LOHNSTEUER HANDAUSGABE 2016

Bitte wichtige Hinweise auf der Seite 4 beachten!

Für das Lohnsteuerabzugsverfahren im Kalenderjahr 2016 sind vorbehaltlich weiterer Änderungen anzuwenden

- das **Einkommensteuergesetz** in der Fassung der Bekanntmachung vom 8. 10. 2009 (BGBl. I S. 3366, BStBl I S. 1346; Berichtigung v. 8. 12. 2009, BGBl. I S. 3862) – zuletzt geändert durch Artikel 2 des Gesetzes zur ***Umsetzung der EU-Mobilitäts-Richtlinie vom 21. 12. 2015 (BGBl. I S. 2553***)
- die **Einkommensteuer-Durchführungsverordnung** 2000 (EStDV 2000) in der Fassung vom 10. 5. 2000 (BGBl. I S. 717, BStBl I S. 595) – zuletzt geändert durch ***Artikel 235 der Zehnten Zuständigkeitsanpassungsverordnung vom 31. 8. 2015 (BGBl. I S. 1474)***
- die **Lohnsteuer-Durchführungsverordnung** 1990 (LStDV 1990) in der Fassung der Bekanntmachung vom 10. 10. 1989 (BGBl. I S. 1848, BStBl I S. 405) – zuletzt geändert durch Artikel 27 des Gesetzes zur Anpassung des nationalen Steuerrechts an den Beitritt Kroatiens zur EU und zur Änderung weiterer steuerlicher Vorschriften vom 25. 7. 2014 (BGBl. I S. 1266, BStBl I S. 1126)
- die **Lohnsteuer-Richtlinien** 2008 (LStR 2008) vom 10. 12. 2007 (BStBl I Sondernummer 1/2007) – geändert durch die LStÄR 2011 vom 23. 11. 2010 (BStBl I S. 1325), die LStÄR 2013 vom 8. 7. 2013 (BStBl I S. 851) und die LStÄR 2015 vom 22. 10. 2014 (BStBl I S. 1344)
- die **Einkommensteuer-Richtlinien** 2008 (EStR 2008) in der Fassung der Bekanntmachung vom 18. 12. 2008 (BStBl I S. 1017), zuletzt geändert durch die EStÄR 2012 vom 25. 3. 2013 (BStBl I S. 276).

Lohnsteuer Handausgabe 2016

Einkommensteuergesetz
mit Lohnsteuer-Richtlinien, Lohnsteuer-Hinweisen, Einkommensteuer-Richtlinien (Auszug), weiteren Hinweisen, Nebenbestimmungen

Bearbeitet von

Sabine Nußbaum
Amtsinspektorin

Dipl.-Finanzwirtin (FH)
Gerlinde Rosenbaum
Oberamtsrätin

Dipl.-Finanzwirt (FH)
Christoph Jungblut
Oberamtsrat

Ausgabe März 2016

STOTAX
Stollfuß Medien

Hinweise

Die über den amtlichen Text hinausgehenden Anmerkungen sind grau unterlegt. Nichtamtliche Gesetzesüberschriften sind in Klammern [] gesetzt.

Die ***halbfett kursiv*** gedruckten Stellen kennzeichnen die Änderungen bei den Gesetzestexten, den Durchführungsverordnungen und den Richtlinien gegenüber der letztjährigen Ausgabe.

Wegen der **Fundstellen** der anzuwendenden Vorschriften vgl. Seite 2.

Die Hinweise sind von den obersten Finanzbehörden des Bundes und der Länder beschlossen worden. Sie machen den Rechtsanwender aufmerksam auf höchstrichterliche Rechtsprechung, BMF-Schreiben und Rechtsquellen, die in das Lohnsteuerrecht hineinwirken. Sie enthalten den ausgewählten aktuellen Stand

– der höchstrichterlichen Rechtsprechung und–der Verwaltungsvorschriften der Länder, die auf Grund von im Bundessteuerblatt veröffentlichten BMF-Schreiben ergangen sind.

Die im Bundessteuerblatt veröffentlichte Rechtsprechung ist für die Finanzverwaltung verbindlich, soweit kein Nichtanwendungserlass ergangen ist.

In den Anhängen sind ausgewählte Gesetzestexte und Verwaltungsanweisungen zusammengestellt.

Die Stollfuß-Handausgabe enthält gegenüber dem Amtlichen Lohnsteuer-Handbuch zusätzliche Erläuterungen, Urteile, BMF-Schreiben und andere aktuelle Hinweise, die jeweils grau gerastert dargestellt und innerhalb der Hinweise einem Schlagwort zugeordnet sind.

Das Zeichen → bezeichnet einen Querverweis.

Empfohlene Zitierweise:

– die Lohnsteuer-Richtlinien, z. B. R 3.2 Abs. 1 LStR 2015 – die amtlichen Hinweise sollten mit dem dort angegebenen Stichwort H 9.1 (Berufliche Veranlassung) LStH 2016 zitiert werden.

Die nicht amtlichen Hinweise sind mit ihrer jeweils gesondert genannten Fundstelle zu zitieren.

Randhinweise darauf, in welchem Anhang die zitierten Vorschriften anderer Gesetze abgedruckt sind (z. B. Anh. 3), erfolgen in der Regel auf jeder Seite für jedes Gesetz nur einmal.

Die amtlichen Aktenplan-Nummern (z. B. S 2330) der Finanzverwaltung sind am Rand angegeben. Der gesamte Aktenplan für die Finanzverwaltung kann auf der Internetseite des Bundesministeriums der Finanzen abgerufen werden (www.bundesfinanzministerium.de).

Die Zugangsdaten zur kostenlosen werkbegleitenden Online-Datenbank, mit der Sie zudem Zugriff auf die Stollfuß-Lohnsteuer-Handausgaben der letzten fünf Veranlagungszeiträume haben, finden Sie vorne im Werk eingebunden.

Wir hoffen, dass die in der Praxis bewährte Form der Darstellung Ihr tägliches Arbeiten mit dem Lohnsteuerrecht erleichtern wird und begrüßen weiterhin Anregungen und Hinweise, die der Verbesserung des Werks dienen.

Bonn, im Februar 2016

Verlag und Verfasser

Bibliografische Information der Deutschen Bibliothek
Die Deutsche Bibliothek verzeichnet diese Publikation in der Deutschen Nationalbibliografie; detaillierte bibliografische Daten sind im Internet über http://dnb.ddb.de abrufbar.

ISBN 978-3-08-**367216**-6

Satz: SZ-data GmbH, St. Augustin
Druck und Verarbeitung: Bonner Universitäts-Buchdruckerei (bub)

Inhaltsübersicht

A. Einkommensteuergesetz, Einkommensteuer-Durchführungsverordnung, Lohnsteuer-Durchführungsverordnung, Lohnsteuer-Richtlinien und Lohnsteuer-Hinweise

B. Anhänge

C. Stichwortverzeichnis

Abkürzungsverzeichnis

5. VermBG Fünftes Vermögensbildungsgesetz
a. a. O. am angegebenen Ort
ABl. EG Amtsblatt der Europäischen Gemeinschaften
Abs. Absatz
AEAO Anwendungserlass zur Abgabenordnung
a. F. alte Fassung
AfA Absetzung für Abnutzung
AFG Arbeitsförderungsgesetz
AIG Auslandinvestitionsgesetz
AktG Aktiengesetz
AltTZG Altersteilzeitgesetz
AO Abgabenordnung
ArbSchG Arbeitsschutzgesetz
ARV Auslandsreisekostenverordnung
AStG Außensteuergesetz
ATGV Auslandstrennungsgeldverordnung
ATZV Altersteilzeitzuschlagsverordnung
AÜG Arbeitnehmerüberlassungsgesetz
AUV Auslandsumzugskostenverordnung
AVG Angestelltenversicherungsgesetz
Az. Aktenzeichen
BaföG Bundesausbildungsförderungsgesetz
BAG Bundesarbeitsgericht
BAnz. Bundesanzeiger
BAT Bundesangestellten-Tarifvertrag
BayRKG Bayerisches Reisekostengesetz
BB Der Betriebs-Berater (Zeitschrift)
BBesG Bundesbesoldungsgesetz
BBG Bundesbeamtengesetz und Beitragsbemessungsgrenze
BeamtVG Beamtenversorgungsgesetz
BergPG Gesetz über Bergmannsprämien
BerlinFG Berlinförderungsgesetz
BetrAVG Gesetz zur Verbesserung der betrieblichen Altersversorgung (Betriebsrentengesetz)
BewG Bewertungsgesetz
BFH Bundesfinanzhof
BFHE Sammlung der Entscheidungen des Bundesfinanzhofs (Zeitschrift)
BFH/NV Sammlung amtlich nicht veröffentlichter Entscheidungen des Bundesfinanzhofs (Zeitschrift)
BGB Bürgerliches Gesetzbuch
BGBl. Bundesgesetzblatt
BildscharbV Bildschirmarbeitsverordnung
BMF (BdF) Bundesministerium der Finanzen
BMI Bundesministerium des Inneren
BpO Betriebsprüfungsordnung
BR-Drs./ BR-Drucks. Bundesratsdrucksache
BRKG Bundesreisekostengesetz
BSHG Bundessozialhilfegesetz
BStBl Bundessteuerblatt
BT-Drs./ BT-Drucks. Bundestagsdrucksache
Buchst. Buchstabe
BUKG Bundesumzugskostengesetz
BUKGVwV Allgemeine Verwaltungsvorschrift zum Bundesumzugskostengesetz
BVerfG Bundesverfassungsgericht
BVerfGE Entscheidungen des Bundesverfassungsgerichts (Zeitschrift)
BVG Bundesversorgungsgesetz und Schweizer Bundesgesetz über die berufliche Alters-, Hinterlassenen- und Invalidenvorsorge
BWGöD Gesetz zur Regelung der Wiedergutmachung nationalsozialistischen Unrechts
bzw. beziehungsweise
DA Dienstanweisung
DB Der Betrieb (Zeitschrift)
DBA Abkommen zur Vermeidung der Doppelbesteuerung
DStR Deutsches Steuerrecht (Zeitschrift)
DV Durchführungsverordnung
EFG Entscheidungen der Finanzgerichte (Zeitschrift)
EGMR Europäischer Gerichtshof für Menschenrechte
ELStAM Elektronische Lohnsteuerabzugsmerkmale
ErbStR Erbschaftsteuer-Richtlinien
EStDV Einkommensteuer-Durchführungsverordnung
EStG Einkommensteuergesetz
EStH Einkommensteuer-Hinweise
EStR Einkommensteuer-Richtlinien
EU Europäische Union
EuGH Europäischer Gerichtshof
EWR Europäischer Wirtschaftsraum
f. folgend(e, es)
FA Finanzamt
FamLeistG Gesetz zur Förderung von Familien und haushaltsnahen Dienstleistungen (Familienleistungsgesetz)
FELEG Gesetz zur Förderung der Einstellung der landwirtschaftlichen Erwerbstätigkeit
ff. fortfolgend(e)
FG Finanzgericht
FinMin Finanzministerium
FinSen Senator für Finanzen
FördG Fördergebietsgesetz
FR Finanz-Rundschau (Zeitschrift)
G 131 Gesetz zu Artikel 131 GG
GdB Grad der Behinderung
GenG Genossenschaftsgesetz
GewStG Gewerbesteuergesetz
GG Grundgesetz für die Bundesrepublik Deutschland
GmbHR GmbH-Rundschau (Zeitschrift)
GMBl Gemeinsames Ministerialblatt
GRV Gesetzliche Rentenversicherung
GVBl. Gesetz- und Verordnungsblatt
H Hinweis (zu den Einkommensteuer- bzw. Lohnsteuer-Richtlinien)
HAG Heimarbeitsgesetz
HBeglG 2004 Haushaltsbegleitgesetz 2004
HFR Höchstrichterliche Finanzrechtsprechung (Zeitschrift)
HGB Handelsgesetzbuch

i. d. F.	in der Fassung
i. H. v.	in Höhe von
InsO	Insolvenzordnung
i. S.	im Sinne
i. S. d.	im Sinne des/der
i. V. m.	in Verbindung mit
Jg.	Jahrgang
JStG	Jahressteuergesetz
KAV	Kindergeldauszahlungs-Verordnung
Kj.	Kalenderjahr
KStG	Körperschaftsteuergesetz
ktgl.	kalendertäglich
LStDV	Lohnsteuer-Durchführungsverordnung
LStH	Lohnsteuer-Hinweise
LStR	Lohnsteuer-Richtlinien
mtl.	monatlich
MuSchG	Mutterschutzgesetz
n. F.	neue Fassung
Nr.	Nummer
nv.	nicht amtlich veröffentlicht
NW (NRW)	Nordrhein-Westfalen
OFD	Oberfinanzdirektion
R	Einkommensteuer- bzw. Lohnsteuer-Richtlinie
Rdnr.	Randnummer
Rspr.	Rechtsprechung
RVO	Reichsversicherungsordnung
Rz.	Randziffer
S., s.	Seite, siehe
s. a.	siehe auch
SGB	Sozialgesetzbuch
st.	ständig
StADÜV	Steueranmeldungs-Datenübermittlungs-Verordnung
StBerG	Steuerberatungsgesetz
StDÜV	Steuerdatenübermittlungsverordnung
Stpfl.	Steuerpflichtiger
SvEV	Sozialversicherungsentgeltverordnung
TGV	Trennungsgeldverordnung
Tz.	Textziffer
u. a.	unter anderem
UN	Vereinte Nationen
UStG	Umsatzsteuergesetz
VBL	Versorgungsanstalt des Bundes und der Länder
VermBDV	Verordnung zur Durchführung des Fünften Vermögensbildungsgesetzes
VermBG	Fünftes Vermögensbildungsgesetz
vgl.	vergleiche
VO	Verordnung
VVaG	Versicherungsverein auf Gegenseitigkeit
VVG	Versicherungsvertragsgesetz
VZ	Veranlagungszeitraum
Wj.	Wirtschaftsjahr
WoBauG	Wohnungsbaugesetz
WoFG	Wohnraumförderungsgesetz
WoPDV	Verordnung zur Durchführung des Wohnungsbau-Prämiengesetzes
WoPG	Wohnungsbau-Prämiengesetz
WoPR	Richtlinien zum Wohnungsbau-Prämiengesetz
WSG	Wehrsoldgesetz
ZDG	Zivildienstgesetz
ZPO	Zivilprozessordnung
ZPS ZANS	Zentralstelle für Arbeitnehmer-Sparzulage und Wohnungsbauprämie beim Technischen Finanzamt Berlin

A.
Einkommensteuergesetz
(EStG)

in der Fassung der Bekanntmachung vom 8. 10. 2009 (BGBl. I S. 3366 (3862), BStBl I S. 1346)
– zuletzt geändert durch ***Artikel 2 des Gesetzes zur Umsetzung der EU-Mobilitäts-Richtlinie vom 21. 12. 2015 (BGBl. I S. 2553)***[1])

Einkommensteuer-Durchführungsverordnung 2000
(EStDV 2000)

in der Fassung vom 10. 5. 2000 (BGBl. I S. 717, BStBl I S. 595)
– zuletzt geändert durch ***Artikel 235 der Zehnten Zuständigkeitsanpassungsverordnung vom 31. 8. 2015 (BGBl. I S. 1474)***

Lohnsteuer-Durchführungsverordnung 1990
(LStDV 1990)

in der Fassung der Bekanntmachung vom 10. 10. 1989
(BGBl. I S. 1848, BStBl I S. 405)
– zuletzt geändert durch Artikel 27 des Gesetzes zur Anpassung des nationalen Steuerrechts an den Beitritt Kroatiens zur EU und zur Änderung weiterer steuerlicher Vorschriften vom 25. 7. 2014 (BGBl. I S. 1266, BStBl I S. 1126)

Lohnsteuer-Richtlinien 2015
(LStR 2015)

LStR 2008 vom 10. 12. 2007 (BStBl I Sondernummer 1/2007)
geändert durch die LStÄR 2011 vom 23. 11. 2010 (BStBl I S. 1325),
die LStÄR 2013 vom 8. 7. 2013 (BStBl I S. 851) und
die LStÄR 2015 vom 22. 10. 2014 (BStBl I S. 1344).

Lohnsteuer-Hinweise ***2016***
(LStH ***2016***)

1) Zuletzt geändert durch das Gesetz zur Änderung des Einkommensteuergesetzes zur Erhöhung des Lohnsteuereinbehalts in der Seeschifffahrt vom 24. 2. 2016 (BGBl. I S. 310); das Gesetz tritt an dem Tag in Kraft, an dem die Europäische Kommission die Genehmigung zu dem Änderungsgesetz erteilt hat. Der Zeitpunkt der Genehmigung sowie der Tag des Inkrafttretens sind vom BMF im BGBl. gesondert bekannt zu machen.

Einkommensteuergesetz

in der Fassung der Bekanntmachung vom 8. 10. 2009
(BGBl. I S. 3366, S. 3862, BStBl I S. 1346)

Das **Einkommensteuergesetz** wurde nach der Bekanntmachung
vom 8. 10. 2009 wie folgt geändert:

Lfd. Nr.	Datum	Änderungsgesetz	Art.	Fundstellen *Inkrafttreten*	Geänderte Vorschriften	Art der Änderung
1	22. 12. 2009	Gesetz zur Beschleunigung des Wirtschaftswachstums (Wachstumsbeschleunigungsgesetz)	1	BGBl. I S. 3950, BStBl I 2010 S. 2 *31. 12. 2009 (Tag nach der Verkündung)*	§ 4h Abs. 1 Abs. 2 Satz 1 Buchstabe c Satz 2 Abs. 4 Satz 1 und Satz 4 Abs. 5 Satz 1 und 2 § 6 Abs. 2 Abs. 2a § 9 Abs. 1 Satz 3 Nr. 7 Satz 2 § 32 Abs. 6 Satz 1 § 51a Abs. 2a Satz 1 § 52 Abs. 12d Abs. 16 Abs. 23d Satz 3 § 66 Abs. 1 Satz 1	 neu gefasst geändert neu gefasst, geändert geändert neu gefasst neu gefasst neu gefasst geändert geändert Neufassung von Satz 3 und Anfügung neuer Sätze neu gefasst neu gefasst
2	8. 4. 2010	Gesetz zur Umsetzung steuerlicher EU-Vorgaben sowie zur Änderung steuerlicher Vorschriften	1	BGBl. I S. 386, BStBl I 2010 S. 334	Inhaltsübersicht § 3 Nr. 39 Satz 2 § 7 Absatz 5 Satz 1 § 10a Abs. 1 Satz 1 § 10b Abs. 1 Satz 1 und 2 Abs. 1a Satz 1 Abs. 4 Satz 4 § 49 Abs. 1 Nr. 7 Nr. 10 § 52 Abs. 21c Abs. 24c Satz 2 Abs. 24e Abs. 63a Abs. 66 Abs. 67 § 79 § 85 Abs. 2 Satz 1 § 92a Abs. 1 Satz 2 und Abs. 3 Satz 9 Nr. 3 § 93 Abs. 1 Satz 4 Buchstabe c § 95 Überschrift Abs. 1 Abs. 2 Abs. 3 § 99	geändert neu gefasst geändert geändert neu gefasst und Anfügung geändert neu gefasst Anfügung eines Halbsatzes neu gefasst eingefügt ersetzt durch die Sätze 2 bis 4 Sätze 5 bis 7 angefügt eingefügt angefügt angefügt neu gefasst geändert neu gefasst neu gefasst neu gefasst Satz 1 geändert, Satz 3 aufgehoben neu gefasst geändert geändert

Lfd. Nr.	Datum	Änderungsgesetz	Art.	Fundstellen *Inkrafttreten*	Geänderte Vorschriften	Art der Änderung
3	8. 12. 2010	Jahressteuergesetz 2010	1	BGBl. I S. 1768, BStBl I S. 1394 *grds. = 14. 12. 2010 (Tag nach der Verkündung)*	Inhaltsübersicht	Ergänzt um Angabe zu § 52b
					§ 1a	Satz 1 geändert und Nr. 1b eingefügt
					§ 2	
					Absatz 2 Satz 1 Nr. 1	geändert
					Absatz 5b Satz 2 Nr. 2	geändert
					§ 3	
					Nr. 26a Satz 2	geändert
					Nr. 26b	eingefügt
					Nr. 40 Satz 1 Buchstabe d Satz 2	geändert
					§ 3c Absatz 2 Satz 2	eingefügt
					§ 4	
					Absatz 1 Satz 4	eingefügt
					Absatz 5 Satz 1 Nr. 6b Satz 2 und 3	ersetzt den bisherigen Satz 2
					§ 6	geändert
					Absatz 1 Nr. 5a	
					Absatz 4	geändert
					Absatz 5 Satz 1	geändert
					§ 7 Abs. 1 Satz 5	neu gefasst
					§ 9a Satz 1 Nr. 3	geändert
					§ 10 Abs. 1 Nr. 1b	neu gefasst
					Nr. 3 Satz 3	Satz 4 angefügt
					Nr. 4	neu gefasst
					Abs. 2 Satz 3	geändert
					Abs. 2a Satz 4	geändert
					§ 10a Abs. 1 Satz 3	neu gefasst
					Abs. 5 Satz 5	angefügt
					§ 10b Abs. 1 Satz 7 und 8	geändert
					§ 10d Abs. 4 Satz 4 und 5	neu gefasst
					§ 15 Abs. 1a Satz 1	geändert
					§ 16 Abs. 3 Satz 2	geändert
					Abs. 3a	eingefügt
					§ 20 Abs. 1 Nr. 7	Satz angefügt
					Nr. 9	Satz angefügt
					Abs. 3a	eingefügt
					Abs. 4a	geändert
					§ 20 Nr. 1	Satz 1 geändert und Satz 3 neu gefasst
					Nr. 1b	neu gefasst
					Nr. 1c	neu gefasst
					Nr. 5	Satz 6 geändert und Satz 10 angefügt
					§ 22a Abs. 1 Satz 1	geändert
					Abs. 4 Satz 1	geändert
					Abs. 5	angefügt
					§ 23 Abs. 1 Satz 1 Nr. 2	geändert
					Abs. 3 Satz 9	geändert
					§ 32d Abs. 2 Satz 1 Nr. 1	
					Satz 1 Buchstabe a	geändert
					Nr. 4	angefügt
					Abs. 6 Satz 1	neu gefasst
					§ 33a Abs. 2 Satz 3	geändert
					§ 34 Abs. 3 Satz 2	neu gefasst
					§ 35a Abs. 3	neu gefasst
					Abs. 5 Satz 1	neu gefasst
					§ 36 Abs. 5	angefügt
					§ 39e Abs. 2	geändert
					Abs. 9	geändert

Lfd. Nr.	Datum	Änderungsgesetz	Art.	Fundstellen *Inkrafttreten*	Geänderte Vorschriften	Art der Änderung
					Abs. 10 Satz 6	neu gefasst
					§ 43 Abs. 1 Satz 5 und 6	neu gefasst
					Abs. 1a	aufgehoben
					Abs. 2	geändert
					Abs. 5	Satz 1 neu gefasst und Satz 4 angefügt
					§ 43a Abs. 3 Satz 7	angefügt
					§ 44a Abs. 1 Satz 1 Nr. 1 Buchstabe a Doppelbuchstabe aa	geändert
					§ 44a Abs. 2 Satz 1 Nr. 1	geändert
					Abs. 2a	eingefügt
					Abs. 4 Satz 6	angefügt
					Abs. 4a	angefügt
					Abs. 9 Satz 1 und 3	geändert
					§ 45b Abs. 1 Satz 3	angefügt
					§ 45d Abs. 1	neu gefasst
					Abs. 3 Satz 2 und 3	neu gefasst
					§ 46 Abs. 2 Nr. 4	neu gefasst
					§ 49 Abs. 1 Nr. 2	geändert
					§ 50 Abs. 1 Satz 4	geändert
					Abs. 4	geändert
					§ 50a Abs. 1 Nr. 3	neu gefasst
					§ 50f	neu gefasst
					§ 51 Abs. 4 Nr. 1	geändert
					§ 52 Abs. 4b Satz 2	angefügt
					Abs. 8a Satz 3	angefügt
					Abs. 8b Satz 2 und 3	angefügt
					Abs. 12 Satz 9	angefügt
					Abs. 16a	Satz 1 vorangestellt
					Abs. 18b Satz 1	neu gefasst
					Abs. 21 Satz 4	angefügt
					Abs. 24	geändert
					Abs. 24a	Satz vorangestellt
					Abs. 24e	Sätze vorangestellt
					Abs. 25 Satz 5	angefügt
					Abs. 34 Satz 5	angefügt
					Abs. 37	neu gefasst
					Abs. 38 Satz 4	angefügt
					Abs. 38a Satz 5 und 6	angefügt
					Abs. 47 Satz 6	geändert
					Satz 7	angefügt
					Abs. 50b Satz 6 und 7	angefügt
					Abs. 50d Satz 3	angefügt
					Abs. 50f Satz 1	geändert
					Abs. 55j Satz 2	angefügt
					Abs. 59b	eingefügt
					Abs. 59b bis 59d	werden Abs. 59c bis 59e
					§ 52a Abs. 8 Satz 2	angefügt
					Abs. 10 Satz 7	geändert
					Satz 10	geändert
					Satz 11	angefügt
					Abs. 11 Satz 3	geändert
					Satz 11	geändert
					Abs. 15 Satz 2	angefügt
					Abs. 15a	eingefügt
					Abs. 16 Satz 3	eingefügt
					Satz 5 (bisher)	neu gefasst
					Satz 8 (bisher)	neu gefasst

Lfd. Nr.	Datum	Änderungsgesetz	Art.	Fundstellen *Inkrafttreten*	Geänderte Vorschriften	Art der Änderung
					Satz 9 (bisher)	geändert
					Abs. 16a	geändert
					§ 52b	eingefügt
					§ 82 Abs. 1 Satz 1	geändert
					Satz 3	neu gefasst
					Abs. 4 Nr. 1	geändert
					§ 86 Abs. 2 Satz 2	neu gefasst
					§ 92 Satz 1 Nr. 7	geändert
					§ 92a Abs. 1 Satz 1 Nr. 3	geändert
					Satz 4	neu gefasst
					Abs. 2 Satz 4 Nr. 1	geändert
					Abs. 2a	angefügt
					Abs. 3 Satz 4	geändert
					Satz 9 Nr. 3	neu gefasst
					Satz 10	geändert
					§ 92b Abs. 3 Satz 1	geändert
					Satz 2	neu gefasst
					§ 93 Abs. 1a	neu gefasst
					Abs. 4	angefügt
					§ 94 Abs. 2 Satz 2	geändert
					§ 99 Abs. 1	geändert
4	9. 12. 2010	Restrukturierungsgesetz	8	BGBl. S. 1900 *1. 1. 2011*	§ 4 Abs. 5 Satz 1 Nr. 13 § 52 Abs. 12 Satz 10	angefügt angefügt
5	5. 4. 2011	Gesetz zur bestätigenden Regelung verschiedener steuerlicher und verkehrsrechtlicher Vorschriften des Haushaltsbegleitgesetzes 2004	1	BGBl. I S. 554 *12. 4. 2011*	§ 3 Nr. 34 und Nr. 38 § 4 Abs. 5 Satz 1 Nr. 1 Satz 2 und Nr. 2 Satz 1 § 5a Abs. 3 § 7 Abs. 5 Satz 1 Nr. 3 Buchstabe b § 7h Abs. 1 § 7i Abs. 1 § 8 Abs. 2 Satz 9 und Abs. 3 Satz 2 § 10f Abs. 1 Satz 1 und Abs. 2 Satz 1 § 10g Abs. 1 Satz 1 § 16 Abs. 4 § 17 Abs. 3 § 21 Abs. 2 § 37a Abs. 1 Satz 3	Die steuerlichen Regelungen, die in das Gesetzgebungsverfahren des HBeglG 2004 eingeführt wurden und seit der Verabschiedung des HBeglG 2004 bis heute unverändert geblieben sind, werden mit dem vorliegenden Gesetz inhaltsgleich bestätigend umgesetzt.
6	22. 6. 2011	Gesetz zur Umsetzung der Richtlinie 2009/65/EG zur Koordinierung der Rechts- und Verwaltungsvorschriften betreffend bestimmte Organismen für gemeinsame Anlagen in Wertpapieren (OGAW-IV-Umsetzungsgesetz -OGAW-IV-UmsG)	7	BGBl. I S. 1126 *26. 6. 2011*	§ 3 Nr. 70 Satz 3 Buchstabe b	neu gefasst
					§ 43 Abs. 1 Satz 1 Nr. 1	
					Satz 1	geändert
					Abs. 1 Satz 1 Nr. 1a	eingefügt
					Abs. 1 Satz 1 Nr. 6	neu gefasst
					Abs. 2 Satz 1	geändert
					Abs. 3 Satz 1	geändert
					§ 44 Abs. 1 Satz 3	neu gefasst
					Satz 4 Nr. 3	angefügt
					Satz 5	geändert
					§ 44a Abs. 1 Nr. 1	geändert
					Abs. 9 Satz 2	geändert
					Abs. 10	angefügt
					§ 45a Abs. 1 Satz 1	geändert
					Abs. 2 Satz 1	geändert
					Abs. 3 Satz 1	geändert
					§ 50d Abs. 1	geändert
					§ 52 Abs. 8	eingefügt
					§ 52a Abs. 16b	eingefügt

Lfd. Nr.	Datum	Änderungsgesetz	Art.	Fundstellen *Inkrafttreten*	Geänderte Vorschriften	Art der Änderung
7	1. 11. 2011	Steuervereinfachungsgesetz 2011	1	BGBl. I S. 2131, BStBl I S. 986 *1. 1. 2012 (mit Ausnahmen)*	Inhaltsübersicht	geändert
					§ 2 Abs. 5a	geändert
					Abs. 5b Satz 2	aufgehoben
					§ 3 Nr. 19, 21, 22 und 37	aufgehoben
					Nr. 44 Satz 1	geändert
					Nr. 46 und 49	aufgehoben
					§ 9 Abs. 2 Satz 2	neu gefasst
					Abs. 5 Satz 1	geändert
					§ 9a Satz 1 Nr. 1 Buchstabe a	geändert
					§ 9c	aufgehoben
					§ 10 Abs. 1 Nr. 5	eingefügt
					Abs. 4b	eingefügt
					§ 10c Satz 1	geändert
					§ 12	geändert
					§ 16 Abs. 3b	eingefügt
					§ 21 Abs. 2	geändert
					§ 25 Abs. 3	neu gefasst
					§ 26	neu gefasst
					§ 26a	neu gefasst
					§ 26c	aufgehoben
					§ 32 Abs. 4	Sätze 2 bis 10 ersetzt
					Abs. 5 Satz 3	geändert
					Abs. 6	geändert
					§ 32a Abs. 6	geändert
					§ 33 Abs. 2 Satz 2	neu gefasst
					Abs. 4	angefügt
					§ 33a Abs. 1 Satz 5	geändert
					Abs. 2	geändert
					§ 33b Abs. 5 Satz 2	geändert
					§ 34 Abs. 2 Nr. 4	geändert
					§ 34b	neu gefasst
					§ 35a Abs. 5 Satz 1	geändert
					§ 37 Abs. 3	geändert
					§ 39a	geändert
					§ 39b Abs. 2 Satz 7 zweiter Halbsatz	geändert
					§ 44a Abs. 4b	eingefügt
					Abs. 6	Satz angefügt
					Abs. 7 Satz 2	geändert
					Abs. 8 Satz 1	geändert
					§ 45b Abs. 2 Satz 1 Nr. 3	aufgehoben
					§ 46 Abs. 2	geändert
					§ 50 Abs. 1 Satz 3	neu gefasst
					Satz 4	geändert
					§ 51 Abs. 1 Nr. 2 Buchstabe c	neu gefasst
					§ 52 Abs. 1	neu gefasst
					Abs. 4a	Satz angefügt
					Abs. 23e	eingefügt
					bisherige Abs. 23e und 23f	werden die Absätze 23f und 23g
					Abs. 24a	Satz angefügt
					Abs. 34	Satz angefügt
					Abs. 50f	Satz angefügt
					Abs. 51	neu gefasst
					Abs. 55j	Satz 2 eingefügt
					Abs. 62a	eingefügt
					Abs. 68	angefügt
					§ 52a Abs. 16a	Satz angefügt
					§ 70 Abs. 4	aufgehoben

Lfd. Nr.	Datum	Änderungsgesetz	Art.	Fundstellen *Inkrafttreten*	Geänderte Vorschriften	Art der Änderung
8	7. 12. 2011	Gesetz zur Umsetzung der Beitreibungsrichtlinie sowie zur Änderung steuerlicher Vorschriften (Beitreibungsrichtlinie-Umsetzungsgesetz – BeitrRLUmsG)	2	BGBl. I S. 2592, BStBl I S. 1171 *1. 1. 2012 (mit Ausnahmen)*	Inhaltsübersicht	geändert
					§ 3 Nr. 8a	eingefügt
					Nr. 55c bis 55e	eingefügt
					§ 4 Abs. 9	angefügt
					§ 9 Abs. 6	angefügt
					§ 10 Abs. 1 Nr. 7 Satz 1	geändert
					Abs. 2	Sätze 4 und 5 aufgehoben
					Abs. 2a Satz 8	neu gefasst
					§ 10a Abs. 2a Satz 3	geändert
					Abs. 3	Sätze angefügt
					§ 10b Abs. 1 Satz 5	geändert
					§ 12 Nr. 5	neu gefasst
					§ 22 Nr. 5	geändert
					§ 32 Abs. 4 Satz 1 Nr. 2 Buchstabe d	geändert
					§ 36 Abs. 5 Satz 1	geändert
					§ 38a Abs. 4	geändert
					§ 38b	geändert
					§ 39	neu gefasst
					§ 39a	geändert
					§ 39b	geändert
					§ 39c	neu gefasst
					§ 39d	aufgehoben
					§ 39e	neu gefasst
					§ 39f	geändert
					§ 40a	geändert
					§ 41 Abs. 1 Satz 2	neu gefasst
					§ 41b	geändert
					§ 41c	geändert
					§ 42b	geändert
					§ 42d Abs. 2	geändert
					§ 42f Abs. 2 Satz 2	geändert
					§ 44a	geändert
					§ 46 Abs. 2 Nr. 4 und 5	geändert
					Nr. 7	neu gefasst
					§ 50 Abs. 1	geändert
					Abs. 2	geändert
					§ 50d Abs. 3	geändert
					§ 51 Abs. 4 Nr. 1	geändert
					§ 51a Abs. 2a Satz 2	geändert
					Abs. 2c	neu gefasst
					Abs. 2e	neu gefasst
					§ 52 Abs. 4a	geändert
					Abs. 5	neu gefasst
					Abs. 12	Satz angefügt
					Abs. 23d	Satz angefügt
					Abs. 24	Satz angefügt
					Abs. 24a Satz 3	neu gefasst
					Abs. 30a	eingefügt
					bisheriger Abs. 30a	wird Abs. 30b
					Abs. 50g	eingefügt
					Abs. 51b	eingefügt
					Abs. 52	neu gefasst
					Abs. 63a	Satz angefügt
					Abs. 63b	eingefügt
					§ 52a Abs. 16b	neu gefasst
					Abs. 18	Satz angefügt
					§ 52b	aufgehoben
					§ 79 Satz 2	geändert
					§ 82 Abs. 4	geändert
9	20. 12. 2011	Gesetz zur Verbesserung der Eingliederungschancen am Arbeitsmarkt	20	BGBl. I S. 2854 *Artikel 20 = 1. 4. 2012*	§ 3 Nr. 2	geändert
					§ 32b Abs. 1 Satz 1 Nr. 1 Buchstabe a und Abs. 3 Satz 3	geändert

Lfd. Nr.	Datum	Änderungsgesetz	Art.	Fundstellen *Inkrafttreten*	Geänderte Vorschriften	Art der Änderung
10	12. 4. 2012	Gesetz zur Neuordnung der Organisation der landwirtschaftlichen Sozialversicherung (LSV-Neuordnungsgesetz – LSV-NOG	13 (4)	BGBl. I S. 579 *1. 1. 2013*	§ 10 Abs. 1 Nr. 2 Buchstabe a § 22 Nr. 1 Satz 3 Buchstabe a Doppelbuchstabe bb § 22a Abs. 1 Satz 1 § 49 Abs. 1 Nr. 7 § 91	geändert geändert geändert geändert geändert
11	8. 5. 2012	Gesetz zur Änderung des Gemeindefinanzreformgesetzes und von steuerlichen Vorschriften	3	BGBl. I S. 1030 *1. 1. 2012*	§ 3 Nr. 45 § 50d Abs. 11 § 52 Abs. 4g § 52 Abs. 59a	neu gefasst angefügt eingefügt Satz 9 angefügt
12	20. 2. 2013	Gesetz zum Abbau der kalten Progression		BGBl. I S. 283 *Tag nach der Verkündung*	§ 32a Abs. 1 § 39b Abs. 2 Satz 7 § 46 Abs. 2 § 52 Abs. 41 § 52 Abs. 51c § 52 Abs. 51d § 52 Abs. 55j § 52 Abs. 55k	neu gefasst geändert geändert geändert eingefügt eingefügt neu gefasst eingefügt
13	20. 2. 2013	Gesetz zur Änderung und Vereinfachung der Unternehmensbesteuerung und des steuerlichen Reisekostenrechts	1	(Artikel 6 BGBl. I S. 285 BStBl I S. 188 *1. 1. 2014 mit Ausnahmen*	§ 3 Nr. 13 Nr. 16 § 4 Abs. 5 Satz 1 Nr. 5 Nr. 6 Satz 2 Satz 3 Nr. 6a § 9 Abs. 1 Satz 3 Nr. 4 Nr. 4a Nr. 5 Nr. 5a Abs. 2 Abs. 3 Abs. 4 Abs. 4a Abs. 5 Satz 1 § 10 Abs. 1 Nr. 7 Satz 4 § 10d Abs. 1 Satz 1 § 37b Abs. 2 Satz 2 § 40 Abs. 2 Satz 1 Nr. 1 Nr. 4 Satz 2 § 41b Abs. 11 Satz 2 Nr. 8 § 52 Abs. 1 Abs. 12 Satz 4 und 5 Abs. 25 Satz 7	neu gefasst neu gefasst neu gefasst geändert geändert eingefügt neu gefasst eingefügt neu gefasst eingefügt neu gefasst geändert eingefügt eingefügt geändert neu gefasst geändert geändert eingefügt neu gefasst neu gefasst geändert geändert neu gefasst angefügt
14	21. 3. 2013	Gesetz zur Stärkung des Ehrenamtes (Ehrenamtsstärkungs-gesetz	2	BGBl. I S. 556 *1. 1. 2013*	§ 3 Nr. 26 Satz 1 Nr. 26a Satz 1 § 10b Abs. 1a Satz 1 Satz 2	geändert geändert geändert geändert
15	3. 5. 2013	Gesetz zur Fortentwicklung des Melderechts (MeldFortG)	2 Abs. 11	BGBl. I S. 1084 *1. 5. 2015*	§ 69	geändert
16	24. 6. 2013	Gesetz zur Verbesserung der steuerlichen Förderung der privaten Altersversorgung (Altersvorsorge-Verbesserungsgesetz – AltvVerbG)	1	BGBl. I S. 1667 BStBl I S. 790 *1. 7. 2013*	§ 10 Abs. 1 Nr. 2 Abs. 2a Abs. 3 Abs. 4a § 10a Abs. 1 Satz 3 Abs. 2a § 22 Nr. 5 § 52 Abs. 23h Abs. 24 Satz 1 Abs. 24c Satz 3 Nr. 2	geändert geändert geändert geändert neu gefasst geändert geändert eingefügt neu gefasst geändert

Lfd. Nr.	Datum	Änderungsgesetz	Art.	Fundstellen *Inkrafttreten*	Geänderte Vorschriften	Art der Änderung
					Abs. 64	neu gefasst
					§ 79 Satz 2	neu gefasst
					§ 82 Abs. 1	neu gefasst
					§ 86 Abs. 1 Satz 2	geändert
					Abs. 2	geändert
					§ 90 Abs. 4 Satz 2	neu gefasst
					§ 92 Satz 1	neu gefasst
					Satz 2 und 3	neu gefasst
					§ 92a Abs. 1	neu gefasst
					Abs. 2	neu gefasst
					Abs. 2a	neu gefasst
					Abs. 3	neu gefasst
					§ 92b Abs. 1	neu gefasst
					Abs. 3	geändert
					§ 93 Abs. 4	geändert
					§ 94 Abs, 1 Satz 4	geändert
					§ 95 Abs. 1 Nr. 2	neu gefasst
					Abs. 2 Satz 1 und Satz 2	geändert
17	26. 6. 2013	Gesetz zur Umsetzung der Amtshilferichtlinie sowie zur Änderung steuerlicher Vorschriften (Amtshilferichtlinien-Umsetzungsgesetz – AmtshilfeRLUmsG)	11	BGBl. I S. 1809 S. auch Artikel 31	Inhaltsübersicht	geändert
					§ 2 Abs. 2a Satz 2	geändert
					§ 3 Nr. 5	geändert
					Nr. 40	geändert
					§ 4 Abs. 5 Satz 1 Nr. 6	geändert
					Nr. 8	geändert
					§ 6 Abs. 1 Nr. 4	geändert
					Abs. 7	neu gefasst
					§ 6b Abs. 5 und 8	geändert
					§ 7g Abs. 3	Satz angefügt
					§ 8 Abs. 2 Satz 4	geändert
					§ 10 Abs. 1 Nr. 3	geändert
					Buchstabe a	neu gefasst
					Abs. 2 Satz 1 Nr. 2	neugefasst
					Abs. 4b Satz 4 bis 6	angefügt
					§ 10b Abs. 1 Satz 4	neu gefasst
					§ 15 Abs. 4	geändert
					§ 20 Abs. 4a	Satz angefügt
					§ 32 Abs. 4 Satz 1 Nr. 2	
					Buchstabe d	geändert
					Satz 2	geändert
					§ 32b Abs. 2 Satz 1 Nr. 2	
					Satz 2 Buchstabe b	geändert
					Buchstabe c	angefügt
					§ 32d Abs. 2 Nr. 4	geändert
					§ 33 Abs. 2	Satz angefügt
					§ 33a Abs. 1 Satz 4	geändert
					Satz 8	angefügt
					§ 33b Abs. 6 Satz 5	neu gefasst
					§ 35 Abs. 1 Satz 4	geändert
					§ 36 Abs. 5 Satz 1	geändert
					§ 39 Abs. 9 Satz 1	geändert
					§ 39a Abs. 1 Satz 2	durch neue Sätze 2 bis 4 ersetzt
					§ 39f Abs. 1 Satz 1	geändert
					§ 40 Abs. 2 Satz 1 Nr. 5	geändert
					§ 40a Abs. 6	geändert
					§ 42d Abs. 6	geändert
					§ 42g	eingefügt
					§ 43 Abs. 1 Satz 1 Nr. 1a	geändert
					Nr. 2 Satz 3	Satz angefügt
					§ 43a Abs. 2 Satz 5	geändert
					§ 43b Abs. 2 Satz 1	neu gefasst
					Satz 3	geändert
					Abs. 3	aufgehoben
					§ 44 Abs. 1a	eingefügt
					§ 44a Abs. 1	neu gefasst

Lfd. Nr.	Datum	Änderungsgesetz	Art.	Fundstellen *Inkrafttreten*	Geänderte Vorschriften	Art der Änderung
					Abs. 2 Satz 1	geändert
					Abs. 5 Satz 1	geändert
					Abs. 7	geändert
					Abs. 8 Satz 1	geändert
					Satz 2	aufgehoben
					Abs. 9 Satz 2	geändert
					Abs. 10 Satz 1 Nr. 3	geändert
					Nr. 4	geändert
					§ 44b Abs. 1 bis 4	aufgehoben
					Abs. 6 Satz 1 Nr. 3	geändert
					Nr. 4	geändert
					Abs. 7	angefügt
					§ 45a Abs. 2 Satz 1	neu gefasst
					§ 45b	aufgehoben
					§ 45d Abs. 1 Satz 1	geändert
					§ 50d Abs. 1 Satz 11	neu eingefügt
					Abs. 9 Satz 3	neu gefasst
					Abs. 10	neu gefasst
					§ 50i	eingefügt
					§ 51a Abs. 2c Nr. 3	neu gefasst
					Abs. 2e	geändert
					§ 52 Abs. 1	neu gefasst
					Abs. 4d	Sätze angefügt
					Abs. 4g	eingefügt
					Abs. 4g wird Abs. 4h	
					Abs. 16 Satz 11	neu gefasst
					Abs. 24a	neu gefasst
					Abs. 24b	geändert
					Abs. 32b	neu gefasst
					Abs. 40 Satz 10	angefügt
					Abs. 43a	Satz angefügt
					Abs. 44a	eingefügt
					Abs. 46	eingefügt
					Abs. 50h	eingefügt
					Abs. 55a	neu gefasst
					Abs. 55c und 55d	aufgehoben
					Abs. 59a	geändert
					Abs. 59d	eingefügt
					§ 52a Abs. 10	Satz angefügt
					Abs. 16bc und 16d	eingefügt
					Abs. 18 Satz 2	geändert
					§ 52b	eingefügt
					§ 65 Abs. 1 Satz 3	geändert
					Anlage 2	neu gefasst
18	15. 7. 2013	Gesetz zur Änderung des Einkommensteuergesetzes in Umsetzung der Entscheidung des Bundesverfassungsgerichts vom 7. Mai 2013	1	BGBl. I S. 2397, BStBl I S. 898 *19. 7. 2013*	§ 2 Abs. 8	angefügt
					§ 52 Abs. 2a	eingefügt
19	18. 12. 2013	Gesetz zur Anpassung des Investmentsteuergesetzes und anderer Gesetze an das AIFM-Umsetzungsgesetz (AIFM-Steueranpassungsgesetz – AIFM-StAnpG)	11	BGBl. I S. 4318, BStBl I 2014 S. 2, s. Artikel 16	Inhaltsübersicht	geändert
					§ 4f	eingefügt
					§ 5 Abs. 7	angefügt
					§ 9b Abs. 2	neu gefasst
					§ 15b Abs. 3a	eingefügt
					§ 32b Abs. 1 Satz 3	geändert
					§ 33a Abs. 1 Satz 1	geändert
					§ 43 Abs. 2 Satz 23	geändert
					§ 52 Abs. 12c	eingefügt
					Abs. 14a	eingefügt
					Abs. 23f	eingefügt
						Die bisherigen Abs. 23f und 23g werden die Abs. 23g und 23h

Lfd. Nr.	Datum	Änderungsgesetz	Art.	Fundstellen *Inkrafttreten*	Geänderte Vorschriften	Art der Änderung
					Abs. 33a	Satz angefügt
					Abs. 43a	Satz angefügt
					Abs. 45	eingefügt
					Abs. 45a	eingefügt
20	18. 7. 2014	Gesetz zur Anpassung steuerlicher Regelungen an die Rechtsprechung des Bundesverfassungsgerichts	1	BGBl. I S. 1042, BStBl I 2014 S. 1062, *24. 7. 2014*	§ 24b Abs. 2 Satz 3	geändert
					§ 85 Abs. 2 Satz 2	eingefügt
					§ 93 Abs. 1a Satz 3	geändert
21	25. 7. 2014	Gesetz zur Anpassung des nationalen Steuerrechts an den Beitritt Kroatiens zur EU und zur Änderung weiterer steuerlicher Vorschriften	1, 2 und 3	BGBl. I S. 1266, BStBl I 2014 S. 1126, s. Artikel 28	Inhaltsübersicht	geändert
					§ 1 Abs. 1 Satz 2	neu gefasst
					§ 3 Nr. 2	neu gefasst
					Nrn. 2a und 2b	aufgehoben
					Nr. 4	geändert
					Nr. 6	neu gefasst
					Nr. 12 Satz 1	neu gefasst
					Nr. 32	geändert
					Nr. 39 Satz 1	geändert
					Nr. 40 Buchstabe a Satz 1	geändert
					Buchstabe b Satz 1	geändert
					Satz 3	geändert
					§ 4 Abs. 5 Satz 1 Nr. 9	geändert
					§ 8 Abs. 2 Satz 5 und 8	geändert
					§ 9 Abs. 4 Satz 4 und 8	geändert
					Abs. 4a Satz 3 Nr. 1	geändert
					Satz 7	geändert
					Satz 12	neu gefasst
					§ 10 Abs. 1 Nr. 7 Satz 4	neu gefasst
					Abs. 2 Satz 3	geändert
					Abs. 2a Satz 1	geändert
					Abs. 6	angefügt
					§ 10a Abs. 6	angefügt
					§ 10c Satz 1	geändert
					§ 20 Abs. 1 Nr. 6 Satz 7 und 8	angefügt
					Nr. 10 Buchstabe b Satz 6	angefügt
					Abs. 2 Satz 1 Nr. 2 Buchstabe a Satz 2	neu gefasst
					Abs. 6	neu gefasst
					§ 22 Nr. 3	geändert
					Nr. 5 Satz 7	geändert
					Satz 11 und 12	angefügt
					§ 23 Abs. 1 Satz 1 Nr. 2 Satz 3	eingefügt
					Abs. 3 Satz 9 und 10	aufgehoben
					§ 24a Satz 2 Nr. 4	geändert
					§ 32 Abs. 4 Satz 1 Nr. 2 Buchstabe d	geändert
					Abs. 6 Satz 7	geändert
					§ 32b Abs. 1 Satz 1 Nr. 1 Buchstabe a	neu gefasst
					Buchstabe d	geändert
					Buchstabe j	geändert
					Buchstabe k	angefügt
					Abs. 2 Satz 2 und 3	aufgehoben
					§ 32c	aufgehoben
					§ 33a Abs. 1 Satz 9 bis 11	angefügt
					Abs. 3 Satz 2 und 3	geändert
					§ 34e	aufgehoben
					§ 37 Abs. 6	angefügt
					§ 39b Abs. 2 Satz 5 Nr. 3 Buchstabe b	geändert

Lfd. Nr.	Datum	Änderungsgesetz	Art.	Fundstellen *Inkrafttreten*	Geänderte Vorschriften	Art der Änderung
					Abs. 3 Satz 6	geändert
					Abs. 6 Satz 2	angefügt
					§ 40 Abs. 2 Satz 1 Nr. 4	neu gefasst
					Satz 2	geändert
					§ 40a Abs. 2	geändert
					Abs. 2a	geändert
					Abs. 6 Satz 3	geändert
					§ 41a Abs. 2 Satz 2	geändert
					§ 41b Abs. 1 Satz 2 Nr. 3	geändert
					Nr. 6	geändert
					Nr. 7	geändert
					Satz 3 und 4	geändert
					Abs. 2	neu gefasst
					Abs. 2a	eingefügt
					§ 41c Abs. 3 Satz 4 bis 6	angefügt
					§ 42b Abs. 1 Satz 3 Nr. 5	geändert
					§ 43 Abs. 1 Satz 1 Nr. 4	geändert
					Nr. 7 Buchstabe b	geändert
					§ 43a Abs. 3 Satz 2	geändert
					§ 43b Abs. 2 Satz 1	geändert
					Anlage 2 zu § 43b	geändert
					§ 44a Abs. 1 Satz 1 Nr. 2	geändert
					Abs. 2a Satz 3	neu gefasst
					§ 45 Satz 2	geändert
					§ 45e Satz 2	geändert
					§ 46 Abs. 2 Nr. 5a	geändert
					Abs. 3 Satz 1	geändert
					Abs. 5	geändert
					§ 50a Abs. 7 Satz 2 und 3	geändert
					§ 50e Abs. 1a	eingefügt
					§ 50g Abs. 3 Nr. 1 Buchstabe b Doppelbuchstabe bb	neu gefasst
					Nr. 5 Satz 1 Buchstabe a Doppelbuchstabe cc	neu gefasst
					Anlage 3 zu § 50g	geändert
					§ 50i	neu gefasst
					§ 52	neu gefasst
					§ 52a	aufgehoben
					§ 79 Satz 3	angefügt
					§ 82 Abs. 1 Satz 8	angefügt
					Abs. 5	angefügt
					§ 86 Abs. 2 Satz 3	aufgehoben
					Abs. 5	angefügt
					§ 92 Satz 3	geändert
					§ 92a Abs. 1 Satz 1 Nr. 3	geändert
					Abs. 3 Satz 9 und 10	geändert
					Abs. 4 Satz 1	geändert
					Satz 3	neu gefasst
22	2. 12. 2014	Gesetz zur Änderung des Freizügigkeitsgesetzes/EU und weiterer Vorschriften	3	BGBl. I S. 1922, BStBl I 2015 S. 54 *grundsätzlich 1. 1. 2014*	§ 52 Abs. 49a	eingefügt
					§ 62 Abs. 1 Satz 2 und 3	angefügt
					§ 63 Abs. 1 Satz 3 bis 5	eingefügt
					Satz 6 (neu)	geändert
					§ 67 Satz 3 bis 5	angefügt
23	22. 12. 2014	Gesetz zur Anpassung der Abgabenordnung an den Zollkodex der Union und zur Änderung weiterer steuerlicher Vorschriften	4 und 5	BGBl. I S. 2417, BStBl I 2015 S. 58 *grundsätzlich 31. 12. 2014 (Tag nach Verkündung)*	Inhaltsübersicht	geändert
					§ 1a Abs. 1 Satzteil vor Nr. 1	geändert
					Nr. 1	neu gefasst
					Nr. 1a und 1b	aufgehoben
					§ 3 Nr. 34a	eingefügt
					Nr. 45 Satz 2	angefügt
					Nr. 67	neu gefasst
					Nr. 71	angefügt
					§ 3c Abs. 2 Sätze 2 bis 6	eingefügt
					§ 4 Abs. 9	neu gefasst
					§§ 7b, 7c, 7d, 7f und 7k	aufgehoben

Lfd. Nr.	Datum	Änderungsgesetz	Art.	Fundstellen *Inkrafttreten*	Geänderte Vorschriften	Art der Änderung
					§ 9 Abs. 6	neu gefasst
					§ 9a Satz 1 Nr. 3	geändert
					§ 10 Abs. 1 Nr. 1, 1a und 1b	aufgehoben
					Nr. 2 Satz 3 und 4	eingefügt
					Nr. 3 Satz 3	geändert
					Abs. 1a	eingefügt
					Abs. 3 Satz 1	neu gefasst
					Satz 7	geändert
					§ 10c Satz 1	geändert
					§ 12 Satzteil vor Nr. 1	geändert
					Nr. 5	aufgehoben
					§ 13 Abs. 3 Satz 1	geändert
					§ 13a	neu gefasst
					Anlage 1a zu § 13a	eingefügt
					§ 19 Abs. 1 Satz 1 Nr. 1a	eingefügt
					Nr. 3 Satz 2	neu gefasst
					Satz 3	geändert
					§ 22 Nr. 1a	neu gefasst
					Nr. 1b und 1c	aufgehoben
					§ 32 Abs. 4 Satz 1 Nr. 2 Buchstabe b	geändert
					§ 34c Abs. 1 Satz 2 und 3 erster Halbsatz	neu gefasst
					§ 35b Satz 3	aufgehoben
					§ 37 Abs. 3 Satz 4	geändert
					§ 39a Abs. 1 Satz 1 Nr. 2	geändert
					Abs. 2 Satz 4	geändert
					Abs. 3 Satz 2	geändert
					§ 40 Abs. 2 Satz 1 Nr. 4	geändert
					§ 44 Abs. 1 Satz 4 Nr. 3 Buchstabe c	angefügt
					§ 44b Abs. 5 Satz 3	eingefügt
					§ 52 Abs. 4 Satz 13	angefügt
					Abs. 5 Satz 2	angefügt
					Abs. 18 Satz 1	geändert
					Abs. 22a	eingefügt
					Abs. 26a	eingefügt
					Abs. 34a	eingefügt
					Abs. 48 Satz 3	geändert
					§ 70 Abs. 3	neu gefasst
					§ 75 Abs. 1	geändert
24	1. 4. 2015	Gesetz zur Modernisierung der Finanzaufsicht über Versicherungen	2 Abs. 7	BGBl. I S. 434 *grundsätzlich 1. 1. 2016*	§ 4c Abs. 1 Satz 2	geändert
					§ 4e Abs. 1	geändert
					§ 10 Abs. 1 Nr. 3 Buchstabe a Satz 3	geändert
					§ 19 Abs. 1 Satz 1 Nr. 3	geändert
					§ 43 Abs. 3 Satz 1	geändert
25	29. 6. 2015	Gesetz zur Neuregelung der Unterhaltssicherung sowie zur Änderung soldatenrechtlicher Vorschriften	3 Abs. 11	BGBl. I S. 1061 grundsätzlich 01. 11. 2015	§ 3 Nr. 48	neu gefasst
					§ 32b Abs. 1 Satz 1 Nr. 1 Buchstabe h	neu gefasst
26	16. 7. 2015	Gesetz zur Anhebung des Grundfreibetrags, des Kinderfreibetrags, des Kindergeldes und des Kinderzuschlags	1	BGBl. I S. 1202, BStBl I S. 566 Artikel 1 Tag nach Verkündung	§ 24 Abs. 1	ersetzt durch Abs. 1 und 2
					bisheriger Abs. 2	wird Abs. 3
					bisheriger Abs. 3	wird Abs. 4 und neu gefasst
					§ 32 Abs. 6 Satz 1	geändert
					§ 32a Abs. 1	neu gefasst
					§ 33a Abs. 1 Satz 1	geändert
					§ 39a Abs. 1 Satz 1 und Satz 3	geändert
					Abs. 3 Satz 1	geändert

Lfd. Nr.	Datum	Änderungsgesetz	Art.	Fundstellen *Inkrafttreten*	Geänderte Vorschriften	Art der Änderung
					§ 39b Abs. 2	
					Satz 5 Nr. 4	geändert
					Satz 7 2. Halbsatz	geändert
					§ 46 Abs. 2 Nr. 3 und Nr. 4	geändert
					§ 51a Abs. 2a Satz 1	neu gefasst
					§ 52	
					Abs. 32a	eingefügt
					Abs. 37b	eingefügt
					Abs. 49a Satz 3	angefügt
					§ 66 Abs. 1	neu gefasst
			2	Artikel 2 Inkrafttreten 1. 1. 2016	§ 32 Abs. 6 Satz 1	geändert
					§ 32a Abs. 1	neu gefasst
					§ 33a Abs. 1 Satz 1	geändert
					§ 39b Abs. 2 Satz 7 Teilsatz nach Semikolon	neu gefasst
					§ 46 Abs. 2 Nr. 3 und Nr. 4	geändert
					§ 51a Abs. 2a Satz 1	geändert
					§ 52 Abs. 49a Satz 4	angefügt
					§ 66 Abs. 1	neu gefasst
27	28. 7. 2015	Gesetz zur Entlastung insbesondere der mittelständischen Wirtschaft von Bürokratie (Bürokratieentlastungsgesetz)	5	BGBl. I S. 1400 *grundsätzlich Tag nach Verkündung*	§ 39a Abs. 1 Satz 3	geändert
					§ 39f Abs. 1 Satz 5	eingefügt
					Satz 9 bis 11	angefügt
					Abs. 3 Satz 1	neu gefasst
					§ 40a Abs. 1 Satz 2 Nr. 1	geändert
					§ 51a Abs. 2c Satz 1 Nr. 3	
					Satz 5	neu gefasst
					Satz 9	neu gefasst
					§ 52 Abs. 37a	eingefügt
28	31. 8. 2015	Zehnte Zuständigkeitsanpassungsverordnung	234	BGBl. I S. 1474 *grundsätzlich Tag nach Verkündung*	§ 49 Abs. 4 Satz 2	geändert
					§ 51 Abs. 1 Nr. 2 Buchstabe n Satz 4	geändert
					§ 92a Abs. 1 Satz 3	geändert
29	2. 11. 2015	Steueränderungsgesetz 2015	1	BGBl. I S. 1834 *Tag nach Verkündung*	§ 6b Abs. 2a	eingefügt
					§ 52 Abs. 14 Satz 1	eingefügt
					bisheriger Satz 1	wird Satz 2
			2	Inkrafttreten 1. 11. 2015	§ 39e Abs. 2 Satz 5	neu gefasst
					§ 1 Abs. 1 Satz 2	neu gefasst
			3	Inkrafttreten 1. 1. 2016	§ 3 Nr. 40 Satz 5	angefügt
					§ 6 Abs. 1 Nr. 4 Satz 3	neu gefasst
					§ 7g Abs. 1 bis 4	neu gefasst
					§ 10 Abs. 1a Nr. 1 Satz 7 bis 9	angefügt
					§ 43b Abs. 2 Satz 1	neu gefasst
					Anlage 2 (zu § 43b) Nr. 1	
					Buchstabe v	neu gefasst
					Buchstabe x	neu gefasst
					§ 44 Abs. 1 Satz 3	geändert
					Abs. 2 Satz 2	geändert
					§ 44a Abs. 1 Satz 1 Satzteil vor Nr. 1	geändert
					Nr. 3	geändert
					§ 50 Abs. 4 Satz 1	geändert
					§ 52 Abs. 1	geändert
					Abs. 12 Satz 1	geändert
					Abs. 16	
					Satz 1 bis 3	eingefügt
					bisherige Sätze 1 und 2	werden die Sätze 4 und 5
					Abs. 42a	eingefügt
					Abs. 46 Satz 2	angefügt

Lfd. Nr.	Datum	Änderungsgesetz	Art.	Fundstellen *Inkrafttreten*	Geänderte Vorschriften	Art der Änderung
			13	*Tag nach Verkündung*	§ 19 Abs. 1 Satz 1 Nr. 3 Satz 2 1. Halbsatz Buchstabe a Buchstabe c	 neu gefasst neu gefasst
30 [1]	21. 12. 2015	Gesetz zur Umsetzung der EU-Mobilitäts-Richtlinie	2	BGBl. I S. 2553 Inkrafttreten 1. 1. 2018	§ 4d Abs. 1 Satz 1 Nr. 1 Satz 1 Buchstabe b Satz 2 Buchstabe c Satz 3 Satz 6 § 6a Abs. 2 Nr. 1 Abs. 3 Satz 2 Nr. 1 Satz 6 § 52 Abs. 7 Abs. 13	 neu gefasst geändert geändert neu gefasst neu gefasst aufgehoben aufgehoben

1) Zuletzt geändert durch das Gesetz zur Änderung des Einkommensteuergesetzes zur Erhöhung des Lohnsteuereinbehalts in der Seeschifffahrt vom 24. 2. 2016 (BGBl. I S. 310); das Gesetz tritt an dem Tag in Kraft, an dem die Europäische Kommission die Genehmigung zu dem Änderungsgesetz erteilt hat. Der Zeitpunkt der Genehmigung sowie der Tag des Inkrafttretens sind vom BMF im BGBl. gesondert bekannt zu machen.; § 41a Abs. 4 Satz 1 EStG wird neugefasst, § 52 Abs. 40a EStG wird neu eingefügt.

Einführung

(1) Die Lohnsteuer-Richtlinien in der geänderten Fassung (Lohnsteuer-Richtlinien 2015 – LStR 2015 –) enthalten im Interesse einer einheitlichen Anwendung des Lohnsteuerrechts durch die Finanzbehörden Erläuterungen der Rechtslage, Weisungen zur Auslegung des Einkommensteuergesetzes und seiner Durchführungsverordnung sowie Weisungen zur Vermeidung unbilliger Härten und zur Verwaltungsvereinfachung.

(2) [1]Die LStR 2015 sind beim Steuerabzug vom Arbeitslohn anzuwenden für Lohnzahlungszeiträume, die nach dem 31. 12. 2014 enden, und für sonstige Bezüge, die dem Arbeitnehmer nach dem 31. 12. 2014 zufließen. [2]Sie gelten auch für frühere Zeiträume, soweit sie geänderte Vorschriften des Einkommensteuergesetzes betreffen, die vor dem 1. 1. 2015 anzuwenden sind. [3]Die LStR 2015 sind auch für frühere Jahre anzuwenden, soweit sie lediglich eine Erläuterung der Rechtslage darstellen. [4] R 19a ist nur bis zum 31. 12. 2015 anzuwenden. [5]Die obersten Finanzbehörden der Länder können mit Zustimmung des Bundesministeriums der Finanzen (BMF) die in den Lohnsteuer-Richtlinien festgelegten Höchst- und Pauschbeträge ändern, wenn eine Anpassung an neue Rechtsvorschriften oder an die wirtschaftliche Entwicklung geboten ist.

(3) Sämtliche Regelungen dieser Richtlinien zu Ehegatten und Ehen gelten entsprechend auch für Lebenspartner und Lebenspartnerschaften.

(4) Anordnungen, die mit den nachstehenden Richtlinien im Widerspruch stehen, sind nicht mehr anzuwenden.

(5) Diesen Richtlinien liegt, soweit im Einzelnen keine andere Fassung angegeben ist, das Einkommensteuergesetz i. d. F. der Bekanntmachung vom 8. 10. 2009 (BGBl. I S. 3366, S. 3862, BStBl I S. 1346), zuletzt geändert durch Artikel 1 bis 3 des Gesetzes zur Anpassung des nationalen Steuerrechts an den Beitritt Kroatiens zur EU und zur Änderung weiterer steuerlicher Vorschriften vom 25. 7. 2014 (BGBl. I S. 1266) zu Grunde.

Anwendung der Lohnsteuer-Richtlinien 2013

Die Lohnsteuer-Richtlinien 2008 i. d. F. vom 10. 12. 2007 (BStBl I Sondernummer 1/2007), geändert durch die Lohnsteuer-Änderungsrichtlinien 2011 vom 23. 11. 2010 (BStBl I S. 1325) und die Lohnsteuer-Änderungsrichtlinien 2013 vom 8. 7. 2013 (BStBl I S. 851) – Lohnsteuer-Richtlinien 2013 –, sind mit den Abweichungen, die sich aus der Änderung von Rechtsvorschriften für die Zeit bis 31. 12. 2014 ergeben, letztmals anzuwenden für Lohnzahlungszeiträume, die vor dem 1. 1. 2015 enden, und für sonstige Bezüge, die dem Arbeitnehmer vor dem 1. 1. 2015 zufließen.

Tabellarische Übersicht über ausgewählte Zahlen zur Lohnsteuer *2016*[1])

Fundstelle – Inhalt	***2016***
§ 3 Nr. 11 EStG, R 3.11 LStR Beihilfen und Unterstützungen in Notfällen steuerfrei bis	600
§ 3 Nr. 26 EStG Einnahmen aus nebenberuflichen Tätigkeiten steuerfrei bis	2 400
§ 3 Nr. 26a EStG Einnahmen aus ehrenamtlichen Tätigkeiten steuerfrei bis	720
§ 3 Nr. 30 u. 50 EStG, R 9.13 LStR Heimarbeitszuschläge (steuerfrei in % des Grundlohns)	10 %
§ 3 Nr. 34 EStG Freibetrag für Gesundheitsförderung	500
§ 3 Nr. 34a ***Buchstabe b*** EStG ***Freibetrag für die kurzfristige Betreuung von Kindern und pflegebedürftigen Angehörigen aus zwingenden, beruflich veranlassten Gründen***	600
§ 3 Nr. 38 EStG Sachprämien aus Kundenbindungsprogrammen steuerfrei bis	1 080
§ 3 Nr. 39 EStG Freibetrag für Vermögensbeteiligungen	360
§ 3 Nr. 56 EStG Höchstbetrag für Beiträge aus dem ersten Dienstverhältnis an eine nicht kapitalgedeckte Pensionskasse steuerfrei bis jährlich 2 % der Beitragsbemessungsgrenze (West) von ***74 400 Euro***[2])	***1 488***[2])
§ 3 Nr. 63 EStG • Höchstbetrag für Beiträge aus dem ersten Dienstverhältnis an Pensionsfonds, Pensionskassen oder für Direktversicherungen steuerfrei bis jährlich 4 % der Beitragsbemessungsgrenze (West) von ***74 400 Euro***[2])	***2 976***[2])
• Erhöhungsbetrag bei Versorgungszusagen nach dem 31. 12. 2004	1 800
§ 3b EStG Sonntags-, Feiertags- oder Nachtzuschläge (steuerfrei in % des Grundlohns, höchstens von 50 Euro)	
• Nachtarbeit	25 %
• Nachtarbeit von 0 Uhr bis 4 Uhr (wenn Arbeit vor 0 Uhr aufgenommen)	40 %
• Sonntagsarbeit	50 %
• Feiertage + Silvester ab 14 Uhr	125 %
• Weihnachten, Heiligabend ab 14 Uhr und 1. Mai	150 %
§ 8 Abs. 2 ***Satz 11*** EStG Freigrenze für Sachbezüge monatlich	44
§ 8 Abs. 2 EStG, SvEV Sachbezüge	
• Unterkunft (monatlich)	223
• Mahlzeiten (täglich)	
– Frühstück	***1,67***[3])
– Mittagessen/Abendessen	***3,10***[3])
Reisekosten bei Auswärtstätigkeiten	
• Fahrtkosten (§ 9 Abs. 1 Satz 3 Nr. 4a EStG) je Kilometer (pauschal) bei Benutzung eines:	
– Kraftwagens	0,30
– anderen motorbetriebenen Fahrzeugs	0,20
• Verpflegungsmehraufwendungen (§ 9 Abs. 4a EStG) Inland	
– Abwesenheit 24 Stunden	24
– An- und Abreisetag mit Übernachtung	12
– Abwesenheit eintägig und mehr als 8 Stunden	12
– Abwesenheit bis zu 8 Stunden	–

1) Stand 1. 1. 2016, die Übersicht des Amtlichen Lohnsteuer-Handbuches 2016 wurde aktualisiert.
2) Sozialversicherungs-Rechengrößenverordnung 2016, → Anhang 19.
3) Achte Verordnung zur Änderung der Sozialversicherungsentgeltverordnung, → Anhang 4.

Fundstelle – Inhalt	***2016***
• Übernachtungskosten (§ 9 Abs. 1 S. 3 Nr. 5a EStG)	
– Pauschale Inland (R 9.7 LStR, nur Arbeitgeberersatz)	20
• Auswärtstätigkeiten im Ausland ab 1. 1. 2015	
– BMF vom 19. 12. 2014 (BStBl 2015 I S. 34)[1])	
§ 9 Abs. 1 Satz 3 Nr. 4 EStG	
Verkehrsmittelunabhängige Entfernungspauschale für Wege zwischen Wohnung und erster Tätigkeitsstätte	
• je Entfernungs- km	0,30
• Höchstbetrag	4 500
(dieser gilt nicht bei Nutzung eines PKW, bei tatsächlichen ÖPV-Kosten über 4 500 € p. a. sowie für behinderte Menschen i. S. v. § 9 Abs. 2 EStG)	
§ 9 Abs. 1 Satz 3 Nr. 5 EStG	
Doppelte Haushaltsführung	
• Fahrtkosten (Pkw)	
– erste und letzte Fahrt je Kilometer	0,30
– eine Heimfahrt wöchentlich je Entfernungs- km (Entfernungspauschale)	0,30
• Verpflegungsmehraufwendungen	
– 1. bis 3. Monat	12/24
– ab 4. Monat	–
• Übernachtungskosten Inland tatsächliche Aufwendungen max.	1 000 mtl.
– Pauschale Inland (nur Arbeitgeberersatz)	
– 1. bis 3. Monat	20
– ab 4. Monat	5
§ 9a Satz 1 Nr. 1 EStG	
• Arbeitnehmer-Pauschbetrag	1 000
• für Versorgungsempfänger	102
§ 10 Abs. 1 Nr. 5 EStG	
Kinderbetreuungskosten	
• $^2/_3$ der Aufwendungen, höchstens	4 000
• Kind noch keine . . . Jahre alt (Ausnahme: behinderte Kinder)	14
§ 19 EStG, R 19.3 Abs. 1 Satz 2 Nr. 4 LStR	
Fehlgeldentschädigungen steuerfrei bis	16
§ 19 EStG, R 19.3 Abs. 2 Nr. 3 LStR	
Diensteinführung, Verabschiedung usw.; ***Freigrenze*** für Sachleistungen je teilnehmender Person einschließlich Umsatzsteuer	110
§ 19 ***Abs. 1 Satz 1 Nr. 1a*** EStG	
Betriebsveranstaltungen	
Freibetrag je Arbeitnehmer einschließlich Umsatzsteuer	110
§ 19 EStG, R 19.6 Abs. 1 und 2 LStR	
Freigrenze für	
• Aufmerksamkeiten (Sachzuwendungen)	60
• Arbeitsessen	60
§ 19 Abs. 2 EStG (→ Tabelle in § 19 EStG)	
Versorgungsbeginn in ***2016***	
• Prozentsatz	***22,4 %***
• Versorgungsfreibetrag[2])	***1 680***
• Zuschlag zum Versorgungsfreibetrag	***504***
§ 24a EStG (→ Tabelle in § 24a EStG)	
2016 ist Kalenderjahr nach Vollendung des 64. Lebensjahres	
• Prozentsatz	***22,4 %***
• Höchstbetrag	***1 064***
§ 24b EStG	
• Entlastungsbetrag für Alleinerziehende[5]	***1 908***
• ***Erhöhung für jedes weitere Kind***[5]	***240***
§§ 37a, 37b EStG, § 39c Abs. 3 EStG, **§ 40 Abs. 2 EStG,** § 40a EStG, § 40b EStG, § 40b EStG a. F.	
Lohnsteuer-Pauschalierungssatz für	
• Kundenbindungsprogramme	2,25 %
• Sachzuwendungen bis 10 000 Euro	30 %

1) Auswärtstätigkeiten im Ausland ab 1. 1. 2016 → BMF vom 9. 12. 2015 (BStBl I S. 1058), → Anhang 31.
2) Anteilig $^1/_{12}$ für jeden Monat.

Fundstelle – Inhalt	*2016*
• Auszahlung tarifvertraglicher Ansprüche durch Dritte (keine Abgeltungswirkung) bei sonstigen Bezügen bis 10 000 Euro	20 %
• Kantinenmahlzeiten	25 %
• Mahlzeiten bei Auswärtstätigkeit	25 %
• Betriebsveranstaltungen	25 %
• Erholungsbeihilfen	25 %
• Verpflegungszuschüsse	25 %
• Schenkung Datenverarbeitungsgeräte und Internet-Zuschüsse	25 %
• Fahrtkostenzuschüsse	15 %
• Kurzfristig Beschäftigte	25 %
• Mini-Job	
– mit pauschaler Rentenversicherung	2 %
– ohne pauschale Rentenversicherung	20 %
• Aushilfskräfte in der Land- und Forstwirtschaft	5 %
• nicht kapitalgedeckte Pensionskassen	20 %
• kapitalgedeckte Pensionskassen und Direktversicherungen bei Versorgungszusage vor dem 1. 1. 2005	20 %
• Unfallversicherungen	20 %
• Sonderzahlungen in der betrieblichen Altersversorgung	15 %
§ 40 Abs. 1 EStG	
Pauschalierung von sonstigen Bezügen je Arbeitnehmer höchstens	1 000
§ 40 Abs. 2 Satz 1 Nr. 3 EStG	
Höchstbetrag für die Pauschalierung von Erholungsbeihilfen	
• für den Arbeitnehmer	156
• für den Ehegatten/***Lebenspartner***	104
• je Kind	52
§ 40 Abs. 2 Satz 2 EStG	
Pauschalierung von Fahrtkostenzuschüssen bei Fahrten zwischen Wohnung und erster Tätigkeitsstätte je Entfernungs- km	0,30
(Ausnahme: behinderte Menschen im Sinne von § 9 Abs. 2 EStG)	
§ 40a Abs. 1 EStG	
Pauschalierung bei kurzfristig Beschäftigten	
• Dauer der Beschäftigung	18 Tage
• Arbeitslohn je Kalendertag (Ausnahme: unvorhergesehener Zeitpunkt)	***68***
• Stundenlohngrenze	12
§ 40a Abs. 3 EStG	
Pauschalierung bei Aushilfskräften in der Land- und Forstwirtschaft	
• Dauer der Beschäftigung (im Kalenderjahr)	180 Tage
• Unschädlichkeitsgrenze (in % der Gesamtbeschäftigungsdauer)	25 %
• Stundenlohngrenze	12
§ 40b Abs. 2 EStG, § 40b Abs. 2 EStG a. F.	
Pauschalierung bei nicht kapitalgedeckten Pensionskassen sowie bei kapitalgedeckten Pensionskassen und Direktversicherungen bei Versorgungszusagen vor dem 1. 1. 2005	
• Höchstbetrag im Kalenderjahr je Arbeitnehmer	1 752
• Durchschnittsberechnung möglich bis zu (je Arbeitnehmer)	2 148
§ 40b Abs. 3 EStG	
Pauschalierung bei Unfallversicherungen	
Durchschnittsbetrag im Kalenderjahr je Arbeitnehmer (ohne Versicherungsteuer) höchstens	62
§ 41a Abs. 2 EStG	
Anmeldungszeitraum	
• Kalenderjahr, wenn Lohnsteuer des Vorjahres bis zu	1 080
• Vierteljahr, wenn Lohnsteuer des Vorjahres bis zu	4 000
• Monat, wenn Lohnsteuer des Vorjahres über	4 000
§ 4 SolZG	
Zuschlagsatz (ggf. Nullzone und Milderung)	5,5 %
§ 13 des 5. **VermBG**	
• Einkommensgrenze (zu versteuerndes Einkommen) bei Vermögensbeteiligungen	
– Alleinstehende	20 000
– Verheiratete/Verpartnerte	40 000

Fundstelle – Inhalt	2016
• Einkommensgrenze (zu versteuerndes Einkommen) bei Bausparverträgen u. Ä., Aufwendungen zum Wohnungsbau	
– Alleinstehende	17 900
– Verheiratete/Verpartnerte	35 800
• Bemessungsgrundlage höchstens	
– Vermögensbeteiligungen	400
– Bausparverträge u. Ä., Aufwendungen zum Wohnungsbau	470
• Höhe der Arbeitnehmer-Sparzulage (in % der Bemessungsgrundlage)	
– Vermögensbeteiligungen	20 %
– Bausparverträge u. Ä., Aufwendungen zum Wohnungsbau	9 %

I. Steuerpflicht

§ 1 Steuerpflicht EStG

(1) [1]Natürliche Personen, die im Inland einen Wohnsitz oder ihren gewöhnlichen Aufenthalt haben, sind unbeschränkt einkommensteuerpflichtig. [2]Zum Inland im Sinne dieses Gesetzes gehört auch der der Bundesrepublik Deutschland zustehende Anteil S 2100 S 2101 1)

1. an der ausschließlichen Wirtschaftszone, soweit dort

a) die lebenden und nicht lebenden natürlichen Ressourcen der Gewässer über dem Meeresboden, des Meeresbodens und seines Untergrunds erforscht, ausgebeutet, erhalten oder bewirtschaftet werden,

b) andere Tätigkeiten zur wirtschaftlichen Erforschung oder Ausbeutung der ausschließlichen Wirtschaftszone ausgeübt werden, wie beispielsweise die Energieerzeugung aus Wasser, Strömung und Wind oder

c) künstliche Inseln errichtet oder genutzt werden und Anlagen und Bauwerke für die in den Buchstaben a und b genannten Zwecke errichtet oder genutzt werden, und

2. am Festlandsockel, soweit dort

a) dessen natürliche Ressourcen erforscht oder ausgebeutet werden; natürliche Ressourcen in diesem Sinne sind die mineralischen und sonstigen nicht lebenden Ressourcen des Meeresbodens und seines Untergrunds sowie die zu den sesshaften Arten gehörenden Lebewesen, die im nutzbaren Stadium entweder unbeweglich auf oder unter dem Meeresboden verbleiben oder sich nur in ständigem körperlichen Kontakt mit dem Meeresboden oder seinem Untergrund fortbewegen können; oder

b) künstliche Inseln errichtet oder genutzt werden und Anlagen und Bauwerke für die in Buchstabe a genannten Zwecke errichtet oder genutzt werden.

(2) [1]Unbeschränkt einkommensteuerpflichtig sind auch deutsche Staatsangehörige, die S 2102

1. im Inland weder einen Wohnsitz noch ihren gewöhnlichen Aufenthalt haben und

2. zu einer inländischen juristischen Person des öffentlichen Rechts in einem Dienstverhältnis stehen und dafür Arbeitslohn aus einer inländischen öffentlichen Kasse beziehen,

sowie zu ihrem Haushalt gehörende Angehörige, die die deutsche Staatsangehörigkeit besitzen oder keine Einkünfte oder nur Einkünfte beziehen, die ausschließlich im Inland einkommensteuerpflichtig sind. [2]Dies gilt nur für natürliche Personen, die in dem Staat, in dem sie ihren Wohnsitz oder ihren gewöhnlichen Aufenthalt haben, lediglich in einem der beschränkten Einkommensteuerpflicht ähnlichen Umfang zu einer Steuer vom Einkommen herangezogen werden.

(3) [1]Auf Antrag werden auch natürliche Personen als unbeschränkt einkommensteuerpflichtig behandelt, die im Inland weder einen Wohnsitz noch ihren gewöhnlichen Aufenthalt haben, soweit sie inländische Einkünfte im Sinne des § 49 haben. [2]Dies gilt nur, wenn ihre Einkünfte im Kalenderjahr mindestens zu 90 Prozent der deutschen Einkommensteuer unterliegen oder die nicht der deutschen Einkommensteuer unterliegenden Einkünfte den Grundfreibetrag nach § 32a Absatz 1 Satz 2 Nummer 1 nicht übersteigen; dieser Betrag ist zu kürzen, soweit es nach den Verhältnissen im Wohnsitzstaat des Steuerpflichtigen notwendig und angemessen ist. [3]Inländische Einkünfte, die nach einem Abkommen zur Vermeidung der Doppelbesteuerung nur der Höhe nach beschränkt besteuert werden dürfen, gelten hierbei als nicht der deutschen Einkommensteuer unterliegend. [4]Unberücksichtigt bleiben bei der Ermittlung der Einkünfte nach Satz 2 nicht der deutschen Einkommensteuer unterliegende Einkünfte, die im Ausland nicht besteuert werden, soweit vergleichbare Einkünfte im Inland steuerfrei sind. [5]Weitere Voraussetzung ist, dass die Höhe der nicht der deutschen Einkommensteuer unterliegenden Einkünfte durch eine Bescheinigung der zuständigen ausländischen Steuerbehörde nachgewiesen wird. [6]Der Steuerabzug nach § 50a ist ungeachtet der Sätze 1 bis 4 vorzunehmen. S 2104

(4) Natürliche Personen, die im Inland weder einen Wohnsitz noch ihren gewöhnlichen Aufenthalt haben, sind vorbehaltlich der Absätze 2 und 3 und des § 1a beschränkt einkommensteuerpflichtig, wenn sie inländische Einkünfte im Sinne des § 49 haben. S 2103

Hinweise H 1

Antrag zur unbeschränkten Steuerpflicht

→ Anhang 40

1) Absatz 1 Satz 2 wurde durch das Steueränderungsgesetz 2015 ab VZ 2016 neu gefasst.

Auslandstätigkeitserlass

→ BMF-Schreiben vom 31. 10. 1983 (BStBl I S. 470);
→ H 39.4

Erweiterte unbeschränkte Steuerpflicht und unbeschränkte Steuerpflicht auf Antrag

Anhang 30 → R 1a EStR
→ H 1a EStH

Kirchensteuerpflicht von Auslandsbediensteten

(Verfügung der OFD Berlin vom 17. 6. 2004 – St 153 – S 2440 – 2/04 –)

Nach § 1 Abs. 2 EStG sind auch deutsche Staatsangehörige unbeschränkt einkommensteuerpflichtig, die im Inland weder einen Wohnsitz noch ihren gewöhnlichen Aufenthalt haben und die zu einer inländischen juristischen Person des öffentlichen Rechts in einem Dienstverhältnis stehen und dafür Arbeitslohn aus einer inländischen öffentlichen Kasse beziehen.

Demgegenüber setzt die Kirchensteuerpflicht voraus, dass es sich um einen Angehörigen einer steuerberechtigten Religionsgemeinschaft handelt, der seinen Wohnsitz oder gewöhnlichen Aufenthalt i. S. der §§ 8 und 9 AO im Land Berlin hat (§ 2 Abs. 1 KiStG Berlin). Das bedeutet, dass im auswärtigen Dienst Tätige, Soldaten, Beamte und Arbeitnehmer der Bundeswehr und vergleichbare andere Arbeitnehmer, die für längere Zeit ins Ausland entsandt werden, nicht mehr kirchensteuerpflichtig sind, sobald sie ihren Wohnsitz in Deutschland aufgegeben haben.

Bei Unverheirateten wird das regelmäßig vom Beginn der Abordnung an und bei Verheirateten von dem Zeitpunkt an der Fall sein, in dem sie ihre Familie in das Ausland nachfolgen lassen und die Wohnung in Deutschland aufgeben.

Bescheinigung nach § 1 Abs. 3 Satz 4 Einkommensteuergesetz; Verzicht auf die Bestätigung der ausländischen Steuerbehörde im Lohnsteuer-Ermäßigungsverfahren

(BMF-Schreiben vom 25. 11. 1999 – IV C 1 – S 2102 – 31/99 –, BStBl I S. 990)

Im Einvernehmen mit den obersten Finanzbehörden der Länder ergänze ich die Tz. 1.1 des BMF-Schreibens vom 30. Dezember 1996 (BStBl I S. 1506) wie folgt:

Im Lohnsteuer-Ermäßigungsverfahren kann auf die Bestätigung der ausländischen Steuerbehörde auf dem amtlichen Vordruck „Anlage Grenzpendler EU/EWR" bzw. „Anlage Grenzpendler außerhalb EU/EWR" verzichtet werden, wenn für einen der beiden vorangegangenen Veranlagungszeiträume bereits eine von der ausländischen Steuerbehörde bestätigte Anlage „Bescheinigung EU/EWR" bzw. „Bescheinigung außerhalb EU/EWR" vorliegt und sich die Verhältnisse nach Angaben des Steuerpflichtigen nicht geändert haben.

Steuerabzug beschränkt Steuerpflichtiger

→ R 39.4

Unbeschränkte Steuerpflicht – auf Antrag –

Anhang 30 → R 1a EStR
→ Anhang 40

Wohnung, Wohnsitz im Inland

Behält ein ins Ausland versetzter Arbeitnehmer eine Wohnung im Inland bei, deren Benutzung ihm jederzeit möglich ist und die so ausgestattet ist, daß diese ihm jederzeit als Bleibe dienen kann, so ist – widerlegbar – zu vermuten, daß er einen Wohnsitz im Inland hat (→ BFH vom 17. 5. 1995 – BStBl 1996 II S. 2).

Bezieht ein im Inland ansässiger Steuerpflichtiger von einem inländischen Arbeitgeber Lohn für eine Tätigkeit als Besatzungsmitglied eines unter philippinischer Flagge fahrenden Seeschiffes, so ist der Arbeitslohn im Inland steuerpflichtig (→ BFH vom 11. 2. 1997 – BStBl 1997 II S. 432).

1. Ein Steuerpflichtiger kann mehrere Wohnungen und mehrere Wohnsitze i. S. des § 8 AO 1977 haben. Diese können im In- und/oder Ausland gelegen sein.

2. Ein Wohnsitz i. S. des § 8 AO 1977 setzt nicht voraus, daß der Steuerpflichtige von dort aus seiner täglichen Arbeit nachgeht. Ebensowenig ist es erforderlich, daß der Steuerpflichtige sich während einer Mindestzahl von Tagen oder Wochen im Jahr in der Wohnung aufhält.

3. Ein FG kann seine Beurteilung, daß objektiv erkennbare Umstände für die Beibehaltung der Wohnung für Zwecke des eigenen Wohnens sprechen, auf die Wohnungsausstattung und die tatsächliche Nutzung der Wohnung stützen.

4. Nach der Lebenserfahrung spricht es für die Beibehaltung eines Wohnsitzes i. S. des § 8 AO 1977, wenn jemand eine Wohnung, die er vor und nach einem Auslandsaufenthalt als einzige ständig nutzt, während desselben unverändert und in einem ständig nutzungsbereiten Zustand beibehält (→ BFH vom 19. 3. 1997 – BStBl 1997 II S. 447).

§ 1a [Fiktive unbeschränkte Steuerpflicht für Angehörige eines EU-/EWR-Staates]

EStG

S 2104

(1) Für Staatsangehörige eines Mitgliedstaates der Europäischen Union oder eines Staates, auf den das Abkommen über den Europäischen Wirtschaftsraum anwendbar ist, die nach § 1 Absatz 1 unbeschränkt einkommensteuerpflichtig sind oder die nach § 1 Absatz 3 als unbeschränkt einkommensteuerpflichtig zu behandeln sind, gilt bei Anwendung von § 10 Absatz 1a und § 26 Absatz 1 Satz 1 Folgendes:

1. **Aufwendungen im Sinne des § 10 Absatz 1a sind auch dann als Sonderausgaben abziehbar, wenn der Empfänger der Leistung oder Zahlung nicht unbeschränkt einkommensteuerpflichtig ist. Voraussetzung ist, dass**
   a) **der Empfänger seinen Wohnsitz oder gewöhnlichen Aufenthalt im Hoheitsgebiet eines anderen Mitgliedstaates der Europäischen Union oder eines Staates hat, auf den das Abkommen über den Europäischen Wirtschaftsraum Anwendung findet und**
   b) **die Besteuerung der nach § 10 Absatz 1a zu berücksichtigenden Leistung oder Zahlung beim Empfänger durch eine Bescheinigung der zuständigen ausländischen Steuerbehörde nachgewiesen wird;**
2. **der nicht dauernd getrennt lebende Ehegatte ohne Wohnsitz oder gewöhnlichen Aufenthalt im Inland wird auf Antrag für die Anwendung des § 26 Absatz 1 Satz 1 als unbeschränkt einkommensteuerpflichtig behandelt. [2]Nummer 1 Satz 2 gilt entsprechend. [3]Bei Anwendung des § 1 Absatz 3 Satz 2 ist auf die Einkünfte beider Ehegatten abzustellen und der Grundfreibetrag nach § 32a Absatz 1 Satz 2 Nummer 1 zu verdoppeln.**

(2) Für unbeschränkt einkommensteuerpflichtige Personen im Sinne des § 1 Absatz 2, die die Voraussetzungen des § 1 Absatz 3 Satz 2 bis 5 erfüllen, und für unbeschränkt einkommensteuerpflichtige Personen im Sinne des § 1 Absatz 3, die die Voraussetzungen des § 1 Absatz 2 Satz 1 Nummer 1 und 2 erfüllen und an einem ausländischen Dienstort tätig sind, gilt die Regelung des Absatzes 1 Nummer 2 entsprechend mit der Maßgabe, dass auf Wohnsitz oder gewöhnlichen Aufenthalt im Staat des ausländischen Dienstortes abzustellen ist.

Hinweise

H 1a

Steuerpflicht, Steuerklassen

→ H 1

Unbeschränkte Steuerpflicht

→ H 1

EuGH-Urteil vom 28. Februar 2013 in der Rechtssache C-425/11 (Ettwein) – § 1a EStG bei Wohnsitz Schweiz

BMF-Schreiben vom 16. 09. 2013, BStBl I S. 1325

Der Gerichtshof der Europäischen Union (EuGH) hat mit Urteil vom 28. Februar 2013 in der Rechtssache C-425/11 „Ettwein" (BStBl 2013 II S. 896) entschieden:

„Art. 1 Buchst. a des zwischen der Europäischen Gemeinschaft und ihren Mitgliedstaaten einerseits und der Schweizerischen Eidgenossenschaft andererseits geschlossenen Abkommens über die Freizügigkeit, unterzeichnet in Luxemburg am 21. Juni 1999, sowie die Art. 9 Abs. 2, 13 Abs. 1 und 15 Abs. 2 des Anhangs I dieses Abkommens sind dahin auszulegen, dass sie der Regelung eines Mitgliedstaats entgegenstehen, nach der Eheleuten, die Staatsangehörige dieses

Staates sind und mit ihren gesamten steuerpflichtigen Einkünften der Besteuerung in diesem Staat unterliegen, die in dieser Regelung vorgesehene Zusammenveranlagung unter Berücksichtigung des Splitting-Verfahrens allein deshalb verweigert wird, weil ihr Wohnsitz im Hoheitsgebiet der Schweizerischen Eidgenossenschaft liegt."

Unter Bezugnahme auf das Ergebnis der Erörterungen mit den obersten Finanzbehörden der Länder gilt für die Anwendung von § 1a Absatz 1 EStG im Hinblick auf die Auslegung des Abkommens zwischen der Europäischen Gemeinschaft und ihren Mitgliedstaaten einerseits und der Schweizerischen Eidgenossenschaft andererseits über die Freizügigkeit und nach Maßgabe des o. g. Urteils Folgendes:

§ 1a Absatz 1 EStG ist bei Staatsangehörigen eines Mitgliedstaates der Europäischen Union oder eines Staates, auf den das Abkommen über den Europäischen Wirtschaftsraum anwendbar ist, bei Vorliegen der übrigen Voraussetzungen auch anwendbar, wenn

- der Empfänger der Leistungen im Sinne der Nummern 1 und 1a,
- die ausgleichsberechtigte Person im Sinne der Nummer 1b oder
- der Ehegatte/Lebenspartner im Sinne der Nummer 2

seinen/ihren Wohnsitz oder gewöhnlichen Aufenthalt in der Schweiz haben.

Das gilt für alle noch nicht bestandskräftigen Fälle.

II. Einkommen

S 2110 1. Sachliche Voraussetzungen für die Besteuerung

EStG S 2110 § 2 Umfang der Besteuerung, Begriffsbestimmungen

S 2113 **(1) [1]Der Einkommensteuer unterliegen**

1. Einkünfte aus Land- und Forstwirtschaft,
2. Einkünfte aus Gewerbebetrieb,
3. Einkünfte aus selbständiger Arbeit,
4. Einkünfte aus nichtselbständiger Arbeit,
5. Einkünfte aus Kapitalvermögen,
6. Einkünfte aus Vermietung und Verpachtung,
7. sonstige Einkünfte im Sinne des § 22,

die der Steuerpflichtige während seiner unbeschränkten Einkommensteuerpflicht oder als inländische Einkünfte während seiner beschränkten Einkommensteuerpflicht erzielt. [2]Zu welcher Einkunftsart die Einkünfte im einzelnen Fall gehören, bestimmt sich nach den §§ 13 bis 24.

S 2114 **(2) [1]Einkünfte sind**

1. bei Land- und Forstwirtschaft, Gewerbebetrieb und selbständiger Arbeit der Gewinn (§§ 4 bis 7k und 13a),

S 2130 **2. bei den anderen Einkunftsarten der Überschuss der Einnahmen über die Werbungskosten (§§ 8 bis 9a).**

S 2201 **[2]Bei Einkünften aus Kapitalvermögen tritt § 20 Absatz 9 vorbehaltlich der Regelung in § 32d Absatz 2 an die Stelle der §§ 9 und 9a.**

S 2117 S 2118 **(3) Die Summe der Einkünfte, vermindert um den Altersentlastungsbetrag, den Entlastungsbetrag für Alleinerziehende und den Abzug nach § 13 Absatz 3, ist der Gesamtbetrag der Einkünfte.**

S 2112 **(4) Der Gesamtbetrag der Einkünfte, vermindert um die Sonderausgaben und die außergewöhnlichen Belastungen, ist das Einkommen.**

S 2280 **(5) [1]Das Einkommen, vermindert um die Freibeträge nach § 32 Absatz 6 und um die sonstigen vom Einkommen abzuziehenden Beträge, ist das zu versteuernde Einkommen; dieses bildet die Bemessungsgrundlage für die tarifliche Einkommensteuer. [2]Knüpfen andere Gesetze an den Begriff des zu versteuernden Einkommens an, ist für deren Zweck das Einkommen in allen Fällen des § 32 um die Freibeträge nach § 32 Absatz 6 zu vermindern.**

(5a) [1]Knüpfen außersteuerliche Rechtsnormen an die in den vorstehenden Absätzen definierten Begriffe (Einkünfte, Summe der Einkünfte, Gesamtbetrag der Einkünfte, Einkommen, zu versteuerndes Einkommen) an, erhöhen sich für deren Zwecke diese Größen um die nach § 32d Absatz 1 und nach § 43 Absatz 5 zu besteuernden Beträge sowie um die nach § 3 Nummer 40 steuerfreien Beträge und mindern sich um die nach § 3c Absatz 2 nicht abziehbaren Beträge. [2]Knüpfen außersteuerliche Rechtsnormen an die in den Absätzen 1 bis 3 genannten Begriffe

(Einkünfte, Summe der Einkünfte, Gesamtbetrag der Einkünfte) an, mindern sich für deren Zwecke diese Größen um die nach § 10 Absatz 1 Nummer 5 abziehbaren Kinderbetreuungskosten.

(5b) Soweit Rechtsnormen dieses Gesetzes an die in den vorstehenden Absätzen definierten Begriffe (Einkünfte, Summe der Einkünfte, Gesamtbetrag der Einkünfte, Einkommen, zu versteuerndes Einkommen) anknüpfen, sind Kapitalerträge nach § 32d Absatz 1 und § 43 Absatz 5 nicht einzubeziehen.

(6) [1]Die tarifliche Einkommensteuer, vermindert um die anzurechnenden ausländischen Steuern und die Steuerermäßigungen, vermehrt um die Steuer nach § 32d Absatz 3 und 4, die Steuer nach § 34c Absatz 5 und den Zuschlag nach § 3 Absatz 4 Satz 2 des Forstschäden-Ausgleichsgesetzes in der Fassung der Bekanntmachung vom 26. August 1985 (BGBl. I S. 1756), das zuletzt durch Artikel 18 des Gesetzes vom 19. Dezember 2008 (BGBl. I S. 2794) geändert worden ist, in der jeweils geltenden Fassung, ist die festzusetzende Einkommensteuer. [2]Wurde der Gesamtbetrag der Einkünfte in den Fällen des § 10a Absatz 2 um Sonderausgaben nach § 10a Absatz 1 gemindert, ist für die Ermittlung der festzusetzenden Einkommensteuer der Anspruch auf Zulage nach Abschnitt XI der tariflichen Einkommensteuer hinzuzurechnen; bei der Ermittlung der dem Steuerpflichtigen zustehenden Zulage bleibt die Erhöhung der Grundzulage nach § 84 Absatz 2 außer Betracht. [3]Wird das Einkommen in den Fällen des § 31 um die Freibeträge nach § 32 Absatz 6 gemindert, ist der Anspruch auf Kindergeld nach Abschnitt X der tariflichen Einkommensteuer hinzuzurechnen.

(7) [1]Die Einkommensteuer ist eine Jahressteuer. [2]Die Grundlagen für ihre Festsetzung sind jeweils für ein Kalenderjahr zu ermitteln. [3]Besteht während eines Kalenderjahres sowohl unbeschränkte als auch beschränkte Einkommensteuerpflicht, so sind die während der beschränkten Einkommensteuerpflicht erzielten inländischen Einkünfte in eine Veranlagung zur unbeschränkten Einkommensteuerpflicht einzubeziehen. S 2111

(8) Die Regelungen dieses Gesetzes zu Ehegatten und Ehen sind auch auf Lebenspartner und Lebenspartnerschaften anzuwenden.

Hinweise

H 2

Allgemeines, Berechnungsschema

→ R 2 EStR, H 2 EStH Anhang 30

Einnahmen aus Preisen, Preisgelder

Einkommensteuerrechtliche Behandlung von Preisgeldern (§ 2 Abs. 1 EStG)

(BMF-Schreiben vom 5. 9. 1996, BStBl I S. 1150) unter Berücksichtigung der Änderungen durch BMF-Schreiben vom 23. 12. 2002 (BStBl 2003 I S. 76)

Unter Bezugnahme auf das Ergebnis der Erörterung mit den obersten Finanzbehörden der Länder gilt zur einkommensteuerrechtlichen Behandlung von Preisgeldern folgendes:

1. **Einnahmen aus Preisen (Preisgelder),** insbesondere für wissenschaftliche oder künstlerische Leistungen, unterliegen der Einkommensteuer, wenn sie in untrennbarem wirtschaftlichem Zusammenhang mit einer der Einkunftsarten des Einkommensteuergesetzes stehen. Einkommensteuerlich unbeachtlich sind Einnahmen aus Preisen, die außerhalb einer Tätigkeit zur Erzielung von Einkünften bezogen werden. Für die Abgrenzung ist von den Ausschreibungsbedingungen und den der Preisverleihung zugrundeliegenden Zielen auszugehen.

2. Der **Zusammenhang mit einer Einkunftsart** ist gegeben, wenn die Preisverleihung wirtschaftlich den Charakter eines leistungsbezogenen Entgelts hat und wenn sie sowohl Ziel als auch unmittelbare Folge der Tätigkeit des Steuerpflichtigen ist. Das ist insbesondere dann der Fall, wenn der Preisträger zur Erzielung des Preises ein besonderes Werk geschaffen oder eine besondere Leistung erbracht hat.

   Der Zusammenhang mit einer Einkunftsart ist auch gegeben, wenn die Preisverleihung bestimmungsgemäß in nicht unbedeutendem Umfang die persönlichen oder sachlichen Voraussetzungen der Einkunftserzielung des Steuerpflichtigen fördert.

   Dies ist u. a. der Fall bei

   – werbewirksamen Auszeichnungen im Rahmen von betriebs- oder berufsbezogenen Ausstellungen, wie z. B. Ausstellungen kunstgewerblicher Erzeugnisse (vgl. BFH-Urteil vom 1. Oktober 1964, BStBl III S. 629) und

- Geldpreisen mit Zuschußcharakter, die vom Empfänger im Rahmen seiner ausgeübten beruflichen oder betrieblichen Tätigkeit verwendet werden müssen, z. B. Starthilfen nach der Meisterprüfung als Handwerker, die an die Aufnahme einer selbständigen gewerblichen Tätigkeit geknüpft sind (vgl. BFH-Urteil vom 14. März 1989, BStBl II S. 651), oder Filmpreisen (Produzentenpreisen), die nach den Vergaberichtlinien einer Zweckbestimmung zur Herstellung eines neuen Films unterliegen.

  Ein Indiz dafür, daß die Preisverleihung wirtschaftlich den Charakter eines leistungsbezogenen Entgelts hat und daß sie sowohl Ziel als auch unmittelbare Folge der Tätigkeit des Steuerpflichtigen ist, ist die Bewerbung um den Preis. Dies trifft z. B. auf Ideenwettbewerbe von Architekten zu (vgl. BFH-Urteil vom 16. Januar 1975, BStBl II S. 558).

3. **Keinen Zusammenhang mit einer Einkunftsart** haben dagegen Einnahmen aus Preisen, deren Verleihung in erster Linie dazu bestimmt ist,
   - das Lebenswerk oder Gesamtschaffen des Empfängers zu würdigen,
   - die Persönlichkeit des Preisträgers zu ehren,
   - eine Grundhaltung auszuzeichnen oder
   - eine Vorbildfunktion herauszustellen (vgl. BFH-Urteil vom 9. Mai 1985, BStBl II S. 427).

   Dies kann ausnahmsweise auch angenommen werden, wenn zwar ein bestimmtes Werk oder eine bestimmte Leistung Anlaß für die Preisverleihung war, zur Auswahl des Preisträgers jedoch dessen Gesamtpersönlichkeit oder (bisheriges) Gesamtschaffen entscheidend beigetragen haben. Davon ist z. B. bei der Vergabe des Nobelpreises auszugehen.
4. [entfällt.]

EStG [1] [2]
S 2118a

§ 2a Negative Einkünfte mit Bezug zu Drittstaaten

(1) [1]Negative Einkünfte

1. **aus einer in einem Drittstaat belegenen land- und forstwirtschaftlichen Betriebsstätte,**
2. **aus einer in einem Drittstaat belegenen gewerblichen Betriebsstätte,**
3. **a) aus dem Ansatz des niedrigeren Teilwerts eines zu einem Betriebsvermögen gehörenden Anteils an einer Drittstaaten Körperschaft oder**
   b) aus der Veräußerung oder Entnahme eines zu einem Betriebsvermögen gehörenden Anteils an einer Drittstaaten Körperschaft oder aus der Auflösung oder Herabsetzung des Kapitals einer Drittstaaten Körperschaft,
4. **in den Fällen des § 17 bei einem Anteil an einer Drittstaaten Körperschaft,**
5. **aus der Beteiligung an einem Handelsgewerbe als stiller Gesellschafter und aus partiarischen Darlehen, wenn der Schuldner Wohnsitz, Sitz oder Geschäftsleitung in einem Drittstaat hat,**
6. **a) aus der Vermietung oder der Verpachtung von unbeweglichem Vermögen oder von Sachinbegriffen, wenn diese in einem Drittstaat belegen sind, oder**
   b) aus der entgeltlichen Überlassung von Schiffen, sofern der Überlassende nicht nachweist, dass diese ausschließlich oder fast ausschließlich in einem anderen Staat als

---

1) § 2a Abs. 1 bis 2a EStG i. d. F. des JStG 2009 ist in allen Fällen anzuwenden, in denen die Steuer noch nicht bestandskräftig festgesetzt ist (→ § 52 Abs. 3 Satz 2 EStG i. d. F. vor dem Gesetz zur Anpassung des nationalen Steuerrechts an den Beitritt Kroatiens zur EU und zur Änderung weiterer steuerlicher Vorschriften). Für negative Einkünfte i. S. d. § 2a Abs. 1 und 2 EStG in der am 24. 12. 2008 geltenden Fassung, die vor dem 25. 12. 2008 nach § 2a Abs. 1 Satz 5 EStG bestandskräftig gesondert festgestellt wurden, ist § 2a Abs. 1 Satz 3 bis 5 EStG in der am 24. 12. 2008 geltenden Fassung weiter anzuwenden, → § 52 Abs. 2 Satz 2 EStG.

2) Durch das Steuerentlastungsgesetz 1999/2000/2002 ist § 2a Abs. 3 EStG i. d. F. der Bekanntmachung vom 16. 4. 1997 (BGBl. I S. 821) ab dem VZ 1999 weggefallen (zur Anwendung → § 52 Abs. 2 EStG → § 52 Abs. 3 EStG i. d. F. vor dem Gesetz zur Anpassung des nationalen Steuerrechts an den Beitritt Kroatiens zur EU und zur Änderung weiterer steuerlicher Vorschriften). § 2a Abs. 3 Satz 1, 2 und 4 EStG i. d. F. der Bekanntmachung vom 16. 4. 1997 (BGBl. I S. 821) ist letztmals für den VZ 1998 anzuwenden → § 52 Abs. 3 Satz 4 EStG i. d. F. vor dem Gesetz zur Anpassung des nationalen Steuerrechts an den Beitritt Kroatiens zur EU und zur Änderung weiterer steuerlicher Vorschriften. § 2a Abs. 3 Satz 3, 5 und 6 EStG in der am 29. 4. 1997 geltenden Fassung ist für die VZ ab 1999 weiter anzuwenden, soweit sich ein positiver Betrag i. S. v. § 2a Abs. 3 Satz 3 EStG in der am 29. 4. 1997 geltenden Fassung ergibt oder soweit eine in einem ausländischen Staat belegene Betriebsstätte i. S. v. § 2a Abs. 4 EStG i. d. F. des § 52 Abs. 3 Satz 8 EStG i. d. F. vor dem Gesetz zur Anpassung des nationalen Steuerrechts an den Beitritt Kroatiens zur EU und zur Änderung weiterer steuerlicher Vorschriften in eine Kapitalgesellschaft umgewandelt, übertragen oder aufgegeben wird, → § 52 Abs. 2 Satz 3 EStG. Insoweit ist in § 2a Abs. 3 Satz 5 letzter Halbsatz EStG in der am 29. 4. 1997 geltenden Fassung die Angabe „§ 10d Absatz 3“ durch „§ 10d Absatz 4“ zu ersetzen → § 52 Abs. 2 Satz 4 EStG.

einem Drittstaat eingesetzt worden sind, es sei denn, es handelt sich um Handelsschiffe, die

aa) von einem Vercharterer ausgerüstet überlassen oder

bb) an in einem anderen als einem Drittstaat ansässige Ausrüster, die die Voraussetzungen des § 510 Absatz 1 des Handelsgesetzbuchs erfüllen, überlassen, oder

cc) insgesamt nur vorübergehend an in einem Drittstaat ansässige Ausrüster, die die Voraussetzungen des § 510 Absatz 1 des Handelsgesetzbuchs erfüllen, überlassen

worden sind, oder

c) aus dem Ansatz des niedrigeren Teilwerts oder der Übertragung eines zu einem Betriebsvermögen gehörenden Wirtschaftsguts im Sinne der Buchstaben a und b,

7. a) aus dem Ansatz des niedrigeren Teilwerts, der Veräußerung oder Entnahme eines zu einem Betriebsvermögen gehörenden Anteils an

b) aus der Auflösung oder Herabsetzung des Kapitals

c) in den Fällen des § 17 bei einem Anteil an einer Körperschaft mit Sitz oder Geschäftsleitung in einem anderen Staat als einem Drittstaat, soweit die negativen Einkünfte auf einen der in den Nummern 1 bis 6 genannten Tatbestände zurückzuführen sind,

dürfen nur mit positiven Einkünften der jeweils selben Art und – mit Ausnahme der Fälle der Nummer 6 Buchstabe b – aus demselben Staat, in den Fällen der Nummer 7 auf Grund von Tatbeständen der jeweils selben Art aus demselben Staat, ausgeglichen werden; sie dürfen auch nicht nach § 10d abgezogen werden. [2]Den negativen Einkünften sind Gewinnminderungen gleichgestellt. [3]Soweit die negativen Einkünfte nicht nach Satz 1 ausgeglichen werden können, mindern sie die positiven Einkünfte der jeweils selben Art, die der Steuerpflichtige in den folgenden Veranlagungszeiträumen aus demselben Staat, in den Fällen der Nummer 7 auf Grund von Tatbeständen der jeweils selben Art aus demselben Staat, erzielt. [4]Die Minderung ist nur insoweit zulässig, als die negativen Einkünfte in den vorangegangenen Veranlagungszeiträumen nicht berücksichtigt werden konnten (verbleibende negative Einkünfte). [5]Die am Schluss eines Veranlagungszeitraums verbleibenden negativen Einkünfte sind gesondert festzustellen; § 10d Absatz 4 gilt sinngemäß.

(2) [1]Absatz 1 Satz 1 Nummer 2 ist nicht anzuwenden, wenn der Steuerpflichtige nachweist, dass die negativen Einkünfte aus einer gewerblichen Betriebsstätte in einem Drittstaat stammen, die ausschließlich oder fast ausschließlich die Herstellung oder Lieferung von Waren, außer Waffen, die Gewinnung von Bodenschätzen sowie die Bewirkung gewerblicher Leistungen zum Gegenstand hat, soweit diese nicht in der Errichtung oder dem Betrieb von Anlagen, die dem Fremdenverkehr dienen, oder in der Vermietung oder der Verpachtung von Wirtschaftsgütern einschließlich der Überlassung von Rechten, Plänen, Mustern, Verfahren, Erfahrungen und Kenntnissen bestehen; das unmittelbare Halten einer Beteiligung von mindestens einem Viertel am Nennkapital einer Kapitalgesellschaft, die ausschließlich oder fast ausschließlich die vorgenannten Tätigkeiten zum Gegenstand hat, sowie die mit dem Halten der Beteiligung in Zusammenhang stehende Finanzierung gilt als Bewirkung gewerblicher Leistungen, wenn die Kapitalgesellschaft weder ihre Geschäftsleitung noch ihren Sitz im Inland hat. [2]Absatz 1 Satz 1 Nummer 3 und 4 ist nicht anzuwenden, wenn der Steuerpflichtige nachweist, dass die in Satz 1 genannten Voraussetzungen bei der Körperschaft entweder seit ihrer Gründung oder während der letzten fünf Jahre vor und in dem Veranlagungszeitraum vorgelegen haben, in dem die negativen Einkünfte bezogen werden.

(2a) [1]Bei der Anwendung der Absätze 1 und 2 sind

1. als Drittstaaten die Staaten anzusehen, die nicht Mitgliedstaaten der Europäischen Union sind;
2. Drittstaaten-Körperschaften und Drittstaaten-Kapitalgesellschaften solche, die weder ihre Geschäftsleitung noch ihren Sitz in einem Mitgliedstaat der Europäischen Union haben.

[2]Bei Anwendung des Satzes 1 sind den Mitgliedstaaten der Europäischen Union die Staaten gleichgestellt, auf die das Abkommen über den Europäischen Wirtschaftsraum anwendbar ist, sofern zwischen der Bundesrepublik Deutschland und dem anderen Staat auf Grund der Amtshilferichtlinie gemäß § 2 Absatz 2 des EU-Amtshilfegesetzesoder einer vergleichbaren zwei- oder mehrseitigen Vereinbarung Auskünfte erteilt werden, die erforderlich sind, um die Besteuerung durchzuführen.

2. Steuerfreie Einnahmen

H 3.0
S 2120

Hinweise

Steuerbefreiungen nach anderen Gesetzen und nach Verträgen

Anhang 30 → R 3.0 EStR, H 3.0 EStH

Zwischenstaatliche Vereinbarungen

→ BMF vom 18. 3. 2013 (BStBl I S. 404)

EStG
S 2120

§ 3 [Steuerfreie Einnahmen]

S 2121 **Steuerfrei sind**

1. a) Leistungen aus einer Krankenversicherung, aus einer Pflegeversicherung und aus der gesetzlichen Unfallversicherung,

S 2342 **b) Sachleistungen und Kinderzuschüsse aus den gesetzlichen Rentenversicherungen einschließlich der Sachleistungen nach dem Gesetz über die Alterssicherung der Landwirte,**

c) Übergangsgeld nach dem Sechsten Buch Sozialgesetzbuch und Geldleistungen nach den §§ 10, 36 bis 39 des Gesetzes über die Alterssicherung der Landwirte,

d) das Mutterschaftsgeld nach dem Mutterschutzgesetz, der Reichsversicherungsordnung und dem Gesetz über die Krankenversicherung der Landwirte, die Sonderunterstützung für im Familienhaushalt beschäftigte Frauen, der Zuschuss zum Mutterschaftsgeld nach dem Mutterschutzgesetz sowie der Zuschuss bei Beschäftigungsverboten für die Zeit vor oder nach einer Entbindung sowie für den Entbindungstag während einer Elternzeit nach beamtenrechtlichen Vorschriften;

Anhang 2 VI

Unfallversicherung

Die Steuerfreiheit kann auch für Leistungen aus einer ausländischen gesetzlichen Unfallversicherung in Betracht kommen → BFH vom 7. 8. 1959 – BStBl III S. 462).

EStG

§ 3

Steuerfrei sind

...

S 2342 **2. a) das Arbeitslosengeld, das Teilarbeitslosengeld, das Kurzarbeitergeld, der Zuschuss zum Arbeitsentgelt, das Übergangsgeld, der Gründungszuschuss, nach dem Dritten Buch Sozialgesetzbuch sowie die übrigen Leistungen nach dem Dritten Buch Sozialgesetzbuch und den entsprechenden Programmen des Bundes und der Länder, soweit sie Arbeitnehmern oder Arbeitsuchenden oder zur Förderung der Ausbildung oder Weiterbildung oder Existenzgründung der Empfänger gewährt werden,**

b) das Insolvenzgeld, Leistungen auf Grund der in § 169 und § 175 Absatz 2 des Dritten Buches Sozialgesetzbuch genannten Ansprüche sowie Zahlungen des Arbeitgebers an einen Sozialleistungsträger auf Grund des gesetzlichen Forderungsübergangs nach § 115 Absatz 1 des Zehnten Buches Sozialgesetzbuch, wenn ein Insolvenzereignis nach § 165 Absatz 1 Satz 2 auch in Verbindung mit Satz 3 des Dritten Buches Sozialgesetzbuch vorliegt,

c) die Arbeitslosenbeihilfe nach dem Soldatenversorgungsgesetz,

d) Leistungen zur Sicherung des Lebensunterhalts und zur Eingliederung in Arbeit nach dem Zweiten Buch Sozialgesetzbuch,

e) mit den in den Nummern 1 bis 2 Buchstabe d genannten Leistungen vergleichbare Leistungen ausländischer Rechtsträger, die ihren Sitz in einem Mitgliedstaat der Europäischen Union, in einem Staat, auf den das Abkommen über den Europäischen Wirtschaftsraum Anwendung findet oder in der Schweiz haben;

Leistungen nach dem Dritten Buch Sozialgesetzbuch (§ 3 Nr. 2 EStG)

R 3.2

S 2342

(1) [1]Steuerfrei sind das Arbeitslosengeld und das Teilarbeitslosengeld nach dem Dritten Buch Sozialgesetzbuch (SGB III). [2]Etwaige spätere Zahlungen des Arbeitgebers an die Agentur für Arbeit auf Grund des gesetzlichen Forderungsübergangs (§ 115 SGB X) sind ebenfalls steuerfrei, wenn über das Vermögen des Arbeitgebers das Insolvenzverfahren eröffnet worden ist oder einer der Fälle des § 165 Abs. 1 Satz 2 Nr. 2 oder 3 SGB III vorliegt. [3]Hat die Agentur für Arbeit in den Fällen der § 157 Abs. 3 und § 158 Abs. 4 SGB III zunächst Arbeitslosengeld gezahlt und zahlt der Arbeitnehmer dieses auf Grund dieser Vorschriften der Agentur für Arbeit zurück, so bleibt die Rückzahlung mit Ausnahme des Progressionsvorbehalts[1]) (→ R 32b EStR) ohne steuerliche Auswirkung (§ 3c EStG); der dem Arbeitnehmer vom Arbeitgeber nachgezahlte Arbeitslohn ist grundsätzlich steuerpflichtig.

(2) Steuerfrei sind außerdem das Insolvenzgeld (§ 165 SGB III) und Leistungen des Insolvenzverwalters oder des ehemaligen Arbeitgebers auf Grund von § 169 Satz 1 SGB III an die Bundesagentur oder Leistungen der Einzugsstelle an die Agentur für Arbeit auf Grund von § 175 Abs. 2 SGB III.

(3) Zu den steuerfreien Leistungen nach dem SGB III gehört auch das Wintergeld, das als Mehraufwands-Wintergeld zur Abgeltung der witterungsbedingten Mehraufwendungen bei Arbeit und als Zuschuss-Wintergeld für jede aus Arbeitszeitguthaben ausgeglichene Ausfallstunde (zur Vermeidung der Inanspruchnahme des Saison-Kurzarbeitergeldes) gezahlt wird (§ 102 SGB III).

(4) Steuerfrei sind auch das Übergangsgeld und der Gründungszuschuss, die behinderten oder von Behinderung bedrohten Menschen nach den §§ 45 bis 52 SGB IX bzw. § 33 Abs. 3 Nr. 5 SGB IX geleistet werden, weil es sich um Leistungen im Sinne des SGB III, SGB VI, SGB VII oder des Bundesversorgungsgesetzes (BVG) handelt.

Hinweise

H 3.2

→ R 3.2 EStR

Berufsausbildungsbeihilfen

→ H 3.11

Insolvenzgeld, durch Dritte vorfinanziert beim Progressionsvorbehalt

Zeitpunkt der Erfassung des durch Dritte vorfinanzierten Insolvenzgeldes beim Progressionsvorbehalt

(Verfügung der Oberfinanzdirektion Magdeburg vom 18. 4. 2013
– S 2295 – 50 – St 223 –)

Das Insolvenzgeld gehört zu den Leistungen nach dem SGB III und ist damit steuerfrei nach § 3 Nr. 2 EStG i. V. m. R 3.2 Abs. 2 LStR 2011. Allerdings unterliegt das tatsächlich gezahlte Insolvenzgeld dem Progressionsvorbehalt (§ 32b Abs. 1 Nr. 1a EStG). Nach § 188 Abs. 4 SGB III kann ein Arbeitnehmer vor seinem Antrag auf Insolvenz und vor Eröffnung des Insolvenzverfahrens bzw. Abweisung des Antrags mangels Masse seinen Anspruch auf Arbeitsentgelt mit Zustimmung der Bundesagentur für Arbeit an ein Kreditinstitut abtreten (Vorfinanzierung). Mit seinem Urteil vom 01. 03. 2012, BStBl II S. 596, hat der BFH entschieden, dass soweit Insolvenzgeld vorfinanziert wird, das nach § 188 Absatz 1 SGB III einem Dritten zusteht, die Gegenleistung für die Übertragung des Arbeitsentgeltanspruchs als Insolvenzgeld i. S. d. § 32b Absatz 1 Nr. 1a EStG anzusehen ist. Die an den Arbeitnehmer gezahlten Entgelte hat dieser i. S. d. § 32b Absatz 1 Nr. 1a EStG bezogen, wenn sie ihm nach den Regeln über die Leistungen sind 'bezogen', wenn sie nach den Regeln über die Überschusseinkünfte gem. § 2 Absatz 2 Nr. 2 EStG 'erzielt' wurden. Abzustellen ist insoweit auf den Zuflusszeitpunkt i. S. d. § 11 Absatz 1 EStG. Da die vorfinanzierten Beträge als Insolvenzgeld i. S. d. Vorschrift anzusehen sind, hat der Arbeitnehmer im Zeitpunkt der Erlangung der Verfügungsmacht über die Auszahlungsbeträge Insolvenzgeld bezogen. Daher ist zu beachten, dass es bei der Feststellung des Zuflusszeitraums nicht auf den Zeitpunkt der Bewilligung durch die Arbeitsvermittlung ankommt, sondern auf den tatsächlichen Zufluss beim Arbeitnehmer.

1) → Anhang 30.

Lohnersatzleistungen aus der Schweiz, der EU und EWR-Staaten

Einkommensteuerliche Behandlung von Lohnersatzleistungen aus der Schweiz, der EU und EWR-Staaten

Kurzinformation der Steuergruppe St 3 der Oberfinanzdirektion Koblenz

Nr. ST 3_2012 K019 vom 29. 02. 2012 – S 2295/S 2342 A-St 33 3, St 32 3 –

Lohnersatzleistungen aus dem EU-/EWR-Ausland und der Schweiz sind von der deutschen Steuer freizustellen und dem Progressionsvorbehalt zu unterwerfen. Für Lohnersatzleistungen, die ein unbeschränkt Steuerpflichtiger aus einem Staat erhält, mit dem Deutschland ein Doppelbesteuerungsabkommen (DBA) abgeschlossen hat, hat regelmäßig der Ansässigkeitsstaat des Steuerpflichtigen das Besteuerungsrecht. Im Vorgriff auf eine gesetzliche Neuregelung ist – nach einer Erörterung auf Bund-Länder-Ebene – nunmehr Folgendes zu beachten:

In Fällen, in denen Deutschland der Ansässigkeitsstaat des Steuerpflichtigen im Sinne des jeweiligen DBA ist, sind den deutschen Vorschriften vergleichbare Lohnersatzleistungen aus der Schweiz und dem EU-/EWR-Ausland aus sachlichen Billigkeitsgründen – in analoger Anwendung des § 3 Nr. 2 EStG von der deutschen Steuer freizustellen. Gleichzeitig ist § 32b Abs. 1 Nr. 1 EStG analog anzuwenden. Das bedeutet, die Lohnersatzleistungen sind dem Progressionsvorbehalt zu unterwerfen. R 3.2 der EStR 2008 ist somit nicht mehr anzuwenden; eine Anpassung im o. g. Sinne ist alsbald geplant. Ist Deutschland nicht Ansässigkeitsstaat des Steuerpflichtigen und hat Deutschland die Lohnersatzleistungen nach einem DBA von der Steuer freizustellen, sind diese nach § 32b Abs. 1 Nr. 3 EStG, dem Progressionsvorbehalt zu unterwerfen.

Zahlungen des Arbeitgebers an die Agentur für Arbeit

Leistet der Arbeitgeber aufgrund des gesetzlichen Forderungsübergangs nach § 115 SGB X eine Lohnnachzahlung unmittelbar an die Arbeitsverwaltung, führt dies beim Arbeitnehmer zum Zufluss von Arbeitslohn (→ BFH vom 15. 11. 2007 – BStBl 2008 II S. 375). Sind die Voraussetzungen von R 3.2 Abs. 1 Satz 2 nicht erfüllt, d. h. liegt kein Konkurs-, Gesamtvollstreckungs- oder Insolvenzverfahren vor, sind die Zahlungen des Arbeitgebers steuerpflichtiger Arbeitslohn (→ BFH vom 16. 3. 1993 – BStBl II S. 507); in diesen Fällen ist R 39b.6 Abs. 3 zu beachten.

---

§ 3

Steuerfrei sind

...

S 2342 **3. a) Rentenabfindungen nach § 107 des Sechsten Buches Sozialgesetzbuch, nach § 21 des Beamtenversorgungsgesetzes oder entsprechendem Landesrecht und nach § 43 des Soldatenversorgungsgesetzes in Verbindung mit § 21 des Beamtenversorgungsgesetzes,**

b) Beitragserstattungen an den Versicherten nach den §§ 210 und 286d des Sechsten Buches Sozialgesetzbuch sowie nach den §§ 204, 205 und 207 des Sechsten Buches Sozialgesetzbuch, Beitragserstattungen nach den §§ 75 und 117 des Gesetzes über die Alterssicherung der Landwirte und nach § 26 des Vierten Buches Sozialgesetzbuch,

c) Leistungen aus berufsständischen Versorgungseinrichtungen, die den Leistungen nach den Buchstaben a und b entsprechen,

d) Kapitalabfindungen und Ausgleichszahlungen nach § 48 des Beamtenversorgungsgesetzes oder entsprechendem Landesrecht und nach den §§ 28 bis 35 und 38 des Soldatenversorgungsgesetzes;

H 3.3

Hinweise

Beitragserstattungen Berufsständischer Versorgungseinrichtungen

Steuerfreiheit von Beitragserstattungen Berufsständischer Versorgungseinrichtungen nach § 3 Nr. 3 Buchst. c EStG

Erlass des Bayerischen Landesamts für Steuern vom 28. 9. 2007 – S 2342 – 13 St32/St33 –

Das Bundesministerium der Finanzen hat der Arbeitsgemeinschaft berufsständischer Versorgungseinrichtungen – nach Abstimmung mit den obersten Finanzbehörden der Länder – mit Schreiben vom 10. 7. 2007 Az.: – IV C 8 – S 2121/07/0001 – Folgendes mitgeteilt:

„Witwen- und Witwenrentenabfindungen"

Wird von der berufsständischen Versorgungseinrichtung eine Witwen- oder Witwerrente bei der ersten Wiederheirat abgefunden, dann ist der Abfindungsbetrag nach § 3 Nr. 3 Buchst. c EStG (Einkommensteuergesetz) i. V. m. § 3 Nr. 3 Buchst. a EStG steuerfrei, wenn der Abfindungsbetrag das 60-fache der abzufindenden Monatsrente nicht übersteigt. Übersteigt die Abfindung den genannten Betrag, dann handelt es sich bei der Zahlung insgesamt nicht um eine dem § 3 Nr. 3 Buchst. a EStG entsprechende Abfindung mit der Folge, dass die Leistungen nach § 22 Nr. 1 Satz 3 Buchst. a DoppelBuchst. aa EStG zu versteuern sind (Aufnahme in die Rentenbezugsmitteilung nach § 22a EStG).

Beitragserstattungen

Eine von der berufsständischen Versorgungseinrichtung geleistete Betragserstattung ist nach § 3 Nr. 3 Buchst. c EStG i. V. m. § 3 Nr. 3 Buchst. b EStG steuerfrei, wenn Beiträge abzüglich des steuerfreien Arbeitgeberanteils bzw. -zuschusses für nicht mehr als 59 Beitragsmonate nominal erstattet werden. Eine Erstattung von nach § 3 Nr. 62 EStG steuerfreien Arbeitgeberanteilen bzw. -zuschüssen führt grundsätzlich nicht zu einer den Beitragserstattungen nach § 3 Nr. 3 Buchst. b entsprechende Beitragserstattung.

Werden bis zu 60 v. H. der für den Versicherten geleisteten Beiträge von der berufsständischen Versorgungseinrichtung erstattet, handelt es sich aus Vereinfachungsgründen insgesamt um eine steuerfreie Beitragserstattung nach § 3 Nr. 3 Buchst. c EStG i. V. m. § 3 Nr. 3 Buchst. b EStG.

Die Möglichkeit der steuerfreien Erstattung von Beiträgen, die nicht Pflichtbeiträge sind, besteht für den Versicherten insgesamt nur einmal. Eine bestimmte Wartefrist – vgl. § 210 Abs. 2 SGB VI – ist insoweit nicht zu beachten. Damit die berufsständische Versorgungseinrichtung erkennen kann, ob es sich um eine steuerfreie Beitragserstattung nach § 3 Nr. 3 Buchst. c EStG i. V. m. § 3 Nr. 3 Buchst. b EStG oder eine nach § 22 Nr. 1 Satz 3 Buchst. a EStG steuerpflichtige Leistung handelt, hat derjenige, der die Beitragserstattung beantragt, gegenüber der berufsständischen Versorgungseinrichtung zu versichern, dass er eine entsprechende Beitragserstattung bisher noch nicht beantragt hat.

Wird die Erstattung von Pflichtbeiträgen beantragt, ist eine nach § 3 Nr. 3 Buchst. c EStG i. V. m. § 3 Nr. 3 Buchst. b EStG steuerfreie Beitragserstattung erst möglich, wenn nach dem Ausscheiden aus der Versicherungspflicht eingetreten ist. Unter diesen Voraussetzungen kann eine steuerfreie Beitragserstattung auch mehrmals in Betracht kommen, wenn nach einer Beitragserstattung für den Steuerpflichtigen erneut eine Versicherungspflicht in einer berufsständischen Versorgungseinrichtung begründet wird und diese zu einem späteren Zeitpunkt wieder erlischt. Beantragt der Steuerpflichtige somit aufgrund seines Ausscheidens aus der Versicherungspflicht erneut eine Beitragserstattung, dann handelt es sich nur dann um ein nach § 3 Nr. 3 Buchst. c EStG i. V. m. § 3 Nr. 3 Buchst. b EStG steuerfreie Beitragserstattung, wenn lediglich die geleisteten Pflichtbeiträge erstattet werden. Erfolgt eine darüber hinausgehende Erstattung, handelt es sich insgesamt um eine nach § 3 Nr. 3 Buchst. c EStG i. V. m. § 3 Nr. 3 Buchst. b EStG steuerfreie Beitragserstattung, wenn lediglich die geleisteten Pflichtbeiträge erstattet werden. Erfolgt eine darüber hinausgehende Erstattung, handelt es sich insgesamt um eine nach § 22 Nr. 1 Satz 3 Buchst. a EStG steuerpflichtige Leistung. Damit die berufständische Versorgungseinrichtung die Leistungen zutreffend zuordnen kann, hat derjenige, der die Beitragserstattung beantragt, in den Fällen des Ausscheidens aus der Versicherungspflicht auch im Falle der Erstattung von Pflichtbeiträgen gegenüber der berufsständischen Versorgungseinrichtung zu erklären, ob er bereits eine Beitragserstattung aus einer berufsständischen Versorgungseinrichtung in Anspruch genommen hat.

Nach § 3 Nr. 3 Buchst. b EStG sind auch Beitragserstattungen nach den §§ 204, 205, 207, 286d SGB VI, § 26 SGB IV steuerfrei. Liegen die in den Vorschriften genannten Voraussetzungen auch bei der von einer berufständischen Versorgungseinrichtung durchgeführten Beitragserstattung vor, handelt es sich insoweit um eine steuerfreie Beitragserstattung nach § 3 Nr. 3 Buchst. c EStG i. V. m. § 3 Nr. 3 Buchst. b EStG.

Ergänzend wird darauf hingewiesen, dass die im Schreiben des Bundesministeriums der Finanzen vom 7. 9. 2004 den berufsständischen Versorgungseinrichtungen – aus steuerlicher Sicht im Hinblick auf die Anwendung des § 10 Abs. 1 Nr. 2 Buchst. a EStG – eingeräumte Möglichkeit der Abfindung einer Kleinbetragsrente – in Anlehnung an § 93 Abs. 2 Satz 3 EStG – sowie die Auszahlung eines angemessenen, auf maximal 3 Monatsrenten begrenzten Sterbegeldes nicht unter den Anwendungsbereich des § 3 Nr. 3 EStG fallen. Diese Leistungen sind nach § 22 Nr. 1 Satz 3 Buchst. a EStG nachgelagert zu versteuern."

EStG

§ 3

Steuerfrei sind

...

S 2342 **4. bei Angehörigen der Bundeswehr, der Bundespolizei, der Zollverwaltung, der Bereitschaftspolizei der Länder, der Vollzugspolizei und der Berufsfeuerwehr der Länder und Gemeinden und bei Vollzugsbeamten der Kriminalpolizei des Bundes, der Länder und Gemeinden**

a) der Geldwert der ihnen aus Dienstbeständen überlassenen Dienstkleidung,

b) Einkleidungsbeihilfen und Abnutzungsentschädigungen für die Dienstkleidung der zum Tragen oder Bereithalten von Dienstkleidung Verpflichteten und für dienstlich notwendige Kleidungsstücke der Vollzugsbeamten der Kriminalpolizei sowie der Angehörigen der Zollverwaltung,

c) im Einsatz gewährte Verpflegung oder Verpflegungszuschüsse,

d) der Geldwert der auf Grund gesetzlicher Vorschriften gewährten Heilfürsorge;

R 3.4

Überlassung von Dienstkleidung und andere Leistungen an bestimmte Angehörige des öffentlichen Dienstes (§ 3 Nr. 4 EStG)

S 2342 [1]Die Steuerfreiheit nach § 3 Nr. 4 Buchstaben a und b EStG gilt für sämtliche Dienstbekleidungsstücke, die die Angehörigen der genannten Berufsgruppen nach den jeweils maßgebenden Dienstbekleidungsvorschriften zu tragen verpflichtet sind. [2]Zu den Angehörigen der Bundeswehr oder der Bundespolizei im Sinne des § 3 Nr. 4 EStG gehören nicht die Zivilbediensteten.

EStG

§ 3

Steuerfrei sind

...

S 2342 **5. a) die Geld- und Sachbezüge, die Wehrpflichtige während des Wehrdienstes nach § 4 des Wehrpflichtgesetzes erhalten,**

b) die Geld- und Sachbezüge, die Zivildienstleistende nach § 35 des Zivildienstgesetzes erhalten,

c) der nach § 2 Absatz 1 des Wehrsoldgesetzes an Soldaten im Sinne des § 1 Absatz 1 des Wehrsoldgesetzes gezahlte Wehrsold,

d) die an Reservistinnen und Reservisten der Bundeswehr im Sinne des § 1 des Reservistinnen- und Reservistengesetzes nach dem Wehrsoldgesetz gezahlten Bezüge,

e) die Heilfürsorge, die Soldaten nach § 6 des Wehrsoldgesetzes und Zivildienstleistende nach § 35 des Zivildienstgesetzes erhalten,

f) das an Personen, die einen in § 32 Absatz 4 Satz 1 Nummer 2 Buchstabe d genannten Freiwilligendienst leisten, gezahlte Taschengeld oder eine vergleichbare Geldleistung;

Hinweise

Beispiele H 3.5

Zu den nach § 3 Nr. 5 EStG steuerfreien Geld- und Sachbezügen gehören insbesondere
- der Wehrsold nach § 2 Abs. 1 WSG;
- die unentgeltliche truppenärztliche Versorgung nach § 6 WSG;
- Dienstgeld bei Kurzwehrübungen bis zu drei Tagen anstelle des Wehrsolds nach § 8 WSG;
- die an Reservisten der Bundeswehr nach dem WSG gezahlten Bezüge einschl. des Zuschlags für Reserveunteroffiziere (§ 8b WSG) und Reserveoffiziere (§ 8h WSG);
- das Taschengeld oder vergleichbare Geldleistungen, das Personen gezahlt wird, die einen in § 32 Abs. 4 Satz 1 Nr. 2 Buchstabe d EStG genannten Freiwilligendienst leisten.

Zu den nach anderen Vorschriften steuerfreien Geld- und Sachbezügen gehören insbesondere
- der doppelte Wehrsold bei Verwendung im Ausland nach § 2 Abs. 2 WSG (§ 3 Nr. 64 EStG);
- die unentgeltliche Verpflegung im Einsatz (§ 3 Nr. 4 Buchstabe c EStG);
- die unentgeltliche Unterkunft im Rahmen einer beruflichen Auswärtstätigkeit oder einer doppelten Haushaltsführung (§ 3 Nr. 13 oder Nr. 16 EStG);
- die Dienstbekleidung nach § 5 WSG (§ 3 Nr. 4 oder Nr. 31 EStG);
- Leistungen nach dem USG (§ 3 Nr. 48 EStG);
- der Auslandsverwendungszuschlag nach § 8f WSG (§ 3 Nr. 64 EStG).

Zu den steuerpflichtigen Geld- und Sachbezügen gehören insbesondere
- der erhöhte Wehrsold für Soldaten und Soldatinnen mit besonderer zeitlicher Belastung nach § 2 Abs. 5 WSG;
- die unentgeltliche Unterkunft nach § 4 WSG, soweit diese nicht nach § 3 Nr. 13 oder Nr. 16 EStG steuerbefreit ist;
- die besondere Zuwendung (Weihnachtsgeld) nach § 7 WSG;
- der Leistungszuschlag nach § 8a WSG;
- der Wehrdienstzuschlag nach § 8c WSG;
- die als Ausgleich für mit bestimmten Verwendungen verbundene Belastung gewährte besondere Vergütung nach § 8g WSG;
- das Entlassungsgeld nach § 9 WSG;
- die unentgeltliche oder verbilligte Verpflegung und Unterkunft, die Personen erhalten, die einen in § 32 Abs. 4 Satz 1 Nr. 2 Buchstabe d EStG genannten Freiwilligendienst leisten.

Freiwillig Wehrdienst Leistende

Für freiwillig Wehrdienst Leistende, deren Dienstverhältnis vor dem 1. 1. 2014 begonnen hat, gilt § 3 Abs. 5 EStG in dem am 29. 6. 2013 geltenden Fassung fort. Danach sind auch die über das Taschengeld hinaus gewährten Geld- und Sachbezüge steuerfrei (§ 52 Absatz 4 Satz 2 EStG).

§ 3 Nr. 6 EStG

Steuerfrei sind

...

6. Bezüge, die auf Grund gesetzlicher Vorschriften aus öffentlichen Mitteln versorgungshalber an Wehrdienstbeschädigte, im Freiwilligen Wehrdienst Beschädigte, Zivildienstbeschädigte und im Bundesfreiwilligendienst Beschädigte oder ihre Hinterbliebenen, Kriegsbeschädigte, Kriegshinterbliebene und ihnen gleichgestellte Personen gezahlt werden, soweit es sich nicht um Bezüge handelt, die auf Grund der Dienstzeit gewährt werden. [2]Gleichgestellte im Sinne des Satzes 1 sind auch Personen, die Anspruch auf Leistungen nach dem Bundesversorgungsgesetz oder auf Unfallfürsorgeleistungen nach dem Soldatenversorgungsgesetz, Beamtenversorgungsgesetz oder vergleichbarem Landesrecht haben; S 2342

R 3.6

Gesetzliche Bezüge der Wehr- und Zivildienstbeschädigten, Kriegsbeschädigten, ihrer Hinterbliebenen und der ihnen gleichgestellten Personen (§ 3 Nr. 6 EStG)

S 2342 (1) [1]Steuerfreie Bezüge nach § 3 Nr. 6 EStG sind die Leistungen nach dem BVG ohne Rücksicht darauf, ob sie sich unmittelbar aus diesem oder aus Gesetzen, die es für anwendbar erklären, ergeben, ferner Leistungen nach den §§ 41 Abs. 2, §§ 63, 63a, 63b, 63e, 63f, 85 und 86 des Soldatenversorgungsgesetzes (SVG) sowie nach § 35 Abs. 5 und nach § 50 des Zivildienstgesetzes (ZDG). [2]Zu den Gesetzen, die das BVG für anwendbar erklären, gehören

1. das SVG (§§ 80, 81b, 81e, 81f des Gesetzes),
2. das ZDG (§§ 47, 47b des Gesetzes),
3. das Häftlingshilfegesetz (§§ 4 und 5 des Gesetzes, § 8 des Gesetzes i. V. m. § 86 BVG),
4. das Gesetz über die Unterhaltsbeihilfe für Angehörige von Kriegsgefangenen (§ 3 des Gesetzes i. V. m. § 86 BVG),
5. das Gesetz über den Bundesgrenzschutz vom 18. 8. 1972 in der jeweils geltenden Fassung (§ 59 Abs. 1 des Gesetzes i. V. m. dem SVG),
6. das Gesetz zur Regelung der Rechtsverhältnisse der unter Artikel 131 des Grundgesetzes fallenden Personen (§§ 66, 66a des Gesetzes) unter Beachtung der Anwendungsregelung des § 2 Dienstrechtliches Kriegsfolgen-Abschlußgesetz,
7. das Gesetz zur Einführung des BVG im Saarland vom 16. 8. 1961 (§ 5 Abs. 1 des Gesetzes),
8. das Gesetz über die Entschädigung für Opfer von Gewalttaten (§§ 1, 10a des Gesetzes),
9. das Infektionsschutzgesetz (§ 60 des Gesetzes),
10. das Strafrechtliche Rehabilitierungsgesetz (§§ 21, 22 des Gesetzes),
11. das Verwaltungsrechtliche Rehabilitierungsgesetz (§§ 3, 4 des Gesetzes).

(2) Zu den nach § 3 Nr. 6 EStG versorgungshalber gezahlten Bezügen, die nicht auf Grund der Dienstzeit gewährt werden, gehören auch

1. Bezüge der Berufssoldaten der früheren Wehrmacht, der Angehörigen des Vollzugsdienstes der Polizei, des früheren Reichswasserschutzes, der Beamten der früheren Schutzpolizei der Länder sowie der früheren Angehörigen der Landespolizei und ihrer Hinterbliebenen,
2. die Unfallfürsorgeleistungen an Beamte auf Grund der §§ 32 bis 35, 38, 40, 41, 43 und 43a des Beamtenversorgungsgesetzes (BeamtVG), Unterhaltsbeiträge nach § 38a BeamtVG oder vergleichbarem Landesrecht, die einmalige Unfallentschädigung und die entsprechende Entschädigung für Hinterbliebene nach § 20 Abs. 4 und 5 des Einsatz-Weiterverwendungsgesetzes,
3. die Dienstbeschädigungsvollrenten und die Dienstbeschädigungsteilrenten nach den Versorgungsordnungen der Nationalen Volksarmee (VSO-NVA), der Volkspolizei, der Feuerwehr und des Strafvollzugs des Ministeriums des Innern (VSO-MdI), der DDR-Zollverwaltung (VSO-Zoll) und des Ministeriums für Staatssicherheit/Amtes für Nationale Sicherheit (VSO-MfS/AfNS) sowie der Dienstbeschädigungsausgleich, der ab dem 1. 1. 1997 nach dem Gesetz über einen Ausgleich für Dienstbeschädigungen im Beitrittsgebiet vom 11. 11. 1996 (BGBl. I S. 1676) anstelle der vorbezeichneten Renten gezahlt wird.

H 3.6

Hinweise

Bezüge aus EU-Mitgliedstaaten

§ 3 Nr. 6 EStG ist auch auf Bezüge von Kriegsbeschädigten und gleichgestellten Personen anzuwenden, die aus öffentlichen Mitteln anderer EU-Mitgliedstaaten gezahlt werden (→ BFH vom 22. 1. 1997 – BStBl II S. 358).

Erhöhtes Unfallruhegehalt nach § 37 BeamtVG

ist ein Bezug, der auf Grund der Dienstzeit gewährt wird, und somit nicht nach § 3 Nr. 6 EStG steuerbefreit ist (→ BFH vom 29. 5. 2008 BStBl 2009 II S. 150).

Unterhaltsbeitrag nach § 38 BeamtVG

ist ein Bezug, der „versorgungshalber" gezahlt wird und somit nach § 3 Nr. 6 EStG steuerbefreit ist (→ BFH vom 16. 1. 1998 – BStBl II S. 303).

§ 3 EStG

Steuerfrei sind

. . .

7. Ausgleichsleistungen nach dem Lastenausgleichsgesetz, Leistungen nach dem Flüchtlingshilfegesetz, dem Bundesvertriebenengesetz, dem Reparationsschädengesetz, dem Vertriebenenzuwendungsgesetz, dem NS-Verfolgtenentschädigungsgesetz sowie Leistungen nach dem Entschädigungsgesetz und nach dem Ausgleichsleistungsgesetz, soweit sie nicht Kapitalerträge im Sinne des § 20 Absatz 1 Nummer 7 und Absatz 2 sind; S 2121

8. Geldrenten, Kapitalentschädigungen und Leistungen im Heilverfahren, die auf Grund gesetzlicher Vorschriften zur Wiedergutmachung nationalsozialistischen Unrechts gewährt werden. [2]Die Steuerpflicht von Bezügen aus einem aus Wiedergutmachungsgründen neu begründeten oder wieder begründeten Dienstverhältnis sowie von Bezügen aus einem früheren Dienstverhältnis, die aus Wiedergutmachungsgründen neu gewährt oder wieder gewährt werden, bleibt unberührt; S 2342

8a. Renten wegen Alters und Renten wegen verminderter Erwerbsfähigkeit aus der gesetzlichen Rentenversicherung, die an Verfolgte im Sinne des § 1 des Bundesentschädigungsgesetzes gezahlt werden, wenn rentenrechtliche Zeiten auf Grund der Verfolgung in der Rente enthalten sind. Renten wegen Todes aus der gesetzlichen Rentenversicherung, wenn der verstorbene Versicherte Verfolgter im Sinne des § 1 des Bundesentschädigungsgesetzes war und wenn rentenrechtliche Zeiten auf Grund der Verfolgung in dieser Rente enthalten sind.

9. Erstattungen nach § 23 Absatz 2 Satz 1 Nummer 3 und 4 sowie nach § 39 Absatz 4 Satz 2 des Achten Buches Sozialgesetzbuch; S 2340

10. Einnahmen einer Gastfamilie für die Aufnahme eines behinderten oder von Behinderung bedrohten Menschen nach § 2 Absatz 1 des Neunten Buches Sozialgesetzbuch zur Pflege, Betreuung, Unterbringung und Verpflegung, die auf Leistungen eines Leistungsträgers nach dem Sozialgesetzbuch beruhen. [2]Für Einnahmen im Sinne des Satzes 1, die nicht auf Leistungen eines Leistungsträgers nach dem Sozialgesetzbuch beruhen, gilt Entsprechendes bis zur Höhe der Leistungen nach dem Zwölften Buch Sozialgesetzbuch. [3]Überschreiten die auf Grund der in Satz 1 bezeichneten Tätigkeit bezogenen Einnahmen der Gastfamilie den steuerfreien Betrag, dürfen die mit der Tätigkeit in unmittelbarem wirtschaftlichen Zusammenhang stehenden Ausgaben abweichend von § 3c nur insoweit als Betriebsausgaben abgezogen werden, als sie den Betrag der steuerfreien Einnahmen übersteigen; S 2342 [1)]

§ 3 EStG

Steuerfrei sind

. . .

11. Bezüge aus öffentlichen Mitteln oder aus Mitteln einer öffentlichen Stiftung, die wegen Hilfsbedürftigkeit oder als Beihilfe zu dem Zweck bewilligt werden, die Erziehung oder Ausbildung, die Wissenschaft oder Kunst unmittelbar zu fördern. [2]Darunter fallen nicht Kinderzuschläge und Kinderbeihilfen, die auf Grund der Besoldungsgesetze, besonderer Tarife oder ähnlicher Vorschriften gewährt werden. [3]Voraussetzung für die Steuerfreiheit ist, dass der Empfänger mit den Bezügen nicht zu einer bestimmten wissenschaftlichen oder künstlerischen Gegenleistung oder zu einer bestimmten Arbeitnehmertätigkeit verpflichtet wird. [4]Den Bezügen aus öffentlichen Mitteln wegen Hilfsbedürftigkeit gleichgestellt sind Beitragsermäßigungen und Prämienrückzahlungen eines Trägers der gesetzlichen Krankenversicherung für nicht in Anspruch genommene Beihilfeleistungen; S 2342

Beihilfen und Unterstützungen, die wegen Hilfsbedürftigkeit gewährt werden (§ 3 Nr. 11 EStG) R 3.11

Beihilfen und Unterstützungen aus öffentlichen Mitteln

(1) Steuerfrei sind

1. Beihilfen in Krankheits-, Geburts- oder Todesfällen nach den Beihilfevorschriften des Bundes oder der Länder sowie Unterstützungen in besonderen Notfällen, die aus öffentlichen Kassen gezahlt werden;

---

1) Nummer 10 in der bis zum 31. 12. 2005 geltenden Fassung wurde ab VZ 2006 aufgehoben. Nummer 10 in der am 31. 12. 2005 geltenden Fassung ist weiter anzuwenden für ausgezahlte Übergangsbeihilfen an Soldatinnen auf Zeit und Soldaten auf Zeit, wenn das Dienstverhältnis vor dem 1. 1. 2006 begründet worden ist → § 52 Abs. 4 Satz 3 EStG. Nummer 10 in der am 31. 12. 2005 geltenden Fassung lautet: „10. Übergangsgelder und Übergangsbeihilfen auf Grund gesetzlicher Vorschriften wegen Entlassung aus einem Dienstverhältnis, höchstens jedoch 10 800 Euro;“

2. Beihilfen in Krankheits-, Geburts- oder Todesfällen oder Unterstützungen in besonderen Notfällen an Arbeitnehmer von Körperschaften, Anstalten oder Stiftungen des öffentlichen Rechts auf Grund von Beihilfevorschriften (Beihilfegrundsätzen) oder Unterstützungsvorschriften (Unterstützungsgrundsätzen) des Bundes oder der Länder oder von entsprechenden Regelungen;
3. Beihilfen und Unterstützungen an Arbeitnehmer von Verwaltungen, Unternehmen oder Betrieben, die sich überwiegend in öffentlicher Hand befinden, wenn
   a) die Verwaltungen, Unternehmen oder Betriebe einer staatlichen oder kommunalen Aufsicht und Prüfung der Finanzgebarung bezüglich der Entlohnung und der Gewährung der Beihilfen unterliegen und
   b) die Entlohnung sowie die Gewährung von Beihilfen und Unterstützungen für die betroffenen Arbeitnehmer ausschließlich nach den für Arbeitnehmer des öffentlichen Dienstes geltenden Vorschriften und Vereinbarungen geregelt sind;
4. Beihilfen und Unterstützungen an Arbeitnehmer von Unternehmen, die sich nicht überwiegend in öffentlicher Hand befinden, z. B. staatlich anerkannte Privatschulen, wenn
   a) hinsichtlich der Entlohnung, der Reisekostenvergütungen und der Gewährung von Beihilfen und Unterstützungen nach den Regelungen verfahren wird, die für den öffentlichen Dienst gelten,
   b) die für die Bundesverwaltung oder eine Landesverwaltung maßgeblichen Vorschriften über die Haushalts-, Kassen- und Rechnungsführung und über die Rechnungsprüfung beachtet werden und
   c) das Unternehmen der Prüfung durch den Bundesrechnungshof oder einen Landesrechnungshof unterliegt.

Unterstützungen an Arbeitnehmer im privaten Dienst

(2) [1]Unterstützungen, die von privaten Arbeitgebern an einzelne Arbeitnehmer gezahlt werden, sind steuerfrei, wenn die Unterstützungen dem Anlass nach gerechtfertigt sind, z. B. in Krankheits- und Unglücksfällen. [2]Voraussetzung für die Steuerfreiheit ist, dass die Unterstützungen

1. aus einer mit eigenen Mitteln des Arbeitgebers geschaffenen, aber von ihm unabhängigen und mit ausreichender Selbständigkeit ausgestatteten Einrichtung gewährt werden. [2]Das gilt nicht nur für bürgerlich-rechtlich selbständige Unterstützungskassen, sondern auch für steuerlich selbständige Unterstützungskassen ohne bürgerlich-rechtliche Rechtspersönlichkeit, auf deren Verwaltung der Arbeitgeber keinen maßgebenden Einfluss hat;
2. aus Beträgen gezahlt werden, die der Arbeitgeber dem Betriebsrat oder sonstigen Vertretern der Arbeitnehmer zu dem Zweck überweist, aus diesen Beträgen Unterstützungen an die Arbeitnehmer ohne maßgebenden Einfluss des Arbeitgebers zu gewähren;
3. vom Arbeitgeber selbst erst nach Anhörung des Betriebsrats oder sonstiger Vertreter der Arbeitnehmer gewährt oder nach einheitlichen Grundsätzen bewilligt werden, denen der Betriebsrat oder sonstige Vertreter der Arbeitnehmer zugestimmt haben.

[3]Die Voraussetzungen des Satzes 2 Nr. 1 bis 3 brauchen nicht vorzuliegen, wenn der Betrieb weniger als fünf Arbeitnehmer beschäftigt. [4]Die Unterstützungen sind bis zu einem Betrag von 600 Euro je Kalenderjahr steuerfrei. [5]Der 600 Euro übersteigende Betrag gehört nur dann nicht zum steuerpflichtigen Arbeitslohn, wenn er aus Anlass eines besonderen Notfalls gewährt wird. [6]Bei der Beurteilung, ob ein solcher Notfall vorliegt, sind auch die Einkommensverhältnisse und der Familienstand des Arbeitnehmers zu berücksichtigen; drohende oder bereits eingetretene Arbeitslosigkeit begründet für sich keinen besonderen Notfall im Sinne dieser Vorschrift. [7]Steuerfrei sind auch Leistungen des Arbeitgebers zur Aufrechterhaltung und Erfüllung eines Beihilfeanspruchs nach beamtenrechtlichen Vorschriften sowie zum Ausgleich von Beihilfeaufwendungen früherer Arbeitgeber im Falle der Beurlaubung oder Gestellung von Arbeitnehmern oder des Übergangs des öffentlich-rechtlichen Dienstverhältnisses auf den privaten Arbeitgeber, wenn Versicherungsfreiheit in der gesetzlichen Krankenversicherung nach § 6 Abs. 1 Nr. 2 SGB V besteht.

H 3.11

Hinweise

Beamte bei Postunternehmen

→ § 3 Nr. 35 EStG

Beihilfeanspruch, Kostenbeitrag, Beitragsermäßigung

→ Kostenbeitrag für Beihilfeanspruch

Beihilfen aus öffentlichen Haushalten

Für nicht nach R 3.11 Abs. 1 Nr. 3 oder 4 steuerfreie Beihilfen kann eine Steuerfreiheit in Betracht kommen, soweit die Mittel aus einem öffentlichen Haushalt stammen und über die Gelder nur nach Maßgabe der haushaltsrechtlichen Vorschriften des öffentlichen Rechts verfügt werden kann und ihre Verwendung einer gesetzlich geregelten Kontrolle unterliegt (→ BFH vom 15. 11. 1983 – BStBl 1984 II S. 113, betr. die an Lehrer einer staatlich anerkannten Ersatzschule nach beamtenrechtlichen Grundsätzen gezahlten Beihilfen); ist das Verhältnis der öffentlichen Mittel zu den Gesamtkosten im Zeitpunkt des Lohnsteuerabzugs nicht bekannt, so muss das Verhältnis ggf. geschätzt werden.

Beihilfen von einem Dritten

gehören regelmäßig zum steuerpflichtigen Arbeitslohn, wenn dies durch eine ausreichende Beziehung zwischen dem Arbeitgeber und dem Dritten gerechtfertigt ist (→ BFH vom 27. 1. 1961 – BStBl III S. 167, betr. Erholungsbeihilfen aus selbständiger Unterstützungskasse des Betriebs).

Beihilfen zu Lebenshaltungskosten

können die Erziehung und Ausbildung, nicht aber die Wissenschaft und Kunst unmittelbar fördern (→ BFH vom 27. 4. 2006 – BStBl II S. 755).

DO-Angestellte, Teilkostenversicherung

Teilkostenversicherung der Dienstordnungsangestellten (DO-Angestellten) der gesetzlichen Krankenkassen

(Verfügung der OFD Hannover vom 2. 7. 2007 – S 2334 – 191–StO 212 –)

Verfügung vom 24. 8. 2006 – Az. S 2334 – 191-StO 212 –

Mit der o. g. Rundverfügung vom 24. August 2006 habe ich Ausführungen zur Teilkostenversicherung von DO-Angestellten gesetzlicher Krankenkassen gemacht. Unter anderem habe ich darauf hingewiesen, dass die Beitragsermäßigungen (100 % Versicherungsschutz für 50 % Versicherungsbeitrag) als geldwerter Vorteil zu versteuern sind.

Mit dem Gesetz zur Stärkung des Wettbewerbs in der gesetzlichen Krankenversicherung (GKV-Wettbewerbsstärkungsgesetz – GKV-WSG) wurde durch Art. 45a das Einkommensteuergesetz geändert. Danach wird in § 3 Nr. 11 EStG (neu) geregelt, dass Beitragsermäßigungen und Prämienrückzahlungen eines Trägers der gesetzlichen Krankenversicherung für nicht in Anspruch genommene Beihilfeleistungen den Bezügen aus öffentlichen Mitteln wegen Hilfsbedürftigkeit gleichgestellt sind.

Die Änderung trat zum 1. April 2007 in Kraft. Sie hat zur Folge, dass die Beitragsermäßigungen, die die DO-Angestellten der gesetzlichen Krankenkassen erhalten, ab dem 1. April 2007 steuerfrei sind.

Erholungsbeihilfen und andere Beihilfen

gehören grundsätzlich zum steuerpflichtigen Arbeitslohn, soweit sie nicht ausnahmsweise als Unterstützungen anzuerkennen sind (→ BFH vom 14. 1. 1954 – BStBl III S. 86, vom 4. 2. 1954 – BStBl III S. 111, vom 5. 7. 1957 – BStBl III S. 279 und vom 18. 3. 1960 – BStBl III S. 237).

Kostenbeitrag für Beihilfeanspruch

Steuerliche Behandlung des Kostenbeitrags für einen Beihilfeanspruch im Fall von Wahlleistungen bei stationärer Behandlung; Änderung der baden-württembergischen Beihilfeverordnung vom 28. Juli 1995 (GBl. S. 561) durch Artikel 10 des Haushaltsstrukturgesetzes 2004 vom 17. Februar 2004 (GBl. S. 66)

(Erlass des Finanzministeriums Baden-Württemberg vom 25. 2. 2004 – 3 – S 235.0/21)

Durch das Haushaltsstrukturgesetz 2004 vom 17. Februar 2004 (Gesetzblatt Baden-Württemberg – GBl. – S. 66) wurde die Beihilfefähigkeit von Wahlleistungen i. S. des § 6 der Beihilfeverordnung (BVO) vom 28. Juli 1995 (GBl. S. 561), zuletzt geändert durch Verordnung vom 20. Februar 2003 (GBl. S. 125), neu geregelt. Danach ist der Beihilfeanspruch für die Aufwendungen für Wahlleistungen bei stationärer Unterbringung ab 1. April 2004 von der Zahlung eines Kostenbeitrags in Höhe von 13 Euro monatlich abhängig.

Für den unmittelbaren Geltungsbereich der baden-württembergischen Beihilfeverordnung (§ 1 Abs. 2 BVO i. V. m. § 1 LBG) ergibt sich im Einvernehmen mit den obersten Finanzbehörden des Bundes und der anderen Länder Folgendes:

1. Der vom Arbeitnehmer zu übernehmende Kostenbeitrag ist als Umwandlung von Barlohn zu Gunsten einer Zusage des Arbeitgebers auf Versorgungsleistungen im Krankheitsfall anzusehen. In Höhe des einbehaltenen Kostenbeitrags liegt daher kein steuerpflichtiger Arbeitslohn vor.
2. Die Kostenübernahme von Wahlleistungen im Krankheitsfall stellt eine steuerfreie Beihilfeleistung des Arbeitgebers dar (§ 3 Nr. 11 EStG). Ein steuerpflichtiger geldwerter Vorteil entsteht nicht.

Soweit daneben noch weitere (auch privatrechtlich organisierte) Arbeitgeber ihren Arbeitnehmern Beihilfen auf der Grundlage der baden-württembergischen Beihilfeverordnung gewähren, ergibt sich Folgendes:

1. Der vom Arbeitnehmer zu übernehmende Kostenbeitrag ist als Umwandlung von Barlohn zu Gunsten einer Zusage des Arbeitgebers auf Versorgungsleistungen im Krankheitsfall anzusehen. In Höhe des einbehaltenen Kostenbeitrags liegt daher kein steuerpflichtiger Arbeitslohn vor. Der Zeitpunkt eines möglichen Lohnzuflusses verlagert sich vielmehr auf den Zeitpunkt der tatsächlichen Beihilfezahlung.
2. Bei der vom Arbeitgeber auszuzahlenden Beihilfe kann jedoch nicht generell von einer Steuerfreiheit nach § 3 Nr. 11 EStG ausgegangen werden, da diese Vorschrift in erster Linie auf die Beihilfen, die aus öffentlichen Kassen gezahlt werden, bzw. die Beihilfen von Körperschaften, Anstalten und Stiftungen des öffentlichen Rechts abzielt.

Bezüglich der steuerlichen Behandlung der Beihilfe auf Wahlleistungen ergeben sich durch die Einführung des Kostenbeitrags in diesen Fällen keine Änderungen. Danach verbleibt es bei den bisher bekannten Regelungen:

- Die den Arbeitnehmern von überwiegend in öffentlicher Hand befindlichen Verwaltungen, Unternehmen oder Betrieben gewährten Beihilfen sind nur unter den Voraussetzungen des R 11 Abs. 1 Nr. 3 LStR 2004 steuerfrei.
- Die den Arbeitnehmern von nicht überwiegend in öffentlicher Hand befindlichen Unternehmen gewährten Beihilfen sind nur unter den Voraussetzungen des R 11 Abs. 1 Nr. 4 LStR 2004 steuerfrei.
- Unterstützungen und Erholungsbeihilfen an Arbeitnehmer im privaten Dienst sind nur unter den Voraussetzungen des R 11 Abs. 2 LStR 2004 und in dem dort aufgeführten Umfang steuerfrei.[1])

Öffentliche Kassen

Öffentliche Kassen sind die Kassen der inländischen juristischen Personen des öffentlichen Rechts und solche Kassen, die einer Dienstaufsicht und Prüfung der Finanzgebarung durch die inländische öffentliche Hand unterliegen (→ BFH vom 7. 8. 1986 – BStBl II S. 848). Zu den öffentlichen Kassen gehören danach neben den Kassen des Bundes, der Länder und der Gemeinden insbesondere auch die Kassen der öffentlich-rechtlichen Religionsgemeinschaften, die Ortskrankenkassen, Landwirtschaftliche Krankenkassen, Innungskrankenkassen und Ersatzkassen sowie die Kassen des Bundeseisenbahnvermögens, der Deutschen Bundesbank, der öffentlich-rechtlichen Rundfunkanstalten, der Berufsgenossenschaften, Gemeindeunfallversicherungsverbände, der Deutschen Rentenversicherung (Bund, Knappschaft-Bahn-See, Regionalträger) und die Unterstützungskassen der Postunternehmen sowie deren Nachfolgeunternehmen → § 3 Nr. 35 EStG.

Öffentliche Stiftung

→ H 3.11 EStH

Steuerfreiheit nach § 3 Nr. 11 EStG

- Voraussetzung ist eine offene Verausgabung nach Maßgabe der haushaltsrechtlichen Vorschriften und unter gesetzlicher Kontrolle (→ BFH vom 9. 4. 1975 – BStBl II S. 577 und vom 15. 11. 1983 – BStBl 1984 II S. 113).
- Empfänger einer steuerfreien Beihilfe können nur Personen sein, denen sie im Hinblick auf den Zweck der Leistung bewilligt worden ist (→ BFH vom 19. 6. 1997 – BStBl II S. 652).
- Zu den steuerfreien Erziehungs- und Ausbildungsbeihilfen gehören die Leistungen nach dem BAföG sowie die Ausbildungszuschüsse nach § 5 Abs. 4 SVG.
- Zu den steuerfreien Erziehungs- und Ausbildungsbeihilfen gehören nicht die Unterhaltszuschüsse an Beamte im Vorbereitungsdienst – Beamtenanwärter (→ BFH vom 12. 8. 1983 –

[1]) Nunmehr → R 3.11 Abs. 2 LStR 2015.

BStBl II S. 718), die zur Sicherstellung von Nachwuchskräften gezahlten Studienbeihilfen und die für die Fertigung einer Habilitationsschrift gewährten Beihilfen (→ BFH vom 4. 5. 1972 – BStBl II S. 566).

Stipendien

→ R 3.44 EStR, H 3.44 EStH

Vollzeitpflege nach § 33 SGB VIII, für die Erziehung in einer Tagesgruppe nach § 32 SGB VIII, für Heimerziehung nach § 34 SGB VIII und für die intensive sozialpädagogische Einzelbetreuung nach § 35 SGB VIII – Einkommensteuerrechtliche Behandlung der Geldleistungen für Kinder

(→ BMF vom 21. 4. 2011 (BStBl I S. 487) unter Berücksichtigung der Änderungen durch BMF vom 27. 11. 2012 – BStBl I S. 1226).

Zuschüsse der Werkstätten für Behinderte

Zuschüsse der Werkstätten für Behinderte zu Fahrtkosten und Mittagessen

(BMF-Schreiben vom 2. 8. 1990 – IV B 6 – S 2334 – 97/90 –)

Die steuerliche Behandlung der Zuschüsse der Werkstätten für Behinderte zu den Fahrtkosten und Mittagessen ist mit den für Lohnsteuerfragen zuständigen Vertretern der obersten Landesfinanzbehörden erörtert worden. Danach sind diese Leistungen als steuerfreie Beihilfen gem. § 3 Nr. 11 EStG zu behandeln.

Dagegen handelt es sich bei den an die Behinderten gezahlten Arbeitsentgelten grundsätzlich um Einkünfte aus nichtselbständiger Arbeit. Nur in den Fällen, in denen die Beschäftigung überwiegend der Rehabilitation und somit überwiegend therapeutischen und sozialen Zwecken und weniger der Erzielung eines produktiven Arbeitsergebnisses dient, kann ein Arbeitsverhältnis auch im steuerlichen Sinne nicht angenommen werden. Das gilt besonders, wenn lediglich die Anwesenheit des Behinderten belohnt wird, die Höhe des Entgelts aber durch die Arbeitsleistung nicht mit beeinflußt wird. In diesen Fällen entfallen aber auch Begünstigungen (z. B. vermögenswirksame Leistungen, Berlin-Zulagen), die an ein Dienstverhältnis anknüpfen. Im übrigen wird in den wenigsten Fällen LSt einzubehalten sein, weil die Arbeitsentgelte i. d. R. unter dem tariflichen Grundfreibetrag liegen dürften.

§ 3 EStG

Steuerfrei sind

. . .

12. aus einer Bundeskasse oder Landeskasse gezahlte Bezüge, die zum einen S 2337

a) in einem Bundesgesetz oder Landesgesetz,

b) auf Grundlage einer bundesgesetzlichen oder landesgesetzlichen Ermächtigung beruhenden Bestimmung oder

c) von der Bundesregierung oder einer Landesregierung

als Aufwandsentschädigung festgesetzt sind und die zum anderen jeweils auch als Aufwandsentschädigung im Haushaltsplan ausgewiesen werden. [2]Das Gleiche gilt für andere Bezüge, die als Aufwandsentschädigung aus öffentlichen Kassen an öffentliche Dienste leistende Personen gezahlt werden, soweit nicht festgestellt wird, dass sie für Verdienstausfall oder Zeitverlust gewährt werden oder den Aufwand, der dem Empfänger erwächst, offenbar übersteigen;

Aufwandsentschädigungen aus öffentlichen Kassen (§ 3 Nr. 12 Satz 2 EStG) R 3.12

(1) [1]Öffentliche Dienste leisten grundsätzlich alle Personen, die im Dienst einer juristischen Person des öffentlichen Rechts stehen und hoheitliche (einschl. schlichter Hoheitsverwaltung) Aufgaben ausüben, die nicht der Daseinsvorsorge zuzurechnen sind. [2]Keine öffentlichen Dienste im Sinne dieser Vorschrift leisten hingegen Personen, die in der fiskalischen Verwaltung tätig sind. S 2342

(2) [1]Voraussetzung für die Anerkennung als steuerfreie Aufwandsentschädigung nach § 3 Nr. 12 Satz 2 EStG ist, dass die gezahlten Beträge dazu bestimmt sind, Aufwendungen abzugelten, die steuerlich als Werbungskosten oder Betriebsausgaben abziehbar wären. [2]Eine steuerfreie

Aufwandsentschädigung liegt deshalb insoweit nicht vor, als die Entschädigung für Verdienstausfall oder Zeitverlust oder zur Abgeltung eines Haftungsrisikos gezahlt wird oder dem Empfänger ein abziehbarer Aufwand nicht oder offenbar nicht in Höhe der gewährten Entschädigung erwächst. [3]Das Finanzamt hat das Recht und die Pflicht zu prüfen, ob die als Aufwandsentschädigung gezahlten Beträge tatsächlich zur Bestreitung eines abziehbaren Aufwands erforderlich sind. [4]Dabei ist nicht erforderlich, dass der Steuerpflichtige alle seine dienstlichen Aufwendungen bis ins kleinste nachweist. [5]Entscheidend ist auch nicht, welche Aufwendungen einem einzelnen Steuerpflichtigen in einem einzelnen Jahr tatsächlich erwachsen sind, sondern ob Personen in gleicher dienstlicher Stellung im Durchschnitt der Jahre abziehbare Aufwendungen etwa in Höhe der Aufwandsentschädigung erwachsen. [6]Eine Nachprüfung ist nur geboten, wenn dazu ein Anlass von einigem Gewicht besteht. [7]Werden im kommunalen Bereich ehrenamtlich tätigen Personen Bezüge unter der Bezeichnung Aufwandsentschädigung gezahlt, so sind sie nicht nach § 3 Nr. 12 Satz 2 EStG steuerfrei, soweit sie auch den Aufwand an Zeit und Arbeitsleistung sowie den entgangenen Arbeitsverdienst und das Haftungsrisiko abgelten oder den abziehbaren Aufwand offensichtlich übersteigen.

(3) [1]Zur Erleichterung der Feststellung, inwieweit es sich in den Fällen des § 3 Nr. 12 Satz 2 EStG um eine steuerfreie Aufwandsentschädigung handelt, ist wie folgt zu verfahren:

[2]Sind die Anspruchsberechtigten und der Betrag oder auch ein Höchstbetrag der aus einer öffentlichen Kasse gewährten Aufwandsentschädigung durch Gesetz oder Rechtsverordnung bestimmt, so ist die Aufwandsentschädigung

1. bei hauptamtlich tätigen Personen in voller Höhe steuerfrei,
2. bei ehrenamtlich tätigen Personen in Höhe von $1/3$ der gewährten Aufwandsentschädigung, mindestens 200 Euromonatlich steuerfrei.

[3]Sind die Anspruchsberechtigten und der Betrag oder auch ein Höchstbetrag nicht durch Gesetz oder Rechtsverordnung bestimmt, so kann bei hauptamtlich und ehrenamtlich tätigen Personen in der Regel ohne weiteren Nachweis ein steuerlich anzuerkennender Aufwand von 200 Euro monatlich angenommen werden.[4]Ist die Aufwandsentschädigung niedriger als 200 Euro monatlich, so bleibt nur der tatsächlich geleistete Betrag steuerfrei. [5]Bei Personen, die für mehrere Körperschaften des öffentlichen Rechts tätig sind, sind die steuerfreien monatlichen Mindest- und Höchstbeträge auf die Entschädigung zu beziehen, die von der einzelnen öffentlich-rechtlichen Körperschaft an diese Personen gezahlt wird. [6]Aufwandsentschädigungen für mehrere Tätigkeiten bei einer Körperschaft sind für die Anwendung der Mindest- und Höchstbeträge zusammenzurechnen. [7]Bei einer gelegentlichen ehrenamtlichen Tätigkeit sind die steuerfreien monatlichen Mindest- und Höchstbeträge nicht auf einen weniger als einen Monat dauernden Zeitraum der ehrenamtlichen Tätigkeit umzurechnen. [8]Soweit der steuerfreie Monatsbetrag von 200 Euro nicht ausgeschöpft wird, ist eine Übertragung in andere Monate dieser Tätigkeiten im selben Kalenderjahr möglich. [9]Maßgebend für die Ermittlung der Anzahl der in Betracht kommenden Monate ist die Dauer der ehrenamtlichen Funktion bzw. Ausübung im Kalenderjahr. [10]Die für die Finanzverwaltung zuständige oberste Landesbehörde kann im Benehmen mit dem Bundesministerium der Finanzen und den obersten Finanzbehörden der anderen Länder Anpassungen an die im Lande gegebenen Verhältnisse vornehmen.

(4) [1]Die Empfänger von Aufwandsentschädigungen können dem Finanzamt gegenüber einen höheren steuerlich abziehbaren Aufwand glaubhaft machen; der die Aufwandsentschädigung übersteigende Aufwand ist als Werbungskosten oder Betriebsausgaben abziehbar. [2]Wenn einer hauptamtlich tätigen Person neben den Aufwendungen, die durch die Aufwandsentschädigung ersetzt werden sollen, andere beruflich veranlasste Aufwendungen entstehen, sind diese unabhängig von der Aufwandsentschädigung als Werbungskosten abziehbar; in diesem Fall ist aber Absatz 3 nicht anzuwenden, sondern nach Absatz 2 Satz 3 bis 6 zu verfahren. [3]Bei ehrenamtlich tätigen Personen sind alle durch die Tätigkeit veranlassten Aufwendungen als durch die steuerfreie Aufwandsentschädigung ersetzt anzusehen, so dass nur ein die Aufwandsentschädigung übersteigender Aufwand als Werbungskosten oder Betriebsausgaben abziehbar ist.

(5) [1]Von Pauschalentschädigungen, die Gemeinden oder andere juristische Personen des öffentlichen Rechts für eine gelegentliche ehrenamtliche Tätigkeit zahlen, darf ein Betrag bis zu 6 Euro täglich ohne nähere Prüfung als steuerfrei anerkannt werden. [2]Bei höheren Pauschalentschädigungen hat das Finanzamt zu prüfen, ob auch ein Aufwand an Zeit und Arbeitsleistung sowie ein entgangener Verdienst abgegolten worden ist. [3]Anstelle dieser Regelung kann auch Absatz 3 angewendet werden.

Hinweise

H 3.12

Allgemeines zu § 3 Nr. 12 Satz 2 EStG

Aufwandsentschädigungen, bei denen die Voraussetzungen des § 3 Nr. 12 Satz 1 EStG nicht vorliegen, sind nach § 3 Nr. 12 Satz 2 EStG nur steuerfrei, wenn sie aus öffentlichen Kassen (→ H 3.11) an Personen gezahlt werden, die öffentliche Dienste für einen inländischen Träger öffentlicher Gewalt leisten (→ BFH vom 3. 12. 1982 – BStBl 1983 II S. 219). Dabei kann es sich auch um eine Nebentätigkeit handeln. Aufwandsentschädigungen können nicht nur bei Personen steuerfrei sein, die öffentlich-rechtliche (hoheitliche) Dienste leisten, sondern auch bei Personen, die im Rahmen des öffentlichen Dienstes Aufgaben der schlichten Hoheitsverwaltung erfüllen (→ BFH vom 15. 3. 1968 – BStBl II S. 437, vom 1. 4. 1971 – BStBl II S. 519 und vom 27. 2. 1976 – BStBl II S. 418, betr. Tätigkeit des Hessischen Sparkassen- und Giroverbands).

Beamte bei Postunternehmen

→ § 3 Nr. 35 EStG

Begriff der Aufwandsentschädigung

- Zur Abgeltung von Werbungskosten/Betriebsausgaben → BFH vom 9. 7. 1992 – BStBl 1993 II S. 50 und vom 29. 11. 2006 (BStBl 2007 II S. 308)
- Zur Prüfung dieser Voraussetzung durch das Finanzamt → BFH vom 3. 8. 1962 – BStBl III S. 425 und vom 9. 6. 1989 – BStBl 1990 II S. 121 und 123

Daseinsvorsorge

Beispiel:

Ein kirchlicher Verein erbringt Pflegeleistungen im Rahmen der Nachbarschaftshilfe.

Die den Pflegekräften gewährten Entschädigungen sind nicht nach § 3 Nr. 12 Satz 2 EStG steuerbefreit, da Pflegeleistungen zur Daseinsvorsorge gehören; ggf. kann eine Steuerbefreiung nach § 3 Nr. 26 oder Nr. 26a EStG in Betracht kommen.

Dienstaufwandsentschädigung der Ersten Landesbeamtinnen und Ersten Landesbeamten

Erlass des Finanzministeriums Baden-Württemberg vom 28. 11. 2012 – 3-S233.7/31 –

Die im Einvernehmen mit dem Finanzministerium erlassene „Innerdienstliche Anordnung des Innenministeriums zur Aufwandsentschädigung der Ersten Landesbeamten" vom 26. August 2008 – Az.: 1-0322.4/4 – tritt mit Ablauf des 31. Dezember 2012 außer Kraft.

Auf Grund des fortbestehenden Regelungsbedarfs tritt an deren Stelle die Verwaltungsvorschrift des Innenministeriums zur Dienstaufwandsentschädigung der Ersten Landesbeamtinnen und Ersten Landesbeamten vom 14. November 2012 – Az.: 1-0322.4/4 –.

Danach kann den Ersten Landesbeamtinnen und Ersten Landesbeamten als ständige allgemeine Vertreterinnen oder Vertreter der Landrätinnen und Landräte eine Dienstaufwandsentschädigung durch den Landkreis gewährt werden. Sie beträgt monatlich

in Landkreisen bis zu 300 000 Einwohnern 150 Euro

in Landkreisen über 300 000 Einwohnern 175 Euro.

Die Dienstaufwandsentschädigung ist nach § 3 Nr. 12 Satz 2 EStG und R 3.12 Abs. 3 Satz 3 und 4 LStR bis zu einem Betrag von 175 Euro monatlich – höchstens der tatsächlich gezahlte Betrag – steuerfrei.

Die auf eine Empfehlung des Innenministeriums gegenüber den Landratsämtern zurückzuführende und im Bezugserlass angeführte Reisekostenpauschale nach § 18 Landesreisekostengesetz , mit der insbesondere Zehrkosten nach § 15 Landesreisekostengesetz abgegolten werden sollen, wurde mit Wirkung ab 1. September 1997 zurückgenommen. Ob allerdings sämtliche Landratsämter gegenüber den Ersten Landesbeamtinnen und Ersten Landesbeamten auf die Gewährung einer Reisekostenpauschale nach § 18 Landesreisekostengesetzverzichten, ist hier nicht bekannt. Deshalb wird darauf hingewiesen, dass eine nach § 18 Landesreisekostengesetzweiterhin gewährte Reisekostenpauschale auf Grund der durch das Jahressteuergesetz 1996 eingetretenen Rechtsänderung beim steuerfreien Ersatz von Verpflegungsmehraufwendungen (§ 3 Nr. 13 i. V. m. § 4 Abs. 5 Satz 1 Nr. 5 EStG) als steuerpflichtiger Arbeitslohn dem Lohnsteuerabzug zu unterwerfen ist.

Der Bezugserlass wird aufgehoben.

Aufwandsentschädigungen der Landräte, der hauptamtlichen Bürgermeister und der Ersten Beigeordneten

Erlass des Ministeriums für Finanzen und Wirtschaft Baden-Württemberg v. 11. 3. 2014 – 3-S 233 7/61

Erlass des Finanzministeriums Baden-Württemberg vom 18. 2. 2009 – 3 – S 233.7/61 –

Landräte und hauptamtliche Bürgermeister erhalten nach §§ 7 und 8 des Landeskommunalbesoldungsgesetzes (LKomBesG) vom 9. November 2010 (GBl. 2010 S. 793) [bis 31. Dezember 2010: §§ 10 und 11 der Landeskommunalbesoldungsverordnung (LKomBesVO), zuletzt geändert durch Verordnung vom 10. Oktober 2000 (GBl. 2000 S. 664)] als Entschädigung für den durch das Amt allgemein verursachten erhöhten persönlichen Aufwand eine Dienstaufwandsentschädigung in Höhe von 13,5 % des festgesetzten Grundgehalts. Dem Ersten Beigeordneten steht nach derselben Vorschrift eine Dienstaufwandsentschädigung in Höhe von 9 % des festgesetzten Grundgehalts zu. Den weiteren Beigeordneten kann eine Dienstaufwandsentschädigung bis zu 7 % des festgesetzten Grundgehalts gewährt werden.

Für die steuerliche Behandlung dieser Dienstaufwandsentschädigungen gilt Folgendes:

1. Die Dienstaufwandsentschädigungen sind nach § 3 Nr. 12 Satz 2 EStG i. V. m. R 3.12 Abs. 3 Satz 2 Nr. 1 LStR in voller Höhe steuerfrei.
2. Nach dem Wortlaut des LKomBesG [bis 31. Dezember 2010: LKomBesVO] soll die Aufwandsentschädigung den „durch das Amt allgemein verursachten erhöhten persönlichen Aufwand" abgelten. Anhaltspunkte dafür, dass die Aufwandsentschädigung nur eine bestimmte Art von Aufwendungen abgelten soll, liegen nicht vor. Aus dem Wort „allgemein" muss vielmehr geschlossen werden, dass die Regelung alle durch das Amt entstehenden Aufwendungen einschließt; dies betrifft u. a. Kosten für ein häusliches Arbeitszimmer, Mitgliedsbeiträge, beruflich veranlasste Kraftfahrzeugkosten (Auswärtstätigkeiten und Wege zwischen Wohnung und erster Tätigkeitsstätte [bis 31. Dezember 2013: Wege zwischen Wohnung und regelmäßiger Arbeitsstätte]) sowie Telefonkosten. Die steuerliche Berücksichtigung von Aufwendungen als Werbungskosten ist deshalb bei dem betroffenen Personenkreis nur über die Glaubhaftmachung eines die steuerfreie Dienstaufwandsentschädigung übersteigenden steuerlich anzuerkennenden Gesamtaufwands möglich (vgl. R 3.12 Abs. 4 LStR). Die Steuerfreiheit von Bezügen nach anderen Vorschriften, z. B. § 3 Nr. 13, 50 EStG bleiben hiervon unberührt.

Diese Beurteilung schließt die Berücksichtigung von Aufwendungen, die unmittelbar und zeitlich im Zusammenhang mit der Wahl bzw. Wiederwahl stehen, als Werbungskosten nicht aus. Mit diesen sogenannten Wahlkampfkosten wird das Amt eines Bürgermeisters erstmals bzw. weiterhin angestrebt, während die Aufwandsentschädigung die bei der Ausübung des Amts anfallenden Aufwendungen abgelten soll. Eine unterschiedliche Behandlung von Erst- und Wiederwahl erscheint dabei auch im Hinblick darauf, dass für die Höhe der Aufwandsentschädigung unabhängig vom Auslaufen der Amtsperiode immer derselbe Prozentsatz gilt, nicht sachgerecht.

Der Bezugserlass wird hiermit aufgehoben.

Aufwandsentschädigungen im Bereich der Rundfunk-/Fernsehanstalten

Rundvfg. der Oberfinanzdirektion Frankfurt am Main vom 16. 9. 2014 S 2248 A – 8 – St 213

1. Steuerliche Behandlung der von öffentlich-rechtlichen Rundfunkanstalten an ihre Arbeitnehmer gezahlten Aufwandsentschädigungen

HMdF-Erlaß vom 9. 3. 1992 – S 2337 A – 42 – II B 21 unverändert übernommen –

Zu der Frage, wie die an die leitenden Angestellten der Rundfunkanstalten gezahlten Aufwandsentschädigungen steuerlich zu behandeln sind, vertrete ich folgende Auffassung:

Die Tätigkeit der öffentlich-rechtlichen Rundfunkanstalten ist als öffentlicher Dienst anzusehen, soweit es sich um den normalen Programmdienst handelt. Dies hat zur Folge, daß Aufwandsentschädigungen an die in diesem Bereich beschäftigten Angestellten im Rahmen des § 3 Nr. 12 Satz 2 EStG i. V. mit Abschnitt 3.12 Abs. 4 Satz 2 ff LStR steuerfrei bleiben.

Soweit öffentlich-rechtliche Rundfunkanstalten Werbung betreiben, handelt es sich um den Betrieb gewerblicher Art einer Körperschaft des öffentlichen Rechts; Aufwandsentschädigungen an Angestellte im Werbefunk gehören daher zum steuerpflichtigen Arbeitslohn. Etwaige beruflich bedingte Aufwendungen können im Rahmen des § 9 EStG als Werbungskosten berücksichtigt werden.

2. Steuerliche Behandlung der an die Mitglieder der Aufsichtsgremien der öffentlich-rechtlichen Rundfunk- (und Fernseh)anstalten sowie der an die Mitglieder des Rundfunkausschusses gewährten Aufwandsentschädigungen

Grundlage: HMdF-Erlasse vom 7. 6. 1979 – S 2248 A – 27 – II B 21 – und vom 22. 12. 1987 – S 2248 A – 27 II B 2a

Unter Berücksichtigung der Ausführungen in Tz. 1 findet § 3 Nr. 12 Satz 2 EStG auch Anwendung auf die den Mitgliedern der Aufsichtsgremien – z. B. Rundfunk- und Verwaltungsrat des Hessischen Rundfunks sowie Verwaltungs- und Fernsehrat des Zweiten Deutschen Fernsehens – gewährten Aufwandsentschädigungen. Nach R 3.12 Abs. 3 LStR sind die Aufwandsentschädigungen bis zu einer Höhe von 200 € (bis VZ 2012: 175 €) monatlich steuerfrei.

Gleiches gilt für die den Mitgliedern des Rundfunkausschusses nach dem Gesetz über die Weiterverbreitung von Satellitenprogrammen vom 30. Januar 1987 (GVBl I S. 28) gewährten Aufwandsentschädigungen.

Die den steuerlich anzuerkennenden Aufwand übersteigenden Beträge sind als Einkünfte aus sonstiger selbständiger Arbeit im Sinne von § 18 Abs. 1 Nr. 3 EStG anzusehen.

3. Steuerliche Behandlung der Aufwandsentschädigungen der ehrenamtlich tätigen Versammlungsmitglieder der Hessischen Landesanstalt für privaten Rundfunk

HMdF-Erlaß vom 12. 9. 1989 – S 2337 B – HLfpR – II B 2a

Die Hessische Landesanstalt für privaten Rundfunk in Kassel ist eine Anstalt des öffentlichen Rechts (§ 38 Hessisches Privatrundfunkgesetz vom 30. 11. 1988 – GVBl. I S. 385). Ihre Kasse ist eine öffentliche Kasse. Sie unterliegt der Prüfung durch den Hessischen Rechnungshof. Für die Aufwandsentschädigungen der ehrenamtlich tätigen Mitglieder der Organversammlung sind deshalb die Regelungen in H 3.12 <Allgemeines zu § 3 Nr. 12 Satz 2 EStG> EStH in Verbindung mit R 3.12 Abs. 2 bis 5 LStR entsprechend anzuwenden. Danach sind die gewährten Aufwandsentschädigungen bis zur Höhe von 200 € (bis VZ 2012: 175 €) steuerfrei.

Entschädigungszahlungen der ehrenamtlichen Tätigkeit bei Sozialversicherungsträgern

Einkommensteuerliche Behandlung der Entschädigung ehrenamtlicher Tätigkeit bei Sozialversicherungsträgern

Erlass der Oberfinanzdirektion Niedersachsen vom 8. 10. 2012 – S 2337-148-St 213 – (ESt-Kartei ND Kontroll-Nr. 2230)

Die Sozialversicherungsträger sind gem. § 29 Abs. 1 SGB IV rechtsfähige Körperschaften des öffentlichen Rechts. Die Mitglieder ihrer Selbstverwaltungsorgane (Vertreterversammlung und Vorstand) sowie die Versichertenältesten und Vertrauenspersonen üben ihre Tätigkeiten ehrenamtlich aus (§ 40 Abs. 1 SGB IV). Als Entschädigung erhalten sie Erstattungen für Barauslagen (§ 41 Abs. 1 SGB IV), Ersatz für Verdienstausfall (§ 41 Abs. 2 SGB IV) sowie Pauschbeträge für Zeitaufwand (§ 41 Abs. 3 SGB IV). Diese Vergütungen führen grundsätzlich zu Einkünften aus selbständiger Arbeit i. S. d. § 18 Abs. 1 Nr. 3 EStG.

Die genannten Tätigkeiten fallen jedoch unter die sog. schlichte Hoheitsverwaltung (R 3.12 Abs. 1 S. 1 LStR), sodass die Steuerbefreiungsvorschrift des § 3 Nr. 12 EStG anwendbar ist.

Die einkommensteuerliche Behandlung der gewährten Entschädigungen richtet sich nach folgenden Grundsätzen:

1. Einzeln gewährte (Teil-)Entschädigungen für Barauslagen, Verdienstausfall sowie Pauschbeträge für Zeitaufwand

Eine Anwendung der Vereinfachungsregel der R 3.12 Abs. 3 S. 3 LStR auf die Summe der Entschädigungen kommt nicht in Betracht. Vielmehr ist für jede (Teil-)Entschädigung zu prüfen, ob die Voraussetzungen des § 3 Nr. 12 S. 2 EStG i. V. m. R 3.12 Abs. 2 LStR erfüllt sind. Entscheidend ist daher, ob die Beträge dazu bestimmt sind, Aufwendungen abzugelten, die steuerlich als Werbungskosten oder Betriebsausgaben abziehbar wären. Soweit diese Voraussetzung erfüllt ist, bestehen keine Bedenken, von der Summe der jeweiligen Entschädigung unter Berücksichtigung der o. g. Vereinfachungsregel bis zu 175,00 EUR monatlich als steuerfreie Aufwandsentschädigung zu behandeln. Danach sind die (Teil-)Entschädigungen wie folgt zu behandeln:

1.1 Erstattung von Barauslagen (§ 41 Abs. 1 SGB IV)

Die Erstattung von Barauslagen, die ggf. auch als feste Pauschbeträge gezahlt werden können, setzt sich regelmäßig aus den Teilbeträgen für Tage- und Übernachtungsgeld, Fahrtkosten, ggf. Unterkunfts- und Verpflegungskosten für Kraftfahrerinnen und Kraftfahrer und sonstigen Kosten (z. B. Beförderung von Gepäck und Post- und Telekommunikationskosten) zusammen.

Der Ersatz dieser Barauslage nach dem tatsächlichen Aufwand – ohne das Tagegeld – ist gem. § 3 Nr. 12 S. 2 EStG steuerfrei. Die Erstattung der tatsächlichen Fahrtkosten für Fahrten von der Wohnung zum Sitzungsort wird als steuerfreie Aufwandsentschädigung anerkannt. Bei Benutzung eines eigenen Kraftfahrzeugs ist die Wegstreckenentschädigung nach dem Bundesreisekostengesetz oder nach dem jeweiligen Landesgesetz maßgebend. Das für eine am Standort des Sozialversicherungsträgers stattfindende Sitzung gewährte Tagegeld ist nicht steuerfrei, da insoweit keine Geschäftsreise, sondern eine Tätigkeit am Mittelpunkt der dauerhaft angelegten betrieblichen Betätigung vorliegt und mithin keine Verpflegungsmehraufwendungen als Betriebsausgaben berücksichtigt werden können. Die Erstattung von Barauslagen nach festen Pauschbeträgen ist nach § 3 Nr. 12 S. 2 EStG nur insoweit steuerfrei, als sie den tatsächlichen Aufwand nicht erheblich übersteigt.

1.2 Ersatz des tatsächlich entgangenen regelmäßigen Bruttoverdienstes und Erstattung der Beiträge zur Sozialversicherung (§ 41 Abs. 2 SGB IV)

Die Zahlungen sind steuerpflichtige Betriebseinnahmen. Die von den Ehrenamtlichen selbst zu tragenden Sozialversicherungsbeiträge sind im Rahmen der Sonderausgaben nach § 10 EStG abzugsfähig.

1.3 Pauschbeträge für Zeitaufwand (§ 41 Abs. 3 SGB IV)

Die pauschalen Zahlungen für Zeitaufwand aufgrund von Sitzungen (§ 41 Abs. 3 S. 1 SGB IV) und aufgrund einer Tätigkeit außerhalb von Sitzungen (§ 41 Abs. 3 S. 2 SGB IV) sind steuerpflichtige Betriebseinnahmen.

1.4 Pauschbeträge für Auslagen der Vorsitzenden der Organe außerhalb der Sitzungen (§ 41 Abs. 1 S. 2 SGB IV)

Die pauschalen Zahlungen für Auslagen der Vorsitzenden der Organe außerhalb der Sitzungen sind nach § 3 Nr. 12 S. 2 steuerfrei, wenn die ehrenamtliche Tätigkeit einen entsprechenden Aufwand in annähernd gleichbleibender Höhe verursacht (R 3.12 Abs. 2 S. 5 LStR). Es bestehen keine Bedenken, die in der Entschädigungsregelung festgelegten Pauschbeträge bis zu den von den Sozialpartnern (DGB und BDA) in der Empfehlungsvereinbarung aufgeführten Höchstbeträge (zurzeit von 13,00 – 77,00 EUR) monatlich nach § 3 Nr. 12 S. 2 EStG steuerfrei zu belassen.

1.5 Gesondert gewährte Reisekostenvergütungen

Gesondert gewährte Reisekostenvergütungen sind nach § 3 Nr. 13 EStG steuerfrei.

2. Einheitlich gewährte Entschädigungen für Barauslagen, Verdienstausfall sowie Pauschbeträge für Zeitaufwand

Die Aufteilung einer einheitlichen Entschädigung in einen steuerfreien und einen steuerpflichtigen Teil kann nach der Vereinfachungsreglung in R 3.12 Abs. 3 S. 3 LStR vorgenommen werden. Danach kann bei Vergütungen, die weder durch Gesetz oder Rechtsverordnung bestimmt sind, für ehrenamtlich tätige Personen in der Regel ohne weiteren Nachweis ein steuerlich anzuerkennender Aufwand von 175,00 EUR monatlich angenommen werden.

Gesondert gewährte Reisekosten sind auch hier steuerfrei nach § 3 Nr. 13 EStG.

Festsetzung als Aufwandsentschädigung

Steuerliche Behandlung von Aufwandsentschädigungen nach § 3 Nr. 12 Satz 1 EStG; hier: Festsetzung als Aufwandsentschädigung durch die Bundesregierung oder eine Landesregierung

(Erlaß des FinMin Rheinland-Pfalz vom 15. 10. 1980 – S 2337 A – 443 –)

Es ist gefragt worden, ob in den Fällen, in denen im Haushaltsplan die Höhe der dem einzelnen Amtsinhaber (z. B. Präsident einer Behörde) zustehenden Aufwandsentschädigung betragsmäßig ausgewiesen ist, der Beschluß der Bundesregierung bzw. einer Landesregierung über den Haushaltsplan gleichzeitig als Festsetzung der Aufwandsentschädigung durch die Bundesregierung bzw. die Landesregierung angesehen werden kann oder ob daneben eine gesonderte Festsetzung erforderlich ist.

Hierzu wird die Auffassung vertreten, daß ein Beschluß der Bundesregierung oder einer Landesregierung über den Haushaltsplan dann als Festsetzung der Aufwandsentschädigung im Sinne von § 3 Nr. 12 Satz 1 EStG gilt, wenn aus dem Haushaltsplan der Empfänger – oder eine Gruppe von Empfängern – der Aufwandsentschädigung erkennbar ist und wenn außerdem aus den Ausweisungen im Haushaltsplan hervorgeht, in welcher Höhe dem jeweiligen Anspruchsberechtigten die Aufwandsentschädigung zusteht.

Andererseits ist davon auszugehen, daß der bloße Ausweis einer Aufwandsentschädigung im Haushaltsplan des Bundes oder eines Landes nicht gleichzeitig als gesetzliche Festsetzung der Aufwandsentschädigung i. S. von § 3 Nr. 12 Satz 1 EStG zu verstehen ist, weil ein Haushaltsplan lediglich die Bewilligung von Haushaltsmitteln beinhaltet.

Dieser Erlaß ergeht im Einvernehmen mit dem Bundesminister der Finanzen sowie den obersten Finanzbehörden der anderen Bundesländer.

Fiskalische Verwaltung

Keine öffentlichen Dienste im Sinne des § 3 Nr. 12 Satz 2 EStG leisten Personen, die in der fiskalischen Verwaltung tätig sind (→ BFH vom 13. 8. 1971 – BStBl II S. 818, vom 9. 5. 1974 – BStBl II S. 631, betr. Mitglieder des Verwaltungsausschusses einer von einer Ärztekammer betriebenen Altersversorgung, und vom 31. 1. 1975 – BStBl II S. 563, betr. Leiter von Gemeinden in Eigenregie geführten Versorgungs- und Verkehrsbetriebe). Dies ist insbesondere dann der Fall, wenn sich die Tätigkeit für die juristische Person des öffentlichen Rechts ausschließlich oder überwiegend auf die Erfüllung von Aufgaben

1. in einem land- oder forstwirtschaftlichen Betrieb einer juristischen Person des öffentlichen Rechts oder
2. in einem **Betrieb gewerblicher Art** einer juristischen Person des öffentlichen Rechts im Sinne des § 1 Abs. 1 Nr. 6 KStG bezieht.

Ob es sich um einen Betrieb gewerblicher Art einer juristischen Person des öffentlichen Rechts handelt, beurteilt sich nach dem Körperschaftsteuerrecht (§ 4 KStG und R 6 KStR[1]). Hierbei kommt es nicht darauf an, ob der Betrieb gewerblicher Art von der Körperschaftsteuer befreit ist. Zu den Betrieben gewerblicher Art in diesem Sinne gehören insbesondere die von einer juristischen Person des öffentlichen Rechts unterhaltenen Betriebe, die der Versorgung der Bevölkerung mit Wasser, Gas, Elektrizität oder Wärme (→ BFH vom 19. 1. 1990 – BStBl II S. 679), dem öffentlichen Verkehr oder dem Hafenbetrieb dienen, sowie die in der Rechtsform einer juristischen Person des öffentlichen Rechts betriebenen Sparkassen (→ BFH vom 13. 8. 1971 – BStBl II S. 818).

Führerscheinerwerb, Kostenübernahme für Feuerwehrleute

(Erlass FinMin Bayern vom 16. 6. 2004–34 – S 2337 – 158 – 25617/04)

Auf Grund der Einführung des EU-Führerscheins zum 1. 1. 1999 dürfen Inhaber der Fahrerlaubnisklasse B nur noch Fahrzeuge mit einer zulässigen Gesamtmasse von nicht mehr als 3,5t führen. Die Fahrzeuge der (Freiwilligen) Feuerwehren überschreiten zumeist dieses Gewicht, so dass viele Gemeinden die Kosten für den Erwerb der Führerscheinklasse C 1/C übernehmen. Es ist gefragt worden, ob die Übernahme der Kosten für den Erwerb der Führerscheinklasse C 1/C durch die Gemeinden zu einem geldwerten Vorteil bei den Feuerwehrleuten führt.

In Abstimmung mit den obersten Finanzbehörden des Bundes und der andern Länder wird hierzu folgende Auffassung vertreten:

Nach der ständigen Rechtsprechung des Bundesfinanzhofs sind solche Vorteile nicht als Arbeitslohn anzusehen, die sich bei objektiver Würdigung aller Umstände nicht als Entlohnung, sondern lediglich als notwendige Begleiterscheinung betriebsfunktionaler Zielsetzung erweisen. Vorteile besitzen danach keinen Arbeitslohncharakter, wenn sie im ganz überwiegend eigenbetrieblichen Interesse des Arbeitgebers gewährt werden. Dies ist der Fall, wenn sich aus den Begleitumständen wie Anlass, Art und Höhe des Vorteils, Auswahl der Begünstigten, freie oder nur gebundene Verfügbarkeit, Freiwilligkeit oder Zwang zur Annahme des Vorteils und seiner besonderen Geeignetheit für den jeweiligen verfolgten betrieblichen Zweck ergibt, dass diese Zielsetzung ganz im Vordergrund steht und ein damit einhergehendes eigenes Interesse des Arbeitnehmers, den betreffenden Vorteil zu erlangen deshalb vernachlässigt werden kann (vgl. z. B. BFH-Urteil vom 26. 6. 2003, BStBl 2003 II S. 886 zu Führerscheinen von Polizisten).

1) Nach dem Entwurf der KStR 2015 → R 4.

Für die Feuerwehren ist es unerlässlich, dass die oft ehrenamtlich tätigen Feuerwehrleute nicht nur für den Einsatz entsprechend ausgebildet werden, sondern auch die im Ernstfall benötigten Gerätschaften bedienen können und dürfen. Dies schließt den Erwerb der Erlaubnis zum Führen der entsprechenden Feuerwehrfahrzeuge mit ein. Da die Erlaubnis zum Führen dieser Fahrzeuge oft nicht vorliegt, müssen die Feuerwehren eine entsprechende Ausbildung anbieten, um überhaupt einsatzfähig zu sein und den betrieblichen Zweck verfolgen zu können. Der Arbeitgeber hat damit ein ganz wesentliches Interesse an der Führerscheinausbildung einzelner Feuerwehrleute. Der Vorteil des Arbeitnehmers, die Führerscheinklasse ggf. auch für private Zwecke nutzen zu können, ist lediglich eine Begleiterscheinung und tritt hinter dem vom Arbeitgeber verfolgten Zweck zurück...

Höhe der Aufwandsentschädigung

...

2. Die obersten Finanzverwaltungsbehörden der Länder können im Zusammenwirken mit den obersten Aufsichtsbehörden der in Betracht kommenden öffentlichen Kassen allgemein Sätze festlegen, die bei den einzelnen Gruppen von Empfängern als echte Aufwandsentschädigungen anzuerkennen sind (Anschluss an BFH-Urteil in BFHE 92, 11, BStBl 1968 II, 437) (→ BFH vom 9. 7. 1992 – BStBl 1993 II S. 50)

Öffentliche Dienste

Ehrenamtliche Vorstandsmitglieder eines Versorgungswerks leisten öffentliche Dienste i. S. d. § 3 Nr. 12 Satz 2 EStG, wenn sich das Versorgungswerk als juristische Person des öffentlichen Rechts im Rahmen seiner gesetzlichen Aufgabenzuweisungen auf die Gewährleistung der Alters-, Invaliden- und Hinterbliebenenversorgung für seine Zwangsmitglieder beschränkt und dabei die insoweit bestehenden Anlagegrundsätze beachtet (→ BFH vom 27. 8. 2013 – BStBl 2014 II S. 248).

Öffentliche Kassen

→ H 3.11

Polizeidienst, freiwilliger

Besteuerung der Ersatzleistungen an die Angehörigen des Freiwilligen Polizeidienstes

(Verfügung der OFD Karlsruhe vom 6. 8. 2008 – S 2332/36 – St 141 –)In der Verfügung vom 26. 1. 2007, S 233.2/36 – St 131, wurde die steuerliche Behandlung der Ersatzleistungen an die Angehörigen des Freiwilligen Polizeidienstes (FPD) dargestellt. Diese Zahlungen stellten bisher steuerpflichtigen Arbeitslohn dar.

Mit Verordnung des Innenministeriums zur Änderung der Verordnung über die Ersatzleistungen an die Angehörigen des Freiwilligen Polizeidienstes vom 30. 1. 2008 (GBl. S 77) sind die Bestimmungen bezüglich der Gewährung von Ersatzleistungen an die Angehörigen des Freiwilligen Polizeidienstes neu geregelt worden. Die Verordnung ist zum 21. 2. 2008 in Kraft getreten. Aufgrund dieser geänderten Verordnung erhalten Angehörige des Freiwilligen Polizeidienstes Aufwandsentschädigungen i. S. des § 3 Nr. 12 Satz 2 EStG. Für diese Aufwandsentschädigungen gilt die Vereinfachungsregelung der R 3.12 Abs. 3 Satz 2 Nr. 2 LStR 2008. Danach bleiben die Vergütungen in Höhe von 1/3 der Aufwandsentschädigung, mindestens aber zu 175 Euro monatlich steuerfrei. Ein nicht ausgeschöpfter steuerfreier Monatsbetrag kann auf andere Monate desselben Kalenderjahres der Tätigkeit als Polizeifreiwilliger übertragen werden. Auf die Ausführungen in H 3.12 (Übertragung nicht ausgeschöpfter steuerfreier Monatsbeträge) LStH wird verwiesen.

Übersteigen die im selben Kalenderjahr gewährten Ersatzleistungen die Summe der insgesamt zu berücksichtigenden steuerfreien Monatsbeträge, muss der Angehörige des Freiwilligen Polizeidienstes der betreffenden Dienststelle (Polizeidirektion) eine Lohnsteuerkarte vorlegen, damit der Steuerabzug im Wege des Lohnsteuerabzugsverfahrens durchgeführt werden kann. Auch bei Steuerfreiheit besteht für die Dienststellen die Verpflichtung zur Führung eines Lohnkontos nach § 41 EStG i. V. m. § 4 LStDV.

Beispiel:

→ Übertragung nicht ausgeschöpfter steuerfreier Monatsbeträge (Beispiel)

Aus Vereinfachungsgründen bestehen in den Fällen, in denen der steuerfreie Monatsbetrag von 175 Euro regelmäßig nicht überschritten wird, keine Bedenken, wenn die Ermittlung des ggf. endgültigen steuerpflichtigen Teils der Ersatzleistungen zusammen mit der letzten Abrechnung über die Vergütung von Ersatzleistungen des laufenden Kalenderjahres durchgeführt wird. Reichen die mit der letzten Abrechnung zu gewährenden Ersatzleistungen zur Deckung der auf den endgültigen steuerpflichtigen Teil der Ersatzleistungen einzubehaltenden Steuerabzugsbeträge (Lohnsteuer, Solidaritätszuschlag sowie ggf. Kirchenlohnsteuer) nicht aus, hat der Polizeifreiwillige der Dienststelle (Polizeidirektion) den Fehlbetrag zur Verfügung zu stellen (§ 38 Abs. 4 Satz 1 EStG). Kommt der Polizeifreiwillige dieser Verpflichtung nicht nach, hat die Dienststelle dies dem für sie zuständigen Betriebsstättenfinanzamt anzuzeigen (§ 38 Abs. 4 Satz 2 EStG).

Sofern ein Polizeifreiwilliger im Jahr 2008 bis zum Inkrafttreten der Neuregelung Ersatzleistungen nach den bisherigen Vorschriften erhalten hat, kann die Steuerfreiheit der nach der Neuregelung bezogenen Aufwandsentschädigung erst ab diesem Zeitpunkt geltend gemacht werden; eine Übertragung des für die bereits abgelaufenen Monate maßgebenden steuerfreien Monatsbetrag von 175 Euro kommt nicht in Betracht.

Das Innenministerium Baden-Württemberg hat die betroffenen Dienststellen entsprechend informiert.

Bei der Einkommensteuerveranlagung 2007 bittet die OFD, durch sog. Überkennzahlen sicherzustellen, dass Ersatzleistungen, die der im Freiwilligen Polizeidienst Tätige ab 2008 erhält, bei der Festsetzung von Vorauszahlungen nicht erfasst werden.

Steuerlicher Aufwand

Zur Voraussetzung der Abgeltung steuerlich zu berücksichtigender Werbungskosten/Betriebsausgaben → BFH vom 3. 8. 1962 (BStBl III S. 425), vom 9. 6. 1989 (BStBl 1990 II S. 121 und 123) und vom 9. 7. 1992 (BStBl 1993 II S. 50) und vom 29. 11. 2006 (BStBl 2007 II S. 308)

Übertragung nicht ausgeschöpfter steuerfreier Monatsbeträge (Beispiel)

Für öffentliche Dienste in einem Ehrenamt in der Zeit vom 1.1. bis 31.5. werden folgende Aufwandsentschädigungen i. S. v. § 3 Nr. 12 Satz 2 EStG und R 3.12 Abs. 3 Satz 3 LStR gezahlt: Januar 275 €, Februar 75 €, März 205 €, April 325 €, Mai 225 €; Zeitaufwand wird nicht vergütet. Für den Lohnsteuerabzug können die nicht ausgeschöpften steuerfreien Monatsbeträge i. H. v. 200 € wie folgt mit den steuerpflichtigen Aufwandsentschädigungen der anderen Lohnzahlungszeiträume dieser Tätigkeit verrechnet werden:

	Gezahlte Aufwandsentschädigung	Steuerliche Behandlung nach R 3.12 Abs. 3 Satz 3 LStR		Steuerliche Behandlung bei Übertragung nicht ausgeschöpfter steuerfreier Monatsbeträge	
		Steuerfrei sind:	Steuerpflichtig sind:	Steuerfreier Höchstbetrag	Steuerpflichtig sind:
Januar	275 €	200 €	75 €	200 €	75 €
Februar	75 €	75 €	0 €	2 × 200 € = 400 €	0 € (275 + 75 – 400), Aufrollung des Januar
März	205 €	200 €	5 €	3 × 200 € = 600 €	0 € (275 + 75 + 205 – 600)
April	325 €	200 €	125 €	4 × 200 € = 800 €	80 € (275 + 75 + 205 + 325 – 800), Aufrollung des März
Mai	225 €	200 €	25 €	5 × 200 € = 1 000 €	105 € (275 + 75 + 205 + 325 + 225 – 1000)
Summe	1 105 €	1 000 €	230 €	5 × 200 € = 1 000 €	105 €

Bei Verrechnung des nicht ausgeschöpften Freibetragsvolumens mit abgelaufenen Lohnzahlungszeiträumen ist im Februar der Lohnsteuereinbehalt für den Monat Januar und im April für den Monat März zu korrigieren.

EStG

§ 3

Steuerfrei sind

...

S 2338 **13. die aus öffentlichen Kassen gezahlten Reisekostenvergütungen, Umzugskostenvergütungen und Trennungsgelder. [2]Die als Reisekostenvergütungen gezahlten Vergütungen für Verpflegungsmehraufwendungen sind nur insoweit steuerfrei, als sie die Pauschbeträge nach § 9 Absatz 4a nicht übersteigen; Trennungsgelder sind nur insoweit steuerfrei, als sie die nach § 9 Absatz 1 Satz 3 Nummer 5 und Absatz 5 sowie § 4 Absatz 5 Satz 1 Nummer 5 abziehbaren Aufwendungen nicht übersteigen;**

R 3.13
S 2338

Reisekostenvergütungen, Umzugskostenvergütungen und Trennungsgelder aus öffentlichen Kassen (§ 3 Nr. 13 EStG)

(1) [1]Nach § 3 Nr. 13 EStG sind Leistungen (Geld und Sachbezüge) steuerfrei, die als Reisekostenvergütungen, Umzugskostenvergütungen oder Trennungsgelder aus einer öffentlichen Kasse gewährt werden; dies gilt nicht für Mahlzeiten, die dem Arbeitnehmer während einer beruflichen Auswärtstätigkeit oder im Rahmen einer doppelten Haushaltsführung vom Arbeitgeber oder auf dessen Veranlassung von einem Dritten zur Verfügung gestellt werden. [2]Die Steuerfreiheit von Verpflegungszuschüssen ist auf die nach § 9 Abs. 4a EStG maßgebenden Beträge begrenzt. [3]R 3.16 Satz 1 bis 3 ist entsprechend anzuwenden.

(2) [1]Reisekostenvergütungen sind die als solche bezeichneten Leistungen, die dem Grunde und der Höhe nach unmittelbar nach Maßgabe der reisekostenrechtlichen Vorschriften des Bundes oder der Länder gewährt werden. [2]Reisekostenvergütungen liegen auch vor, soweit sie auf Grund von Tarifverträgen oder anderen Vereinbarungen (z. B. öffentlich-rechtliche Satzung) gewährt werden, die den reisekostenrechtlichen Vorschriften des Bundes oder eines Landes dem Grund und der Höhe nach vollumfänglich entsprechen. [3]§ 12 Nr. 1 EStG bleibt unberührt.

(3) [1]Werden bei Reisekostenvergütungen aus öffentlichen Kassen die reisekostenrechtlichen Vorschriften des Bundes oder der Länder nicht oder nur teilweise angewendet, können auf diese Leistungen, die zu § 3 Nr. 16 EStG erlassenen Verwaltungsvorschriften angewendet werden. [2]Im Übrigen kann auch eine Steuerbefreiung nach § 3 Nr. 12 oder 26, 26a oder 26b EStG in Betracht kommen; → R 3.12 und 3.26.

(4) [1]Die Absätze 2 und 3 gelten sinngemäß für Umzugskostenvergütungen und Trennungsgelder nach Maßgabe der umzugskosten- und reisekostenrechtlichen Vorschriften des Bundes und der Länder. [2]Werden anlässlich eines Umzugs Verpflegungszuschüsse nach dem Bundesumzugskostengesetz (BUKG) gewährt, sind diese nur im Rahmen der zeitlichen Voraussetzungen des § 9 Abs. 4a EStG steuerfrei. [3]Trennungsgeld, das bei täglicher Rückkehr zum Wohnort gewährt wird, ist nur in den Fällen des § 9 Abs. 1 Satz 3 Nr. 4a Satz 1 EStG steuerfrei. [4]Trennungsgeld, das bei Bezug einer Unterkunft am Beschäftigungsort gewährt wird, ist regelmäßig nach Maßgabe von § 9 Abs. 1 Satz 3 Nr. 5 und Abs. 4a EStG steuerfrei. [5]R 9.9 Abs. 2 Satz 1 ist entsprechend anzuwenden.

H 3.13

Hinweise

Beamte bei Postunternehmen

→ § 3 Nr. 35 EStG

Klimabedingte Kleidung

Der Beitrag zur Beschaffung klimabedingter Kleidung (§ 11 AUV) sowie der Ausstattungsbeitrag (§ 19 AUV) sind nicht nach § 3 Nr. 13 Satz 1 EStG steuerfrei (→ BFH vom 27. 5. 1994 – BStBl 1995 II S. 17 und vom 12. 4. 2007 – BStBl II S. 536).

Mietbeiträge

anstelle eines Trennungsgelds sind nicht nach § 3 Nr. 13 EStG steuerfrei (→ BFH vom 16. 7. 1971 – BStBl II S. 772).

Öffentliche Kassen

→ H 3.11

Pauschale Reisekostenvergütungen

Nach einer öffentlich-rechtlichen Satzung geleistete pauschale Reisekostenvergütungen können bei Beachtung von R 3.13 Abs. 2 Satz 2 auch ohne Einzelnachweis steuerfrei sein, sofern die Pauschale die tatsächlich entstandenen Reiseaufwendungen nicht ersichtlich übersteigt (→ BFH vom 8. 10. 2008 – BStBl 2009 II S. 405).

Prüfung, ob Werbungskosten vorliegen

Es ist nur zu prüfen, ob die ersetzten Aufwendungen vom Grundsatz her Werbungskosten sind (→ BFH vom 12. 4. 2007 – BStBl II S. 536). Daher sind z. B. Arbeitgeberleistungen im Zusammenhang mit Incentive-Reisen nicht nach § 3 Nr. 13 EStG steuerfrei (→ R 13.3 Abs. 2 Satz 3), soweit diese dem Arbeitnehmer als geldwerter Vorteil zuzurechnen sind (→ H 19.7).

§ 3 EStG

Steuerfrei sind

...

14. Zuschüsse eines Trägers der gesetzlichen Rentenversicherung zu den Aufwendungen eines Rentners für seine und von dem gesetzlichen Rentenversicherungsträger getragene Anteile (§ 249a des Fünften Buches Sozialgesetzbuch) an den Beiträgen für die gesetzliche Krankenversicherung; S 2342

15. (weggefallen) S 2342

16. die Vergütungen, die Arbeitnehmer außerhalb des öffentlichen Dienstes von ihrem Arbeitgeber zur Erstattung von Reisekosten, Umzugskosten oder Mehraufwendungen bei doppelter Haushaltsführung erhalten, soweit sie die nach § 9 als Werbungskosten abziehbaren Aufwendungen nicht übersteigen; S 2338

Steuerfreie Leistungen für Reisekosten, Umzugskosten und Mehraufwendungen bei doppelter Haushaltsführung außerhalb des öffentlichen Dienstes (§ 3 Nr. 16 EStG) R 3.16

[1]Zur Ermittlung der steuerfreien Leistungen (Geld und Sachbezüge) für Reisekosten dürfen die einzelnen Aufwendungsarten zusammengefasst werden; die Leistungen sind steuerfrei, soweit sie die Summe der nach § 9 Abs. 1 Satz 3 Nr. 4a Satz 1, 2 und 4, Nr. 5a und Abs. 4a EStG sowie R 9.8 zulässigen Leistungen nicht übersteigen. [2]Hierbei können mehrere Reisen zusammengefasst abgerechnet werden. [3]Dies gilt sinngemäß für Umzugskosten und für Mehraufwendungen bei einer doppelten Haushaltsführung. [4]Wegen der Höhe der steuerfrei zu belassenden Leistungen für Reisekosten, Umzugskosten und Mehraufwendungen bei einer doppelten Haushaltsführung → § 9 Abs. 1 Satz 3 Nr. 5 EStG und R 9.7 bis 9.9 und 9.11. S 2338

Hinweise H 3.16

Bahncard 100

Steuerfreie Reisekostenerstattung bei Verwendung einer arbeitnehmereigenen „Bahncard 100"

(Verfügung der OFD Berlin vom 21. 12. 2004 – St 157– S 2334 – 10/03 –)

Die Frage, wie Fahrtkostenerstattungen bei Dienstreisen steuerlich zu behandeln sind, wenn der Arbeitnehmer für die Dienstreise seine eigene „Bahncard 100" einsetzt und ihm dadurch daher keine (zusätzlichen) Kosten entstehen, war Gegenstand der Erörterung der obersten Finanzbehörden der Länder mit dem Bund. Danach soll der Arbeitgeberersatz für die „Bahncard 100" erst dann steuerfrei bleiben, wenn die (andernfalls für die Dienstreise entstehenden) Kosten für die dienstlichen Bahnfahrten den Kaufpreis für die „Bahncard 100" von 3 000 € übersteigen.

Bewerbungskosten

Steuerfreier Reisekostenersatz bei Bewerbungen

(BMF-Schreiben vom 13. 11. 1991 – IV B 6 – S 2338 – 23/91 II –)

...

Die obersten Finanzbehörden der Länder teilen die Auffassung, daß der von einem Arbeitgeber an einen Stellenbewerber geleistete Reisekostenersatz steuerfrei bleibt, soweit er sich im Rahmen des § 3 Nr. 16 EStG bewegt.

Gehaltsumwandlung

Vergütungen zur Erstattung von Reisekosten können auch dann steuerfrei sein, wenn sie der Arbeitgeber aus umgewandeltem Arbeitslohn zahlt. Voraussetzung ist, dass Arbeitgeber und Arbeitnehmer die Lohnumwandlung vor der Entstehung des Vergütungsanspruchs vereinbaren (→ BFH vom 27. 4. 2001 – BStBl II S. 601).

Kreditkartengebühren

Steuerliche Behandlung von Firmenkreditkarten (Corporate-Cards) und Dienstreiseabrechnungen

(BMF-Schreiben vom 29. 9. 1998 – IV C 5 – S 2334 – 1/98 –)

Als Ergebnis der Erörterung mit den obersten Finanzbehörden der Länder wird zur steuerlichen Behandlung von Firmenkreditkarten und Dienstreisekostenabrechnungen wie folgt Stellung genommen:

1. Firmenkreditkarten (Corporate-Cards)

Bei der steuerlichen Beurteilung der Nutzung von Kreditkarten, die auf Dienstreisen eingesetzt und über das Bankkonto des Arbeitnehmers abgerechnet werden, ist wie folgt zu unterscheiden:

a) Erstattet der Arbeitgeber dem Arbeitnehmer die für die Kreditkarte anfallende Kartengebühr, erhält der Arbeitnehmer eine Barzuwendung, die nur steuerfrei bleiben kann, soweit sie den Einsatz von nach § 3 Nr. 16 EStG steuerfreien Reisekosten betrifft. Nach den einschlägigen Erlassen der obersten Finanzbehörden der Länder sind die Kreditkartenabrechnungen, aus denen sich der Einsatz der Kreditkarten auf Dienstreisen ergibt, zum Lohnkonto zu nehmen. Es reicht allerdings aus, wenn die Abrechnungen als Belege zur Reisekostenabrechnung aufbewahrt werden und die Möglichkeit zur Nachprüfung der Reisekostenvergütungen durch Hinweise im Lohnkonto sichergestellt wird.

b) Wird die Vergabe von Kreditkarten an Arbeitnehmer zwischen dem Arbeitgeber und dem Kreditkartenunternehmen vereinbart, z. B. in einem Rahmenvertrag, und wird die Kreditkarte an den einzelnen Arbeitnehmer mit Zustimmung und für Rechnung des Arbeitgebers ausgehändigt, erhält der Arbeitnehmer einen Sachbezug in Form der unentgeltlichen Überlassung einer Kreditkarte.

Ist in diesem Fall die Kreditkarte als Firmenkreditkarte, z. B. als Corporate-Card, gekennzeichnet, mit dem Namen des Arbeitgebers versehen und wird sie an Arbeitnehmer mit einer umfangreichen Reisetätigkeit ausgegeben, bei denen die Kreditkarte nur in ganz geringem Umfang privat eingesetzt wird, bestehen keine Bedenken, die Überlassung insgesamt als eine Leistung des Arbeitgebers zu betrachten, die er in ganz überwiegendem betrieblichen Interesse erbringt und die deshalb nicht zum Arbeitslohn gehört.

Kann nach den Verhältnissen des Einzelfalls nicht davon ausgegangen werden, daß die private Mitbenutzung der überlassenen Firmenkreditkarte von untergeordneter Bedeutung ist, so ist der Anteil des Vorteils nach § 3 Nr. 16 EStG steuerfrei, der dem Volumenanteil der Reisekostenumsätze am Gesamtumsatz der Kreditkarte entspricht. Der übrige Anteil des Vorteils ist als Arbeitslohn nur zu erfassen, wenn er – ggf. zusammen mit anderen nach § 8 Abs. 2 Satz 1 EStG zu bewertenden Sachbezügen – die Freigrenze nach § 8 Abs. 2 Satz 9 EStG übersteigt.

2. Reisekostenabrechnung

...

§ 3 EStG

Steuerfrei sind

...

17. Zuschüsse zum Beitrag nach § 32 des Gesetzes über die Alterssicherung der Landwirte; S 2121

18. das Aufgeld für ein an die Bank für Vertriebene und Geschädigte (Lastenausgleichsbank) zugunsten des Ausgleichsfonds (§ 5 des Lastenausgleichsgesetzes) gegebenes Darlehen, wenn das Darlehen nach § 7f des Gesetzes in der Fassung der Bekanntmachung vom 15. September 1953 (BGBl. I S. 1355) im Jahr der Hingabe als Betriebsausgabe abzugsfähig war; S 2121

19. (weggefallen) S 2342

20. die aus öffentlichen Mitteln des Bundespräsidenten aus sittlichen oder sozialen Gründen gewährten Zuwendungen an besonders verdiente Personen oder ihre Hinterbliebenen; S 2342

21. (weggefallen) S 2121

22. (weggefallen) S 2342

23. die Leistungen nach dem Häftlingshilfegesetz, dem Strafrechtlichen Rehabilitierungsgesetz, dem Verwaltungsrechtlichen Rehabilitierungsgesetz und dem Beruflichen Rehabilitierungsgesetz; S 2342

24. Leistungen, die auf Grund des Bundeskindergeldgesetzes gewährt werden; S 2342

25. Entschädigungen nach dem Infektionsschutzgesetz vom 20. Juli 2000 (BGBl. I S. 1045); S 2342

26. Einnahmen aus nebenberuflichen Tätigkeiten als Übungsleiter, Ausbilder, Erzieher, Betreuer oder vergleichbaren nebenberuflichen Tätigkeiten, aus nebenberuflichen künstlerischen Tätigkeiten oder der nebenberuflichen Pflege alter, kranker oder behinderter Menschen im Dienst oder im Auftrag einer juristischen Person des öffentlichen Rechts, die in einem Mitgliedstaat der Europäischen Union oder in einem Staat belegen ist, auf den das Abkommen über den Europäischen Wirtschaftsraum Anwendung findet, oder einer unter § 5 Absatz 1 Nummer 9 des Körperschaftsteuergesetzes fallenden Einrichtung zur Förderung gemeinnütziger, mildtätiger und kirchlicher Zwecke (§§ 52 bis 54 der Abgabenordnung) bis zur Höhe von insgesamt 2 400 Euro im Jahr. [2]Überschreiten die Einnahmen für die in Satz 1 bezeichneten Tätigkeiten den steuerfreien Betrag, dürfen die mit den nebenberuflichen Tätigkeiten in unmittelbarem wirtschaftlichen Zusammenhang stehenden Ausgaben abweichend von § 3c nur insoweit als Betriebsausgaben oder Werbungskosten abgezogen werden, als sie den Betrag der steuerfreien Einnahmen übersteigen; S 2121

Steuerbefreiung für nebenberufliche Tätigkeiten (§ 3 Nr. 26 EStG) R 3.26

Begünstigte Tätigkeiten

(1) [1]Die Tätigkeiten als Übungsleiter, Ausbilder, Erzieher oder Betreuer haben miteinander gemeinsam, dass sie auf andere Menschen durch persönlichen Kontakt Einfluss nehmen, um auf diese Weise deren geistige und körperliche Fähigkeiten zu entwickeln und zu fördern. [2]Gemeinsames Merkmal der Tätigkeiten ist eine pädagogische Ausrichtung. [3]Zu den begünstigten Tätigkeiten gehören z. B. die Tätigkeit eines Sporttrainers, eines Chorleiters oder Orchesterdirigenten, die Lehr- und Vortragstätigkeit im Rahmen der allgemeinen Bildung und Ausbildung, z. B. Kurse und Vorträge an Schulen und Volkshochschulen, Mütterberatung, Erste-Hilfe-Kurse, Schwimm-Unterricht, oder im Rahmen der beruflichen Ausbildung und Fortbildung, nicht dagegen die Ausbildung von Tieren, z. B. von Rennpferden oder Diensthunden. [4]Die Pflege alter, kranker oder behinderter Menschen umfasst außer der Dauerpflege auch Hilfsdienste bei der häuslichen Betreuung durch ambulante Pflegedienste, z. B. Unterstützung bei der Grund- und Behandlungspflege, bei häuslichen Verrichtungen und Einkäufen, beim Schriftverkehr, bei der Altenhilfe entsprechend dem § 71 SGB XII, z. B. Hilfe bei der Wohnungs- und Heimplatzbeschaffung, in Fragen der Inanspruchnahme altersgerechter Dienste, und bei Sofortmaßnahmen gegenüber Schwerkranken und Verunglückten, z. B. durch Rettungssanitäter und Ersthelfer. [5]Eine Tätigkeit, die ihrer Art nach keine übungsleitende, ausbildende, erzieherische, betreuende oder künstlerische Tätigkeit und keine Pflege alter, kranker oder behinderter Menschen ist, ist keine begünstigte Tätigkeit, auch wenn sie die übrigen Voraussetzungen des § 3 Nr. 26 EStG erfüllt, z. B. eine Tätigkeit als Vorstandsmitglied, als Vereinskassierer, oder als Gerätewart bei einem Sportverein bzw. als ehrenamtlich tätiger Betreuer (§ 1896 Abs. 1 Satz 1, § 1908i Abs. 1 BGB), Vormund (§ 1773 Abs. 1 Satz 1 BGB) oder Pfleger (§§ 1909 ff., 1915 Abs. 1 Satz 1 BGB); ggf. ist § 3 Nr. 26a bzw. 26b EStG anzuwenden. S 2337

Nebenberuflichkeit

(2) [1]Eine Tätigkeit wird nebenberuflich ausgeübt, wenn sie – bezogen auf das Kalenderjahr – nicht mehr als ein Drittel der Arbeitszeit eines vergleichbaren Vollzeiterwerbs in Anspruch nimmt. [2]Es können deshalb auch solche Personen nebenberuflich tätig sein, die im steuerrechtlichen Sinne keinen Hauptberuf ausüben, z. B. Hausfrauen, Vermieter, Studenten, Rentner oder Arbeitslose. [3]Übt ein Stpfl. mehrere verschiedenartige Tätigkeiten i. S. d. § 3 Nr. 26 EStG aus, ist die Nebenberuflichkeit für jede Tätigkeit getrennt zu beurteilen. [4]Mehrere gleichartige Tätigkeiten sind zusammenzufassen, wenn sie sich nach der Verkehrsanschauung als Ausübung eines einheitlichen Hauptberufs darstellen, z. B. Unterricht von jeweils weniger als dem dritten Teil des Pensums einer Vollzeitkraft in mehreren Schulen. [5]Eine Tätigkeit wird nicht nebenberuflich ausgeübt, wenn sie als Teil der Haupttätigkeit anzusehen ist.

Arbeitgeber/Auftraggeber

(3) [1]Der Freibetrag wird nur gewährt, wenn die Tätigkeit im Dienst oder im Auftrag einer der in § 3 Nr. 26 EStG genannten Personen erfolgt. [2]Als juristische Personen des öffentlichen Rechts kommen beispielsweise in Betracht Bund, Länder, Gemeinden, Gemeindeverbände, Industrie- und Handelskammern, Handwerkskammern, Rechtsanwaltskammern, Steuerberaterkammern, Wirtschaftsprüferkammern, Ärztekammern, Universitäten oder die Träger der Sozialversicherung. [3]Zu den Einrichtungen i. S. d. § 5 Abs. 1 Nr. 9 KStG gehören Körperschaften, Personenvereinigungen, Stiftungen und Vermögensmassen, die nach der Satzung oder dem Stiftungsgeschäft und nach der tatsächlichen Geschäftsführung ausschließlich und unmittelbar gemeinnützige, mildtätige oder kirchliche Zwecke verfolgen. [4]Nicht zu den begünstigten Einrichtungen gehören beispielsweise Berufsverbände (Arbeitgeberverband, Gewerkschaft) oder Parteien. [5]Fehlt es an einem begünstigten Auftraggeber/Arbeitgeber, so kann der Freibetrag nicht in Anspruch genommen werden.

Förderung gemeinnütziger, mildtätiger und kirchlicher Zwecke

(4) [1]Die Begriffe der gemeinnützigen, mildtätigen und kirchlichen Zwecke ergeben sich aus den §§ 52 bis 54 der Abgabenordnung (AO). [2]Eine Tätigkeit dient auch dann der selbstlosen Förderung begünstigter Zwecke, wenn sie diesen Zwecken nur mittelbar zugute kommt.

(5) [1]Wird die Tätigkeit im Rahmen der Erfüllung der Satzungszwecke einer juristischen Person ausgeübt, die wegen Förderung gemeinnütziger, mildtätiger oder kirchlicher Zwecke steuerbegünstigt ist, so ist im Allgemeinen davon auszugehen, dass die Tätigkeit ebenfalls der Förderung dieser steuerbegünstigten Zwecke dient.[2]Dies gilt auch dann, wenn die nebenberufliche Tätigkeit in einem sogenannten Zweckbetrieb im Sinne der §§ 65 bis 68 AO ausgeübt wird, z. B. als nebenberuflicher Übungsleiter bei sportlichen Veranstaltungen nach § 67a Abs. 1 AO, als nebenberuflicher Erzieher in einer Einrichtung über Tag und Nacht (Heimerziehung) oder sonstigen betreuten Wohnform nach § 68 Nr. 5 AO. [3]Eine Tätigkeit in einem steuerpflichtigen wirtschaftlichen Geschäftsbetrieb einer im Übrigen steuerbegünstigten juristischen Person (§§ 64, 14 AO) erfüllt dagegen das Merkmal der Förderung gemeinnütziger, mildtätiger oder kirchlicher Zwecke nicht.

(6) [1]Der Förderung begünstigter Zwecke kann auch eine Tätigkeit für eine juristische Person des öffentlichen Rechts dienen, z. B. nebenberufliche Lehrtätigkeit an einer Universität, nebenberufliche Ausbildungstätigkeit bei der Feuerwehr, nebenberufliche Fortbildungstätigkeit für eine Anwalts- oder Ärztekammer. [2]Dem steht nicht entgegen, dass die Tätigkeit in den Hoheitsbereich der juristischen Person des öffentlichen Rechts fallen kann.

Gemischte Tätigkeiten

(7) [1]Erzielt der Steuerpflichtige Einnahmen, die teils für eine Tätigkeit, die unter § 3 Nr. 26 EStG fällt, und teils für eine andere Tätigkeit gezahlt werden, so ist lediglich für den entsprechenden Anteil nach § 3 Nr. 26 EStG der Freibetrag zu gewähren. [2]Die Steuerfreiheit von Bezügen nach anderen Vorschriften, z. B. nach § 3 Nr. 9, 12, 13, 16 EStG, bleibt unberührt; wenn auf bestimmte Bezüge sowohl § 3 Nr. 26 EStG als auch andere Steuerbefreiungsvorschriften anwendbar sind, so sind die Vorschriften in der Reihenfolge anzuwenden, die für den Steuerpflichtigen am günstigsten ist.

Höchstbetrag

(8) [1]Der Freibetrag nach § 3 Nr. 26 EStG ist ein Jahresbetrag. [2]Dieser wird auch dann nur einmal gewährt, wenn mehrere begünstigte Tätigkeiten ausgeübt werden. [3]Er ist nicht zeitanteilig aufzuteilen, wenn die begünstigte Tätigkeit lediglich wenige Monate ausgeübt wird.

Werbungskosten- bzw. Betriebsausgabenabzug

(9) [1]Ein Abzug von Werbungskosten bzw. Betriebsausgaben, die mit den steuerfreien Einnahmen nach § 3 Nr. 26 EStG in einem unmittelbaren wirtschaftlichen Zusammenhang stehen, ist nur dann möglich, wenn die Einnahmen aus der Tätigkeit und gleichzeitig auch die jeweiligen Ausgaben den Freibetrag übersteigen. [2]In Arbeitnehmerfällen ist in jedem Falle der Arbeitnehmer-Pauschbetrag anzusetzen, soweit er nicht bei anderen Dienstverhältnissen verbraucht ist.

Lohnsteuerverfahren

(10) [1]Beim Lohnsteuerabzug ist eine zeitanteilige Aufteilung des steuerfreien Höchstbetrags nicht erforderlich; das gilt auch dann, wenn feststeht, dass das Dienstverhältnis nicht bis zum Ende des Kalenderjahres besteht. [2]Der Arbeitnehmer hat dem Arbeitgeber jedoch schriftlich zu bestätigen, dass die Steuerbefreiung nicht bereits in einem anderen Dienst- oder Auftragsverhältnis berücksichtigt worden ist oder berücksichtigt wird. [3]Diese Erklärung ist zum Lohnkonto zu nehmen.

Hinweise

H 3.26

Abgrenzung der Einkunftsart

→ R 19.2, H 19.2

Bahnhofsmission

→ Nebenberufliche Tätigkeiten

Begrenzung der Steuerbefreiung

Die Steuerfreiheit ist auch bei Einnahmen aus mehreren nebenberuflichen Tätigkeiten, z. B. Tätigkeit für verschiedene gemeinnützige Organisationen, und bei Zufluss von Einnahmen aus einer in mehreren Jahren ausgeübten Tätigkeit im Sinne des § 3 Nr. 26 EStG in einem Jahr auf einen einmaligen Jahresbetrag von 2 400 Euro begrenzt (→ BFH vom 23. 6. 1988 – BStBl II S. 890 und vom 15. 2. 1990 – BStBl II S. 686).

Juristische Personen des öffentlichen Rechts in EU/EWR-Mitgliedstaaten

Zahlungen einer französischen Universität für eine nebenberufliche Lehrtätigkeit sind nach § 3 Nr. 26 EStG steuerfrei (→ BFH vom 22. 7. 2008 – BStBl 2010 II S. 265).

Künstlerische Tätigkeit

Eine nebenberufliche künstlerische Tätigkeit liegt auch dann vor, wenn sie die eigentliche künstlerische (Haupt-)Tätigkeit nur unterstützt und ergänzt, sofern sie Teil des gesamten künstlerischen Geschehens ist (→ BFH vom 18. 4. 2007 – BStBl II S. 702).

Mittelbare Förderung

eines begünstigten Zwecks reicht für eine Steuerfreiheit aus. So dient die Unterrichtung eines geschlossenen Kreises von Pflegeschülern an einem Krankenhaus mittelbar dem Zweck der Gesundheitspflege (→ BFH vom 26. 3. 1992 – BStBl 1993 II S. 20).

Nebenberufliche Tätigkeiten, Übungsleiter

Steuerbefreiungen für nebenberufliche Tätigkeiten nach § 3 Nr. 26 EStG

(OFD Frankfurt/M. vom 25. 11. 2015 – S 2245 A – 2 – St 213 – FMNR51f310015)

1. Allgemeines

Die Steuerbefreiung für nebenberufliche Tätigkeiten ist in R 3.26 LStR geregelt.

Ergänzend hierzu weise ich auf Folgendes hin:

Durch das Steuerbereinigungsgesetz 1999 wurde ab dem 01. 01. 2000 die Tätigkeit des nebenberuflichen **Betreuers** in den Katalog der begünstigten Tätigkeiten aufgenommen. Begünstigt sind danach **drei** Tätigkeitsbereiche:

- Nebenberufliche Tätigkeit als Übungsleiter, Ausbilder, Erzieher, Betreuer oder eine vergleichbare Tätigkeit
- Nebenberufliche künstlerische Tätigkeit
- Nebenberufliche Pflege alter, kranker oder behinderter Menschen.

Die bisher begünstigten Tätigkeiten der Übungsleiter, Ausbilder und Erzieher haben miteinander gemeinsam, dass bei ihrer Ausübung durch persönliche Kontakte Einfluss auf andere Menschen genommen wird, um auf diese Weise deren Fähigkeiten zu entwickeln und zu fördern. Nach der Gesetzesbegründung zum Steuerbereinigungsgesetz gilt dies auch für den neu eingeführten Begriff des Betreuers. Gemeinsamer Nenner dieser Tätigkeiten ist daher die **pädagogische Ausrichtung**. Nicht begünstigt ist die Betreuungstätigkeit des gesetzlichen Betreuers nach § 1835a BGB sowie der Verfahrenspfleger nach dem Gesetz über die Angelegenheiten der freiwilligen Gerichtsbarkeit (FGG ; Bestellung nach § 50 FGG in Vormundschafts- u. Familiensachen, nach § 67 FGG in Betreuungssachen und nach § 70b FGG bei Unterbringungsmaßnahmen), da § 3 Nr. 26 EStG nur angewendet werden kann, wenn durch einen direkten pädagogisch ausgerichteten persönlichen Kontakt zu den betreuten Menschen ein Kernbereich des ehrenamtlichen Engagements erfüllt wird. Zur steuerlichen Behandlung der Aufwandsentschädigungen für ehrenamtliche rechtliche Betreuer nach § 1835a BGB vgl. ofix: EStG/18/34. (Die bis 31. 8. 2009 geltenden Regelungen für Verfahrenspfleger nach §§ 50, 67 und 70b des Gesetzes über Angelegenheiten der freiwilligen Gerichtsbarkeit – FGG – sind nunmehr in die o. g. Vorschriften des BGB integriert).

Betroffen von der Neuregelung sind insbesondere Personen, die betreuend im Jugend- und Sportbereich gemeinnütziger Vereine tätig werden. Daher kommt u. a. nun auch der Übungsleiterfreibetrag für die Beaufsichtigung und Betreuung von Jugendlichen durch Jugendleiter, Ferienbetreuer, Schulwegbegleiter etc. in Betracht.

Auch wenn ausschließlich (ohne Zusammenhang mit körperlicher Pflege) **hauswirtschaftliche oder betreuende** Hilfstätigkeiten für alte oder behinderte Menschen erbracht werden (z. B. Reinigung der Wohnung, Kochen, Einkaufen, Erledigung von Schriftverkehr), ist der Freibetrag nach § 3 Nr. 26 EStG zu gewähren, wenn die übrigen Voraussetzungen der Vorschrift erfüllt sind.

Im Bereich der nebenberuflichen **künstlerischen** Tätigkeit sind an den Begriff der „künstlerischen Tätigkeit" dieselben strengen Anforderungen zu stellen wie an die hauptberufliche künstlerische Tätigkeit im Sinne des § 18 Abs. 1 Nr. 1 EStG.

Bei einer Tätigkeit für juristische Personen des öffentlichen Rechts ist es unschädlich, wenn sie für einen **Betrieb gewerblicher Art** ausgeführt wird, da Betriebe gewerblicher Art auch gemeinnützigen Zwecken dienen können (z. B. Krankenhaus oder Kindergarten). Ziel des § 3 Nr. 26 EStG ist es, Bürger, die im gemeinnützigen, mildtätigen oder kirchlichen Bereich nebenberuflich tätig sind, von steuerlichen Verpflichtungen freizustellen. Mithin ist bei einer Tätigkeit für einen Betrieb gewerblicher Art darauf abzustellen, ob dieser einen entsprechend begünstigten Zweck verfolgt oder nicht.

Eine Förderung gemeinnütziger, mildtätiger und kirchlicher Zwecke ist grundsätzlich nur dann gegeben, wenn die Tätigkeit der **Allgemeinheit** zugute kommt. Bei nebenberuflicher Lehrtätigkeit ist diese Voraussetzung auch dann erfüllt, wenn eine Aus- oder Fortbildung zwar nur einem abgeschlossenen Personenkreis zugute kommt (z. B. innerhalb eines Unternehmens oder einer Dienststelle), die Aus- oder Fortbildung selbst aber im Interesse der Allgemeinheit liegt (vgl. BFH-Urteil vom 26. 3. 1992, BStBl II 1993, 20).

Hinsichtlich der Frage der Nebenberuflichkeit regelt R 3.26 Abs. 2 Satz 1 LStR, dass sie dann gegeben ist, wenn die Tätigkeit – bezogen auf das Kalenderjahr – nicht mehr als ein Drittel der Arbeitszeit eines vergleichbaren Vollzeiterwerbs in Anspruch nimmt. Bei der Ermittlung dieser Grenze sollen tarifvertraglich bedingte Unterschiede bei der Arbeitszeit aus Vereinfachungsgründen unberücksichtigt bleiben, es ist pauschalierend davon auszugehen, dass bei einer regelmäßigen Wochenarbeitszeit von nicht mehr als 14 Stunden die Ein-Drittel-Grenze erfüllt ist. Es bleibt dem Steuerpflichtigen unbenommen, im Einzelfall eine in seinem Tätigkeitsfeld höhere tarifliche Arbeitszeit nachzuweisen.

Mit dem Gesetz zur weiteren Stärkung des bürgerschaftlichen Engagements vom 10. 10. 2007 (BGBl I 2007, 2332, BStBl I 2007, 815) wurde der Freibetrag ab 2007 von bisher 1 848 € auf 2 100 € angehoben, mit dem Gesetz zur Stärkung des Ehrenamts vom 1. 3. 2013 (BGBl I 2013, Nr. 15) ab 1. 1. 2013 auf 2 400 €.

Aufgrund der Änderung des § 3 Nr. 26 EStG durch das Jahressteuergesetz 2009 kann der Freibetrag von 2 100 €/2 400 € nunmehr auch in Anspruch genommen werden, wenn eine entsprechende Tätigkeit nebenberuflich im Dienst oder Auftrag einer juristischen Person des öffentlichen Rechts bzw. einer zur Förderung gemeinnütziger, mildtätiger und kirchlicher Zwecke steuerbegünstigten Körperschaft erfolgt, die ihren Sitz in einem EU-/EWR-Staat hat. Die Regelung ist nach § 52 Abs. 4b EStG in allen noch offenen Fällen anzuwenden. Strittig ist nach wie vor die Frage, ob für Einnahmen aus einer nebenberuflichen Lehrtätigkeit an einer Eidgenössischen Technischen Hochschule in der Schweiz die Steuerbefreiung nach § 3 Nr. 26 EStG in Betracht kommt. Nach dem Gesetzeswortlaut ist dies zwar nicht der Fall, unklar ist jedoch die Auslegung des Freizügigkeitsabkommens zwischen der Europäischen Gemeinschaft und ihren Mitgliedstaaten einerseits und der Schweizerischen Eidgenossenschaft andererseits. Da es sich hierbei um Gemeinschaftsrecht handelt, wurde dem EuGH die Frage vom Finanzgericht Baden-Württemberg mit Beschluss vom 15. 7. 2015 zur Vorabentscheidung vorgelegt. Entsprechende Einspruchsverfahren ruhen nach § 363 Abs. 2 Satz 2 AO, Aussetzung der Vollziehung ist nicht zu gewähren.

2. Einzelfälle

2.1. Ärzte im Behindertensport

Nach § 11a des Bundesversorgungsgesetzes ist Rehabilitationssport unter ärztlicher Aufsicht durchzuführen. Behindertensport bedarf nach § 2 Abs. 2 der Gesamtvereinbarungen über den ambulanten Behindertensport während der sportlichen Übungen der Überwachung durch den Arzt. Die Tätigkeit eines Arztes im Rahmen dieser Bestimmungen fällt **dem Grunde nach unter** § 3 Nr. 26 EStG, sofern auch die übrigen Voraussetzungen hierfür erfüllt sind.

2.2. Ärzte im Coronarsport

Ärzte, die nebenberuflich in gemeinnützigen Sportvereinen Coronar-Sportkurse leiten, üben eine einem Übungsleiter vergleichbare Tätigkeit aus, wenn der im Coronar-Sport nebenberuflich tätige Arzt **auf den Ablauf der Übungseinheiten und die Übungsinhalte aktiv Einfluss nimmt**. Es handelt sich dann um eine nach § 3 Nr. 26 EStG begünstigte Tätigkeit.

2.3. Aufsichtsvergütung für die juristische Staatsprüfung

Vergütungen an Richter, Staatsanwälte und Verwaltungsbeamte des höheren Dienstes, die nebenamtlich als Leiter von Arbeitsgemeinschaften für Referendarinnen und Referendare tätig sind, fallen unter die Steuerbefreiungsvorschrift des § 3 Nr. 26 EStG und sind bis zur Höhe von 2 100 €/2 400 € jährlich steuerfrei.

2.4. Bahnhofsmission

Der Tätigkeitsbereich von Bahnhofsmissionen umfasst auch gem. § 3 Nr. 26 EStG begünstigte Pflege- und Betreuungsleistungen. Zur Abgrenzung gegenüber den nicht begünstigten Leistungen bestehen keine Bedenken, wenn Aufwandsentschädigungen nebenberuflicher Mitarbeiterinnen in Bahnhofsmissionen in Höhe von **60 %** der Einnahmen, maximal in Höhe von 3 600 DM (ab 2002: 1 848 €, ab 2007: 2 100 €, ab 2013: 2 400 €) **steuerfrei** belassen werden. Von dem pauschalen Satz kann im Einzelfall abgewichen und auf die tatsächlichen Verhältnisse abgestellt werden, wenn Anhaltspunkte dafür vorliegen, dass die Anwendung dieses Regelsatzes zu einer unzutreffenden Besteuerung führen würde. (vgl. HMdF-Erlass vom 22. 09. 1992 – S 2337 A – 76 – II B 21).

2.5. Behindertentransport

Fahrer und Beifahrer im Behindertentransport erhalten den Freibetrag nach § 3 Nr. 26 EStG bei Vorliegen der übrigen Voraussetzungen **für jeweils 50 % ihrer Vergütung**, da ihre Tätigkeit in der Regel zu gleichen Teilen auf das Fahren des Behindertenfahrzeugs und die Betreuung behinderter Menschen entfällt.

2.6. Bereitschaftsleitungen und Jugendgruppenleiter

Inwieweit eine Gewährung des Freibetrags nach § 3 Nr. 26 EStG in Betracht kommt, hängt von der tatsächlichen Tätigkeit ab. Soweit lediglich organisatorische Aufgaben wahrgenommen werden, liegt keine begünstigte Tätigkeit vor. Soweit die Vergütung auf die Tätigkeit als Ausbilder oder Betreuer entfällt, kann der Freibetrag nach § 3 Nr. 26 EStG gewährt werden.

2.7. Diakon

Ob ein nebenberuflich tätiger katholischer Diakon die Steuerbefreiung nach § 3 Nr. 26 EStG erhalten kann, hängt von der jeweiligen Tätigkeit ab. Zum Berufsbild des Diakons gehören auch ausbildende und betreuende Tätigkeiten mit pädagogischer Ausrichtung sowie Arbeiten im sozialen Bereich, die als Pflege alter, kranker oder behinderter Menschen gewertet werden können. Für solche Tätigkeiten ist eine Steuerbefreiung nach § 3 Nr. 26 EStG möglich.

Bei einer Tätigkeit im Bereich der Verkündigung (z. B. Taufen, Krankenkommunion, Trauungen, Predigtdienst) handelt es sich nicht um eine begünstigte Tätigkeit. Zur Aufteilung bei gemischten Tätigkeiten sowie zur Steuerfreiheit nach anderen Vorschriften vgl. R 3.26 Abs. 7 LStR.

2.8. Ferienbetreuer

Ehrenamtliche Ferienbetreuer, die zeitlich begrenzt zur Durchführung von Ferienmaßnahmen eingesetzt werden, sind **nebenberuflich** tätig, so dass bei Vorliegen der weiteren Voraussetzungen die Einnahmen aus dieser Tätigkeit nach § 3 Nr. 26 EStG begünstigt sind.

2.9. Feuerwehrleute

s. ofix: EStG/3/20 und ofix: EStG/3/56

2.10. Hauswirtschaftliche Tätigkeiten in Altenheim, Krankenhäusern usw.

Reine Hilfsdienste, wie z. B. Putzen, Waschen und Kochen im Reinigungsdienst und in der Küche von Altenheimen, Krankenhäusern, Behinderteneinrichtungen u. ä. Einrichtungen stehen **nicht** den ambulanten Pflegediensten gleich und fallen daher **nicht** unter § 3 Nr. 26 EStG, da keine häusliche Betreuung im engeren Sinne stattfindet und damit kein unmittelbarer persönlicher Bezug zu den gepflegten Menschen entsteht. Die Leistungen werden primär für das jeweilige Heim oder Krankenhaus erbracht und betreffen daher nur mittelbar die pflegebedürftigen Personen.

2.11. Helfer im sog. Hintergrunddienst des Hausnotrufdienstes.

Um bei Hausnotrufdiensten die Entgegennahme von Alarmanrufen rund um die Uhr, die Vertrautheit der Bewohner mit dem Hausnotrufdienst und die Funktionsfähigkeit der Hausnotrufgeräte zu gewährleisten, wird von den Hilfsorganisationen – zusätzlich zu den Mitarbeitern der Hausnotrufzentrale – ein sog. Hintergrunddienst eingerichtet, um vor Ort Hilfe zu leisten. Die Mitarbeiter des Hintergrunddienstes sind daneben auch mit der Einweisung, Einrichtung, Wartung und Überprüfung der Hausnotrufgeräte beschäftigt. Dennoch kann ihnen die Steuervergünstigung nach § 3 Nr. 26 EStG für die gesamte Vergütung gewährt werden, da Bereitschaftszeiten wie die aktive Tätigkeit zu behandeln sind (vgl. auch Tz. 2.20). Das Sich-Bereithalten ist unabdingbare Voraussetzung für die erfolgreiche Durchführung der Rettungseinsätze.

2.12. Küchenmitarbeiter in Waldheimen

Die Tätigkeit von Mitarbeiterinnen in der Küche und im hauswirtschaftlichen Bereich von Waldheimen stellt **keine begünstigte Tätigkeit** im Sinne des § 3 Nr. 26 EStG dar. Es handelt sich nicht um eine betreuende Tätigkeit, da pädagogische Aspekte nicht im Vordergrund stehen. Ausschlaggebend ist die hauswirtschaftliche Tätigkeit im Zusammenhang mit der Essenszubereitung für die in den Waldheimen während der Ferienzeit aufgenommenen Jugendlichen.

2.13. Lehrbeauftragte an Schulen

Vergütungen an ehrenamtliche Lehrbeauftragte, die von den Schulen für einen ergänzenden Unterricht eingesetzt werden, sind – soweit von den Schulen mit den Lehrbeauftragten nicht ausdrücklich ein Arbeitsvertrag abgeschlossen wird – den Einnahmen aus **selbständiger** (unterrichtender) Tätigkeit nach § 18 Abs. 1 Nr. 1 EStG zuzuordnen und **nach § 3 Nr. 26 EStG begünstigt**.

2.14. Mahlzeitendienste

Vergütungen an Helfer des Mahlzeitendienstes sind **nicht nach § 3 Nr. 26 EStG begünstigt**, da die Lieferung einer Mahlzeit für die Annahme einer Pflegleistung nicht ausreicht. Ab dem 01. 01. 2007 ist jedoch die Inanspruchnahme der Steuerfreistellung nach § 3 Nr. 26a EStG in Höhe von bis zu 500 €, ab 2013 bis 720 € möglich, sofern diese Tätigkeit nebenberuflich ausgeübt wird.

2.15. Notfallfahrten bei Blut- und Organtransport

Bei diesen Notfallfahrten handelt es sich nicht um begünstigte Tätigkeiten nach § 3 Nr. 26 EStG.

2.16. Organistentätigkeit

Durch das Kultur- und Stiftungsgesetz vom 13. 12. 1990 (BStBl 1991 I S. 51) ist § 3 Nr. 26 EStG dahingehend erweitert worden, dass ab 1991 auch Aufwandsentschädigungen für nebenberufliche künstlerische Tätigkeiten im Dienst oder Auftrag einer inländischen juristischen Person des öffentlichen Rechts oder einer gemeinnützigen Körperschaft in begrenztem Umfang steuerfrei bleiben. Aus Gründen der Praktikabilität und der Verwaltungsvereinfachung ist bei den in Kirchengemeinden eingesetzten Organisten grundsätzlich davon auszugehen, dass deren Tätigkeit eine gewisse Gestaltungshöhe erreicht und somit die Voraussetzungen einer **künstleri-**

schen Tätigkeit im Sinne des § 3 Nr. 26 EStG vorliegen. (vgl. HMdF-Erlass vom 17. 04. 2000 – S 2337 A – 77 – II B 2a).

2.17. Patientenfürsprecher

Der Patientenfürsprecher hat die Interessen der Patienten gegenüber dem Krankenhaus zu vertreten. Diese Tätigkeit stellt keine Pflege alter, kranker oder behinderter Menschen dar. Die an die Patientenfürsprecher gezahlten Aufwandsentschädigungen sind daher **nicht** nach § 3 Nr. 26 EStG steuerfrei.

2.18. Prädikanten

Die Anwendung des § 3 Nr. 26 EStG wurde von den obersten Finanzbehörden des Bundes und der Länder verneint. Insoweit fehle bei den Prädikanten (wie auch bei Lektoren) der direkte pädagogisch ausgerichtete persönliche Kontakt zu einzelnen Menschen. Eine Steuerfreiheit der Bezüge kann sich jedoch ggf. aus § 3 Nr. 12, 13, 50 EStG ergeben.

2.19. Richter, Parcourschefs, Parcourschef-Assistenten bei Pferdesportveranstaltungen

Bei diesen ehrenamtlichen Tätigkeiten handelt es sich nicht um begünstigte Tätigkeiten nach § 3 Nr. 26 EStG

2.20. **Rettungskräfte**–
Rettungssanitäter und -schwimmer sowie Notärzte in Rettungs-und Krankentransportwagen sowie im Rahmen von Großveranstaltungen

- Einsatzkräfte der Berg-, Höhlen- und Wasserrettung, sofern Personenbergung im Vordergrund steht
- Kriseninterventionspersonen (psychologische Soforthilfe für traumatisierte Opfer und deren Angehörige bei schweren oder tragischen Unfällen)
- Helfer vor Ort (organisierte Helfer, die bis zum Eintreffen eines Rettungsmittels mit qualifizierten basismedizinischen Maßnahmen, Ersthilfe leisten)
- Einsatzleiter Rettungsdienst vor Ort

Die Einnahmen dieser ehrenamtlichen Rettungskräfte sind nicht mehr in solche aus Rettungseinsätzen und solche aus Bereitschaftszeiten aufzuteilen.

2.21. Schulweghelfer und Schulbusbegleiter

Gemeinden gewähren den grundsätzlich als Arbeitnehmer beschäftigten Schulweghelfern und Schulbusbegleitern Aufwandsentschädigungen. Diese sind nebeneinander sowohl nach § 3 Nr. 26 EStG als auch nach § 3 Nr. 12 Satz 2 EStG begünstigt. Die Vorschriften sind in der für den Steuerpflichtigen günstigsten Reihenfolge zu berücksichtigen (R 3.26 Abs. 7 LStR 2008).

2.22. Stadtführer

Die Tätigkeit eines Stadtführers ist – vergleichbar mit einer unterrichtenden Tätigkeit an einer Volkshochschule und der Tätigkeit eines Museumsführers – wegen ihrer pädagogischen Ausrichtung grundsätzlich nach § 3 Nr. 26 EStG begünstigt. Zu prüfen ist jedoch insbesondere, ob die Tätigkeit im Auftrag oder im Dienst einer juristischen Person des öffentlichen Rechts oder einer anderen unter § 5 Abs. 1 Nr. 9 KStG zur Förderung gemeinnütziger, mildtätiger und kirchlicher Zwecke ausgeübt wird.

2.23. Statisten/Komparsen bei Theateraufführungen

Aufwandsentschädigungen für Statisten sind grundsätzlich **nicht** nach § 3 Nr. 26 EStG begünstigt, da Statisten keine künstlerische Tätigkeit ausüben. Eine künstlerische Tätigkeit liegt bei § 3 Nr. 26 EStG (wie bei § 18 EStG) nur vor, wenn eine gewisse Gestaltungshöhe bei eigenschöpferischer Leistung gegeben ist. Nach dem BFH-Urteil vom 18. 04. 2007 (BStBl 2007 II S. 702) wird die Auslegung des Begriffs einer künstlerischen Tätigkeit im Sinne des § 3 Nr. 26 EStG jedoch beeinflusst durch die Begrenzung auf einen Höchstbetrag und das Merkmal der Nebenberuflichkeit. In diesem Sinne kann eine künstlerische Tätigkeit auch dann vorliegen, wenn sie die eigentliche künstlerische (Haupt-)Tätigkeit unterstützt und ergänzt, sofern sie Teil des gesamten künstlerischen Geschehens ist. Auch der Komparse kann daher – anders als z. B. ein Bühnenarbeiter – eine künstlerische Tätigkeit ausüben. Bei der Beurteilung kommt es auf die Umstände des Einzelfalles an.

2.24. Versichertenälteste

Für die Tätigkeit der Versichertenältesten ist die Begünstigung des § 3 Nr. 26 EStG **nicht** zu gewähren, da es sich weder um eine begünstigte Tätigkeit handelt noch diese zur Förderung gemeinnütziger, mildtätiger oder kirchlicher Zwecke im Sinne der §§ 52 bis 54 AO handelt.

2.25. Zahnärzte im Arbeitskreis Jugendzahnpflege

Soweit Zahnärzte in freier Praxis im Rahmen der „Arbeitskreise Jugendzahnpflege in Hessen" (AkJ) tätig werden (sogen. **Patenschaftszahnärzte**), üben sie diese Tätigkeit **nebenberuflich** aus, so dass die entsprechenden Vergütungen bei Vorliegen der übrigen Voraussetzungen nach § 3 Nr. 26 EStG begünstigt sind.

3. Betriebsausgaben-/Werbungskostenabzug

Nach § 3c EStG dürfen Ausgaben, soweit sie mit steuerfreien Einnahmen in unmittelbarem wirtschaftlichen Zusammenhang stehen, nicht als Betriebsausgaben oder Werbungskosten abgezogen werden. Ausgaben, die zugleich steuerfreie und steuerpflichtige Einnahmen betreffen, sind – ggf. im Schätzungswege – aufzuteilen und anteilig abzuziehen.

Ab 01. 01. 2000 dürfen abweichend von diesen Grundsätzen nach § 3 Nr. 26 S. 2 EStG in unmittelbarem wirtschaftlichen Zusammenhang mit der nebenberuflichen Tätigkeit stehende Ausgaben **nur insoweit als Werbungskosten oder Betriebsausgaben abgezogen werden, als sie den Betrag der steuerfreien Einnahmen übersteigen**. Sowohl die Einnahmen aus der Tätigkeit als auch die jeweiligen Ausgaben müssen den Freibetrag übersteigen, R 3.26 Abs. 9 LStR. Gegen das anderslautende Urteil des Thüringer Finanzgerichts vom 30. 9. 2015, wonach auch bei unter dem Freibetrag liegenden Einnahmen die über dem Freibetrag liegenden Ausgaben geltend gemacht werden können, wurde Revision eingelegt. Bei sowohl unter dem Freibetrag liegenden Einnahmen als auch Ausgaben hat das Finanzgericht Mecklenburg-Vorpommern mit Urteil vom 16. 6. 2015 entschieden, dass der dadurch entstehende Verlust ebenfalls geltend gemacht werden kann. Gegen dieses Urteil wurde Nichtzulassungsbeschwerde eingelegt (Az. VIII B 73/15). Entsprechende Einspruchsverfahren ruhen nach § 363 Abs. 2 Satz 2 AO, Aussetzung der Vollziehung ist nicht zu gewähren.

Entstehen Betriebsausgaben zur Vorbereitung einer unter § 3 Nr. 26 EStG fallenden Tätigkeit und wird diese später nicht aufgenommen, kann der entstandene Verlust in voller Höhe, also ohne Kürzung um den Freibetrag, berücksichtigt werden. Der BFH hat mit Urteil vom 06. 07. 2005 (BStBl 2006 II S. 163) – zu § 3 Nr. 26 EStG a. F. – entschieden, § 3c EStG sei insoweit nicht anwendbar.

Nebenberuflichkeit

- Selbst bei dienstrechtlicher Verpflichtung zur Übernahme einer Tätigkeit im Nebenamt unter Fortfall von Weisungs- und Kontrollrechten des Arbeitgebers kann Nebenberuflichkeit vorliegen (→ BFH vom 29. 1. 1987 – BStBl II S. 783).
- Zum zeitlichen Umfang → BFH vom 30. 3. 1990 (BStBl II S. 854).

Prüfer

Die Tätigkeit als Prüfer bei einer Prüfung, die zu Beginn, im Verlaufe oder als Abschluss einer Ausbildung abgenommen wird, ist mit der Tätigkeit eines Ausbilders vergleichbar (→ BFH vom 23. 6. 1988 – BStBl II S. 890).

Rundfunkessays

Die Tätigkeit als Verfasser und Vortragender von Rundfunkessays ist nicht nach § 3 Nr. 26 EStG begünstigt (→ BFH vom 17. 10. 1991 – BStBl 1992 II S. 176).

Übungsleiter

→ Nebenberufliche Tätigkeiten, Übungsleiter

Vergebliche Aufwendungen

Aufwendungen für eine Tätigkeit i. S. d. § 3 Nr. 26 EStG sind auch dann als vorweggenommene Betriebsausgaben abzugsfähig, wenn es nicht mehr zur Ausübung der Tätigkeit kommt; das Abzugsverbot des § 3c EStG steht dem nicht entgegen (→ BFH vom 6. 7. 2005 – BStBl 2006 II S. 163).

§ 3 EStG

Steuerfrei sind

...

26a. Einnahmen aus nebenberuflichen Tätigkeiten im Dienst oder Auftrag einer juristischen Person des öffentlichen Rechts, die in einem Mitgliedstaat der Europäischen Union oder in einem Staat belegen ist, auf den das Abkommen über den Europäischen Wirtschaftsraum Anwendung findet, oder einer unter § 5 Absatz 1 Nummer 9 des Körperschaftsteuergesetzes fallenden Einrichtung zur Förderung gemeinnütziger, mildtätiger und kirchlicher Zwecke (§§ 52 bis 54 der Abgabenordnung) bis zur Höhe von insgesamt 720 Euro im Jahr. [2]Die Steuerbefreiung ist ausgeschlossen, wenn für die Einnahmen aus der Tätigkeit – ganz oder teilweise – eine Steuerbefreiung nach § 3 Nummer 12, 26 oder 26b gewährt wird. [3]Überschreiten die Einnahmen für die in Satz 1 bezeichneten Tätigkeiten den steuerfreien Betrag, dürfen die mit den nebenberuflichen Tätigkeiten in unmittelbarem wirtschaftlichen Zusammenhang stehenden Ausgaben abweichend von § 3c nur insoweit als Betriebsausgaben oder Werbungskosten abgezogen werden, als sie den Betrag der steuerfreien Einnahmen übersteigen;

Hinweise

H 3.26a

Allgemeine Grundsätze

→ BMF vom 21. 11. 2014 (BStBl I S. 1581)

Steuerfreie Einnahmen aus ehrenamtlicher Tätigkeit; Anwendungsschreiben zu § 3 Nummer 26a und 26b EStG

BMF vom 21. 11. 2014 (BStBl I S. 1581)
IV C 4 – S 2121/07/0010 :032 – 2014/0847902

Unter Bezugnahme auf das Ergebnis der Erörterung mit den obersten Finanzbehörden der Länder gilt zur Anwendung der § 3 Nummer 26a und Nummer 26b Einkommensteuergesetz (EStG) in der Fassung des Gesetzes zur Stärkung des Ehrenamtes vom 21. März 2013 (BGBl. I Seite 556) Folgendes:

1. Begünstigte Tätigkeiten i. S. d. § 3 Nummer 26a EStG

§ 3 Nummer 26a EStG sieht im Gegensatz zu § 3 Nummer 26 EStG keine Begrenzung auf bestimmte Tätigkeiten im gemeinnützigen Bereich vor. Begünstigt sind z. B. die Tätigkeiten der Mitglieder des Vorstands, des Kassierers, der Bürokräfte, des Reinigungspersonals, des Platzwartes, des Aufsichtspersonals oder des Schiedsrichters im Amateurbereich. Die Tätigkeit der Amateursportler ist nicht begünstigt. Eine Tätigkeit im Dienst oder Auftrag einer steuerbegünstigten Körperschaft muss für deren ideellen Bereich einschließlich ihrer Zweckbetriebe ausgeübt werden. Tätigkeiten in einem steuerpflichtigen wirtschaftlichen Geschäftsbetrieb und bei der Verwaltung des Vermögens sind nicht begünstigt.

2. Nebenberuflichkeit

Eine Tätigkeit wird nebenberuflich ausgeübt, wenn sie – bezogen auf das Kalenderjahr – nicht mehr als ein Drittel der Arbeitszeit eines vergleichbaren Vollzeiterwerbs in Anspruch nimmt. Es können deshalb auch solche Personen nebenberuflich tätig sein, die im steuerrechtlichen Sinne keinen Hauptberuf ausüben, z. B. Hausfrauen, Vermieter, Studenten, Rentner oder Arbeitslose. Übt ein Steuerpflichtiger mehrere verschiedenartige Tätigkeiten i. S. d. § 3 Nummer 26 oder 26a EStG aus, ist die Nebenberuflichkeit für jede Tätigkeit getrennt zu beurteilen. Mehrere gleichartige Tätigkeiten sind zusammenzufassen, wenn sie sich nach der Verkehrsanschauung als Ausübung eines einheitlichen Hauptberufs darstellen, z. B. Erledigung der Buchführung oder Aufzeichnungen von jeweils weniger als dem dritten Teil des Pensums einer Bürokraft für mehrere gemeinnützige Körperschaften. Eine Tätigkeit wird nicht nebenberuflich ausgeübt, wenn sie als Teil der Haupttätigkeit anzusehen ist. Dies ist auch bei formaler Trennung von haupt- und nebenberuflicher selbständiger oder nichtselbständiger Tätigkeit für denselben Arbeitgeber anzunehmen, wenn beide Tätigkeiten gleichartig sind und die Nebentätigkeit unter ähnlichen organisatorischen Bedingungen wie die Haupttätigkeit ausgeübt wird oder der Steuerpflichtige mit der Nebentätigkeit eine ihm aus seinem Dienstverhältnis faktisch oder rechtlich obliegende Nebenpflicht erfüllt.

3. Auftraggeber/Arbeitgeber

Der Freibetrag wird nur gewährt, wenn die Tätigkeit im Dienst oder im Auftrag einer der in § 3 Nummer 26a EStG genannten Personen erfolgt. Als juristische Personen des öffentlichen Rechts kommen beispielsweise in Betracht Bund, Länder, Gemeinden, Gemeindeverbände, Industrie- und Handelskammern, Handwerkskammern, Rechtsanwaltskammern, Steuerberaterkammern, Wirtschaftsprüferkammern, Ärztekammern, Universitäten oder die Träger der Sozialversicherung. Zu den Einrichtungen i. S. d. § 5 Absatz 1 Nummer 9 des Körperschaftsteuergesetzes (KStG) gehören Körperschaften, Personenvereinigungen, Stiftungen und Vermögensmassen, die nach der Satzung oder dem Stiftungsgeschäft und nach der tatsächlichen Geschäftsführung ausschließlich und unmittelbar gemeinnützige, mildtätige oder kirchliche Zwecke verfolgen. Nicht zu den begünstigten Einrichtungen gehören beispielsweise Berufsverbände (Arbeitgeberverband, Gewerkschaft) oder Parteien. Fehlt es an einem begünstigten Auftraggeber/Arbeitgeber, kann der Freibetrag nicht in Anspruch genommen werden.

4. Förderung gemeinnütziger, mildtätiger und kirchlicher Zwecke

Die Begriffe der gemeinnützigen, mildtätigen und kirchlichen Zwecke ergeben sich aus den §§ 52 bis 54 der Abgabenordnung (AO). Eine Tätigkeit dient auch dann der selbstlosen Förderung begünstigter Zwecke, wenn sie diesen Zwecken nur mittelbar zugute kommt.

Wird die Tätigkeit im Rahmen der Erfüllung der Satzungszwecke einer juristischen Person ausgeübt, die wegen Förderung gemeinnütziger, mildtätiger oder kirchlicher Zwecke steuerbegünstigt ist, ist im Allgemeinen davon auszugehen, dass die Tätigkeit ebenfalls der Förderung dieser steuerbegünstigten Zwecke dient. Dies gilt auch dann, wenn die nebenberufliche Tätigkeit in einem so genannten Zweckbetrieb i. S. d. §§ 65 bis 68 AO ausgeübt wird, z. B. als nebenberuflicher Kartenverkäufer in einem Museum, Theater oder Opernhaus nach § 68 Nummer 7 AO.

Der Förderung begünstigter Zwecke kann auch eine Tätigkeit für eine juristische Person des öffentlichen Rechts dienen, z. B. nebenberufliche Aufsichtstätigkeit in einem Schwimmbad, nebenberuflicher Kirchenvorstand. Dem steht nicht entgegen, dass die Tätigkeit in den Hoheitsbereich der juristischen Person des öffentlichen Rechts fallen kann.

5. Nach § 3 Nummer 12, 26 oder 26b EStG begünstigte Tätigkeiten

Der Freibetrag nach § 3 Nummer 26a EStG kann nicht in Anspruch genommen werden, wenn für die Einnahmen aus derselben Tätigkeit ganz oder teilweise eine Steuerbefreiung nach § 3 Nummer 12 EStG (Aufwandsentschädigungen aus öffentlichen Kassen) gewährt wird oder eine Steuerbefreiung nach § 3 Nummer 26 EStG (sog. Übungsleiterfreibetrag) gewährt wird oder gewährt werden könnte. Die Tätigkeit der Versichertenältesten fällt unter die schlichte Hoheitsverwaltung, so dass die Steuerbefreiungsvorschrift des § 3 Nummer 12 Satz 2 EStG anwendbar ist. Für eine andere Tätigkeit, die neben einer nach § 3 Nummer 12 oder 26 EStG begünstigten Tätigkeit bei einer anderen oder derselben Körperschaft ausgeübt wird, kann die Steuerbefreiung nach § 3 Nummer 26a EStG nur dann in Anspruch genommen werden, wenn die Tätigkeit nebenberuflich ausgeübt wird (s. dazu 2.) und die Tätigkeiten voneinander trennbar sind, gesondert vergütet werden und die dazu getroffenen Vereinbarungen eindeutig sind und durchgeführt werden. Einsatz- und Bereitschaftsdienstzeiten der Rettungssanitäter und Ersthelfer sind als einheitliche Tätigkeit zu behandeln, die insgesamt nach § 3 Nummer 26 EStG begünstigt sein kann und für die deshalb auch nicht teilweise die Steuerbefreiung nach § 3 Nummer 26a EStG gewährt wird.

Aufwandsentschädigungen nach § 1835a BGB an ehrenamtlich tätige Betreuer (§ 1896 Absatz 1 Satz 1, § 1908i Absatz 1 BGB), Vormünder (§ 1773 Absatz 1 Satz 1 BGB) und Pfleger (§§ 1909 ff., 1915 Absatz 1 Satz 1 BGB) fallen ab dem Veranlagungszeitraum 2011 ausschließlich unter die Steuerbefreiung nach § 3 Nummer 26b EStG.

Eine Anwendung des § 3 Nummer 26a EStG ist ausgeschlossen (§ 3 Nummer 26a Satz 2 EStG).

6. Verschiedenartige Tätigkeiten

Erzielt der Steuerpflichtige Einnahmen, die teils für eine Tätigkeit, die unter § 3 Nummer 26a EStG fällt, und teils für eine andere Tätigkeit, die nicht unter § 3 Nummer 12, 26 oder 26a EStG fällt, gezahlt werden, ist lediglich für den entsprechenden Anteil nach § 3 Nummer 26a EStG der Freibetrag zu gewähren. Die Steuerfreiheit von Bezügen nach anderen Vorschriften, z. B. nach § 3 Nummer 13, 16 EStG, bleibt unberührt; wenn auf bestimmte Bezüge sowohl § 3 Nummer 26a EStG als auch andere Steuerbefreiungsvorschriften anwendbar sind, sind die Vorschriften in der Reihenfolge anzuwenden, die für den Steuerpflichtigen am günstigsten ist.

7. Höchstbetrag

Der Freibetrag nach § 3 Nummer 26a EStG ist ein Jahresbetrag. Dieser wird auch dann nur einmal gewährt, wenn mehrere begünstigte Tätigkeiten ausgeübt werden. Er ist nicht zeitanteilig aufzuteilen, wenn die begünstigte Tätigkeit lediglich wenige Monate ausgeübt wird.

Die Steuerbefreiung ist auch bei Ehegatten oder Lebenspartnern stets personenbezogen vorzunehmen. Auch bei der Zusammenveranlagung kann der Freibetrag demnach von jedem Ehegatten oder Lebenspartner bis zur Höhe der Einnahmen, höchstens 720 Euro, die er für eine eigene begünstigte Tätigkeit erhält, in Anspruch genommen werden. Eine Übertragung des nicht ausgeschöpften Teils des Freibetrags eines Ehegatten oder Lebenspartners auf höhere Einnahmen des anderen Ehegatten oder Lebenspartners aus der begünstigten nebenberuflichen Tätigkeit ist nicht zulässig.

8. Ehrenamtlicher Vorstand

Die Zahlung von pauschalen Vergütungen für Arbeits- oder Zeitaufwand (Tätigkeitsvergütungen) an den Vorstand ist nur dann zulässig, wenn dies durch bzw. aufgrund einer Satzungsregelung ausdrücklich zugelassen ist (vgl. auch § 27 Absatz 3 Satz 2 BGB in der Fassung des Ehrenamtsstärkungsgesetzes). Ein Verein, der nicht ausdrücklich die Bezahlung des Vorstands regelt und der dennoch Tätigkeitsvergütungen an Mitglieder des Vorstands zahlt, verstößt gegen das Gebot der Selbstlosigkeit. Die regelmäßig in den Satzungen enthaltene Aussage: „Es darf keine Person . . . durch unverhältnismäßig hohe Vergütungen begünstigt werden" (vgl. Anlage 1 zu § 60 AO; dort § 4 der Mustersatzung) ist keine satzungsmäßige Zulassung von Tätigkeitsvergütungen an Vorstandsmitglieder.

Eine Vergütung ist auch dann anzunehmen, wenn sie nach der Auszahlung an den Verein zurückgespendet oder durch Verzicht auf die Auszahlung eines entstandenen Vergütungsanspruchs an den Verein gespendet wird.

Der Ersatz tatsächlich entstandener Aufwendungen (z. B. Büromaterial, Telefon- und Fahrtkosten) ist auch ohne entsprechende Regelung in der Satzung zulässig. Der Einzelnachweis der Aufwendungen ist nicht erforderlich, wenn pauschale Zahlungen den tatsächlichen Aufwand offensichtlich nicht übersteigen; dies gilt nicht, wenn durch die pauschalen Zahlungen auch Arbeits- oder Zeitaufwand abgedeckt werden soll. Die Zahlungen dürfen nicht unangemessen hoch sein (§ 55 Absatz 1 Nummer 3 AO).

Falls ein gemeinnütziger Verein bis zum 31. Dezember 2010 ohne ausdrückliche Erlaubnis dafür in seiner Satzung bereits Tätigkeitsvergütungen gezahlt hat, sind daraus unter den folgenden Voraussetzungen keine für die Gemeinnützigkeit des Vereins schädlichen Folgerungen zu ziehen:

1. Die Zahlungen dürfen nicht unangemessen hoch gewesen sein (§ 55 Absatz 1 Nummer 3 AO).
2. Die Mitgliederversammlung hat bis zum 31. Dezember 2010 eine Satzungsänderung beschlossen, die Tätigkeitsvergütungen zulässt. An die Stelle einer Satzungsänderung kann ein Beschluss des Vorstands treten, künftig auf Tätigkeitsvergütungen zu verzichten.

9. Werbungskosten- oder Betriebsausgabenabzug

Ein Abzug von Werbungskosten bzw. Betriebsausgaben, die mit den steuerfreien Einnahmen nach § 3 Nummer 26a EStG in einem unmittelbaren wirtschaftlichen Zusammenhang stehen, ist nur dann möglich, wenn die Einnahmen aus der Tätigkeit und gleichzeitig auch die jeweiligen Ausgaben den Freibetrag übersteigen. In Arbeitnehmerfällen ist in jedem Falle der Arbeitnehmer-Pauschbetrag anzusetzen, soweit er nicht bei anderen Dienstverhältnissen verbraucht ist.

Beispiel:

Ein Student, der keine anderen Einnahmen aus nichtselbständiger Arbeit erzielt, arbeitet nebenberuflich im Dienst der Stadt als Tierpfleger bei deren als gemeinnützig anerkanntem Tierheim. Dafür erhält er insgesamt 1 200 Euro im Jahr. Von den Einnahmen sind der Arbeitnehmer-Pauschbetrag von 1 000 Euro (§ 9a Satz 1 Nummer 1 Buchstabe a EStG) und der Freibetrag nach § 3 Nummer 26a EStG bis zur Höhe der verbliebenen Einnahmen (200 Euro) abzuziehen. Die Einkünfte aus der nebenberuflichen Tätigkeit betragen 0 Euro.

10. Freigrenze des § 22 Nummer 3 EStG

Gehören die Einnahmen des Steuerpflichtigen aus seiner nebenberuflichen Tätigkeit zu den sonstigen Einkünften (§ 22 Nummer 3 EStG), sind diese nicht einkommensteuerpflichtig, wenn sie weniger als 256 Euro im Kalenderjahr betragen haben. Der Freibetrag nach § 3 Nummer 26a EStG ist bei der Prüfung ob diese Freigrenze überschritten ist, zu berücksichtigen.

Beispiel:

Ein nebenberuflicher ehrenamtlicher Schiedsrichter im Amateurbereich erhält insgesamt 900 Euro. Nach Abzug des Freibetrags nach § 3 Nummer 26a EStG betragen die Einkünfte 180 Euro. Sie sind nicht einkommensteuerpflichtig, weil sie weniger als 256 Euro im Kalenderjahr betragen haben (§ 22 Nummer 3 Satz 2 EStG).

11. Lohnsteuerverfahren

Beim Lohnsteuerabzug ist eine zeitanteilige Aufteilung des Freibetrags nicht erforderlich. Dies gilt auch dann, wenn feststeht, dass das Dienstverhältnis nicht bis zum Ende des Kalenderjahres besteht. Der Arbeitnehmer hat dem Arbeitgeber jedoch schriftlich zu bestätigen, dass die Steuerbefreiung nach § 3 Nummer 26a EStG nicht bereits in einem anderen Dienst- oder Auftragsverhältnis berücksichtigt worden ist oder berücksichtigt wird. Diese Erklärung ist zum Lohnkonto zu nehmen.

12. Rückspende

Die Rückspende einer steuerfrei ausgezahlten Aufwandsentschädigung oder Vergütung an die steuerbegünstigte Körperschaft ist grundsätzlich zulässig. Für den Spendenabzug sind die Grundsätze des BMF-Schreibens vom 7. Juni 1999 (BStBl I S. 591) zur Anerkennung sog. Aufwandsspenden an gemeinnützige Vereine zu beachten.

EStG

§ 3

Steuerfrei sind

...

S 2121 **26b. Aufwandsentschädigungen nach § 1835a des Bürgerlichen Gesetzbuchs, soweit sie zusammen mit den steuerfreien Einnahmen im Sinne der Nummer 26 den Freibetrag nach Nummer 26 Satz 1 nicht überschreiten. [2]Nummer 26 Satz 2 gilt entsprechend;**

H 3.26b

Hinweise

Einkommensteuerliche Behandlung der Aufwandsentschädigungen für ehrenamtliche Betreuer nach § 1835a BGB

OFD Niedersachsen, Vfg. vom 28. 1. 2015 – S 2337 -121 – St 213

Die einkommensteuerliche Behandlung der Aufwandsentschädigung für ehrenamtliche Betreuer richtet sich unter Berücksichtigung der mit Wirkung ab 2011 eingeführten Steuerbefreiung des § 3 Nr. 26b EStG und des BFH-Urteils vom 17. Oktober 2012 (VIII R 57/09, BStBl 2013 II S. 799) nach den folgenden Grundsätzen:

1. Allgemeines

Nach § 1896 BGB ist für Personen, die aufgrund einer psychischen Krankheit oder einer Behinderung nicht in der Lage sind, ihre Angelegenheiten zu besorgen, ein Betreuer durch das Amtsgericht zu bestellen. Neben Berufsbetreuern werden überwiegend ehrenamtliche Betreuer eingesetzt. In den häufigen Fällen mittelloser Betreuter kommt die Staatskasse für die Betreuungskosten auf.

Ehrenamtliche Betreuer erhalten derzeit eine jährliche **Aufwandsentschädigung** in Höhe von 399,00 EUR (vom 1. Juli 2004 bis 31. Juli 2013: 323,00 EUR, bis 30. Juni 2004: 312,00 EUR). Die Aufwandsentschädigung wird für jede einzelne Vormundschaft, Pflegschaft und Betreuung gewährt. Es ist deshalb in Ausnahmefällen möglich, dass eine Betreuungsperson den Betrag mehrfach bekommt. Der Betrag der Aufwandsentschädigung wurde in Anlehnung an die Entschädigung von Zeugen und Sachverständigen mit einem Vielfachen der Entschädigung für eine Stunde versäumter Arbeitszeit bestimmt.

2. Steuerbefreiung

Bis einschließlich Veranlagungszeitraum 2010
Im Hinblick auf das o. g. BFH-Urteil vom 17. Oktober 2012 sind Aufwandsentschädigungen nach § 3 Nr. 12 Satz 1 EStG steuerfrei.

Ab Veranlagungszeitraum 2011
Mit der Steuerbefreiungsvorschrift des § 3 Nr. 26b EStG hat der Gesetzgeber ab dem Veranlagungszeitraum 2011 eine dem § 3 Nr. 12 EStG vorgehende lex specialis für Aufwandsentschädigungen nach § 1835a BGB geschaffen. Aufwandsentschädigungen, die ehrenamtlichen Betreuern gezahlt werden, sind daher im Rahmen des § 3 Nr. 26b EStG steuerfrei, soweit sie zusammen mit den steuerfreien Einnahmen i. S. d. § 3 Nr. 26 EStG den Freibetrag nach § 3 Nr. 26 Satz 1 EStG (ab Veranlagungszeitraum 2013: 2 400,00 EUR, Veranlagungszeiträume 2011 und 2012: 2 100,00 EUR) nicht überschreiten. D. h. für alle in § 3 Nrn. 26 und 26b EStG genannten Tätigkeiten gilt insgesamt nur ein Freibetrag in Höhe von derzeit 2 400,00 EUR. Ist dieser bereits durch eine Tätigkeit als Übungsleiter nach § 3 Nr. 26 EStG verbraucht, bleibt für eine Steuerbefreiung der Einkünfte als ehrenamtlicher Betreuer kein Raum. Ferner ist der Freibetrag nach § 3 Nr. 26a EStG (sog. Ehrenamtspauschale) ausgeschlossen, wenn die Steuerbefreiung nach § 3 Nr. 26b EStG in Anspruch genommen wurde.

3. Einkunftsart

Bei den Einnahmen aus der Tätigkeit als ehrenamtlicher Betreuer handelt es sich um Einkünfte aus sonstiger selbständiger Tätigkeit nach § 18 Abs. 1 Nr. 3 EStG (BFH-Urteil vom 17. Oktober 2012, a. a. O.).

4. Betriebsausgabenabzug

Mit der Gewährung der Aufwandsentschädigung entfällt für den ehrenamtlichen Betreuer die Möglichkeit, Aufwendungsersatz gemäß § 1835 BGB zu verlangen; die Aufwendungen des Betreuers bei Ausübung seiner Tätigkeit (wie z. B. Fahrtkosten, Telefongebühren, Brief- und Portokosten) sind somit durch die Aufwandsentschädigung abgegolten.

Die Berücksichtigung einer allgemeinen Betriebsausgabenpauschale, wie sie der bisherigen Verwaltungspraxis entsprach, ist nach einem Beschluss auf Bund-Länder-Ebene aufgrund der Änderung der Rechtsprechung ab dem Veranlagungszeitraum 2015 nicht mehr möglich.

Ein Abzug der mit den steuerfreien Einnahmen nach § 3 Nr. 26b EStG in einem unmittelbaren wirtschaftlichen Zusammenhang stehenden Betriebsausgaben ist abweichend von § 3c EStG nur insoweit möglich, als die Einnahmen des ehrenamtlichen Betreuers und gleichzeitig auch die berücksichtigungsfähigen Betriebsausgaben die steuerfreien Einnahmen übersteigen (§ 3 Nr. 26b Satz 2 EStG i. V. m. Nr. 26 Satz 2 EStG).

§ 3

EStG

Steuerfrei sind

...

27. der Grundbetrag der Produktionsaufgaberente und das Ausgleichsgeld nach dem Gesetz zur Förderung der Einstellung der landwirtschaftlichen Erwerbstätigkeit bis zum Höchstbetrag von 18 407 Euro; S 2121

28. die Aufstockungsbeträge im Sinne des § 3 Absatz 1 Nummer 1 Buchstabe a sowie die Beiträge und Aufwendungen im Sinne des § 3 Absatz 1 Nummer 1 Buchstabe b und des § 4 Absatz 2 des Altersteilzeitgesetzes, die Zuschläge, die versicherungsfrei Beschäftigte im Sinne des § 27 Absatz 1 Nummer 1 bis 3 des Dritten Buches Sozialgesetzbuch zur Aufstockung der Bezüge bei Altersteilzeit nach beamtenrechtlichen Vorschriften oder Grundsätzen erhalten sowie die Zahlungen des Arbeitgebers zur Übernahme der Beiträge im Sinne des § 187a des Sechsten Buches Sozialgesetzbuch, soweit sie 50 Prozent der Beiträge nicht übersteigen; Anhang 1 I S 2342

Leistungen nach dem Altersteilzeitgesetz (AltTZG) (§ 3 Nr. 28 EStG)

R 3.28 S 2342

(1) [1]Aufstockungsbeträge und zusätzliche Beiträge zur gesetzlichen Rentenversicherung im Sinne des § 3 Abs. 1 Nr. 1 sowie Aufwendungen im Sinne des § 4 Abs. 2 AltTZG sind steuerfrei, wenn die Voraussetzungen des § 2 AltTZG, z. B. Vollendung des 55. Lebensjahres, Verringerung der tariflichen regelmäßigen wöchentlichen Arbeitszeit auf die Hälfte, vorliegen. [2]Die Vereinbarung über die Arbeitszeitverminderung muss sich zumindest auf die Zeit erstrecken, bis der Arbeitnehmer eine Rente wegen Alters beanspruchen kann. [3]Dafür ist nicht erforderlich, dass diese Rente ungemindert ist. [4]Der frühestmögliche Zeitpunkt, zu dem eine Altersrente in Anspruch genommen werden kann, ist die Vollendung des 60. Lebensjahres. [5]Die Steuerfreiheit kommt nicht mehr in Betracht mit Ablauf des Kalendermonats, in dem der Arbeitnehmer die

Altersteilzeitarbeit beendet oder die für ihn geltende gesetzliche Altersgrenze für die Regelaltersrente erreicht hat (§ 5 Abs. 1 Nr. 1 AltTZG).

(2) [1]Die Leistungen sind auch dann steuerfrei, wenn der Förderanspruch des Arbeitgebers an die Bundesagentur für Arbeit nach § 5 Abs. 1 Nr. 2 und 3, Abs. 2 bis 4 AltTZG erlischt, nicht besteht oder ruht, z. B. wenn der frei gewordene Voll- oder Teilarbeitsplatz nicht wieder besetzt wird. [2]Die Leistungen sind auch dann steuerfrei, wenn mit der Altersteilzeit erst nach dem 31. 12. 2009 begonnen wurde und diese nicht durch die Bundesagentur für Arbeit nach § 4 AltTZG gefördert wird (§ 1 Abs. 3 Satz 2 AltTZG). [3]Durch eine vorzeitige Beendigung der Altersteilzeit (Störfall) ändert sich der Charakter der bis dahin erbrachten Arbeitgeberleistungen nicht, weil das AltTZG keine Rückzahlung vorsieht. [4]Die Steuerfreiheit der Aufstockungsbeträge bleibt daher bis zum Eintritt des Störfalls erhalten.

(3) Aufstockungsbeträge und zusätzliche Beiträge zur gesetzlichen Rentenversicherung sind steuerfrei, auch soweit sie über die im AltTZG genannten Mindestbeträge hinausgehen. [2]Dies gilt nur, soweit die Aufstockungsbeträge zusammen mit dem während der Altersteilzeit bezogenen Nettoarbeitslohn monatlich 100 % des maßgebenden Arbeitslohns nicht übersteigen. [3]Maßgebend ist bei laufendem Arbeitslohn der Nettoarbeitslohn, den der Arbeitnehmer im jeweiligen Lohnzahlungszeitraum ohne Altersteilzeit üblicherweise erhalten hätte; bei sonstigen Bezügen ist auf den unter Berücksichtigung des nach R 39b.6 Abs. 2 ermittelten voraussichtlichen Jahresnettoarbeitslohn unter Einbeziehung der sonstigen Bezüge bei einer unterstellten Vollzeitbeschäftigung abzustellen. [4]Unangemessene Erhöhungen vor oder während der Altersteilzeit sind dabei nicht zu berücksichtigen. [5]Aufstockungsbeträge, die in Form von Sachbezügen gewährt werden, sind steuerfrei, wenn die Aufstockung betragsmäßig in Geld festgelegt und außerdem vereinbart ist, dass der Arbeitgeber anstelle der Geldleistung Sachbezüge erbringen darf.

H 3.28

Hinweise

Begrenzung auf 100 % des Nettoarbeitslohns

Beispiel 1 (laufend gezahlter Aufstockungsbetrag):

Ein Arbeitnehmer mit einem monatlichen Vollzeit-Bruttogehalt in Höhe von 8 750 € nimmt von der Vollendung des 62. bis zur Vollendung des 64. Lebensjahres Altersteilzeit in Anspruch. Danach scheidet er aus dem Arbeitsverhältnis aus.

Der Mindestaufstockungsbetrag nach § 3 Abs. 1 Nr. 1 Buchst. a Altersteilzeitgesetz beträgt 875 €. Der Arbeitgeber gewährt eine weitere freiwillige Aufstockung in Höhe von 3 000 € (Aufstockungsbetrag insgesamt 3 875 €). Der steuerfreie Teil des Aufstockungsbetrags ist wie folgt zu ermitteln:

a) Ermittlung des maßgebenden Arbeitslohns

	Bruttoarbeitslohn bei fiktiver Vollarbeitszeit		8 750 €
./.	gesetzliche Abzüge (Lohnsteuer, Solidaritätszuschlag, Kirchensteuer, Sozialversicherungsbeiträge)		3 750 €
=	maßgebender Nettoarbeitslohn		5 000 €

b) Vergleichsberechnung

	Bruttoarbeitslohn bei Altersteilzeit		4 375 €
./.	gesetzliche Abzüge (Lohnsteuer, Solidaritätszuschlag, Kirchensteuer, Sozialversicherungsbeiträge)		1 725 €
=	Zwischensumme		2 650 €
+	Mindestaufstockungsbetrag		875 €
+	freiwilliger Aufstockungsbetrag		3 000 €
=	Nettoarbeitslohn		6 525 €

Durch den freiwilligen Aufstockungsbetrag von 3 000 € ergäbe sich ein Nettoarbeitslohn bei der Altersteilzeit, der den maßgebenden Nettoarbeitslohn um 1 525 € übersteigen würde. Demnach sind steuerfrei:

	Mindestaufstockungsbetrag		875 €
+	freiwilliger Aufstockungsbetrag	3 000 €	
	abzgl.	1 525 €	1 475 €
=	steuerfreier Aufstockungsbetrag		2 350 €

c) Abrechnung des Arbeitgebers

	Bruttoarbeitslohn bei Altersteilzeit		4 375 €
+	steuerpflichtiger Aufstockungsbetrag		1 525 €
=	steuerpflichtiger Arbeitslohn		5 900 €
./.	gesetzliche Abzüge (Lohnsteuer, Solidaritätszuschlag, Kirchensteuer, Sozialversicherungsbeiträge)		2 300 €
=	Zwischensumme		3 600 €
+	steuerfreier Aufstockungsbetrag		2 350 €
=	Nettoarbeitslohn		5 950 €

Beispiel 2 (sonstiger Bezug als Aufstockungsbetrag):

Ein Arbeitnehmer in Altersteilzeit hätte bei einer Vollzeitbeschäftigung Anspruch auf ein monatliches Bruttogehalt in Höhe von 4 000 € sowie im März auf einen sonstigen Bezug (Ergebnisbeteiligung) in Höhe von 1 500 € (brutto).

Nach dem Altersteilzeitvertrag werden im März folgende Beträge gezahlt:

–	laufendes Bruttogehalt	2 000 €
–	laufende steuerfreie Aufstockung (einschließlich freiwilliger Aufstockung des Arbeitgebers)	650 €
–	Brutto-Ergebnisbeteiligung (50 % der vergleichbaren Vergütung auf Basis einer Vollzeitbeschäftigung)	750 €
–	Aufstockungsleistung auf die Ergebnisbeteiligung	750 €
a)	Ermittlung des maßgebenden Arbeitslohns	
	jährlicher laufender Bruttoarbeitslohn bei fiktiver Vollarbeitszeitbeschäftigung	48 000 €
	+ sonstiger Bezug bei fiktiver Vollzeitbeschäftigung	1 500 €
	./. gesetzliche jährliche Abzüge (Lohnsteuer, Solidaritätszuschlag, Kirchensteuer, Sozialversicherungsbeiträge)	18 100 €
	= maßgebender Jahresnettoarbeitslohn	31 400 €
b)	Vergleichsberechnung	
	jährlich laufender Bruttoarbeitslohn bei Altersteilzeit	24 000 €
	+ steuerpflichtiger sonstiger Bezug bei Altersteilzeit	750 €
	./. gesetzliche jährliche Abzüge (Lohnsteuer, Solidaritätszuschlag, Kirchensteuer, Sozialversicherungsbeiträge)	6 000 €
	= Zwischensumme	18 750 €
	+ Aufstockung Ergebnisbeteiligung	750 €
	+ steuerfreie Aufstockung (12 × 650)	7 800 €
	= Jahresnettoarbeitslohn	27 300 €

Durch die Aufstockung des sonstigen Bezugs wird der maßgebende Jahresnettoarbeitslohn von 31 400 € nicht überschritten. Demnach kann die Aufstockung des sonstigen Bezugs (im Beispiel: Aufstockung der Ergebnisbeteiligung) in Höhe von 750 € insgesamt steuerfrei bleiben.

Aufstockungsbeträge

Steuerliche Behandlung von Aufstockungsbeträgen

(Verfügung der OFD München vom 28. 1. 2002 – S 2342 – 35 St 41 –)

Das BMF hat dem Verband Deutscher Rentenversicherungsträger – nach Abstimmung mit den obersten Finanzbehörden der Länder – mit Schreiben vom 11. 12. 2001 IV C 5 – S 2342 – 73/01 Folgendes mitgeteilt:

„. . .

Unter diesen Voraussetzungen sind deshalb Aufstockungsbeträge des Arbeitgebers auch dann nach § 3 Nr. 28 EStG steuerfrei, wenn der Arbeitgeber – wie z. B. im Fall der Arbeitsunfähigkeit nach Ablauf der Entgeltfortzahlung – nur Aufstockungsbeträge i. S. des § 3 Abs. 1 Nr. 1 Buchst. a Altersteilzeitgesetz, nicht jedoch die zusätzlichen Rentenversicherungsbeiträge nach § 3 Abs. 1 Buchst. b Altersteilzeitgesetz erbringt . . .".

Beiträge nach § 187a SGB VI zur Vermeidung von Rentenminderungen

Anwendungsbereich des § 3 Nr. 28 EStG

(Erlass des Ministeriums für Finanzen und Bundesangelegenheiten des Saarlandes vom 27. 11. 2001 – B/2-4 – 227/2001 – S 2333 –)

Es ist gefragt worden, ob Zahlungen des Arbeitgebers zur Übernahme von Beiträgen nach § 187a des Sechsten Buches Sozialgesetzbuch nur dann nach § 3 Nr. 28 EStG steuerfrei sind, wenn die Beiträge durch eine vorzeitige Rente wegen Altersteilzeit veranlasst sind. Hierzu wird wie folgt Stellung genommen:

Beiträge, mit denen Rentenminderungen auf Grund einer vorzeitigen Inanspruchnahme von Renten vermieden werden sollen, sind nach § 187a des Sechsten Buches Sozialgesetzbuch für alle Fälle der vorzeitigen Inanspruchnahme einer Rente wegen Alters möglich. Soweit des § 3 Nr. 28 EStG die Hälfte der vom Arbeitgeber übernommenen Beiträge i. S. des § 187a des Sechsten Buches Sozialgesetzbuch steuerfrei stellt, gilt dies nicht nur für den Bezug in Fällen der vorzeitigen Inanspruchnahme der Altersrente wegen Arbeitslosigkeit oder nach Altersteilzeitarbeit, sondern für sämtliche nach § 187a des Sechsten Buches Sozialgesetzbuch in Betracht kommende Beiträge.

Dieser Erlass ergeht im Einvernehmen mit dem Bundesministerium der Finanzen und den obersten Finanzbehörden der Länder.

Progressionsvorbehalt

Die Aufstockungsbeträge unterliegen dem Progressionsvorbehalt (→ § 32b Abs. 1 Nr. 1 Buchstabe g EStG). Zur Aufzeichnung und Bescheinigung → § 41 Abs. 1 und § 41b Abs. 1 Satz 2 Nr. 5 EStG.

Werbungskosten

Werbungskosten bei Arbeitnehmern in Altersteilzeit

(Verfügung der OFD Magdeburg vom 12. 08. 2008 – S 2350 – 33 – St 223 –)Im Rahmen der Altersteilzeit werden dem Arbeitnehmer Aufstockungsbeträge gezahlt, die Teil des Arbeitsentgelts sind. Die Aufstockungsbeträge sind nach § 3 Nr. 28 EStG steuerfrei.

Gemäß § 3c Abs. 1 EStG dürfen Ausgaben, die mit steuerfreien Einnahmen im unmittelbaren wirtschaftlichen Zusammenhang stehen, nicht als Betriebsausgaben oder Werbungskosten abgezogen werden.

Auf Bund-/Länder-Ebene wurde entschieden, dass bei in Altersteilzeit befindlichen Arbeitnehmern die Werbungskosten nicht nach Maßgabe des § 3c EStG zu kürzen sind. Hierzu wird mehrheitlich die Auffassung vertreten, dass die Aufwendungen (z. B. für Fahrten zwischen Wohnung und Arbeitsstätte) – wie auch bei Arbeitnehmern, die nach § 3b EStG steuerfreie Zuschläge erhalten – in keinem unmittelbaren Zusammenhang mit den nach § 3 Nr. 28 EStG steuerfreien Einnahmen stehen.

EStG

§ 3

Steuerfrei sind

...

S 1310 **29. das Gehalt und die Bezüge,**

a) die die diplomatischen Vertreter ausländischer Staaten, die ihnen zugewiesenen Beamten und die in ihren Diensten stehenden Personen erhalten. [2]Dies gilt nicht für deutsche Staatsangehörige oder für im Inland ständig ansässige Personen;

b) der Berufskonsuln, der Konsulatsangehörigen und ihres Personals, soweit sie Angehörige des Entsendestaates sind. [2]Dies gilt nicht für Personen, die im Inland ständig ansässig sind oder außerhalb ihres Amtes oder Dienstes einen Beruf, ein Gewerbe oder eine andere gewinnbringende Tätigkeit ausüben;

S 2342 **30. Entschädigungen für die betriebliche Benutzung von Werkzeugen eines Arbeitnehmers (Werkzeuggeld), soweit sie die entsprechenden Aufwendungen des Arbeitnehmers nicht offensichtlich übersteigen;**

R 3.30
S 2342

Werkzeuggeld (§ 3 Nr. 30 EStG)

[1]Die Steuerbefreiung beschränkt sich auf die Erstattung der Aufwendungen, die dem Arbeitnehmer durch die betriebliche Benutzung eigener Werkzeuge entstehen. [2]Als Werkzeuge sind allgemein nur Handwerkzeuge anzusehen, die zur leichteren Handhabung, zur Herstellung oder zur Bearbeitung eines Gegenstands verwendet werden; Musikinstrumente und deren Einzelteile gehören ebenso wie Datenverarbeitungsgeräte o. Ä. nicht dazu. [3]Eine betriebliche Benutzung der Werkzeuge liegt auch dann vor, wenn die Werkzeuge im Rahmen des Dienstverhältnisses außerhalb einer Betriebsstätte des Arbeitgebers eingesetzt werden, z. B. auf einer Baustelle. [4]Ohne Einzelnachweis der tatsächlichen Aufwendungen sind pauschale Entschädigungen steuerfrei, soweit sie

1. die regelmäßigen Absetzungen für Abnutzung der Werkzeuge,
2. die üblichen Betriebs-, Instandhaltungs- und Instandsetzungskosten der Werkzeuge sowie
3. die Kosten der Beförderung der Werkzeuge

abgelten. [5]Soweit Entschädigungen für Zeitaufwand des Arbeitnehmers gezahlt werden, z. B. für die ihm obliegende Reinigung und Wartung der Werkzeuge, gehören sie zum steuerpflichtigen Arbeitslohn.

Hinweise

H 3.30

Musikinstrumente

sind keine Werkzeuge (→ BFH vom 21. 8. 1995 – BStBl II S. 906).

§ 3

EStG

Steuerfrei sind

...

31. die typische Berufskleidung, die der Arbeitgeber seinem Arbeitnehmer unentgeltlich oder verbilligt überlässt; dasselbe gilt für eine Barablösung eines nicht nur einzelvertraglichen Anspruchs auf Gestellung von typischer Berufskleidung, wenn die Barablösung betrieblich veranlasst ist und die entsprechenden Aufwendungen des Arbeitnehmers nicht offensichtlich übersteigt; S 2342

Überlassung typischer Berufskleidung (§ 3 Nr. 31 EStG)

R 3.31
S 2342

(1) [1]Steuerfrei ist nach § 3 Nr. 31 erster Halbsatz EStG nicht nur die Gestellung, sondern auch die Übereignung typischer Berufskleidung durch den Arbeitgeber. [2]Erhält der Arbeitnehmer die Berufsbekleidung von seinem Arbeitgeber zusätzlich zum ohnehin geschuldeten Arbeitslohn (→ R 3.33 Abs. 5), so ist anzunehmen, dass es sich um typische Berufskleidung handelt, wenn nicht das Gegenteil offensichtlich ist. [3]Zur typischen Berufskleidung gehören Kleidungsstücke, die

1. als Arbeitsschutzkleidung auf die jeweils ausgeübte Berufstätigkeit zugeschnitten sind oder
2. nach ihrer z. B. uniformartigen Beschaffenheit oder dauerhaft angebrachten Kennzeichnung durch Firmenemblem objektiv eine berufliche Funktion erfüllen,

wenn ihre private Nutzung so gut wie ausgeschlossen ist. [4]Normale Schuhe und Unterwäsche sind z. B. keine typische Berufskleidung.

(2) [1]Die Steuerbefreiung nach § 3 Nr. 31 zweiter Halbsatz EStG beschränkt sich auf die Erstattung der Aufwendungen, die dem Arbeitnehmer durch den beruflichen Einsatz typischer Berufskleidung in den Fällen entstehen, in denen der Arbeitnehmer z. B. nach Unfallverhütungsvorschriften, Tarifvertrag oder Betriebsvereinbarung einen Anspruch auf Gestellung von Arbeitskleidung hat, der aus betrieblichen Gründen durch die Barvergütung abgelöst wird. [2]Die Barablösung einer Verpflichtung zur Gestellung von typischer Berufskleidung ist z. B. betrieblich begründet, wenn die Beschaffung der Kleidungsstücke durch den Arbeitnehmer für den Arbeitgeber vorteilhafter ist. [3]Pauschale Barablösungen sind steuerfrei, soweit sie die regelmäßigen Absetzungen für Abnutzung und die üblichen Instandhaltungs- und Instandsetzungskosten der typischen Berufskleidung abgelten. [4]Aufwendungen für die Reinigung gehören regelmäßig nicht zu den Instandhaltungs- und Instandsetzungskosten der typischen Berufsbekleidung.

Hinweise

H 3.31

Abgrenzung zwischen typischer Berufskleidung und bürgerlicher Kleidung

→ BFH vom 18. 4. 1991 (BStBl II S. 751).

Dienstkleidung von Forstbeamten

Dienstkleidung im öffentlichen Dienst als Berufskleidung – Anwendung des BFH-Urteils vom 19. 1. 1996 (BStBl 1996 II S. 202)

(Erlaß des FinMin Niedersachsen vom 1. 11. 1996
– S 2354 – 70 – 35 –)

Nach dem BFH-Urteil vom 19. 1. 1996 (BStBl 1996 II S. 202), wird der Lodenmantel eines Forstbeamten nicht dadurch zur typischen Berufskleidung, daß er nach der Dienstanweisung des Arbeitgebers zur Dienstkleidung zählt und mit einem Dienstabzeichen versehen ist.

Dieses Urteil ist nur auf gleichgelagerte Fälle anzuwenden. In allen anderen Fällen sind Kleidungsstücke, die als Dienstkleidungs- oder Uniformteile dauerhaft gekennzeichnet sind (z. B. durch angenähte oder eingewebte Bundes- und Landeswappen, Dienstabzeichen der jeweiligen Behörde oder Dienststelle, Posthorn), wie bisher als typische Berufskleidung anzuerkennen (vgl. Abschn. 20 Abs. 1 Nr. 2 LStR).

Dieser Erlaß ist im Einvernehmen mit dem BMF und den obersten Finanzbehörden der anderen Länder ergangen.

Lodenmantel

ist keine typische Berufskleidung (→ BFH vom 19. 1. 1996 – BStBl II S. 202).

Kleidergeld für Orchestermitglieder

Steuerliche Behandlung des tariflichen Kleidergeldes für Orchestermitglieder

(Erlaß des FinMin Sachsen vom 17. 3. 1993
– 32 – S 2337 – 14/7 – 11167 –)

Orchestermusiker erhalten nach tariflichen Vorschriften für jede Veranstaltung, für die Frack bzw. Abendkleid vorgeschrieben und getragen worden ist, eine als Kleidergeld bezeichnete Entschädigung.

In § 13 des Tarifvertrags für die Musiker in Kulturorchestern (TVK) ist inzwischen der tarifliche Anspruch auf Gestellung von Frack bzw. Abendkleid und die Barablösung bestimmt (Änderungstarifvertrag vom 15. 12. 1992). Damit sind die formellen Voraussetzungen für die Steuerfreiheit des Kleidergeldes nach § 3 Nr. 31 EStG geschaffen worden.

Im Einvernehmen mit dem Bundesminister der Finanzen und den obersten Finanzbehörden der anderen Länder bestehen keine Bedenken dagegen, daß im Hinblick auf diese tarifvertragliche Klarstellung das Kleidergeld bereits ab 1991 steuerfrei belassen wird.

EStG

§ 3

Steuerfrei sind

...

S 2342 **32. die unentgeltliche oder verbilligte Sammelbeförderung eines Arbeitnehmers zwischen Wohnung und erster Tätigkeitsstätte sowie bei Fahrten nach § 9 Absatz 1 Satz 3 Nummer 4a Satz 3 mit einem vom Arbeitgeber gestellten Beförderungsmittel, soweit die Sammelbeförderung für den betrieblichen Einsatz des Arbeitnehmers notwendig ist;**

R 3.32

Sammelbeförderung von Arbeitnehmern zwischen Wohnung und Arbeitsstätte (§ 3 Nr. 32 EStG)

S 2342 Die Notwendigkeit einer Sammelbeförderung ist z. B. in den Fällen anzunehmen, in denen

1. die Beförderung mit öffentlichen Verkehrsmitteln nicht oder nur mit unverhältnismäßig hohem Zeitaufwand durchgeführt werden könnte oder
2. der Arbeitsablauf eine gleichzeitige Arbeitsaufnahme der beförderten Arbeitnehmer erfordert.

H 3.32

Hinweise

Lohnsteuerbescheinigung

Bei steuerfreier Sammelbeförderung zwischen Wohnung und erster Tätigkeitsstätte sowie bei Fahrten nach § 9 Abs. 1 Satz 3 Nr. 4a Satz 3 EStG ist der Großbuchstabe F anzugeben → BMF-Schreiben zur Ausstellung von Lohnsteuerbescheinigungen ab ***2016, Anhang 25***. (Anhang 25)

Sammelbeförderung

Sammelbeförderung i. S. d. § 3 Nr. 32 EStG ist die durch den Arbeitgeber organisierte oder zumindest veranlasste Beförderung mehrerer Arbeitnehmer; sie darf nicht auf dem Entschluss eines Arbeitnehmers beruhen. Das Vorliegen einer Sammelbeförderung bedarf grundsätzlich einer besonderen Rechtsgrundlage. Dies kann ein Tarifvertrag oder eine Betriebsvereinbarung sein (→ BFH vom 29. 1. 2009 – BStBl 2010 II S. 1067).

§ 3

EStG

Steuerfrei sind

...

33. zusätzlich zum ohnehin geschuldeten Arbeitslohn erbrachte Leistungen des Arbeitgebers zur Unterbringung und Betreuung von nicht schulpflichtigen Kindern der Arbeitnehmer in Kindergärten oder vergleichbaren Einrichtungen; S 2342

Unterbringung und Betreuung von nicht schulpflichtigen Kindern (§ 3 Nr. 33 EStG)

R 3.33

(1) [1]Steuerfrei sind zusätzliche Arbeitgeberleistungen (→ Absatz 5) zur Unterbringung, einschl. Unterkunft und Verpflegung, und Betreuung von nicht schulpflichtigen Kindern des Arbeitnehmers in Kindergärten oder vergleichbaren Einrichtungen. [2]Dies gilt auch, wenn der nicht beim Arbeitgeber beschäftigte Elternteil die Aufwendungen trägt. [3]Leistungen für die Vermittlung einer Unterbringungs- und Betreuungsmöglichkeit durch Dritte sind nicht steuerfrei[1]. [4]Zuwendungen des Arbeitgebers an einen Kindergarten oder vergleichbare Einrichtung, durch die er für die Kinder seiner Arbeitnehmer ein Belegungsrecht ohne Bewerbungsverfahren und Wartezeit erwirbt, sind den Arbeitnehmern nicht als geldwerter Vorteil zuzurechnen. S 2342

(2) [1]Es ist gleichgültig, ob die Unterbringung und Betreuung in betrieblichen oder außerbetrieblichen Kindergärten erfolgt. [2]Vergleichbare Einrichtungen sind z. B. Schulkindergärten, Kindertagesstätten, Kinderkrippen, Tagesmütter, Wochenmütter und Ganztagspflegestellen. [3]Die Einrichtung muss gleichzeitig zur Unterbringung und Betreuung von Kindern geeignet sein. [4]Die alleinige Betreuung im Haushalt, z. B. durch Kinderpflegerinnen, Hausgehilfinnen oder Familienangehörige, genügt nicht. [5]Soweit Arbeitgeberleistungen auch den Unterricht eines Kindes ermöglichen, sind sie nicht steuerfrei. [6]Das Gleiche gilt für Leistungen, die nicht unmittelbar der Betreuung eines Kindes dienen, z. B. die Beförderung zwischen Wohnung und Kindergarten.

(3) [1]Begünstigt sind nur Leistungen zur Unterbringung und Betreuung von nicht schulpflichtigen Kindern. [2]Ob ein Kind schulpflichtig ist, richtet sich nach dem jeweiligen landesrechtlichen Schulgesetz. [3]Die Schulpflicht ist aus Vereinfachungsgründen nicht zu prüfen bei Kindern, die

1. das 6. Lebensjahr noch nicht vollendet haben oder
2. im laufenden Kalenderjahr das 6. Lebensjahr nach dem 30. Juni vollendet haben, es sei denn, sie sind vorzeitig eingeschult worden, oder
3. im laufenden Kalenderjahr das 6. Lebensjahr vor dem 1. Juli vollendet haben, in den Monaten Januar bis Juli dieses Jahres.

[4]Den nicht schulpflichtigen Kindern stehen schulpflichtige Kinder gleich, solange sie mangels Schulreife vom Schulbesuch zurückgestellt oder noch nicht eingeschult sind.

(4) [1]Sachleistungen an den Arbeitnehmer, die über den nach § 3 Nr. 33 EStG steuerfreien Bereich hinausgehen, sind regelmäßig mit dem Wert nach § 8 Abs. 2 Satz 1 EStG dem Arbeitslohn hinzuzurechnen. [2]Barzuwendungen an den Arbeitnehmer sind nur steuerfrei, soweit der Arbeitnehmer dem Arbeitgeber die zweckentsprechende Verwendung nachgewiesen hat. [3]Der Arbeitgeber hat die Nachweise im Original als Belege zum Lohnkonto aufzubewahren.

(5) [1]Die Zusätzlichkeitsvoraussetzung erfordert, dass die zweckbestimmte Leistung zu dem Arbeitslohn hinzukommt, den der Arbeitgeber arbeitsrechtlich schuldet. [2]Wird eine zweckbestimmte Leistung unter Anrechnung auf den arbeitsrechtlich geschuldeten Arbeitslohn oder durch dessen Umwandlung gewährt, liegt keine zusätzliche Leistung vor. [3]Eine zusätzliche Leistung liegt aber dann vor, wenn sie unter Anrechnung auf eine andere freiwillige Sonderzahlung, z. B. freiwillig geleistetes Weihnachtsgeld, erbracht wird. [4]Unschädlich ist es, wenn der Arbeitgeber verschiedene zweckgebundene Leistungen zur Auswahl anbietet oder die übrigen Arbeitnehmer die freiwillige Sonderzahlung erhalten.

Hinweise

H 3.33

Zusätzlichkeitsvoraussetzung

→ BMF vom 22. 5. 2013 (BStBl I S. 728)

1) → aber § 3 Nr. 34a EStG.

Gewährung von Zusatzleistungen und Zulässigkeit von Gehaltsumwandlungen;

Anwendung der BFH-Urteile vom 19. September 2012 – VI R 54/11 – (BStBl II 2013 S. 395) und – VI R 55/11 – (BStBl II 2013 S. 398)

BMF vom 22. 5. 2013 (IV C 5 – S 2388/11/10001-02, 2013/0461548)

Mit Urteilen vom 19. September 2012 – VI R 54/11- (BStBl II 2013 S. 395) und -VI R 55/11- (BStBl II 2013 S. 398) hat der BFH entschieden, das in bestimmten lohnsteuerlichen Begünstigungsnormen verwendete Tatbestandsmerkmal „zusätzlich zum ohnehin geschuldeten Arbeitslohn" sei nur bei freiwilligen Arbeitgeberleistungen erfüllt. Aus der Sicht des BFH ist der „ohnehin geschuldete Arbeitslohn" der arbeitsrechtlich geschuldete. „Zusätzlich" zum ohnehin geschuldeten Arbeitslohn werden nur freiwillige Leistungen erbracht. Die Urteile sind ergangen zu den Vorschriften § 3 Nummer 33 EStG (Kinderbetreuungsleistungen des Arbeitgebers), § 40 Absatz 2 Satz 1 Nummer 5 EStG (IT-Leistungen des Arbeitgebers) und § 40 Absatz 2 Satz 2 EStG (Fahrtkostenzuschüsse).

Nach bisheriger BFH-Rechtsprechung setzte das Tatbestandsmerkmal „zusätzlich zum ohnehin geschuldeten Arbeitslohn" lediglich voraus, dass die zweckbestimmte Leistung „zu dem Arbeitslohn hinzukommt, den der Arbeitgeber aus anderen Gründen schuldet" (vgl. BFH-Urteil vom 15. Mai 1998 – VI R 127/97 –, BStBl II Seite 518). Dass die zusätzliche Leistung auf freiwilliger Basis erfolgen muss, hat der BFH bisher nicht gefordert. Mit den eingangs genannten Entscheidungen verschärft der BFH somit die Anforderungen an die lohnsteuerlichen Vergünstigungen.

Die Verwaltung sieht die Zusätzlichkeitsvoraussetzung abweichend von der neuen BFH-Rechtsprechung als erfüllt an, wenn die zweckbestimmte Leistung zu dem Arbeitslohn hinzukommt, den der Arbeitgeber arbeitsrechtlich schuldet (vgl. R 3.33 Absatz 5 Satz 1 LStR 2011). Nur Gehaltsumwandlungen sind danach schädlich.

Im Einvernehmen mit den obersten Finanzbehörden der Länder gilt zum Tatbestandsmerkmal „zusätzlich zum ohnehin geschuldeten Arbeitslohn" abweichend von der neuen BFH-Rechtsprechung und über den Einzelfall hinaus aus Gründen des Vertrauensschutzes und der Kontinuität der Rechtsanwendung weiterhin Folgendes:

Kommt die zweckbestimmte Leistung zu dem Arbeitslohn hinzu, den der Arbeitgeber schuldet, ist das Tatbestandsmerkmal „zusätzlich zum ohnehin geschuldeten Arbeitslohn" auch dann erfüllt, wenn der Arbeitnehmer arbeitsvertraglich oder aufgrund einer anderen arbeits- oder dienstrechtlichen Rechtsgrundlage einen Anspruch auf die zweckbestimmte Leistung hat.

EStG

§ 3

Steuerfrei sind

...

S 2342 **34. zusätzlich zum ohnehin geschuldeten Arbeitslohn erbrachte Leistungen des Arbeitgebers zur Verbesserung des allgemeinen Gesundheitszustands und der betrieblichen Gesundheitsförderung, die hinsichtlich Qualität, Zweckbindung und Zielgerichtetheit den Anforderungen der §§ 20 und 20a des Fünften Buches Sozialgesetzbuch genügen, soweit sie 500 Euro im Kalenderjahr nicht übersteigen;**

[1] ***34a. zusätzlich zum ohnehin geschuldeten Arbeitslohn erbrachte Leistungen des Arbeitgebers***

a) an ein Dienstleistungsunternehmen, das den Arbeitnehmer hinsichtlich der Betreuung von Kindern oder pflegebedürftigen Angehörigen berät oder hierfür Betreuungspersonen vermittelt, sowie

b) zur kurzfristigen Betreuung von Kindern im Sinne des § 32 Absatz 1, die das 14. Lebensjahr noch nicht vollendet haben oder die wegen einer vor Vollendung des 25. Lebensjahres eingetretenen körperlichen, geistigen oder seelischen Behinderung außerstande sind, sich selbst zu unterhalten, oder pflegebedürftigen Angehörigen des Arbeitnehmers, wenn die Betreuung aus zwingenden und beruflich veranlassten Gründen notwendig ist, auch wenn sie im privaten Haushalt des Arbeitnehmers stattfindet, soweit die Leistungen 600 Euro im Kalenderjahr nicht übersteigen;

35. die Einnahmen der bei der Deutsche Post AG, Deutsche Postbank AG oder Deutsche Telekom AG beschäftigten Beamten, soweit die Einnahmen ohne Neuordnung des Postwesens und der Telekommunikation nach den Nummern 11 bis 13 und 64 steuerfrei wären;

---

[1] *Nummer 34a wurde durch das Gesetz zur Anpassung der Abgabenordnung an den Zollkodex der Union und zur Änderung weiterer steuerlicher Vorschriften ab VZ 2015 eingefügt.*

36. Einnahmen für Leistungen zur Grundpflege oder hauswirtschaftlichen Versorgung bis zur Höhe des Pflegegeldes nach § 37 des Elften Buches Sozialgesetzbuch, wenn diese Leistungen von Angehörigen des Pflegebedürftigen oder von anderen Personen, die damit eine sittliche Pflicht im Sinne des § 33 Absatz 2 gegenüber dem Pflegebedürftigen erfüllen, erbracht werden. [2]Entsprechendes gilt, wenn der Pflegebedürftige Pflegegeld aus privaten Versicherungsverträgen nach den Vorgaben des Elften Buches Sozialgesetzbuch oder eine Pauschalbeihilfe nach Beihilfevorschriften für häusliche Pflege erhält; S 2342

37. (weggefallen) S 2121

38. Sachprämien, die der Steuerpflichtige für die persönliche Inanspruchnahme von Dienstleistungen von Unternehmen unentgeltlich erhält, die diese zum Zwecke der Kundenbindung im allgemeinen Geschäftsverkehr in einem jedermann zugänglichen planmäßigen Verfahren gewähren, soweit der Wert der Prämien 1 080 Euro im Kalenderjahr nicht übersteigt; S 2342

39. der Vorteil des Arbeitnehmers im Rahmen eines gegenwärtigen Dienstverhältnisses aus der unentgeltlichen oder verbilligten Überlassung von Vermögensbeteiligungen im Sinne des § 2 Absatz 1 Nummer 1 Buchstabe a, b und f bis l und Absatz 2 bis 5 des Fünften Vermögensbildungsgesetzes in der Fassung der Bekanntmachung vom 4. März 1994 (BGBl. I S. 406), zuletzt geändert durch Artikel 2 des Gesetzes vom 7. März 2009 (BGBl. I S. 451), in der jeweils geltenden Fassung, am Unternehmen des Arbeitgebers, soweit der Vorteil insgesamt 360 Euro im Kalenderjahr nicht übersteigt. [2]Voraussetzung für die Steuerfreiheit ist, dass die Beteiligung mindestens allen Arbeitnehmern offensteht, die im Zeitpunkt der Bekanntgabe des Angebots ein Jahr oder länger ununterbrochen in einem gegenwärtigen Dienstverhältnis zum Unternehmen stehen. [3]Als Unternehmen des Arbeitgebers im Sinne des Satzes 1 gilt auch ein Unternehmen im Sinne des § 18 des Aktiengesetzes. [4]Als Wert der Vermögensbeteiligung ist der gemeine Wert anzusetzen;

Hinweise

H 3.39

Allgemeine Grundsätze

→ BMF vom 8. 12. 2009 (BStBl I S. 1513)

Lohnsteuerliche Behandlung der Überlassung von Vermögensbeteiligungen ab 2009 (§ 3 Nummer 39, § 19a EStG)

(BMF-Schreiben vom 8. 12. 2009 – IV C 5 – S 2347/09/10002 –, BStBl I S. 1513)

Durch das Gesetz zur steuerlichen Förderung der Mitarbeiterkapitalbeteiligungen (Mitarbeiterkapitalbeteiligungsgesetz) vom 7. März 2009 (BGBl. I Seite 451, BStBl I Seite 436) hat die lohnsteuerliche Behandlung der Überlassung von Vermögensbeteiligungen an Arbeitnehmer wesentliche Änderungen erfahren. Unter Bezugnahme auf das Ergebnis einer Erörterung mit den obersten Finanzbehörden der Länder und dem Bundesministerium für Arbeit und Soziales wird zur lohnsteuerlichen Behandlung der Überlassung von Vermögensbeteiligungen ab 2009 wie folgt Stellung genommen:

1. Steuerfreistellung über § 3 Nummer 39 EStG

1.1 Allgemeines (§ 3 Nummer 39 Satz 1 EStG)

1.1.1 Begünstigter Personenkreis

§ 3 Nummer 39 des Einkommensteuergesetzes (EStG) gilt für unbeschränkt und beschränkt einkommensteuerpflichtige Arbeitnehmer (siehe § 1 der Lohnsteuer-Durchführungsverordnung – LStDV –), die in einem gegenwärtigen Dienstverhältnis zum Unternehmen (siehe § 1 Absatz 2 LStDV) stehen. Ein erstes Dienstverhältnis ist nicht Voraussetzung für die Steuerfreistellung. Anhang 7

In einem gegenwärtigen Dienstverhältnis stehen auch Arbeitnehmer, deren Dienstverhältnis ruht (z. B. während der Mutterschutzfristen, der Elternzeit, Zeiten der Ableistung von Wehr- und Zivildienst) oder die sich in der Freistellungsphase einer Altersteilzeitvereinbarung befinden.

Die Überlassung von Vermögensbeteiligungen an frühere Arbeitnehmer des Arbeitgebers ist nur steuerbegünstigt, soweit die unentgeltliche oder verbilligte Vermögensbeteiligung im Rahmen einer Abwicklung des früheren Dienstverhältnisses noch als Arbeitslohn für die tatsächliche Arbeitsleistung überlassen wird. Personen, die ausschließlich Versorgungsbezüge beziehen, stehen nicht mehr in einem gegenwärtigen Dienstverhältnis.

1.1.2 Begünstigte Vermögensbeteiligungen

Die Vermögensbeteiligungen, deren Überlassung nach § 3 Nummer 39 EStG steuerbegünstigt ist, sind in § 3 Nummer 39 Satz 1 EStG i. V. m. § 2 Absatz 1 Nummer 1 Buchstabe a, b und d bis l und Absatz 2 bis 5 des Fünften Vermögensbildungsgesetzes (5. VermBG) abschließend aufgezählt. Auf das BMF-Schreiben vom 9. August 2004 (BStBl I Seite 717), das mit Wirkung ab 2009 durch das BMF-Schreiben vom 16. März 2009 (BStBl I Seite 501) geändert wurde, wird hingewiesen.[1]) Aktienoptionen sind keine Vermögensbeteiligungen im Sinne des Fünften Vermögensbildungsgesetzes.

Anhang 14

Es muss sich um Beteiligungen „... am Unternehmen des Arbeitgebers ..." handeln. Unternehmen, die demselben Konzern im Sinne von § 18 des Aktiengesetzes (AktG) angehören, gelten als Arbeitgeber in diesem Sinne (§ 3 Nummer 39 Satz 3 EStG). Der Begriff „Unternehmen des Arbeitgebers" im Sinne des § 3 Nummer 39 Satz 1 EStG umfasst das gesamte Betätigungsfeld des Arbeitgebers im lohnsteuerlichen Sinn; zum Arbeitgeberbegriff in diesem Sinne siehe § 1 Absatz 2 Satz 2 LStDV, R 19.1 der Lohnsteuer-Richtlinien 2008 – LStR 2008[2]) – sowie die entsprechenden Hinweise.

Anhang 7

~~Inländische und ausländische Investmentanteile können nicht steuerbegünstigt überlassen werden, soweit es sich nicht um Anteile an einem Mitarbeiterbeteiligungs-Sondervermögen im Sinne des § 90l InvG handelt (Ausschluss des Buchstaben c des § 2 Absatz 1 Nummer 1 des 5. VermBG). Dies gilt auch dann, wenn das Sondervermögen oder der ausländische Investmentfonds Vermögenswerte des Arbeitgebers beinhaltet (insbesondere Aktien).~~

~~Die Beteiligung an einem Mitarbeiterbeteiligungs-Sondervermögen ist bei Erwerb von entsprechenden Anteilen durch den Arbeitgeber für den Arbeitnehmer begünstigt, denn aufgrund der besonderen Ausgestaltung des Mitarbeiterbeteiligungs-Sondervermögens handelt es sich ebenfalls dem Grunde nach um eine Beteiligung „... am Unternehmen des Arbeitgebers ..."; eine Investition des Sondervermögens in das Unternehmen des Arbeitgebers ist hier nicht erforderlich.~~[3])

Auch der Erwerb von Vermögensbeteiligungen durch eine Bruchteilsgemeinschaft sowie der Erwerb durch eine Gesamthandsgemeinschaft, der jeweils ausschließlich Arbeitnehmer angehören, stellt einen Erwerb im Sinne des § 2 Absatz 1 Nummer 1 des 5. VermBG dar. Dies gilt nicht, wenn die gemeinschaftlich erworbenen Vermögensbeteiligungen den Arbeitnehmern bei wirtschaftlicher Betrachtung nicht zuzurechnen sind (vgl. Tz. 4).

1.1.3 Überlassung der Vermögensbeteiligung durch einen Dritten

Voraussetzung für die Steuerbegünstigung ist nicht, dass der Arbeitgeber Rechtsinhaber der zu überlassenden Vermögensbeteiligung am Unternehmen des Arbeitgebers ist. Die Steuerbegünstigung gilt deshalb auch für den geldwerten Vorteil, der bei Überlassung der Vermögensbeteiligung durch einen Dritten entsteht, sofern die Überlassung durch das gegenwärtige Dienstverhältnis veranlasst ist. Eine steuerbegünstigte Überlassung von Vermögensbeteiligungen durch Dritte liegt z. B. vor, wenn der Arbeitnehmer die Vermögensbeteiligung unmittelbar erhält

1. von einem Beauftragten des Arbeitgebers, z. B. einem Kreditinstitut oder anderen Unternehmen, oder
2. von einem Unternehmen, das mit dem Unternehmen des Arbeitgebers in einem Konzern (§ 18 AktG) verbunden ist (z. B. Ausgabe von Aktien oder anderen Vermögensbeteiligungen durch eine Konzernobergesellschaft an Arbeitnehmer der Konzernuntergesellschaft oder zwischen anderen Konzerngesellschaften).

---

1) Das BMF-Schreiben vom 9. 8. 2004 (BStBl I S. 717), geändert durch BMF-Schreiben vom 16. 3. 2009 (BStBl I S. 501), vom 4. 2. 2010 (BStBl I S. 195) und vom 2. 12. 2011 (BStBl I S. 1252) ist durch das BMF-Schreiben vom 23. 7. 2014 (BStBl I S. 1175) ersetzt worden.

2) Jetzt: LStR 2015.

3) Überholt.
Die im Investmentgesetz enthaltenen Regelungen zu Mitarbeiterbeteiligungs-Sondervermögen wurden durch das AIFM-Umsetzungsgesetz vom 4. 7. 2013 (BGBl. I S. 1981) aufgehoben. Die Folgeänderungen im Fünften Vermögensbildungsgesetz (Streichung der Regelungen zu Mitarbeiterbeteiligungs-Sondervermögen) erfolgten durch das AIFM-Steuer-Anpassungsgesetz vom 18. 12. 2013 (BGBl. I S. 4318, BStBl 2014 I S. 2).
Anteile an OGAV-Sondervermögen sowie an als Sondervermögen aufgelegten offenen Publikums-AIF nach den §§ 218 und 219 des Kapitalanlagegesetzbuchs sowie Anteile an offenen EU-Investmentvermögen und offenen AIF, die nach dem Kapitalanlagegesetzbuch vertrieben werden dürfen, können nicht steuerbegünstigt überlassen werden (Ausschluss des Buchstaben c des § 2 Absatz 1 Nummer 1 des 5. VermBG).

Dabei kommt es nicht darauf an, ob der Arbeitgeber in die Überlassung eingeschaltet ist oder ob der Arbeitgeber dem Dritten den Preis der Vermögensbeteiligung oder die durch die Überlassung entstehenden Kosten ganz oder teilweise ersetzt.

1.1.4 Mehrfache Inanspruchnahme

§ 3 Nummer 39 EStG ist auf das Dienstverhältnis bezogen. Steht der Arbeitnehmer im Kalenderjahr nacheinander oder nebeneinander in mehreren Dienstverhältnissen, kann die Steuerbefreiung in jedem Dienstverhältnis in Anspruch genommen werden.

1.1.5 Geldleistungen

Die Steuerbegünstigung gilt nur für den geldwerten Vorteil, den der Arbeitnehmer durch die unentgeltliche oder verbilligte Überlassung der Vermögensbeteiligung erhält. Deshalb sind Geldleistungen des Arbeitgebers an den Arbeitnehmer zur Begründung oder zum Erwerb der Vermögensbeteiligung oder für den Arbeitnehmer vereinbarte vermögenswirksame Leistungen im Sinne des Fünften Vermögensbildungsgesetzes, die zur Begründung oder zum Erwerb der Vermögensbeteiligung angelegt werden, nicht steuerbegünstigt.

1.1.6 Nebenkosten

Die Übernahme der mit der Überlassung von Vermögensbeteiligungen verbundenen Nebenkosten durch den Arbeitgeber, z. B. Notariatsgebühren, Eintrittsgelder im Zusammenhang mit Geschäftsguthaben bei einer Genossenschaft und Kosten für Registereintragungen, ist kein Arbeitslohn. Ebenfalls kein Arbeitslohn sind vom Arbeitgeber übernommene Depotgebühren, die durch die Festlegung der Wertpapiere für die Dauer einer vertraglich vereinbarten Sperrfrist entstehen; dies gilt entsprechend bei der kostenlosen Depotführung durch den Arbeitgeber.

1.2 Einzubeziehende Arbeitnehmer (§ 3 Nummer 39 Satz 2 Buchstabe b EStG)

Nach § 3 Nummer 39 Satz 2 Buchstabe b EStG ist unabhängig von der arbeitsrechtlichen Verpflichtung zur Gleichbehandlung Voraussetzung für die Steuerfreiheit, dass die Beteiligung mindestens allen Arbeitnehmern (§ 1 LStDV) offen steht, die im Zeitpunkt der Bekanntgabe des Angebots ein Jahr oder länger ununterbrochen in einem gegenwärtigen Dienstverhältnis zum Unternehmen des Arbeitgebers stehen (§ 2 LStDV). Einzubeziehen sind danach z. B. auch geringfügig Beschäftigte, Teilzeitkräfte, Auszubildende und weiterbeschäftigte Rentner. Bei einem Entleiher sind Leiharbeitnehmer nicht einzubeziehen. Arbeitnehmer, die kürzer als ein Jahr in einem Dienstverhältnis zum Unternehmen stehen, können einbezogen werden. Bei einem Konzernunternehmen müssen die Beschäftigten der übrigen Konzernunternehmen nicht einbezogen werden.

Anhang 7
Anhang 7

Es wird nicht beanstandet, wenn aus Vereinfachungsgründen ins Ausland entsandte Arbeitnehmer (sog. Expatriates) nicht einbezogen werden. Entsprechendes gilt für Organe von Körperschaften, für Mandatsträger, für Arbeitnehmer mit einem gekündigten Dienstverhältnis und für Arbeitnehmer, die zwischen dem Zeitpunkt des Angebots und dem Zeitpunkt der Überlassung der Vermögensbeteiligung aus sonstigen Gründen aus dem Unternehmen ausscheiden (z. B. Auslaufen des Arbeitsvertrages).

War ein Arbeitgeber begründet davon ausgegangen, dass ein bestimmter Arbeitnehmer oder eine bestimmte Gruppe von Arbeitnehmern nicht einzubeziehen ist und stellt sich im Nachhinein etwas anderes heraus, bleibt die Steuerfreiheit der übrigen Arbeitnehmer unberührt.

Beispiel:

Der Arbeitgeber ging davon aus, allen Arbeitnehmern ein Angebot zum verbilligten Erwerb einer Vermögensbeteiligung unterbreitet zu haben. Bei einer nicht einbezogenen Gruppe von Personen stellte sich jedoch im Rahmen einer Lohnsteuer-Außenprüfung heraus, dass es sich nicht um selbständige Mitarbeiter, sondern um Arbeitnehmer handelt. Die Steuerfreiheit der übrigen Arbeitnehmer bleibt davon unberührt.

Hinsichtlich der Konditionen, zu denen die Vermögensbeteiligungen überlassen werden, kann bei den einzelnen Arbeitnehmern differenziert werden (z. B. bezüglich der Höhe einer Zuzahlung oder der Beteiligungswerte). Dies bedarf aus arbeitsrechtlicher Sicht eines sachlichen Grundes.

1.3 Bewertung (§ 3 Nummer 39 Satz 4 EStG)

Nach § 3 Nummer 39 Satz 4 EStG ist als Wert der Vermögensbeteiligung der gemeine Wert zum Zeitpunkt der Überlassung anzusetzen.[1]) Für die Höhe des Wertes wird dabei an die Grundsätze

[1]) Entsprechend dem BFH-Urteil vom 7. 5. 2014 (BStBl II S. 904) können auch die Wertverhältnisse bei Abschluss des für beide Seiten verbindlichen Veräußerungsgeschäfts herangezogen werden.

des Bewertungsgesetzes (BewG) angeknüpft[1]) und nicht an die üblichen Endpreise am Abgabeort, wie sie nach § 8 Absatz 2 Satz 1 EStG sonst für die nicht in Geld bestehenden Einnahmen im Regelfall anzusetzen sind. § 8 Absatz 2 Satz 9 EStG[2]) und R 8.1 Absatz 2 Satz 9 LStR 2008[3]) sind daher nicht anzuwenden.

Für die Bewertung der in § 3 Nummer 39 EStG genannten Vermögensbeteiligungen gilt immer § 3 Nummer 39 Satz 4 EStG als spezielle Bewertungsvorschrift, und zwar auch dann, wenn die Steuerbegünstigung nach § 3 Nummer 39 EStG nicht greift.

Veräußerungssperren mindern den Wert der Vermögensbeteiligung nicht (vgl. BFH-Urteile vom 7. April 1989 – VI R 47/88 –, BStBl II Seite 608 und vom 30. September 2008 – VI R 67/05 –, BStBl 2009 II Seite 282).

Aus Vereinfachungsgründen kann die Ermittlung des Wertes der Vermögensbeteiligung beim einzelnen Arbeitnehmer am Tag der Ausbuchung beim Überlassenden oder dessen Erfüllungsgehilfen erfolgen; es kann auch auf den Vortag der Ausbuchung abgestellt werden. Bei allen begünstigten Arbeitnehmern kann aber auch der durchschnittliche Wert der Vermögensbeteiligungen angesetzt werden, wenn das Zeitfenster der Überlassung nicht mehr als einen Monat beträgt. Dies gilt jeweils im Lohnsteuerabzugs- und Veranlagungsverfahren.[4])

1.4 Ermittlung des steuerfreien geldwerten Vorteils

Der geldwerte Vorteil ergibt sich aus dem Unterschied zwischen dem Wert der Vermögensbeteiligung bei Überlassung und dem Preis, zu dem die Vermögensbeteiligung dem Arbeitnehmer überlassen wird. Der Zeitpunkt der Beschlussfassung über die Überlassung, der Zeitpunkt des Angebots an die Arbeitnehmer und der Zeitpunkt des Abschlusses des obligatorischen Rechtsgeschäfts sind in jedem Fall unmaßgeblich. Bei einer Verbilligung ist es unerheblich, ob der Arbeitgeber einen prozentualen Abschlag auf den Wert der Vermögensbeteiligung oder einen Preisvorteil in Form eines Festbetrags gewährt.

1.5 Pauschalbesteuerung nach § 37b EStG

Nach § 37b Absatz 2 Satz 2 EStG sind sämtliche Vermögensbeteiligungen von der Anwendung des § 37b EStG ausgeschlossen. Steuerpflichtige geldwerte Vorteile aus der Überlassung von Vermögensbeteiligungen (z. B. den steuerfreien Höchstbetrag nach § 3 Nummer 39 Satz 1 EStG übersteigende geldwerte Vorteile und Fälle, in denen die Steuerfreistellung des § 3 Nummer 39 EStG bereits dem Grunde nach nicht greift) sind danach grds. individuell zu besteuern.

1.6 Zuflusszeitpunkt[5])

Der Zuflusszeitpunkt bestimmt sich nach den allgemeinen lohnsteuerlichen Regelungen. Zeitpunkt des Zuflusses ist der Tag der Erfüllung des Anspruchs des Arbeitnehmers auf Verschaffung der wirtschaftlichen Verfügungsmacht über die Vermögensbeteiligung (BFH-Urteil vom 23. Juni 2005 – VI R 10/03 –, BStBl II Seite 770). Bei Aktien ist dies der Zeitpunkt der Einbuchung der Aktien in das Depot des Arbeitnehmers (BFH-Urteil vom 20. November 2008 – VI R 25/05 –, BStBl II 2009 Seite 382). Zu Vereinfachungsregelungen siehe aber unter Tz. 1.3.

Muss der Arbeitnehmer aufgrund der getroffenen Vereinbarung einen höheren Kaufpreis als z. B. den Kurswert der Vermögensbeteiligung zahlen, führt dies nicht zu negativem Arbeitslohn. Entsprechendes gilt für Kursrückgänge nach dem Zuflusszeitpunkt.

2. Erstmalige Anwendung des § 3 Nummer 39 EStG

§ 3 Nummer 39 EStG gilt infolge der Anwendungsregelung in § 52 Absatz 1 EStG erstmals für die Lohnzahlungszeiträume des Jahres 2009 (bei laufendem Arbeitslohn) und für die Zuflusszeitpunkte im Jahr 2009 (bei sonstigen Bezügen).

Hat der Arbeitgeber in der Zeit zwischen dem 1. Januar 2009 und dem 31. März 2009 Vermögensbeteiligungen im Sinne des § 3 Nummer 39 EStG überlassen und sind diese nach dem 1. April 2009 (Inkrafttreten des Mitarbeiterkapitalbeteiligungsgesetzes) steuerlich anders zu behandeln (keine Begrenzung auf den halben Wert der Beteiligung, neuer Höchstbetrag von 360 €), greift § 41c Absatz 1 Nummer 2 EStG. Der Arbeitgeber kann den Lohnsteuerabzug ändern; er ist dazu verpflichtet, wenn ihm dies wirtschaftlich zumutbar ist (§ 41c Absatz 1 Satz 2

1) → auch H 3.39 (Bewertung von Unternehmen und Anteilen an Kapitalgesellschaften).
2) Jetzt: § 8 Abs. 2 Satz 11 EStG.
3) Jetzt: R 8.1 Abs. 2 Satz 3 LStR 2015.
4) Eine weitere Bewertungsoption besteht darin, die Wertverhältnisse bei Abschluss des für beide Seiten verbindlichen Veräußerungsgeschäfts heranzuziehen (→ BFH vom 7. 5. 2014, BStBl II S. 904).
5) Ein Zufluss von Arbeitslohn liegt nicht vor, solange dem Arbeitnehmer eine Verfügung über die Vermögensbeteiligung rechtlich unmöglich ist (→ BFH vom 30. 6. 2011 – BStBl II S. 923 zu vinkulierten Namensaktien). Im Gegensatz dazu stehen Sperr- und Haltefristen einem Zufluss nicht entgegen (BFH vom 30. 9. 2008 – BStBl 2009 II S. 282).

EStG in der Fassung des Gesetzes zur Sicherung von Beschäftigung und Stabilität in Deutschland vom 2. März 2009, BGBl. I Seite 416, BStBl I Seite 434). Ändert der Arbeitgeber den Lohnsteuerabzug nicht, kann der Arbeitnehmer beim Finanzamt den höheren Steuerfreibetrag in der Regel bei der Veranlagung zur Einkommensteuer geltend machen.

3. Weiteranwendung des § 19a EStG a. F. über § 52 Absatz 35 EStG

Die Übergangsregelung nach § 52 Absatz 35 Nummer 2 EStG greift auch dann, wenn eine Vereinbarung vor dem 1. April 2009 getroffen wurde, aber die Höhe des geldwerten Vorteils noch ungewiss ist. Dies ist z. B. der Fall, wenn die Höhe der Vermögensbeteiligung und damit die Höhe des geldwerten Vorteils vom Betriebsergebnis abhängig ist.

Die Übergangsregelung des § 52 Absatz 35 Nummer 2 EStG ist betriebsbezogen, nicht personenbezogen. Sie kann auch greifen, wenn das Dienstverhältnis nach dem 31. März 2009 begründet wird.

4. Mitarbeiterbeteiligungsprogramm nach französischem Recht (FCPE)

Nach ständiger Rechtsprechung des BFH (siehe u. a. BFH vom 23. Juni 2005 – VI R 124/99 –, BStBl II Seite 766, zu den Wandelschuldverschreibungen) führt das Innehaben von Ansprüchen oder Rechten ggü. dem Arbeitgeber regelmäßig noch nicht zum Lohnzufluss. Der Zufluss ist grundsätzlich erst mit der Erfüllung des Anspruchs (der Gewinnchance) gegeben. Ein Vorteil ist dem Arbeitnehmer erst dann zugeflossen, wenn die geschuldete Leistung tatsächlich erbracht worden ist, er also wirtschaftlich verfügt oder zumindest verfügen kann.

Unter Berücksichtigung dieser Grundsätze erfolgt bei Mitarbeiterbeteiligungsprogrammen mittels Einschaltung eines Fonds Commun de Placement d'Entreprise (FCPE) nach französischem Recht und in gleich gelagerten Fällen eine Besteuerung des geldwerten Vorteils erst im Zeitpunkt der Auflösung des Programms und Überweisung eines Geldbetrags an den Arbeitnehmer bzw. der Zuwendung anderer Vorteile (z. B. Tausch in Aktien). Dies gilt unabhängig von der Ausgestaltung im Einzelfall. Bis zur Auflösung des Programms fließen dem Arbeitnehmer auch keine Kapitaleinkünfte (Dividenden, Zinsen etc.) zu.

5. Anwendung

Dieses Schreiben ist ab 1. Januar 2009 anzuwenden.

Bewertung von Unternehmen und Anteilen an Kapitalgesellschaften

Bewertung von Unternehmen und Anteilen an Kapitalgesellschaften; Anwendung der bewertungsrechtlichen Regelungen für ertragsteuerliche Zwecke

(BMF-Schreiben vom 22. 9. 2011 – IV C 6 – S 2170/10/10001 –, BStBl I S. 859)

Im Einvernehmen mit den obersten Finanzbehörden der Länder sind die gleich lautenden Erlasse der obersten Finanzbehörden der Länder vom 17. Mai 2011 (BStBl I S. 606) zur Anwendung der §§ 11, 95 bis 109 und 199 ff. BewG in der Fassung des ErbStRG für ertragsteuerliche Zwecke bei der Bewertung von Unternehmen und Anteilen an Kapitalgesellschaften entsprechend anzuwenden.

Darlehensforderung

Darlehensforderungen i. S. d. § 2 Abs. 1 Nr. 1 Buchstabe k des 5. VermBG können in der Regel dann unter dem Nennwert bewertet werden, wenn die Forderung unverzinslich ist (→ R B 12.1 Abs. 1 Nr. 1 ErbStR); eine Bewertung über dem Nennwert ist im Allgemeinen dann gerechtfertigt, wenn die Forderung hochverzinst und von Seiten des Schuldners (Arbeitgebers) für längere Zeit unkündbar ist (→ R B 12.1 Abs. 1 Nr. 2 ErbStR). Anhang 28 Anhang 28

FCPE

Mitarbeiterbeteiligungsprogramm nach französischem Recht (FCPE)[1]

(Verfügung der OFD Karlsruhe vom 19. 3. 2009 – S 2334/63 – St 141)

In den vergangenen Jahren wurden bei verschiedenen Finanzämtern Anrufungsauskünfte eingereicht, bei denen es darum ging, dass eine Aktiengesellschaft französischen Rechts den in Deutschland bei einer Tochtergesellschaft beschäftigten Arbeitnehmern ein Mitarbeiterbetei-

[1]) → auch Tz. 4 des BMF-Schreiben vom 8. 12. 2009 – IV C 5 – S 2347/09/10002 – (BStBl I S. 1513), das in diesem Hinweisteil unter „Allgemeine Grundsätze" abgedruckt ist.

ligungsprogramm anbieten wollte. Den Hauptbestandteil bildete ein Fonds nach französischem Recht (FCPE), bei dem eine französische Managementgesellschaft Fondsverwalter war. Als Verwahrer, Garant und Kreditinstitut fungierte eine der Managementgesellschaft nahe stehende Gesellschaft. Berechtigte Arbeitnehmer konnten einen Eigenbeitrag an den FCPE leisten, zusätzlich gewährte das Kreditinstitut dem FCPE ein Darlehen in mehrfacher Höhe des Eigenbeitrags.

Unter Einsatz der Eigenbeiträge und Darlehen zeichnete der FCPE Aktien der Muttergesellschaft zu einem Vorzugskurs. Der FCPE war für eine nicht verlängerbare Zeit gegründet worden, innerhalb dieser keinerlei Zahlungen (insbesondere Ausschüttungen) an die beteiligten Arbeitnehmer erfolgten. Am Ende der Laufzeit stand die Auflösung des FCPE. Teilweise war die Übertragung der Aktien auf die Arbeitnehmer ausgeschlossen; in anderen Fällen hatten sie ein Wahlrecht zwischen einem Rückkauf der Anteile oder der Überführung in einen weiteren Fonds.

Daneben schlossen der Garant und der Arbeitnehmer einen selbständigen Garantievertrag. Darin wurde die Rückzahlung der Eigenbeiträge zuzüglich einer Verzinsung vereinbart. Außerdem sollte der Arbeitnehmer einen bestimmten Prozentsatz des Wertzuwachses erhalten. Dem Garant standen während der Laufzeit sämtliche mit den Aktien verbundenen Vorteile, insbesondere Dividenden und Steuergutschriften, der Abschlag auf die vom FCPE gezeichneten Aktien und ein Anteil am Wertzuwachs zu.

Bisher war bundeseinheitlich die Auffassung vertreten worden, dass zu Beginn des Programms der Zufluss eines Vorteils bei den Arbeitnehmern zu prüfen sei. Auf Bundesebene wurde zwischenzeitlich die lohnsteuerliche Behandlung des Mitarbeiterbeteiligungsprogramms FCPE nach französischem Recht erneut erörtert. Nach dem Ergebnis dieser Erörterung muss – abweichend von der bisherigen Beurteilung – eine Besteuerung im Zeitpunkt der Auflösung der Programms und Überweisung des Geldbetrags an den Arbeitnehmer bzw. des Tausches in Aktien erfolgen.

Nach ständiger Rechtsprechung des BFH (u. a. BFH-Urteil vom 23. 6. 2005, BStBl. II S. 766, zu den Wandelschuldverschreibungen) führt das Innehaben von Ansprüchen oder Rechten gegenüber dem Arbeitgeber regelmäßig noch nicht zu einem Lohnzufluss. Der Zufluss ist grundsätzlich erst mit der Erfüllung des Anspruchs (der Gewinnchance) gegeben. Ein Vorteil ist dem Arbeitnehmer erst dann zugeflossen, wenn die geschuldeten Leistungen tatsächlich erbracht worden sind, er also wirtschaftlich verfügt oder zumindest verfügen kann. Das ist bei diesem Beteiligungsprogramm – unabhängig von den komplizierten Einzelheiten – erst dann gegeben, wenn das Programm beendet und der vereinbarte Geldbetrag dem Arbeitnehmer überwiesen bzw. der Tausch in Aktien durchgeführt worden ist. Damit ist die Wertsteigerung im Zeitpunkt der Auflösung des Programms steuerpflichtiger Arbeitslohn.

Der Vorteil hat im Übrigen auch einen unmittelbaren Bezug zum Dienstverhältnis, so dass eine Zuordnung zur privaten Vermögensebene ausscheidet; eine Teilnahme an dem Programm ist nur Arbeitnehmern ermöglicht worden. Die Arbeitnehmer erwerben selbst keine Aktien, sondern beteiligen sich an einem Mitarbeiterbeteiligungsprogramm, worin ein entscheidender Unterschied zu sehen ist. Die Frage nach der Rechtspersönlichkeit des FCPE ist nicht entscheidend, denn es kommt allein auf den wirtschaftlichen Gehalt der Mitarbeiterbeteiligungsprogramme an; danach ist die Beteiligung an den vorliegenden Programmen mit einer Festgeldanlage vergleichbar.

Diese geänderte Verwaltungsauffassung ist bei allen neu aufgelegten Mitarbeiterbeteiligungsmodellen anzuwenden und zwar auch dann, wenn bereits eine Anrufungsauskunft gestellt wurde.

Wert der Vermögensbeteiligung

- ***Veräußerungssperren mindern den Wert der Vermögensbeteiligung nicht (→ BMF vom 8. 12. 2009 – BStBl I S. 1513, Tz. 1.3).*** → Allgemeine Grundsätze
- ***Der gemeine Wert nicht börsennotierter Aktien lässt sich nicht i. S. d. § 11 Abs. 2 Satz 2 BewG aus Verkäufen ableiten, wenn nach den Veräußerungen, aber noch vor dem Bewertungsstichtag weitere objektive Umstände hinzutreten, die dafür sprechen, dass diese Verkäufe nicht mehr den gemeinen Wert der Aktien repräsentieren, und es an objektiven Maßstäben für Zu- und Abschläge fehlt, um von den festgestellten Verkaufspreisen der Aktien auf deren gemeinen Wert zum Bewertungsstichtag schließen zu können (→ BFH vom 29. 7. 2010 – BStBl 2011 II S. 68).***

Zuflusszeitpunkt der Vermögensbeteiligung

→ BMF vom 8. 12. 2009 (BStBl I S. 1513), Tz. 1.6 → Allgemeine Grundsätze

§ 3

EStG

Steuerfrei sind

...

40. 40 Prozent
   a) der Betriebsvermögensmehrungen oder Einnahmen aus der Veräußerung oder der Entnahme von Anteilen an Körperschaften, Personenvereinigungen und Vermögensmassen, deren Leistungen beim Empfänger zu Einnahmen im Sinne des § 20 Absatz 1 Nummer 1 und 9 gehören, oder an einer Organgesellschaft im Sinne des § 14 oder 17 des Körperschaftsteuergesetzes oder aus deren Auflösung oder Herabsetzung von deren Nennkapital oder aus dem Ansatz eines solchen Wirtschaftsguts mit dem Wert, der sich nach § 6 Absatz 1 Nummer 2 Satz 3 ergibt, soweit sie zu den Einkünften aus Land- und Forstwirtschaft, aus Gewerbebetrieb oder aus selbständiger Arbeit gehören. [2]Dies gilt nicht, soweit der Ansatz des niedrigeren Teilwerts in vollem Umfang zu einer Gewinnminderung geführt hat und soweit diese Gewinnminderung nicht durch Ansatz eines Werts, der sich nach § 6 Absatz 1 Nummer 2 Satz 3 ergibt, ausgeglichen worden ist. [3]Satz 1 gilt außer für Betriebsvermögensmehrungen aus dem Ansatz mit dem Wert, der sich nach § 6 Absatz 1 Nummer 2 Satz 3 ergibt, ebenfalls nicht, soweit Abzüge nach § 6b oder ähnliche Abzüge voll steuerwirksam vorgenommen worden sind,
   b) des Veräußerungspreises im Sinne des § 16 Absatz 2, soweit er auf die Veräußerung von Anteilen an Körperschaften, Personenvereinigungen und Vermögensmassen entfällt, deren Leistungen beim Empfänger zu Einnahmen im Sinne des § 20 Absatz 1 Nummer 1 und 9 gehören, oder an einer Organgesellschaft im Sinne des § 14 oder 17des Körperschaftsteuergesetzes. [2]Satz 1 ist in den Fällen des § 16 Absatz 3 entsprechend anzuwenden. [3]Buchstabe a Satz 3 gilt entsprechend,
   c) des Veräußerungspreises oder des gemeinen Werts im Sinne des § 17 Absatz 2. [2]Satz 1 ist in den Fällen des § 17 Absatz 4 entsprechend anzuwenden,
   d) der Bezüge im Sinne des § 20 Absatz 1 Nummer 1 und der Einnahmen im Sinne des § 20 Absatz 1 Nummer 9. [2]Dies gilt nur, soweit sie das Einkommen der leistenden Körperschaft nicht gemindert haben. [3]Satz 1 Buchstabe d Satz 2 gilt nicht, soweit eine verdeckte Gewinnausschüttung das Einkommen einer dem Steuerpflichtigen nahe stehenden Person erhöht hat und § 32a des Körperschaftsteuergesetzes auf die Veranlagung dieser nahe stehenden Person keine Anwendung findet,
   e) der Bezüge im Sinne des § 20 Absatz 1 Nummer 2,
   f) der besonderen Entgelte oder Vorteile im Sinne des § 20 Absatz 3, die neben den in § 20 Absatz 1 Nummer 1 und Absatz 2 Satz 1 Nummer 2 Buchstabe a bezeichneten Einnahmen oder an deren Stelle gewährt werden,
   g) des Gewinns aus der Veräußerung von Dividendenscheinen und sonstigen Ansprüchen im Sinne des § 20 Absatz 2 Satz 1 Nummer 2 Buchstabe a,
   h) des Gewinns aus der Abtretung von Dividendenansprüchen oder sonstigen Ansprüchen im Sinne des § 20 Absatz 2 Satz 1 Nummer 2 Buchstabe a in Verbindung mit § 20 Absatz 2 Satz 2,
   i) der Bezüge im Sinne des § 22 Nummer 1 Satz 2, soweit diese von einer nicht von der Körperschaftsteuer befreiten Körperschaft, Personenvereinigung oder Vermögensmasse stammen.

   [2]Dies gilt für Satz 1 Buchstabe d bis h nur in Verbindung mit § 20 Absatz 8. [3]Satz 1 Buchstabe a, b und d bis h ist nicht anzuwenden für Anteile, die bei Kreditinstituten und Finanzdienstleistungsinstituten nach § 1a des Kreditwesengesetzes in Verbindung mit den Artikeln 102 bis 106 der Verordnung (EU) Nr. 575/2013 des Europäischen Parlaments und des Rates vom 26. Juni 2013 über Aufsichtsanforderungen an Kreditinstitute und Wertpapierfirmen und zur Änderung der Verordnung (EU) Nr. 646/2012 (ABl. L 176 vom 27. 6. 2013, S. 1) oder unmittelbar nach den Artikeln 102 bis 106 der Verordnung (EU) Nr. 575/2013 dem Handelsbuch zuzurechnen sind; Gleiches gilt für Anteile, die von Finanzunternehmen im Sinne des Gesetzes über das Kreditwesen mit dem Ziel der kurzfristigen Erzielung eines Eigenhandelserfolges erworben werden. [4]Satz 3 zweiter Halbsatz gilt auch für Kreditinstitute, Finanzdienstleistungsinstitute und Finanzunternehmen mit Sitz in einem anderen Mitgliedstaat der Europäischen Union oder in einem anderen Vertragsstaat des EWR-Abkommens. [5]*Satz 1 ist nicht anzuwenden bei Anteilen an Unterstützungskassen;* 1)

40a. 40 Prozent der Vergütungen im Sinne des § 18 Absatz 1 Nr. 4; S 2248a

41. a) Gewinnausschüttungen, soweit für das Kalenderjahr oder Wirtschaft für die vorangegangenen sieben Kalenderjahre oder Wirtschaftsjahre aus einer Beteiligung an derselben ausländischen Gesellschaft Hinzurechnungsbeträge (§ 10 Absatz 2 des Außen- S 2121

1) *Nummer 40 Satz 5 wurde durch das Steueränderungsgesetz 2015 ab VZ 2016 angefügt.*

steuergesetzes) der Einkommensteuer unterlegen haben, § 11 Absatz 1 und 2 des Außensteuergesetzes in der Fassung des Artikels 12 des Gesetzes vom 21. Dezember 1993 (BGBl. I S. 2310) nicht anzuwenden war und der Steuerpflichtige dies nachweist; § 3c Absatz 2 gilt entsprechend;

b) Gewinne aus der Veräußerung eines Anteils an einer ausländischen Kapitalgesellschaft sowie aus deren Auflösung oder Herabsetzung ihres Kapitals, soweit für das Kalenderjahr oder Wirtschaftsjahr, in dem sie bezogen werden, oder für die vorangegangenen sieben Kalenderjahre oder Wirtschaftsjahre aus einer Beteiligung an derselben ausländischen Gesellschaft Hinzurechnungsbeträge (§ 10 Absatz 2 des Außensteuergesetzes) der Einkommensteuer unterlegen haben, § 11 Absatz 1 und 2 des Außensteuergesetzes in der Fassung des Artikels 12 des Gesetzes vom 21. Dezember 1993 (BGBl. I S. 2310) nicht anzuwenden war, der Steuerpflichtige dies nachweist und der Hinzurechnungsbetrag ihm nicht als Gewinnanteil zugeflossen ist.

[2]Die Prüfung, ob Hinzurechnungsbeträge der Einkommensteuer unterlegen haben, erfolgt im Rahmen der gesonderten Feststellung nach § 18 des Außensteuergesetzes;

S 2121 **42. die Zuwendungen, die auf Grund des Fulbright-Abkommens gezahlt werden;**

S 2342 **43. der Ehrensold für Künstler sowie Zuwendungen aus Mitteln der Deutschen Künstlerhilfe, wenn es sich um Bezüge aus öffentlichen Mitteln handelt, die wegen der Bedürftigkeit des Künstlers gezahlt werden;**

S 2342 **44. Stipendien, die aus öffentlichen Mitteln oder von zwischenstaatlichen oder überstaatlichen Einrichtungen, denen die Bundesrepublik Deutschland als Mitglied angehört, zur Förderung der Forschung oder zur Förderung der wissenschaftlichen oder künstlerischen Ausbildung oder Fortbildung gewährt werden. [2]Das Gleiche gilt für Stipendien, die zu den in Satz 1 bezeichneten Zwecken von einer Einrichtung, die von einer Körperschaft des öffentlichen Rechts errichtet ist oder verwaltet wird, oder von einer Körperschaft, Personenvereinigung oder Vermögensmasse im Sinne des § 5 Absatz 1 Nummer 9 des Körperschaftsteuergesetzes gegeben werden. [3]Voraussetzung für die Steuerfreiheit ist, dass**

a) die Stipendien einen für die Erfüllung der Forschungsaufgabe oder für die Bestreitung des Lebensunterhalts und die Deckung des Ausbildungsbedarfs erforderlichen Betrag nicht übersteigen und nach den von dem Geber erlassenen Richtlinien vergeben werden,

b) der Empfänger im Zusammenhang mit dem Stipendium nicht zu einer bestimmten wissenschaftlichen oder künstlerischen Gegenleistung oder zu einer bestimmten Arbeitnehmertätigkeit verpflichtet ist;

S 2342 **45. die Vorteile des Arbeitnehmers aus der privaten Nutzung von betrieblichen Datenverarbeitungsgeräten und Telekommunikationsgeräten sowie deren Zubehör, aus zur privaten Nutzung überlassenen System- und Anwendungsprogrammen, die der Arbeitgeber auch in seinem Betrieb einsetzt, und aus den im Zusammenhang mit diesen Zuwendungen erbrachten Dienstleistungen. [2]Satz 1 gilt entsprechend für Steuerpflichtige, denen die Vorteile im Rahmen einer Tätigkeit zugewendet werden, für die sie eine Aufwandsentschädigung im Sinne des § 3 Nummer 12 erhalten;**

R 3.45

Betriebliche Datenverarbeitungs- und Telekommunikationsgeräte (§ 3 Nr. 45 EStG)

S 2342 [1]Die Privatnutzung betrieblicher Datenverarbeitungs- und Telekommunikationsgeräte durch den Arbeitnehmer ist unabhängig vom Verhältnis der beruflichen zur privaten Nutzung steuerfrei. [2]Die Steuerfreiheit umfasst auch die Nutzung von Zubehör und Software. [3]Sie ist nicht auf die private Nutzung im Betrieb beschränkt, sondern gilt beispielsweise auch für Mobiltelefone im Auto oder Personalcomputer in der Wohnung des Arbeitnehmers. [4]Die Steuerfreiheit gilt nur für die Überlassung zur Nutzung durch den Arbeitgeber oder auf Grund des Dienstverhältnisses durch einen Dritten. [5]In diesen Fällen sind auch die vom Arbeitgeber getragenen Verbindungsentgelte (Grundgebühr und sonstige laufende Kosten) steuerfrei. [6]Für die Steuerfreiheit kommt es nicht darauf an, ob die Vorteile zusätzlich zum ohnehin geschuldeten Arbeitslohn oder auf Grund einer Vereinbarung mit dem Arbeitgeber über die Herabsetzung von Arbeitslohn erbracht werden.

H 3.45

Hinweise

Anwendungsbereich

Die auf Arbeitnehmer beschränkte Steuerfreiheit für die Vorteile aus der privaten Nutzung von betrieblichen Personalcomputern und Telekommunikationsgeräten (§ 3 Nr. 45 EStG) verletzt nicht den Gleichheitssatz (→ BFH vom 21. 6. 2006 – BStBl II S. 715)

Beispiele für die Anwendung des § 3 Nr. 45 EStG:

- **Betriebliche Datenverarbeitungsgeräte und Telekommunikationsgeräte**
  Begünstigt sind u. a. Personalcomputer, Laptop, Handy, Smartphone, Tablet, Autotelefon. Regelmäßig nicht begünstigt sind Smart TV, Konsole, MP3-Player, Spielautomat, E-Book-Reader, Gebrauchsgegenstand mit eingebautem Mikrochip, Digitalkamera und digitaler Videocamcorder, weil es sich nicht um betriebliche Geräte des Arbeitgebers handelt. Nicht begünstigt ist auch ein vorinstalliertes Navigationsgerät im Pkw (→ BFH vom 16. 2. 2005 – BStBl II S. 563).
- **System- und Anwendungsprogramme**
  Begünstigt sind u. a. Betriebssystem, Browser, Virenscanner, Softwareprogramm (z. B. Home-Use-Programme, Volumenlizenzvereinbarung).
  Regelmäßig nicht begünstigt sind mangels Einsatz im Betrieb des Arbeitgebers u. a. Computerspiele.
- **Zubehör**
  Begünstigt sind u. a. Monitor, Drucker, Beamer, Scanner, Modem, Netzwerkswitch, Router, Hub, Bridge, ISDN-Karte, Sim-Karte, UMTS-Karte, LTE-Karte, Ladegeräte und Transportbehältnisse.
- **Dienstleistung**
  Begünstigt ist insbesondere die Installation oder Inbetriebnahme der begünstigten Geräte und Programme i. S. d. § 3 Nr. 45 EStG durch einen IT-Service des Arbeitgebers.

§ 3 — EStG

Steuerfrei sind

...

46. (weggefallen) S 2342

47. Leistungen nach § 14a Absatz 4 und § 14b des Arbeitsplatzschutzgesetzes; S 2342

48. Leistungen nach dem Unterhaltssicherungsgesetz *mit Ausnahme der Leistungen nach § 7 des Unterhaltssicherungsgesetzes;* S 2342 [1)]

49. (weggefallen) S 2121

50. die Beträge, die der Arbeitnehmer vom Arbeitgeber erhält, um sie für ihn auszugeben (durchlaufende Gelder), und die Beträge, durch die Auslagen des Arbeitnehmers für den Arbeitgeber ersetzt werden (Auslagenersatz); S 2336

Durchlaufende Gelder, Auslagenersatz (§ 3 Nr. 50 EStG) — R 3.50

(1) [1]Durchlaufende Gelder oder Auslagenersatz liegen vor, wenn S 2336

1. der Arbeitnehmer die Ausgaben für Rechnung des Arbeitgebers macht, wobei es gleichgültig ist, ob das im Namen des Arbeitgebers oder im eigenen Namen geschieht und
2. über die Ausgaben im Einzelnen abgerechnet wird.

[2]Dabei sind die Ausgaben des Arbeitnehmers bei ihm so zu beurteilen, als hätte der Arbeitgeber sie selbst getätigt. [3]Die Steuerfreiheit der durchlaufenden Gelder oder des Auslagenersatzes nach § 3 Nr. 50 EStG ist hiernach stets dann ausgeschlossen, wenn die Ausgaben durch das Dienstverhältnis des Arbeitnehmers veranlasst sind (→ R 19.3). [4]Durchlaufende Gelder oder Auslagenersatz werden immer zusätzlich gezahlt, da sie ihrem Wesen nach keinen Arbeitslohn darstellen. [5]Sie können daher auch keinen anderen Arbeitslohn ersetzen.

(2) [1]Pauschaler Auslagenersatz führt regelmäßig zu Arbeitslohn. [2]Ausnahmsweise kann pauschaler Auslagenersatz steuerfrei bleiben, wenn er regelmäßig wiederkehrt und der Arbeitnehmer die entstandenen Aufwendungen für einen repräsentativen Zeitraum von drei Monaten im Einzelnen nachweist. [3]Dabei können bei Aufwendungen für Telekommunikation auch die Aufwendungen für das Nutzungsentgelt einer Telefonanlage sowie für den Grundpreis der Anschlüsse entsprechend dem beruflichen Anteil der Verbindungsentgelte an den gesamten Verbindungsentgelten (Telefon und Internet) steuerfrei ersetzt werden. [4]Fallen erfahrungsgemäß beruflich veranlasste Telekommunikationsaufwendungen an, können aus Vereinfachungsgründen ohne Einzelnachweis bis zu 20 % des Rechnungsbetrags, höchstens 20 Euro monatlich steuerfrei ersetzt werden. [5]Zur weiteren Vereinfachung kann der monatliche Durchschnittsbetrag, der sich aus den Rechnungsbeträgen für einen repräsentativen Zeitraum von drei Mona-

1) Nummer 48 wurde durch das Gesetz zur Neuregelung der Unterhaltssicherung sowie zur Änderung soldatenrechtlicher Vorschriften ab VZ 2015 neu gefasst.

ten ergibt, für den pauschalen Auslagenersatz fortgeführt werden. [6]Der pauschale Auslagenersatz bleibt grundsätzlich so lange steuerfrei, bis sich die Verhältnisse wesentlich ändern. [7]Eine wesentliche Änderung der Verhältnisse kann sich insbesondere im Zusammenhang mit einer Änderung der Berufstätigkeit ergeben.

H 3.50

Hinweise

Allgemeines

- **Nicht** nach § 3 Nr. 50 EStG **steuerfrei**

  Ersatz von Werbungskosten

  Ersatz von Kosten der privaten Lebensführung des Arbeitnehmers
- **Steuerfrei** ist z. B. der Ersatz von Gebühren für ein geschäftliches Telefongespräch, das der Arbeitnehmer für den Arbeitgeber außerhalb des Betriebs führt.

Ersatz von Reparaturkosten

Ersetzt der Arbeitgeber auf Grund einer tarifvertraglichen Verpflichtung dem als Orchestermusiker beschäftigten Arbeitnehmer die Kosten der Instandsetzung des dem Arbeitnehmer gehörenden Musikinstruments, so handelt es sich dabei um steuerfreien Auslagenersatz (→ BFH vom 28. 3. 2006 – BStBl 2006 II S. 473).

Garagenmiete

Stellt der Arbeitnehmer den Dienstwagen in einer von ihm angemieteten Garage unter, handelt es sich bei der vom Arbeitgeber erstatteten Garagenmiete um steuerfreien Auslagenersatz (→ BFH vom 7. 6. 2002 – BStBl II S. 829).

Pauschaler Auslagenersatz

führt regelmäßig zu Arbeitslohn (→ BFH vom 10. 6. 1966 – BStBl III S. 607). Er ist nur dann steuerfrei, wenn der Steuerpflichtige nachweist, dass die Pauschale den tatsächlichen Aufwendungen im Großen und Ganzen entspricht (→ BFH vom 2. 10. 2003 – BStBl 2004 II S. 129).

EStG

§ 3

Steuerfrei sind

...

S 2342 **51. Trinkgelder, die anlässlich einer Arbeitsleistung dem Arbeitnehmer von Dritten freiwillig und ohne dass ein Rechtsanspruch auf sie besteht, zusätzlich zu dem Betrag gegeben werden, der für diese Arbeitsleistung zu zahlen ist;**

H 3.51

Hinweise

Freiwillige Sonderzahlungen

an Arbeitnehmer eines konzernverbundenen Unternehmens sind keine steuerfreien Trinkgelder (→ BFH vom 3. 5. 2007 – BStBl II S. 712).

Notarassessoren

Freiwillige Zahlungen von Notaren an Notarassessoren für deren Vertretungstätigkeit sind keine steuerfreien Trinkgelder (→ BFH vom 10. 3. 2015 – BStBl II S. 767).

Spielbanktronc

Aus dem Spielbanktronc finanzierte Zahlungen an die Arbeitnehmer der Spielbank sind keine steuerfreien Trinkgelder (→ BFH vom 18. 12. 2008 – BStBl 2009 II S. 820 – VI R 49/06).

§ 3

EStG

Steuerfrei sind

...

52. (weggefallen) S 2339

53. die Übertragung von Wertguthaben nach § 7f Absatz 1 Satz 1 Nummer 2 des Vierten Buches Sozialgesetzbuch auf die Deutsche Rentenversicherung Bund. [2]Die Leistungen aus dem Wertguthaben durch die Deutsche Rentenversicherung Bund gehören zu den Einkünften aus nichtselbständiger Arbeit im Sinne des § 19. [3]Von ihnen ist Lohnsteuer einzubehalten; S 2121

54. Zinsen aus Entschädigungsansprüchen für deutsche Auslandsbonds im Sinne der §§ 52 bis 54 des Bereinigungsgesetzes für deutsche Auslandsbonds in der im Bundesgesetzblatt Teil III, Gliederungsnummer 4139-2, veröffentlichten bereinigten Fassung, soweit sich die Entschädigungsansprüche gegen den Bund oder die Länder richten. [2]Das Gleiche gilt für die Zinsen aus Schuldverschreibungen und Schuldbuchforderungen, die nach den §§ 9, 10 und 14 des Gesetzes zur näheren Regelung der Entschädigungsansprüche für Auslandsbonds in der im Bundesgesetzblatt Teil III, Gliederungsnummer 4139-3, veröffentlichten bereinigten Fassung vom Bund oder von den Ländern für Entschädigungsansprüche erteilt oder eingetragen werden; S 2121

55. der in den Fällen des § 4 Absatz 2 Nummer 2 und Absatz 3 des Betriebsrentengesetzes vom 19. Dezember 1974 (BGBl. I S. 3610), das zuletzt durch Artikel 8 des Gesetzes vom 5. Juli 2004 (BGBl. I S. 1427) geändert worden ist, in der jeweils geltenden Fassung geleistete Übertragungswert nach § 4 Absatz 5 des Betriebsrentengesetzes, wenn die betriebliche Altersversorgung beim ehemaligen und neuen Arbeitgeber über einen Pensionsfonds, eine Pensionskasse oder ein Unternehmen der Lebensversicherung durchgeführt wird. [2]Satz 1 gilt auch, wenn der Übertragungswert vom ehemaligen Arbeitgeber oder von einer Unterstützungskasse an den neuen Arbeitgeber oder eine andere Unterstützungskasse geleistet wird. [3]Die Leistungen des neuen Arbeitgebers, der Unterstützungskasse, des Pensionsfonds, der Pensionskasse oder des Unternehmens der Lebensversicherung auf Grund des Betrags nach Satz 1 und 2 gehören zu den Einkünften, zu denen die Leistungen gehören würden, wenn die Übertragung nach § 4 Absatz 2 Nummer 2 und Absatz 3 des Betriebsrentengesetzes nicht stattgefunden hätte; Anhang 2 I

Hinweise

H 3.55

Übertragung der betrieblichen Altersversorgung

→ BMF vom 24. 7. 2013 (BStBl I S. 1022), geändert durch BMF vom 13. 1. 2014 (BStBl I S. 97) und durch BMF vom 13. 3. 2014 (BStBl I S. 554), Rz. 323 – 328 Anhang 2 IV

§ 3

EStG

Steuerfrei sind

...

55a. die nach § 10 des Versorgungsausgleichsgesetzes vom 3. April 2009 (BGBl. I S. 700) in der jeweils geltenden Fassung (interne Teilung) durchgeführte Übertragung von Anrechten für die ausgleichsberechtigte Person zu Lasten von Anrechten der ausgleichspflichtigen Person. [2]Die Leistungen aus diesen Anrechten gehören bei der ausgleichsberechtigten Person zu den Einkünften, zu denen die Leistungen bei der ausgleichspflichtigen Person gehören würden, wenn die interne Teilung nicht stattgefunden hätte;

Hinweise

H 3.55a

Allgemeine Grundsätze

→ BMF vom 24. 7. 2013 (BStBl I S. 1022), geändert durch BMF vom 13. 1. 2014 (BStBl I S. 97) und durch BMF vom 13. 3. 2014 (BStBl I S. 554), Rz. 411 ff. Anhang 2 IV

→ BMF vom 19. 8. 2013 (BStBl I S. 1087), geändert durch BMF vom 10. 1. 2014 (BStBl I S. 70), durch BMF vom 10. 4. 2015 (BStBl I S. 256) und durch BMF vom 1. 6. 2015 (BStBl I S. 475), Rz. 270 ff. Anhang 2 VI

EStG

§ 3

Steuerfrei sind

...

55b. der nach § 14 des Versorgungsausgleichsgesetzes (externe Teilung) geleistete Ausgleichswert zur Begründung von Anrechten für die ausgleichsberechtigte Person zu Lasten von Anrechten der ausgleichspflichtigen Person, soweit Leistungen aus diesen Anrechten zu steuerpflichtigen Einkünften nach den §§ 19, 20 und 22 führen würden. [2]Satz 1 gilt nicht, soweit Leistungen, die auf dem begründeten Anrecht beruhen, bei der ausgleichsberechtigten Person zu Einkünften nach § 20 Absatz 1 Nummer 6 oder § 22 Nummer 1 Satz 3 Buchstabe a Doppelbuchstabe bb führen würden. [3]Der Versorgungsträger der ausgleichspflichtigen Person hat den Versorgungsträger der ausgleichsberechtigten Person über die für die Besteuerung der Leistungen erforderlichen Grundlagen zu informieren. [4]Dies gilt nicht, wenn der Versorgungsträger der ausgleichsberechtigten Person die Grundlagen bereits kennt oder aus den bei ihm vorhandenen Daten feststellen kann und dieser Umstand dem Versorgungsträger der ausgleichspflichtigen Person mitgeteilt worden ist;

H 3.55b

Hinweise

Allgemeine Grundsätze

Anhang 2 IV → BMF vom 24. 7. 2013 (BStBl I S. 1022), geändert durch BMF vom 13. 1. 2014 (BStBl I S. 97) und durch BMF vom 13. 3. 2014 (BStBl I S. 554), Rz. 415 ff.

Anhang 2 VI → BMF vom 19. 8. 2013 (BStBl I S. 1087), geändert durch BMF vom 10. 1. 2014 (BStBl I S. 70), durch BMF vom 10. 4. 2015 (BStBl I S. 256) und durch BMF vom 1. 6. 2015 (BStBl I S. 475), Rz. 270 ff.

EStG

§ 3

Steuerfrei sind

...

55c. Übertragungen von Altersvorsorgevermögen im Sinne des § 92 auf einen anderen auf den Namen des Steuerpflichtigen lautenden Altersvorsorgevertrag (§ 1 Absatz 1 Satz 1 Nummer 10 Buchstabe b des Altersvorsorgeverträge-Zertifizierungsgesetzes), soweit die Leistungen zu steuerpflichtigen Einkünften nach § 22 Nummer 5 führen würden. [2]Dies gilt entsprechend

a) wenn Anwartschaften der betrieblichen Altersversorgung abgefunden werden, soweit das Altersvorsorgevermögen zugunsten eines auf den Namen des Steuerpflichtigen lautenden Altersvorsorgevertrages geleistet wird,

b) wenn im Fall des Todes des Steuerpflichtigen das Altersvorsorgevermögen auf einen auf den Namen des Ehegatten lautenden Altersvorsorgevertrag übertragen wird, wenn die Ehegatten im Zeitpunkt des Todes des Zulageberechtigten nicht dauernd getrennt gelebt haben (§ 26 Absatz 1) und ihren Wohnsitz oder gewöhnlichen Aufenthalt in einem Mitgliedstaat der Europäischen Union oder einem Staat hatten, auf den das Abkommen über den Europäischen Wirtschaftsraum anwendbar ist;

H 3.55c

Hinweise

Allgemeine Grundsätze

Anhang 2 IV → BMF vom 24. 7. 2013 (BStBl I S. 1022), geändert durch BMF vom 13. 1. 2014 (BStBl I S. 97) und durch BMF vom 13. 3. 2014 (BStBl I S. 554), Rz. 145 ff.

EStG

§ 3

Steuerfrei sind

...

55d. Übertragungen von Anrechten aus einem nach § 5a Altersvorsorgeverträge-Zertifizierungsgesetz zertifizierten Vertrag auf einen anderen auf den Namen des Steuerpflichtigen lautenden nach § 5a Altersvorsorgeverträge-Zertifizierungsgesetz zertifizierten Vertrag;

55e. **die auf Grund eines Abkommens mit einer zwischen- oder überstaatlichen Einrichtung übertragenen Werte von Anrechten auf Altersversorgung, soweit diese zur Begründung von Anrechten auf Altersversorgung bei einer zwischen- oder überstaatlichen Einrichtung dienen. [2]Die Leistungen auf Grund des Betrags nach Satz 1 gehören zu den Einkünften, zu denen die Leistungen gehören, die die übernehmende Versorgungseinrichtung im Übrigen erbringt;**

56. **Zuwendungen des Arbeitgebers nach § 19 Absatz 1 Satz 1 Nummer 3 Satz 1 aus dem ersten Dienstverhältnis an eine Pensionskasse zum Aufbau einer nicht kapitalgedeckten betrieblichen Altersversorgung, bei der eine Auszahlung der zugesagten Alters-, Invaliditäts- oder Hinterbliebenenversorgung in Form einer Rente oder eines Auszahlungsplans (§ 1 Absatz 1 Satz 1 Nummer 4 des Altersvorsorgeverträge-Zertifizierungsgesetzes) vorgesehen ist, soweit diese Zuwendungen im Kalenderjahr 1 Prozent der Beitragsbemessungsgrenze in der allgemeinen Rentenversicherung nicht übersteigen. [2]Der in Satz 1 genannte Höchstbetrag erhöht sich ab 1. Januar 2014 auf 2 Prozent, ab 1. Januar 2020 auf 3 Prozent und ab 1. Januar 2025 auf 4 Prozent der Beitragsbemessungsgrenze in der allgemeinen Rentenversicherung. [3]Die Beträge nach den Sätzen 1 und 2 sind jeweils um die nach § 3 Nummer 63 Satz 1, 3 oder Satz 4 steuerfreien Beträge zu mindern;** Anhang 2 II

Hinweise

H 3.56

Allgemeine Grundsätze

→ BMF vom 24. 7. 2013 (BStBl I S. 1022), geändert durch BMF vom 13. 1. 2014, (BStBl I S. 97) und durch BMF vom 13. 3. 2014 (BStBl I S. 554), Rz. 340 – 346 Anhang 2 IV

Kapitalgedeckte betriebliche Altersversorgung

→ § 3 Nr. 63 EStG

Sozialversicherung

→ § 1 Abs. 1 Satz 1 Nr. 4a und Satz 3 f. SvEV Anhang 4

Verhältnis zu § 3 Nr. 62 EStG

→ § 3 Nr. 62 Satz 1 EStG

§ 3

EStG

Steuerfrei sind

...

57. **die Beträge, die die Künstlersozialkasse zugunsten des nach dem Künstlersozialversicherungsgesetz Versicherten aus dem Aufkommen von Künstlersozialabgabe und Bundeszuschuss an einen Träger der Sozialversicherung oder an den Versicherten zahlt;** S 2121

58. **das Wohngeld nach dem Wohngeldgesetz, die sonstigen Leistungen aus öffentlichen Haushalten oder Zweckvermögen zur Senkung der Miete oder Belastung im Sinne des § 11 Absatz 2 Nr. 4 des Wohngeldgesetzes sowie öffentliche Zuschüsse zur Deckung laufender Aufwendungen und Zinsvorteile bei Darlehen, die aus öffentlichen Haushalten gewährt werden, für eine zu eigenen Wohnzwecken genutzte Wohnung im eigenen Haus oder eine zu eigenen Wohnzwecken genutzte Eigentumswohnung, soweit die Zuschüsse und Zinsvorteile die Vorteile aus einer entsprechenden Förderung mit öffentlichen Mitteln nach dem Zweiten Wohnungsbaugesetz, dem Wohnraumförderungsgesetz oder einem Landesgesetz zur Wohnraumförderung nicht überschreiten, der Zuschuss für die Wohneigentumsbildung in innerstädtischen Altbauquartieren nach den Regelungen zum Stadtumbau Ost in den Verwaltungsvereinbarungen über die Gewährung von Finanzhilfen des Bundes an die Länder nach Artikel 104a Absatz 4 des Grundgesetzes zur Förderung städtebaulicher Maßnahmen;** S 2121

R 3.58

Zuschüsse und Zinsvorteile aus öffentlichen Haushalten (§ 3 Nr. 58 EStG)

Öffentliche Haushalte im Sinne des § 3 Nr. 58 EStG sind die Haushalte des Bundes, der Länder, der Gemeinden, der Gemeindeverbände, der kommunalen Zweckverbände und der Sozialversicherungsträger.

H 3.58

Hinweise

Aufwendungszuschüsse, Zinsersparnisse

Zinsersparnisse und Aufwendungszuschüsse aus Wohnungsfürsorgemitteln

(Erlass des Bayerischen FinMin vom 16. 2. 2001 – 34 – S 2332 – 107/129 – 7111 –)

Im Einvernehmen mit dem BMF und den obersten Finanzbehörden der anderen Länder gilt für die lohnsteuerliche Behandlung von Zinsersparnissen und Aufwendungszuschüssen aus Wohnungsfürsorgemitteln Folgendes:

Werden Aufwendungszuschüsse oder Darlehen aus Wohnungsfürsorgemitteln für Angehörige des öffentlichen Diensts nach § 87a oder § 87b Zweites Wohnungsbaugesetz nur gegen Einräumung eines Besetzungsrechts und eines Verzichts auf einen Teil der Miete bei Fremdvermietung gewährt, so ist davon auszugehen, dass diese Gegenleistung die Vorteile aus der Förderung ausgleicht. Der Vorteil ist mit null DM[1]) anzusetzen; Aufwendungszuschüsse und Zinsvorteile sind deshalb nicht als Arbeitslohn zu erfassen. Die vorstehenden Grundsätze sind für Arbeitnehmer in der Privatwirtschaft entsprechend anzuwenden, wenn vergleichbare Fälle auftreten.

EStG

§ 3

Steuerfrei sind

...

S 2121
S 2342

59. die Zusatzförderung nach § 88e des Zweiten Wohnungsbaugesetzes und nach § 51f des Wohnungsbaugesetzes für das Saarland und Geldleistungen, die ein Mieter zum Zwecke der Wohnkostenentlastung nach dem Wohnraumförderungsgesetz oder einem Landesgesetz zur Wohnraumförderung erhält, soweit die Einkünfte dem Mieter zuzurechnen sind, und die Vorteile aus einer mietweisen Wohnungsüberlassung im Zusammenhang mit einem Arbeitsverhältnis, soweit sie die Vorteile aus einer entsprechenden Förderung nach dem Zweiten Wohnungsbaugesetz, nach dem Wohnraumförderungsgesetz oder einem Landesgesetz zur Wohnraumförderung nicht überschreiten;

R 3.59

Steuerfreie Mietvorteile (§ 3 Nr. 59 EStG)

[1]Steuerfrei sind Mietvorteile, die im Rahmen eines Dienstverhältnisses gewährt werden und die auf der Förderung nach dem Zweiten Wohnungsbaugesetz, dem Wohnungsbaugesetz für das Saarland oder nach dem Wohnraumförderungsgesetz (WoFG) oder den Landesgesetzen zur Wohnraumförderung beruhen. [2]Mietvorteile, die sich aus dem Einsatz von Wohnungsfürsorgemitteln aus öffentlichen Haushalten ergeben, sind ebenfalls steuerfrei. [3]Bei einer Wohnung, die ohne Mittel aus öffentlichen Haushalten errichtet worden ist, gilt Folgendes: [4]Die Mietvorteile im Rahmen eines Dienstverhältnisses sind steuerfrei, wenn die Wohnung im Zeitpunkt ihres Bezugs durch den Arbeitnehmer für eine Förderung mit Mitteln aus öffentlichen Haushalten in Betracht gekommen wäre. [5]§ 3 Nr. 59 EStG ist deshalb nur auf Wohnungen anwendbar, die im Geltungszeitraum der in Satz 1 genannten Gesetze errichtet worden sind, d. h. auf Baujahrgänge ab 1957. [6]Es muss nicht geprüft werden, ob der Arbeitnehmer nach seinen Einkommensverhältnissen als Mieter einer geförderten Wohnung in Betracht kommt. [7]Der Höhe nach ist die Steuerbefreiung auf die Mietvorteile begrenzt, die sich aus der Förderung nach den in Satz 1 genannten Gesetzen ergeben würden. [8]§ 3 Nr. 59 EStG ist deshalb nicht anwendbar auf Wohnungen, für die der Förderzeitraum abgelaufen ist. [9]Wenn der Förderzeitraum im Zeitpunkt des Bezugs der Wohnung

1) Jetzt Euro.

durch den Arbeitnehmer noch nicht abgelaufen ist, ist ein Mietvorteil bis zur Höhe des Teilbetrags steuerfrei, auf den der Arbeitgeber gegenüber der Vergleichsmiete verzichten müsste, wenn die Errichtung der Wohnung nach den in Satz 1 genannten Gesetzen gefördert worden wäre. [10]Der steuerfreie Teilbetrag verringert sich in dem Maße, in dem der Arbeitgeber nach den Förderregelungen eine höhere Miete verlangen könnte. [11]Mit Ablauf der Mietbindungsfrist läuft auch die Steuerbefreiung aus. [12]Soweit später zulässige Mieterhöhungen z. B. nach Ablauf des Förderzeitraums im Hinblick auf das Dienstverhältnis unterblieben sind, sind sie in den steuerpflichtigen Mietvorteil einzubeziehen.

Hinweise

H 3.59

Steuerfreie Mietvorteile im Zusammenhang mit einem Arbeitsverhältnis

R 3.59 Sätze 2 bis 4 LStR sind unabhängig vom BFH-Urteil vom 16. 2. 2005 (BStBl II S. 750) weiterhin anzuwenden (→ BMF vom 10. 10. 2005 – BStBl I S. 959).

Steuerbefreiung von Mietvorteilen nach § 3 Nr. 59 2. Halbsatz EStG; BFH-Urteil vom 16. Februar 2005 – VI R 58/03 – (BStBl II S. 750)

(BMF-Schreiben vom 10. 10. 2005 – IV C 5 – S 2334 – 75/05 –)

Erörterung zu TOP 2 der Besprechung LSt II/05 und TOP 10 der Besprechung LSt III/05

Der BFH hat entschieden, eine Steuerbefreiung von Mietvorteilen aus dem Arbeitsverhältnis nach § 3 Nr. 59 EStG komme nur dann in Betracht, wenn die Vorteile auf der Förderung nach dem II. WoBauG beruhen und zudem der Förderzeitraum noch nicht abgelaufen ist. Des Weiteren hat er Zweifel geäußert, ob die Regelung in R 23a Sätze 2 bis 4 LStR[1]) eine zutreffende Auslegung des § 3 Nr. 59 EStG beinhalte.

Hierzu wird im Einvernehmen mit den obersten Finanzbehörden der Länder die folgende Auffassung vertreten:

Das BFH-Urteil ist anzuwenden. Die sich daraus ergebende Frage, ob die Sätze 2 bis 4 in R 23a LStR eine zutreffende Auslegung des § 3 Nr. 59 EStG beinhalten, hat der BFH letztendlich offen gelassen bzw. nicht angesprochen. Es ist daher sachgerecht, diese für die Arbeitnehmer günstigeren Regelungen beizubehalten. Die Sätze 2 bis 4 in R 23a LStR[2]) sind deshalb weiterhin anzuwenden.

§ 3

EStG

Steuerfrei sind

...

60. Leistungen aus öffentlichen Mitteln an Arbeitnehmer des Steinkohlen-, Pechkohlen- und Erzbergbaues, des Braunkohlentiefbaues und der Eisen- und Stahlindustrie aus Anlass von Stilllegungs-, Einschränkungs-, Umstellungs- oder Rationalisierungsmaßnahmen; S 2342

61. Leistungen nach Absatz 1 Nummer 2, § 7 Absatz 3, §§ 9, 10 Absatz 1, §§ 13, 15 des Entwicklungshelfer-Gesetzes; S 2342

62. Ausgaben des Arbeitgebers für die Zukunftssicherung des Arbeitnehmers, soweit der Arbeitgeber dazu nach sozialversicherungsrechtlichen oder anderen gesetzlichen Vorschriften oder nach einer auf gesetzlicher Ermächtigung beruhenden Bestimmung verpflichtet ist, und es sich nicht um Zuwendungen oder Beiträge des Arbeitgebers nach den Nummern 56 und 63 handelt. [2]Den Ausgaben des Arbeitgebers für die Zukunftssicherung, die auf Grund gesetzlicher Verpflichtung geleistet werden, werden gleichgestellt Zuschüsse des Arbeitgebers zu den Aufwendungen des Arbeitnehmers S 2333

a) für eine Lebensversicherung,

b) für die freiwillige Versicherung in der gesetzlichen Rentenversicherung,

c) für eine öffentlich-rechtliche Versicherungs- oder Versorgungseinrichtung seiner Berufsgruppe,

wenn der Arbeitnehmer von der Versicherungspflicht in der gesetzlichen Rentenversicherung befreit worden ist. [3]Die Zuschüsse sind nur insoweit steuerfrei, als sie insgesamt bei

1) R 3.59 Sätze 2 bis 4 LStR.
2) Sätze 2 bis 4 in R 3.59 LStR.

Befreiung von der Versicherungspflicht in der allgemeinen Rentenversicherung die Hälfte und bei Befreiung von der Versicherungspflicht in der knappschaftlichen Rentenversicherung zwei Drittel der Gesamtaufwendungen des Arbeitnehmers nicht übersteigen und nicht höher sind als der Betrag, der als Arbeitgeberanteil bei Versicherungspflicht in der allgemeinen Rentenversicherung oder in der knappschaftlichen Rentenversicherung zu zahlen wäre. [4]Die Sätze 2 und 3 gelten sinngemäß für Beiträge des Arbeitgebers zu einer Pensionskasse, wenn der Arbeitnehmer bei diesem Arbeitgeber nicht im Inland beschäftigt ist und der Arbeitgeber keine Beiträge zur gesetzlichen Rentenversicherung im Inland leistet; Beiträge des Arbeitgebers zu einer Rentenversicherung auf Grund gesetzlicher Verpflichtung sind anzurechnen;

R 3.62

Zukunftssicherungsleistungen (§ 3 Nr. 62 EStG, § 2 Abs. 2 Nr. 3 LStDV)

Leistungen auf Grund gesetzlicher Verpflichtungen

S 2333 Anhang 7 (1) [1]Zu den nach § 3 Nr. 62 EStG steuerfreien Ausgaben des Arbeitgebers für die Zukunftssicherung des Arbeitnehmers (§ 2 Abs. 2 Nr. 3 Satz 1 und 2 LStDV) gehören insbesondere die Beitragsanteile des Arbeitgebers am Gesamtsozialversicherungsbeitrag (Rentenversicherung, Krankenversicherung, Pflegeversicherung, Arbeitslosenversicherung), Beiträge des Arbeitgebers nach § 172a SGB VI zu einer berufsständischen Versorgungseinrichtung für Arbeitnehmer, die nach § 6 Abs. 1 Satz 1 Nr. 1 SGB VI von der Versicherungspflicht in der gesetzlichen Rentenversicherung befreit sind, und Beiträge des Arbeitgebers nach § 249b SGB V und nach §§ 168 Abs. 1 Nr. 1b oder 1c, 172 Abs. 3 oder 3a, 276a Abs. 1 SGB VI für geringfügig Beschäftigte. [2]Dies gilt auch für solche Beitragsanteile, die auf Grund einer nach ausländischen Gesetzen bestehenden Verpflichtung an ausländische Sozialversicherungsträger, die den inländischen Sozialversicherungsträgern vergleichbar sind, geleistet werden. [3]Steuerfrei sind nach § 3 Nr. 62 EStG auch vom Anhang 4 Arbeitgeber nach § 3 Abs. 3 Satz 3 der SvEV übernommene Arbeitnehmeranteile am Gesamtsozialversicherungsbeitrag sowie Krankenversicherungsbeiträge, die der Arbeitgeber nach § 9 der Mutterschutz- und Elternzeitverordnung oder nach entsprechenden Rechtsvorschriften der Länder erstattet. [4]Zukunftssicherungsleistungen auf Grund einer tarifvertraglichen Verpflichtung sind dagegen nicht nach § 3 Nr. 62 EStG steuerfrei.

(2) Für Ausgaben des Arbeitgebers zur Kranken- und Pflegeversicherung des Arbeitnehmers gilt Folgendes:

1. [1]Die Beitragsteile und Zuschüsse des Arbeitgebers zur gesetzlichen Krankenversicherung und zur sozialen Pflegeversicherung eines gesetzlich krankenversicherungspflichtigen Arbeitnehmers sind steuerfrei, soweit der Arbeitgeber zur Tragung der Beiträge verpflichtet ist (§ 249 SGB V, § 58 SGB XI). [2]Der Zusatzbeitrag (§ 242 SGB V) sowie der Beitragszuschlag für Kinderlose i. H. v. 0,25 % (§ 55 Abs. 3 SGB XI) sind vom Arbeitnehmer allein zu tragen und können deshalb vom Arbeitgeber nicht steuerfrei erstattet werden.[1])
2. [1]Zuschüsse des Arbeitgebers zur gesetzlichen Krankenversicherung und zur sozialen Pflegeversicherung oder privaten Pflege-Pflichtversicherung eines nicht gesetzlich krankenversicherungspflichtigen Arbeitnehmers, der in der gesetzlichen Krankenversicherung freiwillig versichert ist, sind nach § 3 Nr. 62 EStG steuerfrei, soweit der Arbeitgeber nach § 257 Abs. 1 SGB V und nach § 61 Abs. 1 SGB XI zur Zuschussleistung verpflichtet ist. [2]Soweit bei Beziehern von Kurzarbeitergeld ein fiktives Arbeitsentgelt maßgebend ist, bleiben die Arbeitgeberzuschüsse in voller Höhe steuerfrei (§ 257 Abs. 1 i. V. m. § 249 Abs. 2 SGB V). [3]Übersteigt das Arbeitsentgelt nur auf Grund von einmalig gezahltem Arbeitsentgelt die Beitragsbemessungsgrenze und hat der Arbeitnehmer deshalb für jeden Monat die Höchstbeiträge an die Kranken- und Pflegekasse zu zahlen, sind die Arbeitgeberzuschüsse aus Vereinfachungsgründen entsprechend der Höchstbeiträge steuerfrei. [4]Dies gilt auch dann, wenn das im Krankheitsfall fortgezahlte Arbeitsentgelt die monatliche Beitragsbemessungsgrenze unterschreitet und der Arbeitnehmer dennoch für die Dauer der Entgeltfortzahlung die Höchstbeiträge an die Kranken- und Pflegekasse zu zahlen hat.
3. [1]Zuschüsse des Arbeitgebers zu den Kranken- und Pflegeversicherungsbeiträgen eines nicht gesetzlich krankenversicherungspflichtigen Arbeitnehmers, der eine private Kranken- und Pflege-Pflichtversicherung abgeschlossen hat, sind ebenfalls nach § 3 Nr. 62 EStG steuerfrei,

1) Es gelten für 2016 grds. folgende Werte:
Der Arbeitgeberanteil zur gesetzlichen Krankenversicherung beträgt 7,3 %, der Arbeitnehmeranteil 7,3 % zzgl. X % (einkommensabhängiger, kassenindividueller Zusatzbeitragssatz).
Der Arbeitgeberanteil zur sozialen Pflegeversicherung beträgt 1,175 %, der Arbeitnehmeranteil 1,175 % zzgl. 0,25 % bei Kinderlosen (ab dem 23. Lebensjahr).
In Sachsen beträgt der Arbeitgeberanteil zur sozialen Pflegeversicherung 0,675 %, der Arbeitnehmeranteil 1,675 % zzgl. 0,25 % bei Kinderlosen (ab dem 23. Lebensjahr).

soweit der Arbeitgeber nach § 257 Abs. 2 SGB V sowie nach § 61 Abs. 2 SGB XI zur Zuschussleistung verpflichtet ist. [2]Der Anspruch auf den Arbeitgeberzuschuss an den bei einem privaten Krankenversicherungsunternehmen versicherten Arbeitnehmer setzt voraus, dass der private Krankenversicherungsschutz Leistungen zum Inhalt hat, die ihrer Art nach auch den Leistungen des SGB V entsprechen. [3]Die Höhe des Arbeitgeberzuschusses bemisst sich nach § 257 Abs. 2 Satz 2 SGB V. [4]Eine leistungsbezogene Begrenzung des Zuschusses sieht § 257 Abs. 2 Satz 2 SGB V nicht vor, so dass Beiträge zur privaten Krankenversicherung im Rahmen des § 257 SGB V zuschussfähig sind, auch wenn der Krankenversicherungsvertrag Leistungserweiterungen enthält (§ 11 Abs. 1, § 257 Abs. 2 Satz 1 SGB V). [5]Die für Zwecke des Sonderausgabenabzugs bestehenden Regelungen der Krankenversicherungsbeitragsanteils-Ermittlungsverordnung (KVBEVO) bilden keine Grundlage für die Bemessung des Arbeitgeberzuschusses. [6]Nummer 2 Satz 3 und 4 gilt entsprechend. [7]Für die private Pflege-Pflichtversicherung gilt, dass der Versicherungsschutz Leistungen zum Inhalt haben muss, die nach Art und Umfang den Leistungen der sozialen Pflegeversicherung nach dem SGB XI entsprechen (§ 61 Abs. 2 Satz 1 SGB XI). [8]Die Höhe des Arbeitgeberzuschusses bemisst sich nach § 61 Abs. 2 Satz 2 SGB XI. [9]Der Arbeitgeber darf Zuschüsse zu einer privaten Krankenversicherung und zu einer privaten Pflege-Pflichtversicherung des Arbeitnehmers nur dann steuerfrei lassen, wenn der Arbeitnehmer eine Bescheinigung des Versicherungsunternehmens vorlegt, in der bestätigt wird, dass die Voraussetzungen des § 257 Abs. 2a SGB V und des § 61 Abs. 6 SGB XI vorliegen und dass es sich bei den vertraglichen Leistungen um Leistungen i. S. d. SGB V und SGB XI handelt. [10]Die Bescheinigung muss außerdem Angaben über die Höhe des für die vertraglichen Leistungen i. S. d. SGB V und SGB XI zu zahlenden Versicherungsbeitrags enthalten. [11]Der Arbeitgeber hat die Bescheinigung als Unterlage zum Lohnkonto aufzubewahren. [12]Soweit der Arbeitgeber die steuerfreien Zuschüsse unmittelbar an den Arbeitnehmer auszahlt, hat der Arbeitnehmer die zweckentsprechende Verwendung durch eine Bescheinigung des Versicherungsunternehmens über die tatsächlichen Kranken- und Pflege-Pflichtversicherungsbeiträge nach Ablauf eines jeden Kalenderjahres nachzuweisen; der Arbeitgeber hat diese Bescheinigung als Unterlage zum Lohnkonto aufzubewahren. [13]Diese Bescheinigung kann mit der Bescheinigung nach den Sätzen 9 und 10 verbunden werden.

Den gesetzlichen Pflichtbeiträgen gleichgestellte Zuschüsse

(3) [1]Nach § 3 Nr. 62 Satz 2 EStG sind den Ausgaben des Arbeitgebers für die Zukunftssicherung des Arbeitnehmers, die auf Grund gesetzlicher Verpflichtung geleistet werden, die Zuschüsse des Arbeitgebers gleichgestellt, die zu den Beiträgen des Arbeitnehmers für eine Lebensversicherung – auch für die mit einer betrieblichen Pensionskasse abgeschlossene Lebensversicherung –, für die freiwillige Versicherung in der gesetzlichen Rentenversicherung oder für eine öffentlich-rechtliche Versicherungs- oder Versorgungseinrichtung der Berufsgruppe geleistet werden, wenn der Arbeitnehmer von der Versicherungspflicht in der gesetzlichen Rentenversicherung nach einer der folgenden Vorschriften auf eigenen Antrag befreit worden ist:

1. § 18 Abs. 3 des Gesetzes über die Erhöhung der Einkommensgrenzen in der Sozialversicherung und der Arbeitslosenversicherung und zur Änderung der Zwölften Verordnung zum Aufbau der Sozialversicherung vom 13. 8. 1952 (BGBl. I S. 437),
2. Artikel 2 § 1 des Angestelltenversicherungs-Neuregelungsgesetzes vom 23. 2. 1957 (BGBl. I S. 88, 1074) oder Artikel 2 § 1 des Knappschaftsrentenversicherungs-Neuregelungsgesetzes vom 21. 5. 1957 (BGBl. I S. 533), jeweils in der bis zum 30. 6. 1965 geltenden Fassung,
3. § 7 Abs. 2 des Angestelltenversicherungsgesetzes (AVG) i. d. F. des Artikels 1 des Angestelltenversicherungs-Neuregelungsgesetzes vom 23. 2. 1957 (BGBl. I S. 88, 1074),
4. Artikel 2 § 1 des Angestelltenversicherungs-Neuregelungsgesetzes oder Artikel 2 § 1 des Knappschaftsrentenversicherungs-Neuregelungsgesetzes, jeweils i. d. F. des Rentenversicherungs-Änderungsgesetzes vom 9. 6. 1965 (BGBl. I S. 476),
5. Artikel 2 § 1 des Zweiten Rentenversicherungs-Änderungsgesetzes vom 23. 12. 1966 (BGBl. I S. 745),
6. Artikel 2 § 1 des Angestelltenversicherungs-Neuregelungsgesetzes oder Artikel 2 § 1 des Knappschaftsrentenversicherungs-Neuregelungsgesetzes, jeweils i. d. F. des Finanzänderungsgesetzes 1967 vom 21. 12. 1967 (BGBl. I S. 1259),
7. Artikel 2 § 1 Abs. 2 des Angestelltenversicherungs-Neuregelungsgesetzes oder Artikel 2 § 1 Abs. 1a des Knappschaftsrentenversicherungs-Neuregelungsgesetzes, jeweils i. d. F. des Dritten Rentenversicherungs-Änderungsgesetzes vom 28. 7. 1969 (BGBl. I S. 956),
8. § 20 des Gesetzes über die Sozialversicherung vom 28. 6. 1990 (GBl. der Deutschen Demokratischen Republik I Nr. 38 S. 486) i. V. m. § 231a SGB VI i. d. F. des Gesetzes zur Herstellung der Rechtseinheit in der gesetzlichen Renten- und Unfallversicherung (Renten-Überleitungsgesetz – RÜG) vom 25. 7. 1991 (BGBl. I S. 1606).

[2]Zuschüsse des Arbeitgebers i. S. d. § 3 Nr. 62 Satz 2 EStG liegen nicht vor, wenn der Arbeitnehmer kraft Gesetzes in der gesetzlichen Rentenversicherung versicherungsfrei ist. [3]Den Beiträgen des Arbeitnehmers für eine freiwillige Versicherung in der allgemeinen Rentenversicherung stehen im Übrigen Beiträge für die freiwillige Versicherung in der knappschaftlichen Rentenversicherung oder für die Selbstversicherung/Weiterversicherung in der gesetzlichen Rentenversicherung gleich.

Höhe der steuerfreien Zuschüsse, Nachweis

(4) [1]Die Steuerfreiheit der Zuschüsse beschränkt sich nach § 3 Nr. 62 Satz 3 EStG im Grundsatz auf den Betrag, den der Arbeitgeber als Arbeitgeberanteil zur gesetzlichen Rentenversicherung aufzuwenden hätte, wenn der Arbeitnehmer nicht von der gesetzlichen Versicherungspflicht befreit worden wäre. [2]Soweit der Arbeitgeber die steuerfreien Zuschüsse unmittelbar an den Arbeitnehmer auszahlt, hat dieser die zweckentsprechende Verwendung durch eine entsprechende Bescheinigung des Versicherungsträgers bis zum 30. April des folgenden Kalenderjahres nachzuweisen. [3]Die Bescheinigung ist als Unterlage zum Lohnkonto aufzubewahren.

H 3.62

Hinweise

Arbeitgeberanteile zur Sozialversicherung

Arbeitgeberanteile zur gesetzlichen Sozialversicherung eines Arbeitnehmers gehören nicht zum Arbeitslohn; § 3 Nr. 62 Satz 1 EStG hat insofern nur deklaratorische Bedeutung (BFH vom 6. 6. 2002 – BStBl 2003 II S. 34).

Arbeitgeberbeiträge zur US-Sozialversicherung

Lohnsteuerliche Behandlung der Arbeitgeberbeiträge zur US-Sozialversicherung

(Erlaß der Finanzbehörde Hamburg vom 26. 10. 1982–54 – S 2333 – 6/82 –)

§ 3 Nr. 62 EStG gilt auch für solche Arbeitgeberbeiträge, die ein ausländischer Arbeitgeber auf Grund einer ihm gesetzlich auferlegten Verpflichtung zugunsten der im Bundesgebiet tätigen ausländischen Arbeitnehmer an ausländische Sozialversicherungsträger zahlen muß.

Es ist gefragt worden, ob diese Auffassung auch dann gelten kann, wenn eine in der Bundesrepublik Deutschland rechtlich selbständige Tochtergesellschaft einer US-Gesellschaft auf Grund von Vereinbarungen mit der Muttergesellschaft unmittelbar Arbeitgeberbeiträge zur amerikanischen Sozialversicherung für die bei der Tochtergesellschaft beschäftigten amerikanischen Angestellten leistet, obwohl an sich die Muttergesellschaft auf Grund der für die US-Sozialversicherung geltenden Bestimmungen zur Beitragsleistung verpflichtet ist.

Es ist die Auffassung zu vertreten, daß derartige Arbeitgeberbeiträge keine gesetzlichen Beiträge sind. Die entsprechenden Zahlungen des Arbeitgebers stellen jedoch Zukunftssicherungsleistungen dar, auf die der Freibetrag von 312 DM[1]) angewandt werden kann, soweit er noch nicht aufgebraucht ist.

Dieser Erlaß ergeht im Einvernehmen mit dem Bundesminister der Finanzen und den Finanzministern (Finanzsenatoren) der Länder.

Ausländische Krankenversicherung

Die nach § 3 Nr. 62 Satz 1 EStG für die Steuerfreiheit vorausgesetzte gesetzliche Verpflichtung zu einer Zukunftssicherungsleistung des Arbeitgebers ergibt sich für einen Arbeitgeberzuschuss zu einer privaten Krankenversicherung aus § 257 Abs. 2a Satz 1 SGB V. § 257 Abs. 2a SGB V findet auch auf Steuerpflichtige Anwendung, die eine Krankenversicherung bei einem Versicherungsunternehmen abgeschlossen haben, das in einem anderen Land der EU seinen Sitz hat, und ist vom Steuerpflichtigen nachzuweisen. Die Vorlage der Bescheinigung nach § 257 Abs. 2a SGB V ist nicht konstitutive Voraussetzung der Steuerbefreiung (→ BFH vom 22. 7. 2008 – BStBl II S. 894).

Ausländische Versicherungsunternehmen

Zahlungen des Arbeitgebers an ausländische Versicherungsunternehmen sind nicht steuerfrei, wenn sie auf vertraglicher Grundlage entrichtet werden (→ BFH vom 28. 5. 2009 – BStBl II S. 857).

1) Freibetrag ist seit dem 1. 1. 1990 aufgehoben.

Ausländischer Sozialversicherungsträger

- Arbeitgeberanteile zur ausländischen Sozialversicherung sind nicht steuerfrei, wenn sie auf vertraglicher Grundlage und damit freiwillig entrichtet werden (→ BFH vom 18. 5. 2004 – BStBl 2004 II S. 1014).
- Zu Zuschüssen zu einer ausländischen gesetzlichen Krankenversicherung → BMF vom 30. 1. 2014 (BStBl I S. 210).

Zuschüsse an einen Arbeitnehmer für dessen Versicherung in einer ausländischen gesetzlichen Krankenversicherung innerhalb der Europäischen Union und des Europäischen Wirtschaftsraums sowie im Verhältnis zur Schweiz (§ 3 Nummer 62 EStG)

BFH-Urteil vom 12. Januar 2011 – I R 49/10 – (BStBl II 2011 S. 446)

(BMF-Schreiben vom 30. 1. 2014 – IV C 5 – S 2333/13/10004, 2014/ 0079071 –, BStBl I S. 210)

Der BFH hat mit Urteil vom 12. Januar 2011 – I R 49/10 – (BStBl II 2011 S. 446) im Anschluss an seine bisherige Rechtsprechung (Urteile vom 18. Mai 2004 – VI R 11/01 –, BStBl II S. 1014, und vom 28. Mai 2009 – VI R 27/06 –, BStBl II S. 857) entschieden, dass Zuschüsse zu einer Krankenversicherung, die ein inländischer Arbeitgeber an einen Arbeitnehmer für dessen Versicherung in der französischen gesetzlichen Krankenversicherung leistet, nicht nach § 3 Nummer 62 EStG steuerfrei sind. Nach Auffassung des BFH greift die Steuerfreiheit nicht, weil eine gesetzliche Verpflichtung des Arbeitgebers zu Zahlungen des Zuschusses fehle. Der BFH hat sich in seinem Urteil der sozialversicherungsrechtlichen Beurteilung der Vorinstanz angeschlossen (Urteil des FG München vom 21. Mai 2010 – 8 K 3773/07 –, EFG 2010 S. 2096).

Das Bundesministerium für Gesundheit hat in Abstimmung mit dem Bundesministerium für Arbeit und Soziales nunmehr hierzu mitgeteilt, dass entgegen der Auffassung der Finanzgerichtsbarkeit gleichwohl eine sozialrechtliche Zuschusspflicht des Arbeitgebers nach § 257 Absatz 1 des Fünften Buches Sozialgesetzbuch (SGB V) besteht, denn die Begründung einer freiwilligen Mitgliedschaft in einer ausländischen gesetzlichen Krankenversicherung ist zumindest innerhalb der Europäischen Union und des Europäischen Wirtschaftsraums sowie im Verhältnis zur Schweiz nach Artikel 5 Buchstabe b der Verordnung (EG) Nummer 883/2004 des Europäischen Parlaments und des Rates vom 29. April 2004 so zu behandeln, als ob eine (freiwillige) Mitgliedschaft bei einer inländischen gesetzlichen Krankenkasse begründet worden wäre.

Vor diesem Hintergrund gilt unter Bezugnahme auf das Ergebnis der Erörterung mit den obersten Finanzbehörden der Länder Folgendes:

Zuschüsse eines inländischen Arbeitgebers an einen Arbeitnehmer für dessen Versicherung in einer ausländischen gesetzlichen Krankenversicherung zumindest innerhalb der Europäischen Union und des Europäischen Wirtschaftsraums sowie im Verhältnis zur Schweiz fallen unter den Anwendungsbereich des § 3 Nummer 62 EStG, weil auf Grund von Artikel 5 Buchstabe b der Verordnung (EG) Nummer 883/2004 des Europäischen Parlaments und des Rates vom 29. April 2004 eine gesetzliche Zuschusspflicht nach § 257 Absatz 1 SGB V besteht. Das BFH-Urteil vom 12. Januar 2011 – I R 49/10 – (a. a. O.) ist daher nicht mehr allgemein anzuwenden, soweit der BFH von anderen Rechtsgrundsätzen ausgegangen ist. Dies gilt in allen offenen Fällen.

Beitragszuschlag

Der Beitragszuschlag für Kinderlose in der sozialen Pflegeversicherung i. H. v. 0,25 % ist vom Arbeitnehmer allein zu tragen und kann deshalb vom Arbeitgeber nicht steuerfrei erstattet werden (→ § 55 Abs. 3 i. V. m. § 58 Abs. 1 SGB XI).

Entscheidung des Sozialversicherungsträgers

Bei der Frage, ob die Ausgaben des Arbeitgebers für die Zukunftssicherung des Arbeitnehmers auf einer gesetzlichen Verpflichtung beruhen, ist der Entscheidung des zuständigen Sozialversicherungsträgers des Arbeitnehmers zu folgen, wenn sie nicht offensichtlich rechtswidrig ist (→ BFH vom 6. 6. 2002 – BStBl 2003 II S. 34 und vom 21. 1. 2010 – BStBl II S. 703).

Gegenwärtiger Versicherungsstatus

Für die Steuerfreiheit von Arbeitgeberzuschüssen zu einer Lebensversicherung des Arbeitnehmers ist dessen gegenwärtiger Versicherungsstatus maßgeblich. Die Zuschüsse sind nicht nach § 3 Nr. 62 Satz 2 EStG steuerfrei, wenn der Arbeitnehmer als nunmehr beherrschender Gesellschafter-Geschäftsführer kraft Gesetzes rentenversicherungsfrei geworden ist, auch wenn er sich ursprünglich auf eigenen Antrag von der Rentenversicherungspflicht hatte befreien lassen (→ BFH vom 10. 10. 2002 – BStBl 2002 II S. 886).

Gesetzliche Verpflichtung

- Beiträge für eine inländische Krankenversicherung der Arbeitnehmer können steuerfrei sein, wenn der Arbeitgeber nach einer zwischenstaatlichen Verwaltungsvereinbarung, die ihrerseits auf einer gesetzlichen Ermächtigung beruht, zur Leistung verpflichtet ist (§ 3 Nr. 62 Satz 1 3. Alternative EStG; → BFH vom 14. 4. 2011 – BStBl II S. 767).
- Zuschüsse, die eine AG Vorstandsmitgliedern zur freiwilligen Weiterversicherung in der gesetzlichen Rentenversicherung oder einem Versorgungswerk gewährt, sind nicht nach § 3 Nr. 62 Satz 1 EStG steuerfrei (→ BFH vom 24. 9. 2013 – BStBl 2014 II S. 124).

Gesetzlicher Beitragsanteil des Arbeitgebers in der Pflegeversicherung

Beispiel:[1]

Ein Arbeitgeber zahlt für Juli ***2015*** einem privat krankenversicherten Arbeitnehmer einen Zuschuss zur privaten Pflegeversicherung in Höhe von 50 % des Gesamtbeitrags von ***60*** €. Die Beitragsbemessungsgrenze ***2015*** beträgt ***49 500*** € (mtl. ***4 125,00*** €). Der steuerfreie Betrag errechnet sich wie folgt:

a) Die Betriebsstätte befindet sich in Sachsen (Arbeitgeberanteil: ***0,675*** %)

<u>1. Begrenzung</u>

4 125,00 € × ***0,675*** % = ***27,84*** € mtl. Arbeitgeberanteil

<u>2. Begrenzung</u>			
Privater Pflegeversicherungsbeitrag mtl.	***60,00*** €		
davon 50 %	***30,00*** €		
<u>Vergleich</u>			
1. Begrenzung		***27,84*** €	
2. Begrenzung		***30,00*** €	
damit steuerfreier Zuschuss des Arbeitgebers nach § 3 Nr. 62 EStG			***27,84*** €
somit steuerpflichtiger Zuschuss des Arbeitgebers			***2,16*** €

b) Die Betriebsstätte befindet sich im übrigen Bundesgebiet (Arbeitgeberanteil: ***1,175*** %):

<u>1. Begrenzung</u>

4 125,00 € × ***1,175*** % = ***48,47*** € mtl. Arbeitgeberanteil

<u>2. Begrenzung</u>			
Privater Pflegeversicherungsbeitrag mtl.	***60,00*** €		
davon 50 %	***30,00*** €		
<u>Vergleich</u>			
1. Begrenzung		***48,47*** €	
2. Begrenzung		***30,00*** €	
damit steuerfreier Zuschuss des Arbeitgebers nach § 3 Nr. 62 EStG			***30,00*** €

Grenzgänger nach Frankreich

Besteuerung von Grenzgängern nach Frankreich Zusätzliche Pflichtaltersversorgung Veranlagungszeitraum 2007

(OFD Karlsruhe vom 20. 3. 2009 – Merkblatt, Besteuerung von Grenzgängern nach Frankreich)

Für die Berechnung des in Deutschland steuerpflichtigen Bruttoarbeitslohns von Grenzgängern nach Frankreich sind auch die Besonderheiten des französischen Rentenversicherungssystems zu beachten.

Die französische Rentenversicherung besteht grundsätzlich aus zwei Säulen:

- aus der gesetzliche Rentenversicherung und
- aus der sog. zusätzlichen Pflichtaltersversorgung

Daneben besteht noch die Möglichkeit, Beiträge in eine zusätzliche freiwillige Altersversorgung einzuzahlen.

Im Folgenden wird die steuerliche Behandlung der zusätzlichen Pflichtaltersversorgung erläutert:

Bei der zusätzlichen Pflichtaltersversorgung handelt es sich bereits seit dem Jahre 1972 um eine Pflichtversicherung für alle Beschäftigten in Frankreich (vorher nur für Führungskräfte). Diese Zusatzrentenversicherungen sind in allen Unternehmen – unabhängig von der Beschäftigungszahl oder von der Rechtsform – für die Beschäftigten abzuschließen.

[1] ***Für 2016 gilt eine neue Beitragsbemessungsgrenze.***

Es gibt in Frankreich zwei Rentenkassen, sprich Dachverbände, die diese Pflichtzusatzrente anbieten:

1. ARRCO (Association pour le régime de retraite complémentaires de salariés) = AGRR (Association générale de retraite par répartition)
2. AGIRC (Association générale des institutions de retraite des cadres)

Weitere Dachverbände der Pflichtaltersversorgung bestehen nicht.

Die Verwaltung der Finanzierung dieser Pflichtaltersversorgung übernimmt die AGFF. Die Beiträge für die AGFF sind zusammen mit den Beiträgen an die ARRCO/AGIRC zu überweisen.

Der Arbeitgeber hat hierbei grundsätzlich kraft Gesetzes 60 % der Beitragszahlungen zu leisten.

Fraglich ist nun, in welcher Höhe dieser Beiträge nach § 3 Nr. 62 EStG steuerfrei sind.

Nach § 3 Nr. 62 Satz 1 EStG sind Ausgaben des Arbeitgebers für die Zukunftssicherung des Arbeitnehmers steuerfrei, soweit sie auf Grund gesetzlicher Verpflichtungen geleistet werden. Ob und inwieweit die Beiträge des Arbeitgebers Pflichtbeiträge oder nur freiwillige Beiträge sind, ist nach französischem Recht zu beantworten. Für die in Frankreich zu leistenden Beiträge des Arbeitgebers i. H. von 60 % bedeutet dies, dass diese als Pflichtbeiträge nach § 3 Nr. 62 Satz 1 EStG steuerfrei sind.

Inwieweit übersteigende Beiträge des Arbeitgebers noch nach § 3 Nr. 62 Satz 4 steuerfrei sind, ist aufgrund der Umstände des Einzelfalles zu überprüfen.

Hierfür lässt sich folgendes Berechnungsschema zugrunde legen:

Arbeitgeberanteil zur französischen Pflichtzusatzrentenversicherung:

1	Arbeitnehmeranteil	
2	Arbeitgeberanteil	+
3	Gesamtbeitrag	
4	Davon sind 60 % steuerfrei nach § 3 Nr. 62 Satz 1 EStG	
5	Arbeitgeberanteil	–
6	Übersteigender Betrag = freiwilliger Arbeitgeberbeitrag	

Für die Prüfung der Steuerbefreiung nach § 3 Nr. 62 Satz 4 EStG des freiwilligen Beitrags ist folgende Vergleichsrechnung durchzuführen:

7	Arbeitslohn nach deutschem Recht
8	Davon 9,95 % (max. 9,95 % von 63 000 Euro = 6 269 Euro)
9	Arbeitgeberbeitrag zur gesetzlichen Rentenversicherung
10	Pflichtbeiträge zur Pflichtzusatzrentenversicherung laut Zeile 4
11	Differenz (nur positive Beträge, sonst 0 Euro)
12	Freiwilliger Betrag laut Zeile 6
13	Soweit Zeile 12 die Zeile 11 übersteigt, ist der Wert als steuerpflichtiger Betrag dem Bruttoarbeitslohn hinzuzurechnen.

Grenzgänger in die Schweiz

I. Anwendung des Alterseinkünftegesetzes auf ausländische Renten; Schweizer Pensionskassen

(Verfügung der OFD Karlsruhe vom 19. 9. 2005 – S 2275/16 – St 224 –)

Hinsichtlich der Anwendung des Alterseinkünftegesetzes (AltEinkG) auf die Besteuerung von Zahlungen in bzw. aus Schweizer Pensionskassen – insbesondere bei Grenzgängern in die Schweiz – ergeben sich ab dem Veranlagungszeitraum 2005 verschiedene Neuerungen. Nach den Erörterungen auf Bundesebene gilt Folgendes:

1. Allgemeines

Die Regelungen der § 10 Abs. 1 Nr. 2 Buchstabe a und § 22 Nr. 1 S. 3 Buchstabe a EStG n. F. werden auch auf ausländische gesetzlichen Rentenversicherungen angewandt. Das Schweizer Altersvorsorgesystem unterscheidet sich in wesentlichen Teilen vom deutschen Vorsorgesystem. Die Auszahlungen aus der Schweizer AHV (Alters- und Hinterlassenenversicherung, sog. 1. Säule) sind unstreitig Zahlungen aus einer gesetzlichen Rentenversicherung. Problematisch ist die Einordnung der nach dem BVG (Bundesgesetz über die berufliche Alters-, Hinterlassenen- und Invalidenvorsorge, sog. 2. Säule) errichteten Schweizer Pensionskassen.

Im Gegensatz zur deutschen betrieblichen Altersversorgung ist die sog. berufliche Vorsorge der 2. Säule in der Schweiz nach dem BVG obligatorisch, d. h. alle Arbeitnehmer sind verpflichtet, einer Pensionskasse beizutreten bzw. die Arbeitgeber sind verpflichtet eine derartige Möglichkeit für ihre Arbeitnehmer zu schaffen. Die Arbeitgeber haben Pflichtbeiträge zur Pensionskasse zu leisten (freiwillige Beiträge sind daneben möglich), für die in Deutschland bei der Veranlagung von Schweizer Grenzgängern die Steuerbefreiung des § 3 Nr. 62 Satz 1 EStG angewandt wird (vgl. unten Tz. 2). Das Schweizer Pensionskassensystem entspricht daher einer gesetzlichen Rentenversicherung.

2. Arbeitgeberbeiträge zur Pensionskasse

Die Arbeitgeberbeiträge, die aufgrund einer gesetzlichen Verpflichtung gezahlt werden, sind nach § 3 Nr. 62 Satz 1 EStG steuerfrei. Die Schweizer Arbeitgeber haben die Möglichkeit, im jeweiligen Pensionskassereglement festzulegen, dass sie für die Arbeitnehmer höhere Beiträge an die Pensionskasse entrichten, als gesetzlich nach dem BVG vorgeschrieben ist. Auf diese freiwilligen Arbeitgeberbeiträge ist § 3 Nr. 62 Satz 4 EStG sinngemäß anzuwenden (zur Berechnung vgl. Seite 4 der Anlage N-Gre). Die § 3 Nr. 62 EStG übersteigenden freiwillig gezahlten Arbeitgeberbeiträge stellen steuerpflichtiger Arbeitslohn dar.

Für die übersteigenden steuerpflichtigen Arbeitgeberbeiträge scheidet eine Anwendung von § 3 Nr. 63 EStG und § 10a/Abschnitt XI EStG aus. Die Schweizer Pensionskasse erfüllt aufgrund der Möglichkeiten zur Beitragsrückerstattung und wegen der Wohneigentumsförderung nicht die Voraussetzungen dieser Vorschriften. Es handelt sich daher auch nicht um begünstigte Altersvorsorgeverträge nach § 82 Abs. 1 EStG.

3. Sonderausgabenabzug nach§ 10 Abs. 1 Nr. 2 Buchstabe a EStG n. F.

Die Beiträge des Arbeitnehmers und des Arbeitgebers (inkl. der steuerpflichtigen Zuschüsse) zur AHV und zur Schweizer Pensionskasse sind als Beiträge zur gesetzlichen Rentenversicherung im Rahmen der Basisversorgung als Sonderausgaben abzugsfähig (§ 10 Abs. 1 Nr. 2 Buchstabe a EStG n. F.). Die steuerfreien Arbeitgeberbeiträge sind allerdings vom Gesamtbetrag wieder abzuziehen (vgl. Beispielsfälle der nachfolgenden Tz. 5).

Beim Sonderausgabenabzug wird nicht zwischen gesetzlichen und freiwilligen Beiträgen unterschieden. Alle Zahlungen in eine gesetzliche Rentenversicherung (z. B. auch der freiwillige Einkauf in die Pensionskasse) sind daher im Rahmen der Basisversorgung abzugsfähig.

4. Besteuerung in der Auszahlungsphase

4.1. Rentenzahlungen aus der AHV und aus der Schweizer Pensionskasse

Die Rentenzahlungen aus der AHV und der Schweizer Pensionskasse nach Eintritt des Versorgungsfalles sind grundsätzlich mit dem Besteuerungsanteil als sonstige Einkünfte zu erfassen (§ 22 Nr. 1 Satz 3 Buchstabe a Doppelbuchstabe aa EStG n. F.); bei Renteneintritt bis einschließlich 2 005 mit einem Besteuerungsanteil i. H. v. 50 %.

Auf Antrag wird ein günstigerer Ertragsanteil auf Leibrenten und andere Leistungen angewandt, sofern diese Zahlungen auf bis zum 31. 12. 2004 geleisteten Beiträgen beruhen, die den Höchstbetrag zur deutschen gesetzlichen Rentenversicherung (Beitragsbemessungsgrenze) überschritten haben (sog. freiwillige Beiträge, § 22 Nr. 1 Satz 3 Buchstabe a Doppelbuchstabe bb EStG n. F.). Der Steuerpflichtige muss dabei nachweisen, dass der Betrag des Höchstbeitrags zur deutschen gesetzlichen Rentenversicherung mindestens zehn Jahre überschritten wurde. Grenzgänger (inkl. Bestandsrentner), die die Tätigkeit in der Schweiz vor dem 01. 01. 1995 aufgenommen haben, und nachweisen können, dass die Pensionskassenbeiträge die jeweiligen Höchstbeiträge zur gesetzlichen Rentenversicherung mindestens zehn Jahre überschritten haben, können für einen Teil der Zahlungen aus der Pensionskasse den günstigeren Ertragsanteil erhalten. Zu Einzelheiten vgl. Rz. 121 ff, BMF-Schreiben vom 24. 2. 2005 – IV C 3 – S 2255 – 51/05; IV C 4 – S 2221 – 37/05; IV C 5 – S 2345 – 9/05; BStBl 2005 I S. 429.

Für die Aufteilung der Zahlungen in Leistungen, die dem Besteuerungsanteil nach § 22 Nr. 1 Satz 3 Buchstabe a Doppelbuchstabe aa EStG n. F. und dem günstigeren Ertragsanteil nach § 22 Nr. 1 Satz 3 Buchstabe a Doppelbuchstabe bb EStG n. F. unterliegen, können die Berechnungsbeispiel der Rz. 129 und 134 des o. g. BMF-Schreibens herangezogen werden. Als tatsächlich geleistete Beiträge sind die Arbeitnehmerbeiträge und die steuerpflichtigen Arbeitgeberbeiträge mit einzubeziehen.

4.2. Einmalzahlungen aus der Schweizer Pensionskasse

Kapitalisierte Einmalzahlungen aus einer Schweizer Pensionskasse – nach Eintritt des Versorgungsfalles, bei Vorbezug oder bei Verlassen der Schweiz (sog. Freizügigkeitsleistungen) – sind entsprechend der Neufassung des Gesetzeswortlauts neben den Leibrenten als „andere Leistungen" nach § 22 Nr. 1 Satz 3 Buchstabe a EStG n. F. steuerpflichtig. Die Einmalzahlungen werden somit im Rahmen der Einkommensteuerveranlagung ab 2005 wie die laufenden Zahlungen mit dem Besteuerungsanteil angesetzt (§ 22 Nr. 1 Satz 3 Buchstabe a Doppelbuchstabe aa EStG n. F.). Da es sich bei der Einmalzahlung nicht um außerordentliche Einkünfte i. S. d. § 34 Abs. 2 EStG (weder eine Entschädigung noch eine Vergütung für eine mehrjährige

Tätigkeit) handelt, kommt eine Anwendung der Fünftelregelung des § 34 EStG auf diese Zahlungen nicht in Betracht.

Bisher wurden derartige Einmalzahlungen wie Zahlungen aus einer Kapitallebensversicherung behandelt (analoge Anwendung mangels deutscher Rechtsvorschrift). Wenn der Arbeitnehmer länger als zwölf Jahre in die Pensionskasse eingezahlt hatte, war die Auszahlung in voller Höhe steuerfrei. Bei einer Zugehörigkeit zur Pensionskasse von weniger als zwölf Jahren wurde lediglich der Zinsanteil der deutschen Besteuerung unterworfen (§ 20 Abs. 1 Nr. 6 EStG). Wenn eine gesetzliche Regelung vorliegt, erübrigt sich die oben dargestellte analoge Anwendung.

Diese Rechtsauffassung ist für Zahlungen anzuwenden, die nach dem 31. 12. 2004 zugeflossen sind. Ein Vertrauensschutz besteht im Hinblick auf die Änderung des Gesetzeswortlauts nicht.

5. Berechnungsbeispiele

Beispiel 1 – Sonderausgabenabzug

Der ledige Arbeitnehmer Z wohnt in Deutschland und arbeitet bei der N-GmbH in der Schweiz. Der Arbeitnehmer bezieht einen Bruttoarbeitslohn von 60 000 € im Jahr 2005. Der Arbeitgeber und Arbeitnehmer leisten jeweils 4,2 v. H. des Bruttolohns an die AHV (= 2 520 € jeweils). Weiterhin zahlen Arbeitnehmer und Arbeitgeber je 0,7 v. H. des Bruttolohns an die IV (= 420 € jeweils). Des Weiteren zahlen Arbeitgeber und Arbeitnehmer je 50 v. H. in eine Pensionskasse Schweizer Rechts ein (1 500 € jeweils).

Der Arbeitnehmer hat einen Bruttoarbeitslohn von 60 000 € zu versteuern. Die Abzüge für AHV und IV und für die Pensionskassenbeiträge des Arbeitnehmers dürfen den Arbeitslohn nicht mindern.

Die Arbeitgeberbeiträge zur AHV und IV und an die Pensionskasse (hierzu vgl. Schema auf Seite 4 der Anlage N-Gre) sind nach § 3 Nr. 62 Satz 1 EStG steuerfrei.

Der Sonderausgabenabzug des Arbeitnehmers berechnet sich wie folgt:

AN-Beitrag zur gesetzlichen Rentenversicherung:	
AHV	2 520 €
IV	420 €
Pensionskasse	1 500 €
+ **AG-Beitrag** zur gesetzlichen Rentenversicherung:	
AHV	2 520 €
IV	420 €
Pensionskasse	1 500 €
Insgesamt **AN- + AG-Beitrag**, maximal 20 000 €	8 880 €
Davon 60 v. H.	5 328 €
./. **steuerfreier Arbeitgeberanteil**	4 440 €
abziehbare Basisvorsorgeaufwendungen	888 €

Beispiel 2 – Sonderausgabenabzug

Der verheiratete Arbeitnehmer R wohnt in Deutschland und arbeitet bei der O-GmbH in der Schweiz. Seine Ehefrau bezieht keine Einkünfte. R bezieht einen Bruttoarbeitslohn von 60 000 € im Jahr 2005. Der Arbeitgeber und Arbeitnehmer leisten jeweils 4,2 v. H. des Bruttolohns an die AHV (= 2 520 € jeweils). Weiterhin zahlen Arbeitnehmer und Arbeitgeber je 0,7 v. H. des Bruttolohns an die IV (= 420 € jeweils). Des Weiteren zahlen der Arbeitgeber 2 000 € und der Arbeitnehmer € in eine Pensionskasse Schweizer Rechts ein

Der Arbeitnehmer hat einen Bruttoarbeitslohn von 60 000 € zu versteuern. Die Abzüge für AHV und IV und für die Pensionskassenbeiträge des Arbeitnehmers dürfen den Arbeitslohn nicht mindern.

Zu prüfen ist aber, ob durch die Überzahlung der Pensionskassenbeiträge (mehr als 50 v. H.) durch den Arbeitgeber der stpfl. Arbeitslohn zu erhöhen ist.

Hierzu ist folgende Berechnung durchzuführen (Seite 4 Anlage N-Gre):

AN-Anteil zur Pensionskasse	1 000 €
AG-Anteil zur Pensionskasse	2 000 €
Gesamtbeitrag	3 000 €
Davon 50 v. H. steuerfrei nach § 3 Nr. 62 Satz 1 EStG	1 500 €
./. AG-Anteil	2 000 €
Übersteigender Betrag = freiwilliger AG-Anteil	./. 500 €
Arbeitslohn	60 000 €
Davon 9,75 v. H.	5 850 €
(max. 9,75 v. H. von 62 400 €)	
./. AG-Beitrag zur AHV/IV	2 940 €
./. Pflichtbeitrag zur Pensionskasse	1 500 €
Differenz (nur positive Beträge, sonst 0 €)	1 410 €

Vergleich des Differenzbetrags von 1 410 € mit dem freiwilligen AG-Beitrag: Wenn der freiwillige AG-Beitrag von 500 € den Differenzbetrag von 1 410 € übersteigen würde, läge stpfl. Arbeitslohn vor. Dies ist nicht der Fall. Der freiwillige AG-Beitrag ist steuerfrei nach § 3 Nr. 62 Satz 4 EStG.

Der Sonderausgabenabzug ermittelt sich dann wie folgt:

AN-Beitrag zur gesetzlichen Rentenversicherung:		
AHV	2 520 €	
IV	420 €	
Pensionskasse	1 000 €	
AN-Beiträge insgesamt	3 940 €	3 940 €
+ **AG-Beitrag** zur gesetzlichen Rentenversicherung:		
AHV	2 520 €	
IV	420 €	
Pensionskasse	2 000 €	
AG-Beiträge insgesamt	4 940 €	4 940 €
Insgesamt AN- + AG-Beitrag, maximal 40 000 €	**8 880 €**	
Davon 60 v. H.		5 328 €
./. steuerfreier Arbeitgeberanteil		4 940 €
abziehbare Basisvorsorgeaufwendungen		**388 €**

Beispiel 3 – Rentenzahlungen und Einmalzahlung

Der ledige Arbeitnehmer A mit deutschem Wohnsitz und Schweizer Arbeitgeber geht zum 01. 07. 2005 in Rente. Er erhält neben der AHV-Rente von monatlich 150 € eine Einmalauszahlung aus der Pensionskasse des Arbeitgebers, in die beide je hälftig einbezahlt haben, von 150 000 €.

Die Einmalauszahlung unterliegt ebenso wie die monatliche Rente der Besteuerung mit dem Besteuerungsanteil von 50 v. H. (Beginn im Jahr 2005).

In 2005 sind daher 150 € × 6 = 900 € + 150 000 € = 150 900 € zur Hälfte nach § 22 Satz 3 Nr. 1 Buchst. aa EStG zu besteuern = 75 450 €.

Im Jahr 2006 erhält A 12 × 150 € = 1 800 €, für dieses Jahr ist der steuerfreie Anteil festzuschreiben = 50 v. H. von 1 800 € = 900 €.

Wenn im Jahr 2007 die Rente auf 155 € angepasst wird, erfolgt die Besteuerung folgendermaßen:

12 × 155 € = 1 860 € ./. steuerfreier Teil 900 € = steuerpflichtiger Teil 960 €

Eine Neuberechnung des steuerfreien Teils unterbleibt.

II. Steuerliche Behandlungen von Einzahlungen und Leistungen aus Schweizer Pensionskassen nach dem Alterseinkünftegesetz[1])

(Verfügung der OFD Karlsruhe vom 3. 9. 2007/17. 1. 2014 – S 2255 A – St 131/St 133 –)

AltEinkG

Die Besteuerung von Altersbezügen hat sich durch das Alterseinkünftegesetz ab dem VZ 2005 grundlegend geändert. Seit dem VZ 2005 ist zwischen Einzahlungen bzw. Auszahlungen aus der sog. Basisversorgung einerseits und Einzahlungen bzw. Auszahlungen aus anderen Vorsorgeeinrichtungen zu unterscheiden.

Bisherige Weisungen

Ergänzend zu der Verfügung vom 19. 9. 2005 S 2275 – St 224[2]), der Verfügung vom 20. 12. 2005 S 2113 – St 1 und der Verfügung zur Niederschrift über die Dienstbesprechung zu Fragen der Besteuerung von Grenzgängern vom 10. 5. 2006, S 1368 – St 226 (korrigiert mit Verfügung vom 6. 6. 2006, DB- GG CH 2006), bitte ich bei der steuerlichen Behandlung von Ein- und Auszahlungen in eine Schweizer Pensionskasse ab dem VZ 2005 Folgendes zu berücksichtigen:

1. Einordnung der Pensionskassen

„wie" Basisversorgung

Schweizer Pensionskassen sind nach bundeseinheitlich abgestimmter Auffassung „wie" eine deutsche gesetzliche Rentenversicherung zu behandeln. Folgende Gründe sprechen für diese Zuordnung:

- Die Arbeitgeber und Arbeitnehmer haben pflichtgemäß Beiträge in die Schweizer Pensionskasse zu leisten. Zwar wird begrifflich zwischen obligatorischer und überobligatorischer Ab-

1) → auch BFH vom 25. 3. 2010 – X B 142/09 –, BFH/NV 2010 S. 1275 Nr. 7.
2) → abgedruckt unter H 3.62 LStH (Grenzgänger in die Schweiz) Pkt. I.

sicherung unterschieden. Aber auch die Beiträge für die überobligatorische Absicherung sind im Reglement der Schweizer Pensionskasse pflichtgemäß vereinbart, so dass sich weder der Arbeitgeber noch der Arbeitnehmer insoweit der Beitragspflicht entziehen kann. Aufgrund der Ausgestaltung der Beiträge als Pflichtbeiträge besteht eine Vergleichbarkeit mit Beiträgen in eine deutsche gesetzliche Rentenversicherung.

- Mit der Einführung des § 3 Nr. 62 Satz 4 EStG für die Schweizer Grenzgänger hat die Finanzverwaltung beginnend mit dem VZ 1978 die Arbeitgeberbeiträge größtenteils steuerfrei gestellt. Dies ist auch dokumentiert durch Ausgestaltung der Anlagen N-Gre 1978 ff. Im Ergebnis wurden die vom Arbeitgeber einbezahlten Beiträge in die Schweizer Pensionskasse mindestens in Höhe der Beiträge eines Arbeitgebers in eine deutsche gesetzliche Rentenversicherung steuerfrei behandelt (§ 3 Nr. 62 Satz 1 und Satz 4 EStG). Mit dem Urteil des Finanzgerichts Baden-Württemberg vom 25. 8. 1992 (11 K 54/88; EFG 1993 S. 136) wurde die Auffassung, dass nicht zwischen obligatorischer und überobligatorischer Versorgung zu trenne ist, auch finanzgerichtlich bestätigt. Seitdem werden 50 v. H. der Gesamtbeiträge (Arbeitnehmer- und Arbeitgeberbeiträge) in die Schweizer Pensionskasse – bis zur Beitragsbemessungsgrenze – steuerfrei belassen. Das Finanzgericht stellte auch klar, dass die Arbeitgeberbeiträge auch soweit sie auf die überobligatorische Versorgung entfallen, bis zur Beitragsbemessungsgrenze der deutschen gesetzlichen Rentenversicherung als Pflichtbeiträge anzusehen sind. Dass die Beiträge des Arbeitgebers bis zur Beitragsbemessungsgrenze nach § 3 Nr. 62 EStG steuerfrei bleiben, ist ein weiterer Umstand dafür, dass eine Vergleichbarkeit mit Beitragszahlungen an eine deutsche gesetzliche Rentenversicherung besteht.
- Die Arbeitnehmerbeiträge und der nicht steuerfreigestellte Teil der Arbeitgeberbeiträge waren bereits bislang als Sonderausgaben abziehbar. Seit dem VZ 2005 sind diese Beiträge nach § 10 Abs. 1 Nr. 2 Buchst. a EStG (Beiträge in die Basisversorgung) berücksichtigungsfähig. Auch insoweit besteht eine Vergleichbarkeit mit Beitragszahlungen an eine deutsche gesetzliche Rentenversicherung.

Auszahlungen grds. steuerpflichtig

Hieraus folgt des Weiteren, dass Leistungen (Rentenzahlungen als auch Einmalauszahlungen) aus einer Schweizer Pensionskasse ab dem VZ 2005 grundsätzlich mit dem maßgebenden Besteuerungsanteil bei den sonstigen Einkünften (§ 22 Nr. 1 Satz 3 Buchst. a Doppelbuchst. aa EStG) anzusetzen sind.

Keine Steuerbefreiung

Die Steuerbefreiung nach § 3 Nr. 3 EStG ist nicht auf Leistungen aus Schweizer Pensionskassen anwendbar, da die Leistungen keine mit einer Kapitalabfindung der deutschen Rentenversicherung i. S. des § 3 Nr. 3 EStG vergleichbare Leistung sind (BFH-Urteil vom 23. 10. 2013 – X R 33/10, BStBl II S. 103).

2. Pensionskassen, die vor dem 1. 1. 1985 gegründet wurden

Schweizer Recht

Das Schweizer Bundesgesetz über die berufliche Alters-, Hinterlassenen- und Invalidenvorsorge (BVG) wurde im Jahr 1984 eingeführt. Damit bestand eine gesetzliche Grundlage für die Einrichtung und Führung von Pensionskassen sowie gesetzliche Regelungen für Einzahlungen und Auszahlungen. Mit Inkrafttreten des BVG ab dem 1. 1. 1985 war eine Fortführung der Pensionskassen, die zuvor gegründet wurden, nicht mehr möglich. Bereits bestehende Pensionskassen mussten entweder in eine Pensionskasse nach dem BVG überführt werden oder schließen und neu nach den Vorschriften des BVG aufmachen.

2 Fälle

Folglich ist zu unterscheiden, zwischen Pensionskassen, die 1984 geschlossen wurden, und solchen, die ins BVG überführt wurden.

2.1 Die Pensionskasse wurde 1984 geschlossen.

Ertragsanteil

In diesem Fall gilt sowohl für die Bestandsrentner als auch die bisherigen Arbeitnehmer, die bis zur Schließung Beiträge einbezahlt haben und Leistungen aus dieser geschlossenen Pensionskasse erhalten, dass die spätere Rentenauszahlung nicht unter das BVG fällt. Diese Pensionskassen sind nicht als Pflichtversicherungen wie eine deutsche gesetzliche Rentenversicherung einzustufen. Für Rentenauszahlungen aus einer solchen 1984 geschlossenen Pensionskasse erfolgt auch nach dem VZ 2005 weiterhin eine Besteuerung mit dem Ertragsanteil (§ 22 Nr. 1 Satz 3 Buchst. a Doppelbuchst. bb EStG).

2.2 Die Pensionskasse wurde 1984 ins BVG überführt.

Besteuerungsanteil

Wurde die Pensionskasse – und damit das Vermögen der Versicherten sowie der Bestandsrentner – ins BVG überführt, gilt ab dem VZ 2005 insgesamt die Besteuerung mit dem Besteuerungsanteil (§ 22 Nr. 1 Satz 3 Buchst. a Doppelbuchst. aa EStG). Es hat keine Aufteilung danach zu erfolgen, ob die Leistungen auf Beiträgen beruhen, die vor oder nach dem 1. 1. 1985 geleistet wurden.

BVG gilt

Aufgrund der Überführung des Vermögens (der Ansprüche) und der Bestandsrentner in eine Pensionskasse nach dem BVG ist eine Vergleichbarkeit mit einer deutschen gesetzlichen Rentenversicherung (Basisversorgung) gegeben. Seit 1997 gibt es für Pensionskassen nach dem BVG einen Sicherungsfonds, der immer dann einspringt, wenn die Pensionskasse nicht mehr zahlungsfähig sein sollte. Die Ansprüche sind also in jedem Fall bis zum gesetzlichen Höchstbetrag gesichert, was ebenfalls für die vorstehende Einstufung spricht.

Beispiel 1

Der unbeschränkt Steuerpflichtige B erhält seit Januar 2006 eine monatliche Rente aus einer Schweizer Pensionskasse. Sein Schweizer Arbeitgeber und er haben seit 1980 Beiträge in die Pensionskasse einbezahlt. Zum 1. 1. 1985 wurde die Pensionskasse in eine Pensionskasse nach dem BVG überführt.

Lösung

Da die Pensionskasse zum 1. 1. 1985 in das BVG überführt wurde, liegt eine Rente aus der Basisversorgung vor. B hat die Rente im VZ 2006 grundsätzlich mit dem maßgebenden Besteuerungsanteil (vorliegend also 52 v. H.) bei den sonstigen Einkünften anzusetzen (§ 22 Nr. 1 Satz 3 Buchst. a Doppelbuchst. aa EStG). Bei Vorliegen der Voraussetzungen und der entsprechenden Nachweise kommt auf Antrag ggf. die Anwendung der Öffnungsklausel in Betracht (§ 22 Nr. 1 Satz 3 Buchst. a Doppelbuchst. bb Satz 2 EStG).

3. Einkäufe in die Pensionskasse

Einmalbeiträge

Hat sich der Steuerpflichtige bei einer Schweizer Pensionskasse, bei der er pflichtversichert ist, zusätzlich mit einem Einmalbeitrag „eingekauft", kann der Einmalbeitrag im Jahr der Einzahlung bei den Sonderausgaben i. S. des § 10 Abs. 1 Nr. 2 Buchstabe a EStG berücksichtigt werden. Die späteren Rentenzahlungen unterliegen grundsätzlich der Besteuerung mit dem maßgebenden Besteuerungsanteil nach § 22 Nr. 1 Satz 3 Buchst. a Doppelbuchst. aa EStG. Durch Anwendung der Öffnungsklausel können Teile der Rente mit dem Ertragsanteil nach § 22 Nr. 1 Satz 3 Buchst. a Doppelbuchst. bb EStG besteuert werden.

Öffnungsklausel „Für-Prinzip"

Bei Anwendung der Öffnungsklausel war der Einmalbeitrag bisher nur in dem Jahr anzusetzen, in dem er geleistet wurde („In-Prinzip"). Nach dem BFH-Urteil vom 19. 1. 2010 – X R 53/08, BStBl 2011 II S. 567, kommt es dagegen darauf an, für welche Jahre der Steuerpflichtige die Leistung gezahlt hat („Für-Prinzip"). Der Einmalbeitrag ist danach den Jahren zuzurechnen, in denen er nach dem Reglement der Pensionskasse anspruchsbegründend wirkt. Weitere Angaben dazu sowie eine zeitliche Anwendungsregelung enthält die nachfolgende Tz. 8.

4. Behandlung von Auszahlungen im Freizügigkeitsfall

4.1 Rechtslage in der Schweiz

Freizügigkeitsleistung

Für Grenzgänger in die Schweiz besteht grundsätzlich die Möglichkeit, bei Erreichen der Altersgrenze oder bei Verlassen der Schweiz (Aufgabe der Arbeit) die bis dahin angesammelten Versorgungsansprüche als Einmalkapitalauszahlung zu erhalten (sog Freizügigkeitsleistung). Dabei erfolgt die Auszahlung regelmäßig nicht direkt von der Pensionskasse an den Grenzgänger, sondern das Guthaben wird zunächst auf eine Freizügigkeitseinrichtung gezahlt. Dies ist im Regelfall ein bei einer Versicherung, Bank oder Stiftung geführtes Konto, das gewissen Beschränkungen unterliegt. Insbesondere sind Auszahlungen an den Grenzgänger nur unter bestimmten, im BVG genannten Gründen möglich. Der Grenzgänger kann also über das Freizügigkeitsguthaben nicht nach Belieben verfügen. Sind die Voraussetzungen für eine Auszahlung nicht erfüllt oder stellt der Grenzgänger keinen Antrag auf Barauszahlung, wird das Guthaben bei Erreichen der Altersgrenze (derzeit das 65. Lebensjahr) in Form einer Rente oder einer Einmalkapitalauszahlung ausbezahlt.

Zufluss

Alle Freizügigkeitseinrichtungen gehören zur gebundenen Vorsorge und damit zur Schweizer Grundversorgung. Werden Ansprüche aus einer Schweizer Pensionskasse auf eine Freizügigkeitseinrichtung übertragen, liegt nach Schweizer Recht grundsätzlich noch kein Zufluss vor. Ein Zufluss wird erst angenommen, wenn das Freizügigkeitsguthaben an den Versicherten ausbezahlt wird (z. B. im Alter oder bei Begründung einer Selbständigkeit). Mit Beendigung des Arbeitsverhältnisses muss der Steuerpflichtige der Schweizer Pensionskasse schriftlich mitteilen, was mit seinem Freizügigkeitsguthaben geschehen soll. Macht er keine Mitteilung, ist das Guthaben von der Schweizer Pensionskasse in eine Schweizer Freizügigkeitseinrichtung (Säule 2 des Schweizer Vorsorgesystems) einzuzahlen.

Folgende Fälle sind zu unterscheiden:

a. **Erneute Arbeitsaufnahme**

Bei erneuter Arbeitsaufnahme in der Schweiz wird das Guthaben entweder direkt von der alten Schweizer Pensionskasse auf die neue Schweizer Pensionskasse oder von der Freizügigkeitseinrichtung in die neue Schweizer Pensionskasse eingezahlt (so z. B. bei Mutterschaft, Erziehungsurlaub, Wechsel des Arbeitgebers). Die Schweizer Finanzbehörden besteuern diesen Vorgang nicht.

b. Erfolgt keine erneute Arbeitsaufnahme in der Schweiz hat der Grenzgänger zwei Möglichkeiten:

aa) Stehenlassen

Macht der Steuerpflichtige keine Mitteilung an die Schweizer Pensionskasse, was mit seinem Freizügigkeitsguthaben geschehen soll, bleibt das Guthaben in der Freizügigkeitseinrichtung (noch Säule 2 des Schweizer Vorsorgesystems) stehen, bis der Rentenfall eintritt (regelmäßig mit Vollendung des 65. Lebensjahres). Die Schweizer Finanzbehörden besteuern diesen Vorgang in Form einer Quellensteuer grundsätzlich erst bei Renteneintritt.

bb) Auszahlung nach altem Recht

Wird die Schweiz endgültig verlassen – d. h. der Steuerpflichtige steht dem schweizerischen Arbeitsmarkt nicht mehr zur Verfügung – hat er Anspruch auf Barauszahlung seiner Versorgungsansprüche aus der Schweizer Pensionskasse bzw. dem Verwahrer des Freizügigkeitskontos. Hierzu bedarf es einer entsprechenden Anzeige gegenüber der Schweizer Pensionskasse, welche die Anzeige prüft und der Auszahlung zustimmen muss. Erst zum Zeitpunkt der Mitteilung wird der Anspruch auf Barauszahlung begründet. Auch die Besteuerung in der Schweiz (Schweizer Quellensteuer) erfolgt erst zu diesem Zeitpunkt.

c. **Auszahlungen ab 1. 6. 2007**

Ab dem 1. 6. 2007 kann der Schweizer Grenzgänger – bei Vorliegen der übrigen Voraussetzungen – lediglich den überobligatorischen Teil seines Guthabens bei der Schweizer Pensionskasse bzw. dem Verwahrer des Freizügigkeitskontos beanspruchen. Nach Art. 25f des Bundesgesetzes über die Freizügigkeit in der beruflichen Alters-, Hinterlassenen- und Invalidenvorsorge (FZG) können Grenzgänger nach Art. 5 Abs. 1a FZG nur noch Barauszahlungen für den Teil verlangen, der über dem Obligatorium (Art. 15 BVG) versichert ist. Eine Auszahlung des obligatorischen Teils ist dann grundsätzlich nur noch frühestens fünf Jahre vor Erreichen des AHV-Alters möglich. Eine vorherige Auszahlung ist aber dann möglich, wenn der Grenzgänger

- eine selbständige Tätigkeit aufnimmt (Art. 4 Abs. 1b FZG),
- die Leistung für Wohneigentum (bei über 50 Jährigen nur zu 50 v. H. des Kapitals) verwendet oder
- eine Invalidenrente (bei dauernder Erwerbslosigkeit) bezieht.

4.2 Behandlung nach dem Einkommensteuergesetz

Die Auszahlungen bzw. Austrittsleistungen sind wie folgt zu behandeln:

a. Erneute Arbeitsaufnahme in der Schweiz:

Kein Zufluss

In diesem Fall ist bei Übertragung der Ansprüche aus der alten Schweizer Pensionskasse auf eine neue Schweizer Pensionskasse kein Zufluss i. S. des § 11 EStG anzunehmen. Die übertragenen Ansprüche sind – auch im Falle eines Zwischenparkens auf einem Freizügigkeitskonto – nicht zu besteuern. Folglich können die übertragenen Ansprüche auch nicht als Sonderausgaben abgezogen werden.

b. Keine erneute Arbeitsaufnahme in der Schweiz:

aa) Stehenlassen = kein Zufluss

Der Steuerpflichtige hat keine Mitteilung über die Barauszahlung gegenüber der Schweizer Pensionskasse bzw. dem Verwahrer des Freizügigkeitskontos abgegeben. Spätester Zeitpunkt für die Annahme des Zuflusses und die Besteuerung der Auszahlung ist damit das Erreichen des 65. Lebensjahres mit der Auszahlung von Rentenbeträgen oder einer Einmalzahlung. Die Renten aus der Schweizer Pensionskasse sind erst dann mit dem maßgebenden Besteuerungsanteil anzusetzen (§ 22 Nr. 1 Satz 3 Buchst. a Doppelbuchst. aa EStG).

bb) Auszahlung beantragt = Zufluss

Hat der Steuerpflichtige gegenüber der Schweizer Pensionskasse bzw. dem Verwahrer des Freizügigkeitskontos seinen Anspruch auf Barauszahlung aufgrund der Erklärung, die Schweiz endgültig verlassen zu wollen, geltend gemacht, liegt ein Zufluss i. S. des § 11 EStG vor. Der Steuerpflichtige hat den Auszahlungsbetrag nach § 22 Nr. 1 Satz 3 Buchst. a Doppelbuchst. aa EStG zu versteuern. Dies gilt selbst dann, wenn er das Guthaben weiterhin auf dem Freizügigkeitskonto belässt. Aufgrund der Auszahlungsmitteilung hat er wirtschaftlich über das Guthaben verfügt. Das Belassen auf dem Freizügigkeitskonto basiert folglich auf einem anderen Rechtsgrund (sog. Novation). In diesen Fällen wird das Freizügigkeitskonto zur Säule 3 des Schweizer Vorsorgesystems und gehört damit nicht mehr zur Schweizer Grundversorgung (Säulen 1 und 2 des Schweizer Vorsorgesystems).

Zufluss für obligatorischen Teil

Diese Ausführungen gelten bezüglich des obligatorischen Teils nur, soweit der Steuerpflichtige die unter Tz. 4.1 Buchst. c) genannten Voraussetzungen erfüllt und über das Guthaben verfügen kann.

Zweckgebundenes Freizügigkeitskonto

Soweit das Guthaben auf dem Freizügigkeitskonto indessen weiterhin den besonderen Bindungen nach dem Schweizer BVG unterliegt, liegt hinsichtlich dieses Teils kein Zufluss vor. Der Fall ist vom Finanzamt zu überwachen.

4.3 Praktische Umsetzung

Indiz für Zufluss = Einbehalt Schweizer Quellensteuer

Mit Abgabe der Mitteilung, die Schweiz endgültig zu verlassen, besteht die wirtschaftliche Verfügungsmacht über das Auszahlungsguthaben. In dem betreffenden VZ hat eine Besteuerung mit dem maßgebenden Besteuerungsanteil zu erfolgen. Ein Indiz hierfür ist die Erhebung der Schweizer Quellensteuer, da diese von der Schweiz erst erhoben wird, wenn das Guthaben die Schweizer Grundversorgung verlässt. Hiervon erfährt das Finanzamt regelmäßig dadurch, dass der Steuerpflichtige die Erstattung der Schweizer Quellensteuer beantragt. Der Steuerpflichtige ist aufzufordern, die Erklärung, die er gegenüber der Schweizer Pensionskasse bzw. dem Verwahrer des Freizügigkeitskontos abgegeben hat, vorzulegen. Rechtsgrundlage hierfür sind § 25 Abs. 2 EStG, § 46 Abs. 2 Nr. 1 EStG in Verbindung mit § 88 AO.

Überwachungsfälle

Hat er gegenüber der Schweizer Pensionskasse bzw. dem Verwahrer des Freizügigkeitskontos keine Erklärung abgegeben und erfolgt die Zahlung in eine Freizügigkeitseinrichtung, ist der Fall vom Finanzamt zu überwachen. Jährlich mit der Einkommensteuererklärung ist ein Kontoauszug der Freizügigkeitseinrichtung anzufordern, um überprüfen zu können, dass über das Guthaben noch nicht verfügt wurde. Die Besteuerung erfolgt dann, wenn der Steuerpflichtige das endgültige Verlassen der Schweiz gegenüber der Schweizer Pensionskasse bzw. dem Verwahrer des Freizügigkeitskontos erklärt hat bzw. spätestens mit den Rentenzahlungen ab dem 65. Lebensjahr.

5. Steuerermäßigung nach § 34 EStG

Einmalauszahlungen aus Schweizer Pensionskassen können nach § 34 Abs. 1 i. V. mit Abs. 2 Nr. 4 EStG als Vergütung für eine mehrjährige Tätigkeit durch die Fünftelregelung ermäßigt besteuert werden (BFH-Urteil vom 23. 10. 2013 – X R 33/10, BStBl II S. 103).

6. Begünstigte Verwendung von Einmalauszahlungen

Billigkeitsregelung

Vom Grundsatz her hat eine Besteuerung der Einmalauszahlung zu erfolgen, sobald der Steuerpflichtige über das Guthaben verfügt hat. In Deutschland ist eine steuerfreie Übertragung des Guthabens von einem auf einen anderen Rürup-Rentenversicherungsvertrag möglich (z. B. Anbieterwechsel), wenn das Guthaben unmittelbar auf den neuen Anbieter/Vertrag übertragen wird (Rdnr. 106 des BMF-Schreibens vom 30. 1. 2008; BStBl I Seite 390[1])). Diese Grundsätze sind auf Auszahlungen aus Schweizer Pensionskassen übertragbar. Verwendet der Steuerpflichtige das Auszahlungsguthaben aus der Schweizer Pensionskasse dergestalt, dass er anschließend den Auszahlungsbetrag zeitnah in eine Einrichtung der sog. Basisversorgung (§ 10 Abs. 1 Nr. 2 EStG) einbezahlt, kann eine Besteuerung des Auszahlungsguthabens im Billigkeitswege unterbleiben. Die berufsständischen Versorgungswerke haben offenbar ein Abkommen mit der Schweiz abgeschlossen, dass Auszahlungen aus der Pensionskasse direkt an die berufsständischen Versorgungswerke überwiesen werden.

3-Monatszeitraum

Die Anwendung der Billigkeitsregelung setzt einen Antrag des Steuerpflichtigen voraus (i. d. R. durch Abgabe der Steuererklärung mit dem Hinweis, dass eine Besteuerung der Auszahlung nicht erfolgen soll). Außerdem hat er nachzuweisen, dass er das Auszahlungsguthaben innerhalb von drei Monaten seit Abgabe der Mitteilung über die Auszahlung in eine Einrichtung der sog. Basisversorgung einbezahlt hat.

Aber: Kein SA-Abzug

Bei Anwendung der Billigkeitsregelung scheidet ein Sonderausgabenabzug in Bezug auf den Einzahlungsbetrag aus (keine Doppelbegünstigung).

7. Rückzahlung des Vorbezugs an die Pensionskasse

Vorbezug steuerpflichtig

Nach dem BVG ist es in der Schweiz möglich, von der Schweizer Pensionskasse oder einem Kapitalsparplan im Sinne des BVG einen sogenannten Vorbezug für die Finanzierung von Wohneigentum zu erhalten. Diese Auszahlung wegen Vorbezug stellt einen steuerlich relevanten Vorgang dar. Der Auszahlungsbetrag ist daher zum Zeitpunkt der Auszahlung nach § 22 Nr. 1 Satz 3 Buchst. a Doppelbuchst. aa EStG mit dem Besteuerungsanteil zu versteuern.

Rückzahlung = neuer Beitrag

Die Rückzahlung des Vorbezugs stellt kein rückwirkendes Ereignis i. S. d. § 175 Abs. 1 Nr. 2 AO dar. Es gilt das Zu- und Abflussprinzip des § 11 EStG. Der Vorbezug in der Schweiz führt zu einer Minderung des Auszahlungsanspruchs. Es besteht grundsätzlich keine gesetzliche Verpflichtung zur Rückzahlung. Durch die Rückzahlungsbeträge werden neue Ansprüche erworben, die ab diesem Zeitpunkt in die Ermittlung des Versorgungsanspruchs einbezogen werden. Es wird nicht eine Lücke wieder aufgefüllt, es werden also keine Ansprüche zurückerworben. Die Rückzahlungsbeträge stellen deshalb (neue) Beiträge dar, die im Rahmen des Sonderausgabenabzugs nach § 10 Abs. 1 Nr. 2 Buchst. a EStG berücksichtigungsfähig sind.

8. Schuldrechtlicher Versorgungsausgleich

8.1 Rechtslage in der Schweiz

Ausgleichsberechtigter: Eigener Anspruch

Mit den Einzahlungen in eine Schweizer Pensionskasse erwirbt nicht nur der betreffende Arbeitnehmer-Ehegatte, sondern auch der andere Ehegatte einen eigenen Anspruch gegenüber der Schweizer Pensionskasse. Nach Art. 22 des schweizerischen BVG i. V. mit Art. 122 des schweizerischen Zivilgesetzbuchs (ZVG) und Art. 22 FZG werden die für die Ehedauer zu ermittelnden Austrittsleistungen aus der Schweizer Pensionskasse geteilt. Im Rahmen des Versorgungsausgleichs wird die Hälfte des Guthabens dem ausgleichsberechtigten Ehegatten zugeordnet (quasi Rentensplitting). Der ausgleichsberechtigte Ehegatte erwirbt damit einen eigenen und direkten Anspruch gegenüber der Schweizer Pensionskasse, zumindest wenn dies ein Gericht feststellt. Damit erwirbt der ausgleichsberechtigte Ehegatte einen originären Anspruch gegenüber der Pensionskasse. Beantragt der ausgleichberechtigte Ehegatte die Auszahlung seines Anspruchs, ist Schuldner der auf dem Versorgungsausgleich beruhenden Auszahlung in diesem Fall nicht der ausgleichsverpflichtete Ehegatte, sondern die Pensionskasse.

Verwendungsmöglichkeiten

Der Betrag, der sich aus der Teilung der Ansprüche ergibt, wird entweder auf die Pensionskasse des ausgleichsberechtigten Ehegatten (z. B. wenn beide Ehegatten Schweizer Grenzgänger sind) oder auf eine Freizügigkeitseinrichtung übertragen. Eine Barauszahlung zum Zeitpunkt des Versorgungsausgleichs ist nur möglich, wenn die weiteren Voraussetzungen für eine Barauszahlung des Freizügigkeitsguthabens vorliegen (z. B. wenn der ausgleichsberechtigte Ehegatte freiberuflich tätig ist).

[1]) Nachfolgeschreiben in → Anhang 2 VI abgedruckt.

8.2 Besteuerung nach dem Einkommensteuergesetz

Private Vermögensebene

Die Übertragung der Ansprüche im Rahmen des Versorgungsausgleichs auf den ausgleichsberechtigten Ehegatten vollzieht sich auf der privaten Vermögensebene und führt noch nicht zu einer Besteuerung im Zeitpunkt des Versorgungsausgleichs. Erst die späteren Leistungen an den jeweiligen Ehegatten werden besteuert. Dabei richtet sich die Art der Besteuerung danach, von welchem Versorgungsträger der jeweilige Ehegatte seine Leistungen bezieht bzw. wie das Auszahlungsguthaben verwendet wird.

Hieraus ergeben sich folgende steuerliche Behandlungen:

a. Behandlung beim ausgleichsverpflichteten Ehegatten

Kein Zufluss

Der an den ausgleichsberechtigten Ehegatten fließende Versorgungsausgleichsbetrag ist vom ausgleichsverpflichteten Ehegatten nicht zu versteuern. Soweit der ausgleichsverpflichtete Ehegatte im Zusammenhang mit dem Versorgungsausgleich Einmaleinzahlungen leistet, um eine Minderung seiner Ansprüche zu verhindern, sind diese beim Sonderausgabenabzug nach § 10 Abs. 1 Nr. 2 Buchst. a EStG berücksichtigungsfähig.

b. Behandlung beim ausgleichsberechtigten Ehegatten

Grds. Zufluss

Die Auszahlung der Ansprüche aus einer Schweizer Pensionskasse an den ausgleichsberechtigten Ehegatte stellt grundsätzlich einen steuerlich relevanten Vorgang dar. Folglich hat der ausgleichsberechtigte Ehegatte das Ausgleichsguthaben im Zeitpunkt des Zuflusses mit dem maßgebenden Besteuerungsanteil (§ 22 Nr. 1 Satz 3 Buchst. a Doppelbuchst. aa EStG) zu versteuern ist. Die Öffnungsklausel (§ 22 Nr. 1 Satz 3 Buchst. a Doppelbuchst. bb Satz 2 EStG) bleibt auf Antrag zu prüfen.

Billigkeitsregelung

Überführt der ausgleichsberechtigte Ehegatte das Auszahlungsguthaben indessen zeitnah (d. h. innerhalb von drei Monaten ab Beantragung der Auszahlung) in eine deutsche Einrichtung der sog. Basisversorgung (§ 10 Abs. 1 Nr. 2 Buchst. a oder b EStG), wird im Billigkeitswege von einer Besteuerung abgesehen. In diesem Fall sind erst die späteren Auszahlungen aus der deutschen Basisversorgung mit dem Besteuerungsanteil zu versteuern (§ 22 Nr. 1 Satz 3 Buchst. a Doppelbuchst. aa EStG). Ein Sonderausgabenabzug für den Einzahlungsbetrag scheidet aus (keine Doppelbegünstigung).

Übertragung auf andere PK

Ebenso ist zu verfahren, wenn das aus dem Versorgungsausgleich resultierende Guthaben auf die Schweizer Pensionskasse des ausgleichsberechtigten Ehegatten übertragen wird. Auch hier sind erst die späteren Leistungen nach § 22 Nr. 1 Satz 3 Buchst. a Doppelbuchst. aa EStG mit dem Besteuerungsanteil zu erfassen. Ein Sonderausgabenabzug für den Einzahlungsbetrag scheidet aus (keine Doppelbegünstigung).

Beispiel

Der unbeschränkt Steuerpflichtige M hat im Jahr 2006 im Rahmen eines Versorgungsausgleichs die Hälfte seines Guthabens aus seiner Schweizer Pensionskasse (100 000 Euro) an seine geschiedene Ehefrau F zu übertragen.

F zahlt das Auszahlungsguthaben innerhalb eines Monats in einen Rentenversicherungsvertrag ein, mit folgender Prämisse:

Alternative 1: Der Rentenversicherungsvertrag erfüllt die Voraussetzungen des § 10 Abs. 1 Nr. 2b EStG (sog. Rürup-Rentenversicherungsvertrag).

Alternative 2: Der Rentenversicherungsvertrag erfüllt nicht die Voraussetzungen der sog. Basisversorgung (§ 10 Abs. 1 Nr. 2 EStG).

Lösung

Es ist zwischen der Übertragung des Guthabens aus der Schweizer Pensionskasse im Rahmen des schuldrechtlichen Versorgungsausgleichs des ausgleichsverpflichteten Ehegatten einerseits und der Verwendung des Guthabens durch den ausgleichsberechtigten Ehegatten andererseits zu unterscheiden.

a) Übertragung durch den ausgleichsverpflichteten Ehegatten

Die Übertragung im Rahmen des Versorgungsausgleichs vollzieht sich für M (ausgleichsverpflichteter Ehegatte) auf der nicht steuerbaren Vermögensebene. In beiden Alternativen hat er nichts zu versteuern.

b) Verwendung durch den ausgleichsberechtigten Ehegatten

Im Falle der Alternative 1 ist ein steuerneutraler Vorgang zu sehen. Das Auszahlungsguthaben wurde zeitnah in eine Einrichtung der Basisversorgung überführt. Folglich ist das Auszahlungsguthaben von F (ausgleichsberechtigter Ehegatte) nicht zu versteuern. Ein Sonderausgabenabzug für den Einzahlungsbetrag scheidet aus (keine Doppelbegünstigung).

Im Falle der Alternative 2 wird das Auszahlungsguthaben nicht für die sog. Basisversorgung verwendet. Folglich ist das Auszahlungsguthaben bei Zufluss im Jahr 2 006 mit dem maßgebenden Besteuerungsanteil, also mit 52 v. H. × 100 000 Euro = 52 000 Euro, von F (ausgleichsberechtigter Ehegatte) zu versteuern (§ 22 Nr. 1 Satz 3 Buchst. a Doppelbuchst. aa EStG).

9. Öffnungsklausel

9.1 Grundsätze

Nachweispflicht beim Steuerpflichtigen

Der Steuerpflichtige kann auf Antrag zumindest teilweise eine Besteuerung mit dem Ertragsanteil erreichen (sog. Öffnungsklausel, § 22 Nr. 1 Satz 3 Buchst. a Doppelbuchst. bb EStG). Voraussetzung für die Anwendung der Öffnungsklausel ist, dass er grundsätzlich in allen Jahren die Arbeitgeber- und Arbeitnehmerbeiträge nachweist und in mindestens zehn Jahren bis zum 31. 12. 2004 Beiträge oberhalb der Beitragsbemessungsgrenze zur deutschen gesetzlichen Rentenversicherung geleistet hat. Der Gesetzgeber hat insoweit dem Steuerpflichtigen die Beweislast auferlegt. Das Finanzamt hat keine Nachweispflicht.

Anwendung der Öffnungsklausel

Bei Anwendung der Öffnungsklausel kann grundsätzlich davon ausgegangen werden, dass laufende Beiträge dem Jahr anspruchsbegründend zuzurechnen sind, in dem sie gezahlt wurden („In-Prinzip"). Sofern die Beiträge nach dem Reglement der Pensionskasse in einem anderen Jahr wirksam werden, wie dies bei Einmalbeiträgen regelmäßig der Fall ist (vgl. dazu die Tz. 3.), sind die Beiträge den Jahren zuzurechnen, in denen sie rentenbegründend wirksam werden. In diesen Fällen gilt also das „Für-Prinzip" anstatt des bisher geltenden „In-Prinzips" (BMF-Schreiben vom 13. 9. 2010[1]), BStBl I S. 681, Anhang 1a II ESt-Handbuch, Rz. 179).

9.2 Zeitliche Anwendungsregelung

Zeitliche Anwendung

Eine Neuberechnung der Öffnungsklausel nach dem „Für-Prinzip" hat, insbesondere bei Einmalbeiträgen, ab dem Veranlagungszeitraum 2011 zu erfolgen. Auf Antrag des Steuerpflichtigen kann die Neuberechnung zudem in allen offenen Fällen erfolgen.

Neuberechnung

Bei der Neuberechnung ist der mit dem Ertragsanteil zu besteuernde Teil der Rente nach dem „Für-Prinzip" zu ermitteln. Dies gilt ab dem Veranlagungszeitraum 2011 auch in den Fällen, in denen sich das „Für-Prinzip" nachteilig für den Steuerpflichtigen auswirkt und er ggf. die Voraussetzungen für die Anwendung der Öffnungsklausel nicht mehr erfüllt. Eine Neuberechnung kann auch dann erforderlich sein, wenn eine andere Versicherung (z. B. ein berufsständisches Versorgungswerk) die Beiträge aufgrund der BFH-Rechtsprechung neu zugeordnet hat.

Vertrauensschutz bis VZ 2010

Aus Vertrauensschutzgründen kann das „In-Prinzip" auf Einmalbeiträge letztmals im Veranlagungszeitraum 2010 angewendet werden (BMF-Schreiben vom 13. 9. 2010[2]), a. a. O., Rz. 186 in entsprechender Anwendung).

9.3 Hinweise zum selbstrechnenden Vordruck

TVS-Vordruck

Der selbstrechnende Vordruck ist in TVS eingestellt (vgl. dazu die Einführungsverfügung vom 4. 4. 2012 S 2255 A – St 133 in FAIR/IStR/Grenzgänger-CH).

10. Vertrauensschutzregelung

Altfälle

In Fällen, in denen die Auszahlungsmitteilung gegenüber der Schweizer Pensionskasse vor dem 1. 1. 2005 abgegeben wurde und die Auszahlung erst im Jahr 2005 erfolgt ist, bitte ich, von

[1]) Nachfolgeschreiben in → Anhang 2 VI abgedruckt.
[2]) Nachfolgeschreiben in → Anhang 2 VI abgedruckt.

einer Besteuerung der Einmalauszahlung im Jahr 2005 abzusehen. Entsprechenden Einsprüchen kann abgeholfen werden.

Ggf. Rücksprache halten

Eine darüber hinaus gehende Vertrauensschutzregelung ist nach bundeseinheitlicher Abstimmung nicht geboten. Eventuelle Zweifelsfälle können im Einzelfall mit Herrn ... abgestimmt werden.

11. Anwendungsregelung

Grds. in allen offenen Fällen

Die Grundsätze dieser Verfügung sind in allen noch offenen Fällen anzuwenden. Soweit dieser Verfügung Aussagen in früheren Verfügungen der Oberfinanzdirektion Karlsruhe zu Ungunsten des Steuerpflichtigen entgegen stehen, sind die „strengeren" Regelungen dieser Verfügung erst ab dem VZ 2007 anzuwenden.

Sachgebietsbesprechung

Ich bitte, diese Verfügung zum Gegenstand von Sachgebietsbesprechungen mit den zuständigen Bearbeitern zu machen, damit eine einheitliche Rechtsanwendung gewährleistet ist.

FAIR/Internet

Diese Verfügung ergeht nicht in Papierform. Sie ist im FAIR/IStR/Grenzgänger-CH eingestellt. Die Verfügung ist auch auf den Internetseiten der Oberfinanzdirektion Karlsruhe abrufbar.

III. Steuerliche Behandlungen von Krankentaggeld, Geburtengeld und Mutterschaftsgeld aus der Schweiz

(Vfg. der OFD Karlsruhe vom 30. 9. 2009 – S 225.5/250 – St 131)

BFH-Urteil vom 29. 04. 2009

Der BFH hat sich im Urteil vom 29. 04. 2009 – X R 31/08, mit der Frage nach der steuerlichen Behandlung von Geburtengeld aus einem Schweizer Kollektiv-Krankentaggeldversicherung auseinandergesetzt.

Kollektiv-Krankentaggeldversicherungsvertrag

Im Urteilsfall ging es um einen nicht obligatorischen Kollektiv-Krankentaggeldversicherungsvertrag, den der Schweizer Arbeitgeber (Versicherungsnehmer) zugunsten seiner Arbeitnehmer (versicherte Personen u. a. auch Schweizer Grenzgänger) abgeschlossen hat. Gegenstand des Vertrags war die Absicherung der Arbeitnehmer gegen Lohnausfall bei Krankheit oder Mutterschaft. Der Vertrag unterlag den Regelungen des Schweizer Bundesgesetzes über den Versicherungsvertrag (VVG). Hiernach steht den versicherten Personen ein eigenständiges Forderungsrecht aus dem Versicherungsvertrag zu.

Auffassung BFH:

Bei diesem Sachverhalt kam der BFH zu folgender steuerlichen Beurteilung:

- AG-Beitrag = AL
- Die vom Arbeitgeber geleisteten Beiträge für die Kollektiv-Krankentaggeldversicherung sind als steuerpflichtiger Arbeitslohn (§ 19 EStG) anzusetzen.
- Auszahlung nicht steuerpflichtig
- Das aufgrund eines schweizerischen Kollektiv-Krankentaggeldversicherungvertrags gezahlte Geburtengeld führt nicht zu steuerpflichtigen Einkünften.
- Kein Progressionsvorbehalt
- Für die Einbeziehung des schweizerischen Geburtengelds in den Progressionsvorbehalt besteht kein Raum.

Ich bitte, die Grundsätze des BFH in allen offenen (einschlägigen) Fällen anzuwenden. Auf Folgendes weise ich in diesem Zusammenhang hin:

1. Betroffene Sachverhalte

Forderungsrecht des AN

Die Grundsätze des BFH zum Geburtengeld gelten nur für den Fall (und das ist Sachverhaltsfrage), dass die Steuerpflichtige (Arbeitnehmerin) aus dem betreffenden Versicherungsvertrag ein eigenständiges Forderungsrecht (unentziehbarer Anspruch) gegenüber dem Versicherer hat. Ein daneben bestehendes Forderungsrecht des Arbeitgebers ist unschädlich.

Geburtengeld bis 30. 06. 2005

Bis zum 30. 06. 2005 konnte der Lohnausfall bei Mutterschaft in der Schweiz nur durch eine freiwillige Versicherung (i. d. R. einem Kollektiv-Krankentaggeldversicherungsvertrag) abgesichert werden. Die vorstehenden Grundsätze gelten daher nur für Geburtengeld, das bis zum 30. 06. 2005 aus einem entsprechenden Vertrag geleistet wurde.

Krankentaggeld

Die vorstehenden Grundsätze des BFH finden auch Anwendung auf schweizerisches Krankentaggeld, das aufgrund einer Krankheit aus einem Kollektiv-Krankentaggeldversicherungsvertrag ausbezahlt wurde, wenn der Steuerpflichtige (Arbeitnehmer) gegenüber dem Versicherer einen unentziehbaren Anspruch auf Leistung hat.

2. Arbeitgeberbeiträge

AG-Beiträge = AL

Die Beiträge des Arbeitgebers in einen Kollektiv-Krankentaggeldversicherungsvertrag, aus dem der Arbeitnehmer (Steuerpflichtiger) einen unentziehbaren Leistungsanspruch hat, sind als steuerpflichtiger Arbeitslohn (§ 19 Abs. 1 Satz 1 Nr. 1 EStG) zu erfassen. Hierbei handelt es sich um Zukunftssicherungsleistungen mit Arbeitslohncharakter. Da die Arbeitnehmer gegenüber dem Versicherer einen eigenen unentziehbaren Rechtsanspruch haben, ist dieser Vorgang wirtschaftlich betrachtet vergleichbar mit dem Fall, in dem der Arbeitgeber dem Arbeitnehmer zunächst die Versicherungsbeiträge überlässt und der Arbeitnehmer sie zum Zweck seiner Zukunftssicherung verwendet.

Kein § 3 Nr. 62 EStG

Eine Befreiung nach § 3 Nr. 62 EStG scheidet aus, weil der Arbeitgeber zur Zahlung der Beiträge nicht gesetzlich oder auf gesetzlicher Ermächtigung beruhender Bestimmung verpflichtet ist.

Anlage N-Gre

Die als Arbeitslohn anzusetzenden Arbeitgeberbeiträge sind vom Steuerpflichtigen in der Anlage N-Gre 2008 (Zeilen 104 bis 108) zu erklären. Die Höhe der Beiträge des Arbeitgebers hat der Steuerpflichtige grundsätzlich nachzuweisen (z. B. durch eine Bescheinigung des Arbeitgebers).

Listen ausfüllen: Termin 31. 05. 2010

Die im Rahmen der laufenden Veranlagung tatsächlich nachgewiesenen und als Arbeitslohn erfassten Arbeitgeberbeiträge bitte ich entsprechend der als Muster beigefügten Liste (Anlage) ab sofort bis zum 30. 04. 2009 festzuhalten, um Erfahrungswerte zu sammeln. Die ausgefüllten Listen bitte ich, mir bis zum 31. 05. 2010 zu übersenden.

Ggf. Schätzung

Kann der Steuerpflichtige die Beiträge des Arbeitgebers nicht nachweisen oder sind die nachgewiesenen Beiträge nicht glaubhaft oder kommt er seiner erhöhten Mitwirkungspflicht (§ 90 Abs. 3 AO) nicht nach, ist der als Arbeitslohn anzusetzende Arbeitgeberbeitrag zu schätzen. Solange keine besseren Erkenntnisse vorliegen, bestehen keine Bedenken, den Arbeitgeberbeitrag in diesen Fällen allgemein mit 1 % (ggf. bis 2 %) des Bruttoarbeitslohns zu schätzen. Allgemein ist davon auszugehen, dass bei Schweizer Grenzgängern in vielen Fällen ein solches Versicherungsverhältnis besteht.

3. Arbeitnehmerbeiträge

AN-Beiträge = Sonderausgaben

Die Beiträge des Arbeitsnehmers in einen Kollektiv-Krankentaggeldversicherungsvertrag sind – weiterhin – als Sonderausgaben (sonstige Vorsorgeaufwendungen § 10 Abs. 1 Nr. 3 Buchst. a EStG) im Rahmen der Höchstbeträge berücksichtigungsfähig. Gleiches gilt für die Beiträge des Arbeitgebers, die als steuerpflichtiger Arbeitslohn erfasst wurden. Auch insoweit liegen eigene Beiträge des Steuerpflichtigen (Arbeitnehmers) vor.

4. Versicherungsleistungen

Auszahlungen steuerfrei

Sind bereits die vom Arbeitgeber für den Versicherungsschutz erbrachten Aufwendungen Arbeitslohn, führen die darauf erbrachten Versicherungsleistungen zu keinem weiteren Arbeitslohn. Der BFH ließ offen, ob eine Zuordnung zu den Einkünften aus wiederkehrenden Bezügen (§ 22 Nr. 1 EStG) in Betracht kommt. Jedenfalls hält der BFH solche Bezüge als „Leistung aus einer Krankenversicherung" für steuerfrei (§ 3 Nr. 1a EStG).

Kein Progressionsvorbehalt

Schweizer Geburtengeld und Schweizer Krankentaggeld unterliegt in den einschlägigen Fällen (siehe unter a) nicht dem Progressionsvorbehalt. Grund ist, dass § 32b EStG eine abschließende Aufzählung enthält und dort Leistungen aus einem Schweizer Kollektiv-Krankentaggeldversicherungsvertrag nicht aufgeführt sind. Für eine analoge Anwendung des § 32b Abs. 1 Nr. 1 Buchst. b oder Buchst. c EStG besteht kein Raum. Es liegt keine Gesetzeslücke vor, wenn nur die aufgrund der deutschen Sozialversicherungssysteme erhaltenen Lohnersatzleistungen und nicht auch Leistungen ausländischer privater Versicherungen in den Progressionsvorbehalt einbezogen werden. Der Gesetzgeber hat (bewusst) nur Leistungen gesetzlicher Versicherungsträger dem Progressionsvorbehalt unterworfen.

5. Andere Sachverhalte

5.1 Verträge mit alleinigem Forderungsrecht des Arbeitgebers

Versicherungsleistung steuerpflichtig

Anders sind die Fälle zu beurteilen, in denen allein dem Arbeitgeber ein Forderungsrecht gegenüber dem Versicherer zusteht (sog. Rückdeckungsversicherung). In diesen Fällen ist – weiterhin – die Krankentaggeldzahlung an den Arbeitnehmer als Arbeitslohn (§ 19 EStG, § 2 LStDV sowie BFH-Beschluss vom 25. 1. 2000 – VI B 108/98 – BFH/NV 2000 S. 836) zu beurteilen. Unbeachtlich ist dabei, ob die Zahlung des Krankentaggelds an den Arbeitnehmer durch den Arbeitgeber oder im Wege des abgekürzten Zahlungsweges durch die Rückdeckungsversicherung erfolgt. Die Versicherungsbeiträge des Arbeitgebers stellen hier keinen Arbeitslohn dar.

5.2 Mutterschaftsentschädigung nach dem EOG

Analog deutschem Mutterschaftsgeld

Seit 01. 07. 2005 ist eine Versicherung über Mutterschaftsleistungen in der Schweiz obligatorisch. Grundlage bildet das Schweizer Bundesgesetz über den Erwerbsersatz für Dienstleistende und bei Mutterschaft (kurz: Erwerbsersatzgesetz – EOG). Da die Schweizer Mutterschaftsentschädigung nach dem EOG als vergleichbar mit dem deutschen Mutterschaftsgeld angesehen werden kann, bitte ich weiterhin folgende Auffassung zu vertreten:

- Steuerfrei, aber Progressionsvorbehalt
- Die Mutterschaftsentschädigung nach dem EOG bleibt in sinngemäßer Anwendung des § 3 Nr. 1d EStG steuerfrei. Sie ist indessen dem Progressionsvorbehalt (§ 32b Abs. 1 Nr. 1c bzw. d EStG gilt sinngemäß) zu unterwerfen.
- AN-Beiträge = Sonderausgaben
- Die Beitragsleistungen des Arbeitnehmers nach dem EOG stellen Sonderausgaben (sonstige Vorsorgeaufwendungen, § 10 Abs. 1 Nr. 3 Buchst. a EStG) dar. Die gesetzlichen Beiträge des Arbeitgebers bleiben nach § 3 Nr. 62 Satz 1 EStG steuerfrei.

Anwendungsregelung

Ich bitte, die vorstehenden Grundsätze in allen noch offenen Fällen anzuwenden. Die Bearbeitung zurück gestellter Einspruchsverfahren ist wieder aufzunehmen und im vorstehenden Sinne zu entscheiden. Gegen eine Klaglosstellung der betroffenen Steuerpflichtigen bestehen keine Einwendungen.

GG-Handbuch

Sofern die Ausführungen im Grenzgänger-Handbuch (u. a. Fach B Teil 2 Nr. 8) den vorstehenden Regelungen entgegen stehen, sind sie überholt.

Sachgebietsbesprechung

Ich bitte, diese Verfügung zum Gegenstand von Sachgebietsbesprechungen mit den zuständigen Bearbeitern zu machen, damit eine einheitliche Rechtsanwendung gewährleistet ist.

IV. Grenzgänger in die Schweiz bzw. ausländischer Arbeitgeber und Arbeitnehmer mit Wohnsitz und Steuerpflicht im Inland: Anwendung von § 3 Nr. 63 EStG im Rahmen der Veranlagung

(Verfügung der OFD Karlsruhe vom 23. 1. 2007/14. 11. 2012
– S 2333/54 – St 133 –)

In der Niederschrift zur Dienstbesprechung zu Fragen der Besteuerung von Grenzgängern in die Schweiz vom 10. 5. 2006 (in FAIR unter IStR → Grenzgänger-CH bzw. ESt → Fortbildung) wird unter Tz. 3.7 klargestellt, dass ab Veranlagungszeitraum 2005 die Steuerbefreiungsvorschrift § 3 Nr. 63 EStG auf Zahlungen an Schweizer Pensionskassen nach dem BVG keine Anwendung mehr findet, da letztere die Voraussetzungen der Altersvorsorge-Durchführungsverordnung (Anhang 2 II Lohnsteuer-Handbuch 2011) bzw. von § 3 Nr. 63 EStG wegen der Möglichkeit eines Vorbezugs zur Anschaffung von Wohneigentum nicht erfüllen. Anhang 2 III

Allerdings besteht die Möglichkeit, dass ein ausländischer (z. B. ein Schweizer) Arbeitgeber einer deutschen Pensionskasse bzw. einem deutschen Pensionsfonds beitritt oder eine deutsche Direktversicherung abschließt und diese Einrichtungen dann die Voraussetzungen von § 3 Nr. 63 EStG erfüllen. Ist dies der Fall, dann sind die Beiträge an die Pensionskasse, den Pensionsfonds bzw. die Direktversicherung (im Rahmen der Einkommensteuerveranlagung) steuerfrei nach § 3 Nr. 63 EStG.

Es ist nicht zu bestanden, wenn der Arbeitgeber den Arbeitslohn inklusive der Beiträge für die Versicherung an den Arbeitnehmer in der ausländischen Währung überweist, der Arbeitnehmer den Versicherungsbeitrag in Euro wechselt und dann an die Versicherung weiter überweist. Versicherungsnehmer muss aber der Arbeitgeber sein. Außerdem muss eine Zweckbindung für den an die Versicherung weiterzuüberweisenden Betrags bestehen.

Grds. muss der ausländische Arbeitgeber im vorgenannten Fall der inländischen Vorsorgeeinrichtung alle für die Besteuerung notwendigen Informationen zukommen lassen (bspw. auch, ob Teile des Arbeitslohns steuerfrei belassen wurden, § 6 Abs. 1 Altersvorsorge-Durchführungsverordnung). Da die Steuerbefreiung nach § 3 Nr. 63 EStG aber erst im Rahmen der Einkommensteuererklärung beantragt und gewährt werden kann, ist eine zutreffende Benachrichtigung der Versorgungseinrichtung durch den Arbeitgeber nicht sichergestellt. Anhang 2 III

Aus diesem Grund muss das Finanzamt in analoger Anwendung des § 6 Abs. 1 Altersvorsorge-Durchführungsverordnung die Pensionskasse, den Pensionsfonds bzw. das Versicherungsunternehmen über die steuerliche Behandlung der Beiträge informieren (steuerfreier Beitragsteil, individuell besteuerter Beitragsteil). Hierfür kann das als Anlage beigefügte (ausfüllbare) Musterschreiben verwendet werden. Anhang 2 III

Weitere Voraussetzung für die Anwendung von § 3 Nr. 63 EStG ist, dass es sich bei dem Arbeitsverhältnis um ein erstes Dienstverhältnis handelt (Rz. 264 BMF-Schreiben 31. 3. 2010[1]), BStBl I S. 270; Anhang 2 III Lohnsteuer-Handbuch 2011).

Bei einer Altzusage (die Versorgungszusage erfolgte vor dem 1. 1. 2005) sind Beiträge i. H. von 4 v. H. der Beitragsbemessungsgrenze zur gesetzlichen deutschen Rentenversicherung steuerfrei (im Jahr 2011 betrug die Beitragsbemessungsgrenze 66 000 Euro; der steuerfreie Betrag beträgt höchstens 2 640 Euro; im Jahr 2012 Beitragsbemessungsgrenze 67 200 Euro, steuerfreie Betrag höchstens 2 688 Euro). Im Falle einer Neuzusage (die Zusage erfolgte nach dem 1. 1. 2005) erhöht sich dieser Betrag um weitere 1 800 €. Zu weiteren Einzelheiten: Fortbildungsmanuskript Aktuelle Rechtsänderungen beim Steuerabzug vom Arbeitslohn 2005.

Für Beiträge, die aufgrund des Überschreitens der Höchstbeträge von § 3 Nr. 63 EStG nicht steuerfrei belassen, sondern regulär besteuert werden, kann ggf. im Rahmen der sog. „Riester-Rente" eine steuerliche Förderung in Betracht kommen (Rz. 269 BMF-Schreiben vom 31. 3. 2010[2]), a. a. O.) . Ob die Voraussetzungen für diese Förderung erfüllt sind, muss die Versorgungseinrichtung prüfen. Diese hat dem Steuerpflichtigen auch die für den entsprechenden Antrag im Rahmen der Einkommensteuerveranlagung notwendigen Unterlagen (Anlage AV und Anbieterbescheinigung) auszuhändigen. Damit eine Änderung des Einkommensteuerbescheids möglich bleibt, ist die Veranlagung nach § 164 AO unter „Vorbehalt der Nachprüfung" durchzuführen. Auf die Antragsmöglichkeit bei der Altersvorsorgeeinrichtung ist der Steuerpflichtige durch einen Hinweis im Einkommensteuerbescheid aufmerksam zu machen. Hierfür kann der nachfolgende Musterbaustein verwendet werden:

„Ihr Arbeitgeber hat Beiträge zu einer inländischen begünstigten betrieblichen Altersvorsorge-Einrichtung für Sie entrichtet. Neben der gewährten Steuerbefreiung nach § 3 Nr. 63 EStG i. H. von ____ € besteht unter Umständen die Möglichkeit, für die nicht steuerbefreiten Beträge die Förderung als sog. Riester-Rente zu beantragen. Hierzu benötigen Sie eine Bescheinigung des

1) Nachfolgeschreiben abgedruckt in → Anhang 2 IV.
2) Nachfolgeschreiben abgedruckt in → Anhang 2 IV.

Versicherungsunternehmens und die Anlage AV[1]) zur Einkommensteuererklärung. Ihr Einkommensteuerbescheid steht unter Vorbehalt der Nachprüfung und ist jederzeit änderbar, damit Sie diese weitere Förderung noch erhalten können."

Da dem Anbieter die Steuerfreiheit von Beiträgen ggf. erst durch die Mitteilung des Finanzamts bekannt wird, ist die Einkommensteuerveranlagung ggf. in zwei Stufen durchzuführen:

1. Feststellung der steuerfreien Beitragsteile und Information des Anbieters,
2. Riester-Förderung für den individuell besteuerten Beitragsteil bei Vorlage der Anlage AV und der Anbieterbescheinigung.

Die steuerfrei belassenen Beitragsteile sind als Dauersachverhalte im Rahmen der Einkommensteuerveranlagung im Einkommensteuerprogramm festzuhalten.

Nach § 10a Abs. 1 Satz 1 EStG steht einer in einem ausländischen gesetzlichen Rentensystem versicherten Personen die Riesterförderung ab dem VZ 2010 nicht zu. Diese Regelung gilt allerdings nur für ab dem 1. 1. 2010 abgeschlossenen Verträge (§ 52 Abs. 24c Satz 2 EStG[2])). Folglich sind Grenzgänger mit ab dem 1. 1. 2010 abgeschlossenen Riesterverträgen nicht mehr zulagenberechtigt. Vor dem 1. 1. 2010 abgeschlossene Verträge sind allerdings (weiterhin) begünstigt, sofern auch die Grenzgängereigenschaft vor dem 1. 1. 2010 begründet wurde.

Die aktualisierte Verfügung ist in FAIR/IStR/Grenzgänger-CH eingestellt.

V. Anwendung der aktuellen Rechtsprechung des Bundesfinanzhofes zur Besteuerung von Kapitalleistungen privatrechtlicher Schweizer Pensionskassen

(Mitteilung der OFD Karlsruhe v. 20. 7. 2015)

Der Bundesfinanzhof (BFH) hat sich mit den am 17. 6. 2015 auf seiner Homepage veröffentlichten Urteilen vom 26. 11. 2014 – VIII R 38/10, VIII R 39/10, VIII R 31/10 und vom 2. 12. 2014 – VIII R 40/11 mit der Besteuerung von Kapitalleistungen befasst, die deutsche Steuerpflichtige im Rahmen der schweizerischen Altersvorsorge aus der so genannten 2. Säule von Schweizer Pensionskassen beziehen bzw. in der Vergangenheit bezogen haben. Dies betrifft insbesondere Steuerpflichtige, die im Inland wohnen, aber in der Schweiz gearbeitet haben bzw. noch arbeiten (sog. Grenzgänger). Betroffen sind aber auch Steuerpflichtige, die keine Grenzgänger sind/waren, zwischenzeitlich im Inland wohnen und ebenfalls Leistungen aus einer Schweizer Pensionskasse beziehen.

Entgegen der bisherigen Auffassung der Finanzverwaltung hat der BFH entschieden, dass bei der Besteuerung von Kapitalleistungen von privatrechtlichen Schweizer Pensionskassen zwischen dem Obligatorium (gesetzlich vorgeschriebener Mindestabsicherung) und dem Überobligatorium (über die Mindestabsicherung hinausgehende Einzahlungen in die Pensionskasse) zu unterscheiden ist.

Soweit die Auszahlung aus der privatrechtlichen Pensionskasse aus dem Obligatorium stammt, liegt eine steuerpflichtige „andere Leistung" gemäß § 22 Nr. 1 Satz 3 Buchst. a Doppelbuchst. aa EStG vor, die – wie bisher – mit dem maßgebenden Besteuerungsanteil steuerpflichtig ist. Soweit die Zahlung aus dem Überobligatorium stammt, erfolgt – entgegen der bisherigen Auffassung der Finanzverwaltung – die Besteuerung wie eine Leistung aus einer Kapitallebensversicherung. Erfolgt der Eintritt in die Pensionskasse vor 2005 und wurde mehr als zwölf Jahre eingezahlt, kann die Auszahlung sogar ganz steuerbefreit sein. Bei einem späteren Eintritt in die Pensionskasse ist der Unterschiedsbetrag zwischen der Auszahlung und den entrichteten Beiträgen zu versteuern. Erfolgte in diesen Fällen die Auszahlung nach Vollendung des 60. (Vertragsabschluss bis 31. 12. 2011) bzw. 62. Lebensjahres (Vertragsabschluss ab 1. 1. 2012) und nach mehr als zwölf Jahren, ist nur der hälftige Unterschiedsbetrag zu versteuern.

Die vom Bundesfinanzhof für privatrechtliche Pensionskassen angeordnete Unterscheidung zwischen dem Obligatorium und dem Überobligatorium schlägt auch auf die Einzahlungsphase durch. Hier hat die neue Rechtsprechung eine für die Steuerpflichtigen – insbesondere die Grenzgänger – nachteilige Auswirkung, da sich die überobligatorischen Einzahlungen in den meisten Fällen bei den Sonderausgaben steuerlich nicht (mehr) auswirken und die überobligatorischen Einzahlungen des Arbeitgebers steuerpflichtigen Arbeitslohn darstellen.

Für Kapitalleistungen aus den öffentlich-rechtlichen Schweizer Pensionskassen (im Regelfall die Pensionskassen öffentlich-rechtlicher schweizerischer Arbeitgeber) gelten diese Grundsätze dagegen nicht, da diese Pensionskassen ihre Rechtsgrundlagen im öffentlichen Recht haben. Eine Austrittsleistung aus einer solchen Pensionskasse hat der BFH für Veranlagungszeiträume ab 2005 einheitlich (Obligatorium und Überobligatorium) als „andere Leistung" gemäß § 22

[1]) Abgedruckt zu → H 10a LStH unter „Vordruckmuster Anlage AV":
[2]) Jetzt § 10a Abs. 6 EStG.

Nr. 1 Satz 3 Buchst. a Doppelbuchst. aa EStG beurteilt, die – soweit eine Einmalauszahlung erfolgt – nach der Fünftelregelung ermäßigt besteuert werden kann.

Durch die aktuelle BFH-Rechtsprechung muss folglich die einkommensteuerliche Einordnung der Schweizer Pensionskassen sowohl in der Auszahlungsphase als auch in der Einzahlungsphase neu vorgenommen werden. Die neuen Besteuerungsgrundsätze werden derzeit von der Finanzverwaltung abgestimmt. Erst danach werden die o. g. Urteile im Bundessteuerblatt veröffentlicht und allgemein angewandt. Die Finanzämter werden daher auch erst zu diesem Zeitpunkt damit beginnen, die betroffenen Einsprüche abzuarbeiten. Vorteilhaft wäre es, wenn Sie dem Finanzamt bis dahin schon eine entsprechende Aufteilung (welcher Teil der Auszahlung stammt aus dem Obligatorium und welcher Teil aus dem Überobligatorium) der Pensionskassenleistung (Rente bzw. Einmalauszahlung) zukommen lassen würden. Für Altjahre, in denen kein Einspruch eingelegt wurde und die Bescheide bestandskräftig sind, gibt es keine Änderungsmöglichkeit.

Da die Finanzämter die bisherigen Rechtsgrundsätze zunächst weiter anwenden müssen, sollte bei Leistungen aus privatrechtlichen Schweizer Pensionskassen Einspruch eingelegt werden, damit das Finanzamt die günstigere BFH-Rechtsprechung anwenden kann.

Irrtümlich angenommene Sozialversicherungspflicht

Folgerungen aus einer irrtümlich angenommenen Sozialversicherungspflicht – Neufassung Anhang 22.8.5 Anleitung für den Lohnsteuer-Außendienst – S 233.3/77 – St 144 –

(Vfg. der OFD Karlsruhe vom 19. 11. 2008 – S 2333/77 – St 144)

Nach dem Urteil des FG Rheinland-Pfalz vom 13. 9. 2007 – 1 K 2180/06, ist in Fällen einer irrtümlich angenommenen Sozialversicherungspflicht von Gesellschafter-Geschäftsführern (GesGF), in denen bereits gezahlte Arbeitgeberanteile zur Kranken-, Pflege- und Rentenversicherung in freiwillige Beiträge umgewandelt werden, erst im Jahr der Umwandlung ein steuerpflichtiger Arbeitslohn zu erfassen. Im zugrunde liegenden Streitfall hatte eine GmbH für ihre Prokuristin jahrelang Sozialversicherungsbeiträge abgeführt. Nachdem der Sozialversicherungsträger hierzu mitgeteilt hatte, dass die Tätigkeit der Prokuristin keine der gesetzlichen Sozialversicherung unterliegende Tätigkeit ist, wurden die bislang abgeführten Arbeitnehmeranteile zur Gesamtsozialversicherung und die Arbeitgeberanteile zur Arbeitslosenversicherung an die GmbH ausbezahlt. Die Arbeitnehmeranteile hatte die GmbH an die Prokuristin weitergeleitet. Die bereits gezahlten Arbeitgeberanteile zur Kranken-, Pflege- und Rentenversicherung wurden in freiwillige Beiträge umgewandelt. Das Finanzamt hatte ausgehend von der bisherigen Rechtsauffassung der Finanzverwaltung (s. Anleitung für den Lohnsteuer-Außendienst, Stand Mai 2007, Anhang 6.2.7.5 – Irrtümlich angenommene Versicherungspflicht) diese als freiwillige Beiträge umqualifizierten Arbeitgeberleistungen rückwirkend als steuerpflichtigen Arbeitslohn in den Jahren der ursprünglichen Zahlungen der GmbH an den Sozialversicherungsträger behandelt. Das FG Rheinland-Pfalz verneinte dagegen ein rückwirkendes Ereignis i. S. d. § 175 Abs. 1 Satz 1 Nr. 2 AO und erfasst die in freiwillige Beiträge umgewandelten Arbeitgeberleistungen im Jahr der Umwandlung als steuerpflichtigen Arbeitslohn.

Auf Bund-/Länderebene wurde entschieden, das Urteil allgemein anzuwenden. Die Anleitung für den Lohnsteuer-Außendienst (Stand Mai 2008) wurde im neuen Anhang 22.8.5 entsprechend angepasst.

Die neue Rechtsauffassung ist allerdings nur in den Fällen anzuwenden, in denen tatsächlich eine Umwandlung (d. h. ein Zeitpunkt des Entschlusses des Arbeitgebers und dessen Umsetzung) irrtümlich gezahlter Beiträge zur Sozialversicherung in freiwillige Beiträge stattfindet. War dagegen der Gesellschafter-Geschäftsführer (z. B. wegen Überschreitens der Jahresentgeltgrenze) nicht krankenversicherungspflichtig und hat der Arbeitgeber irrtümlicherweise nach § 3 Nr. 62 Satz 1 EStG i. V. mit § 257 Abs. 1 und Abs. 2 SGB V steuerfreie Zuschüsse zu den Krankenversicherungsbeiträgen (zu einer freiwilligen Versicherung in der gesetzlichen Krankenversicherung oder zu einer privaten Krankenversicherung) geleistet, so wurden diese Zuschüsse in den Jahren der ursprünglichen Zahlung zu Unrecht als steuerfrei nach § 3 Nr. 62 Satz 1 EStG behandelt.

Mangels einer „Umwandlungshandlung" gilt in diesen Fällen die bisherige Rechtsauffassung weiter, wonach ein Zufluss von Arbeitslohn bereits in den jeweiligen Kalenderjahren der früheren Zahlung gegeben ist. Die Einkommensteuer-Veranlagungen sind insoweit unter den Voraussetzungen des § 175 Abs. 1 Satz 1 Nr. 2 AO zu ändern.

Leistungen exterritorialer Arbeitgeber

Beiträge zur Sozialversicherung von deutschen Arbeitnehmern exterritorialer Arbeitgeber

(Erlaß des FinMin Saarland vom 28. 6. 1985 – B/II – 490/85 – S 2333 A –)

Die deutschen Bediensteten ausländischer Staaten und exterritorialer Personen in Deutschland sind grundsätzlich kranken-, renten- und arbeitslosenversicherungspflichtig. Da die Erfüllung der Beitrags- und Einbehaltungspflicht gegenüber exterritorialen Arbeitgebern nicht erzwungen werden kann, müssen die Arbeitnehmer in diesen Fällen die Pflichten der Arbeitgeber selbst erfüllen (vgl. Verordnung vom 11. Dezember 1937 – Deutscher Reichs- und Preußischer Staatsanzeiger Nr. 289 vom 15. Dezember 1937, § 172 Abs. 2 AFG). Sie tragen mithin auch den Beitragsanteil des Arbeitgebers.

Bei der Veranlagung solcher Arbeitnehmer zur Einkommensteuer sind deshalb von den auf gesetzlicher Verpflichtung beruhenden Beiträgen zur Sozialversicherung die Beträge (aus Billigkeitsgründen) steuerfrei zu belassen, die auf den Arbeitgeberanteil entfallen (§ 3 Nr. 62 EStG). Der Arbeitgeberanteil beträgt die Hälfte des Gesamtbetrags. Die andere Hälfte (Arbeitnehmeranteil) ist als Sonderausgabe zu behandeln.

Dieser Erlaß ergeht im Einvernehmen mit dem Bundesminister der Finanzen und den obersten Finanzbehörden der anderen Länder.

Polizei-/Feuerwehrbeamte

Steuerliche Behandlung der Krankenversicherungszuschüsse für Polizeibeamte des Landes Baden-Württemberg und für Feuerwehrbeamte der Kommunen ab dem 1. Januar 2011

Bezug: Erlass vom 13. 3. 2009 – 3 – S 233.3/81 –

(Erlass des FinMin Baden-Württemberg vom 14. 8. 2015 – 3 – S 233.3/81 –)

Für die steuerliche Behandlung der Krankenversicherungszuschüsse für Polizeibeamte des Landes Baden-Württemberg und für Feuerwehrbeamte der Kommunen gilt ab 1. Januar 2011 Folgendes:

Neben Beamten des Polizeivollzugsdienstes, auch wenn sie in Planstellen des Landesamtes für Verfassungsschutz eingewiesen sind, haben auch Beamte des Einsatzdienstes der Feuerwehr und Beamte des technischen Dienstes der Landesfeuerwehrschule Anspruch auf Heilfürsorgeleistungen (§ 79 Abs. 1 Landesbeamtengesetz – LBG). Die Leistungen der Heilfürsorge sind steuerfrei (§ 3 Nr. 4 Buchstabe d EStG).

Anstelle der Leistungen aus der Heilfürsorge können Beamte des Polizeivollzugsdienstes, auch wenn sie in Planstellen des Landesamtes für Verfassungsschutz eingewiesen sind, weiterhin einen Zuschuss zu den Beiträgen an eine Krankenversicherung erhalten (§ 79 Abs. 7 LBG). Der aufgrund gesetzlicher Verpflichtung gewährte Zuschuss ist nach § 3 Nr. 62 Satz 1 EStG steuerfrei.

Ferner können auch Beamte des Einsatzdienstes der Feuerwehr anstelle der Leistungen aus der Heilfürsorge zu den Aufwendungen in Krankheitsfällen Beihilfe nach den beihilferechtlichen Vorschriften des Landes und einen Zuschuss zu den Beiträgen an eine Krankenversicherung erhalten (§ 79 Abs. 4 LBG). Der aufgrund gesetzlicher Verpflichtung gewährte Zuschuss ist nach § 3 Nr. 62 Satz 1 EStG steuerfrei.

Abschließend wird darauf hingewiesen, dass die steuerfreien Zuschüsse zu den Beiträgen an eine Krankenversicherung die als Sonderausgaben abzugsfähigen Beiträge an eine Krankenversicherung mindern (§ 10 Abs. 2 Satz 1 Nr. 1 zweiter Halbsatz EStG).

Der Bezugserlass wird ab dem 1. Januar 2011 aufgehoben.

Rückzahlung von Beitragsanteilen an den Arbeitgeber

Beitragsanteile am Gesamtsozialversicherungsbeitrag, die der Arbeitgeber ohne gesetzliche Verpflichtung übernommen hat, sind kein Arbeitslohn, wenn sie dem Arbeitgeber zurückgezahlt worden sind und der Arbeitnehmer keine Versicherungsleistungen erhalten hat (→ BFH vom 27. 3. 1992 – BStBl 1992 II S. 663).

Sozialversicherungspflicht GmbH-Geschäftsführer, Vorstand

Leistungen für die Zukunftssicherung von beherrschenden Gesellschafter-Geschäftsführern einer GmbH und von Vorstandsmitgliedern einer AG oder eines VVaG

(Verfügung der OFD Hannover vom 14. 2. 2007 – S 2333 – 93 – StO 211 –)

1. GmbH-Gesellschafter-Geschäftsführer

Arbeitgeberbeiträge zur Renten-, Kranken-, Pflege- und Arbeitslosenversicherung für beherrschende Gesellschafter-Geschäftsführer sind nicht nach § 3 Nr. 62 EStG steuerfrei. Bei einem beherrschenden Gesellschafter-Geschäftsführer liegt arbeitsrechtlich kein Arbeitsverhältnis vor, so dass der Arbeitgeber gesetzlich nicht zur Zahlung von Arbeitgeberanteilen verpflichtet ist (vgl. BFH vom 10. 10. 2002, BStBl 2002 II S. 886).

Ob es sich um einen beherrschenden, nicht sozialversicherungspflichtigen Gesellschafter-Geschäftsführer oder um einen abhängig beschäftigten Arbeitnehmer handelt, beurteilt sich allein nach sozialversicherungsrechtlichen Vorschriften. Die Entscheidung trifft die zuständige Einzugsstelle der Sozialversicherungsträger. Sie ist infolge ihrer Tatbestandswirkung auch im Besteuerungsverfahren zu beachten, sofern sie nicht offensichtlich rechtswidrig ist.

Ein abhängiges Beschäftigungsverhältnis zu der GmbH liegt sozialversicherungsrechtlich i. d. R. nicht vor, wenn der Gesellschafter-Geschäftsführer einen maßgeblichen Einfluss auf die Geschicke der GmbH ausüben kann. Das ist i. d. R. der Fall, wenn der Anteil am Stammkapital der GmbH mindestens 50 % beträgt. Das Gleiche gilt auch bei einem Kapitalanteil von weniger als 50 %, wenn aufgrund des Gesellschaftsvertrags für Beschlüsse der Gesellschaft eine qualifizierte Mehrheit erforderlich ist und dieser Anteil eine Sperrminorität darstellt, die ausreicht, eine Beschlussfassung zu verhindern oder wenn der Geschäftsführer hinsichtlich Zeit, Dauer, Umfang und Ort seiner Tätigkeit im Wesentlichen weisungsfrei ist und seine Tätigkeit wirtschaftlich gesehen nicht für ein fremdes, sondern für ein eigenes Unternehmen ausübt.

Die beigefügte Übersicht (Anlage) gibt versicherungsrechtliche Entscheidungen zur Behandlung von Gesellschafter-Geschäftsführern, mitarbeitenden Gesellschaftern und Geschäftsführern wieder. Für den Fall, dass noch keine Entscheidung der zuständigen Einzugsstelle der Sozialversicherungsträger vorliegen sollte, kann sie als Entscheidungshilfe herangezogen werden.

Zukunftssicherungsleistungen, die nicht nach § 3 Nr. 62 EStG steuerfrei sind, zählen aber nur zum steuerpflichtigen Arbeitslohn, soweit keine verdeckten Gewinnausschüttungen vorliegen. Um verdeckte Gewinnausschüttungen handelt es sich z. B., wenn die Arbeitgeberanteile nicht klar und eindeutig in den Dienstverträgen festgelegt sind. Das Gleiche gilt, wenn die Gesamtausstattung der Tätigkeitsvergütungen für den Gesellschafter-Geschäftsführer unangemessen hoch ist. Ob es sich im Zweifelsfall um Arbeitslohn oder um verdeckte Gewinnausschüttungen handelt, ist im Einvernehmen mit der für die GmbH zuständigen Veranlagungsstelle zu entscheiden.

2. Vorstandsmitglieder einer AG oder eines VVaG

Vorstandsmitglieder einer AG sind grundsätzlich nach § 1 Satz 1 Nr. 1 SGB VI rentenversicherungspflichtig, wenn sie nicht durch § 1 Satz 4 SGB VI von der Rentenversicherungspflicht befreit sind.

Sie sind als Beschäftigte im Sinne des § 7 Abs. 1 SGB IV anzusehen, wenn sie funktionsgerecht dienend am Arbeitsprozess teilhaben. Ihnen fehlt es an einem echten unternehmerischen Risiko, das eine selbstständige Tätigkeit auszeichnet. Vielmehr unterliegen sie der Kontrolle der Aufsichtsräte, die in der Regel jährlich eine Entlastung der Vorstandsmitglieder der AGen von der persönlichen Haftung für ihre unternehmerischen Entscheidungen aussprechen und sie damit vom Unternehmerrisiko befreien. Vorstandsmitglieder der AGen können mit Chefärzten eines Krankenhauses verglichen werden, die ihre fachlichen Entscheidungen ebenfalls ohne Weisung der Krankenhausverwaltung treffen und dennoch als abhängig Beschäftigte betrachtet werden. Eine andere Beurteilung ist nur vorzunehmen, wenn Vorstandsmitglieder selbst eine Mehrheitsbeteiligung an der AG halten.

Vorstandsmitglieder haben Anspruch auf einen Zuschuss zu ihrem Krankenversicherungsbeitrag nach § 257 SGB V und zu ihrem Pflegeversicherungsbeitrag nach § 61 SGB XI. Sie erhalten diese Zuschüsse steuerfrei nach § 3 Nr. 62 EStG, da sie aufgrund gesetzlicher Verpflichtung geleistet werden und im Übrigen die Finanzverwaltung der Entscheidung des zuständigen Sozialversicherungsträgers grundsätzlich zu folgen hat (BFH vom 6. 6. 2002, BStBl 2003 II S. 34).

Auch Vorstandsmitglieder einer großen VVaG sind grundsätzlich Arbeitnehmer im sozialversicherungsrechtlichen Sinne.

Die Entscheidungen der Sozialversicherungsträger sind grundsätzlich zu beachten.

3. Vorstandsmitglieder eingetragener Genossenschaften

Für Vorstandsmitglieder eingetragener Genossenschaften 1) und angestellte Vorstandsmitglieder öffentlicher Sparkassen 2) hat das BSG die Arbeitnehmereigenschaft bejaht. Hinsichtlich der hauptamtlichen Vorstandsmitglieder gesetzlicher Krankenkassen und deren Verbände gehen die Spitzenverbände der Sozialversicherungsträger davon aus, dass es sich um abhängig Beschäftigte i. S. des § 7 SGB IV handelt. Arbeitgeberzuschüsse zu den Beiträgen zur gesetzlichen Rentenversicherung sowie die gesetzlichen Ansprüche auf Arbeitgeberzuschüsse zur Kranken- und Pflegeversicherung sind im Rahmen des § 3 Nr. 62 EStG steuerfrei.

Die Entscheidungen der Sozialversicherungsträger sind grundsätzlich zu beachten.

4. Irrtümliche angenommene Sozialversicherungspflicht

Übernommen aus „Anleitung für den Lohnsteueraußendienst" (Stand Mai 2006) Anhang 6, Tz. 6.2.7.5

Wird durch den Sozialversicherungsträger nachträglich festgestellt, dass in der Vergangenheit keine Sozialversicherungspflicht bestand, hat der rückwirkende Wegfall der angenommenen Versicherungspflicht folgende Konsequenzen:

1. Werden vom Sozialversicherungsträger Arbeitgeberanteile zur gesetzlichen RV und AF an den Arbeitgeber erstattet, die dieser in der rechtsirrtümlichen Annahme der Versicherungspflicht geleistet hat, ohne dass sie vom Arbeitgeber an den Arbeitnehmer weitergegeben werden, so ist dieser Vorgang lohnsteuerlich nicht relevant (BFH-Urteil vom 27. 3. 1992, BStBl 1992 II S. 663). Eine Änderung von ESt-Bescheiden der Vorjahre kommt nicht in Betracht.
2. Werden vom Sozialversicherungsträger die (vermeintlich) gesetzlichen Arbeitnehmeranteile zur gesetzlichen RV und AF an den Arbeitnehmer erstattet, so berührt dies nicht den Arbeitslohn. Ein Abzug der der Erstattung zugrunde liegenden Beträge als Sonderausgaben kommt nicht in Betracht. Ist im Kj. der Erstattung im Rahmen der ESt-Veranlagung eine Kompensation mit gleichartigen Aufwendungen nicht möglich, ist der Sonderausgabenabzug des Kj. der Verausgabung um die nachträgliche Erstattung zu mindern. Ein bereits bestandskräftiger Bescheid ist nach § 175 Abs. 1 Satz 1 Nr. 2 AO zu ändern (BFH-Urteil vom 28. 5. 1998, BStBl 1999 II S. 95). Der Vorwegabzug (§ 10 Abs. 3 Nr. 2 EStG a. F.) ist bei den betroffenen Veranlagungen wegen des rückwirkenden Wegfalls der Sozialversicherungspflicht (keine Arbeitgeberleistungen i. S. des § 3 Nr. 62 EStG) zu Unrecht gekürzt worden, soweit nicht ausnahmsweise eine andere Kürzungsvorschrift anzuwenden war. Die Kürzung des Vorwegabzugs ist folglich rückgängig zu machen (§ 175 Abs. 1 Satz 1 Nr. 2 AO).
3. Krankenversicherungs- und Pflegeversicherungsbeiträge werden dann nicht erstattet, wenn der Versicherungsträger bis zur Geltendmachung des Erstattungsanspruchs aufgrund dieser Beiträge oder für den Zeitraum, für den die Beiträge zu Unrecht entrichtet worden sind, Leistungen erbracht oder zu erbringen hat (§ 26 Abs. 2 SGB IV). Entsprechende Arbeitgeberanteile, die irrtümlich als steuerfreier Arbeitslohn behandelt wurden, sind als steuerpflichtiger Arbeitslohn anzusehen. Im Erstattungsfall sind die Ausführungen zur RV und AF anzuwenden.
4. Werden die Arbeitgeberanteile zur gesetzlichen RV und AF vom Sozialversicherungsträger an den Arbeitgeber erstattet und von diesem an den Arbeitnehmer weitergegeben, so kann es sich um eine verdeckte Gewinnausschüttung (Urteil des FG Düsseldorf vom 17. 12. 1993, EFG 1994 S. 566) oder um Arbeitslohn handeln. Arbeitslohn kann vorliegen, wenn der Gesellschafter-Geschäftsführer zwar sozialversicherungsrechtlich, nicht jedoch steuerrechtlich als beherrschend beurteilt wird und die Gesamtbezüge auch unter Einbeziehung der weitergegebenen Beträge noch als angemessen angesehen werden können. Auch bei beherrschenden Gesellschafter-Geschäftsführern i. S. d. Steuerrechts kann u. U. noch von Arbeitslohn auszugehen sein, wenn etwa spätestens in zeitlichem Zusammenhang mit dem Antrag auf Erstattung der zu Unrecht gezahlten Arbeitgeberbeiträge eine Vereinbarung über die Weitergabe der Beträge an den Gesellschafter-Geschäftsführer erfolgt und die Gesamtbezüge des Gesellschafter-Geschäftsführers insgesamt noch angemessen sind. Die abschließende Entscheidung über die Abgrenzung einer verdeckten Gewinnausschüttung von Arbeitslohn ist stets im Benehmen mit der für die Besteuerung der Gesellschaft zuständigen Veranlagungsstelle zu treffen. Ist Arbeitslohn anzunehmen, sind die Arbeitgeberanteile in dem Kj. zu versteuern, in dem sie an den Arbeitnehmer ausgezahlt werden. Dies gilt auch dann, wenn die erstatteten Beträge von diesem für eine private Lebensversicherung verwendet werden.
5. Wird auf die Rückzahlung der Arbeitgeberbeiträge zur gesetzlichen RV durch den Arbeitgeber verzichtet und werden die Beiträge für die freiwillige Versicherung des Arbeitneh-

mers in der gesetzlichen RV verwendet (Umwandlung), ist ebenfalls zu entscheiden, ob es sich um eine verdeckte Gewinnausschüttung oder um steuerpflichtigen Arbeitslohn (Urteil des FG Köln vom 21. 11. 1989, EFG 1990 S. 383) handelt (zur Abgrenzung vgl. oben Tz. 3). Ist steuerpflichtiger Arbeitslohn gegeben, liegt Zufluss bereits in den jeweiligen Kj. der früheren Zahlung vor, da hier durch Umwandlung die Versicherungsanwartschaft bestehen bleibt. Die freiwillige Versicherung nimmt die Stellung der vermeintlichen gesetzlichen Versicherung ein. Die ESt-Veranlagungen der früheren Kj. sind unter den Voraussetzungen des § 175 Abs. 1 Satz 1 Nr. 2 AO zu ändern, da der Arbeitgeberanteil nicht nach § 3 Nr. 62 Satz 1 EStG steuerfrei ist, es sich insoweit um Sonderausgaben des Arbeitnehmers handelt und der Vorwegabzugsbetrag nicht mehr zu kürzen ist (vgl. Tz. 2).

Werden künftig freiwillige Beiträge zur SV geleistet, weil festgestellt wurde, dass keine Sozialversicherungspflicht besteht, so kann in Höhe des Zuschusses des Arbeitgebers ebenfalls eine verdeckte Gewinnausschüttung anzunehmen sein (BFH-Urteil vom 11. 2. 1987, BStBl 1987 II S. 461).

Anlage:

Versicherungsrechtliche Beurteilung:

Gesellschafter-Geschäftsführer einer GmbH/GmbH-Geschäftsführer

Beurteilungskriterien	**Entscheidung**	**Arbeitnehmer**
Fallgruppe I: Kapitalanteil unter 50 %		
Beispiel 1:		
Gesellschafter, Geschäftsführer, Kapitalanteil unter 50 % Anstellungsvertrag, keine Sperrminorität, keine Verhinderung von Gesellschafterbeschlüssen Weisungsgebundenheit, Eingliederung in den Betrieb.	Ein aufgrund eines Anstellungsvertrages tätiger Gesellschafter-Geschäftsführer einer GmbH ist versicherungspflichtig, wenn er als Gesellschafter keinen maßgebenden Einfluss auf die Gesellschaft hat. Das ist der Fall, wenn der Geschäftsführer weniger als die Hälfte der Geschäftsanteile besitzt und auch nicht hinsichtlich wesentlicher Gesellschaftsbeschlüsse eine Sperrminorität besitzt.	ja
Beispiel 2:		
Gesellschafter, Geschäftsführer, Kapitalanteil 33,3 % des Gesamtkapitals, vertretungsberechtigt mit einem weiteren zu einem Drittel beteiligten Geschäftsführer, kein anderer Gesellschafter hat mehr als ein Drittel des Gesamtkapitals, keine Weisungsgebundenheit nach den tatsächlichen Verhältnissen, freie Bestimmung der Tätigkeit (Arbeitszeit, Urlaub usw.).	Ein GmbH-Geschäftsführer, der an der GmbH mit einem Drittel am Kapital beteiligt ist und die GmbH mit einem weiteren zu einem Drittel beteiligten Geschäftsführer gemeinschaftlich vertritt, unterliegt nicht der Versicherungspflicht. Entscheidend ist: Der Gesellschaftsführer trägt nach der tatsächlichen Gestaltung der Tätigkeit das volle Unternehmerrisiko, unterliegt keinerlei Weisungen und kann seine Tätigkeit nach den Belangen des Unternehmens, die in Wirklichkeit mit seinen eigenen Belangen übereinstimmen, selbst frei bestimmen. Bei freier Bestimmung über Arbeits- und Urlaubszeit nimmt er als Geschäftsführer weitgehend unternehmerische Funktionen wahr und steht nicht in einem persönlichen Abhängigkeitsverhältnis.	nein
Beispiel 3:		
Gesellschafter, Geschäftsführer, Alleinvertretungsberechtigung, Kapitalanteil unter 50 %, Anstellungsvertrag, keine Beschränkung in Gestaltung und Ausführung der Arbeit durch Vertrag oder nach den tatsächlichen Verhältnissen, keine Weisungsgebundenheit.	Ein alleinvertretungsberechtigter Geschäftsführer, der vertraglich seine Arbeit uneingeschränkt gestalten und ausführen kann (besonders hinsichtlich der Arbeitszeit), unterliegt nicht der Versicherungspflicht. Die tatsächliche Durchführung des Vertrags muss aber dieser Vereinbarung entsprechen.	nein
Beispiel 4:		
Gesellschafter, kein Geschäftsführer, Führung des Unternehmens wegen sei-	Ein beschäftigter Gesellschafter mit einem Drittel Kapitalbeteiligung, der	nein

Beurteilungskriterien	Entscheidung	Arbeitnehmer
ner Branchenkenntnisse, Geschäftsanteil ein Drittel des Gesamtkapitals, keine Beschränkung in Gestaltung und Ausführung der Arbeit, keine Weisungsgebundenheit, ohne ausdrücklichen Gesellschafterbeschluss oder schriftlichen Anstellungs-, Arbeits-, Dienstvertrag tätig.	aufgrund stillschweigender Übereinkunft wegen seiner einschlägigen Branchenkenntnisse maßgeblich bei der Führung des Unternehmens mitwirkt, die Gesellschaft nach außen ohne ausdrücklichen Gesellschafterbeschluss oder schriftlichen Anstellungsvertrag vertritt und in der Gestaltung seiner Arbeit und der Bestimmung seiner Arbeitszeit keinen Weisungen unterliegt, steht nicht in einem abhängigen Beschäftigungsverhältnis. Der Gesellschafter ist nicht wie eine fremde Arbeitskraft in den Betrieb eingegliedert, sondern tatsächlich als Mitinhaber des unter seinem Namen in der Rechtsform einer GmbH geführten Unternehmens tätig.	
Beispiel 5: Ehegatten-GmbH, Gesellschafterin, Geschäftsführerin, Kapitalanteil unter 50 %, Ehegatte als weiterer Gesellschafter mit restlichem Kapitalanteil, keine Weisungsgebundenheit.	Eine als Geschäftsführerin tätige Ehefrau, die gleichzeitig Gesellschafterin der GmbH ist (sie unter, Ehemann über 50 % Kapitalanteil), steht nicht in einem sozialversicherungspflichtigen Beschäftigungsverhältnis, wenn sie an keine Arbeitszeit und an keine Weisungen gebunden ist. Das gilt auch, wenn ihr Gehalt steuerrechtlich als Betriebsausgabe behandelt wird. Die unterschiedliche Kapitalbeteiligung von Ehegatten an einer GmbH ist nicht das ausschlaggebende Merkmal für die Beurteilung der Sozialversicherungspflicht. Für die Frage der Sozialversicherungspflicht sind Kapitalanteile von Ehegatten nicht zusammenzurechnen.	nein
Fallgruppe II: Kapitalanteil 50 % **Beispiel 1:** Gesellschafter, Geschäftsführer, Kapitalanteil 50 %.	Ein Gesellschafter-Geschäftsführer mit 50 % Kapitalbeteiligung kann durch sein Stimmrecht bei Gesellschafterbeschlüssen einen maßgeblichen Einfluss auf die Entscheidung der GmbH ausüben. Er steht nicht in einer persönlichen Abhängigkeit zur Gesellschaft, auch wenn er aufgrund eines Dienstvertrages mit monatlich feststehender Vergütung, Weihnachtsgeld, Urlaubsgeld usw. tätig wird.	nein
Beispiel 2: Gesellschafter, Geschäftsführer, Kapitalanteil 50 %, ein weiterer Geschäftsführer mit 50 % Kapitalanteil.	Zwei Geschäftsführer, die je zur Hälfte am Stammkapital einer GmbH beteiligt sind und die Gesellschaft gemeinschaftlich vertreten, können nur übereinstimmend handeln. Daraus ergibt sich: Es besteht kein persönliches Abhängigkeitsverhältnis zu der Gesellschaft im Sinne einer Weisungsgebundenheit oder eines entsprechenden Direktionsrechts. Jeder der beiden Geschäftsführer hat insoweit eine unabhängige Stellung, als ohne ihn keine Beschlüsse gefasst werden können.	nein

Beurteilungskriterien	Entscheidung	Arbeitnehmer
Beispiel 3: Gesellschafter, leitender Angestellter (kein Geschäftsführer), Kapitalanteil 50 %, in der Angestelltentätigkeit leistungsbezogenes Entgelt, ein weiterer Gesellschafter mit 50 % Kapitalanteil.	Ein leitender Angestellter (Prokurist), dessen Gehalt vertraglich „entsprechend der erbrachten Leistung" festgesetzt wird, unterliegt nicht der Versicherungspflicht. Beide zu je 50 % Beteiligte haben gleichen Anteil an den Entscheidungen der Gesellschaft, keiner der Gesellschafter ist gegenüber der GmbH weisungsgebunden.	nein
Fallgruppe III: Kapitalanteil über 50 % Gesellschafter, Geschäftsführer, Kapitalanteil über 50 %.	Ein in einer GmbH als Geschäftsführer tätiger Gesellschafter, der Geschäftsanteile von mehr als 50 % besitzt und allein in dem Unternehmen tätig ist, steht nicht in einem versicherungspflichtigen Beschäftigungsverhältnis.	nein
Fallgruppe IV: ohne Kapitalanteil kein Gesellschafter, Geschäftsführer, Weisungsgebundenheit gegenüber der Gesellschafterversammlung monatlich gleichbleibende Vergütung, persönliche und wirtschaftliche Abhängigkeit.	Ein nicht an einer Gesellschaft beteiligter Geschäftsführer, der nach seiner Arbeitsplatzbeschreibung der Gesellschafterversammlung im Rahmen des GmbH-Gesetzes und des Gesellschaftervertrags unterstellt ist, dem die allgemeine Verwaltung der GmbH obliegt, dabei nur im Rahmen der Gesellschafterbeschlüsse handeln darf und insoweit der Prüfung und Überwachung durch die Gesellschafter unterliegt, für seine Tätigkeit eine monatliche gleichbleibende Vergütung sowie bezahlten Urlaub erhält, steht in einem abhängigen, d. h. sozialversicherungspflichtigen Beschäftigungsverhältnis.	ja

Umgestaltung der Bundeswehr

Zuschüsse des Arbeitgebers zur Sozialversicherung; Anwendung von § 3 Nr. 62 EStG im Rahmen der Inanspruchnahme der Härtefallregelung von § 11 TV UmBw (Umgestaltung der Bundeswehr)

(Kurzinfo der OFD Münster vom 6. 4. 2011 – ESt 6/2011 –)

Beschäftigte der Bundeswehr erhalten unter bestimmten Voraussetzungen im Rahmen einer sogenannten Härtefallregelung des § 11 des Tarifvertrages über sozialverträgliche Begleitmaßnahmen im Zusammenhang mit der Umgestaltung der Bundeswehr (TV UmBw) eine monatliche Ausgleichszahlung von 72 % des bisherigen Bruttoeinkommens für das Ruhen ihres Arbeitsverhältnisses (einvernehmlicher Verzicht auf die arbeitsvertraglich geschuldete Arbeitsleistung des Arbeitnehmers).

Neben den monatlichen Ausgleichszahlungen werden durch die Bundeswehr die hälftigen Beiträge zur Krankenversicherung, zur Pflegeversicherung und zur freiwilligen gesetzlichen Rentenversicherung (RV) sowie in voller Höhe die übrigen Beiträge zur RV und die VBL-Umlage getragen. Diese Zahlungen stellen Arbeitslohn i. S. d. § 19 EStG dar.

Mit Urteil vom 24. 9. 2008, Az.: B 12 KR 22/07 R, hat das Bundessozialgericht (BSG) festgestellt, dass das versicherungspflichtige Beschäftigungsverhältnis bei dieser Gestaltung nicht beendet wird, mit der Konsequenz, dass eine Sozialversicherungspflicht besteht. Bei einer Inanspruchnahme der o. g. Härtefallregelung ab dem 1. 7. 2009 sind die AG-Beiträge zur SV daher steuerfrei nach § 3 Nr. 62 EStG.

Bis zum o. g. Urteil des BSG wurde hingegen in den vorgenannten Fällen kein Beschäftigungsverhältnis mit Sozialversicherungspflicht angenommen, so dass die Betroffenen verpflichtet waren, sich freiwillig zu versichern. Dies betrifft die Fälle mit Beginn der Freistellung bei Anwendung der Härtefallregelung vor dem 1. 7. 2009. Hierfür hat der Spitzenverband Bund der Krankenkassen (GKV) den Betroffenen Bestandsschutz gewährt, d. h. dass die freiwillige Versicherung fortgeführt werden kann.

Nach einer Abstimmung der obersten Finanzbehörden der Länder kann in Fällen, in denen vom GKV Bestandsschutz gewährt wird, d. h. eine freiwillige Versicherung fortgeführt werden kann, der Zuschuss des Arbeitgebers ebenfalls als nach § 3 Nr. 62 EStG steuerfrei behandelt werden.

Erfolgte in der Vergangenheit eine Besteuerung gezahlter Zuschüsse, kann bei Nachweis der Bruttoarbeitslohn im Rahmen der Einkommensteuerveranlagung um die lohnversteuerten Zuschüsse bereinigt werden.

Bestandskräftige Steuerfestsetzungen können unter den Voraussetzungen des § 173 Abs. 1 Nr. 2 AO geändert werden, da das Vorliegen der Sozialversicherungspflicht erstmals durch das BSG festgestellt wurde. Insoweit handelt es sich um ein außersteuerliches Rechtsverhältnis und stellt als solches eine neue Tatsache i. S. d. § 173 Abs. 1 AO dar, in dem den Steuerpflichtigen im Regelfall kein grobes Verschulden am nachträglichen Bekanntwerden des Bestehens der Sozialversicherungspflicht trifft. Die Bundeswehr informierte die betroffenen Steuerpflichtigen selbst erst ab August 2010 von dem Bestehen der Sozialversicherungspflicht, insoweit durften sie der sozialversicherungsrechtlichen Behandlung durch die Bundeswehr vertrauen.

Umlagezahlungen

Umlagezahlungen des Arbeitgebers an die VBL sind Arbeitslohn (→ § 19 Abs. 1 Satz 1 Nr. 3 Satz 1 EStG); sie sind nicht nach § 3 Nr. 62 EStG steuerfrei (→ BFH vom 7. 5. 2009 – BStBl 2010 II S. 194).

Zur Steuerfreistellung → § 3 Nr. 56 EStG

Weiterbeschäftigter Rentner

Weiterbeschäftigter Rentner, Rentenversicherung, Arbeitgeberanteil

(Verfügung des Bayerischen Landesamtes für Steuern vom 10. 11. 2008,
– S 2221.1.1 – 6/4 St 32/St 33 –)

Nach § 10 Abs. 1 Nr. 2 Satz 2 EStG wird zu den nach § 10 Abs. 1 Nr. 2 Buchst. a und Buchst. b EStG als Sonderausgaben zu berücksichtigenden Altersvorsorgeaufwendungen der nach § 3 Nr. 62 EStG steuerfreie Arbeitgeberanteil zur gesetzlichen Rentenversicherung hinzugerechnet. Der sich insoweit ergebende Betrag wird dann mit dem in der Übergangsphase jeweils geltenden Prozentsatz angesetzt (§ 10 Abs. 3 Satz 4 EStG); anschließend wird der steuerfreie Arbeitgeberanteil zur gesetzlichen Rentenversicherung in Abzug gebracht.

In diesem Zusammenhang ist die Frage gestellt worden, wie der bei der Beschäftigung eines Beziehers einer Altersrente aus der gesetzlichen Rentenversicherung von einem Arbeitgeber zu zahlende Rentenversicherungsbeitrag nach § 172 Abs. 1 Nr. 3 SGB VI steuerlich zu berücksichtigen ist. Bei diesem Arbeitgeberbeitrag handelt es sich um eine Zahlung, zu der der Arbeitgeber aus Gründen der Gleichbehandlung verpflichtet ist. Der Pauschalbeitrag dient auch dazu, Wettbewerbsverzerrungen vorzubeugen, indem auch bei aufgrund ihres Alters versicherungsfreien Beschäftigten der Arbeitgeberanteil zur gesetzlichen Rentenversicherung erhoben wird. Es soll vermieden werden, dass es für den Arbeitgeber – unter dem Gesichtspunkt der Zahlung von Rentenversicherungsbeiträgen – günstiger ist, einen Bezieher einer Altersrente zu beschäftigen. Der beschäftigte Rentner hat aus der Beitragszahlung des Arbeitgebers keine rentenrechtlichen Vorteile.

Nach Abstimmung auf Bund-/Länderebene gilt hierzu Folgendes:

Der nach § 172 Abs. 1 Nr. 3 SGB VI zu entrichtende Beitrag ist kein steuerfreier Arbeitgeberanteil nach § 3 Nr. 62 EStG, da der Beitrag nicht für die Zukunftssicherung des Arbeitnehmers geleistet wird (vgl. BMF-Schreiben vom 22. 8. 2008, BStBl 2008 I S. 872, Tz. 13a)[1]).

Dies entspricht auch der Rechtsprechung des BFH zur Kürzung des Vorwegabzugs. In seinem Urteil vom 8. 11. 2006 (Az.: X R 9/06, BFH/NV 2007 S. 432) hat der BFH ausgeführt, dass der Arbeitslohn, für den im Rahmen eines geringfügigen Beschäftigungsverhältnisses vom Arbeitgeber ein Pauschalbeitrag zur Rentenversicherung geleistet wurde, nicht für die Kürzung des Vorwegabzugs heranzuziehen ist, da die geleisteten Arbeitgeberbeiträge keine Auswirkungen auf den Umfang der dem Arbeitnehmer zustehenden Rentenansprüche haben.

Insoweit werden die Pauschalbeiträge nicht für die Zukunftssicherung des Arbeitnehmers geleistet.

[1]) Für den Lohnsteuerabzug 2016: Siehe → BMF-Schreiben vom 30. 7. 2015, BStBl I S. 614, unter I.13.a).

Mit Urteil vom 14. 12. 2005 (Az.: XI R 25/04, BFH/NV 2006 S. 1073) hat der BFH erkannt, dass der Vorwegabzug nicht zu kürzen ist, wenn der Arbeitgeber für den Steuerpflichtigen zwar Beiträge zur Rentenversicherung abführt, der Steuerpflichtige hieraus aber keine Ansprüche erwirbt. Der in Rede stehende Beitrag ist beim Arbeitnehmer – auch wenn § 3 Nr. 62 EStG nicht anzuwenden ist – kein steuerpflichtiger Arbeitslohn, da er dem Arbeitnehmer nicht zufließt. Aus dieser Einordnung des vom Arbeitgeber nach § 172 Abs. 1 Nr. 3 SGB VI geleisteten Beitrags ergibt sich, dass dieser weder nach § 10 Abs. 1 Nr. 2 Satz 2 EStG hinzuzurechnen ist, noch nach § 10 Abs. 3 Satz 5 EStG die nach § 10 Abs. 3 Satz 4 EStG anzusetzenden Vorsorgeaufwendungen mindert.

Hinweis:

Für pauschale Arbeitgeberbeiträge im Rahmen einer geringfügigen Beschäftigung nach § 172 Abs. 3, 3a SGB VI (15 % bzw. 5 %) eines weiterbeschäftigten Rentners gelten die vorab dargestellten Ausführungen analog.

§ 3

EStG
S 2333

Steuerfrei sind

...

63. Beiträge des Arbeitgebers aus dem ersten Dienstverhältnis an einen Pensionsfonds, eine Pensionskasse oder für eine Direktversicherung zum Aufbau einer kapitalgedeckten betrieblichen Altersversorgung, bei der eine Auszahlung der zugesagten Alters-, Invaliditäts- oder Hinterbliebenenversorgungsleistungen in Form einer Rente oder eines Auszahlungsplans (§ 1 Absatz 1 Satz 1 Nummer 4 des Altersvorsorgeverträge-Zertifizierungsgesetzes vom 26. Juni 2001 (BGBl. I S. 1310, 1322), das zuletzt durch Artikel 7 des Gesetzes vom 5. Juli 2004 (BGBl. I S. 1427) geändert worden ist, in der jeweils geltenden Fassung) vorgesehen ist, soweit die Beiträge im Kalenderjahr 4 Prozent der Beitragsbemessungsgrenze in der allgemeinen Rentenversicherung nicht übersteigen. [2]Dies gilt nicht, soweit der Arbeitnehmer nach § 1a Absatz 3 des Betriebsrentengesetzes verlangt hat, dass die Voraussetzungen für eine Förderung nach § 10a oder Abschnitt XI erfüllt werden. [3]Der Höchstbetrag nach Satz 1 erhöht sich um 1 800 Euro, wenn die Beiträge im Sinne des Satzes 1 auf Grund einer Versorgungszusage geleistet werden, die nach dem 31. Dezember 2004 erteilt wurde. [4]Aus Anlass der Beendigung des Dienstverhältnisses geleistete Beiträge im Sinne des Satzes 1 sind steuerfrei, soweit sie 1 800 Euro vervielfältigt mit der Anzahl der Kalenderjahre, in denen das Dienstverhältnis des Arbeitnehmers zu dem Arbeitgeber bestanden hat, nicht übersteigen; der vervielfältigte Betrag vermindert sich um die nach den Sätzen 1 und 3 steuerfreien Beiträge, die der Arbeitgeber in dem Kalenderjahr, in dem das Dienstverhältnis beendet wird, und in den sechs vorangegangenen Kalenderjahren erbracht hat; Kalenderjahre vor 2005 sind dabei jeweils nicht zu berücksichtigen;

[1] Anhang 2 II [2] Anhang 2 I [3]

Hinweise

H 3.63

Allgemeine Grundsätze

→ BMF vom 24. 7. 2013 (BStBl I S. 1022), geändert durch BMF vom 13. 1. 2014 (BStBl I S. 97) und durch BMF vom 13. 3. 2014 (BStBl I S. 554), Rz. 301 – 320 Anhang 2 IV

Anhebung der Altersgrenzen

→ BMF vom 6. 3. 2012 (BStBl I S. 238) Anhang 2 IX

Beiträge des Arbeitgebers

→ BMF vom 24. 7. 2013 (BStBl I S. 1022), geändert durch BMF vom 13. 1. 2014 (BStBl I S. 97) und durch BMF vom 13. 3. 2014 (BStBl I S. 554), Rz. 304 – 305 Anhang 2 IV

1) Zur Anwendung von Nummer 63 → § 52 Abs. 4 Satz 10 bis 12 EStG.

2) In 2016 sind danach jährlich bis zu 2 976 € (74 400 € × 4 %) steuerfrei. Bei einer Verteilung auf 12 Monate sind dies 248 €/Monat.

3) Bei einer Verteilung von 1 800 € auf 12 Monate sind dies 150 €/Monat. Zusammen mit dem Höchstbetrag von 4 % der BBG sind danach in 2016 jährlich bis zu 4 776 € steuerfrei; bei einer Verteilung auf 12 Monate sind dies 398 €/Monat.

Steuerliche Behandlung von Finanzierungsanteilen der Arbeitnehmer zur betrieblichen Altersversorgung im öffentlichen Dienst; Umsetzung des BFH-Urteils vom 9. Dezember 2010 – VI R 57/08 –

(BMF-Schreiben vom 25. 11. 2011 – IV C 5 – S 2333/11/10003 –, BStBl I S. 1250)

Der BFH hat mit Urteil vom 9. Dezember 2010 – BStBl 2011 II Seite 978 – entschieden, dass die Finanzierungsanteile der Arbeitnehmer, die in dem Gesamtversicherungsbeitrag des Arbeitgebers an eine kapitalgedeckte Pensionskasse enthalten sind, als Arbeitgeberbeiträge nach § 3 Nummer 63 EStG steuerfrei sind. Für die Qualifizierung einer Zahlung als Beitrag des Arbeitgebers im Sinne des § 3 Nummer 63 EStG ist nur die versicherungsvertragliche Außenverpflichtung maßgeblich. Es kommt nicht darauf an, wer die Versicherungsbeiträge finanziert, d. h. wer durch sie wirtschaftlich belastet wird.

Unter Bezugnahme auf das Ergebnis der Erörterung mit den obersten Finanzbehörden der Länder sind die Grundsätze dieses Urteils allgemein anzuwenden. Dies gilt ebenfalls für die Beiträge im Kapitaldeckungsverfahren, die von einer Pensionskasse neben einer Umlage erhoben werden, wenn eine getrennte Verwaltung und Abrechnung beider Vermögensmassen erfolgt.

Bei der Umsetzung ist Folgendes zu beachten:

Umsetzung ab Kalenderjahr 2012

Gemäß § 3 Nummer 63 Satz 2 EStG kann der Arbeitnehmer nach § 1a Absatz 3 Betriebsrentengesetz (BetrAVG) auf die Steuerfreiheit der Beiträge zugunsten einer Förderung nach § 10a EStG/Abschnitt XI EStG verzichten. Die Regelungen des § 1a BetrAVG, die die Finanzierungsbeteiligung der Arbeitnehmer im Wege der freiwilligen Entgeltumwandlung betreffen, gelten nach § 1 Absatz 2 Nummer 4 2. Halbsatz BetrAVG entsprechend auch für andere Beiträge des Arbeitnehmers aus seinem Arbeitsentgelt zur Finanzierung von Leistungen der betrieblichen Altersversorgung. Insoweit umfasst das Wahlrecht nach § 3 Nummer 63 Satz 2 EStG alle im Gesamtversicherungsbeitrag des Arbeitgebers enthaltenen Finanzierungsanteile der Arbeitnehmer; dabei sind die freiwillige Entgeltumwandlung und die anderen Beiträge des Arbeitnehmers aus seinem Arbeitsentgelt zur Finanzierung von Leistungen der betrieblichen Altersversorgung gleichrangig zu behandeln. Eine individuelle Besteuerung dieser Beitragsteile ist durchzuführen, soweit der Arbeitnehmer dies verlangt.

Rein arbeitgeberfinanzierte Beiträge können weiterhin vorrangig steuerfrei bleiben (siehe auch Rz. 271 des BMF-Schreibens vom 31. März 2010 – BStBl I Seite 270). Eine Differenzierung zwischen den verschiedenen Finanzierungsanteilen der Arbeitnehmer (z. B. verpflichtende und freiwillige Finanzierungsanteile) ist nach den Grundsätzen des BFH-Urteils nicht zulässig. Soweit die Höchstbeträge nach § 3 Nummer 63 EStG nicht durch die rein arbeitgeberfinanzierten Beiträge ausgeschöpft worden sind, sind die verbleibenden, auf den verschiedenen Finanzierungsanteilen des Arbeitnehmers beruhenden Beiträge zu berücksichtigen.

Umsetzung im Kalenderjahr 2011

Wurden Finanzierungsanteile der Arbeitnehmer in 2011 individuell versteuert und hat der Arbeitnehmer erklärt, er wolle die Steuerfreiheit in Anspruch nehmen und nicht von seinem Wahlrecht nach § 3 Nummer 63 Satz 2 EStG Gebrauch machen, ist die Versteuerung dieser Arbeitslohnbestandteile im Rahmen des Lohnsteuerabzugs für 2011 rückgängig zu machen, solange die Lohnsteuerbescheinigung für 2011 noch nicht ausgestellt und übermittelt wurde (§ 41c Absatz 3 Satz 1 EStG). Anderenfalls ist eine Korrektur nur noch im Rahmen der Einkommensteuerveranlagung möglich.

Umsetzung für Kalenderjahre 2010 und früher

Die Lohnsteuerbescheinigung für das Kalenderjahr 2010 musste gem. § 41b Absatz 1 Satz 2 EStG spätestens bis zum 28. Februar 2011 ausgestellt und übermittelt werden, so dass eine Korrektur für die Jahre 2010 und früher nur noch im Rahmen der Einkommensteuerveranlagung möglich ist.

In allen noch offenen Fällen von Einkommensteuerfestsetzungen für die Kalenderjahre 2010 und früher, in denen der Arbeitnehmer erklärt, er wolle die Steuerfreiheit in Anspruch nehmen und nicht von seinem Wahlrecht nach § 3 Nummer 63 Satz 2 EStG Gebrauch machen, ist der Bruttoarbeitslohn des einzelnen Arbeitnehmers bei Vorliegen der nachfolgend beschriebenen Bescheinigungen des Arbeitgebers sowie der Versorgungseinrichtung um die nach § 3 Nummer 63 EStG steuerfreien Finanzierungsanteile zu mindern; die Möglichkeit einer Förderung der Beiträge durch Gewährung einer Zulage nach Abschnitt XI EStG bzw. die Berücksichtigung im Rahmen des Sonderausgabenabzugs nach § 10a EStG kommt dann nicht mehr in Betracht.

Zum Zweck der Inanspruchnahme der Steuerfreiheit hat der Arbeitgeber dem Arbeitnehmer die bisher individuell besteuerten Finanzierungsanteile zu bescheinigen sowie der Versorgungseinrichtung sowohl die Änderung der steuerlichen Behandlung gemäß § 5 Absatz 2 LStDV mitzuteilen als auch auf das Erfordernis einer eventuellen Korrektur oder Stornierung des Zulageantrags hinzuweisen.

Hat der Arbeitnehmer keinen Zulageantrag nach § 89 EStG gestellt und die Versorgungseinrichtung des Arbeitgebers auch nicht bevollmächtigt, einen Zulageantrag für ihn zu stellen, hat die Versorgungseinrichtung dem Arbeitnehmer zum Zweck der Inanspruchnahme der Steuerfreiheit eine Bescheinigung auszustellen, dass kein Zulageantrag nach § 89 EStG gestellt wurde.

Sofern der Arbeitnehmer für die Jahre 2010 und früher bereits eine Zulage erhalten oder beantragt hat, hat die Versorgungseinrichtung aufgrund der Mitteilung des Arbeitgebers über die Änderung der steuerlichen Behandlung gemäß § 5 Absatz 2 LStDV eine eventuell erforderliche Korrektur bzw. Stornierung des Zulageantrags zu überwachen. Die Versorgungseinrichtung hat dem Arbeitnehmer zum Zweck der Inanspruchnahme der Steuerfreiheit eine Bescheinigung auszustellen, dass der Arbeitnehmer bereits eine Zulage erhalten oder beantragt hat, die Versorgungseinrichtung jedoch eine Korrektur bzw. Stornierung veranlassen wird, sobald eine Inanspruchnahme der Steuerfreiheit im Einkommensteuerbescheid erfolgt ist. Der Arbeitnehmer hat die Versorgungseinrichtung über die tatsächliche Inanspruchnahme der Steuerfreiheit im Einkommensteuerbescheid unverzüglich zu unterrichten (§ 89 Absatz 1 Satz 5 EStG). Die Versorgungseinrichtung hat in diesem Fall, spätestens jedoch 12 Monate nach Erteilung der Bescheinigung unabhängig von einer Unterrichtung des Arbeitnehmers, den an die zentrale Stelle (§ 81 EStG) übermittelten Zulageantrag zu korrigieren bzw. stornieren, es sei denn der Arbeitnehmer hat der Versorgungseinrichtung die Ablehnung der Steuerfreiheit nachgewiesen. Die zentrale Stelle hat ggf. zu Unrecht gewährte Zulagen nach § 90 Absatz 3 EStG zurückzufordern. Die Versorgungseinrichtung hat zudem eine ggf. übermittelte Bescheinigung nach § 10a Absatz 5 EStG für das Beitragsjahr 2010 zu korrigieren bzw. zu stornieren. Sollte im Einkommensteuerbescheid keine Inanspruchnahme der Steuerfreiheit erfolgen, hat die Versorgungseinrichtung keinen korrigierten bzw. stornierten Zulageantrag an die zentrale Stelle zu übermitteln.

Im Hinblick auf die möglichen gegenläufigen Konsequenzen bei der Umsetzung des BFH-Urteils (Gewährung der Steuerfreiheit § 3 Nummer 63 EStG einerseits, dafür Verlust der Förderung nach § 10a EStG/Abschnitt XI EStG andererseits) ist eine Korrektur von Amts wegen nicht durchzuführen, sondern nur auf Antrag des Arbeitnehmers.

Die Steuerfreistellung nach § 3 Nummer 56 EStG sowie die Pauschalversteuerung nach § 40b Absätze 1 und 2 EStG von Zuwendungen des Arbeitgebers an eine Pensionskasse zum Aufbau einer nicht kapitalgedeckten Altersversorgung bleiben in diesem Zusammenhang unberührt.

Berufsunfähigkeitsversicherung

→ BMF vom 1. 8. 2006 – IV C 5 – S 2333 – 87/06 – Anhang 2 VIII

Clearing Stelle

Verwaltungskosten Clearing Stelle; Lohnsteuerliche Behandlung

(Verfügung des Bayerischen Landesamtes für Steuern vom 14. 7. 2008, S 2333.1.1-3/2 St 32/St 33)

Die Deutsche Gesellschaft für betriebliche Altersversorgung GmbH – DGbAV – hat nach der lohnsteuerlichen Behandlung der Verwaltungskosten, die sie als sog. Clearing Stelle für Verwaltungsaufgaben im Rahmen der betrieblichen Altersversorgung erhebt, gefragt. Aus der Beschreibung des Sachverhalts geht hervor, dass ausschließlich zwischen der DGbAV und dem entsprechenden Arbeitgeber eine vertragliche Beziehung besteht und dass die Arbeitgeber überlegen, sich vermehrt bei den Arbeitnehmern zu refinanzieren.

Das Bundesministerium der Finanzen hat hierzu mit Schreiben vom 24. 6. 2008, GZ: IV C 5 – S 2333/07/0016, DOK: 2008/0337142 nach Abstimmung mit den obersten Finanzbehörden der Länder folgende Auffassung vertreten:

„Die Zahlung von Verwaltungskosten durch den Arbeitgeber an eine sog. Clearing Stelle ist lohnsteuerlich irrelevant. Sie führt beim Arbeitnehmer nicht zum Zufluss von Arbeitslohn.

Verlangt der Arbeitgeber vom Arbeitnehmer die Erstattung solcher Aufwendungen, handelt es sich nicht um eine Entgeltumwandlung, sondern um Einkommensverwendung. Entgelt wird nicht in eine wertgleiche Anwartschaft auf Versorgungsleistungen umgewandelt, sondern für zusätzlich anfallende Verwaltungskosten verwendet. Die Steuerbefreiung des § 3 Nr. 63 EStG für Leistungen des Arbeitnehmers aus eigenem Einkommen ist nicht möglich und kommt daher für diese Beträge nicht in Betracht. Die Einbeziehung der Verwaltungskosten in die Vereinbarung einer Entgeltumwandlung zugunsten einer betrieblichen Altersversorgung hat auf die steuerliche Anerkennung der Entgeltumwandlung keinen Einfluss.

Die vom Arbeitnehmer an den Arbeitgeber zu erstattenden Kosten für die Beauftragung der Clearing Stelle stellen keine Aufwendungen des Arbeitnehmers zur Erzielung und zur Sicherung von Einkünften dar. Beim Arbeitnehmer liegen weder Werbungskosten bei den laufenden Einkünften aus § 19 EStG vor, noch können in ihnen Aufwendungen zur Sicherung einer zukünftigen Einkommensquelle (Einkünfte gem. § 22 Nr. 5 EStG bezogen auf die späteren Versorgungsleistungen) gesehen werden."

Durchschnittsfinanzierung

Arbeitgeberbeiträge an die Zusatzversorgungskasse des Baugewerbes; Anwendung von § 3 Nr. 63 EStG bei sog. Durchschnittsfinanzierung

(Verfügung der OFD München vom 5. 6. 2003, S 2333 – 41/St 41,
Verfügung der OFD Nürnberg vom 5. 6. 2003, S 2333 – 146/St 32)

Das BMF hat der Soka-Bau, Zusatzversorgungskasse des Baugewerbes VVaG/ZVK-Bau) mit Antwortschreiben vom 28. 5. 2002 Folgendes mitgeteilt:

„... Die obersten Finanzbehörden des Bundes und der Länder sind der Auffassung, dass § 3 Nr. 63 EStG und § 22 Nr. 5 EStG von einer individuellen Zuordnung der Arbeitgeberleistungen bei dem einzelnen Arbeitnehmer ausgehen. Allein die Verteilung eines vom Arbeitgeber gezahlten Gesamtbeitrags nach der Anzahl der begünstigten Arbeitnehmer – wie vom Gesetzgeber in § 40b Abs. 2 Satz 2 EStG für die Pauschalbesteuerung ausdrücklich zugelassen – genügt hierfür nicht. Die Steuerfreiheit nach § 3 Nr. 63 EStG kann daher nur dann in Anspruch genommen werden, wenn der vom Arbeitgeber zur Finanzierung der Versorgungsleistungen gezahlte Beitrag nach bestimmten individuellen Kriterien dem einzelnen Arbeitnehmer konkret zugeordnet wird.

Wird lediglich ein monatlicher Gesamtbetrag in Höhe von 1,65 % der betrieblichen Bruttolöhne für alle gewerblichen Arbeitnehmer gezahlt, so ist eine individuelle Zuordnung nicht möglich. Die Steuerfreiheit nach § 3 Nr. 63 EStG kann somit ab dem 1. Januar 2002 bei dieser Zahlweise nicht in Anspruch genommen werden.

Um die sich daraus ergebende Folge der Nachversteuerung zu vermeiden, bestehen jedoch keine Bedenken, wenn die gezahlten Beiträge rückwirkend zum 1. Januar 2002 nach bestimmten individuellen Kriterien dem einzelnen gewerblichen Arbeitnehmer zugeordnet werden. Das könnte z. B. in der Weise geschehen, dass vom Arbeitgeber nicht ein Gesamtbeitrag (1,65 % der betrieblichen Bruttolohnsumme) für alle im Betrieb beschäftigten gewerblichen Arbeitnehmer gezahlt wird, sondern für jeden gewerblichen Arbeitnehmer 1,65 % seines individuellen Bruttolohns.

Im Angestelltenbereich gibt es dagegen keine Schwierigkeiten. Mit der Zahlung eines festen monatlichen Betrags je Angestellten ist bereits die Voraussetzung der Zuordnung nach individuellen Kriterien erfüllt, so dass § 3 Nr. 63 EStG zur Anwendung kommt.

Wie die Leistungen in der Auszahlungsphase aufzuteilen sind, ist noch zu klären ...[1])"

Anmerkung der OFDen München und Nürnberg:

Die Frage der Anwendbarkeit des § 3 Nr. 63 EStG auf die Arbeitgeberbeiträge, die an die Zusatzversorgungskasse des Baugewerbes VVaG (Soka-Bau) geleistet werden, ist geklärt.

Das BMF hat mit Schreiben vom 24. 4. 2003, IV C 5 – S 2333 – 23/03 an die obersten Finanzbehörden der Länder zusammengefasst nochmals auf Folgendes hingewiesen:

1. Die Zusatzversorgungskasse des Baugewerbes wird im Kapitaldeckungsverfahren und nicht im Umlaufverfahren betrieben. Insoweit steht einer Anwendung des § 3 Nr. 63 EStG nichts entgegen.
2. Was die Individualisierung der Beitragsleistungen angeht, hat die Soka-Bau in § 13 ihres Tarifvertrages die Vorgaben des BMF umgesetzt. Die Beiträge werden nun anhand eines festgelegten Prozentsatzes vom individuellen Bruttolohn des einzelnen Arbeitnehmers oder in Form eines festen Euro-Betrags erhoben. Die Frage, wie diese individuell ermittelten Beiträge vom Arbeitgeber an die Zusatzversorgungskasse des Baugewerbes gezahlt, d. h. überwiesen werden (ob in einem Betrag oder in mehreren), hat auf die vorgenommene Individualisierung keinen Einfluss und ist daher unerheblich.

[1]) Zur Aufteilung der Leistungen → BMF-Schreiben vom 11. 11. 2004 (BStBl I S. 1061) unter Berücksichtigung der Änderungen durch → BMF-Schreiben vom 14. 3. 2012 (BStBl I S. 311).

3. Der Individualisierung und damit der Anwendung des § 3 Nr. 63 EStG steht nach Rz. 161 des BMF-Schreibens vom 5. 8. 2002 (BStBl I 2002, 767)[1]) ebenfalls nicht entgegen, dass sich die Höhe der zugesagten Versorgungsleistung bei der Soka-Bau nicht unmittelbar an der Höhe des eingezahlten Beitrags des Arbeitgebers orientiert.

Ehegatten-Arbeitsverhältnis

I. Betriebliche Altersversorgung; Überversorgung bei Ehegatten-Arbeitsverhältnissen (§ 3 Nr. 63, § 40b EStG)

(Erlass des Finanzministeriums des Saarlandes vom 7. 3. 2005, – B/2-4 – 49/2005 – S 2333)

Mit Urteil vom 16. Mai hat der BFH entschieden, dass Aufwendungen für eine Direktversicherung, die im Rahmen eines steuerrechtlich anzuerkennenden Ehegatten-Arbeitsverhältnisses durch Umwandlung von Barlohn geleistet werden, der Höhe nach nur insoweit betrieblich veranlasst sind, als sie zu keiner Überversorgung führen (Anschluss an BFH-Urteile vom 5. Februar 1987 IV R 198/84, BFHE 149,451, BStBl II 1987, 557 und vom 11. September 1987 III R 267/83, BFH/NV 1988, 225). Nach den Grundsätzen der Rechtsprechung sei zu prüfen, ob die einzelnen Lohnbestandteile (Aktivbezüge und Alterssicherung) zueinander in etwa dem entsprechen, was bei der Entlohnung familienfremder Arbeitnehmer betriebsintern üblich ist. Dabei soll nicht allein die Höhe, sondern auch die Zusammensetzung des Entgelts von Bedeutung sein. Eine Überversorgung eines mitarbeitenden Ehegatten liege vor, wenn seine Altersversorgung (z. B. die zu erwartende Rente aus der gesetzlichen Rentenversicherung zuzüglich der Leistungen aus der Direktversicherung) 75 % der letzten Aktivbezüge übersteigt. Aus Vereinfachungsgründen könne aber auf eine genaue Ermittlung der künftigen Altersversorgung verzichtet werden, wenn sämtliche Versorgungsleistungen 30 % des steuerpflichtigen Arbeitslohns nicht übersteigen. Im Hinblick auf den seit dem 1. Januar 2002 bestehenden Anspruch auf betriebliche Altersversorgung durch Entgeltumwandlung (§ 1a BetrAVG) ist gefragt worden, ob die o. g. Grundsätze weiter anzuwenden seien.

Nach der Erörterung mit den obersten Finanzbehörden der Länder ist für lohnsteuerliche Zwecke nicht mehr an der 30 %-Regelung festzuhalten.

Wird bei einem steuerlich anzuerkennenden Ehegatten-Arbeitsverhältnis (U. 0. Angemessenheit dem Grunde und der Höhe nach; s. a. H 129[2]) – Dienstverhältnis zwischen Ehegatten – mit Verweis auf H 41 Abs. 10 EStH[3])) eine betriebliche Altersversorgung in den Durchführungswegen Pensionsfonds, Pensionskasse und Direktversicherung durchgeführt und stellen die Beiträge beim Arbeitgeber Betriebsausgaben dar, sind die Regelungen in § 3 Nr. 63 und § 40b EStG uneingeschränkt bis zu den jeweiligen Höchstbeträgen anwendbar. Dies gilt sowohl für rein arbeitgeberfinanzierte Beiträge als auch für Beiträge des Arbeitgebers, die durch Entgeltumwandlung finanziert werden.

II. Betriebliche Altersversorgung; Überversorgung bei Ehegatten-Arbeitsverhältnissen

(Erlass des Ministeriums der Finanzen des Saarlandes vom 15. 12. 2005 – B/2-4 – 49/05 – S 2333)

Bezug: FinMin Saarland, Erlass vom 7. März 2005, B/2-4 – 49/2005 – S 2333

In dem Bezugserlass ist u. a. ausgeführt:

Wird bei einem steuerlich anzuerkennenden Ehegatten-Arbeitsverhältnis (u. a. Angemessenheit dem Grunde und der Höhe nach; s. a. H 129[4]) – Dienstverhältnis zwischen Ehegatten – mit Verweis auf H 41 Abs. 10 EStH[5])) eine betriebliche Altersversorgung in den Durchführungswegen Pensionsfonds, Pensionskasse und Direktversicherung durchgeführt und stellen die Beiträge beim Arbeitgeber Betriebsausgaben dar, sind die Regelungen in § 3 Nr. 63 und § 40b EStG uneingeschränkt bis zu den jeweiligen Höchstbeträgen anwendbar. Dies gilt sowohl für rein arbeitgeberfinanzierte Beiträge als auch für Beiträge des Arbeitgebers, die durch Entgeltumwandlung finanziert werden.

---

1) Nunmehr Rz. 306 des → BMF-Schreibens vom 24. 7. 2013 (BStBl I S. 1022), geändert durch → BMF-Schreiben vom 13. 1. 2014 (BStBl I S. 97) und durch → BMF-Schreiben vom 13. 3. 2014 (BStBl I S. 554), das in → Anhang 2 IV abgedruckt ist.
2) Nunmehr H 40b.1 EStH.
3) Nunmehr R 4.8 EStR und H 4.8 EStH.
4) Nunmehr H 40b.1 EStH.
5) Nunmehr H 6a Abs. 9 EStH.

Aus gegebenem Anlass weist das FinMin auf Folgendes erläuternd hin:

Zur Feststellung, ob die Beiträge zur betrieblichen Altersvorsorge in den Durchführungswegen Pensionsfonds, Pensionskasse und Direktversicherung bei dem Arbeitgeber Betriebsausgaben darstellen, ist nach wie vor zu prüfen, ob eine Überversorgung das mitarbeitenden Ehegatten vorliegt. In diesem Zusammenhang wird auf das BMF-Schreiben vom 3. November 2004 (BStBl 2004 I S. 1045) und die in H 41 Abs. 10 EStH[1]) aufgenommenen BMF-Schreiben vom 4. September 1984 (BStBl 1984 I S. 495) und vom 9. Januar 1986 (BStBl 1986 I S. 7) mit der Maßgabe verwiesen, dass die dort genannte 30 %-Regelung überholt ist.

Bei Teilzeitarbeitsverhältnissen ist ebenfalls nach den Ausführungen in den genannten BMF-Schreiben zu verfahren.

Dieser Erlass ergeht im Einvernehmen mit dem Bundesministerium der Finanzen und den obersten Finanzbehörden der Länder.

Entsendungen von Arbeitnehmern nach Deutschland

Steuerbefreiungen nach § 3 Nr. 63 EStG bei Beiträgen an eine ausländische Versorgungseinrichtung im Rahmen einer Entsendungen von Arbeitnehmern nach Deutschland

(Verfügung der OFD Rheinland vom 6. 4. 2011
– Kurzinfo ESt 16/2011 –)

Beiträge an Pensionsfonds, Pensionskassen und Versicherungsunternehmen in der EU – sowie ggf. in Drittstaaten – können nach § 3 Nr. 63 EStG begünstigt sein, wenn die ausländische Versorgungseinrichtung bzw. das ausländische Versicherungsunternehmen versicherungsrechtlich zur Ausübung ihrer Tätigkeit zugunsten von Arbeitnehmern in inländischen Betriebsstätten befugt ist (vgl. Rz. 274 des BMF-Schreibens vom 31. 3. 2010[2])).

Auf Bund-Länder-Ebene wird zurzeit erörtert, ob Beiträge an eine ausländische Versorgungseinrichtung, die im Zusammenhang mit einer Entsendung (zivilrechtlicher Arbeitgeber = ausländisches Unternehmen; wirtschaftlicher Arbeitgeber = inländisches Unternehmen) von Arbeitnehmern nach Deutschland geleistet werden – unabhängig davon, ob die Versorgungseinrichtung versicherungsrechtlich zur Ausübung ihrer Tätigkeit in Deutschland befugt ist – ebenfalls gem. § 3 Nr. 63 EStG steuerfrei gezahlt werden können.

Aufgrund der Erörterungen auf Bund-Länder-Ebene, bitte ich Einspruchsverfahren gegen Lohnsteuer-Nachforderungs-/Haftungsbescheide bzw. Einkommensteuerbescheide zu der vorgenannten Thematik bis zum Abschluss der bundesweiten Abstimmung der Rechtsfrage zurückzustellen.

Ausländischen Versorgungseinrichtungen müssen – ebenso wie inländischen Versorgungseinrichtungen – die allgemeinen Voraussetzungen einer betrieblichen Altersversorgung (z. B. Absicherung mindestens eines biometrischen Risikos) sowie die besonderen Voraussetzungen für eine Steuerfreistellung der Beiträge nach § 3 Nr. 63 EStG (z. B. begünstigte Auszahlungsform) nach den in Deutschland geltenden Kriterien erfüllen.

Aus diesem Grund kann Anträgen auf Aussetzung der Vollziehung nur entsprochen werden, wenn die ausländischen Pensionspläne die Kriterien des § 3 Nr. 63 EStG (z. B. Altersuntergrenze, Kreis der Begünstigten, Auszahlungsform; vgl. Rz. 263 ff. des BMF-Schreibens vom 31. 3. 2010) erfüllen.

Grenzgänger in die Schweiz

→ H 3.62 (Grenzgänger in die Schweiz)

Hinterbliebenenversorgung für Lebensgefährten

Anhang 2 V → BMF vom 25. 7. 2002 (BStBl I S. 706)

Sozialversicherung

Anhang 4 § 1 Abs. 1 Satz 1 Nr. 9 SvEV

Umlagezahlungen

Anhang 2 IV
- → Zur Abgrenzung gegenüber dem Kapitaldeckungsverfahren → BMF vom 24. 7. 2013 (BStBl I S. 1022), geändert durch BMF vom 13. 1. 2014 (BStBl I S. 97) und durch BMF vom 13. 3. 2014 (BStBl I S. 554), Rz. 303, 341 – 346
- → § 3 Nr. 56 EStG
- → H 19.3 (VBL-Umlagezahlungen)

1) Nunmehr → H 6a Abs. 9 EStH.
2) Nachfolgeschreiben abgedruckt in → Anhang 2 IV.

§ 3 EStG

Steuerfrei sind

...

64. bei Arbeitnehmern, die zu einer inländischen juristischen Person des öffentlichen Rechts in einem Dienstverhältnis stehen und dafür Arbeitslohn aus einer inländischen öffentlichen Kasse beziehen, die Bezüge für eine Tätigkeit im Ausland insoweit, als sie den Arbeitslohn übersteigen, der dem Arbeitnehmer bei einer gleichwertigen Tätigkeit am Ort der zahlenden öffentlichen Kasse zustehen würde. [2]Satz 1 gilt auch, wenn das Dienstverhältnis zu einer anderen Person besteht, die den Arbeitslohn entsprechend den im Sinne des Satzes 1 geltenden Vorschriften ermittelt, der Arbeitslohn aus einer öffentlichen Kasse gezahlt wird und ganz oder im Wesentlichen aus öffentlichen Mitteln aufgebracht wird. [3]Bei anderen für einen begrenzten Zeitraum in das Ausland entsandten Arbeitnehmern, die dort einen Wohnsitz oder ihren gewöhnlichen Aufenthalt haben, ist der ihnen von einem inländischen Arbeitgeber gewährte Kaufkraftausgleich steuerfrei, soweit er den für vergleichbare Auslandsdienstbezüge nach § 55 des Bundesbesoldungsgesetzes zulässigen Betrag nicht übersteigt; S 2341

Kaufkraftausgleich (§ 3 Nr. 64 EStG) R 3.64

(1) [1]Wird einem Arbeitnehmer außerhalb des öffentlichen Dienstes von einem inländischen Arbeitgeber ein Kaufkraftausgleich gewährt, so bleibt er im Rahmen des Absatzes 2 steuerfrei, wenn der Arbeitnehmer aus dienstlichen Gründen in ein Gebiet außerhalb des Inlands entsandt wird und dort für einen begrenzten Zeitraum einen Wohnsitz i. S. d. § 8 AO oder gewöhnlichen Aufenthalt i. S. d. § 9 AO hat. [2]Eine Entsendung für einen begrenzten Zeitraum ist anzunehmen, wenn eine Rückkehr des Arbeitnehmers nach Beendigung der Tätigkeit vorgesehen ist. [3]Es ist unerheblich, ob der Arbeitnehmer tatsächlich zurückkehrt oder nicht. S 2341

(2) [1]Der Umfang der Steuerfreiheit des Kaufkraftausgleichs bestimmt sich nach den Sätzen des Kaufkraftzuschlags zu den Auslandsdienstbezügen im öffentlichen Dienst. [2]Die für die einzelnen Länder in Betracht kommenden Kaufkraftzuschläge werden im BStBl Teil I bekannt gemacht.

(3) [1]Die Zuschläge beziehen sich jeweils auf den Auslandsdienstort einer Vertretung der Bundesrepublik Deutschland und gelten, sofern nicht im Einzelnen andere Zuschläge festgesetzt sind, jeweils für den gesamten konsularischen Amtsbezirk der Vertretung. [2]Die konsularischen Amtsbezirke der Vertretungen ergeben sich vorbehaltlich späterer Änderungen, die im Bundesanzeiger veröffentlicht werden, aus dem Verzeichnis der Vertretungen der Bundesrepublik Deutschland im Ausland.

(4) [1]Die regionale Begrenzung der Zuschlagssätze gilt auch für die Steuerbefreiung nach § 3 Nr. 64 EStG. [2]Für ein Land, das von einer Vertretung der Bundesrepublik Deutschland nicht erfasst wird, kann jedoch der Zuschlagssatz angesetzt werden, der für einen vergleichbaren konsularischen Amtsbezirk eines Nachbarlandes festgesetzt worden ist.

(5) [1]Die Zuschlagssätze werden im öffentlichen Dienst auf 60 % der Dienstbezüge, die bei Verwendung im Inland zustehen, und der Auslandsdienstbezüge angewendet. [2]Da eine vergleichbare Bemessungsgrundlage außerhalb des öffentlichen Dienstes regelmäßig nicht vorhanden ist, ist der steuerfreie Teil des Kaufkraftausgleichs durch Anwendung eines entsprechenden Abschlagssatzes nach den Gesamtbezügen einschließlich des Kaufkraftausgleichs zu bestimmen. [3]Dabei ist es gleichgültig, ob die Bezüge im Inland oder im Ausland ausgezahlt werden. [4]Der Abschlagssatz errechnet sich nach folgender Formel:

$$\frac{\text{Zuschlagssatz} \times 600}{1\,000 + 6 \times \text{Zuschlagssatz}}.$$

[5]Ergibt sich durch Anwendung des Abschlagssatzes ein höherer Betrag als der tatsächlich gewährte Kaufkraftausgleich, so ist nur der niedrigere Betrag steuerfrei. [6]Zu den Gesamtbezügen, auf die der Abschlagssatz anzuwenden ist, gehören nicht steuerfreie Reisekostenvergütungen und steuerfreie Vergütungen für Mehraufwendungen bei doppelter Haushaltsführung.

(6) [1]Wird ein Zuschlagssatz rückwirkend erhöht, so ist der Arbeitgeber berechtigt, die bereits abgeschlossenen Lohnabrechnungen insoweit wiederaufzurollen und bei der jeweils nächstfolgenden Lohnzahlung die gegebenenfalls zuviel einbehaltene Lohnsteuer zu erstatten. [2]Dabei ist § 41c Abs. 2 und 3 EStG anzuwenden. [3]Die Herabsetzung eines Zuschlagssatzes ist erstmals bei der Lohnabrechnung des Arbeitslohns zu berücksichtigen, der für einen nach der Veröffentlichung der Herabsetzung beginnenden Lohnzahlungszeitraum gezahlt wird.

H 3.64

Hinweise

Abschlagssätze

Zuschlags-satz	Abschlags-satz	Zuschlags-satz	Abschlags-satz	Zuschlags-satz	Abschlags-satz
5	2,91	40	19,35	75	31,03
10	5,66	45	21,26	80	32,43
15	8,26	50	23,08	85	33,77
20	10,71	55	24,81	90	35,06
25	13,04	60	26,47	95	36,31
30	15,25	65	28,06	100	37,50
35	17,36	70	29,58		

EU-Recht

Eine Anwendung des § 3 Nr. 64 EStG auf die dem Kaufkraftausgleich vergleichbaren Auslandszahlungen ist aus EU-rechtlichen Gründen nicht erforderlich (→ EuGH vom 15. 9. 2011 – BStBl 2013 II S. 56).

EU-Tagegeld

Das EU-Tagegeld ist Arbeitslohn. Es bleibt jedoch steuerfrei, soweit es auf steuerfreie Auslandsdienstbezüge angerechnet wird (→ BMF vom 12. 4. 2006 – BStBl I 2006 S. 340).

Kaufkraftausgleich

Steuerbefreiung des Kaufkraftausgleichs; Gesamtübersicht der Kaufkraftzuschläge – Stand: 1. 1. 2016

Anhang 47 → BMF-Schreiben vom 14. 1. 2016 — IV C 5 — S 2341/15/10002, 2015/1202735

Tagegelder der EU-Kommission

→ H 39.4

Wohnungsgestellung

am ausländischen Dienstort → R 8.1 Abs. 6 Satz 10

EStG

§ 3

Steuerfrei sind

...

S 2333 Anhang 2 I **65. a) Beiträge des Trägers der Insolvenzsicherung (§ 14 des Betriebsrentengesetzes) zugunsten eines Versorgungsberechtigten und seiner Hinterbliebenen an eine Pensionskasse oder ein Unternehmen der Lebensversicherung zur Ablösung von Verpflichtungen, die der Träger der Insolvenzsicherung im Sicherungsfall gegenüber dem Versorgungsberechtigten und seinen Hinterbliebenen hat,**

b) Leistungen zur Übernahme von Versorgungsleistungen oder unverfallbaren Versorgungsanwartschaften durch eine Pensionskasse oder ein Unternehmen der Lebensversicherung in den in § 4 Absatz 4 des Betriebsrentengesetzes bezeichneten Fällen und Anhang 2 I

c) der Erwerb von Ansprüchen durch den Arbeitnehmer gegenüber einem Dritten im Falle der Eröffnung des Insolvenzverfahrens oder in den Fällen des § 7 Absatz 1 Satz 4 des Betriebsrentengesetzes, soweit der Dritte neben dem Arbeitgeber für die Erfüllung von Ansprüchen auf Grund bestehender Versorgungsverpflichtungen oder Versorgungsanwartschaften gegenüber dem Arbeitnehmer und dessen Hinterbliebenen einsteht; dies gilt entsprechend, wenn der Dritte für Wertguthaben aus einer Vereinbarung über die Altersteilzeit nach dem Altersteilzeitgesetz vom 23. Juli 1996 (BGBl. I S. 1078), zuletzt geändert durch Artikel 234 der Verordnung vom 31. Oktober 2006 (BGBl. I S. 2407), in der jeweils geltenden Fassung oder auf Grund von Wertguthaben aus einem Arbeitszeitkonto in den im ersten Halbsatz genannten Fällen für den Arbeitgeber einsteht. (Anhang 2 I; Anhang 1 I)

[2]In den Fällen nach Buchstabe a, b und c gehören die Leistungen der Pensionskasse, des Unternehmens der Lebensversicherung oder des Dritten zu den Einkünften, zu denen jene Leistungen gehören würden, die ohne Eintritt eines Falles nach Buchstabe a, b und c zu erbringen wären. [3]Soweit sie zu den Einkünften aus nichtselbständiger Arbeit im Sinne

des § 19 gehören, ist von ihnen Lohnsteuer einzubehalten. [4]Für die Erhebung der Lohnsteuer gelten die Pensionskasse, das Unternehmen der Lebensversicherung oder der Dritte als Arbeitgeber und der Leistungsempfänger als Arbeitnehmer;

Insolvenzsicherung (§ 3 Nr. 65 EStG)

R 3.65

(1) [1]Die Steuerbefreiung gilt nur für etwaige Beiträge des Trägers der Insolvenzsicherung an eine Pensionskasse oder an ein Lebensversicherungsunternehmen zur Versicherung seiner Verpflichtungen im Sicherungsfall. [2]Sie gilt auch für die Übertragung von Direktzusagen oder für Zusagen, die von einer Unterstützungskasse erbracht werden sollen, wenn die Betriebstätigkeit eingestellt und das Unternehmen liquidiert wird (§ 4 Abs. 4 des Betriebsrentengesetzes – BetrAVG). [3]Im Falle der Liquidation einer Kapitalgesellschaft greift die Steuerbefreiung auch bei der Übertragung von Versorgungszusagen, die an Gesellschafter-Geschäftsführer gegeben worden sind; dies gilt auch dann, wenn es sich um Versorgungszusagen an beherrschende Gesellschafter-Geschäftsführer handelt. [4]Die Sätze 2 und 3 gelten nicht bei einer Betriebsveräußerung, wenn das Unternehmen vom Erwerber fortgeführt wird. S 2333 Anhang 2 I

(2) [1]Die Mittel für die Durchführung der Insolvenzsicherung werden auf Grund öffentlich-rechtlicher Verpflichtung durch Beiträge aller Arbeitgeber aufgebracht, die Leistungen der betrieblichen Altersversorgung unmittelbar zugesagt haben oder eine betriebliche Altersversorgung über eine Unterstützungskasse, eine Direktversicherung oder einen Pensionsfonds durchführen (§ 10 BetrAVG). [2]Die Beiträge an den Träger der Insolvenzsicherung gehören damit als Ausgaben des Arbeitgebers für die Zukunftssicherung des Arbeitnehmers, die auf Grund gesetzlicher Verpflichtung geleistet werden, zu den steuerfreien Einnahmen i. S. d. § 3 Nr. 62 EStG. Anhang 2 I

(3) [1]Durch die Insolvenzsicherung der betrieblichen Altersversorgung werden nicht neue oder höhere Ansprüche geschaffen, sondern nur bereits vorhandene Ansprüche gegen Insolvenz geschützt. [2]Die in Insolvenzfällen zu erbringenden Versorgungsleistungen des Trägers der Insolvenzsicherung bzw. bei Rückversicherung der Pensionskasse oder des Lebensversicherungsunternehmens behalten deshalb grundsätzlich ihren steuerlichen Charakter, als wäre der Insolvenzfall nicht eingetreten. [3]Das bedeutet z. B., dass Versorgungsleistungen an einen Arbeitnehmer, die auf einer Pensionszusage beruhen oder die über eine Unterstützungskasse durchgeführt werden sollten, auch nach Eintritt des Insolvenzfalles und Übernahme der Leistungen durch ein Versicherungsunternehmen zu den Einnahmen aus nichtselbständiger Arbeit gehören.

(4) § 3 Nr. 65 Satz 1 Buchstabe c EStG ist in den Fällen der Übertragung oder Umwandlung einer Rückdeckungsversicherung (→ R 40b.1 Abs. 3) nicht anwendbar.

Hinweise

H 3.65

Allgemeine Grundsätze

→ BMF vom 24. 7. 2013 (BStBl I S. 1022), geändert durch BMF vom 13. 1. 2014 (BStBl I S. 97) und durch BMF vom 13. 3. 2014 (BStBl I S. 554), Rz. 284 ff. Anhang 2 IV

§ 3

EStG

Steuerfrei sind

...

66. Leistungen eines Arbeitgebers oder einer Unterstützungskasse an einen Pensionsfonds zur Übernahme bestehender Versorgungsverpflichtungen oder Versorgungsanwartschaften durch den Pensionsfonds, wenn ein Antrag nach § 4d Absatz 3 oder § 4e Absatz 3 gestellt worden ist; S 2333

Hinweise

H 3.66

Allgemeines

→ BMF vom 26. 10. 2006 (BStBl I S. 709) ***und vom 10. 7. 2015 (BStBl I S. 544)***; → H 3.66 (Umfang der Steuerfreiheit)

Die Steuerfreiheit gilt auch dann, wenn beim übertragenden Unternehmen keine Zuwendungen im Sinne von § 4d Abs. 3 EStG oder Leistungen im Sinne von § 4e Abs. 3 EStG im Zusammen-

Anhang 2 IV hang mit der Übernahme einer Versorgungsverpflichtung durch einen Pensionsfonds anfallen (→ BMF vom 24. 7. 2013 (BStBl I S. 1022) unter Berücksichtigung der Änderungen durch BMF vom 13. 1. 2014 (BStBl I S. 97) und durch BMF vom 13. 3. 2014 (BStBl I S. 554).

Umfang der Steuerfreiheit

Bei einer entgeltlichen Übertragung von Versorgungsanwartschaften aktiver Beschäftigter kommt die Anwendung von § 3 Nr. 66 EStG nur für Zahlungen an den Pensionsfonds in Betracht, die für die bis zum Zeitpunkt der Übertragung bereits erdienten Versorgungsanwartschaften geleistet werden; Zahlungen an den Pensionsfonds für zukünftig noch zu erdienende Anwartschaften sind ausschließlich in dem begrenzten Rahmen des § 3 Nr. 63 EStG lohnsteuerfrei (→ BMF vom 26. 10. 2006 – BStBl I S. 709 ***und vom 10. 7. 2015 – BStBl I S. 544***).

I. Übertragung von Versorgungsverpflichtungen und Versorgungsanwartschaften auf Pensionsfonds; Anwendung der Regelungen in § 4d Abs. 3 EStG und § 4e Abs. 3 EStG i. V. m. § 3 Nr. 66 EStG

(BMF-Schreiben vom 26. 10. 2006 – IV B 2 – S 2144 – 57/06 –, BStBl I S. 709)

Nach § 4e Abs. 3 Satz 1 EStG können auf Antrag die insgesamt erforderlichen Leistungen an einen Pensionsfonds zur teilweisen oder vollständigen Übernahme einer bestehenden Versorgungsverpflichtung oder Versorgungsanwartschaft durch den Pensionsfonds erst in den dem Wirtschaftsjahr der Übertragung folgenden zehn Wirtschaftsjahren gleichmäßig verteilt als Betriebsausgabe abgezogen werden. Werden Versorgungszusagen über eine Unterstützungskasse von einem Pensionsfonds übernommen, ist die Verteilungsregelung mit der Maßgabe anzuwenden, dass die im Zusammenhang mit der Übernahme erforderliche Zuwendung an die Unterstützungskasse erst in den dem Wirtschaftsjahr der Zuwendung folgenden zehn Wirtschaftsjahren gleichmäßig verteilt als Betriebsausgaben abgezogen werden können (§ 4d Abs. 3 EStG). Der Antrag nach § 4d Abs. 3 EStG oder § 4e Abs. 3 EStG führt nach Maßgabe der folgenden Regelungen zur Lohnsteuerfreiheit der entsprechenden Leistungen des Arbeitgebers oder der Unterstützungskasse an den Pensionsfonds (§ 3 Nr. 63, 66 EStG).

Für die Anwendung dieser Regelungen gilt nach Abstimmung mit den obersten Finanzbehörden der Länder Folgendes:

1. Anwendungsbereich der Regelungen in § 3 Nr. 63 und 66 EStG i. V. m. § 4d Abs. 3 EStG und § 4e Abs. 3 EStG

a) Übertragung von Versorgungsverpflichtungen gegenüber Leistungsempfängern und von unverfallbaren Versorgungsanwartschaften ausgeschiedener Versorgungsberechtigter

1 Leistungen eines Arbeitgebers oder einer Unterstützungskasse an einen Pensionsfonds zur Übernahme bestehender Versorgungsverpflichtungen gegenüber Leistungsempfängern (laufende Rentenzahlungen) und unverfallbarer Versorgungsanwartschaften ausgeschiedener Versorgungsberechtigter sind insgesamt nach § 3 Nr. 66 EStG steuerfrei, wenn ein Antrag gemäß § 4d Abs. 3 EStG oder § 4e Abs. 3 EStG gestellt wird.

b) Übertragung von Versorgungsanwartschaften aktiver Beschäftigter

2 Bei einer entgeltlichen Übertragung von Versorgungsanwartschaften aktiver Beschäftigter kommt die Anwendung von § 3 Nr. 66 EStG nur für Zahlungen an den Pensionsfonds in Betracht, die für die bis zum Zeitpunkt der Übertragung bereits erdienten Versorgungsanwartschaften geleistet werden.

3 Zahlungen an den Pensionsfonds für zukünftig noch zu erdienende Anwartschaften sind ausschließlich in dem begrenzten Rahmen des § 3 Nr. 63 EStG lohnsteuerfrei.

4 Die bis zum Zeitpunkt der Übertragung bereits erdienten, entgeltlich übertragenen Versorgungsanwartschaften sind grundsätzlich mit dem steuerlich ausfinanzierbaren Teil, mindestens aber in Höhe des zeitanteilig quotierten Versorgungsanteiles nach § 2 Abs. 1 oder Abs. 5a des Betriebsrentengesetzes (Gesetz zur Verbesserung der betrieblichen Altersversorgung – BetrAVG) zu berücksichtigen.

5 Soll eine Versorgungsanwartschaft eines Aktiven aus einer Pensionszusage auf einen Pensionsfonds übertragen werden, ergibt sich der erdiente Teil der Anwartschaft als Quotient des Teilwertes gem. § 6a Abs. 3 Satz 2 Nr. 1 EStG zum Barwert der künftigen Pensionsleistungen, jeweils ermittelt auf den Übertragungszeitpunkt.

2. Berücksichtigung der insgesamt erforderlichen Leistungen zur Übernahme von Versorgungsverpflichtungen oder Versorgungsanwartschaften

Nach dem Sinn und Zweck der Regelungen in § 4d Abs. 3 EStG und § 4e Abs. 3 EStG können alle Leistungen des Steuerpflichtigen im Sinne der Randnummern 1 und 2 im Zusammenhang mit der Übernahme von Versorgungsverpflichtungen oder Versorgungsanwartschaften durch Pensionsfonds über den Verteilungszeitraum als Betriebsausgaben abgezogen werden. Das gilt auch für nach § 3 Nr. 66 EStG begünstigte Leistungen (Randnummern 1 und 2), die nach dem Wirtschaftsjahr der Übernahme der Versorgungsverpflichtung entstanden sind oder entrichtet werden (z. B. nachträgliche zusätzliche Zuwendungen aufgrund einer nicht hinreichenden Deckung durch den zum Übernahmezeitpunkt geleisteten Einmalbetrag). Der Antrag auf Verteilung kann nur einheitlich für sämtliche Leistungen zur Übernahme einer Versorgungsverpflichtung oder Versorgungsanwartschaft gestellt werden. Wurden die erstmaligen Aufwendungen im vollen Umfang Gewinn mindernd geltend gemacht, ist auch eine Verteilung eventueller Nachschusszahlungen nicht möglich. 6

3. Beginn des Verteilungszeitraumes

Der zehnjährige Verteilungszeitraum beginnt bei einer Bilanzierung nach § 4 Abs. 1 und § 5 EStG in dem dem Wirtschaftsjahr des Entstehens der Leistungsverpflichtung folgenden Wirtschaftsjahr und bei einer Gewinnermittlung nach § 4 Abs. 3 EStG in dem dem Jahr der Leistung folgenden Wirtschaftsjahr. Das gilt auch für die Verteilung einer möglichen Nachschusszahlung, wobei es unerheblich ist, ob noch innerhalb des ursprünglichen Zehnjahresraumes nach dem Wirtschaftsjahr der Übertragung der Versorgungsverpflichtung oder Versorgungsanwartschaft oder erst zu einem späteren Zeitpunkt die Leistungsverpflichtung entsteht oder die Zahlung geleistet wird. 7

4. Beispiel

Arbeitgeber A passiviert in der steuerlichen Gewinnermittlung zum 31. Dezember 2003 aufgrund einer Direktzusage zulässigerweise eine Pensionsrückstellung nach § 6a EStG in Höhe von 100 000 €. In 2004 wird die Versorgungsanwartschaft von einem Pensionsfonds übernommen. A zahlt hierfür 150 000 € (begünstigt nach § 3 Nr. 66 EStG, vgl. Randnummer 2) und stellt einen Antrag nach § 4e Abs. 3 EStG auf Verteilung der Betriebsausgaben. Im Jahr 2010 leistet A aufgrund einer Deckungslücke einen weiteren unter § 3 Nr. 66 EStG fallenden Einmalbetrag von 30 000 €. 8

In 2004 ist die Rückstellung nach § 6a EStG Gewinn erhöhend aufzulösen. Da A einen Antrag auf Verteilung der dem Grunde nach sofort abzugsfähigen Betriebsausgaben gestellt hat, mindern in 2004 im Ergebnis nur 100 000 € (= Höhe der aufzulösenden Pensionsrückstellung, § 4e Abs. 3 Satz 3 EStG) den Gewinn. Der verbleibende Betrag von 50 000 € (150 000 € – 100 000 €) ist dem Gewinn 2004 außerbilanziell wieder hinzuzurechnen. In den Jahren 2005 bis 2014 ist der Gewinn um jeweils 1/10 × 50 000 € = 5 000 € außerbilanziell zu vermindern.

Auch die in 2010 geleistete Nachschusszahlung von 30 000 € ist aufgrund des für alle Leistungen im Zusammenhang mit der Übertragung bindenden Antrages nach § 4e Abs. 3 EStG zu verteilen. Demnach erhöht der Betrag von 30 000 € außerbilanziell den Gewinn in 2010. In den Jahren 2011 bis 2 020 mindert sich der Gewinn außerbilanziell jährlich um je 1/10 × 30 000 € = 3 000 €. Hätte A die ursprüngliche Zahlung von 150 000 € vollumfänglich in 2004 als Betriebsausgabe geltend gemacht, hätte auch die in 2010 geleistete Nachschusszahlung nicht verteilt werden können.

II. Betriebliche Altersversorgung; Übertragung von Versorgungsverpflichtungen und Versorgungsanwartschaften auf Pensionsfonds, Anwendung der Regelungen in § 4d Absatz 3 EStG und § 4e Absatz 3 EStG i. V. m. § 3 Nummer 66 EStG

BMF-Schreiben vom 26. Oktober 2006 (BStBl I S. 709)

(BMF-Schreiben vom 10. 7. 2015 – IV B 2 – S 2144/07/10003 –, BStBl I S. 544)

Unter Bezugnahme auf das BMF-Schreiben vom 26. Oktober 2006 (BStBl I S. 709) zur Anwendung der Regelungen in § 4d Absatz 3 EStG und § 4e Absatz 3 EStG i. V. m. § 3 Nummer 66 EStG im Zusammenhang mit der Übertragung von Versorgungsverpflichtungen und Versorgungsanwartschaften auf Pensionsfonds nehme ich zur Berechnung des auf Antrag zu verteilenden Betriebsausgabenabzuges nach Abstimmung mit den obersten Finanzbehörden der Länder wie folgt Stellung:

1. Berücksichtigung von künftigen Rentenanpassungen gemäß § 16 Absatz 1 des Gesetzes zur Verbesserung der betrieblichen Altersversorgung (Betriebsrentengesetz – BetrAVG) bei der Ermittlung der erdienten Versorgungsanwartschaften

1 Bei einer entgeltlichen Übertragung von Versorgungsanwartschaften aktiver Beschäftigter kommt die Anwendung von § 3 Nummer 66 EStG nur für Zahlungen an den Pensionsfonds in Betracht, die für die bis zum Zeitpunkt der Übertragung bereits erdienten Versorgungsanwartschaften geleistet werden (Randnummer 2 des BMF-Schreibens vom 26. Oktober 2006, a. a. O.).

2 Künftige Rentenanpassungen für zum Zeitpunkt der Übertragung bereits erdiente Versorgungsanwartschaften stellen keine bestehende Verpflichtung im Sinne von § 4e Absatz 3 Satz 1 EStG dar, soweit sie noch nicht fest zugesagt sind. Aus Vereinfachungsgründen kann jedoch für Verpflichtungen, die einer Anpassungsprüfungspflicht gemäß § 16 Absatz 1 BetrAVG unterliegen, eine jährliche pauschale Erhöhung von bis zu einem Prozent berücksichtigt werden.

2. Ermittlung des erdienten Teils einer Pensionszusage nach § 6a EStG oder einer Zusage auf Unterstützungskassenleistungen nach § 4d EStG bei der Übertragung auf einen Pensionsfonds gemäß § 4e EStG

3 Die bis zum Zeitpunkt der Übertragung erdienten Versorgungsanwartschaften sind entsprechend den Regelungen in § 2 BetrAVG zu ermitteln. Dabei ist auf den jeweiligen Übertragungszeitpunkt abzustellen.

4 Soll nicht der erdiente Teil der zugesagten Versorgungsleistungen auf den Pensionsfonds übertragen werden, sondern ein konstanter Alters-, Invaliden- und Hinterbliebenenrentenanspruch durch den Pensionsfondstarif abgedeckt werden, ist durch einen Barwertvergleich auf Basis aktueller, steuerlich anerkannter Rechnungsgrundlagen für die Bewertung von Pensionsverpflichtungen gemäß § 6a EStG die Gleichwertigkeit des rechnerisch übertragungsfähigen sog. Past Service mit der auf den Pensionsfonds übertragenen Versorgung nachzuweisen.

5 Die körperschaftsteuerlichen Regelungen für beherrschende Gesellschafter-Geschäftsführer von Kapitalgesellschaften bleiben unberührt. Dies gilt insbesondere auch für das Rückwirkungs- und Nachzahlungsverbot. Demzufolge können steuerlich zugesagte Versorgungsleistungen und deren Erhöhungen erst ab dem Zeitpunkt der Zusage oder Erhöhung erdient werden.

3. Maßgebende Rückstellung im Sinne von § 4e Absatz 3 Satz 3 EStG

6 Ist infolge der Übertragung einer Versorgungsverpflichtung oder Versorgungsanwartschaft auf einen Pensionsfonds eine Pensionsrückstellung aufzulösen (§ 4e Absatz 3 Satz 3 EStG), ist bei der Ermittlung der sofort als Betriebsausgaben abzugsfähigen Leistungen auf die am vorangegangenen Bilanzstichtag gebildete Pensionsrückstellung abzustellen. Weicht der Übertragungszeitpunkt vom Bilanzstichtag ab, kommt eine Zugrundelegung der (fiktiven) Pensionsrückstellung, die zu diesem Zeitpunkt maßgebend wäre, auch dann nicht in Betracht, wenn eine gebildete Rückstellung nicht aufzulösen ist (z. B. bei einer Erhöhung der Pensionsleistungen nach dem letzten Bilanzstichtag und vor dem Übertragungszeitpunkt).

7 Wird der erdiente Teil einer Versorgungsanwartschaft auf einen Pensionsfonds übertragen, ist der sofortige Betriebsausgabenabzug nach § 4e Absatz 3 Satz 3 EStG nur möglich, soweit die Auflösung der Pensionsrückstellung auf der Übertragung des erdienten Teils auf den Pensionsfonds beruht.

8 **Beispiel:**

Am 1. Januar 2014 wird der erdiente Teil einer Versorgungsanwartschaft eines aktiven Anwärters aus einer Pensionszusage nach § 6a EStG auf einen Pensionsfonds und der noch zu erdienende Teil auf eine rückgedeckte Unterstützungskasse übertragen (sog. Kombinationsmodell). Am Übertragungsstichtag sind 60 % der Versorgungsleistungen erdient. Die am Bilanzstichtag 31. Dezember 2013 passivierte Pensionsrückstellung beträgt 100 000 €.

Nach der Systematik der Teilwertermittlung gemäß § 6a EStG wäre unmittelbar nach der Übertragung des erdienten Teils auf den Pensionsfonds eine Pensionsrückstellung für den nicht übertragenen Teil der Versorgungsleistungen in Höhe von 40 000 € zu bilden. Die vollständige Auflösung der Pensionsrückstellung nach den Übertragungen beruht somit in Höhe von 40 000 € nicht auf der Übertragung des erdienten Teils der Versorgungsleistungen auf den Pensionsfonds, sondern auf der Übertragung des noch zu erdienenden Teils auf die Unterstützungskasse. Folglich ist ein sofortiger Betriebsausgabenabzug nach § 4e Absatz 3 Satz 3 EStG nur in Höhe von 60 000 € möglich.

4. Zeitliche Anwendung

9 Die Regelungen dieses Schreibens gelten für alle noch offenen Fälle. Die Randnummern 4 und 5 des BMF-Schreibens vom 26. Oktober 2006 (a. a. O.), wonach die bereits erdienten Versor-

gungsanwartschaften auch mit dem höheren steuerlich ausfinanzierbaren Teil (Quotient des Teilwertes gem. § 6a Absatz 3 Satz 2 Nummer 1 EStG zum Barwert der künftigen Pensionsleistungen) im Übertragungszeitpunkt berücksichtigt werden können, können letztmals für Versorgungsanwartschaften angewendet werden, die vor dem 1. Januar 2016 auf einen Pensionsfonds übertragen werden.

Wird vor dem 1. Januar 2016 die Versorgungsanwartschaft aus einer Pensionszusage, bei der sich die Höhe der unverfallbaren Anwartschaft (zeitanteilig) nach § 2 Absatz 1 BetrAVG ermittelt, auf einen Pensionsfonds übertragen, ist ein Barwertvergleich im Sinne von Randnummer 4 nicht erforderlich, wenn ein konstanter Rentenanspruch auf Basis der zeitanteilig erdienten (m/n-)Altersrente auf den Pensionsfonds übertragen wird, auch wenn dieser nicht genau dem erdienten Teil der ursprünglich zugesagten Versorgungsleistungen entspricht (z. B. weil es sich dabei um eine steigende, dienstzeitabhängige Pensionszusage handelt). Eine steuerfreie Übertragung auf der Grundlage des steuerlich ausfinanzierbaren Teils (Quotient Teilwert/Barwert) der zugesagten Versorgungsleistungen ist in diesem Fall nicht zulässig. Dabei sind alle betroffenen Versorgungszusagen einheitlich zu behandeln. 10

Beispiel: 11

Die Pensionszusage sieht eine jährliche Altersrente in Höhe von 100 € je Dienstjahr sowie eine Invalidenrente in Höhe von 80 % der bei Eintritt der Invalidität erreichten Altersrente vor. Nach 10 von insgesamt 30 erreichbaren Dienstjahren wird die erdiente Anwartschaft am 31. Dezember 2013 auf einen Pensionsfonds übertragen.

Nach § 2 Absatz 1 BetrAVG sind zum Zeitpunkt der Übertragung arbeitsrechtlich 10/30 der Altersrente von 30 Dienstjahren x 100 € = 3 000 € sowie 10/30 der bis auf 3 000 € x 80 % steigenden Invalidenrente erdient. Berücksichtigt werden kann dementsprechend der konstante Rentenanspruch für den Pensionsfondstarif, also eine Altersrente von 100 € x 30 Dienstjahre x 10/30 = 1 000 € sowie eine Invalidenrente von 100 € x 80 % x 30 Dienstjahre x 10/30 = 800 €.

Randnummer 10 ist bei beitragsorientierten Leistungszusagen und Entgeltumwandlungen mit der Maßgabe anwendbar, dass an die Stelle des zeitanteilig erdienten Anteils der im jeweiligen Umwandlungszeitpunkt erreichte Altersrentenanspruch (§ 2 Absatz 5a BetrAVG) tritt. Die Klassifizierung als beitragsorientierte Zusage ist grundsätzlich auf arbeitsrechtlicher Basis vorzunehmen und kann sich beispielsweise aus der tatsächlichen Handhabung des Arbeitgebers bei Rentenmitteilungen oder bei Ausscheiden mit unverfallbarer Anwartschaft ergeben. 12

Bei der Übertragung von Versorgungsanwartschaften aus einer Zusage auf Unterstützungskassenleistungen nach § 4d EStG im Sinne von Randnummer 4 auf einen Pensionsfonds vor dem 1. Januar 2016 ist Randnummer 10 entsprechend anwendbar. 13

§ 3 EStG

Steuerfrei sind

...

67. a) das Erziehungsgeld nach dem Bundeserziehungsgeldgesetz und vergleichbare Leistungen der Länder, S 2342

b) das Elterngeld nach dem Bundeselterngeld- und Elternzeitgesetz und vergleichbare Leistungen der Länder,

c) Leistungen für Kindererziehung an Mütter der Geburtsjahrgänge vor 1921 nach den §§ 294 bis 299 des Sechsten Buches Sozialgesetzbuch sowie

d) Zuschläge, die nach den §§ 50a bis 50e des Beamtenversorgungsgesetzes oder nach den §§ 70 bis 74 des Soldatenversorgungsgesetzes oder nach vergleichbaren Regelungen der Länder für ein vor dem 1. Januar 2015 geborenes Kind oder für eine vor dem 1. Januar 2015 begonnene Zeit der Pflege einer pflegebedürftigen Person zu gewähren sind; im Falle des Zusammentreffens von Zeiten für mehrere Kinder nach § 50b des Beamtenversorgungsgesetzes oder § 71 des Soldatenversorgungsgesetzes oder nach vergleichbaren Regelungen der Länder gilt dies, wenn eines der Kinder vor dem 1. Januar 2015 geboren ist;

68. die Hilfen nach dem Gesetz über die Hilfe für durch Anti-D-Immunprophylaxe mit dem Hepatitis-C-Virus infizierte Personen vom 2. August 2000 (BGBl. I S. 1270); S 2121

69. die von der Stiftung „Humanitäre Hilfe für durch Blutprodukte HIV-infizierte Personen" nach dem HIV-Hilfegesetz vom 24. Juli 1995 (BGBl. I S. 972) gewährten Leistungen; S 2121

70. die Hälfte S 1983

a) der Betriebsvermögensmehrungen oder Einnahmen aus der Veräußerung von Grund und Boden und Gebäuden, die am 1. Januar 2007 mindestens fünf Jahre zum Anlage-

vermögen eines inländischen Betriebsvermögens des Steuerpflichtigen gehören, wenn diese auf Grund eines nach dem 31. Dezember 2006 und vor dem 1. Januar 2010 rechtswirksam abgeschlossenen obligatorischen Vertrages an eine REIT-Aktiengesellschaft oder einen Vor-REIT veräußert werden,

b) der Betriebsvermögensmehrungen, die auf Grund der Eintragung eines Steuerpflichtigen in das Handelsregister als REIT-Aktiengesellschaft im Sinne des REIT-Gesetzes vom 28. Mai 2007 (BGBl. I S. 914) durch Anwendung des § 13 Absatz 1 und 3 Satz 1 des Körperschaftsteuergesetzes auf Grund und Boden und Gebäude entstehen, wenn diese Wirtschaftsgüter vor dem 1. Januar 2005 angeschafft oder hergestellt wurden, und die Schlussbilanz im Sinne des § 13 Absatz 1 und 3 des Körperschaftsteuergesetzes auf einen Zeitpunkt vor dem 1. Januar 2010 aufzustellen ist.

[2]Satz 1 ist nicht anzuwenden,

a) wenn der Steuerpflichtige den Betrieb veräußert oder aufgibt und der Veräußerungsgewinn nach § 34 besteuert wird,

b) soweit der Steuerpflichtige von den Regelungen der §§ 6b und 6c Gebrauch macht,

c) soweit der Ansatz des niedrigeren Teilwerts in vollem Umfang zu einer Gewinnminderung geführt hat und soweit diese Gewinnminderung nicht durch den Ansatz eines Werts, der sich nach § 6 Absatz 1 Nr. 1 Satz 4 ergibt, ausgeglichen worden ist,

d) wenn im Falle des Satzes 1 Buchstabe a der Buchwert zuzüglich der Veräußerungskosten den Veräußerungserlös oder im Falle des Satzes 1 Buchstabe b der Buchwert den Teilwert übersteigt. Ermittelt der Steuerpflichtige den Gewinn nach § 4 Absatz 3, treten an die Stelle des Buchwerts die Anschaffungs- oder Herstellungskosten verringert um die vorgenommenen Absetzungen für Abnutzung oder Substanzverringerung,

e) soweit vom Steuerpflichtigen in der Vergangenheit Abzüge bei den Anschaffungs- oder Herstellungskosten von Wirtschaftsgütern im Sinne des Satzes 1 nach § 6b oder ähnliche Abzüge voll steuerwirksam vorgenommen worden sind,

f) wenn es sich um eine Übertragung im Zusammenhang mit Rechtsvorgängen handelt, die dem Umwandlungssteuergesetz unterliegen und die Übertragung zu einem Wert unterhalb des gemeinen Werts erfolgt.

[3]Die Steuerbefreiung entfällt rückwirkend, wenn

a) innerhalb eines Zeitraums von vier Jahren seit dem Vertragsschluss im Sinne des Satzes 1 Buchstabe a der Erwerber oder innerhalb eines Zeitraums von vier Jahren nach dem Stichtag der Schlussbilanz im Sinne des Satzes 1 Buchstabe b die REIT-Aktiengesellschaft den Grund und Boden oder das Gebäude veräußert,

b) der Vor-REIT oder ein anderer Vor-REIT als sein Gesamtrechtsnachfolger den Status als Vor-REIT gemäß § 10 Absatz 3 Satz 1 des REIT-Gesetzes verliert,

c) die REIT-Aktiengesellschaft innerhalb eines Zeitraums von vier Jahren seit dem Vertragsschluss m Sinne des Satzes 1 Buchstabe a oder nach dem Stichtag der Schlussbilanz im Sinne des Satzes 1 Buchstabe b in keinem Veranlagungszeitraum die Voraussetzungen für die Steuerbefreiung erfüllt,

d) die Steuerbefreiung der REIT-Aktiengesellschaft innerhalb eines Zeitraums von vier Jahren seit dem Vertragsschluss im Sinne des Satzes 1 Buchstabe a oder nach dem Stichtag der Schlussbilanz im Sinne des Satzes 1 Buchstabe b endet,

e) das Bundeszentralamt für Steuern dem Erwerber im Sinne des Satzes 1 Buchstabe a den Status als Vor-REIT im Sinne des § 2 Satz 4 des REIT-Gesetzes vom 28. Mai 2007 (BGBl. I S. 914) bestandskräftig aberkannt hat,

[4]Die Steuerbefreiung entfällt auch rückwirkend, wenn die Wirtschaftsgüter im Sinne des Satzes 1 Buchstabe a vom Erwerber an den Veräußerer oder eine ihm nahe stehende Person im Sinne des § 1 Absatz 2 des Außensteuergesetzes überlassen werden und der Veräußerer oder eine ihm nahe stehende Person im Sinne des § 1 Absatz 2 des Außensteuergesetzes nach Ablauf einer Frist von zwei Jahren seit Eintragung des Erwerbers als REIT-Aktiengesellschaft in das Handelsregister an dieser mittelbar oder unmittelbar zu mehr als 50 Prozent beteiligt ist. [5]Der Grundstückserwerber haftet für die sich aus dem rückwirkenden Wegfall der Steuerbefreiung ergebenden Steuern;

71. die aus einer öffentlichen Kasse gezahlten Zuschüsse für den Erwerb eines Anteils an einer Kapitalgesellschaft in Höhe von 20 Prozent der Anschaffungskosten, höchstens jedoch 50 000 Euro. Voraussetzung ist, dass

a) der Anteil an der Kapitalgesellschaft länger als drei Jahre gehalten wird,

b) die Kapitalgesellschaft, deren Anteile erworben werden,

aa) nicht älter ist als zehn Jahre, wobei das Datum der Eintragung der Gesellschaft in das Handelsregister maßgeblich ist, bb) weniger als 50 Mitarbeiter (Vollzeitäquivalente) hat,

cc) einen Jahresumsatz oder eine Jahresbilanzsumme von höchstens 10 Millionen Euro hat und

dd) nicht börsennotiert ist und keinen Börsengang vorbereitet,

c) der Zuschussempfänger das 18. Lebensjahr vollendet hat oder eine GmbH ist, deren Anteilseigner das 18. Lebensjahr vollendet haben und

d) für den Erwerb des Anteils kein Fremdkapital eingesetzt wird.

§ 3a (weggefallen)

EStG

§ 3b Steuerfreiheit von Zuschlägen für Sonntags-, Feiertags- oder Nachtarbeit

EStG
S 2343

(1) Steuerfrei sind Zuschläge, die für tatsächlich geleistete Sonntags-, Feiertags- oder Nachtarbeit neben dem Grundlohn gezahlt werden, soweit sie

1. **für Nachtarbeit 25 Prozent,**
2. **vorbehaltlich der Nummern 3 und 4 für Sonntagsarbeit 50 Prozent,**
3. **vorbehaltlich der Nummer 4 für Arbeit am 31. Dezember ab 14 Uhr und an den gesetzlichen Feiertagen 125 Prozent,**
4. **für Arbeit am 24. Dezember ab 14 Uhr, am 25. und 26. Dezember sowie am 1. Mai 150 Prozent**

des Grundlohns nicht übersteigen.

(2) [1]Grundlohn ist der laufende Arbeitslohn, der dem Arbeitnehmer bei der für ihn maßgebenden regelmäßigen Arbeitszeit für den jeweiligen Lohnzahlungszeitraum zusteht; er ist in einen Stundenlohn umzurechnen und mit höchstens 50 Euro anzusetzen. [2]Nachtarbeit ist die Arbeit in der Zeit von 20 Uhr bis 6 Uhr. [3]Sonntagsarbeit und Feiertagsarbeit ist die Arbeit in der Zeit von 0 Uhr bis 24 Uhr des jeweiligen Tages. [4]Die gesetzlichen Feiertage werden durch die am Ort der Arbeitsstätte geltenden Vorschriften bestimmt.

(3) Wenn die Nachtarbeit vor 0 Uhr aufgenommen wird, gilt abweichend von den Absätzen 1 und 2 Folgendes:

1. **Für Nachtarbeit in der Zeit von 0 Uhr bis 4 Uhr erhöht sich der Zuschlagssatz auf 40 Prozent,**
2. **als Sonntagsarbeit und Feiertagsarbeit gilt auch die Arbeit in der Zeit von 0 Uhr bis 4 Uhr des auf den Sonntag oder Feiertag folgenden Tages.**

Steuerfreiheit der Zuschläge für Sonntags-, Feiertags- oder Nachtarbeit (§ 3b EStG)

R 3b

Allgemeines

S 2343

(1) [1]Die Steuerfreiheit setzt voraus, dass neben dem Grundlohn tatsächlich ein Zuschlag für Sonntags-, Feiertags- oder Nachtarbeit gezahlt wird. [2]Ein solcher Zuschlag kann in einem Gesetz, einer Rechtsverordnung, einem Tarifvertrag, einer Betriebsvereinbarung oder einem Einzelarbeitsvertrag geregelt sein. [3]Bei einer Nettolohnvereinbarung ist der Zuschlag nur steuerfrei, wenn er neben dem vereinbarten Nettolohn gezahlt wird. [4]Unschädlich ist es, wenn neben einem Zuschlag für Sonntags-, Feiertags- oder Nachtarbeit, die gleichzeitig Mehrarbeit ist, keine gesonderte Mehrarbeitsvergütung oder ein Grundlohn gezahlt wird, mit dem die Mehrarbeit abgegolten ist. [5]Auf die Bezeichnung der Lohnzuschläge kommt es nicht an. [6]Die Barabgeltung eines Freizeitanspruchs oder eines Freizeitüberhangs oder Zuschläge wegen Mehrarbeit oder wegen anderer als durch die Arbeitszeit bedingter Erschwernisse oder Zulagen, die lediglich nach bestimmten Zeiträumen bemessen werden, sind keine begünstigten Lohnzuschläge. [7]§ 3b EStG ist auch bei Arbeitnehmern anwendbar, deren Lohn nach § 40a EStG pauschal versteuert wird.

Grundlohn

(2) [1]Grundlohn ist nach § 3b Abs. 2 EStG der auf eine Arbeitsstunde entfallende Anspruch auf laufenden Arbeitslohn, den der Arbeitnehmer für den jeweiligen Lohnzahlungszeitraum auf Grund seiner regelmäßigen Arbeitszeit erwirbt. [2]Im Einzelnen gilt Folgendes:

1. Abgrenzung des Grundlohns

a) [1]Der Anspruch auf laufenden Arbeitslohn ist nach R 39b.2 vom Anspruch auf sonstige Bezüge abzugrenzen. [2]Soweit Arbeitslohn-Nachzahlungen oder -Vorauszahlungen zum laufenden Arbeitslohn gehören, erhöhen sie den laufenden Arbeitslohn der Lohnzahlungszeiträume, für die sie nach- oder vorausgezahlt werden; § 41c EStG ist anzuwenden.

b) [1]Ansprüche auf Sachbezüge, Aufwendungszuschüsse und vermögenswirksame Leistungen gehören zum Grundlohn, wenn sie laufender Arbeitslohn sind. [2]Das Gleiche gilt für Ansprüche auf Zuschläge und Zulagen, die wegen der Besonderheit der Arbeit in der regelmäßigen Arbeitszeit gezahlt werden, z. B. Erschwerniszulagen oder Schichtzuschläge, sowie für Lohnzuschläge für die Arbeit in der nicht durch § 3b EStG begünstigten Zeit. [3]Regelmäßige Arbeitszeit ist die für das jeweilige Dienstverhältnis vereinbarte Normalarbeitszeit.

c) [1]Nicht zum Grundlohn gehören Ansprüche auf Vergütungen für Überstunden (Mehrarbeitsvergütungen), Zuschläge für Sonntags-, Feiertags- oder Nachtarbeit in der nach § 3b EStG begünstigten Zeit, und zwar auch insoweit, als sie wegen Überschreitens der dort genannten Zuschlagssätze steuerpflichtig sind. [2]Dies gilt auch für steuerfreie und nach § 40 EStG pauschal besteuerte Bezüge. [3]Zum Grundlohn gehören aber die nach § 3 Nr. 56 oder 63 EStG steuerfreien Beiträge des Arbeitgebers, soweit es sich um laufenden Arbeitslohn handelt.

2. Ermittlung des Grundlohnanspruchs für den jeweiligen Lohnzahlungszeitraum

a) [1]Es ist der für den jeweiligen Lohnzahlungszeitraum vereinbarte Grundlohn i. S. d. Nummer 1 zu ermitteln (Basisgrundlohn). [2]Werden die für den Lohnzahlungszeitraum zu zahlenden Lohnzuschläge nach den Verhältnissen eines früheren Lohnzahlungszeitraums bemessen, ist auch der Ermittlung des Basisgrundlohns der frühere Lohnzahlungszeitraum zugrunde zu legen. [3]Werden die Zuschläge nach der Arbeitsleistung eines früheren Lohnzahlungszeitraums aber nach dem Grundlohn des laufenden Lohnzahlungszeitraums bemessen, ist der Basisgrundlohn des laufenden Lohnzahlungszeitraums zugrunde zu legen. [4]Soweit sich die Lohnvereinbarung auf andere Zeiträume als auf den Lohnzahlungszeitraum bezieht, ist der Basisgrundlohn durch Vervielfältigung des vereinbarten Stundenlohns mit der Stundenzahl der regelmäßigen Arbeitszeit im Lohnzahlungszeitraum zu ermitteln. [5]Bei einem monatlichen Lohnzahlungszeitraum ergibt sich die Stundenzahl der regelmäßigen Arbeitszeit aus dem 4,35fachen der wöchentlichen Arbeitszeit. [6]Arbeitszeitausfälle, z. B. durch Urlaub oder Krankheit, bleiben außer Betracht.

b) [1]Zusätzlich ist der Teil des für den jeweiligen Lohnzahlungszeitraum zustehenden Grundlohns i. S. d. Nummer 1 zu ermitteln, dessen Höhe nicht von im Voraus bestimmbaren Verhältnissen abhängt (Grundlohnzusätze), z. B. der nur für einzelne Arbeitsstunden bestehende Anspruch auf Erschwerniszulagen oder Spätarbeitszuschläge oder der von der Zahl der tatsächlichen Arbeitstage abhängende Anspruch auf Fahrtkostenzuschüsse. [2]Diese Grundlohnzusätze sind mit den Beträgen anzusetzen, die dem Arbeitnehmer für den jeweiligen Lohnzahlungszeitraum tatsächlich zustehen.

3. Umrechnung des Grundlohnanspruchs

[1]Basisgrundlohn (Nummer 2 Buchstabe a) und Grundlohnzusätze (Nummer 2 Buchstabe b) sind zusammenzurechnen und durch die Zahl der Stunden der regelmäßigen Arbeitszeit im jeweiligen Lohnzahlungszeitraum zu teilen. [2]Bei einem monatlichen Lohnzahlungszeitraum ist der Divisor mit dem 4,35fachen der wöchentlichen Arbeitszeit anzusetzen. [3]Das Ergebnis ist der Grundlohn; er ist für die Berechnung des steuerfreien Anteils der Zuschläge für Sonntags-, Feiertags- und Nachtarbeit maßgebend, soweit er die Stundenlohnhöchstgrenze nach § 3b Abs. 2 Satz 1 EStG nicht übersteigt. [4]Ist keine regelmäßige Arbeitszeit vereinbart, sind der Ermittlung des Grundlohns die im Lohnzahlungszeitraum tatsächlich geleisteten Arbeitsstunden zugrunde zu legen. [5]Bei Stücklohnempfängern kann die Umrechnung des Stücklohns auf einen Stundenlohn unterbleiben.

4. Wird ein Zuschlag für Sonntags-, Feiertags- oder Nachtarbeit von weniger als einer Stunde gezahlt, ist bei der Ermittlung des steuerfreien Zuschlags für diesen Zeitraum der Grundlohn entsprechend zu kürzen.

5. Bei einer Beschäftigung nach dem AltTZG ist der Grundlohn nach § 3b Abs. 2 EStG so zu berechnen, als habe eine Vollzeitbeschäftigung bestanden.

Nachtarbeit an Sonntagen und Feiertagen

(3) [1]Wird an Sonntagen und Feiertagen oder in der zu diesen Tagen nach § 3b Abs. 3 Nr. 2 EStG gehörenden Zeit Nachtarbeit geleistet, kann die Steuerbefreiung nach § 3b Abs. 1 Nr. 2 bis 4 EStG neben der Steuerbefreiung nach § 3b Abs. 1 Nr. 1 EStG in Anspruch genommen werden. [2]Dabei ist der steuerfreie Zuschlagssatz für Nachtarbeit mit dem steuerfreien Zuschlagssatz für Sonntags- oder Feiertagsarbeit auch dann zusammenzurechnen, wenn nur ein Zuschlag gezahlt wird. [3]Zu den gesetzlichen Feiertagen i. S. d. § 3b Abs. 1 Nr. 3 EStG gehören der Oster- und der Pfingstsonntag auch dann, wenn sie in den am Ort der Arbeitsstätte geltenden Vorschriften nicht

ausdrücklich als Feiertage genannt werden. [4]Wenn für die einem Sonn- oder Feiertag folgende oder vorausgehende Nachtarbeit ein Zuschlag für Sonntags- oder Feiertagsarbeit gezahlt wird, ist dieser als Zuschlag für Nachtarbeit zu behandeln.

Feiertagsarbeit an Sonntagen

(4) [1]Ist ein Sonntag zugleich Feiertag, kann ein Zuschlag nur bis zur Höhe des jeweils in Betracht kommenden Feiertagszuschlags steuerfrei gezahlt werden. [2]Das gilt auch dann, wenn nur ein Sonntagszuschlag gezahlt wird.

Zusammentreffen mit Mehrarbeitszuschlägen

(5) [1]Hat der Arbeitnehmer arbeitsrechtlich Anspruch auf Zuschläge für Sonntags-, Feiertags- oder Nachtarbeit und auf Zuschläge für Mehrarbeit und wird Mehrarbeit als Sonntags-, Feiertags- oder Nachtarbeit geleistet, sind folgende Fälle zu unterscheiden:

1. es werden sowohl die in Betracht kommenden Zuschläge für Sonntags-, Feiertags- oder Nachtarbeit als auch für Mehrarbeit gezahlt;
2. es wird nur der in Betracht kommende Zuschlag für Sonntags-, Feiertags- oder Nachtarbeit gezahlt, der ebenso hoch oder höher ist als der Zuschlag für Mehrarbeit;
3. es wird nur der Zuschlag für Mehrarbeit gezahlt;
4. es wird ein einheitlicher Zuschlag (Mischzuschlag) gezahlt, der höher ist als die jeweils in Betracht kommenden Zuschläge, aber niedriger als ihre Summe;
5. es wird ein einheitlicher Zuschlag (Mischzuschlag) gezahlt, der höher ist als die Summe der jeweils in Betracht kommenden Zuschläge.

[2]In den Fällen des Satzes 1 Nr. 1 und 2 ist von den gezahlten Zuschlägen der Betrag als Zuschlag für Sonntags-, Feiertags- oder Nachtarbeit zu behandeln, der dem arbeitsrechtlich jeweils in Betracht kommenden Zuschlag entspricht. [3]Im Falle des Satzes 1 Nr. 3 liegt ein Zuschlag i. S. d. § 3b EStG nicht vor. [4]In den Fällen des Satzes 1 Nr. 4 und 5 ist der Mischzuschlag im Verhältnis der in Betracht kommenden Einzelzuschläge in einen nach § 3b EStG begünstigten Anteil und einen nicht begünstigten Anteil aufzuteilen. [5]Ist für Sonntags-, Feiertags- oder Nachtarbeit kein Zuschlag vereinbart, weil z. B. Pförtner oder Nachtwächter ihre Tätigkeit regelmäßig zu den begünstigten Zeiten verrichten, bleibt von einem für diese Tätigkeiten gezahlten Mehrarbeitszuschlag kein Teilbetrag nach § 3b EStG steuerfrei.

Nachweis der begünstigten Arbeitszeiten

(6) [1]Steuerfrei sind nur Zuschläge, die für tatsächlich geleistete Sonntags-, Feiertags- oder Nachtarbeit gezahlt werden. [2]Zur vereinbarten und vergüteten Arbeitszeit gehörende Waschzeiten, Schichtübergabezeiten und Pausen gelten als begünstigte Arbeitszeit i. S. d. § 3b EStG, soweit sie in den begünstigten Zeitraum fallen. [3]Die tatsächlich geleistete Sonntags-, Feiertags- oder Nachtarbeit ist grundsätzlich im Einzelfall nachzuweisen. [4]Wird eine einheitliche Vergütung für den Grundlohn und die Zuschläge für Sonntags-, Feiertags- oder Nachtarbeit, ggf. unter Einbeziehung der Mehrarbeit und Überarbeit, gezahlt, weil Sonntags-, Feiertags- oder Nachtarbeit üblicherweise verrichtet wird, und werden deshalb die sonntags, feiertags oder nachts tatsächlich geleisteten Arbeitsstunden nicht aufgezeichnet, bleiben die in der einheitlichen Vergütung enthaltenen Zuschläge für Sonntags-, Feiertags- oder Nachtarbeiten grundsätzlich nicht nach § 3b EStG steuerfrei. [5]Zu einem erleichterten Nachweis → Absatz 7. [6]Sind die Einzelanschreibung und die Einzelbezahlung der geleisteten Sonntags-, Feiertags- oder Nachtarbeit wegen der Besonderheiten der Arbeit und der Lohnzahlungen nicht möglich, darf das Betriebsstättenfinanzamt den Teil der Vergütung, der als steuerfreier Zuschlag für Sonntags-, Feiertags- oder Nachtarbeit anzuerkennen ist, von Fall zu Fall feststellen. [7]Im Interesse einer einheitlichen Behandlung der Arbeitnehmer desselben Berufszweigs darf das Betriebsstättenfinanzamt die Feststellung nur auf Weisung der vorgesetzten Behörde treffen. [8]Die Weisung ist der obersten Landesfinanzbehörde vorbehalten, wenn die für den in Betracht kommenden Berufszweig maßgebende Regelung nicht nur im Bezirk der für das Betriebsstättenfinanzamt zuständigen vorgesetzten Behörde gilt. [9]Eine Feststellung nach Satz 6 kommt für solche Regelungen nicht in Betracht, durch die nicht pauschale Zuschläge festgesetzt, sondern bestimmte Teile eines nach Zeiträumen bemessenen laufenden Arbeitslohns als Zuschläge für Sonntags-, Feiertags- oder Nachtarbeit erklärt werden.

Pauschale Zuschläge

(7) [1]Werden Zuschläge für Sonntags-, Feiertags- oder Nachtarbeit als laufende Pauschale, z. B. Monatspauschale, gezahlt und wird eine Verrechnung mit den Zuschlägen, die für die einzeln nachgewiesenen Zeiten für Sonntags-, Feiertags- oder Nachtarbeit auf Grund von Einzelberechnungen zu zahlen wären, erst später vorgenommen, kann die laufende Pauschale oder ein Teil davon steuerfrei belassen werden, wenn

1. der steuerfreie Betrag nicht nach höheren als den in § 3b EStG genannten Prozentsätzen berechnet wird,
2. der steuerfreie Betrag nach dem durchschnittlichen Grundlohn und der durchschnittlichen im Zeitraum des Kalenderjahres tatsächlich anfallenden Sonntags-, Feiertags- oder Nachtarbeit bemessen wird,
3. die Verrechnung mit den einzeln ermittelten Zuschlägen jeweils vor der Erstellung der Lohnsteuerbescheinigung und somit regelmäßig spätestens zum Ende des Kalenderjahres oder beim Ausscheiden des Arbeitnehmers aus dem Dienstverhältnis erfolgt. [2]Für die Ermittlung der im Einzelnen nachzuweisenden Zuschläge ist auf den jeweiligen Lohnzahlungszeitraum abzustellen. [3]Dabei ist auch der steuerfreie Teil der einzeln ermittelten Zuschläge festzustellen und die infolge der Pauschalierung zu wenig oder zu viel einbehaltene Lohnsteuer auszugleichen,
4. bei der Pauschalzahlung erkennbar ist, welche Zuschläge im Einzelnen – jeweils getrennt nach Zuschlägen für Sonntags-, Feiertags- oder Nachtarbeit – abgegolten sein sollen und nach welchen Prozentsätzen des Grundlohns die Zuschläge bemessen worden sind,
5. die Pauschalzahlung tatsächlich ein Zuschlag ist, der neben dem Grundlohn gezahlt wird; eine aus dem Arbeitslohn rechnerisch ermittelte Pauschalzahlung ist kein Zuschlag.

[2]Ergibt die Einzelfeststellung, dass der dem Arbeitnehmer auf Grund der tatsächlich geleisteten Sonntags-, Feiertags- oder Nachtarbeit zustehende Zuschlag höher ist als die Pauschalzahlung, kann ein höherer Betrag nur steuerfrei sein, wenn und soweit der Zuschlag auch tatsächlich zusätzlich gezahlt wird; eine bloße Kürzung des steuerpflichtigen Arbeitslohns um den übersteigenden Steuerfreibetrag ist nicht zulässig. [3]Diese Regelungen gelten sinngemäß, wenn lediglich die genaue Feststellung des steuerfreien Betrags im Zeitpunkt der Zahlung des Zuschlags schwierig ist und sie erst zu einem späteren Zeitpunkt nachgeholt werden kann.

Zeitversetzte Auszahlung

(8) [1]Die Steuerfreiheit von Zuschlägen für Sonntags-, Feiertags- oder Nachtarbeit bleibt auch bei zeitversetzter Auszahlung grundsätzlich erhalten. [2]Voraussetzung ist jedoch, dass vor der Leistung der begünstigten Arbeit bestimmt wird, dass ein steuerfreier Zuschlag – ggf. teilweise – als Wertguthaben auf ein Arbeitszeitkonto genommen und getrennt ausgewiesen wird. [3]Dies gilt z. B. in Fällen der Altersteilzeit bei Aufteilung in Arbeits- und Freistellungsphase (so genannte Blockmodelle).

H 3b

Hinweise

Abgrenzung Sonntags-/Feiertagszuschlag – Nachtzuschlag

Beispiel:

Ein Arbeitnehmer beginnt seine Nachtschicht am Sonntag, dem 1. 5. um 22 Uhr und beendet sie am 2. 5. um 7 Uhr.

Für diesen Arbeitnehmer sind Zuschläge zum Grundlohn bis zu folgenden Sätzen steuerfrei:

- 175 % für die Arbeit am 1. 5. in der Zeit von 22 Uhr bis 24 Uhr (25 % für Nachtarbeit und 150 % für Feiertagsarbeit),
- 190 % für die Arbeit am 2. 5. in der Zeit von 0 Uhr bis 4 Uhr (40 % für Nachtarbeit und 150 % für Feiertagsarbeit),
- 25 % für die Arbeit am 2. 5. in der Zeit von 4 Uhr bis 6 Uhr.

Abgrenzung Spätarbeitszuschlag – andere Lohnzuschläge

Beispiel:

Auf Grund tarifvertraglicher Vereinbarung erhält ein Arbeitnehmer für die Arbeit in der Zeit von 18 bis 22 Uhr einen Spätarbeitszuschlag und für die in der Zeit von 19 bis 21 Uhr verrichteten Arbeiten eine Gefahrenzulage. Der für die Zeit von 20 bis 22 Uhr gezahlte Spätarbeitszuschlag ist ein nach § 3b EStG begünstigter Zuschlag für Nachtarbeit. Die Gefahrenzulage wird nicht für die Arbeit zu einer bestimmten Zeit gezahlt und ist deshalb auch insoweit kein Nachtarbeitszuschlag i. S. d. § 3b EStG, als sie für die Arbeit in der Zeit von 20 bis 21 Uhr gezahlt wird.

Ärzte in kommunalen Krankenhäusern

Steuerfreiheit von Zuschlägen für Sonntags-, Feiertags- oder Nachtarbeit nach § 3b EStG;

Zeitzuschlag für Bereitschaftsdienste an Feiertagen und in den Nachtstunden für Ärztinnen und Ärzte an kommunalen Krankenhäusern

(Verfügung der OFD Frankfurt vom 26. 05. 2011 – S 2343 A-37-St 222 –)

Die für die Lohnsteuer zuständigen Vertreter der obersten Finanzbehörden des Bundes und der Länder haben in ihrer letzten Sitzung aufgrund einer Anfrage der Vereinigung der kommunalen Arbeitgeberverbände sowohl die steuerliche Behandlung der Zeitzuschläge für Bereitschaftsdienste in den Nachtstunden gem. § 12 Abs. 4 des Tarifvertrags für Ärztinnen und Ärzte an kommunalen Krankenhäusern im Bereich der Vereinigung der kommunalen Arbeitgeberverbände (TK-Ärzte/VKA) als auch die steuerliche Behandlung der anderen im Tarifvertrag aufgeführten Zuschläge erörtert.

Das Ergebnis hat das Bundesministerium der Finanzen der Vereinigung der kommunalen Arbeitgeberverbände in seinem Schreiben vom 07. 04. 2011, IV C 5 – S 2343/0-02, mitgeteilt.

1. Folgende Zuschläge können nach § 3b EStG steuerfrei gezahlt werden:

1.1 Ausgleich für Sonderformen der Arbeit (§ 11 Abs. 1 TV-Ärzte/VKA)

Die prozentualen Zuschläge für Nachtarbeit (Buchstabe b), für Sonntagsarbeit (Buchstabe c), für Feiertagsarbeit in Höhe von 35 % (Buchstabe d) sowie für Arbeit am 24. und 31. Dezember (Buchstabe e) sind im Rahmen des § 3b EStG steuerfrei.

1.2 Zeitzuschlag für Feiertagsarbeit (§ 12 Abs. 3 TV-Ärzte/VKA)

Der nach § 12 Abs. 3 TV-Ärzte/VKA zu gewährende Zeitzuschlag für Feiertagsarbeit ist bei einer Zahlung in Geld im Rahmen des § 3b EStG steuerfrei, da nach § 12 Abs. 5 TV-Ärzte/VKA ein vorrangiger Ausgleich in Geld besteht und das Wahlrecht zugunsten von Freizeit nur dem Arbeitgeber zusteht.

1.3 Nachtzuschlag (§ 12 Abs. 4 TV-Ärzte/VKA)

Der nach § 12 Abs. 4 TV-Ärzte/VKA in Geld zu zahlende Nachtzuschlag erfüllt ebenfalls die Voraussetzungen des § 3b EStG.

2. Für die nachfolgend aufgeführten Zuschläge kommt eine Steuerbefreiung nach § 3b EStG nicht in Betracht:

2.1 Zuschlag für Arbeit an gesetzlichen Feiertagen (§ 8 Abs. 1 TV-Ärzte/VKA)

Da hier ein Anspruch auf Ausgleich in Freizeit besteht, ist die Barabgeltung dieses Freizeitanspruchs kein begünstigter Lohnzuschlag (R 3b Abs. 1 Satz 6 LStR).

2.2 Rufbereitschaftsentschädigung (§ 11 Abs. 3 TV-Ärzte/VKA)

Die Rufbereitschaftsentschädigung ist nicht nach § 3b EStG steuerfrei. Dies gilt auch für den an Wochenenden bzw. Feiertagen zu zahlenden Verdopplungsbetrag, weil dieser auch an Samstagen und damit nicht nur für begünstigte Zeiten i. S. d. § 3b EStG gezahlt wird.

2.3 Wechselschichtzulage/Schichtzulage (§ 11 Abs. 4 und 5 TV-Ärzte/VKA)

Bei den beiden Zulagen handelt es sich nicht um Zuschläge für Sonntags-, Feiertags- oder Nachtarbeit. Sie sind folglich steuerpflichtig.

2.4 Bereitschaftsdienstentgelte (§ 12 TV-Ärzte/VKA)

Das „übliche" Bereitschaftsdienstentgelt nach § 12 Abs. 2 TV-Ärzte/VKA ist nicht nach § 3b EStG steuerfrei. Es handelt sich nicht um einen Zuschlag für tatsächlich geleistete Sonntags-, Feiertags- oder Nachtarbeit bzw. nicht um „neben dem Grundlohn gezahlte Zuschläge" (vgl. BFH-Urteil vom 24. 11. 1989, BStBl 1990 II S. 315).

Aufteilung von Mischzuschlägen

→ BFH vom 13. 10. 1989 (BStBl 1991 II S. 8)

Bereitschaftsdienste

- Ein Zeitzuschlag für ärztliche Bereitschaftsdienste wird auch dann nicht für tatsächlich geleistete Sonntags-, Feiertags- oder Nachtarbeit gezahlt, wenn die Bereitschaftsdienste überwiegend zu diesen Zeiten anfallen. Auch wenn die auf Sonntage, Feiertage und Nachtzeit entfallenden Bereitschaftsdienste festgestellt werden können, ist die Bereitschaftsdienstvergütung deshalb nicht steuerfrei (→ BFH vom 24. 11. 1989 – BStBl 1990 II S. 315).
- Ist in begünstigten Zeiten des § 3b EStG Bereitschaft angeordnet, sind Zuschläge zur Bereitschaftsdienstvergütung steuerfrei, soweit sie die in § 3b EStG vorgesehenen Prozentsätze, gemessen an der Bereitschaftsdienstvergütung, nicht übersteigen (→ BFH vom 27. 8. 2002 – BStBl II S. 883).

Durchschnittlicher Auszahlungsbetrag

Die Vereinbarung eines durchschnittlichen Auszahlungsbetrags pro tatsächlich geleisteter Arbeitsstunde steht der Steuerbefreiung nicht entgegen; der laufende Arbeitslohn kann der Höhe nach schwanken und durch eine Grundlohnergänzung aufgestockt werden (→ BFH vom 17. 6. 2010 – BStBl 2011 II S. 43).

Einkünfte aus nichtselbständiger Arbeit

- Die Steuerfreiheit nach § 3b EStG setzt voraus, dass die Zuschläge ohne diese Vorschrift den Einkünften aus nichtselbständiger Arbeit zuzurechnen wären (→ BFH vom 19. 3. 1997 – BStBl II S. 577).
- Zahlt eine Kapitalgesellschaft ihrem Gesellschafter-Geschäftsführer zusätzlich zu seinem Festgehalt Vergütungen für Sonntags-, Feiertags- und Nachtarbeit, liegt nur in Ausnahmefällen keine verdeckte Gewinnausschüttung vor (→ BFH vom 14. 7. 2004 – BStBl 2005 II S. 307).

  → GmbH-Geschäftsführer
- Bezieht ein nicht beherrschender Gesellschafter, der zugleich leitender Angestellter der GmbH ist, neben einem hohen Festgehalt, Sonderzahlungen und einer Gewinntantieme zusätzlich Zuschläge für Sonntags-, Feiertags-, Mehr- und Nachtarbeit, können diese als verdeckte Gewinnausschüttung zu erfassen sein (→ BFH vom 13. 12. 2006 – BStBl 2007 II S. 393).

Fluggesellschaften

Anerkennung steuerfreier Zuschläge für Sonntags-, Feiertags- oder Nachtarbeit bei Fluggesellschaften (§ 3b EStG)

(Erlaß des FinMin Sachsen vom 24. 7. 1998–32 – S 2343 – 12/17 – 46507 –)

Im Einvernehmen mit dem BMF und den obersten Finanzbehörden der anderen Länder ist für die steuerliche Behandlung der o. g. Zeitzuschläge folgende Auffassung zu vertreten:

Ein Verzicht auf die Einzelanschreibung und Einzelbezahlung der geleisteten Sonntags-, Feiertags- oder Nachtarbeit erscheint nur bei Fluggesellschaften, die Flüge in verschiedenen Zeitzonen durchführen, sachgerecht. Demgegenüber ist für Fluggesellschaften als Arbeitgeber die Aufzeichnung der tatsächlich geleisteten begünstigten Zeiten zumutbar, wenn die Flüge fast ausschließlich innerhalb derselben Zeitzone durchgeführt werden, zumal § 7 der Zweiten Durchführungsverordnung zur Betriebsordnung für Luftfahrgerät die fortlaufende Aufzeichnung der Flugdienst- und Ruhezeiten der Besatzungsmitglieder in Flugzeugen in übersichtlicher und prüfbarer Form verlangt.

...

Gefahrenzulage

Es ist von Verfassungs wegen nicht geboten, die Steuerbefreiung für Zuschläge, die für tatsächlich geleistete Sonntags-, Feiertags- oder Nachtarbeit gezahlt werden, auf Gefahrenzulagen und Zulagen im Kampfmittelräumdienst auszudehnen (→ BFH vom 15. 9. 2011 – BStBl 2012 II S. 144).

GmbH-Geschäftsführer

Vergütungen für Sonn-, Feiertags- und Nachtarbeit an Gesellschafter-Geschäftsführer

(Verfügung der OFD Hannover vom 9. 12. 2005 – S 2742-107-StO 241 –)

Die Zahlung einer Überstundenvergütung an den Gesellschafter-Geschäftsführer ist eine verdeckte Gewinnausschüttung, da die gesonderte Vergütung von Überstunden nicht dem entspricht, was ein ordentlicher und gewissenhafter Geschäftsleiter einer GmbH mit einem Fremdgeschäftsführer vereinbaren würde (BMF-Schreiben vom 28. September 1998, BStBl I S. 1194 und H 36 (Überstundenvergütung, Sonn-, Feiertags- und Nachtzuschläge) KStH 2004).

Mit Urteil vom 14. Juli 2004, BStBl II 2005 S. 307, hat der BFH in einem besonders gelagerten Einzelfall entschieden, dass die Zahlungen von Sonn- und Feiertagszuschlägen an einen Gesellschafter-Geschäftsführer ausnahmsweise keine verdeckte Gewinnausschüttung darstellt, wenn überzeugende betriebliche Gründe vorliegen, die geeignet sind, die Vermutung einer gesellschaftsrechtlichen Veranlassung zu entkräften. Dies ist dann der Fall, wenn eine solche Vereinbarung auch mit vergleichbaren gesellschaftsfremden Personen abgeschlossen ist.

Mit der amtlichen Veröffentlichung des Urteils ist keine Abkehr von der o. a. Verwaltungsauffassung verbunden. Denn der BFH hält grundsätzlich an seiner ständigen Rechtsprechung fest, dass bei Vergütungen für Sonn-, Feiertags- und Nachtarbeit zunächst von der – allerdings widerlegbaren – Vermutung der Veranlassung durch das Gesellschaftsverhältnis auszugehen ist.

Grundlohn

Beispiel 1:

Ein Arbeitnehmer in einem Drei-Schicht-Betrieb hat eine tarifvertraglich geregelte Arbeitszeit von 38 Stunden wöchentlich und einen monatlichen Lohnzahlungszeitraum. Er hat Anspruch – soweit es den laufenden Arbeitslohn ohne Sonntags-, Feiertags- oder Nachtarbeitszuschläge angeht – auf

- einen Normallohn von 8,50 € für jede im Lohnzahlungszeitraum geleistete Arbeitsstunde,
- einen Schichtzuschlag von 0,25 € je Arbeitsstunde,
- einen Zuschlag für Samstagsarbeit von 0,50 € für jede Samstagsarbeitsstunde,
- einen Spätarbeitszuschlag von 0,85 € für jede Arbeitsstunde zwischen 18.00 Uhr und 20.00 Uhr,
- einen Überstundenzuschlag von 2,50 € je Überstunde,
- eine Gefahrenzulage für unregelmäßig anfallende gefährliche Arbeiten von 1,50 € je Stunde,
- einen steuerpflichtigen, aber nicht pauschal versteuerten Fahrtkostenzuschuss von 3,00 € je Arbeitstag,
- eine vermögenswirksame Leistung von 40,00 € monatlich,
- Beiträge des Arbeitgebers zu einer Direktversicherung von 50,00 € monatlich.

Im Juni hat der Arbeitnehmer infolge Urlaubs nur an 10 Tagen insgesamt 80 Stunden gearbeitet. In diesen 80 Stunden sind enthalten:

– Regelmäßige Arbeitsstunden	76
– Überstunden insgesamt	4
– Samstagsstunden insgesamt	12
– Überstunden an Samstagen	2
– Spätarbeitsstunden insgesamt	16
– Überstunden mit Spätarbeit	2
– Stunden mit gefährlichen Arbeiten insgesamt	5
– Überstunden mit gefährlichen Arbeiten	1

Hiernach betragen

a) der Basisgrundlohn	
8,50 € Stundenlohn × 38 Stunden × 4,35	1 405,05 €
0,25 € Schichtzuschlag × 38 Stunden × 4,35	41,33 €
Vermögenswirksame Leistungen	40,00 €
Beiträge zur Direktversicherung	50,00 €
insgesamt	1 536,38 €
b) die Grundlohnzusätze	
0,50 € Samstagsarbeitszuschlag × 10 Stunden	5,00 €
0,85 € Spätarbeitszuschlag × 14 Stunden	11,90 €
1,50 € Gefahrenzulage × 4 Stunden	6,00 €
3,00 € Fahrtkostenzuschuss × 10 Arbeitstage	30,00 €
insgesamt	52,90 €
c) der Grundlohn des Lohnzahlungszeitraums insgesamt	1 589,28 €
d) der für die Begrenzung des steuerfreien Anteils der begünstigten Lohnzuschläge maßgebende Grundlohn	$\frac{1\,589{,}28\ €}{38 \times 4{,}35} = 9{,}61\ €.$

Beispiel 2:

Bei einem Arbeitnehmer mit tarifvertraglich geregelter Arbeitszeit von 37,5 Stunden wöchentlich und einem monatlichen Lohnzahlungszeitraum, dessen Sonntags-, Feiertags- und Nachtarbeitszuschläge sowie nicht im Voraus feststehende Bezüge sich nach den Verhältnissen des Vormonats bemessen, betragen für den Lohnzahlungszeitraum März

- der Basisgrundlohn 1 638,64 €
- die Grundlohnzusätze
  (bemessen nach den Verhältnissen im Monat Februar) 140,36 €
  Im Februar betrug der Basisgrundlohn 1 468,08 €.

Für die Ermittlung des steuerfreien Anteils der Zuschläge für Sonntags-, Feiertags- oder Nachtarbeit, die dem Arbeitnehmer auf Grund der im Februar geleisteten Arbeit für den Lohnzahlungszeitraum März zustehen, ist von einem Grundlohn auszugehen, der sich aus

- dem Basisgrundlohn des Lohnzahlungszeitraums Februar (R 3b Abs. 2 Nr. 2 Buchst. a Satz 2) von 1 468,08 €
- und den Grundlohnzusätzen des Lohnzahlungszeitraums März (bemessen nach den Verhältnissen im Februar) 140,36 €

zusammensetzt.

Der für die Berechnung des steuerfreien Anteils der begünstigten Lohnzuschläge maßgebende Grundlohn beträgt also $\frac{1\,468{,}08\text{ €} + 140{,}36\text{ €}}{37{,}5 \times 4{,}35} = \underline{\underline{9{,}86\text{ €}}}$.

Pauschale Zuschläge

- Die Steuerbefreiung setzt grundsätzlich Einzelaufstellungen der tatsächlich erbrachten Arbeitsstunden an Sonn- und Feiertagen oder zur Nachtzeit voraus (BFH vom 28. 11. 1990 – BStBl 1991 II S. 293). Demgegenüber können pauschale Zuschläge dann steuerfrei sein, wenn und soweit sie als bloße Abschlagszahlungen oder Vorschüsse auf später einzeln abzurechnende Zuschläge geleistet werden (BFH vom 23. 10. 1992 – BStBl 1993 II S. 314).
- Pauschale Zuschläge können steuerfrei sein, wenn sie als Abschlagszahlungen oder Vorschüsse für tatsächlich geleistete Sonntags-, Feiertags- oder Nachtarbeit gezahlt werden. Der fehlende Nachweis tatsächlich erbrachter Arbeitsleistungen kann nicht durch eine Modellrechnung ersetzt werden (BFH vom 25. 5. 2005 – BStBl II S. 725).
- Pauschale Zuschläge sind nicht steuerfrei, wenn sie nicht als Abschlagszahlungen oder Vorschüsse auf Zuschläge für tatsächlich geleistete Sonntags-, Feiertags- oder Nachtarbeit gezahlt werden, sondern Teil einer einheitlichen Tätigkeitsvergütung sind (→ BFH vom 16. 12. 2010 – BStBl 2012 II S. 288).
- Pauschale Zuschläge, die der Arbeitgeber ohne Rücksicht auf die Höhe der tatsächlich erbrachten Sonntags-, Feiertags- oder Nachtarbeit an den Arbeitnehmer leistet, sind nur dann nach § 3b EStG begünstigt, wenn sie nach dem übereinstimmenden Willen von Arbeitgeber und Arbeitnehmer als Abschlagszahlungen oder Vorschüsse auf eine spätere Einzelabrechnung gemäß § 41b EStG geleistet werden. Diese Einzelabrechnung zum jährlichen Abschluss des Lohnkontos ist grundsätzlich unverzichtbar. Auf sie kann im Einzelfall nur verzichtet werden, wenn die Arbeitsleistungen fast ausschließlich zur Nachtzeit zu erbringen und die pauschal geleisteten Zuschläge so bemessen sind, dass sie auch unter Einbeziehung von Urlaub und sonstigen Fehlzeiten – aufs Jahr bezogen – die Voraussetzungen der Steuerfreiheit erfüllen (→ BFH vom 8. 12. 2011 – BStBl 2012 II S. 291).

Tatsächliche Arbeitsleistung

Soweit Zuschläge gezahlt werden, ohne dass der Arbeitnehmer in der begünstigten Zeit gearbeitet hat, z. B. bei Lohnfortzahlung im Krankheits- oder Urlaubsfall oder bei Lohnfortzahlung an von der betrieblichen Tätigkeit freigestellte Betriebsratsmitglieder oder bei der Lohnfortzahlung nach dem Mutterschutzgesetz, sind sie steuerpflichtig (→ BFH vom 3. 5. 1974 – BStBl II S. 646 und vom 26. 10. 1984 – BStBl 1985 II S. 57, betr. Zuschläge, die in nach § 11 MuSchG gezahltem Mutterschutzlohn enthalten sind und vom 27. 5. 2009 – BStBl II S. 730).

Wechselschichtzuschlag

Zuschläge für Wechselschichtarbeit, die der Arbeitnehmer für seine Wechselschicht regelmäßig und fortlaufend bezieht, sind dem steuerpflichtigen Grundlohn zugehörig; sie sind auch während der durch § 3b EStG begünstigten Nachtzeit nicht steuerbefreit (→ BFH vom 7. 7. 2005 – BStBl II 2005 S. 888).

Zeitgutschrift/Wahlrecht

Steuerfreiheit der Zuschläge nach § 3b EStG bei einem tarifvertraglichen Wahlrecht des Arbeitnehmers für eine Zeitgutschrift

(Verfügung der OFD Hannover vom 15. 8. 2012 – S 2343-119-St 213 –)

Auf Bund-Länder-Ebene wurde die Frage erörtert, ob in Fällen, in denen die tarifvertraglichen Regelungen den Arbeitnehmern ein Wahlrecht einräumen, die Lohnzuschläge für geleistete Sonntags-, Feiertags- oder Nachtarbeit in eine entsprechende Zeitgutschrift (Vorrang „Geldleistung vor Freizeitanspruch") umzuwandeln, ein für die Anwendung des § 3b EStG schädliches Wahlrecht der Arbeitnehmer vorliegt.

Nach dem Ergebnis der Erörterung ist in diesen Fällen die unwiderrufliche Festlegung des Arbeitnehmers vor Ableistung der begünstigten Arbeit maßgebend. Dies heißt:

- Entscheidet sich der Arbeitnehmer vor der Entstehung seines Anspruchs nicht für eine Zeitgutschrift, entsteht ein Geldanspruch, der im Zeitpunkt der Erfüllung im Rahmen des § 3b EStG steuerfrei ist.
- Entscheidet sich der Arbeitnehmer hingegen vor der Entstehung seines Anspruchs zunächst für eine Zeitgutschrift und wird dieser „Freizeitanspruch" später durch eine Geldzahlung abgegolten, ist die Abgeltung des Freizeitanspruchs nicht im Rahmen des § 3b EStG steuerfrei (R 3b Abs. 1 Satz 6 LStR).

Zeitwertkonto

Bei zeitversetzter Auszahlung bleibt die Steuerfreiheit nur für den Zuschlag als solchen erhalten (→ R 3b Abs. 8). Eine darauf beruhende etwaige Verzinsung oder Wertsteigerung ist hingegen nicht steuerfrei (→ BMF vom 17. 6. 2009 – BStBl I S. 1286). Anhang 35

Zulage für Dienst zu wechselnden Zeiten

Steuerliche Behandlung der Zulage für Dienst zu wechselnden Zeiten nach §§ 17a bis 17d der Verordnung über die Gewährung von Erschwerniszulagen (Erschwerniszulagenverordnung – EZulV)

OFD Nordrhein-Westfalen vom 13. 4. 2015

Durch die Verordnung zur Änderung von Vorschriften für Dienst zu wechselnden Zeiten vom 20. 8. 2013 (BGBl. 2013 I S. 3286) sind mit Wirkung ab 1. 10. 2013 u. a. die Regelungen für Zulagen für Wechselschichtdienst und Schichtdienst in § 20 EZuLV alte Fassung aufgehoben und durch §§ 17a bis 17d EZulV ersetzt worden.

Die bisher in § 20 EZulV geregelten Zulagen für Schicht- und Wechselschichtdienst wurden pauschal gezahlt und waren steuerpflichtig. Mit Urteil vom 7. 7. 2005, BStBl 2005 II S. 888, entschied der BFH, dass Zuschläge für Wechselschichtarbeit, die der Arbeitnehmer für seine Wechselschicht regelmäßig und fortlaufend bezieht, dem steuerpflichtigen Grundlohn zugehörig seien. Sie seien auch während der durch § 3b EStG begünstigten Nachtzeit nicht steuerbefreit. Um derartige Zuschläge handelte es sich bei den in § 20 EZulV alte Fassung geregelten Zulagen für Schicht- und Wechselschichtdienst.

Auch die Zulage für Dienst zu wechselnden Zeiten nach §§ 17a bis 17d EZulV erfüllt nicht die Voraussetzungen für die Steuerfreiheit nach § 3b EStG. § 3b EStG verlangt u. a. eine bestimmte (subjektive) Zweckbestimmung der begünstigten Zuschlagszahlungen. Der Zweck der monatlich gezahlten Zulage für Dienst zu wechselnden Zeiten ist – auch wenn sie u. a. eine Mindestzahl tatsächlich geleisteter Nachtdienststunden erfordert – aber nicht ein Zuschlag für Sonntags-, Feiertags- oder Nachtarbeit, sondern ein Ausgleich für die besonderen Belastungen des Biorhythmus durch häufig wechselnde Arbeitszeiten und einen hohen Anteil von Nachtdienststunden. Dies ergibt sich aus der systematischen Stellung der §§ 17a bis 17d in Abschnitt 3 „Zulage für Dienst zu wechselnden Zeiten" der EZulV. Ebenso folgt aus der tatbestandlichen Ausgestaltung der Zulage, dass es sich nicht um eine Nachtzulage, sondern um eine Wechselschichtzulage handelt. Die Gewährung der Zulage für Dienst zu wechselnden Zeiten setzt nach § 17a Satz 1 Nr. 1 EZulV voraus, dass Beamte und Soldaten für die Gewährung der Zulage zu Diensten zu wechselnden Zeiten herangezogen werden müssen. Dies hat zur Folge, dass jemand, der nur nachts arbeitet, keinen Anspruch auf die Zulage hat.

Zuschlag zum Grundlohn

Ein Zuschlag wird nicht neben dem Grundlohn gezahlt, wenn er aus dem arbeitsrechtlich geschuldeten Arbeitslohn rechnerisch ermittelt wird, selbst wenn im Hinblick auf eine ungünstig liegende Arbeitszeit ein höherer Arbeitslohn gezahlt werden sollte (→ BFH vom 28. 11. 1990 – BStBl 1991 II S. 296); infolgedessen dürfen auch aus einer Umsatzbeteiligung keine Zuschläge abgespalten und nach § 3b EStG steuerfrei gelassen werden.

EStG
S 2128

§ 3c Anteilige Abzüge

(1) Ausgaben dürfen, soweit sie mit steuerfreien Einnahmen in unmittelbarem wirtschaftlichen Zusammenhang stehen, nicht als Betriebsausgaben oder Werbungskosten abgezogen werden; Absatz 2 bleibt unberührt.

(2) [1]Betriebsvermögensminderungen, Betriebsausgaben, Veräußerungskosten oder Werbungskosten, die mit den dem § 3 Nummer 40 zugrunde liegenden Betriebsvermögensmehrungen oder Einnahmen oder mit Vergütungen nach § 3 Nummer 40a in wirtschaftlichem Zusammenhang stehen, dürfen unabhängig davon, in welchem Veranlagungszeitraum die Betriebsvermögensmehrungen oder Einnahmen anfallen, bei der Ermittlung der Einkünfte nur zur Hälfte abgezogen werden; Entsprechendes gilt, wenn bei der Ermittlung der Einkünfte der Wert des Betriebsvermögens oder des Anteils am Betriebsvermögen oder die Anschaffungs- oder Herstellungskosten oder der an deren Stelle tretende Wert mindernd zu berücksichtigen sind. 1) [2]Satz 1 ist auch für Betriebsvermögensminderungen oder Betriebsausgaben im Zusammenhang mit einer Darlehensforderung oder aus der Inanspruchnahme von Sicherheiten anzuwenden, die für ein Darlehen hingegeben wurden, wenn das Darlehen oder die Sicherheit von einem Steuerpflichtigen gewährt wird, der zu mehr als einem Viertel unmittelbar oder mittelbar am Grund- oder Stammkapital der Körperschaft, der das Darlehen gewährt wurde, beteiligt ist oder war. [3]Satz 2 ist insoweit nicht anzuwenden, als nachgewiesen wird, dass auch ein fremder Dritter das Darlehen bei sonst gleichen Umständen gewährt oder noch nicht zurückgefordert hätte; dabei sind nur die eigenen Sicherungsmittel der Körperschaft zu berücksichtigen. [4]Die Sätze 2 und 3 gelten entsprechend für Forderungen aus Rechtshandlungen, die einer Darlehensgewährung wirtschaftlich vergleichbar sind. [5]Gewinne aus dem Ansatz des nach § 6 Absatz 1 Nummer 2 Satz 3 maßgeblichen Werts bleiben bei der Ermittlung der Einkünfte außer Ansatz, soweit auf die vorangegangene Teilwertabschreibung Satz 2 angewendet worden ist. [6]Satz 1 ist außerdem ungeachtet eines wirtschaftlichen Zusammenhangs mit den dem § 3 Nummer 40 zugrunde liegenden Betriebsvermögensmehrungen oder Einnahmen oder mit Vergütungen nach § 3 Nummer 40a auch auf Betriebsvermögensminderungen, Betriebsausgaben oder Veräußerungskosten eines Gesellschafters einer Körperschaft anzuwenden, soweit diese mit einer im Gesellschaftsverhältnis veranlassten unentgeltlichen Überlassung von Wirtschaftsgütern an diese Körperschaft oder bei einer teilentgeltlichen Überlassung von Wirtschaftsgütern mit dem unentgeltlichen Teil in Zusammenhang stehen und der Steuerpflichtige zu mehr als einem Viertel unmittelbar oder mittelbar am Grund oder Stammkapital dieser Körperschaft beteiligt ist oder war. [7]Für die Anwendung des Satzes 1 ist die Absicht zur Erzielung von Betriebsvermögensmehrungen oder Einnahmen im Sinne des § 3 Nummer 40 oder von Vergütungen im Sinne des § 3 Nummer 40a ausreichend. 2) [8]Satz 1 gilt auch für Wertminderungen des Anteils an einer Organgesellschaft, die nicht auf Gewinnausschüttungen zurückzuführen ist. [9]§ 8b Absatz 10 des Körperschaftsteuergesetzes gilt sinngemäß.

S 1983

(3) Betriebsvermögensminderungen, Betriebsausgaben oder Veräußerungskosten, die mit den Betriebsvermögensmehrungen oder Einnahmen im Sinne des § 3 Nummer 70 in wirtschaftlichem Zusammenhang stehen, dürfen unabhängig davon, in welchem Veranlagungszeitraum die Betriebsvermögensmehrungen oder Einnahmen anfallen, nur zur Hälfte abgezogen werden.

H 3c

Hinweise

Anwendung des Teileinkünfteverfahrens in der steuerlichen Gewinnermittlung (für Wirtschaftsjahre, die vor dem 1. 1. 2015 beginnen)

→ BMF vom 23. 10. 2013 (BStBl I S. 1269)

Hinzurechnungsbetrag

Hinzurechnungen nach §§ 7, 10 AStG sind keine Einnahmen i. S. d. § 3c Abs. 1 EStG (→ BFH vom 7. 9. 2005 – BStBl 2006 II S. 537).

1) Absatz 2 Satz 2 bis 6 wurde durch das Gesetz zur Anpassung der Abgabenordnung an den Zollkodex der Union und zur Änderung weiterer steuerlicher Vorschriften eingefügt und ist erstmals für Wj. anzuwenden, die nach dem 31. 12. 2014 beginnen → § 52 Abs. 5 Satz 2 EStG.

2) *Absatz 2 Satz 3 und 4 in der am 12. 12. 2006 geltenden Fassung ist für Anteile, die einbringungsgeboren i. S. d. § 21 des Umwandlungssteuergesetzes in der am 12. 12. 2006 geltenden Fassung sind, weiter anzuwenden → § 52 Abs. 5 Satz 1 EStG. Satz 3 und 4 wurde durch das Gesetz zur Anpassung der Abgabenordnung an den Zollkodex der Union und zur Änderung weiterer steuerlicher Vorschriften Satz 8 und 9.*

Verfassungsmäßigkeit

§ 3c Abs. 2 Satz 2 EStG i. d. F. des JStG 2010 (jetzt: Satz 7) ist verfassungsgemäß (→ BFH vom 2. 9. 2014 – BStBl 2015 II S. 257).

Zusammenhang mit steuerfreien Einnahmen

Ein unmittelbarer wirtschaftlicher Zusammenhang mit steuerfreien Einnahmen liegt vor, wenn Einnahmen und Ausgaben durch dasselbe Ereignis veranlasst sind. Dies ist der Fall, wenn steuerfreie Einnahmen dazu bestimmt sind, Aufwendungen zu ersetzen, die mit Einkünften i. S. d. § 2 EStG in wirtschaftlichem Zusammenhang stehen. Daraus folgt, dass die Steuerfreiheit von Einnahmen, die der Erstattung von Ausgaben dienen, durch § 3c Abs. 1 EStG rückgängig gemacht wird. Eine Aufteilung der Ausgaben in einen abziehbaren und einen nicht abziehbaren Teil nach dem Verhältnis der steuerfreien zu den steuerpflichtigen Einnahmen kommt nicht in Betracht. Diese Wirkungsweise des § 3c Abs. 1 EStG rechtfertigt sich daraus, dass erstattete Ausgaben den Stpfl. nicht belasten und daher seine steuerpflichtigen Einkünfte auch nicht mindern dürfen (→ BFH vom 27. 4. 2006 – BStBl II S. 755).

3. Gewinn

§ 4 Gewinnbegriff im Allgemeinen

EStG
S 2130

(1) [1]Gewinn ist der Unterschiedsbetrag zwischen dem Betriebsvermögen am Schluss des Wirtschaftsjahres und dem Betriebsvermögen am Schluss des vorangegangenen Wirtschaftsjahres, vermehrt um den Wert der Entnahmen und vermindert um den Wert der Einlagen. [2]Entnahmen sind alle Wirtschaftsgüter (Barentnahmen, Waren, Erzeugnisse, Nutzungen und Leistungen), die der Steuerpflichtige dem Betrieb für sich, für seinen Haushalt oder für andere betriebsfremde Zwecke im Laufe des Wirtschaftsjahres entnommen hat. [3]Einer Entnahme für betriebsfremde Zwecke steht der Ausschluss oder die Beschränkung des Besteuerungsrechts der Bundesrepublik Deutschland hinsichtlich des Gewinns aus der Veräußerung oder der Nutzung eines Wirtschaftsguts gleich. [4]Ein Ausschluss oder eine Beschränkung des Besteuerungsrechts hinsichtlich des Gewinns aus der Veräußerung eines Wirtschaftsguts liegt insbesondere vor, wenn ein bisher einer inländischen Betriebsstätte des Steuerpflichtigen zuzuordnendes Wirtschaftsgut einer ausländischen Betriebsstätte zuzuordnen ist. [5]Satz 3 gilt nicht für Anteile an einer Europäischen Gesellschaft oder Europäischen Genossenschaft in den Fällen S 2131 – S 2132b S 2134 – S 2136

1. **einer Sitzverlegung der Europäischen Gesellschaft nach Artikel 8 der Verordnung (EG) Nr. 2157/2001 des Rates vom 8. Oktober 2001 über das Statut der Europäischen Gesellschaft (SE) (ABl. EG Nr. L 294 S. 1), zuletzt geändert durch die Verordnung (EG) Nr. 885/2004 des Rates vom 26. April 2004 (ABl. EU Nr. L 168 S. 1), und**
2. **einer Sitzverlegung der Europäischen Genossenschaft nach Artikel 7 der Verordnung (EG) Nr. 1435/2003 des Rates vom 22. Juli 2003 über das Statut der Europäischen Genossenschaft (SCE) (ABl. EU Nr. L 207 S. 1).**

[6]Ein Wirtschaftsgut wird nicht dadurch entnommen, dass der Steuerpflichtige zur Gewinnermittlung nach § 13a übergeht. [7]Eine Änderung der Nutzung eines Wirtschaftsguts, die bei Gewinnermittlung nach Satz 1 keine Entnahme ist, ist auch bei Gewinnermittlung nach § 13a keine Entnahme. [8]Einlagen sind alle Wirtschaftsgüter (Bareinzahlungen und sonstige Wirtschaftsgüter), die der Steuerpflichtige dem Betrieb im Laufe des Wirtschaftsjahres zugeführt hat; einer Einlage steht die Begründung des Besteuerungsrechts der Bundesrepublik Deutschland hinsichtlich des Gewinns aus der Veräußerung eines Wirtschaftsguts gleich. [9]Bei der Ermittlung des Gewinns sind die Vorschriften über die Betriebsausgaben, über die Bewertung und über die Absetzung für Abnutzung oder Substanzverringerung zu befolgen.

(2) [1]Der Steuerpflichtige darf die Vermögensübersicht (Bilanz) auch nach ihrer Einreichung beim Finanzamt ändern, soweit sie den Grundsätzen ordnungsmäßiger Buchführung unter Befolgung der Vorschriften dieses Gesetzes nicht entspricht; diese Änderung ist nicht zulässig, wenn die Vermögensübersicht (Bilanz) einer Steuerfestsetzung zugrunde liegt, die nicht mehr aufgehoben oder geändert werden kann. [2]Darüber hinaus ist eine Änderung der Vermögensübersicht (Bilanz) nur zulässig, wenn sie in einem engen zeitlichen und sachlichen Zusammenhang mit einer Änderung nach Satz 1 steht und soweit die Auswirkung der Änderung nach Satz 1 auf den Gewinn reicht. S 2141

(3) [1]Steuerpflichtige, die nicht auf Grund gesetzlicher Vorschriften verpflichtet sind, Bücher zu führen und regelmäßig Abschlüsse zu machen, und die auch keine Bücher führen und keine Abschlüsse machen, können als Gewinn den Überschuss der Betriebseinnahmen über die Betriebsausgaben ansetzen. [2]Hierbei scheiden Betriebseinnahmen und Betriebsausgaben aus, die im Namen und für Rechnung eines anderen vereinnahmt und verausgabt werden (durchlau- S 2142 – S 2143 S 2161 fende Posten). [3]Die Vorschriften über die Bewertungsfreiheit für geringwertige Wirtschaftsgüter (§ 6 Abs. 2), die Bildung eines Sammelpostens (§ 6 Abs. 2a) und über die Absetzung für Abnutzung oder Substanzverringerung sind zu befolgen. [4]Die Anschaffungs- oder Herstellungskosten für nicht abnutzbare Wirtschaftsgüter des Anlagevermögens, für Anteile an Kapitalgesellschaften, für Wertpapiere und vergleichbare nicht verbriefte Forderungen und Rechte, für Grund und Boden sowie Gebäude des Umlaufvermögens sind erst im Zeitpunkt des Zuflusses des Veräußerungserlöses oder bei Entnahme im Zeitpunkt der Entnahme als Betriebsausgaben zu berücksichtigen. [5]Die Wirtschaftsgüter des Anlagevermögens und Wirtschaftsgüter des Umlaufvermögens im Sinne des Satzes 4 sind unter Angabe des Tages der Anschaffung oder Herstellung und der Anschaffungs- oder Herstellungskosten oder des an deren Stelle getretenen Werts in besondere, laufend zu führende Verzeichnisse aufzunehmen.

S 2144 (4) Betriebsausgaben sind die Aufwendungen, die durch den Betrieb veranlasst sind.

(4a) [1]Schuldzinsen sind nach Maßgabe der Sätze 2 bis 4 nicht abziehbar, wenn Überentnahmen getätigt worden sind. [2]Eine Überentnahme ist der Betrag, um den die Entnahmen die Summe des Gewinns und der Einlagen des Wirtschaftsjahres übersteigen. [3]Die nicht abziehbaren Schuldzinsen werden typisiert mit 6 Prozent der Überentnahme des Wirtschaftsjahres zuzüglich der Überentnahmen vorangegangener Wirtschaftsjahre und abzüglich der Beträge, um die in den vorangegangenen Wirtschaftsjahren der Gewinn und die Einlagen die Entnahmen überstiegen haben (Unterentnahmen), ermittelt; bei der Ermittlung der Überentnahme ist vom Gewinn ohne Berücksichtigung der nach Maßgabe dieses Absatzes nicht abziehbaren Schuldzinsen auszugehen. [4]Der sich dabei ergebende Betrag, höchstens jedoch der um 2 050 Euro verminderte Betrag der im Wirtschaftsjahr angefallenen Schuldzinsen, ist dem Gewinn hinzuzurechnen. [5]Der Abzug von Schuldzinsen für Darlehen zur Finanzierung von Anschaffungs- oder Herstellungskosten von Wirtschaftsgütern des Anlagevermögens bleibt unberührt. [6]Die Sätze 1 bis 5 sind bei Gewinnermittlung nach § 4 Absatz 3 sinngemäß anzuwenden; hierzu sind Entnahmen und Einlagen gesondert aufzuzeichnen.

S 2145 (5) [1]Die folgenden Betriebsausgaben dürfen den Gewinn nicht mindern:

1. Aufwendungen für Geschenke an Personen, die nicht Arbeitnehmer des Steuerpflichtigen sind. [2]Satz 1 gilt nicht, wenn die Anschaffungs- oder Herstellungskosten der dem Empfänger im Wirtschaftsjahr zugewendeten Gegenstände insgesamt 35 Euro nicht übersteigen;
2. Aufwendungen für die Bewirtung von Personen aus geschäftlichem Anlass, soweit sie 70 Prozent der Aufwendungen übersteigen, die nach der allgemeinen Verkehrsauffassung als angemessen anzusehen und deren Höhe und betriebliche Veranlassung nachgewiesen sind. [2]Zum Nachweis der Höhe und der betrieblichen Veranlassung der Aufwendungen hat der Steuerpflichtige schriftlich die folgenden Angaben zu machen: Ort, Tag, Teilnehmer und Anlass der Bewirtung sowie Höhe der Aufwendungen. [3]Hat die Bewirtung in einer Gaststätte stattgefunden, so genügen Angaben zu dem Anlass und den Teilnehmern der Bewirtung; die Rechnung über die Bewirtung ist beizufügen;
3. Aufwendungen für Einrichtungen des Steuerpflichtigen, soweit sie der Bewirtung, Beherbergung oder Unterhaltung von Personen, die nicht Arbeitnehmer des Steuerpflichtigen sind, dienen (Gästehäuser) und sich außerhalb des Orts eines Betriebs des Steuerpflichtigen befinden;
4. Aufwendungen für Jagd oder Fischerei, für Segeljachten oder Motorjachten sowie für ähnliche Zwecke und für die hiermit zusammenhängenden Bewirtungen;
5. Mehraufwendungen für die Verpflegung des Steuerpflichtigen. [2]Wird der Steuerpflichtige vorübergehend von seiner Wohnung und dem Mittelpunkt seiner dauerhaft angelegten betrieblichen Tätigkeit entfernt betrieblich tätig, sind die Mehraufwendungen für Verpflegung nach Maßgabe des § 9 Absatz 4a abziehbar;
6. Aufwendungen für die Wege des Steuerpflichtigen zwischen Wohnung und Betriebsstätte und für Familienheimfahrten, soweit in den folgenden Sätzen nichts anderes bestimmt ist. [2]Zur Abgeltung dieser Aufwendungen ist § 9 Absatz 1 Satz 3 Nummer 4 Satz 2 bis 6 und Nummer 5 Satz 5 bis 7 und Absatz 2 entsprechend anzuwenden. [3]Bei der Nutzung eines Kraftfahrzeugs dürfen die Aufwendungen in Höhe des positiven Unterschiedsbetrags zwischen 0,03 Prozent des inländischen Listenpreises im Sinne des § 6 Absatz 1 Nummer 4 Satz 2 des Kraftfahrzeugs im Zeitpunkt der Erstzulassung je Kalendermonat für jeden Entfernungskilometer und dem sich nach § 9 Absatz 1 Satz 3 Nummer 4 Satz 2 bis 6 oder Absatz 2 ergebenden Betrag sowie Aufwendungen für Familienheimfahrten in Höhe des positiven Unterschiedsbetrags zwischen 0,002 Prozent des inländischen Listenpreises im Sinne des § 6 Absatz 1 Nummer 4 Satz 2 für jeden Entfernungskilometer und dem sich nach § 9 Absatz 1 Satz 3 Nummer 5 Satz 5 bis 7 oder Absatz 2 ergebenden Betrag den Gewinn nicht mindern; ermittelt der Steuerpflichtige die private Nutzung des Kraftfahrzeugs nach § 6 Absatz 1 Nummer 4 Satz 1 oder Satz 3, treten an die Stelle des mit 0,03 oder 0,002 Prozent des inländischen Listenpreises ermittelten Betrags für Fahrten zwischen Woh-

nung und Betriebsstätte und für Familienheimfahrten die auf diese Fahrten entfallenden tatsächlichen Aufwendungen § 6 Absatz 1 Nummer 4 Satz 3 zweiter Halbsatz gilt sinngemäß;

6a. die Mehraufwendungen für eine betrieblich veranlasste doppelte Haushaltsführung, soweit sie die nach § 9 Absatz 1 Satz 3 Nummer 5 Satz 1 bis 4 abziehbaren Beträge und die Mehraufwendungen für betrieblich veranlasste Übernachtungen, soweit sie die nach § 9 Absatz 1 Satz 3 Nummer 5a abziehbaren Beträge übersteigen;

6b. Aufwendungen für ein häusliches Arbeitszimmer sowie die Kosten der Ausstattung. [2]Dies gilt nicht, wenn für die betriebliche oder berufliche Tätigkeit kein anderer Arbeitsplatz zur Verfügung steht. 3In diesem Fall wird die Höhe der abziehbaren Aufwendungen auf 1 250 Euro begrenzt; die Beschränkung der Höhe nach gilt nicht, wenn das Arbeitszimmer den Mittelpunkt der gesamten betrieblichen und beruflichen Betätigung bildet;

7. andere als die in den Nummern 1 bis 6 und 6b bezeichneten Aufwendungen, die die Lebensführung des Steuerpflichtigen oder anderer Personen berühren, soweit sie nach allgemeiner Verkehrsauffassung als unangemessen anzusehen sind;

8. von einem Gericht oder einer Behörde im Geltungsbereich dieses Gesetzes oder von Organen der Europäischen Union festgesetzte Geldbußen, Ordnungsgelder und Verwarnungsgelder. [2]Dasselbe gilt für Leistungen zur Erfüllung von Auflagen oder Weisungen, die in einem berufsgerichtlichen Verfahren erteilt werden, soweit die Auflagen oder Weisungen nicht lediglich der Wiedergutmachung des durch die Tat verursachten Schadens dienen. [3]Die Rückzahlung von Ausgaben im Sinne der Sätze 1 und 2 darf den Gewinn nicht erhöhen. [4]Das Abzugsverbot für Geldbußen gilt nicht, soweit der wirtschaftliche Vorteil, der durch den Gesetzesverstoß erlangt wurde, abgeschöpft worden ist, wenn die Steuern vom Einkommen und Ertrag, die auf den wirtschaftlichen Vorteil entfallen, nicht abgezogen worden sind; Satz 3 ist insoweit nicht anzuwenden;

8a. Zinsen auf hinterzogene Steuern nach § 235 der Abgabenordnung;

9. Ausgleichszahlungen, die in den Fällen der §§ 14 und 17 des Körperschaftsteuergesetzes an außenstehende Anteilseigner geleistet werden;

10. die Zuwendung von Vorteilen sowie damit zusammenhängende Aufwendungen, wenn die Zuwendung der Vorteile eine rechtswidrige Handlung darstellt, die den Tatbestand eines Strafgesetzes oder eines Gesetzes verwirklicht, das die Ahndung mit einer Geldbuße zulässt. [2]Gerichte, Staatsanwaltschaften oder Verwaltungsbehörden haben Tatsachen, die sie dienstlich erfahren und die den Verdacht einer Tat im Sinne des Satzes 1 begründen, der Finanzbehörde für Zwecke des Besteuerungsverfahrens und zur Verfolgung von Steuerstraftaten und Steuerordnungswidrigkeiten mitzuteilen. [3]Die Finanzbehörde teilt Tatsachen, die den Verdacht einer Straftat oder einer Ordnungswidrigkeit im Sinne des Satzes 1 begründen, der Staatsanwaltschaft oder der Verwaltungsbehörde mit. [4]Diese unterrichten die Finanzbehörde von dem Ausgang des Verfahrens und den zugrundeliegenden Tatsachen;

11. Aufwendungen, die mit unmittelbaren oder mittelbaren Zuwendungen von nicht einlagefähigen Vorteilen an natürliche oder juristische Personen oder Personengesellschaften zur Verwendung in Betrieben in tatsächlichem oder wirtschaftlichen Zusammenhang stehen, deren Gewinn nach § 5a Abs. 1 ermittelt wird;

12. Zuschläge nach § 162 Abs. 4 der Abgabenordnung;

13. Jahresbeiträge nach § 12 Absatz 2 des Restrukturierungsfondsgesetzes.

[2]Das Abzugsverbot gilt nicht, soweit die in den Nummern 2 bis 4 bezeichneten Zwecke Gegenstand einer mit Gewinnabsicht ausgeübten Betätigung des Steuerpflichtigen sind. [3]§ 12 Nr. 1 bleibt unberührt.

(5a) (weggefallen) S 2162

(5b) Die Gewerbesteuer und die darauf entfallenden Nebenleistungen sind keine Betriebsausgaben.

(6) Aufwendungen zur Förderung staatspolitischer Zwecke (§ 10b Abs. 2) sind keine Betriebsausgaben. S 2162

(7) [1]Aufwendungen im Sinne des Absatzes 5 Satz 1 Nr. 1 bis 4, 6b und 7 sind einzeln und getrennt von den sonstigen Betriebsausgaben aufzuzeichnen. [2]Soweit diese Aufwendungen nicht bereits nach Absatz 5 vom Abzug ausgeschlossen sind, dürfen sie bei der Gewinnermittlung nur berücksichtigt werden, wenn sie nach Satz 1 besonders aufgezeichnet sind.

(8) Für Erhaltungsaufwand bei Gebäuden in Sanierungsgebieten und städtebaulichen Entwicklungsbereichen sowie bei Baudenkmalen gelten die §§ 11a und 11b entsprechend.

(9) [1]Aufwendungen des Steuerpflichtigen für seine Berufsausbildung oder für sein Studium sind nur dann Betriebsausgaben, wenn der Steuerpflichtige zuvor bereits eine Erstausbildung (Berufsausbildung oder Studium) abgeschlossen hat. [2]§ 9 Absatz 6 Satz 2 bis 5 gilt entsprechend.

EStG
S 2115

§ 4a Gewinnermittlungszeitraum, Wirtschaftsjahr

(1) [1]Bei Land- und Forstwirten und bei Gewerbetreibenden ist der Gewinn nach dem Wirtschaftsjahr zu ermitteln. [2]Wirtschaftsjahr ist

1. bei Land- und Forstwirten der Zeitraum vom 1. Juli bis zum 30. Juni. [2]Durch Rechtsverordnung kann für einzelne Gruppen von Land- und Forstwirten ein anderer Zeitraum bestimmt werden, wenn das aus wirtschaftlichen Gründen erforderlich ist;

2. bei Gewerbetreibenden, deren Firma im Handelsregister eingetragen ist, der Zeitraum, für den sie regelmäßig Abschlüsse machen. [2]Die Umstellung des Wirtschaftsjahres auf einen vom Kalenderjahr abweichenden Zeitraum ist steuerlich nur wirksam, wenn sie im Einvernehmen mit dem Finanzamt vorgenommen wird;

3. bei anderen Gewerbetreibenden das Kalenderjahr. [2]Sind sie gleichzeitig buchführende Land- und Forstwirte, so können sie mit Zustimmung des Finanzamts den nach Nummer 1 maßgebenden Zeitraum als Wirtschaftsjahr für den Gewerbebetrieb bestimmen, wenn sie für den Gewerbebetrieb Bücher führen und für diesen Zeitraum regelmäßig Abschlüsse machen.

(2) Bei Land- und Forstwirten und bei Gewerbetreibenden, deren Wirtschaftsjahr vom Kalenderjahr abweicht, ist der Gewinn aus Land- und Forstwirtschaft oder aus Gewerbebetrieb bei der Ermittlung des Einkommens in folgender Weise zu berücksichtigen:

1. [1]Bei Land- und Forstwirten ist der Gewinn des Wirtschaftsjahres auf das Kalenderjahr, in dem das Wirtschaftsjahr beginnt, und auf das Kalenderjahr, in dem das Wirtschaftsjahr endet, entsprechend dem zeitlichen Anteil aufzuteilen. [2]Bei der Aufteilung sind Veräußerungsgewinne im Sinne des § 14 auszuscheiden und dem Gewinn des Kalenderjahrs hinzuzurechnen, in dem sie entstanden sind;

2. bei Gewerbetreibenden gilt der Gewinn des Wirtschaftsjahres als in dem Kalenderjahr bezogen, in dem das Wirtschaftsjahr endet.

EStG
S 2144a

§ 4b Direktversicherung

[1]Der Versicherungsanspruch aus einer Direktversicherung, die von einem Steuerpflichtigen aus betrieblichem Anlass abgeschlossen wird, ist dem Betriebsvermögen des Steuerpflichtigen nicht zuzurechnen, soweit am Schluss des Wirtschaftsjahres hinsichtlich der Leistungen des Versicherers die Person, auf deren Leben die Lebensversicherung abgeschlossen ist, oder ihre Hinterbliebenen bezugsberechtigt sind. [2]Das gilt auch, wenn der Steuerpflichtige die Ansprüche aus dem Versicherungsvertrag abgetreten oder beliehen hat, sofern er sich der bezugsberechtigten Person gegenüber schriftlich verpflichtet, sie bei Eintritt des Versicherungsfalls so zu stellen, als ob die Abtretung oder Beleihung nicht erfolgt wäre.

EStG
S 2144b

§ 4c Zuwendungen an Pensionskassen

(1) [1]Zuwendungen an eine Pensionskasse dürfen von dem Unternehmen, das die Zuwendungen leistet (Trägerunternehmen), als Betriebsausgaben abgezogen werden, soweit sie auf einer in der Satzung oder im Geschäftsplan der Kasse festgelegten Verpflichtung oder auf einer Anordnung der Versicherungsaufsichtsbehörde beruhen oder der Abdeckung von Fehlbeträgen bei der Kasse dienen. [2]Soweit die allgemeinen Versicherungsbedingungen und die fachlichen Geschäftsunterlagen im Sinne des *§ 234 Absatz 3 Nummer 1* des Versicherungsaufsichtsgesetzes nicht zum Geschäftsplan gehören, gelten diese als Teil des Geschäftsplans. [1)]

(2) Zuwendungen im Sinne des Absatzes 1 dürfen als Betriebsausgaben nicht abgezogen werden, soweit die Leistungen der Kasse, wenn sie vom Trägerunternehmen unmittelbar erbracht würden, bei diesem nicht betrieblich veranlasst wären.

EStG
S 2144c

§ 4d Zuwendungen an Unterstützungskassen

(1) [1]Zuwendungen an eine Unterstützungskasse dürfen von dem Unternehmen, das die Zuwendungen leistet (Trägerunternehmen), als Betriebsausgaben abgezogen werden, soweit die Leistungen der Kasse, wenn sie vom Trägerunternehmen unmittelbar erbracht würden, bei diesem betrieblich veranlasst wären und sie die folgenden Beträge nicht übersteigen:

1) § 4 Abs. 1 Satz 2 wurde durch das Gesetz zur Modernisierung der Finanzaufsicht über Versicherungen ab VZ 2016 geändert.

1. bei Unterstützungskassen, die lebenslänglich laufende Leistungen gewähren: [1)]

a) das Deckungskapital für die laufenden Leistungen nach der dem Gesetz als Anlage 1 beigefügten Tabelle. [2]Leistungsempfänger ist jeder ehemalige Arbeitnehmer des Trägerunternehmens, der von der Unterstützungskasse Leistungen erhält; soweit die Kasse Hinterbliebenenversorgung gewährt, ist Leistungsempfänger der Hinterbliebene eines ehemaligen Arbeitnehmers des Trägerunternehmens, der von der Kasse Leistungen erhält. [3]Dem ehemaligen Arbeitnehmer stehen andere Personen gleich, denen Leistungen der Alters-, Invaliditäts- oder Hinterbliebenenversorgung aus Anlass ihrer ehemaligen Tätigkeit für das Trägerunternehmen zugesagt worden sind; [2)]

b) in jedem Wirtschaftsjahr für jeden Leistungsanwärter,

aa) wenn die Kasse nur Invaliditätsversorgung oder nur Hinterbliebenenversorgung gewährt, jeweils 6 Prozent,

bb) wenn die Kasse Altersversorgung mit oder ohne Einschluss von Invaliditätsversorgung oder Hinterbliebenenversorgung gewährt, 25 Prozent

der jährlichen Versorgungsleistungen, die der Leistungsanwärter oder, wenn nur Hinterbliebenenversorgung gewährt wird, dessen Hinterbliebene nach den Verhältnissen am Schluss des Wirtschaftsjahres der Zuwendung im letzten Zeitpunkt der Anwartschaft, spätestens zum Zeitpunkt des Erreichens der Regelaltersgrenze der gesetzlichen Rentenversicherung erhalten können. [2]Leistungsanwärter ist jeder Arbeitnehmer oder ehemalige Arbeitnehmer des Trägerunternehmens, der von der Unterstützungskasse schriftlich zugesagte Leistungen erhalten kann und am Schluss des Wirtschaftsjahres, in dem die Zuwendung erfolgt, das 27. Lebensjahr vollendet hat; soweit die Kasse nur Hinterbliebenenversorgung gewährt, gilt als Leistungsanwärter jeder Arbeitnehmer oder ehemalige Arbeitnehmer des Trägerunternehmens, der am Schluss des Wirtschaftsjahres, in dem die Zuwendung erfolgt, das 27. Lebensjahr vollendet hat und dessen Hinterbliebene die Hinterbliebenenversorgung erhalten können. [3]Das Trägerunternehmen kann bei der Berechnung nach Satz 1 statt des dort maßgebenden Betrags den Durchschnittsbetrag der von der Kasse im Wirtschaftsjahr an Leistungsempfänger im Sinne des Buchstabens a Satz 2 gewährten Leistungen zugrunde legen. [4]In diesem Fall sind Leistungsanwärter im Sinne des Satzes 2 nur die Arbeitnehmer oder ehemaligen Arbeitnehmer des Trägerunternehmens, die am Schluss des Wirtschaftsjahres, in dem die Zuwendung erfolgt, das 50. Lebensjahr vollendet haben. [5]Dem Arbeitnehmer oder ehemaligen Arbeitnehmer als Leistungsanwärter stehen andere Personen gleich, denen schriftlich Leistungen der Alters-, Invaliditäts- oder Hinterbliebenenversorgung aus Anlass ihrer Tätigkeit für das Trägerunternehmen zugesagt worden sind; [3)]

c) den Betrag des Beitrages, den die Kasse an einen Versicherer zahlt, soweit sie sich die Mittel für ihre Versorgungsleistungen, die der Leistungsanwärter oder Leistungsempfänger nach den Verhältnissen am Schluss des Wirtschaftsjahres der Zuwendung erhalten kann, durch Abschluss einer Versicherung verschafft. [2]Bei Versicherungen für einen Leistungsanwärter ist der Abzug des Beitrages nur zulässig, wenn der Leistungsanwärter die in Buchstabe b Satz 2 und 5 genannten Voraussetzungen erfüllt, die Versicherung für die Dauer bis zu dem Zeitpunkt abgeschlossen ist, für den erstmals Leistungen der Altersversorgung vorgesehen sind, mindestens jedoch bis zu dem Zeitpunkt, an dem der Leistungsanwärter das 55. Lebensjahr vollendet hat, und während dieser Zeit jährlich Beiträge gezahlt werden, die der Höhe nach gleich bleiben oder steigen. [3]Das Gleiche gilt für Leistungsanwärter, die das 27. Lebensjahr noch nicht vollendet haben, für Leistungen der Invaliditäts- oder Hinterbliebenenversorgung, für Leistungen der Altersversorgung unter der Voraussetzung, dass die Leistungsanwartschaft bereits unverfallbar ist. [4]Ein Abzug ist ausgeschlossen, wenn die Ansprüche aus der Versicherung der Sicherung eines Darlehens dienen. [5]Liegen die Voraussetzungen der Sätze 1 bis 4 vor, sind die Zuwendungen nach den Buchstaben a und b in dem Verhältnis zu vermindern, in dem die Leistungen der Kasse durch die Versicherung gedeckt sind; [4)]

d) den Betrag, den die Kasse einem Leistungsanwärter im Sinne des Buchstabens b Satz 2 und 5 vor Eintritt des Versorgungsfalls als Abfindung für künftige Versorgungsleistungen gewährt, den Übertragungswert nach § 4 Absatz 5 des Betriebsrentengesetzes oder

---

1) Zur Anwendung von Absatz 1 Satz 1 Nr. 1 Satz 1 → § 52 Abs. 7 EStG.

2) S. Anlage 1 zum Einkommensteuergesetz (zu § 4d Absatz 1), S. 784.

3) *Absatz 1 Satz 1 Nr. 1 Satz 1 Buchstabe b Satz 2 wurde durch das Gesetz zur Umsetzung der EU-Mobilitäts-Richtlinie ab VZ 2018 neu gefasst.*

4) *Absatz 1 Satz 1 Nr. 1 Satz 1 Buchstabe c Satz 3 wurde durch das Gesetz zur Umsetzung der EU-Mobilitäts-Richtlinie ab VZ 2018 geändert.*

den Betrag, den sie an einen anderen Versorgungsträger zahlt, der eine ihr obliegende Versorgungsverpflichtung übernommen hat.

[2]Zuwendungen dürfen nicht als Betriebsausgaben abgezogen werden, wenn das Vermögen der Kasse ohne Berücksichtigung künftiger Versorgungsleistungen am Schluss des Wirtschaftsjahres das zulässige Kassenvermögen übersteigt. [3]Bei der Ermittlung des Vermögens der Kasse ist am Schluss des Wirtschaftsjahres vorhandener Grundbesitz mit 200 Prozent der Einheitswerte anzusetzen, die zu dem Feststellungszeitpunkt maßgebend sind, der dem Schluss des Wirtschaftsjahres folgt; Ansprüche aus einer Versicherung sind mit dem Wert des geschäftsplanmäßigen Deckungskapitals zuzüglich der Guthaben aus Beitragsrückerstattung am Schluss des Wirtschaftsjahres anzusetzen, und das übrige Vermögen ist mit dem gemeinen Wert am Schluss des Wirtschaftsjahres zu bewerten. [4]Zulässiges Kassenvermögen ist die Summe aus dem Deckungskapital für alle am Schluss des Wirtschaftsjahres laufenden Leistungen nach der dem Gesetz als Anlage 1 beigefügten Tabelle für Leistungsempfänger im Sinne des Satzes 1 Buchstabe a und dem Achtfachen der nach Satz 1 Buchstabe b abzugsfähigen Zuwendungen. [5]Soweit sich die Kasse die Mittel für ihre Leistungen durch Abschluss einer Versicherung verschafft, ist, wenn die Voraussetzungen für den Abzug des Beitrages nach Satz 1 Buchstabe c erfüllt sind, zulässiges Kassenvermögen der Wert des geschäftsplanmäßigen Deckungskapitals aus der Versicherung am Schluss des Wirtschaftsjahres; in diesem Fall ist das zulässige Kassenvermögen nach Satz 4 in dem Verhältnis zu vermindern, in dem die Leistungen der Kasse durch die Versicherung gedeckt sind.[1] [6]Soweit die Berechnung des Deckungskapitals nicht zum Geschäftsplan gehört, tritt an die Stelle des geschäftsplanmäßigen Deckungskapitals der nach § 176 Absatz 3 des Gesetzes über den Versicherungsvertrag berechnete Zeitwert, beim zulässigen Kassenvermögen ohne Berücksichtigung des Guthabens aus Beitragsrückerstattung. [7]Gewährt eine Unterstützungskasse anstelle von lebenslänglich laufenden Leistungen eine einmalige Kapitalleistung, so gelten 10 Prozent der Kapitalleistung als Jahresbetrag einer lebenslänglich laufenden Leistung;

2. bei Kassen, die keine lebenslänglich laufenden Leistungen gewähren, für jedes Wirtschaftsjahr 0,2 Prozent der Lohn- und Gehaltssumme des Trägerunternehmens, mindestens jedoch den Betrag der von der Kasse in einem Wirtschaftsjahr erbrachten Leistungen, soweit dieser Betrag höher ist als die in den vorangegangenen fünf Wirtschaftsjahren vorgenommenen Zuwendungen abzüglich der in dem gleichen Zeitraum erbrachten Leistungen. [2]Diese Zuwendungen dürfen nicht als Betriebsausgaben abgezogen werden, wenn das Vermögen der Kasse am Schluss des Wirtschaftsjahres das zulässige Kassenvermögen übersteigt. [3]Als zulässiges Kassenvermögen kann 1 Prozent der durchschnittlichen Lohn- und Gehaltssumme der letzten drei Jahre angesetzt werden. [4]Hat die Kasse bereits 10 Wirtschaftsjahre bestanden, darf das zulässige Kassenvermögen zusätzlich die Summe der in den letzten zehn Wirtschaftsjahren gewährten Leistungen nicht übersteigen. [5]Für die Bewertung des Vermögens der Kasse gilt Nummer 1 Satz 3 entsprechend. [6]Bei der Berechnung der Lohn- und Gehaltssumme des Trägerunternehmens sind Löhne und Gehälter von Personen, die von der Kasse keine nicht lebenslänglich laufenden Leistungen erhalten können, auszuscheiden.

[2]Gewährt eine Kasse lebenslänglich laufende und nicht lebenslänglich laufende Leistungen, so gilt Satz 1 Nummer 1 und 2 nebeneinander. [3]Leistet ein Trägerunternehmen Zuwendungen an mehrere Unterstützungskassen, so sind diese Kassen bei der Anwendung der Nummern 1 und 2 als Einheit zu behandeln.

(2) [1]Zuwendungen im Sinne des Absatzes 1 sind von dem Trägerunternehmen in dem Wirtschaftsjahr als Betriebsausgaben abzuziehen, in dem sie geleistet werden. [2]Zuwendungen, die bis zum Ablauf eines Monats nach Aufstellung oder Feststellung der Bilanz des Trägerunternehmens für den Schluss eines Wirtschaftsjahres geleistet werden, können von dem Trägerunternehmen noch für das abgelaufene Wirtschaftsjahr durch eine Rückstellung gewinnmindernd berücksichtigt werden. [3]Übersteigen die in einem Wirtschaftsjahr geleisteten Zuwendungen die nach Absatz 1 abzugsfähigen Beträge, so können die übersteigenden Beträge im Wege der Rechnungsabgrenzung auf die folgenden drei Wirtschaftsjahre vorgetragen und im Rahmen der für diese Wirtschaftsjahre abzugsfähigen Beträge als Betriebsausgaben behandelt werden. [4]§ 5 Absatz 1 Satz 2 ist nicht anzuwenden.

(3) [1]Abweichend von Absatz 1 Satz 1 Nummer 1 Satz 1 Buchstabe d und Absatz 2 können auf Antrag die insgesamt erforderlichen Zuwendungen an die Unterstützungskasse für den Betrag, den die Kasse an einen Pensionsfonds zahlt, der eine ihr obliegende Versorgungsverpflichtung ganz oder teilweise übernommen hat, nicht im Wirtschaftsjahr der Zuwendung, sondern erst in den dem Wirtschaftsjahr der Zuwendung folgenden zehn Wirtschaftsjahren gleichmäßig verteilt

1) Absatz 1 Satz 1 Nr. 1 Satz 6 wurde durch das Gesetz zur Umsetzung der EU-Mobilitäts-Richtlinie ab VZ 2018 geändert.

als Betriebsausgaben abgezogen werden. [2]Der Antrag ist unwiderruflich; der jeweilige Rechtsnachfolger ist an den Antrag gebunden.

Anlage 1 zum Einkommensteuergesetz (zu § 4d Abs. 1) [1)]

§ 4e Beiträge an Pensionsfonds

EStG
S 2144

(1) [1]Beiträge an einen Pensionsfonds im Sinne des *§ 236* des Versicherungsaufsichtsgesetzes dürfen von dem Unternehmen, das die Beiträge leistet (Trägerunternehmen), als Betriebsausgaben abgezogen werden, soweit sie auf einer festgelegten Verpflichtung beruhen oder der Abdeckung von Fehlbeträgen bei dem Fonds dienen. *2)*

(2) Beiträge im Sinne des Absatzes 1 dürfen als Betriebsausgaben nicht abgezogen werden, soweit die Leistungen des Fonds, wenn sie vom Trägerunternehmen unmittelbar erbracht würden, bei diesem nicht betrieblich veranlasst wären.

(3) [1]Der Steuerpflichtige kann auf Antrag die insgesamt erforderlichen Leistungen an einen Pensionsfonds zur teilweisen oder vollständigen Übernahme einer bestehenden Versorgungsverpflichtung oder Versorgungsanwartschaft durch den Pensionsfonds erst in den dem Wirtschaftsjahr der Übertragung folgenden zehn Wirtschaftsjahren gleichmäßig verteilt als Betriebsausgaben abziehen. [2]Der Antrag ist unwiderruflich; der jeweilige Rechtsnachfolger ist an den Antrag gebunden. [3]Ist eine Pensionsrückstellung nach § 6a gewinnerhöhend aufzulösen, ist Satz 1 mit der Maßgabe anzuwenden, dass die Leistungen an den Pensionsfonds im Wirtschaftsjahr der Übertragung in Höhe der aufgelösten Rückstellung als Betriebsausgaben abgezogen werden können; der die aufgelöste Rückstellung übersteigende Betrag ist in den dem Wirtschaftsjahr der Übertragung folgenden zehn Wirtschaftsjahren gleichmäßig verteilt als Betriebsausgaben abzuziehen. [4]Satz 3 gilt entsprechend, wenn es im Zuge der Leistungen des Arbeitgebers an den Pensionsfonds zu Vermögensübertragungen einer Unterstützungskasse an den Arbeitgeber kommt.

§ 4f Verpflichtungsübernahmen, Schuldbeitritte und Erfüllungsübernahmen

EStG

(1) [1]Werden Verpflichtungen übertragen, die beim ursprünglich Verpflichteten Ansatzverboten, -beschränkungen oder Bewertungsvorbehalten unterlegen haben, ist der sich aus diesem Vorgang ergebende Aufwand im Wirtschaftsjahr der Schuldübernahme und den nachfolgenden 14 Jahren gleichmäßig verteilt als Betriebsausgabe abziehbar. [2]Ist auf Grund der Übertragung einer Verpflichtung ein Passivposten gewinnerhöhend aufzulösen, ist Satz 1 mit der Maßgabe anzuwenden, dass der sich ergebende Aufwand im Wirtschaftsjahr der Schuldübernahme in Höhe des aufgelösten Passivpostens als Betriebsausgabe abzuziehen ist; der den aufgelösten Passivposten übersteigende Betrag ist in dem Wirtschaftsjahr der Schuldübernahme und den nachfolgenden 14 Wirtschaftsjahren gleichmäßig verteilt als Betriebsausgabe abzuziehen. [3]Eine Verteilung des sich ergebenden Aufwands unterbleibt, wenn die Schuldübernahme im Rahmen einer Veräußerung oder Aufgabe des ganzen Betriebes oder des gesamten Mitunternehmeranteils im Sinne der §§ 14, 16 Absatz 1, 3 und 3a sowie des § 18 Absatz 3 erfolgt; dies gilt auch, wenn ein Arbeitnehmer unter Mitnahme seiner erworbenen Pensionsansprüche zu einem neuen Arbeitgeber wechselt oder wenn der Betrieb am Schluss des vorangehenden Wirtschaftsjahres die Größenmerkmale des § 7g Absatz 1 Satz 2 Nummer 1 Buchstabe a bis c nicht überschreitet. [4]Erfolgt die Schuldübernahme in dem Fall einer Teilbetriebsveräußerung oder -aufgabe im Sinne der §§ 14, 16 Absatz 1, 3 und 3a sowie des § 18 Absatz 3, ist ein Veräußerungs- oder Aufgabeverlust um den Aufwand im Sinne des Satzes 1 zu vermindern, soweit dieser den Verlust begründet oder erhöht hat. [5]Entsprechendes gilt für den einen aufgelösten Passivposten übersteigenden Betrag im Sinne des Satzes 2. [6]Für den hinzugerechneten Aufwand gelten Satz 2 zweiter Halbsatz und Satz 3 entsprechend. [7]Der jeweilige Rechtsnachfolger des ursprünglichen Verpflichteten ist an die Aufwandsverteilung nach den Sätzen 1 bis 6 gebunden.

(2) Wurde für Verpflichtungen im Sinne des Absatzes 1 ein Schuldbeitritt oder eine Erfüllungsübernahme mit ganzer oder teilweiser Schuldfreistellung vereinbart, gilt für die vom Freistellungsberechtigten an den Freistellungsverpflichteten erbrachten Leistungen Absatz 1 Satz 1, 2 und 7 entsprechend.

---

1) Abgedruckt als Anlage 1 auf S. 784.

2) Absatz 1 wurde durch das Gesetz zur Modernisierung der Finanzaufsicht über Versicherungen ab VZ 2016 geändert.

EStG

§ 4g Bildung eines Ausgleichspostens bei Entnahme nach § 4 Absatz 1 Satz 3

(1) [1]Ein unbeschränkt Steuerpflichtiger kann in Höhe des Unterschiedsbetrags zwischen dem Buchwert und dem nach § 6 Absatz 1 Nummer 4 Satz 1 zweiter Halbsatz anzusetzenden Wert eines Wirtschaftsguts des Anlagevermögens auf Antrag einen Ausgleichsposten bilden, soweit das Wirtschaftsgut infolge seiner Zuordnung zu einer Betriebsstätte desselben Steuerpflichtigen in einem anderen Mitgliedstaat der Europäischen Union gemäß § 4 Absatz 1 Satz 3 als entnommen gilt. [2]Der Ausgleichsposten ist für jedes Wirtschaftsgut getrennt auszuweisen. [3]Das Antragsrecht kann für jedes Wirtschaftsjahr nur einheitlich für sämtliche Wirtschaftsgüter ausgeübt werden. [4]Der Antrag ist unwiderruflich. [5]Die Vorschriften des Umwandlungssteuergesetzes bleiben unberührt.

(2) [1]Der Ausgleichsposten ist im Wirtschaftsjahr der Bildung und in den vier folgenden Wirtschaftsjahren zu jeweils einem Fünftel gewinnerhöhend aufzulösen. [2]Er ist in vollem Umfang gewinnerhöhend aufzulösen,

1. wenn das als entnommen geltende Wirtschaftsgut aus dem Betriebsvermögen des Steuerpflichtigen ausscheidet,
2. wenn das als entnommen geltende Wirtschaftsgut aus der Besteuerungshoheit der Mitgliedstaaten der Europäischen Union ausscheidet oder
3. wenn die stillen Reserven des als entnommen geltenden Wirtschaftsguts im Ausland aufgedeckt werden oder in entsprechender Anwendung der Vorschriften des deutschen Steuerrechts hätten aufgedeckt werden müssen.

(3) [1]Wird die Zuordnung eines Wirtschaftsguts zu einer anderen Betriebsstätte des Steuerpflichtigen in einem anderen Mitgliedstaat der Europäischen Union im Sinne des Absatzes 1 innerhalb der tatsächlichen Nutzungsdauer, spätestens jedoch vor Ablauf von fünf Jahren nach Änderung der Zuordnung, aufgehoben, ist der für dieses Wirtschaftsgut gebildete Ausgleichsposten ohne Auswirkungen auf den Gewinn aufzulösen und das Wirtschaftsgut mit den fortgeführten Anschaffungskosten, erhöht um zwischenzeitlich gewinnerhöhend berücksichtigte Auflösungsbeträge im Sinne der Absätze 2 und 5 Satz 2 und um den Unterschiedsbetrag zwischen dem Rückführungswert und dem Buchwert im Zeitpunkt der Rückführung, höchstens jedoch mit dem gemeinen Wert, anzusetzen. [2]Die Aufhebung der geänderten Zuordnung ist ein Ereignis im Sinne des § 175 Absatz 1 Nummer 2 der Abgabenordnung.

(4) [1]Die Absätze 1 bis 3 finden entsprechende Anwendung bei der Ermittlung des Überschusses der Betriebseinnahmen über die Betriebsausgaben gemäß § 4 Absatz 3. [2]Wirtschaftsgüter, für die ein Ausgleichsposten nach Absatz 1 gebildet worden ist, sind in ein laufend zu führendes Verzeichnis aufzunehmen. [3]Der Steuerpflichtige hat darüber hinaus Aufzeichnungen zu führen, aus denen die Bildung und Auflösung der Ausgleichsposten hervorgeht. [4]Die Aufzeichnungen nach den Sätzen 2 und 3 sind der Steuererklärung beizufügen.

(5) [1]Der Steuerpflichtige ist verpflichtet, der zuständigen Finanzbehörde die Entnahme oder ein Ereignis im Sinne des Absatzes 2 unverzüglich anzuzeigen. [2]Kommt der Steuerpflichtige dieser Anzeigepflicht, seinen Aufzeichnungspflichten nach Absatz 4 oder seinen sonstigen Mitwirkungspflichten im Sinne des § 90 der Abgabenordnung nicht nach, ist der Ausgleichsposten dieses Wirtschaftsguts gewinnerhöhend aufzulösen.

EStG

§ 4h Betriebsausgabenabzug für Zinsaufwendungen (Zinsschranke)

(1) [1]Zinsaufwendungen eines Betriebs sind abziehbar in Höhe des Zinsertrags, darüber hinaus nur bis zur Höhe des verrechenbaren EBITDA. [2]Das verrechenbare EBITDA ist 30 Prozent des um die Zinsaufwendungen und um die nach § 6 Absatz 2 Satz 1 abzuziehenden, nach § 6 Absatz 2a Satz 2 gewinnmindernd aufzulösenden und nach § 7 abgesetzten Beträge erhöhten und um die Zinserträge verminderten maßgeblichen Gewinns. [3]Soweit das verrechenbare EBITDA die um die Zinserträge geminderten Zinsaufwendungen des Betriebs übersteigt, ist es in die folgenden fünf Wirtschaftsjahre vorzutragen (EBITDA-Vortrag); ein EBITDA-Vortrag entsteht nicht in Wirtschaftsjahren, in denen Absatz 2 die Anwendung von Absatz 1 Satz 1 ausschließt. [4]Zinsaufwendungen, die nach Satz 1 nicht abgezogen werden können, sind bis zur Höhe der EBITDA-Vorträge aus vorangegangenen Wirtschaftsjahren abziehbar und mindern die EBITDA-Vorträge in ihrer zeitlichen Reihenfolge. [5]Danach verbleibende nicht abziehbare Zinsaufwendungen sind in die folgenden Wirtschaftsjahre vorzutragen (Zinsvortrag). [6]Sie erhöhen die Zinsaufwendungen dieser Wirtschaftsjahre, nicht aber den maßgeblichen Gewinn.

(2) [1]Absatz 1 Satz 1 ist nicht anzuwenden, wenn

a) der Betrag der Zinsaufwendungen, soweit er den Betrag der Zinserträge übersteigt, weniger als drei Millionen Euro beträgt,

b) der Betrieb nicht oder nur anteilmäßig zu einem Konzern gehört oder

c) der Betrieb zu einem Konzern gehört und seine Eigenkapitalquote am Schluss des vorangegangenen Abschlussstichtages gleich hoch oder höher ist als die des Konzerns (Eigenkapitalvergleich). [2]Ein Unterschreiten der Eigenkapitalquote des Konzerns um bis zu zwei Prozentpunkte ist unschädlich.

[3]Eigenkapitalquote ist das Verhältnis des Eigenkapitals zur Bilanzsumme; sie bemisst sich nach dem Konzernabschluss, der den Betrieb umfasst, und ist für den Betrieb auf der Grundlage des Jahresabschlusses oder Einzelabschlusses zu ermitteln. [4]Wahlrechte sind im Konzernabschluss und im Jahresabschluss oder Einzelabschluss einheitlich auszuüben; bei gesellschaftsrechtlichen Kündigungsrechten ist insoweit mindestens das Eigenkapital anzusetzen, das sich nach den Vorschriften des Handelsgesetzbuchs ergeben würde. [5]Bei der Ermittlung der Eigenkapitalquote des Betriebs ist das Eigenkapital um einen im Konzernabschluss enthaltenen Firmenwert, soweit er auf den Betrieb entfällt, und um die Hälfte von Sonderposten mit Rücklagenanteil (§ 273 des Handelsgesetzbuchs) zu erhöhen sowie um das Eigenkapital, das keine Stimmrechte vermittelt – mit Ausnahme von Vorzugsaktien –, die Anteile an anderen Konzerngesellschaften und um Einlagen der letzten sechs Monate vor dem maßgeblichen Abschlussstichtag, soweit ihnen Entnahmen oder Ausschüttungen innerhalb der ersten sechs Monate nach dem maßgeblichen Abschlussstichtag gegenüberstehen, zu kürzen. [6]Die Bilanzsumme ist um Kapitalforderungen zu kürzen, die nicht im Konzernabschluss ausgewiesen sind und denen Verbindlichkeiten im Sinne des Absatzes 3 in mindestens gleicher Höhe gegenüberstehen. [7]Sonderbetriebsvermögen ist dem Betrieb der Mitunternehmerschaft zuzuordnen, soweit es im Konzernvermögen enthalten ist.

[8]Die für den Eigenkapitalvergleich maßgeblichen Abschlüsse sind einheitlich nach den International Financial Reporting Standards (IFRS) zu erstellen. [9]Hiervon abweichend können Abschlüsse nach dem Handelsrecht eines Mitgliedstaats der Europäischen Union verwendet werden, wenn kein Konzernabschluss nach den IFRS zu erstellen und offen zu legen ist und für keines der letzten fünf Wirtschaftsjahre ein Konzernabschluss nach den IFRS erstellt wurde; nach den Generally Accepted Accounting Principles der Vereinigten Staaten von Amerika (US-GAAP) aufzustellende und offen zu legende Abschlüsse sind zu verwenden, wenn kein Konzernabschluss nach den IFRS oder dem Handelsrecht eines Mitgliedstaats der Europäischen Union zu erstellen und offen zu legen ist. [10]Der Konzernabschluss muss den Anforderungen an die handelsrechtliche Konzernrechnungslegung genügen oder die Voraussetzungen erfüllen, unter denen ein Abschluss nach den §§ 291 und 292 des Handelsgesetzbuchs befreiende Wirkung hätte. [11]Wurde der Jahresabschluss oder Einzelabschluss nicht nach denselben Rechnungslegungsstandards wie der Konzernabschluss aufgestellt, ist die Eigenkapitalquote des Betriebs in einer Überleitungsrechnung nach den für den Konzernabschluss geltenden Rechnungslegungsstandards zu ermitteln. [12]Die Überleitungsrechnung ist einer prüferischen Durchsicht zu unterziehen. [13]Auf Verlangen der Finanzbehörde ist der Abschluss oder die Überleitungsrechnung des Betriebs durch einen Abschlussprüfer zu prüfen, der die Voraussetzungen des § 319 des Handelsgesetzbuchs erfüllt.

[14]Ist ein dem Eigenkapitalvergleich zugrunde gelegter Abschluss unrichtig und führt der zutreffende Abschluss zu einer Erhöhung der nach Absatz 1 nicht abziehbaren Zinsaufwendungen, ist ein Zuschlag entsprechend § 162 Absatz 4 Satz 1 und 2 der Abgabenordnung festzusetzen. [15]Bemessungsgrundlage für den Zuschlag sind die nach Absatz 1 nicht abziehbaren Zinsaufwendungen. [16]§ 162 Absatz 4 Satz 4 bis 6 der Abgabenordnung gilt sinngemäß.

[2]Ist eine Gesellschaft, bei der der Gesellschafter als Mitunternehmer anzusehen ist, unmittelbar oder mittelbar einer Körperschaft nachgeordnet, gilt für die Gesellschaft § 8a Absatz 2 und 3 des Körperschaftsteuergesetzes entsprechend.

(3) [1]Maßgeblicher Gewinn ist der nach den Vorschriften dieses Gesetzes mit Ausnahme des Absatzes 1 ermittelte steuerpflichtige Gewinn. [2]Zinsaufwendungen sind Vergütungen für Fremdkapital, die den maßgeblichen Gewinn gemindert haben. [3]Zinserträge sind Erträge aus Kapitalforderungen jeder Art, die den maßgeblichen Gewinn erhöht haben. [4]Die Auf- und Abzinsung unverzinslicher oder niedrig verzinslicher Verbindlichkeiten oder Kapitalforderungen führen ebenfalls zu Zinserträgen oder Zinsaufwendungen. [5]Ein Betrieb gehört zu einem Konzern, wenn er nach dem für die Anwendung des Absatzes 2 Satz 1 Buchstabe c zugrunde gelegten Rechnungslegungsstandard mit einem oder mehreren anderen Betrieben konsolidiert wird oder werden könnte. [6]Ein Betrieb gehört für Zwecke des Absatzes 2 auch zu einem Konzern, wenn seine Finanz- und Geschäftspolitik mit einem oder mehreren anderen Betrieben einheitlich bestimmt werden kann.

(4) [1]Der EBITDA-Vortrag und der Zinsvortrag sind gesondert festzustellen. [2]Zuständig ist das für die gesonderte Feststellung des Gewinns und Verlusts der Gesellschaft zuständige Finanzamt, im Übrigen das für die Besteuerung zuständige Finanzamt. [3]§ 10d Absatz 4 gilt sinngemäß. [4]Feststellungsbescheide sind zu erlassen, aufzuheben oder zu ändern, soweit sich die nach Satz 1 festzustellenden Beträge ändern.

(5) [1]Bei Aufgabe oder Übertragung des Betriebs gehen EBITDA-Vortrag und ein nicht verbrauchter Zinsvortrag unter. [2]Scheidet ein Mitunternehmer aus einer Gesellschaft aus, gehen der EBITDA-Vortrag und der Zinsvortrag anteilig mit der Quote unter, mit der der ausgeschiedene Gesellschafter an der Gesellschaft beteiligt war. [3]§ 8c des Körperschaftsteuergesetzes ist auf den Zinsvortrag einer Gesellschaft entsprechend anzuwenden, soweit an dieser unmittelbar oder mittelbar eine Körperschaft als Mitunternehmer beteiligt ist.

EStG
S 2133

§ 5 Gewinn bei Kaufleuten und bei bestimmten anderen Gewerbetreibenden

(1) [1]Bei Gewerbetreibenden, die auf Grund gesetzlicher Vorschriften verpflichtet sind, Bücher zu führen und regelmäßig Abschlüsse zu machen, oder die ohne eine solche Verpflichtung Bücher führen und regelmäßig Abschlüsse machen, ist für den Schluss des Wirtschaftsjahres das Betriebsvermögen anzusetzen (§ 4 Absatz 1 Satz 1), das nach den handelsrechtlichen Grundsätzen ordnungsmäßiger Buchführung auszuweisen ist, es sei denn, im Rahmen der Ausübung eines steuerlichen Wahlrechts wird oder wurde ein anderer Ansatz gewählt. [2]Voraussetzung für die Ausübung steuerlicher Wahlrechte ist, dass die Wirtschaftsgüter, die nicht mit dem handelsrechtlich maßgeblichen Wert in der steuerlichen Gewinnermittlung ausgewiesen werden, in besondere, laufend zu führende Verzeichnisse aufgenommen werden. [3]In den Verzeichnissen sind der Tag der Anschaffung oder Herstellung, die Anschaffungs- oder Herstellungskosten, die Vorschrift des ausgeübten steuerlichen Wahlrechts und die vorgenommenen Abschreibungen nachzuweisen.

(1a) [1]Posten der Aktivseite dürfen nicht mit Posten der Passivseite verrechnet werden. [2]Die Ergebnisse der in der handelsrechtlichen Rechnungslegung zur Absicherung finanzwirtschaftlicher Risiken gebildeten Bewertungseinheiten sind auch für die steuerliche Gewinnermittlung maßgeblich.

S 2134a **(2) Für immaterielle Wirtschaftsgüter des Anlagevermögens ist ein Aktivposten nur anzusetzen, wenn sie entgeltlich erworben wurden.**

S 2137 **(2a) Für Verpflichtungen, die nur zu erfüllen sind, soweit künftig Einnahmen oder Gewinne anfallen, sind Verbindlichkeiten oder Rückstellungen erst anzusetzen, wenn die Einnahmen oder Gewinne angefallen sind.**

S 2137 **(3) [1]Rückstellungen wegen Verletzung fremder Patent-, Urheber- oder ähnlicher Schutzrechte dürfen erst gebildet werden, wenn**

1. **der Rechtsinhaber Ansprüche wegen der Rechtsverletzung geltend gemacht hat oder**
2. **mit einer Inanspruchnahme wegen der Rechtsverletzung ernsthaft zu rechnen ist.**

[2]Eine nach Satz 1 Nummer 2 gebildete Rückstellung ist spätestens in der Bilanz des dritten auf ihre erstmalige Bildung folgenden Wirtschaftsjahres gewinnerhöhend aufzulösen, wenn Ansprüche nicht geltend gemacht worden sind.

S 2137 **(4) Rückstellungen für die Verpflichtung zu einer Zuwendung anlässlich eines Dienstjubiläums dürfen nur gebildet werden, wenn das Dienstverhältnis mindestens zehn Jahre bestanden hat, das Dienstjubiläum das Bestehen eines Dienstverhältnisses von mindestens 15 Jahren voraussetzt und die Zusage schriftlich erteilt ist und soweit der Zuwendungsberechtigte seine Anwartschaft nach dem 31. Dezember 1992 erwirbt.**

S 2137 **(4a) [1]Rückstellungen für drohende Verluste aus schwebenden Geschäften dürfen nicht gebildet werden. [2]Das gilt nicht für Ergebnisse nach Absatz 1a Satz 2.**

S 2137 **(4b) [1]Rückstellungen für Aufwendungen, die in künftigen Wirtschaftsjahren als Anschaffungs- oder Herstellungskosten eines Wirtschaftsguts zu aktivieren sind, dürfen nicht gebildet werden. [2]Rückstellungen für die Verpflichtung zur schadlosen Verwertung radioaktiver Reststoffe sowie ausgebauter oder abgebauter radioaktiver Anlagenteile dürfen nicht gebildet werden, soweit Aufwendungen im Zusammenhang mit der Bearbeitung oder Verarbeitung von Kernbrennstoffen stehen, die aus der Aufarbeitung bestrahlter Kernbrennstoffe gewonnen worden sind und keine radioaktiven Abfälle darstellen.**

S 2134b **(5) [1]Als Rechnungsabgrenzungsposten sind nur anzusetzen**

1. **auf der Aktivseite Ausgaben vor dem Abschlussstichtag, soweit sie Aufwand für eine bestimmte Zeit nach diesem Tag darstellen;**
2. **auf der Passivseite Einnahmen vor dem Abschlussstichtag, soweit sie Ertrag für eine bestimmte Zeit nach diesem Tag darstellen.**

[2]Auf der Aktivseite sind ferner anzusetzen

1. **als Aufwand berücksichtigte Zölle und Verbrauchsteuern, soweit sie auf am Abschlussstichtag auszuweisende Wirtschaftsgüter des Vorratsvermögens entfallen,**
2. **als Aufwand berücksichtigte Umsatzsteuer auf am Abschlussstichtag auszuweisende Anzahlungen.**

(6) Die Vorschriften über die Entnahmen und die Einlagen, über die Zulässigkeit der Bilanzänderung, über die Betriebsausgaben, über die Bewertung und über die Absetzung für Abnutzung oder Substanzverringerung sind zu befolgen.

(7) [1]Übernommene Verpflichtungen, die beim ursprünglich Verpflichteten Ansatzverboten, -beschränkungen oder Bewertungsvorbehalten unterlegen haben, sind zu den auf die Übernahme folgenden Abschlussstichtagen bei dem Übernehmer und dessen Rechtsnachfolger so zu bilanzieren, wie sie beim ursprünglich Verpflichteten ohne Übernahme zu bilanzieren wären. [2]Dies gilt in Fällen des Schuldbeitritts oder der Erfüllungsübernahme mit vollständiger oder teilweiser Schuldfreistellung für die sich aus diesem Rechtsgeschäft ergebenden Verpflichtungen sinngemäß. [3]Satz 1 ist für den Erwerb eines Mitunternehmeranteils entsprechend anzuwenden. [4]Wird eine Pensionsverpflichtung unter gleichzeitiger Übernahme von Vermögenswerten gegenüber einem Arbeitnehmer übernommen, der bisher in einem anderen Unternehmen tätig war, ist Satz 1 mit der Maßgabe anzuwenden, dass bei der Ermittlung des Teilwertes der Verpflichtung der Jahresbetrag nach § 6a Absatz 3 Satz 2 Nummer 1 so zu bemessen ist, dass zu Beginn des Wirtschaftsjahres der Übernahme der Barwert der Jahresbeträge zusammen mit den übernommenen Vermögenswerten gleich dem Barwert der künftigen Pensionsleistungen ist; dabei darf sich kein negativer Jahresbetrag ergeben. [5]Für einen Gewinn, der sich aus der Anwendung der Sätze 1 bis 3 ergibt, kann jeweils in Höhe von vierzehn Fünfzehntel eine gewinnmindernde Rücklage gebildet werden, die in den folgenden 14 Wirtschaftsjahren jeweils mit mindestens einem Vierzehntel gewinnerhöhend aufzulösen ist (Auflösungszeitraum). [6]Besteht eine Verpflichtung, für die eine Rücklage gebildet wurde, bereits vor Ablauf des maßgebenden Auflösungszeitraums nicht mehr, ist die insoweit verbleibende Rücklage erhöhend aufzulösen.

§ 5a Gewinnermittlung bei Handelsschiffen im internationalen Verkehr

EStG
S 2133a

(1) [1]Anstelle der Ermittlung des Gewinns nach § 4 Absatz 1 oder § 5 ist bei einem Gewerbebetrieb mit Geschäftsleitung im Inland der Gewinn, soweit er auf den Betrieb von Handelsschiffen im internationalen Verkehr entfällt, auf unwiderruflichen Antrag des Steuerpflichtigen nach der in seinem Betrieb geführten Tonnage zu ermitteln, wenn die Bereederung dieser Handelsschiffe im Inland durchgeführt wird. [2]Der im Wirtschaftsjahr erzielte Gewinn beträgt pro Tag des Betriebs für jedes im internationalen Verkehr betriebene Handelsschiff für jeweils volle 100 Nettotonnen (Nettoraumzahl)

0,92 Euro bei einer Tonnage bis zu 1 000 Nettotonnen,

0,69 Euro für die 1 000 Nettotonnen übersteigende Tonnage bis zu 10 000 Nettotonnen,

0,46 Euro für die 10 000 Nettotonnen übersteigende Tonnage bis zu 25 000 Nettotonnen,

0,23 Euro für die 25 000 Nettotonnen übersteigende Tonnage.

(2) [1]Handelsschiffe werden im internationalen Verkehr betrieben, wenn eigene oder gecharterte Seeschiffe, die im Wirtschaftsjahr überwiegend in einem inländischen Seeschiffsregister eingetragen sind, in diesem Wirtschaftsjahr überwiegend zur Beförderung von Personen oder Gütern im Verkehr mit oder zwischen ausländischen Häfen, innerhalb eines ausländischen Hafens oder zwischen einem ausländischen Hafen und der Hohen See eingesetzt werden. [2]Zum Betrieb von Handelsschiffen im internationalen Verkehr gehören auch ihre Vercharterung, wenn sie vom Vercharterer ausgerüstet worden sind, und die unmittelbar mit ihrem Einsatz oder ihrer Vercharterung zusammenhängenden Neben- und Hilfsgeschäfte einschließlich der Veräußerung der Handelsschiffe und der unmittelbar ihrem Betrieb dienenden Wirtschaftsgüter. [3]Der Einsatz und die Vercharterung von gecharterten Handelsschiffen gilt nur dann als Betrieb von Handelsschiffen im internationalen Verkehr, wenn gleichzeitig eigene oder ausgerüstete Handelsschiffe im internationalen Verkehr betrieben werden. [4]Sind gecharterte Handelsschiffe nicht in einem inländischen Seeschiffsregister eingetragen, gilt Satz 3 unter der weiteren Voraussetzung, dass im Wirtschaftsjahr die Nettotonnage der gecharterten Handelsschiffe das Dreifache der nach den Sätzen 1 und 2 im internationalen Verkehr betriebenen Handelsschiffe nicht übersteigt; für die Berechnung der Nettotonnage sind jeweils die Nettotonnen pro Schiff mit der Anzahl der Betriebstage nach Absatz 1 zu vervielfältigen. [5]Dem Betrieb von Handelsschiffen im internationalen Verkehr ist gleichgestellt, wenn Seeschiffe, die im Wirtschaftsjahr überwiegend in einem inländischen Seeschiffsregister eingetragen sind, in diesem Wirtschaftsjahr überwiegend außerhalb der deutschen Hoheitsgewässer zum Schleppen, Bergen oder zur Aufsuchung von Bodenschätzen eingesetzt werden; die Sätze 2 bis 4 sind sinngemäß anzuwenden.

(3) [1]Der Antrag auf Anwendung der Gewinnermittlung nach Absatz 1 ist im Wirtschaftsjahr der Anschaffung oder Herstellung des Handelsschiffs (Indienststellung) mit Wirkung ab Beginn dieses Wirtschaftsjahres zu stellen. [2]Vor Indienststellung des Handelsschiffs durch den Betrieb von Handelsschiffen im internationalen Verkehr erwirtschaftete Gewinne sind in diesem Fall

nicht zu besteuern; Verluste sind weder ausgleichsfähig noch verrechenbar. [3]Bereits erlassene Steuerbescheide sind insoweit zu ändern. [4]Das gilt auch dann, wenn der Steuerbescheid unanfechtbar geworden ist; die Festsetzungsfrist endet insoweit nicht, bevor die Festsetzungsfrist für den Veranlagungszeitraum abgelaufen ist, in dem der Gewinn erstmals nach Absatz 1 ermittelt wird. [5]Wird der Antrag auf Aufwendung der Gewinnermittlung nach Absatz 1 nicht nach Satz 1 im Wirtschaftsjahr der Anschaffung oder Herstellung des Handelsschiffs (Indienststellung) gestellt, kann er erstmals in dem Wirtschaftsjahr gestellt werden, das jeweils nach Ablauf eines Zeitraumes von zehn Jahren, vom Beginn des Jahres der Indienststellung gerechnet, endet. [6]Die Sätze 2 bis 4 sind insoweit nicht anwendbar. [7]Der Steuerpflichtige ist an die Gewinnermittlung nach Absatz 1 vom Beginn des Wirtschaftsjahres an, in dem er den Antrag stellt, zehn Jahre gebunden. [8]Nach Ablauf dieses Zeitraums kann er den Antrag mit Wirkung für den Beginn jedes folgenden Wirtschaftsjahres bis zum Ende dieses Jahres unwiderruflich zurücknehmen. [9]An die Gewinnermittlung nach allgemeinen Vorschriften ist der Steuerpflichtige ab dem Beginn des Wirtschaftsjahres, in dem er den Antrag zurücknimmt, zehn Jahre gebunden.

(4) [1]Zum Schluss des Wirtschaftsjahres, das der erstmaligen Anwendung des Absatzes 1 vorangeht (Übergangsjahr), ist für jedes Wirtschaftsgut, das unmittelbar dem Betrieb von Handelsschiffen im internationalen Verkehr dient, der Unterschiedsbetrag zwischen Buchwert und Teilwert in ein besonderes Verzeichnis aufzunehmen. [2]Der Unterschiedsbetrag ist gesondert und bei Gesellschaften im Sinne des § 15 Absatz 1 Satz 1 Nummer 2 einheitlich festzustellen. [3]Der Unterschiedsbetrag nach Satz 1 ist dem Gewinn hinzuzurechnen:

1. in den dem letzten Jahr der Anwendung des Absatzes 1 folgenden fünf Wirtschaftsjahren jeweils in Höhe von mindestens einem Fünftel,
2. in dem Jahr, in dem das Wirtschaftsgut aus dem Betriebsvermögen ausscheidet oder in dem es nicht mehr unmittelbar dem Betrieb von Handelsschiffen im internationalen Verkehr dient,
3. in dem Jahr des Ausscheidens eines Gesellschafters hinsichtlich des auf ihn entfallenden Anteils.

[4]Die Sätze 1 bis 3 sind entsprechend anzuwenden, wenn der Steuerpflichtige Wirtschaftsgüter des Betriebsvermögens dem Betrieb von Handelsschiffen im internationalen Verkehr zuführt.

(4a) [1]Bei Gesellschaften im Sinne des § 15 Absatz 1 Satz 1 Nummer 2 tritt für die Zwecke dieser Vorschrift an die Stelle des Steuerpflichtigen die Gesellschaft. [2]Der nach Absatz 1 ermittelte Gewinn ist den Gesellschaftern entsprechend ihrem Anteil am Gesellschaftsvermögen zuzurechnen. [3]Vergütungen im Sinne des § 15 Absatz 1 Satz 1 Nummer 2 und Satz 2 sind hinzuzurechnen.

(5) [1]Gewinne nach Absatz 1 umfassen auch Einkünfte nach § 16. [2]§§ 34, 34c Absatz 1 bis 3 und § 35 sind nicht anzuwenden. [3]Rücklagen nach den §§ 6b und 6d sind beim Übergang zur Gewinnermittlung nach Absatz 1 dem Gewinn im Erstjahr hinzuzurechnen; bis zum Übergang in Anspruch genommene Investitionsabzugsbeträge nach § 7g Absatz 1 sind nach Maßgabe des § 7g Absatz 3 rückgängig zu machen. [4]Für die Anwendung des § 15a ist der nach § 4 Absatz 1 oder § 5 ermittelte Gewinn zugrunde zu legen.

(6) In der Bilanz zum Schluss des Wirtschaftsjahres, in dem Absatz 1 letztmalig angewendet wird, ist für jedes Wirtschaftsgut, das unmittelbar dem Betrieb von Handelsschiffen im internationalen Verkehr dient, der Teilwert anzusetzen.

EStG
S 2133b

§ 5b Elektronische Übermittlung von Bilanzen sowie Gewinn- und Verlustrechnungen

(1) [1]Wird der Gewinn nach § 4 Absatz 1, § 5 oder § 5a ermittelt, so ist der Inhalt der Bilanz sowie der Gewinn- und Verlustrechnung nach amtlich vorgeschriebenem Datensatz durch Datenfernübertragung zu übermitteln. [2]Enthält die Bilanz Ansätze oder Beträge, die den steuerlichen Vorschriften nicht entsprechen, so sind diese Ansätze oder Beträge durch Zusätze oder Anmerkungen den steuerlichen Vorschriften anzupassen und nach amtlich vorgeschriebenem Datensatz durch Datenfernübertragung zu übermitteln. [3]Der Steuerpflichtige kann auch eine den steuerlichen Vorschriften entsprechende Bilanz nach amtlich vorgeschriebenem Datensatz durch Datenfernübertragung übermitteln. [4]§ 150 Absatz 7 der Abgabenordnung gilt entsprechend. [5]Im Fall der Eröffnung des Betriebs sind die Sätze 1 bis 4 für den Inhalt der Eröffnungsbilanz entsprechend anzuwenden.

(2) [1]Auf Antrag kann die Finanzbehörde zur Vermeidung unbilliger Härten auf eine elektronische Übermittlung verzichten. [2]§ 150 Absatz 8 der Abgabenordnung gilt entsprechend.

§ 6 Bewertung

EStG
S 2170

(1) Für die Bewertung der einzelnen Wirtschaftsgüter, die nach § 4 Absatz 1 oder nach § 5 als Betriebsvermögen anzusetzen sind, gilt das Folgende:

1. Wirtschaftsgüter des Anlagevermögens, die der Abnutzung unterliegen, sind mit den Anschaffungs- oder Herstellungskosten oder dem an deren Stelle tretenden Wert, vermindert um die Absetzungen für Abnutzung, erhöhte Absetzungen, Sonderabschreibungen, Abzüge nach § 6b und ähnliche Abzüge, anzusetzen. [2]Ist der Teilwert auf Grund einer voraussichtlich dauernden Wertminderung niedriger, so kann dieser angesetzt werden. [3]Teilwert ist der Betrag, den ein Erwerber des ganzen Betriebs im Rahmen des Gesamtkaufpreises für das einzelne Wirtschaftsgut ansetzen würde; dabei ist davon auszugehen, dass der Erwerber den Betrieb fortführt. [4]Wirtschaftsgüter, die bereits am Schluss des vorangegangenen Wirtschaftsjahres zum Anlagevermögen des Steuerpflichtigen gehört haben, sind in den folgenden Wirtschaftsjahren gemäß Satz 1 ansetzen, es sei denn, der Steuerpflichtige weist nach, dass ein niedrigerer Teilwert nach Satz 2 angesetzt werden kann. S 2171 S 2172

1a. Zu den Herstellungskosten eines Gebäudes gehören auch Aufwendungen für Instandsetzungs- und Modernisierungsmaßnahmen, die innerhalb von drei Jahren nach der Anschaffung des Gebäudes durchgeführt werden, wenn die Aufwendungen ohne die Umsatzsteuer 15 Prozent der Anschaffungskosten des Gebäudes übersteigen (anschaffungsnahe Herstellungskosten). [2]Zu diesen Aufwendungen gehören nicht die Aufwendungen für Erweiterungen im Sinne des § 255 Absatz 2 Satz 1 des Handelsgesetzbuchs sowie Aufwendungen für Erhaltungsarbeiten, die jährlich üblicherweise anfallen. S 2171c

2. Andere als die in Nummer 1 bezeichneten Wirtschaftsgüter des Betriebs (Grund und Boden, Beteiligungen, Umlaufvermögen) sind mit den Anschaffungs- oder Herstellungskosten oder dem an deren Stelle tretenden Wert, vermindert um Abzüge nach § 6b und ähnliche Abzüge, anzusetzen. [2]Ist der Teilwert (Nummer 1 Satz 3) auf Grund einer voraussichtlich dauernden Wertminderung niedriger, so kann dieser angesetzt werden. [3]Nummer 1 Satz 4 gilt entsprechend. S 2173 S 2174

2a. Steuerpflichtige, die den Gewinn nach § 5 ermitteln, können für den Wertansatz gleichartiger Wirtschaftsgüter des Vorratsvermögens unterstellen, dass die zuletzt angeschafften oder hergestellten Wirtschaftsgüter zuerst verbraucht oder veräußert worden sind, soweit dies den handelsrechtlichen Grundsätzen ordnungsmäßiger Buchführung entspricht. [2]Der Vorratsbestand am Schluss des Wirtschaftsjahres, das der erstmaligen Anwendung der Bewertung nach Satz 1 vorangeht, gilt mit seinem Bilanzansatz als erster Zugang des neuen Wirtschaftsjahres. [3]Von der Verbrauchs- oder Veräußerungsfolge nach Satz 1 kann in den folgenden Wirtschaftsjahren nur mit Zustimmung des Finanzamts abgewichen werden.

2b. Steuerpflichtige, die in den Anwendungsbereich des § 340 des Handelsgesetzbuchs fallen, haben die zu Handelszwecken erworbenen Finanzinstrumente, die nicht in einer Bewertungseinheit im Sinne des § 5 Absatz 1a Satz 2 abgebildet werden, mit dem beizulegenden Zeitwert abzüglich eines Risikoabschlages (§ 340e Absatz 3 des Handelsgesetzbuchs) zu bewerten. [2]Nummer 2 Satz 2 ist nicht anzuwenden.

3. Verbindlichkeiten sind unter sinngemäßer Anwendung der Vorschriften der Nummer 2 anzusetzen und mit einem Zinssatz von 5,5 Prozent abzuzinsen. [2]Ausgenommen von der Abzinsung sind Verbindlichkeiten, deren Laufzeit am Bilanzstichtag weniger als zwölf Monate beträgt, und Verbindlichkeiten, die verzinslich sind oder auf einer Anzahlung oder Vorausleistung beruhen. S 2175

3a. Rückstellungen sind höchstens insbesondere unter Berücksichtigung folgender Grundsätze anzusetzen:

a) bei Rückstellungen für gleichartige Verpflichtungen ist auf der Grundlage der Erfahrungen in der Vergangenheit aus der Abwicklung solcher Verpflichtungen die Wahrscheinlichkeit zu berücksichtigen, dass der Steuerpflichtige nur zu einem Teil der Summe dieser Verpflichtungen in Anspruch genommen wird;

b) Rückstellungen für Sachleistungsverpflichtungen sind mit den Einzelkosten und den angemessenen Teilen der notwendigen Gemeinkosten zu bewerten;

c) künftige Vorteile, die mit der Erfüllung der Verpflichtung voraussichtlich verbunden sein werden, sind, soweit sie nicht als Forderung zu aktivieren sind, bei ihrer Bewertung wertmindernd zu berücksichtigen;

d) Rückstellungen für Verpflichtungen, für deren Entstehen im wirtschaftlichen Sinne der laufende Betrieb ursächlich ist, sind zeitanteilig in gleichen Raten anzusammeln. [2]Rückstellungen für gesetzliche Verpflichtungen zur Rücknahme und Verwertung von Erzeugnissen, die vor Inkrafttreten entsprechender gesetzlicher Verpflichtungen in Verkehr gebracht worden sind, sind zeitanteilig in gleichen Raten bis zum Beginn der jeweiligen Erfüllung anzusammeln; Buchstabe e ist insoweit nicht anzuwenden. [3]Rückstellungen für die Verpflichtung, ein Kernkraftwerk stillzulegen, sind ab dem Zeitpunkt der erstmaligen Nutzung bis zum Zeitpunkt, in dem mit der Stilllegung begonnen werden muss, zeitanteilig in gleichen Raten anzusammeln; steht der Zeitpunkt der Stilllegung nicht fest, beträgt der Zeitraum für die Ansammlung 25 Jahre;

e) Rückstellungen für Verpflichtungen sind mit einem Zinssatz von 5,5 Prozent abzuzinsen; Nummer 3 Satz 2 ist entsprechend anzuwenden. [2]Für die Abzinsung von Rückstellungen für Sachleistungsverpflichtungen ist der Zeitraum bis zum Beginn der Erfüllung maßgebend. [3]Für die Abzinsung von Rückstellungen für die Verpflichtung, ein Kernkraftwerk stillzulegen, ist der sich aus Buchstabe d Satz 3 ergebende Zeitraum maßgebend; und

f) bei der Bewertung sind die Wertverhältnisse am Bilanzstichtag maßgebend; künftige Preis- und Kostensteigerungen dürfen nicht berücksichtigt werden.

S 2177 4. Entnahmen des Steuerpflichtigen für sich, für seinen Haushalt oder für andere betriebsfremde Zwecke sind mit dem Teilwert anzusetzen; in den Fällen des § 4 Absatz 1 Satz 3 ist [1] die Entnahme mit dem gemeinen Wert anzusetzen. [2]Die private Nutzung eines Kraftfahrzeugs, das zu mehr als 50 Prozent betrieblich genutzt wird, ist für jeden Kalendermonat mit 1 Prozent des inländischen Listenpreises im Zeitpunkt der Erstzulassung zuzüglich der Kosten für Sonderausstattung einschließlich Umsatzsteuer anzusetzen; bei der privaten Nutzung von Fahrzeugen mit Antrieb ausschließlich durch Elektromotoren, die ganz oder überwiegend aus mechanischen oder elektrochemischen Energiespeichern oder aus emissionsfrei betriebenen Energiewandlern gespeist werden (Elektrofahrzeuge), oder von extern aufladbaren Hybridelektrofahrzeugen, ist der Listenpreis dieser Kraftfahrzeuge um die darin enthaltenen Kosten des Batteriesystems im Zeitpunkt der Erstzulassung des Kraftfahrzeugs wie folgt zu mindern: für bis zum 31. Dezember 2013 angeschaffte Kraftfahrzeuge um 500 Euro pro Kilowattstunde der Batteriekapazität, dieser Betrag mindert sich für in den Folgejahren angeschaffte Kraftfahrzeuge um jährlich 50 Euro pro Kilowattstunde der Batteriekapazität; die Minderung pro Kraftfahrzeug beträgt höchstens 10 000 Euro; dieser Höchstbetrag mindert sich für in den Folgejahren angeschaffte Kraftfahrzeuge um jährlich 500 Euro. [3]Die private Nutzung kann abweichend von Satz 2 mit den auf die Privatfahrten entfallenden Aufwendungen angesetzt werden, wenn die für das Kraftfahrzeug insgesamt entstehenden Aufwendungen durch Belege und das Verhältnis der privaten zu den übrigen Fahrten durch ein ordnungsgemäßes Fahrtenbuch nachgewiesen werden; bei der privaten Nutzung von Fahrzeugen mit Antrieb ausschließlich durch Elektromotoren, die ganz oder überwiegend aus mechanischen oder elektrochemischen Energiespeichern oder aus emissionsfrei betriebenen Energiewandlern gespeist werden (Elektrofahrzeuge), oder von extern aufladbaren Hybridelektrofahrzeugen, sind die der Berechnung der Entnahme zugrunde zu legenden insgesamt entstandenen Aufwendungen um Aufwendungen *für* das Batteriesystem zu mindern; *dabei ist bei zum Betriebsvermögen des Steuerpflichtigen gehörenden Elektro- und Hybridelektrofahrzeugen die der Berechnung der Absetzungen für Abnutzung zugrunde zu legende Bemessungsgrundlage um die nach Satz 2 in pauschaler Höhe festgelegten Aufwendungen zu mindern, wenn darin Kosten für ein Batteriesystem enthalten sind.* [4]Wird ein Wirtschaftsgut unmittelbar nach seiner Entnahme einer nach § 5 Absatz 1 Nummer 9 des Körperschaftsteuergesetzes von der Körperschaftsteuer befreiten Körperschaft, Personenvereinigung oder Vermögensmasse oder einer juristischen Person des öffentlichen Rechts zur Verwendung für steuerbegünstigte Zwecke im Sinne des § 10b Absatz 1 Satz 1 unentgeltlich überlassen, so kann die Entnahme mit dem Buchwert angesetzt werden. [5]Satz 4 gilt nicht für die Entnahme von Nutzungen und Leistungen.

S 2178 5. [1]Einlagen sind mit dem Teilwert für den Zeitpunkt der Zuführung anzusetzen; sie sind jedoch höchstens mit den Anschaffungs- oder Herstellungskosten anzusetzen, wenn das zugeführte Wirtschaftsgut

a) innerhalb der letzten drei Jahre vor dem Zeitpunkt der Zuführung angeschafft oder hergestellt worden ist,

b) ein Anteil an einer Kapitalgesellschaft ist und der Steuerpflichtige an der Gesellschaft im Sinne des § 17 Absatz 1 oder 6 beteiligt ist; § 17 Absatz 2 Satz 5 gilt entsprechend, oder

c) ein Wirtschaftsgut im Sinne des § 20 Absatz 2 ist.

[2]Ist die Einlage ein abnutzbares Wirtschaftsgut, so sind die Anschaffungs- oder Herstellungskosten um Absetzungen für Abnutzung zu kürzen, die auf den Zeitraum zwischen der Anschaffung oder Herstellung des Wirtschaftsguts und der Einlage entfallen. [3]Ist die Ein-

---

1) ***Absatz 1 Nr. 4 Satz 3 wurde durch das Steueränderungsgesetz 2015 geändert.*** Absatz 1 Nr. 4 Satz 2 und 3 ***in der am 1. 1. 2016 geltenden Fassung*** ist für Fahrzeuge mit Antrieb ausschließlich durch Elektromotoren, die ganz oder überwiegend aus mechanischen oder elektrochemischen Energiespeichern oder aus emissionsfrei betriebenen Energiewandlern gespeist werden (Elektrofahrzeuge), oder für extern aufladbare Hybridelektrofahrzeuge, anzuwenden, die vor dem 1. 1. 2023 angeschafft werden → § 52 Abs. 12 Satz 1 EStG.

lage ein Wirtschaftsgut, das vor der Zuführung aus einem Betriebsvermögen des Steuerpflichtigen entnommen worden ist, so tritt an die Stelle der Anschaffungs- oder Herstellungskosten der Wert, mit dem die Entnahme angesetzt worden ist, und an die Stelle des Zeitpunkts der Anschaffung oder Herstellung der Zeitpunkt der Entnahme.

5a. In den Fällen des § 4 Absatz 1 Satz 8 zweiter Halbsatz ist das Wirtschaftsgut mit dem gemeinen Wert anzusetzen.

6. Bei Eröffnung eines Betriebs ist Nummer 5 entsprechend anzuwenden. S 2179

7. Bei entgeltlichem Erwerb eines Betriebs sind die Wirtschaftsgüter mit dem Teilwert, S 2179
höchstens jedoch mit den Anschaffungs- oder Herstellungskosten anzusetzen.

(2) [1]Die Anschaffungs- oder Herstellungskosten oder der nach Absatz 1 Nummer 5 bis 6 an S 2180
deren Stelle tretende Wert von abnutzbaren beweglichen Wirtschaftsgütern des Anlagevermögens, die einer selbständigen Nutzung fähig sind, können im Wirtschaftsjahr der Anschaffung, Herstellung oder Einlage des Wirtschaftsguts oder der Eröffnung des Betriebs in voller Höhe als Betriebsausgaben abgezogen werden, wenn die Anschaffungs- oder Herstellungskosten, vermindert um einen darin enthaltenen Vorsteuerbetrag (§ 9b Absatz 1), oder der nach Absatz 1 Nummer 5 bis 6 an deren Stelle tretende Wert für das einzelne Wirtschaftsgut 410 Euro nicht übersteigen. [2]Ein Wirtschaftsgut ist einer selbständigen Nutzung nicht fähig, wenn es nach seiner betrieblichen Zweckbestimmung nur zusammen mit anderen Wirtschaftsgütern des Anlagevermögens genutzt werden kann und die in den Nutzungszusammenhang eingefügten Wirtschaftsgüter technisch aufeinander abgestimmt sind. [3]Das gilt auch, wenn das Wirtschaftsgut aus dem betrieblichen Nutzungszusammenhang gelöst und in einen anderen betrieblichen Nutzungszusammenhang eingefügt werden kann. [4]Wirtschaftsgüter im Sinne des Satzes 1, deren Wert 150 Euro übersteigt, sind unter Angabe des Tages der Anschaffung, Herstellung oder Einlage des Wirtschaftsguts oder der Eröffnung des Betriebs und der Anschaffungs- oder Herstellungskosten oder des nach Absatz 1 Nummer 5 bis 6 an deren Stelle tretenden Werts in ein besonderes, laufend zu führendes Verzeichnis aufzunehmen. [5]Das Verzeichnis braucht nicht geführt zu werden, wenn diese Angaben aus der Buchführung ersichtlich sind.

(2a) [1]Abweichend von Absatz 2 Satz 1 kann für die abnutzbaren beweglichen Wirtschaftsgüter des Anlagevermögens, die einer selbständigen Nutzung fähig sind, im Wirtschaftsjahr der Anschaffung, Herstellung oder Einlage des Wirtschaftsguts oder der Eröffnung des Betriebs ein Sammelposten gebildet werden, wenn die Anschaffungs- oder Herstellungskosten, vermindert um einen darin enthaltenen Vorsteuerbetrag (§ 9b Absatz 1), oder der nach Absatz 1 Nummer 5 bis 6 an deren Stelle tretende Wert für das einzelne Wirtschaftsgut 150 Euro, aber nicht 1 000 Euro übersteigen. [2]Der Sammelposten ist im Wirtschaftsjahr der Bildung und den folgenden vier Wirtschaftsjahren mit jeweils einem Fünftel gewinnmindernd aufzulösen. [3]Scheidet ein Wirtschaftsgut im Sinne des Satzes 1 aus dem Betriebsvermögen aus, wird der Sammelposten nicht vermindert. [4]Die Anschaffungs- oder Herstellungskosten oder der nach Absatz 1 Nummer 5 bis 6 an deren Stelle tretende Wert von abnutzbaren beweglichen Wirtschaftsgütern des Anlagevermögens, die einer selbständigen Nutzung fähig sind, können im Wirtschaftsjahr der Anschaffung, Herstellung oder Einlage des Wirtschaftsguts oder der Eröffnung des Betriebs in voller Höhe als Betriebsausgaben abgezogen werden, wenn die Anschaffungs- oder Herstellungskosten, vermindert um einen darin enthaltenen Vorsteuerbetrag (§ 9b Absatz 1), oder der nach Absatz 1 Nummer 5 bis 6 an deren Stelle tretende Wert für das einzelne Wirtschaftsgut 150 Euro nicht übersteigen. [5]Die Sätze 1 bis 3 sind für alle in einem Wirtschaftsjahr angeschafften, hergestellten oder eingelegten Wirtschaftsgüter einheitlich anzuwenden.

(3) [1]Wird ein Betrieb, ein Teilbetrieb oder der Anteil eines Mitunternehmers an einem Betrieb unentgeltlich übertragen, so sind bei der Ermittlung des Gewinns des bisherigen Betriebsinhabers (Mitunternehmers) die Wirtschaftsgüter mit den Werten anzusetzen, die sich nach den Vorschriften über die Gewinnermittlung ergeben; dies gilt auch bei der unentgeltlichen Aufnahme einer natürlichen Person in ein bestehendes Einzelunternehmen sowie bei der unentgeltlichen Übertragung eines Teils eines Mitunternehmeranteils auf eine natürliche Person. [2]Satz 1 ist auch anzuwenden, wenn der bisherige Betriebsinhaber (Mitunternehmer) Wirtschaftsgüter, die weiterhin zum Betriebsvermögen derselben Mitunternehmerschaft gehören, nicht überträgt, sofern der Rechtsnachfolger den übernommenen Mitunternehmeranteil über einen Zeitraum von mindestens fünf Jahren nicht veräußert oder aufgibt. [3]Der Rechtsnachfolger ist an die in Satz 1 genannten Werte gebunden.

(4) Wird ein einzelnes Wirtschaftsgut außer in den Fällen der Einlage (§ 4 Absatz 1 Satz 8) unentgeltlich in das Betriebsvermögen eines anderen Steuerpflichtigen übertragen, gilt sein gemeiner Wert für das aufnehmende Betriebsvermögen als Anschaffungskosten.

(5) [1]Wird ein einzelnes Wirtschaftsgut von einem Betriebsvermögen in ein anderes Betriebsvermögen desselben Steuerpflichtigen überführt, ist bei der Überführung der Wert anzusetzen, der sich nach den Vorschriften über die Gewinnermittlung ergibt, sofern die Besteuerung der stillen Reserven sichergestellt ist; § 4 Absatz 1 Satz 4 ist entsprechend anzuwenden. [2]Satz 1 gilt auch für die Überführung aus einem eigenen Betriebsvermögen des Steuerpflichtigen in dessen Sonderbetriebsvermögen bei einer Mitunternehmerschaft und umgekehrt sowie für die

Überführung zwischen verschiedenen Sonderbetriebsvermögen desselben Steuerpflichtigen bei verschiedenen Mitunternehmerschaften. [3]Satz 1 gilt entsprechend, soweit ein Wirtschaftsgut

1. **unentgeltlich oder gegen Gewährung oder Minderung von Gesellschaftsrechten aus einem Betriebsvermögen des Mitunternehmers in das Gesamthandsvermögen einer Mitunternehmerschaft und umgekehrt;**
2. **unentgeltlich oder gegen Gewährung oder Minderung von Gesellschaftsrechten aus dem Sonderbetriebsvermögen eines Mitunternehmers in das Gesamthandsvermögen derselben Mitunternehmerschaft oder einer anderen Mitunternehmerschaft, an der er beteiligt ist, und umgekehrt oder**
3. **unentgeltlich zwischen den jeweiligen Sonderbetriebsvermögen verschiedener Mitunternehmer derselben Mitunternehmerschaft**

übertragen wird. [4]Wird das nach Satz 3 übertragene Wirtschaftsgut innerhalb einer Sperrfrist veräußert oder entnommen, ist rückwirkend auf den Zeitpunkt der Übertragung der Teilwert anzusetzen, es sei denn, die bis zur Übertragung entstandenen stillen Reserven sind durch Erstellung einer Ergänzungsbilanz dem übertragenden Gesellschafter zugeordnet worden; diese Sperrfrist endet drei Jahre nach Abgabe der Steuererklärung des Übertragenden für den Veranlagungszeitraum, in dem die in Satz 3 bezeichnete Übertragung erfolgt ist. [5]Der Teilwert ist auch anzusetzen, soweit in den Fällen des Satzes 3 der Anteil einer Körperschaft, Personenvereinigung oder Vermögensmasse an dem Wirtschaftsgut unmittelbar oder mittelbar begründet wird oder dieser sich erhöht. [6]Soweit innerhalb von sieben Jahren nach der Übertragung des Wirtschaftsguts nach Satz 3 der Anteil einer Körperschaft, Personenvereinigung oder Vermögensmasse an dem übertragenen Wirtschaftsgut aus einem anderen Grund unmittelbar oder mittelbar begründet wird oder dieser sich erhöht, ist rückwirkend auf den Zeitpunkt der Übertragung ebenfalls der Teilwert anzusetzen.

(6) [1]Wird ein einzelnes Wirtschaftsgut im Wege des Tausches übertragen, bemessen sich die Anschaffungskosten nach dem gemeinen Wert des hingegebenen Wirtschaftsguts. [2]Erfolgt die Übertragung im Wege der verdeckten Einlage, erhöhen sich die Anschaffungskosten der Beteiligung an der Kapitalgesellschaft um den Teilwert des eingelegten Wirtschaftsguts. [3]In den Fällen des Absatzes 1 Nummer 5 Satz 1 Buchstabe a erhöhen sich die Anschaffungskosten im Sinne des Satzes 2 um den Einlagewert des Wirtschaftsguts. [4]Absatz 5 bleibt unberührt.

(7) Im Fall des § 4 Absatz 3 sind

1. **bei der Bemessung der Absetzungen für Abnutzung oder Substanzverringerung die sich bei Anwendung der Absätze 3 bis 6 ergebenden Werte als Anschaffungskosten zugrunde zu legen und**
2. **die Bewertungsvorschriften des Absatzes 1 Nummer 1a und der Nummern 4 bis 7 entsprechend anzuwenden.**

EStG
S 2176

§ 6a Pensionsrückstellung

(1) Für eine Pensionsverpflichtung darf eine Rückstellung (Pensionsrückstellung) nur gebildet werden, wenn und soweit

1. **der Pensionsberechtigte einen Rechtsanspruch auf einmalige oder laufende Pensionsleistungen hat,**
2. **die Pensionszusage keine Pensionsleistungen in Abhängigkeit von künftigen gewinnabhängigen Bezügen vorsieht und keinen Vorbehalt enthält, dass die Pensionsanwartschaft oder die Pensionsleistung gemindert oder entzogen werden kann, oder ein solcher Vorbehalt sich nur auf Tatbestände erstreckt, bei deren Vorliegen nach allgemeinen Rechtsgrundsätzen unter Beachtung billigen Ermessens eine Minderung oder ein Entzug der Pensionsanwartschaft oder der Pensionsleistung zulässig ist, und**
3. **die Pensionszusage schriftlich erteilt ist; die Pensionszusage muss eindeutige Angaben zu Art, Form, Voraussetzungen und Höhe der in Aussicht gestellten künftigen Leistungen enthalten.**

(2) Eine Pensionsrückstellung darf erstmals gebildet werden

Anhang 2 I
[1)]

[1)]1. **vor Eintritt des Versorgungsfalls für das Wirtschaftsjahr, in dem die Pensionszusage erteilt wird, frühestens jedoch für das Wirtschaftsjahr, bis zu dessen Mitte der Pensionsberechtigte**

*[1)] **Absatz 2 Nr. 1 wurde durch das Gesetz zur Umsetzung der EU-Mobilitäts-Richtlinie ab VZ 2018 neu gefasst.***

das 27. Lebensjahr vollendet oder für das Wirtschaftsjahr, in dessen Verlauf die Pensionsanwartschaft gemäß den Vorschriften des Betriebsrentengesetzes unverfallbar wird,

2. nach Eintritt des Versorgungsfalls für das Wirtschaftsjahr, in dem der Versorgungsfall eintritt.

(3) [1]Eine Pensionsrückstellung darf höchstens mit dem Teilwert der Pensionsverpflichtung angesetzt werden. [2]Als Teilwert einer Pensionsverpflichtung gilt

1. vor Beendigung des Dienstverhältnisses des Pensionsberechtigten der Barwert der künftigen Pensionsleistungen am Schluss des Wirtschaftsjahres abzüglich des sich auf denselben Zeitpunkt ergebenden Barwerts betragsmäßig gleich bleibender Jahresbeträge, bei einer Entgeltumwandlung im Sinne von § 1 Absatz 2 des Betriebsrentengesetzes mindestens jedoch der Barwert der gemäß den Vorschriften des Betriebsrentengesetzes unverfallbaren künftigen Pensionsleistungen am Schluss des Wirtschaftsjahres. [2]Die Jahresbeträge sind so zu bemessen, dass am Beginn des Wirtschaftsjahres, in dem das Dienstverhältnis begonnen hat, ihr Barwert gleich dem Barwert der künftigen Pensionsleistungen ist; die künftigen Pensionsleistungen sind dabei mit dem Betrag anzusetzen, der sich nach den Verhältnissen am Bilanzstichtag ergibt. [3]Es sind die Jahresbeträge zugrunde zu legen, die vom Beginn des Wirtschaftsjahres, in dem das Dienstverhältnis begonnen hat, bis zu dem in der Pensionszusage vorgesehenen Zeitpunkt des Eintritts des Versorgungsfalls rechnungsmäßig aufzubringen sind. [4]Erhöhungen oder Verminderungen der Pensionsleistungen nach dem Schluss des Wirtschaftsjahres, die hinsichtlich des Zeitpunkts ihres Wirksamwerdens oder ihres Umfangs ungewiss sind, sind bei der Berechnung des Barwerts der künftigen Pensionsleistungen und der Jahresbeträge erst zu berücksichtigen, wenn sie eingetreten sind. [5]Wird die Pensionszusage erst nach dem Beginn des Dienstverhältnisses erteilt, so ist die Zwischenzeit für die Berechnung der Jahresbeträge nur insoweit als Wartezeit zu behandeln, als sie in der Pensionszusage als solche bestimmt ist.[1] [6]Hat das Dienstverhältnis schon vor der Vollendung des 27. Lebensjahres des Pensionsberechtigten bestanden, so gilt es als zu Beginn des Wirtschaftsjahres begonnen, bis zu dessen Mitte der Pensionsberechtigte das 27. Lebensjahr vollendet; in diesem Fall gilt für davor liegende Wirtschaftsjahre als Teilwert der Barwert der gemäß den Vorschriften des Betriebsrentengesetzes unverfallbaren künftigen Pensionsleistungen am Schluss des Wirtschaftsjahres; Anhang 2 I 1)

2. nach Beendigung des Dienstverhältnisses des Pensionsberechtigten unter Aufrechterhaltung seiner Pensionsanwartschaft oder nach Eintritt des Versorgungsfalls der Barwert der künftigen Pensionsleistungen am Schluss des Wirtschaftsjahres; Nummer 1 Satz 4 gilt sinngemäß.

[3]Bei der Berechnung des Teilwertes der Pensionsverpflichtung sind ein Rechnungszinsfuß von 6 Prozent und die anerkannten Regeln der Versicherungsmathematik anzuwenden.

(4) [1]Eine Pensionsrückstellung darf in einem Wirtschaftsjahr höchstens um den Unterschied zwischen dem Teilwert der Pensionsverpflichtung am Schluss des Wirtschaftsjahres und am Schluss des vorangegangenen Wirtschaftsjahres erhöht werden. [2]Soweit der Unterschiedsbetrag auf der erstmaligen Anwendung neuer oder geänderter biometrischer Rechnungsgrundlagen beruht, kann er nur auf mindestens drei Wirtschaftsjahre gleichmäßig verteilt der Pensionsrückstellung zugeführt werden; Entsprechendes gilt beim Wechsel auf andere biometrische Rechnungsgrundlagen. [3]In dem Wirtschaftsjahr, in dem mit der Bildung einer Pensionsrückstellung frühestens begonnen werden darf (Erstjahr), darf die Rückstellung bis zur Höhe des Teilwerts der Pensionsverpflichtung am Schluss des Wirtschaftsjahres gebildet werden; diese Rückstellung kann auf das Erstjahr und die beiden folgenden Wirtschaftsjahre gleichmäßig verteilt werden. [4]Erhöht sich in einem Wirtschaftsjahr gegenüber dem vorangegangenen Wirtschaftsjahr der Barwert der künftigen Pensionsleistungen um mehr als 25 Prozent, so kann die für dieses Wirtschaftsjahr zulässige Erhöhung der Pensionsrückstellung auf dieses Wirtschaftsjahr und die beiden folgenden Wirtschaftsjahre gleichmäßig verteilt werden. [5]Am Schluss des Wirtschaftsjahres, in dem das Dienstverhältnis des Pensionsberechtigten unter Aufrechterhaltung seiner Pensionsanwartschaft endet oder der Versorgungsfall eintritt, darf die Pensionsrückstellung stets bis zur Höhe des Teilwerts der Pensionsverpflichtung gebildet werden; die für dieses Wirtschaftsjahr zulässige Erhöhung der Pensionsrückstellung kann auf dieses Wirtschaftsjahr und die beiden folgenden Wirtschaftsjahre gleichmäßig verteilt werden. [6]Satz 2 gilt in den Fällen der Sätze 3 bis 5 entsprechend.

(5) Die Absätze 3 und 4 gelten entsprechend, wenn der Pensionsberechtigte zu dem Pensionsverpflichteten in einem anderen Rechtsverhältnis als einem Dienstverhältnis steht.

1) Absatz 3 Satz 2 Nr. 1 Satz 6 wurde durch das Gesetz zur Umsetzung der EU-Mobilitäts-Richtlinie ab VZ 2018 neu gefasst.

EStG
S 2139

§ 6b Übertragung stiller Reserven bei der Veräußerung bestimmter Anlagegüter

(1) [1]Steuerpflichtige, die
Grund und Boden,
Aufwuchs auf Grund und Boden mit dem dazugehörigen Grund und Boden, wenn der Aufwuchs zu einem land- und forstwirtschaftlichen Betriebsvermögen gehört,
Gebäude oder Binnenschiffe
veräußern, können im Wirtschaftsjahr der Veräußerung von den Anschaffungs- oder Herstellungskosten der in Satz 2 bezeichneten Wirtschaftsgüter, die im Wirtschaftsjahr der Veräußerung oder im vorangegangenen Wirtschaftsjahr angeschafft oder hergestellt worden sind, einen Betrag bis zur Höhe des bei der Veräußerung entstandenen Gewinns abziehen. [2]Der Abzug ist zulässig bei den Anschaffungs- oder Herstellungskosten von

1. **Grund und Boden,**
   soweit der Gewinn bei der Veräußerung von Grund und Boden entstanden ist,
2. **Aufwuchs auf Grund und Boden mit dem dazugehörigen Grund und Boden, wenn der Aufwuchs zu einem land- und forstwirtschaftlichen Betriebsvermögen gehört,**
   soweit der Gewinn bei der Veräußerung von Grund und Boden oder der Veräußerung von Aufwuchs auf Grund und Boden mit dem dazugehörigen Grund und Boden entstanden ist,
3. **Gebäuden,**
   soweit der Gewinn bei der Veräußerung von Grund und Boden, von Aufwuchs auf Grund und Boden mit dem dazugehörigen Grund und Boden oder Gebäuden entstanden ist, oder
4. **Binnenschiffen,**
   soweit der Gewinn bei der Veräußerung von Binnenschiffen entstanden ist.

[3]Der Anschaffung oder Herstellung von Gebäuden steht ihre Erweiterung, ihr Ausbau oder ihr Umbau gleich. [4]Der Abzug ist in diesem Fall nur von dem Aufwand für die Erweiterung, den Ausbau oder den Umbau der Gebäude zulässig.

(2) [1]Gewinn im Sinne des Absatzes 1 Satz 1 ist der Betrag, um den der Veräußerungspreis nach Abzug der Veräußerungskosten den Buchwert übersteigt, mit dem das veräußerte Wirtschaftsgut im Zeitpunkt der Veräußerung anzusetzen gewesen wäre. [2]Buchwert ist der Wert, mit dem ein Wirtschaftsgut nach § 6 anzusetzen ist.

1) ***(2a) [1]Werden im Wirtschaftsjahr der Veräußerung der in Absatz 1 Satz 1 bezeichneten Wirtschaftsgüter oder in den folgenden vier Wirtschaftsjahren in Absatz 1 Satz 2 bezeichnete Wirtschaftsgüter angeschafft oder hergestellt oder sind sie in dem der Veräußerung vorangegangenen Wirtschaftsjahr angeschafft oder hergestellt worden, die einem Betriebsvermögen des Steuerpflichtigen in einem anderen Mitgliedstaat der Europäischen Union oder des Europäischen Wirtschaftsraums zuzuordnen sind, kann auf Antrag des Steuerpflichtigen die festgesetzte Steuer, die auf den Gewinn im Sinne des Absatzes 2 entfällt, in fünf gleichen Jahresraten entrichtet werden; die Frist von vier Jahren verlängert sich bei neu hergestellten Gebäuden auf sechs Jahre, wenn mit ihrer Herstellung vor dem Schluss des vierten auf die Veräußerung folgenden Wirtschaftsjahres begonnen worden ist. [2]Der Antrag kann nur im Wirtschaftsjahr der Veräußerung der in Absatz 1 Satz 1 bezeichneten Wirtschaftsgüter gestellt werden. [3]§ 36 Absatz 5 Satz 2 bis 5 ist sinngemäß anzuwenden.***

(3) [1]Soweit Steuerpflichtige den Abzug nach Absatz 1 nicht vorgenommen haben, können sie im Wirtschaftsjahr der Veräußerung eine den steuerlichen Gewinn mindernde Rücklage bilden. [2]Bis zur Höhe dieser Rücklage können sie von den Anschaffungs- oder Herstellungskosten der in Absatz 1 Satz 2 bezeichneten Wirtschaftsgüter, die in den folgenden vier Wirtschaftsjahren angeschafft oder hergestellt worden sind, im Wirtschaftsjahr ihrer Anschaffung oder Herstellung einen Betrag unter Berücksichtigung der Einschränkungen des Absatzes 1 Satz 2 bis 4 abziehen. [3]Die Frist von vier Jahren verlängert sich bei neu hergestellten Gebäuden auf sechs Jahre, wenn mit ihrer Herstellung vor dem Schluss des vierten auf die Bildung der Rücklage folgenden Wirtschaftsjahres begonnen worden ist. [4]Die Rücklage ist in Höhe des abgezogenen Betrags gewinnerhöhend aufzulösen. [5]Ist eine Rücklage am Schluss des vierten auf ihre Bildung folgenden Wirtschaftsjahres noch vorhanden, so ist sie in diesem Zeitpunkt gewinnerhöhend aufzulösen, soweit nicht ein Abzug von den Herstellungskosten von Gebäuden in Betracht kommt, mit deren Herstellung bis zu diesem Zeitpunkt begonnen worden ist; ist die Rücklage am Schluss des sechsten auf ihre Bildung folgenden Wirtschaftsjahres noch vorhanden, so ist sie in diesem Zeitpunkt gewinnerhöhend aufzulösen.

(4) [1]Voraussetzung für die Anwendung der Absätze 1 und 3 ist, dass

1. **der Steuerpflichtige den Gewinn nach § 4 Absatz 1 oder § 5 ermittelt,**

---

1) Absatz 2a wurde durch das Steueränderungsgesetz 2015 eingefügt und ist auch auf Gewinne i. S. d. § 6b Abs. 2 EStG anzuwenden, die vor dem 6. 11. 2015 entstanden sind → § 52 Abs. 14 Satz 1 EStG.

2. die veräußerten Wirtschaftsgüter im Zeitpunkt der Veräußerung mindestens sechs Jahre ununterbrochen zum Anlagevermögen einer inländischen Betriebsstätte gehört haben,
3. die angeschafften oder hergestellten Wirtschaftsgüter zum Anlagevermögen einer inländischen Betriebsstätte gehören,
4. der bei der Veräußerung entstandene Gewinn bei der Ermittlung des im Inland steuerpflichtigen Gewinns nicht außer Ansatz bleibt und
5. der Abzug nach Absatz 1 und die Bildung und Auflösung der Rücklage nach Absatz 3 in der Buchführung verfolgt werden können.

[2]Der Abzug nach den Absätzen 1 und 3 ist bei Wirtschaftsgütern, die zu einem land- und forstwirtschaftlichen Betrieb gehören oder der selbständigen Arbeit dienen, nicht zulässig, wenn der Gewinn bei der Veräußerung von Wirtschaftsgütern eines Gewerbebetriebs entstanden ist.

(5) An die Stelle der Anschaffungs- oder Herstellungskosten im Sinne des Absatzes 1 tritt in den Fällen, in denen das Wirtschaftsgut im Wirtschaftsjahr vor der Veräußerung angeschafft oder hergestellt worden ist, der Buchwert am Schluss des Wirtschaftsjahres der Anschaffung oder Herstellung.

(6) [1]Ist ein Betrag nach Absatz 1 oder 3 abgezogen worden, so tritt für die Absetzungen für Abnutzung oder Substanzverringerung oder in den Fällen des § 6 Absatz 2 und Absatz 2a im Wirtschaftsjahr des Abzugs der verbleibende Betrag an die Stelle der Anschaffungs- oder Herstellungskosten. [2]In den Fällen des § 7 Absatz 4 Satz 1 und Absatz 5 sind die um den Abzugsbetrag nach Absatz 1 oder 3 geminderten Anschaffungs- oder Herstellungskosten maßgebend.

(7) Soweit eine nach Absatz 3 Satz 1 gebildete Rücklage gewinnerhöhend aufgelöst wird, ohne dass ein entsprechender Betrag nach Absatz 3 abgezogen wird, ist der Gewinn des Wirtschaftsjahres, in dem die Rücklage aufgelöst wird, für jedes volle Wirtschaftsjahr, in dem die Rücklage bestanden hat, um 6 Prozent des aufgelösten Rücklagenbetrags zu erhöhen.

(8) [1]Werden Wirtschaftsgüter im Sinne des Absatzes 1 zum Zweck der Vorbereitung oder Durchführung von städtebaulichen Sanierungs- oder Entwicklungsmaßnahmen an einen der in Satz 2 bezeichneten Erwerber übertragen, sind die Absätze 1 bis 7 mit der Maßgabe anzuwenden, dass

1. die Fristen des Absatzes 3 Satz 2, 3 und 5 sich jeweils um drei Jahre verlängern und
2. an die Stelle der in Absatz 4 Nummer 2 bezeichneten Frist von sechs Jahren eine Frist von zwei Jahren tritt.

[2]Erwerber im Sinne des Satzes 1 sind Gebietskörperschaften, Gemeindeverbände, Verbände im Sinne des § 166 Absatz 4 des Baugesetzbuchs, Planungsverbände nach § 205 des Baugesetzbuchs, Sanierungsträger nach § 157 des Baugesetzbuchs, Entwicklungsträger nach § 167 des Baugesetzbuchs sowie Erwerber, die städtebauliche Sanierungsmaßnahmen als Eigentümer selbst durchführen (§ 147 Absatz 2 und § 148 Absatz 1 des Baugesetzbuchs).

(9) Absatz 8 ist nur anzuwenden, wenn die nach Landesrecht zuständige Behörde bescheinigt, dass die Übertragung der Wirtschaftsgüter zum Zweck der Vorbereitung oder Durchführung von städtebaulichen Sanierungs- oder Entwicklungsmaßnahmen an einen der in Absatz 8 Satz 2 bezeichneten Erwerber erfolgt ist.

(10) [1]Steuerpflichtige, die keine Körperschaften, Personenvereinigungen oder Vermögensmassen sind, können Gewinne aus der Veräußerung von Anteilen an Kapitalgesellschaften bis zu einem Betrag von 500 000 Euro auf die im Wirtschaftsjahr der Veräußerung oder in den folgenden zwei Wirtschaftsjahren angeschafften Anteile an Kapitalgesellschaften oder angeschafften oder hergestellten abnutzbaren beweglichen Wirtschaftsgüter oder auf die im Wirtschaftsjahr der Veräußerung oder in den folgenden vier Wirtschaftsjahren angeschafften oder hergestellten Gebäude nach Maßgabe der Sätze 2 bis 10 übertragen. [2]Wird der Gewinn im Jahr der Veräußerung auf Gebäude oder abnutzbare bewegliche Wirtschaftsgüter übertragen, so kann ein Betrag bis zur Höhe des bei der Veräußerung entstandenen und nicht nach § 3 Nummer 40 Satz 1 Buchstabe a und b in Verbindung mit § 3c Absatz 2 steuerbefreiten Betrags von den Anschaffungs- oder Herstellungskosten für Gebäude oder abnutzbare bewegliche Wirtschaftsgüter abgezogen werden. [3]Wird der Gewinn im Jahr der Veräußerung auf Anteile an Kapitalgesellschaften übertragen, mindern sich die Anschaffungskosten der Anteile an Kapitalgesellschaften in Höhe des Veräußerungsgewinns einschließlich des nach § 3 Nummer 40 Satz 1 Buchstabe a und b in Verbindung mit § 3c Absatz 2 steuerbefreiten Betrags. [4]Absatz 2, Absatz 4 Satz 1 Nummer 1, 2, 3, 5 und Satz 2 sowie Absatz 5 sind sinngemäß anzuwenden. [5]Soweit Steuerpflichtige den Abzug nach Satz 1 bis 4 nicht vorgenommen haben, können sie eine Rücklage nach Maßgabe des Satzes 1 einschließlich des nach § 3 Nummer 40 Satz 1 Buchstabe a und b in Verbindung mit § 3c Absatz 2 steuerbefreiten Betrags bilden. [6]Bei der Auflösung der Rücklage gelten die Sätze 2 und 3 sinngemäß. [7]Im Fall des Satzes 2 ist die Rücklage in gleicher Höhe um den nach § 3 Nummer 40 Satz 1 Buchstabe a und b in Verbindung mit § 3c Absatz 2 steuerbefreiten Betrag aufzulösen. [8]Ist eine Rücklage am Schluss des vierten auf ihre Bildung folgenden Wirtschaftsjahres noch vorhanden, so ist sie in diesem Zeitpunkt gewinnerhöhend aufzulösen.

[9]Soweit der Abzug nach Satz 6 nicht vorgenommen wurde, ist der Gewinn des Wirtschaftsjahres, in dem die Rücklage aufgelöst wird, für jedes volle Wirtschaftsjahr, in dem die Rücklage bestanden hat, um 6 Prozent des nicht nach § 3 Nummer 40 Satz 1 Buchstabe a und b in Verbindung mit § 3c Absatz 2 steuerbefreiten aufgelösten Rücklagenbetrags zu erhöhen. [10]Für die zum Gesamthandsvermögen von Personengesellschaften oder Gemeinschaften gehörenden Anteile an Kapitalgesellschaften gelten die Sätze 1 bis 9 nur, soweit an den Personengesellschaften und Gemeinschaften keine Körperschaften, Personenvereinigungen oder Vermögensmassen beteiligt sind.

EStG
S 2139a

§ 6c Übertragung stiller Reserven bei der Veräußerung bestimmter Anlagegüter bei der Ermittlung des Gewinns nach § 4 Absatz 3 oder nach Durchschnittssätzen

(1) [1]§ 6b mit Ausnahme des § 6b Absatz 4 Nummer 1 ist entsprechend anzuwenden, wenn der Gewinn nach § 4 Absatz 3 oder die Einkünfte aus Land- und Forstwirtschaft nach Durchschnittssätzen ermittelt werden.[2]Soweit nach § 6b Absatz 3 eine Rücklage gebildet werden kann, ist ihre Bildung als Betriebsausgabe (Abzug) und ihre Auflösung als Betriebseinnahme (Zuschlag) zu behandeln; der Zeitraum zwischen Abzug und Zuschlag gilt als Zeitraum, in dem die Rücklage bestanden hat.

(2) [1]Voraussetzung für die Anwendung des Absatzes 1 ist, dass die Wirtschaftsgüter, bei denen ein Abzug von den Anschaffungs- oder Herstellungskosten oder von dem Wert nach § 6b Absatz 5 vorgenommen worden ist, in besondere, laufend zu führende Verzeichnisse aufgenommen werden. [2]In den Verzeichnissen sind der Tag der Anschaffung oder Herstellung, die Anschaffungs- oder Herstellungskosten, der Abzug nach § 6b Absatz 1 und 3 in Verbindung mit Absatz 1, die Absetzungen für Abnutzung, die Abschreibungen sowie die Beträge nachzuweisen, die nach § 6b Absatz 3 in Verbindung mit Absatz 1 als Betriebsausgaben (Abzug) oder Betriebseinnahmen (Zuschlag) behandelt worden sind.

EStG
S 2138a

§ 6d Euroumrechnungsrücklage

(1) [1]Ausleihungen, Forderungen und Verbindlichkeiten im Sinne des Artikels 43 des Einführungsgesetzes zum Handelsgesetzbuch, die auf Währungseinheiten der an der europäischen Währungsunion teilnehmenden anderen Mitgliedstaaten oder auf die ECU im Sinne des Artikels 2 der Verordnung (EG) Nr. 1103/97 des Rates vom 17. Juni 1997 (ABl. EG Nr. L 162 S. 1) lauten, sind am Schluss des ersten nach dem 31. Dezember 1998 endenden Wirtschaftsjahres mit dem vom Rat der Europäischen Union gemäß Artikel 109l Absatz 4 Satz 1 des EG-Vertrages unwiderruflich festgelegten Umrechnungskurs umzurechnen und mit dem sich danach ergebenden Wert anzusetzen. [2]Der Gewinn, der sich aus diesem jeweiligen Ansatz für das einzelne Wirtschaftsgut ergibt, kann in eine den steuerlichen Gewinn mindernde Rücklage eingestellt werden. [3]Die Rücklage ist gewinnerhöhend aufzulösen, soweit das Wirtschaftsgut, aus dessen Bewertung sich der in die Rücklage eingestellte Gewinn ergeben hat, aus dem Betriebsvermögen ausscheidet. [4]Die Rücklage ist spätestens am Schluss des fünften nach dem 31. Dezember 1998 endenden Wirtschaftsjahres gewinnerhöhend aufzulösen.

(2) [1]In die Euroumrechnungsrücklage gemäß Absatz 1 Satz 2 können auch Erträge eingestellt werden, die sich aus der Aktivierung von Wirtschaftsgütern auf Grund der unwiderruflichen Festlegung der Umrechnungskurse ergeben. [2]Absatz 1 Satz 3 gilt entsprechend.

(3) Die Bildung und Auflösung der jeweiligen Rücklage müssen in der Buchführung verfolgt werden können.

EStG
S 2190
S 2191

§ 7 Absetzung für Abnutzung oder Substanzverringerung

(1) [1]Bei Wirtschaftsgütern, deren Verwendung oder Nutzung durch den Steuerpflichtigen zur Erzielung von Einkünften sich erfahrungsgemäß auf einen Zeitraum von mehr als einem Jahr erstreckt, ist jeweils für ein Jahr der Teil der Anschaffungs- oder Herstellungskosten abzusetzen, der bei gleichmäßiger Verteilung dieser Kosten auf die Gesamtdauer der Verwendung oder Nutzung auf ein Jahr entfällt (Absetzung für Abnutzung in gleichen Jahresbeträgen). [2]Die Absetzung bemisst sich hierbei nach der betriebsgewöhnlichen Nutzungsdauer des Wirtschaftsgutes. [3]Als betriebsgewöhnliche Nutzungsdauer des Geschäfts- oder Firmenwerts eines Gewerbebetriebs oder eines Betriebs der Land- und Forstwirtschaft gilt ein Zeitraum von 15 Jahren. [4]Im Jahr der Anschaffung oder Herstellung des Wirtschaftsguts vermindert sich für dieses Jahr der Absetzungsbetrag nach Satz 1 um jeweils ein Zwölftel für jeden vollen Monat, der dem

Monat der Anschaffung oder Herstellung vorangeht. [5]Bei Wirtschaftsgütern, die nach einer Verwendung zur Erzielung von Einkünften im Sinne des § 2 Absatz 1 Satz 1 Nummer 4 bis 7 in ein Betriebsvermögen eingelegt worden sind, mindert sich der Einlagewert um die Absetzungen für Abnutzung oder Substanzverringerung, Sonderabschreibungen oder erhöhte Absetzungen, die bis zum Zeitpunkt der Einlage vorgenommen worden sind, höchstens jedoch bis zu den fortgeführten Anschaffungs- oder Herstellungskosten; ist der Einlagewert niedriger als dieser Wert, bemisst sich die weitere Absetzung für Abnutzung vom Einlagewert. [6]Bei beweglichen Wirtschaftsgütern des Anlagevermögens, bei denen es wirtschaftlich begründet ist, die Absetzung für Abnutzung nach Maßgabe der Leistung des Wirtschaftsgutes vorzunehmen, kann der Steuerpflichtige dieses Verfahren statt der Absetzung für Abnutzung in gleichen Jahresbeträgen anwenden, wenn er den auf das einzelne Jahr entfallenden Umfang der Leistung nachweist. [7]Absetzungen für außergewöhnliche technische oder wirtschaftliche Abnutzung sind zulässig; soweit der Grund hierfür in späteren Wirtschaftsjahren entfällt, ist in den Fällen der Gewinnermittlung nach § 4 Absatz 1 oder nach § 5 eine entsprechende Zuschreibung vorzunehmen.

(2) [1]Bei beweglichen Wirtschaftsgütern des Anlagevermögens, die nach dem 31. Dezember 2008 und vor dem 1. Januar 2011 angeschafft oder hergestellt worden sind, kann der Steuerpflichtige statt der Absetzung für Abnutzung in gleichen Jahresbeträgen die Absetzung für Abnutzung in fallenden Jahresbeträgen bemessen. [2]Die Absetzung für Abnutzung in fallenden Jahresbeträgen kann nach einem unveränderlichen Prozentsatz vom jeweiligen Buchwert (Restwert) vorgenommen werden; der dabei anzuwendende Prozentsatz darf höchstens das Zweieinhalbfache des bei der Absetzung für Abnutzung in gleichen Jahresbeträgen in Betracht kommenden Prozentsatzes betragen und 25 Prozent nicht übersteigen. [3]Absatz 1 Satz 4 und § 7a Absatz 8 gelten entsprechend. [4]Bei Wirtschaftsgütern, bei denen die Absetzung für Abnutzung in fallenden Jahresbeträgen bemessen wird, sind Absetzungen für außergewöhnliche technische oder wirtschaftliche Abnutzung nicht zulässig. S 2193

(3) [1]Der Übergang von der Absetzung für Abnutzung in fallenden Jahresbeträgen zur Absetzung für Abnutzung in gleichen Jahresbeträgen ist zulässig. [2]In diesem Fall bemisst sich die Absetzung für Abnutzung vom Zeitpunkt des Übergangs an nach dem dann noch vorhandenen Restwert und der Restnutzungsdauer des einzelnen Wirtschaftsguts. [3]Der Übergang von der Absetzung für Abnutzung in gleichen Jahresbeträgen zur Absetzung für Abnutzung in fallenden Jahresbeträgen ist nicht zulässig. S 2194

(4) [1]Bei Gebäuden sind abweichend von Absatz 1 als Absetzung für Abnutzung die folgenden Beträge bis zur vollen Absetzung abzuziehen: S 2196

1. bei Gebäuden, soweit sie zu einem Betriebsvermögen gehören und nicht Wohnzwecken dienen und für die der Bauantrag nach dem 31. März 1985 gestellt worden ist, jährlich 3 Prozent,
2. bei Gebäuden, soweit sie die Voraussetzungen der Nummer 1 nicht erfüllen und die
   a) nach dem 31. Dezember 1924 fertig gestellt worden sind, jährlich 2 Prozent,
   b) vor dem 1. Januar 1925 fertig gestellt worden sind, jährlich 2,5 Prozent

der Anschaffungs- oder Herstellungskosten; Absatz 1 Satz 5 gilt entsprechend. [2]Beträgt die tatsächliche Nutzungsdauer eines Gebäudes in den Fällen des Satzes 1 Nummer 1 weniger als 33 Jahre, in den Fällen des Satzes 1 Nummer 2 Buchstabe a weniger als 50 Jahre, in den Fällen des Satzes 1 Nummer 2 Buchstabe b weniger als 40 Jahre, so können anstelle der Absetzungen nach Satz 1 die der tatsächlichen Nutzungsdauer entsprechenden Absetzungen für Abnutzung vorgenommen werden. [3]Absatz 1 letzter Satz bleibt unberührt. [4]Bei Gebäuden im Sinne der Nummer 2 rechtfertigt die für Gebäude im Sinne der Nummer 1 geltende Regelung weder die Anwendung des Absatzes 1 letzter Satz noch den Ansatz des niedrigeren Teilwertes (§ 6 Absatz 1 Nummer 1 Satz 2).

(5) [1]Bei Gebäuden, die in einem Mitgliedstaat der Europäischen Union oder einem anderen Staat belegen sind, auf den das Abkommen über den Europäischen Wirtschaftsraum (EWR-Abkommen) angewendet wird, und die vom Steuerpflichtigen hergestellt oder bis zum Ende des Jahres der Fertigstellung angeschafft worden sind, können abweichend von Absatz 4 als Absetzung für Abnutzung die folgenden Beträge abgezogen werden: S 2196

1. bei Gebäuden im Sinne des Absatzes 4 Satz 1 Nummer 1, die vom Steuerpflichtigen auf Grund eines vor dem 1. Januar 1994 gestellten Bauantrags hergestellt oder auf Grund eines vor diesem Zeitpunkt rechtswirksam abgeschlossenen obligatorischen Vertrags angeschafft worden sind,

– im Jahr der Fertigstellung und in den folgenden 3 Jahren	jeweils 10	Prozent,
– in den darauf folgenden 3 Jahren	jeweils 5	Prozent,
– in den darauf folgenden 18 Jahren	jeweils 2,5	Prozent,

2. bei Gebäuden im Sinne des Absatzes 4 Satz 1 Nummer 2, die vom Steuerpflichtigen auf Grund eines vor dem 1. Januar 1995 gestellten Bauantrags hergestellt oder auf Grund eines vor diesem Zeitpunkt rechtswirksam abgeschlossenen obligatorischen Vertrags angeschafft worden sind,
   – im Jahr der Fertigstellung und in den folgenden 7 Jahren jeweils 5 Prozent,
   – in den darauf folgenden 6 Jahren jeweils 2,5 Prozent,
   – in den darauf folgenden 36 Jahren jeweils 1,25 Prozent,
3. bei Gebäuden im Sinne des Absatzes 4 Satz 1 Nummer 2, soweit sie Wohnzwecken dienen, die vom Steuerpflichtigen
   a) auf Grund eines nach dem 28. Februar 1989 und vor dem 1. Januar 1996 gestellten Bauantrags hergestellt oder nach dem 28. Februar 1989 auf Grund eines nach dem 28. Februar 1989 und vor dem 1. Januar 1996 rechtswirksam abgeschlossenen obligatorischen Vertrags angeschafft worden sind,
      – im Jahr der Fertigstellung und in den folgenden 3 Jahren jeweils 7 Prozent,
      – in den darauf folgenden 6 Jahren jeweils 5 Prozent,
      – in den darauf folgenden 6 Jahren jeweils 2 Prozent,
      – in den darauf folgenden 24 Jahren jeweils 1,25 Prozent,
   b) auf Grund eines nach dem 31. Dezember 1995 und vor dem 1. Januar 2004 gestellten Bauantrags hergestellt oder auf Grund eines nach dem 31. Dezember 1995 und vor dem 1. Januar 2004 rechtswirksam abgeschlossenen obligatorischen Vertrags angeschafft worden sind,
      – im Jahr der Fertigstellung und in den folgenden 7 Jahren jeweils 5 Prozent,
      – in den darauf folgenden 6 Jahren jeweils 2,5 Prozent,
      – in den darauf folgenden 36 Jahren jeweils 1,25 Prozent,
   c) auf Grund eines nach dem 31. Dezember 2003 und vor dem 1. Januar 2006 gestellten Bauantrags hergestellt oder auf Grund eines nach dem 31. Dezember 2003 und vor dem 1. Januar 2006 rechtswirksam abgeschlossenen obligatorischen Vertrags angeschafft worden sind,
      – im Jahr der Fertigstellung und in den folgenden 9 Jahren jeweils 4 Prozent,
      – in den darauf folgenden 8 Jahren jeweils 2,5 Prozent,
      – in den darauf folgenden 32 Jahren jeweils 1,25 Prozent,

der Anschaffungs- oder Herstellungskosten. [2]Im Fall der Anschaffung kann Satz 1 nur angewendet werden, wenn der Hersteller für das veräußerte Gebäude weder Absetzungen für Abnutzung nach Satz 1 vorgenommen noch erhöhte Absetzungen oder Sonderabschreibungen in Anspruch genommen hat. [3]Absatz 1 Satz 4 gilt nicht.

S 2196 (5a) Die Absätze 4 und 5 sind auf Gebäudeteile, die selbständige unbewegliche Wirtschaftsgüter sind, sowie auf Eigentumswohnungen und auf im Teileigentum stehende Räume entsprechend anzuwenden.

S 2195 (6) Bei Bergbauunternehmen, Steinbrüchen und anderen Betrieben, die einen Verbrauch der Substanz mit sich bringen, ist Absatz 1 entsprechend anzuwenden; dabei sind Absetzungen nach Maßgabe des Substanzverzehrs zulässig (Absetzung für Substanzverringerung).

EStG
S 2181

§ 7a Gemeinsame Vorschriften für erhöhte Absetzungen und Sonderabschreibungen

(1) [1]Werden in dem Zeitraum, in dem bei einem Wirtschaftsgut erhöhte Absetzungen oder Sonderabschreibungen in Anspruch genommen werden können (Begünstigungszeitraum), nachträgliche Herstellungskosten aufgewendet, so bemessen sich vom Jahr der Entstehung der nachträglichen Herstellungskosten an bis zum Ende des Begünstigungszeitraums die Absetzungen für Abnutzung, erhöhten Absetzungen und Sonderabschreibungen nach den um die nachträglichen Herstellungskosten erhöhten Anschaffungs- oder Herstellungskosten. [2]Entsprechendes gilt für nachträgliche Anschaffungskosten. [3]Werden im Begünstigungszeitraum die Anschaffungs- oder Herstellungskosten eines Wirtschaftsguts nachträglich gemindert, so bemessen sich vom Jahr der Minderung an bis zum Ende des Begünstigungszeitraums die Absetzungen für Abnutzung, erhöhten Absetzungen und Sonderabschreibungen nach den geminderten Anschaffungs- oder Herstellungskosten.

(2) [1]Können bei einem Wirtschaftsgut erhöhte Absetzungen oder Sonderabschreibungen bereits für Anzahlungen auf Anschaffungskosten oder für Teilherstellungskosten in Anspruch genommen werden, so sind die Vorschriften über erhöhte Absetzungen und Sonderabschreibungen mit der Maßgabe anzuwenden, dass an die Stelle der Anschaffungs- oder Herstellungs-

kosten die Anzahlungen auf Anschaffungskosten oder die Teilherstellungskosten und an die Stelle des Jahres der Anschaffung oder Herstellung das Jahr der Anzahlung oder Teilherstellung treten. [2]Nach Anschaffung oder Herstellung des Wirtschaftsguts sind erhöhte Absetzungen oder Sonderabschreibungen nur zulässig, soweit sie nicht bereits für Anzahlungen auf Anschaffungskosten oder für Teilherstellungskosten in Anspruch genommen worden sind. [3]Anzahlungen auf Anschaffungskosten sind im Zeitpunkt der tatsächlichen Zahlung aufgewendet. [4]Werden Anzahlungen auf Anschaffungskosten durch Hingabe eines Wechsels geleistet, so sind sie in dem Zeitpunkt aufgewendet, in dem dem Lieferanten durch Diskontierung oder Einlösung des Wechsels das Geld tatsächlich zufließt. [5]Entsprechendes gilt, wenn anstelle von Geld ein Scheck hingegeben wird.

(3) Bei Wirtschaftsgütern, bei denen erhöhte Absetzungen in Anspruch genommen werden, müssen in jedem Jahr des Begünstigungszeitraums mindestens Absetzungen in Höhe der Absetzungen für Abnutzung nach § 7 Absatz 1 oder 4 berücksichtigt werden.

(4) Bei Wirtschaftsgütern, bei denen Sonderabschreibungen in Anspruch genommen werden, sind die Absetzungen für Abnutzung nach § 7 Absatz 1 oder 4 vorzunehmen.

(5) Liegen bei einem Wirtschaftsgut die Voraussetzungen für die Inanspruchnahme von erhöhten Absetzungen oder Sonderabschreibungen auf Grund mehrerer Vorschriften vor, so dürfen erhöhte Absetzungen oder Sonderabschreibungen nur auf Grund einer dieser Vorschriften in Anspruch genommen werden.

(6) Erhöhte Absetzungen oder Sonderabschreibungen sind bei der Prüfung, ob die in § 141 Absatz 1 Nummer 4 und 5 der Abgabenordnung bezeichneten Buchführungsgrenzen überschritten sind, nicht zu berücksichtigen.

(7) [1]Ist ein Wirtschaftsgut mehreren Beteiligten zuzurechnen und sind die Voraussetzungen für erhöhte Absetzungen oder Sonderabschreibungen nur bei einzelnen Beteiligten erfüllt, so dürfen die erhöhten Absetzungen und Sonderabschreibungen nur anteilig für diese Beteiligten vorgenommen werden. [2]Die erhöhten Absetzungen oder Sonderabschreibungen dürfen von den Beteiligten, bei denen die Voraussetzungen dafür erfüllt sind, nur einheitlich vorgenommen werden.

(8) [1]Erhöhte Absetzungen oder Sonderabschreibungen sind bei Wirtschaftsgütern, die zu einem Betriebsvermögen gehören, nur zulässig, wenn sie in ein besonderes, laufend zu führendes Verzeichnis aufgenommen werden, das den Tag der Anschaffung oder Herstellung, die Anschaffungs- oder Herstellungskosten, die betriebsgewöhnliche Nutzungsdauer und die Höhe der jährlichen Absetzungen für Abnutzung, erhöhten Absetzungen und Sonderabschreibungen enthält. [2]Das Verzeichnis braucht nicht geführt zu werden, wenn diese Angaben aus der Buchführung ersichtlich sind.

(9) Sind für ein Wirtschaftsgut Sonderabschreibungen vorgenommen worden, so bemessen sich nach Ablauf des maßgebenden Begünstigungszeitraums die Absetzungen für Abnutzung bei Gebäuden und bei Wirtschaftsgütern im Sinne des § 7 Absatz 5a nach dem Restwert und dem nach § 7 Absatz 4 unter Berücksichtigung der Restnutzungsdauer maßgebenden Prozentsatz bei anderen Wirtschaftsgütern nach dem Restwert und der Restnutzungsdauer.

§ 7b (weggefallen) EStG

§ 7c (weggefallen) EStG

§ 7d (weggefallen) EStG

§ 7e (weggefallen) EStG

§ 7f (weggefallen) EStG

EStG
S 2183b

§ 7g Investitionsabzugsbeträge und Sonderabschreibungen zur Förderung kleiner und mittlerer Betriebe

1) (1) [1]Steuerpflichtige können für die künftige Anschaffung oder Herstellung *von* abnutzbaren beweglichen *Wirtschaftsgütern* des Anlagevermögens, *die mindestens bis zum Ende des dem Wirtschaftsjahr der Anschaffung oder Herstellung folgenden Wirtschaftsjahres in einer inländischen Betriebsstätte des Betriebes ausschließlich oder fast ausschließlich betrieblich genutzt werden,* bis zu 40 Prozent der voraussichtlichen Anschaffungs- oder Herstellungskosten gewinnmindernd abziehen (*Investitionsabzugsbeträge*). [2]*Investitionsabzugsbeträge können* nur in Anspruch genommen werden, wenn

1. der Betrieb am Schluss des Wirtschaftsjahres, in dem *die Abzüge* vorgenommen *werden*, die folgenden Größenmerkmale nicht überschreitet:
   a) bei Gewerbebetrieben oder der selbständigen Arbeit dienenden Betrieben, die ihren Gewinn nach § 4 Absatz 1 oder § 5 ermitteln, ein Betriebsvermögen von 235 000 Euro;
   b) bei Betrieben der Land- und Forstwirtschaft einen Wirtschaftswert oder einen Ersatzwirtschaftswert von 125 000 Euro oder
   c) bei Betrieben im Sinne der Buchstaben a und b, die ihren Gewinn nach § 4 Absatz 3 ermitteln, ohne Berücksichtigung *der Investitionsabzugsbeträge* einen Gewinn von 100 000 Euro;
2. der Steuerpflichtige *die Summen der Abzugsbeträge und der nach den Absätzen 2 bis 4 hinzuzurechnenden oder rückgängig zu machenden Beträge nach amtlich vorgeschriebenen Datensätzen durch Datenfernübertragung übermittelt. [2]Auf Antrag kann die Finanzbehörde zur Vermeidung unbilliger Härten auf eine elektronische Übermittlung verzichten; § 150 Absatz 8 der Abgabenordnung gilt entsprechend. [3]In den Fällen des Satzes 2 müssen sich die Summen der Abzugsbeträge und der nach den Absätzen 2 bis 4 hinzuzurechnenden oder rückgängig zu machenden Beträge aus den beim Finanzamt einzureichenden Unterlagen ergeben.*

[3]Abzugsbeträge können auch dann in Anspruch genommen werden, wenn dadurch ein Verlust entsteht oder sich erhöht. [4]Die Summe der Beträge, die im Wirtschaftsjahr des Abzugs und in den drei vorangegangenen Wirtschaftsjahren nach Satz 1 insgesamt abgezogen und nicht nach Absatz 2 hinzugerechnet oder nach *den Absätzen 3* oder 4 rückgängig gemacht wurden, darf je Betrieb 200 000 Euro nicht übersteigen.

(2) [1]Im Wirtschaftsjahr der Anschaffung oder Herstellung *eines* begünstigten Wirtschaftsguts *können bis zu* 40 Prozent der Anschaffungs- oder Herstellungskosten gewinnerhöhend *hinzugerechnet werden*; die Hinzurechnung darf *die Summe der* nach Absatz 1 *abgezogenen und noch nicht nach den Absätzen 2 bis 4 hin-zugerechneten oder rückgängig gemachten Abzugsbeträge* nicht übersteigen. [2]Die Anschaffungs- oder Herstellungskosten des Wirtschaftsguts können in dem in Satz 1 genannten Wirtschaftsjahr um bis zu 40 Prozent, höchstens jedoch um die Hinzurechnung nach Satz 1, gewinnmindernd herabgesetzt werden; die Bemessungsgrundlage für die Absetzungen für Abnutzung, erhöhten Absetzungen und Sonderabschreibungen sowie die Anschaffungs- oder Herstellungskosten im Sinne von § 6 Absatz 2 und 2a verringern sich entsprechend.

(3) [1]Soweit *in Anspruch genommene Investitionsabzugsbeträge* nicht bis zum Ende des dritten auf das Wirtschaftsjahr des *jeweiligen* Abzugs folgenden Wirtschaftsjahres nach Absatz 2 *Satz 1* hinzugerechnet *wurden, sind die Abzüge* nach Absatz 1 rückgängig zu machen*; die vorzeitige Rückgängigmachung von Investitionsabzugsbeträgen vor Ablauf der Investitionsfrist ist zulässig.* [2]Wurde der Gewinn des maßgebenden Wirtschaftsjahres bereits einer Steuerfestsetzung oder einer gesonderten Feststellung zugrunde gelegt, ist der entsprechende Steuer- oder Feststellungsbescheid insoweit zu ändern. [3]Das gilt auch dann, wenn der Steuer- oder Feststellungsbescheid bestandskräftig geworden ist; die Festsetzungsfrist endet insoweit nicht, bevor die Festsetzungsfrist für den Veranlagungszeitraum abgelaufen ist, in dem das dritte auf das Wirtschaftsjahr des Abzugs folgende Wirtschaftsjahr endet. [4]§ 233a Absatz 2a der Abgabenordnung ist nicht anzuwenden.

(4) [1]Wird in den Fällen des Absatzes 2 *ein begünstigtes* Wirtschaftsgut nicht bis zum Ende des dem Wirtschaftsjahr der Anschaffung oder Herstellung folgenden Wirtschaftsjahres in einer inländischen Betriebsstätte des *Betriebes* ausschließlich oder fast ausschließlich betrieblich genutzt, sind die Herabsetzung der Anschaffungs- oder Herstellungskosten, die Verringerung

1) Absatz 1 bis 4 wurde durch das Steueränderungsgesetz 2015 neu gefasst und ist erstmals für Investitionsabzugsbeträge anzuwenden, die in nach dem 31. 12. 2015 endenden Wj. in Anspruch genommen werden. Bei Investitionsabzugsbeträgen, die in vor dem 1. 1. 2016 endenden Wj. in Anspruch genommen wurden, ist Absatz 1 bis 4 in der am 31. 12. 2015 geltenden Fassung weiter anzuwenden. Soweit vor dem 1. 1. 2016 beanspruchte Investitionsabzugsbeträge noch nicht hinzugerechnet oder rückgängig gemacht worden sind, vermindert sich der Höchstbetrag von 20. 000 Euro nach Absatz 1 Satz 4 in der am 1. 1. 2016 geltenden Fassung entsprechend → § 52 Abs. 16 Satz 1 bis 3 EStG.

der Bemessungsgrundlage und die Hinzurechnung nach Absatz 2 rückgängig zu machen. [2]Wurden die Gewinne der maßgebenden Wirtschaftsjahre bereits Steuerfestsetzungen oder gesonderten Feststellungen zugrunde gelegt, sind die entsprechenden Steuer- oder Feststellungsbescheide insoweit zu ändern. [3]Das gilt auch dann, wenn die Steuer- oder Feststellungsbescheide bestandskräftig geworden sind; die Festsetzungsfristen enden insoweit nicht, bevor die Festsetzungsfrist für den Veranlagungszeitraum abgelaufen ist, in dem die Voraussetzungen des Absatzes 1 *Satz 1* erstmals nicht mehr vorliegen. [4]§ 233a Absatz 2a der Abgabenordnung ist nicht anzuwenden.

(5) Bei abnutzbaren beweglichen Wirtschaftsgütern des Anlagevermögens können unter den Voraussetzungen des Absatzes 6 im Jahr der Anschaffung oder Herstellung und in den vier folgenden Jahren neben den Absetzungen für Abnutzung nach § 7 Absatz 1 oder Absatz 2 Sonderabschreibungen bis zu insgesamt 20 Prozent der Anschaffungs- oder Herstellungskosten in Anspruch genommen werden.

(6) Die Sonderabschreibungen nach Absatz 5 können nur in Anspruch genommen werden, wenn

1. der Betrieb zum Schluss des Wirtschaftsjahres, das der Anschaffung oder Herstellung vorangeht, die Größenmerkmale des Absatzes 1 Satz 2 Nummer 1 nicht überschreitet, und
2. das Wirtschaftsgut im Jahr der Anschaffung oder Herstellung und im darauf folgenden Wirtschaftsjahr in einer inländischen Betriebsstätte des Betriebs des Steuerpflichtigen ausschließlich oder fast ausschließlich betrieblich genutzt wird; Absatz 4 gilt entsprechend.

(7) Bei Personengesellschaften und Gemeinschaften sind die Absätze 1 bis 6 mit der Maßgabe anzuwenden, dass an die Stelle des Steuerpflichtigen die Gesellschaft oder die Gemeinschaft tritt.

---

§ 7h Erhöhte Absetzungen bei Gebäuden in Sanierungsgebieten und städtebaulichen Entwicklungsbereichen

EStG
S 2198a

(1) [1]Bei einem im Inland belegenen Gebäude in einem förmlich festgelegten Sanierungsgebiet oder städtebaulichen Entwicklungsbereich kann der Steuerpflichtige abweichend von § 7 Absatz 4 und 5 im Jahr der Herstellung und in den folgenden sieben Jahren jeweils bis zu 9 Prozent und in den folgenden vier Jahren jeweils bis zu 7 Prozent der Herstellungskosten für Modernisierungs- und Instandsetzungsmaßnahmen im Sinne des § 177 des Baugesetzbuchs absetzen. [2]Satz 1 ist entsprechend anzuwenden auf Herstellungskosten für Maßnahmen, die der Erhaltung, Erneuerung und funktionsgerechten Verwendung eines Gebäudes im Sinne des Satzes 1 dienen, das wegen seiner geschichtlichen, künstlerischen oder städtebaulichen Bedeutung erhalten bleiben soll, und zu deren Durchführung sich der Eigentümer neben bestimmten Modernisierungsmaßnahmen gegenüber der Gemeinde verpflichtet hat. [3]Der Steuerpflichtige kann die erhöhten Absetzungen im Jahr des Abschlusses der Maßnahme und in den folgenden elf Jahren auch für Anschaffungskosten in Anspruch nehmen, die auf Maßnahmen im Sinne der Sätze 1 und 2 entfallen, soweit diese nach dem rechtswirksamen Abschluss eines obligatorischen Erwerbsvertrags oder eines gleichstehenden Rechtsakts durchgeführt worden sind. [4]Die erhöhten Absetzungen können nur in Anspruch genommen werden, soweit die Herstellungs- oder Anschaffungskosten durch Zuschüsse aus Sanierungs- oder Entwicklungsförderungsmitteln nicht gedeckt sind. [5]Nach Ablauf des Begünstigungszeitraums ist ein Restwert den Herstellungs- oder Anschaffungskosten des Gebäudes oder dem an deren Stelle tretenden Wert hinzuzurechnen; die weiteren Absetzungen für Abnutzung sind einheitlich für das gesamte Gebäude nach dem sich hiernach ergebenden Betrag und dem für das Gebäude maßgebenden Prozentsatz zu bemessen.

(2) [1]Der Steuerpflichtige kann die erhöhten Absetzungen nur in Anspruch nehmen, wenn er durch eine Bescheinigung der zuständigen Gemeindebehörde die Voraussetzungen des Absatzes 1 für das Gebäude und die Maßnahmen nachweist. [2]Sind ihm Zuschüsse aus Sanierungs- oder Entwicklungsförderungsmitteln gewährt worden, so hat die Bescheinigung auch deren Höhe zu enthalten; werden ihm solche Zuschüsse nach Ausstellung der Bescheinigung gewährt, so ist diese entsprechend zu ändern.

(3) Die Absätze 1 und 2 sind auf Gebäudeteile, die selbständige unbewegliche Wirtschaftsgüter sind, sowie auf Eigentumswohnungen und auf im Teileigentum stehende Räume entsprechend anzuwenden.

EStG
S 2198b

§ 7i Erhöhte Absetzungen bei Baudenkmalen

(1) [1]Bei einem im Inland belegenen Gebäude, das nach den jeweiligen landesrechtlichen Vorschriften ein Baudenkmal ist, kann der Steuerpflichtige abweichend von § 7 Absatz 4 und 5 im Jahr der Herstellung und in den folgenden sieben Jahren jeweils bis zu 9 Prozent und in den folgenden vier Jahren jeweils bis zu 7 vom Hundert der Herstellungskosten für Baumaßnahmen, die nach Art und Umfang zur Erhaltung des Gebäudes als Baudenkmal oder zu seiner sinnvollen Nutzung erforderlich sind, absetzen. [2]Eine sinnvolle Nutzung ist nur anzunehmen, wenn das Gebäude in der Weise genutzt wird, dass die Erhaltung der schützenswerten Substanz des Gebäudes auf die Dauer gewährleistet ist. [3]Bei einem im Inland belegenen Gebäudeteil, das nach den jeweiligen landesrechtlichen Vorschriften ein Baudenkmal ist, sind die Sätze 1 und 2 entsprechend anzuwenden. [4]Bei einem im Inland belegenen Gebäude oder Gebäudeteil, das für sich allein nicht die Voraussetzungen für ein Baudenkmal erfüllt, aber Teil einer Gebäudegruppe oder Gesamtanlage ist, die nach den jeweiligen landesrechtlichen Vorschriften als Einheit geschützt ist, kann der Steuerpflichtige die erhöhten Absetzungen von den Herstellungskosten für Baumaßnahmen vornehmen, die nach Art und Umfang zur Erhaltung des schützenswerten äußeren Erscheinungsbildes der Gebäudegruppe oder Gesamtanlage erforderlich sind. [5]Der Steuerpflichtige kann die erhöhten Absetzungen im Jahr des Abschlusses der Baumaßnahme und in den folgenden elf Jahren auch für Anschaffungskosten in Anspruch nehmen, die auf Baumaßnahmen im Sinne der Sätze 1 bis 4 entfallen, soweit diese nach dem rechtswirksamen Abschluss eines obligatorischen Erwerbsvertrags oder eines gleichstehenden Rechtsakts durchgeführt worden sind. [6]Die Baumaßnahmen müssen in Abstimmung mit der in Absatz 2 bezeichneten Stelle durchgeführt worden sein. [7]Die erhöhten Absetzungen können nur in Anspruch genommen werden, soweit die Herstellungs- oder Anschaffungskosten nicht durch Zuschüsse aus öffentlichen Kassen gedeckt sind. [8]§ 7h Absatz 1 Satz 5 ist entsprechend anzuwenden.

(2) [1]Der Steuerpflichtige kann die erhöhten Absetzungen nur in Anspruch nehmen, wenn er durch eine Bescheinigung der nach Landesrecht zuständigen oder von der Landesregierung bestimmten Stelle die Voraussetzungen des Absatzes 1 für das Gebäude oder Gebäudeteil und für die Erforderlichkeit der Aufwendungen nachweist. [2]Hat eine der für Denkmalschutz oder Denkmalpflege zuständigen Behörden ihm Zuschüsse gewährt, so hat die Bescheinigung auch deren Höhe zu enthalten, werden ihm solche Zuschüsse nach Ausstellung der Bescheinigung gewährt, so ist diese entsprechend zu ändern.

(3) § 7h Absatz 3 ist entsprechend anzuwenden.

EStG
S 2197b

§ 7k (weggefallen)

4. Überschuss der Einnahmen über die Werbungskosten

EStG

§ 8 Einnahmen

S 2202
S 2232
(1) Einnahmen sind alle Güter, die in Geld oder Geldeswert bestehen und dem Steuerpflichtigen im Rahmen einer der Einkunftsarten des § 2 Absatz 1 Satz 1 Nummer 4 bis 7 zufließen.

S 2334
(2) [1]Einnahmen, die nicht in Geld bestehen (Wohnung, Kost, Waren, Dienstleistungen und sonstige Sachbezüge), sind mit den um übliche Preisnachlässe geminderten üblichen Endpreisen am Abgabeort anzusetzen. [2]Für die private Nutzung eines betrieblichen Kraftfahrzeugs zu privaten Fahrten gilt § 6 Absatz 1 Nummer 4 Satz 2 entsprechend. [3]Kann das Kraftfahrzeug auch für Fahrten zwischen Wohnung und erster Tätigkeitsstätte sowie Fahrten nach § 9 Absatz 1 Satz 3 Nummer 4a Satz 3 genutzt werden, erhöht sich der Wert in Satz 2 für jeden Kalendermonat um 0,03 Prozent des Listenpreises im Sinne des § 6 Absatz 1 Nummer 4 Satz 2 für jeden Kilometer der Entfernung zwischen Wohnung und erster Tätigkeitsstätte sowie der Fahrten nach § 9 Absatz 1 Satz 3 Nummer 4a Satz 3. [4]Der Wert nach den Sätzen 2 und 3 kann mit dem auf die private Nutzung und die Nutzung zu Fahrten zwischen Wohnung und erster Tätigkeitsstätte sowie Fahrten nach § 9 Absatz 1 Satz 3 Nummer 4a Satz 3 entfallenden Teil der gesamten Kraftfahrzeugaufwendungen angesetzt werden, wenn die durch das Kraftfahrzeug insgesamt entstehenden Aufwendungen durch Belege und das Verhältnis der privaten Fahrten und der Fahrten zwischen Wohnung und erster Tätigkeitsstätte sowie Fahrten nach § 9 Absatz 1 Satz 3 Nummer 4a Satz 3 zu den übrigen Fahrten durch ein ordnungsgemäßes Fahrtenbuch nachgewiesen werden; § 6 Absatz 1 Nummer 4 Satz 3 zweiter Halbsatz gilt entsprechend. [5]Die Nutzung des Kraftfahrzeugs zu einer Familienheimfahrt im Rahmen einer doppelten Haushaltsführung ist mit 0,002 Prozent des Listenpreises im Sinne des § 6 Absatz 1 Nummer 4 Satz 2 für jeden Kilometer

der Entfernung zwischen dem Ort des eigenen Hausstands und dem Beschäftigungsort anzusetzen; dies gilt nicht, wenn für diese Fahrt ein Abzug von Werbungskosten nach § 9 Absatz 1 Satz 3 Nummer 5 Satz 5 und 6 in Betracht käme; Satz 4 ist sinngemäß anzuwenden. [6]Bei Arbeitnehmern, für deren Sachbezüge durch Rechtsverordnung nach § 17 Absatz 1 Satz 1 Nummer 4 des Vierten Buches Sozialgesetzbuch Werte bestimmt worden sind, sind diese Werte maßgebend. [7]Die Werte nach Satz 6 sind auch bei Steuerpflichtigen anzusetzen, die nicht der gesetzlichen Rentenversicherungspflicht unterliegen. [8]Wird dem Arbeitnehmer während einer beruflichen Tätigkeit außerhalb seiner Wohnung und ersten Tätigkeitsstätte oder im Rahmen einer beruflich veranlassten doppelten Haushaltsführung vom Arbeitgeber oder auf dessen Veranlassung von einem Dritten eine Mahlzeit zur Verfügung gestellt, ist diese Mahlzeit mit dem Wert nach Satz 6 (maßgebender amtlicher Sachbezugswert nach der Sozialversicherungsentgeltverordnung) anzusetzen, wenn der Preis für die Mahlzeit 60 Euro nicht übersteigt. [9]Der Ansatz einer nach Satz 8 bewerteten Mahlzeit unterbleibt, wenn beim Arbeitnehmer für ihm entstehende Mehraufwendungen für Verpflegung ein Werbungskostenabzug nach § 9 Absatz 4a Satz 1 bis 7 in Betracht käme. [10]Die oberste Finanzbehörde eines Landes kann mit Zustimmung des Bundesministeriums der Finanzen für weitere Sachbezüge der Arbeitnehmer Durchschnittswerte festsetzen. [11]Sachbezüge, die nach Satz 1 zu bewerten sind, bleiben außer Ansatz, wenn die sich nach Anrechnung der vom Steuerpflichtigen gezahlten Entgelte ergebenden Vorteile insgesamt 44 Euro im Kalendermonat nicht übersteigen.

(3) [1]Erhält ein Arbeitnehmer auf Grund seines Dienstverhältnisses Waren oder Dienstleistungen, die vom Arbeitgeber nicht überwiegend für den Bedarf seiner Arbeitnehmer hergestellt, vertrieben oder erbracht werden und deren Bezug nicht nach § 40 pauschal versteuert wird, so gelten als deren Werte abweichend von Absatz 2 die um 4 Prozent geminderten Endpreise, zu denen der Arbeitgeber oder der dem Abgabeort nächstansässige Abnehmer die Waren oder Dienstleistungen fremden Letztverbrauchern im allgemeinen Geschäftsverkehr anbietet. [2]Die sich nach Abzug der vom Arbeitnehmer gezahlten Entgelte ergebenden Vorteile sind steuerfrei, soweit sie aus dem Dienstverhältnis insgesamt 1 080 Euro im Kalenderjahr nicht übersteigen.

§ 4 Lohnkonto — LStDV

(1), (2) . . .

(3) [1]Das Betriebsstättenfinanzamt kann bei Arbeitgebern, die für die Lohnabrechnung ein maschinelles Verfahren anwenden, Ausnahmen von den Vorschriften der Absätze 1 und 2 zulassen, wenn die Möglichkeit zur Nachprüfung in anderer Weise sichergestellt ist. [2]Das Betriebsstättenfinanzamt soll zulassen, dass Sachbezüge im Sinne des § 8 Absatz 2 Satz 11 und Absatz 3 und Abs. 3 des Einkommensteuergesetzes für solche Arbeitnehmer nicht aufzuzeichnen sind, für die durch betriebliche Regelungen und entsprechende Überwachungsmaßnahmen gewährleistet ist, dass die in § 8 Absatz 2 Satz 11 oder Absatz 3des Einkommensteuergesetzes genannten Beträge nicht überschritten werden.

Bewertung der Sachbezüge (§ 8 Abs. 2 EStG) — R 8.1

Allgemeines — R 8.1 (1) S 2331

(1) [1]Fließt dem Arbeitnehmer Arbeitslohn in Form von Sachbezügen zu, sind diese ebenso wie Barlohnzahlungen entweder dem laufenden Arbeitslohn oder den sonstigen Bezügen zuzuordnen (→ R 39b.2). [2]Für die Besteuerung unentgeltlicher Sachbezüge ist deren Geldwert maßgebend. [3]Erhält der Arbeitnehmer die Sachbezüge nicht unentgeltlich, ist der Unterschiedsbetrag zwischen dem Geldwert des Sachbezugs und dem tatsächlichen Entgelt zu versteuern. [4]Der Geldwert ist entweder durch Einzelbewertung zu ermitteln (→ Absatz 2) oder mit einem amtlichen Sachbezugswert anzusetzen (→ Absatz 4). [5]Besondere Bewertungsvorschriften gelten nach § 8 Abs. 3 EStG für den Bezug von Waren oder Dienstleistungen, die vom Arbeitgeber nicht überwiegend für den Bedarf seiner Arbeitnehmer hergestellt, vertrieben oder erbracht werden, soweit diese Sachbezüge nicht nach § 40 EStG pauschal versteuert werden (→ R 8.2), sowie nach § 19a Abs. 2 EStG in der am 31. 12. 2008 geltenden Fassung (→ R 19a) und § 3 Nr. 39 Satz 4 EStG für den Bezug von Vermögensbeteiligungen. [6]Die Auszahlung von Arbeitslohn in Fremdwährung ist kein Sachbezug.

Einzelbewertung von Sachbezügen — R 8.1 (2)

(2) [1]Sachbezüge, für die keine amtlichen Sachbezugswerte (→ Absatz 4) festgesetzt sind und die nicht nach § 8 Abs. 2 Satz 2 bis 5 EStG (→ Absatz 9 und 10) zu bewerten sind, und die nicht

nach § 8 Abs. 3 EStG bewertet werden, sind nach § 8 Abs. 2 Satz 1 EStG mit den um übliche Preisnachlässe geminderten üblichen Endpreisen am Abgabeort im Zeitpunkt der Abgabe anzusetzen. [2]Bei einem umfangreichen Warenangebot, von dem fremde Letztverbraucher ausgeschlossen sind, kann der übliche Preis einer Ware auch auf Grund repräsentativer Erhebungen über die relative Preisdifferenz für die gängigsten Einzelstücke jeder Warengruppe ermittelt werden. [3]Erhält der Arbeitnehmer eine Ware oder Dienstleistung, die nach § 8 Abs. 2 Satz 1 EStG zu bewerten ist, kann sie aus Vereinfachungsgründen mit 96 % des Endpreises (→ R 8.2 Abs. 2) bewertet werden, zu dem sie der Abgebende oder dessen Abnehmer fremden Letztverbrauchern im allgemeinen Geschäftsverkehr anbietet. [4]Satz 3 gilt nicht, wenn als Endpreis der günstigste Preis am Markt angesetzt, ein Sachbezug durch eine (zweckgebundene) Geldleistung des Arbeitgebers verwirklicht oder ein Warengutschein mit Betragsangabe hingegeben wird.

R 8.1 (3) **Freigrenze nach § 8 Abs. 2 Satz 11 EStG**

(3) [1]Bei der Prüfung der Freigrenze bleiben die nach § 8 Abs. 2 Satz 1 EStG zu bewertenden Vorteile, die nach §§ 37b, 40 EStG pauschal versteuert werden, außer Ansatz. [2]Für die Feststellung, ob die Freigrenze des § 8 Abs. 2 Satz 11 EStG überschritten ist, sind die in einem Kalendermonat zufließenden und nach § 8 Abs. 2 Satz 1 EStG zu bewertenden Vorteile – auch soweit hierfür Lohnsteuer nach § 39b Abs. 2 und 3 EStG einbehalten worden ist – zusammenzurechnen. [3]Außer Ansatz bleiben Vorteile, die nach § 8 Abs. 2 Satz 2 bis 10 oder Abs. 3, § 3 Nr. 39 oder nach § 19a EStG a. F. i. V. m. § 52 Abs. 27 EStG zu bewerten sind. [4]Auf Zukunftssicherungsleistungen des Arbeitgebers i. S. d. § 2 Abs. 2 Nr. 3 LStDV ist die Freigrenze nicht anwendbar. [5]Bei der monatlichen Überlassung einer Monatsmarke oder einer monatlichen Fahrberechtigung für ein Job-Ticket, das für einen längeren Zeitraum gilt, ist die Freigrenze anwendbar.

R 8.1 (4) **Amtliche Sachbezugswerte**

Anhang 4 (4)[1]Amtliche Sachbezugswerte werden durch die SvEV, oder durch Erlasse der obersten Landesfinanzbehörden nach § 8 Abs. 2 Satz 10 EStG festgesetzt. [2]Die amtlichen Sachbezugswerte sind, soweit nicht zulässigerweise § 8 Abs. 3 EStG angewandt wird, ausnahmslos für die Sachbezüge maßgebend, für die sie bestimmt sind. [3]Die amtlichen Sachbezugswerte gelten auch dann, wenn in einem Tarifvertrag, einer Betriebsvereinbarung oder in einem Arbeitsvertrag für Sachbezüge höhere oder niedrigere Werte festgesetzt worden sind. [4]Sie gelten ausnahmsweise auch für Barvergütungen, wenn diese nur gelegentlich oder vorübergehend gezahlt werden, z. B. bei tageweiser auswärtiger Beschäftigung, für die Dauer einer Krankheit oder eines Urlaubs, und wenn mit der Barvergütung nicht mehr als der tatsächliche Wert der Sachbezüge abgegolten wird; geht die Barvergütung über den tatsächlichen Wert der Sachbezüge hinaus, ist die Barvergütung der Besteuerung zugrunde zu legen.

H 8.1 (1 – 4)

Hinweise

44-Euro-Freigrenze

- Vorteile aus der Überlassung eines zinslosen oder zinsverbilligten Arbeitgeberdarlehens sind bei der Zusammenrechnung einzubeziehen (→ BMF vom ***19. 5. 2015 – BStBl I S. 484***). Anhang 42
- Zu den Aufzeichnungserleichterungen für Sachbezüge i. S. d. § 8 Abs. 2 Satz 11 EStG → § 4 Abs. 3 Satz 2 LStDV. Anhang 7
- Die 44-Euro-Freigrenze ist auf Zukunftssicherungsleistungen nicht anwendbar (→ BMF vom 10. 10. 2013 – BStBl I S. 1301). → Zukunftssicherungsleistungen

Aktienoptionen

→ H 38.2
→ H 9.1

Arbeitgeberdarlehen

Anhang 42 → BMF vom ***19. 5. 2015*** (BStBl I ***S. 484***)

Ausländische Währung

Lohnzahlungen in einer gängigen ausländischen Währung sind Einnahmen in Geld und kein Sachbezug. Die Freigrenze des § 8 Abs. 2 Satz 11 EStG findet auf sie keine Anwendung (→ BFH vom 27. 10. 2004 – BStBl 2005 II S. 135 und vom 11. 11. 2010 – BStBl 2011 II S. 383, 386 und 389). Umrechnungsmaßstab ist – soweit vorhanden – der auf den Umrechnungszeitpunkt bezogene Euro-Referenzkurs der Europäischen Zentralbank. Lohnzahlungen sind bei Zufluss des Arbeitslohns anhand der von der Europäischen Zentralbank veröffentlichten monatlichen Durchschnittsreferenzkurse umzurechnen, denen die im BStBl I veröffentlichten Umsatzsteuer-Umrechnungskurse entsprechen (→ BFH vom 3. 12. 2009 – BStBl 2010 II S. 698).

Durchschnittswerte der von Luftfahrtunternehmen gewährten Flüge

→ Gleichlautende Ländererlasse vom ***10. 9. 2015 (BStBl I S. 735)***

Steuerliche Behandlung der von Luftfahrtunternehmen gewährten unentgeltlichen oder verbilligten Flüge

(Gleichlautende Erlasse der obersten Finanzbehörden der Länder vom ***10. 9. 2015***, BStBl I 2015 S. 735)

Für die Bewertung der zum Arbeitslohn gehörenden Vorteile aus unentgeltlich oder verbilligt gewährten Flügen gilt Folgendes:

1. Gewähren Luftfahrtunternehmen ihren Arbeitnehmern unentgeltlich oder verbilligt Flüge, die unter gleichen Beförderungsbedingungen auch betriebsfremden Fluggästen angeboten werden, so kann der Wert der Flüge nach § 8 Absatz 2 oder Absatz 3 EStG ermittelt werden.
2. Die Mitarbeiterflüge sind nach § 8 Absatz 2 EStG mit dem um übliche Preisnachlässe geminderten üblichen Endpreis am Abgabeort zu bewerten
   a) bei Beschränkungen im Reservierungsstatus, wenn das Luftfahrtunternehmen Flüge mit entsprechenden Beschränkungen betriebsfremden Fluggästen nicht anbietet, oder
   b) wenn die Lohnsteuer nach § 40 EStG pauschal erhoben wird.3.Gewähren Luftfahrtunternehmen Arbeitnehmern anderer Arbeitgeber unentgeltlich oder verbilligt Flüge, so sind diese Flüge ebenfalls nach § 8 Absatz 2 EStG zu bewerten.
4. In den Fällen der Bewertung nach § 8 Absatz 2 EStG können die Flüge mit Durchschnittswerten angesetzt werden. Für die Jahre 2016 bis 2018 werden die folgenden Durchschnittswerte nach § 8 Absatz 2 Satz 10 EStG für jeden Flugkilometer festgesetzt.
   a) Wenn keine Beschränkungen im Reservierungsstatus bestehen, ist der Wert des Fluges wie folgt zu berechnen:

bei einem Flug von	Durchschnittswerte in Euro je Flugkilometer (FKM)
1–4 000 km	0,04
4 001 – 12 000 km	$0{,}04 + \frac{0{,}01 \times (FKM - 4000)}{8000}$
mehr als 12 000 km	0,03

   Jeder Flug ist gesondert zu bewerten. Die Zahl der Flugkilometer ist mit dem Wert anzusetzen, der der im Flugschein angegebenen Streckenführung entspricht. Nimmt der Arbeitgeber einen nicht vollständig ausgeflogenen Flugschein zurück, so ist die tatsächlich ausgeflogene Strecke zugrunde zu legen. Bei der Berechnung des Flugkilometerwerts sind die Beträge nur bis zur fünften Dezimalstelle anzusetzen.

   Die nach dem IATA-Tarif zulässigen Kinderermäßigungen sind entsprechend anzuwenden.

   b) Bei Beschränkungen im Reservierungsstatus mit dem Vermerk „space available – SA –“ auf dem Flugschein beträgt der Wert je Flugkilometer 60 Prozent des nach Buchstabe a ermittelten Werts.
   c) Bei Beschränkungen im Reservierungsstatus ohne Vermerk „space available – SA –“ auf dem Flugschein beträgt der Wert je Flugkilometer 80 Prozent des nach Buchstabe a ermittelten Werts.

   Der nach den Durchschnittswerten ermittelte Wert des Fluges ist um 15 Prozent zu erhöhen.

   Beispiel:

   Der Arbeitnehmer erhält einen Freiflug Frankfurt-Palma de Mallorca und zurück. Der Flugschein trägt den Vermerk „SA“. Die Flugstrecke beträgt insgesamt 2 507 km. Der Wert des Fluges beträgt 60 Prozent von (0,04 × 2 507) = 60,17 Euro, zu erhöhen um 15 Prozent (= 9,03 Euro) = 69,20 Euro.
5. Mit den Durchschnittswerten nach Nummer 4 können auch Flüge bewertet werden, die der Arbeitnehmer von seinem Arbeitgeber erhalten hat, der kein Luftfahrtunternehmer ist, wenn
   a) der Arbeitgeber diesen Flug von einem Luftfahrtunternehmen erhalten hat und
   b) dieser Flug den unter Nummer 4 Buchstaben b oder c genannten Beschränkungen im Reservierungsstatus unterliegt.

6. Von den Werten nach Nummern 2 bis 5 sind die von den Arbeitnehmern jeweils gezahlten Entgelte abzuziehen. Der Rabattfreibetrag nach § 8 Absatz 3 EStG ist nicht abzuziehen.
7. Luftfahrtunternehmen im Sinne der vorstehenden Regelungen sind Unternehmen, denen die Betriebsgenehmigung zur Beförderung von Fluggästen im gewerblichen Luftverkehr nach der Verordnung (EWG) Nr. 2407/92 des Rates vom 23. Juli 1992 (Amtsblatt EG Nr. L 240/1) oder nach entsprechenden Vorschriften anderer Staaten erteilt worden ist.

Dieser Erlass ergeht mit Zustimmung des Bundesministeriums der Finanzen und im Einvernehmen mit den obersten Finanzbehörden der anderen Länder.

Er ersetzt den Erlass vom 26. September 2012 (BStBl I S. 940) für die Jahre 2016 bis 2018.

Fahrrad

Zur Ermittlung des geldwerten Vorteils bei Überlassung von (Elektro-)Fahrrädern → gleichlautende Ländererlasse vom 23. 11. 2012 (BStBl I S. 1224).

Steuerliche Behandlung der Überlassung von (Elektro-)Fahrrädern

Gleichlautende Erlasse der obersten Finanzbehörden der Länder vom 23. November 2012 (BStBl I S. 1224)

Überlässt der Arbeitgeber oder auf Grund des Dienstverhältnisses ein Dritter dem Arbeitnehmer ein Fahrrad zur privaten Nutzung, gilt für die Bewertung dieses zum Arbeitslohn gehörenden geldwerten Vorteils Folgendes:

Nach § 8 Absatz 2 Satz 8 EStG[1]) wird hiermit als monatlicher Durchschnittswert der privaten Nutzung (einschließlich Privatfahrten, Fahrten zwischen Wohnung und regelmäßiger Arbeitsstätte[2]) und Heimfahrten im Rahmen einer doppelten Haushaltsführung) 1 % der auf volle 100 Euro abgerundeten unverbindlichen Preisempfehlung des Herstellers, Importeurs oder Großhändlers im Zeitpunkt der Inbetriebnahme des Fahrrads einschließlich der Umsatzsteuer festgesetzt. Die Freigrenze für Sachbezüge nach § 8 Absatz 2 Satz 9 EStG[3]) ist nicht anzuwenden.

Gehört die Nutzungsüberlassung von Fahrrädern zur Angebotspalette des Arbeitgebers an fremde Dritte (z. B. Fahrradverleihfirmen), ist der geldwerte Vorteil nach § 8 Absatz 3 EStG zu ermitteln, wenn die Lohnsteuer nicht nach § 40 EStG pauschal erhoben wird. Bei Personalrabatten ist der Rabattfreibetrag in Höhe von 1 080 Euro zu berücksichtigen.

Die vorstehenden Regelungen gelten auch für Elektrofahrräder, wenn diese verkehrsrechtlich als Fahrrad einzuordnen (u. a. keine Kennzeichen- und Versicherungspflicht) sind.

Ist ein Elektrofahrrad verkehrsrechtlich als Kraftfahrzeug einzuordnen (z. B. gelten Elektrofahrräder, deren Motor auch Geschwindigkeiten über 25 Kilometer pro Stunde unterstützt, als Kraftfahrzeuge), ist für die Bewertung des geldwerten Vorteils § 8 Absatz 2 Sätze 2 bis 5 i. V. m. § 6 Absatz 1 Nummer 4 Satz 2 EStG anzuwenden.

Dieser Erlass ergeht mit Zustimmung des Bundesministeriums der Finanzen und im Einvernehmen mit den obersten Finanzbehörden der anderen Länder. Er ist erstmals für das Kalenderjahr 2012 anzuwenden und wird im Bundessteuerblatt Teil I veröffentlicht.

Freigrenze für Sachbezüge

→ 44-Euro-Freigrenze

Geldleistung oder Sachbezug

- Sachbezüge i. S. d. § 8 Abs. 2 Satz 1 und 11 EStG sind alle nicht in Geld bestehenden Einnahmen. Ob Barlöhne oder Sachbezüge vorliegen, entscheidet sich nach dem Rechtsgrund des Zuflusses, also auf Grundlage der arbeitsvertraglichen Vereinbarungen danach, was der Arbeitnehmer vom Arbeitgeber beanspruchen kann. Es kommt nicht darauf an, auf welche Art und Weise der Arbeitgeber den Anspruch erfüllt und seinem Arbeitnehmer den zugesagten Vorteil verschafft (→ BFH vom 11. 11. 2010 – BStBl 2011 II S. 383, 386 und 389).
- Sachbezug ist u. a.
  - eine Zahlung des Arbeitgebers an den Arbeitnehmer, die mit der Auflage verbunden ist, den empfangenen Geldbetrag nur in bestimmter Weise zu verwenden,
  - ein dem Arbeitnehmer durch den Arbeitgeber eingeräumtes Recht, bei einer Tankstelle zu tanken,

1) Jetzt: § 8 Abs. 2 Satz 10 EStG
2) Jetzt: Fahrten zwischen Wohnung und erster Tätigkeitsstätte sowie Fahrten nach § 9 Abs. 1 Satz 3 Nr. 4a EStG (→ § 8 Abs. 2 Satz 3 EStG)
3) Jetzt: § 8 Abs. 2 Satz 11 EStG

- ein Gutschein über einen in Euro lautenden Höchstbetrag für Warenbezug.

  Ein Sachbezug liegt nicht vor, wenn der Arbeitnehmer anstelle der Sachleistung Barlohn verlangen kann.
- → Warengutscheine
- → Zukunftssicherungsleistungen
- Leistet der Arbeitgeber im Rahmen eines ausgelagerten Optionsmodells zur Vermögensbeteiligung der Arbeitnehmer Zuschüsse an einen Dritten als Entgelt für die Übernahme von Kursrisiken, führt dies bei den Arbeitnehmern zu Sachlohn, wenn die Risikoübernahme des Dritten auf einer vertraglichen Vereinbarung mit dem Arbeitgeber beruht; die Freigrenze des § 8 Abs. 2 Satz 11 EStG ist anwendbar (→ BFH vom 13. 9. 2007 – BStBl 2008 II S. 204).
- Die Umwandlung von Barlohn in Sachlohn (Gehaltsumwandlung) setzt voraus, dass der Arbeitnehmer unter Änderung des Anstellungsvertrages auf einen Teil seines Barlohns verzichtet und ihm der Arbeitgeber stattdessen Sachlohn gewährt. Ob ein Anspruch auf Barlohn oder Sachlohn besteht, ist auf den Zeitpunkt bezogen zu entscheiden, zu dem der Arbeitnehmer über seinen Lohnanspruch verfügt (→ BFH vom 6. 3. 2008 – BStBl II S. 530).

Geltung der Sachbezugswerte

- Die Sachbezugswerte nach der SvEV gelten nach § 8 Abs. 2 Satz 7 EStG auch für Arbeitnehmer, die nicht der gesetzlichen Rentenversicherungspflicht unterliegen. Anhang 4
- Die Sachbezugswerte gelten nicht, wenn die vorgesehenen Sachbezüge durch Barvergütungen abgegolten werden; in diesen Fällen sind grundsätzlich die Barvergütungen zu versteuern (→ BFH vom 16. 3. 1962 – BStBl III S. 284).

Geschenklose

Bewertung von Geschenklosen

(Erlass des FinMin. Saarland vom 10. 2. 2004 – B/2–4–20/04 – S 2334 –)

Verschafft der Arbeitgeber dem Arbeitnehmer mit der Schenkung des Geschenkloses die Teilnahme an einer von einem fremden Dritten durchgeführten Lotterie, so ist in dieser Schenkung der geldwerte Vorteil für den Arbeitnehmer zu sehen. Insoweit wird ihm ein Vorteil für die Beschäftigung eingeräumt und er erspart sich eigenen Aufwand für die Teilnahme an der Lotterie.

Dabei handelt es sich um einen Sachbezug, der nach § 8 Abs. 2 Satz 9 EStG[1]) außer Ansatz bleiben kann, wenn – ggf. zusammen mit anderen Vorteilen – die Freigrenze von derzeit 44 € nicht überschritten wird.

Ein etwaiger Lotteriegewinn steht in keinem Zusammenhang mehr mit dem Arbeitsverhältnis. Ein Veranlassungszusammenhang zwischen dem Gewinn aus einer von einem fremden Dritten veranstalteten Lotterie und dem Arbeitsverhältnis ist zu verneinen, denn der Gewinn ist kein Vorteil der „für" die Beschäftigung geleistet wird. Er ist nicht durch das individuelle Dienstverhältnis veranlasst.

→ Lose

Job-Ticket

→ BMF vom 27. 1. 2004 (BStBl I S. 173), Tz. II.1

- Ein geldwerter Vorteil ist nicht anzunehmen, wenn der Arbeitgeber seinen Arbeitnehmern ein Job-Ticket zu dem mit dem Verkehrsträger vereinbarten Preis überlässt. Ein Sachbezug liegt jedoch vor, soweit der Arbeitnehmer das Job-Ticket darüber hinaus verbilligt oder unentgeltlich vom Arbeitgeber erhält. § 8 Abs. 2 Satz 11 EStG (44-Euro-Freigrenze) findet Anwendung. Die vorstehenden Sätze gelten auch, wenn der Arbeitgeber dem Arbeitnehmer durch Vereinbarung mit einem Verkehrsbetrieb das Recht zum Erwerb einer vergünstigten Jahresnetzkarte (Job-Ticket) einräumt, soweit sich dies für den Arbeitnehmer als Frucht seiner Arbeit für den Arbeitgeber darstellt (→ ***BMF vom 20. 1. 2015 – BStBl I S. 143 und*** BFH vom 14. 11. 2012 – BStBl 2013 II S. 382). → H 8.2 (Sachbezüge von dritter Seite)
- Beispiel:

Üblicher Preis für eine Monatsfahrkarte	100,00 €
Vom Verkehrsträger eingeräumte Job-Ticketermäßigung 10 %	10,00 €
Differenz	90,00 €
davon 96 % (→ R 8.1 Abs. 2 Satz 9)	86,40 €
abzüglich Zuzahlung des Arbeitnehmers	45,00 €
Vorteil	41,40 €

1) Jetzt: § 8 Abs. 2 Satz 11 EStG

Unter der Voraussetzung, dass keine weiteren Sachbezüge i. S. von § 8 Abs. 2 Satz 1 EStG im Monat gewährt werden, die zu einer Überschreitung der 44-Euro-Grenze führen, bleibt der Vorteil von 41,40 € außer Ansatz.

- Gilt das Job-Ticket für einen längeren Zeitraum (z. B. Jahreskarte), fließt der Vorteil insgesamt bei Überlassung des Job-Tickets zu (→ BFH vom 12. 4. 2007 – BStBl II S. 719). Zum Zuflusszeitpunkt → H 38.2 (Zufluss von Arbeitslohn).

(Lohn-)Steuerliche Behandlung und Zuflusszeitpunkt des Sachbezugs „Job-Ticket"

Bayerisches Landesamt für Steuern vom 12. 8. 2015 – S 2334.2.1-98/5 St324 –

1. Allgemeines

Stellt der Arbeitgeber seinen Arbeitnehmern Job-Tickets verbilligt oder unentgeltlich zur Verfügung, liegt grds. ein geldwerter Vorteil (Sachbezug) vor. Ein geldwerter Vorteil ist nicht anzunehmen, wenn der Arbeitgeber seinen Arbeitnehmern ein Job-Ticket zu dem mit dem Verkehrsträger vereinbarten Preis überlässt. Ein Sachbezug liegt jedoch vor, soweit der Arbeitnehmer das Job-Ticket darüber hinaus verbilligt oder unentgeltlich vom Arbeitgeber erhält (vgl. H 8.1 Abs. 1 – 4 „Job-Ticket" LStH).

2. Anwendung der Freigrenze des § 8 Abs. 2 Satz 11 EStG

Maßgebend für die Bewertung des geldwerten Vorteils ist grds. der Wert nach § 8 Abs. 2 Satz 1 EStG (um übliche Preisnachlässe geminderter üblicher Endpreis am Abgabeort). Vgl. hierzu insb. auch Rz. 4 des BMF-Schreibens vom 16. 5. 2013 (BStBl 2013 I S. 729).

Die Anwendung der 44-Euro-Freigrenze des § 8 Abs. 2 Satz 11 EStG (bis einschließlich VZ 2013: § 8 Abs. 2 Satz 9 EStG) ist möglich, wenn der geldwerte Vorteil aus dem Sachbezug „Job-Ticket" nach § 8 Abs. 2 Satz 1 EStG zu bewerten ist. Für die Feststellung, ob die Freigrenze überschritten wird, sind alle in einem Kalendermonat zufließenden und nach § 8 Abs. 2 Satz 1 EStG zu bewertenden Vorteile zusammenzurechnen. Die nach § 8 Abs. 2 Satz 1 EStG zu bewertenden Vorteile, die nach §§ 37b und 40 EStG pauschal lohnversteuert werden, bleiben außer Ansatz (vgl. R 8.1 Abs. 3 Satz 1 und 2 LStR). Zum Zuflusszeitpunkt des Sachbezugs „Job-Ticket" vgl. Tz. 4.

3. Anwendung des Freibetrags des § 8 Abs. 3 EStG

Der geldwerte Vorteil aus dem Sachbezug „Job-Ticket" kann bei Arbeitnehmern eines Verkehrsträgers im Rahmen des § 8 Abs. 3 EStG steuerfrei sein. Auch wenn die Voraussetzungen des § 8 Abs. 3 EStG vorliegen, kann der geldwerte Vorteil aus dem Job-Ticket wahlweise nach § 8 Abs. 2 Satz 1 EStG ohne Bewertungsabschlag und ohne Rabattfreibetrag bewertet werden. Dieses Wahlrecht ist sowohl im Lohnsteuerabzugsverfahren als auch im Veranlagungsverfahren anwendbar (vgl. BMF-Schreiben vom 16. 5. 2013, BStBl 2013 I S. 729).

4. Zuflusszeitpunkt des Sachbezug „Job-Ticket"

Für die Versteuerung des geldwerten Vorteils – insbesondere für die Anwendung der Freigrenze des § 8 Abs. 2 Satz 11 EStG – ist entscheidend, wann der Sachbezug „Job-Ticket" zufließt. Aus gegebenem Anlass wird zum Zuflusszeitpunkt des Sachbezugs „Job-Ticket" auf Folgendes hingewiesen:

Gemäß R 8.1 Abs. 3 Satz 5 LStR ist die 44-Euro-Freigrenze des § 8 Abs. 2 Satz 11 EStG bei der monatlichen Überlassung einer Monatsmarke oder einer monatlichen Fahrberechtigung für ein Job-Ticket anwendbar, auch wenn das Job-Ticket für einen längeren Zeitraum gilt. Hiervon sind z. B. umfasst

- Fälle, in denen tatsächlich monatliche Tickets („Monatsmarken") monatlich ausgehändigt werden, oder
- Tickets, welche an sich für einen längeren Zeitraum gelten, aber jeden Monat „aktiviert/ freigeschalten" werden.

Sehen die Tarif- und Nutzungsbestimmungen für ein Job-Ticket vor, dass die jeweilige monatliche Fahrberechtigung durch die rechtzeitige monatliche Zahlung erworben wird, fließt der geldwerte Vorteil aus dem Sachbezug „Job-Ticket" monatlich – und nicht bei Kauf/Teilnahmeerklärung für den gesamten Gültigkeitszeitraum – zu.

Beispiel:

Der Arbeitnehmer erhält von seinem Arbeitgeber zum 1. 1. 2014 unentgeltlich eine Fahrkarte für die Nutzung öffentlicher Verkehrsmittel für die Strecke zwischen Wohnung und erster Tätigkeitsstätte („Job-Ticket"). Die Karte hat den Aufdruck „gültig bis 31. 12. 2015". Nach den Tarifbestimmungen des Verkehrsanbieters wird während der Gültigkeitsdauer

1. 1. 2014 – 31. 12. 2015 die monatliche Fahrberechtigung durch die rechtzeitige monatliche Zahlung erworben. Nach der zutreffenden Berechnung des Arbeitgebers beträgt der geldwerte Vorteil aus dem Sachbezug „Job-Ticket" monatlich 42 Euro. Weitere Sachbezüge liegen nicht vor.

Die 44-Euro-Freigrenze für Sachbezüge (§ 8 Abs. 2 Satz 11 EStG) ist anwendbar. Da es sich um die monatliche Fahrberechtigung eines Job-Tickets handelt, das für einen längeren Zeitraum gilt (R 8.1 Abs. 3 Satz 5 LStR), fließt der geldwerte Vorteil aus dem Sachbezug monatlich zu. Da der geldwerte Vorteil von monatlich 42 Euro die 44-Euro-Freigrenze nicht übersteigt, ist er nicht zu versteuern.

5. Anrufungsauskünfte (§ 42e EStG)

Entsprechende Anträge auf Erteilung einer Anrufungsauskunft (§ 42e EStG) bitte ich in diesem Sinne zu erteilen.

Rabatte von dritter Seite

→ ***BMF vom 20. 1. 2015 (BStBl I S. 143)***

→ H 8.2 (Sachbezüge von dritter Seite)

Rundfunk- und Fernsehgeräte

Steuerliche Behandlung der Überlassung von Rundfunk- und Fernsehgeräten durch Arbeitgeber an ihre Arbeitnehmer

(Erlass des FinMin Schleswig-Holstein vom 12. 10. 2001 – VI 306 – S 2334 – 236 –)

Überläßt der Arbeitgeber (z. B. die Deutsche Telekom AG oder eine Rundfunkanstalt) oder aufgrund des Dienstverhältnisses ein Dritter dem Arbeitnehmer Rundfunk- oder Fernsehgeräte (einschließlich Videogeräte) unentgeltlich zur privaten Nutzung, so ist der darin liegende Sachbezug mit dem Betrag zu bewerten, der dem Arbeitnehmer für die Nutzung eigener Geräte des gleichen Typs an Aufwendungen entstanden wäre. Nach § 8 Abs. 2 Satz 8 EStG wird hiermit als monatlicher Durchschnittswert der privaten Nutzung 1 v. H. des auf volle 100 Euro abgerundeten Kaufpreises des jeweiligen Geräts festgesetzt. Kaufpreis in diesem Sinne ist die im Zeitpunkt der Inbetriebnahme des genutzten Geräts unverbindliche Preisempfehlung (Listenpreis) einschließlich Umsatzsteuer. Wird Befreiung von den Rundfunk- und Fernsehgebühren eingeräumt, ist die Gebührenersparnis zusätzlich als Sachbezug zu erfassen, soweit nicht § 8 Abs. 3 EStG anzuwenden ist.

Die vorstehende Regelung ist bei Überlassung von Rundfunk- und Fernsehgeräten an Rundfunkratsmitglieder sinngemäß anzuwenden.

Dieser Erlaß ergeht mit Zustimmung des Bundesministers der Finanzen und im Einvernehmen mit den obersten Finanzbehörden der anderen Länder; er ist erstmals für das Kalenderjahr 2002 anzuwenden.

Sachbezugswerte

Übersicht über die anteiligen Sachbezugswerte für Verpflegung und Unterkunft des Kalenderjahres 2016

Tabelle 1
Sachbezugswerte 2016 für freie Verpflegung

Personenkreis		Frühstück EUR	Mittagessen EUR	Abendessen EUR	Verpflegung insgesamt EUR
Arbeitnehmer einschließlich Jugendliche u. Auszubildende	mtl. ktgl.	50,00 1,67	93,00 3,10	93,00 3,10	236,00 7,87
Volljährige Familienangehörige	mtl. ktgl.	50,00 1,67	93,00 3,10	93,00 3,10	236,00 7,87
Familienangehörige vor Vollendung des 18. Lebensjahres	mtl. ktgl.	40,00 1,34	74,40 1,34	74,40 2,48	188,88 6,30
Familienangehörige vor Vollendung des 14. Lebensjahres	mtl. ktgl.	20,00 0,67	37,20 1,24	37,20 1,24	94,40 3,15
Familienangehörige vor Vollendung des 7. Lebensjahres	mtl. ktgl.	15,00 0,50	27,90 0,93	27,90 0,93	70,80 2,36

Tabelle 2
Sachbezugswerte 2016 für freie Unterkunft

Sachverhalt		Unterkunft allgemein	Aufnahme im Arbeitgeberhaushalt/ Gemeinschaftsunterkunft
Unterkunft belegt mit		EUR	EUR
volljährige Arbeitnehmer			
1 Beschäftigtem	mtl. ktgl.	223,00 7,43	189,55 6,32
2 Beschäftigten	mtl. ktgl.	133,80 4,46	100,35 3,34
3 Beschäftigten	mtl. ktgl.	111,50 3,72	78,05 2,60
mehr als 3 Beschäftigten	mtl. ktgl.	89,20 2,97	55,75 1,86
Jugendliche/Auszubildende			
1 Beschäftigtem	mtl. ktgl.	189,55 6,32	156,10 5,20
2 Beschäftigten	mtl. ktgl.	100,35 3,34	66,90 2,23
3 Beschäftigten	mtl. ktgl.	78,05 2,60	44,60 1,49
mehr als 3 Beschäftigten	mtl. ktgl.	55,75 1,86	22,30 0,74

Erläuterungen

Für die Ermittlung des anzusetzenden Sachbezugswertes für einen Teil-Entgeltabrechnungszeitraum sind die jeweiligen Tagesbeträge mit der Anzahl der Kalendertage zu multiplizieren.

Beispiel:

Ein Arbeitnehmer (17 Jahre) nimmt am 15.01. eine Beschäftigung in den alten Bundesländern auf und wird bei freier Verpflegung und freier Unterkunft in den Arbeitgeberhaushalt aufgenommen.

Verpflegung:	7,87 EUR × 17 Tage = 133,79 EUR
Unterkunft:	5,20 EUR × 17 Tage = 88,40 EUR
Sachbezugswert insgesamt:	222,19 EUR

Wäre es nach Lage des Einzelfalles unbillig, den Wert der Unterkunft nach den Tabellenwerten zu bestimmen, kann die Unterschrift nach § 2 Abs. 3 Satz 3 Sozialversicherungsentgeltverordnung mit dem ortsüblichen Mietpreis bewertet werden.

Eine **Aufnahme in den Arbeitgeberhaushalt** liegt vor, wenn der Arbeitnehmer sowohl in die Wohnungs- als auch in die Verpflegungsgemeinschaft des Arbeitgebers aufgenommen wird. Bei ausschließlicher Zurverfügungstellung von Unterkunft liegt dagegen keine „Aufnahme" in den Arbeitgeberhaushalt vor, so dass der ungekürzte Unterkunftswert anzusetzen ist.

Eine **Gemeinschaftsunterkunft** stellen z. B. Lehrlingswohnheime, Schwesternwohnheime, Kasernen etc. dar. Charakteristisch für Gemeinschaftsunterkünfte sind gemeinschaftlich zu nutzende Wasch- bzw. Duschräume, Toiletten und ggf. Gemeinschafts-Küche oder Kantine. Allein eine Mehrfachbelegung einer Unterkunft hat dagegen nicht die Bewertung als Gemeinschaftsunterkunft zur Folge; vielmehr wird der Mehrfachbelegung bereits durch gesonderte Abschläge Rechnung getragen.

Für **freie Wohnung** ist kein amtlicher Sachbezugswert festgesetzt. Vielmehr ist für freie Wohnung grundsätzlich der **ortsübliche Mietpreis** anzusetzen. Eine Wohnung ist im Gegensatz zur Unterkunft eine in sich geschlossene Einheit von Räumen, in denen ein selbständiger Haushalt geführt werden kann. Wesentlich ist, dass eine Wasserversorgung und -entsorgung, zumindest eine einer Küche vergleichbare Kochgelegenheit sowie eine Toilette vorhanden sind. Danach stellt z. B. ein Einzimmerappartement mit Küchenzeile und WC als Nebenraum eine Wohnung dar, während bei Mitbenutzung von Bad, Toilette und Küche lediglich eine Unterkunft vorliegt. Wird mehreren Arbeitnehmern eine Wohnung zur gemeinsamen Nutzung (Wohngemeinschaft) zur Verfügung gestellt, liegt insoweit nicht freie Wohnung, sondern lediglich freie Unterkunft vor.

Ist die Feststellung des ortsüblichen Mietpreises mit außerordentlichen Schwierigkeiten verbunden, kann die Wohnung mit **3,92 EUR monatlich je Quadratmeter** bzw. bei einfacher Ausstattung (ohne Sammelheizung oder ohne Bad oder Dusche) mit 3,20 EUR monatlich je Quadratmeter bewertet werden.

Bei der Gewährung von unentgeltlichen oder verbilligten **Mahlzeiten im Betrieb** (§ 40 Abs. 2 Satz 1 Nr. 1 EStG) sind sowohl für volljährige Arbeitnehmer als auch für Jugendliche und Auszubildende nachstehende Beträge anzusetzen:

Frühstück	1,67 EUR
Mittag-/Abendessen	3,10 EUR

→ Geltung der Sachbezugswerte

→ Wert von Mahlzeiten (H 8.1 (7))

Sachbezugswerte im Bereich der Seeschifffahrt und Fischerei

→ Gleichlautende Erlasse der Länder Bremen, Hamburg, Mecklenburg-Vorpommern, Niedersachsen und Schleswig-Holstein, die im BStBl I veröffentlicht werden.

Gleich lautende Erlasse der obersten Finanzbehörden der Länder Bremen, Hamburg, Mecklenburg-Vorpommern, Niedersachsen und Schleswig-Holstein betreffend die Bewertung der Beköstigung im Bereich der Seeschifffahrt (Kauffahrtei) und im Bereich der Fischerei für Zwecke des Steuerabzugs vom Arbeitslohn

für die Zeit ab 1. Januar 2014

vom 15. Juni 2015 (BStBl I S. 512)

Der Wert des Sachbezugs „Beköstigung für Zwecke der Sozialversicherung für alle Bereiche in der Seefahrt (Kauffahrtei und Fischerei)" wird vom zuständigen Ausschuss der Berufsgenossenschaft für Transport und Verkehrswirtschaft festgesetzt.

Steuerliche Erfassung der Sachbezugswerte

Im Hinblick auf die Reform des steuerlichen Reisekostenrechts ab dem 1. Januar 2014 gilt Folgendes:

1. Erhalten Seeleute an Bord (Auswärtstätigkeit) Mahlzeiten, für die nach § 8 Absatz 2 Satz 8 EStG eine Versteuerung mit dem Sachbezugswert vorzunehmen ist, ist der von dem Ausschuss der Berufsgenossenschaft für Transport und Verkehrswirtschaft festgesetzte Wert des Sachbezugs für die Besteuerung des Arbeitslohns zugrunde zu legen.
2. Ein Ansatz des Wertes einer Mahlzeit – und damit die Besteuerung als Arbeitslohn – unterbleibt, wenn für die Seeleute für ihnen entstehende Mehraufwendungen für Verpflegung nach § 9 Absatz 4a Satz 1 bis 7 EStG ein Werbungskostenabzug in Betracht käme (§ 8 Absatz 2 Satz 9 EStG). Der Werbungskostenabzug ist insoweit nach § 9 Abs. 4a Satz 8 ff. EStG ausgeschlossen (BMF vom 24. Oktober 2014 Rz. 64 und 73 ff., BStBl I 2014 S. 1412).
3. Erhalten Seeleute keine Bordverpflegung oder nur eine Teilverpflegung an Bord, können sie unter den in § 9 Absatz 4a EStG genannten Voraussetzungen für die Mehraufwendungen für Verpflegung eine Verpflegungspauschale gem. § 3 Nr. 16 EStG steuerfrei vom Arbeitgeber erhalten oder entsprechend den (Differenz-)Betrag als Werbungskosten geltend machen (§ 9 Absatz 4a Sätze 8 ff. EStG).
4. Seeleute können eine Barvergütung für Verpflegung erhalten (z. B. bei tageweiser auswärtiger Beschäftigung, bei tariflich vorgesehener Umschaufrist, bei Krankheit oder für die Zeit des Urlaubs – auch wenn mehrere Urlaubsansprüche in einem Kalenderjahr zusammenfallen –). Soweit die Voraussetzungen für die Gewährung einer Verpflegungspauschale nach § 9 Absatz 4a EStG nicht vorliegen, ist die Barvergütung in voller Höhe steuerpflichtig.
5. Die Dreimonatsfrist für die Beurteilung, ob Verpflegungsmehraufwendungen als Werbungskosten berücksichtigt oder steuerfrei erstattet werden können, kommt bei Fahrtätigkeiten nicht zur Anwendung (BMF vom 24. Oktober 2014 Rz. 56, a. a. O.).

Inkrafttreten

Dieser Erlass ersetzt den Erlass vom 28. Februar 2014 (BStBl I 2014 S. 569).

Es ist nicht zu beanstanden, wenn in Fällen der Nr. 4 die Barvergütung mit dem Sachbezugswert angesetzt wird, die der zuständige Ausschuss der Berufsgenossenschaft für Transport und Verkehrswirtschaft mit Wirkung ab 1. Januar 2014

- für alle Bereiche in der Seefahrt (Kauffahrtei und Fischerei) auf monatlich 228,00 Euro,
- für die Teilverpflegung in der Kauffahrtei sowie in der Kleinen Hochsee- und Küstenfischerei monatlich für Frühstück auf 48,00 Euro bzw. Mittag- und Abendessen jeweils auf 90,00 Euro und
- für die Beköstigung der Kanalsteurer auf monatlich 45,00 Euro, für halbpartfahrende Kanalsteurer auf monatlich 22,50 Euro und für Kanalsteureranwärter auf monatlich 24,00 Euro

festgesetzt hat.

Ein Ansatz mit dem Sachbezugswert ist nur zulässig, wenn die Vergütung anstelle der vorgesehenen Sachbezüge nur gelegentlich oder vorübergehend bar ausgezahlt wird. Dies gilt jedoch nicht, wenn bei Beendigung des Heuerverhältnisses Verpflegungsgeld für abgegoltene Urlaubstage ausgezahlt wird.

Diese Nichtbeanstandungsregelung gilt für laufenden Arbeitslohn, der für einen vor dem 1. Januar 2016 endenden Lohnzahlungszeitraum gezahlt wird, und bei sonstigen Bezügen, die den Seeleuten vor dem 1. Januar 2016 zufließen.

Die Senatorin für Finanzen der Freien Hansestadt Bremen – 900 – S 2334 – 1/2014-6/2015 – 11-2

Finanzbehörde der Freien und Hansestadt Hamburg – S 2334 – 2015/006 – 52

Finanzministerium Mecklenburg-Vorpommern – IV 301 – S 2334 – 00000 – 2010/002-007

Niedersächsisches Finanzministerium – S 2334 – 4 – 3332

Finanzministerium des Landes Schleswig-Holstein – VI 3212 – S 2334 – 199

Sicherungsmaßnahmen

Lohnsteuerliche Behandlung der Aufwendungen des Arbeitgebers für sicherheitsgefährdete Arbeitnehmer; Sicherheitsmaßnahmen

(BMF-Schreiben vom 30. 6. 1997, BStBl I S. 696)

Es ist gefragt worden, wie die vom Arbeitgeber getragenen oder ersetzten Aufwendungen für Sicherheitsmaßnahmen bei Arbeitnehmern, die aufgrund ihrer beruflichen Position den Angriffen gewaltbereiter politisch motivierter Personen ausgesetzt sind **(Positionsgefährdung)**, lohnsteuerlich zu behandeln sind. Nach dem Ergebnis der Erörterungen mit den obersten Finanzbehörden der Länder gilt folgendes:

1. Aufwendungen des Arbeitgebers für das ausschließlich mit dem Personenschutz befaßte Personal führen nicht zu steuerpflichtigem Arbeitslohn der zu schützenden Person, weil diese Aufwendungen im ganz überwiegenden eigenbetrieblichen Interesse des Arbeitgebers liegen und der Arbeitnehmer durch diese „aufgedrängten" Leistungen nicht bereichert wird.
2. Bei den Aufwendungen des Arbeitgebers für den Einbau von Sicherheitseinrichtungen (Grund- und Spezialschutz) in eine Mietwohnung oder in ein selbstgenutztes Wohneigentum zum Schutze **positionsgefährdeter Arbeitnehmer**, beurteilt sich die Frage, ob diese Aufwendungen steuerpflichtiger Arbeitslohn sind oder im ganz überwiegenden eigenbetrieblichen Interesse des Arbeitgebers liegen, nach dem Maß der Gefährdung des einzelnen Arbeitnehmers. Für die steuerliche Behandlung ist es unerheblich, ob die Sicherheitseinrichtungen in das Eigentum des Arbeitnehmers übergehen oder nicht.
   a) Bei Arbeitnehmern, die durch eine für die Gefährdungsanalyse zuständige Behörde (Sicherheitsbehörde) in die Gefährdungsstufen 1 bis 3 eingeordnet sind, ist davon auszugehen, daß eine Positionsgefährdung vorliegt **(konkrete Positionsgefährdung)**. Für diese Arbeitnehmer ergibt sich durch den Einbau der Sicherheitseinrichtungen grundsätzlich kein steuerpflichtiger Arbeitslohn, weil der Einbau im ganz überwiegenden eigenbetrieblichen Interesse des Arbeitgebers liegt. Bei Arbeitnehmern der Gefährdungsstufe 3 gilt dies allerdings grundsätzlich nur bis zu dem Betrag je Objekt, der vergleichbaren Bundesbediensteten als Höchstbetrag zur Verfügung gestellt wird: dieser beträgt zur Zeit 30 000 DM. Bei höheren Aufwendungen ist von einem ganz überwiegenden eigenbetrieblichen Interesse des Arbeitgebers auszugehen, soweit sie Einrichtungen betreffen, die von der Sicherheitsbehörde empfohlen worden sind.
   b) Bei Arbeitnehmern, für die die Sicherheitsbehörden keine Gefährdungsanalyse erstellen und keine Sicherheitseinrichtungen empfehlen, handelt es sich bei den Aufwendungen

grundsätzlich um steuerpflichtigen Arbeitslohn, es sei denn, eine Positionsgefährdung der Arbeitnehmer ist durch eine oberste Bundes- oder Landesbehörde anerkannt worden oder kann anderweitig nachgewiesen oder glaubhaft gemacht werden **(abstrakte Positionsgefährdung)**. In diesem Fall ist bei einem Einbau von Sicherheitseinrichtungen bis zu einem Betrag von 15 000 DM je Objekt von einem ganz überwiegenden eigenbetrieblichen Interesse des Arbeitgebers auszugehen.

Die in Buchstabe a und b bezeichneten Höchstbeträge gelten auch, wenn die Aufwendungen je Objekt auf verschiedene Veranlagungszeiträume verteilt werden. Die steuerpflichtigen Vorteile fließen dem Arbeitnehmer beim Einbau sofort als Arbeitslohn zu. Eine spätere Änderung der Gefährdungsstufe löst keine steuerlichen Konsequenzen aus (z. B. Erfassung eines Vorteils nach Herabsetzung, kein negativer Arbeitslohn bei Heraufsetzung der Gefährdungsstufe), es sei denn, sie erfolgt noch innerhalb des Jahres, in dem die Sicherheitseinrichtungen eingebaut worden sind. Die dem Arbeitgeber entstehenden Betriebs- und Wartungskosten teilen steuerlich das Schicksal der Einbaukosten. Sie sind gegebenenfalls nur anteilig nach dem Verhältnis des steuerpflichtigen Anteils an den Gesamtkosten steuerpflichtig.

3. Ersetzt der Arbeitgeber dem Arbeitnehmer Aufwendungen für Sicherheitseinrichtungen oder mit diesen Einrichtungen verbundene laufende Betriebs- oder Werbungskosten, ist der Ersatz unter den Voraussetzungen der Nummer 2 ebenfalls kein steuerpflichtiger Arbeitslohn, gegebenenfalls nur anteilig nach dem Verhältnis des nicht steuerpflichtigen Anteils an den Gesamteinbaukosten. Dies gilt allerdings nur dann, wenn die Aufwendungen in zeitlichem Zusammenhang mit dem Einbau bzw. der Zahlung durch den Arbeitnehmer ersetzt werden; andernfalls ist der Aufwendungsersatz steuerpflichtiger Arbeitslohn.
4. Nicht vom Arbeitgeber ersetzte Aufwendungen des Arbeitnehmers für Sicherheitseinrichtungen gehören zu den Kosten der Lebensführung und dürfen aufgrund des Aufteilungs- und Abzugsverbots des § 12 Nr. 1 Satz 2 EStG nicht als Werbungskosten bei den Einkünften aus nichtselbständiger Arbeit abgezogen werden. Werden Aufwendungen teilweise durch den Arbeitgeber ersetzt, gilt das Abzugsverbot auch für die nicht ersetzten Aufwendungen.
5. Diese Regelung gilt allgemein ab dem 1. Januar 1997. Sie kann zugunsten des Arbeitnehmers in offenen Fällen auch rückwirkend angewandt werden. Abweichende Regelungen sind nicht mehr anzuwenden.

Üblicher Endpreis

- → BMF vom 16. 5. 2013 (BStBl I S. 729, Tz. 3.1) Anhang 36
- Beim Erwerb eines Gebrauchtwagens vom Arbeitgeber ist nicht auf den Händlereinkaufspreis abzustellen, sondern auf den Preis, den das Fahrzeug unter Berücksichtigung der vereinbarten Nebenleistungen auf dem Gebrauchtwagenmarkt tatsächlich erzielen würde (Händlerverkaufspreis). Wird zur Bestimmung des üblichen Endpreises eine Schätzung erforderlich, kann sich die Wertermittlung an den im Rechtsverkehr anerkannten Marktübersichten für gebrauchte Pkw orientieren (→ BFH vom 17. 6. 2005 – BStBl II S. 795).
- Der Wert einer dem Arbeitnehmer durch den Arbeitgeber zugewandten Reise kann grundsätzlich anhand der Kosten geschätzt werden, die der Arbeitgeber für die Reise aufgewendet hat. Sofern sich ein Beteiligter auf eine abweichende Wertbestimmung beruft, muss er konkret darlegen, dass eine Schätzung des üblichen Endpreises am Abgabeort nach den aufgewandten Kosten dem objektiven Wert der Reise nicht entspricht (→ BFH vom 18. 8. 2005 – BStBl 2006 II S. 30).

Wandeldarlehensvertrag

Der geldwerte Vorteil bemisst sich im Falle der Ausübung des Wandlungsrechts aus der Differenz zwischen dem Börsenpreis der Aktien an dem Tag, an dem der Arbeitnehmer die wirtschaftliche Verfügungsmacht über die Aktien erlangt, und den Erwerbsaufwendungen (→ BFH vom 23. 6. 2005 – BStBl II S. 770 und vom 20. 5. 2010 – BStBl II S. 1069).

Wandelschuldverschreibung

→ H 38.2

Warengutscheine

- **Beispiel**

  Der Arbeitgeber räumt seinem Arbeitnehmer das Recht ein, einmalig zu einem beliebigen Zeitpunkt bei einer Tankstelle auf Kosten des Arbeitgebers gegen Vorlage einer Tankkarte bis zu einem Betrag von 44 € zu tanken. Der Arbeitnehmer tankt im Februar für 46 €; der Betrag wird vom Konto des Arbeitgebers abgebucht.

Unter der Voraussetzung, dass der Arbeitnehmer von seinem Arbeitgeber nicht anstelle der ausgehändigten Tankkarte Barlohn verlangen kann, liegt im Februar ein Sachbezug in Höhe der zugesagten 44 € vor. Er ist steuerfrei nach § 8 Abs. 2 Satz 11 EStG (44-Euro-Freigrenze), wenn dem Arbeitnehmer in diesem Monat keine weiteren Sachbezüge gewährt werden und der Arbeitgeber die übersteigenden 2 € vom Arbeitnehmer einfordert. Ein Abschlag von 4 % (→ R 8.1 Abs. 2 Satz 3) ist nicht vorzunehmen, wenn der Sachbezug durch eine (zweckgebundene) Geldleistung des Arbeitgebers verwirklicht wird oder ein Warengutschein mit Betragsangabe hingegeben wird (→ R 8.1 Abs. 2 Satz 4).

– **Zum Zuflusszeitpunkt** bei Warengutscheinen → R 38.2 Abs. 3

Warengutscheine, Tankgutscheine, Abgrenzung Barlohn/Sachbezug

Lohnsteuerliche Behandlung von Warengutscheinen

Anwendung der BFH-Urteile vom 11. November 2010 – VI R 21/09 – BStBl II 2011, 383, VI R 27/09 – BStBl II 2011, 386 und VI R 41/10 – BStBl II 2011, 389 –

(Verfügung der OFD Frankfurt vom 28. 4. 2011 – S 2334 A-97-St 211 –)

Mit den o. a. Urteilen vom 11. November 2010 hat der BFH teilweise unter Änderung seiner bisherigen Rechtsprechung (BFH-Urteil vom 27. Oktober 2004, BStBl II 2005, Seite 137) zur Abgrenzung zwischen Barlohn und Sachlohn neue Rechtsgrundsätze aufgestellt. In den vom BFH entschiedenen Streitfällen hatten Arbeitgeber etwa ihren Arbeitnehmern das Recht eingeräumt, auf ihre Kosten gegen Vorlage einer Tankkarte bei einer bestimmten Tankstelle bis zu einem Höchstbetrag von 44 € monatlich zu tanken oder die Arbeitnehmer hatten anlässlich ihres Geburtstages Geschenkgutscheine einer großen Einzelhandelskette über 20 € von ihrem Arbeitgeber erhalten oder durften mit vom Arbeitgeber ausgestellten Tankgutscheinen bei einer Tankstelle ihrer Wahl 30 Liter Treibstoff tanken und sich die Kosten dafür von ihrem Arbeitgeber erstatten lassen.

1. Rechtsgrundsätze der BFH-Entscheidungen:

– Ob Barlohn oder Sachlohn vorliegt, entscheide sich nach dem Rechtsgrund des Zuflusses. Entscheidend sei, was der Arbeitnehmer vom Arbeitgeber auf Grundlage der arbeitsvertraglichen Vereinbarungen beanspruchen könne. Es komme nicht darauf an, auf welche Art und Weise der Arbeitgeber den Anspruch erfülle und seinem Arbeitnehmer den zugesagten Vorteil verschaffe. Sachbezug im Sinne des § 8 Absatz 2 Sätze 1 und 9 EStG ist danach: jede nicht in Geld bestehende Einnahme,
– eine Zahlung des Arbeitgebers an den Arbeitnehmer, die mit der Auflage verbunden ist, den empfangenen Geldbetrag nur in einer bestimmten Weise zu verwenden (Änderung der Rechtsprechung zu zweckgebundenen Geldleistungen, vgl. H 8.1 (1 – 4) „Geldleistung oder Sachbezug", 1. Anstrich LStH 2011),
– ein dem Arbeitnehmer durch den Arbeitgeber eingeräumtes Recht, bei einer bestimmten (– VI R 27/09 –) oder beliebigen (– VI R 41/10 –) Tankstelle zu tanken,
– ein Gutschein über einen in Euro lautenden Höchstbetrag für Warenbezug (entgegen R 8.1 Absatz 1 Satz 7 LStR 2011, H 8.1 (1 – 4) „Warengutscheine" LStH 2011).

Der BFH hat seine Auffassung bestätigt, dass Barlohn und kein Sachbezug im Sinne des § 8 Absatz 2 Sätze 1 und 9 EStG vorliegt, wenn

– der Arbeitnehmer einen Anspruch gegenüber dem Arbeitgeber hat, ihm anstelle der Sache den Barlohn in Höhe des Werts des Sachbezugs auszubezahlen, selbst wenn der Arbeitgeber die Sache zuwendet (vgl. H 8.1 (1 – 4) „Geldleistung oder Sachbezug", 3. Anstrich LStH 2011).
– es sich um im Inland gültige gesetzliche Zahlungsmittel oder Zahlungen in einer gängigen, frei konvertiblen und im Inland handelbaren ausländischen Währung handelt (vgl. R 8.1 Absatz 1 Satz 6 LStR 2011, H 8.1 (1 – 4) „Ausländische Währung" LStH 2011).

2. Anwendung der BFH-Entscheidungen nach Auffassung der Verwaltung:

Mit der amtlichen Veröffentlichung dieser Urteile im Bundessteuerblatt Teil II sind die darin dargestellten Grundsätze zur Unterscheidung von Barlohn und Sachlohn in allen offenen Fällen anzuwenden. Die Regelung in R 8.1 Absatz 2 Satz 9 LStR 2008, den geldwerten Vorteil mit 96 % des Endpreises anzusetzen, ist nicht anzuwenden, wenn deren Voraussetzungen nicht gegeben sind, weil kein Bewertungserfordernis besteht, z. B. bei der Hingabe von zweckgebundenen Geldleistungen oder Warengutscheinen mit Betragsangabe.

3. Umsatzsteuerliche Auswirkung der Rechtsprechungsänderung:

Die geänderte lohnsteuerliche Beurteilung dieser Sachverhalte führt zu einer Änderung der umsatzsteuerlichen Beurteilung. Es liegen steuerbare und steuerpflichtige entgeltliche Leistungen im Sinne des § 1 Abs. 1 Satz 1 Nr. 1 UStG (i. V. m. R 12 Abs. 1 UStR) vor. Die Bemessungsgrundlage richtet sich regelmäßig nach § 10 Abs. 4 i. V. m. Abs. 5 Nr. 2 UStG (Mindestbemessungsgrundlage).

Zinsersparnisse

→ Arbeitgeberdarlehen

→ R 3.11 Abs. 2 LStR → BMF vom 2. 11. 2011 (BStBl I S. 785)

Zukunftssicherungsleistungen

Die 44-Euro-Freigrenze ist nicht anwendbar (→ BMF vom 10. 10. 2013 – BStBl I S. 1301).

Zukunftssicherungsleistungen und 44-Euro-Freigrenze

(BMF-Schreiben vom 10. 10. 2013 – BStBl I S. 1301)

Es wurde die Frage aufgeworfen, ob für Beiträge des Arbeitgebers für die Zukunftssicherung des Arbeitnehmers (z. B. private Pflegezusatzversicherung und Krankentagegeldversicherung) die 44-Euro-Freigrenze für Sachbezüge (§ 8 Absatz 2 Satz 9 EStG; ab 2014: § 8 Absatz 2 Satz 11 EStG) anzuwenden ist.

Unter Bezugnahme auf das Ergebnis der Erörterung mit den obersten Finanzbehörden der Länder wird auf Folgendes hingewiesen:

Arbeitslohn sind alle Einnahmen, die dem Arbeitnehmer aus dem Dienstverhältnis zufließen (§ 19 EStG, § 2 Absatz 1 LStDV 1990). Zum Arbeitslohn gehören auch Ausgaben, die ein Arbeitgeber leistet, um einen Arbeitnehmer oder diesem nahestehende Personen für den Fall der Krankheit, des Unfalls, der Invalidität, des Alters oder des Todes abzusichern Zukunftssicherung (§ 2 Absatz 2 Nummer 3 Satz 1 LStDV 1990).

Dem Arbeitnehmer fließt Arbeitslohn in Form von Barlohn zu, wenn er Versicherungsnehmer ist und der Arbeitgeber die Beiträge des Arbeitnehmers übernimmt (BFH-Urteile vom 26. November 2002 VI R 161/01, BStBl 2003 II Seite 331 und vom 13. September 2007 VI R 26/04, BStBl 2008 II Seite 204).

Auch wenn der Arbeitgeber Versicherungsnehmer ist und die versicherte Person der Arbeitnehmer, führt die Beitragszahlung des Arbeitgebers in der Regel zum Zufluss von Barlohn. Die 44-Euro-Grenze ist damit nicht anzuwenden.

Der BFH führt in ständiger Rechtsprechung aus, dass die Arbeitslohnqualität von Zukunftssicherungsleistungen, bei denen die Leistung des Arbeitgebers an einen Dritten (Versicherer) erfolgt, davon abhängt, ob sich der Vorgang wirtschaftlich betrachtet so darstellt, als ob der Arbeitgeber dem Arbeitnehmer Mittel zur Verfügung gestellt und der Arbeitnehmer sie zum Zweck seiner Zukunftssicherung verwendet hat (zuletzt BFH-Urteil vom 5. Juli 2012 – VI R 11/11, BStBl 2013 II Seite 190). Stellt der Arbeitgeber dem Arbeitnehmer – wirtschaftlich betrachtet – die Beiträge zur Verfügung, ist eine Qualifizierung als Barlohn gerechtfertigt.

An der Qualifizierung als Barlohn ändert auch das BFH-Urteil vom 14. April 2011 VI R 24/10 (BStBl II Seite 767) nichts. Der BFH hatte entschieden, dass die Gewährung von Krankenversicherungsschutz in Höhe der geleisteten Beiträge Sachlohn ist, wenn der Arbeitnehmer aufgrund des Arbeitsvertrags von seinem Arbeitgeber ausschließlich Versicherungsschutz und nicht auch eine Geldzahlung verlangen kann.

Die Anwendung der 44-Euro-Freigrenze auf Zukunftssicherungsleistungen würde im Übrigen auch zu Wertungswidersprüchen im Rahmen der betrieblichen Altersversorgung führen, in der die Steuerfreistellung der Arbeitgeberbeiträge über § 3 Nummer 56 und 63 EStG in eine nachgelagerte Besteuerung nach § 22 Nummer 5 EStG mündet. Bei Zukunftssicherungsleistungen gilt im Einkommensteuerrecht ein eigenes Freistellungssystem, dem die 44-Euro-Freigrenze wesensfremd ist.

Die vorstehenden Grundsätze sind erstmals auf den laufenden Arbeitslohn anzuwenden, der für einen nach dem 31. Dezember 2013 endenden Lohnzahlungszeitraum gezahlt wird, und auf sonstige Bezüge, die nach dem 31. Dezember 2013 zufließen.

Unterkunft oder Wohnung

R 8.1 (5)

(5) [1]Für die Bewertung einer Unterkunft, die keine Wohnung ist (→ Absatz 6 Satz 2 bis 4), ist der amtliche Sachbezugswert nach der SvEV maßgebend, soweit nicht zulässigerweise § 8 Abs. 3 EStG angewandt wird. [2]Dabei ist der amtliche Sachbezugswert grundsätzlich auch dann anzusetzen, wenn der Arbeitgeber die dem Arbeitnehmer überlassene Unterkunft gemietet und ggf. mit Einrichtungsgegenständen ausgestattet hat. [3]Eine Gemeinschaftsunterkunft liegt vor, wenn die Anhang 4

Unterkunft beispielsweise durch Gemeinschaftswaschräume oder Gemeinschaftsküchen Wohnheimcharakter hat oder Zugangsbeschränkungen unterworfen ist.

R 8.1 (6)

(6) [1]Soweit nicht zulässigerweise § 8 Abs. 3 EStG angewandt wird, ist für die Bewertung einer Wohnung der ortsübliche Mietwert maßgebend. [2]Eine Wohnung ist eine in sich geschlossene Einheit von Räumen, in denen ein selbständiger Haushalt geführt werden kann. [3]Wesentlich ist, dass eine Wasserversorgung und -entsorgung, zumindest eine einer Küche vergleichbare Kochgelegenheit sowie eine Toilette vorhanden sind. [4]Danach stellt z. B. ein Einzimmerappartement mit Küchenzeile und WC als Nebenraum eine Wohnung dar, dagegen ist ein Wohnraum bei Mitbenutzung von Bad, Toilette und Küche eine Unterkunft. [5]Als ortsüblicher Mietwert ist die Miete anzusetzen, die für eine nach Baujahr, Art, Größe, Ausstattung, Beschaffenheit und Lage vergleichbare Wohnung üblich ist (Vergleichsmiete). [6]In den Fällen, in denen der Arbeitgeber vergleichbare Wohnungen in nicht unerheblichem Umfang an fremde Dritte zu einer niedrigeren als der üblichen Miete vermietet, ist die niedrigere Miete anzusetzen. [7]Die Vergleichsmiete gilt unabhängig davon, ob die Wohnung z. B. als Werks- und Dienstwohnung im Eigentum des Arbeitgebers oder dem Arbeitgeber auf Grund eines Belegungsrechts zur Verfügung steht oder von ihm angemietet worden ist. [8]Gesetzliche Mietpreisbeschränkungen sind zu beachten. [9]Stehen solche einem Mieterhöhungsverlangen entgegen, gilt dies jedoch nur, soweit die maßgebliche Ausgangsmiete den ortsüblichen Mietwert oder die gesetzlich zulässige Höchstmiete nicht unterschritten hat. [10]Überlässt der Arbeitgeber dem Arbeitnehmer im Rahmen einer Auslandstätigkeit eine Wohnung im Ausland, deren ortsübliche Miete 18 % des Arbeitslohns ohne Kaufkraftausgleich übersteigt, ist diese Wohnung mit 18 % des Arbeitslohns ohne Kaufkraftausgleich zuzüglich 10 % der darüber hinausgehenden ortsüblichen Miete zu bewerten.

H 8.1 (5–6)

Hinweise

Dienstwohnung

Lohn- und einkommensteuerliche Behandlung der Pfarrdienstwohnungen

(OFD Frankfurt/Main vom 16. 1. 2015 – S 2334 A-49-St 211 –)

1. Grundsatz

Wird einem Arbeitnehmer von seinem Arbeitgeber eine Wohnung unentgeltlich oder teilentgeltlich zur Verfügung gestellt, stellt diese Überlassung einen geldwerten Vorteil dar, der als Arbeitslohn zu erfassen ist (§ 19 i. V. m. § 8 Abs. 1 EStG). Die Bewertung des geldwerten Vorteils richtet sich gemäß § 8 Abs. 2 Satz 1 EStG nach dem um übliche Preisnachlässe geminderten üblichen Endpreis am Abgabeort. Bei Wohnungen ist hierfür der ortsübliche Mietpreis heranzuziehen (R 8.1 Abs. 6 Satz 1 LStR). Dieser bemisst sich nach der Miete, die für eine nach Baujahr, Art, Größe, Ausstattung, Beschaffenheit und Lage vergleichbare Wohnung üblich ist (Vergleichsmiete).

Dieser Grundsatz ist auch bei der Ermittlung des geldwerten Vorteils aus der Überlassung von Pfarrdienstwohnungen anzuwenden. Dabei ist sowohl beim Lohnsteuerabzug als auch bei der Einkommensteuerveranlagung wie folgt zu verfahren:

2. Ermittlung des ortsüblichen Mietpreises

Die Ermittlung des ortsüblichen Mietpreises erfolgt abgestuft nach den in meiner Verfügung ofix: EStG/21/23 genannten Kriterien.

Maßgebend sind die jeweiligen Gesamtumstände des Einzelfalls, die im Rahmen einer auf die jeweilige Dienstwohnung bezogenen Wertermittlung umfänglich gewürdigt werden müssen. Vorbehaltlich einer solchen Einzelfallprüfung wird es in der Regel angemessen sein, bei einer Pfarrdienstwohnung von einer mittleren Ausstattung auszugehen.

Sieht der anzuwendende Mietspiegel oder Mietpreiskalkulator der Ämter für Bodenmanagement und Geoinformation (MIKA) für vergleichbare Wohnungen keine Bandbreite zwischen mehreren Mietwerten vor und ist deshalb der im Mietspiegel oder der MIKA-Datenbank für vergleichbare Wohnungen ausgewiesene Durchschnittswert anzusetzen, sind aus Vereinfachungsgründen keine allgemeinen Zu- oder Abschläge vorzunehmen, auch wenn sich im Gebäude keine weiteren Wohnungen befinden.

3. Abschläge im Einzelfall von dem ermittelten ortsüblichen Mietwert

Etwaige örtlich bedingte Wertminderungen, die bei der Ermittlung des ortsüblichen Mietpreises keine Berücksichtigung gefunden haben, sind in Form von Abschlägen zu berücksichtigen. Die Entscheidung darüber, ob solche Abschläge im Einzelfall gerechtfertigt sind, trifft das jeweilige Wohnsitzfinanzamt. Dabei kann regelmäßig davon ausgegangen werden, dass die Angaben des Steuerpflichtigen vollständig und richtig sind. Das Finanzamt kann entsprechend AEAO zu § 88, Nr. 2 den Angaben des Steuerpflichtigen Glauben schenken, wenn nicht greifbare Umstände vorliegen, die darauf hindeuten, dass seine Angaben falsch oder unvollständig sind.

Es kommen insbesondere folgende Abschläge in Betracht:

a) Störungen aufgrund der engen baulichen Verbindung von Wohn- und Dienstbereich

Ein Abschlag vom ortsüblichen Mietpreis kommt in Betracht, wenn sich Beeinträchtigungen dadurch ergeben, dass eine enge räumliche (bauliche) Verbindung der zur Verfügung gestellten Wohnung mit den zur Erfüllung der beruflichen Pflichten bestimmten Räumen besteht, z. B. weil der dienstliche Besucherverkehr bzw. Mitarbeiter zwangsläufig auch Teile der Privaträume (Flur und/oder Toilette, Durchgangszimmer) berühren.

Hierbei können die folgenden Fallgruppen für typisierte Abschläge unterschieden werden, wobei zu beachten ist, dass die Fallgruppen die vorstehend dargestellte Würdigung der Gesamtumstände im Einzelfall nicht ersetzen, sondern lediglich Anhaltspunkte für dem Grunde und der Höhe nach denkbare Abschläge bieten.

Fallgruppe 1:

Aufgrund der engen baulichen Verbindung der Diensträume mit dem privaten Wohnbereich ergeben sich wegen der Dienstgeschäfte leichtere Beeinträchtigungen bei der Nutzung des Wohnbereichs. Der Mietwert wird in diesen Fällen dadurch gemindert, dass der Dienststelleninhaber beruflich genutzte Räume bzw. Flächen durchqueren muss, um von einem Wohnraum in den anderen zu gelangen. Hierfür ist ein Abschlag von 10 % vorzunehmen.

Fallgruppe 2:

Die Beeinträchtigung des privaten Wohnbereichs und damit eine Minderung des objektiven Wohnwerts ergibt sich daraus, dass Besucher oder Mitarbeiter privat genutzte Räume bzw. Flächen durchqueren, um dienstliche Räume zu erreichen. Der Abschlag für diese Fallgruppe wird mit 15 % festgesetzt.

Fallgruppe 3:

Bei dieser Fallgruppe werden mangels Trennung von Amts- und Wohnbereich auch Räume des privaten Wohnbereichs dienstlich genutzt. Je nach Umfang der Nutzung kann ein Abschlag bis zu 20 % als angemessen angesehen werden.

b) Abschlag für zusätzliche Beeinträchtigungen

Zusätzliche Beeinträchtigungen des Wohnwerts können durch einen Abschlag bis zu 10 %, in besonders gravierenden Fällen bis zu 15 % von der ortsüblichen Miete Berücksichtigung finden. Hierzu gehören örtlich bedingte Beeinträchtigungen, nicht jedoch solche, die durch die Berufsausübung verursacht werden. Zu den örtlich bedingten Beeinträchtigungen zählen beispielsweise:

- Anerkannte Baumängel
- (regelmäßige) Proben eines Posaunenchors

Für die Berücksichtigung von Baumängeln sowie besonders gravierende Störungen müssen Bestätigungen des Kirchenvorstandes und des Landeskirchenamtes bzw. entsprechender Stellen der Diözese vorliegen.

c) Abschlag wegen Übergröße

Von dem Mietwert kann wegen Übergröße ein Abschlag in folgendem Umfang vorgenommen werden:

- bei Dienstwohnungen mit mehr als 140 qm = 10 %
- bei Dienstwohnungen mit mehr als 170 qm = 15 %

(maßgebend ist die Wohnfläche nach Berücksichtigung eines ggf. vorzunehmenden Nebenraumabzugs – vgl. unten, Beispiel).

In diesem Zusammenhang ist zu beachten, dass die Größe der Wohnung durch die Mietwertkalkulatoren der Ämter für Bodenmanagement und Geoinformation (MIKA) bereits berücksichtigt wird.

d) Kumulierung von Abschlägen

Sind mehrere Abschläge nebeneinander zu berücksichtigen, ist jeder Abschlag vom Basiswert zu berechnen. Es können also sämtliche zu gewährenden prozentualen Abschläge addiert und dann die Summe vom Basismietwert abgezogen werden.

e) Berechnung der zu berücksichtigenden Wohnfläche (Nebenraumabzug)

Von der gesamten Wohnfläche kann ggf. ein Nebenraumabzug für Dienstwohnungen vorgenommen werden. Beträgt die anrechenbare Grundfläche der Nebenräume mehr als 10 % der Wohnfläche, bleibt bei der Ermittlung des Mietwertes die Hälfte der Mehrfläche der Nebenräume außer Betracht, sofern nicht die Vergleichsmiete einer Wohnung gleicher Beschaffenheit zugrunde gelegt werden kann. Als Nebenräume sind Flur, Diele, Treppe, Windfang, Speisekammer und Abstellkammer zu verstehen. Dachböden, Kellerräume, Hauswirtschaftsräume, Dusch- und Baderäume und WC sind nicht als Nebenräume zu behandeln.

Beispiel:

Pfarrdienstwohnung mit einer Größe von 200 qm (Nebenräume 40 qm)

Wohnfläche gesamt			200 qm
üblicher Nebenraumanteil 10 % von 200 qm		20 qm	
Nebenräume	40 qm		
Differenz (Mehrfläche)	20 qm		
davon 1/2	10 qm		./. 10 qm
tatsächlich anzusetzende Wohnfläche			190 qm

In die Berechnung des Mietwerts sind auch solche Räume einzubeziehen, die der Arbeitnehmer so gut wie ausschließlich zu beruflichen Zwecken nutzt (häusliches Arbeitszimmer gem. § 4 Abs. 5 Nr. 6b i. V. m. § 9 Abs. 5 EStG). Gemischt genutzte Räume sind der Wohnung zuzurechnen.

Demgegenüber sind in die Berechnung des Mietwerts solche Räume nicht einzubeziehen, die dem Arbeitnehmer vom Arbeitgeber im ganz überwiegenden betrieblichen Interesse als Büro bzw. Dienstzimmer zugewiesen werden.

f) Garagen

Für Garagen ist der jeweils nach den örtlichen Verhältnissen zu ermittelnde übliche (durchschnittliche) Mietwert mit einem Betrag zwischen 20,00 € und 45,00 € monatlich anzusetzen.

4. Geldwerter Vorteil bei angemieteten Wohnungen

Bei angemieteten Dienst- und Mietwohnungen ist grundsätzlich die für die Anmietung zu zahlende Miete als üblicher Endpreis am Abgabeort anzusehen.

Erholungsheim

Wird ein Arbeitnehmer in einem Erholungsheim des Arbeitgebers oder auf Kosten des Arbeitgebers zur Erholung in einem anderen Beherbergungsbetrieb untergebracht oder verpflegt, so ist die Leistung mit dem entsprechenden Pensionspreis eines vergleichbaren Beherbergungsbetriebs am selben Ort zu bewerten; dabei können jedoch Preisabschläge in Betracht kommen, wenn der Arbeitnehmer z. B. nach der Hausordnung Bedingungen unterworfen wird, die für Hotels und Pensionen allgemein nicht gelten (→ BFH vom 18. 3. 1960 – BStBl III S. 237).

Ortsüblicher Mietwert

- Überlässt der Arbeitgeber seinem Arbeitnehmer eine Wohnung zu einem Mietpreis, der innerhalb der Mietpreisspanne des örtlichen Mietspiegels für vergleichbare Wohnungen liegt, scheidet die Annahme eines geldwerten Vorteils regelmäßig aus (→ BFH vom 17. 8. 2005 – BStBl 2006 II S. 71 und vom 11. 5. 2011 – BStBl II S. 946).
- Überlässt ein Arbeitgeber seinen Arbeitnehmern Wohnungen und werden Nebenkosten (z. T.) nicht erhoben, liegt eine verbilligte Überlassung und damit ein Sachbezug nur vor, soweit die tatsächlich erhobene Miete zusammen mit den tatsächlich abgerechneten Nebenkosten die ortsübliche Miete (Kaltmiete plus umlagefähige Nebenkosten) unterschreitet (→ BFH vom 11. 5. 2011 – BStBl II S. 946).

Persönliche Bedürfnisse des Arbeitnehmers

Persönliche Bedürfnisse des Arbeitnehmers, z. B. hinsichtlich der Größe der Wohnung, sind bei der Höhe des Mietwerts nicht zu berücksichtigen (→ BFH vom 8. 3. 1968 – BStBl II S. 435 und vom 2. 10. 1968 – BStBl 1969 II S. 73).

→ Dienstwohnung

Steuerfreie Mietvorteile

→ R 3.59

Unterkunft

→ Sachbezugswerte

Wohnraumüberlassung

→ Sachbezugswerte (Ortsüblicher Mietpreis)→ R 8.1 Abs. 5 und 6

Kantinenmahlzeiten und Essenmarken

R 8.1 (7)

(7) Für die Bewertung von Mahlzeiten, die arbeitstäglich an die Arbeitnehmer abgegeben werden, gilt Folgendes:

1. [1]Mahlzeiten, die durch eine vom Arbeitgeber selbst betriebene Kantine, Gaststätte oder vergleichbare Einrichtung abgegeben werden, sind mit dem maßgebenden amtlichen Sachbezugswert nach der SvEV zu bewerten. [2]Alternativ kommt eine Bewertung mit dem Endpreis i. S. d. § 8 Abs. 3 EStG in Betracht, wenn die Mahlzeiten überwiegend nicht für die Arbeitnehmer zubereitet werden. Anhang 4
2. [1]Mahlzeiten, die die Arbeitnehmer in einer nicht vom Arbeitgeber selbst betriebenen Kantine, Gaststätte oder vergleichbaren Einrichtung erhalten, sind vorbehaltlich der Nummer 4 ebenfalls mit dem maßgebenden amtlichen Sachbezugswert zu bewerten, wenn der Arbeitgeber auf Grund vertraglicher Vereinbarung durch Barzuschüsse oder andere Leistungen an die die Mahlzeiten vertreibende Einrichtung, z. B. durch verbilligte Überlassung von Räumen, Energie oder Einrichtungsgegenständen, zur Verbilligung der Mahlzeiten beiträgt. [2]Es ist nicht erforderlich, dass die Mahlzeiten im Rahmen eines Reihengeschäfts zunächst an den Arbeitgeber und danach von diesem an die Arbeitnehmer abgegeben werden.
3. In den Fällen der Nummern 1 und 2 ist ein geldwerter Vorteil als Arbeitslohn zu erfassen, wenn und soweit der vom Arbeitnehmer für eine Mahlzeit gezahlte Preis (einschl. Umsatzsteuer) den maßgebenden amtlichen Sachbezugswert unterschreitet.
4. Bestehen die Leistungen des Arbeitgebers im Falle der Nummer 2 aus Barzuschüssen in Form von Essenmarken (Essensgutscheine, Restaurantschecks), die vom Arbeitgeber an die Arbeitnehmer verteilt und von einer Gaststätte oder vergleichbaren Einrichtung (Annahmestelle) bei der Abgabe einer Mahlzeit in Zahlung genommen werden, gilt Folgendes:
   a) [1]Es ist nicht die Essenmarke mit ihrem Verrechnungswert, sondern vorbehaltlich des Buchstaben b die Mahlzeit mit dem maßgebenden Sachbezugswert zu bewerten, wenn
      aa) tatsächlich eine Mahlzeit abgegeben wird. Lebensmittel sind nur dann als Mahlzeit anzuerkennen, wenn sie zum unmittelbaren Verzehr geeignet oder zum Verbrauch während der Essenpausen bestimmt sind,
      bb) für jede Mahlzeit lediglich eine Essenmarke täglich in Zahlung genommen wird,
      cc) der Verrechnungswert der Essenmarke den amtlichen Sachbezugswert einer Mittagsmahlzeit um nicht mehr als 3,10 Euro übersteigt und
      dd) die Essenmarke nicht an Arbeitnehmer ausgegeben wird, die eine Auswärtstätigkeit ausüben.[1)]

   [2]Dies gilt auch dann, wenn zwischen dem Arbeitgeber und der Annahmestelle keine unmittelbaren vertraglichen Beziehungen bestehen, weil ein Unternehmen eingeschaltet ist, das die Essenmarken ausgibt. [3]Zur Erfüllung der Voraussetzungen nach Doppelbuchstabe bb hat der Arbeitgeber für jeden Arbeitnehmer die Tage der Abwesenheit z. B. infolge von Auswärtstätigkeiten, Urlaub oder Erkrankung festzustellen und die für diese Tage ausgegebenen Essenmarken zurückzufordern oder die Zahl der im Folgemonat auszugebenden Essenmarken um die Zahl der Abwesenheitstage zu vermindern. [4]Die Pflicht zur Feststellung der Abwesenheitstage und zur Anpassung der Zahl der Essenmarken im Folgemonat entfällt für Arbeitnehmer, die im Kalenderjahr durchschnittlich an nicht mehr als drei Arbeitstagen je Kalendermonat Auswärtstätigkeit ausüben, wenn keiner dieser Arbeitnehmer im Kalendermonat mehr als 15 Essenmarken erhält.

   b) Bestehen die Leistungen des Arbeitgebers ausschließlich in der Hingabe von Essenmarken, ist auch unter den Voraussetzungen des Buchstaben a der Verrechnungswert der Essenmarke als Arbeitslohn anzusetzen, wenn dieser Wert den geldwerten Vorteil nach Nummer 3 unterschreitet.
   c) [1]Wird der Arbeitsvertrag dahingehend geändert, dass der Arbeitnehmer anstelle von Barlohn Essenmarken erhält, vermindert sich dadurch der Barlohn in entsprechender Höhe.

1) → ***aber H 8.1 (7) Essenmarken nach Ablauf der Dreimonatsfrist bei Auswärtstätigkeit.***

[2]Die Essenmarken sind mit dem Wert anzusetzen, der sich nach den Buchstaben a oder b ergibt. [3]Ohne Änderung des Arbeitsvertrags führt der Austausch von Barlohn durch Essenmarken nicht zu einer Herabsetzung des steuerpflichtigen Barlohns. [4]In diesem Fall ist der Betrag, um den sich der ausgezahlte Barlohn verringert, als Entgelt für die Mahlzeit oder Essenmarke anzusehen und von dem nach Nummer 4 Buchstabe a oder b maßgebenden Wert abzusetzen.

d) [1]Die von Annahmestellen eingelösten Essenmarken brauchen nicht an den Arbeitgeber zurückgegeben und von ihm nicht aufbewahrt zu werden, wenn der Arbeitgeber eine Abrechnung erhält, aus der sich ergibt, wieviele Essenmarken mit welchem Verrechnungswert eingelöst worden sind, und diese aufbewahrt. [2]Dasselbe gilt, wenn ein Essenmarkenemittent eingeschaltet ist, und der Arbeitgeber von diesem eine entsprechende Abrechnung erhält und aufbewahrt.

5. [1]Wenn der Arbeitgeber unterschiedliche Mahlzeiten zu unterschiedlichen Preisen teilentgeltlich oder unentgeltlich an die Arbeitnehmer abgibt oder Leistungen nach Nummer 2 zur Verbilligung der Mahlzeiten erbringt und die Lohnsteuer nach § 40 Abs. 2 EStG pauschal erhebt, kann der geldwerte Vorteil mit dem Durchschnittswert der Pauschalbesteuerung zugrunde gelegt werden. [2]Die Durchschnittsbesteuerung braucht nicht tageweise durchgeführt zu werden, sie darf sich auf den gesamten Lohnzahlungszeitraum erstrecken. [3]Bietet der Arbeitgeber bestimmte Mahlzeiten nur einem Teil seiner Arbeitnehmer an, z. B. in einem Vorstandskasino, sind diese Mahlzeiten nicht in die Durchschnittsberechnung einzubeziehen. [4]Unterhält der Arbeitgeber mehrere Kantinen, ist der Durchschnittswert für jede einzelne Kantine zu ermitteln. [5]Ist die Ermittlung des Durchschnittswerts wegen der Menge der zu erfassenden Daten besonders aufwendig, kann die Ermittlung des Durchschnittswerts für einen repräsentativen Zeitraum und bei einer Vielzahl von Kantinen für eine repräsentative Auswahl der Kantinen durchgeführt werden.

6. [1]Der Arbeitgeber hat die vom Arbeitnehmer geleistete Zahlung grundsätzlich in nachprüfbarer Form nachzuweisen. [2]Der Einzelnachweis der Zahlungen ist nur dann nicht erforderlich,
   a) wenn gewährleistet ist, dass
      aa) die Zahlung des Arbeitnehmers für eine Mahlzeit den anteiligen amtlichen Sachbezugswert nicht unterschreitet oder
      bb) nach Nummer 4 der Wert der Essenmarke als Arbeitslohn zu erfassen ist oder
   b) wenn der Arbeitgeber die Durchschnittsberechnung nach Nummer 5 anwendet.

H 8.1 (7)

Hinweise

Begriff der Mahlzeit

Zu den Mahlzeiten gehören alle Speisen und Lebensmittel, die üblicherweise der Ernährung dienen, einschließlich der dazu üblichen Getränke (→ BFH vom 21. 3. 1975 – BStBl II S. 486 und vom 7. 11. 1975 – BStBl 1976 II S. 50).

Essenmarken

Beispiele zu R 8.1 Abs. 7 Nr. 4 Buchst. b

Beispiel 1:

Ein Arbeitnehmer erhält eine Essenmarke mit einem Wert von 1 €. Die Mahlzeit kostet 2 €.

Preis der Mahlzeit	2,00 €
./. Wert der Essenmarke	1,00 €
Zahlung des Arbeitnehmers	1,00 €
Sachbezugswert der Mahlzeit	***3,10 €***
./. Zahlung des Arbeitnehmers	1,00 €
Verbleibender Wert	***2,10 €***
Anzusetzen ist der niedrigere Wert der Essenmarke	1,00 €

Beispiel 2:

Ein Arbeitnehmer erhält eine Essenmarke mit einem Wert von 4 €. Die Mahlzeit kostet 4 €.

Preis der Mahlzeit	4,00 €
./. Wert der Essenmarke	4,00 €
Zahlung des Arbeitnehmers	0,00 €
Sachbezugswert der Mahlzeit	***3,10 €***
./. Zahlung des Arbeitnehmers	0,00 €
Verbleibender Wert	***3,10 €***
Anzusetzen ist der Sachbezugswert	***3,10 €***

Essenmarken nach Ablauf der Dreimonatsfrist bei Auswärtstätigkeit

Üben Arbeitnehmer eine längerfristige berufliche Auswärtstätigkeit an derselben Tätigkeitsstätte aus, sind nach Ablauf von drei Monaten (§ 9 Abs. 4a Satz 6 und 7 EStG) an diese Arbeitnehmer ausgegebene Essenmarken (Essensgutscheine, Restaurantschecks) abweichend von R 8.1 Abs. 7 Nr. 4 Buchstabe a Satz 1 Doppelbuchstabe dd und Rz. 76 des BMF-Schreibens vom 24. 10. 2014 (BStBl I S. 1412) mit dem maßgebenden Sachbezugswert zu bewerten. Der Ansatz des Sachbezugswerts setzt voraus, dass die übrigen Voraussetzungen des R 8.1 Abs. 7 Nr. 4 Buchstabe a vorliegen (→ BMF vom 5. 1. 2015 – BStBl I S. 119). → Essenmarken bei Auswärtstätigkeit Anhang 38

Essenmarken und Gehaltsumwandlung

– **Änderung des Arbeitsvertrags**

Wird der Arbeitsvertrag dahingehend geändert, dass der Arbeitnehmer anstelle von Barlohn Essenmarken erhält, so vermindert sich dadurch der Barlohn in entsprechender Höhe (→ BFH vom 20. 8. 1997 – BStBl II S. 667).

Beispiel:

Der Arbeitgeber gibt dem Arbeitnehmer monatlich 15 Essenmarken. Im Arbeitsvertrag ist der Barlohn von 3 500 € im Hinblick auf die Essenmarken um 60 € auf 3 440 € herabgesetzt worden.

a) Beträgt der Verrechnungswert der Essenmarken jeweils 5 €, so ist dem Barlohn von 3 440 € der Wert der Mahlzeit mit dem Sachbezugswert (15 × ***3,10*** € =) ***46,50*** € hinzuzurechnen.

b) Beträgt der Verrechnungswert der Essenmarken jeweils 7 €, so ist dem Barlohn von 3 440 € der Verrechnungswert der Essenmarken (15 × 7 € =) 105 € hinzuzurechnen.

– **Keine Änderung des Arbeitsvertrags**

Ohne Änderung des Arbeitsvertrags führt der Austausch von Barlohn durch Essenmarken nicht zu einer Herabsetzung des steuerpflichtigen Barlohns. In diesem Fall ist der Betrag, um den sich der ausgezahlte Barlohn verringert, als Entgelt für die Mahlzeit oder Essenmarke anzusehen und von dem für die Essenmarke maßgebenden Wert abzusetzen.

Beispiel:

Ein Arbeitnehmer mit einem monatlichen Bruttolohn von 3 500 € erhält von seinem Arbeitgeber 15 Essenmarken. Der Arbeitsvertrag bleibt unverändert. Der Arbeitnehmer zahlt für die Essenmarken monatlich 60 €.

a) Auf den Essenmarken ist jeweils ein Verrechnungswert von 7 € ausgewiesen.

Der Verrechnungswert der Essenmarke übersteigt den Sachbezugswert von ***3,10 €*** um mehr als 3,10 €. Die Essenmarken sind deshalb mit ihrem Verrechnungswert anzusetzen:

15 Essenmarken × 7 €	105,00 €
./. Entgelt des Arbeitnehmers	60,00 €
Vorteil	45,00 €

Dieser ist dem bisherigen Arbeitslohn von 3 500 € hinzuzurechnen.

b) Auf den Essenmarken ist jeweils ein Verrechnungswert von 5 € ausgewiesen.

Der Verrechnungswert der Essenmarke übersteigt den Sachbezugswert von ***3,10 €*** um nicht mehr als 3,10 €. Es ist deshalb nicht der Verrechnungswert der Essenmarken, sondern der Wert der erhaltenen Mahlzeiten mit dem Sachbezugswert anzusetzen:

15 Essenmarken × Sachbezugswert ***3,10 €***	***46,50 €***
./. Entgelt des Arbeitnehmers	60,00 €
Vorteil	0,00 €

Dem bisherigen Arbeitslohn von 3 500 € ist nichts hinzuzurechnen.

Sachbezugsbewertung

Beispiel zu R 8.1 Abs. 7 Nr. 3

Der Arbeitnehmer zahlt 2 € für ein Mittagessen im Wert von 4 €.

Sachbezugswert der Mahlzeit	***3,10 €***
./. Zahlung des Arbeitnehmers	2,00 €
geldwerter Vorteil	***1,10 €***

Hieraus ergibt sich, dass die steuerliche Erfassung der Mahlzeiten entfällt, wenn gewährleistet ist, dass der Arbeitnehmer für jede Mahlzeit mindestens einen Preis in Höhe des amtlichen Sachbezugswerts zahlt.

Essenmarken bei Auswärtstätigkeit

Sachbezugswert für Essenmarken

BMF-Schreiben vom 5. 1. 2015 – IV C 5 – S 2334/08/10006 – (BStBl I S. 119)

Im Einvernehmen mit den obersten Finanzbehörden der Länder gilt zu der Bewertung von Essenmarken mit dem Sachbezugswert Folgendes:

Üben Arbeitnehmer eine längerfristige berufliche Auswärtstätigkeit an derselben Tätigkeitsstätte aus, sind nach Ablauf von drei Monaten (§ 9 Absatz 4a Satz 6 und 7 EStG) an diese Arbeitnehmer ausgegebene Essenmarken (Essensgutscheine, Restaurantschecks) abweichend von R 8.1 Absatz 7 Nummer 4 Buchstabe a Satz 1 Doppelbuchstabe d LStR 2015 und Rz. 76 des BMF-Schreibens vom 24. Oktober 2014 (BStBl I Seite 1412) mit dem maßgebenden Sachbezugswert zu bewerten.

Der Ansatz des Sachbezugswerts setzt voraus, dass die übrigen Voraussetzungen des R 8.1 Absatz 7 Nummer 4 Buchstabe a LStR 2015 vorliegen.

Dieses Schreiben ist mit Wirkung ab dem 1. Januar 2015 anzuwenden und wird im Bundessteuerblatt Teil I veröffentlicht.

Lohnsteuerliche Behandlung von unentgeltlichen oder verbilligten Mahlzeiten der Arbeitnehmer ab Kalenderjahr 2016

(BMF-Schreiben vom 9. 12. 2015 –

IV C 5 – S 2334/15/10002 –, BStBl I S. 1057)

Mahlzeiten, die arbeitstäglich unentgeltlich oder verbilligt an die Arbeitnehmer abgegeben werden, sind mit dem anteiligen amtlichen Sachbezugswert nach der Verordnung über die sozialversicherungsrechtliche Beurteilung von Zuwendungen des Arbeitgebers als Arbeitsentgelt (Sozialversicherungsentgeltverordnung – SvEV) zu bewerten. Dies gilt ab 1. Januar 2014 gemäß § 8 Absatz 2 Satz 8 EStG auch für Mahlzeiten, die dem Arbeitnehmer während einer beruflich veranlassten Auswärtstätigkeit oder im Rahmen einer doppelten Haushaltsführung vom Arbeitgeber oder auf dessen Veranlassung von einem Dritten zur Verfügung gestellt werden, wenn der Preis der Mahlzeit 60 Euro nicht übersteigt. Die Sachbezugswerte ab Kalenderjahr 2016 sind – teilweise – durch die Achte Verordnung zur Änderung der Sozialversicherungsentgeltverordnung vom 18. November 2015 (BGBl. I Seite 2075) festgesetzt worden. Demzufolge beträgt der Wert für Mahlzeiten, die ab Kalenderjahr 2016 gewährt werden,

a) für ein Mittag- oder Abendessen 3,10 Euro,

b) für ein Frühstück 1,67 Euro.

Im Übrigen wird auf R 8.1 Absatz 7 und 8 LStR 2015 sowie auf das BMF-Schreiben zur Reform
Anhang 38 des steuerlichen Reisekostenrechts vom 24. Oktober 2014 (BStBl I Seite1412) hingewiesen.

R 8.1 (8)

Mahlzeiten aus besonderem Anlass

(8) Für die steuerliche Erfassung und Bewertung von Mahlzeiten, die der Arbeitgeber oder auf dessen Veranlassung ein Dritter aus besonderem Anlass an Arbeitnehmer abgibt, gilt Folgendes:

1. [1]Mahlzeiten, die im ganz überwiegenden betrieblichen Interesse des Arbeitgebers an die Arbeitnehmer abgegeben werden, gehören nicht zum Arbeitslohn. [2]Dies gilt für Mahlzeiten im Rahmen herkömmlicher Betriebsveranstaltungen nach Maßgabe der R 19.5, für ein sog. Arbeitsessen i. S. d. R 19.6 Abs. 2 sowie für die Beteiligung von Arbeitnehmern an einer geschäftlich veranlassten Bewirtung i. S. d. § 4 Abs. 5 Satz 1 Nr. 2 EStG.
2. [1]Mahlzeiten, die der Arbeitgeber als Gegenleistung für das Zurverfügungstellen der individuellen Arbeitskraft an seine Arbeitnehmer abgibt, sind mit ihrem tatsächlichen Preis anzusetzen. [2]Dies gilt z. B. für eine während einer beruflich veranlassten Auswärtstätigkeit oder doppelten Haushaltsführung gestellte Mahlzeit, deren Preis die 60-Euro-Grenze i. S. d. § 8 Abs. 2 Satz 8 EStG übersteigt. [3]Ein vom Arbeitnehmer an den Arbeitgeber oder an den Dritten gezahltes Entgelt ist auf den tatsächlichen Preis anzurechnen. [4]Wird vom Arbeitgeber oder auf dessen Veranlassung von einem Dritten nur ein Essen, aber kein Getränk gestellt, ist das Entgelt, das der Arbeitnehmer für ein Getränk bei der Mahlzeit zahlt, nicht auf den tatsächlichen Preis der Mahlzeit anzurechnen.

Hinweise

H 8.1 (8)

Allgemeines

Zur Behandlung der Mahlzeitengestellung nach der Reform des steuerlichen Reisekostenrechts → BMF vom 24. 10. 2014 (BStBl I S. 1412). Anhang 38

Individuell zu versteuernde Mahlzeiten

Mahlzeiten, die im Rahmen unüblicher Betriebsveranstaltungen (→ BFH vom 6. 2. 1987 – BStBl II S. 355) oder regelmäßiger Geschäftsleitungssitzungen (→ BFH vom 4. 8. 1994 – BStBl 1995 II S. 59) abgegeben werden, ***sind mit dem tatsächlichen Preis anzusetzen (→ BFH vom 4. 8. 1994 – BStBl 1995 II S. 59).***

Reisekostenabrechnungen

→ BMF vom 24. 10. 2014 (BStBl I S. 1412), Rz. 77 Beispiel 50 und Rz. 58 ff. Anhang 38

Gestellung von Kraftfahrzeugen

R 8.1 (9)

(9) Überlässt der Arbeitgeber oder auf Grund des Dienstverhältnisses ein Dritter dem Arbeitnehmer ein Kraftfahrzeug zur privaten Nutzung, gilt Folgendes:

1. [1]Der Arbeitgeber hat den privaten Nutzungswert mit monatlich 1 % des inländischen Listenpreises des Kraftfahrzeugs anzusetzen. [2]Kann das Kraftfahrzeug auch zu Fahrten zwischen Wohnung und erster Tätigkeitsstätte genutzt werden, ist grundsätzlich diese Nutzungsmöglichkeit unabhängig von der Nutzung des Fahrzeugs zu Privatfahrten zusätzlich mit monatlich 0,03 % des inländischen Listenpreises des Kraftfahrzeugs für jeden Kilometer der Entfernung zwischen Wohnung und erster Tätigkeitsstätte zu bewerten und dem Arbeitslohn zuzurechnen. [3]Wird das Kraftfahrzeug zu Familienheimfahrten im Rahmen einer doppelten Haushaltsführung genutzt, erhöht sich der Wert nach Satz 1 für jeden Kilometer der Entfernung zwischen dem Beschäftigungsort und dem Ort des eigenen Hausstands um 0,002 % des inländischen Listenpreises für jede Fahrt, für die der Werbungskostenabzug nach § 9 Abs. 1 Satz 3 Nr. 5 Satz 5 EStG ausgeschlossen ist. [4]Die Monatswerte nach den Sätzen 1 und 2 sind auch dann anzusetzen, wenn das Kraftfahrzeug dem Arbeitnehmer im Kalendermonat nur zeitweise zur Verfügung steht. [5]Kürzungen der Werte, z. B. wegen einer Beschriftung des Kraftwagens, oder wegen eines privaten Zweitwagens sind nicht zulässig. [6]Listenpreis i. S. d. Sätze 1 bis 3 ist – auch bei gebraucht erworbenen oder geleasten Fahrzeugen – die auf volle hundert Euro abgerundete unverbindliche Preisempfehlung des Herstellers für das genutzte Kraftfahrzeug im Zeitpunkt seiner Erstzulassung zuzüglich der Kosten für werkseitig im Zeitpunkt der Erstzulassung eingebaute Sonderausstattungen (z. B. Navigationsgeräte, Diebstahlsicherungssysteme) und der Umsatzsteuer; der Wert eines Autotelefons einschl. Freisprecheinrichtung sowie der Wert eines weiteren Satzes Reifen einschl. Felgen bleiben außer Ansatz. [7]Bei einem Kraftwagen, der aus Sicherheitsgründen gepanzert ist, kann der Listenpreis des leistungsschwächeren Fahrzeugs zugrunde gelegt werden, das dem Arbeitnehmer zur Verfügung gestellt würde, wenn seine Sicherheit nicht gefährdet wäre. [8]Kann das Kraftfahrzeug auch im Rahmen einer anderen Einkunftsart genutzt werden, ist diese Nutzungsmöglichkeit mit dem Nutzungswert nach Satz 1 abgegolten. [9]Nummer 2 Satz 9 bis 16 gilt entsprechend.
2. [1]Der Arbeitgeber kann den privaten Nutzungswert abweichend von Nummer 1 mit den für das Kraftfahrzeug entstehenden Aufwendungen ansetzen, die auf die nach Nummer 1 zu erfassenden privaten Fahrten entfallen, wenn die Aufwendungen durch Belege und das Verhältnis der privaten zu den übrigen Fahrten durch ein ordnungsgemäßes Fahrtenbuch nachgewiesen werden. [2]Dabei sind die dienstlich und privat zurückgelegten Fahrtstrecken gesondert und laufend im Fahrtenbuch nachzuweisen. [3]Für dienstliche Fahrten sind grundsätzlich die folgenden Angaben erforderlich:
   a) Datum und Kilometerstand zu Beginn und am Ende jeder einzelnen Auswärtstätigkeit,
   b) Reiseziel und bei Umwegen auch die Reiseroute,
   c) Reisezweck und aufgesuchte Geschäftspartner.

   [4]Für Privatfahrten genügen jeweils Kilometerangaben; für Fahrten zwischen Wohnung und erster Tätigkeitsstätte genügt jeweils ein kurzer Vermerk im Fahrtenbuch. [5]Die Führung des Fahrtenbuchs kann nicht auf einen repräsentativen Zeitraum beschränkt werden, selbst wenn die Nutzungsverhältnisse keinen größeren Schwankungen unterliegen. [6]Anstelle des Fahrtenbuchs kann ein Fahrtenschreiber eingesetzt werden, wenn sich daraus dieselben Erkenntnisse gewinnen lassen. [7]Der private Nutzungswert ist der Anteil an den Gesamtkosten des Kraftwagens, der dem Verhältnis der Privatfahrten zur Gesamtfahrtstrecke entspricht. [8]Die insgesamt durch das Kraftfahrzeug entstehenden Aufwendungen i. S. d. § 8 Abs. 2 Satz 4 EStG (Gesamtkosten) sind als Summe der Nettoaufwendungen zuzüglich Umsatzsteuer zu

ermitteln; dabei bleiben vom Arbeitnehmer selbst getragene Kosten außer Ansatz. [9]Zu den Gesamtkosten gehören nur solche Kosten, die dazu bestimmt sind, unmittelbar dem Halten und dem Betrieb des Kraftfahrzeugs zu dienen und im Zusammenhang mit seiner Nutzung typischerweise entstehen. [10]Absetzungen für Abnutzung sind stets in die Gesamtkosten einzubeziehen; ihnen sind die tatsächlichen Anschaffungs- oder Herstellungskosten einschließlich der Umsatzsteuer zugrunde zu legen. [11]Nicht zu den Gesamtkosten gehören z. B. Beiträge für einen auf den Namen des Arbeitnehmers ausgestellten Schutzbrief, Straßen- oder Tunnelbenutzungsgebühren und Unfallkosten. [12]Verbleiben nach Erstattungen durch Dritte Unfallkosten bis zur Höhe von 1 000 Euro (zuzüglich Umsatzsteuer) je Schaden ist es aber nicht zu beanstanden, wenn diese als Reparaturkosten in die Gesamtkosten einbezogen werden; Satz 15 ist sinngemäß anzuwenden.[13]Ist der Arbeitnehmer gegenüber dem Arbeitgeber wegen Unfallkosten nach allgemeinen zivilrechtlichen Regeln schadensersatzpflichtig (z. B. Privatfahrten, Trunkenheitsfahrten) und verzichtet der Arbeitgeber (z. B. durch arbeitsvertragliche Vereinbarungen) auf diesen Schadensersatz, liegt in Höhe des Verzichts ein gesonderter geldwerter Vorteil vor (§ 8 Abs. 2 Satz 1 EStG). [14]Erstattungen durch Dritte (z. B. Versicherung) sind unabhängig vom Zahlungszeitpunkt zu berücksichtigen, so dass der geldwerte Vorteil regelmäßig in Höhe des vereinbarten Selbstbehalts anzusetzen ist. [15]Hat der Arbeitgeber auf den Abschluss einer Versicherung verzichtet oder eine Versicherung mit einem Selbstbehalt von mehr als 1 000 Euro abgeschlossen, ist aus Vereinfachungsgründen so zu verfahren, als bestünde eine Versicherung mit einem Selbstbehalt in Höhe von 1 000 Euro, wenn es bei bestehender Versicherung zu einer Erstattung gekommen wäre. [16]Liegt keine Schadensersatzpflicht des Arbeitnehmers vor (z. B. Fälle höherer Gewalt, Verursachung des Unfalls durch einen Dritten) oder ereignet sich der Unfall auf einer beruflich veranlassten Fahrt (Auswärtstätigkeit, die wöchentliche Familienheimfahrt bei doppelter Haushaltsführung oder Fahrten zwischen Wohnung und erster Tätigkeitsstätte), liegt vorbehaltlich Satz 13 kein geldwerter Vorteil vor.

3. [1]Der Arbeitgeber muss in Abstimmung mit dem Arbeitnehmer die Anwendung eines der Verfahren nach den Nummern 1 und 2 für jedes Kalenderjahr festlegen; das Verfahren darf bei demselben Kraftfahrzeug während des Kalenderjahres nicht gewechselt werden. [2]Soweit die genaue Erfassung des privaten Nutzungswerts nach Nummer 2 monatlich nicht möglich ist, kann der Erhebung der Lohnsteuer monatlich ein Zwölftel des Vorjahresbetrags zugrunde gelegt werden. [3]Nach Ablauf des Kalenderjahres oder nach Beendigung des Dienstverhältnisses ist der tatsächlich zu versteuernde Nutzungswert zu ermitteln und eine etwaige Lohnsteuerdifferenz nach Maßgabe der §§ 41c, 42b EStG auszugleichen. [4]Bei der Veranlagung zur Einkommensteuer ist der Arbeitnehmer nicht an das für die Erhebung der Lohnsteuer gewählte Verfahren gebunden; Satz 1 2. Halbsatz gilt entsprechend.
4. [1]Zahlt der Arbeitnehmer an den Arbeitgeber oder auf dessen Weisung an einen Dritten zur Erfüllung einer Verpflichtung des Arbeitgebers (abgekürzter Zahlungsweg) für die außerdienstliche Nutzung (Nutzung zu privaten Fahrten, zu Fahrten zwischen Wohnung und erster Tätigkeitsstätte und zu Familienheimfahrten im Rahmen einer doppelten Haushaltsführung) des Kraftfahrzeugs ein Nutzungsentgelt, mindert dies den Nutzungswert. [2]Dabei ist es gleichgültig, ob das Nutzungsentgelt pauschal oder entsprechend der tatsächlichen Nutzung des Kraftfahrzeugs bemessen wird. [3]Zuschüsse des Arbeitnehmers zu den Anschaffungskosten können im Zahlungsjahr ebenfalls auf den privaten Nutzungswert angerechnet werden; in den Fällen der Nummer 2 gilt dies nur, wenn die für die AfA-Ermittlung maßgebenden Anschaffungskosten nicht um die Zuschüsse gemindert worden sind. [4]Nach der Anrechnung im Zahlungsjahr verbleibende Zuschüsse können in den darauf folgenden Kalenderjahren auf den privaten Nutzungswert für das jeweilige Kraftfahrzeug angerechnet werden. [5]Zuschussrückzahlungen sind Arbeitslohn, soweit die Zuschüsse den privaten Nutzungswert gemindert haben.
5. Die Nummern 1 bis 4 gelten bei Fahrten nach § 9 Abs. 1 Satz 3 Nr. 4a Satz 3 EStG entsprechend.

R 8.1 (10) **Gestellung eines Kraftfahrzeugs mit Fahrer**

(10) Wenn ein Kraftfahrzeug mit Fahrer zur Verfügung gestellt wird, ist der geldwerte Vorteil aus der Fahrergestellung zusätzlich zum Wert nach Absatz 9 Nr. 1 oder 2 als Arbeitslohn zu erfassen. [2]Dieser geldwerte Vorteil bemisst sich grundsätzlich nach dem Endpreis i. S. d. § 8 Abs. 2 Satz 1 EStG einer vergleichbaren von fremden Dritten erbrachten Leistung. [3]Es ist aus Vereinfachungsgründen nicht zu beanstanden, wenn der geldwerte Vorteil abweichend von Satz 2 wie folgt ermittelt wird:

1. Stellt der Arbeitgeber dem Arbeitnehmer für Fahrten zwischen Wohnung und erster Tätigkeitsstätte oder Fahrten nach § 9 Abs. 1 Satz 3 Nr. 4a Satz 3 EStG ein Kraftfahrzeug mit Fahrer zur Verfügung, ist der für diese Fahrten nach Absatz 9 Nr. 1 oder 2 ermittelte Nutzungswert des Kraftfahrzeugs um 50 % zu erhöhen. [2]Für die zweite und jede weitere Familienheimfahrt im Rahmen einer beruflich veranlassten doppelten Haushaltsführung erhöht sich der auf die

einzelne Familienheimfahrt entfallende Nutzungswert nur dann um 50 %, wenn für diese Fahrt ein Fahrer in Anspruch genommen worden ist.

2. Stellt der Arbeitgeber dem Arbeitnehmer für andere Privatfahrten ein Kraftfahrzeug mit Fahrer zur Verfügung, ist der entsprechende private Nutzungswert des Kraftfahrzeugs wie folgt zu erhöhen:

   a) um 50 %, wenn der Fahrer überwiegend in Anspruch genommen wird,

   b) um 40 %, wenn der Arbeitnehmer das Kraftfahrzeug häufig selbst steuert,

   c) um 25 %, wenn der Arbeitnehmer das Kraftfahrzeug weit überwiegend selbst steuert.

3. Bei Begrenzung des pauschalen Nutzungswertes i. S. d. § 8 Abs. 2 Satz 2, 3 und 5 EStG auf die Gesamtkosten ist der anzusetzende Nutzungswert um 50 % zu erhöhen, wenn das Kraftfahrzeug mit Fahrer zur Verfügung gestellt worden ist.

4. [1]Wenn einem Arbeitnehmer aus Sicherheitsgründen ein sondergeschütztes (gepanzertes) Kraftfahrzeug, das zum Selbststeuern nicht geeignet ist, mit Fahrer zur Verfügung gestellt wird, ist von der steuerlichen Erfassung der Fahrergestellung abzusehen. [2]Es ist dabei unerheblich, in welcher Gefährdungsstufe der Arbeitnehmer eingeordnet ist.

Hinweise

H 8.1 (9 – 10)

1 %-Regelung

Die 1 %-Regelung ist verfassungsrechtlich nicht zu beanstanden (→ BFH vom 13. 12. 2012 – BStBl 2013 II S. 385).

→ Gebrauchtwagen

Abgrenzung Kostenerstattung – Nutzungsüberlassung

- Erstattet der Arbeitgeber dem Arbeitnehmer für dessen eigenen PKW sämtliche Kosten, wendet er Barlohn und nicht einen Nutzungsvorteil i. S. d. § 8 Abs. 2 EStG zu (→ BFH vom 6. 11. 2001 – BStBl 2002 II S. 164).
- Eine nach § 8 Abs. 2 EStG zu bewertende Nutzungsüberlassung liegt vor, wenn der Arbeitnehmer das Kraftfahrzeug auf Veranlassung des Arbeitgebers least, dieser sämtliche Kosten des Kraftfahrzeugs trägt und im Innenverhältnis allein über die Nutzung des Kraftfahrzeugs bestimmt (→ BFH vom 6. 11. 2001 – BStBl 2002 II S. 370).
- ***Eine nach § 8 Abs. 2 Satz 2 bis 5 EStG zu bewertende Nutzungsüberlassung liegt nicht vor, wenn das vom Arbeitgeber geleaste Fahrzeug dem Arbeitnehmer auf Grund einer Sonderrechtsbeziehung im Innenverhältnis zuzurechnen ist, weil er gegenüber dem Arbeitgeber die wesentlichen Rechte und Pflichten des Leasingnehmers hat. Gibt der Arbeitgeber in diesem Fall vergünstigte Leasingkonditionen an den Arbeitnehmer weiter, liegt hierin ein nach § 8 Abs. 2 Satz 1 EStG zu bewertender geldwerter Vorteil (→ BFH vom 18. 12. 2014 – BStBl II S. 670).***

Allgemeines

Die Hinweise zu Fahrten zwischen Wohnung und erster Tätigkeitsstätte gelten entsprechend für Fahrten nach § 9 Abs. 1 Satz 3 Nr. 4a Satz 3 EStG von der Wohnung zu einem bestimmten Sammelpunkt oder zu einem weiträumigen Tätigkeitsgebiet (→ § 8 Abs. 2 Satz 3 und 4 EStG).

Anscheinsbeweis

- Die unentgeltliche oder verbilligte Überlassung eines Dienstwagens durch den Arbeitgeber an den Arbeitnehmer für dessen Privatnutzung führt unabhängig davon, ob und in welchem Umfang der Arbeitnehmer das Fahrzeug tatsächlich privat nutzt, zu einem lohnsteuerlichen Vorteil. Ob der Arbeitnehmer den Beweis des ersten Anscheins, dass dienstliche Fahrzeuge, die zu privaten Zwecken zur Verfügung stehen, auch tatsächlich privat genutzt werden, durch die substantiierte Darlegung eines atypischen Sachverhalts zu entkräften vermag, ist für die Besteuerung des Nutzungsvorteils nach § 8 Abs. 2 Satz 2 EStG unerheblich (→ BFH vom 21. 3. 2013 – BStBl II S. 700).
- → Nutzungsmöglichkeit
- → Nutzungsverbot, unbefugte Privatnutzung

Arbeitgebermerkblatt

Merkblatt für den Arbeitgeber zu den Rechtsänderungen beim Steuerabzug vom Arbeitslohn ab 1. Januar 1996 und zur Auszahlung des Kindergeldes ab 1. Januar 1996

(BMF-Schreiben vom 1. 1. 1996, BStBl I 1995 S. 719)

Vorbemerkung

Der zum Steuerabzug vom Arbeitslohn verpflichtete Arbeitgeber hat bei der Erhebung der Lohnsteuer, des Solidaritätszuschlags und der Kirchensteuer ab 1996 die Rechtsänderungen zu beachten, die im Einkommensteuergesetz (EStG), im Solidaritätszuschlaggesetz 1995 und in der Lohnsteuer-Durchführungsverordnung (LStDV) durch das Jahressteuergesetz 1996 in Kraft gesetzt worden sind. Bedeutsam sind außerdem neue Verwaltungsvorschriften in den Lohnsteuer-Richtlinien 1996 (LStR 1996).

Ab 1996 sind erstmals auch Arbeitgeber außerhalb des öffentlichen Dienstes verpflichtet, Kindergeld nach dem X. Abschnitt des Einkommensteuergesetzes (§§ 62 ff. EStG in der Fassung des Jahressteuergesetzes 1996) an ihre Arbeitnehmer auszuzahlen. Dabei sind insbesondere die Vorschriften des § 73 EStG und der Kindergeldauszahlungs-Verordnung (KAV) zu beachten.

Nachfolgend werden die wesentlichen Rechtsänderungen dargestellt; weitere Auskünfte zum Steuerabzug vom Arbeitslohn erteilen die Finanzämter, Auskünfte zur Auszahlung des Kindergeldes erteilen die Familienkassen bei den Arbeitsämtern.

A. Änderungen beim Steuerabzug vom Arbeitslohn

I. Steuerfreie Bezüge

...

II. Lohnsteuerliche Erfassung und Bewertung von Sachbezügen

1. Überlassung eines betrieblichen Kraftfahrzeugs zu Privatfahrten

a) Allgemeines

20 Überläßt der Arbeitgeber oder aufgrund des Dienstverhältnisses ein Dritter dem Arbeitnehmer ein Kraftfahrzeug unentgeltlich zu Privatfahrten, so ist der Nutzungsvorteil dem Arbeitslohn zuzurechnen. Zur privaten Nutzung eines Kraftfahrzeugs gehören alle Fahrten, die einem privaten Zweck dienen, z. B. Fahrten zur Erholung, Fahrten zu Verwandten, Freunden, kulturellen oder sportlichen Veranstaltungen, Einkaufsfahrten, Fahrten zu Gaststättenbesuchen und Mittagsheimfahrten. Nicht zu den privaten Fahrten gehören Fahrten zwischen Wohnung und Arbeitsstätte (vgl. Tz. 28 bis 35) einschließlich der Fahrten, die der Arbeitnehmer aus beruflichen Gründen mehrmals am Tag durchführen muß, und Familienheimfahrten im Rahmen einer doppelten Haushaltsführung (vgl. dazu Tz. 36 und 37).

b) Pauschaler Nutzungswert

21 Der Arbeitgeber hat grundsätzlich die private Nutzung mit monatlich 1 v. H. des inländischen Listenpreises des Kraftfahrzeugs zu bewerten (§ 8 Abs. 2 Satz 2 i. V. m. § 6 Abs. 1 Nr. 4 Satz 2 EStG). Dies gilt auch dann, wenn der Arbeitgeber das Kraftfahrzeug gebraucht erworben oder geleast hat. Listenpreis ist die auf volle 100 DM abgerundete unverbindliche Preisempfehlung des Herstellers für das genutzte Kraftfahrzeug im Zeitpunkt seiner Erstzulassung zuzüglich der Zuschläge für Sonderausstattungen, einschließlich der Umsatzsteuer; der Wert eines Autotelefons bleibt außer Ansatz. Bei einem Kraftwagen, der aus Sicherheitsgründen gepanzert ist, kann der Listenpreis des leistungsschwächeren Fahrzeugs zugrunde gelegt werden, das dem Arbeitnehmer zur Verfügung gestellt würde, wenn seine Sicherheit nicht gefährdet wäre. Der Monatswert ist auch dann anzusetzen, wenn das Kraftfahrzeug dem Arbeitnehmer im Kalendermonat nur zeitweise zur privaten Nutzung zur Verfügung steht. Werden einem Arbeitnehmer während eines Kalendermonats abwechselnd unterschiedliche Fahrzeuge zur privaten Nutzung überlassen, so ist das Fahrzeug der pauschalen Nutzungswertbesteuerung zugrunde zu legen, das der Arbeitnehmer überwiegend nutzt. Dies gilt auch bei einem Fahrzeugwechsel im Laufe eines Kalendermonats.

c) Individueller Nutzungswert

22 Anstelle des pauschalen Nutzungswerts kann der Arbeitgeber den Wert der privaten Nutzung des dem Arbeitnehmer überlassenen Kraftfahrzeugs mit dem Anteil der Aufwendungen für das Kraftfahrzeug ansetzen, der auf die privaten Fahrten entfällt. Dies setzt voraus, daß die für das Kraftfahrzeug insgesamt entstehenden Aufwendungen durch Belege und das Verhältnis der privaten zu den übrigen Fahrten durch ein ordnungsgemäßes Fahrtenbuch nachgewiesen wer-

den. Werden dem Arbeitnehmer abwechselnd unterschiedliche Kraftfahrzeuge zur privaten Nutzung überlassen, so müssen für jedes Kraftfahrzeug die insgesamt entstehenden Aufwendungen und das Verhältnis der privaten zu den übrigen Fahrten nachgewiesen werden. Die insgesamt entstehenden Aufwendungen sind als Summe der Nettoaufwendungen zuzüglich Umsatzsteuer und der Absetzungen für Abnutzung zu ermitteln. Den Absetzungen für Abnutzung sind die tatsächlichen Anschaffungs- oder Herstellungskosten (einschließlich der Umsatzsteuer) des einzelnen Kraftfahrzeugs zugrunde zu legen. Ein Durchschnittswert ist nicht zulässig. Es ist auch nicht zulässig, die individuelle Nutzungswertermittlung auf Privatfahrten zu beschränken, wenn das Kraftfahrzeug auch zu Fahrten zwischen Wohnung und Arbeitsstätte[1]) genutzt wird.

... 23

Der private Nutzungswert ist der Anteil an den Gesamtkosten des überlassenen Kraftfahrzeugs, der dem Verhältnis der Privatfahrten (vgl. dazu Tz. 20) zur Gesamtfahrtstrecke entspricht. Aus Vereinfachungsgründen kann der Monatswert vorläufig mit einem Zwölftel des Vorjahresbetrags angesetzt werden. Es bestehen auch keine Bedenken, wenn die Privatfahrten je Fahrtkilometer vorläufig mit 0,001 v. H. des inländischen Listenpreises für das Kraftfahrzeug angesetzt werden. Nach Ablauf des Kalenderjahrs oder nach Beendigung des Dienstverhältnisses ist der tatsächlich zu versteuernde Nutzungswert zu ermitteln und eine etwaige Lohnsteuerdifferenz nach Maßgabe der §§ 41c, 42b EStG auszugleichen. 24

...

2. Überlassung eines betrieblichen Kraftfahrzeugs zu Fahrten zwischen Wohnung und Arbeitsstätte[2])

a) Pauschaler Nutzungswert

Kann ein Kraftfahrzeug, das der Arbeitgeber oder aufgrund des Dienstverhältnisses ein Dritter dem Arbeitnehmer unentgeltlich überlassen hat, von dem Arbeitnehmer für Fahrten zwischen Wohnung und Arbeitsstätte[3]) genutzt werden, so ist diese Nutzungsmöglichkeit unabhängig von der Nutzung des Fahrzeugs zu Privatfahrten (Tz. 20 bis 24) monatlich mit 0,03 v. H. des inländischen Listenpreises (vgl. dazu Tz. 21) des Kraftfahrzeugs für jeden Kilometer der Entfernung zwischen Wohnung und Arbeitsstätte[4]) zu bewerten und dem Arbeitslohn zuzurechnen. Es ist unerheblich, ob und wie oft im Kalendermonat das Kraftfahrzeug tatsächlich zu Fahrten zwischen Wohnung und Arbeitsstätte[5]) genutzt wird; der Ansatz des pauschalen Nutzungswerts hängt allein davon ab, daß der Arbeitnehmer das Kraftfahrzeug zu Fahrten zwischen Wohnung und Arbeitsstätte[6]) nutzen kann. Der Monatswert ist deshalb auch dann anzusetzen, wenn das Kraftfahrzeug dem Arbeitnehmer im Kalendermonat nur zeitweise zur Verfügung steht. Ein durch Urlaub oder Krankheit bedingter Nutzungsausfall ist im Nutzungswert pauschal berücksichtigt. 28

... 29

Dem pauschalen Nutzungswert ist die einfache Entfernung zwischen Wohnung und Arbeitsstätte[7]) zugrunde zu legen; diese ist auf den nächsten vollen Kilometerbetrag abzurunden. Maßgebend ist die kürzeste benutzbare Straßenverbindung. Der pauschale Nutzungswert ist nicht zu erhöhen, wenn der Arbeitnehmer das Kraftfahrzeug an einem Arbeitstag mehrmals zwischen Wohnung und Arbeitsstätte benutzt. Werden dem Arbeitnehmer abwechselnd unterschiedliche Kraftfahrzeuge zu Fahrten zwischen Wohnung und Arbeitsstätte[8]) zur Verfügung gestellt, so ist dem pauschalen Nutzungswert das Kraftfahrzeug zugrunde zu legen, das vom Arbeitnehmer im Kalendermonat überwiegend genutzt wird. 30

Fährt der Arbeitnehmer abwechselnd zu verschiedenen Wohnungen oder zu verschiedenen Arbeitsstätten, ist ein pauschaler Monatswert nach Tz. 28 unter Zugrundelegung der Entfernung zur näher gelegenen Wohnung oder näher gelegenen Arbeitsstätte[9]) anzusetzen. Für jede Fahrt von und zu der weiter entfernt liegenden Wohnung oder von und zu der weiter entfernt liegenden Arbeitsstätte ist zusätzlich ein pauschaler Nutzungswert von 0,002 v. H. des inländischen Listenpreises des Kraftfahrzeugs für jeden Kilometer der Entfernung zwischen Wohnung und Arbeitsstätte[10]) dem Arbeitslohn zuzurechnen, soweit sie die Entfernung zur nähergelegenen Wohnung übersteigt. 31

...

1) Jetzt: Fahrten zwischen Wohnung und erster Tätigkeitsstätte.
2) Jetzt: Fahrten zwischen Wohnung und erster Tätigkeitsstätte.
3) Jetzt: Fahrten zwischen Wohnung und erster Tätigkeitsstätte.
4) Jetzt: Entfernung zwischen Wohnung und erster Tätigkeitsstätte.
5) Jetzt: Fahrten zwischen Wohnung und erster Tätigkeitsstätte.
6) Jetzt: Fahrten zwischen Wohnung und erster Tätigkeitsstätte.
7) Jetzt: Entfernung zwischen Wohnung und erster Tätigkeitsstätte.
8) Jetzt: Fahrten zwischen Wohnung und erster Tätigkeitsstätte.
9) Jetzt: erste Tätigkeitsstätte.
10) Jetzt: Entfernung zwischen Wohnung und erster Tätigkeitsstätte.

b) Individueller Nutzungswert

32 Anstelle des pauschalen Nutzungswerts kann der Arbeitgeber den Nutzungswert mit dem Anteil der Aufwendungen für das Kraftfahrzeug ansetzen, der auf die Fahrten zwischen Wohnung und Arbeitsstätte[1]) entfällt, wenn die für das Kraftfahrzeug insgesamt entstehenden Aufwendungen durch Belege und das Verhältnis der Fahrten zwischen Wohnung und Arbeitsstätte[2]) zu den übrigen Fahrten durch ein ordnungsgemäßes Fahrtenbuch nachgewiesen werden. Hierzu gelten im einzelnen die unter Tz. 22 bis 25 dargestellten Regelungen. Es ist nicht zulässig, die individuelle Nutzungswertermittlung auf Fahrten zwischen Wohnung und Arbeitsstätte[3]) zu beschränken, wenn das Fahrzeug auch zu Privatfahrten genutzt wird.

c) Fahrergestellung, Nutzungsentgelt, Pauschalbesteuerung

...

3. Überlassung eines betrieblichen Kraftfahrzeugs zu Familienheimfahrten

...

37 Wird das Kraftfahrzeug zu mehr als einer Familienheimfahrt wöchentlich oder nach Ablauf der Zweijahresfrist zu Familienheimfahrten genutzt, so ist für jede Familienheimfahrt ein pauschaler Nutzungswert in Höhe von 0,002 v. H. des inländischen Listenpreises (vgl. dazu Tz. 21) des Kraftfahrzeugs für jeden Kilometer der Entfernung zwischen dem Beschäftigungsort und dem Ort des eigenen Hausstands anzusetzen und dem Arbeitslohn zuzurechnen. Anstelle des pauschalen Nutzungswerts kann der Arbeitgeber den Nutzungswert mit den Aufwendungen für das Kraftfahrzeug ansetzen, die auf die zu erfassenden Fahrten entfallen, wenn die für das Kraftfahrzeug insgesamt entstehenden Aufwendungen durch Belege und das Verhältnis der privaten zu den übrigen Fahrten durch ein ordnungsgemäßes Fahrtenbuch nachgewiesen werden. In diesem Falle sind die zu erfassenden Familienheimfahrten den Privatfahrten zuzurechnen und die Regelungen unter Tz. 22 bis 25 anzuwenden.

4. Abgabe von Mahlzeiten

...

Aufwendungen bei sicherheitsgeschützten Fahrzeugen

- Wird der Nutzungswert für ein aus Sicherheitsgründen gepanzertes Kraftfahrzeug individuell ermittelt, so kann dabei die AfA nach dem Anschaffungspreis des leistungsschwächeren Fahrzeugs zugrunde gelegt werden, das dem Arbeitnehmer zur Verfügung gestellt würde, Anhang 25 II wenn seine Sicherheit nicht gefährdet wäre (→ BMF vom 28. 5. 1996 – BStBl I S. 654).
- Im Hinblick auf die durch die Panzerung verursachten höheren laufenden Betriebskosten bestehen keine Bedenken, wenn der Nutzungswertermittlung 70 % der tatsächlich fest- Anhang 25 II gestellten laufenden Kosten (ohne AfA) zugrunde gelegt werden (→ BMF vom 28. 5. 1996 – BStBl I S. 654).

Autotelefon

→ H 9.1 (Autotelefon)

Begrenzung des pauschalen Nutzungswerts

Der pauschale Nutzungswert kann die dem Arbeitgeber für das Fahrzeug insgesamt entstandenen Kosten übersteigen. Wird dies im Einzelfall nachgewiesen, so ist der Nutzungswert höchstens mit dem Betrag der Gesamtkosten des Kraftfahrzeugs anzusetzen, wenn nicht aufgrund des Anhang 25 II Nachweises der Fahrten durch ein Fahrtenbuch ein geringerer Wertansatz in Betracht kommt (→ BMF vom 28. 5. 1996 – BStBl I S. 654). ***Wird das Kraftfahrzeug mit Fahrer zur Verfügung gestellt, ist dieser Vorteil zusätzlich nach § 8 Abs. 2 Satz 1 EStG zu bewerten; aus Vereinfachungsgründen kann stattdessen der mit dem Betrag der Gesamtkosten anzusetzende Nut-*** Anhang 25 VI ***zungswert um 50 % erhöht werden (→ R 8.1 Abs. 10 und BMF vom 15. 7. 2014 – BStBl I S. 1109).***

Bewertungsmethode

→ H 8.2

Dienstliche Fahrten von und zur Wohnung

Ein geldwerter Vorteil ist für Fahrten zwischen Wohnung und erster Tätigkeitsstätte nicht zu erfassen, wenn ein Arbeitnehmer ein Firmenfahrzeug ausschließlich an den Tagen für seine Fahr-

1) Jetzt: Fahrten zwischen Wohnung und erster Tätigkeitsstätte.
2) Jetzt: Fahrten zwischen Wohnung und erster Tätigkeitsstätte.
3) Jetzt: Fahrten zwischen Wohnung und erster Tätigkeitsstätte.

ten zwischen Wohnung und erster Tätigkeitsstätte erhält, an denen es erforderlich werden kann, dass er dienstliche Fahrten von der Wohnung aus antritt, z. B. beim Bereitschaftsdienst in Versorgungsunternehmen (→ BMF vom 28. 5. 1996 – BStBl I S. 654). Anhang 25 II

Durchschnittswert

Bei der individuellen Nutzungswertermittlung ist die Bildung eines Durchschnittswerts nicht zulässig. (→ Arbeitgeber-Merkblatt 1. 1. 1996 – BStBl 1995 I S. 719, Tz. 22).

→ Arbeitgebermerkblatt

Einheitliches Verfahren der Nutzungswertermittlung

Wird das Fahrzeug sowohl für Privatfahrten als auch für Fahrten zwischen Wohnung und erster Tätigkeitsstätte überlassen, kann die individuelle Nutzungswertermittlung weder auf Privatfahrten noch auf Fahrten zwischen Wohnung und erster Tätigkeitsstätte beschränkt werden (→ Arbeitgeber-Merkblatt vom 1. 1. 1996 – BStBl 1995 I S. 719, Tz. 22, 32).

Elektro- und Hybridelektrofahrzeug

→ BMF vom 5. 6. 2014 (BStBl I S. 835)

Elektronisches Fahrtenbuch Anhang 25 V

Ein elektronisches Fahrtenbuch ist anzuerkennen, wenn sich daraus dieselben Erkenntnisse wie aus einem manuell geführten Fahrtenbuch gewinnen lassen. Beim Ausdrucken von elektronischen Aufzeichnungen müssen nachträgliche Veränderungen der aufgezeichneten Angaben technisch ausgeschlossen, zumindest aber dokumentiert werden (→ BMF vom 28. 5. 1996 – BStBl I S. 654] und BFH vom 16. 11. 2005 – BStBl 2006 II S. 410). Anhang 25 II

→ Fahrtenbuch

Erleichterungen bei der Führung eines Fahrtenbuchs

Ein Fahrtenbuch soll die Zuordnung von Fahrten zur betrieblichen und beruflichen Sphäre darstellen und ermöglichen. Es muss laufend geführt werden und die berufliche Veranlassung plausibel erscheinen lassen und ggf. eine stichprobenartige Nachprüfung ermöglichen. Auf einzelne in R 8.1 Abs. 9 Nr. 2 geforderte Angaben kann verzichtet werden, soweit wegen der besonderen Umstände im Einzelfall die erforderliche Aussagekraft und Überprüfungsmöglichkeit nicht beeinträchtigt wird. Bei Automatenlieferanten, Kurierdienstfahrern, Handelsvertretern, Kundendienstmonteuren und Pflegedienstmitarbeitern mit täglich wechselnden Auswärtstätigkeiten reicht es z. B. aus, wenn sie angeben, welche Kunden sie an welchem Ort aufsuchen. Angaben über die Reiseroute und zu den Entfernungen zwischen den Stationen einer Auswärtstätigkeit sind nur bei größerer Differenz zwischen direkter Entfernung und tatsächlicher Fahrtstrecke erforderlich. Bei Fahrten eines Taxifahrers im sogenannten Pflichtfahrgebiet ist es in Bezug auf Reisezweck, Reiseziel und aufgesuchtem Geschäftspartner ausreichend, täglich zu Beginn und Ende der Gesamtheit dieser Fahrten den Kilometerstand anzugeben mit der Angabe „Taxifahrten im Pflichtfahrgebiet" o. ä. Wurden Fahrten durchgeführt, die über dieses Gebiet hinausgehen, kann auf die genaue Angabe des Reiseziels nicht verzichtet werden. Für Fahrlehrer ist es ausreichend in Bezug auf Reisezweck, Reiseziel und aufgesuchtem Geschäftspartner „Lehrfahrten", „Fahrschulfahrten" o. ä. anzugeben (→ BMF vom 18. 11. 2009 – BStBl I S. 1326).

Bei sicherheitsgefährdeten Personen, deren Fahrtroute häufig von sicherheitsmäßigen Gesichtspunkten bestimmt wird, kann auf die Angabe der Reiseroute auch bei größeren Differenzen zwischen der direkten Entfernung und der tatsächlichen Fahrtstrecke verzichtet werden (→ BMF vom 28. 5. 1996 – BStBl I S. 654). Anhang 25 II

Fahrtenbuch

Ordnungsmäßigkeit eines elektronischen Fahrtenbuchs

Kurzinfo der OFD Rheinland vom 18. 2. 2013

Elektronische Fahrtenbücher bzw. elektronische Fahrtenbuchprogramme werden von der Finanzverwaltung weder zertifiziert noch zugelassen. Eine derartige Zertifizierung/Zulassung könnte sich auch immer nur auf eine bestimmte Programmversion beziehen, weil bei einer Versionsänderung zertifizierungs-/zulassungsschädliche Änderungen nicht ausgeschlossen werden könnten.

Selbst wenn die technischen Voraussetzungen für die Führung eines ordnungsgemäßen elektronischen Fahrtenbuchs erfüllt werden, setzt die Anerkennung eines elektronischen Fahrtenbuchs als ordnungsgemäß auch voraus, dass die Hard- und Software ordnungsgemäß bedient werden und das Fahrtenbuch hinterher alle von der BFH-Rechtsprechung und der Finanzverwaltung – insbesondere in R 8.1 Abs. 9 Nr. 2 LStR – geforderten Angaben enthält.

Die Prüfung, ob ein elektronisches Fahrtenbuch als ordnungsgemäß anzuerkennen ist, kann deshalb immer nur für den jeweiligen Einzelfall erfolgen.

Im Urteil vom 1. 3. 2012, BStBl 2012 II S. 505, führt der BFH aus:

„Der gesetzlich nicht weiter bestimmte Begriff des ordnungsgemäßen Fahrtenbuchs i. S. des § 8 Abs. 2 Satz 4 EStG ist durch die Rechtsprechung des BFH dahingehend präzisiert worden, dass nach dem Wortlaut sowie Sinn und Zweck der Regelung die dem Nachweis des zu versteuernden Privatanteils an der Gesamtfahrleistung dienenden Aufzeichnungen eine hinreichende Gewähr für ihre Vollständigkeit und Richtigkeit bieten und mit vertretbarem Aufwand auf ihre materielle Richtigkeit hin überprüfbar sein müssen. Ein ordnungsgemäßes Fahrtenbuch muss zeitnah und in geschlossener Form geführt werden, um so nachträgliche Einfügungen oder Änderungen auszuschließen oder als solche erkennbar zu machen. Hierfür hat es neben dem Datum und den Fahrtzielen grundsätzlich auch den jeweils aufgesuchten Kunden oder Geschäftspartner oder – wenn ein solcher nicht vorhanden ist – den konkreten Gegenstand der dienstlichen Verrichtung aufzuführen. (. . .) Dementsprechend müssen die zu erfassenden Fahrten einschließlich des an ihrem Ende erreichten Gesamtkilometerstandes im Fahrtenbuch vollständig und in ihrem fortlaufenden Zusammenhang wiedergegeben werden. Grundsätzlich ist dabei jede einzelne berufliche Verwendung für sich und mit dem bei Abschluss der Fahrt erreichten Gesamtkilometerstand des Fahrzeugs aufzuzeichnen. Besteht allerdings eine einheitliche berufliche Reise aus mehreren Teilabschnitten, so können diese Abschnitte miteinander zu einer zusammengefassten Eintragung verbunden werden. Dann genügt die Aufzeichnung des am Ende der gesamten Reise erreichten Gesamtkilometerstands, wenn zugleich die einzelnen Kunden oder Geschäftspartner im Fahrtenbuch in der zeitlichen Reihenfolge aufgeführt werden, in der sie aufgesucht worden sind. Wenn jedoch der berufliche Einsatz des Fahrzeugs zugunsten einer privaten Verwendung unterbrochen wird, stellt diese Nutzungsänderung wegen der damit verbundenen unterschiedlichen steuerlichen Rechtsfolgen einen Einschnitt dar, der im Fahrtenbuch durch Angabe des bei Abschluss der beruflichen Fahrt erreichten Kilometerstands zu dokumentieren ist (. . .)."

In H 8.1 (9 – 10) „Elektronisches Fahrtenbuch" LStH heißt es:

„Ein elektronisches Fahrtenbuch ist anzuerkennen, wenn sich daraus dieselben Erkenntnisse wie aus einem manuell geführten Fahrtenbuch gewinnen lassen. Beim Ausdrucken von elektronischen Aufzeichnungen müssen nachträgliche Veränderungen der aufgezeichneten Angaben technisch ausgeschlossen, zumindest aber dokumentiert werden (. . .)."

Der erste Leitsatz des BFH-Urteils vom 16. 11. 2005, BStBl 2006 II S. 410, lautet:

„Eine mit Hilfe eines Computerprogramms erzeugte Datei genügt den Anforderungen an ein ordnungsgemäßes Fahrtenbuch nur dann, wenn nachträgliche Veränderungen an den zu einem früheren Zeitpunkt eingegebenen Daten nach der Funktionsweise des verwendeten Programms technisch ausgeschlossen sind oder in ihrer Reichweite in der Datei selbst dokumentiert und offen gelegt werden."

Die eindeutige Kennzeichnung einer geänderten Eingabe sowohl in der Anzeige des elektronischen Fahrtenbuchs am Bildschirm als auch in seinem Ausdruck ist unverzichtbare Voraussetzung für die Anerkennung eines elektronischen Fahrtenbuchs. Nur wenn diese Voraussetzungen erfüllt sind, ist eine hinreichende Gewähr für die Vollständigkeit und Richtigkeit gegeben. Es muss darüber hinaus auch sichergestellt sein, dass die Daten des elektronischen Fahrtenbuchs bis zum Ablauf der Aufbewahrungsfrist für ein Fahrtenbuch unveränderlich aufbewahrt und (ggf. wieder unverändert) lesbar gemacht werden können. Bei eventuellen Änderungen müssen die Änderungshistorie mit Änderungsdatum/-daten und (jeweils) ursprünglichem Inhalt ersichtlich sein. Auch die Änderungshistorie darf nicht nachträglich veränderbar sein.

Bestehen außersteuerliche oder steuerliche Aufzeichnungs- und Aufbewahrungspflichten und sind die aufzeichnungs- und aufbewahrungspflichtige Unterlagen mit Hilfe eines Datenverarbeitungssystems erstellt worden (z. B. elektronisches Fahrtenbuch), so hat die Finanzverwaltung ein Datenzugriffsrecht auf diese digitalen Unterlagen (§ 147 Abs. 6 AO). Besteht ein Datenzugriffsrecht auf ein elektronisches Fahrtenbuch, muss auch die maschinelle Auswertbarkeit der Fahrtenbuchdaten nach § 147 Abs. 2 AO gewährleistet sein.

Zu der Frage, ob ein elektronisches Fahrtenbuch, in dem alle Fahrten automatisch bei Beendigung jeder Fahrt mit Datum, Kilometerstand und Fahrtziel erfasst werden, zeitnah geführt ist, wenn der Fahrer den Fahrtanlass erst nachträglich in einem Webportal einträgt, ist dem Anbieter eines elektronischen Fahrtenbuchprogramms auf dessen Anfragen vom BMF mit Schreiben vom 27.10. und 7. 12. 2011 mitgeteilt worden:

„Die obersten Finanzbehörden des Bundes und der Länder betrachten bei einem elektronischen Fahrtenbuch die nachträgliche Eintragung des Fahrtzwecks in einem Webportal als zulässig. Dabei müssen die Person und der Zeitpunkt der nachträglichen Eintragung im Webportal dokumentiert sein." „Es bestehen keine Bedenken, ein elektronisches Fahrtenbuch, in dem alle Fahrten automatisch bei Beendigung jeder Fahrt mit Datum, Kilometerstand und Fahrtziel erfasst werden, jedenfalls dann als zeitnah geführt anzusehen, wenn der Fahrer den dienstlichen Fahrtanlass innerhalb eines Zeitraums von bis zu sieben Kalendertagen nach Abschluss der jeweiligen Fahrt in einem Webportal einträgt und die übrigen Fahrten dem privaten Bereich zugeordnet werden."

Nach R 8.1 Abs. 9 Nr. 2 Satz 4 LStR genügen für Privatfahrten jeweils Kilometerangaben. Die Angabe des Datums ist also bei Privatfahrten – im Gegensatz zu beruflichen Fahrten – nicht vorgesehen. Da die beruflich und privat zurückgelegten Fahrtstrecken gesondert und laufend im Fahrtenbuch nachzuweisen sind (Hinweis auf R 8.1 Abs. 9 Nr. 2 Satz 2 LStR), ergeben sich die Daten der Privatfahrten (zumindest der Zeitraum) regelmäßig aus dem Zusammenhang der Eintragungen. Nur wenn die privat zurückgelegten Fahrtstrecken im fortlaufenden Zusammenhang der durchgeführten Fahrten im Fahrtenbuch nachgewiesen werden, können die Anforderungen an ein ordnungsgemäßes elektronisches Fahrtenbuch erfüllt werden. Das gilt auch z. B. für das Ausschalten des GPS-Moduls des Bordcomputers.

Bei einem elektronischen Fahrtenbuch ist die GPS-Ermittlung der Fahrtstrecken und die dadurch entstehende Abweichung vom Tachostand des Fahrzeugs grundsätzlich unbedenklich. Allerdings sollte der tatsächliche Tachostand im Halbjahres- oder Jahresabstand dokumentiert werden.

Fahrergestellung

→ R 8.1 Abs. 10

→ BMF vom 15. 7. 2014 (BStBl I S. 1109) Anhang 25 VI

Fahrten zwischen Wohnung und erster Tätigkeitsstätte bei pauschaler Nutzungswertermittlung

- Aus Vereinfachungsgründen ist die Zuschlagsregelung des § 8 Abs. 2 Satz 3 EStG unabhängig von der 1 %-Regelung selbständig anzuwenden, wenn das Kraftfahrzeug ausschließlich für Fahrten zwischen Wohnung und erster Tätigkeitsstätte überlassen wird. Die bestehenden Verwaltungsregelungen zum Nutzungsverbot, unbefugte Privatnutzung sind zu beachten (→ BMF vom 1. 4. 2011 – BStBl I S. 301, Rdnr. 16). Anhang 25 I
- Grundsätzlich ist die Ermittlung des Zuschlags kalendermonatlich mit 0,03 % des Listenpreises für jeden Kilometer der Entfernung zwischen Wohnung und erster Tätigkeitsstätte vorzunehmen. Ein durch Urlaub oder Krankheit bedingter Nutzungsausfall ist im Nutzungswert pauschal berücksichtigt (→ Arbeitgeber-Merkblatt vom 1. 1. 1996 – BStBl 1995 I S. 719, Tz. 28). Nur unter den Voraussetzungen des → BMF vom 1. 4. 2011 (BStBl I S. 301) ist stattdessen eine auf das Kalenderjahr bezogene Einzelbewertung der tatsächlichen Fahrten zwischen Wohnung und erster Tätigkeitsstätte mit 0,002 % des Listenpreises je Entfernungskilometer für höchstens 180 Tage zulässig (zum Lohnsteuerabzugsverfahren → Rdnr. 8–11, zum Einkommensteuerveranlagungsverfahren → Rdnr. 14). Anhang 25 I
- Im Lohnsteuerabzugsverfahren muss der Arbeitgeber in Abstimmung mit dem Arbeitnehmer die Anwendung der 0,03 %-Regelung oder der Einzelbewertung für jedes Kalenderjahr einheitlich für alle diesem überlassenen betrieblichen Kraftfahrzeuge festlegen. Die Methode darf während des Kalenderjahres nicht gewechselt werden. Im Einkommensteuerveranlagungsverfahren ist der Arbeitnehmer nicht an die für die Erhebung der Lohnsteuer gewählte Methode gebunden und kann die Methode einheitlich für alle ihm überlassenen betrieblichen Kraftfahrzeuge für das gesamte Kalenderjahr wechseln (→ BMF vom 1. 4. 2011 – BStBl I S. 301, Rdnr. 6). Anhang 25 I
- Dem pauschalen Nutzungswert ist die einfache Entfernung zwischen Wohnung und erster Tätigkeitsstätte zugrunde zu legen; diese ist auf den nächsten vollen Kilometerbetrag abzurunden. Maßgebend ist die kürzeste benutzbare Straßenverbindung. Der pauschale Nutzungswert ist nicht zu erhöhen, wenn der Arbeitnehmer das Kraftfahrzeug an einem Arbeitstag mehrmals zwischen Wohnung und erster Tätigkeitsstätte benutzt (→ Arbeitgeber-Merkblatt vom 1. 1. 1996 – BStBl 1995 I S. 719, Tz. 30).

  → Arbeitgebermerkblatt
- Fährt der Arbeitnehmer abwechselnd zu verschiedenen Wohnungen, ist bei Anwendung der 0,03 %-Regelung der pauschale Monatswert unter Zugrundelegung der Entfernung zur näher gelegenen Wohnung anzusetzen. Für jede Fahrt von und zu der weiter entfernt liegenden Wohnung ist zusätzlich ein pauschaler Nutzungswert von 0,002 %des inländischen Listenpreises des Kraftfahrzeugs für jeden Kilometer der Entfernung zwischen Wohnung und erster Tätigkeitsstätte dem Arbeitslohn zuzurechnen, soweit sie die Entfernung zur nähergelegenen Wohnung übersteigt (→ Arbeitgeber-Merkblatt vom 1. 1. 1996 – BStBl 1995 I S. 719, Tz. 31).

→ Fahrergestellung

Fahrzeugpool

– Übersteigt die Zahl der Nutzungsberechtigten die in einem Fahrzeugpool zur Verfügung stehenden Kraftfahrzeuge, so ist bei pauschaler Nutzungswertermittlung für Privatfahrten der geldwerte Vorteil mit 1 % der Listenpreise aller Kraftfahrzeuge zu ermitteln und die Summe entsprechend der Zahl der Nutzungsberechtigten aufzuteilen. Für Fahrten zwischen Wohnung und erster Tätigkeitsstätte ist der geldwerte Vorteil grundsätzlich mit 0,03 % der Listenpreise aller Kraftfahrzeuge zu ermitteln und die Summe durch die Zahl der Nutzungsberechtigten zu teilen. Dieser Wert ist beim einzelnen Arbeitnehmer mit der Zahl seiner Entfernungskilometer zu multiplizieren (→ BFH vom 15. 5. 2002 – BStBl 2003 II S. 311). Dem einzelnen Nutzungsberechtigten bleibt es unbenommen, zur Einzelbewertung seiner tatsächlichen Fahrten zwischen Wohnung und erster Tätigkeitsstätte überzugehen (→ BMF vom
Anhang 25 I 1. 4. 2011 – BStBl I S. 301).

– → BFH vom 21. 4. 2010 (BStBl II S. 848) und vom 6. 10. 2011 (BStBl 2012 II S. 362)

– → Nutzungsmöglichkeit

– → Nutzungsverbot, unbefugte Privatnutzung

Garage für den Dienstwagen

Wird ein Dienstwagen in der eigenen oder angemieteten Garage des Arbeitnehmers untergestellt und trägt der Arbeitgeber hierfür die Kosten, so ist bei der 1 %-Regelung kein zusätzlicher geldwerter Vorteil für die Garage anzusetzen – (→ BFH vom 7. 6. 2002 – BStBl II S. 829).

Gebrauchtwagen

Die 1 %-Regelung auf Grundlage des Bruttolistenneupreises begegnet insbesondere im Hinblick auf die dem Steuerpflichtigen zur Wahl gestellte Möglichkeit, den Nutzungsvorteil auch nach der Fahrtenbuchmethode zu ermitteln und zu bewerten, keinen verfassungs-rechtlichen Bedenken (→ BFH vom 13. 12. 2012 – BStBl 2013 II S. 385).

Gelegentliche Nutzung

Bei der pauschalen Nutzungswertermittlung ist die private Nutzung mit monatlich 1 % des Listenpreises auch dann anzusetzen, wenn der Arbeitnehmer das ihm überlassene Kraftfahrzeug tatsächlich nur gelegentlich nutzt oder wenn er von seinem Zugriffsrecht auf ein Kraftfahrzeug aus
Anhang 25 II einem Fahrzeugpool nur gelegentlich Gebrauch macht (→ BMF vom 28. 5. 1996 – BStBl I S. 654).

Die Monatsbeträge brauchen nicht angesetzt zu werden

– für volle Kalendermonate, in denen dem Arbeitnehmer kein betriebliches Kraftfahrzeug zur Verfügung steht, oder

– wenn dem Arbeitnehmer das Kraftfahrzeug aus besonderem Anlass oder zu einem besonderen Zweck nur gelegentlich (von Fall zu Fall) für nicht mehr als fünf Kalendertage im Kalendermonat überlassen wird. In diesem Fall ist die Nutzung zu Privatfahrten und zu Fahrten zwischen Wohnung und erster Tätigkeitsstätte je Fahrtkilometer mit 0,001 % des inländischen Listenpreises des Kraftfahrzeugs zu bewerten (Einzelbewertung). Zum Nachweis der Fahrstrecke müssen die Kilometerstände festgehalten werden.

Gesamtkosten

– Bei der Ermittlung des privaten Nutzungswerts nach den für das Kraftfahrzeug insgesamt entstehenden Aufwendungen ist für PKW von einer AfA von 12,5 % der Anschaffungskosten entsprechend einer achtjährigen (Gesamt-)Nutzungsdauer auszugehen (→ BFH vom 29. 3. 2005 – BStBl 2006 II S. 368).

– Beispiele:
Zu den Gesamtkosten (R 8.1 Abs. 9 Nr. 2 Satz 9) gehören z. B. Betriebsstoffkosten, Wartungs- und Reparaturkosten, Kraftfahrzeugsteuer, Halterhaftpflicht- und Fahrzeugversicherungen, Leasing- und Leasingsonderzahlungen (anstelle der Absetzung für Abnutzung), Garagen-/Stellplatzmiete (→ BFH vom 14. 9. 2005 – BStBl 2006 II S. 72), Aufwendungen für Anwohnerparkberechtigungen.
Nicht zu den Gesamtkosten gehören neben den in R 8.1 Abs. 9 Nr. 2 Satz 11 genannten Kosten z. B. Aufwendungen für Insassen- und Unfallversicherungen, Verwarnungs-, Ordnungs- und Bußgelder.

Gesellschafter-Geschäftsführer

Zur Abgrenzung zwischen einer verdeckten Gewinnausschüttung und Arbeitslohn bei vertragswidriger Kraftfahrzeugnutzung durch den Gesellschafter-Geschäftsführer einer Kapitalgesell-
Anhang 25 III schaft → BMF vom 3. 4. 2012 (BStBl I S. 478).

– → Anscheinsbeweis, Nutzungsmöglichkeit, Nutzungsverbot, unbefugte Privatnutzung.

Kraftfahrzeuge

i. S. d. § 8 Abs. 2 EStG sind auch:

- Campingfahrzeuge (→ BFH vom 6. 11. 2001 – BStBl 2002 II S. 370),
- Elektrofahrräder, die verkehrsrechtlich als Kraftfahrzeug einzuordnen sind → gleich lautende Ländererlasse vom 23. 11. 2012 (BStBl I S. 1224), → Fahrrad
- Kombinationskraftwagen, z. B. Geländewagen (→ BFH vom 13. 2. 2003 – BStBl II S. 472), siehe aber auch → Werkstattwagen.

Lastkraftwagen und Zugmaschinen

Steuerliche Behandlung der Überlassung eines betrieblichen Kraftfahrzeugs an Arbeitnehmer; Überlassung von Lastkraftwagen und Zugmaschinen

(Erlass des FinMin Saarland vom 29. 1. 2003 – B/2 – 4 – 11/03 – S 2334)

Hinsichtlich der Frage, wie die Überlassung von Lastkraftwagen und Zugmaschinen an Arbeitnehmer steuerlich zu behandeln ist, wird gebeten folgende Auffassung zu vertreten:

Nach dem BMF-Schreiben vom 21. 1. 2002 (BStBl I 2002, 148) zur ertragsteuerlichen Nutzung eines betrieblichen Kraftfahrzeugs sind die Vorschriften des § 4 Abs. 5 Satz 1 Nr. 6 Abs. 1 und § 6 Abs. 1 Nr. 4 Sätze 2 und 3 EStG auf Kraftfahrzeuge, die kraftfahrzeugsteuerrechtlich Zugmaschinen oder Lastkraftwagen sind, nicht anzuwenden. Wegen des Verweises in § 8 Abs. 2 Satz 2 EStG auf § 6 Abs. 1 Nr. 4 Satz 2 EStG gilt dieses entsprechend bei der Bewertung des privaten Nutzungsvorteils bei Arbeitnehmern.

Hieraus folgt allerdings nicht, dass aus der Nutzungsüberlassung solcher Fahrzeuge an Arbeitnehmer kein geldwerter Vorteil zu erfassen wäre, sondern lediglich, dass die Nutzungsvorteile – soweit Arbeitslohn nicht wegen eines ganz überwiegenden eigenbetrieblichen Arbeitgeberinteresses auszuschließen ist vgl. H 31 „Dienstliche Fahrten von der Wohnung" – nicht nach § 8 Abs. 2 Sätze 2 bis 5 EStG, sondern nach den allgemeinen Regeln zu bewerten ist. Grundsätzlich wäre daher in diesen Fällen der Betrag zu ermitteln, der dem Arbeitnehmer für die Haltung und den Betrieb eines eigenen Kraftwagens gleichen Typs an Aufwendungen entstanden wäre (BFH-Urteil vom 21. 6. 1963, BStBl III 1963, S. 387).

Da die vorgenannte Wertermittlungsmethode in der Praxis jedoch nur schwierig durchzuführen ist, bestehen keine Bedenken, die zu erfassenden Nutzungswerte aus Vereinfachungsgründen in sinngemäßer Anwendung der Regeln des § 8 Abs. 2 Sätze 2 bis 5 EStG zu ermitteln, wobei allerdings kein höherer Listenpreis als 80 000 EUR zugrunde gelegt werden soll.

Dieser Erlass ergeht im Einvernehmen mit den obersten Finanzbehörden des Bundes und der anderen Länder.

Leerfahrten

Bei der Feststellung der privat und der dienstlich zurückgelegten Fahrtstrecken sind sog. Leerfahrten, die bei der Überlassung eines Kraftfahrzeugs mit Fahrer durch die An- und Abfahrten des Fahrers auftreten können, den dienstlichen Fahrten zuzurechnen (→ BMF vom 28. 5. 1996 – BStBl I S. 654). Anhang 25 II

Listenpreis

- Für den pauschalen Nutzungswert ist auch bei reimportierten Fahrzeugen der inländische Listenpreis des Kraftfahrzeugs im Zeitpunkt seiner Erstzulassung maßgebend. Soweit das reimportierte Fahrzeug mit zusätzlichen Sonderausstattungen versehen ist, die sich im inländischen Listenpreis nicht niedergeschlagen haben, ist der Wert der Sonderausstattung zusätzlich zu berücksichtigen. Soweit das reimportierte Fahrzeug geringerwertig ausgestattet ist, lässt sich der Wert der „Minderausstattung" durch einen Vergleich mit einem adäquaten inländischen Fahrzeug angemessen berücksichtigen (→ BMF vom 28. 5. 1996 – BStBl I S. 654). Anhang 25 II
- Eine in die Bemessungsgrundlage des § 6 Abs. 1 Nr. 4 Satz 2 EStG einzubeziehende Sonderausstattung liegt nur vor, wenn das Fahrzeug bereits werkseitig im Zeitpunkt der Erstzulassung damit ausgestattet ist. Nachträglich eingebaute unselbständige Ausstattungsmerkmale sind durch den pauschalen Nutzungswert abgegolten und können nicht getrennt bewertet werden (→ BFH vom 13. 10. 2010 – BStBl 2011 II S. 361).

Navigationsgerät

Bemessungsgrundlage für die Bewertung nach der 1 %-Regelung ist der inländische Bruttolistenpreis einschließlich des darin enthaltenen Aufpreises für ein werkseitig eingebautes Satellitennavigationsgerät (→ BFH vom 16. 2. 2005 – BStBl II S. 563)

Nutzung durch mehrere Arbeitnehmer

Wird ein Kraftfahrzeug von mehreren Arbeitnehmern genutzt, so ist bei pauschaler Nutzungswertermittlung für Privatfahrten der geldwerte Vorteil von 1 % des Listenpreises entsprechend der Zahl der Nutzungsberechtigten aufzuteilen. Für Fahrten zwischen Wohnung und erster Tätigkeitsstätte ist bei jedem Arbeitnehmer der geldwerte Vorteil mit 0,03 % des Listenpreises je Entfernungskilometer zu ermitteln und dieser Wert durch die Zahl der Nutzungsberechtigten zu teilen (→ BFH vom 15. 5. 2002 – BStBl 2003 II S. 311). Dem einzelnen Nutzungsberechtigten bleibt es unbenommen, zur Einzelbewertung seiner tatsächlichen Fahrten zwischen Wohnung
Anhang 25 I und erster Tätigkeitsstätte überzugehen (→ BMF vom 1. 4. 2011 – BStBl I S. 301).

Nutzungsentgelt

– Die zwingend vorgeschriebene Bewertung nach der 1 %-Regelung, sofern nicht von der Möglichkeit, ein Fahrtenbuch zu führen, Gebrauch gemacht wird, kann nicht durch Zahlung eines Nutzungsentgelts vermieden werden, selbst wenn dieses als angemessen anzusehen ist. Das vereinbarungsgemäß gezahlte Nutzungsentgelt ist von dem entsprechend ermittelten privaten Nutzungswert in Abzug zu bringen (→ BFH vom 7. 11. 2006 – BStBl 2007 II S. 269).
– Zum Nutzungsentgelt i. S. d. R 8.1 Abs. 9 Nr. 4 und zur lohnsteuerlichen Behandlung vom Arbeitnehmer selbst getragener Aufwendungen bei der Überlassung eines betrieblichen
Anhang 25 IV Kraftfahrzeugs → BMF vom 19. 4. 2013 (BStBl I S. 513).

Nutzungsmöglichkeit

– Die unentgeltliche oder verbilligte Überlassung eines Dienstwagens durch den Arbeitgeber an den Arbeitnehmer für dessen Privatnutzung führt unabhängig davon, ob und in welchem Umfang der Arbeitnehmer das Fahrzeug tatsächlich privat nutzt, zu einem lohnsteuerlichen Vorteil (→ BFH vom 21. 3. 2013 – BStBl II S. 700).
– Bei der Beurteilung der Nutzungsmöglichkeit ist unter Berücksichtigung sämtlicher Umstände des Einzelfalls zu entscheiden, ob und welches betriebliche Fahrzeug dem Arbeitnehmer ausdrücklich oder doch zumindest konkludent auch zur privaten Nutzung überlassen ist. Steht nicht fest, dass der Arbeitgeber dem Arbeitnehmer einen Dienstwagen zur privaten Nutzung überlassen hat, kann auch der Beweis des ersten Anscheins diese fehlende Feststellung nicht ersetzen (→ BFH vom 21. 3. 2013 – BStBl II S. 918 und S. 1044 und vom 18. 4. 2013 – BStBl II S. 920).

Nutzungsverbot, unbefugte Privatnutzung

– Es gibt keinen allgemeinen Erfahrungssatz, dass ein Privatnutzungsverbot nur zum Schein ausgesprochen ist oder ein Privatnutzungsverbot generell missachtet wird. Das gilt selbst dann, wenn der Arbeitgeber ein arbeitsvertraglich vereinbartes Nutzungsverbot nicht überwacht (→ BFH vom 21. 3. 2013 – BStBl II S. 918 und S. 1044 und vom 18. 4. 2013 – BStBl II S. 920).
– Die unbefugte Privatnutzung eines betrieblichen Kraftfahrzeugs hat keinen Lohncharakter (→ BFH vom 21. 3. 2013 – BStBl II S. 918 und S. 1044 und vom 18. 4. 2013 – BStBl II S. 920). Zum Erlass einer Schadensersatzforderung → H 19.3.

Ordnungsgemäßes Fahrtenbuch

– Ein ordnungsgemäßes Fahrtenbuch muss zeitnah und in geschlossener Form geführt werden und die zu erfassenden Fahrten einschließlich des an ihrem Ende erreichten Gesamtkilometerstands vollständig und in ihrem fortlaufenden Zusammenhang wiedergeben (→ BFH vom 9. 11. 2005 – BStBl 2006 II S. 408). Kleinere Mängel führen nicht zur Verwerfung des Fahrtenbuchs, wenn die Angaben insgesamt plausibel sind (→ BFH vom 10. 4. 2008 – BStBl II S. 768).
– Die erforderlichen Angaben müssen sich dem Fahrtenbuch selbst entnehmen lassen. Ein Verweis auf ergänzende Unterlagen ist nur zulässig, wenn der geschlossene Charakter der Fahrtenbuchaufzeichnungen dadurch nicht beeinträchtigt wird (→ BFH vom 16. 3. 2006 – BStBl II 2006 S. 625).
– Ein ordnungsgemäßes Fahrtenbuch muss insbesondere Datum und hinreichend konkret bestimmt das Ziel der jeweiligen Fahrt ausweisen. Dem ist nicht entsprochen, wenn als Fahrtziele nur Straßennamen angegeben sind und diese Angaben erst mit nachträglich erstellten Aufzeichnungen präzisiert werden (→ BFH vom 1. 3. 2012 – BStBl II S. 505).
– Mehrere Teilabschnitte einer einheitlichen beruflichen Reise können miteinander zu einer zusammenfassenden Eintragung verbunden werden, wenn die einzelnen aufgesuchten Kunden oder Geschäftspartner im Fahrtenbuch in der zeitlichen Reihenfolge aufgeführt werden (→ BFH vom 16. 3. 2006 – BStBl II 2006 S. 625).

– Der Übergang von der beruflichen zur privaten Nutzung des Fahrzeugs ist im Fahrtenbuch durch Angabe des bei Abschluss der beruflichen Fahrt erreichten Gesamtkilometerstands zu dokumentieren (→ BFH vom 16. 3. 2006 – BStBl II 2006 S. 625).
– Kann der Arbeitnehmer den ihm überlassenen Dienstwagen auch privat nutzen und wird über die Nutzung des Dienstwagens kein ordnungsgemäßes Fahrtenbuch geführt, ist der zu versteuernde geldwerte Vorteil nach der 1 %-Regelung zu bewerten. Eine Schätzung des Privatanteils anhand anderer Aufzeichnungen kommt nicht in Betracht (→ BFH vom 16. 11. 2005 – BStBl 2006 II S. 410).

→ Fahrtenbuch

Park and ride

Setzt der Arbeitnehmer ein ihm überlassenes Kraftfahrzeug bei den Fahrten zwischen Wohnung und erster Tätigkeitsstätte oder bei Familienheimfahrten nur für eine Teilstrecke ein, weil er regelmäßig die andere Teilstrecke mit öffentlichen Verkehrsmitteln zurücklegt, so ist der Ermittlung des pauschalen Nutzungswerts (Zuschlags) die gesamte Entfernung zugrunde zu legen. Es ist nicht zu beanstanden, den Zuschlag auf der Grundlage der Teilstrecke zu ermitteln, die mit dem betrieblichen Kraftfahrzeug tatsächlich zurückgelegt wurde, wenn

– das Kraftfahrzeug vom Arbeitgeber nur für diese Teilstrecke zur Verfügung gestellt worden ist und der Arbeitgeber die Einhaltung seines Verbots überwacht (→ BMF vom 28. 5. 1996 – BStBl I S. 654) oder Anhang 25 II
– für die restliche Teilstrecke ein Nachweis über die Benutzung eines anderen Verkehrsmittels erbracht wird, z. B. eine auf den Arbeitnehmer ausgestellte Jahres-Bahnfahrkarte vorgelegt wird (→ BFH vom 4. 4. 2008 – BStBl II S. 890, → BMF vom 1. 4. 2011 – BStBl I S. 301, Rdnr. 17). Anhang 25 I

Sammelpunkt

→ Allgemeines

Schätzung des Privatanteils

Kann der Arbeitnehmer den ihm überlassenen Dienstwagen auch privat nutzen und wird über die Nutzung des Dienstwagens kein ordnungsgemäßes Fahrtenbuch geführt, ist der zu versteuernde geldwerte Vorteil nach der 1 %-Regelung zu bewerten. Eine Schätzung des Privatanteils anhand anderer Aufzeichnungen kommt nicht in Betracht (→ BFH vom 16. 11. 2005 – BStBl 2006 II S. 410).

Schutzbrief

Übernimmt der Arbeitgeber die Beiträge für einen auf seinen Arbeitnehmer ausgestellten Schutzbrief, liegt darin die Zuwendung eines geldwerten Vorteils, der nicht von der Abgeltungswirkung der 1 %-Regelung erfasst wird (→ BFH vom 14. 9. 2005 – BStBl 2006 II S. 72).

Straßenbenutzungsgebühren

Übernimmt der Arbeitgeber die Straßenbenutzungsgebühren für die mit einem Firmenwagen unternommenen Privatfahrten seines Arbeitnehmers, liegt darin die Zuwendung eines geldwerten Vorteils, der nicht von der Abgeltungswirkung der 1 %-Regelung erfasst wird (→ BFH vom 14. 9. 2005 – BStBl 2006 II S. 72).

Überlassung eines betrieblichen Kraftfahrzeugs zu Familienheimfahrten

– Überlässt der Arbeitgeber oder aufgrund des Dienstverhältnisses ein Dritter dem Arbeitnehmer ein Kraftfahrzeug unentgeltlich zu wöchentlichen Familienheimfahrten im Rahmen einer beruflich veranlassten doppelten Haushaltsführung, so ist insoweit der Nutzungswert steuerlich nicht zu erfassen (→ § 8 Abs. 2 Satz 5 EStG).
– Wird das Kraftfahrzeug zu mehr als einer Familienheimfahrt wöchentlich genutzt, so ist für jede Familienheimfahrt ein pauschaler Nutzungswert in Höhe von 0,002 % des inländischen Listenpreises des Kraftfahrzeugs für jeden Kilometer der Entfernung zwischen dem Beschäftigungsort und dem Ort des eigenen Hausstands anzusetzen und dem Arbeitslohn zuzurechnen. Anstelle des pauschalen Nutzungswerts kann der Arbeitgeber den Nutzungswert mit den Aufwendungen für das Kraftfahrzeug ansetzen, die auf die zu erfassenden Fahrten entfallen, wenn die für das Kraftfahrzeug insgesamt entstehenden Aufwendungen durch Belege und das Verhältnis der privaten zu den übrigen Fahrten durch ein ordnungsgemäßes Fahrtenbuch nachgewiesen werden → Arbeitgeber-Merkblatt vom 1. 1. 1996 – BStBl 1995 I S. 719, Tz. 37).

→ Arbeitgebermerkblatt

Überlassung mehrerer Kraftfahrzeuge

- Stehen einem Arbeitnehmer gleichzeitig mehrere Kraftfahrzeuge zur Verfügung, so ist bei der pauschalen Nutzungswertermittlung für jedes Fahrzeug die private Nutzung mit monatlich 1 % des Listenpreises anzusetzen; dem privaten Nutzungswert kann der Listenpreis des überwiegend genutzten Kraftfahrzeugs zugrunde gelegt werden, wenn die Nutzung der Fahrzeuge durch andere zur Privatsphäre des Arbeitnehmers gehörende Personen so gut wie ausgeschlossen ist. Dem Nutzungswert für Fahrten zwischen Wohnung und erster Tätigkeitsstätte ist stets der Listenpreis des überwiegend für diese Fahrten benutzten Kraftfahrzeugs zugrunde zu legen (→ BMF vom 28. 5. 1996 – BStBl I S. 654, Tz. 2; diese Regelung bleibt von BFH vom 13. 6. 2013 unberührt → Fußnote 1 im BStBl 2014 II S. 340). Anhang 25 II
- Der Listenpreis des überwiegend genutzten Kraftfahrzeugs ist bei der pauschalen Nutzungswertermittlung auch bei einem Fahrzeugwechsel im Laufe eines Kalendermonats zugrunde zu legen (→ Arbeitgeber-Merkblatt vom 1. 1. 1996 – BStBl 1995 I S. 719, Tz. 21).
  → Arbeitgebermerkblatt
- Bei der individuellen Nutzungswertermittlung muss für jedes Kraftfahrzeug die insgesamt entstehenden Aufwendungen und das Verhältnis der privaten zu den übrigen Fahrten nachgewiesen werden (→ Arbeitgeber-Merkblatt vom 1. 1. 1996 – BStBl 1995 I S. 719, Tz. 22).
  → Arbeitgebermerkblatt
- Stehen einem Arbeitnehmer gleichzeitig mehrere Kraftfahrzeuge zur Verfügung und führt er nur für einzelne Kraftfahrzeuge ein ordnungsgemäßes Fahrtenbuch, so kann er für diese den privaten Nutzungswert individuell ermitteln, während der Nutzungswert für die anderen mit monatlich 1 % des Listenpreises anzusetzen ist (→ BFH vom 3. 8. 2000 – BStBl 2001 II S. 332).

Umwegstrecken

Überlassung von Dienstkraftwagen; Erfassung von Umwegstrecken für Fahrten zwischen Wohnung und Arbeitsstätte bei Anwendung der Fahrtenbuchregelung

(Erlaß des FinMin Niedersachsen vom 2. 12. 1996 – S 2334 – 57 – 35 –)

Es ist die Frage gestellt worden, ob bei der steuerlichen Erfassung von Fahrten zwischen Wohnung und Arbeitsstätte mit einem zur Verfügung gestellten Dienstkraftfahrzeug nach der individuellen Nutzungswertmethode die kürzeste benutzbare Straßenverbindung angesetzt werden kann, wenn wegen der Gefährdung des Arbeitnehmers aus Sicherheitsgründen eine andere und damit längere Fahrtstrecke gewählt wird.

Hierzu bitte ich folgende Auffassung zu vertreten: Sind bei Anwendung der Fahrtenbuchregelung nach § 8 Abs. 2 Satz 4 EStG die auf die Fahrten zwischen Wohnung und Arbeitsstätte entfallenden tatsächlichen Kraftfahrzeugaufwendungen zu ermitteln, bestehen keine Bedenken, die Fahrstrecken auf der Grundlage der kürzesten benutzbaren Straßenverbindung zu ermitteln. Dies setzt allerdings voraus, daß der Arbeitnehmer konkret gefährdet ist und durch die zuständigen Sicherheitsbehörden der Gefährdungsstufe 1, 2 oder 3 zugeordnet ist.

Der Ansatz der kürzesten benutzbaren Straßenverbindung bei der Nutzungswertfeststellung nach § 8 Abs. 2 Satz 4 EStG steht außerdem unter dem Vorbehalt, daß bei der Ermittlung der als Werbungskosten abziehbaren Aufwendungen des Arbeitnehmers für Fahrten zwischen Wohnung und Arbeitsstätte ebenfalls nur die kürzeste benutzbare Entfernung zugrundegelegt wird.

Dieser Erlaß ergeht im Einvernehmen mit dem Bundesministerium der Finanzen und den obersten Finanzbehörden der anderen Länder.

Vereinfachungsregelung

Bei der individuellen Nutzungswertermittlung im Laufe des Kalenderjahres bestehen keine Bedenken, wenn die Privatfahrten je Fahrtkilometer vorläufig mit 0,001 % des inländischen Listenpreises für das Kraftfahrzeug angesetzt werden (→ Arbeitgeber-Merkblatt vom 1. 1. 1996 – BStBl 1995 I S. 719, Tz. 24).
→ Arbeitgebermerkblatt

Verzicht auf Schadensersatz

Verzichtet der Arbeitgeber gegenüber dem Arbeitnehmer auf Schadensersatz nach einem während einer beruflichen Fahrt alkoholbedingt entstandenen Schaden am auch zur privaten Nutzung überlassenen Firmen-PKW, so ist der dem Arbeitnehmer aus dem Verzicht entstehende Vermögensvorteil nicht durch die 1 %-Regelung abgegolten. Der als Arbeitslohn zu erfassende Verzicht auf Schadensersatz führt nur dann zu einer Steuererhöhung, wenn die Begleichung der Schadensersatzforderung nicht zum Werbungskostenabzug berechtigt. Ein Werbungskostenabzug kommt nicht in Betracht, wenn das auslösende Moment für den Verkehrsunfall die alkoholbedingte Fahruntüchtigkeit war (→ BFH vom 24. 5. 2007 – BStBl II S. 766).

Wechsel zur Fahrtenbuchmethode

Ein unterjähriger Wechsel zwischen der 1 %-Regelung und der Fahrtenbuchmethode für dasselbe Fahrzeug ist nicht zulässig (→ BFH vom 20. 3. 2014 – BStBl II S. 643).

Weiträumiges Tätigkeitsgebiet

→ Allgemeines

Werkstattwagen

– Die 1 %-Regelung gilt nicht für Fahrzeuge, die auf Grund ihrer objektiven Beschaffenheit und Einrichtung typischerweise so gut wie ausschließlich nur zur Beförderung von Gütern bestimmt sind (→ BFH vom 18. 12. 2008 – BStBl 2009 II S. 381).
– Ein geldwerter Vorteil für die Fahrten zwischen Wohnung und erster Tätigkeitsstätte ist nur dann nicht zu erfassen, wenn ein Arbeitnehmer ein Firmenfahrzeug ausschließlich an den Tagen für seine Fahrten zwischen Wohnung und erster Tätigkeitsstätte erhält, an denen es erforderlich werden kann, dass er dienstliche Fahrten von der Wohnung aus antritt, z. B. beim Bereitschaftsdienst in Versorgungsunternehmen (→ BMF vom 28. 5. 1996 – BStBl I S. 654).

Zuzahlungen des Arbeitnehmers Anhang 25 II

– Beispiel zu Zuzahlungen des Arbeitnehmers zu den Anschaffungskosten eines ihm auch zur privaten Nutzung überlassenen betrieblichen Kraftfahrzeugs:

  Der Arbeitnehmer hat im Jahr 01 zu den Anschaffungskosten eines Firmenwagens einen Zuschuss i. H. v. 10 000 € geleistet. Der geldwerte Vorteil beträgt jährlich 4 000 €. Ab Januar 03 wird ihm ein anderer Firmenwagen überlassen.

  Der geldwerte Vorteil i. H. v. 4 000 € wird in den Jahren 01 und 02 um jeweils 4 000 € gemindert. Auf Grund der Überlassung eines anderen Firmenwagens ab 03 kann der verbleibende Zuzahlungsbetrag von 2 000 € nicht auf den geldwerten Vorteil dieses Firmenwagens angerechnet werden.

  Bei Zuzahlungen des Arbeitnehmers zu Leasingsonderzahlungen ist entsprechend zu verfahren.
– Bei der Fahrtenbuchmethode fließen vom Arbeitnehmer selbst getragene Aufwendungen nicht in die Gesamtkosten ein und erhöhen nicht den individuell zu ermittelnden geldwerten Vorteil. Bei der 1 %-Regelung mindern vom Arbeitnehmer selbst getragene Aufwendungen nicht den pauschal ermittelten geldwerten Vorteil.
– → **Nutzungsentgelt**

Bezug von Waren und Dienstleistungen (§ 8 Abs. 3 EStG) R 8.2

(1) [1]Die steuerliche Begünstigung bestimmter Sachbezüge der Arbeitnehmer nach § 8 Abs. 3 EStG setzt Folgendes voraus: S 2334

1. [1]Die Sachbezüge müssen dem Arbeitnehmer auf Grund seines Dienstverhältnisses zufließen. [2]Steht der Arbeitnehmer im Kalenderjahr nacheinander oder nebeneinander in mehreren Dienstverhältnissen, sind die Sachbezüge aus jedem Dienstverhältnis unabhängig voneinander zu beurteilen. [3]Auf Sachbezüge, die der Arbeitnehmer nicht unmittelbar vom Arbeitgeber erhält, ist § 8 Abs. 3 EStG grundsätzlich nicht anwendbar.
2. [1]Die Sachbezüge müssen in der Überlassung von Waren oder in Dienstleistungen bestehen. [2]Zu den Waren gehören alle Wirtschaftsgüter, die im Wirtschaftsverkehr wie Sachen (§ 90 BGB) behandelt werden, also auch elektrischer Strom und Wärme. [3]Als Dienstleistungen kommen alle anderen Leistungen in Betracht, die üblicherweise gegen Entgelt erbracht werden.
3. [1]Auf Rohstoffe, Zutaten und Halbfertigprodukte ist die Begünstigung anwendbar, wenn diese mengenmäßig überwiegend in die Erzeugnisse des Betriebs eingehen. [2]Betriebs- und Hilfsstoffe, die mengenmäßig überwiegend nicht an fremde Dritte abgegeben werden, sind nicht begünstigt.
4. [1]Bei jedem einzelnen Sachbezug, für den die Voraussetzungen des § 8 Abs. 3 und des § 40 Abs. 1 oder Abs. 2 Satz 1 Nr. 1, 2 oder 5 Satz 1 EStG gleichzeitig vorliegen, kann zwischen der Pauschalbesteuerung und der Anwendung des § 8 Abs. 3 EStG (mit Bewertungsabschlag und Rabatt-Freibetrag) und der Anwendung des § 8 Abs. 2 EStG (ohne Bewertungsabschlag und Rabatt-Freibetrag) gewählt werden.

[2]Die Begünstigung gilt sowohl für teilentgeltliche als auch für unentgeltliche Sachbezüge. [3]Sie gilt deshalb z. B. für den Haustrunk im Brauereigewerbe, für die Freitabakwaren in der Tabakwarenindustrie und für die Deputate im Bergbau sowie in der Land- und Forstwirtschaft. [4]Nachträgliche Gutschriften sind als Entgeltsminderung zu werten, wenn deren Bedingungen bereits in dem Zeitpunkt feststehen, in dem der Arbeitnehmer die Sachbezüge erhält. [5]Zuschüsse eines Dritten sind nicht als Verbilligung zu werten, sondern ggf. als Lohnzahlungen durch Dritte zu versteuern.

(2) [1]Der steuerlichen Bewertung des Sachbezugs, der die Voraussetzungen des Absatzes 1 erfüllt, ist grundsätzlich der Endpreis (einschl. der Umsatzsteuer) zugrunde zu legen, zu dem der Arbeitgeber konkrete Ware oder Dienstleistung fremden Letztverbrauchern im allgemeinen Geschäftsverkehr am Ende von Verkaufsverhandlungen durchschnittlich anbietet. [2]Bei der Gewährung von Versicherungsschutz sind es die Beiträge, die der Arbeitgeber als Versicherer von fremden Versicherungsnehmern für diesen Versicherungsschutz durchschnittlich verlangt. [3]Tritt der Arbeitgeber mit Letztverbrauchern außerhalb des Arbeitnehmerbereichs nicht in Geschäftsbeziehungen, ist grundsätzlich der Endpreis zugrunde zu legen, zu denen der dem Abgabeort des Arbeitgebers nächstansässige Abnehmer die konkrete Ware oder Dienstleistung fremden Letztverbrauchern anbietet. [4]Dies gilt auch in den Fällen, in denen der Arbeitgeber nur als Kommissionär tätig ist. [5]R 8.1 Abs. 2 Satz 2 ist sinngemäß anzuwenden. [6]Für die Preisfeststellung ist grundsätzlich jeweils der Kalendertag maßgebend, an dem die Ware oder Dienstleistung an den Arbeitnehmer abgegeben wird. [7]Fallen Bestell- und Liefertag auseinander, sind die Verhältnisse am Bestelltag für die Ermittlung des Angebotspreises maßgebend. [8]Der um 4 % geminderte Endpreis ist der Geldwert des Sachbezugs; als Arbeitslohn ist der Unterschiedsbetrag zwischen diesem Geldwert und dem vom Arbeitnehmer gezahlten Entgelt anzusetzen. [9]Arbeitslöhne dieser Art aus demselben Dienstverhältnis bleiben steuerfrei, soweit sie insgesamt den Rabatt-Freibetrag nach § 8 Abs. 3 EStG nicht übersteigen.

H 8.2

Hinweise

Abschlussgebühr

Lohnsteuerliche Behandlung ersparter Abschlußgebühren bei Abschluß eines Bausparvertrags

(BMF-Schreiben vom 28. 3. 1994, BStBl I S. 233)

Wenn Bausparkassen gegenüber ihren eigenen Mitarbeitern, gegenüber Arbeitnehmern von anderen Kreditinstituten oder gegenüber Arbeitnehmern von Versicherungsunternehmen und anderen Unternehmen beim Abschluß von Bausparverträgen zunächst auf die übliche Sondereinlage in Höhe von 1 v. H. der Bausparsumme und bei der Inanspruchnahme eines Bauspardarlehens auf die dann fällige Abschlußgebühr verzichten, gilt nach dem Ergebnis der Erörterung mit den obersten Finanzbehörden der Länder folgendes:

1. Der Verzicht auf die Sondereinlage beim Abschluß eines Bausparvertrags ist lohnsteuerlich ohne Bedeutung.
2. Der Abschluß eines Bausparvertrags ist eine Dienstleistung der Bausparkasse; der durch den Verzicht auf die Abschlußgebühr entstehende geldwerte Vorteil gehört zum Arbeitslohn.
3. Bei eigenen Arbeitnehmern der Bausparkassen handelt es sich um eine Dienstleistung i. S. des § 8 Abs. 3 EStG.
4. Bei Arbeitnehmern anderer Kreditinstitute, Arbeitnehmern von Versicherungsunternehmen und anderen Unternehmen ist nach dem BMF-Schreiben vom 27. September 1993 – IV B 6 – S 2334 – 152/93 – (BStBl I S. 814) sowie den entsprechenden Erlassen der obersten Finanzbehörden der Länder zu verfahren.
5. Soweit der Vorteil als Arbeitslohn versteuert wird, ist er der Zahlung einer Abschlußgebühr gleichzustellen und nach Maßgabe des § 10 EStG und des § 2 WoPG als Bausparbeitrag zu behandeln.
6. . . .

Allgemeines

Die Regelung des § 8 Abs. 3 EStG gilt nicht für

- Waren, die der Arbeitgeber überwiegend für seine Arbeitnehmer herstellt, z. B. Kantinenmahlzeiten, oder überwiegend an seine Arbeitnehmer vertreibt und Dienstleistungen, die der Arbeitgeber überwiegend für seine Arbeitnehmer erbringt,

– Sachbezüge, die nach § 40 Abs. 1 oder Abs. 2 Nr. 1 oder 2 EStG pauschal versteuert werden.

In diesen Fällen ist die Bewertung nach § 8 Abs. 2 EStG vorzunehmen.

Anwendung des Rabatt-Freibetrags

Der Rabatt-Freibetrag findet Anwendung bei

- Waren oder Dienstleistungen, die vom Arbeitgeber hergestellt, vertrieben oder erbracht werden (→ BFH vom 15. 1. 1993 – BStBl II S. 356),
- Leistungen des Arbeitgebers, auch wenn sie nicht zu seinem üblichen Geschäftsgegenstand gehören (→ BFH vom 7. 2. 1997 – BStBl II S. 363),
- der verbilligten Abgabe von Medikamenten an die Belegschaft eines Krankenhauses, wenn Medikamente dieser Art mindestens im gleichen Umfang an Patienten abgegeben werden (→ BFH vom 27. 8. 2002 – BStBl II S. 881 und BStBl 2003 II S. 95),
- Waren, die ein Arbeitgeber im Auftrag und nach den Plänen und Vorgaben eines anderen produziert und damit Hersteller dieser Waren ist (→ BFH vom 28. 8. 2002 – BStBl 2003 II S. 154 betr. Zeitungsdruck),
- Waren, die ein Arbeitgeber auf eigene Kosten nach seinen Vorgaben und Plänen von einem Dritten produzieren lässt oder zu deren Herstellung er damit vergleichbare sonstige gewichtige Beiträge erbringt (→ BFH vom 1. 10. 2009 – BStBl 2010 II S. 204),
- verbilligter Überlassung einer Hausmeisterwohnung, wenn der Arbeitgeber Wohnungen zumindest in gleichem Umfang an Dritte vermietet und sich die Hausmeisterwohnung durch ihre Merkmale nicht in einem solchen Maße von anderen Wohnungen unterscheidet, dass sie nur als Hausmeisterwohnung genutzt werden kann (→ BFH vom 16. 2. 2005 – BStBl II S. 529).
- Überlassung eines zinslosen oder zinsverbilligten Arbeitgeberdarlehens, wenn Darlehen gleicher Art und zu gleichen Konditionen überwiegend an betriebsfremde Dritte vergeben werden (→ BMF vom ***19. 5. 2015*** – BStBl I S. ***484***). Anhang 42
- Mahlzeitengestellung im Rahmen einer Auswärtstätigkeit, wenn aus der Küche eines Flusskreuzfahrtschiffes neben den Passagieren auch die Besatzungsmitglieder verpflegt werden (→ BFH vom 21. 1. 2010 – BStBl II S. 700).
- ***Fahrvergünstigungen, die die Deutsche Bahn AG Ruhestandsbeamten des Bundeseisenbahnvermögens gewährt (→ BFH vom 26. 6. 2014 – BStBl 2015 II S. 39), soweit die übrigen Voraussetzungen des § 8 Abs. 3 EStG erfüllt sind.***

Der Rabatt-Freibetrag findet keine Anwendung bei

- Arbeitgeberdarlehen, wenn der Arbeitgeber lediglich verbundenen Unternehmen Darlehen gewährt (→ BFH vom 18. 9. 2002 – BStBl 2003 II S. 371),
- Arbeitgeberdarlehen, wenn der Arbeitgeber Darlehen dieser Art nicht an Fremde vergibt (→ BFH vom 9. 10. 2002 – BStBl 2003 II S. 373 betr. Arbeitgeberdarlehen einer Landeszentralbank).

Aufteilung eines Sachbezugs

Die Aufteilung eines Sachbezugs zum Zwecke der Lohnsteuerpauschalierung ist nur zulässig, wenn die Pauschalierung der Lohnsteuer beantragt wird und die Pauschalierungsgrenze des § 40 Abs. 1 Satz 3 EStG überschritten wird BMF vom ***19. 5. 2015***– BStBl I S. ***484***).

Berechnung des Rabatt-Freibetrags Anhang 42

Beispiel 1:

Ein Möbelhandelsunternehmen überlässt einem Arbeitnehmer eine Schrankwand zu einem Preis von 3 000 €; der durch Preisauszeichnung angegebene Endpreis dieser Schrankwand beträgt 4 500 €.

Zur Ermittlung des Sachbezugswerts ist der Endpreis um 4 % = 180 € zu kürzen, so dass sich nach Anrechnung des vom Arbeitnehmer gezahlten Entgelts ein Arbeitslohn von 1 320 € ergibt. Dieser Arbeitslohn überschreitet den Rabatt-Freibetrag von 1 080 € um 240 €, so dass dieser Betrag zu versteuern ist.

Würde der Arbeitnehmer im selben Kalenderjahr ein weiteres Möbelstück unter denselben Bedingungen beziehen, so käme der Rabatt-Freibetrag nicht mehr in Betracht; es ergäbe sich dann ein zu versteuernder Betrag von 1 320 € (Unterschiedsbetrag zwischen dem um 4 % = 180 € geminderten Endpreis von 4 500 € und dem Abgabepreis von 3 000 €).

Beispiel 2:

Der Arbeitnehmer eines Reisebüros hat für eine vom Arbeitgeber vermittelte Pauschalreise, die im Katalog des Reiseveranstalters zum Preis von 2 000 € angeboten wird, nur 1 500 € zu zahlen. Vom Preisnachlass entfallen 300 € auf die Reiseleistung des Veranstalters und 200 € auf die Vermittlung des Arbeitgebers, der insoweit keine Vermittlungsprovision erhält.

Die unentgeltliche Vermittlungsleistung ist nach § 8 Abs. 3 EStG mit ihrem um 4 % = 8 € geminderten Endpreis von 200 € zu bewerten, so dass sich ein Arbeitslohn von 192 € ergibt, der im Rahmen des Rabatt-Freibetrags von 1 080 € jährlich steuerfrei ist.

Auf die darüber hinausgehende Verbilligung der Pauschalreise um 300 € ist der Rabatt-Freibetrag nicht anwendbar, weil die Reiseveranstaltung nicht vom Arbeitgeber durchgeführt wird; sie ist deshalb nach § 8 Abs. 2 EStG zu bewerten. Nach R 8.1 Abs. 2 Satz ***3*** kann der für die Reiseleistung maßgebende Preis mit 1 728 € (96 % von 1 800 €) angesetzt werden, so dass sich ein steuerlicher Preisvorteil von 228 € ergibt.

Dienstleistungen

Die leih- oder mietweise Überlassung von Grundstücken, Wohnungen, möblierten Zimmern oder von Kraftfahrzeugen, Maschinen und anderen beweglichen Sachen sowie die Gewährung von Darlehen sind Dienstleistungen (→ BFH vom 4. 11. 1994 – BStBl 1995 II S. 338).

Weitere Beispiele für Dienstleistungen sind:

- Beförderungsleistungen,
- Beratung,
- Datenverarbeitung,
- Kontenführung,
- Reiseveranstaltungen,
- Versicherungsschutz,
- Werbung.

Endpreis

- i. S. d. § 8 Abs. 3 EStG ist der am Ende von Verkaufsverhandlungen als letztes Angebot stehende Preis und umfasst deshalb auch die Rabatte (→ BFH vom 26. 7. 2012 – BStBl II S. 400). Zur Anwendung → BMF vom 16. 5. 2013 (BStBl I S. 729, Tz. 3.2), (Anhang 36)
- (Anhang 37) beim Erwerb von Kraftfahrzeugen vom Arbeitgeber in der Automobilbranche → BMF vom 18. 12. 2009 (BStBl 2010 I S. 20), unter Berücksichtigung der Änderung durch → BMF vom 16. 5. 2013 (BStBl I S. 729, Rdnr. 8),
- (Anhang 42) bei Überlassung eines zinslosen oder zinsverbilligten Arbeitgeberdarlehens → BMF vom ***19.5.2015*** (BStBl I S. ***484***)

Steuerliche Behandlung von Arbeitgeberdarlehen hier: Berücksichtigung von Darlehenskonditionen nach Vermittlung durch Internet-Vermittlungsportale und -Vergleichsportale

Bayerisches Landesamt für Steuern vom 7. 7. 2015 – S 2334.2.1-84/16 St32

Das BMF-Schreiben vom 19. 5. 2015 (BStBl 2015 I, S. 484) stellt ausführlich die steuerliche Behandlung von Arbeitgeberdarlehen dar. Die Grundsätze dieses Schreibens sind in allen offenen Fällen anzuwenden.

Da vermehrt entsprechende Anträge auf Erteilung einer Anrufungsauskunft nach § 42e EStG eingehen, wird ergänzend zu dem BMF-Schreiben vom 19. 5. 2015 (a. a. O.) auf folgenden besonderen Sachverhalt hingewiesen:

1. Sachverhalt

Banken und Sparkassen bieten Darlehen (insb. Baufinanzierungen) oftmals nicht nur vor Ort in den Geschäftsstellen, sondern auch über Vermittlungsportale und Vergleichsportale im Internet an.

Die Dienstleistung der Vermittlungsportale besteht ausschließlich in der Vermittlung von (Bau-)Finanzierungen zwischen der Bank und dem Kunden. Der Darlehensvertrag wird unmittelbar zwischen der Bank und dem vermittelten Kunden in der jeweiligen Geschäftsstelle der Bank abgeschlossen.

Die Darlehenskonditionen der Bank, die Kunden bei Abschluss einer (Bau-)Finanzierung über ein Internet-Vermittlungsportal angeboten werden, sind in der Regel günstiger als bei Darlehensabschluss direkt (d. h. ohne Einschaltung eines Vermittlungsportals) vor Ort in der Bankfiliale.

Beispiel:

Wohnungsbaudarlehen, Zinsbindung 10 Jahre, 2 % Tilgung, 5 % Sondertilgung, 60 % Beleihungswert

„Standardkondition" der Bank (ohne Einschaltung eines Vermittlungsportals) 1,90 %

Darlehenskondition der Bank bei Vermittlung durch Vermittlungsportal 1,60 %

Bisher wurde im Rahmen von Arbeitgeberdarlehen an Bankmitarbeiter in der Regel nur ein Nachlass von 4 % auf die „Standardkondition" der Bank gewährt (Mitarbeiterkondition im Beispielsfall: 1,90 % abzüglich Bewertungsabschlag 4 % = 1,82 %). Künftig sollen den Mitarbeitern auch (Bau-)Finanzierungsdarlehen zu den Darlehenskonditionen der Bank bei Vermittlung durch ein Vermittlungsportal (im Beispielsfall: 1,60 %) angeboten werden. Hierfür ermittelt die Bank die aktuellen Konditionen, die ein Kunde für ein vergleichbares Darlehen bei Vermittlung durch ein Vermittlungsportal unter den gleichen Bedingungen (Darlehenshöhe, Beleihungswert, Tilgung etc.) zahlen müsste. Diese Konditionen soll auch der Mitarbeiter erhalten. Ein (weiterer) Preisnachlass wird dem Mitarbeiter – nach den bisher bekannt gewordenen Sachverhalten – nicht gewährt.

2. Rechtliche Würdigung

Sowohl im Rahmen des Lohnsteuerabzugs als auch im Rahmen der Einkommensteuerveranlagung besteht eine Wahlmöglichkeit für die Ermittlung des geldwerten Vorteils/Zinsvorteils nach § 8 Abs. 2 Satz 1 oder Abs. 3 EStG (Rz. 23 des BMF-Schreibens vom 19. 5. 2015 (a. a. O.) i. V. m. BMF-Schreiben vom 16. 5. 2013, BStBl 2013 I S. 729).

2.1. Bewertung nach § 8 Abs. 3 EStG

Für die Bewertung nach § 8 Abs. 3 EStG gelten die Grundsätze der Rz. 15 ff. des BMF-Schreibens vom 19. 5. 2015 (a. a. O.). Demnach kann als Ausgangswert für die Ermittlung des geldwerten Vorteils nach § 8 Abs. 3 Satz 1 EStG der Preis zugrunde gelegt werden, zu dem der Arbeitgeber (hier: die Bank) die konkrete Ware oder Dienstleistung (hier: Darlehen) fremden Letztverbrauchern im allgemeinen Geschäftsverkehr am Ende von Verkaufsverhandlungen durchschnittlich anbietet.

Auf diesen Angebotspreis sind der gesetzliche Bewertungsabschlag von 4 % und der gesetzliche Rabatt-Freibetrag von 1 080 Euro anzuwenden (§ 8 Abs. 3 Satz 2 EStG).

Für den unter 1. dargestellten Sachverhalt bedeutet dies Folgendes:

Die Konditionen der durch das Vermittlungsportal vermittelten Darlehen können in die Berechnung der Vergleichskonditionen („Gesamtdurchschnittspreis") einbezogen werden. Im Rahmen des § 8 Abs. 3 EStG ist es aber – anders als bei § 8 Abs. 2 EStG (vgl. 2.2) – nicht möglich, ausschließlich auf die durchschnittlichen Konditionen der durch ein Vermittlungsportal vermittelten Darlehen abzustellen oder gar die absolut günstigsten Konditionen eines einzelnen vergleichbaren Darlehens zu berücksichtigen.

Vielmehr ist für die Bewertung des geldwerten Vorteils/Zinsvorteils nach § 8 Abs. 3 EStG aus den „Standardkonditionen" der Bank (ohne Einschaltung eines Vermittlungsportals) und den Darlehenskonditionen der Bank bei Vermittlung durch ein Vermittlungsportal ein Gesamtdurchschnittswert zu bilden. Maßgebend sind hier nicht die fiktiven Konditionen, die einem Kunden für ein durch ein Vermittlungsportal vermitteltes vergleichbares Darlehen gewährt worden wären, sondern nur die Konditionen von tatsächlich an fremde Dritte gewährten vergleichbaren Darlehen.

Dieser Wert ist der maßgebende Endpreis/Angebotspreis i. S. d. § 8 Abs. 3 EStG. Der um den gesetzlichen Bewertungsabschlag von 4 % geminderte Endpreis/Angebotspreis ist der Geldwert des Sachbezugs; als Arbeitslohn ist der Unterschiedsbetrag zwischen diesem Geldwert und dem vom Arbeitnehmer gezahlten Entgelt (tatsächlicher Zinssatz) anzusetzen, soweit er den Rabatt-Freibetrag von 1 080 Euro im Kalenderjahr übersteigt (§ 8 Abs. 3 Satz 2 EStG).

Der Arbeitgeber hat die Unterlagen für den ermittelten und der Lohnversteuerung zu Grunde gelegten Endpreis/Angebotspreis sowie die Berechnung des Zinsvorteils zu dokumentieren, als Belege zum Lohnkonto aufzubewahren und dem Arbeitnehmer auf Verlangen formlos mitzuteilen (Rz. 18 ff. des BMF-Schreibens vom 19. 5. 2015, a. a. O.).

2.2. Bewertung nach § 8 Abs. 2 Satz 1 EStG

Für die Bewertung nach § 8 Abs. 2 Satz 1 EStG gelten die Grundsätze der Rz. 5 ff. des BMF-Schreibens vom 19. 5. 2015 (a. a. O.). Demnach sind Sachbezüge nach § 8 Abs. 2 Satz 1 EStG mit den um übliche Preisnachlässe geminderten üblichen Endpreisen am Abgabeort anzusetzen; der pauschale Abschlag i. H. v. 4 % nach R 8.1 Abs. 2 Satz 3 LStR ist vorzunehmen.

Als üblicher Endpreis nach § 8 Abs. 2 Satz 1 EStG gilt auch der günstigste Preis für ein vergleichbares Darlehen mit nachgewiesener günstigster Marktkondition, zu der das Darlehen unter Einbeziehung allgemein zugänglicher Internetangebote (z. B. Internetangebote von Direktbanken) an Endverbraucher angeboten wird, ohne dass individuelle Preisverhandlungen im Zeitpunkt des Vertragsabschlusses berücksichtigt werden. Im Rahmen des § 8 Abs. 2 Satz 1 EStG ist es daher auch möglich, ausschließlich auf die durchschnittlichen Konditionen der durch Vermittlungsportale vermittelten Darlehen abzustellen oder gar die absolut günstigsten Konditionen eines einzelnen vergleichbaren Darlehens zu berücksichtigen. Der pauschale Abschlag i. H. v. 4 % nach R 8.1 Abs. 2 Satz 3 LStR kommt in diesen Fällen nicht zur Anwendung.

Es ist dabei auch zulässig, die Konditionen zugrunde zu legen, die einem Kunden für ein durch das Vermittlungsportal vermitteltes vergleichbares Darlehen gewährt worden wären, auch wenn ein entsprechendes Darlehen tatsächlich nicht zustande kommt (fiktive Konditionen). In dem unter 1. dargestellten Beispielsfall könnte daher – anders als bei § 8 Abs. 3 EStG – der (fiktive) Zinssatz von 1,60 % als Vergleichszinssatz herangezogen werden.

Der Arbeitgeber hat die Unterlagen für den ermittelten und der Lohnversteuerung zu Grunde gelegten Endpreis sowie die Berechnung der Zinsvorteile zu dokumentieren, als Belege zum Lohnkonto aufzubewahren und dem Arbeitnehmer auf Verlangen formlos mitzuteilen (Rz. 7 ff. des BMF-Schreibens vom 19. 5. 2015, a. a. O.).

...

Sachbezüge

Energie- und Wasserlieferungen

Lohnsteuerliche Behandlung der verbilligten Energielieferungen an Arbeitnehmer von Versorgungsunternehmen

(Erlaß des FinMin Niedersachsen vom 13. 12. 1999 – S 2334 – 96 – 35 –)

Aufgrund des Gesetzes zur Neuregelung des Energiewirtschaftsrechts vom 24. 4. 1998 (BGBl. I S. 730) ergeben sich Änderungen hinsichtlich der lohnsteuerrechtlichen Beurteilung der verbilligten Energielieferungen an die Arbeitnehmer der Versorgungsunternehmen, wenn die Arbeitnehmer nicht im Versorgungsgebiet ihres Arbeitgebers wohnen.

Es wird gebeten, hierzu folgende Auffassung zu vertreten:

Auch weiterhin kann bei der verbilligten Überlassung von Energie (Strom oder Gas) § 8 Abs. 3 EStG nur angewandt werden, wenn genau dieselbe Ware, die der Arbeitnehmer von einem Dritten erhält, vom Arbeitgeber zuvor hergestellt oder vertrieben worden ist (Nämlichkeit). Dabei ist unter „Vertreiben" in diesem Sinne nicht eine bloße Vermittlungsleistung zu verstehen – der Arbeitgeber muß die Dienstleistung als eigene erbringen (BFH-Urteil vom 7. 2. 1997, BStBl II S. 363). Die Voraussetzung der Nämlichkeit ist erfüllt, wenn das Versorgungsunternehmen, das den Arbeitnehmer beliefert, diese Energie zuvor von dem Versorgungsunternehmen, bei dem der Arbeitnehmer beschäftigt ist, erhalten hat. Erhält jedoch das Versorgungsunternehmen, das den Arbeitnehmer mit Energie beliefert, seine Energielieferungen nicht unmittelbar durch das Versorgungsunternehmen, bei dem der Arbeitnehmer beschäftigt ist, ist der geldwerte Vorteil aus der verbilligten Energielieferung nach § 8 Abs. 2 EStG zu versteuern (vgl. BFH-Urteil vom 15. 1. 1993, BStBl II S. 356).

In den Fällen der sog. Durchleitung (= verhandelter Netzzugang gem. §§ 5, 6 EnWG) muß das örtliche Versorgungsunternehmen, in dessen Bereich der Arbeitnehmer wohnt, sein Versorgungsnetz dem anderen Versorgungsunternehmen – gegen Gebühr – zur Durchleitung von Strom zur Verfügung stellen. Ist dieses andere Versorgungsunternehmen der Arbeitgeber, ist die Voraussetzung des § 8 Abs. 3 EStG erfüllt, weil der Arbeitnehmer Strom erhält, der vom Arbeitgeber hergestellt oder vertrieben worden ist und von diesem unmittelbar an seinen Arbeitnehmer unter Zuhilfenahme des örtlichen Versorgungsunternehmens geliefert wird.

In den Fällen der sog. Netzzugangsalternative ist das Versorgungsunternehmen, in dessen Bereich der Arbeitnehmer wohnt, verpflichtet, den Strom abzunehmen, den dieser Arbeitnehmer bei einem anderen Versorgungsunternehmen gekauft hat (§ 7 Abs. 2 EnWG). Anschließend liefert das örtliche Versorgungsunternehmen diesen Strom an den Arbeitnehmer weiter. Auch bei dieser Alternative erhält das örtliche Versorgungsunternehmen tatsächlich den Strom des anderen Versorgungsunternehmens. Ist dieses andere Versorgungsunternehmen der Arbeitgeber, ist auch in dem Fall der Netzzugangsalternative nach § 7 Abs. 2 EnWG die Voraussetzung der Nämlichkeit und damit die Voraussetzung des § 8 Abs. 3 EStG erfüllt.

Diese Grundsätze gelten gleichermaßen für Arbeitgeber, die als Versorgungsunternehmen den Strom lediglich verteilen oder aber auch selbst Strom erzeugen. Sie sind hingegen nicht anzuwenden, wenn die entsprechende Energie tatsächlich nicht zwischen den Versorgungsunternehmen vertrieben, sondern nur als Rechnungsposten gehandelt wird.

Dieser Erlass ergeht im Einvernehmen mit dem Bundesministerium der Finanzen und den obersten Finanzbehörden der anderen Länder bundeseinheitlich. Es wird gebeten, die Finanzämter hiervon zu unterrichten.

Geldwerter Vorteil

1. Ob ein geldwerter Vorteil i. S. des § 8 Abs. 2 Satz 1 EStG durch die verbilligte Überlassung einer Ware oder Dienstleistung gegeben ist, ist allein anhand des üblichen Endpreises für die konkrete Ware oder Dienstleistung zu ermitteln.
2. Ein geldwerter Vorteil ist auch dann gegeben, wenn der übliche Endpreis für funktionsgleiche und qualitativ gleichwertige Waren oder Dienstleistungen anderer Hersteller oder Dienstleister geringer ist als der der konkreten Ware oder Dienstleistung, die verbilligt überlassen wird.
3. Ein Arbeitgeber, der den Abschluss von Versicherungsverträgen vermittelt, kann seinen Arbeitnehmern auch dadurch einen geldwerten Vorteil i. S. des § 8 Abs. 3 Satz 1 EStG gewähren, dass er im Voraus auf die ihm zustehende Vermittlungsprovision verzichtet, sofern das Versicherungsunternehmen aufgrund dieses Verzichts den fraglichen Arbeitnehmern den Abschluss von Versicherungsverträgen zu günstigeren Tarifen gewährt, als das bei anderen Versicherungsnehmern der Fall ist (→ BFH vom 30. 5. 2001 – VI R 123/00).

Energie- und Wasserlieferungen an Arbeitnehmer von Versorgungsunternehmen

(Verfügung der Senatsverwaltung für Finanzen Berlin vom 28. 1. 2005 – III A 4 – S 2334 – 1/05 –)

Auf der Basis des neugeregelten EnWG wurde am 13. 12. 1999 eine Verbändevereinbarung (VV II) geschlossen. Hierbei wurde bei den Leistungen auf dem Energiemarkt strikt zwischen der Netznutzung und der Stromlieferung getrennt. Der Kunde hatte danach grundsätzlich zwei Verträge abzuschließen – einen Stromlieferungsvertrag mit dem Energielieferanten/Händler und einen Netzzugangsvertrag mit dem Netzbetreiber. Als Folge dieser Verträge handelte es sich bei dem Strom, den der Kunde an seiner Zählerklemme abnahm, um solchen des Energielieferanten, den dieser im eigenen Namen und auf eigene Rechnung an den Kunden veräußerte. Der Netzbetreiber (z. B. das örtliche Versorgungsunternehmen) stellte lediglich die Netznutzung sicher. Das vom Kunden zu zahlende Gesamtentgelt setzte sich nach dieser Vereinbarung aus einem Entgelt für die Stromlieferung sowie einem Entgelt für die Netznutzung zusammen.

Bei der entsprechenden Umsetzung dieses Verfahrens sind die zwei Leistungen (Stromlieferung und Netznutzung) lohnsteuerlich gesondert zu beurteilen:

Stromlieferung

Steht der Strom, der auf Grund des Stromlieferungsvertrags an der Zählerklemme des Arbeitnehmers abgenommen wird, im Eigentum des stromliefernden Arbeitgebers und wird daher von diesem im eigenen Namen und auf eigene Rechnung veräußert, erfolgt eine unmittelbare Stromlieferung. Die entscheidende Voraussetzung für die Anwendung des § 8 Abs. 3 EStG ist damit bei der verbilligten Überlassung von Energie erfüllt, denn der Arbeitnehmer erhält den Strom unmittelbar von seinem Arbeitgeber.

Netznutzung

Für die Anwendung des § 8 Abs. 3 EStG auf die gesonderte Leistung in Form der Netznutzung ist die Voraussetzung, dass der örtliche Netzbetreiber Arbeitgeber des Kunden ist. Nur in diesem Fall erhält der Arbeitnehmer die Dienstleistung unmittelbar von seinem Arbeitgeber. Ist der örtliche Netzbetreiber jedoch nicht Arbeitgeber des Kunden, kann § 8 Abs. 3 EStG für die Leistung „Netznutzung" nicht in Betracht kommen. Dies gilt auch dann, wenn der Stromlieferant das vom Arbeitnehmer hierfür zu erbringende Netzentgelt im Namen und für Rechnung des Netzbetreibers vereinnahmen sollte.

„All-inclusive-Verträge"

Die in der VV II festgelegte Trennung hat sich jedoch in der Praxis nicht durchgesetzt. Vielmehr haben Stromhändler schon bald auch außerhalb des eigenen Netzgebietes sog. „All-inclusive-Verträge" einschließlich Netznutzung angeboten. Ein anderes Modell – das sog. „Doppelvertragsmodell" – hat vorgesehen, dass sich der Stromlieferant vom Netzbetreiber in einem Händler-Rahmenvertrag den Netzzugang einräumen lässt und die Netznutzung dem Kunden (auch dem eigenen Arbeitnehmer) als eigene Leistung verkauft. Diese Entwicklung ist in der Verbändevereinbarung vom 13. 12. 2001 (VV II plus) umgesetzt worden; sie hat die VV II seit dem 01. 01. 2002 abgelöst.

Danach hat der Stromlieferant bei Vorlage eines „All-inclusive-Vertrags" zur Stromversorgung eines Einzelkunden in einem anderen Netzgebiet Anspruch auf den zeitnahen Abschluss eines Netznutzungsvertrages mit dem örtlichen Netzbetreiber, d. h. zwischen Netzbetreiber und Kunden bestehen keine vertraglichen Beziehungen. Beim „All-inclusive-Vertrag" enthält der Stromlieferungsvertrag des Energieversorgungsunternehmens (EVU) mit seinem Endkunden (auch Arbeitnehmer) bereits die Netznutzung auch für den Fall, dass der Endkunden (oder der Arbeitnehmer) in einem anderen Netzgebiet wohnt. Damit kommt für den Arbeitnehmer eines EVU als Endkunde der Rabattfreibetrag nach § 8 Abs. 3 EStG für alle Leistungen in Betracht, auch wenn er außerhalb des Netzgebiets seines Arbeitgebers wohnt oder dessen Arbeitgeber als reiner Stromhändler kein eigenes Versorgungsnetz betreibt.

Fahrvergünstigungen

Lohnsteuerliche Behandlung der Gewährung von Fahrvergünstigungen an Mitarbeiter der Deutschen Bahngruppe (§ 8 EStG)

(Erlass des Hessischen FinMin vom 25. 2. 2002 – S 2334 A – 15 – II B 2a –)

Die obersten Finanzbehörden des Bundes und der Länder haben sich mit der Frage befasst, ob und ggf. wie ein Nachweis einer geringeren Privatnutzung geführt werden kann, wenn Arbeitnehmer von Unternehmen der Bahngruppe eine Jahresnetzkarte erhalten und der Vorteil individuell versteuert wird.

Es wird die Auffassung vertreten, dass Aufzeichnungen über die privaten und dienstlichen Fahrten nach dem Muster eines Fahrtenbuchs mangels objektiver Nachprüfbarkeit wenig glaubwürdig und deshalb nicht geeignet sind, einen geringeren Ansatz zu begründen. Beim Fahrtenbuch für ein Kraftfahrzeug können die Angaben zu den dienstlichen Fahrten zumindest theoretisch überprüft werden. Auf die Angaben zu den Privatfahrten kommt es nicht an, da sich diese ohne Weiteres aus dem Unterschied der belegbaren Gesamtfahrleistung und der belegbaren Dienstfahrten ergeben. Bei der Netzkarte lässt sich jedoch keine Gesamtfahrleistung belegen. Insofern kommt der Angabe der privaten Fahrten eine wesentliche Bedeutung für die Höhe des Nutzungsvorteils zu. Ob diese Angaben vollständig sind, lässt sich aber nicht überprüfen.

Es bestehen jedoch keine Bedenken, als geringeren Wert den Betrag anzusetzen, der sich ergibt, wenn von dem nach § 8 EStG maßgebenden Wert (96 % des Preises für eine Jahresnetzkarte abzüglich Eigenanteil) der Betrag abgezogen wird, der für die nachgewiesenen oder glaubhaft gemachten Fahrten zwischen Wohnung und Arbeitsstätte und Dienstfahrten unter Berücksichtigung des günstigsten Preises anzusetzen wäre.

Dieser Erlass ergeht im Einvernehmen mit dem Bundesministerium der Finanzen und den obersten Finanzbehörden der anderen Länder.

Reisen

Steuerliche Behandlung unentgeltlicher oder verbilligter Reisen bei Mitarbeitern von Reisebüros und Reiseveranstaltern

(BMF-Schreiben vom 14. 9. 1994, BStBl I S. 755)

Nach dem Ergebnis der Besprechung mit den obersten Finanzbehörden der Länder gilt für die lohnsteuerrechtliche Behandlung unentgeltlicher oder verbilligter Reisen der Mitarbeiter von Reisebüros und Reiseveranstaltern folgendes:

1. Die einem Arbeitnehmer vom Arbeitgeber unentgeltlich oder verbilligt verschaffte Reise gehört nicht zum Arbeitslohn, wenn die Reise im ganz überwiegenden betrieblichen Interesse des Arbeitgebers durchgeführt wird. Ein ganz überwiegendes betriebliches Interesse muß über das normale Interesse des Arbeitgebers, das ihn zur Lohnzahlung veranlaßt, deut-

lich hinausgehen. Dieses Interesse muß so stark sein, daß das Interesse des Arbeitnehmers an der Leistung vernachlässigt werden kann. Für die Teilnahme des Arbeitnehmers an der Reise müssen nachweisbare betriebsfunktionale Gründe bestehen.

2. Als Reisen im ganz überwiegenden betrieblichen Interesse des Arbeitgebers kommen in Betracht
   a) Reisen, denen ein unmittelbarer betrieblicher Anlaß zugrunde liegt, z. B. Verhandlungen mit einem Geschäftspartner des Arbeitgebers oder Durchführung eines bestimmten Auftrags wie die Vorbereitung von Reiseveranstaltungen oder von Objektbeschreibungen in Katalogen des Arbeitgebers (Dienstreisen),
   b) Reisen zur beruflichen Fortbildung des Arbeitnehmers (Fachstudienreisen).
3. Bei Reisen im Sinne der Nummer 2 Buchstabe a kann ein ganz überwiegendes betriebliches Interesse des Arbeitgebers nur dann angenommen werden, wenn die folgenden Voraussetzungen nebeneinander erfüllt sind:
   a) Die Reise wird auf Anordnung des Arbeitgebers durchgeführt.
   b) Die Reise ist für den Arbeitnehmer unentgeltlich.
   c) Die Reisetage sind grundsätzlich wie normale Arbeitstage mit beruflicher Tätigkeit ausgefüllt (BFH-Urteil vom 12. April 1979 – BStBl II S. 513).
   d) Die Reisetage werden auf den Urlaub des Arbeitnehmers nicht angerechnet.
4. Bei Reisen im Sinne der Nummer 2 Buchstabe b kann ein ganz überwiegendes betriebliches Interesse des Arbeitgebers (Abschnitt 74 LStR) nur dann angenommen werden, wenn die folgenden Voraussetzungen nebeneinander erfüllt sind:
   a) Der an der Reise teilnehmende Arbeitnehmer ist im Reisevertrieb oder mit der Reiseprogrammbeschreibung, -gestaltung oder -abwicklung beschäftigt.
   b) Der Arbeitgeber wertet die Teilnahme an der Reise als Arbeitszeit und rechnet jeden vollen Reisetag, der auf einen regelmäßigen Arbeitstag des teilnehmenden Arbeitnehmers entfällt, mit mindestens 6 Stunden auf die vereinbarte regelmäßige Arbeitszeit an.
   c) Der Reise liegt eine feste Programmgestaltung zugrunde, wobei das Programm auf die konkreten beruflichen Qualifikations- und Informationsbedürfnisse der in Buchstabe a genannten Arbeitnehmer zugeschnitten ist. Das Programm muß Fachveranstaltungen mit einer Gesamtdauer von mindestens 6 Stunden arbeitstäglich enthalten. Berufliche Programmpunkte können sein:
      – Kennenlernen der Leistungsträger der gesamten Organisation vor Ort,
      – Vorstellung verschiedener Unterkünfte und Unterkunftsbesichtigungen,
      – länderkundliche Referate, Zielgebietsschulung,
      – ortskundige Führungen,
      – Vorträge von Verkehrsämtern und Ausflugsveranstaltern,
      – eigene Recherchen nach Aufgabenstellung (Fallstudien, Gruppenarbeit),
      – regelmäßige Programmbesprechungen.
   d) Der Arbeitnehmer nimmt grundsätzlich an allen vorgesehenen fachlichen Programmpunkten teil und erstellt ein Protokoll über den Reiseverlauf.
   e) Der Arbeitnehmer nimmt keine Begleitperson mit, es sei denn, daß die Mitnahme einer Begleitperson aus zwingenden betrieblichen Gründen erforderlich ist.
5. Zum Nachweis seines ganz überwiegenden betrieblichen Interesses hat der Arbeitgeber folgende Unterlagen aufzubewahren und auf Verlangen vorzulegen:
   a) In den Fällen der Nummer 2 Buchstabe a Unterlagen, aus denen sich der Anlaß und der Arbeitsauftrag ergeben.
   b) In den Fällen der Nummer 2 Buchstabe b
      – die Einladung zur Fachstudienreise,
      – Programmunterlagen,
      – Bestätigungen über die Teilnahme des Arbeitnehmers an den fachlichen Programmpunkten,
      – Protokoll des Arbeitnehmers über den Reiseverlauf,
      – Teilnehmerliste.
6. Leistungen Dritter sind kein Arbeitslohn, wenn sie dem Arbeitnehmer im ganz überwiegenden betrieblichen Interesse des Arbeitgebers zugute kommen, d. h. wenn die in Nummern 2

bis 5 genannten Voraussetzungen erfüllt sind. Andernfalls ist die Frage, ob die Leistung des Dritten Arbeitslohn darstellt und dem Lohnsteuerabzug unterliegt, nach den Grundsätzen des BMF-Schreibens vom 27. September 1993 (BStBl I S. 814) zu beurteilen.

7. Schließt sich an eine Reise, die im ganz überwiegenden betrieblichen Interesse des Arbeitgebers liegt, ein privater Reiseaufenthalt an, so gehören die Leistungen für den Anschlußaufenthalt zum Arbeitslohn. Leistungen für die Hin- und Rückfahrt gehören nur in den Fällen der Nummer 2 Buchstabe b und nur dann zum Arbeitslohn, wenn der Anschlußaufenthalt mehr als 10 v. H. der gesamten Reisezeit in Anspruch nimmt. Das gleiche gilt, wenn der im ganz überwiegenden betrieblichen Interesse liegenden Reise ein privater Reiseaufenthalt vorgeschaltet ist.

Sachbezüge an ehemalige Arbeitnehmer

Sachbezüge, die dem Arbeitnehmer ausschließlich wegen seines früheren oder künftigen Dienstverhältnisses zufließen, sind nach § 8 Abs. 3 EStG zu bewerten (→ BFH vom 8. 11. 1996 – BStBl 1997 II S. 330)

Sachbezüge von dritter Seite

– Erfassung und Bewertung

→ BMF vom ***20.1.2015*** (BStBl I S. ***143***)

Steuerliche Behandlung der Rabatte, die Arbeitnehmern von dritter Seite eingeräumt werden

(BMF-Schreiben vom 20.1.2015, BStBl I S.)

Der BFH hat mit Urteilen vom 18. Oktober 2012 - VI R 64/11 -BStBl II, S. . . .und vom 10. April 2014 - VI R 62/11 -BStBl II, S. . . . seine Rechtsprechung zur steuerlichen Behandlung der Rabatte, die Arbeitnehmern von dritter Seite eingeräumt werden, weiterentwickelt und konkretisiert.

Im Einvernehmen mit den obersten Finanzbehörden der Länder sind die Urteile unter Beachtung folgender Grundsätze über die entschiedenen Einzelfälle hinaus anzuwenden:

1 Preisvorteile, die Arbeitnehmern von dritter Seite eingeräumt werden, sind Arbeitslohn, wenn sie sich für den Arbeitnehmer als Frucht seiner Arbeit für den Arbeitgeber darstellen und wenn sie im Zusammenhang mit dem Dienstverhältnis stehen. Ein überwiegend eigenwirtschaftliches Interesse des Dritten schließt die Annahme von Arbeitslohndagegen in der Regel aus. Arbeitslohn liegt auch dann nicht vor, wenn und soweit der Preisvorteil auch fremden Dritten üblicherweise im normalen Geschäftsverkehr eingeräumt wird (z.B. Mengenrabatte).

2 Es spricht dafür, dass Preisvorteile zum Arbeitslohn gehören, wenn der Arbeitgeber an der Verschaffung dieser Preisvorteile aktiv mitgewirkt hat. Eine aktive Mitwirkung des Arbeitgebers in diesem Sinne liegt vor, wenn

a) aus dem Handeln des Arbeitgebers ein Anspruch des Arbeitnehmers auf den Preisvorteil entstanden ist oder

b) der Arbeitgeber für den Dritten Verpflichtungen übernommen hat, z.B. Inkassotätigkeit oder Haftung.

3 Einer aktiven Mitwirkung des Arbeitgebers in diesem Sinne steht gleich, wenn

a) zwischen dem Arbeitgeber und dem Dritten eine enge wirtschaftliche oder tatsächliche Verflechtung oder enge Beziehung sonstiger Art besteht, z.B. Organschaftsverhältnis, oder

b) dem Arbeitnehmer Preisvorteile von einem Unternehmen eingeräumt werden, dessen Arbeitnehmer ihrerseits Preisvorteile vom Arbeitgeber erhalten.

4 Eine aktive Mitwirkung des Arbeitgebers an der Verschaffung von Preisvorteilen ist nicht anzunehmen, wenn sich seine Beteiligung darauf beschränkt:

a) Angebote Dritter in seinem Betrieb z.B. am „schwarzen Brett", im betriebseigenen Intranet oder in einem Personalhandbuch bekannt zu machen oder

b) Angebote Dritter an die Arbeitnehmer seines Betriebs und eventuell damit verbundene Störungen des Betriebsablaufs zu dulden oder

c) die Betriebszugehörigkeit der Arbeitnehmer zu bescheinigen oder

d) Räumlichkeiten für Treffen der Arbeitnehmer mit Ansprechpartnern des Dritten zur Verfügung zu stellen.

An einer Mitwirkung des Arbeitgebers fehlt es auch dann, wenn bei der Verschaffung von 5
Preisvorteilen allein eine vom Arbeitgeber unabhängige Selbsthilfeeinrichtung der Arbeitnehmer mitwirkt.

Die Mitwirkung des Betriebsrats oder Personalrats an der Verschaffung von Preisvorteilen 6
durch Dritte ist für die steuerliche Beurteilung dieser Vorteile dem Arbeitgeber nicht zuzurechnen und führt allein nicht zur Annahme von Arbeitslohn. In den Fällen der Randziffern 2 und 3 wird die Zurechnung von Preisvorteilen zum Arbeitslohn jedoch nicht dadurch ausgeschlossen, dass der Betriebsrat oder Personalrat ebenfalls mitgewirkt hat.

Dieses Schreiben ist in allen offenen Fällen anzuwenden und ersetzt das BMF-Schreiben vom 7
27. September 1993 (BStBl I 1993, Seite814), welches hiermit aufgehoben wird.

– Einschaltung eines Dritten

  Die Einschaltung eines Dritten ist für die Anwendung des § 8 Abs. 3 EStG unschädlich, wenn der Arbeitnehmer eine vom Arbeitgeber hergestellte Ware auf dessen Veranlassung und Rechnung erhält (→ BFH vom 4. 6. 1993 – BStBl II S. 687).

Vermittlungsprovision

– Ein Arbeitgeber, der den Abschluss von Versicherungsverträgen vermittelt, kann seinen Arbeitnehmern auch dadurch einen geldwerten Vorteil i. S. des § 8 Abs. 3 Satz 1 EStG gewähren, dass er im Voraus auf die ihm zustehende Vermittlungsprovision verzichtet, sofern das Versicherungsunternehmen aufgrund dieses Verzichts den fraglichen Arbeitnehmern den Abschluss von Versicherungsverträgen zu günstigeren Tarifen gewährt, als das bei anderen Versicherungsnehmern der Fall ist (→ BFH vom 30. 5. 2001 – BStBl 2002 II S. 230).

– Gibt der Arbeitgeber seine Provisionen, die er von Dritten für die Vermittlung von Versicherungsverträgen seiner Arbeitnehmer erhalten hat, an diese weiter, gewährt er Bar- und nicht Sachlohn (→ BFH vom 23. 8. 2007 – BStBl 2008 II S. 52).

Wahlrecht

Liegen die Voraussetzungen des § 8 Abs. 3 EStG vor, kann der geldwerte Vorteil wahlweise nach § 8 Abs. 2 EStG ohne Bewertungsabschlag und ohne Rabattfreibetrag oder mit diesen Abschlägen auf der Grundlage des Endpreises des Arbeitgebers nach § 8 Abs. 3 EStG bewertet werden (→ BFH vom 26.7.2012 – BStBl 2013 II S. 400 und 402). Dieses Wahlrecht ist sowohl im Lohnsteuerabzugsverfahren als auch im Veranlagungsverfahren anwendbar (→ BMF vom 16.5.2013 – BStBl I S. 729, Tz. 3.3).

Waren und Dienstleistungen vom Arbeitgeber Anhang 36

– Die Waren oder Dienstleistungen müssen vom Arbeitgeber hergestellt, vertrieben oder erbracht werden (→ BFH vom 15. 1. 1993 – BStBl II S. 356).

– Es ist nicht erforderlich, dass die Leistung des Arbeitgebers zu seinem üblichen Geschäftsgegenstand gehört (→ BFH vom 7. 2. 1997 – BStBl II S. 363).

---

§ 9 Werbungskosten

EStG
S 2208
S 2350
S 2110–
S 2213

(1) [1]Werbungskosten sind Aufwendungen zur Erwerbung, Sicherung und Erhaltung der Einnahmen. [2]Sie sind bei der Einkunftsart abzuziehen, bei der sie erwachsen sind. [3]Werbungskosten sind auch

1. **Schuldzinsen und auf besonderen Verpflichtungsgründen beruhende Renten und dauernde Lasten, soweit sie mit einer Einkunftsart in wirtschaftlichem Zusammenhang stehen. [2]Bei Leibrenten kann nur der Anteil abgezogen werden, der sich nach § 22 Nummer 1 Satz 3 Buchstabe a Doppelbuchstabe bb ergibt;**
2. **Steuern vom Grundbesitz, sonstige öffentliche Abgaben und Versicherungsbeiträge, soweit solche Ausgaben sich auf Gebäude oder auf Gegenstände beziehen, die dem Steuerpflichtigen zur Einnahmeerzielung dienen;**
3. **Beiträge zu Berufsständen und sonstigen Berufsverbänden, deren Zweck nicht auf einen wirtschaftlichen Geschäftsbetrieb gerichtet ist;**

S 2351 **4.** **Aufwendungen des Arbeitnehmers für die Wege zwischen Wohnung und erster Tätigkeitsstätte. [2]Zur Abgeltung dieser Aufwendungen ist für jeden Arbeitstag, an dem der Arbeitnehmer die erste Tätigkeitsstätte aufsucht, eine Entfernungspauschale für jeden vollen Kilometer der Entfernung zwischen Wohnung und erster Tätigkeitsstätte von 0,30 Euro anzusetzen, höchstens jedoch 4 500 Euro im Kalenderjahr; ein höherer Betrag als 4 500 Euro ist anzusetzen, soweit der Arbeitnehmer einen eigenen oder ihm zur Nutzung überlassenen Kraftwagen benutzt. [3]Die Entfernungspauschale gilt nicht für Flugstrecken und Strecken mit steuerfreier Sammelbeförderung nach § 3 Nummer 32. [4]Für die Bestimmung der Entfernung ist die kürzeste Straßenverbindung zwischen Wohnung und erster Tätigkeitsstätte maßgebend; eine andere als die kürzeste Straßenverbindung kann zugrunde gelegt werden, wenn diese offensichtlich verkehrsgünstiger ist und vom Arbeitnehmer regelmäßig für die Wege zwischen Wohnung und erster Tätigkeitsstätte benutzt wird. [5]Nach § 8 Absatz 2 Satz 11 oder Absatz 3 steuerfreie Sachbezüge für Fahrten zwischen Wohnung und erster Tätigkeitsstätte mindern den nach Satz 2 abziehbaren Betrag; ist der Arbeitgeber selbst der Verkehrsträger, ist der Preis anzusetzen, den ein dritter Arbeitgeber an den Verkehrsträger zu entrichten hätte. [6]Hat ein Arbeitnehmer mehrere Wohnungen, so sind die Wege von einer Wohnung, die nicht der ersten Tätigkeitsstätte am nächsten liegt, nur zu berücksichtigen, wenn sie den Mittelpunkt der Lebensinteressen des Arbeitnehmers bildet und nicht nur gelegentlich aufgesucht wird;**

4a. **Aufwendungen des Arbeitnehmers für beruflich veranlasste Fahrten, die nicht Fahrten zwischen Wohnung und erster Tätigkeitsstätte im Sinne des Absatzes 4 sowie keine Familienheimfahrten sind. [2]Anstelle der tatsächlichen Aufwendungen, die dem Arbeitnehmer durch die persönliche Benutzung eines Beförderungsmittels entstehen, können die Fahrtkosten mit den pauschalen Kilometersätzen angesetzt werden, die für das jeweils benutzte Beförderungsmittel (Fahrzeug) als höchste Wegstreckenentschädigung nach dem Bundesreisekostengesetz festgesetzt sind. [3]Hat ein Arbeitnehmer keine erste Tätigkeitsstätte (§ 9 Absatz 4) und hat er nach den dienst- oder arbeitsrechtlichen Festlegungen sowie den diese ausfüllenden Absprachen und Weisungen zur Aufnahme seiner beruflichen Tätigkeit dauerhaft denselben Ort oder dasselbe weiträumige Tätigkeitsgebiet typischerweise arbeitstäglich aufzusuchen, gilt Absatz 1 Satz 3 Nummer 4 und Absatz 2 für die Fahrten von der Wohnung zu diesem Ort oder dem zur Wohnung nächstgelegenen Zugang zum Tätigkeitsgebiet entsprechend. [4]Für die Fahrten innerhalb des weiträumigen Tätigkeitsgebietes gelten die Sätze 1 und 2 entsprechend.S 2352**

5. **notwendige Mehraufwendungen, die einem Arbeitnehmer wegen einer beruflich veranlassten doppelten Haushaltsführung entstehen. [2]Eine doppelte Haushaltsführung liegt nur vor, wenn der Arbeitnehmer außerhalb des Ortes seiner ersten Tätigkeitsstätte einen eigenen Hausstand unterhält und auch am Ort der ersten Tätigkeitsstätte wohnt. [3]Das Vorliegen eines eigenen Hausstandes setzt das Innehaben einer Wohnung sowie eine finanzielle Beteiligung an den Kosten der Lebensführung voraus. [4]Als Unterkunftskosten für eine doppelte Haushaltsführung können im Inland die tatsächlichen Aufwendungen für die Nutzung der Unterkunft angesetzt werden, höchstens 1 000 Euro im Monat. [5]Aufwendungen für die Wege vom Ort der ersten Tätigkeitsstätte zum Ort des eigenen Hausstandes und zurück (Familienheimfahrt) können jeweils nur für eine Familienheimfahrt wöchentlich abgezogen werden. [6]Zur Abgeltung der Aufwendungen für eine Familienheimfahrt ist eine Entfernungspauschale von 0,30 Euro für jeden vollen Kilometer der Entfernung zwischen dem Ort des eigenen Hausstandes und dem Ort der ersten Tätigkeitsstätte anzusetzen. [7]Nummer 4 Satz 3 bis 5 ist entsprechend anzuwenden. [8]Aufwendungen für Familienheimfahrten mit einem dem Steuerpflichtigen im Rahmen einer Einkunftsart überlassenen Kraftfahrzeug werden nicht berücksichtigt.;**

5a. **notwendige Mehraufwendungen eines Arbeitnehmers für beruflich veranlasste Übernachtungen an einer Tätigkeitsstätte, die nicht erste Tätigkeitsstätte ist. [2]Übernachtungskosten sind die tatsächlichen Aufwendungen für die persönliche Inanspruchnahme einer Unterkunft zur Übernachtung. [3]Soweit höhere Übernachtungskosten anfallen, weil der Arbeitnehmer eine Unterkunft gemeinsam mit Personen nutzt, die in keinem Dienstverhältnis zum selben Arbeitgeber stehen, sind nur diejenigen Aufwendungen anzusetzen, die bei alleiniger Nutzung durch den Arbeitnehmer angefallen wären. [4]Nach Ablauf von 48 Monaten einer längerfristigen beruflichen Tätigkeit an derselben Tätigkeitsstätte, die nicht erste Tätigkeitsstätte ist, können Unterkunftskosten nur noch bis zur Höhe des Betrags nach Nummer 5 angesetzt werden. [5]Eine Unterbrechung dieser beruflichen Tätigkeit an derselben Tätigkeitsstätte führt zu einem Neubeginn, wenn die Unterbrechung mindestens sechs Monate dauert.**

S 2354 **6.** **Aufwendungen für Arbeitsmittel, zum Beispiel für Werkzeuge und typische Berufskleidung. [2]Nummer 7 bleibt unberührt;**

7. Absetzungen für Abnutzung und für Substanzverringerung und erhöhte Absetzungen. [2]§ 6 Absatz 2 Satz 1 bis 3 ist in Fällen der Anschaffung oder Herstellung von Wirtschaftsgütern entsprechend anzuwenden.

(2) [1]Durch die Entfernungspauschalen sind sämtliche Aufwendungen abgegolten, die durch die Wege zwischen Wohnung und erster Tätigkeitsstätte und durch die Familienheimfahrten veranlasst sind. [2]Aufwendungen für die Benutzung öffentlicher Verkehrsmittel können angesetzt werden, soweit sie den im Kalenderjahr insgesamt als Entfernungspauschale abziehbaren Betrag übersteigen. [3]Behinderte Menschen,

1. deren Grad der Behinderung mindestens 70 beträgt,
2. deren Grad der Behinderung weniger als 70, aber mindestens 50 beträgt und die in ihrer Bewegungsfähigkeit im Straßenverkehr erheblich beeinträchtigt sind,

können an Stelle der Entfernungspauschalen die tatsächlichen Aufwendungen für die Wege zwischen Wohnung und erster Tätigkeitsstätte und für die Familienheimfahrten ansetzen. [4]Die Voraussetzungen der Nummern 1 und 2 sind durch amtliche Unterlagen nachzuweisen.

(3) Absatz 1 Satz 3 Nummer 4 bis 5a sowie die Absätze 2 und 4a gelten bei den Einkunftsarten im Sinne des § 2 Absatz 1 Satz 1 Nummer 5 bis 7 entsprechend.

(4) [1]Erste Tätigkeitsstätte ist die ortsfeste betriebliche Einrichtung des Arbeitgebers, eines verbundenen Unternehmens (§ 15 des Aktiengesetzes) oder eines vom Arbeitgeber bestimmten Dritten, der der Arbeitnehmer dauerhaft zugeordnet ist. [2]Die Zuordnung im Sinne des Satzes 1 wird durch die dienst- oder arbeitsrechtlichen Festlegungen sowie die diese ausfüllenden Absprachen und Weisungen bestimmt. [3]Von einer dauerhaften Zuordnung ist insbesondere auszugehen, wenn der Arbeitnehmer unbefristet, für die Dauer des Dienstverhältnisses oder über einen Zeitraum von 48 Monaten hinaus an einer solchen Tätigkeitsstätte tätig werden soll. [4]Fehlt eine solche dienst- oder arbeitsrechtliche Festlegung auf eine Tätigkeitsstätte oder ist sie nicht eindeutig, ist erste Tätigkeitsstätte die betriebliche Einrichtung, an der der Arbeitnehmer dauerhaft

1. typischerweise arbeitstäglich tätig werden soll oder
2. je Arbeitswoche zwei volle Arbeitstage oder mindestens ein Drittel seiner vereinbarten regelmäßigen Arbeitszeit tätig werden soll.

[5]Je Dienstverhältnis hat der Arbeitnehmer höchstens eine erste Tätigkeitsstätte. [6]Liegen die Voraussetzungen der Sätze 1 bis 4 für mehrere Tätigkeitsstätten vor, ist diejenige Tätigkeitsstätte erste Tätigkeitsstätte, die der Arbeitgeber bestimmt. [7]Fehlt es an dieser Bestimmung oder ist sie nicht eindeutig, ist die der Wohnung örtlich am nächsten liegende Tätigkeitsstätte die erste Tätigkeitsstätte. [8]Als erste Tätigkeitsstätte gilt auch eine Bildungseinrichtung, die außerhalb eines Dienstverhältnisses zum Zwecke eines Vollzeitstudiums oder einer vollzeitigen Bildungsmaßnahme aufgesucht wird; die Regelungen für Arbeitnehmer nach Absatz 1 Satz 3 Nummer 4 und 5 sowie Absatz 4a sind entsprechend anzuwenden.

(4a) [1]Mehraufwendungen des Arbeitnehmers für die Verpflegung sind nur nach Maßgabe der folgenden Sätze als Werbungskosten abziehbar. [2]Wird der Arbeitnehmer außerhalb seiner Wohnung und ersten Tätigkeitsstätte beruflich tätig (auswärtige berufliche Tätigkeit), ist zur Abgeltung der ihm tatsächlich entstandenen, beruflich veranlassten Mehraufwendungen eine Verpflegungspauschale anzusetzen. [3]Diese beträgt

1. 24 Euro für jeden Kalendertag, an dem der Arbeitnehmer 24 Stunden von seiner Wohnung und ersten Tätigkeitsstätte abwesend ist,
2. jeweils 12 Euro für den An- und Abreisetag, wenn der Arbeitnehmer an diesem, einem anschließenden oder vorhergehenden Tag außerhalb seiner Wohnung übernachtet,
3. 12 Euro für den Kalendertag, an dem der Arbeitnehmer ohne Übernachtung außerhalb seiner Wohnung mehr als 8 Stunden von seiner Wohnung und der ersten Tätigkeitsstätte abwesend ist; beginnt die auswärtige berufliche Tätigkeit an einem Kalendertag und endet am nachfolgenden Kalendertag ohne Übernachtung, werden 12 Euro für den Kalendertag gewährt, an dem der Arbeitnehmer den überwiegenden Teil der insgesamt mehr als 8 Stunden von seiner Wohnung und der ersten Tätigkeitsstätte abwesend ist.

[4]Hat der Arbeitnehmer keine erste Tätigkeitsstätte, gelten die Sätze 2 und 3 entsprechend; Wohnung im Sinne der Sätze 2 und 3 ist der Hausstand, der den Mittelpunkt der Lebensinteressen des Arbeitnehmers bildet sowie eine Unterkunft am Ort der ersten Tätigkeitsstätte im Rahmen der doppelten Haushaltsführung. [5]Bei einer Tätigkeit im Ausland treten an die Stelle der Pauschbeträge nach Satz 3 länderweise unterschiedliche Pauschbeträge, die für die Fälle der Nummer 1 mit 120 sowie der Nummern 2 und 3 mit 80 Prozent der Auslandstagegelder nach dem Bundesreisekostengesetz vom Bundesministerium der Finanzen im Einvernehmen mit den obersten Finanzbehörden der Länder aufgerundet auf volle Euro festgesetzt werden; dabei bestimmt sich der Pauschbetrag nach dem Ort, den der Arbeitnehmer vor 24 Uhr Ortszeit zuletzt erreicht, oder, wenn dieser Ort im Inland liegt, nach dem letzten Tätigkeitsort im Ausland. [6]Der Abzug der Verpflegungspauschalen ist auf die ersten drei Monate einer längerfristi-

gen beruflichen Tätigkeit an derselben Tätigkeitsstätte beschränkt. [7]Eine Unterbrechung der beruflichen Tätigkeit an derselben Tätigkeitsstätte führt zu einem Neubeginn, wenn sie mindestens vier Wochen dauert. [8]Wird dem Arbeitnehmer anlässlich oder während einer Tätigkeit außerhalb seiner ersten Tätigkeitsstätte vom Arbeitgeber oder auf dessen Veranlassung von einem Dritten eine Mahlzeit zur Verfügung gestellt, sind die nach den Sätzen 3 und 5 ermittelten Verpflegungspauschalen zu kürzen:

1. **für Frühstück um 20 Prozent,**
2. **für Mittag- und Abendessen um jeweils 40 Prozent,**

der nach Satz 3 Nummer 1 gegebenenfalls in Verbindung mit Satz 5 maßgebenden Verpflegungspauschale für einen vollen Kalendertag; die Kürzung darf die ermittelte Verpflegungspauschale nicht übersteigen. [9]Satz 8 gilt auch, wenn Reisekostenvergütungen wegen der zur Verfügung gestellten Mahlzeiten einbehalten oder gekürzt werden oder die Mahlzeiten nach § 40 Absatz 2 Satz 1 Nummer 1a pauschal besteuert werden. [10]Hat der Arbeitnehmer für die Mahlzeit ein Entgelt gezahlt, mindert dieser Betrag den Kürzungsbetrag nach Satz 8. [11]Erhält der Arbeitnehmer steuerfreie Erstattungen für Verpflegung, ist ein Werbungskostenabzug insoweit ausgeschlossen. [12]Die Verpflegungspauschalen nach den Sätzen 3 und 5, die Dreimonatsfrist nach den Sätzen 6 und 7 sowie die Kürzungsregelungen nach den Sätzen 8 bis 10 gelten entsprechend auch für den Abzug von Mehraufwendungen für Verpflegung, die bei einer beruflich veranlassten doppelten Haushaltsführung entstehen, soweit der Arbeitnehmer vom eigenen Hausstand im Sinne des § 9 Absatz 1 Satz 3 Nummer 5 abwesend ist; dabei ist für jeden Kalendertag innerhalb der Dreimonatsfrist, an dem gleichzeitig eine Tätigkeit im Sinne des Satzes 2 oder des Satzes 4 ausgeübt wird, nur der jeweils höchste in Betracht kommende Pauschbetrag abziehbar. [13]Die Dauer einer Tätigkeit im Sinne des Satzes 2 an dem Tätigkeitsort, an dem die doppelte Haushaltsführung begründet wurde, ist auf die Dreimonatsfrist anzurechnen, wenn sie ihr unmittelbar vorausgegangen ist.

(5) [1]§ 4 Absatz 5 Satz 1 Nummer 1 bis 4, 6b bis 8a, 10, 12 und Absatz 6 gilt sinngemäß. [2]§ 6 Absatz 1 Nummer 1a gilt entsprechend.

(6) [1]Aufwendungen des Steuerpflichtigen für seine Berufsausbildung oder für sein Studium sind nur dann Werbungskosten, wenn der Steuerpflichtige zuvor bereits eine Erstausbildung (Berufsausbildung oder Studium) abgeschlossen hat oder wenn die Berufsausbildung oder das Studium im Rahmen eines Dienstverhältnisses stattfindet. [2]Eine Berufsausbildung als Erstausbildung nach Satz 1 liegt vor, wenn eine geordnete Ausbildung mit einer Mindestdauer von 12 Monaten bei vollzeitiger Ausbildung und mit einer Abschlussprüfung durchgeführt wird. [3]Eine geordnete Ausbildung liegt vor, wenn sie auf der Grundlage von Rechts- oder Verwaltungsvorschriften oder internen Vorschriften eines Bildungsträgers durchgeführt wird. [4]Ist eine Abschlussprüfung nach dem Ausbildungsplan nicht vorgesehen, gilt die Ausbildung mit der tatsächlichen planmäßigen Beendigung als abgeschlossen. [5]Eine Berufsausbildung als Erstausbildung hat auch abgeschlossen, wer die Abschlussprüfung einer durch Rechts- oder Verwaltungsvorschriften geregelten Berufsausbildung mit einer Mindestdauer von 12 Monaten bestanden hat, ohne dass er zuvor die entsprechende Berufsausbildung durchlaufen hat.

R 9.1

Werbungskosten

S 2354

(1) [1]Zu den Werbungskosten gehören alle Aufwendungen, die durch den Beruf veranlasst sind. [2]Werbungskosten, die die Lebensführung des Arbeitnehmers oder anderer Personen berühren, sind nach § 9 Abs. 5 i. V. m. § 4 Abs. 5 Satz 1 Nr. 7 EStG insoweit nicht abziehbar, als sie nach der allgemeinen Verkehrsauffassung als unangemessen anzusehen sind. [3]Dieses Abzugsverbot betrifft nur seltene Ausnahmefälle; die Werbungskosten müssen erhebliches Gewicht haben und die Grenze der Angemessenheit erheblich überschreiten, wie z. B. Aufwendungen für die Nutzung eines Privatflugzeugs zu einer Auswärtstätigkeit.

(2) [1]Aufwendungen für Ernährung, Kleidung und Wohnung sowie Repräsentationsaufwendungen sind in der Regel Aufwendungen für die Lebensführung i. S. d. § 12 Nr. 1 EStG. [2]Besteht bei diesen Aufwendungen ein Zusammenhang mit der beruflichen Tätigkeit des Arbeitnehmers, ist zu prüfen, ob und in welchem Umfang die Aufwendungen beruflich veranlasst sind. [3]Hierbei gilt Folgendes:

1. Sind die Aufwendungen so gut wie ausschließlich beruflich veranlasst, z. B. Aufwendungen für typische Berufskleidung (→ R 3.31), sind sie in voller Höhe als Werbungskosten abziehbar.
2. Sind die Aufwendungen nur zum Teil beruflich veranlasst und lässt sich dieser Teil der Aufwendungen nach objektiven Merkmalen leicht und einwandfrei von den Aufwendungen trennen, die ganz oder teilweise der privaten Lebensführung dienen, ist dieser Teil der Aufwendungen als Werbungskosten abziehbar; er kann ggf. geschätzt werden.

3. [1]Ein Abzug der Aufwendungen kommt insgesamt nicht in Betracht, wenn die – für sich gesehen jeweils nicht unbedeutenden – beruflichen und privaten Veranlassungsbeiträge so ineinander greifen, dass eine Trennung nicht möglich und eine Grundlage für die Schätzung nicht erkennbar ist. [2]Das ist insbesondere der Fall, wenn es an objektivierbaren Kriterien für eine Aufteilung fehlt.
4. [1]Aufwendungen für die Ernährung gehören grundsätzlich zu den nach § 12 Nr. 1 EStG nicht abziehbaren Aufwendungen für die Lebensführung. [2]Das Abzugsverbot nach § 12 Nr. 1 EStG gilt jedoch nicht für Verpflegungsmehraufwendungen, die z. B. als Reisekosten (→ R 9.6) oder wegen einer aus beruflichem Anlass begründeten doppelten Haushaltsführung (→ R 9.11) so gut wie ausschließlich durch die berufliche Tätigkeit veranlasst sind.

(3) Die Annahme von Werbungskosten setzt nicht voraus, dass im selben Kalenderjahr, in dem die Aufwendungen geleistet werden, Arbeitslohn zufließt.

(4) [1]Ansparleistungen für beruflich veranlasste Aufwendungen, z. B. Beiträge an eine Kleiderkasse zur Anschaffung typischer Berufskleidung, sind noch keine Werbungskosten; angesparte Beträge können erst dann abgezogen werden, wenn sie als Werbungskosten verausgabt worden sind. [2]Hat ein Arbeitnehmer beruflich veranlasste Aufwendungen dadurch erspart, dass er entsprechende Sachbezüge erhalten hat, steht der Wert der Sachbezüge entsprechenden Aufwendungen gleich; die Sachbezüge sind vorbehaltlich der Abzugsbeschränkungen nach § 9 Abs. 1 Satz 3 Nr. 5, 7 und Abs. 5 EStG mit dem Wert als Werbungskosten abziehbar, mit dem sie als steuerpflichtiger Arbeitslohn erfasst worden sind. [3]Steuerfreie Bezüge, auch soweit sie von einem Dritten – z. B. der Agentur für Arbeit – gezahlt werden, schließen entsprechende Werbungskosten aus.

(5) [1]Telekommunikationsaufwendungen sind Werbungskosten, soweit sie beruflich veranlasst sind. [2]Weist der Arbeitnehmer den Anteil der beruflich veranlassten Aufwendungen an den Gesamtaufwendungen für einen repräsentativen Zeitraum von drei Monaten im Einzelnen nach, kann dieser berufliche Anteil für den gesamten VZ zugrunde gelegt werden. [3]Dabei können die Aufwendungen für das Nutzungsentgelt der Telefonanlage sowie für den Grundpreis der Anschlüsse entsprechend dem beruflichen Anteil der Verbindungsentgelte an den gesamten Verbindungsentgelten (Telefon und Internet) abgezogen werden. [4]Fallen erfahrungsgemäß beruflich veranlasste Telekommunikationsaufwendungen an, können aus Vereinfachungsgründen ohne Einzelnachweis bis zu 20 % des Rechnungsbetrags, jedoch höchstens 20 Euro monatlich als Werbungskosten anerkannt werden. [5]Zur weiteren Vereinfachung kann der monatliche Durchschnittsbetrag, der sich aus den Rechnungsbeträgen für einen repräsentativen Zeitraum von drei Monaten ergibt, für den gesamten VZ zugrunde gelegt werden. [6]Nach R 3.50 Abs. 2 steuerfrei ersetzte Telekommunikationsaufwendungen mindern den als Werbungskosten abziehbaren Betrag.

Hinweise

H 9.1

Aktienoptionen

Erhält ein Arbeitnehmer von seinem Arbeitgeber nicht handelbare Aktienoptionsrechte, können die von ihm getragenen Aufwendungen im Zahlungszeitpunkt nicht als Werbungskosten berücksichtigt werden; sie mindern erst im Jahr der Verschaffung der verbilligten Aktien den geldwerten Vorteil. Verfällt das Optionsrecht, sind die Optionskosten im Jahr des Verfalls als vergebliche Werbungskosten abziehbar (→ BFH vom 3. 5. 2007 – BStBl II S. 647).

Arbeitsgerichtlicher Vergleich

Es spricht regelmäßig eine Vermutung dafür, dass Aufwendungen für aus dem Arbeitsverhältnis folgende zivil- und arbeitsgerichtliche Streitigkeiten einen den Werbungskostenabzug rechtfertigenden hinreichend konkreten Veranlassungszusammenhang zu den Lohneinkünften aufweisen. Dies gilt grundsätzlich auch, wenn sich Arbeitgeber und Arbeitnehmer über solche streitigen Ansprüche im Rahmen eines arbeitsgerichtlichen Vergleichs einigen (→ BFH vom 9. 2. 2012 – BStBl II S. 829).

Aufteilung von Aufwendungen bei mehreren Einkunftsarten

Erzielt ein Arbeitnehmer sowohl Einnahmen aus selbständiger al auch aus nichtselbständiger Arbeit, sind die durch diese Tätigkeiten veranlassten Aufwendungen den jeweiligen Einkunftsarten, ggf. nach einer im Schätzungswege vorzunehmenden Aufteilung der Aufwendungen, als Werbungskosten oder Betriebsausgaben zuzuordnen (→ BFH vom 10. 6. 2008 – BStBl II S. 937).

Aufteilungs- und Abzugsverbot

→ Gemischte Aufwendungen

Anhang 13

Auslandstätigkeit

Die auf eine Auslandstätigkeit entfallenden Werbungskosten, die nicht eindeutig den steuerfreien oder steuerpflichtigen Bezügen zugeordnet werden können, sind regelmäßig zu dem Teil nicht abziehbar, der dem Verhältnis der steuerfreien Einnahmen zu den Gesamteinnahmen während der Auslandstätigkeit entspricht (→ BFH vom 11. 2. 1993 – BStBl II S. 450 und vom 11. 2. 2009 – BStBl 2010 II S. 536 – zu Aufwendungen eines Referendars).

Soldaten, Polizeibeamte

Auslandseinsätze von Soldaten und Polizisten
Leistungen des Dienstherrn und Werbungskostenabzug

(Verfügung des Landesamts für Steuern und Finanzen Sachsen vom 2. 3. 2015 – S 2350-62/21-212–)

I. Berufssoldaten und Soldaten auf Zeit

Berufssoldaten und Soldaten auf Zeit, die im Ausland eingesetzt werden, erhalten neben dem steuerpflichtigen inländischen Grundgehalt einen Auslandsverwendungszuschlag (AVZ) nach § 56 des Bundesbesoldungsgesetzes (BBesG) i. V. m. § 3 der Auslandsverwendungszuschlagsverordnung (AuslVZV). Dieser ist gem. § 3 Nr. 64 EStG steuerfrei.

Der AVZ wird in 6 Stufen, entsprechend den jeweiligen Belastungen und Erschwernissen im Einsatzgebiet, festgesetzt:

Stufe	Höhe des AVZ seit 12.02.2009
1	bis zu 30,00 EUR
2	46,00 EUR
3	62,00 EUR
4	78,00 EUR
5	94,00 EUR
6	110,00 EUR

Daneben erhalten die Soldaten anstelle von Auslandstagegeld zur Abgeltung von Verpflegungsmehraufwendungen eine Aufwandsvergütung gem. § 9 BRKG (i. d. R. 3,60 EUR pro Tag), die (nur) für die ersten drei Monate der Auslandstätigkeit steuerfrei nach § 3 Nr. 13 EStG ist.

Aufwendungen, die im Zusammenhang mit dieser Tätigkeit entstehen, sind nach Dienstreisegrundsätzen als Werbungskosten zu berücksichtigen. Dabei ist Folgendes zu beachten:

Verpflegungsmehraufwendungen

Bis einschließlich VZ 2013:

Für die ersten drei Monate können Verpflegungsmehraufwendungen in Höhe des für den jeweiligen Einsatzort geltenden Pauschbetrages berücksichtigt werden (Ländertabelle 2013: BMF-Schreiben vom 17. Dezember 2012, BStBl I 2013 S. 60). Die steuerfrei gezahlte Aufwandsvergütung ist gegenzurechnen.

Ab VZ 2014:

Für die ersten drei Monate können Verpflegungsmehraufwendungen in Höhe des für den jeweiligen Einsatzort geltenden Pauschbetrages berücksichtigt werden (Ländertabelle 2014: BMF-Schreiben vom 11. November 2013, BStBl I 2013 S. 1467 – Anhang 25 I LSt-Handbuch 2014). Soweit durch den Dienstherrn/Arbeitgeber oder einen von ihm beauftragten Dritten Mahlzeiten gestellt werden, sind die Verpflegungspauschalen anteilig zu kürzen (§ 9 Abs. 4a Satz 8 EStG). Zuzahlungen durch den Soldaten mindern die Kürzung entsprechend (§ 9 Abs. 4a Satz 10 EStG). Die steuerfrei gezahlte Aufwandsvergütung ist den Verpflegungsmehraufwendungen gegenzurechnen.

Unterkunftskosten, Heimfahrten

Aufwendungen fallen in der Regel nicht an, weil die Unterkunft von der Bundeswehr kostenlos zur Verfügung gestellt und Heimfahrten/-flüge kostenlos durchgeführt werden. Der geldwerte Vorteil ist nach § 3 Nr. 13 EStG steuerfrei.

Telefonkosten

Während der Dienstreise können nur beruflich veranlasste Telefonkosten berücksichtigt werden. Aufwendungen für private Telefonate gehören zu den Kosten der privaten Lebensführung (§ 12 Nr. 1 EStG).

Beschränkung des Werbungskostenabzugs

Die o. g. Aufwendungen sind im Verhältnis der steuerpflichtigen zu den steuerfreien Einnahmen während der Auslandstätigkeit aufzuteilen. Abziehbar sind die Aufwendungen nur insoweit, als sie auf die steuerpflichtigen Einnahmen entfallen (§ 3c Abs. 1 EStG). Bei der Verhältnisrechnung sind zur Vermeidung einer Doppelbelastung nur die steuerfreien Einnahmen zu berücksichtigen, die nicht bereits die Werbungskosten direkt gemindert haben.

...

2. Freiwillig Wehrdienstleistende

Personen, die mindestens 12 Monate freiwilligen Wehrdienst leisten, können ebenfalls zu Auslandseinsätzen herangezogen werden. Tz. 1 gilt in diesen Fällen sinngemäß. Zu beachten ist jedoch, dass der grundsätzlich bezogene Wehrsold nach § 3 Nr. 5 Buchstabe c EStG steuerfrei ist. Diese Steuerfreiheit gilt nicht für den Wehrdienstzuschlag und die Sachleistungen (vgl. hierzu auch Verfügung vom 8. November 2013, S2342-115/4-212).

3. Polizeibeamte

Beamte der Landespolizei und der Bundespolizei erhalten auch während eines Auslandseinsatzes (i. R. d. UN-Polizei) ihre regulären Dienstbezüge sowie weitere Leistungen, insbesondere ein von den Vereinten Nationen gezahltes Tagegeld („mission subsistence allowance“ (MSA)), welches nach 30 Tagen gekürzt wird. Dieses Tagegeld gilt ausdrücklich die Aufwendungen für Verpflegung, Unterkunft und Nebenausgaben (z. B. Fahrten Wohnung – Arbeitsstätte) ab. Es ist steuerfrei gem. dem Abkommen über die Vorrechte und Befreiungen der Sonderorganisationen der Vereinten Nationen“ vom 21. November 1947, BGBl. 1954 II S. 640.

Auslandstrennungsgeld nach den bundes- oder landesrechtlichen Reisekostenvorschriften steht den Polizisten nicht zu, allerdings wird der Auslandsverwendungszuschlag (vgl. Tz. 1) gezahlt. Darüber hinaus werden von der UN die Kosten der erstmaligen Hin- und der letzten Rückreise übernommen. Zwischenzeitliche Familienheimfahrten werden u. U. alle 2 Monate und nur für Verheiratete/eingetragene Lebenspartner übernommen.

4. Übersicht der gewährten Leistungen (soweit bekannt)

Leistungen	Soldaten	UN-Polizei	EU-Polizei
Unterkunft	• kostenlos	• keine kostenlose Übernachtung; • kein Übernachtungsgeld	• keine kostenlose Übernachtung; • steuerfreies Übernachtungsgeld
Verpflegung	• Truppenverpflegung (steuerfrei, § 3 Nr. 4 Buchstabe c EStG); ggf. Zuzahlung nötig	• keine	• keine
Auslandstagegeld	• steuerfreie Aufwandsvergütung nach § 9 BRKG: 3,60 EUR/Tag • nach 3 Monaten steuerpflichtig	• Tagegeld der UN (mission subsistence allowance (MSA)) • vermindert sich ab dem 31. Tag; • wird für die Dauer des Einsatzes (auch bei Heimaturlaub) gewährt • steuerfrei • kein Progressionsvorbehalt	• Anspruch auf Auslandstrennungsgeld
Familienheimflüge/-fahrten	• kostenlos durch Bundeswehr	• Reisebeihilfen (z. B. bei Verheirateten 1 Heimflug alle 2 Monate) • UN übernimmt Kosten für einmalige Hin- und Rückreise	• Reisebeihilfe (z. B. bei verheirateten Beschäftigten für 1 Heimflug alle 2 Monate)
Auslandsverwendungszuschlag (§ 56 BBesG)	• wird gewährt für Tage im Einsatzgebiet • steuerfrei § 3 Nr. 64 Satz EStG • Höhe: § 3 AuslVZV • wird zum Ausgleich der entstehenden Belastungen und erschwerenden Besonderheiten gewährt • kein unmittelbarer wirtschaftlicher Zusammenhang mit Werbungskosten für Verpflegungsmehraufwand • wird zum Ausgleich aller Belastungen und Erschwernisse gezahlt, anteilige Anrechnung bei den Werbungskosten		

5. Beispiele

Einsatz im Kosovo (KFOR) vom 1.1.2013 bis 30.6.2013 (181 Aufenthaltstage). Keine Heimfahrten. Die kürzere Abwesenheit an den An- und Abreisetagen wird aus Vereinfachungsgründen vernachlässigt.

Leistung	**Soldat**	**UN-Polizei**	**EU-Polizei**
vom steuerpflichtigen Grundgehalt (inkl. Sonderzuwendung, Urlaubsgeld) entfällt auf den Auslandseinsatz lt. Nachweis/Berechnung:	15 000,00 EUR	18 000,00 EUR	18 000,00 EUR
steuerfreier Auslandsverwendungszuschlag = Stufe 5, täglich 94,00 EUR x 181 Einsatztage	17 014,00 EUR	17 014,00 EUR	17 014,00 EUR
steuerfreie Truppenverpflegung (nicht direkt zuordenbar)	geldwerter Vorteil nach SvEV für 2013 (Vollverpflegung) abzüglich Zuzahlung: täglich: 7,46 EUR – 3,60 EUR = Rest: 3,86 EUR x 181 Tage = 698,66 EUR	keine	keine
Ermittlung Aufteilungsmaßstab: steuerpflichtiger Auslandslohn stfr. Auslandsverwendungszuschlag stfr. Sachbezug Verpflegung	 15 000,00 EUR = 45,85 % 17 014,00 EUR = 52,01 % 698,66 EUR = 2,14 %	 18 000,00 EUR = 51,40 % 17 014,00 EUR = 48,60 % – –	 18 000 EUR = 51,40 % 17 014,00 EUR = 48,60 % – –
Gesamt	32 712,66 EUR = 100,00 %	35 014,00 EUR = 100,00 %	35 014,00 EUR = 100,00 %
steuerfreie Leistungen direkt zuordenbar	Aufwandsvergütung (erste 3 Monate): 3,60 EUR x 90 Tage = 324,00 EUR	UN-Tagegeld: erste 30 Tage: je 100,00 USD; ab 31.Tag je 71,00 $, gesamt 13 721,00 USD = 10 334,66 EUR[1])	Auslandstrennungsgeld (einschl. Übernachtungsgeld) lt. Nachweis 9 300,00 EUR
Werbungskosten			
Verpflegungspauschbetrag nach Auslandstabelle für Kosovo: 26,00 EUR x 90 Tage Unterkunftskosten: lt. Nachweis, oder ggf. Schätzung Telefonkosten: beruflicher Anteil lt. Nachweis oder Schätzung	2 340,00 EUR kostenlos 170,00 EUR	2 340,00 EUR 8 030,00 EUR 170,00 EUR	2 340,00 EUR 8 030,00 EUR 170,00 EUR
Werbungskosten gesamt	2 510,00 EUR	10 540,00 EUR	10 540,00 EUR
abzgl. direkt zuordenbarer steuerfreier Ersatz	324,00 EUR	10 334,66 EUR	9 300,00 EUR
verbleiben	2 186,00 EUR	205,34 EUR	1 240,00 EUR
Davon abzugsfähig	**1 002,28 EUR (45,85 %)**	**105,55 EUR (51,40 %)**	**637,36 EUR (51,40 %)**

[1]) Durchschnittlicher Umrechnungskurs 2013: 1 EUR = 0,7532 US-Dollar

Rechtslage ab VZ 2014:

Einsatz im Kosovo (KFOR) vom 1.1.2014 bis 30.6.2014 (181 Aufenthaltstage). Keine Heimfahrten. Die kürzere Abwesenheit an den An- und Abreisetagen wird aus Vereinfachungsgründen vernachlässigt.

Leistung	**Soldat**	**UN-Polizei**	**EU-Polizei**
vom steuerpflichtigen Grundgehalt (inkl. Sonderzuwendung, Urlaubsgeld) entfällt auf den Auslandseinsatz lt. Nachweis/Berechnung:	15 000,00 EUR	18 000,00 EUR	18 000,00 EUR
steuerfreier Auslandsverwendungszuschlag = Stufe 5, täglich 94,00 EUR x 181 Einsatztage	17 014,00 EUR	17 014,00 EUR	17 014,00 EUR
steuerfreie Truppenverpflegung (nicht direkt zuordenbar)	geldwerter Vorteil nach SvEV für 2014 (Vollverpflegung) abzüglich Zuzahlung:	keine	keine
	täglich: 7,63 EUR – 3,60 EUR = Rest: 4,03 EUR x 181 Tage 729,43 EUR		
Ermittlung Aufteilungsmaßstab: steuerpflichtiger Auslandslohn stfr. Auslandsverwendungszuschlag stfr. Sachbezug Verpflegung Gesamt	15 000,00 EUR = 45,81 % 17 014,00 EUR = 51,96 % 729,43 EUR = 2,23 % 32 743,43 EUR = 100,00 %	18 000,00 EUR = 51,40 % 17 014,00 EUR = 48,60 % – – 35 014,00 EUR = 100,00 %	18 000 EUR = 51,40 % 17 014,00 EUR = 48,60 % – – 35 014,00 EUR = 100,00 %
steuerfreie Leistungendirekt zuordenbar	Aufwandsvergütung (erste 3 Monate): 3,60 EUR x 90 Tage = 324,00 EUR	UN-Tagegeld: erste 30 Tage: je 100,00 USD; ab 31.Tag je 71,00 USD, gesamt 13 721,00 USD = 10 319,56 EUR	Auslandstrennungsgeld (einschl. Übernachtungsgeld) lt. Nachweis 9 300,00 EUR
Werbungskosten Verpflegungspauschbetrag nach Auslandstabelle für Kosovo: 26,00 EUR x 90 Tage Abzgl. Kürzung wegen täglicher Gestellung von 3 Mahlzeiten (40 % + 40 % + 20 %) und Minderung der Kürzung um gezahltes Entgelt (3,60 EUR x 90 Tage = 324,00 EUR) Unterkunftskosten: lt. Nachweis, oder ggf. Schätzung Telefonkosten: beruflicher Anteil lt. Nachweis oder Schätzung	2 340,00 EUR – 2 016,00 EUR kostenlos 170,00 EUR	2 340,00 EUR – 8 030,00 EUR 170,00 EUR	2.340,00 EUR – 8 030,00 EUR 170,00 EUR
Werbungskosten gesamt abzgl. direkt zuordenbarer steuerfreier Ersatz (z. B. Aufwandsvergütung, Tagegeld, . . .)	494,00 EUR 324,00 EUR	10 540,00 EUR 10 319,56 EUR	10 540,00 EUR 9 300,00 EUR
verbleiben	170,00 EUR	220,44 EUR	1 240,00 EUR
Davon abzugsfähig	**77,87 EUR (45,81 %)**	**113,31 EUR (51,40 %)**	**637,36 EUR (51,40 %)**

Autotelefon

Lohnsteuerliche Behandlung der Aufwendungen für ein Autotelefon

(Verfügung der OFD Frankfurt am Main vom 4. 3. 2003 – S 2354 A – 39 – St II 30 –)

Zur lohnsteuerlichen Behandlung der Aufwendungen im Zusammenhang mit der Benutzung eines Autotelefons gilt Folgendes:

1. Telefon in einem Fahrzeug des Arbeitgebers

Bei der Ermittlung des privaten Nutzungswerts eines dem Arbeitnehmer überlassenen Kraftfahrzeugs bleiben die Aufwendungen für ein Autotelefon einschließlich Freisprechanlage außer Ansatz (vgl. R 31 Abs. 9 Nr. 1 Satz 6 LStR[1])). Führt der Arbeitnehmer vom Autotelefon des Firmenwagens aus Privatgespräche, so ist dieser gleichwertige Vorteil nach § 3 Nr. 45 EStG steuerfrei. Dabei ist es ohne Bedeutung, in welchem Umfang der Arbeitnehmer das Autotelefon im Geschäftswagen privat nutzt. Selbst bei einer 100 %igen privaten Nutzung entsteht kein steuerpflichtiger geldwerter Vorteil (vgl. R 21e S. 1 LStR).

2. Telefon in einem Fahrzeug des Arbeitnehmers

a) Stellt der Arbeitnehmer dem Arbeitgeber die Aufwendungen für die Anschaffung, den Einbau und den Anschluss eines Autotelefons sowie die laufenden Gebühren für die Telefongespräche in Rechnung, so sind die Ersatzleistungen nach § 3 Nr. 50 EStG steuerfrei, wenn das Autotelefon so gut wie ausschließlich für betrieblich veranlasste Gespräche genutzt wird; andernfalls können die Gesprächsgebühren nach § 3 Nr. 50 EStG nur steuerfrei ersetzt werden, wenn die Aufwendungen für die beruflichen Gespräche im Einzelnen nachgewiesen werden.

Der Auslagenersatz kann pauschal ermittelt werden, wenn er regelmäßig wiederkehrt und der Arbeitnehmer für einen repräsentativen Zeitraum von drei Monaten den Einzelnachweis führt. Der Durchschnittsbetrag kann als pauschaler Auslagenersatz beibehalten werden, bis eine wesentliche Änderung der Verhältnisse eintritt (z. B. Änderung der Berufstätigkeit). Entstehen dem Arbeitnehmer erfahrungsgemäß beruflich veranlasste Telefonkosten, kann der Arbeitgeber 20 % der vom Arbeitnehmer vorgelegten Telefonrechnung, höchstens jedoch 20 EUR monatlich, als Auslagenersatz nach § 3 Nr. 50 EStG steuerfrei ersetzen (vgl. R 22 Abs. 2 LStR).

b) Soweit die Ausgaben für betrieblich veranlasste Telefongespräche nicht nach Buchst. a) vom Arbeitgeber steuerfrei ersetzt werden, können sie als Werbungskosten berücksichtigt werden. Weist der Arbeitnehmer den Anteil der beruflich veranlassten Aufwendungen an den Gesamtaufwendungen für einen repräsentativen Zeitraum von drei Monaten im Einzelnen nach, kann der Durchschnittsbetrag als beruflicher Anteil für den gesamten Veranlagungszeitraum zugrunde gelegt werden. Wenn dem betreffenden Arbeitnehmer erfahrungsgemäß beruflich veranlasste Telefonkosten entstehen, können alternativ aus Vereinfachungsgründen ohne Einzelnachweis bis zu 20 % des Rechnungsbetrages, jedoch höchstens 20 EUR monatlich als Werbungskosten anerkannt werden (vgl. R 33 Abs. 5 LStR).

Zu den Werbungskosten gehört auch der beruflich veranlasste Anteil der Absetzungen für Abnutzung (AfA) des Autotelefons. Bemessungsgrundlage für die AfA sind die Aufwendungen für die Anschaffung, den Einbau und den Anschluss des Autotelefons; als Nutzungsdauer ist ein Zeitraum von fünf Jahren zugrunde zu legen. Dabei kann für die Aufteilung der AfA derselbe Aufteilungsmaßstab angewandt werden, der bei der Aufteilung der laufenden Telefongebühren zugrunde gelegt wird. Betragen die Anschaffungskosten des Autotelefons ohne Umsatzsteuer bis zu 410 EUR, kann der beruflich veranlasste Anteil an den Anschaffungskosten des Autotelefons in voller Höhe im Jahr der Anschaffung als Werbungskosten berücksichtigt werden.

Vorstehendes gilt sinngemäß für andere Mobiltelefone.

Berufliche Veranlassung

Eine berufliche Veranlassung setzt voraus, dass objektiv ein → Zusammenhang mit dem Beruf besteht und in der Regel subjektiv die Aufwendungen zur Förderung des Berufs gemacht werden (→ BFH vom 28. 11. 1980 – BStBl 1981 II S. 368).

Berufskraftfahrer, Weiterbildung

→ H 9.2

1) Jetzt R 8.1 Abs. 9 Nr. 1 Satz 6 LStR.

Berufskrankheit

Aufwendungen zur Wiederherstellung der Gesundheit können dann beruflich veranlasst sein, wenn es sich um eine typische Berufskrankheit handelt oder der Zusammenhang zwischen der Erkrankung und dem Beruf eindeutig feststeht (→ BFH vom 11.7.2013 – BStBl II S. 815).

Beteiligung am Arbeitgeberunternehmen

Schuldzinsen für Darlehen mit denen Arbeitnehmer den Erwerb von Gesellschaftsanteilen an ihrer Arbeitgeberin finanzieren, um damit die arbeitsvertragliche Voraussetzung für die Erlangung einer höher dotierten Position zu erfüllen, sind regelmäßig nicht bei den Einkünften aus nichtselbständiger Arbeit als Werbungskosten zu berücksichtigen (→ BFH vom 5. 4. 2006 – BStBl II S. 654).

Bewirtungskosten

- Bewirtungskosten eines Arbeitnehmers anlässlich persönlicher Ereignisse sind grundsätzlich nicht als Werbungskosten abziehbar (→ BFH vom 19. 2. 1993 – BStBl II S. 403 und vom 15. 7. 1994 – BStBl II S. 896).
- Bewirtungskosten, die einem Offizier für einen Empfang aus Anlass der Übergabe der Dienstgeschäfte (Kommandoübergabe) und der Verabschiedung in den Ruhestand entstehen, können als Werbungskosten zu berücksichtigen sein (→ BFH vom 11. 1. 2007 – BStBl II S. 317).
- Bewirtungsaufwendungen eines angestellten Geschäftsführer mit variablen Bezügen anlässlich einer ausschließlich für Betriebsangehörige im eigenen Garten veranstalteten Feier zum 25-jährigen Dienstjubiläum können Werbungskosten sein (→ BFH vom 1. 2. 2007 – BStBl II S. 459).
- Beruflich veranlasste Bewirtungskosten können ausnahmsweise auch dann vorliegen, wenn der Arbeitnehmer nicht variabel vergütet wird (→ BFH vom 24. 5. 2007 – BStBl II S. 721).
- Bewirtungskosten sind nur in Höhe von 70 % als Werbungskosten abzugsfähig (→ § 4 Abs. 5 Satz 1 Nr. 2 i. V. m. § 9 Abs. 5 EStG). Diese Abzugsbeschränkung gilt nur, wenn der Arbeitnehmer Bewirtender ist (→ BFH vom 19. 6. 2008 – BStBl II S. 870 – VI R 48/07 –). Sie gilt nicht, wenn der Arbeitnehmer nur Arbeitnehmer des eigenen Arbeitgebers bewirtet (→ BFH vom 19. 6. 2008 – BStBl II 2009 S. 11).

Bewirtungskosten als Werbungskosten

→ Anhang 45

Bürgerliche Kleidung

Aufwendungen für bürgerliche Kleidung sind auch bei außergewöhnlich hohen Aufwendungen nicht als Werbungskosten abziehbar (→ BFH vom 6. 7. 1989 – BStBl 1990 II S. 49).

Bürgschaftsverpflichtung

Tilgungskosten aus einer Bürgschaftsverpflichtung durch den Arbeitnehmer einer Gesellschaft können zu Werbungskosten bei den Einkünften aus nichtselbständiger Arbeit führen, wenn eine Gesellschafterstellung zwar vereinbart aber nicht zustande gekommen ist (→ BFH vom 16. 11. 2011 – BStBl 2012 II S. 343).

Einbürgerung

Aufwendungen für die Einbürgerung sind nicht als Werbungskosten abziehbar (→ BFH vom 18. 5. 1984 – BStBl II S. 588).

Ernährung

Aufwendungen für die Ernährung am Ort der ersten Tätigkeitsstätte sind auch dann nicht als Werbungskosten abziehbar, wenn der Arbeitnehmer berufsbedingt arbeitstäglich überdurchschnittlich oder ungewöhnlich lange von seiner Wohnung abwesend ist (→ BFH vom 21. 1. 1994 – BStBl II S. 418).

Erziehungsurlaub/Elternzeit

Aufwendungen während eines Erziehungsurlaubs/einer Elternzeit können vorab entstandene Werbungskosten sein. Der berufliche Verwendungsbezug ist darzulegen, wenn er sich nicht bereits aus den Umständen von Umschulungs- oder Qualifizierungsmaßnahmen ergibt (→ BFH vom 22. 7. 2003 – BStBl 2004 II S. 888).

Geldauflagen

Geldauflagen sind nicht als Werbungskosten abziehbar, soweit die Auflagen nicht der Wiedergutmachung des durch die Tat verursachten Schadens dienen (→ BFH vom 22. 7. 2008 – BStBl 2009 II S. 151) und vom 15. 1. 2009 – BStBl 2010 II S. 111).

Geldbußen

Geldbußen sind nicht als Werbungskosten abziehbar (→ BFH vom 22. 7. 2008 – BStBl 2009 II S. 151).

Gemischte Aufwendungen

Anhang 13 Bei gemischt veranlassten Aufwendungen besteht kein generelles Aufteilungs- und Abzugsverbot (→ BFH vom 21. 9. 2009 – BStBl 2010 II S. 672); zu den Folgerungen → BMF vom 6. 7. 2010 (BStBl I S. 614).

→ H 9.2 (Auslandsgruppenreisen)

Geschenke

Geschenke eines Arbeitnehmers anlässlich persönlicher Feiern sind nicht als Werbungskosten abziehbar (→ BFH vom 1. 7. 1994 – BStBl 1995 II S. 273).

Gewerkschaftsbeiträge

Steuerliche Behandlung von Gewerkschaftsbeiträgen bei Rentnern

(Erlaß des FinMin Mecklenburg-Vorpommern vom 14. 7. 1992 – IV 310 – S 2332 – 10 –)

Solange Einkünfte aus nichtselbständiger Arbeit bezogen werden, können Gewerkschaftsbeiträge ohne weiteres als Werbungskosten bei den Einkünften aus nichtselbständiger Arbeit abgezogen werden. Bezieht der Steuerpflichtige keinen Arbeitslohn mehr, z. B. bei Sozialversicherungsrentnern, sind die Gewerkschaftsbeiträge keine nachträglichen Werbungskosten im Rahmen der Einkunftsart nichtselbständige Arbeit. Das trifft auch dann zu, wenn die Aufwendungen durch das frühere Dienstverhältnis veranlaßt waren. Der wirtschaftliche Veranlassungszusammenhang kann nicht auf Dauer fortwirken. Der für den Werbungskostenabzug erforderliche enge wirtschaftliche Zusammenhang und die ursprüngliche Veranlassung, der Einkünftebezug, sind somit entfallen.

Aus Vereinfachungsgründen gilt diese Regelung jedoch erst ab dem Veranlassungszeitraum, der auf das Kalenderjahr folgt, in dem das Arbeitsverhältnis endete bzw. in dem zuletzt Einkünfte aus nichtselbständiger Arbeit vorlagen.

Dieser Erlaß ergeht im Einvernehmen mit dem Bundesminister der Finanzen und den obersten Finanzbehörden der Länder.

Körperpflege und Kosmetika

Aufwendungen für Körperpflege und Kosmetika sind auch bei außergewöhnlich hohen Aufwendungen nicht als Werbungskosten abziehbar (→ BFH vom 6. 7. 1989 – BStBl 1990 II S. 49).

Kontoführungsgebühren

Kontoführungsgebühren sind Werbungskosten, soweit sie durch Gutschriften von Einnahmen aus dem Dienstverhältnis und durch beruflich veranlasste Überweisungen entstehen. Pauschale Kontoführungsgebühren sind ggf. nach dem Verhältnis beruflich und privat veranlasster Kontenbewegungen aufzuteilen (→ BFH vom 9. 5. 1984 – BStBl II S. 560).

Kosten für die Führung eines Lohn- bzw. Gehaltskontos als Werbungskosten

(Verfügung der OFD Hannover vom 30. 4. 2002 – S 2354 – 20 –
StH 214/S 2354 – 22 – StO 212 –)

Der bisher vertretenen Rechtsauffassung, nach der Kontoführungsgebühren wegen mangelnder Abgrenzbarkeit zu den Lebenshaltungskosten nicht zum Werbungskostenabzug zugelassen wurden, ist der BFH in seinem Urteil vom 9. 5. 1984 (BStBl II 1984, 560) nicht gefolgt. Er hat entschieden dass Kontoführungsgebühren als Werbungskosten anzuerkennen sind, soweit sie auf die Gutschrift von Einnahmen aus dem Dienstverhältnis und auf beruflich veranlasste Überweisungen entfallen; dabei können pauschale Kontoführungsgebühren ggf. entsprechend aufgeteilt werden. Dieses Urteil ist anzuwenden.

Da insbesondere die Frage, wann eine Überweisung beruflich veranlasst ist, in der Praxis häufig schwer zu beantworten ist, kann aus Vereinfachungsgründen in den Fällen, in denen Kontoführungsgebühren als Werbungskosten geltend gemacht werden, auf eine Prüfung der beruflichen Veranlassung verzichtet werden, wenn kein höherer Betrag als 16 Euro (ab 2002, bis 2001: 30 DM) jährlich angesetzt wird.

Seit 1990 dürfen beruflich veranlasste Kontoführungsgebühren nicht mehr vom Arbeitgeber steuerfrei ersetzt werden. Es handelt sich insoweit um den Ersatz von Werbungskosten, für den es keine Steuerbefreiung gibt (R 70 Abs. 3 Satz 2 Nr. 1 LStR 2002[1])).

Kunstgegenstände

Aufwendungen für die Ausschmückung eines Dienstzimmers sind nicht als Werbungskosten abziehbar (→ BFH vom 12. 3. 1993 – BStBl II S. 506).

Nachträgliche Werbungskosten

Werbungskosten können auch im Hinblick auf ein früheres Dienstverhältnis entstehen (→ BFH vom 14. 10. 1960 – BStBl 1961 III S. 20).

NLP-Kurse

Aufwendungen für NLP-Kurse zur Verbesserung beruflicher Kommunikationsfähigkeit

1. Die berufliche Veranlassung von Aufwendungen für Kurse zum Neuro-Linguistischen Programmieren (NLP-Kurse) zur Verbesserung der Kommunikationsfähigkeit wird insbesondere dadurch indiziert, dass die Kurse von einem berufsmäßigen Veranstalter durchgeführt werden, ein homogener Teilnehmerkreis vorliegt und der Erwerb der Kenntnisse und Fähigkeiten auf eine anschließende Verwendung in der beruflichen Tätigkeit angelegt ist.
2. Private Anwendungsmöglichkeiten der in den NLP-Kursen vermittelten Lehrinhalte sind unbeachtlich, wenn sie sich als bloße Folge zwangsläufig und untrennbar aus den im beruflichen Interesse gewonnenen Kenntnissen und Fähigkeiten ergeben.
3. Ein homogener Teilnehmerkreis liegt auch dann vor, wenn die Teilnehmer zwar unterschiedlichen Berufsgruppen angehören, aber aufgrund der Art ihrer beruflichen Tätigkeit gleichgerichtete fachliche Interessen haben.

(→ BFH vom 28. 8. 2008 – VI R 44/04)

Psychoseminar

Aufwendungen für die Teilnahme an psychologischen Seminaren, die nicht auf den konkreten Beruf zugeschnittene psychologische Kenntnisse vermittelt, sind auch dann nicht als Werbungskosten abziehbar, wenn der Arbeitgeber für die Teilnahme an den Seminaren bezahlten Bildungsurlaub gewährt (→ BFH vom 6. 3. 1995 – BStBl II S. 393).

→ Seminar

Rechtsschutzversicherung

Beiträge zu Rechtsschutzversicherungen

(Verfügung der OFD Hannover vom 29. 9. 1987 – S 2350 – 156 – StH 214/S 2221 – 140 – StO 213 –)

Beiträge zu Rechtsschutzversicherungen, die berufliche und private Risiken decken, sind insgesamt nach § 12 Nr. 1 EStG steuerlich nicht abzugsfähig, wenn eine eindeutige Trennung des beruflichen und des privaten Anteils nicht möglich ist. Eine solche Trennung ist beim Familien-Rechtsschutz, beim Familien- und Verkehrs-Rechtsschutz für Lohn- und Gehaltsempfänger sowie beim Landwirtschafts- und Verkehrs-Rechtsschutz nicht möglich, so daß die Beiträge zu diesen Versicherungen steuerlich nicht berücksichtigt werden können. Nach dem BMF-Erlaß vom 10. 12. 1984 läßt sich jedoch ein Abzug als Betriebsausgaben oder Werbungskosten dann rechtfertigen, wenn nach der Sachlage des Einzelfalles angenommen werden kann, daß die Kosten, von denen der Versicherte durch die Rechtsschutzversicherung befreit ist, im Nichtversicherungsfall Betriebsausgaben oder Werbungskosten darstellen würden. Bei Automobil-Rechtsschutzversicherungen für Kraftfahrzeuge, die nicht nur betrieblich, sondern auch privat genutzt werden, erscheint es deshalb vertretbar, die Beiträge in dem gleichen Verhältnis in Betriebsausgaben und nichtabzugsfähige Ausgaben der privaten Lebensführung aufzuteilen wie die übrigen Kosten der Kraftfahrzeughaltung.

[1]) Jetzt R 19.3 Abs. 3 Satz 2 Nr. 1 LStR.

Bei Aufwendungen des Arbeitnehmers für Fahrten zwischen Wohnung und Arbeitsstätte[1]) sind die Beiträge insoweit durch die Pauschsätze des § 9 Abs. 1 Nr. 4 EStG abgegolten.

Reinigung von typischer Berufskleidung in privater Waschmaschine

→ H 9.12 (Berufskleidung)

Sammelbeförderung

→ BMF vom 31. 10. 2013 (BStBl I S. 1376)

Anhang 18 **Schulgeld**

Schulgeldzahlungen an eine fremdsprachige Schule im Inland sind auch dann nicht als Werbungskosten abziehbar, wenn sich die ausländischen Eltern aus beruflichen Gründen nur vorübergehend im Inland aufhalten (→ BFH vom 23. 11. 2000 – BStBl 2001 II S. 132).

Seminar

Aufwendungen für Seminare zur Persönlichkeitsentfaltung

1. Aufwendungen für Seminare zur Persönlichkeitsentfaltung sind beruflich veranlasst, wenn die Veranstaltungen primär auf die spezifischen Bedürfnisse des vom Steuerpflichtigen ausgeübten Berufs ausgerichtet sind. Indizien für die berufliche Veranlassung sind insbesondere die Lehrinhalte und ihre konkrete Anwendung in der beruflichen Tätigkeit, der Ablauf des Lehrgangs sowie die teilnehmenden Personen.
2. Ein Lehrgang, der sowohl Grundlagenwissen als auch berufsbezogenes Spezialwissen vermittelt, kann beruflich veranlasst sein, wenn der Erwerb des Grundlagenwissens die Vorstufe zum Erwerb des berufsbezogenen Spezialwissens bildet.
3. Der Teilnehmerkreis eines Lehrgangs, der sich mit Anforderungen an Führungskräfte befasst, ist auch dann homogen zusammengesetzt, wenn die Teilnehmer Führungspositionen in verschiedenen Berufsgruppen innehaben.

(→ BFH vom 28. 8. 2008 – VI R 35/05)

Statusfeststellungsverfahren

Aufwendungen im Zusammenhang mit dem Anfrageverfahren nach § 7a SGB IV (sog. Statusfeststellungsverfahren) sind durch das Arbeitsverhältnis veranlasst und deshalb als Werbungskosten bei den Einkünften aus nichtselbständiger Arbeit zu berücksichtigen (→ BFH vom 6. 5. 2010 – BStBl II S. 851).

Steuerberatungskosten

Zuordnung der Steuerberatungskosten zu den Werbungskosten → BMF-Schreiben 21. 12. 2007 – IV B 2 – S 2144/07/0002, 2007/0586772 – → Anhang 24

Strafverteidigungskosten

Aufwendungen für die Strafverteidigung können Werbungskosten sein, wenn der Schuldvorwurf durch berufliches Verhalten veranlasst war (→ BFH vom 19. 2. 1982 – BStBl II S. 467 und vom 18. 10. 2007 – BStBl 2008 II S. 223).

Übernachtung an der ersten Tätigkeitsstätte

Die Kosten für gelegentliche Hotelübernachtungen am Ort der ersten Tätigkeitsstätte sind Werbungskosten, wenn sie beruflich veranlasst sind. Für eine Tätigkeit an diesem Ort sind Verpflegungsmehraufwendungen nicht zu berücksichtigen (→ BFH vom 5. 8. 2004 – BStBl II S. 1074).

Verlorener Zuschuss eines Gesellschafter-Geschäftsführers

Gewährt der Gesellschafter-Geschäftsführer einer GmbH, an der er nicht nur unwesentlich beteiligt ist, einen verlorenen Zuschuss, ist die Berücksichtigung als Werbungskosten regelmäßig abzulehnen (→ BFH vom 26. 11. 1993 – BStBl 1994 II S. 242).

Verlust einer Beteiligung am Unternehmen des Arbeitgebers

– Der Verlust einer Beteiligung an einer GmbH kann selbst dann nicht als Werbungskosten berücksichtigt werden, wenn die Beteiligung am Stammkapital der GmbH Voraussetzung für

1) Jetzt: erster Tätigkeitsstätte.

die Beschäftigung als Arbeitnehmer der GmbH war (→ BFH vom 12. 5. 1995 – BStBl II S. 644).

- Der Veräußerungsverlust aus einer Kapitalbeteiligung am Unternehmen des Arbeitgebers führt nur dann zu Werbungskosten, wenn ein erheblicher Veranlassungszusammenhang zum Dienstverhältnis besteht und nicht auf der Nutzung der Beteiligung als Kapitalertragsquelle beruht (→ BFH vom 17. 9. 2009 – BStBl 2010 II S. 198).

Verlust einer Darlehensforderung gegen den Arbeitgeber

- Der Verlust einer Darlehensforderung gegen den Arbeitgeber ist als Werbungskosten zu berücksichtigen, wenn der Arbeitnehmer das Risiko, die Forderung zu verlieren, aus beruflichen Gründen bewusst auf sich genommen hat (→ BFH vom 7. 5. 1993 – BStBl II S. 663).
- Die berufliche Veranlassung eines Darlehens wird nicht zwingend dadurch ausgeschlossen, dass der Darlehensvertrag mit dem alleinigen Gesellschafter-Geschäftsführer der Arbeitgeberin (GmbH) statt mit der insolvenzbedrohten GmbH geschlossen worden und die Darlehensvaluta an diesen geflossen ist. Maßgeblich sind der berufliche Veranlassungszusammenhang und der damit verbundene konkrete Verwendungszweck des Darlehens (→ BFH vom 7. 2. 2008 – BStBl 2010 II S. 48).
- Auch wenn ein Darlehen aus im Gesellschaftsverhältnis liegenden Gründen gewährt wurde, kann der spätere Verzicht darauf durch das zugleich bestehende Arbeitsverhältnis veranlasst sein und dann insoweit zu Werbungskosten bei den Einkünften aus nichtselbständiger Arbeit führen, als die Darlehensforderung noch werthaltig ist (→ BFH vom 25. 11. 2010 – BStBl 2012 II S. 24).
- Der Verlust einer aus einer Gehaltsumwandlung entstandenen Darlehensforderung eines Arbeitnehmers gegen seinen Arbeitgeber kann insoweit zu Werbungskosten bei den Einkünften aus nichtselbständiger Arbeit führen, als der Arbeitnehmer ansonsten keine Entlohnung für seine Arbeitsleistung erhalten hätte, ohne seinen Arbeitsplatz erheblich zu gefährden. Dabei ist der Umstand, dass ein außenstehender Dritter, insbesondere eine Bank, dem Arbeitgeber kein Darlehen mehr gewährt hätte, lediglich ein Indiz für eine beruflich veranlasste Darlehenshingabe, nicht aber unabdingbare Voraussetzung für den Werbungskostenabzug eines Darlehensverlustes (→ BFH vom 10.4.2014 – BStBl II S. 850).

Versorgungszuschlag

Zahlt der Arbeitgeber bei beurlaubten Beamten ohne Bezüge einen Versorgungszuschlag, handelt es sich um steuerpflichtigen Arbeitslohn. In gleicher Höhe liegen beim Arbeitnehmer Werbungskosten vor; dies gilt auch, wenn der Arbeitnehmer den Versorgungszuschlag zahlt (→ BMF vom 22. 2. 1991 – BStBl I S. 951). → H 19.3

Vertragsstrafe

Die Zahlung einer in einem Ausbildungsverhältnis begründeten Vertragsstrafe kann zu Werbungskosten führen (→ BFH vom 22. 6. 2006 – BStBl 2007 II S. 4).

Videorecorder

Aufwendungen für einen Videorecorder sind – ohne Nachweis der weitaus überwiegenden beruflichen Nutzung – nicht als Werbungskosten abziehbar (→ BFH vom 27. 9. 1991 – BStBl 1992 II S. 195).

Vorweggenommene Werbungskosten

Werbungskosten können auch im Hinblick auf ein künftiges Dienstverhältnis entstehen (→ BFH vom 4. 8. 1961 – BStBl 1962 III S. 5 und vom 3. 11. 1961 – BStBl 1962 III S. 123). Der Berücksichtigung dieser Werbungskosten steht es nicht entgegen, dass der Arbeitnehmer Arbeitslosengeld oder sonstige für seinen Unterhalt bestimmte steuerfreie Leistungen erhält (→ BFH vom 4. 3. 1977 – BStBl II S. 507), ggf. kommt ein Verlustabzug nach § 10d EStG in Betracht.

Werbegeschenke

Aufwendungen eines Arbeitnehmers für Werbegeschenke an Kunden seines Arbeitgebers sind Werbungskosten, wenn er sie tätigt, um die Umsätze seines Arbeitgebers und damit seine erfolgsabhängigen Einkünfte zu steigern (→ BFH vom 13. 1. 1984 – BStBl II S. 315). Aufwendungen für Werbegeschenke können ausnahmsweise auch dann Werbungskosten sein, wenn der Arbeitnehmer nicht variabel vergütet wird (→ BFH vom 24. 5. 2007 – BStBl II S. 721). Die nach § 4 Abs. 5 Satz 1 Nr. 1 EStG maßgebende Wertgrenze von 40 € ist zu beachten (§ 9 Abs. 5 EStG).

Werbungskosten bei Insolvenzgeld

Werbungskosten, die auf den Zeitraum entfallen, für den der Arbeitnehmer Insolvenzgeld erhält, sind abziehbar, da kein unmittelbarer wirtschaftlicher Zusammenhang zwischen den Aufwendungen und dem steuerfreien Insolvenzgeld i. S. d. § 3c EStG besteht (→ BFH vom 23. 11. 2000 – BStBl 2001 II S. 199).

Winterbeschäftigungs-Umlage

Winterbeschäftigungs-Umlage in der Bauwirtschaft

(Verfügung der OFD Koblenz vom 5. 4. 2007 – S 2354 A–St 32 2 -)

Ab dem 1. 5. 2006 hat die Winterbeschäftigungs-Umlage die bisherige Winterbauumlage im Bauhauptgewerbe abgelöst. Die Arbeitnehmer, die nach § 1 Abs. 2 Baubetriebe-Verordnung im Bauhauptgewerbe tätig sind, werden mit 0,8 % des Bruttoarbeitslohns an der Finanzierung beteiligt (§ 356 SGB III i. V. m. § 3 Abs. 2 der Winterbeschäftigungs-Verordnung des Bundesministeriums für Arbeit und Soziales vom 26. 4. 2006). Diese Beteiligung wird aus versteuertem Einkommen finanziert und dient dazu, Arbeitsplätze in der Schlechtwetterzeit zu erhalten. Der Beitrag ist daher nach § 9 Abs. 1 Satz 1 EStG bei den Werbungskosten abzugsfähig.

Arbeitgeber können diese Umlage in einer freien Zeile der elektronischen Lohnsteuerbescheinigung als freiwillige Angabe ausweisen.

Klarstellend wird darauf hingewiesen, dass die Beteiligung der Arbeitnehmer an der Winterbeschäftigungs-Umlage nur bei Beschäftigten des Bauhauptgewerbes erfolgt. Im Baunebengewerbe (Gerüstbauerhandwerk, Dachdeckerhandwerk, Garten- und Landschaftsbau) wird weiterhin nur der Arbeitgeber zur Umlage herangezogen.

Die späteren Leistungen (Wintergeld als Zuschuss-Wintergeld und Mehraufwands-Wintergeld) nach § 175a SGB III sind nach § 3 Nr. 2 EStG steuerfrei und unterliegen nicht dem Progressionsvorbehalt.

Aktualisierung vom 1. 6. 2007:

Durch Änderungen der Winterbeschäftigungs-Verordnung zum 1. 11. 2006 bzw. zum 1. 4. 2007 werden nunmehr auch Arbeitnehmer im Baunebengewerbe zur Umlage herangezogen. Arbeitnehmer im Dachdeckerhandwerk müssen ab 1. 11. 2006 0,8 % des Bruttoarbeitslohns als Umlage zahlen. Im Garten- und Landschaftsbau wird bei den Arbeitnehmern ab 1. 4. 2007 ebenfalls eine Umlage von 0,8 % erhoben. Der Arbeitnehmeranteil an der Umlagefinanzierung ist demnach auch bei Arbeitnehmern dieser Branchen als Werbungskosten abziehbar. Im Gerüstbauerhandwerk wird weiterhin nur der Arbeitgeber zur Umlage herangezogen, so dass insoweit ein Werbungskostenabzug nicht in Frage kommt.

→ H 3.2 Saison-Kurzarbeitergeld

Zusammenhang mit dem Beruf

Ein Zusammenhang mit dem Beruf ist gegeben, wenn die Aufwendungen in einem wirtschaftlichen Zusammenhang mit der auf Einnahmeerzielung gerichteten Tätigkeit des Arbeitnehmers stehen (→ BFH vom 1. 10. 1982 – BStBl 1983 II S. 17).

Zuzahlung für überlassenen Dienstwagen

Überlässt ein Arbeitgeber seinem Arbeitnehmer ein Kraftfahrzeug für dessen private Nutzung, können einzelne vom Arbeitnehmer selbst getragene Kraftfahrzeugkosten als Werbungskosten berücksichtigt werden, wenn der Nutzungsvorteil nach der sog. Fahrtenbuchmethode ermittelt wird. Dagegen kommt ein Werbungskostenabzug nicht in Betracht, wenn der Nutzungsvorteil pauschal nach der sog. 1 %-Regelung bemessen wird (→ BFH vom 18. 10. 2007 – VI R 57/06).
→ H 8.1 (9 – 10) → Nutzungsentgelt

Zuzahlungen zu den Anschaffungskosten eines dem Arbeitnehmer zur privaten Nutzung überlassenen Dienstwagens sind auch dann als Werbungskosten bei den Einnahmen aus nichtselbständiger Arbeit zu berücksichtigen, wenn der Nutzungsvorteil nach der 1 %-Regelung besteuert wird (→ BFH vom 18. 10. 2007 – VI R 59/06.)

R 9.2
S 2350

Aufwendungen für die Aus- und Fortbildung[1)]

[1]Aufwendungen für den erstmaligen Erwerb von Kenntnissen, die zur Aufnahme eines Berufs befähigen, beziehungsweise für ein erstes Studium (Erstausbildung) sind Kosten der Lebensführung und nur als Sonderausgaben im Rahmen von § 10 Abs. 1 Nr. 7 EStG abziehbar. [2]Wer-

1) Beachte auch § 9 Abs. 6 EStG in der ab 2015 geltenden Fassung.

bungskosten liegen dagegen vor, wenn die erstmalige Berufsausbildung oder das Erststudium Gegenstand eines Dienstverhältnisses (Ausbildungsdienstverhältnis) ist. [3]Unabhängig davon, ob ein Dienstverhältnis besteht, sind die Aufwendungen für die Fortbildung in dem bereits erlernten Beruf und für die Umschulungsmaßnahmen, die einen Berufswechsel vorbereiten, als Werbungskosten abziehbar. [4]Das gilt auch für die Aufwendungen für ein weiteres Studium, wenn dieses in einem hinreichend konkreten, objektiv feststellbaren Zusammenhang mit späteren steuerpflichtigen Einnahmen aus der angestrebten beruflichen Tätigkeit steht.

Hinweise

H 9.2

Allgemeine Grundsätze Ausbildungs-, Berufsausbildungskosten Anhang 34

→ BMF vom 22. 9. 2010 (BStBl I S. 721)[1] Anhang 34

→ ***BMF vom (BStBl I S.)***

Allgemein bildende Schulen

Aufwendungen für den Besuch allgemein bildender Schulen sind regelmäßig keine Werbungskosten (→ BFH vom 22. 6. 2006 – BStBl II S. 717).

Ausbildungsdienstverhältnis

Beispiele:

- Referendariat zur Vorbereitung auf das zweite Staatsexamen (→ BFH vom 10. 12. 1971 – BStBl 1972 II S. 251)
- Beamtenanwärter (→ BFH vom 21. 1. 1972 – BStBl II S. 261)
- zum Studium abkommandierte oder beurlaubte Bundeswehroffiziere (→ BFH vom 7. 11. 1980 – BStBl 1981 II S. 216 und vom 28. 9. 1984 – BStBl 1985 II S. 87)
- zur Erlangung der mittleren Reife abkommandierte Zeitsoldaten (→ BFH vom 28. 9. 1984 – BStBl 1985 II S. 89)
- für ein Promotionsstudium beurlaubte Geistliche (→ BFH vom 7. 8. 1987 – BStBl II S. 780)

Auslandsgruppenreise

- Aufwendungen für Reisen, die der beruflichen Fortbildung dienen, sind als Werbungskosten abziehbar, wenn sie unmittelbar beruflich veranlasst sind (z. B. das Aufsuchen eines Kunden des Arbeitgebers, das Halten eines Vortrags auf einem Fachkongress oder die Durchführung eines Forschungsauftrags) und die Verfolgung privater Interessen nicht den Schwerpunkt der Reise bildet (→ BFH vom 21. 9. 2009 – BStBl 2010 II S. 672).
- Ein unmittelbarer beruflicher Anlass liegt nicht vor, wenn der Arbeitnehmer mit der Teilnahme an der Auslandsgruppenreise eine allgemeine Verpflichtung zur beruflichen Fortbildung erfüllt oder die Reise von einem Fachverband angeboten wird (→ BFH vom 19. 1. 2012 – BStBl II S. 416); zur Abgrenzung gegenüber der konkreten beruflichen Verpflichtung zur Reiseteilnahme → BFH vom 9. 12. 2010 (BStBl 2011 II S. 522). Zur Aufteilung gemischt veranlasster Aufwendungen bei auch beruflicher Veranlassung der Auslandsgruppenreise → H 9.1 (Gemischte Aufwendungen).

Berufskraftfahrer, Weiterbildung

Berufskraftfahrer, Grundqualifikation, Weiterbildung

(Verfügung der OFD Koblenz vom 3. 9. 2008 – S 2221/S 2227 A – St 32 3 –)

Nach dem Berufskraftfahrer-Qualifikationsgesetz vom 14. 8. 2006 (BKrFQG) und der Berufskraftfahrer-Qualifikationsverordnung (BKrFQV) sind grundsätzlich alle gewerblichen Fahrer,

- die im Personenverkehr tätig sind (Klassen D1, D1E, D und DE), ab 10. 9. 2008 und
- die im Güterkraftverkehr tätig sind (Klassen C1, C1E, C und CE), ab 10. 9. 2009

gesetzlich verpflichtet, als Berufsneueinsteiger neben dem Erwerb des Führerscheins der v.g. Klassen auch eine Grundqualifikation (§ 4 BKrFQG) zu durchlaufen. Die Qualifikation dient der Verbesserung der Sicherheit im Straßenverkehr und den allgemeinen beruflichen Fähigkeiten des Fahrers durch die Vermittlung besonderer tätigkeitsbezogener Fertigkeiten und Kenntnisse. Die erworbenen Kenntnisse sind alle fünf Jahre mittels einer Weiterbildung aufzufrischen (§ 5 BKrFQG). Fahrzeuglenker, die vor den o. g. Stichtagen bereits im Besitz des entsprechen-

[1]) ***Beachte auch § 9 Abs. 6 EStG in der ab 2015 geltenden Fassung.***

den Führerscheins sind, benötigen zwar keine Grundqualifikation (§ 3 BKrFQG), müssen jedoch ebenfalls von diesen Stichtagen an alle fünf Jahre eine Weiterbildung durchlaufen.

Der Erwerb der Grundqualifikation und des Führerscheins fallen ab o. g. Stichtagen unter die Neuregelung der einkommensteuerlichen Behandlung von Berufsausbildungskosten gemäß §§ 10 Abs. 1 Nr. 7 und 12 Nr. 5 EStG. Gemäß Rz. 6 des BMF-Schreibens vom 4. 11. 2005 (BStBl 2005 I S. 955) werden andere Bildungsmaßnahmen einer Berufsausbildung im Sinne des § 12 Nr. 5 EStG gleichgestellt, wenn sie dem Nachweis einer Sachkunde dienen, die Voraussetzung zur Aufnahme einer fest umrissenen beruflichen Betätigung ist. Handelt es sich um eine erstmalige Berufsausbildung, stellen die in diesem Zusammenhang anfallenden Aufwendungen gemäß § 12 Nr. 5 EStG keine Werbungskosten sondern Sonderausgaben i. S. des § 10 Abs. 1 Nr. 7 EStG da, es sei denn, die Bildungsmaßnahme findet im Rahmen eines Dienstverhältnisses statt.

Bei den Aufwendungen im Zusammenhang mit der sich alle fünf Jahre anschließenden Weiterbildung handelt es sich sodann regelmäßig um Werbungskosten bzw. Betriebsausgaben.

Deutschkurs

Aufwendungen eines in Deutschland lebenden Ausländers für das Erlernen der deutschen Sprache gehören regelmäßig auch dann zu den nicht abziehbaren Kosten der Lebensführung, wenn ausreichende Deutschkenntnisse für einen angestrebten Ausbildungsplatz förderlich sind (→ BFH vom 15. 3. 2007 – BStBl II S. 814).

Erziehungsurlaub/Elternzeit

Aufwendungen während eines Erziehungsurlaubs/einer Elternzeit können vorab entstandene Werbungskosten sein. Der berufliche Verwendungsbezug ist darzulegen, wenn er sich nicht bereits aus den Umständen von Umschulungs- oder Qualifizierungsmaßnahmen ergibt (→ BFH vom 22. 7. 2003 – VI R 137/99 – BStBl 2004 II S. 888).

Fortbildung

- Aufwendungen von Führungskräften für Seminare zur Persönlichkeitsentfaltung können Werbungskosten sein (→ BFH vom 28. 8. 2008 – BStBl 2009 II S. 108).
- Aufwendungen einer leitenden Redakteurin zur Verbesserung beruflicher Kommunikationsfähigkeit sind Werbungskosten (→ BFH vom 28. 8. 2008 – BStBl 2009 II S. 106).
- Aufwendungen für den Erwerb des Verkehrsflugzeugführerscheins einschließlich Musterberechtigung können vorab entstandene Werbungskosten sein (→ BFH vom 27. 10. 2011 – BStBl 2012 II S. 825 zum Rettungssanitäter). Die Aufwendungen für den Erwerb des Privatflugzeugführerscheins führen regelmäßig nicht zu Werbungskosten (→ BFH vom 27. 5. 2003 – BStBl 2005 II S. 202). Bei einer durchgehenden Ausbildung zum Verkehrsflugzeugführer sind aber auch die Aufwendungen für den Erwerb des Privatflugzeugführerscheins als Werbungskosten abziehbar (→ BFH vom 30. 9. 2008 – BStBl 2009 II S. 111).

Fremdsprachenunterricht

- Der Abzug der Aufwendungen für einen Sprachkurs kann nicht mit der Begründung versagt werden, er habe in einem anderen Mitgliedstaat der Europäischen Union stattgefunden (→ BFH vom 13. 6. 2002 – BStBl 2003 II S. 765). Dies gilt auch für Staaten, auf die das Abkommen über den europäischen Wirtschaftsraum Anwendung findet (Island, Liechtenstein, Norwegen), und wegen eines bilateralen Abkommens, das die Dienstleistungsfreiheit festschreibt, auch für die Schweiz (→ BMF vom 26. 9. 2003 – BStBl I S. 447).

Einkommensteuerliche Behandlung von Aufwendungen für Auslandssprachkurse als Werbungskosten oder Betriebsausgaben nach § 9 Abs. 1 Satz 1, § 4 Abs. 4 EStG und § 12 Nr. 1 EStG; Rechtsfolgen aus dem Urteil des BFH vom 13. 6. 2002 (BStBl II 2003 S. 765)

(BMF-Schreiben vom 26. 9. 2003 – IV A 5 – S 2227 – 1/03 –, BStBl I S. 447)

In dem o. a. Urteil hat der BFH zwar grundsätzlich an den im Urteil vom 31. Juli 1980 (BStBl II S. 746) aufgestellten Merkmalen zur Abgrenzung von beruflicher und privater Veranlassung eines Auslandssprachkurses festgehalten. Der BFH hat ihre Geltung aber eingeschränkt, soweit sie in Widerspruch zu Artikel 59 des Vertrages zur Gründung der Europäischen Gemeinschaft (nach Änderung Art. 49 EGV) stehen, der die Dienstleistungsfreiheit in den Mitgliedstaaten garantiert. Die bislang bei einer Gesamtwürdigung von privater und beruflicher Veranlassung einer Fortbildungsveranstaltung zugrunde gelegte Vermutung, es spreche für eine überwiegend private Veranlassung, wenn die Veranstaltung im Ausland stattfinde, und die u. a. daraus gezogene Folgerung der steuerlichen Nichtanerkennung der entsprechenden Aufwendungen, kann danach für Mitgliedstaaten der Europäischen Union nicht mehr aufrechterhalten werden.

Unter Bezugnahme auf das Ergebnis der Erörterung mit den obersten Finanzbehörden der Länder sind die Grundsätze des BFH-Urteils wie folgt anzuwenden:

Die Grundsätze dieser Entscheidung gelten nicht nur für alle Mitgliedstaaten der Europäischen Union, sondern auch für Staaten, auf die das Abkommen über den europäischen Wirtschaftsraum (Island, Liechtenstein, Norwegen) Anwendung findet, und wegen eines bilateralen Abkommens, das die Dienstleistungsfreiheit ebenfalls festschreibt, auch für die Schweiz. Sie sind im Übrigen nicht nur auf Sprachkurse, sondern auf Fortbildungsveranstaltungen allgemein anzuwenden.

Die Grundsätze der Entscheidung sind außerdem bei der Frage, ob im Falle einer Kostenübernahme durch den Arbeitgeber für solche Fortbildungsveranstaltungen Arbeitslohn vorliegt oder ein überwiegend eigenbetriebliches Interesse des Arbeitgebers für die Zahlung angenommen werden kann (R 74 LStR), zu berücksichtigen.

- Ein Sprachkurs kann auch dann beruflich veranlasst sein, wenn er nur Grundkenntnisse oder allgemeine Kenntnisse in einer Fremdsprache vermittelt, diese aber für die berufliche Tätigkeit ausreichen. Die Kursgebühren sind dann als Werbungskosten abziehbar. Der Ort, an dem der Sprachkurs durchgeführt wird, kann ein Indiz für eine private Mitveranlassung sein. Die Reisekosten sind dann grundsätzlich in Werbungskosten und Kosten der privaten Lebensführung aufzuteilen (→ H 9.1 – Gemischte Aufwendungen). Dabei kann auch ein anderer als der zeitliche Aufteilungsmaßstab anzuwenden sein (→ BFH vom 24. 2. 2011 – BStBl II S. 796 zum Sprachkurs in Südafrika)
- Aufwendungen für eine zur Erteilung von Fremdsprachenunterricht in den eigenen Haushalt aufgenommene Lehrperson sind selbst bei einem konkreten Bezug zur Berufstätigkeit keine Fortbildungskosten (→ BFH vom 8. 10. 1993 – BStBl 1994 II S. 114).

Klassenfahrt

Aufwendungen eines Berufsschülers für eine im Rahmen eines Ausbildungsdienstverhältnisses als verbindliche Schulveranstaltung durchgeführte Klassenfahrt sind in der Regel Werbungskosten (→ BFH vom 7. 2. 1992 – BStBl II S. 531).

Ski- und Snowboardkurse

Aufwendungen von Lehrern für Snowboardkurse können als Werbungskosten bei den Einkünften aus nichtselbständiger Arbeit abziehbar sein, wenn ein konkreter Zusammenhang mit der Berufstätigkeit besteht (→ BFH vom 22. 6. 2006 – BStBl II S. 782 – VI R 61/02 –). Zu den Merkmalen der beruflichen Veranlassung → BFH vom 26. 8. 1988 (BStBl 1989 II S. 91).

Studienreisen und Fachkongresse

→ R 12.2 EStR, H 12.2 EStH Anhang 30

→ Einkommensteuerliche Behandlung, Werbungskosten Anhang 46

Ausgaben im Zusammenhang mit Berufsverbänden **R 9.3**

(1) [1]Ausgaben bei Veranstaltungen des Berufsstands, des Berufsverbands, des Fachverbands oder der Gewerkschaft eines Arbeitnehmers, die der Förderung des Allgemeinwissens der Teilnehmer dienen, sind nicht Werbungskosten, sondern Aufwendungen für die Lebensführung. [2]Um nicht abziehbare Aufwendungen für die Lebensführung handelt es sich insbesondere stets bei den Aufwendungen, die der Arbeitnehmer aus Anlass von gesellschaftlichen Veranstaltungen der bezeichneten Organisation gemacht hat, und zwar auch dann, wenn die gesellschaftlichen Veranstaltungen im Zusammenhang mit einer rein fachlichen oder beruflichen Tagung oder Sitzung standen. S 2354

(2) [1]Bestimmte Veranstaltungen von Berufsständen und Berufsverbänden dienen dem Zweck, die Teilnehmer im Beruf fortzubilden, z. B. Vorlesungen bei Verwaltungsakademien oder Volkshochschulen, Fortbildungslehrgänge, fachwissenschaftliche Lehrgänge, fachliche Vorträge. [2]Ausgaben, die dem Teilnehmer bei solchen Veranstaltungen entstehen, können Werbungskosten sein.

H 9.3

Hinweise

Ehrenamtliche Tätigkeit

Aufwendungen eines Arbeitnehmers im Zusammenhang mit einer ehrenamtlichen Tätigkeit für seine Gewerkschaft oder seinen Berufsverband können Werbungskosten sein (→ BFH vom 28. 11. 1980 – BStBl 1981 II S. 368 und vom 2. 10. 1992 – BStBl 1993 II S. 53).

Mitgliedsbeiträge an einen Interessenverband

Mitgliedsbeiträge an einen Interessenverband sind Werbungskosten, wenn dieser als Berufsverband auch die spezifischen beruflichen Interessen des Arbeitnehmers vertritt. Dies ist nicht nur nach der Satzung, sondern auch nach der tatsächlichen Verbandstätigkeit zu beurteilen (→ BFH vom 13. 8. 1993 – BStBl 1994 II S. 33).

Reiseaufwendungen für einen Berufsverband

Reiseaufwendungen eines Arbeitnehmers im Zusammenhang mit einer ehrenamtlichen Tätigkeit für seine Gewerkschaft oder seinen Berufsverband sind keine Werbungskosten, wenn der Schwerpunkt der Reise allgemeintouristischen Zwecken dient (→ BFH vom 25. 3. 1993 – BStBl II S. 559).

R 9.4

Reisekosten

S 2353

(1) [1]Reisekosten sind Fahrtkosten (→ § 9 Abs. 1 Satz 3 Nr. 4a EStG,→ R 9.5), Verpflegungsmehraufwendungen (→ § 9 Abs. 4a EStG, → R 9.6), Übernachtungskosten (→ § 9 Abs. 1 Satz 3 Nr. 5a EStG, → R 9.7) und Reisenebenkosten (→ R 9.8), soweit diese durch eine beruflich veranlasste Auswärtstätigkeit (→ § 9 Abs. 4a Satz 2 und 4 EStG) des Arbeitnehmers entstehen. [2]Eine beruflich veranlasste Auswärtstätigkeit ist auch der Vorstellungsbesuch eines Stellenbewerbers. [3]Erledigt der Arbeitnehmer im Zusammenhang mit der beruflich veranlassten Auswärtstätigkeit auch in einem mehr als geringfügigen Umfang private Angelegenheiten, sind die beruflich veranlassten von den privat veranlassten Aufwendungen zu trennen. [4]Ist das nicht – auch nicht durch Schätzung – möglich, gehören die gesamten Aufwendungen zu den nach § 12 EStG nicht abziehbaren Aufwendungen für die Lebensführung (z. B. Bekleidungskosten oder Aufwendungen für andere allgemeine Reiseausrüstungen). [5]Die berufliche Veranlassung der Auswärtstätigkeit, die Reisedauer und den Reiseweg hat der Arbeitnehmer aufzuzeichnen und anhand geeigneter Unterlagen, z. B. Fahrtenbuch (→ R 8.1 Abs. 9 Nr. 2 Satz 3), Tankquittungen, Hotelrechnungen, Schriftverkehr, nachzuweisen oder glaubhaft zu machen.

H 9.4

Hinweise

Erstattung durch den Arbeitgeber

- Steuerfrei → § 3 Nr. 13, 16 EStG, → R 3.13, 3.16
- Steuerfreie Arbeitgebererstattungen mindern die abziehbaren Werbungskosten auch dann, wenn sie erst im Folgejahr geleistet werden (→ BFH vom 20. 9. 2006 – BStBl 2007 II S. 756).

Erste Tätigkeitsstätte

- Bestimmung der ersten Tätigkeitsstätte
  Anhang 38 → BMF vom 24.10.2014 (BStBl I S. 1412), Rz. 5 ff.
- Erste Tätigkeitsstätte bei vollzeitigen Bildungsmaßnahmen
  → BMF vom 24.10.2014 (BStBl I S. 1412), Rz. 32 ff.

Anhang 38 **Seeleute**

Bei Seeleuten, ist das Schiff keine erste Tätigkeitsstätte (→ BFH vom 19. 12. 2005 – BStBl 2006 II S. 378).

Weiträumiges Tätigkeitsgebiet

Anhang 38 → BMF vom 24.10.2014 (BStBl I S. 1412), Rz. 40 ff.

Zuordnung von entsandten Arbeitnehmern

Werbungskostenabzug bzw. steuerfreie Erstattung von Reisekosten Unterkunftskosten und Verpflegungsmehraufwendungen bei vorübergehend entsandten Arbeitnehmern

OFD Nordrhein-Westfalen vom 08.12.2014 – Kurzinfo EST 47/2014

Werden Arbeitnehmer von ihrem Arbeitgeber (z. B. ausländische Muttergesellschaft) vorübergehend an ein verbundenes Unternehmen (z. B. inländische Tochtergesellschaft) entsandt, sind für die Frage des Werbungskostenabzugs bzw. der steuerfreien Erstattung von Reisekosten durch den Arbeitgeber zwei Fallgestaltungen zu unterscheiden:

I. Das mit dem bisherigen Arbeitgeber abgeschlossene Beschäftigungsverhältnis ruht für die Dauer der Entsendung zum verbundenen Unternehmen. Dieses schließt mit dem Arbeitnehmer für die Dauer der Entsendung einen eigenständigen Arbeitsvertrag ab.

Hierzu bitte ich, folgende Auffassung zu vertreten:

1. Rechtslage bis einschließlich Kalenderjahr 2013

Mit Urteil vom 10.4.2014, BStBl 2014 II, 804 hat der BFH – entgegen der früheren Auffassung der Finanzverwaltung – entschieden, dass ein Arbeitnehmer, der zunächst für drei Jahre und mit mehrmaliger Verlängerung zweieinhalb weitere Jahre zu einer Tochtergesellschaft ins Ausland entsandt worden ist, dort auch dann keine regelmäßige Arbeitsstätte begründet, wenn er mit dem ausländischen Unternehmen für die Dauer des Entsendungszeitraums einen eigenständigen unbefristeten Arbeitsvertrag abgeschlossen hat. Dieses wird damit begründet, dass der Arbeitnehmer aufgrund der Befristung des Auslandseinsatzes in der Entsendevereinbarung und dem Fortbestehen seines – wenn auch ruhenden – inländischen Arbeitsverhältnisses bei der ausländischen Tochtergesellschaft nicht dauerhaft, sondern nur vorübergehend tätig gewesen ist. Die Urteilsgrundsätze sind bis einschließlich Kalenderjahr 2013 allgemein anzuwenden.

Die Aufwendungen, die dem Arbeitnehmer durch die Tätigkeit beim aufnehmenden Unternehmen entstehen, sind als Reisekosten abzugsfähig (vgl. dazu II. a und b).

2. Rechtslage ab Kalenderjahr 2014

Ab dem Kalenderjahr 2014 ist das oben genannte BFH-Urteil vom 10.4.2014 überholt (Rz. 21 des ergänzten BMF-Schreibens zur Reform des steuerlichen Reisekostenrechts ab 1.1.2014 vom 24.10.2014).

Im Gegensatz zur Rechtslage bis 2013 ist ab 2014 gesetzlich geregelt, unter welchen Voraussetzungen die für das Vorliegen einer ersten Tätigkeitsstätte erforderliche dauerhafte Zuordnung zu einer ortsfesten betrieblichen Einrichtung durch den Arbeitgeber bzw. eine dauerhafte Tätigkeit an einer ortsfesten betrieblichen Einrichtung gegeben ist.

Nach § 9 Abs. 4 Satz 3 EStG ist insbesondere dann davon auszugehen, dass eine vom Arbeitgeber vorgenommene Zuordnung des Arbeitnehmers zu einer ortsfesten betrieblichen Einrichtung dauerhaft ist, wenn der Arbeitnehmer

- unbefristet (dazu gehört auch „bis auf Weiteres"),
- für die Dauer des Dienstverhältnisses oder
- über einen Zeitraum von mehr als 48 Monaten dort tätig werden soll.

Hat der Arbeitgeber den Arbeitnehmer keiner ortsfesten betrieblichen Einrichtung dauerhaft zugeordnet oder ist die vorgenommene Zuordnung nicht eindeutig, ist nach § 9 Abs. 4 Satz 4 EStG erste Tätigkeitsstätte die ortsfeste betriebliche Einrichtung, an der der Arbeitnehmer dauerhaft

- typischerweise arbeitstäglich oder
- je Arbeitswoche zwei volle Arbeitstage oder mindestens ein Drittel seiner vereinbarten Arbeitszeit tätig werden soll.

Wird der entsandte Arbeitnehmer im Rahmen eines eigenständigen Arbeitsvertrages beim aufnehmenden Unternehmen tätig, liegt – auch lohnsteuerlich – ein eigenständiges Dienstverhältnis vor. Im Rahmen dieses Dienstverhältnisses ist nach dem insoweit eindeutigen Wortlaut des § 9 Abs. 4 EStG auch die erste Tätigkeitsstätte zu bestimmen. Vereinbarungen mit dem entsendenden Unternehmen über eine nur vorübergehende Entsendung sind somit unmaßgeblich. Folglich hat der entsandte Arbeitnehmer aufgrund des Arbeitsvertrages mit dem aufnehmenden Unternehmen als Arbeitgeber eine erste Tätigkeitsstätte, wenn er von diesem einer ortsfesten betrieblichen Einrichtung dauerhaft zugeordnet worden ist (Rz. 21 des ergänzten BMF-Schreibens zur Reform des steuerlichen Reisekostenrechts ab 1.1.2014 vom 24.10.2014). Liegt keine dauerhafte Zuordnung des Arbeitnehmers zu einer ortsfesten betrieblichen Einrichtung durch das aufnehmende Unternehmen vor, hat der entsandte Arbeitnehmer im Rahmen des Dienstverhältnisses mit dem aufnehmenden Unternehmen eine erste Tätigkeitsstätte, wenn die oben genannten quantitativen Voraussetzungen des § 9 Abs. 4 Satz 4 EStG hinsichtlich einer ortsfesten betrieblichen Einrichtung erfüllt sind (Rz. 23 des ergänzten BMF-Schreibens zur Reform des steuerlichen Reisekostenrechts ab 1.1.2014 vom 24.10.2014).

Hat der Arbeitnehmer im Rahmen des Dienstverhältnisses mit dem aufnehmenden Unternehmen eine erste Tätigkeitsstätte, können die durch die Tätigkeit für das aufnehmende Unternehmen entstehenden Aufwendungen nur berücksichtigt werden, wenn die Voraussetzungen einer beruflich veranlassten doppelten Haushaltsführung erfüllt sind (R 9.11 LStR).

Liegen die Voraussetzungen einer beruflich veranlassten doppelten Haushaltsführung vor, können die Kosten für die Unterkunft am Ort der regelmäßigen Arbeitsstätte bis einschließlich 2013 höchstens mit dem Betrag berücksichtigt werden, der für die Anmietung einer nach Lage und Ausstattung durchschnittlichen 60 qm großen Wohnung angefallen wäre (BFH-Urteil vom 9.8.2007, BStBl 2007 II, 820).

Ab 2014 ist zu unterscheiden, ob eine Entsendung ins Ausland oder ins Inland vorliegt. Bei einer Entsendung ins Ausland können – wie bis einschließlich 2013 – die Kosten der Unterkunft höchstens mit dem Betrag berücksichtigt werden, der bei Anmietung einer nach Lage und Ausstattung durchschnittlichen 60 qm großen Wohnung am ausländischen Ort der ersten Tätigkeitsstätte angefallen wäre. Bei einer Entsendung ins Inland können die tatsächlichen Aufwendungen für die Nutzung der Unterkunft am Ort der ersten Tätigkeitsstätte höchstens mit 1.000 € im Monat berücksichtigt werden (§ 9 Abs. 1 Satz 3 Nr. 5 Satz 4 EStG i. d. F. ab 2014). Der Höchstbetrag von 1.000 € umfasst sämtliche entstehenden Aufwendungen wie Miete, Betriebskosten, AfA für notwendige Einrichtungsgegenstände, Rundfunkbeitrag, Miet- oder Pachtgebühren für einen KfZ-Stellplatz (Rz. 104 des ergänzten BMF-Schreibens zur Reform des steuerlichen Reisekostenrechts ab 1.1.2014 vom 24.10.2014).

II. Der Arbeitgeber entsendet den Arbeitnehmer im Rahmen des bestehenden Beschäftigungsverhältnisses vorübergehend an das aufnehmende verbundene Unternehmen. Der Arbeitnehmer wird bei diesem ausschließlich auf Grundlage der Entsendung durch den Arbeitgeber tätig, mit dem aufnehmenden Unternehmen wird kein Arbeitsvertrag abgeschlossen.

Hierzu bitte ich, folgende Auffassung zu vertreten:

Der Arbeitnehmer begründet durch die vorübergehende Entsendung bis 2013 keine regelmäßige Arbeitsstätte bei dem aufnehmenden Unternehmen (R 9.4 Abs. 3 Satz 4 LStR 2013; vgl. auch Verfügung der OFDen Rheinland und Münster vom 29.3.2012) und ab 2014 mangels erforderlicher dauerhafter Zuordnung durch das entsendende Unternehmen (s. Rz 22 des ergänzten BMF-Schreibens zur Reform des steuerlichen Reisekostenrechts ab 1.1.2014 vom 24.10.2014) und mangels Vorliegens der quantitativen Kriterien nach § 9 Abs. 4 Satz 4 EStG keine erste Tätigkeitsstätte. Die durch die Tätigkeit beim aufnehmenden Unternehmen entstehenden Aufwendungen sind nach den Grundsätzen der Auswärtstätigkeit zu behandeln.

Für die Berücksichtigung von Unterbringungskosten und Verpflegungsmehraufwendungen gilt Folgendes:

a) Aufgabe der bisherigen Wohnung

Unterhält der Arbeitnehmer seine einzige Wohnung am neuen Beschäftigungsort, handelt es sich bei den Unterbringungskosten um Aufwendungen für die private Lebensführung (§ 12 Nr. 1 Satz 1 EStG). Aufwendungen für das Unterhalten einer Wohnung, die den Mittelpunkt der Lebensführung eines Steuerpflichtigen darstellt, sind bereits durch den Grundfreibetrag abgedeckt (vgl. auch Beschluss des Großen Senats des BFH vom 21.9.2009, Az.: GrS 1/06 unter C III 4a). Es fallen keine ausschließlich beruflich veranlassten Mehrkosten an.

Dies gilt auch in den Fällen, in denen der Arbeitnehmer über die bisherige Wohnung während der Dauer der Entsendung nicht jederzeit verfügen kann (z. B. weil sie vermietet ist).

Die Unterbringungskosten können daher nicht als Werbungskosten abgezogen bzw. vom Arbeitgeber steuerfrei erstattet werden.

Für die Ermittlung der abzugsfähigen/steuerfrei erstattungsfähigen Verpflegungsmehraufwendungen ist die Abwesenheitsdauer von der Wohnung maßgebend. Die Dreimonatsfrist ist zu beachten (§ 4 Abs. 5 Satz 1 Nr. 5 Satz 5 EStG i. d. F. bis einschließlich 2013, § 9 Abs. 4a Satz 6 EStG i. d. F. ab 2014).

b) Keine Aufgabe der bisherigen Wohnung

Behält der Arbeitnehmer seine bisherige Wohnung bei, die ihm jederzeit zur Verfügung steht, und unterhält am neuen Beschäftigungsort eine – weitere – Wohnung, können die beruflich veranlassten Unterbringungskosten als Werbungskosten abgezogen bzw. vom Arbeitgeber steuerfrei erstattet werden (R 9.7 LStR). Den Arbeitnehmer trifft die Feststellungslast dafür, dass die bisherige Wohnung nicht aufgegeben wurde.

Erstreckt sich die Entsendung aufgrund von Verlängerungen über einen Zeitraum von mehr als 48 Monaten, ist zu berücksichtigen, dass Unterkunftskosten ab 2014 nach Ablauf von 48

Monaten einer längerfristigen Tätigkeit an derselben Tätigkeitsstätte, die nicht erste Tätigkeitsstätte ist, nur noch bis zur Höhe des Betrages berücksichtigt werden können, der im Rahmen einer doppelten Haushaltsführung zu berücksichtigen wäre (§ 9 Abs. 1 Nr. 5a Satz 4 EStG i. d. F. ab 2014). Bei einer Entsendung nach Deutschland können die tatsächlichen Aufwendungen für die Unterkunft am Tätigkeitsort nach Ablauf von 48 Monaten daher höchstens mit 1 000 € im Monat berücksichtigt werden (§ 9 Abs. 1 Satz 3 Nr. 5 Satz 4 EStG). Bei einer Entsendung in das Ausland können die tatsächlichen Aufwendungen für die Unterkunft am Tätigkeitsort nach Ablauf von 48 Monaten dagegen höchstens mit dem Betrag berücksichtigt werden, der bei Anmietung einer nach Lage und Ausstattung durchschnittlichen 60 qm großen Wohnung am Ort der auswärtigen Tätigkeitsstätte angefallen wäre.

Wird die Wohnung am Beschäftigungsort auch von Familienmitgliedern des Arbeitnehmers genutzt, sind die Aufwendungen für die Wohnung in einen beruflich und einen privat veranlassten Anteil aufzuteilen. Entscheidend ist, welche Mehrkosten durch die privat veranlasste Unterbringung der Familie gegenüber der ausschließlichen Unterbringung des Arbeitnehmers entstehen. Der Aufteilungsmaßstab kann im Wege einer ermessensgerechten Schätzung erfolgen, wobei eine Aufteilung der Kosten nach Köpfen nicht zu einem sachgerechten Ergebnis führen dürfte.

Bis einschließlich 2013 bestehen keine Bedenken, aus Vereinfachungsgründen die bis 2013 geltende „60 qm-Regelung" (vgl. H 9.11 Abs. 5–10 „Angemessenheit der Unterkunftskosten" zweiter Spiegelstrich LStH 2013) der doppelten Haushaltsführung anzuwenden, wobei jedoch keine Beschränkung auf den ortsüblichen Durchschnittsmietzins erfolgen darf, sondern die tatsächlich entstehenden Aufwendungen zugrunde zu legen sind.

Ab 2014 kann in Fällen, in denen die monatlichen Kosten für eine Unterkunft im Inland den Betrag von 1 000 € nicht übersteigen, aus Vereinfachungsgründen – entsprechend den Regelungen für Unterkunftskosten bei einer längerfristigen Tätigkeit von mehr als 48 Monaten (§ 9 Abs. 1 Nr. 5a Satz 4 EStG) – davon ausgegangen werden, dass die Aufwendungen ausschließlich beruflich veranlasst sind. Betragen die monatlichen Unterkunftskosten am inländischen Beschäftigungsort mehr als 1 000 € oder liegt die Wohnung an einem ausländischen Beschäftigungsort (Entsendung ins Ausland), können nur die beruflich veranlassten, allein auf den Arbeitnehmer entfallenden Unterkunftskosten berücksichtigt werden; dazu kann die ortsübliche Miete für eine nach Lage und Ausstattung durchschnittliche Wohnung am Ort der auswärtigen Tätigkeitsstätte mit einer Wohnfläche bis zu 60 qm als Vergleichsmaßstab herangezogen werden (Rz. 117 des ergänzten BMF-Schreibens zur Reform des steuerlichen Reisekostenrechts ab 1.1.2014 vom 24.10.2014).

Beispiel:

Ein nach Deutschland entsandter Arbeitnehmer wohnt mit seiner Ehefrau und zwei Kindern in einer 150 qm großen Mietwohnung am auswärtigen Beschäftigungsort. Die Aufwendungen für die Wohnung betragen monatlich 1 050 € (7 €/qm). Der Durchschnittsmietzins für eine 60 qm große Wohnung beträgt 5 €/qm.

Rechtslage bis einschließlich 2013

Von den 150 qm können 60 qm als beruflich veranlasst und der darüber hinausgehende Anteil als privat veranlasst geschätzt werden mit der Folge, dass 420 € (7 € × 60 qm) als Werbungskosten abgezogen bzw. vom Arbeitgeber steuerfrei erstattet werden können.

Rechtslage ab 2014

Da die monatlichen Unterkunftskosten 1 000 € übersteigen, können nur die Unterkunftskosten berücksichtigt werden, die ausschließlich durch die Nutzung des Arbeitnehmers verursacht werden. Soweit kein anderer nachvollziehbarer Aufteilungsmaßstab beantragt wird, können die anteiligen beruflich veranlassten Aufwendungen, die als Werbungskosten abgezogen bzw. vom Arbeitgeber steuerfrei erstattet werden können, auf 300 € (5 € × 60 qm) geschätzt werden.

Für die Ermittlung der abzugsfähigen/steuerfrei erstattungsfähigen Verpflegungsmehraufwendungen ist auf die Abwesenheitsdauer von der bisherigen Wohnung (nicht von der Wohnung am Beschäftigungsort) und der regelmäßigen Arbeitsstätte bzw. ersten Tätigkeitsstätte des Arbeitnehmers vor der Entsendung (nicht dem aufnehmenden Unternehmen) abzustellen. Die Dreimonatsfrist ist zu beachten (§ 4 Abs. 5 Satz 1 Nr. 5 Satz 5 EStG i. d. F. bis einschließlich 2013, § 9 Abs. 4a Satz 6 EStG i. d. F. ab 2014).

Zeitpunkt der Versteuerung der steuerpflichtigen Teile von Reisekostenvergütungen

(Verfügung OFD Frankfurt/M. vom 29.05.2013 – S 2338 A - 43 - St 211)

Es ist die Frage gestellt worden, ob die Lohnbesteuerung der steuerpflichtigen Teile von Reisekostenvergütungen aus Vereinfachungsgründen erst im letzten Lohnzahlungszeitraum des Jahres durchgeführt werden kann.

Hierzu wird folgende Auffassung vertreten:

Grundsätzlich sind die steuerpflichtigen Teile von Reisekostenvergütungen bei der nächstmöglichen Lohnabrechnung zu versteuern. Aus Vereinfachungsgründen bestehen jedoch keine Bedenken, wenn die steuerpflichtigen Teile von Reisekostenvergütungen bis zu einer Obergrenze von 153 € monatlich beim einzelnen Arbeitnehmer nur mindestens vierteljährlich abgerechnet werden.

Dies gilt auch für die Besteuerung von Mahlzeiten gemäß R 8.1 Abs. 4 LStR mit den Sachbezugswerten.

Dieser Erlass ergeht im Einvernehmen mit dem Bundesministerium der Finanzen und den obersten Finanzbehörden der anderen Länder.

R 9.5

Fahrtkosten als Reisekosten

Allgemeines

S 2353

(1) [1]Fahrtkosten sind die tatsächlichen Aufwendungen, die dem Arbeitnehmer durch die persönliche Benutzung eines Beförderungsmittels entstehen. [2]Bei öffentlichen Verkehrsmitteln ist der entrichtete Fahrpreis einschl. etwaiger Zuschläge anzusetzen. [3]Benutzt der Arbeitnehmer sein Fahrzeug, ist der Teilbetrag der jährlichen Gesamtkosten dieses Fahrzeugs anzusetzen, der dem Anteil der zu berücksichtigenden Fahrten an der Jahresfahrleistung entspricht. [4]Der Arbeitnehmer kann auf Grund der für einen Zeitraum von zwölf Monaten ermittelten Gesamtkosten für das von ihm gestellte Fahrzeug einen Kilometersatz errechnen, der so lange angesetzt werden darf, bis sich die Verhältnisse wesentlich ändern, z. B. bis zum Ablauf des Abschreibungszeitraums oder bis zum Eintritt veränderter Leasingbelastungen. [5]Abweichend von Satz 3 können die Fahrtkosten auch mit den pauschalen Kilometersätzen gemäß § 9 Abs. 1 Satz 3 Nr. 4a Satz 2 EStG angesetzt werden. [6]Aufwendungen für Fahrten nach § 9 Abs. 1 Satz 3 Nr. 4a Satz 3 EStG gehören nicht zu den Reisekosten.

Erstattung durch den Arbeitgeber

(2) [1]Der Arbeitnehmer hat seinem Arbeitgeber Unterlagen vorzulegen, aus denen die Voraussetzungen für die Steuerfreiheit der Erstattung und, soweit die Fahrtkosten bei Benutzung eines privaten Fahrzeugs nicht mit den pauschalen Kilometersätzen nach Absatz 1 Satz 5 erstattet werden, auch die tatsächlichen Gesamtkosten des Fahrzeugs ersichtlich sein müssen. [2]Der Arbeitgeber hat diese Unterlagen als Belege zum Lohnkonto aufzubewahren. [3]Wird dem Arbeitnehmer für die Auswärtstätigkeit im Rahmen seines Dienstverhältnisses ein Kraftfahrzeug zur Verfügung gestellt, darf der Arbeitgeber die pauschalen Kilometersätze nicht – auch nicht teilweise – steuerfrei erstatten.

H 9.5

Hinweise

Allgemeines

Anhang 38

- BMF vom 24.10.2014 (BStBl I S. 1412), Rz. 35 ff.
- **Als Reisekosten** können die Aufwendungen für folgende Fahrten angesetzt werden:
  1. Fahrten zwischen Wohnung oder erster Tätigkeitsstätte und auswärtiger Tätigkeitsstätte oder Unterkunft i. S. d. Nummer 3 einschließlich sämtlicher Zwischenheimfahrten (→ BFH vom 17. 12. 1976 – BStBl 1977 II S. 294 und vom 24. 4. 1992 – BStBl II S. 664); zur Abgrenzung dieser Fahrten von den Fahrten zwischen Wohnung und erster Tätigkeitsstätte → H 9.10 (Dienstliche Verrichtungen auf der Fahrt, Fahrtkosten),
  2. innerhalb desselben Dienstverhältnisses Fahrten zwischen mehreren auswärtigen Tätigkeitsstätten oder innerhalb eines weiträumigen Tätigkeitsgebietes (§ 9 Abs. 1 Satz 3 Nr. 4a Satz 4 EStG) und
  3. Fahrten zwischen einer Unterkunft am Ort der auswärtigen Tätigkeitsstätte oder in ihrem Einzugsbereich und auswärtiger Tätigkeitsstätte (→ BFH vom 17. 12. 1976 – BStBl 1977 II S. 294).
- **Nicht als Reisekosten**, sondern mit der Entfernungspauschale sind die Aufwendungen für folgende Fahrten anzusetzen:
  1. Fahrten von der Wohnung zu einem bestimmten Sammelpunkt → § 9 Abs. 1 Satz 3 Nr. 4a
  Anhang 38 Satz 3 EStG, → BMF vom 24.10.2014 (BStBl I S. 1412), Rz. 37 ff.
  2. Anhang 38 Fahrten von der Wohnung zu einem weiträumigen Tätigkeitsgebiet § 9 Abs. 1 Satz 3 Nr. 4a Satz 3 EStG, → BMF vom 24.10.2014 (BStBl I S. 1412), Rz. 40 ff.

Erstattung die Pauschbeträge übersteigender Beträge

Reisekostenvergütungen ab 1. 1. 1996: Die Pauschbeträge übersteigende Erstattungen

(Erlaß FinMin Bayern vom 3. 6. 1996 – 32 – S 2338 – 54/111 – 14787 –)

Nach Tz. 8 des im BStBl I 1995, 719 veröffentlichten Arbeitgeber-Merkblatts sind die nach arbeitsrechtlichen oder anderen Vorschriften zu zahlenden Vergütungen für Verpflegungsmehraufwendungen dem steuerpflichtigen Arbeitslohn zuzurechnen, soweit sie die Summe der für die maßgebende Abwesenheitsdauer steuerfreien Pauschbeträge überschreiten. Die Zusammenrechnung mit Fahrtkostenvergütungen und Übernachtungskostenvergütungen ist zulässig. Hierzu gilt im Einvernehmen mit den obersten Finanzbehörden des Bundes und der Länder folgendes:

Die Zusammenrechnung ist auf die jeweilige Erstattung beschränkt. Dabei können mehrere Dienstreisen zusammengefaßt werden, wenn die Auszahlung der betreffenden Reisekostenvergütungen in einem Betrag erfolgt. Entsprechendes gilt für die Erstattung von Umzugskosten und Vergütungen von Mehraufwendungen wegen doppelter Haushaltsführung (Trennungsgeldern).

Einzelnachweis

- Zu den Gesamtkosten eines Fahrzeugs gehören die Betriebsstoffkosten, die Wartungs- und Reparaturkosten, die Kosten einer Garage am Wohnort, die Kraftfahrzeugsteuer, die Aufwendungen für die Halterhaftpflicht- und Fahrzeugversicherungen, die Absetzungen für Abnutzung, wobei Zuschüsse nach der Kraftfahrzeughilfe-Verordnung für die Beschaffung eines Kraftfahrzeugs oder den Erwerb einer behinderungsbedingten Zusatzausstattung die Anschaffungskosten mindern (→ BFH vom 14.6.2012 – BStBl II S. 835), sowie die Zinsen für ein Anschaffungsdarlehen (→ BFH vom 1. 10. 1982 – BStBl 1983 II S. 17). Dagegen gehören nicht zu den Gesamtkosten z. B. Aufwendungen infolge von Verkehrsunfällen, Park- und Straßenbenutzungsgebühren, Aufwendungen für Insassen- und Unfallversicherungen sowie Verwarnungs-, Ordnungs- und Bußgelder; diese Aufwendungen sind mit Ausnahme der Verwarnungs-, Ordnungs- und Bußgelder ggf. als Reisenebenkosten abziehbar (→ H 9.8).
- Bei einem geleasten Fahrzeug gehört eine Leasingsonderzahlung zu den Gesamtkosten (BFH vom 5. 5. 1994 – BStBl II S. 643 und vom 15. 4. 2010 – BStBl II S. 805).
- Den Absetzungen für Abnutzung ist bei Personenkraftwagen und Kombifahrzeugen grundsätzlich eine Nutzungsdauer von 6 Jahren zugrunde zu legen. Bei einer hohen Fahrleistung kann auch eine kürzere Nutzungsdauer anerkannt werden. Bei Kraftfahrzeugen, die im Zeitpunkt der Anschaffung nicht neu gewesen sind, ist die entsprechende Restnutzungsdauer unter Berücksichtigung des Alters, der Beschaffenheit und des voraussichtlichen Einsatzes des Fahrzeugs zu schätzen (→ BMF vom15.12.2000 – BStBl I S. 1532).
- Ein Teilnachweis der tatsächlichen Gesamtkosten ist möglich. Der nicht nachgewiesene Teil der Kosten kann geschätzt werden. Dabei ist von den für den Steuerpflichtigen ungünstigsten Umständen auszugehen. (→ BFH vom 7. 4. 1992 – BStBl II S. 854).

Pauschale Kilometersätze

- → BMF vom 24.10.2014 (BStBl I S. 1412), Rz. 36. Anhang 38
- Neben den pauschalen Kilometersätzen (→ BMF vom 24.10.2014 – BStBl I S. 1412, Rz. 36) können etwaige außergewöhnliche Kosten angesetzt werden, wenn diese durch Fahrten entstanden sind, für die die Kilometersätze anzusetzen sind. Außergewöhnliche Kosten sind nur die nicht voraussehbaren Aufwendungen für Reparaturen, die nicht auf Verschleiß (→ BFH vom 17. 10. 1973 – BStBl 1974 II S. 186) oder die auf Unfallschäden beruhen, und Absetzungen für außergewöhnliche technische Abnutzung und Aufwendungen infolge eines Schadens, der durch den Diebstahl des Fahrzeugs entstanden ist (→ BFH vom 25. 5. 1992 – BStBl 1993 II S. 44); dabei sind entsprechende Schadensersatzleistungen auf die Kosten anzurechnen.
- Kosten, die mit dem laufenden Betrieb eines Fahrzeugs zusammenhängen, wie z. B. Aufwendungen für eine Fahrzeug-Vollversicherung, sind keine außergewöhnlichen Kosten (→ BFH vom 21. 6. 1991 – BStBl II S. 814 und vom 8. 11. 1991 – BStBl 1992 II S. 204). Mit den pauschalen Kilometersätzen ist auch eine Leasingsonderzahlung abgegolten (→ BFH vom 15. 4. 2010 – BStBl II S. 805).

Dienstreise-Kaskoversicherung → BMF vom 9.9.2015 (BStBl I S. 734):

Seit dem 1.1.2014 sind die pauschalen Kilometersätze für die Benutzung von Kraftfahrzeugen im Rahmen von Auswärtstätigkeiten in § 9 Abs. 1 Satz 3 Nr. 4a EStG gesetzlich geregelt und gelten demzufolge unvermindert auch dann, wenn der Arbeitnehmer keine eigene Fahr-

zeug-Vollversicherung, sondern der Arbeitgeber eine Dienstreise-Kaskoversicherung für ein Kraftfahrzeug des Arbeitnehmers abgeschlossen hat. Das zum 2. Leitsatz des BFH-Urteils vom 27.6.1991 (BStBl 1992 II S. 365) ergangene BMF-Schreiben vom 31.3.1992 (BStBl I S. 270) „Dienstreise-Kaskoversicherung des Arbeitgebers für Kraftfahrzeuge des Arbeitnehmers und steuerfreier Fahrtkostenersatz" wird daher im Einvernehmen mit den obersten Finanzbehörden der Länder mit sofortiger Wirkung aufgehoben. Hat der Arbeitgeber eine Dienstreise-Kaskoversicherung für die seinen Arbeitnehmern gehörenden Kraftfahrzeuge abgeschlossen, führt die Prämienzahlung des Arbeitgebers auch weiterhin nicht zum Lohnzufluss bei den Arbeitnehmern (→ BFH-Urteil vom 27.6.1991 – BStBl I S. 365 – 1. Leitsatz).

Transportentschädigung

Waldarbeitern nach § 33a des Manteltarifvertrags für Waldarbeiter (MTW) gezahlte Transportentschädigung

(Erlaß des FinMin Bayern vom 9. 2. 1995 – 32 – S 2332 – 49/94 – 40727 –)

Nach § 33a MTW werden Waldarbeitern seit 1. 4. 1994 für den Transport von betriebseigenem Gerät und Material im eigenen Kfz oder mittels betriebseigenem oder waldarbeitereigenem Kraftfahrzeuganhänger und für das Umsetzen eines Waldarbeiterschutzwagens pauschale Transportentschädigungen gezahlt. Für deren steuerliche Behandlung gilt folgendes:

1. Die pauschale Transportentschädigung nach § 33a Abs. 1 MTW von 2 DM für jeden Tag der Mitnahme von betriebseigenem Gerät und Material bei der Fahrt von der Wohnung zur Arbeitsstätte[1]) gehört zum steuerpflichtigen Arbeitslohn.
2. Die Transportentschädigungen nach § 33a Abs. 2 und 3 MTW für die Mitnahme von betriebseigenem Gerät und Material in einem betriebseigenen Kraftfahrzeuganhänger (4 DM) bzw. einem waldarbeitereigenen Kraftfahrzeuganhänger (7 DM) und für das Umsetzen eines Waldarbeiterschutzwagens (15 DM) werden neben der kilometerbezogenen Fahrzeugentschädigung (0,42 DM) nach § 33 MTW für die Benutzung eines eigenen Kfz gezahlt. Die pauschalen Entschädigungen sind steuerfrei, soweit sie zusammen mit der Fahrzeugentschädigung den nach Abschn. 38 Abs. 2 LStR[2]) maßgebenden Kilometersatz nicht übersteigen.

Werbungskostenabzug und Erstattung durch den Arbeitgeber

- Die als Reisekosten erfassten Fahrtkosten können als Werbungskosten abgezogen werden, soweit sie nicht vom Arbeitgeber steuerfrei erstattet worden sind (§ 3c EStG).
- Die Erstattung der Fahrtkosten durch den Arbeitgeber ist nach § 3 Nr. 16 EStG steuerfrei, soweit höchstens die als Werbungskosten abziehbaren Beträge erstattet werden (→ BFH vom 21. 6. 1991 – BStBl II S. 814).
- Bei Sammelbeförderung durch den Arbeitgeber scheidet mangels Aufwands des Arbeitnehmers ein Werbungskostenabzug für diese Fahrten aus (→ BFH vom 11. 5. 2005 – BStBl II S. 785).

R 9.6

Verpflegungsmehraufwendungen als Reisekosten

Allgemeines

S 2353 (1) [1]Die dem Arbeitnehmer tatsächlich entstandenen, beruflich veranlassten Mehraufwendungen für Verpflegung sind unter den Voraussetzungen des § 9 Abs. 4a EStG mit den dort genannten Pauschbeträgen anzusetzen. [2]Der Einzelnachweis von Verpflegungsmehraufwendungen berechtigt nicht zum Abzug höherer Beträge.

Konkurrenzregelung

(2) Soweit für denselben Kalendertag Verpflegungsmehraufwendungen wegen einer Auswärtstätigkeit oder wegen einer doppelten Haushaltsführung (→ R 9.11 Abs. 7) anzuerkennen sind, ist jeweils der höchste Pauschbetrag anzusetzen (→ § 9 Abs. 4a Satz 12 zweiter Halbsatz EStG).

Besonderheiten bei Auswärtstätigkeiten im Ausland

(3) [1]Für den Ansatz von Verpflegungsmehraufwendungen bei Auswärtstätigkeiten im Ausland gelten nach Staaten unterschiedliche Pauschbeträge (Auslandstagegelder), die vom BMF im Ein-

1) Jetzt: regelmäßigen Tätigkeitsstätte.
2) Jetzt R 9.5 Abs. 2 LStR.

vernehmen mit den obersten Finanzbehörden der Länder auf der Grundlage der höchsten Auslandstagegelder nach dem BRKG bekannt gemacht werden. [2]Für die in der Bekanntmachung nicht erfassten Staaten ist der für Luxemburg geltende Pauschbetrag maßgebend; für die in der Bekanntmachung nicht erfassten Übersee- und Außengebiete eines Staates ist der für das Mutterland geltende Pauschbetrag maßgebend. [3]Werden an einem Kalendertag Auswärtstätigkeiten im In- und Ausland durchgeführt, ist für diesen Tag das entsprechende Auslandstagegeld maßgebend, selbst dann, wenn die überwiegende Zeit im Inland verbracht wird. [4]Im Übrigen ist beim Ansatz des Auslandstagegeldes Folgendes zu beachten:

1. [1]Bei Flugreisen gilt ein Staat in dem Zeitpunkt als erreicht, in dem das Flugzeug dort landet; Zwischenlandungen bleiben unberücksichtigt, es sei denn, dass durch sie Übernachtungen notwendig werden. [2]Erstreckt sich eine Flugreise über mehr als zwei Kalendertage, ist für die Tage, die zwischen dem Tag des Abflugs und dem Tag der Landung liegen, das für Österreich geltende Tagegeld maßgebend.
2. [1]Bei Schiffsreisen ist das für Luxemburg geltende Tagegeld maßgebend. [2]Für das Personal auf deutschen Staatsschiffen sowie für das Personal auf Schiffen der Handelsmarine unter deutscher Flagge auf Hoher See gilt das Inlandstagegeld. [3]Für die Tage der Einschiffung und Ausschiffung das für den Hafenort geltende Tagegeld maßgebend.

Hinweise

H 9.6

Allgemeines

→ BMF vom 24.10.2014 (BStBl I S. 1412), Rz. 46 ff. Anhang 38

Dreimonatsfrist

→ BMF vom 24.10.2014 (BStBl I S. 1412), Rz. 52 ff. Anhang 38

Erstattung durch den Arbeitgeber

– **steuerfrei** → § 3 Nr. 13, 16 EStG, → R 3.13, 3.16
  Die Erstattung der Verpflegungsmehraufwendungen durch den Arbeitgeber ist steuerfrei, soweit keine höheren Beträge erstattet werden, als nach → § 9 Abs. 4a EStG, → BMF vom 24.10.2014 (BStBl I S. 1412), Rz. ***46 ff.,*** als Reisekosten angesetzt werden dürfen. Eine zusammengefasste Erstattung unterschiedlicher Aufwendungen ist möglich → R 3.16 Satz 1. Zur Erstattung im Zusammenhang mit Mahlzeitengestellungen bei Auswärtstätigkeit → BMF vom 24.10.2014 (BStBl I S. 1412), Rz. 73 ff. Anhang 38 Anhang 38
– **pauschale Versteuerung**
  bei Mahlzeitengestellungen
  → § 40 Abs. 2 Satz 1 Nr. 1a EStG und BMF vom 24.10.2014 (BStBl I S. 1412), Rz. 93 f. Anhang 38
  bei Vergütungen für Verpflegungsmehraufwendungen
  → § 40 Abs. 2 Satz 1 Nr. 4 EStG und BMF vom 24.10.2014 (BStBl I S. 1412), Rz. 58 ff. Anhang 38
– **Nachweise**
  Der Arbeitnehmer hat seinem Arbeitgeber Unterlagen vorzulegen, aus denen die Voraussetzungen für den Erstattungsanspruch ersichtlich sein müssen. Der Arbeitgeber hat diese Unterlagen als Belege zum Lohnkonto aufzubewahren (→ BFH vom 6. 3. 1980 – BStBl II S. 289).

Mahlzeitengestellung und Verpflegungsmehraufwendungen

→ BMF vom 24.10.2014 (BStBl I S. 1412), Rz. 64 ff. und 73 ff. Anhang 38

Pauschbeträge bei Auslandsdienstreisen

→ BMF vom ***19.12.2014*** (BStBl ***2015 I S. 34***) Anhang 31
→ BMF vom 9.12.2015 (BStBl I S. 1058) für 2016
→ R 9.6 Abs. 3

Verpflegungsmehraufwendungen

– Arbeitnehmer haben bei einer beruflichen Auswärtstätigkeit einen Rechtsanspruch darauf, dass die gesetzlichen Pauschbeträge berücksichtigt werden (→ BFH vom 4. 4. 2006 – BStBl II S. 567).

Anhang 38 – Kürzung der Verpflegungspauschalen → § 9 Abs. 4a Satz 8 ff. EStG und BMF vom 24.10.2014 (BStBl I S. 1412), Rz. 73 ff.

Werbungskostenabzug bei Reisekostenerstattung durch den Arbeitgeber

Wurden Reisekosten vom Arbeitgeber – ggf. teilweise – erstattet, ist der Werbungskostenabzug insgesamt auf den Betrag beschränkt, um den die Summe der abziehbaren Aufwendungen die steuerfreie Erstattung übersteigt (→ BFH vom 15. 11. 1991 – BStBl 1992 II S. 367). Dabei ist es gleich, ob die Erstattung des Arbeitgebers nach § 3 Nr. 13, 16 EStG oder nach anderen Vorschriften steuerfrei geblieben ist, z. B. durch Zehrkostenentschädigungen i. S. d. § 3 Nr. 12 EStG (→ BFH vom 28. 1. 1988 – BStBl II S. 635).

R 9.7

Übernachtungskosten

Allgemeines

S 2353 (1) [1]Übernachtungskosten sind die tatsächlichen Aufwendungen, die dem Arbeitnehmer für die persönliche Inanspruchnahme einer Unterkunft zur Übernachtung entstehen. [2]Ist die Unterkunft am auswärtigen Tätigkeitsort die einzige Wohnung/Unterkunft des Arbeitnehmers, liegt kein beruflich veranlasster Mehraufwand i. S. d. § 9 Abs. 1 Satz 3 Nr. 5a EStG vor.

Werbungskostenabzug

(2) [1]Die tatsächlichen Übernachtungskosten können bei einer Auswärtstätigkeit als Reisekosten angesetzt und als Werbungskosten abgezogen werden, soweit sie nicht vom Arbeitgeber nach Absatz 3 oder § 3 Nr. 13 oder 16 EStG steuerfrei ersetzt werden.

Erstattung durch den Arbeitgeber

(3) [1]Für jede Übernachtung im Inland darf der Arbeitgeber ohne Einzelnachweis einen Pauschbetrag von 20 Euro steuerfrei zahlen. [2]Bei Übernachtungen im Ausland dürfen die Übernachtungskosten ohne Einzelnachweis der tatsächlichen Aufwendungen mit Pauschbeträgen (Übernachtungsgelder) steuerfrei erstattet werden. [3]Die Pauschbeträge werden vom Bundesministerium der Finanzen im Einvernehmen mit den obersten Finanzbehörden der Länder auf der Grundlage der höchsten Auslandsübernachtungsgelder nach dem Bundesreisekostengesetz bekannt gemacht. [4]Sie richten sich nach dem Ort, der nach R 9.6 Abs. 3 Satz 4 Nummer 1 und 2 maßgebend ist. [5]Für die in der Bekanntmachung nicht erfassten Länder und Gebiete ist R 9.6 Abs. 3 Satz 2 anzuwenden. [6]Die Pauschbeträge dürfen nicht steuerfrei erstattet werden, wenn dem Arbeitnehmer die Unterkunft vom Arbeitgeber oder auf Grund seines Dienstverhältnisses von einem Dritten unentgeltlich oder teilweise unentgeltlich zur Verfügung gestellt wurde. [7]Auch bei Übernachtung in einem Fahrzeug ist die steuerfreie Zahlung der Pauschbeträge nicht zulässig. [8]Bei Benutzung eines Schlafwagens oder einer Schiffskabine dürfen die Pauschbeträge nur dann steuerfrei gezahlt werden, wenn die Übernachtung in einer anderen Unterkunft begonnen oder beendet worden ist.

H 9.7

Hinweise

Allgemeines

Anhang 38 → BMF vom 24.10.2014 (BStBl I S. 1412), Rz. 110 ff.

Steuerfreiheit der Arbeitgebererstattungen

Die Erstattung der Übernachtungskosten durch den Arbeitgeber ist steuerfrei

– aus öffentlichen Kassen in voller Höhe → § 3 Nr. 13 EStG,
– bei Arbeitgebern außerhalb des öffentlichen Dienstes nach § 3 Nr. 16 EStG bis zur Höhe der tatsächlichen Aufwendungen oder bis zur Höhe der maßgebenden Pauschbeträge (Übernachtung im Inland: 20 Euro, Übernachtung im Ausland: ***Pauschbeträge*** → ***→ BMF vom 19.12.2014 (BStBl 2015 I S. 34)***. → BMF vom 9.12.2015 (BStBl I S. 1058) für 2016

Anhang 31 **Übernachtungskosten**

– Die Übernachtungskosten sind für den Werbungskostenabzug grundsätzlich im Einzelnen nachzuweisen. Sie können geschätzt werden, wenn sie dem Grunde nach zweifelsfrei entstanden sind (→ BFH vom 12. 9. 2001 – BStBl II S. 775).

– Übernachtet ein Kraftfahrer in der Schlafkabine seines LKW, sind die Pauschalen für Übernachtungen nicht anzuwenden → BFH vom 28. 3. 2012 – BStBl II S. 926 – VI R 48/11 –. H 9.8 → Aufwendungen für die Übernachtung in der Schlafkabine eines LKW

Reisenebenkosten

R 9.8

Allgemeines

(1) Reisenebenkosten werden unter den Voraussetzungen von R 9.4 Abs. 1 in tatsächlicher Höhe berücksichtigt und können als Werbungskosten abgezogen werden, soweit sie nicht vom Arbeitgeber steuerfrei erstattet wurden. S 2353

(2) – unbesetzt –

Steuerfreiheit der Arbeitgebererstattungen

(3) [1]Die Erstattung der Reisenebenkosten durch den Arbeitgeber ist nach § 3 Nr. 16 EStG steuerfrei, soweit sie die tatsächlichen Aufwendungen nicht überschreitet. [2]Der Arbeitnehmer hat seinem Arbeitgeber Unterlagen vorzulegen, aus denen die tatsächlichen Aufwendungen ersichtlich sein müssen. [3]Der Arbeitgeber hat diese Unterlagen als Belege zum Lohnkonto aufzubewahren.

Hinweise

H 9.8

Allgemeines

→ BMF vom 24.10.2014 (BStBl I S. 1412), Rz. ***124 ff***. Anhang 38

Diebstahl

Wertverluste bei einem Diebstahl des für die Reise notwendigen persönlichen Gepäcks sind Reisenebenkosten (→ BFH vom 30. 6. 1995 – BStBl II S. 744). Dies gilt nicht für den Verlust von → Geld oder → Schmuck.

Geld

Der Verlust einer Geldbörse führt nicht zu Reisenebenkosten (→ BFH vom 4. 7. 1986 – BStBl II S. 771).

Geldbußen

→ R 4.13 EStR

LKW-Fahrer

Zu den Reisenebenkosten bei LKW-Fahrern, die in ihrer Schlafkabine übernachten, → BMF vom 4.12.2012 (BStBl I S. 1249).

Keine Übernachtungspauschalen bei LKW-Fahrern, die in der Schlafkabine ihres LKW übernachten; vereinfachter Nachweis von Reisenebenkosten

BFH-Urteil vom 28. 3. 2012 – VI R 48/11 – (BStBl 2012 II S. 926)

BMF-Schreiben vom 4. 12. 2012 – IV C 5 – S 2353/12/10009 –

Der BFH hat in seinem Urteil vom 28. März 2012 – VI R 48/11 – (BStBl 2012 II S. 926) entschieden, dass ein Kraftfahrer, der in der Schlafkabine seines LKW übernachtet, die Pauschalen für Übernachtungen bei Auslandsdienstreisen nicht anwenden darf. Liegen Einzelnachweise über die Kosten nicht vor, seien die tatsächlichen Aufwendungen zu schätzen. Im Hinblick auf dieses Urteil ist nach der Erörterung mit den obersten Finanzbehörden der Länder Folgendes zu beachten:

Einem Kraftfahrer, der anlässlich seiner auswärtigen beruflichen Tätigkeit (Fahrtätigkeit) in der Schlafkabine seines LKW übernachtet, entstehen Aufwendungen, die bei anderen Arbeitnehmern mit Übernachtung anlässlich einer beruflichen Auswärtstätigkeit typischerweise in den Übernachtungskosten enthalten sind. Derartige Aufwendungen können als Reisenebenkosten in vereinfachter Weise ermittelt und glaubhaft gemacht werden. Als Reisenebenkosten in diesem Sinne kommen z. B. in Betracht:

- Gebühren für die Benutzung der sanitären Einrichtungen (Toiletten sowie Dusch- oder Waschgelegenheiten) auf Raststätten,
- Aufwendungen für die Reinigung der eigenen Schlafkabine.

Aus Gründen der Vereinfachung ist es ausreichend, wenn der Arbeitnehmer die ihm tatsächlich entstandenen und regelmäßig wiederkehrenden Reisenebenkosten für einen repräsentativen Zeitraum von drei Monaten im Einzelnen durch entsprechende Aufzeichnungen glaubhaft macht. Dabei ist zu beachten, dass bei der Benutzung der sanitären Einrichtungen auf Raststätten nur die tatsächlichen Benutzungsgebühren aufzuzeichnen sind, nicht jedoch die als Wertbons ausgegebenen Beträge.
Hat der Arbeitnehmer diesen Nachweis erbracht, kann der tägliche Durchschnittsbetrag, der sich aus den Rechnungsbeträgen für den repräsentativen Zeitraum ergibt, für den Ansatz von Werbungskosten oder auch für die steuerfreie Erstattung durch den Arbeitgeber (nach Maßgabe der §§ 3 Nummer 13 und 16 EStG) so lange zu Grunde gelegt werden, bis sich die Verhältnisse wesentlich ändern.

Beispiel:

Nachweis durch Belege des Arbeitnehmers:

- Monat Oktober 2012: Aufwendungen gesamt 60 Euro (20 Tage Auswärtstätigkeit)
- Monat November 2012: Aufwendungen gesamt 80 Euro (25 Tage Auswärtstätigkeit)
- Monat Dezember 2012: Aufwendungen gesamt 40 Euro (15 Tage Auswärtstätigkeit)

Summe der Aufwendungen: 180 Euro: 60 Tage Auswärtstätigkeit = 3 Euro täglicher Durchschnittswert.

Der so ermittelte Wert kann bei LKW-Fahrern, die in ihrer Schlafkabine übernachten, für jeden Tag der Auswärtstätigkeit als Werbungskosten geltend gemacht oder steuerfrei durch den Arbeitgeber erstattet werden.

Ordnungsgelder

→ R 4.13 EStR

Reisegepäckversicherung

Kosten für eine Reisegepäckversicherung, soweit sich der Versicherungsschutz auf eine beruflich bedingte Abwesenheit von einer ersten Tätigkeitsstätte beschränkt, sind Reisenebenkosten; zur Aufteilung der Aufwendungen für eine gemischte Reisegepäckversicherung (→ BFH vom 19. 2. 1993 – BStBl II S. 519).

Schaden

Wertverluste auf Grund eines Schadens an mitgeführten Gegenständen, die der Arbeitnehmer auf seiner Reise verwenden musste, sind Reisenebenkosten, wenn der Schaden auf einer reisespezifischen Gefährdung beruht (→ BFH vom 30. 11. 1993 – BStBl 1994 II S. 256).

Schmuck

Der Verlust von Schmuck führt nicht zu Reisenebenkosten (→ BFH vom 26. 1. 1968 – BStBl II S. 342).

Telefonkosten

Zu den Reisenebenkosten gehören auch die tatsächlichen Aufwendungen für private Telefongespräche, soweit sie der beruflichen Sphäre zugeordnet werden können (→ BFH vom 5.7.2012 – BStBl 2013 II S. 282).

Unfallversicherung

Beiträge zu Unfallversicherungen sind Reisenebenkosten, soweit sie Berufsunfälle außerhalb einer ersten Tätigkeitsstätte abdecken; wegen der steuerlichen Behandlung von Unfallversicherungen, die das Unfallrisiko sowohl im beruflichen als auch im außerberuflichen Bereich abdecken (→ BMF vom 28. 10. 2009 – BStBl I S. 1275).

→ H 19.3

Verwarnungsgeld

→ R 4.13 EStR

Umzugskosten

R 9.9

Allgemeines

(1) Kosten, die einem Arbeitnehmer durch einen beruflich veranlassten Wohnungswechsel entstehen, sind Werbungskosten. S 2353

Höhe der Umzugskosten

(2) [1]Bei einem beruflich veranlassten Wohnungswechsel können die tatsächlichen Umzugskosten grundsätzlich bis zur Höhe der Beträge als Werbungskosten abgezogen werden, die nach dem BUKG und der Auslandsumzugskostenverordnung (AUV) in der jeweils geltenden Fassung als Umzugskostenvergütung höchstens gezahlt werden könnten, mit Ausnahme der Pauschalen nach §§ 19, 21 AUV und der Auslagen (insbesondere Maklergebühren) für die Anschaffung einer eigenen Wohnung (Wohneigentum) nach § 9 Abs. 1 BUKG; die Pauschbeträge für Verpflegungsmehraufwendungen nach § 9 Abs. 4a EStG sind zu beachten. [2]Werden die umzugskostenrechtlich festgelegten Grenzen eingehalten, ist nicht zu prüfen, ob die Umzugskosten Werbungskosten darstellen. [3]Werden höhere Umzugskosten im Einzelnen nachgewiesen, ist insgesamt zu prüfen, ob und inwieweit die Aufwendungen Werbungskosten oder nicht abziehbare Kosten der Lebensführung sind, z. B. bei Aufwendungen für die Neuanschaffung von Einrichtungsgegenständen. [4]Anstelle der in § 10 BUKG pauschal erfassten Umzugskosten können auch die im Einzelfall nachgewiesenen höheren Umzugskosten als Werbungskosten abgezogen werden. [5]Ein Werbungskostenabzug entfällt, soweit die Umzugskosten vom Arbeitgeber steuerfrei erstattet worden sind (§ 3c EStG). Anhang 8 III

Erstattung durch den Arbeitgeber

(3) [1]Die Erstattung der Umzugskosten durch den Arbeitgeber ist steuerfrei, soweit keine höheren Beträge erstattet werden, als nach Absatz 2 als Werbungskosten abziehbar wären. [2]Der Arbeitnehmer hat seinem Arbeitgeber Unterlagen vorzulegen, aus denen die tatsächlichen Aufwendungen ersichtlich sein müssen. [3]Der Arbeitgeber hat diese Unterlagen als Belege zum Lohnkonto aufzubewahren.

Hinweise

H 9.9

Aufgabe der Umzugsabsicht

Wird vom Arbeitgeber eine vorgesehene Versetzung rückgängig gemacht, sind die dem Arbeitnehmer durch die Aufgabe seiner Umzugsabsicht entstandenen vergeblichen Aufwendungen als Werbungskosten abziehbar (→ BFH vom 24. 5. 2000 – BStBl II S. 584).

Berufliche Veranlassung

Ein Wohnungswechsel ist z. B. beruflich veranlasst,

1. wenn durch ihn eine → erhebliche Verkürzung der Entfernung zwischen Wohnung und Tätigkeitsstätte eintritt und die verbleibende Wegezeit im Berufsverkehr als normal angesehen werden kann (→ BFH vom 6. 11. 1986 – BStBl 1987 II S. 81). Es ist nicht erforderlich, dass der Wohnungswechsel mit einem Wohnortwechsel oder mit einem Arbeitsplatzwechsel verbunden ist,
2. wenn er im ganz überwiegenden betrieblichen Interesse des Arbeitgebers durchgeführt wird, insbesondere beim Beziehen oder Räumen einer Dienstwohnung, die aus betrieblichen Gründen bestimmten Arbeitnehmern vorbehalten ist, um z. B. deren jederzeitige Einsatzmöglichkeit zu gewährleisten (→ BFH vom 28. 4. 1988 – BStBl II S. 777), oder
3. wenn er aus Anlass der erstmaligen Aufnahme einer beruflichen Tätigkeit, des Wechsels des Arbeitgebers oder im Zusammenhang mit einer Versetzung durchgeführt wird oder
4. wenn der eigene Hausstand zur Beendigung einer doppelten Haushaltsführung an den Beschäftigungsort verlegt wird (→ BFH vom 21. 7. 1989 – BStBl II S. 917).

Die privaten Motive für die Auswahl der neuen Wohnung sind grundsätzlich unbeachtlich (→ BFH vom 23. 3. 2001 – BStBl 2002 II S. 56).

Doppelte Haushaltsführung

→ R 9.11

Doppelter Mietaufwand

Wegen eines Umzugs geleistete doppelte Mietzahlungen können beruflich veranlasst und deshalb in voller Höhe als Werbungskosten abziehbar sein. Diese Mietaufwendungen können jedoch nur zeitanteilig, und zwar für die neue Familienwohnung ab dem Kündigungs- bis zum Umzugstag und für die bisherige Wohnung ab dem Umzugstag, längstens bis zum Ablauf der Kündigungsfrist des bisherigen Mietverhältnisses, als Werbungskosten abgezogen werden (→ BFH vom 13. 7. 2011, BStBl 2012 II S. 104).

Eheschließung/Begründung einer Lebenspartnerschaft

Erfolgt ein Umzug aus Anlass einer Eheschließung von getrennten Wohnorten in eine gemeinsame Familienwohnung, so ist die berufliche Veranlassung des Umzugs eines jeden Ehegatten gesondert zu beurteilen (→ BFH vom 23. 3. 2001 – BStBl II S. 585). Entsprechendes gilt für Lebenspartnerschaften (→ § 2 Abs. 8 EStG).

Erhebliche Fahrzeitverkürzung

- Eine erhebliche Verkürzung der Entfernung zwischen Wohnung und Tätigkeitsstätte ist anzunehmen, wenn sich die Dauer der täglichen Hin- und Rückfahrt insgesamt wenigstens zeitweise um mindestens eine Stunde ermäßigt (→ BFH vom 22. 11. 1991 – BStBl 1992 II S. 494 und vom 16. 10. 1992 – BStBl 1993 II S. 610).
- Die Fahrzeitersparnisse beiderseits berufstätiger Ehegatten/Lebenspartner sind weder zusammenzurechnen (→ BFH vom 27. 7. 1995 – BStBl II S. 728) noch zu saldieren (→ BFH vom 21. 2. 2006 – BStBl II S. 598).
- Steht bei einem Umzug eine arbeitstägliche Fahrzeitersparnis von mindestens einer Stunde fest, sind private Gründe (z. B. Gründung eines gemeinsamen Haushalts aus Anlass einer Eheschließung/Begründung einer Lebenspartnerschaft, erhöhter Wohnbedarf wegen Geburt eines Kindes) unbeachtlich (→ BFH vom 23. 3. 2001 – BStBl II S. 585 und BStBl 2002 II S. 56).

Höhe der Umzugskosten

- Zur Höhe der maßgebenden Beträge für umzugsbedingte Unterrichtskosten und sonstige Anhang 8 IV Umzugsauslagen ab 1.3.2014 und 1.3.2015→ BMF vom 6.10.2014 (BStBl I S. 1342).
- Die umzugskostenrechtliche Beschränkung einer Mietausfallentschädigung für den bisherigen Wohnungsvermieter gilt nicht für den Werbungskostenabzug (→ BFH vom 1. 12. 1993 – BStBl 1994 II S. 323).
- Nicht als Werbungskosten abziehbar sind die bei einem Grundstückskauf angefallenen Maklergebühren, auch soweit sie auf die Vermittlung einer vergleichbaren Mietwohnung entfallen würden (→ BFH vom 24. 5. 2000 – BStBl II S. 586) sowie Aufwendungen für die Anschaffung von klimabedingter Kleidung und Wohnungsausstattung i. S. d. §§ 19 und 21 AUV (→ BFH vom 20. 3. 1992 – BStBl 1993 II S. 192 und vom 27. 5. 1994 – BStBl 1995 II S. 17 und vom 12. 4. 2007 – BStBl II S. 536).
- Der Werbungskostenabzug setzt eine Belastung mit Aufwendungen voraus. Das ist bei einem in Anlehnung an § 8 Abs. 3 BUKG ermittelten Mietausfall nicht der Fall. Als entgangene Einnahme erfüllt er nicht den Aufwendungsbegriff (→ BFH vom 19. 4. 2012 – VI R 25/10 –).
- Zur steuerfreien Arbeitgebererstattung → R 9.9 Abs. 3
- Aufwendungen auf Grund der Veräußerung eines Eigenheims anlässlich eines beruflich bedingten Umzugs sind keine Werbungskosten bei den Einkünften aus nichtselbständiger Arbeit (→ BFH vom 24. 5. 2000 – BStBl II S. 476).
- Veräußerungsverluste aus dem Verkauf eines Eigenheims einschließlich zwischenzeitlich angefallener Finanzierungskosten anlässlich eines beruflich bedingten Umzugs sind keine Werbungskosten bei den Einkünften aus nichtselbständiger Arbeit (→ BFH vom 24. 5. 2000 – BStBl II S. 476).
- Bei einem beruflich veranlassten Umzug sind Aufwendungen für die Ausstattung der neuen Wohnung (z. B. Renovierungsmaterial, Gardinen, Rollos, Lampen, Telefonanschluss, Anschaffung und Installation eines Wasserboilers) nicht als Werbungskosten abziehbar (→ BFH vom 17. 12. 2002 – BStBl 2003 II S. 314). Die Berücksichtigung der Pauschale nach § 10 BUKG bleibt unberührt → R 9.9 Abs. 2 Satz 2.

Rückumzug ins Ausland

Der Rückumzug ins Ausland ist bei einem ausländischen Arbeitnehmer, der unbefristet ins Inland versetzt wurde und dessen Familie mit ins Inland umzog und der bei Erreichen der Altersgrenze ins Heimatland zurückzieht, nicht beruflich veranlasst (→ BFH vom 8. 11. 1996 – BStBl 1997 II S. 207); anders bei einer von vornherein befristeten Tätigkeit im Inland (→ BFH vom 4. 12. 1992 – BStBl 1993 II S. 722).

Umzug ins Ausland

Umzugskosten im Zusammenhang mit einer beabsichtigten nichtselbständigen Tätigkeit im Ausland sind bei den inländischen Einkünften nicht als Werbungskosten abziehbar, wenn die Einkünfte aus der beabsichtigten Tätigkeit nicht der deutschen Besteuerung unterliegen (→ BFH vom 20. 9. 2006 – BStBl 2007 II S. 756). Zum Progressionsvorbehalt → H 32b (Zeitweise unbeschränkte Steuerpflicht) EStH.

Vergebliche Umzugskosten

Wird vom Arbeitgeber eine vorgesehene Versetzung rückgängig gemacht, sind die dem Arbeitnehmer durch die Aufgabe seiner Umzugsabsicht entstandenen vergeblichen Aufwendungen als Werbungskosten abziehbar (→ BFH vom 24. 5. 2000, BStBl II S. 584).

Zwischenumzug

Die berufliche Veranlassung eines Umzugs endet regelmäßig mit dem Einzug in die erste Wohnung am neuen Arbeitsort. Die Aufwendungen für die Einlagerung von Möbeln für die Zeit vom Bezug dieser Wohnung bis zur Fertigstellung eines Wohnhauses am oder in der Nähe vom neuen Arbeitsort sind daher keine Werbungskosten (→ BFH vom 21. 9. 2000 – BStBl 2001 II S. 70).

Aufwendungen für Wege zwischen Wohnung und erster Tätigkeitsstätte sowie Fahrten nach § 9 Abs. 1 Satz 3 Nr. 4a Satz 3 EStG

R 9.10
S 2351

Maßgebliche Wohnung

(1) [1]Als Ausgangspunkt für die Wege kommt jede Wohnung des Arbeitnehmers in Betracht, die er regelmäßig zur Übernachtung nutzt und von der aus er seine erste Tätigkeitsstätte aufsucht. [2]Als Wohnung ist z. B. auch ein möbliertes Zimmer, eine Schiffskajüte, ein Gartenhaus, ein auf eine gewisse Dauer abgestellter Wohnwagen oder ein Schlafplatz in einer Massenunterkunft anzusehen. [3]Hat ein Arbeitnehmer mehrere Wohnungen, können Wege von und zu der von der ersten Tätigkeitsstätte weiter entfernt liegenden Wohnung nach § 9 Abs. 1 Satz 3 Nr. 4 Satz 6 EStG nur dann berücksichtigt werden, wenn sich dort der Mittelpunkt der Lebensinteressen des Arbeitnehmers befindet und sie nicht nur gelegentlich aufgesucht wird. [4]Der Mittelpunkt der Lebensinteressen befindet sich bei einem verheirateten Arbeitnehmer[1]) regelmäßig am tatsächlichen Wohnort seiner Familie. [5]Die Wohnung kann aber nur dann ohne nähere Prüfung berücksichtigt werden, wenn sie der Arbeitnehmer mindestens sechsmal im Kalenderjahr aufsucht. [6]Bei anderen Arbeitnehmern befindet sich der Mittelpunkt der Lebensinteressen an dem Wohnort, zu dem die engeren persönlichen Beziehungen bestehen. [7]Die persönlichen Beziehungen können ihren Ausdruck besonders in Bindungen an Personen, z. B. Eltern, Verlobte, Freundes- und Bekanntenkreis, finden, aber auch in Vereinszugehörigkeiten und anderen Aktivitäten. [8]Sucht der Arbeitnehmer diese Wohnung im Durchschnitt mindestens zweimal monatlich auf, ist davon auszugehen, dass sich dort der Mittelpunkt seiner Lebensinteressen befindet. [9]Die Sätze 4 bis 8 gelten unabhängig davon, ob sich der Lebensmittelpunkt im Inland oder im Ausland befindet.

Fahrten mit einem zur Nutzung überlassenen Kraftfahrzeug

(2) [1]Ein Kraftfahrzeug ist dem Arbeitnehmer zur Nutzung überlassen, wenn es dem Arbeitnehmer vom Arbeitgeber unentgeltlich oder teilentgeltlich überlassen worden ist (→ R 8.1 Abs. 9) ist oder wenn es der Arbeitnehmer von dritter Seite geliehen, gemietet oder geleast hat. [2]Wird ein Kraftfahrzeug von einer anderen Person als dem Arbeitnehmer, dem das Kraftfahrzeug von seinem Arbeitgeber zur Nutzung überlassen ist, für Wege zwischen Wohnung und erster Tätigkeitsstätte benutzt, kann die andere Person die Entfernungspauschale nach § 9 Abs. 1 Satz 3 Nr. 4 EStG geltend machen; Entsprechendes gilt für den Arbeitnehmer, dem das Kraftfahrzeug von seinem Arbeitgeber überlassen worden ist, für Wege zwischen Wohnung und erster Tätigkeitsstätte im Rahmen eines anderen Dienstverhältnisses.

Behinderte Menschen i. S. d. § 9 Abs. 2 Satz 3 EStG

(3) [1]Ohne Einzelnachweis der tatsächlichen Aufwendungen können die Fahrtkosten nach den Regelungen in § 9 Abs. 1 Satz 3 Nr. 4a Satz 2 EStG angesetzt werden. [2]Wird ein behinderter Arbeitnehmer im eigenen oder ihm zur Nutzung überlassenen Kraftfahrzeug arbeitstäglich von einem Dritten, z. B. dem Ehegatten, zu seiner ersten Tätigkeitsstätte gefahren und wieder abgeholt, können auch die Kraftfahrzeugkosten, die durch die Ab- und Anfahrten des Fahrers – die sogenannten Leerfahrten – entstehen, in tatsächlicher Höhe oder in sinngemäßer Anwendung von § 9 Abs. 1 Satz 3 Nr. 4a Satz 2 EStG als Werbungskosten abgezogen werden. [3]Für den Nach-

1) Bei Lebenspartnern gilt Entsprechendes → § 2 Abs. 8 EStG.

weis der Voraussetzungen des § 9 Abs. 2 Satz 3 EStG ist § 65 EStDV[1]) entsprechend anzuwenden. [4]Für die Anerkennung der tatsächlichen Aufwendungen oder der Kilometersätze aus § 9 Abs. 1 Satz 3 Nr. 4a Satz 2 EStG und für die Berücksichtigung von Leerfahrten ist bei rückwirkender Festsetzung oder Änderung des Grads der Behinderung das Gültigkeitsdatum des entsprechenden Nachweises maßgebend.

Sammelpunkt oder weiträumiges Tätigkeitsgebiet i. S. d. § 9 Abs. 1 Satz 3 Nr. 4a Satz 3 EStG

(4) Die Absätze 1 bis 3 gelten bei Fahrten nach § 9 Abs. 1 Satz 3 Nr. 4a Satz 3 EStG entsprechend.

H 9.10

Hinweise

Allgemeine Grundsätze

Anhang 18 → BMF vom 31.10.2013 (BStBl I S. 1376)

Anrechnung von Arbeitgebererstattungen auf die Entfernungspauschale

Anhang 18 → BMF vom 31.10.2013 (BStBl I S. 1376), Tz. 1.9

Behinderte Menschen

Anhang 18
- → BMF vom 31.10.2013 (BStBl I S. 1376), Tz. 3
- Auch bei behinderten Arbeitnehmern mit Behinderung darf grundsätzlich nur eine Hin- und Rückfahrt arbeitstäglich, gegebenenfalls zusätzlich eine Rück- und Hinfahrt als Leerfahrt, berücksichtigt werden (→ BFH vom 2. 4. 1976 – BStBl II S. 452).
- Zur Ermittlung der Absetzungen für Abnutzung sind die Anschaffungskosten um Zuschüsse nach der Kraftfahrzeughilfe-Verordnung zu mindern (→ BFH vom 14.6.2012 – BStBl II S. 835).
- Wird bei einem behinderten Menschen der Grad der Behinderung herabgesetzt und liegen die Voraussetzungen des § 9 Abs. 2 Satz 3 EStG nach der Herabsetzung nicht mehr vor, ist dies ab dem im Bescheid genannten Zeitpunkt zu berücksichtigen. Aufwendungen für Wege zwischen Wohnung und erster Tätigkeitsstätte sowie für Fahrten nach § 9 Abs. 1 Satz 3 Nr. 4a Satz 3 EStG können daher ab diesem Zeitpunkt nicht mehr nach § 9 Abs. 2 Satz 3 EStG bemessen werden (→ BFH vom 11.3.2014 – BStBl II S. 525).

Benutzung verschiedener Verkehrsmittel

Anhang 18 → BMF vom 31.10.2013 (BStBl I S. 1376), Tz. 1.6

Dienstliche Verrichtungen auf der Fahrt

Eine Fahrt zwischen Wohnung und erster Tätigkeitsstätte liegt auch vor, wenn diese gleichzeitig zu dienstlichen Verrichtungen für den Arbeitgeber genutzt wird, z. B. Abholen der Post, sich dabei aber der Charakter der Fahrt nicht wesentlich ändert und allenfalls ein geringer Umweg erforderlich wird; die erforderliche Umwegstrecke ist als Auswärtstätigkeit zu werten (→ BFH vom 12. 10. 1990 – BStBl 1991 II S. 134).

Fahrgemeinschaften

Anhang 18 → BMF vom 31.10.2013 (BStBl I S. 1376), Tz. 1.5

Fahrtkosten

- **bei Antritt einer Auswärtstätigkeit von der ersten Tätigkeitsstätte**

  Hat der Arbeitnehmer eine erste Tätigkeitsstätte, ist die Entfernungspauschale ist auch dann anzusetzen, wenn der Arbeitnehmer seine erste Tätigkeitsstätte nur deshalb aufsucht, um von dort eine Auswärtstätigkeit anzutreten oder Aufträge entgegenzunehmen, Bericht zu erstatten oder ähnliche Reisefolgetätigkeiten auszuüben (→ BFH vom 18. 1. 1991 – BStBl II S. 408 und vom 2. 2. 1994 – BStBl II S. 422).
- **bei einfacher Fahrt**

  Wird das Kraftfahrzeug lediglich für eine Hin- oder Rückfahrt benutzt, z. B. wenn sich an die Hinfahrt eine Auswärtstätigkeit anschließt, die an der Wohnung des Arbeitnehmers endet, so ist die Entfernungspauschale nur zur Hälfte anzusetzen (→ BFH vom 26. 7. 1978 – BStBl II

---

1) Abgedruckt bei § 33b EStG.

S. 661). Dasselbe gilt, wenn Hin- und Rückfahrt sich auf unterschiedliche Wohnungen beziehen (→ BFH vom 9. 12. 1988 – BStBl 1989 II S. 296).

- **bei mehreren** ersten Tätigkeitsstätten

  Zum Ansatz der Entfernungspauschale bei mehreren ersten Tätigkeitsstätten in **mehreren Dienstverhältnissen** (→ BMF vom 31.10.2013 (BStBl I S. 1376), Tz. 1.8). Anhang 18
- **bei Nutzung unterschiedlicher Verkehrsmittel**

  → BMF vom 31.10.2013 (BStBl I S. 1376), Tz. 1.6 Anhang 18
- **zu einem bestimmten Sammelpunkt**

  → § 9 Abs. 1 Satz 3 Nr. 4a Satz 3 EStG und BMF vom 24.10.2014 (BStBl I S. 1412), Rz. 37 ff. Anhang 38
- **zu einem weiträumigen Tätigkeitsgebiet**

  → § 9 Abs. 1 Satz 3 Nr. 4a Satz 3 EStG und BMF vom 24.10.2014 (BStBl I S. 1412), Rz. 40 ff.

Fahrtstrecke zwischen Wohnung und Arbeitsstätte bei Kfz-Gestellung durch den Arbeitgeber

Anhang 38

(Verfügung der OFD Hannover vom 27. 6. 2006 – S 2351 A – 14 – St 211 –)

Zu der Frage, ob Arbeitnehmer, die ein betriebliches Kfz ihres Arbeitgebers auch für Fahrten zwischen Wohnung und Arbeitsstätte benutzen, bei den Werbungskosten eine größere Entfernung ansetzen dürfen als bei der Versteuerung des Sachbezugs, wird Folgendes klargestellt:

Der Arbeitnehmer kann der Berechnung der Werbungskosten eine größere Entfernung zu Grunde legen als der Arbeitgeber bei der Bewertung des Sachbezugs „Kfz-Gestellung für Fahrten zwischen Wohnung und Arbeitsstätte" nach der pauschalen Bewertungsmethode des § 8 Abs. 2 Satz 3 EStG (0,03-%-Regelung).

Für die Bewertung des Sachbezugs nach § 8 Abs. 2 Satz 3 EStG ist die kürzeste benutzbare Straßenverbindung maßgebend (H 31 „Fahrten zwischen Wohnung und Arbeitsstätte bei pauschaler Nutzungswertermittlung" LStH 2006[1])). Dagegen kann dem Werbungskostenabzug nach § 9 Abs. 1 Satz 3 Nr. 4 Satz 4 EStG eine andere (längere) Verbindung zu Grunde gelegt werden, wenn sie offensichtlich verkehrsgünstiger ist und vom Arbeitnehmer regelmäßig für Wege zwischen Wohnung und Arbeitsstätte benutzt wird (BMF vom 11. 12. 2001, IV C 5 – S 2351 – 300/01, BStBl 2001 I S. 994, Tz. I.4).[2])

Flugstrecken

1. Der Umstand, dass der Gesetzgeber Flugstrecken nicht in die Entfernungspauschale einbezogen hat, begegnet keinen verfassungsrechtlichen Bedenken.
2. Mit dem Abzug der tatsächlichen Flugkosten wahrt der Gesetzgeber das objektive Nettoprinzip in besonderer Weise und trägt folgerichtig dem Gebot der Besteuerung nach der finanziellen Leistungsfähigkeit Rechnung.
3. Soweit die Entfernungspauschale als entfernungsabhängige Subvention und damit als Lenkungsnorm wirkt, ist es gleichheitsrechtlich nicht zu beanstanden, wenn der Gesetzgeber aus verkehrs- und umweltpolitischen Motiven Flugstrecken nicht in die Entfernungspauschale einbezogen hat.
4. Mit dem Abzug der tatsächlichen Flugkosten gemäß § 9 Abs. 1 Satz 3 Nr. 5 Satz 5 i. V. m. § 9 Abs. 1 Satz 3 Nr. 4 Satz 3 EStG verstößt der Gesetzgeber nicht wegen eines normativen Vollzugsdefizits gegen den allgemeinen Gleichheitssatz.

→ BFH vom 26. 3. 2009 – VI R 42/07 –

Leasingsonderzahlung

Durch die Entfernungspauschale wird auch eine Leasingsonderzahlung abgegolten (→ BFH vom 15. 4. 2010 – BStBl II S. 805).

Leerfahrten

Wird ein Arbeitnehmer im eigenen Kraftfahrzeug von einem Dritten zu seiner ersten Tätigkeitsstätte gefahren oder wieder abgeholt, so sind die sogenannten Leerfahrten selbst dann nicht zu berücksichtigen, wenn die Fahrten wegen schlechter öffentlicher Verkehrsverhältnisse erforderlich sind (→ BFH vom 7. 4. 1989 – BStBl II S. 925).

1) Jetzt H 8.1 (9–10).
2) BMF vom 31.10.2013 (BStBl I S. 1376) Tz. 1.4 → Anhang 18.

Mehrere Dienstverhältnisse

Anhang 18 → BMF vom 31.10.2013 (BStBl I S. 1376), Tz. 1.8

Mehrere Wege an einem Arbeitstag

- → BMF vom 31.10.2013 (BStBl I S. 1376), Tz. 1.7

Anhang 18
- Die Abgeltungswirkung der Entfernungspauschale greift auch dann ein, wenn wegen atypischer Dienstzeiten Wege zwischen Wohnung und erster Tätigkeitsstätte zweimal arbeitstäglich erfolgen (→ BFH vom 11. 9. 2003 – BStBl II S. 893).

Parkgebühren

Anhang 18 → BMF vom 31.10.2013 (BStBl I S. 1376), Tz. 4

Park and ride

Anhang 18 → BMF vom 31.10.2013 (BStBl I S. 1376), Tz. 1.6

Umwegfahrten

→ Dienstliche Verrichtungen auf der Fahrt
→ Fahrgemeinschaften

Unfallschäden

Neben der Entfernungspauschale können nur Aufwendungen berücksichtigt werden für die Beseitigung von Unfallschäden bei einem Verkehrsunfall

- auf der Fahrt zwischen Wohnung und erster Tätigkeitsstätte (→ BFH vom 23. 6. 1978 – BStBl II S. 457 und vom 14. 7. 1978 – BStBl II S. 595),
- auf einer Umwegfahrt zum Betanken des Fahrzeugs (→ BFH vom 11. 10. 1984 – BStBl 1985 II S. 10),
- unter einschränkenden Voraussetzungen auf einer Leerfahrt des Ehegatten/Lebenspartners zwischen der Wohnung und der Haltestelle eines öffentlichen Verkehrsmittels oder auf der Abholfahrt des Ehegatten/Lebenspartners (→ BFH vom 26. 6. 1987 – BStBl II S. 818 und vom 11. 2. 1993 – BStBl II S. 518),
- auf einer Umwegstrecke zur Abholung der Mitfahrer einer Fahrgemeinschaft unabhängig von der Gestaltung der Fahrgemeinschaft (→ BFH vom 11. 7. 1980 – BStBl II S. 655).

Nicht berücksichtigt werden können die Folgen von Verkehrsunfällen

- auf der Fahrt unter Alkoholeinfluss (→ BFH vom 6. 4. 1984 – BStBl II S. 434),
- auf einer Probefahrt (→ BFH vom 23. 6. 1978 – BStBl II S. 457),
- auf einer Fahrt, die nicht von der Wohnung aus angetreten oder an der Wohnung beendet wird (→ BFH vom 25. 3. 1988 – BStBl II S. 706),
- auf einer Umwegstrecke, wenn diese aus privaten Gründen befahren wird, z. B. zum Einkauf von Lebensmitteln oder um ein Kleinkind unmittelbar vor Arbeitsbeginn in den Hort zu bringen (→ BFH vom 13. 3. 1996 – BStBl II S. 375).

Zu den **berücksichtigungsfähigen Unfallkosten** gehören auch Schadensersatzleistungen, die der Arbeitnehmer unter Verzicht auf die Inanspruchnahme seiner gesetzlichen Haftpflichtversicherung selbst getragen hat.

Nicht berücksichtigungsfähig sind dagegen

- die in den Folgejahren erhöhten Beiträge für die Haftpflicht- und Fahrzeugversicherung, wenn die Schadensersatzleistungen von dem Versicherungsunternehmen erbracht worden sind (→ BFH vom 11. 7. 1986 – BStBl II S. 866),
- Finanzierungskosten, und zwar auch dann, wenn die Kreditfinanzierung des Fahrzeugs wegen Verlusts eines anderen Kraftfahrzeugs auf einer Fahrt von der Wohnung zur ersten Tätigkeitsstätte erforderlich geworden ist (→ BFH vom 1. 10. 1982 – BStBl 1983 II S. 17),
- der so genannte merkantile Minderwert eines reparierten und weiterhin benutzten Fahrzeugs (→ BFH vom 31. 1. 1992 – BStBl II S. 401).
- Reparaturaufwendungen infolge der Falschbetankung eines Kraftfahrzeugs auf der Fahrt zwischen Wohnung und erster Tätigkeitsstätte sowie auf Fahrten nach § 9 Abs. 1 Satz 3 Nr. 4a Satz 3 EStG (→ BFH vom 20.3.2014 – BStBl II S. 849).

Lässt der Arbeitnehmer das unfallbeschädigte Fahrzeug nicht reparieren, kann die Wertminderung durch Absetzungen für außergewöhnliche Abnutzung (§ 7 Abs. 1 letzter Satz i. V. m. § 9 Abs. 1 Satz 3 Nr. 7 EStG) berücksichtigt werden (→ BFH vom 21.8.2012 – BStBl 2013 II S. 171);

Absetzungen sind ausgeschlossen, wenn die gewöhnliche Nutzungsdauer des Fahrzeugs bereits abgelaufen ist (→ BFH vom 21.8.2012 – BStBl 2013 II S. 171).

→ H 9.12 (Absetzung für Abnutzung).

Soweit die unfallbedingte Wertminderung durch eine Reparatur behoben worden ist, sind nur die tatsächlichen Reparaturkosten zu berücksichtigen (→ BFH vom 27. 8. 1993 – BStBl 1994 II S. 235).

Verkehrsgünstigere Strecke

- → BMF vom 31.10.2013 (BStBl I S. 1376), Tz. 1.4 Anhang 18
- Für die Entfernungspauschale ist die kürzeste Straßenverbindung auch dann maßgeblich, wenn diese mautpflichtig ist oder mit dem vom Arbeitnehmer verwendeten Verkehrsmittel straßenverkehrsrechtlich nicht benutzt werden darf (→ BFH vom 24.9.2013 – BStBl 2014 II S. 259).

Wohnung

- Ein Hotelzimmer oder eine fremde Wohnung, in denen der Arbeitnehmer nur kurzfristig aus privaten Gründen übernachtet, ist nicht Wohnung i. S. d. § 9 Abs. 1 EStG (→ BFH vom 25. 3. 1988 – BStBl II S. 706).
- Der Mittelpunkt der Lebensinteressen befindet sich bei einem verheirateten Arbeitnehmer regelmäßig am tatsächlichen Wohnort seiner Familie (→ BFH vom 10. 11. 1978 – BStBl 1979 II S. 219 und vom 3. 10. 1985 – BStBl 1986 II S. 95).
- Aufwendungen für Wege zwischen der ersten Tätigkeitsstätte und der Wohnung, die den örtlichen Mittelpunkt der Lebensinteressen des Arbeitnehmers darstellt, sind auch dann als Werbungskosten i. S. d. § 9 Abs. 1 Satz 3 Nr. 4 EStG zu berücksichtigen, wenn die Fahrt an der näher zur ersten Tätigkeitsstätte liegenden Wohnung unterbrochen wird (→ BFH vom 20. 12. 1991 – BStBl 1992 II S. 306).
- Ob ein Arbeitnehmer seine weiter entfernt liegende Familienwohnung nicht nur gelegentlich aufsucht, ist anhand einer Gesamtwürdigung zu beurteilen. Fünf Fahrten im Kalenderjahr können bei entsprechenden Umständen ausreichend sein (→ BFH vom 26. 11. 2003 – BStBl 2004 II S. 233; → R 9.10 Abs. 1 Satz 5).

Mehraufwendungen bei doppelter Haushaltsführung R 9.11

Doppelte Haushaltsführung **R 9.11 (1)**

(1) [1]Eine doppelte Haushaltsführung liegt nur dann vor, wenn der Arbeitnehmer außerhalb des Ortes, seiner ersten Tätigkeitsstätte einen eigenen Hausstand unterhält und auch am Ort der ersten Tätigkeitsstätte wohnt; die Anzahl der Übernachtungen ist dabei unerheblich. [2]Eine doppelte Haushaltsführung liegt nicht vor, solange die auswärtige Beschäftigung nach R 9.4 Abs. 2 als Auswärtstätigkeit anzuerkennen ist. S 2352

Berufliche Veranlassung **R 9.11 (2)**

(2) [1]Das Beziehen einer Zweitwohnung ist regelmäßig bei einem Wechsel des Beschäftigungsorts auf Grund einer Versetzung, des Wechsels oder der erstmaligen Begründung eines Dienstverhältnisses beruflich veranlasst. [2]Beziehen beiderseits berufstätige Ehegatten am gemeinsamen Beschäftigungsort eine gemeinsame Zweitwohnung, liegt ebenfalls eine berufliche Veranlassung vor. [3]Auch die Mitnahme des nicht berufstätigen Ehegatten an den Beschäftigungsort steht der beruflichen Veranlassung einer doppelten Haushaltsführung nicht entgegen. [4]Bei Zuzug aus dem Ausland kann das Beziehen einer Zweitwohnung auch dann beruflich veranlasst sein, wenn der Arbeitnehmer politisches Asyl beantragt oder erhält. [5]Eine aus beruflichem Anlass begründete doppelte Haushaltsführung liegt auch dann vor, wenn ein Arbeitnehmer seinen Haupthausstand aus privaten Gründen vom Beschäftigungsort wegverlegt und er darauf in einer Wohnung am Beschäftigungsort einen Zweithaushalt begründet, um von dort seiner Beschäftigung weiter nachgehen zu können. [6]In den Fällen, in denen bereits zum Zeitpunkt der Wegverlegung des Lebensmittelpunktes vom Beschäftigungsort ein Rückumzug an den Beschäftigungsort geplant ist oder feststeht, handelt es sich hingegen nicht um eine doppelte Haushaltsführung i. S. d. § 9 Abs. 1 Satz 3 Nr. 5 EStG.

R 9.11 (3) **Eigener Hausstand**

(3) [1]Ein eigener Hausstand setzt eine eingerichtete, den Lebensbedürfnissen entsprechende Wohnung des Arbeitnehmers sowie die finanzielle Beteiligung an den Kosten der Lebensführung (laufende Kosten der Haushaltsführung) voraus. [2]In dieser Wohnung muss der Arbeitnehmer einen Haushalt unterhalten, das heißt, er muss die Haushaltsführung bestimmen oder wesentlich mitbestimmen. [3]Es ist nicht erforderlich, dass in der Wohnung am Ort des eigenen Hausstands hauswirtschaftliches Leben herrscht, z. B. wenn der Arbeitnehmer seinen nicht berufstätigen Ehegatten an den auswärtigen Beschäftigungsort mitnimmt oder der Arbeitnehmer nicht verheiratet ist. [4]Die Wohnung muss außerdem der auf Dauer angelegte Mittelpunkt der Lebensinteressen des Arbeitnehmers sein [5]Bei größerer Entfernung zwischen dieser Wohnung und der Zweitwohnung, insbesondere bei einer Wohnung im Ausland, reicht bereits eine Heimfahrt im Kalenderjahr aus, um diese als Lebensmittelpunkt anzuerkennen, wenn in der Wohnung auch bei Abwesenheit des Arbeitnehmers hauswirtschaftliches Leben herrscht, an dem sich der Arbeitnehmer sowohl durch persönliche Mitwirkung als auch finanziell maßgeblich beteiligt. [6]Bei Arbeitnehmern mit einer Wohnung in weit entfernt liegenden Ländern, z. B. Australien, Indien, Japan, Korea, Philippinen, gilt Satz 5 mit der Maßgabe, dass innerhalb von zwei Jahren mindestens eine Heimfahrt unternommen wird.

R 9.11 (4) **Ort der Zweitwohnung**

(4) Eine Zweitwohnung in der Nähe des Beschäftigungsorts steht einer Zweitwohnung am Beschäftigungsort gleich.

H 9.11 (1 – 4)

Hinweise

Beibehaltung der Wohnung

- Ist der doppelte Haushalt beruflich begründet worden, ist es unerheblich, ob in der Folgezeit auch die Beibehaltung beider Wohnungen beruflich veranlasst ist (→ BFH vom 30. 9. 1988 – BStBl 1989 II S. 103) oder ob der gemeinsame Wohnsitz beiderseits berufstätiger Ehegatten/Lebenspartner über die Jahre gleich bleibt oder verändert wird (→ BFH vom 30. 10. 2008 – BStBl 2009 II S. 153).
- Nach einer mehrmonatigen Beurlaubung kann in der alten Wohnung am früheren Beschäftigungsort auch erneut eine doppelte Haushaltsführung begründet werden (→ BFH vom 8. 7. 2010 – BStBl 2011 II S. 47).

Berufliche Veranlassung

- Anhang 38 → R 9.11 Abs. 2 und BMF vom 24.10.2014 (BStBl I S. 1412), Rz. 101.
- Eine beruflich begründete doppelte Haushaltsführung liegt vor, wenn aus beruflicher Veranlassung in einer Wohnung am Beschäftigungsort ein zweiter (doppelter) Haushalt zum Hausstand des Stpfl. hinzutritt. Der Haushalt in der Wohnung am Beschäftigungsort ist beruflich veranlasst, wenn ihn der Stpfl. nutzt, um seinen Arbeitsplatz von dort aus erreichen zu können (→ BFH vom 5. 3. 2009 – BStBl II S. 1012 und 1016).
- Eine aus beruflichem Anlass begründete doppelte Haushaltsführung kann auch dann vorliegen, wenn ein Stpfl. seinen Haupthausstand aus privaten Gründen vom Beschäftigungsort wegverlegt und er darauf in einer Wohnung am Beschäftigungsort einen Zweithaushalt begründet, um von dort seiner bisherigen Beschäftigung weiter nachgehen zu können (→ BFH vom 5. 3. 2009 – BStBl II S. 1012 und 1016).
- Der berufliche Veranlassungszusammenhang einer doppelten Haushaltsführung wird nicht allein dadurch beendet, dass ein Arbeitnehmer seinen Familienhausstand innerhalb desselben Ortes verlegt (→ BFH vom 4. 4. 2006 – BStBl II S. 714).
- Erneute doppelte Haushaltsführung am früheren Beschäftigungsort bedingt keinen Wohnungswechsel
  1. Wurde eine doppelte Haushaltsführung beendet, kann sie am früheren Beschäftigungsort auch in der dazu schon früher genutzten Wohnung erneut begründet werden.
  2. Eine doppelte Haushaltsführung ist regelmäßig dann beendet, wenn der Haushalt in der Wohnung am Beschäftigungsort nicht mehr geführt wird. (→ BFH vom 8. 6. 2010 – BStBl II 2011 S. 47)
- → Verlegung des Familienwohnsitzes

Beschäftigung am Hauptwohnsitz

Aufwendungen eines Arbeitnehmers für eine Zweitwohnung an einem auswärtigen Beschäftigungsort sind auch dann wegen doppelter Haushaltsführung als Werbungskosten abziehbar, wenn der Arbeitnehmer zugleich am Ort seines Hausstandes beschäftigt ist (→ BFH vom 24. 5. 2007 – BStBl II S. 609).

Ehegatten/Lebenspartner

Bei verheirateten Arbeitnehmern kann für jeden Ehegatten eine doppelte Haushaltsführung beruflich veranlasst sein, wenn die Ehegatten außerhalb des Ortes ihres gemeinsamen Hausstands an verschiedenen Orten beschäftigt sind und am jeweiligen Beschäftigungsort eine Zweitwohnung beziehen (→ BFH vom 6. 10. 1994 – BStBl 1995 II S. 184). Entsprechendes gilt für Lebenspartnerschaften (§ 2 Abs. 8 EStG).

Eheschließung/Begründung einer Lebenspartnerschaft

Eine beruflich veranlasste Aufteilung einer Haushaltsführung liegt auch in den Fällen vor, in denen der eigene Hausstand nach der Eheschließung am Beschäftigungsort des ebenfalls berufstätigen Ehegatten begründet (→ BFH vom 6. 9. 1977 – BStBl 1978 II S. 32, vom 20. 3. 1980 – BStBl II S. 455 und vom 4. 10. 1989 – BStBl 1990 II S. 321) oder wegen der Aufnahme einer Berufstätigkeit des Ehegatten an dessen Beschäftigungsort verlegt und am Beschäftigungsort eine Zweitwohnung des Arbeitnehmers begründet worden ist (→ BFH vom 2. 10. 1987 – BStBl II S. 852). Entsprechendes gilt für Lebenspartnerschaften (§ 2 Abs. 8 EStG).

Eigener Hausstand

- Die Wohnung muss grundsätzlich aus eigenem Recht, z. B. als Eigentümer oder als Mieter genutzt werden, wobei auch ein gemeinsames oder abgeleitetes Nutzungsrecht ausreichen kann (→ BFH vom 5. 10. 1994 – BStBl 1995 II S. 180 und BMF vom 24.10.2014 – BStBl I S. 1412, Rz. 100). Ein eigener Hausstand wird auch anerkannt, wenn die Wohnung zwar allein vom Lebensgefährten des Arbeitnehmers angemietet wurde, dieser sich aber mit Duldung seines Lebensgefährten dauerhaft dort aufhält und sich finanziell in einem Umfang an der Haushaltsführung beteiligt, dass daraus auf eine gemeinsame Haushaltsführung geschlossen werden kann (→ BFH vom 12. 9. 2000 – BStBl 2001 II S. 29). Anhang 38
- Bei einem alleinstehenden Arbeitnehmer ist zu prüfen, ob er einen eigenen Hausstand unterhält oder in einen fremden Haushalt eingegliedert ist; er muss sich an den Kosten auch finanziell beteiligen (→ BMF vom 24.10.2014 – BStBl I S. 1412, Rz. 100). Anhang 38
- Ein eigener Hausstand liegt nicht vor bei Arbeitnehmern, die – wenn auch gegen Kostenbeteiligung – in den Haushalt der Eltern eingegliedert sind oder in der Wohnung der Eltern lediglich ein Zimmer bewohnen (→ BFH vom 5. 10. 1994 – BStBl 1995 II S. 180).
- Ein Vorbehaltsnießbrauch zu Gunsten der Eltern an einem Zweifamilienhaus eines unverheirateten Arbeitnehmers schließt nicht aus, dass dieser dort einen eigenen Hausstand als Voraussetzung für eine doppelte Haushaltsführung unterhält, wenn gesichert ist, dass er die Wohnung nicht nur vorübergehend nutzen kann; bei dieser Prüfung kommt es auf den Fremdvergleich nicht an (→ BFH vom 4. 11. 2003 – BStBl 2004 II S. 16).
- Unterhält ein unverheirateter Arbeitnehmer am Ort des Lebensmittelpunkts seinen Haupthausstand, so kommt es für das Vorliegen einer doppelten Haushaltsführung nicht darauf an, ob die ihm dort zur ausschließlichen Nutzung zur Verfügung stehenden Räumlichkeiten den bewertungsrechtlichen Anforderungen an eine Wohnung gerecht werden (→ BFH vom 14. 10. 2004 – BStBl 2005 II S. 98).

Mittelpunkt der Lebensinteressen

Ob die außerhalb des Beschäftigungsortes belegene Wohnung des Arbeitnehmers als Mittelpunkt seiner Lebensinteressen anzusehen ist und deshalb seinen Hausstand darstellt, ist anhand einer Gesamtwürdigung aller Umstände des Einzelfalls festzustellen (→ BFH vom 8.10.2014 – BStBl 2015 II S. 511 zu beiderseits berufstätigen Lebensgefährten).

Nutzung der Zweitwohnung

Es ist unerheblich, wie oft der Arbeitnehmer tatsächlich in der Zweitwohnung übernachtet (→ BFH vom 9. 6. 1988 – BStBl II S. 990).

Private Veranlassung

→ R 9.11 Abs. 2 Satz 6

Zeitlicher Zusammenhang

Es ist gleichgültig, ob die → Zweitwohnung in zeitlichem Zusammenhang mit dem Wechsel des Beschäftigungsorts, nachträglich (→ BFH vom 9. 3. 1979 – BStBl II S. 520) oder im Rahmen eines Umzugs aus einer privat begründeten → Zweitwohnung (→ BFH vom 26. 8. 1988 – BStBl 1989 II S. 89) bezogen worden ist.

Zweitwohnung am Beschäftigungsort

- Als Zweitwohnung am Beschäftigungsort kommt jede dem Arbeitnehmer entgeltlich oder unentgeltlich zur Verfügung stehende Unterkunft in Betracht, z. B. auch eine Eigentumswohnung, ein möbliertes Zimmer, ein Hotelzimmer, eine Gemeinschaftsunterkunft, in dem der Arbeitnehmer übernachten kann (→ BFH vom 3. 10. 1985 – BStBl 1986 II S. 369) oder bei Soldaten die Unterkunft in der Kaserne (→ BFH vom 20. 12. 1982 – BStBl 1983 II S. 269).
- Eine Wohnung dient dem Wohnen am Beschäftigungsort, wenn sie dem Arbeitnehmer ungeachtet von Gemeinde- oder Landesgrenzen ermöglicht, seine Arbeitsstätte täglich aufzusuchen (→ BFH vom 19. 4. 2012 – BStBl II S. 833 – VI R 59/11 –).

Anhang 38
- → BMF vom 24.10.2014 (BStBl I S. 1412), Rz. 101.

R 9.11 (5)

Notwendige Mehraufwendungen

(5) [1]Als notwendige Mehraufwendungen wegen einer doppelten Haushaltsführung kommen in Betracht:

1. die Fahrtkosten aus Anlass der Wohnungswechsel zu Beginn und am Ende der doppelten Haushaltsführung sowie für wöchentliche Heimfahrten an den Ort des eigenen Hausstands (→ Absatz 6) oder Aufwendungen für wöchentliche Familien-Ferngespräche,
2. Verpflegungsmehraufwendungen (→ Absatz 7),
3. Aufwendungen für die Zweitwohnung (→ Absatz 8) und
4. Umzugskosten (→ Absatz 9).

[2]Führt der Arbeitnehmer mehr als eine Heimfahrt wöchentlich durch, kann er wählen, ob er die nach Satz 1 in Betracht kommenden Mehraufwendungen wegen doppelter Haushaltsführung oder die Fahrtkosten nach R 9.10 geltend machen will. [3]Der Arbeitnehmer kann das Wahlrecht bei derselben doppelten Haushaltsführung für jedes Kalenderjahr nur einmal ausüben. [4]Hat der Arbeitgeber die Zweitwohnung unentgeltlich oder teilentgeltlich zur Verfügung gestellt, sind die abziehbaren Fahrtkosten um diesen Sachbezug mit dem nach R 8.1 Abs. 5 und 6 maßgebenden Wert zu kürzen.

R 9.11 (6)

Notwendige Fahrtkosten

(6) [1]Als notwendige Fahrtkosten sind anzuerkennen

1. die tatsächlichen Aufwendungen für die Fahrten anlässlich der Wohnungswechsel zu Beginn und am Ende der doppelten Haushaltsführung. [2]Für die Ermittlung der Fahrtkosten ist § 9 Abs. 1 Satz 3 Nr. 4a Satz 1 und 2 EStG, R 9.5 Abs. 1 anzuwenden; zusätzlich können etwaige Nebenkosten nach Maßgabe von R 9.8 berücksichtigt werden,
2. die Entfernungspauschale nach § 9 Abs. 1 Satz 3 Nr. 5 Satz 6 EStG für jeweils eine tatsächlich durchgeführte Heimfahrt wöchentlich. [2]Aufwendungen für Fahrten mit einem im Rahmen des Dienstverhältnisses zur Nutzung überlassenen Kraftfahrzeug können nicht angesetzt werden (→ Absatz 10 Satz 7 Nr. 1).

R 9.11 (7)

Notwendige Verpflegungsmehraufwendungen

(7) [1]Die dem Arbeitnehmer im Rahmen einer doppelten Haushaltsführung tatsächlich entstandenen, beruflich veranlassten Mehraufwendungen für Verpflegung sind unter den Voraussetzungen des § 9 Abs. 4a Satz 12 und 13 EStG mit den dort genannten Pauschbeträgen anzusetzen. [2]Ist der Tätigkeit am Beschäftigungsort eine Auswärtstätigkeit an diesen Beschäftigungsort unmittelbar vorausgegangen, ist deren Dauer auf die Dreimonatsfrist anzurechnen (→ § 9 Abs. 4a Satz 13 EStG). [3]Verlegt der Arbeitnehmer seinen Lebensmittelpunkt i. S. d. Absatzes 3 aus privaten Gründen (→ Absatz 2 Satz 5) vom Beschäftigungsort weg und begründet in seiner bisherigen Wohnung oder einer anderen Unterkunft am Beschäftigungsort einen Zweithaushalt, um von dort seiner Beschäftigung weiter nachgehen zu können, liegen notwendige Verpflegungsmehraufwendungen nur vor, wenn und soweit der Arbeitnehmer am Beschäftigungsort zuvor nicht bereits drei Monate gewohnt hat; die Dauer eines unmittelbar der Begründung des Zweithaus-

halts am Beschäftigungsort vorausgegangenen Aufenthalts am Ort des Zweithaushalts ist auf die Dreimonatsfrist anzurechnen.[1)]

Notwendige Aufwendungen für die Zweitwohnung R 9.11 (8)

(8) [1]Bei einer doppelten Haushaltsführung im Inland sind die tatsächlichen Kosten für die Zweitwohnung im Rahmen des Höchstbetrags nach § 9 Abs. 1 Satz 3 Nr. 5 Satz 4 EStG anzuerkennen. [2]Aufwendungen für eine im Ausland gelegene Zweitwohnung sind zu berücksichtigen, soweit sie notwendig und angemessen sind. [3]Steht die Zweitwohnung im Ausland im Eigentum des Arbeitnehmers, sind die Aufwendungen in der Höhe als notwendig anzusehen, in der sie der Arbeitnehmer als Mieter für eine nach Größe, Ausstattung und Lage angemessene Wohnung tragen müsste.

Umzugskosten R 9.11 (9)

(9) [1]Umzugskosten anlässlich der Begründung, Beendigung oder des Wechsels einer doppelten Haushaltsführung sind vorbehaltlich des Satzes 4 Werbungskosten, wenn der Umzug beruflich veranlasst ist. [2]Der Nachweis der Umzugskosten i. S. d. § 10 BUKG ist notwendig, weil für sie keine Pauschalierung möglich ist. [3]Dasselbe gilt für die sonstigen Umzugsauslagen i. S. d. § 18 AUV bei Beendigung einer doppelten Haushaltsführung durch den Rückumzug eines Arbeitnehmers in das Ausland. [4]Verlegt der Arbeitnehmer seinen Lebensmittelpunkt i. S. d. Absatzes 3 aus privaten Gründen (→ Absatz 2 Satz 5) vom Beschäftigungsort weg und begründet in seiner bisherigen Wohnung am Beschäftigungsort einen Zweithaushalt, um von dort seiner Beschäftigung weiter nachgehen zu können, sind diese Umzugskosten keine Werbungskosten, sondern Kosten der privaten Lebensführung; Entsprechendes gilt für Umzugskosten, die nach Wegverlegung des Lebensmittelpunktes vom Beschäftigungsort durch die endgültige Aufgabe der Zweitwohnung am Beschäftigungsort entstehen; es sei denn, dass dieser Umzug wie z. B. im Falle eines Arbeitsplatzwechsels ausschließlich beruflich veranlasst ist. [5]Für Umzugskosten, die nach Wegverlegung des Lebensmittelpunktes vom Beschäftigungsort für den Umzug in eine andere, ausschließlich aus beruflichen Gründen genutzte Zweitwohnung am Beschäftigungsort entstehen, gelten die Sätze 1 bis 3 entsprechend.

Anhang 8 I
Anhang 8 III

Erstattung durch den Arbeitgeber oder Werbungskostenabzug R 9.11 (10)

(10) [1]Die notwendigen Mehraufwendungen nach den Absätzen 5 bis 9 können als Werbungskosten abgezogen werden, soweit sie nicht vom Arbeitgeber nach den folgenden Regelungen steuerfrei erstattet werden. [2]Die Erstattung der Mehraufwendungen bei doppelter Haushaltsführung durch den Arbeitgeber ist nach § 3 Nr. 13 oder 16 EStG steuerfrei, soweit keine höheren Beträge erstattet werden, als nach Satz 1 als Werbungskosten abgezogen werden können. [3]Dabei kann der Arbeitgeber bei Arbeitnehmern in den Steuerklassen III, IV oder V ohne Weiteres unterstellen, dass sie einen eigenen Hausstand haben, an dem sie sich auch finanziell beteiligen. [4]Bei anderen Arbeitnehmern darf der Arbeitgeber einen eigenen Hausstand nur dann anerkennen, wenn sie schriftlich erklären, dass sie neben einer Zweitwohnung am Beschäftigungsort außerhalb des Beschäftigungsorts einen eigenen Hausstand unterhalten, an dem sie sich auch finanziell beteiligen, und die Richtigkeit dieser Erklärung durch Unterschrift bestätigen. [5]Diese Erklärung ist als Beleg zum Lohnkonto aufzubewahren. [6]Das Wahlrecht des Arbeitnehmers nach Absatz 5 hat der Arbeitgeber nicht zu beachten. [7]Darüber hinaus gilt Folgendes:

1. Hat der Arbeitgeber oder für dessen Rechnung ein Dritter dem Arbeitnehmer einen Kraftwagen zur Durchführung der Heimfahrten unentgeltlich überlassen, kommt ein Werbungskostenabzug und eine Erstattung von Fahrtkosten nicht in Betracht.
2. Verpflegungsmehraufwendungen dürfen nur bis zu den nach Absatz 7 maßgebenden Pauschbeträgen steuerfrei erstattet werden.
3. [1]Die notwendigen Aufwendungen für die Zweitwohnung an einem Beschäftigungsort im Inland dürfen ohne Einzelnachweis für einen Zeitraum von drei Monaten mit einem Pauschbetrag von 20 Euro und für die Folgezeit mit einem Pauschbetrag von 5 Euro je Übernachtung steuerfrei erstattet werden, wenn dem Arbeitnehmer die Zweitwohnung nicht unentgeltlich oder teilentgeltlich zur Verfügung gestellt worden ist. [2]Bei einer Zweitwohnung im Ausland können die notwendigen Aufwendungen ohne Einzelnachweis für einen Zeitraum von drei Monaten mit dem für eine Auswärtstätigkeit geltenden ausländischen Übernachtungspauschbetrag und für die Folgezeit mit 40 % dieses Pauschbetrags steuerfrei erstattet werden.
4. Bei der Erstattung der Mehraufwendungen durch den Arbeitgeber dürfen unter Beachtung von Nummer 1 bis 3 die einzelnen Aufwendungsarten zusammengefasst werden; in diesem Falle ist die Erstattung steuerfrei, soweit sie die Summe der nach Absatz 5 Nr. 1 bis 4 zulässigen Einzelerstattungen nicht übersteigt.

1) Überholt durch BFH vom 8.10.2014 (BStBl 2015 II S. 336) → H 9.11 (9–10) Verpfle-gungsmehraufwendungen.

H 9.11 (5 – 10)

Hinweise

Drittaufwand

Der Abzug der Aufwendungen für die Zweitwohnung ist ausgeschlossen, wenn die Aufwendungen auf Grund eines Dauerschuldverhältnisses (z. B. Mietvertrag) von einem Dritten getragen werden (→ BFH vom 13. 3. 1996 – BStBl II S. 375 und vom 24. 2. 2000 – BStBl II S. 314).

Eigene Zweitwohnung

Bei einer im Eigentum des Arbeitnehmers stehenden Zweitwohnung gilt Folgendes:
- Zu den Aufwendungen gehören auch die Absetzungen für Abnutzung, Hypothekenzinsen und Reparaturkosten (→ BFH vom 3. 12. 1982 – BStBl 1983 II S. 467).
- Anhang 38 → BMF vom 24.10.2014 (BStBl I S. 1412), Rz. 103.

Erstattung durch den Arbeitgeber

- Steuerfrei → § 3 Nr. 13, 16 EStG, → R 3.13, 3.16 und BMF vom 24.10.2014 (BStBl I S. 1412), Anhang 38 Rz. 108.
- Steuerfreie Arbeitgebererstattungen mindern die abziehbaren Werbungskosten auch dann, wenn sie erst im Folgejahr geleistet werden (→ BFH vom 20. 9. 2006 – BStBl II S. 756).

Familienheimfahrten

- Tritt der den doppelten Haushalt führende Ehegatte die wöchentliche Familienheimfahrt aus privaten Gründen nicht an, sind die Aufwendungen für die stattdessen durchgeführte Besuchsfahrt des anderen Ehegatten zum Beschäftigungsort keine Werbungskosten (→ BFH vom 2. 2. 2011 – BStBl II S. 456). Entsprechendes gilt für die Besuchsfahrten des Lebenspartners (§ 2 Abs. 8 EStG).
- Die Entfernungspauschale für eine wöchentliche Familienheimfahrt im Rahmen einer doppelten Haushaltsführung kann aufwandsunabhängig in Anspruch genommen werden. Steuerfrei geleistete Reisekostenvergütungen und steuerfrei gewährte Freifahrten sind jedoch mindernd auf die Entfernungspauschale anzurechnen (→ BFH vom 18.4.2013 – BStBl II S. 735).
- Aufwendungen für Familienheimfahrten des Arbeitnehmers mit einem vom Arbeitgeber überlassenen Dienstwagen berechtigen nach § 9 Abs. 1 Satz 3 Nr. 5 Satz 8 EStG nicht zum Werbungskostenabzug (→ BFH vom 28.2.2013 – BStBl II S. 629).
- Wird bei einem behinderten Menschen der Grad der Behinderung herabgesetzt und liegen die Voraussetzungen des § 9 Abs. 2 Satz 3 EStG nach der Herabsetzung nicht mehr vor, ist dies ab dem im Bescheid genannten Zeitpunkt zu berücksichtigen. Aufwendungen für Familienheimfahrten können daher ab diesem Zeitpunkt nicht mehr nach § 9 Abs. 2 Satz 3 EStG bemessen werden (→ BFH vom 11.3.2014 – BStBl II S. 525).

Kostenarten

Zu den einzelnen Kostenarten bei Vorliegen einer doppelten Haushaltsführung → BFH vom 4. 4. 2006 (BStBl II S. 567).

Pauschbeträge bei doppelter Haushaltsführung im Ausland

Anhang 31 → BMF vom ***19.12.2014***((BStBl I S. ***34***) → BMF vom 9.12.2015 (BStBl I S. 1058) für 2016; zur Begrenzung auf 40 % → R 9.11 Abs. 10 Satz 7 Nr. 3 Satz 2.

Telefonkosten

Anstelle der Aufwendungen für eine Heimfahrt an den Ort des eigenen Hausstands können die Gebühren für ein Ferngespräch bis zu einer Dauer von 15 Minuten mit Angehörigen, die zum eigenen Hausstand des Arbeitnehmers gehören, berücksichtigt werden (→ BFH vom 18. 3. 1988 – BStBl II S. 988).

Kosten für Telefongespräche, die während einer Auswärtstätigkeit von mindestens einer Woche Dauer anfallen, können als Werbungskosten abzugsfähig sein.
Zwar handelt es sich bei den Aufwendungen für Telefonate privaten Inhalts etwa mit Angehörigen und Freunden regelmäßig um steuerlich unbeachtliche Kosten der privaten Lebensführung. Nach einer mindestens einwöchigen Auswärtstätigkeit lassen sich die notwendigen privaten Dinge aber aus der Ferne nur durch über den normalen Lebensbedarf hinausgehende Mehrkosten regeln. Die dafür anfallenden Aufwendungen können deshalb abweichend vom Regelfall als beruflich veranlassten Mehraufwand der Erwerbssphäre zuzuordnen sein. → BFH vom 5. 7. 2012 – VI R 50/10, BStBl I 2013 S. 282.

Übernachtungskosten

Übernachtungskosten sind für den Werbungskostenabzug grundsätzlich im Einzelnen nachzuweisen. Sie können geschätzt werden, wenn sie dem Grunde nach zweifelsfrei entstanden sind (→ BFH vom 12. 9. 2001 – BStBl II S. 775).

Umzugskosten

- → R 9.11 Abs. 9
- Zu den notwendigen Mehraufwendungen einer doppelten Haushaltsführung gehören auch die durch das Beziehen oder die Aufgabe der Zweitwohnung verursachten tatsächlichen Umzugskosten (→ BFH vom 29. 4. 1992 – BStBl II S. 667).
- → H 9.9 (Doppelter Mietaufwand)

Unfallschäden

→ H 9.10

Unterkunftskosten

- bei doppelter Haushaltsführung **im Inland** → BMF vom 24.10.2014 (BStBl I S. 1412), Rz. 102 ff. Anhang 38
- bei doppelter Haushaltsführung **im Ausland** sind die tatsächlichen Mietkosten anzusetzen, soweit sie nicht überhöht sind (→ BFH vom 16. 3. 1979 – BStBl II S. 473). Entsprechendes gilt für die tatsächlich angefallenen Unterkunftskosten im eigenen Haus (→ BFH vom 24.5.2000 – BStBl II S. 474). Nicht überhöht sind Aufwendungen, die sich für eine Wohnung von 60 qm bei einem ortsüblichen Mietzins je qm für eine nach Lage und Ausstattung durchschnittliche Wohnung (Durchschnittsmietzins) ergeben würden (→ BFH vom 9.8.2007 – BStBl II S. 820).
- Ein **häusliches Arbeitszimmer** in der Zweitwohnung am Beschäftigungsort ist bei der Ermittlung der abziehbaren Unterkunftskosten nicht zu berücksichtigen; der Abzug der hierauf entfallenden Aufwendungen richtet sich nach § 4 Abs.5 Satz1 Nr. 6b EStG (→ BFH vom 9.8.2007 – BStBl 2009 II S. 722).
- Die Vorschriften über den Abzug notwendiger Mehraufwendungen wegen einer aus beruflichem Anlass begründeten doppelten Haushaltsführung stehen dem allgemeinen Werbungskostenabzug umzugsbedingt geleisteter Mietzahlungen nicht entgegen (→ BFH vom 13.7.2011, BStBl 2012 II S. 104); → H 9.9 (Doppelter Mietaufwand).

Verpflegungsmehraufwendungen

- → R 9.11 Abs. 7 und BMF vom 24.10.2014 (BStBl I S. 1412), Rz. 57. Anhang 38
- Die Begrenzung des Abzugs von Mehraufwendungen für die Verpflegung auf drei Monate bei einer aus beruflichem Anlass begründeten doppelten Haushaltsführung ist verfassungsgemäß (→ BFH vom 8. 7. 2010 – BStBl 2011 II S. 32).
- ***Verlegt ein Arbeitnehmer seinen Haupthausstand aus privaten Gründen vom Beschäftigungsort weg und nutzt daraufhin eine bereits vorhandene Wohnung am Beschäftigungsort aus beruflichen Gründen als Zweithaushalt (sog. Wegverlegungsfall), wird die doppelte Haushaltsführung mit Umwidmung der bisherigen Wohnung in einen Zweithaushalt begründet. Mit dem Zeitpunkt der Umwidmung beginnt in sog. Wegverlegungsfällen die Dreimonatsfrist für die Abzugsfähigkeit von Verpflegungsmehraufwendungen (→ BFH vom 8.10.2014 – BStBl 2015 II S. 336).***

Wahlrecht

Wählt der Arbeitnehmer den Abzug der Fahrtkosten nach R 9.10, so kann er Verpflegungsmehraufwendungen nach R 9.11 Abs. 7 und Aufwendungen für die Zweitwohnung nach R 9.11 Abs. 8 auch dann nicht geltend machen, wenn ihm Fahrtkosten nicht an jedem Arbeitstag entstanden sind, weil er sich in Rufbereitschaft zu halten oder mehrere Arbeitsschichten nacheinander abzuleisten hatte (→ BFH vom 2. 10. 1992 – BStBl 1993 II S. 113).

Arbeitsmittel

R 9.12

S 2354

[1]Die Anschaffungs- oder Herstellungskosten von Arbeitsmitteln einschl. der Umsatzsteuer können im Jahr der Anschaffung oder Herstellung in voller Höhe als Werbungskosten abgesetzt werden, wenn sie ausschließlich der Umsatzsteuer für das einzelne Arbeitsmittel die Grenze für geringwertige Wirtschaftsgüter nach § 9 Abs. 1 Satz 3 Nr. 7 Satz 2 EStG nicht übersteigen. [2]Höhere Anschaffungs- oder Herstellungskosten sind auf die Kalenderjahre der voraussichtlichen gesamten Nutzungsdauer des Arbeitsmittels zu verteilen und in jedem dieser Jahre anteilig als Werbungskosten zu berücksichtigen. [3]Wird ein als Arbeitsmittel genutztes Wirtschaftsgut ver-

äußert, ist ein sich eventuell ergebender Veräußerungserlös bei den Einkünften aus nichtselbständiger Arbeit nicht zu erfassen.

H 9.12

Hinweise

Absetzung für Abnutzung

- Außergewöhnliche technische oder wirtschaftliche Abnutzungen sind zu berücksichtigen (→ BFH vom 29. 4. 1983 – BStBl II S. 586 – im Zusammenhang mit einem Diebstahl eingetretene Beschädigung an einem als Arbeitsmittel anzusehenden PKW).
- Eine technische Abnutzung kann auch dann in Betracht kommen, wenn wirtschaftlich kein Wertverzehr eintritt (→ BFH vom 31. 1. 1986 – BStBl II S. 355 – als Arbeitsmittel ständig in Gebrauch befindliche Möbelstücke, → BFH vom 26. 1. 2001 – BStBl II S. 194 – im Konzertalltag regelmäßig bespielte Meistergeige).
- Wird ein Wirtschaftsgut nach einer Nutzung außerhalb der Einkunftsarten als Arbeitsmittel verwendet, so sind die weiteren AfA von den Anschaffungs- oder Herstellungskosten einschließlich Umsatzsteuer nach der voraussichtlichen gesamten Nutzungsdauer des Wirtschaftsguts in gleichen Jahresbeträgen zu bemessen. Der auf den Zeitraum vor der Verwendung als Arbeitsmittel entfallende Teil der Anschaffungs- oder Herstellungskosten des Wirtschaftsguts (fiktive AfA) gilt als abgesetzt (→ BFH vom 14. 2. 1989 – BStBl II S. 922 und vom 2. 2. 1990 – BStBl II S. 684). Dies gilt auch für geschenkte Wirtschaftsgüter (→ BFH vom 16. 2. 1990 – BStBl II S. 883).
- Der Betrag, der nach Umwidmung eines erworbenen oder geschenkten Wirtschaftsguts zu einem Arbeitsmittel nach Abzug der fiktiven AfA von den Anschaffungs- oder Herstellungskosten einschließlich Umsatzsteuer verbleibt, kann aus Vereinfachungsgründen im Jahr der erstmaligen Verwendung des Wirtschaftsguts als Arbeitsmittel in voller Höhe als Werbungskosten abgezogen werden, wenn er 410 € nicht übersteigt (→ BFH vom 16. 2. 1990 – BStBl II S. 883).
- Die Peripherie-Geräte einer PC-Anlage sind regelmäßig keine geringwertigen Wirtschaftsgüter (→ BFH vom 19. 2. 2004 – VI R 135/01 – BStBl II S. 958).

Angemessenheit

Aufwendungen für ein Arbeitsmittel können auch dann Werbungskosten sein, wenn sie zwar ungewöhnlich hoch, aber bezogen auf die berufliche Stellung und die Höhe der Einnahmen nicht unangemessen sind.

→ BFH vom 10. 3. 1978 (BStBl II S. 459) – Anschaffung eines Flügels durch eine am Gymnasium Musik unterrichtende Lehrerin

→ BFH vom 21. 10. 1988 (BStBl 1989 II S. 356) – Anschaffung eines Flügels durch eine Musikpädagogin

Aufteilung der Anschaffungs- oder Herstellungskosten

- Betreffen Wirtschaftsgüter sowohl den beruflichen als auch den privaten Bereich des Arbeitnehmers, ist eine Aufteilung der Anschaffungs- oder Herstellungskosten in nicht abziehbare Aufwendungen für die Lebensführung und in Werbungskosten nur zulässig, wenn objektive Merkmale und Unterlagen eine zutreffende und leicht nachprüfbare Trennung ermöglichen und wenn außerdem der berufliche Nutzungsanteil nicht von untergeordneter Bedeutung ist (→ BFH vom 19. 10. 1970 – BStBl 1971 II S. 17).
- Die Aufwendungen sind voll abziehbar, wenn die Wirtschaftsgüter ausschließlich oder ganz überwiegend der Berufsausübung dienen. → BFH vom 18. 2. 1977 (BStBl II S. 464) – Schreibtisch im Wohnraum eines Gymnasiallehrers

  → BFH vom 21. 10. 1988 (BStBl 1989 II S. 356) – Flügel einer Musikpädagogin
- Ein privat angeschaffter und in der privaten Wohnung aufgestellter PC kann ein Arbeitsmittel sein. Eine private Mitbenutzung ist unschädlich, soweit sie einen Nutzungsanteil von etwa 10 % nicht übersteigt. Die Kosten eines gemischt genutzten PC sind aufzuteilen. § 12 Nr. 1 Satz 2 EStG steht einer solchen Aufteilung nicht entgegen (→ BFH vom 19. 2. 2004 – VI R 135/01 – BStBl II S. 958).

Ausstattung eines häuslichen Arbeitszimmers mit Arbeitsmittel

→ BMF vom 2. 3. 2011 (BStBl I S. 195).

→ H 9.14

Berufskleidung

- Begriff der typischen Berufskleidung
  → R 3.31
- Reinigung von typischer Berufskleidung in privater Waschmaschine
  Werbungskosten sind neben den unmittelbaren Kosten des Waschvorgangs (Wasser- und Energiekosten, Wasch- und Spülmittel) auch die Aufwendungen in Form der Abnutzung sowie Instandhaltung und Wartung der für die Reinigung eingesetzten Waschmaschine. Die Aufwendungen können ggf. geschätzt werden (→ BFH vom 29. 6. 1993 – BStBl II S. 837 und 838).

Diensthund

Die Aufwendungen eines Polizei-Hundeführers für den ihm anvertrauten Diensthund sind Werbungskosten (→ BFH vom 30. 6. 2010 – BStBl 2011 II S. 45).

Fachbücher und Fachzeitschriften

Bücher und Zeitschriften sind Arbeitsmittel, wenn sichergestellt ist, dass die erworbenen Bücher und Zeitschriften ausschließlich oder ganz überwiegend beruflichen Zwecken dienen.
Die allgemeinen Grundsätze zur steuerlichen Behandlung von Arbeitsmitteln gelten auch, wenn zu entscheiden ist, ob Bücher als Arbeitsmittel eines Lehrers zu würdigen sind. Die Eigenschaft eines Buchs als Arbeitsmittel ist bei einem Lehrer nicht ausschließlich danach zu bestimmen, in welchem Umfang der Inhalt eines Schriftwerks in welcher Häufigkeit Eingang in den abgehaltenen Unterricht gefunden hat. Auch die Verwendung der Literatur zur Unterrichtsvorbereitung oder die Anschaffung von Büchern und Zeitschriften für eine Unterrichtseinheit, die nicht abgehalten worden ist, kann eine ausschließliche oder zumindest weitaus überwiegende berufliche Nutzung der Literatur begründen (→ BFH vom 20. 5. 2010 – BStBl 2011 II S. 723).

Medizinische Hilfsmittel

Aufwendungen für die Anschaffung medizinischer Hilfsmittel sind selbst dann nicht als Werbungskosten abziehbar, wenn sie ausschließlich am Arbeitsplatz benutzt werden.
→ BFH vom 23. 10. 1992 (BStBl 1993 II S. 193) – Bildschirmbrille

Nachweis der beruflichen Nutzung

Bei der Anschaffung von Gegenständen, die nach der Lebenserfahrung ganz überwiegend zu Zwecken der Lebensführung angeschafft werden, gelten erhöhte Anforderungen an den Nachweis der beruflichen Nutzung.
→ BFH vom 27. 9. 1991 (BStBl 1992 II S. 195) – Videorecorder
→ BFH vom 15. 1. 1993 (BStBl II S. 348) – Spielecomputer

Telearbeitsplatz

→ H 9.14

Transport

Anteilige Aufwendungen für den Transport von Arbeitsmitteln bei einem privat veranlassten Umzug sind nicht als Werbungskosten abziehbar (→ BFH vom 21. 7. 1989 – BStBl II S. 972).

Werbungskosten bei Heimarbeitern

R 9.13

S 2354

(1) Bei Heimarbeitern i. S. d. Heimarbeitsgesetzes können Aufwendungen, die unmittelbar durch die Heimarbeit veranlasst sind, z. B. Miete und Aufwendungen für Heizung und Beleuchtung der Arbeitsräume, Aufwendungen für Arbeitsmittel und Zutaten sowie für den Transport des Materials und der fertiggestellten Waren, als Werbungskosten anerkannt werden, soweit sie die Heimarbeiterzuschläge nach Absatz 2 übersteigen.

(2) [1]Lohnzuschläge, die den Heimarbeitern zur Abgeltung der mit der Heimarbeit verbundenen Aufwendungen neben dem Grundlohn gezahlt werden, sind insgesamt aus Vereinfachungsgründen nach § 3 Nr. 30 und 50 EStG steuerfrei, soweit sie 10 % des Grundlohns nicht übersteigen. [2]Die oberste Finanzbehörde eines Landes kann mit Zustimmung des Bundesministeriums der Finanzen den Prozentsatz für bestimmte Gruppen von Heimarbeitern an die tatsächlichen Verhältnisse anpassen.

H 9.14

Hinweise

Häusliches Arbeitszimmer

Allgemeine Grundsätze

→ BMF vom 2. 3. 2011 (BStBl I S. 195)

Einkommensteuerliche Behandlung der Aufwendungen für ein häusliches Arbeitszimmer nach § 4 Abs. 5 Satz 1 Nr. 6b, § 9 Abs. 5 und § 10 Abs. 1 Nr. 7 EStG;

Neuregelung durch das Jahressteuergesetz 2010 vom 8. Dezember 2010

(BGBl. I S. 1768, BStBl I S. 1394)

(BMF-Schreiben vom 2. 3. 2011 (BStBl I S. 195) – IV C 6 – S 2145/07/10002 –)

Im Einvernehmen mit den obersten Finanzbehörden der Länder gilt zur einkommensteuerrechtlichen Behandlung der Aufwendungen für ein häusliches Arbeitszimmer nach § 4 Absatz 5 Satz 1 Nummer 6b, § 9 Absatz 5 und § 10 Absatz 1 Nummer 7 EStG in der Fassung des Jahressteuergesetzes 2010 (BGBl. I S. 1768, BStBl I S. 1394) Folgendes:

I. Grundsatz

1 Nach § 4 Absatz 5 Satz 1 Nummer 6b Satz 1 und § 9 Absatz 5 Satz 1 EStG dürfen die Aufwendungen für ein häusliches Arbeitszimmer sowie die Kosten der Ausstattung grundsätzlich nicht als Betriebsausgaben oder Werbungskosten abgezogen werden. Bildet das häusliche Arbeitszimmer den Mittelpunkt der gesamten betrieblichen und beruflichen Betätigung, dürfen die Aufwendungen in voller Höhe steuerlich berücksichtigt werden (§ 4 Absatz 5 Satz 1 Nummer 6b Satz 3 2. Halbsatz EStG). Steht für die betriebliche oder berufliche Tätigkeit kein anderer Arbeitsplatz zur Verfügung, sind die Aufwendungen bis zur Höhe von 1 250 Euro je Wirtschaftsjahr oder Kalenderjahr als Betriebsausgaben oder Werbungskosten abziehbar (§ 4 Absatz 5 Satz 1 Nummer 6b Satz 2 und 3 1. Halbsatz EStG[1])). Der Betrag von 1 250 Euro ist kein Pauschbetrag. Es handelt sich um einen objektbezogenen Höchstbetrag, der nicht mehrfach für verschiedene Tätigkeiten oder Personen in Anspruch genommen werden kann, sondern ggf. auf die unterschiedlichen Tätigkeiten oder Personen aufzuteilen ist (vgl. Rdnr. 19 bis 21).

II. Anwendungsbereich der gesetzlichen Regelung

2 Unter die Regelungen des § 4 Absatz 5 Satz 1 Nummer 6b und § 9 Absatz 5 EStG fällt die Nutzung eines häuslichen Arbeitszimmers zur Erzielung von Einkünften aus sämtlichen Einkunftsarten.

III. Begriff des häuslichen Arbeitszimmers

3 Ein häusliches Arbeitszimmer ist ein Raum, der seiner Lage, Funktion und Ausstattung nach in die häusliche Sphäre des Steuerpflichtigen eingebunden ist, vorwiegend der Erledigung gedanklicher, schriftlicher, verwaltungstechnischer oder organisatorischer Arbeiten dient (→ BFH-Urteile vom 19. September 2002 – VI R 70/01 –, BStBl II 2003 S. 139 und vom 16. Oktober 2002 – XI R 89/00 –, BStBl II 2003 S. 185) und ausschließlich oder nahezu ausschließlich zu betrieblichen und/oder beruflichen Zwecken genutzt wird; eine untergeordnete private Mitbenutzung (< 10 %) ist unschädlich. Es muss sich aber nicht zwingend um Arbeiten büromäßiger Art handeln; ein häusliches Arbeitszimmer kann auch bei geistiger, künstlerischer oder schriftstellerischer Betätigung gegeben sein. In die häusliche Sphäre eingebunden ist ein als Arbeitszimmer genutzter Raum regelmäßig dann, wenn er zur privaten Wohnung oder zum Wohnhaus des Steuerpflichtigen gehört. Dies betrifft nicht nur die Wohnräume, sondern ebenso Zubehörräume (→ BFH-Urteile vom 26. Februar 2003 – VI R 130/01 –, BStBl II 2004 S. 74 und vom 19. September 2002 – VI R 70/01 –, BStBl II 2003 S. 139). So kann auch ein Raum, z. B. im Keller oder unter dem Dach (Mansarde) des Wohnhauses, in dem der Steuerpflichtige seine Wohnung hat, ein häusliches Arbeitszimmer sein, wenn die Räumlichkeiten aufgrund der unmittelbaren Nähe mit den privaten Wohnräumen des Steuerpflichtigen als gemeinsame Wohneinheit verbunden sind.[2])

1) § 4 Abs. 5 Satz 1 Nr. 6b EStG begegnet keinen verfassungsrechtlichen Bedenken hinsichtlich der Begrenzung auf einen Höchstbetrag (→ BFH vom 28. 2. 2013 – BStBl II S. 642).

2) Ein häusliches Arbeitszimmer liegt auch dann vor, wenn sich die zu Wohnzwecken und die betrieblich genutzten Räume in einem ausschließlich vom Stpfl. genutzten Zweifamilienhaus befinden und auf dem Weg dazwischen keine der Allgemeinheit zugängliche oder von fremden Dritten benutzte Verkehrsfläche betreten werden muss (→ BFH vom 15. 1. 2013 – BStBl II S. 374).

Dagegen kann es sich bei einem im Keller oder Dachgeschoss eines Mehrfamilienhauses befindlichen Raum, der nicht zur Privatwohnung des Steuerpflichtigen gehört, sondern zusätzlich angemietet wurde, um ein außerhäusliches Arbeitszimmer handeln (→ BFH-Urteile vom 26. Februar 2003 – VI R 160/99 –, BStBl II S. 515 und vom 18. August 2005 – VI R 39/04 –, BStBl II 2006 S. 428). Maßgebend ist, ob eine innere häusliche Verbindung des Arbeitszimmers mit der privaten Lebenssphäre des Steuerpflichtigen besteht. Dabei ist das Gesamtbild der Verhältnisse im Einzelfall entscheidend. Für die Anwendung des § 4 Absatz 5 Satz 1 Nummer 6b, des § 9 Absatz 5 und des § 10 Absatz 1 Nummer 7 EStG ist es ohne Bedeutung, ob die Wohnung, zu der das häusliche Arbeitszimmer gehört, gemietet ist oder ob sie sich im Eigentum des Steuerpflichtigen befindet. Auch mehrere Räume können als ein häusliches Arbeitszimmer anzusehen sein; die Abtrennung der Räumlichkeiten vom übrigen Wohnbereich ist erforderlich. 4

Nicht unter die Abzugsbeschränkung des § 4 Absatz 5 Satz 1 Nummer 6b und § 9 Absatz 5 EStG fallen Räume, die ihrer Ausstattung und Funktion nach nicht einem Büro entsprechen (z. B. Betriebsräume, Lagerräume, Ausstellungsräume), selbst wenn diese ihrer Lage nach mit dem Wohnraum des Steuerpflichtigen verbunden und so in dessen häusliche Sphäre eingebunden sind (→ BFH-Urteile vom 28. August 2003 – IV R 53/01 –, BStBl II 2004 S. 55 und vom 26. März 2009 – VI R 15/07 –, BStBl II S. 598). 5

Beispiele:

a) Ein häusliches Arbeitszimmer liegt in folgenden Fällen regelmäßig vor:[1])

- häusliches Büro eines selbständigen Handelsvertreters, eines selbständigen Übersetzers oder eines selbständigen Journalisten,
- bei Anmietung einer unmittelbar angrenzenden oder unmittelbar gegenüberliegenden Zweitwohnung in einem Mehrfamilienhaus (→ BFH-Urteile vom 26. Februar 2003 – VI R 124/01 – und – VI R 125/01 –, BStBl II 2004 S. 69 und 72), – häusliches ausschließlich beruflich genutztes Musikzimmer der freiberuflich tätigen Konzertpianistin, in dem diese Musikunterricht erteilt,
- Aufwendungen für einen zugleich als Büroarbeitsplatz und als Warenlager betrieblich genutzten Raum unterliegen der Abzugsbeschränkung für das häusliche Arbeitszimmer, wenn der Raum nach dem Gesamtbild der Verhältnisse vor allem aufgrund seiner Ausstattung und Funktion, ein typisches häusliches Büro ist und die Ausstattung und Funktion als Lager dahinter zurücktritt (→ BFH-Urteil vom 22. November 2006 – X R 1/05 –, BStBl II 2007 S. 304).

b) Kein häusliches Arbeitszimmer, sondern betrieblich genutzte Räume liegen regelmäßig in folgenden Fällen vor:

- Arzt-, Steuerberater- oder Anwaltspraxis grenzt an das Einfamilienhaus an oder befindet sich im selben Gebäude wie die Privatwohnung, wenn diese Räumlichkeiten für einen intensiven und dauerhaften Publikumsverkehr geöffnet und z. B. bei häuslichen Arztpraxen für Patientenbesuche und -untersuchungen eingerichtet sind (→ BFH-Urteil vom 5. Dezember 2002 – IV R 7/01 –, BStBl II 2003 S. 463 zu einer Notfallpraxis und Negativabgrenzung im BFH-Urteil vom 23. Januar 2003 – IV R 71/00 –, BStBl II 2004 S. 43 zur Gutachtertätigkeit einer Ärztin).
- In einem Geschäftshaus befinden sich neben der Wohnung des Bäckermeisters die Backstube, der Verkaufsraum, ein Aufenthaltsraum für das Verkaufspersonal und das Büro, in dem die Buchhaltungsarbeiten durchgeführt werden. Das Büro ist in diesem Fall aufgrund der Nähe zu den übrigen Betriebsräumen nicht als häusliches Arbeitszimmer zu werten.
- Im Keller ist ein Arbeitsraum belegen, der – anders als z. B. ein Archiv (→ BFH-Urteil vom 19. September 2002 – VI R 70/01 –, BStBl II 2003 S. 139) – keine (Teil-)Funktionen erfüllt, die typischerweise einem häuslichen Arbeitszimmer zukommen, z. B. Lager für Waren und Werbematerialien.

IV. Betroffene Aufwendungen

Zu den Aufwendungen für ein häusliches Arbeitszimmer gehören insbesondere die anteiligen Aufwendungen für: 6

- Miete,
- Gebäude-AfA, Absetzungen für außergewöhnliche technische oder wirtschaftliche Abnutzung, Sonderabschreibungen,

[1]) Auch ein Raum, in dem ein Stpfl. zuhause einen Telearbeitsplatz unterhält, kann dem Typus des häuslichen Arbeitszimmers entsprechen (→ BFH vom 26. 2. 2014 – BStBl II S. 568).

- Schuldzinsen für Kredite, die zur Anschaffung, Herstellung oder Reparatur des Gebäudes oder der Eigentumswohnung verwendet worden sind,
- Wasser- und Energiekosten,
- Reinigungskosten,
- Grundsteuer, Müllabfuhrgebühren, Schornsteinfegergebühren, Gebäudeversicherungen,
- Renovierungskosten,
- Aufwendungen für die Ausstattung des Zimmers, z. B. Tapeten, Teppiche, Fenstervorhänge, Gardinen und Lampen.

Die Kosten einer Gartenerneuerung können anteilig den Kosten des häuslichen Arbeitszimmers zuzurechnen sein, wenn bei einer Reparatur des Gebäudes Schäden am Garten verursacht worden sind. Den Kosten des Arbeitszimmers zuzurechnen sind allerdings nur diejenigen Aufwendungen, die der Wiederherstellung des ursprünglichen Zustands dienen (→ BFH-Urteil vom 6. Oktober 2004 – VI R 27/01 –, BStBl II S. 1071).

7 Luxusgegenstände wie z. B. Kunstgegenstände, die vorrangig der Ausschmückung des Arbeitszimmers dienen, gehören zu den nach § 12 Nummer 1 EStG nicht abziehbaren Aufwendungen (→ BFH-Urteil vom 30. Oktober 1990 – VIII R 42/87 –, BStBl II 1991 S. 340).

8 Keine Aufwendungen i. S. d. § 4 Absatz 5 Satz 1 Nummer 6b EStG sind die Aufwendungen für Arbeitsmittel (→ BFH-Urteil vom 21. November 1997 – VI R 4/97 –, BStBl II 1998 S. 351). Diese werden daher von § 4 Absatz 5 Satz 1 Nummer 6b EStG nicht berührt.

V. Mittelpunkt der gesamten betrieblichen und beruflichen Betätigung

9 Ein häusliches Arbeitszimmer ist der Mittelpunkt der gesamten betrieblichen und beruflichen Betätigung des Steuerpflichtigen, wenn nach Würdigung des Gesamtbildes der Verhältnisse und der Tätigkeitsmerkmale dort diejenigen Handlungen vorgenommen und Leistungen erbracht werden, die für die konkret ausgeübte betriebliche oder berufliche Tätigkeit wesentlich und prägend sind. Der Tätigkeitsmittelpunkt i. S. d. § 4 Absatz 5 Satz 1 Nummer 6b Satz 3 2. Halbsatz EStG bestimmt sich nach dem inhaltlichen (qualitativen) Schwerpunkt der betrieblichen und beruflichen Betätigung des Steuerpflichtigen.

10 Dem zeitlichen (quantitativen) Umfang der Nutzung des häuslichen Arbeitszimmers kommt im Rahmen dieser Würdigung lediglich eine indizielle Bedeutung zu; das zeitliche Überwiegen der außerhäuslichen Tätigkeit schließt einen unbeschränkten Abzug der Aufwendungen für das häusliche Arbeitszimmer nicht von vornherein aus (→ BFH-Urteile vom 13. November 2002 – VI R 82/01 –, BStBl II 2004 S. 62, – VI R 104/01 –, BStBl II 2004 S. 65 und – VI R 28/02 –, BStBl II 2004 S. 59).

11 Übt ein Steuerpflichtiger nur eine betriebliche oder berufliche Tätigkeit aus, die in qualitativer Hinsicht gleichwertig sowohl im häuslichen Arbeitszimmer als auch am außerhäuslichen Arbeitsort erbracht wird, so liegt der Mittelpunkt der gesamten beruflichen und betrieblichen Betätigung dann im häuslichen Arbeitszimmer, wenn der Steuerpflichtige mehr als die Hälfte der Arbeitszeit im häuslichen Arbeitszimmer tätig wird (→ BFH-Urteil vom 23. Mai 2006 – VI R 21/03 –, BStBl II S. 600).

12 Übt ein Steuerpflichtiger mehrere betriebliche und berufliche Tätigkeiten nebeneinander aus, ist nicht auf eine Einzelbetrachtung der jeweiligen Betätigung abzustellen; vielmehr sind alle Tätigkeiten in ihrer Gesamtheit zu erfassen. Grundsätzlich lassen sich folgende Fallgruppen unterscheiden:

- Bilden bei allen Erwerbstätigkeiten – jeweils – die im häuslichen Arbeitszimmer verrichteten Arbeiten den qualitativen Schwerpunkt, so liegt dort auch der Mittelpunkt der Gesamttätigkeit.
- Bilden hingegen die außerhäuslichen Tätigkeiten – jeweils – den qualitativen Schwerpunkt der Einzeltätigkeiten oder lassen sich diese keinem Schwerpunkt zuordnen, so kann das häusliche Arbeitszimmer auch nicht durch die Summe der darin verrichteten Arbeiten zum Mittelpunkt der Gesamttätigkeit werden.
- Bildet das häusliche Arbeitszimmer schließlich den qualitativen Mittelpunkt lediglich einer Einzeltätigkeit, nicht jedoch im Hinblick auf die übrigen Tätigkeiten, ist regelmäßig davon auszugehen, dass das Arbeitszimmer nicht den Mittelpunkt der Gesamttätigkeit bildet.

Der Steuerpflichtige hat jedoch die Möglichkeit, anhand konkreter Umstände des Einzelfalls glaubhaft zu machen oder nachzuweisen, dass die Gesamttätigkeit gleichwohl einem einzelnen qualitativen Schwerpunkt zugeordnet werden kann und dass dieser im häuslichen Arbeitszimmer liegt. Abzustellen ist dabei auf das Gesamtbild der Verhältnisse und auf die Verkehrsanschauung, nicht auf die Vorstellung des betroffenen Steuerpflichtigen (→ BFH-Urteile vom

13. Oktober 2003 – VI R 27/02 –, BStBl II 2004 S. 771 und vom 16. Dezember 2004 – IV R 19/03 –, BStBl II 2005 S. 212).

Das häusliche Arbeitszimmer und der Außendienst können nicht gleichermaßen „Mittelpunkt" der beruflichen Betätigung eines Steuerpflichtigen i. S. d. § 4 Absatz 5 Satz 1 Nummer 6b Satz 3 2. Halbsatz EStG sein (→ BFH-Urteil vom 21. Februar 2003 – VI R 14/02 –, BStBl II 2004 S. 68). 13

Beispiele, in denen das häusliche Arbeitszimmer den Mittelpunkt der gesamten betrieblichen und beruflichen Betätigung bilden kann:

- Bei einem Verkaufsleiter, der zur Überwachung von Mitarbeitern und zur Betreuung von Großkunden auch im Außendienst tätig ist, kann das häusliche Arbeitszimmer Tätigkeitsmittelpunkt sein, wenn er dort die für den Beruf wesentlichen Leistungen (z. B. Organisation der Betriebsabläufe) erbringt (→ BFH-Urteil vom 13. November 2002 – VI R 104/01 –, BStBl II 2004 S. 65).
- Bei einem Ingenieur, dessen Tätigkeit durch die Erarbeitung theoretischer, komplexer Problemlösungen im häuslichen Arbeitszimmer geprägt ist, kann dieses auch dann der Mittelpunkt der beruflichen Betätigung sein, wenn die Betreuung von Kunden im Außendienst ebenfalls zu seinen Aufgaben gehört (→ BFH-Urteil vom 13. November 2002 – VI R 28/02 –, BStBl II 2004 S. 59).
- Bei einem Praxis-Konsultant, der ärztliche Praxen in betriebswirtschaftlichen Fragen berät, betreut und unterstützt, kann das häusliche Arbeitszimmer auch dann den Mittelpunkt der gesamten beruflichen Tätigkeit bilden, wenn er einen nicht unerheblichen Teil seiner Arbeitszeit im Außendienst verbringt (→ BFH-Urteil vom 29. April 2003 – VI R 78/02 –, BStBl II 2004 S. 76).

Beispiele, in denen das Arbeitszimmer **nicht** den Mittelpunkt der gesamten betrieblichen und beruflichen Betätigung bildet:[1])

- Bei einem – freien oder angestellten – Handelsvertreter liegt der Tätigkeitsschwerpunkt außerhalb des häuslichen Arbeitszimmers, wenn die Tätigkeit nach dem Gesamtbild der Verhältnisse durch die Arbeit im Außendienst geprägt ist, auch wenn die zu Hause verrichteten Tätigkeiten zur Erfüllung der beruflichen Aufgaben unerlässlich sind (→ BFH-Urteil vom 13. November 2002 – VI R 82/01 –, BStBl II 2004 S. 62).
- Ein kaufmännischer Angestellter eines Industrieunternehmens ist nebenbei als Mitarbeiter für einen Lohnsteuerhilfeverein selbständig tätig und nutzt für letztere Tätigkeit sein häusliches Arbeitszimmer als „Beratungsstelle", in dem er Steuererklärungen erstellt, Beratungsgespräche führt und Rechtsbehelfe bearbeitet. Für diese Nebentätigkeit ist das Arbeitszimmer zwar der Tätigkeitsmittelpunkt. Aufgrund der erforderlichen Gesamtbetrachtung ist das Arbeitszimmer jedoch nicht Mittelpunkt seiner gesamten betrieblichen und beruflichen Betätigung (→ BFH-Urteil vom 23. September 1999 – VI R 74/98 –, BStBl II 2000 S. 7).
- Bei einer Ärztin, die Gutachten über die Einstufung der Pflegebedürftigkeit erstellt und dazu ihre Patienten ausschließlich außerhalb des häuslichen Arbeitszimmers untersucht und dort (vor Ort) alle erforderlichen Befunde erhebt, liegt der qualitative Schwerpunkt nicht im häuslichen Arbeitszimmer, in welchem lediglich die Tätigkeit begleitende Aufgaben erledigt werden (→ BFH-Urteil vom 23. Januar 2003 – IV R 71/00 –, BStBl II 2004 S. 43).
- Bei einem Architekten, der neben der Planung auch mit der Ausführung der Bauwerke (Bauüberwachung) betraut ist, kann diese Gesamttätigkeit keinem konkreten Tätigkeitsschwerpunkt zugeordnet werden. Das häusliche Arbeitszimmer bildet in diesem Fall nicht den Mittelpunkt der gesamten beruflichen und betrieblichen Betätigung (→ BFH-Urteil vom 26. Juni 2003 – IV R 9/03 –, BStBl II 2004 S. 50).
- Bei Lehrern befindet sich der Mittelpunkt der betrieblichen und beruflichen Betätigung regelmäßig nicht im häuslichen Arbeitszimmer, weil die berufsprägenden Merkmale eines Lehrers im Unterrichten bestehen und diese Leistungen in der Schule o. Ä. erbracht werden (→ BFH-Urteil vom 26. Februar 2003 – VI R 125/01 –, BStBl II 2004 S. 72). Deshalb sind die Aufwendungen für das häusliche Arbeitszimmer auch dann nicht in voller Höhe abziehbar, wenn die überwiegende Arbeitszeit auf die Vor- und Nachbereitung des Unterrichts verwendet und diese Tätigkeit im häuslichen Arbeitszimmer ausgeübt wird.[2])

1) Bei einem Richter liegt der Mittelpunkt der beruflichen Tätigkeit im Gericht (→ BFH vom 8. 12. 2011 – BStBl 2012 II S. 236).
2) Auch bei einem Hochschullehrer ist das häusliche Arbeitszimmer grundsätzlich nicht der Mittelpunkt der beruflichen Tätigkeit (→ BFH vom 27. 10. 2011 – BStBl 2012 II S. 234).

VI. Für die betriebliche oder berufliche Betätigung steht kein anderer Arbeitsplatz zur Verfügung

14 Anderer Arbeitsplatz i. S. d. § 4 Absatz 5 Satz 1 Nummer 6b Satz 2 EStG ist grundsätzlich jeder Arbeitsplatz, der zur Erledigung büromäßiger Arbeiten geeignet ist (→ BFH-Urteil vom 7. August 2003 – VI R 17/01 –, BStBl II 2004 S. 78). Weitere Anforderungen an die Beschaffenheit des Arbeitsplatzes werden nicht gestellt; unbeachtlich sind mithin grundsätzlich die konkreten Arbeitsbedingungen und Umstände wie beispielsweise Lärmbelästigung oder Publikumsverkehr (→ BFH-Urteil vom 7. August 2003 – VI R 162/00 –, BStBl II 2004 S. 83). Voraussetzung ist auch nicht das Vorhandensein eines eigenen, räumlich abgeschlossenen Arbeitsbereichs oder eines individuell zugeordneten Arbeitsplatzes, so dass auch ein Arbeitsplatz in einem Großraumbüro oder in der Schalterhalle einer Bank ein anderer Arbeitsplatz im Sinne der o. g. Vorschrift ist (→ BFH-Urteile vom 7. August 2003 – VI R 17/01 –, BStBl II 2004 S. 78 und – VI R 162/00 –, BStBl II 2004 S. 83). Die Ausstattung des häuslichen Arbeitszimmers mit Arbeitsmitteln, die im Betrieb/in dem vom Arbeitgeber zur Verfügung gestellten Raum nicht vorhanden sind, ist ohne Bedeutung. Ob ein anderer Arbeitsplatz vorliegt, ist nach objektiven Gesichtspunkten zu beurteilen. Subjektive Erwägungen des Steuerpflichtigen zur Annehmbarkeit des Arbeitsplatzes sind unbeachtlich.

15 Ein anderer Arbeitsplatz steht dem Steuerpflichtigen dann zur Verfügung, wenn dieser ihn in dem konkret erforderlichen Umfang und in der konkret erforderlichen Art und Weise tatsächlich nutzen kann. Die Erforderlichkeit des häuslichen Arbeitszimmers entfällt nicht bereits dann, wenn dem Steuerpflichtigen irgendein Arbeitsplatz zur Verfügung steht, sondern nur dann, wenn dieser Arbeitsplatz grundsätzlich so beschaffen ist, dass der Steuerpflichtige auf das häusliche Arbeitszimmer nicht angewiesen ist (→ BFH-Urteil vom 7. August 2003 – VI R 17/01 –, BStBl II 2004 S. 78). Die Beurteilung, ob für die betriebliche oder berufliche Tätigkeit kein anderer Arbeitsplatz zur Verfügung steht, ist jeweils tätigkeitsbezogen vorzunehmen. Ein anderer Arbeitsplatz steht auch dann zur Verfügung, wenn er außerhalb der üblichen Arbeitszeiten, wie z. B. am Wochenende oder in den Ferien, nicht zugänglich ist. Ändern sich die Nutzungsverhältnisse des Arbeitszimmers innerhalb eines Veranlagungszeitraumes, ist auf den Zeitraum der begünstigten Nutzung abzustellen. Werden in einem Arbeitszimmer sowohl Tätigkeiten, für die ein anderer Arbeitsplatz zur Verfügung steht, als auch Tätigkeiten, für die ein anderer Arbeitsplatz nicht zur Verfügung steht, ausgeübt, so sind die Aufwendungen dem Grunde nach nur zu berücksichtigen, soweit sie auf Tätigkeiten entfallen, für die ein anderer Arbeitsplatz nicht zur Verfügung steht.

16 Übt ein Steuerpflichtiger mehrere betriebliche oder berufliche Tätigkeiten nebeneinander aus, ist daher für jede Tätigkeit zu prüfen, ob ein anderer Arbeitsplatz zur Verfügung steht. Dabei kommt es nicht darauf an, ob ein für eine Tätigkeit zur Verfügung stehender Arbeitsplatz auch für eine andere Tätigkeit genutzt werden kann (z. B. Firmenarbeitsplatz auch für schriftstellerische Nebentätigkeit), vgl. Rdnr. 20.

17 Geht ein Steuerpflichtiger nur einer betrieblichen oder beruflichen Tätigkeit nach, muss ein vorhandener anderer Arbeitsplatz auch tatsächlich für alle Aufgabenbereiche dieser Erwerbstätigkeit genutzt werden können. Ist ein Steuerpflichtiger auf sein häusliches Arbeitszimmer angewiesen, weil er dort einen nicht unerheblichen Teil seiner betrieblichen oder beruflichen Tätigkeit verrichten muss, ist der andere Arbeitsplatz unschädlich. Es genügt allerdings nicht, wenn er im häuslichen Arbeitszimmer Arbeiten verrichtet, die er grundsätzlich auch an einem anderen Arbeitsplatz verrichten könnte (→ BFH-Urteil vom 7. August 2003 – VI R 17/01 –, BStBl II 2004 S. 78).

Beispiele (kein anderer Arbeitsplatz vorhanden):[1])

- Ein Lehrer hat für seine Unterrichtsvorbereitung in der Schule keinen Schreibtisch. Das jeweilige Klassenzimmer oder das Lehrerzimmer stellt keinen Arbeitsplatz im Sinne der Abzugsbeschränkung dar.
- Ein angestellter oder selbständiger Orchestermusiker hat im Konzertsaal keine Möglichkeit zu üben. Hierfür hat er sich ein häusliches Arbeitszimmer eingerichtet.
- Ein angestellter Krankenhausarzt übt eine freiberufliche Gutachtertätigkeit aus. Dafür steht ihm im Krankenhaus kein Arbeitsplatz zur Verfügung.

Beispiele (vorhandener anderer Arbeitsplatz steht nicht für alle Aufgabenbereiche der Erwerbstätigkeit zur Verfügung)[2])

- Ein EDV-Berater übt außerhalb seiner regulären Arbeitszeit vom häuslichen Arbeitszimmer aus Bereitschaftsdienst aus und kann dafür den Arbeitsplatz bei seinem Arbeitgeber tatsächlich nicht nutzen (→ BFH-Urteil vom 7. August 2003 – VI R 41/98 –, BStBl II 2004 S. 80).

1) Zu einem Arbeitsplatz, der wegen Gesundheitsgefahr nicht nutzbar ist → BFH vom 26. 2. 2014 (BStBl II S. 674).

2) Zu einem Poolarbeitsplatz mit unzureichender Anzahl an Arbeitsplätzen → BFH vom 26. 2. 2014 (BStBl II S. 570).

- Einer Schulleiterin mit einem Unterrichtspensum von 18 Wochenstunden steht im Schulsekretariat ein Schreibtisch nur für die Verwaltungsarbeiten zur Verfügung. Für die Vor- und Nachbereitung des Unterrichts kann dieser Arbeitsplatz nach objektiven Kriterien wie Größe, Ausstattung und Nutzung nicht genutzt werden; diese Arbeiten müssen im häuslichen Arbeitszimmer verrichtet werden (→ BFH-Urteil vom 7. August 2003 – VI R 118/00 –, BStBl II 2004 S. 82).
- Einem Grundschulleiter, der zu 50 % von der Unterrichtsverpflichtung freigestellt ist, steht für die Verwaltungstätigkeit ein Dienstzimmer von 11 qm zur Verfügung. Das Dienstzimmer bietet keinen ausreichenden Platz zur Unterbringung der für die Vor- und Nachbereitung des Unterrichts erforderlichen Gegenstände (→ BFH-Urteil vom 7. August 2003 – VI R 16/01 –, BStBl II 2004 S. 77).
- Muss ein Bankangestellter in einem nicht unerheblichen Umfang Büroarbeiten auch außerhalb der üblichen Bürozeiten verrichten und steht ihm hierfür sein regulärer Arbeitsplatz nicht zur Verfügung, können die Aufwendungen für ein häusliches Arbeitszimmer grundsätzlich (bis zu einer Höhe von 1 250 €) als Werbungskosten zu berücksichtigen sein (→ BFH-Urteil vom 7. August 2003 – VI R 162/00 –, BStBl II 2004 S. 83).

Der Steuerpflichtige muss konkret darlegen, dass ein anderer Arbeitsplatz für die jeweilige betriebliche oder berufliche Tätigkeit nicht zur Verfügung steht. Die Art der Tätigkeit kann hierfür Anhaltspunkte bieten. Zusätzliches Indiz kann eine entsprechende Bescheinigung des Arbeitgebers sein. 18

VII. Nutzung des Arbeitszimmers zur Erzielung unterschiedlicher Einkünfte

Übt ein Steuerpflichtiger mehrere betriebliche und berufliche Tätigkeiten nebeneinander aus und bildet das häusliche Arbeitszimmer den Mittelpunkt der gesamten betrieblichen und beruflichen Betätigung, so sind die Aufwendungen für das Arbeitszimmer entsprechend dem Nutzungsumfang den darin ausgeübten Tätigkeiten zuzuordnen. Liegt dabei der Mittelpunkt einzelner Tätigkeiten außerhalb des häuslichen Arbeitszimmers, ist der Abzug der anteiligen Aufwendungen auch für diese Tätigkeiten möglich. 19

Liegt der Mittelpunkt der gesamten betrieblichen und beruflichen Betätigung nicht im häuslichen Arbeitszimmer, steht für einzelne Tätigkeiten jedoch kein anderer Arbeitsplatz zur Verfügung, können die Aufwendungen bis zur Höhe von 1 250 Euro abgezogen werden. Dabei sind die Aufwendungen für das Arbeitszimmer entsprechend dem Nutzungsumfang den darin ausgeübten Tätigkeiten zuzuordnen. Soweit der Kostenabzug für eine oder mehrere Tätigkeiten möglich ist, kann der Steuerpflichtige diese anteilig insgesamt bis zum Höchstbetrag abziehen. Eine Vervielfachung des Höchstbetrages ist ausgeschlossen (objektbezogener Höchstbetrag, vgl. BFH-Urteil vom 20. November 2003 – IV R 30/03 –, BStBl II 2004 S. 775). 20

Beispiel:

Ein Angestellter nutzt sein Arbeitszimmer zu 40 % für seine nichtselbständige Tätigkeit und zu 60 % für eine unternehmerische Nebentätigkeit. Nur für die Nebentätigkeit steht ihm kein anderer Arbeitsplatz zur Verfügung. An Aufwendungen sind für das Arbeitszimmer insgesamt 2 500 € entstanden. Diese sind nach dem Nutzungsverhältnis aufzuteilen. Auf die nichtselbständige Tätigkeit entfallen 40 % von 2 500 € = 1 000 €, die nicht abgezogen werden können. Auf die Nebentätigkeit entfallen 60 % von 2 500 € = 1 500 €, die bis zu 1 250 € als Betriebsausgaben abgezogen werden können.

VIII. Nutzung des Arbeitszimmers durch mehrere Steuerpflichtige

Jeder Nutzende darf die Aufwendungen abziehen, die er getragen hat, wenn die Voraussetzungen des § 4 Absatz 5 Satz 1 Nummer 6b Satz 2 oder 3 EStG in seiner Person vorliegen. Steht allen Nutzenden jeweils dem Grunde nach nur ein Abzug in beschränkter Höhe zu, ist der Höchstbetrag dabei auf den jeweiligen Nutzenden nach seinem Nutzungsanteil aufzuteilen; er ist nicht mehrfach zu gewähren (→ BFH-Urteil vom 20. November 2003 – IV R 30/03 –, BStBl II 2004 S. 775). Gleiches gilt auch, wenn nur einem Nutzenden ein beschränkter Abzug zusteht (→ BFH-Urteil vom 23. September 2009 – IV R 21/08 –, BStBl II 2010 S. 337). 21

Beispiele:

- A und B nutzen gemeinsam ein häusliches Arbeitszimmer jeweils zu 50 %. Die Gesamtaufwendungen betragen 4 000 €. Sowohl A als auch B steht für die im häuslichen Arbeitszimmer ausgeübte betriebliche oder berufliche Tätigkeit kein anderer Arbeitsplatz zur Verfügung. Sie können daher jeweils 625 € (50 % des begrenzten Abzugs) als Betriebsausgaben oder Werbungskosten abziehen.

– A und B nutzen gemeinsam ein häusliches Arbeitszimmer jeweils zu 50 % (zeitlicher Nutzungsanteil). Die Gesamtaufwendungen betragen 4 000 €. Für A bildet das häusliche Arbeitszimmer den Mittelpunkt der gesamten betrieblichen und beruflichen Betätigung; A kann 2 000 € als Betriebsausgaben oder Werbungskosten abziehen. B steht für die im häuslichen Arbeitszimmer ausgeübte betriebliche oder berufliche Tätigkeit kein anderer Arbeitsplatz zur Verfügung und kann daher 625 € (50 % des begrenzten Abzugs) als Betriebsausgaben oder Werbungskosten abziehen.

IX. Nicht ganzjährige Nutzung des häuslichen Arbeitszimmers

22 Ändern sich die Nutzungsverhältnisse innerhalb eines Wirtschafts- oder Kalenderjahres, können nur die auf den Zeitraum, in dem das Arbeitszimmer den Mittelpunkt der gesamten betrieblichen und beruflichen Betätigung bildet, entfallenden Aufwendungen in voller Höhe abgezogen werden. Für den übrigen Zeitraum kommt ein beschränkter Abzug nur in Betracht, wenn für die betriebliche oder berufliche Betätigung kein anderer Arbeitsplatz zur Verfügung steht. Der Höchstbetrag von 1 250 Euro ist auch bei nicht ganzjähriger Nutzung eines häuslichen Arbeitszimmers in voller Höhe zum Abzug zuzulassen.

Beispiele:

– Ein Arbeitnehmer hat im 1. Halbjahr den Mittelpunkt seiner gesamten betrieblichen und beruflichen Tätigkeit in seinem häuslichen Arbeitszimmer. Im 2. Halbjahr übt er die Tätigkeit am Arbeitsplatz bei seinem Arbeitgeber aus. Die Aufwendungen für das Arbeitszimmer, die auf das 1. Halbjahr entfallen, sind in voller Höhe als Werbungskosten abziehbar. Für das 2. Halbjahr kommt ein Abzug nicht in Betracht.

– Ein Arbeitnehmer hat ein häusliches Arbeitszimmer, das er nur nach Feierabend und am Wochenende auch für seine nichtselbständige Tätigkeit nutzt. Seit 15. Juni ist er in diesem Raum auch schriftstellerisch tätig. Aus der schriftstellerischen Tätigkeit erzielt er Einkünfte aus selbständiger Arbeit. Fortan nutzt der Steuerpflichtige sein Arbeitszimmer zu 30 % für die nichtselbständige Tätigkeit und zu 70 % für die schriftstellerische Tätigkeit, wofür ihm kein anderer Arbeitsplatz zur Verfügung steht. Die Gesamtaufwendungen für das Arbeitszimmer betrugen 5 000 €. Davon entfallen auf den Zeitraum ab 15. Juni (6,5/12 =) 2 708 €. Der auf die nichtselbständige Tätigkeit entfallende Kostenanteil ist insgesamt nicht abziehbar. Auf die selbständige Tätigkeit entfallen 70 % von 2 708 € = 1 896 €, die bis zum Höchstbetrag von 1 250 € als Betriebsausgaben abgezogen werden können. Eine zeitanteilige Kürzung des Höchstbetrages ist nicht vorzunehmen.

23 Wird das Arbeitszimmer für eine spätere Nutzung vorbereitet, bei der die Abzugsvoraussetzungen vorliegen, sind die darauf entfallenden Aufwendungen entsprechend zu berücksichtigen (→ BFH-Urteil vom 23. Mai 2006 – VI R 21/03 –, BStBl II S. 600).

X. Nutzung eines häuslichen Arbeitszimmers zu Ausbildungszwecken

24 Nach § 10 Absatz 1 Nummer 7 Satz 4 EStG ist die Regelung des § 4 Absatz 5 Satz 1 Nummer 6b EStG auch für Aufwendungen für ein häusliches Arbeitszimmer anzuwenden, das für die eigene Berufsausbildung genutzt wird. Im Rahmen der Ausbildungskosten können jedoch in jedem Fall Aufwendungen nur bis zu insgesamt 4 000 Euro als Sonderausgaben abgezogen werden (§ 10 Absatz 1 Nummer 7 Satz 1 EStG). Wird das häusliche Arbeitszimmer auch zur Einkunftserzielung genutzt, sind für die Aufteilung der Kosten Rdnr. 19 und 20 entsprechend anzuwenden.

XI. Besondere Aufzeichnungspflichten

25 Nach § 4 Absatz 7 EStG dürfen Aufwendungen für ein häusliches Arbeitszimmer bei der Gewinnermittlung nur berücksichtigt werden, wenn sie besonders aufgezeichnet sind. Es bestehen keine Bedenken, wenn die auf das Arbeitszimmer anteilig entfallenden Finanzierungskosten im Wege der Schätzung ermittelt werden und nach Ablauf des Wirtschafts- oder Kalenderjahres eine Aufzeichnung aufgrund der Jahresabrechnung des Kreditinstitutes erfolgt. Entsprechendes gilt für die verbrauchsabhängigen Kosten wie z. B. Wasser- und Energiekosten. Es ist ausreichend, Abschreibungsbeträge einmal jährlich – zeitnah nach Ablauf des Kalender- oder Wirtschaftsjahres – aufzuzeichnen.

XII. Zeitliche Anwendung

26 Nach § 52 Absatz 12 Satz 9 EStG i. d. F. des Jahressteuergesetzes 2010 ist § 4 Absatz 5 Satz 1 Nummer 6b EStG rückwirkend ab dem Veranlagungszeitraum 2007 anzuwenden. Wird der Ge-

winn nach einem vom Kalenderjahr abweichenden Wirtschaftsjahr ermittelt, ist die Vorschrift ab 1. Januar 2007 anzuwenden. Für den Teil des Wirtschaftsjahres, der vor dem 1. Januar 2007 liegt, ist § 4 Absatz 5 Satz 1 Nummer 6b EStG in der bis dahin gültigen Fassung maßgebend.

Das BMF-Schreiben vom 3. April 2007 (BStBl I S. 442) wird durch dieses Schreiben ersetzt. Es gilt ab dem Veranlagungszeitraum 2007 und ersetzt ab diesem Veranlagungszeitraum die BMF-Schreiben vom 7. Januar 2004 (BStBl I S. 143) und vom 14. September 2004 (BStBl I S. 861). Das BMF-Schreiben zur Vermietung eines Büroraumes an den Arbeitgeber vom 13. Dezember 2005 (BStBl I 2006 S. 4) bleibt unberührt. 27

Ausstattung

Aufwendungen für Einrichtungsgegenstände wie z. B. Bücherschränke oder Schreibtische, die zugleich Arbeitsmittel sind, sind nach § 9 Abs. 1 Satz 3 Nr. 6 EStG abziehbar (→ BFH vom 21. 11. 1997 – BStBl 1998 II S. 351).

Außerhäusliches Arbeitszimmer

Werden im Dachgeschoss eines Mehrfamilienhauses Räumlichkeiten, die nicht zur Privatwohnung gehören, als Arbeitszimmer genutzt, handelt es sich hierbei im Regelfall um ein außerhäusliches Arbeitszimmer, das nicht unter die Abzugsbeschränkung des § 4 Abs. 5 Satz 1 Nr. 6b EStG fällt. Etwas anderes kann dann gelten, wenn die Räumlichkeiten auf Grund der unmittelbaren räumlichen Nähe mit den privaten Wohnräumen als gemeinsame Wohneinheit verbunden sind (→ BFH vom 18. 8. 2005 – BStBl 2006 II S. 428).

Berufliche Nutzung mehrerer Räume

Zur Abgrenzung eines häuslichen Arbeitszimmers zu sonstigen beruflich genutzten Räumen → BFH vom 26. 3. 2009 (BStBl II S. 598 – VI R 15/07 –).

Drittaufwand

Es gilt der Grundsatz, dass – auch bei zusammenveranlagten Ehegatten – nur derjenige Aufwendungen steuerlich abziehen kann, der sie tatsächlich getragen hat. Daraus folgt:

– Ehegatten, die gemeinsam die Herstellungskosten des von ihnen bewohnten Hauses getragen haben und die darin jeweils einen Raum für eigenbetriebliche Zwecke nutzen, können jeweils die auf diesen Raum entfallenden Herstellungskosten für die Dauer der betrieblichen Nutzung als Betriebsausgaben/Werbungskosten in Form von AfA geltend machen (→ BFH vom 23. 8. 1999 – BStBl II S. 774).

– Beteiligt sich der Arbeitnehmer an den Anschaffungs- oder Herstellungskosten eines Gebäudes, das seinem Ehepartner gehört und in dem der Arbeitnehmer ein Arbeitszimmer für seine beruflichen Zwecke nutzt, kann er die auf diesen Raum entfallenden eigenen Aufwendungen grundsätzlich als Werbungskosten (AfA) geltend machen. In diesem Fall sind die auf das Arbeitszimmer entfallenden Anschaffungs- oder Herstellungskosten Bemessungsgrundlage der AfA, soweit sie der Kostenbeteiligung des Arbeitnehmers entsprechen (→ BFH vom 23. 8. 1999 – BStBl II S. 778).

– Erwerben der Arbeitnehmer und sein Ehegatte aus gemeinsamen Mitteln gleichzeitig jeweils einander gleiche Eigentumswohnungen zum Alleineigentum und nutzt der Arbeitnehmer in der von den Ehegatten gemeinsam zu Wohnzwecken genutzten Wohnung des Ehegatten ein Arbeitszimmer alleine zu beruflichen Zwecken, kann er die darauf entfallenden Anschaffungskosten grundsätzlich nicht als eigene Werbungskosten (AfA) geltend machen. Die vom Eigentümer-Ehegatten aufgewendeten Anschaffungskosten des Arbeitszimmers sind somit keine Werbungskosten des Arbeitnehmers (keine Anerkennung von Drittaufwand). Abziehbar sind hingegen die durch die Nutzung des Arbeitszimmers verursachten laufenden Aufwendungen (z. B. anteilige Energie- und Reparaturkosten des Arbeitszimmers), wenn sie entweder vom Arbeitnehmer-Ehegatten absprachegemäß übernommen oder von den Ehegatten gemeinsam getragen werden (etwa von einem gemeinsamen Bankkonto). Nicht abziehbar sind dagegen – ungeachtet der gemeinsamen Kostentragung – die durch das Eigentum bedingten Kosten, wie z. B. Grundsteuer, Schuldzinsen, allgemeine Reparaturkosten (→ BFH vom 23. 8. 1999 – BStBl II S. 782).

– Allein auf Grund der Tatsache, dass der Arbeitnehmer gemeinsam mit seinem Ehepartner ein Arbeitszimmer in der dem Ehegatten gehörenden Wohnung nutzt, sind ihm die anteiligen Anschaffungs- oder Herstellungskosten des Arbeitszimmers entsprechend seiner Nutzung zur Vornahme von AfA nicht zuzurechnen (→ BFH vom 23. 8. 1999 – BStBl II S. 787).

– Sind die Ehegatten nicht Eigentümer des Hauses oder der Wohnung, ist der Abzug der Aufwendungen für ein Arbeitszimmer ausgeschlossen, wenn die Aufwendungen auf Grund eines Dauerschuldverhältnisses (z. B. Mietvertrag) vom Ehegatten des Arbeitnehmers getragen werden (→ BFH vom 24. 2. 2000 – BStBl II S. 314).

Ermittlung der abziehbaren Aufwendungen

- Die Aufwendungen für das häusliche Arbeitszimmer, z. B. anteilige Miete und Heizungskosten sowie die unmittelbaren Kosten der Ausstattung, Reinigung und Renovierung, sind Werbungskosten, bei Mitbenutzung zu Ausbildungszwecken anteilig Sonderausgaben (→ BFH vom 22. 6. 1990 – BStBl II S. 901).
- Die anteiligen Kosten des Arbeitszimmers sind nach dem Verhältnis der Fläche des Arbeitszimmers zur gesamten Wohnfläche einschließlich des Arbeitszimmers zu ermitteln (→ BFH vom 10. 4. 1987 – BStBl II S. 500). ***Zur Ermittlung der anteiligen Kosten eines als Arbeitszimmer genutzten Kellerraums → BFH vom 11. 11. 2014 (BStBl 2015 II S. 382).***
- Vergrößert sich die Gesamtwohnfläche durch Erweiterungsbaumaßnahmen, so ergibt sich ein veränderter Aufteilungsmaßstab; sind die Erweiterungsbaumaßnahmen mit Krediten finanziert, so sind die darauf entfallenden Schuldzinsen dem häuslichen Arbeitszimmer selbst dann anteilig zuzuordnen, wenn die Baumaßnahmen das Arbeitszimmer nicht unmittelbar betroffen haben (→ BFH vom 21. 8. 1995 – BStBl II S. 729).
- Wegen der berücksichtigungsfähigen Kosten dem Grunde und der Höhe nach, wenn das Arbeitszimmer in einem selbstgenutzten Haus oder in einer selbstgenutzten Eigentumswohnung gelegen ist, → BFH vom 18. 10. 1983 (BStBl 1984 II S. 112).
- Die AfA richtet sich bei einem selbstgenutzten häuslichen Arbeitszimmer im eigenen Einfamilienhaus nach § 7 Abs. 4 Satz 1 Nr. 2 oder Abs. 5 Satz 1 Nr. 2 EStG; eine (höhere) Absetzung nach § 7 Abs. 5 Satz 1 Nr. 3 EStG ist nicht zulässig (→ BFH vom 30. 6. 1995 – BStBl II S. 598 und vom 4. 8. 1995 – BStBl II S. 727).
- Liegt das Arbeitszimmer in einer den Ehegatten gemeinsam gehörenden Wohnung, einem gemeinsamen Einfamilienhaus oder einer gemeinsamen Eigentumswohnung, so sind die auf das Arbeitszimmer anteilig entfallenden Aufwendungen einschließlich AfA grundsätzlich unabhängig vom Miteigentumsanteil des anderen Ehegatten zu berücksichtigen (→ BFH vom 12. 2. 1988 – BStBl II S. 764); entsprechendes gilt für die auf das Arbeitszimmer anteilig entfallenden Schuldzinsen (→ BFH vom 3. 4. 1987 – BStBl II S. 623).
- Vergütungen an den Ehegatten für die Reinigung des Arbeitszimmers sind keine Werbungskosten (→ BFH vom 27. 10. 1978 – BStBl 1979 II S. 80).

Ermittlung der auf ein häusliches Arbeitszimmer entfallenden Aufwendungen

(Verfügung der OFD Hannover vom 11. 9. 1997 – S 2354 – 126 – StH 214 / S 2354 – 38 – StO 212 –)

Nach dem BFH-Urteil vom 18. 10. 1983 (BStBl II 1984, 112) sind die auf ein häusliches Arbeitszimmer entfallenden anteiligen Aufwendungen nach dem Verhältnis der nach §§ 42 – 44 der II. Berechnungsverordnung (BV) ermittelten Wohnfläche der Wohnung zur Fläche des häuslichen Arbeitszimmers aufzuteilen.

Die vom BFH gewählte Formulierung wird jedoch rechnerisch nicht immer zutreffend umgesetzt. So wird z. B. im folgenden Fall

Gesamtfläche (einschl. Arbeitszimmer, ohne Nebenräume)	100 qm
Fläche des Arbeitszimmers	20 qm
verbleibende Wohnfläche	80 qm

der auf das Arbeitszimmer entfallende Kostenanteil unzutreffend mit 25 v. H. aus dem nach dem BFH-Urteil zu bildenden Verhältnis von 20 : 80 abgeleitet.

Aus den Urteilsgründen ergibt sich jedoch eindeutig, daß die Kosten in diesem Verhältnis aufzuteilen sind. Betragen z. B. die Gesamtkosten 2 000,– DM, so sind diese im Beispielfall im Verhältnis 20 : 80 aufzuteilen. Als Werbungskosten können somit 20 „Teile" der Gesamtkosten (= 20 v. H.) berücksichtigt werden, auf die verbleibende Wohnfläche entfallen 80 „Teile" (mathematisch also 20/100 bzw. 80/100). Der auf das Arbeitszimmer entfallende Kostenanteil beträgt demnach 400 DM (400 : 1 600 entspricht 20 : 80) also 20 v. H. und nicht 25 v. H. (vgl. auch BFH vom 10. 4. 1987, BStBl II 1987, 500, Klarstellung zum o. g. Urteil).

Die rechnerische Ermittlung der anteiligen Werbungskosten ist deshalb wie bisher nach folgender Formel vorzunehmen, die zu demselben Ergebnis wie die vom BFH verwendete Proportionalrechnung führt:

$$\frac{\text{Größe des Arbeitszimmers} \times 100}{\text{Gesamte Fläche (einschl. Arbeitszimmer, ohne Nebenräume)}}$$

(Beispielfall: = 20100 × 100 = 20 v. H.).

Bei der Ermittlung der Wohnfläche bleiben Nebenräume, wie z. B. Keller, Waschküchen, Abstellräume und Dachböden (Zubehörräume) grundsätzlich außer Ansatz (§ 42 Abs. 4 Nr. 1 II.

BV). Nicht zur Wohnfläche gehören außerdem Räume, die den nach ihrer Nutzung zu stellenden Anforderungen des Bauordnungsrechts nicht genügen (§ 42 Abs. 4 Nr. 3 II. BV). In diesem Zusammenhang sind § 43 der Niedersächsischen Bauordnung (NBauO) i. d. F. vom 13. 7. 1995 (GVBl, 199) und § 28 der Allgemeinen Durchführungsverordnung zur Niedersächsischen Bauordnung (DVNBauO) vom 11. 3. 1987 (GVBl, 29) maßgebend.

Wird ein Nebenraum also nicht wie ein Zubehörraum genutzt (z. B. Hobbykeller, Kellerbar, Kellersauna, Gästezimmer im Keller), so ist dieser Raum nur dann in die Wohnflächenberechnung einzubeziehen, wenn die entsprechende Nutzung nicht gegen Bauordnungsrecht verstößt. Allein die besondere Ausstattung eines Zubehörraums und seine tatsächliche Nutzung als Wohnraum reichen nicht aus, um die Wohnfläche entsprechend zu erhöhen.

Befindet sich das Arbeitszimmer selbst in einem Zubehörraum, wie z. B. im Keller oder auf dem Dachboden und erfüllt dieser Raum die Anforderungen des Bauordnungsrechts für diese Nutzung nicht, kann die Ermittlung der auf das Arbeitszimmer entfallenden anteiligen Aufwendungen nicht nach dem Wohnflächenverhältnis vorgenommen werden. In Betracht käme dann nur eine Aufteilung nach dem Verhältnis der Nutzfläche des Arbeitszimmers zur Gesamtnutzfläche des Hauses (Haupt- und Nebenräume) einschließlich des Arbeitszimmers (so auch FG Köln vom 26. 1. 1995, 13 K 2726/93, EFG 1995, 830, im Anschluß an das BFH-Urteil vom 5. 9. 1990, X R 3/89, BStBl II 1991, 389).

Fortbildungszwecke

Steht einem Arbeitnehmer beim Arbeitgeber ein Büroarbeitsplatz auch für Fortbildungsmaßnahmen zur Verfügung, schließt dies regelmäßig die steuerliche Berücksichtigung von Kosten für ein zu Fortbildungszwecken genutztes häusliches Arbeitszimmer aus (→ BFH vom 5. 10. 2011 – BStBl 2012 II S. 127).

Kunstgegenstände

Aufwendungen für Kunstgegenstände, die zur Einrichtung eines häuslichen Arbeitszimmers gehören, sind regelmäßig keine Werbungskosten (→ BFH vom 30. 10. 1990 – BStBl 1991 II S. 340 und vom 12. 3. 1993 – BStBl II S. 506).

Räumliche Voraussetzungen

- Zu den Voraussetzungen für die steuerliche Anerkennung gehört, dass das Arbeitszimmer von den privat genutzten Räumen getrennt ist (→ BFH vom 6. 12. 1991 – BStBl 1992 II S. 304).
- Neben dem Arbeitszimmer muss genügend Wohnraum vorhanden sein (→ BFH vom 26. 4. 1985 – BStBl II S. 467).
- Ein häusliches Arbeitszimmer ist steuerlich nicht anzuerkennen, wenn das Arbeitszimmer ständig durchquert werden muss, um andere privat genutzte Räume der Wohnung zu erreichen (→ BFH vom 18. 10. 1983 – BStBl 1984 II S. 110); die private Mitbenutzung des Arbeitszimmers ist dagegen von untergeordneter Bedeutung, wenn es nur durchquert werden muss, um z. B. das Schlafzimmer zu erreichen (→ BFH vom 19. 8. 1988 – BStBl II S. 1000).

Abzugsfähigkeit von Aufwendungen für ein häusliches Arbeitszimmer

Aktuelle Rechtsprechung

(Verfügung der OFD Frankfurt/Main vom 02. 07. 2013 – S 2145 A – 16 – St 210)

1. Mittelpunkt der gesamten betrieblichen und beruflichen Tätigkeit bei Vortrags- und Lehrtätigkeit

Das Finanzgericht Köln hat mit Urteil vom 10. 12. 2008, 7 K 97/07, EFG 2009, 649 in Übereinstimmung mit der BFH-Rechtsprechung entschieden, dass der „Mittelpunkt" der betrieblichen/beruflichen Tätigkeit im Sinne des § 4 Abs. 5 Satz 1 Nr. 6b EStG sich nach dem inhaltlichen (qualitativen) Schwerpunkt der betrieblichen und beruflichen Tätigkeit eines Steuerpflichtigen bestimmt. Wo dieser Schwerpunkt liegt, sei im Rahmen einer umfassenden Wertung der Gesamttätigkeit des Steuerpflichtigen festzustellen, wobei es entscheidend darauf ankomme, ob die Tätigkeit im Arbeitszimmer für das Berufsbild prägend ist.

Im Streitfall erzielte der Kläger als pensionierter Beamter neben seinen Versorgungsbezügen Einkünfte aus selbständiger Tätigkeit als Dozent sowie aus schriftstellerischer und beratender Tätigkeit. Dabei erstreckte sich seine freiberufliche Tätigkeit auf das Abhalten und Vorbereiten von juristischen Vorträgen, Lehrveranstaltungen und Seminaren, das Verfassen steuerjuristischer Fachgutachten und -aufsätzen sowie die Kommentierung von Steuergesetzen. Für die

Vermietung an den Arbeitgeber

→ BMF vom 13. 12. 2005 (BStBl 2006 I S. 4)

Vermietung eines Büroraums an den Arbeitgeber;

Anwendung des BFH-Urteils vom 16. September 2004 (BStBl 2005 II S. 10)

(BMF-Schreiben vom 13. 12. 2005 – BStBl I S. 4 – IV C 3 – S 2253 – 112/05 –)

Zur einkommensteuerrechtlichen Behandlung der Vermietung eines Büroraums durch einen Arbeitnehmer an seinen Arbeitgeber, den der Arbeitnehmer als Arbeitszimmer nutzt, hat der Bundesfinanzhof in Fortentwicklung der Urteile vom 19. Oktober 2001 (BStBl 2002 II S. 300) und vom 20. März 2003 (BStBl 2003 II S. 519) mit Urteil vom 16. September 2004 seine Rechtsprechung weiter präzisiert.

Unter Bezugnahme auf das Ergebnis der Erörterungen mit den obersten Finanzbehörden der Länder sind die Urteilsgrundsätze unter Anlegung eines strengen Maßstabs wie folgt anzuwenden:

Zu den Einkünften aus nichtselbständiger Arbeit zählen nach § 19 Abs. 1 Satz 1 Nr. 1 EStG auch andere Bezüge und Vorteile, die einem Arbeitnehmer für eine Beschäftigung im öffentlichen oder privaten Dienst gewährt werden. Ein Vorteil wird gewährt, wenn er durch das individuelle Dienstverhältnis des Arbeitnehmers veranlasst ist. Hieran fehlt es, wenn der Arbeitgeber dem Arbeitnehmer Vorteile aufgrund einer anderen, neben dem Dienstverhältnis gesondert bestehenden Rechtsbeziehung – beispielsweise einem Mietverhältnis – zuwendet.

Leistet der Arbeitgeber Zahlungen für ein im Haus oder in der Wohnung des Arbeitnehmers gelegenes Büro, das der Arbeitnehmer für die Erbringung seiner Arbeitsleistung nutzt, so ist die Unterscheidung zwischen Arbeitslohn und Einkünften aus Vermietung und Verpachtung danach vorzunehmen, in wessen vorrangigem Interesse die Nutzung des Büros erfolgt.

Dient die Nutzung in erster Linie den Interessen des Arbeitnehmers, ist davon auszugehen, dass die Zahlungen des Arbeitgebers als Gegenleistung für das Zurverfügungstellen der Arbeitskraft des Arbeitnehmers erfolgt sind. Die Einnahmen sind als Arbeitslohn zu erfassen.

Eine für die Zuordnung der Mietzahlungen zu den Einnahmen aus Vermietung und Verpachtung i. S. von § 21 Abs. 1 Nr. 1 EStG erforderliche, neben dem Dienstverhältnis gesondert bestehende Rechtsbeziehung setzt voraus, dass das Arbeitszimmer vorrangig im betrieblichen Interesse des Arbeitgebers genutzt wird und dieses Interesse über die Entlohnung des Arbeitnehmers sowie über die Erbringung der jeweiligen Arbeitsleistung hinausgeht. Die Ausgestaltung der Vereinbarung zwischen Arbeitgeber und Arbeitnehmer als auch die tatsächliche Nutzung des angemieteten Raumes im Haus oder der Wohnung des Arbeitnehmers müssen maßgeblich und objektiv nachvollziehbar von den Bedürfnissen des Arbeitgebers geprägt sein.

Für das Vorliegen eines betrieblichen Interesses sprechen beispielsweise folgende Anhaltspunkte:

- Für den/die Arbeitnehmer sind im Unternehmen keine geeigneten Arbeitszimmer vorhanden; die Versuche des Arbeitgebers, entsprechende Räume von fremden Dritten anzumieten, sind erfolglos geblieben.
- Der Arbeitgeber hat für andere Arbeitnehmer des Betriebs, die über keine für ein Arbeitszimmer geeignete Wohnung verfügen, entsprechende Rechtsbeziehungen mit fremden Dritten, die nicht in einem Dienstverhältnis zu ihm stehen, begründet.
- Es wurde eine ausdrückliche, schriftliche Vereinbarung über die Bedingungen der Nutzung des überlassenen Raumes abgeschlossen.

Allerdings muss der Steuerpflichtige auch in diesen Fällen das vorrangige betriebliche Interesse seines Arbeitgebers nachweisen, ansonsten sind die Zahlungen als Arbeitslohn zu erfassen.

Ein gegen das betriebliche Interesse und damit für den Arbeitslohncharakter der Mieteinnahmen sprechendes gewichtiges Indiz liegt vor, wenn der Arbeitnehmer im Betrieb des Arbeitgebers über einen weiteren Arbeitsplatz verfügt und die Nutzung des häuslichen Arbeitszimmers vom Arbeitgeber lediglich gestattet oder geduldet wird. In diesem Fall ist grundsätzlich von einem vorrangigen Interesse des Arbeitnehmers an der Nutzung des häuslichen Arbeitszimmers auszugehen. Zur Widerlegung dieser Annahme muss der Steuerpflichtige das vorrangige Interesse seines Arbeitgebers am zusätzlichen häuslichen Arbeitsplatz, hinter welches das Interesse des Steuerpflichtigen zurücktritt, nachweisen. Ein etwa gleichgewichtiges Interesse von Arbeitgeber und Arbeitnehmer reicht hierfür nicht aus.

Für das Vorliegen eines betrieblichen Interesses kommt es nicht darauf an,

- ob ein entsprechendes Nutzungsverhältnis zu gleichen Bedingungen auch mit einem fremden Dritten hätte begründet werden können,

- ob der vereinbarte Mietzins die Höhe des ortsüblichen Mietzinses unterschreitet, denn das geforderte betriebliche Interesse an der Nutzung des betreffenden Raumes wird durch eine für den Arbeitgeber vorteilhafte Gestaltung der zugrunde liegenden Rechtsbeziehung nicht in Frage gestellt.

Bei einer auf Dauer angelegten Vermietungstätigkeit ist nach der Rechtsprechung des Bundesfinanzhofs vom Vorliegen der Einkunftserzielungsabsicht auszugehen (vgl. auch BMF-Schreiben vom 8. Oktober 2004 – BStBl I 2004 S. 933). Das gilt auch für die Vermietung eines im Haus oder der Wohnung des Arbeitnehmers gelegenen Büros an den Arbeitgeber. Selbst wenn wegen der Koppelung des Mietvertrags an die Amts- oder Berufszeit des Arbeitnehmers und im Hinblick auf die Höhe des Mietzinses Zweifel am Vorliegen der Einkunftserzielungsabsicht bestehen, steht dies bei vorrangigem betrieblichen Interesse des Arbeitgebers einer Berücksichtigung der Aufwendungen nicht entgegen.

Liegen die Voraussetzungen für die Zuordnung der Mieteinnahmen zu den Einkünften aus Vermietung und Verpachtung vor, sind die das Dienstzimmer betreffenden Aufwendungen in vollem Umfang als Werbungskosten zu berücksichtigen. Sie fallen nicht unter die Abzugsbeschränkung des § 4 Abs. 5 Satz 1 Nr. 6b EStG.

Vorweggenommene Aufwendungen

- Ob die Aufwendungen für das Herrichten eines häuslichen Arbeitszimmers für eine nachfolgende berufliche Tätigkeit als Werbungskosten abziehbar sind, bestimmt sich nach den zu erwartenden Umständen der späteren beruflichen Tätigkeit. Nicht entscheidend ist, ob die beabsichtigte berufliche Nutzung im Jahr des Aufwands bereits begonnen hat. (→ BFH vom 23. 5. 2006 – BStBl 2006 II S. 600).
- Aufwendungen für ein häusliches Arbeitszimmer während einer Erwerbslosigkeit sind nur abziehbar, wenn der Abzug auch bei der späteren beruflichen Tätigkeit möglich wäre (→ BFH vom 2. 12. 2005 – BStBl 2006 II S. 329).

§ 9a Pauschbeträge für Werbungskosten

EStG

[1]Für Werbungskosten sind bei der Ermittlung der Einkünfte die folgenden Pauschbeträge abzuziehen, wenn nicht höhere Werbungskosten nachgewiesen werden: S 2214

1. a) von den Einnahmen aus nichtselbständiger Arbeit vorbehaltlich Buchstabe b:
ein Arbeitnehmer-Pauschbetrag von 1 000 Euro; S 2346

b) von den Einnahmen aus nichtselbständiger Arbeit, soweit es sich um Versorgungsbezüge im Sinne des § 19 Absatz 2 handelt:
ein Pauschbetrag von 102 Euro;

2. (weggefallen)

3. von den Einnahmen im Sinne des § 22 Nummer 1, 1a, und 5:
ein Pauschbetrag von insgesamt 102 Euro.

[2]Der Pauschbetrag nach Satz 1 Nummer 1 Buchstabe b darf nur bis zur Höhe der um den Versorgungsfreibetrag einschließlich des Zuschlags zum Versorgungsfreibetrag (§ 19 Absatz 2) geminderten Einnahmen, die Pauschbeträge nach Satz 1 Nummer 1 Buchstabe a und Nummer 3 dürfen nur bis zur Höhe der Einnahmen abgezogen werden.

Hinweise

H 9a

Allgemeines

→ R 9a EStR, H 9a EStH

Der Arbeitnehmer-Pauschbetrag ist auch dann nicht zu kürzen, wenn feststeht, dass keine oder nur geringe Werbungskosten angefallen sind (→ BFH vom 10. 6. 2008 – BStBl II S. 937).

Werbungskosten-Pauschbetrag bei Versorgungsbezügen → Anhang 2 VI

4a. Umsatzsteuerrechtlicher Vorsteuerabzug

EStG

§ 9b [Umsatzsteuerrechtlicher Vorsteuerabzug]

S 2170 (1) Der Vorsteuerbetrag nach § 15 des Umsatzsteuergesetzes gehört, soweit er bei der Umsatzsteuer abgezogen werden kann, nicht zu den Anschaffungs- oder Herstellungskosten des Wirtschaftsguts, auf dessen Anschaffung oder Herstellung er entfällt.

(2) [1]Wird der Vorsteuerabzug nach § 15a des Umsatzsteuergesetzes berichtigt, so sind die Mehrbeträge als Betriebseinnahmen oder Einnahmen zu behandeln, wenn sie im Rahmen einer der Einkunftsarten des § 2 Absatz 1 Satz 1 bezogen werden; die Minderbeträge sind als Betriebsausgaben oder Werbungskosten zu behandeln, wenn sie durch den Betrieb veranlasst sind oder der Erwerbung, Sicherung und Erhaltung von Einnahmen dienen. [2]Die Anschaffungs- oder Herstellungskosten bleiben in den Fällen des Satzes 1 unberührt.

5. Sonderausgaben

EStG
S 2220
S 2221

§ 10 [Sonderausgaben]

(1) Sonderausgaben sind die folgenden Aufwendungen, wenn sie weder Betriebsausgaben noch Werbungskosten sind oder wie Betriebsausgaben oder Werbungskosten behandelt werden:

S 2221a 1. (weggefallen)

2. a) Beiträge zu den gesetzlichen Rentenversicherungen oder zur landwirtschaftlichen Alterskasse sowie zu berufsständischen Versorgungseinrichtungen, die den gesetzlichen Rentenversicherungen vergleichbare Leistungen erbringen;

[1] b) Beiträge des Steuerpflichtigen

aa) zum Aufbau einer eigenen kapitalgedeckten Altersversorgung, wenn der Vertrag nur die Zahlung einer monatlichen, auf das Leben des Steuerpflichtigen bezogenen lebenslangen Leibrente nicht vor Vollendung des 62. Lebensjahres oder zusätzlich die ergänzende Absicherung des Eintritts der Berufsunfähigkeit (Berufsunfähigkeitsrente), der verminderten Erwerbsfähigkeit (Erwerbsminderungsrente) oder von Hinterbliebenen (Hinterbliebenenrente) vorsieht. [2]Hinterbliebene in diesem Sinne sind der Ehegatte des Steuerpflichtigen und die Kinder, für die er Anspruch auf Kindergeld oder auf einen Freibetrag nach § 32 Absatz 6 hat. [3]Der Anspruch auf Waisenrente darf längstens für den Zeitraum bestehen, in dem der Rentenberechtigte die Voraussetzungen für die Berücksichtigung als Kind im Sinne des § 32 erfüllt;

bb) für seine Absicherung gegen den Eintritt der Berufsunfähigkeit oder der verminderten Erwerbsfähigkeit (Versicherungsfall), wenn der Vertrag nur die Zahlung einer monatlichen, auf das Leben des Steuerpflichtigen bezogenen lebenslangen Leibrente für einen Versicherungsfall vorsieht, der bis zur Vollendung des 67. Lebensjahres eingetreten ist. [2]Der Vertrag kann die Beendigung der Rentenzahlung wegen eines medizinisch begründeten Wegfalls der Berufsunfähigkeit oder der verminderten Erwerbsfähigkeit vorsehen. [3]Die Höhe der zugesagten Rente kann vom Alter des Steuerpflichtigen bei Eintritt des Versicherungsfalls abhängig gemacht werden, wenn der Steuerpflichtige das 55. Lebensjahr vollendet hat.

[2]Die Ansprüche nach Buchstabe b dürfen nicht vererblich, nicht übertragbar, nicht beleihbar, nicht veräußerbar und nicht kapitalisierbar sein. [3]Anbieter und Steuerpflichtiger können vereinbaren, dass bis zu zwölf Monatsleistungen in einer Auszahlung zusammengefasst werden oder eine Kleinbetragsrente im Sinne von § 93 Absatz 3 Satz 2 abgefunden wird. [4]Bei der Berechnung der Kleinbetragsrente sind alle bei einem Anbieter bestehenden Verträge des Steuerpflichtigen jeweils nach Buchstabe b Doppelbuchstabe aa oder Doppelbuchstabe bb zusammenzurechnen. [5]Neben den genannten Auszahlungsformen darf kein weiterer Anspruch auf Auszahlungen bestehen. [6]Zu den Beiträgen nach den Buchstaben a und b ist der nach § 3 Nummer 62 steuerfreie Arbeitgeberanteil zur gesetzlichen Rentenversicherung und ein diesem gleichgestellter steuerfreier Zuschuss des Arbeitgebers hinzuzurechnen. [7]Beiträge nach § 168 Absatz 1 Nummer 1b oder 1c oder nach § 172 Absatz 3

[1]) Für die nach § 10 Abs. 1 Nr. 2 Buchstabe b EStG begünstigten Verträge, die vor dem 1. 1. 2007 abgeschlossen wurden, gelten für das Vorliegen einer begünstigten Hinterbliebenenversorgung die Altersgrenzen des § 32 in der am 31. 12. 2006 geltenden Fassung (→ § 52 Abs. 32 Satz 3 EStG).

oder 3a des Sechsten Buches Sozialgesetzbuch werden abweichend von Satz 2 nur auf Antrag des Steuerpflichtigen hinzugerechnet;

3. **Beiträge zu**

   a) **Krankenversicherungen, soweit diese zur Erlangung eines durch das Zwölfte Buch Sozialgesetzbuch bestimmten sozialhilfegleichen Versorgungsniveaus erforderlich sind und sofern auf die Leistungen ein Anspruch besteht. [2]Für Beiträge zur gesetzlichen Krankenversicherung sind dies die nach dem Dritten Titel des Ersten Abschnitts des Achten Kapitels des Fünften Buches Sozialgesetzbuch oder die nach dem Sechsten Abschnitt des Zweiten Gesetzes über die Krankenversicherung der Landwirte festgesetzten Beiträge. [3]Für Beiträge zu einer privaten Krankenversicherung sind dies die Beitragsanteile, die auf Vertragsleistungen entfallen, die, mit Ausnahme der auf das Krankengeld entfallenden Beitragsanteile, in Art, Umfang und Höhe den Leistungen nach dem Dritten Kapitel des Fünften Buches Sozialgesetzbuch vergleichbar sind;** ***§ 158 Absatz 2*** **des Versicherungsaufsichtsgesetzes gilt entsprechend. [4]Wenn sich aus den Krankenversicherungsbeiträgen nach Satz 2 ein Anspruch auf Krankengeld oder ein Anspruch auf eine Leistung, die anstelle von Krankengeld gewährt wird, ergeben kann, ist der jeweilige Beitrag um 4 Prozent zu vermindern;** 1)

   b) **gesetzlichen Pflegeversicherungen (soziale Pflegeversicherung und private Pflege-Pflichtversicherung).**

   [2]Als eigene Beiträge des Steuerpflichtigen werden auch die vom Steuerpflichtigen im Rahmen der Unterhaltsverpflichtung getragenen eigenen Beiträge im Sinne des Buchstaben a oder des Buchstaben b eines Kindes behandelt, für das ein Anspruch auf einen Freibetrag nach § 32 Absatz 6 oder auf Kindergeld besteht. [3]Hat der Steuerpflichtige in den Fällen des Absatzes 1a Nummer 1 eigene Beiträge im Sinne des Buchstaben a oder des Buchstaben b zum Erwerb einer Krankenversicherung oder gesetzlichen Pflegeversicherung für einen geschiedenen oder dauernd getrennt lebenden unbeschränkt einkommensteuerpflichtigen Ehegatten geleistet, dann werden diese abweichend von Satz 1 als eigene Beiträge des geschiedenen oder dauernd getrennt lebenden unbeschränkt einkommensteuerpflichtigen Ehegatten behandelt. [4]Beiträge, die für nach Ablauf des Veranlagungszeitraums beginnende Beitragsjahre geleistet werden und in der Summe das Zweieinhalbfache der auf den Veranlagungszeitraum entfallenden Beiträge überschreiten, sind in dem Veranlagungszeitraum anzusetzen, für den sie geleistet wurden; dies gilt nicht für Beiträge, soweit sie der unbefristeten Beitragsminderung nach Vollendung des 62. Lebensjahrs dienen;

3a. **Beiträge zu Kranken- und Pflegeversicherungen, soweit diese nicht nach Nummer 3 zu berücksichtigen sind; Beiträge zu Versicherungen gegen Arbeitslosigkeit, zu Erwerbs- und Berufsunfähigkeitsversicherungen, die nicht unter Nummer 2 Satz 1 Buchstabe b fallen, zu Unfall- und Haftpflichtversicherungen sowie zu Risikoversicherungen, die nur für den Todesfall eine Leistung vorsehen; Beiträge zu Versicherungen im Sinne des § 10 Absatz 1 Nummer 2 Buchstabe b Doppelbuchstabe bb bis dd in der am 31. Dezember 2004 geltenden Fassung, wenn die Laufzeit dieser Versicherungen vor dem 1. Januar 2005 begonnen hat und ein Versicherungsbeitrag bis zum 31. Dezember 2004 entrichtet wurde; § 10 Absatz 1 Nummer 2 Satz 2 bis 6 und Absatz 2 Satz 2 in der am 31. Dezember 2004 geltenden Fassung ist in diesen Fällen weiter anzuwenden;**

4. **gezahlte Kirchensteuer; dies gilt nicht, soweit die Kirchensteuer als Zuschlag zur Kapitalertragsteuer oder als Zuschlag auf die nach dem gesonderten Tarif des § 32d Absatz 1 ermittelte Einkommensteuer gezahlt wurde;**

5. **zwei Drittel der Aufwendungen, höchstens 4 000 Euro je Kind, für Dienstleistungen zur Betreuung eines zum Haushalt des Steuerpflichtigen gehörenden Kindes im Sinne des § 32 Absatz 1, welches das 14. Lebensjahr noch nicht vollendet hat oder wegen einer vor Vollendung des 25. Lebensjahres eingetretenen körperlichen, geistigen oder seelischen Behinderung außerstande ist, sich selbst zu unterhalten. [2]Dies gilt nicht für Aufwendungen für Unterricht, die Vermittlung besonderer Fähigkeiten sowie für sportliche und andere Freizeitbetätigungen. [3]Ist das zu betreuende Kind nicht nach § 1 Absatz 1 oder Absatz 2 unbeschränkt einkommensteuerpflichtig, ist der in Satz 1 genannte Betrag zu kürzen, soweit es nach den Verhältnissen im Wohnsitzstaat des Kindes notwendig und angemessen ist. [4]Voraussetzung für den Abzug der Aufwendungen nach Satz 1 ist, dass der Steuerpflichtige für die Aufwendungen eine Rechnung erhalten hat und die Zahlung auf das Konto des Erbringers der Leistung erfolgt ist;** S 2221b 2)

1) Absatz 1 Nr. 3 Buchstabe a Satz 3 wurde durch das Gesetz zur Modernisierung der Finanzaufsicht über Versicherungen ab VZ 2016 geändert.

2) § 10 Abs. 1 Nr. 5 in der am 1. Januar 2012 geltenden Fassung gilt auch für Kinder, die wegen einer vor dem 1. Januar 2007 in der Zeit ab Vollendung des 25. Lebensjahres und vor Vollendung des 27. Lebensjahres eingetretenen körperlichen, geistigen oder seelischen Behinderung außerstande sind, sich selbst zu unterhalten (→ § 52 Abs. 18 Satz 3 EStG).

6. **(weggefallen)**

7. **Aufwendungen für die eigene Berufsausbildung bis zu 6 000 Euro im Kalenderjahr. [2]Bei Ehegatten, die die Voraussetzungen des § 26 Absatz 1 Satz 1 erfüllen, gilt Satz 1 für jeden Ehegatten. [3]Zu den Aufwendungen im Sinne des Satzes 1 gehören auch Aufwendungen für eine auswärtige Unterbringung. [4]§ 4 Absatz 5 Satz 1 Nummer 6b sowie § 9 Absatz 1 Satz 3 Nummer 4 und 5, Absatz 2, 4 Satz 8 und Absatz 4a sind bei der Ermittlung der Aufwendungen anzuwenden.**

S 2221b 8. **(weggefallen)**

9. **30 Prozent des Entgelts, höchstens 5 000 Euro, das der Steuerpflichtige für ein Kind, für das er Anspruch auf einen Freibetrag nach § 32 Absatz 6 oder auf Kindergeld hat, für dessen Besuch einer Schule in freier Trägerschaft oder einer überwiegend privat finanzierten Schule entrichtet, mit Ausnahme des Entgelts für Beherbergung, Betreuung und Verpflegung. [2]Voraussetzung ist, dass die Schule in einem Mitgliedstaat der Europäischen Union oder in einem Staat belegen ist, auf den das Abkommen über den Europäischen Wirtschaftsraum Anwendung findet, und die Schule zu einem von dem zuständigen inländischen Ministerium eines Landes, von der Kultusministerkonferenz der Länder oder von einer inländischen Zeugnisanerkennungsstelle anerkannten oder einem inländischen Abschluss an einer öffentlichen Schule als gleichwertig anerkannten allgemein bildenden oder berufsbildenden Schul-, Jahrgangs- oder Berufsabschluss führt. [3]Der Besuch einer anderen Einrichtung, die auf einen Schul-, Jahrgangs- oder Berufsabschluss im Sinne des Satzes 2 ordnungsgemäß vorbereitet, steht einem Schulbesuch im Sinne des Satzes 1 gleich. [4]Der Besuch einer Deutschen Schule im Ausland steht dem Besuch einer solchen Schule gleich, unabhängig von ihrer Belegenheit. [5]Der Höchstbetrag nach Satz 1 wird für jedes Kind, bei dem die Voraussetzungen vorliegen, je Elternpaar nur einmal gewährt.**

(1a) [1]Sonderausgaben sind auch die folgenden Aufwendungen:

1. **Unterhaltsleistungen an den geschiedenen oder dauernd getrennt lebenden unbeschränkt einkommensteuerpflichtigen Ehegatten, wenn der Geber dies mit Zustimmung des Empfängers beantragt, bis zu 13 805 Euro im Kalenderjahr. [2]Der Höchstbetrag nach Satz 1 erhöht sich um den Betrag der im jeweiligen Veranlagungszeitraum nach Absatz 1 Nummer 3 für die Absicherung des geschiedenen oder dauernd getrennt lebenden unbeschränkt einkommensteuerpflichtigen Ehegatten aufgewandten Beiträge. [3]Der Antrag kann jeweils nur für ein Kalenderjahr gestellt und nicht zurückgenommen werden. [4]Die Zustimmung ist mit Ausnahme der nach § 894 der Zivilprozessordnung als erteilt geltenden bis auf Widerruf wirksam. [5]Der Widerruf ist vor Beginn des Kalenderjahres, für das die Zustimmung erstmals nicht gelten soll, gegenüber dem Finanzamt zu erklären. [6]Die Sätze 1 bis 5 gelten für Fälle der Nichtigkeit oder der Aufhebung der Ehe entsprechend.** [1)] ***[7]Voraussetzung für den Abzug der Aufwendungen ist die Angabe der erteilten Identifikationsnummer (§ 139b der Abgabenordnung) der unterhaltenen Person in der Steuererklärung des Unterhaltsleistenden, wenn die unterhaltene Person der unbeschränkten oder beschränkten Steuerpflicht unterliegt. [8]Die unterhaltene Person ist für diese Zwecke verpflichtet, dem Unterhaltsleistenden ihre erteilte Identifikationsnummer (§ 139b der Abgabenordnung) mitzuteilen. [9]Kommt die unterhaltene Person dieser Verpflichtung nicht nach, ist der Unterhaltsleistende berechtigt, bei der für ihn zuständigen Finanzbehörde die Identifikationsnummer der unterhaltenen Person zu erfragen;***

2. [2)] **auf besonderen Verpflichtungsgründen beruhende, lebenslange und wiederkehrende Versorgungsleistungen, die nicht mit Einkünften in wirtschaftlichem Zusammenhang stehen, die bei der Veranlagung außer Betracht bleiben, wenn der Empfänger unbeschränkt einkommensteuerpflichtig ist. [2]Dies gilt nur für**
   a) **Versorgungsleistungen im Zusammenhang mit der Übertragung eines Mitunternehmeranteils an einer Personengesellschaft, die eine Tätigkeit im Sinne der §§ 13, 15 Absatz 1 Satz 1 Nummer 1 oder des § 18 Absatz 1 ausübt,**
   b) **Versorgungsleistungen im Zusammenhang mit der Übertragung eines Betriebs oder Teilbetriebs, sowie**
   c) **Versorgungsleistungen im Zusammenhang mit der Übertragung eines mindestens 50 Prozent betragenden Anteils an einer Gesellschaft mit beschränkter Haftung, wenn**

1) *Absatz 1a Nr. 1 Satz 7 bis 9 wurde durch das Steueränderungsgesetz 2015 ab VZ 2016 angefügt.*

2) *Absatz 1a Nr. 2 in der am 1. 1. 2015 geltenden Fassung ist auf alle Versorgungsleistungen anzuwenden, die auf Vermögensübertragungen beruhen, die nach dem 31. 12. 2007 vereinbart worden sind. Für Versorgungsleistungen, die auf Vermögensübertragungen beruhen, die vor dem 1. 1. 2008 vereinbart worden sind, gilt dies nur, wenn das übertragene Vermögen nur deshalb einen ausreichenden Ertrag bringt, weil ersparte Aufwendungen, mit Ausnahme des Nutzungsvorteils eines vom Vermögensübernehmer zu eigenen Zwecken genutzten Grundstücks, zu den Erträgen des Vermögens gerechnet werden → § 52 Abs. 18 Satz 1 und 2 EStG.*

der Übergeber als Geschäftsführer tätig war und der Übernehmer diese Tätigkeit nach der Übertragung übernimmt.

[3]Satz 2 gilt auch für den Teil der Versorgungsleistungen, der auf den Wohnteil eines Betriebs der Land- und Forstwirtschaft entfällt;

3. Ausgleichsleistungen zur Vermeidung eines Versorgungsausgleichs nach § 6 Absatz 1 Satz 2 Nummer 2 und § 23 des Versorgungsausgleichsgesetzes sowie § 1408 Absatz 2 und § 1587 des Bürgerlichen Gesetzbuchs, soweit der Verpflichtete dies mit Zustimmung des Berechtigten beantragt. [2]Nummer 1 Satz 3 bis 5 gilt entsprechend;
4. Ausgleichszahlungen im Rahmen des Versorgungsausgleichs nach den §§ 20 bis 22 und 26 des Versorgungsausgleichsgesetzes und nach den §§ 1587f, 1587g und 1587i des Bürgerlichen Gesetzbuchs in der bis zum 31. August 2009 geltenden Fassung sowie nach § 3a des Gesetzes zur Regelung von Härten im Versorgungsausgleich, soweit die ihnen zu Grunde liegenden Einnahmen bei der ausgleichspflichtigen Person der Besteuerung unterliegen, wenn die ausgleichsberechtigte Person unbeschränkt einkommensteuerpflichtig ist.

(2) [1]Voraussetzung für den Abzug der in Absatz 1 Nummer 2, 3 und 3a bezeichneten Beträge (Vorsorgeaufwendungen) ist, dass sie

1. nicht in unmittelbarem wirtschaftlichen Zusammenhang mit steuerfreien Einnahmen stehen; steuerfreie Zuschüsse zu einer Kranken- oder Pflegeversicherung stehen insgesamt in unmittelbarem wirtschaftlichen Zusammenhang mit den Vorsorgeaufwendungen im Sinne des Absatzes 1 Nummer 3,
2. geleistet werden an
   a) Versicherungsunternehmen,
      aa) die ihren Sitz oder ihre Geschäftsleitung in einem Mitgliedstaat der Europäischen Union oder einem Vertragsstaat des Abkommens über den Europäischen Wirtschaftsraum haben und das Versicherungsgeschäft im Inland betreiben dürfen, oder
      bb) denen die Erlaubnis zum Geschäftsbetrieb im Inland erteilt ist.

      [2]Darüber hinaus werden Beiträge nur berücksichtigt, wenn es sich um Beträge im Sinne des Absatzes 1 Nummer 3 Satz 1 Buchstabe a an eine Einrichtung handelt, die eine anderweitige Absicherung im Krankheitsfall im Sinne des § 5 Absatz 1 Nummer 13 des Fünften Buches Sozialgesetzbuch oder eine der Beihilfe oder freien Heilfürsorge vergleichbare Absicherung im Sinne des § 193 Absatz 3 Satz 2 Nummer 2 des Versicherungsvertragsgesetzes gewährt. [3]Dies gilt entsprechend, wenn ein Steuerpflichtiger, der weder seinen Wohnsitz noch seinen gewöhnlichen Aufenthalt im Inland hat, mit den Beiträgen einen Versicherungsschutz im Sinne des Absatzes 1 Nummer 3 Satz 1 erwirbt,
   b) berufsständische Versorgungseinrichtungen,
   c) einen Sozialversicherungsträger oder
   d) einen Anbieter im Sinne des § 80.

[2]Vorsorgeaufwendungen nach Absatz 1 Nummer 2 Buchstabe b werden nur berücksichtigt, wenn

1. die Beiträge zugunsten eines Vertrags geleistet wurden, der nach § 5a des Altersvorsorgeverträge-Zertifizierungsgesetzes zertifiziert ist, wobei die Zertifizierung Grundlagenbescheid im Sinne des § 171 Absatz 10 der Abgabenordnung ist, und
2. der Steuerpflichtige gegenüber dem Anbieter in die Datenübermittlung nach Absatz 2a eingewilligt hat.

[3]Vorsorgeaufwendungen nach Absatz 1 Nummer 3 werden nur berücksichtigt, wenn der Steuerpflichtige gegenüber dem Versicherungsunternehmen, dem Träger der gesetzlichen Kranken- und Pflegeversicherung, der Künstlersozialkasse oder einer Einrichtung im Sinne des Satzes 1 Nummer 2 Buchstabe a Satz 2 in die Datenübermittlung nach Absatz 2a eingewilligt hat; die Einwilligung gilt für alle sich aus dem Versicherungsverhältnis ergebenden Zahlungsverpflichtungen als erteilt, wenn die Beiträge mit der elektronischen Lohnsteuerbescheinigung (§ 41b Absatz 1 Satz 2) oder der Rentenbezugsmitteilung (§ 22a Absatz 1 Satz 1 Nummer 5) übermittelt werden.

(2a) [1]Der Steuerpflichtige hat in die Datenübermittlung nach Absatz 2 gegenüber der übermittelnden Stelle schriftlich einzuwilligen, spätestens bis zum Ablauf des zweiten Kalenderjahres, das auf das Beitragsjahr (Kalenderjahr, in dem die Beiträge geleistet worden sind) folgt; übermittelnde Stelle ist bei Vorsorgeaufwendungen nach Absatz 1 Nummer 2 Buchstabe b der Anbieter, bei Vorsorgeaufwendungen nach Absatz 1 Nummer 3 das Versicherungsunternehmen, der Träger der gesetzlichen Kranken- und Pflegeversicherung, die Künstlersozialkasse oder eine Einrichtung im Sinne des Absatzes 2 Satz 1 Nummer 2 Buchstabe a Satz 2. [2]Die Einwilligung gilt auch für die folgenden Beitragsjahre, es sei denn, der Steuerpflichtige widerruft diese schriftlich gegenüber der übermittelnden Stelle. [3]Der Widerruf muss vor Beginn des

Beitragsjahres, für das die Einwilligung erstmals nicht mehr gelten soll, der übermittelnden Stelle vorliegen. [4]Die übermittelnde Stelle hat bei Vorliegen einer Einwilligung

1. nach Absatz 2 Satz 2 Nummer 2 die Höhe der im jeweiligen Beitragsjahr geleisteten Beiträge nach Absatz 1 Nummer 2 Buchstabe b und die Zertifizierungsnummer,
2. nach Absatz 2 Satz 3 die Höhe der im jeweiligen Beitragsjahr geleisteten und erstatteten Beiträge nach Absatz 1 Nummer 3, soweit diese nicht mit der elektronischen Lohnsteuerbescheinigung oder der Rentenbezugsmitteilung zu übermitteln sind,

unter Angabe der Vertrags- oder Versicherungsdaten, des Datums der Einwilligung und der Identifikationsnummer (§ 139b der Abgabenordnung) nach amtlich vorgeschriebenem Datensatz durch Datenfernübertragung an die zentrale Stelle (§ 81) bis zum 28. Februar des dem Beitragsjahr folgenden Kalenderjahres zu übermitteln; sind Versicherungsnehmer und versicherte Person nicht identisch, sind zusätzlich die Identifikationsnummer und das Geburtsdatum des Versicherungsnehmers anzugeben. [5]§ 22a Absatz 2 gilt entsprechend. [6]Wird die Einwilligung nach Ablauf des Beitragsjahres, jedoch innerhalb der in Satz 1 genannten Frist abgegeben, sind die Daten bis zum Ende des folgenden Kalendervierteljahres zu übermitteln. [7]Stellt die übermittelnde Stelle fest, dass

1. die an die zentrale Stelle übermittelten Daten unzutreffend sind oder
2. der zentralen Stelle ein Datensatz übermittelt wurde, obwohl die Voraussetzungen hierfür nicht vorlagen,

ist dies unverzüglich durch Übermittlung eines Datensatzes an die zentrale Stelle zu korrigieren oder zu stornieren. [8]Ein Steuerbescheid ist zu ändern, soweit

1. Daten nach den Sätzen 4, 6 oder Satz 7 vorliegen oder
2. eine Einwilligung in die Datenübermittlung nach Absatz 2 Satz 2 Nummer 2 oder nach Absatz 2 Satz 3 nicht vorliegt

und sich hierdurch eine Änderung der festgesetzten Steuer ergibt. [9]Die übermittelnde Stelle hat den Steuerpflichtigen über die Höhe der nach den Sätzen 4, 6 oder Satz 7 übermittelten Beiträge für das Beitragsjahr zu unterrichten. [10]§ 150 Absatz 6 der Abgabenordnung gilt entsprechend. [11]Das Bundeszentralamt für Steuern kann die bei Vorliegen der Einwilligung nach Absatz 2 Satz 3 zu übermittelnden Daten prüfen; die §§ 193 bis 203 der Abgabenordnung sind sinngemäß anzuwenden. [12]Wer vorsätzlich oder grob fahrlässig eine unzutreffende Höhe der Beiträge im Sinne des Absatzes 1 Nummer 3 übermittelt, haftet für die entgangene Steuer. [13]Diese ist mit 30 Prozent des zu hoch ausgewiesenen Betrags anzusetzen.

(3) [1]Vorsorgeaufwendungen nach Absatz 1 Nummer 2 sind bis zu dem Höchstbeitrag zur knappschaftlichen Rentenversicherung, aufgerundet auf einen vollen Betrag in Euro, zu berücksichtigen. [2]Bei zusammenveranlagten Ehegatten verdoppelt sich der Höchstbetrag. [3]Der Höchstbetrag nach Satz 1 oder 2 ist bei Steuerpflichtigen, die

1. Arbeitnehmer sind und die während des ganzen oder eines Teils des Kalenderjahres
   a) in der gesetzlichen Rentenversicherung versicherungsfrei oder auf Antrag des Arbeitgebers von der Versicherungspflicht befreit waren und denen für den Fall ihres Ausscheidens aus der Beschäftigung auf Grund des Beschäftigungsverhältnisses eine lebenslängliche Versorgung oder an deren Stelle eine Abfindung zusteht oder die in der gesetzlichen Rentenversicherung nachzuversichern sind oder
   b) nicht der gesetzlichen Rentenversicherungspflicht unterliegen, eine Berufstätigkeit ausgeübt und im Zusammenhang damit auf Grund vertraglicher Vereinbarungen Anwartschaftsrechte auf eine Altersversorgung erworben haben, oder
2. Einkünfte im Sinne des § 22 Nummer 4 erzielen und die ganz oder teilweise ohne eigene Beitragsleistung einen Anspruch auf Altersversorgung erwerben,

um den Betrag zu kürzen, der, bezogen auf die Einnahmen aus der Tätigkeit, die die Zugehörigkeit zum genannten Personenkreis begründen, dem Gesamtbeitrag (Arbeitgeber- und Arbeitnehmeranteil) zur allgemeinen Rentenversicherung entspricht. [4]Im Kalenderjahr 2013 sind 76 Prozent der nach den Sätzen 1 bis 3 ermittelten Vorsorgeaufwendungen anzusetzen. [5]Der sich danach ergebende Betrag, vermindert um den nach § 3 Nummer 62 steuerfreien Arbeitgeberanteil zur gesetzlichen Rentenversicherung und einen diesem gleichgestellten steuerfreien Zuschuss des Arbeitgebers, ist als Sonderausgabe abziehbar. [6]Der Prozentsatz in Satz 4 erhöht sich in den folgenden Kalenderjahren bis zum Kalenderjahr 2025 um je 2 Prozentpunkte je Kalenderjahr. [7]Beiträge nach § 168 Absatz 1 Nummer 1b oder 1c oder nach § 172 Absatz 3 oder 3a des Sechsten Buches Sozialgesetzbuch vermindern den abziehbaren Betrag nach Satz 5 nur, wenn der Steuerpflichtige die Hinzurechnung dieser Beiträge zu den Vorsorgeaufwendungen nach Absatz 1 Nummer 2 Satz 7 beantragt hat.

(4) [1]Vorsorgeaufwendungen im Sinne des Absatzes 1 Nummer 3 und 3a können je Kalenderjahr insgesamt bis 2 800 Euro abgezogen werden. [2]Der Höchstbetrag beträgt 1 900 Euro bei Steuerpflichtigen, die ganz oder teilweise ohne eigene Aufwendungen einen Anspruch auf voll-

ständige oder teilweise Erstattung oder Übernahme von Krankheitskosten haben oder für deren Krankenversicherung Leistungen im Sinne des § 3 Nummer 9, 14, 57 oder 62 erbracht werden. [3]Bei zusammen veranlagten Ehegatten bestimmt sich der gemeinsame Höchstbetrag aus der Summe der jedem Ehegatten unter den Voraussetzungen von Satz 1 und 2 zustehenden Höchstbeträge. [4]Übersteigen die Vorsorgeaufwendungen im Sinne des Absatzes 1 Nummer 3 die nach den Sätzen 1 bis 3 zu berücksichtigenden Vorsorgeaufwendungen, sind diese abzuziehen und ein Abzug von Vorsorgeaufwendungen im Sinne des Absatzes 1 Nummer 3a scheidet aus.

(4a) [1]Ist in den Kalenderjahren 2013 bis 2019 der Abzug der Vorsorgeaufwendungen nach Absatz 1 Nummer 2 Buchstabe a, Absatz 1 Nummer 3 und Nummer 3a in der für das Kalenderjahr 2004 geltenden Fassung des § 10 Absatz 3 mit folgenden Höchstbeträgen für den Vorwegabzug 1)

Kalenderjahr	Vorwegabzug für den Steuerpflichtigen	Vorwegabzug im Fall der Zusammenveranlagung von Ehegatten
2013	2 100	4 200
2014	1 800	3 600
2015	1 500	3 000
2016	1 200	2 400
2017	900	1 800
2018	600	1 200
2019	300	600

zuzüglich des Erhöhungsbetrags nach Satz 3 günstiger, ist der sich danach ergebende Betrag anstelle des Abzugs nach Absatz 3 und 4 anzusetzen. [2]Mindestens ist bei Anwendung des Satzes 1 der Betrag anzusetzen, der sich ergeben würde, wenn zusätzlich noch die Vorsorgeaufwendungen nach Absatz 1 Nummer 2 Buchstabe b in die Günstigerprüfung einbezogen werden würden; der Erhöhungsbetrag nach Satz 3 ist nicht hinzuzurechnen. [3]Erhöhungsbetrag sind die Beiträge nach Absatz 1 Nummer 2 Buchstabe b, soweit sie nicht den um die Beiträge nach Absatz 1 Nummer 2 Buchstabe a und den nach § 3 Nummer 62 steuerfreien Arbeitgeberanteil zur gesetzlichen Rentenversicherung und einen diesem gleichgestellten steuerfreien Zuschuss verminderten Höchstbetrag nach Absatz 3 Satz 1 bis 3 überschreiten; Absatz 3 Satz 4 und 6 gilt entsprechend.

(4b) [1]Erhält der Steuerpflichtige für die von ihm für einen anderen Veranlagungszeitraum geleisteten Aufwendungen im Sinne des Satzes 2 einen steuerfreien Zuschuss, ist dieser den erstatteten Aufwendungen gleichzustellen. [2]Übersteigen bei den Sonderausgaben nach Absatz 1 Nummer 2 bis 3a die im Veranlagungszeitraum erstatteten Aufwendungen die geleisteten Aufwendungen (Erstattungsüberhang), ist der Erstattungsüberhang mit anderen im Rahmen der jeweiligen Nummer anzusetzenden Aufwendungen zu verrechnen. [3]Ein verbleibender Betrag des sich bei den Aufwendungen nach Absatz 1 Nummer 3 und 4 ergebenden Erstattungsüberhangs ist dem Gesamtbetrag der Einkünfte hinzuzurechnen. [4]Behörden im Sinne des § 6 Absatz 1 der Abgabenordnung und andere öffentliche Stellen, die einem Steuerpflichtigen für die von ihm geleisteten Beiträge im Sinne des Absatzes 1 Nummer 2, 3 und 3a steuerfreie Zuschüsse gewähren oder Vorsorgeaufwendungen im Sinne dieser Vorschrift erstatten (übermittelnde Stelle), haben der zentralen Stelle jährlich die zur Gewährung und Prüfung des Sonderausgabenabzugs nach § 10 erforderlichen Daten nach amtlich vorgeschriebenem Datensatz durch Datenfernübertragung zu übermitteln. [5]Ein Steuerbescheid ist zu ändern, soweit Daten nach Satz 4 vorliegen und sich hierdurch oder durch eine Korrektur oder Stornierung der entsprechenden Daten eine Änderung der festgesetzten Steuer ergibt. [6]§ 22a Absatz 2 sowie § 150 Absatz 6 der Abgabenordnung gelten entsprechend. 2)

(5) Durch Rechtsverordnung wird bezogen auf den Versicherungstarif bestimmt, wie der nicht abziehbare Teil der Beiträge zum Erwerb eines Krankenversicherungsschutzes im Sinne des Absatzes 1 Nummer 3 Buchstabe a Satz 3 durch einheitliche prozentuale Abschläge auf die 3)

1) § 10 Abs. 3 EStG in der für das Kalenderjahr 2004 geltenden Fassung ist in H 10 LStH unter „Fassung von § 10 Abs. 1 Nr. 2, Abs. 2 und 3 EStG für das Kalenderjahr 2004" abgedruckt.

2) ***Absatz 4b Satz 4 bis 6 ist erstmals für die Übermittlung der Daten des VZ 2016 anzuwenden → § 52 Abs. 18 Satz 4 EStG.***

3) ***Absatz 5 in der am 31. 12. 2009 geltenden Fassung ist auf Beiträge zu Versicherungen i. S. d. Absatz 1 Nr. 2 Buchstabe b Doppelbuchstabe bb bis dd in der am 31. 12. 2004 geltenden Fassung weiterhin anzuwenden, wenn die Laufzeit dieser Versicherungen vor dem 1. 1. 2005 begonnen hat und ein Versicherungsbeitrag bis zum 31. 12. 2004 entrichtet wurde → § 52 Abs. 18 Satz 5 EStG.***

zugunsten des jeweiligen Tarifs gezahlte Prämie zu ermitteln ist, soweit der nicht abziehbare Beitragsteil nicht bereits als gesonderter Tarif oder Tarifbaustein ausgewiesen wird.

(6) [1]Absatz 1 Nummer 2 Buchstabe b Doppelbuchstabe aa ist für Vertragsabschlüsse vor dem 1. Januar 2012 mit der Maßgabe anzuwenden, dass der Vertrag die Zahlung der Leibrente nicht vor der Vollendung des 60. Lebensjahres vorsehen darf. [2]Für Verträge im Sinne des Absatzes 1 Nummer 2 Buchstabe b, die vor dem 1. Januar 2011 abgeschlossen wurden, und bei Kranken- und Pflegeversicherungen im Sinne des Absatzes 1 Nummer 3, bei denen das Versicherungsverhältnis vor dem 1. Januar 2011 bestanden hat, ist Absatz 2 Satz 2 Nummer 2 und Satz 3 mit der Maßgabe anzuwenden, dass die erforderliche Einwilligung zur Datenübermittlung als erteilt gilt, wenn

1. die übermittelnde Stelle den Steuerpflichtigen schriftlich darüber informiert, dass sie
   a) von einer Einwilligung ausgeht und
   b) die Daten an die zentrale Stelle übermittelt und

2. der Steuerpflichtige dem nicht innerhalb einer Frist von vier Wochen nach Erhalt der Information nach Nummer 1 schriftlich widerspricht.

H 10

Hinweise

Besteuerung von Versicherungserträgen

→ H 20 (Versicherungserträge)

Fassung von § 10 Abs. 1 Nr. 2, Abs. 2 und 3 EStG für das Kalenderjahr 2004

„2. a) Beiträge zu Kranken-, Pflege-, Unfall- und Haftpflichtversicherungen, zu den gesetzlichen Rentenversicherungen und an die Bundesagentur für Arbeit;

b) Beiträge zu den folgenden Versicherungen auf den Erlebens- oder Todesfall:

aa) Risikoversicherungen, die nur für den Todesfall eine Leistung vorsehen,

bb) Rentenversicherungen ohne Kapitalwahlrecht,

cc) Rentenversicherungen mit Kapitalwahlrecht gegen laufende Beitragsleistung, wenn das Kapitalwahlrecht nicht vor Ablauf von zwölf Jahren seit Vertragsabschluss ausgeübt werden kann,

dd) Kapitalversicherungen gegen laufende Beitragsleistung mit Sparanteil, wenn der Vertrag für die Dauer von mindestens zwölf Jahren abgeschlossen worden ist.

[2]Beiträge zu Versicherungen im Sinne der Doppelbuchstaben cc und dd sind ab dem Kalenderjahr 2004 in Höhe von 88 vom Hundert als Vorsorgeaufwendungen zu berücksichtigen.

[3]Bei Steuerpflichtigen, die am 31. Dezember 1990 einen Wohnsitz oder ihren gewöhnlichen Aufenthalt in dem in Artikel 3 des Einigungsvertrages genannten Gebiet und vor dem 1. Januar 1991 keinen Wohnsitz oder gewöhnlichen Aufenthalt im bisherigen Geltungsbereich dieses Gesetzes hatten, gilt bis zum 31. Dezember 1996 Folgendes:
[4]Hat der Steuerpflichtige zur Zeit des Vertragsabschlusses das 47. Lebensjahr vollendet, verkürzt sich bei laufender Beitragsleistung die Mindestvertragsdauer von zwölf Jahren um die Zahl der angefangenen Lebensjahre, um die er älter als 47 Jahre ist, höchstens jedoch auf sechs Jahre.

[5]Fondsgebundene Lebensversicherungen sind ausgeschlossen. [6]Ausgeschlossen sind auch Versicherungen auf den Erlebens- oder Todesfall, bei denen der Steuerpflichtige Ansprüche aus einem von einer anderen Person abgeschlossenen Vertrag entgeltlich erworben hat, es sei denn, es werden aus anderen Rechtsverhältnissen entstandene Abfindungs- und Ausgleichsansprüche arbeitsrechtlicher, erbrechtlicher oder familienrechtlicher Art durch Übertragung von Ansprüchen aus Lebensversicherungsverträgen erfüllt;

c) Beiträge zu einer zusätzlichen freiwilligen Pflegeversicherung;

. . .

(2) [1]Voraussetzung für den Abzug der in Absatz 1 Nr. 2 bezeichneten Beträge (Vorsorgeaufwendungen) ist, dass sie

1. nicht in unmittelbarem wirtschaftlichen Zusammenhang mit steuerfreien Einnahmen stehen,

2. a) an Versicherungsunternehmen, die ihren Sitz oder ihre Geschäftsleitung in einem Mitgliedstaat der Europäischen Gemeinschaften haben und das Versicherungsgeschäft im Inland betreiben dürfen, und Versicherungsunternehmen, denen die Erlaubnis zum Geschäftsbetrieb im Inland erteilt ist, oder

   b) (weggefallen)

   c) an einen Sozialversicherungsträger

   geleistet werden und

3. nicht vermögenswirksame Leistungen darstellen, für die Anspruch auf eine Arbeitnehmer-Sparzulage nach § 13 des Fünften Vermögensbildungsgesetzes besteht.

[2]Als Sonderausgaben können Beiträge zu Versicherungen im Sinne des Absatzes 1 Nr. 2 Buchstabe b Doppelbuchstaben bb, cc und dd nicht abgezogen werden, wenn die Ansprüche aus Versicherungsverträgen während deren Dauer im Erlebensfall der Tilgung oder Sicherung eines Darlehens dienen, dessen Finanzierungskosten Betriebsausgaben oder Werbungskosten sind, es sei denn,

a) das Darlehen dient unmittelbar und ausschließlich der Finanzierung von Anschaffungs- oder Herstellungskosten eines Wirtschaftsgutes, das dauernd zur Erzielung von Einkünften bestimmt und keine Forderung ist, und die ganz oder zum Teil zur Tilgung oder Sicherung verwendeten Ansprüche aus Versicherungsverträgen übersteigen nicht die mit dem Darlehen finanzierten Anschaffungs- oder Herstellungskosten; dabei ist es unbeachtlich, wenn diese Voraussetzungen bei Darlehen oder bei zur Tilgung oder Sicherung verwendeten Ansprüchen aus Versicherungsverträgen jeweils insgesamt für einen Teilbetrag bis zu 2 556 Euro nicht erfüllt sind,

b) es handelt sich um eine Direktversicherung oder

c) die Ansprüche aus Versicherungsverträgen dienen insgesamt nicht länger als drei Jahre der Sicherung betrieblich veranlasster Darlehen; in diesen Fällen können die Versicherungsbeiträge in den Veranlagungszeiträumen nicht als Sonderausgaben abgezogen werden, in denen die Ansprüche aus Versicherungsverträgen der Sicherung des Darlehens dienen.

. . .

(3) Für Vorsorgeaufwendungen gelten je Kalenderjahr folgende Höchstbeträge:

1. ein Grundhöchstbetrag von 1 334 Euro,
   im Fall der Zusammenveranlagung von Ehegatten von 2 668 Euro;

2. ein Vorwegabzug von 3 068 Euro,
   im Fall der Zusammenveranlagung von Ehegatten von 6 136 Euro.

   [2]Diese Beträge sind zu kürzen um 16 vom Hundert der Summe der Einnahmen

   a) aus nichtselbständiger Arbeit im Sinne des § 19 ohne Versorgungsbezüge im Sinne des § 19 Abs. 2, wenn für die Zukunftssicherung des Steuerpflichtigen Leistungen im Sinne des § 3 Nr. 62 erbracht werden oder der Steuerpflichtige zum Personenkreis des § 10c Abs. 3 Nr. 1 oder 2 gehört, und

   b) aus der Ausübung eines Mandats im Sinne des § 22 Nr. 4;

3. für Beiträge nach Absatz 1 Nr. 2 Buchstabe c ein zusätzlicher Höchstbetrag von 184 Euro für Steuerpflichtige, die nach dem 31. Dezember 1957 geboren sind;

4. Vorsorgeaufwendungen, die die nach den Nummern 1 bis 3 abziehbaren Beträge übersteigen, können zur Hälfte, höchstens bis zu 50 vom Hundert des Grundhöchstbetrags abgezogen werden (hälftiger Höchstbetrag)."

Sonderausgaben

→ R 10.1 bis 10.11 EStR, H 10.1 bis 10.11 EStH Anhang 30

→ BMF vom 19. 8. 2013 (BStBl I S. 1087), geändert durch BMF vom 10. 1. 2014 (BStBl I S. 70), vom 10. 4. 2015 (BStBl I S. 256) und vom 1. 6. 2015 (BStBl I S. 475) Anhang 2 VI

Unfallversicherung

→ BMF vom 28. 10. 2009 (BStBl I S. 1275), → H 19.3 (Unfallversicherung)

Vertragsänderungen bei Lebensversicherungen

Vertragsänderungen bei Versicherungen auf den Erlebens- oder Todesfall im Sinne des § 10 Abs. 1 Nr. 2 Buchstabe b Doppelbuchstaben cc und dd EStG

(BMF-Schreiben vom 22. 8. 2002, BStBl I S. 827, unter Berücksichtigung der Änderungen durch das BMF-Schreiben vom 1. 10. 2009, BStBl I S. 1188)[1])

Unter Bezugnahme auf das Ergebnis der Erörterungen mit den obersten Finanzbehörden der Länder gilt für die steuerliche Begünstigung von Rentenversicherungen mit Kapitalwahlrecht und Kapitalversicherungen gegen laufende Beitragsleistungen mit Sparanteil im Sinne des § 10 Abs. 1 Nr. 2 Buchstabe b Doppelbuchstaben cc und dd EStG Folgendes:

I. Allgemeine Begriffsbestimmungen

1. Begünstigte Versicherungen

1 Beiträge u. a. zu den folgenden Versicherungen auf den Erlebens- oder Todesfall sind Sonderausgaben:

- Rentenversicherungen mit Kapitalwahlrecht gegen laufende Beitragsleistungen, wenn das Kapitalwahlrecht nicht vor Ablauf von zwölf Jahren seit Vertragsabschluss ausgeübt werden kann (§ 10 Abs. 1 Nr. 2 Buchstabe b Doppelbuchstabe cc EStG) und
- Kapitalversicherungen gegen laufende Beitragsleistungen mit Sparanteil, wenn der Vertrag für die Dauer von mindestens zwölf Jahren abgeschlossen worden ist und die Voraussetzungen des Mindesttodesfallschutzes erfüllt (§ 10 Abs. 1 Nr. 2 Buchstabe b Doppelbuchstabe dd EStG).

2 Zu den Versicherungen auf den Erlebens- oder Todesfall gehören auch:

- Versicherungen bei Pensions-, Sterbe- und Versorgungskassen,
- Aussteuer- und Ausbildungsversicherungen sowie Versicherungen gegen Berufs- und Erwerbsunfähigkeit bzw. Erwerbsminderung,
- Versicherungen mit vorgezogener Leistung bei bestimmten schweren Erkrankungen, so genannte Dread-Disease-Versicherungen.

3 Erträge aus den o. a. Versicherungen gehören unter den Voraussetzungen des § 20 Abs. 1 Nr. 6 Satz 2ff. EStG nicht zu den Einkünften aus Kapitalvermögen.

2. Nicht begünstigte Versicherungen

4 Beiträge u. a. zu den folgenden Versicherungen auf den Erlebens- oder Todesfall sind vom Sonderausgabenabzug ausgeschlossen:

- Kapitalversicherungen gegen Einmalbeitrag,
- Kapitalversicherungen mit einer Vertragsdauer von weniger als zwölf Jahren,
- Rentenversicherungen mit Kapitalwahlrecht gegen Einmalbeitrag,
- Kapitalversicherungen ohne ausreichenden Mindesttodesfallschutz,
- Rentenversicherungen mit Kapitalwahlrecht, bei denen das Kapitalwahlrecht vor Ablauf der Sperrfrist ausgeübt werden kann,
- fondsgebundene Lebensversicherungen.

Nicht abziehbar als Sonderausgaben sind auch Beiträge zu Versicherungen auf den Erlebens- oder Todesfall, bei denen der Steuerpflichtige Ansprüche aus einem von einer anderen Person abgeschlossenen Vertrag nach dem 31. Dezember 1996 entgeltlich erworben hat, es sei denn, es werden aus anderen Rechtsverhältnissen entstandene Abfindungs- und Ausgleichsansprüche arbeitsrechtlicher, erbrechtlicher oder familienrechtlicher Art durch Übertragung von Ansprüchen aus Lebensversicherungsverträgen erfüllt (§§ 10 Abs. 1 Nr. 2 Buchstabe b Satz 5, 52 Abs. 24 Satz 2 EStG). Erbrechtliche oder familienrechtliche Ausgleichsansprüche können z. B. bei Erbauseinandersetzung oder bei der Scheidung einer Ehe entstehen.

5 Werden Versicherungen auf den Erlebens- oder Todesfall zur Tilgung oder Sicherung von Darlehen eingesetzt, so scheidet eine steuerliche Begünstigung unter den Voraussetzungen des § 10 Abs. 2 Satz 2 EStG aus. In diesem Zusammenhang verweise ich auf das BMF-Schreiben vom 15. Juni 2000, BStBl I Seite 1118.

---

1) Siehe auch H 20 (Versicherungserträge), → Anhang 2 IV, Rz. 313, und → Anhang 2 IX.

Die Erträge aus den nicht begünstigten Versicherungen (mit Ausnahme der fondsgebundenen Lebensversicherungen, § 20 Abs. 1 Nr. 6 Satz 5 EStG) gehören zu den Einkünften aus Kapitalvermögen i. S. des § 20 Abs. 1 Nr. 6 EStG. Im Fall des nicht begünstigten entgeltlichen Erwerbs von Versicherungsansprüchen hat der neue Versicherungsnehmer die gesamten Versicherungserträge aus den Sparanteilen im Rahmen der Einkünfte aus Kapitalvermögen zu versteuern. 6

3. Abzugsberechtigter

Sonderausgaben kann derjenige geltend machen, der sie als Versicherungsnehmer aufgewendet hat (BFH vom 8. März 1995, BStBl II S. 637). Es ist ohne Bedeutung, wer der Versicherte ist oder wem die Versicherungssumme oder eine andere Leistung später zufließt (BFH vom 20. November 1952, BStBl 1953 III S. 36). 7

4. Vertragsabschluss

Der Versicherungsvertrag kommt in dem Zeitpunkt zustande, in dem die Annahmeerklärung des Versicherers dem Versicherungsnehmer zugeht. Auf eine ausdrückliche Annahmeerklärung kann jedoch verzichtet werden, wenn sie nach der Verkehrssitte nicht zu erwarten ist oder der Antragende auf sie verzichtet hat (§ 151 BGB). Bei Lebensversicherungsverträgen kann aufgrund der regelmäßig erforderlichen Risikoprüfung davon ausgegangen werden, dass eine ausdrückliche Annahmeerklärung erfolgt. Unter dem Zeitpunkt des Vertragsabschlusses ist für die steuerliche Beurteilung grundsätzlich das Datum der Ausstellung des Versicherungsscheines zu verstehen. 8

Für den Beginn der Mindestvertragsdauer, der Sperrfrist und der Beitragszahlungsdauer bestehen aus Vereinfachungsgründen keine Bedenken, als Zeitpunkt des Vertragsabschlusses den im Versicherungsschein bezeichneten Tag des Versicherungsbeginns gelten zu lassen, wenn innerhalb von drei Monaten nach diesem Tag der Versicherungsschein ausgestellt und der erste Beitrag gezahlt wird; ist die Frist von drei Monaten überschritten, tritt an die Stelle des im Versicherungsschein bezeichneten Tages des Versicherungsbeginns der Tag der Zahlung des ersten Beitrages. 9

In Fällen der Rückdatierung des technischen Versicherungsbeginns gilt – abweichend von Rdnr. 9 – für nach dem 16. März 1990 und vor dem 1. Januar 1991 abgeschlossene Versicherungsverträge als Tag des Versicherungsbeginns der Tag, auf den der Versicherungsvertrag rückdatiert ist, wenn die Rückdatierung nicht auf einen Tag vor dem 1. Januar 1990 erfolgt ist und die nachentrichteten Beiträge den anteiligen Jahresbeitrag nicht überstiegen haben, der auf die Zeit vom rückdatierten Versicherungsbeginn bis zum Vertragsabschluss entfällt. 10

5. Beiträge

a) Allgemeines

Versicherungsbeiträge sind die vom Steuerpflichtigen aufgrund des Versicherungsvertrages erbrachten Geldleistungen. Hierzu gehören auch die Ausfertigungsgebühr, Abschlussgebühr und die Versicherungsteuer. 11

Die Versicherung muss grundsätzlich gegen laufende Beitragsleistungen vereinbart worden sein, die vorliegen, wenn die tatsächliche Beitragszahlungsdauer der Laufzeit des Versicherungsvertrages entspricht. Es ist jedoch nicht zu beanstanden, wenn die Beitragszahlungsdauer kürzer ist als die Vertragsdauer. Die laufende Beitragsleistung darf aber wirtschaftlich nicht einem Einmalbeitrag gleichkommen. Dies ist dann nicht der Fall, wenn nach dem Vertrag eine laufende Beitragsleistung für mindestens fünf Jahre ab dem Zeitpunkt des Vertragsabschlusses – vgl. Rdnr. 8 ff., – vereinbart ist. Laufende Beitragsleistungen können auch in unregelmäßigen Zeitabständen und in unregelmäßiger Höhe erfolgen, wobei jedoch die einzelnen Beitragsleistungen grundsätzlich in einem wirtschaftlich ausgewogenen Verhältnis zueinander stehen müssen. 12

Als Zeitpunkt der Beitragszahlung gilt in der Regel: 13

- bei Überweisungen der Tag, an dem der Überweisungsauftrag der Bank zugegangen ist, soweit zu diesem Zeitpunkt auf dem Konto eine genügende Deckung besteht,
- bei Zahlung durch gedeckten Scheck der Tag der Hingabe oder Absendung des Schecks,
- bei Lastschriftverfahren der Zeitpunkt der Fälligkeit, wenn dem Versicherungsunternehmen zu diesem Zeitpunkt die Abbuchungsermächtigung vorliegt und das Konto des Versicherungsnehmers ausreichende Deckung aufweist.

b) Rückdatierung

Wird bei Abschluss eines Vertrages der technische Versicherungsbeginn zurückdatiert, handelt es sich bei den auf die Zeit der Rückdatierung entfallenden Beiträgen um Einmalbeiträge mit 14 der Folge, dass sie weder als Sonderausgaben abgezogen werden können noch die darauf entfallenden Erträge nach § 20 Abs. 1 Nr. 6 EStG steuerfrei sind. Dies gilt auch bei Ratenzahlung der Beiträge. In diesen Fällen können hingegen Beiträge, die für die Zeit ab Vertragsabschluss – vgl. Rdnr. 8ff. – bei Einhaltung der Mindestvertragsdauer/Sperrfrist von zwölf Jahren mindestens 5 Jahre laufend gezahlt werden, unter den Voraussetzungen des § 10 Abs. 1 Nr. 2 Buchstabe b EStG als Sonderausgaben abgezogen werden. § 20 Abs. 1 Nr. 6 Satz 2 EStG ist anwendbar.

c) Vorauszahlungen

15 Vor Abschluss des Versicherungsvertrages geleistete Vorauszahlungen sind keine Beiträge zu einer Versicherung, wenn der Versicherungsvertrag erst in einem späteren Veranlagungszeitraum abgeschlossen wird. Werden Vorauszahlungen nach Abschluss des Versicherungsvertrages auf einem so genannten Prämiendepot bei dem betreffenden Versicherungsunternehmen angelegt, so handelt es sich um zur Beitragszahlung verwendete Versicherungsbeiträge erst in dem Veranlagungszeitraum, indem das Versicherungsunternehmen Gelder dem Konto entnimmt und als Beitragszahlung verbucht. Die Erträge aus diesem so genannten Prämiendepot gehören in der Regel zu den Einnahmen im Sinne des § 20 Abs. 1 Nr. 7 EStG.

d) Beitragsminderungen

16 Überschussanteile, die bei Versicherungen auf den Erlebens- oder Todesfall vom Versicherer ausgezahlt oder gutgeschrieben werden, mindern im Jahr der Auszahlung oder Gutschrift die als Sonderausgaben abziehbaren Beiträge (BFH vom 20. und 27. Februar 1970, BStBl II S. 314 und 422). Das gilt nicht, soweit die Überschussanteile zur Abkürzung der Versicherungsdauer bzw. der Dauer der Beitragszahlung oder zur Erhöhung der Versicherungssumme (Summenzuwachs) verwendet werden oder nach § 20 Abs. 1 Nr. 6 EStG zu den Einkünften aus Kapitalvermögen gehören. Der Erhöhung der Versicherungssumme steht die verzinsliche Ansammlung der Überschussanteile gleich, wenn sie nach den Vertragsbestimmungen erst bei Fälligkeit der Hauptversicherungssumme ausgezahlt werden. Zur Beitragsminderung durch nachträglich vereinbarte Vertragsänderungen vgl. Rdnr. 39 ff.

e) Beitragserhöhungen

17 Beitragserhöhungen, die sich nach einem bei Vertragsabschluss vereinbarten Maßstab bemessen und nicht als Gestaltungsmissbrauch (§ 42 AO) anzusehen sind, haben auf die steuerliche Behandlung der Beiträge und Zinsen keine Auswirkung. Zur Beitragserhöhung durch nachträglich vereinbarte Vertragsänderungen vgl. Rdnr. 39 ff.

6. Mindestvertragsdauer/Sperrfrist

a) Allgemeines

18 Grundsätzlich müssen die vertraglich vereinbarte Sperrfrist für die Ausübung des Kapitalwahlrechts bei einer Rentenversicherung und die Vertragslaufzeit bei Kapitallebensversicherungen mindestens zwölf Jahre betragen. Für die Fristberechnung ist auf den Zeitpunkt des Vertragsabschlusses – vgl. Rdnr. 8ff. – abzustellen; es gelten gemäß § 108 AO die §§ 187 Abs. 1, 188 Abs. 2 BGB.

19 Bei Steuerpflichtigen, die am 31. Dezember 1990 einen Wohnsitz oder ihren gewöhnlichen Aufenthalt in dem in Artikel 3 des Einigungsvertrages genannten Gebiet und vor dem 1. Januar 1991 keinen Wohnsitz oder gewöhnlichen Aufenthalt im bisherigen Geltungsbereich des EStG hatten, wird die Mindestvertragsdauer altersabhängig stufenweise herabgesetzt. Sie verkürzt sich bei einem Steuerpflichtigen, der zur Zeit des Vertragsabschlusses das 47. Lebensjahr vollendet hat, um die Zahl der angefangenen Lebensjahre, um die er älter als 47 Jahre ist, höchstens jedoch auf sechs Jahre. Diese Ausnahmeregelung gilt für Versicherungsverträge, die nach dem 31. Dezember 1990 und vor dem 1. Januar 1997 abgeschlossen worden sind.

20 Aus Billigkeitsgründen bestehen keine Bedenken, Versicherungen mit vorgezogener Leistung bei bestimmten schweren Erkrankungen (so genannte Dread-Disease-Versicherungen) als Lebensversicherungen im Sinne des § 10 Abs. 1 Nr. 2 Buchstabe b EStG anzuerkennen, wenn sie einen ausreichenden Mindesttodesfallschutz – vgl. Rdnr. 23 ff. – enthalten und der Versicherungsfall auf die folgenden Erkrankungen beschränkt ist, die gegenüber der Versicherung durch ein ärztliches Zeugnis nachzuweisen sind: Herzinfarkt, Bypass-Operation, Krebs, Schlaganfall, Nierenversagen, Aids und Multiple Sklerose.

b) Mindestvertragsdauer

21 Zum Beginn der Mindestvertragsdauer vgl. Rdnr. 8ff. Die Mindestvertragsdauer ist nur dann erfüllt, wenn der Versicherer – abgesehen von dem jederzeit gegebenen Todesfallrisiko – seine

Leistungen auf den Erlebensfall weder ganz noch teilweise vor Ablauf einer Versicherungsdauer von zwölf Jahren zu erbringen verpflichtet ist. Rdnr. 19 ist zu beachten, Beiträge zu Lebensversicherungen mit früheren Teilleistungen auf den Erlebensfall sind auch nicht teilweise als Sonderausgaben abziehbar. (BFH-Urteil vom 27. Oktober 1987, BStBl 1988 II S. 132); die in den Versicherungsleistungen enthaltenen Erträge gehören insgesamt zu den Einkünften im Sinne des § 20 Abs. 1 Nr. 6 EStG.

c) Sperrfrist

Zum Beginn der Sperrfrist vgl. Rdnr. 8ff. Die Ausübung des Kapitalwahlrechts vor Ablauf von zwölf Jahren seit Vertragsabschluss muss bei allen ab dem 1. Oktober 1996 abgeschlossenen Verträgen vertraglich ausgeschlossen sein. Bei Versicherungen, deren vereinbarte Rentenzahlung frühestens zwölf Jahre nach Vertragsschluss beginnt, bestehen jedoch keine Bedenken, wenn nach dem Vertrag das Kapitalwahlrecht frühestens fünf Monate vor Beginn der Rentenzahlung ausgeübt werden kann. 22

7. Mindesttodesfallschutz

a) Allgemeines

Kapitalbildende Lebensversicherungen, die nach dem 31. März 1996 abgeschlossen worden sind, sind nach § 10 Abs. 1 Nr. 2 Buchstabe b Doppelbuchstabe dd und § 20 Abs. 1 Nr. 6 Satz 2 EStG nur begünstigt, wenn der Todesfallschutz während der gesamten Laufzeit des Versicherungsvertrages mindestens 60 v. H. der Summe der nach dem Versicherungsvertrag für die gesamte Vertragsdauer zu zahlenden Beiträge beträgt; sind weitere Risiken mitversichert, bleiben nur die Beitragsanteile für Berufs- und Erwerbsunfähigkeit bzw. Erwerbsminderung und Pflege außer Betracht. Den Nachweis für die Einhaltung des Mindesttodesfallschutzes hat der Steuerpflichtige bei Abschluss des Versicherungsvertrages und bei Beitragsänderungen durch gesonderten Ausweis des Versicherers zu erbringen. Den Nachweis hat der Steuerpflichtige seiner Steuererklärung beizufügen. Wird im Rahmen eines vor dem 1. April 1996 abgeschlossenen Versicherungsvertrags ein mitversichertes Zusatzrisiko gekündigt, wird dadurch keine Anpassung an den o. g. Mindesttodesfallschutz erforderlich. 23

b) Beitragszahlungen in variabler Höhe/dynamische Beitragszahlung

Bei Beitragszahlungen in variabler Höhe, die sich nach einem bei Vertragsbeginn vereinbarten Maßstab bemisst, z. B. Umsatz, Gewinn, Dividendenzahlung, ist der im ersten Versicherungsjahr zu zahlende Beitrag und in den Folgejahren der Durchschnitt aller vorher fälligen Beiträge maßgebend. 24

Bei dynamischen Tarifen ist zu unterscheiden zwischen solchen, bei denen von vornherein Beitragserhöhungen zur Erhöhung der Erlebens- und Todesfallleistung fest vereinbart werden, und solchen, bei denen der Versicherungsnehmer zwar das Recht auf Erhöhung des Beitrags hat, eine Verpflichtung zur Beitragserhöhung aber nicht besteht. Für die Unterscheidung sind die im Versicherungsvertrag enthaltenen Vereinbarungen maßgebend. 25

Beitragserhöhungen, die von vornherein vereinbart werden, sind bei der Bestimmung des Mindesttodesfallschutzes zu berücksichtigen. Künftige Beitragserhöhungen sind dagegen erst dann zu berücksichtigen, wenn die Erhöhung wirksam wird. 26

c) Versicherungen mit identischer Todesfall- und Erlebensfallsumme

Bei Versicherungen, bei denen die Todesfallsumme mindestens der Erlebensfallsumme entspricht, ist die Festlegung eines Mindesttodesfallschutzes nicht erforderlich. 27

d) Versicherungen mit gestaffelter Todesfallleistung oder mit Leistungsausschluss bei Tod zu Vertragsbeginn

Bei Versicherungen, bei denen der Todesfallschutz erst nach Ablauf einer Wartefrist einsetzt oder stufenweise ansteigt, ist das Erfordernis des Mindesttodesfall-Schutzes erfüllt, wenn der Todesfallschutz spätestens drei Jahre nach Vertragsabschluss mindestens 60 v. H. der Beitragssumme nach Rdnr. 23 beträgt. 28

e) Kapitallebensversicherungen mit mehreren Erlebensfallzahlungen während der Versicherungsdauer

Der Mindesttodesfallschutz ist mit 60 v. H. der Summe der nach dem Versicherungsvertrag für die gesamte Versicherungsdauer zu zahlenden Beiträge zu ermitteln; Rdnr. 23 und 24 sind zu beachten. Nach jeder Teilauszahlung ermäßigt sich der Mindesttodesfallschutz in dem Verhältnis, in dem die Teilauszahlungssumme zur ursprünglichen Gesamt-Erlebensfallsumme steht. 29

f) Behandlung von Rentenversicherungen mit Kapitalwahlrecht (§ 10 Abs. 1 Nr. 2 Buchstabe b Doppelbuchstabe cc EStG)

30 Rentenversicherungen mit Kapitalwahlrecht enthalten regelmäßig keinen Todesfallschutz. Da das Risiko bei dieser Versicherungsvariante in der Rentenzahlung liegt, ist die Einhaltung eines Mindesttodesfallschutzes nicht erforderlich, auch dann nicht, wenn von der Möglichkeit des Kapitalwahlrechts Gebrauch gemacht werden kann. Allerdings darf das Kapitalwahlrecht nicht vor Ablauf von zwölf Jahren seit Vertragsabschluss ausgeübt werden – vgl. Rdnr. 22 –. Die bloße Rückzahlung von gezahlten Beiträgen zuzüglich gutgeschriebener Gewinnanteile im Todesfall ist nicht als versicherter Todesfallschutz anzusehen; das gilt auch für Rentenleistungen im Todesfall, z. B. an Hinterbliebene, weil in diesen Fällen ein Langlebigkeitsrisiko vorhanden ist. In Fällen, in denen zusätzlich ein Todesfallschutz vereinbart ist, muss insoweit der Mindesttodesfallschutz nach Rdnr. 23 gewahrt sein.

g) Fondsgebundene Lebensversicherungen und Direktversicherungen

31 Die vorstehenden Grundsätze zur Ermittlung des Mindesttodesfallschutzes gelten auch für fondsgebundene Lebensversicherungen im Sinne des § 20 Abs. 1 Nr. 6 Satz 5 EStG sowie für nach dem 31. Dezember 1996 abgeschlossene Direktversicherungen.

8. Veräußerung der Versicherung

32 Veräußert der Versicherungsnehmer Ansprüche aus einem Lebensversicherungsvertrag, findet eine Nachversteuerung der von ihm als Sonderausgaben abgezogenen Versicherungsbeiträge nicht statt. Der Überschuss des Veräußerungserlöses über die eingezahlten Versicherungsbeiträge ist nicht steuerpflichtig.

II. Vertragsmerkmale

33 Bei Kapitalversicherungen gegen laufende Beitragsleistung mit Sparanteil sind nach dem Urteil des BFH vom 9. Mai 1974 (BStBl II S. 633) im Wesentlichen vier Bestandteile für den Versicherungsvertrag maßgeblich, die weitgehend von der versicherten Person abhängen:

- Versicherungslaufzeit (VLZ)
- Versicherungssumme (VS)
- Versicherungsbeitrag (B)
- Beitragszahlungsdauer (BZD)

Die Änderung eines Vertragsmerkmals führt nach Auffassung des BFH im Grundsatz steuerrechtlich zum Abschluss eines neuen Vertrages.

Bei unentgeltlichem Eintritt in eine im Übrigen unveränderte Lebensversicherung, z. B. bloßer Wechsel des Versicherungsnehmers bei Eintritt eines Kindes in den Vertrag eines Elternteils, handelt es sich nicht um eine steuerrechtlich relevante Vertragsänderung. Zu entgeltlichem Erwerb vgl. Rdnr. 4.

III. Keine Vertragsänderung

34 Beim Ausscheiden aus einem Gruppenversicherungsvertrag unter Fortsetzung der Versicherung als Einzelversicherung liegt keine Vertragsänderung vor, wenn das Leistungsversprechen des Versicherungsunternehmens (Kapitalleistung oder Rentenleistung) weder seinem Inhalt noch seiner Höhe nach verändert wird. Dies gilt auch für die Übernahme einer Einzelversicherung in einen Gruppen- oder Sammelversicherungsvertrag.

35 Zur Fortsetzung der ursprünglichen Direktversicherung bei einem anderen Versicherungsunternehmen haben die Versicherer ein „Abkommen zur Übertragung von Direktversicherungen bei Arbeitgeberwechsel" beschlossen (Bundesanzeiger vom 31. Oktober 1981 und vom 21. März 2002). Darin wird die Vertragsänderung im Einvernehmen aller Beteiligten (versicherter Arbeitnehmer, alter und neuer Arbeitgeber sowie altes und neues Versicherungsunternehmen) in der Weise festgelegt, dass die ursprünglich vom alten Arbeitgeber abgeschlossene Direktversicherung im Rahmen eines vom neuen Arbeitgeber abgeschlossenen Gruppen- oder Sammelversicherungsvertrages „fortgesetzt" wird. Voraussetzung für die Fortsetzung ist, dass jedes Mal, wenn auf Grund des Arbeitgeberwechsels eines Arbeitnehmers ein Lebensversicherungsunternehmen Deckungskapital von einem anderen Lebensversicherungsunternehmen übernimmt, in der betreffenden Urkunde über die fortgesetzte Lebensversicherung vermerkt wird, in welcher Höhe es sich um eine Fortsetzung der ursprünglichen Lebensversicherung mit gleichwertigen Leistungen handelt und wann und über welche Gesamtdauer mit welchen Versicherungsleistungen bestehende Lebensversicherungen übernommen werden. Soweit der alte

Vertrag unverändert übernommen wird, ist keine Vertragsänderung anzunehmen, so dass anlässlich der Übertragung mangels Zuflusses auch keine Zinsen im Sinne des § 20 Abs. 1 Nr. 6 EStG zu versteuern sind.

IV. Steuerrechtliche Bedeutung von Vertragsänderungen

1. Bei Vertragsabschluss vereinbarte künftige Vertragsänderungen

Steuerlich relevante Vertragsänderungen liegen vorbehaltlich der Rdnr. 38 nicht vor, wenn die Vertragsanpassungen bereits bei Vertragsabschluss vereinbart worden sind. Eine steuerlich relevante Vertragsänderung liegt ebenfalls nicht vor, wenn dem Versicherungsnehmer bei Vertragsabschluss folgende Optionen zur Änderung des Vertrages eingeräumt werden: 36

- Kapitalwahlrecht im Sinne des § 10 Abs. 1 Nr. 2 Buchstabe b Doppelbuchstabe cc EStG,
- Zuzahlungen zur Abkürzung der Vertragslaufzeit bei gleichbleibender Versicherungssumme, wenn
  a) die Zuzahlung frühestens nach Ablauf von fünf Jahren nach Vertragsabschluss erfolgt,
  b) die Restlaufzeit des Vertrages nach der letzten Zuzahlung mindestens fünf Jahre beträgt,
  c) die Zuzahlungen im Kalenderjahr nicht mehr als 10 v. H. und während der gesamten vereinbarten Vertragslaufzeit insgesamt nicht mehr als 20 v. H. der Versicherungssumme betragen sowie
  d) die im Zeitpunkt des Vertragsabschlusses geltende Mindestvertragsdauer nach § 10 Abs. 1 Nr. 2 Buchstabe b Doppelbuchstaben cc und dd EStG gewahrt wird.

In allen anderen Fällen, in denen dem Versicherungsnehmer bei Vertragsabschluss lediglich eine Option zu einer Änderung des Vertrags eingeräumt wird, liegt bei Ausübung des Optionsrechtes eine steuerlich relevante Vertragsänderung vor. Dies gilt nicht, wenn das Optionsrecht vor Veröffentlichung dieses Schreibens im Bundessteuerblatt Teil I ausgeübt worden ist.

Bei einem Wechsel der Versicherungsart erlischt, unabhängig von der Frage, ob ein entsprechendes Optionsrecht bereits bei Vertragsabschluss vereinbart worden ist oder nicht, steuerrechtlich der „alte Vertrag" und es wird steuerrechtlich vom Abschluss eines „neuen Vertrages" ausgegangen. Dabei ist für beide Verträge getrennt zu prüfen, ob die Voraussetzungen des § 10 Abs. 1 Nr. 2 Buchstabe b EStG für eine steuerliche Begünstigung erfüllt sind. Wird dabei die auf den „alten Vertrag" entfallende Versicherungsleistung ganz oder teilweise auf den „neuen Vertrag" angerechnet, so gilt auch die angerechnete Versicherungsleistung aus dem „alten Vertrag" als dem Versicherungsnehmer zugeflossen. Die aus dem „alten Vertrag" angerechnete Versicherungsleistung gilt als Beitragszahlung auf den „neuen Vertrag". Zur Umwandlung einer Kapitalversicherung in eine Rentenversicherung ohne Kapitalwahlrecht oder in einen Vertrag i. S. des Altersvorsorgeverträge-Zertifizierungsgesetzes vgl. Rdnr. 58. 37

Ist nach Rdnr. 36 steuerlich nicht von einer Vertragsänderung auszugehen, so ist trotzdem zu prüfen, ob nicht ein Missbrauch von Gestaltungsmöglichkeiten des Rechts (§ 42 AO) zur Umgehung der Steuerpflicht vorliegt. Ein Gestaltungsmissbrauch liegt z. B. nicht vor bei Beitragserhöhungen zur angemessenen Dynamisierung der Alters- und Hinterbliebenenversorgung, wenn ein für die gesamte Vertragsdauer gleich bleibendes Kriterium vereinbart ist, z. B. ein fester Vomhundertsatz oder eine Erhöhung entsprechend der Beitragserhöhung in der gesetzlichen Rentenversicherung oder dem durchschnittlichen Bruttoarbeitsentgelt aller Versicherten der gesetzlichen Rentenversicherung. Unschädlich sind dann Beitragserhöhungen auch in den letzten Jahren der Mindestvertragsdauer sowie gelegentliche Unterbrechungen, sofern die einzelne Unterbrechung nicht länger als zwei Jahre dauert und soweit keine Nachholung der unterlassenen Beitragserhöhungen erfolgt. 38

2. Nachträglich vereinbarte Vertragsänderungen

Bei der Änderung eines oder mehrerer wesentlicher Bestandteile des Versicherungsvertrages ist grundsätzlich vom Fortbestand des „alten Vertrages" und nur hinsichtlich der Änderung von einem „neuen Vertrag" auszugehen. 39

a) Verminderung wesentlicher Vertragsbestandteile

Werden ausschließlich wesentliche Vertragsbestandteile vermindert bzw. gesenkt (z. B. Verkürzung der Laufzeit oder der Beitragszahlungsdauer, niedrigere Beitragszahlungen oder Versicherungssumme), so gilt steuerrechtlich der geänderte Vertrag als „alter Vertrag", der unverändert fortgeführt wird. Der „alte Vertrag" ist steuerlich begünstigt, wenn er die dafür erforderlichen Voraussetzungen erfüllt. Dabei ist auf die gesetzlichen Bestimmungen im Zeitpunkt des ursprünglichen Vertragsabschlusses – vgl. Rdnr. 8 ff. – abzustellen, da der „alte Vertrag" fortgeführt wird. 40

b) Erhöhung wesentlicher Vertragsbestandteile

41 Werden ausschließlich wesentliche Vertragsbestandteile verlängert bzw. erhöht (z. B. Verlängerung der Laufzeit oder der Beitragszahlungsdauer, höhere Beitragszahlungen oder Versicherungssumme), läuft steuerrechtlich der „alte Vertrag" im Rahmen der ursprünglichen Vertragsbedingungen unverändert weiter; der „alte Vertrag" ist steuerlich begünstigt, wenn er die dafür erforderlichen Voraussetzungen erfüllt. Dabei ist auf die gesetzlichen Bestimmungen im Zeitpunkt des ursprünglichen Vertragsabschlusses – vgl. Rdnr. 8 ff. – abzustellen. Nur die auf die verlängerten bzw. erhöhten Komponenten entfallenden Vertragsbestandteile sind steuerlich als gesonderter „neuer Vertrag" zu behandeln. Der „neue Vertrag" ist begünstigt, wenn er die im Zeitpunkt des Abschlusses des Änderungsvertrages geltenden gesetzlichen Bestimmungen erfüllt.

c) Verminderung und gleichzeitige Erhöhung wesentlicher Vertragsbestandteile

42 Werden sowohl ein oder mehrere wesentliche Vertragsbestandteile vermindert bzw. gesenkt und ein oder mehrere wesentliche Vertragsbestandteile verlängert bzw. erhöht, ist steuerrechtlich nur hinsichtlich der erhöhten Vertragsbestandteile von einem „neuen Vertrag" auszugehen; bzgl. der gleich gebliebenen und verminderten bzw. gesenkten Vertragsbestandteile wird der bisherige Vertrag steuerlich unverändert fortgeführt. Die Begünstigung des „alten Vertrags" und des „neuen Vertrags" richtet sich nach den Grundsätzen der Rdnr. 40 und 41.

d) Beispiele zu den einzelnen Vertragsänderungen

43 Wird bei einem bestehenden Vertrag nur die Versicherungslaufzeit oder nur die Beitragszahlungsdauer verringert oder werden nur die Beiträge gesenkt, so sinkt die Versicherungssumme. Entsprechendes gilt, wenn die vorgenannten Komponenten in Kombination miteinander (Versicherungslaufzeit und Beitragszahlungsdauer werden verringert, Beiträge bleiben unverändert; Versicherungslaufzeit bleibt unverändert, Beitragszahlungsdauer sowie Beiträge werden verringert bzw. gesenkt; Versicherungslaufzeit und Versicherungsbeiträge werden verringert bzw. gesenkt, die Beitragszahlungsdauer bleibt unverändert) verringert bzw. gesenkt werden. Der geänderte Vertrag gilt als „alter Vertrag", der unverändert fortgeführt wird. Beiträge und Zinsen sind steuerlich begünstigt, wenn der „alte Vertrag" die allgemeinen Voraussetzungen für die Begünstigung erfüllt.

Beispiel 1:

Ursprünglicher Vertrag: VLZ 20 Jahre/BZD 15 Jahre/B 50 Euro/VS 12 500 Euro

Änderung im Jahre 10: VLZ 15 Jahre/BZD 10 Jahre/B 50 Euro/VS 7 500 Euro

Beispiel 2:

Ursprünglicher Vertrag: VLZ 20 Jahre/BZD 20 Jahre/B 50 Euro/VS 15 000 Euro

Änderung im Jahre 10: VLZ 20 Jahre/BZD 20 Jahre/B 25 Euro/VS 10 000 Euro

Die geänderten Verträge gelten als „alte Verträge", die weiterhin steuerlich begünstigt sind.

44 Wird die Versicherungslaufzeit nicht verlängert, die Beitragszahlungsdauer verringert und gleichzeitig die Beiträge erhöht, so kann je nach vertraglicher Ausgestaltung die Versicherungssumme sinken, gleich bleiben oder sich erhöhen. Erhöht sich die Versicherungssumme nicht, gelten die geminderten Bestandteile als „alter Vertrag", der bei Vorliegen der allgemeinen Voraussetzungen steuerlich begünstigt ist. Die steuerliche Behandlung der auf die Erhöhung entfallenden Beiträge und Zinsen ist gesondert zu prüfen.

Beispiel 3:

Ursprünglicher Vertrag: VLZ 20 Jahre/BZD 20 Jahre/B 50 Euro/VS 15 000 Euro

Änderung im Jahre 10: VLZ 15 Jahre/BZD 15 Jahre/B 100 Euro/VS 12 500 Euro

Die geminderten Bestandteile gelten als „alter Vertrag", der weiterhin steuerlich begünstigt ist.

Die auf die Beitragserhöhung entfallenden Vertragsbestandteile gelten als „neuer Vertrag", der jedoch steuerlich nicht begünstigt ist, da die Laufzeit des „neuen Vertrages" nicht mindestens zwölf Jahre beträgt.

45 Steigt im Falle der Rdnr. 44 die Versicherungssumme, so gilt der auf die Erhöhung der Beiträge und der Versicherungssumme entfallende Vertragsteil als „neuer Vertrag".

Beispiel 4:

Ursprünglicher Vertrag: VLZ 20 Jahre/BZD 15 Jahre/B 50 Euro/VS 12 500 Euro

Änderung im Jahre 5: VLZ 15 Jahre/BZD zehn Jahre/B 250 Euro/VS 25 000 Euro

Die geminderten Bestandteile gelten als „alter Vertrag", der weiterhin steuerlich begünstigt ist.

Die auf die Beitragserhöhung, insbesondere auf die erhöhte Versicherungssumme, entfallenden Vertragsbestandteile gelten als „neuer Vertrag", der steuerlich nicht begünstigt ist, da die Laufzeit nicht mindestens zwölf Jahre beträgt.

Wird die Versicherungslaufzeit verkürzt, die Beitragszahlungsdauer und die Versicherungssumme bleiben aber gleich, während die Beiträge erhöht werden, gelten die geminderten und gleich gebliebenen Bestandteile sowie die ursprünglich vereinbarten Beiträge als „alter Vertrag". Die auf die Beitragserhöhung entfallenden Vertragsbestandteile gelten als „neuer Vertrag", der gesondert zu prüfen ist. 46

Beispiel 5:

Ursprünglicher Vertrag: VLZ 20 Jahre/BZD 15 Jahre/B 50 Euro/VS 12 500 Euro

Änderung im Jahre 10: VLZ 15 Jahre/BZD 15 Jahre/B 75 Euro/VS 12 500 Euro

Die unveränderten bzw. geminderten Vertragsbestandteile gelten als „alter Vertrag", der weiterhin steuerlich begünstigt ist.

Die auf die Beitragserhöhung entfallenden Vertragsbestandteile gelten als „neuer Vertrag". Da die Versicherungslaufzeit für den „neuen Vertrag" nicht mindestens zwölf Jahre beträgt, sind Beiträge in Höhe von 25 Euro und die darauf entfallenden Zinsen nicht begünstigt.

Werden die Versicherungslaufzeit verkürzt oder nicht verlängert und die Beiträge abgesenkt oder nicht erhöht, jedoch die Beitragszahlungsdauer verlängert, so kann sich je nach vertraglicher Ausgestaltung die Versicherungssumme erhöhen, vermindern oder gleich bleiben. Die auf die Verlängerung der Beitragszahlungsdauer entfallenden Vertragsbestandteile gelten als „neuer Vertrag", der gesondert zu prüfen ist. 47

Beispiel 6:

Ursprünglicher Vertrag: VLZ 30 Jahre/BZD 10 Jahre/B 50 Euro/VS 12 500 Euro

Änderung im Jahre 10: VLZ 30 Jahre/BZD 15 Jahre/B 50 Euro/VS 15 000 Euro

Die unveränderten Vertragsbestandteile gelten als „alter Vertrag" der weiterhin steuerlich begünstigt ist.

Die auf die Verlängerung der Beitragszahlungsdauer entfallenden Vertragsbestandteile gelten als „neuer Vertrag". Die auf den Zeitraum der Verlängerung der Beitragszahlungsdauer entfallenden Beiträge und die damit zusammenhängenden Zinsen sind steuerlich begünstigt, da die Vertragslaufzeit für diesen „neuen Vertrag" nach der Änderung noch mindestens zwölf Jahre beträgt und es sich beiden Beiträgen um laufende Beitragsleistungen handelt.

Wird die Versicherungslaufzeit nicht verlängert, Beitragszahlungsdauer, Beiträge und Versicherungssumme jedoch erhöht, so ist hinsichtlich der auf die Erhöhung entfallenden Vertragsbestandteile ein „neuer Vertrag" anzunehmen. Die entsprechenden Beitrags- und Zinsanteile sind steuerlich begünstigt, wenn dieser „neue Vertrag" die Kriterien für eine steuerliche Anerkennung erfüllt. Die nicht auf die Erhöhung entfallenden Beitragsanteile sind begünstigt, wenn der verbleibende „alte Vertrag" die Kriterien für die steuerliche Anerkennung erfüllt. 48

Beispiel 7:

Ursprünglicher Vertrag: VLZ 30 Jahre/BZD 10 Jahre/B 50 Euro/VS 10 000 Euro

Änderung im Jahre 11: VLZ 30 Jahre/BZD 20 Jahre/B 75 Euro/VS 22 500 Euro

Die unveränderten Vertragsbestandteile gelten als „alter Vertrag", der weiterhin steuerlich begünstigt ist.

Die auf die Verlängerung der Beitragszahlungsdauer und die Erhöhung der Beiträge entfallenden Bestandteile gelten als „neuer Vertrag". Die auf den Zeitraum der Verlängerung der Beitragszahlungsdauer entfallenden Beiträge und die erhöhten Beiträge sind steuerlich begünstigt, da die Vertragslaufzeit für diesen „neuen Vertrag" nach der Änderung noch mindestens zwölf Jahre beträgt und es sich bei den Beiträgen um laufende Beitragsleistungen handelt.

Wird die Versicherungslaufzeit verlängert, Beitragszahlungsdauer und Beiträge unverändert beibehalten, so wird sich auch die Versicherungssumme erhöhen. Der Vertrag gilt hinsichtlich der erhöhten Vertragsbestandteile als „neuer Vertrag", der gesondert auf die Möglichkeit einer steuerlichen Begünstigung zu prüfen ist. 49

Beispiel 8:

Ursprünglicher Vertrag: VLZ 20 Jahre/BZD 20 Jahre/B 50 Euro/VS 12 500 Euro

Änderung im Jahre 15: VLZ 25 Jahre/BZD 20 Jahre/B 50 Euro/VS 15 000 Euro

Die unveränderten Vertragsbestandteile gelten als „alter Vertrag", der weiterhin steuerlich begünstigt ist. Demzufolge können die bis zum Jahr 20 gezahlten Beiträge als Sonderausgaben geltend gemacht werden; die damit zusammenhängenden Zinsen sind steuerlich begünstigt.

Die auf die Verlängerung der Laufzeit und die Erhöhung der Versicherungssumme entfallenden Vertragsbestandteile gelten als „neuer Vertrag", der steuerlich nicht begünstigt ist, da die Mindestvertragsdauer von zwölf Jahren nicht erfüllt ist. Zu den nicht begünstigten Zinsen gehören auch die im Vertragsverlängerungszeitraum anfallenden Zinsen aus dem in der ursprünglichen Versicherungslaufzeit („alter Vertrag") angesammelten Kapital.

50 Wird die Versicherungslaufzeit verlängert und die Versicherungssumme erhöht, so ist hinsichtlich der erhöhten Vertragsbestandteile von einem „neuen Vertrag" auszugehen. Dies gilt gleichermaßen, wenn die Beiträge erhöht und die Beitragszahlungsdauer verlängert werden. Wird die Versicherungslaufzeit verlängert und die Versicherungssumme nicht erhöht, so handelt es sich bei der Verlängerung der Versicherungslaufzeit um einen „neuen Vertrag", der nach den allgemeinen Kriterien zu prüfen ist.

Beispiel 9:

Ursprünglicher Vertrag: VLZ 20 Jahre/BZD 20 Jahre/B 50 Euro/VS 15 000 Euro

Änderung im Jahre 10: VLZ 25 Jahre/BZD 25 Jahre/B 25 Euro/VS 15 000 Euro

Die unveränderten bzw. geminderten Vertragsbestandteile gelten als „alter Vertrag", der weiterhin steuerlich begünstigt ist.

Die auf die Verlängerung der Vertragslaufzeit und der Beitragszahlungsdauer entfallenden Vertragsbestandteile gelten als „neuer Vertrag", der steuerlich begünstigt ist, da die Vertragslaufzeit für diesen „neuen Vertrag" nach der Änderung noch mindestens zwölf Jahre beträgt und es sich bei den Beiträgen um laufende Beitragsleistungen handelt.

3. Änderungen bei betrieblichen Lebensversicherungen

a) Strukturwandel der betrieblichen Altersversorgung

51 Arbeitgeber und andere Versorgungsträger können ihre Verpflichtungen aus Versorgungszusagen (z. B. Pensionszusagen, Zusagen auf Leistungen einer Unterstützungskasse) durch den Abschluss von Direktversicherungen auf Lebensversicherungen übertragen. Die beim bisherigen Versorgungsträger angesammelten Deckungsmittel werden in diesen Fällen häufig beim Abschluss des Versicherungsvertrages in die Direktversicherung eingebracht. Damit wird ein der bisherigen Zusage entsprechendes Versorgungsniveau des Arbeitnehmers bereits ab Beginn der Direktversicherung erreicht. Für die Frage der steuerlichen Begünstigung sind die im Zeitpunkt des Vertragsabschlusses der Direktversicherung – vgl. Rdnr. 8 ff. – geltenden gesetzlichen Bestimmungen maßgebend.

b) Arbeitnehmerwechsel

52 Arbeitgeber haben das Recht, verfallbare Direktversicherungen zu widerrufen, wenn Arbeitnehmer frühzeitig aus dem Dienstverhältnis ausscheiden. Die Deckungskapitalien solcher Direktversicherungen werden regelmäßig in neu abzuschließende Direktversicherungen zugunsten unversorgter Arbeitnehmer eingebracht. Für die Frage der steuerlichen Begünstigung sind die im Zeitpunkt des konkreten Vertragsabschlusses – vgl. Rdnr. 8 ff. – geltenden gesetzlichen Bestimmungen maßgebend. Die Übertragung von Deckungskapitalien führt nicht zu einer Fortführung der ursprünglich abgeschlossenen Versicherung.

c) Arbeitsrechtliche Verpflichtungen zum Abschluss von Direktversicherungen

53 Arbeitgeber können arbeitsrechtlich verpflichtet sein, nicht oder nicht rechtzeitig abgeschlossene Direktversicherungen bereits bei Vertragsabschluss nachzufinanzieren. Diese Verpflichtung wird regelmäßig über eine Einzahlung in das Deckungskapital erfüllt. Diese Einmalzahlung hat keine Auswirkungen auf die Frage, ob die Versicherung steuerlich begünstigt ist.

V. Billigkeitsregelungen

In den folgenden Fällen werden hinsichtlich der vorgenommenen Vertragsänderungen steuerrechtlich aus Billigkeitsgründen keine nachteiligen Folgen gezogen.

1. Realteilung im Fall der Ehescheidung

54 Vertragsänderungen durch Realteilung im Falle der Ehescheidung sind steuerlich nicht zu beanstanden, wenn die Laufzeit des Versicherungsvertrages auch für den abgetrennten Teil unverändert bleibt und dem Unterhaltsberechtigten bei einer Rentenversicherung kein Kapitalwahlrecht eingeräumt wird.

2. Zahlungsschwierigkeiten

a) Beitragsnachzahlung zur Wiederherstellung des ursprünglichen Versicherungsschutzes nach Zahlungsschwierigkeiten

Wurden Versicherungsbeiträge oder die Versicherungssumme wegen Zahlungsschwierigkeiten des Versicherungsnehmers, insbesondere wegen Arbeitslosigkeit, Kurzarbeit oder Arbeitsplatzwechsel gemindert oder die Beiträge ganz oder teilweise befristet gestundet, so kann der Versicherungsnehmer innerhalb einer Frist von in der Regel zwei Jahren eine Wiederherstellung des alten Versicherungsschutzes bis zur Höhe der ursprünglich vereinbarten Versicherungssumme verlangen und die Beitragsrückstände nachentrichten. Die nachentrichteten Beiträge werden als auf Grund des ursprünglichen Vertrages geleistet angesehen. Voraussetzung ist, dass sich die Nachzahlungen in einem angemessenen Rahmen halten und die ursprüngliche Mindestvertragsdauer nicht unterschritten wird. 55

b) Verlängerung der Versicherungs- und Beitragszahlungsdauer zur Wiederherstellung des ursprünglichen Versicherungsschutzes

Konnte der Versicherungsnehmer wegen Zahlungsschwierigkeiten insbesondere aufgrund von Arbeitslosigkeit, Kurzarbeit oder Arbeitsplatzwechsel die vereinbarten Beiträge nicht mehr aufbringen und wird in diesen Fällen zur Erhaltung des Versicherungsschutzes die Versicherungs- und Beitragszahlungsdauer verlängert, werden hieraus steuerrechtlich keine nachteiligen Folgen gezogen. 56

c) Verlegung des Beginn- und Ablauftermins

Konnte der Versicherungsnehmer wegen Zahlungsschwierigkeiten, insbesondere aufgrund von Arbeitslosigkeit, Kurzarbeit oder Arbeitsplatzwechsel die vereinbarten Beiträge nicht mehr aufbringen und nach Behebung seiner finanziellen Schwierigkeiten die fehlenden Beiträge nicht nachentrichten, so kann der Versicherungsnehmer innerhalb von in der Regel bis zu zwei Jahren eine Wiederherstellung des alten Versicherungsschutzes bis zur Höhe der ursprünglich vereinbarten Versicherungssumme verlangen. Er kann die Beitragslücke durch eine Verlegung des Beginn- und Ablauftermins schließen, wobei die Beitragszahlungsdauer unverändert bleibt. Aus dieser Verlegung werden steuerrechtlich keine nachteiligen Folgen gezogen. 57

d) Fortsetzung einer während der Elternzeit beitragsfrei gestellten Lebensversicherung[1])

Die Regelungen in Rz. 55 bis 57 sind entsprechend anzuwenden, wenn eine Lebensversicherung während der Elternzeit im Sinne des Bundeselterngeld- und Elternzeitgesetzes beitragsfrei gestellt wurde und innerhalb von drei Monaten nach Beendigung der Elternzeit die Versicherung zu den vor der Umwandlung vereinbarten Bedingungen fortgeführt wird. 57a

3. Umwandlung einer Kapitallebensversicherung in eine Rentenversicherung ohne Kapitalwahlrecht oder in einen Vertrag i. S. des Altersvorsorgeverträge-Zertifizierungsgesetzes

Wird wegen einer Änderung der Familienverhältnisse (z. B. Tod von Angehörigen oder Heirat) eine Kapitallebensversicherung in eine Rentenversicherung ohne Kapitalwahlrecht umgewandelt, so werden steuerrechtlich keine nachteiligen Folgen aus dieser Umwandlung gezogen. Voraussetzung ist, dass die Versicherungslaufzeit und die Beiträge unverändert bleiben. Die Umstellung einer Kapitallebensversicherung auf einen Vertrag i. S. des Altersvorsorgeverträge-Zertifizierungsgesetzes stellt ebenfalls keine steuerschädliche Vertragsänderung dar. 58

Dieses Schreiben ersetzt die BMF-Schreiben vom

23. 9. 1974 – IV B 3 – S 2220 - 6/74 III –;
13. 6. 1977 – IV B 3 – S 2221 - 80/77 –;
23. 2. 1984 – IV B 4 – S 2252 - 19/84 –;
6. 4. 1984 – IV B 4 – S 2252 - 35/84 –;
3. 6. 1987 – IV B 4 – S 2252 - 58/87 –;
12. 3. 1990 – IV B 4 – S 2252 - 64/90 –;
20. 7. 1990 – IV B 1 – S 2221 – 115/90 / IV B 4 – S 2252 – 131/90 –, BStBl 1990 I S. 324;
7. 2. 1991 – IV B 1 – S 2221 - 10/91 –, BStBl I S. 214;
22. 2. 1991 – IV B 1 – S 2221 – 20/91 –, BStBl I S. 330;
26. 7. 1996 – IV B 1 – S 2221 – 207/96 –, BStBl I S. 1120;
6. 12. 1996 – IV B 1 – S 2221 – 301/96 –, BStBl I S. 1438;
12. 9. 1997 – IV B 1 – S 2221 – 172/97 –, BStBl I S. 825;
28. 2. 1997 – IV B 1 – S 2221 – 29/97 –.

[1]) Abschnitt d wurde durch das BMF-Schreiben vom 1. 10. 2009 (BStBl I S. 1188) eingefügt.

2015

Name

Vorname

Zeile			
1	Name		
2	Vorname		
3	Steuernummer		

Anlage Vorsorgeaufwand

Angaben zu Vorsorgeaufwendungen

52

Beiträge zur Altersvorsorge

Zeile	Beiträge		stpfl. Person / Ehemann / Lebenspartner(in) A EUR		Ehefrau / Lebenspartner(in) B EUR
4	– lt. Nr. 23 a/b der Lohnsteuerbescheinigung (Arbeitnehmeranteil)	300	,–	400	,–
5	– zu landwirtschaftlichen Alterskassen sowie zu berufsständischen Versorgungseinrichtungen, die den gesetzlichen Rentenversicherungen vergleichbare Leistungen erbringen (abzgl. steuerfreier Zuschüsse) – ohne Beiträge, die in Zeile 4 geltend gemacht werden –	301	,–	401	,–
6	– zu gesetzlichen Rentenversicherungen – ohne Beiträge, die in Zeile 4 geltend gemacht werden –	302	,–	402	,–
7	– zu zertifizierten Basisrentenverträgen (sog. Rürup-Verträge) mit Laufzeitbeginn nach dem 31.12.2004 – ohne Altersvorsorgebeiträge, die in der Anlage AV geltend gemacht werden –	303	,–	403	,–
8	Arbeitgeberanteil / -zuschuss lt. Nr. 22 a/b der Lohnsteuerbescheinigung	304	,–	404	,–
9	Arbeitgeberanteile zu gesetzlichen Rentenversicherungen im Rahmen einer pauschal besteuerten geringfügigen Beschäftigung (bitte Anleitung beachten)	306	,–	406	,–

Eine Eintragung ist stets vorzunehmen; bei Zusammenveranlagung von jedem Ehegatten / Lebenspartner:

Zeile			A		B
10	Haben Sie zu Ihrer Krankenversicherung oder Ihren Krankheitskosten Anspruch auf – steuerfreie Zuschüsse (z. B. Rentner aus der gesetzlichen Rentenversicherung) oder – steuerfreie Arbeitgeberbeiträge (z. B. sozialversicherungspfl. Arbeitnehmer und deren mitversicherter Ehegatte / Lebenspartner) oder – steuerfreie Beihilfen (z. B. Beamte oder Versorgungsempfänger und deren Ehegatten / Lebenspartner)?	307	1 = Ja 2 = Nein	407	1 = Ja 2 = Nein

Beiträge zur inländischen gesetzlichen Kranken- und Pflegeversicherung

Zeile			A		B
11	Arbeitnehmerbeiträge zu Krankenversicherungen lt. Nr. 25 der Lohnsteuerbescheinigung	320	,–	420	,–
12	In Zeile 11 enthaltene Beiträge, aus denen sich kein Anspruch auf Krankengeld ergibt	322	,–	422	,–
13	Arbeitnehmerbeiträge zu sozialen Pflegeversicherungen lt. Nr. 26 der Lohnsteuerbescheinigung	323	,–	423	,–
14	Zu den Zeilen 11 bis 13: Von der Kranken- und / oder sozialen Pflegeversicherung erstattete Beiträge	324	,–	424	,–
15	In Zeile 14 enthaltene Beiträge zur Krankenversicherung, aus denen sich kein Anspruch auf Krankengeld ergibt, und zur sozialen Pflegeversicherung	325	,–	425	,–
16	Beiträge zu Krankenversicherungen – ohne Beiträge, die in Zeile 11 geltend gemacht werden – (z. B. bei Rentnern; bei freiwillig gesetzlich versicherten Selbstzahlern, wenn der Datenübermittlung nicht widersprochen wurde)	326	,–	426	,–
17	In Zeile 16 enthaltene Beiträge zur Krankenversicherung, aus denen sich ein Anspruch auf Krankengeld ergibt	328	,–	428	,–
18	Beiträge zu sozialen Pflegeversicherungen – ohne Beiträge, die in Zeile 13 geltend gemacht werden – (z. B. bei Rentnern; bei freiwillig gesetzlich versicherten Selbstzahlern, wenn der Datenübermittlung nicht widersprochen wurde)	329	,–	429	,–
19	Zu den Zeilen 16 bis 18: Von der Kranken- und / oder sozialen Pflegeversicherung erstattete Beiträge	330	,–	430	,–
20	In Zeile 19 enthaltene Beiträge zur Krankenversicherung, aus denen sich ein Anspruch auf Krankengeld ergibt	331	,–	431	,–
21	Zuschuss zu den Beiträgen lt. Zeile 16 und / oder 18 – ohne Beträge lt. Zeile 37 und 39 – (z. B. von der Deutschen Rentenversicherung)	332	,–	432	,–
22	Über die Basisabsicherung hinausgehende Beiträge zu Krankenversicherungen (z. B. für Wahlleistungen, Zusatzversicherung) abzüglich erstatteter Beiträge	338	,–	438	,–

Beiträge zur inländischen privaten Kranken- und Pflegeversicherung

– Füllen Sie die Zeilen 23 bis 27 und 42 bis 45 nur aus, wenn Sie der Datenübermittlung nicht widersprochen haben. –

Zeile			A		B
23	Beiträge zu Krankenversicherungen (nur Basisabsicherung, keine Wahlleistungen)	350	,–	450	,–
24	Beiträge zu Pflege-Pflichtversicherungen	351	,–	451	,–
25	Zu den Zeilen 23 und 24: Von der privaten Kranken- und / oder Pflege-Pflichtversicherung erstattete Beiträge	352	,–	452	,–
26	Zuschuss von dritter Seite zu den Beiträgen lt. Zeile 23 und / oder 24 (z. B. von der Deutschen Rentenversicherung)	353	,–	453	,–
27	Über die Basisabsicherung hinausgehende Beiträge zu Krankenversicherungen (z. B. für Wahlleistungen, Zusatzversicherung) abzüglich erstatteter Beiträge	354	,–	454	,–
28	Beiträge (abzüglich erstatteter Beiträge) zu zusätzlichen Pflegeversicherungen (ohne Pflege-Pflichtversicherung)	355	,–	455	,–

2015AnlVor241NET – Juli 2015 – 2015AnlVor241NET 034098_15

Steuernummer

Beiträge zur ausländischen gesetzlichen oder privaten Kranken- und Pflegeversicherung

Zeile			stpfl. Person / Ehemann / Lebenspartner(in) A EUR		Ehefrau / Lebenspartner(in) B EUR
31	Beiträge (abzüglich steuerfreier Zuschüsse – ohne Beträge lt. Zeile 37 –) zur Krankenversicherung, die mit einer inländischen Krankenversicherung vergleichbar ist (nur Basisabsicherung, keine Wahlleistungen)	333	,—	433	,—
32	In Zeile 31 enthaltene Beiträge zur Krankenversicherung, aus denen sich kein Anspruch auf Krankengeld ergibt	334	,—	434	,—
33	Beiträge (abzüglich steuerfreier Zuschüsse – ohne Beträge lt. Zeile 39 –) zur sozialen Pflegeversicherung / Pflege-Pflichtversicherung, die mit einer inländischen Pflegeversicherung vergleichbar ist	335	,—	435	,—
	Zu den Zeilen 31 bis 33:				
34	Von der Kranken- und / oder sozialen Pflegeversicherung / Pflege-Pflichtversicherung erstattete Beiträge	336	,—	436	,—
35	In Zeile 34 enthaltene Beiträge zur Krankenversicherung, aus denen sich kein Anspruch auf Krankengeld ergibt, und zur sozialen Pflegeversicherung	337	,—	437	,—
36	Über die Basisabsicherung hinausgehende Beiträge (abzüglich erstatteter Beiträge) zu Krankenversicherungen und zusätzlichen Pflegeversicherungen (z.B. für Wahlleistungen, Zusatzversicherung)	339	,—	439	,—

Steuerfreie Arbeitgeberzuschüsse

Zeile					
37	Steuerfreie Arbeitgeberzuschüsse zur – gesetzlichen Krankenversicherung lt. Nr. 24 a der Lohnsteuerbescheinigung	360	,—	460	,—
38	– privaten Krankenversicherung lt. Nr. 24 b der Lohnsteuerbescheinigung	361	,—	461	,—
39	– gesetzlichen Pflegeversicherung lt. Nr. 24 c der Lohnsteuerbescheinigung	362	,—	462	,—

Als Versicherungsnehmer für andere Personen übernommene Kranken- und Pflegeversicherungsbeiträge

40 IdNr. der mitversicherten Person 600 – „Andere Personen" sind z. B. Kinder, für die **kein** Anspruch auf Kindergeld / Kinderfreibetrag besteht (bei Anspruch auf Kindergeld / Kinderfreibetrag sind die Eintragungen in den Zeilen 31 bis 37 der Anlage Kind vorzunehmen).

41 Name, Vorname, Geburtsdatum der mitversicherten Person

Zeile			stpfl. Person / Ehegatten / Lebenspartner EUR
42	Beiträge (abzüglich steuerfreier Zuschüsse) zu privaten Krankenversicherungen (nur Basisabsicherung, keine Wahlleistungen)	601	,—
43	Beiträge (abzüglich steuerfreier Zuschüsse) zu Pflege-Pflichtversicherungen	602	,—
	Zu den Zeilen 42 bis 43:		
44	Von der privaten Kranken- und / oder Pflege-Pflichtversicherung erstattete Beiträge	603	,—
45	Beiträge (abzüglich erstatteter Beiträge) zu privaten Kranken- und / oder Pflegeversicherungen (ohne Basisabsicherung, z. B. für Wahlleistungen, Zusatzversicherung)	604	,—

Weitere sonstige Vorsorgeaufwendungen

Zeile			stpfl. Person / Ehemann / Lebenspartner(in) A EUR		Ehefrau / Lebenspartner(in) B EUR
46	Arbeitnehmerbeiträge zur Arbeitslosenversicherung lt. Nr. 27 der Lohnsteuerbescheinigung	370	,—	470	,—
47	Beiträge (abzüglich steuerfreier Zuschüsse und erstatteter Beiträge) zu – Kranken- und Pflegeversicherungen **(Gesamtbetrag)** (nur einzutragen, wenn Sie der Datenübermittlung widersprochen haben; Einträge zu zusätzlichen Pflegeversicherungen sind nur in Zeile 28 vorzunehmen)	371	,—	471	,—

Zeile			stpfl. Person / Ehegatten / Lebenspartner EUR
48	– Versicherungen gegen Arbeitslosigkeit – ohne Beiträge, die in Zeile 46 geltend gemacht werden –	500	,—
49	– freiwilligen eigenständigen Erwerbs- und Berufsunfähigkeitsversicherungen	501	,—
50	– Unfall- und Haftpflichtversicherungen sowie Risikoversicherungen, die nur für den Todesfall eine Leistung vorsehen	502	,—
51	– Rentenversicherungen mit Kapitalwahlrecht und / oder Kapitallebensversicherungen mit einer Laufzeit von mindestens 12 Jahren sowie einem Laufzeitbeginn und der ersten Beitragszahlung vor dem 1.1.2005	503	,—
52	– Rentenversicherungen ohne Kapitalwahlrecht mit Laufzeitbeginn und erster Beitragszahlung vor dem 1.1.2005 (auch steuerpflichtige Beiträge zu Versorgungs- und Pensionskassen) – ohne Altersvorsorgebeiträge, die in der Anlage AV geltend gemacht werden –	504	,—

Ergänzende Angaben zu Vorsorgeaufwendungen

Zeile			stpfl. Person / Ehemann / Lebenspartner(in) A		Ehefrau / Lebenspartner(in) B
	Es bestand 2015 keine gesetzliche Rentenversicherungspflicht aus dem **aktiven** Dienstverhältnis / aus der Tätigkeit				
53	– als Beamter / Beamtin	380	1 = Ja	480	1 = Ja
54	– als Vorstandsmitglied / GmbH-Gesellschafter-Geschäftsführer/in	381	1 = Ja	481	1 = Ja
55	– als (z. B. Praktikant/in, Student/in im Praktikum) Bezeichnung	382	1 = Ja	482	1 = Ja
56	Aufgrund des genannten Dienstverhältnisses / der Tätigkeit bestand hingegen eine Anwartschaft auf Altersversorgung	383	1 = Ja 2 = Nein	483	1 = Ja 2 = Nein
57	Die Anwartschaft auf Altersversorgung wurde ganz oder teilweise ohne eigene Beitragsleistungen erworben (Bei Vorstandsmitgliedern / GmbH-Gesellschafter-Geschäftsführern: Falls nein, bitte geeignete Unterlagen einreichen.)	384	1 = Ja 2 = Nein	484	1 = Ja 2 = Nein
58	Es wurde Arbeitslohn aus einem **nicht aktiven** Dienstverhältnis - insbesondere Betriebsrente / Werkspension - bezogen, bei dem es sich nicht um steuerbegünstigte Versorgungsbezüge (Zeilen 11 bis 16 der Anlage N) handelt. Bei Altersteilzeit ist hier keine Eintragung vorzunehmen.	385	1 = Ja	485	1 = Ja

2015AnlVor242NET

2015AnlVor242NET

EStG
S 2222
1)

§ 10a Zusätzliche Altersvorsorge

(1) [1]In der inländischen gesetzlichen Rentenversicherung Pflichtversicherte können Altersvorsorgebeiträge (§ 82) zuzüglich der dafür nach Abschnitt XI zustehenden Zulage jährlich bis zu 2 100 Euro als Sonderausgaben abziehen; das Gleiche gilt für

1. Empfänger von inländischer Besoldung nach dem Bundesbesoldungsgesetz oder einem Landesbesoldungsgesetz,
2. Empfänger von Amtsbezügen aus einem inländischen Amtsverhältnis, deren Versorgungsrecht die entsprechende Anwendung des § 69e Absatz 3 und 4 des Beamtenversorgungsgesetzes vorsieht,
3. die nach § 5 Absatz 1 Satz 1 Nummer 2 und 3 des Sechsten Buches Sozialgesetzbuch versicherungsfrei Beschäftigten, die nach § 6 Absatz 1 Satz 1 Nummer 2 oder nach § 230 Absatz 2 Satz 2 des Sechsten Buches Sozialgesetzbuch von der Versicherungspflicht befreiten Beschäftigten, deren Versorgungsrecht die entsprechende Anwendung des § 69e Absatz 3 und 4 des Beamtenversorgungsgesetzes vorsieht,
4. Beamte, Richter, Berufssoldaten und Soldaten auf Zeit, die ohne Besoldung beurlaubt sind, für die Zeit einer Beschäftigung, wenn während der Beurlaubung die Gewährleistung einer Versorgungsanwartschaft unter den Voraussetzungen des § 5 Absatz 1 Satz 1 des Sechsten Buches Sozialgesetzbuch auf diese Beschäftigung erstreckt wird, und
5. Steuerpflichtige im Sinne der Nummern 1 bis 4, die beurlaubt sind und deshalb keine Besoldung, Amtsbezüge oder Entgelt erhalten, sofern sie eine Anrechnung von Kindererziehungszeiten nach § 56 des Sechsten Buches Sozialgesetzbuch in Anspruch nehmen könnten, wenn die Versicherungsfreiheit in der inländischen gesetzlichen Rentenversicherung nicht bestehen würde,

wenn sie spätestens bis zum Ablauf des zweiten Kalenderjahres, das auf das Beitragsjahr (§ 88) folgt, gegenüber der zuständigen Stelle (§ 81a) schriftlich eingewilligt haben, dass diese der zentralen Stelle (§ 81) jährlich mitteilt, dass der Steuerpflichtige zum begünstigten Personenkreis gehört, dass die zuständige Stelle der zentralen Stelle die für die Ermittlung des Mindesteigenbeitrags (§ 86) und die Gewährung der Kinderzulage (§ 85) erforderlichen Daten übermittelt und die zentrale Stelle diese Daten für das Zulageverfahren verwenden darf. [2]Bei der Erteilung der Einwilligung ist der Steuerpflichtige darauf hinzuweisen, dass er die Einwilligung vor Beginn des Kalenderjahres, für das sie erstmals nicht mehr gelten soll, gegenüber der zuständigen Stelle widerrufen kann. [3]Versicherungspflichtige nach dem Gesetz über die Alterssicherung der Landwirte stehen Pflichtversicherten gleich; dies gilt auch für Personen, die

1. eine Anrechnungszeit nach § 58 Absatz 1 Nummer 3 oder Nummer 6 des Sechsten Buches Sozialgesetzbuch in der gesetzlichen Rentenversicherung erhalten und
2. unmittelbar vor einer Anrechnungszeit nach § 58 Absatz 1 Nummer 3 oder Nummer 6 des Sechsten Buches Sozialgesetzbuch einer der im ersten Halbsatz, in Satz 1 oder in Satz 4 genannten begünstigten Personengruppen angehörten.

[4]Die Sätze 1 und 2 gelten entsprechend für Steuerpflichtige, die nicht zum begünstigten Personenkreis nach Satz 1 oder 3 gehören und eine Rente wegen voller Erwerbsminderung oder Erwerbsunfähigkeit oder eine Versorgung wegen Dienstunfähigkeit aus einem der in Satz 1 oder 3 genannten Alterssicherungssysteme beziehen, wenn unmittelbar vor dem Bezug der entsprechenden Leistungen der Leistungsbezieher einer der in Satz 1 oder 3 genannten begünstigten Personengruppen angehörte; dies gilt nicht, wenn der Steuerpflichtige das 67. Lebensjahr vollendet hat. [5]Bei der Ermittlung der dem Steuerpflichtigen zustehenden Zulage nach Satz 1 bleibt die Erhöhung der Grundzulage nach § 84 Satz 2 außer Betracht.

(1a) [1]Sofern eine Zulagenummer (§ 90 Absatz 1 Satz 2) durch die zentrale Stelle oder eine Versicherungsnummer nach § 147 des Sechsten Buches Sozialgesetzbuch noch nicht vergeben ist, haben die in Absatz 1 Satz 1 Nummer 1 bis 5 genannten Steuerpflichtigen über die zuständige Stelle eine Zulagenummer bei der zentralen Stelle zu beantragen. [2]Für Empfänger einer Versorgung im Sinne des Absatzes 1 Satz 4 gilt Satz 1 entsprechend.

(2) [1]Ist der Sonderausgabenabzug nach Absatz 1 für den Steuerpflichtigen günstiger als der Anspruch auf die Zulage nach Abschnitt XI, erhöht sich die unter Berücksichtigung des Sonderausgabenabzugs ermittelte tarifliche Einkommensteuer um den Anspruch auf Zulage. [2]In den anderen Fällen scheidet der Sonderausgabenabzug aus. [3]Die Günstigerprüfung wird von Amts wegen vorgenommen.

(2a) [1]Der Sonderausgabenabzug setzt voraus, dass der Steuerpflichtige gegenüber dem Anbieter (übermittelnde Stelle) in die Datenübermittlung nach Absatz 5 Satz 1 eingewilligt hat. [2]§ 10 Absatz 2a Satz 1 bis Satz 3 gilt entsprechend. [3]In den Fällen des Absatzes 3 Satz 2 und 5 ist

1) Für die nach § 10a EStG begünstigten Verträge, die vor dem 1. 1. 2007 abgeschlossen wurden, gelten für das Vorliegen einer begünstigten Hinterbliebenenversorgung die Altersgrenzen des § 32 in der am 31. 12. 2006 geltenden Fassung (→ § 52 Abs. 32 Satz 3 EStG).

die Einwilligung nach Satz 1 von beiden Ehegatten abzugeben. [4]Hat der Zulageberechtigte den Anbieter nach § 89 Absatz 1a bevollmächtigt oder liegt dem Anbieter ein Zulageantrag nach § 89 Absatz 1 vor, gilt die Einwilligung nach Satz 1 für das jeweilige Beitragsjahr als erteilt.

(3) [1]Der Abzugsbetrag nach Absatz 1 steht im Fall der Veranlagung von Ehegatten nach § 26 Absatz 1 jedem Ehegatten unter den Voraussetzungen des Absatzes 1 gesondert zu. [2]Gehört nur ein Ehegatte zu dem nach Absatz 1 begünstigten Personenkreis und ist der andere Ehegatte nach § 79 Satz 2 zulageberechtigt, sind bei dem nach Absatz 1 abzugsberechtigten Ehegatten die von beiden Ehegatten geleisteten Altersvorsorgebeiträge und die dafür zustehenden Zulagen bei der Anwendung der Absätze 1 und 2 zu berücksichtigen. [3]Der Höchstbetrag nach Absatz 1 Satz 1 erhöht sich in den Fällen des Satzes 2 um 60 Euro. [4]Dabei sind die von dem Ehegatten, der zu dem nach Absatz 1 begünstigten Personenkreis gehört, geleisteten Altersvorsorgebeiträge vorrangig zu berücksichtigen, jedoch mindestens 60 Euro der von dem anderen Ehegatten geleisteten Altersvorsorgebeiträge. [5]Gehören beide Ehegatten zu dem nach Absatz 1 begünstigten Personenkreis und liegt ein Fall der Veranlagung nach § 26 Absatz 1 vor, ist bei der Günstigerprüfung nach Absatz 2 der Anspruch auf Zulage beider Ehegatten anzusetzen.

(4) [1]Im Fall des Absatzes 2 Satz 1 stellt das Finanzamt die über den Zulageanspruch nach Abschnitt XI hinausgehende Steuerermäßigung gesondert fest und teilt diese der zentralen Stelle (§ 81) mit; § 10d Absatz 4 Satz 3 bis 5 gilt entsprechend. [2]Sind Altersvorsorgebeiträge zugunsten von mehreren Verträgen geleistet worden, erfolgt die Zurechnung im Verhältnis der nach Absatz 1 berücksichtigten Altersvorsorgebeiträge. [3]Ehegatten ist der nach Satz 1 festzustellende Betrag auch im Fall der Zusammenveranlagung jeweils getrennt zuzurechnen; die Zurechnung erfolgt im Verhältnis der nach Absatz 1 berücksichtigten Altersvorsorgebeiträge. [4]Werden Altersvorsorgebeiträge nach Absatz 3 Satz 2 berücksichtigt, die der nach § 79 Satz 2 zulageberechtigte Ehegatte zugunsten eines auf seinen Namen lautenden Vertrages geleistet hat, ist die hierauf entfallende Steuerermäßigung dem Vertrag zuzurechnen, zu dessen Gunsten die Altersvorsorgebeiträge geleistet wurden. [5]Die Übermittlung an die zentrale Stelle erfolgt unter Angabe der Vertragsnummer und der Identifikationsnummer (§ 139b der Abgabenordnung) sowie der Zulage- oder Versicherungsnummer nach § 147 des Sechsten Buches Sozialgesetzbuch.

(5) [1]Die übermittelnde Stelle hat bei Vorliegen einer Einwilligung nach Absatz 2a die Höhe der im jeweiligen Beitragsjahr zu berücksichtigenden Altersvorsorgebeiträge unter Angabe der Vertragsdaten, des Datums der Einwilligung nach Absatz 2a, der Identifikationsnummer (§ 139b der Abgabenordnung) sowie der Zulage- oder der Versicherungsnummer nach § 147 des Sechsten Buches Sozialgesetzbuch nach amtlich vorgeschriebenem Datensatz durch Datenfernübertragung an die zentrale Stelle bis zum 28. Februar des dem Beitragsjahr folgenden Kalenderjahres zu übermitteln. [2]§ 10 Absatz 2a Satz 6 bis 8 und § 22a Absatz 2 gelten entsprechend. [3]Die Übermittlung erfolgt auch dann, wenn im Fall der mittelbaren Zulageberechtigung keine Altersvorsorgebeiträge geleistet worden sind. [4]Die übrigen Voraussetzungen für den Sonderausgabenabzug nach den Absätzen 1 bis 3 werden im Wege der Datenerhebung und des automatisierten Datenabgleichs nach § 91 überprüft. [5]Erfolgt eine Datenübermittlung nach Satz 1 und wurde noch keine Zulagenummer (§ 90 Absatz 1 Satz 2) durch die zentrale Stelle oder keine Versicherungsnummer nach § 147 des Sechsten Buches Sozialgesetzbuch vergeben, gilt § 90 Absatz 1 Satz 2 und 3 entsprechend.

(6) [1]Für die Anwendung der Absätze 1 bis 5 stehen den in der inländischen gesetzlichen Rentenversicherung Pflichtversicherten nach Absatz 1 Satz 1 die Pflichtmitglieder in einem ausländischen gesetzlichen Alterssicherungssystem gleich, wenn diese Pflichtmitgliedschaft

1. mit einer Pflichtmitgliedschaft in einem inländischen Alterssicherungssystem nach Absatz 1 Satz 1 oder 3 vergleichbar ist und
2. vor dem 1. Januar 2010 begründet wurde.

[2]Für die Anwendung der Absätze 1 bis 5 stehen den Steuerpflichtigen nach Absatz 1 Satz 4 die Personen gleich,

1. die aus einem ausländischen gesetzlichen Alterssicherungssystem eine Leistung erhalten, die den in Absatz 1 Satz 4 genannten Leistungen vergleichbar ist,
2. die unmittelbar vor dem Bezug der entsprechenden Leistung nach Satz 1 oder Absatz 1 Satz 1 oder 3 begünstigt waren und
3. die noch nicht das 67. Lebensjahr vollendet haben.

[3]Als Altersvorsorgebeiträge (§ 82) sind bei den in Satz 1 oder 2 genannten Personen nur diejenigen Beiträge zu berücksichtigen, die vom Abzugsberechtigten zugunsten seines vor dem 1. Januar 2010 abgeschlossenen Vertrags geleistet wurden. [4]Endet die unbeschränkte Steuerpflicht eines Zulageberechtigten im Sinne des Satzes 1 oder 2 durch Aufgabe des inländischen Wohnsitzes oder gewöhnlichen Aufenthalts und wird die Person nicht nach § 1 Absatz 3 als unbeschränkt einkommensteuerpflichtig behandelt, so gelten die §§ 93 und 94 entspre-

chend; § 95 Absatz 2 und 3 und § 99 Absatz 1 in der am 31. Dezember 2008 geltenden Fassung sind anzuwenden.

H 10a

Hinweise

Allgemeines

Anhang 2 IV

- → BMF vom 24. 7. 2013 (BStBl I S. 1022) unter Berücksichtigung der Änderungen durch BMF vom 13. 1. 2014 (BStBl I S. 97) und durch BMF vom 13. 3. 2014 (BStBl I S. 554)
- Besteuerung der Leistungen → § 22 Nr. 5 EStG

2015

1 Name

2 Vorname

Anlage AV

3 **Steuernummer**

Angaben zu Altersvorsorgebeiträgen (sog. Riester-Verträge)

Altersvorsorgebeiträge 39

Zeile			stpfl. Person / Ehemann / Lebenspartner(in) A		Ehefrau / Lebenspartner(in) B
4	Sozialversicherungsnummer / Zulagenummer	107		307	
5	Mitgliedsnummer der landwirtschaftlichen Alterskasse /	112		312	

6 **Für alle vom Anbieter übermittelten Altersvorsorgebeiträge wird ein zusätzlicher Sonderausgabenabzug geltend gemacht.**

Zeile			stpfl. Person / Ehemann / Lebenspartner(in) A		Ehefrau / Lebenspartner(in) B
7	Anzahl der Riester-Verträge, für die vom Anbieter Altersvorsorgebeiträge übermittelt werden	201		401	
			EUR		EUR
8	Zu den in Zeile 7 angegebenen Verträgen geleistete Altersvorsorgebeiträge (Beiträge und Tilgungsleistungen ohne Nachzahlungen für Vorjahre)	202	,–	402	,–
9	Haben sich die Vertragsdaten (Vertrags-, Zertifizierungs- oder Anbieternummer) eines in Zeile 7 angegebenen Vertrages gegenüber der Einkommensteuererklärung 2014 geändert?	203	1 = Ja 2 = Nein	403	1 = Ja 2 = Nein

– Bei Zusammenveranlagung: Bitte die Art der Begünstigung (unmittelbar / mittelbar) beider Ehegatten / Lebenspartner angeben. –

Zeile					
10	**Ich bin für das Jahr 2015 unmittelbar begünstigt.** (Bitte die Zeilen 11 bis 19 ausfüllen.)	106	1 = Ja	306	1 = Ja
			EUR		EUR
11	Beitragspflichtige Einnahmen i. S. d. inländischen gesetzlichen Rentenversicherung **2014**	100	,–	300	,–
12	Inländische Besoldung, Amtsbezüge und Einnahmen beurlaubter Beamter **2014** (Ein Eintrag ist nur erforderlich, wenn Sie eine Einwilligung gegenüber der zuständigen Stelle abgegeben haben.)	101	,–	301	,–
13	Entgeltersatzleistungen **2014**	104	,–	304	,–
14	Tatsächliches Entgelt **2014**	102	,–	302	,–
15	Jahres(brutto)betrag der Rente wegen voller Erwerbsminderung oder Erwerbsunfähigkeit in der inländischen gesetzlichen Rentenversicherung **2014**	109	,–	309	,–
16	Inländische Versorgungsbezüge wegen Dienstunfähigkeit **2014** (Ein Eintrag ist nur erforderlich, wenn Sie eine Einwilligung gegenüber der zuständigen Stelle abgegeben haben.)	113	,–	313	,–
17	Einkünfte aus Land- und Forstwirtschaft **2013**	103	,–	303	,–
18	Jahres(brutto)betrag der Rente wegen voller Erwerbsminderung oder Erwerbsunfähigkeit nach dem Gesetz über die Alterssicherung der Landwirte **2014**	111	,–	311	,–
19	Einnahmen aus einer Beschäftigung, die einer ausländischen gesetzlichen Rentenversicherungspflicht unterlag und / oder Jahres(brutto)betrag der Rente wegen voller Erwerbsminderung oder Erwerbsunfähigkeit aus einer ausländischen gesetzlichen Rentenversicherung **2014**	114	,–	314	,–
20	**Ich bin für das Jahr 2015 mittelbar begünstigt.** (Bei Einzelveranlagung von Ehegatten / Lebenspartnern: Die Angaben zu den Altersvorsorgebeiträgen werden bei der Einkommensteuerveranlagung des anderen Ehegatten / Lebenspartners berücksichtigt.)	106	2 = Ja	306	2 = Ja

Angaben zu Kindern

Zeile			Geboren vor dem 1.1.2008 Anzahl der Kinder		Geboren nach dem 31.12.2007 Anzahl der Kinder
	Nur bei Eltern, die miteinander verheiratet sind oder miteinander eine Lebenspartnerschaft führen und 2015 nicht dauernd getrennt gelebt haben: Anzahl der Kinder, für die uns für 2015 Kindergeld ausgezahlt worden ist und				
21	– die der Mutter / Lebenspartner(in) B zugeordnet werden oder von Lebenspartner(in) A auf Lebenspartner(in) B übertragen wurden	305		315	
22	– für die die Kinderzulage von der Mutter auf den Vater / von Lebenspartner(in) B auf Lebenspartner(in) A übertragen wurde oder Lebenspartner(in) A zugeordnet werden	105		115	
	Bei allen anderen Kindergeldberechtigten: Anzahl der Kinder, für die für den ersten Anspruchszeitraum 2015 Kindergeld ausgezahlt worden ist (Diese Kinder dürfen nicht in den Zeilen 21 und 22 enthalten sein.)				
23	– an stpfl. Person / Ehemann / Lebenspartner(in) A	205		215	
24	– an Ehefrau / Lebenspartner(in) B	405		415	

2015AnlAV041NET – Juli 2015 – 2015AnlAV041NET

EStG
S 2223

§ 10b Steuerbegünstigte Zwecke

(1) [1]Zuwendungen (Spenden und Mitgliedsbeiträge) zur Förderung steuerbegünstigter Zwecke im Sinne der §§ 52 bis 54 der Abgabenordnung können insgesamt bis zu

1. 20 Prozent des Gesamtbetrags der Einkünfte oder
2. 4 Promille der Summe der gesamten Umsätze und der im Kalenderjahr aufgewendeten Löhne und Gehälter

als Sonderausgaben abgezogen werden. [2]Voraussetzung für den Abzug ist, dass diese Zuwendungen

1. an eine juristische Person des öffentlichen Rechts oder an eine öffentliche Dienststelle, die in einem Mitgliedstaat der Europäischen Union oder in einem Staat belegen ist, auf den das Abkommen über den Europäischen Wirtschaftsraum (EWR-Abkommen) Anwendung findet, oder
2. an eine nach § 5 Absatz 1 Nummer 9 des Körperschaftsteuergesetzes steuerbefreite Körperschaft, Personenvereinigung oder Vermögensmasse oder
3. an eine Körperschaft, Personenvereinigung oder Vermögensmasse, die in einem Mitgliedstaat der Europäischen Union oder in einem Staat belegen ist, auf den das Abkommen über den Europäischen Wirtschaftsraum (EWR-Abkommen) Anwendung findet, und die nach § 5 Absatz 1 Nummer 9 des Körperschaftsteuergesetzes in Verbindung mit § 5 Absatz 2 Nummer 2 zweiter Halbsatz des Körperschaftsteuergesetzes steuerbefreit wäre, wenn sie inländische Einkünfte erzielen würde,

geleistet werden. [3]Für nicht im Inland ansässige Zuwendungsempfänger nach Satz 2 ist weitere Voraussetzung, dass durch diese Staaten Amtshilfe und Unterstützung bei der Beitreibung geleistet werden. [4]Amtshilfe ist der Auskunftsaustausch im Sinne oder entsprechend der Amtshilferichtlinie gemäß § 2 Absatz 2 des EU-Amtshilfegesetzes. [5]Beitreibung ist die gegenseitige Unterstützung bei der Beitreibung von Forderungen im Sinne oder entsprechend der Beitreibungsrichtlinie einschließlich der in diesem Zusammenhang anzuwendenden Durchführungsbestimmungen in den für den jeweiligen Veranlagungszeitraum geltenden Fassungen oder eines entsprechenden Nachfolgerechtsaktes. [6]Werden die steuerbegünstigten Zwecke des Zuwendungsempfängers im Sinne von Satz 2 Nummer 1 nur im Ausland verwirklicht, ist für den Sonderausgabenabzug Voraussetzung, dass natürliche Personen, die ihren Wohnsitz oder ihren gewöhnlichen Aufenthalt im Geltungsbereich dieses Gesetzes haben, gefördert werden oder dass die Tätigkeit dieses Zuwendungsempfängers neben der Verwirklichung der steuerbegünstigten Zwecke auch zum Ansehen der Bundesrepublik Deutschland beitragen kann. [7]Abziehbar sind auch Mitgliedsbeiträge an Körperschaften, die Kunst und Kultur gemäß § 52 Absatz 2 Satz 1 Nummer 5 der Abgabenordnung fördern, soweit es sich nicht um Mitgliedsbeiträge nach Satz 8 Nummer 2 handelt, auch wenn den Mitgliedern Vergünstigungen gewährt werden. [8]Nicht abziehbar sind Mitgliedsbeiträge an Körperschaften, die

1. den Sport (§ 52 Absatz 2 Satz 1 Nummer 21 der Abgabenordnung),
2. kulturelle Betätigungen, die in erster Linie der Freizeitgestaltung dienen,
3. die Heimatpflege und Heimatkunde (§ 52 Absatz 2 Satz 1 Nummer 22 der Abgabenordnung) oder
4. Zwecke im Sinne des § 52 Absatz 2 Satz 1 Nummer 23 der Abgabenordnung

fördern. [9]Abziehbare Zuwendungen, die die Höchstbeträge nach Satz 1 überschreiten oder die den um die Beträge nach § 10 Absatz 3 und 4, § 10c und § 10d verminderten Gesamtbetrag der Einkünfte übersteigen, sind im Rahmen der Höchstbeträge in den folgenden Veranlagungszeiträumen als Sonderausgaben abzuziehen. [10]§ 10d Absatz 4 gilt entsprechend.

(1a) [1]Spenden zur Förderung steuerbegünstigter Zwecke im Sinne der §§ 52 bis 54 der Abgabenordnung in das zu erhaltende Vermögen (Vermögensstock) einer Stiftung, welche die Voraussetzungen des Absatzes 1 Satz 2 bis 6 erfüllt, können auf Antrag des Steuerpflichtigen im Veranlagungszeitraum der Zuwendung und in den folgenden neun Veranlagungszeiträumen bis zu einem Gesamtbetrag von 1 Million Euro, bei Ehegatten, die nach den §§ 26, 26b zusammen veranlagt werden, bis zu einem Gesamtbetrag von 2 Millionen Euro, zusätzlich zu den Höchstbeträgen nach Absatz 1 Satz 1 abgezogen werden. [2]Nicht abzugsfähig nach Satz 1 sind Spenden in das verbrauchbare Vermögen einer Stiftung. [3]Der besondere Abzugsbetrag nach Satz 1 bezieht sich auf den gesamten Zehnjahreszeitraum und kann der Höhe nach innerhalb dieses Zeitraums nur einmal in Anspruch genommen werden. [4]§ 10d Absatz 4 gilt entsprechend.

(2) [1]Zuwendungen an politische Parteien im Sinne des § 2 des Parteiengesetzes sind bis zur Höhe von insgesamt 1 650 Euro und im Fall der Zusammenveranlagung von Ehegatten bis zur Höhe von insgesamt 3 300 Euro im Kalenderjahr abzugsfähig. [2]Sie können nur insoweit als Sonderausgaben abgezogen werden, als für sie nicht eine Steuerermäßigung nach § 34g gewährt worden ist.

(3) [1]Als Zuwendung im Sinne dieser Vorschrift gilt auch die Zuwendung von Wirtschaftsgütern mit Ausnahme von Nutzungen und Leistungen. [2]Ist das Wirtschaftsgut unmittelbar vor seiner Zuwendung einem Betriebsvermögen entnommen worden, so bemisst sich die Zuwendungshöhe nach dem Wert, der bei der Entnahme angesetzt wurde und nach der Umsatzsteuer, die auf die Entnahme entfällt. [3]Ansonsten bestimmt sich die Höhe der Zuwendung nach dem gemeinen Wert des zugewendeten Wirtschaftsguts, wenn dessen Veräußerung im Zeitpunkt der Zuwendung keinen Besteuerungstatbestand erfüllen würde. [4]In allen übrigen Fällen dürfen bei der Ermittlung der Zuwendungshöhe die fortgeführten Anschaffungs- oder Herstellungskosten nur überschritten werden, soweit eine Gewinnrealisierung stattgefunden hat. [5]Aufwendungen zugunsten einer Körperschaft, die zum Empfang steuerlich abziehbarer Zuwendungen berechtigt ist, können nur abgezogen werden, wenn ein Anspruch auf die Erstattung der Aufwendungen durch Vertrag oder Satzung eingeräumt und auf die Erstattung verzichtet worden ist. [6]Der Anspruch darf nicht unter der Bedingung des Verzichts eingeräumt worden sein.

(4) [1]Der Steuerpflichtige darf auf die Richtigkeit der Bestätigung über Spenden und Mitgliedsbeiträge vertrauen, es sei denn, dass er die Bestätigung durch unlautere Mittel oder falsche Angaben erwirkt hat oder dass ihm die Unrichtigkeit der Bestätigung bekannt oder infolge grober Fahrlässigkeit nicht bekannt war. [2]Wer vorsätzlich oder grob fahrlässig eine unrichtige Bestätigung ausstellt oder veranlasst, dass Zuwendungen nicht zu den in der Bestätigung angegebenen steuerbegünstigten Zwecken verwendet werden, haftet für die entgangene Steuer. [3]Diese ist mit 30 Prozent des zugewendeten Betrags anzusetzen. [4]In den Fällen des Satzes 2 zweite Alternative (Veranlasserhaftung) ist vorrangig der Zuwendungsempfänger in Anspruch zu nehmen; die in diesen Fällen für den Zuwendungsempfänger handelnden natürlichen Personen sind nur in Anspruch zu nehmen, wenn die entgangene Steuer nicht nach § 47 der Abgabenordnung erloschen ist und Vollstreckungsmaßnahmen gegen den Zuwendungsempfänger nicht erfolgreich sind. [5]Die Festsetzungsfrist für Haftungsansprüche nach Satz 2 läuft nicht ab, solange die Festsetzungsfrist für von dem Empfänger der Zuwendung geschuldete Körperschaftsteuer für den Veranlagungszeitraum nicht abgelaufen ist, in dem die unrichtige Bestätigung ausgestellt worden ist oder veranlasst wurde, dass die Zuwendung nicht zu den in der Bestätigung angegebenen steuerbegünstigten Zwecken verwendet worden ist; § 191 Absatz 5 der Abgabenordnung ist nicht anzuwenden.

§§ 48 und 49 EStDV

(weggefallen)

§ 50 EStDV
Zuwendungsnachweis

(1) [1]Zuwendungen im Sinne der §§ 10b und 34g des Gesetzes dürfen nur abgezogen werden, wenn sie durch eine Zuwendungsbestätigung nachgewiesen werden, die der Empfänger unter Berücksichtigung des § 63 Absatz 5 der Abgabenordnung nach amtlich vorgeschriebenem Vordruck ausgestellt hat. [2] Dies gilt nicht für Zuwendungen an nicht im Inland ansässige Zuwendungsempfänger nach § 10b Absatz 1 Satz 2 Nummer 1 und 3 des Gesetzes. S 2223

(1a) [1]Der Zuwendende kann den Zuwendungsempfänger bevollmächtigen, die Zuwendungsbestätigung der Finanzbehörde nach amtlich vorgeschriebenem Datensatz durch Datenfernübertragung nach Maßgabe der Steuerdaten-Übermittlungsverordnung zu übermitteln. [2]Der Zuwendende hat dem Zuwendungsempfänger zu diesem Zweck seine Identifikationsnummer (§ 139b der Abgabenordnung) mitzuteilen. [3]Die Vollmacht kann nur mit Wirkung für die Zukunft widerrufen werden. [4]Der Datensatz ist bis zum 28. Februar des Jahres, das auf das Jahr folgt, in dem die Zuwendung geleistet worden ist, an die Finanzbehörde zu übermitteln. [5]Der Zuwendungsempfänger hat dem Zuwendenden die nach Satz 1 übermittelten Daten elektronisch oder auf dessen Wunsch als Ausdruck zur Verfügung zu stellen; in beiden Fällen ist darauf hinzuweisen, dass die Daten der Finanzbehörde übermittelt worden sind.

(2) [1]Als Nachweis genügt der Bareinzahlungsbeleg oder die Buchungsbestätigung eines Kreditinstituts, wenn

1. die Zuwendung zur Hilfe in Katastrophenfällen:

a) innerhalb eines Zeitraums, den die obersten Finanzbehörden der Länder im Benehmen mit dem Bundesministerium der Finanzen bestimmen, auf ein für den Katastrophenfall eingerichtetes Sonderkonto einer inländischen juristischen Person des öffentlichen Rechts, einer inländischen öffentlichen Dienststelle oder eines inländischen amtlich anerkannten

Verbandes der freien Wohlfahrtspflege einschließlich seiner Mitgliedsorganisationen eingezahlt worden ist oder

b) bis zur Einrichtung des Sonderkontos auf ein anderes Konto der genannten Zuwendungsempfänger geleistet wird. [2]Wird die Zuwendung über ein als Treuhandkonto geführtes Konto eines Dritten auf eines der genannten Sonderkonten geleistet, genügt als Nachweis der Bareinzahlungsbeleg oder die Buchungsbestätigung des Kreditinstituts des Zuwendenden zusammen mit einer Kopie des Barzahlungsbelegs oder der Buchungsbestätigung des Kreditinstituts des Dritten;

2. die Zuwendung 200 Euro nicht übersteigt und

a) der Empfänger eine inländische juristische Person des öffentlichen Rechts oder eine inländische öffentliche Dienststelle ist oder

b) der Empfänger eine Körperschaft, Personenvereinigung oder Vermögensmasse im Sinne des § 5 Abs. 1 Nr. 9 des Körperschaftsteuergesetzes ist, wenn der steuerbegünstigte Zweck, für den die Zuwendung verwendet wird, und die Angaben über die Freistellung des Empfängers von der Körperschaftsteuer auf einem von ihm hergestellten Beleg aufgedruckt sind und darauf angegeben ist, ob es sich bei der Zuwendung um eine Spende oder einen Mitgliedsbeitrag handelt oder

c) der Empfänger eine politische Partei im Sinne des § 2 des Parteiengesetzes ist und bei Spenden der Verwendungszweck auf dem vom Empfänger hergestellten Beleg aufgedruckt ist.

[2]Aus der Buchungsbestätigung müssen Name und Kontonummer oder ein sonstiges Identifizierungsmerkmal des Auftraggebers und des Empfängers, der Betrag, der Buchungstag sowie die tatsächliche Durchführung der Zahlung ersichtlich sein. [3]In den Fällen des Satzes 1 Nummer 2 Buchstabe b hat der Zuwendende zusätzlich den vom Zuwendungsempfänger hergestellten Beleg vorzulegen.

(2a) Bei Zuwendungen zur Hilfe in Katastrophenfällen innerhalb eines Zeitraums, den die obersten Finanzbehörden der Länder im Benehmen mit dem Bundesministerium der Finanzen bestimmen, die über ein Konto eines Dritten an eine inländische juristische Person des öffentlichen Rechts, eine inländische öffentliche Dienststelle oder eine nach § 5 Absatz 1 Nummer 9 des Körperschaftsteuergesetzes steuerbefreite Körperschaft, Personenvereinigung oder Vermögensmasse geleistet werden, genügt als Nachweis die auf den jeweiligen Spender ausgestellte Zuwendungsbestätigung des Zuwendungsempfängers, wenn das Konto des Dritten als Treuhandkonto geführt wurde, die Spenden von dort an den Zuwendungsempfänger weitergeleitet wurden und diesem eine Liste mit den einzelnen Spendern und ihrem jeweiligen Anteil an der Spendensumme übergeben wurde.

(3) Als Nachweis für die Zahlung von Mitgliedsbeiträgen an politische Parteien im Sinne des § 2 des Parteiengesetzes genügt die Vorlage von Bareinzahlungsbelegen, Buchungsbestätigungen oder Beitragsquittungen.

(4) [1]Eine in § 5 Abs. 1 Nr. 9 des Körperschaftsteuergesetzes bezeichnete Körperschaft, Personenvereinigung oder Vermögensmasse hat die Vereinnahmung der Zuwendung und ihre zweckentsprechende Verwendung ordnungsgemäß aufzuzeichnen und ein Doppel der Zuwendungsbestätigung aufzubewahren. [2]Bei Sachzuwendungen und beim Verzicht auf die Erstattung von Aufwand müssen sich aus den Aufzeichnungen auch die Grundlagen für den vom Empfänger bestätigten Wert der Zuwendung ergeben.

H 10b

Hinweise

Allgemeines

Anhang 30 → R 10b.1 – 10b.3 EStR und H 10b.1 – 10b.3 EStH

Anwendungsschreiben

Anhang 11 I → BMF vom 15. 9. 2014 (BStBl I S. 1278)

Muster für Zuwendungsbestätigungen

Anhang 11 II → BMF vom 7. 11. 2013 (BStBl I S. 1333), ergänzt durch BMF vom 26. 3. 2014 (BStBl I S. 791)

Anhang 11 III → BMF vom 26. 3. 2014 (BStBl I S. 791)

§ 10c Sonderausgaben-Pauschbetrag

EStG
S 2224

[1]Für Sonderausgaben nach § 10 Absatz 1 Nummer 4, 5, 7 und 9 sowie Absatz 1a und nach § 10b wird ein Pauschbetrag von 36 Euro abgezogen (Sonderausgaben-Pauschbetrag), wenn der Steuerpflichtige nicht höhere Aufwendungen nachweist. [2]Im Fall der Zusammenveranlagung von Ehegatten verdoppelt sich der Sonderausgaben-Pauschbetrag.

Hinweise

H 10c

Vorsorgepauschale

- bis einschließlich 2009 → § 10c Abs. 2 bis 5 EStG a. F.
- seit 2010 → § 39b Abs. 2 Satz 5 Nr. 3 und Abs. 4 EStG, → BMF vom 26. 11. 2013 (BStBl I S. 1532)[1])

§ 10d Verlustabzug

EStG

S 2225

(1) [1]Negative Einkünfte, die bei der Ermittlung des Gesamtbetrags der Einkünfte nicht ausgeglichen werden, sind bis zu einem Betrag von 1 000 000 Euro, bei Ehegatten, die nach den §§ 26, 26b zusammenveranlagt werden, bis zu einem Betrag von 2 000 000 Euro vom Gesamtbetrag der Einkünfte des unmittelbar vorangegangenen Veranlagungszeitraums vorrangig vor Sonderausgaben, außergewöhnlichen Belastungen und sonstigen Abzugsbeträgen abzuziehen (Verlustrücktrag). [2]Dabei wird der Gesamtbetrag der Einkünfte des unmittelbar vorangegangenen Veranlagungszeitraums um die Begünstigungsbeträge nach § 34a Absatz 3 Satz 1 gemindert. [3]Ist für den unmittelbar vorangegangenen Veranlagungszeitraum bereits ein Steuerbescheid erlassen worden, so ist er insoweit zu ändern, als der Verlustrücktrag zu gewähren oder zu berichtigen ist. [4]Das gilt auch dann, wenn der Steuerbescheid unanfechtbar geworden ist; die Festsetzungsfrist endet insoweit nicht, bevor die Festsetzungsfrist für den Veranlagungszeitraum abgelaufen ist, in dem die negativen Einkünfte nicht ausgeglichen werden. [5]Auf Antrag des Steuerpflichtigen ist ganz oder teilweise von der Anwendung des Satzes 1 abzusehen. [6]Im Antrag ist die Höhe des Verlustrücktrags anzugeben.

(2) [1]Nicht ausgeglichene negative Einkünfte, die nicht nach Absatz 1 abgezogen worden sind, sind in den folgenden Veranlagungszeiträumen bis zu einem Gesamtbetrag der Einkünfte von 1 Million Euro unbeschränkt, darüber hinaus bis zu 60 Prozent des 1 Million Euro übersteigenden Gesamtbetrags der Einkünfte vorrangig vor Sonderausgaben, außergewöhnlichen Belastungen und sonstigen Abzugsbeträgen abzuziehen (Verlustvortrag). [2]Bei Ehegatten, die nach den §§ 26, 26b zusammenveranlagt werden, tritt an die Stelle des Betrags von 1 Million Euro ein Betrag von 2 Millionen Euro. [3]Der Abzug ist nur insoweit zulässig, als die Verluste nicht nach Absatz 1 abgezogen worden sind und in den vorangegangenen Veranlagungszeiträumen nicht nach Satz 1 und 2 abgezogen werden konnten.

(3) (weggefallen)

(4) [1]Der am Schluss eines Veranlagungszeitraums verbleibende Verlustvortrag ist gesondert festzustellen. [2]Verbleibender Verlustvortrag sind die bei der Ermittlung des Gesamtbetrags der Einkünfte nicht ausgeglichenen negativen Einkünfte, vermindert um die nach Absatz 1 abgezogenen und die nach Absatz 2 abziehbaren Beträge und vermehrt um den auf den Schluss des vorangegangenen Veranlagungszeitraums festgestellten verbleibenden Verlustvortrag. [3]Zuständig für die Feststellung ist das für die Besteuerung zuständige Finanzamt. [4]Bei der Feststellung des verbleibenden Verlustvortrags sind die Besteuerungsgrundlagen so zu berücksichtigen, wie sie den Steuerfestsetzungen des Veranlagungszeitraums, auf dessen Schluss der verbleibende Verlustvortrag festgestellt wird, und des Veranlagungszeitraums, in dem ein Verlustrücktrag vorgenommen werden kann, zu Grunde gelegt worden sind; § 171 Absatz 10, § 175 Absatz 1 Satz 1 Nummer 1 und § 351 Absatz 2 der Abgabenordnung sowie § 42 der Finanzgerichtsordnung gelten entsprechend. [5]Die Besteuerungsgrundlagen dürfen bei der Feststellung nur insoweit abweichend von Satz 4 berücksichtigt werden, wie die Aufhebung, Änderung oder Berichtigung der Steuerbescheide ausschließlich mangels Auswirkung auf die Höhe der festzusetzenden Steuer unterbleibt. [6]Die Feststellungsfrist endet nicht, bevor die Festsetzungsfrist für den Veranlagungszeitraum abgelaufen ist, auf dessen Schluss der verbleibende Verlustvortrag gesondert festzustellen ist; § 181 Absatz 5 der Abgabenordnung ist nur anzuwenden,

1) Das BMF-Schreiben ist abgedruckt in → H 39b.7 LStH unter „Ermittlung der Vorsorgepauschale im Lohnsteuerabzugsverfahren".

wenn die zuständige Finanzbehörde die Feststellung des Verlustvortrags pflichtwidrig unterlassen hat.

EStG
S 2225a
1)

§ 10e Steuerbegünstigung der zu eigenen Wohnzwecken genutzten Wohnung im eigenen Haus

(1) [1]Der Steuerpflichtige kann von den Herstellungskosten einer Wohnung in einem im Inland belegenen eigenen Haus oder einer im Inland belegenen eigenen Eigentumswohnung zuzüglich der Hälfte der Anschaffungskosten für den dazugehörenden Grund und Boden (Bemessungsgrundlage) im Jahr der Fertigstellung und in den drei folgenden Jahren jeweils bis zu 6 Prozent, höchstens jeweils 10 124 Euro, und in den vier darauffolgenden Jahren jeweils bis zu 5 Prozent, höchstens jeweils 8 437 Euro, wie Sonderausgaben abziehen. [2]Voraussetzung ist, dass der Steuerpflichtige die Wohnung hergestellt und in dem jeweiligen Jahr des Zeitraums nach Satz 1 (Abzugszeitraum) zu eigenen Wohnzwecken genutzt hat und die Wohnung keine Ferienwohnung oder Wochenendwohnung ist. [3]Eine Nutzung zu eigenen Wohnzwecken liegt auch vor, wenn Teile einer zu eigenen Wohnzwecken genutzten Wohnung unentgeltlich zu Wohnzwecken überlassen werden. [4]Hat der Steuerpflichtige die Wohnung angeschafft, so sind die Sätze 1 bis 3 mit der Maßgabe anzuwenden, dass an die Stelle des Jahres der Fertigstellung das Jahr der Anschaffung und an die Stelle der Herstellungskosten die Anschaffungskosten treten; hat der Steuerpflichtige die Wohnung nicht bis zum Ende des zweiten auf das Jahr der Fertigstellung folgenden Jahres angeschafft, kann er von der Bemessungsgrundlage im Jahr der Anschaffung und in den drei folgenden Jahren höchstens jeweils 4 602 Euro und in den vier darauffolgenden Jahren höchstens jeweils 3 835 Euro abziehen. [5]§ 6b Absatz 6 gilt sinngemäß. [6]Bei einem Anteil an der zu eigenen Wohnzwecken genutzten Wohnung kann der Steuerpflichtige den entsprechenden Teil der Abzugsbeträge nach Satz 1 wie Sonderausgaben abziehen. [7]Werden Teile der Wohnung nicht zu eigenen Wohnzwecken genutzt, ist die Bemessungsgrundlage um den auf den nicht zu eigenen Wohnzwecken entfallenden Teil zu kürzen. [8]Satz 4 ist nicht anzuwenden, wenn der Steuerpflichtige die Wohnung oder einen Anteil daran von seinem Ehegatten anschafft und bei den Ehegatten die Voraussetzungen des § 26 Absatz 1 vorliegen.

(2) Absatz 1 gilt entsprechend für Herstellungskosten zu eigenen Wohnzwecken genutzter Ausbauten und Erweiterungen an einer im Inland belegenen, zu eigenen Wohnzwecken genutzten Wohnung.

(3) [1]Der Steuerpflichtige kann die Abzugsbeträge nach den Absätzen 1 und 2, die er in einem Jahr des Abzugszeitraums nicht ausgenutzt hat, bis zum Ende des Abzugszeitraums abziehen. [2]Nachträgliche Herstellungskosten oder Anschaffungskosten, die bis zum Ende des Abzugszeitraums entstehen, können vom Jahr ihrer Entstehung an für die Veranlagungszeiträume, in denen der Steuerpflichtige Abzugsbeträge nach den Absätzen 1 und 2 hätte abziehen können, so behandelt werden, als wären sie zu Beginn des Abzugszeitraums entstanden.

(4) [1]Die Abzugsbeträge nach den Absätzen 1 und 2 kann der Steuerpflichtige nur für eine Wohnung oder für einen Ausbau oder eine Erweiterung abziehen. [2]Ehegatten, bei denen die Voraussetzungen des § 26 Absatz 1 vorliegen, können die Abzugsbeträge nach den Absätzen 1 und 2 für insgesamt zwei der in Satz 1 bezeichneten Objekte abziehen, jedoch nicht gleichzeitig für zwei in räumlichem Zusammenhang belegene Objekte, wenn bei den Ehegatten im Zeitpunkt der Herstellung oder Anschaffung der Objekte die Voraussetzungen des § 26 Absatz 1 vorliegen. [3]Den Abzugsbeträgen stehen die erhöhten Absetzungen nach § 7b in der jeweiligen Fassung ab Inkrafttreten des Gesetzes vom 16. Juni 1964 (BGBl. I S. 353) und nach § 15 Absatz 1 bis 4 des Berlinförderungsgesetzes in der jeweiligen Fassung ab Inkrafttreten des Gesetzes vom 11. Juli 1977 (BGBl. I S. 1213) gleich. [4]Nutzt der Steuerpflichtige die Wohnung im eigenen Haus oder die Eigentumswohnung (Erstobjekt) nicht bis zum Ablauf des Abzugszeitraums zu eigenen Wohnzwecken und kann er deshalb die Abzugsbeträge nach den Absätzen 1 und 2 nicht mehr in Anspruch nehmen, so kann er die Abzugsbeträge nach Absatz 1 bei einer weiteren Wohnung im Sinne des Absatzes 1 Satz 1 (Folgeobjekt) in Anspruch nehmen, wenn er das Folgeobjekt innerhalb von zwei Jahren vor und drei Jahren nach Ablauf des Veranlagungszeitraums, in dem er das Erstobjekt letztmals zu eigenen Wohnzwecken genutzt hat, anschafft oder herstellt; Entsprechendes gilt bei einem Ausbau oder einer Erweiterung einer Wohnung. [5]Im Fall des Satzes 4 ist der Abzugszeitraum für das Folgeobjekt um die Anzahl der Veranlagungszeiträume zu kürzen, in denen der Steuerpflichtige für das Erstobjekt die Abzugsbeträge nach den Absätzen 1 und 2 hätte abziehen können; hat der Steuerpflichtige das Folgeobjekt in einem Veranlagungszeitraum, in dem er das Erstobjekt noch zu eigenen Wohnzwecken genutzt hat, hergestellt oder angeschafft oder ausgebaut oder erweitert, so beginnt der Abzugszeitraum für das Folgeobjekt mit Ablauf des Veranlagungszeitraums, in dem der Steuerpflichtige das Erstobjekt letztmals zu eigenen Wohnzwecken genutzt hat. [6]Für das Folgeobjekt sind die Prozentsätze der

1) Zur Anwendung des § 10e EStG → § 52 Abs. 19 EStG.

vom Erstobjekt verbliebenen Jahre maßgebend. [7]Dem Erstobjekt im Sinne des Satzes 4 steht ein Erstobjekt im Sinne des § 7b Absatz 5 Satz 4 sowie des § 15 Absatz 1 und des § 15b Absatz 1 des Berlinförderungsgesetzes gleich. [8]Ist für den Steuerpflichtigen Objektverbrauch nach den Sätzen 1 bis 3 eingetreten, kann er die Abzugsbeträge nach den Absätzen 1 und 2 für ein weiteres, in dem in Artikel 3 des Einigungsvertrages genannten Gebiet belegenes Objekt abziehen, wenn der Steuerpflichtige oder dessen Ehegatte, bei denen die Voraussetzungen des § 26 Absatz 1 vorliegen, in dem in Artikel 3 des Einigungsvertrages genannten Gebiet zugezogen ist und

1. seinen ausschließlichen Wohnsitz in diesem Gebiet zu Beginn des Veranlagungszeitraums hat oder ihn im Laufe des Veranlagungszeitraums begründet oder
2. bei mehrfachem Wohnsitz einen Wohnsitz in diesem Gebiet hat und sich dort überwiegend aufhält.

[9]Voraussetzung für die Anwendung des Satzes 8 ist, dass die Wohnung im eigenen Haus oder die Eigentumswohnung vor dem 1. Januar 1995 hergestellt oder angeschafft oder der Ausbau oder die Erweiterung vor diesem Zeitpunkt fertig gestellt worden ist. [10]Die Sätze 2 und 4 bis 6 sind für im Satz 8 bezeichnete Objekte sinngemäß anzuwenden.

(5) [1]Sind mehrere Steuerpflichtige Eigentümer einer zu eigenen Wohnzwecken genutzten Wohnung, so ist Absatz 4 mit der Maßgabe anzuwenden, dass der Anteil des Steuerpflichtigen an der Wohnung einer Wohnung gleichsteht; Entsprechendes gilt bei dem Ausbau oder bei der Erweiterung einer zu eigenen Wohnzwecken genutzten Wohnung. [2]Satz 1 ist nicht anzuwenden, wenn Eigentümer der Wohnung der Steuerpflichtige und sein Ehegatte sind und bei den Ehegatten die Voraussetzungen des § 26 Absatz 1 vorliegen. [3]Erwirbt im Fall des Satzes 2 ein Ehegatte infolge Erbfalls einen Miteigentumsanteil an der Wohnung hinzu, so kann er die auf diesen Anteil entfallenden Abzugsbeträge nach den Absätzen 1 und 2 weiter in der bisherigen Höhe abziehen; Entsprechendes gilt, wenn im Fall des Satzes 2 während des Abzugszeitraums die Voraussetzungen des § 26 Absatz 1 wegfallen und ein Ehegatte den Anteil des anderen Ehegatten an der Wohnung erwirbt.

(5a) [1]Die Abzugsbeträge nach den Absätzen 1 und 2 können nur für die Veranlagungszeiträume in Anspruch genommen werden, in denen der Gesamtbetrag der Einkünfte 61 355 Euro, bei nach § 26b zusammenveranlagten Ehegatten 122 710 Euro nicht übersteigt. [2]Eine Nachholung von Abzugsbeträgen nach Absatz 3 Satz 1 ist nur für Veranlagungszeiträume möglich, in denen die in Satz 1 genannten Voraussetzungen vorgelegen haben; Entsprechendes gilt für nachträgliche Herstellungskosten oder Anschaffungskosten im Sinne des Absatzes 3 Satz 2.

(6) [1]Aufwendungen des Steuerpflichtigen, die bis zum Beginn der erstmaligen Nutzung einer Wohnung im Sinne des Absatzes 1 zu eigenen Wohnzwecken entstehen, unmittelbar mit der Herstellung oder Anschaffung des Gebäudes oder der Eigentumswohnung oder der Anschaffung des dazugehörenden Grund und Bodens zusammenhängen, nicht zu den Herstellungskosten oder Anschaffungskosten der Wohnung oder zu den Anschaffungskosten des Grund und Bodens gehören und die im Fall der Vermietung oder Verpachtung der Wohnung als Werbungskosten abgezogen werden könnten, können wie Sonderausgaben abgezogen werden. [2]Wird eine Wohnung bis zum Beginn der erstmaligen Nutzung zu eigenen Wohnzwecken vermietet oder zu eigenen beruflichen oder eigenen betrieblichen Zwecken genutzt und sind die Aufwendungen Werbungskosten oder Betriebsausgaben, können sie nicht wie Sonderausgaben abgezogen werden. [3]Aufwendungen nach Satz 1, die Erhaltungsaufwand sind und im Zusammenhang mit der Anschaffung des Gebäudes oder der Eigentumswohnung stehen, können insgesamt nur bis zu 15 Prozent der Anschaffungskosten des Gebäudes oder der Eigentumswohnung, höchstens bis zu 15 Prozent von 76 694 Euro, abgezogen werden. [4]Die Sätze 1 und 2 gelten entsprechend bei Ausbauten und Erweiterungen an einer zu Wohnzwecken genutzten Wohnung.

(6a) [1]Nimmt der Steuerpflichtige Abzugsbeträge für ein Objekt nach den Absätzen 1 oder 2 in Anspruch oder ist er auf Grund des Absatzes 5a zur Inanspruchnahme von Abzugsbeträgen für ein solches Objekt nicht berechtigt, so kann er die mit diesem Objekt in wirtschaftlichem Zusammenhang stehenden Schuldzinsen, die für die Zeit der Nutzung zu eigenen Wohnzwecken entstehen, im Jahr der Herstellung oder Anschaffung und in den beiden folgenden Kalenderjahren bis zur Höhe von jeweils 12 000 Deutsche Mark wie Sonderausgaben abziehen, wenn er das Objekt vor dem 1. Januar 1995 fertiggestellt oder vor diesem Zeitpunkt bis zum Ende des Jahres der Fertigstellung angeschafft hat. [2]Soweit der Schuldzinsenabzug nach Satz 1 nicht in vollem Umfang im Jahr der Herstellung oder Anschaffung in Anspruch genommen werden kann, kann er in dem dritten auf das Jahr der Herstellung oder Anschaffung folgenden Kalenderjahr nachgeholt werden. [3]Absatz 1 Satz 6 gilt sinngemäß.

(7) [1]Sind mehrere Steuerpflichtige Eigentümer einer zu eigenen Wohnzwecken genutzten Wohnung, so können die Abzugsbeträge nach den Absätzen 1 und 2 und die Aufwendungen nach den Absätzen 6 und 6a gesondert und einheitlich festgestellt werden. [2]Die für die gesonderte Feststellung von Einkünften nach § 180 Absatz 1 Nummer 2 Buchstabe a der Abgabenordnung geltenden Vorschriften sind entsprechend anzuwenden.

EStG
S 2225c

§ 10f Steuerbegünstigung für zu eigenen Wohnzwecken genutzte Baudenkmale und Gebäude in Sanierungsgebieten und städtebaulichen Entwicklungsbereichen

(1) [1]Der Steuerpflichtige kann Aufwendungen an einem eigenen Gebäude im Kalenderjahr des Abschlusses der Baumaßnahme und in den neun folgenden Kalenderjahren jeweils bis zu 9 Prozent wie Sonderausgaben abziehen, wenn die Voraussetzungen des § 7h oder des § 7i vorliegen. [2]Dies gilt nur, soweit er das Gebäude in dem jeweiligen Kalenderjahr zu eigenen Wohnzwecken nutzt und die Aufwendungen nicht in die Bemessungsgrundlage nach § 10e oder dem Eigenheimzulagengesetz einbezogen hat. [3]Für Zeiträume, für die der Steuerpflichtige erhöhte Absetzungen von Aufwendungen nach § 7h oder § 7i abgezogen hat, kann er für diese Aufwendungen keine Abzugsbeträge nach Satz 1 in Anspruch nehmen. [4]Eine Nutzung zu eigenen Wohnzwecken liegt auch vor, wenn Teile einer zu eigenen Wohnzwecken genutzten Wohnung unentgeltlich zu Wohnzwecken überlassen werden.

(2) [1]Der Steuerpflichtige kann Erhaltungsaufwand, der an einem eigenen Gebäude entsteht und nicht zu den Betriebsausgaben oder Werbungskosten gehört, im Kalenderjahr des Abschlusses der Maßnahme und in den neun folgenden Kalenderjahren jeweils bis zu 9 Prozent wie Sonderausgaben abziehen, wenn die Voraussetzungen des § 11a Absatz 1 in Verbindung mit § 7h Absatz 2 oder des § 11b Satz 1 oder 2 in Verbindung mit § 7i Absatz 1 Satz 2 und Absatz 2 vorliegen. [2]Dies gilt nur, soweit der Steuerpflichtige das Gebäude in dem jeweiligen Kalenderjahr zu eigenen Wohnzwecken nutzt und diese Aufwendungen nicht nach § 10e Absatz 6 oder § 10i abgezogen hat. [3]Soweit der Steuerpflichtige das Gebäude während des Verteilungszeitraums zur Einkunftserzielung nutzt, ist der noch nicht berücksichtigte Teil des Erhaltungsaufwands im Jahr des Übergangs zur Einkunftserzielung wie Sonderausgaben abzuziehen. [4]Absatz 1 Satz 4 ist entsprechend anzuwenden.

(3) [1]Die Abzugsbeträge nach den Absätzen 1 und 2 kann der Steuerpflichtige nur bei einem Gebäude in Anspruch nehmen. [2]Ehegatten, bei denen die Voraussetzungen des § 26 Absatz 1 vorliegen, können die Abzugsbeträge nach den Absätzen 1 und 2 bei insgesamt zwei Gebäuden abziehen. [3]Gebäuden im Sinne der Absätze 1 und 2 stehen Gebäude gleich, für die Abzugsbeträge nach § 52 Absatz 21 Satz 6 in Verbindung mit § 51 Absatz 1 Nummer 2 Buchstabe x oder Buchstabe y des Einkommensteuergesetzes 1987 in der Fassung der Bekanntmachung vom 27. Februar 1987 (BGBl. I S. 657) in Anspruch genommen worden sind; Entsprechendes gilt für Abzugsbeträge nach § 52 Absatz 21 Satz 7.

(4) [1]Sind mehrere Steuerpflichtige Eigentümer eines Gebäudes, so ist Absatz 3 mit der Maßgabe anzuwenden, dass der Anteil des Steuerpflichtigen an einem solchen Gebäude dem Gebäude gleichsteht. [2]Erwirbt ein Miteigentümer, der für seinen Anteil bereits Abzugsbeträge nach Absatz 1 oder Absatz 2 abgezogen hat, einen Anteil an demselben Gebäude hinzu, kann er für danach von ihm durchgeführte Maßnahmen im Sinne der Absätze 1 oder 2 auch die Abzugsbeträge nach den Absätzen 1 und 2 in Anspruch nehmen, die auf den hinzuerworbenen Anteil entfallen. [3]§ 10e Absatz 5 Satz 2 und 3 sowie Absatz 7 ist sinngemäß anzuwenden.

(5) Die Absätze 1 bis 4 sind auf Gebäudeteile, die selbständige unbewegliche Wirtschaftsgüter sind, und auf Eigentumswohnungen entsprechend anzuwenden.

EStG
S 2225d

§ 10g Steuerbegünstigung für schutzwürdige Kulturgüter, die weder zur Einkunftserzielung noch zu eigenen Wohnzwecken genutzt werden

(1) [1]Der Steuerpflichtige kann Aufwendungen für Herstellungs- und Erhaltungsmaßnahmen an eigenen schutzwürdigen Kulturgütern im Inland, soweit sie öffentliche oder private Zuwendungen oder etwaige aus diesen Kulturgütern erzielte Einnahmen übersteigen, im Kalenderjahr des Abschlusses der Maßnahme und in den neun folgenden Kalenderjahren jeweils bis zu 9 Prozent wie Sonderausgaben abziehen. [2]Kulturgüter im Sinne des Satzes 1 sind

1. **Gebäude oder Gebäudeteile, die nach den jeweiligen landesrechtlichen Vorschriften ein Baudenkmal sind,**
2. **Gebäude oder Gebäudeteile, die für sich allein nicht die Voraussetzungen für ein Baudenkmal erfüllen, aber Teil einer nach den jeweiligen landesrechtlichen Vorschriften als Einheit geschützten Gebäudegruppe oder Gesamtanlage sind,**
3. **gärtnerische, bauliche und sonstige Anlagen, die keine Gebäude oder Gebäudeteile und nach den jeweiligen landesrechtlichen Vorschriften unter Schutz gestellt sind,**
4. **Mobiliar, Kunstgegenstände, Kunstsammlungen, wissenschaftliche Sammlungen, Bibliotheken oder Archive, die sich seit mindestens 20 Jahren im Besitz der Familie des Steuerpflich-**

tigen befinden oder in das Verzeichnis national wertvollen Kulturgutes oder das Verzeichnis national wertvoller Archive eingetragen sind und deren Erhaltung wegen ihrer Bedeutung für Kunst, Geschichte oder Wissenschaft im öffentlichen Interesse liegt,

wenn sie in einem den Verhältnissen entsprechenden Umfang der wissenschaftlichen Forschung oder der Öffentlichkeit zugänglich gemacht werden, es sei denn, dem Zugang stehen zwingende Gründe des Denkmal oder Archivschutzes entgegen. [3]Die Maßnahmen müssen nach Maßgabe der geltenden Bestimmungen der Denkmal- und Archivpflege erforderlich und in Abstimmung mit der in Absatz 3 genannten Stelle durchgeführt worden sein; bei Aufwendungen für Herstellungs- und Erhaltungsmaßnahmen an Kulturgütern im Sinne des Satzes 2 Nummer 1 und 2 ist § 7i Absatz 1 Satz 1 bis 4 sinngemäß anzuwenden.

(2) [1]Die Abzugsbeträge nach Absatz 1 Satz 1 kann der Steuerpflichtige nur in Anspruch nehmen, soweit er die schutzwürdigen Kulturgüter im jeweiligen Kalenderjahr weder zur Erzielung von Einkünften im Sinne des § 2 noch Gebäude oder Gebäudeteile zu eigenen Wohnzwecken nutzt und die Aufwendungen nicht nach § 10e Absatz 6, § 10h Satz 3 oder § 10i abgezogen hat. [2]Für Zeiträume, für die der Steuerpflichtige von Aufwendungen Absetzungen für Abnutzung, erhöhte Absetzungen, Sonderabschreibungen oder Beträge nach § 10e Absatz 1 bis 5, den §§ 10f, 10h, 15b des Berlinförderungsgesetzes oder § 7 des Fördergebietsgesetzes abgezogen hat, kann er für diese Aufwendungen keine Abzugsbeträge nach Absatz 1 Satz 1 in Anspruch nehmen; Entsprechendes gilt, wenn der Steuerpflichtige für Aufwendungen die Eigenheimzulage nach dem Eigenheimzulagengesetz in Anspruch genommen hat. [3]Soweit die Kulturgüter während des Zeitraums nach Absatz 1 Satz 1 zur Einkunftserzielung genutzt werden, ist der noch nicht berücksichtigte Teil der Aufwendungen, die auf Erhaltungsarbeiten entfallen, im Jahr des Übergangs zur Einkunftserzielung wie Sonderausgaben abzuziehen.

(3) [1]Der Steuerpflichtige kann den Abzug vornehmen, wenn er durch eine Bescheinigung der nach Landesrecht zuständigen oder von der Landesregierung bestimmten Stelle die Voraussetzungen des Absatzes 1 für das Kulturgut und für die Erforderlichkeit der Aufwendungen nachweist. [2]Hat eine der für Denkmal- oder Archivpflege zuständigen Behörde ihm Zuschüsse gewährt, so hat die Bescheinigung auch deren Höhe zu enthalten; werden ihm solche Zuschüsse nach Ausstellung der Bescheinigung gewährt, so ist diese entsprechend zu ändern.

(4) [1]Die Absätze 1 bis 3 sind auf Gebäudeteile, die selbständige unbewegliche Wirtschaftsgüter sind, sowie auf Eigentumswohnungen und im Teileigentum stehende Räume entsprechend anzuwenden. [2]§ 10e Absatz 7 gilt sinngemäß.

§ 10h Steuerbegünstigung der unentgeltlich zu Wohnzwecken überlassenen Wohnung im eigenen Haus

EStG
S 2225e
1)

[1]Der Steuerpflichtige kann von den Aufwendungen, die ihm durch Baumaßnahmen zur Herstellung einer Wohnung entstanden sind, im Jahr der Fertigstellung und in den drei folgenden Jahren jeweils bis zu 6 Prozent, höchstens jeweils 10 124 Euro, und in den vier darauffolgenden Jahren jeweils bis zu 5 Prozent, höchstens jeweils 8 437 Euro, wie Sonderausgaben abziehen. [2]Voraussetzung ist, dass

1. der Steuerpflichtige nach dem 30. September 1991 den Bauantrag gestellt oder mit der Herstellung begonnen hat,
2. die Baumaßnahmen an einem Gebäude im Inland durchgeführt worden sind, in dem der Steuerpflichtige im jeweiligen Jahr des Zeitraums nach Satz 1 eine eigene Wohnung zu eigenen Wohnzwecken nutzt,
3. die Wohnung keine Ferienwohnung oder Wochenendwohnung ist,
4. der Steuerpflichtige die Wohnung insgesamt im jeweiligen Jahr des Zeitraums nach Satz 1 voll unentgeltlich an einen Angehörigen im Sinne des § 15 Absatz 1 Nummer 3 und 4 der Abgabenordnung auf Dauer zu Wohnzwecken überlassen hat und
5. der Steuerpflichtige die Aufwendungen nicht in die Bemessungsgrundlage nach den §§ 10e, 10f Absatz 1, § 10g, 52 Absatz 21 Satz 6 oder nach § 7 des Fördergebietsgesetzes einbezogen hat.

[3]§ 10e Absatz 1 Satz 5 und 6, Absatz 3, 5a, 6 und 7 gilt sinngemäß.

1) Zur letztmaligen Anwendung → § 52 Abs. 20 EStG.

EStG
S 2225f
1)

§ 10i Vorkostenabzug bei einer nach dem Eigenheimzulagengesetz begünstigten Wohnung

(1) [1]Der Steuerpflichtige kann nachstehende Vorkosten wie Sonderausgaben abziehen:

1. eine Pauschale von 1 790 Euro im Jahr der Fertigstellung oder Anschaffung, wenn er für die Wohnung im Jahr der Herstellung oder Anschaffung oder in einem der zwei folgenden Jahre eine Eigenheimzulage nach dem Eigenheimzulagengesetz in Anspruch nimmt, und

2. Erhaltungsaufwendungen bis zu 11 504 Euro, die

a) bis zum Beginn der erstmaligen Nutzung einer Wohnung zu eigenen Wohnzwecken entstanden sind oder

b) bis zum Ablauf des auf das Jahr der Anschaffung folgenden Kalenderjahres entstanden sind, wenn der Steuerpflichtige eine von ihm bisher als Mieter genutzte Wohnung anschafft.

[2]Die Erhaltungsaufwendungen nach Satz 1 Nummer 2 müssen unmittelbar mit der Herstellung oder Anschaffung des Gebäudes oder der Eigentumswohnung zusammenhängen, dürfen nicht zu den Herstellungskosten oder Anschaffungskosten der Wohnung oder zu den Anschaffungskosten des Grund und Bodens gehören und müssten im Fall der Vermietung und Verpachtung der Wohnung als Werbungskosten abgezogen werden können. [3]Wird eine Wohnung bis zum Beginn der erstmaligen Nutzung zu eigenen Wohnzwecken vermietet oder zu eigenen beruflichen oder eigenen betrieblichen Zwecken genutzt und sind die Erhaltungsaufwendungen Werbungskosten oder Betriebsausgaben, können sie nicht wie Sonderausgaben abgezogen werden. [4]Bei einem Anteil an der zu eigenen Wohnzwecken genutzten Wohnung kann der Steuerpflichtige den entsprechenden Teil der Abzugsbeträge nach Satz 1 wie Sonderausgaben abziehen. [5]Die vorstehenden Sätze gelten entsprechend bei Ausbauten und Erweiterungen an einer zu eigenen Wohnzwecken genutzten Wohnung.

(2) [1]Sind mehrere Steuerpflichtige Eigentümer einer zu eigenen Wohnzwecken genutzten Wohnung, können die Aufwendungen nach Absatz 1 gesondert und einheitlich festgestellt werden. [2]Die für die gesonderte Feststellung von Einkünften nach § 180 Absatz 1 Nummer 2 Buchstabe a der Abgabenordnung geltenden Vorschriften sind entsprechend anzuwenden.

S 2226

6. Vereinnahmung und Verausgabung

EStG

§ 11 [Vereinnahmung und Verausgabung]

(1) [1]Einnahmen sind innerhalb des Kalenderjahres bezogen, in dem sie dem Steuerpflichtigen zugeflossen sind. [2]Regelmäßig wiederkehrende Einnahmen, die dem Steuerpflichtigen kurze Zeit vor Beginn oder kurze Zeit nach Beendigung des Kalenderjahres, zu dem sie wirtschaftlich gehören, zugeflossen sind, gelten als in diesem Kalenderjahr bezogen. [3]Der Steuerpflichtige kann Einnahmen, die auf einer Nutzungsüberlassung im Sinne des Absatzes 2 Satz 3 beruhen, insgesamt auf den Zeitraum gleichmäßig verteilen, für den die Vorauszahlung geleistet wird. [4]Für Einnahmen aus nichtselbständiger Arbeit gilt § 38a Absatz 1 Satz 2 und 3 und § 40 Absatz 3 Satz 2. [5]Die Vorschriften über die Gewinnermittlung (§ 4 Absatz 1, § 5) bleiben unberührt.

(2) [1]Ausgaben sind für das Kalenderjahr abzusetzen, in dem sie geleistet worden sind. [2]Für regelmäßig wiederkehrende Ausgaben gilt Absatz 1 Satz 2 entsprechend. [3]Werden Ausgaben für eine Nutzungsüberlassung von mehr als fünf Jahren im Voraus geleistet, sind sie insgesamt auf den Zeitraum gleichmäßig zu verteilen, für den die Vorauszahlung geleistet wird. [4]Satz 3 ist auf ein Damnum oder Disagio nicht anzuwenden, soweit dieses marktüblich ist. [5]§ 42 der Abgabenordnung bleibt unberührt. [6]Die Vorschriften über die Gewinnermittlung (§ 4 Absatz 1, § 5) bleiben unberührt.

H 11

Hinweise

Allgemeines

→ H 11 EStH

1) Zur letztmaligen Anwendung → § 52 Abs. 21 EStG.

Rückzahlung von Arbeitslohn

Arbeitslohnrückzahlungen sind nur dann anzunehmen, wenn der Arbeitnehmer an den Arbeitgeber die Leistungen, die bei ihm als Lohnzahlungen zu qualifizieren waren, zurückzahlt (→ BFH vom 10. 8. 2010 – BStBl II S. 1074). Zurückgezahlter Arbeitslohn ist erst im Zeitpunkt des Abflusses steuermindernd zu berücksichtigen (→ BFH vom 4. 5. 2006 – BStBl II S. 830 und 832); das gilt auch dann, wenn sich die Rückzahlung im Folgejahr steuerlich nicht mehr auswirkt (→ BFH vom 7. 11. 2006 – BStBl 2007 II S. 315).

Steuerliche Fragen im Zusammenhang mit der Rückzahlung von Arbeitslohn

(Verfügung der OFD Frankfurt vom 25. 7. 2000 – S 2399 A – 1 – St II 30 –)

Zu den im Zusammenhang mit der Rückzahlung von Arbeitslohn auftretenden steuerlichen Fragen wird folgende Auffassung vertreten:

1. Rückzahlung von nicht versteuertem Arbeitslohn

1.1 Zahlt ein Arbeitnehmer Arbeitslohn zurück, der im Zeitpunkt des Zuflusses zu Recht steuerbefreit war, so ist die Rückzahlung als ein außersteuerlicher Vorgang anzusehen. Der Arbeitnehmer kann im Jahr der Rückzahlung weder Werbungskosten noch negative Einnahmen in entsprechender Höhe geltend machen.

1.2 Tz. 1.1 gilt entsprechend für den Fall, dass der Arbeitnehmer Arbeitslohn zurückzahlen muss, bei dem es sich dem Grunde nach zwar um steuerpflichtigen Arbeitslohn gehandelt hat, der aber im Zeitpunkt des Zuflusses zu Unrecht als steuerfrei behandelt worden ist.

Beispiele:

1. Dem Arbeitnehmer ist ein bestimmter Betrag als Reisekostenersatz steuerfrei ausgezahlt worden. Es stellt sich später heraus, dass die Voraussetzungen einer Dienstreise nicht gegeben waren. Der Arbeitgeber fordert den zu Unrecht gewährten Betrag zurück.
2. Der Arbeitnehmer hat ein Jubiläumsgeschenk steuerfrei erhalten, weil der Arbeitgeber irrigerweise davon ausging, dass eine Dienstzeit von 25 Jahren erfüllt sei. Nachträglich stellt der Arbeitgeber fest, dass erst 20 Dienstjahre vorlagen. Der Arbeitgeber fordert daher das Jubiläumsgeschenk zurück.

Sieht der Arbeitgeber in derartigen Fällen von einer Rückforderung des zu Unrecht als steuerfrei behandelten Arbeitslohns ab, muss dieser Arbeitslohn noch nachträglich steuerlich erfasst werden.

2. Rückzahlung von versteuertem Arbeitslohn

Zahlt ein Arbeitnehmer Arbeitslohn zurück, der dem Lohnsteuerabzug unterlegen hat, so bleibt der früher gezahlte Arbeitslohn zugeflossen (§ 11 Abs. 1 EStG). Die zurückgezahlten Beträge sind im Zeitpunkt der Rückzahlung (§ 11 Abs. 2 EStG) als negative Einnahmen zu behandeln. Im Einzelnen gilt Folgendes:

2.1 Rückzahlung von Arbeitslohn im Kalenderjahr seiner Zahlung bei fortbestehendem Dienstverhältnis

Hat der Arbeitnehmer Arbeitslohn im selben Kalenderjahr zurückzuzahlen, in dem er ihn erhalten hat, und steht er im Zeitpunkt der Rückzahlung noch in einem Dienstverhältnis zu demselben Arbeitgeber, kann dieser den zurückgezahlten Betrag im Lohnzahlungszeitraum der Rückzahlung oder in den auf die Rückzahlung folgenden Lohnzahlungszeiträumen sowie im Lohnsteuer-Jahresausgleich nach § 42b EStG vom steuerpflichtigen Arbeitslohn absetzen. Es bestehen keine Bedenken, wenn der Arbeitgeber stattdessen den Lohnsteuerabzug des früheren Lohnzahlungszeitraums aufgrund der Rückzahlung entsprechend ändert.

Die Berücksichtigung des zurückgezahlten Betrags durch den Arbeitgeber ist gemäß § 41c Abs. 3 EStG aber nur bis zur Ausstellung einer Lohnsteuerbescheinigung möglich. Kann der Arbeitgeber deswegen zurückgezahlte Beträge des Arbeitnehmers nicht mehr berücksichtigen oder macht er von seiner Berechtigung hierzu keinen Gebrauch, kann der Arbeitnehmer diese Beträge bei der Veranlagung zur Einkommensteuer als negative Einnahmen geltend machen (vgl. Tz. 2.4).

2.2 Rückzahlung von Arbeitslohn in einem späteren Kalenderjahr bei fortbestehendem Dienstverhältnis

Wird Arbeitslohn nicht im Kalenderjahr der Zahlung, sondern in einem späteren Kalenderjahr zurückgefordert, stellen die zurückgezahlten Beträge negative Einnahmen des Rückzahlungsjahrs dar. Steht der Arbeitnehmer zu dem Arbeitgeber, der den Arbeitslohn überzahlt hat, noch in einem Dienstverhältnis, kann der Arbeitgeber die Rückzahlung im Lohnzahlungszeitraum der Rückzahlung oder in den auf die Rückzahlung folgenden Lohnzahlungszeiträumen sowie im Lohnsteuer-Jahresausgleich nach § 42b EStG berücksichtigen. Im Übrigen gilt Tz. 2.1 entsprechend.

2.3 Rückzahlung von Arbeitslohn nach Beendigung des Dienstverhältnisses

Steht ein Arbeitnehmer im Zeitpunkt der Rückzahlung von Arbeitslohn nicht mehr in einem Dienstverhältnis zu dem Arbeitgeber, der den Arbeitslohn überzahlt hat, kann der zurückgezahlte Betrag nur bei einer Veranlagung zur Einkommensteuer berücksichtigt werden (vgl. Tz. 2.4).

2.4 Berücksichtigung der Rückzahlung bei der Veranlagung zur Einkommensteuer durch das FA

Für die Berücksichtigung zurückgezahlten Arbeitslohns als negative Einnahme (vgl. Tz. 2.1, 2.2 und 2.3) bei der Veranlagung zur Einkommensteuer gilt Folgendes:

2.4.1 Bezieht der Arbeitnehmer im Jahr der Rückzahlung Einkünfte aus nichtselbständiger Arbeit, werden diese durch den zurückgezahlten Arbeitslohn (negative Einnahmen) entsprechend gemindert.

2.4.2 Bezieht der Arbeitnehmer im Kalenderjahr der Rückzahlung keine Einkünfte aus nichtselbständiger Arbeit, so können die negativen Einnahmen mit anderen Einkünften ausgeglichen werden.

2.4.3 Soweit dem Arbeitnehmer im Kalenderjahr der Rückzahlung keine positiven Einkünfte verbleiben, kann er eine Erstattung von Steuer erreichen, indem er für den zurückgezahlten Arbeitslohn einen Verlustabzug von positiven Einkünften im Rahmen eines Verlustrücktrags bzw. eines Verlustvortrags nach Maßgabe von § 10d EStG beantragt. Kommt für diese Kalenderjahre nicht bereits aus anderen Gründen eine Veranlagung zur Einkommensteuer in Betracht, kann sie der Arbeitnehmer besonders beantragen (§ 46 Abs. 2 Nr. 8 EStG).

2.4.4 Die Höhe der bei der Veranlagung zur Einkommensteuer zu berücksichtigenden negativen Einnahmen ist vom Arbeitnehmer nachzuweisen oder glaubhaft zu machen. Der Einkommensteuererklärung sollte deshalb, wenn der Arbeitnehmer nicht über andere geeignete Unterlagen verfügt, eine entsprechende Bescheinigung des Arbeitgebers beigefügt werden.

3. Steuererstattung im Billigkeitswege (§ 227 AO)

Kann der Arbeitnehmer nach Maßgabe von Tz. 2.4 keinen vollen steuerlichen Ausgleich (einschl. Progressionsnachteile) erlangen, kommt regelmäßig eine zusätzliche Steuererstattung aus sachlichen Billigkeitsgründen (§ 227 AO) nicht in Betracht, weil der Gesetzgeber Auswirkungen bei der Anwendung der Vorschriften des § 11 EStG (Zufluss von Einnahmen, Abfluss von Ausgaben) oder des § 10d EStG (Verlustabzug) zum Vorteil oder zum Nachteil des Steuerpflichtigen bewusst in Kauf genommen hat. Die Erstattung von Steuerbeträgen aus persönlichen Billigkeitsgründen des Arbeitnehmers bleibt hiervon unberührt.

4. Steuerliche Folgen aus der Rückzahlung von Sozialversicherungsbeiträgen

Wird bei der Rückzahlung von Arbeitslohn auch die sozialversicherungsrechtliche Behandlung rückgängig gemacht, ist Folgendes zu beachten:

4.1 Fordert der Arbeitgeber vom Arbeitnehmer den Bruttoarbeitslohn ohne Kürzung um den Arbeitnehmeranteil zur Sozialversicherung zurück und erstattet er dem Arbeitnehmer später diesen Anteil, weil er den Betrag von den für alle Arbeitnehmer des Betriebs abzuführenden Sozialversicherungsbeiträgen gekürzt oder vom Sozialversicherungsträger erstattet erhalten hat, so stellt die Vergütung keinen steuerpflichtigen Arbeitslohn dar. Fordert der Arbeitgeber dagegen vom Arbeitnehmer den Bruttoarbeitslohn zunächst gekürzt um den Arbeitnehmeranteil zur Sozialversicherung zurück und behält er die durch Verrechnung zurückerhaltenen Arbeitnehmeranteile zurück, stellen diese ebenfalls zurückgezahlten Arbeitslohn des Arbeitnehmers dar, auf den Tz. 2 anwendbar ist. Dies gilt unabhängig davon, ob die Sozialversicherungsbeiträge in demselben oder im nachfolgenden Kalenderjahr verrechnet werden.

4.2 Die zurückgezahlten Arbeitnehmeranteile zur Sozialversicherung mindern im Rückzahlungsjahr die als Vorsorgeaufwendungen abziehbaren Sozialversicherungsbeiträge. Der Arbeitgeber hat dies bei der Bescheinigung der einbehaltenen Sozialversicherungsbeiträge zu berücksichtigen.

4.3 Die Erstattung des Arbeitgeberanteils zur gesetzlichen Sozialversicherung spielt sich nur im Verhältnis des Arbeitgebers zu den Sozialversicherungsträgern ab und hat keine Auswirkung auf die Besteuerung des Arbeitslohns. Sie mindert jedoch die ggf. auf den Vorwegabzugsbetrag nach § 10 Abs. 3 Nr. 2 Buchst. a EStG anzurechnenden Arbeitgeberleistungen; der Arbeitgeber hat dies bei einer Bescheinigung der Arbeitgeberanteile zur Sozialversicherung entsprechend zu berücksichtigen.

5. Rückzahlung von Arbeitslohn in Fällen der Nettolohnvereinbarung

Für die steuerliche Behandlung von zurückgezahltem Arbeitslohn bei Vorliegen einer Nettolohnvereinbarung gelten die Ausführungen unter Tz. 2 bis 4 entsprechend. Steuerschuldner und damit auch Erstattungsberechtigter ist der Arbeitnehmer und nicht der Arbeitgeber.

6. Rückzahlung von Arbeitslohn in den Fällen der Lohnsteuerpauschalierung nach §§ 40, 40a und 40b EStG

Die Rückzahlung von Arbeitslohn, der unter Übernahme der Lohnsteuer durch den Arbeitgeber nach §§ 40, 40a und 40b EStG pauschal versteuert worden ist, hat keine negativen Einnahmen beim Arbeitnehmer zur Folge. Die Rückzahlung führt vielmehr zu einem Erstattungsanspruch des Arbeitgebers. Für die Ermittlung eines evtl. Steuererstattungsanspruchs sind folgende Fälle zu unterscheiden:

6.1 Pauschalierung nach §§ 40 Abs. 2, 40a, 40b EStG

Soweit eine Verrechnung des zurückgezahlten Arbeitslohns mit entsprechenden Zahlungen im gleichen Anmeldungszeitraum nicht möglich ist, ergibt sich für den Arbeitgeber ein Steuererstattungsanspruch. Der Berechnung dieses Anspruchs ist der entsprechende, im Zeitpunkt der Rückzahlung geltende Pauschsteuersatz zugrunde zu legen. Im Übrigen wird wegen der Rückzahlung von nach § 40b EStG pauschalbesteuertem Arbeitslohn auf die ESt-Kartei zu § 40b Karte 1 hingewiesen

6.2 Pauschalierung nach § 40 Abs. 1 EStG

Im Fall des § 40 Abs. 1 EStG darf der zurückgezahlte Arbeitslohn nicht mit entsprechenden positiven Zahlungen im gleichen Anmeldungszeitraum verrechnet werden. Die Rückzahlung führt deshalb generell zu einem Steuererstattungsanspruch des Arbeitgebers. Dabei kann aus Vereinfachungsgründen von dem Betrag ausgegangen werden, der vorher als pauschale Lohnsteuer für die zurückgezahlten Beträge abgeführt worden ist.

Zufluss von Arbeitslohn

→ R 38.2

§ 11a Sonderbehandlung von Erhaltungsaufwand bei Gebäuden in Sanierungsgebieten und städtebaulichen Entwicklungsbereichen

EStG
S 2226a

(1) [1]Der Steuerpflichtige kann durch Zuschüsse aus Sanierungs- oder Entwicklungsförderungsmitteln nicht gedeckten Erhaltungsaufwand für Maßnahmen im Sinne des § 177 des Baugesetzbuchs an einem im Inland belegenen Gebäude in einem förmlich festgelegten Sanierungsgebiet oder städtebaulichen Entwicklungsbereich auf zwei bis fünf Jahre gleichmäßig verteilen. [2]Satz 1 ist entsprechend anzuwenden auf durch Zuschüsse aus Sanierungs- oder Entwicklungsförderungsmitteln nicht gedeckten Erhaltungsaufwand für Maßnahmen, die der Erhaltung, Erneuerung und funktionsgerechten Verwendung eines Gebäudes im Sinne des Satzes 1 dienen, das wegen seiner geschichtlichen, künstlerischen oder städtebaulichen Bedeutung erhalten bleiben soll, und zu deren Durchführung sich der Eigentümer neben bestimmten Modernisierungsmaßnahmen gegenüber der Gemeinde verpflichtet hat.

(2) [1]Wird das Gebäude während des Verteilungszeitraums veräußert, ist der noch nicht berücksichtigte Teil des Erhaltungsaufwands im Jahr der Veräußerung als Betriebsausgaben oder Werbungskosten abzusetzen. [2]Das Gleiche gilt, wenn ein nicht zu einem Betriebsvermögen gehörendes Gebäude in ein Betriebsvermögen eingebracht oder wenn ein Gebäude aus dem Betriebsvermögen entnommen oder wenn ein Gebäude nicht mehr zur Einkunftserzielung genutzt wird.

(3) Steht das Gebäude im Eigentum mehrerer Personen, ist der in Absatz 1 bezeichnete Erhaltungsaufwand von allen Eigentümern auf den gleichen Zeitraum zu verteilen.

(4) § 7h Absatz 2 und 3 ist entsprechend anzuwenden.

EStG
S 2226a

§ 11b Sonderbehandlung von Erhaltungsaufwand bei Baudenkmalen

[1]Der Steuerpflichtige kann durch Zuschüsse aus öffentlichen Kassen nicht gedeckten Erhaltungsaufwand für ein im Inland belegenes Gebäude oder Gebäudeteil, das nach den jeweiligen landesrechtlichen Vorschriften ein Baudenkmal ist, auf zwei bis fünf Jahre gleichmäßig verteilen, soweit die Aufwendungen nach Art und Umfang zur Erhaltung des Gebäudes oder Gebäudeteils als Baudenkmal oder zu seiner sinnvollen Nutzung erforderlich und die Maßnahmen in Abstimmung mit der in § 7i Absatz 2 bezeichneten Stelle vorgenommen worden sind. [2]Durch Zuschüsse aus öffentlichen Kassen nicht gedeckten Erhaltungsaufwand für ein im Inland belegenes Gebäude oder Gebäudeteil, das für sich allein nicht die Voraussetzungen für ein Baudenkmal erfüllt, aber Teil einer Gebäudegruppe oder Gesamtanlage ist, die nach den jeweiligen landesrechtlichen Vorschriften als Einheit geschützt ist, kann der Steuerpflichtige auf zwei bis fünf Jahre gleichmäßig verteilen, soweit die Aufwendungen nach Art und Umfang zur Erhaltung des schützenswerten äußeren Erscheinungsbildes der Gebäudegruppe oder Gesamtanlage erforderlich und die Maßnahmen in Abstimmung mit der in § 7i Absatz 2 bezeichneten Stelle vorgenommen worden sind. [3]§ 7h Absatz 3 und § 7i Absatz 1 Satz 2 und Absatz 2 sowie § 11a Absatz 2 und 3 sind entsprechend anzuwenden.

7. Nicht abzugsfähige Ausgaben

EStG
S 2227

§ 12 [Nicht abzugsfähige Ausgaben]

Soweit in § 10 Absatz 1 Nummer 2 bis 5, 7 und 9 sowie Absatz 1a Nummer 1, den §§ 10a, 10b und den §§ 33 bis 33b nichts anderes bestimmt ist, dürfen weder bei den einzelnen Einkunftsarten noch vom Gesamtbetrag der Einkünfte abgezogen werden

1. **die für den Haushalt des Steuerpflichtigen und für den Unterhalt seiner Familienangehörigen aufgewendeten Beträge. [2]Dazu gehören auch die Aufwendungen für die Lebensführung, die die wirtschaftliche oder gesellschaftliche Stellung des Steuerpflichtigen mit sich bringt, auch wenn sie zur Förderung des Berufs oder der Tätigkeit des Steuerpflichtigen erfolgen;**
2. **freiwillige Zuwendungen, Zuwendungen auf Grund einer freiwillig begründeten Rechtspflicht und Zuwendungen an eine gegenüber dem Steuerpflichtigen oder seinem Ehegatten gesetzlich unterhaltsberechtigte Person oder deren Ehegatten, auch wenn diese Zuwendungen auf einer besonderen Vereinbarung beruhen;**
3. **die Steuern vom Einkommen und sonstige Personensteuern sowie die Umsatzsteuer für Umsätze, die Entnahmen sind, und die Vorsteuerbeträge auf Aufwendungen, für die das Abzugsverbot der Nummer 1 oder des § 4 Absatz 5 Satz 1 Nummer 1 bis 5, 7 oder Absatz 7 gilt; das gilt auch für die auf diese Steuern entfallenden Nebenleistungen;**
4. **in einem Strafverfahren festgesetzte Geldstrafen, sonstige Rechtsfolgen vermögensrechtlicher Art, bei denen der Strafcharakter überwiegt, und Leistungen zur Erfüllung von Auflagen oder Weisungen, soweit die Auflagen oder Weisungen nicht lediglich der Wiedergutmachung des durch die Tat verursachten Schadens dienen;** [1)]
5. **(weggefallen)**

H 12

Hinweise

Allgemeines

Anhang 30 → R 12.1 und 12.2 EStR, H 12.1 und 12.2 EStH

Gemischte Aufwendungen

Anhang 13 → BMF vom 6. 7. 2010 (BStBl I S. 614)

1) Am Ende der Nummer 4 wurde auf Grund eines Redaktionsversehens das Semikolon nicht durch einen Punkt ersetzt (Gesetz zur Anpassung der Abgabenordnung an den Zollkodex der Union und zur Änderung weiterer steuerlicher Vorschriften).

8. Die einzelnen Einkunftsarten

a) Land- und Forstwirtschaft (§ 2 Absatz 1 Satz 1 Nummer 1) S 2230–S 2234

§ 13 Einkünfte aus Land- und Forstwirtschaft EStG S 2230 S 2231–S 2234

(1) Einkünfte aus Land- und Forstwirtschaft sind

1. Einkünfte aus dem Betrieb von Landwirtschaft, Forstwirtschaft, Weinbau, Gartenbau und aus allen Betrieben, die Pflanzen und Pflanzenteile mit Hilfe der Naturkräfte gewinnen. [2]Zu diesen Einkünften gehören auch die Einkünfte aus der Tierzucht und Tierhaltung, wenn im Wirtschaftsjahr

für die ersten 20 Hektar	**nicht mehr als 10 Vieheinheiten,**
für die nächsten 10 Hektar	**nicht mehr als 7 Vieheinheiten,**
für die nächsten 20 Hektar	**nicht mehr als 6 Vieheinheiten,**
für die nächsten 50 Hektar	**nicht mehr als 3 Vieheinheiten,**
und für die weitere Fläche	**nicht mehr als 1,5 Vieheinheiten**

je Hektar der vom Inhaber des Betriebs regelmäßig landwirtschaftlich genutzten Fläche erzeugt oder gehalten werden. [3]Die Tierbestände sind nach dem Futterbedarf in Vieheinheiten umzurechnen. [4]§ 51 Absatz 2 bis 5 des Bewertungsgesetzes ist anzuwenden. [5]Die Einkünfte aus Tierzucht und Tierhaltung einer Gesellschaft, bei der die Gesellschafter als Unternehmer (Mitunternehmer) anzusehen sind, gehören zu den Einkünften im Sinne des Satzes 1, wenn die Voraussetzungen des § 51a des Bewertungsgesetzes erfüllt sind und andere Einkünfte der Gesellschafter aus dieser Gesellschaft zu den Einkünften aus Land- und Forstwirtschaft gehören;

2. Einkünfte aus sonstiger land- und forstwirtschaftlicher Nutzung (§ 62 Bewertungsgesetz); S 2235

3. Einkünfte aus Jagd, wenn diese mit dem Betrieb einer Landwirtschaft oder einer Forstwirtschaft im Zusammenhang steht; S 2236

4. Einkünfte von Hauberg-, Wald-, Forst- und Laubgenossenschaften und ähnlichen Realgemeinden im Sinne des § 3 Absatz 2 des Körperschaftsteuergesetzes. S 2236

(2) Zu den Einkünften im Sinne des Absatzes 1 gehören auch S 2236

1. Einkünfte aus einem land- und forstwirtschaftlichen Nebenbetrieb. [2]Als Nebenbetrieb gilt ein Betrieb, der dem land- und forstwirtschaftlichen Hauptbetrieb zu dienen bestimmt ist;

2. der Nutzungswert der Wohnung des Steuerpflichtigen, wenn die Wohnung die bei Betrieben gleicher Art übliche Größe nicht überschreitet und das Gebäude oder der Gebäudeteil nach den jeweiligen landesrechtlichen Vorschriften ein Baudenkmal ist;

3. die Produktionsaufgaberente nach dem Gesetz zur Förderung der Einstellung der landwirtschaftlichen Erwerbstätigkeit.

(3) [1]Die Einkünfte aus Land- und Forstwirtschaft werden bei der Ermittlung des Gesamtbetrags der Einkünfte nur berücksichtigt, soweit sie den Betrag von 900 Euro übersteigen. [2]Satz 1 ist nur anzuwenden, wenn die Summe der Einkünfte 30 700 Euro nicht übersteigt. [3]Im Fall der Zusammenveranlagung von Ehegatten verdoppeln sich die Beträge der Sätze 1 und 2. S 2238

(4) [1]Absatz 2 Nummer 2 findet nur Anwendung, sofern im Veranlagungszeitraum 1986 bei einem Steuerpflichtigen für die von ihm zu eigenen Wohnzwecken oder zu Wohnzwecken des Altenteilers genutzte Wohnung die Voraussetzungen für die Anwendung des § 13 Absatz 2 Nummer 2 des Einkommensteuergesetzes in der Fassung der Bekanntmachung vom 16. April 1997 (BGBl. I S. 821) vorlagen. [2]Der Steuerpflichtige kann für einen Veranlagungszeitraum nach dem Veranlagungszeitraum 1998 unwiderruflich beantragen, dass Absatz 2 Nr. 2 ab diesem Veranlagungszeitraum nicht mehr angewendet wird. [3]§ 52 Absatz 21 Satz 4 und 6 des Einkommensteuergesetzes in der Fassung der Bekanntmachung vom 16. April 1997 (BGBl. I S. 821) ist entsprechend anzuwenden. [4]Im Fall des Satzes 2 gelten die Wohnung des Steuerpflichtigen und die Altenteilerwohnung sowie der dazugehörende Grund und Boden zu dem Zeitpunkt als entnommen, bis zu dem Absatz 2 Nummer 2 letztmals angewendet wird. [5]Der Entnahmegewinn bleibt außer Ansatz. [6]Werden

1. die Wohnung und der dazugehörende Grund und Boden entnommen oder veräußert, bevor sie nach Satz 4 als entnommen gelten, oder

2. eine vor dem 1. Januar 1987 einem Dritten entgeltlich zur Nutzung überlassene Wohnung und der dazugehörende Grund und Boden für eigene Wohnzwecke oder für Wohnzwecke eines Altenteilers entnommen,

bleibt der Entnahme- oder Veräußerungsgewinn ebenfalls außer Ansatz; Nummer 2 ist nur anzuwenden, soweit nicht Wohnungen vorhanden sind, die Wohnzwecken des Eigentümers des Betriebs oder Wohnzwecken eines Altenteilers dienen und die unter Satz 4 oder unter Nummer 1 fallen.

(5) Wird Grund und Boden dadurch entnommen, dass auf diesem Grund und Boden die Wohnung des Steuerpflichtigen oder eine Altenteilerwohnung errichtet wird, bleibt der Entnahmegewinn außer Ansatz; der Steuerpflichtige kann die Regelung nur für eine zu eigenen Wohnzwecken genutzte Wohnung und für eine Altenteilerwohnung in Anspruch nehmen.

(6) [1]Werden einzelne Wirtschaftsgüter eines land- und forstwirtschaftlichen Betriebs auf einen der gemeinschaftlichen Tierhaltung dienenden Betrieb im Sinne des § 34 Absatz 6a des Bewertungsgesetzes einer Erwerbs- und Wirtschaftsgenossenschaft oder eines Vereins gegen Gewährung von Mitgliedsrechten übertragen, so ist die auf den dabei entstehenden Gewinn entfallende Einkommensteuer auf Antrag in jährlichen Teilbeträgen zu entrichten. [2]Der einzelne Teilbetrag muss mindestens ein Fünftel dieser Steuer betragen.

1) (7) § 15 Absatz 1 Satz 1 Nummer 2, Absatz 1a, Absatz 2 Satz 2 und 3, die §§ 15a und 15b sind entsprechend anzuwenden.

EStG
S 2149
2)

§ 13a

Ermittlung des Gewinns aus Land- und Forstwirtschaft nach Durchschnittssätzen

(1) [1]Der Gewinn eines Betriebs der Land- und Forstwirtschaft ist nach den Absätzen 3 bis 7 zu ermitteln, wenn

1. der Steuerpflichtige nicht auf Grund gesetzlicher Vorschriften verpflichtet ist, für den Betrieb Bücher zu führen und regelmäßig Abschlüsse zu machen und
2. in diesem Betrieb am 15. Mai innerhalb des Wirtschaftsjahres Flächen der landwirtschaftlichen Nutzung (§ 160 Absatz 2 Satz 1 Nummer 1 Buchstabe a des Bewertungsgesetzes) selbst bewirtschaftet werden und diese Flächen 20 Hektar ohne Sondernutzungen nicht überschreiten und
3. die Tierbestände insgesamt 50 Vieheinheiten (§ 13 Absatz 1 Nummer 1) nicht übersteigen und
4. die selbst bewirtschafteten Flächen der forstwirtschaftlichen Nutzung (§ 160 Absatz 2 Satz 1 Nummer 1 Buchstabe b des Bewertungsgesetzes) 50 Hektar nicht überschreiten und
5. die selbst bewirtschafteten Flächen der Sondernutzungen (Absatz 6) die in Anlage 1a Nummer 2 Spalte 2 genannten Grenzen nicht überschreiten.

Satz 1 ist auch anzuwenden, wenn nur Sondernutzungen bewirtschaftet werden und die in Anlage 1a Nummer 2 Spalte 2 genannten Grenzen nicht überschritten werden. [2]Die Sätze 1 und 2 gelten nicht, wenn der Betrieb im laufenden Wirtschaftsjahr im Ganzen zur Bewirtschaftung als Eigentümer, Miteigentümer, Nutzungsberechtigter oder durch Umwandlung übergegangen ist und der Gewinn bisher nach § 4 Absatz 1 oder 3 ermittelt wurde. [3]Der Gewinn ist letztmalig für das Wirtschaftsjahr nach Durchschnittssätzen zu ermitteln, das nach Bekanntgabe der Mitteilung endet, durch die die Finanzbehörde auf den Beginn der Buchführungspflicht (§ 141 Absatz 2 der Abgabenordnung) oder auf den Wegfall einer anderen Voraussetzung des Satzes 1 hingewiesen hat. [4]Der Gewinn ist erneut nach Durchschnittssätzen zu ermitteln, wenn die Voraussetzungen des Satzes 1 wieder vorliegen und ein Antrag nach Absatz 2 nicht gestellt wird.

(2) [1]Auf Antrag des Steuerpflichtigen ist für einen Betrieb im Sinne des Absatzes 1 der Gewinn für vier aufeinander folgende Wirtschaftsjahre nicht nach den Absätzen 3 bis 7 zu ermitteln. [2]Wird der Gewinn eines dieser Wirtschaftsjahre durch den Steuerpflichtigen nicht nach § 4 Absatz 1 oder 3 ermittelt, ist der Gewinn für den gesamten Zeitraum von vier Wirtschaftsjahren nach den Absätzen 3 bis 7 zu ermitteln. [3]Der Antrag ist bis zur Abgabe der Steuererklärung, jedoch spätestens zwölf Monate nach Ablauf des ersten Wirtschaftsjahres, auf das er sich bezieht, schriftlich zu stellen. [4]Er kann innerhalb dieser Frist zurückgenommen werden.

(3) [1]Durchschnittssatzgewinn ist die Summe aus

1. dem Gewinn der landwirtschaftlichen Nutzung,
2. dem Gewinn der forstwirtschaftlichen Nutzung,
3. dem Gewinn der Sondernutzungen,
4. den Sondergewinnen,

1) Zur zeitlichen Anwendung von Absatz 7 → § 52 Abs. 22 EStG.

2) § 13a EStG wurde durch das Gesetz zur Anpassung der Abgabenordnung an den Zollkodex der Union und zur Änderung weiterer steuerlicher Vorschriften neu gefasst. § 13a EStG in der am 31. 12. 2014 geltenden Fassung ist letztmals für das Wj. anzuwenden, das vor dem 31. 12. 2015 endet. § 13a EStG in der am 1. 1. 2015 geltenden Fassung ist erstmals für das Wj. anzuwenden, das nach dem 30. 12. 2015 endet. Die Bindungsfrist auf Grund des § 13a Abs. 2 Satz 1 EStG in der am 31. 12. 2014 geltenden Fassung bleibt bestehen → § 52 Abs. 22a EStG.

5. den Einnahmen aus Vermietung und Verpachtung von Wirtschaftsgütern des land- und forstwirtschaftlichen Betriebsvermögens,

6. den Einnahmen aus Kapitalvermögen, soweit sie zu den Einkünften aus Land- und Forstwirtschaft gehören (§ 20 Absatz 8).

[2]Die Vorschriften von § 4 Absatz 4a, § 6 Absatz 2 und 2a sowie zum Investitionsabzugsbetrag und zu Sonderabschreibungen finden keine Anwendung. [3]Bei abnutzbaren Wirtschaftsgütern des Anlagevermögens gilt die Absetzung für Abnutzung in gleichen Jahresbeträgen nach § 7 Absatz 1 Satz 1 bis 5 als in Anspruch genommen. [4]Die Gewinnermittlung ist nach amtlich vorgeschriebenem Datensatz durch Datenfernübertragung spätestens mit der Steuererklärung zu übermitteln. [5]Auf Antrag kann die Finanzbehörde zur Vermeidung unbilliger Härten auf eine elektronische Übermittlung verzichten; in diesem Fall ist der Steuererklärung eine Gewinnermittlung nach amtlich vorgeschriebenem Vordruck beizufügen. [6]§ 150 Absatz 7 und 8 der Abgabenordnung gilt entsprechend.

(4) [1]Der Gewinn aus der landwirtschaftlichen Nutzung ist die nach den Grundsätzen des § 4 Absatz 1 ermittelte Summe aus dem Grundbetrag für die selbst bewirtschafteten Flächen und den Zuschlägen für Tierzucht und Tierhaltung. [2]Als Grundbetrag je Hektar der landwirtschaftlichen Nutzung (§ 160 Absatz 2 Satz 1 Nummer 1 Buchstabe a des Bewertungsgesetzes) ist der sich aus Anlage 1a ergebende Betrag vervielfältigt mit der selbst bewirtschafteten Fläche anzusetzen. [3]Als Zuschlag für Tierzucht und Tierhaltung ist im Wirtschaftsjahr je Vieheinheit der sich aus Anlage 1a jeweils ergebende Betrag vervielfältigt mit den Vieheinheiten anzusetzen.

(5) Der Gewinn aus der forstwirtschaftlichen Nutzung (§ 160 Absatz 2 Satz 1 Nummer 1 Buchstabe b des Bewertungsgesetzes) ist nach § 51 der Einkommensteuer-Durchführungsverordnung zu ermitteln.

(6) [1]Als Sondernutzungen gelten die in § 160 Absatz 2 Satz 1 Nummer 1 Buchstabe c bis e des Bewertungsgesetzes in Verbindung mit Anlage 1a Nummer 2 genannten Nutzungen. [2]Bei Sondernutzungen, die die in Anlage 1a Nummer 2 Spalte 3 genannten Grenzen überschreiten, ist ein Gewinn von 1 000 Euro je Sondernutzung anzusetzen. [3]Für die in Anlage 1a Nummer 2 nicht genannten Sondernutzungen ist der Gewinn nach § 4 Absatz 3 zu ermitteln.

(7) [1]Nach § 4 Absatz 3 zu ermittelnde Sondergewinne sind

1. Gewinne
   a) aus der Veräußerung oder Entnahme von Grund und Boden und dem dazugehörigen Aufwuchs, den Gebäuden, den immateriellen Wirtschaftsgütern und den Beteiligungen; § 55 ist anzuwenden;
   b) aus der Veräußerung oder Entnahme der übrigen Wirtschaftsgüter des Anlagevermögens und von Tieren, wenn der Veräußerungspreis oder der an dessen Stelle tretende Wert für das jeweilige Wirtschaftsgut mehr als 15 000 Euro betragen hat;
   c) aus Entschädigungen, die gewährt worden sind für den Verlust, den Untergang oder die Wertminderung der in den Buchstaben a und b genannten Wirtschaftsgüter;
   d) aus der Auflösung von Rücklagen;
2. Betriebseinnahmen oder Betriebsausgaben nach § 9b Absatz 2;
3. Einnahmen aus dem Grunde nach gewerblichen Tätigkeiten, die dem Bereich der Land- und Forstwirtschaft zugerechnet werden, abzüglich der pauschalen Betriebsausgaben nach Anlage 1a Nummer 3;
4. Rückvergütungen nach § 22 des Körperschaftsteuergesetzes aus Hilfs- und Nebengeschäften.

[2]Die Anschaffungs- oder Herstellungskosten bei Wirtschaftsgütern des abnutzbaren Anlagevermögens mindern sich für die Dauer der Durchschnittssatzgewinnermittlung mit dem Ansatz der Gewinne nach den Absätzen 4 bis 6 um die Absetzung für Abnutzung in gleichen Jahresbeträgen. [3]Die Wirtschaftsgüter im Sinne des Satzes 1 Nummer 1 Buchstabe a sind unter Angabe des Tages der Anschaffung oder Herstellung und der Anschaffungsoder Herstellungskosten oder des an deren Stelle getretenen Werts in besondere, laufend zu führende Verzeichnisse aufzunehmen. [4]Absatz 3 Satz 4 bis 6 gilt entsprechend.

(8) Das Bundesministerium der Finanzen wird ermächtigt, durch Rechtsverordnung mit Zustimmung des Bundesrates die Anlage 1a dadurch zu ändern, dass es die darin aufgeführten Werte turnusmäßig an die Ergebnisse der Erhebungen nach § 2 des Landwirtschaftsgesetzes und im Übrigen an Erhebungen der Finanzverwaltung anpassen kann.

EStG
S 2239

§ 14 Veräußerung des Betriebs

[1]Zu den Einkünften aus Land- und Forstwirtschaft gehören auch Gewinne, die bei der Veräußerung eines land- oder forstwirtschaftlichen Betriebs oder Teilbetriebs oder eines Anteils an einem land- und forstwirtschaftlichen Betriebsvermögen erzielt werden. [2]§ 16 gilt entsprechend mit der Maßgabe, dass der Freibetrag nach § 16 Absatz 4 nicht zu gewähren ist, wenn der Freibetrag nach § 14a Absatz 1 gewährt wird.

EStG
S 2239a

§ 14a Vergünstigungen bei der Veräußerung bestimmter land- und forstwirtschaftlicher Betriebe

(1) [1]Veräußert ein Steuerpflichtiger nach dem 30. Juni 1970 und vor dem 1. Januar 2001 seinen land- und forstwirtschaftlichen Betrieb im Ganzen, so wird auf Antrag der Veräußerungsgewinn (§ 16 Absatz 2) nur insoweit zur Einkommensteuer herangezogen, als er den Betrag von 150 000 Deutsche Mark übersteigt, wenn

1. der für den Zeitpunkt der Veräußerung maßgebende Wirtschaftswert (§ 46 des Bewertungsgesetzes) des Betriebs 40 000 Deutsche Mark nicht übersteigt,

2. die Einkünfte des Steuerpflichtigen im Sinne des § 2 Absatz 1 Satz 1 Nummer 2 bis 7 in den dem Veranlagungszeitraum der Veräußerung vorangegangenen beiden Veranlagungszeiträumen jeweils den Betrag von 35 000 Deutsche Mark nicht überstiegen haben. [2]Bei Ehegatten, die nicht dauernd getrennt leben, gilt Satz 1 mit der Maßgabe, dass die Einkünfte beider Ehegatten zusammen jeweils 70 000 Deutsche Mark nicht überstiegen haben.

[2]Ist im Zeitpunkt der Veräußerung ein nach Nummer 1 maßgebender Wirtschaftswert nicht festgestellt oder sind bis zu diesem Zeitpunkt die Voraussetzungen für eine Wertfortschreibung erfüllt, so ist der Wert maßgebend, der sich für den Zeitpunkt der Veräußerung als Wirtschaftswert ergeben würde.

(2) [1]Der Anwendung des Absatzes 1 und des § 34 Absatz 1 steht nicht entgegen, wenn die zum land- und forstwirtschaftlichen Vermögen gehörenden Gebäude mit dem dazugehörigen Grund und Boden nicht mitveräußert werden. [2]In diesem Fall gelten die Gebäude mit dem dazugehörigen Grund und Boden als entnommen. [3]Der Freibetrag kommt auch dann in Betracht, wenn zum Betrieb ein forstwirtschaftlicher Teilbetrieb gehört und dieser nicht mitveräußert, sondern als eigenständiger Betrieb vom Steuerpflichtigen fortgeführt wird. [4]In diesem Fall ermäßigt sich der Freibetrag auf den Teil, der dem Verhältnis des tatsächlich entstandenen Veräußerungsgewinns zu dem bei einer Veräußerung des ganzen land- und forstwirtschaftlichen Betriebs erzielbaren Veräußerungsgewinn entspricht.

(3) [1]Als Veräußerung gilt auch die Aufgabe des Betriebs, wenn

1. die Voraussetzungen des Absatzes 1 erfüllt sind und

2. der Steuerpflichtige seinen land- und forstwirtschaftlichen Betrieb zum Zweck der Strukturverbesserung abgegeben hat und dies durch eine Bescheinigung der nach Landesrecht zuständigen Stelle nachweist.

[2]§ 16 Absatz 3 Satz 4 und 5 gilt entsprechend.

(4) [1]Veräußert oder entnimmt ein Steuerpflichtiger nach dem 31. Dezember 1979 und vor dem 1. Januar 2006 Teile des zu einem land- und forstwirtschaftlichen Betrieb gehörenden Grund und Bodens, so wird der bei der Veräußerung oder der Entnahme entstehende Gewinn auf Antrag nur insoweit zur Einkommensteuer herangezogen, als er den Betrag von 61 800 Euro übersteigt. [2]Satz 1 ist nur anzuwenden, wenn

1. der Veräußerungspreis nach Abzug der Veräußerungskosten oder der Grund und Boden innerhalb von zwölf Monaten nach der Veräußerung oder Entnahme in sachlichem Zusammenhang mit der Hoferbfolge oder Hofübernahme zur Abfindung weichender Erben verwendet wird und

2. das Einkommen des Steuerpflichtigen ohne Berücksichtigung des Gewinns aus der Veräußerung oder Entnahme und des Freibetrags in dem dem Veranlagungszeitraum der Veräußerung oder Entnahme vorangegangenen Veranlagungszeitraum den Betrag von 18 000 Euro nicht überstiegen hat; bei Ehegatten, die nach den §§ 26, 26b zusammen veranlagt werden, erhöht sich der Betrag von 18 000 Euro auf 36 000 Euro.

[3]Übersteigt das Einkommen den Betrag von 18 000 Euro, so vermindert sich der Betrag von 61 800 Euro nach Satz 1 je angefangene 250 Euro des übersteigenden Einkommens um 10 300 Euro; bei Ehegatten, die nach den §§ 26, 26b zusammen veranlagt werden und deren Einkommen den Betrag von 36 000 Euro übersteigt, vermindert sich der Betrag von 61 800 Euro nach Satz 1 je angefangene 500 Euro des übersteigenden Einkommens um 10 300 Euro. [4]Werden mehrere weichende Erben abgefunden, so kann der Freibetrag mehrmals, jedoch ins-

gesamt nur einmal je weichender Erbe geltend gemacht werden, auch wenn die Abfindung in mehreren Schritten oder durch mehrere Inhaber des Betriebs vorgenommen wird. [5]Weichender Erbe ist, wer gesetzlicher Erbe eines Inhabers eines land- und forstwirtschaftlichen Betriebs ist oder bei gesetzlicher Erbfolge wäre, aber nicht zur Übernahme des Betriebs berufen ist; eine Stellung als Mitunternehmer des Betriebs bis zur Auseinandersetzung steht einer Behandlung als weichender Erbe nicht entgegen, wenn sich die Erben innerhalb von zwei Jahren nach dem Erbfall auseinander setzen. [6]Ist ein zur Übernahme des Betriebs berufener Miterbe noch minderjährig, beginnt die Frist von zwei Jahren mit Eintritt der Volljährigkeit.

(5) [1]Veräußert ein Steuerpflichtiger nach dem 31. Dezember 1985 und vor dem 1. Januar 2001 Teile des zu einem land- und forstwirtschaftlichen Betrieb gehörenden Grund und Bodens, so wird der bei der Veräußerung entstehende Gewinn auf Antrag nur insoweit zur Einkommensteuer herangezogen, als er den Betrag von 90 000 Deutsche Mark übersteigt, wenn

1. der Steuerpflichtige den Veräußerungspreis nach Abzug der Veräußerungskosten zur Tilgung von Schulden verwendet, die zu dem land- und forstwirtschaftlichen Betrieb gehören und vor dem 1. Juli 1985 bestanden haben, und
2. die Voraussetzungen des Absatzes 4 Satz 2 Nummer 2 erfüllt sind.

[2]Übersteigt das Einkommen den Betrag von 35 000 Deutsche Mark, so vermindert sich der Betrag von 90 000 Deutsche Mark nach Satz 1 für jede angefangenen 500 Deutsche Mark des übersteigenden Einkommens um 15 000 Deutsche Mark; bei Ehegatten, die nach den §§ 26, 26b zusammen veranlagt werden und bei denen das Einkommen den Betrag von 70 000 Deutsche Mark übersteigt, vermindert sich der Betrag von 90 000 Deutsche Mark nach Satz 1 für jede angefangenen 1 000 Deutsche Mark des übersteigenden Einkommens um 15 000 Deutsche Mark. [3]Der Freibetrag von höchstens 90 000 Deutsche Mark wird für alle Veräußerungen im Sinne des Satzes 1 insgesamt nur einmal gewährt.

(6) Verwendet der Steuerpflichtige den Veräußerungspreis oder entnimmt er den Grund und Boden nur zum Teil zu den in den Absätzen 4 und 5 angegebenen Zwecken, so ist nur der entsprechende Teil des Gewinns aus der Veräußerung oder Entnahme steuerfrei.

(7) Auf die Freibeträge nach Absatz 4 in dieser Fassung sind die Freibeträge, die nach Absatz 4 in den vor dem 1. Januar 1986 geltenden Fassungen gewährt worden sind, anzurechnen.

b) Gewerbebetrieb (§ 2 Absatz 1 Satz 1 Nummer 2)

§ 15 Einkünfte aus Gewerbebetrieb

EStG
S 2240

(1) [1]Einkünfte aus Gewerbebetrieb sind

1. Einkünfte aus gewerblichen Unternehmen. [2]Dazu gehören auch Einkünfte aus gewerblicher Bodenbewirtschaftung, z. B. aus Bergbauunternehmen und aus Betrieben zur Gewinnung von Torf, Steinen und Erden, soweit sie nicht land- oder forstwirtschaftliche Nebenbetriebe sind;
2. die Gewinnanteile der Gesellschafter einer Offenen Handelsgesellschaft, einer Kommanditgesellschaft und einer anderen Gesellschaft, bei der der Gesellschafter als Unternehmer (Mitunternehmer) des Betriebs anzusehen ist, und die Vergütungen, die der Gesellschafter von der Gesellschaft für seine Tätigkeit im Dienst der Gesellschaft oder für die Hingabe von Darlehen oder für die Überlassung von Wirtschaftsgütern bezogen hat. [2]Der mittelbar über eine oder mehrere Personengesellschaften beteiligte Gesellschafter steht dem unmittelbar beteiligten Gesellschafter gleich; er ist als Mitunternehmer des Betriebs der Gesellschaft anzusehen, an der er mittelbar beteiligt ist, wenn er und die Personengesellschaften, die seine Beteiligung vermitteln, jeweils als Mitunternehmer der Betriebe der Personengesellschaften anzusehen sind, an denen sie unmittelbar beteiligt sind; S 2241
3. die Gewinnanteile der persönlich haftenden Gesellschafter einer Kommanditgesellschaft auf Aktien, soweit sie nicht auf Anteile am Grundkapital entfallen, und die Vergütungen, die der persönlich haftende Gesellschafter von der Gesellschaft für seine Tätigkeit im Dienst der Gesellschaft oder für die Hingabe von Darlehen oder für die Überlassung von Wirtschaftsgütern bezogen hat. S 2241

[2]Satz 1 Nummer 2 und 3 gilt auch für Vergütungen, die als nachträgliche Einkünfte (§ 24 Nummer 2) bezogen werden. [3]§ 13 Absatz 5 gilt entsprechend, sofern das Grundstück im Veranlagungszeitraum 1986 zu einem gewerblichen Betriebsvermögen gehört hat.

(1a) [1]In den Fällen des § 4 Absatz 1Satz 5 ist der Gewinn aus einer späteren Veräußerung der Anteile ungeachtet der Bestimmungen eines Abkommens zur Vermeidung der Doppelbesteuerung in der gleichen Art und Weise zu besteuern, wie die Veräußerung dieser Anteile an der Europäischen Gesellschaft oder Europäischen Genossenschaft zu besteuern gewesen wäre,

wenn keine Sitzverlegung stattgefunden hätte. [2]Dies gilt auch, wenn später die Anteile verdeckt in eine Kapitalgesellschaft eingelegt werden, die Europäische Gesellschaft oder Europäische Genossenschaft aufgelöst wird oder wenn ihr Kapital herabgesetzt und zurückgezahlt wird oder wenn Beträge aus dem steuerlichen Einlagenkonto im Sinne des § 27 des Körperschaftsteuergesetzes ausgeschüttet oder zurückgezahlt werden.

(2) [1]Eine selbständige nachhaltige Betätigung, die mit der Absicht, Gewinn zu erzielen, unternommen wird und sich als Beteiligung am allgemeinen wirtschaftlichen Verkehr darstellt, ist Gewerbebetrieb, wenn die Betätigung weder als Ausübung von Land- und Forstwirtschaft noch als Ausübung eines freien Berufs noch als eine andere selbständige Arbeit anzusehen ist. [2]Eine durch die Betätigung verursachte Minderung der Steuern vom Einkommen ist kein Gewinn im Sinne des Satzes 1. [3]Ein Gewerbebetrieb liegt, wenn seine Voraussetzungen im Übrigen gegeben sind, auch dann vor, wenn die Gewinnerzielungsabsicht nur ein Nebenzweck ist.

(3) Als Gewerbebetrieb gilt in vollem Umfang die mit Einkünfteerzielungsabsicht unternommene Tätigkeit

1. **einer offenen Handelsgesellschaft, einer Kommanditgesellschaft oder einer anderen Personengesellschaft, wenn die Gesellschaft auch eine Tätigkeit im Sinne des Absatzes 1 Nummer 1 ausübt oder gewerbliche Einkünfte im Sinne des Absatzes 1 Satz 1 Nummer 2 bezieht,**
2. **einer Personengesellschaft, die keine Tätigkeit im Sinne des Absatzes 1 Satz 1 Nummer 1 ausübt und bei der ausschließlich eine oder mehrere Kapitalgesellschaften persönlich haftende Gesellschafter sind und nur diese oder Personen, die nicht Gesellschafter sind, zur Geschäftsführung befugt sind (gewerblich geprägte Personengesellschaft). [2]Ist eine gewerblich geprägte Personengesellschaft als persönlich haftender Gesellschafter an einer anderen Personengesellschaft beteiligt, so steht für die Beurteilung, ob die Tätigkeit dieser Personengesellschaft als Gewerbebetrieb gilt, die gewerblich geprägte Personengesellschaft einer Kapitalgesellschaft gleich.**

S 2119 **(4) [1]Verluste aus gewerblicher Tierzucht oder gewerblicher Tierhaltung dürfen weder mit anderen Einkünften aus Gewerbebetrieb noch mit Einkünften aus anderen Einkunftsarten ausgeglichen werden; sie dürfen auch nicht nach § 10d abgezogen werden. [2]Die Verluste mindern jedoch nach Maßgabe des § 10d die Gewinne, die der Steuerpflichtige in dem unmittelbar vorangegangenen und in den folgenden Wirtschaftsjahren aus gewerblicher Tierzucht oder gewerblicher Tierhaltung erzielt hat oder erzielt; § 10d Absatz 4 gilt entsprechend. [3]Die Sätze 1 und 2 gelten entsprechend für Verluste aus Termingeschäften, durch die der Steuerpflichtige einen Differenzausgleich oder einen durch den Wert einer veränderlichen Bezugsgröße bestimmten Geldbetrag oder Vorteil erlangt. [4]Satz 3 gilt nicht für die Geschäfte, die zum gewöhnlichen Geschäftsbetrieb bei Kreditinstituten, Finanzdienstleistungsinstituten und Finanzunternehmen im Sinne des Gesetzes über das Kreditwesen gehören oder die der Absicherung von Geschäften des gewöhnlichen Geschäftsbetriebs dienen. [5]Satz 4 gilt nicht, wenn es sich um Geschäfte handelt, die der Absicherung von Aktiengeschäften dienen, bei denen der Veräußerungsgewinn nach § 3 Nummer 40 Satz 1 Buchstabe a und b in Verbindung mit § 3c Absatz 2 teilweise steuerfrei ist, oder die nach § 8b Absatz 2 des Körperschaftsteuergesetzes bei der Ermittlung des Einkommens außer Ansatz bleiben. [6]Verluste aus stillen Gesellschaften, Unterbeteiligungen oder sonstigen Innengesellschaften an Kapitalgesellschaften, bei denen der Gesellschafter oder Beteiligte als Mitunternehmer anzusehen ist, dürfen weder mit Einkünften aus Gewerbebetrieb noch aus anderen Einkunftsarten ausgeglichen werden; sie dürfen auch nicht nach § 10d abgezogen werden. [7]Die Verluste mindern jedoch nach Maßgabe des § 10d die Gewinne, die der Gesellschafter oder Beteiligte in dem unmittelbar vorangegangenen Wirtschaftsjahr oder in den folgenden Wirtschaftsjahren aus derselben stillen Gesellschaft, Unterbeteiligung oder sonstigen Innengesellschaft bezieht; § 10d Absatz 4 gilt entsprechend.[2] [8]Die Sätze 6 und 7 gelten nicht, soweit der Verlust auf eine natürliche Person als unmittelbar oder mittelbar beteiligter Mitunternehmer entfällt.**

EStG
S 2241a

§ 15a Verluste bei beschränkter Haftung

(1) [1]Der einem Kommanditisten zuzurechnende Anteil am Verlust der Kommanditgesellschaft darf weder mit anderen Einkünften aus Gewerbebetrieb noch mit Einkünften aus anderen Einkunftsarten ausgeglichen werden, soweit ein negatives Kapitalkonto des Kommanditisten entsteht oder sich erhöht; er darf insoweit auch nicht nach § 10d abgezogen werden. [2]Haftet der Kommanditist am Bilanzstichtag den Gläubigern der Gesellschaft auf Grund des § 171 Absatz 1 des Handelsgesetzbuchs, so können abweichend von Satz 1 Verluste des Kommanditisten bis zur Höhe des Betrags, um den die im Handelsregister eingetragene Einlage des Kommanditisten seine geleistete Einlage übersteigt, auch ausgeglichen oder abgezogen werden, soweit durch den Verlust ein negatives Kapitalkonto entsteht oder sich erhöht. [3]Satz 2 ist nur anzuwenden, wenn derjenige, dem der Anteil zuzurechnen ist, im Handelsregister eingetragen ist, das Bestehen der Haftung nachgewiesen wird und eine Vermögensminderung auf Grund der Haf-

tung nicht durch Vertrag ausgeschlossen oder nach Art und Weise des Geschäftsbetriebs unwahrscheinlich ist.

(1a) [1]Nachträgliche Einlagen führen weder zu einer nachträglichen Ausgleichs- oder Abzugsfähigkeit eines vorhandenen verrechenbaren Verlustes noch zu einer Ausgleichs- oder Abzugsfähigkeit des dem Kommanditisten zuzurechnenden Anteils am Verlust eines zukünftigen Wirtschaftsjahres, soweit durch den Verlust ein negatives Kapitalkonto des Kommanditisten entsteht oder sich erhöht. [2]Nachträgliche Einlagen im Sinne des Satzes 1 sind Einlagen, die nach Ablauf eines Wirtschaftsjahres geleistet werden, in dem ein nicht ausgleichs- oder abzugsfähiger Verlust im Sinne des Absatzes 1 entstanden oder ein Gewinn im Sinne des Absatzes 3 Satz 1 zugerechnet worden ist.

(2) [1]Soweit der Verlust nach den Absätzen 1 und 1a nicht ausgeglichen oder abgezogen werden darf, mindert er die Gewinne, die dem Kommanditisten in späteren Wirtschaftsjahren aus seiner Beteiligung an der Kommanditgesellschaft zuzurechnen sind. [2]Der verrechenbare Verlust, der nach Abzug von einem Veräußerungs- oder Aufgabegewinn verbleibt, ist im Zeitpunkt der Veräußerung oder Aufgabe des gesamten Mitunternehmeranteils oder der Betriebsveräußerung oder -aufgabe bis zur Höhe der nachträglichen Einlagen im Sinne des Absatzes 1a ausgleichs- oder abzugsfähig.

(3) [1]Soweit ein negatives Kapitalkonto des Kommanditisten durch Entnahmen entsteht oder sich erhöht (Einlageminderung) und soweit nicht auf Grund der Entnahmen eine nach Absatz 1 Satz 2 zu berücksichtigende Haftung besteht oder entsteht, ist dem Kommanditisten der Betrag der Einlageminderung als Gewinn zuzurechnen. [2]Der nach Satz 1 zuzurechnende Betrag darf den Betrag der Anteile am Verlust der Kommanditgesellschaft nicht übersteigen, der im Wirtschaftsjahr der Einlageminderung und in den zehn vorangegangenen Wirtschaftsjahren ausgleichs- oder abzugsfähig gewesen ist. [3]Wird der Haftungsbetrag im Sinne des Absatzes 1 Satz 2 gemindert (Haftungsminderung) und sind im Wirtschaftsjahr der Haftungsminderung und den zehn vorangegangenen Wirtschaftsjahren Verluste nach Absatz 1 Satz 2 ausgleichs- oder abzugsfähig gewesen, so ist dem Kommanditisten der Betrag der Haftungsminderung, vermindert um auf Grund der Haftung tatsächlich geleistete Beträge, als Gewinn zuzurechnen; Satz 2 gilt sinngemäß. [4]Die nach den Sätzen 1 bis 3 zuzurechnenden Beträge mindern die Gewinne, die dem Kommanditisten im Wirtschaftsjahr der Zurechnung oder in späteren Wirtschaftsjahren aus seiner Beteiligung an der Kommanditgesellschaft zuzurechnen sind.

(4) [1]Der nach Absatz 1 nicht ausgleichs- oder abzugsfähige Verlust eines Kommanditisten, vermindert um die nach Absatz 2 abzuziehenden und vermehrt um die nach Absatz 3 hinzuzurechnenden Beträge (verrechenbarer Verlust), ist jährlich gesondert festzustellen. [2]Dabei ist von dem verrechenbaren Verlust des vorangegangenen Wirtschaftsjahres auszugehen. [3]Zuständig für den Erlass des Feststellungsbescheids ist das für die gesonderte Feststellung des Gewinns und Verlustes der Gesellschaft zuständige Finanzamt. [4]Der Feststellungsbescheid kann nur insoweit angegriffen werden, als der verrechenbare Verlust gegenüber dem verrechenbaren Verlust des vorangegangenen Wirtschaftsjahrs sich verändert hat. [5]Die gesonderten Feststellungen nach Satz 1 können mit der gesonderten und einheitlichen Feststellung der einkommensteuerpflichtigen und körperschaftsteuerpflichtigen Einkünfte verbunden werden. [6]In diesen Fällen sind die gesonderten Feststellungen des verrechenbaren Verlustes einheitlich durchzuführen.

(5) Absatz 1 Satz 1, Absatz 1a, 2 und 3 Satz 1, 2 und 4 sowie Absatz 4 gelten sinngemäß für andere Unternehmer, soweit deren Haftung der eines Kommanditisten vergleichbar ist, insbesondere für

1. stille Gesellschafter einer stillen Gesellschaft im Sinne des § 230 des Handelsgesetzbuchs, bei der der stille Gesellschafter als Unternehmer (Mitunternehmer) anzusehen ist,
2. Gesellschafter einer Gesellschaft im Sinne des Bürgerlichen Gesetzbuchs, bei der der Gesellschafter als Unternehmer (Mitunternehmer) anzusehen ist, soweit die Inanspruchnahme des Gesellschafters für Schulden in Zusammenhang mit dem Betrieb durch Vertrag ausgeschlossen oder nach Art und Weise des Geschäftsbetriebs unwahrscheinlich ist,
3. Gesellschafter einer ausländischen Personengesellschaft, bei der der Gesellschafter als Unternehmer (Mitunternehmer) anzusehen ist, soweit die Haftung des Gesellschafters für Schulden in Zusammenhang mit dem Betrieb der eines Kommanditisten oder eines stillen Gesellschafters entspricht oder soweit die Inanspruchnahme des Gesellschafters für Schulden in Zusammenhang mit dem Betrieb durch Vertrag ausgeschlossen oder nach Art und Weise des Geschäftsbetriebs unwahrscheinlich ist,
4. Unternehmer, soweit Verbindlichkeiten nur in Abhängigkeit von Erlösen oder Gewinnen aus der Nutzung, Veräußerung oder sonstigen Verwertung von Wirtschaftsgütern zu tilgen sind,
5. Mitreeder einer Reederei im Sinne des § 489 des Handelsgesetzbuchs, bei der der Mitreeder als Unternehmer (Mitunternehmer) anzusehen ist, wenn die persönliche Haftung des Mitreeders für die Verbindlichkeiten der Reederei ganz oder teilweise ausgeschlossen oder

soweit die Inanspruchnahme des Mitreeders für Verbindlichkeiten der Reederei nach Art und Weise des Geschäftsbetriebs unwahrscheinlich ist.

EStG
S 2241b

§ 15b Verluste im Zusammenhang mit Steuerstundungsmodellen

(1) [1]Verluste im Zusammenhang mit einem Steuerstundungsmodell dürfen weder mit Einkünften aus Gewerbebetrieb noch mit Einkünften aus anderen Einkunftsarten ausgeglichen werden; sie dürfen auch nicht nach § 10d abgezogen werden. [2]Die Verluste mindern jedoch die Einkünfte, die der Steuerpflichtige in den folgenden Wirtschaftsjahren aus derselben Einkunftsquelle erzielt. [3]§ 15a ist insoweit nicht anzuwenden.

(2) [1]Ein Steuerstundungsmodell im Sinne des Absatzes 1 liegt vor, wenn auf Grund einer modellhaften Gestaltung steuerliche Vorteile in Form negativer Einkünfte erzielt werden sollen. [2]Dies ist der Fall, wenn dem Steuerpflichtigen auf Grund eines vorgefertigten Konzepts die Möglichkeit geboten werden soll, zumindest in der Anfangsphase der Investition Verluste mit übrigen Einkünften zu verrechnen. [3]Dabei ist es ohne Belang, auf welchen Vorschriften die negativen Einkünfte beruhen.

(3) Absatz 1 ist nur anzuwenden, wenn innerhalb der Anfangsphase das Verhältnis der Summe der prognostizierten Verluste zur Höhe des gezeichneten und nach dem Konzept auch aufzubringenden Kapitals oder bei Einzelinvestoren des eingesetzten Eigenkapitals 10 Prozent übersteigt.

(3a) Unabhängig von den Voraussetzungen nach den Absätzen 2 und 3 liegt ein Steuerstundungsmodell im Sinne des Absatzes 1 insbesondere vor, wenn ein Verlust aus Gewerbebetrieb entsteht oder sich erhöht, indem ein Steuerpflichtiger, der nicht auf Grund gesetzlicher Vorschriften verpflichtet ist, Bücher zu führen und regelmäßig Abschlüsse zu machen, auf Grund des Erwerbs von Wirtschaftsgütern des Umlaufvermögens sofort abziehbare Betriebsausgaben tätigt, wenn deren Übereignung ohne körperliche Übergabe durch Besitzkonstitut nach § 930 des Bürgerlichen Gesetzbuchs oder durch Abtretung des Herausgabeanspruchs nach § 931 des Bürgerlichen Gesetzbuchs erfolgt.

(4) [1]Der nach Absatz 1 nicht ausgleichsfähige Verlust ist jährlich gesondert festzustellen. [2]Dabei ist von dem verrechenbaren Verlust des Vorjahres auszugehen. [3]Der Feststellungsbescheid kann nur insoweit angegriffen werden, als der verrechenbare Verlust gegenüber dem verrechenbaren Verlust des Vorjahres sich verändert hat. [4]Handelt es sich bei dem Steuerstundungsmodell um eine Gesellschaft oder Gemeinschaft im Sinne des § 180 Absatz 1 Nummer 2 Buchstabe a der Abgabenordnung, ist das für die gesonderte und einheitliche Feststellung der einkommensteuerpflichtigen und körperschaftsteuerpflichtigen Einkünfte aus dem Steuerstundungsmodell zuständige Finanzamt für den Erlass des Feststellungsbescheids nach Satz 1 zuständig; anderenfalls ist das Betriebsfinanzamt (§ 18 Abs. 1 Nr. 2 der Abgabenordnung) zuständig. [5]Handelt es sich bei dem Steuerstundungsmodell um eine Gesellschaft oder Gemeinschaft im Sinne des § 180 Absatz 1 Nummer 2 Buchstabe a der Abgabenordnung, können die gesonderten Feststellungen nach Satz 1 mit der gesonderten und einheitlichen Feststellung der einkommensteuerpflichtigen und körperschaftsteuerpflichtigen Einkünfte aus dem Steuerstundungsmodell verbunden werden; in diesen Fällen sind die gesonderten Feststellungen nach Satz 1 einheitlich durchzuführen.

EStG

§ 16 Veräußerung des Betriebs

(1) [1]Zu den Einkünften aus Gewerbebetrieb gehören auch Gewinne, die erzielt werden bei der Veräußerung

S 2242 **1. des ganzen Gewerbebetriebs oder eines Teilbetriebs. [2]Als Teilbetrieb gilt auch die das gesamte Nennkapital umfassende Beteiligung an einer Kapitalgesellschaft; im Fall der Auflösung der Kapitalgesellschaft ist § 17 Absatz 4 Satz 3 sinngemäß anzuwenden;**

S 2243 **2. des gesamten Anteils eines Gesellschafters, der als Unternehmer (Mitunternehmer) des Betriebs anzusehen ist (§ 15 Absatz 1 Satz 1 Nummer 2);**

S 2243 **3. des gesamten Anteils eines persönlich haftenden Gesellschafters einer Kommanditgesellschaft auf Aktien (§ 15 Absatz 1 Satz 1 Nummer 3).**

[2]Gewinne, die bei der Veräußerung eines Teils eines Anteils im Sinne von Satz 1 Nummer 2 oder 3 erzielt werden, sind laufende Gewinne.

S 2242 **(2) [1]Veräußerungsgewinn im Sinne des Absatzes 1 ist der Betrag, um den der Veräußerungspreis nach Abzug der Veräußerungskosten den Wert des Betriebsvermögens (Absatz 1 Satz 1 Nummer 1) oder den Wert des Anteils am Betriebsvermögen (Absatz 1 Satz 1 Nummer 2 und 3) übersteigt. [2]Der Wert des Betriebsvermögens oder des Anteils ist für den Zeitpunkt der Ver-**

äußerung nach § 4 Absatz 1 oder nach § 5 zu ermitteln. [3]Soweit auf der Seite des Veräußerers und auf der Seite des Erwerbers dieselben Personen Unternehmer oder Mitunternehmer sind, gilt der Gewinn insoweit jedoch als laufender Gewinn.

(3) [1]Als Veräußerung gilt auch die Aufgabe des Gewerbebetriebs sowie eines Anteils im Sinne des Absatzes 1 Satz 1 Nummer 2 oder Nummer 3. [2]Werden im Zuge der Realteilung einer Mitunternehmerschaft Teilbetriebe, Mitunternehmeranteile oder einzelne Wirtschaftgüter in das jeweilige Betriebsvermögen der einzelnen Mitunternehmer übertragen, so sind bei der Ermittlung des Gewinns der Mitunternehmerschaft die Wirtschaftsgüter mit den Werten anzusetzen, die sich nach den Vorschriften über die Gewinnermittlung ergeben, sofern die Besteuerung der stillen Reserven sichergestellt ist; der übernehmende Mitunternehmer ist an diese Werte gebunden; § 4 Absatz 1 Satz 4 ist entsprechend anzuwenden. [3]Dagegen ist für den jeweiligen Übertragungsvorgang rückwirkend der gemeine Wert anzusetzen, soweit bei einer Realteilung, bei der einzelne Wirtschaftsgüter übertragen worden sind, zum Buchwert übertragener Grund und Boden, übertragene Gebäude oder andere übertragene wesentliche Betriebsgrundlagen innerhalb einer Sperrfrist nach der Übertragung veräußert oder entnommen werden; diese Sperrfrist endet drei Jahre nach Abgabe der Steuererklärung der Mitunternehmerschaft für den Veranlagungszeitraum der Realteilung. [4]Satz 2 ist bei einer Realteilung, bei der einzelne Wirtschaftsgüter übertragen werden, nicht anzuwenden, soweit die Wirtschaftsgüter unmittelbar oder mittelbar auf eine Körperschaft, Personenvereinigung oder Vermögensmasse übertragen werden; in diesem Fall ist bei der Übertragung der gemeine Wert anzusetzen. [5]Soweit einzelne dem Betrieb gewidmete Wirtschaftsgüter im Rahmen der Aufgabe des Betriebs veräußert werden und soweit auf der Seite des Veräußerers und auf der Seite des Erwerbers dieselben Personen Unternehmer oder Mitunternehmer sind, gilt der Gewinn aus der Aufgabe des Gewerbebetriebs als laufender Gewinn. [6]Werden die einzelnen dem Betrieb gewidmeten Wirtschaftsgüter im Rahmen der Aufgabe des Betriebs veräußert, so sind die Veräußerungspreise anzusetzen. [7]Werden die Wirtschaftsgüter nicht veräußert, so ist der gemeine Wert im Zeitpunkt der Aufgabe anzusetzen. [8]Bei Aufgabe eines Gewerbebetriebs, an dem mehrere Personen beteiligt waren, ist für jeden einzelnen Beteiligten der gemeine Wert der Wirtschaftsgüter anzusetzen, die er bei der Auseinandersetzung erhalten hat.

(3a) Einer Aufgabe des Gewerbebetriebs steht der Ausschluss oder die Beschränkung des Besteuerungsrechts der Bundesrepublik Deutschland hinsichtlich des Gewinns aus der Veräußerung sämtlicher Wirtschaftsgüter des Betriebs oder eines Teilbetriebs gleich; § 4 Absatz 1 Satz 4 gilt entsprechend.

(3b) [1]In den Fällen der Betriebsunterbrechung und der Betriebsverpachtung im Ganzen gilt ein Gewerbebetrieb sowie ein Anteil im Sinne des Absatzes 1 Satz 1 Nummer 2 oder Nummer 3 nicht als aufgegeben, bis

1. **der Steuerpflichtige die Aufgabe im Sinne des Absatzes 3 Satz 1 ausdrücklich gegenüber dem Finanzamt erklärt oder**
2. **dem Finanzamt Tatsachen bekannt werden, aus denen sich ergibt, dass die Voraussetzungen für eine Aufgabe im Sinne des Absatzes 3 Satz 1 erfüllt sind.**

[2]Die Aufgabe des Gewerbebetriebs oder Anteils im Sinne des Absatzes 1 Satz 1 Nummer 2 oder Nummer 3 ist in den Fällen des Satzes 1 Nummer 1 rückwirkend für den vom Steuerpflichtigen gewählten Zeitpunkt anzuerkennen, wenn die Aufgabeerklärung spätestens drei Monate nach diesem Zeitpunkt abgegeben wird. [3]Wird die Aufgabeerklärung nicht spätestens drei Monate nach dem vom Steuerpflichtigen gewählten Zeitpunkt abgegeben, gilt der Gewerbebetrieb oder Anteil im Sinne des Absatzes 1 Satz 1 Nummer 2 oder Nummer 3 erst in dem Zeitpunkt als aufgegeben, in dem die Aufgabeerklärung beim Finanzamt eingeht.

(4) [1]Hat der Steuerpflichtige das 55. Lebensjahr vollendet oder ist er im sozialversicherungsrechtlichen Sinne dauernd berufsunfähig, so wird der Veräußerungsgewinn auf Antrag zur Einkommensteuer nur herangezogen, soweit er 45 000 Euro übersteigt. [2]Der Freibetrag ist dem Steuerpflichtigen nur einmal zu gewähren. [3]Er ermäßigt sich um den Betrag, um den der Veräußerungsgewinn 136 000 Euro übersteigt.

(5) Werden bei einer Realteilung, bei der Teilbetriebe auf einzelne Mitunternehmer übertragen werden, Anteile an einer Körperschaft, Personenvereinigung oder Vermögensmasse unmittelbar oder mittelbar von einem nicht von § 8b Absatz 2 des Körperschaftsteuergesetzes begünstigten Steuerpflichtigen auf einen von § 8b Absatz 2 des Körperschaftsteuergesetzes begünstigten Mitunternehmer übertragen, ist abweichend von Absatz 3 Satz 2 rückwirkend auf den Zeitpunkt der Realteilung der gemeine Wert anzusetzen, wenn der übernehmende Mitunternehmer die Anteile innerhalb eines Zeitraums von sieben Jahren nach der Realteilung unmittelbar oder mittelbar veräußert oder durch einen Vorgang nach § 22 Absatz 1 Satz 6 Nummer 1 bis 5 des Umwandlungssteuergesetzes weiter überträgt; § 22 Absatz 2 Satz 3 des Umwandlungssteuergesetzes gilt entsprechend.

EStG
S 2244

§ 17 Veräußerung von Anteilen an Kapitalgesellschaften

(1) [1]Zu den Einkünften aus Gewerbebetrieb gehört auch der Gewinn aus der Veräußerung von Anteilen an einer Kapitalgesellschaft, wenn der Veräußerer innerhalb der letzten fünf Jahre am Kapital der Gesellschaft unmittelbar oder mittelbar zu mindestens ein vom Hundert beteiligt war. [2]Die verdeckte Einlage von Anteilen an einer Kapitalgesellschaft in eine Kapitalgesellschaft steht der Veräußerung der Anteile gleich. [3]Anteile an einer Kapitalgesellschaft sind Aktien, Anteile an einer Gesellschaft mit beschränkter Haftung, Genussscheine oder ähnliche Beteiligungen und Anwartschaften auf solche Beteiligungen. [4]Hat der Veräußerer den veräußerten Anteil innerhalb der letzten fünf Jahre vor der Veräußerung unentgeltlich erworben, so gilt Satz 1 entsprechend, wenn der Veräußerer zwar nicht selbst, aber der Rechtsvorgänger oder, sofern der Anteil nacheinander unentgeltlich übertragen worden ist, einer der Rechtsvorgänger innerhalb der letzten fünf Jahre im Sinne von Satz 1 beteiligt war.

(2) [1]Veräußerungsgewinn im Sinne des Absatzes 1 ist der Betrag, um den der Veräußerungspreis nach Abzug der Veräußerungskosten die Anschaffungskosten übersteigt. [2]In den Fällen des Absatzes 1 Satz 2 tritt an die Stelle des Veräußerungspreises der Anteile ihr gemeiner Wert. [3]Weist der Veräußerer nach, dass ihm die Anteile bereits im Zeitpunkt der Begründung der unbeschränkten Steuerpflicht nach § 1 Absatz 1 zuzurechnen waren und dass der bis zu diesem Zeitpunkt entstandene Vermögenszuwachs auf Grund gesetzlicher Bestimmungen des Wegzugsstaats im Wegzugsstaat einer der Steuer nach § 6 des Außensteuergesetzes vergleichbaren Steuer unterlegen hat, tritt an die Stelle der Anschaffungskosten der Wert, den der Wegzugsstaat bei der Berechnung der der Steuer nach § 6 des Außensteuergesetzes vergleichbaren Steuer angesetzt hat, höchstens jedoch der gemeine Wert. [4]Satz 3 ist in den Fällen des § 6 Absatz 3 des Außensteuergesetzes nicht anzuwenden. [5]Hat der Veräußerer den veräußerten Anteil unentgeltlich erworben, so sind als Anschaffungskosten des Anteils die Anschaffungskosten des Rechtsvorgängers maßgebend, der den Anteil zuletzt entgeltlich erworben hat. [6]Ein Veräußerungsverlust ist nicht zu berücksichtigen, soweit er auf Anteile entfällt,

a) die der Steuerpflichtige innerhalb der letzten fünf Jahre unentgeltlich erworben hatte. [2]Dies gilt nicht, soweit der Rechtsvorgänger anstelle des Steuerpflichtigen den Veräußerungsverlust hätte geltend machen können;

b) die entgeltlich erworben worden sind und nicht innerhalb der gesamten letzten fünf Jahre zu einer Beteiligung des Steuerpflichtigen im Sinne von Absatz 1 Satz 1 gehört haben. [2]Dies gilt nicht für innerhalb der letzten fünf Jahre erworbene Anteile, deren Erwerb zur Begründung einer Beteiligung des Steuerpflichtigen im Sinne von Absatz 1 Satz 1 geführt hat oder die nach Begründung der Beteiligung im Sinne von Absatz 1 Satz 1 erworben worden sind.

(3) [1]Der Veräußerungsgewinn wird zur Einkommensteuer nur herangezogen, soweit er den Teil von 9 060 Euro übersteigt, der dem veräußerten Anteil an der Kapitalgesellschaft entspricht. [2]Der Freibetrag ermäßigt sich um den Betrag, um den der Veräußerungsgewinn den Teil von 36 100 Euro übersteigt, der dem veräußerten Anteil an der Kapitalgesellschaft entspricht.

(4) [1]Als Veräußerung im Sinne des Absatzes 1 gilt auch die Auflösung einer Kapitalgesellschaft, die Kapitalherabsetzung, wenn das Kapital zurückgezahlt wird, und die Ausschüttung oder Zurückzahlung von Beträgen aus dem steuerlichen Einlagenkonto im Sinne des § 27 des Körperschaftsteuergesetzes. [2]In diesen Fällen ist als Veräußerungspreis der gemeine Wert des dem Steuerpflichtigen zugeteilten oder zurückgezahlten Vermögens der Kapitalgesellschaft anzusehen. [3]Satz 1 gilt nicht, soweit die Bezüge nach § 20 Absatz 1 Nummer 1 oder 2 zu den Einnahmen aus Kapitalvermögen gehören.

(5) [1]Die Beschränkung oder der Ausschluss des Besteuerungsrechts der Bundesrepublik Deutschland hinsichtlich des Gewinns aus der Veräußerung der Anteile an einer Kapitalgesellschaft im Fall der Verlegung des Sitzes oder des Orts der Geschäftsleitung der Kapitalgesellschaft in einen anderen Staat stehen der Veräußerung der Anteile zum gemeinen Wert gleich. [2]Dies gilt nicht in den Fällen der Sitzverlegung einer Europäischen Gesellschaft nach Artikel 8 der Verordnung (EG) Nr. 2157/2001 und der Sitzverlegung einer anderen Kapitalgesellschaft in einen anderen Mitgliedstaat der Europäischen Union. [3]In diesen Fällen ist der Gewinn aus einer späteren Veräußerung der Anteile ungeachtet der Bestimmungen eines Abkommens zur Vermeidung der Doppelbesteuerung in der gleichen Art und Weise zu besteuern, wie die Veräußerung dieser Anteile zu besteuern gewesen wäre, wenn keine Sitzverlegung stattgefunden hätte. [4]§ 15 Absatz 1a Satz 2 ist entsprechend anzuwenden.

(6) Als Anteile im Sinne des Absatzes 1 Satz 1 gelten auch Anteile an Kapitalgesellschaften, an denen der Veräußerer innerhalb der letzten fünf Jahre am Kapital der Gesellschaft nicht unmittelbar oder mittelbar zu mindestens 1 Prozent beteiligt war, wenn

1. die Anteile auf Grund eines Einbringungsvorgangs im Sinne des Umwandlungssteuergesetzes, bei dem nicht der gemeine Wert zum Ansatz kam, erworben wurden und

2. zum Einbringungszeitpunkt für die eingebrachten Anteile die Voraussetzungen von Absatz 1 Satz 1 erfüllt waren oder die Anteile auf einer Sacheinlage im Sinne von § 20 Absatz 1 des Umwandlungssteuergesetzes vom 7. Dezember 2006 (BGBl. I S. 2782, 2791) in der jeweils geltenden Fassung beruhen.

(7) Als Anteile im Sinne des Absatzes 1 Satz 1 gelten auch Anteile an einer Genossenschaft einschließlich der Europäischen Genossenschaft.

c) Selbständige Arbeit (§ 2 Absatz 1 Satz 1 Nummer 3)

§ 18 [Selbständige Arbeit]

EStG
S 2245

(1) Einkünfte aus selbständiger Arbeit sind

1. **Einkünfte aus freiberuflicher Tätigkeit. [2]Zu der freiberuflichen Tätigkeit gehören die selbständig ausgeübte wissenschaftliche, künstlerische, schriftstellerische, unterrichtende oder erzieherische Tätigkeit, die selbständige Berufstätigkeit der Ärzte, Zahnärzte, Tierärzte, Rechtsanwälte, Notare, Patentanwälte, Vermessungsingenieure, Ingenieure, Architekten, Handelschemiker, Wirtschaftsprüfer, Steuerberater, beratenden Volks- und Betriebswirte, vereidigten Buchprüfer, Steuerbevollmächtigten, Heilpraktiker, Dentisten, Krankengymnasten, Journalisten, Bildberichterstatter, Dolmetscher, Übersetzer, Lotsen und ähnlicher Berufe. Ein Angehöriger eines freien Berufs im Sinne der Sätze 1 und 2 ist auch dann freiberuflich tätig, wenn er sich der Mithilfe fachlich vorgebildeter Arbeitskräfte bedient; Voraussetzung ist, dass er auf Grund eigener Fachkenntnisse leitend und eigenverantwortlich tätig wird. [4]Eine Vertretung im Fall vorübergehender Verhinderung steht der Annahme einer leitenden und eigenverantwortlichen Tätigkeit nicht entgegen;** S 2246
2. **Einkünfte der Einnehmer einer staatlichen Lotterie, wenn sie nicht Einkünfte aus Gewerbebetrieb sind;** S 2247
3. **Einkünfte aus sonstiger selbständiger Arbeit, z. B. Vergütungen für die Vollstreckung von Testamenten, für Vermögensverwaltung und für die Tätigkeit als Aufsichtsratsmitglied;** S 2248
4. **Einkünfte, die ein Beteiligter an einer vermögensverwaltenden Gesellschaft oder Gemeinschaft, deren Zweck im Erwerb, Halten und in der Veräußerung von Anteilen an Kapitalgesellschaften besteht, als Vergütung für Leistungen zur Förderung des Gesellschafts- oder Gemeinschaftszwecks erzielt, wenn der Anspruch auf die Vergütung unter der Voraussetzung eingeräumt worden ist, dass die Gesellschafter oder Gemeinschafter ihr eingezahltes Kapital vollständig zurückerhalten haben; § 15 Absatz 3 ist nicht anzuwenden.** S 2248a

(2) Einkünfte nach Absatz 1 sind auch dann steuerpflichtig, wenn es sich nur um eine vorübergehende Tätigkeit handelt.

(3) [1]Zu den Einkünften aus selbständiger Arbeit gehört auch der Gewinn, der bei der Veräußerung des Vermögens oder eines selbständigen Teils des Vermögens oder eines Anteils am Vermögen erzielt wird, das der selbständigen Arbeit dient. [2]§ 16 Absatz 1 Satz 1 Nummer 1 und 2 und Absatz 1 Satz 2 sowie Abs. 2 bis 4 gilt entsprechend. S 2249

(4) [1]§ 13 Absatz 5 gilt entsprechend, sofern das Grundstück im Veranlagungszeitraum 1986 zu einem der selbständigen Arbeit dienenden Betriebsvermögen gehört hat. [2]§ 15 Absatz 1 Satz 1 Nummer 2, Abs. 1a, Absatz 2 Satz 2 und 3, die §§ 15a und 15b sind entsprechend anzuwenden.

Hinweise

H 18

Abgrenzung der selbständigen Arbeit gegenüber der nichtselbständigen Arbeit

→ H 18 EStR Anhang 30

d) Nichtselbständige Arbeit (§ 2 Absatz 1 Satz 1 Nummer 4)

§ 19 [Nichtselbständige Arbeit]

EStG

(1) [1]Zu den Einkünften aus nichtselbständiger Arbeit gehören S 2203

1. **Gehälter, Löhne, Gratifikationen, Tantiemen und andere Bezüge und Vorteile für eine Beschäftigung im öffentlichen oder privaten Dienst;** S 2330 - S 2345

1a. Zuwendungen des Arbeitgebers an seinen Arbeitnehmer und dessen Begleitpersonen anlässlich von Veranstaltungen auf betrieblicher Ebene mit gesellschaftlichem Charakter (Betriebsveranstaltung). [2]Zuwendungen im Sinne des Satzes 1 sind alle Aufwendungen des Arbeitgebers einschließlich Umsatzsteuer unabhängig davon, ob sie einzelnen Arbeitnehmern individuell zurechenbar sind oder ob es sich um einen rechnerischen Anteil an den Kosten der Betriebsveranstaltung handelt, die der Arbeitgeber gegenüber Dritten für den äußeren Rahmen der Betriebsveranstaltung aufwendet. [3]Soweit solche Zuwendungen den Betrag von 110 Euro je Betriebsveranstaltung und teilnehmenden Arbeitnehmer nicht übersteigen, gehören sie nicht zu den Einkünften aus nichtselbständiger Arbeit, wenn die Teilnahme an der Betriebsveranstaltung allen Angehörigen des Betriebs oder eines Betriebsteils offensteht. [4]Satz 3 gilt für bis zu zwei Betriebsveranstaltungen jährlich. [5]Die Zuwendungen im Sinne des Satzes 1 sind abweichend von § 8 Absatz 2 mit den anteilig auf den Arbeitnehmer und dessen Begleitpersonen entfallenden Aufwendungen des Arbeitgebers im Sinne des Satzes 2 anzusetzen;

2. Wartegelder, Ruhegelder, Witwen- und Waisengelder und andere Bezüge und Vorteile aus früheren Dienstleistungen, auch soweit sie von Arbeitgebern ausgleichspflichtiger Personen an ausgleichsberechtigte Personen infolge einer nach § 10 oder § 14 des Versorgungsausgleichsgesetzes durchgeführten Teilung geleistet werden;

3. laufende Beiträge und laufende Zuwendungen des Arbeitgebers aus einem bestehenden Dienstverhältnis an einen Pensionsfonds, eine Pensionskasse oder für eine Direktversicherung für eine betriebliche Altersversorgung. 1) [2]Zu den Einkünften aus nichtselbständiger Arbeit gehören auch Sonderzahlungen, die der Arbeitgeber neben den laufenden Beiträgen und Zuwendungen an eine solche Versorgungseinrichtung leistet, mit Ausnahme der Zahlungen des Arbeitgebers

   2) *a) zur erstmaligen Bereitstellung der Kapitalausstattung zur Erfüllung der Solvabilitätskapitalanforderung nach den §§ 89, 213, auch in Verbindung mit den §§ 234 und 238 des Versicherungsaufsichtsgesetzes,*

   b) zur Wiederherstellung einer angemessenen Kapitalausstattung nach unvorhersehbaren Verlusten oder zur Finanzierung der Verstärkung der Rechnungsgrundlagen auf Grund einer unvorhersehbaren und nicht nur vorübergehenden Änderung der Verhältnisse, wobei die Sonderzahlungen nicht zu einer Absenkung des laufenden Beitrags führen oder durch die Absenkung des laufenden Beitrags Sonderzahlungen ausgelöst werden dürfen,

   3) *c) in der Rentenbezugszeit nach § 236 Absatz 2 des Versicherungsaufsichtsgesetzes oder*

   d) in Form von Sanierungsgeldern;

   Sonderzahlungen des Arbeitgebers sind insbesondere Zahlungen an eine Pensionskasse anlässlich

   a) eines Ausscheidens aus einer nicht im Wege der Kapitaldeckung finanzierten betrieblichen Altersversorgung oder

   b) des Wechsels von einer nicht im Wege der Kapitaldeckung zu einer anderen nicht im Wege der Kapitaldeckung finanzierten betrieblichen Altersversorgung.

   4) [3]Von Sonderzahlungen im Sinne des Satzes 2 zweiter Halbsatz Buchstabe b ist bei laufenden und wiederkehrenden Zahlungen entsprechend dem periodischen Bedarf nur auszugehen, soweit die Bemessung der Zahlungsverpflichtungen des Arbeitgebers in das Versorgungssystem nach dem Wechsel die Bemessung der Zahlungsverpflichtung zum Zeitpunkt des Wechsels übersteigt. [4]Sanierungsgelder sind Sonderzahlungen des Arbeitgebers an eine Pensionskasse anlässlich der Systemumstellung einer nicht im Wege der Kapitaldeckung finanzierten betrieblichen Altersversorgung auf der Finanzierungs- oder Leistungsseite, die der Finanzierung der zum Zeitpunkt der Umstellung bestehenden Versorgungsverpflichtungen oder Versorgungsanwartschaften dienen; bei laufenden und wiederkehrenden Zahlungen entsprechend dem periodischen Bedarf ist nur von Sanierungsgeldern auszugehen, soweit die Bemessung der Zahlungsverpflichtungen des Arbeitgebers in das Versorgungssystem nach der Systemumstellung die Bemessung der Zahlungsverpflichtung zum Zeitpunkt der Systemumstellung übersteigt.

---

1) *Absatz 1 Satz 1 Nr. 3 Satz 2 in der am 31. 12. 2014 geltenden Fassung gilt für alle Zahlungen des Arbeitgebers nach dem 30. 12. 2014 → § 52 Abs. 26a EStG.*

2) *Absatz 1 Satz 1 Nr. 3 Satz 2 erster Halbsatz Buchstabe a wurde durch Artikel 13 des Gesetzes zur Modernisierung der Finanzaufsicht über Versicherungen i. d. F. des Steueränderungsgesetzes 2015 ab VZ 2015 neu gefasst.*

3) *Absatz 1 Satz 1 Nr. 3 Satz 2 erster Halbsatz Buchstabe c wurde durch Artikel 13 des Gesetzes zur Modernisierung der Finanzaufsicht über Versicherungen i. d. F. des Steueränderungsgesetzes 2015 ab VZ 2015 neu gefasst.*

4) *Absatz 1 Satz 1 Nr. 3 Satz 3 in der am 31. 12. 2014 geltenden Fassung gilt für alle Zahlungen des Arbeitgebers nach dem 30. 12. 2014 → § 52 Abs. 26a EStG.*

[2]Es ist gleichgültig, ob es sich um laufende oder um einmalige Bezüge handelt und ob ein Rechtsanspruch auf sie besteht.

(2) [1]Von Versorgungsbezügen bleiben ein nach einem Prozentsatz ermittelter, auf einen Höchstbetrag begrenzter Betrag (Versorgungsfreibetrag) und ein Zuschlag zum Versorgungsfreibetrag steuerfrei. [2]Versorgungsbezüge sind S 2345

1. das Ruhegehalt, Witwen- oder Waisengeld, der Unterhaltsbeitrag oder ein gleichartiger Bezug
   a) auf Grund beamtenrechtlicher oder entsprechender gesetzlicher Vorschriften,
   b) nach beamtenrechtlichen Grundsätzen von Körperschaften, Anstalten oder Stiftungen des öffentlichen Rechts oder öffentlich-rechtlichen Verbänden von Körperschaften

   oder
2. in anderen Fällen Bezüge und Vorteile aus früheren Dienstleistungen wegen Erreichens einer Altersgrenze, verminderter Erwerbsfähigkeit oder Hinterbliebenenbezüge; Bezüge wegen Erreichens einer Altersgrenze gelten erst dann als Versorgungsbezüge, wenn der Steuerpflichtige das 63. Lebensjahr oder, wenn er schwerbehindert ist, das 60. Lebensjahr vollendet hat.

[3]Der maßgebende Prozentsatz, der Höchstbetrag des Versorgungsfreibetrags und der Zuschlag zum Versorgungsfreibetrag sind der nachstehenden Tabelle zu entnehmen:

Jahr des Versorgungsbeginns	Versorgungsfreibetrag		Zuschlag zum Versorgungsfreibetrag in Euro
	in % der Versorgungsbezüge	Höchstbetrag in Euro	
bis 2005	40,0	3 000	900
ab 2006	38,4	2 880	864
2007	36,8	2 760	828
2008	35,2	2 640	792
2009	33,6	2 520	756
2010	32,0	2 400	720
2011	30,4	2 280	684
2012	28,8	2 160	648
2013	27,2	2 040	612
2014	25,6	1 920	576
2015	24,0	1 800	540
2016	22,4	1 680	504
2017	20,8	1 560	468
2018	19,2	1 440	432
2019	17,6	1 320	396
2020	16,0	1 200	360
2021	15,2	1 140	342
2022	14,4	1 080	324
2023	13,6	1 020	306
2024	12,8	960	288
2025	12,0	900	270
2026	11,2	840	252
2027	10,4	780	234
2028	9,6	720	216
2029	8,8	660	198
2030	8,0	600	180
2031	7,2	540	162

Jahr des Versorgungsbeginns	Versorgungsfreibetrag		Zuschlag zum Versorgungsfreibetrag in Euro
	in % der Versorgungsbezüge	Höchstbetrag in Euro	
2032	6,4	480	144
2033	5,6	420	126
2034	4,8	360	108
2035	4,0	300	90
2036	3,2	240	72
2037	2,4	180	54
2038	1,6	120	36
2039	0,8	60	18
2040	0,0	0	0

[4]Bemessungsgrundlage für den Versorgungsfreibetrag ist

a) bei Versorgungsbeginn vor 2005
das Zwölffache des Versorgungsbezugs für Januar 2005,

b) bei Versorgungsbeginn ab 2005
das Zwölffache des Versorgungsbezugs für den ersten vollen Monat,

jeweils zuzüglich voraussichtlicher Sonderzahlungen im Kalenderjahr, auf die zu diesem Zeitpunkt ein Rechtsanspruch besteht. [5]Der Zuschlag zum Versorgungsfreibetrag darf nur bis zur Höhe der um den Versorgungsfreibetrag geminderten Bemessungsgrundlage berücksichtigt werden. [6]Bei mehreren Versorgungsbezügen mit unterschiedlichem Bezugsbeginn bestimmen sich der insgesamt berücksichtigungsfähige Höchstbetrag des Versorgungsfreibetrags und der Zuschlag zum Versorgungsfreibetrag nach dem Jahr des Beginns des ersten Versorgungsbezugs. [7]Folgt ein Hinterbliebenenbezug einem Versorgungsbezug, bestimmen sich der Prozentsatz, der Höchstbetrag des Versorgungsfreibetrags und der Zuschlag zum Versorgungsfreibetrag für den Hinterbliebenenbezug nach dem Jahr des Beginns des Versorgungsbezugs. [8]Der nach den Sätzen 3 bis 7 berechnete Versorgungsfreibetrag und Zuschlag zum Versorgungsfreibetrag gelten für die gesamte Laufzeit des Versorgungsbezugs. [9]Regelmäßige Anpassungen des Versorgungsbezugs führen nicht zu einer Neuberechnung. [10]Abweichend hiervon sind der Versorgungsfreibetrag und der Zuschlag zum Versorgungsfreibetrag neu zu berechnen, wenn sich der Versorgungsbezug wegen Anwendung von Anrechnungs-, Ruhens-, Erhöhungs- oder Kürzungsregelungen erhöht oder vermindert. [11]In diesen Fällen sind die Sätze 3 bis 7 mit dem geänderten Versorgungsbezug als Bemessungsgrundlage im Sinne des Satzes 4 anzuwenden; im Kalenderjahr der Änderung sind der höchste Versorgungsfreibetrag und Zuschlag zum Versorgungsfreibetrag maßgebend. [12]Für jeden vollen Kalendermonat, für den keine Versorgungsbezüge gezahlt werden, ermäßigen sich der Versorgungsfreibetrag und der Zuschlag zum Versorgungsfreibetrag in diesem Kalenderjahr um je ein Zwölftel.

LStDV

§ 1 Arbeitnehmer, Arbeitgeber

S 2331

(1) [1]Arbeitnehmer sind Personen, die in öffentlichem oder privatem Dienst angestellt oder beschäftigt sind oder waren und die aus diesem Dienstverhältnis oder einem früheren Dienstverhältnis Arbeitslohn beziehen. [2]Arbeitnehmer sind auch die Rechtsnachfolger dieser Personen, soweit sie Arbeitslohn aus dem früheren Dienstverhältnis ihres Rechtsvorgängers beziehen.

(2) [1]Ein Dienstverhältnis (Absatz 1) liegt vor, wenn der Angestellte (Beschäftigte) dem Arbeitgeber (öffentliche Körperschaft, Unternehmer, Haushaltsvorstand) seine Arbeitskraft schuldet. [2]Dies ist der Fall, wenn die tätige Person in der Betätigung ihres geschäftlichen Willens unter der Leitung des Arbeitgebers steht oder im geschäftlichen Organismus des Arbeitgebers dessen Weisungen zu folgen verpflichtet ist.

(3) Arbeitnehmer ist nicht, wer Lieferungen und sonstige Leistungen innerhalb der von ihm selbständig ausgeübten gewerblichen oder beruflichen Tätigkeit im Inland gegen Entgelt ausführt, soweit es sich um die Entgelte für diese Lieferungen und sonstigen Leistungen handelt.

§ 2 Arbeitslohn LStDV

(1) [1]Arbeitslohn sind alle Einnahmen, die dem Arbeitnehmer aus dem Dienstverhältnis zufließen. [2]Es ist unerheblich, unter welcher Bezeichnung oder in welcher Form die Einnahmen gewährt werden. S 2332

(2) Zum Arbeitslohn gehören auch

1. *Einnahmen im Hinblick auf ein künftiges Dienstverhältnis;*
2. *Einnahmen aus einem früheren Dienstverhältnis, unabhängig davon, ob sie dem zunächst Bezugsberechtigten oder seinem Rechtsnachfolger zufließen. Bezüge, die ganz oder teilweise auf früheren Beitragsleistungen des Bezugsberechtigten oder seines Rechtsvorgängers beruhen, gehören nicht zum Arbeitslohn, es sei denn, dass die Beitragsleistungen Werbungskosten gewesen sind;*
3. *Ausgaben, die ein Arbeitgeber leistet, um einen Arbeitnehmer oder diesem nahestehende Personen für den Fall der Krankheit, des Unfalls, der Invalidität, des Alters oder des Todes abzusichern (Zukunftssicherung). [2]Voraussetzung ist, dass der Arbeitnehmer der Zukunftssicherung ausdrücklich oder stillschweigend zustimmt. [3]Ist bei einer Zukunftssicherung für mehrere Arbeitnehmer oder diesen nahestehende Personen in Form einer Gruppenversicherung oder Pauschalversicherung der für den einzelnen Arbeitnehmer geleistete Teil der Ausgaben nicht in anderer Weise zu ermitteln, so sind die Ausgaben nach der Zahl der gesicherten Arbeitnehmer auf diese aufzuteilen. [4]Nicht zum Arbeitslohn gehören Ausgaben, die nur dazu dienen, dem Arbeitgeber die Mittel zur Leistung einer dem Arbeitnehmer zugesagten Versorgung zu verschaffen;* S 2333
4. *Entschädigungen, die dem Arbeitnehmer oder seinem Rechtsnachfolger als Ersatz für entgangenen oder entgehenden Arbeitslohn oder für die Aufgabe oder Nichtausübung einer Tätigkeit gewährt werden;*
5. *besondere Zuwendungen, die auf Grund des Dienstverhältnisses oder eines früheren Dienstverhältnisses gewährt werden, zum Beispiel Zuschüsse im Krankheitsfall;*
6. *besondere Entlohnungen für Dienste, die über die regelmäßige Arbeitszeit hinaus geleistet werden, wie Entlohnung für Überstunden, Überschichten, Sonntagsarbeit;*
7. *Lohnzuschläge, die wegen der Besonderheit der Arbeit gewährt werden;*
8. *Entschädigungen für Nebenämter und Nebenbeschäftigungen im Rahmen eines Dienstverhältnisses.*

Hinweise H 19.0

Arbeitnehmer

Allgemeines

Wer Arbeitnehmer ist, ist unter Beachtung der Vorschriften des § 1 LStDV nach dem Gesamtbild der Verhältnisse zu beurteilen. Die arbeitsrechtliche und sozialversicherungsrechtliche Behandlung ist unmaßgeblich (BFH vom 2. 12. 1998 – BStBl 1999 II S. 534). Wegen der Abgrenzung der für einen Arbeitnehmer typischen fremdbestimmten Tätigkeit von selbständiger Tätigkeit → BFH vom 14. 6. 1985 (BStBl II S. 661) und vom 18. 1. 1991 (BStBl II S. 409). Danach können für eine Arbeitnehmereigenschaft insbesondere folgende Merkmale sprechen: Anhang 7

- persönliche Abhängigkeit,
- Weisungsgebundenheit hinsichtlich Ort, Zeit und Inhalt der Tätigkeit,
- feste Arbeitszeiten,
- Ausübung der Tätigkeit gleichbleibend an einem bestimmten Ort,
- feste Bezüge,
- Urlaubsanspruch,
- Anspruch auf sonstige Sozialleistungen,
- Fortzahlung der Bezüge im Krankheitsfall,
- Überstundenvergütung,
- zeitlicher Umfang der Dienstleistungen,
- Unselbständigkeit in Organisation und Durchführung der Tätigkeit,
- kein Unternehmerrisiko,
- keine Unternehmerinitiative,
- kein Kapitaleinsatz,

- keine Pflicht zur Beschaffung von Arbeitsmitteln,
- Notwendigkeit der engen ständigen Zusammenarbeit mit anderen Mitarbeitern,
- Eingliederung in den Betrieb,
- Schulden der Arbeitskraft und nicht eines Arbeitserfolges,
- Ausführung von einfachen Tätigkeiten, bei denen eine Weisungsabhängigkeit die Regel ist.

Diese Merkmale ergeben sich regelmäßig aus dem der Beschäftigung zugrunde liegenden Vertragsverhältnis, sofern die Vereinbarungen ernsthaft gewollt sind und tatsächlich durchgeführt werden (→ BFH vom 14. 12. 1978 – BStBl 1979 II S. 188, vom 20. 2. 1979 – BStBl II S. 414 und vom 24. 7. 1992 – BStBl 1993 II S. 155). Dabei sind die für oder gegen ein Dienstverhältnis sprechenden Merkmale ihrer Bedeutung entsprechend gegeneinander abzuwägen. Die arbeitsrechtliche Fiktion eines Dienstverhältnisses ist steuerrechtlich nicht maßgebend (→ BFH vom 8. 5. 2008 – BStBl II S. 868).

Arbeitnehmereigenschaft

a) **Beispiele für Arbeitnehmereigenschaft**

Amateursportler können Arbeitnehmer sein, wenn die für den Trainings- und Spieleinsatz gezahlten Vergütungen nach dem Gesamtbild der Verhältnisse als Arbeitslohn zu beurteilen sind (→ BFH vom 23. 10. 1992 – BStBl 1993 II S. 303),

Apothekervertreter; ein selbständiger Apotheker, der als Urlaubsvertreter eines anderen selbständigen Apothekers gegen Entgelt tätig wird, ist Arbeitnehmer (→ BFH vom 20. 2. 1979 – BStBl II S. 414),

Artist ist Arbeitnehmer, wenn er seine Arbeitskraft einem Unternehmer für eine Zeitdauer, die eine Reihe von Veranstaltungen umfasst – also nicht lediglich für einige Stunden eines Abends – ausschließlich zur Verfügung stellt (→ BFH vom 16. 3. 1951 – BStBl III S. 97),

Arzt → Chefarzt,

AStA-Mitglieder → BFH vom 22. 7. 2008 (BStBl II S. 981),

Buchhalter → BFH vom 6. 7. 1955 (BStBl III S. 256) und vom 13. 2. 1980 (BStBl II S. 303),

Büfettier → BFH vom 31. 1. 1963 (BStBl III S. 230),

Chefarzt; ein angestellter Chefarzt, der berechtigt ist, Privatpatienten mit eigenem Liquidationsrecht ambulant zu behandeln und die wahlärztlichen Leistungen im Rahmen seines Dienstverhältnisses erbringt (→ BFH vom 5. 10. 2005 – BStBl 2006 II S. 94),

Steuerliche Behandlung der Einnahmen von Ärzten in Kliniken und Krankenhäusern

Bezug: HMdF-Erlass vom 21. 04. 2006 – S 2332 A – 126 – II 3b

(Verfügung der OFD Frankfurt/M. v. 2. 5. 2013 – S 2332 A – 98 – St 211 –)

1. Lohnsteuerliche Behandlung der Einnahmen von Chefärzten aus der Erbringung wahlärztlicher Leistungen im Krankenhaus – Urteil des BFH vom 5. 10. 2005 – VI R 152/01 – (BStBl 2006 II S. 94)

Ob ein Chefarzt eines Krankenhauses wahlärztliche Leistungen selbständig oder unselbständig erbringt, beurteilt sich nach dem Gesamtbild der Verhältnisse. In der Regel bezieht ein angestellter Chefarzt mit den Einnahmen aus dem ihm eingeräumten Liquidationsrecht für die gesondert berechenbaren wahlärztlichen Leistungen nach dem BFH-Urteil vom 5. Oktober 2005 (BStBl 2006 II S. 94) Arbeitslohn, wenn die wahlärztlichen Leistungen innerhalb des Dienstverhältnisses erbracht werden.

Als maßgebliche Abgrenzungskriterien für eine selbständige oder nichtselbständige Tätigkeit sind neben den allgemein zu beachtenden Merkmalen insbesondere zu würdigen, mit wem der Behandlungsvertrag über die wahlärztlichen Leistungen abgeschlossen wird und wer die Liquidation vornimmt.

Erfolgen der Abschluss des Behandlungsvertrages und die Liquidation durch das Krankenhaus, handelt es sich um Einnahmen aus nichtselbständiger Arbeit, werden sie dagegen durch den Chefarzt selbst vorgenommen, ist von einer selbständigen Tätigkeit auszugehen.

Einnahmen aus nichtselbständiger Arbeit liegen in der Regel auch vor, wenn der Abschluss des Behandlungsvertrages durch das Krankenhaus und die Liquidation durch den Chefarzt erfolgen oder umgekehrt.

Sofern die wahlärztlichen Leistungen im Rahmen einer nichtselbständigen Tätigkeit erbracht werden, ist der Lohnsteuerabzug nur von den Einnahmen vorzunehmen, die um die an das

Krankenhaus abzuführenden Anteile (z. B. Nutzungsentgelte, Einzugsgebühren) und um die an die nachgeordneten Ärzte zu zahlenden Beiträge gekürzt sind.

Wenn ein Arbeitgeber zulässt, dass erhebliche Teile des Arbeitslohns von dritter Seite bezahlt werden und hierdurch die nach § 38 Abs. 1 Satz 1, § 39b EStG vorgesehene Lohnsteuereinbehaltungssystematik in einzelnen Anmeldungszeiträumen nicht mehr greift, müssen die Entrichtungsschulden – wie etwa auch in Fällen der Nachversteuerung versehentlich unversteuert belassener Lohnbestandteile – in späteren Anmeldungszeiträumen einbehalten werden. Die Pflicht des Arbeitgebers zur Einbehaltung und Abführung der Lohnsteuer etc. entfällt nicht deshalb, weil große Teile des Arbeitslohns von dritter Seite bezahlt werden, FG München Urteil vom 24. 4. 2008; 15 K 1124/08 (EFG 2008, 1791–1795); BFH-Beschluss vom 11. 8. 2009, (BFH/NV 2009, 1814); FG Münster Urteil vom 7. 6. 2011 (EFG 2012, 319–324).

Hinweis der OFD:

Werden Zahlungen regelmäßig geleistet (z. B. vierteljährlich) und liegt ihnen der gleiche Abrechnungszeitraum zugrunde, handelt es sich um laufenden Arbeitslohn i. S. R 115 Abs. 1 LStR. Der Umstand, dass die Zahlungen in der Höhe Schwankungen unterliegen, führt für sich gesehen noch nicht zu sonstigen Bezügen.

2. Gutachtertätigkeit/Gutachtergebühren von Ärzten in Kliniken

Bzgl. der Gutachten von Klinikärzten, die diese für Dritte erstellen, sind bei der Frage, ob es sich bei den Einnahmen aus dieser Tätigkeit um Einkünfte aus selbständiger oder aus nichtselbständiger Arbeit handelt, verschiedene Konstellationen zu unterscheiden. Allen Fällen ist jedoch gemeinsam, dass eine am Einzelfall orientierte Zuordnung unter Beachtung der allgemeinen Abgrenzungsmerkmale nach dem Gesamtbild der Verhältnisse vorgenommen werden muss. Besonders bedeutsam ist bei der Frage der Abgrenzung, ob die Gutachtertätigkeit innerhalb des Dienstverhältnisses erbracht wird (vgl. BFH-Urteil vom 5. 10. 2005, BStBl 2006 II S. 94).

a) Gutachtertätigkeit von Chefärzten

Erstellen Chefärzte Gutachten für dem Klinikbetrieb nicht zugehörige Dritte (z. B. Krankenkassen, Berufsgenossenschaften), so ist für die steuerliche Behandlung der Einkünfte anhand der Gesamtumstände zu ermitteln, wie die Ausübung der Tätigkeit im konkreten Einzelfall erfolgt.

Für ein Ausüben der Tätigkeit innerhalb des Dienstverhältnisses und somit für das Vorliegen nichtselbständiger Arbeit spricht es hierbei zum Beispiel, wenn die Gutachteraufträge dem Chefarzt nicht direkt zugehen, sondern über die Klinikleitung an ihn weitergereicht werden und auch die Abrechnung der gutachtlichen Tätigkeit unter Mitwirkung der Klinik erfolgt.

Anhaltspunkte für das Vorliegen selbständiger Arbeit können dahingegen etwa darin gesehen werden, dass der Chefarzt dem Krankenhaus ein Entgelt für die Benutzung der zur Erstellung der Gutachten notwendigen Krankenhauseinrichtungen zahlt. Des Weiteren kann es für eine selbständige Tätigkeit des Chefarztes sprechen, wenn der Chefarzt selbst die Gutachten in seinem Namen und mit eigenem Briefkopf unterschreibt (vgl. BFH-Urteil vom 19. 04. 1956 – IV 88/56 U –).

b) Gutachtertätigkeit von nachgeordneten Ärzten/Assistenzärzten

In der Praxis werden Gutachten häufig von bei der Klinik angestellten Assistenzärzten oder unter deren Mitwirkung erstellt.

Werden die Gutachten von den Assistenzärzten ohne Mitwirkung eines übergeordneten Arztes/Chefarztes gefertigt, ist die Einordnung der Gutachtertätigkeit als selbständige oder nichtselbständige Arbeit anhand der oben unter a) beschriebenen Kriterien vorzunehmen. Hierbei ist allerdings zu beachten, dass Tarifverträge oder auch Einzelarbeitsverträge der Ärzte eine Pflicht zur Erstellung von Gutachten beinhalten können. Auf solche Regelungen ist insbesondere bei Universitätskliniken zu achten. Eine derartige Verpflichtung spricht dafür, dass das Erstellen des Gutachtens im Rahmen des Dienstverhältnisses erfolgt. Dies gilt insbesondere dann, wenn die Übernahme der Nebentätigkeit nur in besonders begründeten Ausnahmefällen verweigert werden darf. In diesen Fällen ist für die Frage, ob die Gutachtertätigkeit im Rahmen des Dienstverhältnisses erfolgt, besonders bedeutsam, inwiefern eine Weisungsabhängigkeit der Assistenzärzte besteht.

Gleiches gilt im Übrigen auch für die Zuordnung der Einkünfte der angestellten Assistenzärzte, wenn die Erstellung des Gutachtens im Rahmen einer zugelassenen Nebentätigkeit eines Chefarztes erfolgt, der sich der Hilfe eines Assistenzarztes bedient, wenn tarifvertraglich oder arbeitsvertraglich eine Pflicht der Assistenzärzte zur Gutachtenerstellung besteht und diese Pflicht sich auch auf die Erstellung von Gutachten im Rahmen der Nebentätigkeit des Chefarztes erstreckt. Auch hier ist für die Zuordnung der Tätigkeit zum Dienstverhältnis das Vorliegen einer Weisungsabhängigkeit zu beachten.

Der Umstand, dass die nachgeordneten Ärzte eine besondere Vergütung für ihre Gutachtertätigkeit erhalten, ist für die Einordnung der Einkünfte als solche aus nichtselbständiger Arbeit unschädlich (vgl. BFH-Urteil vom 25. 11. 1971 – IV R 126/70 –).

Gelegenheitsarbeiter, die zu bestimmten, unter Aufsicht durchzuführenden Verlade- und Umladearbeiten herangezogen werden, sind auch dann Arbeitnehmer, wenn sie die Tätigkeit nur für wenige Stunden ausüben (→ BFH vom 18. 1. 1974 – BStBl II S. 301),

Heimarbeiter → R 15.1 Abs. 2 EStR,

Helfer von Wohlfahrtsverbänden; ehrenamtliche Helfer, die Kinder und Jugendliche auf Ferienreisen betreuen, sind Arbeitnehmer (→ BFH vom 28. 2. 1975 – BStBl 1976 II S. 134),

Klinikarzt → Chefarzt,

Musiker; nebenberuflich tätige Musiker, die in Gaststätten auftreten, sind nach der allgemeinen Lebenserfahrung Arbeitnehmer des Gastwirts; dies gilt nicht, wenn die Kapelle gegenüber Dritten als selbständige Gesellschaft oder der Kapellenleiter als Arbeitgeber der Musiker auftritt bzw. der Musiker oder die Kapelle nur gelegentlich spielt (→ BFH vom 10. 9. 1976 – BStBl 1977 II S. 178),

Oberarzt; ein in einer Universitätsklinik angestellter Oberarzt ist hinsichtlich der Mitarbeit in der Privatpraxis des Chefarztes dessen Arbeitnehmer (→ BFH vom 11. 11. 1971 – BStBl 1972 II S. 213),

Reisevertreter kann auch dann Arbeitnehmer sein, wenn er erfolgsabhängig entlohnt wird und ihm eine gewisse Bewegungsfreiheit eingeräumt ist, die nicht Ausfluss seiner eigenen Machtvollkommenheit ist (→ BFH vom 7. 12. 1961 – BStBl 1962 III S. 149);

→ H 15.1 (Reisevertreter) EStH,

Sanitätshelfer des Deutschen Roten Kreuzes sind Arbeitnehmer, wenn die gezahlten Entschädigungen nicht mehr als pauschale Erstattung der Selbstkosten beurteilt werden können, weil sie die durch die ehrenamtliche Tätigkeit veranlassten Aufwendungen der einzelnen Sanitätshelfer regelmäßig nicht nur unwesentlich übersteigen (→ BFH vom 4. 8. 1994 – BStBl II S. 944),

Servicekräfte in einem Warenhaus → BFH vom 20. 11. 2008 (BStBl 2009 II S. 374),

Stromableser können auch dann Arbeitnehmer sein, wenn die Vertragsparteien „freie Mitarbeit" vereinbart haben und das Ablesen in Ausnahmefällen auch durch einen zuverlässigen Vertreter erfolgen darf (→ BFH vom 24. 7. 1992 – BStBl 1993 II S. 155),

Telefoninterviewer → BFH vom 29. 5. 2008 (BStBl II S. 933) und → BFH vom 18. 6. 2015 (BStBl II S. 903),

Vorstandsmitglied einer Aktiengesellschaft → BFH vom 11. 3. 1960 (BStBl III S. 214),

Vorstandsmitglied einer Familienstiftung → BFH vom 31. 1. 1975 (BStBl II S. 358),

Vorstandsmitglied einer Genossenschaft → BFH vom 2. 10. 1968 (BStBl II 1969 S. 185).

b) Beispiele für fehlende Arbeitnehmereigenschaft

Arztvertreter → BFH vom 10. 4. 1953 (BStBl III S. 142),

Beratungsstellenleiter eines Lohnsteuerhilfevereins ist kein Arbeitnehmer, wenn er die Tätigkeit als freier Mitarbeiter ausübt (→ BFH vom 10. 12. 1987 – BStBl II 1988 S. 273),

Bezirksstellenleiter bei Lotto- und Totogesellschaften → BFH vom 14. 9. 1967 (BStBl II 1968 S. 193),

Diakonissen sind keine Arbeitnehmerinnen des Mutterhauses (→ BFH vom 30. 7. 1965 – BStBl III S. 525),

Fahrlehrer, die gegen eine tätigkeitsbezogene Vergütung unterrichten, sind in der Regel keine Arbeitnehmer, auch wenn ihnen keine Fahrschulerlaubnis erteilt worden ist → BFH vom 17. 10. 1996 (BStBl 1997 II S. 188),

Fotomodell; ein Berufsfotomodell ist kein Arbeitnehmer, wenn es nur von Fall zu Fall vorübergehend zu Aufnahmen herangezogen wird (→ BFH vom 8. 6. 1967 – BStBl III S. 618); Entsprechendes gilt für ausländische Fotomodelle, die zur Produktion von Werbefilmen kurzfristig im Inland tätig werden (→ BFH vom 14. 6. 2007 – BStBl 2009 II S. 931),

Gerichtsreferendar, der neben der Tätigkeit bei Gericht für einen Rechtsanwalt von Fall zu Fall tätig ist, steht zu dem Anwalt in der Regel nicht in einem Arbeitsverhältnis (→ BFH vom 22. 3. 1968 – BStBl II S. 455),

Gutachter → BFH vom 22. 6. 1971 (BStBl II S. 749),

Hausgewerbetreibender → R 15.1 Abs. 2 EStR,

Hausverwalter, die für eine Wohnungseigentümergemeinschaft tätig sind, sind keine Arbeitnehmer (→ BFH vom 13. 5. 1966 – BStBl III S. 489),

Knappschaftsarzt → BFH vom 3. 7. 1959 (BStBl III S. 344),

Künstler; zur Frage der Selbständigkeit von Künstlern und verwandten Berufen → BMF vom 5. 10. 1990 (BStBl I S. 638),

I. Steuerabzug vom Arbeitslohn bei unbeschränkt einkommensteuer-(lohnsteuer-)pflichtigen Künstlern und verwandten Berufen

(BMF-Schreiben vom 5. 10. 1990, IV B 6 – S 2332 – 73/90, BStBl I S. 638)

die Anlage wurde durch BMF-Schreiben vom 9. 7. 2014 (BStBl I S. 1103) geändert

Unter Bezugnahme auf das Ergebnis der Erörterung mit den obersten Finanzbehörden der Länder gilt bei Künstlern und verwandten Berufen, soweit sie eine unmittelbare Vertragsbeziehung zum Arbeitgeber/Auftraggeber begründen, zur Abgrenzung zwischen selbständiger Tätigkeit und nichtselbständiger Arbeit sowie für den Steuerabzug bei Annahme einer nichtselbständigen Arbeit folgendes:

1. Abgrenzung zwischen selbständiger Tätigkeit und nichtselbständiger Arbeit

Für die Annahme einer nichtselbständigen Arbeit sind die in § 1 LStDV aufgestellten Merkmale maßgebend. Danach liegt eine nichtselbständige Arbeit vor, wenn die tätige Person in der Betätigung ihres geschäftlichen Willens unter der Leitung eines Arbeitgebers steht oder in den geschäftlichen Organismus des Arbeitgebers eingegliedert und dessen Weisungen zu folgen verpflichtet ist. Dagegen ist nicht Arbeitnehmer, wer Lieferungen und sonstige Leistungen innerhalb der von ihm selbständig ausgeübten gewerblichen und beruflichen Tätigkeit im Inland gegen Entgelt ausführt, soweit es sich um Entgelte für diese Lieferungen und sonstigen Leistungen handelt. Im übrigen kommt es bei der Abgrenzung zwischen selbständiger Tätigkeit und nichtselbständiger Arbeit nicht so sehr auf die formelle vertragliche Gestaltung, z. B. auf die Bezeichnung als freies Mitarbeiterverhältnis, als vielmehr auf die Durchführung der getroffenen Vereinbarung an (BFH-Urteil vom 29. September 1967 – BStBl 1968 II S. 84). Dies führt bei künstlerischen und verwandten Berufen im allgemeinen zu folgenden Ergebnissen:

1.1 Tätigkeit bei Theaterunternehmen

1.1.1 Spielzeitverpflichtete Künstler

Künstler und Angehörige von verwandten Berufen, die auf Spielzeit- oder Teilspielzeitvertrag angestellt sind, sind in den Theaterbetrieb eingegliedert und damit nichtselbständig. Dabei spielt es keine Rolle, ob der Künstler gleichzeitig eine Gastspielverpflichtung bei einem anderen Unternehmen eingegangen ist.

1.1.2 Gastspielverpflichtete Künstler

Bei gastspielverpflichteten Künstlern und Angehörigen von verwandten Berufen erstreckt sich der Vertrag in der Regel auf eine bestimmte Anzahl von Aufführungen.

Für die Annahme einer nichtselbständigen Tätigkeit kommt es darauf an, ob das Gastspieltheater während der Dauer des Vertrages im wesentlichen über die Arbeitskraft des Gastkünstlers verfügt (BFH-Urteil vom 24. Mai 1973 – BStBl II S. 636). Dies hängt von dem Maß der Einbindung in den Theaterbetrieb (nicht in das Ensemble) ab. Ob ein Künstler allein (Solokünstler) oder in einer Gruppe (z. B. Chor) auftritt und welchen künstlerischen Rang er hat, spielt für die Abgrenzung keine entscheidende Rolle. Auch kommt es nicht darauf an, wie das für die Veranlagung des Künstlers zuständige Finanzamt eine vergleichbare Tätigkeit des Künstlers bei Hörfunk und Fernsehen bewertet und ob es hierfür eine entsprechende Bescheinigung erteilt hat. Im einzelnen gilt deshalb:

Gastspielverpflichtete Regisseure, Choreographen, Bühnenbildner und Kostümbildner sind selbständig. Gastspielverpflichtete Dirigenten üben dagegen eine nichtselbständige Tätigkeit aus; sie sind ausnahmsweise selbständig, wenn sie nur für kurze Zeit einspringen.

Gastspielverpflichtete Schauspieler, Sänger, Tänzer und andere Künstler sind in den Theaterbetrieb eingegliedert und deshalb nichtselbständig, wenn sie eine Rolle in einer Aufführung übernehmen und gleichzeitig eine Probenverpflichtung zur Einarbeitung in die Rolle oder eine künstlerische Konzeption eingehen. Stell- oder Verständigungsproben reichen nicht aus. Voraussetzung ist außerdem, daß die Probenverpflichtung tatsächlich erfüllt wird. Die Zahl der Aufführungen ist nicht entscheidend.

Aushilfen für Chor und Orchester sind selbständig, wenn sie nur für kurze Zeit einspringen.

Gastspielverpflichtete Künstler einschließlich der Instrumentalsolisten sind selbständig, wenn sie an einer konzertanten Opernaufführung, einem Oratorium, Liederabend oder dergleichen mitwirken.

1.2 Tätigkeit bei Kulturorchestern

Sämtliche gastspielverpflichteten (vgl. Tz. 1.1.2 Abs. 1) Künstler, z. B. Dirigenten, Vokal- und Instrumentalsolisten, sind stets und ohne Rücksicht auf die Art und Anzahl der Aufführungen selbständig. Orchesteraushilfen sind ebenfalls selbständig, wenn sie nur für kurze Zeit einspringen.

1.3 Tätigkeit bei Hörfunk und Fernsehen

Für die neben dem ständigen Personal beschäftigten Künstler und Angehörigen von verwandten Berufen, die in der Regel auf Grund von Honorarverträgen tätig werden und im allgemeinen als freie Mitarbeiter bezeichnet werden, gilt vorbehaltlich der Tz. 1.4 folgendes:

1.3.1 Die freien Mitarbeiter sind grundsätzlich nichtselbständig.

1.3.2 Im allgemeinen sind nur die folgenden Gruppen von freien Mitarbeitern selbständig, soweit sie nur für einzelne Produktionen (z. B. ein Fernsehspiel, eine Unterhaltungssendung oder einen aktuellen Beitrag) tätig werden („Negativkatalog").

Architekten
Arrangeure
Artisten[1])
Autoren
Berichterstatter
Bildhauer
Bühnenbildner
Choreographen
Chorleiter[2])
Darsteller[3])
Dirigenten[2])
Diskussionsleiter
Dolmetscher
Fachberater
Fotografen
Gesprächsteilnehmer
Grafiker
Interviewpartner
Journalisten
Kommentatoren
Komponisten
Korrespondenten
Kostümbildner
Kunstmaler
Lektoren
Moderatoren[4])
musikalische Leiter[2])
Quizmaster
Realisatoren[4])
Regisseure
Solisten (Gesang, Musik, Tanz)[1])
Schriftsteller
Übersetzer[4])

1.3.3 Eine von vornherein auf Dauer angelegte Tätigkeit eines freien Mitarbeiters ist nichtselbständig, auch wenn für sie mehrere Honorarverträge abgeschlossen werden.

Beispiele:

a) Ein Journalist reist in das Land X, um in mehreren Beiträgen über kulturelle Ereignisse zu berichten. Eine Rundfunkanstalt verpflichtet sich vor Reiseantritt, diese Beiträge abzunehmen.

Die Tätigkeit ist nichtselbständig, weil sie von vornherein auf Dauer angelegt ist und die Berichte auf Grund einer vorher eingegangenen Gesamtverpflichtung geliefert werden. Dies gilt auch, wenn diese Beiträge einzeln abgerechnet werden.

b) Ein Journalist wird von einer Rundfunkanstalt für kulturpolitische Sendungen um Beiträge gebeten. Die Beiträge liefert er aufgrund von jeweils einzeln abgeschlossenen Vereinbarungen.

Die Tätigkeit ist selbständig, weil sie nicht von vornherein auf Dauer angelegt ist.

1.3.4 Wird der freie Mitarbeiter für denselben Auftraggeber in mehreren zusammenhängenden Leistungsbereichen tätig, von denen der eine als selbständig und der andere als nichtselbständig zu beurteilen ist, ist die gesamte Tätigkeit einheitlich als selbständige oder als nichtselbständige Tätigkeit zu behandeln. Die Einordnung dieser Mischtätigkeit richtet sich nach der überwiegenden Tätigkeit, die sich aus dem Gesamterscheinungsbild ergibt. Für die Frage des Überwiegens kann auch auf die Höhe des aufgeteilten Honorars abgestellt werden.

1.3.5 Übernimmt ein nichtselbständiger Mitarbeiter für seinen Arbeitgeber zusätzliche Aufgaben, die nicht zu den Nebenpflichten aus seiner Haupttätigkeit gehören, so ist nach den allgemeinen Abgrenzungskriterien zu prüfen, ob die Nebentätigkeit selbständig oder nichtselbständig ausgeübt wird (siehe Abschn. 68 LStR[5]) und BFH-Urteil vom 25. November 1971 – BStBl 1972 II S. 212).

1.3.6 Gehört ein freier Mitarbeiter nicht zu einer der im Negativkatalog (Tz. 1.3.2) genannten Berufsgruppen, so kann auf Grund besonderer Verhältnisse des Einzelfalls die Tätigkeit gleichwohl selbständig sein. Das Wohnsitzfinanzamt erteilt dem Steuerpflichtigen nach eingehender Prüfung ggf. eine Bescheinigung nach beiliegendem Muster. Die Bescheinigung bezieht sich auf die Tätigkeit des freien Mitarbeiters für einen bestimmten Auftraggeber. Das Finanzamt hat seine Entscheidung grundsätzlich mit dem Betriebsstättenfinanzamt des Auftraggebers abzustimmen.

1.3.7 Gehört ein freier Mitarbeiter zu einer der in Tz. 1.3.2 genannten Berufsgruppen, so kann er auf Grund besonderer Verhältnisse des Einzelfalls gleichwohl nichtselbständig sein.

1) Die als Gast außerhalb eines Ensembles oder einer Gruppe eine Sololeistung erbringen.
2) Soweit sie als Gast mitwirken oder Träger des Chores/Klangkörpers oder Arbeitgeber der Mitglieder des Chores/Klangkörpers sind.
3) Die als Gast in einer Sendung mit Live-Charakter mitwirken.
4) Wenn der eigenschöpferische Teil der Leistung überwiegt.
5) Jetzt: R 19.2 LStR.

1.3.8 Aushilfen für Chor und Orchester sind selbständig, wenn sie nur für kurze Zeit einspringen.

1.4 Tätigkeit bei Film- und Fernsehfilmproduzenten (Eigen- und Auftragsproduktion) einschl. Synchronisierung

Filmautoren, Filmkomponisten und Fachberater sind im allgemeinen nicht in den Organismus des Unternehmens eingegliedert, so daß ihre Tätigkeit in der Regel selbständig ist. Schauspieler, Regisseure, Kameraleute, Regieassistenten und sonstige Mitarbeiter in der Film- und Fernsehfilmproduktion sind dagegen im allgemeinen nichtselbständig (BFH-Urteil vom 6. Oktober 1971 – BStBl 1972 II S. 88). Das gilt auch für Mitarbeiter bei der Herstellung von Werbefilmen[1]).

Synchronsprecher sind in der Regel selbständig (BFH-Urteil vom 12. Oktober 1978 – BStBl 1981 II S. 706). Das gilt nicht nur für Lippensynchronsprecher, sondern auch für Synchronsprecher für besondere Filme (z. B. Kultur-, Lehr- und Werbefilme), bei denen der in eine andere Sprache zu übertragende Begleittext zu sprechen ist. Diese Grundsätze gelten für Synchronregisseure entsprechend.

1.5 Wiederholungshonorare[2])

Wiederholungshonorare sind der Einkunftsart zuzuordnen, zu welcher das Ersthonorar gehört hat. Dies gilt auch dann, wenn das Wiederholungshonorar nicht vom Schuldner des Ersthonorars gezahlt wird. Ist das Ersthonorar im Rahmen der Einkünfte aus nichtselbständiger Arbeit zugeflossen und wird das Wiederholungshonorar durch einen Dritten gezahlt, so ist ein Lohnsteuerabzug nicht vorzunehmen.

2. Steuerabzug vom Arbeitslohn[3])

2.1 Bei Annahme einer nichtselbständigen Tätigkeit ist der Arbeitgeber zur Einbehaltung und Abführung der Lohnsteuer verpflichtet. Die Höhe der einzubehaltenden Lohnsteuer richtet sich dabei nach der für den jeweiligen Lohnzahlungszeitraum maßgebenden Lohnsteuertabelle.

2.2 Bei **täglicher Zahlung des Honorars** ist grundsätzlich die Lohnsteuertabelle für tägliche Lohnzahlungen anzuwenden. Stellt sich die tägliche Lohnzahlung lediglich als Abschlagszahlung auf ein für einen längeren Lohnabrechnungszeitraum vereinbartes Honorar dar, so ist der Lohnabrechnungszeitraum als Lohnzahlungszeitraum zu betrachten (§ 39b Abs. 5 EStG). Können die Honorare nicht als Abschlagszahlungen angesehen werden, bestehen keine Bedenken, wenn eines der folgenden Verfahren angewendet wird:

2.2.1 Erweiterter Lohnzahlungszeitraum

Der Lohnzahlungszeitraum wird auf die vor der tatsächlichen Beschäftigung liegende Zeit ausgedehnt, soweit dieser Zeitraum nach der auf der Lohnsteuerkarte vermerkten Lohnsteuerbescheinigung nicht schon belegt ist. Dabei gilt jedoch die Einschränkung, daß für je zwei Tage der tatsächlichen Beschäftigung nur eine Woche, insgesamt jedoch höchstens ein Monat bescheinigt werden kann.

Beispiele:

a) Beschäftigung vom 26. bis 31. März (6 Tage). Letzte Eintragung auf der Lohnsteuerkarte 2. bis 5. März. Für 6 Tage Beschäftigung Eintragung von 3 Wochen = 21 Tage. Es kommt demnach ein erweiterter Lohnzahlungszeitraum für die Zeit vom 11. bis 31. März (21 Tage) in Betracht.

   Würde sich im vorstehenden Beispiel die letzte Eintragung auf der Lohnsteuerkarte statt auf die Zeit vom 2. bis 5. März auf die Zeit vom 15. bis 18. März erstrecken, dann käme als erweiterter Lohnzahlungszeitraum nur die Zeit vom 19. bis 31. März in Betracht.

b) Beschäftigung vom 10. bis 19. März (10 Tage). Letzte Eintragung auf der Lohnsteuerkarte vom 2. bis 7. Februar. Für 10 Tage Beschäftigung Eintragung von 5 Wochen, höchstens jedoch ein Monat. Es kommt demnach ein erweiterter Lohnzahlungszeitraum für die Zeit vom 20. Februar bis 19. März in Betracht.

   Würde im vorstehenden Beispiel die Beschäftigung statt vom 10. bis 19. März vom 10. März bis 15. April, also mindestens einen Monat dauern, so kommt die Anwendung des erweiterten Lohnzahlungszeitraums nicht in Betracht.

Ist die Zahl der tatsächlichen Beschäftigungstage nicht durch zwei teilbar und verbleibt demnach ein Rest von einem Tag oder beträgt die tatsächliche Beschäftigungsdauer nur einen Tag,

1) Ausländische Fotomodelle, die zur Produktion von Werbefilmen kurzfristig im Inland tätig werden, können selbständig tätig sein (→ BFH vom 14. 6. 2007 – BStBl 2009 II S. 931).

2) Nach BFH vom 26. 7. 2006 (BStBl II S. 917) sind Wiederholungshonorare an Künstler für nochmalige Ausstrahlung von Fernseh- und Hörfunkproduktionen kein Arbeitslohn. Sie führen regelmäßig zu Einkünften aus § 18 EStG.

3) Die nachfolgenden Regelungen gelten grundsätzlich auch im ELStAM-Verfahren.

so kann hierfür – im Rahmen des Höchstzeitraums von einem Monat – ebenfalls eine Woche bescheinigt werden.

Beispiel:

Beschäftigung vom 10. bis 12. März (3 Tage). Letzte Eintragung auf der Lohnsteuerkarte 2. bis 7. Februar. Für 3 Tage Beschäftigung Eintragung von 2 Wochen = 14 Tage. Es kommt demnach ein erweiterter Lohnzahlungszeitraum für die Zeit vom 27. Februar bis 12. März (14 Tage) in Betracht.

Würde im vorstehenden Beispiel die Beschäftigung statt vom 10. bis 12. März vom 10. bis 18. März dauern, so würden nach dieser Berechnung zwar 5 Wochen in Betracht kommen. Es kann aber nur höchstens ein Monat als Lohnzahlungszeitraum angesetzt werden, also die Zeit vom 19. Februar bis 18. März.

Bei Eintragung voller Wochen ist die Wochentabelle auf jeweils das auf die Anzahl der Wochen aufgeteilte Honorar, bei Eintragung eines Monats die Monatstabelle anzuwenden.

Beispiel:

Das Honorar für eine Beschäftigung von 5 Tagen beträgt 900 DM. Bei einem erweiterten Lohnzahlungszeitraum von 3 Wochen ist die Wochentabelle jeweils auf ein Drittel des Honorars = 300 DM anzuwenden.

Der Arbeitgeber hat in der Lohnsteuerbescheinigung in die zu bescheinigende Dauer des Dienstverhältnisses auch die Tage einzubeziehen, um die nach vorstehenden Verfahren Lohnzahlungszeiträume erweitert worden sind. Im Lohnkonto hat der Arbeitgeber neben den sonstigen Angaben, zu denen er verpflichtet ist, den Zeitraum der tatsächlichen Beschäftigung, den nach vorstehendem Verfahren erweiterten Lohnzahlungszeitraum sowie den auf der Lohnsteuerkarte vermerkten vorangegangenen Beschäftigungszeitraum sowie Name und Anschrift des früheren Arbeitgebers einzutragen.

Händigt der Arbeitgeber dem Arbeitnehmer die Lohnsteuerkarte vorübergehend aus (§ 39b Abs. 1 Satz 3 EStG), so hat er zuvor auf der Rückseite der Lohnsteuerkarte bereits die für eine spätere Lohnsteuerbescheinigung vorgesehene letzte Spalte (Anschrift und Steuer-Nr. des Arbeitgebers, ggf. Firmenstempel, mit Unterschrift) auszufüllen. Ein anderer Arbeitgeber, dem eine derart gekennzeichnete Lohnsteuerkarte vorgelegt wird, darf diese nicht seiner Lohnsteuerberechnung zugrunde legen; er hat vielmehr der Berechnung der Lohnsteuerbeträge die tatsächliche Zahl der Arbeitstage nach § 39b Abs. 4 EStG[1]) zugrunde zu legen und die Lohnsteuer nach § 39c Abs. 1 EStG zu errechnen.

2.2.2 Verlängerung des Lohnzahlungszeitraums auf einen Monat

Der Arbeitgeber vereinbart mit dem Arbeitnehmer, daß für das in einem Monat anfallende Honorar der Monat als Lohnzahlungszeitraum angesehen wird und die Zahlungen zunächst als Abschlag behandelt werden. Die in dem Monat gezahlten Abschläge werden innerhalb von 3 Wochen nach Ablauf des Monats als Monatshonorare abgerechnet. Die Lohnsteuer wird dem Lohnzahlungszeitraum entsprechend nach der Monatstabelle einbehalten. Auf den Zeitpunkt der Leistung des Arbeitnehmers und die Dauer seiner Beschäftigung wird dabei nicht besonders abgestellt.

Dem Lohnsteuerabzug wird die dem Arbeitgeber vorgelegte Lohnsteuerkarte zugrunde gelegt. Voraussetzung für die Anwendung dieses Verfahrens ist, daß die für den Lohnsteuerabzug maßgebende Lohnsteuerkarte für den betreffenden Monat noch keine Eintragung enthält und mindestens für den Monat, in dem das Honorar anfällt, beim Arbeitgeber verbleibt.

Vor der Aushändigung der Lohnsteuerkarte wird die Lohnsteuerbescheinigung (§ 41b Abs. 1 EStG) eingetragen. Diese ist dem Lohnabrechnungszeitraum entsprechend jeweils für abgeschlossene Kalendermonate zu erteilen. Als Dauer des Dienstverhältnisses wird der Zeitraum eingetragen, in dem die Lohnsteuerkarte dem Arbeitgeber vorgelegen hat.

Verlangt ein Arbeitnehmer schon im Laufe des Kalenderjahrs die Aushändigung der Lohnsteuerkarte, weil er nicht mehr für den Arbeitgeber tätig ist oder einen Steuerkartenwechsel (z. B. wegen Verlagerung seiner Haupteinnahmequelle zu einem anderen Arbeitgeber; vgl. Abschn. 114 Abs. 3 Satz 1 LStR[2])) vornehmen will, wird diese Lohnsteuerkarte noch bis zum Ende des laufenden Lohnabrechnungszeitraums dem Steuerabzug zugrunde gelegt. Kann die Lohnsteuerkarte nach Ablauf des Lohnabrechnungszeitraums infolge einer maschinellen Lohnabrechnung nicht sofort ausgehändigt werden, erhält der neue Arbeitgeber unmittelbar oder über den Arbeitnehmer eine vorläufige Bescheinigung – Zwischenbescheinigung – (§ 41b Abs. 1 Satz 6 EStG[3])), so daß er ab Beginn des neuen Lohnabrechnungszeitraums (z. B. Monat) die sich daraus ergebende Steuerklasse anwenden kann.

1) Weggefallen.
2) Jetzt R 39b.1 Abs. 2 Satz 1 LStR.
3) Weggefallen.

Auf die bei Abschluß des Lohnsteuerabzugs nach § 41b Abs. 1 EStG auszuschreibende Bescheinigung wird besonders hingewiesen.

Enthält die Lohnsteuerkarte für einen Teil des Monats bereits eine Eintragung oder händigt der Arbeitgeber dem Arbeitnehmer die Lohnsteuerkarte vor Ablauf des Monats aus, in dem das Honorar anfällt, so ist der Steuerabzug vom Arbeitslohn für diesen Monat nach den allgemeinen Vorschriften oder nach dem in der nachfolgenden Tz. 2.2.3 zugelassenen Verfahren vorzunehmen. Bei Aushändigung der Lohnsteuerkarte im Laufe des Monats, in dem das Honorar anfällt, ist § 41c EStG zu beachten.

Sofern dem Arbeitgeber eine Lohnsteuerkarte nicht vorliegt, wird nach § 39c Abs. 1 und 2 EStG verfahren.

2.2.3 Permanente Monatsabrechnung

Liegen die Voraussetzungen der Tz. 2.2.2 vor, so kann der Steuerabzug vom Arbeitslohn für die während eines Monats anfallenden Lohnzahlungen nach der Monatstabelle auch in der Weise vorgenommen werden, daß die früheren Lohnzahlungen desselben Monats mit in die Steuerberechnung für den betreffenden Monat einbezogen werden. Dieses Verfahren kann grundsätzlich unabhängig von der auf der Lohnsteuerkarte eingetragenen Steuerklasse angewendet werden. Es gilt also auch bei Vorlage einer Lohnsteuerkarte mit der Steuerklasse VI, nicht hingegen, wenn wegen fehlender Lohnsteuerkarte der Steuerabzug nach der Steuerklasse VI vorzunehmen ist. Die mehrmalige Anwendung der Monatstabelle innerhalb eines Monats ohne Einbeziehung früherer Zahlungen desselben Monats ist auf keinen Fall zulässig.

Beispiel:

Ein Arbeitnehmer, der dem Arbeitgeber eine Lohnsteuerkarte mit der Steuerklasse I vorgelegt hat, erhält am 8. August 1990 für eine eintägige Beschäftigung 400 DM. Die Lohnsteuer hierauf beträgt nach der Monatstabelle 0,– DM.

(Wenn der Arbeitnehmer eine Lohnsteuerkarte mit der Steuerklasse VI vorgelegt hat, beträgt die Lohnsteuer nach der Monatstabelle 75,16 DM.) Erhält der Arbeitnehmer im August 1990 von diesem Arbeitgeber keine weiteren Lohnzahlungen, so beträgt die Lohnsteuer für die am 8. August 1990 gezahlte Vergütung in Höhe von 400 DM nach Steuerklasse I 0,– DM. Erhält der Arbeitnehmer am 13. August 1990 und am 27. August 1990 vom selben Arbeitgeber nochmals jeweils 500 DM, so berechnet der Arbeitgeber die Lohnsteuer für diese Lohnzahlungen wie folgt (in der 2. Spalte ist vergleichsweise die Steuerberechnung bei Vorlage einer Lohnsteuerkarte mit der Steuerklasse VI aufgeführt):

		Steuerklasse I	Steuerklasse VI
a) Lohnzahlung am 13. August 1990:			
Bis 13. August 1990 bereits gezahlter Arbeitslohn	400 DM		
zuzüglich für den 13. August 1990 zu zahlender Arbeitslohn	500 DM		
Insgesamt	900 DM		
Lohnsteuer hierauf nach der Monatstabelle		17,08 DM	177,33 DM
abzüglich: Lohnsteuer, die vom bereits gezahlten Arbeitslohn einbehalten wurde		0,00 DM	75,16 DM
Für die Lohnzahlung am 13. August 1990 einzubehaltende Lohnsteuer		17,08 DM	102,17 DM
b) Lohnzahlung am 27. August 1990:		Steuerklasse I	Steuerklasse VI
Bis 27. August 1990 bereits gezahlter Arbeitslohn	900 DM		
zuzüglich für den 27. August 1990 zu zahlender Arbeitslohn	500 DM		
insgesamt	1 400 DM		
Lohnsteuer hierauf nach der Monatstabelle		97,33 DM	303,00 DM
abzüglich: Lohnsteuer, die vom bereits gezahlten Arbeitslohn einbehalten wurde		17,08 DM	177,33 DM
Für die Lohnzahlung am 27. August 1990 einzubehaltende Lohnsteuer		80,25 DM	125,67 DM

Hat der Arbeitnehmer dem Arbeitgeber keine Lohnsteuerkarte vorgelegt, so ist für die am 8., 13. und 27. August gezahlten Beträge die Lohnsteuer jeweils nach der Tagestabelle zu ermitteln.

2.2.4 Permanenter Lohnsteuer-Jahresausgleich

Der Steuerabzug vom Arbeitslohn kann unter den in § 39b Abs. 2 Satz 7 EStG[1]) bzw. in Abschn. 121 Abs. 2 LStR[2]) genannten Voraussetzungen auch nach dem voraussichtlichen Jahresarbeitslohn unter Anwendung der Jahreslohnsteuertabelle unabhängig davon vorgenommen werden, welche Steuerklasse auf der Lohnsteuerkarte des Arbeitnehmers eingetragen ist.

Dieses Schreiben tritt an die Stelle der BMF-Schreiben vom 27. Juni 1975 – IV B 6 – S 2365 – 8/75 – (BStBl I S. 923), vom 20. Juli 1976 – IV B 6 – S 2367 – 22/76 –, vom 22. Juni 1977 – IV B 6 – S 2367 – 10/77 – und vom 23. September 1981 – IV B 6 – S 2367 – 13/81 – und wird im Bundessteuerblatt Teil I veröffentlicht.

Anlage[3])

Finanzamt ....

Steuernummer ....

Bescheinigung

Herrn/Frau .... geb. am ....

wohnhaft ....

wird bescheinigt, dass er/sie hier unter der Steuernummer ....
zur Einkommensteuer veranlagt wird.

Aufgrund des/der vorgelegten Vertrages/Verträge,

Prod.-Nr. .... vom ....

der zwischen ihm/ihr und

....

über die Tätigkeit als ....

geschlossen wurde, werden die Honorareinnahmen unter dem Vorbehalt des jederzeitigen Widerrufs als

- Einkünfte aus selbständiger Arbeit i. S. des § 18 EStG*)
- Einkünfte aus Gewerbebetrieb i. S. des § 15 EStG*)

behandelt.

Im Auftrag

*) Nichtzutreffendes bitte streichen.

II. Anwendung des BMF-Schreibens vom 5. 10. 1990 (BStBl 1990 I S. 1990, BStBl 1990 I S. 638; sog. Künstlererlass)

(OFD Münster vom 22. 3. 2013 – akt. Kurzinfo ESt 16/2009)

Die neben dem ständigen Personal bei Hörfunk und Fernsehen beschäftigten Künstler und Angehörigen von verwandten Berufen, die in der Regel aufgrund von Honorarverträgen tätig werden und im Allgemeinen als freie Mitarbeiter bezeichnet werden, sind nach Tz. 1.3.1 des Künstlererlasses grundsätzlich nichtselbständig tätig.

Nach Tz. 1.3.2 des Künstlererlasses sind bestimmte Gruppen von freien Mitarbeitern bei Hörfunk und Fernsehen im Allgemeinen selbständig tätig, soweit sie nur für einzelne Produktionen tätig werden (Negativkatalog). Gehört ein freier Mitarbeiter nicht zu einer der im Negativkatalog genannten Berufsgruppen, so kann gem. Tz. 1.3.6 des Künstlererlasses aufgrund besonderer Verhältnisse des Einzelfalls die Tätigkeit gleichwohl selbständig sein. Das Wohnsitz-Finanzamt erteilt dem Steuerpflichtigen nach eingehender Prüfung ggf. eine diesbezügliche Bescheinigung. Eine Übertragung der Zuständigkeit für die Erteilung der Bescheinigung auf das Betriebsstättenfinanzamt kommt nicht in Betracht.

Die Ausstellung einer Bescheinigung nach Tz. 1.3.6 des Künstlererlasses ist mithin nur auf ganz besonders gelagerte Ausnahmefälle beschränkt. Ich bitte, nach dem Wortlaut sowie dem Sinn und Zweck des Künstlererlasses dabei wie folgt zu verfahren:

Eine Bescheinigung nach Tz. 1.3.6 des Künstlererlasses ist nur dann ausnahmsweise auszustellen, wenn

- die künstlerische Tätigkeit bei Hörfunk und/oder Fernsehen ausgeübt wird,
- der Künstler nicht unter den Negativkatalog der Tz. 1.3.2 des Künstlererlasses fällt,

1) Jetzt: § 39b Abs. 2 Satz 12 EStG.
2) Jetzt: R 39b.8 LStR.
3) Die Anlage wurde durch BMF vom 9. 7. 2014 (BStBl I S. 1103) geändert.

- der Künstler gleichwohl aufgrund besonderer Verhältnisse des Einzelfalls selbständig wird und
- das Betriebsstätten-Finanzamt des Auftraggebers der Auffassung des Wohnsitzfinanzamts des Künstlers zugestimmt hat.

Ich bitte daher, ab sofort Bescheinigungen nach Tz. 1.3.6 des Künstlererlasses nur noch dann auszustellen, wenn die vorstehend genannten Voraussetzungen erfüllt sind.

Es sind Fälle bekannt geworden, in denen Bescheinigungen nach Tz. 1.3.6 des sog. Künstlererlasses zu Unrecht ausgestellt worden sind. Bescheinigungen nach Tz. 1.3.6 des sog. Künstlererlasses für Personen, die unter den Negativkatalog der Tz. 1.3.2 fallen oder die ihre Tätigkeit nicht bei Hörfunk und Fernsehen ausüben, sind zu widerrufen. Für diese Personen sieht der sog. Künstlererlass keine Bescheinigungen vor.

Eine von vornherein auf Dauer angelegte Tätigkeit eines freien Mitarbeiters bei Hörfunk und Fernsehen ist nach Tz. 1.3.3 des sog. Künstlererlasses nichtselbständig, auch wenn für sie mehrere Honorarverträge abgeschlossen werden. Dabei ist nicht auf die Dauer und Häufigkeit der Tätigkeit, sondern auf die von vornherein eingegangene Gesamtverpflichtung abzustellen.

Um die Anwendung einheitlicher Bearbeitungskriterien sicherzustellen, wird eine Zentralisierung der Bearbeitung der Anträge auf Erteilung einer Bescheinigung nach Tz. 1.3.6 des sog. Künstlererlasses empfohlen. Eine Zentralisierung der Bearbeitung in der AGST erscheint insbesondere in den Finanzämtern sinnvoll, in deren Zuständigkeitsbereich die lohnsteuerliche Betriebsstätte einer Produktionsanstalt für Hörfunk und Fernsehen belegen ist. In den übrigen Fällen bestehen gegen eine Zentralisierung der Bearbeitung in einem VBZ keine Bedenken.

Beschränkt einkommensteuerpflichtige Künstler

→ H 39d (Künstler)

Lehrbeauftragte → BFH vom 17. 7. 1958 (BStBl III S. 360),

Lotsen → BFH vom 21. 5. 1987 (BStBl II S. 625),

Nebenberufliche Lehrkräfte sind in der Regel keine Arbeitnehmer (→ BFH vom 4. 10. 1984 – BStBl II 1985 S. 51); zur Abgrenzung zwischen nichtselbständiger und selbständiger Arbeit → R 19.2 und H 19.2 (Nebenberufliche Lehrtätigkeit),

Notariatsverweser → BFH vom 12. 9. 1968 (BStBl II S. 811),

Rundfunkermittler, die im Auftrage einer Rundfunkanstalt Schwarzhörer aufspüren, sind keine Arbeitnehmer, wenn die Höhe ihrer Einnahmen weitgehend von ihrem eigenen Arbeitseinsatz abhängt und sie auch im Übrigen – insbesondere bei Ausfallzeiten – ein Unternehmerrisiko in Gestalt des Entgeltrisikos tragen. Dies gilt unabhängig davon, dass sie nur für einen einzigen Vertragspartner tätig sind (→ BFH vom 2. 12. 1998 – BStBl 1999 II S. 534),

Schwarzarbeiter; ein Bauhandwerker ist bei nebenberuflicher „Schwarzarbeit" in der Regel kein Arbeitnehmer des Bauherrn (→ BFH vom 21. 3. 1975 – BStBl II S. 513),

Tutoren → BFH vom 21. 7. 1972 (BStBl II S. 738) und vom 28. 2. 1978 (BStBl II S. 387),

Versicherungsvertreter ist selbständig tätig und kein Arbeitnehmer, wenn er ein ins Gewicht fallendes Unternehmerrisiko trägt; die Art seiner Tätigkeit, ob werbende oder verwaltende, ist in der Regel nicht von entscheidender Bedeutung (→ BFH vom 19. 2. 1959 – BStBl III S. 425, vom 10. 9. 1959 – BStBl III S. 437, vom 3. 10. 1961 – BStBl III S. 567 und vom 13. 4. 1967 – BStBl III S. 398),

→ R 15.1 Abs. 1 EStR, H 15.1 (Generalagent, Versicherungsvertreter) EStH,

Vertrauensleute einer Buchgemeinschaft; nebenberufliche Vertrauensleute einer Buchgemeinschaft sind keine Arbeitnehmer des Buchclubs (→ BFH vom 11. 3. 1960 – BStBl III S. 215),

Werbedamen, die von ihren Auftraggebern von Fall zu Fall für jeweils kurzfristige Werbeaktionen beschäftigt werden, können selbständig sein (→ BFH vom 14. 6. 1985 – BStBl II S. 661).

Asylbewerber

Arbeitnehmer und Arbeitgeber (§ 1 LStDV); hier: Arbeitnehmereigenschaft von Asylbewerbern Zahlung einer Aufwandsentschädigung nach § 5 Abs. 2 AsylbLG

(Verfügung der OFD Erfurt vom 15. 3. 1999 – S 2331 A – 08 – St 332 –)

Gem. § 5 Abs. 1 des Asylbewerberleistungsgesetzes (AsylbLG; veröffentlicht im BGBl. 1997 Teil I S. 2023) sollen Asylbewerbern Arbeitsgelegenheiten in Aufnahmeeinrichtungen nach dem Asylverfahrensgesetz sowie soweit wie möglich bei staatlichen, kommunalen bzw. gemeinnützigen Trägern zur Verfügung gestellt werden. Arbeitsfähige, nicht erwerbstätige Leistungsberechtigte, die nicht mehr im schulpflichtigen Alter sind, sind zur Wahrnehmung derartiger Arbeitsgelegenheiten verpflichtet (§ 5 Abs. 4 S. 1 AsylbLG). Für die zu leistende Arbeit wird den Asylbewerbern eine Aufwandsentschädigung von 2 DM je Stunde[1]) ausgezahlt (§ 5 Abs. 2 AsylbLG).

Ein Arbeitsverhältnis im Sinne des Arbeitsrechts und ein Beschäftigungsverhältnis im Sinne der gesetzlichen Kranken- und Rentenversicherung werden nicht begründet (§ 5 Abs. 5 AsylbLG).

Auch aus steuerlicher Sicht ist kein Dienstverhältnis anzunehmen, da die Asylbewerber auf Grund einer öffentlich-rechtlichen Verpflichtung zu den Arbeiten herangezogen werden. Eine freiwillig eingegangene Verpflichtung, die Arbeitskraft zu schulden, liegt somit nicht vor (vgl. Hartz/Meeßen/Wolf, „Arbeitnehmer", Tz. 26). Die Asylbewerber, die aufgrund der o. g. Bestimmungen tätig werden, sind daher nicht als Arbeitnehmer zu qualifizieren. Die gezahlten Aufwandsentschädigungen unterliegen nicht dem Steuerabzug vom Arbeitslohn. Eine Pauschalierung der Lohnsteuer nach § 40a EStG ist damit nicht möglich. Auch das Erteilen von Kontrollmitteilungen an die Veranlagungsstellen entfällt.

Ehegatten-Arbeitsverhältnis[2])

→ R 4.8 EStR und H 4.8 EStH

→ Zur betrieblichen Altersversorgung → H 3.63 (Ehegatten-Arbeitsverhältnis).

Einkunftserzielungsabsicht

Zur Abgrenzung der Einkunftserzielungsabsicht von einer einkommensteuerrechtlich unbeachtlichen Liebhaberei → BFH vom 28. 8. 2008 (BStBl 2009 II S. 243).

Eltern-Kind-Arbeitsverhältnis

Zur steuerlichen Anerkennung von Dienstverhältnissen zwischen Eltern und Kindern → BFH vom 9. 12. 1993 (BStBl 1994 II S. 298), → R 4.8 Abs. 3 EStR.

Gesellschafter-Geschäftsführer

Ein Gesellschafter-Geschäftsführer einer Kapitalgesellschaft ist nicht allein auf Grund seiner Organstellung Arbeitnehmer. Es ist anhand der allgemeinen Merkmale (→ Allgemeines) zu entscheiden, ob die Geschäftsführungsleistung selbständig oder nichtselbständig erbracht wird (→ BMF vom 31. 5. 2007 – BStBl I S. 503 unter Berücksichtigung der Änderungen durch BMF vom 2. 5. 2011 – BStBl I S. 490).

Mitunternehmer

Zur Frage, unter welchen Voraussetzungen ein Arbeitnehmer Mitunternehmer i. S. d. § 15 Abs. 1 Nr. 2 EStG ist, → H 15.8 Abs. 1 (Verdeckte Mitunternehmerschaft) EStH.

Nichteheliche Lebensgemeinschaft

- → H 4.8 EStH
- Ein hauswirtschaftliches Beschäftigungsverhältnis mit der nichtehelichen Lebensgefährtin kann nicht anerkannt werden, wenn diese zugleich Mutter des gemeinsamen Kindes ist (→ BFH vom 19. 5. 1999 – BStBl II S. 764).

Selbständige Arbeit

Zur Abgrenzung einer Tätigkeit als Arbeitnehmer von einer selbständigen Tätigkeit → R 15.1 und Anhang 3018.1 EStR.

Weisungsgebundenheit

Anhang 7 Die in § 1 Abs. 2 LStDV genannte Weisungsgebundenheit kann auf einem besonderen öffentlich-rechtlichen Gewaltverhältnis beruhen, wie z. B. bei Beamten und Richtern, oder Ausfluss des Direktionsrechts sein, mit dem ein Arbeitgeber die Art und Weise, Ort, Zeit und Umfang der zu erbringenden Arbeitsleistung bestimmt. Die Weisungsbefugnis kann eng, aber auch locker sein, wie z. B. bei einem angestellten Chefarzt, der fachlich weitgehend eigenverantwortlich handelt; entscheidend ist, ob die beschäftigte Person einer etwaigen Weisung bei der Art und Weise der Ausführung der geschuldeten Arbeitsleistung zu folgen verpflichtet ist oder ob ein solches Weisungsrecht nicht besteht. Maßgebend ist das Innenverhältnis; die Weisungsgebundenheit muss

[1]) Heute: 1,05 € je Stunde.
[2]) Die dort aufgeführten Grundsätze gelten bei Lebenspartnern entsprechend (→ § 2 Abs. 8 EStG).

im Auftreten der beschäftigten Person nach außen nicht erkennbar werden (→ BFH vom 15. 7. 1987 – BStBl II S. 746). Die Eingliederung in einen Betrieb kann auch bei einer kurzfristigen Beschäftigung gegeben sein, wie z. B. bei einem Apothekervertreter als Urlaubsvertretung. Sie ist aber eher bei einfachen als bei gehobenen Arbeiten anzunehmen, z. B. bei einem Gelegenheitsarbeiter, der zu bestimmten unter Aufsicht durchzuführenden Arbeiten herangezogen wird. Die vorstehenden Kriterien gelten auch für die Entscheidung, ob ein so genannter Schwarzarbeiter Arbeitnehmer des Auftraggebers ist.

Arbeitgeber

R 19.1
S 2352
Anhang 7

[1]Neben den in § 1 Abs. 2 LStDV genannten Fällen kommt als Arbeitgeber auch eine natürliche oder juristische Person, ferner eine Personenvereinigung oder Vermögensmasse in Betracht, wenn ihr gegenüber die Arbeitskraft geschuldet wird. [2]Die Nachfolgeunternehmen der Deutschen Bundespost sind Arbeitgeber der bei ihnen Beschäftigten. [3]Arbeitgeber ist auch, wer Arbeitslohn aus einem früheren oder für ein künftiges Dienstverhältnis zahlt. [4]Bei internationaler Arbeitnehmerentsendung ist das in Deutschland ansässige Unternehmen, das den Arbeitslohn für die ihm geleistete Arbeit wirtschaftlich trägt, inländischer Arbeitgeber. [5]Arbeitgeber ist grundsätzlich auch, wer einem Dritten (Entleiher) einen Arbeitnehmer (Leiharbeitnehmer) zur Arbeitsleistung überlässt (Verleiher). [6]Zahlt im Fall unerlaubter Arbeitnehmerüberlassung der Entleiher anstelle des Verleihers den Arbeitslohn an den Arbeitnehmer, so ist der Entleiher regelmäßig nicht Dritter, sondern Arbeitgeber im Sinne von § 38 Abs. 1 Satz 1 Nr. 1 EStG (→ R 42d.2 Abs. 1). [7]Im Übrigen kommt es nicht darauf an, ob derjenige, dem die Arbeitskraft geschuldet wird, oder ein Dritter Arbeitslohn zahlt (→ R 38.4).

Hinweise

H 19.1

Arbeitgeber

- Eine **GbR** kann Arbeitgeber im lohnsteuerlichen Sinne sein (→ BFH vom 17. 2. 1995 – BStBl II S. 390).
- Ein **Sportverein** kann Arbeitgeber der von ihm eingesetzten Amateursportler sein (→ BFH vom 23. 10. 1992 – BStBl 1993 II S. 303).
- Ein **Verein** ist auch dann Arbeitgeber, wenn nach der Satzung des Vereins Abteilungen mit eigenem Vertreter bestehen und diesen eine gewisse Selbständigkeit eingeräumt ist, so genannter Verein im Verein (→ BFH vom 13. 3. 2003 – BStBl II S. 556).
- Arbeitgeber **kraft gesetzlicher Fiktion** ist für die in § 3 Nr. 65 Satz 2 und 3 EStG bezeichneten Leistungen die sie erbringende Pensionskasse oder das Unternehmen der Lebensversicherung (→ § 3 Nr. 65 Satz 4 EStG) und in den Fällen des § 3 Nr. 53 EStG die Deutsche Rentenversicherung Bund (→ § 38 Abs. 3 Satz 3 EStG).
- Arbeitslohn auszahlende **öffentliche Kasse** → § 38 Abs. 3 Satz 2 EStG
- Bei **Arbeitnehmerentsendung** ist das in Deutschland ansässige aufnehmende Unternehmen, das den Arbeitslohn für die ihm geleistete Arbeit wirtschaftlich trägt, Arbeitgeber → § 38 Abs. 1 Satz 2 EStG.

Hausverwaltungen

Führung von Arbeitnehmerkonten bei Hausverwaltungen

(Verfügung der OFD Berlin vom 1. 2. 1999 – St 423 – 2376 – 1/99 –)

Hauswarte und andere Personen, die zur Wartung von Wohnhäusern beschäftigt werden, stehen zu dem jeweiligen Hauseigentümer in einem Dienstverhältnis. Arbeitgeber im steuerlichen Sinne ist danach der Hauseigentümer, auch wenn er sich von einem Hausverwalter vertreten läßt. Es ist deshalb in der Regel für jeden Hauseigentümer, der Arbeitnehmer beschäftigt, ein Arbeitgeberkonto zu führen.

Betriebsstätte im Sinne des § 41 Abs. 2 Satz 1 EStG des Arbeitgebers (Hauseigentümers) ist der Betrieb oder Teil des Betriebs des Arbeitgebers, in dem der für die Durchführung des Lohnsteuerabzugs maßgebende Arbeitslohn ermittelt wird (siehe auch § 38 Abs. 1 Nr. 1 EStG). Zuständig für die lohnsteuerliche Erfassung ist das Finanzamt, in dessen Bezirk sich die Betriebsstätte des Arbeitgebers (Hauseigentümers) befindet. Auf die Rechtsform eines möglichen Hausverwalters kommt es hierbei nicht an, da dieser nach LStR 132 Satz 3 nicht als Betriebsstätte des Arbeitgebers angesehen werden kann.

Ist – wie bei Wohnungseigentümergemeinschaften – ein Betrieb im vorstehenden Sinne nicht vorhanden, gilt der Mittelpunkt der geschäftlichen Leitung des Arbeitgebers im Inland als Betriebsstätte (§ 41 Abs. 2 Satz 2 EStG). Erfüllt bei einer Wohnungseigentümergemeinschaft der Verwalter sämtliche die Gemeinschaft betreffenden Arbeitgeberpflichten (Einstellung bzw. Entlassung des Personals, Zusammenstellung der für den Lohnsteuerabzug maßgebenden Lohnteile, Abgabe der Lohnsteuer- Anmeldungen und Abführung der Lohnsteuerabzugsbeträge), so befindet sich der Mittelpunkt der geschäftlichen Leitung am Sitz des Verwalters.

Somit ist das für die Verwaltungsfirma zuständige Finanzamt zugleich Betriebsstätten-Finanzamt für die Wohnungseigentümergemeinschaft.

Zu beachten ist, dass für jede vom Verwalter betreute Wohnungseigentümergemeinschaft eine gesonderte Lohnsteuer-Anmeldung abzugeben ist und dass auch ggf. Prüfungsanordnungen nur für die einzelne Wohnungseigentümergemeinschaft ergehen dürfen.

Die Zuständigkeit für neue Fälle richtet sich nach vorstehenden Regelungen. Die bisherige Regelung zur Führung von Sammellohnkonten gemäß TOP 15 der Rundverfügung Nr. 45/1982, LSt-Nr. 274, vom 15. 4. 1982 – St 42a – S 2525 – 3/81 wird hiermit aufgehoben. Ab 1. 1. 2000 ist auch für Altfälle ausschließlich nach den neuen Regelungen zu verfahren.

Kein Arbeitgeber

Die **Obergesellschaft eines Konzerns** (Organträger) ist auch dann nicht Arbeitgeber der Arbeitnehmer ihrer Tochtergesellschaften, wenn sie diesen Arbeitnehmern Arbeitslohn zahlt (→ BFH vom 21. 2. 1986 – BStBl II S. 768).

R 19.2
S 2332
S 2331

Nebentätigkeit und Aushilfstätigkeit

[1]Bei einer nebenberuflichen Lehrtätigkeit an einer Schule oder einem Lehrgang mit einem allgemein feststehenden und nicht nur von Fall zu Fall aufgestellten Lehrplan sind die nebenberuflich tätigen Lehrkräfte in der Regel Arbeitnehmer, es sei denn, dass sie in den Schul- oder Lehrgangsbetrieb nicht fest eingegliedert sind. [2]Hat die Lehrtätigkeit nur einen geringen Umfang, so kann das ein Anhaltspunkt dafür sein, dass eine feste Eingliederung in den Schul- oder Lehrgangsbetrieb nicht vorliegt. [3]Ein geringer Umfang in diesem Sinne kann stets angenommen werden, wenn die nebenberuflich tätige Lehrkraft bei der einzelnen Schule oder dem einzelnen Lehrgang in der Woche durchschnittlich nicht mehr als sechs Unterrichtsstunden erteilt. [4]Auf nebenberuflich tätige Übungsleiter, Ausbilder, Erzieher, Betreuer oder ähnliche Personen sind die Sätze 1 bis 3 sinngemäß anzuwenden.

H 19.2

Hinweise

Allgemeines

- Ob eine Nebentätigkeit oder Aushilfstätigkeit in einem Dienstverhältnis oder selbständig ausgeübt wird, ist nach den allgemeinen Abgrenzungsmerkmalen (§ 1 Abs. 1 und 2 LStDV) zu entscheiden. Dabei ist die Nebentätigkeit oder Aushilfstätigkeit in der Regel für sich allein zu beurteilen. Die Art einer etwaigen Haupttätigkeit ist für die Beurteilung nur wesentlich, wenn beide Tätigkeiten unmittelbar zusammenhängen (→ BFH vom 24. 11. 1961 – BStBl 1962 III S. 37). Anhang 7
- Zu der Frage, ob eine nebenberufliche oder ehrenamtliche Tätigkeit mit Überschusserzielungsabsicht ausgeübt wird, → BFH vom 23. 10. 1992 (BStBl 1993 II S. 303 – Amateurfußballspieler) und vom 4. 8. 1994 (BStBl II S. 944 – Sanitätshelfer).
- Gelegenheitsarbeiter, die zu bestimmten, unter Aufsicht durchzuführenden Arbeiten herangezogen werden, sind auch dann Arbeitnehmer, wenn sie die Tätigkeit nur für einige Stunden ausüben (→ BFH vom 18. 1. 1974 – BStBl II S. 301).
- Bei nebenberuflich tätigen Musikern, die in Gaststätten auftreten, liegt ein Arbeitsverhältnis zum Gastwirt regelmäßig nicht vor, wenn der einzelne Musiker oder die Kapelle, der er angehört, nur gelegentlich – etwa nur für einen Abend oder an einem Wochenende – von dem Gastwirt verpflichtet wird. Ein Arbeitsverhältnis zum Gastwirt ist in der Regel auch dann zu verneinen, wenn eine Kapelle selbständig als Gesellschaft oder der Kapellenleiter als Arbeitgeber der Musiker aufgetreten ist (→ BFH vom 10. 9. 1976 – BStBl 1977 II S. 178).

Aufsichtsratsvergütung

Einnahmen aus einer Nebentätigkeit als Aufsichtsrat, die im Zusammenhang mit einer nichtselbständigen Haupttätigkeit ausgeübt wird

Bezug: HMdF-Erlass vom 29. 8. 2013 – S 2113 A-012-IIb/ S 7104 A-009-II51

(Verfügung der OFD Frankfurt/M. vom 23. 9. 2013
– S 2337 A – 26 – St 211 –)

Aufsichtsratsvergütungen gehören grundsätzlich zu den Einkünften aus selbständiger Tätigkeit nach § 18 Abs. 1 Nr. 3 EStG. Steht die Wahrnehmung der Aufsichtsratsfunktion in einem engen ursächlichen Zusammenhang mit einer nichtselbständigen Haupttätigkeit, gehören die Aufsichtsratsvergütungen abweichend hiervon zu den Einkünften aus dieser Haupttätigkeit (§ 19 EStG). Ein solcher Zusammenhang ist insbesondere dann anzunehmen, wenn die Verpflichtung besteht, die Aufsichtsratsvergütung vollständig oder teilweise an den Arbeitgeber abzuführen (aufgrund einer gesetzlichen oder vertraglichen Bestimmung, z. B. beamtenrechtlichen oder tarifvertraglichen Regelungen). Unterbleibt im Einzelfall eine Abführung der Aufsichtsratsvergütung an den Arbeitgeber, weil die Vergütung z. B. einen bestimmten Grenzbetrag nicht überschreitet, ist dennoch ein enger ursächlicher Zusammenhang mit der Haupttätigkeit anzunehmen, wenn dem Grunde nach eine Abführungsverpflichtung für den Arbeitnehmer besteht. Aufsichtsratsvergütungen, die zu den Einkünften aus einer nichtselbständigen Haupttätigkeit gehören, unterliegen als Arbeitslohn von dritter Seite grundsätzlich dem Lohnsteuerabzug. Es wird jedoch nicht beanstandet, wenn der Arbeitgeber in einem solchen Fall auf den Lohnsteuerabzug verzichtet. Hat der Arbeitgeber keinen Lohnsteuerabzug vorgenommen, ist der Arbeitnehmer verpflichtet, die Einnahmen im Rahmen seiner Einkommensteuererklärung zu deklarieren. Die Abführung der Aufsichtsratsvergütung an den Arbeitgeber führt zu negativem Arbeitslohn.

Personen in einem öffentlich-rechtlichen Amtsverhältnis (z. B. Minister, parlamentarische Staatssekretäre), Beamte und Wahlbeamte (z. B. Bürgermeister, Landräte) sowie Tarifbeschäftigte des öffentlichen Dienstes, die kraft ihrer Funktion einem Aufsichtsrat angehören oder dieses Mandat auf Verlangen, Vorschlag oder Veranlassung ihres Dienstherrn/Arbeitgebers wahrnehmen und grundsätzlich zur (vollständigen oder teilweisen) Abführung der Aufsichtsratsvergütung an den Dienstherrn/Arbeitgeber verpflichtet sind, erzielen daher mit ihren Aufsichtsratsvergütungen Einkünfte aus nichtselbständiger Arbeit. Die Vergütung, die sie als Aufsichtsratsmitglieder erhalten, ist als Arbeitslohn zu behandeln.

Zum Arbeitslohn aus der Aufsichtsratstätigkeit gehört nicht nur die eigentliche Vergütung sowie ggf. Sitzungsgelder, sondern grundsätzlich jeder geldwerte Vorteil, der dem Aufsichtsratsmitglied im Zusammenhang mit der Aufsichtsratstätigkeit zufließt. Dabei kann es sich um Geld- oder Sachzuwendungen (hierzu gehören auch Nutzungsüberlassungen und andere Dienstleistungen) handeln. Für Sachzuwendungen ist ggf. eine Pauschalversteuerung durch das zuwendende Unternehmen möglich.

Nicht als Arbeitslohn sind Zuwendungen zu qualifizieren, die sich nicht als Entlohnung, sondern lediglich als Begleiterscheinung einer betriebsfunktionalen Zielsetzung erweisen. Solche Zuwendungen erfolgen im ganz überwiegenden betrieblichen Interesse und stellen deshalb keinen steuerpflichtigen Arbeitslohn dar (vgl. H 19.3 – Allgemeines zum Arbeitslohn – LStH 2013).

Bei Zuwendungen von Unternehmen an ihre Aufsichtsräte handelt es sich nicht um Geschenke im Sinne § 4 Abs. 5 Satz 1 Nr. 1 EStG, weil die Zuwendung durch die Rechtsbeziehung zwischen Aufsichtsrat und Unternehmen veranlasst ist.

Die vorstehenden Regelungen sind entsprechend anzuwenden, soweit der oben beschriebene Personenkreis kraft seines Amtes bzw. auf Verlangen, Vorschlag oder Veranlassung seines Dienstherrn/Arbeitgebers in einem Verwaltungsrat oder einem anderen Organ einer Gesellschaft, Genossenschaft oder eines in einer anderen Rechtsform betriebenen Unternehmens tätig ist.

Aufsichtsvergütungen

Juristische Staatsprüfungen; hier: Steuerliche Behandlung der Aufsichtsvergütungen

(Erlaß des FinMin Sachsen vom 5. 10. 1992 – 32 – S 2332 – 9/4 – 40342 –)

Nach dem Ergebnis der Erörterung mit den obersten Finanzbehörden des Bundes und der anderen Länder sind die Vergütungen für die Aufsichtsführung bei schriftlichen Prüfungsarbeiten in der Regel den Einnahmen aus der Haupttätigkeit zuzurechnen. Da die Aufsichtsführung bei schriftlichen Prüfungen als Nebenpflicht aus dem Dienstverhältnis anzusehen ist, deren Erfüllung der Arbeitgeber nach der tatsächlichen Gestaltung des Dienstverhältnisses und nach der Verkehrsauffassung erwarten darf (vgl. Abschnitt 68 Abs. 2 Satz 1 der Lohnsteuer-Richtlinien 1990)[1]), gehören die Vergütungen für die Prüfungsaufsicht zum Arbeitslohn. Die Prüfungsaufsicht wird somit nicht nebenberuflich im Sinne von § 3 Nr. 26 EStG ausgeübt.

Einnahmen aus selbständiger Tätigkeit können nur dann angenommen werden, wenn der Arbeitnehmer die eigentliche fachliche Prüfungstätigkeit als Nebentätigkeit ausübt und sich die Aufsichtsführung als Bestandteil dieser Prüfungstätigkeit darstellt.

Nebenberufliche Lehrtätigkeit

- Bei **Lehrkräften**, die im Hauptberuf eine nichtselbständige Tätigkeit ausüben, liegt eine Lehrtätigkeit im Nebenberuf nur vor, wenn diese Lehrtätigkeit nicht zu den eigentlichen Dienstobliegenheiten des Arbeitnehmers aus dem Hauptberuf gehört. Die Ausübung der Lehrtätigkeit im Nebenberuf ist in der Regel als Ausübung eines freien Berufs anzusehen (→ BFH vom 24. 4. 1959 – BStBl III S. 193), es sei denn, dass gewichtige Anhaltspunkte – z. B. Arbeitsvertrag unter Zugrundelegung eines Tarifvertrags, Anspruch auf Urlaubs- und Feiertagsvergütung – für das Vorliegen einer Arbeitnehmertätigkeit sprechen (→ BFH vom 28. 4. 1972 – BStBl II S. 617 und vom 4. 5. 1972 – BStBl II S. 618).
- Auch bei nur geringem Umfang der Nebentätigkeit sind die **Lehrkräfte** als Arbeitnehmer anzusehen, wenn sie auf Grund eines als Arbeitsvertrag ausgestalteten Vertrags tätig werden oder wenn eine an einer Schule vollbeschäftigte Lehrkraft zusätzliche Unterrichtsstunden an derselben Schule oder an einer Schule gleicher Art erteilt (→ BFH vom 4. 12. 1975 – BStBl 1976 II S. 291, 292).
- Die nebenberufliche Lehrtätigkeit von **Handwerksmeistern** an Berufs- und Meisterschulen ist in aller Regel keine nichtselbständige Tätigkeit.
- Bei **Angehörigen der freien Berufe** stellt eine Nebentätigkeit als Lehrbeauftragte an Hochschulen regelmäßig eine selbständige Tätigkeit dar (→ BFH vom 4. 10. 1984 – BStBl 1985 II S. 51).

Nebenberufliche Prüfungstätigkeit

Eine Prüfungstätigkeit als Nebentätigkeit ist in der Regel als Ausübung eines freien Berufs anzusehen (→ BFH vom 14. 3. 1958 – BStBl III S. 255, vom 2. 4. 1958 – BStBl III S. 293 und vom 29. 1. 1987 – BStBl II S. 783 wegen nebenamtlicher Prüfungstätigkeit eines Hochschullehrers).

Steuerliche Behandlung von Vergütungen für Prüfungstätigkeiten im Hochschulbereich

(Erlaß des FinMin Baden-Württemberg vom 30. 1. 1991 – S 2332 – A – 3/71 –)

Vergütungen, die Hochschullehrer für die Mitwirkung bei Staatsprüfungen erhalten, gehören nach dem BFH-Urteil vom 29. 1. 1987 (BStBl 1987 II S. 783) zu den Einnahmen aus selbständiger Arbeit. Die Prüfungsvergütungen sind nach § 3 Nr. 26 EStG begünstigt. Vergütungen für die Mitwirkung bei Hochschulprüfungen sind wie bisher als Einnahmen aus nichtselbständiger Arbeit zu behandeln. Die Steuerbefreiung des § 3 Nr. 26 EStG findet auf diese Vergütungen keine Anwendung.

Nebentätigkeit bei demselben Arbeitgeber

Einnahmen aus der Nebentätigkeit eines Arbeitnehmers, die er im Rahmen des Dienstverhältnisses für denselben Arbeitgeber leistet, für den er die Haupttätigkeit ausübt, sind Arbeitslohn, wenn dem Arbeitnehmer aus seinem Dienstverhältnis Nebenpflichten obliegen, die zwar im Arbeitsvertrag nicht ausdrücklich vorgesehen sind, deren Erfüllung der Arbeitgeber aber nach der tatsächlichen Gestaltung des Dienstverhältnisses und nach der Verkehrsauffassung erwarten darf, auch wenn er die zusätzlichen Leistungen besonders vergüten muss (→ BFH vom 25. 11. 1971 – BStBl 1972 II S. 212).

Vermittlungsprovisionen

→ R 19.4

1) Jetzt: R 19.2 LStR.

Zuordnung in Einzelfällen

- Vergütungen, die **Angestellte eines Notars** für die Übernahme der Auflassungsvollmacht von den Parteien eines beurkundeten Grundstücksgeschäfts erhalten, können Arbeitslohn aus ihrem Dienstverhältnis sein (→ BFH vom 9. 12. 1954 – BStBl 1955 III S. 55).
- Die Tätigkeit der bei Universitätskliniken angestellten **Assistenzärzte als Gutachter** ist unselbständig, wenn die Gutachten den Auftraggebern als solche der Universitätsklinik zugehen (→ BFH vom 19. 4. 1956 – BStBl III S. 187).
- **Gemeindedirektor**, der auf Grund des Gesetzes betreffend die Oldenburgische Landesbrandkasse vom 6. 8. 1938 Mitglied der **Schätzungskommission** ist, bezieht aus dieser Tätigkeit keine Einkünfte aus nichtselbständiger Arbeit (→ BFH vom 8. 2. 1972 – BStBl II S. 460).
- **Orchestermusiker**, die neben ihrer nichtselbständigen Haupttätigkeit im Orchester gelegentlich für ihren Arbeitgeber eine künstlerische Nebentätigkeit ausüben, können insoweit Einkünfte aus selbständiger Arbeit haben, als die Tätigkeit nicht zu den Nebenpflichten aus dem Dienstvertrag gehört (→ BFH vom 25. 11. 1971 – BStBl 1972 II S. 212).
- Übernimmt ein **Richter** ohne Entlastung in seinem Amt zusätzlich die **Leitung einer Arbeitsgemeinschaft** für Rechtsreferendare, so besteht zwischen Haupt- und Nebentätigkeit kein unmittelbarer Zusammenhang. Ob die Nebentätigkeit selbständig ausgeübt wird, ist deshalb nach dem Rechtsverhältnis zu beurteilen, auf Grund dessen sie ausgeübt wird (→ BFH vom 7. 2. 1980 – BStBl II S. 321).
- Einnahmen, die angestellte **Schriftleiter** aus freiwilliger **schriftstellerischer Nebentätigkeit** für ihren Arbeitgeber erzielen, können Einnahmen aus selbständiger Tätigkeit sein (→ BFH vom 3. 3. 1955 – BStBl III S. 153).
- Das **Honorar**, das ein (leitender) Angestellter von seinem Arbeitgeber dafür erhält, dass er diesen bei **Verhandlungen über den Verkauf des Betriebes** beraten hat, gehört zu den Einnahmen aus nichtselbständiger Tätigkeit (→ BFH vom 20. 12. 2000 – BStBl 2001 II S. 496).
- Prämien, die ein Verlagsunternehmen seinen **Zeitungsausträgern** für die **Werbung neuer Abonnenten** gewährt, sind dann kein Arbeitslohn, wenn die Zeitungsausträger weder rechtlich noch faktisch zur Anwerbung neuer Abonnenten verpflichtet sind (→ BFH vom 22. 11. 1996 – BStBl 1997 II S. 254).

Arbeitslohn

R 19.3

(1) [1]Arbeitslohn ist die Gegenleistung für das Zurverfügungstellen der individuellen Arbeitskraft. [2]Zum Arbeitslohn gehören deshalb auch S 2332

1. die Lohnzuschläge für Mehrarbeit und Erschwerniszuschläge, wie Hitzezuschläge, Wasserzuschläge, Gefahrenzuschläge, Schmutzzulagen usw.,
2. Entschädigungen, die für nicht gewährten Urlaub gezahlt werden,
3. der auf Grund des § 7 Abs. 5 SVG gezahlte Einarbeitungszuschuss,
4. pauschale Fehlgeldentschädigungen, die Arbeitnehmern im Kassen- und Zähldienst gezahlt werden, soweit sie 16 Euro im Monat übersteigen,
5. Trinkgelder, Bedienungszuschläge und ähnliche Zuwendungen, auf die der Arbeitnehmer einen Rechtsanspruch hat.

(2) Nicht als Gegenleistung für das Zurverfügungstellen der individuellen Arbeitskraft und damit nicht als Arbeitslohn sind u. a. anzusehen

1. der Wert der unentgeltlich zur beruflichen Nutzung überlassenen Arbeitsmittel,
2. die vom Arbeitgeber auf Grund gesetzlicher Verpflichtung nach § 3 Abs. 2 Nr. 1 und Abs. 3 des Gesetzes über die Durchführung von Maßnahmen des Arbeitsschutzes zur Verbesserung der Sicherheit und des Gesundheitsschutzes der Beschäftigten bei der Arbeit (ArbSchG) i. V. m. § 6 der Verordnung über Sicherheit und Gesundheitsschutz bei der Arbeit an Bildschirmgeräten (BildscharbV) sowie der Verordnung zur arbeitsmedizinischen Vorsorge (ArbMedVV) übernommenen angemessenen Kosten für eine spezielle Sehhilfe, wenn auf Grund einer Untersuchung der Augen und des Sehvermögens durch eine fachkundige Person i. S. d. ArbMedVV die spezielle Sehhilfe notwendig ist, um eine ausreichende Sehfähigkeit in den Entfernungsbereichen des Bildschirmarbeitsplatzes zu gewährleisten,
3. übliche Sachleistungen des Arbeitgebers aus Anlass der Diensteinführung, eines Amts- oder Funktionswechsels, eines runden Arbeitnehmerjubiläums (→ R 19.5 Abs. 2 Satz 4 Nr. 3) oder der Verabschiedung eines Arbeitnehmers; betragen die Aufwendungen des Arbeitgebers einschl. Umsatzsteuer mehr als 110 Euro[1] je teilnehmender Person, sind die Aufwendungen

[1] ***Die Regelungen sind ungeachtet von § 19 Abs. 1 Satz 1 Nr. 1a EStG ab 2015 weiterhin anzuwenden.***

dem Arbeitslohn des Arbeitnehmers hinzuzurechnen; auch Geschenke bis zu einem Gesamtwert von 60 Euro sind in die 110-Euro-Grenze[1] einzubeziehen,

4. übliche Sachleistungen bei einem Empfang anlässlich eines runden Geburtstages eines Arbeitnehmers, wenn es sich unter Berücksichtigung aller Umstände des Einzelfalls um ein Fest des Arbeitgebers (betriebliche Veranstaltung) handelt. ²Die anteiligen Aufwendungen des Arbeitgebers, die auf den Arbeitnehmer selbst, seine Familienangehörigen sowie private Gäste des Arbeitnehmers entfallen, gehören jedoch zum steuerpflichtigen Arbeitslohn, wenn die Aufwendungen des Arbeitgebers mehr als 110 Euro[2] je teilnehmender Person betragen; auch Geschenke bis zu einem Gesamtwert von 60 Euro sind in die 110-Euro-Grenze[3] einzubeziehen,
5. pauschale Zahlungen des Arbeitgebers an ein Dienstleistungsunternehmen, das sich verpflichtet, alle Arbeitnehmer des Auftraggebers kostenlos in persönlichen und sozialen Angelegenheiten zu beraten und zu betreuen, beispielsweise durch die Übernahme der Vermittlung von Betreuungspersonen für Familienangehörige[4].

(3) ¹Leistungen des Arbeitgebers, mit denen er Werbungskosten des Arbeitnehmers ersetzt, sind nur steuerfrei, soweit dies gesetzlich bestimmt ist. ²Somit sind auch steuerpflichtig

1. Vergütungen des Arbeitgebers zum Ersatz der dem Arbeitnehmer berechneten Kontoführungsgebühren,
2. Vergütungen des Arbeitgebers zum Ersatz der Aufwendungen des Arbeitnehmers für Fahrten zwischen Wohnung und erster Tätigkeitsstätte.

H 19.3

Hinweise

Abgrenzung zu anderen Einkunftsarten

- Abgrenzung des Arbeitslohns von den Einnahmen aus Kapitalvermögen → BFH vom 31. 10. 1989 (BStBl 1990 II S. 532).
- Zahlungen im Zusammenhang mit einer fehlgeschlagenen Hofübergabe sind kein Arbeitslohn, sondern Einkünfte nach § 22 Nr. 3 EStG (→ BFH vom 8. 5. 2008 – BStBl II S. 868).
- Zur Abgrenzung von Arbeitslohn und privater Vermögensebene bei einem Gesellschafter-Geschäftsführer → BFH vom 19. 6. 2008 (BStBl II S. 826).
- Veräußerungsgewinn aus einer Kapitalbeteiligung an einem Unternehmen des Arbeitgebers BFH vom 17. 6. 2009 (BStBl 2010 II S. 69).
- Veräußerungsverluste aus einer Kapitalbeteiligung am Unternehmen des Arbeitgebers sind keine negativen Einnahmen bei den Einkünften aus nichtselbständiger Arbeit, wenn es an einem Veranlassungszusammenhang zum Dienstverhältnis mangelt (→ BFH vom 17. 9. 2009 – BStBl 2010 II S. 198).
- Arbeitslohn im Zusammenhang mit der Veräußerung von GmbH-Anteilen (→ BFH vom 30. 6. 2011 – BStBl II S. 948).
- Abgrenzung zwischen Arbeitslohn und gewerblichen Einkünften eines Fußballspielers (→ BFH vom 22. 2. 2012 – BStBl II S. 511).
- Abgrenzung zwischen einer verdeckten Gewinnausschüttung und Arbeitslohn bei vertragswidriger Kraftfahrzeugnutzung durch den Gesellschafter-Geschäftsführer einer Kapitalgesell-
Anhang 25 III schaft → BMF vom 3. 4. 2012 (BStBl I S. 478).
- Abgrenzung des Arbeitslohns von den Einnahmen aus Kapitalvermögen beim Rückverkauf von Genussrechten im Zusammenhang mit der Beendigung des Dienstverhältnisses (→ BFH vom 5. 11. 2013 – BStBl 2014 II S. 275).

Allgemeines zum Arbeitslohnbegriff

Welche Einnahmen zum Arbeitslohn gehören, ist unter Beachtung der Vorschriften des § 19
Anhang 7 Abs. 1 EStG und § 2 LStDV sowie der hierzu ergangenen Rechtsprechung zu entscheiden. Danach sind Arbeitslohn grundsätzlich alle Einnahmen in Geld oder Geldeswert, die durch ein individuelles Dienstverhältnis veranlasst sind. Ein **Veranlassungszusammenhang zwischen Einnahmen und einem Dienstverhältnis** ist anzunehmen, wenn die Einnahmen dem Empfänger nur mit Rücksicht auf das Dienstverhältnis zufließen und sich als Ertrag seiner nichtselbständigen Arbeit darstellen. Die letztgenannte Voraussetzung ist erfüllt, wenn sich die Einnahmen im weitesten Sinne als Gegenleistung für das Zurverfügungstellen der individuellen Arbeitskraft erwei-

1) Die Regelungen sind ungeachtet von § 19 Abs. 1 Satz 1 Nr. 1a EStG ab 2015 weiterhin anzuwenden.
2) Die Regelungen sind ungeachtet von § 19 Abs. 1 Satz 1 Nr. 1a EStG ab 2015 weiterhin anzuwenden.
3) Die Regelungen sind ungeachtet von § 19 Abs. 1 Satz 1 Nr. 1a EStG ab 2015 weiterhin anzuwenden.
4) Zu individuellen Zahlungen → § 3 Nr. 34a EStG.

sen (→ BFH vom24. 9. 2013 - BStBl 2014 II S. 124). Eine solche Gegenleistung liegt nicht vor, wenn die Vergütungen die mit der Tätigkeit zusammenhängenden Aufwendungen nur unwesentlich übersteigen (→ BFH vom 23. 10. 1992 – BStBl 1993 II S. 303). Die Zurechnung des geldwerten Vorteils zu einem erst künftigen Dienstverhältnis ist zwar nicht ausgeschlossen, bedarf aber der Feststellung eines eindeutigen Veranlassungszusammenhangs, wenn sich andere Ursachen für die Vorteilsgewährung als Veranlassungsgrund aufdrängen (→ BFH vom 20. 5. 2010 – BStBl II S. 1069).

Ebenfalls keine Gegenleistung sind Vorteile, die sich bei objektiver Würdigung aller Umstände nicht als Entlohnung, sondern lediglich als notwendige Begleiterscheinung betriebsfunktionaler Zielsetzungen erweisen. Ein rechtswidriges Tun ist keine beachtliche Grundlage einer solchen betriebsfunktionalen Zielsetzung (→ BFH vom 14. 11. 2013 – BStBl 2014 II S. 278). Vorteile besitzen danach keinen Arbeitslohncharakter, wenn sie im ganz überwiegend eigenbetrieblichen Interesse des Arbeitgebers gewährt werden. Das ist der Fall, wenn sich aus den Begleitumständen wie zum Beispiel Anlass, Art und Höhe des Vorteils, Auswahl der Begünstigten, freie oder nur gebundene Verfügbarkeit, Freiwilligkeit oder Zwang zur Annahme des Vorteils und seine besondere Geeignetheit für den jeweils verfolgten betrieblichen Zweck ergibt, dass diese Zielsetzung ganz im Vordergrund steht und ein damit einhergehendes eigenes Interesse des Arbeitnehmers, den betreffenden Vorteil zu erlangen, vernachlässigt werden kann (→ BFH vom 24. 9. 2013 – BStBl 2014 II S. 124 und die dort zitierte Rechtsprechung). Im Ergebnis handelt es sich um Leistungen des Arbeitgebers, die er im ganz überwiegenden betrieblichen Interesse erbringt. Ein ganz überwiegendes betriebliches Interesse muss über das an jeder Lohnzahlung bestehende betriebliche Interesse deutlich hinausgehen (→ BFH vom 2. 2. 1990 – BStBl II S. 472). Gemeint sind Fälle, z. B. in denen ein Vorteil der Belegschaft als Gesamtheit zugewendet wird oder in denen dem Arbeitnehmer ein Vorteil aufgedrängt wird, ohne dass ihm eine Wahl bei der Annahme des Vorteils bleibt und ohne dass der Vorteil eine Marktgängigkeit besitzt (→ BFH vom 25. 7. 1986 – BStBl II S. 868).

Arbeitgeberzuwendungen

Arbeitgeberzuwendungen an die Unterstützungskasse VBLU

(Erlaß des FinMin Thüringen vom 20. 4. 1999 – S 2373 A – 8/99 – 204.1 –)

Mit Urteil vom 17. 12. 1997, 12 K 824/92 hat das FG Köln entschieden, daß es sich bei den Arbeitgeberzuwendungen an die Unterstützungskasse des Versorgungsverbandes bundes- und landesgeförderter Unternehmen e. V. (VBLU) wegen des fehlenden Rechtsanspruchs auf die Versorgungsleistungen nicht um Arbeitslohn handelt. Das gilt auch dann, wenn ein tarifvertraglicher Anspruch auf Arbeitgeberbeiträge zur Zusatzversorgung besteht. Einen Mißbrauch rechtlicher Gestaltungsmöglichkeiten hat das FG verneint.

Mit Beschluß vom 16. 9. 1998, VI B 155/98 hat der BFH die Nichtzulassungsbeschwerde gegen das Urteil des FG Köln als unbegründet zurückgewiesen.

Nach Abstimmung mit dem BMF und den obersten Finanzbehörden der Länder bestehen keine Bedenken, nicht bereits die Arbeitgeberzuwendungen an die Unterstützungskasse VBLU, sondern erst die späteren Versorgungsleistungen lohnzuversteuern (sog. nachgelagerte Besteuerung).

Beispiele:

Zum Arbeitslohn gehören

- der verbilligte Erwerb von Aktien vom Arbeitgeber (oder einem Dritten), wenn der Vorteil dem Arbeitnehmer oder einem Dritten für die Arbeitsleistung des Arbeitnehmers gewährt wird (→ BFH vom 7. 5. 2014 – BStBl II S. 904),
- die vom Arbeitgeber übernommenen Beiträge einer angestellten Rechtsanwältin zum deutschen **Anwaltverein** (→ BFH vom 12. 2. 2009 – BStBl II S. 462),
- **hinterzogene Arbeitnehmeranteile** zur Gesamtsozialversicherung bei Vereinbarung sog. Schwarzlöhne (→ BFH vom 13. 9. 2007 – BStBl II 2008 S. 58);
  → aber auch unter „Nicht zum Arbeitslohn gehören" und dort unter „Arbeitnehmeranteile am Gesamtsozialversicherungsbeitrag",
- **Arbeitnehmeranteile** zur Arbeitslosen-, Kranken-, Pflege- und Rentenversicherung (Gesamtsozialversicherung), wenn der Arbeitnehmer hierdurch einen eigenen Anspruch gegen einen Dritten erwirbt (→ BFH vom 16. 1. 2007 – BStBl II S. 579),
- die vom Arbeitgeber übernommenen Beiträge zur **Berufshaftpflichtversicherung** von Rechtsanwälten (→ BFH vom 26. 7. 2007 – BStBl II S. 892),

Übernahme der Beiträge zur Berufshaftpflichtversicherung angestellter Rechtsanwälte durch den Arbeitgeber

(Erlass der Senatsverwaltung für Finanzen Berlin vom 22. 07. 2010 – III B – S 2332 – 3/2008 –)

Der BFH hat mit Urteil vom 26. 07. 2007, BStBl 2007 II S. 892, entschieden, dass die Übernahme von Beiträgen zur Berufshaftpflichtversicherung angestellter Rechtsanwälte durch den Arbeitgeber zu Arbeitslohn führt, weil angestellte Rechtsanwälte gemäß § 51 BRAO zum Abschluss der Versicherung verpflichtet sind und deshalb ein überwiegend eigenbetriebliches Interesse des Arbeitgebers ausscheidet. Auch eine Versicherung der angestellten Rechtsanwälte über die Mindestdeckungssumme hinaus hat nicht zur Folge, dass das Interesse des einzelnen Arbeitnehmers am Abschluss der Berufshaftpflichtversicherung als unerheblich zu qualifizieren wäre.

In der Praxis erfolgt die Absicherung der angestellten Rechtsanwälte über die Mindestdeckungssumme hinaus regelmäßig im Rahmen einer Vermögensschaden-Haftpflichtversicherung der Rechtsanwaltssozietät. Die Versicherungspflicht nach § 51 BRAO kann auch durch eine vom Arbeitgeber abgeschlossene Gruppenversicherung erfüllt werden, bei der die angestellten Rechtsanwälte als versicherte Personen namentlich genannt werden. Somit wird auch durch eine vom Arbeitgeber abgeschlossene Versicherung für die bei ihm tätigen, namentlich genannten, Rechtsanwälte deren individuelle Pflicht zum Abschluss einer Berufshaftpflichtversicherung erfüllt. Die Rechtsanwälte haben ein entsprechendes Eigeninteresse an dieser Versicherung, so dass grundsätzlich von Arbeitslohn auszugehen ist, wenn der Arbeitgeber die Versicherungsbeiträge zahlt.

Eine Aufteilung der Versicherungssumme nach Mindestdeckungssumme und überschießender Summe ist nach bundeseinheitlichem Beschluss der obersten Finanzbehörden der Länder somit nicht vorzunehmen (vgl. auch BFH-Beschluss vom 06. 05. 2009, VI B 4/09, BFH/NV 2009 S. 1431 sowie die Entscheidung des Vorverfahrens). Bei einer für die Rechtsanwälte der Kanzlei (ggf. Sozien und angestellte Rechtsanwälte) insgesamt abgeschlossenen Haftpflichtversicherung ist für die Ermittlung des auf den einzelnen angestellten Rechtsanwalt entfallenden Arbeitslohns der Gesamtbetrag der zu leistenden Versicherungsbeiträge nach Köpfen zu verteilen.

- der geldwerte Vorteil aus dem verbilligten **Erwerb einer Beteiligung**, der im Hinblick auf eine spätere Beschäftigung als Geschäftsführer gewährt wird (→ BFH vom 26. 6. 2014 – BStBl II S. 864),
- die vom Arbeitgeber übernommenen **Bußgelder**, die gegen bei ihm angestellte Fahrer wegen Verstoßes gegen die Lenk- und Ruhezeit verhängt worden sind (→ BFH vom 14. 11. 2013 – BStBl 2014 II S. 278),
- die unentgeltliche bzw. verbilligte **Überlassung eines Dienstwagens** durch den Arbeitgeber an den Arbeitnehmer für dessen Privatnutzung (→ BFH vom 29. 1. 2009 – BStBl 2010 II S. 1067),
- die vom Arbeitgeber übernommenen **Geldbußen und Geldauflagen** bei nicht ganz überwiegend eigenbetrieblichem Interesse (→ BFH vom 22. 7. 2008 – BStBl 2009 II S. 151),
- die vom Arbeitgeber übernommenen Beiträge für die Mitgliedschaft in einem **Golfclub** (→ BFH vom 21. 3. 2013 – BStBl II S. 700)***; zur Abgrenzung → BFH vom 17. 7. 2014 (BStBl 2015 II S. 41)***,
- Beiträge des Arbeitgebers zu einer privaten **Gruppenkrankenversicherung**, wenn der Arbeitnehmer einen eigenen unmittelbaren und unentziehbaren Rechtsanspruch gegen den Versicherer erlangt (→ BFH vom 14. 4. 2011 – BStBl II S. 767),
- die vom Arbeitgeber übernommenen **Kammerbeiträge** für Geschäftsführer von Wirtschaftsprüfungs-/Steuerberatungsgesellschaften (→ BFH vom 17. 1. 2008 – BStBl II S. 378),
- die kostenlose oder verbilligte Überlassung von qualitativ und preislich **hochwertiger Kleidungsstücke** durch den Arbeitgeber (→ BFH vom 11. 4. 2006 – BStBl II S. 691), soweit es sich nicht um typische Berufskleidung handelt → R 3.31 Abs. 1; zum überwiegend eigenbetrieblichen Interesse bei Überlassung einheitlicher Kleidung → BFH vom 22. 6. 2006 (BStBl II S. 915),
- monatliche Zahlungen nach einer Betriebsvereinbarung (Sozialplan) zum **Ausgleich der durch Kurzarbeit** entstehenden Nachteile (→ BFH vom 20. 7. 2010 – BStBl 2011 II S. 218),
- die innerhalb eines Dienstverhältnisses erzielten **Liquidationseinnahmen** eines angestellten Chefarztes aus einem eingeräumten Liquidationsrecht für gesondert berechenbare wahlärztliche Leistungen (→ BFH vom 5. 10. 2005 – BStBl 2006 II S. 94),

  → H 19.0 (Arbeitnehmereigenschaft / a) Beispiele für Arbeitnehmereigenschaft / Chefarzt),
- **Lohnsteuerbeträge**, soweit sie vom Arbeitgeber übernommen werden und kein Fall des § 40 Abs. 3 EStG vorliegt (→ BFH vom 28. 2. 1992 – BStBl II S. 733). Bei den ohne entsprechende Nettolohnvereinbarung übernommenen Lohnsteuerbeträgen handelt es sich um Arbeitslohn

des Kalenderjahrs, in dem sie entrichtet worden sind und der Arbeitgeber auf den Ausgleichsanspruch gegen den Arbeitnehmer verzichtet (→ BFH vom 29. 10. 1993 – BStBl 1994 II S. 197). Entsprechendes gilt für übernommene Kirchensteuerbeträge sowie für vom Arbeitgeber zu Unrecht angemeldete und an das Finanzamt endgültig abgeführte Lohnsteuerbeträge (→ BFH vom 17. 6. 2009 – BStBl 2010 II S. 72),

- vom Arbeitgeber **nachträglich** an das Finanzamt **abgeführte Lohnsteuer** für zunächst als steuerfrei behandelten Arbeitslohn (→ BFH vom 29. 11. 2000 – BStBl 2001 II S. 195),
- ***freiwillige Zahlungen von Notaren an Notarassessoren für deren Vertretungstätigkeit (→ BFH vom 10. 3. 2015 – BStBl II S. 767),***
- von einem Dritten verliehene **Preise**, die den Charakter eines leistungsbezogenen Entgelts haben und nicht eine Ehrung der Persönlichkeit des Preisträgers darstellen (→ BFH vom 23. 4. 2009 – BStBl II S. 668),
- die vom Arbeitgeber übernommenen Kosten einer **Regenerationskur**; keine Aufteilung einer einheitlich zu beurteilenden Zuwendung (→ BFH vom 11. 3. 2010 – BStBl II S. 763),
- geldwerte Vorteile anlässlich von Kosten für **Reisen** (→ H 19.7),
- **Zuschüsse**, die eine AG Vorstandsmitgliedern zur freiwilligen **Weiterversicherung** in der gesetzlichen **Rentenversicherung** oder einem Versorgungswerk gewährt (→ BFH vom 24. 9. 2013 – BStBl 2014 II S. 124),
- Überschüsse aus dem **Rückverkauf** der vom Arbeitgeber erworbenen **Genussrechte**, wenn der Arbeitnehmer sie nur an den Arbeitgeber veräußern kann (→ BFH vom 5. 11. 2013 – BStBl 2014 II S. 275),
- **Sachbezüge**, soweit sie zu geldwerten Vorteilen des Arbeitnehmers aus seinem Dienstverhältnis führen (→ R 8.1 und 8.2),
- der **Erlass einer Schadensersatzforderung** des Arbeitgebers (→ BFH vom 27. 3. 1992 – BStBl II S. 837); siehe auch H 8.1 (9–10) Verzicht auf Schadensersatz,
- Aufwendungen des Arbeitgebers für **Sicherheitsmaßnahmen** bei abstrakter berufsbedingter Gefährdung (→ BFH vom 5. 4. 2006 – BStBl II S. 541); → aber BMF vom 30. 6. 1997 (BStBl I S. 696),
- vom Arbeitgeber übernommene **Steuerberatungskosten** (→ BFH vom 21. 1. 2010 – BStBl II S. 639),
- **Surrogatleistungen** des Arbeitgebers auf Grund des Wegfalls von Ansprüchen im Rahmen der betrieblichen Altersversorgung (→ BFH vom 7. 5. 2009 – BStBl 2010 II S. 130),
- die vom Arbeitgeber übernommenen festen und laufenden Kosten für einen **Telefonanschluss** in der Wohnung des Arbeitnehmers oder für ein **Mobiltelefon**, soweit kein betriebliches Gerät genutzt wird (→ R 3.45), es sich nicht um Auslagenersatz nach → R 3.50 handelt und die Telefonkosten nicht zu den Reisenebenkosten (→ R 9.8), Umzugskosten (→ R 9.9) oder Mehraufwendungen wegen doppelter Haushaltsführung (→ R 9.11) gehören,
- die Nutzung vom Arbeitgeber gemieteter **Tennis- und Squashplätze** (→ BFH vom 27. 9. 1996 – BStBl 1997 II S. 146),
- **Umlagezahlungen** des Arbeitgebers an die Versorgungsanstalt des Bundes und der Länder – VBL – (→ BFH vom 7. 5. 2009 – BStBl 2010 II S. 194), → auch VBL-Umlagezahlungen
- ggf. Beiträge für eine und Leistungen aus einer **Unfallversicherung** (→ BMF vom 28. 10. 2009 – BStBl I S. 1275),

  → Unfallversicherung
- Leistungen aus **Unterstützungskassen** (→ BFH vom 28. 3. 1958 – BStBl III S. 268), soweit sie nicht nach R 3.11 Abs. 2 steuerfrei sind,
- **Vermittlungsprovisionen** (→ R 19.4),
- ***Verzinsungen von Genussrechten, wenn die Höhe der Verzinsung völlig unbestimmt ist und von einem aus Arbeitgeber und einem Vertreter der Arbeitnehmer bestehenden Partnerschaftsausschuss bestimmt wird (→ BFH vom 21. 10. 2014 – BStBl 2015 II S. 447).***
- Ausgleichszahlungen, die der Arbeitnehmer für seine in der Arbeitsphase erbrachten **Vorleistungen** erhält, wenn ein im Blockmodell geführtes Altersteilzeitarbeitsverhältnis vor Ablauf der vertraglich vereinbarten Zeit beendet wird (→ BFH vom 15. 12. 2011 – BStBl 2012 II S. 415).

Nicht zum Arbeitslohn gehören

- **Aufmerksamkeiten** (→ R 19.6),
- **Arbeitgeberanteile zur gesetzlichen Sozialversicherung** eines Arbeitnehmers (BFH vom 6. 6. 2002 – BStBl 2003 II S. 34).

- **Arbeitnehmeranteile am Gesamtsozialversicherungsbeitrag**, die der Arbeitgeber wegen der gesetzlichen Beitragslastverschiebung nachzuentrichten und zu übernehmen hat (§ 3 Nr. 62 EStG), es sei denn, dass Arbeitgeber und Arbeitnehmer eine Nettolohnvereinbarung getroffen haben oder der Arbeitgeber zwecks Steuer- und Beitragshinterziehung die Unmöglichkeit einer späteren Rückbelastung beim Arbeitnehmer bewusst in Kauf genommen hat (→ BFH vom 29. 10. 1993 – BStBl 1994 II S. 194 und vom 13. 9. 2007 (BStBl 2008 II S. 58),

  → aber BFH vom 13. 9. 2007 (BStBl II 2008 S. 58) zur Nachentrichtung hinterzogener Arbeitnehmeranteile zur Gesamtsozialversicherung bei Vereinbarung sog. Schwarzlöhne
- Beiträge des Bundes nach **§ 15 FELEG** (→ BFH vom 14. 4. 2005 – BStBl II S. 569),
- **Fort- oder Weiterbildungsleistungen** (→ R 19.7),
- **Gestellung einheitlicher**, während der Arbeitszeit zu tragender bürgerliche **Kleidung**, wenn das eigenbetriebliche Interesse des Arbeitgebers im Vordergrund steht bzw. kein geldwerter Vorteil des Arbeitnehmers anzunehmen ist (→ BFH vom 22. 6. 2006 – BStBl II S. 915); zur Überlassung hochwertiger Kleidung → BFH vom 11. 4. 2006 (BStBl II S. 691),
- **Leistungen zur Verbesserung der Arbeitsbedingungen**, z. B. die Bereitstellung von Aufenthalts- und Erholungsräumen sowie von betriebseigenen Dusch- und Badeanlagen; sie werden der Belegschaft als Gesamtheit und damit in überwiegendem betrieblichen Interesse zugewendet (→ BFH vom 25. 7. 1986 – BStBl II S. 868),
- **Maßnahmen** des Arbeitgebers zur Vorbeugung spezifisch berufsbedingter Beeinträchtigungen der **Gesundheit**, wenn die Notwendigkeit der Maßnahmen zur Verhinderung krankheitsbedingter Arbeitsausfälle durch Auskünfte des medizinischen Dienstes einer Krankenkasse bzw. Berufsgenossenschaft oder durch Sachverständigengutachten bestätigt wird (→ BFH vom 30. 5. 2001 – BStBl II S. 671),
- **Mietzahlungen** des Arbeitgebers für ein im Haus bzw. in der Wohnung des Arbeitnehmers gelegenes Arbeitszimmer, das der Arbeitnehmer für die Erbringung seiner Arbeitsleistung nutzt, wenn die Nutzung des Arbeitszimmers in vorrangigem Interesse des Arbeitgebers erfolgt (→ BMF vom 13. 12. 2005 – BStBl 2006 I S. 4). → H 9.14 (Vermietung an den Arbeitgeber)
- **Nutzungsentgelt** für eine dem Arbeitgeber überlassene eigene **Garage**, in der ein Dienstwagen untergestellt wird (→ BFH vom 7. 6. 2002 – BStBl II S. 829),
- **Rabatte**, die der Arbeitgeber nicht nur seinen Arbeitnehmern, sondern **auch fremden Dritten** üblicherweise einräumt (→ BFH vom 26. 7. 2012 – BStBl 2013 II S. 402 ***zu Mitarbeiterrabatten in der Automobilbranche und BFH vom 10. 4. 2014 – BStBl 2015 II S. 191 zu Rabatten beim Abschluss von Versicherungsverträgen***),
- **übliche Sachleistungen** des Arbeitgebers anlässlich einer betrieblichen Veranstaltung im Zusammenhang mit einem runden Geburtstag des Arbeitnehmers im Rahmen des R 19.3 Abs. 2 Nr. 4 LStR); zur Abgrenzung einer betrieblichen Veranstaltung von einem privaten Fest des Arbeitnehmers → BFH vom 28. 1. 2003 (BStBl II S. 724),
- **Schadensersatzleistungen**, soweit der Arbeitgeber zur Leistung gesetzlich verpflichtet ist, oder soweit der Arbeitgeber einen zivilrechtlichen Schadensersatzanspruch des Arbeitnehmers wegen schuldhafter Verletzung arbeitsvertraglicher Fürsorgepflichten erfüllt (→ BFH vom 20. 9. 1996 – BStBl 1997 II S. 144),
- **Sonderzahlungen an eine Zusatzversorgungskasse**, die der Arbeitgeber im Zusammenhang mit der Schließung des Umlagesystems leistet (BFH vom 14. 9. 2005 – BStBl 2006 II S. 500).
- die **Übertragung** von **Vorsorgekapital**, das zugunsten eines Grenzgängers bei einer Versorgungseinrichtung durch als Arbeitslohn zu qualifizierende Arbeitgeberbeiträge gebildet wurde, von einer Versorgungseinrichtung auf eine andere Versorgungseinrichtung (→ BFH vom 13. 11. 2012 – BStBl 2013 II S. 405),
- **Vergütungen eines Sportvereins an Amateursportler**, wenn die Vergütungen die mit der Tätigkeit zusammenhängenden Aufwendungen nur unwesentlich übersteigen (→ BFH vom 23. 10. 1992 – BStBl 1993 II S. 303),
- **Vergütungen für Sanitätshelfer des DRK**, wenn sie als pauschale Erstattung der Selbstkosten beurteilt werden können, weil sie die durch die ehrenamtliche Tätigkeit veranlassten Aufwendungen regelmäßig nur unwesentlich übersteigen (→ BFH vom 4. 8. 1994 – BStBl II S. 944),
- vom Arbeitnehmer **veruntreute Beträge** (→ BFH vom 13. 11. 2012 – BStBl 2013 II S. 929).
- **Vorsorgeuntersuchungen leitender Angestellter**

  → BFH vom 17. 9. 1982 (BStBl 1983 II S. 39),

- die Überlassung eines **Werkstattwagens** zur Durchführung von Reparaturen an Energieversorgungseinrichtungen im Rahmen einer Wohnungsrufbereitschaft auch dann nicht, wenn das Fahrzeug in dieser Zeit für Fahrten zwischen Wohnung und Arbeitsstätte zur Verfügung steht (→ BFH vom 25. 5. 2000 – BStBl II S. 690),
- **Wiederholungshonorare** und Erlösbeteiligungen, die an ausübende Künstler von Hörfunk- oder Fernsehproduktionen als Nutzungsentgelte für die Übertragung originärer urheberrechtlicher Verwertungsrechte gezahlt werden (BFH vom 26. 7. 2006 – BStBl II S. 917),
- **Zuschüsse**, die der Bund **an die Bahnversicherungsanstalt** Abteilung B leistet – Bundeszuschuss – (→ BFH vom 30. 5. 2001 – BStBl II S. 815),
- **Zuwendungen aus persönlichem Anlass** (→ R 19.6).

Steuerfrei sind

- die Leistungen nach dem **AltTZG** nach § 3 Nr. 28 EStG (→ R 3.28),
- **Aufwandsentschädigungen** nach § 3 Nr. 12 (→ R 3.12) und Einnahmen bis zum Höchstbetrag nach § 3 Nr. 26 und 26a EStG (→ R 3.26),
- durchlaufende Gelder und **Auslagenersatz** nach § 3 Nr. 50 EStG (→ R 3.50),
- **Beihilfen und Unterstützungen**, die wegen Hilfsbedürftigkeit gewährt werden nach § 3 Nr. 11 EStG (→ R 3.11),
- der Wert der unentgeltlich oder verbilligt überlassenen **Berufskleidung** sowie die Barablösung des Anspruchs auf Gestellung typischer Berufskleidung nach § 3 Nr. 31 EStG (→ R 3.31),
- die Erstattung von Mehraufwendungen bei **doppelter Haushaltsführung** nach § 3 Nr. 13 und 16 (→ R 3.13, 3.16 und 9.11),
- ***Fürsorgeleistungen des Arbeitgebers zur besseren Vereinbarkeit von Familie und Beruf nach § 3 Nr. 34a EStG,***
- die Maßnahmen der **Gesundheitsförderung** bis zum Höchstbetrag nach § 3 Nr. 34 EStG,
- der **Kaufkraftausgleich** nach § 3 Nr. 64 EStG (→ R 3.64),
- Leistungen des Arbeitgebers für die Unterbringung und Betreuung von nicht schulpflichtigen **Kindern** nach § 3 Nr. 33 EStG (→ R 3.33),
- der Ersatz von **Reisekosten** nach § 3 Nr. 13 und 16 (→ R 3.13, 3.16 und 9.4 bis 9.8),
- die betrieblich notwendige **Sammelbeförderung** des Arbeitnehmers nach § 3 Nr. 32 EStG (→ R 3.32),
- **Studienbeihilfen und Stipendien** nach § 3 Nr. 11 und 44 EStG (→ R 4.1 und R 3.44 EStR),
- vom Arbeitgeber nach R 3.50 Abs. 2 ersetzte Aufwendungen für **Telekommunikation,**
- geldwerte Vorteile aus der privaten Nutzung betrieblicher Personalcomputer und **Datenverarbeitungsgeräte** nach § 3 Nr. 45 EStG (→ R 3.45),
- **Trinkgelder** nach § 3 Nr. 51 EStG,
- der Ersatz von **Umzugskosten** nach § 3 Nr. 13 und 16 (→ R 3.13, 3.16 und 9.9),
- der Ersatz von **Unterkunftskosten** sowie die unentgeltliche oder teilentgeltliche Überlassung einer Unterkunft nach

  § 3 Nr. 13 EStG (→ R 3.13),

  § 3 Nr. 16 EStG (→ R 9.7 und 9.11),
- geldwerte Vorteile aus der Überlassung von **Vermögensbeteiligungen** nach § 3 Nr. 39 EStG (→ H 3.39),
- der Ersatz von **Verpflegungskosten** nach

  § 3 Nr. 4 Buchstabe c (→ R 3.4),

  § 3 Nr. 12 (→ R 3.12),

  § 3 Nr. 13 (→ R 3.13),

  § 3 Nr. 16 (→ R 9.6 und 9.11),

  § 3 Nr. 26 EStG (→ R 3.26),
- **Werkzeuggeld** nach § 3 Nr. 30 EStG (→ R 3.30),
- **Zukunftssicherungsleistungen** des Arbeitgebers auf Grund gesetzlicher Verpflichtung und gleichgestellte Zuschüsse nach § 3 Nr. 62 EStG (→ § 2 Abs. 2 Nr. 3 LStDV und R 3.62), Anhang 7

  → aber auch BFH vom 6. 6. 2002 – BStBl 2003 II S. 34, wonach Arbeitgeberanteile zur gesetzlichen Sozialversicherung eines Arbeitnehmers nicht zum Arbeitslohn gehören; § 3 Nr. 62 Satz 1 EStG hat insofern nur deklaratorische Bedeutung.
- **Zuschläge** für Sonntags-, Feiertags- oder Nachtarbeit nach § 3b EStG (→ R 3b).

Bildschirmarbeitsbrille

Übernahme der Kosten einer Bildschirmarbeitsbrille für den Arbeitnehmer durch den Arbeitgeber gemäß § 3 Abs. 2 Nr. 1 und Abs. 3 ArbSchG i. V. m. § 6 Abs. 1 BildschArbV

(Erlass der Senatsverwaltung für Finanzen Berlin vom 28. 9. 2009 – III B – S 2332 – 10/2008 –)

Gemäß R 19.3 Abs. 2 Nr. 2 LStR sind die vom Arbeitgeber auf Grund gesetzlicher Verpflichtung nach § 3 Abs. 2 Nr. 1 und Abs. 3 ArbSchG i. V. m. § 6 Abs. 1 BildscharbV übernommenen angemessenen Kosten für eine spezielle Sehhilfe des Arbeitnehmers nicht als Arbeitslohn anzusehen, wenn auf Grund einer Untersuchung der Augen und des Sehvermögens durch eine fachkundige Person i. S. d. § 6 Abs. 1 BildscharbV die spezielle Sehhilfe notwendig ist, um eine ausreichende Sehfähigkeit in den Entfernungsbereichen des Bildschirmarbeitsplatzes zu gewährleisten.

Nach den Auslegungshinweisen des Länderausschusses für Arbeitsschutz und Sicherheitstechnik zu den unbestimmten Rechtsbegriffen der BildscharbV sowie der Kommentierung zu § 6 BildschArbV ist nur ein Arzt eine fachkundige Person i. S. d. § 6 Abs. 1 BildscharbV, nicht jedoch ein Optiker. Dies hat zur Folge, dass für den Arbeitgeber keine gesetzliche Verpflichtung nach § 3 Abs. 2 Nr. 1 und Abs. 3 ArbSchG i. V. m. § 6 Abs. 1 BildscharbV zur Übernahme der Kosten für eine spezielle Sehhilfe des Arbeitnehmers besteht, wenn lediglich ein Optiker, nicht jedoch ein Arzt, die entsprechende Notwendigkeit bescheinigt. Somit findet R 19.3 Abs. 2 Nr. 2 LStR in derartigen Fällen keine Anwendung.

Wird die entsprechende Notwendigkeit durch einen Arzt bescheinigt, ist weitere Voraussetzung für die Anwendung von R 19.3 Abs. 2 Nr. 2 LStR, dass die ärztliche Verordnung vor Anschaffung der Sehhilfe ausgestellt wurde.

Bundesweite Schulprojekte

Lohnsteuerliche Behandlung von bundesweiten Schulprojekten

Bezug: HMdF-Erlass vom 15. 11. 2011 – S 2332 A – 122 – II3b

(Verfügung der OFD Frankfurt/M. vom 16. 10. 2012 – S 2332 A – 88 – St 211 –)

I. Allgemeines

In der Vergangenheit haben bereits mehrfach Schulprojekte wie „Der Soziale Tag", „Aktion Tagwerk" und andere vergleichbare Projekte in verschiedenen Bundesländern stattgefunden. Die Schülerinnen und Schüler arbeiteten im Rahmen der Projekte einen Tag lang in Unternehmen oder Privathaushalten. Der erarbeitete Lohn wird im Einvernehmen mit den Schülern und den Arbeitgebern an die jeweilige Organisation gespendet.

II. Projekte

Es werden folgende Projekte anerkannt:

Verein	Projekt	Kalenderjahre
Aktion Tagewerk e. V.	„Dein Tag für Afrika"	ab 2005
Bund der Freien Walddorfschulen e. V.	„WOW-Day"	2004
Schüler Helfen Leben e. V.	„Sozialer Tag"	2006 – 2012
Weltfriedensdienst e. V.	„Schüler helfen Schülern"	2004 – 2008
Sächsische Jugendstiftung	„genialsozial"	2013

III. Lohnsteuerliche Behandlung

Die obersten Finanzbehörden der Länder haben sich hinsichtlich der steuerlichen Behandlung auf Folgendes verständigt:

„Die im Rahmen dieser Projekte gespendeten Arbeitslöhne können aus Billigkeits- und Vereinfachungsgründen im Rahmen einer eventuell durchzuführenden Einkommensteuerveranlagung der Schülerinnen oder Schüler bei der Feststellung des steuerpflichtigen Arbeitslohns außer Ansatz bleiben. Die Vergütungen sind hierbei von den Arbeitgebern direkt an die spendenempfangsberechtigte Einrichtung i. S. d. § 10b Abs. 1 Satz 1 EStG zu überweisen und unterliegen nicht dem Lohnsteuerabzug. Da die außer Ansatz bleibenden Vergütungen nicht als

Spende berücksichtigt werden dürfen, haben zudem die Vereine sicherzustellen, dass über diese Vergütungen keine Zuwendungsbestätigungen i. S. d. § 50 EStDV ausgestellt werden."

D & O-Versicherungen

Lohn- und einkommensteuerrechtliche Behandlung der Beiträge zu Directors & Officers-Versicherungen (D & O-Versicherung)

(Erlass des FinMin Niedersachsen vom 25. 1. 2002, – S 2332 – 161 – 35, S 2245 – 21 – 31 2 –)

Zu der Frage, wie Beiträge an eine D & O-Versicherung lohn- und einkommensteuerlich zu behandeln sind, wird gebeten, folgende Auffassung zu vertreten:

Bei Versicherten, die Arbeitnehmer sind, ist von einem überwiegend eigenbetrieblichen Interesse des Arbeitgebers auszugehen, so dass die Beiträge nicht zum Arbeitslohn der versicherten Arbeitnehmer gehören, wenn

- es sich bei der D & O-Versicherung um eine Vermögensschaden-Haftpflichtversicherung handelt, die in erster Linie der Absicherung des Unternehmens oder des Unternehmenswerts gegen Schadenersatzforderungen Dritten gegenüber dem Unternehmen dient, die ihren Grund in dem Tätigwerden oder Untätigbleiben der für das Unternehmen verantwortlich handelnden und entscheidenden Organe und Leitungsverantwortlichen haben,
- die D & O-Verträge besondere Klauseln zur Firmenhaftung oder sog. Company Reimbursement enthalten, die im Ergebnis dazu führen, dass der Versicherungsanspruch aus der Versicherungsleistung dem Unternehmen als Versicherungsnehmer zusteht,
- des Weiteren die D & O-Versicherung dadurch gekennzeichnet ist, dass
  - regelmäßig das Management als Ganzes versichert ist und Versicherungsschutz für einzelne Personen nicht in Betracht kommt,
  - Basis der Prämienkalkulation nicht individuelle Merkmale der versicherten Organmitglieder sind, sondern Betriebsdaten des Unternehmens und dabei die Versicherungssummen deutlich höher sind als typischerweise Privatvermögen.

Ein überwiegend eigenbetriebliches Interesse des Arbeitgebers ist hingegen zu verneinen, wenn Risiken versichert werden, die üblicherweise durch eine individuelle Berufshaftpflichtversicherung abgedeckt werden. In diesem Fall sind die Beiträge als Arbeitslohn zu versteuern. In gleicher Höhe liegen beim Arbeitnehmer jedoch Werbungskosten vor, auf die der Arbeitnehmer-Pauschbetrag anzurechnen ist.

Bei Versicherten, die nicht Arbeitnehmer sind (Aufsichtsratsmitglieder), ist entsprechend zu verfahren. Daher führt die Zahlung von Versicherungsprämien für D & O-Versicherungen durch die Gesellschaft weder zu Betriebseinnahmen noch zu Betriebsausgaben des versicherten Aufsichtsratsmitglieds, wenn die oben genannten Voraussetzungen vorliegen.

Dieser Erlass ergeht im Einvernehmen mit dem Bundesministerium der Finanzen und den obersten Finanzbehörden der anderen Länder.

Führerschein bei Feuerwehrleuten

Übernahme der Aufwendungen für den Führerschein bei Feuerwehrleuten durch die Gemeinde

(Erlass des Bayer. Staatsministeriums der Finanzen vom 16. 6. 2004, – 34 – S 2337 – 158 – 25617/04 –)

Auf Grund der Einführung des EU-Führerscheins zum 1. 1. 1999 dürfen Inhaber der Fahrerlaubnisklasse B nur noch Fahrzeuge mit einer zulässigen Gesamtmasse von nicht mehr als 3,5t führen. Die Fahrzeuge der (Freiwilligen) Feuerwehren überschreiten zumeist dieses Gewicht, so dass viele Gemeinden die Kosten für den Erwerb der Führerscheinklasse C1/C übernehmen. Es ist gefragt worden, ob die Übernahme der Kosten für den Erwerb der Führerscheinklasse C1/C durch die Gemeinden zu einem geldwerten Vorteil bei den Feuerwehrleuten führt.

In Abstimmung mit den obersten Finanzbehörden des Bundes und der andern Länder wird hierzu folgende Auffassung vertreten:

Nach der ständigen Rechtsprechung des BFH sind solche Vorteile nicht als Arbeitslohn anzusehen, die sich bei objektiver Würdigung aller Umstände nicht als Entlohnung, sondern lediglich als notwendige Begleiterscheinung betriebsfunktionaler Zielsetzung erweisen. Vorteile besitzen danach keinen Arbeitslohncharakter, wenn sie im ganz überwiegend eigenbetrieblichen Interesse des Arbeitgebers gewährt werden. Dies ist der Fall, wenn sich aus den Begleitumständen wie Anlass, Art und Höhe des Vorteils, Auswahl der Begünstigten, freie oder nur gebundene Verfügbarkeit, Freiwilligkeit oder Zwang zur Annahme des Vorteils und seiner besonderen Geeignetheit für den jeweiligen verfolgten betrieblichen Zweck ergibt, dass diese Zielsetzung ganz im Vordergrund steht und ein damit einhergehendes eigenes Interesse des Arbeitnehmers, den betreffenden Vorteil zu erlangen deshalb vernachlässigt werden kann (vgl. z. B. BFH v. 26. 6. 2003, VI R 112/98, BStBl II, 886, DStRE 2003, 1263 zu Führerscheinen von Polizisten).

Für die Feuerwehren ist es unerlässlich, dass die oft ehrenamtlich tätigen Feuerwehrleute nicht nur für den Einsatz entsprechend ausgebildet werden, sondern auch die im Ernstfall benötigten Gerätschaften bedienen können und dürfen. Dies schließt den Erwerb der Erlaubnis zum Führen der entsprechenden Feuerwehrfahrzeuge mit ein. Da die Erlaubnis zum Führen dieser Fahrzeuge oft nicht vorliegt, müssen die Feuerwehren eine entsprechende Ausbildung anbieten, um überhaupt einsatzfähig zu sein und den betrieblichen Zweck verfolgen zu können. Der Arbeitgeber hat damit ein ganz wesentliches Interesse an der Führerscheinausbildung einzelner Feuerwehrleute. Der Vorteil des Arbeitnehmers, die Führerscheinklasse ggf. auch für private Zwecke nutzen zu können, ist lediglich eine Begleiterscheinung und tritt hinter dem vom Arbeitgeber verfolgten Zweck zurück.

Garage

Zahlungen des Arbeitgebers an seine Arbeitnehmer zur Unterbringung von Kraftfahrzeugen

(Verfügung der OFD Frankfurt/Main vom 18. 3. 2003, S 2334 A – 18 – St II 30 –)

1. Firmeneigene Kraftfahrzeuge

Mit Urteil vom 7. 6. 2002, VI R 145/99 (BStBl II 2002, 829, DStR 2002, 1567) hat der BFH entschieden, dass ein vom Arbeitgeber an den Arbeitnehmer gezahltes Nutzungsentgelt für eine Garage des Arbeitnehmers, in der dieser den vom Arbeitgeber zur Verfügung gestellten Dienstwagen unterstellt, regelmäßig keinen Arbeitslohn darstellt.

Stellt der Arbeitnehmer den Dienstwagen auf Verlangen des Arbeitgebers in einer von ihm angemieteten Garage unter, handelt es sich bei der vom Arbeitgeber erstatteten Garagenmiete um nach § 3 Nr. 50 2. Alt. EStG steuerfreien Auslagenersatz. Wird die private Dienstwagennutzung dabei nach der 1 %-Regelung erfasst, so ist kein geldwerter Vorteil für die Überlassung der Garage an den Arbeitnehmer anzusetzen.

Wenn dem Arbeitnehmer für eine angemietete Garage Kosten entstehen oder verbleiben, mindern diese im Fall des Dienstwagens nicht den nach § 8 Abs. 2 Sätze 2–5 EStG maßgebenden Wert. Sowohl im Fall des Dienstwagens als auch des arbeitnehmereigenen Fahrzeugs könnte der Arbeitnehmer über den Einzelnachweis aber den Teil dieser Kosten als Werbungskosten geltend machen, der dem Anteil der Dienstfahrten an der Gesamtfahrstrecke entspricht.

2. Arbeitnehmereigene Fahrzeuge

Wird das arbeitnehmereigene Kraftfahrzeug für Dienstreisen genutzt, ist bei Einzelnachweis der Fahrtkosten der dem Dienstreiseanteil an der Gesamtfahrstrecke entsprechende Anteil der Garagenkosten bei Erstattung durch den Arbeitgeber nach § 3 Nr. 16 EStG steuerfrei bzw. ohne Erstattung durch den Arbeitgeber als Werbungskosten abziehbar.

In allen übrigen Fällen (z. B. Erstattung von Parkplatzkosten am Wohnsitz des Arbeitnehmers durch den Arbeitgeber, arbeitnehmereigenes Fahrzeug wird nicht für Dienstreisen genutzt) gehören die Zuschüsse an den Arbeitnehmer zum steuerpflichtigen Arbeitslohn.

Gehaltsverzicht

→ R 3.33c und 38.2

Geistliche

I. Lohnsteuerliche Behandlung der Pflichtbeiträge katholischer Geistlicher zur/zum a) Ruhegehaltskasse des (Erz-)Bistums, b) Diaspora-Priesterhilfswerk, c) Haushälterinnen-Zusatzverordnung

(BMF-Schreiben vom 6. 12. 1994, BStBl I S. 921)

Katholische Geistliche, die in einem Inkardinationsverhältnis zu einer Diözese stehen (Diözesangeistliche), haben Beiträge zur Ruhegehaltskasse des (Erz-)Bistums, zum Diaspora-Priesterhilfswerk und zur Haushälterinnen-Zusatzversorgung zu leisten. Nach dem Ergebnis der Besprechungen mit den obersten Finanzbehörden der Länder gilt für die lohnsteuerliche Behandlung dieser Pflichtbeiträge für Lohnzahlungszeiträume ab 1995 folgendes:

1. Diözesangeistliche, die aus der Bistumskasse besoldet werden

Werden Geistliche aus der Bistumskasse besoldet, sind die von der Kasse einbehaltenen Pflichtbeiträge zu diesen Einrichtungen keine eigenen Beiträge der Geistlichen. Bei diesen Geistlichen ist das um die Pflichtbeiträge verminderte Gehalt als Arbeitslohn zu versteuern.

2. Diözesangeistliche, die nicht aus der Bistumskasse besoldet werden

Werden Geistliche nicht aus der Bistumskasse, sondern aus einer anderen Kasse besoldet (z. B. Geistliche im Schul-, Universitäts- oder Krankenhausdienst), unterliegt das vereinbarte und gezahlte Gehalt dem Lohnsteuerabzug. Sind die Geistlichen aufgrund von Anordnungen des Bischofs verpflichtet, Beiträge zu diesen Einrichtungen zu entrichten, so sind diese Zahlungen als Werbungskosten zu behandeln.

II. Steuerliche Behandlung der Bezüge der römisch-katholischen Geistlichen und ihrer Pfarrhaushälterinnen

(Verfügung der OFD Düsseldorf vom 12. 5. 2003 – S 2354 A – St 22)

Nach dem Ergebnis der Erörterungen der obersten Finanzbehörden des Bundes und der Länder wird zur lohnsteuerlichen Behandlung der Bezüge der römisch-katholischen Geistlichen und ihrer Pfarrhaushälterinnen folgende Auffassung vertreten:

1. Zuschüsse an römisch-katholische Geistliche zur Entlohnung der Pfarrhaushälterinnen

Pfarrhaushälterinnen sind Arbeitnehmer der katholischen Geistlichen. Ihr Aufgabenbereich umfasst neben Tätigkeiten für den Priesterhaushalt zumeist auch die Erledigung von Amtsgeschäften für die Religionsgemeinschaft.

Die Zuschüsse der Bistümer an die Geistlichen, die laufenden Arbeitslohn für nach dem 31. 12. 1997 endende Lohnzahlungszeiträume oder nach dem 31. 12. 1997 zufließende sonstige Bezüge darstellen, unterliegen zusammen mit den übrigen Bezügen des Geistlichen in voller Höhe dem Lohnsteuerabzug.

2. Bewertung der als Werbungskosten abzugsfähigen Lohnanteile

Soweit die Pfarrhaushälterinnen für die Religionsgemeinschaft tätig werden, sind die hierauf entfallenden Lohnanteile bei den Geistlichen als Werbungskosten abzugsfähig (FG München vom 19. 2. 1998, EFG 1998, 937). Voraussetzung für den Werbungskostenabzug ist, dass der auf den amtlichen Bereich entfallende Anteil nachgewiesen oder glaubhaft gemacht wird. Als Nachweis können Aufzeichnungen über die in der vereinbarten Arbeitszeit von den Haushälterinnen verrichteten Tätigkeiten dienen.

Bei der Führung der Aufzeichnungen ist Folgendes zu beachten:

- Die Aufzeichnungen sind laufend und zeitnah zu führen.
- Art der Tätigkeit und die auf den Pfarrhaushalt und auf das Pfarramt entfallenden Zeitanteile müssen eindeutig bestimmbar sein.
- Aufwendungen für Tätigkeiten, die sich nicht nach objektiven und leicht nachprüfbaren Merkmalen auf Pfarramt und Haushalt aufteilen lassen, sind nach den Grundsätzen des § 12 EStG insgesamt nicht als Werbungskosten abzugsfähig.
- Ein Werbungskostenabzug scheidet ebenfalls aus, wenn die Aufwendungen durch die wirtschaftliche oder gesellschaftliche Stellung des Geistlichen veranlasst wird, auch wenn sie zur Förderung des Berufs oder der Tätigkeit erfolgen (§ 12 Nr. 1 Satz 2 EStG).
- Tätigkeiten, die üblicherweise ehrenamtlich und nicht aufgrund arbeitsvertraglicher Verpflichtungen erbracht werden, bleiben unberücksichtigt.

Aus Vereinfachungsgründen bestehen keine Bedenken, den Umfang der Arbeiten der Pfarrhaushälterinnen für drei repräsentative Monate zu erfassen und den sich danach ergebenden Betrag der Besteuerung für das aktuelle und die folgenden zwei Kalenderjahre zu Grunde zu legen. Als repräsentative Monate sind je ein Monat mit einem hohen kirchlichen Arbeitsanteil, ein „mittlerer" und ein „ruhiger" Monat auszuwählen, also etwa Dezember/Januar/Februar, April/Juni/Juli oder Oktober/November/Dezember. Sofern sich die persönlichen oder tatsächlichen Verhältnisse ändern, sind erneut Aufzeichnungen zu führen.

3. Zentrale Gehaltsabrechnung der Pfarrhaushälterinnen

Die Übernahme der administrativen Aufgaben für die Gehaltsabrechnung der Pfarrhaushälterinnen durch die (Erz-)Bistümer geschieht im überwiegenden Interesse dieser und wird steuerlich nicht als geldwerter Vorteil (Arbeitslohn) dem Geistlichen zugerechnet.

4. Haushälterinnen-Zusatzversorgungswerk der (Erz-)Bistümer

Die Zusage und/oder Zahlung einer Zusatzversorgung durch das (Erz-)Bistum über die Haushälterinnen-Zusatzversorgungswerke können dem Geistlichen, der diese Haushälterin beschäftigt oder beschäftigt hat, steuerlich nicht zugerechnet werden. Diese Versorgungsleistungen sind im Leistungsfall von den ehemaligen Haushälterinnen als Arbeitslohn nach § 19 Abs. 2 Nr. 2 EStG zu versteuern. Eine Lohnsteuerkarte ist vorzulegen.

5. Von den Geistlichen oder den (Erz-)Bistümern gezahlte Umlagen zur Versicherung einer Pfarrhaushälterin bei einer öffentlich-rechtlichen Zusatzversorgungseinrichtung

In allen betroffenen Fällen ergibt sich ausnahmslos folgender Sachverhalt:

a) Arbeitgeber der Pfarrhaushälterinnen ist immer der Geistliche. Eine arbeitsrechtliche Beziehung zwischen der Pfarrhaushälterin und der (Erz-)Diözese in dieser Aufgabe besteht in keinem Fall.

b) Der Geistliche kann als Einzelperson und Arbeitgeber nicht Beteiligter einer öffentlich-rechtlichen Zusatzversorgungseinrichtung sein.

c) Aufgrund einer besonderen schriftlichen Vereinbarung der (Erz-)Diözese mit der öffentlich-rechtlichen Zusatzversorgungseinrichtung (z. B. Versicherungsanstalt des Bundes und der Länder-VBL in Karlsruhe oder Kirchliche Zusatzversorgungskasse – KZVK in Köln) werden die Pfarrhaushälterinnen über die Beteiligten-Nummer des (Erz-)Bistums zentral gemeldet und abgerechnet. Abrechnungstechnisch übernimmt das (Erz-)Bistum nur in dieser Sache (namentlich die Anmeldung, Abmeldung und die Abführung der Umlagen) die Arbeitgeberfunktion.

d) Bei der Zusage auf Zusatzversorgung bei der öffentlich-rechtlichen Zusatzversorgungsanstalt oder -kasse und Zahlung der Umlagen ergeben sich folgende zwei Alternativen:

Alternative 1:

Die Pfarrhaushälterin besitzt einen tarifvertraglich oder sonst zugesagten Anspruch auf Zusatzversorgung gegenüber dem Geistlichen als ihren Arbeitgeber (siehe z. B. § 8 des Manteltarifvertrages i. V. mit § 4 des Entgelttarifvertrages je zwischen dem „Bundesverband katholischer Arbeitnehmerinnen in der Hauswirtschaft in Deutschland e. V. München" und dem „Klerusverband e. V. München" vom 15. 7. 1996). Der Geistliche als Arbeitgeber der Pfarrhaushälterin zahlt neben dem Bruttolohn und den Arbeitgeberanteilen zur gesetzlichen Sozialversicherung (Kranken-, Pflege-, Renten- und Arbeitslosenversicherung) auch die Umlagen zur öffentlich-rechtlichen Zusatzversorgungseinrichtung sowie die sich für diese Umlagen ergebende pauschale Lohnsteuer nach § 40b EStG.

Lösung:

Die vom Geistlichen zu zahlenden Umlagen an die öffentlich-rechtliche Versorgungseinrichtung können nach § 40b EStG pauschal besteuert werden. Die zentrale Abrechnungsstelle der (Erz-)Diözese stellt sämtliche Personalaufwendungen für die Pfarrhaushälterinnen (Bruttolohn, Arbeitgeberanteile zur gesetzlichen Sozialversicherung, Umlagen zur Zusatzversorgung nebst darauf entfallende pauschale Lohnsteuer) dem betroffenen Geistlichen als Arbeitgeberkosten in Rechnung.

Alternative 2:

Die Zusage an die Pfarrhaushälterinnen auf Versicherung bei der öffentlich-rechtlichen Zusatzversorgungseinrichtung und die Zahlung der Umlagen erfolgen nicht vom Geistlichen, sondern von der (Erz-)Diözese. Dem Geistlichen als Arbeitgeber der Pfarrhaushälterin werden hierfür keine Kosten in Rechnung gestellt.

Lösung:

Die vom (Erz-)Bistum zu tragenden und an die öffentlich-rechtliche Zusatzversorgungseinrichtung gezahlten Umlagen sind der Pfarrhaushälterin als Arbeitslohn seitens des (Erz-)Bistums zuzurechnen. Da es sich um eine Lohnzahlung durch einen Dritten (Erz-)Bistum handelt, können die Umlagen nicht nach § 40b EStG pauschal versteuert werden. Die gezahlten Umlagen sind im Rahmen einer von der Pfarrhaushälterin selbst zu beantragenden Veranlagung nach § 48 Abs. 2 Nr. 1 EStG steuerlich zu erfassen.

Die zentrale Abrechnungsstelle der (Erz-)Diözese stellt den betroffenen Pfarrhaushälterinnen jährliche Bescheinigungen über die gezahlten Umlagen zwecks Vorlage beim Finanzamt im Rahmen der Einkommensteuerveranlagung zur Verfügung.

Bei beiden Alternativen sind die späteren Leistungen der öffentlich-rechtlichen Zusatzversorgungseinrichtungen von der empfangenden ehemaligen Pfarrhaushälterin als Leibrenten nach § 22 Nr. 1 Satz 3 EStG zu versteuern.

III. Lohn- und einkommensteuerliche Behandlung der Pfarrdienstwohnungen

(Verfügung der OFD Frankfurt a. M. vom 16. 1. 2015 – S 2334 A – 49 – St 211 –)

1. Grundsatz

Wird einem Arbeitnehmer von seinem Arbeitgeber eine Wohnung unentgeltlich oder teilentgeltlich zur Verfügung gestellt, stellt diese Überlassung einen geldwerten Vorteil dar, der als Arbeitslohn zu erfassen ist (§ 19 i. V. m. § 8 Abs. 1 EStG). Die Bewertung des geldwerten Vorteils richtet sich gemäß § 8 Abs. 2 Satz 1 EStG nach dem um übliche Preisnachlässe geminderten üblichen Endpreis am Abgabeort. Bei Wohnungen ist hierfür der ortsübliche Mietpreis heranzuziehen (R 8.1 Abs. 6 Satz 1 LStR). Dieser bemisst sich nach der Miete, die für eine nach Baujahr, Art, Größe, Ausstattung, Beschaffenheit und Lage vergleichbare Wohnung üblich ist (Vergleichsmiete).

Dieser Grundsatz ist auch bei der Ermittlung des geldwerten Vorteils aus der Überlassung von Pfarrdienstwohnungen anzuwenden. Dabei ist sowohl beim Lohnsteuerabzug als auch bei der Einkommensteuerveranlagung wie folgt zu verfahren:

2. Ermittlung des ortsüblichen Mietpreises

Die Ermittlung des ortsüblichen Mietpreises erfolgt abgestuft nach den in meiner Verfügung ofix: EStG /21/23 genannten Kriterien.

Maßgebend sind die jeweiligen Gesamtumstände des Einzelfalls, die im Rahmen einer auf die jeweilige Dienstwohnung bezogenen Wertermittlung umfänglich gewürdigt werden müssen. Vorbehaltlich einer solchen Einzelfallprüfung wird es in der Regel angemessen sein, bei einer Pfarrdienstwohnung von einer mittleren Ausstattung auszugehen.

Sieht der anzuwendende Mietspiegel oder Mietpreiskalkulator der Ämter für Bodenmanagement und Geoinformation (MIKA) für vergleichbare Wohnungen keine Bandbreite zwischen mehreren Mietwerten vor und ist deshalb der im Mietspiegel oder der MIKA-Datenbank für vergleichbare Wohnungen ausgewiesene Durchschnittswert anzusetzen, sind aus Vereinfachungsgründen keine allgemeinen Zu- oder Abschläge vorzunehmen, auch wenn sich im Gebäude keine weiteren Wohnungen befinden.

3. Abschläge im Einzelfall von dem ermittelten ortsüblichen Mietwert

Etwaige örtlich bedingte Wertminderungen, die bei der Ermittlung des ortsüblichen Mietpreises keine Berücksichtigung gefunden haben, sind in Form von Abschlägen zu berücksichtigen. Die Entscheidung darüber, ob solche Abschläge im Einzelfall gerechtfertigt sind, trifft das jeweilige Wohnsitzfinanzamt. Dabei kann regelmäßig davon ausgegangen werden, dass die Angaben des Steuerpflichtigen vollständig und richtig sind. Das Finanzamt kann entsprechend AEAO zu § 88, Nr. 2 den Angaben des Steuerpflichtigen Glauben schenken, wenn nicht greifbare Umstände vorliegen, die darauf hindeuten, dass seine Angaben falsch oder unvollständig sind.

Es kommen insbesondere folgende Abschläge in Betracht:

a) Störungen aufgrund der engen baulichen Verbindung von Wohn- und Dienstbereich

Ein Abschlag vom ortsüblichen Mietpreis kommt in Betracht, wenn sich Beeinträchtigungen dadurch ergeben, dass eine enge räumliche (bauliche) Verbindung der zur Verfügung gestellten Wohnung mit den zur Erfüllung der beruflichen Pflichten bestimmten Räumen besteht, z. B. weil der dienstliche Besucherverkehr bzw. Mitarbeiter zwangsläufig auch Teile der Privaträume (Flur und/oder Toilette, Durchgangszimmer) berühren.

Hierbei können die folgenden Fallgruppen für typisierte Abschläge unterschieden werden, wobei zu beachten ist, dass die Fallgruppen die vorstehend dargestellte Würdigung der Gesamtumstände im Einzelfall nicht ersetzen, sondern lediglich Anhaltspunkte für dem Grunde und der Höhe nach denkbare Abschläge bieten.

Fallgruppe 1:

Aufgrund der engen baulichen Verbindung der Diensträume mit dem privaten Wohnbereich ergeben sich wegen der Dienstgeschäfte leichtere Beeinträchtigungen bei der Nutzung des Wohnbereichs. Der Mietwert wird in diesen Fällen dadurch gemindert, dass der Dienststelleninhaber beruflich genutzte Räume bzw. Flächen durchqueren muss, um von einem Wohnraum in den anderen zu gelangen. Hierfür ist ein Abschlag von 10 % vorzunehmen.

Fallgruppe 2:

Die Beeinträchtigung des privaten Wohnbereichs und damit eine Minderung des objektiven Wohnwerts ergibt sich daraus, dass Besucher oder Mitarbeiter privat genutzte Räume bzw. Flächen durchqueren, um dienstliche Räume zu erreichen. Der Abschlag für diese Fallgruppe wird mit 15 % festgesetzt.

Fallgruppe 3:

Bei dieser Fallgruppe werden mangels Trennung von Amts- und Wohnbereich auch Räume des privaten Wohnbereichs dienstlich genutzt. Je nach Umfang der Nutzung kann ein Abschlag bis zu 20 % als angemessen angesehen werden.

b) Abschlag für zusätzliche Beeinträchtigungen

Zusätzliche Beeinträchtigungen des Wohnwerts können durch einen Abschlag bis zu 10 %, in besonders gravierenden Fällen bis zu 15 % von der ortsüblichen Miete Berücksichtigung finden. Hierzu gehören örtlich bedingte Beeinträchtigungen, nicht jedoch solche, die durch die Berufsausübung verursacht werden. Zu den örtlich bedingten Beeinträchtigungen zählen beispielsweise:

- Anerkannte Baumängel
- (regelmäßige) Proben eines Posaunenchors

Für die Berücksichtigung von Baumängeln sowie besonders gravierende Störungen müssen Bestätigungen des Kirchenvorstandes und des Landeskirchenamtes bzw. entsprechender Stellen der Diözese vorliegen.

c) Abschlag wegen Übergröße

Von dem Mietwert kann wegen Übergröße ein Abschlag in folgendem Umfang vorgenommen werden:

- bei Dienstwohnungen mit mehr als 140 qm = 10 %
- bei Dienstwohnungen mit mehr als 170 qm = 15 %

(maßgebend ist die Wohnfläche nach Berücksichtigung eines ggf. vorzunehmenden Nebenraumabzugs – vgl. unten, Beispiel).

In diesem Zusammenhang ist zu beachten, dass die Größe der Wohnung durch die Mietwertkalkulatoren der Ämter für Bodenmanagement und Geoinformation (MIKA) bereits berücksichtigt wird.

d) Kumulierung von Abschlägen

Sind mehrere Abschläge nebeneinander zu berücksichtigen, ist jeder Abschlag vom Basiswert zu berechnen. Es können also sämtliche zu gewährenden prozentualen Abschläge addiert und dann die Summe vom Basismietwert abgezogen werden.

e) Berechnung der zu berücksichtigenden Wohnfläche (Nebenraumabzug)

Von der gesamten Wohnfläche kann ggf. ein Nebenraumabzug für Dienstwohnungen vorgenommen werden. Beträgt die anrechenbare Grundfläche der Nebenräume mehr als 10 % der Wohnfläche, bleibt bei der Ermittlung des Mietwertes die Hälfte der Mehrfläche der Nebenräume außer Betracht, sofern nicht die Vergleichsmiete einer Wohnung gleicher Beschaffenheit zugrunde gelegt werden kann. Als Nebenräume sind Flur, Diele, Treppe, Windfang, Speisekammer und Abstellkammer zu verstehen. Dachböden, Kellerräume, Hauswirtschaftsräume, Dusch- und Baderäume und WC sind nicht als Nebenräume zu behandeln.

Beispiel

Pfarrdienstwohnung mit einer Größe von 200 qm (Nebenräume 40 qm)			
Wohnfläche gesamt			200 qm
üblicher Nebenraumanteil 10 % von 200 qm		20 qm	
Nebenräume	40 qm		
Differenz (Mehrfläche)	20 qm		
davon 1/2	10 qm		./. 10 qm
tatsächlich anzusetzende Wohnfläche			190 qm

In die Berechnung des Mietwerts sind auch solche Räume einzubeziehen, die der Arbeitnehmer so gut wie ausschließlich zu beruflichen Zwecken nutzt (häusliches Arbeitszimmer gem. § 4 Abs. 5 Nr. 6b i. V. m. § 9 Abs. 5 EStG). Gemischt genutzte Räume sind der Wohnung zuzurechnen.

Demgegenüber sind in die Berechnung des Mietwerts solche Räume nicht einzubeziehen, die dem Arbeitnehmer vom Arbeitgeber im ganz überwiegenden betrieblichen Interesse als Büro bzw. Dienstzimmer zugewiesen werden.

f) Garagen

Für Garagen ist der jeweils nach den örtlichen Verhältnissen zu ermittelnde übliche (durchschnittliche) Mietwert mit einem Betrag zwischen 20,00 € und 45,00 € monatlich anzusetzen.

4. Geldwerter Vorteil bei angemieteten Wohnungen

Bei angemieteten Dienst- und Mietwohnungen ist grundsätzlich die für die Anmietung zu zahlende Miete als üblicher Endpreis am Abgabeort anzusehen.

Incentive-Reisen

Ertragsteuerliche Behandlung von Incentive-Reisen

(BMF-Schreiben vom 14. 10. 1996, BStBl I S. 1192)

Im Einvernehmen mit den obersten Finanzbehörden der Länder nehme ich zur ertragsteuerlichen Behandlung von Incentive-Reisen bei den Unternehmen, die die Leistungen gewähren, und den Empfängern der Leistungen wie folgt Stellung:

Incentive-Reisen werden von einem Unternehmen gewährt, um Geschäftspartner oder Arbeitnehmer des Betriebs für erbrachte Leistungen zu belohnen und zu Mehr- oder Höchstleistungen zu motivieren. Reiseziel, Unterbringung, Transportmittel und Teilnehmerkreis werden von dem die Reiseleistung gewährenden Unternehmen festgelegt. Der Ablauf der Reise und die einzelnen Veranstaltungen dienen allgemein-touristischen Interessen.

1. Behandlung der Aufwendungen bei dem die Reiseleistung gewährenden Unternehmen:

a) Aufwendungen für Geschäftspartner

Wird eine Incentive-Reise mit Geschäftspartnern des Steuerpflichtigen durchgeführt, ist bei der Beurteilung der steuerlichen Abzugsfähigkeit der für die Reise getätigten Aufwendungen danach zu unterscheiden, ob die Reise als Belohnung zusätzlich zum vereinbarten Entgelt oder zur Anknüpfung, Sicherung oder Verbesserung von Geschäftsbeziehungen gewährt wird.

Wird die Reise in sachlichem und zeitlichem Zusammenhang mit den Leistungen des Empfängers als – zusätzliche – Gegenleistung gewährt, sind die tatsächlich entstandenen Fahrtkosten sowie die Unterbringungskosten in vollem Umfang als Betriebsausgaben abzugsfähig. Nutzt der Unternehmer allerdings ein eigenes Gästehaus, das sich nicht am Ort des Betriebs befindet, dürfen die Aufwendungen für die Unterbringung den Gewinn nicht mindern (§ 4 Abs. 5 Satz 1 Nr. 3 EStG). Die Aufwendungen für die Gewährung von Mahlzeiten sind als Bewirtungskosten in Höhe von 80 v. H. der angemessenen und nachgewiesenen Kosten abzugsfähig (§ 4 Abs. 5 Satz 1 Nr. 2 EStG).

Wird die Reise mit gegenwärtigen oder zukünftigen Geschäftspartnern durchgeführt, um allgemeine Geschäftsbeziehungen erst anzuknüpfen, zu erhalten oder zu verbessern, handelt es sich um ein Geschenk (§ 4 Abs. 5 Satz 1 Nr. 1 EStG). Fahrt- und Unterbringungskosten dürfen dann den Gewinn nicht mindern (BFH-Urteil vom 23. Juni 1993, BStBl II S. 806); Aufwendungen für die Bewirtung sind nach § 4 Abs. 5 Satz 1 Nr. 2 EStG zu beurteilen.

b) Aufwendungen für Arbeitnehmer

Wird die Reise mit Arbeitnehmern des Betriebs durchgeführt, sind die hierdurch veranlaßten Aufwendungen als Betriebsausgaben in voller Höhe berücksichtigungsfähig: die Abzugsbeschränkungen nach § 4 Abs. 5 Satz 1 Nr. 1, 2 und 3 EStG greifen nicht ein.

2. Behandlung der Reise beim Empfänger

a) Gewährung der Reiseleistungen an Geschäftspartner

aa) Erfassung als Betriebseinnahmen

Wendet der Unternehmer einem Geschäftspartner, der in einem Einzelunternehmen betriebliche Einkünfte erzielt, eine Incentive-Reise zu, hat der Empfänger den Wert der Reise im Rahmen seiner steuerlichen Gewinnermittlung als Betriebseinnahme zu erfassen (BFH-Urteile vom 22. Juli 1988, BStBl II S. 995; vom 20. April 1989, BStBl II

S. 641). Wird der Wert der Incentive-Reise einer Personengesellschaft oder einer Kapitalgesellschaft zugewandt, haben sie in Höhe des Sachwerts der Reise eine Betriebseinnahme anzusetzen. Der Wert einer Reise ist auch dann als Betriebseinnahme anzusetzen, wenn das die Reiseleistungen gewährende Unternehmen die Aufwendungen nicht als Betriebsausgaben abziehen darf (BFH-Urteil vom 26. September 1995, BStBl II 1996 S. 273).

bb) Verwendung der erhaltenen Reiseleistungen

Mit der Teilnahme an der Reise wird eine Entnahme verwirklicht, da mit der Reise regelmäßig allgemein-touristische Interessen befriedigt werden. Dies gilt auch, wenn eine Personengesellschaft die empfangene Reiseleistung an ihre Gesellschafter weiterleitet (BFH-Urteil vom 26. September 1995 a. a. O.). Leitet die Kapitalgesellschaft die erhaltene Reiseleistung an ihre Gesellschafter weiter, so liegt hierin grundsätzlich eine verdeckte Gewinnausschüttung.

b) Gewährung der Reiseleistungen an Arbeitnehmer

Wird Arbeitnehmern des Unternehmers eine Incentive-Reise gewährt, liegt steuerpflichtiger Arbeitslohn vor (BFH-Urteil vom 9. März 1990, BStBl II S. 711), der unter den Voraussetzungen des § 40 Abs. 1 EStG pauschal versteuert werden kann.

c) Wert der Reise

Die Gewährung der Reise ist steuerlich in ihrer Gesamtheit zu beurteilen. Ihr Wert entspricht nach ihren Leistungsmerkmalen und ihrem Erlebniswert regelmäßig einer am Markt angebotenen Gruppenreise, bei der Reiseziel, Reiseprogramm und Reisedauer festgelegt und der Teilnehmerkreis begrenzt sind; deshalb können einzelne Teile der Durchführung und der Organisation aus der Sicht des Empfängers nur im Zusammenhang gesehen werden (vgl. BFH-Beschluß vom 27. November 1978, BStBl II 1979 S. 213). Bei der Wertermittlung ist weder den tatsächlichen Aufwendungen des zuwendenden Unternehmers noch der subjektiven Vorstellung des Empfängers entscheidende Bedeutung beizumessen (BFH-Urteil vom 22. Juli 1988, a. a. O.); ihr Wert kann daher grundsätzlich nicht aus den Aufwendungen – auch nicht vermindert um einen pauschalen Abschlag bei über das übliche Maß hinausgehenden Aufwendungen – abgeleitet werden. Der Wert der zugewandten Reise ist daher in ihrer Gesamtheit mit dem üblichen Endpreis am Abgabeort anzusetzen (§ 8 Abs. 2 EStG). Er entspricht regelmäßig dem Preis der von Reiseveranstaltern am Markt angebotenen Gruppenreisen mit vergleichbaren Leistungsmerkmalen (z. B. Hotelkategorie, Besichtigungsprogramme); eine Wertminderung wegen des vom zuwendenden Unternehmen festgelegten Reiseziels, des Reiseprogramms, der Reisedauer und des fest umgrenzten Teilnehmerkreises kommt nicht in Betracht. Rabatte, die dem die Leistung gewährenden Unternehmen eingeräumt werden, bleiben für die Bewertung beim Empfänger ebenfalls außer Betracht: gleiches gilt für Preisaufschläge, die das Unternehmen speziell für die Durchführung der Reise aufwenden muß.

d) Aufwendungen des Empfängers der Reiseleistungen

Aufwendungen, die im Zusammenhang mit der Teilnahme an der Reise stehen, darf der Empfänger nicht als Betriebsausgaben oder Werbungskosten abziehen, da die Teilnahme an der Reise durch private Interessen, die nicht nur von untergeordneter Bedeutung sind, veranlaßt ist (BFH-Urteil vom 22. Juli 1988 a. a. O.: vgl. auch R 117a EStR). Zur Berücksichtigung von einzelnen Aufwendungen als Betriebsausgaben wird auf H 117a („Einzelaufwendungen") EStH hingewiesen; hinsichtlich des Werbungskostenabzugs wird ergänzend auf Abschnitt 35 LStR verwiesen.

Kostendämpfungspauschale

Kostendämpfungspauschale als negativer Arbeitslohn

(Erlass der SenFin Berlin vom 2. 7. 2009 – III B – S 2332 – 7/2009 –)

Die Beihilfe von Beamten und Richtern wird um eine Kostendämpfungspauschale für jedes Kalenderjahr gekürzt, in dem beihilfefähige Aufwendungen geltend gemacht werden. In der Steuerwarte März 2009 wird auf Seite 43 in einem Diskussionsbeitrag die Auffassung vertreten, die Kostendämpfungspauschale stelle negativen Arbeitslohn i. S. d. § 19 EStG dar.

Dieser Auffassung ist nicht zu folgen.

Krankheitskosten sind grundsätzlich Kosten der privaten Lebensführung nach § 12 EStG. Soweit diese nicht von dritter Seite erstattet werden, kommt ein Abzug der Krankheitskosten als außergewöhnliche Belastungen nach § 33 EStG in Betracht. Das Landesverwaltungsamt erstattet einen Teil der Krankheitskosten im Wege der Beihilfe. Die Beihilfezahlungen sind nach § 3 Nr. 11 EStG steuerfrei. Ohne diese Steuerbefreiungsvorschrift wären sie als steuerpflichtiger Arbeitslohn zu erfassen. Durch die Kürzung der Beihilfe um die Kostendämpfungspauschale werden nicht alle privat veranlassten Krankheitskosten steuerfrei erstattet. Die nicht vollständige Erstattung von Kosten der privaten Lebensführung führt nicht zu negativem Arbeitslohn i. S. d. § 19 EStG.

Lohnverwendungsabrede

Arbeitslohn fließt nicht nur dadurch zu, dass der Arbeitgeber den Lohn auszahlt oder überweist, sondern auch dadurch, dass der Arbeitgeber eine mit dem Arbeitnehmer getroffene Lohnverwendungsabrede (eine konstitutive Verwendungsauflage) erfüllt. Keinen Lohn erhält der Arbeitnehmer hingegen dann, wenn der Arbeitnehmer auf Lohn verzichtet und keine Bedingungen an die Verwendung der freigewordenen Mittel knüpft (→ BFH vom 23. 9. 1998 – BStBl 1999 II S. 98).

Lohnzahlung durch Dritte

Die Zuwendung eines Dritten kann Arbeitslohn sein, wenn sie als Entgelt für eine Leistung beurteilt werden kann, die der Arbeitnehmer im Rahmen seines Dienstverhältnisses für seinen Arbeitgeber erbringt, erbracht hat oder erbringen soll (→ BFH vom 28. 2. 2013 – BStBl II S. 642). Bei Zuflüssen von dritter Seite können die Einnahmen insbesondere dann Ertrag der nichtselbständigen Arbeit sein, wenn sie

- auf Grund konkreter Vereinbarungen mit dem Arbeitgeber beruhen (→ BFH vom 28. 3. 1958 – BStBl III S. 268 und vom 27. 1. 1961 – BStBl III S. 167 zu Leistungen aus einer **Unterstützungskasse**),
- auf Grund gesellschaftsrechtlicher oder geschäftlicher Beziehungen des Dritten zum Arbeitgeber gewährt werden (→ BFH vom 21. 2. 1986 – BStBl II S. 768 zur unentgeltlichen oder teilentgeltlichen Überlassung von **Belegschaftsaktien** an Mitarbeiter verbundener Unternehmen),
- dem Empfänger mit Rücksicht auf das Dienstverhältnis zufließen (→ BFH vom 19. 8. 2004 – BStBl II S. 1076 zur Wohnungsüberlassung).
- ***→ H 38.4 (Lohnzahlung durch Dritte)***

Negativer Arbeitslohn

Wird ein fehlgeschlagenes Mitarbeiterbeteiligungsprogramm rückgängig gemacht, in dem zuvor vergünstigt erworbene Aktien an den Arbeitgeber zurückgegeben werden, liegen negative Einnahmen bzw. Werbungskosten vor (→ BFH vom 17. 9. 2009 – BStBl 2010 II S. 299).

Parkraumgestellung

Geldwerter Vorteil durch Parkraumgestellung an Arbeitnehmer

(OFD Münster vom 25. 06. 2007
Kurzinformation Einkommensteuer Nr. 017/2007 vom 25. 6. 2007)

Im Rahmen von LSt-Außenprüfungen sind offensichtlich vermehrt Irritationen hinsichtlich der lohnsteuerlichen Behandlung von Parkplatzgestellungen durch den Arbeitgeber aufgetreten.

Die steuerliche Behandlung bei der Gestellung von Park- und Einstellplätzen durch den Arbeitgeber ist durch den Erlass des FM NRW – S 2351 – 1 V B 3 – vom 17. 12. 1980 geregelt. Danach ist die unentgeltliche oder verbilligte Überlassung von Parkraum/Stellplätzen nicht zu besteuern.

Mit Urteil vom 15. 3. 2006, 11 K 5680/04, hat das FG Köln entschieden, dass die Parkraumgestellung seitens des Arbeitgebers an seine Arbeitnehmer als steuerpflichtiger Arbeitslohn zu behandeln sei.

Diese Entscheidung widerspricht zwar der zwischen den obersten Finanzbehörden des Bundes und der Länder abgestimmten Verwaltungsauffassung. Das Urteil enthält aber keine neuen rechtlichen Gesichtspunkte, die zu einer Wiederaufnahme der Erörterungen zwingen.

Das o. g. Urteil des FG Köln ist daher über den entschiedenen Einzelfall hinaus nicht anzuwenden.

Auch durch die Einführung des Werktorprinzips ab dem Kalenderjahr 2007 führt zu keiner anderen Auffassung.

Payback-Punkte

Lohnsteuerliche Behandlung von Payback-Punkten

(BMF-Schreiben vom 20. 10. 2006 – IV C 5 – S 2334 – 68/06 –)

Die Arbeitnehmer einer Firma tanken für dienstliche und private Zwecke mit einer auf den Arbeitgeber ausgestellten Tankkarte bei einer großen Tankstellenkette. Nach dem Tanken werden sog. Payback-Punkte dem privaten Punktekonto des Arbeitnehmers gutgeschrieben und ausschließlich privat genutzt. Die Payback-Punkte können gegen Sach- und Barprämien eingelöst werden.

Der vom Arbeitgeber bezahlte, teilweise für private Zwecke und teilweise für dienstliche Zwecke genutzte Treibstoff ist für die Lohnversteuerung aufzuteilen. Die auf dem privaten Punktekonto gutgeschriebenen Payback-Punkte sind entsprechend aufzuteilen; ggf. kommt eine Schätzung in Betracht. Die Vorteile aus den dienstlich erworbenen Payback-Punkten führen zu Arbeitslohn. Der Arbeitslohn fließt bereits bei Gutschrift auf dem privaten Punktekonto zu, nicht erst bei Einlösung der Payback-Punkte.

Pensionszusage, Ablösung

Die Ablösung einer vom Arbeitgeber erteilten Pensionszusage führt beim Arbeitnehmer auch dann zum Zufluss von Arbeitslohn, wenn der Ablösungsbetrag auf Verlangen des Arbeitnehmers zur Übernahme der Pensionsverpflichtung an einen Dritten gezahlt wird (→ BFH vom 12. 4. 2007 – BStBl II S. 581); zur Übertragung der betrieblichen Altersversorgung → § 3 Nr. 55
Anhang 2 IV und Nr. 66 EStG und BMF vom 24. 7. 2013 (BStBl I S. 1022, Rz. 321 ff.), geändert durch BMF vom 13. 1. 2014 (BStBl I S. 97) und vom 13. 3. 2014 (BStBl I S. 554).

Prämienvorteile

Lohnsteuerliche Behandlung von Prämienvorteilen bei Gruppenversicherungen

(BMF-Schreiben vom 20. 3. 1996 – IV B 6 – S 2334 – 100/96 –)

Nach Abstimmung mit den obersten Finanzbehörden der Länder bestätige ich die Auffassung, daß die bei Gruppenversicherungen gegenüber Einzelversicherungen entstehenden Prämienvorteile nicht zum Arbeitslohn gehören.

Aus der aufsichtsrechtlichen Behandlung von Gruppenversicherungen (Rundschreiben R 3/94 des Bundesaufsichtsamtes für das Versicherungswesen vom 10. 11. 1994 – VerBAV 1/95 –) folgt, daß diese lohnsteuerlich nicht mit Einzelversicherungen gleichgesetzt werden können. Für beide Versicherungsarten gelten unterschiedliche Tarife. Prämienunterschiede beruhen auf Versicherungsrecht und stellen keinen Arbeitslohn dar, soweit sie sich nicht aus zusätzlich eingeräumten Vergünstigungen ergeben, die aber aufsichtsrechtlich nicht zulässig sind. Dies gilt unabhängig davon, ob es sich um Gruppenversicherungen innerhalb oder außerhalb des § 40b EStG handelt. Bei Direkt- und Gruppenunfallversicherungen i. S. des § 40b EStG kommt die abgeltende Lohnsteuerpauschalierung hinzu, die allein auf die tatsächlichen Arbeitgeberleistungen zur Gruppenversicherung abstellt (Abschnitt 129 Abs. 8[1]) Sätze 1 und 2 LStR).

Die in meinem Schreiben vom 21. Februar 1994 – IV B 6 – S 2334 – 200/93 – mitgeteilte steuerliche Behandlung von Rabatten bei Gruppen- und Sammelversicherungen ist damit überholt.

Privatforstbedienstete

Steuerliche Behandlung der an Privatforstbedienstete gezahlten Entschädigungen

(Erlaß des FinMin Bayern vom 29. 6. 1990 – 32 – S 2337 – 10/28 – 39220 –)

Im Einvernehmen mit dem Bundesminister der Finanzen und den Finanzministern(-Senatoren) der anderen Länder gilt für die steuerliche Behandlung der an Privatforstbedienstete in Anlehnung an die Regelungen im staatlichen Forstdienst gezahlten Entschädigungen ab 1. Januar 1990 folgendes:

1. Der Dienstkleidungszuschuß ist als Barablösung i. S. d. § 3 Nr. 31 EStG steuerfrei.
2. Beim Futtergeld, der Jagdaufwandsentschädigung, dem Schußgeld und der Pauschalentschädigung für das Dienstzimmer handelt es sich um den Ersatz von Werbungskosten des Arbeitnehmers durch den Arbeitgeber. Diese Entschädigungen rechnen deshalb zum steuerpflichtigen Arbeitslohn.

1) Jetzt: R 40b.1 Abs. 7 LStR.

Rabattgewährung durch Dritte

→ BMF vom ***20. 1. 2015*** (BStBl I ***S. 143***); → H 8.2 (Sachbezüge von dritter Seite)

Rückzahlung von Arbeitslohn

Arbeitslohnrückzahlungen sind nur dann anzunehmen, wenn der Arbeitnehmer an den Arbeitgeber die Leistungen, die bei ihm als Lohnzahlungen zu qualifizieren waren, zurückzahlt. Der Veranlassungszusammenhang zum Arbeitsverhältnis darf aber nicht beendet worden sein (→ BFH vom 10. 8. 2010 – BStBl II S. 1074 zum fehlgeschlagenen Grundstückserwerb vom Arbeitgeber).

→ H 11

Steuerrechtliche Behandlung der Rückzahlung von Krankenbezügen nach § 37 BAT[1])

(Erlaß des FinMin Brandenburg vom 7. 4. 1992 – III/6 – S 2333/2/92 –)

Angestellte des öffentlichen Dienstes erhalten im Falle der Krankheit u. a. Krankenbezüge nach § 37 BAT. Krankenbezüge werden nach § 37 Abs. 2 Satz 6 Buchst. b BAT grundsätzlich nicht über den Zeitpunkt hinaus gezahlt, von dem an der Angestellte Bezüge aus der gesetzlichen Rentenversicherung oder aus einer zusätzlichen Alters- und Hinterbliebenenversorgung erhält. Soweit Beträge über den hiernach maßgebenden Zeitpunkt hinaus gezahlt werden, gelten sie als Vorschüsse auf die zustehenden Bezüge aus der gesetzlichen Rentenversicherung oder aus einer zusätzlichen Alters- und Hinterbliebenenversorgung. Die Rentenansprüche des Angestellten gehen insoweit auf den Arbeitgeber über.

Hierzu bitte ich, steuerrechtlich folgende Auffassung zu vertreten:

Krankenbezüge, die als Vorschüsse auf die zustehenden Bezüge aus der gesetzlichen Rentenversicherung oder aus einer zusätzlichen Alters- und Hinterbliebenenversorgung anzusehen sind, gelten rückwirkend als Rentenbezüge, die nach § 22 EStG zu versteuern sind.

Daher sind

- die bisher lohnsteuerpflichtigen Krankenbezüge als sonstige Einkünfte (§ 22 EStG) mit dem Ertragsanteil zu versteuern und
- die Erfassung der Krankenbezüge als Arbeitslohn rückgängig zu machen.

Wirkt die nachträgliche Feststellung des Rentenanspruchs auf Zeiträume zurück, für die bereits Steuerbescheide vorliegen, so sind diese nach § 175 Abs. 1 Satz 1 Nr. 2 AO zu ändern.

Dieser Erlaß ergeht im Einvernehmen mit dem Bundesminister der Finanzen und den obersten Finanzbehörden der anderen Länder.

Unfallversicherung

Einkommen-(lohn-)steuerliche Behandlung von freiwilligen Unfallversicherungen

(BMF-Schreiben vom 28. 10. 2009 – IV C 5 – S 2332/09/10004 –, BStBl I S. 1275)

Im Einvernehmen mit den obersten Finanzbehörden der Länder gilt für die einkommen-(lohn-)steuerrechtliche Behandlung von freiwilligen Unfallversicherungen Folgendes[2]):

1. Versicherungen des Arbeitnehmers

1.1 Versicherung gegen Berufsunfälle

Aufwendungen des Arbeitnehmers für eine Versicherung ausschließlich gegen Unfälle, die mit der beruflichen Tätigkeit in unmittelbarem Zusammenhang stehen (einschließlich der Unfälle auf dem Weg von und zur *regelmäßigen* Arbeitsstätte), sind Werbungskosten (§ 9 Absatz 1 Satz 1 EStG).

1) Nunmehr § 22 des Tarifvertrages für den öffentlichen Dienst (TVöD).

2) Die Änderungen gegenüber dem BMF-Schreiben vom 17. Juli 2000 – IV C 5 – S 2332-67/00 – (BStBl I S. 1204) sind kursiv hervorgehoben.

1.2 Versicherung gegen außerberufliche Unfälle

Aufwendungen des Arbeitnehmers für eine Versicherung gegen außerberufliche Unfälle sind Sonderausgaben (§ 10 Absatz 1 *Nummer 3 Buchstabe a i. V. m. § 10 Absatz 4 und 4a* EStG *und ab dem Veranlagungszeitraum 2010 § 10 Absatz 1 Nummer 3a i. V. m. Absatz 4 und 4a EStG*).

1.3 Versicherung gegen alle Unfälle

Aufwendungen des Arbeitnehmers für eine Unfallversicherung, die das Unfallrisiko sowohl im beruflichen als auch im außerberuflichen Bereich abdeckt, sind zum einen Teil Werbungskosten und zum anderen Teil Sonderausgaben. Der Gesamtbeitrag einschließlich Versicherungsteuer für beide Risiken ist entsprechend aufzuteilen (vgl. BFH-Urteil vom 22. Juni 1990 – *VI R 2/87* –, BStBl II S. 901). Für die Aufteilung sind die Angaben des Versicherungsunternehmens darüber maßgebend, welcher Anteil des Gesamtbeitrags das berufliche Unfallrisiko abdeckt. Fehlen derartige Angaben, ist der Gesamtbeitrag durch Schätzung aufzuteilen. Es bestehen keine Bedenken, wenn die Anteile auf jeweils 50 % des Gesamtbeitrags geschätzt werden.

1.4 Übernahme der Beiträge durch den Arbeitgeber

Vom Arbeitgeber übernommene Beiträge des Arbeitnehmers sind steuerpflichtiger Arbeitslohn. Das gilt nicht, soweit Beiträge zu Versicherungen gegen berufliche Unfälle und Beiträge zu Versicherungen gegen alle Unfälle (Tz. 1.1 und 1.3) auch das Unfallrisiko *bei Auswärtstätigkeiten (R 9.4 Absatz 2 LStR 2008)* abdecken. *Beiträge zu Unfallversicherungen sind als Reisenebenkosten steuerfrei, soweit sie Unfälle bei einer Auswärtstätigkeit abdecken* (§ 3 Nummer 13 und 16 EStG). Es bestehen keine Bedenken, wenn *aus Vereinfachungsgründen* bei der Aufteilung des auf den beruflichen Bereich entfallenden Beitrags/Beitragsanteils in steuerfreie Reisekostenerstattungen und steuerpflichtigen Werbungskostenersatz *(z. B. Unfälle auf Fahrten zwischen Wohnung und regelmäßiger Arbeitsstätte)* der auf steuerfreie Reisekostenerstattungen entfallende Anteil auf 40 % geschätzt wird. Der Beitragsanteil, der als Werbungskostenersatz dem Lohnsteuerabzu unterwerfen ist, gehört zu den Werbungskosten des Arbeitnehmers.

2. Versicherung des Arbeitgebers

2.1 Ausübung der Rechte steht ausschließlich dem Arbeitgeber zu

2.1.1 Kein Arbeitslohn zum Zeitpunkt der Beitragszahlung

Handelt es sich um vom Arbeitgeber abgeschlossene Unfallversicherungen seiner Arbeitnehmer um Versicherungen für fremde Rechnung (*§ 179 Absatz 1 Satz 2 i. V. m. §§ 43 bis 48 VVG*), bei denen die Ausübung der Rechte ausschließlich dem Arbeitgeber zusteht, so stellen die *Beiträge im Zeitpunkt der Zahlung durch den Arbeitgeber* keinen Arbeitslohn dar (BFH-Urteile vom 16. April 1999 – VI R 60/96 –, BStBl 2000 II S. 406, sowie – VI R 66/97 –, BStBl 2000 II S. 408).

2.1.2 Arbeitslohn zum Zeitpunkt der Leistungsgewährung

Erhält ein Arbeitnehmer Leistungen aus einem entsprechenden Vertrag, führen die bis dahin entrichteten, auf den Versicherungsschutz des Arbeitnehmers entfallenden Beiträge im Zeitpunkt der Auszahlung oder Weiterleitung der Leistung an den Arbeitnehmer zu Arbeitslohn in Form von Barlohn, begrenzt auf die dem Arbeitnehmer ausgezahlte Versicherungsleistung (BFH-Urteil vom 11. Dezember 2008 – VI R 9/05 –, BStBl 2009 II S. 385); das gilt unabhängig davon, ob der Unfall im beruflichen oder außerberuflichen Bereich eingetreten ist und ob es sich um eine Einzelunfallversicherung oder eine Gruppenunfallversicherung handelt. Bei einer Gruppenunfallversicherung ist der auf den einzelnen Arbeitnehmer entfallende Teil der Beiträge ggf. zu schätzen (BFH-Urteil vom 11. Dezember 2008 – VI R 19/06 –, BFH/NV 2009 S. 905). Bei den im Zuflusszeitpunkt zu besteuernden Beiträgen kann es sich um eine Vergütung für eine mehrjährige Tätigkeit i. S. d. § 34 Absatz 1 i. V. m. Absatz 2 Nummer 4 EStG handeln.

Da sich der Vorteil der Beitragsgewährung nicht auf den konkreten Versicherungsfall, sondern allgemein auf das Bestehen von Versicherungsschutz des Arbeitnehmers bezieht, sind zur Ermittlung des Arbeitslohns alle seit Begründung des Dienstverhältnisses entrichteten Beiträge zu berücksichtigen, unabhängig davon, ob es sich um einen oder mehrere Versicherungsverträge handelt. Das gilt auch dann, wenn die Versicherungsverträge zeitlich befristet abgeschlossen wurden, das Versicherungsunternehmen gewechselt wurde oder der Versicherungsschutz für einen bestimmten Zeitraum des Dienstverhältnisses nicht bestanden hat (zeitliche Unterbrechung des Versicherungsschutzes). Bei einem Wechsel des Arbeitgebers sind ausschließlich die seit Begründung des neuen Dienstverhältnisses entrichteten Beiträge zu berücksichtigen, auch wenn der bisherige Versicherungsvertrag vom neuen Arbeitgeber fortgeführt wird. Das gilt auch, wenn ein Wechsel des Arbeitnehmers innerhalb eines Konzernverbundes zwischen Kon-

zernunternehmen mit einem Arbeitgeberwechsel verbunden ist. Bei einem Betriebsübergang nach § 613a BGB liegt kein neues Dienstverhältnis vor.

Beiträge, die individuell oder pauschal besteuert wurden, sind im Übrigen nicht einzubeziehen.

Aus Vereinfachungsgründen können die auf den Versicherungsschutz des Arbeitnehmers entfallenden Beiträge unter Berücksichtigung der Beschäftigungsdauer auf Basis des zuletzt vor Eintritt des Versicherungsfalls geleisteten Versicherungsbeitrags hochgerechnet werden.

Die bei einer früheren Versicherungsleistung als Arbeitslohn berücksichtigten Beiträge sind bei einer späteren Versicherungsleistung nicht erneut als Arbeitslohn zu erfassen. Bei einer späteren Versicherungsleistung sind zumindest die seit der vorangegangenen Auszahlung einer Versicherungsleistung entrichteten Beiträge zu berücksichtigen (BFH-Urteil vom 11. Dezember 2008 – VI R 3/08 –, BFH/NV 2009 S. 907), allerdings auch in diesem Fall begrenzt auf die ausgezahlte Versicherungsleistung.

Erhält ein Arbeitnehmer die Versicherungsleistungen in mehreren Teilbeträgen oder ratierlich, so fließt dem Arbeitnehmer solange Arbeitslohn in Form von Barlohn zu, bis die Versicherungsleistungen die Summe der auf den Versicherungsschutz des Arbeitnehmers entfallenden Beiträge erreicht haben. Erhält ein Arbeitnehmer die Versicherungsleistungen als Leibrente, so fließt dem Arbeitnehmer solange Arbeitslohn in Form von Barlohn zu, bis der Teil der Versicherungsleistungen, der nicht Ertragsanteil ist (§ 22 Nummer 1 Satz 3 Buchstabe a Doppelbuchstabe bb EStG ggf. i. V. m. § 55 EStDV; siehe auch Tz. 2.1.6), die Summe der auf den Versicherungsschutz des Arbeitnehmers entfallenden Beiträge erreicht hat. Beiträge, die vom Arbeitgeber nach der ersten Auszahlung oder Weiterleitung von Versicherungsleistungen an den Arbeitnehmer gezahlt werden, sind hier aus Vereinfachungsgründen jeweils nicht einzubeziehen; diese Beiträge sind dann bei einem ggf. später eintretenden Versicherungsfall zu berücksichtigen.

Beispiel:

Nach einem Unfall wird ab dem Jahr 01 eine Versicherungsleistung als Leibrente i. H. v. jährlich 1 000 € ausgezahlt. Der Ertragsanteil beträgt 25 %. An Beiträgen wurden für den Arbeitnehmer in der Vergangenheit insgesamt 2 500 € gezahlt.

Ab dem Jahr 01 sind 250 € (1 000 € × 25 % Ertragsanteil) steuerpflichtig nach § 22 Nummer 1 Satz 3 Buchstabe a Doppelbuchstabe bb EStG.

Darüber hinaus sind in den Jahren 01 bis 03 jeweils ein Betrag von 750 € und im Jahr 04 ein Betrag von 250 € (2 500 € – [3 Jahre × 750 €]) steuerpflichtig nach § 19 EStG. Ab dem Jahr 05 fließt kein steuerpflichtiger Arbeitslohn mehr zu; steuerpflichtig ist dann nur noch die Leibrente mit dem Ertragsanteil von 25 %.

Dem Arbeitnehmer steht bei mehreren Versicherungsleistungen innerhalb verschiedener Veranlagungszeiträume (mehr als ein Versicherungsfall oder bei einem Versicherungsfall, Auszahlung in mehreren Veranlagungszeiträumen) kein Wahlrecht zu, inwieweit die vom Arbeitgeber erbrachten Beiträge jeweils als Arbeitslohn erfasst werden sollen. In diesen Fällen ist für den Arbeitslohn im jeweiligen Veranlagungszeitraum gesondert zu prüfen, ob es sich um eine Vergütung für eine mehrjährige Tätigkeit i. S. d. § 34 Absatz 1 i. V. m. Absatz 2 Nummer 4 EStG handelt.

2.1.3 Steuerfreier Reisekostenersatz und lohnsteuerpflichtiger Werbungskostenersatz

Der auf das Risiko beruflicher Unfälle entfallende Anteil der Beiträge ist zum Zeitpunkt der Leistungsgewährung steuerfreier Reisekostenersatz oder steuerpflichtiger Werbungskostenersatz des Arbeitgebers (dem bei der Veranlagung zur Einkommensteuer Werbungskosten in gleicher Höhe gegenüberstehen). Für die Aufteilung und Zuordnung gelten die Regelungen in Tz. 1.1 bis 1.4.

2.1.4 Schadensersatzleistungen

Bei einem im beruflichen Bereich eingetretenen Unfall gehört die Auskehrung des Arbeitgebers nicht zum Arbeitslohn, soweit der Arbeitgeber gesetzlich zur Schadensersatzleistung verpflichtet ist oder soweit der Arbeitgeber einen zivilrechtlichen Schadensersatzanspruch des Arbeitnehmers wegen schuldhafter Verletzung arbeitsvertraglicher Fürsorgepflichten erfüllt (BFH-Urteil vom 20. September 1996 – *VI R 57/95* –, BStBl 1997 II S. 144). *Der gesetzliche Schadensersatzanspruch des Arbeitnehmers aus unfallbedingten Personenschäden im beruflichen Bereich wird regelmäßig durch Leistungen aus der gesetzlichen Unfallversicherung erfüllt; diese Leistungen sind nach § 3 Nummer 1 Buchstabe a EStG steuerfrei.*

Schmerzensgeldrenten nach *§ 253 Absatz 2 BGB (bis 31. Juli 2002:* § 847 BGB), Schadensersatzrenten zum Ausgleich vermehrter Bedürfnisse (§ 843 *Absatz* 1 2. Alternative BGB), *Unterhaltsrenten nach § 844 Absatz 2 BGB sowie Ersatzansprüche wegen entgangener Dienste nach § 845 BGB* sind ebenfalls nicht steuerbar (vgl. BMF-Schreiben vom *15. Juli 2009 – IV C 3 – S 2255/08/10012* –, BStBl I S. 836).

2.1.5 Entschädigungen für entgangene oder entgehende Einnahmen

Sind die Versicherungsleistungen ausnahmsweise Entschädigungen für entgangene oder entgehende Einnahmen i. S. d. § 24 Nummer 1 Buchstabe a EStG (z. B. Leistungen wegen einer Körperverletzung, soweit sie den Verdienstausfall ersetzen; siehe H 24.1 EStH 2008), liegen insoweit zusätzliche steuerpflichtige Einkünfte aus nichtselbständiger Arbeit (steuerpflichtiger Arbeitslohn) vor. Wickelt das Versicherungsunternehmen die Auszahlung der Versicherungsleistung unmittelbar mit dem Arbeitnehmer ab, hat der Arbeitgeber Lohnsteuer nur einzubehalten, wenn er weiß oder erkennen kann, dass derartige Zahlungen erbracht wurden (§ 38 Absatz 1 Satz 3 EStG).

Der nach Tz. 2.1.2 zu besteuernde Betrag ist in diesen Fällen anteilig zu mindern.

Beispiel:

Nach einem Unfall wird eine Versicherungsleistung i. H. v. 10 000 € ausgezahlt. Hiervon sind 8 000 € die Entschädigung für entgangene oder entgehende Einnahmen. An Beiträgen wurden in der Vergangenheit 2 500 € gezahlt.

Die steuerpflichtigen Leistungen i. S. d. § 24 Nummer 1 Buchstabe a EStG betragen 8 000 €. Zusätzlich sind 500 € (= 2 500 € – [2 500 € × 8 000 € : 10 000 €]) entsprechend der Regelungen in Tz. 2.1.2 und 2.1.3 zu besteuern.

2.1.6 Sonstige Einkünfte nach § 22 Nummer 1 EStG

Wiederkehrende Leistungen aus der *entsprechenden* Unfallversicherung können Leibrenten nach § 22 *Nummer 1 Satz 3 Buchstabe a Doppelbuchstabe bb* EStG *sein. Siehe auch Tz. 2.1.2 letzter Absatz.*

2.2 Ausübung der Rechte steht unmittelbar dem Arbeitnehmer zu

2.2.1 Arbeitslohn zum Zeitpunkt der Beitragszahlung

Kann der Arbeitnehmer den Versicherungsanspruch *bei einer vom Arbeitgeber abgeschlossenen Unfallversicherung* unmittelbar gegenüber dem Versicherungsunternehmen geltend machen, *sind* die Beiträge *bereits im Zeitpunkt der Zahlung durch den Arbeitgeber* als Zukunftssicherungsleistungen Arbeitslohn *in Form von Barlohn* (§ 19 Absatz 1 Satz 1 Nummer 1 EStG, § 2 *Absatz* 2 *Nummer* 3 Satz 1 LStDV). *Davon ist auch dann auszugehen, wenn zwar der Anspruch durch den Versicherungsnehmer (Arbeitgeber) geltend gemacht werden kann, vertraglich nach den Unfallversicherungsbedingungen jedoch vorgesehen ist, dass der Versicherer die Versicherungsleistung in jedem Fall an die versicherte Person (Arbeitnehmer) auszahlt. Die Ausübung der Rechte steht dagegen nicht unmittelbar dem Arbeitnehmer zu, wenn die Versicherungsleistung mit befreiender Wirkung auch an den Arbeitgeber gezahlt werden kann; in diesem Fall kann der Arbeitnehmer die Auskehrung der Versicherungsleistung letztlich nur im Innenverhältnis vom Arbeitgeber verlangen.*

Das gilt unabhängig davon, ob es sich um eine Einzelunfallversicherung oder eine Gruppenunfallversicherung handelt; Beiträge zu Gruppenunfallversicherungen sind ggf. nach der Zahl der versicherten Arbeitnehmer auf diese aufzuteilen (§ 2 *Absatz* 2 *Nummer* 3 Satz 3 LStDV). Steuerfrei sind Beiträge oder Beitragsteile, die *bei Auswärtstätigkeiten (R 9.4 Absatz 2 LStR 2008)* das Unfallrisiko abdecken und deshalb zu den steuerfreien Reisekosten*erstattungen* gehören. Für die Aufteilung eines auf den beruflichen Bereich entfallenden Gesamtbeitrags in steuerfreie Reisekosten*erstattungen* und steuerpflichtigen Werbungskostenersatz ist die Vereinfachungsregelung in Tz. 1.4 anzuwenden.

2.2.2 Arbeitslohn zum Zeitpunkt der Leistungsgewährung

Leistungen aus einer *entsprechenden* Unfallversicherung *gehören zu den Einkünften aus nichtselbständiger Arbeit (steuerpflichtiger Arbeitslohn)*, soweit sie Entschädigungen für entgangene oder entgehende Einnahmen i. S. d. § 24 *Nummer* 1 Buchstabe a EStG darstellen, der Unfall im beruflichen Bereich eingetreten ist und die Beiträge ganz oder teilweise Werbungskosten bzw. steuerfreie Reisenebenkosten*erstattungen* waren.

Der Arbeitgeber hat Lohnsteuer nur einzubehalten, wenn er weiß oder erkennen kann, dass derartige Zahlungen erbracht wurden (§ 38 Absatz 1 Satz 3 EStG). Andernfalls ist der als Entschädigung i. S. d. § 24 *Nummer* 1 *Buchstabe* a EStG steuerpflichtige *Teil des Arbeitslohns, der ggf.* durch Schätzung zu ermitteln *ist*, im Rahmen der Veranlagung des Arbeitnehmers zur Einkommensteuer zu erfassen.

2.2.3 Sonstige Einkünfte nach § 22 Nummer 1 Satz 1 EStG

Tz. 2.1.6 gilt entsprechend.

3. Arbeitgeber als Versicherer

Gewährt ein Arbeitgeber als Versicherer Versicherungsschutz, handelt es sich um Sachleistungen. Tz. 2 gilt entsprechend. § 8 Absatz 3 EStG ist zu beachten.

4. Werbungskosten- oder Sonderausgabenabzug

Der Arbeitnehmer kann die dem Lohnsteuerabzug unterworfenen Versicherungsbeiträge als Werbungskosten oder als Sonderausgaben geltend machen. Für die *Aufteilung und* Zuordnung gelten die Regelungen in Tz. 1.1 bis 1.3.

5. Lohnsteuerabzug von Beitragsleistungen

Soweit die vom Arbeitgeber übernommenen Beiträge (Tz. 1.4) oder die Beiträge zu Versicherungen des Arbeitgebers (Tz. 2) steuerpflichtiger Arbeitslohn sind, sind sie im Zeitpunkt *ihres Zuflusses* dem Lohnsteuerabzug *nach den allgemeinen Regelungen* zu unterwerfen, wenn nicht eine Pauschalbesteuerung nach § 40b *Absatz* 3 EStG *erfolgt. Zu den Voraussetzungen der Lohnsteuerpauschalierung siehe auch R 40b. 2 LStR 2008.*

6. Betriebliche Altersversorgung

Die lohnsteuerliche Behandlung von Zusagen auf Leistungen der betrieblichen Altersversorgung nach dem Betriebsrentengesetz bleibt durch dieses Schreiben unberührt. Zu den Einzelheiten vgl. BMF-Schreiben vom 20. Januar 2009 – VI C 3 – S 2496/08/10011 – / – IV C 5 – S 2333/07/0003 – (BStBl I S. 273).

7. Anwendungsregelung

Dieses Schreiben ist in allen noch nicht formell bestandskräftigen Fällen anzuwenden. Das BMF-Schreiben vom 17. Juli 2000 – IV C 5 – S 2332 – 67/00 – (BStBl I S. 1204) wird hiermit aufgehoben.

Urlaubsabgeltung

Zur Besteuerung der Entschädigungen für verfallene Urlaubsansprüche im Baugewerbe → § 39c Abs. 3 EStG.

VBL-Umlagezahlungen

Lohnsteuerpflicht von Umlagezahlungen an die Versorgungsanstalt des Bundes und der Länder (VBL) oder anderer kommunaler oder kirchlicher Zusatzversorgungskassen

(Verfügung der OFD Münster vom 30. 11. 2011)

Bei Einsprüchen von den an der Versorgungsanstalt des Bundes und der Länder (VBL) beteiligten Arbeitgebern bzw. deren Arbeitnehmern mit der Begründung, die Arbeitgeber- bzw. die Arbeitnehmerumlagen seien kein Arbeitslohn, ist wie folgt zu unterscheiden:

1. Sanierungsgeld nach § 65 der VBL-Satzung

Infolge der Schließung des Gesamtversorgungssystems und dem Wechsel zum Punktemodell erhebt die VBL entsprechend dem periodischen Bedarf von den Beteiligten ab dem 1. 1. 2002 pauschale Sanierungsgelder zur Deckung eines zusätzlichen Finanzierungsbedarfs, die über die laufenden Umlagen i. H. v. insgesamt 7,86 v. H. (Arbeitgeber- und Arbeitnehmeranteil, siehe Punkt 3) hinausgehen und der Finanzierung der vor dem 1. 1. 2002 begründeten Anwartschaften und Ansprüche (Altbestand) dienen. Diese Sanierungsgelder stellen keinen steuerpflichtigen Arbeitslohn dar.

2. Sonderzahlungen des Arbeitgebers

Zahlungen des Arbeitgebers anlässlich einer schrittweisen Systemumstellung des Finanzierungsverfahrens auf das Kapitaldeckungsverfahren, der Überführung der Mitarbeiterversorgung an eine Zusatzversorgungskasse ohne Systemumstellung (Nachteilsausgleich) oder Zahlungen anlässlich des Ausscheidens des Arbeitgebers aus der VBL (Gegenwertzahlungen) sind ebenfalls nicht lohnsteuereinbehaltungspflichtig, soweit Zahlungen vor dem 23. 8. 2006 geleistet wurden. (Zur Steuerfreiheit vgl. BFH-Urteile vom14. 9. 2005) und 15. 2. 2006; BMF-Schreiben vom 30. 5. 2006 – IV C5 – S 2333 – 53/61).

Mit dem JStG 2007 erfolgte mit § 19 Abs. 1 Nr. 3 Satz 2 EStG eine gesetzliche Klarstellung, die für alle Zahlungen, die nach dem 23. 8. 2006 geleistet wurden, anzuwenden ist. Danach sind nur Sanierungsgelder steuerfrei. Sonderzahlungen (Gegenwertzahlungen und Nachteilsausgleiche) sind mit 15 % nach § 40b Abs. 4 EStG pauschal zu versteuern. Hinweis: Die VBL wird auch nach der Umstellung auf das Punktesystem zum 1. 1. 2002 weiterhin im Umlageverfahren finanziert.

3. Umlageteil nach § 64 Abs. 2 der VBL-Satzung

Der monatliche Umlageteil i. H. v. insgesamt 7,86 v. H. teilt sich auf in einen Arbeitgeberanteil i. H. v. 6,45 v. H. und einen Arbeitnehmeranteil i. H. v. 1,41 v. H. (§ 64 Abs. 3 der VBLSatzung).

Der auf den Arbeitnehmer entfallende Umlagenanteil stellt immer steuerpflichtigen Arbeitslohn dar und ist nicht steuerbefreit. Der auf den Arbeitgeber entfallende Umlageanteil stellt in voller Höhe steuerpflichtigen Arbeitslohn dar, der der Lohnsteuer unterliegt (§ 19 Abs. 1 Nr. 3 Satz 1 EStG). Der Arbeitgeber kann die Zuwendungen mit 20 % nach § 40b Abs. 1 EStG pauschal versteuern.

Ab 2008 sind laufende Umlagezahlungen gemäß § 3 Nr. 56 EStG bis zu 1 % der Beitragsbemessungsgrenze in der allgemeinen Rentenversicherung (2009: 64 800 € = 648 € jährlich) steuerfrei (stufenweise Anhebung 2014 auf 2 %, ab 2020 auf 3 % und ab 2025 auf 4 %). Die steuerfreien Beträge sind um die nach § 3 Nr. 63 EStG steuerfrei gewährten Beträge (Beiträge des Arbeitgebers zum Aufbau einer kapitalgedeckten Altersversorgung) zu mindern.

4. Stand der Rechtsprechung

4.1 Arbeitgeberanteil pauschal besteuerter Umlagezahlungen

Wegen der steuerlichen Behandlung des Arbeitgeberanteils als steuerpflichtigen Arbeitslohn hat der BFH mit Urteil 7. 5. 2009, Az VI R 8/07 (Vorverfahren FG Niedersachsen 11 K 307/06) entschieden, dass auch laufende Umlagezahlungen vor 2008 steuerpflichtig sind. Die gegen das Urteil eingelegte Anhörungsrüge wurde mit Beschluss vom 3. 11. 2009 zurückgewiesen (Az BFH AR 5485/09). Mit Beschluss des BVerfG vom 27. 7. 2010 wurde die anhängige Verfassungsbeschwerde Az 2 BvR 3056/09 nicht zur Entscheidung angenommen, das Verfahren ist dadurch erledigt.

Die z.Z nach § 363 Abs. 2 Satz 2 AO ruhenden Einsprüche können in Einzelfällen, soweit eine genaue Übereinstimmung des Sachverhalts mit dem Urteilsfall des BFH vorliegt, nunmehr entschieden werden. In allen anderen Fällen bleibt die Allgemeinverfügung des BMF abzuwarten, die erst nach Entscheidung über das Verfahren beim FG Niedersachsen – 11 K 292/07 (siehe unten) erfolgt.

4.2 Arbeitgeberanteil individuell beim Arbeitnehmer besteuerter Umlagezahlungen

Zu der steuerlichen Behandlung des Arbeitgeberanteils der Umlagezahlung an die VBL, soweit sie individuell beim Arbeitnehmer besteuert worden ist, hat der BFH mit Urteil vom 15. 09. 2011 unter dem Az. VI R 36/09 (Vorverfahren FG Münster 11 K 1990/05 E) auf die Revision des FA das Urteil des FG Münster aufgehoben und die Klage abgewiesen. Das Verfahren ist dadurch erledigt.

4.3 Streitgegenstand Neuregelung des § 19 Abs. 1 Nr. 3 EStG (Jahressteuergesetz 2007)

Wegen der Festsetzung pauschaler Lohnsteuer auf Umlagebeiträge des Arbeitgebers zur VBL für das Kalenderjahr 2007 ist beim FG Niedersachsen (Az 11 K 292/07) eine erneute Klage des Inhalts anhängig, dass die Neuregelung des § 19 Abs. 1 Nr. 3 EStG durch das Jahressteuergesetz 2007 nicht mit dem aus Artikel 3 Abs. 1 GG abgeleiteten Prinzip der Leistungsfähigkeit vereinbar sei. Vergleichbare Einspruchsverfahren können mit Zustimmung des Einspruchsführers gemäß § 363 Abs. 2 Satz 1 AO ebenfalls ruhen.

Versorgungszuschlag

Behandlung des Versorgungszuschlags für Beamte bei Beurlaubung ohne Dienstbezüge

(BMF-Schreiben vom 22. 2. 1991, BStBl I S. 951)

Im Einvernehmen mit den obersten Finanzbehörden der Länder gilt für die steuerliche Behandlung des Versorgungszuschlags, der im Falle des § 6 Abs. 1 Satz 2 Nr. 5 des Beamtenversorgungsgesetzes gezahlt wird, ab 1. Januar 1990 folgendes:

Zahlt der Arbeitgeber den Versorgungszuschlag, so handelt es sich um steuerpflichtigen Arbeitslohn. In gleicher Höhe liegen beim Arbeitnehmer Werbungskosten vor, auf die der Arbeitnehmer-Pauschbetrag von 2 000 DM[1]) anzurechnen ist. Dies gilt auch, wenn der Arbeitnehmer den Versorgungszuschlag zahlt.

1) Heute: 1 000 €.

2015

Anlage N

Jeder Ehegatte / Lebenspartner mit Einkünften aus nichtselbständiger Arbeit hat eine eigene Anlage N abzugeben.

1 Name

2 Vorname

3 **Steuernummer** — stpfl. Person / Ehemann / Lebenspartner(in) A

4 eTIN lt. Lohnsteuerbescheinigung(en), sofern vorhanden — eTIN lt. weiterer Lohnsteuerbescheinigung(en), sofern vorhanden — Ehefrau / Lebenspartner(in) B

Einkünfte aus nichtselbständiger Arbeit

4

Angaben zum Arbeitslohn

Zeile		Lohnsteuerbescheinigung(en) Steuerklasse 1 - 5		Lohnsteuerbescheinigung(en) Steuerklasse 6 oder einer Urlaubskasse	
5		**Steuerklasse** 168			
		EUR	Ct	EUR	Ct
6	Bruttoarbeitslohn	110	,–	111	,–
7	Lohnsteuer	140		141	
8	Solidaritätszuschlag	150		151	
9	Kirchensteuer des Arbeitnehmers	142		143	
10	**Nur bei konfessionsverschiedener Ehe:** Kirchensteuer für den Ehegatten	144		145	

Zeile		1. Versorgungsbezug	2. Versorgungsbezug
11	**Steuerbegünstigte Versorgungsbezüge** (in Zeile 6 enthalten)	200 ,–	210 ,–
12	Bemessungsgrundlage für den Versorgungsfreibetrag lt. Nr. 29 der Lohnsteuerbescheinigung	201 ,–	211 ,–
13	Maßgebendes Kalenderjahr des Versorgungsbeginns lt. Nr. 30 der Lohnsteuerbescheinigung	206	216
14	Bei unterjähriger Zahlung: Erster und letzter Monat, für den Versorgungsbezüge gezahlt wurden, lt. Nr. 31 der Lohnsteuerbescheinigung	202 Monat – 203 Monat	212 Monat – 213 Monat
15	Sterbegeld, Kapitalauszahlungen / Abfindungen und Nachzahlungen von Versorgungsbezügen lt. Nr. 32 der Lohnsteuerbescheinigung (in den Zeilen 6 und 11 enthalten)	204 ,–	214 ,–

16 Ermäßigt zu besteuernde Versorgungsbezüge für mehrere Jahre lt. Nr. 9 der Lohnsteuerbescheinigung 205 ,– 215 ,

17 **Entschädigungen** (Bitte Vertragsunterlagen einreichen) / **Arbeitslohn für mehrere Jahre** 166 ,

18 Steuerabzugsbeträge zu den Zeilen 16 und 17 — Lohnsteuer 146 — Solidaritätszuschlag 152

19 Kirchensteuer Arbeitnehmer 148 — Kirchensteuer Ehegatte / Lebenspartner 149

20 Steuerpflichtiger Arbeitslohn, von dem kein Steuerabzug vorgenommen worden ist (soweit nicht in der Lohnsteuerbescheinigung enthalten) 115 ,–

21 Steuerfreier Arbeitslohn nach Doppelbesteuerungsabkommen / sonstigen zwischenstaatlichen Übereinkommen (Übertrag aus den Zeilen 52, 70 und / oder 81 der ersten **Anlage N-AUS**) 139 ,–

22 Steuerfreier Arbeitslohn nach Auslandstätigkeitserlass (Übertrag aus Zeile 66 der ersten **Anlage N-AUS**) 136 ,–

23 Steuerfreie Einkünfte (Besondere Lohnbestandteile) nach Doppelbesteuerungsabkommen / sonstigen zwischenstaatlichen Übereinkommen / Auslandstätigkeitserlass (Übertrag aus Zeile 80 der ersten **Anlage N-AUS**) 178 ,–

24 Beigefügte **Anlage(n) N-AUS** — Anzahl

25 Grenzgänger nach (Beschäftigungsland) 116 — Arbeitslohn in ausländischer Währung ,– — 135 Schweizerische Abzugsteuer in SFr

26 Steuerfrei erhaltene Aufwandsentschädigungen / Einnahmen — aus der Tätigkeit als — 118 EUR ,–

27 **Kurzarbeitergeld, Zuschuss zum Mutterschaftsgeld, Verdienstausfallentschädigung nach dem Infektionsschutzgesetz, Aufstockungsbeträge nach dem Altersteilzeitgesetz, Altersteilzeitzuschläge nach Besoldungsgesetzen (lt. Nr. 15 der Lohnsteuerbescheinigung)** 119 ,–

28 **Angaben über Zeiten und Gründe der Nichtbeschäftigung** (Bitte Nachweise einreichen)

2015AnlN031NET — Juli 2015 — 2015AnlN031NET
034027_15

Steuernummer, Name und Vorname

Werbungskosten – ohne Betrag lt. Zeilen 91 bis 94 – 8

Wege zwischen Wohnung und erster Tätigkeitsstätte / Sammelpunkt / weiträumigem Tätigkeitsgebiet (Entfernungspauschale)

Zeile	Erste Tätigkeitsstätte in (PLZ, Ort und Straße)	vom	bis	Arbeitstage je Woche	Urlaubs- und Krankheitstage
31					
32					
	Sammelpunkt / nächstgelegener Zugang zum weiträumigen Tätigkeitsgebiet (PLZ, Ort und Straße)				
33					
34					

Zeile	Ort lt. Zeile	aufgesucht an Tagen	einfache Entfernung	davon mit eigenem oder zur Nutzung überlassenem Pkw zurückgelegt	davon mit Sammelbeförderung des Arbeitgebers zurückgelegt	davon mit öffentl. Verkehrsmitteln, Motorrad, Fahrrad o. Ä., als Fußgänger, als Mitfahrer einer Fahrgemeinschaft zurückgelegt	Aufwendungen für Fahrten mit öffentlichen Verkehrsmitteln (ohne Flug- und Fährkosten) EUR	Behinderungsgrad mind. 70 oder mind. 50 und Merkzeichen „G"
35	110	111	km	112 km	113 km	km	114 ,—	115 1 = Ja
36	130	131	km	132 km	133 km	km	134 ,—	135 1 = Ja
37	150	151	km	152 km	153 km	km	154 ,—	155 1 = Ja
38	170	171	km	172 km	173 km	km	174 ,—	175 1 = Ja

39 Arbeitgeberleistungen lt. Nr. 17 und 18 der Lohnsteuerbescheinigung und von der Agentur für Arbeit gezahlte Fahrtkostenzuschüsse — steuerfrei ersetzt 290 EUR ,— — pauschal besteuert 295 ,—

Beiträge zu Berufsverbänden (Bezeichnung der Verbände)

40 — 310 ,—

Aufwendungen für Arbeitsmittel – soweit nicht steuerfrei ersetzt – (Art der Arbeitsmittel bitte einzeln angeben.)

Zeile		EUR		
41		,—		
42		+ ,—	▸ 320	,—

Aufwendungen für ein häusliches Arbeitszimmer

43 — 325 ,—

Fortbildungskosten – soweit nicht steuerfrei ersetzt –

44 — 330 ,—

Weitere Werbungskosten – soweit nicht steuerfrei ersetzt –

Flug- und Fahrkosten bei Wegen zwischen Wohnung und erster Tätigkeitsstätte/Sammelpunkt / weiträumigem Tätigkeitsgebiet

Zeile				
45		,—		
	Sonstiges (z. B. Bewerbungskosten, Kontoführungsgebühren)			
46		+ ,—		
47		+ ,—		
48		+ ,—	▸ 380	,—

Reisekosten bei beruflich veranlassten Auswärtstätigkeiten

49 Die Fahrten wurden ganz oder teilweise mit einem Firmenwagen oder im Rahmen einer unentgeltlichen Sammelbeförderung des Arbeitgebers durchgeführt — 401 — 1 = Ja, 2 = Nein

– Falls „Ja": Für die Fahrten mit Firmenwagen oder Sammelbeförderung dürfen mangels Aufwands keine Eintragungen zu Fahrtkosten in Zeile 50 vorgenommen werden. –

Fahrt- und Übernachtungskosten, Reisenebenkosten

50 — 410 ,—

51 **Vom Arbeitgeber steuerfrei ersetzt** 420 ,—

Pauschbeträge für Mehraufwendungen für Verpflegung

Bei einer Auswärtstätigkeit im Inland:

52 Abwesenheit von mehr als 8 Stunden (bei Auswärtstätigkeit ohne Übernachtung) — 470 — Anzahl der Tage

53 An- und Abreisetage (bei einer mehrtägigen Auswärtstätigkeit mit Übernachtung) — 471 — Anzahl der Tage

54 Abwesenheit von 24 Stunden — 472 — Anzahl der Tage

55 Kürzungsbeträge wegen Mahlzeitengestellung (eigene Zuzahlungen sind ggf. gegenzurechnen) — 473 ,—

56 Bei einer Auswärtstätigkeit im Ausland (Berechnung bitte in einer gesonderten Aufstellung): — 474 ,—

57 **Vom Arbeitgeber steuerfrei ersetzt** 490 ,—

2015AnlN032NET 2015AnlN032NET

Steuernummer, Name und Vorname

Mehraufwendungen für doppelte Haushaltsführung

Allgemeine Angaben

61 Der doppelte Haushalt wurde aus beruflichem Anlass begründet — 501 — am

Grund

62

63 Der doppelte Haushalt hat seitdem ununterbrochen bestanden — 502 — bis — 2015

64 Der doppelte Haushalt liegt im Ausland — 507 — 1 = Ja

Beschäftigungsort (PLZ, Ort, Staat, falls im Ausland)

65

66 Es liegt ein **eigener Hausstand** am Lebensmittelpunkt vor — 503 — 1 = Ja, 2 = Nein

Falls ja, in (PLZ, Ort) — seit

67 — 504

68 Der Begründung des doppelten Haushalts ist eine Auswärtstätigkeit am selben Beschäftigungsort unmittelbar vorausgegangen — 505 — 1 = Ja

69 Anstelle der Mehraufwendungen für doppelte Haushaltsführung werden in den Zeilen 31 bis 39 Fahrtkosten für **mehr** als eine Heimfahrt wöchentlich geltend gemacht — 506 — 1 = Ja

– Wird die Zeile 69 mit „Ja" beantwortet, sind Eintragungen in den Zeilen 70 bis 85 nicht vorzunehmen. –

Fahrtkosten

70 Die Fahrten wurden mit einem **Firmenwagen** oder im Rahmen einer unentgeltlichen **Sammelbeförderung** des Arbeitgebers durchgeführt — 510 — 1 = Ja, insgesamt; 2 = Nein; 3 = Ja, teilweise

– Soweit die Zeile 70 mit „Ja, insgesamt" beantwortet wird, sind Eintragungen in den Zeilen 71, 72, 74 und 76 nicht vorzunehmen. Bei „Ja, teilweise" sind Eintragungen in diesen Zeilen nur für die mit dem eigenen oder zur Nutzung überlassenen privaten Fahrzeug durchgeführten Fahrten vorzunehmen. -

Erste Fahrt zum Beschäftigungsort und letzte Fahrt zum eigenen Hausstand

71 mit privatem Kfz — 511 — gefahrene km — Kilometersatz bei Einzelnachweis (Berechnung bitte in einer gesonderten Aufstellung) — 512 — EUR Ct

72 mit privatem Motorrad / Motorroller — 522 — gefahrene km — Kilometersatz bei Einzelnachweis (Berechnung bitte in einer gesonderten Aufstellung) — 523 — EUR Ct

73 mit öffentlichen Verkehrsmitteln oder entgeltlicher Sammelbeförderung (lt. Nachweis) — 513 — EUR ,—

Wöchentliche Heimfahrten

74 einfache Entfernung (ohne Flugstrecken) — 514 — km — 515 — Anzahl

75 Kosten für öffentliche Verkehrsmittel (lt. Nachweis – ohne Flug- und Fährkosten) — 516 — EUR ,—

Nur bei Behinderungsgrad von mindestens 70 oder mindestens 50 und Merkzeichen „G"

76 einfache Entfernung (ohne Flugstrecken) — 524 — km — davon mit privatem Kfz zurückgelegt — 517 — km — 518 — Anzahl — Kilometersatz bei Einzelnachweis (Berechnung bitte in einer gesonderten Aufstellung) — 519 — EUR Ct

77 Kosten für öffentliche Verkehrsmittel (lt. Nachweis – ohne Flug- und Fährkosten) — 520 — EUR ,—

78 Flug- und Fährkosten (zu den Zeilen 74 bis 77) oder Kosten für entgeltliche Sammelbeförderung für Heimfahrten (lt. Nachweis) — 521 — ,—

Kosten der Unterkunft am Ort der ersten Tätigkeitsstätte

79 Aufwendungen lt. Nachweis (z. B. Miete einschließlich Stellplatz- / Garagenkosten, Nebenkosten, Abschreibungen und Ausstattungskosten) — 530 — ,—

80 Größe der Zweitwohnung des doppelten Haushalts im Ausland — 531 — m^2

Pauschbeträge für Mehraufwendungen für Verpflegung

Die Verpflegungsmehraufwendungen lt. Zeilen 81 bis 84 können nur für einen Zeitraum von 3 Monaten nach Bezug der Unterkunft am Ort der ersten Tätigkeitsstätte geltend gemacht werden; geht der doppelten Haushaltsführung eine Auswärtstätigkeit voraus, ist dieser Zeitraum auf den Dreimonatszeitraum anzurechnen.

Bei einer doppelten Haushaltsführung im Inland:

81 An- und Abreisetage — 541 — Anzahl der Tage

82 Abwesenheit von 24 Std. — 542 — Anzahl der Tage

83 Kürzungsbetrag wegen Mahlzeitengestellung (eigene Zuzahlungen sind ggf. gegenzurechnen) — 544 — EUR ,—

84 Bei einer doppelten Haushaltsführung im Ausland (Berechnung bitte in eine gesonderten Aufstellung) — 543 — ,—

Sonstige Aufwendungen (z. B. Kosten für den Umzug, jedoch ohne Kosten der Unterkunft)

85 — 550 — ,—

86 Summe der Mehraufwendungen für **weitere** doppelte Haushaltsführungen (Berechnung bitte in einer gesonderten Aufstellung) — 551 — ,—

87 **Vom Arbeitgeber / von der Agentur für Arbeit insgesamt steuerfrei ersetzt** — 590 — ,—

2015AnlN033NET **2015AnlN033NET**

Steuernummer, Name und Vorname

Werbungskosten in Sonderfällen

- Die in den Zeilen 91 bis 94 erklärten Werbungskosten dürfen nicht in den Zeilen 31 bis 87 enthalten sein -

Werbungskosten zu steuerbegünstigten Versorgungsbezügen lt. Zeile 11

91	Art der Aufwendungen	682	EUR ,—

Werbungskosten zu steuerbegünstigten Versorgungsbezügen für mehrere Jahre lt. Zeile 16

92	Art der Aufwendungen	659	EUR ,—

Werbungskosten zu Entschädigungen / Arbeitslohn für mehrere Jahre lt. Zeile 17

93	Art der Aufwendungen	660	EUR ,—
94	Werbungskosten zu steuerfreiem Arbeitslohn, lt. Zeile 21 und 22 (Übertrag aus den Zeilen 75 und 82 der ersten Anlage N-AUS)	657	EUR ,—

Werbungskosten zu steuerpflichtigem Arbeitslohn, von dem kein Steuerabzug vorgenommen worden ist lt. Zeile 20 und aus einer Tätigkeit als Grenzgänger lt. Zeile 25 - in den Zeilen 31 bis 87 enthalten -

95	Art der Aufwendungen	656	EUR ,—
96	Werbungskosten zu Arbeitslohn für eine Tätigkeit im Inland, wenn ein weiterer Wohnsitz in Belgien vorhanden ist - in den Zeilen 31 bis 87 enthalten -	675	EUR ,—

2015003032O4

2015AnlN034NET 2015AnlN034NET

2015

1 Name

Anlage N-AUS

2 Vorname

☐ stpfl. Person / Ehemann / Lebenspartner(in) A

3 **Steuernummer** ____ lfd. Nr. der Anlage ____

☐ Ehefrau / Lebenspartner(in) B

Ausländische Einkünfte aus nichtselbständiger Arbeit

4 **in** ____ **(Staat)** **(Für jeden ausländischen Staat ist eine gesonderte Anlage N-AUS abzugeben.)**

Steuerentlastung für die Auslandstätigkeit

Im Kalenderjahr 2015 habe ich steuerfreien Arbeitslohn bezogen

5 ☐ nach dem Doppelbesteuerungsabkommen (DBA) ☐ aufgrund eines sonstigen zwischenstaatlichen Übereinkommens (ZÜ)

6 ☐ nach dem Auslandstätigkeitserlass (ATE)

Allgemeine Angaben

7 Bestand neben dem Wohnsitz im Inland ein weiterer Wohnsitz im Ausland? ☐ Nein ☐ Ja, bitte die Zeilen 8 bis 11 ausfüllen

8 Straße und Hausnummer

9 Postleitzahl, Ort

10 Staat

11 Haben Sie zu diesem Staat die engeren persönlichen und wirtschaftlichen Beziehungen (Mittelpunkt der Lebensinteressen)? ☐ Nein ☐ Ja, lt. gesonderter Aufstellung

Name und Anschrift des Arbeitgebers / Sitz der Geschäftsleitung

12 Name (Bezeichnung)

13 Straße und Hausnummer

14 Postleitzahl, Ort

15 Staat

16 Wirtschaftszweig des Arbeitgebers (nur bei ATE)

17 Art des begünstigten Vorhabens des Arbeitgebers (nur bei ATE)

Im ausländischen Staat ausgeübte Tätigkeit (bitte entsprechende Nachweise einreichen)

	Art der Auslandstätigkeit des Arbeitnehmers	vom	bis
18			
19			

20 Anzahl der Kalendertage im ausländischen Staat (siehe Anleitung) ____ Tage

Unterbrechung der Tätigkeit

	Grund	vom	bis
21			
22			

Die Tätigkeit erfolgte

23 ☐ im Rahmen eines Werkvertrags / einer Werkleistungsverpflichtung des Arbeitgebers.

24 ☐ im Rahmen einer gewerblichen Arbeitnehmerüberlassung.

25 ☐ bei einem mit dem Arbeitgeber verbundenen Unternehmen.

26 ☐ für eine Betriebsstätte des Arbeitgebers i. S. d. DBA.

27 ☐ für einen ausländischen Arbeitgeber, mit dem ein Dienstverhältnis besteht / bestand.

28 ☐

2015AnlN-AUS261NET – Juli 2015 – **2015AnlN-AUS261NET**
034099_15

Steuernummer, Name und Vorname, lfd. Nummer

Angaben zum aufnehmenden Unternehmen (z. B. verbundenes Unternehmen / Betriebsstätte / Entleiher)

31	Name (Bezeichnung)		
32	Straße und Hausnummer		
33	Postleitzahl, Ort		
34	Staat		

Angaben zum Arbeitslohn

– Ohne besondere Lohnbestandteile lt. Zeile 76 –

			EUR
35	Bruttoarbeitslohn lt. Nr. 3 der Lohnsteuerbescheinigung(en)		,–
36	Bruttoarbeitslohn, von dem kein inländischer Steuerabzug vorgenommen worden ist (z. B. Bruttoarbeitslohn von einem ausländischen Arbeitgeber oder einer ausländischen Betriebsstätte)	+	,–
37	Steuerfreier Bruttoarbeitslohn lt. Nr. 16 der Lohnsteuerbescheinigung(en)	+	,–
38	Zwischensumme		,–
	abzüglich darin enthaltener nach deutschem Recht steuerfreier Arbeitslohn		
39	Bezeichnung	–	,–
	zuzüglich nicht enthaltener nach deutschem Recht steuerpflichtiger Arbeitslohn		
40	Bezeichnung	+	,–
41	Summe in- und ausländischer Arbeitslohn		,–
	Aufteilung des Arbeitslohns lt. Zeile 41		
	abzüglich direkt zuzuordnender Arbeitslohn im Inland (siehe Anleitung)		
42	Bezeichnung	–	,–
	abzüglich direkt zuzuordnender Arbeitslohn, der auf den ausländischen Staat lt. Zeile 4 entfällt (siehe Anleitung)		
43	Bezeichnung	–	,–
	abzüglich direkt zuzuordnender Arbeitslohn lt. Zeile 43 der übrigen Anlage(n) N-AUS		
44	Bezeichnung	–	,–
45	**Verbleibender Arbeitslohn**		,–

Ermittlung des nach DBA steuerfreien Arbeitslohns

46	Tatsächliche Arbeitstage im Kalenderjahr im In- und Ausland		Tage
47	davon entfallen auf die Tätigkeit, für die der ausländische Staat das Besteuerungsrecht hat		Tage

			EUR
48	verbleibender Arbeitslohn (Zeile 45) × Auslandsarbeitstage (Zeile 47) / tatsächliche Arbeitstage (Zeile 46) = verbleibender ausländischer Arbeitslohn		,–
49	direkt zuzuordnender Arbeitslohn lt. Zeile 43	+	,–
50	Summe steuerfrei zu stellender ausländischer Arbeitslohn (Summe Zeile 48 und 49)		,–
51	**nur in der ersten Anlage N-AUS:** Übertrag von Zeile 50 aus weiteren Anlagen N-AUS	+	,–
52	**Gesamtsumme** des steuerfrei zu stellenden ausländischen Arbeitslohns (Betrag übertragen in Zeile 21 der Anlage N)		,–

Hinweis: Der steuerpflichtige Arbeitslohn (Ergebnis aus Zeile 45 zuzüglich Zeile 42 abzüglich Zeile 48 sämtlicher Anlagen N-AUS) ist – ggf. abweichend von dem Wert lt. Nr. 3 der Lohnsteuerbescheinigung(en) – in Zeile 6 der Anlage N einzutragen.

Hinweis bei Freistellung nach einem DBA:

Eine Freistellung der ausländischen Einkünfte nach einem DBA ist davon abhängig, dass Sie nachweisen, dass der Staat, dem nach dem Abkommen das Besteuerungsrecht zusteht, auf dieses Besteuerungsrecht verzichtet hat oder dass die in diesem Staat auf die Einkünfte festgesetzten Steuern entrichtet wurden. Zum Nachweis dieser Voraussetzungen reichen Sie bitte geeignete Unterlagen ein. Sind Sie verpflichtet, im Ausland eine Steuererklärung abzugeben, reichen Sie bitte den ausländischen Steuerbescheid ein. Besteht eine solche Verpflichtung nicht, reichen Sie bitte eine Bescheinigung Ihres Arbeitgebers ein, aus der sich die Dauer der Tätigkeit im Ausland, die darauf entfallenden Vergütungen und die Höhe der im Ausland abgeführten Steuerbeträge ergeben.

Unter bestimmten Voraussetzungen wird dem anderen Staat die Höhe des in Deutschland steuerfrei erklärten Arbeitslohns mitgeteilt. Einwände gegen eine Weitergabe machen Sie bitte auf einem besonderen Blatt geltend.

2015AnlN-AUS262NET

2015AnlN-AUS262NET

Steuernummer, Name und Vorname, lfd. Nummer

Ermittlung des nach ATE steuerfreien Arbeitslohns

61 Anzahl der Kalendertage im ausländischen Staat im Kalenderjahr ____ Tage

EUR

62 verbleibender Arbeitslohn (Zeile 45) × Kalendertage im Ausland (Zeile 61) / ____ (Jahreskalendertage / Kalendertage der Beschäftigung) = verbleibender ausländischer Arbeitslohn ,–

63 direkt zuzuordnender Arbeitslohn lt. Zeile 43 + ,–

64 Summe steuerfrei zu stellender ausländischer Arbeitslohn (Summe Zeile 62 und 63) ,–

65 **nur in der ersten Anlage N-AUS:** Übertrag von Zeile 64 aus weiteren Anlagen N-AUS + ,–

66 **Gesamtsumme** des steuerfrei zu stellenden ausländischen Arbeitslohns (Betrag übertragen in Zeile 22 der Anlage N) ,–

Hinweis: Der steuerpflichtige Arbeitslohn (Ergebnis aus Zeile 45 zuzüglich Zeile 42 abzüglich Zeile 62 sämtlicher Anlagen N-AUS) ist – ggf. abweichend von dem Wert lt. Nr. 3 der Lohnsteuerbescheinigung(en) –in Zeile 6 der Anlage N einzutragen.

Steuerbefreiung aufgrund eines sonstigen zwischenstaatlichen Übereinkommens (ZÜ)

Auf welchem sonstigen zwischenstaatlichen Übereinkommen beruht die Tätigkeit?

67

Für welche Organisation erfolgt die Tätigkeit (genaue Bezeichnung)?

68

Art der ausgeübten Tätigkeit

69

EUR

70 Höhe des Arbeitslohns (Betrag übertragen in Zeile 21 der Anlage N, sofern das ZÜ den Progressionsvorbehalt vorsieht.) ,–

Werbungskosten zu steuerfreiem Arbeitslohn nach DBA / ATE / ZÜ

– Nur soweit vom Arbeitgeber nicht steuerfrei erstattet –

EUR

71 Werbungskosten, die dem steuerfreien Arbeitslohn direkt zugeordnet werden können ,–

72 Werbungskosten, die dem steuerfreien Arbeitslohn nicht direkt zugeordnet werden können; diese sind im Verhältnis der steuerfreien Einnahmen zu den Gesamteinnahmen aufzuteilen + ,–

73 Summe ,–

74 **nur in der ersten Anlage N-AUS:** Übertrag von Zeile 73 aller weiteren Anlagen N-AUS + ,–

75 **Gesamtsumme** der Werbungskosten, die dem steuerfreien Arbeitslohn zuzuordnen sind (Betrag übertragen in Zeile 94 der Anlage N) ,–

Besondere Lohnbestandteile (mit Anwendung der sog. Fünftel-Regelung)

EUR

76 Entschädigungen, Abfindungen, Vergütungen für mehrjährige Tätigkeiten (lt. gesonderter Aufstellung) – nicht in Zeile 41 enthalten – ,–

77 Werbungskosten zu Zeile 76 – ,–

78 Verbleibender Betrag ,–

79 **nur in der ersten Anlage N-AUS:** Übertrag von Zeile 78 aller weiteren Anlagen N-AUS + ,–

80 **Gesamtsumme** der steuerfrei zu stellenden Einkünfte (Betrag übertragen in Zeile 23 der Anlage N) ,–

Hinweis: Sofern sich aufgrund DBA-Regelung die Steuerfreiheit im Inland ergibt, werden die Einkünfte i. S. d. § 34 EStG mit der sog. Fünftel-Regelung im Rahmen des Progressionsvorbehalts berücksichtigt. Aufgrund von DBA-Regelungen im Inland steuerpflichtige besondere Lohnbestandteile sind in Zeile 17 der Anlage N einzutragen.
Werbungskosten lt. Zeile 77 dürfen **nicht** in der Anlage N eingetragen werden.

Steuerfreier Arbeitslohn nach DBA in Sonderfällen (z. B. aus ausländischen öffentlichen Kassen)

EUR

81 Höhe des Arbeitslohns (Betrag übertragen in Zeile 21 der Anlage N) ,–

82 Werbungskosten zu Zeile 81 (Betrag übertragen in Zeile 94 der Anlage N) ,–

83 Staatsangehörigkeit(en)

Hinweis: Die Angaben zum Arbeitslohn lt. den Zeilen 35 bis 80 sind nicht erforderlich.

2015AnlN-AUS263NET
2015AnlN-AUS263NET

Waschgeld

Lohnsteuerliche Behandlung tariflicher Waschgelder an Kaminkehrergesellen

(BMF-Schreiben vom 26. 2. 1991 – IV B 6 – S 2332 – 15/91 –)

Die steuerliche Behandlung des Waschgeldes, das nach § 7 des Bundestarifvertrags für das Schornsteinfegerhandwerk an Kaminkehrergesellen gezahlt wird, ist zwischenzeitlich mit den obersten Finanzbehörden der Länder erörtert worden. Die Erörterung führte zu folgendem Ergebnis:

Das Waschgeld kann nicht als Auslagenersatz im Sinne des § 3 Nr. 50 EStG anerkannt werden. Da es sich bei dem Waschgeld um eine Barleistung handelt, kann das Waschgeld auch nicht als Arbeitgeberleistung zur Verbesserung der Arbeitsbedingungen (Abschn. 70 Abs. 3 Nr. 1 LStR[1])) oder als Aufmerksamkeit (Abschn. 73 LStR[2])) steuerfrei bleiben. Das Waschgeld gehört deshalb zum steuerpflichtigen Arbeitslohn.

Zinsen

Soweit die Arbeitnehmer von Kreditinstituten und ihre Angehörigen auf ihre Einlagen beim Arbeitgeber höhere Zinsen erhalten als betriebsfremde Anleger, sind die zusätzlichen Zinsen durch das Dienstverhältnis veranlasst und dem Lohnsteuerabzug zu unterwerfen. Aus Vereinfachungsgründen ist es jedoch nicht zu beanstanden, wenn der Zusatzzins als Einnahmen aus Kapitalvermögen behandelt wird, sofern der dem Arbeitnehmer und seinen Angehörigen eingeräumte Zinssatz nicht mehr als 1 Prozentpunkt über dem Zinssatz liegt, den die kontoführende Stelle des Arbeitgebers betriebsfremden Anlegern im allgemeinen Geschäftsverkehr anbietet (→ BMF vom 2. 3. 1990 – BStBl I S. 141).

Zufluss von Arbeitslohn

→ R 38.2

Zum Lohnsteuerabzug

→ R 38.4

R 19.4
S 2332

Vermittlungsprovisionen

(1) [1]Erhalten Arbeitnehmer von ihren Arbeitgebern Vermittlungsprovisionen, so sind diese grundsätzlich Arbeitslohn. [2]Das Gleiche gilt für Provisionen, die ein Dritter an den Arbeitgeber zahlt und die dieser an den Arbeitnehmer weiterleitet.

(2) [1]Provisionszahlungen einer Bausparkasse oder eines Versicherungsunternehmens an Arbeitnehmer der Kreditinstitute für Vertragsabschlüsse, die während der Arbeitszeit vermittelt werden, sind als Lohnzahlungen Dritter dem Lohnsteuerabzug zu unterwerfen. [2]Wenn zum Aufgabengebiet des Arbeitnehmers der direkte Kontakt mit dem Kunden des Kreditinstituts gehört, z. B. bei einem Kunden- oder Anlageberater, gilt dies auch für die Provisionen der Vertragsabschlüsse außerhalb der Arbeitszeit.

H 19.4

Hinweise

Lohnsteuerabzug bei Vermittlungsprovisionen von Dritten

→ R 38.4

Provisionen für Vertragsabschlüsse mit dem Arbeitnehmer

- Preisnachlässe des Arbeitgebers bei Geschäften, die mit dem Arbeitnehmer als Kunden abgeschlossen werden, sind als Preisvorteile nach § 8 Abs. 3 EStG zu erfassen, auch wenn sie als Provisionszahlungen bezeichnet werden (→ BFH vom 22. 5. 1992 – BStBl II S. 840).
- *Provisionszahlungen* einer Bausparkasse oder eines Versicherungsunternehmens an Arbeitnehmer der Kreditinstitute bei Vertragsabschlüssen im Verwandtenbereich und für eigene Verträge unterliegen als Rabatte von dritter Seite dem Lohnsteuerabzug (→ BMF vom ***20. 1. 2015*** – BStBl I ***S. 143***; → H 8.2 – Sachbezüge von dritter Seite –).

---

1) → H 19.3 (Nicht zum Arbeitslohn gehören; Leistungen zur Verbesserung der Arbeitsbedingungen) LStH.
2) Jetzt: R 19.6 LStR.

Provisionen für im Innendienst Beschäftigte

Provisionen, die Versicherungsgesellschaften ihren im Innendienst beschäftigten Arbeitnehmern für die gelegentliche Vermittlung von Versicherungen zahlen, und Provisionen im Bankgewerbe für die Vermittlung von Wertpapiergeschäften sind Arbeitslohn, wenn die Vermittlungstätigkeit im Rahmen des Dienstverhältnisses ausgeübt wird (→ BFH vom 7. 10. 1954 – BStBl 1955 III S. 17).

Provisionszahlungen von Bausparkassen und Versicherungen an Arbeitnehmer von Kreditinstituten

(Verfügung der OFD Münster vom 23. 5. 2000 – S 2332 –)

Die steuerliche Behandlung der Provisionszahlungen von Bausparkassen und Versicherungen an Arbeitnehmer von Kreditinstituten ist in Abschn. 71 Abs. 2 LStR 1990[1]) geregelt. Dabei ist folgendes zu beachten:

1. Bei Arbeitnehmern mit direktem Kundenkontakt (z. B. hauptberufliche Kreditsachbearbeiter, Anlageberater, Kundenberater im Schalterdienst) sind sämtliche Provisionszahlungen steuerpflichtiger Arbeitslohn. Bei diesen Arbeitnehmern wird somit nicht danach unterschieden, ob sie die Vertragsabschlüsse während der Arbeitszeit oder in der Freizeit vermittelt haben und ob die Provisionen für Verträge mit Fremden, für Abschlüsse im Verwandtenbereich oder für eigene Verträge gezahlt werden.
2. Bei Arbeitnehmern ohne direkten Kundenkontakt handelt es sich bei den Provisionen für Vertragsabschlüsse während der Arbeitszeit mit Ausnahme der Provisionen für eigene Verträge um steuerpflichtigen Arbeitslohn. Provisionszahlungen für in der Freizeit abgeschlossene Verträge sind bei diesen Arbeitnehmern dagegen keine Einkünfte aus nichtselbständiger Arbeit.
3. Ist bei Vertragsabschlüssen und Eigenversicherungen durch Arbeitnehmer des Kreditinstituts nach den schriftlichen Vereinbarungen der Bausparkasse oder des Versicherungsunternehmens mit dem Kreditinstitut ausschließlich das Kreditinstitut provisionsberechtigt, so handelt es sich bei den von dem Kreditinstitut an die Arbeitnehmer weitergeleiteten Provisionen stets um steuerpflichtigen Arbeitslohn. Es ist unerheblich, ob es sich dabei um Arbeitnehmer mit oder ohne direkten Kundenkontakt handelt oder ob die Verträge während der Arbeitszeit oder in der Freizeit vermittelt worden sind.
4. Findet entsprechend den unter 1.-3. beschriebenen Tatbeständen die Vermittlungstätigkeit ihre Grundlage jedoch offensichtlich nicht in einer – ungeschriebenen – Nebenleistungspflicht aus dem Arbeitsvertrag, sondern beruhen die Provisionszahlungen an die Arbeitnehmer des Kreditinstituts dagegen ausschließlich auf konkreten schriftlichen Vereinbarungen der Bausparkassen oder des Versicherungsunternehmens mit den Arbeitnehmern des Kreditinstituts, so handelt es sich bei den Provisionszahlungen nicht um stpfl. Arbeitslohn aus dem Dienstverhältnis der Arbeitnehmer zum Kreditinstitut, sondern bei einer nachhaltigen Vermittlungstätigkeit um Einkünfte aus Gewerbebetrieb (§ 15 EStG) und bei einer nur gelegentlichen Vermittlungstätigkeit um sonstige Einkünfte (§ 22 Nr. 3 EStG).

   Bei einer nachhaltigen Vermittlungstätigkeit sind auch die Provisionen für Eigenversicherungen als Einnahmen aus Gewerbebetrieb zu erfassen. Nach dem BFH-Urt. v. 27. 2. 1991 (BFH/NV 1991, 453) ist nämlich davon auszugehen, daß sich diese Provisionen allein auf das gewerbliche Vertragsverhältnis zwischen Versicherungsgesellschaft (Bausparkasse) und Versicherungsvertreter gründen. Einem fremden Dritten würden für Eigenversicherungen nämlich keine Provisionen gezahlt. Die Frage, für wen eine Versicherung abgeschlossen wird, kann deshalb für die Qualifikation als gewerbliche Einkünfte keine Bedeutung haben. Bei einer erstmaligen oder gelegentlichen Vermittlungstätigkeit sind die Provisionen für Eigenversicherungen als Einnahmen nach § 22 Nr. 3 EStG zu erfassen (BFH-Urt. v. 27. 5. 98, BStBl 1998 II S. 619).

Zuwendungen bei Betriebsveranstaltungen[2]) R 19.5

– nicht mehr abgedruckt –

1) Jetzt: R 19.4 Abs. 2 LStR.

2) ***R 19.5 LStR ist für alle nach dem 31. 12. 2014 endenden Lohnzahlungszeiträume sowie für VZ ab dem Jahr 2015 nicht mehr anzuwenden → BMF vom 14. 10. 2015 (BStBl I S. 832),*** → Anhang 41.

H 19.5

Hinweise

Allgemeines

Anhang 41 → ***BMF vom 14. 10. 2015 (BStBl I S. 832)***

Gemischt veranlasste Veranstaltung

Sachzuwendungen an Arbeitnehmer anlässlich einer Veranstaltung, die sowohl Elemente einer Betriebsveranstaltung als auch einer sonstigen betrieblichen Veranstaltung enthält, sind grundsätzlich aufzuteilen ***(→ BFH vom 16. 11. 2005 – BStBl 2006 II S. 444 und*** vom 30. 4. 2009 – BStBl II S. 726).

Incentive-Reisen

Incentive-Reisen, die der Arbeitgeber veranstaltet, um bestimmte Arbeitnehmer für besondere Leistungen zu entlohnen und zu weiteren Leistungen zu motivieren, sind keine Betriebsveranstaltungen (→ BFH vom 9. 3. 1990 – BStBl II S. 711). → H 19.3 (Incentive-Reisen)

Verlosungsgewinne

Gewinne aus einer Verlosung, die gelegentlich einer Betriebsveranstaltung durchgeführt wurde, gehören zum Arbeitslohn, wenn an der Verlosung nicht alle an der Betriebsveranstaltung teilnehmenden Arbeitnehmer beteiligt werden, sondern die Verlosung nur einem bestimmten, herausgehobenen Personenkreis vorbehalten ist (→ BFH vom 25. 11. 1993 – BStBl 1994 II S. 254).

Zuschuss

Beispiel:

Die Arbeitnehmer organisieren als einzige Betriebsveranstaltung in diesem Jahr ein Sommerfest, an dem 100 Arbeitnehmer teilnehmen; der Arbeitgeber zahlt dafür als Zuschuss 10 000 € in die Gemeinschaftskasse der Arbeitnehmer ein. Bei einer Verteilung des Zuschusses ergibt sich ein Pro-Kopf-Anteil von 100 €, der nach § 19 Abs. 1 Satz 1 Nr. 1a Satz 3 EStG nicht zu versteuern ist (→ BFH vom 16. 11. 2005 – BStBl 2006 II S. 437).

R 19.6

Aufmerksamkeiten

S 2332 (1) [1]Sachleistungen des Arbeitgebers, die auch im gesellschaftlichen Verkehr üblicherweise ausgetauscht werden und zu keiner ins Gewicht fallenden Bereicherung der Arbeitnehmer führen, gehören als bloße Aufmerksamkeiten nicht zum Arbeitslohn. [2]Aufmerksamkeiten sind Sachzuwendungen bis zu einem Wert von 60 Euro, z. B. Blumen, Genussmittel, ein Buch oder ein Tonträger, die dem Arbeitnehmer oder seinen Angehörigen aus Anlass eines besonderen persönlichen Ereignisses zugewendet werden. [3]Geldzuwendungen gehören stets zum Arbeitslohn, auch wenn ihr Wert gering ist.

(2) [1]Als Aufmerksamkeiten gehören auch Getränke und Genussmittel, die der Arbeitgeber den Arbeitnehmern zum Verzehr im Betrieb unentgeltlich oder teilentgeltlich überlässt, nicht zum Arbeitslohn. [2]Dasselbe gilt für Speisen, die der Arbeitgeber den Arbeitnehmern anlässlich und während eines außergewöhnlichen Arbeitseinsatzes, z. B. während einer außergewöhnlichen betrieblichen Besprechung oder Sitzung, im ganz überwiegenden betrieblichen Interesse an einer günstigen Gestaltung des Arbeitsablaufs unentgeltlich oder teilentgeltlich überlässt und deren Wert 60 Euro nicht überschreitet.

H 19.6

Hinweise

Bewirtung von Arbeitnehmern

– Zur Gewichtung des Arbeitgeberinteresses an der Überlassung von Speisen und Getränken anlässlich und während eines außergewöhnlichen Arbeitseinsatzes (→ BFH vom 5. 5. 1994 – BStBl II S. 771).

- Ein mit einer gewissen Regelmäßigkeit stattfindendes Arbeitsessen in einer Gaststätte am Sitz des Unternehmens führt bei den teilnehmenden Arbeitnehmern zu einem Zufluss von Arbeitslohn (→ BFH vom 4. 8. 1994 – BStBl 1995 II S. 59).
- Zur Erfassung und Bewertung von Mahlzeiten, die der Arbeitgeber oder auf dessen Veranlassung ein Dritter aus besonderem Anlass an Arbeitnehmer abgibt (→ R 8.1 Abs. 8).
- Die Verpflegung der Besatzungsmitglieder an Bord eines Flusskreuzfahrtschiffes ist dann kein Arbeitslohn, wenn das eigenbetriebliche Interesse des Arbeitgebers an einer Gemeinschaftsverpflegung wegen besonderer betrieblicher Abläufe den Vorteil der Arbeitnehmer bei weitem überwiegt (→ BFH vom 21. 1. 2010 – BStBl II S. 700).

Gelegenheitsgeschenke

Freiwillige Sonderzuwendungen (z. B. Lehrabschlussprämien) des Arbeitgebers an einzelne Arbeitnehmer, gehören grundsätzlich zum Arbeitslohn, und zwar auch dann, wenn mit ihnen soziale Zwecke verfolgt werden oder wenn sie dem Arbeitnehmer anlässlich besonderer persönlicher Ereignisse zugewendet werden; das gilt sowohl für Geld- als auch für Sachgeschenke (→ BFH vom 22. 3. 1985 – BStBl II S. 641).

Warengutschein

→ R 8.1 (1 – 4) Geldleistung oder Sachbezug

→ R 38.2 Abs. 3 zum Zuflusszeitpunkt

Berufliche Fort- oder Weiterbildungsleistungen des Arbeitgebers

R 19.7

S 2332

(1) [1]Berufliche Fort- oder Weiterbildungsleistungen des Arbeitgebers führen nicht zu Arbeitslohn, wenn diese Bildungsmaßnahmen im ganz überwiegenden betrieblichen Interesse des Arbeitgebers durchgeführt werden. [2]Dabei ist es gleichgültig, ob die Bildungsmaßnahmen am Arbeitsplatz, in zentralen betrieblichen Einrichtungen oder in außerbetrieblichen Einrichtungen durchgeführt werden. [3]Sätze 1 und 2 gelten auch für Bildungsmaßnahmen fremder Unternehmer, die für Rechnung des Arbeitgebers erbracht werden. [4]Ist der Arbeitnehmer Rechnungsempfänger, ist dies für ein ganz überwiegend betriebliches Interesse des Arbeitgebers unschädlich, wenn der Arbeitgeber die Übernahme bzw. den Ersatz der Aufwendungen allgemein oder für die besondere Bildungsmaßnahme vor Vertragsabschluss schriftlich zugesagt hat.

(2) [1]Bei einer Bildungsmaßnahme ist ein ganz überwiegendes betriebliches Interesse des Arbeitgebers anzunehmen, wenn sie die Einsatzfähigkeit des Arbeitnehmers im Betrieb des Arbeitgebers erhöhen soll. [2]Für die Annahme eines ganz überwiegenden betrieblichen Interesses des Arbeitgebers ist nicht Voraussetzung, dass der Arbeitgeber die Teilnahme an der Bildungsmaßnahme zumindest teilweise auf die Arbeitszeit anrechnet. [3]Rechnet er die Teilnahme an der Bildungsmaßnahme zumindest teilweise auf die Arbeitszeit an, ist die Prüfung weiterer Voraussetzungen eines ganz überwiegenden betrieblichen Interesses des Arbeitgebers entbehrlich, es sei denn, es liegen konkrete Anhaltspunkte für den Belohnungscharakter der Maßnahme vor. [4]Auch sprachliche Bildungsmaßnahmen sind unter den genannten Voraussetzungen dem ganz überwiegenden betrieblichen Interesse zuzuordnen, wenn der Arbeitgeber die Sprachkenntnisse in dem für den Arbeitnehmer vorgesehenen Aufgabengebiet verlangt. [5]Von einem ganz überwiegenden betrieblichen Interesse ist auch bei dem SGB III entsprechenden Qualifikations- und Trainingsmaßnahmen auszugehen, die der Arbeitgeber oder eine zwischengeschaltete Beschäftigungsgesellschaft im Zusammenhang mit Auflösungsvereinbarungen erbringt. [6]Bildet sich der Arbeitnehmer nicht im ganz überwiegenden betrieblichen Interesse des Arbeitgebers fort, so gehört der nach § 8 Abs. 2 EStG zu ermittelnde Wert der vom Arbeitgeber erbrachten Fort- oder Weiterbildungsleistung zum Arbeitslohn. [7]Der Arbeitnehmer kann ggf. den Wert einer beruflichen Fort- und Weiterbildung im Rahmen des § 9 Abs. 1 Satz 1 EStG als Werbungskosten (→ R 9.2) oder im Rahmen des § 10 Abs. 1 Nr. 7 EStG als Sonderausgaben geltend machen.

(3) Auch wenn Fort- oder Weiterbildungsleistungen nach den vorstehenden Regelungen nicht zu Arbeitslohn führen, können die Aufwendungen des Arbeitgebers, wie z. B. Reisekosten, die neben den Kosten für die eigentliche Fort- oder Weiterbildungsleistung anfallen und durch die Teilnahme des Arbeitnehmers an der Bildungsveranstaltung veranlasst sind, nach § 3 Nr. 13, 16 EStG (→ R 9.4 bis R 9.8 und R 9.11) zu behandeln sein.

H 19.7

Hinweise

Fort- und Weiterbildungskosten

Steuerliche Behandlung von Fort- und Weiterbildungskosten des Arbeitgebers

(Verfügungen der OFD Rheinland vom 28. 7. 2009 – S 2332 – 1014 – St 212 und der OFD Münster vom 28. 7. 2009 – S 2121 – 38 – St 22 – 33 –)[1]

Berufliche Fort- und Weiterbildungsleistungen des Arbeitgebers führen nicht zu Arbeitslohn, wenn diese Bildungsmaßnahmen im ganz überwiegenden betrieblichen Interesse des Arbeitgebers durchgeführt werden. Dies gilt auch bei Bildungsmaßnahmen fremder Unternehmer, die für Rechnung des Arbeitgebers erbracht werden (R 19.7 Abs. 1 Satz 3 LStR). Ein ganz überwiegendes eigenbetriebliches Interesse des Arbeitgebers im Sinne des R 19.7 Abs. 2 Satz 1 LStR kann aber auch dann vorliegen, wenn der Arbeitnehmer bezogen auf die infrage stehende Bildungsmaßnahme Rechnungsempfänger ist. Dies setzt allerdings voraus, dass der Arbeitgeber die Übernahme bzw. den Ersatz allgemein oder für die besondere Bildungsmaßnahme zugesagt und der Arbeitnehmer im Vertrauen auf diese zuvor erteilte Zusage den Vertrag über die Bildungsmaßnahme abgeschlossen hat. Insoweit hält die Verwaltung nicht mehr an ihrer seit dem 1. 1. 2008 vertretenen Rechtsauffassung fest, dass, soweit der Arbeitnehmer selbst Schuldner der Aufwendungen ist, die (teilweise) Übernahme dieser Kosten durch den Arbeitgeber immer steuerpflichtiger Arbeitslohn ist.

Um in diesen Fällen des aus ganz überwiegend betrieblichem Interesse gewährten Arbeitgeberersatzes einen Werbungskostenabzug für die vom Arbeitnehmer wirtschaftlich nicht getragenen Aufwendungen auszuschließen, hat der Arbeitgeber auf der ihm vom Arbeitnehmer zur Kostenübernahme vorgelegten Originalrechnung die Höhe der Kostenübernahme anzugeben und eine Kopie dieser Rechnung zum Lohnkonto zu nehmen. Bei Anrufungsauskünften ist hierauf gesondert hinzuweisen.

Incentive-Reisen

- Veranstaltet der Arbeitgeber sogenannte Incentive-Reisen, um bestimmte Arbeitnehmer für besondere Leistungen zu belohnen und zu weiteren Leistungssteigerungen zu motivieren, so erhalten die Arbeitnehmer damit einen steuerpflichtigen geldwerten Vorteil, wenn auf den Reisen ein Besichtigungsprogramm angeboten wird, das einschlägigen Touristikreisen entspricht, und der Erfahrungsaustausch zwischen den Arbeitnehmern demgegenüber zurücktritt (→ BFH vom 9. 3. 1990 – BStBl II S. 711). → H 19.3 (Incentive-Reisen)
- Ein geldwerter Vorteil entsteht nicht, wenn die Betreuungsaufgaben das Eigeninteresse des Arbeitnehmers an der Teilnahme des touristischen Programms in den Hintergrund treten lassen (→ BFH vom 5. 9. 2006 – BStBl 2007 II S. 312).
- Selbst wenn ein Arbeitnehmer bei einer von seinem Arbeitgeber veranstalteten sogenannten Händler-Incentive-Reise Betreuungsaufgaben hat, ist die Reise Arbeitslohn, wenn der Arbeitnehmer auf der Reise von seinem Ehegatten/Lebenspartner begleitet wird (→ BFH vom 25. 3. 1993 – BStBl II S. 639).
- Eine Aufteilung von Sachzuwendungen an Arbeitnehmer in Arbeitslohn und Zuwendungen im eigenbetrieblichen Interesse ist grundsätzlich möglich (→ BFH vom 18. 8. 2005 – BStBl 2006 II S. 30).
- ***Zum Begriff der Incentive-Reise → BMF vom 19. 5. 2015 (BStBl I S. 468), Rdnr. 10.***
    - → H 37b (Sachzuwendungen an Arbeitnehmer) unter I.
    - auch → BMF vom 14. 10. 1996 (BStBl I S. 1192), → H 19.3 (Incentive-Reisen)

Studiengebühren

Zur lohnsteuerlichen Behandlung der Übernahme von Studiengebühren für ein berufsbegleitendes Studium durch den Arbeitgeber → BMF vom 13. 4. 2012 (BStBl I S. 531). Anhang 34 II

Studienreisen, Fachkongresse

Anhang 30 → R 12.2 EStR, H 12.2 EStH

[1] Inhaltlich gleich mit dem Erlass des Finanzministeriums des Landes NRW vom 26. 6. 2009 – S 2332 – 73 – V B 3 –.

Versorgungsbezüge

R 19.8

(1) Zu den nach § 19 Abs. 2 EStG steuerbegünstigten Versorgungsbezügen gehören auch: S 2345

1. Sterbegeld i. S. d. § 18 Abs. 1, Abs. 2 Nr. 1 und Abs. 3 BeamtVG sowie entsprechende Bezüge im privaten Dienst. [2]Nicht zu den steuerbegünstigten Versorgungsbezügen gehören Bezüge, die für den Sterbemonat auf Grund des Arbeitsvertrags als Arbeitsentgelt gezahlt werden; besondere Leistungen an Hinterbliebene, die über das bis zum Erlöschen des Dienstverhältnisses geschuldete Arbeitsentgelt hinaus gewährt werden, sind dagegen Versorgungsbezüge,
2. Übergangsversorgung, die nach dem BAT oder diesen ergänzenden, ändernden oder ersetzenden Tarifverträgen sowie Übergangszahlungen nach § 47 Nr. 3 des Tarifvertrags für den öffentlichen Dienst der Länder (TV-L) an Angestellte im militärischen Flugsicherungsdienst, bei der Bundesanstalt für Flugsicherung im Flugsicherungsdienst, im Justizvollzugsdienst und im kommunalen feuerwehrtechnischen Dienst sowie an Luftfahrzeugführer von Messflugzeugen und an technische Luftfahrzeugführer gezahlt wird, einschl. des an Hinterbliebene zu zahlenden monatlichen Ausgleichsbetrags und einschl. des Ausgleichs, der neben der Übergangsversorgung zu zahlen ist, sowie die Übergangsversorgung, die nach § 7 des Tarifvertrags vom 30. 11. 1991 über einen sozialverträglichen Personalabbau im Bereich des Bundesministeriums der Verteidigung gezahlt wird,
3. die Bezüge der Beamten im einstweiligen Ruhestand,
4. die nach § 47 Abs. 4 Satz 2 des Bundesbeamtengesetzes (BBG) sowie entsprechender Vorschriften der Beamtengesetze der Länder gekürzten Dienstbezüge,
5. die Unterhaltsbeiträge nach den §§ 15 und 26 BeamtVG sowie nach § 69 BeamtVG oder entsprechenden landesrechtlichen Vorschriften,
6. die Versorgungsbezüge der vorhandenen, ehemals unter das G 131 und das Gesetz zur Regelung der Wiedergutmachung nationalsozialistischen Unrechts für Angehörige des öffentlichen Dienstes (BWGöD) fallenden früheren Angehörigen des öffentlichen Dienstes und ihrer Hinterbliebenen nach § 2 Abs. 1 Nr. 1 des Dienstrechtlichen Kriegsfolgen-Abschlussgesetzes (DKfAG) i. V. m. den §§ 69, 69a BeamtVG,
7. die Versorgungsbezüge der politischen Wahlbeamten auf Zeit,
8. das Ruhegehalt und der Ehrensold der ehemaligen Regierungsmitglieder einschl. der entsprechenden Hinterbliebenenbezüge, nicht dagegen das Übergangsgeld nach § 14 des Bundesministergesetzes sowie entsprechende Leistungen auf Grund von Gesetzen der Länder,
9. – unbesetzt –
10. Verschollenheitsbezüge nach § 29 Abs. 2 BeamtVG sowie entsprechende Leistungen nach den Beamtengesetzen der Länder,
11. Abfindungsrenten nach § 69 BeamtVG oder entsprechenden landesrechtlichen Vorschriften,
12. Unterhaltsbeihilfen nach den §§ 5 und 6 des baden-württembergischen Gesetzes zur einheitlichen Beendigung der politischen Säuberung vom 13. 7. 1953 (GBl. S. 91),
13. Ehrensold der früheren ehrenamtlichen Bürgermeister und ihrer Hinterbliebenen nach § 6 des baden-württembergischen Gesetzes über die Aufwandsentschädigung der ehrenamtlichen Bürgermeister und der ehrenamtlichen Ortsvorsteher vom 19. 6. 1987 (GBl. S. 281),
14. Ehrensold der früheren Bürgermeister und früheren Bezirkstagspräsidenten nach Artikel 59 des bayerischen Gesetzes über kommunale Wahlbeamte und Wahlbeamtinnen,
15. das Ruhegeld der vorhandenen, ehemals unter das G 131 und das BWGöD fallenden früheren Angestellten und Arbeiter der Freien und Hansestadt Hamburg nach § 2 Abs. 1 Nr. 5 DKfAG i. V. m. dem Hamburgischen Zusatzversorgungsgesetz,
16. Ehrensold der früheren ehrenamtlichen Bürgermeister und Kassenverwalter und ihrer Hinterbliebenen nach dem hessischen Gesetz über die Aufwandsentschädigungen und den Ehrensold der ehrenamtlichen Bürgermeister und der ehrenamtlichen Kassenverwalter der Gemeinden vom 7. 10. 1970 (GVBl. I S. 635),
17. Ehrensold der früheren ehrenamtlichen Bürgermeister, Beigeordneten und Ortsvorsteher nach dem rheinland-pfälzischen Ehrensoldgesetz vom 18. 12. 1972 (GVBl. S. 376),
18. Ruhegehalt und Versorgungsbezüge, die auf Grund des Artikels 3 der Anlage 1 des Saarvertrags (BGBl. 1956 II S. 1587) an Personen gezahlt werden, die aus Anlass der Rückgliederung des Saarlandes in den Ruhestand versetzt worden sind,
19. die Bezüge der im Saarland nach dem 8. 5. 1945 berufenen Amtsbürgermeister und Verwaltungsvorsteher, die nach dem Gesetz zur Ergänzung der Gemeindeordnung vom 10. 7. 1953 (Amtsbl. S. 415) in den Ruhestand versetzt worden sind,
20. Ehrensold der früheren ehrenamtlichen Bürgermeister, Beigeordneten und Amtsvorsteher nach dem saarländischen Gesetz Nr. 987 vom 6. 3. 1974 (Amtsbl. S. 357),

21. Vorruhestandsleistungen, z. B. i. S. d. Vorruhestandsgesetzes, soweit der Arbeitnehmer im Lohnzahlungszeitraum das 63., bei Schwerbehinderten das 60. Lebensjahr vollendet hat.

(2) Nicht zu den nach § 19 Abs. 2 EStG steuerbegünstigten Versorgungsbezügen gehören insbesondere

1. das Übergangsgeld nach § 47 BeamtVG i. V. m. dessen § 67 Abs. 4 und entsprechende Leistungen auf Grund der Beamtengesetze der Länder sowie das Übergangsgeld nach § 47a BeamtVG,
2. das Übergangsgeld nach § 14 des Bundesministergesetzes und entsprechende Leistungen auf Grund der Gesetze der Länder.

(3) [1]Bezieht ein Versorgungsberechtigter Arbeitslohn aus einem gegenwärtigen Dienstverhältnis und werden deshalb, z. B. nach § 53 BeamtVG, die Versorgungsbezüge gekürzt, so sind nur die gekürzten Versorgungsbezüge nach § 19 Abs. 2 EStG steuerbegünstigt; das Gleiche gilt, wenn Versorgungsbezüge nach der Ehescheidung gekürzt werden (§ 57 BeamtVG). [2]Nachzahlungen von Versorgungsbezügen an nichtversorgungsberechtigte Erben eines Versorgungsberechtigten sind nicht nach § 19 Abs. 2 EStG begünstigt.

H 19.8

Hinweise

Altersgrenze

Die in § 19 Abs. 2 Satz 2 Nr. 2 Halbsatz 2 EStG für Versorgungsbezüge im privaten Dienst vorgesehenen Altersgrenzen sind verfassungsgemäß (→ BFH vom 7. 2. 2013 – BStBl II S. 576).

Altersteilzeit

Bezüge, die in der Freistellungsphase im Rahmen der Altersteilzeit nach dem sog. Blockmodell erzielt werden, sind keine Versorgungsbezüge (→ BFH vom 21. 3. 2013 – BStBl II S. 611).

Beamte – vorzeitiger Ruhestand

Bezüge nach unwiderruflicher Freistellung vom Dienst bis zur Versetzung in den Ruhestand gehören zu den Versorgungsbezügen (→ BFH vom 12. 2. 2009 – BStBl II S. 460).

Beihilfen

Die an nichtbeamtete Versorgungsempfänger gezahlten Beihilfen im Krankheitsfall sind bei Erfüllung der altersmäßigen Voraussetzungen Versorgungsbezüge i. S. d. § 19 Abs. 2 Satz 2 Nr. 2 EStG (→ BFH vom 6. 2. 2013 – BStBl II S. 572).

Emeritenbezüge entpflichteter Hochschullehrer

Zu den Versorgungsbezügen gehören auch Emeritenbezüge entpflichteter Hochschullehrer (→ BFH vom 19. 6. 1974 – BStBl 1975 II S. 23 und vom 5. 11. 1993 – BStBl 1994 II S. 238).

Ersatzkassen-Tarifvertrag

Steuerliche Behandlung der Beiträge zur Zusatzversorgung nach Anlage 7a Ersatzkassen-Tarifvertrag (EKT)

(Vfg. der OFD Hannover vom 18. 10. 2005 – S 2354 – 146 – StO 217)

Mit v.g. Verfügung wurde die Auffassung vertreten, dass Beiträge zur Zusatzversorgung nach Anlage 7a EKT steuerpflichtigen Arbeitslohn darstellen und zur Vermeidung einer doppelten Steuerbelastung als Werbungskosten bei den Einkünften aus nichtselbständiger Tätigkeit abzugsfähig sind.

Diese Rechtsauffassung ist durch die Änderung des vorgenannten Tarifvertrages ab 1. 1. 2004 überholt.

Die von den betroffenen Arbeitnehmern für die Zusatzversorgung zu leistenden Beteiligungen werden vom Arbeitgeber ab 2004 bereits bei der Ermittlung des Bruttolohns berücksichtigt. Sie stellen keinen gegenwärtig zufließenden Arbeitslohn dar und sind erst bei der späteren Auszahlung der Versorgungsbezüge gem. § 19 Abs. 1 Nr. 2 EStG zu versteuern.

Die v. g. Verfügung ist letztmalig für die Veranlagungszeiträume vor 2004 anzuwenden.

Internationale Organisationen

Zu der Frage, welche Zahlungen internationaler Organisationen zu den Versorgungsbezügen gehören→ BMF vom 19. 8. 2013 (BStBl I S. 1087), ***geändert durch BMF*** vom 10. 1. 2014 (BStBl I S. 70), vom 10. 4. 2015 (BStBl I S. 256) und ***vom 1. 6. 2015 (BStBl I S. 475), Rz. 168.*** Anhang 2 VI

Koordinierte Organisationen

I. Einkommensteuerliche Behandlung der Pensionen ehemaliger Bediensteter der koordinierten Organisationen und der Europäischen Patentorganisation

(BMF-Schreiben vom 3. 8. 1998, BStBl I S. 1042)

Unter Bezugnahme auf das Ergebnis der Erörterungen mit den obersten Finanzbehörden der Länder gilt bei der Besteuerung der Pensionen ehemaliger Bediensteter der koordinierten Organisationen (Europäische Organisation für Astronomische Forschung in der Südlichen Hemisphäre – ESO –, Europarat, Nordatlantikvertragsorganisation – NATO –, Organisation für wirtschaftliche Zusammenarbeit und Entwicklung – OECD –, Westeuropäische Union – WEU – und Europäisches Zentrum für mittelfristige Wettervorhersage – EZMW –) sowie der Europäischen Patentorganisation (EPO) folgendes:

1. Pensionssystem

Die koordinierten Organisationen haben mit Wirkung vom 1. Juli 1974 ein einheitliches Pensionssystem für ihre in den Ruhestand getretenen Bediensteten eingeführt. Nach diesem System werden die Ruhegehälter aus dem laufenden Haushalt der einzelnen Organisationen gezahlt. Vor diesem Zeitpunkt wurden die Ruhegehälter aus einem Versorgungsfonds (Kapitalansammlungsfonds) finanziert.

2. Steuerpflicht

Die Ruhegehälter der Pensionäre fallen nicht unter die Bestimmungen über die Freistellung der Gehälter und Bezüge der aktiven Bediensteten nach den jeweils in Betracht kommenden Regelungen über die Vorrechte und Befreiungen. Sie unterliegen damit der nationalen Besteuerung. Nach den DBA der Bundesrepublik Deutschland mit den Staaten, in denen die koordinierten Organisationen ihren Sitz haben (Frankreich, Belgien und Vereinigtes Königreich), steht das Besteuerungsrecht für Ruhegehälter allein dem Wohnsitzstaat des Pensionärs zu. In der Bundesrepublik Deutschland ansässige Pensionäre dieser Organisationen haben somit ihre Ruhegehälter der deutschen Einkommensteuer zu unterwerfen.

3. Steuerausgleich

Zum (teilweisen) Ausgleich der Besteuerung der Ruhegehälter durch die Wohnsitzstaaten und der sich aus verschiedenartigen Besteuerungssystemen ergebenden Unterschiede wird den Pensionären eine sog. „Steuerausgleichszahlung" gewährt. Die Grundpension wird zu diesem Zweck um einen Betrag erhöht, der der Hälfte des Steuerbetrags entspricht, um den die Pension erhöht werden müßte, damit dem Pensionär nach Bezahlung der nationalen Steuern die Grundpension verbliebe.

4. Nachweis

Die Steuerausgleichszahlung wird nur geleistet, wenn der Pensionär seiner Organisation eine Bescheinigung der Steuerbehörden seines Wohnsitzstaats vorlegt, aus der sich ergibt, daß die Pension tatsächlich besteuert wird. Das für die Besteuerung eines Pensionärs zuständige Wohnsitzfinanzamt hat zu diesem Zweck auf Antrag solch eine Bescheinigung auszustellen.

Aus Gründen der Verwaltungsvereinfachung haben die koordinierten Organisationen mit Wirkung ab dem 1. Januar 1987 folgendes für alle Mitgliedstaaten einheitliches Nachweisverfahren eingeführt:

1. Die koordinierten Organisationen lassen eine Bescheinigung in dreifacher Ausfertigung und in drei verschiedenen Farben drucken (vgl. nachfolgendes Muster).
2. Die Bescheinigungsvordrucke werden blanko jedem Ruhegehaltsempfänger zusammen mit der Jahresabrechnung über die anzumeldenden Zahlungen zugesandt.
3. Der Ruhegehaltsempfänger reicht die Vordrucke beim zuständigen Finanzamt ein, das die Bescheinigung erteilt.
4. Zwei Exemplare der ausgefüllten Bescheinigung schickt der Ruhegehaltsempfänger an die Verwaltung der betroffenen koordinierten Organisation zurück, das dritte Exemplar wird vom Finanzamt zu den Akten genommen.

II. Pensionen ehemaliger Bediensteter der koordinierten Organisationen und der Europäischen Patentorganisation; Benennung der European Southern Observatory (ESO) als koordinierte Organisation

(BMF-Schreiben vom 3. 2. 2000 – IV B 3 – S 1311 – 17/00 –, BStBl I S. 331)

Im Einvernehmen mit den obersten Finanzbehörden der Länder wird das BMF-Schreiben vom 3. 8. 1998 – IV C 6 – S 1311 – 97 / 98, BStBl 1998 I S. 1042 wie folgt geändert:

Der Klammerzusatz im Einleitungssatz 1, in dem die koordinierten Organisationen abschließend aufgezählt sind, lautet wie folgt:

(Europäische Weltraum-Organisation – European Space Agency – ESA –, Europarat, Nordatlantikvertragsorganisation – NATO –, Organisation für wirtschaftliche Zusammenarbeit und Entwicklung – OECD –, Westeuropäische Union – WEU –, Europäisches Zentrum für mittelfristige Wettervorhersage – EZMW –)

Die im BMF-Schreiben vom 3. 8. 1998 – IV C 6 – S 1311 – 97 / 98, BStBl 1998 I S. 1042 im Klammerzusatz erwähnte Europäische Organisation für Astronomische Forschung in der Südlichen Hemisphäre – European Southern Observatory – ESO – ist keine koordinierte Organisation.

Finanzamt
St.-Nr.: 00/000/000/0 ______, den

Herrn/Frau
(Name, Vorname)

(Straße/Postfach)

(PLZ und Wohnort)

Bescheinigung

gemäß Artikel 42 Abs. 5 der Ruhegehaltsregelung der koordinierten Organisationen

Herrn/Frau
(Name, Vorname)

(Straße/Postfach)

(PLZ und Wohnort)

wird hiermit bescheinigt, daß er/sie die von

(Name der koordinierten

Organisation)

an ihn/sie als Ruhegehalt oder Ausgleichszahlung geleisteten Beträge für (Kalenderjahr) in Höhe von (Betrag) in seiner/ihrer Einkommensteuererklärung für das Jahr (Jahreszahl) erklärt hat.

Im Auftrag/In Vertretung (Dienststempel)

(Unterschrift)

Dieser ausgefüllte Vordruck ist vom Ruhegehaltsempfänger an die Verwaltung seiner Organisation zurückzusenden.

Das Finanzamt kann den Antrag des Pensionärs auf Ausstellung der Bescheinigung gleichzeitig als Kontrollmaterial benutzen und sofort ESt-Vorauszahlungen festsetzen. Am Schluß des Kalenderjahrs erhält jeder Pensionär von seiner Organisation eine Bescheinigung über die Höhe *der jährlichen Bezüge.*

5. Einkunftsart

Die Pensionen einschl. der Zulagen (Steuerausgleichszahlung, Familienzulagen und andere) sind Einkünfte aus nichtselbständiger Arbeit (§ 19 Abs. 1 Nr. 2 EStG), auf die § 19 Abs. 2 EStG anwendbar ist.

Es ist jedoch zu beachten, daß Bedienstete, die am 1. Juli 1974 bereits bei den koordinierten Organisationen tätig waren und vor diesem Zeitpunkt Beiträge in den Versorgungsfonds (siehe oben unter Tz. 1) eingezahlt hatten, im Rahmen einer Übergangsregelung für die neu eingeführte Pensionsregelung optieren konnten. Die Ausübung der Option setzte voraus, daß der Betreffende sein Guthaben bei dem Versorgungsfonds an die koordinierte Organisation abtrat.

Die Versorgungsbezüge der ehemaligen Bediensteten, die von der Übergangsregelung Gebrauch gemacht haben, setzen sich mithin sowohl aus Ruhegehaltszahlungen im Sinne des § 19 Abs. 1 Nr. 2 EStG als auch aus der Rückzahlung des verrenteten Guthabens zusammen. Der Anteil der Gesamtbezüge, der auf das verrentete Guthaben entfällt, unterliegt als Leibrente im Sinne des § 22 Nr. 1 Satz 3 Buchst. a EStG nur mit dem Ertragsanteil der Besteuerung (BFH-Urteil vom 7. Februar 1990; BStBl II S. 1062).

Die von den koordinierten Organisationen in einer Summe mitgeteilten Beträge (siehe Tz. 7) sind im Veranlagungsverfahren wie folgt aufzuteilen:

Zunächst ist der Kapitalwert der gesamten Versorgung für den Zeitpunkt des Pensionsbeginns festzustellen. Dieser Kapitalwert berechnet sich nach der Tabelle in Anlage 9 zum Bewertungsgesetz (zu § 14 BewG), wobei das zum Rentenbeginn vollendete Lebensalter des Berechtigten zugrunde zu legen ist. Hiervon abzusetzen ist der Kapitalanteil an der Gesamtversorgung, der auf das am 1. Juli 1974 an die koordinierten Organisationen abgetretene Guthaben aus dem Versorgungsfonds entfällt (Kapitalwert der Leibrente). Dieser Anteil berechnet sich in der Weise, daß das am 1. Juli 1974 bestehende Guthaben durch Aufzinsung unter Berücksichtigung eines Zinssatzes von 5,5 v. H. einschließlich Zinseszinsen auf den Pensionsbeginn ermittelt wird. Für die Berechnung ist der Kapitalbetrag zum 1. Juli 1974 auf volle Tausend DM und der Aufzinsungszeitraum auf volle Jahre aufzurunden; der aufgezinste Betrag ist anhand der Tabelle in Tz. 6 zu ermitteln. Es verbleibt der Kapitalwert der Pensionsleistungen im Sinne des § 19 Abs. 1 Nr. 2 EStG. Sodann sind die prozentualen Anteile der Kapitalwerte der Leibrente und der Pension am Gesamtwert der Versorgungsleistung festzustellen.

Nach diesem für den Zeitpunkt des Pensionsbeginns maßgebenden Verhältnis sind alle künftigen Versorgungsleistungen in einen Renten- und einen Pensionsanteil aufzuteilen.

Beispiel:

Der Versorgungsberechtigte hat bei Pensionsbeginn am 1. September 1997 das 60. Lebensjahr vollendet. Am 1. Juli 1974 hat er sein Guthaben aus dem Versorgungsfonds in Höhe von 80 000 DM an die koordinierten Organisationen abgetreten. Die Versorgungsbezüge betrugen bei Pensionsbeginn monatlich 5 000 DM, der Jahreswert mithin 60 000 DM. Im Kalenderjahr 1997 betrugen die Versorgungsbezüge 20 000 DM.

Kapitalwert der Gesamtversorgung 60 000 DM (Jahreswert) × 10,448 (Vervielfältiger nach der Tabelle in Anlage 9 zum BewG) =	628 880 DM
Rentenanteil der Gesamtversorgung 80 000 DM abgetretenes Guthaben ergibt bei einem Aufzinsungszeitraum von 23 Jahren und 2 Monaten (aufgerundet: 24 Jahre) nach der Tabelle in Tz. 6. (3 614,38 × 80) =	289 151 DM
Pensionsanteil der Gesamtversorgung =	**339 729 DM**
Der Rentenanteil der Gesamtversorgung beträgt	45,98 v. H.
der Pensionsanteil der Gesamtversorgung beträgt	54,02 v. H.
Als Bezüge im Sinne des § 19 Abs. 1 Nr. 2 EStG sind (20 000 DM × 0,5402) =	10 804 DM
und als Bezüge im Sinne des § 22 Nr. 1 Satz 3 Buchst. a sind (20 000 DM × 0,4598) =	9 196 DM
zu behandeln.	

6. Tabelle zur Aufzinsung des abgetretenen Guthabens

Der Kapitalanteil an der Gesamtversorgung, der auf das mit Wirkung vom 1. Juli 1974 an die *koordinierten Organisationen* abgetretene Guthaben entfällt, ist wie in Tz. 5 erläutert, auf der Grundlage der folgenden Tabelle zu ermitteln.

Kapital zum Beginn der Laufzeit	Anzahl der Jahre	Kapital nach ... Jahren	Kapital zum Beginn der Laufzeit	Anzahl der Jahre	Kapital nach ... Jahren
1 000,00	1	1 055,00	1 000,00	21	3 078,08
1 000,00	2	1 113,02	1 000,00	22	3 247,37
1 000,00	3	1 174,23	1 000,00	23	3 425,97
1 000,00	4	1 238,81	1 000,00	24	3 614,39

Kapital zum Beginn der Laufzeit	Anzahl der Jahre	Kapital nach ... Jahren	Kapital zum Beginn der Laufzeit	Anzahl der Jahre	Kapital nach ... Jahren
1 000,00	5	1 306,94	1 000,00	25	3 813,18
1 000,00	6	1 378,82	1 000,00	26	4 022,90
1 000,00	7	1 454,65	1 000,00	27	4 244,15
1 000,00	8	1 534,65	1 000,00	28	4 477,57
1 000,00	9	1 619,05	1 000,00	29	4 723,83
1 000,00	10	1 708,09	1 000,00	30	4 983,64
1 000,00	11	1 802,03	1 000,00	31	5 257,74
1 000,00	12	1 901,14	1 000,00	32	5 546,91
1 000,00	13	2 005,70	1 000,00	33	5 851,99
1 000,00	14	2 116,01	1 000,00	34	6 173,84
1 000,00	15	2 232,39	1 000,00	35	6 513,40
1 000,00	16	2 355,17	1 000,00	36	6 871,63
1 000,00	17	2 484,70	1 000,00	37	7 249,56
1 000,00	18	2 621,35	1 000,00	38	7 648,28
1 000,00	19	2 765,52	1 000,00	39	8 068,93
1 000,00	20	2 917,62	1 000,00	40	8 512,72

7. Kontrollmitteilungen

Die koordinierten Organisationen leiten den nationalen Steuerverwaltungen jährlich Mitteilungen über alle Pensionen, die an Pensionäre mit Wohnsitz im jeweiligen Mitgliedstaat gezahlt worden sind, zu. Diese Mitteilungen werden als Kontrollmitteilung an die Wohnsitzfinanzämter weitergeleitet.

8. Abfindungen

Bedienstete der koordinierten Organisationen, die bei ihrem Ausscheiden aus der Organisation noch keine Pensionsrechte erworben haben, erhalten eine Abfindung (leaving allowance) in Höhe des Eineinhalbfachen des letzten Monatsgehalts multipliziert mit der Zahl der anrechenbaren Dienstjahre sowie den Betrag, um den das Gehalt für das Pensionssystem gekürzt wurde zuzüglich 4 v. H. Zinsen p. a. Diese Zahlungen fallen unter die Bestimmungen über die Freistellung der Gehälter und Bezüge der aktiven Bediensteten von der nationalen Besteuerung nach den jeweils in Betracht kommenden Regelungen über die Vorrechte und Befreiungen. Sie sind deshalb von der deutschen Einkommensteuer befreit.

9. Ehemalige Bedienstete der Europäischen Patentorganisation (EPO)

Die EPO hat für ihre Bediensteten ein Versorgungssystem eingerichtet, das in vollem Umfang dem Pensionssystem für die ehemaligen Bediensteten der koordinierten Organisation entspricht (vgl. Tz. 1). Die Ausführungen in den Tz. 2 bis 8 gelten deshalb sinngemäß für die von der EPO gezahlten Pensionen.

Dieses Schreiben ersetzt die BMF-Schreiben vom 16. August 1977 (BStBl I S. 436), vom 23. Oktober 1978 (BStBl I S. 417) und vom 17. Dezember 1979 (BStBl I S. 699). Die Unterscheidung der Einkunftsarten nach Tz. 5 erfolgt auf Antrag des Steuerpflichtigen auch rückwirkend für alle nicht bestandskräftig veranlagten Veranlagungszeiträume.

NATO-Bedienstete

Ruhegehaltsbezüge an ehemalige NATO-Bedienstete sind Versorgungsbezüge (→ BFH vom 22. 11. 2006 – BStBl 2007 II S. 402).

Sterbegeld

Das nach den tarifvertraglichen Vorschriften im öffentlichen Dienst gezahlte Sterbegeld ist ein Versorgungsbezug (→ BFH vom 8. 2. 1970 – BStBl 1974 II S. 303).

Übergangsgeld

Übergangsgeld, das nach den tarifvertraglichen Vorschriften im öffentlichen Dienst gewährt wird, ist ein Versorgungsbezug, wenn es wegen Berufsunfähigkeit oder Erwerbsunfähigkeit oder wegen Erreichens der tariflichen oder der sogenannten flexiblen Altersgrenze gezahlt wird; beim Übergangsgeld, das wegen Erreichens einer Altersgrenze gezahlt wird, ist Voraussetzung, dass der Angestellte im Zeitpunkt seines Ausscheidens das 63., bei Schwerbehinderten das 60. Lebensjahr vollendet hat (→ BFH vom 21. 8. 1974 – BStBl 1975 II S. 62).

Übertragung einer Versorgungsverpflichtung

Versorgungsbezug – Berechnung des Versorgungsfreibetrages bei Übertragung einer Versorgungsverpflichtung aus einer Direktzusage (= Pensionszusage) des Arbeitgebers oder einer Unterstützungskasse in einen Pensionsfonds

(Verfügung der OFD Münster v. 26. 03. 2008 – Kurzinfo ESt 25/2007)

In Fällen, in denen der Steuerpflichtige aufgrund einer Versorgungszusage seines früheren Arbeitgebers Leistungen von diesem (im Fall der Direktzusage) oder aus einer Unterstützungskasse erhält und diese Versorgungsverpflichtung auf einen Pensionsfonds übertragen wird, liegen im „Wechseljahr" **zunächst Versorgungsbezüge nach** § 19 Abs. 2 EStG, und **nach der Übertragung sonstige Einkünfte nach** § 22 Nr. 5 Satz 1 i. V. m. § 52 Abs. 34c Satz 1 EStG (Nr. 2 der sog. Leistungsmitteilung) vor.

Sowohl Versorgungsbezüge nach § 19 Abs. 2 EStG als auch sonstige Einkünfte nach § 22 Nr. 5 Satz 1 EStG i. V. m. § 52 Abs. 34c Satz 1 EStG berechtigen zum Abzug der Freibeträge für Versorgungsbezüge (Versorgungsfreibetrag und Zuschlag zum Versorgungsfreibetrag). Sie sind jedoch auch in einem derartigen „Wechseljahr" nur einmal und nur bis zur festgeschriebenen Höhe des Vorjahres anzuerkennen, da sowohl die Versorgungsbezüge aus der Direktzusage/Unterstützungskasse als auch die Leistungen des Pensionsfonds auf demselben Stammrecht beruhen.

Da kein Verknüpfungskriterium eines Stammrechts zu verschiedenen Einkunftsarten existiert und die Arbeitgeber/Unterstützungskassen zum Teil keinen unterjährigen Bezug bescheinigen, können derartige Konstellationen maschinell nicht erkannt werden. In derartigen Fällen ist durch eine **personelle zeitanteilige Eingabe der Bemessungsgrundlage** für den Versorgungsfreibetrag sicherzustellen, dass die berücksichtigten Freibeträge für Versorgungsbezüge die Vorjahreswerte nicht übersteigen.

Beispiel:

Die Firma Siemens hat ihre Unterstützungskasse zum 1. 10. 2006 in einen Pensionsfonds eingebracht. Die Versorgungsbezüge aus der Unterstützungskasse haben am 1. 1. 2001 zu laufen begonnen und betragen 2 000 € jährlich.

VZ 2005 Anlage N:

Steuerbegünstigte Versorgungsbezüge (in Zeile 2 enthalten)	200	2000	–
Bemessungsgrundlage für den Versorgungsfreibetrag lt. Nummer 27 der Lohnsteuerbescheinigung	201	2000	–
Nur bei erstmaligem Bezug im Kalenderjahr: Beginn des Versorgungsbezugs lt. Nummer 28 der Lohnsteuerbescheinigung	202	Monat	2005
Ende des Versorgungsbezugs	203	Monat	2005
Sterbegeld, Kapitalauszahlungen/Abfindungen und Nachzahlungen von Versorgungsbezügen (in den Zeilen 2 und 8 enthalten)	204		–

Versorgungsbezüge nach § 19 Abs. 2 EStG:

Bezug Betriebsrente	2.000 €	
BMG	2.000 € (1. Bezug x 12)	
Versorgungsfreibetrag:	40 % von 2.000 € =	800 €
+ Zuschlag zum VFB		900 €
		= 1.700 €

VZ 2006 Anlage N:

		1. Versorgungsbezug
Steuerbegünstigte Versorgungsbezüge (in Zeile 6 enthalten)	200	1.500 ,
Bemessungsgrundlage für den Versorgungsfreibetrag lt. Nr. 27 der Lohnsteuerbescheinigung	201	2.000 ,
Maßgebendes Kalenderjahr des Versorgungsbeginns lt. Nr. 28 und/oder 31 der Lohnsteuerbescheinigung	206	2001
Bei unterjähriger Zahlung:	Monat	Monat
Erster und letzter Monat, für den Versorgungsbezüge gezahlt wurden lt. Nr. 29 der Lohnsteuerbescheinigung	202	– 203
Sterbegeld, Kapitalauszahlungen/Abfindungen und Nachzahlungen von Versorgungsbezügen lt. Nr. 30 der Lohnsteuerbescheinigung (in den Zeilen 6 und 11 enthalten)	204	,

Versorgungsbezüge nach § 19 Abs. 2 EStG:

2.000 € x 9/12 =	1.500 €
BMG für Versorgungsfreibetrag (12 x 1. Bezug)	2.000 €
Versorgungsfreibetrag: 40 % von 2.000 €	800 €

Rückseite der Anlage R:

Leistungen aus Altersvorsorgeverträgen und aus der kapitalgedeckten betrieb		
		1. Rente EUR
Leistungen aus einem zertifizierten Altersvorsorgevertrag oder einer betrieblichen Altersversorgung lt. Nummer 1 der Leistungsmitteilung	500	,–
Leistungen aus einem Pensionsfonds, wenn vor dem 1. 1. 2002 lfd. Zahlungen gewährt wurden lt. Nummer 2 der Leistungsmitteilung	501	500,–
Bemessungsgrundlage für den Versorgungsfreibetrag	502	2.000,–
Beginn des Versorgungsbezugs	503	01.01.2001

Sonstige Einkünfte nach § 22 Nr. 5 Satz 1 EStG:	
2.000 € x 3/12 =	500 €
BMG für Versorgungsfreibetrag (12 x 1. Bezug)	2.000 €
Versorgungsfreibetrag: 40 % von 2.000 € =	800 €
Begrenzt auf die Summe der Einnahmen	500 €
Zusammen:	
800 € + 500 €	
+ Zuschlag zum VFB höchstens 700 € (§ 19 Abs. 2 Satz 5 EStG),	
nur bis zur Höhe der um den Versorgungsfreibetrag geminderten BMG)	= 2.000 €
Vorjahr	1.700 €

Da maschinell nicht erkannt werden kann, dass der Versorgungsbezug der Anlage N und die sonstigen Einkünfte der Kz. 501 ein und dasselbe Stammrecht betreffen, ist die **BMG für den Versorgungsfreibetrag personell aufzuteilen.**

In obigem Beispiel ist einzugeben:

Anlage N in Kz. 201:	1.500 € (= 9/12 von 2.000 €)
Anlage R in Kz. 502:	500 € (= 3/12 von 2.000 €).

Maschinelle Berechnung:

Versorgungsbezüge nach § 19 Abs. 2 EStG:	
2.000 € x 9/12 =	1.500 €
BMG für Versorgungsfreibetrag (9/12 der BMG)	1.500 €
Versorgungsfreibetrag: 40 % von 1.500 € =	600 €
Sonstige Einkünfte nach § 22 Nr. 5 Satz 1 EStG:	
2.000 € x 3/12 =	500 €
BMG für Versorgungsfreibetrag (3/12 der BMG)	500 €
Versorgungsfreibetrag: 40 % von 500 € =	200 €
Zusammen: 600 € + 200 € + Zuschlag zum VFB 900 € =	1.700 €
Vorjahr	1.700 €

In dem Jahr, das dann wiederum dem „Wechseljahr" folgt (hier also im Veranlagungszeitraum 2007) ist in die Kz. 205 der Anlage R wieder die volle BMG von 2 000 € einzugeben.

Beachte:

Nach bisherigen Erkenntnissen wurden von der Unterstützungskasse (im Fall von Siemens) in Kz. 202 und 203 der Anlage N meist ein Zeitraum 00 – 00 bescheinigt und als Lohndaten ans Finanzamt übermittelt. Es könnte aber auch nichts oder der jeweilige Zeitraum (01 – 09) bescheinigt worden sein.

In die Kz. 503 der Anlage R ist der Beginn der Auszahlung aus dem Stammrecht einzugeben (im Beispiel 1. 1. 2001) und nicht das Datum der Umwandlung. Die Kz. 503 bestimmt die sog. Kohorte. Da hier nach Umwandlung dasselbe Stammrecht vorliegt, ist hier der Beginn des Versorgungsbezugs vor der Umwandlung maßgebend und einzugeben.

Hinweis zu § 52 Abs. 34c EStG:

Bei der Versteuerung von Leistungen aus einem Pensionsfonds nach § 22 Nr. 5 i. V. m. § 52 Abs. 34c EStG a. F. ist für die Anwendung des § 19 Abs. 2 EStG Voraussetzung, dass entsprechende **Leistungen** auf Grund einer Versorgungszusage oder durch eine Unterstützungskasse bereits **vor dem 1. 1. 2002 erbracht wurden**. Werden die Leistungen auf Grund einer Versorgungszusage oder durch eine Unterstützungskasse erst nach dem 31. 12. 2001 erstmalig erbracht, liegen im Falle der Übertragung in einen Pensionsfonds die Voraussetzungen für die Gewährung des Versorgungsfreibetrags und des Zuschlags zum Versorgungsfreibetrag nicht vor.

Allerdings wurde § 52 Abs. 34c EStG n. F. durch das JStG 2007 neu gefasst. Die Änderung trat zum 1. 1. 2007 in Kraft. Nunmehr Ist es nicht mehr Voraussetzung, dass Leistungen bereits vor dem 1. 1. 2002 erbracht sein müssen, sondern nur, dass der Stpfl., vor der Übertragung der Versorgungsverpflichtung auf den Pensionsfonds bereits Leistungen aufgrund der Versorgungsverpflichtung erhalten hat.

Beispiel:

Der Stpfl. erhält seit 1. 1. 2004 Versorgungsbezüge aus einer Unterstützungskasse. In 2005 erfolgt die Übertragung der Versorgungsverpflichtung in einen Pensionsfonds.

Lösung:

In den Veranlagungszeiträumen 2005 und 2006 liegen die Voraussetzungen für die Gewährung des Versorgungsfreibetrags/des Zuschlags zum Versorgungsfreibetrag nicht vor. Ab dem Veranlagungszeitraum 2007 können dagegen der Versorgungsfreibetrag/der Zuschlag gewährt werden.

Die Regelung des § 52 Abs. 34c EStG greift auch dann, wenn der Zeitpunkt des erstmaligen Leistungsbezugs und der Zeitpunkt der Übertragung der Versorgungsverpflichtung auf den Pensionsfonds in denselben Monat fallen (Rz. 279 des BMF-Schreibens vom 5. 2. 08 zur Steuerlichen Förderung der privaten und betrieblichen Altersversorgung).

Hinweis zur Anpassung/Festsetzung von Vorauszahlungen:

Aufgrund der Änderung der Besteuerungsnorm (nunmehr § 22 Nr. 5 EStG statt § 19 Abs. 2 EStG) unterliegt der Versorgungsbezug nicht mehr dem Lohnsteuerabzug. Daher ist zu prüfen, ob die Einkommensteuervorauszahlungen anzupassen bzw. erstmals Einkommensteuervorauszahlungen festzusetzen sind.

Umfang der Besteuerung

Versorgungsbezüge sind in voller Höhe und nicht nur mit einem niedrigeren Betrag (z. B. Besteuerungsanteil nach § 22 EStG) als Arbeitslohn anzusetzen (→ BFH vom 7. 2. 2013 – BStBl II S. 573).

Versorgungsausgleich

Einkommensteuerrechtliche Behandlung von Ausgleichszahlungen im Rahmen des Versorgungsausgleichs nach § 10 Absatz 1 Nummer 1b EStG[1]) und § 22 Nummer 1c EStG[2])

(BMF-Schreiben vom 9. 4. 2010, BStBl I S. 323)

– Auszug –

. . .

2. Laufende Versorgung in Form eines Versorgungsbezugs i. S. des § 19 EStG

12 Wird im Wege der schuldrechtlichen Ausgleichsrente ein Anrecht auf einen Versorgungsbezug nach § 19 EStG (z. B. Beamtenpension oder Werkspension) ausgeglichen, kann anteilig der an den Versorgungsempfänger geleistete Teil der Bezüge, die nach Abzug des Versorgungsfreibetrags und des Zuschlags zum Versorgungsfreibetrag nach § 19 Absatz 2 EStG der Besteuerung unterliegen, als Sonderausgaben nach § 10 Absatz 1 Nummer 1b EStG geltend gemacht werden. Der Ausgleichsberechtigte hat die Leistungen in entsprechendem Umfang nach § 22 Nummer 1c EStG zu versteuern.

Beispiel 2:

Der Ausgleichsverpflichtete A bezieht im Jahr 2011 (Versorgungsbeginn 1. Januar 2011) eine Beamtenpension i. H. v. 20 000 €. Die Ausgleichsberechtigte B erhält eine Ausgleichsrente in Höhe von 10 000 € jährlich.

1) Ab 2015: § 10 Abs. 1a Nr. 4 EStG.
2) Ab 2015: § 22 Nr. 1a EStG.

Lösung: B2

Nach Abzug der Freibeträge für Versorgungsbezüge nach § 19 Absatz 2 EStG in Höhe von 2.964. €, wird ein Betrag von 17 036 €, bei A der Besteuerung zugrunde gelegt. A kann einen Betrag in Höhe von 8 518 € (= 50 Prozent von 17 036 €) als Sonderausgaben geltend machen. B hat einen Betrag in Höhe von 8 416 € (= 8 518 € ./. 102 € Werbungskostenpauschbetrag bzw. ggf. abzüglich tatsächlicher Werbungskosten) nach § 22 Nummer 1c EStG zu versteuern.

...

Versorgungsbeginn

→ ***BMF vom 19. 8. 2013 (BStBl I S. 1087), geändert durch BMF*** vom 10. 1. 2014 (BStBl I S. 70), ***vom 10. 4. 2015 (BStBl I S. 256)*** und vom 1. 6. 2015 (BStBl I S. 475)***, Rz. 171a und 185.*** Anhang 2 VI

Versorgungsbezüge

→ BMF vom 19. 8. 2013 (BStBl I S. 1087), ***geändert durch BMF*** vom 10. 1. 2014 (BStBl I S. 70), ***vom 10. 4. 2015 (BStBl I S. 256) und vom 1. 6. 2015 (BStBl I S. 475), Rz. 168 ff.*** Anhang 2 VI

Versorgungsfreibetrag

Beispiel zur Bemessungsgrundlage des Versorgungsfreibetrags bei Sachbezügen

Ein Arbeitnehmer scheidet zum 31.3. aus dem aktiven Dienst aus und erhält ab dem 1.4. eine Werkspension in Höhe von 300 €. Im April erhält er zusätzlich einen einmaligen Sachbezug in Höhe von 400 €.

Sachbezüge, die ein Arbeitnehmer nach dem Ausscheiden aus dem aktiven Dienst zusammen mit dem Ruhegehalt erhält, gehören zu den Versorgungsbezügen i. S. d. § 19 Abs. 2 Satz 2 EStG. Die Bemessungsgrundlage beträgt:

– laufender Bezug im ersten Versorgungsmonat 300 € × 12 Monate	3 600 €
– Sachbezug	400 €
Bemessungsgrundlage	4 000 €

Vorsorgepauschale

Tz. 2 des BMF-Schreibens vom 26. 11. 2013 (BStBl I S. 1532)[1]):

„... Der Arbeitslohn ist für die Berechnung der Vorsorgepauschale und der Mindestvorsorgepauschale (Tz. 7) nicht um den Versorgungsfreibetrag (§ 19 Absatz 2 EStG) und den Altersentlastungsbetrag (§ 24a EStG) zu vermindern. ... "

Zahlung von Arbeitslohn an die Erben oder Hinterbliebenen eines verstorbenen Arbeitnehmers R 19.9

(1) [1]Arbeitslohn, der nach dem Tod des Arbeitnehmers gezahlt wird, darf grundsätzlich unabhängig vom Rechtsgrund der Zahlung nicht mehr nach den steuerlichen Merkmalen des Verstorbenen versteuert werden. [2]Bei laufendem Arbeitslohn, der im Sterbemonat oder für den Sterbemonat gezahlt wird, kann der Steuerabzug aus Vereinfachungsgründen noch nach den steuerlichen Merkmalen des Verstorbenen vorgenommen werden; die Lohnsteuerbescheinigung ist jedoch auch in diesem Fall für den Erben auszustellen und zu übermitteln. S 2332

(2) [1]Zahlt der Arbeitgeber den Arbeitslohn an einen Erben oder einen Hinterbliebenen aus, so ist der Lohnsteuerabzug vorbehaltlich des Absatzes 1 Satz 2 nur nach dessen Besteuerungsmerkmalen durchzuführen. [2]Die an die übrigen Anspruchsberechtigten weitergegebenen Beträge stellen im Kalenderjahr der Weitergabe negative Einnahmen dar. [3]Handelt es sich dabei um Versorgungsbezüge i. S. d. § 19 Abs. 2 EStG, so ist für die Berechnung der negativen Einnahmen zunächst vom Bruttobetrag der an die anderen Anspruchsberechtigten weitergegebenen Beträge auszugehen; dieser Bruttobetrag ist sodann um den Unterschied zwischen den beim Lohnsteuerabzug berücksichtigten Freibeträgen für Versorgungsbezüge und den auf den verbleibenden Anteil des Zahlungsempfängers entfallenden Freibeträgen für Versorgungsbezüge zu kürzen. [4]Die Auseinandersetzungszahlungen sind bei den Empfängern – ggf. vermindert um die Freibeträge für Versorgungsbezüge (§ 19 Abs. 2 EStG) – als Einkünfte aus nichtselbständiger Arbeit im Rahmen einer Veranlagung zur Einkommensteuer zu erfassen (§ 46 Abs. 2 Nr. 1 EStG).

1) Abgedruckt in → H 39b.7 (Ermittlung der Vorsorgepauschale im Lohnsteuerabzugsverfahren).

(3) Für den Steuerabzug durch den Arbeitgeber gilt im Übrigen Folgendes:

1. Beim Arbeitslohn, der noch für die aktive Tätigkeit des verstorbenen Arbeitnehmers gezahlt wird, ist, wie dies bei einer Zahlung an den Arbeitnehmer der Fall gewesen wäre, zwischen laufendem Arbeitslohn, z. B. Lohn für den Sterbemonat oder den Vormonat, und sonstigen Bezügen, z. B. Erfolgsbeteiligung, zu unterscheiden.
2. [1]Der Arbeitslohn für den Sterbemonat stellt, wenn er arbeitsrechtlich für den gesamten Lohnzahlungszeitraum zu zahlen ist, keinen Versorgungsbezug im Sinne des § 19 Abs. 2 EStG dar. [2]Besteht dagegen ein Anspruch auf Lohnzahlung nur bis zum Todestag, handelt es sich bei den darüber hinausgehenden Leistungen an die Hinterbliebenen um Versorgungsbezüge. [3]Dies gilt entsprechend für den Fall, dass die arbeitsrechtlichen Vereinbarungen für den Sterbemonat lediglich die Zahlung von Hinterbliebenenbezügen vorsehen oder keine vertraglichen Abmachungen über die Arbeitslohnbemessung bei Beendigung des Dienstverhältnisses im Laufe des Lohnzahlungszeitraums bestehen. [4]Auch in diesen Fällen stellt nur der Teil der Bezüge, der auf die Zeit nach dem Todestag entfällt, einen Versorgungsbezug dar. [5]In den Fällen des Absatzes 1 Satz 2 sind die Freibeträge für Versorgungsbezüge nicht zu berücksichtigen.
3. [1]Das Sterbegeld ist ein Versorgungsbezug und stellt grundsätzlich einen sonstigen Bezug dar. [2]Dies gilt auch für den Fall, dass als Sterbegeld mehrere Monatsgehälter gezahlt werden, weil es sich hierbei dem Grunde nach nur um die ratenweise Zahlung eines Einmalbetrags handelt. [3]Die laufende Zahlung von Witwen- oder Hinterbliebenengeldern i. S. d. § 19 Abs. 1 Satz 1 Nr. 2 EStG durch den Arbeitgeber ist demgegenüber regelmäßig als laufender Arbeitslohn (Versorgungsbezug) zu behandeln.
4. [1]Soweit es sich bei den Zahlungen an die Erben oder Hinterbliebenen nicht um Versorgungsbezüge handelt, ist zu prüfen, ob der Altersentlastungsbetrag (§ 24a EStG) zum Ansatz kommt. [2]Dabei ist auf das Lebensalter des jeweiligen Zahlungsempfängers abzustellen. [3]Absatz 2 ist entsprechend anzuwenden.
5. [1]Soweit Zahlungen an im Ausland wohnhafte Erben oder Hinterbliebene erfolgen, bei denen die Voraussetzungen der §§ 1 Abs. 2 oder 3, 1a EStG nicht vorliegen, ist bei beschränkt steuerpflichtigen Arbeitnehmern beim Steuerabzug nach den für Lohnzahlungen geltenden Vorschriften zu verfahren; wegen der Besonderheiten wird auf § 38b Abs. 1 Satz 2 Nr. 1 Buchstabe b, § 39 Abs. 2 und 3, § 39a Abs. 2 und 4, § 39b Abs. 1 und 2, § 39c Abs. 2 EStG hingewiesen [2]Dabei ist jedoch zu beachten, dass auf Grund eines Doppelbesteuerungsabkommens das Besteuerungsrecht dem Ansässigkeitsstaat zustehen kann.

H 19.9

Hinweise

Erben als Arbeitnehmer

Durch die Zahlung von dem Erblasser zustehenden Arbeitslohn an die Erben oder Hinterbliebenen werden diese steuerlich zu Arbeitnehmern; der Lohnsteuerabzug ist nach den Lohnsteuerabzugsmerkmalen (ggf. Steuerklasse VI) der Erben oder Hinterbliebenen durchzuführen (§ 1 Abs. 1 Satz 2 LStDV). Anhang 7

Weiterleitung von Arbeitslohn an Miterben

Beispiel:

Nach dem Tod des Arbeitnehmers A ist an die Hinterbliebenen B, C, D und E ein Sterbegeld von 4 000 € zu zahlen. Der Arbeitgeber zahlt den Versorgungsbezug an B im Jahr ***2016*** aus. Dabei wurde die Lohnsteuer nach den Lohnsteuerabzugsmerkmalen des B unter Berücksichtigung der Freibeträge für Versorgungsbezüge von ***1 400*** € (***22,4*** % von 4 000 € = ***896*** € zuzüglich ***504*** €) erhoben. B gibt im Jahr ***2017*** je ¼ des Bruttoversorgungsbezugs an C, D und E weiter (insgesamt 3 000 €).

Im Jahr ***2016*** ergeben sich lohnsteuerpflichtige Versorgungsbezüge:

Versorgungsbezüge	4 000 €
./. Versorgungsfreibetrag	***896*** €
./. Zuschlag zum Versorgungsfreibetrag	***504*** €
lohnsteuerpflichtige Versorgungsbezüge	***2 600*** €

Durch die Weitergabe im Jahr ***2017*** verbleibt B ein Anteil an den Versorgungsbezügen von 1 000 €. Hierauf entfällt ein Versorgungsfreibetrag in Höhe von ***224*** € (***22,4*** % von 1 000 €) zuzüglich eines Zuschlags zum Versorgungsfreibetrag von ***504*** €, also steuerpflichtige Versorgungsbezüge von ***272*** €. Bei B sind in ***2017*** negative Einnahmen in Höhe von ***2 328*** € (***2 600*** € ./. ***272*** €) anzusetzen.

§ 19a Überlassung von Vermögensbeteiligungen an Arbeitnehmer (weggefallen)

EStG
S 2347
1)

Steuerbegünstigte Überlassung von Vermögensbeteiligungen

R 19a

– nicht mehr abgedruckt –

Hinweise

H 19a

Anwendungsregelung § 19a EStG

Die Übergangsregelung in § 52 Abs. 27 EStG zur Weiteranwendung des § 19a EStG in der am 31. 12. 2008 geltenden Fassung ist zum 31. 12. 2015 abgelaufen.

Nachfolgeregelung

→ § 3 Nr. 39 EStG

e) Kapitalvermögen (§ 2 Absatz 1 Satz 1 Nummer 5)

S 2252

§ 20 [Einkünfte aus Kapitalvermögen]

EStG
2)

(1) Zu den Einkünften aus Kapitalvermögen gehören

S 2204

1. **Gewinnanteile (Dividenden), Ausbeuten und sonstige Bezüge aus Aktien, Genussrechten, mit denen das Recht am Gewinn und Liquidationserlös einer Kapitalgesellschaft verbunden ist, aus Anteilen an Gesellschaften mit beschränkter Haftung, an Erwerbs- und Wirtschaftsgenossenschaften sowie an bergbautreibenden Vereinigungen, die die Rechte einer juristischen Person haben. [2]Zu den sonstigen Bezügen gehören auch verdeckte Gewinnausschüttungen. [3]Die Bezüge gehören nicht zu den Einnahmen, soweit sie aus Ausschüttungen einer Körperschaft stammen, für die Beträge aus dem steuerlichen Einlagekonto im Sinne des § 27 des Körperschaftsteuergesetzes als verwendet gelten. [4]Als sonstige Bezüge gelten auch Einnahmen, die anstelle der Bezüge im Sinne des Satzes 1 von einem anderen als dem Anteilseigner nach Absatz 5 bezogen werden, wenn die Aktien mit Dividendenberechtigung erworben, aber ohne Dividendenanspruch geliefert werden;**
2. **Bezüge, die nach der Auflösung einer Körperschaft oder Personenvereinigung im Sinne der Nummer 1 anfallen und die nicht in der Rückzahlung von Nennkapital bestehen; Nummer 1 Satz 3 gilt entsprechend. [2]Gleiches gilt für Bezüge, die auf Grund einer Kapitalherabsetzung oder nach der Auflösung einer unbeschränkt steuerpflichtigen Körperschaft oder Personenvereinigung im Sinne der Nummer 1 anfallen und die als Gewinnausschüttung im Sinne des § 28 Absatz 2 Satz 2 und 4 des Körperschaftsteuergesetzes gelten;**
3. **(weggefallen)**
4. **Einnahmen aus der Beteiligung an einem Handelsgewerbe als stiller Gesellschafter und aus partiarischen Darlehen, es sei denn, dass der Gesellschafter oder Darlehensgeber als Mit*unternehmer* anzusehen ist. [2]Auf Anteile des stillen Gesellschafters am Verlust des Betriebes sind § 15 Absatz 4 Satz 6 bis 8 und § 15a sinngemäß anzuwenden;**
5. **Zinsen aus Hypotheken und Grundschulden und Renten aus Rentenschulden. [2]Bei Tilgungshypotheken und Tilgungsgrundschulden ist nur der Teil der Zahlungen anzusetzen, der als Zins auf den jeweiligen Kapitalrest entfällt;**
6. **der Unterschiedsbetrag zwischen der Versicherungsleistung und der Summe der auf sie entrichteten Beiträge (Erträge) im Erlebensfall oder bei Rückkauf des Vertrags bei Rentenversicherungen mit Kapitalwahlrecht, soweit nicht die lebenslange Rentenzahlung gewählt**

1) Die Übergangsregelung in § 52 Abs. 27 EStG zur Weiteranwendung des § 19a EStG in der am 31. 12. 2008 geltenden Fassung ist zum 31. 12. 2015 abgelaufen.

2) Zur Anwendung → § 52 Abs. 28 EStG.

und erbracht wird, und bei Kapitalversicherungen mit Sparanteil, wenn der Vertrag nach dem 31. Dezember 2004 abgeschlossen worden ist. [2]Wird die Versicherungsleistung nach Vollendung des 60. Lebensjahres des Steuerpflichtigen und nach Ablauf von zwölf Jahren seit dem Vertragsabschluss ausgezahlt, ist die Hälfte des Unterschiedsbetrags anzusetzen. [3]Bei entgeltlichem Erwerb des Anspruchs auf die Versicherungsleistung treten die Anschaffungskosten an die Stelle der vor dem Erwerb entrichteten Beiträge. [4]Die Sätze 1 bis 3 sind auf Erträge aus fondsgebundenen Lebensversicherungen, auf Erträge im Erlebensfall bei Rentenversicherungen ohne Kapitalwahlrecht, soweit keine lebenslange Rentenzahlung vereinbart und erbracht wird, und auf Erträge bei Rückkauf des Vertrages bei Rentenversicherungen ohne Kapitalwahlrecht entsprechend anzuwenden. [5]Ist in einem Versicherungsvertrag eine gesonderte Verwaltung von speziell für diesen Vertrag zusammengestellten Kapitalanlagen vereinbart, die nicht auf öffentlich vertriebene Investmentfondsanteile oder Anlagen, die die Entwicklung eines veröffentlichten Indexes abbilden, beschränkt ist, und kann der wirtschaftlich Berechtigte unmittelbar oder mittelbar über die Veräußerung der Vermögensgegenstände und die Wiederanlage der Erlöse bestimmen (vermögensverwaltender Versicherungsvertrag), sind die dem Versicherungsunternehmen zufließenden Erträge dem wirtschaftlich Berechtigten aus dem Versicherungsvertrag zuzurechnen; Sätze 1 bis 4 sind nicht anzuwenden. [6]Satz 2 ist nicht anzuwenden, wenn

a) in einem Kapitallebensversicherungsvertrag mit vereinbarter laufender Beitragszahlung in mindestens gleichbleibender Höhe bis zum Zeitpunkt des Erlebensfalls die vereinbarte Leistung bei Eintritt des versicherten Risikos weniger als 50 Prozent der Summe der für die gesamte Vertragsdauer zu zahlenden Beiträge beträgt und

b) bei einem Kapitallebensversicherungsvertrag die vereinbarte Leistung bei Eintritt des versicherten Risikos das Deckungskapital oder den Zeitwert der Versicherung spätestens fünf Jahre nach Vertragsabschluss nicht um mindestens 10 Prozent des Deckungskapitals, des Zeitwerts oder der Summe der gezahlten Beiträge übersteigt. [2]Dieser Prozentsatz darf bis zum Ende der Vertragslaufzeit in jährlich gleichen Schritten auf Null sinken.

[7]Hat der Steuerpflichtige Ansprüche aus einem von einer anderen Person abgeschlossenen Vertrag entgeltlich erworben, gehört zu den Einkünften aus Kapitalvermögen auch der Unterschiedsbetrag zwischen der Versicherungsleistung bei Eintritt eines versicherten Risikos und den Aufwendungen für den Erwerb und Erhalt des Versicherungsanspruches; insoweit findet Satz 2 keine Anwendung. [8]Satz 7 gilt nicht, wenn die versicherte Person den Versicherungsanspruch von einem Dritten erwirbt oder aus anderen Rechtsverhältnissen entstandene Abfindungs- und Ausgleichsansprüche arbeitsrechtlicher, erbrechtlicher oder familienrechtlicher Art durch Übertragung von Ansprüchen aus Versicherungsverträgen erfüllt werden;

7. Erträge aus sonstigen Kapitalforderungen jeder Art, wenn die Rückzahlung des Kapitalvermögens oder ein Entgelt für die Überlassung des Kapitalvermögens zur Nutzung zugesagt oder geleistet worden ist, auch wenn die Höhe der Rückzahlung oder des Entgelts von einem ungewissen Ereignis abhängt. Dies gilt unabhängig von der Bezeichnung und der zivilrechtlichen Ausgestaltung der Kapitalanlage. [3]Erstattungszinsen im Sinne des § 233a der Abgabenordnung sind Erträge im Sinne des Satzes 1;
8. Diskontbeträge von Wechseln und Anweisungen einschließlich der Schatzwechsel;
9. Einnahmen aus Leistungen einer nicht von der Körperschaftsteuer befreiten Körperschaft, Personenvereinigung oder Vermögensmasse im Sinne des § 1 Absatz 1 Nummer 3 bis 5 des Körperschaftsteuergesetzes, die Gewinnausschüttungen im Sinne der Nummer 1 wirtschaftlich vergleichbar sind, soweit sie nicht bereits zu den Einnahmen im Sinne der Nummer 1 gehören; Nummer 1 Satz 2, 3 und Nummer 2 gelten entsprechend. [2]Satz 1 ist auf Leistungen von vergleichbaren Körperschaften, Personenvereinigungen oder Vermögensmassen, die weder Sitz noch Geschäftsleitung im Inland haben, entsprechend anzuwenden;

S 2706a 10. a) Leistungen eines nicht von der Körperschaftsteuer befreiten Betriebs gewerblicher Art im Sinne des § 4 des Körperschaftsteuergesetzes mit eigener Rechtspersönlichkeit, die zu mit Gewinnausschüttungen im Sinne der Nummer 1 Satz 1 wirtschaftlich vergleichbaren Einnahmen führen; Nummer 1 Satz 2, 3 und Nummer 2 gelten entsprechend;

b) der nicht den Rücklagen zugeführte Gewinn und verdeckte Gewinnausschüttungen eines nicht von der Körperschaftsteuer befreiten Betriebs gewerblicher Art im Sinne des § 4 des Körperschaftsteuergesetzes ohne eigene Rechtspersönlichkeit, der den Gewinn durch Betriebsvermögensvergleich ermittelt oder Umsätze einschließlich der *steuerfreien Umsätze, ausgenommen* die Umsätze nach § 4 Nummer 8 bis 10 des Umsatzsteuergesetzes, von mehr als 350 000 Euro im Kalenderjahr oder einen Gewinn von mehr als 30 000 Euro im Wirtschaftsjahr hat, sowie der Gewinn im Sinne des § 22 Absatz 4 des Umwandlungssteuergesetzes. [2]Die Auflösung der Rücklagen zu Zwecken außerhalb des Betriebs gewerblicher Art führt zu einem Gewinn im Sinne des Satzes 1; in Fällen der Einbringung nach dem Sechsten und des Formwechsels nach dem Achten

Teil des Umwandlungssteuergesetzes gelten die Rücklagen als aufgelöst. [3]Bei dem Geschäft der Veranstaltung von Werbesendungen der inländischen öffentlich- rechtlichen Rundfunkanstalten gelten drei Viertel des Einkommens im Sinne des § 8 Absatz 1 Satz 3 des Körperschaftsteuergesetzes als Gewinn im Sinne des Satzes 1. [4]Die Sätze 1und 2 sind bei wirtschaftlichen Geschäftsbetrieben der von der Körperschaftsteuer befreiten Körperschaften, Personenvereinigungen oder Vermögensmassen entsprechend anzuwenden. [5]Nummer 1 Satz 3 gilt entsprechend. [6]Satz 1 in der am 12. Dezember 2006 geltenden Fassung ist für Anteile, die einbringungsgeboren im Sinne des § 21 des Umwandlungssteuergesetzes in der am 12. Dezember 2006 geltenden Fassung sind, weiter anzuwenden;

11. Stillhalterprämien, die für die Einräumung von Optionen vereinnahmt werden; schließt der Stillhalter ein Glattstellungsgeschäft ab, mindern sich die Einnahmen aus den Stillhalterprämien um die im Glattstellungsgeschäft gezahlten Prämien.

(2) [1]Zu den Einkünften aus Kapitalvermögen gehören auch

1. der Gewinn aus der Veräußerung von Anteilen an einer Körperschaft im Sinne des Absatzes 1 Nummer 1. [2]Anteile an einer Körperschaft sind auch Genussrechte im Sinne des Absatzes 1 Nummer 1, den Anteilen im Sinne des Absatzes 1 Nummer 1 ähnliche Beteiligungen und Anwartschaften auf Anteile im Sinne des Absatzes 1 Nummer 1;
2. der Gewinn aus der Veräußerung
   a) von Dividendenscheinen und sonstigen Ansprüchen durch den Inhaber des Stammrechts, wenn die dazugehörigen Aktien oder sonstigen Anteile nicht mitveräußert werden. [2]Soweit eine Besteuerung nach Satz 1 erfolgt ist, tritt diese insoweit an die Stelle der Besteuerung nach Absatz 1;
   b) von Zinsscheinen und Zinsforderungen durch den Inhaber oder ehemaligen Inhaber der Schuldverschreibung, wenn die dazugehörigen Schuldverschreibungen nicht mitveräußert werden. [2]Entsprechendes gilt für die Einlösung von Zinsscheinen und Zinsforderungen durch den ehemaligen Inhaber der Schuldverschreibung.

   [2]Satz 1 gilt sinngemäß für die Einnahmen aus der Abtretung von Dividenden- oder Zinsansprüchen oder sonstigen Ansprüchen im Sinne des Satzes 1, wenn die dazugehörigen Anteilsrechte oder Schuldverschreibungen nicht in einzelnen Wertpapieren verbrieft sind. [3]Satz 2 gilt auch bei der Abtretung von Zinsansprüchen aus Schuldbuchforderungen, die in ein öffentliches Schuldbuch eingetragen sind;
3. der Gewinn
   a) bei Termingeschäften, durch die der Steuerpflichtige einen Differenzausgleich oder einen durch den Wert einer veränderlichen Bezugsgröße bestimmten Geldbetrag oder Vorteil erlangt;
   b) aus der Veräußerung eines als Termingeschäft ausgestalteten Finanzinstruments;
4. der Gewinn aus der Veräußerung von Wirtschaftsgütern, die Erträge im Sinne des Absatzes 1 Nummer 4 erzielen;
5. der Gewinn aus der Übertragung von Rechten im Sinne des Absatzes 1 Nummer 5;
6. der Gewinn aus der Veräußerung von Ansprüchen auf eine Versicherungsleistung im Sinne des Absatzes 1 Nummer 6. [2]Das Versicherungsunternehmen hat nach Kenntniserlangung von einer Veräußerung unverzüglich Mitteilung an das für den Steuerpflichtigen zuständige Finanzamt zu machen und auf Verlangen des Steuerpflichtigen eine Bescheinigung über die Höhe der entrichteten Beiträge im Zeitpunkt der Veräußerung zu erteilen;
7. der Gewinn aus der Veräußerung von sonstigen Kapitalforderungen jeder Art im Sinne des Absatzes 1 Nummer 7;
8. der Gewinn aus der Übertragung oder Aufgabe einer die Einnahmen im Sinne des Absatzes 1 Nummer 9 vermittelnden Rechtsposition.

[2]Als Veräußerung im Sinne des Satzes 1 gilt auch die Einlösung, Rückzahlung, Abtretung oder verdeckte Einlage in eine Kapitalgesellschaft; in den Fällen von Satz 1 Nummer 4 gilt auch die Vereinnahmung eines Auseinandersetzungsguthabens als Veräußerung. [3]Die Anschaffung oder Veräußerung einer unmittelbaren oder mittelbaren Beteiligung an einer Personengesellschaft gilt als Anschaffung oder Veräußerung der anteiligen Wirtschaftsgüter.

(3) Zu den Einkünften aus Kapitalvermögen gehören auch besondere Entgelte oder Vorteile, die neben den in den Absätzen 1 und 2 bezeichneten Einnahmen oder an deren Stelle gewährt werden.

(3a) [1]Korrekturen im Sinne des § 43a Absatz 3 Satz 7 sind erst zu dem dort genannten Zeitpunkt zu berücksichtigen. [2]Weist der Steuerpflichtige durch eine Bescheinigung der auszahlenden Stelle nach, dass sie die Korrektur nicht vorgenommen hat und auch nicht vornehmen wird, kann der Steuerpflichtige die Korrektur nach § 32d Absatz 4 und 6 geltend machen.

(4) [1]Gewinn im Sinne des Absatzes 2 ist der Unterschied zwischen den Einnahmen aus der Veräußerung nach Abzug der Aufwendungen, die im unmittelbaren sachlichen Zusammenhang mit dem Veräußerungsgeschäft stehen, und den Anschaffungskosten; bei nicht in Euro getätigten Geschäften sind die Einnahmen im Zeitpunkt der Veräußerung und die Anschaffungskosten im Zeitpunkt der Anschaffung in Euro umzurechnen. [2]In den Fällen der verdeckten Einlage tritt an die Stelle der Einnahmen aus der Veräußerung der Wirtschaftsgüter ihr gemeiner Wert; der Gewinn ist für das Kalenderjahr der verdeckten Einlage anzusetzen. [3]Ist ein Wirtschaftsgut im Sinne des Absatzes 2 in das Privatvermögen durch Entnahme oder Betriebsaufgabe überführt worden, tritt an die Stelle der Anschaffungskosten der nach § 6 Absatz 1 Nummer 4 oder § 16 Absatz 3 angesetzte Wert. [4]In den Fällen des Absatzes 2 Satz 1 Nummer 6 gelten die entrichteten Beiträge im Sinne des Absatzes 1 Nummer 6 Satz 1 als Anschaffungskosten; ist ein entgeltlicher Erwerb vorausgegangen, gelten auch die nach dem Erwerb entrichteten Beiträge als Anschaffungskosten. [5]Gewinn bei einem Termingeschäft ist der Differenzausgleich oder der durch den Wert einer veränderlichen Bezugsgröße bestimmte Geldbetrag oder Vorteil abzüglich der Aufwendungen, die im unmittelbaren sachlichen Zusammenhang mit dem Termingeschäft stehen. [6]Bei unentgeltlichem Erwerb sind dem Einzelrechtsnachfolger für Zwecke dieser Vorschrift die Anschaffung, die Überführung des Wirtschaftsguts in das Privatvermögen, der Erwerb eines Rechts aus Termingeschäften oder die Beiträge im Sinne des Absatzes 1 Nummer 6 Satz 1 durch den Rechtsvorgänger zuzurechnen. [7]Bei vertretbaren Wertpapieren, die einem Verwahrer zur Sammelverwahrung im Sinne des § 5 des Depotgesetzes in der Fassung der Bekanntmachung vom 11. Januar 1995 (BGBl. I S. 34), das zuletzt durch Artikel 4 des Gesetzes vom 5. April 2004 (BGBl. I S. 502) geändert worden ist, in der jeweils geltenden Fassung anvertraut worden sind, ist zu unterstellen, dass die zuerst angeschafften Wertpapiere zuerst veräußert wurden.

(4a) [1]Werden Anteile an einer Körperschaft, Vermögensmasse oder Personenvereinigung gegen Anteile an einer anderen Körperschaft, Vermögensmasse oder Personenvereinigung getauscht und wird der Tausch auf Grund gesellschaftsrechtlicher Maßnahmen vollzogen, die von den beteiligten Unternehmen ausgehen, treten abweichend von Absatz 2 Satz 1 und den §§ 13 und 21 des Umwandlungssteuergesetzes die übernommenen Anteile steuerlich an die Stelle der bisherigen Anteile, wenn das Recht der Bundesrepublik Deutschland hinsichtlich der Besteuerung des Gewinns aus der Veräußerung der erhaltenen Anteile nicht ausgeschlossen oder beschränkt ist oder die Mitgliedstaaten der Europäischen Union bei einer Verschmelzung Artikel 8 der Richtlinie 90/434/EWG anzuwenden haben; in diesem Fall ist der Gewinn aus einer späteren Veräußerung der erworbenen Anteile ungeachtet der Bestimmungen eines Abkommens zur Vermeidung der Doppelbesteuerung in der gleichen Art und Weise zu besteuern, wie die Veräußerung der Anteile an der übertragenden Körperschaft zu besteuern wäre, und § 15 Absatz 1a Satz 2 entsprechend anzuwenden. [2]Erhält der Steuerpflichtige in den Fällen des Satzes 1 zusätzlich zu den Anteilen eine Gegenleistung, gilt diese als Ertrag im Sinne des Absatzes 1 Nummer 1. [3]Besitzt bei sonstigen Kapitalforderungen im Sinne des Absatzes 1 Nummer 7 der Inhaber das Recht, bei Fälligkeit anstelle der Zahlung eines Geldbetrags vom Emittenten die Lieferung von Wertpapieren zu verlangen oder besitzt der Emittent das Recht, bei Fälligkeit dem Inhaber anstelle der Zahlung eines Geldbetrags Wertpapiere anzudienen und macht der Inhaber der Forderung oder der Emittent von diesem Recht Gebrauch, ist abweichend von Absatz 4 Satz 1 das Entgelt für den Erwerb der Forderung als Veräußerungspreis der Forderung und als Anschaffungskosten der erhaltenen Wertpapiere anzusetzen; Satz 2 gilt entsprechend. [4]Werden Bezugsrechte veräußert oder ausgeübt, die nach § 186 des Aktiengesetzes, § 55 des Gesetzes betreffend die Gesellschaften mit beschränkter Haftung oder eines vergleichbaren ausländischen Rechts einen Anspruch auf Abschluss eines Zeichnungsvertrags begründen, wird der Teil der Anschaffungskosten der Altanteile, der auf das Bezugsrecht entfällt, bei der Ermittlung des Gewinns nach Absatz 4 Satz 1 mit 0 Euro angesetzt. [5]Werden einem Steuerpflichtigen Anteile im Sinne des Absatzes 2 Satz 1 Nummer 1 zugeteilt, ohne dass dieser eine gesonderte Gegenleistung zu entrichten hat, werden der Ertrag und die Anschaffungskosten dieser Anteile mit 0 Euro angesetzt, wenn die Voraussetzungen der Sätze 3 und 4 nicht vorliegen und die Ermittlung der Höhe des Kapitalertrags nicht möglich ist. [6]Soweit es auf die steuerliche Wirksamkeit einer Kapitalmaßnahme im Sinne der vorstehenden Sätze 1 bis 5 ankommt, ist auf den Zeitpunkt der Einbuchung in das Depot des Steuerpflichtigen abzustellen. [7]Geht Vermögen einer Körperschaft durch Abspaltung auf andere Körperschaften über, gelten abweichend von Satz 5 und § 15 des Umwandlungssteuergesetzes die Sätze 1 und 2 entsprechend.

(5) [1]Einkünfte aus Kapitalvermögen im Sinne des Absatzes 1 Nummer 1 und 2 erzielt der Anteilseigner. [2]Anteilseigner ist derjenige, dem nach § 39 der Abgabenordnung die Anteile an dem Kapitalvermögen im Sinne des Absatzes 1 Nummer 1 im Zeitpunkt des Gewinnverteilungsbeschlusses zuzurechnen sind. [3]Sind einem Nießbraucher oder Pfandgläubiger die Einnahmen im Sinne des Absatzes 1 Nummer 1 oder 2 zuzurechnen, gilt er als Anteilseigner.

(6) [1]Verluste aus Kapitalvermögen dürfen nicht mit Einkünften aus anderen Einkunftsarten ausgeglichen werden; sie dürfen auch nicht nach § 10d abgezogen werden. [2]Die Verluste mindern jedoch die Einkünfte, die der Steuerpflichtige in den folgenden Veranlagungszeiträumen aus Kapitalvermögen erzielt. [3]§ 10d Absatz 4 ist sinngemäß anzuwenden. [4]Verluste aus Kapital-

vermögen im Sinne des Absatzes 2 Satz 1 Nummer 1 Satz 1, die aus der Veräußerung von Aktien entstehen, dürfen nur mit Gewinnen aus Kapitalvermögen im Sinne des Absatzes 2 Satz 1 Nummer 1 Satz 1, die aus der Veräußerung von Aktien entstehen, ausgeglichen werden; die Sätze 2 und 3 gelten sinngemäß. [5]Verluste aus Kapitalvermögen, die der Kapitalertragsteuer unterliegen, dürfen nur verrechnet werden oder mindern die Einkünfte, die der Steuerpflichtige in den folgenden Veranlagungszeiträumen aus Kapitalvermögen erzielt, wenn eine Bescheinigung im Sinne des § 43a Absatz 3 Satz 4 vorliegt.

(7) [1]§ 15b ist sinngemäß anzuwenden. [2]Ein vorgefertigtes Konzept im Sinne des § 15b Absatz 2 Satz 2 liegt auch vor, wenn die positiven Einkünfte nicht der tariflichen Einkommensteuer unterliegen.

(8) [1]Soweit Einkünfte der in den Absätzen 1, 2 und 3 bezeichneten Art zu den Einkünften aus Land- und Forstwirtschaft, aus Gewerbebetrieb, aus selbständiger Arbeit oder aus Vermietung und Verpachtung gehören, sind sie diesen Einkünften zuzurechnen. [2]Absatz 4a findet insoweit keine Anwendung.

(9) [1]Bei der Ermittlung der Einkünfte aus Kapitalvermögen ist als Werbungskosten ein Betrag von 801 Euro abzuziehen (Sparer-Pauschbetrag); der Abzug der tatsächlichen Werbungskosten ist ausgeschlossen. [2]Ehegatten, die zusammen veranlagt werden, wird ein gemeinsamer Sparer-Pauschbetrag von 1 602 Euro gewährt. [3]Der gemeinsame Sparer-Pauschbetrag ist bei der Einkunftsermittlung bei jedem Ehegatten je zur Hälfte abzuziehen; sind die Kapitalerträge eines Ehegatten niedriger als 801 Euro, so ist der anteilige Sparer- Pauschbetrag insoweit, als er die Kapitalerträge dieses Ehegatten übersteigt, bei dem anderen Ehegatten abzuziehen. [4]Der Sparer-Pauschbetrag und der gemeinsame Sparer-Pauschbetrag dürfen nicht höher sein als die nach Maßgabe des Absatzes 6 verrechneten Kapitalerträge. S 2216 S 2210

Hinweise

H 20

Altersversorgung

→ BMF-Schreiben vom 24. 7. 2013 (BStBl I S. 1022), geändert durch BMF-Schreiben vom 13. 1. 2014 (BStBl I S. 97) und vom 13. 3. 2014 (BStBl I S. 554) Anhang 2 IV

Freistellungsauftrag

→ § 44a EStG und H 44a

Versicherungserträge

I. Besteuerung von Versicherungserträgen im Sinne des § 20 Absatz 1 Nummer 6 EStG

(BMF-Schreiben vom 1. 10. 2009 – IV C 1 – S 2252/07/0001 –, BStBl I S. 1172, unter Berücksichtigung der Änderungen durch das BMF-Schreiben vom 6. 3. 2012[1]) – IV C 3 – S 2220/11/10002 / IV C 1 – S 2252/07/0001 :005 –, BStBl I S. 238)

Einkommensteuer

Im Einvernehmen mit den obersten Finanzbehörden der Länder wird das BMF-Schreiben vom 22. Dezember 2005 (BStBl I 2006 S. 92)[2]) wie folgt gefasst (Änderungen gegenüber dem bisherigen Text sind durch Fettdruck gekennzeichnet):

Übersicht

1) → Anhang 2 IX.
2) Abgedruckt in der Lohnsteuer Handausgabe 2009.

I. Versicherung im Sinne des § 20 Absatz 1 Nummer 6 EStG

1 Der Besteuerung nach § 20 Absatz 1 Nummer 6 EStG unterliegen die Erträge aus folgenden Versicherungen auf den Erlebens- oder Todesfall (kapitalbildende Lebensversicherungen): Rentenversicherungen mit Kapitalwahlrecht, soweit nicht die Rentenzahlung gewählt wird, und Kapitalversicherungen mit Sparanteil. Erträge aus Unfallversicherungen mit garantierter Beitragsrückzahlung unterliegen ebenfalls der Besteuerung nach § 20 Absatz 1 Nummer 6 EStG.

2 Eine Versicherung im Sinne des § 20 Absatz 1 Nummer 6 EStG unterscheidet sich von einer Vermögensanlage ohne Versicherungscharakter dadurch, dass ein wirtschaftliches Risiko abgedeckt wird, das aus der Unsicherheit und Unberechenbarkeit des menschlichen Lebens für den Lebensplan des Menschen erwächst (biometrisches Risiko). Die durch die Lebensversicherung

typischerweise abgedeckten Gefahren sind der Tod (Todesfallrisiko) oder die ungewisse Lebensdauer (Erlebensfallrisiko, Langlebigkeitsrisiko). Bei der Unfallversicherung mit garantierter Beitragsrückzahlung stellen das Unfallrisiko oder das Risiko der Beitragsrückzahlung im Todesfall die mit der Versicherung untrennbar verbundenen charakteristischen Hauptrisiken dar.

Es liegt kein Versicherungsvertrag im Sinne des § 20 Absatz 1 Nummer 6 EStG vor, wenn der Vertrag keine nennenswerte Risikotragung enthält. Davon ist insbesondere dann auszugehen, wenn bei Risikoeintritt nur eine Leistung der angesammelten und verzinsten Sparanteile zuzüglich einer Überschussbeteiligung vereinbart ist. In der Regel ist vom Vorliegen eines Versicherungsvertrages im Sinne des § 20 Absatz 1 Nummer 6 EStG auszugehen, wenn es sich um eine Lebensversicherung oder Unfallversicherung mit garantierter Beitragsrückzahlung im Sinne des Versicherungsaufsichtsrechts handelt. Die Regelungen zum Mindesttodesfallschutz (vgl. Rz. 23 ff. des BMF Schreibens vom 22. August 2002 – IV C 4 – S 2221 – 211/02 –, BStBl I S. 827)[1]) sind für nach dem 31. Dezember 2004 abgeschlossene Versicherungsverträge nicht anzuwenden; für nach dem 31. März 2009 abgeschlossene Kapital-Lebensversicherungsverträge gelten neue Regelungen zum Mindesttodesfallschutz (vgl. Rz. 78aff.). 3

Eine Rentenversicherung liegt nur dann vor, wenn bereits am Beginn der Vertragslaufzeit ein Langlebigkeitsrisiko vom Versicherungsunternehmen übernommen wird. Dies bedeutet, dass bereits bei Vertragsabschluss die Höhe der garantierten Leibrente in Form eines konkreten Geldbetrages festgelegt wird oder ein konkret beziffertes Faktor garantiert wird, mit dem die Höhe der garantierten Leibrente durch Multiplikation mit dem am Ende der Anspar- bzw. Aufschubphase vorhandenen Fondsvermögen bzw. Deckungskapital errechnet wird (Rentenfaktor). Für einzelne Vermögensteile (z. B. durch die Kapitalanlage sichergestelltes Mindestvermögen, eventuelle über die gezahlten Beiträge erheblich hinausgehende Wertsteigerungen) können auch unterschiedliche Rentenfaktoren garantiert werden. Bei Beitragserhöhungen muss der konkrete Geldbetrag oder der Rentenfaktor spätestens im Erhöhungszeitpunkt garantiert werden. Eine vereinbarte Anpassung des Beitrags oder der Leistung gemäß § 163 VVG ist unschädlich. 3a

Für vor dem 1. Juli 2010 abgeschlossene Rentenversicherungen ist es ausreichend, dass das Versicherungsunternehmen bei Vertragsabschluss bzw. im Erhöhungszeitpunkt hinreichend konkrete Grundlagen für die Berechnung der Rentenhöhe oder des Rentenfaktors zugesagt hat. Dieses Erfordernis ist auch erfüllt, wenn die bei Vertragsbeginn für die Rentenberechnung unterstellten Rechnungsgrundlagen mit Zustimmung eines unabhängigen Treuhänders, der die Voraussetzungen und die Angemessenheit prüft, geändert werden können. 3b

Insbesondere bei den nachfolgenden Vertragsgestaltungen ist von einer hinreichenden Konkretisierung der Berechnungsgrundlagen auszugehen:

Beispiel 1:

Es gelten die am Ende der Aufschubphase gültigen Rententarife. Der maßgebende Rentenfaktor muss dabei aber mindestens 75 % des Wertes des Rentenfaktors betragen, der sich mit den bei Vertragsabschluss verwendeten Rechnungsgrundlagen ergeben würde.

Beispiel 2:

Die auszuzahlende Rente wird zu Beginn der Rentenzahlung für die gesamte Rentenbezugszeit festgelegt. Bei der Rentenberechnung werden mindestens 50 % der Sterblichkeiten der Sterbetafel DAV 2004 R und der dann aufsichtsrechtlich festgelegte Höchstrechnungszins zur Deckungsrückstellungsberechnung angesetzt.

Ein Vertrag, der keine hinreichend konkreten Berechnungsgrundlagen enthält, sondern lediglich eine Verrentung am Ende der Anspar- bzw. Aufschubphase zu den dann gültigen Bedingungen vorsieht, ist steuerrechtlich keine Rentenversicherung, sondern ein nach den allgemeinen Vorschriften zu besteuernder Sparvorgang mit einer steuerlich unbeachtlichen Verrentungsoption. Wird bei einem derartigen Vertrag während der Anspar- bzw. Aufschubphase ein Todesfallrisiko übernommen, ist von einer Kapitalversicherung und von einem Zufluss der Erträge am Ende der Anspar- bzw. Aufschubphase auszugehen (vgl. Rz. 26). Sofern vor dem 1. Juli 2010 ein konkreter Geldbetrag oder Rentenfaktor nachträglich zugesagt wird, ist der Vertrag als Rentenversicherung zu betrachten und es ist keine steuerlich relevante Vertragsänderung anzunehmen. Bei Verträgen, bei denen vor diesem Datum die Rentenzahlung beginnt, und bei vor dem 1. Januar 2005 abgeschlossenen Rentenversicherungsverträgen ist eine nachträgliche Zusage nicht erforderlich.

Bei ab dem 1. Juli 2010 abgeschlossenen Versicherungsverträgen ist nicht von einer steuerlich anzuerkennenden Rentenversicherung auszugehen, wenn der vereinbarte Rentenzahlungsbeginn dergestalt aufgeschoben ist, dass die mittlere Lebenserwartung der versicherten Person unwesentlich unterschritten oder sogar überschritten wird. Nicht zu beanstanden ist es, wenn der Zeitraum zwischen dem vereinbarten spätesten Rentenbeginn und der mittleren Lebenserwartung mehr als 10 % der bei Vertragsabschluss verbliebenen Lebenserwartung beträgt. Maßgebend ist die dem Vertrag zu Grunde gelegte Sterbetafel. 3c

1) Abgedruckt in → H 10 (Vertragsänderungen bei Lebensversicherungen).

Beispiel:

Die versicherte Person ist bei Vertragsabschluss 30 Jahre alt und hat eine mittlere Lebenserwartung von 82 Jahren. Die verbleibende Lebenserwartung beträgt 52 Jahre, davon 10 % sind 5,2 Jahre. Ein vereinbarter Rentenbeginn mit 77 Jahren wäre nicht zu beanstanden.

4 Keine Versicherungsverträge im Sinne des § 20 Absatz 1 Nummer 6 EStG sind Kapitalisierungsgeschäfte. Als Kapitalisierungsgeschäfte gelten Geschäfte, bei denen unter Anwendung eines mathematischen Verfahrens die im Voraus festgesetzten einmaligen oder wiederkehrenden Prämien und die übernommenen Verpflichtungen nach Dauer und Höhe festgelegt sind (vgl. § 1 Absatz 4 Satz 2 des Versicherungsaufsichtsgesetzes [VAG]).

5 Bei Kapitalforderungen aus Verträgen mit Versicherungsunternehmen, bei denen es sich nicht um einen Versicherungsvertrag im oben angeführten Sinne handelt, richtet sich die Besteuerung des Kapitalertrags nach § 20 Absatz 1 Nummer 7 EStG.

6 Zu den nach § 20 Absatz 1 Nummer 6 EStG steuerpflichtigen Renten- oder Kapitalversicherungen zählen nur solche, die einen Sparanteil enthalten. Bei solchen Versicherungen setzt sich der Versicherungsbeitrag grundsätzlich zusammen aus dem

- **Kostenanteil** (Beitragsteil insbesondere für Verwaltungsaufgaben des Unternehmens, Abschlusskosten, Inkassokosten), dem
- **Risikoanteil** (Beitragsanteil für Leistungen bei Eintritt eines charakteristischen Hauptrisikos: Tod bei Lebensversicherungen, Unfall oder Beitragsrückzahlung im Todesfall bei Unfallversicherungen mit garantierter Beitragsrückzahlung) und dem
- **Sparanteil** (Beitragsanteil, der für die Finanzierung einer Erlebensfall-Leistung verwendet wird).

7 Eine Leistung aus einer **reinen Risikoversicherung**, also einer Versicherung ohne Sparanteil (z. B. Risikolebensversicherung, Unfallversicherung ohne garantierte Beitragsrückzahlung, Berufsunfähigkeitsversicherung, Erwerbsunfähigkeitsversicherung, Pflegeversicherung), fällt nicht unter § 20 Absatz 1 Nummer 6 EStG. Dies gilt sowohl für Kapitalauszahlungen aus reinen Risikoversicherungen als auch für Rentenzahlungen (z. B. Unfall-Rente, Invaliditätsrente). Bei einer Rentenzahlung kann sich jedoch eine Besteuerung aus anderen Vorschriften (insbesondere § 22 Nummer 1 Satz 1 EStG oder § 22 Nummer 1 Satz 3 Buchstabe a Doppelbuchstabe bb EStG) ergeben. Die Barauszahlung von Überschüssen (vgl. Rz. 13 ff.) sowie die Leistung aufgrund einer verzinslichen Ansammlung der Überschüsse (vgl. Rz. 17) ist bei einer reinen Risikoversicherung keine Einnahme im Sinne des § 20 Absatz 1 Nummer 6 EStG und auch nicht im Sinne des § 20 Absatz 1 Nummer 7 EStG.

II. Allgemeine Begriffsbestimmungen

1. Versicherungsnehmer

8 Der Versicherungsnehmer (vgl. § 1 des Versicherungsvertragsgesetzes [VVG]) ist der Vertragspartner des Versicherers. Er ist Träger aller Rechte des Vertrages, z. B. Recht die Versicherungsleistung zu fordern, den Vertrag zu ändern, zu kündigen, Bezugsberechtigungen zu erteilen, die Ansprüche aus dem Vertrag abzutreten oder zu verpfänden. Er ist gleichzeitig Träger aller Pflichten, z. B. Pflicht zur Beitragszahlung.

2. Bezugsberechtigter

9 Der Bezugsberechtigte (vgl. §§ 166, 167 VVG) ist derjenige, der nach den vertraglichen Vereinbarungen die Versicherungsleistung erhalten soll. In der Regel kann der Versicherungsnehmer ohne Zustimmung des Versicherers einen Dritten als Bezugsberechtigten bestimmen. Das Bezugsrecht kann getrennt für den Erlebensfall und den Rückkauf sowie für den Todesfall festgelegt sein. Es kann widerruflich oder unwiderruflich ausgesprochen sein.

10 Bei einem unwiderruflichen Bezugsrecht bedarf jede Änderung des Bezugsrechts der Zustimmung des Bezugsberechtigten. Dieser hat auch einen unmittelbaren Rechtsanspruch auf die Leistung.

11 Bei einem widerruflichen Bezugsrecht hat der Bezugsberechtigte nur eine Anwartschaft auf die Leistung. Das widerrufliche Bezugsrecht kann auch jederzeit durch eine Mitteilung des Versicherungsnehmers an das Versicherungsunternehmen geändert werden. Im Zeitpunkt des Versicherungsfalls wird aus der Anwartschaft ein Rechtsanspruch.

3. Versicherte Person

12 Die versicherte Person ist die Person, auf deren Leben oder Gesundheit die Versicherung abgeschlossen wird (vgl. § 150 VVG). Da von ihren individuellen Eigenschaften (insbes. Alter und Gesundheitszustand) die wesentlichen Merkmale eines Versicherungsvertrages abhängen (vgl. BFH vom 9. Mai 1974, BStBl II S. 633), ist die versicherte Person eine unveränderbare Vertrags-

grundlage. Bei einem Wechsel der versicherten Person erlischt, unabhängig von der Frage, ob ein entsprechendes Optionsrecht bereits bei Vertragsabschluss vereinbart worden ist oder nicht (vgl. hierzu Rz. 68), steuerrechtlich der „alte Vertrag" und es wird steuerrechtlich vom Abschluss eines „neuen Vertrages" ausgegangen. Dabei ist für beide Verträge getrennt zu prüfen, ob die Voraussetzungen für die Anwendung des § 20 Absatz 1 Nummer 6 Satz 2 EStG erfüllt sind. Wird die auf den „alten Vertrag" entfallende Versicherungsleistung ganz oder teilweise auf den „neuen Vertrag" angerechnet, so gilt auch die angerechnete Versicherungsleistung aus dem „alten Vertrag" als zugeflossen. Die aus dem „alten Vertrag" angerechnete Versicherungsleistung gilt als Beitragszahlung auf den „neuen Vertrag".

Ein steuerlich relevanter Zufluss liegt nicht vor, wenn bei einer internen Teilung nach § 10 des Versorgungsausgleichsgesetzes (VersAusglG) oder bei einer externen Teilung nach § 14 VersAusglG Ansprüche aus einem Vertrag der ausgleichspflichtigen Person übertragen werden. Der Vertrag der ausgleichsberechtigten Person gilt insoweit als zum gleichen Zeitpunkt abgeschlossen wie derjenige der ausgleichspflichtigen Person, § 52 Absatz 36 Satz 12 EStG. 12a

4. Überschussbeteiligung

Der Versicherungsvertrag sieht in der Regel vor, dass der Versicherungsnehmer und/oder der Bezugsberechtigte an den Überschüssen des Versicherungsunternehmens zu beteiligen ist. Überschüsse erzielen die Unternehmen vor allem aus dem Kapitalanlage-, dem Risiko- und dem Kostenergebnis. 13

Ein Überschuss entsteht im Kapitalanlageergebnis, wenn ein höherer Ertrag als der Rechnungszins erzielt wird. Der Rechnungszins gibt den vom Versicherungsunternehmen garantierten Zins wieder, mit dem die Deckungsrückstellung kalkuliert wird. Beim Risikoergebnis kommt es zu Überschüssen, wenn der Risikoverlauf günstiger ist als bei der Kalkulation angenommen (z. B. bei Versicherungen mit Todesfall-Leistung eine geringere Anzahl von Sterbefällen). Das Kostenergebnis ist positiv, wenn das Versicherungsunternehmen weniger Kosten für die Einrichtung und die laufende Verwaltung des Vertrages aufwendet, als veranschlagt wurde. Die Überschüsse werden jährlich ermittelt.

Die Beteiligung an den Überschüssen kann insbesondere in Form der nachfolgend beschriebenen Methoden erfolgen:

Barauszahlung

Die Überschüsse werden jährlich ausgezahlt (zu den steuerlichen Folgen siehe Rz. 45). 14

Beitragsverrechnung

Es kann auch vereinbart werden, dass die Überschüsse mit den Beiträgen zu verrechnen sind, so dass die laufende Beitragsleistung des Versicherungsnehmers gemindert wird. Der kalkulierte Beitrag wird in diesem Zusammenhang als Bruttobeitrag, der um Überschüsse reduzierte Beitrag als Nettobeitrag bezeichnet (zu den steuerlichen Folgen siehe Rz. 46). 15

Bonussystem

Beim Bonussystem werden die Überschussanteile als Einmalbeiträge für eine zusätzliche beitragsfreie Versicherung (Bonus) verwendet. Bei jährlichen Überschussanteilen erhöht sich dadurch die Versicherungsleistung von Jahr zu Jahr (zu den steuerlichen Folgen siehe Rzn. 47 und 57). 16

Verzinsliche bzw. rentierliche Ansammlung

Bei der verzinslichen Ansammlung werden die jährlichen Überschussanteile beim Versicherungsunternehmen einbehalten und Ertrag bringend angelegt. Die angesammelten Beträge zuzüglich der Erträge werden zusammen mit der Versicherungssumme ausbezahlt (zu den steuerlichen Folgen siehe Rz. 47). 17

Schlussüberschussbeteiligung

Überschussanteile, die nicht laufend dem Vertrag unwiderruflich zugeteilt, sondern nur für den Fall einer Leistung aus dem Vertrag in einem Geschäftsjahr festgelegt werden, werden als Schlussüberschüsse, Schlussgewinne, Schlussdividende o. Ä. bezeichnet (zu den steuerlichen Folgen siehe Rz. 47). 18

III. Rentenversicherung mit Kapitalwahlrecht, soweit nicht die Rentenzahlung gewählt wird

Bei einer Rentenversicherung besteht die Versicherungsleistung grundsätzlich in der Zahlung einer lebenslänglichen Rente für den Fall, dass die versicherte Person den vereinbarten Rentenzahlungsbeginn erlebt. Zu den Einnahmen nach § 20 Absatz 1 Nummer 6 EStG rechnet die Ver- 19 sicherungsleistung aus einer Rentenversicherung mit Kapitalwahlrecht nur dann, wenn sie nicht in Form einer Rentenzahlung erbracht wird. Davon ist dann auszugehen, wenn eine einmalige Kapitalauszahlung erfolgt, wenn mehrere Teilauszahlungen geleistet werden oder wenn wiederkehrende Bezüge erbracht werden, die nicht die nachstehenden Anforderungen an eine Rente erfüllen (zur Berechnung des Unterschiedsbetrags bei der Leistung in Form eines wiederkehrenden Bezugs siehe Rz. 63). Ebenfalls nach § 20 Absatz 1 Nummer 6 EStG zu versteuern sind Kapitalleistungen, soweit ein Teil der Versicherungsleistung nicht als Rente gezahlt wird, oder wenn ein laufender Rentenzahlungsanspruch durch eine Abfindung abgegolten wird. Bei einer Teilverrentung kann bei der Ermittlung des Unterschiedsbetrages für die Kapitalauszahlung nur ein Teil der geleisteten Beiträge abgezogen werden. Dies gilt auch dann, wenn vereinbart ist, dass lediglich die Beiträge ausgezahlt werden sollen und der verbleibende Teil verrentet wird. Auch in diesem Fall sind die Beiträge gleichmäßig auf die Kapitalauszahlung und den nach versicherungsmathematischen Grundsätzen ermittelten Barwert der Rentenauszahlung zu verteilen (zur Berechnung des Unterschiedsbetrags in diesen Fällen siehe Rz. 64).

20 Eine die Besteuerung nach § 20 Absatz 1 Nummer 6 EStG ausschließende Rentenzahlung setzt voraus, dass gleich bleibende oder steigende wiederkehrende Bezüge zeitlich unbeschränkt für die Lebenszeit der versicherten Person (lebenslange Leibrente) vereinbart werden. Leibrenten mit einer vertraglich vereinbarten Höchstlaufzeit (abgekürzte Leibrenten) und wiederkehrende Bezüge, die nicht auf die Lebenszeit, sondern auf eine festgelegte Dauer zu entrichten sind (Zeitrenten), sind nach § 20 Absatz 1 Nummer 6 EStG zu versteuern. Leibrenten mit einer vertraglich vereinbarten Mindestlaufzeit (verlängerte Leibrenten) sind nur dann nach § 20 Absatz 1 Nummer 6 EStG zu versteuern, wenn die Rentengarantiezeit über die auf volle Jahre aufgerundete verbleibende mittlere Lebenserwartung der versicherten Person bei Rentenbeginn hinausgeht. Maßgebend ist die zum Zeitpunkt des Vertragsabschlusses zugrunde gelegte Sterbetafel und das bei Rentenbeginn vollendete Lebensjahr der versicherten Person. Entspricht die Rentengarantiezeit der Lebenserwartung oder ist sie kürzer, ist auch für den Rechtsnachfolger (in der Regel der Erbe) die Ertragsanteilsbesteuerung anzuwenden. Dabei wird der auf den Erblasser angewandte Ertragsanteil fortgeführt.

21 Wird neben einem gleich bleibenden oder steigenden Sockelbetrag eine jährlich schwankende Überschussbeteiligung gewährt, handelt es sich dennoch insgesamt um gleich bleibende oder steigende Bezüge im Sinne der Rz. 20. Sowohl auf den Sockelbetrag als auch auf die Überschussbeteiligung ist die Ertragsanteilbesteuerung (§ 22 Nummer 1 Satz 3 Buchstabe a Doppelbuchstabe bb EStG) anzuwenden (vgl. BMF-Schreiben vom 26. November 1998, BStBl I 1998 S. 1508).

Die Auszahlung in Form einer konstanten Anzahl von Investmentanteilen stellt keinen gleich bleibenden Bezug und damit keine Rentenzahlung dar.

22 Die Todesfall-Leistung einer Rentenversicherung gehört nicht zu den Einnahmen aus § 20 Absatz 1 Nummer 6 EStG. Bei einer Rentenzahlung kann sich jedoch eine Besteuerung aus anderen Vorschriften (insbesondere § 22 Nummer 1 Satz 3 Buchstabe a Doppelbuchstabe bb EStG) ergeben.

IV. Kapitalversicherung mit Sparanteil

23 Kapitalversicherungen mit Sparanteil treten insbesondere in folgenden Ausgestaltungen auf:

1. Kapitalversicherung auf den Todes- und Erlebensfall (klassische Kapital-Lebensversicherung)

24 Bei einer Kapitalversicherung auf den Todes- und Erlebensfall leistet der Versicherer, wenn die versicherte Person den im Versicherungsschein genannten Auszahlungstermin erlebt oder wenn die versicherte Person vor dem Auszahlungstermin verstirbt. Die Leistung im Todesfall unterfällt nicht der Besteuerung nach § 20 Absatz 1 Nummer 6 EStG.

25 Die Ausgestaltung des Vertrages mit oder ohne Rentenwahlrecht, gegen Einmalbeitrag oder laufende Beitragszahlung hat keinen Einfluss auf die Besteuerung nach § 20 Absatz 1 Nummer 6 EStG.

26 Wird bei einer Kapitalversicherung mit Rentenwahlrecht die Rentenzahlung gewählt, fließen die Erträge nach § 11 Absatz 1 EStG in dem Zeitpunkt zu, in dem die Kapitalleistung im Erlebensfall zu leisten wäre. Lediglich das nach Abzug von Kapitalertragsteuer vorhandene Kapital steht für die Verrentung zur Verfügung. Die Rentenzahlungen gehören zu den Einnahmen aus § 22 Nummer 1 Satz 3 Buchstabe a Doppelbuchstabe bb EStG.

2. Unfallversicherung mit garantierter Beitragsrückzahlung

27 Bei einer Unfallversicherung mit garantierter Beitragsrückzahlung wird neben den Beitragsbestandteilen für die Abdeckung des Unfallrisikos sowie des Risikos der Beitragsrückzahlung im Todesfall und der Verwaltungskosten ein Sparanteil erbracht, der verzinslich bzw. rentierlich

angelegt wird. Die Versicherungsleistung bei Ablauf der Versicherungslaufzeit gehört zu den Einnahmen aus § 20 Absatz 1 Nummer 6 EStG, nicht aber die Versicherungsleistung bei Eintritt des versicherten Risikos. Sofern die Unfallversicherung mit garantierter Beitragsrückzahlung als Rentenversicherung mit Kapitalwahlrecht abgeschlossen wird, sind die unter Rzn. 19 ff. angeführten Regelungen anzuwenden.

3. Kapitalversicherung auf den Todes- und Erlebensfall von zwei oder mehreren Personen (Kapitalversicherung auf verbundene Leben)

Die Erlebensfall-Leistung ist bei einer Kapitalversicherung auf verbundene Leben zu erbringen, 28 wenn beide/alle versicherten Personen den im Versicherungsschein genannten Ablauftermin erleben. Zur Ermittlung des hälftigen Unterschiedsbetrags, wenn nur einer der Steuerpflichtigen bei Auszahlung der Versicherungsleistung im Erlebensfall oder bei Rückkauf das 60. Lebensjahr vollendet hat, siehe Rzn. 77 bis 78. Die Leistung im Todesfall unterfällt nicht der Besteuerung nach § 20 Absatz 1 Nummer 6 EStG.

4. Kapitalversicherung mit festem Auszahlungszeitpunkt (Termfixversicherung)

Bei einer Termfixversicherung wird die Versicherungsleistung nur zu einem festen Zeitpunkt 29 ausgezahlt. Wenn die versicherte Person vor Erreichen dieses festen Zeitpunkts verstirbt, wird die Todesfallsumme in der Regel nicht sofort ausgezahlt, sondern es endet lediglich die Beitragszahlungsdauer. Die Leistung im Todesfall gehört nicht zu den Einnahmen aus § 20 Absatz 1 Nummer 6 EStG.

5. Kapitalversicherung mit lebenslangem Todesfallschutz

Bei einer Kapitalversicherung mit lebenslangem Todesfallschutz leistet das Versicherungsunter- 30 nehmen grundsätzlich nur, wenn die versicherte Person stirbt. Der vornehmliche Zweck eines solchen Versicherungsvertrages ist die Deckung von Kosten und Aufwendungen im Zusammenhang mit dem Todesfall, z. B. Erbschaftsteuer (Erbschaftsteuerversicherung), zivilrechtlich bedingten Ausgleichszahlungen im Rahmen einer Erbschaftsplanung (Vermögensnachfolgeversicherung) oder Deckung der Bestattungskosten (Sterbegeldversicherung). Die Versicherungsleistung im Todesfall stellt keine Einnahme im Sinne des § 20 Absatz 1 Nummer 6 EStG dar. Manche Kapitalversicherungen mit lebenslangem Todesfallschutz bieten jedoch die Möglichkeit, zu Lebzeiten der versicherten Person eine Versicherungsleistung abzurufen, so dass die Versicherung beendet wird oder mit einer reduzierten Versicherungssumme bestehen bleibt. Eine abgerufene Leistung ist nach § 20 Absatz 1 Nummer 6 EStG zu versteuern.

V. Sonderformen

1. Fondsgebundene Kapital-Lebensversicherung und fondsgebundene Rentenversicherung

Fondsgebundene Lebensversicherungen unterscheiden sich von konventionellen Lebensver- 31 sicherungen dadurch, dass die Höhe der Leistungen direkt von der Wertentwicklung der in einem besonderen Anlagestock angesparten Vermögensanlagen abhängt, wobei üblicherweise die Sparanteile nur in Investmentanteilen angelegt werden. Die Kapitalerträge aus fondsgebundenen Lebensversicherungen gehören unter den gleichen Voraussetzungen zu den Einnahmen aus Kapitalvermögen wie Erträge aus konventionellen Lebensversicherungen.

Eine der Höhe nach garantierte Leistung gibt es bei der fondsgebundenen Lebensversicherung 32 in der Regel nicht, selbst der Verlust des gesamten eingesetzten Kapitals ist möglich (zu einem negativen Unterschiedsbetrag siehe Rz. 60).

Üblich sind Verträge, bei denen der Versicherungsnehmer einen oder mehrere Investmentfonds 33 selbst wählen kann, wobei er die Auswahl für zukünftige Sparanteile während der Versicherungsdauer in der Regel ändern kann (Switchen). Außerdem kann das Recht eingeräumt sein, bereits investierte Sparanteile in andere Fonds umzuschichten (Shiften). Solche Umschichtungen stellen keinen Zufluss dar.

Hinsichtlich der Versicherungsleistung kann vereinbart sein, dass der Versicherungsnehmer 34 wählen kann, ob er statt einer Geldzahlung die Übertragung der Fondsanteile in sein Depot möchte. Sofern eine Übertragung der Fondsanteile erfolgt, ist als Versicherungsleistung der Rücknahmepreis anzusetzen, mit dem die Versicherungsleistung bei einer Geldzahlung berechnet worden wäre.

2. Vermögensverwaltende Versicherungsverträge

Nach § 20 Absatz 1 Nummer 6 Satz 5 EStG (in der Fassung des Artikels 1 des Gesetzes vom 34a 19. Dezember 2008 [BGBl. I S. 2794]) werden vermögensverwaltende Versicherungsverträge von den allgemeinen Besteuerungsregelungen für Versicherungsverträge ausgenommen. Stattdessen werden derartige Verträge transparent besteuert. Das heißt, dass im Zeitpunkt, in dem Kapitalerträge z. B. in Form von Zinsen, Dividenden oder Veräußerungsgewinnen dem vom Versicherungsunternehmen gehaltenen Depot oder Konto zufließen, diese dem wirtschaftlich Berechtigten zuzurechnen sind. Dabei richtet sich die Besteuerung nach den für das jeweilige Anlagegut geltenden Regelungen (z. B. bei Zinsen nach § 20 Absatz 1 Nummer 7 EStG, bei Dividenden nach § 20 Absatz 1 Nummer 1 EStG, bei Veräußerungen nach § 20 Absatz 2 in Verbindung mit Absatz 4 EStG und bei Investmentfondserträgen nach den Vorschriften des Investmentsteuergesetzes). Die Vorschrift ist für alle Kapitalerträge anzuwenden, die dem Versicherungsunternehmen nach dem 31. Dezember 2008 zufließen (§ 52 Absatz 36 Satz 10 EStG). Dies gilt nicht für Versicherungsverträge, die vor dem 1. Januar 2005 abgeschlossen wurden.

34b Ein vermögensverwaltender Versicherungsvertrag liegt vor, wenn die folgenden Voraussetzungen kumulativ erfüllt sind:

(1) In dem Versicherungsvertrag ist eine gesonderte Verwaltung von speziell für diesen Vertrag zusammengestellten Kapitalanlagen vereinbart und

(2) die zusammengestellten Kapitalanlagen sind nicht auf öffentlich vertriebene Investmentfondsanteile oder Anlagen, die die Entwicklung eines veröffentlichten Indexes abbilden, beschränkt und

(3) der wirtschaftlich Berechtigte kann unmittelbar oder mittelbar über die Veräußerung der Vermögensgegenstände und die Wiederanlage der Erlöse bestimmen (Dispositionsmöglichkeit).

34c Bei einer gesonderten Verwaltung wird die Sparleistung nicht vom Versicherungsunternehmen für eine unbestimmte Vielzahl von Versicherten gemeinschaftlich, sondern separat für den einzelnen Vertrag angelegt bzw. verwaltet, wobei der wirtschaftlich Berechtigte das Kapitalanlagerisiko trägt. Typischerweise erfolgt die Kapitalanlage bei einem vermögensverwaltenden Versicherungsvertrag auf einem Konto oder Depot bei einem vom Kunden frei wählbaren Kreditinstitut. Dabei wird das Versicherungsunternehmen Eigentümer bzw. Inhaber der auf dem Konto oder Depot verwalteten Anlagegüter.

34d Speziell für diesen Vertrag zusammengestellte Kapitalanlagen liegen vor, wenn die Anlage ganz oder teilweise gemäß den individuellen Wünschen des Versicherungsnehmers erfolgt. Dies ist insbesondere der Fall, wenn der Versicherungsnehmer einzelne Wertpapiere oder ein bereits vorhandenes Wertpapierdepot als Versicherungsbeitrag erbringt.

34e Die ausschließliche Auswahl von im Inland oder im Ausland öffentlich vertriebenen Investmentfondsanteilen schließt die Annahme eines vermögensverwaltenden Versicherungsvertrages aus. Die Verwendung von versicherungsinternen Fonds beeinträchtigt nicht die Charakterisierung als öffentlich vertriebene Investmentfondsanteile, vorausgesetzt dass diese internen Fonds die Anlagen von einem oder mehreren öffentlich vertriebenen Investmentfonds widerspiegeln.

34f Unter „Anlagen, die einen veröffentlichten Index abbilden" fallen auch Kombinationsmöglichkeiten mehrerer im Inland oder Ausland veröffentlichter Indizes.

34g Eine unmittelbare Dispositionsmöglichkeit besteht, wenn der Versicherungsvertrag ein Weisungsrecht des wirtschaftlich Berechtigten gegenüber dem Versicherungsunternehmen oder gegenüber einem beauftragten Vermögensverwalter vorsieht.

Von einer mittelbaren Dispositionsmöglichkeit ist insbesondere auszugehen, wenn

- die Anlageentscheidungen von einem Vermögensverwalter getroffen werden, der durch den wirtschaftlich Berechtigten beauftragt wurde,
- der wirtschaftlich Berechtigte einen Wechsel in der Person des Vermögensverwalters verlangen kann,
- eine individuelle Anlagestrategie zwischen dem Versicherungsunternehmen oder dem Vermögensverwalter und dem wirtschaftlich Berechtigten vereinbart wird.

34h Die Auswahlmöglichkeit aus standardisierten Anlagestrategien, die einer unbestimmten Vielzahl von Versicherungsnehmern angeboten werden, stellt keine unmittelbare oder mittelbare Dispositionsmöglichkeit dar; dies gilt auch dann, wenn der Versicherungsnehmer einem Vertrag mehrere derartiger standardisierter Anlagestrategien in unterschiedlicher Gewichtung zugrunde legen darf.

34i Wird ein bereits vorhandenes Depot in einen Versicherungsvertrag dergestalt eingebracht, dass die Depotführung und die Vermögensverwaltung beim bisherigen Kreditinstitut oder dem bisherigen Vermögensverwalter verbleiben, ist in der Regel von einer weiter bestehenden Dispositionsmöglichkeit des wirtschaftlich Berechtigten auszugehen. Es gilt insoweit die – widerlegbare – Vermutung, dass der wirtschaftlich Berechtigte aufgrund einer gewachsenen und weiterhin bestehenden Geschäftsbeziehung Einfluss auf die Anlageentscheidungen ausüben kann.

34j Wirtschaftlich Berechtigter ist der Inhaber des Anspruchs auf die Versicherungsleistung. Dies ist in der Regel der Versicherungsnehmer, kann in den Fällen eines unwiderruflich eingeräumten Bezugsrechts aber auch ein Dritter sein. Sicherungsübereignung oder Pfändung führt grundsätzlich nicht zu einem Wechsel in der Person des wirtschaftlich Berechtigten. Die Regelungen in Rzn. 50 bis 53 gelten entsprechend.

Nach § 20 Absatz 1 Nummer 6 Satz 5 EStG erfolgt eine Besteuerung der dem Versicherungsunternehmen zugeflossenen Erträge im Sinne des § 20 Absatz 1 und Absatz 2 EStG. Leistungen im Todes- oder Erlebensfall sowie bei Rückkauf des Vertrages sind hingegen einkommensteuerlich unbeachtlich, soweit die Erträge, die in diesen Versicherungsleistungen enthalten sind, nach § 20 Absatz 1 Nummer 6 Satz 5 EStG der Besteuerung unterlegen haben. Soweit in der Beitragsleistung Kosten insbesondere für die Verwaltung enthalten sind oder von dem Anlagekonto bzw. -depot entnommen werden, sind diese grundsätzlich als Werbungskosten zu betrachten. Werbungskosten werden ab dem Veranlagungszeitraum 2009 nur noch im Rahmen des Sparer-Pauschbetrages (§ 20 Absatz 9 EStG) berücksichtigt (vgl. Rz. 81a). 34k

Die Übertragung von Anlagegütern auf das Versicherungsunternehmen im Zeitpunkt der Begründung eines vermögensverwaltenden Versicherungsvertrags sowie deren Rückübertragung auf den wirtschaftlich Berechtigten im Zeitpunkt der Beendigung des Vertragsverhältnisses ist steuerlich unbeachtlich und führt damit insbesondere nicht zu einer Veräußerung im Sinne des § 20 Absatz 2 EStG. 34l

Ob eine Vertragsänderung, die darauf abzielt, bislang bestehende Merkmale eines vermögensverwaltenden Versicherungsvertrages nachträglich abzubedingen, steuerlich zu einer Beendigung des bisherigen Vertrages und Schaffung eines neuen Vertrages führt, hängt von den jeweiligen Umständen des Einzelfalls ab. Bei derartigen Vertragsänderungen, die vor dem 1. Juli 2010 vorgenommen werden, ist jedenfalls nicht von einer steuerrechtlich relevanten Vertragsänderung auszugehen. 34m

3. Direktversicherung, Pensionskasse, Pensionsfonds

Zur steuerrechtlichen Behandlung von Leistungen aus einer Pensionskasse, aus einem Pensionsfonds oder aus einer Direktversicherung wird auf das BMF-Schreiben vom 20. Januar 2009, BStBl I S. 273[1]), Rzn. 268 bis 285 verwiesen. 35

VI. Absicherung weiterer Risiken

Neben dem der Versicherung zugrunde liegenden charakteristischen Hauptrisiko können weitere Risiken (Nebenrisiken) in Form einer Zusatzversicherung oder innerhalb einer einheitlichen Versicherung abgesichert sein. Üblich sind dabei die Invaliditäts-, Berufsunfähigkeits-, Unfalltod-, Pflege- und die Dread-Disease-Absicherung. Bei einer Dread-Disease-Absicherung wird bei Eintritt einer schweren Krankheit geleistet (engl. dread disease = furchtbare Krankheit, schlimme Leiden). 36

Enthält der Versicherungsvertrag andere als die oben angeführten Nebenrisiken und ist der Eintritt dieses Risikos zu erwarten oder durch die versicherte Person herbeiführbar, so dass es sich bei wirtschaftlicher Betrachtungsweise um eine Fälligkeitsregelung handelt (z. B. Beginn der Ausbildung, Heirat), ist die Kapitalauszahlung bei Eintritt eines solchen unechten Nebenrisikos als Erlebensfall-Leistung nach § 20 Absatz 1 Nummer 6 EStG zu versteuern.

Kapitalauszahlungen bei Eintritt eines (echten) Nebenrisikos sind nicht nach § 20 Absatz 1 Nummer 6 EStG zu versteuern. Besteht die Leistung der weiteren Absicherung in einer Beitragsbefreiung für den Hauptvertrag, ist für die Berechnung des Unterschiedsbetrags ein rechnerischer Ausgleichsposten in Höhe der angenommenen oder tatsächlich durch das Versicherungsunternehmen übernommenen Beiträge bei der Berechnung des Unterschiedsbetrags ertragsmindernd zu berücksichtigen. 37

Überschüsse und sonstige Leistungen (z. B. Rückzahlung überhobener Beiträge) aus einer weiteren Absicherung sind grundsätzlich keine Einnahmen im Sinne des § 20 Absatz 1 Nummer 6 EStG. Der hierfür erforderliche Nachweis, dass die Überschüsse und sonstigen Leistungen aus einer weiteren Absicherung stammen, setzt voraus, dass das Versicherungsunternehmen den *darauf entfallenden Beitrag*, den Überschussanteil und die sonstige Leistung für die weitere Absicherung getrennt ausweist. In diesem Fall ist gegebenenfalls ein Sonderausgabenabzug nach § 10 Absatz 1 Nummer 3 Buchstabe a EStG für diese Beitragsbestandteile möglich. 38

Beitragsbestandteile für die Absicherung der Nebenrisiken mindern den steuerpflichtigen Unterschiedsbetrag nicht (vgl. Rz. 58). 39

VII. Erlebensfall oder Rückkauf

Der Besteuerung nach § 20 Absatz 1 Nummer 6 EStG unterliegen nur der Erlebensfall oder der Rückkauf. Die Versicherungsleistung bei Eintritt des mit der Versicherung untrennbar verbun- 40

[1]) Nachfolgeschreiben auszugsweise abgedruckt in → Anhang 2 IV.

denen charakteristischen Hauptrisikos (Tod, Unfall) rechnet nicht zu den Einnahmen nach § 20 Absatz 1 Nummer 6 EStG (hinsichtlich weiterer versicherter Risiken siehe Rzn. 36 bis 38).

1. Erlebensfall

41 Alle Versicherungsleistungen, die vom Versicherungsunternehmen aufgrund des Versicherungsvertrages zu erbringen sind, ohne dass sich das versicherte Risiko realisiert hat (Risiko-Leistung) oder dass der Versicherungsvertrag ganz oder teilweise vorzeitig beendet wurde (Rückkauf), sind Erlebensfall-Leistungen.

41a Enthält der Versicherungsvertrag einen Anspruch auf Gewährung eines Darlehens des Versicherungsunternehmens an den Steuerpflichtigen, ohne dass sich das Versicherungsunternehmen eine freie Entscheidung über das Ob der Darlehensgewährung vorbehält, ist generell von einer steuerpflichtigen Erlebensfall-Leistung auszugehen. In allen anderen Fällen ist zu prüfen, ob ein nicht am Versicherungsvertrag beteiligter Dritter einen vergleichbaren Darlehensvertrag abschließen würde, wenn man unterstellt, dass dem Dritten die vertraglichen Ansprüche zur Sicherheit abgetreten werden. Unter Zugrundelegung des Fremdvergleichsmaßstabs ist in der Regel von einer steuerpflichtigen Erlebensfall-Leistung auszugehen, wenn insbesondere

- der Versicherungsschutz (Leistung bei Eintritt des versicherten Risikos) aufgrund der Auszahlung abgesenkt wird, oder
- keine oder offensichtlich marktunüblich niedrige Darlehenszinsen zu entrichten sind, oder
- die Höhe der Darlehenszinsen und/oder die Höhe des zurückzuzahlenden Kapitals an die Höhe der Verzinsung oder Wertentwicklung des Versicherungsvertrages gekoppelt sind.

Diese Regelungen sind auf Auszahlungen nach Veröffentlichung dieses Schreibens im Bundessteuerblatt anzuwenden. Erfolgen die Auszahlungen entsprechend der Darlehensvereinbarung ratierlich, ist für die Anwendung dieser Regelung insgesamt das Datum der ersten Rate maßgeblich. Bei Altverträgen (zum Begriff siehe Rz. 88) kann eine steuerpflichtige Erlebensfall-Leistung nur vorliegen, wenn im Auszahlungszeitpunkt die Voraussetzungen für eine Steuerbefreiung im Sinne des § 20 Absatz 1 Nummer 6 Satz 2 EStG in der am 31. Dezember 2004 geltenden Fassung (a. F.) fehlen. Sofern nach den oben angeführten Grundsätzen von einer Erlebensfall-Leistung auszugehen ist, kann es sich bei Altverträgen nicht um eine schädliche Verwendung eines Policendarlehens im Sinne des § 10 Absatz 2 Satz 2 EStG a. F. handeln. Bei Endfälligkeit des Versicherungsvertrages sind bereits versteuerte außerrechnungsmäßige und rechnungsmäßige Zinsen oder Unterschiedsbeträge sowie an den Versicherer gezahlte Zinsen bei der Ermittlung des steuerpflichtigen Ertrags zum Abzug zu bringen. Ein zusätzlicher Abzug derartiger Zinsen als Werbungskosten oder Betriebsausgaben, wenn die Leistung zur Erzielung von Einkünften verwendet wird, ist ausgeschlossen.

42 In der Regel tritt der Erlebensfall bei Ablauf der vereinbarten Versicherungslaufzeit ein. Es können im Versicherungsvertrag mehrere konkrete Teilauszahlungstermine oder zeitlich und der Höhe nach flexible Abrufmöglichkeiten bereits in der Ansparphase bzw. Aufschubphase vereinbart sein, so dass es mehrere Erlebensfälle gibt. Beispielsweise können bei einem Versicherungsvertrag mit 30-jähriger Laufzeit Teilauszahlungen nach 20 und nach 25 Jahren vorgesehen sein. Sofern es sich dabei lediglich um ein Wahlrecht des Begünstigten handelt, das nicht ausgeübt wird, liegt kein Erlebensfall vor. Zur Ermittlung des Unterschiedsbetrags bei Teilauszahlungen siehe Rzn. 61 bis 62.

43 Bei einer gestreckten Kapitalauszahlung (Teilauszahlungen oder wiederkehrende Bezüge, die keine Rentenzahlung darstellen, vgl. Rz. 20) nach Ablauf der Versicherungslaufzeit liegt nur ein Erlebensfall zum Ablauftermin vor. Ein Zufluss ist jedoch erst mit Leistung des jeweiligen Teilbetrags gegeben. Davon zu unterscheiden ist der Fall, dass bei einer Kapital-Lebensversicherung mit Rentenwahlrecht für die Rentenzahlung optiert wird. In der Ausübung der Renten-Option liegt eine Verfügung über die auszahlbare Versicherungsleistung, die einen Zufluss begründet (vgl. Rz. 26).

44 Wenn sich der Steuerpflichtige das Kapital nach Erreichen des Ablauftermins nicht auszahlen lässt, sondern es gegen Entgelt oder auch ohne Entgelt bis zur Entscheidung über die endgültige Verwendung dem Versicherungsunternehmen überlässt (sog. Parkdepot), liegt aufgrund der erlangten Verfügungsmacht ein Zufluss vor. Wird die Fälligkeit einer Versicherungsleistung aufgrund einer nachträglichen Vertragsänderung während der Versicherungslaufzeit (Verlängerung der Versicherungslaufzeit) hinausgeschoben, liegt dagegen zum ursprünglichen Fälligkeitszeitpunkt kein Zufluss vor.

45 Eine laufende (z. B. jährliche) Auszahlung von Überschüssen (vgl. Rz. 14) stellt eine zugeflossene Erlebensfall-Leistung dar. Die Regelungen zur Ermittlung des Unterschiedsbetrags bei Teilauszahlungen (siehe Rzn. 61 bis 62) sind anzuwenden. Wird der Überschuss nicht zur Barauszahlung, sondern zur Reduzierung der laufenden Beitragszahlung verwendet, liegt zivilrechtlich eine Aufrechnung und damit ebenfalls eine zugeflossene Erlebensfall-Leistung vor.

Bei der Berechnung des Unterschiedsbetrags ist der Bruttobeitrag (einschließlich des durch Aufrechnung gezahlten Teils) in Ansatz zu bringen.

Ist jedoch von vornherein keine Auszahlung der laufenden Überschüsse, sondern eine Verrechnung mit den Beiträgen vereinbart, besteht also kein Wahlrecht zwischen Auszahlung und Verrechnung, liegt hinsichtlich der Überschüsse kein Erlebensfall und kein Zufluss von Erträgen vor. Bei der Ermittlung des Unterschiedsbetrags ist nur der Netto-Beitrag (vgl. Rz. 15) anzusetzen. 46

Beim Bonussystem (vgl. Rz. 16), bei der verzinslichen bzw. rentierlichen Ansammlung (vgl. Rz. 17) und bei der Schlussüberschussbeteiligung (vgl. Rz. 18) liegt ein Zufluss von Erträgen in der Regel erst bei Ablauf der Versicherungslaufzeit vor. 47

2. Rückkauf

Ein Rückkauf liegt vor, wenn der Versicherungsvertrag vorzeitig ganz oder teilweise beendet wird (insbesondere aufgrund Rücktritt, Kündigung oder Anfechtung). Bei einer vorzeitigen Beendigung des Versicherungsvertrages ist regelmäßig vereinbart, dass das Versicherungsunternehmen einen Rückkaufswert zu erstatten hat (vgl. § 176 Absatz 1 VVG, der eine gesetzliche Verpflichtung zur Erstattung des Rückkaufswertes bei Kapitalversicherungen auf den Todesfall mit unbedingter Leistungspflicht enthält). Der Rückkaufswert ist nach den anerkannten Regeln der Versicherungsmathematik für den Schluss der laufenden Versicherungsperiode als Zeitwert der Versicherung zu berechnen. Beitragsrückstände werden vom Rückkaufswert abgesetzt. § 12 Absatz 4 Satz 1 Bewertungsgesetz ist nicht anwendbar. Ein teilweiser Rückkauf liegt insbesondere vor, wenn der Versicherungsvertrag das Recht enthält, durch Teilkündigung einen Teil der Erlebensfall-Leistung vorzeitig abzurufen. 48

In der Anfangszeit einer Versicherung ist der Rückkaufswert regelmäßig niedriger als die Summe der geleisteten Beiträge. Dies ergibt sich daraus, dass jeder Vertrag Abschlusskosten (z. B. Provision für den Versicherungsvermittler) verursacht, die zu tilgen sind. Außerdem behalten sich die Versicherer gewöhnlich vor, einen Abzug bei vorzeitiger Beendigung vorzunehmen (Stornoabschlag). Dadurch kann es insbesondere bei einem sehr frühzeitigen Rückkauf zu einem negativen Unterschiedsbetrag kommen. 49

VIII. Steuerpflichtiger

Steuerpflichtiger im Sinne des § 20 Absatz 1 Nummer 6 EStG ist grundsätzlich derjenige, der das Kapital in Form der Sparanteile im eigenen Namen und für eigene Rechnung dem Versicherungsunternehmen zur Nutzung überlassen hat. Soweit eine andere Person wirtschaftlicher Eigentümer im Sinne des § 39 Absatz 2 Nummer 1 Abgabenordnung – AO – des Anspruchs auf die steuerpflichtige Versicherungsleistung (Erlebensfall-Leistung oder Rückkaufswert) ist, sind ihr die erzielten Erträge zuzurechnen. 50

In der Regel ist der Versicherungsnehmer Steuerpflichtiger, da er die Sparanteile zur Nutzung überlassen hat und auch Inhaber des Rechts ist, die Versicherungsleistung zu fordern. Wechselt die Person des Versicherungsnehmers durch Gesamtrechts- oder Einzelrechtsnachfolge, wird regelmäßig der Rechtsnachfolger Steuerpflichtiger. 51

Mit der Einräumung eines unwiderruflichen Bezugsrechts (vgl. Rz. 10) für die steuerpflichtige Versicherungsleistung gilt grundsätzlich der Bezugsberechtigte als Steuerpflichtiger der erzielten Erträge. Bei einem widerruflichen Bezugsrecht wird der Bezugsberechtigte erst bei Eintritt des Erlebensfalls Steuerpflichtiger. 52

Bei einer Abtretung des Anspruchs auf die Versicherungsleistung wird der Abtretungsempfänger (Zessionar) nur dann Steuerpflichtiger, wenn er und nicht der Abtretende (Zedent) die Erträge erzielt. Das Erzielen von Erträgen setzt voraus, dass nach den getroffenen Vereinbarungen die Versicherungsleistung das Vermögen des Zessionars und nicht das des Zedenten mehren soll. Dient beispielsweise die Versicherungsleistung dazu, eigene Verbindlichkeiten des Zedenten gegenüber dem Zessionar zu tilgen, bleibt der Zedent Steuerpflichtiger. Typischerweise *werden durch* die Versicherungsleistung bei Eintritt des Sicherungsfalls bei einer Sicherungsabtretung oder bei Einziehung und Verwertung durch einen Pfandgläubiger eigene Verbindlichkeiten des Zedenten bzw. des Pfandschuldners getilgt, so dass regelmäßig der Zedent bzw. der Pfandschuldner Steuerpflichtiger der Erträge bleibt. 53

IX. Berechnung des Unterschiedsbetrags

Die Ermittlung des Ertrags nach § 20 Absatz 1 Nummer 6 EStG ist nur anzuwenden, wenn der Steuerpflichtige die Versicherung im Privatvermögen hält. Gehört der Versicherungsvertrag zu dem Betriebsvermögen des Steuerpflichtigen, sind die allgemeinen Gewinnermittlungsvorschriften anzuwenden. Für den Kapitalertragsteuerabzug gelten aber auch in diesen Fällen die Vorschriften für Versicherungen im Privatvermögen (vgl. Rzn. 84 ff.). 54

1. Versicherungsleistung

55 Versicherungsleistung ist grundsätzlich der Gesamtbetrag der zugeflossenen Geldleistungen (zur Übertragungsoption bei fondsgebundenen Lebensversicherungen siehe Rz. 34). In der Versicherungsleistung enthalten sind die angesammelten Sparanteile, die garantierte Verzinsung der Sparanteile und Überschüsse aus dem Kapitalanlage-, dem Risiko- und dem Kostenergebnis. Auszusondern sind die Überschussanteile und sonstige Leistungen aus Nebenrisiken (vgl. Rz. 38).

2. Summe der entrichteten Beiträge

56 Versicherungsbeiträge (Prämien) sind die aufgrund des Versicherungsvertrages erbrachten Geldleistungen. Hierzu gehören auch die Ausfertigungsgebühr, Abschlussgebühr und die Versicherungsteuer. Provisionen, die der Versicherungsvermittler von der Versicherungsgesellschaft erhält und die dieser an den Steuerpflichtigen weiterleitet, oder Provisionen, die der Steuerpflichtige unmittelbar von der Versicherungsgesellschaft erhält (sog. Eigenprovisionen), mindern die Summe der entrichteten Beiträge (BFH-Urteil vom 2. März 2004, BStBl II 2004 S. 506). Eine Vermittlungsprovision, die vom Versicherungsnehmer aufgrund eines gesonderten Vertrages an einen Versicherungsvermittler erbracht wird, ist bei der Berechnung des Unterschiedsbetrags ertragsmindernd anzusetzen. Für Zwecke der Kapitalertragsteuer ist es erforderlich, dass der Steuerpflichtige die Zahlung der Provision an den Vermittler gegenüber dem Versicherungsunternehmen belegt.

57 Zur Höhe der entrichteten Beiträge in den Fällen der Beitragsverrechnung siehe Rzn. 45 und 46. Der beim Bonussystem (vgl. Rz. 16) für eine Erhöhung der Versicherungsleistung verwendete Überschussanteil stellt keinen entrichteten Beitrag dar.

58 Die im Beitrag enthaltenen Anteile zur Absicherung des charakteristischen Hauptrisikos (Todesfallrisiko bei einer Lebensversicherung, Unfallrisiko sowie das Risiko der Beitragsrückzahlung im Todesfall bei einer Unfallversicherung mit Beitragsrückzahlung) mindern den steuerpflichtigen Ertrag. Beitragsanteile, die das Versicherungsunternehmen aufgrund individueller oder pauschaler Kalkulation den Nebenrisiken (Rzn. 36 ff.) zugeordnet hat, sind bei der Ermittlung des Unterschiedsbetrags nicht ertragsmindernd anzusetzen.

59 Für die Berechnung des Unterschiedsbetrags ist es grundsätzlich unerheblich, wer die Versicherungsbeiträge aufgewendet hat. Auch Beiträge, die nicht der Steuerpflichtige aufgewendet hat, mindern den steuerpflichtigen Ertrag.

3. Negativer Unterschiedsbetrag (Verlust)

60 Insbesondere in den Fällen eines frühzeitigen Rückkaufs (vgl. Rz. 49) des Versicherungsvertrags kann es zu einem negativen Unterschiedsbetrag kommen. Ist die Einkunftserzielungsabsicht zu überprüfen, ist vom hälftigen Unterschiedsbetrag als Ertrag auszugehen, wenn nach dem vereinbarten Versicherungsverlauf die Voraussetzungen des § 20 Absatz 1 Nummer 6 Satz 2 EStG erfüllt worden wären (vgl. BFH-Urteil vom 6. März 2003, BStBl II 2003 S. 702; zum Ansatz der Werbungskosten vgl. Rz. 81).

4. Teilleistungen

61 Bei Teilleistungen (Teilauszahlungen, Auszahlungen in Form von wiederkehrenden Bezügen, die keine Rentenzahlung darstellen, sowie Barauszahlungen von laufenden Überschussanteilen) sind die anteilig entrichteten Beiträge von der Auszahlung in Abzug zu bringen. Die anteilig entrichteten Beiträge sind dabei wie folgt zu ermitteln:

$$\frac{\text{Versicherungsleistung} \times (\text{Summe der entrichteten Beiträge} - \text{bereits verbrauchte Beiträge})}{\text{Zeitwert der Versicherung zum Auszahlungszeitpunkt}}$$

Die hiernach ermittelten Beiträge sind höchstens in Höhe der Teilleistung anzusetzen. Die bereits für Teilleistungen verbrauchten Beiträge mindern die bei nachfolgenden Teilleistungen zu berücksichtigenden Beiträge. Bei der Ermittlung des Unterschiedsbetrags der letzten Teilleistung bzw. der Schlussleistung sind die noch nicht angesetzten Beiträge abzuziehen.

Beispiel 1: Teilauszahlung in der Ansparphase

62 Laufzeit 20 Jahre, nach 10 Jahren Teilauszahlung i. H. v. 5 000 €, geleistete Beiträge im Auszahlungszeitpunkt: 10 000 €, Zeitwert der Versicherung im Auszahlungszeitpunkt 15 000 €, Restauszahlung nach weiteren 10 Jahren i. H. v. 25 000 €, geleistete Beiträge insgesamt: 20 000 €.

Lösung:

– Teilauszahlung i. H. v. 5 000 €

anteilige Beiträge: $\frac{5000 \times 10000}{15000} = 3\,333{,}33$ €

Versicherungsleistung: 5 000,00 €
./. anteilig geleistete Beiträge: 3 333,33 € (= 33 %)
Ertrag nach § 20 Absatz 1 Nummer 6 EStG 1 666,67 €
– Restauszahlung i. H. v. 25 000 €
Versicherungsleistung: 25 000,00 €
./. geleistete Beiträge (20 000 – 3 333,33) 16 666,67 €
Ertrag nach § 20 Absatz 1 Nummer 6 EStG 8 333,33 €
Kontrollrechnung:
Versicherungsleistung: 5 000,00 € + 25 000,00 € = 30 000,00 €
Summe der Beiträge: 3 333,33 € + 16 666,67 € = 20 000,00 €
Ertrag nach § 20 Absatz 1 Nummer 6 EStG 10 000,00 €

Beispiel 2: Auszahlung in Form eines wiederkehrenden Bezugs

Der Versicherungsvertrag sieht wiederkehrende Bezüge von jährlich 6 000 € für die Lebenszeit des Begünstigten, längstens jedoch für fünf Jahre vor. An Beiträgen wurden 12 000 € erbracht. Der Steuerpflichtige (männlich) hat zum Beginn der Auszahlung das 50. Lebensjahr vollendet. 63

Der nach den anerkannten Regeln der Versicherungsmathematik unter Berücksichtigung der geschlechtsspezifischen Sterbewahrscheinlichkeit ermittelte Zeitwert der Versicherung vor Auszahlung der jeweiligen Bezüge beträgt im

Jahr 01: 27 500
Jahr 02: 22 500
Jahr 03: 17 200
Jahr 04: 11 700
Jahr 05: 6 000

Lösung:

– anteilige Beiträge im Jahr 01: $\frac{6000 \times 12\,000}{27\,500} = 2\,618{,}18$ €

Versicherungsleistung: 6 000,00 €
./. anteilig geleistete Beiträge: 2 618,18 €
Ertrag nach § 20 Absatz 1 Nummer 6 EStG 3 381,82 €

– anteilige Beiträge im Jahr 02: $\frac{6\,000 \times (12\,000 - 2\,618{,}18)}{22\,500} = 2\,501{,}82$ €

Versicherungsleistung: 6 000,00 €
./. anteilig geleistete Beiträge: 2 501,82 €
Ertrag nach § 20 Absatz 1 Nummer 6 EStG 3 498,18 €

– Gesamtlösung

Jahr	Versicherungsleistung	Anteilige Beiträge	Ertrag
01	6 000,00 €	2 618,18	3 381,82
02	6 000,00 €	2 501,82	3 498,18
03	6 000,00 €	2 400,00	3 600,00
04	6 000,00 €	2 297,44	3 702,56
05	6 000,00 €	2 182,56	3 817,44
Kontrollsumme	30 000,00 €	12 000,00	18 000,00

Beispiel 3: Teilkapitalauszahlung bei einer Rentenversicherung

Rentenversicherung mit Kapitalwahlrecht, Ansparphase 20 Jahre, gezahlte Beiträge insgesamt 20 000 €, Zeitwert der Versicherung zum Ende der Ansparphase: 30 000 €, Ausübung des Kapitalwahlrechts i. H. v. 15 000 €, Verrentung des Restkapitals führt zu einer monatlichen garantierten Rente von 100 €. 64

Lösung:

– Teilauszahlung i. H. v. 15 000 €

anteilige Beiträge: $\frac{15000 \times 20000}{30000} = 10\,000$ €

Versicherungsleistung 15 000 €
./. anteilig geleistete Beiträge 10 000 €
Ertrag nach § 20 Absatz 1 Nummer 6 EStG 5 000 €
– Rentenzahlung:
Jahresbetrag der Rente (ggf. zuzüglich Überschüsse) 1 200 €
zu versteuern nach § 22 Nummer 1 Satz 3 Buchstabe a Doppelbuchstabe bb EStG

5. Entgeltlicher Erwerb

64a Die Aufwendungen für den Erwerb des Anspruchs auf eine Versicherungsleistung sind Anschaffungskosten (siehe Rz. 80 und Rz. 81b). Diese Anschaffungskosten treten nach § 20 Absatz 1 Nummer 6 Satz 3 EStG an die Stelle der vor dem Erwerb entrichteten Beiträge und sind bei der Ermittlung des Unterschiedsbetrags steuermindernd anzusetzen. Diese Regelung ist ab dem Veranlagungszeitraum 2008 anzuwenden (§ 52 Absatz 1 EStG in der Fassung des Unternehmensteuerreformgesetz 2008 [BGBl. I S. 1912]).

64b Bei einem entgeltlichen Erwerb eines vor dem 1. Januar 2005 abgeschlossenen Versicherungsvertrages ist die Steuerfreiheit der außerrechnungsmäßigen und rechnungsmäßigen Zinsen in der Regel ausgeschlossen (§ 20 Absatz 1 Nummer 6 Satz 3, in Verbindung mit § 10 Absatz 1 Nummer 2 Buchstabe b Satz 6, § 52 Absatz 36 Satz 4 und Satz 5 EStG jeweils in der am 31. Dezember 2004 geltenden Fassung). Zur weiteren Erläuterung und den Ausnahmen siehe Rz. 4 des BMF-Schreibens vom 22. August 2002 (BStBl I 2002 S. 827)[1]). § 20 Absatz 1 Nummer 6 Satz 3 EStG ist bei der Ermittlung der zu versteuernden außerrechnungsmäßigen und rechnungsmäßigen Zinsen entsprechend anzuwenden. Das heißt, dass die bis zu dem Erwerbszeitpunkt angefallenen außerrechnungsmäßigen und rechnungsmäßigen Zinsen steuermindernd zu berücksichtigen sind. Als Nachweis für die Höhe der Zinsen im Erwerbszeitpunkt ist in der Regel eine Bescheinigung des Versicherungsunternehmens vorzulegen.

X. Hälftiger Unterschiedsbetrag

65 Wird die Versicherungsleistung nach Vollendung des 60. Lebensjahres des Steuerpflichtigen und nach Ablauf von zwölf Jahren seit dem Vertragsabschluss ausgezahlt, ist die Hälfte des Unterschiedsbetrags anzusetzen. Bei Verträgen, die nach dem 31. Dezember 2011 abgeschlossen werden, ist die Vollendung des 62. Lebensjahres des Steuerpflichtigen erforderlich (§ 52 Absatz 36 Satz 9 EStG).

1. Beginn der Mindestvertragsdauer

66 Für den Beginn der Mindestvertragsdauer bestehen aus Vereinfachungsgründen keine Bedenken, als Zeitpunkt des Vertragsabschlusses den im Versicherungsschein bezeichneten Tag des Versicherungsbeginns gelten zu lassen, wenn innerhalb von drei Monaten nach diesem Tag der Versicherungsschein ausgestellt und der erste Beitrag gezahlt wird; ist die Frist von drei Monaten überschritten, tritt an die Stelle des im Versicherungsschein bezeichneten Tages des Versicherungsbeginns der Tag der Zahlung des ersten Beitrages.

2. Neubeginn aufgrund von Vertragsänderungen

67 Werden wesentliche Vertragsmerkmale einer Versicherung im Sinne des § 20 Absatz 1 Nummer 6 EStG (Versicherungslaufzeit, Versicherungssumme, Beitragshöhe, Beitragszahlungsdauer, vgl. BFH vom 9. Mai 1974, BStBl II S. 633) geändert, führt dies nach Maßgabe der nachfolgenden Regelungen zu einem Neubeginn der Mindestvertragsdauer. Bei einer Änderung der Person des Versicherungsnehmers ist steuerrechtlich grundsätzlich nicht von einem neuen Vertrag auszugehen.

a) Bei Vertragsabschluss vereinbarte künftige Vertragsänderungen

68 Vertragsanpassungen, die bereits bei Vertragsabschluss vereinbart worden sind, sowie hinreichend bestimmte Optionen zur Änderung des Vertrages führen vorbehaltlich der Grenzen des Gestaltungsmissbrauchs nicht zu einem Neubeginn der Mindestvertragsdauer.

b) Nachträglich vereinbarte Vertragsänderungen

69 Werden ausschließlich wesentliche Vertragsbestandteile vermindert bzw. gesenkt (z. B. Verkürzung der Laufzeit oder der Beitragszahlungsdauer, niedrigere Beitragszahlungen oder Versicherungssumme), so gilt steuerrechtlich der geänderte Vertrag als „alter Vertrag", der unverändert fortgeführt wird.

70 Nachträglich vereinbarte Änderungen der Versicherungslaufzeit oder der Beitragszahlungsdauer bleiben für die Beurteilung der Mindestvertragsdauer außer Betracht, soweit nicht die Gesamtvertragsdauer von zwölf Jahren unterschritten wird (z. B. nachträgliche Verlängerung *der Versicherungslaufzeit und/oder* der Beitragszahlungsdauer bei gleich bleibender Versicherungssumme aufgrund reduzierten Beitrags).

1) Abgedruckt in → H 10 (Vertragsänderungen bei Lebensversicherungen).

Nachträglich vereinbarte Beitragserhöhungen und Erhöhungen der Versicherungssumme gelten steuerlich im Umfang der Erhöhung als gesonderter neuer Vertrag, für den die Mindestvertragsdauer ab dem vereinbarten Erhöhungszeitpunkt neu zu laufen beginnt. 71 [1]

Im Hinblick auf die gesetzliche Anhebung des Rentenalters von 65 auf 67 Jahre gilt Folgendes:

Die Verlängerung der Laufzeit eines Vertrages, der bisher einen Auszahlungszeitpunkt im 65. oder 66. Lebensjahr zum Inhalt hatte, führt nicht zu einer nachträglichen Vertragsänderung, wenn die Verlängerung einen Zeitraum von höchstens zwei Jahren umfasst. Eine entsprechende Verlängerung der Beitragszahlungsdauer ist zulässig. Eine solche Verlängerung der Laufzeit bzw. der Beitragszahlungsdauer infolge der Anhebung der Altersgrenze kann nur einmalig vorgenommen werden.

c) Zahlungsschwierigkeiten

Wurden Versicherungsbeiträge oder die Versicherungssumme wegen Zahlungsschwierigkeiten des Versicherungsnehmers insbesondere wegen Arbeitslosigkeit, Kurzarbeit oder Arbeitsplatzwechsel gemindert oder die Beiträge ganz oder teilweise befristet gestundet, so kann der Versicherungsnehmer innerhalb einer Frist von in der Regel drei Jahren eine Wiederherstellung des alten Versicherungsschutzes bis zur Höhe der ursprünglich vereinbarten Versicherungssumme verlangen und die Beitragsrückstände nachentrichten. Die nachentrichteten Beiträge werden als auf Grund des ursprünglichen Vertrages geleistet angesehen. 72

Konnte der Versicherungsnehmer wegen Zahlungsschwierigkeiten, insbesondere aufgrund von Arbeitslosigkeit, Kurzarbeit oder Arbeitsplatzwechsel die vereinbarten Beiträge nicht mehr aufbringen und nach Behebung seiner finanziellen Schwierigkeiten die fehlenden Beiträge nicht nachentrichten, so kann der Versicherungsnehmer innerhalb von in der Regel bis zu drei Jahren eine Wiederherstellung des alten Versicherungsschutzes bis zur Höhe der ursprünglich vereinbarten Versicherungssumme verlangen. Maßnahmen zur Schließung der Beitragslücke (z. B. Anhebung der künftigen Beiträge, Leistungsherabsetzung, Verlegung von Beginn- und Ablauftermin) führen nicht zu einem Neubeginn der Mindestvertragsdauer. 73

d) Fortsetzung einer während der Elternzeit beitragsfrei gestellten Lebensversicherung

Die Regelungen in den Rzn. 72 und 73 sind entsprechend anzuwenden, wenn eine Lebensversicherung während der Elternzeit im Sinne des Bundeselterngeld- und Elternzeitgesetzes beitragsfrei gestellt wurde und innerhalb von drei Monaten nach Beendigung der Elternzeit zu den vor der Umwandlung vereinbarten Bedingungen fortgeführt wird. 73a

e) Umwandlung einer Kapital-Lebensversicherung in eine nach § 851c ZPO unter Pfändungsschutz stehende Rentenversicherung

Eine vor dem 1. Januar 2010 vollzogene Umwandlung einer Kapital-Lebensversicherung in eine Rentenversicherung, die die in § 10 Absatz 1 Nummer 2 Buchstabe b EStG genannten Voraussetzungen nicht erfüllt, die jedoch den Voraussetzungen des § 851c Absatz 1 ZPO entspricht, wird aus Billigkeitsgründen nicht als steuerschädliche Vertragsänderung betrachtet. Hiervon ausgenommen sind vor dem 1. Januar 2005 abgeschlossene Versicherungsverträge, wenn bei vertragsgemäßer Fortsetzung bis zum vereinbarten Ablaufzeitpunkt die rechnungsmäßigen und außerrechnungsmäßigen Zinsen nach § 20 Absatz 1 Nummer 6 Satz 1 EStG in der am 31. Dezember 2004 geltenden Fassung der Besteuerung unterlegen hätten, und Lebensversicherungsverträge, die nach dem 30. März 2007 abgeschlossen wurden. Zu den Rechtsfolgen einer Umwandlung eines Kapital-Lebensversicherungsvertrags in einen Rentenversicherungsvertrag im Sinne des § 10 Absatz 1 Nummer 2 Buchstabe b EStG (Basisrente) siehe Rz. 104 des BMF-Schreibens vom 30. Januar 2008 (BStBl I S. 390)[2]). 73b

Nach der Umwandlung geleistete Versicherungsbeiträge können als sonstige Vorsorgeaufwendungen berücksichtigt werden, wenn der Beginn des Versicherungsvertrages vor dem 1. Januar 2005 lag und ein Versicherungsbeitrag vor diesem Zeitpunkt geleistet wurde. Aus Billigkeitsgründen sind für die Frage des Versicherungsbeginns und der ersten Beitragsleistung (§ 10 Absatz 1 Nummer 3 Buchstabe b EStG) der ursprüngliche Kapital-Lebensversicherungsvertrag und der Rentenversicherungsvertrag als Einheit anzusehen. Die aus dem umgewandelten Vertrag angerechnete Versicherungsleistung kann nicht als Sonderausgabe berücksichtigt werden. 73c

Beispiel:

Unternehmer A hat in 2007 eine Kapital-Lebensversicherung vor dem 30. März 2007 abgeschlossen, die nach Ablauf der Versicherungslaufzeit eine Erlebensfall-Leistung in Form einer Kapitalauszahlung vorsieht (steuerpflichtig nach § 20 Absatz 1 Nummer 6 EStG). Im 73d

1) Rz. 71 unter Berücksichtigung der Änderungen durch das BMF-Schreiben vom 6. 3. 2012 – IV C 3 – S 2220/11/10002 / IV C 1 – S 2252/07/0001 :005 –, BStBl I S. 238. Das BMF-Schreiben ist abgedruckt in Anhang 2 IX.

2) Nachfolgeschreiben abgedruckt in → Anhang 2 VI.

Jahre 2008 macht er von seinem Umwandlungsrecht nach § 173 VVG Gebrauch und stellt die Kapital-Lebensversicherung auf einen privaten Rentenversicherungsvertrag um, der im Todesfall während der Ansparphase eine Todesfall-Leistung in Form einer Beitragsrückgewähr vorsieht, die seine Erben erhalten sollen.

73e Die Regelung in Rz. 58 des BMF-Schreibens vom 22. August 2002 (BStBl I 2002 S. 827)[1]), dass die Umstellung einer Kapital-Lebensversicherung in einen Vertrag im Sinne des Altersvorsorgeverträge-Zertifizierungsgesetzes keine steuerschädliche Vertragsänderung darstellt, ist auf nach dem 31. Dezember 2004 abgeschlossene Versicherungsverträge nicht anzuwenden (vgl. Rz. 90).

3. Policendarlehen

74 Dienen die Ansprüche aus dem Versicherungsvertrag der Tilgung oder Sicherung eines Darlehens, so steht dies der Anwendung des § 20 Absatz 1 Nummer 6 Satz 2 EStG (Ansatz des hälftigen Unterschiedsbetrags) nicht entgegen. **Zur Abgrenzung zwischen Policendarlehen und steuerpflichtigen Versicherungsleistungen siehe Rz. 41a.**

4. Teilleistungen teilweise vor dem 60. Lebensjahr und teilweise danach

75 Werden mehrere Versicherungsleistungen zu unterschiedlichen Zeitpunkten ausgekehrt (z. B. bei Teilauszahlungen und Barauszahlungen von laufenden Überschussanteilen), ist jeweils gesondert zu prüfen, ob § 20 Absatz 1 Nummer 6 Satz 2 EStG zur Anwendung kommt. Die anteilig entrichteten Beiträge sind zu berücksichtigen.

Beispiel:

76 Laufzeit 20 Jahre, nach 10 Jahren Teilauszahlung i. H. v. 5 000 €, vollendetes Lebensalter des Steuerpflichtigen im Zeitpunkt der Teilauszahlung 55 Jahre, geleistete Beiträge zum Auszahlungszeitpunkt: 10 000 €, Zeitwert der Versicherung zum Auszahlungszeitpunkt 15 000 €, Restauszahlung nach weiteren 10 Jahren i. H. v. 25 000 €, geleistete Beiträge insgesamt: 20 000 €.

Lösung:

– Teilauszahlung i. H. v. 5 000 € (Laufzeit 10 Jahre, Alter 55)	
Versicherungsleistung	5 000,00 €
./. anteilig geleistete Beiträge (5 000 : 15 000 × 10 000)	3 333,33 €
	(= 33 %)
Ertrag nach § 20 Absatz 1 Nummer 6 Satz 1 EStG	1 666,67 €
– Restauszahlung i. H. v. 25 000 € (Laufzeit 20 Jahre, Alter 65)	
Versicherungsleistung	25 000,00 €
./. geleistete Beiträge (20 000 – 3 333,33)	16 666,67 €
Ertrag nach § 20 Absatz 1 Nummer 6 Satz 1 EStG	8 333,33 €
Davon anzusetzen nach § 20 Absatz 1 Nummer 6 Satz 2 EStG	4 166,67 €

5. Hälftiger Unterschiedsbetrag bei Kapitalversicherungen auf verbundene Leben

77 Sofern bei einer Kapitalversicherung auf verbundene Leben (vgl. Rz. 28) die Versicherungsleistung mehreren Steuerpflichtigen gemeinschaftlich zufließt, ist bei jedem Beteiligten gesondert zu prüfen, inwieweit er in seiner Person den Tatbestand des § 20 Absatz 1 Nummer 6 Satz 1 bzw. Satz 2 EStG verwirklicht. Die Aufteilung der Erträge ist dabei nach Köpfen vorzunehmen, soweit kein abweichendes Verhältnis vereinbart ist.

Beispiel:

78 Ehemann A schließt als Versicherungsnehmer eine Kapitalversicherung mit Sparanteil auf verbundene Leben ab. Versicherte Personen sind Ehemann A und Ehefrau B. Beiden steht das unwiderrufliche Bezugsrecht gemeinschaftlich zu. Laufzeit der Versicherung 20 Jahre. Erlebensfall-Leistung 30 000 €, geleistete Beiträge 20 000 €. A hat zum Auszahlungszeitpunkt das 62., B das 58. Lebensjahr vollendet.

Lösung:

Versicherungsleistung	30 000 €
./. geleistete Beiträge	20 000 €
Zwischensumme	10 000 €
Auf Ehemann A entfallen 50 %	= 5 000 €
Davon anzusetzen nach § 20 Absatz 1 Nummer 6 Satz 2 EStG	2 500 €
Auf Ehefrau B entfallen 50 %	= 5 000 €
Davon anzusetzen nach § 20 Absatz 1 Nummer 6 Satz 1 EStG	5 000 €

[1]) Abgedruckt in → H 10 (Vertragsänderungen bei Lebensversicherungen).

6. Mindesttodesfallschutz

Durch § 20 Absatz 1 Nummer 6 Satz 6 EStG (in der Fassung des Artikels 1 des Gesetzes vom 19. Dezember 2008 [BGBl. I S. 2794]) werden neue steuerliche Mindeststandards für die Anforderungen an die Risikoleistung aus einer Kapital-Lebensversicherung gesetzt. Sofern diese nicht erfüllt sind, ist die Steuerbegünstigung des Satzes 2 nicht anzuwenden, d. h., diese Verträge sind von einer nur hälftigen Versteuerung der Erträge ausgeschlossen. Die Neuregelung ist für alle Versicherungsverträge anzuwenden, die nach dem 31. März 2009 abgeschlossen werden oder bei denen die erstmalige Beitragsleistung nach dem 31. März 2009 erfolgt (§ 52 Absatz 36 Satz 11 EStG). 78a

a) § 20 Absatz 1 Nummer 6 Satz 6 Buchstabe a EStG („50 %-Regel")

Buchstabe a des § 20 Absatz 1 Nummer 6 Satz 6 EStG (im Weiteren nur „Buchstabe a") betrifft Kapital-Lebensversicherungen mit einer vereinbarten laufenden Beitragszahlung bis zum Zeitpunkt des Erlebensfalls. Mindestens 50 % der über die gesamte Laufzeit zu zahlenden Beiträge werden als Mindesttodesfallschutz vorausgesetzt. Dies gilt nicht für Kapital-Lebensversicherungen, bei denen die Todesfallsumme mindestens der Erlebensfallsumme entspricht; bei diesen Verträgen ist die Festlegung eines Mindesttodesfallschutzes nicht erforderlich. 78b

Beitragserhöhungen

Eine „vereinbarte laufende Beitragszahlung in mindestens gleich bleibender Höhe" liegt auch bei vertraglich vereinbarten Beitragserhöhungen und vertraglich vereinbarten Optionsrechten im Sinne der Rz. 68 vor. Sie stehen der Anwendung des Mindestrisikoschutzes nach Buchstabe a nicht entgegen. Bei dynamischen Tarifen ist zu unterscheiden zwischen solchen, bei denen von vornherein Beitragserhöhungen zur Erlebensfall-Leistung fest vereinbart werden, und solchen, bei denen der Versicherungsnehmer zwar das Recht auf Erhöhung des Beitrags hat, eine Verpflichtung zur Beitragserhöhung aber nicht besteht. Für die Unterscheidung sind die im Versicherungsvertrag enthaltenen Vereinbarungen maßgebend. Beitragserhöhungen, die von vornherein vereinbart werden, sind bei der Bestimmung des Mindesttodesfallschutzes zu berücksichtigen. Künftige Beitragserhöhungen sind dagegen erst dann zu berücksichtigen, wenn die Erhöhung wirksam wird. 78c

Sofern Beitragserhöhungen eine steuerlich relevante Vertragsänderung darstellen (z. B. nachträglich vereinbarte einmalige Zuzahlungen), sind die Voraussetzungen für den Mindesttodesfallschutz für den neuen Vertagsteil separat zu prüfen. Bei einmaligen nachträglichen Zuzahlungen, die eine steuerlich relevante Vertragsänderung darstellen, kommt in der Regel der Mindesttodesfallschutz nach Buchstabe b des § 20 Absatz 1 Nummer 6 Satz 6 EStG in Betracht. 78d

Beitragsfreistellung/Beitragsherabsetzung

Ist die Beitragszahlungsdauer kürzer als die Versicherungsdauer, kommt die Anwendung des Mindesttodesfallschutzes nach Buchstabe a grundsätzlich nicht in Betracht. Das Recht des Versicherungsnehmers, jederzeit die Umwandlung der Versicherung in eine prämienfreie Versicherung zu verlangen (§ 165 VVG), schließt die Anwendbarkeit des Mindesttodesfallschutzes nach Buchstabe a jedoch nicht aus. Übt der Versicherungsnehmer dieses aus, reduziert sich der Mindesttodesfallschutz auf 50 % der sich nach der Beitragsfreistellung insgesamt für die Vertragsdauer ergebenden Beitragssumme. Entsprechendes gilt bei einer nachträglich vereinbarten Beitragsherabsetzung. Nach der Herabsetzung müssen die neuen laufenden Beiträge nach der Vereinbarung in mindestens gleich bleibender Höhe bis zum Zeitpunkt des Erlebensfalls vorgesehen werden. 78e

Kapital-Lebensversicherungen mit mehreren Erlebensfallzahlungen während der Versicherungsdauer

Nach jeder Teilauszahlung ermäßigt sich der Mindesttodesfallschutz in dem Verhältnis, in dem die Teilauszahlungssumme zum aktuellen Rückkaufswert vor Abzug von Kosten steht. 78f

Beispiel:

Vertraglich vereinbarte Beitragssumme 70 000 €, garantierte Erlebensfall-Leistung 100 000 €, Mindesttodesfallschutz: 35 000 €, Vertragsstand nach 20 Jahren: 90 000 € (Rückkaufswert), Teilauszahlung nach 20 Jahren i. H. v. 30 000 €.

Lösung:

Der Mindesttodesfallschutz ermäßigt sich im Verhältnis 30 000 zu 90 000 mithin um $^1/_3$. Der Mindesttodesfallschutz beträgt nach der Teilauszahlung 23 333 € (35 000 € × $^2/_3$).

Zuzahlungen zur Abkürzung der Versicherungsdauer

78g Zuzahlungen zur Abkürzung der Versicherungsdauer, bei denen der ursprünglich vereinbarte Beitrag nach erfolgter Zuzahlung in unveränderter Höhe weiterläuft, führen ebenfalls zu einer Neuberechnung des Mindesttodesfallschutzes, sofern die Zuzahlung keine steuerlich relevante Vertragsänderung darstellt (insbesondere bei gleichbleibender Versicherungssumme).

Beispiel:

Vertragsdauer 30 Jahre, Jahresbeitrag 3 000 €, Beitragssumme 90 000 €, Mindesttodesfallschutz 45 000 €, garantierte Erlebensfall-Leistung 120 000 €.

Zuzahlung im Jahr 10 i. H. v. 20 000 € führt zu einer neuen Vertragslaufzeit von 20 Jahren, Versicherungssumme bleibt unverändert.

Lösung:

Die Beitragsumme reduziert sich auf 80 000 € (20 Jahre × 3 000 € + 20 000 €). Der Mindesttodesfallschutz reduziert sich ab Zuzahlung entsprechend auf 40 000 € (80 000 € × 50 %).

Zusatzversicherungen

78h Beitragsanteile für Nebenrisiken, die nach Rz. 58 bei der Ermittlung des Unterschiedsbetrages nicht ertragsmindernd anzusetzen sind, bleiben bei der Bestimmung des Mindesttodesfallschutzes außer Betracht.

Karenzzeit

78i Ein Ausschluss der Risikotragung in den ersten Jahren der Vertragslaufzeit ist bei der Prüfung des Mindesttodesfallschutzes nach Buchstabe a nicht zulässig.

b) § 20 Absatz 1 Nummer 6 Satz 6 Buchstabe b EStG („10 %-Regel")

78j Buchstabe b des § 20 Absatz 1 Nummer 6 Satz 6 EStG (im Weiteren nur: „Buchstabe b") betrifft hauptsächlich Kapital-Lebensversicherungsverträge gegen Einmalbeitrag oder mit abgekürzter Beitragszahlungsdauer. Anstatt auf die Beitragssumme werden bei diesen Verträgen die Anforderungen an den Mindesttodesfallschutz auf das Deckungskapital, auf den Zeitwert des Vertrages oder auf die Summe der gezahlten Beiträge bezogen. Als ausreichend wird eine Todesfall-Leistung betrachtet, die das Deckungskapital oder den Zeitwert um mindestens zehn Prozent des Deckungskapitals, des Zeitwerts oder die Summe der gezahlten Beiträge übersteigt.

Karenzzeit

78k Es ist zulässig, wenn der Mindesttodesfallschutz erst nach Ablauf von fünf Jahren nach Vertragsabschluss erbracht wird. Beitragserhöhungen führen nicht dazu, dass diese Frist erneut zu laufen beginnt.

Absinken des Mindesttodesfallschutzes

78l Der Mindesttodesfallschutz nach Buchstabe b darf vom Zeitpunkt des Beginns des Versicherungsschutzes an bis zum Ende der Vertragslaufzeit in jährlich gleichen Schritten auf Null sinken (§ 20 Absatz 1 Nummer 6 Satz 6 Buchstabe b Satz 2 EStG). Bei der Vereinbarung einer Karenzzeit darf das gleichmäßige Absinken des Satzes von zehn Prozent erst nach Ablauf der vereinbarten Karenzzeit einsetzen. Diese Regelung zum Absinken des Versicherungsschutzes ist nicht auf Kapital-Lebensversicherungen mit lebenslangem Todesfallschutz (vgl. Rz. 30) anwendbar, da es an einem zeitlich bestimmten Laufzeitende fehlt.

Beitragserhöhungen

78m Vertraglich vereinbarte Beitragserhöhungen, die keine steuerlich relevante Vertragsänderung darstellen, führen zu einer Erhöhung des Deckungskapitals bzw. des Zeitwertes und sind bei der Ermittlung des Mindesttodesfallschutzes zu berücksichtigen. § 20 Absatz 1 Nummer 6 Satz 6 Buchstabe b Satz 2 EStG ist dabei mit der Maßgabe anzuwenden, dass im Zeitpunkt der Beitragserhöhung weiterhin der sich zu diesem Zeitpunkt ergebende Prozentsatz maßgeblich *ist.*

78n Soweit aufgrund einer Beitragserhöhung steuerlich ein neuer Vertrag vorliegt (z. B. bei einer nachträglich vereinbarten Beitragserhöhung), ist hinsichtlich des neuen Vertragsteils der Mindesttodesfallschutz einschließlich des Prozentsatzes nach § 20 Absatz 1 Nummer 6 Satz 6 Buchstabe b Satz 2 EStG neu zu ermitteln.

c) Verhältnis zwischen den Regelungen zum Mindesttodesfallschutz

Der Versicherungsvertrag muss durchgehend entweder den Mindesttodesfallschutz nach Buchstabe a oder Buchstabe b des § 20 Absatz 1 Nummer 6 Satz 6 EStG erfüllen. Ein Wechsel zwischen den beiden Varianten ist während der Vertragslaufzeit nicht möglich. Wenn ein Versicherungsvertrag die Anforderungen in Buchstabe a und Buchstabe b dergestalt miteinander verbindet, dass bei Risikoeintritt jeweils die Variante anzuwenden sei, die zu einer niedrigeren Leistung führt, ist nicht von einem ausreichenden Mindesttodesfallschutz auszugehen. Es besteht jedoch ein ausreichender Todesfallschutz, wenn der Versicherungsvertrag bei Risikoeintritt die höhere Leistung nach den Anforderungen von Buchstabe a oder Buchstabe b bietet. 78o

XI. Werbungskosten

Kosten, die durch den Versicherungsvertrag veranlasst sind, können als Werbungskosten abgezogen werden. Zur Behandlung einer Vermittlungsprovision, die der Versicherungsnehmer aufgrund eines gesonderten Vertrages an den Versicherungsvermittler zahlt, siehe Rz. 56. Abschlusskosten, die durch die Beitragsleistung bezahlt werden (insbesondere die Vermittlungsprovision, die das Versicherungsunternehmen an den Vermittler erbringt), sind keine Werbungskosten. Die Werbungskosten sind auf den Sparer-Pauschbetrag beschränkt (Rz. 81a). 79

Die Aufwendungen für den entgeltlichen Erwerb eines Versicherungsvertrages sind Anschaffungskosten und keine Werbungskosten (siehe Rz. 64a und Rz. 81b). 80

Auch bei hälftigem Unterschiedsbetrag besteht der volle Werbungskostenabzug. § 3c Absatz 1 EStG ist nicht anwendbar, da § 20 Absatz 1 Nummer 6 Satz 2 EStG keine Steuerbefreiung, sondern eine Sonderregelung zur Ermittlung des anzusetzenden Ertrags enthält. 81

Ab dem 1. Januar 2009 ist der Werbungskostenabzug nach § 20 Absatz 9 EStG ausschließlich durch den Sparer-Pauschbetrag i. H. v. 801 € bzw. 1 602 € für Verheiratete möglich. Der Ansatz der tatsächlichen Werbungskosten ist ausgeschlossen. 81a

XIa. Entgeltliche Veräußerung

Nach § 20 Absatz 2 Satz 1 Nummer 6 EStG ist die Veräußerung von Ansprüchen auf eine Versicherungsleistung im Sinne des § 20 Absatz 1 Nummer 6 EStG steuerpflichtig, wenn der Verkauf nach dem 31. Dezember 2008 stattgefunden hat und der Versicherungsvertrag nach dem 31. Dezember 2004 abgeschlossen wurde. Bei Versicherungsverträgen, die vor dem 1. Januar 2005 abgeschlossen wurden, ist die Veräußerung nach § 20 Absatz 2 Satz 1 Nummer 6 EStG steuerpflichtig, wenn bei einem Rückkauf zum Veräußerungszeitpunkt die Erträge nach § 20 Absatz 1 Nummer 6 EStG in der Fassung vom 31. Dezember 2004 steuerpflichtig wären (§ 52a Absatz 10 Satz 5 EStG). 81b

XII. Nachweis der Besteuerungsgrundlagen

1. Inländische Versicherungen

Bei Versicherungen, die im Inland Sitz, Geschäftsleitung oder Niederlassung haben, dient als Nachweis für die Höhe der Kapitalerträge im Sinne des § 20 Absatz 1 Nummer 6 EStG im Rahmen der Einkommensteuererklärung bei positiven Kapitalerträgen die Steuerbescheinigung im Sinne des § 45a EStG. Negative Kapitalerträge sind in der Regel durch eine Berechnung des Versicherungsunternehmens zu belegen. 82

2. Ausländische Versicherungen

Der Steuerpflichtige hat alle für die Besteuerung nach § 20 Absatz 1 Nummer 6 EStG erforderlichen Unterlagen zu beschaffen und seiner Steuererklärung beizufügen (§ 90 Absatz 2 AO). 83

XIII. Kapitalertragsteuer

Dem Kapitalertragsteuerabzug (§ 43 Absatz 1 Satz 1 Nummer 4 Satz 1 EStG) unterliegen auch Teilleistungen (vgl. Rz. 61). 84

Bemessungsgrundlage ist im Regelfall der Unterschiedsbetrag, im Falle des § 20 Absatz 1 Nummer 6 Satz 2 EStG der halbe Unterschiedsbetrag. 85

Kapitalertragsteuer ist nach § 44a EStG nicht einzubehalten, wenn eine Nichtveranlagungsbescheinigung vorgelegt oder soweit ein Freistellungsauftrag erteilt wurde. 86

Die Kapitalertragsteuer wird von den inländischen Versicherungsunternehmen auch von den Erträgen aus Versicherungen im Sinne des § 20 Absatz 1 Nummer 6 EStG erhoben, bei denen der Steuerpflichtige nur beschränkt steuerpflichtig ist (§§ 1 Absatz 4, 49 Absatz 1 Nummer 5 EStG). Sie hat in diesen Fällen nach § 50 Absatz 2 Satz 1 EStG abgeltende Wirkung. Niedrigere Quellensteuerhöchstsätze nach den Doppelbesteuerungsabkommen sind im Erstattungsverfahren nach § 50d Absatz 1 EStG geltend zu machen. 87

XIIIa. Mitteilungspflicht für inländische Versicherungsvermittler

87a Ein inländischer Versicherungsvermittler ist verpflichtet, die erfolgreiche Vermittlung eines Vertrages im Sinne des § 20 Absatz 1 Nummer 6 (Kapitalversicherungen und Rentenversicherungen) nach § 45d Absatz 3 EStG bis zum 30. März des Folgejahres gegenüber dem Bundeszentralamt für Steuern (BZSt) mitzuteilen, wenn es sich um einen Vertrag zwischen einer im Inland ansässigen Person und einem ausländischen Versicherungsunternehmen handelt. Ausgenommen sind Verträge mit ausländischen Versicherungsunternehmen mit inländischer Niederlassung, da für diese Fälle eine Verpflichtung zum Einbehalt der Kapitalertragsteuer besteht (§ 43 Absatz 3 Satz 1 EStG).

Die Verpflichtung zur Mitteilung entfällt, sofern das Versicherungsunternehmen freiwillig das BZSt bis zum 30. März des Folgejahres über den Abschluss eines Vertrages informiert hat und den Versicherungsvermittler hierüber in Kenntnis gesetzt hat.

87b Der Versicherungsvermittler hat die in § 45d Absatz 3 Satz 2 EStG genannten Daten dem BZSt mitzuteilen, wenn der Versicherungsvertrag nach dem 31. Dezember 2008 abgeschlossen wurde. Die erstmalige Übermittlung hat bis zum 30. März 2011 zu erfolgen, somit sind in 2011 die Vertragsabschlüsse für zwei Kalenderjahre zu übermitteln.

87c Die Übermittlung hat nach amtlich vorgeschriebenen Datensatz grundsätzlich in elektronischer Form zu erfolgen (§ 45d Absatz 3 Satz 3 in Verbindung mit Absatz 1 Satz 2 bis 4 EStG, § 150 Absatz 6 AO, § 1 Absatz 1 Steuerdaten-Übermittlungsverordnung). Die Datensatzbeschreibung und Hinweise zur Übermittlung werden in einem gesonderten nachfolgenden Schreiben dargestellt.

XIV. Anwendungsregelungen

1. Zeitliche Abgrenzung von Altverträgen zu Neuverträgen

88 Durch das Alterseinkünftegesetz vom 5. Juli 2004 (BGBl. I S. 1427) ist § 20 Absatz 1 Nummer 6 EStG neu gefasst worden. Nach § 52 Absatz 36 EStG ist für vor dem 1. Januar 2005 abgeschlossene Versicherungsverträge (Altverträge) § 20 Absatz 1 Nummer 6 EStG in der am 31. Dezember 2004 geltenden Fassung (a. F.) weiter anzuwenden. Damit besteht insbesondere die Steuerbefreiung nach § 20 Absatz 1 Nummer 6 Satz 2 EStG a. F. für Altverträge fort.

89 Für die Frage, ob noch § 20 Absatz 1 Nummer 6 EStG a. F. anzuwenden ist, kommt es auf den Zeitpunkt des Vertragsabschlusses an. Die Regelung zur Rückdatierung (Rz. 66) ist in diesem Zusammenhang nicht anzuwenden. Der Versicherungsvertrag kommt mit dem Zugang der Annahmeerklärung des Versicherers beim Versicherungsnehmer zustande. Auf eine ausdrückliche Annahmeerklärung kann jedoch verzichtet werden, wenn sie nach der Verkehrssitte nicht zu erwarten ist oder der Antragende auf sie verzichtet hat (§ 151 BGB). Bei Lebensversicherungsverträgen kann aufgrund der regelmäßig erforderlichen Risikoprüfung davon ausgegangen werden, dass eine ausdrückliche Annahmeerklärung erfolgt. Für die steuerrechtliche Beurteilung ist unter dem Zeitpunkt des Vertragsabschlusses grundsätzlich das Datum der Ausstellung des Versicherungsscheines zu verstehen. Wenn der Steuerpflichtige geltend macht, der Vertragsschluss sei vor dem Datum der Ausstellung des Versicherungsscheins erfolgt, hat er dies durch geeignete Dokumente (z. B. Annahmeerklärung des Versicherers) zu belegen. Aus Vereinfachungsgründen ist es nicht erforderlich, dass der Steuerpflichtige den Zeitpunkt des Zugangs der Annahmeerklärung nachweist, sondern es ist auf das Datum der Annahmeerklärung abzustellen.

2. Weitergeltung von BMF-Schreiben

90 Die BMF-Schreiben vom 22. August 2002 – IV C 4 – S 2221 – 211/02 – (BStBl I S. 827)[1]), vom 15. Juni 2000 – IV C 4 – S 2221 – 86/00 – (BStBl I S. 1118), vom 13. November 1985 – IV B 4 – S 2252 – 150/85 – (BStBl I S. 661) und vom 31. August 1979 – IV B 4 – S 2252 – 77/79 – (BStBl I S. 592) sind für Altverträge weiterhin anzuwenden. Die BMF-Schreiben vom 25. November 2004 – IV C 1 – S 2252 – 405/04 – (BStBl I S. 1096) und vom 22. Dezember 2005 – IV C 1 – S 2252 – 343/05 – (BStBl I 2006 S. 92)[2]) werden aufgehoben.

3. Vorratsverträge

91 Im Abschluss so genannter Vorratsverträge ist regelmäßig ein steuerrechtlicher Gestaltungsmissbrauch im Sinne des § 42 AO zu sehen. Bei Versicherungsverträgen, die zwar noch im Jahr *2004 abgeschlossen werden*, bei denen der vereinbarte Versicherungsbeginn aber erst nach dem 31. März 2005 liegt, kommt steuerlich der Vertragsabschluss zu dem Zeitpunkt zustande, zu dem die Versicherung beginnt.

---

[1]) Abgedruckt in → H 10 (Vertragsänderungen bei Lebensversicherungen).
[2]) Abgedruckt in H 20 der Lohnsteuer Handausgabe 2009.

4. Vertragsänderungen bei Altverträgen

Ergänzend zu dem BMF-Schreiben vom 22. August 2002 – IV C 4 – S 2221 – 211/02 – (BStBl I S. 827)[2]) gilt für Beitragserhöhungen bei Altverträgen Folgendes: Ob im Falle von bereits bei Vertragsabschluss vereinbarten Beitragsanpassungen in vollem Umfange ein Altvertrag vorliegt, hängt davon ab, ob die vereinbarten Beitragsanpassungen als rechtsmissbräuchlich einzustufen sind (BMF-Schreiben vom 22. August 2002, BStBl I S. 827[3]), Rz. 38). Ein Missbrauch rechtlicher Gestaltungsmöglichkeiten liegt insbesondere dann nicht vor, wenn die Beitragserhöhung pro Jahr 20 v. H. des bisherigen Beitrags nicht übersteigt. Dabei ist es unbeachtlich, ob die Beitragserhöhung durch Anwendung eines Vomhundertsatzes oder eines vergleichbaren Dynamisierungsfaktors, bezifferter Mehrbeträge oder durch im Voraus festgelegte feste Beiträge ausgedrückt wird. Im Falle einer Beitragserhöhung pro Jahr um mehr als 20 v. H. des bisherigen Beitrags handelt es sich nicht um einen Missbrauch steuerlicher Gestaltungsmöglichkeiten, 92 [1])

- wenn die jährliche Beitragserhöhung nicht mehr als 250 € beträgt oder
- wenn der Jahresbeitrag bis zum fünften Jahr der Vertragslaufzeit auf nicht mehr als 4 800 € angehoben wird und der im ersten Jahr der Vertragslaufzeit zu zahlende Versicherungsbeitrag mindestens 10 v. H. dieses Betrages ausmacht oder
- wenn der erhöhte Beitrag nicht höher ist als der Beitrag, der sich bei einer jährlichen Beitragserhöhung um 20 v. H. seit Vertragsabschluss ergeben hätte.

Im Hinblick auf die gesetzliche Anhebung des Rentenalters von 65 auf 67 Jahre gilt Folgendes:

Die Verlängerung der Laufzeit eines Vertrages, der bisher einen Auszahlungszeitpunkt im 65. oder 66. Lebensjahr zum Inhalt hatte, führt nicht zu einer nachträglichen Vertragsänderung, wenn die Verlängerung einen Zeitraum von höchstens zwei Jahren umfasst. Eine entsprechende Verlängerung der Beitragszahlungsdauer ist zulässig. Eine solche Verlängerung der Laufzeit bzw. der Beitragszahlungsdauer infolge der Anhebung der Altersgrenze kann nur einmalig vorgenommen werden.

Ist die Erhöhung der Beitragsleistung als missbräuchlich einzustufen, sind die insgesamt auf die Beitragserhöhung entfallenden Vertragsbestandteile steuerlich als gesonderter neuer Vertrag zu behandeln. Der neue Vertrag gilt in dem Zeitpunkt als abgeschlossen, zu dem der auf den Erhöhungsbetrag entfallende Versicherungsbeginn erfolgt. Wenn die Beitragshöhe in den Kalenderjahren 2005 oder 2006 gesenkt wird und nunmehr die o. a. Grenzen nicht überschritten werden, ist kein Gestaltungsmissbrauch und steuerlich kein gesonderter neuer Vertrag anzunehmen. 93

Es wird nicht beanstandet, wenn das Versicherungsunternehmen als Einnahmen aus einem Vertrag, für den aufgrund einer Vertragsänderung nach Maßgabe des BMF-Schreibens vom 22. August 2002 (BStBl I S. 827)[4]) für den „alten Vertrag" § 20 Absatz 1 Nummer 6 EStG a. F. und für den „neuen Vertrag" § 20 Absatz 1 Nummer 6 EStG n. F. Anwendung findet, insgesamt die rechnungsmäßigen und außerrechnungsmäßigen Zinsen zugrunde legt, wenn der Steuerpflichtige dem zugestimmt hat. 94

§ 20 Absatz 1 Nummer 6 Satz 2 EStG n. F. ist für den „neuen Vertrag" entsprechend anzuwenden.

5. Vertragsschluss im Namen eines minderjährigen Kindes

Fälle, in denen Eltern für ihr minderjähriges Kind einen Versicherungsvertrag dergestalt vor dem 31. Dezember 2004 abschließen, dass das Kind Versicherungsnehmer wird, sind folgendermaßen zu behandeln: 95

Nach § 1643 Absatz 1 BGB in Verbindung mit § 1822 Nummer 5 BGB bedarf ein Vertrag der Genehmigung des Familiengerichts, wenn durch den Vertrag der Minderjährige zu wiederkehrenden Leistungen verpflichtet wird und das Vertragsverhältnis länger als ein Jahr nach dem Eintritt der Volljährigkeit fortdauern soll. Enthält der Versicherungsvertrag eine Beitragszahlungsverpflichtung über den 19. Geburtstag hinaus, ist somit eine Genehmigung erforderlich. Wird das Kind volljährig, so tritt seine Genehmigung an die Stelle des Familiengerichts (§ 1829 Absatz 3 BGB). Solange keine Genehmigung erteilt wurde, ist das Rechtsgeschäft schwebend unwirksam (§ 1829 Absatz 1 Satz 1 BGB). Nach § 184 Absatz 1 BGB wirkt eine Genehmigung auf den Zeitpunkt der Vornahme des Rechtsgeschäfts zurück (ex tunc). Bei Genehmigung gilt der Vertrag als noch in 2004 geschlossen. § 20 Absatz 1 Nummer 6 EStG ist in der bis zum 31. Dezember 2004 geltenden Fassung anzuwenden. 96

1) Rz. 92 unter Berücksichtigung der Änderungen durch das BMF-Schreiben vom 6. 3. 2012 – IV C 3 – S 2220/11/10002 / IV C 1 – S 2252/07/0001 :005 –, BStBl I S. 238. Das BMF-Schreiben ist abgedruckt in → Anhang 2 IX.

2) Abgedruckt in → H 10 (Vertragsänderungen bei Lebensversicherungen).

3) Abgedruckt in → H 10 (Vertragsänderungen bei Lebensversicherungen).

4) Abgedruckt in → H 10 (Vertragsänderungen bei Lebensversicherungen).

97 Wird die Genehmigung nicht erteilt und erfolgt eine Rückabwicklung des Leistungsverhältnisses (§ 812 BGB), sind die in den Rückabwicklungsansprüchen enthaltenen Zinsanteile nach § 20 Absatz 1 Nummer 7 EStG zu versteuern.

II. Berechnung des Unterschiedsbetrages zwischen der Versicherungsleistung und der Summe der auf sie entrichteten Beiträge bei (Teil-)Auszahlungen des Zeitwertes von Rentenversicherungen nach Beginn der Rentenzahlung

Bez.: BMF-Schreiben vom 1. Oktober 2009[1])
– IV C 1 – S 2252/07/0001 – / – 2009/0637786 – (BStBl I S. 1172)

(BMF-Schreiben vom 18. 6. 2013 – IV C 1 – S 2252/07/0001 :023 –, BStBl I S. 768)

Zu der Frage, wie der Unterschiedsbetrag zwischen der Versicherungsleistung und der Summe der auf sie entrichteten Beiträge bei (Teil-)Kapitalauszahlungen des Zeitwertes von Rentenversicherungen nach Beginn der laufenden Rentenzahlung zu ermitteln ist, gilt nach Erörterung mit den obersten Finanzbehörden der Länder Folgendes:

Bei einer Rentenversicherung besteht die Versicherungsleistung grundsätzlich in der Zahlung einer lebenslänglichen Rente für den Fall, dass die versicherte Person den vereinbarten Rentenzahlungsbeginn erlebt. Die laufende Rentenzahlung unterliegt gemäß § 22 Nummer 1 Satz 3 Buchstabe a Doppelbuchstabe bb EStG der Besteuerung mit dem Ertragsanteil. Hierbei wird u. a. berücksichtigt, dass mit der Rentenzahlung auch eine Rückzahlung der zum Aufbau der Anwartschaft aus dem versteuerten Einkommen eingesetzten Beiträge erfolgt.

Zu den Einnahmen nach § 20 Absatz 1 Nummer 6 EStG zählt die Versicherungsleistung aus einer Rentenversicherung, soweit sie nicht in Form einer lebenslangen Leibrente erbracht wird. Dies gilt insbesondere, wenn ein laufender Rentenzahlungsanspruch nach einer Kündigung oder Teilkündigung des Versicherungsvertrages durch Auszahlung des Zeitwertes der Versicherung abgegolten wird.

Wie der Unterschiedsbetrag nach § 20 Absatz 1 Nummer 6 EStG im Falle einer Teilkapitalauszahlung einer Rentenversicherung zum Ende der Ansparphase zu berechnen ist, ergibt sich aus Rz. 64 des BMF-Schreibens vom 1. Oktober 2009.[2])

Erfolgt die Kapitalauszahlung nach Beginn der Auszahlungsphase der Rentenversicherung, ist bei der Ermittlung des Unterschiedsbetrages zu berücksichtigen, dass in den bis zum Zeitpunkt der Auszahlung geleisteten Rentenzahlungen anteilige Versicherungsbeiträge enthalten sind. Diese ergeben sich in pauschalierender Form aus der Differenz zwischen dem bisher ausgezahlten Rentenbetrag und dem für diese Rentenzahlung anzusetzenden Ertragsanteil. Der so ermittelte Betrag ist bei der Berechnung des Unterschiedsbetrages nach § 20 Absatz 1 Nummer 6 EStG als bereits verbrauchte Beiträge zu berücksichtigen.

Die anteilig entrichteten Beiträge sind dabei wie folgt zu ermitteln:

$$\frac{\text{Versicherungsleistung} \times (\text{Summe der auf die Versicherung entrichteten Beiträge} - \text{Differenz aus Rentenzahlungen bis zum Auszahlungszeitpunkt und kumuliertem Ertragsanteil auf die Rentenzahlungen})}{\text{Zeitwert der Versicherung zum Auszahlungszeitpunkt}}$$

Beispiel:

Zeitwert der Versicherung zum Auszahlungszeitpunkt	24 000 €
Teilauszahlung von 50 % des Zeitwertes der Versicherung	12 000 €
Summe der auf die Versicherung entrichteten Beiträge	20 000 €
Bei Beginn der Rente vollendetes Lebensjahr des Rentenberechtigten	65
Ertragsanteil der Rente in Prozent	18
Monatliche Rente	100 €
Dauer des Rentenbezuges bis zur Teilauszahlung in Monaten	60
Summe der Rentenzahlungen	6 000 €
Kumulierter Ertragsanteil auf die Rentenzahlungen	1 080 €
Anteilig entrichtete Beiträge	$\frac{12\,000 \times (20\,000 - 4\,920)}{24\,000} = 7\,540$ €
Berechnung des Unterschiedsbetrages	12 000 € – 7 540 € = 4 460 €
Ertrag nach § 20 Absatz 1 Nummer 6 EStG	4 460 €

[1]) Abgedruckt in → H 20 (Versicherungsverträge) unter Pkt. I.
[2]) Abgedruckt in → H 20 (Versicherungsverträge) unter Pkt. I.

Soweit der Unterschiedsbetrag bei (Teil-)Auszahlungen des Zeitwertes von Rentenversicherungen nach Beginn der Rentenzahlung abweichend von diesem Schreiben entsprechend der Rz. 61 bis 64 des BMF-Schreibens vom 1. Oktober 2009 (BStBl I S. 1172)[1]) berechnet wurde, wird dies für Teilauszahlungen vor Veröffentlichung dieses Schreibens nicht beanstandet.

III. Steuerliche Behandlung von Leistungen aus Versicherungen bei Versicherungsvertragswechsel außerhalb des „Abkommens zur Übertragung von Direktversicherungen oder Versicherungen in eine Pensionskasse bei Arbeitgeberwechsel"

(Bayerisches Landesamt für Steuern vom 5. 9. 2007 – S 2221 – 40 St 32/St 33
Bezug: FMS vom 20. 8. 2007, Gz.: 32/334 – S 2221 – 161 – 31972/07)

Für kapitalbildende Lebensversicherungen, bei denen der Versicherungsvertrag vor dem 1. Januar 2005 abgeschlossen wurde und bei denen es sich nicht um einen so genannten Vorratsvertrag handelt, ist für die steuerliche Erfassung der sich aus diesem Versicherungsvertrag ergebenden Leistungen nach § 52 Abs. 36 Satz 5 EStG weiterhin § 20 Abs. 1 Nr. 6 EStG in der bis zum 31. Dezember 2004 geltenden Fassung anzuwenden (Altverträge). Dies gilt für Versicherungen über eine Pensionskasse entsprechend.

Für diese Versicherungsverträge (Altverträge) gelten insoweit weiterhin die im BMF-Schreiben vom 22. August 2002 (BStBl 2002 I S. 827[2]) aufgestellten Grundsätze.

Wird der Versicherungsvertrag hingegen beendet und von einem neuen Versicherungsunternehmen fortgeführt, handelt es sich bei dem neu abgeschlossenen Versicherungsvertrag insoweit grundsätzlich um einen neuen Vertrag. Die Besteuerung der sich aus diesem Vertrag ergebenden Kapitalleistungen richtet sich nach § 20 Abs. 1 Nr. 6 EStG in der für den Vertrag geltenden Fassung. Für die Anwendung des § 52 Abs. 36 Satz 5 EStG ist auf den Vertragsabschluss des konkret zu beurteilenden Vertrages abzustellen.

Eine Ausnahme von diesem Grundsatz hat die Finanzverwaltung aus Billigkeitsgründen zugelassen, wenn die Direktversicherung von einem Versicherungsunternehmen auf ein anderes Versicherungsunternehmen im Rahmen des „Abkommens zur Übertragung von Direktversicherungen bei Arbeitgeberwechsel" übertragen wird (vgl. BMF-Schreiben vom 22. August 2002,[3]) Rdnr. 35). Dies gilt entsprechend für das neue „Abkommen zur Übertragung von Direktversicherungen oder Versicherungen in eine Pensionskasse bei Arbeitgeberwechsel". Voraussetzung für die Anwendung des Abkommens ist u. a. ein Arbeitgeberwechsel und die unveränderte Fortsetzung des alten Vertrages vom neuen Versicherer. Wird eine Versicherung außerhalb dieses Abkommens – z. B. weil der versicherte Arbeitnehmer seinen Arbeitgeber nicht gewechselt hat – von einem Versicherungsunternehmen auf ein anderes Versicherungsunternehmen übertragen, handelt es sich insoweit um einen neu abgeschlossenen Vertrag. In diesen Fällen sind im Zeitpunkt der Beendigung des Altvertrages die entsprechenden Leistungen nach § 20 Abs. 1 Nr. 6 EStG in der für den Vertrag geltenden Fassung des Einkommensteuergesetzes zu erfassen. Die Besteuerung der Leistungen aus dem Neuvertrag richtet sich im Leistungszeitpunkt auch nach der für diesen Vertrag geltenden Fassung des § 20 Abs. 1 Nr. 6 EStG. Erfolgt diese Übertragung – ohne dass die Voraussetzungen für die Anwendung des Übertragungsabkommens vorliegen – z. B. im Jahr 2006, ist für die Besteuerung der sich aus diesem neuen Versicherungsvertrag ergebenden Kapitalleistungen – soweit die Leistungen nicht auf geförderten Beiträgen beruhen – § 22 Nr. 5 Satz 2 Buchstabe b in Verbindung mit § 20 Abs. 1 Nr. 6 EStG anzuwenden.

Aus betriebsrentenrechtlicher Sicht ist hierbei zudem zu berücksichtigen, dass der Arbeitgeber grundsätzlich zwar frei ist, sich für einen neuen Versorgungsträger zu entscheiden. Ohne Zustimmung des Arbeitnehmers ist dies allerdings nur dann möglich, wenn dem Arbeitnehmer durch den Wechsel keine materiellen Nachteile entstehen. Im Fall der Entgeltumwandlung dürfte ein Wechsel des Versorgungsträgers im Allgemeinen nur mit Zustimmung des Arbeitnehmers möglich sein, da der Arbeitnehmer häufig ein unmittelbares Interesse hat, bei einem bestimmten Versicherungsunternehmen versichert zu sein, nicht zuletzt weil in aller Regel ihm (und nicht dem Arbeitgeber) die Überschüsse zustehen.

---

[1]) Abgedruckt in → H 20 (Versicherungsverträge) unter Pkt. I.
[2]) Abgedruckt in → H 10 (Vertragsänderungen bei Lebensversicherungen).
[3]) Abgedruckt in → H 10 (Vertragsänderungen bei Lebensversicherungen).

2015

Zeile		
1	Name	
2	Vorname	
3	Steuernummer	Bitte Steuerbescheinigung(en) im Original einreichen!

Anlage KAP

- zur Einkommensteuererklärung
- zur Erklärung zur Festsetzung der Kirchensteuer auf Kapitalerträge
- stpfl. Person / Ehemann / Lebenspartner(in) A
- Ehefrau / Lebenspartner(in) B

Einkünfte aus Kapitalvermögen, Anrechnung von Steuern

54

Anträge

Zeile		Kz.	
4	Ich beantrage die Günstigerprüfung für sämtliche Kapitalerträge. (Bei Zusammenveranlagung: Die Anlage KAP meines Ehegatten / Lebenspartners ist beigefügt.)	01	1 = Ja
5	Ich beantrage eine Überprüfung des Steuereinbehalts für bestimmte Kapitalerträge.	02	1 = Ja

Erklärung zur Kirchensteuerpflicht

Zeile		Kz.	
6	Ich bin kirchensteuerpflichtig und habe Kapitalerträge erzielt, von denen Kapitalertragsteuer aber keine Kirchensteuer einbehalten wurde.	03	1 = Ja

Kapitalerträge, die dem inländischen Steuerabzug unterlegen haben

Zeile		Kz.	Beträge lt. Steuerbescheinigung(en) EUR	Kz.	korrigierte Beträge (lt. gesonderter Aufstellung) EUR
7	Kapitalerträge	10	,–	20	,–
8	In Zeile 7 enthaltene Gewinne aus Aktienveräußerungen i. S. d. § 20 Abs. 2 Satz 1 Nr. 1 EStG	12	,–	22	,–
9	Ersatzbemessungsgrundlage i. S. d. § 43a Abs. 2 Satz 7, 10, 13 und 14 EStG (enthalten in Zeile 7)	14	,–	24	,–
10	Nicht ausgeglichene Verluste **ohne** Verluste aus der Veräußerung von Aktien	15	,–	25	,–
11	Nicht ausgeglichene Verluste aus der Veräußerung von Aktien i. S. d. § 20 Abs. 2 Satz 1 Nr. 1 EStG	16	,–	26	,–

Sparer-Pauschbetrag

Zeile		Kz.	EUR
12	In Anspruch genommener Sparer-Pauschbetrag, der auf die in den Zeilen 7 bis 11 erklärten Kapitalerträge entfällt (ggf. „0")	17	,–
	Bei Eintragungen in den Zeilen 7 bis 11, 14 bis 20, 33 bis 44, 57 und 59:		
13	In Anspruch genommener Sparer-Pauschbetrag, der auf die in der Anlage KAP **nicht** erklärten Kapitalerträge entfällt (ggf. „0")	18	,–

Kapitalerträge, die nicht dem inländischen Steuerabzug unterlegen haben

Zeile		Kz.	EUR
14	Inländische Kapitalerträge (ohne Betrag lt. Zeile 19)	30	,–
15	Ausländische Kapitalerträge (ohne Betrag lt. Zeile 57)	34	,–
16	In den Zeilen 14 und 15 enthaltene Gewinne aus Aktienveräußerungen i. S. d. § 20 Abs. 2 Satz 1 Nr. 1 EStG	32	,–
17	In den Zeilen 14 und 15 enthaltene Verluste **ohne** Verluste aus der Veräußerung von Aktien	35	,–
18	In den Zeilen 14 und 15 enthaltene Verluste aus der Veräußerung von Aktien i. S. d. § 20 Abs. 2 Satz 1 Nr. 1 EStG	36	,–
19	Zinsen, die vom Finanzamt für Steuererstattungen gezahlt wurden	60	,–

Kapitalerträge, die der tariflichen Einkommensteuer unterliegen (nicht in den Zeilen 7, 14, 15, 33 und 38 enthalten)

Zeile		Kz.	EUR
20	Hinzurechnungsbetrag nach § 10 AStG	75	,–
21	Laufende Einkünfte aus sonstigen Kapitalforderungen jeder Art, aus stiller Gesellschaft und partiarischen Darlehen (ohne Betrag lt. Zeile 59)	70	,–
22	Gewinn aus der Veräußerung oder Einlösung von Kapitalanlagen lt. Zeile 21	71	,–
23	Ich beantrage für die Einkünfte lt. Zeile 24 die Anwendung der tariflichen Einkommensteuer – bitte Anleitung beachten –		1 = Ja
	Laufende Einkünfte aus einer unternehmerischen Beteiligung an einer Kapitalgesellschaft		
24	Gesellschaft, Finanzamt und Steuernummer	72	,–

2015AnlKAP051NET – Juli 2015 – 2015AnlKAP051NET 034024_15

Steuernummer, Name und Vorname

Erträge aus Beteiligungen (lt. gesonderter und einheitlicher Feststellung)

Zeile			
	1. Beteiligung Gemeinschaft, Finanzamt und Steuernummer		
31			
	2. Beteiligung Gemeinschaft, Finanzamt und Steuernummer		
32			
	– mit inländischem Steuerabzug		EUR
33	Kapitalerträge	40	,–
34	In Zeile 33 enthaltene Gewinne aus Aktienveräußerungen i. S. d. § 20 Abs. 2 Satz 1 Nr. 1 EStG	42	,–
35	Ersatzbemessungsgrundlage i. S. d. § 43a Abs. 2 Satz 7, 10, 13 und 14 EStG (enthalten in Zeile 33)	44	,–
36	Nicht ausgeglichene Verluste **ohne** Verluste aus der Veräußerung von Aktien	45	,–
37	Nicht ausgeglichene Verluste aus der Veräußerung von Aktien i. S. d. § 20 Abs. 2 Satz 1 Nr. 1 EStG	46	,–
	– ohne inländischen Steuerabzug		
38	Kapitalerträge (ohne Beträge lt. Zeile 42 und 57)	50	,–
39	In Zeile 38 enthaltene Gewinne aus Aktienveräußerungen i. S. d. § 20 Abs. 2 Satz 1 Nr. 1 EStG	52	,–
40	In Zeile 38 enthaltene Verluste **ohne** Verluste aus der Veräußerung von Aktien	55	,–
41	In Zeile 38 enthaltene Verluste aus der Veräußerung von Aktien i. S. d. § 20 Abs. 2 Satz 1 Nr. 1 EStG	56	,–
42	Gewinn aus der Veräußerung anteiliger Wirtschaftsgüter bei Veräußerung einer unmittelbaren oder mittelbaren Beteiligung an einer Personengesellschaft	61	,–
43	In Zeile 42 enthaltene Gewinne / Verluste aus Aktienveräußerungen	62	,–
	– die der tariflichen Einkommensteuer unterliegen		
44	Hinzurechnungsbetrag nach § 10 AStG	76	,–
45	Laufende Einkünfte aus sonstigen Kapitalforderungen jeder Art, aus stiller Gesellschaft und partiarischen Darlehen (ohne Betrag lt. Zeile 59)	73	,–
46	Gewinn aus der Veräußerung oder Einlösung von Kapitalanlagen lt. Zeile 45	74	,–

Steuerabzugsbeträge zu Erträgen in den Zeilen 7 bis 18 und zu Beteiligungen in den Zeilen 31 bis 43

Zeile			lt. Bescheinigung(en) EUR Ct		aus Beteiligungen EUR Ct
47	Kapitalertragsteuer	80		90	
48	Solidaritätszuschlag	81		91	
49	Kirchensteuer zur Kapitalertragsteuer	82		92	
50	Angerechnete ausländische Steuern	83		93	
51	Anrechenbare noch nicht angerechnete ausländische Steuern	84		94	
52	Fiktive ausländische Quellensteuern (nicht in den Zeilen 50 und 51 enthalten)	85		95	

Anzurechnende Steuern zu Erträgen in den Zeilen 21 bis 24, 45 und 46 und aus anderen Einkunftsarten

Zeile			EUR Ct		EUR Ct
53	Kapitalertragsteuer	86		96	
54	Solidaritätszuschlag	87		97	
55	Kirchensteuer zur Kapitalertragsteuer	88		98	

Nach der Zinsinformationsverordnung (ZIV) anzurechnende Quellensteuern

Zeile			EUR Ct
56	Summe der anzurechnenden Quellensteuern nach der ZIV (lt. Bescheinigung)	99	

Familienstiftungen nach § 15 AStG (lt. Feststellung)

Zeile			EUR Ct
	Einkünfte einer ausländischen Familienstiftung, die **nicht** der tariflichen Einkommensteuer unterliegen Bezeichnung, Finanzamt und Steuernummer		
57		38	,–
58	Anzurechnende ausländische Steuern (zu Zeile 57)	08	
59	Einkünfte einer ausländischen Familienstiftung, die der tariflichen Einkommensteuer unterliegen (siehe Zeile 19 der Anlage AUS)	78	,–

Steuerstundungsmodelle

Zeile		EUR
	Einkünfte aus Gesellschaften / Gemeinschaften / ähnlichen Modellen i. S. d. § 15b EStG (lt. gesonderter Aufstellung)	
60		,–

2015AnlKAP052NET 2015AnlKAP052NET

S 2253

f) Vermietung und Verpachtung (§ 2 Absatz 1 Satz 1 Nummer 6)

EStG

§ 21 [Einkünfte aus Vermietung und Verpachtung]

(1) [1]Einkünfte aus Vermietung und Verpachtung sind

S 2253 S 2205 S 2211 S 2217

1. **Einkünfte aus Vermietung und Verpachtung von unbeweglichem Vermögen, insbesondere von Grundstücken, Gebäuden, Gebäudeteilen, Schiffen, die in ein Schiffsregister eingetragen sind, und Rechten, die den Vorschriften des bürgerlichen Rechts über Grundstücke unterliegen (z. B. Erbbaurecht, Mineralgewinnungsrecht);**
2. **Einkünfte aus Vermietung und Verpachtung von Sachinbegriffen, insbesondere von beweglichem Betriebsvermögen;**
3. **Einkünfte aus zeitlich begrenzter Überlassung von Rechten, insbesondere von schriftstellerischen, künstlerischen und gewerblichen Urheberrechten, von gewerblichen Erfahrungen und von Gerechtigkeiten und Gefällen;**
4. **Einkünfte aus der Veräußerung von Miet- und Pachtzinsforderungen, auch dann, wenn die Einkünfte im Veräußerungspreis von Grundstücken enthalten sind und die Miet- oder Pachtzinsen sich auf einen Zeitraum beziehen, in dem der Veräußerer noch Besitzer war.**

S 2253b 1) **[2]§§ 15a und 15b sind sinngemäß anzuwenden.**

(2) [1]Beträgt das Entgelt für die Überlassung einer Wohnung zu Wohnzwecken weniger als 66 Prozent der ortsüblichen Marktmiete, so ist die Nutzungsüberlassung in einen entgeltlichen und einen unentgeltlichen Teil aufzuteilen. [2]Beträgt das Entgelt bei auf Dauer angelegter Wohnungsvermietung mindestens 66 Prozent der ortsüblichen Miete, gilt die Wohnungsvermietung als entgeltlich.

(3) Einkünfte der in den Absätzen 1 und 2 bezeichneten Art sind Einkünften aus anderen Einkunftsarten zuzurechnen, soweit sie zu diesen gehören.

S 2206

g) Sonstige Einkünfte (§ 2 Absatz 1 Satz 1 Nummer 7)

EStG S 2206 S 2212 S 2218 S 2255

§ 22 Arten der sonstigen Einkünfte

Sonstige Einkünfte sind

1. 2) **Einkünfte aus wiederkehrenden Bezügen, soweit sie nicht zu den in § 2 Absatz 1 Nummer 1 bis 6 bezeichneten Einkunftsarten gehören; § 15b ist sinngemäß anzuwenden. [2]Werden die Bezüge freiwillig oder auf Grund einer freiwillig begründeten Rechtspflicht oder einer gesetzlich unterhaltsberechtigten Person gewährt, so sind sie nicht dem Empfänger zuzurechnen; dem Empfänger sind dagegen zuzurechnen**
   a) **Bezüge, die von einer Körperschaft, Personenvereinigung oder Vermögensmasse außerhalb der Erfüllung steuerbegünstigter Zwecke im Sinne der §§ 52 bis 54 der Abgabenordnung gewährt werden, und**
   b) **Bezüge im Sinne des § 1 der Verordnung über die Steuerbegünstigung von Stiftungen, die an die Stelle von Familienfideikommissen getreten sind, in der im Bundesgesetzblatt Teil III, Gliederungsnummer 611-4-3, veröffentlichten bereinigten Fassung.**

   [3]Zu den in Satz 1 bezeichneten Einkünften gehören auch
   a) **Leibrenten und andere Leistungen,**
      aa) **die aus den gesetzlichen Rentenversicherungen, der landwirtschaftlichen Alterskasse, den berufsständischen Versorgungseinrichtungen und aus Rentenversicherungen im Sinne des § 10 Absatz 1 Nummer 2 Buchstabe b erbracht werden, soweit sie jeweils der Besteuerung unterliegen. [2]Bemessungsgrundlage für den der Besteuerung unterliegenden Anteil ist der Jahresbetrag der Rente. [3]Der der Besteuerung unterliegende Anteil ist nach dem Jahr des Rentenbeginns und dem in diesem Jahr maßgebenden Prozentsatz aus der nachstehenden Tabelle zu entnehmen:**

Jahr des Rentenbeginns	Besteuerungsanteil in %
bis 2005	50
ab 2006	52
2007	54
2008	56
2009	58

---

1) Zur Anwendung von Absatz 1 Satz 2 → § 52 Abs. 29 EStG.
2) Zur Anwendung von Absatz 1 Satz 1 zweiter Halbsatz → § 52 Abs. 30 EStG.

Jahr des Rentenbeginns	Besteuerungsanteil in %
2010	60
2011	62
2012	64
2013	66
2014	68
2015	70
2016	72
2017	74
2018	76
2019	78
2020	80
2021	81
2022	82
2023	83
2024	84
2025	85
2026	86
2027	87
2028	88
2029	89
2030	90
2031	91
2032	92
2033	93
2034	94
2035	95
2036	96
2037	97
2038	98
2039	99
2040	100

[4]Der Unterschiedsbetrag zwischen dem Jahresbetrag der Rente und dem der Besteuerung unterliegenden Anteil der Rente ist der steuerfreie Teil der Rente. [5]Dieser gilt ab dem Jahr, das dem Jahr des Rentenbeginns folgt, für die gesamte Laufzeit des Rentenbezugs. [6]Abweichend hiervon ist der steuerfreie Teil der Rente bei einer Veränderung des Jahresbetrags der Rente in dem Verhältnis anzupassen, in dem der veränderte Jahresbetrag der Rente zum Jahresbetrag der Rente steht, der der Ermittlung des steuerfreien Teils der Rente zugrunde liegt. [7]Regelmäßige Anpassungen des Jahresbetrags der Rente führen nicht zu einer Neuberechnung und bleiben bei einer Neuberechnung außer Betracht. [8]Folgen nach dem 31. Dezember 2004 Renten aus derselben Versicherung einander nach, gilt für die spätere Rente Satz 3 mit der Maßgabe, dass sich der Prozentsatz nach dem Jahr richtet, das sich ergibt, wenn die Laufzeit der vorhergehenden Renten von dem Jahr des Beginns der späteren Rente abgezogen wird; der Prozentsatz kann jedoch nicht niedriger bemessen werden als der für das Jahr 2005;

bb) die nicht solche im Sinne des Doppelbuchstaben aa sind und bei denen in den einzelnen Bezügen Einkünfte aus Erträgen des Rentenrechts enthalten sind. [2]Dies gilt auf Antrag auch für Leibrenten und andere Leistungen, soweit diese auf bis zum 31. Dezember 2004 geleisteten Beiträgen beruhen, welche oberhalb des Betrags des Höchstbeitrags zur gesetzlichen Rentenversicherung gezahlt wurden; der Steuerpflichtige muss nachweisen, dass der Betrag des Höchstbeitrags mindestens zehn Jahre überschritten wurde; soweit hiervon im Versorgungsausgleich übertragene Rentenanwartschaften betroffen sind, gilt § 4 Absatz 1 und 2 des Versorgungsausgleichsgesetzes entsprechend. [3]Als Ertrag des Rentenrechts gilt für die gesamte Dauer des Rentenbezugs der Unterschiedsbetrag zwischen dem Jahresbetrag der Rente und dem Betrag, der sich bei gleichmäßiger Verteilung des Kapitalwerts der Rente auf ihre voraussichtliche Laufzeit ergibt; dabei ist der Kapitalwert nach dieser Laufzeit zu berechnen. [4]Der Ertrag des Rentenrechts (Ertragsanteil) ist aus der nachstehenden Tabelle zu entnehmen:

Bei Beginn der Rente vollendetes Lebensjahr des Rentenberechtigten	Ertragsanteil in %	Bei Beginn der Rente vollendetes Lebensjahr des Rentenberechtigten	Ertragsanteil in %
0 bis 1	59	51 bis 52	29
2 bis 3	58	53	28
4 bis 5	57	54	27
6 bis 8	56	55 bis 56	26
9 bis 10	55	57	25
11 bis 12	54	58	24
13 bis 14	53	59	23
15 bis 16	52	60 bis 61	22
17 bis 18	51	62	21
19 bis 20	50	63	20
21 bis 22	49	64	19
23 bis 24	48	65 bis 66	18
25 bis 26	47	67	17
27	46	68	16
28 bis 29	45	69 bis 70	15
30 bis 31	44	71	14
32	43	72 bis 73	13
33 bis 34	42	74	12
35	41	75	11
36 bis 37	40	76 bis 77	10
38	39	78 bis 79	9
39 bis 40	38	80	8
41	37	81 bis 82	7
42	36	83 bis 84	6
43 bis 44	35	85 bis 87	5
45	34	88 bis 91	4
46 bis 47	33	92 bis 93	3
48	32	94 bis 96	2
49	31	ab 97	1
50	30		

[5]Die Ermittlung des Ertrags aus Leibrenten, die vor dem 1. Januar 1955 zu laufen begonnen haben, und aus Renten, deren Dauer von der Lebenszeit mehrerer Personen oder einer anderen Person als des Rentenberechtigten abhängt, sowie aus Leibrenten, die auf eine bestimmte Zeit beschränkt sind, wird durch eine Rechtsverordnung bestimmt;

b) Einkünfte aus Zuschüssen und sonstigen Vorteilen, die als wiederkehrende Bezüge gewährt werden;

1a. Einkünfte aus Leistungen und Zahlungen nach § 10 Absatz 1a, soweit für diese die Voraussetzungen für den Sonderausgabenabzug beim Leistungs- oder Zahlungsverpflichteten nach § 10 Absatz 1a erfüllt sind;

S 2256 2. Einkünfte aus privaten Veräußerungsgeschäften im Sinne des § 23;

S 2257 3. Einkünfte aus Leistungen, soweit sie weder zu anderen Einkunftsarten (§ 2 Absatz 1 Satz 1 Nummer 1 bis 6) noch zu den Einkünften im Sinne der Nummern 1, 1a, 2 oder 4 gehören, z. B. Einkünfte aus gelegentlichen Vermittlungen und aus der Vermietung beweglicher Gegenstände. [2]Solche Einkünfte sind nicht einkommensteuerpflichtig, wenn sie weniger als 256 Euro im Kalenderjahr betragen haben. [3]Übersteigen die Werbungskosten die Einnahmen, so darf der übersteigende Betrag bei Ermittlung des Einkommens nicht ausgeglichen werden; er darf auch nicht nach § 10d abgezogen werden. [4]Die Verluste mindern jedoch nach Maßgabe des § 10d die Einkünfte, die der Steuerpflichtige in dem unmittelbar vorangegangenen Veranlagungszeitraum oder in den folgenden Veranlagungszeiträumen aus Leistungen im Sinne des Satzes 1 erzielt hat oder erzielt; § 10d Absatz 4 gilt entsprechend;

S 2257a 4. Entschädigungen, Amtszulagen, Zuschüsse zu Kranken- und Pflegeversicherungsbeiträ*gen, Übergangsgelder, Ü*berbrückungsgelder, Sterbegelder, Versorgungsabfindungen, Versorgungsbezüge, die auf Grund des Abgeordnetengesetzes oder des Europaabgeordnetengesetzes, sowie vergleichbare Bezüge, die auf Grund der entsprechenden Gesetze der Länder gezahlt werden, und die Entschädigungen, das Übergangsgeld, das Ruhegehalt und die Hinterbliebenenversorgung, die auf Grund des Abgeordnetenstatuts des Europäischen Parlaments von der Europäischen Union gezahlt werden. [2]Werden zur Abgeltung des durch das

Mandat veranlassten Aufwandes Aufwandsentschädigungen gezahlt, so dürfen die durch das Mandat veranlassten Aufwendungen nicht als Werbungskosten abgezogen werden. [3]Wahlkampfkosten zur Erlangung eines Mandats im Bundestag, im Europäischen Parlament oder im Parlament eines Landes dürfen nicht als Werbungskosten abgezogen werden. [4]Es gelten entsprechend

a) für Nachversicherungsbeiträge auf Grund gesetzlicher Verpflichtung nach den Abgeordnetengesetzen im Sinne des Satzes 1 und für Zuschüsse zu Kranken- und Pflegeversicherungsbeiträgen § 3 Nummer 62,

b) für Versorgungsbezüge § 19 Absatz 2 nur bezüglich des Versorgungsfreibetrags; beim Zusammentreffen mit Versorgungsbezügen im Sinne des § 19 Absatz 2 Satz 2 bleibt jedoch insgesamt höchstens ein Betrag in Höhe des Versorgungsfreibetrags nach § 19 Absatz 2 Satz 3 im Veranlagungszeitraum steuerfrei,

c) für das Übergangsgeld, das in einer Summe gezahlt wird, und für die Versorgungsabfindung § 34 Absatz 1,

d) für die Gemeinschaftssteuer, die auf die Entschädigungen, das Übergangsgeld, das Ruhegehalt und die Hinterbliebenenversorgung auf Grund des Abgeordnetenstatuts des Europäischen Parlaments von der Europäischen Union erhoben wird, § 34c Absatz 1; dabei sind die im ersten Halbsatz genannten Einkünfte für die entsprechende Anwendung des § 34c Absatz 1 wie ausländische Einkünfte und die Gemeinschaftssteuer wie eine der deutschen Einkommensteuer entsprechende ausländische Steuer zu behandeln;

5. Leistungen aus Altersvorsorgeverträgen, Pensionsfonds, Pensionskassen und Direktversicherungen. [2]Soweit die Leistungen nicht auf Beiträgen, auf die § 3 Nummer 63, § 10a oder Abschnitt XI angewendet wurde, nicht auf Zulagen im Sinne des Abschnitts XI, nicht auf Zahlungen im Sinne des § 92a Absatz 2 Satz 4 Nummer 1 und des § 92a Absatz 3 Satz 9 Nummer 2, nicht auf steuerfreien Leistungen nach § 3 Nummer 66 und nicht auf Ansprüchen beruhen, die durch steuerfreie Zuwendungen nach § 3 Nummer 56 oder die durch die nach § 3 Nummer 55b Satz 1 oder § 3 Nummer 55c steuerfreie Leistung aus einem neu begründeten Anrecht erworben wurden, S 2257b

a) ist bei lebenslangen Renten sowie bei Berufsunfähigkeits-, Erwerbsminderungs- und Hinterbliebenenrenten Nummer 1 Satz 3 Buchstabe a entsprechend anzuwenden,

b) ist bei Leistungen aus Versicherungsverträgen, Pensionsfonds, Pensionskassen und Direktversicherungen, die nicht solche nach Buchstabe a sind, § 20 Absatz 1 Nummer 6 in der jeweils für den Vertrag geltenden Fassung entsprechend anzuwenden,

c) unterliegt bei anderen Leistungen der Unterschiedsbetrag zwischen der Leistung und der Summe der auf sie entrichteten Beiträge der Besteuerung; § 20 Absatz 1 Nummer 6 Satz 2 gilt entsprechend.

[3]In den Fällen des § 93 Absatz 1 Satz 1 und 2 gilt das ausgezahlte geförderte Altersvorsorgevermögen nach Abzug der Zulagen im Sinne des Abschnitts XI als Leistung im Sinne des Satzes 2. [4]Als Leistung im Sinne des Satzes 1 gilt auch der Verminderungsbetrag nach § 92a Absatz 2 Satz 5 und der Auflösungsbetrag nach § 92a Absatz 3 Satz 5. [5]Der Auflösungsbetrag nach § 92a Absatz 2 Satz 6 wird zu 70 Prozent als Leistung nach Satz 1 erfasst. [6]Tritt nach dem Beginn der Auszahlungsphase zu Lebzeiten des Zulageberechtigten der Fall des § 92a Absatz 3 Satz 1 ein, dann ist

a) innerhalb eines Zeitraums bis zum zehnten Jahr nach dem Beginn der Auszahlungsphase das Eineinhalbfache,

b) innerhalb eines Zeitraums zwischen dem zehnten und 20. Jahr nach dem Beginn der Auszahlungsphase das Einfache

des nach Satz 5 noch nicht erfassten Auflösungsbetrags als Leistung nach Satz 1 zu erfassen; § 92a Absatz 3 Satz 9 gilt entsprechend mit der Maßgabe, dass als noch nicht zurückgeführter Betrag im Wohnförderkonto der noch nicht erfasste Auflösungsbetrag gilt. [7]Bei erstmaligem Bezug von Leistungen, in den Fällen des § 93 Absatz 1 sowie bei Änderung der *im Kalenderjahr auszuzahlenden* Leistung hat der Anbieter (§ 80) nach Ablauf des Kalenderjahres dem Steuerpflichtigen nach amtlich vorgeschriebenem Muster den Betrag der im abgelaufenen Kalenderjahr zugeflossenen Leistungen im Sinne der Sätze 1 bis 3 je gesondert mitzuteilen. [8]Werden dem Steuerpflichtigen Abschluss- und Vertriebskosten eines Altersvorsorgevertrages erstattet, gilt der Erstattungsbetrag als Leistung im Sinne des Satzes 1. [9]In den Fällen des § 3 Nummer 55a richtet sich die Zuordnung zu Satz 1 oder Satz 2 bei der ausgleichsberechtigten Person danach, wie eine nur auf die Ehezeit bezogene Zuordnung der sich aus dem übertragenen Anrecht ergebenden Leistung zu Satz 1 oder Satz 2 bei der ausgleichspflichtigen Person im Zeitpunkt der Übertragung ohne die Teilung vorzunehmen gewesen wäre. [10]Dies gilt sinngemäß in den Fällen des § 3 Nummer 55 und 55e. [11]Wird eine Versorgungsverpflichtung nach § 3 Nummer 66 auf einen Pensionsfonds übertragen und hat der Steuerpflichtige bereits vor dieser Übertragung Leistungen

auf Grund dieser Versorgungsverpflichtung erhalten, so sind insoweit auf die Leistungen aus dem Pensionsfonds im Sinne des Satzes 1 die Beträge nach § 9a Satz 1 Nummer 1 und § 19 Absatz 2 entsprechend anzuwenden; § 9a Satz 1 Nummer 3 ist nicht anzuwenden. [12]Wird auf Grund einer internen Teilung nach § 10 des Versorgungsausgleichsgesetzes oder einer externen Teilung nach § 14 des Versorgungsausgleichsgesetzes ein Anrecht zugunsten der ausgleichsberechtigten Person begründet, so gilt dieser Vertrag insoweit zu dem gleichen Zeitpunkt als abgeschlossen wie der Vertrag der ausgleichspflichtigen Person, wenn die aus dem Vertrag der ausgleichspflichtigen Person ausgezahlten Leistungen zu einer Besteuerung nach Satz 2 führen.

H 22

Hinweise

Allgemeines

Anhang 2 IV → BMF vom 24. 7. 2013 (BStBl I S. 1022) unter Berücksichtigung der Änderungen durch BMF vom 13. 1. 2014 (BStBl I S. 97) und vom 13. 3. 2014 (BStBl I S. 554)

Anhang 2 VI → BMF vom 19. 8. 2013 (BStBl I S. 1087) unter Berücksichtigung der Änderungen durch BMF vom 10. 1. 2014 (BStBl I S. 70), vom 10. 4. 2015 (BStBl I S. 256) und vom 1. 6. 2015 (BStBl I S. 475)

Vordruck

I. Renten und andere Leistungen (Anlage R)

2015

1	Name	**Anlage R**
2	Vorname	Jeder Ehegatte / Lebenspartner mit Renten und Leistungen aus Altersvorsorgeverträgen hat eine eigene Anlage R abzugeben.
3	Steuernummer	stpfl. Person / Ehemann Lebenspartner(in) A
	Renten und andere Leistungen	Ehefrau / Lebenspartner(in) B
		7

2015003122011

Zeile	**Leibrenten / Leistungen**	1. Rente	2. Rente	3. Rente
4	1 = aus inl. gesetzlichen Rentenversicherungen 2 = aus inl. landwirtschaftlicher Alterskasse 3 = aus inl. berufsständischen Versorgungseinrichtungen 4 = aus eigenen zertifizierten Basisrentenverträgen 9 = aus ausl. Versicherungen / Rentenverträgen	100 Bitte 1, 2, 3, 4 oder 9 eintragen.	150 Bitte 1, 2, 3, 4 oder 9 eintragen.	200 Bitte 1, 2, 3, 4 oder 9 eintragen.
		EUR	EUR	EUR
5	Rentenbetrag (einschließlich Einmalzahlung und Leistungen)	101 ,–	151 ,–	201 ,–
6	Rentenanpassungsbetrag (in Zeile 5 enthalten)	102 ,–	152 ,–	202 ,–
7	Beginn der Rente	103	153	203
	Vorhergehende Rente:			
8	Beginn der Rente	105	155	205
9	Ende der Rente	106	156	206
10	Nachzahlungen für mehrere vorangegangene Jahre / Kapitalauszahlung (in Zeile 5 enthalten)	111 ,–	161 ,–	211 ,–
	Öffnungsklausel:			
11	Prozentsatz (lt. Bescheinigung Ihres Versorgungsträgers)	112 %	162 %	212 %
12	die Rente erlischt / wird umgewandelt spätestens am	113	163	213
13	bei Einmalzahlung: Betrag	114 ,–	164 ,–	214 ,–

Zeile	**Leibrenten** (ohne Renten lt. Zeile 4)	1. Rente	2. Rente	3. Rente
14	6 = aus inl. privaten Rentenversicherungen 7 = aus inl. privaten Rentenversicherungen mit zeitlich befristeter Laufzeit 8 = aus sonstigen Verpflichtungsgründen (z. B. Renten aus Veräußerungsgeschäften) 9 = aus ausl. Versicherungen	130 Bitte 6, 7, 8 oder 9 eintragen.	180 Bitte 6, 7, 8 oder 9 eintragen.	230 Bitte 6, 7, 8 oder 9 eintragen.
		EUR	EUR	EUR
15	Rentenbetrag	131 ,–	181 ,–	231 ,–
16	Beginn der Rente	132	182	232
17	Geburtsdatum des Erblassers bei Garantiezeitrenten	136	186	236
18	Die Rente erlischt mit dem Tod von			
19	Die Rente erlischt / wird umgewandelt spätestens am	133	183	233
20	Nachzahlungen für mehrere vorangegangene Jahre (in Zeile 15 enthalten)	134 ,–	184 ,–	234 ,–

2015AnlR121NET – Juli 2015 – 2015AnlR121NET
034028_15

Steuernummer

Leistungen aus Altersvorsorgeverträgen und aus der betrieblichen Altersversorgung

Zeile			1. Rente EUR		2. Rente EUR
31	Leistungen aus einem Altersvorsorgevertrag, einem Pensionsfonds, einer Pensionskasse oder aus einer Direktversicherung lt. Nummer 1 der Leistungsmitteilung	500	,–	550	,–
32	Leistungen aus einem Pensionsfonds lt. Nummer 2 der Leistungsmitteilung	501	,–	551	,–
33	Bemessungsgrundlage für den Versorgungsfreibetrag	502	,–	552	,–
34	Maßgebendes Kalenderjahr des Versorgungsbeginns	524		574	
35	Bei unterjähriger Zahlung: Erster und letzter Monat, für den Versorgungsbezüge gezahlt wurden	522	Monat – 523 Monat	572	Monat – 573 Monat
36	Leistungen aus einer betrieblichen Altersversorgung lt. Nummer 3 der Leistungsmitteilung	505	,–	555	,–
37	Beginn der Leistung	506		556	
38	Leibrente aus einem Altersvorsorgevertrag oder aus einer betrieblichen Altersversorgung lt. Nummer 4 oder Leistungen wegen schädlicher Verwendung lt. Nummer 8a der Leistungsmitteilung	507	,–	557	,–
39	Beginn der Rente	508		558	
40	Geburtsdatum des Erblassers bei Rentengarantiezeit	530		580	
41	Abgekürzte Leibrente aus einem Altersvorsorgevertrag oder aus einer betrieblichen Altersversorgung lt. Nummer 5 oder Leistungen wegen schädlicher Verwendung lt. Nummer 8b der Leistungsmitteilung	509	,–	559	,–
42	Beginn der Rente	510		560	
43	Die Rente erlischt / wird umgewandelt spätestens am	511		561	
44	Andere Leistungen lt. den Nummern 6, 7 und 9 oder Leistungen wegen schädlicher Verwendung lt. den Nummern 8c und 8d der Leistungsmitteilung oder der Auflösungsbetrag bei Aufgabe der Selbstnutzung oder der Reinvestitionsabsicht **vor** dem Beginn der Auszahlungsphase oder der Verminderungsbetrag lt. Bescheid der Zentralen Zulagenstelle für Altersvermögen	512	,–	562	,–
45	Auflösungsbetrag bei Wahl der Einmalbesteuerung des Wohnförderkontos lt. Bescheid der Zentralen Zulagenstelle für Altersvermögen	535	,–	585	,–
46	Auflösungsbetrag bei Aufgabe der Selbstnutzung oder der Reinvestitionsabsicht **nach** dem Beginn der Auszahlungsphase lt. Bescheid der Zentralen Zulagenstelle für Altersvermögen	536	,–	586	,–
47	Beginn der Auszahlungsphase	537		587	
48	Zeitpunkt der Aufgabe der Selbstnutzung oder Reinvestitionsabsicht	538		588	
49	Nachzahlungen für mehrere vorangegangene Jahre (lt. Nummer 10 der Leistungsmitteilung)	516	,–	566	,–

Werbungskosten

Zeile			EUR
50	Werbungskosten zu den Zeilen 5 und 15 (Art der Aufwendungen)	800	,–
51	Werbungskosten zu den Zeilen 10 und 20 (Art der Aufwendungen)	801	,–
52	Werbungskosten zu den Zeilen 31 und 44 (Art der Aufwendungen)	802	,–
53	Werbungskosten zu Zeile 32 (Art der Aufwendungen)	803	,–
54	Werbungskosten zu den Zeilen 36, 38 und 41 (Art der Aufwendungen)	806	,–
55	Werbungskosten zu Zeile 45 (Art der Aufwendungen)	808	,–
56	Werbungskosten zu Zeile 46 (Art der Aufwendungen)	809	,–
57	Werbungskosten zu Zeile 49 (Art der Aufwendungen)	805	,–

Steuerstundungsmodelle

Zeile		EUR
58	Einkünfte aus Gesellschaften / Gemeinschaften / ähnlichen Modellen i. S. d. § 15b EStG (lt. gesonderter Aufstellung)	,–

2015AnlR122NET

2015AnlR122NET

2015003122002

II. Mitteilung über steuerpflichtige Leistungen aus einem Altersvorsorgevertrag oder aus einer betrieblichen Altersversorgung ab dem Kalenderjahr 2014; Amtlich vorgeschriebenes Vordruckmuster nach § 22 Nummer 5 Satz 7 EStG

(BMF-Schreiben vom 14. 8. 2014
– IV C 3 – S 2257-b/07/10002, DOK 2014/0718138 –
BStBl I S. 1168)

Nach § 22 Nummer 5 Satz 7 Einkommensteuergesetz (EStG) hat der Anbieter eines Altersvorsorgevertrags oder einer betrieblichen Altersversorgung

- bei erstmaligem Bezug von Leistungen,
- in den Fällen der steuerschädlichen Verwendung nach § 93 EStG sowie
- bei Änderung der im Kalenderjahr auszuzahlenden Leistungen

dem Steuerpflichtigen nach amtlich vorgeschriebenem Muster den Betrag der im abgelaufenen Kalenderjahr zugeflossenen Leistungen im Sinne des § 22 Nummer 5 Satz 1 bis 3 EStG jeweils gesondert mitzuteilen. Das gilt auch für die Abschluss- und Vertriebskosten eines Altersvorsorgevertrages, die dem Steuerpflichtigen erstattet werden.

Im Einvernehmen mit den obersten Finanzbehörden der Länder wird hiermit ein neues Vordruckmuster für die Mitteilung nach § 22 Nummer 5 Satz 7 EStG bekannt gemacht. Das als Anlage beigefügte Vordruckmuster ist erstmals zur Bescheinigung von Leistungen des Kalenderjahres 2014 zu verwenden.

Für die maschinelle Herstellung des Vordrucks werden folgende ergänzende Regelungen getroffen:

Der Vordruck kann auch maschinell hergestellt werden, wenn nach Inhalt, Aufbau und Reihenfolge vom Vordruckmuster nicht abgewichen wird und die Leistungen auf Seite 2 oder 3 des Vordrucks bescheinigt werden. Der Vordruck hat das Format DIN A 4. Maschinell erstellte Vordrucke können zweiseitig bedruckt werden; sie brauchen nicht unterschrieben zu werden.

Folgende Abweichungen werden zugelassen:

1. Die Zeilen des Vordrucks, bei denen im Einzelfall keine Leistungen zu bescheinigen sind, können einschließlich der zugehörigen Hinweise entfallen. Dies gilt auch für die letzte Tabellenzeile einschließlich des Hinweises 15. Die Nummerierung der ausgedruckten Zeilen und Hinweise ist entsprechend des Vordruckmusters beizubehalten.
2. Werden die Zeile 1 und der Hinweis 1 des Vordruckmusters nicht ausgedruckt, da keine Leistungen im Sinne der Nummer 1, sondern Leistungen im Sinne der Nummer 2 bezogen werden, kann bei der Nummer 2 auch der Klammerzusatz in Zeile 2 „(in Nummer 1 nicht enthalten)" entfallen.
3. Werden in Zeile 6 des Vordrucks Leistungen bescheinigt, die auf Verträgen beruhen, die nach dem 31. Dezember 2004 abgeschlossen wurden, kann der Zusatz „ggf. in Verbindung mit § 52 Absatz 28 Satz 5 EStG" entfallen.
4. Werden Leistungen bescheinigt, kann unter der entsprechenden Zeile des Vordrucks ein Hinweis auf die Zeile der Anlage R aufgenommen werden, in die der entsprechende Betrag einzutragen ist. Ebenso kann der Anbieter weitere für die Durchführung der Besteuerung erforderliche Angaben (z. B. Beginn der Rente) in den Vordruck aufnehmen.
5. Sind Nachzahlungen zu mehr als einer Zeile zu bescheinigen, ist die Zeile 14 des Vordruckmusters mehrfach aufzunehmen.

Der Vordruck darf durch weitere Erläuterungen ergänzt werden, sofern die Ergänzungen im Anschluss an die Inhalte des Vordruckmusters einschließlich der Hinweise erfolgen und hiervon optisch abgesetzt werden.

(Bezeichnung und Anschrift des Anbieters)

Datum der Absendung

(Bekanntgabeadressat)

Wichtiger Hinweis:
Diese Mitteilung informiert Sie über die Höhe der steuerpflichtigen Leistungen aus Ihrem Altersvorsorgevertrag oder aus Ihrer betrieblichen Altersversorgung. Die nachstehend mitgeteilten Beträge sind bei der Erstellung der Einkommensteuererklärung auf **Seite 2 der Anlage R** einzutragen.

Mitteilung

über steuerpflichtige Leistungen aus einem Altersvorsorgevertrag oder aus einer betrieblichen Altersversorgung (§ 22 Nummer 5 Satz 7 Einkommensteuergesetz - EStG)

für das Kalenderjahr ___________

Name, Vorname	**Geburtsdatum** (soweit bekannt)
Straße, Hausnummer	
Postleitzahl, Wohnort	
Vertragsnummer (soweit vorhanden)	**Sozialversicherungsnummer/ Zulagenummer** (soweit vorhanden)
Anbieternummer (soweit vorhanden)	**Zertifizierungsnummer** (soweit vorhanden)

Grund für die Mitteilung:

- ☐ erstmalige regelmäßige Leistungen im Sinne des § 22 Nummer 5 EStG
- ☐ Änderung des Leistungsbetrags gegenüber dem Vorjahr
- ☐ ausschließlich einmalige Leistungen im Sinne des § 22 Nummer 5 EStG
- ☐ Berichtigung der für dieses Kalenderjahr erstellten Mitteilung vom ___________

Folgende Leistungen aus Ihrem Altersvorsorgevertrag oder aus Ihrer betrieblichen Altersversorgung im Kalenderjahr ____________ unterliegen der Besteuerung nach § 22 Nummer 5 EStG:

Nummer	Besteuerung nach	Betrag in Euro / Cent
1	§ 22 Nummer 5 Satz 1 EStG [1]	
2	§ 22 Nummer 5 Satz 1 in Verbindung mit Satz 11 (in Nummer 1 nicht enthalten) [2] **Freiwillige Angaben:** Bemessungsgrundlage für den Versorgungsfreibetrag [ ] Maßgebendes Kalenderjahr des Versorgungsbeginns [ ] Bei unterjähriger Zahlung: Erster und letzter Monat, für den Versorgungsbezüge gezahlt wurden [ ]	
3	§ 22 Nummer 5 Satz 2 Buchstabe a in Verbindung mit § 22 Nummer 1 Satz 3 Buchstabe a Doppelbuchstabe aa EStG [3]	
4	§ 22 Nummer 5 Satz 2 Buchstabe a in Verbindung mit § 22 Nummer 1 Satz 3 Buchstabe a Doppelbuchstabe bb EStG ggf. in Verbindung mit § 55 Absatz 1 Nummer 1 EStDV [4]	
5	§ 22 Nummer 5 Satz 2 Buchstabe a in Verbindung mit § 22 Nummer 1 Satz 3 Buchstabe a Doppelbuchstabe bb Satz 5 EStG in Verbindung mit § 55 Absatz 2 EStDV ggf. in Verbindung mit § 55 Absatz 1 Nummer 1 EStDV [5]	
6	§ 22 Nummer 5 Satz 2 Buchstabe b in Verbindung mit § 20 Absatz 1 Nummer 6 EStG ggf. in Verbindung mit § 52 Absatz 28 Satz 5 EStG [6]	
7	§ 22 Nummer 5 Satz 2 Buchstabe c EStG [7]	
8a	§ 22 Nummer 5 Satz 3 in Verbindung mit Satz 2 Buchstabe a in Verbindung mit § 22 Nummer 1 Satz 3 Buchstabe a Doppelbuchstabe bb EStG ggf. in Verbindung mit § 55 Absatz 1 Nummer 1 EStDV [8]	
8b	§ 22 Nummer 5 Satz 3 in Verbindung mit Satz 2 Buchstabe a in Verbindung mit § 22 Nummer 1 Satz 3 Buchstabe a Doppelbuchstabe bb Satz 5 EStG in Verbindung mit § 55 Absatz 2 EStDV ggf. in Verbindung mit § 55 Absatz 1 Nummer 1 EStDV [8]	
8c	§ 22 Nummer 5 Satz 3 in Verbindung mit Satz 2 Buchstabe b in Verbindung mit § 20 Absatz 1 Nummer 6 EStG ggf. in Verbindung mit § 52 Absatz 28 Satz 5 EStG [8]	

8d	§ 22 Nummer 5 Satz 3 in Verbindung mit Satz 2 Buchstabe c EStG [8]	
9	§ 22 Nummer 5 Satz 8 EStG [9]	
10	In der Nummer ____ enthaltene Nachzahlungen für mehrere vorangegangene Jahre [10]	
Bei den Leistungen der Nummer(n) ________ handelt es sich um Leistungen an den Rechtsnachfolger bei vereinbarter Rentengarantiezeit. [11]		

Diese Bescheinigung ist maschinell erstellt und daher nicht unterschrieben. Die bescheinigten Leistungen werden gemäß § 22a EStG auch der zentralen Stelle (§ 81 EStG) zur Übermittlung an die Landesfinanzbehörden mitgeteilt (Rentenbezugsmitteilungsverfahren).

Hinweise

Geförderte Beträge im Sinne des § 22 Nummer 5 EStG sind

- Beiträge, auf die § 3 Nummer 63, § 10a oder Abschnitt XI EStG angewendet wurde,
- steuerfreie Leistungen nach § 3 Nummer 55b Satz 1, 55c oder 66 EStG oder
- steuerfreie Zuwendungen nach § 3 Nummer 56 EStG.

Gefördertes Kapital ist Kapital, das auf geförderten Beträgen und Zulagen im Sinne des Abschnitts XI EStG beruht.

[1] Es handelt sich um Leistungen aus einem Altersvorsorgevertrag im Sinne des § 82 EStG, einem Pensionsfonds, einer Pensionskasse oder aus einer Direktversicherung, soweit die Leistungen auf gefördertem Kapital beruhen. **Die bescheinigten Leistungen unterliegen in vollem Umfang der Besteuerung.**

[2] Es handelt sich um Leistungen aus einem Pensionsfonds, wenn laufende Versorgungsleistungen auf Grund einer Versorgungszusage in Form einer Direktzusage oder aus einer Unterstützungskasse bezogen wurden und die Ansprüche steuerfrei nach § 3 Nummer 66 EStG auf einen Pensionsfonds übertragen wurden. **Die bescheinigten Leistungen unterliegen in vollem Umfang der Besteuerung. Das Finanzamt gewährt jedoch einen Pauschbetrag für Werbungskosten nach § 9a Satz 1 Nummer 1 EStG sowie den Versorgungsfreibetrag und den Zuschlag zum Versorgungsfreibetrag nach § 19 Absatz 2 EStG, wenn die entsprechenden Voraussetzungen vorliegen; die Abzugsbeträge werden einkunftsübergreifend im Verhältnis der Einnahmen berücksichtigt.**
Der Anbieter kann auf freiwilliger Basis zusätzlich die Bemessungsgrundlage für den Versorgungsfreibetrag, das maßgebende Kalenderjahr des Versorgungsbeginns und den Beginn und das Ende einer unterjährigen Zahlung angeben.

[3] Es handelt sich um Leistungen aus einem Pensionsfonds, einer Pensionskasse oder einer Direktversicherung, soweit sie auf nicht gefördertem Kapital beruhen. Die der Leistung zu Grunde liegende Versorgungszusage wurde nach dem 31. Dezember 2004 erteilt (Neuzusage) und die Voraussetzungen des § 10 Absatz 1 Nummer 2 Buchstabe b EStG werden erfüllt. **Die Besteuerung erfolgt nach § 22 Num-**

mer 5 Satz 2 Buchstabe a EStG in Verbindung mit § 22 Nummer 1 Satz 3 Buchstabe a Doppelbuchstabe aa EStG (Kohorte).

[4] Es handelt sich um eine lebenslange Leibrente aus einem Altersvorsorgevertrag im Sinne des § 82 EStG, einem Pensionsfonds, einer Pensionskasse oder einer Direktversicherung, soweit sie auf nicht gefördertem Kapital beruht. Bei der betrieblichen Altersversorgung wurde die der Leibrente zu Grunde liegende Versorgungszusage vor dem 1. Januar 2005 erteilt (Altzusage; § 10 Absatz 1 Nummer 3a EStG) oder die Voraussetzungen des § 10 Absatz 1 Nummer 2 Buchstabe b EStG werden **nicht** erfüllt. **Die Rente unterliegt der Besteuerung mit dem Ertragsanteil (§ 22 Nummer 5 Satz 2 Buchstabe a EStG in Verbindung mit § 22 Nummer 1 Satz 3 Buchstabe a Doppelbuchstabe bb EStG, bei einem Rentenbeginn vor dem 1. Januar 1955 in Verbindung mit § 55 Absatz 1 Nummer 1 EStDV).**

[5] Es handelt sich um eine abgekürzte Leibrente (Berufsunfähigkeits-, Erwerbsminderungs- oder nicht lebenslang gezahlte Hinterbliebenenrente) aus einem Altersvorsorgevertrag im Sinne des § 82 EStG, einem Pensionsfonds, einer Pensionskasse oder einer Direktversicherung, soweit sie auf nicht gefördertem Kapital beruht. Bei der betrieblichen Altersversorgung wurde die der abgekürzten Leibrente zu Grunde liegende Versorgungszusage vor dem 1. Januar 2005 erteilt (Altzusage; § 10 Absatz 1 Nummer 3a EStG) oder die Voraussetzungen des § 10 Absatz 1 Nummer 2 Buchstabe b EStG werden **nicht** erfüllt. **Die abgekürzte Leibrente unterliegt der Besteuerung mit dem Ertragsanteil (§ 22 Nummer 5 Satz 2 Buchstabe a EStG in Verbindung mit § 22 Nummer 1 Satz 3 Buchstabe a Doppelbuchstabe bb EStG, bei einem Rentenbeginn vor dem 1. Januar 1955 in Verbindung mit § 55 Absatz 1 Nummer 1 EStDV). Der Ertragsanteil ergibt sich aus der Tabelle in § 55 Absatz 2 EStDV.**

[6] Es handelt sich um andere Leistungen (insbesondere Kapitalauszahlungen) aus einem versicherungsförmigen Altersvorsorgevertrag im Sinne des § 82 EStG, einem Pensionsfonds, einer Pensionskasse oder einer Direktversicherung (Versicherungsvertrag), soweit sie auf nicht gefördertem Kapital beruhen. Wenn der Versicherungsvertrag, der die Voraussetzungen des § 10 Absatz 1 Nummer 2 Buchstabe b EStG in der am 31. Dezember 2004 geltenden Fassung erfüllt, vor dem 1. Januar 2005 abgeschlossen wurde und die Auszahlung vor Ablauf von zwölf Jahren seit Vertragsabschluss erfolgt, werden die rechnungsmäßigen und außerrechnungsmäßigen Zinsen bescheinigt. Wenn der Versicherungsvertrag nach dem 31. Dezember 2004 abgeschlossen wurde, enthält die Mitteilung den positiven oder negativen Unterschiedsbetrag zwischen der Versicherungsleistung und der Summe der auf sie entrichteten Beiträge oder - wenn die Auszahlung erst nach Vollendung des 60. Lebensjahrs (bei Vertragsabschlüssen nach dem 31. Dezember 2011: nach Vollendung des 62. Lebensjahrs) erfolgt und der Vertrag im Zeitpunkt der Auszahlung mindestens zwölf Jahre bestanden hat - die Hälfte dieses Unterschiedsbetrags. **Der bescheinigte Betrag unterliegt in diesem Umfang der Besteuerung.**

[7] Bescheinigt werden die auf nicht gefördertem Kapital beruhenden Leistungen, die nicht bereits nach § 22 Nummer 5 Satz 2 Buchstabe a oder b EStG erfasst werden (z. B. Leistungen, die auf ungefördertem Kapital beruhen, aus zertifizierten Bank- oder Investmentfondssparplänen). Hierbei ist der Unterschiedsbetrag zwischen den Leistungen und der Summe der auf sie entrichteten Beiträge anzusetzen. Wenn die Auszahlung erst nach Vollendung des 60. Lebensjahrs (bei Vertragsabschlüssen nach dem 31. Dezember 2011: nach Vollendung des 62. Lebensjahrs) erfolgt und der Vertrag im Zeitpunkt der Auszahlung mindestens zwölf Jahre bestanden hat, ist die Hälfte des Unterschiedsbetrags anzusetzen. **Die bescheinigten Leistungen unterliegen in diesem Umfang der Besteuerung.**

8 Das ausgezahlte geförderte Altersvorsorgevermögen (= Kapital, das auf nach § 10a oder Abschnitt XI EStG geförderten Altersvorsorgebeiträgen und den gewährten Altersvorsorgezulagen beruht) wurde steuerschädlich im Sinne des § 93 Absatz 1 Satz 1 und 2 EStG verwendet. In welchem Umfang eine Besteuerung erfolgt, richtet sich in Anwendung des § 22 Nummer 5 Satz 2 EStG nach der Art der ausgezahlten Leistung. Hierbei ist der Hinweis 4 für Nummer 8a, der Hinweis 5 für Nummer 8b, der Hinweis 6 für Nummer 8c und der Hinweis 7 für Nummer 8d zu beachten. Als Leistung im Sinne des § 22 Nummer 5 Satz 2 EStG gilt das ausgezahlte geförderte Altersvorsorgevermögen nach Abzug der Zulagen im Sinne des Abschnitts XI EStG.

9 Es handelt sich um Provisionserstattungen bei geförderten Altersvorsorgeverträgen. Als Leistung sind vom Anbieter die Abschluss- und Vertriebskosten eines Altersvorsorgevertrages zu bescheinigen, die dem Steuerpflichtigen erstattet werden, unabhängig davon, ob der Erstattungsbetrag auf den Altersvorsorgevertrag eingezahlt oder an den Steuerpflichtigen ausgezahlt wurde. **Der bescheinigte Betrag unterliegt in diesem Umfang der Besteuerung.**

10 Nachzahlungen von Leistungen nach § 22 Nummer 5 EStG sind ggf. als außerordentliche Einkünfte nach § 34 EStG ermäßigt zu besteuern. **Die Entscheidung über die Anwendung des § 34 EStG trifft das Finanzamt.** Die bescheinigten Nachzahlungen müssen in dem bescheinigten Betrag der bezeichneten Zeile enthalten sein.

11 Es handelt sich um eine Rentenzahlung, die für die Dauer einer Rentengarantiezeit unabhängig vom Überleben des Rentenempfängers gezahlt wird. **Die Besteuerung dieser Leistung erfolgt an den Rechtsnachfolger mit dem für die versicherte Person maßgebenden Ertragsanteil.** Der Rentenempfänger muss in diesem Fall das Geburtsdatum der versicherten Person und den Beginn der Rente an die versicherte Person in die Anlage R zur Einkommensteuererklärung eintragen.

§ 22a Rentenbezugsmitteilungen an die zentrale Stelle

EStG
S 2257c

(1) [1]Die Träger der gesetzlichen Rentenversicherung, die landwirtschaftliche Alterskasse, die berufsständischen Versorgungseinrichtungen, die Pensionskassen, die Pensionsfonds, die Versicherungsunternehmen, die Unternehmen, die Verträge im Sinne des § 10 Absatz 1 Nummer 2 Buchstabe b anbieten, und die Anbieter im Sinne des § 80 (Mitteilungspflichtige) haben der zentralen Stelle (§ 81) bis zum 1. März des Jahres, das auf das Jahr folgt, in dem eine Leibrente oder andere Leistung nach § 22 Nummer 1 Satz 3 Buchstabe a und § 22 Nummer 5 einem Leistungsempfänger zugeflossen ist, unter Beachtung der im Bundessteuerblatt veröffentlichten Auslegungsvorschriften der Finanzverwaltung folgende Daten zu übermitteln (Rentenbezugsmitteilung):

1. Identifikationsnummer (§ 139b der Abgabenordnung), Familienname, Vorname und Geburtsdatum des Leistungsempfängers. [2]Ist dem Mitteilungspflichtigen eine ausländische Anschrift des Leistungsempfängers bekannt, ist diese anzugeben. [3]In diesen Fällen ist auch die Staatsangehörigkeit des Leistungsempfängers, soweit bekannt, mitzuteilen;
2. je gesondert den Betrag der Leibrenten und anderen Leistungen im Sinne des § 22 Nummer 1 Satz 3 Buchstabe a Doppelbuchstabe aa, bb Satz 4 und Doppelbuchstabe bb Satz 5 in Verbindung mit § 55 Absatz 2 der Einkommensteuer-Durchführungsverordnung sowie im Sinne des § 22 Nummer 5 Satz 1 bis 3. [2]Der im Betrag der Rente enthaltene Teil, der ausschließlich auf einer Anpassung der Rente beruht, ist gesondert mitzuteilen;
3. Zeitpunkt des Beginns und des Endes des jeweiligen Leistungsbezugs; folgen nach dem 31. Dezember 2004 Renten aus derselben Versicherung einander nach, ist auch die Laufzeit der vorhergehenden Renten mitzuteilen;
4. Bezeichnung und Anschrift des Mitteilungspflichtigen;
5. die Beiträge im Sinne des § 10 Absatz 1 Nummer 3 Buchstabe a Satz 1 und 2 und Buchstabe b, soweit diese vom Mitteilungspflichtigen an die Träger der gesetzlichen Kranken- und Pflegeversicherung abgeführt werden;
6. die dem Leistungsempfänger zustehenden Beitragszuschüsse nach § 106 des Sechsten Buches Sozialgesetzbuch;
7. ab dem 1. Januar 2017 ein gesondertes Merkmal für Verträge, auf denen gefördertes Altersvorsorgevermögen gebildet wurde; die zentrale Stelle ist in diesen Fällen berechtigt, die Daten dieser Rentenbezugsmitteilung im Zulagekonto zu speichern und zu verarbeiten.

[2]Die Datenübermittlung hat nach amtlich vorgeschriebenem Datensatz durch Datenfernübertragung zu erfolgen. [3]Im Übrigen ist § 150 Absatz 6 der Abgabenordnung entsprechend anzuwenden.

(2) [1]Der Leistungsempfänger hat dem Mitteilungspflichtigen seine Identifikationsnummer mitzuteilen. [2]Teilt der Leistungsempfänger die Identifikationsnummer dem Mitteilungspflichtigen trotz Aufforderung nicht mit, übermittelt das Bundeszentralamt für Steuern dem Mitteilungspflichtigen auf dessen Anfrage die Identifikationsnummer des Leistungsempfängers; weitere Daten dürfen nicht übermittelt werden. [3]In der Anfrage dürfen nur die in § 139b Absatz 3 der Abgabenordnung genannten Daten des Leistungsempfängers angegeben werden, soweit sie dem Mitteilungspflichtigen bekannt sind. [4]Die Anfrage des Mitteilungspflichtigen und die Antwort des Bundeszentralamtes für Steuern sind über die zentrale Stelle zu übermitteln. [5]Die zentrale Stelle führt eine ausschließlich automatisierte Prüfung der ihr übermittelten Daten daraufhin durch, ob sie vollständig und schlüssig sind und ob das vorgeschriebene Datenformat verwendet worden ist. [6]Sie speichert die Daten des Leistungsempfängers nur für Zwecke dieser Prüfung bis zur Übermittlung an das Bundeszentralamt für Steuern oder an den Mitteilungspflichtigen. [7]Die Daten sind für die Übermittlung zwischen der zentralen Stelle und dem Bundeszentralamt für Steuern zu verschlüsseln. [8]Für die Anfrage gilt Absatz 1 Satz 2 und 3 entsprechend. [9]Der Mitteilungspflichtige darf die Identifikationsnummer nur verwenden, soweit dies für die Erfüllung der Mitteilungspflicht nach Absatz 1 Satz 1 erforderlich ist.

(3) Der Mitteilungspflichtige hat den Leistungsempfänger jeweils darüber zu unterrichten, dass die Leistung der zentralen Stelle mitgeteilt wird.

(4) [1]Die zentrale Stelle (§ 81) kann bei den Mitteilungspflichtigen ermitteln, ob sie ihre Pflichten nach Absatz 1 erfüllt haben. [2]Die §§ 193 bis 203 der Abgabenordnung gelten sinngemäß. [3]Auf Verlangen der zentralen Stelle haben die Mitteilungspflichtigen ihre Unterlagen, soweit sie im Ausland geführt und aufbewahrt werden, verfügbar zu machen.

(5) [1]Wird eine Rentenbezugsmitteilung nicht innerhalb der in Absatz 1 Satz 1 genannten Frist übermittelt, so ist für jeden angefangenen Monat, in dem die Rentenbezugsmitteilung noch aussteht, ein Betrag in Höhe von 10 Euro für jede ausstehende Rentenbezugsmitteilung an die zentrale Stelle zu entrichten (Verspätungsgeld). [2]Die Erhebung erfolgt durch die zentrale Stelle im Rahmen ihrer Prüfung nach Absatz 4. [3]Von der Erhebung ist abzusehen, soweit die Fristüberschreitung auf Gründen beruht, die der Mitteilungspflichtige nicht zu vertreten hat.

[4]Das Handeln eines gesetzlichen Vertreters oder eines Erfüllungsgehilfen steht dem eigenen Handeln gleich. [5]Das von einem Mitteilungspflichtigen zu entrichtende Verspätungsgeld darf 50 000 Euro für alle für einen Veranlagungszeitraum zu übermittelnden Rentenbezugsmitteilungen nicht übersteigen.

H 22a

Hinweise

Allgemeines

- → BMF vom 7. 12. 2011 (BStBl I S. 1223)
- weitere Einzelheiten → „www.bzst.de" und dort unter „Steuern National/Rentenbezugsmitteilungsverfahren"

EStG
S 2256
1)

§ 23 Private Veräußerungsgeschäfte

(1) [1]Private Veräußerungsgeschäfte (§ 22 Nummer 2) sind

1. **Veräußerungsgeschäfte bei Grundstücken und Rechten, die den Vorschriften des bürgerlichen Rechts über Grundstücke unterliegen (z. B. Erbbaurecht, Mineralgewinnungsrecht), bei denen der Zeitraum zwischen Anschaffung und Veräußerung nicht mehr als zehn Jahre beträgt. [2]Gebäude und Außenanlagen sind einzubeziehen, soweit sie innerhalb dieses Zeitraums errichtet, ausgebaut oder erweitert werden; dies gilt entsprechend für Gebäudeteile, die selbständige unbewegliche Wirtschaftsgüter sind, sowie für Eigentumswohnungen und im Teileigentum stehende Räume. [3]Ausgenommen sind Wirtschaftsgüter, die im Zeitraum zwischen Anschaffung oder Fertigstellung und Veräußerung ausschließlich zu eigenen Wohnzwecken oder im Jahr der Veräußerung und in den beiden vorangegangenen Jahren zu eigenen Wohnzwecken genutzt wurden;**
2. **Veräußerungsgeschäfte bei anderen Wirtschaftsgütern, bei denen der Zeitraum zwischen Anschaffung und Veräußerung nicht mehr als ein Jahr beträgt. [2]Ausgenommen sind Veräußerungen von Gegenständen des täglichen Gebrauchs. [3]Bei Anschaffung und Veräußerung mehrerer gleichartiger Fremdwährungsbeträge ist zu unterstellen, dass die zuerst angeschafften Beträge zuerst veräußert wurden. [4]Bei Wirtschaftsgütern im Sinne von Satz 1, aus deren Nutzung als Einkunftsquelle zumindest in einem Kalenderjahr Einkünfte erzielt werden, erhöht sich der Zeitraum auf zehn Jahre.**

[2]Als Anschaffung gilt auch die Überführung eines Wirtschaftsguts in das Privatvermögen des Steuerpflichtigen durch Entnahme oder Betriebsaufgabe. [3]Bei unentgeltlichem Erwerb ist dem Einzelrechtsnachfolger für Zwecke dieser Vorschrift die Anschaffung oder die Überführung des Wirtschaftsguts in das Privatvermögen durch den Rechtsvorgänger zuzurechnen. [4]Die Anschaffung oder Veräußerung einer unmittelbaren oder mittelbaren Beteiligung an einer Personengesellschaft gilt als Anschaffung oder Veräußerung der anteiligen Wirtschaftsgüter. [5]Als Veräußerung im Sinne des Satzes 1 Nummer 1 gilt auch

1. **die Einlage eines Wirtschaftsguts in das Betriebsvermögen, wenn die Veräußerung aus dem Betriebsvermögen innerhalb eines Zeitraums von zehn Jahren seit Anschaffung des Wirtschaftsguts erfolgt, und**
2. **die verdeckte Einlage in eine Kapitalgesellschaft.**

(2) Einkünfte aus privaten Veräußerungsgeschäften der in Absatz 1 bezeichneten Art sind den Einkünften aus anderen Einkunftsarten zuzurechnen, soweit sie zu diesen gehören.

(3) [1]Gewinn oder Verlust aus Veräußerungsgeschäften nach Absatz 1 ist der Unterschied zwischen Veräußerungspreis einerseits und den Anschaffungs- oder Herstellungskosten und den Werbungskosten andererseits. [2]In den Fällen des Absatzes 1 Satz 5 Nummer 1 tritt an die Stelle des Veräußerungspreises der für den Zeitpunkt der Einlage nach § 6 Absatz 1 Nummer 5 angesetzte Wert, in den Fällen des Absatzes 1 Satz 5 Nummer 2 der gemeine Wert. [3]In den Fällen des Absatzes 1 Satz 2 tritt an die Stelle der Anschaffungs- oder Herstellungskosten der nach § 6 Absatz 1 Nummer 4 oder § 16 Absatz 3 angesetzte Wert. [4]Die Anschaffungs- oder Herstellungskosten mindern sich um Absetzungen für Abnutzung, erhöhte Absetzungen und Sonderabschreibungen, soweit sie bei der Ermittlung der Einkünfte im Sinne des § 2 Absatz 1 Satz 1 Nummer 4 bis 7 abgezogen worden sind. [5]Gewinne bleiben steuerfrei, wenn der aus den privaten Veräußerungsgeschäften erzielte Gesamtgewinn im Kalenderjahr weniger als 600 Euro betragen hat. [6]In den Fällen des Absatzes 1 Satz 5 Nummer 1 sind Gewinne oder Verluste für

1) Zur zeitlichen Anwendung von § 23 EStG → § 52 Abs. 31 EStG.

das Kalenderjahr, in dem der Preis für die Veräußerung aus dem Betriebsvermögen zugeflossen ist, in den Fällen des Absatzes 1 Satz 5 Nummer 2 für das Kalenderjahr der verdeckten Einlage anzusetzen. [7]Verluste dürfen nur bis zur Höhe des Gewinns, den der Steuerpflichtige im gleichen Kalenderjahr aus privaten Veräußerungsgeschäften erzielt hat, ausgeglichen werden; sie dürfen nicht nach § 10d abgezogen werden. [8]Die Verluste mindern jedoch nach Maßgabe des § 10d die Einkünfte, die der Steuerpflichtige in dem unmittelbar vorangegangenen Veranlagungszeitraum oder in den folgenden Veranlagungszeiträumen aus privaten Veräußerungsgeschäften nach Absatz 1 erzielt hat oder erzielt; § 10d Absatz 4 gilt entsprechend.

h) Gemeinsame Vorschriften

§ 24 [Gemeinsame Vorschriften]

EStG
S 2258

Zu den Einkünften im Sinne des § 2 Absatz 1 gehören auch

1. **Entschädigungen, die gewährt worden sind**
   a) **als Ersatz für entgangene oder entgehende Einnahmen oder**
   b) **für die Aufgabe oder Nichtausübung einer Tätigkeit, für die Aufgabe einer Gewinnbeteiligung oder einer Anwartschaft auf eine solche;**
   c) **als Ausgleichszahlungen an Handelsvertreter nach § 89b des Handelsgesetzbuchs;**
2. **Einkünfte aus einer ehemaligen Tätigkeit im Sinne des § 2 Absatz 1 Satz 1 Nummer 1 bis 4 oder aus einem früheren Rechtsverhältnis im Sinne des § 2 Absatz 1 Satz 1 Nummer 5 bis 7, und zwar auch dann, wenn sie dem Steuerpflichtigen als Rechtsnachfolger zufließen;**
3. **Nutzungsvergütungen für die Inanspruchnahme von Grundstücken für öffentliche Zwecke sowie Zinsen auf solche Nutzungsvergütungen und auf Entschädigungen, die mit der Inanspruchnahme von Grundstücken für öffentliche Zwecke zusammenhängen.**

Hinweise

H 24

Tarifermäßigung

→ § 34, § 39b Abs. 3 Satz 9 und 10 EStG

Zweifelsfragen im Zusammenhang mit der ertragsteuerlichen Behandlung von Entlassungsentschädigungen

→ BMF vom 1. 11. 2013 (BStBl I S. 1326) Anhang 27

Vorsorgepauschale

→ § 39b Abs. 2 Satz 5 Nr. 3 Schlusssatz Halbsatz 1 EStG

→ aber auch R 39b.6 Abs. 5 LStR und BMF vom 26. 11. 2013 (BStBl I S. 1532)[1]) Tz. 2 Absatz 3

§ 24a Altersentlastungsbetrag

EStG
S 2265

[1]Der Altersentlastungsbetrag ist bis zu einem Höchstbetrag im Kalenderjahr ein nach einem Prozentsatz ermittelter Betrag des Arbeitslohns und der positiven Summe der Einkünfte, die nicht solche aus nichtselbständiger Arbeit sind. [2]Bei der Bemessung des Betrags bleiben außer Betracht:

1. **Versorgungsbezüge im Sinne des § 19 Absatz 2;**
2. **Einkünfte aus Leibrenten im Sinne des § 22 Nummer 1 Satz 3 Buchstabe a;**
3. **Einkünfte im Sinne des § 22 Nummer 4 Satz 4 Buchstabe b;**
4. **Einkünfte im Sinne des § 22 Nummer 5 Satz 1, soweit § 22 Nummer 5 Satz 11 anzuwenden ist;**
5. **Einkünfte im Sinne des § 22 Nummer 5 Satz 2 Buchstabe a.**

[3]Der Altersentlastungsbetrag wird einem Steuerpflichtigen gewährt, der vor dem Beginn des Kalenderjahres, in dem er sein Einkommen bezogen hat, das 64. Lebensjahr vollendet hatte. 2)

1) Abgedruckt zu → H 39b.7 (Ermittlung der Vorsorgepauschale im Lohnsteuerabzugsverfahren) LStH.
2) Für Veranlagungszeitraum 2016: vor dem 2. 1. 1952 geborene Steuerpflichtige.

[4]Im Fall der Zusammenveranlagung von Ehegatten zur Einkommensteuer sind die Sätze 1 bis 3 für jeden Ehegatten gesondert anzuwenden. [5]Der maßgebende Prozentsatz und der Höchstbetrag des Altersentlastungsbetrags sind der nachstehenden Tabelle zu entnehmen:

Das auf die Vollendung des 64. Lebensjahres folgende Kalenderjahr	Altersentlastungsbetrag	
	in % der Einkünfte	Höchstbetrag in Euro
2005	40,0	1 900
2006	38,4	1 824
2007	36,8	1 748
2008	35,2	1 672
2009	33,6	1 596
2010	32,0	1 520
2011	30,4	1 444
2012	28,8	1 368
2013	27,2	1 292
2014	25,6	1 216
2015	24,0	1 140
2016	22,4	1 064
2017	20,8	988
2018	19,2	912
2019	17,6	836
2020	16,0	760
2021	15,2	722
2022	14,4	684
2023	13,6	646
2024	12,8	608
2025	12,0	570
2026	11,2	532
2027	10,4	494
2028	9,6	456
2029	8,8	418
2030	8,0	380
2031	7,2	342
2032	6,4	304
2033	5,6	266
2034	4,8	228
2035	4,0	190
2036	3,2	152
2037	2,4	114
2038	1,6	76
2039	0,8	38
2040	0,0	0

H 24a

Hinweise

Allgemeines

→ R 24a EStR, H 24a EStH

Altersentlastungsbetrag beim Lohnsteuerabzug

→ Anweisungen im Programmablaufplan für die Erstellung von Lohnsteuertabellen in 2016 (einschließlich der Berechnung des Solidaritätszuschlags und der Bemessungsgrundlage für die Kirchenlohnsteuer), veröffentlicht mit BMF-Schreiben vom 16. 11. 2015 (BStBl I S. 960)

Vorsorgepauschale

→ *Tz. 2 des BMF-Schreibens vom 26. 11. 2013* (BStBl I S. 1532)[1]:

„. . . Der Arbeitslohn ist für die Berechnung der Vorsorgepauschale und der Mindestvorsorgepauschale (Tz. 7) **nicht um** den Versorgungsfreibetrag (§ 19 Absatz 2 EStG) und den Altersentlastungsbetrag (§ 24a EStG) zu **vermindern**. . . .“

1) Abgedruckt in → H 39b.7 (Ermittlung der Vorsorgepauschale im Lohnsteuerabzugsverfahren).

§ 24b Entlastungsbetrag für Alleinerziehende

EStG
S 2265a

***(1)** [1]Allein stehende Steuerpflichtige können einen Entlastungsbetrag von der Summe der Einkünfte abziehen, wenn zu ihrem Haushalt mindestens ein Kind gehört, für das ihnen ein Freibetrag nach § 32 Absatz 6 oder Kindergeld zusteht. [2]Die Zugehörigkeit zum Haushalt ist anzunehmen, wenn das Kind in der Wohnung des allein stehenden Steuerpflichtigen gemeldet ist. [3]Ist das Kind bei mehreren Steuerpflichtigen gemeldet, steht der Entlastungsbetrag nach Satz 1 demjenigen Alleinstehenden zu, der die Voraussetzungen auf Auszahlung des Kindergeldes nach § 64 Absatz 2 Satz 1 erfüllt oder erfüllen würde in Fällen, in denen nur ein Anspruch auf einen Freibetrag nach § 32 Absatz 6 besteht. [4]Voraussetzung für die Berücksichtigung ist die Identifizierung des Kindes durch die an dieses Kind vergebene Identifikationsnummer (§ 139b der Abgabenordnung). [5]Ist das Kind nicht nach einem Steuergesetz steuerpflichtig (§ 139a Absatz 2 der Abgabenordnung), ist es in anderer geeigneter Weise zu identifizieren. [6]Die nachträgliche Vergabe der Identifikationsnummer wirkt auf Monate zurück, in denen die Voraussetzungen der Sätze 1 bis 3 vorliegen.* 1)

***(2)** [1]Gehört zum Haushalt des allein stehenden Steuerpflichtigen ein Kind im Sinne des Absatzes 1, beträgt der Entlastungsbetrag im Kalenderjahr 1 908 Euro. [2]Für jedes weitere Kind im Sinne des Absatzes 1 erhöht sich der Betrag nach Satz 1 um 240 Euro je weiterem Kind.* 2)

(3) [1]Allein stehend im Sinne des Absatzes 1 sind Steuerpflichtige, die nicht die Voraussetzungen für die Anwendung des Splitting-Verfahrens (§ 26 Absatz 1) erfüllen oder verwitwet sind und keine Haushaltsgemeinschaft mit einer anderen volljährigen Person bilden, es sei denn, für diese steht ihnen ein Freibetrag nach § 32 Absatz 6 oder Kindergeld zu oder es handelt sich um ein Kind im Sinne des § 63 Absatz 1 Satz 1, das einen Dienst nach § 32 Absatz 5 Satz 1 Nummer 1 und 2 leistet oder eine Tätigkeit nach § 32 Absatz 5 Satz 1 Nummer 3 ausübt. [2]Ist die andere Person mit Haupt- oder Nebenwohnsitz in der Wohnung des Steuerpflichtigen gemeldet, wird vermutet, dass sie mit dem Steuerpflichtigen gemeinsam wirtschaftet (Haushaltsgemeinschaft). [3]Diese Vermutung ist widerlegbar, es sei denn, der Steuerpflichtige und die andere Person leben in einer eheähnlichen oder lebenspartnerschaftsähnlichen Gemeinschaft. 3)

***(4)** Für jeden vollen Kalendermonat, in dem die Voraussetzungen des Absatzes 1 nicht vorgelegen haben, ermäßigt sich der Entlastungsbetrag nach Absatz 2 um ein Zwölftel.* 4)

Hinweise

H 24b

Allgemeine Grundsätze

→ BMF vom 29. 10. 2004 (BStBl I S. 1042) Anhang 26

Freibetrag bei mehreren Kindern

→ § 39a Abs. 1 Satz 1 Nr. 4a EStG

→ ***H 39a.1 (Beispiele)***

Mitteilungspflichten des Arbeitnehmers bei Wegfall der Voraussetzungen

→ § 39 Abs. 5 Satz 1 und 2 EStG

Steuerklasse II

→ § 38b Abs. 1 Satz 1 Nr. 2 EStG

Verwitwete Arbeitnehmer

→ § 39a Abs. 1 Satz 1 Nr. 8 EStG

---

1) Absatz 1 wurde durch das Gesetz zur Anhebung des Grundfreibetrags, des Kinderfreibetrags, des Kindergeldes und des Kinderzuschlags ab VZ 2015 neu gefasst.

2) Absatz 2 wurde durch das Gesetz zur Anhebung des Grundfreibetrags, des Kinderfreibetrags, des Kindergeldes und des Kinderzuschlags ab VZ 2015 eingefügt.

3) Der bisherige Absatz 2 wurde durch das Gesetz zur Anhebung des Grundfreibetrags, des Kinderfreibetrags, des Kindergeldes und des Kinderzuschlags ab VZ 2015 Absatz 3.

4) Der bisherige Absatz 3 wurde durch das Gesetz zur Anhebung des Grundfreibetrags, des Kinderfreibetrags, des Kindergeldes und des Kinderzuschlags ab VZ 2015 Absatz 4 und neu gefasst.

III. Veranlagung

EStG
S 2260
S 2261

§ 25 Veranlagungszeitraum, Steuererklärungspflicht

(1) Die Einkommensteuer wird nach Ablauf des Kalenderjahres (Veranlagungszeitraum) nach dem Einkommen veranlagt, das der Steuerpflichtige in diesem Veranlagungszeitraum bezogen hat, soweit nicht nach § 43 Absatz 5 und § 46 eine Veranlagung unterbleibt.

(2) (weggefallen)

(3) [1]Die steuerpflichtige Person hat für den Veranlagungszeitraum eine eigenhändig unterschriebene Einkommensteuererklärung abzugeben. [2]Wählen Ehegatten die Zusammenveranlagung (§ 26b), haben sie eine gemeinsame Steuererklärung abzugeben, die von beiden eigenhändig zu unterschreiben ist.

(4) [1]Die Erklärung nach Absatz 3 ist nach amtlich vorgeschriebenem Datensatz durch Datenfernübertragung zu übermitteln, wenn Einkünfte nach § 2 Absatz 1 Satz 1 Nummer 1 bis 3 erzielt werden und es sich nicht um einen der Veranlagungsfälle gemäß § 46 Absatz 2 Nummer 2 bis 8 handelt. [2]Auf Antrag kann die Finanzbehörde zur Vermeidung unbilliger Härten auf eine Übermittlung durch Datenfernübertragung verzichten.

H 25

Hinweise

Vordruckmuster

I. Einkommensteuererklärung (sog. Mantelbogen)

2015

2015003012O1

1	Einkommensteuererklärung	Antrag auf Festsetzung der Arbeitnehmer-Sparzulage
2	Erklärung zur Festsetzung der Kirchensteuer auf Kapitalerträge	Erklärung zur Feststellung des verbleibenden Verlustvortrags
3	Steuernummer	

Eingangsstempel

An das Finanzamt

4

Bei Wohnsitzwechsel: bisheriges Finanzamt

5

Allgemeine Angaben

6 Telefonische Rückfragen tagsüber unter Nr.

Steuerpflichtige Person (stpfl. Person), nur bei Zusammenveranlagung: **Ehemann / Lebenspartner(in) A** nach dem LPartG *)

7 Identifikationsnummer (IdNr.) — *) Bitte Anleitung beachten.

8 Name — Geburtsdatum

9 Vorname

10 Titel, akademischer Grad

11 Straße (derzeitige Adresse)

Religionsschlüssel:
Evangelisch = EV Römisch-Katholisch = RK
nicht kirchensteuerpflichtig = VD
Weitere siehe Anleitung

Religion

12 Hausnummer — Hausnummerzusatz — Adressergänzung

13 Postleitzahl — Wohnort

14 Ausgeübter Beruf

15 Verheiratet / Lebenspartnerschaft begründet seit dem — Verwitwet seit dem — Geschieden / Lebenspartnerschaft aufgehoben seit dem — Dauernd getrennt lebend seit dem

Nur bei Zusammenveranlagung: **Ehefrau / Lebenspartner(in) B** nach dem LPartG

16 IdNr.

17 Name — Geburtsdatum

18 Vorname

19 Titel, akademischer Grad

20 Straße (falls von Zeile 11 abweichend)

Religionsschlüssel:
Evangelisch = EV
Römisch-Katholisch = RK
nicht kirchensteuerpflichtig = VD
Weitere siehe Anleitung

Religion

21 Hausnummer — Hausnummerzusatz — Adressergänzung

22 Postleitzahl — Wohnort (falls von Zeile 13 abweichend)

23 Ausgeübter Beruf

Nur von Ehegatten / Lebenspartnern auszufüllen

24 Zusammenveranlagung — Einzelveranlagung von Ehegatten / Lebenspartnern — Wir haben Gütergemeinschaft vereinbart

Bankverbindung - Bitte stets angeben -

25 IBAN

26 BIC

27 Geldinstitut und Ort

28 **Kontoinhaber** lt. Zeile 8 und 9 — lt. Zeile 17 und 18 — oder: — Name (im Fall der Abtretung bitte amtlichen Abtretungsvordruck einreichen)

2015ESt1A011NET — Juli 2015 — 2015ESt1A011NET

034037_15

Steuernummer

Der Steuerbescheid soll nicht mir / uns zugesandt werden, sondern:

Zeile	Feld
31	Name
32	Vorname
33	Straße
34	Hausnummer / Hausnummerzusatz / Postfach
35	Postleitzahl / Wohnort

Sonderausgaben

52

Gezahlte Versorgungsleistungen

Zeile					
36	Renten	Rechtsgrund, Datum des Vertrags	102 abziehbar %	101 tatsächlich gezahlt EUR	,-
37	Dauernde Lasten	Rechtsgrund, Datum des Vertrags		100	,-
38	**Ausgleichszahlungen** im Rahmen des schuldrechtlichen Versorgungsausgleichs	Rechtsgrund, Datum der erstmaligen Zahlung		121	,-
39	**Ausgleichszahlungen** zur Vermeidung des Versorgungsausgleichs lt. **Anlage U**			131	,-
40	**Unterhaltsleistungen** lt. **Anlage U** an den – geschiedenen Ehegatten, Lebenspartner einer aufgehobenen Lebenspartnerschaft – dauernd getrennt lebenden Ehegatten / Lebenspartner	117 IdNr. der unterstützten Person		116	,-
41	In Zeile 40 enthaltene Beiträge (abzgl. Erstattungen und Zuschüsse) zur Basis-Kranken- und gesetzlichen Pflegeversicherung	118 EUR ,-	Davon entfallen auf Krankenversicherungsbeiträge mit Anspruch auf Krankengeld	119	,-
42	**Kirchensteuer** (soweit diese nicht als Zuschlag zur Abgeltungsteuer einbehalten oder gezahlt wurde)	103 2015 gezahlt EUR ,-		104 2015 erstattet EUR	,-

Aufwendungen für die eigene **Berufsausbildung: stpfl. Person / Ehemann / Lebenspartner(in) A**

Zeile			
43	Bezeichnung der Ausbildung, Art und Höhe der Aufwendungen	200 EUR	,-

Aufwendungen für die eigene **Berufsausbildung: Ehefrau / Lebenspartner(in) B**

Zeile			
44	Bezeichnung der Ausbildung, Art und Höhe der Aufwendungen	201	,-

Spenden und Mitgliedsbeiträge (ohne Beträge in den Zeilen 49 bis 56)

Zeile		lt. Bestätigungen EUR		lt. Nachweis Betriebsfinanzamt EUR	
45	– zur Förderung steuerbegünstigter Zwecke	123	,-	124	,-
46	in Zeile 45 enthaltene Zuwendungen an Empfänger im EU- / EWR-Ausland	125	,-	126	,-
47	– an politische Parteien (§§ 34g, 10b EStG)	127	,-	128	,-
48	– an unabhängige Wählervereinigungen (§ 34g EStG)	129	,-	130	,-

Spenden und Mitgliedsbeiträge, bei denen die Daten elektronisch an die Finanzverwaltung übermittelt wurden (ohne Beträge in den Zeilen 45 bis 48 und 52 bis 56)

Zeile		stpfl. Person / Ehemann / Lebenspartner(in) A EUR		Ehefrau / Lebenspartner(in) B EUR	
49	– zur Förderung steuerbegünstigter Zwecke	202	,-	203	,-
50	– an politische Parteien (§§ 34g, 10b EStG)	204	,-	205	,-
51	– an unabhängige Wählervereinigungen (§ 34g EStG)	206	,-	207	,-

Spenden in das zu erhaltende Vermögen (Vermögensstock) einer Stiftung

Zeile					
52	2015 geleistete Spenden (lt. Bestätigungen / lt. Nachweis Betriebsfinanzamt)	208	,-	209	,-
53	2015 geleistete Spenden, bei denen die Daten elektronisch an die Finanzverwaltung übermittelt wurden (ohne Beträge in Zeile 52)	210	,-	211	,-
54	in Zeile 52 enthaltene Spenden an Empfänger im EU- / EWR-Ausland	218	,-	219	,-
55	Von den Spenden in Zeile 52 und 53 sollen 2015 berücksichtigt werden	212	,-	213	,-
56	2015 zu berücksichtigende Spenden aus Vorjahren in das zu erhaltende Vermögen (Vermögensstock) einer Stiftung, die bisher noch nicht berücksichtigt wurden	214	,-	215	,-

2015ESt1A012NET

2015ESt1A012NET

Steuernummer

Außergewöhnliche Belastungen

53

Behinderte Menschen und Hinterbliebene

61 stpfl. Person / Ehemann / Lebenspartner(in) A — Ausweis / Rentenbescheid / Bescheinigung ausgestellt am 12 — gültig von 14 — bis 18 — unbefristet gültig 1=Ja — Grad der Behinderung 56 — Erstmalige Beantragung / Änderung (Nachweis ist einzureichen)

62 hinterblieben 16 1 = Ja — blind / ständig hilflos 20 1 = Ja — geh- und stehbehindert 22 1 = Ja

63 Ehefrau / Lebenspartner(in) B — Ausweis / Rentenbescheid / Bescheinigung ausgestellt am 13 — gültig von 15 — bis 19 — unbefristet gültig 1=Ja — Grad der Behinderung 57 — Erstmalige Beantragung / Änderung (Nachweis ist einzureichen)

64 hinterblieben 17 1 = Ja — blind /ständig hilflos 21 1 = Ja — geh- und stehbehindert 23 1 = Ja

65 **Pflege-Pauschbetrag** wegen **unentgeltlicher** persönlicher Pflege einer ständig hilflosen Person in ihrer oder in meiner Wohnung — Erstmalige Beantragung / Änderung (Nachweis ist einzureichen)

66 Name, Anschrift und Verwandtschaftsverhältnis der hilflosen Person(en) — Name anderer Pflegeperson(en)

Andere außergewöhnliche Belastungen
(z. B. Fahrtkosten behinderter Menschen, Krankheitskosten, Kurkosten, Pflegekosten)

67 Art der Belastungen — Aufwendungen EUR 63 ,- — Erhaltene / Anspruch auf zu erwartende Versicherungsleistungen, Beihilfen, Unterstützungen, Wert des Nachlasses usw. EUR 64 ,-

68 Für die - wegen Abzugs der zumutbaren Belastung - nicht abziehbaren Pflegeleistungen wird die Steuerermäßigung für haushaltsnahe Dienstleistungen beantragt. Die in den Zeilen 67 enthaltenen Aufwendungen für haushaltsnahe Pflegeleistungen betragen (Aufwendungen abzüglich Erstattungen) 77 ,-

Haushaltsnahe Beschäftigungsverhältnisse, Dienstleistungen und Handwerkerleistungen

18

Steuerermäßigung bei Aufwendungen für

– geringfügige Beschäftigungen im Privathaushalt – sog. Minijobs – — Aufwendungen (abzüglich Erstattungen) EUR

69 Art der Tätigkeit — 202 ,-

– sozialversicherungspflichtige Beschäftigungen im Privathaushalt

70 Art der Tätigkeit — 207 ,-

– haushaltsnahe Dienstleistungen, Hilfe im eigenen Haushalt

71 Art der Aufwendungen — 210 ,-

– Pflege- und Betreuungsleistungen im Haushalt, in Heimunterbringungskosten enthaltene Aufwendungen für Dienstleistungen, die denen einer Haushaltshilfe vergleichbar sind (soweit nicht bereits in den Zeilen 67 berücksichtigt); das in den Zeilen 67 als Erstattung für häusliche Pflege- und Betreuungskosten berücksichtigte Pflegegeld (§ 37 SGB XI) / Pflegetagegeld

72 Art der Aufwendungen — 213 ,-

– Handwerkerleistungen für Renovierungs-, Erhaltungs- und Modernisierungsmaßnahmen im eigenen Haushalt (ohne öffentlich geförderte Maßnahmen, für die zinsverbilligte Darlehen oder steuerfreie Zuschüsse in Anspruch genommen werden, z. B. KfW-Bank, landeseigener Förderbanken oder Gemeinden)

73 Art der Aufwendungen — 214 ,-

Nur bei Alleinstehenden und Eintragungen in den Zeilen 68 bis 73:

74 Es bestand ganzjährig ein gemeinsamer Haushalt mit einer oder mehreren anderen alleinstehenden Person(en) — Anzahl der weiteren Personen 223

75 Name, Vorname, Geburtsdatum

Nur bei Alleinstehenden oder Einzelveranlagung von Ehegatten / Lebenspartner und Eintragungen in den Zeilen 68 bis 73:

76 Laut einzureichendem gemeinsamen Antrag sind die Höchstbeträge für die Aufwendungen lt. den Zeilen 68 bis 73 in einem anderen Verhältnis als je zur Hälfte aufzuteilen. Der bei mir zu berücksichtigende Anteil beträgt 221 %

Nur in Fällen der Zusammenveranlagung oder Einzelveranlagung von Ehegatten / Lebenspartnern und Eintragungen in den Zeilen 68 bis 73:

77 Es wurde 2015 ein gemeinsamer Haushalt begründet oder aufgelöst und für einen Teil des Kalenderjahres ein Einzelhaushalt geführt — Ehemann / Lebenspartner(in) A 219 1=Ja — Ehefrau / Lebenspartner(in) B 220 1=Ja

Steuerermäßigung bei Belastung mit Erbschaftsteuer

78 Ich beantrage eine Steuerermäßigung, weil in dieser Steuererklärung Einkünfte erklärt worden sind, die als Erwerb von Todes wegen ab 2011 der Erbschaftsteuer unterlegen haben (lt. gesonderter Aufstellung). 185 1=Ja

Steuerbegünstigung für schutzwürdige Kulturgüter

79 Steuerbegünstigung nach § 10g EStG für schutzwürdige Kulturgüter, die weder zur Einkunftserzielung noch zu eigenen Wohnzwecken genutzt werden — Abzugsbetrag EUR 151 ,-

Verlustabzug / Spendenvortrag

80 Es wurde ein verbleibender Verlustvortrag nach § 10d EStG / Spendenvortrag nach § 10b EStG zum 31.12.2014 festgestellt für — stpfl. Person / Ehemann / Lebenspartner(in) A — Ehefrau / Lebenspartner(in) B

81 **Antrag auf Beschränkung des Verlustrücktrags nach 2014**
Von den nicht ausgeglichenen negativen Einkünften 2015 soll folgender Gesamtbetrag nach 2014 zurückgetragen werden ,- ,-

2015ESt1A013NET

2015ESt1A013NET

Steuernummer

Sonstige Angaben und Anträge

18

Zeile			stpfl. Person / Ehemann / Lebenspartner(in) A EUR		Ehefrau / Lebenspartner(in) B EUR
91	**Einkommensersatzleistungen,** die dem Progressionsvorbehalt unterliegen, z. B. Arbeitslosengeld, Elterngeld, Insolvenzgeld, Krankengeld, Mutterschaftsgeld und vergleichbare Leistungen aus einem EU- /EWR-Staat oder der Schweiz (ohne Beträge lt. Zeile 27 der Anlage N)	120	,-	121	,-

Nur bei Einzelveranlagung von Ehegatten / Lebenspartnern:

92 Laut übereinstimmendem Antrag sind die Sonderausgaben, außergewöhnlichen Belastungen sowie die Steuerermäßigung für haushaltsnahe Beschäftigungsverhältnisse, Dienstleistungen und Handwerkerleistungen je zur Hälfte aufzuteilen (Der Antrag auf Aufteilung des Freibetrages zur Abgeltung eines Sonderbedarfs bei Berufsausbildung eines volljährigen Kindes ist in Zeile 52 der Anlage Kind, der Antrag auf Aufteilung bei Übertragung des Behinderten- oder Hinterbliebenen-Pauschbetrags in Zeile 66 der Anlage Kind zu stellen.). — 222 — 1 = Ja

Nur bei zeitweiser unbeschränkter Steuerpflicht im Kalenderjahr 2015:

Zeile			vom	bis
93	Wohnsitz oder gewöhnlicher Aufenthalt im Inland	stpfl. Person / Ehemann / Lebenspartner(in) A		
94		Ehefrau / Lebenspartner(in) B		

Zeile			EUR
95	Ausländische Einkünfte, die außerhalb der in den Zeilen 93 und / oder 94 genannten Zeiträume bezogen wurden und nicht der deutschen Einkommensteuer unterlegen haben (Bitte Nachweise über die Art und Höhe dieser Einkünfte einreichen.)	122	,-
96	In Zeile 95 enthaltene außerordentliche Einkünfte i. S. d. §§ 34, 34b EStG	177	,-

Bei Beendigung der unbeschränkten Steuerpflicht:

Zeile		stpfl. Person / Ehemann / Lebenspartner(in) A		Ehefrau / Lebenspartner(in) B	
97	Mir gehörte im Zeitpunkt der Beendigung der unbeschränkten Steuerpflicht (Wegzug) eine Beteiligung i. S. d. § 17 EStG an einer in- oder ausländischen Kapitalgesellschaft / Genossenschaft	171	1 = Ja	172	1 = Ja
98	Im Zeitraum zwischen Beendigung der unbeschränkten Steuerpflicht bis zur Abgabe der Einkommensteuererklärung 2015 lag mein Wohnsitz zumindest zeitweise in einem niedrig besteuertem Gebiet i. S. d. § 2 Abs. 2 AStG	169	1 = Ja	170	1 = Ja

Nur bei Personen ohne Wohnsitz oder gewöhnlichen Aufenthalt im Inland, die beantragen, als unbeschränkt steuerpflichtig behandelt zu werden:

99 Es wird für die Anwendung personen- und familienbezogener Steuervergünstigungen beantragt, als unbeschränkt steuerpflichtig behandelt zu werden. — Antragsteller: 130 — 1 = stpfl. Person / Ehemann / Lebenspartner(in) A; 2 = Ehefrau / Lebenspartner(in) B; 3 = beide Ehegatten / Lebenspartner

100 lt. „Bescheinigung EU / EWR" (bitte einreichen) — lt. „Bescheinigung außerhalb EU / EWR" (bitte einreichen)

Zeile			stpfl. Person / Ehemann / Lebenspartner(in) A EUR		Ehefrau / Lebenspartner(in) B EUR
101	Summe der nicht der deutschen Einkommensteuer unterliegenden Einkünfte (ggf. „0")	124	,-	129	,-
102	In Zeile 101 enthaltene Kapitalerträge, die der Abgeltungsteuer unterliegen oder - im Fall von ausländischen Kapitalerträgen - unterliegen würden	131	,-	133	,-

Zeile			stpfl. Person / Ehegatten / Lebenspartner EUR
103	In Zeile 101 enthaltene außerordentliche Einkünfte i. S. d. §§ 34, 34b EStG	177	,-

Zeile			stpfl. Person / Ehemann / Lebenspartner(in) A EUR Ct		Ehefrau / Lebenspartner(in) B EUR Ct
104	Steuerabzugsbeträge nach § 50a EStG	149		146	
105	Solidaritätszuschlag zu Zeile 104	148		145	

Nur bei im EU- / EWR-Ausland oder in der Schweiz lebenden Ehegatten / Lebenspartnern:

106 Ich beantrage als Staatsangehöriger eines EU- / EWR-Staates die Anwendung familienbezogener Steuervergünstigungen. Nachweis ist einzureichen (z. B. „Bescheinigung EU / EWR"). Die nicht der deutschen Besteuerung unterliegenden Einkünfte beider Ehegatten / Lebenspartner sind in Zeile 101 enthalten.

Nur bei Angehörigen des deutschen öffentlichen Dienstes ohne Wohnsitz oder gewöhnlichen Aufenthalt im Inland, die im dienstlichen Auftrag außerhalb der EU oder des EWR tätig sind:

107 Ich beantrage die Anwendung familienbezogener Steuervergünstigungen. Die „Bescheinigung EU / EWR" ist einzureichen.

Weiterer Wohnsitz in Belgien (abweichend von den Zeilen 11 bis 13) bei Einkünften aus nichtselbständiger Arbeit und Renten

108

Zeile		stpfl. Person / Ehemann / Lebenspartner(in) A		Ehefrau / Lebenspartner(in) B	
109	Unterhalten Sie auf Dauer angelegte Geschäftsbeziehungen zu Finanzinstituten im Ausland?	116	1 = Ja 2 = Nein	117	1 = Ja 2 = Nein

Unterschrift

Die mit der Steuererklärung / dem Antrag angeforderten Daten werden aufgrund der §§ 149, 150 und 181 Abs. 2 der Abgabenordnung, der §§ 25, 46 und § 51a Abs. 2d des Einkommensteuergesetzes sowie des § 14 Abs. 4 des Fünften Vermögensbildungsgesetzes erhoben.

110 Datum, Unterschrift(en) — Steuererklärungen sind eigenhändig - bei Ehegatten / Lebenspartnern von beiden - zu unterschreiben.

Bei der Anfertigung dieser Steuererklärung hat mitgewirkt:

2015ESt1A014NET — 2015ESt1A014NET

II. Vereinfachte Einkommensteuererklärung für Arbeitnehmer

2015

1 **Vereinfachte Einkommensteuer-erklärung für Arbeitnehmer** | **Antrag auf Festsetzung der Arbeitnehmer-Sparzulage** | Eingangsstempel

2 **Steuernummer**

An das Finanzamt

3

Bei Wohnsitzwechsel: bisheriges Finanzamt

4

Allgemeine Angaben | *) Bitte Infoblatt beachten. | Telefonische Rückfragen tagsüber unter Nr.

5

Steuerpflichtige Person (stpfl. Person), nur bei Zusammenveranlagung: **Ehemann / Lebenspartner(in) A** nach dem LPartG *)

6 Identifikationsnummer (IdNr.) | Geburtsdatum

7 Name

8 Vorname

9 Straße (derzeitige Adresse)

Religionsschlüssel:
Evangelisch = EV
Römisch-Katholisch = RK
nicht kirchensteuerpflichtig = VD
Weitere siehe Anleitung

Religion

10 Hausnummer | Hausnummerzusatz | Adressergänzung

11 Postleitzahl | Wohnort

12 Ausgeübter Beruf

13 Verheiratet / Lebenspartnerschaft begründet seit dem | Verwitwet seit dem | Geschieden / Lebenspartnerschaft aufgehoben seit dem | Dauernd getrennt lebend seit dem

Nur bei Zusammenveranlagung: **Ehefrau / Lebenspartner(in) B** nach dem LPartG

14 IdNr. | Geburtsdatum

15 Name

16 Vorname

17 Straße (falls von Zeile 9 abweichend)

Religionsschlüssel:
Evangelisch = EV
Römisch-Katholisch = RK
nicht kirchensteuerpflichtig = VD
Weitere siehe Anleitung

Religion

18 Hausnummer | Hausnummerzusatz | Adressergänzung

19 Postleitzahl | Wohnort (falls von Zeile 11 abweichend)

20 Ausgeübter Beruf

Bankverbindung - Bitte stets angeben -

21 IBAN

22 BIC

23 Geldinstitut und Ort

24 **Kontoinhaber** lt. Zeile 7 und 8 | lt. Zeile 15 und 16 | oder: | **Name** (im Fall der Abtretung bitte amtlichen Abtretungsvordruck einreichen)

Einkünfte aus nichtselbständiger Arbeit | 47 | 48

25 eTIN lt. Lohnsteuerbescheinigung (sofern vorhanden) **stpfl. Person / Ehemann / Lebenspartner(in) A** | eTIN lt. Lohnsteuerbescheinigung (sofern vorhanden) **Ehefrau / Lebenspartner(in) B**

26 **Lohn- / Entgeltersatzleistungen** (z. B. Arbeitslosengeld, Insolvenzgeld, Elterngeld, Krankengeld und Mutterschaftsgeld) – ohne Beträge lt. Nr. 15 der Lohnsteuerbescheinigung – | stpfl. Person / Ehemann / Lebenspartner(in) A EUR 120 ,– | Ehefrau / Lebenspartner(in) B EUR 121 ,–

27 **Angaben über Zeiten und Gründe der Nichtbeschäftigung** (Bitte Nachweise einreichen.)

2015ESt1V061NET – Juli 2015 – 2015ESt1V061NET
034040_15

Steuernummer

Werbungskosten stpfl. Person / Ehemann / Lebenspartner(in) A

87

Angaben zur Ermittlung der Entfernungspauschale:
Erste Tätigkeitsstätte / Sammelpunkt / weiträumiges Tätigkeitsgebiet (PLZ, Ort und Straße) | Arbeitstage je Woche | Urlaubs- und Krankheitstage

31

	aufgesucht an		einfache Entfernung von der Wohnung	davon mit eigenem oder zur Nutzung überlassenem Pkw zurückgelegt	davon mit Sammelbeförderung des Arbeitgebers zurückgelegt	davon mit öffentl. Verkehrsmitteln, Motorrad, Fahrrad o. Ä., als Fußgänger, als Mitfahrer einer Fahrgemeinschaft zurückgelegt	Behinderungsgrad mind. 70 oder mind. 50 und Merkzeichen „G"
32	110	Tagen	111 km	112 km	113 km	km	115 1=Ja

33 Aufwendungen für Fahrten mit öffentlichen Verkehrsmitteln – ohne Flug- und Fährkosten – (Bitte stets die Zeile 32 ausfüllen.) 114 EUR ,—

34 Aufwendungen für Arbeitsmittel, Bewerbungskosten, Fortbildungskosten, Kontoführungsgebühren, Reisekosten bei Auswärtstätigkeiten, Flug- und Fährkosten, Beiträge zu Berufsverbänden – soweit nicht steuerfrei ersetzt – 380 ,—

Werbungskosten Ehefrau / Lebenspartner(in) B

88

Angaben zur Ermittlung der Entfernungspauschale:
Erste Tätigkeitsstätte / Sammelpunkt / weiträumiges Tätigkeitsgebiet (PLZ, Ort und Straße) | Arbeitstage je Woche | Urlaubs- und Krankheitstage

35

	aufgesucht an		einfache Entfernung von der Wohnung	davon mit eigenem oder zur Nutzung überlassenem Pkw zurückgelegt	davon mit Sammelbeförderung des Arbeitgebers zurückgelegt	davon mit öffentl. Verkehrsmitteln, Motorrad, Fahrrad o. Ä., als Fußgänger, als Mitfahrer einer Fahrgemeinschaft zurückgelegt	Behinderungsgrad mind. 70 oder mind. 50 und Merkzeichen „G"
36	110	Tagen	111 km	112 km	113 km	km	115 1=Ja

37 Aufwendungen für Fahrten mit öffentlichen Verkehrsmitteln - ohne Flug- und Fährkosten - (Bitte stets die Zeile 36 ausfüllen.) 114 EUR ,—

38 Aufwendungen für Arbeitsmittel, Bewerbungskosten, Fortbildungskosten, Kontoführungsgebühren, Reisekosten bei Auswärtstätigkeiten, Flug- und Fährkosten, Beiträge zu Berufsverbänden – soweit nicht steuerfrei ersetzt – 380 ,—

Sonderausgaben

52

		EUR 2015 gezahlt	EUR 2015 erstattet
39	**Kirchensteuer** (soweit diese nicht als Zuschlag zur Abgeltungsteuer einbehalten oder gezahlt wurde)	103 ,—	104 ,—
40	**Spenden und Mitgliedsbeiträge** zur Förderung steuerbegünstigter Zwecke (lt. Bestätigungen)	123 ,—	
		stpfl. Person / Ehemann / Lebenspartner(in) A EUR	Ehefrau / Lebenspartner(in) B EUR
41	**Spenden und Mitgliedsbeiträge** zur Förderung steuerbegünstigter Zwecke, bei denen die Daten elektronisch an die Finanzverwaltung übermittelt wurden	202 ,—	203 ,—

Außergewöhnliche Belastungen

53

42 stpfl. Person / Ehemann / Lebenspartner(in) A 56 Grad der Behinderung | 20 blind / ständig hilflos 1=Ja | Ehefrau / Lebenspartner(in) B 57 Grad der Behinderung | 21 blind / ständig hilflos 1=Ja

Fahrtkosten behinderter Menschen, Krankheitskosten, Kurkosten, Pflegekosten | Aufwendungen EUR | Erhaltene / Anspruch auf zu erwartende Versicherungsleistungen, Beihilfen, Unterstützungen usw. EUR

43 Art der Belastung | 63 ,— | 64 ,—

Haushaltsnahe Dienstleistungen und Handwerkerleistungen

18

Steuerermäßigung bei Aufwendungen für | Aufwendungen (abzüglich Erstattungen) EUR

44 – haushaltsnahe Dienstleistungen, Hilfe im eigenen Haushalt | 210 ,—

45 – Handwerkerleistungen für Renovierungs-, Erhaltungs- und Modernisierungsmaßnahmen im eigenen Haushalt (ohne öffentlich geförderte Maßnahmen, für die zinsverbilligte Darlehen oder steuerfreie Zuschüsse in Anspruch genommen werden, z. B. KfW-Bank, landeseigener Förderbanken oder Gemeinden) | 214 ,—

46 **Nur bei Alleinstehenden und Eintragungen in den Zeilen 44 und 45:** Es bestand ganzjährig ein gemeinsamer Haushalt mit einer anderen alleinstehenden Person(en) | 223 Anzahl der weiteren | Name, Vorname, Geburtsdatum

47 Laut einzureichendem gemeinsamen Antrag sind die Höchstbeträge für die Aufwendungen lt. den Zeilen 44 und 45 in einem anderen Verhältnis als je zur Hälfte aufzuteilen. Der bei mir zu berücksichtigende Anteil beträgt | 221 %

48 **Nur bei Ehegatten / Lebenspartnern und Eintragungen in den Zeilen 44 und 45:** Es wurde 2015 ein gemeinsamer Haushalt begründet oder aufgelöst und für einen Teil des Kalenderjahres ein Einzelhaushalt geführt | Ehemann / Lebenspartner(in) A 219 1=Ja | Ehefrau / Lebenspartner(in) B 220 1=Ja

Unterschrift

Die mit der Steuererklärung / dem Antrag angeforderten Daten werden aufgrund der §§ 149 und 150 der Abgabenordnung, der §§ 25 und 46 des Einkommensteuergesetzes sowie des § 14 Abs. 4 des Fünften Vermögensbildungsgesetzes erhoben. Ich versichere, **keine weiteren inländischen oder ausländischen Einkünfte** bezogen zu haben.

Bei der Anfertigung dieser Steuererklärung hat mitgewirkt:
Empfangsvollmacht ist erteilt.

49 **Datum, Unterschrift(en)** **Steuererklärungen sind eigenhändig - bei Ehegatten / Lebenspartnern von beiden - zu unterschreiben.**

2015ESt1V062NET **2015ESt1V062NET**

III. Einkommensteuererklärung für beschränkt steuerpflichtige Personen

2015

1 ☐ Einkommensteuererklärung ☐ Antrag auf Festsetzung der Arbeitnehmer-Sparzulage

Eingangsstempel

2 ☐ Erklärung zur Feststellung des verbleibenden Verlustvortrags

für beschränkt steuerpflichtige Personen

3 Steuernummer

An das Finanzamt

4 oder

5 ☐ an das Bundeszentralamt für Steuern

Allgemeine Angaben

Steuerpflichtige Person (stpfl. Person)

6 Identifikationsnummer (IdNr.) - soweit schon erhalten -

7 Name / Geburtsdatum

8 Vorname

9 Titel, akademischer Grad

10 Straße (derzeitige Adresse)

11 Hausnummer / Hausnummerzusatz / Adressergänzung

12 Postleitzahl

13 Wohnort

14 Aktueller Wohnsitzsaat

15 Wohnsitzstaat im Kalenderjahr 2015 (falls von Zeile 14 abweichend)

16 Ggf. weitere Wohnsitzstaaten im Kalenderjahr 2015

17 Staatsangehörigkeit

18 Geburtsort

19 Ausgeübter Beruf

Bankverbindung - Bitte stets angeben -

20 IBAN

21 BIC

22 Geldinstitut und Ort

Name eines von den Zeilen 7 und 8 abweichenden Kontoinhabers

23 Name (Bei Abtretung bitte amtlichen Abtretungsvordruck einreichen)

2015ESt1C151NET – Juli 2015 – 2015ESt1C151NET
034039_15

Steuernummer

Inländische Einkünfte im Kalenderjahr 2015

19

Zeile		Kz	EUR
31	**Einkünfte i. S. d. § 50d Abs. 10 EStG**	824	–

Einkünfte aus nichtselbständiger Arbeit, die im Inland nicht dem Steuerabzug unterliegen — **18**

Zeile	Beschäftigung in		vom	bis		Arbeitslohn EUR
32		109			110	, –
33	Werbungskosten zu Zeile 32				111	, –

Zeile			Kz	Einnahmen
34	**Erträge aus Kapitalvermögen**	i. S. d. § 49 Abs. 1 Nr. 5 EStG (ohne Einnahmen in Zeile 36)	132	, –
35		Ich beantrage die Günstigerprüfung für die in Zeile 34 erklärten Kapitalerträge.		1=Ja
36		i. S. d. § 49 Abs. 1 Nr. 5 EStG, die der tariflichen Einkommensteuer unterliegen	115	, –

Anzurechnende Steuern

Zeile		Kz	EUR Ct		Kz	EUR Ct
37	Kapitalertragsteuer	147		Steuerabzugsbeträge nach § 50a EStG	154	
38	Quellensteuern nach der ZIV	156		Einbehaltener Solidaritätszuschlag	152	

19

Zeile		Kz	EUR Ct
39	Anrechenbare ausländische Steuer nach § 50d Abs. 10 Satz 5 EStG	825	

Veranlagung nach § 50 Abs. 2 EStG

18

Zeile		Kz	
40	Ich bin Arbeitnehmer und wegen des Eintrags eines Freibetrags nach § 39a Abs. 4 EStG auf der Bescheinigung für beschränkt Steuerpflichtige (§ 39 Abs. 2 und 3 EStG) verpflichtet, eine Einkommensteuererklärung abzugeben.	178	1=Ja
41	Ich bin Arbeitnehmer und Staatsangehöriger eines EU- / EWR-Staates, habe im Hoheitsgebiet eines dieser Staaten meinen Wohnsitz oder gewöhnlichen Aufenthalt und beantrage die Veranlagung zur Einkommensteuer.	179	1=Ja
42	**Falls Zeile 40 oder 41 mit „Ja" beantwortet wurde:** Einkünfte aus nichtselbständiger Arbeit, die im Inland dem Steuerabzug unterliegen		**lt. Anlage N**

Angaben zum Progressionsvorbehalt

Zeile		Kz	EUR
43	Einkünfte, die dem Steuerabzug nach § 50a EStG unterliegen	123	, –
44	Summe der Einkünfte, die nicht der deutschen Einkommensteuer unterliegen (ohne Kapitalerträge, die der Abgeltungsteuer unterliegen oder – im Fall von ausländischen Kapitalerträgen – unterliegen würden)	124	, –
45	In Zeile 44 enthaltene außerordentliche Einkünfte i. S. d. §§ 34, 34b EStG	177	, –
46	Einkommensersatzleistungen z. B. Elterngeld, Krankengeld, Mutterschaftsgeld (ohne Beträge lt. Zeile 27 der Anlage N)	120	, –
47	Ich bin Staatsangehöriger eines EU- / EWR-Staates, habe im Hoheitsgebiet eines dieser Staaten meinen Wohnsitz oder gewöhnlichen Aufenthalt, habe Einkünfte i. S. d. § 50a Abs. 1, 2 oder 4 EStG erzielt und beantrage die Veranlagung zur Einkommensteuer.	180	1=Ja
48	**Falls Zeile 47 mit „Ja" beantwortet wurde:** Einkünfte aus Gewerbebetrieb / selbständiger Arbeit / nichtselbständiger Arbeit / Vermietung und Verpachtung / sonstige Einkünfte, die im Inland dem Steuerabzug unterliegen		**lt. Anlage**

Sonderausgaben

52

Gezahlte Versorgungsleistungen

Zeile		Rechtsgrund, Datum des Vertrags	Kz	abziehbar		Kz	tatsächlich gezahlt EUR
49	Renten		102		%	101	, –
50	Dauernde Lasten					100	, –

Spenden und Mitgliedsbeiträge (ohne Beträge in den Zeilen 55 bis 58)

Zeile		Kz	lt. Bestätigungen EUR	Kz	lt. Nachweis Betriebsfinanzamt EUR	Kz	lt. elektronischer Übermittlung an die Finanzverwaltung EUR
51	– zur Förderung steuerbegünstigter Zwecke	123	, –	124	, –	202	, –
52	in Zeile 51 enthaltene Zuwendungen an Empfänger imEU- / EWR-Ausland	125	, –	126	, –		
53	– an politische Parteien (§§ 34g, 10b EStG)	127	, –	128	, –	204	, –
54	– an unabhängige Wählervereinigungen (§ 34g EStG)	129	, –	130	, –	206	, –

Spenden in das zu erhaltende Vermögen (Vermögensstock) einer Stiftung

Zeile		Kz		Kz		Kz	
55	2015 geleistete Spenden	220	, –	221	, –	210	, –
56	in Zeile 55 enthaltene Spenden an Empfänger im EU- / EWR-Ausland	222	, –	223	, –		

Zeile		Kz	
57	Von den Spenden in Zeile 55 sollen 2015 berücksichtigt werden	212	, –
58	2015 zu berücksichtigende Spenden aus Vorjahren in das zu erhaltende Vermögen (Vermögensstock) einer Stiftung, die bisher noch nicht berücksichtigt wurden.	214	, –

2015ESt1C152NET — 2015ESt1C152NET

Steuernummer

Steuerbegünstigung für schutzwürdige Kulturgüter

18

Abzugsbetrag EUR

61 Steuerbegünstigung nach § 10g EStG für schutzwürdige Kulturgüter, die weder zur Einkunftserzielung noch zu eigenen Wohnzwecken genutzt werden 151 , –

Sonstige Angaben und Anträge

Anzahl

62 **Anlage VL** vermögenswirksame Leistungen

Name, Adresse des Arbeitgebers

63

64 Es wurde ein verbleibender Verlustvortrag nach § 10d EStG / Spendenvortrag nach § 10b EStG zum 31.12.2014 festgestellt.

Antrag auf Beschränkung des Verlustrücktrags nach 2014

EUR

65 Von den nicht ausgeglichenen negativen Einkünften 2015 soll folgender Gesamtbetrag nach 2014 zurückgetragen werden –

Ergänzende Angaben

66 Ich war vor Begründung der beschränkten Steuerpflicht **unbeschränkt** steuerpflichtig. 1 = Ja 2 = Nein

Falls „Ja":
Meine unbeschränkte Steuerpflicht hat **nach dem 31.12.2004** geendet.

am | bisher zuständiges Finanzamt, Steuernummer

67 Nein Ja

Falls „Ja":
Ich war in den letzten 10 Jahren vor diesem Zeitpunkt **als Deutscher insgesamt mindestens fünf Jahre** unbeschränkt steuerpflichtig.

in der Zeit vom | bis

68 Nein Ja

Falls „Ja":
69 Im Zeitraum zwischen Beendigung der unbeschränkten Steuerpflicht bis zur Abgabe der Einkommensteuererklärung 2015 lag mein Wohnsitz zumindest zeitweise in einem niedrig besteuernden Gebiet i. S. d. § 2 Abs. 2 AStG 1 = Ja 2 = Nein

Falls Zeile 68 mit „Ja" beantwortet wurde:

70 a) Mir gehörte am 1.1.2015 eine Beteiligung i. S. d. § 17 EStG an einer inländischen Kapitalgesellschaft / Genossenschaft. 1 = Ja 2 = Nein

71 b) Ich war am 1.1.2015 an einer ausländischen Personengesellschaft beteiligt, die wesentliche wirtschaftliche Interessen i. S. d. § 2 Abs. 1 Nr. 2 und Abs. 3 AStG hatte. 1 = Ja 2 = Nein

72 c) Ich war im Kj. 2015 allein oder zusammen mit anderen Personen, die der unbeschränkten oder erweitert beschränkten Steuerpflicht (§§ 2 bis 5 AStG) unterliegen, an einer ausländischen Gesellschaft i. S. d. § 7 AStG beteiligt. 1 = Ja 2 = Nein

Erläuterungen (insbesondere Name, Sitz, Art der Tätigkeit der Gesellschaft, zuständiges Finanzamt)

73

74

75 Zur Wahrnehmung der steuerlichen Pflichten und Rechte als **Bevollmächtigter** ist bestellt (§ 80 AO): | Zum Empfang von Schriftstückenals inländischer **Empfangsbevollmächtigter** ist bestellt (§ 123 AO):

76 Als inländischer **Vermögensverwalter** ist tätig (§ 34 AO): | Als **Verfügungsberechtigter** ist tätig (§ 35 AO):

Name
77

Vorname
78

Straße
79

Hausnummer | Hausnummerzusatz | Adressergänzung
80

Postfach
81

Postleitzahl | Wohnort
82

Unterschrift

Die mit der Steuererklärung / dem Antrag angeforderten Daten werden aufgrund der §§ 149, 150 und 181 Abs. 2 der Abgabenordnung, der §§ 25 und 46 des Einkommensteuergesetzes sowie des § 14 Abs. 4 des Fünften Vermögensbildungsgesetzes erhoben.

83 Ich leiste die Unterschrift als steuerpflichtige Person. – nur in den Fällen des § 150 Abs. 3 AO – als Bevollmächtigter.

Bei der Anfertigung dieser Steuererklärung hat mitgewirkt:

84

Datum, Unterschrift - Steuererklärungen sind eigenhändig zu unterschreiben.

2015ESt1C153NET **2015ESt1C153NET**

EStG
S 2262

§ 26 Veranlagung von Ehegatten

(1) [1]Ehegatten können zwischen der Einzelveranlagung (§ 26a) und der Zusammenveranlagung (§ 26b) wählen, wenn

1. beide unbeschränkt einkommensteuerpflichtig im Sinne des § 1 Absatz 1 oder 2 oder des § 1a sind,
2. sie nicht dauernd getrennt leben und
3. bei ihnen die Voraussetzungen aus den Nummern 1 und 2 zu Beginn des Veranlagungszeitraums vorgelegen haben oder im Laufe des Veranlagungszeitraums eingetreten sind.

[2]Hat ein Ehegatte in dem Veranlagungszeitraum, in dem seine zuvor bestehende Ehe aufgelöst worden ist, eine neue Ehe geschlossen und liegen bei ihm und dem neuen Ehegatten die Voraussetzungen des Satzes 1 vor, bleibt die zuvor bestehende Ehe für die Anwendung des Satzes 1 unberücksichtigt.

(2) [1]Ehegatten werden einzeln veranlagt, wenn einer der Ehegatten die Einzelveranlagung wählt. [2]Ehegatten werden zusammen veranlagt, wenn beide Ehegatten die Zusammenveranlagung wählen. [3]Die Wahl wird für den betreffenden Veranlagungszeitraum durch Angabe in der Steuererklärung getroffen. [4]Die Wahl der Veranlagungsart innerhalb eines Veranlagungszeitraums kann nach Eintritt der Unanfechtbarkeit des Steuerbescheids nur noch geändert werden, wenn

1. ein Steuerbescheid, der die Ehegatten betrifft, aufgehoben, geändert oder berichtigt wird und
2. die Änderung der Wahl der Veranlagungsart der zuständigen Finanzbehörde bis zum Eintritt der Unanfechtbarkeit des Änderungs- oder Berichtigungsbescheids schriftlich oder elektronisch mitgeteilt oder zur Niederschrift erklärt worden ist und
3. der Unterschiedsbetrag aus der Differenz der festgesetzten Einkommensteuer entsprechend der bisher gewählten Veranlagungsart und der festzusetzenden Einkommensteuer, die sich bei einer geänderten Ausübung der Wahl der Veranlagungsarten ergeben würde, positiv ist. [2]Die Einkommensteuer der einzeln veranlagten Ehegatten ist hierbei zusammenzurechnen.

(3) Wird von dem Wahlrecht nach Absatz 2 nicht oder nicht wirksam Gebrauch gemacht, so ist eine Zusammenveranlagung durchzuführen.

EStG
S 2263

§ 26a Einzelveranlagung von Ehegatten

(1) [1]Bei der Einzelveranlagung von Ehegatten sind jedem Ehegatten die von ihm bezogenen Einkünfte zuzurechnen. [2]Einkünfte eines Ehegatten sind nicht allein deshalb zum Teil dem anderen Ehegatten zuzurechnen, weil dieser bei der Erzielung der Einkünfte mitgewirkt hat.

(2) [1]Sonderausgaben, außergewöhnliche Belastungen und die Steuerermäßigung nach § 35a werden demjenigen Ehegatten zugerechnet, der die Aufwendungen wirtschaftlich getragen hat. [2]Auf übereinstimmenden Antrag der Ehegatten werden sie jeweils zur Hälfte abgezogen. [3]Der Antrag des Ehegatten, der die Aufwendungen wirtschaftlich getragen hat, ist in begründeten Einzelfällen ausreichend. [4]§ 26 Absatz 2 Satz 3 gilt entsprechend.

(3) Die Anwendung des § 10d für den Fall des Übergangs von der Einzelveranlagung zur Zusammenveranlagung und von der Zusammenveranlagung zur Einzelveranlagung zwischen zwei Veranlagungszeiträumen, wenn bei beiden Ehegatten nicht ausgeglichene Verluste vorliegen, wird durch Rechtsverordnung der Bundesregierung mit Zustimmung des Bundesrates geregelt.

EStG
S 2264
S 2264a

§ 26b Zusammenveranlagung von Ehegatten

Bei der Zusammenveranlagung von Ehegatten werden die Einkünfte, die die Ehegatten erzielt haben, zusammengerechnet, den Ehegatten gemeinsam zugerechnet und, soweit nichts anderes vorgeschrieben ist, die Ehegatten sodann gemeinsam als Steuerpflichtiger behandelt.

§ 27 (weggefallen)

EStG

§ 28 Besteuerung bei fortgesetzter Gütergemeinschaft

EStG
S 2266

Bei fortgesetzter Gütergemeinschaft gelten Einkünfte, die in das Gesamtgut fallen, als Einkünfte des überlebenden Ehegatten, wenn dieser unbeschränkt steuerpflichtig ist.

§§ 29 bis 30 (weggefallen)

EStG

IV. Tarif

§ 31 Familienleistungsausgleich

EStG
S 2280

[1]Die steuerliche Freistellung eines Einkommensbetrags in Höhe des Existenzminimums eines Kindes einschließlich der Bedarfe für Betreuung und Erziehung oder Ausbildung wird im gesamten Veranlagungszeitraum entweder durch die Freibeträge nach § 32 Absatz 6 oder durch Kindergeld nach Abschnitt X bewirkt. [2]Soweit das Kindergeld dafür nicht erforderlich ist, dient es der Förderung der Familie. [3]Im laufenden Kalenderjahr wird Kindergeld als Steuervergütung monatlich gezahlt. [4]Bewirkt der Anspruch auf Kindergeld für den gesamten Veranlagungszeitraum die nach Satz 1 gebotene steuerliche Freistellung nicht vollständig und werden deshalb bei der Veranlagung zur Einkommensteuer die Freibeträge nach § 32 Absatz 6 vom Einkommen abgezogen, erhöht sich die unter Abzug dieser Freibeträge ermittelte tarifliche Einkommensteuer um den Anspruch auf Kindergeld für den gesamten Veranlagungszeitraum; bei nicht zusammenveranlagten Eltern wird der Kindergeldanspruch im Umfang des Kinderfreibetrags angesetzt. [5]Satz 4 gilt entsprechend für mit dem Kindergeld vergleichbare Leistungen nach § 65. [6]Besteht nach ausländischem Recht Anspruch auf Leistungen für Kinder, wird dieser insoweit nicht berücksichtigt, als er das inländische Kindergeld übersteigt.

Hinweise

H 31

Allgemeines

→ R 31 EStR, H 31 EStH

Anhang 30

§ 32 Kinder, Freibeträge für Kinder

EStG
S 2282

(1) Kinder sind

1. **im ersten Grad mit dem Steuerpflichtigen verwandte Kinder,**
2. ***Pflegekinder* (Personen, mit denen der Steuerpflichtige durch ein familienähnliches, auf längere Dauer berechnetes Band verbunden ist, sofern er sie nicht zu Erwerbszwecken in seinen Haushalt aufgenommen hat und das Obhuts- und Pflegeverhältnis zu den Eltern nicht mehr besteht).**

(2) [1]Besteht bei einem angenommenen Kind das Kindschaftsverhältnis zu den leiblichen Eltern weiter, ist es vorrangig als angenommenes Kind zu berücksichtigen. [2]Ist ein im ersten Grad mit dem Steuerpflichtigen verwandtes Kind zugleich ein Pflegekind, ist es vorrangig als Pflegekind zu berücksichtigen.

(3) Ein Kind wird in dem Kalendermonat, in dem es lebend geboren wurde, und in jedem folgenden Kalendermonat, zu dessen Beginn es das 18. Lebensjahr noch nicht vollendet hat, berücksichtigt.

(4) [1]Ein Kind, das das 18. Lebensjahr vollendet hat, wird berücksichtigt, wenn es

1. noch nicht das 21. Lebensjahr vollendet hat, nicht in einem Beschäftigungsverhältnis steht und bei einer Agentur für Arbeit im Inland als Arbeitsuchender gemeldet ist oder
2. noch nicht das 25. Lebensjahr vollendet hat und
   a) für einen Beruf ausgebildet wird oder
   b) sich in einer Übergangszeit von höchstens vier Monaten befindet, die zwischen zwei Ausbildungsabschnitten oder zwischen einem Ausbildungsabschnitt und der Ableistung des gesetzlichen Wehr- oder Zivildienstes, einer vom Wehr- oder Zivildienst befreienden Tätigkeit als Entwicklungshelfer oder als Dienstleistender im Ausland nach § 14b des Zivildienstgesetzes oder der Ableistung des freiwilligen Wehrdienstes nach § 58b des Soldatengesetzes oder der Ableistung eines freiwilligen Dienstes im Sinne des Buchstaben d liegt, oder
   c) eine Berufsausbildung mangels Ausbildungsplatzes nicht beginnen oder fortsetzen kann oder
   d) ein freiwilliges soziales Jahr oder ein freiwilliges ökologisches Jahr im Sinne des Jugendfreiwilligendienstegesetzes oder einen Freiwilligendienst im Sinne der Verordnung (EU) Nr. 1288/2013 des Europäischen Parlaments und des Rates vom 11. Dezember 2013 zur Einrichtung von „Erasmus+", dem Programm der Union für allgemeine und berufliche Bildung, Jugend und Sport, und zur Aufhebung der Beschlüsse Nr. 1719/2006/EG, Nr. 1720/2006/EG und Nr. 1298/2008/EG (ABl. L 347 vom 20. 12. 2013, S. 50) oder einen anderen Dienst im Ausland im Sinne von § 5 des Bundesfreiwilligendienstgesetzes oder einen entwicklungspolitischen Freiwilligendienst „weltwärts" im Sinne der Richtlinie des Bundesministeriums für wirtschaftliche Zusammenarbeit und Entwicklung vom 1. August 2007 (BAnz. 2008 S. 1297) oder einen Freiwilligendienst aller Generationen im Sinne von § 2 Absatz 1a des Siebten Buches Sozialgesetzbuch oder einen Internationalen Jugendfreiwilligendienst im Sinne der Richtlinie des Bundesministeriums für Familie, Senioren, Frauen und Jugend vom 20. Dezember 2010 (GMBl S. 1778) oder einen Bundesfreiwilligendienst im Sinne des Bundesfreiwilligendienstgesetzes leistet oder
3. wegen körperlicher, geistiger oder seelischer Behinderung außerstande ist, sich selbst zu unterhalten; Voraussetzung ist, dass die Behinderung vor Vollendung des 25. Lebensjahres eingetreten ist. [1)]

[2]Nach Abschluss einer erstmaligen Berufsausbildung oder eines Erststudiums wird ein Kind in den Fällen des Satzes 1 Nummer 2 nur berücksichtigt, wenn das Kind keiner Erwerbstätigkeit nachgeht. [3]Eine Erwerbstätigkeit mit bis zu 20 Stunden regelmäßiger wöchentlicher Arbeitszeit, ein Ausbildungsdienstverhältnis oder ein geringfügiges Beschäftigungsverhältnis im Sinne der §§ 8 und 8a des Vierten Buches Sozialgesetzbuch sind unschädlich.

[2)] (5) [1]In den Fällen des Absatzes 4 Satz 1 Nummer 1 oder Nummer 2 Buchstabe a und b wird ein Kind, das

1. den gesetzlichen Grundwehrdienst oder Zivildienst geleistet hat, oder
2. sich an Stelle des gesetzlichen Grundwehrdienstes freiwillig für die Dauer von nicht mehr als drei Jahren zum Wehrdienst verpflichtet hat, oder
3. eine vom gesetzlichen Grundwehrdienst oder Zivildienst befreiende Tätigkeit als Entwicklungshelfer im Sinne des § 1 Absatz 1 des Entwicklungshelfer-Gesetzes ausgeübt hat,

für einen der Dauer dieser Dienste oder der Tätigkeit entsprechenden Zeitraum, höchstens für die Dauer des inländischen gesetzlichen Grundwehrdienstes oder bei anerkannten Kriegsdienstverweigerern für die Dauer des inländischen gesetzlichen Zivildienstes über das 21. oder 25. Lebensjahr hinaus berücksichtigt. [2]Wird der gesetzliche Grundwehrdienst oder Zivildienst in einem Mitgliedstaat der Europäischen Union oder einem Staat, auf den das Abkommen über den Europäischen Wirtschaftsraum Anwendung findet, geleistet, so ist die Dauer dieses Dienstes maßgebend. [3]Absatz 4 Satz 2 und 3 gilt entsprechend.

S 2282a [3)] [4)] (6) [1]Bei der Veranlagung zur Einkommensteuer wird für jedes zu berücksichtigende Kind des Steuerpflichtigen ein Freibetrag von ***2 304 Euro*** für das sächliche Existenzminimum des Kindes

1) Zur Anwendung von Absatz 4 Satz 1 Nr. 3: Kinder, die vor dem 1. 1. 2007 in der Zeit ab ihrem 25. Geburtstag und vor ihrem 27. Geburtstag eine Behinderung erlitten haben, deretwegen sie außerstande sind, sich selbst zu unterhalten, werden bei Vorliegen der materiell-rechtlichen Voraussetzungen auch im VZ 2007 und darüber hinaus berücksichtigt → § 52 Abs. 32 Satz 1 EStG.

2) § 32 Abs. 5 EStG ist nur noch anzuwenden, wenn das Kind den Dienst oder die Tätigkeit vor dem 1. Juli 2011 angetreten hat (→ § 52 Abs. 32 Satz 2 EStG).

3) Absatz 6 Satz 1 wurde durch Artikel 2 des Gesetzes zur Anhebung des Grundfreibetrags, des Kinderfreibetrags, des Kindergeldes und des Kinderzuschlags ab VZ 2016 geändert.

4) Für VZ 2015 wurde in Absatz 6 Satz 1 durch Artikel 1 des Gesetzes zur Anhebung des Grundfreibetrags, des Kinderfreibetrags, des Kindergeldes und des Kinderzuschlags die Angabe „2 184 Euro" durch die Angabe „2 256 Euro" ersetzt.

(Kinderfreibetrag) sowie ein Freibetrag von 1 320 Euro für den Betreuungs- und Erziehungs- oder Ausbildungsbedarf des Kindes vom Einkommen abgezogen. [2]Bei Ehegatten, die nach den §§ 26, 26b zusammen zur Einkommensteuer veranlagt werden, verdoppeln sich die Beträge nach Satz 1, wenn das Kind zu beiden Ehegatten in einem Kindschaftsverhältnis steht. [3]Die Beträge nach Satz 2 stehen dem Steuerpflichtigen auch dann zu, wenn

1. **der andere Elternteil verstorben oder nicht unbeschränkt einkommensteuerpflichtig ist oder**
2. **der Steuerpflichtige allein das Kind angenommen hat oder das Kind nur zu ihm in einem Pflegekindschaftsverhältnis steht.**

[4]Für ein nicht nach § 1 Absatz 1 oder 2 unbeschränkt einkommensteuerpflichtiges Kind können die Beträge nach den Sätzen 1 bis 3 nur abgezogen werden, soweit sie nach den Verhältnissen seines Wohnsitzstaates notwendig und angemessen sind. [5]Für jeden Kalendermonat, in dem die Voraussetzungen für einen Freibetrag nach den Sätzen 1 bis 4 nicht vorliegen, ermäßigen sich die dort genannten Beträge um ein Zwölftel. [6]Abweichend von Satz 1 wird bei einem unbeschränkt einkommensteuerpflichtigen Elternpaar, bei dem die Voraussetzungen des § 26 Absatz 1 Satz 1 nicht vorliegen, auf Antrag eines Elternteils der dem anderen Elternteil zustehende Kinderfreibetrag auf ihn übertragen, wenn er, nicht jedoch der andere Elternteil, seiner Unterhaltspflicht gegenüber dem Kind für das Kalenderjahr im Wesentlichen nachkommt oder der andere Elternteil mangels Leistungsfähigkeit nicht unterhaltspflichtig ist. [7]Eine Übertragung nach Satz 6 scheidet für Zeiträume aus, für die Unterhaltsleistungen nach dem Unterhaltsvorschussgesetz gezahlt werden. [8]Bei minderjährigen Kindern wird der dem Elternteil, in dessen Wohnung das Kind nicht gemeldet ist, zustehende Freibetrag für den Betreuungs- und Erziehungs- oder Ausbildungsbedarf auf Antrag des anderen Elternteils auf diesen übertragen, wenn bei dem Elternpaar die Voraussetzungen des § 26 Absatz 1 Satz 1 nicht vorliegen. [9]Eine Übertragung nach Satz 8 scheidet aus, wenn der Übertragung widersprochen wird, weil der Elternteil, bei dem das Kind nicht gemeldet ist, Kinderbetreuungskosten trägt oder das Kind regelmäßig in einem nicht unwesentlichen Umfang betreut. [10]Die den Eltern nach den Sätzen 1 bis 9 zustehenden Freibeträge können auf Antrag auch auf einen Stiefelternteil oder Großelternteil übertragen werden, wenn dieser das Kind in seinen Haushalt aufgenommen hat oder dieser einer Unterhaltspflicht gegenüber dem Kind unterliegt. [11]Die Übertragung nach Satz 10 kann auch mit Zustimmung des berechtigten Elternteils erfolgen, die nur für künftige Kalenderjahre widerrufen werden kann.

Hinweise

H 32

Berücksichtigung von Kindern

→ R 32 EStR, H 32 EStH

Anhang 30

Kindesunterhalt

Düsseldorfer Tabelle (gültig ab dem 1. 1. 2016)[1][2]

A. Kindesunterhalt

Nettoeinkommen des Barunterhaltspflichtigen (Anm. 3, 4)	Altersstufen in Jahren (§ 1612a Abs. 1 BGB)				Prozentsatz	Bedarfskontrollbetrag (Anm. 6)
	0–5	6–11	12–17	ab 18		
Alle Beträge in Euro						
1. bis 1 500	335	384	450	516	100	880/1 080
2. 1 501 – 2 300	352	404	473	542	105	1 180
3. 1 901 – 2 300	369	423	495	568	110	1 280

1) Die Düsseldorfer Tabelle enthält Leitlinien für den Unterhaltsbedarf von Unterhaltsberechtigten. Sie beruht auf Koordinierungsgesprächen zwischen Richterinnen und Richtern der Familiensenate der Oberlandesgerichte Düsseldorf, Köln, Hamm, der Unterhaltskommission des Deutschen Familiengerichtstages e. V. sowie einer Umfrage bei den übrigen Oberlandesgerichten. Die neue Tabelle nebst Anmerkungen beruht auf Koordinierungsgesprächen, die unter Beteiligung aller Oberlandesgerichte und der Unterhaltskommission des Deutschen Familiengerichtstages e. V. stattgefunden haben.

2) Die vollständige Tabelle ist abrufbar unter „www.olg-duesseldorf.nrw.de" und dort unter dem Link „Rechts-Infos – Düsseldorfer Tabelle".

Nettoeinkommen des Barunterhaltspflichtigen (Anm. 3, 4)	Altersstufen in Jahren (§ 1612a Abs. 1 BGB)				Prozentsatz	Bedarfskontrollbetrag (Anm. 6)
	0–5	6–11	12–17	ab 18		
	Alle Beträge in Euro					
4. 2 301 – 2 700	386	442	518	594	115	1 380
5. 2 701 – 3 100	402	461	540	620	120	1 480
6. 3 101 – 3 500	429	492	576	661	128	1 580
7. 3 501 – 3 900	456	523	612	702	136	1 680
8. 3 901 – 4 300	483	553	648	744	144	1 780
9. 4 301 – 4 700	510	584	684	785	152	1 880
10. 4 701 – 5 100	536	615	720	826	160	1 980
ab 5 101	nach den Umständen des Falles					

Anmerkungen:

1. Die Tabelle hat keine Gesetzeskraft, sondern stellt eine Richtlinie dar. Sie weist den monatlichen Unterhaltsbedarf aus, bezogen auf zwei Unterhaltsberechtigte, ohne Rücksicht auf den Rang. Der Bedarf ist nicht identisch mit dem Zahlbetrag; dieser ergibt sich unter Berücksichtigung der nachfolgenden Anmerkungen.

   Bei einer größeren/geringeren Anzahl Unterhaltsberechtigter können Ab- oder Zuschläge durch Einstufung in niedrigere/höhere Gruppen angemessen sein. Anmerkung 6 ist zu beachten. Zur Deckung des notwendigen Mindestbedarfs aller Beteiligten – einschließlich des Ehegatten – ist gegebenenfalls eine Herabstufung bis in die unterste Tabellengruppe vorzunehmen. Reicht das verfügbare Einkommen auch dann nicht aus, setzt sich der Vorrang der Kinder im Sinne von Anm. 5 Abs. 1 durch. Gegebenenfalls erfolgt zwischen den erstrangigen Unterhaltsberechtigten eine Mangelberechnung nach Abschnitt C.

2. Die Richtsätze der 1. Einkommensgruppe entsprechen dem Mindestbedarf **gemäß der Verordnung zur Festlegung des Mindestunterhalts minderjähriger Kinder nach § 1612a Absatz 1 BGB vom 3. Dezember 2015 (BGBl. I 2015, 2188).** Der Prozentsatz drückt die Steigerung des Richtsatzes der jeweiligen Einkommensgruppe gegenüber dem Mindestbedarf (= 1. Einkommensgruppe) aus. Die durch Multiplikation des nicht gerundeten Mindestbedarfs mit dem Prozentsatz errechneten Beträge sind entsprechend § 1612a Abs. 2 S. 2 BGB aufgerundet.

3. Berufsbedingte Aufwendungen, die sich von den privaten Lebenshaltungskosten nach objektiven Merkmalen eindeutig abgrenzen lassen, sind vom Einkommen abzuziehen, wobei bei entsprechenden Anhaltspunkten eine Pauschale von 5 % des Nettoeinkommens – mindestens 50 EUR, bei geringfügiger Teilzeitarbeit auch weniger, und höchstens 150 EUR monatlich – geschätzt werden kann. Übersteigen die berufsbedingten Aufwendungen die Pauschale, sind sie insgesamt nachzuweisen.

4. Berücksichtigungsfähige Schulden sind in der Regel vom Einkommen abzuziehen.

5. Der notwendige Eigenbedarf (Selbstbehalt)
   - gegenüber minderjährigen unverheirateten Kindern,
   - gegenüber volljährigen unverheirateten Kindern bis zur Vollendung des 21. Lebensjahres, die im Haushalt der Eltern oder eines Elternteils leben und sich in der allgemeinen Schulausbildung befinden, beträgt beim nicht erwerbstätigen Unterhaltspflichtigen monatlich 880 EUR, beim erwerbstätigen Unterhaltspflichtigen monatlich 1 080 EUR. Hierin sind bis 380 EUR für Unterkunft einschließlich umlagefähiger Nebenkosten und Heizung (Warmmiete) enthalten. Der Selbstbehalt soll erhöht werden, wenn die Wohnkosten (Warmmiete) den ausgewiesenen Betrag überschreiten und nicht unangemessen sind.

     Der angemessene Eigenbedarf, insbesondere gegenüber anderen volljährigen Kindern, beträgt in der Regel mindestens monatlich 1 300 EUR. Darin ist eine Warmmiete bis 480 EUR enthalten.

6. Der Bedarfskontrollbetrag des Unterhaltspflichtigen ab Gruppe 2 ist nicht identisch mit dem Eigenbedarf. Er soll eine ausgewogene Verteilung des Einkommens zwischen dem Unter-

haltspflichtigen und den unterhaltsberechtigten Kindern gewährleisten. Wird er unter Berücksichtigung anderer Unterhaltspflichten unterschritten, ist der Tabellenbetrag der nächst niedrigeren Gruppe, deren Bedarfskontrollbetrag nicht unterschritten wird, anzusetzen.

7. Bei volljährigen Kindern, die noch im Haushalt der Eltern oder eines Elternteils wohnen, bemisst sich der Unterhalt nach der 4. Altersstufe der Tabelle.

   Der angemessene Gesamtunterhaltsbedarf eines Studierenden, der nicht bei seinen Eltern oder einem Elternteil wohnt, beträgt in der Regel monatlich 735 EUR. Hierin sind bis 300 EUR für Unterkunft einschließlich umlagefähiger Nebenkosten und Heizung (Warmmiete) enthalten. Dieser Bedarfssatz kann auch für ein Kind mit eigenem Haushalt angesetzt werden.

8. Die Ausbildungsvergütung eines in der Berufsausbildung stehenden Kindes, das im Haushalt der Eltern oder eines Elternteils wohnt, ist vor ihrer Anrechnung in der Regel um einen ausbildungsbedingten Mehrbedarf von monatlich 90 EUR zu kürzen.

9. In den Bedarfsbeträgen (Anmerkungen 1 und 7) sind Beiträge zur Kranken- und Pflegeversicherung sowie Studiengebühren nicht enthalten.

10. Das auf das jeweilige Kind entfallende Kindergeld ist nach § 1612b BGB auf den Tabellenunterhalt (Bedarf) anzurechnen.

. . .

Ländergruppeneinteilung

Zu § 32 Abs. 6 Satz 4 EStG → H 33a (Ländergruppeneinteilung)

Vordruckmuster Anlage Kind

2015

1 Name

2 Vorname

3 Steuernummer — lfd. Nr. der Anlage

Anlage Kind
Für jedes Kind bitte eine eigene Anlage Kind abgeben.

Angaben zum Kind 3

4 Identifikationsnummer 01

5 Vorname — ggf. abweichender Familienname

6 Geburtsdatum 16 — Anspruch auf Kindergeld oder vergleichbare Leistungen für 2015 15 EUR ,–

7 Für die Kindergeldfestsetzung zuständige Familienkasse

8 Wohnort im Inland 00 vom bis — Wohnort im Ausland vom bis

9 ggf. abweichende Adresse (bei Wohnort im Ausland) (Kz14)

Kindschaftsverhältnis zur stpfl. Person / Ehemann / Lebenspartner(in) A

Kindschaftsverhältnis zur Ehefrau / Lebenspartner(in) B

10 02 — 1 = leibliches Kind / Adoptivkind 2 = Pflegekind 3 = Enkelkind / Stiefkind — 03 — 1 = leibliches Kind / Adoptivkind 2 = Pflegekind 3 = Enkelkind / Stiefkind

Kindschaftsverhältnis zu anderen Personen

11 Name, Vorname — Geburtsdatum dieser Person — 04 — Dauer des Kindschaftsverhältnisses vom bis

12 Letzte bekannte Adresse — Art des Kindschaftsverhältnisses 1 = leibliches Kind / Adoptivkind 2 = Pflegekind

13 Der andere Elternteil lebte im Ausland 37

14 Das Kindschaftsverhältnis zum anderen Elternteil ist durch dessen Tod erloschen am 06

Angaben für ein volljähriges Kind

1. Ausbildungsabschnitt (vom bis) — 2. Ausbildungsabschnitt (vom bis)

15 Das Kind befand sich in Schul-, Hochschul- oder Berufsausbildung

16 Bezeichnung der Schul-, Hochschul- oder Berufsausbildung

17 Das Kind konnte eine Berufsausbildung mangels Ausbildungsplatzes nicht beginnen oder fortsetzen

18 Das Kind hat ein freiwilliges soziales oder ökologisches Jahr (Jugendfreiwilligendienstegesetz), einen europäischen / entwicklungspolitischen Freiwilligendienst, einen Freiwilligendienst aller Generationen (§ 2 Abs. 1a SGB VII), einen Internationalen Jugendfreiwilligendienst, Bundesfreiwilligendienst oder einen Anderen Dienst im Ausland (§ 5 Bundesfreiwilligendienstgesetz) geleistet

19 Das Kind befand sich in einer Übergangszeit von höchstens vier Monaten (z. B. zwischen zwei Ausbildungsabschnitten)

20 Das Kind war ohne Beschäftigung und bei einer Agentur für Arbeit als arbeitsuchend gemeldet

21 Das Kind war wegen einer vor Vollendung des 25. Lebensjahres eingetretenen Behinderung außerstande, sich selbst finanziell zu unterhalten (Bitte Anleitung beachten.)

22 Das Kind hat den gesetzlichen Grundwehr- / Zivildienst oder einen davon befreienden Dienst geleistet, der vor dem 1.7.2011 begonnen hat

Angaben zur Erwerbstätigkeit eines volljährigen Kindes (nur bei Eintragungen in den Zeilen 15 bis 19)

23 Das Kind hat bereits eine erstmalige Berufsausbildung oder ein Erststudium abgeschlossen — 1 = Ja 2 = Nein

24 Falls Zeile 23 mit Ja beantwortet wurde: Das Kind war erwerbstätig (kein Ausbildungsdienstverhältnis) — 1 = Ja 2 = Nein

25 Falls Zeile 24 mit Ja beantwortet wurde: Das Kind übte eine / mehrere geringfügige Beschäftigung(en) im Sinne der §§ 8, 8a SGB IV (sog. Minijob) aus — 1 = Ja 2 = Nein — Beschäftigungszeitraum vom bis

26 Das Kind übte andere Erwerbstätigkeiten aus (bei mehreren Erwerbstätigkeiten bitte Angaben lt. gesonderter Aufstellung) — 1 = Ja 2 = Nein — Erwerbszeitraum

27 *(Vereinbarte) regelmäßige wöchentliche Arbeitszeit der Tätigkeit(en)* lt. Zeile 25 Stunden lt. Zeile 26 Stunden

2015AnlKind021NET — Juli 2015 — 2015AnlKind021NET 034025_15

Steuernummer, lfd. Nr. der Anlage

Kranken- und Pflegeversicherung (Nicht in der Anlage Vorsorgeaufwand enthalten)

– Füllen Sie die Zeilen 31 bis 37 nur aus, wenn der Datenübermittlung nicht widersprochen wurde. –

Zeile		Aufwendungen von mir / uns als Versicherungsnehmer geschuldet EUR	Aufwendungen vom Kind als Versicherungsnehmer geschuldet EUR
31	Von mir / uns getragene Beiträge zu Krankenversicherungen (einschließlich Zusatzbeiträge) des Kindes (nur Basisabsicherung, keine Wahlleistungen)	66 ,–	70 ,–
32	In Zeile 31 enthaltene Beiträge, aus denen sich ein Anspruch auf Krankengeld ergibt		71 ,–
33	Von mir / uns getragene Beiträge zur sozialen Pflegeversicherung und / oder zur privaten Pflege-Pflichtversicherung	67 ,–	72 ,–
34	Von den Versicherungen lt. den Zeilen 31 bis 33 erstattete Beträge	68 ,–	73 ,–
35	In Zeile 34 enthaltene Beträge, aus denen sich ein Anspruch auf Krankengeld ergibt		74 ,–
36	Zuschuss von dritter Seite zu den Beiträgen lt. den Zeilen 31 bis 33 (z. B. nach § 13a BAföG)		75 ,–
37	Von mir / uns getragene Beiträge zu Kranken- und Pflegeversicherungen des Kindes (ohne Basisabsicherung, z. B. für Wahlleistungen, Zusatzversicherung)	69 ,–	

Übertragung des Kinderfreibetrags / des Freibetrags für den Betreuungs- und Erziehungs- oder Ausbildungsbedarf

Ich beantrage den vollen Kinderfreibetrag und den vollen Freibetrag für den Betreuungs- und Erziehungs- oder Ausbildungsbedarf, weil der andere Elternteil

38 – seiner Unterhaltsverpflichtung nicht zu mindestens 75% nachkommt oder
– mangels Leistungsfähigkeit nicht unterhaltspflichtig ist — 36 [ ] 1 = Ja

39 Falls die Frage in Zeile 38 mit Ja beantwortet wurde:
Es wurden Unterhaltsleistungen nach dem Unterhaltsvorschussgesetz gezahlt für den Zeitraum — 38 vom [ ] bis [ ]

40 Ich beantrage den vollen Freibetrag für den Betreuungs- und Erziehungs- oder Ausbildungsbedarf, weil das minderjährige Kind bei dem anderen Elternteil nicht gemeldet war. — 39 [ ] 1 = Ja — 43 [ ] [ ]

41 Der Übertragung des Kinderfreibetrags und des Freibetrags für den Betreuungs- und Erziehungs- oder Ausbildungsbedarf auf den Stief- / Großelternteil wurde lt. **Anlage K** zugestimmt. — 40 [ ] 1 = Ja

42 Nur beim Stief- / Großelternteil: Der Kinderfreibetrag und der Freibetrag für den Betreuungs- und Erziehungs- oder Ausbildungsbedarf sind lt. **Anlage K** zu übertragen. — 41 [ ] 1 = Ja

43 Nur beim Stief- / Großelternteil: Ich / wir beantrage(n) die Übertragung des Kinderfreibetrags und des Freibetrags für den Betreuungs- und Erziehungs- oder Ausbildungsbedarf, weil ich / wir das Kind in meinem / unserem Haushalt aufgenommen habe(n) oder ich / wir als Großelternteil gegenüber dem Kind unterhaltspflichtig bin / sind. — 76 [ ] 1 = Ja — Zeitraum der Haushaltszugehörigkeit / Unterhaltsverpflichtung: 77 vom [ ] bis [ ]

Entlastungsbetrag für Alleinerziehende

Zeile					vom	bis
44	Das Kind war mit mir in der gemeinsamen Wohnung gemeldet			42		
45	Für das Kind wurde mir Kindergeld ausgezahlt			44		
46	Außer mir war(en) in der gemeinsamen Wohnung eine / mehrere volljährige Person(en) gemeldet, für die keine Anlage(n) Kind beigefügt ist / sind	46	1 = Ja 2 = Nein	Falls ja 47		
47	Es bestand eine Haushaltsgemeinschaft mit mindestens einer weiteren volljährigen Person, für die keine Anlage(n) Kind beigefügt ist / sind	49	1 = Ja 2 = Nein	Falls ja 50		

48 Name, Vorname (weitere Personen bitte in einer gesonderten Aufstellung angeben)

49 Verwandtschaftsverhältnis — Beschäftigung / Tätigkeit

Freibetrag zur Abgeltung eines Sonderbedarfs bei Berufsausbildung eines volljährigen Kindes (Kz 27)

50 Das Kind war auswärtig untergebracht — vom [ ] bis [ ]

51 Anschrift

Nur bei nicht zusammen veranlagten Eltern:

52 Laut gesondertem gemeinsamen Antrag ist der Freibetrag zur Abgeltung eines Sonderbedarfs bei Berufsausbildung in einem anderen Verhältnis als je zur Hälfte aufzuteilen. Der bei mir zu berücksichtigende Anteil beträgt [ ] %

2015AnlKind022NET

2015AnlKind022NET

Steuernummer, lfd. Nr. der Anlage

Schulgeld

für den Besuch einer Privatschule (Bezeichnung der Schule oder deren Träger) — Gesamtaufwendungen der Eltern EUR

61 | 24 | ,–

Nur bei nicht zusammen veranlagten Eltern:

62 Das von mir übernommene Schulgeld beträgt | 56 | ,–

63 Laut gesondertem gemeinsamen Antrag ist für das Kind der Höchstbetrag für das Schulgeld in einem anderen Verhältnis als je zur Hälfte aufzuteilen. Der bei mir zu berücksichtigende Anteil beträgt | 57 | %

2015003023203

Übertragung des Behinderten- oder Hinterbliebenen-Pauschbetrags

Die Übertragung des Behinderten- / Hinterbliebenen-Pauschbetrags wird beantragt:

Das Kind ist

64 hinterblieben 26 | 1 = Ja | behindert | 1 = Ja | blind / ständig hilflos 56 | 1 = Ja | geh- und stehbehindert | 1 = Ja | Grad der Behinderung 25

Ausweis / Rentenbescheid / Bescheinigung | von | bis | unbefristet gültig | Erstmalige Beantragung / Änderung (Nachweis ist einzureichen)

65 ausgestellt am | gültig

Nur bei nicht zusammen veranlagten Eltern:

66 Laut gesondertem gemeinsamen Antrag sind die für das Kind zu gewährenden Pauschbeträge für Behinderte / Hinterbliebene in einem anderen Verhältnis als je zur Hälfte aufzuteilen. Der bei mir zu berücksichtigende Anteil beträgt | 28 | %

Kinderbetreuungskosten

	Art der Dienstleistung, Name und Anschrift des Dienstleisters	vom	bis		Gesamtaufwendungen der Eltern EUR
67				51	,–
68	Steuerfreier Ersatz (z. B. vom Arbeitgeber), Erstattungen			79	,–
	Nur bei nicht zusammen veranlagten Eltern:				Aufwendungen
69	Ich habe Kinderbetreuungskosten in folgender Höhe getragen				,–

		vom	bis		vom	bis
70	Es bestand ein **gemeinsamer** Haushalt der Elternteile			Das Kind gehörte zu unserem Haushalt		
71	Es bestand **kein gemeinsamer** Haushalt der Elternteile			Das Kind gehörte zu meinem Haushalt		
72				Das Kind gehörte zum Haushalt des anderen Elternteils		

Nur bei nicht zusammen veranlagten Eltern:

73 Laut übereinstimmendem Antrag ist für das Kind der Höchstbetrag für die Kinderbetreuung in einem anderen Verhältnis als je zur Hälfte aufzuteilen. Der bei mir zu berücksichtigende Anteil beträgt | %

2015AnlKind023NET

2015AnlKind023NET

§ 32a Einkommensteuertarif

EStG
S 2283
1)
2)
3)
4)

(1) [1]Die tarifliche Einkommensteuer in den Veranlagungszeiträumen ab 2016 bemisst sich nach dem zu versteuernden Einkommen. [2]Sie beträgt vorbehaltlich der §§ 32b, 32d, 34, 34a, 34b und 34c jeweils in Euro für zu versteuernde Einkommen

1. bis 8 652 Euro (Grundfreibetrag):
0;

2. von 8 653 Euro bis 13 669 Euro:
(993,62 · y + 1 400) · y;

3. von 13 670 Euro bis 53 665 Euro:
(225,40 · z + 2 397) · z + 952,48;

4. von 53 666 Euro bis 254 446 Euro:
0,42 · x – 8 394,14;

5. von 254 447 Euro an:
0,45 · x – 16 027,52.

[3]Die Größe „y" ist ein Zehntausendstel des den Grundfreibetrag übersteigenden Teils des auf einen vollen Euro-Betrag abgerundeten zu versteuernden Einkommens. [4]Die Größe „z" ist ein Zehntausendstel des 13 669 Euro übersteigenden Teils des auf einen vollen Euro-Betrag abgerundeten zu versteuernden Einkommens. [5]Die Größe „x" ist das auf einen vollen Euro-Betrag abgerundete zu versteuernde Einkommen. [6]Der sich ergebende Steuerbetrag ist auf den nächsten vollen Euro-Betrag abzurunden.

(2) bis (4) (weggefallen)

(5) Bei Ehegatten, die nach den §§ 26, 26b zusammen zur Einkommensteuer veranlagt werden, beträgt die tarifliche Einkommensteuer vorbehaltlich der §§ 32b, 32d, 34, 34a, 34b und 34c das Zweifache des Steuerbetrags, der sich für die Hälfte ihres gemeinsam zu versteuernden Einkommens nach Absatz 1 ergibt (Splitting-Verfahren).

(6) [1]Das Verfahren nach Absatz 5 ist auch anzuwenden zur Berechnung der tariflichen Einkommensteuer für das zu versteuernde Einkommen

1. bei einem verwitweten Steuerpflichtigen für den Veranlagungszeitraum, der dem Kalenderjahr folgt, in dem der Ehegatte verstorben ist, wenn der Steuerpflichtige und sein verstorbener Ehegatte im Zeitpunkt seines Todes die Voraussetzungen des § 26 Absatz 1 Satz 1 erfüllt haben,

---

1) Wegen des besonderen Steuersatzes beim Progressionsvorbehalt → § 32b EStG.

2) Wegen des gesonderten Steuertarifs für Einkünfte aus Kapitalvermögen → § 32d EStG.

*3) **Absatz 1 wurde durch Artikel 2 des Gesetzes zur Anhebung des Grundfreibetrags, des Kinderfreibetrags, des Kindergeldes und des Kinderzuschlags ab VZ 2016 neu gefasst.***

*4) **Absatz 1 wurde durch Artikel 1 des Gesetzes zur Anhebung des Grundfreibetrags, des Kinderfreibetrags, des Kindergeldes und des Kinderzuschlags geändert und ist in der am 23. 7. 2015 geltenden Fassung beim Steuerabzug vom Arbeitslohn erstmals anzuwenden auf laufenden Arbeitslohn, der für einen nach dem 30. 11. 2015 endenden Lohnzahlungszeitraum gezahlt wird, und auf sonstige Bezüge, die nach dem 30. 11. 2015 zufließen. Bei der Lohnsteuerberechnung auf laufenden Arbeitslohn, der für einen nach dem 30. 11. 2015, aber vor dem 1. 1. 2016 endenden täglichen, wöchentlichen und monatlichen Lohnzahlungszeitraum gezahlt wird, ist zu berücksichtigen, dass Absatz 1 in der am 23. 7. 2015 geltenden Fassung bis zum 30. 11. 2015 nicht angewandt wurden (Nachholung). Das BMF hat im Einvernehmen mit den obersten Finanzbehörden der Länder entsprechende Programmablaufpläne aufzustellen und bekannt zu machen (§ 39b Abs. 6 EStG und § 51 Abs. 4 Nr. 1a EStG) → § 52 Abs. 32a EStG.***
Absatz 1 in der am 23. 7. 2015 geltenden Fassung lautet:
„(1) [1]Die tarifliche Einkommensteuer im Veranlagungszeitraum 2015 bemisst sich nach dem zu versteuernden Einkommen. [2]Sie beträgt vorbehaltlich der §§ 32b, 32d, 34, 34a, 34b und 34c jeweils in Euro für zu versteuernde Einkommen
1. bis 8 472 Euro (Grundfreibetrag):
0;
2. von 8 473 Euro bis 13 469 Euro:
(997,6 · y + 1 400) · y;
3. von 13 470 Euro bis 52 881 Euro:
(228,74 · z + 2.397) · z + 948,68;
4. von 52 882 Euro bis 250 730 Euro:
0,42 · x – 8 261,29;
5. von 250 731 Euro an:
0,45 · x – 15 783,19.
[3]Die Größe „y" ist ein Zehntausendstel des den Grundfreibetrag übersteigenden Teils des auf einen vollen Euro-Betrag abgerundeten zu versteuernden Einkommens. [4]Die Größe „z" ist ein Zehntausendstel des 13 469 Euro übersteigenden Teils des auf einen vollen Euro-Betrag abgerundeten zu versteuernden Einkommens. [5]Die Größe „x" ist das auf einen vollen Euro-Betrag abgerundete zu versteuernde Einkommen. [6]Der sich ergebende Steuerbetrag ist auf den nächsten vollen Euro-Betrag abzurunden."

2. bei einem Steuerpflichtigen, dessen Ehe in dem Kalenderjahr, in dem er sein Einkommen bezogen hat, aufgelöst worden ist, wenn in diesem Kalenderjahr
   a) der Steuerpflichtige und sein bisheriger Ehegatte die Voraussetzungen des § 26 Absatz 1 Satz 1 erfüllt haben,
   b) der bisherige Ehegatte wieder geheiratet hat und
   c) der bisherige Ehegatte und dessen neuer Ehegatte ebenfalls die Voraussetzungen des § 26 Absatz 1 Satz 1 erfüllen.

[2]Voraussetzung für die Anwendung des Satzes 1 ist, dass der Steuerpflichtige nicht nach den §§ 26, 26a einzeln zur Einkommensteuer veranlagt wird.

EStG

§ 32b Progressionsvorbehalt

S 2295

(1) [1]Hat ein zeitweise oder während des gesamten Veranlagungszeitraums unbeschränkt Steuerpflichtiger oder ein beschränkt Steuerpflichtiger, auf den § 50 Absatz 2 Satz 2 Nummer 4 Anwendung findet,

1. a) Arbeitslosengeld, Teilarbeitslosengeld, Zuschüsse zum Arbeitsentgelt, Kurzarbeitergeld, Insolvenzgeld, Übergangsgeld nach dem Dritten Buch Sozialgesetzbuch; Insolvenzgeld, das nach § 170 Absatz 1 des Dritten Buches Sozialgesetzbuch einem Dritten zusteht, ist dem Arbeitnehmer zuzurechnen,
   b) Krankengeld, Mutterschaftsgeld, Verletztengeld, Übergangsgeld oder vergleichbare Lohnersatzleistungen nach dem Fünften, Sechsten oder Siebten Buch Sozialgesetzbuch, der Reichsversicherungsordnung, dem Gesetz über die Krankenversicherung der Landwirte oder dem Zweiten Gesetz über die Krankenversicherung der Landwirte,
   c) Mutterschaftsgeld, Zuschuss zum Mutterschaftsgeld, die Sonderunterstützung nach dem Mutterschutzgesetz sowie den Zuschuss bei Beschäftigungsverboten für die Zeit vor oder nach einer Entbindung sowie für den Entbindungstag während einer Elternzeit nach beamtenrechtlichen Vorschriften,
   d) Arbeitslosenbeihilfe nach dem Soldatenversorgungsgesetz,
   e) Entschädigungen für Verdienstausfall nach dem Infektionsschutzgesetz vom 20. Juli 2000 (BGBl. I S. 1045),
   f) Versorgungskrankengeld oder Übergangsgeld nach dem Bundesversorgungsgesetz,
   g) nach § 3 Nummer 28 steuerfreie Aufstockungsbeträge oder Zuschläge,
   [1] *h) Leistungen an Nichtselbständige nach § 6 des Unterhaltssicherungsgesetzes,*
   i) (weggefallen)
   j) Elterngeld nach dem Bundeselterngeld- und Elternzeitgesetz,
   k) nach § 3 Nummer 2 Buchstabe e steuerfreie Leistungen, wenn vergleichbare Leistungen inländischer öffentlicher Kassen nach den Buchstaben a bis j dem Progressionsvorbehalt unterfallen, oder
2. ausländische Einkünfte, die im Veranlagungszeitraum nicht der deutschen Einkommensteuer unterlegen haben; dies gilt nur für Fälle der zeitweisen unbeschränkten Steuerpflicht einschließlich der in § 2 Absatz 7 Satz 3 geregelten Fälle; ausgenommen sind Einkünfte, die nach einem sonstigen zwischenstaatlichen Übereinkommen im Sinne der Nummer 4 steuerfrei sind und die nach diesem Übereinkommen nicht unter dem Vorbehalt der Einbeziehung bei der Berechnung der Einkommensteuer stehen,
3. Einkünfte, die nach einem Abkommen zur Vermeidung der Doppelbesteuerung steuerfrei sind,
4. Einkünfte, die nach einem sonstigen zwischenstaatlichen Übereinkommen unter dem Vorbehalt der Einbeziehung bei der Berechnung der Einkommensteuer steuerfrei sind,
5. Einkünfte, die bei Anwendung von § 1 Absatz 3 oder § 1a oder § 50 Absatz 2 Satz 2 Nummer 4 im Veranlagungszeitraum bei der Ermittlung des zu versteuernden Einkommens unberücksichtigt bleiben, weil sie nicht der deutschen Einkommensteuer oder einem Steuerabzug unterliegen; ausgenommen sind Einkünfte, die nach einem sonstigen zwischenstaatlichen Übereinkommen im Sinne der Nummer 4 steuerfrei sind und die nach diesem Übereinkommen nicht unter dem Vorbehalt der Einbeziehung bei der Berechnung der Einkommensteuer stehen,

bezogen, so ist auf das nach § 32a Absatz 1 zu versteuernde Einkommen ein besonderer Steuersatz anzuwenden. [2]Satz 1 Nummer 3 gilt nicht für Einkünfte

[1] Absatz 1 Satz 1 Nr. 1 Buchstabe h wurde durch das Gesetz zur Neuregelung der Unterhaltssicherung sowie zur Änderung soldatenrechtlicher Vorschriften ab VZ 2015 neu gefasst.

1. aus einer anderen als in einem Drittstaat belegenen land- und forstwirtschaftlichen Betriebsstätte,

2. aus einer anderen als in einem Drittstaat belegenen gewerblichen Betriebsstätte, die nicht die Voraussetzungen des § 2a Absatz 2 Satz 1 erfüllt,

3. aus der Vermietung oder der Verpachtung von unbeweglichem Vermögen oder von Sachinbegriffen, wenn diese in einem anderen Staat als in einem Drittstaat belegen sind, oder

4. aus der entgeltlichen Überlassung von Schiffen, sofern diese ausschließlich oder fast ausschließlich in einem anderen als einem Drittstaat eingesetzt worden sind, es sei denn, es handelt sich um Handelsschiffe, die

   a) von einem Vercharterer ausgerüstet überlassen oder

   b) an in einem anderen als in einem Drittstaat ansässige Ausrüster, die die Voraussetzungen des § 510 Absatz 1 des Handelsgesetzbuchs erfüllen, überlassen oder

   c) insgesamt nur vorübergehend an in einem Drittstaat ansässige Ausrüster, die die Voraussetzungen des § 510 Absatz 1 des Handelsgesetzbuchs erfüllen, überlassen

   worden sind, oder

5. aus dem Ansatz des niedrigeren Teilwerts oder der Übertragung eines zu einem Betriebsvermögen gehörenden Wirtschaftsguts im Sinne der Nummern 3 und 4.

[3]§ 2a Absatz 2a und § 15b sind sinngemäß anzuwenden.

(1a) Als unmittelbar von einem unbeschränkt Steuerpflichtigen bezogene ausländische Einkünfte im Sinne des Absatzes 1 Nummer 3 gelten auch die ausländischen Einkünfte, die eine Organgesellschaft im Sinne des § 14 oder des § 17 des Körperschaftsteuergesetzes bezogen hat und die nach einem Abkommen zur Vermeidung der Doppelbesteuerung steuerfrei sind, in dem Verhältnis, in dem dem unbeschränkt Steuerpflichtigen das Einkommen der Organgesellschaft bezogen auf das gesamte Einkommen der Organgesellschaft im Veranlagungszeitraum zugerechnet wird.

(2) Der besondere Steuersatz nach Absatz 1 ist der Steuersatz, der sich ergibt, wenn bei der Berechnung der Einkommensteuer das nach § 32a Absatz 1 zu versteuernde Einkommen vermehrt oder vermindert wird um

1. im Fall des Absatzes 1 Nummer 1 die Summe der Leistungen nach Abzug des Arbeitnehmer-Pauschbetrags (§ 9a Satz 1 Nummer 1), soweit er nicht bei der Ermittlung der Einkünfte aus nichtselbständiger Arbeit abziehbar ist;

2. im Fall des Absatzes 1 Nummer 2 bis 5 die dort bezeichneten Einkünfte, wobei die darin enthaltenen außerordentlichen Einkünfte mit einem Fünftel zu berücksichtigen sind. [2]Bei der Ermittlung der Einkünfte im Fall des Absatzes 1 Nummer 2 bis 5

   a) ist der Arbeitnehmer-Pauschbetrag (§ 9a Satz 1 Nummer 1 Buchstabe a) abzuziehen, soweit er nicht bei der Ermittlung der Einkünfte aus nichtselbständiger Arbeit abziehbar ist;

   b) sind Werbungskosten nur insoweit abzuziehen, als sie zusammen mit den bei der Ermittlung der Einkünfte aus nichtselbständiger Arbeit abziehbaren Werbungskosten den Arbeitnehmer-Pauschbetrag (§ 9a Satz 1 Nummer 1 Buchstabe a) übersteigen;

   c) sind bei Gewinnermittlung nach § 4 Absatz 3 die Anschaffungs- oder Herstellungskosten für Wirtschaftsgüter des Umlaufvermögens im Zeitpunkt des Zuflusses des Veräußerungserlöses oder bei Entnahme im Zeitpunkt der Entnahme als Betriebsausgaben zu berücksichtigen. § 4 Absatz 3 Satz 5 gilt entsprechend.

(3) [1]Die Träger der Sozialleistungen im Sinne des Absatzes 1 Nummer 1 haben die Daten über die im Kalenderjahr gewährten Leistungen sowie die Dauer des Leistungszeitraums für jeden Empfänger bis zum 28. Februar des Folgejahres nach amtlich vorgeschriebenem Datensatz durch amtlich bestimmte Datenfernübertragung zu übermitteln, soweit die Leistungen nicht auf der Lohnsteuerbescheinigung (§ 41b Absatz 1 Satz 2 Nummer 5) auszuweisen sind; § 41b Absatz 2 und § 22a Absatz 2 gelten entsprechend. [2]Der Empfänger der Leistungen ist entsprechend zu informieren und auf die steuerliche Behandlung dieser Leistungen und seine Steuererklärungspflicht hinzuweisen. [3]In den Fällen des § 170 Absatz 1 des Dritten Buches Sozialgesetzbuch ist Empfänger des an Dritte ausgezahlten Insolvenzgeldes der Arbeitnehmer, der seinen Arbeitsentgeltanspruch übertragen hat.

H 32b

Hinweise

Arbeitnehmer-Pauschbetrag

Zur Berechnung des Progressionsvorbehalts sind steuerfreie Leistungen nach § 32b Abs. 1 Satz 1 Nr. 1 Buchst. j EStG – hier: Elterngeld – nicht um den Arbeitnehmer-Pauschbetrag zu vermindern, wenn bei der Ermittlung der Einkünfte aus nichtselbständiger Arbeit den Pauschbetrag übersteigende Werbungskosten abgezogen wurden (→ BFH vom 25. 9. 2014 – BStBl 2015 II S. 182).

Arbeitslosengeld

Steuerliche Behandlung des „Arbeitslosengeldes II"

OFD Münster v. 17. 5. 2006
Kurzinformation Einkommensteuer

Die Leistungen zur Sicherung des Lebensunterhalts und zur Eingliederung in Arbeit nach dem SGB II ersetzen seit dem 01. 01. 2005 die Leistungen „Arbeitslosenhilfe" und „Sozialhilfe". Die Leistungen zur Sicherung des Lebensunterhalts und zur Eingliederung in Arbeit nach dem SGB II (sog. „Arbeitslosengeld II") sind steuerfrei gemäß § 3 Nr. 2b EStG. § 3 Nr. 2b EStG wurde eingefügt durch Art. 33 Nr. 1 des Vierten Gesetzes für moderne Dienstleistungen am Arbeitsmarkt vom 24. 12. 2003, BGBl 2003 I S. 2954.

Die Leistungen unterliegen (auch) nicht dem Progressionsvorbehalt gemäß § 32b EStG, da sie in dem dortigen abschließenden Katalog nicht aufgeführt sind. In § 32b EStG ist lediglich allgemein „Arbeitslosengeld" als dem Progressionsvorbehalt unterliegende Leistung genannt. Hierbei handelt es sich um das sog. „Arbeitslosengeld I" (lt. SGB III), das gemäß § 3 Nr. 2 EStG steuerfrei gestellt wird.

. . .

Datenübermittlung

I. Bekanntgabe des Zeitpunkts der erstmaligen Übermittlung der dem Progressionsvorbehalt unterliegenden Leistungen an die Finanzverwaltung gemäß § 32b Absatz 3 Einkommensteuergesetz (EStG) i. V. m. § 52 Absatz 43a Satz 4 EStG

(BMF-Schreiben vom 22. 2. 2011 – IV C 5 – S 2295/11/10001, 2011/0055132 –, BStBl I S. 214)

Nach § 32b Absatz 3 EStG haben die Träger der Sozialleistungen im Sinne des § 32b Absatz 1 Nummer 1 EStG die Daten über die im Kalenderjahr gewährten Leistungen sowie die Dauer des Leistungszeitraums für jeden Empfänger bis zum 28. Februar des Folgejahres nach amtlich vorgeschriebenem Datensatz durch amtlich bestimmte Datenfernübertragung zu übermitteln, soweit die Leistungen nicht auf der Lohnsteuerbescheinigung (§ 41b Absatz 1 Satz 2 Nummer 5 EStG) auszuweisen sind; § 41b Absatz 2 EStG und § 22a Absatz 2 EStG gelten entsprechend. Das Bundesministerium der Finanzen kann nach § 52 Absatz 43a Satz 4 EStG abweichend von § 32b Absatz 3 EStG den Zeitpunkt der erstmaligen Übermittlung der Mitteilungen durch ein im Bundessteuerblatt zu veröffentlichendes Schreiben mitteilen.

Im Einvernehmen mit den obersten Finanzbehörden der Länder gebe ich bekannt, dass erstmalig für die im **Kalenderjahr 2011** gewährten Leistungen die Mitteilungen bis zum **28. Februar 2012** zu übermitteln sind.

Davon abweichend übermittelt die Bundesagentur für Arbeit (BA) die von ihr ausgezahlten Leistungen bereits erstmalig zum 28. Februar 2011 für die Kalenderjahre 2009 (Insolvenzgeld und Arbeitslosengeld) und 2010 (alle von der BA erbrachten Arten von Lohnersatzleistungen) im Rahmen eines vorgezogenen Verfahrensbeginns für diesen Leistungsträger (Pilotierung).

Der für die Übersendung der Mitteilung erforderliche amtlich vorgeschriebene Datensatz ist auf den Elster-Internetseiten (http://www.elster.de) nach erfolgter Registrierung im Entwicklerbereich abrufbar.

Zur Weiterleitung der Mitteilungen ist die Angabe des steuerlichen Identifikationsmerkmals (IdNr.) des Leistungsempfängers erforderlich. Für die erstmalige Übermittlung der **Daten für 2011** kann von den Mitteilungspflichtigen **ab 1. Oktober 2011** die IdNr. beim Bundeszentralamt für Steuern (BZSt) abgefragt werden (§ 52 Absatz 43a Satz 6 EStG). Für Leistungszeiträume **ab 1. Januar 2012** hat der Leistungsempfänger den Sozialleistungsträgern auf Aufforderung seine IdNr. mitzuteilen. Verläuft die Anfrage erfolglos, kann die IdNr. nach § 22a Absatz 2 EStG beim BZSt abgefragt werden. Dieses Verfahren steht ab 1. Januar 2012 zur Verfügung (BMF-Schreiben vom 15. Dezember 2010, BStBl I S. 1499).

Die Ausnahmeregelung für die Bundesagentur für Arbeit bleibt bis dahin bestehen.

II. Datenübermittlung der dem Progressionsvorbehalt unterliegenden Leistungen nach § 32b Absatz 3 EStG; Rückwirkende Verrechnung zwischen Trägern der Sozialleistungen

TOP 11 der Sitzung LSt II/2013

(BMF-Schreiben vom 16. 7. 2013 – IV C 5 – S 2295/12/10007 :001, 2013/0679038 –, BStBl I S. 922)

Im Einvernehmen mit den obersten Finanzbehörden der Länder gilt im Hinblick auf die Meldung von dem Progressionsvorbehalt unterliegenden Leistungen nach § 32b Absatz 3 EStG in Fällen der rückwirkenden Verrechnung zwischen Trägern der Sozialleistungen Folgendes:

Hat ein Leistungsträger (LT 1) Sozialleistungen erbracht und ist der Anspruch auf diese wegen der rückwirkenden Zubilligung einer anderen Sozialleistung nachträglich ganz oder teilweise entfallen, ist der für die andere Leistung zuständige Leistungsträger (LT 2) grundsätzlich erstattungspflichtig (vgl. §§ 102 ff. Zehntes Buch Sozialgesetzbuch). Es erfolgt insoweit regelmäßig kein Rückgriff beim Leistungsempfänger, sondern LT 2 erstattet LT 1 die an den Leistungsempfänger gezahlten Beträge. In diesen Fällen ist die ursprünglich von LT 1 gezahlte Sozialleistung in Höhe dieses Erstattungsanspruchs als Sozialleistung des LT 2 zu qualifizieren. Die von LT 2 gewährte Sozialleistung gilt in dieser Höhe im Zeitpunkt der Zahlung der ursprünglichen Leistung als dem Leistungsempfänger zugeflossen (vgl. BFH-Urteil vom 10. Juli 2002 – X R 46/01 –, BStBl II 2003 S. 391).

LT 2 hat den Leistungsbetrag und LT 1 hat den Minderungsbetrag (Stornierungsbetrag) jeweils in seiner Mitteilung nach § 32b Absatz 3 Satz 1 EStG für das Jahr zu berücksichtigen, in dem die ursprüngliche Leistung dem Leistungsempfänger zugeflossen ist. Eine zuvor bereits übersandte Mitteilung ist nach amtlich vorgeschriebenem Datensatz durch amtlich bestimmte Datenfernübertragung zu korrigieren. Der Steuerpflichtige ist nach § 32b Absatz 3 Satz 2 EStG zu informieren.

Diese Regelungen gelten für die zur Meldung nach § 32b Absatz 3 EStG verpflichteten Sozialleistungsträger unabhängig davon, ob die andere Sozialleistung auch dem Progressionsvorbehalt unterliegt, die andere Leistung als steuerfreie Sozialleistung nicht dem Progressionsvorbehalt unterliegt oder die andere Sozialleistung als Rente zu besteuern ist (zur entsprechenden Rechtslage bei Renten: vgl. R 32b Absatz 4 EStR 2008; BMF-Schreiben vom 13. September 2010, BStBl I Seite 681, Rz. 229).

Sofern einzelne Träger der Sozialleistungen diese Rechtslage bei bisher erfolgten elektronischen Meldungen nicht berücksichtigt haben und es ihnen aufgrund technischer Gegebenheiten nicht möglich sein sollte, die für zutreffende elektronische Meldungen erforderlichen Daten für die Jahre vor 2014 zu ermitteln, haben diese dem Steuerpflichtigen auf dessen Bitte hin Papierbescheinigungen mit den zutreffenden Beträgen auszustellen oder ihm Unterlagen zur Verfügung zu stellen, die es ihm ermöglichen, die korrekten Beträge zu ermitteln. Spätestens für das Jahr 2014 haben die Träger der Sozialleistungen korrekte elektronische Meldungen oder Korrekturmeldungen zu übermitteln.

III. Progressionsvorbehalt; Rückwirkende Verrechnung von Zahlungen zwischen den Trägern von Sozialleistungen

(OFD Nordrhein-Westfalen v. 11. 10. 2013 – Kurzinfo ESt 23/2013)

Hat ein Steuerpflichtiger von einem Leistungsträger (LT 1) Sozialleistungen erhalten und entfällt der Anspruch auf diese Leistungen, weil nachträglich festgestellt wird, dass der Steuer*pflichtige Anspruch auf* Leistungen eines anderen Leistungsträgers (LT 2) hat, ist der LT 2 verpflichtet, dem LT 1 die dem Steuerpflichtigen ausgezahlten Beträge zu erstatten (§ 102 ff SGB X).

Der Erstattungsbetrag ist als Sozialleistung des LT 2 anzusehen und gilt im Zeitpunkt der Zahlung der ursprünglichen Leistung durch den LT 1 als beim Steuerpflichtigen zugeflossen (vgl. zur entsprechenden Rechtslage bei rückwirkendem Wegfall eines Anspruchs auf Krankengeld wegen rückwirkender Bewilligung einer Rente R 32b Abs. 4 EStR und BFH-Urteil vom 10. 07. 2002, BStBl 2003 II S. 391).

Einzelne Träger von Sozialleistungen haben bei der Erstellung der elektronischen Mitteilungen die oben dargestellte Rechtsauffassung bisher nicht berücksichtigt, sondern die Mitteilungen unter Berücksichtigung des Zu- und Abflussprinzips erstellt.

Wenn beide Leistungsträger entsprechend verfahren sind, ergibt sich eine steuerliche Auswirkung in diesen Fällen lediglich, wenn eine Sozialleistung dem Progressionsvorbehalt unterliegt, die andere dagegen nicht.

Beispiel 1:

Im Dezember 2012 erhält der Steuerpflichtige Arbeitslosengeld in Höhe von 1 300 €. Im Januar 2013 wird festgestellt, dass der Steuerpflichtige vom 01. 12. 2012 bis zum 31. 01. 2013 Anspruch auf Krankengeld von monatlich 1 400 € hat. Ab 01. 02. 2013 ist der Steuerpflichtige wieder erwerbstätig. Die Krankenkasse überweist im Februar 2013 einen Betrag von 1 300 € an die Agentur für Arbeit und den Restbetrag von 1 500 € (2 × 1 400 € = 2 800 € – 1 300 € = 1 500 €) an den Steuerpflichtigen.

a) Mitteilungen bei Anwendung des Zu- und Abflussprinzips (= Zeitpunkt, in dem die jeweilige Leistung zu- bzw. abgeflossen ist)

Soweit die Sozialleistungsträger die Mitteilungen unter Anwendung des Zu- und Abflussprinzips erstellt haben, liegen dem Finanzamt folgende Mitteilungen vor:

für 2012:

Arbeitslosengeld 1 300 €

für 2013:

Krankengeld 2 800 €

Arbeitslosengeld – 1 300 €

Summe der dem Progressionsvorbehalt unterliegenden Leistungen damit 1 500 €.

b) Zutreffende Mitteilungen

für 2012:

Krankengeld 1 300 €

für 2013:

Krankengeld 1 500 €

Beispiel 2:

Ein Steuerpflichtiger erhält von Oktober 2011 bis April 2013 das nicht dem Progressionsvorbehalt unterliegende Arbeitslosengeld II. Im Januar 2013 wird dem Steuerpflichtigen rückwirkend ab dem 01. 12. 2012 Elterngeld in Höhe von monatlich 300 € bewilligt. Die Zahlung des Elterngeldes führt zu einer entsprechenden Minderung des Arbeitslosengeldes II. Die Elterngeldstelle überweist im Januar 2013 daher einen Betrag in Höhe von 300 € (= Elterngeld für Dezember 2012) an die Agentur für Arbeit und einen Betrag in Höhe von 300 € an den Steuerpflichtigen. Von Februar bis November 2013 werden jeweils 300 € an den Steuerpflichtigen überwiesen.

a) Mitteilung der Elterngeldstelle bei Anwendung des Zufluss Prinzips (= Zeitpunkt, in dem das Elterngeld gezahlt worden ist)

für 2012: keine Mitteilung

für 2013: Mitteilung über 3 600 € (je 300 € für Dezember 2011 und Januar bis November 2012)

b) Zutreffende Mitteilung

für 2012: 300 €

für 2013: 3 300 €

Nach dem BMF-Schreiben vom 16. 07. 2013, BStBl 2013 I S. 922,[1]) sollen die Träger von Sozialleistungen, die bei bisher erfolgten elektronischen Meldungen das Zu- und Abflussprinzip angewandt haben, spätestens für Leistungen, die ab 2014 gezahlt werden, zutreffende elektronische Mitteilungen erstellen. Für Kalenderjahre vor 2014 sollen sie dem Steuerpflichtigen auf dessen Bitte hin, Papierbescheinigungen mit den zutreffenden Beträgen ausstellen oder ihm Unterlagen zur Verfügung stellen, aus denen sich die zutreffenden Beträge ergeben.

In Fällen, in denen der Steuerpflichtige zunächst Krankengeld erhalten hat und der Anspruch darauf wegen rückwirkender Bewilligung einer Rente entfällt, wird die Rentenbezugsmitteilung zutreffend erstellt. Aus dem Bewilligungsbescheid des Rentenversicherungsträgers ergibt sich auch, in welcher Höhe dieser Beträge an die Krankenversicherung erstattet hat.

Soweit Steuerpflichtige in Einzelfällen vortragen, dass die bei der Veranlagung bis einschließlich 2013 berücksichtigten elektronischen Mitteilungen von Sozialleistungsträgern unzutreffend sind, weil die erfolgte rückwirkende Verrechnung von Sozialleistungen nicht berücksichtigt worden ist, ist der Steuerpflichtige daher zu bitten, die zutreffenden Beträge durch entsprechende Unterlagen nachzuweisen.

1) Abgedruckt unter II.

Elterngeld

Steuerliche Behandlung des Elterngeldes

(akt. Kurzinfo ESt 20/2008 der OFD Münster vom 16. 11. 2010)

Das Bundeselterngeldgesetz war zum 01. 01. 2007 in Kraft getreten und an die Stelle des Bundeserziehungsgeldgesetzes getreten. Es gilt für alle ab dem 01. 01. 2007 geborenen Kinder. Das einem betreuenden Elternteil zum Ausgleich des wegfallenden Erwerbseinkommens gezahlte Elterngeld beträgt 67 % seines vor der Geburt des Kindes durchschnittlich monatlich verfügbaren bereinigten Nettoeinkommens, höchstens jedoch 1 800 €. Der Mindestbetrag, der auch an vor der Geburt nicht erwerbstätige Elternteile gezahlt wird, beträgt 300 € monatlich. Bei Mehrlingsgeburten erhöht sich der Mindestbetrag um jeweils 300 € für das zweite und jedes weitere Kind. Solange ein älteres Geschwisterkind unter drei Jahren oder zwei ältere Geschwisterkinder unter 6 Jahren mit im Haushalt leben, erhöht sich das Elterngeld um 10 %, mindestens jedoch 75 €. Die Eltern haben insgesamt Anspruch auf bis zu 14 Monatsbeträge. Auf Antrag werden die einer Person monatlich zustehenden Beträge halbiert und über den doppelten Zeitraum ausgezahlt.

Das bisherige Erziehungsgeld war/ist bei der **Ermittlung der eigenen Einkünfte und Bezüge des Kindes** nach § 32 Abs. 4 Satz 2 EStG **nicht** zu berücksichtigen (H 32.10 „Nicht anrechenbare eigene Bezüge“ EStH). **Elterngeld**, das ein Kind erhält, **wird** dagegen bei der Ermittlung der Einkünfte und Bezüge nach § 32 Abs. 4 Satz 2 EStG **berücksichtigt**. Auszunehmen hiervon ist aber der Mindestbetrag in Höhe von 300 € bzw. 150 € monatlich (bei Mehrlingsgeburten entsprechend vervielfacht), da dieser auch gezahlt wird, wenn vorher keine Einkünfte erzielt wurden. Dies gilt auch bei der Ermittlung der Einkünfte und Bezüge gemäß § 33a Abs. 1 Satz 4 EStG bzw. § 33a Abs. 2 Satz 2 EStG (vgl. R 32.10 Abs. 2 Satz 2 Nr. 2 EStR 2008).

Streitig war, ob das Elterngeld auch in Höhe des Sockelbetrags dem Progressionsvorbehalt unterliegt. Die Nichtzulassungsbeschwerde gegen die Entscheidung des FG Nürnberg vom 19. 02. 2009 – 6 K 1859/2008 – *wurde vom BFH zurückgewiesen (*BFH vom 21. 09. 2009 – VI B 31/09*). Die gegen den o. g. Beschluss des BFH eingelegte Verfassungsbeschwerde 2 BvR 2604/09 wurde mit Beschluss vom 20. 10. 2010 gemäß §§* 93a, 93b *BVerfGG nicht zur Entscheidung angenommen.*

Europäischer Sozialfonds

Progressionsvorbehalt für Leistungen aus dem Europäischen Sozialfonds; Bescheinigung der Leistungen nach § 32b Abs. 3 EStG

(Verfügung der OFD Frankfurt/Main vom 3. 2. 1999 – S 2295 A – 6 – St II 25 –)

Die aus Mitteln des Europäischen Sozialfonds (ESF) mitfinanzierten arbeitspolitischen Maßnahmen im Bereich des Bundes (ESF-Bundesprogramm) unterliegen insoweit dem Progressionsvorbehalt, als nach den Richtlinien des Bundesministeriums für Arbeit und Soziales (s. Anlage) ein aus dem ESF finanziertes Unterhaltsgeld an Teilnehmer einer beruflichen Qualifizierungsmaßnahme gezahlt wird.

. . .

Härteausgleich

Der Härteausgleich nach § 46 Abs. 3 EStG ist nicht auf dem Progressionsvorbehalt unterliegende Lohnersatzleistungen anzuwenden (→ BFH vom 5. 5. 1994 – BStBl 1994 II S. 654).

Insolvenzverfahren

I. *Steuerliche* Behandlung von Zahlungen des Insolvenzverwalters an die Bundesagentur für Arbeit und andere Sozialleistungsträger aufgrund des gesetzlichen Forderungsübergangs nach § 115 SGB X

(Erlass der Senatsverwaltung für Finanzen Berlin v. 30. 09. 2011 – III B – S 2342 – 11/2007 –)

Im Rahmen von Insolvenzverfahren leisten Insolvenzverwalter als Ausschüttung von Masseverbindlichkeiten gemäß § 55 Abs. 1 Nr. 2 InsO auch Zahlungen an freigestellte Arbeitnehmer für die Zeit bis zum Ablauf der Kündigungsfrist, die bislang für diesen Zeitraum lediglich Arbeitslosengeld erhalten haben. Das bezogene Arbeitslosengeld ist vom Insolvenzverwalter der Bundesagentur für Arbeit unmittelbar zu erstatten (sogenannter Forderungsübergang nach § 115 SGB X).

Es wurde die Frage aufgeworfen, wie die Zahlungen des Insolvenzverwalters an die Bundesagentur für Arbeit aufgrund des gesetzlichen Forderungsübergangs nach § 115 SGB X steuerlich zu beurteilen sind.

Die obersten Finanzbehörden des Bundes und der Länder sind überein gekommen, dass entsprechend der Regelung in R 3.2 Abs. 1 Satz 2 LStR die Zahlungen des Insolvenzverwalters an die Bundesagentur für Arbeit nach § 3 Nr. 2 EStG steuerfrei bleiben, soweit sie aufgrund des gesetzlichen Forderungsübergangs nach § 115 SGB X geleistet werden und über das Vermögen des (früheren) Arbeitgebers das Insolvenzverfahren eröffnet worden ist. Die Regelungen zum Progressionsvorbehalt sind zu beachten.

Steuerpflichtiger Arbeitslohn liegt somit nur in Höhe der Differenz zwischen dem (erfüllten) Arbeitslohnanspruch und den an die Bundesagentur für Arbeit geleisteten Rückzahlungen des vom Arbeitnehmer bezogenen Arbeitslosengeldes vor.

Die vorstehenden Ausführungen gelten analog auch für die nachstehend aufgeführten Sozialleistungen, sofern es ebenfalls zu einem gesetzlichen Forderungsübergang nach § 115 SGB X kommt:

- von der Berufsgenossenschaft gezahlte Verletztengeldansprüche (steuerfrei nach § 3 Nr. 1 Buchst. a EStG; Progressionsvorbehalt nach § 32b Abs. 1 Nr. 1 Buchst. b EStG),
- von der gesetzlichen Krankenversicherung als Krankengeld geleistete Entgeltfortzahlung im Krankheitsfall innerhalb der Sechs-Wochen-Frist (steuerfrei nach § 3 Nr. 1 Buchst. a EStG; Progressionsvorbehalt nach § 32b Abs. 1 Nr. 1 Buchst. b EStG),
- von der Deutschen Rentenversicherung gezahltes Übergangsgeld (steuerfrei nach § 3 Nr. 1 Buchst. c EStG; Progressionsvorbehalt nach § 32b Abs. 1 Nr. 1 Buchst. b EStG),
- von der Agentur für Arbeit (JobCenter) gezahlte Leistungen zur Sicherung des Lebensunterhalts nach dem SGB II (steuerfrei nach § 3 Nr. 2b EStG; kein Progressionsvorbehalt).

II. Progressionsvorbehalt gem. § 32b EStG; Zufluss von vorfinanziertem Insolvenzgeld

(Verfügung der OFD NRW vom 18. 10. 2013 – Kurzinformation Einkommensteuer 24/2013 –)

Nach § 170 SGB III (bis 31. 3. 2012: § 188 SGB III) kann ein Arbeitnehmer vor seinem Antrag auf Insolvenzgeld Lohnansprüche an eine Bank entgeltlich übertragen, d. h. seinen Insolvenzgeldanspruch vorfinanzieren lassen. In diesem Fall steht der auf den übertragenen Lohnanspruch entfallende Anspruch auf Insolvenzgeld der Bank zu. Die Zahlung des Insolvenzgeldes durch die Bundesagentur für Arbeit an die vorfinanzierende Bank ist dem Arbeitnehmer zuzurechnen (§ 32b Abs. 1 Satz 1 Nr. 1a EStG).

Nach bisheriger Verwaltungsauffassung ist das vorfinanzierte Insolvenzgeld dem Arbeitnehmer erst mit der Zahlung der Bundesagentur für Arbeit an die Bank zugeflossen. Im Gegensatz dazu hat der BFH mit Urteil vom 1. 3. 2012, BStBl 2012 II S. 596, entschieden, dass das (vorfinanzierte) Insolvenzgeld dem Arbeitnehmer bereits zu dem Zeitpunkt zufließt, in dem er das Entgelt von der Bank erhält. Aufgrund der Veröffentlichung im BStBl II ist das Urteil in allen offenen Fällen anzuwenden. Das BMF hat die Bundesagentur für Arbeit mit Schreiben vom 6. 8. 2012 – IV C 5 – S 2295/11/10005 entsprechend informiert und darum gebeten, die geänderte Rechtsauffassung bei der elektronischen Datenübermittlung zu beachten.

Zwischenzeitlich hat die Bundesagentur für Arbeit dem BMF mitgeteilt, dass die geänderte Rechtsauffassung zum Zuflusszeitpunkt von vorfinanziertem Insolvenzgeld aus technischen Gründen erstmals bei der Erstellung von elektronischen Mitteilungen, die zum 28. 02. 2014 zu übermitteln sind, berücksichtigt wird.

Sollten Steuerpflichtige in Einzelfällen vortragen, dass die bei der Veranlagung berücksichtigte elektronische Mitteilung über bezogenes Insolvenzgeld unzutreffend ist, weil das Insolvenzgeld bereits in einem Jahr vor seiner Bewilligung ganz oder teilweise von einer Bank vorfinanziert worden ist und insoweit im Veranlagungszeitraum der Vorfinanzierung zu berücksichtigen ist, sind die Steuerpflichtigen zu bitten, ihre Angaben durch entsprechende Unterlagen (z. B. Kontoauszug) nachzuweisen.

Die Kurz-Informationen Nr. 25/2012 der OFD Rheinland und Nr. 19/2012 der OFD Münster[1]) werden hiermit aufgehoben.

1) Abgedruckt in der Lohnsteuer Handausgabe 2013.

Krankengeld

I. Progressionsvorbehalt für bestimmte Lohnersatzleistungen

(Erlaß des FinMin Sachsen vom 6. 1. 1992 – 32 – S 2295 – 2 – 37112 –)

Im Einvernehmen mit dem Bundesminister der Finanzen und den obersten Finanzbehörden der anderen Länder vertrete ich die Auffassung, daß das Übergangsgeld der Renten- und Unfallversicherungsträger, das Versorgungskrankengeld und das Krankengeld mit den Beträgen dem Progressionsvorbehalt unterliegen, die vor Abzug der Versichertenanteile an den Beiträgen zur Rentenversicherung, Arbeitslosenversicherung und ggf. Krankenversicherung als Leistungsbeträge festgestellt werden.

II. Progressionsvorbehalt für bestimmte Sozialleistungen: Krankengeld

(Verfügung der OFD Frankfurt/Main vom 12. 2. 1993 – S 2295 A – 6 – St II 20 –)

Nach § 32b Abs. 1 Nr. 1 Buchst. b EStG ist der Progressionsvorbehalt u. a. auf Krankengeld anzuwenden, das der Steuerpflichtige nach der Reichsversicherungsordnung (RVO) oder dem Sozialgesetzbuch (SGB) bezogen hat. Die RVO enthielt früher u. a. Regelungen über Leistungen aus der gesetzlichen Krankenversicherung, die nunmehr im SGB V enthalten sind.

Dem Progressionsvorbehalt unterliegen somit alle Krankengeldzahlungen aus der gesetzlichen Krankenversicherung, unabhängig davon, ob der Steuerpflichtige selbständig oder nichtselbständig tätig ist oder ob er in der gesetzlichen Krankenkasse pflicht- oder freiwillig versichert ist.

Krankengeld für Nichtkrankenversicherungspflichtige, die in einer privaten Krankenkasse versichert sind, wird nicht in den Progressionsvorbehalt einbezogen. Die Leistungen der privaten Krankenkasse werden weder nach der RVO noch nach dem SGB V gezahlt.

III. Vergleichbare Lohnersatzleistungen nach § 32b Abs. 1 Nr. 1 Buchst. b EStG

(Vfg. der OFD Magdeburg vom 16. 5. 2006 – S 2295 – 43 – St 223 –)

Der BFH hat mit Urteil vom 17. 6. 2005 – VI R 109/00 –) entschieden, dass Leistungen der gesetzlichen Krankenkasse für eine Ersatzkraft im Rahmen der Haushaltshilfe für nahe Angehörige (§ 38 Abs. 4 Satz 2 SGB V) nicht dem Progressionsvorbehalt nach § 32b EStG unterliegen. Nach der Entscheidung des BFH ist Versicherter i. S. des § 38 Abs. 4 Satz 2 SGB V nur, wer selbst an der Weiterführung seines Haushalts gehindert ist und deshalb Haushaltshilfe in Anspruch nimmt.

Der BFH führt aus, nur diesem Versicherten gegenüber erbringe die gesetzliche Krankenkasse ihre Leistungen. Auch die Erstattung des Verdienstausfalls Hilfe leistender naher Angehöriger erfolge daher sozialversicherungsrechtlich ausschließlich gegenüber dem Versicherten, an den die Hilfeleistung erbracht worden sei. Daraus folge, dass die Erstattung des Verdienstausfalls durch die Krankenkasse weder beim Versicherten noch beim Hilfe leistenden Angehörigen zum Bezug einer Lohnersatzleistung i. S. des § 32b Abs. 1 Nr. 1b EStG führe.

Dem Angehörigen könne aufgrund des Versicherungsverhältnisses erbrachte Leistung nicht als eigene Einnahme zugeordnet werden. Für den Versicherten als Zahlungsempfänger stelle die Erstattungsleistung keinen Lohnersatz dar, weil sie nicht an die Stelle eines eigenen Lohnanspruchs aus einem Dienstverhältnis trete.

Das BMF sprach sich für eine allgemeine Anwendung des Urteils aus. Die Grundsätze des Urteils müssen deshalb auch auf folgende Fälle angewandt werden, da die Rechtsgrundlage jeweils vergleichbar ist:

- Verdienstausfall bei häuslicher Krankenpflege nach § 37 Abs. 4 SGB V, sofern es sich um Verwandte und Verschwägerte bis zum zweiten Grad oder die Ehepartner handelt, und Mitaufnahme einer Begleitperson zur stationären Behandlung aus medizinischen Gründen nach § 11 Abs. 3 SGB V.
- Verdienstausfall an Lebend-Organ-Spender und an Begleitpersonen, die aus medizinischen Gründen zur stationären Behandlung mit aufgenommen werden,
- Verdienstausfall im Falle der Gewährung häuslicher Pflege nach § 198 RVO bzw. Haushaltshilfe nach § 199 RVO bei Schwangerschaft und Mutterschutz.

Progressionsvorbehalt

→ R 32b EStR, H 32b EStH

Anhang 30

Saison-Kurzarbeitergeld

I. Gesetz zur Förderung ganzjähriger Beschäftigung (BGBl 2006 I S. 926)

(Ministerium der Finanzen Saarland v. 20. 03. 2007 – B/2 – 4 – 38/07 – S 2342)

Mit dem o. a. Gesetz wurde das so genannte **Saison-Kurzarbeitergeld** eingeführt. Saison-Kurzarbeitergeld wird bei Erfüllung der in § 175 Drittes Buch Sozialgesetzbuch (SGB III) genannten Voraussetzungen gewährt, wenn in Betrieben oder Betriebsabteilungen des Baugewerbes die regelmäßige betriebsübliche wöchentliche Arbeitszeit infolge eines saisonbedingten Arbeitsausfalles in der Schlechtwetterzeit (Dezember bis März) vorübergehend verkürzt wird.

Das Saison-Kurzarbeitergeld ist steuerfrei. Es unterliegt dem Progressionsvorbehalt.

Weitere Anreize zur Vermeidung von Arbeitslosigkeit werden durch ergänzende Leistungen (u. a. Zuschuss-Wintergeld; Mehraufwands-Wintergeld) gesetzt. Diese werden aus der **Winterbeschäftigungs-Umlage** erbracht, an deren Finanzierung sich Arbeitgeber und Arbeitnehmer beteiligen.

Die Umlage bemisst sich nach einem Prozentsatz der umlagepflichtigen Bruttoarbeitsentgelte der in den Betrieben und Betriebsabteilungen des Baugewerbes beschäftigten Arbeitnehmer. Der Arbeitnehmeranteil beträgt zur Zeit 0,8 %.

Steuerlich ist von Bedeutung, dass diese Aufwendungen dazu dienen, Arbeitsplätze in der Schlechtwetterzeit zu erhalten. Bei dem Arbeitnehmeranteil handelt es sich um Aufwendungen zur Erwerbung, Sicherung und Erhaltung der Einnahmen, mithin um Werbungskosten i. S. d. § 9 Abs. 1 Satz 1 EStG.

Das Abzugsverbot für Ausgaben, soweit sie mit steuerfreien Einnahmen in unmittelbarem wirtschaftlichem Zusammenhang stehen (§ 3c Abs. 1 EStG) steht dem nicht entgegen. Das Tatbestandsmerkmal des unmittelbaren wirtschaftlichen Zusammenhangs der Umlage mit der steuerfreien Leistung ist nicht erfüllt. Dies ergibt sich bereits aus der Tatsache, dass durch die Beiträge zur Umlage nicht allein Leistungen an Arbeitnehmer, sondern auch an Arbeitgeber in Form der Erstattung von Sozialversicherungsbeiträgen für Bezieher von Saison-Kurzarbeitergeld finanziert werden.

Das **Zuschuss-Wintergeld** beträgt zur Zeit 2,50 Euro für jede aus Arbeitszeitguthaben eingesetzte Arbeitsstunde zur Vermeidung von Arbeitsausfällen. Es ist steuerfrei, unterliegt aber nicht dem Progressionsvorbehalt.

Das **Mehraufwands-Wintergeld** beträgt zur Zeit 1,00 Euro für jede zwischen Mitte Dezember und Ende Februar geleistete Arbeitsstunde, in der Summe jedoch nicht mehr als für 450 Stunden. Es ist steuerfrei, unterliegt aber nicht dem Progressionsvorbehalt.

II. Winterbeschäftigungs-Umlage in der Bauwirtschaft

(Kurzinformation der Steuergruppe St 3 – Einkommensteuer Nr. ST 3_2007K044)

Ab dem 1. 5. 2006 hat die Winterbeschäftigungs-Umlage die bisherige Winterbauumlage im Bauhauptgewerbe abgelöst. Die Arbeitnehmer, die nach § 1 Abs. 2 Baubetriebe-Verordnung im Bauhauptgewerbe tätig sind, werden mit 0,8 % des Bruttoarbeitslohns an der Finanzierung beteiligt (§ 356 SGB III i. V. m. § 3 Abs. 2 der Winterbeschäftigungs-Verordnung des Bundesministeriums für Arbeit und Soziales vom 26. 4. 2006). Diese Beteiligung wird aus versteuertem Einkommen finanziert und dient dazu, Arbeitsplätze in der Schlechtwetterzeit zu erhalten. Der Beitrag ist daher nach § 9 Abs. 1 Satz 1 EStG bei den Werbungskosten abzugsfähig.

Arbeitgeber können diese Umlage in einer freien Zeile der elektronischen Lohnsteuerbescheinigung als freiwillige Angabe ausweisen.

Klarstellend wird darauf hingewiesen, dass die Beteiligung der Arbeitnehmer an der Winterbeschäftigungs-Umlage nur bei Beschäftigten des Bauhauptgewerbes erfolgt. Im Baunebengewerbe (Gerüstbauerhandwerk, Dachdeckerhandwerk, Garten- und Landschaftsbau) wird weiterhin nur der Arbeitgeber zur Umlage herangezogen.

Die späteren Leistungen (Wintergeld als Zuschuss-Wintergeld und Mehraufwands-Wintergeld) nach § 175a SGB III sind nach § 3 Nr. 2 EStG steuerfrei und unterliegen nicht dem Progressionsvorbehalt.

Übergangsleistungen

I. Anwendung des Progressionsvorbehalts auf Übergangsleistungen nach der Berufskrankheiten-Verordnung

(BMF-Schreiben vom 11. 9. 1990 – IV B 6 – S 2295 – 30/90 –)

Im Einvernehmen mit den obersten Finanzbehörden der Länder teile ich Ihnen auf Ihre Anfrage mit, daß die Leistungen nach der Berufskrankheiten-Verordnung nicht dem Progressionsvorbehalt nach § 32b EStG unterliegen.

II. Anwendung des Progressionsvorbehalts auf Übergangsleistungen nach der Berufskrankheiten-Verordnung

(Verfügung der OFD Münster vom 16. 10. 1990 – S 2380 – 40 – St 15 – 31 –)

Der BMF hat dem Hauptverband der gewerblichen Berufsgenossenschaften e. V. am 11. 9. 1990 mitgeteilt, daß Leistungen nach der Berufskrankheiten-Verordnung vom 20. 6. 1968, zuletzt geändert durch Verordnung vom 22. 3. 1988 (BGBl. I S. 400), nicht dem Progressionsvorbehalt nach § 32b EStG unterliegen.

Diese Übergangsleistungen sollen wirtschaftliche Nachteile und Minderverdienste ausgleichen. Sie haben damit eher einkommensergänzenden Charakter und sind nicht den Lohnersatzleistungen i. S. des § 32b Abs. 1 Nr. 1 b EStG vergleichbar.

§ 32c (weggefallen) EStG

§ 32d Gesonderter Steuertarif für Einkünfte aus Kapitalvermögen EStG

S 2283c

(1) [1]Die Einkommensteuer für Einkünfte aus Kapitalvermögen, die nicht unter § 20 Absatz 8 fallen, beträgt 25 Prozent. [2]Die Steuer nach Satz 1 vermindert sich um die nach Maßgabe des Absatzes 5 anrechenbaren ausländischen Steuern. [3]Im Fall der Kirchensteuerpflicht ermäßigt sich die Steuer nach den Sätzen 1 und 2 um 25 Prozent der auf die Kapitalerträge entfallenden Kirchensteuer. [4]Die Einkommensteuer beträgt damit

$$\frac{e - 4q}{4 + k}.$$

[5]Dabei sind „e" die nach den Vorschriften des § 20 ermittelten Einkünfte, „q" die nach Maßgabe des Absatzes 5 anrechenbare ausländische Steuer und „k" der für die Kirchensteuer erhebende Religionsgesellschaft (Religionsgemeinschaft) geltende Kirchensteuersatz.

(2) Absatz 1 gilt nicht

1. für Kapitalerträge im Sinne des § 20 Absatz 1 Nummer 4 und 7 sowie Absatz 2 Satz 1 Nummer 4 und 7,

a) wenn Gläubiger und Schuldner einander nahe stehende Personen sind, soweit die den Kapitalerträgen entsprechenden Aufwendungen beim Schuldner Betriebsausgaben oder Werbungskosten im Zusammenhang mit Einkünften sind, die der inländischen Besteuerung unterliegen und § 20 Absatz 9 Satz 1 zweiter Halbsatz keine Anwendung findet,

b) wenn sie von einer Kapitalgesellschaft oder Genossenschaft an einen Anteilseigner gezahlt werden, der zu mindestens 10 Prozent an der Gesellschaft oder Genossenschaft beteiligt ist. [2]Dies gilt auch, wenn der Gläubiger der Kapitalerträge eine dem Anteilseigner nahe stehende Person ist, oder

c) soweit ein Dritter die Kapitalerträge schuldet und diese Kapitalanlage im Zusammenhang mit einer Kapitalüberlassung an einen Betrieb des Gläubigers steht. [2]Dies gilt entsprechend, wenn Kapital überlassen wird

aa) an eine dem Gläubiger der Kapitalerträge nahestehende Person oder

bb) an eine Personengesellschaft, bei der der Gläubiger der Kapitalerträge oder eine diesem nahestehende Person als Mitunternehmer beteiligt ist oder

cc) an eine Kapitalgesellschaft oder Genossenschaft, an der der Gläubiger der Kapitalerträge oder eine diesem nahestehende Person zu mindestens 10 Prozent beteiligt ist,

sofern der Dritte auf den Gläubiger oder eine diesem nahestehende Person zurückgreifen kann. [3]Ein Zusammenhang ist anzunehmen, wenn die Kapitalanlage und die Kapitalüberlassung auf einem einheitlichen Plan beruhen. [4]Hiervon ist insbesondere dann auszugehen, wenn die Kapitalüberlassung in engem zeitlichen Zusammenhang mit einer Kapitalanlage steht oder die jeweiligen Zinsvereinbarungen miteinander verknüpft sind. [5]Von einem Zusammenhang ist jedoch nicht auszugehen, wenn die Zinsvereinbarungen marktüblich sind oder die Anwendung des Absatzes 1 beim Steuerpflichtigen zu keinem Belastungsvorteil führt. [6]Die Sätze 1 bis 5 gelten sinngemäß, wenn das überlassene Kapital vom Gläubiger der Kapitalerträge für die Erzielung von Einkünften im Sinne des § 2 Absatz 1 Satz 1 Nummer 4, 6 und 7 eingesetzt wird.

[2]Insoweit findet § 20 Absatz 6 und 9 keine Anwendung;

2. für Kapitalerträge im Sinne des § 20 Absatz 1 Nummer 6 Satz 2. [2]Insoweit findet § 20 Absatz 6 keine Anwendung;

3. auf Antrag für Kapitalerträge im Sinne des § 20 Absatz 1 Nummer 1 und 2 aus einer Beteiligung an einer Kapitalgesellschaft, wenn der Steuerpflichtige im Veranlagungszeitraum, für den der Antrag erstmals gestellt wird, unmittelbar oder mittelbar
   a) zu mindestens 25 Prozent an der Kapitalgesellschaft beteiligt ist oder
   b) zu mindestens 1 Prozent an der Kapitalgesellschaft beteiligt und beruflich für diese tätig ist.

   [2]Insoweit finden § 3 Nummer 40 Satz 2 und § 20 Absatz 6 und 9 keine Anwendung. [3]Der Antrag gilt für die jeweilige Beteiligung erstmals für den Veranlagungszeitraum, für den er gestellt worden ist. [4]Er ist spätestens zusammen mit der Einkommensteuererklärung für den jeweiligen Veranlagungszeitraum zu stellen und gilt, solange er nicht widerrufen wird, auch für die folgenden vier Veranlagungszeiträume, ohne dass die Antragsvoraussetzungen erneut zu belegen sind. [5]Die Widerrufserklärung muss dem Finanzamt spätestens mit der Steuererklärung für den Veranlagungszeitraum zugehen, für den die Sätze 1 bis 4 erstmals nicht mehr angewandt werden sollen. [6]Nach einem Widerruf ist ein erneuter Antrag des Steuerpflichtigen für diese Beteiligung an der Kapitalgesellschaft nicht mehr zulässig;

4. für Bezüge im Sinne des § 20 Absatz 1 Nummer 1 und für Einnahmen im Sinne des § 20 Absatz 1 Nummer 9 , soweit sie das Einkommen der leistenden Körperschaft gemindert haben; dies gilt nicht, soweit eine verdeckte Gewinnausschüttung das Einkommen einer dem Steuerpflichtigen nahe stehenden Person erhöht hat und § 32a des Körperschaftsteuergesetzes auf die Veranlagung dieser nahe stehenden Person keine Anwendung findet.

(3) [1]Steuerpflichtige Kapitalerträge, die nicht der Kapitalertragsteuer unterlegen haben, hat der Steuerpflichtige in seiner Einkommensteuererklärung anzugeben. [2]Für diese Kapitalerträge erhöht sich die tarifliche Einkommensteuer um den nach Absatz 1 ermittelten Betrag.

(4) Der Steuerpflichtige kann mit der Einkommensteuererklärung für Kapitalerträge, die der Kapitalertragsteuer unterlegen haben, eine Steuerfestsetzung entsprechend Absatz 3 Satz 2 insbesondere in Fällen eines nicht vollständig ausgeschöpften Sparer-Pauschbetrags, einer Anwendung der Ersatzbemessungsgrundlage nach § 43a Absatz 2 Satz 7, eines noch nicht im Rahmen des § 43a Absatz 3 berücksichtigten Verlusts, eines Verlustvortrags nach § 20 Absatz 6 und noch nicht berücksichtigter ausländischer Steuern, zur Überprüfung des Steuereinbehalts dem Grund oder der Höhe nach oder zur Anwendung von Absatz 1 Satz 3 beantragen.

(5) [1]In den Fällen der Absätze 3 und 4 ist bei unbeschränkt Steuerpflichtigen, die mit ausländischen Kapitalerträgen in dem Staat, aus dem die Kapitalerträge stammen, zu einer der deutschen Einkommensteuer entsprechenden Steuer herangezogen werden, die auf ausländische Kapitalerträge festgesetzte und gezahlte und um einen entstandenen Ermäßigungsanspruch gekürzte ausländische Steuer, jedoch höchstens 25 Prozent ausländische Steuer auf den einzelnen Kapitalertrag, auf die deutsche Steuer anzurechnen. [2]Soweit in einem Abkommen zur Vermeidung der Doppelbesteuerung die Anrechnung einer ausländischen Steuer einschließlich einer als gezahlt geltenden Steuer auf die deutsche Steuer vorgesehen ist, gilt Satz 1 entsprechend. [3]Die ausländischen Steuern sind nur bis zur Höhe der auf die im jeweiligen Veranlagungszeitraum bezogenen Kapitalerträge im Sinne des Satzes 1 entfallenden deutschen Steuer anzurechnen.

(6) [1]Auf Antrag des Steuerpflichtigen werden anstelle der Anwendung der Absätze 1, 3 und 4 die nach § 20 ermittelten Kapitaleinkünfte den Einkünften im Sinne des § 2 hinzugerechnet und *der tariflichen Einkommen*steuer unterworfen, wenn dies zu einer niedrigeren Einkommensteuer einschließlich Zuschlagsteuern führt (Günstigerprüfung). [2]Absatz 5 ist mit der Maßgabe anzuwenden, dass die nach dieser Vorschrift ermittelten ausländischen Steuern auf die zusätzliche tarifliche Einkommensteuer anzurechnen sind, die auf die hinzugerechneten Kapitaleinkünfte entfällt. [3]Der Antrag kann für den jeweiligen Veranlagungszeitraum nur einheitlich für sämtliche Kapitalerträge gestellt werden. [4]Bei zusammenveranlagten Ehegatten kann der Antrag nur für sämtliche Kapitalerträge beider Ehegatten gestellt werden.

§ 33 Außergewöhnliche Belastungen

EStG
S 2284

(1) Erwachsen einem Steuerpflichtigen zwangsläufig größere Aufwendungen als der überwiegenden Mehrzahl der Steuerpflichtigen gleicher Einkommensverhältnisse, gleicher Vermögensverhältnisse und gleichen Familienstands (außergewöhnliche Belastung), so wird auf Antrag die Einkommensteuer dadurch ermäßigt, dass der Teil der Aufwendungen, der die dem Steuerpflichtigen zumutbare Belastung (Absatz 3) übersteigt, vom Gesamtbetrag der Einkünfte abgezogen wird.

(2) [1]Aufwendungen erwachsen dem Steuerpflichtigen zwangsläufig, wenn er sich ihnen aus rechtlichen, tatsächlichen oder sittlichen Gründen nicht entziehen kann und soweit die Aufwendungen den Umständen nach notwendig sind und einen angemessenen Betrag nicht übersteigen. [2]Aufwendungen, die zu den Betriebsausgaben, Werbungskosten oder Sonderausgaben gehören, bleiben dabei außer Betracht; das gilt für Aufwendungen im Sinne des § 10 Absatz 1 Nummer 7 und 9 nur insoweit, als sie als Sonderausgaben abgezogen werden können. [3]Aufwendungen, die durch Diätverpflegung entstehen, können nicht als außergewöhnliche Belastung berücksichtigt werden. [4]Aufwendungen für die Führung eines Rechtsstreits (Prozesskosten) sind vom Abzug ausgeschlossen, es sei denn, es handelt sich um Aufwendungen ohne die der Steuerpflichtige Gefahr liefe, seine Existenzgrundlage zu verlieren und seine lebensnotwendigen Bedürfnisse in dem üblichen Rahmen nicht mehr befriedigen zu können.

(3) [1]Die zumutbare Belastung beträgt

bei einem Gesamtbetrag der Einkünfte	**bis 15 340 EUR**	**über 15 340 EUR bis 51 130 EUR**	**über 51 130 EUR**
1. bei Steuerpflichtigen, die keine Kinder haben und bei denen die Einkommensteuer			
a) nach § 32a Absatz 1,	**5**	**6**	**7**
b) nach § 32a Absatz 5 oder 6 (Splitting-Verfahren)	**4**	**5**	**6**
zu berechnen ist;			
2. bei Steuerpflichtigen mit			
a) einem Kind oder zwei Kindern,	**2**	**3**	**4**
b) drei oder mehr Kindern	**1**	**1**	**2**
	Prozent des Gesamtbetrags der Einkünfte.		

[2]Als Kinder des Steuerpflichtigen zählen die, für die er Anspruch auf einen Freibetrag nach § 32 Absatz 6 oder auf Kindergeld hat.

(4) Die Bundesregierung wird ermächtigt, durch Rechtsverordnung mit Zustimmung des Bundesrates die Einzelheiten des Nachweises von Aufwendungen nach Absatz 1 zu bestimmen.

Hinweise

H 33

Außergewöhnliche Belastungen allgemeiner Art

→ R 33 EStR, H 33 EStH

Anhang 30

§ 33a Außergewöhnliche Belastung in besonderen Fällen

EStG
S 2285

(1) [1]Erwachsen einem Steuerpflichtigen Aufwendungen für den Unterhalt und eine etwaige Berufsausbildung einer dem Steuerpflichtigen oder seinem Ehegatten gegenüber gesetzlich unterhaltsberechtigten Person, so wird auf Antrag die Einkommensteuer dadurch ermäßigt, dass die Aufwendungen bis zu *8 652 Euro* im Kalenderjahr vom Gesamtbetrag der Einkünfte abgezogen werden. [2]Der Höchstbetrag nach Satz 1 erhöht sich um den Betrag der im jeweiligen Veranlagungszeitraum nach § 10 Absatz 1 Nummer 3 für die Absicherung der unterhaltsberechtigten Person aufgewandten Beiträge; dies gilt nicht für Kranken- und Pflegeversicherungsbei- [1] [2]

[1] *Absatz 1 Satz 1 wurde durch Artikel 2 des Gesetzes zur Anhebung des Grundfreibetrags, des Kinderfreibetrags, des Kindergeldes und des Kinderzuschlags ab VZ 2016 geändert.*

[2] *Für VZ 2015 wurde in Absatz 1 Satz 1 durch Artikel 1 des Gesetzes zur Anhebung des Grundfreibetrags, des Kinderfreibetrags, des Kindergeldes und des Kinderzuschlags die Angabe „8 354" durch die Angabe „8 472" ersetzt.*

träge, die bereits nach § 10 Absatz 1 Nummer 3 Satz 1 anzusetzen sind. [3]Der gesetzlich unterhaltsberechtigten Person gleichgestellt ist eine Person, wenn bei ihr zum Unterhalt bestimmte inländische öffentliche Mittel mit Rücksicht auf die Unterhaltsleistungen des Steuerpflichtigen gekürzt werden. [4]Voraussetzung ist, dass weder der Steuerpflichtige noch eine andere Person Anspruch auf einen Freibetrag nach § 32 Absatz 6 oder auf Kindergeld für die unterhaltene Person hat und die unterhaltene Person kein oder nur ein geringes Vermögen besitzt; ein angemessenes Hausgrundstück im Sinne von § 90 Absatz 2 Nummer 8 des Zwölften Buches Sozialgesetzbuch bleibt unberücksichtigt. [5]Hat die unterhaltene Person andere Einkünfte oder Bezüge, so vermindert sich die Summe der nach Satz 1 und Satz 2 ermittelten Beträge um den Betrag, um den diese Einkünfte und Bezüge den Betrag von 624 Euro im Kalenderjahr übersteigen, sowie um die von der unterhaltenen Person als Ausbildungshilfe aus öffentlichen Mitteln oder von Förderungseinrichtungen, die hierfür öffentliche Mittel erhalten, bezogenen Zuschüsse; zu den Bezügen gehören auch steuerfreie Gewinne nach den §§ 14, 16 Absatz 4, § 17 Absatz 3 und § 18 Absatz 3, die nach § 19 Absatz 2 steuerfrei bleibenden Einkünfte sowie Sonderabschreibungen und erhöhte Absetzungen, soweit sie die höchstmöglichen Absetzungen für Abnutzung nach § 7 übersteigen. [6]Ist die unterhaltene Person nicht unbeschränkt einkommensteuerpflichtig, so können die Aufwendungen nur abgezogen werden, soweit sie nach den Verhältnissen des Wohnsitzstaates der unterhaltenen Person notwendig und angemessen sind, höchstens jedoch der Betrag, der sich nach den Sätzen 1 bis 5 ergibt; ob der Steuerpflichtige zum Unterhalt gesetzlich verpflichtet ist, ist nach inländischen Maßstäben zu beurteilen. [7]Werden die Aufwendungen für eine unterhaltene Person von mehreren Steuerpflichtigen getragen, so wird bei jedem der Teil des sich hiernach ergebenden Betrags abgezogen, der seinem Anteil am Gesamtbetrag der Leistungen entspricht. [8]Nicht auf Euro lautende Beträge sind entsprechend dem für Ende September des Jahres vor dem Veranlagungszeitraum von der Europäischen Zentralbank bekannt gegebenen Referenzkurs umzurechnen. [9]Voraussetzung für den Abzug der Aufwendungen ist die Angabe der erteilten Identifikationsnummer (§ 139b der Abgabenordnung) der unterhaltenen Person in der Steuererklärung des Unterhaltsleistenden, wenn die unterhaltene Person der unbeschränkten oder beschränkten Steuerpflicht unterliegt. [10]Die unterhaltene Person ist für diese Zwecke verpflichtet, dem Unterhaltsleistenden ihre erteilte Identifikationsnummer (§ 139b der Abgabenordnung) mitzuteilen. [11]Kommt die unterhaltene Person dieser Verpflichtung nicht nach, ist der Unterhaltsleistende berechtigt, bei der für ihn zuständigen Finanzbehörde die Identifikationsnummer der unterhaltenen Person zu erfragen.

S 2288 **(2) [1]Zur Abgeltung des Sonderbedarfs eines sich in Berufsausbildung befindenden, auswärtig untergebrachten, volljährigen Kindes, für das Anspruch auf einen Freibetrag nach § 32 Absatz 6 oder Kindergeld besteht, kann der Steuerpflichtige einen Freibetrag in Höhe von 924 Euro je Kalenderjahr vom Gesamtbetrag der Einkünfte abziehen. [2]Für ein nicht unbeschränkt einkommensteuerpflichtiges Kind mindert sich der vorstehende Betrag nach Maßgabe des Absatzes 1 Satz 6. [3]Erfüllen mehrere Steuerpflichtige für dasselbe Kind die Voraussetzungen nach Satz 1, so kann der Freibetrag insgesamt nur einmal abgezogen werden. [4]Jedem Elternteil steht grundsätzlich die Hälfte des Abzugsbetrags nach den Sätzen 1 und 2 zu. [5]Auf gemeinsamen Antrag der Eltern ist eine andere Aufteilung möglich.**

S 2288a **(3) [1]Für jeden vollen Kalendermonat, in dem die in den Absätzen 1 und 2 bezeichneten Voraussetzungen nicht vorgelegen haben, ermäßigen sich die dort bezeichneten Beträge um je ein Zwölftel. [2]Eigene Einkünfte und Bezüge der nach Absatz 1 unterhaltenen Person, die auf diese Kalendermonate entfallen, vermindern den nach Satz 1 ermäßigten Höchstbetrag nicht. [3]Als Ausbildungshilfe bezogene Zuschüsse der nach Absatz 1 unterhaltenen Person mindern nur den zeitanteiligen Höchstbetrag der Kalendermonate, für die sie bestimmt sind.**

(4) In den Fällen der Absätze 1 und 2 kann wegen der in diesen Vorschriften bezeichneten Aufwendungen der Steuerpflichtige eine Steuerermäßigung nach § 33 nicht in Anspruch nehmen.

H 33a

Hinweise

Außergewöhnliche Belastung in besonderen Fällen

Anhang 30 → R 33a EStR, H 33a EStH

Ländergruppeneinteilung

Berücksichtigung ausländischer Verhältnisse; Ländergruppeneinteilung ab 1. Januar 2014

(BMF-Schreiben vom 18. 11. 2013
– IV C 4 – S 2285/07/0005:013, DOK 2013/1038632 –, BStBl I S. 1462)

In Abstimmung mit den obersten Finanzbehörden der Länder ist die Ländergruppeneinteilung ab dem Veranlagungszeitraum 2014 überarbeitet worden. Änderungen sind durch Fettdruck hervorgehoben. Gegenüber der Ländergruppeneinteilung zum 1. Januar 2012 ergeben sich insbesondere folgende Änderungen:

Amerikanisch-Samoa: Neuaufnahme in Gruppe 3,
Äquatorialguinea: von Gruppe 3 nach Gruppe 2,
Aruba: Neuaufnahme in Gruppe 2,
Barbados: von Gruppe 2 nach Gruppe 3,
Bermuda: Neuaufnahme in Gruppe 1,
China: von Gruppe 4 nach Gruppe 3,
Cookinseln: von Gruppe 3 nach Gruppe 2,
Französisch-Polynesien: Neuaufnahme in Gruppe 2,
Griechenland: von Gruppe 1 nach Gruppe 2,
Grönland: Neuaufnahme in Gruppe 2,
Malediven: von Gruppe 4 nach Gruppe 3,
Neukaledonien: Neuaufnahme in Gruppe 1,
Peru: von Gruppe 4 nach Gruppe 3,
Puerto Rico: Neuaufnahme in Gruppe 2,
Südsudan: Neuaufnahme in Gruppe 4,
Thailand: von Gruppe 4 nach Gruppe 3,
Tuvalu: von Gruppe 4 nach Gruppe 3,
Ungarn: von Gruppe 2 nach Gruppe 3.

Die Beträge des § 1 Absatz 3 Satz 2, des § 10 Absatz 1 Nummer 5 Satz 3, des § 32 Absatz 6 Satz 4, des § 33a Absatz 1 Satz 6 und Absatz 2 Satz 2 EStG sind ab dem Veranlagungszeitraum 2014 wie folgt anzusetzen:

in voller Höhe	mit ¾	mit ½	mit ¼
Wohnsitzstaat des Steuerpflichtigen bzw. der unterhaltenen Person			
1	2	3	4
Andorra	**Äquatorialguinea**	Algerien	Afghanistan
Australien	**Aruba**	**Amerikanisch-Samoa**	Ägypten
Belgien	**Bahamas**	Antigua und Barbuda	Albanien
Bermuda	Bahrain	Argentinien	Angola
Brunei Darussalam	**Cookinseln**	Aserbaidschan	Armenien
Dänemark	Estland	**Barbados**	Äthiopien
Finnland	**Französisch-Polynesien**	Bosnien und Herzegowina	Bangladesch
Frankreich	**Griechenland**	Botsuana	Belize
Hongkong	**Grönland**	Brasilien	Benin
Insel Man	**Korea, Republik**	Bulgarien	Bhutan
Irland	Kroatien	Chile	Bolivien, **Plurinationaler Staat**
Island	Malta	**China**	Burkina Faso
Israel	Oman	Costa Rica	Burundi
Italien	Portugal	Dominica	Côte d'Ivoire
Japan	**Puerto Rico**	Dominikanische Republik	Dschibuti
Kaiman-Inseln	Saudi Arabien	Gabun	Ecuador
Kanada	Slowakei	Grenada	El Salvador
Kanalinseln	Slowenien	Iran, Islamische Republik	Eritrea
Katar	Taiwan	Jamaika	Fidschi
Kuwait	Trinidad und Tobago	Kasachstan	Gambia
Liechtenstein	Tschechische Republik		Georgien
Luxemburg			Ghana
Macau			

in voller Höhe	mit ¾	mit ½	mit ¼
Wohnsitzstaat des Steuerpflichtigen bzw. der unterhaltenen Person			
1	2	3	4
Monaco	Turks- und Caicos-Inseln	Kolumbien	Guatemala
Nordkaledonien		Kuba	Guinea
Neuseeland		Lettland	Guinea-Bissau
Niederlande		Libanon	Guyana
Norwegen		Libyen	Haiti
Österreich		Litauen	Honduras
Palästinensische Gebiete		Malaysia	Indien
San Marino		**Malediven**	Indonesien
Schweden		Mauritius	Irak
Schweiz		Mazedonien, ehemalige jugoslawische Republik	Jemen
Singapur		Mexiko	Jordanien
Spanien		Montenegro	Kambodscha
Vereinigte Arabische Emirate		Namibia	Kamerun
Vereinigte Staaten		Nauru	Kap Verde
Vereinigtes Königreich		Niue	Kenia
Zypern		Palau	Kirgisistan
		Panama	Kiribati
		Peru	Komoren
		Polen	Kongo
		Rumänien	Kongo, Demokratische Republik
		Russische Föderation	Korea, Demokratische VR
		Serbien	Kosovo
		Seychellen	Laos, Demokratische VR
		St. Kitts und Nevis	Lesotho
		St. Lucia	Liberia
		St. Vincent und die Grenadinen	Madagaskar
		Südafrika	Malawi
		Suriname	Mali
		Thailand	Marokko
		Türkei	Marshallinseln
		Tuvalu	Mauretanien
		Ungarn	Mikronesien, Föderierte Staaten von
		Uruguay	Moldau, Republik
		Venezuela, **Bolivarische Republik**	Mongolei
		Weißrussland/Belarus	Mosambik
			Myanmar
			Nepal
			Nicaragua
			Niger
			Nigeria
			Pakistan
			Papua Neuguinea
			Paraguay
			Philippinen
			Ruanda
			Salomonen
			Sambia
			Samoa
			São Tomé und Principe
			Senegal
			Sierra Leone
			Simbabwe
			Somalia
			Sri Lanka
			Sudan
			Südsudan

in voller Höhe	mit 3/4	mit ½	mit ¼
Wohnsitzstaat des Steuerpflichtigen bzw. der unterhaltenen Person			
1	2	3	4
			Swasiland Syrien, Arabische Republik Tadschikistan Tansania, Vereinigte Republik Timor-Leste Togo Tonga Tschad Tunesien Turkmenistan Uganda Ukraine Usbekistan Vanuatu Vietnam Zentralafrikanische Republik

Dieses Schreiben ersetzt ab dem Veranlagungszeitraum 2014 das BMF-Schreiben vom 4. Oktober 2011 (BStBl I S. 961)[1]).

§ 33b Pauschbeträge für behinderte Menschen, Hinterbliebene und Pflegepersonen

EStG
S 2286

(1) [1]Wegen der Aufwendungen für die Hilfe bei den gewöhnlichen und regelmäßig wiederkehrenden Verrichtungen des täglichen Lebens, für die Pflege sowie für einen erhöhten Wäschebedarf können behinderte Menschen unter den Voraussetzungen des Absatzes 2 anstelle einer Steuerermäßigung nach § 33 einen Pauschbetrag nach Absatz 3 geltend machen (Behinderten-Pauschbetrag). [2]Das Wahlrecht kann für die genannten Aufwendungen im jeweiligen Veranlagungszeitraum nur einheitlich ausgeübt werden.

(2) Die Pauschbeträge erhalten

1. behinderte Menschen, deren Grad der Behinderung auf mindestens 50 festgestellt ist;

2. behinderte Menschen, deren Grad der Behinderung auf weniger als 50, aber mindestens auf 25 festgestellt ist, wenn

a) dem behinderten Menschen wegen seiner Behinderung nach gesetzlichen Vorschriften Renten oder andere laufende Bezüge zustehen, und zwar auch dann, wenn das Recht auf die Bezüge ruht oder der Anspruch auf die Bezüge durch Zahlung eines Kapitals abgefunden worden ist, oder

b) die Behinderung zu einer dauernden Einbuße der körperlichen Beweglichkeit geführt hat oder auf einer typischen Berufskrankheit beruht.

(3) [1]Die Höhe des Pauschbetrags richtet sich nach dem dauernden Grad der Behinderung. [2]Als Pauschbeträge werden gewährt bei einem Grad der Behinderung

von 25 und 30	**310 Euro,**
von 35 und 40	**430 Euro,**
von 45 und 50	**570 Euro,**
von 55 und 60	**720 Euro,**
von 65 und 70	**890 Euro,**
von 75 und 80	**1 060 Euro,**
von 85 und 90	**1 230 Euro,**
von 95 und 100	**1 420 Euro.**

[3]Für behinderte Menschen, die hilflos im Sinne des Absatzes 6 sind, und für Blinde erhöht sich der Pauschbetrag auf 3 700 Euro.

1) Abgedruckt in der Lohnsteuer Handausgabe 2013.

(4) [1]Personen, denen laufende Hinterbliebenenbezüge bewilligt worden sind, erhalten auf Antrag einen Pauschbetrag von 370 Euro (Hinterbliebenen-Pauschbetrag), wenn die Hinterbliebenenbezüge geleistet werden

1. nach dem Bundesversorgungsgesetz oder einem anderen Gesetz, das die Vorschriften des Bundesversorgungsgesetzes über Hinterbliebenenbezüge für entsprechend anwendbar erklärt, oder

2. nach den Vorschriften über die gesetzliche Unfallversicherung oder

3. nach den beamtenrechtlichen Vorschriften an Hinterbliebene eines an den Folgen eines Dienstunfalls verstorbenen Beamten oder

4. nach den Vorschriften des Bundesentschädigungsgesetzes über die Entschädigung für Schäden an Leben, Körper oder Gesundheit. [2]Der Pauschbetrag wird auch dann gewährt, wenn das Recht auf die Bezüge ruht oder der Anspruch auf die Bezüge durch Zahlung eines Kapitals abgefunden worden ist.

(5) [1]Steht der Behinderten-Pauschbetrag oder der Hinterbliebenen-Pauschbetrag einem Kind zu, für das der Steuerpflichtige Anspruch auf einen Freibetrag nach § 32 Absatz 6 oder auf Kindergeld hat, so wird der Pauschbetrag auf Antrag auf den Steuerpflichtigen übertragen, wenn ihn das Kind nicht in Anspruch nimmt. [2]Dabei ist der Pauschbetrag grundsätzlich auf beide Elternteile je zur Hälfte aufzuteilen, es sei denn, der Kinderfreibetrag wurde auf den anderen Elternteil übertragen. [3]Auf gemeinsamen Antrag der Eltern ist eine andere Aufteilung möglich. [4]In diesen Fällen besteht für Aufwendungen, für die der Behinderten-Pauschbetrag gilt, kein Anspruch auf eine Steuerermäßigung nach § 33.

(6) [1]Wegen der außergewöhnlichen Belastungen, die einem Steuerpflichtigen durch die Pflege einer Person erwachsen, die nicht nur vorübergehend hilflos ist, kann er anstelle einer Steuerermäßigung nach § 33 einen Pauschbetrag von 924 Euro im Kalenderjahr geltend machen (Pflege-Pauschbetrag), wenn er dafür keine Einnahmen erhält. [2]Zu diesen Einnahmen zählt unabhängig von der Verwendung nicht das von den Eltern eines behinderten Kindes für dieses Kind empfangene Pflegegeld. [3]Hilflos im Sinne des Satzes 1 ist eine Person, wenn sie für eine Reihe von häufig und regelmäßig wiederkehrenden Verrichtungen zur Sicherung ihrer persönlichen Existenz im Ablauf eines jeden Tages fremder Hilfe dauernd bedarf. [4]Diese Voraussetzungen sind auch erfüllt, wenn die Hilfe in Form einer Überwachung oder einer Anleitung zu den in Satz 3 genannten Verrichtungen erforderlich ist oder wenn die Hilfe zwar nicht dauernd geleistet werden muss, jedoch eine ständige Bereitschaft zur Hilfeleistung erforderlich ist. [5]Voraussetzung ist, dass der Steuerpflichtige die Pflege entweder in seiner Wohnung oder in der Wohnung des Pflegebedürftigen persönlich durchführt und diese Wohnung in einem Mitgliedstaat der Europäischen Union oder in einem Staat belegen ist, auf den das Abkommen über den Europäischen Wirtschaftsraum anzuwenden ist. [6]Wird ein Pflegebedürftiger von mehreren Steuerpflichtigen im Veranlagungszeitraum gepflegt, wird der Pauschbetrag nach der Zahl der Pflegepersonen, bei denen die Voraussetzungen der Sätze 1 bis 5 vorliegen, geteilt.

(7) Die Bundesregierung wird ermächtigt, durch Rechtsverordnung mit Zustimmung des Bundesrates zu bestimmen, wie nachzuweisen ist, dass die Voraussetzungen für die Inanspruchnahme der Pauschbeträge vorliegen.

EStDV

§ 65 Nachweis der Behinderung

S 2286 *(1) Den Nachweis einer Behinderung hat der Steuerpflichtige zu erbringen:*

1. bei einer Behinderung, deren Grad auf mindestens 50 festgestellt ist, durch Vorlage eines Ausweises nach dem Neunten Buch Sozialgesetzbuch oder eines Bescheides der nach § 69 Absatz 1 des Neunten Buches Sozialgesetzbuch zuständigen Behörde,

2. bei einer Behinderung, deren Grad auf weniger als 50, aber mindestens 25 festgestellt ist,

   a) durch eine Bescheinigung der nach § 69 Absatz 1 des Neunten Buches Sozialgesetzbuch zuständigen Behörde auf Grund eines Feststellungsbescheids nach § 69 Absatz 1 des Neunten Buches Sozialgesetzbuch, die eine Äußerung darüber enthält, ob die Behinderung zu einer dauernden Einbuße der körperlichen Beweglichkeit geführt hat oder auf einer typischen Berufskrankheit beruht, oder

   b) wenn ihm wegen seiner Behinderung nach den gesetzlichen Vorschriften Renten oder andere laufende Bezüge zustehen, durch den Rentenbescheid oder den die anderen laufenden Bezüge nachweisenden Bescheid.

(2) [1]Die gesundheitlichen Merkmale „blind" und „hilflos" hat der Steuerpflichtige durch einen Ausweis nach dem Neunten Buch Sozialgesetzbuch, der mit den Merkzeichen „Bl" oder „H" gekennzeichnet ist, oder durch einen Bescheid der nach § 69 Absatz 1 des Neunten Buches Sozi-

algesetzbuch zuständigen Behörde, der die entsprechenden Feststellungen enthält, nachzuweisen. [2]Dem Merkzeichen „H" steht die Einstufung als Schwerstpflegebedürftiger in Pflegestufe III nach dem Elften Buch Sozialgesetzbuch, dem Zwölften Buch Sozialgesetzbuch oder diesen entsprechenden gesetzlichen Bestimmungen gleich; dies ist durch Vorlage des entsprechenden Bescheides nachzuweisen.

(3) Der Steuerpflichtige hat die Unterlagen nach den Absätzen 1 und 2 zusammen mit seiner Steuererklärung oder seinem Antrag auf Lohnsteuerermäßigung der Finanzbehörde vorzulegen.

(4) [1]Ist der behinderte Mensch verstorben und kann sein Rechtsnachfolger die Unterlagen nach den Absätzen 1 und 2 nicht vorlegen, so genügt zum Nachweis eine gutachtliche Stellungnahme der nach § 69 Absatz 1 des Neunten Buches Sozialgesetzbuch zuständigen Behörde. [2]Diese Stellungnahme hat die Finanzbehörde einzuholen.

Hinweise

H 33b

Pauschbeträge für behinderte Menschen, Hinterbliebene und Pflegepersonen

→ R 33b EStR, H 33b EStH

Anhang 30

§ 34 Außerordentliche Einkünfte

EStG
S 2290

(1) [1]Sind in dem zu versteuernden Einkommen außerordentliche Einkünfte enthalten, so ist die auf alle im Veranlagungszeitraum bezogenen außerordentlichen Einkünfte entfallende Einkommensteuer nach den Sätzen 2 bis 4 zu berechnen. [2]Die für die außerordentlichen Einkünfte anzusetzende Einkommensteuer beträgt das Fünffache des Unterschiedsbetrags zwischen der Einkommensteuer für das um diese Einkünfte verminderte zu versteuernde Einkommen (verbleibendes zu versteuerndes Einkommen) und der Einkommensteuer für das verbleibende zu versteuernde Einkommen zuzüglich eines Fünftels dieser Einkünfte. [3]Ist das verbleibende zu versteuernde Einkommen negativ und das zu versteuernde Einkommen positiv, so beträgt die Einkommensteuer das Fünffache der auf ein Fünftel des zu versteuernden Einkommens entfallenden Einkommensteuer. [4]Die Sätze 1 bis 3 gelten nicht für außerordentliche Einkünfte im Sinne des Absatzes 2 Nummer 1, wenn der Steuerpflichtige auf diese Einkünfte ganz oder teilweise § 6b oder § 6c anwendet.

(2) Als außerordentliche Einkünfte kommen nur in Betracht:

1. **Veräußerungsgewinne im Sinne der §§ 14, 14a Absatz 1, der §§ 16 und 18 Absatz 3 mit Ausnahme des steuerpflichtigen Teils der Veräußerungsgewinne, die nach § 3 Nummer 40 Buchstabe b in Verbindung mit § 3c Absatz 2 teilweise steuerbefreit sind;**
2. **Entschädigungen im Sinne des § 24 Nummer 1;**
3. **Nutzungsvergütungen und Zinsen im Sinne des § 24 Nummer 3, soweit sie für einen Zeitraum von mehr als drei Jahren nachgezahlt werden;**
4. **Vergütungen für mehrjährige Tätigkeiten; mehrjährig ist eine Tätigkeit, soweit sie sich über mindestens zwei Veranlagungszeiträume erstreckt und einen Zeitraum von mehr als zwölf Monaten umfasst.**

(3) [1]Sind in dem zu versteuernden Einkommen außerordentliche Einkünfte im Sinne des Absatzes 2 Nummer 1 enthalten, so kann auf Antrag abweichend von Absatz 1 die auf den Teil dieser außerordentlichen Einkünfte, der den Betrag von insgesamt 5 Millionen Euro nicht übersteigt, entfallende Einkommensteuer nach einem ermäßigten Steuersatz bemessen werden, wenn der Steuerpflichtige das 55. Lebensjahr vollendet hat oder wenn er im sozialversicherungsrechtlichen Sinne dauernd berufsunfähig ist. [2]Der ermäßigte Steuersatz beträgt 56 Prozent des durchschnittlichen Steuersatzes, der sich ergäbe, wenn die tarifliche Einkommensteuer nach dem gesamten zu versteuernden Einkommen zuzüglich der dem Progressionsvorbehalt unterliegenden Einkünfte zu bemessen wäre, mindestens jedoch 14 Prozent. [3]Auf das um die in Satz 1 genannten Einkünfte verminderte zu versteuernde Einkommen (verbleibendes zu versteuerndes Einkommen) sind vorbehaltlich des Absatzes 1 die allgemeinen Tarifvorschriften anzuwenden. [4]Die Ermäßigung nach den Sätzen 1 bis 3 kann der Steuerpflichtige nur einmal im Leben in Anspruch nehmen. [5]Erzielt der Steuerpflichtige in einem Veranlagungszeitraum mehr als einen Veräußerungs- oder Aufgabegewinn im Sinne des Satzes 1, kann er die Ermäßigung nach den Sätzen 1 bis 3 nur für einen Veräußerungs- oder Aufgabegewinn beantragen. [6]Absatz 1 Satz 4 ist entsprechend anzuwenden.

H 34

Hinweise

Abzug des Arbeitnehmer-Pauschbetrags

→ H 34.1 EStH

Anhang 27 **Allgemeines**

→ BMF vom 1. 11. 2013 (BStBl I S. 1326)

Arbeitslohn für mehrere Jahre

Anhang 30 → R 34.4 EStR und H 34.4 EStH

Entschädigungen

Anhang 30 → R 34.3 EStR und H 34.3 EStH

Ermittlung der Einkünfte

Anhang 30 → R 34.4 EStR

Fünftelungsregelung im Lohnsteuerabzugsverfahren

→ H 39b.6 (Fünftelungsregelung)

Jubiläumszuwendungen

Anhang 30 → H 34.4 EStH

Tantiemen

Anhang 30 → H 34.4 EStH

Verbesserungsvorschläge

Anhang 30 → H 34.4 EStH

Versorgungsbezüge, Nachzahlungen von

Anhang 30 → H 34.4 EStH

EStG
S 2290a

§ 34a Begünstigung der nicht entnommenen Gewinne

(1) [1]Sind in dem zu versteuernden Einkommen nicht entnommene Gewinne aus Land- und Forstwirtschaft, Gewerbebetrieb oder selbständiger Arbeit (§ 2 Absatz 1 Satz 1 Nummer 1 bis 3) im Sinne des Absatzes 2 enthalten, ist die Einkommensteuer für diese Gewinne auf Antrag des Steuerpflichtigen ganz oder teilweise mit einem Steuersatz von 28,25 Prozent zu berechnen; dies gilt nicht, soweit für die Gewinne der Freibetrag nach § 16 Absatz 4 oder die Steuerermäßigung nach § 34 Absatz 3 in Anspruch genommen wird oder es sich um Gewinne im Sinne des § 18 Absatz 1 Nummer 4 handelt. [2]Der Antrag nach Satz 1 ist für jeden Betrieb oder Mitunternehmeranteil für jeden Veranlagungszeitraum gesondert bei dem für die Einkommensbesteuerung zuständigen Finanzamt zu stellen. [3]Bei Mitunternehmeranteilen kann der Steuerpflichtige den Antrag nur stellen, wenn sein Anteil am nach § 4 Absatz 1 Satz 1 oder § 5 ermittelten Gewinn mehr als 10 Prozent beträgt oder 10 000 Euro übersteigt. [4]Der Antrag kann bis zur Unanfechtbarkeit des Einkommensteuerbescheids für den nächsten Veranlagungszeitraum vom Steuerpflichtigen ganz oder teilweise zurückgenommen werden; der Einkommensteuerbescheid ist entsprechend zu ändern. [5]Die Festsetzungsfrist endet insoweit nicht, bevor die Festsetzungsfrist für den nächsten Veranlagungszeitraum abgelaufen ist.

(2) Der nicht entnommene Gewinn des Betriebs oder Mitunternehmeranteils ist der nach § 4 Absatz 1 Satz 1 oder § 5 ermittelte Gewinn vermindert um den positiven Saldo der Entnahmen und Einlagen des Wirtschaftsjahres.

(3) [1]Der Begünstigungsbetrag ist der im Veranlagungszeitraum nach Absatz 1 Satz 1 auf Antrag begünstigte Gewinn. [2]Der Begünstigungsbetrag des Veranlagungszeitraums, vermindert um die darauf entfallende Steuerbelastung nach Absatz 1 und den darauf entfallenden Solidaritätszuschlag, vermehrt um den nachversteuerungspflichtigen Betrag des Vorjahres und den auf diesen Betrieb oder Mitunternehmeranteil nach Absatz 5 übertragenen nachversteuerungspflichtigen Betrag, vermindert um den Nachversteuerungsbetrag im Sinne des Absatzes 4 und den auf einen anderen Betrieb oder Mitunternehmeranteil nach Absatz 5 übertragenen nachversteuerungspflichtigen Betrag, ist der nachversteuerungspflichtige Betrag des Betriebs oder

Mitunternehmeranteils zum Ende des Veranlagungszeitraums. [3]Dieser ist für jeden Betrieb oder Mitunternehmeranteil jährlich gesondert festzustellen.

(4) [1]Übersteigt der positive Saldo der Entnahmen und Einlagen des Wirtschaftsjahres bei einem Betrieb oder Mitunternehmeranteil den nach § 4 Absatz 1 Satz 1 oder § 5 ermittelten Gewinn (Nachversteuerungsbetrag), ist vorbehaltlich Absatz 5 eine Nachversteuerung durchzuführen, soweit zum Ende des vorangegangenen Veranlagungszeitraums ein nachversteuerungspflichtiger Betrag nach Absatz 3 festgestellt wurde. [2]Die Einkommensteuer auf den Nachversteuerungsbetrag beträgt 25 Prozent. [3]Der Nachversteuerungsbetrag ist um die Beträge, die für die Erbschaftsteuer (Schenkungsteuer) anlässlich der Übertragung des Betriebs oder Mitunternehmeranteils entnommen wurden, zu vermindern.

(5) [1]Die Übertragung oder Überführung eines Wirtschaftsguts nach § 6 Absatz 5 Satz 1 bis 3 führt unter den Voraussetzungen des Absatzes 4 zur Nachversteuerung. [2]Eine Nachversteuerung findet nicht statt, wenn der Steuerpflichtige beantragt, den nachversteuerungspflichtigen Betrag in Höhe des Buchwerts des übertragenen oder überführten Wirtschaftsguts, höchstens jedoch in Höhe des Nachversteuerungsbetrags, den die Übertragung oder Überführung des Wirtschaftsguts ausgelöst hätte, auf den anderen Betrieb oder Mitunternehmeranteil zu übertragen.

(6) [1]Eine Nachversteuerung des nachversteuerungspflichtigen Betrags nach Absatz 4 ist durchzuführen

1. in den Fällen der Betriebsveräußerung oder -aufgabe im Sinne der §§ 14, 16 Absatz 1 und 3 sowie des § 18 Absatz 3,
2. in den Fällen der Einbringung eines Betriebs oder Mitunternehmeranteils in eine Kapitalgesellschaft oder eine Genossenschaft sowie in den Fällen des Formwechsels einer Personengesellschaft in eine Kapitalgesellschaft oder Genossenschaft,
3. wenn der Gewinn nicht mehr nach § 4 Absatz 1 Satz 1 oder § 5 ermittelt wird oder
4. wenn der Steuerpflichtige dies beantragt.

[2]In den Fällen der Nummern 1 und 2 ist die nach Absatz 4 geschuldete Einkommensteuer auf Antrag des Steuerpflichtigen oder seines Rechtsnachfolgers in regelmäßigen Teilbeträgen für einen Zeitraum von höchstens zehn Jahren seit Eintritt der ersten Fälligkeit zinslos zu stunden, wenn ihre alsbaldige Einziehung mit erheblichen Härten für den Steuerpflichtigen verbunden wäre.

(7) [1]In den Fällen der unentgeltlichen Übertragung eines Betriebs oder Mitunternehmeranteils nach § 6 Absatz 3 hat der Rechtsnachfolger den nachversteuerungspflichtigen Betrag fortzuführen. [2]In den Fällen der Einbringung eines Betriebs oder Mitunternehmeranteils zu Buchwerten nach § 24 des Umwandlungssteuergesetzes geht der für den eingebrachten Betrieb oder Mitunternehmeranteil festgestellte nachversteuerungspflichtige Betrag auf den neuen Mitunternehmeranteil über.

(8) Negative Einkünfte dürfen nicht mit ermäßigt besteuerten Gewinnen im Sinne von Absatz 1 Satz 1 ausgeglichen werden; sie dürfen insoweit auch nicht nach § 10d abgezogen werden.

(9) [1]Zuständig für den Erlass der Feststellungsbescheide über den nachversteuerungspflichtigen Betrag ist das für die Einkommensbesteuerung zuständige Finanzamt. [2]Die Feststellungsbescheide können nur insoweit angegriffen werden, als sich der nachversteuerungspflichtige Betrag gegenüber dem nachversteuerungspflichtigen Betrag des Vorjahres verändert hat. [3]Die gesonderten Feststellungen nach Satz 1 können mit dem Einkommensteuerbescheid verbunden werden.

(10) [1]Sind Einkünfte aus Land- und Forstwirtschaft, Gewerbebetrieb oder selbständiger Arbeit nach § 180 Absatz 1 Nummer 2 Buchstabe a oder b der Abgabenordnung gesondert festzustellen, können auch die Höhe der Entnahmen und Einlagen sowie weitere für die Tarifermittlung nach den Absätzen 1 bis 7 erforderliche Besteuerungsgrundlagen gesondert festgestellt werden. [2]Zuständig für die gesonderten Feststellungen nach Satz 1 ist das Finanzamt, das für die gesonderte Feststellung nach § 180 Absatz 1 Nummer 2 der Abgabenordnung zuständig ist. [3]Die gesonderten Feststellungen nach Satz 1 können mit der Feststellung nach § 180 Absatz 1 Nummer 2 der Abgabenordnung verbunden werden. [4]Die Feststellungsfrist für die gesonderte Feststellung nach Satz 1 endet nicht vor Ablauf der Feststellungsfrist für die Feststellung nach § 180 Absatz 1 Nummer 2 der Abgabenordnung.

(11) [1]Der Bescheid über die gesonderte Feststellung des nachversteuerungspflichtigen Betrags ist zu erlassen, aufzuheben oder zu ändern, soweit der Steuerpflichtige einen Antrag nach Absatz 1 stellt oder diesen ganz oder teilweise zurücknimmt und sich die Besteuerungsgrundlagen im Einkommensteuerbescheid ändern. [2]Dies gilt entsprechend, wenn der Erlass, die Aufhebung oder Änderung des Einkommensteuerbescheids mangels steuerlicher Auswirkung unterbleibt. [3]Die Feststellungsfrist endet nicht, bevor die Festsetzungsfrist für den Veranlagungszeitraum abgelaufen ist, auf dessen Schluss der nachversteuerungspflichtige Betrag des Betriebs oder Mitunternehmeranteils gesondert festzustellen ist.

EStG

§ 34b Steuersätze bei Einkünften aus außerordentlichen Holznutzungen

S 2291

(1) Außerordentliche Holznutzungen sind

1. **Holznutzungen, die aus volks- oder staatswirtschaftlichen Gründen erfolgt sind. [2]Sie liegen nur insoweit vor, als sie durch gesetzlichen oder behördlichen Zwang veranlasst sind;**
2. **Holznutzungen infolge höherer Gewalt (Kalamitätsnutzungen). [2]Sie sind durch Eis-, Schnee-, Windbruch oder Windwurf, Erdbeben, Bergrutsch, Insektenfraß, Brand oder durch Naturereignisse mit vergleichbaren Folgen verursacht. [3]Hierzu gehören nicht die Schäden, die in der Forstwirtschaft regelmäßig entstehen.**

(2) [1]Zur Ermittlung der Einkünfte aus außerordentlichen Holznutzungen sind von den Einnahmen sämtlicher Holznutzungen die damit in sachlichem Zusammenhang stehenden Betriebsausgaben abzuziehen. [2]Das nach Satz 1 ermittelte Ergebnis ist auf die ordentlichen und außerordentlichen Holznutzungsarten aufzuteilen, in dem die außerordentlichen Holznutzungen zur gesamten Holznutzung ins Verhältnis gesetzt wird. [3]Bei einer Gewinnermittlung durch Betriebsvermögensvergleich sind die im Wirtschaftsjahr veräußerten Holzmengen maßgebend. [4]Bei einer Gewinnermittlung nach den Grundsätzen des § 4 Absatz 3 ist von den Holzmengen auszugehen, die den im Wirtschaftsjahr zugeflossenen Einnahmen zugrunde liegen. [5]Die Sätze 1 bis 4 gelten für entnommenes Holz entsprechend.

(3) Die Einkommensteuer bemisst sich für die Einkünfte aus außerordentlichen Holznutzungen im Sinne des Absatzes 1

1. **nach der Hälfte des durchschnittlichen Steuersatzes, der sich ergäbe, wenn die tarifliche Einkommensteuer nach dem gesamten zu versteuernden Einkommen zuzüglich der dem Progressionsvorbehalt unterliegenden Einkünfte zu bemessen wäre;**
2. **nach dem halben Steuersatz der Nummer 1, soweit sie den Nutzungssatz (§ 68 der Einkommensteuer-Durchführungsverordnung) übersteigen.**

(4) Einkünfte aus außerordentlichen Holznutzungen sind nur anzuerkennen, wenn

1. **das im Wirtschaftsjahr veräußerte oder entnommene Holz mengenmäßig getrennt nach ordentlichen und außerordentlichen Holznutzungen nachgewiesen wird und**
2. **Schäden infolge höherer Gewalt unverzüglich nach Feststellung des Schadensfalls der zuständigen Finanzbehörde mitgeteilt und nach der Aufarbeitung mengenmäßig nachgewiesen werden.**

(5) Die Bundesregierung wird ermächtigt, durch Rechtsverordnung mit Zustimmung des Bundesrates

1. **die Steuersätze abweichend von Absatz 3 für ein Wirtschaftsjahr aus sachlichen Billigkeitsgründen zu regeln,**
2. **die Anwendung des § 4a des Forstschäden-Ausgleichsgesetzes für ein Wirtschaftsjahr aus sachlichen Billigkeitsgründen zu regeln,**

wenn besondere Schadensereignisse nach Absatz 1 Nummer 2 vorliegen und eine Einschlagsbeschränkung (§ 1 Absatz 1 des Forstschäden-Ausgleichsgesetzes) nicht angeordnet wurde.

V. Steuerermäßigungen

1. Steuerermäßigung bei ausländischen Einkünften

EStG
S 2293

§ 34c [Steuerermäßigung bei ausländischen Einkünften]

(1) [1]Bei unbeschränkt Steuerpflichtigen, die mit ausländischen Einkünften in dem Staat, aus dem die Einkünfte stammen, zu einer der deutschen Einkommensteuer entsprechenden Steuer herangezogen werden, ist die festgesetzte und gezahlte und um einen entstandenen Ermäßigungsanspruch gekürzte ausländische Steuer auf die deutsche Einkommensteuer anzurechnen, die auf die Einkünfte aus diesem Staat entfällt; das gilt nicht für Einkünfte aus Kapitalvermögen, auf die § 32d Absatz 1 und 3 bis 6 anzuwenden ist. [2]Die auf die ausländischen Einkünfte nach Satz 1 erster Halbsatz entfallende deutsche Einkommensteuer ist in der Weise zu ermitteln, dass der sich bei der Veranlagung des zu versteuernden Einkommens, einschließlich der ausländi-

[1]

[1]) Für VZ bis einschließlich 2014 ist Absatz 1 Satz 2 in der bis zum 31. 12. 2014 geltenden Fassung in allen Fällen, in denen die Einkommensteuer noch nicht bestandskräftig festgesetzt ist, mit der Maßgabe anzuwenden, dass an die Stelle der Wörter „Summe der Einkünfte" die Wörter „Summe der Einkünfte abzüglich des Altersentlastungsbetrages (§ 24a EStG), des Entlastungsbetrages für Alleinerziehende (§ 24b EStG), der Sonderausgaben (§§ 10, 10a, 10b, 10c EStG), der außergewöhnlichen Belastungen (§§ 33 bis 33b EStG), der berücksichtigten Freibeträge für Kinder (§§ 31, 32 Abs. 6 EStG) und des Grundfreibetrages (§ 32a Abs. 1 Satz 2 Nr. 1 EStG)" treten → § 52 Abs. 34a EStG.

schen Einkünfte, nach den §§ 32a, 32b, 34, 34a und 34b ergebende durchschnittliche Steuersatz auf die ausländischen Einkünfte anzuwenden ist. [3]Bei der Ermittlung des zu versteuernden Einkommens und der ausländischen Einkünfte sind die Einkünfte nach Satz 1 zweiter Halbsatz nicht zu berücksichtigen; bei der Ermittlung der ausländischen Einkünfte sind die ausländischen Einkünfte nicht zu berücksichtigen, die in dem Staat, aus dem sie stammen, nach dessen Recht nicht besteuert werden. [4]Gehören ausländische Einkünfte der in § 34d Nummer 3, 4, 6, 7 und 8 Buchstabe c genannten Art zum Gewinn eines inländischen Betriebes, sind bei ihrer Ermittlung Betriebsausgaben und Betriebsvermögensminderungen abzuziehen, die mit den diesen Einkünften zugrunde liegenden Einnahmen in wirtschaftlichem Zusammenhang stehen. [5]Die ausländischen Steuern sind nur insoweit anzurechnen, als sie auf die im Veranlagungszeitraum bezogenen Einkünfte entfallen.

(2) Statt der Anrechnung (Absatz 1) ist die ausländische Steuer auf Antrag bei der Ermittlung der Einkünfte abzuziehen, soweit sie auf ausländische Einkünfte entfällt, die nicht steuerfrei sind. S 2293a

(3) Bei unbeschränkt Steuerpflichtigen, bei denen eine ausländische Steuer vom Einkommen nach Absatz 1 nicht angerechnet werden kann, weil die Steuer nicht der deutschen Einkommensteuer entspricht oder nicht in dem Staat erhoben wird, aus dem die Einkünfte stammen, oder weil keine ausländischen Einkünfte vorliegen, ist die festgesetzte und gezahlte und um einen entstandenen Ermäßigungsanspruch gekürzte ausländische Steuer bei der Ermittlung der Einkünfte abzuziehen, soweit sie auf Einkünfte entfällt, die der deutschen Einkommensteuer unterliegen. S 2293a

(4) (weggefallen) S 2293

(5) Die obersten Finanzbehörden der Länder oder die von ihnen beauftragten Finanzbehörden können mit Zustimmung des Bundesministeriums der Finanzen die auf ausländische Einkünfte entfallende deutsche Einkommensteuer ganz oder zum Teil erlassen oder in einem Pauschbetrag festsetzen, wenn es aus volkswirtschaftlichen Gründen zweckmäßig ist oder die Anwendung des Absatzes 1 besonders schwierig ist. S 2293

(6) [1]Die Absätze 1 bis 3 sind vorbehaltlich der Sätze 2 bis 6 nicht anzuwenden, wenn die Einkünfte aus einem ausländischen Staat stammen, mit dem ein Abkommen zur Vermeidung der Doppelbesteuerung besteht. [2]Soweit in einem Abkommen zur Vermeidung der Doppelbesteuerung die Anrechnung einer ausländischen Steuer auf die deutsche Einkommensteuer vorgesehen ist, sind Absatz 1 Satz 2 bis 5 und Absatz 2 entsprechend auf die nach dem Abkommen anzurechnende ausländische Steuer anzuwenden; das gilt nicht für Einkünfte, auf die § 32d Absatz 1 und 3 bis 6 anzuwenden ist; bei nach dem Abkommen als gezahlt geltenden ausländischen Steuerbeträgen sind Absatz 1 Satz 3 und Absatz 2 nicht anzuwenden. [3]Absatz 1 Satz 3 gilt auch dann entsprechend, wenn die Einkünfte in dem ausländischen Staat nach dem Abkommen zur Vermeidung der Doppelbesteuerung mit diesem Staat nicht besteuert werden können. [4]Bezieht sich ein Abkommen zur Vermeidung der Doppelbesteuerung nicht auf eine Steuer vom Einkommen dieses Staates, so sind die Absätze 1 und 2 entsprechend anzuwenden. [5]In den Fällen des § 50d Absatz 9 sind die Absätze 1 bis 3 und Satz 6 entsprechend anzuwenden. [6]Absatz 3 ist anzuwenden, wenn der Staat, mit dem ein Abkommen zur Vermeidung der Doppelbesteuerung besteht, Einkünfte besteuert, die nicht aus diesem Staat stammen, es sei denn, die Besteuerung hat ihre Ursache in einer Gestaltung, für die wirtschaftliche oder sonst beachtliche Gründe fehlen, oder das Abkommen gestattet dem Staat die Besteuerung dieser Einkünfte. S 2293 S 2293a

(7) Durch Rechtsverordnung können Vorschriften erlassen werden über S 2293 S 2293a

1. die Anrechnung ausländischer Steuern, wenn die ausländischen Einkünfte aus mehreren fremden Staaten stammen,
2. den Nachweis über die Höhe der festgesetzten und gezahlten ausländischen Steuern,
3. die Berücksichtigung ausländischer Steuern, die nachträglich erhoben oder zurückgezahlt werden.

§ 34d Ausländische Einkünfte

EStG S 2293

Ausländische Einkünfte im Sinne des § 34c Absatz 1 bis 5 sind

1. Einkünfte aus einer in einem ausländischen Staat betriebenen Land- und Forstwirtschaft (§§ 13 und 14) und Einkünfte der in den Nummern 3, 4, 6, 7 und 8 Buchstabe c genannten Art, soweit sie zu den Einkünften aus Land- und Forstwirtschaft gehören;
2. Einkünfte aus Gewerbebetrieb (§§ 15 und 16),
   a) die durch eine in einem ausländischen Staat belegene Betriebsstätte oder durch einen in einem ausländischen Staat tätigen ständigen Vertreter erzielt werden, und Einkünfte der in den Nummern 3, 4, 6, 7 und 8 Buchstabe c genannten Art, soweit sie zu den Einkünften aus Gewerbebetrieb gehören,

- b) die aus Bürgschafts- und Avalprovisionen erzielt werden, wenn der Schuldner Wohnsitz, Geschäftsleitung oder Sitz in einem ausländischen Staat hat, oder
- c) die durch den Betrieb eigener oder gecharterter Seeschiffe oder Luftfahrzeuge aus Beförderungen zwischen ausländischen oder von ausländischen zu inländischen Häfen erzielt werden, einschließlich der Einkünfte aus anderen mit solchen Beförderungen zusammenhängenden, sich auf das Ausland erstreckenden Beförderungsleistungen;

3. Einkünfte aus selbständiger Arbeit (§ 18), die in einem ausländischen Staat ausgeübt oder verwertet wird oder worden ist, und Einkünfte der in den Nummern 4, 6, 7 und 8 Buchstabe c genannten Art, soweit sie zu den Einkünften aus selbständiger Arbeit gehören;
4. Einkünfte aus der Veräußerung von
   - a) Wirtschaftsgütern, die zum Anlagevermögen eines Betriebs gehören, wenn die Wirtschaftsgüter in einem ausländischen Staat belegen sind,
   - b) Anteilen an Kapitalgesellschaften, wenn die Gesellschaft Geschäftsleitung oder Sitz in einem ausländischen Staat hat;
5. Einkünfte aus nichtselbständiger Arbeit (§ 19), die in einem ausländischen Staat ausgeübt oder, ohne im Inland ausgeübt zu werden oder worden zu sein, in einem ausländischen Staat verwertet wird oder worden ist, und Einkünfte, die von ausländischen öffentlichen Kassen mit Rücksicht auf ein gegenwärtiges oder früheres Dienstverhältnis gewährt werden. [2]Einkünfte, die von inländischen öffentlichen Kassen einschließlich der Kassen der Deutschen Bundesbahn und der Deutschen Bundesbank mit Rücksicht auf ein gegenwärtiges oder früheres Dienstverhältnis gewährt werden, gelten auch dann als inländische Einkünfte, wenn die Tätigkeit in einem ausländischen Staat ausgeübt wird oder worden ist;
6. Einkünfte aus Kapitalvermögen (§ 20), wenn der Schuldner Wohnsitz, Geschäftsleitung oder Sitz in einem ausländischen Staat hat oder das Kapitalvermögen durch ausländischen Grundbesitz gesichert ist;
7. Einkünfte aus Vermietung und Verpachtung (§ 21), soweit das unbewegliche Vermögen oder die Sachinbegriffe in einem ausländischen Staat belegen oder die Rechte zur Nutzung in einem ausländischen Staat überlassen worden sind;
8. sonstige Einkünfte im Sinne des § 22, wenn
   - a) der zur Leistung der wiederkehrenden Bezüge Verpflichtete Wohnsitz, Geschäftsleitung oder Sitz in einem ausländischen Staat hat,
   - b) bei privaten Veräußerungsgeschäften die veräußerten Wirtschaftsgüter in einem ausländischen Staat belegen sind,
   - c) bei Einkünften aus Leistungen einschließlich der Einkünfte aus Leistungen im Sinne des § 49 Absatz 1 Nummer 9 der zur Vergütung der Leistung Verpflichtete Wohnsitz, Geschäftsleitung oder Sitz in einem ausländischen Staat hat.

2. Steuerermäßigung bei Einkünften aus Land- und Forstwirtschaft

EStG
S 2293b

§ 34e (weggefallen)

2a. Steuerermäßigung für Steuerpflichtige mit Kindern bei Inanspruchnahme erhöhter Absetzungen für Wohngebäude oder der Steuerbegünstigungen für eigengenutztes Wohneigentum

EStG
S 2293c
1)

§ 34f [Steuerermäßigung für Steuerpflichtige mit Kindern bei Inanspruchnahme erhöhter Absetzungen für Wohngebäude oder der Steuerbegünstigung für eigengenutztes Wohneigentum]

(1) [1]Bei Steuerpflichtigen, die erhöhte Absetzungen nach § 7b oder nach § 15 des Berlinförderungsgesetzes in Anspruch nehmen, ermäßigt sich die tarifliche Einkommensteuer, vermindert um die sonstigen Steuerermäßigungen mit Ausnahme der §§ 34g und 35, auf Antrag um je 600 Deutsche Mark für das zweite und jedes weitere Kind des Steuerpflichtigen oder seines Ehegatten. [2]Voraussetzung ist,

1) Zur Anwendung → § 52 Abs. 35 EStG.

1. dass der Steuerpflichtige das Objekt, bei einem Zweifamilienhaus mindestens eine Wohnung, zu eigenen Wohnzwecken nutzt oder wegen des Wechsels des Arbeitsortes nicht zu eigenen Wohnzwecken nutzen kann und
2. dass es sich einschließlich des ersten Kindes um Kinder im Sinne des § 32 Absatz 1 bis 5 oder 6 Satz 7 handelt, die zum Haushalt des Steuerpflichtigen gehören oder in dem für die erhöhten Absetzungen maßgebenden Begünstigungszeitraum gehört haben, wenn diese Zugehörigkeit auf Dauer angelegt ist oder war.

(2) [1]Bei Steuerpflichtigen, die die Steuerbegünstigung nach § 10e Absatz 1 bis 5 oder nach § 15b des Berlinförderungsgesetzes in Anspruch nehmen, ermäßigt sich die tarifliche Einkommensteuer, vermindert um die sonstigen Steuerermäßigungen mit Ausnahme des § 34g, auf Antrag um je 512 Euro für jedes Kind des Steuerpflichtigen oder seines Ehegatten im Sinne des § 32 Absatz 1 bis 5 oder 6 Satz 7. [2]Voraussetzung ist, dass das Kind zum Haushalt des Steuerpflichtigen gehört oder in dem für die Steuerbegünstigung maßgebenden Zeitraum gehört hat, wenn diese Zugehörigkeit auf Dauer angelegt ist oder war.

(3) [1]Bei Steuerpflichtigen, die die Steuerbegünstigung nach § 10e Absatz 1, 2, 4 und 5 in Anspruch nehmen, ermäßigt sich die tarifliche Einkommensteuer, vermindert um die sonstigen Steuerermäßigungen, auf Antrag um je 512 Euro für jedes Kind des Steuerpflichtigen oder seines Ehegatten im Sinne des § 32 Absatz 1 bis 5 oder 6 Satz 7. [2]Voraussetzung ist, dass das Kind zum Haushalt des Steuerpflichtigen gehört oder in dem für die Steuerbegünstigung maßgebenden Zeitraum gehört hat, wenn diese Zugehörigkeit auf Dauer angelegt ist oder war. [3]Soweit sich der Betrag der Steuerermäßigung nach Satz 1 bei der Ermittlung der festzusetzenden Einkommensteuer nicht steuerentlastend auswirkt, ist er von der tariflichen Einkommensteuer der zwei vorangegangenen Veranlagungszeiträume abzuziehen. [4]Steuerermäßigungen, die nach den Sätzen 1 und 3 nicht berücksichtigt werden können, können bis zum Ende des Abzugszeitraums im Sinne des § 10e und in den zwei folgenden Veranlagungszeiträumen abgezogen werden. [5]Ist für einen Veranlagungszeitraum bereits ein Steuerbescheid erlassen worden, so ist er insoweit zu ändern, als die Steuerermäßigung nach den Sätzen 3 und 4 zu gewähren oder zu berichtigen ist; die Verjährungsfristen enden insoweit nicht, bevor die Verjährungsfrist für den Veranlagungszeitraum abgelaufen ist, für den die Steuerermäßigung nach Satz 1 beantragt worden ist.

(4) [1]Die Steuerermäßigungen nach den Absätzen 2 oder 3 kann der Steuerpflichtige insgesamt nur bis zur Höhe der Bemessungsgrundlage der Abzugsbeträge nach § 10e Absatz 1 oder 2 in Anspruch nehmen. [2]Die Steuerermäßigung nach den Absätzen 1, 2 und 3 Satz 1 kann der Steuerpflichtige im Kalenderjahr nur für ein Objekt in Anspruch nehmen.

2b. Steuerermäßigung bei Zuwendungen an politische Parteien und an unabhängige Wählervereinigungen

§ 34g [Steuerermäßigung bei Zuwendungen an politische Parteien und an unabhängige Wählervereinigungen]

EStG
S 2293d

[1]Die tarifliche Einkommensteuer, vermindert um die sonstigen Steuerermäßigungen mit Ausnahme des § 34f Absatz 3, ermäßigt sich bei Zuwendungen an

1. politische Parteien im Sinne des § 2 des Parteiengesetzes und
2. Vereine ohne Parteicharakter, wenn
   a) der Zweck des Vereins ausschließlich darauf gerichtet ist, durch Teilnahme mit eigenen Wahlvorschlägen an Wahlen auf Bundes-, Landes- oder Kommunalebene bei der politischen Willensbildung mitzuwirken, und
   b) der Verein auf Bundes-, Landes- oder Kommunalebene bei der jeweils letzten Wahl *wenigstens ein Mandat* errungen oder der zuständigen Wahlbehörde oder dem zuständigen Wahlorgan angezeigt hat, dass er mit eigenen Wahlvorschlägen auf Bundes-, Landes- oder Kommunalebene an der jeweils nächsten Wahl teilnehmen will.

   [2]Nimmt der Verein an der jeweils nächsten Wahl nicht teil, wird die Ermäßigung nur für die bis zum Wahltag an ihn geleisteten Beiträge und Spenden gewährt. [3]Die Ermäßigung für Beiträge und Spenden an den Verein wird erst wieder gewährt, wenn er sich mit eigenen Wahlvorschlägen an einer Wahl beteiligt hat. [4]Die Ermäßigung wird in diesem Fall nur für Beiträge und Spenden gewährt, die nach Beginn des Jahres, in dem die Wahl stattfindet, geleistet werden.

[2]Die Ermäßigung beträgt 50 Prozent der Ausgaben, höchstens jeweils 825 Euro für Ausgaben nach den Nummern 1 und 2, im Fall der Zusammenveranlagung von Ehegatten höchstens jeweils 1 650 Euro. [3]§ 10b Absatz 3 und 4 gilt entsprechend.

H 34g

Hinweise

Zuwendungen an politische Parteien

→ H 34g EStH

→ § 10b Abs. 2 EStG

3. Steuerermäßigung bei Einkünften aus Gewerbebetrieb

EStG
S 2296a

§ 35 [Steuerermäßigung bei Einkünften aus Gewerbebetrieb]

(1) [1]Die tarifliche Einkommensteuer, vermindert um die sonstigen Steuerermäßigungen mit Ausnahme der §§ 34f, 34g und 35a, ermäßigt sich, soweit sie anteilig auf im zu versteuernden Einkommen enthaltene gewerbliche Einkünfte entfällt (Ermäßigungshöchstbetrag),

1. **bei Einkünften aus gewerblichen Unternehmen im Sinne des § 15 Absatz 1 Satz 1 Nummer 1 um das 3,8-fache des jeweils für den dem Veranlagungszeitraum entsprechenden Erhebungszeitraum nach § 14 des Gewerbesteuergesetzes für das Unternehmen festgesetzten Steuermessbetrags (Gewerbesteuer-Messbetrag); Absatz 2 Satz 5 ist entsprechend anzuwenden;**
2. **bei Einkünften aus Gewerbebetrieb als Mitunternehmer im Sinne des § 15 Absatz 1 Satz 1 Nummer 2 oder als persönlich haftender Gesellschafter einer Kommanditgesellschaft auf Aktien im Sinne des § 15 Absatz 1 Satz 1 Nummer 3 um das 3,8-fache des jeweils für den dem Veranlagungszeitraum entsprechenden Erhebungszeitraum festgesetzten anteiligen Gewerbesteuer-Messbetrags.**

[2]Der Ermäßigungshöchstbetrag ist wie folgt zu ermitteln:

$$\frac{\textbf{Summe der positiven gewerblichen Einkünfte}}{\textbf{Summe aller positiven Einkünfte}} \cdot \textbf{geminderte tarifliche Steuer.}$$

[3]Gewerbliche Einkünfte im Sinne der Sätze 1 und 2 sind die der Gewerbesteuer unterliegenden Gewinne und Gewinnanteile, soweit sie nicht nach anderen Vorschriften von der Steuerermäßigung nach § 35 ausgenommen sind. [4]Geminderte tarifliche Steuer ist die tarifliche Steuer nach Abzug von Beträgen auf Grund der Anwendung zwischenstaatlicher Abkommen und nach Anrechnung der ausländischen Steuern nach § 32d Absatz 6 Satz 2, § 34c Absatz 1 und 6 dieses Gesetzes und § 12 des Außensteuergesetzes. [5]Der Abzug des Steuerermäßigungsbetrags ist auf die tatsächlich zu zahlende Gewerbesteuer beschränkt.

(2) [1]Bei Mitunternehmerschaften im Sinne des § 15 Absatz 1 Satz 1 Nummer 2 oder bei Kommanditgesellschaften auf Aktien im Sinne des § 15 Absatz 1 Satz 1 Nummer 3 ist der Betrag des Gewerbesteuer-Messbetrags, die tatsächlich zu zahlende Gewerbesteuer und der auf die einzelnen Mitunternehmer oder auf die persönlich haftenden Gesellschafter entfallende Anteil gesondert und einheitlich festzustellen. [2]Der Anteil eines Mitunternehmers am Gewerbesteuer-Messbetrag richtet sich nach seinem Anteil am Gewinn der Mitunternehmerschaft nach Maßgabe des allgemeinen Gewinnverteilungsschlüssels; Vorabgewinnanteile sind nicht zu berücksichtigen. [3]Wenn auf Grund der Bestimmungen in einem Abkommen zur Vermeidung der Doppelbesteuerung bei der Festsetzung des Gewerbesteuer-Messbetrags für eine Mitunternehmerschaft nur der auf einen Teil der Mitunternehmer entfallende anteilige Gewerbeertrag berücksichtigt wird, ist der Gewerbesteuer-Messbetrag nach Maßgabe des allgemeinen Gewinnverteilungsschlüssels in voller Höhe auf diese Mitunternehmer entsprechend ihrer Anteile am Gewerbeertrag der Mitunternehmerschaft aufzuteilen. [4]Der anteilige Gewerbesteuer-Messbetrag ist als Prozentsatz mit zwei Nachkommastellen gerundet zu ermitteln. [5]Bei der Feststellung nach Satz 1 sind anteilige Gewerbesteuer-Messbeträge, die aus einer Beteiligung an einer Mitunternehmerschaft stammen, einzubeziehen.

(3) [1]Zuständig für die gesonderte Feststellung nach Absatz 2 ist das für die gesonderte Feststellung der Einkünfte zuständige Finanzamt. [2]Für die Ermittlung der Steuerermäßigung nach Absatz 1 sind die Festsetzung des Gewerbesteuer-Messbetrags, die Feststellung des Anteils an dem festzusetzenden Gewerbesteuer-Messbetrag nach Absatz 2 Satz 1 und die Festsetzung der Gewerbesteuer Grundlagenbescheide. [3]Für die Ermittlung des anteiligen Gewerbesteuer-Messbetrags nach Absatz 2 sind die Festsetzung des Gewerbesteuer-Messbetrags und die Festsetzung des anteiligen Gewerbesteuer-Messbetrags aus der Beteiligung an einer Mitunternehmerschaft Grundlagenbescheide.

(4) Für die Aufteilung und die Feststellung der tatsächlich zu zahlenden Gewerbesteuer bei Mitunternehmerschaften im Sinne des § 15 Absatz 1 Satz 1 Nummer 2 und bei Kommanditgesellschaften auf Aktien im Sinne des § 15 Absatz 1 Satz 1 Nummer 3 gelten die Absätze 2 und 3 entsprechend.

4. Steuerermäßigung bei Aufwendungen für haushaltsnahe Beschäftigungsverhältnisse und für die Inanspruchnahme haushaltsnaher Dienstleistungen

EStG
S 2296b

§ 35a Steuerermäßigung bei Aufwendungen für haushaltsnahe Beschäftigungsverhältnisse, haushaltsnahe Dienstleistungen und Handwerkerleistungen

(1) Für haushaltsnahe Beschäftigungsverhältnisse, bei denen es sich um eine geringfügige Beschäftigung im Sinne des § 8a des Vierten Buches Sozialgesetzbuch handelt, ermäßigt sich die tarifliche Einkommensteuer, vermindert um die sonstigen Steuerermäßigungen, auf Antrag um 20 Prozent, höchstens 510 Euro, der Aufwendungen des Steuerpflichtigen.

(2) [1]Für andere als in Absatz 1 aufgeführte haushaltsnahe Beschäftigungsverhältnisse oder für die Inanspruchnahme von haushaltsnahen Dienstleistungen, die nicht Dienstleistungen nach Absatz 3 sind, ermäßigt sich die tarifliche Einkommensteuer, vermindert um die sonstigen Steuerermäßigungen, auf Antrag um 20 Prozent, höchstens 4 000 Euro, der Aufwendungen des Steuerpflichtigen. [2]Die Steuerermäßigung kann auch in Anspruch genommen werden für die Inanspruchnahme von Pflege- und Betreuungsleistungen sowie für Aufwendungen, die einem Steuerpflichtigen wegen der Unterbringung in einem Heim oder zur dauernden Pflege erwachsen, soweit darin Kosten für Dienstleistungen enthalten sind, die mit denen einer Hilfe im Haushalt vergleichbar sind.

(3) [1]Für die Inanspruchnahme von Handwerkerleistungen für Renovierungs-, Erhaltungs- und Modernisierungsmaßnahmen ermäßigt sich die tarifliche Einkommensteuer, vermindert um die sonstigen Steuerermäßigungen, auf Antrag um 20 Prozent der Aufwendungen des Steuerpflichtigen, höchstens jedoch um 1 200 Euro. [2]Dies gilt nicht für öffentlich geförderte Maßnahmen, für die zinsverbilligte Darlehen oder steuerfreie Zuschüsse in Anspruch genommen werden.

(4) [1]Die Steuerermäßigung nach den Absätzen 1 bis 3 kann nur in Anspruch genommen werden, wenn das Beschäftigungsverhältnis, die Dienstleistung oder die Handwerkerleistung in einem in der Europäischen Union oder dem Europäischen Wirtschaftsraum liegenden Haushalt des Steuerpflichtigen oder – bei Pflege- und Betreuungsleistungen – der gepflegten oder betreuten Person ausgeübt oder erbracht wird. [2]In den Fällen des Absatzes 2 Satz 2 zweiter Halbsatz ist Voraussetzung, dass das Heim oder der Ort der dauernden Pflege in der Europäischen Union oder dem Europäischen Wirtschaftsraum liegt.

(5) [1]Die Steuerermäßigungen nach den Absätzen 1 bis 3 können nur in Anspruch genommen werden, soweit die Aufwendungen nicht Betriebsausgaben oder Werbungskosten darstellen und soweit sie nicht als Sonderausgaben oder außergewöhnliche Belastungen berücksichtigt worden sind; für Aufwendungen, die dem Grunde nach unter § 10 Absatz 1 Nummer 5 fallen, ist eine Inanspruchnahme ebenfalls ausgeschlossen. [2]Der Abzug von der tariflichen Einkommensteuer nach den Absätzen 2 und 3 gilt nur für Arbeitskosten. [3]Voraussetzung für die Inanspruchnahme der Steuerermäßigung für haushaltsnahe Dienstleistungen nach Absatz 2 oder für Handwerkerleistungen nach Absatz 3 ist, dass der Steuerpflichtige für die Aufwendungen eine Rechnung erhalten hat und die Zahlung auf das Konto des Erbringers der Leistung erfolgt ist. [4]Leben zwei Alleinstehende in einem Haushalt zusammen, können sie die Höchstbeträge nach den Absätzen 1 bis 3 insgesamt jeweils nur einmal in Anspruch nehmen.

Hinweise

H 35a

Allgemeine Grundsätze

→ H 35a EStH

→ BMF vom 10. 1. 2014 (BStBl I S. 75) Anhang 5

Schornsteinfegerleistungen

→ BMF vom 10. 11. 2015 (BStBl I S. 876)

5. Steuerermäßigung bei Belastung mit Erbschaftsteuer

EStG

§ 35b Steuerermäßigung bei Belastung mit Erbschaftsteuer

[1]Sind bei der Ermittlung des Einkommens Einkünfte berücksichtigt worden, die im Veranlagungszeitraum oder in den vorangegangenen vier Veranlagungszeiträumen als Erwerb von Todes wegen der Erbschaftsteuer unterlegen haben, so wird auf Antrag die um sonstige Steuerermäßigungen gekürzte tarifliche Einkommensteuer, die auf diese Einkünfte entfällt, um den in Satz 2 bestimmten Prozentsatz ermäßigt. [2]Der Prozentsatz bestimmt sich nach dem Verhältnis, in dem die festgesetzte Erbschaftsteuer zu dem Betrag steht, der sich ergibt, wenn dem steuerpflichtigen Erwerb (§ 10 Absatz 1 des Erbschaftsteuer- und Schenkungsteuergesetzes) die Freibeträge nach den §§ 16 und 17 und der steuerfreie Betrag nach § 5 des Erbschaftsteuer- und Schenkungsteuergesetzes hinzugerechnet werden.

VI. Steuererhebung

1. Erhebung der Einkommensteuer

EStG
S 2298

§ 36 Entstehung und Tilgung der Einkommensteuer

(1) Die Einkommensteuer entsteht, soweit in diesem Gesetz nichts anderes bestimmt ist, mit Ablauf des Veranlagungszeitraums.

(2) Auf die Einkommensteuer werden angerechnet:

1. die für den Veranlagungszeitraum entrichteten Einkommensteuer-Vorauszahlungen (§ 37);

2. die durch Steuerabzug erhobene Einkommensteuer, soweit sie auf die bei der Veranlagung erfassten Einkünfte oder auf die nach § 3 Nummer 40 dieses Gesetzes oder nach § 8b Absatz 1 und 6 Satz 2 des Körperschaftsteuergesetzes bei der Ermittlung des Einkommens außer Ansatz bleibenden Bezüge entfällt und nicht die Erstattung beantragt oder durchgeführt worden ist. [2]Die durch Steuerabzug erhobene Einkommensteuer wird nicht angerechnet, wenn die in § 45a Absatz 2 oder Absatz 3 bezeichnete Bescheinigung nicht vorgelegt worden ist. [3]In den Fällen des § 8b Absatz 6 Satz 2 des Körperschaftsteuergesetzes ist es für die Anrechnung ausreichend, wenn die Bescheinigung nach § 45a Absatz 2 und 3 vorgelegt wird, die dem Gläubiger der Kapitalerträge ausgestellt worden ist.

(3) [1]Die Steuerbeträge nach Absatz 2 Nummer 2 sind auf volle Euro aufzurunden. [2]Bei den durch Steuerabzug erhobenen Steuern ist jeweils die Summe der Beträge einer einzelnen Abzugsteuer aufzurunden.

(4) [1]Wenn sich nach der Abrechnung ein Überschuss zuungunsten des Steuerpflichtigen ergibt, hat der Steuerpflichtige (Steuerschuldner) diesen Betrag, soweit er den fällig gewordenen, aber nicht entrichteten Einkommensteuer-Vorauszahlungen entspricht, sofort, im Übrigen innerhalb eines Monats nach Bekanntgabe des Steuerbescheids zu entrichten (Abschlusszahlung). [2]Wenn sich nach der Abrechnung ein Überschuss zugunsten des Steuerpflichtigen ergibt, wird dieser dem Steuerpflichtigen nach Bekanntgabe des Steuerbescheids ausgezahlt. [3]Bei Ehegatten, die nach den §§ 26, 26b zusammen zur Einkommensteuer veranlagt worden sind, wirkt die Auszahlung an einen Ehegatten auch für und gegen den anderen Ehegatten.

(5) [1]In den Fällen des § 16 Absatz 3a kann auf Antrag des Steuerpflichtigen die festgesetzte Steuer, die auf den Aufgabegewinn und den durch den Wechsel der Gewinnermittlungsart erzielten Gewinn entfällt, in fünf gleichen Jahresraten entrichtet werden, wenn die Wirtschaftsgüter einem Betriebsvermögen des Steuerpflichtigen in einem anderen Mitgliedstaat der Europäischen Union oder des Europäischen Wirtschaftsraums zuzuordnen sind, sofern durch diese Staaten Amtshilfe entsprechend oder im Sinne der Amtshilferichtlinie gemäß § 2 Absatz 2 des EU-Amtshilfegesetzes und gegenseitige Unterstützung bei der Beitreibung im Sinne der Beitreibungsrichtlinie einschließlich der in diesem Zusammenhang anzuwendenden Durchführungsbestimmungen in den für den jeweiligen Veranlagungszeitraum geltenden Fassungen oder eines entsprechenden Nachfolgerechtsakts geleistet werden. [2]Die erste Jahresrate ist innerhalb eines Monats nach Bekanntgabe des Steuerbescheids zu entrichten; die übrigen Jahresraten sind jeweils am 31. Mai der Folgejahre fällig. [3]Die Jahresraten sind nicht zu verzinsen. [4]Wird der Betrieb oder Teilbetrieb während dieses Zeitraums eingestellt, veräußert oder in andere als die in Satz 1 genannten Staaten verlegt, wird die noch nicht entrichtete Steuer innerhalb eines Monats nach diesem Zeitpunkt fällig; Satz 2 bleibt unberührt. [5]Ändert sich die festgesetzte Steuer, sind die Jahresraten entsprechend anzupassen.

§ 37 Einkommensteuer-Vorauszahlung

EStG
S 2297

(1) [1]Der Steuerpflichtige hat am 10. März, 10. Juni, 10. September und 10. Dezember Vorauszahlungen auf die Einkommensteuer zu entrichten, die er für den laufenden Veranlagungszeitraum voraussichtlich schulden wird. [2]Die Einkommensteuer-Vorauszahlung entsteht jeweils mit Beginn des Kalendervierteljahres, in dem die Vorauszahlungen zu entrichten sind, oder, wenn die Steuerpflicht erst im Laufe des Kalendervierteljahres begründet wird, mit Begründung der Steuerpflicht.

(2) (weggefallen)

(3) [1]Das Finanzamt setzt die Vorauszahlungen durch Vorauszahlungsbescheid fest. [2]Die Vorauszahlungen bemessen sich grundsätzlich nach der Einkommensteuer, die sich nach Anrechnung der Steuerabzugsbeträge (§ 36 Absatz 2 Nummer 2) bei der letzten Veranlagung ergeben hat. [3]Das Finanzamt kann bis zum Ablauf des auf den Veranlagungszeitraum folgenden 15. Kalendermonats die Vorauszahlungen an die Einkommensteuer anpassen, die sich für den Veranlagungszeitraum voraussichtlich ergeben wird; dieser Zeitraum verlängert sich auf 23 Monate, wenn die Einkünfte aus Land- und Forstwirtschaft bei der erstmaligen Steuerfestsetzung die anderen Einkünfte voraussichtlich überwiegen werden. [4]Bei der Anwendung der Sätze 2 und 3 bleiben Aufwendungen im Sinne des § 10 Absatz 1 Nummer 4, 5, 7 und 9 sowie Absatz 1a, der §§ 10b und 33 sowie die abziehbaren Beträge nach § 33a, wenn die Aufwendungen und abziehbaren Beträge insgesamt 600 Euro nicht übersteigen, außer Ansatz. [5]Die Steuerermäßigung nach § 34a bleibt außer Ansatz. [6]Bei der Anwendung der Sätze 2 und 3 bleibt der Sonderausgabenabzug nach § 10a Absatz 1 außer Ansatz. [7]Außer Ansatz bleiben bis zur Anschaffung oder Fertigstellung der Objekte im Sinne des § 10e Absatz 1 und 2 und § 10h auch die Aufwendungen, die nach § 10e Absatz 6 und § 10h Satz 3 wie Sonderausgaben abgezogen werden; Entsprechendes gilt auch für Aufwendungen, die nach § 10i für nach dem Eigenheimzulagengesetz begünstigte Objekte wie Sonderausgaben abgezogen werden. [8]Negative Einkünfte aus der Vermietung oder Verpachtung eines Gebäudes im Sinne des § 21 Absatz 1 Satz 1 Nummer 1 werden bei der Festsetzung der Vorauszahlungen nur für Kalenderjahre berücksichtigt, die nach der Anschaffung oder Fertigstellung dieses Gebäudes beginnen. [9]Wird ein Gebäude vor dem Kalenderjahr seiner Fertigstellung angeschafft, tritt an die Stelle der Anschaffung die Fertigstellung. [10]Satz 8 gilt nicht für negative Einkünfte aus der Vermietung oder Verpachtung eines Gebäudes, für das erhöhte Absetzungen nach den §§ 14a, 14c oder 14d des Berlinförderungsgesetzes oder Sonderabschreibungen nach § 4 des Fördergebietsgesetzes in Anspruch genommen werden. [11]Satz 8 gilt für negative Einkünfte aus der Vermietung oder Verpachtung eines anderen Vermögensgegenstands im Sinne des § 21 Absatz 1 Satz 1 Nummer 1 bis 3 entsprechend mit der Maßgabe, dass an die Stelle der Anschaffung oder Fertigstellung die Aufnahme der Nutzung durch den Steuerpflichtigen tritt. [12]In den Fällen des § 31, in denen die gebotene steuerliche Freistellung eines Einkommensbetrags in Höhe des Existenzminimums eines Kindes durch das Kindergeld nicht in vollem Umfang bewirkt wird, bleiben bei der Anwendung der Sätze 2 und 3 Freibeträge nach § 32 Absatz 6 und zu verrechnendes Kindergeld außer Ansatz.

(4) [1]Bei einer nachträglichen Erhöhung der Vorauszahlungen ist die letzte Vorauszahlung für den Veranlagungszeitraum anzupassen. [2]Der Erhöhungsbetrag ist innerhalb eines Monats nach Bekanntgabe des Vorauszahlungsbescheids zu entrichten.

(5) [1]Vorauszahlungen sind nur festzusetzen, wenn sie mindestens 400 Euro im Kalenderjahr und mindestens 100 Euro für einen Vorauszahlungszeitpunkt betragen. [2]Festgesetzte Vorauszahlungen sind nur zu erhöhen, wenn sich der Erhöhungsbetrag im Fall des Absatzes 3 Satz 2 bis 5 für einen Vorauszahlungszeitpunkt auf mindestens 100 Euro, im Fall des Absatzes 4 auf mindestens 5 000 Euro beläuft.

(6) [1]Absatz 3 ist, soweit die erforderlichen Daten nach § 10 Absatz 2 Satz 3 noch nicht nach § 10 Absatz 2a übermittelt wurden, mit der Maßgabe anzuwenden, dass

1. als Beiträge im Sinne des § 10 Absatz 1 Nummer 3 Buchstabe a die für den letzten Veranlagungszeitraum geleisteten
   a) Beiträge zugunsten einer privaten Krankenversicherung vermindert um 20 Prozent oder
   b) Beiträge zur gesetzlichen Krankenversicherung vermindert um 4 Prozent,
2. als Beiträge im Sinne des § 10 Absatz 1 Nummer 3 Buchstabe b die bei der letzten Veranlagung berücksichtigten Beiträge zugunsten einer gesetzlichen Pflegeversicherung

anzusetzen sind; mindestens jedoch 1 500 Euro. [2]Bei zusammen veranlagten Ehegatten ist der in Satz 1 genannte Betrag von 1 500 Euro zu verdoppeln.

H 37

Hinweise

Allgemeines zu nichtselbständiger Arbeit

- Die Festsetzung von Einkommensteuer-Vorauszahlungen ist auch dann zulässig, wenn der Steuerpflichtige ausschließlich Einkünfte aus nichtselbständiger Arbeit erzielt, die dem Lohnsteuerabzug unterliegen (→ BFH vom 20. 12. 2004 – BStBl 2005 II S. 358).
- → „Merkblatt zur Steuerklassenwahl für das Jahr 2016 bei Ehegatten oder Lebenspartnern, die beide Arbeitnehmer sind“[1])

Ehegatten, die beide Arbeitslohn beziehen

Festsetzung von Vorauszahlungen bei Ehegatten, die beide Arbeitslohn beziehen

(Verfügung der OFD Magdeburg vom 25. 1. 2011 – S 2297 – 17 – St 213 –)

Ehegatten, die beide unbeschränkt steuerpflichtig sind, nicht dauernd getrennt leben und beide Arbeitslohn beziehen, können für den Lohnsteuerabzug wählen, ob sie beide in die Steuerklasse IV eingeordnet werden wollen oder ob einer von ihnen nach Steuerklasse III und der andere nach Steuerklasse V besteuert werden will. Die Steuerklassenkombination III/V ist so gestaltet, dass die Summe der Steuerabzugsbeträge beider Ehegatten in etwa der zu erwartenden Jahressteuer entspricht, wenn der in Steuerklasse III eingestufte Ehegatte ca. 60 %, der in Steuerklasse V eingestufte ca. 40 % des gemeinsamen Arbeitseinkommens erzielt. Es bleibt den Ehegatten unbenommen, sich trotzdem für die Steuerklassenkombination IV/IV zu entscheiden, wenn sie den höheren Steuerabzug bei dem Ehegatten mit der Steuerklasse V vermeiden wollen; dann entfällt jedoch für den anderen Ehegatten die günstigere Steuerklasse III. Zudem besteht die Möglichkeit, die Steuerklassenkombination IV/IV mit Faktor zu wählen.

Die vom Arbeitslohn einbehaltenen Beträge an Lohnsteuer stellen im Regelfall nur Vorauszahlungen auf die endgültige Jahressteuerschuld dar. In welcher Höhe sich nach Ablauf des Jahres Erstattungen oder Nachzahlungen ergeben, lässt sich nicht allgemein sagen; hier kommt es immer auf die Verhältnisse des Einzelfalles an. Das Finanzamt kann Einkommensteuer-Vorauszahlungen festsetzen, wenn damit zu rechnen ist, dass die Jahressteuerschuld die einzubehaltende Lohnsteuer um mindestens 400 € im Kalenderjahr übersteigt.

Im Rahmen der Veranlagung 2009 sind vermehrt Fälle aufgetreten, in denen maschinelle Vorauszahlungen für Ehegatten mit der Steuerklassenkombination III/V festgesetzt werden, obwohl ausschließlich Einkünfte vorhanden sind, welche dem Lohnsteuerabzug unterliegen.

Zu dieser Problematik bemerke ich Folgendes:

Während bis zum Veranlagungszeitraum 2009 für Arbeitnehmer im Rahmen der Veranlagung geprüft wurde, ob die tatsächlich gezahlten Vorsorgeaufwendungen oder die Vorsorgepauschale nach § 10c Abs. 2 bis 5 EStG a. F. anzusetzen war, bewirkt das Gesetz zur verbesserten steuerlichen Berücksichtigung von Vorsorgeaufwendungen (Bürgerentlastungsgesetz Krankenversicherung) vom 16. Juli 2009 (BGBl. 2009 I S. 1959) eine grundlegende Neuregelung für die Vorsorgepauschale ab dem Veranlagungszeitraum 2010.

Die Vorsorgepauschale wird für die Renten-, Kranken- und Pflegeversicherung ab dem Veranlagungszeitraum 2010 nur noch im Lohnsteuerabzugsverfahren berücksichtigt. Im Rahmen der Veranlagung werden – entgegen der bisherigen Rechtslage – nur noch die tatsächlich geleisteten Versicherungsbeiträge berücksichtigt.

1. Berechnung der Vorsorgeaufwendungen für den Lohnsteuerabzug:

Bei der Berechnung der Lohnsteuer werden Vorsorgeaufwendungen durch eine Vorsorgepauschale im Rahmen bestimmter Höchstbeträge berücksichtigt. Als Mindestvorsorgepauschale werden 12 % des Arbeitslohns, höchstens 1 900 € in den Steuerklassen I, II, IV, V, VI und höchstens 3 000 € in der Steuerklasse III angesetzt.

Hinweis:

Bis einschließlich Veranlagungszeitraum 2009 wurde bei der Steuerklasse V keine Vorsorgepauschale im Lohnsteuerabzugsverfahren berücksichtigt. Durch die Einführung einer Vorsorgepauschale auch bei Steuerklasse V und die Beibehaltung der Pauschale in Steuerklasse III erhalten Ehegatten mit der Steuerklassenkombination III/V nun maximal eine Mindestvorsorgepauschale von 3 000 € + 1 900 € = 4 900 €, wohingegen bei Ehegatten mit der Steuerklassen-

1) Abrufbar unter: www.bundesfinanzministerium.de.

kombination IV/IV eine maximale Mindestvorsorgepauschale von 1 900 € + 1 900 € = 3 800 € Berücksichtigung findet.

2. Berechnung der Vorsorgeaufwendungen für Zwecke der Vorauszahlungen

Im Vorauszahlungsverfahren werden ab dem Veranlagungszeitraum 2010 keine Vorsorgepauschalen mehr berücksichtigt. Grundsätzlich können nur noch die tatsächlich gezahlten Vorsorgeaufwendungen berücksichtigt werden. Allerdings ist in der Anfangszeit eine Übergangsregelung erforderlich, da dem Finanzamt bei der Ermittlung der Einkommensteuer-Vorauszahlungen für den Veranlagungszeitraum 2010 noch keine Angaben zur Höhe der Beiträge zum Basiskrankenversicherungsschutz der privat Krankenversicherten vorliegen (§ 52 Abs. 50f EStG n. F.). Aus diesem Grund werden als Basiskrankenversicherungsbeiträge entweder die um 20 % verminderten privaten Krankenversicherungsbeiträge der letzten Veranlagung oder die um 4 % verminderten Beiträge zur gesetzlichen Krankenversicherung angesetzt.

Für Zwecke der Vorauszahlungen werden mindestens Beiträge in Höhe von 1 500 €, im Fall der Zusammenveranlagung von Ehegatten in Höhe von 3 000 € berücksichtigt (§ 52 Abs. 50f EStG n. F.). Darüber hinaus ist auch ein gesonderter Nachweis höherer Beiträge durch den Steuerpflichtigen möglich.

In allen Fällen handelt es sich lediglich um einen vorläufigen Ansatz. In der Einkommensteuerveranlagung für das Jahr 2010 werden dann die tatsächlich gezahlten Beiträge berücksichtigt.

3. Berechnung der Vorsorgeaufwendungen für Zwecke der Veranlagung

Bei Arbeitnehmern können Vorsorgeaufwendungen grundsätzlich bis zur Höhe von 1 900 € abgezogen werden. Zusammenveranlagten Ehegatten steht ein gemeinsames Abzugsvolumen entsprechend der Summe der jedem Ehegatten zustehenden Höchstbeträge zu.

Weitere Verfahrensweise

Es können auch für Arbeitnehmer, die zur Einkommensteuer veranlagt werden, Einkommensteuer-Vorauszahlungen festgesetzt werden, wenn damit zu rechnen ist, dass die Jahressteuerschuld die einzubehaltende Lohnsteuer übersteigt.

Das Programm berechnet die Vorauszahlungen mit den vorliegenden Daten korrekt. Es besteht also grundsätzlich kein Anlass, die festgesetzten Vorauszahlungen auf die zu leistende Nachzahlung für den Veranlagungszeitraum 2009 herabzusetzen oder von einer Festsetzung von Vorauszahlungen abzusehen.

Anträgen auf Änderung oder Einsprüchen ist nur in folgenden Fällen stattzugeben:

1. Die Steuerpflichtigen haben zwar im Veranlagungszeitraum die Steuerklassen-Kombination III/V gewählt, sind jedoch im Veranlagungszeitraum 2010 auf eine andere Steuerklassenkombination übergegangen.
   In diesen Fällen werden die Vorauszahlungen falsch berechnet, weil von einem Lohnsteuerabzug nach Steuerklasse III bzw. V ausgegangen wird.
2. Die Steuerpflichtigen haben höhere zu berücksichtigende Werbungskosten.
3. Die Steuerpflichtigen weisen höhere abziehbare Vorsorgeaufwendungen nach.

Die betroffenen Steuerpflichtigen sollten – zur künftigen Vermeidung der Festsetzung von Vorauszahlungen – auf das neu eingeführte Faktorverfahren verwiesen werden.

§ 37a Pauschalierung der Einkommensteuer durch Dritte

EStG
S 2297a

(1) [1]Das Finanzamt kann auf Antrag zulassen, dass das Unternehmen, das Sachprämien im *Sinne des § 3 Nummer* 38 gewährt, die Einkommensteuer für den Teil der Prämien, der nicht steuerfrei ist, pauschal erhebt. [2]Bemessungsgrundlage der pauschalen Einkommensteuer ist der gesamte Wert der Prämien, die den im Inland ansässigen Steuerpflichtigen zufließen. [3]Der Pauschsteuersatz beträgt 2,25 Prozent.

(2) [1]Auf die pauschale Einkommensteuer ist § 40 Absatz 3 sinngemäß anzuwenden. [2]Das Unternehmen hat die Prämienempfänger von der Steuerübernahme zu unterrichten.

(3) [1]Über den Antrag entscheidet das Betriebsstättenfinanzamt des Unternehmens (§ 41a Absatz 1 Satz 1 Nummer 1). [2]Hat das Unternehmen mehrere Betriebsstättenfinanzämter, so ist das Finanzamt der Betriebsstätte zuständig, in der die für die pauschale Besteuerung maßgebenden Prämien ermittelt werden. [3]Die Genehmigung zur Pauschalierung wird mit Wirkung für die Zukunft erteilt und kann zeitlich befristet werden; sie erstreckt sich auf alle im Geltungszeitraum ausgeschütteten Prämien.

(4) Die pauschale Einkommensteuer gilt als Lohnsteuer und ist von dem Unternehmen in der Lohnsteuer- Anmeldung der Betriebsstätte im Sinne des Absatzes 3 anzumelden und spätestens am zehnten Tag nach Ablauf des für die Betriebsstätte maßgebenden Lohnsteuer-Anmeldungszeitraums an das Betriebsstättenfinanzamt abzuführen.

EStG
S 2297b

§ 37b Pauschalierung der Einkommensteuer bei Sachzuwendungen

(1) [1]Steuerpflichtige können die Einkommensteuer einheitlich für alle innerhalb eines Wirtschaftsjahres gewährten

1. betrieblich veranlassten Zuwendungen, die zusätzlich zur ohnehin vereinbarten Leistung oder Gegenleistung erbracht werden, und

2. Geschenke im Sinne des § 4 Absatz 5 Satz 1 Nummer 1,

die nicht in Geld bestehen, mit einem Pauschsteuersatz von 30 Prozent erheben. [2]Bemessungsgrundlage der pauschalen Einkommensteuer sind die Aufwendungen des Steuerpflichtigen einschließlich Umsatzsteuer; bei Zuwendungen an Arbeitnehmer verbundener Unternehmen ist Bemessungsgrundlage mindestens der sich nach § 8 Absatz 3 Satz 1 ergebende Wert. [3]Die Pauschalierung ist ausgeschlossen,

1. soweit die Aufwendungen je Empfänger und Wirtschaftsjahr oder

2. wenn die Aufwendungen für die einzelne Zuwendung den Betrag von 10 000 Euro übersteigen.

(2) [1]Absatz 1 gilt auch für betrieblich veranlasste Zuwendungen an Arbeitnehmer des Steuerpflichtigen, soweit sie nicht in Geld bestehen und zusätzlich zum ohnehin geschuldeten Arbeitslohn erbracht werden. [2]In den Fällen des § 8 Absatz 2 Satz 2 bis 10, Absatz 3, § 40 Absatz 2 sowie in Fällen, in denen Vermögensbeteiligungen überlassen werden, ist Absatz 1 nicht anzuwenden; Entsprechendes gilt, soweit die Zuwendungen nach § 40 Absatz 1 pauschaliert worden sind. [3]§ 37a Absatz 1 bleibt unberührt.

(3) [1]Die pauschal besteuerten Sachzuwendungen bleiben bei der Ermittlung der Einkünfte des Empfängers außer Ansatz. [2]Auf die pauschale Einkommensteuer ist § 40 Absatz 3 sinngemäß anzuwenden. [3]Der Steuerpflichtige hat den Empfänger von der Steuerübernahme zu unterrichten.

(4) [1]Die pauschale Einkommensteuer gilt als Lohnsteuer und ist von dem die Sachzuwendung gewährenden Steuerpflichtigen in der Lohnsteuer-Anmeldung der Betriebsstätte nach § 41 Absatz 2 anzumelden und spätestens am zehnten Tag nach Ablauf des für die Betriebsstätte maßgebenden Lohnsteuer-Anmeldungszeitraums an das Betriebsstättenfinanzamt abzuführen. [2]Hat der Steuerpflichtige mehrere Betriebsstätten im Sinne des Satzes 1, so ist das Finanzamt der Betriebsstätte zuständig, in der die für die pauschale Besteuerung maßgebenden Sachbezüge ermittelt werden.

H 37b

Hinweise

Sachzuwendungen an Arbeitnehmer

→ BMF vom 19. 5. 2015 (BStBl I S. 468)

I. Pauschalierung der Einkommensteuer bei Sachzuwendungen nach § 37b EStG

Schreiben des BMF vom 29. April 2008 (BStBl I S. 566);
Entscheidungen des BFH vom 16. Oktober 2013 – VI R 52/11, VI R 57/11, VI R 78/12 – (BStBl II 2015 S. 455, 457 und 495) und vom 12. Dezember 2013 – VI R 47/12 – (BStBl II 2015 S. 490)

(BMF-Schreiben vom 19. 5. 2015
– IV B 2 – S 2297-b/14/0001, 2015/0331056 –, BStBl I S. 468)

Mit dem Jahressteuergesetz 2007 vom 13. Dezember 2006 (BGBl. I 2006 S. 2878, BStBl I 2007 S. 28) wurde mit § 37b EStG eine Regelung in das Einkommensteuergesetz eingefügt, die es dem zuwendenden Steuerpflichtigen ermöglicht, die Einkommensteuer auf Sachzuwendungen an Arbeitnehmer oder Nichtarbeitnehmer mit einem Steuersatz von 30 Prozent pauschal zu übernehmen und abzuführen. Mit Urteilen vom 16. Oktober und 12. Dezember 2013 hat der BFH in vier Entscheidungen – VI R 52/11, VI R 57/11, VI R 78/12 und VI R 47/12 – den Anwendungsbereich des § 37b EStG eingegrenzt und entschieden, die Pauschalierung der Einkommensteuer nach § 37b EStG setze die Steuerpflicht der Sachzuwendungen voraus. Das BMF-Schreiben vom 29. April 2008 (BStBl I S. 566)[1]) wird im Einvernehmen mit den obersten Finanzbehörden der Länder unter Berücksichtigung der Grundsätze der BFH-Entscheidungen sowie weiterer inzwischen geklärter Zweifelsfragen wie folgt neu gefasst:

I. Anwendungsbereich des § 37b EStG

Zuwendender i. S. d. § 37b EStG kann jede natürliche und juristische Person oder Personenvereinigung sein, die aus betrieblichem Anlass nicht in Geld bestehende 1

- Geschenke oder
- Zuwendungen zusätzlich
  - zur ohnehin vereinbarten Leistung oder Gegenleistung oder
  - zum ohnehin geschuldeten Arbeitslohn

erbringt. Juristische Personen des öffentlichen Rechts sind sowohl mit ihrem hoheitlichen Bereich und dem Bereich der Vermögensverwaltung als auch mit ihren einzelnen Betrieben gewerblicher Art jeweils Zuwendender i. S. d. § 37b EStG. Die Wahlmöglichkeit kann für die verschiedenen Bereiche unabhängig voneinander ausgeübt werden. Macht der Zuwendende von der Wahlmöglichkeit des § 37b EStG Gebrauch, ist er Steuerpflichtiger i. S. d. § 33 AO. Ausländische Zuwendende und nicht steuerpflichtige juristische Personen des öffentlichen Rechts werden spätestens mit der Anwendung des § 37b EStG zu Steuerpflichtigen i. S. dieser Vorschrift.

Zuwendungsempfänger können eigene Arbeitnehmer des Zuwendenden sowie Dritte unabhängig von ihrer Rechtsform (z. B. AG, GmbH, Aufsichtsräte, Verwaltungsratsmitglieder, sonstige Organmitglieder von Vereinen und Verbänden, Geschäftspartner, deren Familienangehörige, Arbeitnehmer Dritter) sein. 2

Von § 37b EStG werden nur solche Zuwendungen erfasst, die betrieblich veranlasst sind (BFH vom 12. Dezember 2013 – VI R 47/12 –, BStBl II 2015 S. 490) und die beim Empfänger dem Grunde nach zu steuerbaren und steuerpflichtigen Einkünften führen (BFH vom 16. Oktober 2013 – VI R 57/11 –, BStBl II 2015 S. 457). § 37b EStG begründet keine eigenständige Einkunftsart und erweitert nicht den einkommensteuerrechtlichen Lohnbegriff, sondern stellt lediglich eine besondere pauschalierende Erhebungsform der Einkommensteuer zur Wahl (BFH vom 16. Oktober 2013 – VI R 57/11 und VI R 78/12 –, BStBl II 2015 S. 457 und 495). Zusätzlich zum ohnehin geschuldeten Arbeitslohn gewährte Zuwendungen an eigene Arbeitnehmer sind Sachbezüge i. S. d. § 8 Absatz 2 Satz 1 EStG, für die keine gesetzliche Bewertungsmöglichkeit nach § 8 Absatz 2 Satz 2 bis 10 und Absatz 3 EStG sowie keine Pauschalierungsmöglichkeit nach § 40 Absatz 2 EStG besteht. In den Fällen des § 8 Absatz 3 EStG ist es auch dann nicht zulässig, die Steuer nach § 37b Absatz 2 EStG zu pauschalieren, wenn der Steuerpflichtige nach R 8.2 Absatz 1 Satz 1 Nummer 4 LStR 2015 die Bewertung des geldwerten Vorteils nach § 8 Absatz 2 EStG wählt. Für sonstige Sachbezüge, die nach § 40 Absatz 1 EStG pauschaliert besteuert werden können, kann der Steuerpflichtige auch die Pauschalierung nach § 37b EStG wählen. Die Zuwendung von Vermögensbeteiligungen an eigene Arbeitnehmer ist von der Pauschalierung nach § 37b EStG ausgeschlossen. 3

II. Wahlrecht zur Anwendung des § 37b EStG

1. Einheitlichkeit der Wahlrechtsausübung

Das Wahlrecht zur Anwendung der Pauschalierung der Einkommensteuer ist nach § 37b Absatz 1 Satz 1 EStG einheitlich für alle innerhalb eines Wirtschaftsjahres gewährten Zuwendungen, mit Ausnahme der die Höchstbeträge nach § 37b Absatz 1 Satz 3 EStG übersteigenden Zuwendungen, auszuüben. Dabei ist es zulässig, für Zuwendungen an Dritte (Absatz 1) und an eigene Arbeitnehmer (Absatz 2) § 37b EStG jeweils gesondert anzuwenden. Auch bei einem vom *Kalenderjahr abweichenden* Wirtschaftsjahr ist für den Personenkreis der eigenen Arbeitnehmer immer die kalenderjahrbezogene Betrachtungsweise für das Wahlrecht maßgeblich. Das Wahlrecht kann für alle inländischen lohnsteuerlichen Betriebsstätten nach § 41 Absatz 2 EStG nur einheitlich ausgeübt werden. Die Entscheidung zur Anwendung des § 37b EStG kann nicht zurückgenommen werden. 4

Werden Zuwendungen an Arbeitnehmer verbundener Unternehmen i. S. d. §§ 15 ff. AktG oder § 271 HGB vergeben, fallen diese Zuwendungen in den Anwendungsbereich des § 37b Absatz 1 EStG und sind nach § 37b Absatz 1 Satz 2 EStG mindestens mit dem sich aus § 8 Absatz 3 Satz 1 EStG ergebenden Wert zu bemessen (Rabattgewährung an Konzernmitarbeiter). Es wird nicht beanstandet, wenn diese Zuwendungen an Arbeitnehmer verbundener Unterneh- 5

1) Zuletzt abgedruckt in der Lohnsteuer Handausgabe 2015.

men individuell besteuert werden, auch wenn der Zuwendende für die übrigen Zuwendungen § 37b Absatz 1 EStG anwendet. Für die übrigen Zuwendungen ist das Wahlrecht einheitlich auszuüben.

6 Übt ein ausländischer Zuwendender das Wahlrecht zur Anwendung des § 37b EStG aus, sind die Zuwendungen, die unbeschränkt oder beschränkt Einkommen- oder Körperschaftsteuerpflichtigen im Inland gewährt werden, einheitlich zu pauschalieren.

2. Zeitpunkt der Wahlrechtsausübung

7 Die Entscheidung zur Anwendung der Pauschalierung kann für den Anwendungsbereich des § 37b Absatz 1 EStG auch im laufenden Wirtschaftsjahr, spätestens in der letzten Lohnsteuer-Anmeldung des Wirtschaftsjahres der Zuwendung getroffen werden. Eine Berichtigung der vorangegangenen einzelnen Lohnsteuer-Anmeldungen zur zeitgerechten Erfassung ist nicht erforderlich.

8 Für den Anwendungsbereich des § 37b Absatz 2 EStG soll die Entscheidung zur Anwendung der Pauschalierung spätestens bis zu der für die Übermittlung der elektronischen Lohnsteuerbescheinigung geltenden Frist (§ 41b Absatz 1 Satz 2 EStG, 28. Februar des Folgejahres) getroffen werden. Dieser Endtermin gilt auch, wenn ein Arbeitnehmer während des laufenden Kalenderjahres ausscheidet. Ist eine Änderung des Lohnsteuerabzugs gemäß § 41c EStG zum Zeitpunkt der Ausübung des Wahlrechts nicht mehr möglich, so hat der Arbeitgeber dem Arbeitnehmer eine Bescheinigung über die Pauschalierung nach § 37b Absatz 2 EStG auszustellen. Die Korrektur des bereits individuell besteuerten Arbeitslohns kann der Arbeitnehmer dann nur noch im Veranlagungsverfahren zur Einkommensteuer begehren.

8a Das Wahlrecht kann auch durch Änderung einer noch nicht materiell bestandskräftigen Lohnsteuer-Anmeldung ausgeübt werden. Eine erstmalige Wahlrechtsausübung im Rahmen einer Außenprüfung ist somit zulässig. Wurden Sachzuwendungen an eigene Arbeitnehmer (§ 37b Absatz 2) vorbehaltlich der Pauschalierung nach § 40 Absatz 1 Satz 1 EStG (Rdnr. 22) weder nach anderen Vorschriften pauschal noch individuell besteuert, kann das Wahlrecht (erstmalig) auch noch nach der in den Rdnrn. 7 und 8 genannten Frist im Rahmen einer Änderung einer noch nicht materiell bestandskräftigen Lohnsteuer-Anmeldung ausgeübt werden. Wurden Sachzuwendungen an eigene Arbeitnehmer dagegen bisher individuell besteuert, weil eine Pauschalierung zum maßgeblichen Wahlrechtszeitpunkt nicht vorgenommen worden ist, ist eine Pauschalierung nach § 37b Absatz 2 EStG nicht mehr möglich. Wurden Zuwendungen an eigene Arbeitnehmer nach § 37b EStG bisher pauschal besteuert, ist die bisherige Ausübung des Wahlrechts für den Zuwendenden bindend. Eine nachträgliche individuelle Besteuerung der Sachzuwendungen ist nicht zulässig.

III. Bemessungsgrundlage

1. Begriffsbestimmung

9 Besteuerungsgegenstand sind betrieblich veranlasste Sachzuwendungen, die zusätzlich zur ohnehin vereinbarten Leistung oder zum ohnehin geschuldeten Arbeitslohn erbracht werden, und Geschenke, die nicht in Geld bestehen. Gesellschaftsrechtlich veranlasste Zuwendungen, wie z. B. verdeckte Gewinnausschüttungen (§ 8 Absatz 3 Satz 2 KStG, R 36 KStR) sind von der Pauschalierung nach § 37b EStG ausgenommen (BFH vom 12. Dezember 2013 – VI R 47/12 –, BStBl II 2015 S. 490).

9a Die „Zusätzlichkeitsvoraussetzung" für betrieblich veranlasste Zuwendungen nach § 37b Absatz 1 Satz 1 Nummer 1 EStG erfordert, dass die Zuwendungen in sachlichem und zeitlichem Zusammenhang mit einem zwischen den Vertragsparteien abgeschlossenen Vertragsverhältnis (sog. Grundgeschäft) stehen und zur ohnehin geschuldeten Leistung als zusätzliche Leistung hinzukommen. Zuwendungen, die nicht zu einem Leistungsaustausch hinzutreten, etwa zur Anbahnung eines Vertragsverhältnisses, fallen nicht in den Anwendungsbereich des § 37b Absatz 1 Nummer 1 EStG (BFH vom 12. Dezember 2013 – VI R 47/12 –, BStBl II 2015 S. 490). Unbeachtlich ist, ob der Empfänger einen Rechtsanspruch auf die Zuwendungen hat oder die Zuwendungen vom Zuwendenden freiwillig erbracht werden.

9b Die „Zusätzlichkeitsvoraussetzung" für zusätzlich zum ohnehin geschuldeten Arbeitslohn erbrachte betrieblich veranlasste Zuwendungen nach § 37b Absatz 2 Satz 1 EStG erfordert, dass die Zuwendung zu dem Arbeitslohn hinzukommt, den der Arbeitgeber arbeitsrechtlich schuldet; eine Gehaltsumwandlung erfüllt diese Voraussetzung nicht. Kommt die zweckbestimmte Leistung zu dem Arbeitslohn hinzu, den der Arbeitgeber schuldet, ist das Tatbestandsmerkmal auch dann erfüllt, wenn der Arbeitnehmer arbeitsvertraglich oder aufgrund einer anderen arbeits- oder dienstrechtlichen Rechtsgrundlage einen Anspruch auf die zweckbestimmte Leistung hat (vgl. R 3.33 Absatz 5 LStR und BMF-Schreiben vom 22. Mai 2013, BStBl I S. 728[1])).

1) Abgedruckt zu → H 33.3 (Zusätzlichkeitsvoraussetzung).

Bei Zuwendungen an Dritte handelt es sich regelmäßig um Geschenke i. S. d. § 4 Absatz 5 Satz 1 Nummer 1 Satz 1 EStG und R 4.10 Absatz 4 Satz 1 bis 5 EStR oder Incentives (z. B. Reise oder Sachpreise aufgrund eines ausgeschriebenen Verkaufs- oder Außendienstwettbewerbs). Geschenke in diesem Sinne sind auch Nutzungsüberlassungen. Zuzahlungen des Zuwendungsempfängers ändern nicht den Charakter als Zuwendung; sie mindern lediglich die Bemessungsgrundlage. Zuzahlungen Dritter (z. B. Beteiligung eines anderen Unternehmers an der Durchführung einer Incentive-Reise) mindern die Bemessungsgrundlage hingegen nicht. Aufmerksamkeiten i. S. d. R 19.6 Absatz 1 LStR, die dem Empfänger aus Anlass eines besonderen persönlichen Ereignisses zugewendet werden, sind keine Geschenke und gehören daher nicht zur Bemessungsgrundlage. 9c

Bei der Teilnahme eines Kunden an einem Bonusprogramm wird die Ausgabe der Bonuspunkte zum Bestandteil der Gegenleistung des leistenden Unternehmens. Damit liegt weder in der Gutschrift der Punkte noch in der Hingabe der Prämie eine zusätzliche Leistung vor, so dass eine Pauschalierung nach § 37b EStG in derartigen Fällen ausgeschlossen ist. Die Einkommensteuer kann in diesen Fällen bei Vorliegen der weiteren Voraussetzungen nach § 37a EStG pauschaliert werden. 9d

Gewinne aus Verlosungen, Preisausschreiben und sonstigen Gewinnspielen sowie Prämien aus (Neu-)Kundenwerbungsprogrammen und Vertragsneuabschlüssen fallen nicht in den Anwendungsbereich des § 37b Absatz 1 EStG. 9e

Sachzuwendungen, deren Anschaffungs- oder Herstellungskosten 10 Euro nicht übersteigen, sind bei der Anwendung des § 37b EStG als Streuwerbeartikel anzusehen und brauchen daher nicht in den Anwendungsbereich der Vorschrift einbezogen zu werden.[1]) § 9b Absatz 1 EStG ist zu beachten. Die Teilnahme an einer geschäftlich veranlassten Bewirtung i. S. d. § 4 Absatz 5 Satz 1 Nummer 2 EStG ist nicht in den Anwendungsbereich des § 37b EStG einzubeziehen (R 4.7 Absatz 3 EStR, R 8.1 Absatz 8 Nummer 1 LStR); es sei denn, sie ist Teil einer Gesamtleistung, die insgesamt als Zuwendung nach § 37b EStG besteuert wird (z. B. Bewirtung im Rahmen einer Incentive-Reise, vgl. BMF-Schreiben vom 14. Oktober 1996, BStBl I S. 1192)[2]), oder die Bewirtung findet im Rahmen von Repräsentationsveranstaltungen i. S. d. § 4 Absatz 5 Satz 1 Nummer 4 EStG statt (z. B. Einladung zu einem Golfturnier, zu einem Segeltörn oder zu einer Jagdgesellschaft). Eine Incentive-Reise liegt in Abgrenzung zu einer Incentive-Maßnahme, bei der ggf. ein Bewirtungsanteil gemäß Rdnr. 15 herausgerechnet werden kann, vor, wenn die Veranstaltung mindestens eine Übernachtung umfasst. 10

Zuwendungen, die ein Arbeitnehmer von einem Dritten erhalten hat, können nicht vom Arbeitgeber, der nach § 38 Absatz 1 Satz 3 EStG zum Lohnsteuerabzug verpflichtet ist, nach § 37b EStG pauschal besteuert werden. Die Pauschalierung nach § 37b EStG kann nur der Zuwendende selbst vornehmen. Für Zuwendungen an Mitarbeiter verbundener Unternehmen i. S. d. §§ 15 ff. AktG oder § 271 HGB (vgl. Rdnr. 23) wird es nicht beanstandet, wenn anstelle des Zuwendenden der Arbeitgeber des Zuwendungsempfängers die Pauschalierung gemäß § 37b Absatz 1 EStG vornimmt. Die erforderliche „Zusätzlichkeitsvoraussetzung" ist nur dann erfüllt, wenn die Zuwendungen auf vertraglichen Beziehungen zwischen dem Dritten und dem Arbeitnehmer beruhen. Zuwendungen, die auf vertraglichen Beziehungen zwischen dem Zuwendenden und dem Arbeitgeber des Arbeitnehmers beruhen (sog. Rahmenvertrag), können vom Zuwendenden daher nach § 37b EStG pauschal besteuert werden, wenn dem Grunde nach Arbeitslohn vorliegt (vgl. BMF-Schreiben vom 20. Januar 2015, BStBl I S. 143). 11

Gibt ein Steuerpflichtiger eine Zuwendung unmittelbar weiter, die dieser selbst unter Anwendung des § 37b EStG erhalten hat, entfällt eine erneute pauschale Besteuerung nach § 37b EStG, wenn der Steuerpflichtige hierfür keinen Betriebsausgabenabzug vornimmt. 12

In die Bemessungsgrundlage nach § 37b Absatz 1 und 2 EStG sind alle Zuwendungen einzubeziehen, die beim Empfänger dem Grunde nach zu steuerbaren und steuerpflichtigen Einkünften führen. Demzufolge sind Zuwendungen an beschränkt und unbeschränkt steuerpflichtige Empfänger auszuscheiden, die nach den Bestimmungen eines Doppelbesteuerungsabkommens oder des Auslandstätigkeitserlasses nicht der inländischen Besteuerung unterliegen oder die dem Empfänger nicht im Rahmen einer Einkunftsart zufließen. Für Zuwendungen, die nicht in die Bemessungsgrundlage des § 37b EStG einzubeziehen sind, hat der Zuwendende neben den für den Betriebsausgabenabzug bestehenden Aufzeichnungspflichten zusätzlich durch geeignete Aufzeichnungen darzulegen, dass diese Zuwendungen beim Empfänger nicht steuerbar und steuerpflichtig sind. Die Empfänger der Zuwendungen müssen auf Verlangen der Finanzbehörde genau benannt werden können (§ 160 AO). 13

Zur Vereinfachung der Ermittlung der Bemessungsgrundlage für die Anwendung des § 37b Absatz 1 EStG kann der Steuerpflichtige der Besteuerung nach § 37b EStG einen bestimmten Prozentsatz aller gewährten Zuwendungen an Dritte unterwerfen. Der Prozentsatz orientiert sich 13a

---

1) Diese Regelung ist trotz entgegenstehender Auffassung des BFH im Urteil vom 16. Oktober 2013 (BStBl II 2015 S. 455) weiter anzuwenden.

2) Abgedruckt zu H 19.3 (Incentive-Reisen).

an den unternehmensspezifischen Gegebenheiten und ist vom Steuerpflichtigen anhand geeigneter Unterlagen oder Aufzeichnungen glaubhaft zu machen. In diesem Fall kann er auf weitergehende Aufzeichnungen zur Steuerpflicht beim Empfänger verzichten. Für die Glaubhaftmachung kann auch auf die Aufzeichnungen, die über einen repräsentativen Zeitraum (mindestens drei Monate) geführt werden, zurückgegriffen und aus diesen der anzuwendende Prozentsatz ermittelt werden. Dieser kann so lange angewandt werden, wie sich die Verhältnisse nicht wesentlich ändern. Für die Ermittlung der Bemessungsgrundlage der Zuwendungen nach § 37b Absatz 2 EStG vgl. Tz. III. 3. Wirkungen auf andere Regelungen (Rdnrn. 17 bis 19).

2. Bewertung der Zuwendungen

14 Nach § 37b Absatz 1 Satz 2 EStG sind die Zuwendungen mit den Aufwendungen des Steuerpflichtigen einschließlich Umsatzsteuer zu bewerten. Der Bruttobetrag kann aus Vereinfachungsgründen mit dem Faktor 1,19 aus dem Nettobetrag hochgerechnet werden. In die Bemessungsgrundlage sind alle tatsächlich angefallenen Aufwendungen einzubeziehen, die der jeweiligen Zuwendung direkt zugeordnet werden können. Soweit diese nicht direkt ermittelt werden können, weil sie Teil einer Gesamtleistung sind, ist der auf die jeweilige Zuwendung entfallende Anteil an den Gesamtaufwendungen anzusetzen, der ggf. im Wege der Schätzung zu ermitteln ist. Zu den Aufwendungen im Rahmen von Veranstaltungen gehören z. B. Aufwendungen für Musik, künstlerische und artistische Darbietungen und Aufwendungen für den äußeren Rahmen (z. B. Raummiete, Eventmanager). Wird ein Wirtschaftsgut zugewandt, das der Steuerpflichtige selbst hergestellt hat, sind als Aufwendungen grundsätzlich die Herstellungskosten des Wirtschaftsguts (zuzüglich der Umsatzsteuer) anzusetzen (z. B. Eintrittskarten für eine selbst ausgerichtete Veranstaltung). Der Zuwendende kann stattdessen den gemeinen Wert (z. B. den Kartenpreis) ansetzen, wenn dieser ohne weiteres ermittelt werden kann.

15 Die bestehenden Vereinfachungsregelungen, die zur Aufteilung der Gesamtaufwendungen für VIP-Logen in Sportstätten und in ähnlichen Sachverhalten ergangen sind, gelten unverändert (Rdnr. 14 und 19 des BMF-Schreibens vom 22. August 2005, BStBl I S. 845[1]) und vom 11. Juli 2006, BStBl I S. 447[2])). Der danach ermittelte, auf Geschenke entfallende pauschale Anteil stellt die Aufwendungen dar, die in die Bemessungsgrundlage nach § 37b EStG einzubeziehen sind. Die Vereinfachungsregelungen zur Übernahme der Besteuerung (Rdnrn. 16 und 18 des BMF-Schreibens vom 22. August 2005 und entsprechende Verweise im BMF-Schreiben vom 11. Juli 2006) sind ab dem 1. Januar 2007 nicht mehr anzuwenden.

16 Besteht die Zuwendung in der Hingabe eines Wirtschaftsgutes des Betriebsvermögens oder in der unentgeltlichen Nutzungsüberlassung und sind dem Zuwendenden keine oder nur unverhältnismäßig geringe Aufwendungen entstanden (z. B. zinslose Darlehensgewährung), ist als Bemessungsgrundlage für eine Besteuerung nach § 37b EStG der gemeine Wert anzusetzen.

3. Wirkungen auf andere Regelungen

Sachbezüge, die im ganz überwiegenden eigenbetrieblichen Interesse des Arbeitgebers gewährt werden (vgl. hierzu BFH vom 16. Oktober 2013 – VI R 78/12 –, BStBl II 2015 S. 495), sowie steuerfreie Sachbezüge, z. B. auch nach § 19 Absatz 1 Satz 1 Nummer 1a EStG, werden von § 37b Absatz 2 EStG nicht erfasst. Im Übrigen gilt Folgendes:

a) Sachbezugsfreigrenze

17 Wird die Freigrenze des § 8 Absatz 2 Satz 11 EStG i. H. v. 44 Euro nicht überschritten, liegt kein steuerpflichtiger Sachbezug vor. Bei der Prüfung der Freigrenze bleiben die nach § 8 Absatz 2 Satz 1 EStG zu bewertenden Vorteile, die nach §§ 37b und 40 EStG pauschal versteuert werden, außer Ansatz.

b) Mahlzeiten aus besonderem Anlass

18 Mahlzeiten aus besonderem Anlass, die vom oder auf Veranlassung des Steuerpflichtigen anlässlich von Auswärtstätigkeiten an seine Arbeitnehmer abgegeben werden, können nach § 37b EStG pauschal besteuert werden, wenn der Wert der Mahlzeit 60 Euro (bis 31. Dezember 2013: 40 Euro) übersteigt.

c) Aufmerksamkeiten

19 Zuwendungen des Steuerpflichtigen an seine Arbeitnehmer, die als bloße Aufmerksamkeiten (R 19.6 LStR) anzusehen sind und deren jeweiliger Wert 60 Euro (bis 31. Dezember 2014: 40 Euro) nicht übersteigt, gehören nicht zum Arbeitslohn und sind daher nicht in die Pauschalierung nach § 37b EStG einzubeziehen. Bei Überschreitung des Betrags von 60 Euro (bis 31. Dezember 2014: 40 Euro) ist die Anwendung des § 37b EStG möglich.

1) Abgedruckt zu → H 37b (Sachzuwendungen an Arbeitnehmer; unter II.).
2) Abgedruckt zu → H 37b (Sachzuwendungen an Arbeitnehmer; unter III.).

4. Zeitpunkt der Zuwendung

Die Zuwendung ist im Zeitpunkt der Erlangung der wirtschaftlichen Verfügungsmacht zu erfassen. Das ist bei Geschenken der Zeitpunkt der Hingabe (z. B. Eintrittskarte) und bei Nutzungen der Zeitpunkt der Inanspruchnahme (z. B. bei der Einladung zu einer Veranstaltung der Zeitpunkt der Teilnahme). Es ist aber nicht zu beanstanden, wenn die Pauschalierung nach § 37b EStG bereits in dem Wirtschaftsjahr vorgenommen wird, in dem der Aufwand zu berücksichtigen ist. Auf einen hiervon abweichenden Zeitpunkt der Bezahlung der Rechnung durch den Zuwendenden kann hingegen nicht abgestellt werden. 20

5. Beträge nach § 37b Absatz 1 Satz 3 EStG

Die Beträge des § 37b Absatz 1 Satz 3 EStG i. H. v. 10 000 Euro sind auf die Bruttoaufwendungen anzuwenden. Bei dem Betrag nach § 37b Absatz 1 Satz 3 Nummer 1 EStG handelt es sich um einen Höchstbetrag (z. B. drei Zuwendungen im Wert von jeweils 4 000 Euro, § 37b EStG ist nicht nur für die ersten beiden Zuwendungen anwendbar, sondern auch die Hälfte der Aufwendungen für die dritte Zuwendung muss in die Pauschalbesteuerung einbezogen werden); bei dem Betrag nach § 37b Absatz 1 Satz 3 Nummer 2 EStG handelt es sich um eine Höchstgrenze (z. B. Zuwendung im Wert von 15 000 Euro, § 37b EStG ist auf diese Zuwendung nicht anwendbar). Wird die Höchstgrenze für eine Zuwendung überschritten, ist eine Pauschalierung für andere Zuwendungen an diesen Zuwendungsempfänger im Rahmen des § 37b Absatz 1 Satz 3 Nummer 1 EStG zulässig (z. B. drei Zuwendungen im Wert von 3 000 Euro, 5 000 Euro und 12 000 Euro, die Aufwendungen für die Einzelzuwendung i. H. v. 12 000 Euro können nicht nach § 37b EStG pauschal besteuert werden, in die Pauschalbesteuerung sind indes die Aufwendungen für die beiden anderen Einzelzuwendungen von insgesamt 8 000 Euro einzubeziehen). Bei Zuzahlungen durch den Zuwendungsempfänger mindert sich der Wert der Zuwendung, auf den der Höchstbetrag/die Höchstgrenze anzuwenden ist. Für die Prüfung des Höchstbetrags ist bei betrieblich veranlassten Sachzuwendungen an nahestehende Personen eines Geschäftsfreunds oder eines Arbeitnehmers Zuwendungsempfänger der Geschäftsfreund oder der Arbeitnehmer selbst. 21

IV. Verhältnis zu anderen Pauschalierungsvorschriften

1. Lohnsteuerpauschalierung mit Nettosteuersatz

Zum Zeitpunkt der Ausübung des Wahlrechts nach § 37b Absatz 2 EStG bereits nach § 40 Absatz 1 Satz 1 EStG durchgeführte Pauschalierungen müssen nicht rückgängig gemacht werden. Eine Änderung ist aber in den Grenzen der allgemeinen Regelungen zulässig; § 37b Absatz 2 EStG kann danach angewandt werden. Die Rückabwicklung eines nach § 40 Absatz 1 Satz 1 EStG pauschalierten Zuwendungsfalls muss für alle Arbeitnehmer einheitlich vorgenommen werden, die diese Zuwendung erhalten haben. Nach der Entscheidung zur Anwendung des § 37b EStG ist eine Pauschalierung nach § 40 Absatz 1 Satz 1 EStG für alle Zuwendungen, auf die § 37b EStG anwendbar ist, nicht mehr möglich. 22

2. Arbeitnehmer verbundener Unternehmen

Die Pauschalierung ist für Sachzuwendungen an Arbeitnehmer verbundener Unternehmen i. S. d. §§ 15 ff. AktG oder § 271 HGB zulässig, wenn die Voraussetzungen des § 37b Absatz 1 EStG erfüllt sind. 23

V. Steuerliche Behandlung beim Zuwendenden

1. Zuwendung

Die Aufwendungen für die Zuwendung sind nach allgemeinen steuerlichen Grundsätzen zu beurteilen; sie sind entweder in voller Höhe als Betriebsausgaben abziehbar (Geschenke an eigene Arbeitnehmer und Zuwendungen, die keine Geschenke sind) oder unter der Maßgabe des § 4 Absatz 5 Satz 1 Nummer 1 EStG beschränkt abziehbar. Die übrigen Abzugsbeschränkungen des § 4 Absatz 5 EStG, insbesondere des § 4 Absatz 5 Satz 1 Nummer 4 oder Nummer 10 EStG sind ebenfalls zu beachten. 24

Bei der Prüfung der Freigrenze des § 4 Absatz 5 Satz 1 Nummer 1 Satz 2 EStG ist aus Vereinfachungsgründen allein auf den Betrag der Zuwendung abzustellen. Die übernommene Steuer ist nicht mit einzubeziehen. 25

2. Pauschalsteuer

Die Abziehbarkeit der Pauschalsteuer als Betriebsausgabe richtet sich danach, ob die Aufwendungen für die Zuwendung als Betriebsausgabe abziehbar sind. 26

VI. Steuerliche Behandlung beim Empfänger

27 Nach § 37b Absatz 3 Satz 1 EStG bleibt eine pauschal besteuerte Sachzuwendung bei der Ermittlung der Einkünfte des Empfängers außer Ansatz.

28 Besteht die Zuwendung in der Hingabe eines einzelnen Wirtschaftsgutes, das beim Empfänger Betriebsvermögen wird, gilt sein gemeiner Wert als Anschaffungskosten (§ 6 Absatz 4 EStG). Rdnr. 12 ist zu beachten.

VII. Verfahren zur Pauschalierung der Einkommensteuer

1. Entstehung der Steuer

29 Für den Zeitpunkt der Entstehung der Steuer ist grundsätzlich der Zeitpunkt der Zuwendung (vgl. Rdnr. 20) maßgeblich. Dabei ist nicht auf den Entstehungszeitpunkt der Einkommen- und Körperschaftsteuer beim Zuwendungsempfänger abzustellen.

2. Unterrichtung des Empfängers der Zuwendung

30 Nach § 37b Absatz 3 Satz 3 EStG hat der Zuwendende den Empfänger der Zuwendung über die Anwendung der Pauschalierung zu unterrichten. Eine besondere Form ist nicht vorgeschrieben.

31 Arbeitnehmer sind nach § 38 Absatz 4 Satz 3 EStG verpflichtet, ihrem Arbeitgeber die ihnen von Dritten gewährten Bezüge am Ende des Lohnzahlungszeitraumes anzuzeigen. Erhält der Arbeitnehmer erst im Nachhinein eine Mitteilung vom Zuwendenden über die Anwendung des § 37b EStG, kann bei bereits durchgeführter individueller Besteuerung eine Korrektur des Lohnsteuerabzugs vorgenommen werden, wenn die Änderung des Lohnsteuerabzugs beim Arbeitnehmer noch zulässig ist.

3. Aufzeichnungspflichten

32 Die bestehenden Aufzeichnungspflichten für Geschenke nach § 4 Absatz 5 Satz 1 Nummer 1 EStG bleiben unberührt (§ 4 Absatz 7 EStG, R 4.11 EStR). Besondere Aufzeichnungspflichten für die Ermittlung der Zuwendungen, für die § 37b EStG angewandt wird, bestehen nicht. Aus der Buchführung oder den Aufzeichnungen muss sich ablesen lassen, dass bei Wahlrechtsausübung alle Zuwendungen erfasst wurden und dass die Höchstbeträge nicht überschritten wurden. Nach § 37b EStG pauschal versteuerte Zuwendungen müssen nicht zum Lohnkonto genommen werden (§ 4 Absatz 2 Nummer 8 LStDV i. V. m. § 41 Absatz 1 EStG).

33 Aus Vereinfachungsgründen kann bei Zuwendungen bis zu einem Wert von jeweils 60 Euro (bis 31. Dezember 2014 = 40 Euro) davon ausgegangen werden, dass der Höchstbetrag nach § 37b Absatz 1 Satz 3 Nummer 1 EStG auch beim Zusammenfallen mit weiteren Zuwendungen im Wirtschaftsjahr nicht überschritten wird. Eine Aufzeichnung der Empfänger kann insoweit unterbleiben.

34 § 37b EStG kann auch angewendet werden, wenn die Aufwendungen beim Zuwendenden ganz oder teilweise unter das Abzugsverbot des § 160 AO fallen. Fallen mehrere Zuwendungen zusammen, bei denen § 160 AO zum Abzugsverbot der Aufwendungen führt, ist die Summe dieser Aufwendungen den Höchstbeträgen gegenüberzustellen.

4. Örtliche Zuständigkeit

35 Für ausländische Zuwendende ergeben sich die für die Verwaltung der Lohnsteuer zuständigen Finanzämter aus analoger Anwendung des H 41.3 LStH (wie ausländische Bauunternehmer).

5. Kirchensteuer

36 Für die Ermittlung der Kirchensteuer bei Anwendung des § 37b EStG ist in Rheinland-Pfalz nach dem Erlass des Ministeriums der Finanzen Rheinland-Pfalz vom 29. Oktober 2008 (BStBl I 2009 S. 332)[1]) und in den übrigen Ländern nach den gleichlautenden Erlassen der obersten Finanzbehörden dieser Länder vom 28. Dezember 2006 (BStBl I 2007 S. 76)[2]) zu verfahren.

6. Anrufungsauskunft

37 Für Sachverhalte zur Pauschalierung der Einkommensteuer bei Sachzuwendungen nach § 37b EStG kann eine Anrufungsauskunft i. S. d. § 42e EStG eingeholt werden.

1) Abgedruckt zu → H 37b (Zur Pauschalierung der Kirchensteuer; unter II.).
2) Abgedruckt zu → H 37b (Zur Pauschalierung der Kirchensteuer; unter I.).

VIII. Anwendungszeitpunkt

Dieses Schreiben ersetzt das BMF-Schreiben vom 29. April 2008 (a. a. O.).[1]) Die Grundsätze dieses Schreibens sind in allen noch offenen Fällen anzuwenden. 38

II. Ertragsteuerliche Behandlung von Aufwendungen für VIP-Logen in Sportstätten[2])

(BMF-Schreiben vom 22. 8. 2005 – IV B 2 – S 2144 – 41/05 –, BStBl I S. 845)

Unter Aufwendungen für VIP-Logen in Sportstätten werden solche Aufwendungen eines Steuerpflichtigen verstanden, die dieser für bestimmte sportliche Veranstaltungen trägt und für die er vom Empfänger dieser Leistung bestimmte Gegenleistungen mit Werbecharakter für die „gesponserte" Veranstaltung erhält. Neben den üblichen Werbeleistungen (z. B. Werbung über Lautsprecheransagen, auf Videowänden, in Vereinsmagazinen) werden dem sponsernden Unternehmer auch Eintrittskarten für VIP-Logen überlassen, die nicht nur zum Besuch der Veranstaltung berechtigen, sondern auch die Möglichkeit der Bewirtung des Steuerpflichtigen und Dritter (z. B. Geschäftsfreunde, Arbeitnehmer) beinhalten. Regelmäßig werden diese Maßnahmen in einem Gesamtpaket vereinbart, wofür dem Sponsor ein Gesamtbetrag in Rechnung gestellt wird.

Im Einvernehmen mit den obersten Finanzbehörden der Länder gilt zur ertragsteuerlichen Behandlung der Aufwendungen für VIP-Logen in Sportstätten Folgendes:

Aufwendungen im Zusammenhang mit VIP-Logen in Sportstätten können betrieblich veranlasst (Ausnahme Rdnr. 11) und in der steuerlichen Gewinnermittlung entsprechend der Art der Aufwendungen einzeln zu berücksichtigen sein. Dabei sind die allgemeinen Regelungen des § 4 Abs. 4 und 5 EStG in Verbindung mit dem zum Sponsoring ergangenen BMF-Schreiben vom 18. Februar 1998 (BStBl I S. 212) zu beachten. Bei den Aufwendungen sind zu unterscheiden: 1

1. Aufwendungen für Werbeleistungen

Die in den vertraglich abgeschlossenen Gesamtpaketen neben den Eintrittskarten, der Bewirtung, den Raumkosten u. Ä. erfassten Aufwendungen für Werbeleistungen sind grundsätzlich als Betriebsausgaben gemäß § 4 Abs. 4 EStG abziehbar. 2

2. Aufwendungen für eine besondere Raumnutzung

Wird im Einzelfall glaubhaft gemacht, dass auf der Grundlage einer vertraglichen Vereinbarung Räumlichkeiten in der Sportstätte für betriebliche Veranstaltungen (z. B. Konferenzen, Besprechungen mit Geschäftspartnern) außerhalb der Tage, an denen Sportereignisse stattfinden, genutzt werden, stellen die angemessenen, auf diese Raumnutzung entfallenden Aufwendungen ebenfalls abziehbare Betriebsausgaben dar (vgl. Rdnr. 19). 3

3. Aufwendungen für VIP-Maßnahmen gegenüber Geschäftsfreunden

a) Geschenke

Wendet der Steuerpflichtige seinen Geschäftsfreunden unentgeltlich Leistungen zu (beispielsweise Eintrittskarten), um geschäftliche Kontakte vorzubereiten und zu begünstigen oder um sich geschäftsfördernd präsentieren zu können, kann es sich um Geschenke i. S. von § 4 Abs. 5 Satz 1 Nr. 1 EStG handeln, die nur abziehbar sind, wenn die Anschaffungs- oder Herstellungskosten der dem Empfänger im Wirtschaftsjahr zugewendeten Gegenstände insgesamt 35 Euro nicht übersteigen. Der Geschenkbegriff des § 4 Abs. 5 Satz 1 Nr. 1 EStG entspricht demjenigen der bürgerlich-rechtlichen Schenkung. 4

Erfolgt die Zuwendung dagegen als Gegenleistung für eine bestimmte in engem sachlichen oder sonstigem unmittelbaren Zusammenhang stehende Leistung des Empfängers, fehlt es an der für ein Geschenk notwendigen unentgeltlichen Zuwendung. Die Aufwendungen sind dann grundsätzlich unbeschränkt als Betriebsausgaben abziehbar. 5

b) Bewirtung

Aufwendungen für die Bewirtung von Geschäftsfreunden aus geschäftlichem Anlass sind gemäß § 4 Abs. 5 Satz 1 Nr. 2 EStG unter den dort genannten Voraussetzungen beschränkt abziehbar. 6

---

1) Abgedruckt in der Lohnsteuer Handausgabe 2015.
2) Siehe aber § 37b EStG. Siehe auch Rz. 15 des BMF-Schreibens vom 19. 5. 2015 (BStBl I S. 468), abgedruckt zu → H 37b (Sachzuwendungen an Arbeitnehmer; unter I.).

c) Behandlung beim Empfänger

7 Bei den Empfängern der Geschenke ist der geldwerte Vorteil wegen der betrieblichen Veranlassung als Betriebseinnahme zu versteuern, und zwar auch dann, wenn für den Zuwendenden das Abzugsverbot des § 4 Abs. 5 Satz 1 Nr. 1 EStG gilt (BFH-Urteil vom 26. September 1995, BStBl 1996 II S. 273). Der Vorteil aus einer Bewirtung i. S. des § 4 Abs. 5 Satz 1 Nr. 2 EStG ist dagegen aus Vereinfachungsgründen beim bewirteten Steuerpflichtigen nicht als Betriebseinnahme zu erfassen (R 18 Abs. 3 EStR 2003).

4. Aufwendungen für VIP-Maßnahmen zugunsten von Arbeitnehmern

a) Geschenke

8 Aufwendungen für Geschenke an Arbeitnehmer des Steuerpflichtigen sind vom Abzugsverbot des § 4 Abs. 5 Satz 1 Nr. 1 EStG ausgeschlossen und somit in voller Höhe als Betriebsausgaben abziehbar.

b) Bewirtung

9 Bewirtungen, die der Steuerpflichtige seinen Arbeitnehmern gewährt, gelten als betrieblich veranlasst und unterliegen mithin nicht der Abzugsbeschränkung des § 4 Abs. 5 Satz 1 Nr. 2 EStG. Zu unterscheiden hiervon ist die Bewirtung aus geschäftlichem Anlass, an der Arbeitnehmer des Steuerpflichtigen lediglich teilnehmen (Beispiel: Der Unternehmer lädt anlässlich eines Geschäftsabschlusses die Geschäftspartner und seine leitenden Angestellten ein). Hier greift § 4 Abs. 5 Satz 1 Nr. 2 EStG auch für den Teil der Aufwendungen, der auf den an der Bewirtung teilnehmenden Arbeitnehmer entfällt.

c) Behandlung beim Empfänger

10 Die Zuwendung stellt für den Arbeitnehmer einen zum steuerpflichtigen Arbeitslohn gehörenden geldwerten Vorteil dar, wenn der für die Annahme von Arbeitslohn erforderliche Zusammenhang mit dem Dienstverhältnis gegeben ist (§ 8 Abs. 1 i. V. m. § 19 Abs. 1 Satz 1 Nr. 1 EStG und § 2 Abs. 1 LStDV). Der geldwerte Vorteil ist grundsätzlich nach § 8 Abs. 2 Satz 1 EStG zu bewerten. Die Freigrenze für Sachbezüge i. H. v. 44 Euro im Kalendermonat (§ 8 Abs. 2 Satz 9 EStG) und R 31 Abs. 2 Satz 9 LStR 2005 sind zu beachten.

Nicht zum steuerpflichtigen Arbeitslohn gehören insbesondere Zuwendungen, die der Arbeitgeber im ganz überwiegenden betrieblichen Interesse erbringt. Dies sind auch Zuwendungen im Rahmen einer üblichen Betriebsveranstaltung (vgl. R 72 LStR 2005) oder Zuwendungen aus geschäftlichem Anlass (Beispiel: Der Unternehmer lädt anlässlich eines Geschäftsabschlusses die Geschäftspartner und seine leitenden Angestellten ein, vgl. R 31 Abs. 8 Nr. 1 LStR 2005).

5. Privat veranlasste Aufwendungen für VIP-Maßnahmen

11 Ist die Leistung des Unternehmers privat veranlasst, handelt es sich gemäß § 12 Nr. 1 EStG in vollem Umfang um nicht abziehbare Kosten der privaten Lebensführung; bei Kapitalgesellschaften können verdeckte Gewinnausschüttungen vorliegen. Eine private Veranlassung ist u. a. dann gegeben, wenn der Steuerpflichtige die Eintrittskarten an Dritte überlässt, um damit gesellschaftlichen Konventionen zu entsprechen, z. B. aus Anlass eines persönlichen Jubiläums (vgl. BFH-Urteil vom 12. Dezember 1991, BStBl 1992 II S. 524; BFH-Urteil vom 29. März 1994, BStBl II S. 843).

6. Nachweispflichten

12 Der Betriebsausgabenabzug für Aufwendungen im Rahmen von VIP-Maßnahmen ist zu versagen, wenn keine Nachweise dafür vorgelegt worden sind, welchem konkreten Zweck der getätigte Aufwand diente, d. h. welchem Personenkreis aus welcher Veranlassung die Leistung zugewendet wurde.

13 Dagegen ist der Betriebsausgabenabzug nicht bereits aus dem Grunde zu versagen, dass der Nutzungsvertrag keine Aufgliederung des vereinbarten Nutzungsentgelts einerseits und der Einräumung der sonstigen werblichen Möglichkeiten andererseits zulässt. Soweit die vertraglichen Vereinbarungen keine Aufschlüsselung des Pauschalpreises in die einzelnen Arten der Ausgaben enthalten, führt dies nicht zu einem generellen Abzugsverbot. Vielmehr ist im Wege der sachgerechten Schätzung mittels Fremdvergleichs unter Mitwirkung des Unternehmers zu ermitteln, in welchem Umfang die Kosten auf die Eintrittskarten, auf die Bewirtung, auf die Werbung und/oder auf eine besondere Raumnutzung entfallen. Das vereinbarte Gesamtentgelt ist hierbei einzelfallbezogen unter Würdigung der Gesamtumstände nach dem Verhältnis der ermittelten Teilwerte für die Einzelleistungen aufzuteilen. Im Rahmen der Einzelfallprüfung ist

ggf. auch eine Kürzung der ausgewiesenen Werbekosten vorzunehmen, wenn diese im Fremdvergleich unangemessen hoch ausfallen.

7. Vereinfachungsregelungen

a) Pauschale Aufteilung des Gesamtbetrages für VIP-Logen in Sportstätten

Aus Vereinfachungsgründen ist es nicht zu beanstanden, wenn bei betrieblich veranlassten Aufwendungen der für das Gesamtpaket (Werbeleistungen, Bewirtung, Eintrittskarten usw.) vereinbarte Gesamtbetrag wie folgt pauschal aufgeteilt wird: [1)]

– Anteil für die Werbung: 40 v. H. des Gesamtbetrages.

  Dieser Werbeaufwand, der in erster Linie auf die Besucher der Sportstätte ausgerichtet ist, ist in vollem Umfang als Betriebsausgabe abziehbar. 14

– Anteil für die Bewirtung: 30 v. H. des Gesamtbetrages.

  Dieser Anteil ist gemäß § 4 Abs. 5 Satz 1 Nr. 2 EStG mit dem abziehbaren v. H.-Satz als Betriebsausgabe zu berücksichtigen.

– Anteil für Geschenke: 30 v. H. des Gesamtbetrages.

  Sofern nicht eine andere Zuordnung nachgewiesen wird, ist davon auszugehen, dass diese Aufwendungen je zur Hälfte auf Geschäftsfreunde (Rdnr. 15, 16[2])) und auf eigene Arbeitnehmer (Rdnr. 17, 18[3])) entfallen.

b) Geschenke an Geschäftsfreunde (z. B. andere Unternehmer und deren Arbeitnehmer)

Da diese Aufwendungen regelmäßig den Betrag von 35 Euro pro Empfänger und Wirtschaftsjahr übersteigen, sind sie gemäß § 4 Abs. 5 Satz 1 Nr. 1 EStG nicht als Betriebsausgabe abziehbar. 15

Bei den Empfängern der Zuwendungen ist dieser geldwerte Vorteil grundsätzlich als Betriebseinnahme/Arbeitslohn zu versteuern. Auf eine Benennung der Empfänger und die steuerliche Erfassung des geldwerten Vorteils bei den Empfängern kann jedoch verzichtet werden, wenn zur Abgeltung dieser Besteuerung 60 v. H. des auf Geschäftsfreunde entfallenden Anteils am Gesamtbetrag i. S. der Rdnr. 14[5]) zusätzlich der Besteuerung beim Zuwendenden unterworfen werden. 16 [4)]

c) Geschenke an eigene Arbeitnehmer

Soweit die Aufwendungen auf Geschenke an eigene Arbeitnehmer entfallen, sind sie in voller Höhe als Betriebsausgabe abziehbar. Zur steuerlichen Behandlung dieser Zuwendungen bei den eigenen Arbeitnehmern vgl. Rdnr. 10. 17

Bei Anwendung der Vereinfachungsregelung i. S. der Rdnr. 14 kann der Steuerpflichtige (Arbeitgeber) die Lohnsteuer für diese Zuwendungen mit einem Pauschsteuersatz in Höhe von 30 v. H. des auf eigene Arbeitnehmer entfallenden Anteils am Gesamtbetrag i. S. der Rdnr. 14 übernehmen. Die Höhe dieses Pauschsteuersatzes berücksichtigt typisierend, dass der Arbeitgeber die Zuwendungen an einen Teil seiner Arbeitnehmer im ganz überwiegenden betrieblichen Interesse erbringt (vgl. Rdnr. 10). § 40 Abs. 3 EStG gilt entsprechend. 18 [6)]

---

1) Siehe auch Rz. 15 des BMF-Schreibens vom 19. 5. 2015 (BStBl I S. 468), abgedruckt zu → H 37b (Sachzuwendungen an Arbeitnehmer; unter I.).

2) Die Vereinfachungsregelungen zur Übernahme der Besteuerung (Rdnrn. 16 und 18 des BMF-Schreibens vom 22. 8. 2005 und entsprechende Verweise im BMF-Schreiben vom 11. 7. 2006) sind ab dem 1. 1. 2007 nicht mehr anzuwenden; siehe Rdnr. 15 des BMF-Schreibens vom 19. 5. 2015, BStBl I S. 468, abgedruckt zu → H 37b (Sachzuwendungen an Arbeitnehmer; unter I.).

3) Die Vereinfachungsregelungen zur Übernahme der Besteuerung (Rdnrn. 16 und 18 des BMF-Schreibens vom 22. 8. 2005 und entsprechende Verweise im BMF-Schreiben vom 11. 7. 2006) sind ab dem 1. 1. 2007 nicht mehr anzuwenden; siehe Rdnr. 15 des BMF-Schreibens vom 19. 5. 2015, BStBl I S. 468, abgedruckt zu → H 37b (Sachzuwendungen an Arbeitnehmer; unter I.).

4) Die Vereinfachungsregelungen zur Übernahme der Besteuerung (Rdnrn. 16 und 18 des BMF-Schreibens vom 22. 8. 2005 und entsprechende Verweise im BMF-Schreiben vom 11. 7. 2006) sind ab dem 1. 1. 2007 nicht mehr anzuwenden; siehe Rdnr. 15 des BMF-Schreibens vom 19. 5. 2015, BStBl I S. 468, abgedruckt zu → H 37b (Sachzuwendungen an Arbeitnehmer; unter I.).

5) Siehe auch Rz. 15 des BMF-Schreibens vom 19. 5. 2015 (BStBl I S. 468), abgedruckt zu → H 37b (Sachzuwendungen an Arbeitnehmer; unter I.).

6) Die Vereinfachungsregelungen zur Übernahme der Besteuerung (Rdnrn. 16 und 18 des BMF-Schreibens vom 22. 8. 2005 und entsprechende Verweise im BMF-Schreiben vom 11. 7. 2006) sind ab dem 1. 1. 2007 nicht mehr anzuwenden; siehe Rdnr. 15 des BMF-Schreibens vom 19. 5. 2015, BStBl I S. 468, abgedruckt zu → H 37b (Sachzuwendungen an Arbeitnehmer; unter I.).

d) Pauschale Aufteilung bei besonderer Raumnutzung

19 [1)] In Fällen der Rdnr. 3, in denen die besondere Raumnutzung mindestens einmal wöchentlich stattfindet, kann der auf diese Raumnutzung entfallende Anteil vorab pauschal mit 15 v. H. des Gesamtbetrages ermittelt und als Betriebsausgabe abgezogen werden. Für die weitere Aufteilung nach Rdnr. 14 ist in diesen Fällen von dem um den Raumnutzungsanteil gekürzten Gesamtbetrag auszugehen.

8. Zeitliche Anwendung

20 Die vorstehenden Regelungen sind in allen offenen Fällen anzuwenden.

Die Regelungen des BMF-Schreibens vom 18. Februar 1998 (BStBl I S. 212) bleiben unberührt.

III. Ertragsteuerliche Behandlung von Aufwendungen für VIP-Logen in Sportstätten; Anwendung der Vereinfachungsregelungen auf ähnliche Sachverhalte; BMF-Schreiben vom 22. August 2005 – IV B 2 – S 2144 – 41/05 – (BStBl I S. 845)[2)]

(BMF-Schreiben vom 11. 7. 2006 – IV B 2 – S 2144 – 53/06 –, BStBl I S. 447)

Mit Schreiben vom 22. August 2005 (BStBl I S. 845) hat das BMF zur ertragsteuerlichen Behandlung von Aufwendungen für VIP-Logen in Sportstätten Stellung genommen. Zur Anwendung der Vereinfachungsregelungen (Rdnrn. 14 ff.[3)]) vertrete ich im Einvernehmen mit den obersten Finanzbehörden der Länder folgende Auffassung:

1. Nachweis der betrieblichen Veranlassung

Nach Rdnr. 16[4)] des o. g. BMF-Schreibens ist die Benennung der Empfänger der Zuwendung nicht erforderlich. Der Nachweis der betrieblichen Veranlassung der Aufwendungen kann dadurch erfolgen, dass z. B. die Einladung der Teilnehmer, aus der sich die betriebliche/geschäftliche Veranlassung ergibt, zu den Buchungsunterlagen genommen wird. Im Zweifelsfall sollte zum Nachweis der betrieblichen/geschäftlichen Veranlassung auch eine Liste der Teilnehmer zu den Unterlagen genommen werden.

2. Geltung der gesetzlichen Aufzeichnungspflichten

Für die anteiligen Aufwendungen für die Bewirtung i. S. der Rdnr. 14[5)] müssen die Aufzeichnungen nach § 4 Abs. 5 Satz 1 Nr. 2 Satz 2 EStG nicht geführt werden.

3. Anwendung der pauschalen Aufteilung

Für Fälle, in denen im Gesamtbetrag der Aufwendungen nur die Leistungen Werbung und Eintrittskarten enthalten sind und für die Bewirtung eine Einzelabrechnung vorliegt (z. B. bei Vertrag mit externem Caterer), ist die Vereinfachungsregelung im Hinblick auf die Pauschalaufteilung 40 : 30 : 30 nicht anwendbar. Es ist für den Werbeanteil und den Ticketanteil ein anderer angemessener Aufteilungsmaßstab i. S. einer sachgerechten Schätzung zu finden. Der Bewirtungsanteil steht – soweit er angemessen ist – fest. Dessen Abziehbarkeit richtet sich nach den allgemeinen steuerlichen Regelungen des § 4 Abs. 5 Satz 1 Nr. 2 EStG. Die Versteuerung zugunsten des Geschäftsfreundes – anderer Unternehmer und dessen Arbeitnehmer – (Rdnr. 16[6)])

1) Siehe auch Rz. 15 des BMF-Schreibens vom 19. 5. 2015 (BStBl I S. 468), abgedruckt zu → H 37b (Sachzuwendungen an Arbeitnehmer; unter I.).

2) Siehe aber § 37b EStG. Siehe auch Rz. 15 des BMF-Schreibens vom 19. 5. 2015 (BStBl I S. 468), abgedruckt zu → H 37b (Sachzuwendungen an Arbeitnehmer; unter I.).

3) Siehe auch Rz. 15 des BMF-Schreibens vom 19. 5. 2015 (BStBl I S. 468), abgedruckt zu → H 37b (Sachzuwendungen an Arbeitnehmer; unter I.).

4) Die Vereinfachungsregelungen zur Übernahme der Besteuerung (Rdnrn. 16 und 18 des BMF-Schreibens vom 22. 8. 2005 und entsprechende Verweise im BMF-Schreiben vom 11. 7. 2006) sind ab dem 1. Januar 2007 nicht mehr anzuwenden; siehe Rdnr. 15 des BMF-Schreibens vom 19. 5. 2015 (BStBl I S. 468), *abgedruckt zu → H 37b* (Sachzuwendungen an Arbeitnehmer; unter I.).

5) Siehe auch Rz. 15 des BMF-Schreibens vom 19. 5. 2015 (BStBl I S. 468), abgedruckt zu → H 37b (Sachzuwendungen an Arbeitnehmer; unter I.).

6) Die Vereinfachungsregelungen zur Übernahme der Besteuerung (Rdnrn. 16 und 18 des BMF-Schreibens vom 22. 8. 2005 und entsprechende Verweise im BMF-Schreiben vom 11. 7. 2006) sind ab dem 1. 1. 2007 nicht mehr anzuwenden; siehe Rdnr. 15 des BMF-Schreibens vom 19. 5. 2015, BStBl I S. 468, abgedruckt zu → H 37b (Sachzuwendungen an Arbeitnehmer; unter I.).

des BMF-Schreibens) oder eine Pauschalbesteuerung für die eigenen Arbeitnehmer (Rdnr. 18[1]) des BMF-Schreibens) auf Ebene des Zuwendenden im Hinblick auf den angemessenen Geschenkanteil kommt jedoch in Betracht.

4. Anwendung der Regelungen bei sog. „Business-Seats"

Für sog. Business-Seats, bei denen im Gesamtbetrag der Aufwendungen nur die Leistungen Eintrittskarten und Rahmenprogramm (steuerlich zu beurteilen als Zuwendung) und Bewirtung enthalten sind, ist, soweit für diese ein Gesamtbetrag vereinbart wurde, dieser sachgerecht aufzuteilen (ggf. pauschale Aufteilung entsprechend Rdnr. 14[2]) mit 50 v. H. für Geschenke und 50 v. H. für Bewirtung). Die Vereinfachungsregelungen der Rdnrn. 16 und 18[3]) können angewandt werden.

Weist der Steuerpflichtige nach, dass im Rahmen der vertraglich vereinbarten Gesamtleistungen auch Werbeleistungen erbracht werden, die die Voraussetzungen des BMF-Schreibens vom 18. Februar 1998 (BStBl I S. 212) erfüllen, kann für die Aufteilung des Gesamtbetrages der Aufteilungsmaßstab der Rdnr. 14[4]) des BMF-Schreibens vom 22. August 2005 (a. a. O) angewendet werden. Der Anteil für Werbung i. H. v. 40 v. H. ist dann als Betriebsausgabe zu berücksichtigen.

5. Andere Veranstaltungen in Sportstätten

Soweit eine andere, z. B. kulturelle Veranstaltung in einer Sportstätte stattfindet, können die getroffenen Regelungen angewendet werden, sofern die Einzelfallprüfung einen gleichartigen Sachverhalt ergibt.

6. Veranstaltungen außerhalb von Sportstätten

Soweit außerhalb einer Sportstätte in einem Gesamtpaket Leistungen angeboten werden, die Eintritt, Bewirtung und Werbung enthalten (z. B. Operngala), ist eine pauschale Aufteilung möglich. Der Aufteilungsmaßstab muss sich an den Umständen des Einzelfalls orientieren. Die Übernahme der Besteuerung für die Zuwendung an Geschäftsfreunde und die eigenen Arbeitnehmer i. S. der Vereinfachungsregelungen des BMF-Schreibens vom 22. August 2005 (a. a. O.) ist möglich.

7. Abweichende Aufteilung der Gesamtaufwendungen

Die Vereinfachungsregelungen (Übernahme der Besteuerung) gemäß Rdnrn. 16 und 18[5]) sind auch in den Fällen anwendbar, in denen nachgewiesen wird, dass eine von Rdnr. 14[6]) abweichende andere Aufteilung der Gesamtaufwendungen im Einzelfall angemessen ist.

Zur Pauschalierung der Kirchensteuer

→ Gleich lautende Ländererlasse vom 28. 12. 2006 (BStBl 2007 I S. 76)

1) Die Vereinfachungsregelungen zur Übernahme der Besteuerung (Rdnrn. 16 und 18 des BMF-Schreibens vom 22. 8. 2005 und entsprechende Verweise im BMF-Schreiben vom 11. 7. 2006) sind ab dem 1. 1. 2007 nicht mehr anzuwenden; siehe Rdnr. 15 des BMF-Schreibens vom 19. 5. 2015, BStBl I S. 468, abgedruckt zu → H 37b (Sachzuwendungen an Arbeitnehmer; unter I.).

2) Siehe auch Rz. 15 des BMF-Schreibens vom 19. 5. 2015 (BStBl I S. 468), abgedruckt zu → H 37b (Sachzuwendungen an Arbeitnehmer; unter I.).

3) Die Vereinfachungsregelungen zur Übernahme der Besteuerung (Rdnrn. 16 und 18 des BMF-Schreibens vom 22. 8. 2005 und entsprechende Verweise im BMF-Schreiben vom 11. 7. 2006) sind ab dem 1. 1. 2007 nicht mehr anzuwenden; siehe Rdnr. 15 des BMF-Schreibens vom 19. 5. 2015, BStBl I S. 468, abgedruckt zu → H 37b (Sachzuwendungen an Arbeitnehmer; unter I.).

4) Siehe auch Rz. 15 des BMF-Schreibens vom 19. 5. 2015 (BStBl I S. 468), abgedruckt zu → H 37b (Sachzuwendungen an Arbeitnehmer; unter I.).

5) Die Vereinfachungsregelungen zur Übernahme der Besteuerung (Rdnrn. 16 und 18 des BMF-Schreibens vom 22. 8. 2005 und entsprechende Verweise im BMF-Schreiben vom 11. 7. 2006) sind ab dem 1. 1. 2007 nicht mehr anzuwenden; siehe Rdnr. 15 des BMF-Schreibens vom 19. 5. 2015, BStBl I S. 468, abgedruckt zu → H 37b (Sachzuwendungen an Arbeitnehmer; unter I.).

6) Siehe auch Rz. 15 des BMF-Schreibens vom 19. 5. 2015 (BStBl I S. 468), abgedruckt zu → H 37b (Sachzuwendungen an Arbeitnehmer; unter I.).

I. Kirchensteuer bei Pauschalierung der Einkommensteuer nach § 37b EStG

(Gleichlautender Erlass der obersten Finanzbehörden der Länder vom 28. 12. 2006, BStBl I 2007 S. 76)

Steuerpflichtige, die Sachzuwendungen nach Maßgabe des § 37b EStG gewähren, können die darauf entfallende Einkommensteuer mit einem Pauschsteuersatz von 30 % abgeltend erheben.

Die pauschale Einkommensteuer gilt als Lohnsteuer und ist von dem die Sachzuwendung gewährenden Steuerpflichtigen in der Lohnsteuer-Anmeldung anzugeben und an das Betriebsstättenfinanzamt abzuführen. In gleicher Weise ist auch hinsichtlich der zu entrichtenden Kirchensteuer zu verfahren. Bei der Erhebung der Kirchensteuer kann der Steuerpflichtige zwischen einem vereinfachten Verfahren und einem Nachweisverfahren wählen. Diese Wahl kann für jeden Lohnsteuer-Anmeldungszeitraum unterschiedlich getroffen werden. Im Einzelnen gilt Folgendes:

1. Entscheidet sich der Steuerpflichtige für die Vereinfachungsregelung, hat er für sämtliche Empfänger von Zuwendungen Kirchensteuer zu entrichten. Dabei ist ein ermäßigter Steuersatz anzuwenden, der in pauschaler Weise dem Umstand Rechnung trägt, dass nicht alle Empfänger Angehörige einer steuererhebenden Religionsgemeinschaft sind.

   Die im vereinfachten Verfahren ermittelten Kirchensteuern sind in der Lohnsteuer-Anmeldung bei Kennzahl 47 gesondert anzugeben. Die Aufteilung auf die steuererhebenden Religionsgemeinschaften wird von der Finanzverwaltung übernommen.

2. a) Macht der Steuerpflichtige Gebrauch von der ihm zustehenden Nachweismöglichkeit, dass einzelne Empfänger keiner steuererhebenden Religionsgemeinschaft angehören, kann er hinsichtlich dieser Empfänger von der Entrichtung der auf die pauschale Einkommensteuer entfallenden Kirchensteuer absehen; für die übrigen Empfänger ist der allgemeine Kirchensteuersatz anzuwenden.

   b) Als Nachweis über das Religionsbekenntnis bzw. die Nichtzugehörigkeit zu einer steuererhebenden Religionsgemeinschaft genügt eine Erklärung nach beigefügtem Muster. Die Erklärung des Empfängers muss vom Steuerpflichtigen aufbewahrt werden. Bei Arbeitnehmern des Steuerpflichtigen ist die Religionszugehörigkeit anhand des in den Lohnkonten aufzuzeichnenden Religionsbekenntnisses zu ermitteln.

   c) Kann der Steuerpflichtige bei einzelnen Empfängern die Religionszugehörigkeit nicht ermitteln, kann er aus Vereinfachungsgründen die gesamte pauschale Einkommensteuer im Verhältnis der kirchensteuerpflichtigen zu den nicht kirchensteuerpflichtigen Empfängern aufteilen; der auf die kirchensteuerpflichtigen Empfänger entfallende Anteil ist Bemessungsgrundlage für die Anwendung des allgemeinen Kirchensteuersatzes. Die so ermittelte Kirchensteuer ist im Verhältnis der Konfessions- bzw. Religionszugehörigkeit der kirchensteuerpflichtigen Empfänger aufzuteilen.

   Die im Nachweisverfahren ermittelten Kirchensteuern sind in der Lohnsteuer-Anmeldung unter der jeweiligen Kirchensteuer-Kennzahl (z. B. 61, 62) anzugeben.

3. Die Höhe der Kirchensteuersätze ergibt sich sowohl bei Anwendung der Vereinfachungsregelung (Nr. 1) als auch im Nachweisverfahren (Nr. 2) aus den Kirchensteuerbeschlüssen der steuererhebenden Religionsgemeinschaften. Die in den jeweiligen Ländern geltenden Regelungen werden für jedes Kalenderjahr im Bundessteuerblatt Teil I veröffentlicht.

4. Dieser Erlass ist erstmals für Sachzuwendungen anzuwenden, die nach dem 31. Dezember 2006 gewährt werden.

[Anm.: Vom Abdruck der Aktenzeichen der obersten Finanzbehörden der Länder wird an dieser Stelle abgesehen.]

Anlage

Muster

Erklärung gegenüber dem Betriebsstättenfinanzamt zur Religionszugehörigkeit für die Erhebung der pauschalen Einkommensteuer nach § 37b Abs. 4 EStG

Finanzamt ....

Steuerpflichtiger:
Name der Firma ....

Anschrift: ....

Empfänger der Zuwendung
Name, Vorname ....

Anschrift: ....

Ich, der vorbezeichnete Empfänger einer Zuwendung, erkläre, dass ich

☐ keiner Religionsgemeinschaft angehöre, die Kirchensteuer erhebt.

☐ der .... angehöre.
(z.B. der Evangelischen oder Katholischen Kirche, Jüdischen Gemeinde etc.)

Ich versichere, die Angaben in dieser Erklärung wahrheitsgemäß nach bestem Wissen und Gewissen gemacht zu haben. Mir ist bekannt, dass die Erklärung als Grundlage für das Besteuerungsverfahren dient.

....
Ort, Datum Unterschrift des Zuwendungsempfängers

Diese Erklärung ist vom Zuwendenden aufzubewahren.

II. Kirchensteuer bei Pauschalierung der Einkommensteuer nach § 37b EStG

(Erlass des rheinland-pfälzischen Ministeriums der Finanzen vom 29. 10. 2008 – S 2447 A – 06-001-04 – 441 –, BStBl I 2009 S. 332)

Steuerpflichtige, die Sachzuwendungen nach Maßgabe des § 37b EStG gewähren, können die darauf entfallende Einkommensteuer mit einem Pauschsteuersatz von 30 % abgeltend erheben.

Die pauschale Einkommensteuer gilt als Lohnsteuer und ist von dem die Sachzuwendung gewährenden Steuerpflichtigen in der Lohnsteuer-Anmeldung anzugeben und an das Betriebsstättenfinanzamt abzuführen. In gleicher Weise ist auch hinsichtlich der zu entrichtenden Kirchensteuer zu verfahren. Bei der Erhebung der Kirchensteuer kann der Steuerpflichtige zwischen einem vereinfachten Verfahren und einem Nachweisverfahren wählen. Diese Wahl kann für jeden Lohnsteuer-Anmeldungszeitraum unterschiedlich getroffen werden. Im Einzelnen gilt Folgendes:

1. Entscheidet sich der Steuerpflichtige für die Vereinfachungsregelung, hat er für sämtliche Empfänger von Zuwendungen Kirchensteuer zu entrichten. Dabei ist ein ermäßigter Steuersatz anzuwenden, der in pauschaler Weise dem Umstand Rechnung trägt, dass nicht alle Empfänger Angehörige einer steuererhebenden Religionsgemeinschaft sind.

   Die im vereinfachten Verfahren ermittelten Kirchensteuern sind in der Lohnsteuer-Anmeldung bei Kennzahl 47 gesondert anzugeben. Die Aufteilung auf die steuererhebenden Religionsgemeinschaften wird von der Finanzverwaltung übernommen.

2. a) Macht der Steuerpflichtige Gebrauch von der ihm zustehenden Nachweismöglichkeit, dass einzelne Empfänger keiner steuererhebenden Religionsgemeinschaft angehören, kann er hinsichtlich dieser Empfänger von der Entrichtung der auf die pauschale Einkommensteuer entfallenden Kirchensteuer absehen; für die übrigen Empfänger ist der allgemeine Kirchensteuersatz anzuwenden.

   b) Als Nachweis über das Religionsbekenntnis bzw. die Nichtzugehörigkeit zu einer steuererhebenden Religionsgemeinschaft genügt eine Erklärung nach beigefügtem Muster[1]). Die Erklärung des Empfängers muss vom Steuerpflichtigen aufbewahrt werden. Bei Arbeitnehmern des Steuerpflichtigen ist die Religionszugehörigkeit anhand des in den Lohnkonten aufzuzeichnenden Religionsbekenntnisses zu ermitteln.

   c) Kann der Steuerpflichtige bei einzelnen Empfängern die Religionszugehörigkeit nicht ermitteln, kann er aus Vereinfachungsgründen die gesamte pauschale Einkommensteuer im Verhältnis der kirchensteuerpflichtigen zu den nicht kirchensteuerpflichtigen Empfängern aufteilen; der auf die kirchensteuerpflichtigen Empfänger entfallende Anteil ist Bemessungsgrundlage für die Anwendung des allgemeinen Kirchensteuersatzes. Die so ermittelte Kirchensteuer ist im Verhältnis der Konfessions- bzw. Religionszugehörigkeit der kirchensteuerpflichtigen Empfänger aufzuteilen.

   Die im Nachweisverfahren ermittelten Kirchensteuern sind in der Lohnsteuer-Anmeldung unter der jeweiligen Kirchensteuer-Kennzahl (z. B. 61, 62) anzugeben.

3. Die Höhe der Kirchensteuersätze ergibt sich sowohl bei Anwendung der Vereinfachungsregelung (Nr. 1) als auch im Nachweisverfahren (Nr. 2) aus den Kirchensteuerbeschlüssen der steuererhebenden Religionsgemeinschaften. Die geltenden Regelungen werden im Bundessteuerblatt Teil I veröffentlicht.

4. Dieser Erlass ist erstmals für Sachzuwendungen anzuwenden, die nach dem 31. Dezember 2008 gewährt werden; er entspricht dem gleichlautenden Erlass der obersten Finanzbehörden der übrigen Länder vom 28. Dezember 2006 (BStBl 2007 I S. 76) und ersetzt insoweit den Erlass vom 29. Dezember 2006 – S 2447 A – 06-001-02 – 441 – (BStBl 2007 I S. 79).

Ich bitte, die Finanzämter entsprechend zu unterrichten.

2. Steuerabzug vom Arbeitslohn (Lohnsteuer)

EStG
S 2360

§ 38 Erhebung der Lohnsteuer

(1) [1]Bei Einkünften aus nichtselbständiger Arbeit wird die Einkommensteuer durch Abzug vom Arbeitslohn erhoben (Lohnsteuer), soweit der Arbeitslohn von einem Arbeitgeber gezahlt wird, der

1) Muster hier nicht gesondert abgedruckt, da gleichlautend mit Muster unter „Zur Pauschalierung der Kirchensteuer" unter I.

1. im Inland einen Wohnsitz, seinen gewöhnlichen Aufenthalt, seine Geschäftsleitung, seinen Sitz, eine Betriebsstätte oder einen ständigen Vertreter im Sinne der §§ 8 bis 13 der Abgabenordnung hat (inländischer Arbeitgeber) oder

2. einem Dritten (Entleiher) Arbeitnehmer gewerbsmäßig zur Arbeitsleistung im Inland überlässt, ohne inländischer Arbeitgeber zu sein (ausländischer Verleiher).

[2]Inländischer Arbeitgeber im Sinne des Satzes 1 ist in den Fällen der Arbeitnehmerentsendung auch das in Deutschland ansässige aufnehmende Unternehmen, das den Arbeitslohn für die ihm geleistete Arbeit wirtschaftlich trägt; Voraussetzung hierfür ist nicht, dass das Unternehmen dem Arbeitnehmer den Arbeitslohn im eigenen Namen und für eigene Rechnung auszahlt. [3]Der Lohnsteuer unterliegt auch der im Rahmen des Dienstverhältnisses von einem Dritten gewährte Arbeitslohn, wenn der Arbeitgeber weiß oder erkennen kann, dass derartige Vergütungen erbracht werden; dies ist insbesondere anzunehmen, wenn Arbeitgeber und Dritter verbundene Unternehmen im Sinne von § 15 des Aktiengesetzes sind.

(2) [1]Der Arbeitnehmer ist Schuldner der Lohnsteuer. [2]Die Lohnsteuer entsteht in dem Zeitpunkt, in dem der Arbeitslohn dem Arbeitnehmer zufließt.

(3) [1]Der Arbeitgeber hat die Lohnsteuer für Rechnung des Arbeitnehmers bei jeder Lohnzahlung vom Arbeitslohn einzubehalten. [2]Bei juristischen Personen des öffentlichen Rechts hat die öffentliche Kasse, die den Arbeitslohn zahlt, die Pflichten des Arbeitgebers. [3]In den Fällen der nach § 7f Absatz 1 Satz 1 Nummer 2 des Vierten Buches Sozialgesetzbuch an die Deutsche Rentenversicherung Bund übertragenen Wertguthaben hat die Deutsche Rentenversicherung Bund bei Inanspruchnahme des Wertguthabens die Pflichten des Arbeitgebers.

(3a) [1]Soweit sich aus einem Dienstverhältnis oder einem früheren Dienstverhältnis tarifvertragliche Ansprüche des Arbeitnehmers auf Arbeitslohn unmittelbar gegen einen Dritten mit Wohnsitz, Geschäftsleitung oder Sitz im Inland richten und von diesem durch die Zahlung von Geld erfüllt werden, hat der Dritte die Pflichten des Arbeitgebers. [2]In anderen Fällen kann das Finanzamt zulassen, dass ein Dritter mit Wohnsitz, Geschäftsleitung oder Sitz im Inland die Pflichten des Arbeitgebers im eigenen Namen erfüllt. [3]Voraussetzung ist, dass der Dritte

1. sich hierzu gegenüber dem Arbeitgeber verpflichtet hat,

2. den Lohn auszahlt oder er nur Arbeitgeberpflichten für von ihm vermittelte Arbeitnehmer übernimmt und

3. die Steuererhebung nicht beeinträchtigt wird.

[4]Die Zustimmung erteilt das Betriebsstättenfinanzamt des Dritten auf dessen Antrag im Einvernehmen mit dem Betriebsstättenfinanzamt des Arbeitgebers; sie darf mit Nebenbestimmungen versehen werden, die die ordnungsgemäße Steuererhebung sicherstellen und die Überprüfung des Lohnsteuerabzugs nach § 42f erleichtern sollen. [5]Die Zustimmung kann mit Wirkung für die Zukunft widerrufen werden. [6]In den Fällen der Sätze 1 und 2 sind die das Lohnsteuerverfahren betreffenden Vorschriften mit der Maßgabe anzuwenden, dass an die Stelle des Arbeitgebers der Dritte tritt; der Arbeitgeber ist von seinen Pflichten befreit, soweit der Dritte diese Pflichten erfüllt hat. [7]Erfüllt der Dritte die Pflichten des Arbeitgebers, kann er den Arbeitslohn, der einem Arbeitnehmer in dem selben Lohnabrechnungszeitraum aus mehreren Dienstverhältnissen zufließt, für die Lohnsteuerermittlung und in der Lohnsteuerbescheinigung zusammenrechnen.

(4) [1]Wenn der vom Arbeitgeber geschuldete Barlohn zur Deckung der Lohnsteuer nicht ausreicht, hat der Arbeitnehmer dem Arbeitgeber den Fehlbetrag zur Verfügung zu stellen oder der Arbeitgeber einen entsprechenden Teil der anderen Bezüge des Arbeitnehmers zurückzubehalten. [2]Soweit der Arbeitnehmer seiner Verpflichtung nicht nachkommt und der Arbeitgeber den Fehlbetrag nicht durch Zurückbehaltung von anderen Bezügen des Arbeitnehmers aufbringen kann, hat der Arbeitgeber dies dem Betriebsstättenfinanzamt (§ 41a Absatz 1 Satz 1 Nummer 1) anzuzeigen. [3]Der Arbeitnehmer hat dem Arbeitgeber die von einem Dritten gewährten Bezüge (Absatz 1 Satz 3) am Ende des jeweiligen Lohnzahlungszeitraums anzugeben; wenn der Arbeitnehmer keine Angabe oder eine erkennbar unrichtige Angabe macht, hat der Arbeitgeber dies dem Betriebsstättenfinanzamt anzuzeigen. [4]Das Finanzamt hat die zu wenig erhobene Lohnsteuer vom Arbeitnehmer nachzufordern.

Steuerabzug vom Arbeitslohn R 38.1

[1]Der Lohnsteuer unterliegt grundsätzlich jeder von einem inländischen Arbeitgeber oder ausländischen Verleiher gezahlte Arbeitslohn (→ R 38.3). [2]Es ist gleichgültig, ob es sich um laufende oder einmalige Bezüge handelt und in welcher Form sie gewährt werden. [3]Der Arbeitgeber hat Lohnsteuer unabhängig davon einzubehalten, ob der Arbeitnehmer zur Einkommensteuer veranlagt wird oder nicht. [4]Bei laufendem Arbeitslohn kommt es für die Beurteilung, ob Lohnsteuer einzubehalten ist, allein auf die Verhältnisse des jeweiligen Lohnzahlungszeitraums an; eine Aus- S 2360

nahme gilt, wenn der so genannte permanente Lohnsteuer-Jahresausgleich nach § 39b Abs. 2 Satz 12 EStG durchgeführt wird (→ R 39b.8).

H 38.1

Hinweise

Lohnsteuerabzug

– **Keine Befreiung durch Stundung oder Aussetzung der Vollziehung**

Der Arbeitgeber kann von seiner Verpflichtung zur Einbehaltung der Lohnsteuer nicht – auch nicht durch Stundung oder Aussetzung der Vollziehung – befreit werden (→ BFH vom 8. 2. 1957 – BStBl III S. 329).

– **Keine Prüfung, ob Jahreslohnsteuer voraussichtlich anfällt**

Der Arbeitgeber hat die Frage, ob Jahreslohnsteuer voraussichtlich anfällt, nicht zu prüfen (→ BFH vom 24. 11. 1961 – BStBl 1962 III S. 37).

– **Unzutreffender Steuerabzug**

Ein unzutreffender Lohnsteuerabzug kann durch Einwendungen gegen die Lohnsteuerbescheinigung nicht berichtigt werden (→ BFH vom 13. 12. 2007 – BStBl 2008 II S. 434).

– **Verhältnis Einbehaltungspflicht/Anzeigeverpflichtung**

Die Anzeige des Arbeitgebers nach § 38 Abs. 4 Satz 2 EStG ersetzt die Erfüllung der Einbehaltungspflichten. Bei unterlassener Anzeige hat der Arbeitgeber die Lohnsteuer mit den Haftungsfolgen nicht ordnungsgemäß einbehalten (→ BFH vom 9. 10. 2002 – BStBl II S. 884).

R 38.2

Zufluss von Arbeitslohn

S 2360 (1) [1]Der Lohnsteuerabzug setzt den Zufluss von Arbeitslohn voraus. [2]Hat der Arbeitgeber eine mit dem Arbeitnehmer getroffene Lohnverwendungsabrede erfüllt, ist Arbeitslohn zugeflossen.

(2) Die besondere Regelung für die zeitliche Zuordnung des – zugeflossenen – Arbeitslohns (§ 11 Abs. 1 Satz 4 i. V. m. § 38a Abs. 1 Satz 2 und 3 EStG) bleibt unberührt.

(3) [1]Der Zufluss des Arbeitslohns erfolgt bei einem Gutschein, der bei einem Dritten einzulösen ist, mit Hingabe des Gutscheins, weil der Arbeitnehmer zu diesem Zeitpunkt einen Rechtsanspruch gegenüber dem Dritten erhält. [2]Ist der Gutschein beim Arbeitgeber einzulösen, fließt Arbeitslohn erst bei Einlösung des Gutscheins zu.

H 38.2

Hinweise

Aktienoptionen

– Bei nicht handelbaren Aktienoptionsrechten liegt weder bei Einräumung noch im Zeitpunkt der erstmaligen Ausübbarkeit ein Zufluss von Arbeitslohn vor (→ BFH vom 20. 6. 2001 – BStBl II S. 689).
– Auch bei handelbaren Optionsrechten fließt ein geldwerter Vorteil grundsätzlich erst zu, wenn die Aktien unentgeltlich oder verbilligt in das wirtschaftliche Eigentum des Arbeitnehmers gelangen (→ BFH vom 20. 11. 2008 – BStBl 2009 II S. 382).
– Bei einem entgeltlichen Verzicht auf ein Aktienankaufs- oder Vorkaufsrecht fließt ein geldwerter Vorteil nicht zum Zeitpunkt der Rechtseinräumung, sondern erst zum Zeitpunkt des entgeltlichen Verzichts zu (→ BFH vom 19. 6. 2008 – BStBl II S. 826).
– Ein geldwerter Vorteil fließt nicht zu, solange dem Arbeitnehmer eine Verfügung über die im Rahmen eines Aktienoptionsplans erhaltenen Aktien rechtlich unmöglich ist (→ BFH vom 30. 6. 2011 –BStBl II S. 923 zu vinkulierten Namensaktien). Im Gegensatz dazu stehen Sperr- *und Haltefristen einem* Zufluss nicht entgegen (→ BFH vom 30. 9. 2008 – BStBl 2009 II S. 282).
– Der Vorteil aus einem vom Arbeitgeber eingeräumten Aktienoptionsrecht fließt dem Arbeitnehmer zu, wenn er das Recht ausübt oder anderweitig verwertet. Eine solche Verwertung liegt insbesondere vor, wenn der Arbeitnehmer das Recht auf einen Dritten überträgt. Der Vorteil bemisst sich nach dem Wert des Rechts im Zeitpunkt der Verfügung darüber (→ BFH vom 18. 9. 2012 – BStBl 2013 II S. 289).

Steuerliche Behandlung der Überlassung von Aktienoptionsrechten an Arbeitnehmer

(Erlass des FinMin NW vom 27. 3. 2003 – S 2332 – 109 – V B 3 –)

Gewährt der Arbeitgeber seinem Arbeitnehmer auf Grund des Dienstverhältnisses Aktienoptionsrechte, ist die steuerliche Beurteilung davon abhängig, ob ein handelbares oder ein nicht handelbares Aktienoptionsrecht vorliegt. Handelbar i. d. S. ist ein Aktienoptionsrecht, das an einer Wertpapierbörse gehandelt wird.

Andere Aktienoptionsrechte gelten – auch wenn sie außerhalb einer Börse gehandelt werden – als nicht handelbar im Sinne der folgenden Ausführungen. Für die Beurteilung ist ferner unmaßgeblich, ob die Optionsrechte nach den Optionsbedingungen übertragbar oder vererbbar sind, oder ob sie einer Sperrfrist unterliegen.

Die steuerliche Behandlung richtet sich nach den folgenden Grundsätzen:

I. Handelbare Aktienoptionsrechte

Bei einem handelbaren Aktienoptionsrecht ist der Unterschiedsbetrag zwischen dem Geldwert des Optionsrechts und einem ggf. vom Arbeitnehmer gezahlten Entgelt als Arbeitslohn zu versteuern. Der Sachbezug in Form des Optionsrechts ist mit dem um übliche Preisnachlässe geminderten Endpreis am Abgabeort im Zeitpunkt der Abgabe anzusetzen (§ 8 Abs. 2 Satz 1 EStG). Zeitpunkt der Abgabe ist der Tag, an dem der Arbeitnehmer das Optionsrecht erwirbt. Fallen Bestelltag und Liefertag auseinander, sind für die Preisfeststellung die Verhältnisse am Bestelltag (Kauftag) maßgebend (R 31 Abs. 2 Satz 8 LStR). In diesem Fall kann aus Vereinfachungsgründen der niedrigste Kurswert des Optionsrechts am Kauftag an einer deutschen Börse angesetzt werden; wird das Optionsrecht nur im Ausland gehandelt, ist der niedrigste Kurswert vom Kauftag dieser ausländischen Börse heranzuziehen. Eine Bewertung gem. § 19a EStG scheidet aus, weil es sich bei handelbaren Aktienoptionsrechten nicht um Vermögensbeteiligungen i. S. d. § 2 Abs. 1 Nr. 1 und Absätze 2 bis 5 des Fünften Vermögensbildungsgesetzes handelt.

II. Nicht handelbare Aktienoptionsrechte[1])

Ein nicht handelbares Aktienoptionsrecht führt weder im Zeitpunkt der Gewährung noch der erstmaligen Ausübbarkeit des Optionsrechts zu einem Lohnzufluss beim Arbeitnehmer (BFH vom 20. 6. 2001, BStBl 2001 II S. 689; BFH vom 24. 1. 2001, BStBl 2001 II S. 509, 512). Gegenstand des Lohnzuflusses ist vielmehr die unentgeltlich oder verbilligt überlassene Aktie. Da es sich bei Aktien um Vermögensbeteiligungen i. S. d. § 2 Abs. 1 Nr. 1 des Fünften Vermögensbildungsgesetzes handelt, richtet sich die steuerliche Beurteilung nach § 19a EStG und R 77 LStR.

1. Zuflusszeitpunkt

Zeitpunkt des verbilligten Aktienerwerbs und damit Zuflusszeitpunkt ist der Tag, an dem die Aktie überlassen wird. Als Tag der Überlassung ist der Tag der Ausbuchung der Aktien aus dem Depot des Überlassenden oder dessen Erfüllungsgehilfen anzunehmen (BMF vom 10. 3. 2003 IV C 5 – S 2332 11/031[1]; R 77 Abs. 8 LStR).

Bei Aktienoptionsrechten, die vor dem 31. 12. 2001 ausgeübt wurden, ist es nicht zu beanstanden, wenn stattdessen der Tag der Optionsausübung als Zuflusszeitpunkt zu Grunde gelegt wird (BMF vom 10. 3. 2003 IV C 5 – S 2332 – 11/03[1]).

2. Bewertung

Die Bewertung überlassener Aktien richtet sich nach § 19a Abs. 2 Satz 2 ff EStG. Bewertungsstichtag ist danach grundsätzlich der Tag, an dem der Beschluss über die Gewährung der Optionsrechte getroffen wird (BFH vom 20. 6. 2001, BStBl 2001 II S. 689). Liegen jedoch zwischen dem Tag der Beschlussfassung und dem Tag der Überlassung der Aktien mehr als 9 Monate, ist *der Tag der Überlassung* maßgebend (§ 19a Abs. 2 Satz 5 EStG).

Zu den Anschaffungskosten bei der Ermittlung eines privaten Veräußerungsgewinns gem. § 23 EStG gehört neben dem vom Arbeitnehmer gezahlten Basis- bzw. Ausübungspreis u. a. auch der Wert, der als geldwerter Vorteil bei den Einkünften aus nichtselbständiger Arbeit angesetzt wird (BFH vom 20. 6. 2001, BStBl 2001 II S. 689).

3. Höhe des steuerpflichtigen Vorteils

Im Zuflusszeitpunkt liegt zu versteuernder Arbeitslohn vor in Höhe der Differenz zwischen dem Kurswert der überlassenen Aktie am maßgebenden Bewertungsstichtag und den Aufwendungen des Arbeitnehmers für die überlassenen Aktien (BFH vom 20. 6. 2001, BStBl 2001 II S. 689).

1) → BStBl I 2003 S. 234 → Aktienoptionen.

4. Zuordnung zum deutschen Besteuerungsrecht

Für die Zuweisung des Besteuerungsrechts nach den Doppelbesteuerungsabkommen (DBA) ist der bei Ausübung der Aktienoptionsrechte zugeflossene geldwerte Vorteil dem gesamten Zeitraum zwischen der Gewährung und der Ausübung der Optionsrechte zuzuordnen (zukunfts- und zeitraumbezogene Leistung). Befindet sich der Arbeitnehmer jedoch im Zeitpunkt der Ausübung bereits im Ruhestand, ist für die Aufteilung des geldwerten Vorteils nur der Zeitraum von der Gewährung bis zur Beendigung der aktiven Tätigkeit heranzuziehen. Hält sich der Arbeitnehmer während des maßgeblichen Zeitraums teilweise im Ausland auf und bezieht er für die Auslandstätigkeit Einkünfte, die nach einem DBA steuerfrei sind, ist der auf diesen Zeitraum entfallende Teil des geldwerten Vorteils aus der Ausübung des Optionsrechts ebenfalls steuerfrei (BFH-Urteile vom 24. 1. 2001, BStBl 2001 II S. 509 und 512). Der inländischen Besteuerung wird nur der anteilige geldwerte Vorteil unterworfen, für den Deutschland das Besteuerungsrecht hat. Dies gilt auch dann, wenn der Arbeitnehmer im Zeitpunkt der Gewährung der Aktienoptionsrechte noch nicht und im Zeitpunkt der Ausübung nicht mehr unbeschränkt einkommensteuerpflichtig ist. Die demnach steuerfrei bleibenden Einkunftsteile unterliegen ggf. dem Progressionsvorbehalt gem. § 32b Abs. 1 Nr. 3 EStG.

Es ist nicht auszuschließen, dass sich Doppelbesteuerungen ergeben, wenn hinsichtlich des Zeitpunktes der Besteuerung von Aktienoptionen Regelungen im nationalen Recht anderer Staaten vom deutschen Steuerrecht abweichen. Diese können nur mit Hilfe von Verständigungsverfahren beseitigt werden.

5. Tarifermäßigung gem. § 34 EStG

Für steuerpflichtige geldwerte Vorteile aus der Ausübung der Aktienoptionsrechte kommt die Tarifbegünstigung des § 34 Abs. 1 i. V. m. Abs. 2 Nr. 4 EStG in Betracht, wenn es sich um Vergütungen für mehrjährige Tätigkeiten handelt (BFH vom 24. 1. 2001, BStBl 2001 II S. 509). Hiervon ist in der Regel auszugehen, wenn der Zeitraum zwischen der Gewährung und der Ausübung der Aktienoptionsrechte mehr als 12 Monate beträgt. Erwirbt der Arbeitnehmer auf Grund eines einheitlichen Optionsrechts die Aktien in mehr als zwei Kalenderjahren, ist die Tarifermäßigung zu versagen (BFH vom 21. 3. 1975, BStBl 1975 II S. 690). Sofern der Arbeitnehmer jährlich Aktienoptionsrechte erhält, sind die v. g. Voraussetzungen für jedes jährlich ausgegebene Optionsrecht zu prüfen.

6. Kursveränderungen der Aktie nach dem Zuflusszeitpunkt

Veränderungen des Kurswertes der Aktie nach dem Zuflusszeitpunkt (vgl. Teil II Nr. 1) haben eine steuerliche Auswirkung grundsätzlich nur im Rahmen der Ermittlung der Einkünfte gem. § 22 Nr. 2 i. V. m. § 23 Abs. 1 Satz 1 Nr. 2 EStG. Insbesondere rechtfertigen Verschlechterungen des Kurswertes nach dem Zuflusszeitpunkt der Aktie keine sachliche Billigkeitsmaßnahme. Ein etwaiger Verlust ist der privaten Vermögensebene zuzurechnen. Dies gilt auch dann, wenn die durch Ausübung des Optionsrechts erworbenen Aktien einer gesetzlichen oder vertraglichen Sperrfrist unterliegen.

Dieser Erlass ist mit dem Bundesministerium der Finanzen und den anderen Ländern abgestimmt. Er ist in allen offenen Fällen anzuwenden.

Aktienoptionen, Zufluss, Exercise and Sell Ausübungsvariante

(Verfügung des LfSt Bayern vom 8. 5. 2009 – S 2347.1.1 – 4/1 St 33 –)

Das BMF-Schreiben vom 10. 3. 2003 (BStBl 2003 I S. 234) ist nicht mehr anzuwenden, da es nicht in die Positivliste des BMF zur Eindämmung der Normenflut (vgl. Anhang 33 Amtliches LStHB 2008 und 2009) übernommen wurde.

Es gelten die allgemeinen Grundsätze (d. h. Zufluss bei Verschaffung der wirtschaftlichen Verfügungsmacht über die Aktien, vgl. BFH vom 23. 6. 2005, BStBl 2005 II S. 770); ggf. Vereinfachungsregelung, vgl. R 19a Abs. 8 LStR 2008).

In diesem Zusammenhang wird auf Folgendes hingewiesen:

- Die Ausführungen zum Zuflusszeitpunkt bei der sog. Exercise and Sell-Ausübungsvariante (vgl. Anmerkung) gelten weiterhin.
- Im Hinblick auf abweichende BFH-Rechtsprechung wurde der ländereinheitliche Erlass zu Aktienoptionen (für Bayern: FinMin Bayern vom 10. 4. 2003 Az.: 34 – 2347 – 008 – 16034/03; bisher ESt-Kartei § 19 Karte 6.2 und LSt-Kartei Fach 2 Karte 5) als gegenstandslos aufgehoben (*vgl. LSt Fach-Info 05-2009 Tz. 1*).

Überholt waren insbesondere folgende Punkte:

An der bisherigen Unterscheidung hinsichtlich des Zuflusszeitpunkts zwischen handelbaren und nicht handelbaren Aktienoptionsrechten kann im Hinblick auf das BFH-Urteil vom 20. 11. 2008, VI R 25/05 nicht mehr festgehalten werden.

Nach Ansicht des BFH führt bei Einräumung eines handelbaren wie nicht handelbaren Aktienoptionsrechts, jedenfalls dann, wenn der Arbeitgeber Stillhalter ist, erst die Umwandlung des Rechts in Aktien zum Zufluss des geldwerten Vorteils. Damit werden handelbare und nicht handelbare Optionsrechte gleich behandelt. Ohne Optionsausübung fließt auch beim Verkauf der handelbaren Option Arbeitslohn zu.

Das o. g. BFH-Urteil vom 20. 11. 2008 wurde am 27. 4. 2009 in die sog. „grüne Liste" des BMF (vgl. www.bundesfinanzministerium.de unter BMF-Schreiben/BFH-Entscheidungen) aufgenommen und wird in Kürze im BStBl Teil II veröffentlicht werden.

Auch die Ausführungen zur Tarifermäßigung nach § 34 EStG sind durch das BFH-Urteil vom 18. 12. 2007 (BStBl 2008 II S. 294) hinsichtlich der Behandlung als einheitliches Optionsrecht überholt. Der BFH hat in diesem Urteil ausgeführt, dass die Tarifermäßigung i. S. des § 34 EStG auch dann angewendet werden kann, wenn dem Arbeitnehmer wiederholt Aktienoptionsrechte eingeräumt worden sind und die jeweilige Option nicht in vollem Umfang einheitlich ausgeübt worden ist.

Arbeitnehmerfinanzierte betriebliche Altersversorgung

→ BMF vom 24. 7. 2013 (BStBl I S. 1022), Rz. 284 ff. Anhang 2 IV

Einräumung eines Wohnungsrechts

Die Einräumung eines dinglichen Wohnungsrechts führt zu einem laufenden monatlichen Zufluss von Arbeitslohn (→ BFH vom 19. 8. 2004 – BStBl II S. 1076)

Gesellschafter-Geschäftsführer

Zum Zufluss von Gehaltsbestandteilen bei Nichtauszahlung → BMF vom 12. 5. 2014 (BStBl I S. 860)

Verdeckte Einlage in eine Kapitalgesellschaft und Zufluss von Gehaltsbestandteilen bei einem Gesellschafter-Geschäftsführer einer Kapitalgesellschaft; Urteile des Bundesfinanzhofs vom 3. Februar 2011 – VI R 4/10 – (BStBl 2014 II S. 493) und – VI R 66/09 – (BStBl 2014 II S. 491) sowie vom 15. Mai 2013 – VI R 24/12 – (BStBl 2014 II S. 495)

BMF vom 12. 5. 2014 – IV C 2 – S 2743/12/10001; 2014/ 0074863 (BStBl I S. 860)

Der Bundesfinanzhof hat in den Urteilen vom 3. Februar 2011-- VI R 4/10 – (BStBl 2014 II S. 493) und – VI R 66/09 – (BStBl 2014 II S. 491) sowie vom 15. Mai 2013 – VI R 24/12 – (BStBl 2014 II S. 495) zur lohnsteuerlichen Behandlung bestimmter Gehaltsbestandteile eines Gesellschafter-Geschäftsführers einer Kapitalgesellschaft Stellung genommen, die im Anstellungsvertrag vereinbart, tatsächlich aber nicht ausgezahlt wurden.

Nach dem Ergebnis der Erörterungen mit den obersten Finanzbehörden der Länder sind die Entscheidungen vom 3. Februar 2011 (a. a. O.) unter Berücksichtigung der Entscheidung vom 15. Mai 2013 (a. a. O.) auszulegen.

Dem beherrschenden Gesellschafter fließt eine eindeutige und unbestrittene Forderung gegen „seine" Kapitalgesellschaft bereits mit deren Fälligkeit zu (BFH-Urteil vom 3. Februar 2011 – VI R 66/09 – m. w. N.). Ob sich der Vorgang in der Bilanz der Kapitalgesellschaft tatsächlich gewinnmindernd ausgewirkt hat, etwa durch die Bildung einer Verbindlichkeit, ist für die Anwendung dieser sog. Zuflussfiktion unerheblich, sofern eine solche Verbindlichkeit nach den Grundsätzen ordnungsmäßiger Buchführung hätte gebildet werden müssen.

Für den Zufluss beim Gesellschafter-Geschäftsführer durch eine verdeckte Einlage in die Kapitalgesellschaft kommt es darauf an, ob der Gesellschafter-Geschäftsführer vor oder nach Entstehen seines Anspruches darauf verzichtet hat (H 40 KStH 2008). Maßgeblich dafür ist, inwieweit Passivposten in eine Bilanz der Gesellschaft hätten eingestellt werden müssen, die zum Zeitpunkt des Verzichts erstellt worden wäre (BFH-Urteile vom 15. Mai 2013, a. a. O. und vom 24. Mai 1984 – I R 166/78 –, BStBl 1984 II S. 747). Auf die tatsächliche Buchung in der Bilanz der Gesellschaft kommt es für die Frage des Zuflusses aufgrund einer verdeckten Einlage nicht an.

Kein Zufluss von Arbeitslohn

Arbeitslohn fließt nicht zu bei

- Verzicht des Arbeitnehmers auf Arbeitslohnanspruch, wenn er nicht mit einer Verwendungsauflage hinsichtlich der freiwerdenden Mittel verbunden ist (→ BFH vom 30. 7. 1993 – BStBl II S. 884);

- Verzicht des Arbeitnehmers auf Arbeitslohnanspruch zugunsten von Beitragsleistungen des Arbeitgebers an eine Versorgungseinrichtung, die dem Arbeitnehmer keine Rechtsansprüche auf Versorgungsleistungen gewährt (→ BFH vom 27. 5. 1993 – BStBl 1994 II S. 246);
- Gutschriften beim Arbeitgeber zugunsten des Arbeitnehmers auf Grund eines Gewinnbeteiligungs- und Vermögensbildungsmodells, wenn der Arbeitnehmer über die gutgeschriebenen Beträge wirtschaftlich nicht verfügen kann (→ BFH vom 14. 5. 1982 – BStBl II S. 469);
- Verpflichtung des Arbeitgebers im Rahmen eines arbeitsgerichtlichen Vergleichs zu einer Spendenzahlung, ohne dass der Arbeitnehmer auf die Person des Spendenempfängers Einfluss nehmen kann; diese Vereinbarung enthält noch keine zu Einkünften aus nichtselbständiger Arbeit führende Lohnverwendungsabrede (→ BFH vom 23. 9. 1998 – BStBl 1999 II S. 98);
- Einräumung eines Anspruchs gegen den Arbeitgeber, sondern grundsätzlich erst durch dessen Erfüllung. Das gilt auch für den Fall, dass der Anspruch – wie ein solcher auf die spätere Verschaffung einer Aktie zu einem bestimmten Preis (Aktienoptionsrecht) – lediglich die Chance eines zukünftigen Vorteils beinhaltet (→ BFH vom 24. 1. 2001 – BStBl II S. 509 und 512). Das gilt grundsätzlich auch bei handelbaren Optionsrechten (→ BFH vom 20. 11. 2008 – BStBl 2009 II S. 382);
- Einbehalt eines Betrags vom Arbeitslohn durch den Arbeitgeber und Zuführung zu einer Versorgungsrückstellung (→ BFH vom 20. 7. 2005 – BStBl II S. 890).
- rechtlicher Unmöglichkeit der Verfügung des Arbeitnehmers über Aktien (→ BFH vom 30. 6. 2011 – BStBl II S. 923 zu vinkulierten Namensaktien); im Gegensatz dazu stehen Sperr- und Haltefristen einem Zufluss nicht entgegen (→ BFH vom 30. 9. 2008 – BStBl 2009 II S. 282).

Versorgungsrückstellung

→ Kein Zufluss von Arbeitslohn

Verschiebung der Fälligkeit

Arbeitgeber und Arbeitnehmer können den Zeitpunkt des Zuflusses einer Abfindung oder eines Teilbetrags einer solchen beim Arbeitnehmer in der Weise steuerwirksam gestalten, dass sie deren ursprünglich vorgesehene Fälligkeit vor ihrem Eintritt auf einen späteren Zeitpunkt verschieben (→ BFH vom 11. 11. 2009 – BStBl 2010 II S. 746).

Wandelschuldverschreibung

- Wird im Rahmen eines Arbeitsverhältnisses durch Übertragung einer nicht handelbaren Wandelschuldverschreibung ein Anspruch auf die Verschaffung von Aktien eingeräumt, liegt ein Zufluss von Arbeitslohn nicht bereits durch die Übertragung der Wandelschuldverschreibung vor. Bei Ausübung des Wandlungsrechts fließt ein geldwerter Vorteil erst dann zu, wenn durch Erfüllung des Anspruchs das wirtschaftliche Eigentum an den Aktien verschafft wird. Geldwerter Vorteil ist die Differenz zwischen dem Börsenpreis der Aktien und den Erwerbsaufwendungen (→ BFH vom 23. 6. 2005 – BStBl II S. 766).
- Bei Verkauf eines Darlehens, das mit einem Wandlungsrecht zum Bezug von Aktien ausgestattet ist, fließt der geldwerte Vorteil im Zeitpunkt des Verkaufs zu (→ BFH vom 23. 6. 2005 – BStBl II S. 770).

Zeitwertkonten

Anhang 35 → BMF vom 17. 6. 2009 (BStBl I S. 1286)

Zufluss von Arbeitslohn

Arbeitslohn fließt zu bei

- wirtschaftlicher Verfügungsmacht des Arbeitnehmers über den Arbeitslohn (→ BFH vom 30. 4. 1974 – BStBl II S. 541); dies gilt auch bei Zahlungen ohne Rechtsgrund (→ BFH vom 4. 5. 2006 – BStBl II S. 832) sowie versehentlicher Überweisung, die der Arbeitgeber zurückfordern kann (→ BFH vom 4. 5. 2006 – BStBl II S. 830); zur Rückzahlung von Arbeitslohn → H 11;
- Zahlung, Verrechnung oder Gutschrift (→ BFH vom 10. 12. 1985 – BStBl 1986 II S. 342);
- Entgegennahme eines Schecks oder Verrechnungsschecks, wenn die bezogene Bank im Fall der sofortigen Vorlage den Scheckbetrag auszahlen oder gutschreiben würde und der sofortigen Vorlage keine zivilrechtlichen Abreden entgegenstehen (→ BFH vom 30. 10. 1980 – BStBl 1981 II S. 305);
- Einlösung oder Diskontierung eines zahlungshalber hingegebenen Wechsels (→ BFH vom 5. 5. 1971 – BStBl II S. 624).

- Verzicht des Arbeitgebers auf eine ihm zustehende Schadenersatzforderung gegenüber dem Arbeitnehmer in dem Zeitpunkt, in dem der Arbeitgeber zu erkennen gibt, dass er keinen Rückgriff nehmen wird (→ BFH vom 29. 3. 1992 – BStBl II S. 837);
- Beitragsleistung des Arbeitgebers für eine Direktversicherung seines Arbeitnehmers in dem Zeitpunkt, in dem er seiner Bank einen entsprechenden Überweisungsauftrag erteilt (→ BFH vom 7. 7. 2005 – BStBl II S. 726);
- Überlassung einer Jahresnetzkarte mit uneingeschränktem Nutzungsrecht in voller Höhe im Zeitpunkt der Überlassung (→ BFH vom 12. 4. 2007 – BStBl II S. 719) oder im Zeitpunkt der Ausübung des Bezugsrechts durch Erwerb der Jahresnetzkarte (→ BFH vom 14. 11. 2012 – BStBl 2013 II S. 382);
- Ausgleichszahlungen, die der Arbeitnehmer für seine in der Arbeitsphase erbrachten Vorleistungen erhält, wenn ein im Blockmodell geführtes Altersteilzeitarbeitsverhältnis vor Ablauf der vertraglich vereinbarten Zeit beendet wird (→ BFH vom 15. 12. 2011 – BStBl 2012 II S. 415);
- → Wandelschuldverschreibung

Einbehaltungspflicht des Arbeitgebers

R 38.3

(1) [1]Zur Einbehaltung der Lohnsteuer vom Arbeitslohn ist jeder inländische Arbeitgeber verpflichtet. [2]Für die Einbehaltung der Lohnsteuer seiner Leiharbeitnehmer hat der ausländische Verleiher nach § 38 Abs. 1 Satz 1 Nr. 2 EStG auch dann die gleichen Pflichten wie ein inländischer Arbeitgeber zu erfüllen, wenn er selbst nicht inländischer Arbeitgeber ist. S 2360

(2) Neben den im § 12 Satz 2 AO aufgeführten Einrichtungen sind Betriebsstätten auch Landungsbrücken (Anlegestellen von Schifffahrtsgesellschaften), Kontore und sonstige Geschäftseinrichtungen, die dem Unternehmer oder Mitunternehmer oder seinem ständigen Vertreter, z. B. einem Prokuristen, zur Ausübung des Gewerbes dienen.

(3) [1]Ständiger Vertreter nach § 13 AO kann hiernach z. B. auch eine Person sein, die eine Filiale leitet oder die Aufsicht über einen Bautrupp ausübt. [2]Ständiger Vertreter ist jedoch z. B. nicht ein einzelner Monteur, der von Fall zu Fall Montagearbeiten im Inland ausführt.

(4) [1]Bei Bauausführungen oder Montagen ausländischer Arbeitgeber im Inland, die länger als sechs Monate (→ § 12 Satz 2 Nr. 8 AO) dauern, ist der ausländische Arbeitgeber zugleich als inländischer Arbeitgeber i. S. d. § 38 Abs. 1 Satz 1 Nr. 1 EStG anzusehen, gleichgültig ob die Bauausführung oder Montage nach dem Doppelbesteuerungsabkommen eine Betriebsstätte begründet. [2]Begründet die Bauausführung oder Montage nach dem anzuwendenden Doppelbesteuerungsabkommen keine Betriebsstätte, sind die Arbeitslöhne, die an die im Inland eingesetzten ausländischen Arbeitnehmer gezahlt werden, in der Regel von der Lohnsteuer freizustellen, wenn sie sich höchstens an 183 Tagen im Kalenderjahr bei bestimmten Doppelbesteuerungsabkommen in einem Zwölfmonatszeitraum im Inland aufhalten.

(5) [1]In den Fällen der Arbeitnehmerentsendung ist inländischer Arbeitgeber auch das in Deutschland ansässige Unternehmen, das den Arbeitslohn für die ihm geleistete Arbeit wirtschaftlich trägt. [2]Hiervon ist insbesondere dann auszugehen, wenn die von dem anderen Unternehmen gezahlte Arbeitsvergütung dem deutschen Unternehmen weiterbelastet wird. [3]Die Erfüllung der Arbeitgeberpflichten setzt nicht voraus, dass das inländische Unternehmen den Arbeitslohn im eigenen Namen und für eigene Rechnung auszahlt. [4]Die Lohnsteuer entsteht bereits im Zeitpunkt der Arbeitslohnzahlung an den Arbeitnehmer, wenn das inländische Unternehmen auf Grund der Vereinbarung mit dem ausländischen Unternehmen mit einer Weiterbelastung rechnen kann; in diesem Zeitpunkt ist die Lohnsteuer vom inländischen Unternehmen zu erheben.

Hinweise

H 38.3

Arbeitgeberbegriff

- → R 19.1, → H 19.1
- Wirtschaftlicher Arbeitgeber bei Arbeitnehmerentsendung zwischen international verbundenen Unternehmen → BMF vom 12. 11. 2014 (BStBl I S. 1467), Tz. 4.3.3 Anhang 9

Inländischer Arbeitgeber

- Auch ein im Ausland ansässiger Arbeitgeber, der im Inland eine Betriebsstätte oder einen ständigen Vertreter hat, ist nach § 38 Abs. 1 Satz 1 Nr. 1 EStG inländischer Arbeitgeber (→ BFH vom 5. 10. 1977 – BStBl 1978 II S. 205).

– Bei Arbeitnehmerentsendung ist das in Deutschland ansässige aufnehmende Unternehmen, das den Arbeitslohn für die ihm geleistete Arbeit wirtschaftlich trägt, Arbeitgeber → § 38 Abs. 1 Satz 2 EStG.

Leiharbeitnehmer

Anhang 9 ***Nach besonderen Regelungen in den Abkommen zur Vermeidung der Doppelbesteuerung ist entweder die 183-Tage-Klausel auf Leiharbeitnehmer nicht anwendbar oder mehrere Vertragsstaaten haben das Besteuerungsrecht (→ BMF vom 12. 11. 2014 – BStBl I S. 1467, Tz. 4.3.4).***

Zuständiges Finanzamt

für ausländische Verleiher → H 41.3

R 38.4

Lohnzahlung durch Dritte

Unechte Lohnzahlung durch Dritte

S 2360 (1) [1]Eine unechte Lohnzahlung eines Dritten ist dann anzunehmen, wenn der Dritte lediglich als Leistungsmittler fungiert. [2]Das ist z. B. der Fall, wenn der Dritte im Auftrag des Arbeitgebers leistet oder die Stellung einer Kasse des Arbeitgebers innehat. [3]Der den Dritten als Leistungsmittler einsetzende Arbeitgeber bleibt der den Arbeitslohn Zahlende und ist daher zum Lohnsteuerabzug verpflichtet (§ 38 Abs. 1 Satz 1 EStG).

Echte Lohnzahlung durch Dritte

(2) [1]Eine echte Lohnzahlung eines Dritten liegt dann vor, wenn dem Arbeitnehmer Vorteile von einem Dritten eingeräumt werden, die ein Entgelt für eine Leistung sind, die der Arbeitnehmer im Rahmen seines Dienstverhältnisses für den Arbeitgeber erbringt; hierzu gehören z. B. geldwerte Vorteile, die der Leiharbeitnehmer auf Grund des Zugangs zu Gemeinschaftseinrichtungen oder -diensten des Entleihers erhält (§ 13b AÜG). [2]In diesen Fällen hat der Arbeitgeber die Lohnsteuer einzubehalten und die damit verbundenen sonstigen Pflichten zu erfüllen, wenn er weiß oder erkennen kann, dass derartige Vergütungen erbracht werden (§ 38 Abs. 1 Satz 3 EStG). [3]Die dem Arbeitgeber bei der Lohnzahlung durch Dritte auferlegte Lohnsteuerabzugspflicht erfordert, dass dieser seine Arbeitnehmer auf ihre gesetzliche Verpflichtung (§ 38 Abs. 4 Satz 3 EStG) hinweist, ihm am Ende des jeweiligen Lohnzahlungszeitraums die von einem Dritten gewährten Bezüge anzugeben. [4]Kommt der Arbeitnehmer seiner Angabepflicht nicht nach und kann der Arbeitgeber bei der gebotenen Sorgfalt aus seiner Mitwirkung an der Lohnzahlung des Dritten oder aus der Unternehmensverbundenheit mit dem Dritten erkennen, dass der Arbeitnehmer zu Unrecht keine Angaben macht oder seine Angaben unzutreffend sind, hat der Arbeitgeber die ihm bekannten Tatsachen zur Lohnzahlung von dritter Seite dem Betriebsstättenfinanzamt anzuzeigen (§ 38 Abs. 4 Satz 3 zweiter Halbsatz EStG). [5]Die Anzeige hat unverzüglich zu erfolgen.

(Anhang 3)

H 38.4

Hinweise

Abgrenzung zwischen echter und unechter Lohnzahlung durch Dritte

– → R 38.4 und BFH vom 30. 5. 2001 (BStBl 2002 II S. 230)

Lohnsteuerabzug

Der Arbeitgeber ist insbesondere dann zum Lohnsteuerabzug verpflichtet (unechte Lohnzahlung durch Dritte → R 38.4 Abs. 1), wenn

– er in irgendeiner Form tatsächlich oder rechtlich in die Arbeitslohnzahlung eingeschaltet ist (→ BFH vom 13. 3. 1974 – BStBl II S. 411),
– ein Dritter in der praktischen Auswirkung nur die Stellung einer zahlenden Kasse hat, z. B. selbständige Kasse zur Zahlung von Unterstützungsleistungen (→ BFH vom 28. 3. 1958 – BStBl III S. 268) oder von Erholungsbeihilfen (→ BFH vom 27. 1. 1961 – BStBl III S. 167).

Lohnzahlung durch Dritte

- ***Nachwuchsförderpreis des Arbeitgeberverbandes für die fachlichen Leistungen im Arbeitsverhältnis (→ BFH vom 23. 4. 2009 – BStBl II S. 668),***
- ***Bonuszahlung der Konzernmutter an die Arbeitnehmer der veräußerten Konzerntochter als Anerkennung für die geleistete Arbeit (→ BFH vom 28. 2. 2013 – BStBl II S. 642),***

- *Verbilligter Erwerb von Vermögensbeteiligungen im Hinblick auf ein künftiges Beschäftigungsverhältnis (→ BFH vom 26. 6. 2014 – BStBl II S. 864),*
- *Freiwillige Zahlungen von Notaren an Notarassessoren für deren Vertretungstätigkeit sind steuerpflichtiger Arbeitslohn (→ BFH vom 10. 3. 2015 – BStBl II S. 767).*
- *Verbilligte Pauschalreise an Reisebüromitarbeiter → H 8.2 (Berechnung des Rabatt-Freibetrags), Beispiel 2.*
- *→ H 19.3 (Lohnzahlung durch Dritte).*

Metergelder im Möbeltransportgewerbe

unterliegen in voller Höhe dem Lohnsteuerabzug, wenn auf sie ein Rechtsanspruch besteht (→ BFH vom 9. 3. 1965 – BStBl III S. 26)

Prämienprogramme

Lohnsteuerliche Behandlung des Prämienprogramms für Bahnfahrer „bahn.bonus"

(Erlass des Ministeriums der Finanzen Saarland vom 24. 10. 2005 – B/2-4 – 134/05 – S 2334 –)

Nach dem o. g. Prämienprogramm werden dem BahnCard-Inhaber Punkte gutgeschrieben, die in Prämien verschiedenster Art eingetauscht werden können.

In der Vergangenheit haben bereits verschiedene Dienstleister, z. B. Fluggesellschaften, Hotels und Autovermieter Prämienprogramme aufgelegt, in denen Bonuspunkte für die Inanspruchnahme ihrer Dienste vergeben wurden. Die Punkte werden auf einem persönlichen Konto des Kunden gesammelt und können nur für die Bezahlung an ihn selbst erbrachter Dienstleistungen eingesetzt werden. Dies ist auch im Bahn.bonus-Programm so (vgl. Tz. 4.2 der AGB).

Aus lohnsteuerlicher Sicht wird wie folgt Stellung genommen:

1. Werden Bonuspunkte im Rahmen einer dienstlichen Tätigkeit erlangt (Bonuspunkte für Bahnfahrten im Rahmen einer Dienstreise) und für private Zwecke verwendet (z. B. für eine Urlaubsreise) liegt Arbeitslohn vor.
2. Soweit privat verwertete Bonuspunkte auf privater Inanspruchnahme von Dienstleistungen beruhen (Bonuspunkte für eine Urlaubsreise werden wiederum für eine Urlaubsreise verwendet, handelt es sich nicht um einen steuerpflichtigen Vorgang.
3. Soweit Bonuspunkte wiederum beruflich verwendet werden (Bonuspunkte für eine Dienstreise werden auf Grund eines Auskehrungsanspruchs des Arbeitgebers wiederum für eine Dienstreise verwendet), handelt es sich ebenfalls nicht um einen steuerpflichtigen Vorgang.

Der unter Tz. 1 genannte Arbeitslohn unterliegt grundsätzlich dem Lohnsteuerabzug, denn nach § 38 Abs. 1 S. 3 EStG unterliegt auch der im Rahmen des Dienstverhältnisses von einem Dritten gewährte Arbeitslohn der Lohnsteuer, wenn der Arbeitgeber weiß oder erkennen kann, dass derartige Vergütungen erbracht werden.

Die dem Arbeitgeber bei der Lohnzahlung durch Dritte auferlegte Lohnsteuerabzugspflicht erfordert, dass dieser seine Arbeitnehmer auf ihre gesetzliche Verpflichtung (§ 38 Abs. 4 Satz 3 EStG) hinweist, ihm am Ende des jeweiligen Lohnzahlungszeitraums die von einem Dritten gewährten Bezüge anzugeben. Kommt der Arbeitnehmer seiner Angabepflicht nicht nach und kann der Arbeitgeber bei der gebotenen Sorgfalt aus seiner Mitwirkung an der Lohnzahlung des Dritten erkennen, dass der Arbeitnehmer zu Unrecht keine Angaben macht oder seine Angaben unzutreffend sind, hat der Arbeitgeber die ihm bekannten Tatsachen zur Lohnzahlung von dritter Seite dem Betriebsstättenfinanzamt anzuzeigen. Die Anzeige hat unverzüglich zu erfolgen (vgl. R 106 Abs. 2 LStR 2005[1])).

Der Zufluss von Arbeitslohn liegt allerdings erst im Zeitpunkt der tatsächlichen Inanspruchnahme der Bonuspunkte und nicht bereits bei der Gutschrift von Bonuspunkten auf dem Prämienkonto vor.

Es ist weiterhin zu beachten, dass nach § 3 Nr. 38 EStG die vorgenannten Sachprämien bis zu einem Höchstbetrag von **1 080 Euro** pro Empfänger und Kalenderjahr **steuerfrei** sind.

Darüber hinaus kann nach § 37a EStG das Finanzamt auf Antrag zulassen, dass das Unternehmen, das Sachprämien im Sinne des § 3 Nr. 38 gewährt, die Einkommensteuer für den Teil der Prämien, der nicht steuerfrei ist, pauschal erhebt. Das Unternehmen hat die Prämienempfänger von der Steuerübernahme zu unterrichten.

Nimmt der Arbeitgeber in diesem Falle die entsprechende Bescheinigung zum Lohnkonto, so hat er lohnsteuerlich nichts weiter zu unternehmen.

1) Jetzt → R 38.4 LStR.

Rabatte von dritter Seite

Zur steuerlichen Behandlung der Rabatte, die Arbeitnehmern von dritter Seite eingeräumt werden → BMF vom 20. 1. 2015 (BStBl I S. 143).

→ Sachbezüge von dritter Seite → H 8.2

Remunerationen

Lohnsteuerliche Behandlung von Remunerationen

(BMF-Schreiben vom 26. 10. 1998 – IV C 5 – S 2360 – 2/98 –)

Zwischen Sparkassen auf der einen und Bausparkassen bzw. Versicherungen auf der anderen Seite gibt es Kooperationsabkommen, die die Vermittlung von Dienstleistungen der Bausparkassen und Versicherungen durch die Sparkassen regeln. Aufgrund dieser Kooperation erhalten die Vorstandsmitglieder der Sparkassen von den Bausparkassen bzw. Versicherungen als Remunerationen bezeichnete Vergütungen.

Feststellungen haben ergeben, daß diese Remunerationen bisher steuerlich unterschiedlich behandelt worden sind. Die Erörterung der Angelegenheit mit den obersten Finanzbehörden der Länder ergab folgendes:

Die Remunerationen, die die Sparkassenvorstände erhalten, sind Ausfluß ihres Arbeitsverhältnisses zur Sparkasse und gehören zu den Einkünften aus nichtselbständiger Arbeit. Derartige Vergütungen sind im Kooperationsfall üblich. Mithin stellen diese Remunerationen Lohnzahlungen Dritter dar, die nach § 38 Abs. 1 Satz 2 EStG dem Lohnsteuerabzug unterliegen. Soweit die Sparkasse als Arbeitgeber diese Bezüge nicht selbst ermitteln kann, hat sie der Sparkassenvorstand für jeden Lohnzahlungszeitraum anzuzeigen (Abschnitt 106 Abs. 2 Satz 3 LStR[1])). Von dieser Behandlung sind lediglich die Fälle ausgenommen, in denen der Lohnsteuerabzug durch die Bausparkasse oder Versicherung erfolgt, weil aufgrund besonderer Vereinbarungen ein Dienstverhältnis zwischen diesem Institut und dem Sparkassenvorstand besteht.

Unerlaubte Arbeitnehmerüberlassung

→ R 19.1 Satz 6

R 38.5

Lohnsteuerabzug durch Dritte

[1]Die Übertragung der Arbeitgeberpflichten nach § 38 Abs. 3a Satz 2 ff. EStG auf einen Dritten kann vom Finanzamt auf schriftlichen Antrag zugelassen werden. [2]Die Zustimmung kann nur erteilt werden, wenn der Dritte für den gesamten Arbeitslohn des Arbeitnehmers die Lohnsteuerabzugsverpflichtung übernimmt.

EStG
S 2360

§ 38a Höhe der Lohnsteuer

(1) [1]Die Jahreslohnsteuer bemisst sich nach dem Arbeitslohn, den der Arbeitnehmer im Kalenderjahr bezieht (Jahresarbeitslohn). [2]Laufender Arbeitslohn gilt in dem Kalenderjahr als bezogen, in dem der Lohnzahlungszeitraum endet; in den Fällen des § 39b Absatz 5 Satz 1 tritt der Lohnabrechnungszeitraum an die Stelle des Lohnzahlungszeitraums. [3]Arbeitslohn, der nicht als laufender Arbeitslohn gezahlt wird (sonstige Bezüge), wird in dem Kalenderjahr bezogen, in dem er dem Arbeitnehmer zufließt.

(2) Die Jahreslohnsteuer wird nach dem Jahresarbeitslohn so bemessen, dass sie der Einkommensteuer entspricht, die der Arbeitnehmer schuldet, wenn er ausschließlich Einkünfte aus nichtselbständiger Arbeit erzielt.

(3) [1]Vom laufenden Arbeitslohn wird die Lohnsteuer jeweils mit dem auf den Lohnzahlungszeitraum fallenden Teilbetrag der Jahreslohnsteuer erhoben, die sich bei Umrechnung des laufenden Arbeitslohns auf einen Jahresarbeitslohn ergibt. [2]Von sonstigen Bezügen wird die Lohnsteuer mit dem Betrag erhoben, der zusammen mit der Lohnsteuer für den laufenden Arbeitslohn des Kalenderjahres und für etwa im Kalenderjahr bereits gezahlte sonstige Bezüge die voraussichtliche Jahreslohnsteuer ergibt.

(4) Bei der Ermittlung der Lohnsteuer werden die Besteuerungsgrundlagen des Einzelfalls durch die Einreihung der Arbeitnehmer in Steuerklassen (§ 38b), Feststellung von Freibeträgen und Hinzurechnungsbeträgen (§ 39a) sowie Bereitstellung von elektronischen Lohnsteuer-

1) Jetzt R 38.4 LStR.

abzugsmerkmalen (§ 39e) oder Ausstellung von entsprechenden Bescheinigungen für den Lohnsteuerabzug (§ 39 Absatz 3 und § 39e Absatz 7 und 8) berücksichtigt.

§ 38b Lohnsteuerklassen, Zahl der Kinderfreibeträge

EStG
S 2361

(1) [1]Für die Durchführung des Lohnsteuerabzugs werden Arbeitnehmer in Steuerklassen eingereiht. [2]Dabei gilt Folgendes:

1. In die Steuerklasse I gehören Arbeitnehmer, die

a) unbeschränkt einkommensteuerpflichtig und

aa) ledig sind,

bb) verheiratet, verwitwet oder geschieden sind und bei denen die Voraussetzungen für die Steuerklasse III oder IV nicht erfüllt sind; oder

b) beschränkt einkommensteuerpflichtig sind;

2. in die Steuerklasse II gehören die unter Nummer 1 Buchstabe a bezeichneten Arbeitnehmer, wenn bei ihnen der Entlastungsbetrag für Alleinerziehende (§ 24b) zu berücksichtigen ist;

3. in die Steuerklasse III gehören Arbeitnehmer,

a) die verheiratet sind, wenn beide Ehegatten unbeschränkt einkommensteuerpflichtig sind und nicht dauernd getrennt leben und

aa) der Ehegatte des Arbeitnehmers keinen Arbeitslohn bezieht oder

bb) der Ehegatte des Arbeitnehmers auf Antrag beider Ehegatten in die Steuerklasse V eingereiht wird,

b) die verwitwet sind, wenn sie und ihr verstorbener Ehegatte im Zeitpunkt seines Todes unbeschränkt einkommensteuerpflichtig waren und in diesem Zeitpunkt nicht dauernd getrennt gelebt haben, für das Kalenderjahr, das dem Kalenderjahr folgt, in dem der Ehegatte verstorben ist,

c) deren Ehe aufgelöst worden ist, wenn

aa) im Kalenderjahr der Auflösung der Ehe beide Ehegatten unbeschränkt einkommensteuerpflichtig waren und nicht dauernd getrennt gelebt haben und

bb) der andere Ehegatte wieder geheiratet hat, von seinem neuen Ehegatten nicht dauernd getrennt lebt und er und sein neuer Ehegatte unbeschränkt einkommensteuerpflichtig sind,

für das Kalenderjahr, in dem die Ehe aufgelöst worden ist;

4. in die Steuerklasse IV gehören Arbeitnehmer, die verheiratet sind, wenn beide Ehegatten unbeschränkt einkommensteuerpflichtig sind und nicht dauernd getrennt leben und der Ehegatte des Arbeitnehmers ebenfalls Arbeitslohn bezieht;

5. in die Steuerklasse V gehören die unter Nummer 4 bezeichneten Arbeitnehmer, wenn der Ehegatte des Arbeitnehmers auf Antrag beider Ehegatten in die Steuerklasse III eingereiht wird;

6. die Steuerklasse VI gilt bei Arbeitnehmern, die nebeneinander von mehreren Arbeitgebern Arbeitslohn beziehen, für die Einbehaltung der Lohnsteuer vom Arbeitslohn aus dem zweiten und einem weiteren Dienstverhältnis sowie in den Fällen des § 39c.

[3]Als unbeschränkt einkommensteuerpflichtig im Sinne der Nummern 3 und 4 gelten nur Personen, die die Voraussetzungen des § 1 Absatz 1 oder 2 oder des § 1a erfüllen.

(2) [1]Für ein minderjähriges und nach § 1 Absatz 1 unbeschränkt einkommensteuerpflichtiges Kind im Sinne des § 32 Absatz 1 Nummer 1 und Absatz 3 werden bei der Anwendung der Steuerklassen I bis IV die Kinderfreibeträge als Lohnsteuerabzugsmerkmal nach § 39 Absatz 1 wie folgt berücksichtigt:

1. *mit Zähler 0,5, wenn* dem Arbeitnehmer der Kinderfreibetrag nach § 32 Absatz 6 Satz 1 zusteht, oder

2. mit Zähler 1, wenn dem Arbeitnehmer der Kinderfreibetrag zusteht, weil

a) die Voraussetzungen des § 32 Absatz 6 Satz 2 vorliegen oder

b) der andere Elternteil vor dem Beginn des Kalenderjahres verstorben ist oder

c) der Arbeitnehmer allein das Kind angenommen hat.

[2]Soweit dem Arbeitnehmer Kinderfreibeträge nach § 32 Absatz 1 bis 6 zustehen, die nicht nach Satz 1 berücksichtigt werden, ist die Zahl der Kinderfreibeträge auf Antrag vorbehaltlich des § 39a Absatz 1 Nummer 6 zu Grunde zu legen. [3]In den Fällen des Satzes 2 können die Kin- 1)

1) § 39a Absatz 1 Satz 1 Nummer 6.

derfreibeträge für mehrere Jahre gelten, wenn nach den tatsächlichen Verhältnissen zu erwarten ist, dass die Voraussetzungen bestehen bleiben. [4]Bei Anwendung der Steuerklassen III und IV sind auch Kinder des Ehegatten bei der Zahl der Kinderfreibeträge zu berücksichtigen. [5]Der Antrag kann nur nach amtlich vorgeschriebenem Vordruck gestellt werden.

(3) [1]Auf Antrag des Arbeitnehmers kann abweichend von Absatz 1 oder 2 eine für ihn ungünstigere Steuerklasse oder geringere Zahl der Kinderfreibeträge als Lohnsteuerabzugsmerkmal gebildet werden. [2]Dieser Antrag ist nach amtlich vorgeschriebenem Vordruck zu stellen und vom Arbeitnehmer eigenhändig zu unterschreiben.

H 38b

Hinweise

Familienstand

→ R 26 EStR, H 26 EStH

Lebenspartner *und Lebenspartnerschaften*
→ § 2 Abs. 8 EStG, ***H 2 EStH***

Steuerklasse in EU/EWR-Fällen

Ein Arbeitnehmer, der als Staatsangehöriger eines Mitgliedstaats der Europäischen Union (EU) oder der Staaten Island, Liechtenstein oder Norwegen (EWR) nach § 1 Abs. 1 EStG unbeschränkt einkommensteuerpflichtig ist, ist auf Antrag in die Steuerklasse III einzuordnen, wenn der Ehegatte des Arbeitnehmers in einem EU/EWR Mitgliedstaat oder in der Schweiz lebt (→ § 1a Abs. 1 Nr. 2 EStG). Es ist nicht erforderlich, dass der Ehegatte ebenfalls Staatsangehöriger eines EU/EWR-Mitgliedstaates ist. Auf die prozentuale oder absolute Höhe der nicht der deutschen Einkommensteuer unterliegenden Einkünfte beider Ehegatten kommt es nicht an.

Die Einreihung in die Steuerklasse III führt zur Veranlagungspflicht nach § 46 Abs. 2 Nr. 7 Buchstabe a EStG.

Ein allein stehender Arbeitnehmer, der Staatsangehöriger eines EU/EWR-Mitgliedstaates ist und nach § 1 Abs. 1 EStG unbeschränkt einkommensteuerpflichtig ist, ist in die Steuerklasse II einzureihen, wenn ihm der Entlastungsbetrag für Alleinerziehende zusteht.

Für die Änderung der Steuerklasse ist das Wohnsitzfinanzamt des im Inland lebenden Arbeitnehmers zuständig (→ BMF vom 29. 9. 1995 – BStBl I S. 429, Tz. 1.1 unter Berücksichtigung der zwischenzeitlich eingetretenen Rechtsänderungen).

Steuerklassenwahl
→ H 39.1

EStG

§ 39 Lohnsteuerabzugsmerkmale

S 2363

(1) [1]Für die Durchführung des Lohnsteuerabzugs werden auf Veranlassung des Arbeitnehmers Lohnsteuerabzugsmerkmale gebildet (§ 39a Absatz 1 und 4, § 39e Absatz 1 in Verbindung mit § 39e Absatz 4 Satz 1 und nach § 39e Absatz 8). [2]Soweit Lohnsteuerabzugsmerkmale nicht nach § 39e Absatz 1 Satz 1 automatisiert gebildet werden oder davon abweichend zu bilden sind, ist das Finanzamt für die Bildung der Lohnsteuerabzugsmerkmale nach den §§ 38b und 39a und die Bestimmung ihrer Geltungsdauer zuständig. [3]Für die Bildung der Lohnsteuerabzugsmerkmale sind die von den Meldebehörden nach § 39e Absatz 2 Satz 2 mitgeteilten Daten vorbehaltlich einer nach Satz 2 abweichenden Bildung durch das Finanzamt bindend. [4]Die Bildung der Lohnsteuerabzugsmerkmale ist eine gesonderte Feststellung von Besteuerungsgrundlagen im Sinne des § 179 Absatz 1 der Abgabenordnung, die unter dem Vorbehalt der Nachprüfung steht. [5]Die Bildung und die Änderung der Lohnsteuerabzugsmerkmale sind dem Arbeitnehmer bekannt zu geben. [6]Die Bekanntgabe richtet sich nach § 119 Absatz 2 der Abgabenordnung und § 39e Absatz 6. [7]Der Bekanntgabe braucht keine Belehrung über den zulässigen Rechtsbehelf beigefügt zu werden. [8]Ein schriftlicher Bescheid mit einer Belehrung über den zulässigen Rechtsbehelf ist jedoch zu erteilen, wenn einem Antrag des Arbeitnehmers *auf Bildung oder* Änderung der Lohnsteuerabzugsmerkmale nicht oder nicht in vollem Umfang entsprochen wird oder der Arbeitnehmer die Erteilung eines Bescheids beantragt. [9]Vorbehaltlich des Absatzes 5 ist § 153 Absatz 2 der Abgabenordnung nicht anzuwenden..

S 2363

(2) [1]Für die Bildung und die Änderung der Lohnsteuerabzugsmerkmale nach Absatz 1 Satz 2 des nach § 1 Absatz 1 unbeschränkt einkommensteuerpflichtigen Arbeitnehmers ist das Wohnsitzfinanzamt im Sinne des § 19 Absatz 1 Satz 1 und 2 der Abgabenordnung und in den Fällen

des Absatzes 4 Nummer 5 das Betriebsstättenfinanzamt nach § 41a Absatz 1 Satz 1 Nummer 1 zuständig. [2]Ist der Arbeitnehmer nach § 1 Absatz 2 unbeschränkt einkommensteuerpflichtig, nach § 1 Absatz 3 als unbeschränkt einkommensteuerpflichtig zu behandeln oder beschränkt einkommensteuerpflichtig, ist das Betriebsstättenfinanzamt für die Bildung und die Änderung der Lohnsteuerabzugsmerkmale zuständig. [3]Ist der nach § 1 Absatz 3 als unbeschränkt einkommensteuerpflichtig zu behandelnde Arbeitnehmer gleichzeitig bei mehreren inländischen Arbeitgebern tätig, ist für die Bildung der weiteren Lohnsteuerabzugsmerkmale das Betriebsstättenfinanzamt zuständig, das erstmals Lohnsteuerabzugsmerkmale gebildet hat. [4]Bei Ehegatten, die beide Arbeitslohn von inländischen Arbeitgebern beziehen, ist das Betriebsstättenfinanzamt des älteren Ehegatten zuständig.

(3) [1]Wurde einem Arbeitnehmer in den Fällen des Absatzes 2 Satz 2 keine Identifikationsnummer zugeteilt, hat ihm das Betriebsstättenfinanzamt auf seinen Antrag hin eine Bescheinigung für den Lohnsteuerabzug auszustellen. [2]In diesem Fall tritt an die Stelle der Identifikationsnummer das vom Finanzamt gebildete lohnsteuerliche Ordnungsmerkmal nach § 41b Absatz 2 Satz 1 und 2. [3]Die Bescheinigung der Steuerklasse I kann auch der Arbeitgeber beantragen, wenn dieser den Antrag nach Satz 1 im Namen des Arbeitnehmers stellt. [4]Diese Bescheinigung ist als Beleg zum Lohnkonto zu nehmen und während des Dienstverhältnisses, längstens bis zum Ablauf des jeweiligen Kalenderjahres, aufzubewahren. S 2364

(4) Lohnsteuerabzugsmerkmale sind

1. Steuerklasse (§ 38b Absatz 1) und Faktor (§ 39f),
2. Zahl der Kinderfreibeträge bei den Steuerklassen I bis IV (§ 38b Absatz 2),
3. Freibetrag und Hinzurechnungsbetrag (§ 39a),
4. Höhe der Beiträge für eine private Krankenversicherung und für eine private Pflege-Pflichtversicherung (§ 39b Absatz 2 Satz 5 Nummer 3 Buchstabe d) für die Dauer von zwölf Monaten, wenn der Arbeitnehmer dies beantragt, [1)]
5. Mitteilung, dass der von einem Arbeitgeber gezahlte Arbeitslohn nach einem Abkommen zur Vermeidung der Doppelbesteuerung von der Lohnsteuer freizustellen ist, wenn der Arbeitnehmer oder der Arbeitgeber dies beantragt. [2)]

(5) [1]Treten bei einem Arbeitnehmer die Voraussetzungen für eine für ihn ungünstigere Steuerklasse oder geringere Zahl der Kinderfreibeträge ein, ist der Arbeitnehmer verpflichtet, dem Finanzamt dies mitzuteilen und die Steuerklasse und die Zahl der Kinderfreibeträge umgehend ändern zu lassen. [2]Dies gilt insbesondere, wenn die Voraussetzungen für die Berücksichtigung des Entlastungsbetrags für Alleinerziehende, für die die Steuerklasse II zur Anwendung kommt, entfallen. [3]Eine Mitteilung ist nicht erforderlich, wenn die Abweichung einen Sachverhalt betrifft, der zu einer Änderung der Daten führt, die nach § 39e Absatz 2 Satz 2 von den Meldebehörden zu übermitteln sind. [4]Kommt der Arbeitnehmer seiner Verpflichtung nicht nach, ändert das Finanzamt die Steuerklasse und die Zahl der Kinderfreibeträge von Amts wegen. [5]Unterbleibt die Änderung der Lohnsteuerabzugsmerkmale, hat das Finanzamt zu wenig erhobene Lohnsteuer vom Arbeitnehmer nachzufordern, wenn diese 10 Euro übersteigt. S 2364

(6) [1]Ändern sich die Voraussetzungen für die Steuerklasse oder für die Zahl der Kinderfreibeträge zu Gunsten des Arbeitnehmers, kann dieser beim Finanzamt die Änderung der Lohnsteuerabzugsmerkmale beantragen. [2]Die Änderung ist mit Wirkung von dem ersten Tag des Monats an vorzunehmen, in dem erstmals die Voraussetzungen für die Änderung vorlagen. [3]Ehegatten, die beide in einem Dienstverhältnis stehen, können einmalig im Laufe des Kalenderjahres beim Finanzamt die Änderung der Steuerklassen beantragen. [4]Dies gilt unabhängig von der automatisierten Bildung der Steuerklassen nach § 39e Absatz 3 Satz 3 sowie einer von den Ehegatten gewünschten Änderung dieser automatisierten Bildung. [5]Das Finanzamt hat eine Änderung nach Satz 3 mit Wirkung vom Beginn des Kalendermonats vorzunehmen, der auf die Antragstellung folgt. [6]Für eine Berücksichtigung der Änderung im laufenden Kalenderjahr ist der Antrag nach Satz 1 oder 3 spätestens bis zum 30. November zu stellen. S 2364

(7) [1]Wird ein unbeschränkt einkommensteuerpflichtiger Arbeitnehmer beschränkt einkommensteuerpflichtig, hat er dies dem Finanzamt unverzüglich mitzuteilen. [2]Das Finanzamt hat die Lohnsteuerabzugsmerkmale vom Zeitpunkt des Eintritts der beschränkten Einkommensteuerpflicht an zu ändern. [3]Absatz 1 Satz 5 bis 8 gilt entsprechend. [4]Unterbleibt die Mitteilung, hat das Finanzamt zu wenig erhobene Lohnsteuer vom Arbeitnehmer nachzufordern, wenn diese 10 Euro übersteigt.

1) Das BMF kann im Einvernehmen mit den obersten Finanzbehörden der Länder in einem Schreiben mitteilen, wann die in Absatz 4 Nr. 4 und 5 genannten Lohnsteuerabzugsmerkmale erstmals abgerufen werden können (§ 39e Abs. 3 Satz 1 EStG). Dieses Schreiben ist im BStBl zu veröffentlichen → § 52 Abs. 36 EStG.

2) Das BMF kann im Einvernehmen mit den obersten Finanzbehörden der Länder in einem Schreiben mitteilen, wann die in Absatz 4 Nr. 4 und 5 genannten Lohnsteuerabzugsmerkmale erstmals abgerufen werden können (§ 39e Abs. 3 Satz 1 EStG). Dieses Schreiben ist im BStBl zu veröffentlichen → § 52 Abs. 36 EStG.

(8) [1]Der Arbeitgeber darf die Lohnsteuerabzugsmerkmale nur für die Einbehaltung der Lohn- und Kirchensteuer verwenden. [2]Er darf sie ohne Zustimmung des Arbeitnehmers nur offenbaren, soweit dies gesetzlich zugelassen ist.

(9) [1]Ordnungswidrig handelt, wer vorsätzlich oder leichtfertig entgegen Absatz 8 ein Lohnsteuerabzugsmerkmal verwendet. [2]Die Ordnungswidrigkeit kann mit einer Geldbuße bis zu zehntausend Euro geahndet werden.

R 39.1

– unbesetzt –

H 39.1

Hinweise

Allgemeines

Anhang 17 III

– Lohnsteuerabzug ab dem Kalenderjahr 2013 im Verfahren der elektronischen Lohnsteuerabzugsmerkmale → BMF vom 7. 8. 2013 (BStBl I S. 951)

Bescheinigung der Religionsgemeinschaft

– Die Bescheinigung der Religionsgemeinschaft ist verfassungsgemäß (→ BVerfG vom 25. 5. 2001 – BvR 2253/00). Dies gilt auch für die Eintragung „–", aus der sich ergibt, dass der Steuerpflichtige keiner kirchensteuererhebungsberechtigten Religionsgemeinschaft angehört (→ BVerfG vom 30. 9. 2002–1 BvR 1744/02).

– Beispiele

Konfessionszugehörigkeit		Eintragung im Feld Kirchensteuerabzug
Arbeitnehmer	Ehegatte	
ev	rk	ev rk
ev	ev	ev
rk	– –	rk
– –	ev	– –
– –	– –	– –

Steuerklassenwahl

Merkblatt zur Steuerklassenwahl für das Jahr 2016 bei Ehegatten oder Lebenspartnern, die beide Arbeitnehmer sind

Ehegatten oder Lebenspartner, die beide unbeschränkt steuerpflichtig sind, nicht dauernd getrennt leben und beide Arbeitslohn[1]) beziehen, können bekanntlich für den Lohnsteuerabzug wählen, ob sie beide in die Steuerklasse IV eingeordnet werden wollen oder ob einer von ihnen (der Höherverdienende) nach Steuerklasse III und der andere nach Steuerklasse V besteuert werden will. Die Steuerklassenkombination III/V ist so gestaltet, dass die Summe der Steuerabzugsbeträge beider Ehegatten oder Lebenspartnerin etwa der zu erwartenden Jahressteuer entspricht, wenn der in Steuerklasse III eingestufte Ehegatte oder Lebenspartner ca. 60 Prozent, der in Steuerklasse V eingestufte ca. 40 Prozent des gemeinsamen Arbeitseinkommens erzielt. Bei abweichenden Verhältnissen des gemeinsamen Arbeitseinkommens kann es aufgrund des verhältnismäßig niedrigen Lohnsteuerabzugs zu Steuernachzahlungen kommen. Aus diesem Grund besteht bei der Steuerklassenkombination III/V generell die Pflicht zur Abgabe einer Einkommensteuererklärung. Zur Vermeidung von Steuernachzahlungen bleibt es den Ehegatten oder Lebenspartnern daher unbenommen, sich trotzdem für die Steuerklassenkombination IV/IV zu entscheiden, wenn sie den höheren Steuerabzug bei dem Ehegatten oder Lebenspartner mit der Steuerklasse V vermeiden wollen; dann entfällt jedoch für den anderen Ehegatten oder Lebenspartner die günstigere Steuerklasse III. Zudem besteht die Möglichkeit, die Steuerklassenkombination IV/IV mit Faktor zu wählen (siehe „**Faktorverfahren**").

Um verheirateten oder verpartnerten Arbeitnehmern die **Steuerklassenwahl zu erleichtern**, haben das Bundesministerium der Finanzen und die obersten Finanzbehörden der Länder die in der Anlage beigefügten **Tabellen** ausgearbeitet. Aus den Tabellen können die Ehegatten oder Lebenspartner nach der Höhe ihrer monatlichen Arbeitslöhne die Steuerklassenkombination feststellen, bei der sie die geringste Lohnsteuer entrichten müssen. Soweit beim Lohnsteuerabzug **Freibeträge** zu berücksichtigen sind, sind diese vor Anwendung der jeweils in Betracht kommenden Tabelle vom monatlichen Bruttoarbeitslohn **abzuziehen**.

1) Aktives Beschäftigungsverhältnis, keine Versorgungsbezüge.

Die Tabellen erleichtern lediglich die Wahl der für den Lohnsteuerabzug günstigsten Steuerklassenkombination. Ihre Aussagen sind auch nur in den Fällen genau, in denen die **Monatslöhne über das ganze Jahr konstant** bleiben. Im Übrigen besagt die im Laufe des Jahres einbehaltene Lohnsteuer noch **nichts über die Höhe der Jahressteuerschuld**. Die vom Arbeitslohn einbehaltenen Beträge an Lohnsteuer stellen im Regelfall nur Vorauszahlungen auf die endgültige Jahressteuerschuld dar. In welcher Höhe sich nach Ablauf des Jahres Erstattungen oder Nachzahlungen ergeben, lässt sich nicht allgemein sagen; hier kommt es immer auf die Verhältnisse des Einzelfalles an. Das Finanzamt kann **Einkommensteuer-Vorauszahlungen** festsetzen, wenn damit zu rechnen ist, dass die Jahressteuerschuld die einzubehaltende Lohnsteuer um mindestens 400 Euro im Kalenderjahr übersteigt. Auf die Erläuterungen im „Kleinen Ratgeber für Lohnsteuerzahler 2016", der auf der Internetseite der jeweiligen obersten Finanzbehörde des Landes abgerufen werden kann, wird hingewiesen.

Auswirkungen der Steuerklassenwahl oder des Faktorverfahrens

Bei der Wahl der Steuerklassenkombination oder der Anwendung des Faktorverfahrens sollten die Ehegatten oder Lebenspartner daran denken, dass die Entscheidung auch die Höhe der **Entgelt-/Lohnersatzleistungen,** wie Arbeitslosengeld I, Unterhaltsgeld, Krankengeld, Versorgungskrankengeld, Verletztengeld, Übergangsgeld, Elterngeld und Mutterschaftsgeld oder die Höhe des Lohnanspruchs bei der Altersteilzeitbeeinflussen kann. Eine vor Jahresbeginn getroffene Steuerklassenwahl wird bei der Gewährung von Lohnersatzleistungen von der Agentur für Arbeit grundsätzlich anerkannt. Wechseln Ehegatten oder Lebenspartner im Laufe des Kalenderjahres die Steuerklassen, können sich bei der Zahlung von Entgelt-/Lohnersatzleistungen (z. B. wegen Arbeitslosigkeit eines Ehegatten oder Inanspruchnahme von Altersteilzeit) unerwartete Auswirkungen ergeben. Deshalb sollten Arbeitnehmer, die damit rechnen, in absehbarer Zeit eine Entgelt /Lohnersatzleistung für sich in Anspruch nehmen zu müssen oder diese bereits beziehen, vor der Neuwahl der Steuerklassenkombination bzw. der Anwendung des Faktorverfahrens zu deren Auswirkung auf die Höhe der Entgelt-/Lohnersatzleistung den zuständigen Sozialleistungsträger bzw. den Arbeitgeber befragen.

Zuständige Behörde für die Anträge

Anträge zum Steuerklassenwechsel oder zur Anwendung des Faktorverfahrens sind an das Finanzamt zu richten, in dessen Bezirk die Ehegatten oder Lebenspartner im Zeitpunkt der Antragstellung ihren Wohnsitz haben. Die Steuerklasse ist eines der für den Lohnsteuerabzug maßgebenden **Lohnsteuerabzugsmerkmale**. Im Kalenderjahr 2016 gilt die im Kalenderjahr 2015 verwendete Steuerklasse weiter. Soll diese Steuerklasse nicht zur Anwendung kommen, kann bis zum Ablauf des Kalenderjahres 2015 eine andere Steuerklasse oder abweichende Steuerklassenkombination beim zuständigen Finanzamt beantragt werden. Weil ein solcher Antrag nicht als Wechsel der Steuerklassen gilt, geht das Recht, einmal jährlich die Steuerklasse zu wechseln, nicht verloren. Für das Faktorverfahren gilt dies entsprechend.

Ein **Steuerklassenwechsel oder die Anwendung des Faktorverfahrens** im Laufe des Jahres 2016 kann in der Regel nur einmal, und zwar spätestens bis zum 30. November 2016, beim Wohnsitzfinanzamt beantragt werden. Nur in den Fällen, in denen im Laufe des Jahres 2016 ein Ehegatte oder Lebenspartner keinen Arbeitslohn mehr bezieht (z. B. Ausscheiden aus dem Dienstverhältnis), einer der Ehegatten oder Lebenspartner verstorben ist oder sich die Ehegatten oder Lebenspartner auf Dauer getrennt haben, kann das Wohnsitzfinanzamt bis zum 30. November 2016 auch noch ein weiteres Mal einen Steuerklassenwechsel vornehmen. Ein weiterer Steuerklassenwechsel bzw. die Anwendung des Faktorverfahrens ist auch möglich, wenn ein Ehegatte oder Lebenspartner nach vorangegangener Arbeitslosigkeit wieder Arbeitslohn bezieht oder nach einer Elternzeit das Dienstverhältnis wieder aufnimmt.

Der Antrag ist von beiden Ehegatten oder Lebenspartnern gemeinsam mit dem beim Finanzamt erhältlichen Vordruck „Antrag auf Steuerklassenwechsel bei Ehegatten/Lebenspartnern" oder in Verbindung mit der Berücksichtigung eines Freibetrags auf dem amtlichen Vordruck „Antrag *auf Lohnsteuer-Ermäßigung* 2016" bzw. „Vereinfachter Antrag auf Lohnsteuer-Ermäßigung 2016" zu beantragen. Bei der Wahl des Faktorverfahrens sind zusätzlich die voraussichtlichen Arbeitslöhne des Jahres 2016 aus den ersten Dienstverhältnissen anzugeben.

Steuerklassenwahl

Für die Ermittlung der Lohnsteuer sind zwei Tabellen zur Steuerklassenwahl aufgestellt worden.

- Die **Tabelle I** ist zu benutzen, wenn der höherverdienende Ehegatte oder Lebenspartner **in allen Zweigen sozialversichert ist** (z. B. auch bei Pflichtversicherung in der gesetzlichen Rentenversicherung und freiwilliger Versicherung in der gesetzlichen Kranken- und sozialen Pflegeversicherung).

- Die **Tabelle II** ist zu benutzen, wenn der höherverdienende Ehegatte oder Lebenspartner **in keinem Zweig sozialversichert ist** und keinen steuerfreien Zuschuss des Arbeitgebers zur Kranken- und Pflegeversicherung erhält (z. B. privat krankenversicherte Beamte).

Ist einer der Ehegatten oder Lebenspartner nicht in allen Zweigen sozialversichert (z. B. rentenversicherungspflichtiger, privat krankenversicherter Arbeitnehmer) oder einer der Ehegatten oder Lebenspartnerin keinem Zweig sozialversichert, jedoch zuschussberechtigt (z. B. nicht rentenversicherungspflichtiger, privat krankenversicherter Arbeitnehmer mit steuerfreiem Zuschuss des Arbeitgebers zur Kranken- und Pflegeversicherung),kann die Anwendung der Tabellen zu **unzutreffenden Ergebnissen** führen. Entsprechendes gilt, wenn der einkommensbezogene Zusatzbeitragssatz eines gesetzlich krankenversicherten Arbeitnehmers vom durchschnittlichen Zusatzbeitragssatz abweicht, bei einem gesetzlich pflegeversicherten Arbeitnehmer ein Beitragszuschlag zu zahlen ist oder der Arbeitnehmer in Sachsen beschäftigt ist (hier höherer Arbeitnehmeranteil zur sozialen Pflegeversicherung).In den meisten Fällen führen diese Besonderheiten jedoch zu keinem anderen Ergebnis. Beide Tabellen gehen vom monatlichen Arbeitslohn A[1]) des höherverdienenden Ehegatten oder Lebenspartners aus. Dazu wird jeweils der monatliche Arbeitslohn B[2]) des geringerverdienenden Ehegatten oder Lebenspartners angegeben, der **bei einer Steuerklassenkombination III (für den höherverdienenden Ehegatten oder Lebenspartner) und V (für den geringerverdienenden Ehegatten oder Lebenspartner) grds. nicht überschritten werden darf**, wenn der geringste Lohnsteuerabzug erreicht werden soll. Die Spalten 2 und 5 sind maßgebend, wenn der geringerverdienende Ehegatte oder Lebenspartnerin allen Zweigen sozialversichert ist; ist der geringerverdienende Ehegatte oder Lebenspartnerin keinem Zweig sozialversichert und hat keinen steuerfreien Zuschuss des Arbeitgebers zur Kranken- und Pflegeversicherung erhalten, sind die Spalten 3 und 6 maßgebend. Übersteigt der monatliche Arbeitslohn des geringerverdienenden Ehegatten oder Lebenspartners den nach den Spalten 2, 3 oder 5 und 6 der Tabellen in Betracht kommenden Betrag**, führt die Steuerklassenkombination IV/IV für die Ehegatten oder Lebenspartner grds. zu einem geringeren oder zumindest nicht höheren Lohnsteuerabzug** als die Steuerklassenkombination III/V.

Beispiele:

1. Ein Arbeitnehmer-Ehepaar, beide in allen Zweigen sozialversichert, bezieht Monatslöhne (nach Abzug etwaiger Freibeträge) von 3 000 € und 1 700 €. Da der Monatslohn des geringer verdienenden Ehegatten den, nach dem Monatslohn des höher verdienenden Ehegatten in der Spalte 2 der Tabelle I ausgewiesenen Betrag von 2 150 € nicht übersteigt, führt in diesem Falle die Steuerklassenkombination III/V zur geringsten Lohnsteuer.

   Vergleich der Lohnsteuerabzugsbeträge

   a) Lohnsteuer für 3 000 € nach Steuerklasse III 201,66 €
      für 1 700 € nach Steuerklasse V 333,41 €
      insgesamt also **535,07 €**

   b) Lohnsteuer für 3 000 € nach Steuerklasse IV 441,83 €
      für 1 700 € nach Steuerklasse IV 132,00 €
      insgesamt also **573,83 €**

2. Würde der Monatslohn des geringer verdienenden Ehegatten 2 500 € betragen, so würde die Steuerklassenkombination IV/IV insgesamt zur geringsten Lohnsteuer führen.

   Vergleich der Lohnsteuerabzugsbeträge:

   a) Lohnsteuer für 3 000 € nach Steuerklasse III 201,66 €
      für 2 500 € nach Steuerklasse V 585,16 €
      insgesamt also **786,82 €**

   b) Lohnsteuer für 3 000 € nach Steuerklasse IV 441,83 €
      für 2 500 € nach Steuerklasse IV 315,00 €
      insgesamt also **756,83 €**

Faktorverfahren

Anstelle der Steuerklassenkombination III/V können Arbeitnehmer-Ehegatten/Lebenspartner auch die Steuerklassenkombination IV/IV mit Faktor wählen. Durch die Steuerklassenkombination IV/IV in Verbindung mit dem vom Finanzamt zu berechnenden und als ELStAM zu bildenden Faktor wird erreicht, dass für jeden Ehegatten/Lebenspartner durch Anwendung der

1) Nach Abzug etwaiger Freibeträge
2) Nach Abzug etwaiger Freibeträge

Steuerklasse IV der **Grundfreibetrag** beim Lohnsteuerabzug berücksichtigt wird und sich die einzubehaltende Lohnsteuer durch Anwendung des Faktors von 0,. . . (stets kleiner als eins) entsprechend der **Wirkung des Splittingverfahrens** reduziert. Der Faktor ist ein steuermindernder Multiplikator, der sich bei unterschiedlich hohen Arbeitslöhnen der Ehegatten/Lebenspartner aus der Wirkung des Splittingverfahrens in der Veranlagung errechnet. Der Antrag kann beim Finanzamt formlos oder in Verbindung mit dem förmlichen Antrag auf Berücksichtigung eines Freibetrags gestellt werden. Dabei sind die voraussichtlichen Arbeitslöhne des Jahres 2015 aus den ersten Dienstverhältnissen anzugeben. Das Finanzamt berechnet danach den Faktor mit drei Nachkommastellen ohne Rundung und trägt ihn jeweils zur Steuerklasse IV ein. Der Faktor wird wie folgt berechnet: voraussichtliche Einkommensteuer im Splittingverfahren („Y")geteilt durch die Summe der Lohnsteuer für die Arbeitnehmer-Ehegatten/Lebenspartner gemäß Steuerklasse IV („X"). Ein etwaiger Freibetrag wird hier nicht gesondert berücksichtigt, weil er bereits in die Berechnung der voraussichtlichen Einkommensteuer im Splittingverfahren einfließt. Die Arbeitgeber der Ehegatten oder Lebenspartnerermitteln die Lohnsteuer nach Steuerklasse IV und mindern sie durch Multiplikation mit dem entsprechenden Faktor.

Die Höhe der steuermindernden Wirkung des Splittingverfahrens hängt von der Höhe der Lohnunterschiede ab. Mit dem Faktorverfahren wird der Lohnsteuerabzug der voraussichtlichen Jahressteuerschuld sehr genau angenähert. Damit können höhere Nachzahlungen (und ggf. auch Einkommensteuer-Vorauszahlungen) vermieden werden, die bei der Steuerklassenkombination III/V auftreten können. In solchen Fällen ist die Summe der Lohnsteuer im Faktorverfahren dann folgerichtig höher als bei der Steuerklassenkombination III/V. Grundsätzlich führt die Steuerklassenkombination IV/IV-Faktor zu einer erheblich anderen Verteilung der Lohnsteuer zwischen den Ehegatten oder Lebenspartnern als die Steuerklassenkombination III/V. Die Ehegatten oder Lebenspartnersollten daher beim Faktorverfahren ebenso wie bei der Steuerklassenkombination III/V daran denken, dass dies die Höhe der **Entgelt-/Lohnersatzleistungen** oder die Höhe des Lohnanspruchs bei Altersteilzeit beeinflussen kann (s. oben). Das Bundesministerium der Finanzen und die obersten Finanzbehörden der Länder halten auf ihren Internetseiten neben dem Lohnsteuerrechner auch eine Berechnungsmöglichkeit für den Faktor bereit, damit die Arbeitnehmer-Ehegatten/Lebenspartner die steuerlichen Auswirkungen der jeweiligen Steuerklassenkombination prüfen können; siehe diesbezüglich z. B. „www.bmf-steuerrechner.de".

Wie bei der Wahl der Steuerklassenkombination III/V sind die Arbeitnehmer-Ehegatten/Lebenspartner auch bei der Wahl des Faktorverfahrens verpflichtet, eine Einkommensteuererklärung beim Finanzamt einzureichen.

Beispiel zur Ermittlung und Anwendung des Faktors:

Jährliche Lohnsteuer bei Steuerklassenkombination IV/IV:

Arbeitnehmer-Ehegatte A: für 36 000 € (monatlich 3 000 € x 12) = 5 302 €

Arbeitnehmer-Ehegatte B: für 20 400 € (monatlich 1 700 € x 12) = 1 584 €.

Summe der Lohnsteuer bei Steuerklassenkombination IV/IV (entspricht „X") beträgt 6 886 €. Die voraussichtliche Einkommensteuer im Splittingverfahren (entspricht „Y") beträgt 6 688 €.

Der Faktor ist Y geteilt durch X, also 6 688 €:6 886 €= 0,971
(Der Faktor wird mit drei Nachkommastellen berechnet und nur eingetragen, wenn er kleiner als 1 ist).

<u>Jährliche Lohnsteuer bei Steuerklasse IV/IV mit Faktor 0,971:</u>

Arbeitnehmer-Ehegatte A für 36 000 € (5 302 € x 0,971) = 5 148 €

Arbeitnehmer-Ehegatte B für 20 400 € (1 584 € x 0,971) =1 538 €

Summe der Lohnsteuer bei Steuerklassenkombination IV/IV mit 0,971 =6 686 €.

Im Beispielsfall führt die Einkommensteuerveranlagung:

- bei der **Steuerklassenkombination III/V** zu einer **Nachzahlung in Höhe von 267** € (voraussichtliche Einkommensteuer im Splittingverfahren 6 688 € – Summe Lohnsteuer bei Steuerklassenkombination III/V 6 421 € [2 420 € + 4 001 €]),
- bei der **Steuerklassenkombination IV/IV** zu einer **Erstattung in Höhe von 198** € (voraussichtliche Einkommensteuer im Splittingverfahren 6 688 € – Summe Lohnsteuer bei Steuerklassenkombination IV/IV 6 886 €),
- bei der **Steuerklassenkombination IV/IV-Faktor weder zu einer hohen Nachzahlung noch zu einer Erstattung** (in diesem Fall nur Rundungsdifferenz in Höhe von 2 €; voraussichtliche Einkommensteuer Splittingverfahren 6 688 € – Summe der Lohnsteuer bei Steuerklasse IV/IV mit Faktor 6 686 €).

Die Lohnsteuer ist im Faktorverfahren wesentlich anders verteilt (5 148 € für A und 1 538 € für B) als bei der Steuerklassenkombination III/V (2 420 € für A und 4 001 € für B). Die Lohnsteuerverteilung im Faktorverfahren entspricht der familienrechtlichen Verteilung der Steuerlast im Innenverhältnis der Ehegatten.

Wahl der Steuerklassen in 2016

Tabelle I: bei **Sozialversicherungspflicht** des höher verdienenden Ehegatten oder Lebenspartners

Monatlicher Arbeitslohn A[1]) €	Monatlicher Arbeitslohn B[1] in € bei . . . des geringerverdienenden Ehegatten		Monatlicher Arbeitslohn A[1] €	Monatlicher Arbeitslohn B[1] in € bei . . . des geringerverdienenden Ehegatten	
	Sozialversicherungspflicht	Sozialversicherungsfreiheit		Sozialversicherungspflicht	Sozialversicherungsfreiheit
1	2	3	4	5	6
1 250	419	391	3 300	2 363	2 160
1 300	489	456	3 350	2 397	2 190
1 350	570	531	3 400	2 433	2 219
1 400	659	614	3 450	2 469	2 251
1 450	753	702	3 500	2 506	2 280
1 500	851	793	3 550	2 540	2 310
1 550	950	886	3 600	2 574	2 339
1 600	1 174	1 094	3 650	2 610	2 370
1 650	1 234	1 150	3 700	2 645	2 399
1 700	1 298	1 210	3 750	2 680	2 430
1 750	1 354	1 267	3 800	2 717	2 460
1 800	1 412	1 328	3 850	2 751	2 489
1 850	1 474	1 386	3 900	2 788	2 521
1 900	1 515	1 424	3 950	2 825	2 552
1 950	1 545	1 453	4 000	2 864	2 585
2 000	1 575	1 481	4 050	2 902	2 617
2 050	1 606	1 510	4 100	2 943	2 652
2 100	1 632	1 535	4 150	2 984	2 688
2 150	1 656	1 556	4 200	3 028	2 723
2 200	1 678	1 577	4 250	3 074	2 763
2 250	1 699	1 597	4 300	3 124	2 805
2 300	1 719	1 615	4 350	3 176	2 849
2 350	1 740	1 634	4 400	3 231	2 896
2 400	1 761	1 650	4 450	3 289	2 945
2 450	1 787	1 671	4 500	3 347	2 995
2 500	1 819	1 699	4 550	3 408	3 046
2 550	1 847	1 724	4 600	3 473	3 102
2 600	1 878	1 750	4 650	3 541	3 159
2 650	1 907	1 775	4 700	3 612	3 219
2 700	1 937	1 798	4 750	3 689	3 284
2 750	1 971	1 829	4 800	3 767	3 351
2 800	2 009	1 859	4 850	3 852	3 422
2 850	2 044	1 889	4 900	3 941	3 499
2 900	2 078	1 920	4 950	4 040	3 581
2 950	2 115	1 951	5 000	4 147	3 673
3 000	2 150	1 980	5 050	4 262	3 772
3 050	2 187	2 011	5 100	4 383	3 886
3 100	2 220	2 040	5 150	4 527	4 020
3 150	2 257	2 070	5 200	4 702	4 188
3 200	2 292	2 100	5 250	4 980	4 449
3 250	2 329	2 131	5 300	–	–

[1]) Nach Abzug etwaiger Freibeträge.

Wahl der Steuerklassen in 2016

bei Sozialversicherungsfreiheit des höher verdienenden Ehegatten oder Lebenspartners

Tabelle II:

Monatlicher Arbeitslohn A[1] €	Monatlicher Arbeitslohn B[1] in € bei . . . des geringerverdienenden Ehegatten		Monatlicher Arbeitslohn A[1] €	Monatlicher Arbeitslohn B[1] in € bei . . . des geringerverdienenden Ehegatten	
	Sozialversicherungspflicht	Sozialversicherungsfreiheit		Sozialversicherungspflicht	Sozialversicherungsfreiheit
1	2	3	4	5	6
1 250	550	513	2 900	2 567	2 335
1 300	632	589	2 950	2 605	2 367
1 350	727	677	3 000	2 646	2 401
1 400	830	773	3 050	2 684	2 432
1 450	935	871	3 100	2 724	2 466
1 500	1 169	1 090	3 150	2 764	2 500
1 550	1 232	1 148	3 200	2 804	2 534
1 600	1 300	1 212	3 250	2 845	2 569
1 650	1 366	1 280	3 300	2 888	2 607
1 700	1 436	1 350	3 350	2 933	2 643
1 750	1 502	1 412	3 400	2 979	2 683
1 800	1 543	1 450	3 450	3 028	2 724
1 850	1 582	1 487	3 500	3 077	2 766
1 900	1 621	1 525	3 550	3 129	2 811
1 950	1 662	1 562	3 600	3 183	2 855
2 000	1 702	1 600	3 650	3 240	2 904
2 050	1 745	1 637	3 700	3 296	2 951
2 100	1 795	1 681	3 750	3 357	3 004
2 150	1 862	1 735	3 800	3 421	3 057
2 200	1 929	1 793	3 850	3 486	3 113
2 250	1 993	1 845	3 900	3 557	3 173
2 300	2 051	1 896	3 950	3 630	3 235
2 350	2 105	1 942	4 000	3 708	3 301
2 400	2 158	1 988	4 050	3 790	3 371
2 450	2 207	2 029	4 100	3 881	3 446
2 500	2 253	2 068	4 150	3 973	3 526
2 550	2 297	2 103	4 200	4 078	3 614
2 600	2 337	2 139	4 250	4 192	3 711
2 650	2 375	2 172	4 300	–	3 817
2 700	2 413	2 202	4 350	–	3 944
2 750	2 453	2 237	4 400	–	4 092
2 800	2 491	2 267	4 450	–	4 301
2 850	2 528	2 300	4 500	–	–

Steuerklassenwahl bei Arbeitnehmerehegatten und Elterngeld

(Verfügung der OFD Rheinland vom 3. 11. 2006 – S 2361 – 0005 – St 215 –)

Der Bundestag hat am 29. 9. 2006 das so genannte Elterngeld beschlossen. Der Bundesrat hat am 3. 11. 2006 zugestimmt. Das BEEG (Bundeselterngeld- und Elternzeitgesetz) gilt für Kinder, die ab dem 1. 1. 2007 geboren werden. Für betroffene Elternteile stellt sich nun die Frage nach der Ausgestaltung der Bemessungsgrundlage für das Elterngeld. Bei Arbeitnehmerehegatten ist die Wahl der Steuerklassen ausschlaggebend für die Berechnung des Elterngeldes.

Elterngeld erhält u. a. eine Person mit Wohnsitz bzw. gewöhnlichem Aufenthalt in Deutschland, die mit ihrem Kind in einem Haushalt lebt, dieses Kind selbst betreut und erzieht und keine (volle) Erwerbstätigkeit ausübt (§ 1 BEEG). Nach § 2 Abs. 1 BEEG beträgt das Elterngeld 67 % des in den zwölf Kalendermonaten vor dem Monat der Geburt des Kindes durchschnittlich erzielten monatlichen Einkommens aus Erwerbstätigkeit. Bei Geringverdienern erhöht sich der

Prozentsatz (§ 2 Abs. 2 BEEG). Der Höhe nach ist das Elterngeld pro Kind auf mindestens 300 € und einen Höchstbetrag von 1 800 € begrenzt. Eine Zahlung erfolgt für volle Monate, in denen die berechtigte Person kein Einkommen aus Erwerbstätigkeit bezieht.

Zur Ermittlung des maßgeblichen Einkommens bei nichtselbständiger Arbeit wird der laufende Arbeitslohn (ohne sonstige Bezüge) um folgende Beträge gekürzt:

- darauf entfallende Steuern (Lohnsteuer zuzüglich Annexsteuern)
- Pflichtbeiträge zur Sozialversicherung (gesetzlicher Anteil der beschäftigten Person einschließlich der Beiträge zur Arbeitsförderung)
- ein Zwölftel des Arbeitnehmer-Pauschbetrags (§ 9a Abs. 1 Satz 1 Nr. 1a EStG).

Als Grundlage dienen die monatlichen Lohn- und Gehaltsbescheinigungen des Arbeitgebers.

Ehegatten, die beide Einkünfte aus nichtselbständiger Arbeit erzielen, haben das Wahlrecht folgender Konstellationen der Lohnsteuerklassen:

1. Steuerklasse III/V, wenn die Einreihung in die ungünstigere Steuerklasse V von beiden Ehegatten beantragt wird
2. beide Ehegatten in Steuerklasse IV.

Da nach der Geburt des Kindes häufig die Mutter ihre Erwerbstätigkeit vorübergehend einstellt, die wegen geringeren Arbeitslohnes in die Steuerklasse V eingruppiert ist, stellt sich die Frage, ob und wann eine Änderung der Steuerklassen möglich ist, ggf. auch rückwirkend. Dies hätte zur Folge, dass die Ehefrau durch eine günstigere Steuerklasse höhere Nettoeinnahmen im für die Bemessungsgrundlage heranzuziehenden Zwölf-Monats-Zeitraum erzielen könnte und sich das Elterngeld in Anlehnung an den höheren Nettolohn entsprechend erhöhen würde.

Eine gesetzliche Neuregelung zu den Steuerklassenänderungen ist bisher nicht eingetreten, sodass keine rückwirkende Änderung der Steuerklassen in Betracht kommt. § 39 Abs. 5 Satz 3 EStG regelt, dass Arbeitnehmerehegatten im Laufe des Kalenderjahres einmal, spätestens bis 30. November bei der Gemeinde beantragen können, die auf ihren Lohnsteuerkarten eingetragenen Steuerklassen in andere in Betracht kommende Steuerklassen zu ändern. Die Gemeinde hat die Änderung mit Wirkung vom Beginn des auf die Antragstellung folgenden Kalendermonats an vorzunehmen. R 109 Abs. 5 Satz 2 LStR stellt ebenso klar, dass ein Steuerklassenwechsel frühestens mit Wirkung vom Beginn des Kalendermonats an erfolgen darf, der auf die Antragstellung folgt.

Vordruckmuster Anträge zu den elektronischen Lohnsteuerabzugsmerkmalen

Anträge zu den elektronischen Lohnsteuerabzugsmerkmalen - ELStAM -
(Bitte Erläuterungen auf der Rückseite beachten)

Eingangsstempel

1 Steuernummer

2 Identifikationsnummer — Antragstellende Person

An das Finanzamt
3

Bei Wohnsitzwechsel: bisheriges Finanzamt
4

Ⓐ Angaben zur Person

Antragstellende Person/Name — Geburtsdatum
5 T T M M J J J J

Vorname
6

Straße, Hausnummer
7

Postleitzahl, Wohnort
8

Telefon: Vorwahl — Rufnummer
9

Ⓑ Sperrung / Freischaltung der ELStAM

10 Ich bitte, meine ELStAM künftig — [1] bei mehr als 2 Angaben gesondertes Blatt beifügen

11 ☐ nicht mehr zu bilden (Vollsperrung). Hinweis: Die Vollsperrung führt zur Anwendung der Steuerklasse VI.

12 ☐ für alle Arbeitgeber freizuschalten (nach einer Voll-/Teilsperrung).

13 ☐ für folgende(n) Arbeitgeber [1] ☐ zu sperren (Teilsperrung). ☐ freizuschalten.

Name — Steuernummer
14
15

Ⓒ Mitteilung der eigenen ELStAM

16 Ich beantrage, mir ☐ meine aktuellen ELStAM ☐ die ELStAM-Abrufe der Arbeitgeber für die letzten 24 Monate mitzuteilen.

Ⓓ Änderung der ELStAM

17 **I. Berücksichtigung einer ungünstigeren Steuerklasse / Reaktivierung der günstigeren Steuerklasse**

18 Ich bitte, anstatt der bisherigen Steuerklasse ☐ die Steuerklasse ☐ zu berücksichtigen.

19 ***II. Steuerklasse III in Sonderfällen*** — **Die Antragsmöglichkeiten für Ehegatten gelten für Lebenspartner nach dem Lebenspartnerschaftsgesetz entsprechend.**

20 ☐ Ich bin Staatsangehöriger eines EU/EWR-Mitgliedstaats, habe meinen Wohnsitz oder gewöhnlichen Aufenthalt im Inland und mein Ehegatte lebt in einem anderen EU/EWR-Mitgliedstaat oder in der Schweiz. Ich bitte, bei mir die Steuerklasse III zu berücksichtigen. Nachweis ist beigefügt (z.B. Wohnsitzbescheinigung/Anlage Grenzpendler EU/EWR)

21 ☐ Mein geschiedener Ehegatte hat im Scheidungsjahr J J J J wieder geheiratet. Ich bitte, bei mir für dieses Kalenderjahr die Steuerklasse III zu berücksichtigen. [2]

[2] Voraussetzung ist, dass im Jahr der Auflösung der Ehe beide Ehegatten unbeschränkt einkommensteuerpflichtig waren und nicht dauernd getrennt gelebt haben und dass diese Voraussetzungen auch von den Ehepartnern der neuen Ehe erfüllt werden.

2014ELSTAM611 – März 2014 – 2014ELSTAM611

22 **III. Ungünstigere Zahl der Kinderfreibeträge / Reaktivierung der günstigeren Zahl der Kinderfreibeträge**

23 ☐ Ich bitte, keine Kinderfreibeträge zu berücksichtigen.

24 ☐ Ich bitte, für folgende Kinder keine Kinderfreibeträge zu berücksichtigen.

25 ☐ Ich bitte, die Kinderfreibeträge für folgende Kinder wieder zu berücksichtigen. [3]

[3] Der Antrag kann nur gestellt werden, wenn für diese Kinder zuvor eine ungünstigere Zahl der Kinderfreibeträge beantragt wurde

Vorname des Kindes

26

ggf. abweichender Familienname

27

Geburtsdatum | Identifikationsnummer des Kindes

28 T T M M J J J J

Vorname des Kindes [3]

29

ggf. abweichender Familienname

30

Geburtsdatum | Identifikationsnummer des Kindes

31 T T M M J J J J

32 (Datum) (Unterschrift der antragstellenden Person)

Erläuterungen:

33 Die im Lohnsteuerabzugsverfahren maßgebenden Besteuerungsgrundlagen (Steuerklasse, Zahl der Kinderfreibeträge, Religionszugehörigkeit, Frei- und Hinzurechnungsbeträge) werden als ELStAM (Elektronische Lohnsteuerabzugsmerkmale) bezeichnet. Die ELStAM werden von der Finanzverwaltung elektronisch zentral verwaltet. Die An- und Abmeldung zu Beginn oder bei Beendigung des Beschäftigungsverhältnisses sowie der Abruf der ELStAM zur Durchführung des Lohnsteuerabzugs erfolgt grundsätzlich durch den Arbeitgeber. Sie haben das Recht, jederzeit Ihre ELStAM sowie die Abrufe Ihres Arbeitgebers einzusehen. Des Weiteren können Sie beantragen, dass für Sie künftig keine ELStAM mehr gebildet oder die ELStAM für von Ihnen bestimmte Arbeitgeber gesperrt oder freigeschaltet werden. Neben dem Namen des Arbeitgebers ist dabei zwingend die Steuernummer der lohnsteuerlichen Betriebsstätte anzugeben. Diese können Sie dem Ausdruck der elektronischen Lohnsteuerbescheinigung entnehmen. Der Arbeitgeber ist zudem verpflichtet, Ihnen zum Zwecke der Sperrung oder Freischaltung diese Steuernummer mitzuteilen.
Ihre ELStAM können Sie auch über das ElsterOnline-Portal (www.elsteronline.de/eportal) einsehen. Hierzu ist eine kostenfreie Registrierung unter Verwendung der steuerlichen Identifikationsnummer notwendig.

Sie sind verpflichtet nach Ablauf des Kalenderjahres eine Einkommensteuererklärung abzugeben, wenn die Steuerklasse III in Sonderfällen (Abschnitt D II.) gewährt wurde (§ 46 Abs. 2 Nr. 6 und 7a des Einkommensteuergesetzes - EStG -).

Nach den Vorschriften der Datenschutzgesetze wird darauf hingewiesen, dass die Angabe der Telefonnummer freiwillig im Sinne dieser Gesetze ist und im Übrigen die mit diesem Antrag angeforderten Daten auf Grund der §§ 149, 150 der Abgabenordnung und des § 39e EStG erhoben werden.

34 Verfügung des Finanzamts

35 1. ☐ Sperrung / Freischaltung der ELStAM gespeichert

36 2. ☐ Ausdruck der ELStAM übergeben / versandt

37	3. Änderung der	Steuerklasse	in	Steuerklasse	Gültig ab
38	4. Änderung der	Zahl der Kinderfreibeträge	in	Zahl der Kinderfreibeträge	Gültig ab

39 5. z.d.A.

40 (Sachgebietsleiter) (Datum) (Sachbearbeiter)

2014ELSTAM612 – März 2014 – 2014ELSTAM612

Änderungen und Ergänzungen der Lohnsteuerabzugsmerkmale

R 39.2

Änderung der Steuerklassen

S 2364

(1) [1]Wird die Ehe eines Arbeitnehmers durch Scheidung oder Aufhebung aufgelöst oder haben die Ehegatten die dauernde Trennung herbeigeführt, dürfen die gebildeten Steuerklassen im laufenden Kalenderjahr nicht geändert werden; es kommt nur ein Steuerklassenwechsel nach Absatz 2 in Betracht. [2]Das gilt nicht, wenn bei einer durch Scheidung oder Aufhebung aufgelösten Ehe der andere Ehegatte im selben Kalenderjahr wieder geheiratet hat, von seinem neuen Ehegatten nicht dauernd getrennt lebt und er und sein neuer Ehegatte unbeschränkt einkommensteuerpflichtig sind; in diesen Fällen ist beim nicht wieder verheirateten Ehegatten gebildete Steuerklasse auf Antrag in Steuerklasse III zu ändern, wenn die Voraussetzungen des § 38b Satz 2 Nr. 3 Buchstabe c Doppelbuchstabe aa EStG erfüllt sind.

Steuerklassenwechsel

(2) [1]Bei Ehegatten, die beide Arbeitslohn beziehen, sind auf gemeinsamen Antrag der Ehegatten die gebildeten Steuerklassen wie folgt zu ändern (Steuerklassenwechsel – § 39 Abs. 5 Satz 3 und 4 EStG):

1. Ist bei beiden Ehegatten die Steuerklasse IV gebildet worden, kann bei einem Ehegatten in Steuerklasse III beim anderen Ehegatten in Steuerklasse V geändert werden.
2. Ist bei einem Ehegatten die Steuerklasse III und beim anderen Ehegatten die Steuerklasse V gebildet worden, können diese bei beiden Ehegatten in Steuerklasse IV geändert werden.
3. Ist bei einem Ehegatten die Steuerklasse III und beim anderen Ehegatten die Steuerklasse V gebildet worden, kann die Steuerklasse III des einen Ehegatten in Steuerklasse V und die Steuerklasse V des anderen Ehegatten in Steuerklasse III geändert werden.

[2]In einem Kalenderjahr kann jeweils nur ein Antrag gestellt werden. [3]Neben dem in § 39 Abs. 6 Satz 4 EStG geregelten Fall ist ein weiterer Antrag möglich, wenn ein Ehegatte keinen steuerpflichtigen Arbeitslohn mehr bezieht oder verstorben ist, wenn sich die Ehegatten auf Dauer getrennt haben oder wenn ein Dienstverhältnis wieder aufgenommen wird z. B. nach einer Arbeitslosigkeit oder einer Elternzeit.

Zahl der Kinderfreibeträge in den Fällen des § 32 Abs. 6 Satz 4 EStG

(3) Bei der Zahl der Kinderfreibeträge sind ermäßigte Kinderfreibeträge für nicht unbeschränkt einkommensteuerpflichtige Kinder nicht zu berücksichtigen.

→ H 1 (Steuerpflicht, Steuerklassen)

H 39.2

Hinweise

Vordruckmuster Antrag auf Steuerklassenwechsel bei Ehegatten

Antrag auf Steuerklassenwechsel bei Ehegatten/Lebenspartnern
(Bitte Erläuterungen auf der Rückseite beachten)

Eingangsstempel

1 Steuernummer

2 Identifikationsnummer — Ehemann/Lebenspartner(in) A — Ehefrau/Lebenspartner(in) B

An das Finanzamt

3

Bei Wohnsitzwechsel: bisheriges Finanzamt

4

Ⓐ Angaben zur Person

Ehemann/Lebenspartner(in) A — Geburtsdatum

5 Name — T T M M J J J J

6 Vorname

7 Straße, Hausnummer

8 Postleitzahl, Wohnort

9 Verheiratet/Lebensp. begründet seit T T M M J J J J — Verwitwet seit T T M M J J J J — Geschieden/Lebensp. aufgehoben seit T T M M J J J J — Dauernd getrennt lebend seit T T M M J J J J

Ehefrau/Lebenspartner(in) B — Geburtsdatum

10 Name — T T M M J J J J

11 Vorname

12 Straße, Hausnummer *(falls abweichend)*

13 Postleitzahl, Wohnort *(falls abweichend)*

14 Telefon: Vorwahl — Rufnummer

Ⓑ Steuerklassenwechsel — Ausdruck der ELStAM gewünscht ☐

15 Bisherige Steuerklassenkombination (Ehemann/Ehefrau; Lebenspartner(in) A/B) — ☐ drei / fünf — ☐ vier / vier[1] — ☐ fünf / drei — ☐ vier / Faktor vier / Faktor

16 Wir beantragen die Steuerklassenkombination (Ehemann/Ehefrau; Lebenspartner(in) A/B) — ☐ drei / fünf — ☐ vier / vier — ☐ fünf / drei — ☐ vier / Faktor vier / Faktor (Bitte auch Abschnitt C ausfüllen)

17 Für ein Kalenderjahr kann grundsätzlich nur ein Antrag auf Steuerklassenwechsel gestellt werden. Es kommt jedoch ein weiterer Steuerklassenwechsel für dieses Kalenderjahr in Betracht, weil

18 ☐ ein Ehegatte/Lebenspartner keinen steuerpflichtigen Arbeitslohn mehr bezieht.

19 ☐ ein Dienstverhältnis wieder aufgenommen wird (z.B. nach einer Arbeitslosigkeit oder einer Elternzeit).

20 ☐ wir uns auf Dauer getrennt haben.

21 ☐ der vorherige Steuerklassenwechsel auf Grund der Eheschließung/Begründung einer Lebenspartnerschaft oder wegen Zuzug aus dem Ausland beantragt wurde.

22 ☐ der vorherige Steuerklassenwechsel zum 01.01. dieses Jahres auf Grund eines Antrags aus dem abgelaufenen Kalenderjahr erfolgte.

23

24 [1] Bei Eheschließung wird die Steuerklassenkombination vier/vier automatisiert gebildet.

2015StKlWe601 – Juni 2015 – 2015StKlWe601

Ⓒ Angaben zum Faktorverfahren für 201

Die Steuerklassen IV/IV mit Faktor gelten bis zum Ende des Kalenderjahres und sind für das Folgejahr neu zu beantragen.

		Ehemann/Lebenspartner(in) A - EUR -	Ehefrau/Lebenspartner(in) B - EUR -
25	Voraussichtlicher Bruttoarbeitslohn aus dem ersten Dienstverhältnis	,—	,—
26	darin enthaltene Versorgungsbezüge	,—	,—

		Ehemann/Lebenspartner(in) A		Ehefrau/Lebenspartner(in) B	
27	Ich bin in der gesetzlichen Rentenversicherung pflichtversichert oder in einer berufsständischen Versorgungseinrichtung versichert.	Ja	Nein	Ja	Nein
28	Ich bin in der gesetzlichen Kranken- und sozialen Pflegeversicherung versichert.	Ja	Zusatzbeitrag in %	Ja	Zusatzbeitrag in %
29	Beiträge zur privaten Krankenversicherung (Basisabsicherung) und zur privaten Pflege-Pflichtversicherung	EUR ,—		EUR ,—	
30	Ich habe steuerfreie Arbeitgeberzuschüsse zur privaten Krankenversicherung und zur privaten Pflege-Pflichtversicherung erhalten.	Ja	Nein	Ja	Nein
31	Ich leiste für die Pflegeversicherung einen Beitragszuschlag für Kinderlose (§ 55 Abs. 3 SGB XI).	Ja	Nein	Ja	Nein

32 Bei der Ausfertigung des Antrags hat mitgewirkt:

33 Herr/Frau/Firma in Telefon

34

35 (Datum) (Unterschrift Ehemann/Lebenspartner(in) A) (Unterschrift Ehefrau/Lebenspartner(in) B)

Der Antrag ist von beiden Ehegatten/Lebenspartnern zu unterschreiben.

36 Verfügung des Finanzamts

		Steuerklassen/Faktor		Steuerklassen/Faktor	Gültig ab	Im Trennungsjahr: Gültig bis 31.12.20
37	1. Änderung der		in			
38	2. Änderung der ELStAM veranlasst		3. Vormerkung für ESt-Veranlagung			4. z.d.A.
39						

(Sachgebietsleiter) (Datum) (Sachbearbeiter)

Erläuterungen:

Die Eintragungsmöglichkeiten für Lebenspartner beziehen sich nur auf Lebenspartner **nach dem Lebenspartnerschaftsgesetz**.
Ehegatten/Lebenspartner, die beide Arbeitslohn beziehen, können auf gemeinsamen Antrag die Steuerklassen ändern lassen. Anstelle der Steuerklassenkombination III/V oder IV/IV kann die Berücksichtigung der Steuerklasse IV in Verbindung mit einem Faktor beantragt werden. Dies hat zur Folge, dass die einzubehaltende Lohnsteuer in Anlehnung an das Splittingverfahren ermittelt wird. Falls zusätzlich Werbungskosten, Sonderausgaben, außergewöhnliche Belastungen oder andere steuermindernde Beträge beim Lohnsteuerabzug berücksichtigt werden sollen, verwenden Sie bitte den „Antrag auf Lohnsteuer-Ermäßigung".

Der Steuerklassenwechsel wird zu Beginn des Kalendermonats wirksam, der auf die Antragstellung folgt. Abweichend hiervon wird im Fall der Eheschließung/Begründung einer Lebenspartnerschaft die Änderung der Steuerklassen ab dem Zeitpunkt der Eheschließung/Begründung einer Lebenspartnerschaft wirksam.
Der Antrag auf Steuerklassenwechsel kann nur bearbeitet werden, wenn ihn beide Ehegatten/Lebenspartner unterschrieben haben.

Sie sind verpflichtet, nach Ablauf des Kalenderjahres eine Einkommensteuererklärung abzugeben, wenn beide Ehegatten/Lebenspartner Arbeitslohn bezogen haben und im laufenden Kalenderjahr die Steuerklassenkombinationen III/V oder IV/IV mit Faktor vorlag (§ 46 Abs. 2 Nr. 3a des Einkommensteuergesetzes - EStG).

Nach den Vorschriften der Datenschutzgesetze wird darauf hingewiesen, dass die Angabe der Telefonnummer freiwillig im Sinne dieser Gesetze ist und im Übrigen die mit diesem Antrag angeforderten Daten auf Grund der §§ 149, 150 der Abgabenordnung und der §§ 39 Abs. 6, 39e, 39f EStG erhoben werden.

2015StKlWe602

2015StKlWe602

Übertragung von Kinderfreibeträgen

Übertragung der Freibeträge für Kinder; BMF-Schreiben zu § 32 Absatz 6 Satz 6 bis 11 EStG

(BMF-Schreiben vom 28. 6. 2013 – IV C 4 – S 2282-a/10/10002 – BStBl. I S. 845)

Durch das Steuervereinfachungsgesetz 2011 vom 1. November 2011 (BGBl. I Seite 2131) sind die Voraussetzungen für die Übertragung der Freibeträge für Kinder (§ 32 Absatz 6 Satz 6 bis 11 EStG) sowie des Behinderten-Pauschbetrags (§ 33b Absatz 5 Satz 2 EStG) mit Wirkung ab dem Veranlagungszeitraum 2012 geändert worden. Nach dem Ergebnis der Erörterungen mit den obersten Finanzbehörden der Länder gelten hierzu die nachfolgenden Ausführungen:

I. Übertragung des Kinderfreibetrags des anderen Elternteils (§ 32 Absatz 6 Satz 6 und 7 EStG)

1 Bei nicht verheirateten, geschiedenen oder dauernd getrennt lebenden unbeschränkt einkommensteuerpflichtigen Eltern wird auf Antrag eines Elternteils der Kinderfreibetrag des anderen Elternteils auf ihn übertragen, wenn er, nicht aber der andere Elternteil, seiner Unterhaltspflicht gegenüber dem Kind für das Kalenderjahr im Wesentlichen nachkommt (Rz. 2) oder der andere Elternteil mangels Leistungsfähigkeit nicht unterhaltspflichtig ist (Rz. 3).

2 Ein Elternteil kommt seiner Barunterhaltsverpflichtung gegenüber dem Kind dann im Wesentlichen nach, wenn er sie mindestens zu 75 % erfüllt. Der Elternteil, in dessen Obhut sich ein minderjähriges Kind befindet, erfüllt seine Unterhaltsverpflichtung in der Regel durch die Pflege und Erziehung des Kindes (§ 1606 Absatz 3 Satz 2 BGB).

3 Eine Unterhaltspflicht besteht für den anderen Elternteil dann nicht, wenn er mangels ausreichender eigener Mittel nicht leistungsfähig ist (§ 1603 Absatz 1 BGB). Freiwillige Leistungen des nicht leistungsfähigen Elternteils können die Übertragung nicht verhindern.

4 Eine Übertragung scheidet für solche Kalendermonate aus, für die Unterhaltsleistungen nach dem Unterhaltsvorschussgesetz gezahlt werden. Auf die Höhe der Unterhaltsleistungen kommt es nicht an. Nachzahlungen sind auf die Kalendermonate zu verteilen, für die sie bestimmt sind.

5 Die Übertragung des Kinderfreibetrags führt stets auch zur Übertragung des Freibetrags für den Betreuungs- und Erziehungs- oder Ausbildungsbedarf.

II. Übertragung des Freibetrags für den Betreuungs- und Erziehungs- oder Ausbildungsbedarf (§ 32 Absatz 6 Satz 8 und 9 EStG)

6 Bei minderjährigen Kindern von nicht verheirateten, geschiedenen oder dauernd getrennt lebenden unbeschränkt einkommensteuerpflichtigen Eltern wird auf Antrag des Elternteils, bei dem das Kind gemeldet ist, der Freibetrag für den Betreuungs- und Erziehungs- oder Ausbildungsbedarf des anderen Elternteils auf ihn übertragen, wenn das minderjährige Kind bei dem anderen Elternteil nicht gemeldet ist.

7 Der Elternteil, bei dem das Kind nicht gemeldet ist, kann der Übertragung widersprechen, wenn er Kinderbetreuungskosten (Rz. 8) trägt oder wenn er das Kind regelmäßig in einem nicht unwesentlichen Umfang (Rz. 9) betreut.

8 Als Kinderbetreuungskosten gelten nicht nur Aufwendungen für Dienstleistungen im Sinne des § 10 Absatz 1 Nummer 5 EStG, sondern alle Aufwendungen für die Betreuung, Erziehung oder Ausbildung des Kindes bis zur Vollendung seines 18. Lebensjahres. Hierzu zählen beispielsweise Aufwendungen für die regelmäßige Unterbringung an Wochenenden.

9 Maßgebend für eine regelmäßige Betreuung in einem nicht unwesentlichen Umfang ist ein nicht nur gelegentlicher Umgang mit dem Kind, der erkennen lässt, dass der Elternteil die Betreuung mit einer gewissen Nachhaltigkeit wahrnimmt, d. h. fortdauernd und immer wieder in Kontakt zum Kind steht. Bei lediglich kurzzeitigem, anlassbezogenem Kontakt, beispielsweise zum Geburtstag, zu Weihnachten und zu Ostern, liegt eine Betreuung in unwesentlichem Umfang vor. Von einem nicht unwesentlichen Umfang der Betreuung eines Kindes ist typischerweise auszugehen, wenn eine gerichtliche oder außergerichtliche Vereinbarung über einen regelmäßigen Umgang an Wochenenden und in den Ferien vorgelegt wird.

10 Widerspricht der andere Elternteil der Übertragung des Freibetrags, so hat das Finanzamt zu prüfen, ob dieser Einrede für das weitere Verfahren Bedeutung zukommt. Die Entscheidung hierüber wird nicht in einem eigenen Verwaltungsakt getroffen, sondern im jeweiligen Einkommensteuerbescheid.

11 Es ist ausreichend, wenn der Steuerpflichtige der Übertragung durch Einspruch gegen seinen eigenen Steuerbescheid mit dem Ziel widerspricht, dass bei ihm der Freibetrag neu oder wieder angesetzt wird. Ist diese widersprechende Einrede sachlich gerechtfertigt, so ist der Steuer-

bescheid desjenigen Elternteils, auf dessen Antrag zunächst der Freibetrag übertragen wurde, nach § 175 Absatz 1 Satz 1 Nummer 2 AO zu ändern.

III. Übertragung der Freibeträge für Kinder auf einen Stief- oder Großelternteil (§ 32 Absatz 6 Satz 10 und 11 EStG)

Die den Eltern zustehenden Freibeträge für Kinder können auf Antrag[1]) auf einen Großelternteil übertragen werden, wenn dieser das Kind in seinen Haushalt aufgenommen hat oder einer Unterhaltspflicht gegenüber dem Kind unterliegt. Auf einen Stiefelternteil können diese Freibeträge auf Antrag übertragen werden, wenn dieser das Kind in seinen Haushalt aufgenommen hat. Da ein Stiefelternteil keiner gesetzlichen Unterhaltspflicht gegenüber seinem Stiefkind unterliegt, kommt eine Übertragung aus diesem Grund nicht in Betracht. 12

Eine Übertragung auf einen Großelternteil, der das Kind nicht in seinen Haushalt aufgenommen hat, ist nur möglich, wenn dieser einer konkreten Unterhaltsverpflichtung unterliegt. Dies ist insbesondere dann der Fall, wenn die Eltern des Kindes nicht leistungsfähig sind. 13

Die Tatsache, dass der die Übertragung beantragende Großelternteil die Unterhaltsverpflichtung gegenüber seinem Enkelkind erfüllt, ist in geeigneter Weise – zum Beispiel durch Vorlage von Zahlungsbelegen – nachzuweisen. Bei einer Haushaltsaufnahme erübrigt sich der Nachweis. 14

IV. Aufteilung des Behinderten-Pauschbetrags eines Kindes bei der Übertragung auf die Eltern (§ 33b Absatz 5 Satz 2 EStG)

Steht der Behinderten-Pauschbetrag oder der Hinterbliebenen-Pauschbetrag einem Kind zu, für das der Steuerpflichtige einen Anspruch auf einen Freibetrag nach § 32 Absatz 6 EStG oder auf Kindergeld hat, wird der Pauschbetrag auf Antrag auf den Steuerpflichtigen übertragen, wenn ihn das Kind nicht in Anspruch nimmt. Der Pauschbetrag wird auf die Elternteile je zur Hälfte aufgeteilt, es sei denn, der Kinderfreibetrag wurde auf den anderen Elternteil übertragen. 15

Bei einer Übertragung des Kinderfreibetrags ist stets der volle Behinderten-Pauschbetrag oder der volle Hinterbliebenen-Pauschbetrag zu übertragen. Eine Übertragung des vollen Pauschbetrags erfolgt auch dann, wenn der Kinderfreibetrag nur für einen Teil des Kalenderjahres übertragen wird. 16

V. Anwendungszeitraum

Dieses Schreiben ist ab dem Veranlagungszeitraum 2012 anzuwenden. 17

Lebenspartner und Kinderfreibeträge

Familienleistungsausgleich; Lebenspartner und Freibeträge für Kinder Gesetz zur Änderung des Einkommensteuergesetzes in Umsetzung der Entscheidung des Bundesverfassungsgerichtes vom 7. Mai 2013 (BGBl. I S. 2397)

BMF vom 17. 1. 2014 – IV C 4 – S 2282-a/0 :004, 2014/0036473 (BStBl I S. 109)

Nach § 2 Absatz 8 EStG sind die einkommensteuerrechtlichen Vorschriften zu Ehegatten und Ehen auch auf Lebenspartner und Lebenspartnerschaften anzuwenden. Nach dem Ergebnis der Erörterungen mit den obersten Finanzbehörden der Länder gilt für den Abzug der Freibeträge für Kinder in Lebenspartnerschaften Folgendes:

I. Leibliches Kind eines Lebenspartners, das vom anderen Lebenspartner adoptiert worden ist (Stiefkindadoption)

Hat ein Lebenspartner das leibliche Kind seines Lebenspartners adoptiert, besteht zu beiden Lebenspartnern ein Kindschaftsverhältnis. Demzufolge erhalten beide Lebenspartner jeweils die Freibeträge für Kinder; im Fall der Zusammenveranlagung haben die Lebenspartner einen Anspruch auf die verdoppelten Freibeträge (§ 32 Absatz 6 Satz 2 EStG).

II. Kind ohne leibliches Verwandtschaftsverhältnis zu beiden Lebenspartnern, das von einem Lebenspartner adoptiert worden ist

Hat ein Lebenspartner ein fremdes Kind adoptiert, besteht ein Kindschaftsverhältnis nur zu diesem Lebenspartner (Adoptiv-Elternteil). In diesem Fall erhält dieser Lebenspartner sowohl bei Einzel- als auch bei Zusammenveranlagung die verdoppelten Freibeträge für Kinder (§ 32 Absatz 6 Satz 3 Nummer 2 EStG).

[1]) Vordruck Anlage K, ggf. Antrag auf Lohnsteuer-Ermäßigung → Anhang 44

III. Leibliches Kind eines Lebenspartners, das nicht vom anderen Lebenspartner adoptiert worden ist

Ist ein Lebenspartner leiblicher Elternteil eines Kindes, das sein Lebenspartner nicht adoptiert hat, besteht ein Kindschaftsverhältnis nur zum leiblichen Elternteil. Dieser Elternteil erhält als leiblicher Elternteil in folgenden Fällen ebenfalls die verdoppelten Freibeträge für Kinder:

- Der andere Elternteil des Kindes ist verstorben oder nicht unbeschränkt einkommensteuerpflichtig.
- Der Wohnsitz des anderen Elternteils ist nicht ermittelbar.
- Der Vater des Kindes ist amtlich nicht feststellbar; das ist auch dann der Fall, wenn unter Nutzung fortpflanzungsmedizinischer Verfahren der biologische Vater anonym bleibt.

Besteht eine Unterhaltspflicht eines anderen Elternteils, beispielsweise wenn eine Vaterschaft anerkannt oder gerichtlich festgestellt wurde, erfolgt keine Verdoppelung der Freibeträge bei den Lebenspartnern.

Bei einer bestehenden Unterhaltspflicht kann der Kinderfreibetrag nur dann vom anderen Elternteil auf den in einer Lebenspartnerschaft lebenden leiblichen Elternteil übertragen werden, wenn dieser, nicht aber der andere Elternteil seiner Unterhaltsverpflichtung im Wesentlichen nachgekommen ist oder wenn der andere Elternteil mangels Leistungsfähigkeit nicht unterhaltspflichtig ist (§ 32 Absatz 6 Satz 6 EStG).

IV. Übertragung der Freibeträge für Kinder auf einen Stiefelternteil

Auf Antrag[1]) können die Freibeträge für Kinder auf einen Stiefelternteil übertragen werden, wenn dieser das Kind in seinen Haushalt aufgenommen hat (§ 32 Absatz 6 Satz 10 EStG). Das gilt auch für Lebenspartner eines Elternteils.

V. Anwendung

Dieses Schreiben ergänzt das Schreiben vom 28. Juni 2013 (BStBl I S. 845) und ist in allen Fällen anzuwenden, in denen die Einkommensteuer noch nicht bestandskräftig festgesetzt ist.

1) Vordruck Anlage K, ggf. Antrag auf Lohnsteuer-Ermäßigung → Anhang 44

Vordruckmuster Anlage K[1])

Finanzamt

Steuernummer der antragstellenden Person

Identifikationsnummer der antragstellenden Person

Anlage K
ab dem Kalenderjahr 201_

Zustimmung
zur Übertragung von Kinderfreibeträgen und Freibeträgen für den Betreuungs- und Erziehungs- oder Ausbildungsbedarf

Erläuterungen siehe Blatt 3 und 4 (Rückseite)

Zutreffendes bitte ausfüllen oder ☒ ankreuzen

Antragstellende Person Name, Vorname | Geburtsdatum

Anschrift (Straße, Hausnummer, Postleitzahl, Ort)

☐ Ich beantrage als Groß-/Stiefelternteil, dass die in Betracht kommenden Freibeträge für Kinder auf mich übertragen werden.

Name, Vorname	Identifikationsnummer des Kindes	Geburtsdatum

Zustimmende Person

Name, Vorname	Identifikationsnummer	Geburtsdatum

Anschrift (Straße, Hausnummer, Postleitzahl, Ort)

Zuständiges Finanzamt und Steuernummer

Übertragung von Kinderfreibeträgen und Freibeträgen für den Betreuungs- und Erziehungs- oder Ausbildungsbedarf

Ich stimme zu, dass die für mich in Betracht kommenden Freibeträge für Kinder **ab dem Kalenderjahr 201_**

☐ auf den Großelternteil ☐ auf den Stiefelternteil übertragen werden.

Name, Vorname	Identifikationsnummer des Kindes	Geburtsdatum

Die erteilte Zustimmung kann nur vor Beginn des Kalenderjahres widerrufen werden, für das sie erstmals nicht gelten soll.

Datum und Unterschrift der antragstellenden Person	Datum und Unterschrift der zustimmenden Person

3.11 **- 1. Ausfertigung für das Finanzamt -**

1) Es werden nur die erste und letzte Seite des achtseitigen Vordrucks abgedruckt, Seiten 1, 3, 5 und 7 sind identisch.

Erläuterungen

Auswirkungen der Übertragung von Kinderfreibeträgen und Freibeträgen für den Betreuungs- und Erziehungs- oder Ausbildungsbedarf (Freibeträge für Kinder)

Der den Eltern oder einem Elternteil zustehende Kinderfreibetrag und der Freibetrag für den Betreuungs- und Erziehungs- oder Ausbildungsbedarf kann auf Antrag auch auf einen Stiefelternteil oder Großelternteil übertragen werden, wenn dieser das Kind in seinen Haushalt aufgenommen hat. Die Frage, in welcher Höhe die Freibeträge für Kinder auf den Stiefelternteil oder Großelternteil übertragen werden können, richtet sich danach, in welchem Umfang der übertragende Elternteil Anspruch auf die Freibeträge für Kinder hat. Die Übertragung kann dazu führen, dass auch andere kindbedingte Entlastungen bei dem berechtigten Elternteil entfallen, z. B.

- der Entlastungsbetrag für Alleinerziehende (§ 24b Einkommensteuergesetz – EStG),
- der geringere Prozentsatz bei der zumutbaren Belastung (§ 33 Abs. 3 EStG),
- der Freibetrag zur Abgeltung eines Sonderbedarfs bei Berufsausbildung für auswärtig untergebrachte volljährige Kinder (§ 33a Abs. 2 EStG),
- die Übertragung des dem Kind zustehenden Behinderten- oder Hinterbliebenen-Pauschbetrags (§ 33b Abs. 5 EStG),
- die Berücksichtigung von nachgewiesenen Kinderbetreuungskosten
- die Berücksichtigung von Schulgeld (§ 10 Abs. 1 Nr. 9 EStG) und
- die Ermäßigung von Zuschlagsteuern (Solidaritätszuschlag, Kirchensteuer).

Eine Übertragung kann auch mit Zustimmung des berechtigten Elternteils vorgenommen werden. Eine erteilte Zustimmung kann nur vor Beginn des Kalenderjahres widerrufen werden, für das sie erstmals nicht gelten soll.

Die Freibeträge für Kinder wirken sich bei der Berechnung der vom Arbeitslohn einzubehaltenden Lohnsteuer und der Vorauszahlung von Einkommensteuer in der Regel nicht aus. Auswirkungen ergeben sich nur bei der Ermittlung des Solidaritätszuschlags und der Kirchensteuer.

Bei der Veranlagung zur Einkommensteuer prüft das Finanzamt von Amts wegen, ob die Freibeträge für Kinder abzuziehen sind oder ob der Anspruch auf Kindergeld die notwendige steuerliche Freistellung des Existenzminimums der Kinder herbeiführt. Bei der Berechnung des Solidaritätszuschlags und der Kirchensteuer zur Einkommensteuer werden die Freibeträge für Kinder stets berücksichtigt.

R 39.3

Bescheinigung für den Lohnsteuerabzug

[1]Ein Antrag nach § 39 Abs. 3 Satz 1 oder § 39e Abs. 8 Satz 1 EStG ist bis zum 31.12. des Kalenderjahres zu stellen, für das die Bescheinigung für den Lohnsteuerabzug gilt. [2]Die Bescheinigung der Steuerklasse I kann auch der Arbeitgeber beantragen, wenn dieser den Antrag nach § 39 Abs. 3 Satz 1 EStG im Namen des Arbeitnehmers stellt (§ 39 Abs. 3 Satz 3 EStG). [3]Bezieht ein Arbeitnehmer gleichzeitig Arbeitslohn aus mehreren gegenwärtigen oder früheren Dienstverhältnissen, mit dem er der beschränkten Einkommensteuerpflicht unterliegt, hat das Finanzamt in der Bescheinigung für das zweite und jedes weitere Dienstverhältnis zu vermerken, dass die Steuerklasse VI anzuwenden ist. [4]Bei Nichtvorlage der Bescheinigung hat der Arbeitgeber den Lohnsteuerabzug nach Maßgabe des § 39c Abs. 1 und 2 EStG vorzunehmen.

R 39.4

Lohnsteuerabzug bei beschränkter Einkommensteuerpflicht

Freibetrag oder Hinzurechnungsbetrag bei beschränkter Einkommensteuerpflicht

(1) [1]Nach § 39a Abs. 2 Satz 8 i. V. m. Abs. 4 EStG ist ein vom Arbeitnehmer zu beantragender Freibetrag oder Hinzurechnungsbetrag durch Aufteilung in Monatsbeträge, erforderlichenfalls in Wochen- und Tagesbeträge, jeweils auf die voraussichtliche Dauer des Dienstverhältnisses im Kalenderjahr gleichmäßig zu verteilen. [2]Dabei sind ggf. auch die im Kalenderjahr bereits abgelaufenen Zeiträume desselben Dienstverhältnisses einzubeziehen, es sei denn, der Arbeitnehmer beantragt die Verteilung des Betrags auf die restliche Dauer des Dienstverhältnisses. [3]Bei beschränkt einkommensteuerpflichtigen Arbeitnehmern, bei denen § 50 Abs. 1 Satz 4 EStG anzuwenden ist, sind Werbungskosten und Sonderausgaben insoweit einzutragen, als sie die zeitanteiligen Pauschbeträge (→ § 50 Abs. 1 Satz 5 EStG) übersteigen.

Ausübung oder Verwertung (§ 49 Abs. 1 Nr. 4 Buchstabe a EStG)

(2) [1]Die nichtselbständige Arbeit wird im Inland ausgeübt, wenn der Arbeitnehmer im Geltungsbereich des EStG persönlich tätig wird. [2]Sie wird im Inland verwertet, wenn der Arbeitnehmer das Ergebnis einer außerhalb des Geltungsbereichs des EStG ausgeübten Tätigkeit im Inland seinem Arbeitgeber zuführt. [3]Zu der im Inland ausgeübten oder verwerteten nichtselbständigen Arbeit gehört nicht die nichtselbständige Arbeit, die auf einem deutschen Schiff während seines Aufenthalts in einem ausländischen Küstenmeer, in einem ausländischen Hafen von Arbeitnehmern ausgeübt wird, die weder einen Wohnsitz noch ihren gewöhnlichen Aufenthalt im Inland haben. [4]Unerheblich ist, ob der Arbeitslohn zu Lasten eines inländischen Arbeitgebers gezahlt wird. [5]Arbeitgeber i. S. d. Satzes 2 ist die Stelle im Inland, z. B. eine Betriebsstätte oder der inländische Vertreter eines ausländischen Arbeitgebers, die unbeschadet des formalen Vertragsverhältnisses zu einem möglichen ausländischen Arbeitgeber die wesentlichen Rechte und Pflichten eines Arbeitgebers tatsächlich wahrnimmt; inländischer Arbeitgeber ist auch ein inländisches Unternehmen bezüglich der Arbeitnehmer, die bei rechtlich unselbständigen Betriebsstätten, Filialen oder Außenstellen im Ausland beschäftigt sind.

Befreiung von der beschränkten Einkommensteuerpflicht

(3) Einkünfte aus der Verwertung einer außerhalb des Geltungsbereichs des EStG ausgeübten nichtselbständigen Arbeit bleiben bei der Besteuerung außer Ansatz,

1. wenn zwischen der Bundesrepublik Deutschland und dem Wohnsitzstaat ein Doppelbesteuerungsabkommen besteht und nach R 39b.10 der Lohnsteuerabzug unterbleiben darf oder
2. in anderen Fällen, wenn nachgewiesen oder glaubhaft gemacht wird, dass von diesen Einkünften in dem Staat, in dem die Tätigkeit ausgeübt worden ist, eine der deutschen Einkommensteuer entsprechende Steuer tatsächlich erhoben wird. [2]Auf diesen Nachweis ist zu verzichten bei Arbeitnehmern, bei denen die Voraussetzungen des Auslandstätigkeitserlasses vorliegen.

Künstler, Berufssportler, unterhaltend und ähnlich darbietende Personen sowie Artisten

(4) [1]Bezüge von beschränkt einkommensteuerpflichtigen Berufssportlern, darbietenden Künstlern (z. B. Musikern), werkschaffenden Künstlern (z. B. Schriftstellern, Journalisten und Bildberichterstattern), anderen unterhaltend oder ähnlich Darbietenden sowie Artisten unterliegen dem Lohnsteuerabzug, wenn sie zu den Einkünften aus nichtselbständiger Arbeit gehören und von einem inländischen Arbeitgeber i. S. d. § 38 Abs. 1 Satz 1 Nr. 1 EStG gezahlt werden. [2]Von den Vergütungen der Berufssportler, darbietenden Künstler, Artisten und unterhaltend oder ähnlich darbietenden Personen (§ 50a Abs. 1 Nr. 1 EStG) wird die Einkommensteuer nach Maßgabe der §§ 50a, 50d EStG erhoben, wenn diese nicht von einem inländischen Arbeitgeber gezahlt werden.

Hinweise

H 39.4

Arbeitnehmer mit Wohnsitz

- **in Belgien**

  → Grenzgängerregelung nach dem Zusatzabkommen zum DBA Belgien (BGBl. 2003 II S. 1615)

  → Zur Verständigungsvereinbarung zum Besteuerungsrecht von Arbeitnehmer-Abfindungen → BMF vom 10. 1. 2007 (BStBl I S. 261)
- **in Frankreich**

  → Zur Verständigungsvereinbarung zur 183-Tage-Regelung und zur Anwendung der Grenzgängerregelung→ BMF vom 3. 4. 2006 (BStBl I S. 304)
- **in Großbritannien und Nordirland**

  → Zur Verständigungsvereinbarung über die Zuordnung des Besteuerungsrechts von Abfindungen → BMF vom 2. 12. 2011 (BStBl I S. 1221)
- **in Luxemburg**

  → Verständigungsvereinbarung betreffend die Besteuerung von Abfindungszahlungen, Abfindungen und Entschädigungen in Folge einer Kündigung und/oder eines Sozialplans sowie Arbeitslosengeld → BMF vom 19. 9. 2011 (BStBl I S. 852).

  → Verständigungsvereinbarung betreffend der Besteuerung von Berufskraftfahrern; Erweiterung der Verständigungsvereinbarung auf Lokomotivführer und Begleitpersonal → BMF vom 19. 9. 2011 (BStBl I S. 849)

- **in den Niederlanden**

  → Zur Verständigungsvereinbarung zum Besteuerungsrecht von Arbeitnehmer-Abfindungen → BMF vom 29. 10. 2007 (BStBl I S. 756)
- **in Österreich**

  → Zur Konsultationsvereinbarung zum Besteuerungsrecht von Arbeitnehmer-Abfindungen → BMF vom 26. 8. 2010 (BStBl I S. 645)
- **in der Schweiz**

  → Artikel 3 des Zustimmungsgesetzes vom 30. 9. 1993 (BStBl I S. 927)

  → Einführungsschreiben zur Neuregelung der Grenzgängerbesteuerung vom 19. 9. 1994 (BStBl I S. 683) unter Berücksichtigung der Änderungen durch BMF vom ***18. 12. 2014*** (BStBl ***2015*** I S. ***22***).) → DBA – Schweiz

  → BMF vom 7. 7. 1997 (BStBl I S. 723) unter Berücksichtigung der Änderungen durch BMF vom 30. 9. 2008 (BStBl I S. 935) → DBA – Schweiz

  → Zur Konsultationsvereinbarung zum Besteuerungsrecht von Arbeitnehmer-Abfindungen → BMF vom 25. 3. 2010 (BStBl I S. 268)

  → Zur Verständigungsvereinbarung zur Behandlung von Arbeitnehmern im internationalen Transportgewerbe → BMF vom 29. 6. 2011 (BStBl I S. 621)

  → Zur Verständigungsvereinbarung zur Behandlung über die Besteuerung von fliegendem Personal → BMF vom 23. 7. 2012 (BStBl I S. 850)
- ***in der Türkei***

  → ***zur steuerlichen Behandlung von Alterseinkünften → BMF vom 11. 12. 2014 (BStBl 2015 I S. 92)*** – Anhang 43

Arbeitslohn nach DBA

Anhang 9 → BMF vom 12. 11. 2014 (BStBl I 2006 S. 1467)

Arbeitnehmerentsendung

Grundsätze für die Prüfung der Einkunftsabgrenzung zwischen international verbundenen Unternehmen in Fällen der Arbeitnehmerentsendung

(BMF-Schreiben vom 9. 11. 2001, BStBl I S. 796)

Unter Bezugnahme auf das Ergebnis der Erörterung mit den Vertretern der obersten Finanzbehörden der Länder gilt für die Prüfung der Einkunftsabgrenzung zwischen international verbundenen Unternehmen in Fällen der grenzüberschreitenden Arbeitnehmerentsendung im Unternehmensverbund Folgendes:

Inhaltsangabe

1. Ausgangslage und Zielsetzung

Die zunehmende industrielle Verflechtung und Globalisierung führen dazu, dass zwischen international verbundenen Unternehmen in großem Umfang Arbeitnehmer entsendet werden. Hierdurch kann z. B. ein Mangel an qualifizierten Fachkräften behoben, die einheitliche Unternehmenspolitik vor Ort durchgesetzt, der internationale Erfahrungsaustausch gefördert und Auslandserfahrung gesammelt werden. Das Interesse kann sowohl von dem entsendenden, als auch von dem aufnehmenden Unternehmen ausgehen. Zeitraum und Zweck einer Arbeitnehmerentsendung variieren in der Praxis erheblich.

Der Personalpolitik einer multinationalen Unternehmensgruppe kann es entsprechen, dass auch ein übergeordnetes Konzernunternehmen ein eigenes betriebliches Interesse an der Entsendung von Arbeitnehmern zu verbundenen Unternehmen hat. Dieses Eigeninteresse spiegelt sich in zahlreichen Tätigkeitserwartungen und ggf. in zusätzlichen Berichtspflichten wider und dokumentiert sich darüber hinaus häufig auch darin, dass den Wünschen der Arbeitnehmer nachgegeben wird, die Arbeitsverträge während der Zeit der Entsendung nicht aufzulösen, sondern aufrecht zu erhalten, auch wenn sie während dieser Zeit üblicherweise ruhen.

Für die Arbeitnehmer ist eine Auslandstätigkeit regelmäßig mit finanziellen und persönlichen Belastungen verbunden. Um sie dennoch zu einer Auslandstätigkeit zu bewegen, werden an sie daher neben der bisherigen Entlohnung und ggf. Altersversorgung zusätzliche Zahlungen geleistet, wie z. B. erhöhtes Grundgehalt, Ersatz der Mehraufwendungen für doppelte Haushaltsführung, Umzugskostenerstattung, Auslandszulagen.

Ziel dieses Schreibens ist es, Regelungen zur Anwendung des Grundsatzes des Fremdvergleichs bei der Prüfung von inländischen bzw. im Inland tätigen verbundenen Unternehmen in den Fällen der grenzüberschreitenden Arbeitnehmerentsendung zu treffen. Anhand der Regelungen soll bestimmbar sein, ob und in welchem Umfang das entsendende und/oder das aufnehmende Unternehmen jeweils ein betriebliches Interesse an der Arbeitnehmerentsendung hat und demzufolge den Aufwand bzw. Teile davon für den entsandten Arbeitnehmer tragen muss.

2. Begriffe

2.1 Arbeitnehmerentsendung

Eine Arbeitnehmerentsendung im Sinne dieses Schreibens liegt grundsätzlich dann vor, wenn ein Arbeitnehmer mit seinem bisherigen Arbeitgeber (entsendendes Unternehmen) vereinbart, für eine befristete Zeit bei einem verbundenen Unternehmen (aufnehmendes Unternehmen) tätig zu werden und das aufnehmende Unternehmen entweder eine arbeitsrechtliche Vereinbarung mit dem Arbeitnehmer abschließt oder als wirtschaftlicher Arbeitgeber anzusehen ist.

Keine Arbeitnehmerentsendung im Sinne dieses Schreibens liegt demnach vor, wenn ein Arbeitnehmer zur Erfüllung einer Dienst- oder Werkleistungsverpflichtung des entsendenden Unternehmens bei einem anderen verbundenen Unternehmen tätig wird und sein Arbeitslohn Preisbestandteil der Dienst- bzw. Werkleistung ist (z. B. beim gewerblichen Arbeitnehmerverleih oder beim Anlagenbau). In diesen Fällen ist zu prüfen, ob die Leistungen des entsendenden Unternehmens zu marktüblichen Preisen, d. h. regelmäßig unter Einschluss einer Gewinnkomponente vergütet worden sind und ob durch die Tätigkeit des Arbeitnehmers eine Betriebsstätte des entsendenden Unternehmens begründet worden ist.

2.2 Arbeitgeber

Der Arbeitgeberbegriff wird im Abkommensrecht, Lohnsteuerrecht, Arbeitsrecht, Zivil- und Sozialversicherungsrecht unterschiedlich definiert. Auf diese Unterschiede ist bei der Anwendung dieses Schreibens zu achten. Für Zwecke dieses Schreibens ist vom Arbeitgeberbegriff im arbeitsrechtlichen bzw. wirtschaftlichen Sinne auszugehen.

Demnach ist – u. U. neben dem entsendenden Unternehmen – als Arbeitgeber anzusehen, wer entweder eine arbeitsrechtliche Vereinbarung mit dem Arbeitnehmer abschließt oder den Arbeitnehmer in seinen Geschäftsbetrieb integriert, weisungsbefugt ist und die Vergütungen für die ihm geleistete unselbständige Arbeit wirtschaftlich trägt, sei es, dass er die Vergütung unmittelbar dem betreffenden Arbeitnehmer auszahlt oder dass ein anderes Unternehmen für ihn mit der Arbeitsvergütung in Vorlage tritt.[1])

Bei einer Entsendung von mehr als drei Monaten ist regelmäßig von einer Integration in das aufnehmende Unternehmen auszugehen.

Ist der Arbeitnehmer zwar weniger als drei Monate für das aufnehmende Unternehmen tätig, wiederholt sich dies aber mehrfach, wird das aufnehmende Unternehmen für diese Zeiten ebenfalls regelmäßig zum wirtschaftlichen Arbeitgeber.

Ist das aufnehmende Unternehmen nicht als Arbeitgeber anzusehen, ist zu prüfen, ob eine Dienstleistung seitens des entsendenden Unternehmens vorliegt.

2.3 Aufwand der Arbeitnehmerentsendung

Der Arbeitnehmerentsendung sind alle direkten und indirekten Aufwendungen zuzuordnen, soweit sie das Ergebnis des aufnehmenden und/oder des entsendenden Unternehmens gemindert haben und im wirtschaftlichen Zusammenhang mit der Tätigkeit im Entsendezeitraum stehen. Dies gilt unabhängig davon, ob sie zum steuerpflichtigen Lohn des Arbeitnehmers gehören oder nicht. Zum Aufwand gehört z. B.:

– Grundgehalt,
– laufende und einmalige Bezüge des Arbeitnehmers (z. B. Abfindungen, Boni),
– Prämien, Urlaubs- und Weihnachtsgeld,
– übernommene Steuern,
– Zuführungen zur Pensionsrückstellung,
– Sozialversicherungsbeiträge im Tätigkeitsstaat und im Heimatstaat,
– Auslandszulagen,
– Sachbezüge und sonstige Anreize (z. B. Firmenwagen, Aktienoptionen),
– Ausgleichszahlungen für höhere Lebenshaltungskosten und höhere Abgaben,
– Umzugs- und Reisebeihilfen (einschließlich Beihilfen für Angehörige),
– Ersatz der Aufwendungen im Rahmen der doppelten Haushaltsführung, Schulgeld und Internatskosten.

Da bei einer Arbeitnehmerentsendung im Sinne dieses Schreibens der Aufwand der Arbeitnehmerentsendung nach dem Veranlassungsprinzip originären Aufwand des jeweiligen wirtschaftlichen Arbeitgebers bildet, sind Gewinnzuschläge hierauf steuerlich nicht zulässig.

3. Beurteilungskriterien für die Einkunftsabgrenzung

3.1 Veranlassungsprinzip und Fremdvergleich

Ausgangspunkt für die zutreffende Einkunftsabgrenzung ist die Frage, ob die Übernahme des Aufwands für den jeweiligen Arbeitnehmer dem Fremdvergleich entspricht.

Danach ist der Aufwand von dem Unternehmen zu tragen, in dessen Interesse die Entsendung erfolgt.

Zu prüfen ist

a. dem Grunde nach die Frage, ob die Tätigkeit im ausschließlichen betrieblichen Interesse des aufnehmenden Unternehmens liegt oder ob die Tätigkeit des entsandten Arbeitnehmers ganz oder teilweise durch das Interesse des entsendenden oder eines übergeordneten Unternehmens verursacht ist, und
b. der Höhe nach die Frage, ob der ordentliche und gewissenhafte Geschäftsleiter eines unabhängigen Unternehmens für einen vergleichbaren Arbeitnehmer Aufwendungen in gleicher Höhe getragen hätte.

3.1.1 Interesse des entsendenden Unternehmens

Bei der Prüfung eines entsendenden Unternehmens ist regelmäßig davon auszugehen, dass der Arbeitnehmer im Interesse und für Rechnung des aufnehmenden Unternehmens tätig wird (BFH, Urt. v. 3. 2. 1993 – I R 80 – 81/91, BStBl II 1993, 462 – FR 1993, 336).

Es bleibt aber zu berücksichtigen, dass auch ein Interesse des entsendenden Unternehmens bestehen kann, insbesondere dann, wenn dem betreffenden Arbeitnehmer eine Vergütung gezahlt wird, die über dem Lohnniveau im Ansässigkeitsstaat des aufnehmenden Unternehmens liegt. Dieses Interesse kann sich z. B. darin zeigen, dass der entsandte Arbeitnehmer Planungs-,

1) → BFH vom 21. 8. 1985, BStBl 1986 II S. 4.

Koordinierungs- oder Kontrollfunktionen für das entsendende Unternehmen wahrnimmt und diese nicht gesondert abgegolten werden oder nach Rückkehr des Arbeitnehmers dessen gesammelte Auslandserfahrungen im Rahmen seiner weiteren Beschäftigung beim entsendenden Unternehmen genutzt oder Arbeitsplätze bei Tochtergesellschaften im Rotationsverfahren ständig mit Arbeitnehmern der Konzernobergesellschaft besetzt werden.

Für die Berücksichtigung von Aufwendungen beim entsendenden inländischen Unternehmen ist es erforderlich, dass es sein wirtschaftliches Interesse (siehe Tz. 3.3) für die Entsendung nachweist.

3.1.2 Interesse des aufnehmenden Unternehmens

Bei der Prüfung eines inländischen bzw. im Inland tätigen aufnehmenden verbundenen Unternehmens ist zu berücksichtigen, dass der ordentliche und gewissenhafte Geschäftsleiter eines unabhängigen Unternehmens nur Personal beschäftigen würde, das er für seinen Betrieb benötigt und nur den Aufwand tragen würde, der ihm für die Beschäftigung eines vergleichbaren Arbeitnehmers bei sonst gleichen Verhältnissen entstehen würde.

Abzustellen ist auf den gesamten Aufwand, der das Ergebnis des aufnehmenden Unternehmens gemindert hat, unabhängig davon, ob und inwieweit der Arbeitnehmer selbst von der Entsendung einen finanziellen Vorteil hat. Die ausschließliche Tätigkeit eines entsandten Arbeitnehmers für das aufnehmende verbundene Unternehmen bedeutet nicht notwendigerweise, dass stets der volle Aufwand (Tz. 2.3) als Betriebsausgabe des aufnehmenden Unternehmens zu behandeln ist.

Verursacht der entsandte Arbeitnehmer beim aufnehmenden Unternehmen höhere Aufwendungen als lokale Arbeitnehmer mit vergleichbaren Funktionen und Aufgaben, so hat das aufnehmende Unternehmen nachzuweisen, dass der höhere Teil des Gesamtaufwands in seinem Interesse gezahlt wird, z. B. weil der Arbeitnehmer über Spezialwissen verfügt, das es dem aufnehmenden Unternehmen ermöglicht, über den Ausgleich des Mehraufwands hinausgehende höhere Erlöse zu erzielen (siehe auch Tz. 3.2.3). Kann dieser Nachweis nicht geführt werden, ist davon auszugeben, dass der gesamte Mehraufwand durch das Nahestehen veranlasst und vom entsendenden Unternehmen zu tragen ist.

3.2 Fremdvergleichsmethoden

Der Fremdvergleich ist vorrangig nach der Preisvergleichsmethode vorzunehmen. Hierbei wird der angemessene Aufwand durch betriebsinternen oder betriebsexternen Fremdvergleich ermittelt. Sind keine Vergleichsdaten verfügbar, ist ein hypothetischer Fremdvergleich durchzuführen.

3.2.1 Betriebsinterner Fremdvergleich

Beim betriebsinternen Fremdvergleich wird auf der Ebene des aufnehmenden Unternehmens untersucht, welchen Aufwand dieses für vergleichbare, nicht entsandte Arbeitnehmer trägt.

3.2.2 Betriebsexterner Fremdvergleich

Beim betriebsexternen Fremdvergleich wird untersucht, welchen Aufwand unabhängige Unternehmen, die unter gleichen Bedingungen in demselben Staat wie das aufnehmende Unternehmen tätig sind, für einen vergleichbaren Arbeitnehmer tragen.

3.2.3 Hypothetischer Fremdvergleich

Beim hypothetischen Fremdvergleich ist festzustellen, ob der ordentliche und gewissenhafte Geschäftsleiter eines unabhängigen Unternehmens bei gleichen Geschäftsbedingungen den Aufwand für den entsandten Arbeitnehmer überhaupt oder in vollem Umfang allein getragen oder ob er eine Kostenbeteiligung des entsendenden Unternehmens gefordert hätte. Dabei ist zu berücksichtigen, dass ein Unternehmen beispielsweise wegen der Eigenart seines Geschäftsbetriebes speziell ausgebildete Arbeitnehmer mit besonderen Kenntnissen benötigen kann. Sind diese Arbeitnehmer auf seinem lokalen Arbeitsmarkt nicht verfügbar, würde ein ordentlicher und gewissenhafter Geschäftsleiter die mit einer Arbeitnehmerentsendung regelmäßig einhergehenden Mehraufwendungen gleichwohl nur dann übernehmen, wenn er hierdurch in einem überschaubaren Zeitraum einen wirtschaftlich nachweisbaren höheren Nutzen erwarten kann (z. B. weil er aufgrund der besonderen Eigenart der von den entsandten Arbeitnehmern geschaffenen Produkte bzw. erbrachten Leistungen die notwendigen Mehraufwendungen über entsprechend höhere Erlöse mehr als ausgleichen kann). Ein Zeitraum von drei Jahren kann regelmäßig als überschaubar angesehen werden.

Bei dem Vergleich mit fremdüblichem Verhalten sind die Möglichkeiten einer Direktanwerbung von Arbeitnehmern aus dem Entsendestaat oder die Ausbildung von Ortskräften in Betracht zu ziehen.

3.3 Indizien für die Feststellung der Interessenlage

Beurteilungskriterien für die Interessenlage bei der Arbeitnehmerentsendung sind z. B.:

- die ausgeübte Funktion,
- die benötigten Kenntnisse,
- die üblichen Aufwendungen im Arbeitsmarkt des Tätigkeitsstaats für einen vergleichbaren Arbeitnehmer,
- der Zusammenhang zwischen den Aufwendungen für den entsandten Arbeitnehmer und seinem Beitrag zum wirtschaftlichen Erfolg des Unternehmens,
- der Tätigkeitsort,
- von welchem Unternehmen die Initiative für die Arbeitnehmerentsendung ausging,
- ob die Tätigkeit des entsandten Arbeitnehmers einzelprojektbezogen ist,
- ob im Arbeitsmarkt des aufnehmenden Unternehmens ein Angebot an Arbeitskräften mit der nach objektiven Maßstäben erforderlichen Qualifikation nicht vorhanden und auch nicht im Rahmen betrieblicher Ausbildung oder Qualifizierung zu schaffen ist,
- ob gleichwertig qualifizierte Arbeitnehmer im lokalen Arbeitsmarkt des aufnehmenden Unternehmens verfügbar sind und einen geringeren Aufwand verursachen,
- ob der Arbeitnehmer Koordinierungs- bzw. Kontrolltätigkeiten ausübt,
- ob der Arbeitnehmer im Rahmen eines Rotationssystems entsandt worden ist,
- der prozentuale Anteil der entsandten Arbeitnehmer an der Gesamtbelegschaft,
- objektives Erfordernis von Sprachkenntnissen oder persönlichen Beziehungen in Verbindung mit der ausgeübten Funktion.

3.4 Besondere Fallgestaltungen

3.4.1 Expertenentsendung

Im Einzelfall kommt es, insbesondere bei projektbezogener Entsendung, dem anfordernden Unternehmen auf das besondere Fachwissen des entsandten Arbeitnehmers an. Ist ein vergleichbarer Arbeitnehmer nicht oder nur mit erheblichem Aufwand zu rekrutieren, so ist davon auszugehen, dass das aufnehmende Unternehmen den gesamten Aufwand für den Arbeitnehmer zu tragen hat.

3.4.2 Rotationsverfahren

Besetzt das entsendende Unternehmen ständig Arbeitsplätze beim aufnehmenden Unternehmen im Rotationsverfahren, so ist davon auszugehen, dass die Entsendung auch den Interessen des entsendenden Unternehmens dient und es deshalb den Aufwand, der über den für einen vergleichbaren heimischen Arbeitnehmer des aufnehmenden Unternehmens hinausgeht, zu tragen hat. Dies kann auch bei Expertenentsendung der Fall sein.

Ein so genanntes Rotationssystem liegt typischerweise vor, wenn ein Personaleinsatz- und Entwicklungskonzept der Konzernspitze dergestalt zugrunde liegt, dass das aufnehmende Unternehmen bei Stellenbesetzungen nicht frei entscheiden kann, sondern bestimmte Positionen mit Arbeitnehmern des entsendenden Unternehmens zu besetzen hat. Ob ein solches Rotationssystem vorliegt, entscheidet sich nach dem Gesamtbild der Verhältnisse. Anhaltspunkte für das Vorliegen eines derartigen Rotationssystems sind u. a.:

- die Entsendungen erfolgen einseitig von der Konzernobergesellschaft an nachgeordnete Gesellschaften, nicht aber wechselseitig zwischen den verbundenen Unternehmen,
- die Entsendungen sind von typischer Dauer (3 bis 5 Jahre),
- bestimmte Führungspositionen oder technische Schlüsselfunktionen bei der aufnehmenden Gesellschaft werden ständig mit Arbeitnehmern anderer Konzerngesellschaften besetzt,
- die aufnehmende Gesellschaft unternimmt keine ernsthaften Versuche (z. B. durch Schaltung von Stellenanzeigen), diese Arbeitsplätze mit Arbeitnehmern des lokalen Stellenmarktes, einschließlich selbst ausgebildeten Personals, zu besetzen.

3.4.3 Entsendung zu Ausbildungs- oder Fortbildungszwecken

Werden Arbeitnehmer ausschließlich zu Aus- oder Fortbildungszwecken entsandt, hat das entsendende Unternehmen den Mehraufwand (siehe Tz. 3.1.2) zu tragen.

3.5 Einheitlicher Aufteilungsmaßstab

Wird im Rahmen einer Außenprüfung festgestellt, dass die Entsendung zahlreicher Arbeitnehmer sowohl den Interessen des aufnehmenden, als auch des entsendenden Unternehmens dient, kann ein in Zusammenarbeit mit dem Steuerpflichtigen nach einer Funktionsanalyse für die entsandten Arbeitnehmer gefundener sachgerechter einheitlicher Aufteilungsmaßstab für alle Arbeitnehmerentsendungen im Rahmen einer typisierenden Betrachtung angewandt werden. Dieser Aufteilungsmaßstab kann von den Finanzbehörden in Abstimmung mit dem Unternehmen der steuerlichen Beurteilung im Prüfungszeitraum und für alle bis zum Prüfungsende abgelaufenen Wirtschaftsjahre zugrunde gelegt werden, wenn keine wesentliche Änderung der Verhältnisse eingetreten ist.

Auf Antrag des Steuerpflichtigen kann dieser einheitliche Aufteilungsmaßstab auch für künftige Wirtschaftsjahre angewendet werden. Die Angemessenheit des einheitlichen Aufteilungsmaßstabs ist in regelmäßigen Abständen zu überprüfen und bei Veränderungen der maßgeblichen Verhältnisse unverzüglich anzupassen.

Die Zugrundelegung eines einheitlichen Aufteilungsmaßstabs sollte mit der oder den ausländischen Finanzverwaltung(en) abgestimmt werden.

4. Steuerliche Behandlung

4.1 Unzutreffende Einkunftsabgrenzung

Sind die Aufwendungen einer Arbeitnehmerentsendung den beteiligten Unternehmen nicht sachgerecht, d. h. nicht der jeweiligen betrieblichen Interessenlage folgend zugeordnet worden, sind die Einkünfte nach den maßgeblichen Vorschriften zu berichtigen.

4.2 Know-how-Transfer

Durch die Tätigkeit entsandter Experten werden dem aufnehmenden Unternehmen regelmäßig auch Kenntnisse und Erfahrungen dieser Personen übermittelt.

Soweit dem aufnehmenden Unternehmen durch die bloße Tätigkeit der an sie entsandten Experten Kenntnisse und Erfahrungen vermittelt werden (z. B. durch Vorbildwirkung), ist dies Bestandteil und Grund der Entsendung und üblicherweise nicht gesondert zu vergüten.

Es ist jedoch zu beachten, dass darüber hinaus auch noch ein mit der Einräumung von Nutzungsrechten verbundener konkreter Transfer von Know-how (Pläne, Muster, Verfahren, Formeln, Patente, etc.) stattfinden kann, der zwischen fremden Dritten gesondert vergütet würde.

4.3 Vorteilsausgleich

Macht ein Unternehmen geltend, dass die Aufwendungen für entsandte Arbeitnehmer bei der Verrechnungspreisbildung, z. B. für den konzerninternen Warenverkehr, berücksichtigt worden sind, ist für die steuerliche Anerkennung eines Vorteilsausgleichs zu prüfen, ob die hierfür erforderlichen Voraussetzungen erfüllt sind. Tz. 2.3 der Verwaltungsgrundsätze 1983 ist zu beachten.

4.4 Hinweise zur Besteuerung der Einkünfte aus unselbständiger Arbeit

Falls der Fremdvergleich ergibt, dass der Aufwand für den entsandten Arbeitnehmer zwischen dem entsendenden und dem aufnehmenden Unternehmen aufzuteilen ist, hat nach den DBA in der Regel der Staat, in dem sich der Arbeitnehmer zur Ausführung seiner Tätigkeit persönlich aufhält, das Besteuerungsrecht für den auf diese Zeit entfallenden vollen Arbeitslohn.

Das Besteuerungsrecht für den Arbeitslohn der Arbeitnehmer richtet sich nach den einschlägigen Bestimmungen der jeweiligen DBA entsprechend Art. 15 OECD-Musterabkommen und den nationalen Vorschriften. Zu den näheren Einzelheiten wird insbesondere auf die BMF-Schreiben vom 31. Oktober 1983,[1]), vom 5. Januar 1994,[2]) vom 5. Juli 1995[3]) und vom 20. April 2000[4]) hingewiesen.

5. Verfahren, Mitwirkung und Nachweise

Bei einer grenzüberschreitenden Arbeitnehmerentsendung im Unternehmensverbund beziehen sich die Auskunfts- und Beweismittelbeschaffungspflichten im Sinne des § 90 Abs. 2 AO auf den Gesamtaufwand (siehe Tz. 2.3) und auf die Interessenlage, nach der sich die Zuordnung

1) → BMF v. 31. 10. 1983, BStBl I S. 470 (Auslandstätigkeitserlass).
2) → BMF v. 5. 1. 1994, BStBl I S. 11 (DBA 183-Tage-Klausel).
3) → BMF v. 5. 7. 1995, BStBl I S. 373 (DBA Organe einer Kapitalgesellschaft).
4) → BMF v. 20. 4. 2000, BStBl I S. 483 (DBA 183-Tage-Klausel).

der Tätigkeit des entsandten Arbeitnehmers sowie eine ggf. vorzunehmende Aufteilung des Gesamtaufwandes richtet.

Die Interessenlage ist vom Steuerpflichtigen darzulegen und durch geeignete Nachweise zu belegen. Hierfür kommen z. B. in Betracht:

- Entsendevertrag,
- zusätzlicher Dienstleistungsvertrag,
- Beschreibung der Tätigkeit des aufnehmenden Unternehmens sowie seiner Produkte bzw. Dienstleistungen,
- Schriftverkehr zur Begründung der Entsendung,
- Tätigkeitsbeschreibungen für die entsandten Arbeitnehmer,
- konkrete Tätigkeitsnachweise, z. B. Berichte, Protokolle, die der entsandte Arbeitnehmer für das entsendende Unternehmen angefertigt hat,
- Stellenanzeigen,
- Untersuchungen über Vergleichsgehälter im lokalen Arbeitsmarkt,
- Gewinnprognosen des aufnehmenden Unternehmens,
- Arbeitsverträge des Arbeitnehmers mit dem entsendenden und aufnehmenden Unternehmen,
- Nachweis über die Höhe der Lohnaufwendungen vor der Entsendung,
- Kosten/Nutzen-Analyse (benefit test) bezüglich Lohnaufwand und Erfolgsbeitrag des entsandten Arbeitnehmers,
- Zeitnachweise für Art und Umfang der Tätigkeit,
- Reisekostenabrechnungen,
- funktionsorientiertes Arbeitnehmerorganigramm oder ähnliche Unterlagen.

6. Anwendung bei der Einkunftsaufteilung zwischen Betriebsstätten

Die vorstehenden Grundsätze gelten sinngemäß bei Prüfung der Aufteilung der Einkünfte bei Betriebsstätten international tätiger Unternehmen.

7. Anwendungsvorschriften

Dieses Schreiben ergänzt das Schreiben v. 23. 2. 1983[1]) und ist in allen noch offenen Fällen anzuwenden.

Steuerliche Behandlung der Familienmitglieder von Angehörigen ausländischer Streitkräfte

(Verfügung des BayLfSt vom 23. 6. 2006 – S 2363-9 St 32/St 33 –)

Zur Ausstellung einer Lohnsteuerkarte und zur Bescheinigung der Steuerklasse wegen der Aufnahme einer Tätigkeit des o. a. Personenkreise bei Arbeitgebern im Inland gilt folgendes:

Nach Art. X Abs. 1 Satz 2 des NATO-Truppenstatuts – NTS – (BGBl 1961 II S. 1183) und Art. 68 Abs. 4 des Zusatzabkommens zum NTS (BGBl 1961 II S. 1218) begründen die nichtdeutschen Mitglieder und technischen Fachkräfte der ausländischen Streitkräfte und deren nichtdeutsche Ehegatten und Kinder in der Bundesrepublik Deutschland keinen Wohnsitz oder gewöhnlichen Aufenthalt, wenn ihre Anwesenheit in der Bundesrepublik Deutschland allein auf dem Umstand beruht, dass einer der Ehegatten bei den Streitkräften beschäftigt ist. Entsprechendes gilt für die Mitglieder der sowjetischen Streitkräfte und deren Familienangehörigen nach Art. 16 Abs. 6 des Vertrags zwischen der Bundesrepublik Deutschland und der Union der Sozialistischen Sowjetrepubliken über die Bedingungen des befristeten Aufenthalts und die Modalitäten des planmäßigen Abzugs der sowjetischen Truppen aus dem Gebiet der Bundesrepublik Deutschland vom 12. 10. 1990 (BGBl 1991 II S. 256), der nach der Verordnung zur Inkraftsetzung des Notenwechsels vom 26. 09. 1990 (BGBl 1990 II S. 1254) seit dem 03. 10. 1990 vorläufig angewandt wird. Hieraus folgt, dass dieser Personenkreis als beschränkt einkommensteuerpflichtig anzusehen ist, soweit Einkünfte im Sinne des § 49 EStG bezogen werden. Dem nichtdeutschen Ehegatten ist deshalb für die Durchführung des Lohnsteuer-Abzugs auf Antrag eine *Bescheinigung nach § 39d Abs. 1 EStG* mit der Steuerklasse I zu erteilen.

Diese Regelung gilt nicht für Familienangehörige der ausländischen Streitkräfte, wenn sie die deutsche Staatsangehörigkeit besitzen (vgl. Art. X Abs. 4 NTS). Ehepartner und Kinder eines Mitglieds der ausländischen Streitkräfte unterliegen somit der unbeschränkten Steuerpflicht,

---

[1]) BStBl I S. 218.

wenn sie deutsche Staatsbürger sind und die Voraussetzungen des § 1 Abs. 1 EStG erfüllen. Dem deutschen Ehegatten bzw. dem Ehegatten, der neben der ausländischen seine deutsche Staatsangehörigkeit beibehalten hat, ist deshalb auf Antrag eine Lohnsteuerkarte mit der Steuerklasse I oder, wenn ihm der Haushaltsfreibetrag (§ 32 Abs. 7 EStG) zusteht, mit der Steuerklasse II auszustellen (* vgl. nachstehenden Hinweis).

Die familiengerechte Steuerklasse kann nur bescheinigt werden, wenn beide Ehegatten aufgrund anderer Tatsachen ihren Wohnsitz in der Bundesrepublik Deutschland begründet haben und damit unbeschränkt einkommensteuerpflichtig sind. *Hiervon ist z. B. bei einem Mitglied der ausländischen Streitkräfte auszugehen, das zusammen mit seinem Ehegatten, der die deutsche Staatsangehörigkeit besitzt, und ggf. seinen Kindern außerhalb des Kasernenbereichs eine gemeinsame inländische Familienwohnung bezogen hat* (** vgl. nachstehenden Hinweis).

Dieses Schreiben tritt an die Stelle meines Schreibens vom 29. 01. 1992 Az.: 32 – S 2363 – 49/8 – 535 – nicht abgedruckt –. Es ergeht im Einvernehmen mit dem Bundesminister der Finanzen und den obersten Finanzbehörden der anderen Länder.

Hinweise:

* Ab dem VZ 2004 kommt die Steuerklasse II (bzw. der Entlastungsbetrag für Alleinerziehende) nur noch für Alleinerziehende in Betracht. Nicht dauernd getrennt lebenden Ehegatten, bei denen keine Ehegattenbesteuerung in Betracht kommt (z. B. deutschen Ehegatten von Angehörigen der US-Streitkräfte) kann die Steuerklasse II wegen Vorliegens einer Haushaltsgemeinschaft nicht gewährt werden.
** Die kursiv gekennzeichnete Aussage im o. g. FMS ist im Hinblick auf das BFH-Urteil vom 09. 11. 2005 (BStBl 2006 II S. 374) nicht mehr uneingeschränkt zutreffend. Die o. g. Personen sind, auch wenn sie im Inland einen Wohnsitz oder gewöhnlichen Aufenthalt haben, nicht unbeschränkt einkommensteuerpflichtig, soweit sie sich nur in dieser Eigenschaft in Deutschland aufhalten. Dies ist der Fall, wenn nach den gesamten Lebensumständen erkennbar ist, dass sie nach Beendigung ihres Dienstes in den Ausgangsstaat oder in ihren Heimatstaat zurückkehren werden (Rückkehrwille). Maßgeblich sind insoweit die Verhältnisse aus der Sicht des jeweiligen Besteuerungszeitraums.

Auslandstätigkeitserlass

→ BMF vom 31. 10. 1983 (BStBl I S. 470)

Steuerliche Behandlung von Arbeitnehmereinkünften bei Auslandstätigkeiten (Auslandstätigkeitserlaß)

(BMF-Schreiben vom 31. 10. 1983, BStBl I S. 470)

Im Einvernehmen mit den obersten Finanzbehörden der Länder gilt auf Grund des § 34c Abs. 5 und des § 50 Abs. 7 EStG folgendes:

Bei Arbeitnehmern eines inländischen Arbeitgebers (Abschnitt 72 LStR[1])) wird von der Besteuerung des Arbeitslohns abgesehen, den der Arbeitnehmer auf Grund eines gegenwärtigen Dienstverhältnisses für eine begünstigte Tätigkeit im Ausland erhält.

I. Begünstigte Tätigkeit

Begünstigt ist die Auslandstätigkeit für einen inländischen Lieferanten, Hersteller, Auftragnehmer oder Inhaber ausländischer Mineralaufsuchungs- oder -gewinnungsrechte im Zusammenhang mit

1. der Planung, Errichtung, Einrichtung, Inbetriebnahme, Erweiterung, Instandsetzung, Modernisierung, Überwachung oder Wartung von Fabriken, Bauwerken, ortsgebundenen großen Maschinen oder ähnlichen Anlagen sowie dem Einbau, der Aufstellung oder Instandsetzung sonstiger Wirtschaftsgüter; außerdem ist das Betreiben der Anlagen bis zur Übergabe an den Auftraggeber begünstigt,
2. dem Aufsuchen oder der Gewinnung von Bodenschätzen,
3. der Beratung (Consulting) ausländischer Auftraggeber oder Organisationen im Hinblick auf Vorhaben im Sinne der Nummern 1 oder 2 oder
4. der deutschen öffentlichen Entwicklungshilfe im Rahmen der technischen oder finanziellen Zusammenarbeit.

Nicht begünstigt sind die Tätigkeit des Bordpersonals auf Seeschiffen und die Tätigkeit von Leiharbeitnehmern, für deren Arbeitgeber die Arbeitnehmerüberlassung Unternehmenszweck

1) Jetzt: → R 38.3 LStR.

ist, sowie die finanzielle Beratung mit Ausnahme der Nummer 4. Nicht begünstigt ist ferner das Einholen von Aufträgen (Akquisition), ausgenommen die Beteiligung an Ausschreibungen.

II. Dauer der begünstigten Tätigkeit

Die Auslandstätigkeit muß mindestens drei Monate ununterbrochen in Staaten ausgeübt werden, mit denen kein Abkommen zur Vermeidung der Doppelbesteuerung besteht, in das Einkünfte aus nichtselbständiger Arbeit einbezogen sind.

Sie beginnt mit Antritt der Reise ins Ausland und endet mit der endgültigen Rückkehr ins Inland. Eine vorübergehende Rückkehr ins Inland oder ein kurzer Aufenthalt in einem Staat, mit dem ein Abkommen zur Vermeidung der Doppelbesteuerung besteht, in das Einkünfte aus nichtselbständiger Arbeit einbezogen sind, gelten bis zu einer Gesamtaufenthaltsdauer von zehn vollen Kalendertagen innerhalb der Mindestfrist nicht als Unterbrechung der Auslandstätigkeit, wenn sie zur weiteren Durchführung oder Vorbereitung eines begünstigten Vorhabens notwendig sind. Dies gilt bei längeren Auslandstätigkeiten entsprechend für die jeweils letzten drei Monate.

Eine Unterbrechung der Tätigkeit im Falle eines Urlaubs oder einer Krankheit ist unschädlich, unabhängig davon, wo sich der Arbeitnehmer während der Unterbrechung aufhält. Zeiten der unschädlichen Unterbrechung sind bei der Dreimonatsfrist nicht mitzurechnen.

III. Begünstigter Arbeitslohn

Zum begünstigten Arbeitslohn gehören auch folgende steuerpflichtige Einnahmen, soweit sie für eine begünstigte Auslandstätigkeit gezahlt werden:

1. Zulagen, Prämien oder Zuschüsse des Arbeitgebers für Aufwendungen des Arbeitnehmers, die durch eine begünstigte Auslandstätigkeit veranlaßt sind, oder die entsprechende unentgeltliche Ausstattung oder Bereitstellung durch den Arbeitgeber,
2. Weihnachtszuwendungen, Erfolgsprämien oder Tantiemen,
3. Arbeitslohn, der auf den Urlaub – einschließlich eines angemessenen Sonderurlaubs auf Grund einer begünstigten Tätigkeit – entfällt, Urlaubsgeld oder Urlaubsabgeltung,
4. Lohnfortzahlung auf Grund einer Erkrankung während einer begünstigten Auslandstätigkeit bis zur Wiederaufnahme dieser oder einer anderen begünstigten Tätigkeit oder bis zur endgültigen Rückkehr ins Inland.

Werden solche Zuwendungen nicht gesondert für die begünstigte Tätigkeit geleistet, so sind sie im Verhältnis der Kalendertage aufzuteilen.

Der begünstigte Arbeitslohn ist steuerfrei im Sinne der §§ 3c, 10 Abs. 2 Nr. 2 EStG und des § 28 Abs. 2 BerlinFG.

IV. Progressionsvorbehalt für unbeschränkt steuerpflichtige Arbeitnehmer

Auf das nach § 32a Abs. 1 EStG zu versteuernde Einkommen ist der Steuersatz anzuwenden, der sich ergibt, wenn die begünstigten Einkünfte aus nichtselbständiger Arbeit bei der Berechnung der Einkommensteuer einbezogen werden. Bei der Ermittlung der begünstigten Einkünfte ist der Arbeitslohn um die Freibeträge nach § 19 Abs. 3 und 4 EStG und um den Werbungskosten-Pauschbetrag nach § 9a Nr. 1 EStG[1]) zu kürzen, soweit sie nicht bei der Ermittlung der Einkünfte aus nicht begünstigter nichtselbständiger Arbeit berücksichtigt worden sind.

V. Nichtanwendung

Diese Regelung gilt nicht, wenn

1. der Arbeitslohn aus inländischen öffentlichen Kassen – einschließlich der Kassen der Deutschen Bundesbahn[2]) und der Deutschen Bundesbank – gezahlt wird,
2. die Tätigkeit in einem Staat ausgeübt wird, mit dem ein Abkommen zur Vermeidung der Doppelbesteuerung besteht, in das Einkünfte aus nichtselbständiger Arbeit einbezogen sind; ist ein Abkommen für die Zeit vor seinem Inkrafttreten anzuwenden, so verbleibt es bis zum Zeitpunkt des Inkrafttretens bei den vorstehenden Regelungen, soweit sie für den Arbeitnehmer günstiger sind, oder
3. *es sich um eine Tätigkeit in* der Deutschen Demokratischen Republik oder Berlin (Ost) handelt.[3])

[1]) § 19 Abs. 3 und 4 EStG entfallen, Kürzung um Arbeitnehmer-Pauschbetrag nach § 9a Nr. 1a EStG.
[2]) Jetzt Bundeseisenbahnvermögen.
[3]) Gegenstandslos.

VI. Verfahrensvorschriften

1. Der Verzicht auf die Besteuerung im Steuerabzugsverfahren (Freistellungsbescheinigung) ist vom Arbeitgeber oder Arbeitnehmer beim Betriebsstättenfinanzamt zu beantragen. Ein Nachweis, daß von dem Arbeitslohn in dem Staat, in dem die Tätigkeit ausgeübt wird, eine der deutschen Lohnsteuer (Einkommensteuer) entsprechende Steuer erhoben wird, ist nicht erforderlich.

   Ist glaubhaft gemacht worden, daß die in Abschnitt I und II bezeichneten Voraussetzungen vorliegen, so kann die Freistellungsbescheinigung erteilt werden, solange dem Arbeitgeber eine Änderung des Lohnsteuerabzugs möglich ist (§ 41c EStG). Außerdem muß sich der Arbeitgeber verpflichten, das folgende Verfahren einzuhalten:

   a) Der begünstigte Arbeitslohn ist im Lohnkonto, auf der Lohnsteuerkarte, der besonderen Lohnsteuerbescheinigung sowie dem Lohnzettel getrennt von dem übrigen Arbeitslohn anzugeben.

   b) Die Freistellungsbescheinigung ist als Beleg zum Lohnkonto des Arbeitnehmers zu nehmen.

   c) Für Arbeitnehmer, die während des Kalenderjahrs begünstigten Arbeitslohn bezogen haben, darf der Arbeitgeber weder die Lohnsteuer nach dem voraussichtlichen Jahresarbeitslohn (sog. permanenter Jahresausgleich) ermitteln noch einen Lohnsteuer-Jahresausgleich durchführen.

      Der Arbeitgeber ist bis zur Ausschreibung der Lohnsteuerbescheinigung sowie des Lohnzettels berechtigt, bei der jeweils nächstfolgenden Lohnzahlung bisher noch nicht erhobene Lohnsteuer nachträglich einzubehalten, wenn er erkennt, daß die Voraussetzungen für den Verzicht auf die Besteuerung nicht vorgelegen haben. Macht er von dieser Berechtigung keinen Gebrauch oder kann die Lohnsteuer nicht nachträglich einbehalten werden, so ist er zu einer Anzeige an das Betriebsstättenfinanzamt verpflichtet.

2. Soweit nicht bereits vom Steuerabzug abgesehen worden ist, hat der Arbeitnehmer den Verzicht auf die Besteuerung bei seinem Wohnsitzfinanzamt zu beantragen.

VII. Anwendungszeitraum, Übergangsregelung

Diese Regelung gilt ab 1. Januar 1984. Sie ersetzt die bisher hierzu ergangenen Verwaltungsbestimmungen.

Eine vor dem 1. Januar 1984 geleistete und nach den vorstehenden Bestimmungen begünstigte Tätigkeit ist bei der Dreimonatsfrist mitzurechnen.

Bescheinigung nach dem Auslandstätigkeitserlass

Vordruckmuster Antrag auf Erteilung einer Bescheinigung nach dem Auslandstätigkeitserlass über die Freistellung des Arbeitslohns vom Steuerabzug

Antrag auf Erteilung einer Bescheinigung nach dem Auslandstätigkeitserlass

über die Freistellung des Arbeitslohns vom Steuerabzug

Bitte dem Finanzamt mit zwei Durchschriften einreichen **Weiße Felder bitte ausfüllen.**

Hinweise

Der Antrag kann vom Arbeitgeber oder vom Arbeitnehmer bei dem für den Arbeitgeber zuständigen Finanzamt (Betriebsstättenfinanzamt) gestellt werden. Die Voraussetzungen für den Verzicht auf den Steuerabzug ergeben sich aus dem Auslandstätigkeitserlass (BMF-Schreiben vom 31. Oktober 1983, Bundessteuerblatt Teil I S. 470).

Die begünstigten Einkünfte sind bei der Ermittlung des Steuersatzes für andere zu versteuernde Einkünfte unbeschränkt Einkommensteuerpflichtiger zu berücksichtigen (Progressionsvorbehalt). Der Arbeitnehmer ist daher verpflichtet, bei seinem Wohnsitzfinanzamt eine Einkommensteuererklärung abzugeben.

Bescheinigungen werden für die Dauer der begünstigten Tätigkeit, längstens für drei Jahre erteilt; danach ist eine neue Bescheinigung zu beantragen.

Bescheinigungen können rückwirkend nur erteilt werden, solange der Arbeitgeber den Lohnsteuerabzug ändern darf (§ 41c des Einkommensteuergesetzes - EStG -). Sind von begünstigtem Arbeitslohn Steuerabzugsbeträge einbehalten worden, kann der Arbeitnehmer den Verzicht auf die Besteuerung bei seiner Veranlagung zur Einkommensteuer beantragen.

Nach den Vorschriften der Datenschutzgesetze wird darauf hingewiesen, dass die Angabe der Telefonnummer freiwillig im Sinne dieser Gesetze ist und im Übrigen die mit der Steuererklärung angeforderten Daten auf Grund der §§ 149 ff. der Abgabenordnung und des § 34c Abs. 5 EStG erhoben werden.

Name, Vorname des Arbeitnehmers	Identifikationsnummer	Geburtsdatum
Anschrift (Straße, Hausnummer, Postleitzahl, Ort) - Auslandsanschrift, wenn kein Wohnsitz im Inland besteht -		
Wirtschaftszweig des Arbeitgebers		
Erste Auslandstätigkeit in	Land	
Art des begünstigten Vorhabens des Arbeitgebers		
Art der Auslandstätigkeit des Arbeitnehmers		vom - bis
Zweite Auslandstätigkeit in	Land	
Art des begünstigten Vorhabens des Arbeitgebers		
Art der Auslandstätigkeit des Arbeitnehmers		vom - bis

Bei der Ausfertigung dieses Antrags hat mitgewirkt

Herr/Frau/Firma in Telefonnummer

Bei der Auslandstätigkeit handelt es sich nicht um
- eine Tätigkeit von Bordpersonal auf Seeschiffen,
- eine finanzielle Beratung außerhalb der deutschen öffentlichen Entwicklungshilfe,
- das Einholen von Aufträgen (Akquisition) außerhalb von Ausschreibungen.

(Datum)

Name und Anschrift des Antragstellers

(Unterschrift des Antragstellers)

Falls der Antrag vom Arbeitgeber gestellt wird:
Steuernummer des Arbeitgebers

Falls der Antrag vom Arbeitnehmer gestellt wird:
Es wird bestätigt, dass die Angaben zur Auslandstätigkeit richtig sind.

(Firmenstempel, Steuernummer, Unterschrift des Arbeitgebers)

3.12

Lohnsteuerliche Zweifelsfragen zum Auslandstätigkeitserlass vom 31. Oktober 1983 (BStBl I S. 470)

(Verfügung der Thüringer Landesfinanzdirektion vom 17. 12. 2013 – S 2293 A-04-A 3.12)

Die obersten Finanzbehörden des Bundes und der Länder haben sich in jüngster Vergangenheit mit verschiedenen Auslegungsfragen hinsichtlich des Auslandstätigkeitserlasses vom 31. Oktober 1983 (BStBl I S. 470) befasst. ...

Der Auslandstätigkeitserlass (ATE) gilt für:

- Arbeitnehmer eines inländischen Arbeitgebers und
- Arbeitnehmer eines Arbeitgebers, der seinen Sitz in einem Mitgliedstaat der Europäischen Union oder einem Staat hat, auf den das Abkommen über den Europäischen Wirtschaftsraum anwendbar ist, und die übrigen Voraussetzungen des Auslandstätigkeitserlasses gegeben sind.

Auf Arbeitgeber, die ihren Sitz außerhalb der Europäischen Union oder eines Staates haben, auf den das Abkommen über den Europäischen Wirtschaftsraum anwendbar ist, ist das o. a. EuGH-Urteil nicht übertragbar. Eine Steuerbefreiung nach dem Auslandstätigkeitserlass kommt in diesen Fällen weiterhin nicht in Betracht.

I. Begünstigte Tätigkeit

a) Begünstigt ist eine Auslandstätigkeit nur für einen inländischen Lieferanten, Hersteller, Auftragnehmer oder Inhaber ausländischer Mineralaufsuchungs- oder -gewinnungsrechte.

b) Nach Tz. I Nr. 1 des ATE ist auch die Wartung sonstiger Wirtschaftsgüter begünstigt. Sonstige Wirtschaftsgüter in diesem Sinne sind solche, die ausschließlich von Arbeitnehmern inländischer Unternehmen hergestellt und gewartet werden, somit auch von inländischen Unternehmen produzierte Militärfahrzeuge. Nicht begünstigt ist hingegen die Produktion von Schiffen im Ausland.

c) Eine begünstigte Tätigkeit im Sinne von Tz. I. Nr. 4. des ATE setzt voraus, dass der Arbeitslohn im Rahmen einer Projektförderung mindestens zu 75 % durch das Bundesministerium für wirtschaftliche Zusammenarbeit und Entwicklung (ggf. auch über die Deutsche Gesellschaft für Internationale Zusammenarbeit GmbH [GIZ] – vormals Förderung über die Deutsche Gesellschaft für technische Zusammenarbeit [GTZ]) getragen wird.

   Gelingt es einer Hilfsorganisation für ein entsprechend finanziertes Projekt eine durch europäische Fördergelder unterstützte Anschlussfinanzierung zu bekommen, kann ab diesem Zeitpunkt der ATE nicht mehr angewandt werden.

   Darüber hinaus sind entsandte Mitarbeiter deutscher Nichtregierungsorganisationen, insbesondere wenn keine Projektförderung über die GIZ erfolgt, von Tz. I Nr. 4 des ATE nicht erfasst.

   Eine Steuerfreistellung kann zudem grundsätzlich nicht gewährt werden, wenn kein Projekt der Entwicklungszusammenarbeit, sondern ein Projekt der humanitären Hilfe vorliegt.

d) Auslandstätigkeiten im Rahmen von Leiharbeitsverhältnissen sollen entgegen Tz. I Satz 2 des ATE nicht von der Begünstigung ausgenommen sein.

II. Dauer der begünstigten Tätigkeit

Als unschädliche Unterbrechung gelten auch Freizeitblöcke (inklusive eingeschlossener arbeitsfreier Wochenenden und Feiertage) während einer begünstigten Auslandstätigkeit, sofern die Arbeitnehmertätigkeit zusammengenommen mindestens drei Monate in einem Staat ausgeübt wird, mit dem kein DBA besteht, in das Einkünfte aus nichtselbständiger Arbeit einbezogen sind.

III. Begünstigter Arbeitslohn

Für Aufwendungen, die mit dem begünstigten Arbeitslohn im Zusammenhang stehen, gelten die Abzugsverbote nach § 3c Abs. 1 und § 10 Abs. 2 Satz 1 Nr. 1 EStG.

IV. Progressionsvorbehalt für unbeschränkt steuerpflichtige Arbeitnehmer

Die nach dem ATE begünstigten Einkünfte aus nichtselbständiger Arbeit unterliegen dem Progressionsvorbehalt gemäß § 32b EStG.

V. Nichtanwendung

An die Stelle der in Tz. V. Nr. 1 des ATE genannten Kassen der Deutschen Bundesbahn sind die Kassen des Bundeseisenbahnvermögens getreten.

VI. Verfahrensvorschriften

Die Berechtigung oder Verpflichtung des Arbeitgebers zur Änderung des Lohnsteuerabzugs und einer verpflichtenden Anzeige gegenüber dem Betriebsstättenfinanzamt richten sich nach § 41c EStG und R 41c.1 LStR. § 42d EStG bleibt unberührt (siehe auch R 42d.1 LStR und H 42d.1 LStH).

Soweit nicht bereits von der Besteuerung des begünstigten Arbeitslohns im Rahmen des Lohnsteuerabzugsverfahrens abgesehen wurde, kann eine Steuerfreistellung im Rahmen der Veranlagung zur Einkommensteuer erfolgen.

Arbeitslohn von Berufskraftfahrern im internationalen Verkehr nach den Doppelbesteuerungsabkommen

(Verfügung der OFD Frankfurt vom 14. 8. 1996 – S 2293 A – 76 – St II 2a –)

Im Hinblick auf die bei Ressortprüfungen festgestellte hohe Fehlerquote bei der Besteuerung des Arbeitslohns grenzüberschreitend eingesetzter Berufskraftfahrer wird bei der künftigen Bearbeitung einschlägiger Fälle um genaue Beachtung der nachfolgend dargestellten Besteuerungsgrundsätze gebeten.

1. Allgemeines

Auch bei Berufskraftfahrern, zu denen auch Auslieferungsfahrer, nicht aber Reisevertreter zählen, richtet sich die eventuelle Steuerfreistellung des Arbeitslohns, der auf Auslandstätigkeiten in DBA-Staaten entfällt, nach der sog. „183-Tage-Klausel", die in allen von Deutschland abgeschlossenen DBA enthalten ist. Einzelheiten hierzu, insbesondere zur Ermittlung der 183 Tage und der Höhe des ggf. freizustellenden anteiligen Arbeitslohns, ergeben sich aus dem „Leitfaden zur Besteuerung ausländischer Einkünfte bei unbeschränkt steuerpflichtigen natürlichen Personen".

2. Besonderheiten bei Ermittlung der 183 Tage

Zur Ermittlung der 183 Tage kommt es bei der Anwendung von DBA, die – wie es weitaus überwiegend der Fall ist – eine dem Art. 15 des OECD-Musterabkommens (MA) entsprechende Regelung enthalten, darauf an, in welchem Staat die nichtselbständige Tätigkeit tatsächlich ausgeübt wird. Entscheidend ist die – durch die berufliche Tätigkeit veranlaßte – körperliche Anwesenheit (Aufenthaltstage). Mehrere Aufenthalte im gleichen Tätigkeitsstaat innerhalb eines Steuerjahrs sind für die Überprüfung der 183-Tage-Grenze zusammenzurechnen. Ganz und nicht nur zeitanteilig mitzuzählen sind dabei – in der Regel – auch Tage bloßer Teilanwesenheit, d. h. Tage, an denen der Berufskraftfahrer nur kurzfristig im Tätigkeitsstaat anwesend ist. Ohne Belang ist es, wo der wirtschaftliche Erfolg der Tätigkeit eintritt.

Hinsichtlich der Bestimmung des Tätigkeitsstaates sind bei Berufskraftfahrern folgende Besonderheiten zu beachten:

Ein Berufskraftfahrer hat seine (regelmäßige) Arbeitsstätte in seinem Fahrzeug. Der Ort der Arbeitsausübung liegt demzufolge zwangsläufig dort, wo er sich mit seinem Fahrzeug gerade aufhält bzw. fortbewegt. Ob es sich dabei um reine Transitstrecken handelt, weil der Endpunkt des Transports in einem anderen Staat liegt, ist dabei ohne Bedeutung. Nach den für die Auslegung von DBA geltenden Grundsätzen erfordert das „Arbeitsortprinzip" grundsätzlich keine Verwurzelung der Arbeitseinkünfte mit der Wirtschaft des Tätigkeits-/Quellenstaats (BFH vom 28. 9. 1990, BStBl II 1991, 86). Das bedeutet, daß bei Berufskraftfahrern die An- und Abreisetage bei Fahrten durch mehrere Staaten nicht allein dem jeweiligen Zielstaat, sondern jedem durchfahrenen Staat und dem Zielstaat gesondert zuzuordnen sind. Fährt ein im Inland ansässiger Berufskraftfahrer beispielsweise im maßgeblichen Steuerjahr in regelmäßigen Abständen (etwa 2 × wöchentlich) nach England, sind für die Frage der Zuweisung des Besteuerungsrechts neben dem DBA-Großbritannien die DBA der Staaten maßgeblich, durch die der Kraftfahrer fährt, um nach England zu gelangen (z. B. Frankreich, Belgien, Niederlande), und zwar jeweils für den Zeitraum, den der Kraftfahrer zur Fahrt durch das jeweilige Land benötigt. Deshalb kann im Beispielsfall davon ausgegangen werden, daß sich der Kraftfahrer in keinem der einzelnen Vertragsstaaten mehr als 183 Tage im Steuerjahr aufgehalten hat.

Der 183-Tage-Zeitraum ist für jedes Steuerjahr gesondert zu prüfen. Bei einem vom Kalenderjahr abweichenden Steuerjahr ist das Steuerjahr des Tätigkeitsstaates maßgeblich.

Das DBA-Türkei enthält in Art. 8 Abs. 1, 15 Abs. 3 eine Sonderregelung für Straßenfahrzeuge im internationalen Verkehr. Danach ist sowohl der Gewinn aus dem Betrieb des Fahrzeugs als auch die dem Kraftfahrer bezahlte Vergütung in dem Vertragsstaat zu versteuern, in dem sich der Sitz des Unternehmens befindet.

3. Der Sitz des Arbeitgebers als Kriterium der Zuweisung des Besteuerungsrechts

Unabhängig von der 183-Tage-Aufenthaltsdauer kann die Zuweisung des Besteuerungsrechts auch allein vom Sitz des Arbeitgebers des Kraftfahrers abhängig sein. Infolge des berufstypischen Tangierens zahlreicher Staaten ist dieses Abgrenzungskriterium bei Berufskraftfahrern von besonderer Wichtigkeit. Folgende Fallgestaltungen sind zu unterscheiden:

a) Der Arbeitgeber hat seinen Sitz im Wohnsitzstaat des Kraftfahrers

Bei dieser Konstellation hängt die Zuweisung des Besteuerungsrechts i. d. R. allein davon ab, ob sich der Berufskraftfahrer länger als 183 Tage im Steuerjahr des Tätigkeitsstaates dort aufgehalten hat. Weitergehende Besonderheiten bestehen nicht.

b) Der Arbeitgeber hat seinen Sitz im Tätigkeitsstaat des Kraftfahrers

Bei dieser Fallgestaltung bleibt der 183-Tage-Zeitraum ohne Bedeutung. Soweit der Kraftfahrer seine Tätigkeit im Staat des Arbeitgebersitzes ausübt, steht diesem Staat ohne weitere Voraussetzung das Besteuerungsrecht für den auf diesen Zeitraum entfallenden Arbeitslohn zu (Art. 15 Abs. 1 Satz 2 MA); soweit die Tätigkeit im Wohnsitzstaat ausgeübt wird, hat dieser das Besteuerungsrecht (Art. 15 Abs. 1 Satz 1 MA).

c) Der Arbeitgeber hat seinen Sitz in einem Drittstaat

Soweit sich der Kraftfahrer in Ausübung seiner Tätigkeit weder im Wohnsitzstaat noch im Staat des Arbeitgebersitzes aufhält, greift die Regelung des Art. 21 MA. Hiernach werden u. a. Einkünfte, die nicht in einem der beiden Vertragsstaaten erzielt werden, grundsätzlich dem Besteuerungsrecht des Wohnsitzstaates zugewiesen. Davon unabhängig gelten aber die Bestimmungen eines ggf. zwischen diesem Tätigkeitsstaat und Deutschland (als Wohnsitzstaat) abgeschlossenen DBA.

Insoweit ist allerdings zu beachten, daß einige DBA (Österreich, Ägypten, Indien, Norwegen, Pakistan) von der Regelung des Art. 15 Abs. 2 Buchst. b MA abweichen, die besagt, daß der Arbeitgeber – soll das Besteuerungsrecht bei einem Auslandsaufenthalt von weniger als 183 Tagen im Steuerjahr beim Wohnsitzstaat verbleiben – nicht im Tätigkeitsstaat ansässig sein darf; ob er im Wohnsitzstaat oder in einem Drittstaat ansässig ist, hat keine Bedeutung. Bei der hier angesprochenen DBA-Variante ist die Aufrechterhaltung des Besteuerungsrechts des Wohnsitzstaates vielmehr an die Voraussetzung geknüpft, daß der Arbeitgeber im Wohnsitzstaat des Arbeitnehmers ansässig ist.

4. Zahlung des Arbeitslohns zu Lasten einer Betriebsstätte des Arbeitgebers im Tätigkeitsstaat

Auch in diesem Fall, der in bezug auf Berufskraftfahrer nur selten anzutreffen ist, hat der Tätigkeitsstaat das Besteuerungsrecht, ohne daß es auf den 183-Tage-Zeitraum ankommt.

5. Anwendung von sog. Rückfallklauseln in den DBA; Auskunftsaustausch unter den EU-Mitgliedstaaten

Die Steuerfreistellung nach einem DBA gilt grundsätzlich unabhängig davon, ob der ausländische Staat von seinem Besteuerungsrecht Gebrauch macht oder nicht (Verbot der virtuellen Besteuerung). In einigen neueren DBA ist allerdings geregelt, daß die Freistellung von der deutschen Einkommensteuer nur dann greift, wenn die Einkünfte im Ausland tatsächlich besteuert werden. Solche Rückfallklauseln sind z. B. in Art. 23 Abs. 3 DBA-Norwegen und in Abs. 16d des Schlußprotokolls zum DBA-Italien enthalten. In diesen Fällen ist es Sache des Stpfl., die Besteuerung im Ausland nachzuweisen. Wird der Nachweis nicht erbracht, sind die ausländischen Einkünfte in die deutsche Einkommensbesteuerung einzubeziehen.

Wird Arbeitslohn von mehr als 20 000 DM nach einem mit einem anderen EU-Mitgliedstaat abgeschlossenen DBA von der deutschen Einkommensteuer freigestellt, ist das zuständige deutsche Finanzamt verpflichtet, hierüber das Bundesamt für Finanzen zu unterrichten, das diese Information wiederum an den betreffenden EU-Mitgliedstaat zwecks dessen Unterstützung bei der Durchsetzung seines durch das DBA zugewiesenen Besteuerungsrechts weiterleitet.

6. Progressionsvorbehalt, Abzug von Werbungskosten und Sonderausgaben

Bei Freistellung des Arbeitslohns nach einem DBA sind die freigestellten Einkünfte ausnahmslos für die Anwendung des Progressionsvorbehalts zu berücksichtigen.

Werbungskosten, die in wirtschaftlichem Zusammenhang mit dem freigestellten Arbeitslohn stehen, sind bei der Ermittlung der im Inland zu besteuernden Einkünfte nicht abzugsfähig (§ 3c EStG). Sie mindern jedoch den dem Progressionsvorbehalt zu unterwerfenden Teil der Einkünfte. Für Veranlagungszeiträume bis 1995 ist insoweit H 185 „Besteuerungsgrundlage" EStH 1995 zu beachten.

Auch der Abzug der mit dem steuerfreien Arbeitslohn in Zusammenhang stehenden Vorsorgeaufwendungen als Sonderausgaben ist ausgeschlossen (§ 10 Abs. 2 Nr. 1 EStG, H 87a „Nichtabziehbare Vorsorgeaufwendungen", Nr. 1 EStH). Hinsichtlich des Vorwegabzugs nach § 10 Abs. 3 Nr. 2 EStG hat die (teilweise) Steuerfreistellung des Arbeitslohns jedoch keine Auswirkung auf den pauschalen Kürzungsbetrag.

DBA – 183-Tage-Klausel

→ Anhang 9

DBA – Schweiz

Deutsch-schweizerisches Doppelbesteuerungsabkommen vom 11. August 1971; Einführungsschreiben zur Neuregelung der Grenzgängerbesteuerung

(BMF-Schreiben vom 19. 9. 1994, BStBl I S. 683)

3 Anlagen[1])

Zur einheitlichen Anwendung und Auslegung des Art. 15a des deutsch-schweizerischen Doppelbesteuerungsabkommens (DBA) in der Fassung des Protokolls vom 21. Dezember 1992 (BStBl I 1993 S. 927) haben die zuständigen Behörden, gestützt auf Art. 26 Abs. 3 und Art. 15a Abs. 4 DBA, das nachstehende Einführungsschreiben vereinbart, das hiermit veröffentlicht wird:

Einführungsschreiben zur Grenzgängerbesteuerung Schweiz

1) Anm.: Hier nicht beigefügt.

Ansässigkeit und Arbeitsort

Grundzüge der Ansässigkeit

Nach Art. 15a Abs. 1 Satz 1 DBA werden Gehälter, Löhne und ähnliche Vergütungen bei unselbständiger Tätigkeit des Grenzgängers in dem Staat besteuert, in dem er ansässig ist. Der Ansässigkeitsstaat ist nach Art. 4 Abs. 1 und 2 DBA zu bestimmen. Die in Art. 15a Abs. 2 Satz 1 DBA enthaltene Definition des Grenzgängerbegriffes schränkt den Begriff der Ansässigkeit nicht ein. Die Ansässigkeit ergibt sich in den nachfolgenden Randziffern (Rz) durch die Voranstellung „schweizerischer" oder „deutscher" Grenzgänger. 01

Ist eine Person in beiden Staaten unbeschränkt steuerpflichtig, kann die in Art. 15a Abs. 2 Satz 1 DBA genannte Grenzgängereigenschaft nur gegeben sein, wenn Ansässigkeitsstaat und Tätigkeitsstaat nicht zusammenfallen. 02

Beispiel:

Eine Person besitzt in beiden Staaten eine Wohnung. Der Arbeitsort befindet sich in der Schweiz.

a) Der Mittelpunkt der Lebensinteressen liegt in der Bundesrepublik Deutschland.

Da Ansässigkeits- und Tätigkeitsstaat auseinanderfallen, kann die Person grundsätzlich Grenzgänger sein.

b) Der Mittelpunkt der Lebensinteressen liegt in der Schweiz.

Art. 15a DBA ist nicht anwendbar.

Sind in einem Ansässigkeitsstaat mehrere Wohnsitze bzw. mehrere Orte des gewöhnlichen Aufenthalts gegeben, bleibt die Grenzgängereigenschaft erhalten, gleichgültig zu welchem Wohnsitz/Ort des gewöhnlichen Aufenthalts die regelmäßige Rückkehr erfolgt. 03

Beispiel:

Eine Person hat den Familienwohnsitz in Hamburg, daneben besitzt sie einen weiteren Wohnsitz in Deutschland in der Nähe der Grenze, von dem sie regelmäßig zu ihrem Arbeitsort in der Schweiz pendelt. Lediglich an den Wochenenden kehrt sie an den Familienwohnsitz zurück.

Die Grenzgängereigenschaft ist gegeben.

Ansässigkeitsbescheinigung

Der Tätigkeitsstaat kann von den Vergütungen eine Quellensteuer erheben (Art. 15a Abs. 1 Satz 2 DBA). Diese Steuer darf 4,5 v. H. des Bruttobetrags der Vergütungen nicht übersteigen, wenn die Ansässigkeit durch eine amtliche Bescheinigung der zuständigen Finanzbehörde des Ansässigkeitsstaats nachgewiesen wird (Art. 15a Abs. 1 Satz 3 DBA). Die Quellensteuer wird nicht begrenzt, wenn dem Arbeitgeber eine solche Bescheinigung nicht vorgelegt wird. Handelt es sich in diesem Fall jedoch um einen Grenzgänger im Sinne des Art. 15a Abs. 2 DBA, erfolgt die Besteuerung im Ansässigkeitsstaat unabhängig von der Erhebung der Abzugsteuer nach Art. 15a Abs. 3 DBA (vgl. Rz 22). 04

Handelt es sich bei dem Grenzgänger um eine in der Schweiz ansässige natürliche Person, die nicht die schweizerische Staatsangehörigkeit besitzt und die in der Bundesrepublik Deutschland insgesamt mindestens fünf Jahre unbeschränkt steuerpflichtig war (sog. Abwanderer), ist Art. 4 Abs. 4 DBA zu beachten (vgl. Rz 41). 05

Über die amtliche Bescheinigung haben sich die zuständigen Behörden der Vertragsstaaten zu verständigen (Art. 15a Abs. 4 DBA, Verhandlungsprotokoll vom 18. Dezember 1991 zu Art. 15a DBA, Tz. I). Die derzeit gültige Fassung des Vordrucks (Gre-1) ist als Anlage 11[1]) abgedruckt. Der Antrag auf Erteilung einer Ansässigkeitsbescheinigung ist vom Grenzgänger persönlich zu unterschreiben. 06

Die Ansässigkeitsbescheinigung gilt jeweils für ein Kalenderjahr, bei Beschäftigungsaufnahme während des Jahres bis zum Ablauf des jeweiligen Kalenderjahrs. Die Bescheinigung für das jeweilige Folgejahr (Gre-2 in der derzeit gültigen Fassung vgl. Anlage 21) wird dem Grenzgänger ohne Antrag von der zuständigen Steuerbehörde erteilt. Bei Arbeitgeberwechsel ist eine neue Bescheinigung zu beantragen. 07

Der Ansässigkeitsstaat kann die Erteilung der Ansässigkeitsbescheinigung nur dann verweigern, wenn die Person die Voraussetzungen des Art. 15a DBA nicht erfüllt.

Beispiel:

Eine in Deutschland wohnende Person arbeitet in Frankreich für einen schweizerischen Arbeitgeber. Die Zahlung des Arbeitslohns erfolgt durch den Arbeitgeber.

---

1) Anm.: Hier nicht beigefügt.

Eine Ansässigkeitsbescheinigung ist nicht zu erteilen.

08 **Arbeitsort**

Arbeitsort ist regelmäßig der Ort, an dem der Arbeitnehmer in den Betrieb seines Arbeitgebers eingegliedert ist. Übt der Arbeitnehmer nicht nur an diesem Ort seine Tätigkeit aus (z. B. Berufskraftfahrer, Außendienstmitarbeiter), sind die Tage der auswärtigen Tätigkeit als Geschäftsreisen im Rahmen der Ermittlung der Nichtrückkehrtage zu würdigen (vgl. Rz 11 ff.). Ist der Arbeitnehmer nach seinem Arbeitsvertrag in mehr als einem Betrieb seines Arbeitgebers eingegliedert, so ist Arbeitsort der Ort, an dem er seine Arbeit überwiegend auszuüben hat.

Beispiel:

Ein in Deutschland ansässiger Arbeitnehmer ist nach seinem Arbeitsvertrag verpflichtet, seine Arbeit an drei Wochen pro Monat in der Schweiz und eine Woche pro Monat in Deutschland/in einem Drittstaat auszuüben.

Sein Arbeitsort ist in der Schweiz. Liegt eine regelmäßige Rückkehr im Sinne der Rz 09 vor, sind die Arbeitstage außerhalb der Schweiz als Geschäftsreisen im Rahmen der Nichtrückkehrtage zu würdigen (vgl. Rz 11 ff.).

Regelmäßige Rückkehr

09 **Grundfall**

Nach Art. 15a Abs. 2 DBA hängt die Grenzgängereigenschaft davon ab, daß der Arbeitnehmer regelmäßig von seinem Arbeitsort an seinen Wohnsitz zurückkehrt. Dabei bleibt eine Nichtrückkehr aus beruflichen Gründen an höchstens 60 Arbeitstagen unbeachtlich (60-Tage-Grenze, vgl. Rz 11 ff.).

10 **Geringfügige Arbeitsverhältnisse**

Eine regelmäßige Rückkehr in diesem Sinne liegt auch noch vor, wenn sich der Arbeitnehmer aufgrund eines Arbeitsvertrages oder mehrerer Arbeitsverträge mindestens an einem Tag pro Woche oder mindestens an fünf Tagen pro Monat von seinem Wohnsitz an seinen Arbeitsort und zurück begibt. Sind die genannten Voraussetzungen nicht erfüllt (geringfügige Arbeitsverhältnisse), wird eine regelmäßige Rückkehr nicht angenommen.

Die Regelung über die Nichtrückkehrtage gemäß Art. 15a Abs. 2 Satz 2 DBA bleibt vorbehalten.

Beispiel 1:

Eine Arbeitnehmerin, die einmal pro Woche (aufgrund eines oder mehrerer Arbeitsverhältnisse) im anderen Vertragsstaat ihrer Arbeit nachgeht, ist Grenzgängerin.

Beispiel 2:

Ein Arbeitnehmer, der im Monat nur an drei Tagen seiner Arbeit im anderen Staat nachgeht, ist nicht Grenzgänger.

Nichtrückkehr/60-Tage-Grenze

Nichtrückkehrtage

11 Als Nichtrückkehrtage kommen nur Arbeitstage, die im persönlichen Arbeitsvertrag des Arbeitnehmers vereinbart sind, in Betracht.

Samstage, Sonn- und Feiertage können daher nur in Ausnahmefällen zu den maßgeblichen Arbeitstagen zählen. Dies käme z. B. in Frage, wenn der Arbeitgeber die Arbeit an diesen Tagen ausdrücklich anordnet und hieran anknüpfend in der Regel entweder einen Freizeitausgleich oder zusätzliche Bezahlung dafür gewährt.

12 Ein Nichtrückkehrtag ist nicht schon deshalb anzunehmen, weil sich die Arbeitszeit des einzelnen an seinem Arbeitsort entweder bedingt durch die Anfangszeiten oder durch die Dauer der Arbeitszeit über mehr als einen Kalendertag erstreckt. So sind Schichtarbeiter, Personal mit Nachtdiensten und Krankenhauspersonal mit Bereitschaftsdienst nicht schon aufgrund ihrer spezifischen Arbeitszeiten von der Grenzgängerregelung ausgeschlossen (Verhandlungsprotokoll, Tz. II Nr. 1). Bei den im Verhandlungsprotokoll aufgelisteten Berufsgruppen handelt es sich jedoch um keine abschließende Aufzählung. Kurzfristige Arbeitszeitunterbrechungen von *weniger als vier Stunden* beenden den Arbeitstag nicht.

13 **Nichtrückkehr aufgrund der Arbeitsausübung**

Tage der Nichtrückkehr sind nur dann zu berücksichtigen, wenn – wie in Art. 15a Abs. 2 Satz 2 DBA bestimmt – diese Nichtrückkehr aufgrund der Arbeitsausübung (aus beruflichen Gründen) erfolgt. Eine Nichtrückkehr aufgrund der Arbeitsausübung liegt namentlich dann vor, wenn die Rückkehr an den Wohnsitz aus beruflichen Gründen nicht möglich oder nicht zumutbar ist.

Bei einer Arbeitsunterbrechung von vier bis sechs Stunden ist eine Rückkehr an den Wohnsitz zumutbar, wenn die für die Wegstrecke von der Arbeitsstätte zur Wohnstätte benötigte Zeit (hin und zurück) mit den in der Regel benutzten Transportmitteln nicht mehr als 20 v. H. der Zeit der Arbeitsunterbrechung beträgt.

Krankheits- und unfallbedingte Abwesenheiten gelten nicht als Tage der Nichtrückkehr. Die Tage der Nichtrückkehr bestimmen sich nach der Anzahl der beruflich bedingten Übernachtungen bzw. der beruflich bedingten Nichtrückkehr bei Arbeitsunterbrechung von mindestens vier Stunden.

Beispiel:

Ein Grenzgänger unternimmt eine Geschäftsreise, die eine auswärtige Übernachtung im Tätigkeitsstaat oder Ansässigkeitsstaat bedingt.

Es liegt ein Tag der Nichtrückkehr vor.

Eintägige Geschäftsreisen (ohne Übernachtung) 14

Eintägige Geschäftsreisen im Vertragsstaat des Arbeitsorts und im Ansässigkeitsstaat zählen nicht zu den Nichtrückkehrtagen. Eintägige Geschäftsreisen in Drittstaaten zählen stets zu den Nichtrückkehrtagen.

Kürzung der 60-Tage-Grenze

Arbeitgeberwechsel 15

Findet ein Arbeitgeberwechsel innerhalb eines Kalenderjahrs im Tätigkeitsstaat statt, erfolgt die Kürzung der 60-Tage-Grenze entsprechend Tz. II Nr. 3 des Verhandlungsprotokolls bezogen auf das jeweilige Arbeitsverhältnis.

Beispiel:

B, wohnhaft in Deutschland, arbeitet bis zum 30. 04. 01 in der Schweiz. Im Februar/März wird er für seine Firma für sechs Wochen in der Innerschweiz tätig, wobei er jeweils am Montag anreist und am Samstag zurückfährt. In dieser Zeit (6 × 5 Tage) kehrt er aus beruflichen Gründen nicht an seinen Wohnsitz zurück.

Zum 01. 11. 01 beginnt er wieder in der Schweiz zu arbeiten. In der Zeit vom 01. 11.–31. 12. 01 kehrt er wegen einer Dienstreise im Tätigkeitsstaat (Anreise Montag/Rückreise Freitag) aus beruflichen Gründen nicht an seinen Wohnsitz zurück.

Lösung:

Bei seinem ersten Arbeitsverhältnis, das vier volle Monate dauerte, liegen 30 beruflich bedingte Übernachtungen (= 30 Tage der Nichtrückkehr) vor. Eine regelmäßige Rückkehr wird jedoch nur bei bis zu 20 Tagen Nichtrückkehr (4 Monate × 5 Tage) unterstellt. B ist also bezüglich dieses Arbeitsverhältnisses nicht als Grenzgänger anzusehen. Im zweiten Arbeitsverhältnis (Dauer zwei Monate) liegen lediglich vier beruflich bedingte Übernachtungen (= vier Tage der Nichtrückkehr) vor. In diesem Arbeitsverhältnis unterschreitet er die Grenze von zehn Tagen (2 Monate × 5 Tage) und ist deshalb als Grenzgänger anzusehen.

Tageweise Teilzeitbeschäftigte 16

Bei einem Teilzeitbeschäftigten, der nur tageweise im anderen Staat beschäftigt ist, ist die Anzahl von 60 unschädlichen Tagen durch proportionale Kürzung herabzusetzen (Verhandlungsprotokoll, Tz. II Nr. 4). Bezugsgrößen sind hierbei die im jeweiligen Arbeitsvertrag vereinbarten Arbeitstage zu den bei Vollzeitbeschäftigung betriebsüblichen Arbeitstagen. Bei einer 5-Tage-Woche ist von 250 betriebsüblichen Arbeitstagen, bei einer 6-Tage-Woche von 300 betriebsüblichen Arbeitstagen auszugehen. Urlaubstage sind bei beiden Rechengrößen aus Vereinfachungsgründen nicht abzuziehen.

Beispiel:

Eine Person, wohnhaft in Deutschland, arbeitet ganzjährig zwei Tage pro Woche in der Schweiz. An 23 Tagen kehrt sie aus beruflichen Gründen nicht an ihren Wohnsitz zurück.

a) Im Betrieb ist eine 5-Tage-Woche üblich.

b) Im Betrieb ist eine 6-Tage-Woche üblich.

Unschädlich sind bei a) 25, bei b) 21 Rückkehrtage.

Die Person ist daher bei a) Grenzgänger, bei b) nicht mehr Grenzgänger.

17 **Arbeitnehmer mit mehreren Arbeitsverhältnissen im anderen Vertragsstaat**

Die Berechnung der 60 Tage ist ebenso bei Arbeitnehmern, die im anderen Vertragsstaat bei mehreren Arbeitgebern angestellt sind, vorzunehmen. Die Voraussetzungen der Grenzgängereigenschaft sind für jedes Arbeitsverhältnis getrennt zu beurteilen. Nichtrückkehrtage sind dem jeweiligen Arbeitsverhältnis nach ihrer überwiegenden Veranlassung zuzuordnen. Eine mehrfache Berücksichtigung findet nicht statt.

Nachweis der Nichtrückkehrtage

18 **Bescheinigung über die Nichtrückkehrtage**

Stellt der Arbeitgeber am Ende des Jahres oder bei Beendigung des Arbeitsverhältnisses während des Kalenderjahrs fest, daß die Grenzgängereigenschaft aufgrund der entsprechenden Nichtrückkehrtage entfällt, hat er die Nichtrückkehrtage mit dem Vordruck Gre-3 (in der derzeit gültigen Fassung vgl. Anlage 31[1])) zu bescheinigen. Der Vordruck ist jeweils unaufgefordert der für den Einbehalt der Abzugsteuer zuständigen Steuerbehörde zuzuleiten, die diese Bescheinigung nach Überprüfung mit einem Sichtvermerk versehen an den Arbeitgeber zur Weiterleitung an den Grenzgänger zurückgibt. Es bleibt dem Ansässigkeitsstaat unbenommen, die bescheinigten Nichtrückkehrtage zu überprüfen und entsprechende Nachweise zu verlangen. Solche Nachweise sollen nur ausnahmsweise und namentlich dann verlangt werden, wenn ein begründeter Anlaß besteht. Die Vertragsstaaten haben sich verpflichtet, entsprechende Auskünfte zu erteilen (Art. 27 Abs. 1 Satz 2 DBA, vgl. auch Rz 37).

19 **Voraussichtliche Nichtrückkehr**

Ist für den Arbeitgeber voraussehbar, daß der Grenzgänger bei ganzjähriger Beschäftigung an mehr als 60 Tagen pro Kalenderjahr – bei zeitweiser Beschäftigung während des Kalenderjahrs nach entsprechender Kürzung – aus beruflichen Gründen nicht an seinen Wohnsitz zurückkehren wird, ist der Tätigkeitsstaat vorläufig berechtigt, Quellensteuern entsprechend seinem nationalen Recht zu erheben. Der Arbeitgeber hat dies dem Grenzgänger formlos zu bescheinigen mit dem Hinweis, daß die detaillierte Aufstellung der Tage der Nichtrückkehr nach Ablauf des Kalenderjahrs oder, wenn das Arbeitsverhältnis früher beendet wird, zum Ende des Arbeitsverhältnisses mit dem Vordruck Gre-3 zur Vorlage bei der Steuerbehörde bescheinigt wird (vgl. Rz 18).

Diesem Umstand ist im Ansässigkeitsstaat durch einen Aufschub der Besteuerung bzw. Anpassung der Einkommensteuer-Vorauszahlungen Rechnung zu tragen.

Abzugsteuer

20 **Bemessungsgrundlage/-zeitraum**

Bei Vorliegen der Ansässigkeitsbescheinigung bzw. der Verlängerung darf die Abzugsteuer 4,5 v. H. des Bruttobetrags der Vergütungen nicht überschreiten. Für die Berechnung ist der Lohnzahlungszeitraum (i. d. R. Kalendermonat) maßgebend. Die Bemessungsgrundlage (Bruttobetrag der Vergütungen) bestimmt sich nach dem jeweiligen nationalen Steuerrecht. Die Qualifikation durch den Tätigkeitsstaat bindet den Ansässigkeitsstaat für Zwecke der Steueranrechnung. Soweit die Grenzgängereigenschaft vorliegt, erstreckt sich der Quellensteuerabzug auf alle Vergütungen, unabhängig davon, wo die Arbeit ausgeübt wird.

Beseitigung der Doppelbesteuerung

Ansässigkeitsstaat Deutschland

21 Liegen die Voraussetzungen des Art. 15a Abs. 2 DBA vor, ist die Abzugsteuer höchstens mit 4,5 v. H. der Bruttovergütungen anzurechnen (Art. 15a Abs. 3 Buchst. a DBA).

Die Anrechnung von Abzugsteuer bei der Veranlagung erfolgt jedoch nur dann, wenn eine gesonderte Steuerbescheinigung oder ein Steuerausweis auf dem Lohnausweis über die einbehaltene Abzugsteuer vorgelegt wird. Dieser Nachweis ist auf Verlangen des Arbeitnehmers vom Arbeitgeber auszustellen (Verhandlungsprotokoll Tz. III). Ohne eine solche Bescheinigung kann auch bei Schätzungsveranlagungen eine Abzugsteuer nicht berücksichtigt werden.

22 Behält der Arbeitgeber bei einem Grenzgänger Quellensteuer von mehr als 4,5 v. H. der Bruttovergütungen ein (Nichtvorlage der Ansässigkeitsbescheinigung durch den Arbeitnehmer vgl. Rz 04, unzutreffende Beurteilung der voraussichtlichen Nichtrückkehrtage durch den Arbeitgeber vgl. Rz 18/19, Rechenfehler), erfolgt nur eine Anrechnung der Abzugsteuer in Höhe von 4,5 vom Hundert der Bruttovergütungen. Auch in diesen Fällen ist eine Steuerbescheinigung vorzulegen. Stellt sich heraus, daß die schweizerische Steuer, die vom Lohn des deutschen Grenzgängers einbehalten wurde, in Abweichung von den Bestimmungen des Art. 15a DBA zu hoch war, ist die Erstattung der Differenz in der Schweiz zu beantragen, vgl. Rz 33.

[1]) Anm.: Hier nicht beigefügt.

Ansässigkeitsstaat Schweiz 23

Bei schweizerischen Grenzgängern in Deutschland, die dort mit der nach Art. 15a Abs. 1 DBA auf 4,5 v. H. begrenzten Steuer belegt werden, wird der Bruttobetrag der Arbeitsvergütungen für die Zwecke der Steuerbemessung in der Schweiz um ein Fünftel herabgesetzt. Dabei gilt als Bruttolohn der Betrag, der demjenigen in Ziffer 1 B des eidgenössischen Lohnausweises Form. 11 EDP entspricht. Da gewisse Einkünfte, die nach dem eidgenössischen Lohnausweis zum Bruttolohn gehören, in Deutschland steuerfrei sind und daher im deutschen Lohnsteuerformular nicht erscheinen, werden solche Einkünfte in der deutschen Lohnsteuerbescheinigung für schweizerische Grenzgänger zusätzlich aufgeführt. Es handelt sich dabei um Abfindungen nach § 3 Nr. 9 sowie um Zuschläge für Sonntags-, Feiertags- oder Nachtarbeiten nach § 3b des deutschen Einkommensteuergesetzes (EStG). Nicht in der Schweiz besteuert werden solche Einkünfte von Grenzgängern, die eine Ansässigkeitsbescheinigung (Formular Gre-1) in Verbindung mit der Arbeitgeberbescheinigung (Formular Gre-3) vorlegen. Diese Einkünfte können in Deutschland voll besteuert werden und sind von der schweizerischen Steuer befreit.

Steuerberechnung

Deutsche Arbeitgeber

Schweizerische Arbeitnehmer, die die Grenzgängereigenschaft im Sinne des Art. 15a Abs. 2 DBA erfüllen (vgl. Rz 01 ff.), sind im Regelfall beschränkt einkommensteuerpflichtig. Abweichend von § 39d EStG bedingen die zwischenstaatlichen Vereinbarungen hier ein eigenständiges Lohnsteuerabzugsverfahren (Art. 3 des Zustimmungsgesetzes vom 30. September 1993, BStBl I S. 927). Der abweichende Lohnsteuerabzug gilt auch dann, wenn der schweizerische Grenzgänger ausnahmsweise (erweitert) unbeschränkt einkommensteuerpflichtig ist, weil eine Doppelansässigkeit vorliegt und Art. 4 Abs. 3 DBA nicht anzuwenden ist oder unter den übrigen Voraussetzungen des § 1 Abs. 3 EStG der Arbeitslohn aus einer deutschen öffentlichen Kasse bezogen wird (vgl. Rz 43). 24

Regelfall: Steuerabzug von 4,5 v. H. 25

Die Lohnsteuer des schweizerischen Grenzgängers darf in all diesen Fällen höchstens 4,5 v. H. des im jeweiligen Lohnzahlungszeitraum bezogenen steuerpflichtigen Bruttoarbeitslohns betragen. Hierunter ist der nach innerstaatlichen Vorschriften lohnsteuerpflichtige Arbeitslohn zu verstehen. Für den Begriff des Arbeitslohns gilt § 2 der Lohnsteuer-Durchführungsverordnung. Persönliche Abzüge, wie Werbungskosten, Sonderausgaben und außergewöhnliche Belastungen, für die in anderen Fällen eine Freibetragseintragung in Frage kommt (§§ 39a, 39d Abs. 2 EStG), dürfen die Bemessungsgrundlage für die ermäßigte Lohnsteuer nicht kürzen.

Beispiel:

Der Arbeitslohn eines schweizerischen Grenzgängers setzt sich für den Lohnzahlungszeitraum Januar 1994 wie folgt zusammen

– Grundlohn	3 500 DM
– Mehrarbeitsvergütung	500 DM
– Steuerfreie Nachtarbeitszuschläge	300 DM
– Vermögenswirksame Leistungen	78 DM
– Sonstiger Bezug – Urlaubsentschädigung 1993	500 DM
insgesamt	4 878 DM.

Die Lohnsteuer für den Monat Januar berechnet sich mit 4,5 v. H. von 4 578 DM. Steuerfreier Arbeitslohn bleibt außer Ansatz.

Die Regelung, daß für schweizerische Grenzgänger die Lohnsteuer höchstens 4,5 v. H. des steuerpflichtigen Arbeitslohnes betragen darf, gilt auch für die Fälle der pauschalen Lohnsteuer. Der nach dem EStG maßgebliche Pauschsteuersatz von 15 v. H. bzw. 25 v. H. wird durch die zwischenstaatliche Vereinbarung ebenfalls erfaßt und entsprechend ermäßigt. Dies gilt unabhängig davon, ob eine pauschale Lohnsteuer – wie bei Aushilfs- oder Teilzeitkräften für den gesamten Arbeitslohn oder wie bei Zukunftssicherungsleistungen neben dem übrigen Arbeitslohn – in Frage kommt.

Sonderfälle

Keine Begrenzung des Steuerabzugs auf 4,5 v. H. 26

Liegt dem Arbeitgeber keine Ansässigkeitsbescheinigung bzw. keine Verlängerung vor oder ist der Arbeitnehmer aufgrund seiner Nichtrückkehrtage an den Wohnsitz kein Grenzgänger, ist die Lohnsteuer ausschließlich nach innerstaatlichen Vorschriften zu berechnen.

27 **Steuer nach Tabelle ist niedriger als 4,5 v. H.**

Der Steuersatz von 4,5 v. H. ist auch dann ohne Bedeutung, wenn der schweizerische Grenzgänger eine Ansässigkeitsbescheinigung bzw. eine Verlängerung vorgelegt hat, aber ein Abgleich zwischen der Lohnsteuer nach den Lohnsteuer-Tabellen und der ermäßigten Abzugsteuer ausnahmsweise ergibt, daß die normale Lohnsteuer weniger als 4,5 v. H. des gesamten steuerpflichtigen Arbeitslohns des jeweiligen Lohnzahlungszeitraums beträgt. Um eine Benachteiligung schweizerischer Grenzgänger gegenüber anderen beschränkt steuerpflichtigen Arbeitnehmern zu vermeiden, hat der deutsche Arbeitgeber insbesondere bei geringen Lohnbezügen eine Vergleichsberechnung durchzuführen.

Beispiel:

Eine in Basel wohnhafte Halbtagskraft ist in Lörrach beschäftigt. Der monatliche Bruttoarbeitslohn beträgt 1 000 DM zuzüglich einer monatlichen Zukunftssicherungsleistung von 100 DM, für die die Voraussetzungen der Lohnsteuer-Pauschalierung nach den Regeln der Direktversicherung erfüllt sind. Der Firma liegt sowohl eine Ansässigkeitsbescheinigung als auch eine besondere Bescheinigung des Betriebsstättenfinanzamts nach § 39d Abs. 2 EStG vor, aus der sich für die Arbeitnehmerin die Steuerklasse I sowie ein monatlicher Freibetrag für persönliche Abzüge in Höhe von 100 DM ergibt.

Lösung:

Der Arbeitgeber hat folgende Vergleichsberechnung durchzuführen

– Ermäßigte Abzugsteuer
  1 100 DM (1 000 DM + 100 DM) × 4,5 v. H. = 49,50 DM
  (Maßgebliche Berechnungsgrundlage ist der gesamte steuerpflichtige Arbeitslohn einschl. pauschalbesteuerungsfähiger Bezüge ohne Kürzung um persönliche Abzüge.)
– Lohnsteuer nach allgemeinen Grundsätzen
  Lohnsteuer lt. A-Tabelle
  (Die Anwendung der Lohnsteuer-Zusatztabelle für Geringverdiener ist bei beschränkt steuerpflichtigen Arbeitnehmern nicht zulässig.)
  900 DM (1 000 DM abzügl. bescheinigtem Monatsfreibetrag) = 17,08 DM
  pauschale Lohnsteuer von 100 DM × 15 v. H. = 15,00 DM
  insgesamt 32,08 DM

Die Lohnsteuerberechnung nach allgemeinen Grundsätzen führt zu einer geringeren Steuer als die höchstens zulässige Abzugsteuer von 4,5 v. H. Die Firma hat deshalb nur 32,08 DM an Steuern für die schweizerische Teilzeitkraft einzubehalten.

Bei Arbeitnehmern mit doppeltem Wohnsitz bzw. mit Zahlungen aus öffentlichen Kassen ist zu beachten, daß auf sie die Lohnsteuer-Zusatztabellen Anwendung finden, da sie (ggf. erweitert) unbeschränkt steuerpflichtig sind. Für sie wird daher häufiger der Fall eintreten, daß die nach allgemeinen Grundsätzen ermittelte Lohnsteuer niedriger als die Abzugsteuer von 4,5 v. H. ist.

Eine Vergleichsberechnung erübrigt sich jedoch für den Arbeitgeber, wenn er einen Steuerabzug nach der Steuerklasse VI vornehmen muß, weil ihm die entsprechenden Bescheinigungen bzw. Lohnsteuerkarten nach den §§ 39d, 39c oder 39b EStG vom Arbeitnehmer nicht vorgelegt wurden. In diesen Fällen ist die nach den Steuertabellen berechnete Lohnsteuer immer höher als die nach dem ermäßigten Steuersatz von 4,5 v. H. höchstens zulässige Lohnsteuer.

Schweizerische Arbeitgeber

28 **Regelfall: Steuerabzug von 4,5 v. H.**

Der Arbeitgeber hat vom Bruttolohn der deutschen Grenzgänger grundsätzlich 4,5 v. H. Steuer einzubehalten (zum Begriff des Bruttolohnes vgl. Ziff. 1 B des eidgenössischen Lohnausweises Form. 11 EDP). Der Steuerabzug darf allerdings nur dann auf 4,5 v. H. begrenzt werden, wenn der Grenzgänger dem Arbeitgeber eine vom deutschen Wohnsitzfinanzamt ausgestellte Ansässigkeitsbescheinigung bzw. Verlängerung vorlegt.

Sonderfälle: Keine Begrenzung des Steuerabzugs auf 4,5 v. H.

29 **Die Ansässigkeitsbescheinigung liegt nicht vor**

Wenn dem Arbeitgeber im Zeitpunkt der Lohnzahlung keine gültige Ansässigkeitsbescheinigung bzw. Verlängerung vorliegt, muß er die volle Steuer und nicht nur 4,5 v. H. einbehalten.

30 **Nichtrückkehr an den Wohnsitz**

Wenn der Arbeitgeber während des gesamten Kalenderjahrs an mehr als 60 Tagen aufgrund seiner Arbeitsausübung nicht an den Wohnsitz zurückkehrt, ist die volle Steuer einzubehalten (vgl. Rz 33). Dies gilt auch dann, wenn der Arbeitgeber erkennt, daß der Arbeitnehmer die

60 Tage voraussichtlich überschreiten wird. Beginnt oder endet die Beschäftigung in der Schweiz im Laufe des Kalenderjahrs oder liegt eine Teilzeitbeschäftigung an bestimmten Tagen vor, sind die 60 Tage entsprechend zu kürzen.

Steuer nach Tarif ist niedriger als 4,5 v. H. 31

Wenn die Steuer nach dem kantonalen Quellensteuertarif (einschließlich Bundes- und Gemeindesteuer) unter 4,5 v. H. des Bruttolohnes liegt, ist die niedrigere Steuer einzubehalten.

Verpflichtung zur Änderung der Abzugsteuer

Deutsche Arbeitgeber 32

Das abweichende Steuerabzugsverfahren, nach dem die Lohnsteuer höchstens 4,5 v. H. des steuerpflichtigen Arbeitslohns betragen darf, ist nur solange zulässig, wie der Arbeitgeber erkennt, daß die Voraussetzungen der Grenzgängereigenschaft erfüllt sind. Ist der Arbeitnehmer wegen Überschreitens der 60-Tage-Grenze voraussichtlich oder tatsächlich (vgl. Rz 19) nicht mehr Grenzgänger, so ist der Arbeitgeber bereits während des Jahres verpflichtet, bei der jeweils nächstfolgenden Lohnzahlung die für die vergangenen Lohnzahlungszeiträume dieses Kalenderjahrs noch nicht erhobene Lohnsteuer nachträglich einzubehalten (Art. 3 Abs. 3 des Zustimmungsgesetzes).

Diese Verpflichtung zur Lohnsteuer-Nacherhebung bleibt auch nach Ablauf des Kalenderjahrs erhalten. Abweichend von § 41c Abs. 3 EStG ist bei schweizerischen Grenzgängern eine Änderung des Lohnsteuerabzugs für das vergangene Jahr über den Zeitpunkt der Ausschreibung der Lohnsteuerbescheinigung hinaus bei der jeweils nächstfolgenden Lohnzahlung durchzuführen. Ergibt sich im umgekehrten Fall nachträglich, daß die Voraussetzungen der Grenzgängereigenschaft vorliegen, ist der Arbeitgeber nur bis zur Ausstellung der besonderen Lohnsteuerbescheinigung berechtigt (vgl. Rz 35), die zuviel einbehaltene Lohnsteuer zu korrigieren. Das Zustimmungsgesetz sieht hier keine entsprechende Ausnahmeregelung vor. Nach diesem Zeitpunkt kann der schweizerische Grenzgänger zuviel einbehaltene Lohnsteuer beim jeweiligen Betriebsstättenfinanzamt nur noch durch einen öffentlich-rechtlichen Erstattungsanspruch nach den Vorschriften der Abgabenordnung (§ 37 Abs. 2) geltend machen.

Schweizerische Arbeitgeber 33

Stellt sich heraus, daß der Arbeitgeber zuviel Steuern einbehalten hat (z. B. wegen Unterschreitens der 60 Tage schädlicher Nichtrückkehr), so hat er diesem Umstand bei den nächsten Lohnzahlungen Rechnung zu tragen. Dies gilt umgekehrt auch im Fall, in dem er zuwenig Steuern einbehalten hat. Im letzteren Fall hat der Arbeitgeber für das jeweilige Arbeitsverhältnis die volle Steuer rückwirkend auf den Beginn des betreffenden Kalenderjahrs zu erheben.

Sofern eine in Abzug gebrachte zu hohe Steuer in Rechtskraft erwachsen ist, sind die Kantone berechtigt, ohne Einleitung des Verständigungsverfahrens im Einzelfall eine abkommenswidrige Besteuerung zu beseitigen. Zu beachten sind die in den Art. 147 Abs. 2 und 148 des Bundesgesetzes über die direkte Bundessteuer bzw. in Art. 51 Abs. 2 und 3 des Steuerharmonisierungsgesetzes genannten Einschränkungen. Danach kommt eine Erstattung namentlich dann nicht in Betracht, wenn der Grenzgänger die Ansässigkeitsbescheinigung bzw. die Verlängerung bei der ihm zumutbaren Sorgfalt vor Eintritt der Rechtskraft der Steuer dem Arbeitgeber hätte vorlegen können.

Nachweis der Bruttovergütungen

Für einen deutschen Grenzgänger hat der Lohnausweis (Bruttobetrag der Vergütungen) auf amtlichem Vordruck der schweizerischen Steuerverwaltung zu erfolgen, wobei Spesenvergütungen durch den Arbeitgeber stets im Detail aufzuführen sind (Verhandlungsprotokoll Tz. III). 34

Für einen schweizerischen Grenzgänger ergibt sich der Inhalt des auszustellenden Lohnausweises zusätzlich aus Art. 3 Abs. 2 des Zustimmungsgesetzes. Danach hat der deutsche Arbeitgeber bei Beendigung eines Dienstverhältnisses, spätestens am Ende des Kalenderjahrs auf Antrag des Grenzgängers eine besondere Lohnsteuerbescheinigung nach amtlichem Vordruck zu erteilen (Vordruck LSt 6). Dabei ist abweichend von § 41b EStG eine Lohnsteuerbescheinigung auch für den pauschal besteuerten Arbeitslohn auszustellen. Im amtlichen Vordruck ist deshalb nicht nur der normal besteuerte Arbeitslohn, sondern auch der pauschal besteuerte Arbeitslohn entweder gesondert oder in einer Summe mit dem übrigen Arbeitslohn zu bescheinigen. Zulässig ist auch die Bescheinigung des pauschal besteuerten Arbeitslohns in einer angefügten Erklärung; entsprechendes gilt für den Ausweis der Lohnsteuer, die auf diesen Arbeitslohn entfällt. Zusätzlich hat der Arbeitgeber steuerfreie Entlassungsentschädigungen (§ 3 Nr. 9 EStG) sowie steuerfreie Zuschläge für Sonntags-, Feiertags- oder Nachtarbeit (§ 3b EStG) zu beschei- 35 nigen. Die Eintragungen sind im amtlichen Vordruck in einem freien Feld vorzunehmen und als solche kenntlich zu machen.

36 Die Ausstellung falscher Lohnausweise sowie falscher Bescheinigungen über die erhobene Abzugsteuer kann den Tatbestand des Abgabenbetrugs erfüllen, für den der Rechtshilfeweg möglich ist.

Auskunftsklausel

37 Die zuständigen Behörden können Auskünfte austauschen, die zur Feststellung der Voraussetzungen für die Besteuerung nach Art. 15a DBA notwendig sind (Art. 27 Abs. 1 Sätze 1 und 2 DBA). Hierunter fallen Auskünfte zur Feststellung der Grenzgängereigenschaft, insbesondere hinsichtlich der Überprüfung von Bescheinigungen, Bewilligungen und sonstiger Belege oder Unterlagen.

Sonderfälle

38 **Drittstaateneinkünfte**

Grenzgänger nach Art. 15a DBA sind mit ihren gesamten Einkünften aus nichtselbständiger Tätigkeit im Wohnsitzstaat steuerpflichtig. Zur Abzugsteuer vgl. Rz 20.

39 **Leitende Angestellte**

Wie bisher geht die Grenzgängerregelung des Art. 15a DBA der Regelung der leitenden Angestellten in Art. 15 Abs. 4 DBA vor. Die bisherigen Verständigungsvereinbarungen zu leitenden Angestellten als Grenzgänger werden aufgehoben (vgl. Rz 46); es gelten daher die allgemeinen Ausführungen.

40 Schweizerische Grenzgänger mit ständiger Wohnstätte oder gewöhnlichem Aufenthalt in Deutschland (Art. 4 Abs. 3 DBA)

Unterliegt der Steuerpflichtige der überdachenden Besteuerung nach Art. 4 Abs. 3 DBA, entfällt die Beschränkung der Abzugsteuer. Daneben behält die Schweiz jedoch das Besteuerungsrecht nach Art. 15a DBA für den Grenzgänger. Die Doppelbesteuerung wird durch Steueranrechnung vermieden (Art. 4 Abs. 3 DBA in Verbindung mit § 34c EStG).

41 **Abwanderer in die Schweiz (Art. 4 Abs. 4 DBA)**

Art. 15a Abs. 1 Satz 4 DBA bekräftigt, daß die Regelung des Art. 4 Abs. 4 DBA den Regelungen über die Grenzgängerbesteuerung vorgeht. Eine Änderung gegenüber der bisherigen Rechtslage ergibt sich hieraus nicht.

Somit entfällt bei Grenzgänger-Abwanderern auch die Beschränkung des Tätigkeitsstaats Deutschland auf eine Abzugsteuer von 4,5 v. H. des Bruttobetrags der Vergütungen. Eine teilweise Freistellung von Abzugsteuern nach § 39b Abs. 6 EStG bei Arbeitslöhnen kommt bei Abwanderern so lange nicht in Betracht, wie Art. 4 Abs. 4 DBA anzuwenden ist.2

Die Regelung des Art. 4 Abs. 4 DBA ist nicht anzuwenden, wenn der Wegzug in die Schweiz wegen Heirat mit einer Person schweizerischer Staatsangehörigkeit erfolgt.

Für die Anrechnung schweizerischer Steuern im Lohnsteuerabzugsverfahren gilt:

In entsprechender Anwendung des § 39b Abs. 6 EStG rechnet der Arbeitgeber aufgrund einer Anrechnungsbescheinigung des Betriebsstättenfinanzamts einen bestimmten Betrag als schweizerische Steuer vorläufig auf die 4,5 v. H. des Bruttobetrages der Vergütungen übersteigende deutsche Lohnsteuer an. Der Grenzgänger-Abwanderer hat die Anrechnungsbescheinigung beim Betriebsstättenfinanzamt zu beantragen. Dem Antrag hat er seinen letzten schweizerischen Steuer- oder Vorauszahlungsbescheid beizufügen. Nach Ablauf des Kalenderjahrs wird zur endgültigen Anrechnung der schweizerischen Steuer auf Antrag des Grenzgänger-Abwanderers eine Veranlagung durchgeführt. Der Antrag auf Durchführung der Veranlagung ist gleichzeitig mit dem Antrag auf Erteilung der Anrechnungsbescheinigung zu stellen.

42 **Künstler, Musiker, Sportler und Artisten (Art. 17 DBA)**

Bei dem oben genannten Personenkreis geht die Grenzgängerregelung des Art. 15a DBA dem Art. 17 Abs. 1 DBA vor. Dies bedeutet, daß Art. 15a DBA künftig auch bei angestellten Künstlern anwendbar ist, die in einem Arbeitsverhältnis zu einem privaten Arbeitgeber stehen.

Der Steuerabzug ist nicht nach § 39d EStG, sondern nach § 50a Abs. 4 Satz 1 Nr. 2 und Satz 3 EStG durchzuführen. Er ist für den genannten Personenkreis aber ebenfalls auf 4,5 v. H. der Bruttovergütungen beschränkt. § 50d EStG bleibt unberührt. Entsprechende Freistellungsbescheinigungen sind beim Bundesamt für Finanzen, Friedhofstr. 1, 53225 Bonn mit dem Vordruck R-D 3 unter Beifügung des Vordrucks Gre-1 zu beantragen.

Grenzgänger im öffentlichen Dienst (Art. 19 DBA) 43

Grenzgänger im öffentlichen Dienst sind wie bisher den bei privaten Arbeitgebern beschäftigten Grenzgängern gleichgestellt (Art. 19 Abs. 5 DBA).

Handelt es sich bei den Grenzgängern im öffentlichen Dienst um die in Rz 42 genannte Personengruppe, ist auch hier der Steuerabzug nach § 50a Abs. 4 Satz 1 Nr. 2 und Satz 3 EStG auf 4,5 v. H. der Bruttovergütungen beschränkt. § 50d EStG bleibt unberührt. Zum Verfahren vgl. Rz 42.

Ruhegehälter aus öffentlichen Kassen 44

Das Besteuerungsrecht für Ruhegehälter von Grenzgängern aus öffentlichen Kassen steht weiterhin dem Ansässigkeitsstaat zu. Der Kassenstaat hat den Steuerabzug nach Art. 15a Abs. 1 DBA zu beschränken, wenn eine Ansässigkeitsbescheinigung vorliegt. Die vor Eintritt des Versorgungsfalls vorgelegte Ansässigkeitsbescheinigung gilt ohne zeitliche Beschränkung weiter, es sei denn, es findet ein Wohnungswechsel statt.

Tätigkeitsvergütungen für einen Gesellschafter einer Personengesellschaft (Art. 7 Abs. 7 DBA) 45

Erhält ein Gesellschafter einer Personengesellschaft Tätigkeitsvergütungen als Arbeitnehmer, richtet sich das Besteuerungsrecht nach Art. 7 Abs. 7 DBA ungeachtet des Art. 7 Abs. 8 DBA. Falls nach dem jeweiligen nationalen Steuerrecht die Tätigkeitsvergütungen dem Gewinn der Personengesellschaft nicht hinzugerechnet werden, ist Art. 15a DBA anwendbar.

Aufhebung bisheriger Verständigungsvereinbarungen 46

Die Ausführungen zu Art. 15 Abs. 4 DBA (alt) im Verhandlungsprotokoll vom 18. Juni 1971 und in der Verständigungsvereinbarung vom 26. November 1971 (Nr. 6) sind letztmals bei vor dem 1. Januar 1994 zugeflossenen Vergütungen anzuwenden.

Besteuerungsrecht von Abfindungen an Arbeitnehmer nach Artikel 15 des Abkommens zwischen der Bundesrepublik Deutschland und der Schweizerischen Eidgenossenschaft zur Vermeidung der Doppelbesteuerung auf dem Gebiete der Steuern vom Einkommen und vom Vermögen

(BMF-Schreiben vom 25. 3. 2010, BStBl I S. 268)

Mit der Konsultationsvereinbarung vom 17. März 2010 zur Besteuerung von Abfindungszahlungen wurde mit der Eidgenössischen Steuerverwaltung die Verständigungsvereinbarung aus dem Jahre 1992 ergänzt und ist in der folgenden Fassung auf alle offenen Fälle anzuwenden:

Bei der steuerlichen Behandlung von Arbeitnehmer-Abfindungen nach dem deutsch-schweizerischen Doppelbesteuerungsabkommen kommt es darauf an, welchen Charakter eine Abfindung hat. Ist einer Abfindung Versorgungscharakter beizumessen – z. B. wenn laufende Pensionszahlungen kapitalisiert in einem Betrag ausgezahlt werden –, steht das Besteuerungsrecht entsprechend Artikel 18 des Abkommens dem Wohnsitzstaat zu. Dagegen hat der (frühere) Tätigkeitsstaat das Besteuerungsrecht, sofern es sich bei der Abfindung um Lohn- oder Gehaltsnachzahlungen oder Tantiemen aus dem früheren Arbeitsverhältnis handelt oder die Abfindung allgemein für das vorzeitige Ausscheiden aus dem Dienst gewährt wird. Für den Fall, dass der Arbeitnehmer in der Zeit vor dem Ausscheiden aus dem Dienst auch teils in dem Staat, in dem er ansässig ist, tätig war, ist die Abfindung zeitanteilig entsprechend der Besteuerungszuordnung der Vergütungen aufzuteilen.

Werden jedoch die Abfindungszahlungen aus Anlass der Auflösung des Arbeitsverhältnisses, die eine in einem Vertragsstaat wohnende Person nach Wegzug aus dem Tätigkeitsstaat, von ihrem ehemaligen, im anderen Vertragsstaat ansässigem Arbeitgeber erhält, nicht im ehemaligen Tätigkeitsstaat besteuert, können diese Abfindungszahlungen im Wohnsitzstaat der Person besteuert werden.

DBA-Schweiz

Deutsch-schweizerisches Doppelbesteuerungsabkommen vom 11. August 1971 (DBA); Grenzgängerbesteuerung, leitende Angestellte, Arbeitnehmer mit Drittstaateneinkünften

(BMF-Schreiben vom 7. 7. 1997, BStBl I S. 723)

Gestützt auf Artikel 26 Abs. 3 DBA haben die zuständigen Behörden folgende Verständigungsvereinbarungen getroffen:

1. **Grenzgängerbesteuerung**
   – Einführungsschreiben vom 19. September 1994 –

   a) Die Randziffern (Rz.) 11 und 12 des Einführungsschreibens werden wie folgt gefaßt (Ergänzungen sind unterstrichen):

   Rz. 11:

   Als Nichtrückkehrtage kommen nur Arbeitstage, die im persönlichen Arbeitsvertrag des Arbeitnehmers erfaßt sind, in Betracht.

   Samstage, Sonn- und Feiertage können daher nur in Ausnahmefällen zu den maßgeblichen Arbeitstagen zählen. Dies käme z. B. in Frage, wenn der Arbeitgeber die Arbeit an diesen Tagen ausdrücklich anordnet und hieran anknüpfend in der Regel entweder Freizeitausgleich oder zusätzliche Bezahlung dafür gewährt. Trägt der Arbeitgeber die Reisekosten, so werden bei mehrtägigen Geschäftsreisen alle Wochenend- und Feiertage als Nichtrückkehrtage angesehen.

   Rz. 12:

   Ein Nichtrückkehrtag ist nicht schon deshalb anzunehmen, weil sich die Arbeitszeit des einzelnen an seinem Arbeitsort entweder bedingt durch die Anfangszeiten oder durch die Dauer der Arbeitszeit über mehr als einen Kalendertag erstreckt. So sind Schichtarbeiter, Personal mit Nachtdiensten und Krankenhauspersonal mit Bereitschaftsdienst nicht schon aufgrund ihrer spezifischen Arbeitszeiten von der Grenzgängerregelung ausgeschlossen (Verhandlungsprotokoll, Tz. II Nr. 1). Bei den im Verhandlungsprotokoll aufgelisteten Berufsgruppen handelt es sich jedoch um keine abschließende Aufzählung. Als Arbeitsausübung im Sinne der Tz. II Nr. 1 des Verhandlungsprotokolls sind daher allgemein alle Zeiten anzusehen, für die aufgrund des Arbeitsverhältnisses eine Verpflichtung des Arbeitnehmers zur Anwesenheit am Arbeitsort besteht. Kurzfristige Arbeitszeitunterbrechungen von weniger als vier Stunden beenden den Arbeitstag nicht.

   b) Nach Rz. 38 wird folgende neue Rz. 38a mit der Überschrift „Bordpersonal" eingefügt:

   Rz. 38a:

   Bei den unter Artikel 15 Abs. 3 DBA fallenden Arbeitnehmern an Bord von Seeschiffen oder Luftfahrzeugen im internationalen Verkehr ist Artikel 15a DBA nicht anzuwenden.

2. **Leitende Angestellte von Kapitalgesellschaften (Art. 15 Abs. 4 DBA)**

   a) **Begriff**

   Es besteht Einvernehmen, daß zu den in Artikel 15 Abs. 4 DBA genannten Direktoren auch stellvertretende Direktoren oder Vizedirektoren und Generaldirektoren gehören. In der Regel sind die in Artikel 15 Abs. 4 DBA genannten Personenkategorien im Handelsregister eingetragen. Da das schweizerische wie auch das deutsche Recht die Eintragung der Vertretung im Handelsregister nicht zwingend vorschreibt, ist Artikel 15 Abs. 4 DBA nicht nur auf Personen anwendbar, die im Handelsregister namentlich eingetragen sind. Bei nicht im Handelsregister eingetragenen Personen wird aber verlangt, daß sie entweder die Prokura oder weitergehende Vertretungsbefugnisse, wie z. B. die Zeichnungsberechtigung, haben. In diesem Fall hat der leitende Angestellte eine Bestätigung seines Arbeitgebers über seine Vertretungsbefugnisse vorzulegen.

   b) **Besteuerung im Staat des Arbeitgebers**

   Für Einkünfte leitender Angestellter von Kapitalgesellschaften, die keine Grenzgänger im Sinne von Art. 15a DBA sind, hat der Staat der Ansässigkeit des Arbeitgebers (Kapitalgesellschaft) nach Art. 15 Abs. 4 DBA auch insoweit ein Besteuerungsrecht, als die Einkünfte auf Tätigkeiten im Staat der Ansässigkeit des leitenden Angestellten und in Drittstaaten entfallen. Dies folgt aus Sinn und Wortlaut des Artikel 15 Abs. 4 DBA, wonach dem Staat der Ansässigkeit des Arbeitgebers das Besteuerungsrecht für sämtliche Erwerbseinkünfte aus dieser leitenden Tätigkeit zusteht, sofern die Tätigkeit des leitenden Angestellten nicht so abgegrenzt ist, daß sie lediglich Aufgaben außerhalb des Staates der Ansässigkeit des Arbeitgebers umfaßt. Das Besteuerungsrecht des Staates der Ansässigkeit des leitenden Angestellten bleibt unberührt.

   c) **Vermeidung der Doppelbesteuerung in Deutschland**

   Bei leitenden Angestellten von schweizerischen Kapitalgesellschaften ist eine Doppel*besteuerung bei Einkünften*, die durch Tätigkeiten in der Schweiz erzielt werden, in Deutschland als Ansässigkeitsstaat durch Steuerfreistellung zu beseitigen. Demgegenüber kann eine Doppelbesteuerung bei Einkünften aus Inlands- oder Drittstaatentätigkeiten nach dem eindeutigen Wortlaut in Art. 24 Abs. 1 Nr. 1d DBA nur durch Anrechnung der schweizerischen Steuern vermieden werden. Die bisher angewandte Befreiungsmethode ist ab dem Veranlagungszeitraum 1996 nicht mehr anzuwenden. Die schweizerische Seite kann sich dieser Auffassung nicht anschließen und behält sich vor, die Frage bei einer Abkommensrevision erneut anzusprechen.

d) **Sogenannte Management-Dienstleistungsverträge**

Die Erörterungen mit der Eidgenössischen Steuerverwaltung hierüber sind noch nicht abgeschlossen.

3. **Arbeitnehmer mit Einkünften aus Drittstaaten**

An der mit BMF-Schreiben vom 18. Dezember 1985 bekanntgegebenen Verständigungsvereinbarung zu Arbeitnehmereinkünften aus Tätigkeiten in Drittstaaten wird festgehalten. Danach können Arbeitseinkünfte eines Arbeitnehmers, der in der Bundesrepublik Deutschland wohnt und bei einem schweizerischen Arbeitgeber beschäftigt ist, nach Artikel 15 Abs. 1 DBA nur insoweit in der Schweiz besteuert werden, als die Arbeit dort tatsächlich ausgeübt wird. Der Ort der Arbeitsausübung ist dort anzunehmen, wo sich der Arbeitnehmer zur Ausführung seiner Tätigkeit persönlich (körperlich) aufhält. Ist zum Beispiel ein Arbeitnehmer mit Wohnsitz in der Bundesrepublik Deutschland für seinen schweizerischen Arbeitgeber 70 Tage in der Schweiz (Grenzgängereigenschaft fehlt), 120 Tage in Großbritannien und 30 Tage in Saudi-Arabien tätig, dann sind seine Einkünfte für die Tätigkeit in Großbritannien und in Saudi-Arabien in der Bundesrepublik Deutschland zu versteuern.

Das BMF-Schreiben vom 18. Dezember 1985 ist in allen noch offenen Fällen nicht mehr anzuwenden.

Arbeitnehmer mit gelegentlichem Bereitschaftsdienst als Grenzgänger

(BFH-Urteil vom 16. 5. 2001 – I R 100/00 –)

Ein Arbeitnehmer mit Wohnsitz im Inland und Arbeitsort in der Schweiz, der an mehr als 60 Arbeitstagen nicht an seinen Wohnsitz zurückkehrt, unterliegt dennoch als Grenzgänger gemäß Art. 15a DBA-Schweiz der deutschen Besteuerung, wenn die Nichtrückkehr auf die Wahrnehmung eines gelegentlichen Nachtbereitschaftsdienstes zurückzuführen ist.

DBA – Arbeitslohn

→ BMF vom 12. 11. 2014 (BStBl I S. 1467) Anhang 9

Vordruckmuster Antrag für unbeschränkt einkommensteuerpflichtige Arbeitnehmer auf Erteilung einer Bescheinigung über die Freistellung des Arbeitslohns vom Steuerabzug auf Grund eines Abkommens zur Vermeidung der Doppelbesteuerung

Antrag für unbeschränkt einkommensteuerpflichtige Arbeitnehmer auf Erteilung einer Bescheinigung über die Freistellung des Arbeitslohns vom Steuerabzug auf Grund eines Abkommens zur Vermeidung der Doppelbesteuerung

Bitte dem Finanzamt mit drei Durchschriften einreichen **Weiße Felder ausfüllen oder ☒ ankreuzen.**

Hinweise

Ist nach einem Doppelbesteuerungsabkommen (DBA) die Steuerbefreiung von einem Antrag abhängig, darf der Lohnsteuerabzug nur dann unterbleiben, wenn das Betriebsstättenfinanzamt bescheinigt, dass der Arbeitslohn nicht der deutschen Lohnsteuer unterliegt. Entsprechende DBA-Regelungen bestehen u. a. mit Frankreich, Österreich, Italien, Norwegen, Schweden, USA. Ist die Steuerbefreiung nach einem DBA antragsunabhängig, hat das Betriebsstättenfinanzamt gleichwohl auf Antrag eine Freistellungsbescheinigung zu erteilen.

Dieser Vordruck gilt nur für **unbeschränkt einkommensteuerpflichtige Arbeitnehmer.** Dazu gehören auch im Inland vorübergehend beschäftigte Arbeitnehmer (z. B. Hochschullehrer, Studenten und Lehrlinge), sofern sie im Inland einen Wohnsitz oder gewöhnlichen Aufenthalt haben. Der Antrag kann vom Arbeitgeber oder vom Arbeitnehmer bei dem für den Arbeitgeber zuständigen Finanzamt (Betriebsstättenfinanzamt) gestellt werden.

Die Voraussetzungen für den Verzicht auf den Steuerabzug ergeben sich aus dem jeweiligen DBA. Die nach einem DBA freigestellten ausländischen Einkünfte sind bei der Ermittlung des Steuersatzes für andere zu versteuernde Einkünfte unbeschränkt Einkommensteuerpflichtiger zu berücksichtigen (Progressionsvorbehalt). Der Arbeitnehmer ist daher verpflichtet, bei seinem Wohnsitzfinanzamt eine Einkommensteuererklärung abzugeben. Bescheinigungen werden für die Dauer der begünstigten Tätigkeit, längstens für drei Jahre erteilt; danach ist eine neue Bescheinigung zu beantragen.

Bescheinigungen können rückwirkend nur erteilt werden, solange der Arbeitgeber den Lohnsteuerabzug ändern darf (§ 41c Einkommensteuergesetz - EStG -). Sind von begünstigtem Arbeitslohn Steuerabzugsbeträge einbehalten worden, kann der Arbeitnehmer den Verzicht auf die Besteuerung bei seiner Veranlagung zur Einkommensteuer beantragen.

Nach den Vorschriften der Datenschutzgesetze wird darauf hingewiesen, dass die Angabe der Telefonnummer freiwillig im Sinne dieser Gesetze ist und im Übrigen die mit der Steuererklärung angeforderten Daten auf Grund der §§ 149 ff. der Abgabenordnung und des § 39 Abs. 4 Nr. 5 i.V.m. § 52 Abs. 51b EStG erhoben werden.

Die in diesem Antrag enthaltenen Angaben können nach dem EG-Amtshilfe-Gesetz/EU-Amtshilfegesetz (EUAHiG) oder nach der Auskunftsklausel des jeweiligen DBA den Finanzbehörden des anderen Staates mitgeteilt werden.

Name, Vorname des Arbeitnehmers	Identifikationsnummer	
Geburtsdatum — Tag, Monat, Jahr — Familienstand	Ausgeübter Beruf	
Wohnsitz im Inland (Straße, Hausnummer, Postleitzahl, Ort)		
Vollständige Anschrift im Ausland (Straße, Hausnummer, Postleitzahl, Ort, Staat)		
Bei Zuzug aus dem Ausland: Aufenthalt im Inland	von - bis	
Für den Arbeitnehmer zuständiges Finanzamt, Steuernummer im Inland	im anderen Staat - soweit vorhanden -	
Tätigkeit des Arbeitnehmers in (Staat)	von - bis	voraussichtlicher Arbeitslohn €
Wird der Arbeitslohn von einer Betriebsstätte oder festen Einrichtung des (wirtschaftlichen) Arbeitgebers im o. a. Staat getragen?	☐ Nein	☐ Ja — Bitte ggf. Bescheinigung des Arbeitgebers beifügen
Arbeitgeber (Name und Anschrift im Inland)		
Vollständige Anschrift/Betriebsstätte des (wirtschaftlichen) Arbeitgebers/verbundenen Unternehmens im anderen Staat (Straße, Hausnummer, Postleitzahl,Ort, Staat)		

Bei der Ausfertigung dieses Antrags und der Anlagen hat mitgewirkt
Herr/Frau/Firma in Telefonnummer

Name und Anschrift des Antragstellers ▼

(Datum)

(Unterschrift des Antragstellers)

Falls der Antrag vom Arbeitgeber gestellt wird:
Steuernummer des Arbeitgebers im Inland

Finanzamt, Steuernummer des Arbeitgebers im anderen Staat

3.12

DBA – Übersicht

Stand der Doppelbesteuerungsabkommen und anderer Abkommen im Steuerbereich sowie der Abkommensverhandlungen am 1. Januar 2016

(BMF-Schreiben vom 19. 1. 2016, BStBl I S. 76)

Hiermit übersende ich eine Übersicht über den gegenwärtigen Stand der Doppelbesteuerungsabkommen (DBA) und anderer Abkommen im Steuerbereich sowie der Abkommensverhandlungen. Wie die Übersicht zeigt, werden verschiedene der angeführten Abkommen nach ihrem Inkrafttreten rückwirkend anzuwenden sein. In geeigneten Fällen sind Steuerfestsetzungen vorläufig durchzuführen, wenn ungewiss ist, wann ein unterzeichnetes Abkommen in Kraft treten wird, das sich zugunsten des Steuerschuldners auswirken wird. Umfang und Grund der Vorläufigkeit sind im Bescheid anzugeben. Ob bei vorläufiger Steuerfestsetzung der Inhalt eines unterzeichneten Abkommens bereits berücksichtigt werden soll, ist nach den Gegebenheiten des einzelnen Falles zwischen BMF und Ländern abgestimmt zu entscheiden. Zur Rechtslage nach dem **Zerfall der Sozialistischen Föderativen Republik Jugoslawien (SFRJ)** ist auf Folgendes hinzuweisen:

Vereinbarungen über die Fortgeltung des DBA mit der SFRJ vom 26. März 1987 wurden geschlossen mit:

Republik Bosnien und Herzegowina (BGBl. 1992 II S. 1196),
Republik Serbien (Namensänderung; ehem. Bundesrepublik Jugoslawien BGBl. 1997 II S. 961),
Republik Kosovo (BGBl. 2011 II S. 748) und Montenegro (BGBl. 2011 II S. 745).

Zur Rechtslage nach dem **Zerfall der Sowjetunion** ist auf Folgendes hinzuweisen:
Vereinbarungen über die Fortgeltung des DBA mit der UdSSR vom 24. November 1981 wurden geschlossen mit:

Republik Armenien (BGBl. 1993 II S. 169),
Republik Moldau (BGBl. 1996 II S. 768),
und Turkmenistan (Bericht der Botschaft Aschgabat vom 11. August 1999 – Nr. 377/99).

Zur Rechtslage nach der **Teilung der Tschechoslowakei** ist auf Folgendes hinzuweisen:

Vereinbarungen über die Fortgeltung des DBA mit der Tschechoslowakischen Sozialistischen Republik vom 19. Dezember 1980 wurden mit der Slowakischen Republik und mit der Tschechischen Republik getroffen (BGBl. 1993 II S. 762).

Hongkong wurde mit Wirkung ab 1. Juli 1997 ein besonderer Teil der VR China (Hongkong Special Administrative Region). Das allgemeine Steuerrecht der VR China gilt dort nicht. Damit ist das zwischen der Bundesrepublik Deutschland und der VR China abgeschlossene DBA vom 10. Juni 1985 in Hongkong nicht anwendbar. Vorgenannte Ausführungen zu Hongkong (außer Luftfahrtunternehmen) gelten in entsprechender Weise auch für **Macau** nach dessen Übergabe am 20. Dezember 1999 an die VR China (Macau Special Administrative Region).

Aufgrund des besonderen völkerrechtlichen Status von **Taiwan** wurde ein Steuerabkommen nur von den Leitern des Deutschen Instituts in Taipeh und der Taipeh Vertretung in der Bundesrepublik Deutschland unterzeichnet. Das Gesetz vom 2. Oktober 2012 zum diesbezüglichen Abkommen vom 19. und 28. Dezember 2011 zwischen dem Deutschen Institut in Taipeh und der Taipeh Vertretung in der Bundesrepublik Deutschland zur Vermeidung der Doppelbesteuerung und zur Verhinderung der Steuerverkürzung hinsichtlich der Steuern vom Einkommen und vom Vermögen ist veröffentlicht (BGBl. 2012 I S. 2079; BStBl 2013 I S. 20). Das Abkommen ist am 7. November 2012 in Kraft getreten (BGBl. 2012 I S. 2461; BStBl 2013 I S. 33) und damit grundsätzlich ab 1. Januar 2013 anzuwenden.

Stand der Doppelbesteuerungsabkommen und anderer Abkommen im Steuerbereich

1. Januar 2016

I. Geltende Abkommen

Abkommen mit	vom	Fundstelle BGBl. II Jg.	S.	BStBl I Jg.	S.	Inkrafttreten BGBl. II Jg.	S.	BStBl I Jg.	S.	Anwendung grundsätzlich ab
1. Abkommen auf dem Gebiet der Steuern vom Einkommen und vom Vermögen										
Ägypten	08.12.1987	1990	278	1990	280	1991	1 042	1992	7	01.01.1992
Albanien	06.04.2010	2011	1 186	2012	292	2012	145	2012	305	01.01.2012
Algerien	12.11.2007	2008	1 188	2009	382	2009	136	2009	396	01.01.2009
Argentinien	13.07.1978/	1979	585	1979	326	1979	1 332	1980	51	01.01.1976
	16.09.1996	1998	18	1998	187	2001	694	2001	540	01.01.1996
Armenien	24.11.1981	1983	2	1983	90	1983	427	1983	352	01.01.1980
(DBA mit UdSSR gilt fort , BGBl. 1993 II S. 169)										
Aserbaidschan	25.08.2004	2005	1 146	2006	291	2006	120	2006	304:1	01.01.2006
Australien	24.11.1972	1974	337	1974	423	1975	216	1975	386	01.01.1971
Bangladesch[1]	29.05.1990	1991	1 410	1992	34	1993	847	1993	466	01.01.1990
Belarus (Weißrussland)	30.09.2005	2006	1 042	2007	276	2007	287	2007	290	01.01.2007
Belgien	11.04.1967/	1969	17	1969	38	1969	1 465	1969	468	01.01.1966
	05.11.2002	2003	1 615	2005	346	2003	1 744	2005	348	01.01.2004
Bolivien	30.09.1992	1994	1 086	1994	575	1995	907	1995	758	01.01.1991
Bosnien und Herzegowina	26.03.1987	1988	744	1988	372	1988	1 179	1989	35	01.01.1989
(DBA mit SFR Jugoslawien gilt fort, BGBl. 1992 II S. 1 196)										
Bulgarien	02.06.1987/	1988	770	1988	389	1988	1 179	1989	34	01.01.1989
	25.01.2010	2010	1 286	2011	543	2011	584	2011	558	01.01.2011
China	10.06.1985	1986	446	1986	329	1986	731	1986	339	01.01.1985
(ohne Hongkong und Macau)										
Costa Rica	13.02.2014	2014	917							
Côte d'Ivoire	03.07.1979	1982	153	1982	357	1982	637	1982	628	01.01.1982
Dänemark	22.11.1995	1996	2 565	1996	1 219	1997	728	1997	624	01.01.1997
Ecuador	07.12.1982	1984	466	1984	339	1986	781	1986	358	01.01.1987
Estland	29.11.1996	1998	547	1998	543	1999	84	1999	269	01.01.1994
Finnland	05.07.1979	1981	1 164	1982	201	1982	577	1982	587	01.01.1981
Frankreich	21.07.1959/	1961	397	1961	342	1961	1 659	1961	712	01.01.1957
	09.06.1969/	1970	717	1970	900	1970	1 189	1970	1 072	01.01.1968
	28.09.1989/	1990	770	1990	413	1991	387	1991	93	01.01.1990
	20.12.2001/	2002	2 370	2002	891	2003	542	2003	383	01.01.2002
	31.03.2015	2015	1 332							01.01.2016
Georgien	01.06.2006/	2007	1 034	2008	482	2008	521	2008	494	01.01.2008
	11.03.2014	2014	940	2015	177, 178	2015	62	2015	181	01.01.2015
Ghana	12.08.2004	2006	1 018	2008	467	2008	51	2008	481	01.01.2008
Griechenland	18.04.1966	1967	852	1967	50	1968	30	1968	296	01.01.1964
Indien	19.06.1995	1996	706	1996	599	1997	751	1997	363	01.01.1997
Indonesien	30.10.1990	1991	1 086	1991	1 001	1991	1 401	1992	186	01.01.1992
Iran, Islamische Republik	20.12.1968	1969	2 133	1970	768	1969	2 288	1970	777	01.01.1970
						1970	282			
Irland	17.10.1962/	1964	266	1964	320	1964	632	1964	366	01.01.1959
	25.05.2010	2011	250	2012	14	2011	741	2012	16	01.01.2011
	30.03.2011/	2011	1 042	2013	471	2013	332	2013	487	01.01.2013
	03.12.2014	2015	1 322							01.01.2016
Island	18.03.1971	1973	357	1973	504	1973	1 567	1973	730	01.01.1968
Israel	09.07.1962/	1966	329	1966	700	1966	767	1966	946	01.01.1961
	20.07.1977	1979	181	1979	124	1979	1 031	1979	603	01.01.1970
Italien	18.10.1989	1990	742	1990	396	1993	59	1993	172	01.01.1993
Jamaika	08.10.1974	1976	1 194	1976	407	1976	1 703	1976	632	01.01.1973
Japan	22.04.1966/	1967	871	1967	58	1967	2 028	1967	336	01.01.1967
	17.04.1979/	1980	1 182	1980	649	1980	1 426	1980	772	01.01.1977
	17.02.1983	1984	194	1984	216	1984	567	1984	388	01.01.1981
Jersey	04.07.2008	2009	589	2010	174	2010	38	2010	178	01.01.2010
	07.05.2015	2015	1 326							29.08.2014
Kanada	19.04.2001	2002	671	2002	505	2002	962	2002	521	01.01.2001
Kasachstan	26.11.1997	1998	1 592	1998	1 029	1999	86	1999	269	01.01.1996
Kenia	17.05.1977	1979	606	1979	337	1980	1 357	1980	792	01.01.1980
Kirgisistan	01.12.2005	2006	1 066	2007	233	2007	214	2007	246	01.01.2007
Korea, Republik	10.03.2000	2002	1 630	2003	24	2002	2 855	2003	36	01.01.2003
Kosovo	26.03.1987	1988	744	1988	372	1988	1 179	1989	35	01.01.1989
(DBA mit SFR Jugoslawien gilt fort, BGBl. 2011 II S. 748)										
Kroatien	06.02.2006	2006	1 112	2007	246	2007	213	2007	260	01.01.2007
Kuwait	04.12.1987/	1989	354	1989	150	1989	637	1989	268	01.01.84–31.12.97
	18.05.1999	2000	390	2000	439	2000	1 156	2000	1 383	01.01.1998
Lettland	21.02.1997	1998	330	1998	531	1998	2 630	1998	1 219	01.01.1996
Liberia	25.11.1970	1973	1 285	1973	615	1975	916	1975	943	01.01.1970
Liechtenstein	17.11.2011	2012	1 462	2013	488	2013	332	2013	507	01.01.2013
Litauen	22.07.1997	1998	1 571	1998	1 016	1998	2 962	1999	121	01.01.1995
Luxemburg	23.08.1958/	1959	1 269	1959	1 022	1960	1 532	1960	398	01.01.1957
	15.06.1973/	1978	109	1978	72	1978	1 396	1979	83	01.01.1971
	11.12.2009	2010	1 150	2011	837	2011	713	2011	837	01.01.2010
	23.04.2012	2012	1 403	2015	7	2014	728	2015	21	01.01.2014

Änderungen sind durch seitliche Striche gekennzeichnet

Fortsetzung siehe nächste Seite

[1] Gilt nicht für die VSt

Abkommen mit	vom	Fundstelle BGBl. II Jg.	S.	BStBl I Jg.	S.	Inkrafttreten BGBl. II Jg.	S.	BStBl I Jg.	S.	Anwendung grundsätzlich ab
(noch 1. Abkommen auf dem Gebiet der Steuern vom Einkommen und vom Vermögen)										
Malaysia	08.04.1977	1978	925	1978	324	1979	288	1979	196	01.01.1971
	23.02.2010	2010	1 310	2011	329	2011	464	2011	344	01.01.2011
Malta	08.03.2001/	2001	1 297	2002	76	2002	320	2002	240	01.01.2002
	17.06.2010	2011	275	2011	742	2011	640	2011	745	01.01.2002
Marokko	07.06.1972	1974	21	1974	59	1974	1 325	1974	1 009	01.01.1974
Mauritius	15.03.1978	1980	1 261	1980	667	1981	8	1981	34	01.01.1979
	07.10.2011	2012	1 050	2013	388	2013	331	2013	402	01.01.2013
Mazedonien	13.07.2006	2010	1 153	2011	313	2011	462	2011	327	01.01.2011
Mexiko	23.02.1993/	1993	1 966	1993	964	1994	617	1994	310	01.01.1994
	09.07.2008	2009	746	2014	1.223	2010	62	2014	1.238	01.01.2010
Moldau, Republik (DBA mit UdSSR gilt fort, BGBl. 1996 II S. 768)	24.11.1981	1983	2	1983	90	1983	427	1983	352	01.01.1980
Mongolei	22.08.1994	1995	818	1995	607	1996	1 220	1996	1 135	01.01.1997
Montenegro (DBA mit SFR Jugoslawien gilt fort, BGBl. 2011 II S. 745)	26.03.1987	1988	744	1988	372	1988	1 179	1989	35	01.01.1989
Namibia	02.12.1993	1994	1 262	1994	673	1995	770	1995	678	01.01.1993
Neuseeland	20.10.1978	1980	1 222	1980	654	1980	1 485	1980	787	01.01.1978
Niederlande	16.06.1959/	1960	1 781	1960	381	1960	2 216	1960	626	01.01.1956
	13.03.1980/	1980	1 150	1980	646	1980	1 486	1980	787	01.01.1979
	21.05.1991/	1991	1 428	1992	94	1992	170	1992	382	21.02.1992
	04.06.2004	2004	1 653	2005	364	2005	101	2005	368	01.01.2005
	12.04.2012	2012	1 414			2015	1 674			01.01.2016
Norwegen	04.10.1991/	1993	970	1993	655	1993	1 895	1993	926	01.01.1991
	24.06.2013	2014	906	2015	245	2015	346	2015	252	01.01.2015
Österreich	24.08.2000/	2002	734	2002	584	2002	2 435	2002	958	01.01.2003
	29.12.2010	2011	1 209	2012	366	2012	146	2012	369	01.01.2011
Pakistan[2]	14.07.1994	1995	836	1995	617	1996	467	1996	445	01.01.1995
Philippinen	22.07.1983	1984	878	1984	544	1984	1 008	1984	612	01.01.1985
	09.09.2013	2014	822							01.01.2016
Polen	14.05.2003	2004	1 304	2005	349	2005	55	2005	363	01.01.2005
Portugal	15.07.1980	1982	129	1982	347	1982	861	1982	763	01.01.1983
Rumänien	04.07.2001	2003	1 594	2004	273	2004	102	2004	286	01.01.2004
Russische Föderation	29.05.1996/	1996	2 710	1996	1 490	1997	752	1997	363	01.01.1997
	15.10.2007	2008	1 398	2009	831	2009	820	2009	834	01.01.2010
Sambia	30.05.1973	1975	661	1975	688	1975	2 204	1976	7	01.01.1971
Schweden	14.07.1992	1994	686	1994	422	1995	29	1995	88	01.01.1995
Schweiz	11.08.1971/	1972	1 021	1972	518	1973	74	1973	61	01.01.1972
	30.11.1978/	1980	751	1980	398	1980	1 281	1980	678	01.01.1977
	17.10.1989/	1990	766	1990	409	1990	1 698	1991	93	01.01.1990
	21.12.1992/	1993	1 886	1993	927	1994	21	1994	110	01.01.1994
	12.03.2002/	2003	67	2003	165	2003	436	2003	329	01.01.02/01.01.04
	27.10.2010	2011	1 090	2012	512	2012	279	2012	516	01.01.11/01.01.12
Serbien (Namensänderung; ehem. Bundesrepublik Jugoslawien); (DBA mit SFR Jugoslawien gilt fort, BGBl. 1997 II S. 961)	26.03.1987	1988	744	1988	372	1988	1 179	1989	35	01.01.1989
Simbabwe	22.04.1988	1989	713	1989	310	1990	244	1990	178	01.01.1987
Singapur	28.06.2004	2006	930	2007	157	2007	24	2007	171	01.01.2007
Slowakei (DBA mit Tschechoslowakei gilt fort, BGBl. 1993 II S. 762)	19.12.1980	1982	1 022	1982	904	1983	692	1983	486	01.01.1984
Slowenien	03.05.2006/	2006	1 091	2007	171	2007	213	2007	183	01.01.2007
	17.05.2011	2012	154	2013	369	2013	330	2013	372	30.07.2012
Spanien	05.12.1966	1968	9	1968	296	1968	140	1968	544	01.01.1968
	03.02.2011	2012	18	2013	349	2013	329	2013	363	01.01.2013
Sri Lanka	13.09.1979	1981	630	1981	610	1982	185	1982	373	01.01.1983
Südafrika	25.01.1973	1974	1 185	1974	850	1975	440	1975	640	01.01.1965
Syrien	17.02.2010	2010	1 359	2011	345	2011	463	2011	358	01.01.2011
Tadschikistan	27.03.2003	2004	1 034	2005	15	2004	1 565	2005	27	01.01.2005
Thailand	10.07.1967	1968	589	1968	1 046	1968	1 104	1969	18	01.01.1967
Trinidad und Tobago	04.04.1973	1975	679	1975	697	1977	263	1977	192	01.01.1972
Tschechien (DBA mit Tschechoslowakei gilt fort, BGBl. 1993 II S. 762)	19.12.1980	1982	1 022	1982	904	1983	692	1983	486	01.01.1984
Tunesien	23.12.1975	1976	1 653	1976	498	1976	1 927	1977	4	01.01.1976
Türkei	16.04.1985	1989	866	1989	471	1989	1 066	1989	482	01.01.1990
	19.09.2011	2012	526	2013	373	2013	329	2013	387	01.01.2011
Turkmenistan (DBA mit UdSSR gilt fort, Bericht der Botschaft Aschgabat vom 11. August 1999 – Nr. 377/99)	24.11.1981	1983	2	1983	90	1983	427	1983	352	01.01.1980

Änderungen sind durch seitliche Striche gekennzeichnet

Fortsetzung siehe nächste Seite

[2] Gilt nicht für die VSt

Abkommen		Fundstelle				Inkrafttreten				Anwendung
		BGBl. II		BStBl I		BGBl. II		BStBl I		grundsätzlich
mit	vom	Jg.	S.	Jg.	S.	Jg.	S.	Jg.	S.	ab
(noch 1. Abkommen auf dem Gebiet der Steuern vom Einkommen und vom Vermögen)										
Ukraine	03.07.1995	1996	498	1996	675	1996	2 609	1996	1 421	01.01.1997
Ungarn	18.07.1977	1979	626	1979	348	1979	1 031	1979	602	01.01.1980
	28.02.2011	2011	919	2012	155	2012	47	2012	168	01.01.2012
Uruguay	05.05.1987	1988	1 060	1988	531	1990	740	1990	365	01.01.1991
	09.03.2010	2011	954	2012	350	2012	131	2012	365	01.01.2012
Usbekistan	07.09.1999/	2001	978	2001	765	2002	269	2002	239	01.01.2002
	14.10.2014	2015	1 198							01.01.2016
Venezuela	08.02.1995	1996	727	1996	611	1997	1 809	1997	938	01.01.1997
Vereinigte Arab. Emirate	09.04.1995/	1996	518	1996	588	1996	1 221	1996	1 135	01.01.1992
	04.07.2006	2007	746	2007	724	2007	1 467	2007	726	10.08.2006
	01.07.2010	2011	538	2011	942	2011	873	2011	955	01.01.2009
Vereinigtes Königreich	26.11.1964/	1966	358	1966	729	1967	828	1967	40	01.01.1960
	23.03.1970	1971	45	1971	139	1971	841	1971	340	01.01.1969
	30.03.2010/	2010	1 333	2011	469	2011	536	2011	485	01.01.2011
	17.03.2014	2015	1 297							01.01.2016
Vereinigte Staaten	29.08.1989/	1991	354	1991	94	1992	235	1992	262	01.01.1990
	01.06.2006	2006	1 184	2008	766	2008	117	2008	782	01.01.07/01.01.08
(Bekanntmachung der Neufassung	04.06.2008)	2008	611/851	2008	783					
Vietnam	16.11.1995	1996	2 622	1996	1 422	1997	752	1997	364	01.01.1997
Zypern	09.05.1974	1977	488	1977	340	1977	1 204	1977	618	01.01.1970
	18.02.2011	2011	1 068	2012	222	2012	117	2012	235	01.01.2012

Änderungen sind durch seitliche Striche gekennzeichnet

Fortsetzung siehe nächste Seite

Abkommen mit	vom	Fundstelle BGBl. II Jg.	S.	Fundstelle BStBl I Jg.	S.	Inkrafttreten BGBl. II Jg.	S.	Inkrafttreten BStBl I Jg.	S.	Anwendung grundsätzlich ab
2. Abkommen auf dem Gebiet der Erbschaft- und Schenkungsteuern										
Dänemark[3]	22.11.1995	1996	2 565	1996	1 219	1997	728	1997	624	01.01.1997
Frankreich	12.10.2006	2007	1 402	2009	1 258	2009	596	2009	1 266	03.04.2009
Griechenland	18.11.1910/ 01.12.1910	1912	173[4]			1953	525	1953	377	01.01.1953
Schweden[3]	14.07.1992	1994	686	1994	422	1995	29	1995	88	01.01.1995
Schweiz	30.11.1978	1980	594	1980	243	1980	1 341	1980	786	28.09.1980
Vereinigte Staaten	03.12.1980/	1982	847	1982	765	1986	860	1986	478	01.01.1979
	14.12.1998	2000	1 170	2001	110	2001	62	2001	114	15.12.2000
(Bekanntmachung der Neufassung 21.12.2000)		2001	65	2001	114					
3. Sonderabkommen betreffend Einkünfte und Vermögen von Schifffahrt (S)- und Luftfahrt (L)-Unternehmen[5]										
Brasilien (S) (Protokoll)	17.08.1950	1951	11			1952	604			10.05.1952
Chile (S) (Handelsvertrag)	02.02.1951	1952	325			1953	128			08.01.1952
Hongkong (L)	08.05.1997	1998	2 064	1998	1 156	1999	26	2000	1 554	01.01.1998
Hongkong (S)	13.01.2003	2004	34	2005	610	2005	332	2005	613	01.01.1998
Insel Man (S)	02.03.2009	2010	968	2011	510	2011	534	2011	511	01.01.2010
Jemen (L)	02.03.2005	2006	538	2006	229	2007	214	2007	231	01.01.1982
Kolumbien (S, L)	10.09.1965	1967	762	1967	24	1971	855	1971	340	01.01.1962
Paraguay (L)	27.01.1983	1984	644	1984	456	1985	623	1985	222	01.01.1979
Saudi-Arabien (L)	08.11.2007	2008	782	2009	866	2009	1 027	2009	869	01.01.1967
Venezuela (S, L)	23.11.1987	1989	373	1989	161	1989	1 065	1990	2	01.01.1990
4. Abkommen auf dem Gebiet der Rechts- und Amtshilfe und des Informationsaustauschs										
Andorra	25.11.2010	2011	1 223			2012	146			01.01.2013
Anquilla	19.03.2010	2010	1 381	2012	100	2011	948	2012	107	01.01.2012
Antigua und Barbuda	19.10.2010	2011	1 212							01.01.2013
Bahamas	09.04.2010	2011	642			2012	63			01.01.2012
Bermuda	03.07.2009	2012	1 306	2013	692	2013	330	2013	702	01.01.2013
Britische Jungferninseln	05.10.2010	2011	895			2012	53			01.01.2012
Cookinseln	03.04.2012	2013	665			2014	102			01.01.2014
Dänemark[3]	22.11.1995	1996	2 565	1996	1 219	1997	728	1997	624	01.01.1997
Finnland	25.09.1935	1936	37[4]	1936	94[4]	1954	740	1954	404	01.01.1936
Gibraltar	13.08.2009	2010	984	2011	521	2011	535	2011	527	01.01.2011
Grenada	03.02.2011	2013	654			2013	1 649			01.01.2014
Guernsey	26.03.2009	2010	973	2011	514	2011	535	2011	520	01.01.2011
Insel Man	02.03.2009	2010	957	2011	504	2011	534	2011	509	01.01.2011
Italien	09.06.1938	1939	124[4]	1939	377[4]	1956	2 154	1957	142	23.01.1939
Jersey	04.07.2008	2009	578	2010	166	2010	38	2010	177	01.01.2010
Kaimaninseln	27.05.2010	2011	664	2011	841	2011	823	2011	848	01.01.2012
Liechtenstein	02.09.2009	2010	950	2011	286	2011	326	2011	292	01.01.2010
Monaco	27.07.2010	2011	653			2012	92			01.01.2012
Montserrat	28.10.2011	2012	1 321			2014	517			01.01.2015
Niederlande	21.05.1999	2001	2	2001	66	2001	691	2001	539	23.06.2001
Österreich	04.10.1954	1955	833	1955	434	1955	926	1955	743	26.11.1955
San Marino	21.06.2010	2011	908	2013	684	2012	147	2013	691	01.01.2012
Schweden[3]	14.07.1992	1994	686	1994	422	1995	29	1995	88	01.01.1995
St. Lucia	07.06.2010	2011	264	2013	760	2013	559	2013	767	01.01.2014
St. Vincent und Grenadinen	29.03.2010	2011	253	2011	777	2011	696	2011	784	01.01.2012
Turks und Caicos Inseln	04.06.2010	2011	882			2012	116			01.01.2012
Vereinigte Staaten	31.05.2013	2013	1 362	2014	242	2014	111	2014	264	11.12.2013

Änderungen sind durch seitliche Striche gekennzeichnet

Fortsetzung siehe nächste Seite

[3] Die Erbschaftsteuer bzw. Vorschriften zur Rechts- und Amtshilfe sind in den unter I.1. bzw. II.1 aufgeführten Abkommen enthalten.

[4] Angabe bezieht sich auf RGBl bzw. RStBl.

[5] Siehe auch Bekanntmachungen über die Steuerbefreiungen nach § 49 Abs. 4 EStG (und § 2 Abs. 3 VStG):
Äthiopien L (BStBl 1962 I S. 536),
Afghanistan L (BStBl 1964 I S. 411),
Brasilien S, L (BStBl 2006 I S. 216),
Brunei Darussalam L (BStBl 2011 I S. 77),
Chile L (BStBl 1977 I S. 350),
Fidschi S (BStBl 2015 I S. 1087)
Irak S, L (BStBl 1972 I S. 490),
Jordanien L (BStBl 1976 I S. 278),
Katar L (BStBl 2006 I S. 3)
Libanon S, L (BStBl 1959 I S. 198),
Malediven L (BStBl 2015 I S. 675),
Papua-Neuguinea L (BStBl 1989 I S. 115),),
Seychellen L (BStBl 1998 I S. 582
Sudan L (BStBl 1983 I S. 370) und
Zaire S, L (BStBl 1990 I S. 178).

II. Künftige Abkommen und laufende Verhandlungen

Abkommen mit	Art des Abkommens[6]	Sachstand[7]	Geltung für Veranlagungssteuern[8] ab	Geltung für Abzugsteuern[9] ab	Bemerkungen
1. Abkommen auf dem Gebiet der Steuern vom Einkommen und vom Vermögen					
Ägypten	R-A	P: 09.11.2012	KR	KR	
Äthopien	A	V:			
Argentinien	R-A	V:			
Armenien	R-A	P: 01.03.2013	KR	KR	
Australien	R-A	U: 12.11.2015	KR	KR	
Bangladesch	R-A	V:			
Belgien	R-A	P: 11.12.2013	KR		
Bolivien	R-A	V:			
China	R-A	U: 28.03.2014	KR	KR	
Dänemark	R-P	V:			
Ecuador	R-A	P: 19.10.2012	KR	KR	
Finnland	R-A	P: 31.03.2011	KR	KR	
Ghana	R-P	V:	KR	KR	
Griechenland	R-A	P: 02.10.2009	KR	KR	
Hongkong	A	V:			
Indien	R-P	V:			
Indonesien	R-A	V:			
Island	R-A	P: 12.07.2011	KR	KR	
Israel	R-A	U: 21.08.2014	KR	KR	
Japan	R-A	U: 17.12.2015	KR	KR	
Jordanien	A	V:			
Kanada	R-P	V:			
Katar	A	V:			
Kirgisistan	R-P	V:			
Kolumbien	A	V:			
Korea, Republik	R-P	V:			
Kroatien	R-P	P: 11.06.2013	KR	KR	
Kuba	A				
Kuwait	R-P	V:			
Liberia	R-P	V:			
Marokko	R-A	V:			
Mazedonien	R-P	P: 23.12.2013	KR	KR	
Namibia	R-P	V:			
Niederlande	R-P	U: 11.01.2016	KR	KR	
Oman	A	U: 15.08.2012	KR	KR	ab 1985 für int. Verkehr
	R-P	V:			
Polen	R-P	P: 06.11.2013	KR	KR	
Portugal	R-A	V:			
Ruanda	A	V:			
Schweden	R-P	V:			
Schweiz	R-A/P	V:			
Serbien	A	V:			
Singapur	R-P	P: 27.09.2012	KR	KR	
Sri Lanka	R-A	P: 24.08.2012	KR	KR	
Südafrika	R-A	U: 09.09.2008	KR	KR	
		V:			
Tadschikistan	R-P	V:			
Tansania	A	V:			
Thailand	R-A	V:			
Trinidad und Tobago	R-A	P: 16.01.2015			
Tunesien	R-A	P: 04.06.2010	KR	KR	
Turkmenistan	A	P: 16.04.2012	KR	KR	
Ukraine	R-P	V:			
Usbekistan	R-P	V:			
Vietnam	R-P	V:			
2. Abkommen auf dem Gebiet der Erbschaft- und Schenkungsteuern					

Änderungen sind durch seitliche Striche gekennzeichnet

Fortsetzung siehe nächste Seite

[6] A Erstmaliges Abkommen
R-A: Revisionsabkommen als Ersatz eines bestehenden Abkommens
R-P: Revisionsprotokoll zu einem bestehenden Abkommen
E-P: Ergänzungsprotokoll zu einem bestehenden Abkommen

[7] V: Verhandlung
P: Paraphierung
U: Unterzeichnung hat stattgefunden, Gesetzgebungs- oder Ratifikationsverfahren noch nicht abgeschlossen

[8] *Einkommen-, Körperschaft-, Gewerbe- und Vermögensteuer* KR: Keine Rückwirkung vorgesehen

[9] Abzugsteuern von Dividenden, Zinsen und Lizenzgebühren KR: Keine Rückwirkung vorgesehen

Abkommen mit	Art des Abkommens[10]	Sachstand[11]		Geltung für Veranlagungs-steuern[12] ab	Abzug-steuern[13] ab	Bemerkungen
3. Sonderabkommen betreffend Einkünfte und Vermögen von Schifffahrt (S)- und Luftfahrt (L)-Unternehmen						
Bahrain	A (L)	P:	08.07.2010	KR	KR	
Brasilien	A (L/S)	V:				
Kamerun	A (L)	P:	18.09.2012	KR	KR	
Panama	A (L/S)	P:	11.12.2013	KR	KR	
4. Abkommen auf dem Gebiet der Amtshilfe und des Informationsaustauschs						
Aruba	A	P:	14.09.2009	KR	KR	
Bahrain	A	P:	08.07.2010	KR	KR	
Barbados	A	P:	30.11.2011	KR	KR	
Brasilien	A	V:				
Brunei	A	V:				
Dominica	A	U:	21.09.2010	KR	KR	
Macau	A	V:				
Panama	A	P:	13.05.2013	KR	KR	
St. Kitts und Nevis	A	U:	19.10.2010	KR	KR	

Änderungen sind durch seitliche Striche gekennzeichnet

[10] A: Erstmaliges Abkommen
R-A: Revisionsabkommen als Ersatz eines bestehenden Abkommens
R-P: Revisionsprotokoll zu einem bestehenden Abkommen
E-P: Ergänzungsprotokoll zu einem bestehenden Abkommen

[11] V: Verhandlung
P: Paraphierung
U: Unterzeichnung hat stattgefunden, Gesetzgebungs- oder Ratifikationsverfahren noch nicht abgeschlossen

[12] Einkommen-, Körperschaft-, Gewerbe- und Vermögensteuer KR: Keine Rückwirkung vorgesehen

[13] Abzugsteuern von Dividenden, Zinsen und Lizenzgebühren KR: Keine Rückwirkung vorgesehen

Entschädigung

→ BMF ***vom 12. 11. 2014 (BStBl I S. 1467), Tz. 5.5.*** Anhang 9

→ BMF vom 12. 11. 2014 (BStBl I S. 1411), Tz. 6.3

EU/EWR-Staatsangehörige

→ H 1 (Staatsangehörige EU/EWR)

Europäische Union

EU – Tagegelder

Steuerliche Behandlung des von Organen der Europäischen Union gezahlten Tagegeldes für in ihrem Bereich verwendete Beamte

(BMF-Schreiben vom 12. 4. 2006 – IV B 3 – S 1311 – 75/06 –, BStBl I S. 340)

Unter Bezugnahme auf das Ergebnis der Erörterungen mit den obersten Finanzbehörden der Länder gilt für die steuerliche Behandlung des von den Organen der EU gezahlten Tagegeldes für in ihrem Geschäftsbereich verwendete Beamtinnen und Beamte Folgendes:

1. Allgemeines

   Die EU zahlt an ihren Organen zugewiesene nationale Sachverständige (Beamte) ein Tagegeld (EU-Tagegeld). Darüber hinaus erhält der Beamte während der Zuweisung bei der EU die ihm aus seinem Amt zustehende Besoldung von seiner Herkunftsdienststelle.

2. Steuerliche Behandlung nach nationalem deutschen Recht

   Wird der Beamte nach § 123a Abs. 1 Beamtenrechtsrahmengesetz (BRRG) zugewiesen und wird die Zuweisung einer Abordnung i. S. des § 58 Abs. 1 Satz 2 Bundesbesoldungsgesetz (BBesG) gleich gestellt, erhält der Beamte neben den Inlandsdienstbezügen bei Vorliegen der sonstigen Voraussetzungen von seinem deutschen Dienstherrn (steuerfreie) Auslandsdienstbezüge nach § 52 Abs. 1 BBesG.

   Das EU-Tagegeld ist Arbeitslohn, weil es auf Grund des vorübergehenden Dienstverhältnisses mit der EU gezahlt wird. Es bleibt jedoch steuerfrei, soweit es auf steuerfreie Auslandsdienstbezüge angerechnet wird (§ 3 Nr. 64 EStG i. V. m. § 9a Abs. 2 BBesG), siehe auch Nr. 5.

3. Keine Steuerbefreiung nach Art. 13 des Protokolls über die Vorrechte und Befreiungen der Europäischen Gemeinschaft vom 8. April 1965

   Die EU ist für die ihr zugewiesenen Beamten zwar auch als Arbeitgeberin i. S. des Art. 15 Abs. 2 Nr. 2 Doppelbesteuerungsabkommen-Belgien (DBA-Belgien) anzusehen, die betroffenen Personen sind aber trotzdem keine Beamten oder sonstigen Bediensteten der EU. Die vergüteten Tagegelder unterliegen daher nicht Art. 13 des Protokolls über die Vorrechte und Befreiungen der Europäischen Gemeinschaft vom 8. April 1965 und sind daher nicht steuerbefreit.

4. Zuordnung des Besteuerungsrechts nach den DBA

   Für die dem Beamten gewährten Inlandsdienstbezüge steht nach den Vorschriften des jeweils einschlägigen DBA über die Bezüge aus öffentlichen Kassen der Vertragsstaaten (z. B. Art. 19 DBA-Belgien, Art. 11 DBA-Luxemburg) Deutschland als Kassenstaat das Besteuerungsrecht zu. Der inländische Dienstherr bleibt weiterhin Arbeitgeber im abkommensrechtlichen Sinne.

   Für das EU-Tagegeld ist die Vorschrift über Einkünfte aus nichtselbständiger Arbeit des jeweiligen DBA anzuwenden (z. B. Art. 15 DBA-Belgien, Art. 10 DBA-Luxemburg); die Kassenstaatsklauseln finden keine Anwendung. Danach hat der Staat das Besteuerungsrecht, in dem die nichtselbständige Arbeit ausgeübt wird. Der Ort der Arbeitsausübung befindet sich grundsätzlich dort, wo sich der Arbeitnehmer zur Ausführung seiner Tätigkeit persönlich aufhält. In der Regel steht daher den Tätigkeitsstaaten (z. B. Belgien, Luxemburg) das Besteuerungsrecht zu. Das die EU-Tagegelder zahlende und wirtschaftlich tragende EU-Organ ist während der Tätigkeit des Beamten bei diesem Organ – neben dem inländischen Dienstherrn – (partiell) auch dessen Arbeitgeber im abkommensrechtlichen Sinne (BFH vom 15. März 2000, BStBl 2002 II S. 238).

   Ist der Beamte (weiterhin) in Deutschland ansässig und übt er seine Tätigkeit bei einem Organ der EU (in dem maßgebenden Veranlagungszeitraum) nicht länger als 183 Tage aus, wird das EU-Tagegeld grundsätzlich in Deutschland besteuert. Dies gilt jedoch nicht, wenn das die EU-Tagegelder zahlende und wirtschaftlich tragende Organ der EU seinen Sitz im Tätigkeitsstaat hat und somit i. S. des DBA ansässig ist.

   Beispiel 1:

   Zuweisung des Beamten zur Europäischen Kommission, Tätigkeit in Brüssel.

   Die EU-Kommission (Arbeitgeberin) hat ihren Sitz in Brüssel; sie ist damit in Belgien ansässig i. S. des Art. 4 Abs. 1 DBA-Belgien. Das Besteuerungsrecht für das EU-Tagegeld steht somit Belgien zu (Art. 15 Abs. 1 DBA-Belgien).

   Beispiel 2:

   Zuweisung des Beamten zur Europäischen Kommission, Tätigkeit in Luxemburg.

   Die EU-Kommission (Arbeitgeberin) ist in Belgien ansässig, der Beamte ist aber in Luxemburg tätig. Das Besteuerungsrecht für die EU-Tagegelder steht Luxemburg zu, wenn sich der Beamte mehr als 183 Tage in Luxemburg aufhält (Art. 10 Abs. 1 DBA-Luxemburg; die Voraussetzungen des Art. 10 Abs. 2 Nr. 1 DBA-Luxemburg sind nicht erfüllt). Hält sich der Beamte nicht mehr als 183 Tage in Luxemburg auf, steht das Besteuerungsrecht für die EU-Tagegelder Deutschland zu, weil die Arbeitgeberin des Beamten nicht in Luxemburg ansässig ist (Art. 10 Abs. 2 Nr. 2 DBA-Luxemburg).

   Wird das EU-Tagegeld nach einem DBA von der deutschen Steuer freigestellt, ist gem. § 32b Abs. 1 Nr. 2 und 3 EStG bei unbeschränkter Steuerpflicht der Steuersatz anzuwenden, der sich unter Berücksichtigung des EU-Tagegeldes ergibt (Progressionsvorbehalt). Dies gilt nicht, soweit das EU-Tagegeld gem. § 9a Abs. 2 BBesG auf steuerfreie Auslandsdienstbezüge angerechnet wird (vgl. Nr. 5).

5. Anrechnung des EU-Tagegeldes auf steuerfreie Auslandsdienstbezüge

   Steuerfreie Auslandsdienstbezüge und das EU-Tagegeld werden auf Grund der besoldungsrechtlich vorgeschriebenen Anrechnung grundsätzlich nicht in voller Höhe nebeneinander gezahlt (§ 9a Abs. 2 BBesG).

   Bei der Besteuerung nach dem Einkommen ist nur der Teil des EU-Tagegeldes zu berücksichtigen, der die steuerfreien Auslandsdienstbezüge, die dem Steuerpflichtigen gezahlt würden, wenn er kein EU-Tagegeld erhalten hätte, übersteigt. Bei der Berechnung dieses Teils des EU-Tagegeldes ist die Höhe der steuerfreien Auslandsdienstbezüge, die dem Steuerpflichtigen ohne Zahlung von EU-Tagegeld zustehen würden, zu ermitteln und von dem insgesamt gezahlten EU-Tagegeld abzuziehen, auch wenn der Steuerpflichtige tatsächlich keine steuerfreien Auslandsdienstbezüge erhält (fiktive Anrechnung).

Beispiel:

Ein Steuerpflichtiger übt während des gesamten Kalenderjahrs eine Tätigkeit als nationaler Sachverständiger (Beamter) bei einem Organ der EU aus. Er erhält hierfür neben seinen Inlandsdienstbezügen ein EU-Tagegeld in Höhe von 3 000 € monatlich. Würde ihm kein EU-Tagegeld gezahlt werden, hätte er steuerfreie Auslandsdienstbezüge in Höhe von insgesamt 2 500 € monatlich erhalten. Der bei der Besteuerung zu berücksichtigende Teil des EU-Tagegeldes berechnet sich wie folgt:

Jahresbetrag des EU-Tagegeldes

(12 × 3 000 EUR) 36 000 EUR

abzüglich

Jahresbetrag der steuerfreien Auslandsdienstbezüge,

die dem Steuerpflichtigen ohne Zahlung von EU-

Tagegeld zustehen würden (12 × 2 500 EUR) = 30 000 EUR

Übersteigender Betrag des EU-Tagegeldes 6 000 EUR

Bei der Besteuerung nach dem Einkommen ist das EU-Tagegeld in Höhe von 6 000 € zu berücksichtigen.

Die steuerfreien Auslandsdienstbezüge sind geregelt in §§ 52 ff. BBesG in der Fassung der Bekanntmachung vom 6. August 2002 (BGBl. I S. 3020), zuletzt geändert durch Artikel 3 Abs. 10 des Gesetzes vom 7. Juli 2005 (BGBl. I S. 1970) und durch Artikel 2 des Gesetzes vom 22. September 2005 (BGBl. I S. 2809). Bei Zweifelsfragen empfiehlt es sich, die für die Besoldung des Steuerpflichtigen zuständige Dienststelle um Amtshilfe zu bitten.

Dieses Schreiben tritt an die Stelle des BMF-Schreibens vom 12. März 2002 – IV B 6 – S 1300 – 157/01 – (BStBl I S. 483), welches hiermit aufgehoben wird. Es ist in allen noch offenen Fällen anzuwenden.

Gastlehrkräfte

Besteuerung von Gastlehrkräften nach den Doppelbesteuerungsabkommen (DBA)

(BMF-Schreiben vom 10. 1. 1994, BStBl I S. 14)

Unter Bezugnahme auf das Ergebnis der Erörterungen mit den obersten Finanzbehörden der Länder gilt für die Besteuerung der Gastlehrkräfte nach den Doppelbesteuerungsabkommen (DBA) folgendes:

1. Die DBA enthalten unterschiedliche Regelungen zur Befreiung von Lehrtätigkeitsvergütungen bei Gastlehrkräften. Die Befreiung von der deutschen Steuer kann davon abhängen, daß der Gastlehrer im Entsendestaat im Sinne des DBA ansässig bleibt oder daß er zumindest unmittelbar vor Aufnahme der Tätigkeit dort ansässig war. Nach einigen Abkommen setzt die Steuerfreiheit voraus, daß die Vergütungen aus Quellen außerhalb des Tätigkeitsstaats stammen. Die Besonderheiten des jeweiligen Abkommens sind zu beachten. Wird die Lehrkraft aus öffentlichen Kassen des ausländischen Entsendestaats besoldet, sind die Bestimmungen des Abkommens über Zahlungen aus öffentlichen Kassen anzuwenden.

2. Nach mehreren DBA sind die Lehrkräfte aus dem jeweiligen Partnerstaat mit ihren Einkünften aus der Lehrtätigkeit in Deutschland von der deutschen Einkommensteuer befreit, wenn sie sich hier vorübergehend für höchstens zwei Jahre zu Unterrichtszwecken aufhalten (z. B. Artikel XIII DBA-Großbritannien). Bei längerem Aufenthalt tritt für in den ersten beiden Aufenthaltsjahren erzielte Einkünfte aus Lehrtätigkeit auch dann keine Steuerbefreiung ein (wie bisher schon im Verhältnis zu Großbritannien), wenn ursprünglich eine kürzere Verweildauer geplant war und der Aufenthalt später verlängert wurde; es ist auf die objektiv feststellbare Verweildauer abzustellen (BFH-Urteil vom 22. Juli 1987, BStBl II S. 842).

   Liegt ein Zeitraum von mehr als 6 Monaten zwischen zwei Aufenthalten, so gelten die Aufenthalte nicht als zusammenhängend. Beträgt der Zeitraum weniger als 6 Monate, so gilt der Aufenthalt als nicht unterbrochen, es sei denn, aus den Umständen des Einzelfalls ergibt sich, daß die beiden Aufenthalte völlig unabhängig voneinander sind.

   Ist nach einem Doppelbesteuerungsabkommen die Steuerbefreiung von einem Antrag abhängig, darf der Lohnsteuerabzug nur dann unterbleiben, wenn das Betriebsstättenfinanzamt bescheinigt, daß der Arbeitslohn nicht der deutschen Lohnsteuer unterliegt (vgl. BFH-Urteil vom 10. Mai 1989 – BStBl II S. 755). Ist die Steuerbefreiung nach einem Doppelbesteuerungsabkommen antragsunabhängig, hat das Betriebsstättenfinanzamt gleichwohl auf Antrag eine Freistellungsbescheinigung zu erteilen. Wird nach einem Doppelbesteuerungsabkommen zulässigerweise kein Antrag gestellt, kann die Überprüfung der für die

Lohnsteuerbefreiung maßgebenden 2-Jahresfrist im Rahmen einer Lohnsteuer-Außenprüfung und unter Umständen die Inanspruchnahme des Arbeitgebers als Haftungsschuldner in Frage kommen.

Ist zweifelhaft, ob es bei einer ursprünglich vorgesehenen längstens zweijährigen Aufenthaltsdauer bleibt, können Freistellungsbescheinigungen unter dem Vorbehalt der Nachprüfung (§ 164 AO) erteilt werden und Steuerfestsetzungen nach § 165 AO insoweit vorläufig erfolgen oder ausgesetzt werden.

3. Unabhängig von dem in Nummer 2 dargestellten Grundsatz kann im Einzelfall nach Maßgabe der allgemeinen Vorschriften eine Billigkeitsmaßnahme in Betracht kommen, z. B. bei Verlängerung des Aufenthalts einer Gastlehrkraft im Falle einer Schwangerschaft. Ebenso kann in Fällen, in denen der vorübergehende Aufenthalt der Gastlehrkraft durch Heirat mit einem hier Ansässigen und Begründung des Familienwohnsitzes im Inland beendet wird, von einer Nachversteuerung der bis zum Zeitpunkt der Eheschließung bezogenen Bezüge abgesehen werden, sofern die bis dahin ausgeübte Gastlehrtätigkeit den Zeitraum von höchstens zwei Jahren nicht überschreitet.

4. Lehranstalten im Sinne dieser Regelungen können neben Universitäten, Schulen und anderen Lehranstalten des jeweiligen Staates auch private Institute sein. Voraussetzung ist, daß sie nach Struktur und Zielsetzung mit öffentlichen Lehranstalten, gleich welchen Typs, vergleichbar sind. Insbesondere müssen sie einen ständigen Lehrkörper besitzen, der nach einem festen Lehrplan Unterricht mit einem genau umrissenen Ziel erteilt, das auch von vergleichbaren öffentlichen Lehranstalten verfolgt wird. Das Vorliegen dieser Voraussetzungen kann im allgemeinen bei privaten Lehranstalten unterstellt werden, soweit ihnen Umsatzsteuerfreiheit nach § 4 Nr. 21 Buchstabe a oder b UStG gewährt wird. Nicht erfüllt werden diese Voraussetzungen z. B. von Fernkursveranstaltern und anderen Einrichtungen, bei denen nur ein sehr loses Verhältnis zwischen Lehranstalt und Schülern besteht oder bei denen die Lehrkräfte ihre Tätigkeit in der Hauptsache nebenberuflich ausüben.

   Forschungsinstitutionen mit mehreren Instituten können nicht in ihrer Gesamtheit als Lehranstalt im Sinne der Doppelbesteuerungsabkommen anerkannt werden. Eine Anerkennung ist nur für die einzelnen Institute möglich, sofern diese die Voraussetzungen hierfür nachweisen oder sich durch Bescheinigungen der zuständigen Kultusministerien als Lehranstalten ausweisen.

5. Als Lehrer ist jede Person anzusehen, die an einer Lehranstalt eine Lehrtätigkeit hauptberuflich ausübt. Ein besonderer Nachweis der Qualifikation ist nicht zu fordern.

6. Soweit aufgrund der Nummer 2 für die ersten beiden Aufenthaltsjahre keine Steuerfreiheit eintritt, ist das BFH-Urteil vom 22. Juli 1987 (BStBl II S. 842) für Veranlagungszeiträume vor 1988 in noch offenen Fällen nicht über den entschiedenen Einzelfall hinaus anzuwenden.

7. Dieses Schreiben tritt an die Stelle meiner Schreiben vom 8. April 1953 – IV – S 2227 – 14/53 –, 4. September 1975 – IV C 5 – S 1300 – 343/75 –, 5. April 1976 – V C 5 – S 1301 Gr Br – 43/76 –, 15. Juli 1980 – IV C 5 – S 1300 – 242/80 –, 23. August 1985 – IV C 6 – S 1301 SAf – 6/85 – und 18. August 1986 – IV C 5 – S 1301 GB – 35/86 –.

Grenzpendler

innerhalb der EU/EWR und außerhalb der EU/EWR
→ H 1 (Antrag zur unbeschränkten Steuerpflicht)
→ Anhang 9
→ Anhang 40

Künstler

→ BMF vom 31. 7. 2002 (BStBl I S. 707) unter Berücksichtigung der Änderungen durch BMF vom 28. 3. 2013 (BStBl I S. 443).

Besteuerung der Einkünfte aus nichtselbständiger Arbeit bei beschränkt einkommensteuerpflichtigen Künstlern[1])

(BMF-Schreiben vom 31. 7. 2002 – IV C 5 – S 2369 – 5/02 –, BStBl I S. 707
– *unter Berücksichtigung* der Änderungen durch BMF vom 28. 3. 2013 (BStBl I S. 443) –

Unter Bezugnahme auf das Ergebnis der Erörterung mit den obersten Finanzbehörden der Länder gilt für die Besteuerung der Einkünfte aus nichtselbständiger Arbeit bei beschränkt einkommensteuerpflichtigen Künstlern Folgendes:

1) Die nachfolgenden Regelungen gelten grundsätzlich auch im ELStAM-Verfahren.

1. Abgrenzung der nichtselbständigen Arbeit

Für die Abgrenzung zwischen selbständiger Tätigkeit und nichtselbständiger Tätigkeit bei beschränkter Einkommensteuerpflicht sind die Regelungen maßgebend, die für unbeschränkt einkommensteuerpflichtige Künstler in Tz. 1, insbesondere in Tz. 1.1.2, des BMF-Schreibens vom 5. Oktober 1990 (BStBl I S. 638) getroffen worden sind.

2. Steuerabzug vom Arbeitslohn

2.1 Verpflichtung zum Lohnsteuerabzug

Die Einkünfte der beschränkt einkommensteuerpflichtigen Künstler aus nichtselbständiger Arbeit unterliegen ab 1996 nicht mehr der Abzugssteuer nach § 50a Abs. 4 EStG, sondern der Lohnsteuer, wenn der Arbeitgeber ein inländischer Arbeitgeber im Sinne des § 38 Abs. 1 Satz 1 Nr. 1 EStG ist, der den Lohnsteuerabzug durchzuführen hat.

2.2 Freistellung vom Lohnsteuerabzug

Der Lohnsteuerabzug darf nur dann unterbleiben, wenn der Arbeitslohn nach den Vorschriften eines Doppelbesteuerungsabkommens von der deutschen Lohnsteuer freizustellen ist. Dies ist vielfach für künstlerische Tätigkeiten im Rahmen eines Kulturaustausches vorgesehen. Das Betriebsstättenfinanzamt hat auf Antrag des Arbeitnehmers oder des Arbeitgebers (im Namen des Arbeitnehmers) eine entsprechende Freistellungsbescheinigung nach R 123 LStR[1]) zu erteilen (§ 39b Abs. 6 in Verbindung mit § 39d Abs. 3 Satz 4 EStG).

3. Erhebung der Lohnsteuer nach den Regelvorschriften

3.1 Bescheinigung des Betriebsstättenfinanzamts

Zur Durchführung des Lohnsteuerabzugs hat das Betriebsstättenfinanzamt auf Antrag des Arbeitnehmers oder des Arbeitgebers (im Namen des Arbeitnehmers) eine Bescheinigung über die maßgebende Steuerklasse und den vom Arbeitslohn ggf. abzuziehenden Freibetrag zu erteilen (§ 39d Abs. 1 Satz 3 und Abs. 2 EStG). Dabei kommt ein Freibetrag nur in Betracht, soweit die Werbungskosten, die im wirtschaftlichen Zusammenhang mit der im Inland ausgeübten künstlerischen Tätigkeit stehen, den zeitanteiligen Arbeitnehmer-Pauschbetrag (§ 9a Satz 1 Nr. 1 EStG) und die abziehbaren Ausgaben für steuerbegünstigte Zwecke im Sinne des § 10b EStG den zeitanteiligen Sonderausgaben-Pauschbetrag (§ 10c Abs. 1 EStG) übersteigen (§ 50 Abs. 1 Satz 6 EStG[2])).

Der Zeitanteil des Arbeitnehmer-Pauschbetrags und des Sonderausgaben-Pauschbetrags bestimmt sich nach der (voraussichtlichen) Dauer des jeweiligen Dienstverhältnisses. Dabei ist der Beginn des Dienstverhältnisses besonders anzugeben. Auf Antrag kann der Beginn des Dienstverhältnisses zurückdatiert werden, soweit glaubhaft gemacht ist, dass der Künstler in der Zwischenzeit nicht bereits für einen anderen inländischen Arbeitgeber als Arbeitnehmer beschäftigt war. Dabei gilt jedoch die Einschränkung, dass für je zwei Tage der tatsächlichen Beschäftigungsdauer nur eine Zurückdatierung um eine Woche, insgesamt jedoch höchstens um einen Monat zulässig ist. Tz. 2.2.1 des BMF-Schreibens vom 5. Oktober 1990 (BStBl I S. 638) ist sinngemäß anzuwenden.

Der ermittelte Freibetrag ist durch Aufteilung in Monatsbeträge, erforderlichenfalls auch in Wochen- und Tagesbeträge, ebenfalls auf die (voraussichtliche) Dauer des Dienstverhältnisses zu verteilen; auf Antrag des Künstlers kann nach R 125 Abs. 8 LStR[3]) auch die restliche Dauer des Dienstverhältnisses zu Grunde gelegt werden.

Die Bescheinigung ist vom Arbeitgeber als Beleg zum Lohnkonto aufzubewahren (§ 39d Abs. 3 Satz 2 EStG). Für Künstler, die bei mehreren inländischen Arbeitgebern beschäftigt werden, sind entsprechend viele Bescheinigungen zu erteilen; R 125 Abs. 7 Satz 2 LStR[4]) ist zu beachten.

3.2 Ermittlung der Lohnsteuer

Der Arbeitgeber hat die Lohnsteuer nach Maßgabe des § 39b Abs. 2 bis 6 und § 39c Abs. 1 und 2[5]) in Verbindung mit § 39d Abs. 3 Satz 4 EStG zu ermitteln. Der Ermittlung ist der steuerpflichtige Arbeitslohn und die Vorsorgepauschale nach § 10c Abs. 2 EStG[6]) zu Grunde zu legen.

1) Jetzt → R 39b.10 LStR.
2) Jetzt → § 50 Abs. 1 Satz 5 EStG.
3) Jetzt: → R 39.4 Abs. 1 Satz 2 LStR.
4) Jetzt: → R 39.3 Satz 3 LStR.
5) Ab VZ 2004 → § 39c Abs. 1, 2 und 5 EStG.
6) Jetzt: → § 39b Abs. 2 Satz 5 Nr. 3 und Abs. 4 EStG.

Zum steuerpflichtigen Arbeitslohn gehören nicht die steuerfreien Bezüge im Sinne des § 3 EStG, insbesondere die steuerfreien Reisekostenvergütungen nach § 3 Nr. 13 und 16 EStG.

Bei täglicher Lohnzahlung ist nach den Regelungen des § 39b Abs. 2 Sätze 5 bis 12 EStG zu verfahren. Stellt sich die tägliche Lohnzahlung lediglich als Abschlagszahlung dar, kann der Lohnabrechnungszeitraum als Lohnzahlungszeitraum behandelt werden (§ 39b Abs. 5 in Verbindung mit § 39d Abs. 3 Satz 4 EStG). Auf Lohnzahlungen, die nicht als Abschlagszahlungen angesehen werden können, kann der Arbeitgeber eines der Verfahren im Sinne der Tz. 2.2.1 bis 2.2.3 des BMF-Schreibens vom 5. Oktober 1990 (BStBl I S. 638[1])) anwenden. Dabei tritt anstelle des Zeitraumes, der nach der Lohnsteuerbescheinigung nicht belegt ist, der Zeitraum, um den der Beginn des Dienstverhältnisses vom Betriebsstättenfinanzamt nach Tz. 3.1 dieses Schreibens zurückdatiert worden ist.

3.3 Lohnsteuerbescheinigung

Eine Lohnsteuerbescheinigung ist vom Arbeitgeber nur auf besonderen Antrag des Künstlers zu erteilen (§ 39d Abs. 3 Satz 5 EStG). Sie ist erforderlich, wenn der Künstler Staatsangehöriger eines Mitgliedstaates der Europäischen Union oder von Island, Liechtenstein oder Norwegen ist, in einem dieser Staaten ansässig ist und eine Veranlagung zur Einkommensteuer beantragen will (vgl. § 50 Abs. 5 Satz 2 Nr. 2 EStG[2])).

4. Pauschale Erhebung der Lohnsteuer

4.1 Vereinfachungsmaßnahme

Wegen der besonderen Schwierigkeiten, die mit der Anwendung der Regelvorschriften nach Tz. 3.1 und 3.2 zur steuerlichen Erfassung der Einkünfte bei nur kurzfristig beschäftigten Künstlern verbunden sind, wird zugelassen, dass die Lohnsteuer nach Maßgabe folgender Regelungen pauschal erhoben wird. Der Arbeitgeber hat jedoch die Regelvorschriften anzuwenden, wenn der Arbeitnehmer dies verlangt.

4.2 Pauschal zu besteuernder Personenkreis

Der inländische Arbeitgeber kann die Lohnsteuer pauschal erheben bei beschränkt einkommensteuerpflichtigen Künstlern, die

- als gastspielverpflichtete Künstler bei Theaterbetrieben,
- als freie Mitarbeiter für den Hör- oder Fernsehfunk oder als
- Mitarbeiter in der Film- und Fernsehproduktion

nach Tz. 1.1.2, Tz. 1.3.1 (Tz. 1.3.7) bzw. Tz. 1.4 des BMF-Schreibens vom 5. Oktober 1990 (BStBl I S. 638[3])) nichtselbständig tätig sind und von dem Arbeitgeber nur kurzfristig, höchstens für sechs zusammenhängende Monate, beschäftigt werden.

4.3 Höhe der pauschalen Lohnsteuer[4])

Die pauschale Lohnsteuer bemisst sich nach den gesamten Einnahmen des Künstlers einschließlich der Beträge im Sinne des § 3 Nr. 13 und 16 EStG. Abzüge, z. B. für Werbungskosten, Sonderausgaben und Steuern, sind nicht zulässig. Die pauschale Lohnsteuer beträgt 20 % der Einnahmen, wenn der Künstler die Lohnsteuer trägt. Übernimmt der Arbeitgeber die Lohnsteuer und den Solidaritätszuschlag von 5,5 % der Lohnsteuer, so beträgt die Lohnsteuer 25,35 % der Einnahmen; sie beträgt 20,22 % der Einnahmen, wenn der Arbeitgeber nur den Solidaritätszuschlag übernimmt. Der Solidaritätszuschlag beträgt zusätzlich jeweils 5,5 % der Lohnsteuer..

4.4 Lohnsteuerbescheinigung

Die Verpflichtung des Arbeitgebers, auf Verlangen des Künstlers eine Lohnsteuerbescheinigung zu erteilen (§ 39d Abs. 3 Satz 5 EStG), wird durch die pauschale Lohnsteuererhebung nicht berührt. Dasselbe gilt für das Veranlagungswahlrecht bestimmter Staatsangehöriger nach § 50 Abs. 5 Satz 2 Nr. 2 EStG[5]). In die Lohnsteuerbescheinigung sind aber die Einnahmen im Sinne des § 3 Nr. 13 und 16 EStG nicht einzubeziehen. Die pauschale Lohnsteuer ist nach § 36 Abs. 2 Satz 2 Nr. 2 EStG[6]) auf die veranlagte Einkommensteuer anzurechnen.

1) → *H 39.4 (Künstler).*
2) Jetzt → § 50 Abs. 2 EStG.
3) → H 39.4 (Künstler).
4) Tz. 4.3 wurde durch BMF vom 28. 3. 2013 (BStBl I S. 443) geändert und ist erstmals anzuwenden für Einnahmen, die nach dem 30. 6. 2013 zufließen.
5) Jetzt → § 50 Abs. 2 EStG.
6) Jetzt: → § 36 Abs. 2 Nr. 2 EStG.

Dieses Schreiben tritt an die Stelle der BMF-Schreiben vom 15. Januar 1996 (BStBl I S. 55) und vom 3. März 1998 (BStBl I S. 261).

OECD-Musterabkommen 2003

→ BStBl I 2004 S. 287

→ Arbeitslohn nach DBA

Öffentliche Kassen

→ H 3.11

Ruhegehaltszahlungen

Einkommensteuerliche Behandlung der Pensionen ehemaliger Bediensteter der koordinierten Organisationen und der Europäischen Patentorganisation

→ BMF vom 3. 8. 1998 (BStBl I S. 1042)

Steuerliche Behandlung von Ruhegehaltszahlungen deutscher Arbeitgeber an ehemalige Arbeitnehmer mit Wohnsitz im Ausland

(Verfügung der OFD Frankfurt/Main vom 14. 9. 2015 – S 2533 A-35-St 222 –)

Eine Freistellung von Ruhegehaltszahlungen an im Ausland wohnhafte ehemalige Arbeitnehmer nach dem jeweils einschlägigen DBA kommt grundsätzlich nur dann in Betracht, wenn der Arbeitnehmer eine Ansässigkeitsbescheinigung des ausländischen Wohnsitzfinanzamts vorlegt.

Es bestehen jedoch keine Bedenken, wenn von dem vorstehenden Grundsatz in bestimmten Fällen aus Vereinfachungsgründen abgewichen wird. Die betroffenen Fälle und die dabei vom Steuerpflichtigen bzw. dem Arbeitgeber vorzulegenden Unterlagen ergeben sich aus den nachfolgenden Ausführungen. Die Vereinfachungen gelten auch, wenn in dem mit dem Wohnsitzstaat des Arbeitnehmers geschlossenen DBA Regelungen enthalten sind, die die Steuerfreistellung im Quellenstaat von einem Antrag abhängig machen (antragsgebundene Freistellung). Dies gilt jedoch nicht für die Freistellungen nach dem DBA mit der Republik Südafrika, Art. 16 („umgekehrte Rückfallklausel").

Wenn die nachstehenden Vereinfachungen angewendet werden sollen, sind dem Finanzamt von den betroffenen Arbeitgebern nach dem Ansässigkeitsstaat sortierte Listen, aus denen Versorgungsempfänger, Geburtsdaten, Leistungsart, Betrag und Auszahlungsjahr hervorgehen, zu übersenden und gleichzeitig zu erklären, dass gegen eine Weiterleitung der Listen an die betreffenden ausländischen Finanzbehörden keine Einwendungen erhoben werden. Ein Beispiel für eine solche Liste ist als Anlage 1[1]) beigefügt. Diese Listen sind – anstelle der Unterrichtung der ausländischen Finanzbehörden im Einzelfall mittels Antrag auf Erteilung einer Ansässigkeitsbescheinigung – den ausländischen Finanzbehörden im Rahmen des Auskunftsaustauschs zu übermitteln.

...

Sind die o. g. Voraussetzungen erfüllt, so gelten für die Freistellung von Ruhegehaltszahlungen an ehemalige Arbeitnehmer mit Wohnsitz im Ausland folgende Vereinfachungen:

Fallgruppe 1

Die Ruhegehaltszahlung (Betriebsrente) an den im Ausland lebenden Empfänger erfolgt nicht unmittelbar von der Firma, sondern wird durch den Postrentendienst vorgenommen (aufgrund eines Firmenabkommens mit dem Postrentendienst).

Der Postrentendienst holt vor Auszahlung der Rente einmal jährlich eine Lebensbescheinigung des Rentenempfängers ein. Sofern die jährliche Lebensbescheinigung dem Postrentendienst nicht vorliegt, wird weder eine Sozialversicherungsrente noch eine Betriebsrente ins Ausland überwiesen. Die Firma wird hierüber vom Postrentendienst informiert.

Bei Vorliegen folgender Unterlagen kann von einer Ansässigkeit im Ausland ausgegangen werden:

- Abmeldebescheinigung des Versorgungsempfängers bei der inländischen Ordnungsbehörde und
- Erklärung des Versorgungsempfängers zum Wohnsitz

1) Nicht beigefügt.

Fallgruppe 2

Zahlung von Ruhegehältern an Personen, die nach dem jeweiligen DBA „Grenzgänger" gewesen sind.

Bereits während der aktiven Tätigkeit musste der Grenzgänger – für die Inanspruchnahme der Grenzgängerregelung des DBA – eine Bescheinigung der ausländischen Steuerbehörde darüber, dass er dort steuerlich geführt wird, vorlegen. Durch die Bestätigung der ausländischen Finanzbehörde zur steuerlichen Erfassung des Versorgungsempfängers während der aktiven Tätigkeit ist bereits hinreichend dokumentiert, dass er im ausländischen Wohnsitzstaat steuerlich erfasst ist. Eine nochmalige Bestätigung der ausländischen Finanzbehörde zur Ansässigkeit im Ausland nach Eintritt in den Ruhestand ist daher – soweit der ausländische Wohnsitz im Grenzgebiet auch nach Beendigung der (aktiven) Tätigkeit aufrechterhalten wird – nicht erforderlich.

Fallgruppe 3

Zahlung von Ruhegehältern an Hinterbliebene, die ständig (bereits vor Zahlungsanspruch) ihren ausschließlichen Wohnsitz im DBA-Ausland (Heimatland) hatten.

In solchen Fällen ist die Vorlage einer Lebensbescheinigung der ausländischen Meldebehörde für die rentenberechtigte Person ausreichend, weil eine Wohnsitzverlegung nach Deutschland unwahrscheinlich ist.

Fallgruppe 4

Zahlung von Ruhegehältern an ehemalige Mitarbeiter, die nach Beendigung ihrer Tätigkeit im Inland ihren Wohnsitz in ihr Heimatland (DBA-Staat) verlegen.

Der Nachweis der Ansässigkeit im DBA-Ausland ist mit folgenden Unterlagen zu führen:

- Abmeldebescheinigung bei der inländischen Ordnungsbehörde und
- Anmeldebescheinigung durch die ausländische Meldebehörde bzw. gültige Lebensbescheinigung und
- Nachweis der Überweisung auf das Bankkonto des Versorgungsempfängers im Wohnsitzstaat und
- Erklärung des Versorgungsempfängers zum Wohnsitz

Darüber hinaus ist in diesen Fällen auf Antrag der betroffenen Arbeitgeber auch das folgende vereinfachte Verfahren zuzulassen:

Fallgruppe A: Der ehemalige Arbeitnehmer hat bereits vor dem 1. 1. 2001 seinen Wohnsitz in seinen Heimatstaat zurückverlegt:

Für die Steuerfreistellung ist es ausreichend, wenn der Arbeitgeber dem Finanzamt entsprechend der Anlage 1 jährlich die nach Staaten sortierten Listen der Versorgungsempfänger übersendet, die anschließend an die betreffenden Wohnsitzstaaten weitergeleitet werden. Eines besonderen Ansässigkeitsnachweises bedarf es in diesen Fällen nicht.

Fallgruppe B: Der ehemalige Arbeitnehmer hat nach dem 31. 12. 2000 seinen Wohnsitz in seinen Heimatstaat zurückverlegt:

Die ehemaligen Arbeitnehmer haben nur im Jahr ihres Wegzugs aus Deutschland eine Ansässigkeitsbescheinigung des ausländischen Wohnsitzfinanzamts vorzulegen. In den Folgejahren reicht es dann ebenfalls aus, wenn der Arbeitgeber beim Finanzamt die nach Staaten sortierten Listen der Versorgungsempfänger zwecks Weiterleitung an die Wohnsitzstaaten einreicht.

Verwertungstatbestand

- → BFH vom 12. 11. 1986 (BStBl 1987 II S. 377, 379, 381, 383)
- **Beispiel:**

  Ein lediger Wissenschaftler wird im Rahmen eines Forschungsvorhabens in Südamerika tätig. Seinen inländischen Wohnsitz hat er aufgegeben. Er übergibt entsprechend den getroffenen Vereinbarungen seinem inländischen Arbeitgeber einen Forschungsbericht. Der Arbeitgeber sieht von einer kommerziellen Auswertung der Forschungsergebnisse ab.

  Der Wissenschaftler ist mit den Bezügen, die er für die Forschungstätigkeit von seinem Arbeitgeber erhält, beschränkt einkommensteuerpflichtig nach § 1 Abs. 4 i. V. m. § 49 Abs. 1 Nr. 4 Buchstabe a EStG; sie unterliegen deshalb dem Lohnsteuerabzug.

EStG
S 2365

§ 39a Freibetrag und Hinzurechnungsbetrag

(1) [1]Auf Antrag des unbeschränkt einkommensteuerpflichtigen Arbeitnehmers ermittelt das Finanzamt die Höhe eines vom Arbeitslohn insgesamt abzuziehenden Freibetrags aus der Summe der folgenden Beträge:

1. **Werbungskosten, die bei den Einkünften aus nichtselbständiger Arbeit anfallen, soweit sie den Arbeitnehmer-Pauschbetrag (§ 9a Satz 1 Nummer 1 Buchstabe a) oder bei Versorgungsbezügen den Pauschbetrag (§ 9a Satz 1 Nummer 1 Buchstabe b) übersteigen,**
2. **Sonderausgaben im Sinne des § des § 10 Absatz 1 Nummer 4, 5, 7 und 9 sowie Absatz 1a und des § 10b, soweit sie den Sonderausgaben-Pauschbetrag von 36 Euro übersteigen,**
3. **der Betrag, der nach den §§ 33, 33a und 33b Absatz 6 wegen außergewöhnlicher Belastungen zu gewähren ist,**
4. **die Pauschbeträge für behinderte Menschen und Hinterbliebene (§ 33b Absatz 1 bis 5),**

4a. der Erhöhungsbetrag nach § 24b Absatz 2 Satz 2, 1)

5. **die folgenden Beträge, wie sie nach § 37 Absatz 3 bei der Festsetzung von Einkommensteuer-Vorauszahlungen zu berücksichtigen sind:**
   a) **die Beträge, die nach § 10d Absatz 2, §§ 10e, 10f, 10g, 10h, 10i, nach § 15b des Berlinförderungsgesetzes oder nach § 7 des Fördergebietsgesetzes abgezogen werden können,**
   b) **die negative Summe der Einkünfte im Sinne des § 2 Absatz 1 Satz 1 Nummer 1 bis 3, 6 und 7 und der negativen Einkünfte im Sinne des § 2 Absatz 1 Satz 1 Nummer 5,**
   c) **das Vierfache der Steuerermäßigung nach den §§ 34f und 35a,**
6. **die Freibeträge nach § 32 Absatz 6 für jedes Kind im Sinne des § 32 Absatz 1 bis 4, für das kein Anspruch auf Kindergeld besteht. [2]Soweit für diese Kinder Kinderfreibeträge nach § 38b Absatz 2 berücksichtigt worden sind, ist die Zahl der Kinderfreibeträge entsprechend zu vermindern. [3]Der Arbeitnehmer ist verpflichtet, den nach Satz 1 ermittelten Freibetrag ändern zu lassen, wenn für das Kind ein Kinderfreibetrag nach § 38b Absatz 2 berücksichtigt wird,**
7. **ein Betrag für ein zweites oder ein weiteres Dienstverhältnis insgesamt bis zur Höhe des auf volle Euro abgerundeten zu versteuernden Jahresbetrags nach § 39b Absatz 2 Satz 5, bis zu dem nach der Steuerklasse des Arbeitnehmers, die für den Lohnsteuerabzug vom Arbeitslohn aus dem ersten Dienstverhältnis anzuwenden ist, Lohnsteuer nicht zu erheben ist. [2]Voraussetzung ist, dass**
   a) **der Jahresarbeitslohn aus dem ersten Dienstverhältnis geringer ist als der nach Satz 1 maßgebende Eingangsbetrag und**
   b) **in Höhe des Betrags für ein zweites oder ein weiteres Dienstverhältnis zugleich für das erste Dienstverhältnis ein Betrag ermittelt wird, der dem Arbeitslohn hinzuzurechnen ist (Hinzurechnungsbetrag).**

   [3]Soll für das erste Dienstverhältnis auch ein Freibetrag nach den Nummern 1 bis 6 und 8 ermittelt werden, ist nur der diesen Freibetrag übersteigende Betrag als Hinzurechnungsbetrag zu berücksichtigen. [4]Ist der Freibetrag höher als der Hinzurechnungsbetrag, ist nur der den Hinzurechnungsbetrag übersteigende Freibetrag zu berücksichtigen.
8. **der Entlastungsbetrag für Alleinerziehende (§ 24b) bei Verwitweten, die nicht in Steuerklasse II gehören.**

[2]Der insgesamt abzuziehende Freibetrag und der Hinzurechnungsbetrag gelten mit Ausnahme von Satz 1 Nummer 4 und vorbehaltlich der Sätze 3 bis 5 für die gesamte Dauer eines Kalenderjahres. [3]Die Summe der nach Satz 1 Nummer 1 bis 3 sowie *4a* bis 8 ermittelten Beträge wird längstens für einen Zeitraum von zwei Kalenderjahren ab Beginn des Kalenderjahres, für das der Freibetrag erstmals gilt *oder geändert wird*, berücksichtigt. [4]Der Arbeitnehmer kann eine Änderung des Freibetrags innerhalb dieses Zeitraums beantragen, wenn sich die Verhältnisse zu seinen Gunsten ändern. [5]Ändern sich die Verhältnisse zu seinen Ungunsten, ist er verpflichtet, dies dem Finanzamt umgehend anzuzeigen. 2) 3) 4)

(2) [1]Der Antrag nach Absatz 1 ist nach amtlich vorgeschriebenem Vordruck zu stellen und vom Arbeitnehmer eigenhändig zu unterschreiben. [2]Die Frist für die Antragstellung beginnt am 1. Oktober des Vorjahres, für das der Freibetrag gelten soll. [3]Sie endet am 30. November des Kalenderjahres, in dem der Freibetrag gilt. [4]Der Antrag ist hinsichtlich eines Freibetrags aus der Summe der nach Absatz 1 Satz 1 Nummer 1 bis 3 und 8 in Betracht kommenden Aufwendungen und Beträge unzulässig, wenn die Aufwendungen im Sinne des § 9, soweit sie den

---

1) Absatz 1 Satz 1 Nr. 4a wurde durch das Gesetz zur Anhebung des Grundfreibetrags, des Kinderfreibetrags, des Kindergeldes und des Kinderzuschlags ab VZ 2015 eingefügt.

2) Absatz 1 Satz 3 wurde durch das Gesetz zur Anhebung des Grundfreibetrags, des Kinderfreibetrags, des Kindergeldes und des Kinderzuschlags ab VZ 2015 geändert.

3) Absatz 1 Satz 3 wurde durch Bürokratieentlastungsgesetz ab VZ 2015 geändert.

4) Zu Absatz 1 Satz 3 bis 5 ***ab dem Kalenderjahr 2016*** → § 52 Abs. 37 EStG ***und BMF vom 21. 5. 2015 (BStBl I S. 488)***→ Anhang 44 I. Das BMF kann im Einvernehmen mit den obersten Finanzbehörden der Länder in einem Schreiben mitteilen, ab wann die Regelungen in Absatz 1 Satz 3 bis 5 erstmals anzuwenden sind. Dieses Schreiben ist im BStBl zu veröffentlichen. → § 52 Abs. 37 EStG.

Arbeitnehmer-Pauschbetrag übersteigen, die Aufwendungen im Sinne des § 10 Absatz 1 Nummer 4, 5, 7 und 9 sowie Absatz 1a, der §§ 10b und 33 sowie die abziehbaren Beträge den §§ 24b, 33a und 33b Absatz 6 insgesamt 600 Euro nicht übersteigen. [5]Das Finanzamt kann auf nähere Angaben des Arbeitnehmers verzichten, wenn er

1. **höchstens den Freibetrag beantragt, der für das vorangegangene Kalenderjahr ermittelt wurde, und**
2. **versichert, dass sich die maßgebenden Verhältnisse nicht wesentlich geändert haben.**

[6]Das Finanzamt hat den Freibetrag durch Aufteilung in Monatsfreibeträge, falls erforderlich in Wochen- und Tagesfreibeträge, jeweils auf die der Antragstellung folgenden Monate des Kalenderjahres gleichmäßig zu verteilen. [7]Abweichend hiervon darf ein Freibetrag, der im Monat Januar eines Kalenderjahres beantragt wird, mit Wirkung vom 1. Januar dieses Kalenderjahres an berücksichtigt werden. [8]Ist der Arbeitnehmer beschränkt einkommensteuerpflichtig, hat das Finanzamt den nach Absatz 4 ermittelten Freibetrag durch Aufteilung in Monatsbeträge, falls erforderlich in Wochen und Tagesbeträge, jeweils auf die voraussichtliche Dauer des Dienstverhältnisses im Kalenderjahr gleichmäßig zu verteilen. [9]Die Sätze 5 bis 8 gelten für den Hinzurechnungsbetrag nach Absatz 1 Satz 1 Nummer 7 entsprechend.

(3) [1]Für Ehegatten, die beide unbeschränkt einkommensteuerpflichtig sind und nicht dauernd
1) **getrennt leben, ist jeweils die Summe der nach Absatz 1 Satz 1 Nummer 2 bis *4 und 5* in Betracht kommenden Beträge gemeinsam zu ermitteln; der in Absatz 1 Satz 1 Nummer 2 genannte Betrag ist zu verdoppeln. [2]Für die Anwendung des Absatzes 2 Satz 4 ist die Summe der für beide Ehegatten in Betracht kommenden Aufwendungen im Sinne des § 9, soweit sie jeweils den Arbeitnehmer-Pauschbetrag übersteigen, und der Aufwendungen im Sinne des § 10 Absatz 1 Nummer 4, 5, 7 und 9 sowie Absatz 1a, der §§ 10b und 33 sowie der abziehbaren Beträge nach §§ 24b, 33a und 33b Absatz 6 maßgebend. [3]Die nach Satz 1 ermittelte Summe ist je zur Hälfte auf die Ehegatten aufzuteilen, wenn für jeden Ehegatten Lohnsteuerabzugsmerkmale gebildet werden und die Ehegatten keine andere Aufteilung beantragen. [4]Für eine andere Aufteilung gilt Absatz 1 Satz 2 entsprechend. [5]Für einen Arbeitnehmer, dessen Ehe in dem Kalenderjahr, für das der Freibetrag gilt, aufgelöst worden ist und dessen bisheriger Ehegatte in demselben Kalenderjahr wieder geheiratet hat, sind die nach Absatz 1 in Betracht kommenden Beträge ausschließlich auf Grund der in seiner Person erfüllten Voraussetzungen zu ermitteln. [6]Satz 1 zweiter Halbsatz ist auch anzuwenden, wenn die tarifliche Einkommensteuer nach § 32a Absatz 6 zu ermitteln ist.**

S 2364 **(4) [1]Für einen beschränkt einkommensteuerpflichtigen Arbeitnehmer, für den § 50 Absatz 1 Satz 4 anzuwenden ist, ermittelt das Finanzamt auf Antrag einen Freibetrag, der vom Arbeitslohn insgesamt abzuziehen ist, aus der Summe der folgenden Beträge:**

1. **Werbungskosten, die bei den Einkünften aus nichtselbständiger Arbeit anfallen, soweit sie den Arbeitnehmer-Pauschbetrag (§ 9a Satz 1 Nummer 1 Buchstabe a) oder bei Versorgungsbezügen den Pauschbetrag (§ 9a Satz 1 Nummer 1 Buchstabe b) übersteigen,**
2. **Sonderausgaben im Sinne des § 10b, soweit sie den Sonderausgaben-Pauschbetrag (§ 10c) übersteigen, und die wie Sonderausgaben abziehbaren Beträge nach § 10e oder § 10i, jedoch erst nach Fertigstellung oder Anschaffung des begünstigten Objekts oder nach Fertigstellung der begünstigten Maßnahme,**
3. **den Freibetrag oder den Hinzurechnungsbetrag nach Absatz 1 Satz 1 Nummer 7.**

[2]Der Antrag kann nur nach amtlich vorgeschriebenem Vordruck bis zum Ablauf des Kalenderjahres gestellt werden, für das die Lohnsteuerabzugsmerkmale gelten.

(5) Ist zu wenig Lohnsteuer erhoben worden, weil ein Freibetrag unzutreffend als Lohnsteuerabzugsmerkmal ermittelt worden ist, hat das Finanzamt den Fehlbetrag vom Arbeitnehmer nachzufordern, wenn er 10 Euro übersteigt.

R 39a.1

Verfahren bei der Bildung eines Freibetrags oder eines Hinzurechnungsbetrags

Allgemeines

S 2365 (1) Soweit die Gewährung eines Freibetrags wegen der Aufwendungen für ein Kind davon abhängt, dass der Arbeitnehmer für dieses Kind einen Anspruch auf einen Freibetrag nach § 32 Abs. 6 EStG oder auf Kindergeld erhält, ist diese Voraussetzung auch erfüllt, wenn dem Arbeitnehmer im Lohnsteuer-Abzugsverfahren ein Kinderfreibetrag zusteht, er aber auf die an sich mögliche Bildung einer Kinderfreibetragszahl für dieses Kind verzichtet hat oder Anspruch auf einen ermäßigten Freibetrag nach § 32 Abs. 6 EStG besteht.

---

1) Absatz 3 Satz 1 wurde durch das Gesetz zur Anhebung des Grundfreibetrags, des Kinderfreibetrags, des Kindergeldes und des Kinderzuschlags ab VZ 2015 geändert.

Antragsgrenze

(2) Für die Feststellung, ob die Antragsgrenze nach § 39a Abs. 2 Satz 4 EStG überschritten wird, gilt Folgendes:

1. Soweit für Werbungskosten bestimmte Beträge gelten, z. B. für Verpflegungsmehraufwendungen und pauschale Kilometersätze bei Auswärtstätigkeit, für Wege zwischen Wohnung und erster Tätigkeitsstätte (→ § 9 EStG), sind diese maßgebend.
2. [1]Bei Sonderausgaben i. S. d. § 10 Abs. 1 Nr. 1a, 1b und 4 EStG[1)] sind die tatsächlichen Aufwendungen anzusetzen, auch wenn diese Aufwendungen geringer sind als der Pauschbetrag. [2]Für Sonderausgaben i. S. d. § 10 Abs. 1 Nr. 1, 5, 7 und 9 EStG[2)] sind höchstens die nach diesen Vorschriften berücksichtigungsfähigen Aufwendungen anzusetzen.
3. Zuwendungen an politische Parteien sind als Sonderausgaben auch zu berücksichtigen, soweit eine Steuerermäßigung nach § 34g Satz 1 Nr. 1 EStG in Betracht kommt, nicht hingegen Zuwendungen an Vereine i. S. d. § 34g Satz 1 Nr. 2 EStG.
4. Bei außergewöhnlichen Belastungen nach § 33 ist von den dem Grunde und der Höhe nach anzuerkennenden Aufwendungen auszugehen; bei außergewöhnlicher Belastung nach § 33a und § 33b Abs. 6 EStG sind dagegen nicht die Aufwendungen, sondern die wegen dieser Aufwendungen abziehbaren Beträge maßgebend.
5. Vorsorgeaufwendungen (§ 10 Abs. 1 Nr. 2 3 und 3a EStG) bleiben in jedem Fall außer Betracht, auch soweit sie die Vorsorgepauschale (§ 39b Abs. 2 Satz 5 Nr. 3 EStG) übersteigen.
6. [1]Bei Anträgen von Ehegatten, die beide unbeschränkt einkommensteuerpflichtig sind und nicht dauernd getrennt leben, ist die Summe der für beide Ehegatten in Betracht kommenden Aufwendungen und abziehbaren Beträge zugrunde zu legen. [2]Die Antragsgrenze ist bei Ehegatten nicht zu verdoppeln.
7. Ist für beschränkt antragsfähige Aufwendungen bereits ein Freibetrag gebildet worden, ist bei einer Änderung dieses Freibetrags die Antragsgrenze nicht erneut zu prüfen.

(3) Die Antragsgrenze gilt nicht, soweit es sich um die Bildung eines Freibetrags für die in § 39a Abs. 1 Satz 1 Nr. 4 bis 7 EStG bezeichneten Beträge handelt.

(4) [1]Wird die Antragsgrenze überschritten oder sind Beträge i. S. d. Absatzes 3 zu berücksichtigen, hat das Finanzamt den Jahresfreibetrag . [2]Bei der Berechnung des Jahresfreibetrags sind Werbungskosten nur zu berücksichtigen, soweit sie den maßgebenden Pauschbetrag für Werbungskosten nach § 9a Satz 1 Nr. 1 EStG übersteigen, Sonderausgaben mit Ausnahme der Vorsorgeaufwendungen nur anzusetzen, soweit sie den Sonderausgaben-Pauschbetrag (§ 10c EStG) übersteigen, und außergewöhnliche Belastungen (§ 33 EStG) nur einzubeziehen, soweit sie die zumutbare Belastung (→ Absatz 5) übersteigen. [3]Zuwendungen an politische Parteien sind auch zu berücksichtigen, soweit eine Steuerermäßigung nach § 34g Satz 1 Nr. 1 EStG in Betracht kommt, nicht hingegen Zuwendungen an Vereine i. S. d. § 34g Satz 1 Nr. 2 EStG.

Freibetrag wegen außergewöhnlicher Belastung

(5) [1]Die zumutbare Belastung ist vom voraussichtlichen Jahresarbeitslohn des Arbeitnehmers und ggf. seines von ihm nicht dauernd getrennt lebenden, unbeschränkt einkommensteuerpflichtigen Ehegatten gekürzt um den Altersentlastungsbetrag (§ 24a EStG), die Freibeträge für Versorgungsbezüge (§ 19 Abs. 2 EStG) und die Werbungskosten (§§ 9, 9a und 9c[3)] EStG) zu berechnen. [2]Steuerfreie Einnahmen sowie alle Bezüge, für die die Lohnsteuer mit einem Pauschsteuersatz nach den §§ 37a, 37b, 40 bis 40b EStG erhoben wird, und etwaige weitere Einkünfte des Arbeitnehmers und seines Ehegatten bleiben außer Ansatz. [3]Bei der Anwendung der Tabelle in § 33 Abs. 3 EStG zählen als Kinder des Stpfl. die Kinder, für die er einen Anspruch auf einen Freibetrag nach § 32 Abs. 6 EStG oder auf Kindergeld erhält. [4]Bei der zumutbaren Belastung sind auch Kinder zu berücksichtigen, für die der Arbeitnehmer auf die Bildung einer Kinderfreibetragszahl verzichtet hat oder Anspruch auf einen ermäßigten Freibetrag nach § 32 Abs. 6 EStG besteht. [5]Ist im Kalenderjahr eine unterschiedliche Zahl von Kindern zu berücksichtigen, ist von der höheren Zahl auszugehen.

Freibetrag und Hinzurechnungsbetrag nach § 39a Abs. 1 Nr. 7 EStG

(6) [1]Arbeitnehmer mit mehr als einem Dienstverhältnis, deren Arbeitslohn aus dem ersten Dienstverhältnis niedriger ist als der Betrag, bis zu dem nach der Steuerklasse des ersten Dienstverhältnisses keine Lohnsteuer zu erheben ist, können die Übertragung bis zur Höhe dieses Betrags als Freibetrag im zweiten Dienstverhältnis mit der Steuerklasse VI beantragen. [2]Dabei kann der Arbeitnehmer den zu übertragenden Betrag selbst bestimmen. [3]Eine Verteilung auf mehrere weitere Dienstverhältnisse des Arbeitnehmers ist zulässig. [4]Für das erste Dienstverhält-

1) Jetzt § 10 Abs. 1 Nr. 4 EStG und § 10 Abs. 1a Nr. 2 bis 4 EStG.
2) Jetzt § 10 Abs. 1 Nr. 5, 7 und 9 EStG sowie § 10 Abs. 1a Nr. 1 EStG.
3) § 9c EStG ist aufgehoben worden.

nis wird in diesen Fällen ein Hinzurechnungsbetrag in Höhe der abgerufenen Freibeträge nach den Sätzen 1 bis 3 eingetragen oder ggf. mit einem Freibetrag nach § 39a Abs. 1 Satz 1 Nr. 1 bis 6 und 8 EStG verrechnet.

Umrechnung des Jahresfreibetrags oder des Jahreshinzurechnungsbetrags

(7) [1]Für die Umrechnung des Jahresfreibetrags in einen Freibetrag für monatliche Lohnzahlung ist der Jahresfreibetrag durch die Zahl der in Betracht kommenden Kalendermonate zu teilen. [2]Der Wochenfreibetrag ist mit $^{7}/_{30}$ und der Tagesfreibetrag mit $^{1}/_{30}$ des Monatsbetrags anzusetzen. [3]Der sich hiernach ergebende Monatsbetrag ist auf den nächsten vollen Euro-Betrag, der Wochenbetrag auf den nächsten durch 10 teilbaren Centbetrag und der Tagesbetrag auf den nächsten durch 5 teilbaren Centbetrag aufzurunden. [4]Die Sätze 1 bis 3 gelten für die Umrechnung des Jahreshinzurechnungsbetrags entsprechend.

Änderung eines gebildeten Freibetrags oder Hinzurechnungsbetrags

(8) [1]Ist bereits ein Jahresfreibetrag gebildet worden und beantragt der Arbeitnehmer im Laufe des Kalenderjahres die Berücksichtigung weiterer Aufwendungen oder abziehbarer Beträge, wird der Jahresfreibetrag unter Berücksichtigung der gesamten Aufwendungen und abziehbaren Beträge des Kalenderjahres neu festgestellt; für die Berechnung des Monatsfreibetrags, Wochenfreibetrags usw. ist der Freibetrag um den Teil des bisherigen Freibetrags zu kürzen, der für den Zeitraum bis zur Wirksamkeit des neuen Freibetrags zu berücksichtigen war. [2]Der verbleibende Betrag ist auf die Zeit vom Beginn des auf die Antragstellung folgenden Kalendermonats bis zum Schluss des Kalenderjahrs gleichmäßig zu verteilen. [3]Die Sätze 1 und 2 gelten für den Hinzurechnungsbetrag entsprechend.

H 39a.1

Hinweise

Allgemeines

- Anhang 17 III Lohnsteuerabzug ab dem Kalenderjahr 2013 im Verfahren der elektronischen Lohnsteuerabzugsmerkmale → BMF vom 7. 8. 2013 (BStBl I S. 951).

Beispiele

- **Umrechnung des Jahresfreibetrags**

  Ein monatlich entlohnter Arbeitnehmer beantragt am 2. 5. die Berücksichtigung eines Freibetrags. Es wird vom Finanzamt ein Freibetrag von 1 555 € festgestellt, der auf die Monate Juni bis Dezember (7 Monate) zu verteilen ist. Außer dem Jahresfreibetrag von 1 555 € ist ab 1. 6. ein Monatsfreibetrag von 223 € zu berücksichtigen.

- **Erhöhung eines eingetragenen Freibetrags**

  Ein monatlich entlohnter Arbeitnehmer, für den mit Wirkung vom 1.1. an ein Freibetrag von 2 400 € (monatlich 200 €) berücksichtigt worden ist, macht am 10.3. weitere Aufwendungen von 963 € geltend. Es ergibt sich ein neuer Jahresfreibetrag von (2 400 € + 963 € =) 3 363 €. Für die Berechnung des neuen Monatsfreibetrags ab April ist der Jahresfreibetrag um die bei der Lohnsteuerberechnung bisher zu berücksichtigenden Monatsfreibeträge Januar bis März von (3 × 200 € =) 600 € zu kürzen. Der verbleibende Betrag von (3 363 € ./. 600 € =) 2 763 € ist auf die Monate April bis Dezember zu verteilen, so dass ab 1.4. ein Monatsfreibetrag von 307 € zu berücksichtigen ist. Für die abgelaufenen Lohnzahlungszeiträume Januar bis März bleibt der Monatsfreibetrag von 200 € unverändert.

- **Herabsetzung eines Freibetrags**

  Ein monatlich entlohnter Arbeitnehmer, für den mit Wirkung vom 1.1. an ein Freibetrag von 4 800 € (monatlich 400 €) berücksichtigt worden ist, teilt dem Finanzamt am 10.3. mit, dass sich die Aufwendungen um 975 € vermindern. Es ergibt sich ein neuer Jahresfreibetrag von (4 800 € ./. 975 € =) 3 825 €. Für die Berechnung des neuen Monatsfreibetrags ab April ist der Jahresfreibetrag um die bei der Lohnsteuerberechnung bisher zu berücksichtigenden Monatsfreibeträge Januar bis März von (3 × 400 € =) 1 200 € zu kürzen. Der verbleibende Betrag von (3 825 € ./. 1 200 € =) 2 625 € ist auf die Monate April bis Dezember zu verteilen, so dass ab 1.4.ein Monatsfreibetrag von 292 € zu berücksichtigen ist. Für *die abgelaufenen Lohnzahlungszeiträume* Januar bis März bleibt der Monatsfreibetrag von 400 € unverändert.

- ***Zweijährige Geltungsdauer des Freibetrags***

  Ein monatlich entlohnter Arbeitnehmer beantragt im Februar 2016 die Berücksichtigung eines Freibetrags für die Dauer von zwei Jahren. Es wird vom Finanzamt ein Freibetrag von 3 000 € ermittelt, der für die Kalenderjahre 2016 und 2017 wie folgt zu verteilen ist:

Für 2016 ergibt sich für die Monate März bis Dezember ein Monatsfreibetrag von 300 € (3 000 € verteilt auf zehn Monate) und für 2017 ergibt sich für die Monate Januar bis Dezember ein Monatsfreibetrag von 250 € (3 000 € verteilt auf zwölf Monate).

Im Februar 2017 teilt der Arbeitnehmer dem Finanzamt pflichtgemäß mit, dass sich für das Kalenderjahr 2017 der Freibetrag auf 2 500 € verringert. Das Finanzamt ändert daraufhin den Jahresfreibetrag für 2017 auf 2 500 €. Für die Berechnung des neuen Monatsfreibetrags ab März 2017 ist der Jahresfreibetrag um die bei der Lohnsteuerberechnung bisher zu berücksichtigenden Monatsfreibeträge für Januar und Februar 2017 von (2x 250 €=) 500 € zu kürzen. Der verbleibende Betrag von (2 500 € ./. 500 € =) 2 000 € ist auf die Monate März bis Dezember 2017 zu verteilen, so dass sich nunmehr ein herabgesetzter Monatsfreibetrag von 200 € ergibt (2 000 € verteilt auf zehn Monate). Für die abgelaufenen Lohnzahlungszeiträume Januar und Februar 2017 bleibt der Monatsfreibetrag von 250 € unverändert.

- ***Entlastungsbetrag für Alleinerziehende***

Eine Alleinerziehende hat drei zu ihrem Haushalt gehörende minderjährige Kinder und beantragt im Januar den Entlastungsbetrag nach § 24b EStG für ihre drei Kinder.

Für den Entlastungsbetrag für das erste Kind in Höhe von 1 908 € wird die Steuerklasse II gebildet. Für die beiden weiteren Kinder ist jeweils ein Erhöhungsbetrag von 240 € als Freibetrag zu berücksichtigen. Es ergibt sich somit ein Jahresfreibetrag von 480 € (2x 240 €), der auf die Monate Januar bis Dezember zu verteilen ist, so dass ein Monatsbetrag von 40 € (480 € verteilt auf zwölf Monate) zu berücksichtigen ist. Die Antragsgrenze von 600 € ist insoweit nicht zu beachten (§ 39a Abs. 2 Satz 4 EStG).

Lohnsteuer-Ermäßigungsverfahren 2016

→ Anhang 44 II

Zweijährige Gültigkeit von Freibeträgen → BMF vom 21. 5. 2015 (BStBl I S. 488)

→ Anhang 44 I

Freibetrag für Fahrten zwischen Wohnung und erster Tätigkeitsstätte

→ Anhang 18

Freibeträge für Kinder

→ R 39.2 Abs. 3, H 39.2

Freibetrag wegen haushaltsnaher Beschäftigungsverhältnisse und haushaltsnaher Dienstleistungen

→ BMF vom 10. 1. 2014 (BStBl I S. 75)

→ ***BMF vom (BStBl I S.)***

→ H 35a

Freibetrag wegen negativer Einkünfte

→ R 39a.2

Freibetrag wegen negativer Einkünfte

R 39a.2

S 2365

[1]In die Ermittlung eines Freibetrags wegen negativer Einkünfte sind sämtliche Einkünfte aus Land- und Forstwirtschaft, Gewerbebetrieb, selbständiger Arbeit, Vermietung und Verpachtung und die sonstigen Einkünfte einzubeziehen, die der Arbeitnehmer und sein von ihm nicht dauernd getrennt lebender unbeschränkt einkommensteuerpflichtiger Ehegatte voraussichtlich erzielen werden; negative Einkünfte aus Kapitalvermögen werden nur berücksichtigt, wenn sie nicht unter das Verlustausgleichsverbot des § 20 Abs. 6 Satz 2 EStG fallen (→ § 32d Abs. 2 EStG). [2]Das bedeutet, dass sich der Betrag der negativen Einkünfte des Arbeitnehmers z. B. um die positiven Einkünfte des Ehegatten vermindert. [3]Außer Betracht bleiben stets die Einkünfte aus nichtselbständiger Arbeit und positive Einkünfte aus Kapitalvermögen.

H 39a.2

Hinweise

Vermietung und Verpachtung

Negative Einkünfte aus Vermietung und Verpachtung eines Gebäudes können grundsätzlich erstmals für das Kalenderjahr berücksichtigt werden, das auf das Kalenderjahr der Fertigstellung oder der Anschaffung des Gebäudes folgt (§ 39a Abs. 1 Nr. 5 i. V. m. § 37 Abs. 3 EStG). Das Objekt ist angeschafft, wenn der Kaufvertrag abgeschlossen worden ist und Besitz, Nutzungen, Lasten und Gefahr auf den Erwerber übergegangen sind. Das Objekt ist fertiggestellt, wenn es nach Abschluss der wesentlichen Bauarbeiten bewohnbar ist; die Bauabnahme ist nicht erforderlich (→ H 7.4 (Fertigstellung) EStH). Wird ein Objekt vor der Fertigstellung angeschafft, ist der Zeitpunkt der Fertigstellung maßgebend.

R 39a.3

Freibeträge bei Ehegatten

Werbungskosten

S 2365 (1) [1]Werbungskosten werden für jeden Ehegatten gesondert ermittelt. [2]Von den für den einzelnen Ehegatten ermittelten Werbungskosten ist jeweils der maßgebende Pauschbetrag für Werbungskosten nach § 9a Satz 1 Nr. 1 EStG abzuziehen.

Sonderausgaben

(2) [1]Sonderausgaben i. S. d. § 10 Abs. 1 Nr. 1, 1a, 1b, 4, 5, 7 und 9 EStG und des § 10b EStG[1)] sind bei Ehegatten, die beide unbeschränkt einkommensteuerpflichtig sind und nicht dauernd getrennt leben, einheitlich zu ermitteln. [2]Hiervon ist der Sonderausgaben-Pauschbetrag für Ehegatten abzuziehen.

Außergewöhnliche Belastungen

(3) Bei Ehegatten, die beide unbeschränkt einkommensteuerpflichtig sind und nicht dauernd getrennt leben, genügt es für die Anwendung der §§ 33, 33a und 33b Abs. 6 EStG (außergewöhnliche Belastungen), dass die Voraussetzungen für die Eintragung eines Freibetrags in der Person eines Ehegatten erfüllt sind.

Behinderten-Pauschbetrag

(4) [1]Für die Gewährung eines Behinderten-Pauschbetrags nach § 33b EStG ist es bei Ehegatten, die beide unbeschränkt einkommensteuerpflichtig sind und nicht dauernd getrennt leben, unerheblich, wer von ihnen die Voraussetzungen erfüllt. [2]Liegen bei beiden Ehegatten die Voraussetzungen für die Gewährung eines Behinderten-Pauschbetrags vor, ist für jeden Ehegatten der in Betracht kommende Pauschbetrag zu gewähren; dies gilt auch, wenn nur einer von ihnen Arbeitnehmer ist.

Aufteilung des Freibetrags

(5) [1]Bei Ehegatten, die beide unbeschränkt einkommensteuerpflichtig sind und nicht dauernd getrennt leben, ist der Freibetrag grundsätzlich je zur Hälfte aufzuteilen; auf Antrag der Ehegatten ist aber eine andere Aufteilung vorzunehmen (§ 39a Abs. 3 Satz 3 EStG). [2]Eine Ausnahme gilt für einen Freibetrag wegen erhöhter Werbungskosten; dieser darf bei dem Ehegatten berücksichtigt werden, dem die Werbungskosten entstanden sind. [3]Pauschbeträge für behinderte Menschen und Hinterbliebene dürfen abweichend von Satz 1 bei demjenigen als Freibetrag gebildet werden, der die Voraussetzungen für den Pauschbetrag erfüllt. [4]Der Freibetrag bei Ehegatten ist vor der Berücksichtigung des Hinzurechnungsbetrags nach § 39a Abs. 1 Satz 1 Nr. 7 EStG aufzuteilen; der Hinzurechnungsbetrag selbst darf nicht aufgeteilt werden.

H 39a.3

Hinweise

Pauschbeträge für behinderte Kinder

Anhang 30 H 39.2 Wegen der Übertragung der Pauschbeträge für behinderte Kinder auf deren Eltern → R 33b EStR, H 33b EStH.

1) Jetzt § 10 Abs. 1 Nr. 4, 5, 7 und 9 EStG, § 10 Abs. 1a EStG und § 10b EStG.

§ 39b Einbehaltung der Lohnsteuer

EStG
S 2366

(1) Bei unbeschränkt und beschränkt einkommensteuerpflichtigen Arbeitnehmern hat der Arbeitgeber den Lohnsteuerabzug nach Maßgabe der Absätze 2 bis 6 durchzuführen.

S 2367

(2) [1]Für die Einbehaltung der Lohnsteuer vom laufenden Arbeitslohn hat der Arbeitgeber die Höhe des laufenden Arbeitslohns im Lohnzahlungszeitraum festzustellen und auf einen Jahresarbeitslohn hochzurechnen. [2]Der Arbeitslohn eines monatlichen Lohnzahlungszeitraums ist mit zwölf, der Arbeitslohn eines wöchentlichen Lohnzahlungszeitraums mit 360/7 und der Arbeitslohn eines täglichen Lohnzahlungszeitraums mit 360 zu vervielfältigen. [3]Von dem hochgerechneten Jahresarbeitslohn sind ein etwaiger Versorgungsfreibetrag (§ 19 Absatz 2) und Altersentlastungsbetrag (§ 24a) abzuziehen. [4]Außerdem ist der hochgerechnete Jahresarbeitslohn um einen etwaigen als Lohnsteuerabzugsmerkmal für den Lohnzahlungszeitraum mitgeteilten Freibetrag (§ 39a Absatz 1) oder Hinzurechnungsbetrag (§ 39a Absatz 1 Satz 1 Nummer 7), vervielfältigt unter sinngemäßer Anwendung von Satz 2, zu vermindern oder zu erhöhen. [5]Der so verminderte oder erhöhte hochgerechnete Jahresarbeitslohn, vermindert um

1. **den Arbeitnehmer-Pauschbetrag (§ 9a Satz 1 Nummer 1 Buchstabe a) oder bei Versorgungsbezügen den Pauschbetrag (§ 9a Satz 1 Nummer 1 Buchstabe b) und den Zuschlag zum Versorgungsfreibetrag (§ 19 Absatz 2) in den Steuerklassen I bis V,**
2. **den Sonderausgaben-Pauschbetrag (§ 10c Satz 1) in den Steuerklassen I bis V,**
3. **eine Vorsorgepauschale aus den Teilbeträgen**
   a) **für die Rentenversicherung bei Arbeitnehmern, die in der gesetzlichen Rentenversicherung pflichtversichert oder von der gesetzlichen Rentenversicherung nach § 6 Absatz 1 Nummer 1 des Sechsten Buches Sozialgesetzbuch befreit sind, in den Steuerklassen I bis VI in Höhe des Betrags, der bezogen auf den Arbeitslohn 50 Prozent des Beitrags in der allgemeinen Rentenversicherung unter Berücksichtigung der jeweiligen Beitragsbemessungsgrenzen entspricht,**
   b) **für die Krankenversicherung bei Arbeitnehmern, die in der gesetzlichen Krankenversicherung versichert sind, in den Steuerklassen I bis VI in Höhe des Betrags, der bezogen auf den Arbeitslohn unter Berücksichtigung der Beitragsbemessungsgrenze, den ermäßigten Beitragssatz (§ 243 des Fünften Buches Sozialgesetzbuch) und den Zusatzbeitragssatz der Krankenkasse (§ 242 des Fünften Buches Sozialgesetzbuch) dem Arbeitnehmeranteil eines pflichtversicherten Arbeitnehmers entspricht,**
   c) **für die Pflegeversicherung bei Arbeitnehmern, die in der sozialen Pflegeversicherung versichert sind, in den Steuerklassen I bis VI in Höhe des Betrags, der bezogen auf den Arbeitslohn unter Berücksichtigung der Beitragsbemessungsgrenze und den bundeseinheitlichen Beitragssatz dem Arbeitnehmeranteil eines pflichtversicherten Arbeitnehmers entspricht, erhöht um den Beitragszuschlag des Arbeitnehmers nach § 55 Absatz 3 des Elften Buches Sozialgesetzbuch, wenn die Voraussetzungen dafür vorliegen,**
   d) **für die Krankenversicherung und für die private Pflege-Pflichtversicherung bei Arbeitnehmern, die nicht unter Buchstabe b und c fallen, in den Steuerklassen I bis V in Höhe der dem Arbeitgeber mitgeteilten Beiträge im Sinne des § 10 Absatz 1 Nummer 3, etwaig vervielfältigt unter sinngemäßer Anwendung von Satz 2 auf einen Jahresbetrag, vermindert um den Betrag, der bezogen auf den Arbeitslohn unter Berücksichtigung der Beitragsbemessungsgrenze und den ermäßigten Beitragssatz in der gesetzlichen Krankenversicherung sowie den bundeseinheitlichen Beitragssatz in der sozialen Pflegeversicherung dem Arbeitgeberanteil für einen pflichtversicherten Arbeitnehmer entspricht, wenn der Arbeitgeber gesetzlich verpflichtet ist, Zuschüsse zu den Kranken- und Pflegeversicherungsbeiträgen des Arbeitnehmers zu leisten;**

   Entschädigungen im Sinne des § 24 Nummer 1 sind bei Anwendung der Buchstaben a bis c nicht zu berücksichtigen; mindestens ist für die Summe der Teilbeträge nach den Buchstaben b und c oder für den Teilbetrag nach Buchstabe d ein Betrag in Höhe von 12 Prozent des Arbeitslohns, höchstens 1 900 Euro in den Steuerklassen I, II, IV, V, VI und höchstens 3 000 Euro in der Steuerklasse III anzusetzen,
4. ***den Entlastungsbetrag für Alleinerziehende für ein Kind (§ 24b Absatz 2 Satz 1)* in der Steuerklasse II,** 1)

ergibt den zu versteuernden Jahresbetrag. [6]Für den zu versteuernden Jahresbetrag ist die Jahreslohnsteuer in den Steuerklassen I, II und IV nach § 32a Absatz 1 sowie in der Steuerklasse III nach § 32a Absatz 5 zu berechnen. [7]In den Steuerklassen V und VI ist die Jahreslohnsteuer

1) Absatz 2 Satz 5 Nr. 4 wurde durch das Gesetz zur Anhebung des Grundfreibetrags, des Kinderfreibetrags, des Kindergeldes und des Kinderzuschlags geändert und ist erstmals anzuwenden auf laufenden Arbeitslohn, der für einen nach dem 30. 11. 2015 endenden Lohnzahlungszeitraum gezahlt wird, und auf sonstige Bezüge, die nach dem 30. 11. 2015 zufließen. Bei der Lohnsteuerberechnung auf laufenden Arbeitslohn, der für einen nach dem 30. 11. 2015, aber vor dem 1. 1. 2016 endenden täglichen,

zu berechnen, die sich aus dem Zweifachen des Unterschiedsbetrags zwischen dem Steuerbetrag für das Eineinviertelfache und dem Steuerbetrag für das Dreiviertelfache des zu versteuernden Jahresbetrags nach § 32a Absatz 1 ergibt; *die Jahreslohnsteuer beträgt jedoch mindes-*
1) *tens 14 Prozent des zu versteuernden Jahresbetrags, für den 10 070 Euro übersteigenden Teil des zu versteuernden Jahresbetrags höchstens 42 Prozent, für den 26 832 Euro übersteigenden Teil des zu versteuernden Jahresbetrags 42 Prozent und für den 203 557 Euro übersteigenden*
2) *Teil des zu versteuernden Jahresbetrags 45 Prozent.* [8]Für die Lohnsteuerberechnung ist die als Lohnsteuerabzugsmerkmal mitgeteilte Steuerklasse maßgebend. [9]Die monatliche Lohnsteuer ist $^{1}/_{12}$, die wöchentliche Lohnsteuer sind $^{7}/_{360}$ und die tägliche Lohnsteuer ist $^{1}/_{360}$ der Jahreslohnsteuer. [10]Bruchteile eines Cents, die sich bei der Berechnung nach den Sätzen 2 und 9 ergeben, bleiben jeweils außer Ansatz. [11]Die auf den Lohnzahlungszeitraum entfallende Lohnsteuer ist vom Arbeitslohn einzubehalten. [12]Das Betriebsstättenfinanzamt kann allgemein oder auf Antrag zulassen, dass die Lohnsteuer unter den Voraussetzungen des § 42b Absatz 1 nach dem voraussichtlichen Jahresarbeitslohn ermittelt wird, wenn gewährleistet ist, dass die zutreffende Jahreslohnsteuer (§ 38a Absatz 2) nicht unterschritten wird.

S 2368 (3) [1]Für die Einbehaltung der Lohnsteuer von einem sonstigen Bezug hat der Arbeitgeber den voraussichtlichen Jahresarbeitslohn ohne den sonstigen Bezug festzustellen. [2]Hat der Arbeitnehmer Lohnsteuerbescheinigungen aus früheren Dienstverhältnissen des Kalenderjahres nicht vorgelegt, so ist bei der Ermittlung des voraussichtlichen Jahresarbeitslohns der Arbeitslohn für Beschäftigungszeiten bei früheren Arbeitgebern mit dem Betrag anzusetzen, der sich ergibt, wenn der laufende Arbeitslohn im Monat der Zahlung des sonstigen Bezugs entsprechend der Beschäftigungsdauer bei früheren Arbeitgebern hochgerechnet wird. [3]Der voraussichtliche Jahresarbeitslohn ist um den Versorgungsfreibetrag (§ 19 Absatz 2) und den Altersentlastungsbetrag (§ 24a), wenn die Voraussetzungen für den Abzug dieser Beträge jeweils erfüllt sind, sowie um einen etwaigen als Lohnsteuerabzugsmerkmal mitgeteilten Jahresfreibetrag zu vermindern und um einen etwaigen Jahreshinzurechnungsbetrag zu erhöhen. [4]Für den so ermittelten Jahresarbeitslohn (maßgebender Jahresarbeitslohn) ist die Lohnsteuer nach Maßgabe des Absatzes 2 Satz 5 bis 7 zu ermitteln. [5]Außerdem ist die Jahreslohnsteuer für den maßgebenden Jahresarbeitslohn unter Einbeziehung des sonstigen Bezugs zu ermitteln. [6]Dabei ist der sonstige Bezug, um den Versorgungsfreibetrag und den Altersentlastungsbetrag zu vermindern, wenn die Voraussetzungen für den Abzug dieser Beträge jeweils erfüllt sind und soweit sie nicht bei der Steuerberechnung für den maßgebenden Jahresarbeitslohn berücksichtigt worden sind. [7]Für die Lohnsteuerberechnung ist die als Lohnsteuerabzugsmerkmal mitgeteilte Steuerklasse maßgebend. [8]Der Unterschiedsbetrag zwischen den ermittelten Jahreslohnsteuerbeträgen ist die Lohnsteuer, die vom sonstigen Bezug einzubehalten ist. [9]Die Lohnsteuer ist bei einem sonstigen Bezug im Sinne des § 34 Absatz 1 und 2 Nummer 2 und 4 in der Weise zu ermäßigen, dass der sonstige Bezug bei der Anwendung des Satzes 5 mit einem Fünftel anzusetzen und der Unterschiedsbetrag im Sinne des Satzes 8 zu verfünffachen ist; § 34 Absatz 1 Satz 3 ist sinngemäß anzuwenden. [10]Ein sonstiger Bezug im Sinne des § 34 Absatz 1 und 2 Nummer 4 ist bei der Anwendung des Satzes 4 in die Bemessungsgrundlage für die Vorsorgepauschale nach Absatz 2 Satz 5 Nummer 3 einzubeziehen.

(4) In den Kalenderjahren 2010 bis 2024 ist Absatz 2 Satz 5 Nummer 3 Buchstabe a mit der Maßgabe anzuwenden, dass im Kalenderjahr 2010 der ermittelte Betrag auf 40 Prozent begrenzt und dieser Prozentsatz in jedem folgenden Kalenderjahr um je 4 Prozentpunkte erhöht wird.

(5) [1]Wenn der Arbeitgeber für den Lohnzahlungszeitraum lediglich Abschlagszahlungen leistet und eine Lohnabrechnung für einen längeren Zeitraum (Lohnabrechnungszeitraum) vornimmt, kann er den Lohnabrechnungszeitraum als Lohnzahlungszeitraum behandeln und die Lohnsteuer abweichend von § 38 Absatz 3 bei der Lohnabrechnung einbehalten. [2]Satz 1 gilt nicht, wenn der Lohnabrechnungszeitraum fünf Wochen übersteigt oder die Lohnabrechnung nicht innerhalb von drei Wochen nach dessen Ablauf erfolgt. [3]Das Betriebsstättenfinanzamt

---

(Fortsetzung Fußnote 1 von Seite 589)
wöchentlichen und monatlichen Lohnzahlungszeitraum gezahlt wird, ist zu berücksichtigen, dass Absatz 2 Satz 5 Nr. 4 in der am 23. 7. 2015 geltenden Fassung bis zum 30. 11. 2015 nicht angewandt wurde (Nachholung). Das BMF hat dies im Einvernehmen mit den obersten Finanzbehörden der Länder bei der Aufstellung und Bekanntmachung der geänderten Programmablaufpläne für 2015 zu berücksichtigen (§ 39b Abs. 6 EStG und § 51 Abs. 4 Nr. 1a EStG). In den Fällen des § 24b Absatz 4 EStG ist für das Kj. 2015 eine Veranlagung durchzuführen, wenn die Nachholung nach Satz 2 durchgeführt wurde → § 52 Abs. 37b EStG.

1) ***Für VZ 2015 wurde Absatz 2 Satz 7 zweiter Halbsatz durch Artikel 1 des Gesetzes zur Anhebung des Grundfreibetrags, des Kinderfreibetrags, des Kindergeldes und des Kinderzuschlags geändert. Absatz 2 Satz 7 zweiter Halbsatz in der für VZ 2015 geltenden Fassung lautet:***
„die Jahreslohnsteuer beträgt jedoch mindestens 14 Prozent des Jahresbetrags, für den 9 873 Euro übersteigenden Teil des Jahresbetrags höchstens 42 Prozent und für den 26 441 Euro übersteigenden Teil des zu versteuernden Jahresbetrags jeweils 42 Prozent sowie für den 200 584 Euro übersteigenden Teil des zu versteuernden Jahresbetrags jeweils 45 Prozent."

2) ***Absatz 2 Satz 7 zweiter Halbsatz wurde durch Artikel 2 des Gesetzes zur Anhebung des Grundfreibetrags, des Kinderfreibetrags, des Kindergeldes und des Kinderzuschlags ab VZ 2016 geändert.***

kann anordnen, dass die Lohnsteuer von den Abschlagszahlungen einzubehalten ist, wenn die Erhebung der Lohnsteuer sonst nicht gesichert erscheint. [4]Wenn wegen einer besonderen Entlohnungsart weder ein Lohnzahlungszeitraum noch ein Lohnabrechnungszeitraum festgestellt werden kann, gilt als Lohnzahlungszeitraum die Summe der tatsächlichen Arbeitstage oder Arbeitswochen.

(6) [1]Das Bundesministerium der Finanzen hat im Einvernehmen mit den obersten Finanzbehörden der Länder auf der Grundlage der Absätze 2 und 3 einen Programmablaufplan für die maschinelle Berechnung der Lohnsteuer aufzustellen und bekannt zu machen. [2]Im Programmablaufplan kann von den Regelungen in den Absätzen 2 und 3 abgewichen werden, wenn sich das Ergebnis der maschinellen Berechnung der Lohnsteuer an das Ergebnis einer Veranlagung zur Einkommensteuer anlehnt.

(7) (weggefallen)

Laufender Arbeitslohn und sonstige Bezüge R 39b.2

(1) Laufender Arbeitslohn ist der Arbeitslohn, der dem Arbeitnehmer regelmäßig fortlaufend zufließt, insbesondere: S 2367

1. Monatsgehälter,
2. Wochen- und Tagelöhne,
3. Mehrarbeitsvergütungen,
4. Zuschläge und Zulagen,
5. geldwerte Vorteile aus der ständigen Überlassung von Dienstwagen zur privaten Nutzung,
6. Nachzahlungen und Vorauszahlungen, wenn sich diese ausschließlich auf Lohnzahlungszeiträume beziehen, die im Kalenderjahr der Zahlung enden,
7. Arbeitslohn für Lohnzahlungszeiträume des abgelaufenen Kalenderjahres, der innerhalb der ersten drei Wochen des nachfolgenden Kalenderjahres zufließt.

(2) [1]Ein sonstiger Bezug ist der Arbeitslohn, der nicht als laufender Arbeitslohn gezahlt wird. [2]Zu den sonstigen Bezügen gehören insbesondere einmalige Arbeitslohnzahlungen, die neben dem laufenden Arbeitslohn gezahlt werden, z. B.:

1. dreizehnte und vierzehnte Monatsgehälter,
2. einmalige Abfindungen und Entschädigungen,
3. Gratifikationen und Tantiemen, die nicht fortlaufend gezahlt werden,
4. Jubiläumszuwendungen,
5. Urlaubsgelder, die nicht fortlaufend gezahlt werden, und Entschädigungen zur Abgeltung nicht genommenen Urlaubs,
6. Vergütungen für Erfindungen,
7. Weihnachtszuwendungen,
8. [1]Nachzahlungen und Vorauszahlungen, wenn sich der Gesamtbetrag oder ein Teilbetrag der Nachzahlung oder Vorauszahlung auf Lohnzahlungszeiträume bezieht, die in einem anderen Jahr als dem der Zahlung enden. [2]Nachzahlungen liegen auch vor, wenn Arbeitslohn für Lohnzahlungszeiträume des abgelaufenen Kalenderjahres später als drei Wochen nach Ablauf dieses Jahres zufließt.
9. Ausgleichszahlungen für die in der Arbeitsphase erbrachten Vorleistungen auf Grund eines Altersteilzeitverhältnisses im Blockmodell, das vor Ablauf der vereinbarten Zeit beendet wird,
10. Zahlungen innerhalb eines Kalenderjahres als viertel- oder halbjährliche Teilbeträge.

Freibeträge für Versorgungsbezüge R 39b.3

(1) [1]Werden Versorgungsbezüge als sonstige Bezüge gezahlt, ist § 39b Abs. 3 EStG anzuwenden. [2]Danach dürfen die Freibeträge für Versorgungsbezüge von dem sonstigen Bezug nur abgezogen werden, soweit sie bei der Feststellung des maßgebenden Jahresarbeitslohns nicht verbraucht sind. [3]Werden laufende Versorgungsbezüge erstmals gezahlt, nachdem im selben Kalenderjahr bereits Versorgungsbezüge als sonstige Bezüge gewährt worden sind, darf der Arbeitgeber die maßgebenden Freibeträge für Versorgungsbezüge bei den laufenden Bezügen nur berücksichtigen, soweit sie sich bei den sonstigen Bezügen nicht ausgewirkt haben. [4]Von Arbeitslohn, von dem die Lohnsteuer nach §§ 40 bis 40b EStG mit Pauschsteuersätzen erhoben wird, dürfen die Freibeträge für Versorgungsbezüge nicht abgezogen werden. S 2345

(2) Durch die Regelungen des Absatzes 1 wird die steuerliche Behandlung der Versorgungsbezüge beim Lohnsteuer-Jahresausgleich durch den Arbeitgeber oder bei einer Veranlagung zur Einkommensteuer nicht berührt.

R 39b.4 Altersentlastungsbetrag beim Lohnsteuerabzug

S 2365 (1) [1]Der Altersentlastungsbetrag ist auch bei beschränkt einkommensteuerpflichtigen Arbeitnehmern abzuziehen (→ § 50 Abs. 1 Satz 3 EStG).

(2) [1]Wird Arbeitslohn als sonstiger Bezug gezahlt, ist § 39b Abs. 3 EStG anzuwenden. [2]Danach darf der Altersentlastungsbetrag von dem sonstigen Bezug nur abgezogen werden, soweit er bei der Feststellung des maßgebenden Jahresarbeitslohns nicht verbraucht ist. [3]Wird laufender Arbeitslohn erstmals gezahlt, nachdem im selben Kalenderjahr ein Altersentlastungsbetrag bereits bei sonstigen Bezügen berücksichtigt worden ist, darf der Arbeitgeber den maßgebenden steuerfreien Höchstbetrag bei den laufenden Bezügen nur berücksichtigen, soweit er sich bei den sonstigen Bezügen nicht ausgewirkt hat. [4]Von Arbeitslohn, von dem die Lohnsteuer nach §§ 40 bis 40b EStG mit Pauschsteuersätzen erhoben wird, darf der Altersentlastungsbetrag nicht abgezogen werden.

(3) Durch die Regelungen der Absätze 1 und 2 wird die steuerliche Behandlung des Altersentlastungsbetrags beim Lohnsteuer-Jahresausgleich durch den Arbeitgeber oder bei einer Veranlagung zur Einkommensteuer nicht berührt.

R 39b.5 Einbehaltung der Lohnsteuer vom laufenden Arbeitslohn

Allgemeines

S 2367 (1) [1]Der Arbeitgeber hat die Lohnsteuer grundsätzlich bei jeder Zahlung vom Arbeitslohn einzubehalten (→ § 38 Abs. 3 EStG). [2]Reichen die dem Arbeitgeber zur Verfügung stehenden Mittel zur Zahlung des vollen vereinbarten Arbeitslohns nicht aus, hat er die Lohnsteuer von dem tatsächlich zur Auszahlung gelangenden niedrigeren Betrag zu berechnen und einzubehalten. [3]Der Lohnsteuerermittlung sind jeweils die Lohnsteuerabzugsmerkmale (→ § 39 EStG) zugrunde zu legen, die für den Tag gelten, an dem der Lohnzahlungszeitraum endet; dies gilt auch bei einem Wechsel des ersten Arbeitgebers (Hauptarbeitgeber) im Laufe des Lohnzahlungszeitraums. [4]Für Lohnzahlungen vor Ende des betreffenden Lohnzahlungszeitraums sind zunächst die zu diesem Zeitpunkt bereitgestellten Lohnsteuerabzugsmerkmale (§ 39e Abs. 5 EStG) zugrunde zu legen. [5]Werden nach einer solchen Lohnzahlung Lohnsteuerabzugsmerkmale bekannt, die auf den Lohnzahlungszeitraum zurückwirken, ist § 41c Abs. 1 Satz 1 Nr. 1 EStG anzuwenden.

Lohnzahlungszeitraum

(2) [1]Der Zeitraum, für den jeweils der laufende Arbeitslohn gezahlt wird, ist der Lohnzahlungszeitraum. [2]Ist ein solcher Zeitraum nicht feststellbar, tritt an seine Stelle die Summe der tatsächlichen Arbeitstage oder der tatsächlichen Arbeitswochen (→ § 39b Abs. 5 Satz 4 EStG). [3]Solange das Dienstverhältnis fortbesteht, sind auch solche in den Lohnzahlungszeitraum fallende Arbeitstage mitzuzählen, für die der Arbeitnehmer keinen steuerpflichtigen Arbeitslohn bezogen hat.

(3) [1]Wird der Arbeitslohn für einen Lohnzahlungszeitraum gezahlt, für den der steuerfreie Betrag oder der Hinzurechnungsbetrag den Lohnsteuerabzugsmerkmalen nicht unmittelbar entnommen werden kann, hat der Arbeitgeber für diesen Lohnzahlungszeitraum den zu berücksichtigenden Betrag selbst zu berechnen. [2]Er hat dabei von dem für den monatlichen Lohnzahlungszeitraum geltenden – also aufgerundeten – steuerfreien Betrag auszugehen.

Nachzahlungen, Vorauszahlungen

(4) [1]Stellen Nachzahlungen oder Vorauszahlungen laufenden Arbeitslohn dar (→ R 39b.2 Abs. 1), ist die Nachzahlung oder Vorauszahlung für die Berechnung der Lohnsteuer den Lohnzahlungszeiträumen zuzurechnen, für die sie geleistet werden.[2]Es bestehen jedoch keine Bedenken, diese Nachzahlungen und Vorauszahlungen als sonstige Bezüge nach R 39b.6 zu behandeln, wenn nicht der Arbeitnehmer die Besteuerung nach Satz 1 verlangt; die Pauschalierung nach § 40 Abs. 1 Satz 1 Nr. 1 EStG ist nicht zulässig.

Abschlagszahlungen

(5) [1]Zahlt der Arbeitgeber den Arbeitslohn für den üblichen Lohnzahlungszeitraum nur in ungefährer Höhe (Abschlagszahlung) und nimmt er eine genaue Lohnabrechnung für einen längeren Zeitraum vor, braucht er nach § 39b Abs. 5 EStG die Lohnsteuer erst bei der Lohnabrechnung einzubehalten, wenn der Lohnabrechnungszeitraum fünf Wochen nicht übersteigt und die

Lohnabrechnung innerhalb von drei Wochen nach Ablauf des Lohnabrechnungszeitraums erfolgt. [2]Die Lohnabrechnung gilt als abgeschlossen, wenn die Zahlungsbelege den Bereich des Arbeitgebers verlassen haben; auf den zeitlichen Zufluss der Zahlung beim Arbeitnehmer kommt es nicht an.[3]Wird die Lohnabrechnung für den letzten Abrechnungszeitraum des abgelaufenen Kalenderjahres erst im nachfolgenden Kalenderjahr, aber noch innerhalb der 3-Wochen-Frist vorgenommen, handelt es sich um Arbeitslohn und einbehaltene Lohnsteuer dieses Lohnabrechnungszeitraums; der Arbeitslohn und die Lohnsteuer sind deshalb im Lohnkonto und in den Lohnsteuerbelegen des abgelaufenen Kalenderjahres zu erfassen. [4]Die einbehaltene Lohnsteuer ist aber für die Anmeldung und Abführung als Lohnsteuer des Kalendermonats bzw. Kalendervierteljahres zu erfassen, in dem die Abrechnung tatsächlich vorgenommen wird.

Hinweise

H 39b.5

Abschlagszahlungen

Beispiele zum Zeitpunkt der Lohnsteuereinbehaltung:

A. Ein Arbeitgeber mit monatlichen Abrechnungszeiträumen leistet jeweils am 20. eines Monats eine Abschlagszahlung. Die Lohnabrechnung wird am 10. des folgenden Monats mit der Auszahlung von Spitzenbeträgen vorgenommen.

Der Arbeitgeber ist berechtigt, auf eine Lohnsteuereinbehaltung bei der Abschlagszahlung zu verzichten und die Lohnsteuer erst bei der Schlussabrechnung einzubehalten.

B. Ein Arbeitgeber mit monatlichen Abrechnungszeiträumen leistet jeweils am 28. für den laufenden Monat eine Abschlagszahlung und nimmt die Lohnabrechnung am 28. des folgenden Monats vor.

Die Lohnsteuer ist bereits von der Abschlagszahlung einzubehalten, da die Abrechnung nicht innerhalb von drei Wochen nach Ablauf des Lohnabrechnungszeitraums erfolgt.

C. Auf den Arbeitslohn für Dezember werden Abschlagszahlungen geleistet. Die Lohnabrechnung erfolgt am 15. 1.

Die dann einzubehaltende Lohnsteuer ist spätestens am 10. 2. als Lohnsteuer des Monats Januar anzumelden und abzuführen. Sie gehört gleichwohl zum Arbeitslohn des abgelaufenen Kalenderjahres und ist in die Lohnsteuerbescheinigung für das abgelaufene Kalenderjahr aufzunehmen.

Nachzahlungen

Beispiel zur Berechnung der Lohnsteuer:

Ein Arbeitnehmer mit einem laufenden Bruttoarbeitslohn von 2 000 € monatlich erhält im September eine Nachzahlung von 400 € für die Monate Januar bis August.

Von dem Monatslohn von 2 000 € ist nach der maßgebenden Steuerklasse eine Lohnsteuer von 100 € einzubehalten. Von dem um die anteilige Nachzahlung erhöhten Monatslohn von 2 050 € ist eine Lohnsteuer von 115 € einzubehalten. Auf die anteilige monatliche Nachzahlung von 50 € entfällt mithin eine Lohnsteuer von 15 €. Dieser Betrag, vervielfacht mit der Zahl der in Betracht kommenden Monate, ergibt dann die Lohnsteuer für die Nachzahlung (15 € × 8 =) 120 €.

PAP

Programmablaufpläne für den Lohnsteuerabzug 2016

(BMF-Schreiben vom 16. 11. 2015, BStBl I S. 960)

Im Einvernehmen mit den obersten Finanzbehörden der Länder werden hiermit

– der Programmablaufplan für die maschinelle Berechnung der vom Arbeitslohn einzubehaltenden Lohnsteuer, des Solidaritätszuschlags und der Maßstabsteuer für die Kirchenlohnsteuer für 2016 – Anlage 1 – und

– der Programmablaufplan für die Erstellung von Lohnsteuertabellen für 2016 zur manuellen Berechnung der Lohnsteuer (einschließlich der Berechnung des Solidaritätszuschlags und der Bemessungsgrundlage für die Kirchenlohnsteuer) – Anlage 2 –

bekannt gemacht (§ 39b Absatz 6 und § 51 Absatz 4 Nummer 1a EStG).

Auf die Erläuterungen unter „1. Gesetzliche Grundlagen/Allgemeines" wird gesondert hingewiesen. (Der Programmablaufplan (Anlage 1 und 2) ist hier nicht abgedruckt.)

R 39b.6

Einbehaltung der Lohnsteuer von sonstigen Bezügen

Allgemeines

S 2368 (1) [1]Von einem sonstigen Bezug ist die Lohnsteuer stets in dem Zeitpunkt einzubehalten, in dem er zufließt. [2]Der Lohnsteuerermittlung sind die Lohnsteuerabzugsmerkmale zugrunde zu legen, zum Ende des Kalendermonats des Zuflusses gelten. [3]Der maßgebende Arbeitslohn (§ 39b Abs. 3 EStG) kann nach Abzug eines Freibetrags auch negativ sein.

Voraussichtlicher Jahresarbeitslohn

(2) [1]Zur Ermittlung der von einem sonstigen Bezug einzubehaltenden Lohnsteuer ist jeweils der voraussichtliche Jahresarbeitslohn des Kalenderjahres zugrunde zu legen, in dem der sonstige Bezug dem Arbeitnehmer zufließt. [2]Dabei sind der laufende Arbeitslohn, der für die im Kalenderjahr bereits abgelaufenen Lohnzahlungszeiträume zugeflossen ist, und die in diesem Kalenderjahr bereits gezahlten sonstigen Bezüge mit dem laufenden Arbeitslohn zusammenzurechnen, der sich voraussichtlich für die Restzeit des Kalenderjahres ergibt. [3]Statt dessen kann der voraussichtlich für die Restzeit des Kalenderjahres zu zahlende laufende Arbeitslohn durch Umrechnung des bisher zugeflossenen laufenden Arbeitslohns ermittelt werden. [4]Künftige sonstige Bezüge, deren Zahlung bis zum Ablauf des Kalenderjahres zu erwarten ist, sind nicht zu erfassen.

Sonstige Bezüge nach Ende des Dienstverhältnisses

(3) [1]Werden sonstige Bezüge gezahlt, nachdem der Arbeitnehmer aus dem Dienstverhältnis ausgeschieden ist, sind der Lohnsteuerermittlung die Lohnsteuerabzugsmerkmale zugrunde zu legen, die zum Ende des Kalendermonats des Zuflusses gelten. [2]Der voraussichtliche Jahresarbeitslohn ist dann auf der Grundlage der Angaben des Arbeitnehmers zu ermitteln. [3]Macht der Arbeitnehmer keine Angaben, ist der beim bisherigen Arbeitgeber zugeflossene Arbeitslohn auf einen Jahresbetrag hochzurechnen. [4]Eine Hochrechnung ist nicht erforderlich, wenn mit dem Zufließen von weiterem Arbeitslohn im Laufe des Kalenderjahres, z. B. wegen Alters oder Erwerbsunfähigkeit, nicht zu rechnen ist.

Zusammentreffen regulär und ermäßigt besteuerter sonstiger Bezüge

(4) Trifft ein sonstiger Bezug i. S. v. § 39b Abs. 3 Satz 1 bis 7 EStG mit einem sonstigen Bezug i. S. d. § 39b Abs. 3 Satz 9 EStG zusammen, ist zunächst die Lohnsteuer für den sonstigen Bezug i. S. d. § 39b Abs. 3 Satz 1 bis 7 EStG und danach die Lohnsteuer für den anderen sonstigen Bezug zu ermitteln.

Regulär zu besteuernde Entschädigungen

(5) [1]Liegen bei einer Entschädigung im Sinne des § 24 Nr. 1 EStG die Voraussetzungen für die Steuerermäßigung nach § 34 EStG nicht vor, ist die Entschädigung als regulär zu besteuernder sonstiger Bezug zu behandeln. [2]Es ist aus Vereinfachungsgründen nicht zu beanstanden, wenn dieser sonstige Bezug bei der Anwendung des § 39b Abs. 2 Satz 5 Nr. 3 Buchstabe a bis c EStG berücksichtigt wird.

H 39b.6

Hinweise

Beispiele:

A. Berechnung des voraussichtlichen Jahresarbeitslohnes

Ein Arbeitgeber X zahlt im September einen sonstigen Bezug von 1 200 € an einen Arbeitnehmer. Der Arbeitnehmer hat seinem Arbeitgeber zwei Ausdrucke der elektronischen Lohnsteuerbescheinigungen seiner vorigen Arbeitgeber vorgelegt:

a) Dienstverhältnis beim Arbeitgeber A vom 1. 1. bis 31. 3., Arbeitslohn 8 400 €,
b) Dienstverhältnis beim Arbeitgeber B vom 1. 5. bis 30. 6., Arbeitslohn 4 200 €.

Der Arbeitnehmer war im April arbeitslos. Beim Arbeitgeber X steht der Arbeitnehmer seit dem 1.7. in einem Dienstverhältnis; er hat für die Monate Juli und August ein Monatsgehalt von 2 400 € bezogen, außerdem erhielt er am 20.8. einen sonstigen Bezug von 500 €. Vom ersten September an erhält er ein Monatsgehalt von 2 800 € zuzüglich eines weiteren halben (13.) Monatsgehalts am 1.12.

Der vom Arbeitgeber im September zu ermittelnde voraussichtliche Jahresarbeitslohn (ohne den sonstigen Bezug, für den die Lohnsteuer ermittelt werden soll) beträgt hiernach:

Arbeitslohn 1. 1. bis 30. 6. (8 400 € + 4 200 €)	12 600 €
Arbeitslohn 1. 7. bis 31. 8. (2 × 2 400 € + 500 €)	5 300 €
Arbeitslohn 1. 9. bis 31. 12. (voraussichtlich 4 × 2 800 €)	11 200 €
	29 100 €

Das halbe 13. Monatsgehalt ist ein zukünftiger sonstiger Bezug und bleibt daher außer Betracht.

Abwandlung 1:

Legt der Arbeitnehmer seinem Arbeitgeber X zwar den Nachweis über seine Arbeitslosigkeit im April, nicht aber die Ausdrucke der elektronischen Lohnsteuerbescheinigungen der

Arbeitgeber A und B vor, ergibt sich folgender voraussichtliche Jahresarbeitslohn:

Arbeitslohn 1. 1. bis 30. 6. (5 × 2 800 €)	14 000 €
Arbeitslohn 1. 7. bis 31. 8. (2 × 2 400 € + 500 €)	5 300 €
Arbeitslohn 1. 9. bis 31. 12. (voraussichtlich 4 × 2 800 €)	11 200 €
	30 500 €

Abwandlung 2:
Ist dem Arbeitgeber X nicht bekannt, dass der Arbeitnehmer im April arbeitslos war, ist der Arbeitslohn für die Monate Januar bis Juni mit 6 × 2 800 € = 16 800 € zu berücksichtigen.

B. Berechnung des voraussichtlichen Jahresarbeitslohns bei Versorgungsbezügen i. V. m. einem sonstigen Bezug

Ein Arbeitgeber zahlt im April einem 65jährigen Arbeitnehmer einen sonstigen Bezug (Umsatzprovision für das vorangegangene Kalenderjahr) in Höhe von 5 000 €. Der Arbeitnehmer ist am ***29. 2. 2016*** in den Ruhestand getreten. Der Arbeitslohn betrug bis dahin monatlich 2 300 €. Seit dem ***1. 3. 2016*** erhält der Arbeitnehmer neben dem Altersruhegeld aus der gesetzlichen Rentenversicherung Versorgungsbezüge i. S. d. § 19 Abs. 2 EStG von monatlich 900 €. Außerdem hat das Finanzamt einen Jahresfreibetrag von 750 € festgesetzt.
Der maßgebende Jahresarbeitslohn, der zu versteuernde Teil des sonstigen Bezugs und die einzubehaltende Lohnsteuer sind wie folgt zu ermitteln:

I. Neben dem Arbeitslohn für die Zeit vom 1. 1. bis ***29.2.*** von (2 × 2 300 € =)	4 600 €
gehören zum voraussichtlichen Jahresarbeitslohn die Versorgungsbezüge vom 1. 3. an mit monatlich 900 €; voraussichtlich werden gezahlt (10 × 900 €)	9 000 €
Der voraussichtliche Jahresarbeitslohn beträgt somit	13 600 €
II. Vom voraussichtlichen Jahresarbeitslohn sind folgende Beträge abzuziehen (→ § 39b Abs. 3 S. 3 EStG):	
a) der zeitanteilige Versorgungsfreibetrag und der Zuschlag zum Versorgungsfreibetrag, unabhängig von der Höhe der bisher berücksichtigten Freibeträge für Versorgungsbezüge (***22,4*** % von 10 800 €[1]) = ***2 419,20*** € höchstens ***1 680*** € zuzüglich ***504*** € = ***2 184*** €, davon $^{10}/_{12}$)	***1 820,00*** €
b) der Altersentlastungsbetrag unabhängig von der Höhe des bisher berücksichtigten Betrags (22,4 % von 4 600 € = ***1 030,40*** € höchstens ***1 064*** €)	***1 030,40*** €
c) vom Finanzamt festgesetzter Freibetrag von jährlich	750,00 €
Gesamtabzugsbetrag somit	***3 600,40*** €
III. Der maßgebende Jahresarbeitslohn beträgt somit (13 600 € ./. ***3 600,40*** €)	***9 999,60*** €.
IV. Von dem sonstigen Bezug in Höhe von	5 000,00 €
ist der Altersentlastungsbetrag in Höhe von ***22,4*** %, höchstens jedoch der Betrag, um den der Jahreshöchstbetrag von ***1 064*** € den bei Ermittlung des maßgebenden Jahresarbeitslohns abgezogenen Betrag überschreitet, abzuziehen. (***22,4*** % von 5 000 € = ***1 120*** €, höchstens ***1 064*** € abzüglich ***1 030,40*** €)	***33,60*** €
Der zu versteuernde Teil des sonstigen Bezugs beträgt somit	***4 966,40*** €.
V. Der maßgebende Jahresarbeitslohn einschließlich des sonstigen Bezugs beträgt somit (***9 999,60*** € + ***4 966,40*** € =)	***14 966,00*** €

C. Berechnung der Lohnsteuer beim gleichzeitigen Zufluss eines regulär und eines ermäßigt besteuerten sonstigen Bezugs

Ein Arbeitgeber zahlt seinem Arbeitnehmer, dessen Jahresarbeitslohn 40 000 € beträgt, im Dezember einen sonstigen Bezug (Weihnachtsgeld) in Höhe von 3 000 € und daneben eine Jubiläumszuwendung von 2 500 €, von dem die Lohnsteuer nach § 39b Abs. 3 Satz 9 i. V. m. § 34 EStG einzubehalten ist.
Die Lohnsteuer ist wie folgt zu ermitteln:

		darauf entfallende Lohnsteuer		
Jahresarbeitslohn	40 000 €	9 000 €		
zzgl. Weihnachtsgeld	3 000 €			
	43 000 €	10 000 €	= LSt auf das Weihnachtsgeld	1 000 €
zzgl. $^1/_5$ der Jubiläumszuwendung	500 €			
=	43 500 €	10 150 €	= LSt auf $^1/_5$ der Jubiläumszuwendung = 150 € × 5	750 €
Lohnsteuer auf beide sonstigen Bezüge =				1 750 €

[1]) Maßgebend ist der erste Versorgungsbezug (900 €) × 12 Monate → § 19 Abs. 2 Satz 4 EStG.

D. Berechnung der Lohnsteuer bei einem ermäßigt besteuerten sonstigen Bezug im Zusammenspiel mit einem Freibetrag

Ein Arbeitgeber zahlt seinem ledigen Arbeitnehmer, dessen Jahresarbeitslohn 78 000 Euro beträgt, im Dezember eine steuerpflichtige Abfindung von 62 000 Euro, von der die Lohnsteuer nach § 39b Abs. 3 Satz 9 i. V. m. § 34 EStG einzubehalten ist. Das Finanzamt hat einen ein Freibetrag (Verlust V+V) i. H. v. 80 000 Euro festgesetzt.

Die Lohnsteuer ist wie folgt zu ermitteln:

Jahresarbeitslohn	78 000 €
abzüglich Freibetrag	80 000 €
	./. 2 000 €
zuzüglich Abfindung	62 000 €
Zwischensumme	60 000 €
Davon 1/5	12 000 €
darauf entfallende Lohnsteuer	200 €
Lohnsteuer auf die Abfindung (5 × 200 €)	1 000 €

Fünftelungsregelung

Anhang 27 – → BMF vom 1. 11. 2013 (BStBl I S. 1326)

– Die Fünftelungsregelung ist nicht anzuwenden, wenn sie zu einer höheren Steuer führt als die Besteuerung als nicht begünstigter sonstiger Bezug (→ BMF vom 10. 1. 2000 – BStBl I S. 138). → H 40.2

– Bei Jubiläumszuwendungen kann der Arbeitgeber im Lohnsteuerabzugsverfahren eine Zusammenballung unterstellen, wenn die Zuwendung an einen Arbeitnehmer gezahlt wird, der voraussichtlich bis Ende des Kalenderjahres nicht aus dem Dienstverhältnis ausscheidet (→ BMF vom 10. 1. 2000 –H 40.2 BStBl I S. 138). → H 40.2

– Bei Aktienoptionsprogrammen kann die Fünftelungsregelung angewendet werden, wenn die Laufzeit zwischen Einräumung und Ausübung der Optionsrechte mehr als 12 Monate beträgt und der Arbeitnehmer in dieser Zeit auch bei seinem Arbeitgeber beschäftigt ist. Dies gilt auch dann, wenn dem Arbeitnehmer wiederholt Aktienoptionen eingeräumt worden sind und die jeweilige Option nicht in vollem Umfang in einem Kalenderjahr ausgeübt worden ist (→ BFH vom 18. 12. 2007 – BStBl 2008 II S. 294).

PAP

→ H 39b.5

Vergütung für eine mehrjährige Tätigkeit

Anhang 30 → R 34.4 EStR und H 34.4 EStH

Wechsel der Art der Steuerpflicht

Bei der Berechnung der Lohnsteuer für einen sonstigen Bezug, der einem (ehemaligen) Arbeitnehmer nach einem Wechsel von der unbeschränkten in die beschränkte Steuerpflicht in diesem Kalenderjahr zufließt, ist der während der Zeit der unbeschränkten Steuerpflicht gezahlte Arbeitslohn im Jahresarbeitslohn zu berücksichtigen (→ BFH vom 25. 8. 2009 – BStBl 2010 II S. 150).

R 39b.7 – unbesetzt –

H 39b.7
S 2367

Hinweise

Ermittlung der Vorsorgepauschale im Lohnsteuerabzugsverfahren

→ BMF vom 26. 11. 2013 (BStBl I S. 1532)

Vorsorgepauschale im Lohnsteuerabzugsverfahren (§ 39b Absatz 2 Satz 5 Nummer 3 und Absatz 4 EStG)

(BMF-Schreiben vom 26. 11. 2013, BStBl I S. 1532[1]))

Im Einvernehmen mit den obersten Finanzbehörden der Länder gilt hinsichtlich der Vorsorgepauschale im Lohnsteuerabzugsverfahren (§ 39b Absatz 2 Satz 5 Nummer 3 und Absatz 4 EStG) Folgendes:

1. Allgemeines

Eine Vorsorgepauschale **wird ausschließlich** im Lohnsteuerabzugsverfahren berücksichtigt (§ 39b Absatz 2 Satz 5 Nummer 3 und Absatz 4 EStG).

Über die Vorsorgepauschale hinaus werden im Lohnsteuerabzugsverfahren keine weiteren Vorsorgeaufwendungen **berücksichtigt**: **Eine** Vorsorgepauschale wird grundsätzlich in allen Steuerklassen berücksichtigt.

2. Bemessungsgrundlage für die Berechnung der Vorsorgepauschale (§ 39b Absatz 2 Satz 5 Nummer 3 EStG)

Die beim Lohnsteuerabzug zu berücksichtigende Vorsorgepauschale setzt sich aus folgenden Teilbeträgen zusammen:

- Teilbetrag für die Rentenversicherung (§ 39b Absatz 2 Satz 5 Nummer 3 Buchstabe a EStG),
- Teilbetrag für die gesetzliche Kranken- und soziale Pflegeversicherung (§ 39b Absatz 2 Satz 5 Nummer 3 Buchstabe b und c EStG) und
- Teilbetrag für die private Basiskranken- und Pflege-Pflichtversicherung (§ 39b Absatz 2 Satz 5 Nummer 3 Buchstabe d EStG).

Ob die Voraussetzungen für den Ansatz der einzelnen Teilbeträge vorliegen, ist jeweils gesondert zu prüfen; hierfür ist immer der Versicherungsstatus am Ende des jeweiligen Lohnzahlungszeitraums maßgebend und das Dienstverhältnis nicht auf Teilmonate aufzuteilen. **Die Teilbeträge sind getrennt zu berechnen; die auf volle Euro aufgerundete Summe der Teilbeträge ergibt die anzusetzende Vorsorgepauschale.**

Bemessungsgrundlage für die Berechnung der Teilbeträge für die Rentenversicherung und die gesetzliche Kranken- und soziale Pflegeversicherung ist der Arbeitslohn. Entschädigungen i. S. d. § 24 Nummer 1 EStG sind nicht als Arbeitslohnbestandteil zu berücksichtigen (§ 39b Absatz 2 Satz 5 Nummer 3 zweiter Teilsatz EStG); aus Vereinfachungsgründen ist es aber nicht zu beanstanden, wenn regulär zu besteuernde Entschädigungen bei der Bemessungsgrundlage für die Berechnung der Vorsorgepauschale berücksichtigt werden. Steuerfreier Arbeitslohn gehört ebenfalls nicht zur Bemessungsgrundlage für die Berechnung der entsprechenden Teilbeträge (BFH-Urteil vom 18. März 1983, BStBl II S. 475). Dies gilt auch bei der Mindestvorsorgepauschale für die Kranken- und Pflegeversicherung (§ 39b Absatz 2 Satz 5 Nummer 3 dritter Teilsatz EStG, Tz. 7).

Der Arbeitslohn ist für die Berechnung der Vorsorgepauschale und der Mindestvorsorgepauschale (Tz. 7) **nicht um** den Versorgungsfreibetrag (§ 19 Absatz 2 EStG) und den Altersentlastungsbetrag (§ 24a EStG) zu **vermindern**.

Die jeweilige Beitragsbemessungsgrenze ist bei allen Teilbeträgen der Vorsorgepauschale zu beachten. Bei den Rentenversicherungsbeiträgen gilt – abhängig vom Beschäftigungsort i. S. d. § 9 SGB IV – die allgemeine Beitragsbemessungsgrenze (BBG West) und die Beitragsbemessungsgrenze Ost (BBG Ost). Dies gilt auch bei einer Versicherung in der knappschaftlichen Rentenversicherung; deren besondere Beitragsbemessungsgrenze ist hier nicht maßgeblich. In Fällen, in denen die Verpflichtung besteht, Beiträge zur Alterssicherung an ausländische Sozialversicherungsträger abzuführen (Tz. 3), bestimmt sich die maßgebliche Beitragsbemessungsgrenze nach dem Ort der lohnsteuerlichen Betriebsstätte des Arbeitgebers (§ 41 Absatz 2 EStG). Die Gleitzone in der Sozialversicherung (Arbeitslöhne von **450,01** Euro bis **850** Euro) ist steuerlich unbeachtlich. Ebenfalls unbeachtlich ist die Verminderung der Beitragsbemessungsgrenzen beim Zusammentreffen mehrerer Versicherungsverhältnisse (§ 22 Absatz 2 SGB IV).

Die Bemessungsgrundlage für die Ermittlung der Vorsorgepauschale (Arbeitslohn) und für die Berechnung der Sozialabgaben (Arbeitsentgelt) kann unterschiedlich sein. Für die Berechnung der Vorsorgepauschale ist das sozialversicherungspflichtige Arbeitsentgelt nicht maßgeblich.

Beispiel:

Ein Arbeitnehmer mit einem Jahresarbeitslohn von 60 000 Euro wandelt im Jahr **2014** einen Betrag von 4 000 Euro bei einer Beitragsbemessungsgrenze in der allgemeinen Rentenver-

1) Die Änderungen gegenüber dem → BMF-Schreiben vom 22. 10. 2010 (BStBl I S. 1254) sind durch Fettdruck hervorgehoben. Die Überschriften zu den Tz. 6.2 und 8 wurden geändert.

sicherung von **71 400** Euro zugunsten einer betrieblichen Altersversorgung im Durchführungsweg Direktzusage um.

Bemessungsgrundlage für die Berechnung des Teilbetrags der Vorsorgepauschale für die Rentenversicherung ist der steuerpflichtige Arbeitslohn i. H. v. 56 000 Euro. Das sozialversicherungspflichtige Arbeitsentgelt beträgt hingegen **57 144** Euro, weil 4 % der Beitragsbemessungsgrenze (**2 856** Euro) nicht als Arbeitsentgelt **i. S. d.** Sozialversicherung gelten (§ 14 Absatz **SGB** IV).

3. Teilbetrag für die Rentenversicherung (§ 39b Absatz 2 Satz 5 Nummer 3 Buchstabe a und Absatz 4 EStG)

Auf Grundlage des steuerlichen Arbeitslohns wird unabhängig von der Berechnung der tatsächlich abzuführenden Rentenversicherungsbeiträge typisierend ein Arbeitnehmeranteil für die Rentenversicherung eines pflichtversicherten Arbeitnehmers berechnet, wenn der Arbeitnehmer in der gesetzlichen Rentenversicherung pflichtversichert und ein Arbeitnehmeranteil zu entrichten ist. Das gilt auch bei der Versicherung in einer berufsständischen Versorgungseinrichtung bei Befreiung von der gesetzlichen Rentenversicherung (§ 6 Absatz 1 Nummer 1 SGB VI). Das Steuerrecht folgt insoweit der sozialversicherungsrechtlichen Beurteilung, so dass der Arbeitgeber hinsichtlich der maßgeblichen Vorsorgepauschale keinen zusätzlichen Ermittlungsaufwand anstellen muss, sondern auf die ihm insoweit bekannten Tatsachen bei der Abführung der Rentenversicherungsbeiträge – bezogen auf das jeweilige Dienstverhältnis – zurückgreifen kann.

Der Teilbetrag der Vorsorgepauschale für die Rentenversicherung gilt daher bezogen auf das jeweilige Dienstverhältnis beispielsweise nicht bei

- Beamten,
- beherrschenden Gesellschafter-Geschäftsführern einer GmbH,
- Vorstandsmitgliedern von Aktiengesellschaften (§ 1 Satz 3SGB VI),
- weiterbeschäftigten Beziehern einer Vollrente wegen Alters oder vergleichbaren Pensionsempfängern, selbst wenn gemäß § 172 Absatz 1 SGB VI ein Arbeitgeberanteil zur gesetzlichen Rentenversicherung zu entrichten ist,
- Arbeitnehmern, die von ihrem Arbeitgeber nur Versorgungsbezüge i. S. d. § 19 Absatz 2 Satz 2 Nummer 2 EStG erhalten (Werkspensionäre),
- geringfügig beschäftigten Arbeitnehmern, bei denen die Lohnsteuer nach den **individuellen Lohnsteuerabzugsmerkmalen** erhoben wird und für die nur der pauschale Arbeitgeberbeitrag zur gesetzlichen Rentenversicherung entrichtet wird **(Übergangsregelung und Befreiung von der Rentenversicherungspflicht)**,
- nach § 8 Absatz 1 Nummer 2 SGB IV geringfügig beschäftigten Arbeitnehmern (versicherungsfreie kurzfristige Beschäftigung), bei denen die Lohnsteuer **nach den individuellen Lohnsteuerabzugsmerkmalen** erhoben wird,
- anderen Arbeitnehmern, die nicht in der gesetzlichen Rentenversicherung pflichtversichert sind und deshalb auch keinen Arbeitnehmerbeitrag zur gesetzlichen Rentenversicherung zu leisten haben (z. B. als Praktikanten oder aus anderen Gründen).
- Arbeitnehmern, wenn der Arbeitgeber nach § 20 Absatz 3 Satz 1 SGB IV den Gesamtsozialversicherungsbeitrag allein trägt (u. a. Auszubildende mit einem Arbeitsentgelt von bis zu monatlich 325 Euro).

Bei Befreiung von der Versicherungspflicht in der gesetzlichen Rentenversicherung auf eigenen Antrag aufgrund einer der in R 3.62 Absatz 3 LStR genannten Vorschriften ist der Teilbetrag für die Rentenversicherung nur in den Fällen des § 3 Nummer 62 Satz 2 Buchstabe b (gesetzliche Rentenversicherung) und c (berufsständische Versorgungseinrichtung) EStG, nicht jedoch in den Fällen des § 3 Nummer 62 Satz 2 Buchstabe a EStG (Lebensversicherung) anzusetzen.

In Fällen, in denen die Verpflichtung besteht, Beiträge zur Alterssicherung an ausländische Sozialversicherungsträger abzuführen, hat der Arbeitgeber bei der Berechnung der Vorsorgepauschale einen Teilbetrag für die Rentenversicherung nur zu berücksichtigen, wenn der abzuführende Beitrag – zumindest teilweise – einen Arbeitnehmeranteil enthält und dem Grunde nach zu einem Sonderausgabenabzug führen kann (§ 10 Absatz 1 Nummer 2 Buchstabe a EStG). Es ist nicht erforderlich, dass die Bundesrepublik Deutschland über das Gemeinschaftsrecht der Europäischen Union mit dem anderen Staat auf dem Gebiet der Sozialversicherung verbunden oder dass ein Sozialversicherungsabkommen mit dem anderen Staat geschlossen worden ist. Besteht Sozialversicherungspflicht im Inland und parallel im Ausland, bleiben im Lohnsteuerabzugsverfahren die Beiträge an den ausländischen Sozialversicherungsträger unberücksichtigt.

4. Teilbetrag für die gesetzliche Krankenversicherung (§ 39b Absatz 2 Satz 5 Nummer 3 Buchstabe b EStG)

Auf Grundlage des steuerlichen Arbeitslohns wird unabhängig von der Berechnung der tatsächlich abzuführenden Krankenversicherungsbeiträge typisierend ein Arbeitnehmeranteil für die Krankenversicherung eines pflichtversicherten Arbeitnehmers berechnet, wenn der Arbeitnehmer in der gesetzlichen Krankenversicherung pflichtversichert oder freiwillig versichert ist (z. B. bei höher verdienenden Arbeitnehmern). Der typisierte Arbeitnehmeranteil ist auch anzusetzen bei in der gesetzlichen Krankenversicherung versicherten Arbeitnehmern, die die anfallenden Krankenversicherungsbeiträge in voller Höhe allein tragen müssen (z. B. freiwillig versicherte Beamte, Empfänger von Versorgungsbezügen). Der entsprechende Teilbetrag ist jedoch nur zu berücksichtigen, wenn der Arbeitnehmer Beiträge zur inländischen gesetzlichen Krankenversicherung leistet; andernfalls ist für Kranken- und Pflegeversicherungsbeiträge immer die Mindestvorsorgepauschale (Tz. 7) anzusetzen. Besteht Sozialversicherungspflicht im Inland und parallel im Ausland, bleiben im Lohnsteuerabzugsverfahren die Beiträge an den ausländischen Sozialversicherungsträger unberücksichtigt. Den Arbeitnehmeranteil für die Versicherung in der gesetzlichen Krankenversicherung darf der Arbeitgeber nur ansetzen, wenn er von einer entsprechenden Versicherung Kenntnis hat (z. B. bei Zahlung eines steuerfreien Zuschusses oder nach Vorlage eines geeigneten Nachweises durch den Arbeitnehmer).

Beispiel:

Lediglich der Beihilfestelle, nicht jedoch der Besoldungsstelle ist bekannt, dass ein Beamter freiwillig gesetzlich krankenversichert ist.

Die Besoldungsstelle berücksichtigt beim Lohnsteuerabzug die Mindestvorsorgepauschale (Tz. 7).

Für geringfügig beschäftigte Arbeitnehmer (geringfügig entlohnte Beschäftigung sowie kurzfristige Beschäftigung), bei denen die Lohnsteuer **nach den individuellen Lohnsteuerabzugsmerkmalen** erhoben wird, ist kein Teilbetrag für die gesetzliche Krankenversicherung anzusetzen, wenn kein Arbeitnehmeranteil für die Krankenversicherung zu entrichten ist. Entsprechendes gilt für andere Arbeitnehmer, wenn kein Arbeitnehmeranteil zu entrichten ist; dies ist regelmäßig bei Schülern und Studenten der Fall. In den entsprechenden Fällen ist in den Lohnsteuerberechnungsprogrammen **(siehe z. B. Bekanntmachung des BMF vom** 20. Februar 2013**, betreffend** den geänderten **Programmablaufplan für die maschinelle Berechnung der vom Arbeitslohn einzubehaltenden Lohnsteuer etc.** für 2013, BStBl I S. 221 unter dem Eingangsparameter „PKV" der Wert „1" einzugeben. Zum Ansatz der Mindestvorsorgepauschale vergleiche Tz. 7.

5. Teilbetrag für die soziale Pflegeversicherung (§ 39b Absatz 2 Satz 5 Nummer 3 Buchstabe c EStG)

Der Teilbetrag für die soziale Pflegeversicherung wird bei Arbeitnehmern angesetzt, die in der inländischen sozialen Pflegeversicherung versichert sind. Der Teilbetrag ist unter Berücksichtigung des Grundsatzes „Pflegeversicherung folgt Krankenversicherung" auch dann anzusetzen, wenn der Arbeitnehmer gesetzlich krankenversichert, jedoch privat pflegeversichert ist. Besteht Sozialversicherungspflicht im Inland und parallel im Ausland, bleiben im Lohnsteuerabzugsverfahren die Beiträge an den ausländischen Sozialversicherungsträger unberücksichtigt.

Länderspezifische Besonderheiten bei den Beitragssätzen sind zu berücksichtigen (höherer Arbeitnehmeranteil in Sachsen [zzt. **1,525** % statt **1,025** %]).

Der Beitragszuschlag für Arbeitnehmer ohne Kinder ist ebenfalls zu berücksichtigen (§ 55 Absatz 3 SGB XI [zzt. 0,25 %]).

6. Teilbetrag für die private Basiskranken- und Pflege-Pflichtversicherung (§ 39b Absatz 2 Satz 5 Nummer 3 Buchstabe d EStG)

Der Teilbetrag für die private Basiskranken- und Pflege-Pflichtversicherung wird bei Arbeitnehmern angesetzt, die nicht in der gesetzlichen Krankenversicherung und sozialen Pflegeversicherung versichert sind (z. B. privat versicherte Beamte, beherrschende Gesellschafter-Geschäftsführer und höher verdienende Arbeitnehmer).

In den Steuerklassen I bis V können die dem Arbeitgeber mitgeteilten privaten Basiskranken- und Pflege-Pflichtversicherungsbeiträge berücksichtigt werden (Tz. 6.1 und 6.2). Hiervon ist ein – unabhängig vom tatsächlich zu zahlenden Zuschuss – typisierend berechneter Arbeitgeberzuschuss abzuziehen, wenn der Arbeitgeber nach § 3 Nummer 62 EStG steuerfreie Zuschüsse zu einer privaten Kranken- und Pflegeversicherung des Arbeitnehmers zu leisten hat. Die Beitragsbemessungsgrenze und landesspezifische Besonderheiten bei der Verteilung des Beitragssatzes für die Pflegeversicherung auf Arbeitgeber und Arbeitnehmer (niedrigerer Arbeitgeberanteil in Sachsen [zzt. **0,525** % statt **1,025** %][1])) sind zu beachten.

[1]) Ab 2015 0,675 % statt 1,175 %.

6.1 Mitteilung der privaten Basiskranken- und Pflege-Pflichtversicherungsbeiträge durch den Arbeitnehmer

Es ist die Mindestvorsorgepauschale (Tz. 7) zu berücksichtigen, wenn der Arbeitnehmer dem Arbeitgeber die abziehbaren privaten Basiskranken- und Pflege-Pflichtversicherungsbeiträge nicht mitteilt (Beitragsbescheinigung des Versicherungsunternehmens). Die mitgeteilten Beiträge sind maßgebend, wenn sie höher sind als die Mindestvorsorgepauschale. Beitragsbescheinigungen ausländischer Versicherungsunternehmen darf der Arbeitgeber nicht berücksichtigen. Gesetzlich versicherte Arbeitnehmer können im Lohnsteuerabzugsverfahren keine Beiträge für eine private Basiskranken- und Pflege-Pflichtversicherung nachweisen; dies gilt auch hinsichtlich der Beiträge eines privat versicherten Ehegatten **oder Lebenspartners** des Arbeitnehmers (siehe unten).

Die mitgeteilten Beiträge privat versicherter Arbeitnehmer hat der Arbeitgeber im Rahmen des Lohnsteuerabzugs zu berücksichtigen. Einbezogen werden können Beiträge für die eigene private Basiskranken- und Pflege-Pflichtversicherung des Arbeitnehmers einschließlich der entsprechenden Beiträge für den mitversicherten, nicht dauernd getrennt lebenden, unbeschränkt einkommensteuerpflichtigen Ehegatten oder **Lebenspartner und** für mitversicherte Kinder, für die der Arbeitnehmer einen Anspruch auf einen Freibetrag für Kinder (§ 32 Absatz 6 EStG) oder auf Kindergeld hat. Über diesen Weg sind auch private Versicherungsbeiträge eines selbst versicherten, nicht dauernd getrennt lebenden, unbeschränkt einkommensteuerpflichtigen Ehegatten **oder Lebenspartners** des Arbeitnehmers zu berücksichtigen, sofern dieser keine Einkünfte i. S. d. § 2 Absatz 1 Nummer 1 bis 4 EStG (Einkünfte aus Land- und Forstwirtschaft, Gewerbebetrieb, selbständiger Arbeit und nichtselbständiger Arbeit) erzielt. Der Arbeitgeber hat nicht zu prüfen, ob die Voraussetzungen für die Berücksichtigung der Versicherungsbeiträge des selbst versicherten Ehegatten **oder Lebenspartners** bei der Vorsorgepauschale des Arbeitnehmers erfüllt sind. Eine ggf. erforderliche Korrektur bleibt einer Pflichtveranlagung (§ 46 Absatz 2 Nummer 3 EStG, Tz. 9) vorbehalten. **Versicherungsbeiträge selbst** versicherter Kinder sind nicht zu berücksichtigen.

Der Arbeitgeber kann die Beitragsbescheinigung oder die geänderte Beitragsbescheinigung entsprechend ihrer zeitlichen Gültigkeit beim Lohnsteuerabzug – auch rückwirkend – berücksichtigen. Bereits abgerechnete Lohnabrechnungszeiträume müssen nicht nachträglich geändert werden. Dies gilt nicht nur, wenn die Beiträge einer geänderten Beitragsbescheinigung rückwirkend höher sind, sondern auch im Falle niedrigerer Beiträge. Im Hinblick auf die Bescheinigungspflicht des Arbeitgebers nach § 41b Absatz 1 Satz 2 Nummer 15 EStG und die ggf. bestehende Veranlagungspflicht nach § 46 Absatz 2 Nummer 3 EStG (Tz. 9) ist keine Anzeige i. S. d. § 41c Absatz 4 EStG erforderlich.

Der Arbeitgeber hat folgende Beitragsbescheinigungen des Versicherungsunternehmens im Rahmen des Lohnsteuerabzugs zu berücksichtigen:

- **eine bis zum 31. März des Kalenderjahres vorgelegte Beitragsbescheinigung über die voraussichtlichen privaten Basiskranken- und Pflege-Pflichtversicherungsbeiträge des Vorjahres,**
- **eine Beitragsbescheinigung über die voraussichtlichen privaten Basiskranken- und Pflege-Pflichtversicherungsbeiträge des laufenden Kalenderjahres oder**
- **eine Beitragsbescheinigung über die nach § 10 Absatz 2a Satz 4 Nummer 2 EStG übermittelten Daten für das Vorjahr.**

Eine dem Arbeitgeber vorliegende Beitragsbescheinigung ist auch im Rahmen des Lohnsteuerabzugs der Folgejahre (weiter) zu berücksichtigen, wenn keine neue Beitragsbescheinigung vorgelegt wird.

Sind die als Sonderausgaben abziehbaren privaten Kranken- und Pflege-Pflichtversicherungsbeiträge höher als die im Lohnsteuerabzugsverfahren berücksichtigten Beiträge, kann der Arbeitnehmer die tatsächlich gezahlten Beiträge bei der Veranlagung zur Einkommensteuer geltend machen. Sind die Beiträge niedriger, kommt eine Pflichtveranlagung in Betracht, **wenn die entsprechenden Arbeitslohngrenzen überschritten werden** (§ 46 Absatz 2 Nummer 3 EStG, Tz. 9).

6.2 Mitteilung der privaten Basiskranken- und Pflege-Pflichtversicherungsbeiträge mittels ELStAM (§ 39 Absatz 4 Nummer 4 i. V. m. § 52 Absatz 50g EStG)

Im Rahmen des ELStAM-Verfahrens (Elektronische LohnSteuerAbzugsMerkmale) wird das Mitteilungsverfahren (Tz. 6.1) abgelöst durch eine elektronische Bereitstellung der privaten Basiskranken- und Pflege-Pflichtversicherungsbeiträge (§ 39 Absatz 4 Nummer 4 EStG). Der Verfahrenseinsatz wird durch BMF-Schreiben mitgeteilt (§ 52 Absatz 50g EStG).

6.3 Bescheinigung der Beiträge des Arbeitnehmers zur gesetzlichen Krankenversicherung und zur sozialen Pflegeversicherung (§ 41b Absatz 1 Satz 2 Nummer 13 EStG)

Unter Nummer 25 und 26 der Lohnsteuerbescheinigung **(siehe z. B. BMF-Schreiben 28. August 2013,** BStBl I S. 1132) sind Beiträge des Arbeitnehmers zur inländischen gesetzlichen Krankenversicherung und zur inländischen sozialen Pflegeversicherung zu bescheinigen. Beiträge an ausländische Sozialversicherungsträger sind nicht zu bescheinigen.

7. Mindestvorsorgepauschale für Kranken- und Pflegeversicherungsbeiträge (§ 39b Absatz 2 Satz 5 Nummer 3 dritter Teilsatz EStG)

Die Mindestvorsorgepauschale (§ 39b Absatz 2 Satz 5 Nummer 3 dritter Teilsatz EStG) in Höhe von 12 % des Arbeitslohns mit einem Höchstbetrag von jährlich 1 900 Euro (in Steuerklasse III 3 000 Euro) ist anzusetzen, wenn sie höher ist als die Summe der Teilbeträge für die gesetzliche Krankenversicherung (Tz. 4) und die soziale Pflegeversicherung (Tz. 5) oder die private Basiskranken- und Pflege-Pflichtversicherung (Tz. 6). Die Mindestvorsorgepauschale ist auch dann anzusetzen, wenn für den entsprechenden Arbeitslohn kein Arbeitnehmeranteil zur **inländischen** gesetzlichen Kranken- und sozialen Pflegeversicherung zu entrichten ist (z. B. bei geringfügig beschäftigten Arbeitnehmern, deren Arbeitslohn **nicht nach** § 40a EStG pauschaliert wird, und bei Arbeitnehmern, die Beiträge zu einer ausländischen Kranken- und Pflegeversicherung leisten). Die Mindestvorsorgepauschale ist in allen Steuerklassen zu berücksichtigen.

Neben der Mindestvorsorgepauschale wird der Teilbetrag der Vorsorgepauschale für die Rentenversicherung berücksichtigt, wenn eine Pflichtversicherung in der gesetzlichen Rentenversicherung oder wegen der Versicherung in einer berufsständischen Versorgungseinrichtung eine Befreiung von der gesetzlichen Rentenversicherungspflicht vorliegt (Tz. 3).

8. Lohnsteuer-Jahresausgleich durch den Arbeitgeber (§ 42b Absatz 1 Satz 3 Nummer 5 und § 39b Absatz 2 Satz 12 EStG)

Über die in § 42b Absatz 1 **Satz 3** Nummer 5 EStG genannten Ausschlusstatbestände hinaus ist ein Lohnsteuer-Jahresausgleich durch den Arbeitgeber auch dann ausgeschlossen, wenn – bezogen auf den Teilbetrag der Vorsorgepauschale für die Rentenversicherung – der Arbeitnehmer innerhalb des Kalenderjahres nicht durchgängig zum Anwendungsbereich nur einer Beitragsbemessungsgrenze (West oder Ost) gehörte oder wenn – bezogen auf den Teilbetrag der Vorsorgepauschale für die Rentenversicherung oder die gesetzliche Kranken- und soziale Pflegeversicherung – innerhalb des Kalenderjahres nicht durchgängig ein Beitragssatz anzuwenden war. Für den permanenten Lohnsteuer-Jahresausgleich (§ 39b Absatz 2 Satz 12 EStG) gilt dies entsprechend.

9. Pflichtveranlagungstatbestand (§ 46 Absatz 2 Nummer 3 EStG)

Es besteht eine Pflicht zur Veranlagung zur Einkommensteuer, wenn bei einem Steuerpflichtigen die Summe der beim Lohnsteuerabzug berücksichtigten Teilbeträge der Vorsorgepauschale für die gesetzliche und private Kranken- und Pflegeversicherung höher ist als die bei der Veranlagung als Sonderausgaben abziehbaren Vorsorgeaufwendungen nach § 10 Absatz 1 Nummer 3 und 3a in Verbindung mit Absatz 4 EStG **und die entsprechenden Arbeitslohngrenzen überschritten werden**.

Dies gilt auch, wenn die beim Lohnsteuerabzug berücksichtigte Mindestvorsorgepauschale (Tz. 7) höher ist als die bei der Veranlagung zur Einkommensteuer als Sonderausgaben abziehbaren Vorsorgeaufwendungen.

10. Lohnsteuertabellen zur manuellen Berechnung der Lohnsteuer (§ 51 Absatz 4 Nummer 1a EStG)

Aus Vereinfachungsgründen wird bei der Erstellung der Lohnsteuertabellen – bezogen auf die Berücksichtigung der Vorsorgepauschale – der Beitragszuschlag für Kinderlose (§ 55 Absatz 3 SGB XI) *nicht* berücksichtigt **(siehe z. B. Bekanntmachung des BMF** vom **20. Februar 2013,** betreffend **den geänderten Programmablaufplan für die Erstellung von Lohnsteuertabellen für 2013,** BStBl I S. 221. Die länderspezifische Besonderheit bei der sozialen Pflegeversicherung (Tz. 5, höherer Arbeitnehmeranteil in Sachsen [zzt. **1,525** % statt **1,025** %][1])) ist jedoch bei der Erstellung von Lohnsteuertabellen zu beachten. Es bestehen keine Bedenken, wenn die Lohnsteuer mittels einer Lohnsteuertabelle berechnet wird, die die Besonderheit nicht berücksichtigt, wenn der Arbeitnehmer einer entsprechenden Lohnsteuerberechnung nicht widerspricht.

Bei geringfügig beschäftigten Arbeitnehmern (geringfügig entlohnte Beschäftigung sowie kurzfristige Beschäftigung), bei denen die Lohnsteuer nach den **individuellen Lohnsteuerabzugsmerkmalen** erhoben wird und der Arbeitnehmer keinen eigenen Beitrag zur Rentenver-

1) Ab 2015 1,675 % statt 1,175 %.

sicherung und Kranken-/Pflegeversicherung zahlt, ist die Lohnsteuer mit der „Besonderen Lohnsteuertabelle" zu berechnen **(siehe z. B. Bekanntmachung des** BMF vom **20. Februar 2013,** a. a. O.).

11. Pauschalierung der Lohnsteuer in besonderen Fällen (§ 40 Absatz 1 EStG)

Bei der Berechnung des durchschnittlichen Steuersatzes kann aus Vereinfachungsgründen davon ausgegangen werden, dass die betroffenen Arbeitnehmer in allen Zweigen der Sozialversicherung versichert sind und keinen Beitragszuschlag für Kinderlose (§ 55 Absatz 3 SGB XI) leisten. Die individuellen Verhältnisse aufgrund des Faktorverfahrens nach § 39f EStG bleiben unberücksichtigt.

12. Anwendungsregelung

Die Regelungen dieses Schreibens sind spätestens ab Veröffentlichung im Bundessteuerblatt Teil I zu beachten.

Das BMF-Schreiben **22. Oktober 2010** – IV C 5 – S 2367/09/10002 **– / – 2010/0801807 –** (BStBl I S. 1254) wird hiermit **aufgehoben**.

R 39b.8

Permanenter Lohnsteuer-Jahresausgleich

S 2367

[1]Nach § 39b Abs. 2 Satz 12 EStG darf das Betriebsstättenfinanzamt zulassen, dass die Lohnsteuer nach dem voraussichtlichen Jahresarbeitslohn ermittelt wird (sogenannter permanenter Lohnsteuer-Jahresausgleich). [2]Voraussetzung für den permanenten Lohnsteuer-Jahresausgleich ist, dass

1. der Arbeitnehmer unbeschränkt einkommensteuerpflichtig ist,
2. der Arbeitnehmer seit Beginn des Kalenderjahres ständig in einem Dienstverhältnis gestanden hat,
3. die zutreffende Jahreslohnsteuer (→ § 38a Abs. 2 EStG) nicht unterschritten wird,
4. bei der Lohnsteuerberechnung kein Freibetrag oder Hinzurechnungsbetrag zu berücksichtigen war,
5. das Faktorverfahren nicht angewandt wurde,
6. der Arbeitnehmer kein Kurzarbeitergeld einschl. Saison-Kurzarbeitergeld, keinen Zuschuss zum Mutterschaftsgeld nach dem Mutterschutzgesetz oder § 3 der Mutterschutz- und Elternzeitverordnung oder einer entsprechenden Landesregelung, keine Entschädigung für Verdienstausfall nach dem Infektionsschutzgesetz, keine Aufstockungsbeträge nach dem AltTZG und keine Zuschläge auf Grund § 6 Abs. 2 des Bundesbesoldungsgesetzes (BBesG) bezogen hat,
7. im Lohnkonto oder in der Lohnsteuerbescheinigung kein Großbuchstabe U eingetragen ist,
8. im Kalenderjahr im Rahmen der Vorsorgepauschale jeweils nicht nur zeitweise Beträge nach § 39b Abs. 2 Satz 5 Nr. 3 Buchstabe a bis d EStG oder der Beitragszuschlag nach § 39b Abs. 2 Satz 5 Nr. 3 Buchstabe c EStG berücksichtigt wurden und – bezogen auf den Teilbetrag der Vorsorgepauschale für die Rentenversicherung – der Arbeitnehmer innerhalb des Kalenderjahres durchgängig zum Anwendungsbereich nur einer Beitragsbemessungsgrenze (West oder Ost) gehörte und – bezogen auf den Teilbetrag der Vorsorgepauschale für die Rentenversicherung oder die gesetzliche Kranken- und soziale Pflegeversicherung – innerhalb des Kalenderjahres durchgängig ein Beitragssatz anzuwenden war,
9. der Arbeitnehmer keinen Arbeitslohn bezogen hat, der nach einem Doppelbesteuerungsabkommen oder nach dem Auslandstätigkeitserlass von der deutschen Lohnsteuer freigestellt ist.

[3]Auf die Steuerklasse des Arbeitnehmers kommt es nicht an. [4]Sind die in Satz 2 bezeichneten Voraussetzungen erfüllt, gilt die Genehmigung des Betriebsstättenfinanzamts grundsätzlich als erteilt, wenn sie nicht im Einzelfall widerrufen wird. [5]Die besondere Lohnsteuerermittlung nach dem voraussichtlichen Jahresarbeitslohn beschränkt sich im Übrigen auf den laufenden Arbeitslohn; für die Lohnsteuerermittlung von sonstigen Bezügen sind stets § 39b Abs. 3 EStG und R 39b.6 anzuwenden. [6]Zur Anwendung des besonderen Verfahrens ist nach Ablauf eines jeden Lohnzahlungszeitraums oder – in den Fällen des § 39b Abs. 5 EStG – Lohnabrechnungszeitraums der laufende Arbeitslohn der abgelaufenen Lohnzahlungs- oder Lohnabrechnungszeiträume auf einen Jahresbetrag hochzurechnen, z. B. der laufende Arbeitslohn für die Monate Januar bis April × 3. [7]Von dem Jahresbetrag sind die Freibeträge für Versorgungsbezüge (→ § 19 Abs. 2 EStG) und der Altersentlastungsbetrag (→ § 24a EStG) abzuziehen, wenn die Voraussetzungen für den Abzug jeweils erfüllt sind. [8]Für den verbleibenden Jahreslohn ist die Jahreslohnsteuer zu ermitteln. [9]Dabei ist die für den Lohnzahlungszeitraum geltende Steuerklasse maßgebend. [10]So-

dann ist der Teilbetrag der Jahreslohnsteuer zu ermitteln, der auf die abgelaufenen Lohnzahlungs- oder Lohnabrechnungszeiträume entfällt. [11]Von diesem Steuerbetrag ist die Lohnsteuer abzuziehen, die von dem laufenden Arbeitslohn der abgelaufenen Lohnzahlungs- oder Lohnabrechnungszeiträume bereits erhoben worden ist; der Restbetrag ist die Lohnsteuer, die für den zuletzt abgelaufenen Lohnzahlungs- oder Lohnabrechnungszeitraum zu erheben ist. [12]In den Fällen, in denen die maßgebende Steuerklasse während des Kalenderjahres gewechselt hat, ist anstelle der Lohnsteuer, die vom laufenden Arbeitslohn der abgelaufenen Lohnzahlungs- oder Lohnabrechnungszeiträume erhoben worden ist, die Lohnsteuer abzuziehen, die nach der zuletzt maßgebenden Steuerklasse vom laufenden Arbeitslohn bis zum vorletzten abgelaufenen Lohnzahlungs- oder Lohnabrechnungszeitraum zu erheben gewesen wäre.

Besteuerung des Nettolohns

R 39b.9

S 2367

(1) [1]Will der Arbeitgeber auf Grund einer Nettolohnvereinbarung die auf den Arbeitslohn entfallende Lohnsteuer, den Solidaritätszuschlag, die Kirchensteuer und den Arbeitnehmeranteil am Gesamtsozialversicherungsbeitrag selbst tragen, sind die von ihm übernommenen Abzugsbeträge Teile des Arbeitslohns, die dem Nettolohn zur Steuerermittlung hinzugerechnet werden müssen. [2]Die Lohnsteuer ist aus dem Bruttoarbeitslohn zu berechnen, der nach Minderung um die übernommenen Abzugsbeträge den Nettolohn ergibt. [3]Dies gilt sinngemäß, wenn der Arbeitgeber nicht alle Abzugsbeträge übernehmen will. [4]Ein beim Lohnsteuerabzug zu berücksichtigender Freibetrag, die Freibeträge für Versorgungsbezüge, der Altersentlastungsbetrag und ein Hinzurechnungsbetrag sind beim Bruttoarbeitslohn zu berücksichtigen. [5]Führen mehrere Bruttoarbeitslöhne zum gewünschten Nettolohn, kann der niedrigste Bruttoarbeitslohn zugrunde gelegt werden.

(2) [1]Sonstige Bezüge, die netto gezahlt werden, z. B. Nettogratifikationen, sind nach § 39b Abs. 3 EStG zu besteuern. [2]R 39b.6 ist mit der Maßgabe anzuwenden, dass bei der Ermittlung des maßgebenden Jahresarbeitslohns der voraussichtliche laufende Jahresarbeitslohn und frühere, netto gezahlte sonstige Bezüge mit den entsprechenden Bruttobeträgen nach Absatz 1 anzusetzen sind. [3]Diese Bruttobeträge sind auch bei späterer Zahlung sonstiger Bezüge im selben Kalenderjahr bei der Ermittlung des maßgebenden Jahresarbeitslohns zugrunde zu legen.

(3) [1]Bei der manuellen Berechnung der Lohnsteuer anhand von Lohnsteuertabellen wird eine Nettolohnvereinbarung mit steuerlicher Wirkung nur anerkannt, wenn sich gegenüber der maschinellen Lohnsteuerberechnung keine Abweichungen ergeben. [2]Geringfügige Abweichungen auf Grund des Lohnstufenabstands (§ 51 Abs. 4 Nr. 1a EStG) sind hier jedoch unbeachtlich.

(4) Im Lohnkonto und in den Lohnsteuerbescheinigungen sind die nach den Absätzen 1 und 2 ermittelten Bruttoarbeitslöhne anzugeben.

Hinweise

H 39b.9

Allgemeines

→ Anhang 32

Anerkennung einer Nettolohnvereinbarung

Eine Nettolohnvereinbarung mit steuerlicher Wirkung kann nur bei einwandfreier Gestaltung anerkannt werden (→ BFH vom 18. 1. 1957 – BStBl III S. 116, vom 18. 5. 1972 – BStBl II S. 816, vom 12. 12. 1979 – BStBl 1980 II S. 257 und vom 28. 2. 1992 – BStBl II S. 733).

Einkommensteuernachzahlung bei Nettolohnvereinbarung

1. Leistet der Arbeitgeber bei einer Nettolohnvereinbarung für den Arbeitnehmer eine Einkommensteuernachzahlung für einen vorangegangenen Veranlagungszeitraum, wendet er dem Arbeitnehmer Arbeitslohn zu, der dem Arbeitnehmer als sonstiger Bezug im Zeitpunkt der Zahlung zufließt.

2. Der in der Tilgung der persönlichen Einkommensteuerschuld des Arbeitnehmers durch den Arbeitgeber liegende Vorteil unterliegt der Einkommensteuer. Er ist deshalb auf einen Bruttobetrag hochzurechnen.

→ BFH vom 3. 9. 2015, VI R 1/14

Finanzrechtsweg bei Nettolohnvereinbarung

Bei einer Nettolohnvereinbarung ist für Streitigkeiten über die Höhe des in der Lohnsteuerbescheinigung auszuweisenden Bruttoarbeitslohns der Finanzrechtsweg nicht gegeben. Ein unzutreffender Lohnsteuerabzug kann durch Einwendungen gegen die Lohnsteuerbescheinigung nicht berichtigt werden (→ BFH vom 13. 12. 2007 – BStBl 2008 II S. 434).

Steuerschuldner bei Nettolohnvereinbarung

bleibt der Arbeitnehmer (→ BFH vom 19. 12. 1960 – BStBl 1961 III S. 170)

R 39b.10

Anwendung von Doppelbesteuerungsabkommen

S 2366

[1]Ist die Steuerbefreiung nach einem Doppelbesteuerungsabkommen antragsunabhängig, hat das Betriebsstättenfinanzamt gleichwohl auf Antrag eine Freistellungsbescheinigung zu erteilen. [2]Das Finanzamt hat in der Bescheinigung den Zeitraum anzugeben, für den sie gilt. [3]Dieser Zeitraum darf grundsätzlich drei Jahre nicht überschreiten und soll mit Ablauf eines Kalenderjahres enden. [4]Die Bescheinigung ist vom Arbeitgeber als Beleg zum Lohnkonto aufzubewahren. [5]Der Verzicht auf den Lohnsteuerabzug schließt die Berücksichtigung des Progressionsvorbehalts (→ § 32b EStG) bei einer Veranlagung des Arbeitnehmers zur Einkommensteuer nicht aus. [6]Die Nachweispflicht nach § 50d Abs. 8 EStG betrifft nicht das Lohnsteuerabzugsverfahren.

H 39b.10

Hinweise

Antragsabhängige Steuerbefreiung nach DBA

Der Lohnsteuerabzug darf nur dann unterbleiben, wenn das Betriebsstättenfinanzamt bescheinigt, dass der Arbeitslohn nicht der deutschen Lohnsteuer unterliegt (→ BFH vom 10. 5. 1989 – BStBl II S. 755).

→ H 39.4

→ Antrag Bescheinigung

Anwendung der 183-Tage-Klausel

Anhang 9

→ BMF vom ***12. 11. 2014*** (BStBl I ***S. 1467***)

Doppelbesteuerungsabkommen

Stand 1. 1. 2015 → BMF vom ***19. 1. 2015*** (BStBl I ***S. 128***) – H 39.4 DBA Übersicht
Stand 1. 1. 2016 → BMF vom 19. 1. 2016 (BStBl I S. 76)

EU-Tagegeld

→ BMF vom 12. 4. 2006 (BStBl I S. 340)

→ H 39.4 (DBA – Übersicht)

Gastlehrkräfte

→ BMF vom 10. 1. 1994 (BStBl I S. 14)

→ H 39.4 (Europäische Union)

Kassenstaatsprinzip

Anwendung des Kassenstaatsprinzips auf Beamte, die an eine privatisierte, vormals öffentliche Einrichtung „verliehen" werden

(*Erlass des FinMin Hessen vom 31. 8. 1999 – S 2102 A – 28 – II B 2a –*)

Der BFH hat in seinem Urteil vom 17. 12. 1997, I R 60 – 61/97 (BStBl 1999 II S. 13) entschieden, dass ein Beamter seine Tätigkeit nicht „in der Verwaltung" ausübt, wenn er seine Dienste aufgrund einer Dienstleistungsüberlassung tatsächlich in einem privatwirtschaftlich strukturierten Unternehmen erbringt.

Die Erörterung zwischen den obersten Finanzbehörden des Bundes und der Länder ergab, dass aufgrund der vorgenannten Entscheidung des BFH an der im Erlaß vom 23. 8. 1995 (S 2102 – A – 28 – II B 21) vertretenen Rechtsauffassung nicht mehr festgehalten werden kann.

Für die Anwendung des Kassenstaatsprinzips reicht es nicht aus, wenn dem Staat oder einer seiner Gebietskörperschaften die formale Arbeitgeberstellung verbleibt, im übrigen jedoch die gesamten Dienste des Beamten dem privaten Unternehmen zur Verfügung gestellt und auch die wesentlichen Rechte des Dienstherren aus dem Dienstverhältnis dem privaten Unternehmen zur Ausübung überlassen werden. In einem derartigen Fall liegt keine Dienstleistung mehr vor, die „in der Verwaltung" erbracht wird. Die dem Beamten zufließenden Bezüge stellen daher keine Zahlungen aus einer öffentlichen Kasse, sondern Arbeitslohn i. S. des DBA dar.

Dieser Erlaß ergeht im Einvernehmen mit dem BMF und den obersten Finanzbehörden der anderen Länder.

Organe einer Kapitalgesellschaft

→ BMF vom ***12. 11. 2014*** (BStBl I ***S. 1467***) Anhang 9

Rückfallklausel

– Die Rückfallklausel nach § 50d Abs. 8 EStG gilt nicht für das Lohnsteuerabzugsverfahren und die Fälle des Auslandstätigkeitserlasses (→ BMF vom 21. 7. 2005 – BStBl I S. 821).

Steuerabzugsrecht trotz DBA

Nach Art. 29 Abs. 1 DBA-USA wird das deutsche Recht zur Vornahme des Lohnsteuerabzugs nach innerstaatlichem Recht nicht berührt. Gemäß Art. 29 Abs. 2 DBA-USA ist die im Abzugsweg erhobene Steuer auf Antrag zu erstatten (→ H 41c.1 Erstattungsantrag), soweit das DBA-USA ihre Erhebung einschränkt. Daher kann der Arbeitgeber ohne eine Freistellungsbescheinigung des Betriebsstättenfinanzamts nicht vom Steuereinbehalt absehen. Das gilt entsprechend für alle anderen DBA, die vergleichbare Regelungen enthalten (→ BMF vom 25. 6. 2012 – BStBl I S. 692).

Deutsch-amerikanisches Doppelbesteuerungsabkommen (DBA-USA);

BFH-Urteil vom 21. Oktober 2009 – I R 70/08 – (BStBl 2012 II S. 493)

BMF- Schreiben vom 25. 6. 2012, BStBl I S. 692

Unter Bezugnahme auf das Ergebnis der Erörterung mit den obersten Finanzbehörden der Länder ist im Zusammenhang mit der Anwendung des BFH-Urteils vom 21. Oktober 2009 – I R 70/08 – (BStBl 2012 II S. 493) Folgendes zu beachten:

In materiell-rechtlicher Hinsicht betrifft das Urteil die Zahlung solcher Erfindervergütungen, die nach Beendigung des Arbeitsverhältnisses für während des Arbeitsverhältnisses gemachte Erfindungen geleistet werden. Der Arbeitnehmer war nach Beendigung des Arbeitsverhältnisses und zum Zeitpunkt der Zahlung der Erfindervergütung in den USA ansässig. Für diesen Fall hat der BFH entschieden, dass Deutschland kein Besteuerungsrecht nach dem DBA-USA zusteht, weil es sich nicht um ein zusätzliches Entgelt für eine frühere Tätigkeit im Sinne des Artikels 15 Absatz 1 Satz 2 OECD-Musterabkommen handelt.

Klarstellend wird in verfahrensrechtlicher Hinsicht darauf hingewiesen, dass das Recht des Quellenstaats zur Vornahme des Steuerabzugs nach seinem innerstaatlichen Recht gemäß Artikel 29 DBA-USA nicht berührt wird. Nach dieser Vorschrift ist die im Abzugsweg erhobene Steuer auf Antrag zu erstatten, soweit ihre Erhebung durch das Doppelbesteuerungsabkommen eingeschränkt ist. Daher kann der Arbeitgeber ohne eine Freistellungsbescheinigung des Betriebsstättenfinanzamts nicht vom Steuereinbehalt absehen. Das gilt entsprechend für alle anderen Doppelbesteuerungsabkommen, die vergleichbare Regelungen enthalten.

Das Erfordernis einer Freistellungsbescheinigung als Voraussetzung für den Verzicht auf den Steuerabzug entspricht auch der Rechtsprechung des BFH (Urteile vom 10. Mai 1989 – I R 50/85 –, BStBl 1989 II S. 755 Rz. 17; vom 16. Februar 1996 – I R 64/95 –, BFHE 180, 104; vom 12. Juni 1997 – I R 72/96 –, BStBl 1997 II S. 660).

EStG

§ 39c Einbehaltung der Lohnsteuer ohne Lohnsteuerabzugsmerkmale

(1) [1]Solange der Arbeitnehmer dem Arbeitgeber zum Zweck des Abrufs der elektronischen Lohnsteuerabzugsmerkmale (§ 39e Absatz 4 Satz 1) die ihm zugeteilte Identifikationsnummer sowie den Tag der Geburt schuldhaft nicht mitteilt oder das Bundeszentralamt für Steuern die Mitteilung elektronischer Lohnsteuerabzugsmerkmale ablehnt, hat der Arbeitgeber die Lohnsteuer nach Steuerklasse VI zu ermitteln. [2]Kann der Arbeitgeber die elektronischen Lohnsteuerabzugsmerkmale wegen technischer Störungen nicht abrufen oder hat der Arbeitnehmer die fehlende Mitteilung der ihm zuzuteilenden Identifikationsnummer nicht zu vertreten, hat der Arbeitgeber für die Lohnsteuerberechnung die voraussichtlichen Lohnsteuerabzugsmerkmale im Sinne des § 38b längstens für die Dauer von drei Kalendermonaten zu Grunde zu legen. [3]Hat nach Ablauf der drei Kalendermonate der Arbeitnehmer die Identifikationsnummer sowie den Tag der Geburt nicht mitgeteilt, ist rückwirkend Satz 1 anzuwenden. [4]Sobald dem Arbeitgeber in den Fällen des Satzes 2 die elektronischen Lohnsteuerabzugsmerkmale vorliegen, sind die Lohnsteuerermittlungen für die vorangegangenen Monate zu überprüfen und, falls erforderlich, zu ändern. [5]Die zu wenig oder zu viel einbehaltene Lohnsteuer ist jeweils bei der nächsten Lohnabrechnung auszugleichen.

(2) [1]Ist ein Antrag nach § 39 Absatz 3 Satz 1 oder § 39e Absatz 8 nicht gestellt, hat der Arbeitgeber die Lohnsteuer nach Steuerklasse VI zu ermitteln. [2]Legt der Arbeitnehmer binnen sechs Wochen nach Eintritt in das Dienstverhältnis oder nach Beginn des Kalenderjahres eine Bescheinigung für den Lohnsteuerabzug vor, ist Absatz 1 Satz 4 und 5 sinngemäß anzuwenden.

(3) [1]In den Fällen des § 38 Absatz 3a Satz 1 kann der Dritte die Lohnsteuer für einen sonstigen Bezug mit 20 Prozent unabhängig von den Lohnsteuerabzugsmerkmalen des Arbeitnehmers ermitteln, wenn der maßgebende Jahresarbeitslohn nach § 39b Absatz 3 zuzüglich des sonstigen Bezugs 10 000 Euro nicht übersteigt. [2]Bei der Feststellung des maßgebenden Jahresarbeitslohns sind nur die Lohnzahlungen des Dritten zu berücksichtigen.

R 39c

Lohnsteuerabzug durch Dritte ohne Lohnsteuerabzugsmerkmale

S 2366 [1]Ist ein Dritter zum Lohnsteuerabzug verpflichtet, weil er tarifvertragliche Ansprüche eines Arbeitnehmers eines anderen Arbeitgebers unmittelbar zu erfüllen hat (§ 38 Abs. 3a Satz 1 EStG), kann der Dritte die Lohnsteuer für einen sonstigen Bezug unter den Voraussetzungen des § 39c Abs. 3 EStG mit 20 % unabhängig von den für den Arbeitnehmer geltenden Lohnsteuerabzugsmerkmalen ermitteln. [2]Es handelt sich dabei nicht um eine pauschale Lohnsteuer i. S. d. §§ 40 ff. EStG. [3]Schuldner der Lohnsteuer bleibt im Falle des § 39c Abs. 3 EStG der Arbeitnehmer. [4]Der versteuerte Arbeitslohn ist im Rahmen einer Einkommensteuerveranlagung des Arbeitnehmers zu erfassen und die pauschal erhobene Lohnsteuer auf die Einkommensteuerschuld anzurechnen. [5]Der Dritte hat daher dem Arbeitnehmer eine besondere Lohnsteuerbescheinigung auszustellen und die einbehaltene Lohnsteuer zu bescheinigen (§ 41b EStG).

H 39c

Hinweise

Fehlerhafte Bescheinigung

→ H 41c.3 (Einzelfälle)

Grenzpendler

Ein Arbeitnehmer, der im Inland keinen Wohnsitz oder gewöhnlichen Aufenthalt hat, wird auf Antrag nach § 1 Abs. 3 EStG als unbeschränkt einkommensteuerpflichtig behandelt, wenn seine Einkünfte **zu mindestens 90 %** der deutschen Einkommensteuer unterliegen oder die nicht der deutschen Einkommensteuer unterliegenden Einkünfte **höchstens *8 652* Euro[1])** betragen.

Ein Grenzpendler, der als Staatsangehöriger eines EU/EWR-Mitgliedstaates nach § 1 Abs. 3 EStG als unbeschränkt einkommensteuerpflichtig behandelt wird, ist auf Antrag in die **Steuerklasse III** einzuordnen, wenn der Ehegatte des Arbeitnehmers in einem EU/EWR-Mitgliedstaat oder in der Schweiz lebt (→ § 1a Abs. 1 Nr. 2 EStG). Es ist nicht erforderlich, dass der Ehegatte ebenfalls Staatsangehöriger eines EU/EWR-Mitgliedstaats ist. Voraussetzung ist jedoch, dass die Einkünfte *beider Ehegatten zu min*destens 90 % der deutschen Einkommensteuer unterliegen oder ihre nicht der deutschen Einkommensteuer unterliegenden Einkünfte höchstens ***17 304*** Euro betragen. Die Steuerklasse ist in der Bescheinigung[2]) vom Betriebsstättenfinanzamt anzugeben.

---

1) Die Ländergruppeneinteilung ist zu beachten, wonach eine Verringerung der Beträge in Betracht kommen kann → BMF vom 18. 11. 2013 (BStBl I S. 1462).

2) Zur Erteilung von Bescheinigungen für diesen Personenkreis → § 39 Abs. 3 EStG.

Bei Grenzpendlern i. S. d. § 1 Abs. 3 EStG, die nicht Staatsangehörige eines EU/EWR-Mitgliedstaates sind, kann der Ehegatte steuerlich nicht berücksichtigt werden. Für diese Arbeitnehmer ist in der zu erteilenden Bescheinigung[1]) die **Steuerklasse I** oder für das zweite oder jedes weitere Dienstverhältnis die Steuerklasse VI anzugeben; in den Fällen des § 32a Abs. 6 EStG (= Witwensplitting) Steuerklasse III.
Die nicht der deutschen Einkommensteuer unterliegenden Einkünfte sind jeweils durch eine **Bescheinigung** der zuständigen ausländischen Steuerbehörde nachzuweisen.
Die Erteilung der Bescheinigung[2]) führt zur **Veranlagungspflicht** nach § 46 Abs. 2 Nr. 7 Buchstabe b EStG.

Für Arbeitnehmer, die im Ausland ansässig sind und nicht die Voraussetzungen des § 1 Abs. 2 oder § 1 Abs. 3 EStG erfüllen, ist weiterhin das **Bescheinigungsverfahren[1])** anzuwenden.
(→ BMF vom 29. 9. 1995 – BStBl I S. 429, Tz. 1 unter Berücksichtigung der zwischenzeitlich eingetretenen Rechtsänderungen)

Lohnsteuerabzug

Antrag einer Bescheinigung für Lohnsteuerabzug bei erweiterter unbeschränkter Einkommensteuerpflicht und für Arbeitslohn aus inländischen öffentlichen Kassen → Anhang 40

Lohnsteuer-Ermäßigungsverfahren

Im Lohnsteuer-Ermäßigungsverfahren kann auf die Bestätigung der ausländischen Steuerbehörde in der Anlage Grenzpendler EU/EWR bzw. Anlage Grenzpendler außerhalb EU/EWR verzichtet werden, wenn für einen der beiden vorangegangenen Veranlagungszeiträume bereits eine von der ausländischen Steuerbehörde bestätigte Anlage vorliegt und sich die Verhältnisse nach Angaben des Steuerpflichtigen nicht geändert haben (BMF vom 25. 11. 1999 – BStBl I S. 990). → H 1

Öffentlicher Dienst

Bei Angehörigen des öffentlichen Dienstes i. S. d. § 1 Abs. 2 Satz 1 Nr. 1 und 2 EStG ohne diplomatischen oder konsularischen Status, die nach § 1 Abs. 3 EStG auf Antrag als unbeschränkt einkommensteuerpflichtig behandelt werden und an einem ausländischen Dienstort tätig sind, sind die unter dem Stichwort → Grenzpendler genannten Regelungen zur Eintragung der Steuerklasse III auf Antrag entsprechend anzuwenden (→ § 1a Abs. 2 EStG). Dabei muss auf den Wohnsitz, den gewöhnlichen Aufenthalt, die Wohnung oder den Haushalt im Staat des ausländischen Dienstortes abgestellt werden. Danach kann auch bei außerhalb von EU/EWR-Mitgliedstaaten tätigen Beamten weiterhin die Steuerklasse III in Betracht kommen. Dagegen erfüllen ein pensionierter Angehöriger des öffentlichen Dienstes und ein im Inland tätiger Angehöriger des öffentlichen Dienstes, die ihren Wohnsitz außerhalb eines EU/EWR-Mitgliedstaates oder in der Schweiz haben, nicht die Voraussetzungen des § 1a Abs. 2 EStG. Sie können aber ggf. als Grenzpendler in die Steuerklasse III eingeordnet werden, wenn der Ehegatte in einem EU/EWR-Mitgliedstaat oder in der Schweiz lebt (→ BMF vom 29. 9. 1995 – BStBl I S. 429, Tz. 1.4 unter Berücksichtigung der zwischenzeitlich eingetretenen Rechtsänderungen). Anhang 40

→ H 1 (Staatsangehörige EU/EWR).

→ H 1 (Steuerpflicht, Steuerklassen).

§ 39d (weggefallen)

EStG
S 2369

§ 39e Verfahren zur Bildung und Anwendung der elektronischen Lohnsteuerabzugsmerkmale

EStG
S 2363

(1) [1]Das Bundeszentralamt für Steuern bildet für jeden Arbeitnehmer grundsätzlich automatisiert die Steuerklasse und für die bei den Steuerklassen I bis IV zu berücksichtigenden Kinder die Zahl der Kinderfreibeträge nach § 38b Absatz 2 Satz 1 als Lohnsteuerabzugsmerkmale (§ 39 Absatz 4 Satz 1 Nummer 1 und 2); für Änderungen gilt § 39 Absatz 2 entsprechend. [2]Soweit das Finanzamt Lohnsteuerabzugsmerkmale nach § 39 bildet, teilt es sie dem Bundeszentralamt für Steuern zum Zweck der Bereitstellung für den automatisierten Abruf durch den Arbeitgeber mit. [3]Lohnsteuerabzugsmerkmale sind frühestens bereitzustellen mit Wirkung von Beginn des Kalenderjahres an, für das sie anzuwenden sind, jedoch nicht für einen Zeitpunkt vor Beginn des Dienstverhältnisses.

(2) Das Bundeszentralamt für Steuern speichert zum Zweck der Bereitstellung automatisiert abrufbarer Lohnsteuerabzugsmerkmale für den Arbeitgeber die Lohnsteuerabzugsmerkmale unter Angabe der Identifikationsnummer sowie für jeden Steuerpflichtigen folgende Daten zu den in § 139b Absatz 3 der Abgabenordnung genannten Daten hinzu:

1. **rechtliche Zugehörigkeit zu einer steuererhebenden Religionsgemeinschaft sowie Datum des Eintritts und Austritts,**
2. **melderechtlicher Familienstand sowie den Tag der Begründung oder Auflösung des Familienstands und bei Verheirateten die Identifikationsnummer des Ehegatten,**
3. **Kinder mit ihrer Identifikationsnummer.**

[2]Die nach Landesrecht für das Meldewesen zuständigen Behörden (Meldebehörden) haben dem Bundeszentralamt für Steuern unter Angabe der Identifikationsnummer und des Tages der Geburt die in Satz 1 Nummer 1 bis 3 bezeichneten Daten und deren Änderungen im Melderegister mitzuteilen. [3]In den Fällen des Satzes 1 Nummer 3 besteht die Mitteilungspflicht nur, wenn das Kind mit Hauptwohnsitz oder alleinigem Wohnsitz im Zuständigkeitsbereich der Meldebehörde gemeldet ist und solange das Kind das 18. Lebensjahr noch nicht vollendet hat. [4]Sofern die Identifikationsnummer noch nicht zugeteilt wurde, teilt die Meldebehörde die Daten unter Angabe des Vorläufigen Bearbeitungsmerkmals nach § 139b Absatz 6 Satz 2 der Abgabenordnung mit. ***[5]Für die Datenübermittlung gelten die §§ 2 und 3 der Zweiten Bundesmeldedatenübermittlungsverordnung vom 1. Dezember 2014 (BGBl. I S. 1950) in der jeweils geltenden*** 1) ***Fassung entsprechend***

(3) [1]Das Bundeszentralamt für Steuern hält die Identifikationsnummer, den Tag der Geburt, Merkmale für den Kirchensteuerabzug und die Lohnsteuerabzugsmerkmale des Arbeitnehmers nach § 39 Absatz 4 zum unentgeltlichen automatisierten Abruf durch den Arbeitgeber nach amtlich vorgeschriebenem Datensatz bereit (elektronische Lohnsteuerabzugsmerkmale). [2]Bezieht ein Arbeitnehmer nebeneinander von mehreren Arbeitgebern Arbeitslohn, sind für jedes 2) **weitere Dienstverhältnis elektronische Lohnsteuerabzugsmerkmale zu bilden. [3]Haben Arbeitnehmer im Laufe des Kalenderjahres geheiratet, gilt für die automatisierte Bildung der Steuerklassen Folgendes:**

1. **Steuerklasse III ist zu bilden, wenn die Voraussetzungen des § 38b Absatz 1 Satz 2 Nummer 3 Buchstabe a Doppelbuchstabe aa vorliegen;**
2. **für beide Ehegatten ist Steuerklasse IV zu bilden, wenn die Voraussetzungen des § 38b Absatz 1 Satz 2 Nummer 4 vorliegen.**

[4]Das Bundeszentralamt für Steuern führt die elektronischen Lohnsteuerabzugsmerkmale des Arbeitnehmers zum Zweck ihrer Bereitstellung nach Satz 1 mit der Wirtschafts-Identifikationsnummer (§ 139c der Abgabenordnung) des Arbeitgebers zusammen.

(4) [1]Der Arbeitnehmer hat jedem seiner Arbeitgeber bei Eintritt in das Dienstverhältnis zum Zweck des Abrufs der Lohnsteuerabzugsmerkmale mitzuteilen,

1. **wie die Identifikationsnummer sowie der Tag der Geburt lauten,**
2. **ob es sich um das erste oder ein weiteres Dienstverhältnis handelt (§ 38b Absatz 1 Satz 2 Nummer 6) und**
3. **ob und in welcher Höhe ein nach § 39a Absatz 1 Satz 1 Nummer 7 festgestellter Freibetrag abgerufen werden soll.**

[2]Der Arbeitgeber hat bei Beginn des Dienstverhältnisses die elektronischen Lohnsteuerabzugsmerkmale für den Arbeitnehmer beim Bundeszentralamt für Steuern durch Datenfernübertragung abzurufen und sie in das Lohnkonto für den Arbeitnehmer zu übernehmen. [3]Für den Abruf der elektronischen Lohnsteuerabzugsmerkmale hat sich der Arbeitgeber zu authentifizieren und seine Wirtschafts-Identifikationsnummer, die Daten des Arbeitnehmers nach Satz 1 Nummer 1 und 2, den Tag des Beginns des Dienstverhältnisses und etwaige Angaben nach Satz 1 Nummer 3 mitzuteilen. [4]Zur Plausibilitätsprüfung der Identifikationsnummer hält das Bundeszentralamt für Steuern für den Arbeitgeber entsprechende Regeln bereit. [5]Der Arbeitgeber hat den Tag der Beendigung des Dienstverhältnisses unverzüglich dem Bundeszentralamt für Steuern durch Datenfernübertragung mitzuteilen. [6]Beauftragt der Arbeitgeber einen Dritten mit der Durchführung des Lohnsteuerabzugs, hat sich der Dritte für den Datenabruf zu authentifizieren und zusätzlich seine Wirtschafts-Identifikationsnummer mitzuteilen. [7]Für die Verwendung der elektronischen Lohnsteuerabzugsmerkmale gelten die Schutzvorschriften des § 39 Absatz 8 und 9 sinngemäß.

(5) [1]Die abgerufenen elektronischen Lohnsteuerabzugsmerkmale sind vom Arbeitgeber für die Durchführung des Lohnsteuerabzugs des Arbeitnehmers anzuwenden, bis

1. **ihm das Bundeszentralamt für Steuern geänderte elektronische Lohnsteuerabzugsmerkmale zum Abruf bereitstellt oder**

1) Absatz 2 Satz 5 wurde durch das Steueränderungsgesetz 2015 ab VZ 2015 geändert.

2) Zu Absatz 3 Satz 3 → § 52 Abs. 39 EStG.

2. der Arbeitgeber dem Bundeszentralamt für Steuern die Beendigung des Dienstverhältnisses mitteilt.

[2]Sie sind in der üblichen Lohnabrechnung anzugeben. [3]Der Arbeitgeber ist verpflichtet, die vom Bundeszentralamt für Steuern bereitgestellten Mitteilungen und elektronischen Lohnsteuerabzugsmerkmale monatlich anzufragen und abzurufen.

(6) [1]Gegenüber dem Arbeitgeber gelten die Lohnsteuerabzugsmerkmale (§ 39 Absatz 4) mit dem Abruf der elektronischen Lohnsteuerabzugsmerkmale als bekannt gegeben. [2]Einer Rechtsbehelfsbelehrung bedarf es nicht. [3]Die Lohnsteuerabzugsmerkmale gelten gegenüber dem Arbeitnehmer als bekannt gegeben, sobald der Arbeitgeber dem Arbeitnehmer den Ausdruck der Lohnabrechnung mit den nach Absatz 5 Satz 2 darin ausgewiesenen elektronischen Lohnsteuerabzugsmerkmalen ausgehändigt oder elektronisch bereitgestellt hat. [4]Die elektronischen Lohnsteuerabzugsmerkmale sind dem Steuerpflichtigen auf Antrag vom zuständigen Finanzamt mitzuteilen oder elektronisch bereitzustellen. [5]Wird dem Arbeitnehmer bekannt, dass die elektronischen Lohnsteuerabzugsmerkmale zu seinen Gunsten von den nach § 39 zu bildenden Lohnsteuerabzugsmerkmalen abweichen, ist er verpflichtet, dies dem Finanzamt unverzüglich mitzuteilen. [6]Der Steuerpflichtige kann beim zuständigen Finanzamt

1. den Arbeitgeber benennen, der zum Abruf von elektronischen Lohnsteuerabzugsmerkmalen berechtigt ist (Positivliste) oder nicht berechtigt ist (Negativliste). [2]Hierfür hat der Arbeitgeber dem Arbeitnehmer seine Wirtschafts-Identifikationsnummer mitzuteilen. [3]Für die Verwendung der Wirtschafts-Identifikationsnummer gelten die Schutzvorschriften des § 39 Absatz 8 und 9 sinngemäß; oder
2. die Bildung oder die Bereitstellung der elektronischen Lohnsteuerabzugsmerkmale allgemein sperren oder allgemein freischalten lassen.

[7]Macht der Steuerpflichtige von seinem Recht nach Satz 6 Gebrauch, hat er die Positivliste, die Negativliste, die allgemeine Sperrung oder die allgemeine Freischaltung in einem bereitgestellten elektronischen Verfahren oder nach amtlich vorgeschriebenem Vordruck dem Finanzamt zu übermitteln. [8]Werden wegen einer Sperrung nach Satz 6 einem Arbeitgeber, der Daten abrufen möchte, keine elektronischen Lohnsteuerabzugsmerkmale bereitgestellt, wird dem Arbeitgeber die Sperrung mitgeteilt und dieser hat die Lohnsteuer nach Steuerklasse VI zu ermitteln.

(7) [1]Auf Antrag des Arbeitgebers kann das Betriebsstättenfinanzamt zur Vermeidung unbilliger Härten zulassen, dass er nicht am Abrufverfahren teilnimmt. [2]Dem Antrag eines Arbeitgebers ohne maschinelle Lohnabrechnung, der ausschließlich Arbeitnehmer im Rahmen einer geringfügigen Beschäftigung in seinem Privathaushalt im Sinne des § 8a des Vierten Buches Sozialgesetzbuch beschäftigt, ist stattzugeben. [3]Der Arbeitgeber hat dem Antrag unter Angabe seiner Wirtschafts-Identifikationsnummer ein Verzeichnis der beschäftigten Arbeitnehmer mit Angabe der jeweiligen Identifikationsnummer und des Tages der Geburt des Arbeitnehmers beizufügen. [4]Der Antrag ist nach amtlich vorgeschriebenem Vordruck jährlich zu stellen und vom Arbeitgeber zu unterschreiben. [5]Das Betriebsstättenfinanzamt übermittelt dem Arbeitgeber für die Durchführung des Lohnsteuerabzugs für ein Kalenderjahr eine arbeitgeberbezogene Bescheinigung mit den Lohnsteuerabzugsmerkmalen des Arbeitnehmers (Bescheinigung für den Lohnsteuerabzug) sowie etwaige Änderungen. [6]Diese Bescheinigung sowie die Änderungsmitteilungen sind als Belege zum Lohnkonto zu nehmen und bis zum Ablauf des Kalenderjahres aufzubewahren. [7]Absatz 5 Satz 1 und 2 sowie Absatz 6 Satz 3 gelten entsprechend. [8]Der Arbeitgeber hat den Tag der Beendigung des Dienstverhältnisses unverzüglich dem Betriebsstättenfinanzamt mitzuteilen.

(8) [1]Ist einem nach § 1 Absatz 1 unbeschränkt einkommensteuerpflichtigen Arbeitnehmer keine Identifikationsnummer zugeteilt, hat das Wohnsitzfinanzamt auf Antrag eine Bescheinigung für den Lohnsteuerabzug für die Dauer eines Kalenderjahres auszustellen. [2]Diese Bescheinigung ersetzt die Verpflichtung und Berechtigung des Arbeitgebers zum Abruf der elektronischen Lohnsteuerabzugsmerkmale (Absätze 4 und 6). [3]In diesem Fall tritt an die Stelle der Identifikationsnummer das lohnsteuerliche Ordnungsmerkmal nach § 41b Absatz 2 Satz 1 und 2. [4]Für die Durchführung des Lohnsteuerabzugs hat der Arbeitnehmer seinem Arbeitgeber vor Beginn des Kalenderjahres oder bei Eintritt in das Dienstverhältnis die nach Satz 1 ausgestellte Bescheinigung für den Lohnsteuerabzug vorzulegen. [5]§ 39c Absatz 1 Satz 2 bis 5 ist sinngemäß anzuwenden. [6]Der Arbeitgeber hat die Bescheinigung für den Lohnsteuerabzug entgegenzunehmen und während des Dienstverhältnisses, längstens bis zum Ablauf des jeweiligen Kalenderjahres, aufzubewahren.

(9) Ist die Wirtschafts-Identifikationsnummer noch nicht oder nicht vollständig eingeführt, tritt an ihre Stelle die Steuernummer der Betriebsstätte oder des Teils des Betriebs des Arbeitgebers, in dem der für den Lohnsteuerabzug maßgebende Arbeitslohn des Arbeitnehmers ermittelt wird (§ 41 Absatz 2).

(10) Die beim Bundeszentralamt für Steuern nach Absatz 2 Satz 1 gespeicherten Daten können auch zur Prüfung und Durchführung der Einkommensbesteuerung (§ 2) des Steuerpflichtigen für Veranlagungszeiträume ab 2005 verwendet werden.

H 39e

Hinweise

Allgemeines

Anhang 17 III Lohnsteuerabzug ab dem Kalenderjahr 2013 im Verfahren der elektronischen Lohnsteuerabzugsmerkmale → BMF vom 7. 8. 2013 (BStBl I S. 951)

Antragsfrist

→ R 39.3 Satz 1

EStG

§ 39f Faktorverfahren anstelle Steuerklassenkombination III/V

(1) [1]Bei Ehegatten, die in die Steuerklasse IV gehören (§ 38b Absatz 1 Satz 2 Nummer 4), hat das Finanzamt auf Antrag beider Ehegatten nach § 39a anstelle der Steuerklassenkombination III/V (§ 38b Absatz 1 Satz 2 Nummer 5) als Lohnsteuerabzugsmerkmal jeweils die Steuerklasse IV in Verbindung mit einem Faktor zur Ermittlung der Lohnsteuer zu bilden, wenn der Faktor kleiner als 1 ist. [2]Der Faktor ist Y : X und vom Finanzamt mit drei Nachkommastellen ohne Rundung zu berechnen. [3]„Y" ist die voraussichtliche Einkommensteuer für beide Ehegatten nach dem Splittingverfahren (§ 32a Absatz 5) unter Berücksichtigung der in § 39b Absatz 2 genannten Abzugsbeträge. [4]„X" ist die Summe der voraussichtlichen Lohnsteuer bei Anwendung der Steuerklasse IV für jeden Ehegatten. *[5]Maßgeblich sind die Steuerbeträge des Kalenderjahres,* 1) *für das der Faktor erstmals gelten soll.* [6]In die Bemessungsgrundlage für Y werden jeweils neben den Jahresarbeitslöhnen der ersten Dienstverhältnisse zusätzlich nur Beträge einbezogen, die nach § 39a Absatz 1 Satz 1 Nummer 1 bis 6 als Freibetrag ermittelt und als Lohnsteuerabzugsmerkmal gebildet werden könnten; Freibeträge werden neben dem Faktor nicht als Lohnsteuerabzugsmerkmal gebildet. [7]In den Fällen des § 39a Absatz 1 Satz 1 Nummer 7 sind bei der Ermittlung von Y und X die Hinzurechnungsbeträge zu berücksichtigen; die Hinzurechnungsbeträge sind zusätzlich als Lohnsteuerabzugsmerkmal für das erste Dienstverhältnis zu bilden. [8]Arbeitslöhne aus zweiten und weiteren Dienstverhältnissen (Steuerklasse VI) sind im Faktorverfahren nicht zu berücksichtigen. *[9]Der nach Satz 1 gebildete Faktor gilt bis zum Ablauf des Kalenderjahres, das auf das Kalenderjahr folgt, in dem der Faktor erstmals gilt oder zuletzt geändert worden ist. [10]Die Ehegatten können eine Änderung des Faktors beantragen, wenn sich die für die Ermittlung des Faktors maßgeblichen Jahresarbeitslöhne im Sinne des Satzes 6 ändern. [11]Besteht eine Anzeigepflicht nach § 39a Absatz 1 Satz 5 oder wird eine Änderung des Freibetrags nach § 39a Absatz 1 Satz 4 beantragt, gilt die Anzeige oder der Antrag auf Änderung* 2) *des Freibetrags zugleich als Antrag auf Anpassung des Faktors.*

(2) Für die Einbehaltung der Lohnsteuer vom Arbeitslohn hat der Arbeitgeber Steuerklasse IV und den Faktor anzuwenden.

(3) *[1]§ 39 Absatz 6 Satz 3 und 5 gilt mit der Maßgabe, dass die Änderungen nach Absatz 1* 3) *Satz 10 und 11 keine Änderungen im Sinne des § 39 Absatz 6 Satz 3 sind.* [2]§ 39a ist anzuwenden mit der Maßgabe, dass ein Antrag nach amtlich vorgeschriebenem Vordruck (§ 39a Absatz 2) nur erforderlich ist, wenn bei der Faktorermittlung zugleich Beträge nach § 39a Absatz 1 Satz 1 Nummer 1 bis 6 berücksichtigt werden sollen.

(4) Das Faktorverfahren ist im Programmablaufplan für die maschinelle Berechnung der Lohnsteuer (§ 39b Absatz 6) zu berücksichtigen.

1) Absatz 1 Satz 5 wurde durch Bürokratieentlastungsgesetz ab VZ 2015 eingefügt.

2) Absatz 1 Satz 9 bis 11 wurde durch Bürokratieentlastungsgesetz angefügt und ist erstmals für den VZ anzuwenden, der auf den VZ folgt, in dem die für die Anwendung des Absatz 1 Satz 9 bis 11 erforderlichen Programmierarbeiten im Verfahren zur Bildung und Anwendung der elektronischen Lohnsteuerabzugsmerkmale (§ 39e EStG) abgeschlossen sind. Das BMF gibt im Einvernehmen mit den obersten Finanzbehörden der Länder im Bundesgesetzblatt den VZ bekannt, ab dem die Regelung des Absatz 1 Satz 9 bis 11 erstmals anzuwenden ist → § 52 Abs. 37a EStG.

3) Absatz 3 Satz 1 wurde durch Bürokratieentlastungsgesetz neu gefasst und ist erstmals für den VZ anzuwenden, der auf den VZ folgt, in dem die für die Anwendung des Absatz 3 Satz 1 erforderlichen Programmierarbeiten im Verfahren zur Bildung und Anwendung der elektronischen Lohnsteuerabzugsmerkmale (§ 39e EStG) abgeschlossen sind. Das BMF gibt im Einvernehmen mit den obersten Finanzbehörden der Länder im Bundesgesetzblatt den VZ bekannt, ab dem die Regelung des Absatz 3 Satz 1 erstmals anzuwenden ist → § 52 Abs. 37a EStG.

Hinweise

H 39f

Faktorverfahren

→ H 39.1 (Merkblatt zur Steuerklassenwahl bei Arbeitnehmer-Ehegatten für das Jahr 2016)

§ 40 Pauschalierung der Lohnsteuer in besonderen Fällen

EStG

(1) [1]Das Betriebsstättenfinanzamt (§ 41a Absatz 1 Satz 1 Nummer 1) kann auf Antrag des Arbeitgebers zulassen, dass die Lohnsteuer mit einem unter Berücksichtigung der Vorschriften des § 38a zu ermittelnden Pauschsteuersatz erhoben wird, soweit S 2370

1. von dem Arbeitgeber sonstige Bezüge in einer größeren Zahl von Fällen gewährt werden oder

2. in einer größeren Zahl von Fällen Lohnsteuer nachzuerheben ist, weil der Arbeitgeber die Lohnsteuer nicht vorschriftsmäßig einbehalten hat.

[2]Bei der Ermittlung des Pauschsteuersatzes ist zu berücksichtigen, dass die in Absatz 3 vorgeschriebene Übernahme der pauschalen Lohnsteuer durch den Arbeitgeber für den Arbeitnehmer eine in Geldeswert bestehende Einnahme im Sinne des § 8 Absatz 1 darstellt (Nettosteuersatz). [3]Die Pauschalierung ist in den Fällen des Satz 1 Nummer 1 ausgeschlossen, soweit der Arbeitgeber einem Arbeitnehmer sonstige Bezüge von mehr als 1 000 Euro im Kalenderjahr gewährt. [4]Der Arbeitgeber hat dem Antrag eine Berechnung beizufügen, aus der sich der durchschnittliche Steuersatz unter Zugrundelegung der durchschnittlichen Jahresarbeitslöhne und der durchschnittlichen Jahreslohnsteuer in jeder Steuerklasse für diejenigen Arbeitnehmer ergibt, denen die Bezüge gewährt werden sollen oder gewährt worden sind.

(2) [1]Abweichend von Absatz 1 kann der Arbeitgeber die Lohnsteuer mit einem Pauschsteuersatz von 25 Prozent erheben, soweit er S 2371

1. arbeitstäglich Mahlzeiten im Betrieb an die Arbeitnehmer unentgeltlich oder verbilligt abgibt oder Barzuschüsse an ein anderes Unternehmen leistet, das arbeitstäglich Mahlzeiten an die Arbeitnehmer unentgeltlich oder verbilligt abgibt. [2]Voraussetzung ist, dass die Mahlzeiten nicht als Lohnbestandteile vereinbart sind,

1a. oder auf seine Veranlassung ein Dritter den Arbeitnehmern anlässlich einer beruflichen Tätigkeit außerhalb seiner Wohnung und ersten Tätigkeitsstätte Mahlzeiten zur Verfügung stellt, die nach § 8 Absatz 2 Satz 8 und 9 mit dem Sachbezugswert anzusetzen sind,

2. Arbeitslohn aus Anlass von Betriebsveranstaltungen zahlt,

3. Erholungsbeihilfen gewährt, wenn diese zusammen mit Erholungsbeihilfen, die in demselben Kalenderjahr früher gewährt worden sind, 156 Euro für den Arbeitnehmer, 104 Euro für dessen Ehegatten und 52 Euro für jedes Kind nicht übersteigen und der Arbeitgeber sicherstellt, dass die Beihilfen zu Erholungszwecken verwendet werden,

4. Vergütungen für Verpflegungsmehraufwendungen anlässlich einer Tätigkeit im Sinne des § 9 Absatz 4a Satz 2 oder Satz 4 zahlt, soweit die Vergütungen die nach § 9 Absatz 4a Satz 3, 5 und 6 zustehenden Pauschalen um nicht mehr als 100 Prozent übersteigen,

5. den Arbeitnehmern zusätzlich zum ohnehin geschuldeten Arbeitslohn unentgeltlich oder verbilligt Datenverarbeitungsgeräte übereignet; das gilt auch für Zubehör und Internetzugang. [2]Das Gleiche gilt für Zuschüsse des Arbeitgebers, die zusätzlich zum ohnehin geschuldeten Arbeitslohn zu den Aufwendungen des Arbeitnehmers für die Internetnutzung gezahlt werden.

[2]Der Arbeitgeber kann die Lohnsteuer mit einem Pauschsteuersatz von 15 Prozent für Sachbezüge in Form der unentgeltlichen oder verbilligten Beförderung eines Arbeitnehmers zwischen Wohnung und erster Tätigkeitsstätte sowie Fahrten nach § 9 Absatz 1 Satz 3 Nummer 4a Satz 3und für zusätzlich zum ohnehin geschuldeten Arbeitslohn geleistete Zuschüsse zu den Aufwendungen des Arbeitnehmers für Fahrten zwischen Wohnung und erster Tätigkeitsstätte erheben, soweit diese Bezüge den Betrag nicht übersteigen, den der Arbeitnehmer nach § 9 Absatz 1 Satz 3 Nummer 4 und Absatz 2 als Werbungskosten geltend machen könnte, wenn die Bezüge nicht pauschal besteuert würden. [3]Die nach Satz 2 pauschal besteuerten Bezüge mindern die nach § 9 Absatz 1 Satz 3 Nummer 4 und Absatz 2 abziehbaren Werbungskosten; sie bleiben bei der Anwendung des § 40a Absatz 1 bis 4 außer Ansatz.

(3) [1]Der Arbeitgeber hat die pauschale Lohnsteuer zu übernehmen. [2]Er ist Schuldner der pauschalen Lohnsteuer; auf den Arbeitnehmer abgewälzte pauschale Lohnsteuer gilt als zugeflossener Arbeitslohn und mindert nicht die Bemessungsgrundlage. [3]Der pauschal besteuerte Arbeitslohn und die pauschale Lohnsteuer bleiben bei einer Veranlagung zur Einkommen-

steuer und beim Lohnsteuer-Jahresausgleich außer Ansatz. [4]Die pauschale Lohnsteuer ist weder auf die Einkommensteuer noch auf die Jahreslohnsteuer anzurechnen.

R 40.1

Bemessung der Lohnsteuer nach besonderen Pauschsteuersätzen (§ 40 Abs. 1 EStG)

Größere Zahl von Fällen

S 2370 (1) [1]Eine größere Zahl von Fällen ist ohne weitere Prüfung anzunehmen, wenn gleichzeitig mindestens 20 Arbeitnehmer in die Pauschalbesteuerung einbezogen werden. [2]Wird ein Antrag auf Lohnsteuerpauschalierung für weniger als 20 Arbeitnehmer gestellt, kann unter Berücksichtigung der besonderen Verhältnisse des Arbeitgebers und der mit der Pauschalbesteuerung angestrebten Vereinfachung eine größere Zahl von Fällen auch bei weniger als 20 Arbeitnehmern angenommen werden.

Beachtung der Pauschalierungsgrenze

Anhang 7 (2) [1]Der Arbeitgeber hat anhand der Aufzeichnungen im Lohnkonto (→ § 4 Abs. 2 Nr. 8 Satz 1 LStDV) vor jedem Pauschalierungsantrag zu prüfen, ob die Summe aus den im laufenden Kalenderjahr bereits gezahlten sonstigen Bezügen, für die die Lohnsteuer mit einem besonderen Steuersatz erhoben worden ist, und aus dem sonstigen Bezug, der nunmehr an den einzelnen Arbeitnehmer gezahlt werden soll, die Pauschalierungsgrenze nach § 40 Abs. 1 Satz 3 EStG übersteigt. [2]Wird diese Pauschalierungsgrenze durch den sonstigen Bezug überschritten, ist der übersteigende Teil nach § 39b Abs. 3 EStG zu besteuern. [3]Hat der Arbeitgeber die Pauschalierungsgrenze mehrfach nicht beachtet, sind Anträge auf Lohnsteuerpauschalierung nach § 40 Abs. 1 Satz 1 Nr. 2 EStG nicht zu genehmigen.

Berechnung des durchschnittlichen Steuersatzes

(3) [1]Die Verpflichtung, den durchschnittlichen Steuersatz zu errechnen, kann der Arbeitgeber dadurch erfüllen, dass er

1. den Durchschnittsbetrag der pauschal zu versteuernden Bezüge,
2. die Zahl der betroffenen Arbeitnehmer nach Steuerklassen getrennt in folgenden drei Gruppen:
   a) Arbeitnehmer in den Steuerklassen I, II und IV,
   b) Arbeitnehmer in der Steuerklasse III und
   c) Arbeitnehmer in den Steuerklassen V und VI sowie
3. die Summe der Jahresarbeitslöhne der betroffenen Arbeitnehmer, gemindert um die nach § 39b Abs. 3 Satz 3 EStG abziehbaren Freibeträge und den Entlastungsbetrag für Alleinerziehende bei der Steuerklasse II[1)], erhöht um den Hinzurechnungsbetrag,

ermittelt. [2]Hierbei kann aus Vereinfachungsgründen davon ausgegangen werden, dass die betroffenen Arbeitnehmer in allen Zweigen der Sozialversicherung versichert sind und keinen Beitragszuschlag für Kinderlose (§ 55 Abs. 3 SGB XI) leisten; die individuellen Verhältnisse auf Grund des Faktorverfahrens nach § 39f EStG bleiben unberücksichtigt. [3]Außerdem Vereinfachungsgründen kann für die Ermittlungen nach Satz 1 Nr. 2 und 3 eine repräsentative Auswahl der betroffenen Arbeitnehmer zugrunde gelegt werden. [4]Zur Festsetzung eines Pauschsteuersatzes für das laufende Kalenderjahr können für die Ermittlung nach Satz 1 Nr. 3 auch die Verhältnisse des Vorjahrs zugrunde gelegt werden. [5]Aus dem nach Satz 1 Nr. 3 ermittelten Betrag hat der Arbeitgeber den durchschnittlichen Jahresarbeitslohn der erfassten Arbeitnehmer zu berechnen. [6]Für jede der in Satz 1 Nr. 2 bezeichneten Gruppen hat der Arbeitgeber sodann den Steuerbetrag zu ermitteln, dem der Durchschnittsbetrag der pauschal zu versteuernden Bezüge unterliegt, wenn er dem durchschnittlichen Jahresarbeitslohn hinzugerechnet wird. [7]Dabei ist für die Gruppe nach Satz 1 Nr. 2 Buchstabe a die Steuerklasse I, für die Gruppe nach Satz 1 Nr. 2 Buchstabe b die Steuerklasse III und für die Gruppe nach Satz 1 Nr. 2 Buchstabe c die Steuerklasse V maßgebend; der Durchschnittsbetrag der pauschal zu besteuernden Bezüge ist auf den nächsten durch 216 ohne Rest teilbaren Euro-Betrag aufzurunden. [8]Durch Multiplikation der Steuerbeträge mit der Zahl der in der entsprechenden Gruppe erfassten Arbeitnehmer und Division der sich hiernach ergebenden Summe der Steuerbeträge durch die Gesamtzahl der Arbeitnehmer und *den Durchschnittsbetrag* der pauschal zu besteuernden Bezüge ist hiernach die durchschnittliche Steuerbelastung zu berechnen, der die pauschal zu besteuernden Bezüge unterliegen. [9]Das Finanzamt hat den Pauschsteuersatz nach dieser Steuerbelastung so zu berechnen, dass unter Berücksichtigung der Übernahme der pauschalen Lohnsteuer durch den Arbeitgeber insgesamt nicht zu wenig Lohnsteuer erhoben wird. [10]Die Prozentsätze der durchschnittlichen Steuerbelas-

1) Ab 2015 = 1 908 Euro (ohne Erhöhungsbeträge für weitere Kinder).

tung und des Pauschsteuersatzes sind mit einer Dezimalstelle anzusetzen, die nachfolgenden Dezimalstellen sind fortzulassen.

Hinweise

H 40.1

Berechnung des durchschnittlichen Steuersatzes

Die in R 40.1 Abs. 3 dargestellte Berechnung des durchschnittlichen Steuersatzes ist nicht zu beanstanden (→ BFH vom 11. 3. 1988 – BStBl II S. 726). Die auf der Lohnsteuerkarte eingetragenen Kinderfreibeträge sind nicht zu berücksichtigen (→ BFH vom 26. 7. 2007 – BStBl II S. 844).

Beispiel:

1. Der Arbeitgeber ermittelt für rentenversicherungspflichtige Arbeitnehmer
   a) den durchschnittlichen Betrag der pauschal zu besteuernden Bezüge mit 550 €,
   b) die Zahl der betroffenen Arbeitnehmer
      - in den Steuerklassen I, II und IV mit 20,
      - in der Steuerklasse III mit 12 und
      - in den Steuerklassen V und VI mit 3,
   c) die Summe der Jahresarbeitslöhne der betroffenen Arbeitnehmer nach Abzug aller Freibeträge mit 610 190 €; dies ergibt einen durchschnittlichen Jahresarbeitslohn von (610 190 € : 35 =) 17 434 €.
2. Die Erhöhung des durchschnittlichen Jahresarbeitslohns um den auf 648 € aufgerundeten Durchschnittsbetrag (→ R 40.1 Abs. 3 Satz 7 zweiter Halbsatz) der pauschal zu besteuernden Bezüge ergibt für diesen Betrag folgende Jahreslohnsteuerbeträge:
   - in der Steuerklasse I = 160 €,
   - in der Steuerklasse III = 80 €,
   - in der Steuerklasse V = 180 €.
3. Die durchschnittliche Steuerbelastung der pauschal zu besteuernden Bezüge ist hiernach wie folgt zu berechnen:
   $$\frac{20 \times 160 + 12 \times 80 + 3 \times 180}{35 \times 648} = 20{,}7\ \%$$
4. Der Pauschsteuersatz beträgt demnach
   $$\frac{100 \times 20{,}7\ \%}{(100 - 20{,}7)} = 26{,}1\ \%$$

Bindung des Arbeitgebers an den Pauschalierungsbescheid

Der Arbeitgeber ist an seinen rechtswirksam gestellten Antrag auf Pauschalierung der Lohnsteuer gebunden, sobald der Lohnsteuer-Pauschalierungsbescheid wirksam wird (→ BFH vom 5. 3. 1993 – BStBl II S. 692).

Bindung des Finanzamts an den Pauschalierungsbescheid

Wird auf den Einspruch des Arbeitgebers ein gegen ihn ergangener Lohnsteuer-Pauschalierungsbescheid aufgehoben, so kann der dort berücksichtigte Arbeitslohn bei der Veranlagung des Arbeitnehmers erfasst werden (→ BFH vom 18. 1. 1991 – BStBl II S. 309).

Bindung des Finanzamts an eine Anrufungsauskunft

Hat der Arbeitgeber eine Anrufungsauskunft eingeholt und ist er danach verfahren, ist das Betriebsstättenfinanzamt im Lohnsteuer-Abzugsverfahren daran gebunden. Eine Nacherhebung der Lohnsteuer ist auch dann nicht zulässig, wenn der Arbeitgeber nach einer Lohnsteuer-Außenprüfung einer Pauschalierung nach § 40 Abs. 1 Satz 1 Nr. 2 EStG zugestimmt hat (→ BFH vom 16. 11. 2005 – BStBl 2006 II S. 210).

Entstehung der pauschalen Lohnsteuer

In den Fällen des § 40 Abs. 1 Satz 1 Nr. 2 EStG ist der geldwerte Vorteil aus der Steuerübernahme des Arbeitgebers nicht nach den Verhältnissen im Zeitpunkt der Steuernachforderung zu versteuern. Vielmehr muss der für die pauschalierten Löhne nach den Verhältnissen der jeweiligen Zuflussjahre errechnete Bruttosteuersatz (→ Beispiel Nr. 1 bis 3) jeweils auf den Nettosteuersatz (→ Beispiel Nr. 4) der Jahre hochgerechnet werden, in denen die pauschalierten Löhne zugeflossen sind und in denen die pauschale Lohnsteuer entsteht (→ BFH vom 6. 5. 1994 – BStBl II S. 715).

Kirchensteuer bei Pauschalierung der Lohnsteuer

→ Gleichlautender Ländererlass vom 23. 10. 2012 (BStBl I S. 1083)

→ H 40.2 (Kirchensteuer bei Pauschalierung der Lohnsteuer)

Pauschalierungsantrag

Derjenige, der für den Arbeitgeber im Rahmen der Lohnsteuer-Außenprüfung auftritt, ist in der Regel dazu befugt, einen Antrag auf Lohnsteuer-Pauschalierung zu stellen (→ BFH vom 10. 10. 2002 – BStBl 2003 II S. 156).

Pauschalierungsbescheid

Die pauschalen Steuerbeträge sind im Pauschalierungsbescheid auf die einzelnen Jahre aufzuteilen (→ BFH vom 18. 7. 1985 – BStBl 1986 II S. 152).

Pauschalierungsvoraussetzungen

Die pauschalierte Lohnsteuer darf nur für solche Einkünfte aus nichtselbstständiger Arbeit erhoben werden, die dem Lohnsteuerabzug unterliegen, wenn der Arbeitgeber keinen Pauschalierungsantrag gestellt hätte (→ BFH vom 10. 5. 2006 – BStBl II 2006 S. 669).

Wirkung einer fehlerhaften Pauschalbesteuerung

Eine fehlerhafte Pauschalbesteuerung ist für die Veranlagung zur Einkommensteuer nicht bindend (→ BFH vom 10. 6. 1988 – BStBl II S. 981).

R 40.2

Bemessung der Lohnsteuer nach einem festen Pauschsteuersatz (§ 40 Abs. 2 EStG)

Allgemeines

S 2371 (1) Die Lohnsteuer kann mit einem Pauschsteuersatz von 25 % erhoben werden

1. nach § 40 Abs. 2 Satz 1 Nr. 1 EStG für den Unterschiedsbetrag zwischen dem amtlichen Sachbezugswert und dem niedrigeren Entgelt, das der Arbeitnehmer für die Mahlzeiten entrichtet (→ R 8.1 Abs. 7 Nr. 1 bis 3); gegebenenfalls ist der nach R 8.1 Abs. 7 Nr. 5 ermittelte Durchschnittswert der Besteuerung zugrunde zu legen. [2]Bei der Ausgabe von Essenmarken ist die Pauschalversteuerung nur zulässig, wenn die Mahlzeit mit dem maßgebenden Sachbezugswert zu bewerten ist (→ R 8.1 Abs. 7 Nr. 4 Buchstabe a) oder der Verrechnungswert der Essenmarke nach R 8.1 Abs. 7 Nr. 4 Buchstabe b anzusetzen ist;

1a. nach § 40 Abs. 2 Satz 1 Nr. 1a EStG für Mahlzeiten, die der Arbeitgeber oder auf seine Veranlassung ein Dritter den Arbeitnehmern bei einer Auswärtstätigkeit zur Verfügung stellt, wenn die Mahlzeit mit dem Sachbezugswert anzusetzen ist, z. B., weil die Abwesenheit von mehr als 8 Stunden nicht erreicht oder nicht dokumentiert wird (eintägige Auswärtstätigkeit) oder der Dreimonatszeitraum abgelaufen ist;

2. nach § 40 Abs. 2 Satz 1 Nr. 2 EStG für Zuwendungen bei Betriebsveranstaltungen, wenn die Betriebsveranstaltung oder die Zuwendung nicht üblich ist (→ R 19.5)[1];

3. nach § 40 Abs. 2 Satz 1 Nr. 3 EStG für Erholungsbeihilfen, soweit sie nicht ausnahmsweise als steuerfreie Unterstützungen anzusehen sind und wenn sie nicht die in § 40 Abs. 2 Satz 1 Nr. 3 EStG genannten Grenzen übersteigen;

4. nach § 40 Abs. 2 Satz 1 Nr. 4 EStG für Vergütungen für Verpflegungsmehraufwendungen, die anlässlich einer Auswärtstätigkeit mit einer Abwesenheitsdauer von mehr als 8 Stunden oder für den An- und Abreisetag einer mehrtägigen Auswärtstätigkeit mit Übernachtung gezahlt werden, soweit die Vergütungen die § 9 Abs. 4a Satz 3 bis 6 EStG bezeichneten ungekürzten Pauschbeträge um nicht mehr als 100 % übersteigen; die Pauschalversteuerung gilt nicht für die Erstattung von Verpflegungsmehraufwendungen wegen einer doppelten Haushaltsführung;

5. nach § 40 Abs. 2 Satz 1 Nr. 5 EStG für zusätzlich zum ohnehin geschuldeten Arbeitslohn unentgeltlich oder verbilligt übereignete Datenverarbeitungsgeräte, Zubehör und Internetzugang sowie für zusätzlich zum ohnehin geschuldeten Arbeitslohn gezahlte Zuschüsse des Arbeitgebers zu den Aufwendungen des Arbeitnehmers für die Internetnutzung.

Verhältnis zur Pauschalierung nach § 40 Abs. 1 Satz 1 Nr. 1

(2) Die nach § 40 Abs. 2 EStG pauschal besteuerten sonstigen Bezüge werden nicht auf die Pauschalierungsgrenze (→ R 40.1 Abs. 2) angerechnet.

1) Überholt → BMF vom 14. 10. 2015 (BStBl I S. 832), Tz. 5; → Anhang 41.

Erholungsbeihilfen

(3) [1]Bei der Feststellung, ob die im Kalenderjahr gewährten Erholungsbeihilfen zusammen mit früher gewährten Erholungsbeihilfen die in § 40 Abs. 2 Satz 1 Nr. 3 EStG bezeichneten Beträge übersteigen, ist von der Höhe der Zuwendungen im Einzelfall auszugehen. [2]Die Jahreshöchstbeträge für den Arbeitnehmer, seinen Ehegatten und seine Kinder sind jeweils gesondert zu betrachten. [3]Die Erholungsbeihilfen müssen für die Erholung dieser Personen bestimmt sein und verwendet werden. [4]Davon kann in der Regel ausgegangen werden, wenn die Erholungsbeihilfe im zeitlichen Zusammenhang mit einem Urlaub des Arbeitnehmers gewährt wird. [5]Übersteigen die Erholungsbeihilfen im Einzelfall den maßgebenden Jahreshöchstbetrag, ist auf sie insgesamt entweder § 39b Abs. 3 EStG mit Ausnahme des Satzes 9 oder § 40 Abs. 1 Satz 1 Nr. 1 EStG anzuwenden.

Reisekosten

(4) [1]Die Pauschalversteuerung mit einem Pauschsteuersatz von 25 % nach § 40 Abs. 2 Satz 1 Nr. 4 EStG ist auf einen Vergütungsbetrag bis zur Summe der ungekürzten Verpflegungspauschalen nach § 9 Abs. 4a Satz 3 bis 6 EStG begrenzt. [2]Für den darüber hinausgehenden Vergütungsbetrag kann weiterhin eine Pauschalversteuerung mit einem besonderen Pauschsteuersatz nach § 40 Abs. 1 Satz 1 Nr. 1 EStG in Betracht kommen. [3]Zur Ermittlung des steuerfreien Vergütungsbetrags dürfen die einzelnen Aufwendungsarten zusammengefasst werden (→ R 3.16 Satz 1). [4]Aus Vereinfachungsgründen bestehen auch keine Bedenken, den Betrag, der den steuerfreien Vergütungsbetrag übersteigt, einheitlich als Vergütung für Verpflegungsmehraufwendungen zu behandeln, die in den Grenzen des § 40 Abs. 2 Satz 1 Nr. 4 EStG mit 25 % pauschal versteuert werden kann.

Datenverarbeitungsgeräte und Internet

(5) [1]Die Pauschalierung nach § 40 Abs. 2 Satz 1 Nr. 5 Satz 1 EStG kommt bei Sachzuwendungen des Arbeitgebers in Betracht. [2]Hierzu rechnet die Übereignung von Hardware einschließlich technischem Zubehör und Software als Erstausstattung oder als Ergänzung, Aktualisierung und Austausch vorhandener Bestandteile. [3]Die Pauschalierung ist auch möglich, wenn der Arbeitgeber ausschließlich technisches Zubehör oder Software übereignet. [4]Telekommunikationsgeräte, die nicht Zubehör eines Datenverarbeitungsgerätes sind oder nicht für die Internetnutzung verwendet werden können, sind von der Pauschalierung ausgeschlossen. [5]Hat der Arbeitnehmer einen Internetzugang, sind die Barzuschüsse des Arbeitgebers für die Internetnutzung des Arbeitnehmers nach § 40 Abs. 2 Satz 1 Nr. 5 Satz 2 EStG pauschalierungsfähig. [6]Zu den Aufwendungen für die Internetnutzung in diesem Sinne gehören sowohl die laufenden Kosten (z. B. Grundgebühr für den Internetzugang, laufende Gebühren für die Internetnutzung, Flatrate) als auch die Kosten der Einrichtung des Internetzugangs (z. B. Anschluss, Modem, Personalcomputer). [7]Aus Vereinfachungsgründen kann der Arbeitgeber den vom Arbeitnehmer erklärten Betrag für die laufende Internetnutzung (Gebühren) pauschal versteuern, soweit dieser 50 Euro im Monat nicht übersteigt. [8]Der Arbeitgeber hat diese Erklärung als Beleg zum Lohnkonto aufzubewahren. [9]Bei höheren Zuschüssen zur Internetnutzung und zur Änderung der Verhältnisse gilt R 3.50 Abs. 2 sinngemäß. [10]Soweit die pauschal besteuerten Bezüge auf Werbungskosten entfallen, ist der Werbungskostenabzug grundsätzlich ausgeschlossen. [11]Zu Gunsten des Arbeitnehmers sind die pauschal besteuerten Zuschüsse zunächst auf den privat veranlassten Teil der Aufwendungen anzurechnen. [12]Aus Vereinfachungsgründen unterbleibt zu Gunsten des Arbeitnehmers eine Anrechnung auf seine Werbungskosten bei Zuschüssen bis zu 50 € im Monat.

Fahrten zwischen Wohnung und erster Tätigkeitsstätte

(6) [1]Die Lohnsteuer kann nach § 40 Abs. 2 Satz 2 EStG mit einem Pauschsteuersatz von 15 % erhoben werden. [2]Maßgeblich für die Höhe des pauschalierbaren Betrages sind die tatsächlichen Aufwendungen des Arbeitnehmers für die Fahrten zwischen Wohnung und erster Tätigkeitsstätte oder Fahrten nach § 9 Abs. 1 Satz 3 Nr. 4a Satz 3 EStG, jedoch höchstens der Betrag, den der Arbeitnehmer nach § 9 Abs. 1 Satz 3 Nr. 4, Abs. 2 EStG als Werbungskosten geltend machen könnte.

Hinweise

H 40.2

Abwälzung der pauschalen Lohnsteuer

- bei bestimmten Zukunftssicherungsleistungen → H 40b.1 (Abwälzung der pauschalen Lohnsteuer)
- bei Fahrtkosten (→ BMF vom 10. 1. 2000 – BStBl I S. 138)

Beispiel:

Ein Arbeitnehmer hat Anspruch auf einen Zuschuss zu seinen Pkw-Kosten für Fahrten zwischen Wohnung und regelmäßiger erster Tätigkeitsstätte in Höhe der gesetzlichen Entfernungspauschale, so dass sich für den Lohnabrechnungszeitraum ein Fahrtkostenzuschuss von insgesamt 210 € ergibt. Arbeitgeber und Arbeitnehmer haben vereinbart, dass diese Arbeitgeberleistung pauschal besteuert werden und der Arbeitnehmer die pauschale Lohnsteuer tragen soll.

Bemessungsgrundlage für die Anwendung des gesetzlichen Pauschsteuersatzes von 15 % ist der Bruttobetrag von 210 €.

Als pauschal besteuerte Arbeitgeberleistung ist der Betrag von 210 € zu bescheinigen. Dieser Betrag mindert den nach § 9 Abs. 1 Satz 3 Nr. 4 EStG wie Werbungskosten abziehbaren Betrag von 210 € auf 0 €.

– bei Teilzeitbeschäftigten → H 40.1 (Abwälzung der pauschalen Lohnsteuer)

Gesetz zur Neuregelung der geringfügigen Beschäftigungsverhältnisse und Steuerentlastungsgesetz 1999/2000/2002; Anwendung von Vorschriften zum Lohnsteuerabzugsverfahren

(BMF-Schreiben vom 10. 1. 2000, BStBl I S. 138)

Unter Bezugnahme auf das Ergebnis der Erörterung mit den obersten Finanzbehörden der Länder nehme ich zu Fragen der Anwendung von Vorschriften des Lohnsteuerabzugsverfahrens, die durch das Gesetz zur Neuregelung der geringfügigen Beschäftigungsverhältnisse vom 24. März 1999 (BGBl. I S. 388; BStBl I S. 302) und das Steuerentlastungsgesetz 1999/2000/2002 vom 24. März 1999 (BGBl. I S. 402; BStBl I S. 304) geändert worden sind, wie folgt Stellung:

Gesetz zur Neuregelung der geringfügigen Beschäftigungsverhältnisse

...

Steuerentlastungsgesetz 1999/2000/2002

1. Abwälzung von pauschaler Lohnsteuer und Annexsteuern auf Arbeitnehmer

Nach § 40 Abs. 3 Satz 2 EStG in der Fassung des Steuerentlastungsgesetzes 1999/2000/2002 gilt die auf den Arbeitnehmer abgewälzte pauschale Lohnsteuer als zugeflossener Arbeitslohn; sie darf die Bemessungsgrundlage nicht mindern. Dies entspricht dem in § 12 Nr. 3 EStG zum Ausdruck kommenden allgemeinen Grundsatz, dass Personensteuern nur abzugsfähig sind, wenn sie die Voraussetzungen als Betriebsausgaben oder Werbungskosten erfüllen oder ihre steuermindernde Berücksichtigung ausdrücklich zugelassen ist. Die Neuregelung gilt aufgrund von Verweisungen auch für §§ 40a und 40b EStG.

a) Abwälzung von Lohnsteuer

Im Fall der Abwälzung bleibt zwar der Arbeitgeber Schuldner der pauschalen Lohnsteuer, im wirtschaftlichen Ergebnis wird sie jedoch vom Arbeitnehmer getragen. Die Verlagerung der Belastung darf weder zu einer Minderung des individuell nach den Merkmalen der Lohnsteuerkarte zu versteuernden Arbeitslohns noch zu einer Minderung der Bemessungsgrundlage für die pauschale Lohnsteuer führen. Eine Abwälzung kann sich beispielsweise aus dem Arbeitsvertrag selbst, aus einer Zusatzvereinbarung zum Arbeitsvertrag ergeben oder aus dem wirtschaftlichen Ergebnis einer Gehaltsumwandlung oder Gehaltsänderungsvereinbarung. Das ist der Fall, wenn die pauschale Lohnsteuer als Abzugsbetrag in der Gehaltsabrechnung ausgewiesen wird. Dies gilt auch, wenn zur Abwälzung zwar in arbeitsrechtlich zulässiger Weise eine Gehaltsminderung vereinbart wird, der bisherige ungekürzte Arbeitslohn aber weiterhin für die Bemessung künftiger Erhöhungen des Arbeitslohns oder anderer Arbeitgeberleistungen (z. B. Weihnachtsgeld, Tantieme, Jubiläumszuwendungen) maßgebend bleibt. Eine Abwälzung der pauschalen Lohnsteuer ist hingegen nicht anzunehmen, wenn eine Gehaltsänderungsvereinbarung zu einer Neufestsetzung künftigen Arbeitslohns führt, aus der alle rechtlichen und wirtschaftlichen Folgerungen gezogen werden, also insbesondere der geminderte Arbeitslohn Bemessungsgrundlage für künftige Erhöhungen des Arbeitslohns oder andere Arbeitgeberleistungen wird. Dies gilt auch dann, wenn die Gehaltsminderung in Höhe der Pauschalsteuer vereinbart wird.

b) Abwälzung von Annexsteuern (Kirchensteuer, Solidaritätszuschlag)

Für im Zusammenhang mit der Pauschalierung der Lohnsteuer ebenfalls pauschal erhobene und auf den Arbeitnehmer abgewälzte Annexsteuern (Kirchensteuer, Solidaritätszuschlag) gelten die Ausführungen unter Buchstabe a entsprechend. Daher ist auch hinsichtlich der abgewälzten Annexsteuern von zugeflossenem Arbeitslohn auszugehen, der die Bemessungsgrundlage für die Lohnsteuer nicht mindert.

c) Übergangsregelung

...

2. Anwendung der Fünftelungsregelung nach § 39b Abs. 3 Satz 9 EStG bei außerordentlichen Einkünften nach § 34 Abs. 2 Nr. 4 EStG im Lohnsteuerabzugsverfahren

...

Bescheinigungspflicht für Fahrgeldzuschüsse

→ § 41b Abs. 1 Satz 2 Nr. 7 EStG

Betriebsveranstaltung

- ***Zum Begriff → BMF vom 14.10.2015 (BStBl I S. 832).*** Anhang 41
- ***Zur Pauschalversteuerung → BMF vom 14.10.2015 (BStBl I S. 832), Tz. 5*** Anhang 41
- Eine nur Führungskräften eines Unternehmens vorbehaltene Abendveranstaltung ist mangels Offenheit des Teilnehmerkreises keine Betriebsveranstaltung i. S. d. § 40 Abs. 2 Satz 1 Nr. 2 EStG (→ BFH vom 15. 1. 2009 – BStBl II S. 476).
- Im Rahmen einer Betriebsveranstaltung an alle Arbeitnehmer überreichte Goldmünzen unterliegen nicht der Pauschalierungsmöglichkeit des § 40 Abs. 2 Satz 1 Nr. 2 EStG (→ BFH vom 7. 11. 2006 – BStBl 2007 II S. 128).
- Während einer Betriebsveranstaltung überreichte Geldgeschenke, die kein zweckgebundenes Zehrgeld sind, können nicht nach § 40 Abs. 2 EStG pauschal besteuert werden (→ BFH vom 7. 2. 1997 – BStBl II S. 365).

Erholungsbeihilfen

→ H 3.11 (Erholungsbeihilfen und andere Beihilfen)

Fahrten zwischen Wohnung und erster Tätigkeitsstätte

→ BMF vom 1. 4. 2011 BStBl I S. 301; → Anhang 18 Tz. 5 Anhang 25 I

Fahrtkostenzuschüsse

- als zusätzlich erbrachte Leistung → R 3.33 Abs. 5 → BMF vom 22. 5. 2013 (BStBl I S. 728) H 3.33
- können auch bei Anrechnung auf andere freiwillige Sonderzahlungen pauschal versteuert werden (→ BFH vom 1. 10. 2009 – BStBl 2010 II S. 487)
- sind auch bei Teilzeitbeschäftigten im Sinne des § 40a EStG unter Beachtung der Abzugsbeschränkung bei der Entfernungspauschale nach § 40 Abs. 2 Satz 2 EStG pauschalierbar. Die pauschal besteuerten Beförderungsleistungen und Fahrtkostenzuschüsse sind in die Prüfung der Arbeitslohngrenzen des § 40a EStG nicht einzubeziehen (→ § 40 Abs. 2 Satz 3 EStG).
- Zur Pauschalbesteuerung von Fahrtkostenzuschüssen → BMF vom 31. 10. 2013 (BStBl I S. 1376).

Fehlerhafte Pauschalversteuerung Anhang 18

→ H 40a.1 (Fehlerhafte Pauschalversteuerung)

Gestellung von Kraftfahrzeugen

Die Vereinfachungsregelung von 15 Arbeitstagen monatlich gilt nicht bei der Einzelbewertung einer Kraftfahrzeuggestellung nach der sog. 0,002 %-Methode → BMF vom 1. 4. 2011 (BStBl I S. 301), Rdnr. 13. Anhang 25 I

Geldgeschenke, Goldmünzen

→ Betriebsveranstaltung

Kirchensteuer bei Pauschalierung der Lohnsteuer

→ Gleichlautender Ländererlass vom 23. 10. 2012 (BStBl I S. 1083)

Gleichlautende Erlasse der obersten Finanzbehörden der Länder betr. Kirchensteuer bei Pauschalierung der Lohnsteuer

Vom 23. Oktober 2012 (BStBl I S. 1083)

Bezug: Erlasse vom 17. November 2006 (BStBl I S. 716)

In den Fällen der Pauschalierung der Lohnsteuer nach Maßgabe der § 40, § 40a Abs. 1, 2a und 3 und § 40b EStG kann der Arbeitgeber bei der Erhebung der Kirchensteuer zwischen einem vereinfachten Verfahren und einem Nachweisverfahren wählen. Diese Wahl kann der Arbeitgeber sowohl für jeden Lohnsteuer-Anmeldungszeitraum als auch für die jeweils angewandte Pauschalierungsvorschrift und darüber hinaus für die in den einzelnen Rechtsvorschriften aufgeführten Pauschalierungstatbestände unterschiedlich treffen. Im Einzelnen gilt Folgendes:

1. Entscheidet sich der Arbeitgeber für die Vereinfachungsregelung, hat er in allen Fällen der Pauschalierung der Lohnsteuer für sämtliche Arbeitnehmer Kirchensteuer zu entrichten. Dabei ist ein ermäßigter Steuersatz anzuwenden, der in pauschaler Weise dem Umstand Rechnung trägt, dass nicht alle Arbeitnehmer Angehörige einer steuererhebenden Religionsgemeinschaft sind.

   Die im vereinfachten Verfahren ermittelten Kirchensteuern sind in der Lohnsteuer-Anmeldung bei Kennzahl 47 gesondert anzugeben. Die Aufteilung auf die steuererhebenden Religionsgemeinschaften wird von der Finanzverwaltung übernommen.

2. a) Macht der Arbeitgeber Gebrauch von der ihm zustehenden Nachweismöglichkeit, dass einzelne Arbeitnehmer keiner steuererhebenden Religionsgemeinschaft angehören, kann er hinsichtlich dieser Arbeitnehmer von der Entrichtung der auf die pauschale Lohnsteuer entfallenden Kirchensteuer absehen; für die übrigen Arbeitnehmer gilt der allgemeine Kirchensteuersatz.

   b) Als Beleg für die Nichtzugehörigkeit zu einer steuererhebenden Religionsgemeinschaft dienen in den Fällen des § 40 und § 40b EStG grundsätzlich die vom Arbeitgeber beim Bundeszentralamt für Steuern abgerufenen elektronischen Lohnsteuerabzugsmerkmale (ELStAM) oder ein Vermerk des Arbeitgebers, dass der Arbeitnehmer seine Nichtzugehörigkeit zu einer steuererhebenden Religionsgemeinschaft mit der vom Finanzamt ersatzweise ausgestellten Bescheinigung für den Lohnsteuerabzug nachgewiesen hat. Liegen dem Arbeitgeber diese amtlichen Nachweise nicht vor, bedarf es zumindest einer schriftlichen Erklärung des Arbeitnehmers nach beigefügtem Muster; in den Fällen des § 40a Abs. 1, 2a und 3 EStG genügt als Nachweis eine Erklärung nach beigefügtem Muster.

   Der Nachweis über die fehlende Kirchensteuerpflicht des Arbeitnehmers muss vom Arbeitgeber als Beleg zum Lohnkonto aufbewahrt werden.

   c) Die auf die kirchensteuerpflichtigen Arbeitnehmer entfallende pauschale Lohnsteuer hat der Arbeitgeber anhand des in den Lohnkonten aufzuzeichnenden Religionsbekenntnisses zu ermitteln; führt der Arbeitgeber ein Sammelkonto (§ 4 Abs. 2 Nr. 8 Satz 2 LStDV) oder in den Fällen des § 40a EStG entsprechende Aufzeichnungen, hat er dort das Religionsbekenntnis der betroffenen Arbeitnehmer anzugeben.
   Kann der Arbeitgeber die auf den einzelnen kirchensteuerpflichtigen Arbeitnehmer entfallende pauschale Lohnsteuer nicht ermitteln, kann er aus Vereinfachungsgründen die gesamte pauschale Lohnsteuer im Verhältnis der kirchensteuerpflichtigen zu den nicht kirchensteuerpflichtigen Arbeitnehmern aufteilen; der auf die kirchensteuerpflichtigen Arbeitnehmer entfallende Anteil ist Bemessungsgrundlage für die Anwendung des allgemeinen Kirchensteuersatzes. Die so ermittelte Kirchensteuer ist im Verhältnis der Konfessions- bzw. Religionszugehörigkeit der kirchensteuerpflichtigen Arbeitnehmer aufzuteilen.
   Die im Nachweisverfahren ermittelten Kirchensteuern sind in der Lohnsteuer-Anmeldung unter der jeweiligen Kirchensteuer-Kennzahl (z. B. 61, 62) anzugeben.

3. Die Höhe der Kirchensteuersätze ergibt sich sowohl bei Anwendung der Vereinfachungsregelung (Nr. 1) als auch im Nachweisverfahren (Nr. 2) aus den Kirchensteuerbeschlüssen der steuererhebenden Religionsgemeinschaften. Die in den jeweiligen Ländern geltenden Regelungen werden für jedes Kalenderjahr im Bundessteuerblatt Teil I veröffentlicht.

4. Dieser Erlass ist erstmals anzuwenden
   - bei laufendem Arbeitslohn, der für einen nach dem 31. Dezember 2012 endenden Lohnzahlungszeitraum gezahlt wird und
   - bei sonstigen Bezügen, die nach dem 31. Dezember 2012 zufließen.
   Er ersetzt den Bezugserlass. Solange der Arbeitgeber das ELStAM-Verfahren noch nicht anwendet, ist nach dem Bezugserlass zu verfahren.

Muster

Erklärung gegenüber dem Betriebsstättenfinanzamt zur Religionszugehörigkeit für die Erhebung der pauschalen Lohnsteuer nach § 40, § 40a Abs. 1, 2a und 3 und § 40b EStG

Finanzamt
Arbeitgeber:
Name der Firma
Anschrift:
Arbeitnehmer:
Name, Vorname
Anschrift:

Ich, der vorbezeichnete Arbeitnehmer erkläre, dass ich

☐ bereits zu Beginn meiner Beschäftigung bei dem obengenannten Arbeitgeber

☐ seit dem ....

keiner Religionsgemeinschaft angehöre, die Kirchensteuer erhebt.

Ich versichere, die Angaben in dieser Erklärung wahrheitsgemäß nach bestem Wissen und Gewissen gemacht zu haben, und werde den Eintritt in eine steuererhebende Religionsgemeinschaft dem Arbeitgeber unverzüglich anzeigen. Mir ist bekannt, dass die Erklärung als Grundlage für das Besteuerungsverfahren dient und meinen Arbeitgeber berechtigt, von der Entrichtung von Kirchensteuer auf den Arbeitslohn abzusehen.

Ort, Datum Unterschrift des Arbeitnehmers

Diese und jede weitere Erklärung über den Beitritt zu einer steuererhebenden Religionsgemeinschaft sind vom Arbeitgeber zum Lohnkonto zu nehmen.

Pauschalierungsbescheid

Ein Lohnsteuer-Pauschalierungsbescheid ist dann inhaltlich hinreichend bestimmt, wenn in seinem Tenor oder in seinen Anlagen der Sachkomplex bezeichnet ist, auf dem die Erhebung der pauschalen Lohnsteuer beruht (→ BFH vom 28. 11. 1990 – BStBl 1991 II S. 488).

Pauschalversteuerung von Reisekosten

→ BMF vom 24. 10. 2014 (BStBl I S. 1412) Rz. 58 ff. Anhang 38

Beispiel:

Ein Arbeitnehmer erhält wegen einer Auswärtstätigkeit von Montag 11 Uhr bis Mittwoch 20 Uhr mit kostenloser Übernachtung mit Frühstück lediglich pauschalen Fahrtkostenersatz von 250 €, dem eine Fahrstrecke mit eigenem Pkw von 500 km zugrunde liegt.

Steuerfrei sind	
– eine Fahrtkostenvergütung von (500 × 0,30 € =)	150 €
– Verpflegungspauschalen von (12 € + 19,20 € [24 € ./. 4,80 €] + 7,20 € [12 € ./. 4,80 €] =)	38,40 €
insgesamt	188,40 €.

Der Mehrbetrag von (250 € ./. 188,40 € =) 61,60 € kann mit einem Teilbetrag von 48 € pauschal mit 25 % versteuert werden. Bei einer Angabe in der Lohnsteuerbescheinigung sind 48 € einzutragen (→ § 41b Abs. 1 Satz 2 Nr. 10 EStG).

§ 40a Pauschalierung der Lohnsteuer für Teilzeitbeschäftigte und geringfügig Beschäftigte EStG

(1) [1]Der Arbeitgeber kann unter Verzicht auf den Abruf von elektronischen Lohnsteuerabzugsmerkmalen (§ 39e Absatz 4 Satz 2) oder die Vorlage einer Bescheinigung für den Lohnsteuerabzug (§ 39 Absatz 3 oder § 39e Absatz 7 oder Absatz 8) bei Arbeitnehmern, die nur kurzfristig beschäftigt werden, die Lohnsteuer mit einem Pauschsteuersatz von 25 Prozent des Arbeitslohns erheben. [2]Eine kurzfristige Beschäftigung liegt vor, wenn der Arbeitnehmer bei dem Arbeitgeber gelegentlich, nicht regelmäßig wiederkehrend beschäftigt wird, die Dauer der Beschäftigung 18 zusammenhängende Arbeitstage nicht übersteigt und S 2372

1) 1. der Arbeitslohn während der Beschäftigungsdauer *68 Euro* durchschnittlich je Arbeitstag nicht übersteigt oder
2. die Beschäftigung zu einem unvorhersehbaren Zeitpunkt sofort erforderlich wird.

(2) Der Arbeitgeber kann unter Verzicht auf den Abruf von elektronischen Lohnsteuerabzugsmerkmalen (§ 39e Absatz 4 Satz 2) oder die Vorlage einer Bescheinigung für den Lohnsteuerabzug (§ 39 Absatz 3 oder § 39e Absatz 7 oder Absatz 8) die Lohnsteuer einschließlich Solidaritätszuschlag und Kirchensteuern (einheitliche Pauschsteuer) für das Arbeitsentgelt aus geringfügigen Beschäftigungen im Sinne des § 8 Absatz 1 Nummer 1 oder des § 8a des Vierten Buches Sozialgesetzbuch, für das er Beiträge nach § 168 Absatz 1 Nummer 1b oder 1c (geringfügig versicherungspflichtig Beschäftigte) oder nach § 172 Absatz 3 oder 3a (versicherungsfrei oder von der Versicherungspflicht befreite geringfügig Beschäftigte) oder nach § 276a Absatz 1 (versicherungsfrei geringfügig Beschäftigte) des Sechsten Buches Sozialgesetzbuch zu entrichten hat, mit einem einheitlichen Pauschsteuersatz in Höhe von insgesamt 2 Prozent des Arbeitsentgelts erheben.

(2a) Hat der Arbeitgeber in den Fällen des Absatzes 2 keine Beiträge nach § 168 Absatz 1 Nummer 1b oder 1c oder nach § 172 Absatz 3 oder 3a oder nach § 276a Absatz 1 des Sechsten Buches Sozialgesetzbuch zu entrichten, kann er unter Verzicht auf den Abruf von elektronischen Lohnsteuerabzugsmerkmalen (§ 39e Absatz 4 Satz 2) oder die Vorlage einer Bescheinigung für den Lohnsteuerabzug (§ 39 Absatz 3 oder § 39e Absatz 7 oder Absatz 8) die Lohnsteuer mit einem Pauschsteuersatz in Höhe von 20 Prozent des Arbeitsentgelts erheben.

(3) [1]Abweichend von den Absätzen 1 und 2a kann der Arbeitgeber unter Verzicht auf den Abruf von elektronischen Lohnsteuerabzugsmerkmalen (§ 39e Absatz 4 Satz 2) oder die Vorlage einer Bescheinigung für den Lohnsteuerabzug (§ 39 Absatz 3 oder § 39e Absatz 7 oder Absatz 8) bei Aushilfskräften, die in Betrieben der Land- und Forstwirtschaft im Sinne des § 13 Absatz 1 Nummer 1 bis 4 ausschließlich mit typisch land- oder forstwirtschaftlichen Arbeiten beschäftigt werden, die Lohnsteuer mit einem Pauschsteuersatz von 5 Prozent des Arbeitslohns erheben. [2]Aushilfskräfte im Sinne dieser Vorschrift sind Personen, die für die Ausführung und für die Dauer von Arbeiten, die nicht ganzjährig anfallen, beschäftigt werden; eine Beschäftigung mit anderen land- und forstwirtschaftlichen Arbeiten ist unschädlich, wenn deren Dauer 25 Prozent der Gesamtbeschäftigungsdauer nicht überschreitet. [3]Aushilfskräfte sind nicht Arbeitnehmer, die zu den land- und forstwirtschaftlichen Fachkräften gehören oder die der Arbeitgeber mehr als 180 Tage im Kalenderjahr beschäftigt.

(4) Die Pauschalierungen nach den Absätzen 1 und 3 sind unzulässig
1. bei Arbeitnehmern, deren Arbeitslohn während der Beschäftigungsdauer durchschnittlich je Arbeitsstunde 12 Euro übersteigt,
2. bei Arbeitnehmern, die für eine andere Beschäftigung von demselben Arbeitgeber Arbeitslohn beziehen, der nach den § 39b oder § 39c dem Lohnsteuerabzug unterworfen wird.

(5) Auf die Pauschalierungen nach den Absätzen 1 bis 3 ist § 40 Absatz 3 anzuwenden.

(6) [1]Für die Erhebung der einheitlichen Pauschsteuer nach Absatz 2 ist die Deutsche Rentenversicherung Knappschaft-Bahn-See zuständig. [2]Die Regelungen zum Steuerabzug vom Arbeitslohn sind entsprechend anzuwenden. [3]Für die Anmeldung, Abführung und Vollstreckung der einheitlichen Pauschsteuer sowie die Erhebung eines Säumniszuschlags und das Mahnverfahren für die einheitliche Pauschsteuer gelten dabei die Regelungen für die Beiträge nach § 168 Absatz 1 Nummer 1b oder 1c oder nach § 172 Absatz 3 oder 3a oder nach § 276a Absatz 1 des Sechsten Buches Sozialgesetzbuch. [4]Die Deutsche Rentenversicherung Knappschaft-Bahn-See hat die einheitliche Pauschsteuer auf die erhebungsberechtigten Körperschaften aufzuteilen; dabei entfallen aus Vereinfachungsgründen 90 Prozent der einheitlichen Pauschsteuer auf die Lohnsteuer, 5 Prozent auf den Solidaritätszuschlag und 5 Prozent auf die Kirchensteuern. [5]Die erhebungsberechtigten Kirchen haben sich auf eine Aufteilung des Kirchensteueranteils zu verständigen und diesen der Deutschen Rentenversicherung Knappschaft-Bahn-See mitzuteilen. [6]Die Deutsche Rentenversicherung Knappschaft-Bahn-See ist berechtigt, die einheitliche Pauschsteuer nach Absatz 2 zusammen mit den Sozialversicherungsbeiträgen beim Arbeitgeber einzuziehen.

R 40a.1

Kurzfristig Beschäftigte und Aushilfskräfte in der Land- und Forstwirtschaft

Allgemeines

S 2372 (1) [1]Die Pauschalierung der Lohnsteuer nach § 40a Abs. 1 und 3 EStG ist sowohl für unbeschränkt als auch für beschränkt einkommensteuerpflichtige Aushilfskräfte zulässig. [2]Bei der Prüfung der Voraussetzungen für die Pauschalierung ist von den Merkmalen auszugehen, die sich für das einzelne Dienstverhältnis ergeben. [3]Es ist nicht zu prüfen, ob die Aushilfskraft noch

1) *Absatz 1 Satz 2 Nr. 1 wurde durch Bürokratieentlastungsgesetz ab VZ 2015 geändert.*

in einem Dienstverhältnis zu einem anderen Arbeitgeber steht. [4]Der Arbeitgeber darf die Pauschalbesteuerung nachholen, solange keine Lohnsteuerbescheinigung ausgeschrieben ist, eine Lohnsteuer-Anmeldung noch berichtigt werden kann und noch keine Festsetzungsverjährung eingetreten ist. [5]Der Arbeitnehmer kann Aufwendungen, die mit dem pauschal besteuerten Arbeitslohn zusammenhängen, nicht als Werbungskosten abziehen.

Gelegentliche Beschäftigung

(2) [1]Als gelegentliche, nicht regelmäßig wiederkehrende Beschäftigung ist eine ohne feste Wiederholungsabsicht ausgeübte Tätigkeit anzusehen. [2]Tatsächlich kann es zu Wiederholungen der Tätigkeit kommen. [3]Entscheidend ist, dass die erneute Tätigkeit nicht bereits von vornherein vereinbart worden ist. [4]Es kommt dann nicht darauf an, wie oft die Aushilfskräfte tatsächlich im Laufe des Jahres tätig werden. [5]Ob sozialversicherungsrechtlich eine kurzfristige Beschäftigung vorliegt oder nicht, ist für die Pauschalierung nach § 40a Abs. 1 EStG ohne Bedeutung.

Unvorhersehbarer Zeitpunkt

(3) [1]§ 40a Abs. 1 Satz 2 Nr. 2 EStG setzt voraus, dass das Dienstverhältnis dem Ersatz einer ausgefallenen oder dem akuten Bedarf einer zusätzlichen Arbeitskraft dient. [2]Die Beschäftigung von Aushilfskräften, deren Einsatzzeitpunkt längere Zeit vorher feststeht, z. B. bei Volksfesten oder Messen, kann grundsätzlich nicht als unvorhersehbar und sofort erforderlich angesehen werden; eine andere Beurteilung ist aber z. B. hinsichtlich solcher Aushilfskräfte möglich, deren Einstellung entgegen dem vorhersehbaren Bedarf an Arbeitskräften notwendig geworden ist.

Bemessungsgrundlage für die pauschale Lohnsteuer

(4) [1]Zur Bemessungsgrundlage der pauschalen Lohnsteuer gehören alle Einnahmen, die dem Arbeitnehmer aus der Aushilfsbeschäftigung zufließen (→ § 2 LStDV). [2]Steuerfreie Einnahmen bleiben außer Betracht. [3]Der Arbeitslohn darf für die Ermittlung der pauschalen Lohnsteuer nicht um den Altersentlastungsbetrag (§ 24a EStG) gekürzt werden.

Pauschalierungsgrenzen

(5) [1]Bei der Prüfung der Pauschalierungsgrenzen des § 40a Abs. 1 und 3 EStG ist Absatz 4 entsprechend anzuwenden. [2]Pauschal besteuerte Bezüge mit Ausnahme des § 40 Abs. 2 Satz 2 EStG sind bei der Prüfung der Pauschalierungsgrenzen zu berücksichtigen. [3]Zur Beschäftigungsdauer gehören auch solche Zeiträume, in denen der Arbeitslohn wegen Urlaubs, Krankheit oder gesetzlicher Feiertage fortgezahlt wird.

Aushilfskräfte in der Land- und Forstwirtschaft

(6) [1]Eine Pauschalierung der Lohnsteuer nach § 40a Abs. 3 EStG für Aushilfskräfte in der Land- und Forstwirtschaft ist nur zulässig, wenn die Aushilfskräfte in einem Betrieb i. S. d. § 13 Abs. 1 EStG beschäftigt werden. [2]Für Aushilfskräfte, die in einem Gewerbebetrieb i. S. d. § 15 EStG tätig sind, kommt die Pauschalierung nach § 40a Abs. 3 EStG selbst dann nicht in Betracht, wenn sie mit typisch land- und forstwirtschaftlichen Arbeiten beschäftigt werden; eine Pauschalierung der Lohnsteuer ist grundsätzlich zulässig, wenn ein Betrieb, der Land- und Forstwirtschaft betreibt, nur wegen seiner Rechtsform oder der Abfärbetheorie (§ 15 Abs. 3 Nr. 1 EStG) als Gewerbebetrieb gilt. [3]Werden die Aushilfskräfte zwar in einem land- und forstwirtschaftlichen Betrieb i. S. d. § 13 Abs. 1 EStG beschäftigt, üben sie aber keine typische land- und forstwirtschaftliche Tätigkeit aus, z. B. Blumenbinder, Verkäufer, oder sind sie abwechselnd mit typisch land- und forstwirtschaftlichen und anderen Arbeiten betraut, z. B. auch im Gewerbebetrieb oder Nebenbetrieb desselben Arbeitgebers tätig, ist eine Pauschalierung der Lohnsteuer nach § 40a Abs. 3 EStG nicht zulässig.

Hinweise

H 40a.1

Abwälzung der pauschalen Lohnsteuer

→ BMF vom 10. 1. 2000 (BStBl I S. 138)

→ H 40.2

Arbeitstag

Als Arbeitstag i. S. d. § 40a Abs. 1 Satz 2 Nr. 1 EStG ist grundsätzlich der Kalendertag zu verstehen. Arbeitstag kann jedoch auch eine auf zwei Kalendertage fallende Nachtschicht sein (→ BFH vom 28. 1. 1994 – BStBl II S. 421).

Arbeitsstunde

Arbeitsstunde i. S. d. § 40a Abs. 4 Nr. 1 EStG ist die Zeitstunde. Wird der Arbeitslohn für kürzere Zeiteinheiten gezahlt, z. B. für 45 Minuten, ist der Lohn zur Prüfung der Pauschalierungsgrenze nach § 40a Abs. 4 Nr. 1 EStG entsprechend umzurechnen (→ BFH vom 10. 8. 1990 – BStBl II S. 1092).

Aufzeichnungspflichten

Anhang 7
- → § 4 Abs. 2 Nr. 8 vorletzter Satz LStDV
- Als Beschäftigungsdauer ist jeweils die Zahl der tatsächlichen Arbeitsstunden (= 60 Minuten) in dem jeweiligen Lohnzahlungs- oder Lohnabrechnungszeitraum aufzuzeichnen (→ BFH vom 10. 9. 1976 – BStBl 1977 II S. 17).
- Bei fehlenden oder fehlerhaften Aufzeichnungen ist die Lohnsteuerpauschalierung zulässig, wenn die Pauschalierungsvoraussetzungen auf andere Weise, z. B. durch Arbeitsnachweise, Zeitkontrollen, Zeugenaussagen, nachgewiesen oder glaubhaft gemacht werden (→ BFH vom 12. 6. 1986 – BStBl II S. 681).

Beschränkung auf einzelne Arbeitnehmer

Die Pauschalierung der Lohnsteuer muss nicht einheitlich für alle in Betracht kommenden Arbeitnehmer durchgeführt werden; der Arbeitgeber kann die Pauschalierung auf bestimmte Arbeitnehmer beschränken (→ BFH vom 3. 6. 1982 – BStBl II S. 710).

Fehlerhafte Pauschalversteuerung

- Eine fehlerhafte Pauschalbesteuerung ist für die Veranlagung zur Einkommensteuer nicht bindend. Das Veranlagungs-Finanzamt kann deshalb bei Verneinung der Pauschalierungsvoraussetzungen auch den pauschal besteuerten Arbeitslohn in die Veranlagung einbeziehen, ohne dass es einer vorherigen Änderung der Lohnsteueranmeldung bedarf (→ BFH vom 10. 6. 1988 – BStBl II S. 981).
- 1. Im Rahmen der Einkommensteuerveranlagung ist das Wohnsitz-FA nicht gehindert, die Zulässigkeit einer pauschalen Besteuerung vom Arbeitslohn für Teilzeitbeschäftigte nach § 40a EStG zu überprüfen und die unzutreffend pauschal besteuerten Lohnteile in die Veranlagung einzubeziehen (Anschluss an BFH-Urteil vom 10. Juni 1988 III R 232/84, BFHE 154, 68, BStBl II 1988, 981).

  2. Bei der Prüfung, ob die Pauschalierungsgrenzen des § 40a EStG eingehalten worden sind, sind auch Zukunftssicherungsleistungen des Arbeitgebers im Sinne des § 40b EStG einzubeziehen.

  3. Sonderzahlungen des Arbeitgebers sind bei der Berechnung der Wochenlohngrenze den Wochen zuzuordnen, für die sie erbracht worden sind
  (→ BFH vom 13. 1. 1989 – BStBl 1989 II S. 1030).

Kirchensteuer bei Pauschalierung der Lohnsteuer

→ Gleichlautender Ländererlass vom 23. 10. 2012 (BStBl I S. 1083)

H 40.2 **Land- und Forstwirtschaft**

- Abgrenzung Gewerbebetrieb – Betrieb der Land- und Forstwirtschaft → R 15.5 EStR
- Die Pauschalierung nach § 40a Abs. 3 EStG ist zulässig, wenn ein Betrieb, der Land- und Forstwirtschaft betreibt, ausschließlich wegen seiner Rechtsform als Gewerbebetrieb gilt (→ BFH vom 5. 9. 1980 – BStBl 1981 II S. 76). Entsprechendes gilt, wenn der Betrieb nur wegen § 15 Abs. 3 Nr. 1 EStG (Abfärbetheorie) als Gewerbebetrieb anzusehen ist (→ BFH vom 14. 9. 2005 – BStBl 2006 II S. 92).
- Die Pauschalierung der Lohnsteuer nach § 40a Abs. 3 EStG ist nicht zulässig, wenn der Betrieb infolge erheblichen Zukaufs fremder Erzeugnisse aus dem Tätigkeitsbereich des § 13 Abs. 1 EStG ausgeschieden und einheitlich als Gewerbebetrieb zu beurteilen ist. Etwas anderes gilt auch nicht für Neben- oder Teilbetriebe, die für sich allein die Merkmale eines land- und forstwirtschaftlichen Betriebs erfüllen (→ BFH vom 3. 8. 1990 – BStBl II S. 1002).
- Auch der Wegebau kann zu den typisch land- oder forstwirtschaftlichen Arbeiten *i. S. des § 40a EStG gehören . . .* (→ BFH vom 12. 6. 1986 – BStBl 1986 II S. 681)

Land- und forstwirtschaftliche Arbeiten

Das Schälen von Spargel durch Aushilfskräfte eines landwirtschaftlichen Betriebs zählt nicht zu den typisch land- und forstwirtschaftlichen Arbeiten i. S. d. § 40a Abs. 3 Satz 1 EStG (→ BFH vom 8. 5. 2008 – BStBl 2009 II S. 40.

Land- und forstwirtschaftliche Fachkraft

- Ein Arbeitnehmer, der die Fertigkeiten für eine land- oder forstwirtschaftliche Tätigkeit im Rahmen einer Berufsausbildung erlernt hat, gehört zu den Fachkräften, ohne dass es darauf ankommt, ob die durchgeführten Arbeiten den Einsatz einer Fachkraft erfordern (→ BFH vom 25. 10. 2005 – BStBl 2006 II S. 208).
- Hat ein Arbeitnehmer die erforderlichen Fertigkeiten nicht im Rahmen einer Berufsausbildung erworben, gehört er nur dann zu den land- und forstwirtschaftlichen Fachkräften, wenn er anstelle einer Fachkraft eingesetzt ist (→ BFH vom 25. 10. 2005 – BStBl 2006 II S. 208).
- Ein Arbeitnehmer ist anstelle einer land- und forstwirtschaftlichen Fachkraft eingesetzt, wenn mehr als 25 % der zu beurteilenden Tätigkeit Fachkraft-Kenntnisse erfordern (→ BFH vom 25. 10. 2005 – BStBl 2006 II S. 208).
- Traktorführer sind jedenfalls dann als Fachkräfte und nicht als Aushilfskräfte zu beurteilen, wenn sie den Traktor als Zugfahrzeug mit landwirtschaftlichen Maschinen führen (→ BFH vom 25. 10. 2005 – BStBl 2006 II S. 204).

Land- und forstwirtschaftliche Saisonarbeiten

- Land- und forstwirtschaftliche Arbeiten fallen nicht ganzjährig an, wenn sie wegen der Abhängigkeit vom Lebensrhythmus der produzierten Pflanzen oder Tiere einen erkennbaren Abschluss in sich tragen. Dementsprechend können darunter auch Arbeiten fallen, die im Zusammenhang mit der Viehhaltung stehen (→ BFH vom 25. 10. 2005 – BStBl 2006 II S. 206).
- Wenn die Tätigkeit des Ausmistens nicht laufend, sondern nur im Zusammenhang mit dem einmal jährlich erfolgenden Vieh-Austrieb auf die Weide möglich ist, handelt es sich um eine nicht ganzjährig anfallende Arbeit. Unschädlich ist, dass ähnliche Tätigkeiten bei anderen Bewirtschaftungsformen ganzjährig anfallen können (→ BFH vom 25. 10. 2005 – BStBl 2006 II S. 206).
- Reinigungsarbeiten, die ihrer Art nach während des ganzen Jahres anfallen (hier: Reinigung der Güllekanäle und Herausnahme der Güllespalten), sind nicht vom Lebensrhythmus der produzierten Pflanzen oder Tiere abhängig und sind daher keine saisonbedingten Arbeiten (→ BFH vom 25. 10. 2005 – BStBl 2006 II S. 204).
- Die Unschädlichkeitsgrenze von 25 % der Gesamtbeschäftigungsdauer bezieht sich auf ganzjährig anfallende land- und forstwirtschaftliche Arbeiten. Für andere land- und forstwirtschaftliche Arbeiten gilt sie nicht (→ BFH vom 25. 10. 2005 – BStBl 2006 II S. 206).

Minijob und Kurzarbeit

Minijob und Kurzarbeit: Anrechnung auf Kurzarbeitergeld möglich

(OFD Koblenz, Pressemitteilung v. 29. 10. 2009)Die OFD Koblenz weist im Rahmen einer Pressemitteilung darauf hin, dass Einkünfte aus einem sog. Minijob auf das Kurzarbeitergeld angerechnet werden können.

Hintergrund: Rund 32000 Arbeitnehmer sind allein in Rheinland-Pfalz im Zuge der Wirtschaftskrise von Kurzarbeit betroffen. Um die dadurch entstandene finanzielle Lücke zu schließen, scheint für Viele ein Minijob der Ausweg. Hierbei kann monatlich bis zu 400 Euro dazu verdient werden, ohne dass Abgaben oder Steuern anfallen. Bei einem Minijob trägt der Arbeitgeber sämtliche Abgaben wie Unfall- und Sozialversicherungsbeiträge sowie eine Pauschalsteuer, so dass dem Minijobber „Brutto für Netto" bleiben und er bis zu 400 Euro auch tatsächlich ausgezahlt bekommt.

Doch Achtung! Der Minijob kann auf das Kurzarbeitergeld angerechnet werden. Entscheiden ist hier, wann der Nebenjob angetreten wurde: War dies erst nach Beginn der Kurzarbeit der Fall, so rechnet die Arbeitsagentur einen Teil dieser zusätzlichen Einkünfte auf das Kurzarbeitergeld an. Besser dran sind dagegen diejenigen, die bereits vor Beginn der Kurzarbeit einen *Nebenjob aufgenommen haben.* Die Einkünfte daraus werden nämlich nicht auf das Kurzarbeitergeld angerechnet.

Muss Kurzarbeitergeld versteuert werden? Nicht direkt. Kurzarbeitergeld ist zwar steuerfrei, erhöht jedoch den Steuersatz für die übrigen steuerpflichtigen Einkünfte (sogenannter Progressionsvorbehalt, der vom Finanzamt bei der Einkommensteuerveranlagung berücksichtigt wird). Zahlt der Arbeitgeber allerdings einen Zuschuss zum Kurzarbeitergeld, so ist dieser Zuschuss steuerpflichtig.

Nachforderung pauschaler Lohnsteuer

Die Nachforderung pauschaler Lohnsteuer beim Arbeitgeber setzt voraus, dass dieser der Pauschalierung zustimmt (→ BFH vom 20. 11. 2008 – BStBl 2009 II S. 374).

Nebenbeschäftigung für denselben Arbeitgeber

Übt der Arbeitnehmer für denselben Arbeitgeber neben seiner Haupttätigkeit eine Nebentätigkeit mit den Merkmalen einer kurzfristigen Beschäftigung oder Aushilfskraft aus, ist die Pauschalierung der Lohnsteuer nach § 40a Abs. 1 und 3 EStG ausgeschlossen (→ § 40a Abs. 4 Nr. 2 EStG).

Nettolohnvereinbarung

Bei einer fehlgeschlagenen Pauschalierung nach § 40a Abs. 2 EStG kann keine Nettolohnvereinbarung zwischen Arbeitgeber und Aushilfskraft unterstellt werden (→ BFH vom 13. 10. 1989 – BStBl 1990 II S. 30).

Rückzahlung von Arbeitslohn

→ H 11

Ruhegehalt neben kurzfristiger Beschäftigung

In einer kurzfristigen Beschäftigung kann die Lohnsteuer auch dann pauschaliert werden, wenn der Arbeitnehmer vom selben Arbeitgeber ein betriebliches Ruhegeld bezieht, das dem normalen Lohnsteuerabzug unterliegt (→ BFH vom 27. 7. 1990 – BStBl II S. 931).

R 40a.2

Geringfügig entlohnte Beschäftigte

[1]Die Erhebung der einheitlichen Pauschsteuer nach § 40a Abs. 2 EStG knüpft allein an die sozialversicherungsrechtliche Beurteilung als geringfügige Beschäftigung an und kann daher nur dann erfolgen, wenn der Arbeitgeber einen pauschalen Beitrag zur gesetzlichen Rentenversicherung von 15 % bzw. 5 % (geringfügig Beschäftigte im Privathaushalt) zu entrichten hat. [2]Die Pauschalierung der Lohnsteuer nach § 40a Abs. 2a EStG kommt in Betracht, wenn der Arbeitgeber für einen geringfügig Beschäftigten nach §§ 8 Abs. 1 Nr. 1, 8a SGB IV keinen pauschalen Beitrag zur gesetzlichen Rentenversicherung zu entrichten hat (z. B. auf Grund der Zusammenrechnung mehrerer geringfügiger Beschäftigungsverhältnisse). [3]Bemessungsgrundlage für die einheitliche Pauschsteuer (§ 40a Abs. 2 EStG) und den Pauschsteuersatz nach § 40a Abs. 2a EStG ist das sozialversicherungsrechtliche Arbeitsentgelt, unabhängig davon, ob es steuerpflichtiger oder steuerfreier Arbeitslohn ist. [4]Für Lohnbestandteile, die nicht zum sozialversicherungsrechtlichen Arbeitsentgelt gehören, ist die Lohnsteuerpauschalierung nach § 40a Abs. 2 und 2a EStG nicht zulässig; sie unterliegen der Lohnsteuererhebung nach den allgemeinen Regelungen.

H 40a.2

Hinweise

Arbeitsentgelt, Maßgeblichkeit, Zufluss

1. Ob ein nach § 3 Nr. 39 EStG steuerfreies Arbeitsentgelt aus einer geringfügigen Beschäftigung erzielt wird, beurteilt sich ausschließlich nach sozialversicherungsrechtlichen Maßstäben. Die Geringfügigkeitsgrenze ist auch unter Einbeziehung tariflich geschuldeter, aber tatsächlich nicht ausgezahlter Löhne zu bestimmen (sozialversicherungsrechtliches „Entstehungsprinzip").
2. Der Einkommensteuer unterliegt auch bei einer geringfügigen Beschäftigung nur der tatsächlich zugeflossene Arbeitslohn („Zuflussprinzip").

(→ BFH vom 29. 5. 2008 – BStBl 2009 II S. 147).

Geringfügige Beschäftigung

für ehrenamtliche Feuerwehrleute → Anhang 39

Wechsel zwischen Pauschalversteuerung und Regelbesteuerung

- Es ist nicht zulässig, im Laufe eines Kalenderjahres zwischen der Regelbesteuerung und der Pauschalbesteuerung zu wechseln, wenn dadurch allein die Ausnutzung der mit Einkünften aus nichtselbständiger Arbeit verbundenen Frei- und Pauschbeträge erreicht werden soll (→ BFH vom 20. 12. 1991 – BStBl 1992 II S. 695).
- Ein Arbeitgeber ist weder unter dem Gesichtspunkt des Rechtsmissbrauchs noch durch die Zielrichtung des § 40a EStG gehindert, nach Ablauf des Kalenderjahres die Pauschalversteuerung des Arbeitslohnes für die in seinem Betrieb angestellte Ehefrau rückgängig zu machen und zur Regelbesteuerung überzugehen (→ BFH vom 26. 11. 2003 – BStBl 2004 II S. 195).

§ 40b Pauschalierung der Lohnsteuer bei bestimmten Zukunftssicherungsleistungen

EStG
S 2373

(1) Der Arbeitgeber kann die Lohnsteuer von den Zuwendungen zum Aufbau einer nicht kapitalgedeckten betrieblichen Altersversorgung an eine Pensionskasse mit einem Pauschsteuersatz von 20 Prozent der Zuwendungen erheben. 1)

(2) [1]Absatz 1 gilt nicht, soweit die zu besteuernden Zuwendungen des Arbeitgebers für den Arbeitnehmer 1 752 Euro im Kalenderjahr übersteigen oder nicht aus seinem ersten Dienstverhältnis bezogen werden. [2]Sind mehrere Arbeitnehmer gemeinsam in der Pensionskasse versichert, so gilt als Zuwendung für den einzelnen Arbeitnehmer der Teilbetrag, der sich bei einer Aufteilung der gesamten Zuwendungen durch die Zahl der begünstigten Arbeitnehmer ergibt, wenn dieser Teilbetrag 1 752 Euro nicht übersteigt; hierbei sind Arbeitnehmer, für die Zuwendungen von mehr als 2 148 Euro im Kalenderjahr geleistet werden, nicht einzubeziehen. [3]Für Zuwendungen, die der Arbeitgeber für den Arbeitnehmer aus Anlass der Beendigung des Dienstverhältnisses erbracht hat, vervielfältigt sich der Betrag von 1 752 Euro mit der Anzahl der Kalenderjahre, in denen das Dienstverhältnis des Arbeitnehmers zu dem Arbeitgeber bestanden hat; in diesem Fall ist Satz 2 nicht anzuwenden. [4]Der vervielfältigte Betrag vermindert sich um die nach Absatz 1 pauschal besteuerten Zuwendungen, die der Arbeitgeber in dem Kalenderjahr, in dem das Dienstverhältnis beendet wird, und in den sechs vorangegangenen Kalenderjahren erbracht hat.

(3) Von den Beiträgen für eine Unfallversicherung des Arbeitnehmers kann der Arbeitgeber die Lohnsteuer mit einem Pauschsteuersatz von 20 Prozent der Beiträge erheben, wenn mehrere Arbeitnehmer gemeinsam in einem Unfallversicherungsvertrag versichert sind und der Teilbetrag, der sich bei einer Aufteilung der gesamten Beiträge nach Abzug der Versicherungsteuer durch die Zahl der begünstigten Arbeitnehmer ergibt, 62 Euro im Kalenderjahr nicht übersteigt.

(4) In den Fällen des § 19 Abs. 1 Satz 1 Nr. 3 Satz 2 hat der Arbeitgeber die Lohnsteuer mit einem Pauschsteuersatz in Höhe von 15 Prozent der Sonderzahlungen zu erheben.

(5) [1]§ 40 Abs. 3 ist anzuwenden. [2]Die Anwendung des § 40 Abs. 1 Satz 1 Nr. 1 auf Bezüge im Sinne des Absatzes 1, des Absatzes 3 und des Absatzes 4 ist ausgeschlossen.

Pauschalierung der Lohnsteuer bei Beiträgen zu Direktversicherungen und Zuwendungen an Pensionskassen für Versorgungszusagen, die vor dem 1. Januar 2005 erteilt wurden

R 40b.1

Direktversicherung

(1) [1]Eine Direktversicherung ist eine Lebensversicherung auf das Leben des Arbeitnehmers, die durch den Arbeitgeber bei einem inländischen oder ausländischen Versicherungsunternehmen abgeschlossen worden ist und bei der der Arbeitnehmer oder seine Hinterbliebenen hinsichtlich der Versorgungsleistungen des Versicherers ganz oder teilweise bezugsberechtigt sind (→ § 1b Abs. 2 Satz 1 BetrAVG). [2]Dasselbe gilt für eine Lebensversicherung auf das Leben des Arbeitnehmers, die nach Abschluss durch den Arbeitnehmer vom Arbeitgeber übernommen worden ist. [3]Der Abschluss einer Lebensversicherung durch eine mit dem Arbeitgeber verbundene Konzerngesellschaft schließt die Anerkennung als Direktversicherung nicht aus, wenn der Anspruch auf die Versicherungsleistungen durch das Dienstverhältnis veranlasst ist und der Arbeitgeber die Beitragslast trägt. [4]Als Versorgungsleistungen können Leistungen der Alters-, Invaliditäts- oder Hinterbliebenenversorgung in Betracht kommen. S 2373 Anhang 2 I

(2) [1]Es ist grundsätzlich gleichgültig, ob es sich um Kapitalversicherungen einschl. Risikoversicherungen, um Rentenversicherungen oder fondsgebundene Lebensversicherungen handelt. [2]Kapitallebensversicherungen mit steigender Todesfallleistung sind als Direktversicherung anzuerkennen, wenn zu Beginn der Versicherung eine Todesfallleistung von mindestens 10 % der Kapitalleistung im Erlebensfall vereinbart und der Versicherungsvertrag vor dem 1. 8. 1994 abgeschlossen worden ist. [3]Bei einer nach dem 31. 7. 1994 abgeschlossenen Kapitallebensversicherung ist Voraussetzung für die Anerkennung, dass die Todesfallleistung über die gesamte Versicherungsdauer mindestens 50 % der für den Erlebensfall vereinbarten Kapitalleistung beträgt. [4]Eine nach dem 31. 12. 1996 abgeschlossene Kapitallebensversicherung ist als Direktversiche-

1) Absatz 1 und 2 in der am 31. 12. 2004 geltenden Fassung sind weiter anzuwenden auf Beiträge für eine Direktversicherung des Arbeitnehmers und Zuwendungen an eine Pensionskasse, die auf Grund einer Versorgungszusage geleistet werden, die vor dem 1. 1. 2005 erteilt wurde. Sofern die Beiträge für eine Direktversicherung die Voraussetzungen des § 3 Nr. 63 erfüllen, gilt dies nur, wenn der Arbeitnehmer nach Absatz 4 gegenüber dem Arbeitgeber für diese Beiträge auf die Anwendung des § 3 Nr. 63 verzichtet hat → § 52 Abs. 40 EStG.

rung anzuerkennen, wenn die Todesfallleistung während der gesamten Laufzeit des Versicherungsvertrags mindestens 60 % der Summe der Beiträge beträgt, die nach dem Versicherungsvertrag für die gesamte Vertragsdauer zu zahlen sind. [5]Kapitalversicherungen mit einer Vertragsdauer von weniger als 5 Jahren können nicht anerkannt werden, es sei denn, dass sie im Rahmen einer Gruppenversicherung nach dem arbeitsrechtlichen Grundsatz der Gleichbehandlung abgeschlossen worden sind. [6]Dasselbe gilt für Rentenversicherungen mit Kapitalwahlrecht, bei denen das Wahlrecht innerhalb von fünf Jahren nach Vertragsabschluss wirksam werden kann, und für Beitragserhöhungen bei bereits bestehenden Kapitalversicherungen mit einer Restlaufzeit von weniger als fünf Jahren; aus Billigkeitsgründen können Beitragserhöhungen anerkannt werden, wenn sie im Zusammenhang mit der Anhebung der Pauschalierungsgrenzen durch das Steuer-Euroglättungsgesetz erfolgt sind. [7]Unfallversicherungen sind keine Lebensversicherungen, auch wenn bei Unfall mit Todesfolge eine Leistung vorgesehen ist. [8]Dagegen gehören Unfallzusatzversicherungen und Berufsunfähigkeitszusatzversicherungen, die im Zusammenhang mit Lebensversicherungen abgeschlossen werden, sowie selbständige Berufsunfähigkeitsversicherungen und Unfallversicherungen mit Prämienrückgewähr, bei denen der Arbeitnehmer Anspruch auf die Prämienrückgewähr hat, zu den Direktversicherungen. [9]Die Bezugsberechtigung des Arbeitnehmers oder seiner Hinterbliebenen muss vom Versicherungsnehmer (Arbeitgeber) der Versicherungsgesellschaft gegenüber erklärt werden (→ § 159 des Versicherungsvertragsgesetzes – VVG). [10]Die Bezugsberechtigung kann widerruflich oder unwiderruflich sein; bei widerruflicher Bezugsberechtigung sind die Bedingungen eines Widerrufs steuerlich unbeachtlich. [11]Unbeachtlich ist auch, ob die Anwartschaft des Arbeitnehmers arbeitsrechtlich bereits unverfallbar ist.

Rückdeckungsversicherung

(3) [1]Für die Abgrenzung zwischen einer Direktversicherung und einer Rückdeckungsversicherung, die vom Arbeitgeber abgeschlossen wird und die nur dazu dient, dem Arbeitgeber die Mittel zur Leistung einer dem Arbeitnehmer zugesagten Versorgung zu verschaffen, sind regelmäßig die zwischen Arbeitgeber und Arbeitnehmer getroffenen Vereinbarungen (Innenverhältnis) maßgebend und nicht die Abreden zwischen Arbeitgeber und Versicherungsunternehmen (Außenverhältnis). [2]Deshalb kann eine Rückdeckungsversicherung steuerlich grundsätzlich nur anerkannt werden, wenn die nachstehenden Voraussetzungen sämtlich erfüllt sind:

1. Der Arbeitgeber hat dem Arbeitnehmer eine Versorgung aus eigenen Mitteln zugesagt, z. B. eine Werkspension.
2. Zur Gewährleistung der Mittel für diese Versorgung hat der Arbeitgeber eine Versicherung abgeschlossen, zu der der Arbeitnehmer keine eigenen Beiträge i. S. d. § 2 Abs. 2 Nr. 2 Satz 2 LStDV leistet. Anhang 7
3. [1]Nur der Arbeitgeber, nicht aber der Arbeitnehmer erlangt Ansprüche gegen die Versicherung. [2]Unschädlich ist jedoch die Verpfändung der Ansprüche aus der Rückdeckungsversicherung an den Arbeitnehmer, weil dieser bei einer Verpfändung gegenwärtig keine Rechte erwirbt, die ihm einen Zugriff auf die Versicherung und die darin angesammelten Werte ermöglichen. [3]Entsprechendes gilt für eine aufschiebend bedingte Abtretung des Rückdeckungsanspruchs, da die Abtretung rechtlich erst wirksam wird, wenn die Bedingung eintritt (§ 158 Abs. 1 des Bürgerlichen Gesetzbuches – BGB), und für die Abtretung des Rückdeckungsanspruchs zahlungshalber im Falle der Liquidation oder der Vollstreckung in die Versicherungsansprüche durch Dritte.

[3]Wird ein Anspruch aus einer Rückdeckungsversicherung ohne Entgelt auf den Arbeitnehmer übertragen oder eine bestehende Rückdeckungsversicherung in eine Direktversicherung umgewandelt, fließt dem Arbeitnehmer im Zeitpunkt der Übertragung bzw. Umwandlung ein lohnsteuerpflichtiger geldwerter Vorteil zu, der grundsätzlich dem geschäftsplanmäßigen Deckungskapital zuzüglich einer bis zu diesem Zeitpunkt zugeteilten Überschussbeteiligung i. S. d. § 153 VVG der Versicherung entspricht; § 3 Nr. 65 Satz 1 Buchstabe c EStG ist nicht anwendbar. [4]Entsprechendes gilt, wenn eine aufschiebend bedingte Abtretung rechtswirksam wird (→ Satz 2 Nr. 3).

Pensionskasse

(4) [1]Als Pensionskassen sind sowohl rechtsfähige Versorgungseinrichtungen i. S. d. § 1b Abs. 3 Anhang 2 I Satz 1 BetrAVG als auch nichtrechtsfähige Zusatzversorgungseinrichtungen des öffentlichen *Dienstes i. S. d. § 18 BetrAVG* anzusehen, die den Leistungsberechtigten, insbesondere Arbeitnehmern und deren Hinterbliebenen, auf ihre Versorgungsleistungen einen Rechtsanspruch gewähren. [2]Es ist gleichgültig, ob die Kasse ihren Sitz oder ihre Geschäftsleitung innerhalb oder außerhalb des Geltungsbereichs des Einkommensteuergesetzes hat. [3]Absatz 1 Satz 4 gilt sinngemäß.

Barlohnkürzung

(5) Für die Lohnsteuerpauschalierung nach § 40b EStG kommt es nicht darauf an, ob die Beiträge oder Zuwendungen zusätzlich zu dem ohnehin geschuldeten Arbeitslohn oder auf Grund einer Vereinbarung mit dem Arbeitnehmer durch Herabsetzung des individuell zu besteuernden Arbeitslohns erbracht werden.

Voraussetzungen der Pauschalierung

(6) [1]Die Lohnsteuerpauschalierung setzt bei Beiträgen für eine Direktversicherung voraus, dass

1. die Versicherung nicht auf den Erlebensfall eines früheren als des 60. Lebensjahrs des Arbeitnehmers abgeschlossen,
2. die Abtretung oder Beleihung eines dem Arbeitnehmer eingeräumten unwiderruflichen Bezugsrechts in dem Versicherungsvertrag ausgeschlossen und
3. eine vorzeitige Kündigung des Versicherungsvertrags durch den Arbeitnehmer ausgeschlossen

worden ist. [2]Der Versicherungsvertrag darf keine Regelung enthalten, nach der die Versicherungsleistung für den Erlebensfall vor Ablauf des 59. Lebensjahrs fällig werden könnte. [3]Lässt der Versicherungsvertrag z. B. die Möglichkeit zu, Gewinnanteile zur Abkürzung der Versicherungsdauer zu verwenden, so muss die Laufzeitverkürzung bis zur Vollendung des 59. Lebensjahrs begrenzt sein. [4]Der Ausschluss einer vorzeitigen Kündigung des Versicherungsvertrags ist anzunehmen, wenn in dem Versicherungsvertrag zwischen dem Arbeitgeber als Versicherungsnehmer und dem Versicherer folgende Vereinbarung getroffen worden ist:

„Es wird unwiderruflich vereinbart, dass während der Dauer des Dienstverhältnisses eine Übertragung der Versicherungsnehmer-Eigenschaft und eine Abtretung von Rechten aus diesem Vertrag auf den versicherten Arbeitnehmer bis zu dem Zeitpunkt, in dem der versicherte Arbeitnehmer sein 59. Lebensjahr vollendet, insoweit ausgeschlossen ist, als die Beiträge vom Versicherungsnehmer (Arbeitgeber) entrichtet worden sind."

[5]Wird anlässlich der Beendigung des Dienstverhältnisses die Direktversicherung auf den ausscheidenden Arbeitnehmer übertragen, bleibt die Pauschalierung der Direktversicherungsbeiträge in der Vergangenheit hiervon unberührt. [6]Das gilt unabhängig davon, ob der Arbeitnehmer den Direktversicherungsvertrag auf einen neuen Arbeitgeber überträgt, selbst fortführt oder kündigt. [7]Es ist nicht Voraussetzung, dass die Zukunftssicherungsleistungen in einer größeren Zahl von Fällen erbracht werden.

Bemessungsgrundlage der pauschalen Lohnsteuer

(7) [1]Die pauschale Lohnsteuer bemisst sich grundsätzlich nach den tatsächlichen Leistungen, die der Arbeitgeber für den einzelnen Arbeitnehmer erbringt. [2]Bei einer Verrechnung des Tarifbeitrags mit Überschussanteilen stellt deshalb der ermäßigte Beitrag die Bemessungsgrundlage für die pauschale Lohnsteuer dar. [3]Wird für mehrere Arbeitnehmer gemeinsam eine pauschale Leistung erbracht, bei der der Teil, der auf den einzelnen Arbeitnehmer entfällt, nicht festgestellt werden kann, so ist dem einzelnen Arbeitnehmer der Teil der Leistung zuzurechnen, der sich bei einer Aufteilung der Leistung nach der Zahl der begünstigten Arbeitnehmer ergibt (→ § 2 Abs. 2 Nr. 3 Satz 3 LStDV). Anhang 7 [4]Werden Leistungen des Arbeitgebers für die tarifvertragliche Zusatzversorgung der Arbeitnehmer mit einem Prozentsatz der Bruttolohnsumme des Betriebs erbracht, ist die Arbeitgeberleistung Bemessungsgrundlage der pauschalen Lohnsteuer. [5]Für die Feststellung der Pauschalierungsgrenze (→ Absatz 8) bei zusätzlichen pauschal besteuerbaren Leistungen für einzelne Arbeitnehmer ist die Arbeitgeberleistung auf die Zahl der durch die tarifvertragliche Zusatzversorgung begünstigten Arbeitnehmer aufzuteilen.

Pauschalierungsgrenze

(8) [1]Die Pauschalierungsgrenze von 1 752 Euro nach § 40b Abs. 2 Satz 1 EStG i. d. F. am 31. 12. 2004 kann auch in den Fällen voll ausgeschöpft werden, in denen feststeht, dass dem Arbeitnehmer bereits aus einem vorangegangenen Dienstverhältnis im selben Kalenderjahr pauschal besteuerte Zukunftssicherungsleistungen zugeflossen sind. [2]Soweit pauschal besteuerbare Leistungen den Grenzbetrag von 1 752 Euro überschreiten, müssen sie dem normalen Lohnsteuerabzug unterworfen werden.

Durchschnittsberechnung

(9) [1]Wenn mehrere Arbeitnehmer gemeinsam in einem Direktversicherungsvertrag oder in einer Pensionskasse versichert sind, ist für die Feststellung der Pauschalierungsgrenze eine Durchschnittsberechnung anzustellen. [2]Ein gemeinsamer Direktversicherungsvertrag liegt außer bei einer Gruppenversicherung auch dann vor, wenn in einem Rahmenvertrag mit einem oder mehreren Versicherern sowohl die versicherten Personen als auch die versicherten Wagnisse

bezeichnet werden und die Einzelheiten in Zusatzvereinbarungen geregelt sind. [3]Ein Rahmenvertrag, der z. B. nur den Beitragseinzug und die Beitragsabrechnung regelt, stellt keinen gemeinsamen Direktversicherungsvertrag dar. [4]Bei der Durchschnittsberechnung bleiben Beiträge des Arbeitgebers unberücksichtigt, die nach § 3 Nr. 63 EStG steuerfrei sind oder wegen der Ausübung des Wahlrechts nach § 3 Nr. 63 Satz 2 zweite Alternative EStG individuell besteuert werden. [5]Im Übrigen ist wie folgt zu verfahren:

1. [1]Sind in der Direktversicherung oder in der Pensionskasse Arbeitnehmer versichert, für die pauschalbesteuerungsfähige Leistungen von jeweils insgesamt mehr als 2 148 Euro (§ 40b Abs. 2 Satz 2 EStG i. d. F. am 31. 12. 2004) jährlich erbracht werden, so scheiden die Leistungen für diese Arbeitnehmer aus der Durchschnittsberechnung aus. [2]Das gilt z. B. auch dann, wenn mehrere Direktversicherungsverträge bestehen und die Beitragsanteile für den einzelnen Arbeitnehmer insgesamt 2 148 Euro übersteigen. [3]Die Erhebung der Lohnsteuer auf diese Leistungen richtet sich nach Absatz 8 Satz 2.
2. [1]Die Leistungen für die übrigen Arbeitnehmer sind zusammenzurechnen und durch die Zahl der Arbeitnehmer zu teilen, für die sie erbracht worden sind. [2]Bei einem konzernumfassenden gemeinsamen Direktversicherungsvertrag ist der Durchschnittsbetrag durch Aufteilung der Beitragszahlungen des Arbeitgebers auf die Zahl seiner begünstigten Arbeitnehmer festzustellen; es ist nicht zulässig, den Durchschnittsbetrag durch Aufteilung des Konzernbeitrags auf alle Arbeitnehmer des Konzerns zu ermitteln.
   a) [1]Übersteigt der so ermittelte Durchschnittsbetrag nicht 1 752 Euro, ist dieser für jeden Arbeitnehmer der Pauschalbesteuerung zugrunde zu legen. [2]Werden für den einzelnen Arbeitnehmer noch weitere pauschal besteuerbare Leistungen erbracht, dürfen aber insgesamt nur 1 752 Euro pauschal besteuert werden; im Übrigen gilt Absatz 8 Satz 2.
   b) [1]Übersteigt der Durchschnittsbetrag 1 752 Euro, kommt er als Bemessungsgrundlage für die Pauschalbesteuerung nicht in Betracht. [2]Der Pauschalbesteuerung sind die tatsächlichen Leistungen zugrunde zu legen, soweit sie für den einzelnen Arbeitnehmer 1 752 Euro nicht übersteigen; im Übrigen gilt Absatz 8 Satz 2.
3. [1]Ist ein Arbeitnehmer
   a) in mehreren Direktversicherungsverträgen gemeinsam mit anderen Arbeitnehmern,
   b) in mehreren Pensionskassen oder
   c) in Direktversicherungsverträgen gemeinsam mit anderen Arbeitnehmern und in Pensionskassen

   versichert, so ist jeweils der Durchschnittsbetrag aus der Summe der Beiträge für mehrere Direktversicherungen, aus der Summe der Zuwendungen an mehrere Pensionskassen oder aus der Summe der Beiträge zu Direktversicherungen und der Zuwendungen an Pensionskassen zu ermitteln. [2]In diese gemeinsame Durchschnittsbildung dürfen jedoch solche Verträge nicht einbezogen werden, bei denen wegen der 2 148-Euro-Grenze (→ Nummer 1) nur noch ein Arbeitnehmer übrig bleibt; in diesen Fällen liegt eine gemeinsame Versicherung, die in die Durchschnittsberechnung einzubeziehen ist, nicht vor.

(10) Werden die pauschal besteuerbaren Leistungen nicht in einem Jahresbetrag erbracht, gilt Folgendes:

1. Die Einbeziehung der auf den einzelnen Arbeitnehmer entfallenden Leistungen in die Durchschnittsberechnung nach § 40b Abs. 2 Satz 2 EStG entfällt von dem Zeitpunkt an, in dem sich ergibt, dass die Leistungen für diesen Arbeitnehmer voraussichtlich insgesamt 2 148 Euro im Kalenderjahr übersteigen werden.
2. Die Lohnsteuerpauschalierung auf der Grundlage des Durchschnittsbetrags entfällt von dem Zeitpunkt an, in dem sich ergibt, dass der Durchschnittsbetrag voraussichtlich 1 752 Euro im Kalenderjahr übersteigen wird.
3. [1]Die Pauschalierungsgrenze von 1 752 Euro ist jeweils insoweit zu vermindern, als sie bei der Pauschalbesteuerung von früheren Leistungen im selben Kalenderjahr bereits ausgeschöpft worden ist. [2]Werden die Leistungen laufend erbracht, so darf die Pauschalierungsgrenze mit dem auf den jeweiligen Lohnzahlungszeitraum entfallenden Anteil berücksichtigt werden.

Vervielfältigungsregelung

(11) [1]Die Vervielfältigung der Pauschalierungsgrenze nach § 40b Abs. 2 Satz 3 EStG steht in Zusammenhang mit der Beendigung des Dienstverhältnisses; ein solcher Zusammenhang ist insbesondere dann zu vermuten, wenn der Direktversicherungsbeitrag innerhalb von 3 Monaten vor dem Auflösungszeitpunkt geleistet wird. [2]Die Vervielfältigungsregelung gilt auch bei der Umwandlung von Arbeitslohn (→ Absatz 5); nach Auflösung des Dienstverhältnisses kann sie ohne zeitliche Beschränkung angewendet werden, wenn sie spätestens bis zum Zeitpunkt der Auflösung des Dienstverhältnisses vereinbart wird. [3]Die Gründe, aus denen das Dienstverhältnis beendet wird, sind für die Vervielfältigung der Pauschalierungsgrenze unerheblich. [4]Die Vervielfältigungsregelung kann daher auch in den Fällen angewendet werden, in denen ein Arbeitneh-

mer wegen Erreichens der Altersgrenze aus dem Dienstverhältnis ausscheidet. [5]Auf die vervielfältigte Pauschalierungsgrenze sind die für den einzelnen Arbeitnehmer in dem Kalenderjahr, in dem das Dienstverhältnis beendet wird, und in den sechs vorangegangenen Kalenderjahren tatsächlich entrichteten Beiträge und Zuwendungen anzurechnen, die nach § 40b Abs. 1 EStG pauschal besteuert wurden. [6]Dazu gehören auch die 1 752 Euro übersteigenden personenbezogenen Beiträge, wenn sie nach § 40b Abs. 2 Satz 2 EStG in die Bemessungsgrundlage für die Pauschsteuer einbezogen worden sind. [7]Ist bei Pauschalzuweisungen ein personenbezogener Beitrag nicht feststellbar, so ist als tatsächlicher Beitrag für den einzelnen Arbeitnehmer der Durchschnittsbetrag aus der Pauschalzuweisung anzunehmen.

Rückzahlung pauschal besteuerbarer Leistungen

(12) – unbesetzt –

(13) [1]Eine Arbeitslohnrückzahlung (negative Einnahme) ist anzunehmen, wenn der Arbeitnehmer sein Bezugsrecht aus einer Direktversicherung (z. B. bei vorzeitigem Ausscheiden aus dem Dienstverhältnis) ganz oder teilweise ersatzlos verliert und das Versicherungsunternehmen als Arbeitslohn versteuerte Beiträge an den Arbeitgeber zurückzahlt. [2]Zahlungen des Arbeitnehmers zum Wiedererwerb des verlorenen Bezugsrechts sind der Vermögenssphäre zuzurechnen; sie stellen keine Arbeitslohnrückzahlung dar.

(14) [1]Sind nach Absatz 13 Arbeitslohnrückzahlungen aus pauschal versteuerten Beitragsleistungen anzunehmen, mindern sie die gleichzeitig (im selben Kalenderjahr) anfallenden pauschal besteuerbaren Beitragsleistungen des Arbeitgebers. [2]Übersteigen in einem Kalenderjahr die Arbeitslohnrückzahlungen betragsmäßig die Beitragsleistungen des Arbeitgebers, ist eine Minderung der Beitragsleistungen im selben Kalenderjahr nur bis auf Null möglich. [3]Eine Minderung von Beitragsleistungen des Arbeitgebers aus den Vorjahren ist nicht möglich. [4]Der Arbeitnehmer kann negative Einnahmen aus pauschal versteuerten Beitragsleistungen nicht geltend machen.

(15) [1]Wenn Arbeitslohnrückzahlungen nach Absatz 13 aus teilweise individuell und teilweise pauschal versteuerten Beitragsleistungen herrühren, ist der Betrag entsprechend aufzuteilen. [2]Dabei kann aus Vereinfachungsgründen das Verhältnis zugrunde gelegt werden, das sich nach den Beitragsleistungen in den vorangegangenen fünf Kalenderjahren ergibt. [3]Maßgebend sind die tatsächlichen Beitragsleistungen; § 40b Abs. 2 Satz 2 EStG ist nicht anzuwenden. [4]Die lohnsteuerliche Berücksichtigung der dem Arbeitnehmer zuzurechnenden Arbeitslohnzahlung richtet sich nach folgenden Grundsätzen:

1. Besteht im Zeitpunkt der Arbeitslohnrückzahlung noch das Dienstverhältnis zu dem Arbeitgeber, der die Versicherungsbeiträge geleistet hat, kann der Arbeitgeber die Arbeitslohnrückzahlung mit dem Arbeitslohn des Kalenderjahres der Rückzahlung verrechnen und den so verminderten Arbeitslohn der Lohnsteuer unterwerfen.
2. [1]Soweit der Arbeitgeber von der vorstehenden Möglichkeit nicht Gebrauch macht oder machen kann, kann der Arbeitnehmer die Arbeitslohnrückzahlung wie Werbungskosten – ohne Anrechnung des maßgebenden Pauschbetrags für Werbungskosten nach § 9a Satz 1 Nr. 1 EStG – als Freibetrag (→ § 39a EStG) bilden lassen oder bei der Veranlagung zur Einkommensteuer geltend machen. [2]Erzielt der Arbeitnehmer durch die Arbeitslohnrückzahlung bei seinen Einkünften aus nichtselbständiger Arbeit einen Verlust, kann er diesen mit Einkünften aus anderen Einkunftsarten ausgleichen oder unter den Voraussetzungen des § 10d EStG den Verlustabzug beanspruchen.

(16) Die Absätze 13 bis 15 gelten für Zuwendungen an Pensionskassen sinngemäß.

Hinweise

H 40b.1

§ 40b Abs. 1 und Abs. 2 in der am 31. 12. 2004 geltenden Fassung:

Zur Anwendungsregelung → § 52 Abs. 40 EStG

(1) [1]Der Arbeitgeber kann die Lohnsteuer von den Beiträgen für eine Direktversicherung des Arbeitnehmers und von den Zuwendungen an eine Pensionskasse mit einem Pauschsteuersatz von 20 vom Hundert der Beiträge und Zuwendungen erheben. [2]Die pauschale Erhebung der Lohnsteuer von Beiträgen für eine Direktversicherung ist nur zulässig, wenn die Versicherung nicht auf den Erlebensfall eines früheren als des 60. Lebensjahres abgeschlossen und eine vorzeitige Kündigung des Versicherungsvertrags durch den Arbeitnehmer ausgeschlossen worden ist.

(2) [1]Absatz 1 gilt nicht, soweit die zu besteuernden Beiträge und Zuwendungen des Arbeitgebers für den Arbeitnehmer 1 752 Euro im Kalenderjahr übersteigen oder nicht aus seinem ersten Dienstverhältnis bezogen werden. [2]Sind mehrere Arbeitnehmer gemeinsam in einem Direktversicherungsvertrag oder in einer Pensionskasse versichert, so gilt als Beitrag oder Zuwendung für den einzelnen Arbeitnehmer der Teilbetrag, der sich bei einer Aufteilung der gesamten Bei-

träge oder der gesamten Zuwendungen durch die Zahl der begünstigten Arbeitnehmer ergibt, wenn dieser Teilbetrag 1 752 Euro nicht übersteigt; hierbei sind Arbeitnehmer, für die Beiträge und Zuwendungen von mehr als 2 148 Euro im Kalenderjahr geleistet werden, nicht einzubeziehen. [3]Für Beiträge und Zuwendungen, die der Arbeitgeber für den Arbeitnehmer aus Anlass der Beendigung des Dienstverhältnisses erbracht hat, vervielfältigt sich der Betrag von 1 752 Euro mit der Anzahl der Kalenderjahre, in denen das Dienstverhältnis des Arbeitnehmers zu dem Arbeitgeber bestanden hat; in diesem Fall ist Satz 2 nicht anzuwenden. [4]Der vervielfältigte Betrag vermindert sich um die nach Absatz 1 pauschal besteuerten Beiträge und Zuwendungen, die der Arbeitgeber in dem Kalenderjahr, in dem das Dienstverhältnis beendet wird, und in den sechs vorangegangenen Kalenderjahren erbracht hat.

44-Euro-Freigrenze

Die 44-Euro-Freigrenze ist auf Zukunftssicherungsleistungen nicht anwendbar (→ BMF vom 10. 10. 2013 – BStBl I S. 1301). → H 8.1 (1 – 4) Zukunftssicherungsleistungen

Abwälzung der pauschalen Lohnsteuer

→ BMF vom 10. 1. 2000 (BStBl I S. 138) → H 40.2 (Abwälzung der pauschalen Lohnsteuer)

Beispiel

Der Arbeitnehmer erhält eine Sonderzuwendung von 2 500 €. Er vereinbart mit dem Arbeitgeber, dass hiervon 1 752 € für eine vor 2005 abgeschlossene Direktversicherung verwendet werden, die eine Kapitalauszahlung vorsieht. Der Direktversicherungsbeitrag soll pauschal versteuert werden. Der Arbeitnehmer trägt die pauschale Lohnsteuer.

Sonderzuwendung	2 500 €
abzüglich Direktversicherungsbeitrag	1 752 €
nach den Lohnsteuerabzugsmerkmalen als sonstiger Bezug zu besteuern	748 €
Bemessungsgrundlage für die pauschale Lohnsteuer	1 752 €

Allgemeines

- Der Lohnsteuerpauschalierung unterliegen nur die Arbeitgeberleistungen i. S. d. § 40b EStG zugunsten von Arbeitnehmern oder früheren Arbeitnehmern und deren Hinterbliebenen (→ BFH vom 7. 7. 1972 – BStBl II S. 890).
- Die Pauschalierung der Lohnsteuer nach § 40b EStG ist auch dann zulässig, wenn die Zukunftssicherungsleistung erst nach Ausscheiden des Arbeitnehmers aus dem Betrieb erbracht wird und er bereits in einem neuen Dienstverhältnis steht (→ BFH vom 18. 12. 1987 – BStBl 1988 II S. 554).
- Pauschalbesteuerungsfähig sind jedoch nur Zukunftssicherungsleistungen, die der Arbeitgeber auf Grund ausschließlich eigener rechtlicher Verpflichtung erbringt (→ BFH vom 29. 4. 1991 – BStBl II S. 647).
- Die Pauschalierung der Lohnsteuer nach § 40b EStG ist ausgeschlossen, wenn der Arbeitgeber für den Ehegatten eines verstorbenen früheren Arbeitnehmers eine Lebensversicherung abschließt oder wenn bei einer Versicherung das typische Todesfallwagnis und – bereits bei Vertragsabschluss – das Rentenwagnis ausgeschlossen worden sind. Hier liegt begrifflich keine Direktversicherung i. S. d. § 40b EStG vor (→ BFH vom 9. 11. 1990 – BStBl 1991 II S. 189).
- Die Pauschalierung setzt allgemein voraus, dass die Zukunftssicherungsleistungen aus einem ersten Dienstverhältnis bezogen werden. Sie ist demnach bei Arbeitnehmern nicht anwendbar, bei denen der Lohnsteuerabzug nach der Steuerklasse VI vorgenommen wird (→ BFH vom 12. 8. 1996 – BStBl 1997 II S. 143). Bei pauschal besteuerten Teilzeitarbeitsverhältnissen (→ § 40a EStG) ist die Pauschalierung zulässig, wenn es sich dabei um das erste Dienstverhältnis handelt (→ BFH vom 8. 12. 1989 – BStBl 1990 II S. 398).
- Für Zukunftssicherungsleistungen i. S. d. § 40b EStG kann die Lohnsteuerpauschalierung nach § 40 Abs. 1 Satz 1 Nr. 1 EStG nicht vorgenommen werden, selbst wenn sie als sonstige Bezüge gewährt werden (§ 40b Abs. 5 Satz 2 EStG).
- Zum Zeitpunkt der Beitragsleistung des Arbeitgebers für eine Direktversicherung → H 38.2 (Zufluss von Arbeitslohn).
- Die Pauschalierung setzt voraus, dass es sich bei den Beiträgen um Arbeitslohn handelt, der den Arbeitnehmern im Zeitpunkt der Abführung durch den Arbeitgeber an die Versorgungseinrichtung zufließt (→ BFH vom 12. 4. 2007 – BStBl II S. 619).
- Eine Pauschalierung der Lohnsteuer bei bestimmten Zukunftssicherungsleistungen nach § 40b EStG kann nicht im Rahmen der Einkommensteuerveranlagung des Arbeitnehmers erfolgen (→ BFH vom 15. 12. 1989, BStBl 1990 II S. 344).

Arbeitnehmerfinanzierte betriebliche Altersversorgung

→ BMF vom 24. 7. 2013 (BStBl I S. 1022), geändert durch BMF vom 13. 1. 2014 (BStBl I S. 97) und vom 13. 3. 2014 (BStBl I S. 554), Rz. 284 ff. Anhang 2 IV

Ausscheiden des Arbeitgebers aus der VBL

Das Ausscheiden des Arbeitgebers aus der Versorgungsanstalt des Bundes und der Länder (VBL) und die damit verbundenen Folgen für die Zusatzversorgung des Arbeitnehmers führen nicht zur Rückzahlung von Arbeitslohn und damit weder zu negativem Arbeitslohn noch zu Werbungskosten bei den Einkünften aus nichtselbständiger Arbeit (→ BFH vom 7. 5. 2009 – BStBl 2010 II S. 133 und S. 135).

Barlohnkürzung

Beispiel

Der Anspruch auf das 13. Monatsgehalt entsteht gemäß Tarifvertrag zeitanteilig nach den vollen Monaten der Beschäftigung im Kalenderjahr und ist am 1. 12. fällig. Die Barlohnkürzung vom 13. Monatsgehalt zu Gunsten eines Direktversicherungsbeitrags wird im November des laufenden Kalenderjahrs vereinbart.

Der Barlohn kann vor Fälligkeit, also bis spätestens 30. 11., auch um den Teil des 13. Monatsgehalts, der auf bereite abgelaufene Monate entfällt, steuerlich wirksam gekürzt werden. Auf den Zeitpunkt der Entstehung kommt es nicht an (→ R 40b.1 Abs. 5).

Beendigung einer betrieblichen Altersversorgung

→ BMF vom 24. 7. 2013 (BStBl I S. 1022), geändert durch BMF vom 13. 1. 2014 (BStBl I S. 97) und vom 13. 3. 2014 (BStBl I S. 554), Rz. 390 Anhang 2 IV

Dienstverhältnis zwischen Ehegatten[1]

- Zur Anerkennung von Zukunftssicherungsleistungen bei Dienstverhältnissen zwischen Ehegatten → H 6a (9) EStH.
- → H 3.63 (Ehegatten-Arbeitsverhältnis)

Durchschnittsberechnung nach § 40b Abs. 2 Satz 2 EStG:

- „Eigenbeiträge" des Arbeitnehmers, die aus versteuertem Arbeitslohn stammen, sind in die Durchschnittsberechnung nicht einzubeziehen (→ BFH vom 12. 4. 2007 – BStBl II S. 619).
- Beiträge zu Direktversicherungen können nur dann in die Durchschnittsberechnung einbezogen werden, wenn ein gemeinsamer Versicherungsvertrag vorliegt. Direktversicherungen, die nach einem Wechsel des Arbeitgebers beim neuen Arbeitgeber als Einzelversicherungen fortgeführt werden, erfüllen diese Voraussetzung nicht (→ BFH vom 11. 3. 2010 – BStBl II S. 183).
- **Beispiel**

  Es werden ganzjährig laufend monatliche Zuwendungen an eine Pensionskasse (Altverträge mit Kapitalauszahlung)

a)	für 2 Arbeitnehmer je 250 € =	500 €
b)	für 20 Arbeitnehmer je 175 € =	3 500 €
c)	für 20 Arbeitnehmer je 125 € =	2 500 €
insgesamt		6 500 €

  geleistet.

  Die Leistungen für die Arbeitnehmer zu a) betragen jeweils mehr als 2 148 € jährlich; sie sind daher in eine Durchschnittsberechnung nicht einzubeziehen. Die Leistungen für die Arbeitnehmer zu b) und c) übersteigen jährlich jeweils nicht 2 148 €; es ist daher der Durchschnittsbetrag festzustellen. Der Durchschnittsbetrag beträgt 150 € monatlich; er übersteigt hiernach 1 752 € jährlich und kommt deshalb als Bemessungsgrundlage nicht in Betracht. Der Pauschalbesteuerung sind also in allen Fällen die tatsächlichen Leistungen zugrunde zu legen. Der Arbeitgeber kann dabei

in den Fällen zu a)	im 1. bis 7. Monat je 250 € und im 8. Monat noch 2 € oder monatlich je 146 €,
in den Fällen zu b)	im 1. bis 10. Monat je 175 € und im 11. Monat noch 2 € oder monatlich je 146 €,
in den Fällen zu c)	monatlich je 125 €

  pauschal versteuern.

1) Die dort aufgeführten Grundsätze gelten bei Lebenspartnern entsprechend (→ § 2 Abs. 8 EStG).

Gewinnausschüttungen

→ Rückzahlung von Arbeitslohn

Kirchensteuer bei Pauschalierung der Lohnsteuer

→ Gleich lautender Ländererlass vom 23. 10. 2012 (BStBl I S. 1083), → H 40.2 (Kirchensteuer bei Pauschalierung der Lohnsteuer)

Mindesttodesfallschutz

→ R 40b.1 Abs. 2

→ BMF-Schreiben vom 22. 8. 2002 (BStBl I S. 827, Rdnr. 23–30, → H 10 (Vertragsänderungen bei Lebensversicherungen)

Rückdeckungsversicherung

– R 40b.1 Abs. 3
– Verzichtet der frühere Arbeitnehmer auf seine Rechte aus einer Versorgungszusage des Arbeitgebers, tritt im Gegenzug der Arbeitgeber sämtliche Rechte aus der zur Absicherung der Versorgungszusage abgeschlossenen Rückdeckungsversicherung an den vom Arbeitnehmer nunmehr getrennt lebenden Ehegatten/Lebenspartner ab und zahlt die Versicherung daraufhin das angesammelte Kapital an den Ehegatten/Lebenspartner aus, beinhaltet dies einen den früheren Arbeitnehmer bereichernden Lohnzufluss (→ BFH vom 9. 10. 2002 – BStBl II S. 884).
– Tritt ein Arbeitgeber Ansprüche aus einer von ihm mit einem Versicherer abgeschlossenen Rückdeckungsversicherung an den Arbeitnehmer ab und leistet der Arbeitgeber im Anschluss hieran Beiträge an den Versicherer, sind diese Ausgaben Arbeitslohn (→ BFH vom 5. 7. 2012 – BStBl 2013 II S. 190).

Rückdeckungsversicherung

Sicherstellung der Besteuerung des Lohnzuflusses bei Übertragung von Rückdeckungsversicherungen

(Vfg. der OFD Rheinland vom 21. 07. 2006 – S 2332 – 1001 – St 2 –)

Rückdeckungsversicherungen, die Pensionszusagen einer Kapitalgesellschaft gegenüber ihren Arbeitnehmern (regelmäßig Gesellschafter-Geschäftsführer) absichern, werden regelmäßig zugunsten des pensionsberechtigten Arbeitnehmers verpfändet oder mit aufschiebender Bedingung an ihn abgetreten. Hierin liegt noch kein Zufluss von Arbeitslohn, weil der Arbeitnehmer gegenwärtig noch keine unmittelbaren Ansprüche aus der Versicherung erwirbt (R 129 Abs. 3 Satz 2 Nr. 3 LStR)[1]).

Im Zuge der Insolvenz der Kapitalgesellschaft werden solche Rückdeckungsversicherungen vielfach auf die pensionsberechtigten Arbeitnehmer übertragen. Im Zeitpunkt der Übertragung fließt dem Arbeitnehmer ein lohnsteuerpflichtiger geldwerter Vorteil zu, der regelmäßig dem geschäftsplanmäßigen Deckungskapital der Versicherung entspricht (R 129 Abs. 3 Satz 3 LStR)[2]).

Nach den Feststellungen des LRH NRW ist die Besteuerung dieser Lohnzuflüsse nicht immer gewährleistet, weil der Arbeitgeber keinen Lohnsteuerabzug vornimmt und die für die Besteuerung der Arbeitnehmer zuständigen Stellen von diesem Sachverhalt keine Kenntnis erlangen. Zur Sicherstellung der Besteuerung bittet die OFD, wie folgt zu verfahren:

- Die für die Kapitalgesellschaft zuständige VST, der die Existenz der rückgedeckten Pensionszusage aus den ihr vorliegenden Verträgen und Jahresabschlüssen bekannt ist, sendet unmittelbar nach Kenntnis der Insolvenz Kontrollmitteilungen
- an die für den Arbeitnehmer zuständige VST und
- an die für die Kapitalgesellschaft zuständige AGST.

In die Kontrollmitteilungen sind folgende Angaben aufzunehmen:

- Eintritt der Insolvenz (Datum des Insolvenzantrags),
- Erteilung der Pensionszusage,
- Abschluss der Rückdeckungsversicherung unter Angabe des zuletzt aktivierten Deckungskapitals,
- Verpfändung bzw. Abtretung der Ansprüche aus der Rückdeckungsversicherung.

1) Jetzt: → R 40b.1 Abs. 3 Satz 2 Nr. 3 LStR.
2) Jetzt: → R 40b.1 Abs. 3 Satz 2 Nr. 3 LStR.

Vorliegende Verträge und Unterlagen sind in Kopie beizufügen.

- Die für die Kapitalgesellschaft zuständige AGST überprüft den Verbleib der Rückdeckungsversicherung. Sie weist den Insolvenzverwalter für den Fall der Übertragung der Rückdeckungsversicherung auf den pensionsberechtigten Arbeitnehmer auf seine Verpflichtung zum Lohnsteuerabzug und ggf. seine Anzeigepflicht nach § 38 Abs. 4 Satz 2 EStG hin und prüft, ob die Lohnsteuer durch Erlass eines Nachforderungsbescheides gegen den Arbeitnehmer zu erheben ist (R 139 Abs. 2 LStR)[1]). Über das Ergebnis ihrer Feststellungen unterrichtet die AGST die für den Arbeitnehmer zuständige VST.
- Die für den Arbeitnehmer zuständige VST vermerkt die Kontrollmitteilung im Sachbereich 05 und überprüft im Rahmen der Einkommensteuerveranlagung den Verbleib der Rückdeckungsversicherung, sofern ihr bis dahin von der AGST keine weiteren Informationen zugegangen sind.

Rückzahlung von Arbeitslohn

- Der Verlust des durch eine Direktversicherung eingeräumten Bezugsrechts bei Insolvenz des Arbeitgebers führt wegen des Ersatzanspruchs nicht zu einer Arbeitslohnrückzahlung (→ BFH vom 5. 7. 2007 – BStBl II S. 774)
- → R 40b.1 Abs. 13 ff. und → Ausscheiden des Arbeitgebers aus der VBL
- Arbeitslohnrückzahlungen setzen voraus, dass Güter in Geld oder Geldeswert beim Arbeitnehmer abfließen; schüttet eine Versorgungskasse an ihren Träger, den Arbeitgeber, Gewinne aus, wird damit kein Arbeitslohn zurückgezahlt; Gewinnausschüttungen einer Versorgungskasse können daher weder pauschal besteuerbare Beitragsleistungen des Arbeitgebers mindern noch einen Anspruch auf Lohnsteuererstattung begründen – entgegen Abschn. 129 Abs. 14, 16 LStR 1999[2]) – (→ BFH vom 12. 11. 2009, BStBl 2010 II S. 845). Für alle bis zum 31. 12. 2010 beim Arbeitgeber zugeflossenen Gewinnausschüttungen einer betrieblichen Versorgungseinrichtung wurde es aber nicht beanstandet, wenn weiter nach den Grundsätzen von R 40b.1 Absatz 12 ff. LStR 2008 verfahren worden ist (→ BMF vom 28. 9. 2010[3]) – BStBl I S. 760).
- → H 11 (Rückzahlung von Arbeitslohn)

Sonderzahlungen

Es wird die Entscheidung des BVerfG darüber eingeholt, ob § 40b Abs. 4, Abs. 5 Satz 1 EStG i. d. F. des JStG 2007 vom 13. Dezember 2006 (BGBl. I 2006, 2878, BStBl I 2007, 28), Letzterer i. V. m. § 40 Abs. 3 Satz 1 EStG, insoweit mit Art. 3 Abs. 1 GG unvereinbar ist, als danach der Arbeitgeber auf Sonderzahlungen i. S. des § 19 Abs. 1 Satz 1 Nr. 3 Satz 2 EStG i. d. F. des JStG 2007 zwangsweise pauschale Lohnsteuer zu zahlen hat, durch die er selbst definitiv belastet wird (BFH vom 14. 11. 2013 – VI R 49/12 und VI R 50/12 –).

Verhältnis von § 3 Nr. 63 EStG und § 40b EStG

→ BMF vom 24. 7. 2013 (BStBl I S. 1022), geändert durch BMF vom 13. 1. 2014 (BStBl I S. 97) und vom 13. 3. 2014 (BStBl I S. 554), Rz. 349 ff. Anhang 2 IV

Vervielfältigungsregelung

Die Beendigung des Dienstverhältnisses i. S. d. § 40b Abs. 2 Satz 3 1. Halbsatz EStG ist die nach bürgerlichem (Arbeits-)Recht wirksame Beendigung. Ein Dienstverhältnis kann daher auch dann beendet sein, wenn der Arbeitnehmer und sein bisheriger Arbeitgeber im Anschluss an das bisherige Dienstverhältnis ein neues vereinbaren, sofern es sich nicht als Fortsetzung des bisherigen erweist. Es liegt keine solche Beendigung vor, wenn das neue Dienstverhältnis mit demselben Arbeitgeber in Bezug auf den Arbeitsbereich, die Entlohnung und die sozialen Besitzstände im Wesentlichen dem bisherigen Dienstverhältnis entspricht (→ BFH vom 30. 10. 2008 – BStBl 2009 II S. 162).

Wahlrecht

→ BMF vom 24. 7. 2013 (BStBl I S. 1022), geändert durch BMF vom 13. 1. 2014 (BStBl I S. 97) und vom 13. 3. 2014 (BStBl I S. 554), Rz. 359 – 362 Anhang 2 IV

1) Jetzt: → R 41c.3 Abs. 2 LStR.
2) → R 40b.1 Abs. 14,16 LStR 2015.
3) Zwischenzeitlich aufgehoben.

Wirkung einer fehlerhaften Pauschalbesteuerung

Eine fehlerhafte Pauschalbesteuerung ist für die Veranlagung zur Einkommensteuer nicht bindend (→ BFH vom 10. 6. 1988 – BStBl II S. 981).

Zukunftssicherungsleistungen i. S. d. § 40b EStG n. F.

Anhang 2 IV → BMF vom 24. 7. 2013 (BStBl I S. 1022), geändert durch BMF vom 13. 1. 2014 (BStBl I S. 97) und vom 13. 3. 2014 (BStBl I S. 554), Rz. 347 – 348

R 40b.2

Pauschalierung der Lohnsteuer bei Beiträgen zu einer Gruppenunfallversicherung

[1]Die Lohnsteuerpauschalierung nach § 40b Abs. 3 EStG ist nicht zulässig, wenn der steuerpflichtige Durchschnittsbeitrag – ohne Versicherungsteuer – 62 Euro jährlich übersteigt; in diesem Fall ist der steuerpflichtige Durchschnittsbeitrag dem normalen Lohnsteuerabzug zu unterwerfen. [2]Bei konzernumfassenden Gruppenunfallversicherungen ist der Durchschnittsbeitrag festzustellen, der sich bei Aufteilung der Beitragszahlungen des Arbeitgebers auf die Zahl seiner begünstigten Arbeitnehmer ergibt; es ist nicht zulässig, den Durchschnittsbeitrag durch Aufteilung des Konzernbeitrags auf alle Arbeitnehmer des Konzerns zu ermitteln. [3]Ein gemeinsamer Unfallversicherungsvertrag i. S. d. § 40b Abs. 3 EStG liegt außer bei einer Gruppenversicherung auch dann vor, wenn in einem Rahmenvertrag mit einem oder mehreren Versicherern sowohl die versicherten Personen als auch die versicherten Wagnisse bezeichnet werden und die Einzelheiten in Zusatzvereinbarungen geregelt sind. [4]Ein Rahmenvertrag, der z. B. nur den Beitragseinzug und die Beitragsabrechnung regelt, stellt keinen gemeinsamen Unfallversicherungsvertrag dar.

H 40b.2

Hinweise

Allgemeine Grundsätze

Zur Ermittlung des steuerpflichtigen Beitrags für Unfallversicherungen, die das Unfallrisiko sowohl im beruflichen als auch im außerberuflichen Bereich abdecken → BMF vom 28. 10. 2009 (BStBl I S. 1275). → H 19.3 (Unfallversicherung)

EStG
S 2375

§ 41 Aufzeichnungspflichten beim Lohnsteuerabzug

(1) [1]Der Arbeitgeber hat am Ort der Betriebsstätte (Absatz 2) für jeden Arbeitnehmer und jedes Kalenderjahr ein Lohnkonto zu führen. [2]In das Lohnkonto sind die nach § 39e Absatz 4 Satz 2 und Absatz 5 Satz 3 abgerufenen elektronischen Lohnsteuerabzugsmerkmale sowie die für den Lohnsteuerabzug erforderlichen Merkmale aus der vom Finanzamt ausgestellten Bescheinigung für den Lohnsteuerabzug (§ 39 Absatz 3 oder § 39e Absatz 7 oder Absatz 8) zu übernehmen. [3]Bei jeder Lohnzahlung für das Kalenderjahr, für das das Lohnkonto gilt, sind im Lohnkonto die Art und Höhe des gezahlten Arbeitslohns einschließlich der steuerfreien Bezüge sowie die einbehaltene oder übernommene Lohnsteuer einzutragen; an die Stelle der Lohnzahlung tritt in den Fällen des § 39b Absatz 5 Satz 1 die Lohnabrechnung. [4]Ferner sind das Kurzarbeitergeld, das Schlechtwettergeld, das Winterausfallgeld, der Zuschuss zum Mutterschaftsgeld nach dem Mutterschutzgesetz, der Zuschuss bei Beschäftigungsverboten für die Zeit vor oder nach einer Entbindung sowie für den Entbindungstag während einer Elternzeit nach beamtenrechtlichen Vorschriften, die Entschädigungen für Verdienstausfall nach dem Infektionsschutzgesetz vom 20. Juli 2000 (BGBl. I S. 1045) sowie die nach § 3 Nummer 28 steuerfreien Aufstockungsbeträge oder Zuschläge einzutragen. [5]Ist während der Dauer des Dienstverhältnisses in anderen Fällen als in denen des Satzes 4 der Anspruch auf Arbeitslohn für mindestens fünf aufeinander folgende Arbeitstage im Wesentlichen weggefallen, so ist dies jeweils durch Eintragung des Großbuchstabens U zu vermerken. [6]Hat der Arbeitgeber die Lohnsteuer von einem sonstigen Bezug im ersten Dienstverhältnis berechnet und ist dabei der Arbeitslohn aus früheren Dienstverhältnissen des Kalenderjahres außer Betracht geblieben, so ist dies durch Eintragung des Großbuchstabens S zu vermerken. [7]Die Bundesregierung wird ermächtigt, *durch Rechtsverordnung mit* Zustimmung des Bundesrates vorzuschreiben, welche Einzelangaben im Lohnkonto aufzuzeichnen sind. [8]Dabei können für Arbeitnehmer mit geringem Arbeitslohn und für die Fälle der §§ 40 bis 40b Aufzeichnungserleichterungen sowie für steuerfreie Bezüge Aufzeichnungen außerhalb des Lohnkontos zugelassen werden. [9]Die Lohnkonten sind bis zum Ablauf des sechsten Kalenderjahres, das auf die zuletzt eingetragene Lohnzahlung folgt, aufzubewahren.

(2) [1]Betriebsstätte ist der Betrieb oder Teil des Betriebs des Arbeitgebers, in dem der für die Durchführung des Lohnsteuerabzugs maßgebende Arbeitslohn ermittelt wird. [2]Wird der maßgebende Arbeitslohn nicht in dem Betrieb oder einem Teil des Betriebs des Arbeitgebers oder nicht im Inland ermittelt, so gilt als Betriebsstätte der Mittelpunkt der geschäftlichen Leitung des Arbeitgebers im Inland; im Fall des § 38 Absatz 1 Satz 1 Nummer 2 gilt als Betriebsstätte der Ort im Inland, an dem die Arbeitsleistung ganz oder vorwiegend stattfindet. [3]Als Betriebsstätte gilt auch der inländische Heimathafen deutscher Handelsschiffe, wenn die Reederei im Inland keine Niederlassung hat. S 2376

S 2375
Anhang 7

§ 4 Lohnkonto LStDV

(1) Der Arbeitgeber hat im Lohnkonto des Arbeitnehmers Folgendes aufzuzeichnen:

1. *den Vornamen, den Familiennamen, den Tag der Geburt, den Wohnort, die Wohnung sowie die in einer vom Finanzamt ausgestellten Bescheinigung für den Lohnsteuerabzug eingetragenen allgemeinen Besteuerungsmerkmale. Ändern sich im Laufe des Jahres die in einer Bescheinigung für den Lohnsteuerabzug eingetragenen allgemeinen Besteuerungsmerkmale, so ist auch der Zeitpunkt anzugeben, von dem an die Änderungen gelten;* S 2375
2. *den Jahresfreibetrag oder den Jahreshinzurechnungsbetrag sowie den Monatsbetrag, Wochenbetrag oder Tagesbetrag, der in einer vom Finanzamt ausgestellten Bescheinigung für den Lohnsteuerabzug eingetragen ist, und den Zeitraum, für den die Eintragungen gelten;*
3. *bei einem Arbeitnehmer, der dem Arbeitgeber eine Bescheinigung nach § 39b Abs. 6 des Einkommensteuergesetzes in der am 31. Dezember 2010 geltenden Fassung (Freistellungsbescheinigung) vorgelegt hat, einen Hinweis darauf, dass eine Bescheinigung vorliegt, den Zeitraum, für den die Lohnsteuerbefreiung gilt, das Finanzamt, das die Bescheinigung ausgestellt hat, und den Tag der Ausstellung;*
4. *in den Fällen des § 19 Abs. 2 des Einkommensteuergesetzes die für die zutreffende Berechnung des Versorgungsfreibetrags und des Zuschlags zum Versorgungsfreibetrag erforderlichen Angaben.*

(2) Bei jeder Lohnabrechnung ist im Lohnkonto Folgendes aufzuzeichnen:

1. *der Tag der Lohnzahlung und der Lohnzahlungszeitraum;*
2. *in den Fällen des § 41 Abs. 1 Satz 5 des Einkommensteuergesetzes jeweils der Großbuchstabe U;*
3. *der Arbeitslohn, getrennt nach Barlohn und Sachbezügen, und die davon einbehaltene Lohnsteuer. Dabei sind die Sachbezüge einzeln zu bezeichnen und – unter Angabe des Abgabetags oder bei laufenden Sachbezügen des Abgabezeitraums, des Abgabeorts und des Entgelts – mit dem nach § 8 Abs. 2 oder 3 des Einkommensteuergesetzes maßgebenden und um das Entgelt geminderten Wert zu erfassen. Sachbezüge im Sinne des § 8 Abs. 3 des Einkommensteuergesetzes und Versorgungsbezüge sind jeweils als solche kenntlich zu machen und ohne Kürzung um Freibeträge nach § 8 Abs. 3 oder § 19 Abs. 2 des Einkommensteuergesetzes einzutragen. Trägt der Arbeitgeber im Falle der Nettolohnzahlung die auf den Arbeitslohn entfallende Steuer selbst, ist in jedem Fall der Bruttoarbeitslohn einzutragen, die nach den Nummern 4 bis 8 gesondert aufzuzeichnenden Beträge sind nicht mitzuzählen;*
4. *steuerfreie Bezüge mit Ausnahme der Vorteile im Sinne des § 3 Nr. 45 des Einkommensteuergesetzes und der Trinkgelder. Das Betriebsstättenfinanzamt kann zulassen, dass auch andere nach § 3 des Einkommensteuergesetzes steuerfreie Bezüge nicht angegeben werden, wenn es sich um Fälle von geringer Bedeutung handelt oder wenn die Möglichkeit zur Nachprüfung in anderer Weise sichergestellt ist;*
5. *Bezüge, die nach einem Abkommen zur Vermeidung der Doppelbesteuerung oder unter Progressionsvorbehalt nach § 34c Abs. 5 des Einkommensteuergesetzes von der Lohnsteuer freigestellt sind;*
6. *außerordentliche Einkünfte im Sinne des § 34 Abs. 1 und Abs. 2 Nr. 2 und 4 des Einkommensteuergesetzes und die davon nach § 39b Abs. 3 Satz 9 des Einkommensteuergesetzes einbehaltene Lohnsteuer;*
7. *(weggefallen)*
8. *Bezüge, die nach den §§ 40 bis 40b des Einkommensteuergesetzes pauschal besteuert worden sind, und die darauf entfallende Lohnsteuer. Lassen sich in den Fällen des § 40 Abs. 1 Nr. 2 und Abs. 2 des Einkommensteuergesetzes die auf den einzelnen Arbeitnehmer entfallenden Beträge nicht ohne weiteres ermitteln, so sind sie in einem Sammelkonto anzuschreiben. Das Sammelkonto muss die folgenden Angaben enthalten: Tag der Zahlung, Zahl der bedachten Arbeitnehmer, Summe der insgesamt gezahlten Bezüge, Höhe der Lohnsteuer sowie Hinweise auf die als Belege zum Sammelkonto aufzubewahrenden Unterlagen, insbesondere*

Zahlungsnachweise, Bestätigung des Finanzamts über die Zulassung der Lohnsteuerpauschalierung. In den Fällen des § 40a des Einkommensteuergesetzes genügt es, wenn der Arbeitgeber Aufzeichnungen führt, aus denen sich für die einzelnen Arbeitnehmer Name und Anschrift, Dauer der Beschäftigung, Tag der Zahlung, Höhe des Arbeitslohns und in den Fällen des § 40a Abs. 3 des Einkommensteuergesetzes auch die Art der Beschäftigung ergeben. Sind in den Fällen der Sätze 3 und 4 Bezüge nicht mit dem ermäßigten Kirchensteuersatz besteuert worden, so ist zusätzlich der fehlende Kirchensteuerabzug aufzuzeichnen und auf die als Beleg aufzubewahrende Unterlage hinzuweisen, aus der hervorgeht, dass der Arbeitnehmer keiner Religionsgemeinschaft angehört, für die die Kirchensteuer von den Finanzbehörden erhoben wird.

(3) Das Betriebsstättenfinanzamt kann bei Arbeitgebern, die für die Lohnabrechnung ein maschinelles Verfahren anwenden, Ausnahmen von den Vorschriften der Absätze 1 und 2 zulassen, wenn die Möglichkeit zur Nachprüfung in anderer Weise sichergestellt ist. Das Betriebsstättenfinanzamt soll zulassen, dass Sachbezüge im Sinne des § 8 Absatz 2 Satz 11 und Absatz 3 des Einkommensteuergesetzes für solche Arbeitnehmer nicht aufzuzeichnen sind, für die durch betriebliche Regelungen und entsprechende Überwachungsmaßnahmen gewährleistet ist, dass die in § 8 Absatz 2 Satz 11 und Absatz 3 des Einkommensteuergesetzes genannten Beträge nicht überschritten werden.

(4) In den Fällen des § 38 Abs. 3a des Einkommensteuergesetzes ist ein Lohnkonto vom Dritten zu führen. In den Fällen des § 38 Abs. 3a Satz 2 ist der Arbeitgeber anzugeben und auch der Arbeitslohn einzutragen, der nicht vom Dritten, sondern vom Arbeitgeber selbst gezahlt wird. In den Fällen des § 38 Abs. 3a Satz 7 ist der Arbeitslohn für jedes Dienstverhältnis gesondert aufzuzeichnen.

LStDV
Anhang 7

§ 5 Besondere Aufzeichnungs- und Mitteilungspflichten im Rahmen der betrieblichen Altersversorgung

(1) Der Arbeitgeber hat bei Durchführung einer kapitalgedeckten betrieblichen Altersversorgung über einen Pensionsfonds, eine Pensionskasse oder eine Direktversicherung ergänzend zu den in § 4 Abs. 2 Nr. 4 und 8 angeführten Aufzeichnungspflichten gesondert je Versorgungszusage und Arbeitnehmer Folgendes aufzuzeichnen:

1. *bei Inanspruchnahme der Steuerbefreiung nach § 3 Nr. 63 Satz 3 des Einkommensteuergesetzes den Zeitpunkt der Erteilung, den Zeitpunkt der Übertragung nach dem „Abkommen zur Übertragung von Direktversicherungen oder Versicherungen in eine Pensionskasse bei Arbeitgeberwechsel" oder nach vergleichbaren Regelungen zur Übertragung von Versicherungen in Pensionskassen oder Pensionsfonds, bei der Änderung einer vor dem 1. Januar 2005 erteilten Versorgungszusage alle Änderungen der Zusage nach dem 31. Dezember 2004;*
2. [1] *bei Anwendung des § 40b des Einkommensteuergesetzes in der am 31. Dezember 2004 geltenden Fassung den Inhalt der am 31. Dezember 2004 bestehenden Versorgungszusagen, sowie im Fall des § 52 Abs. Absatz 4 Satz 10 des Einkommensteuergesetzes die erforderliche Verzichtserklärung und bei der Übernahme einer Versorgungszusage nach § 4 Abs. 2 Nr. 1 des Betriebsrentengesetzes vom 19. Dezember 1974 (BGBl. I S. 3610), das zuletzt durch Artikel 2 des Gesetzes vom 29. August 2005 (BGBl. I S. 2546) geändert worden ist, in der jeweils geltenden Fassung oder bei einer Übertragung nach dem „Abkommen zur Übertragung von Direktversicherungen oder Versicherungen in eine Pensionskasse bei Arbeitgeberwechsel" oder nach vergleichbaren Regelungen zur Übertragung von Versicherungen in Pensionskassen oder Pensionsfonds im Falle einer vor dem 1. Januar 2005 erteilten Versorgungszusage zusätzlich die Erklärung des ehemaligen Arbeitgebers, dass diese Versorgungszusage vor dem 1. Januar 2005 erteilt und dass diese bis zur Übernahme nicht als Versorgungszusage im Sinne des § 3 Nr. 63 Satz 3 des Einkommensteuergesetzes behandelt wurde.*

(2) Der Arbeitgeber hat der Versorgungseinrichtung (Pensionsfonds, Pensionskasse, Direktversicherung), die für ihn die betriebliche Altersversorgung durchführt, spätestens zwei Monate nach Ablauf des Kalenderjahres oder nach Beendigung des Dienstverhältnisses im Laufe des Kalenderjahres gesondert je Versorgungszusage die für den einzelnen Arbeitnehmer geleisteten und

1. *nach § 3 Nr. 56 und 63 des Einkommensteuergesetzes steuerfrei belassenen,*
2. *nach § 40b des Einkommensteuergesetzes in der am 31. Dezember 2004 geltenden Fassung pauschal besteuerten oder*
3. *individuell besteuerten*

Beiträge mitzuteilen. Ferner hat der Arbeitgeber oder die Unterstützungskasse die nach § 3 Nr. 66 des Einkommensteuergesetzes steuerfrei belassenen Leistungen mitzuteilen. Die Mittei-

---

[1] § 5 Abs. 1 Nr. 2 LStDV wurde durch das Gesetz zur Anpassung des nationalen Steuerrechts an den Beitritt Kroatiens zur EU und zur Änderung weiterer steuerlicher Vorschriften ab VZ 2014 geändert.

lungspflicht des Arbeitgebers oder der Unterstützungskasse kann durch einen Auftragnehmer wahrgenommen werden.

(3) Eine Mitteilung nach Absatz 2 kann unterbleiben, wenn die Versorgungseinrichtung die steuerliche Behandlung der für den einzelnen Arbeitnehmer im Kalenderjahr geleisteten Beiträge bereits kennt oder aus den bei ihr vorhandenen Daten feststellen kann, und dieser Umstand dem Arbeitgeber mitgeteilt worden ist. Unterbleibt die Mitteilung des Arbeitgebers, ohne dass ihm eine entsprechende Mitteilung der Versorgungseinrichtung vorliegt, so hat die Versorgungseinrichtung davon auszugehen, dass es sich insgesamt bis zu den in § 3 Nr. 56 oder 63 des Einkommensteuergesetzes genannten Höchstbeträgen um steuerbegünstigte Beiträge handelt, die in der Auszahlungsphase als Leistungen im Sinne von § 22 Nr. 5 Satz 1 des Einkommensteuergesetzes zu besteuern sind.

Aufzeichnungserleichterungen, Aufzeichnung der Religionsgemeinschaft

R 41.1

(1) [1]Die nach §§ 40 Abs. 1 Satz 1 Nr. 1 und 40b EStG pauschal besteuerten Bezüge und die darauf entfallende pauschale Lohnsteuer sind grundsätzlich in dem für jeden Arbeitnehmer zu führenden Lohnkonto aufzuzeichnen. [2]Soweit die Lohnsteuerpauschalierung nach § 40b EStG auf der Grundlage des Durchschnittsbetrags durchgeführt wird (→ § 40b Abs. 2 Satz 2 EStG), ist dieser aufzuzeichnen. S 2375

(2) [1]Das Betriebsstättenfinanzamt kann nach § 4 Abs. 3 Satz 1 LStDV Ausnahmen von der Aufzeichnung im Lohnkonto zulassen, wenn die Möglichkeit zur Nachprüfung in anderer Weise sichergestellt ist. [2]Die Möglichkeit zur Nachprüfung ist in den bezeichneten Fällen nur dann gegeben, wenn die Zahlung der Bezüge und die Art ihrer Aufzeichnung im Lohnkonto vermerkt werden.

(3) [1]Das Finanzamt hat Anträgen auf Befreiung von der Aufzeichnungspflicht nach § 4 Abs. 3 Satz 2 LStDV im Allgemeinen zu entsprechen, wenn es im Hinblick auf die betrieblichen Verhältnisse nach der Lebenserfahrung so gut wie ausgeschlossen ist, dass der Rabattfreibetrag (→ § 8 Abs. 3 EStG) oder die Freigrenze nach § 8 Abs. 2 Satz 11 EStG im Einzelfall überschritten wird. [2]Zusätzlicher Überwachungsmaßnahmen durch den Arbeitgeber bedarf es in diesen Fällen nicht.

(4) [1]Der Arbeitgeber hat die Religionsgemeinschaft im Lohnkonto aufzuzeichnen (§ 4 Abs. 1 Nr. 1 LStDV). [2]Erhebt der Arbeitgeber von pauschal besteuerten Bezügen (§§ 37b, 40, 40a Abs. 1, 2a und 3, § 40b EStG) keine Kirchensteuer, weil der Arbeitnehmer keiner Religionsgemeinschaft angehört, für die die Kirchensteuer von den Finanzbehörden erhoben wird, so hat er die Unterlage hierüber als Beleg zu den nach § 4 Abs. 2 Nr. 8 Satz 3 und 4 LStDV zu führenden Unterlagen zu nehmen (§ 4 Abs. 2 Nr. 8 Satz 5 LStDV). [3]In den Fällen des § 37b EStG und des § 40a Abs. 1, 2a und 3 EStG kann der Arbeitgeber auch eine Erklärung zur Religionszugehörigkeit nach amtlichem Muster als Beleg verwenden.

Aufzeichnung des Großbuchstabens U

R 41.2

[1]Der Anspruch auf Arbeitslohn ist im Wesentlichen weggefallen, wenn z. B. lediglich vermögenswirksame Leistungen oder Krankengeldzuschüsse gezahlt werden, oder wenn während unbezahlter Fehlzeiten (z. B. Elternzeit) eine Beschäftigung mit reduzierter Arbeitszeit aufgenommen wird. [2]Der Großbuchstabe U ist je Unterbrechung einmal im Lohnkonto einzutragen. [3]Wird Kurzarbeitergeld einschl. Saison-Kurzarbeitergeld, der Zuschuss zum Mutterschaftsgeld nach dem Mutterschutzgesetz, der Zuschuss nach § 3 der Mutterschutz- und Elternzeitverordnung oder einer entsprechenden Landesregelung, die Entschädigung für Verdienstausfall nach dem Infektionsschutzgesetz oder werden Aufstockungsbeträge nach dem AltTZG gezahlt, ist kein Großbuchstabe U in das Lohnkonto einzutragen. S 2375

Betriebsstätte

R 41.3

[1]Die lohnsteuerliche Betriebsstätte ist der im Inland gelegene Betrieb oder Betriebsteil des Arbeitgebers, an dem der Arbeitslohn insgesamt ermittelt wird, d. h. wo die einzelnen Lohnbestandteile oder bei maschineller Lohnabrechnung die Eingabewerte zu dem für die Durchführung des Lohnsteuerabzugs maßgebenden Arbeitslohn zusammengefasst werden. [2]Es kommt nicht darauf an, wo einzelne Lohnbestandteile ermittelt, die Berechnung der Lohnsteuer vorgenommen wird und die für den Lohnsteuerabzug maßgebenden Unterlagen aufbewahrt werden. [3]Bei einem ausländischen Arbeitgeber mit Wohnsitz und Geschäftsleitung im Ausland, der im Inland einen ständigen Vertreter (§ 13 AO) hat, aber keine Betriebsstätte unterhält, gilt als Mittelpunkt der geschäftlichen Leitung der Wohnsitz oder der gewöhnliche Aufenthalt des ständigen Vertreters.[4] S 2376

Ein selbständiges Dienstleistungsunternehmen, das für einen Arbeitgeber tätig wird, kann nicht als Betriebsstätte dieses Arbeitgebers angesehen werden. [5]Bei einer Arbeitnehmerüberlassung (→ R 42d.2) kann nach § 41 Abs. 2 Satz 2 EStG eine abweichende lohnsteuerliche Betriebsstätte in Betracht kommen. [6]Erlangt ein Finanzamt von Umständen Kenntnis, die auf eine Zentralisierung oder Verlegung von lohnsteuerlichen Betriebsstätten in seinem Zuständigkeitsbereich hindeuten, hat es vor einer Äußerung gegenüber dem Arbeitgeber die anderen betroffenen Finanzämter unverzüglich hierüber zu unterrichten und sich mit ihnen abzustimmen.

H 41.3

Hinweise

Betriebsstätte

Lohnsteuerliche Betriebsstätte bei Wohnungseigentümergemeinschaften

(Verfügung OFD Bremen vom 28. 7. 1997 – S 2376 – St 22 –)

Lohnsteuerliche Betriebsstätte ist der Betrieb oder Teil des Betriebes des Arbeitgebers, in dem der für die Durchführung des Lohnsteuer-Abzugs maßgebende Arbeitslohn ermittelt wird (§ 41 Abs. 2 Satz 1 EStG). Ist – wie bei Wohnungseigentümergemeinschaften – ein Betrieb im vorstehenden Sinne nicht vorhanden, gilt der Mittelpunkt der geschäftlichen Leitung des Arbeitgebers im Inland als Betriebsstätte (§ 41 Abs. 2 Satz 2 EStG).

Erfüllt bei einer Wohnungseigentümergemeinschaft der Verwalter sämtliche die Gemeinschaft betreffenden Arbeitgeberpflichten (Einstellung bzw. Entlassung des Personals, Zusammenstellung der für den Lohnsteuer-Abzug maßgebenden Lohnteile, Abgabe der Lohnsteuer-Anmeldungen und Abführung der Lohnsteuer-Abzugsbeträge), so befindet sich der Mittelpunkt der geschäftlichen Leitung am Sitz des Verwalters. Hat der Verwalter die Rechtsform einer juristischen Person, so ist das für die juristische Person zuständige Finanzamt auch Betriebsstätten-Finanzamt für die Wohnungseigentümergemeinschaft. Somit ist das für die Verwaltungsfirma zuständige Finanzamt zugleich Betriebsstätten-Finanzamt für die Wohnungseigentümergemeinschaft.

Zu beachten ist, daß für jede vom Verwalter betreute Wohnungseigentümergemeinschaft eine gesonderte Lohnsteuer-Anmeldung abzugeben ist und daß auch ggf. Prüfungsanordnungen nur für die einzelne Wohnungseigentümergemeinschaft ergehen dürfen.

→ H 19.1 (Hausverwaltungen) LStH

Zuständige Finanzämter für ausländische Bauunternehmer

Für ausländische Bauunternehmer sind die in der Umsatzsteuerzuständigkeitsverordnung genannten Finanzämter für die Verwaltung der Lohnsteuer zuständig (→ BMF vom 27. 12. 2002 – BStBl I S. 1399, Tz. 100).

Ansässigkeitsstaat	Finanzamt	Adresse
Belgien	Trier	Hubert-Neuerburg-Straße 1 54290 Trier
Bulgarien	Neuwied	Augustastraße 54 56564 Neuwied
Dänemark	Flensburg	Duburger Straße 58 – 64 24939 Flensburg
Estland	Rostock	Möllner Straße 13 18109 Rostock
Finnland	Bremen-Mitte	Rudolf-Hilferding-Platz 1 28195 Bremen
Frankreich	Offenburg	Zeller Straße 1 – 3 77654 Offenburg
Großbritannien (einschließlich Nordirland)	Hannover-Nord	Vahrenwalder Straße 206 30165 Hannover
Griechenland	Neukölln	Thiemannstraße 1 12059 Berlin

Ansässigkeitsstaat	Finanzamt	Adresse
Irland	Hamburg-Nord	Borsteler Chaussee 45 22453 Hamburg
Italien	München II	Finanzamt München Abteilung Körperschaften 80275 München
Kroatien	Kassel II – Hofgeismar	Altmarkt 1 34125 Kassel
Lettland	Bremen-Mitte	Rudolf-Hilferding-Platz 1 28195 Bremen
Liechtenstein	Konstanz	Byk-Gulden-Str. 2a 78467 Konstanz
Litauen	Mühlhausen	Martinistraße 22 99974 Mühlhausen
Luxemburg	Saarbrücken	Am Stadtgraben 2 – 4 66111 Saarbrücken
Mazedonien	Neukölln	Thiemannstraße 1 12059 Berlin
Niederlande	Kleve	Emmericher Straße 182 47533 Kleve
Norwegen	Bremen-Mitte	Rudolf-Hilferding-Platz 1 28195 Bremen
Österreich	München II	Finanzamt München Abteilung Körperschaften 80275 München
Polen	Oranienburg (Nach- bzw. Firmenname A bis M) Cottbus (Nach- bzw. Firmenname N bis Z)	Heinrich-Grüber-Platz 3 16515 Oranienburg Vom-Stein-Straße 29 03050 Cottbus
Portugal	Kassel II – Hofgeismar	Altmarkt 1 34125 Kassel
Rumänien	Chemnitz-Süd	Paul-Bertz-Straße 1 09120 Chemnitz
Russland	Magdeburg	Tessenowstraße 10 39114 Magdeburg
Schweden	Hamburg-Nord	Borsteler Chaussee 45 22453 Hamburg
Schweiz	Konstanz	Byk-Gulden-Str. 2a 78467 Konstanz
Slowakei	Chemnitz-Süd	Paul-Bertz-Straße 1 09120 Chemnitz
Spanien	Kassel II – Hofgeismar	Altmarkt 1 34125 Kassel
Slowenien	Oranienburg	Heinrich-Grüber-Platz 3 16515 Oranienburg
Tschechische Republik	Chemnitz-Süd	Paul-Bertz-Straße 1 09120 Chemnitz
Türkei	Dortmund-Unna	Trakehnerweg 4 44143 Dortmund
Ukraine	Magdeburg	Tessenowstraße 10 39114 Magdeburg

Ansässigkeitsstaat	Finanzamt	Adresse
Ungarn	Zentralfinanzamt Nürnberg	Thomas-Mann-Straße 50 90471 Nürnberg
Vereinigte Staaten von Amerika	Bonn-Innenstadt	Welschnonnenstraße 15 53111 Bonn
Weißrussland	Magdeburg	Tessenowstraße 10 39114 Magdeburg
Übriges Ausland	Neukölln	Thiemannstraße 1 12059 Berlin

Zuständige Finanzämter für ausländische Verleiher

Die Zuständigkeit für ausländische Verleiher (ohne Bauunternehmen) ist in den Ländern bei folgenden Finanzämtern zentralisiert:

Land	Finanzamt	Adresse
Baden-Württemberg	Offenburg	Zeller Straße 1 – 3 77654 Offenburg
Bayern	München Zentralfinanzamt Nürnberg	Finanzamt München Abteilung Körperschaften 80275 München Thomas-Mann-Straße 50 90471 Nürnberg
Berlin	für Körperschaften III	Volkmarstraße 13 12099 Berlin
Brandenburg	Oranienburg	Heinrich-Grüber-Platz 3 16515 Oranienburg
Bremen	Bremen Mitte	Rudolf-Hilferding-Platz 1 28195 Bremen
Hamburg	Hamburg-Nord	Borsteler Chaussee 45 22453 Hamburg
Hessen	Kassel II – Hofgeismar	Altmarkt 1 34125 Kassel
Mecklenburg-Vorpommern	Greifswald	Am Gorzberg Haus 11 17489 Greifswald
Niedersachsen	Bad Bentheim	Heinrich-Böll-Straße 2 48455 Bad Bentheim
Nordrhein-Westfalen	Düsseldorf Altstadt	Kaiserstraße 52 40479 Düsseldorf
Rheinland-Pfalz	Kaiserslautern	Eisenbahnstraße 56 67655 Kaiserslautern
Saarland	Saarbrücken	Am Stadtgraben 2-4 66111 Saarbrücken
Sachsen	Chemnitz-Süd	Paul-Bertz-Straße 1 09120 Chemnitz
Sachsen-Anhalt	Magdeburg	Tersenowstraße 10 39114 Magdeburg
Schleswig-Holstein	Kiel-Nord	Holtenauer Straße 183 24118 Kiel
Thüringen	Mühlhausen	Martinistraße 22 99974 Mühlhausen

§ 41a Anmeldung und Abführung der Lohnsteuer

EStG
S 2377

(1) [1]Der Arbeitgeber hat spätestens am zehnten Tag nach Ablauf eines jeden Lohnsteuer-Anmeldungszeitraums

1. **dem Finanzamt, in dessen Bezirk sich die Betriebsstätte (§ 41 Absatz 2) befindet (Betriebsstättenfinanzamt), eine Steuererklärung einzureichen, in der er die Summen der im Lohnsteuer-Anmeldungszeitraum einzubehaltenden und zu übernehmenden Lohnsteuer angibt (Lohnsteuer-Anmeldung),**
2. **die im Lohnsteuer-Anmeldungszeitraum insgesamt einbehaltene und übernommene Lohnsteuer an das Betriebsstättenfinanzamt abzuführen.**

[2]Die Lohnsteuer-Anmeldung ist nach amtlich vorgeschriebenem Datensatz durch Datenfernübertragung nach Maßgabe der Steuerdaten-Übermittlungsverordnung zu übermitteln. [3]Auf Antrag kann das Finanzamt zur Vermeidung unbilliger Härten auf eine elektronische Übermittlung verzichten; in diesem Fall ist die Lohnsteuer-Anmeldung nach amtlich vorgeschriebenem Vordruck abzugeben und vom Arbeitgeber oder von einer zu seiner Vertretung berechtigten Person zu unterschreiben. [4]Der Arbeitgeber wird von der Verpflichtung zur Abgabe weiterer Lohnsteuer-Anmeldungen befreit, wenn er Arbeitnehmer, für die er Lohnsteuer einzubehalten oder zu übernehmen hat, nicht mehr beschäftigt und das dem Finanzamt mitteilt. Anhang 12 I

(2) [1]Lohnsteuer-Anmeldungszeitraum ist grundsätzlich der Kalendermonat. [2]Lohnsteuer-Anmeldungszeitraum ist das Kalendervierteljahr, wenn die abzuführende Lohnsteuer für das vorangegangene Kalenderjahr mehr als 1 080 Euro, aber nicht mehr als 4 000 Euro betragen hat; Lohnsteuer-Anmeldungszeitraum ist das Kalenderjahr, wenn die abzuführende Lohnsteuer für das vorangegangene Kalenderjahr nicht mehr als 1 080 Euro betragen hat. [3]Hat die Betriebsstätte nicht während des ganzen vorangegangenen Kalenderjahres bestanden, so ist die für das vorangegangene Kalenderjahr abzuführende Lohnsteuer für die Feststellung des Lohnsteuer-Anmeldungszeitraums auf einen Jahresbetrag umzurechnen. [4]Wenn die Betriebsstätte im vorangegangenen Kalenderjahr noch nicht bestanden hat, ist die auf einen Jahresbetrag umgerechnete für den ersten vollen Kalendermonat nach der Eröffnung der Betriebsstätte abzuführende Lohnsteuer maßgebend.

(3) [1]Die oberste Finanzbehörde des Landes kann bestimmen, dass die Lohnsteuer nicht dem Betriebsstättenfinanzamt, sondern einer anderen öffentlichen Kasse anzumelden und an diese abzuführen ist; die Kasse erhält insoweit die Stellung einer Landesfinanzbehörde. [2]Das Betriebsstättenfinanzamt oder die zuständige andere öffentliche Kasse können anordnen, dass die Lohnsteuer abweichend von dem nach Absatz 1 maßgebenden Zeitpunkt anzumelden und abzuführen ist, wenn die Abführung der Lohnsteuer nicht gesichert erscheint.

(4) [1]Arbeitgeber, die eigene oder gecharterte Handelsschiffe betreiben, dürfen vom Gesamtbetrag der anzumeldenden und abzuführenden Lohnsteuer einen Betrag von 40 Prozent der Lohnsteuer der auf solchen Schiffen in einem zusammenhängenden Arbeitsverhältnis von mehr als 183 Tagen beschäftigten Besatzungsmitglieder abziehen und einbehalten. [2]Die Handelsschiffe müssen in einem inländischen Seeschiffsregister eingetragen sein, die deutsche Flagge führen und zur Beförderung von Personen oder Gütern im Verkehr mit oder zwischen ausländischen Häfen, innerhalb eines ausländischen Hafens oder zwischen einem ausländischen Hafen und der Hohen See betrieben werden. [3]Die Sätze 1 und 2 sind entsprechend anzuwenden, wenn Seeschiffe im Wirtschaftsjahr überwiegend außerhalb der deutschen Hoheitsgewässer zum Schleppen, Bergen oder zur Aufsuchung von Bodenschätzen oder zur Vermessung von Energielagerstätten unter dem Meeresboden eingesetzt werden. [4]Ist für den Lohnsteuerabzug die Lohnsteuer nach der Steuerklasse V oder VI zu ermitteln, so bemisst sich der Betrag nach Satz 1 nach der Lohnsteuer der Steuerklasse I. 1)

Lohnsteuer-Anmeldung

R 41a.1
S 2377

(1) [1]*Der Arbeitgeber ist von der Verpflichtung* befreit, eine weitere Lohnsteuer-Anmeldung einzureichen, wenn er dem Betriebsstättenfinanzamt mitteilt, dass er im Lohnsteuer-Anmeldungszeitraum keine Lohnsteuer einzubehalten oder zu übernehmen hat, weil der Arbeitslohn nicht steuerbelastet ist. [2]Dies gilt auch, wenn der Arbeitgeber nur Arbeitnehmer beschäftigt, für die er lediglich die Pauschsteuer nach § 40a Abs. 2 EStG an die Deutsche Rentenversicherung Knappschaft-Bahn-See entrichtet.

(2) [1]Für jede Betriebsstätte (→ § 41 Abs. 2 EStG) und für jeden Lohnsteuer-Anmeldungszeitraum ist eine einheitliche Lohnsteuer-Anmeldung einzureichen. [2]Die Abgabe mehrerer Lohnsteuer-Anmeldungen für dieselbe Betriebsstätte und denselben Lohnsteuer-Anmeldungszeit-

1) Siehe Gesetz zur Änderung des Einkommensteuergesetzes zur Erhöhung des Lohnsteuereinbehalts in der Seeschifffahrt vom 24. 2. 2016 (BGBl. I S. 310).

raum, etwa getrennt nach den verschiedenen Bereichen der Lohnabrechnung, z. B. gewerbliche Arbeitnehmer, Gehaltsempfänger, Pauschalierungen nach den §§ 37a, 37b, 40 bis 40b EStG, ist nicht zulässig.

(3) Der für den Lohnsteuer-Anmeldungszeitraum maßgebende Betrag der abzuführenden Lohnsteuer (→ § 41a Abs. 2 EStG) ist die Summe der nach § 38 Abs. 3 EStG im Zeitpunkt der Zahlung einbehaltenen und übernommenen Lohnsteuer ohne Kürzung um das ihr entnommene Kindergeld (→ § 72 Abs. 7 EStG).

(4) [1]Das Betriebsstättenfinanzamt hat den rechtzeitigen Eingang der Lohnsteuer-Anmeldung zu überwachen. [2]Es kann bei nicht rechtzeitigem Eingang der Lohnsteuer-Anmeldung einen Verspätungszuschlag nach § 152 AO festsetzen oder erforderlichenfalls die Abgabe der Lohnsteuer-Anmeldung mit Zwangsmitteln nach §§ 328 bis 335 AO durchsetzen. [3]Wird eine Lohnsteuer-Anmeldung nicht eingereicht, kann das Finanzamt die Lohnsteuer im Schätzungswege ermitteln und den Arbeitgeber durch Steuerbescheid in Anspruch nehmen (→ §§ 162, 167 Abs. 1 AO). [4]Pauschale Lohnsteuer kann im Schätzungswege ermittelt und in einem Steuerbescheid festgesetzt werden, wenn der Arbeitgeber mit dem Pauschalierungsverfahren einverstanden ist.

(5) [1]Bemessungsgrundlage für den Steuereinbehalt nach § 41a Abs. 4 EStG ist die Lohnsteuer, die auf den für die Tätigkeit an Bord von Schiffen gezahlten Arbeitslohn entfällt, wenn der betreffende Arbeitnehmer mehr als 183 Tage bei dem betreffenden Reeder beschäftigt ist. [2]Der Lohnsteuereinbehalt durch den Reeder nach § 41a Abs. 4 EStG gilt für den Kapitän und alle Besatzungsmitglieder – einschl. des Servicepersonals –, die über ein Seefahrtsbuch verfügen und deren Arbeitgeber er ist. [3]Der Lohnsteuereinbehalt kann durch Korrespondent- oder Vertragsreeder nur vorgenommen werden, wenn diese mit der Bereederung des Schiffes in ihrer Eigenschaft als Mitgesellschafter an der Eigentümergesellschaft beauftragt sind. [4]Bei Vertragsreedern ist dies regelmäßig nicht der Fall. [5]Bei Korrespondentreedern ist der Lohnsteuereinbehalt nur für die Heuern der Seeleute zulässig, die auf den Schiffen tätig sind, bei denen der Korrespondentreeder auch Miteigentümer ist.

H 41a.1

Hinweise

Änderung der Lohnsteuer-Anmeldung durch das Finanzamt

Eine Erhöhung der Lohnsteuer-Entrichtungsschuld ist unter den Voraussetzungen des § 164 Abs. 2 Satz 1 AO auch nach Übermittlung oder Ausschreibung der Lohnsteuerbescheinigung zulässig (→ BFH vom 30. 10. 2008 – BStBl 2009 II S. 354).

Anfechtung der Lohnsteuer-Anmeldung durch den Arbeitnehmer

Ein Arbeitnehmer kann die Lohnsteuer-Anmeldung des Arbeitgebers aus eigenem Recht anfechten, soweit sie ihn betrifft (→ BFH vom 20. 7. 2005 – BStBl II S. 890).

Elektronische Abgabe der Lohnsteuer-Anmeldung

Die Verpflichtung eines Arbeitgebers, seine Steueranmeldung dem Finanzamt grundsätzlich elektronisch zu übermitteln, ist verfassungsgemäß (→ BFH vom 14. 3. 2012 – BStBl II S. 477).

Anhang 12 I → Steuerdaten-Übermittlungsverordnung (StDÜV)

Anhang 12 II → BMF vom 16. 11. 2011 (BStBl I S. 1063)

Härtefallregelung

Ein Härtefall liegt vor, wenn dem Arbeitgeber die elektronische Datenübermittlung wirtschaftlich oder persönlich unzumutbar ist. Dies ist z. B. der Fall, wenn ihm nicht zuzumuten ist, die technischen Voraussetzungen für die elektronische Übermittlung einzurichten (→ BFH vom 14. 3. 2012 – BStBl II S. 477).

Elektronische Kommunikation

Elektronische Kommunikation mit der Finanzverwaltung

(Verfügung der OFD Frankfurt vom 31. 1. 2005 – S 0222a A – 2 – St II 4.03 –)

1. Zugangseröffnung

Die Übermittlung elektronischer Dokumente an die Finanzbehörden und an die Steuerpflichtigen ist zulässig, soweit der Empfänger hierfür einen Zugang eröffnet (§ 87a Abs. 1 Satz 1 AO). Die Zugangseröffnung kann durch ausdrückliche Erklärung oder konkludent sowie generell oder nur für bestimmte Fälle erfolgen. Vorbehaltlich einer ausdrücklichen gesetzlichen Anordnung besteht weder für die Steuerpflichtigen noch für die Finanzbehörden ein Zwang zur Übermittlung elektronischer Dokumente.

Finanzbehörden, die eine E-Mail-Adresse angeben, erklären damit ihre Bereitschaft zur Entgegennahme elektronischer Dokumente; für die Übermittlung elektronisch signierter Dokumente (vgl. Nr. 3) muss der Zugang gesondert eröffnet werden. Wegen der elektronischen Übermittlung von Steuererklärungsdaten Hinweis auf § 150 Abs. 1 Satz 2 AO und die Steuerdaten-Übermittlungsverordnung.

Bei natürlichen oder juristischen Personen, die eine gewerbliche oder berufliche Tätigkeit selbstständig ausüben und die auf einem im Verkehr mit der Finanzbehörde verwendeten Briefkopf, in einer Steuererklärung oder in einem Antrag an die Finanzbehörde ihre E-Mail-Adresse angegeben oder sich per E-Mail an die Finanzbehörde gewandt haben, kann in der Regel davon ausgegangen werden, dass sie damit konkludent ihre Bereitschaft zur Entgegennahme elektronischer Dokumente erklärt haben. Bei Steuerpflichtigen, die keine gewerbliche oder berufliche Tätigkeit selbstständig ausüben (z. B. Arbeitnehmer), ist dagegen derzeit nur bei Vorliegen einer ausdrücklichen, aber nicht formgebundenen Einverständniserklärung von einer Zugangseröffnung i. S. des § 87a Abs. 1 Satz 1 AO auszugehen.

2. Zugang

Ein elektronisches Dokument ist zugegangen, sobald die für den Empfang bestimmte Einrichtung es in für den Empfänger bearbeitbarer Weise aufgezeichnet hat (§ 87a Abs. 1 Satz 2 AO). Ob und wann der Empfänger das bearbeitbare Dokument tatsächlich zur Kenntnis nimmt, ist für den Zeitpunkt des Zugangs unbeachtlich. Zur widerlegbaren Vermutung des Tags des Zugangs elektronischer Verwaltungsakte vgl. § 122 Abs. 2a und § 123 Sätze 2 und 3 AO. Ein für den Empfänger nicht bearbeitbares Dokument ist nicht i. S. des § 87a Abs. 1 Satz 2 AO zugegangen und löst somit noch keine Rechtsfolgen (z. B. die Wahrung einer Antrags- oder Rechtsbehelfsfrist oder das Wirksamwerden eines Verwaltungsakts) aus. Zum Verfahren nach Übermittlung eines nicht bearbeitbaren elektronischen Dokuments vgl. § 87a Abs. 2 AO.

3. Elektronisch signierte Dokumente

Soweit durch Gesetz die Schriftform vorgeschrieben ist, kann dieser Form grundsätzlich auch durch Übermittlung in elektronischer Form entsprochen werden. Hierbei muss das Dokument mit einer qualifizierten elektronischen Signatur i. S. des § 2 Nr. 3 des Signaturgesetzes (BStBl 2001 I S. 351) versehen sein (§ 87a Abs. 3 und 4 AO).

§ 87a Abs. 3 AO gilt auch, wenn eine eigenhändige Unterschrift gesetzlich vorgeschrieben ist. In diesem Fall ist das Dokument von derjenigen Person elektronisch zu signieren, die zur eigenhändigen Unterschrift verpflichtet ist, bzw. in den Fällen des § 150 Abs. 3 von der bevollmächtigten Person.

Elektronische Dokumente, die mit einem Wahlnamen signiert worden sind, dem die Funktion des bürgerlichen Namens zukommt, sind von den Finanzbehörden nicht unter Berufung auf § 87a Abs. 3 Satz 3 zurückzuweisen.

4. Beweis durch elektronische Dokumente

Ist ein elektronisches Dokument Gegenstand eines Beweises, wird der Beweis durch Vorlegung oder Übermittlung der Datei angetreten. Befindet sich das vorzulegende elektronische Dokument weder im Besitz des Steuerpflichtigen noch im Besitz der Finanzbehörde, gilt hinsichtlich der Vorlage- bzw. Übermittlungspflicht Dritter § 97 Abs. 1 und 3 AO entsprechend (§ 87a Abs. 5 Satz 1 AO). Die Finanzbehörde hat bei ihrem Herausgabeverlangen anzugeben, dass das elektronische Dokument für die Besteuerung einer anderen Person benötigt wird (§ 97 Abs. 1 Satz 2 AO). Sie kann das elektronische Dokument an Amtsstelle oder bei dem Dritten einsehen, wenn dieser damit einverstanden ist (§ 97 Abs. 3 Satz 1 AO). Der Dritte hat ggf. auf seine Kosten diejenigen Hilfsmittel zur Verfügung zu stellen, die erforderlich sind, um das Dokument lesbar zu machen (§ 97 Abs. 3 Satz 2 i. V. m. § 147 Abs. 5 AO).

Der Anschein der Echtheit eines mit einer qualifizierten elektronischen Signatur nach dem Signaturgesetz übermittelten Dokuments, der sich auf Grund der Prüfung nach dem Signaturgesetz ergibt, kann nur durch Tatsachen erschüttert werden, die ernstliche Zweifel daran begründen, dass das Dokument mit dem Willen des Signaturschlüsselinhabers übermittelt wurde (§ 87a Abs. 5 Satz 2 AO). Für die Beurteilung der Frage, wann „ernstliche Zweifel" vorliegen, können die Auslegungsgrundsätze zu § 361 Abs. 2 Satz 2 AO (vgl. zu § 361, Nr. 2.5) herangezogen werden. Für die Widerlegung der Echtheitsvermutung ist daher erforderlich, dass die vorgetragenen Tatsachen ergeben, dass die Wahrscheinlichkeit, dass das Dokument nicht mit dem Willen des Signaturschlüssel-Inhabers übermittelt worden ist, zumindest ebenso hoch ist wie die Wahrscheinlichkeit, dass das übermittelte Dokument dem Willen des Signaturschlüssel-Inhabers entspricht.

Die Vermutung des § 87a Abs. 5 Satz 2 AO gilt nicht, wenn das übermittelte elektronische Dokument mit einer „einfachen" elektronischen Signatur (§ 2 Nr. 1 des Signaturgesetzes), mit einer „fortgeschrittenen elektronischen Signatur" (§ 2 Nr. 2 des Signaturgesetzes) oder mit einer Signatur i. S. des § 87a Abs. 6 AO versehen worden ist.

Zusatz der OFD:

Mit der Einfügung eines § 87a in die AO durch das Dritte Gesetz zur Änderung verwaltungsverfahrensrechtlicher Vorschriften vom 21. 8. 2002 (BStBl 2002 I S. 820) hat der Gesetzgeber lediglich die rechtlichen Rahmenbedingungen dafür geschaffen, dass Erklärungen und Anträge der Steuerpflichtigen und Verwaltungsakte der Finanzbehörden rechtsverbindlich elektronisch übermittelt werden können. Die (voll-)elektronischen Steuererklärungen und der Elektronische Verwaltungsakt können jedoch erst dann zur Praxis werden, wenn hierfür auch die technischen und organisatorischen Voraussetzungen realisiert worden sind.

Die Finanzverwaltung des Landes Hessen ist zur Zeit noch nicht in der Lage, Steuerbescheide auf elektronischem Wege bekannt zu geben, da die dazu notwendigen technischen Rahmenbedingungen sowohl auf Seiten der Finanzverwaltung als auch bei den Steuerpflichtigen noch nicht erfüllt sind.

Die Umsetzung eines solchen Verfahrens erfordert eine erhebliche Vorlaufzeit und es ist derzeit nicht absehbar, bis wann mit dem Einsatz eines solchen Verfahrens gerechnet werden kann.

Elektronische Steuererklärung; Verpflichtung zur elektronischen Übermittlung von Steuerklärungen

Verfügung der OFD Niedersachsen vom 27. 3. 2014 – S 0321-35-St 142 –

1 Rechtliche Grundlagen

Die Verpflichtung, Steuer-und Feststellungserklärungen nicht mehr in Papierform mit eigenhändiger Unterschrift, sondern nach amtlich vorgeschriebenem Datensatz durch Datenfernübertragung zu übermitteln, ist durch das Gesetz zur Modernisierung und Entbürokratisierung des Steuerverfahrens (Steuerbürokratieabbaugesetz – StBürokratAbgG) vom 20. Dezember 2008 (BGBl. I 2008 S. 2850; BStBl I 2009 S. 124) erheblich erweitert worden. Die Verpflichtung zur elektronischen Übermittlung betrifft – erstmals für den Veranlagungs- bzw. Feststellungszeitraum 2011 – insbesondere

- die Einkommensteuererklärung für alle Steuerpflichtigen, die Einkünfte nach § 2 Abs. 1 Satz 1 Nr. 1 bis Nr. 3 EStG erzielen[1]) (Gewerbetreibende im Sinne des § 15 EStG, Land- und Forstwirte im Sinne des § 13 EStG sowie selbständig Tätige im Sinne des § 18 EStG)
- die Feststellungserklärung für die Fälle des § 180 Abs. 1 Nr. 2 AO
- die Körperschaftsteuererklärung und die Erklärung zur gesonderten Feststellung von Besteuerungsgrundlagen
- die Erklärung zur Festsetzung des Gewerbesteuermessbetrags sowie die Zerlegungserklärung und
- die Umsatzsteuer-Jahreserklärung (§ 18 Abs. 3 Satz 1 UStG).

In allen Fällen sehen die Steuergesetze vor, dass die Finanzbehörde zur Vermeidung unbilliger Härten (s. Nr. 2) auf Antrag auf die Übermittlung der Steuererklärung nach amtlich vorgeschriebenem Datensatz durch Datenfernübertragung verzichten kann. Die Steuerklärung ist dann weiterhin nach amtlich vorgeschriebenem Vordruck beim Finanzamt einzureichen und von dem Erklärungspflichtigen eigenhändig zu unterschreiben.

Nach amtlich vorgeschriebenem Datensatz durch Datenfernübertragung zu übermitteln sind ferner

- gem. § 5b EStG die Bilanz sowie die Gewinn- und Verlustrechnung, wenn der Gewinn nach § 4 Abs. 1 EStG, § 5 EStG oder § 5a EStG ermittelt wird (Anwendung erstmals für Wirtschaftsjahre, die nach dem 31. Dezember 2011 beginnen)[2]);
- gem. § 60 Abs. 4 EStDV die Anlage EÜR (Anwendung erstmals für Wirtschaftsjahre, die nach dem 31. Dezember 2010 beginnen; formlose Gewinnermittlungen und Übersendung in

---

[1]) Keine Pflicht zur elektronischen Übermittlung, wenn die Gewinneinkünfte nicht mehr als 410,00 EUR betragen und neben Einkünften aus nichtselbständiger Arbeit erzielt werden, § 25 Abs. 4 Satz 1 EStG i. V. m. § 52 Abs. 39 EStG.

[2]) Nach dem BMF-Schreiben vom 28. September 2011 – IV C 6 – S 2133-b/11/10009, 2011/0770620- (BStBl I 2001, 855) wird es nicht beanstandet, wenn Bilanz und VuG-Rechnung für das erste Kalenderjahr, das nach dem 31. Dezember 2011 beginnt, noch in Papierform abgegeben wird. Dieses BMF-Schreiben enthält weitere Sonderregelungen für Spezialfälle (z. B. Auslandsbezug, jPdöR, steuerbefreite Körperschaften).

Papierform werden bei Betriebseinnahmen unter 17 500,00 EUR im Wirtschaftsjahr nicht beanstandet)[1];

- gem. § 48 Abs. 1 Satz 2 UStDV der Antrag auf Dauerfristverlängerung/die Anmeldung der Sondervorauszahlung (Anwendung ab 1. Januar 2011).

Auch für diese Fälle gilt die Härtefallregelung nach § 150 Abs. 8 AO (s. Nr. 2).

Zu den weiteren gesetzlichen Verpflichtungen zur elektronischen Übermittlung, u. a. zur authentifizierten Übermittlung von Lohnsteuer-Anmeldungen und USt-Voranmeldungen und den technisch möglichen Datenübermittlungen s. auch <mailto: www.elster.de/Steuerberater/Übersicht zur elektronischen Übermittlung>. Zu fehlenden technischen Zugängen s. 2.3.

2 Unbillige Härte (§ 150 Abs. 8 AO)

2.1 Allgemeine Grundsätze

Mit Art. 10 Nr. 4 StBürokratAbG ist § 150 AO mit Wirkung zum 1. Januar 2009 Abs. 8 („Härtefallregelung") angefügt worden. Die Regelung gilt nicht nur für zukünftige, sondern auch für schon bestehende Verpflichtungen, z. B. für die elektronische Abgabe der Umsatzsteuer-Voranmeldung (§ 18 Abs. 1 UStG), der Lohnsteuer-Anmeldung (§ 41a Abs. 1 EStG) oder der Kapitalertragsteuer-Anmeldung (§ 45a Abs. 1 EStG).

§ 150 Abs. 8 AO bestimmt in Ergänzung der einzelgesetzlichen Regelungen, dass dem Antrag auf Verzicht auf eine Übermittlung der Steuererklärung nach amtlich vorgeschriebenem Datensatz durch Datenfernübertragung zu entsprechen ist, wenn die unbillige Härte darin besteht, dass dem Steuerpflichtigen die Erklärungsabgabe nach amtlich vorgeschriebenem Datensatz durch Datenfernübertragung wirtschaftlich oder persönlich unzumutbar ist. In diesen Fällen haben die Finanzbehörden abweichend von den einzelgesetzlichen Regelungen keinen Ermessensspielraum.

Einem Steuerpflichtigen ist die Erklärungsabgabe nach amtlich vorgeschriebenem Datensatz durch Datenfernübertragung insbesondere nicht zuzumuten, wenn er nicht über die erforderliche technische Ausstattung verfügt und es für ihn nur mit nicht unerheblichem finanziellen Aufwand möglich wäre, die für eine elektronische Übermittlung der Steuererklärungen nach amtlich vorgeschriebenem Datensatz mittels Datenfernübertragung erforderlichen technischen Möglichkeiten zu schaffen. Eine unbillige Härte ist darüber hinaus anzunehmen, wenn der Steuerpflichtige nach seinen individuellen Kenntnissen und Fähigkeiten nicht oder nur eingeschränkt in der Lage ist, die Möglichkeiten einer Datenfernübertragung zu nutzen. In der Praxis dürften diese Voraussetzungen insbesondere bei Kleinstbetrieben gegeben sein.

Der Härtefall-Antrag kann auch konkludent (z. B. in Gestalt der Abgabe einer herkömmlichen Steuer-oder Feststellungserklärung auf Papier) gestellt werden. In diesem Fall sind Sachverhaltsermittlungen der Finanzbehörde nur geboten, wenn das Vorliegen eines Härtefalls nicht als glaubhaft angesehen werden kann.

2.2 Steuerlich beratene Erklärungspflichtige

Bezüglich der Frage, wie mit nach wie vor nur in Papierform eingereichten Erklärungen verfahren werden soll, an deren Erstellung ein Angehöriger der steuerberatenden Berufe mitgewirkt hat, gilt Folgendes:

Die Steuergesetze bestimmen, wer zur Abgabe einer Steuererklärung verpflichtet ist (§ 149 Abs. 1 Satz 1 AO). Hieran ändert auch die Mitwirkung eines Angehörigen der steuerberatenden Berufe nichts. Erklärungspflichtig ist nicht der Steuerberater, sondern der Mandant (Steuerpflichtige). Daher sind auch Rechtsfolgen aus etwaigen Erklärungspflichtverletzungen (Zwangsverfahren, Festsetzung von Verspätungszuschlägen, Schätzungen) gegen den Erklärungspflichtigen, nicht gegen den Berater zu ziehen.

Das fachliche Wissen und die technische Möglichkeit des Beraters zur elektronischen Übermittlung von Steuererklärungen ist dem Erklärungspflichtigen bei der Anwendung des § 150 Abs. 8 AO grundsätzlich zuzurechnen. Dies gilt zumindest in den Fällen, in denen der Berater mit der Erstellung der wesentlichen Teile der Steuererklärung beauftragt wurde. Die sich aus den Einzelsteuergesetzen ergebenden Verpflichtungen zur elektronischen Übermittlung von Erklärungen sind nicht so eng auszulegen, dass hieraus bei persönlicher Unmöglichkeit des Erklärungspflichtigen eine Verpflichtung zur Beauftragung eines Beraters hergeleitet werden könnte. Denn damit liefe die Härtefallregelung des § 150 Abs. 8 AO ins Leere. Hat sich der Erklärungspflichtige bei der Erstellung seiner Erklärung jedoch für die Zuhilfenahme eines Beraters entschieden, so ist es ihm zumutbar, auch dessen Können zur elektronischen Übermittlung in Anspruch zu nehmen.

---

1) → BMF-Schreiben vom 12. Oktober 2012 – IV C 6-S 2142/11/10001:003, 2012/0877223 – (BStBl 2012 I 1003); teilweise gibt es Übergangs- und Sonderregelungen.

Dies gilt auch, soweit die elektronische Übermittlung mit weiteren Honorarkosten für den Mandanten verbunden sein sollte. Nach § 150 Abs. 8 Satz 2 AO ist der Erklärungspflichtige von der elektronischen Übermittlung u. a. befreit, wenn die Schaffung der technischen Möglichkeiten für eine elektronische Übermittlung nur mit einem nicht unerheblichen finanziellen Aufwand zur Härtefallregelung führt. Der Honorarkostenanteil für die elektronische Übermittlung kann nicht als erheblicher finanzieller Aufwand angesehen werden.

Sollte der Berater daher nicht selbst unter die Härtefallregelung fallen, was nur in besonderen Ausnahmefällen denkbar ist und was im Zweifel von ihm glaubhaft zu machen wäre, kann sich auch sein Mandant hierauf regelmäßig nicht berufen. Die Erklärung gilt damit als nicht abgegeben.

2.3 Keine Zugangseröffnung der Verwaltung

Zur Frage, welche verfahrensrechtlichen Folgen sich ergeben, wenn eine gesetzliche Verpflichtung zur elektronischen Übermittlung einer Steuererklärung besteht, die Verwaltung aber insoweit noch keinen Zugang eröffnet hat, gilt Folgendes:

Hat die Verwaltung trotz einer für den Steuerpflichtigen bestehenden gesetzlichen Verpflichtung zur elektronischen Übermittlung von Steuererklärungen keinen Zugang i. S. v. § 87a Absatz 1 Satz 1 AO eröffnet, ist es dem Steuerpflichtigen objektiv unmöglich, der gesetzlichen Verpflichtung zur elektronischen Übermittlung seiner Steuererklärung nachzukommen. Es wäre daher unverhältnismäßig, nachteilige Folgerungen (z. B. Festsetzung eines Verspätungszuschlags; Androhung und ggf. Festsetzung eines Zwangsgeldes) aus der Tatsache zu ziehen, dass die Steuererklärung in einem derartigen Fall nicht elektronisch, sondern in Papierform übersandt wird.

Es liegt dann aber kein Härtefall i. S. d. § 150 Absatz 8 AO vor. Diese Vorschrift enthält keine eigenständige Härtefallregelung, sondern bestimmt nur, dass dann, wenn die Steuergesetze eine Härtefallregelung vorsehen, einem Härtefallantrag stets zu entsprechen ist, wenn dem Steuerpflichtigen aus in seiner Person liegenden Gründen eine Erklärungsabgabe durch Datenfernübertragung nicht zugemutet werden kann (siehe hierzu auch die Randnummern 38–45 und 51 ff. des BFH-Urteils vom 14. März 2012 – XI R 33/09 – BStBl II 2012 S. 477). Hier hat aber die Verwaltung die fehlende Möglichkeit der elektronischen Übermittlung zu vertreten.

Der Steuerpflichtige hat daher in dem hier zu beurteilenden Fall eine „Papiererklärung" abzugeben. Diese ist dann eine wirksame Steuererklärung und nicht lediglich Grundlage für eine im Schätzungswege erfolgende Steuerfestsetzung.

Die aktuell eröffneten Zugänge sind zu finden unter <http://www.esteuer.de/#zugaenge (Tz. 3)>. Für die Erklärung zur gesonderten (und einheitlichen) Feststellung nach § 180 Abs. 1 Nr. 2 AO, die gem. § 181 Abs. 2a Satz 1 AO nach amtlich vorgeschriebenem Datensatz durch Datenfernübertragung zu übermitteln ist, ist der Zugang nach § 87a Abs. Satz 1 AO (bundesweit) zurzeit (Stand: März 2014) nur für **Feststellungserklärungen mit bis zu 10 Beteiligten** eröffnet.

3 Härtefallregelungen der Einzelsteuergesetze

Unter anderem nach § 25 Abs. 4 Satz 2 EStG, § 31 Abs. 1a Satz 2 KStG, § 14a Satz 2 GewStG, § 18 Abs. 3 Satz 3 UStG, § 181 Abs. 2a AO können die Finanzbehörden zur Vermeidung unbilliger Härten auf Antrag eine Übermittlung der Steuererklärung nach amtlich vorgeschriebenem Datensatz durch Datenfernübertrag verzichten.

Damit wird ein Anspruch auf eine entsprechende Ermessensentscheidung begründet. Daher ist bei entsprechenden Anträgen ggf. in zwei Stufen zu prüfen:

1. Liegt ein Fall i. S. d. § 150 Abs. 8 AO vor?
2. Wenn nein, sind die Voraussetzungen für die Härtefallregelung des jeweiligen Einzelsteuergesetzes erfüllt?

Dieses Prüfschema hat der BFH in seinem Urteil vom 14. März 2012 – XI R 33/09 –, BStBl II 2012, 477, angewandt, s. Urteilsbegründung zu (II) Nr. 4 , s. auch Hübschmann, Hepp, Spitaler, AO/FGO-Kommentar zu § 150 AO, Rz. 53 ff.

Dabei handelt es sich um Einzelfallentscheidungen.

Bei einer Ablehnung des Antrags sind die Ermessenserwägungen regelmäßig spätestens in der Einspruchsentscheidung zu erläutern. In einem etwaigen Klageverfahren können diese nur eingeschränkt ergänzt werden, § 102 Satz 2 FGO (s. auch o. g. BFH-Urteil zu II Nr. 4b – zur fehlenden Darlegung der Einzelfallabwägung).

...

Lohnsteuer-Anmeldung

Abgabe durch Verwalter einer Wohnungseigentümergemeinschaft

→ H 41.3 LStH (Betriebsstätte)

Härtefallregelung

§ 150 Abs. 8 AO:

(8) [1]Ordnen die Steuergesetze an, dass die Finanzbehörde auf Antrag zur Vermeidung unbilliger Härten auf eine Übermittlung der Steuererklärung nach amtlich vorgeschriebenem Datensatz durch Datenfernübertragung verzichten kann, ist einem solchen Antrag zu entsprechen, wenn eine Erklärungsabgabe nach amtlich vorgeschriebenem Datensatz durch Datenfernübertragung für den Steuerpflichtigen wirtschaftlich oder persönlich unzumutbar ist. [2]Dies ist insbesondere der Fall, wenn die Schaffung der technischen Möglichkeiten für eine Datenfernübertragung des amtlich vorgeschriebenen Datensatzes nur mit einem nicht unerheblichen finanziellen Aufwand möglich wäre oder wenn der Steuerpflichtige nach seinen individuellen Kenntnissen und Fähigkeiten nicht oder nur eingeschränkt in der Lage ist, die Möglichkeiten der Datenfernübertragung zu nutzen.

Elektronische Übermittlung von Steuererklärungsdaten, Härtefallregelung

(Verfügung des LfSt Bayern vom 4. 2. 2009 – S 0321.1.1 – 3/3 St 41 –)

Am 19. 12. 2008 wurde das Gesetz zur Modernisierung und Entbürokratisierung des Steuerverfahrens (kurz: Steuerbürokratieabbaugesetz oder SteuBAG) verabschiedet (BGBl 2008 I S. 2850 – 2858). Darin sind zahlreiche Regelungen enthalten, mit denen eine Vereinfachung und Entbürokratisierung des Besteuerungsverfahrens gelingen soll.

1. Gesetzliche Verpflichtungen zur Nutzung elektronischer Kommunikationsmittel

Ein Großteil des Gesetzes enthält neue Verpflichtungen zur Nutzung elektronischer Kommunikationsmittel:

- …
- § 15 Abs. 1 Satz 2 bis 5 VermBG: elektronische Übermittlung der Anlage VL (Anwendung: nach Erlass einer entsprechenden Rechtsverordnung)

2. Härtefallregelung (§ 150 Abs. 8 AO)

§ 150 Abs. 8 AO enthält – in Ergänzung der einzelgesetzlichen Regelungen – eine Härtefallregelung, nach der das FA auf die elektronische Datenübermittlung verzichten kann, wenn sie für den Steuerpflichtigen wirtschaftlich oder persönlich unzumutbar ist. Dies ist insbesondere der Fall, wenn der Steuerpflichtige nicht über die erforderliche technische Ausstattung verfügt und die Schaffung der technischen Möglichkeiten für eine Datenfernübertragung des amtlich vorgeschriebenen Datensatzes nur mit einem nicht unerheblichen finanziellen Aufwand möglich wäre. Darüber hinaus ist eine unbillige Härte anzunehmen, wenn der Steuerpflichtige nach seinen individuellen Kenntnissen und Fähigkeiten nicht oder nur eingeschränkt in der Lage ist, die Möglichkeiten der Datenfernübertragung zu nutzen.

In der Gesetzesbegründung hierzu heißt es:

„In der Praxis dürften diese Voraussetzungen insbesondere bei Kleinstbetrieben gegeben sein. Der Härtefall-Antrag kann auch konkludent (z. B. in Gestalt der Abgabe einer herkömmlichen Steuer- oder Feststellungserklärung auf Papier) gestellt werden. In diesem Fall sind Sachverhaltsermittlungen der Finanzbehörde nur geboten, wenn das Vorliegen eines Härtefalls nicht als glaubhaft angesehen werden kann."

Die Härtefallregelung ist bereits zum 1. 1. 2009 in Kraft getreten und gilt daher auch für schon bestehende Verpflichtungen, z. B. für die elektronische Abgabe von Umsatzsteuer-Voranmeldungen, Lohnsteuer-Anmeldungen oder Kapitalertragsteuer-Anmeldungen.

Muster für 2016

Bekanntmachung des Musters für die Lohnsteuer-Anmeldung 2016

(Bekanntmachung vom 27. 8. 2015, BStBl I S. 1239)

Das Vordruckmuster der Lohnsteuer-Anmeldung für Lohnsteuer-Anmeldungszeiträume ab Januar 2015 ist gemäß § 51 Absatz 4 Nummer 1 Buchstabe d des Einkommensteuergesetzes bestimmt worden. Das Vordruckmuster und die „Übersicht über die länderunterschiedlichen Werte in der Lohnsteuer-Anmeldung 2016“ werden hiermit bekannt gemacht. Das Vordruckmuster ist auch für die Gestaltung der Vordrucke maßgebend, die mit Hilfe automatischer Einrichtungen ausgefüllt werden (vgl. BMF-Schreiben vom 3 April 2012, BStBl I Seite 522).

- Bitte weiße Felder ausfüllen oder ☒ ankreuzen und Hinweise auf der Rückseite beachten -

Fallart	Steuernummer	Unterfallart
11		62

2016

30 Eingangsstempel oder -datum

Finanzamt

Arbeitgeber - Anschrift der Betriebsstätte - Telefonnummer - E-Mail

Lohnsteuer-Anmeldung 2016

Anmeldungszeitraum

bei **monatlicher** Abgabe bitte ankreuzen

16 01	Jan.		16 07	Juli	
16 02	Feb.		16 08	Aug.	
16 03	März		16 09	Sept.	
16 04	April		16 10	Okt.	
16 05	Mai		16 11	Nov.	
16 06	Juni		16 12	Dez.	

bei **vierteljährlicher** Abgabe bitte ankreuzen

1641	I. Kalendervierteljahr	
1642	II. Kalendervierteljahr	
1643	III. Kalendervierteljahr	
1644	IV. Kalendervierteljahr	

bei jährlicher Abgabe bitte ankreuzen

1619	Kalenderjahr	

Berichtigte Anmeldung (falls ja, bitte eine „1“ eintragen) 10

Zahl der Arbeitnehmer (einschl. Aushilfs- und Teilzeitkräfte) 86

		EUR	Ct
Summe der einzubehaltenden Lohnsteuer 1) 2)	42		
Summe der pauschalen Lohnsteuer - ohne § 37b EStG - 1)	41		
Summe der pauschalen Lohnsteuer nach § 37b EStG 1)	44		
abzüglich an Arbeitnehmer ausgezahltes Kindergeld	43		
abzüglich Kürzungsbetrag für Besatzungsmitglieder von Handelsschiffen	33		
Verbleiben 1)	48		
Solidaritätszuschlag 1) 2)	49		
pauschale Kirchensteuer im vereinfachten Verfahren	47		
Evangelische Kirchensteuer - ev 1) 2)	61		
Römisch-Katholische Kirchensteuer - rk 1) 2)	62		
Gesamtbetrag 1)	83		

1) Negativen Beträgen ist ein **Minuszeichen** voranzustellen
2) Nach Abzug der im Lohnsteuer-Jahresausgleich erstatteten Beträge

Ein Erstattungsbetrag wird auf das dem Finanzamt benannte Konto überwiesen, soweit der Betrag nicht mit Steuerschulden verrechnet wird.

Verrechnung des Erstattungsbetrags erwünscht/Erstattungsbetrag ist abgetreten (falls ja, bitte eine „1“ eintragen) 29

Geben Sie bitte die Verrechnungswünsche auf einem besonderen Blatt oder auf dem beim Finanzamt erhältlichen Vordruck „Verrechnungsantrag“ an.

Das **SEPA-Lastschriftmandat** wird ausnahmsweise (z.B. wegen Verrechnungswünschen) für diesen Anmeldungszeitraum **widerrufen** (falls ja, bitte eine „1“ eintragen) 26

Ein ggf. verbleibender Restbetrag ist gesondert zu entrichten.

Datum, Unterschrift

Hinweis nach den Vorschriften der Datenschutzgesetze:
Die mit der Steueranmeldung angeforderten Daten werden auf Grund der §§ 149, 150 der Abgabenordnung und des § 41a des Einkommensteuergesetzes erhoben.
Die Angabe der Telefonnummer und der E-Mail-Adresse ist freiwillig.

Vom Finanzamt auszufüllen

Bearbeitungshinweis
1. Die aufgeführten Daten sind mit Hilfe des geprüften und genehmigten Programms sowie ggf. unter Berücksichtigung der gespeicherten Daten maschinell zu verarbeiten.
2. Die weitere Bearbeitung richtet sich nach den Ergebnissen der maschinellen Verarbeitung.

11 | 19

| 12

Kontrollzahl und/oder Datenerfassungsvermerk

Datum, Namenszeichen/Unterschrift

6.15 - **LStA** - Lohnsteuer-Anmeldung 2016 -

Hinweise für den Arbeitgeber

Datenübermittlung oder Steueranmeldung auf Papier?

1. Bitte beachten Sie, dass die Lohnsteuer-Anmeldung nach amtlich vorgeschriebenem Datensatz durch Datenfernübertragung nach Maßgabe der Steuerdaten-Übermittlungsverordnung zu übermitteln ist. Für die elektronische authentifizierte Übermittlung, die gesetzlich vorgeschrieben ist, benötigen Sie ein Zertifikat. Dieses erhalten Sie nach kostenloser Registrierung auf der Internetseite www.elsteronline.de/eportal/. Bitte beachten Sie, dass die Registrierung bis zu zwei Wochen dauern kann. Unter www.elster.de/elster_soft_nw.php finden Sie Programme zur elektronischen Übermittlung. Auf Antrag kann das Finanzamt zur Vermeidung von unbilligen Härten auf eine elektronische Übermittlung verzichten; in diesem Fall haben Sie oder eine zu Ihrer Vertretung berechtigte Person die Lohnsteuer-Anmeldung nach amtlich vorgeschriebenem Vordruck abzugeben und zu unterschreiben.

Abführung der Steuerabzugsbeträge

2. Tragen Sie bitte die Summe der einzubehaltenden Steuerabzugsbeträge (§§ 39b und 39c EStG) in Zeile 17 ein. Die Summe der mit festen oder besonderen Pauschsteuersätzen erhobenen Lohnsteuer nach den §§ 37a, 40 bis 40b EStG tragen Sie bitte in Zeile 18 ein. Nicht einzubeziehen ist die an die Deutsche Rentenversicherung Knappschaft-Bahn-See abzuführende 2 %-ige Pauschsteuer für geringfügig Beschäftigte i.S.d. § 8 Abs. 1 Nr. 1 und § 8a SGB IV. In Zeile 19 tragen Sie bitte gesondert die pauschale Lohnsteuer nach § 37b EStG ein. Vergessen Sie bitte nicht, auf dem Zahlungsabschnitt die Steuernummer, den Zeitraum, in dem die Beträge einbehalten worden sind, und je gesondert den Gesamtbetrag der Lohnsteuer, des Solidaritätszuschlags zur Lohnsteuer und der Kirchensteuer anzugeben oder durch Ihre Bank oder Sparkasse angeben zu lassen.

   Sollten Sie mehr Lohnsteuer erstatten, als Sie einzubehalten haben (z.B. wegen einer Neuberechnung der Lohnsteuer für bereits abgelaufene Lohnzahlungszeiträume desselben Kalenderjahres), kennzeichnen Sie bitte den Betrag mit einem deutlichen Minuszeichen. Der Erstattungsantrag ist durch Übermittlung oder Abgabe der Anmeldung gestellt.

3. Reichen die Ihnen zur Verfügung stehenden Mittel zur Zahlung des vollen vereinbarten Arbeitslohns nicht aus, so ist die Lohnsteuer von dem tatsächlich zur Auszahlung gelangenden niedrigeren Betrag zu berechnen und einzubehalten.

4. Eine Eintragung in Zeile 20 (ausgezahltes Kindergeld) kommt grundsätzlich nur bei Arbeitgebern des öffentlichen Rechts in Betracht.

   Arbeitgeber, die eigene oder gecharterte Handelsschiffe betreiben, dürfen einen Betrag von 40 % der Lohnsteuer der auf solchen Schiffen in einem zusammenhängenden Arbeitsverhältnis von mehr als 183 Tagen beschäftigten Besatzungsmitglieder abziehen. Dieser Betrag ist in Zeile 21 einzutragen.

5. Haben Sie in den Fällen der Lohnsteuerpauschalierung nach den §§ 37a, 37b, 40 bis 40b EStG die Kirchensteuer im vereinfachten Verfahren mit einem ermäßigten Steuersatz ermittelt, tragen Sie bitte diese (pauschale) Kirchensteuer in einer Summe in Zeile 24 ein. Die Aufteilung der pauschalen Kirchensteuer auf die steuererhebenden Religionsgemeinschaften wird von der Finanzverwaltung übernommen.

6. Abführungszeitpunkt ist
   a) spätestens der zehnte Tag nach Ablauf eines jeden Kalendermonats, wenn die abzuführende Lohnsteuer für das vorangegangene Kalenderjahr mehr als 4.000 € betragen hat,
   b) spätestens der zehnte Tag nach Ablauf eines jeden Kalendervierteljahres, wenn die abzuführende Lohnsteuer für das vorangegangene Kalenderjahr mehr als 1.080 €, aber nicht mehr als 4.000 € betragen hat,
   c) spätestens der zehnte Tag nach Ablauf eines jeden Kalenderjahres, wenn die abzuführende Lohnsteuer für das vorangegangene Kalenderjahr nicht mehr als 1.080 € betragen hat.

   Hat Ihr Betrieb nicht während des ganzen vorangegangenen Kalenderjahres bestanden, so ist die für das vorangegangene Kalenderjahr abzuführende Lohnsteuer für die Feststellung des Lohnsteuer-Anmeldungszeitraums auf einen Jahresbetrag umzurechnen.

   Hat Ihr Betrieb im vorangegangenen Kalenderjahr noch nicht bestanden, so ist die auf einen Jahresbetrag umgerechnete, für den ersten vollen Kalendermonat nach der Eröffnung des Betriebs abzuführende Lohnsteuer maßgebend.

7. Im Falle nicht rechtzeitiger Abführung der Steuerabzugsbeträge ist ein Säumniszuschlag zu entrichten. Der Säumniszuschlag beträgt 1 % des auf 50 € abgerundeten rückständigen Steuerbetrages (ohne Kirchensteuer) für jeden angefangenen Monat der Säumnis.

8. Verbleibende Beträge von insgesamt weniger als 1 € werden weder erhoben noch erstattet, weil dadurch unverhältnismäßige Kosten entstehen.

Anmeldung der Steuerabzugsbeträge

9. Übermitteln oder übersenden Sie bitte unabhängig davon, ob Sie Lohnsteuer einzubehalten hatten oder ob die einbehaltenen Steuerabzugsbeträge an das Finanzamt abgeführt worden sind, dem Finanzamt der Betriebsstätte spätestens bis zum Abführungszeitpunkt (siehe oben Nummer 6) eine Lohnsteuer-Anmeldung nach amtlich vorgeschriebenem Datensatz oder Vordruck.

   Sie sind aber künftig von der Verpflichtung zur Übermittlung oder Abgabe weiterer Lohnsteuer-Anmeldungen befreit, wenn Sie Ihrem Betriebsstättenfinanzamt mitteilen, dass Sie keine Lohnsteuer einzubehalten oder zu übernehmen haben. Gleiches gilt, wenn Sie nur Arbeitnehmer beschäftigen, für die Sie lediglich die 2 %-ige Pauschsteuer an die Deutsche Rentenversicherung Knappschaft-Bahn-See abzuführen haben.

10. Trifft die Anmeldung nicht rechtzeitig ein, so kann das Finanzamt zu der Lohnsteuer einen **Verspätungszuschlag** bis zu 10 % des anzumeldenden Betrages festsetzen.

11. Um Rückfragen des Finanzamts zu vermeiden, geben Sie bitte in Zeile 15 stets die Zahl der Arbeitnehmer – einschließlich Aushilfs- und Teilzeitkräfte, zu denen auch die an die Deutsche Rentenversicherung Knappschaft-Bahn-See gemeldeten geringfügig Beschäftigten i.S.d. § 8 Abs. 1 Nr. 1 und § 8a SGB IV gehören – an.

Berichtigung von Lohnsteuer-Anmeldungen

12. Wenn Sie feststellen, dass eine bereits eingereichte Lohnsteuer-Anmeldung fehlerhaft oder unvollständig ist, so ist für den betreffenden Anmeldungszeitraum eine berichtigte Lohnsteuer-Anmeldung zu übermitteln oder einzureichen. Dabei sind Eintragungen auch in den Zeilen vorzunehmen, in denen sich keine Änderungen ergeben haben. Es ist nicht zulässig, nur Einzel- oder Differenzbeträge nachzumelden. Für die Berichtigung mehrerer Anmeldungszeiträume sind jeweils gesonderte berichtigte Lohnsteuer-Anmeldungen einzureichen. Den Berichtigungsgrund teilen Sie bitte Ihrem Finanzamt gesondert mit.

Übersicht über länderunterschiedliche Werte in der Lohnsteuer-Anmeldung 2016

Land	Zeilen-Nr.	Bedeutung	Kennzahl
Baden-Württemberg	27	Kirchensteuer der Israelitischen Religionsgemeinschaft Baden – ib [1) 2)]	78
	28	Kirchensteuer der Freireligiösen Landesgemeinde Baden – fb [1) 2)]	67
	29	Kirchensteuer der Israelitischen Religionsgemeinschaft Württembergs – iw [1) 2)]	73
	30	Alt-Katholische Kirchensteuer – ak [1) 2)]	63
Bayern	27	Israelitische Bekenntnissteuer – is [1) 2)]	64
	28	Alt-Katholische Kirchensteuer – ak [1) 2)]	63
Berlin	27	Alt-Katholische Kirchensteuer – ak [1) 2)]	63
Brandenburg	27	Israelitische / Jüdische Kultussteuer – is/jh/jd [1) 2)]	64
	28	Freireligiöse Gemeinde Mainz – fm [1) 2)]	65
	29	Israelitische Kultussteuer der kultussteuerberechtigten Gemeinden Hessen – il [1) 2)]	74
	30	Alt-Katholische Kirchensteuer – ak [1) 2)]	63
Bremen	27	Beiträge zur Arbeitnehmerkammer	68
Hamburg	27	Jüdische Kultussteuer – jh [1) 2)]	64
	28	Alt-Katholische Kirchensteuer – ak [1) 2)]	63
Hessen	27	Freireligiöse Gemeinde Offenbach/M. – fs [1) 2)]	66
	28	Freireligiöse Gemeinde Mainz – fm [1) 2)]	65
	29	Israelitische Kultussteuer Frankfurt – is [1) 2)]	64
	30	Israelitische Kultussteuer der kultussteuerberechtigten Gemeinden – il [1) 2)]	74
	31	Alt-Katholische Kirchensteuer – ak [1) 2)]	63
Niedersachsen	27	Alt-Katholische Kirchensteuer – ak [1) 2) 3)]	63
Nordrhein-Westfalen	27	Jüdische Kultussteuer – jd [1) 2)]	64
	28	Alt-Katholische Kirchensteuer – ak [1) 2)]	63
Rheinland-Pfalz	27	Jüdische Kultussteuer – is [1) 2)]	64
	28	Freireligiöse Landesgemeinde Pfalz – fg [1) 2)]	68
	29	Freireligiöse Gemeinde Mainz – fm [1) 2)]	65
	30	Freie Religionsgemeinschaft Alzey – fa [1) 2)]	72
	31	Alt-Katholische Kirchensteuer – ak [1) 2)]	63
Saarland	27	Israelitische Kultussteuer – issl [1) 2)]	64
	28	Alt-Katholische Kirchensteuer – ak [1) 2)]	63
	29	Beiträge zur Arbeitskammer	70
Schleswig-Holstein	27	Jüdische Kultussteuer – ih [1) 2)]	64
	28	Alt-Katholische Kirchensteuer – ak [1) 2)]	63

1) Negativen Beträgen ist ein **Minuszeichen** voranzustellen
2) Nach Abzug der im Lohnsteuer-Jahresausgleich erstatteten Beträge
3) Kann auf volle Cent zugunsten des Arbeitgebers gerundet werden

Maschinelle Erstellung der Lohnsteuer-Anmeldungen

→ Vordrucke für die maschinelle Erstellung der Lohnsteuer-Anmeldungen

Steuerdaten-Übermittlungsverordnung

Unterschrift Anhang 12 I

Unterschriftsleistungen bei Steuererklärungen

(Verfügung der OFD Hannover vom 27. 1. 2003 – S 0321 – 3 – StH 462 –, – S 0321 – 1 – StO 321 –)

1. Allgemeines

Der Steuerpflichtige (Stpfl.) kann sich bei allen das Verwaltungsverfahren betreffenden Verfahrenshandlungen durch einen Bevollmächtigten vertreten lassen (§ 80 Abs. 1 Satz 2 AO). Zu diesen Verfahrenshandlungen gehört auch die Abgabe von Steuererklärungen, sodass der Bevollmächtigte grundsätzlich die Steuererklärung im Auftrag des Stpfl. unterzeichnen darf. Sehen jedoch die Einzelsteuergesetze die **eigenhändige** Unterschrift des Stpfl. vor, so ist die Unterzeichnung durch einen Bevollmächtigten nur unter den Voraussetzungen des § 150 Abs. 3 AO zulässig. Das Recht zur gewillkürten Vertretung (§ 80 Abs. 1 AO) wird insoweit eingeschränkt.

2. Gesetzliche Verpflichtung zur eigenhändigen Unterschrift

Die eigenhändige Unterschrift des zur Abgabe der Steuererklärung Verpflichteten ist u. a. vorgeschrieben:

a) für die Einkommensteuererklärung (§ 25 Abs. 3 Sätze 4 und 5 EStG),

b) für die Gewerbesteuererklärung (§ 14a Satz 3 GewStG),

c) für die Umsatzsteuererklärung (§ 18 Abs. 3 letzter Satz UStG).

In diesen Fällen genügt die Unterschrift eines Bevollmächtigten nur dann, wenn der Stpfl. infolge seines körperlichen oder geistigen Zustandes oder durch längere Abwesenheit an der Unterschrift gehindert ist. Ein Fall der längeren Abwesenheit liegt z. B. vor, wenn der Stpfl. sich dauernd im Ausland aufhält oder in das Ausland verzogen ist. Nach Wegfall des Hinderungsgrunds kann verlangt werden, dass der Stpfl. die eigenhändige Unterschrift nachholt (§ 150 Abs. 3 AO).

Ferner ist die Bevollmächtigung offen zu legen. Die verdeckte Stellvertretung reicht nicht aus. Unterschreibt der Bevollmächtigte mit dem Namen des Stpfl., so hat er deshalb auf die Bevollmächtigung hinzuweisen.

Hat ein Bevollmächtigter die Steuererklärung unterschrieben, bestehen aber Zweifel, ob ein Verhinderungsfall des § 150 Abs. 3 AO vorliegt, so ist der Bevollmächtigte aufzufordern, entweder die Voraussetzungen für seine Unterschriftsleistung nachzuweisen oder die Unterschrift durch den Stpfl. nachholen zu lassen. Weigert sich der Stpfl. ohne zureichenden Grund, die Erklärung nachträglich zu unterzeichnen, so muss daraus geschlossen werden, dass er sie nicht abgeben will. In diesen Fällen können Zwangsgelder angedroht und festgesetzt sowie Verspätungszuschläge auferlegt werden. Ferner sind antragsgebundene Steuervergünstigungen nicht zu gewähren, wenn die Veranlagung nach den Angaben in der nicht mit rechtsgültiger Unterschrift versehenen Steuererklärung durchgeführt wird.

Bei einem Freistellungsauftrag i. S. des § 44a Abs. 2 Nr. 1 EStG handelt es sich weder um eine Steuererklärung i. S. des § 150 AO noch ergibt sich aus § 44a Abs. 2 Nr. 1 EStG eine Verpflichtung zur eigenhändigen Unterschrift eines Freistellungsauftrages. § 150 AO steht dementsprechend einer Vertretung bei der Stellung eines Freistellungsauftrages nicht entgegen.

3. Umsatzsteuer-Voranmeldungen; Lohnsteuer-Anmeldungen

Das UStG sieht nicht vor, dass der Stpfl. die Umsatzsteuer-Voranmeldung (§ 18 Abs. 1 u. 2 UStG) eigenhändig zu unterschreiben hat. Auch für die Lohnsteuer-Anmeldung wird die eigenhändige Unterschrift des Arbeitgebers nicht verlangt; die Unterschrift einer zu seiner Vertretung berechtigten Person ist ausdrücklich zugelassen (§ 41a Abs. 1 Satz 2 EStG). Danach reicht es aus, wenn die Erklärung (Anmeldung) von dem steuerlichen Vertreter unterzeichnet wird, der sie erstellt hat. Bei entsprechender Bevollmächtigung kann auch ein Angestellter des steuerlichen Vertreters die Erklärung (Anmeldung) unterzeichnen. Das gilt jedoch nur, wenn der Angestellte zu dem in § 3 StBerG bezeichneten Personenkreis gehört.

In Einzelfällen von besonderer Bedeutung (z. B. bei hohen Vorsteuerüberschüssen) bleibt es dem Finanzamt unbenommen, sich an den Stpfl. selbst zu wenden (§ 80 Abs. 3 AO).

4. Straf- und bußgeldrechtliche Verantwortung bei Unterzeichnung durch einen Bevollmächtigten

Für den Inhalt der Erklärung (Anmeldung) bleibt der Stpfl. auch dann verantwortlich, wenn er mit ihrer Erstellung einen Bevollmächtigten beauftragt hat. Zusätzlich übernimmt der Bevollmächtigte mit seiner Unterschrift die straf- und bußgeldrechtliche Verantwortung dafür, dass er die erklärten Angaben auf ihre Richtigkeit und Vollständigkeit gewissenhaft überprüft hat.

Ich bitte, diesen Gesichtspunkt besonders zu beachten, wenn in Erklärungen, die von Bevollmächtigten unterzeichnet sind, falsche oder unvollständige Angaben festgestellt werden.

...

Übermittlung von Steuererklärungen durch Telefax

Landesamt für Steuern Rheinland-Pfalz vom 24. 9. 2015 – S 0321 A-St 35 2 –

Der BFH hat mit Urteil vom 8. 10. 2014 VI R 82/13 am Beispiel einer vom Steuerpflichtigen unterschriebenen Einkommensteuererklärung entschieden, dass diese auch durch Telefax wirksam an das Finanzamt übermittelt werden kann.

Das Urteil wurde zwischenzeitlich im Bundessteuerblatt veröffentlicht (BStBl II 2015, 359) und findet damit allgemein Anwendung auf alle Arten von Steuererklärungen, für die das Gesetz die eigenhändige Unterschrift vorsieht. Das dem Urteil entgegenstehende BMF-Schreiben vom 20. 1. 2003 (BStBl I 2003, 74) wurde durch BMF-Schreiben vom 16. 4. 2015 (BStBl I 2015, 438) mit sofortiger Wirkung aufgehoben.

Vordrucke für die maschinelle Erstellung der Lohnsteuer-Anmeldungen

Grundsätze für die Verwendung von Steuererklärungsvordrucken;

Amtlich vorgeschriebene Vordrucke

(BMF-Schreiben vom 3. 4. 2012, BStBl I S. 522)

Unter Bezugnahme auf das Ergebnis der Abstimmung mit den obersten Finanzbehörden der Länder gilt Folgendes:

Soweit Steuererklärungen nicht nach Maßgabe der Steuerdaten-Übermittlungsverordnung ausschließlich elektronisch übermittelt werden, sind sie nach amtlich vorgeschriebenem Vordruck abzugeben (§ 150 Abs. 1 AO). Mehrseitige Vordrucke sind vollständig abzugeben.

1. Amtlich vorgeschriebene Vordrucke

Amtlich vorgeschriebene Vordrucke sind:

1.1 Vordrucke, die mit den von den zuständigen Finanzbehörden freigegebenen Druckvorlagen hergestellt worden sind (amtliche Vordrucke), einschließlich der Formulare, die auf den Internetseiten der Steuerverwaltungen angeboten werden (Internetformulare);

1.2 Vordrucke, die im Rahmen einer elektronischen Übermittlung von Steuererklärungsdaten nach Tz. 2 Abs. 2 Sätze 3 bis 5 des BMF-Schreibens vom 16. November 2011 (BStBl I S. 1063) erstellt und ausgefüllt worden sind (komprimierte Vordrucke);

1.3 Vordrucke, die nach dem Muster einer amtlichen Druckvorlage durch Druck, Ablichtung oder mit Hilfe von Datenverarbeitungsanlagen hergestellt worden sind (nichtamtliche Vordrucke).

2. Verwendung nichtamtlicher Vordrucke

Die Verwendung nichtamtlicher Vordrucke (Tz. 1.3) ist zulässig, wenn diese in der drucktechnischen Ausgestaltung (Layout), in der Papierqualität und in den Abmessungen den amtlichen Vordrucken entsprechen.

Die Vordrucke müssen danach insbesondere

- im Wortlaut, im Format und in der Seitenzahl sowie Seitenfolge mit den amtlichen Vordrucken übereinstimmen und
- über einen Zeitraum von mindestens 15 Jahren haltbar und gut lesbar sein.

Geringfügige Veränderungen der Zeilen- und Schreibabstände sowie des Papierformats sind zugelassen; sofern diese gleichmäßig über die ganze Seite erfolgen und das Seitenverhältnis in Längs- und in Querrichtung beibehalten wird. Der Gründruck muss durch entsprechende Graustufen ersetzt werden.

Ein doppelseitiger Druck ist nicht erforderlich und die Verbindung der Seiten mehrseitiger Vordrucke ist zu vermeiden.

Sofern der amtliche Vordruck einen Barcode enthält, ist dieser in den nichtamtlichen Vordruck nicht aufzunehmen; die Eintragung des entsprechenden Formularschlüssels ist vorzunehmen. Weitere aufzunehmende Unterscheidungsmerkmale (z. B. Kennzahl und Wert) ergeben sich aus dem jeweiligen Vordruck.

Weitere Anforderungen an Vordrucke, die mit Hilfe von Datenverarbeitungsanlagen hergestellt wurden, ergeben sich aus dem als Anlage beigefügten Merkblatt.

3. Verwendung von Internetformularen und komprimierten Vordrucken

Bei der Verwendung von Internetformularen und komprimierten Vordrucken sind die Anforderungen an die Papierqualität nichtamtlicher Vordrucke (Tz. 2) einzuhalten.

4. Grundsätze für das maschinelle Ausfüllen von Vordrucken

4.1 Die für die Bearbeitung im Finanzamt erforderlichen Ordnungsangaben sind in dem dafür vorgesehenen Bereich (Vordruckfeld) im Kopf des Vordrucks anzugeben. Die Steuernummern sind nach dem Format aufzubereiten, das für das Land vorgesehen ist, in dem die Steuererklärung abzugeben ist.

4.2 Bei negativen Beträgen ist das Minuszeichen vor den Betrag zu setzen.

4.3 Feldeinteilungen sind einzuhalten. Es ist zu gewährleisten, dass die maschinell vorgenommenen Eintragungen deutlich erkennbar sind (z. B. Fettdruck), die Zuordnung von Beträgen zu den Kennzahlen eindeutig ist und die Kennzahlen nicht überschrieben werden.

4.4 In der Fußzeile des Vordrucks ist zusätzlich der Name des Herstellers des verwendeten Computerprogramms anzugeben.

5. Schlussbestimmungen

Dieses Schreiben tritt mit Veröffentlichung im Bundessteuerblatt Teil I an die Stelle des BMF-Schreibens vom 11. März 2011, BStBl I S. 247.

Anlage

Technisches Merkblatt für Vordrucke, die mit Hilfe von Datenverarbeitungsanlagen hergestellt werden

Das technische Merkblatt richtet sich an Hersteller von Steuersoftware und Betreiber von Portalen zum Download von Steuerformularen aus dem Internet. Die nachfolgend aufgeführten Anforderungen sollen eine reibungslose maschinelle Bearbeitung von Steuererklärungen auf nichtamtlichen Vordrucken ermöglichen. Die Anbieter der Softwarepakete bzw. Portaldienste haben diese Vorgaben einzuhalten.

Ausdruck muss im Grauraster erfolgen

Bei der maschinellen Beleglesung im Finanzamt dient die grüne Farbe in den amtlichen Vordrucken als Blindfarbe. Gründruck in nichtamtlichen Vordrucken, insbesondere bei Ausdrucken aus gängigen Bürodruckern, kann diese Anforderung nicht erfüllen.

Die mit einer Steuersoftware oder mit Formularen aus dem Internet erstellten Steuererklärungen müssen daher im Grauraster ausgedruckt werden.

Technische Vorgaben:

Grüner Hintergrund: Graurasterung 15 % Deckung, 40er Auflösung.

Grüne Schrift und grüne Linien sind schwarz zu drucken.

Auf den Ausdrucken benötigte Merkmale

Keinen Barcode aufdrucken

Das für die steuerliche Beleglesung relevante Unterscheidungsmerkmal zwischen amtlichen und nichtamtlichen Vordrucken ist der Barcode, der als Erkennungsmerkmal für amtliche Vordrucke dient. Der Barcode darf nur bei amtlichen Vordrucken, nicht aber bei nichtamtlichen Vordrucken aufgebracht sein.

Formularschlüssel

Bei nichtamtlichen Vordrucken erfolgt die Identifizierung der einzelnen Anlagen über den Formularschlüssel. Bei fehlenden Formularschlüsseln kann der Vordruck nicht maschinell zugeordnet werden und muss personell bearbeitet werden.

Der Zusatz 'NET' im Formularschlüssel ist für die Internetformulare der Steuerverwaltung reserviert und darf nicht von Softwareherstellern und anderen Portalen verwendet werden.

Bei nichtamtlichen Vordrucken ist derselbe Schlüssel zu verwenden wie bei den amtlichen (grünen) Vordrucken. Der Schlüssel muss exakt an der gleichen Position erscheinen wie bei einem amtlichen Formular. Die Schlüssel müssen freistehen. Dies bedeutet, dass die Formularschlüssel keine anderen Objekte berühren dürfen. Der Abstand zur Formular-Begrenzungslinie und allen anderen Objekten muss mindestens 2 mm betragen. Die Vermaßung ist der untenstehenden Skizze „Ankerwinkel" zu entnehmen.

Name des Herstellers bzw. Formularquelle

Die Herstellerbezeichnung in der Fußzeile muss einen hinreichenden Abstand zum Formularschlüssel einhalten. Aufgrund des begrenzten Platzes ist die zusätzliche Angabe der vollständigen Herstelleranschrift nicht erforderlich.

....

Lohnsteuereinbehalt durch Reeder

Arbeitgeber i. S. d. § 41a Abs. 4 EStG ist der zum Lohnsteuereinbehalt nach § 38 Abs. 3 EStG Verpflichtete. Dies ist regelmäßig der Vertragspartner des Arbeitnehmers aus dem Dienstvertrag (→ BFH vom 13. 7. 2011 – BStBl II S. 986).

Schätzungsbescheid

Wenn ein Arbeitgeber die Lohnsteuer trotz gesetzlicher Verpflichtung nicht anmeldet und abführt, kann das Finanzamt sie durch Schätzungsbescheid festsetzen. Die Möglichkeit, einen Haftungsbescheid zu erlassen, steht dem nicht entgegen (→ BFH vom 7. 7. 2004 – BStBl II S. 1087).

R 41a.2

Abführung der Lohnsteuer

S 2377 [1]Der Arbeitgeber hat die Lohnsteuer in einem Betrag an die Kasse des Betriebsstättenfinanzamts (→ § 41 Abs. 2 EStG) oder an eine von der obersten Finanzbehörde des Landes bestimmte öffentliche Kasse (→ § 41a Abs. 3 EStG) abzuführen. [2]Der Arbeitgeber muss auf dem Zahlungsabschnitt angeben oder durch sein Kreditinstitut angeben lassen: die Steuernummer, die Bezeichnung der Steuer und den Lohnsteuer-Anmeldungszeitraum. [3]Eine Stundung der einzubehaltenden oder einbehaltenen Lohnsteuer ist nicht möglich (→ § 222 Satz 3 und 4 AO).

H 41a.2

Hinweis

Stundung

Stundung von Steuerabzugsbeträgen

(Erlaß des FinMin Thüringen vom 14. 7. 1997–201.1 – S 0453 A – 5/97 –)Die Referatsleiter AO hielten an ihrem Beschluß fest, wonach § 222 AO eine Verrechnungsstundung auch in den Fällen nicht erlaubt, in denen durch sie die Zahlung des Arbeitgebers an das FA und eine umgehende Rückzahlung eines Erstattungsanspruchs durch das FA vermieden werden könnte. Die Finanzämter sind anzuweisen, keine Stundungen von Steuerabzugsbeträgen durchzuführen und entsprechende Anträge abzulehnen.

Ob ein Erlaß von Säumniszuschlägen in Betracht kommt, ist in jedem Einzelfall zu prüfen.

Dieser Erlaß ergeht im Einvernehmen mit den obersten Finanzbehörden des Bundes und der anderen Länder.

§ 41b Abschluss des Lohnsteuerabzugs

EStG

S 2378

(1) [1]Bei Beendigung eines Dienstverhältnisses oder am Ende des Kalenderjahres hat der Arbeitgeber das Lohnkonto des Arbeitnehmers abzuschließen. [2]Auf Grund der Eintragungen im Lohnkonto hat der Arbeitgeber spätestens bis zum 28. Februar des Folgejahres nach amtlich vorgeschriebenem Datensatz auf elektronischem Weg nach Maßgabe der Steuerdaten-Übermittlungsverordnung vom 28. Januar 2003 (BGBl. I S. 139), zuletzt geändert durch Artikel 1 der Verordnung vom 26. Juni 2007 (BGBl. I S. 1185), in der jeweils geltenden Fassung, insbesondere folgende Angaben zu übermitteln (elektronische Lohnsteuerbescheinigung):

1. **Name, Vorname, Tag der Geburt und Anschrift des Arbeitnehmers, die abgerufenen elektronischen Lohnsteuerabzugsmerkmale oder die auf der entsprechenden Bescheinigung für den Lohnsteuerabzug eingetragenen Lohnsteuerabzugsmerkmale, die Bezeichnung und die Nummer des Finanzamts, an das die Lohnsteuer abgeführt worden ist, sowie die Steuernummer des Arbeitgebers,**
2. **die Dauer des Dienstverhältnisses während des Kalenderjahres sowie die Anzahl der nach § 41 Abs. 1 Satz 6 vermerkten Großbuchstaben U,**
3. **die Art und Höhe des gezahlten Arbeitslohns sowie den nach § 41 Abs. 1 Satz 6 vermerkten Großbuchstaben S,**
4. **die einbehaltene Lohnsteuer, den Solidaritätszuschlag und die Kirchensteuer,**
5. **das Kurzarbeitergeld, das Schlechtwettergeld, das Winterausfallgeld, den Zuschuss zum Mutterschaftsgeld nach dem Mutterschutzgesetz, die Entschädigungen für Verdienstausfall nach dem Infektionsschutzgesetz vom 20. Juli 2000 (BGBl. I S. 1045), zuletzt geändert durch Artikel 11 § 3 des Gesetzes vom 6. August 2002 (BGBl. I S. 3082), in der jeweils geltenden Fassung, sowie die nach § 3 Nr. 28 steuerfreien Aufstockungsbeträge oder Zuschläge,**
6. **die auf die Entfernungspauschale anzurechnenden steuerfreien Arbeitgeberleistungen für Fahrten zwischen Wohnung und erster Tätigkeitsstätte sowie Fahrten nach § 9 Absatz 1 Satz 3 Nummer 4a Satz 3,**
7. **die pauschal besteuerten Arbeitgeberleistungen für Fahrten zwischen Wohnung und erster Tätigkeitsstätte sowie Fahrten nach § 9 Absatz 1 Satz 3 Nummer 4a Satz 3,**
8. **für die dem Arbeitnehmer zur Verfügung gestellten Mahlzeiten nach § 8 Absatz 2 Satz 8 den Großbuchstaben M,**
9. **für die steuerfreie Sammelbeförderung nach § 3 Nr. 32 den Großbuchstaben F,**
10. **die nach § 3 Nr. 13 und 16 steuerfrei gezahlten Verpflegungszuschüsse und Vergütungen bei doppelter Haushaltsführung,**
11. **Beiträge zu den gesetzlichen Rentenversicherungen und an berufsständische Versorgungseinrichtungen, getrennt nach Arbeitgeber- und Arbeitnehmeranteil,**
12. **die nach § 3 Nr. 62 gezahlten Zuschüsse zur Kranken- und Pflegeversicherung,**
13. **die Beiträge des Arbeitnehmers zur gesetzlichen Krankenversicherung und zur sozialen Pflegeversicherung,**
14. **die Beiträge des Arbeitnehmers zur Arbeitslosenversicherung,**
15. **den nach § 39b Absatz 2 Satz 5 Nummer 3 Buchstabe d berücksichtigten Teilbetrag der Vorsorgepauschale.**

[3]Der Arbeitgeber hat dem Arbeitnehmer einen nach amtlich vorgeschriebenem Muster gefertigten Ausdruck der elektronischen Lohnsteuerbescheinigung mit Angabe der Identifikationsnummer (§ 139b der Abgabenordnung) oder des lohnsteuerlichen Ordnungsmerkmals (Absatz 2) auszuhändigen oder elektronisch bereitzustellen. [4]Soweit der Arbeitgeber nicht zur elektronischen Übermittlung nach Absatz 1 Satz 2 verpflichtet ist, hat er nach Ablauf des Kalenderjahres oder wenn das Dienstverhältnis vor Ablauf des Kalenderjahres beendet wird, eine *Lohnsteuerbescheinigung nach* amtlich vorgeschriebenem Muster auszustellen. [5]Er hat dem Arbeitnehmer diese Bescheinigung auszuhändigen. [6]Nicht ausgehändigte Bescheinigungen für den Lohnsteuerabzug mit Lohnsteuerbescheinigungen hat der Arbeitgeber dem Betriebsstättenfinanzamt einzureichen.

(2) [1]Ist dem Arbeitgeber die Identifikationsnummer (§ 139b der Abgabenordnung) des Arbeitnehmers nicht bekannt, hat er für die Datenübermittlung nach Absatz 1 Satz 2 aus dem Namen, Vornamen und Geburtsdatum des Arbeitnehmers ein Ordnungsmerkmal nach amtlich festgelegter Regel für den Arbeitnehmer zu bilden und das Ordnungsmerkmal zu verwenden. [2]Er darf das lohnsteuerliche Ordnungsmerkmal nur für die Zuordnung der elektronischen Lohnsteuerbescheinigung oder sonstiger für das Besteuerungsverfahren erforderlicher Daten zu einem bestimmten Steuerpflichtigen und für Zwecke des Besteuerungsverfahrens erheben, bilden, verarbeiten oder verwenden.

(2a) [1]Ordnungswidrig handelt, wer vorsätzlich oder leichtfertig entgegen Absatz 2 Satz 2 das Ordnungsmerkmal verwendet. [2]Die Ordnungswidrigkeit kann mit einer Geldbuße bis zu zehntausend Euro geahndet werden.

(3) [1]Ein Arbeitgeber ohne maschinelle Lohnabrechnung, der ausschließlich Arbeitnehmer im Rahmen einer geringfügigen Beschäftigung in seinem Privathaushalt im Sinne des § 8a des Vierten Buches Sozialgesetzbuch beschäftigt und keine elektronische Lohnsteuerbescheinigung erteilt, hat an Stelle der elektronischen Lohnsteuerbescheinigung eine entsprechende Lohnsteuerbescheinigung nach amtlich vorgeschriebenem Muster auszustellen. [2]Der Arbeitgeber hat dem Arbeitnehmer die Lohnsteuerbescheinigung auszuhändigen. [3]In den übrigen Fällen hat der Arbeitgeber die Lohnsteuerbescheinigung dem Betriebsstättenfinanzamt einzureichen.

(4) Die Absätze 1 bis 3 gelten nicht für Arbeitnehmer, soweit sie Arbeitslohn bezogen haben, der nach den §§ 40 bis 40b pauschal besteuert worden ist.

R 41b

Abschluss des Lohnsteuerabzugs

Lohnsteuerbescheinigungen

S 2378

(1) Die Lohnsteuerbescheinigung richtet sich nach § 41b EStG und der im Bundessteuerblatt Teil I bekannt gemachten Datensatzbeschreibung für die elektronische Übermittlung sowie dem entsprechenden Vordruckmuster.

Lohnsteuerbescheinigungen von öffentlichen Kassen

(2) [1]Wird ein Arbeitnehmer, der den Arbeitslohn im Voraus für einen Lohnzahlungszeitraum erhalten hat, während dieser Zeit einer anderen Dienststelle zugewiesen und geht die Zahlung des Arbeitslohns auf die Kasse dieser Dienststelle über, hat die früher zuständige Kasse in der Lohnsteuerbescheinigung (→ Absatz 1) den vollen von ihr gezahlten Arbeitslohn und die davon einbehaltene Lohnsteuer auch dann aufzunehmen, wenn ihr ein Teil des Arbeitslohns von der nunmehr zuständigen Kasse erstattet wird; der Arbeitslohn darf nicht um die Freibeträge für Versorgungsbezüge (→ § 19 Abs. 2 EStG) und den Altersentlastungsbetrag (→ § 24a EStG gekürzt werden. [2]Die nunmehr zuständige Kasse hat den der früher zuständigen Kasse erstatteten Teil des Arbeitslohns nicht in die Lohnsteuerbescheinigung aufzunehmen.

H 41b

Hinweise

Ausstellung von elektronischen Lohnsteuerbescheinigungen für Kalenderjahre ab ***2016***;

Ausstellung von Besonderen Lohnsteuerbescheinigungen durch den Arbeitgeber ohne maschinelle Lohnabrechnung für Kalenderjahre ab ***2016***

→ BMF vom ***30. 7. 2015*** (BStBl I ***S. 614***)

Ausstellung von elektronischen Lohnsteuerbescheinigungen für Kalenderjahre ab 2016;[1]) Ausstellung von Besonderen Lohnsteuerbescheinigungen durch den Arbeitgeber ohne maschinelle Lohnabrechnung für Kalenderjahre ab 20161

(BMF vom 30. 7. 2015 – IV C 5 – S 2378/15/10001 – BStBl I S. 614)

Im Einvernehmen mit den obersten Finanzbehörden der Länder wird auf Folgendes hingewiesen:

Die Arbeitgeber sind grundsätzlich verpflichtet, der Finanzverwaltung bis zum 28. Februar des Folgejahres eine elektronische Lohnsteuerbescheinigung zu übermitteln (§ 41b Absatz 1 Satz 2 des Einkommensteuergesetzes – EStG –). Die Datenübermittlung ist nach amtlich vorgeschriebenem Datensatz nach Maßgabe der Steuerdaten-Übermittlungsverordnung authentifiziert vorzunehmen. Das für die Authentifizierung erforderliche Zertifikat muss vom Datenübermittler einmalig im ElsterOnline-Portal (www.elsteronline.de) beantragt werden. Ohne Authentifizierung ist eine elektronische Übermittlung der Lohnsteuerbescheinigung nicht möglich. Für jede elektronische Lohnsteuerbescheinigung ist eine eindeutige, durch den Datenlieferanten zu vergebende ID (KmId) zu erstellen, deren Zusammensetzung in der technischen Schnittstellen-

1) Die Änderungen gegenüber dem → BMF-Schreiben vom 15. September 2014 (BStBl I Seite 1244) sind durch Fett- und Kursivdruck hervorgehoben.

beschreibung zur elektronischen Lohnsteuerbescheinigung dokumentiert ist. Einzelheiten zum amtlich vorgeschriebenen Datensatz sind unter www.elster.de abrufbar.

Davon abweichend können ***insbesondere*** Arbeitgeber ohne maschinelle Lohnabrechnung, die ausschließlich Arbeitnehmer im Rahmen einer geringfügigen Beschäftigung in ihren Privathaushalten im Sinne des § 8a SGB IV beschäftigen, anstelle der elektronischen Lohnsteuerbescheinigung eine entsprechende manuelle Lohnsteuerbescheinigung (Besondere Lohnsteuerbescheinigung) erteilen.

Für die elektronische Lohnsteuerbescheinigung und die Ausschreibung von Besonderen Lohnsteuerbescheinigungen sind § 41b EStG sowie die Anordnungen in R 41b der Lohnsteuer-Richtlinien (LStR) maßgebend. Lohnsteuerbescheinigungen sind hiernach sowohl für unbeschränkt als auch für beschränkt einkommensteuerpflichtige Arbeitnehmer zu erstellen.

Das Muster des Ausdrucks der elektronischen Lohnsteuerbescheinigung wird jährlich im Bundessteuerblatt Teil I gesondert bekannt gemacht.

Für Arbeitnehmer, für die der Arbeitgeber die Lohnsteuer ausschließlich nach den §§ 40 bis 40b EStG pauschal erhoben hat, ist keine Lohnsteuerbescheinigung zu erstellen.

I. Ausstellung von elektronischen Lohnsteuerbescheinigungen ab *2016*

Dem Arbeitnehmer ist ein nach amtlich vorgeschriebenem Muster gefertigter Ausdruck der elektronischen Lohnsteuerbescheinigung mit Angabe der Identifikationsnummer (IdNr.) auszuhändigen oder elektronisch bereitzustellen (§ 41b Absatz 1 Satz 3 EStG). Sofern für den Arbeitnehmer keine IdNr. vergeben wurde oder der Arbeitnehmer diese dem Arbeitgeber nicht mitgeteilt hat, ist weiter die elektronische Übermittlung der Lohnsteuerbescheinigung mit der eTIN (= elektronische Transfer-Identifikations-Nummer) zulässig.

Es sind die abgerufenen elektronischen Lohnsteuerabzugsmerkmale (ELStAM) oder die auf der entsprechenden Bescheinigung für den Lohnsteuerabzug eingetragenen Lohnsteuerabzugsmerkmale ***vollständig*** zu ***übermitteln***. ***Dabei ist im elektronischen Datensatz neben den ELStAM auch das Datum „gültig ab" zu übermitteln. Hiervon abweichend sind im Muster des Ausdrucks der elektronischen Lohnsteuerbescheinigung aus Vereinfachungsgründen nur die im letzten Lohnzahlungszeitraum zugrunde gelegten Lohnsteuerabzugsmerkmale – ohne „gültig ab" – zu bescheinigen.***

Außerdem gilt Folgendes:

1. ***Unter Nummer 1 des Ausdrucks ist die Dauer des Dienstverhältnisses während des Kalenderjahres oder der Monat der Auszahlung bei sonstigen Bezügen, die nach Beendigung des Dienstverhältnisses gezahlt werden, zu bescheinigen.***
2. ***Unter*** Nummer 2 des Ausdrucks sind in dem dafür vorgesehenen Feld die nachfolgenden Großbuchstaben zu bescheinigen:

   „S" ist einzutragen, wenn die Lohnsteuer von einem sonstigen Bezug im ersten Dienstverhältnis berechnet wurde und dabei der Arbeitslohn aus früheren Dienstverhältnissen des Kalenderjahres außer Betracht geblieben ist.

   „M" ist grundsätzlich einzutragen, wenn dem Arbeitnehmer anlässlich oder während einer beruflichen Auswärtstätigkeit oder im Rahmen einer beruflichen doppelten Haushaltsführung vom Arbeitgeber oder auf dessen Veranlassung von einem Dritten eine nach § 8 Absatz 2 Satz 8 EStG mit dem amtlichen Sachbezugswert zu bewertende Mahlzeit zur Verfügung gestellt wurde. Die Eintragung hat unabhängig davon zu erfolgen, ob die Besteuerung der Mahlzeit nach § 8 Absatz 2 Satz 9 EStG unterbleibt, der Arbeitgeber die Mahlzeit individuell oder nach § 40 Absatz 2 Satz 1 Nummer 1a EStG pauschal besteuert hat.

   Im Übrigen sind für die Bescheinigung des Großbuchstaben „M" auch die Ausführungen ***der Rz. 90 ff.*** im ***Ergänzten*** BMF-Schreiben zur Reform des steuerlichen Reisekostenrechts ab 1. Januar 2014 vom ***24. Oktober 2014 (BStBl I Seite 1412)*** zu beachten. ***Die Übergangsregelung der Rz. 92 des o. g. BMF-Schreibens wird um zwei Jahre – bis zum 31. Dezember 2017 – verlängert.***

   „F" ist einzutragen, wenn eine steuerfreie Sammelbeförderung eines Arbeitnehmers zwischen Wohnung und erster Tätigkeitsstätte sowie bei Fahrten nach § 9 Absatz 1 Satz 3 Nummer 4a Satz 3 EStG nach § 3 Nummer 32 EStG erfolgte.
3. Unter **Nummer 3** des Ausdrucks ist der Gesamtbetrag des steuerpflichtigen Bruttoarbeitslohns – einschließlich des Werts der Sachbezüge – zu bescheinigen, den der Arbeitnehmer aus dem Dienstverhältnis im Kalenderjahr bezogen hat. Bruttoarbeitslohn ist die Summe aus dem laufenden Arbeitslohn, der für Lohnzahlungszeiträume gezahlt worden ist, die im Kalenderjahr geendet haben, und den sonstigen Bezügen, die dem Arbeitnehmer im Kalenderjahr zugeflossen sind. Netto gezahlter Arbeitslohn ist mit dem hochgerechneten Bruttobetrag anzusetzen. Zum Bruttoarbeitslohn rechnen auch die laufend und einmalig gezahl-

ten Versorgungsbezüge einschließlich Sterbegelder und Abfindungen/Kapitalauszahlungen solcher Ansprüche (Nummer 8 und Nummer 32 des Ausdrucks). Versorgungsbezüge für mehrere Jahre, die ermäßigt besteuert wurden, sind ausschließlich in **Nummer 9** zu bescheinigen. Der Bruttoarbeitslohn darf nicht um die Freibeträge für Versorgungsbezüge (§ 19 Absatz 2 EStG) und den Altersentlastungsbetrag (§ 24a EStG) gekürzt werden. Andere Freibeträge sind gleichfalls nicht abzuziehen und Hinzurechnungsbeträge nicht hinzuzurechnen. Arbeitslöhne im Sinne des § 8 Absatz 3 EStG sind um den Rabatt-Freibetrag nach § 8 Absatz 3 Satz 2 EStG zu kürzen.

Hat der Arbeitgeber steuerpflichtigen Arbeitslohn zurückgefordert, ist unter Nummer 3 bei fortbestehendem Dienstverhältnis nur der gekürzte steuerpflichtige Bruttoarbeitslohn zu bescheinigen. Dies gilt auch für zurückgeforderten Arbeitslohn, der im Zuflussjahr ermäßigt besteuert worden ist. Ergibt die Verrechnung von ausgezahltem und zurückgefordertem Arbeitslohn einen negativen Betrag, so ist dieser Betrag mit einem Minuszeichen zu versehen.

Nicht zum steuerpflichtigen Bruttoarbeitslohn gehören steuerfreie Bezüge, z. B. steuerfreie Zuschläge für Sonntags-, Feiertags- und Nachtarbeit, steuerfreie Umzugskostenvergütungen, steuerfreier Reisekostenersatz, steuerfreier Auslagenersatz, die nach § 3 Nummer 56 und 63 EStG steuerfreien Beiträge des Arbeitgebers an einen Pensionsfonds, eine Pensionskasse oder für eine Direktversicherung sowie Bezüge, für die die Lohnsteuer nach §§ 37b, 40 bis 40b EStG pauschal erhoben wurde. Nicht unter Nummer 3, sondern gesondert zu bescheinigen sind insbesondere ermäßigt besteuerte Entschädigungen, ermäßigt besteuerter Arbeitslohn für mehrere Kalenderjahre sowie die auf Grund eines Doppelbesteuerungsabkommens oder des Auslandstätigkeitserlasses von der Lohnsteuer freigestellten Bezüge.

4. Unter **Nummer 4** bis **6** des Ausdrucks sind die Lohnsteuer, der Solidaritätszuschlag und die Kirchensteuer zu bescheinigen, die der Arbeitgeber vom bescheinigten Bruttoarbeitslohn einbehalten hat. Wurden Lohnsteuer, Solidaritätszuschlag oder Kirchensteuer nicht einbehalten, ist das jeweilige Eintragungsfeld durch einen waagerechten Strich auszufüllen.

5. Bei konfessionsverschiedenen Ehen/konfessionsverschiedenen Lebenspartnerschaften (z. B. ein Ehegatte/Lebenspartner ev, der andere rk) ist sowohl bei Haupt- als auch bei Nebenarbeitsverhältnissen der auf den Ehegatten/Lebenspartner entfallende Teil der Kirchensteuer unter **Nummer 7** oder **Nummer 14** des Ausdrucks anzugeben (Halbteilung der Kirchensteuer nach den Kirchensteuergesetzen der Länder). Diese Halbteilung der Kirchensteuer kommt in Bayern, Bremen und Niedersachsen nicht in Betracht. Deshalb ist in diesen Ländern die einbehaltene Kirchensteuer immer nur unter Nummer 6 oder Nummer 13 einzutragen.

6. Unter **Nummer 8** des Ausdrucks sind die in Nummer 3 enthaltenen Versorgungsbezüge nach § 19 Absatz 2 EStG (z. B. auch regelmäßige Anpassungen von Versorgungsbezügen nach § 19 Absatz 2 Satz 9 EStG) einzutragen.

   Werden einem Versorgungsempfänger zusätzlich zum laufenden Versorgungsbezug weitere Zuwendungen und geldwerte Vorteile (z. B. steuerpflichtige Fahrtkostenzuschüsse, Freifahrtberechtigungen, Kontoführungsgebühren) gewährt, zählen diese ebenfalls zu den unter Nummer 8 zu bescheinigenden Versorgungsbezügen.

7. Im Lohnsteuerabzugsverfahren ermäßigt besteuerte Entschädigungen (z. B. Abfindungen) und ermäßigt besteuerter Arbeitslohn für mehrere Kalenderjahre (z. B. Jubiläumszuwendungen) sind in einer Summe unter **Nummer 10** des Ausdrucks gesondert zu bescheinigen.

   Entschädigungen und Arbeitslohn für mehrere Kalenderjahre, die nicht ermäßigt besteuert wurden, können unter **Nummer 19** eingetragen werden; diese Beträge müssen in dem unter Nummer 3 bescheinigten Bruttoarbeitslohn enthalten sein.

   Gesondert zu bescheinigen sind unter **Nummer 11** bis **14** des Ausdrucks die Lohnsteuer, der Solidaritätszuschlag und die Kirchensteuer, die der Arbeitgeber von ermäßigt besteuerten Versorgungsbezügen für mehrere Kalenderjahre, Entschädigungen und Vergütungen für eine mehrjährige Tätigkeit im Sinne des § 34 EStG einbehalten hat.

8. Das Kurzarbeitergeld einschließlich Saison-Kurzarbeitergeld, der Zuschuss zum Mutterschaftsgeld, der Zuschuss bei Beschäftigungsverbot für die Zeit vor oder nach einer Entbindung sowie für den Entbindungstag während der Elternzeit nach beamtenrechtlichen Vorschriften, die Verdienstausfallentschädigung nach dem Infektionsschutzgesetz, Aufstockungsbeträge und Altersteilzeitzuschläge sind in einer Summe unter **Nummer 15** des Ausdrucks zu bescheinigen. Hat der Arbeitgeber Kurzarbeitergeld zurückgefordert, sind nur die so gekürzten Beträge zu bescheinigen. Ergibt die Verrechnung von ausgezahlten und zurückgeforderten Beträgen einen negativen Betrag, so ist dieser Betrag mit einem Minuszeichen zu bescheinigen. Wurde vom Arbeitgeber in Fällen des § 47b Absatz 4 SGB V Krankengeld in Höhe des Kurzarbeitergeldes gezahlt, ist dieses nicht unter Nummer 15 des Ausdrucks anzugeben.

9. Unter **Nummer 16a)** des Ausdrucks ist der nach Doppelbesteuerungsabkommen und unter **Nummer 16b)** der nach dem Auslandstätigkeitserlass steuerfreie Arbeitslohn auszuweisen.

10. Unter **Nummer 17** des Ausdrucks sind die steuerfreien Sachbezüge für Fahrten zwischen Wohnung und erster Tätigkeitsstätte (§ 8 Absatz 2 Satz 11 EStG – Job-Ticket – oder § 8 Absatz 3 EStG – Verkehrsträger –) betragsmäßig zu bescheinigen.

    Bei steuerfreier Sammelbeförderung nach § 3 Nummer 32 EStG ist der Großbuchstabe „F" unter Nummer 2 des Ausdrucks einzutragen; vgl. Textziffer II. 2 des BMF-Schreibens vom 27. Januar 2004 (BStBl I Seite 173).

11. Unter **Nummer 18** des Ausdrucks sind pauschalbesteuerte Arbeitgeberleistungen für Fahrten zwischen Wohnung und erster Tätigkeitsstätte zu bescheinigen.

12. Unter **Nummer 20** des Ausdrucks sind die nach § 3 Nummer 13 oder 16 EStG steuerfrei gezahlten Vergütungen für Verpflegung bei beruflich veranlassten Auswärtstätigkeiten zu bescheinigen.

    Sofern das Betriebsstättenfinanzamt nach § 4 Absatz 2 Nummer 4 Satz 2 LStDV für steuerfreie Vergütung für Verpflegung eine andere Aufzeichnung als im Lohnkonto zugelassen hat, ist eine Bescheinigung dieser Beträge nicht zwingend erforderlich.

    Steuerfreie Vergütungen bei doppelter Haushaltsführung sind unter **Nummer 21** des Ausdrucks zu bescheinigen.

13. Bei der Bescheinigung von Zukunftssicherungsleistungen ist Folgendes zu beachten:

    a) **Beiträge und Zuschüsse zur Alterssicherung**

    Der **Arbeitgeber**anteil der Beiträge zu den gesetzlichen Rentenversicherungen und der Arbeitgeberzuschuss an berufsständische Versorgungseinrichtungen, die den gesetzlichen Rentenversicherungen vergleichbare Leistungen erbringen (vgl. BMF-Schreiben vom 8. Juli 2014, BStBl I Seite 1098), ist **getrennt** unter **Nummer 22a)** und **b)** des Ausdrucks auszuweisen, der entsprechende **Arbeitnehmer**anteil unter **Nummer 23a)** und **b)**. Gleiches gilt für Beiträge zur Alterssicherung, wenn darin zumindest teilweise ein Arbeitnehmeranteil enthalten ist, die auf Grund einer nach ausländischen Gesetzen bestehenden Verpflichtung an ausländische Sozialversicherungsträger, die den inländischen Sozialversicherungsträgern vergleichbar sind, geleistet werden. Beiträge zur Alterssicherung an ausländische Versicherungsunternehmen sind nicht zu bescheinigen.

    Werden von ausländischen Sozialversicherungsträgern Globalbeiträge erhoben, ist eine Aufteilung vorzunehmen. In diesen Fällen ist unter Nummer 22a) und Nummer 23a) der auf die Rentenversicherung entfallende Teilbetrag zu bescheinigen. Die für die Aufteilung maßgebenden staatenbezogenen Prozentsätze werden für jeden Veranlagungszeitraum durch ein gesondertes BMF-Schreiben bekannt gegeben.

    In Fällen, in denen der Arbeitgeber die Beiträge unmittelbar an eine berufsständische Versorgungseinrichtung abführt (sog. Firmenzahler), ist der Arbeitgeberzuschuss unter Nummer 22b) und der Arbeitnehmeranteil unter Nummer 23b) zu bescheinigen.

    Führt der Arbeitnehmer den gesamten Beitrag selbst an die berufsständische Versorgungseinrichtung ab (sog. Selbstzahler) und zahlt der Arbeitgeber dem Arbeitnehmer hierfür einen zweckgebundenen Zuschuss, ist unter Nummer 22b) der Zuschuss zu bescheinigen. Eine Eintragung unter Nummer 23b) ist in diesen Fällen nicht vorzunehmen.

    Unter Nummer 22a) und Nummer 23a) sind auch Beiträge zur umlagefinanzierten Hüttenknappschaftlichen Zusatzversicherung im Saarland zu bescheinigen. Das Gleiche gilt für Rentenversicherungsbeiträge bei geringfügiger Beschäftigung, wenn die Lohnsteuer nicht pauschal erhoben wurde (der Arbeitgeberbeitrag in Höhe von 15 % oder 5 % und der ***Arbeitnehmerbeitrag***). Dies gilt für den Arbeitgeberbeitrag auch dann, wenn kein Arbeitnehmeranteil zur Rentenversicherung gezahlt wurde.

    Arbeitgeberbeiträge zur gesetzlichen Rentenversicherung für Beschäftigte *nach § 172 Absatz 1 SGB VI* (z. B. bei weiterbeschäftigten Rentnern) gehören nicht zum steuerpflichtigen Arbeitslohn; sie sind nicht als steuerfreie Arbeitgeberanteile im Sinne des § 3 Nummer 62 EStG unter Nummer 22a) zu bescheinigen. Dies gilt auch, wenn dieser Arbeitnehmerkreis geringfügig beschäftigt ist (§ 172 Absatz 3 und 3a SGB VI).

    Arbeitgeberbeiträge zur Rentenversicherung und an berufsständische Versorgungseinrichtungen, die im Zusammenhang mit nach § 3 Nummer 2 EStG steuerfreiem Kurzarbeitergeld stehen, sind ebenfalls nicht zu bescheinigen.

    Zahlt der Arbeitgeber steuerfreie Beiträge zur gesetzlichen Rentenversicherung im Sinne des § 3 Nummer 28 EStG (z. B. bei Altersteilzeit), können diese nicht als Sonderausgaben berücksichtigt werden und sind daher nicht in der Bescheinigung anzugeben. Werden darüber hinaus steuerpflichtige Beiträge zum Ausschluss einer Minderung der

Altersrente gezahlt, sind diese an die gesetzliche Rentenversicherung abgeführten Beiträge als Sonderausgaben abziehbar und deshalb unter Nummer 23a) zu bescheinigen.

b) **Zuschüsse zur Kranken- und Pflegeversicherung**

Steuerfreie Zuschüsse des Arbeitgebers zur gesetzlichen Krankenversicherung bei freiwillig in der gesetzlichen Krankenversicherung versicherten Arbeitnehmern, soweit der Arbeitgeber zur Zuschussleistung gesetzlich verpflichtet ist, sind unter **Nummer 24a)** des Ausdrucks einzutragen. Entsprechende Zuschüsse zu privaten Krankenversicherungen sind unter **Nummer 24b)** zu bescheinigen. Unter **Nummer 24c)** sind steuerfreie Zuschüsse des Arbeitgebers zu gesetzlichen Pflegeversicherungen (soziale Pflegeversicherung und private Pflege-Pflichtversicherung) einzutragen. Bei freiwillig in der gesetzlichen Krankenversicherung versicherten oder privat versicherten Arbeitnehmern, die Kurzarbeitergeld beziehen, sind unter **Nummer 24a) bis c)** die gesamten vom Arbeitgeber gewährten Zuschüsse zu bescheinigen.

Zu bescheinigen sind auch Zuschüsse des Arbeitgebers zur Kranken- und Pflegeversicherung bei ausländischen Versicherungsunternehmen und bei ausländischen Sozialversicherungsträgern. Nicht einzutragen ist der Arbeitgeberanteil zur gesetzlichen Kranken- und sozialen Pflegeversicherung bei pflichtversicherten Arbeitnehmern.

c) **Beiträge zur gesetzlichen Kranken- und sozialen Pflegeversicherung**

Der Arbeitnehmerbeitrag zur inländischen **gesetzlichen** Krankenversicherung***, ab dem Kalenderjahr 2015 einschließlich des einkommensabhängigen Zusatzbeitrags nach § 242 SGB V,*** ist bei pflichtversicherten Arbeitnehmern unter **Nummer 25** einzutragen. Es sind die an die Krankenkasse abgeführten Beiträge zu bescheinigen, d. h. ggf. mit Beitragsanteilen für Krankengeld.

Die Beiträge des **Arbeitnehmers** zur **inländischen** sozialen Pflegeversicherung sind unter **Nummer 26** des Ausdrucks zu bescheinigen.

Bei **freiwillig** in der gesetzlichen Krankenversicherung versicherten Arbeitnehmern ist unter Nummer 25 und 26 der **gesamte** Beitrag***, ab dem Kalenderjahr 2015 einschließlich des einkommensabhängigen Zusatzbeitrags nach § 242 SGB V,*** zu bescheinigen, wenn der Arbeitgeber die Beiträge an die Krankenkasse abführt (sog. **Firmenzahler**). Dies gilt auch in den Fällen des Bezugs von Kurzarbeitergeld. Arbeitgeberzuschüsse sind **nicht** von den Arbeitnehmerbeiträgen abzuziehen, sondern gesondert unter Nummer 24 zu bescheinigen.

In Fällen, in denen der **freiwillig** in der gesetzlichen Krankenversicherung versicherte Arbeitnehmer und nicht der Arbeitgeber die Beiträge an die Krankenkasse abführt (sog. **Selbstzahler**), sind unter Nummer 25 und 26 keine Eintragungen vorzunehmen. Dies gilt auch in den Fällen des Bezugs von Kurzarbeitergeld. Arbeitgeberzuschüsse sind unabhängig davon ungekürzt unter Nummer 24 zu bescheinigen.

Die vom Arbeitnehmer allein zu tragenden Beiträge aus Versorgungsbezügen an die gesetzliche Kranken- und soziale Pflegeversicherung sind ebenfalls unter Nummer 25 und Nummer 26 zu bescheinigen. Dies gilt für pflichtversicherte Arbeitnehmer und für freiwillig in der gesetzlichen Krankenversicherung versicherte Arbeitnehmer, wenn der Arbeitgeber die Beiträge an die Krankenkasse abführt (sog. Firmenzahler).

Beiträge zur Kranken- und Pflegeversicherung an ausländische Sozialversicherungsträger sind nicht zu bescheinigen.

d) **Beiträge zur Arbeitslosenversicherung**

Arbeitnehmerbeiträge zur Arbeitslosenversicherung sind unter **Nummer 27** des Ausdrucks zu bescheinigen; dies gilt auch bei Beitragszahlungen an ausländische Sozialversicherungsträger.

e) **Bescheinigung bei steuerfreiem oder pauschal besteuertem Arbeitslohn**

Unter Nummer 22 bis 27 des Ausdrucks dürfen keine ***Beträge*** bescheinigt werden, die mit steuerfreiem Arbeitslohn ***(z. B. nach dem Auslandstätigkeitserlass oder auf Grund eines Doppelbesteuerungsabkommens)*** in unmittelbarem wirtschaftlichen Zusammenhang stehen. ***Danach sind z. B. nicht zu bescheinigen:***

– die auf den nach § 3 Nummer 63 Satz 3 EStG steuerfreien Arbeitslohn (zusätzlicher Höchstbetrag von 1 800 €; vgl. Rz. 156 des BMF-Schreibens vom 19. August 2013, BStBl I Seite 1087, geändert durch das BMF-Schreiben vom 10. Januar 2014, BStBl I Seite 70, *10. April 2015, BStBl I Seite 256 und 1. Juni 2015, BStBl I Seite 475*) oder auf den im Zusammenhang mit nach § 3 Nummer 56 EStG steuerfreiem Arbeitslohn stehenden Hinzurechnungsbetrag nach § 1 Absatz 1 Satz 3 und 4 SvEV entfallenden, nicht als Sonderausgaben abziehbaren Beiträgen ***(zur Aufteilung siehe unten),***

- ***Beiträge*** oder Zuschüsse des Arbeitgebers ***die*** nicht nach § 3 Nummer 62 EStG, sondern nach einer anderen Vorschrift steuerfrei ***sind,***
- ***bei pflichtversicherten Arbeitnehmern*** die gesetzlichen Arbeitgeber- und Arbeitnehmeranteile, die auf steuerfreien Arbeitslohn ***entfallen***.

Hingegen sind z. B. zu bescheinigen:

- ***in voller Höhe*** auf steuerfreien Arbeitslohn ***entfallende*** Zuschüsse und Beiträge für freiwillig in der gesetzlichen Kranken-/sozialen Pflegeversicherung Versicherte und privat Kranken-/Pflegeversicherte ***(Nummer 24 bis 26),- die Beiträge im*** Fall der beitragspflichtigen Umwandlung von Arbeitslohn zugunsten einer Direktzusage oberhalb von 4 % der Beitragsbemessungsgrenze in der allgemeinen ***Rentenversicherung*** (***Nummer 22 bis 27;*** § 14 Absatz 1 Satz 2 SGB IV),
- ***Beiträge*** von pauschal besteuertem Arbeitslohn (z. B. nach § 37b Absatz 2, § 40b EStG ggf. i. V. m. § 1 Absatz 1 Satz 3 und 4 SvEV)***, die bei einem sozialversicherungspflichtigen Arbeitnehmer erhoben werden (Nummer 22 bis 27; zur Aufteilung siehe unten).***

Bei steuerfreien und steuerpflichtigen Arbeitslohnteilen im ***Bescheinigungszeitraum*** ist nur der Anteil der Sozialversicherungsbeiträge zu bescheinigen, der sich nach dem Verhältnis des steuerpflichtigen Arbeitslohns zum gesamten Arbeitslohn des ***Bescheinigungszeitraum***s (höchstens maßgebende Beitragsbemessungsgrenze) ergibt. Hierbei sind steuerpflichtige Arbeitslohnanteile, die nicht der Sozialversicherungspflicht unterliegen (z. B. Entlassungsabfindungen), nicht in die Verhältnisrechnung einzubeziehen. Erreicht der steuerpflichtige Arbeitslohn im ***Bescheinigungszeitraum*** die für die Beitragsberechnung maßgebende Beitragsbemessungsgrenze, sind die Sozialversicherungsbeiträge des ***Bescheinigungszeitraums*** folglich insgesamt dem steuerpflichtigen Arbeitslohn zuzuordnen und in vollem Umfang zu bescheinigen.

Auf den Hinzurechnungsbetrag nach § 1 Absatz 1 Satz 3 und 4 SvEV entfallende Vorsorgeaufwendungen sind nur insoweit zu bescheinigen, als sie auf den Teil des Hinzurechnungsbetrags entfallen, der dem Anteil der pauschal besteuerten Umlagen an der Summe aus pauschal besteuerten und steuerfreien Umlagen entspricht (quotale Aufteilung nach dem Verhältnis der Beiträge im Bescheinigungszeitraum).

Werden Sozialversicherungsbeiträge erstattet, sind unter Nummer 22 bis 27 nur die gekürzten Beiträge zu bescheinigen.

f) **Teilbeträge der Vorsorgepauschale für die private Basis-Kranken- und private Pflege-Pflichtversicherung**

Unter **Nummer 28** des Ausdrucks ist der tatsächlich im Lohnsteuerabzugsverfahren berücksichtigte Teilbetrag der Vorsorgepauschale nach § 39b Absatz 2 Satz 5 Nummer 3 Buchstabe d EStG (Beiträge zur privaten Basis-Krankenversicherung und privaten Pflege-Pflichtversicherung) zu bescheinigen (z. B. bei Arbeitnehmern ohne Arbeitgeberzuschuss mit einem nachgewiesenen Monatsbeitrag von 500 €, Beschäftigungsdauer drei Monate, Bescheinigung 1 500 €). Wurde beim Lohnsteuerabzug die Mindestvorsorgepauschale berücksichtigt (ggf. auch nur in einzelnen Lohnzahlungszeiträumen), ist auch diese zu bescheinigen (z. B. Ansatz der Mindestvorsorgepauschale für zwei Monate, Bescheinigung von 2/12 der Mindestvorsorgepauschale).

Bei geringfügig Beschäftigten, bei denen die Lohnsteuer nach den Lohnsteuerabzugsmerkmalen des Arbeitnehmers erhoben wird und kein Arbeitnehmeranteil für die Krankenversicherung zu entrichten ist, ist an Stelle des Teilbetrags für die gesetzliche Krankenversicherung die Mindestvorsorgepauschale anzusetzen und unter Nummer 28 des Ausdrucks zu bescheinigen. Entsprechendes gilt für andere Arbeitnehmer, z. B. Praktikanten, Schüler, Studenten. Siehe auch Programmablaufplan für den Lohnsteuerabzug zu „VKVLZZ" und „VKVSONST". Ist der berechnete Betrag negativ, ist der Wert mit einem deutlichen Minuszeichen zu versehen.

Beiträge zur Kranken- und Pflegeversicherung an ausländische Versicherungsunternehmen sind nicht zu bescheinigen.

Werden vom Arbeitnehmer Beiträge zur privaten Krankenversicherung und Pflege-Pflichtversicherung nachgewiesen, wird jedoch kein Arbeitslohn gezahlt, ist keine Lohnsteuerbescheinigung auszustellen.

14. Für die Ermittlung des bei Versorgungsbezügen nach § 19 Absatz 2 EStG zu berücksichtigenden Versorgungsfreibetrags sowie des Zuschlags zum Versorgungsfreibetrag (Freibeträge für Versorgungsbezüge) sind die Bemessungsgrundlage des Versorgungsfreibetrags, das Jahr des Versorgungsbeginns und bei unterjähriger Zahlung von Versorgungsbezügen der erste und letzte Monat, für den Versorgungsbezüge gezahlt werden, maßgebend.

Folgt ein Hinterbliebenenbezug einem Versorgungsbezug, bestimmen sich der Prozentsatz, der Höchstbetrag des Versorgungsfreibetrags und der Zuschlag zum Versorgungsfreibetrag für den Hinterbliebenenbezug nach dem Jahr des Beginns des Versorgungsbezugs des Verstorbenen (§ 19 Absatz 2 Satz 7 EStG). Unabhängig davon ist bei erstmaliger Zahlung dieses Hinterbliebenenbezugs im laufenden Kalenderjahr unter Nummer 31 des Ausdrucks eine unterjährige Zahlung zu bescheinigen.

Sterbegelder und Kapitalauszahlungen/Abfindungen von Versorgungsbezügen sowie Nachzahlungen von Versorgungsbezügen, die sich ganz oder teilweise auf vorangegangene Kalenderjahre beziehen, sind als eigenständige zusätzliche Versorgungsbezüge zu behandeln. Für diese Bezüge sind die Höhe des gezahlten Bruttobetrags im Kalenderjahr und das maßgebende Kalenderjahr des Versorgungsbeginns anzugeben. In diesen Fällen sind die maßgebenden Freibeträge für Versorgungsbezüge in voller Höhe und nicht zeitanteilig zu berücksichtigen (Rz. 184 bis 187 des BMF-Schreibens vom 19. August 2013, geändert durch das BMF-Schreiben vom 10. Januar 2014, ***10. April 2015 und 1. Juni 2015*** a. a. O.).

Der Arbeitgeber ist verpflichtet, die für die Berechnung der Freibeträge für Versorgungsbezüge erforderlichen Angaben für jeden Versorgungsbezug gesondert im Lohnkonto aufzuzeichnen (§ 4 Absatz 1 Nummer 4 LStDV i. V. m. Rz. 189 des BMF-Schreibens vom 19. August 2013, geändert durch das BMF-Schreiben vom 10. Januar 2014, ***10. April 2015 und 1. Juni 2015*** a. a. O.). Die hiernach im Lohnkonto aufgezeichneten Angaben zu Versorgungsbezügen sind in den Ausdruck wie folgt zu übernehmen (§ 41b Absatz 1 Satz 2 EStG):

a) Versorgungsbezug, der laufenden Arbeitslohn darstellt

Unter **Nummer 29** des Ausdrucks ist die nach § 19 Absatz 2 Sätze 4 bis 11 EStG ermittelte Bemessungsgrundlage für den Versorgungsfreibetrag (das Zwölffache des Versorgungsbezugs für den ersten vollen Monat zuzüglich voraussichtlicher Sonderzahlungen) einzutragen. In die Bemessungsgrundlage sind auch zusätzlich zu den laufenden Versorgungsbezügen gewährte weitere Zuwendungen und geldwerte Vorteile (z. B. steuerpflichtige Fahrtkostenzuschüsse, Freifahrtberechtigungen, Kontoführungsgebühren) einzubeziehen.

Unter **Nummer 30** ist das maßgebende Kalenderjahr des Versorgungsbeginns (vierstellig) zu bescheinigen.

Unter **Nummer 31** ist **nur bei unterjähriger Zahlung** eines laufenden Versorgungsbezugs der erste und letzte Monat (zweistellig mit Bindestrich, z. B. „02 – 12" oder „01 – 08"), für den Versorgungsbezüge gezahlt wurden, einzutragen. Dies gilt auch bei unterjährigem Wechsel des Versorgungsträgers.

b) Versorgungsbezug, der einen sonstigen Bezug darstellt

Sterbegelder, Kapitalauszahlungen/Abfindungen von Versorgungsbezügen und die als sonstige Bezüge zu behandelnden Nachzahlungen von Versorgungsbezügen, die in Nummer 3 und Nummer 8 des Ausdrucks enthalten sind, sind unter **Nummer 32** gesondert zu bescheinigen.

Nach § 34 EStG ermäßigt zu besteuernde Versorgungsbezüge für mehrere Kalenderjahre sind dagegen nur unter Nummer 9 des Ausdrucks zu bescheinigen. Zusätzlich ist zu den in Nummer 9 oder Nummer 32 bescheinigten Versorgungsbezügen jeweils unter Nummer 30 des Ausdrucks das Kalenderjahr des Versorgungsbeginns anzugeben.

c) Mehrere Versorgungsbezüge

Fällt der maßgebende Beginn mehrerer laufender Versorgungsbezüge in dasselbe Kalenderjahr (Nummer 30 des Ausdrucks), kann der Arbeitgeber unter Nummer 29 des Ausdrucks die zusammengerechneten Bemessungsgrundlagen dieser Versorgungsbezüge in einem Betrag bescheinigen (Rz. 177 des BMF-Schreibens vom 19. August 2013, geändert durch das BMF-Schreiben vom 10. Januar 2014, ***10. April 2015 und 1. Juni 2015,*** a. a. O.). In diesem Fall sind auch die unter Nummer 8 zu bescheinigenden Versorgungsbezüge zusammenzufassen.

Bei mehreren als sonstige Bezüge gezahlten Versorgungsbezügen mit maßgebendem Versorgungsbeginn in demselben Kalenderjahr können die Nummer 8 und/oder Nummer 9 sowie Nummer 30 und Nummer 32 zusammengefasst werden. Gleiches gilt, wenn der Versorgungsbeginn laufender Versorgungsbezüge und als sonstige Bezüge gezahlter Versorgungsbezüge in dasselbe Kalenderjahr fällt.

Bei mehreren laufenden Versorgungsbezügen und als sonstige Bezüge gezahlten Versorgungsbezügen mit unterschiedlichen Versorgungsbeginnen nach § 19 Absatz 2 Satz 3 EStG sind die Angaben zu Nummer 8 und/oder Nummer 9 sowie Nummer 29 bis 32 jeweils **getrennt** zu bescheinigen (Rz. 177 des BMF-Schreibens vom 19. August 2013, geändert durch das BMF-Schreiben vom 10. Januar 2014, ***10. April 2015 und 1. Juni 2015***, a. a. O.).

15. Unter **Nummer 33** des Ausdrucks ist die Summe des vom Arbeitgeber an Angehörige des öffentlichen Dienstes im Kalenderjahr ausgezahlten Kindergeldes zu bescheinigen, wenn es zusammen mit den Bezügen oder dem Arbeitsentgelt ausgezahlt wird (§ 72 Absatz 7 Satz 1 EStG).

16. Unter Nummer 34 des Ausdrucks ist der beim Lohnsteuerabzug verbrauchte Betrag nach Artikel 18 Absatz 2 des Abkommens zwischen der Bundesrepublik Deutschland und der Republik Türkei zur Vermeidung der Doppelbesteuerung und der Steuerverkürzung auf dem Gebiet der Steuern vom Einkommen zu bescheinigen (Rz. 17 des BMF-Schreibens vom 11. Dezember 2014, BStBl I 2015 Seite 92). Hierfür wird ein entsprechender Programmablaufplan mit einem entsprechenden Ausgangsparameter bekannt gemacht.

17. In der letzten Zeile des Ausdrucks ist stets das Finanzamt, an das die Lohnsteuer abgeführt wurde, und dessen vierstellige Nummer einzutragen. Bei Finanzamtsaußenstellen mit eigener Nummer ist diese Nummer einzutragen.

In den nicht amtlich belegten Zeilen des Ausdrucks sind freiwillig vom Arbeitgeber übermittelte Daten zu bescheinigen, z. B.

- „Arbeitnehmerbeitrag zur Winterbeschäftigungs-Umlage",
- bei Arbeitgeberbeiträgen zur Zusatzversorgung, die nach den Lohnsteuerabzugsmerkmalen versteuert wurden: „Steuerpflichtiger Arbeitgeberbeitrag zur Zusatzversorgung",
- „Arbeitnehmerbeitrag/-anteil zur Zusatzversorgung",
- bei Fahrten zwischen Wohnung und erster Tätigkeitsstätte: „Anzahl der Arbeitstage",
- bei steuerfreiem Fahrtkostenersatz für beruflich veranlasste Auswärtstätigkeiten: „Steuerfreie Fahrtkosten bei beruflich veranlasster Auswärtstätigkeit",
- „Versorgungsbezüge für mehrere Kalenderjahre, die nicht ermäßigt besteuert wurden – in 3. und 8. enthalten".

Außerdem sind weitere, nicht der Finanzverwaltung übermittelte Angaben zulässig (betriebsinterne, für den Arbeitnehmer bestimmte Informationen); dies ist entsprechend zu kennzeichnen.

Die Anschrift des Arbeitnehmers kann im Ausdruck – abweichend von der im Datensatz elektronisch übermittelten Adresse – so gestaltet sein, dass sie den Gegebenheiten des Unternehmens entspricht (z. B. Übermittlung durch Hauspost, Auslandszustellung). Eintragungsfelder (Tabellen) mit zeitraumbezogenen Angaben (Historie) können variabel – je nach Füllungsgrad – ausgedruckt werden. Es ist darauf zu achten, dass die IdNr./eTIN bei Benutzung von Fensterbriefumhüllungen im Adressfeld nicht sichtbar ist.

Neben der Anschrift des Arbeitgebers ist **die Steuernummer seiner lohnsteuerlichen Betriebsstätte** anzugeben. Hat ein Dritter für den Arbeitgeber die lohnsteuerlichen Pflichten übernommen (§ 38 Absatz 3a EStG), ist die Anschrift und **Steuernummer des Dritten** anzugeben.

Damit gewährleistet ist, dass die Daten der elektronischen Lohnsteuerbescheinigung(en) der Finanzverwaltung vollständig zur Verfügung stehen, muss nach der elektronischen Übermittlung das Verarbeitungsprotokoll abgerufen werden. Im Ausdruck der elektronischen Lohnsteuerbescheinigung ist als Transferticket die elektronisch vergebene Quittungsnummer des Verarbeitungsprotokolls anzugeben, soweit dies technisch möglich ist.

II. Korrektur- und Stornierungsverfahren

Eine Korrektur der elektronisch an das Finanzamt übermittelten Lohnsteuerbescheinigung ist zulässig, wenn es sich um eine bloße Berichtigung eines zunächst unrichtig übermittelten Datensatzes handelt (R 41c.1 Absatz 7 LStR).

Der Arbeitgeber hat zudem eine berichtigte (elektronische) Lohnsteuerbescheinigung zu übermitteln, wenn er die Lohnsteuer-Anmeldung nach Übermittlung der Lohnsteuerbescheinigung aufgrund des § 41c Absatz 3 Satz 4 bis 6 EStG zu seinen Gunsten ändert. Berichtigte Lohnsteuerbescheinigungen sind mit dem Merker „Korrektur" zu versehen.

Eine Stornierung von bereits übermittelten Lohnsteuerbescheinigungen kommt insbesondere in Betracht, wenn

- ***ein falsches Kalenderjahr angegeben wurde,***
- ***kennzeichnende Daten zu einer Person (IdNr., eTIN, Name, Vorname und Geburtsdatum) falsch übermittelt wurden oder***
- ***mehrere Einzel-Bescheinigungen zu einem Arbeitsverhältnis durch eine zusammenfassende Bescheinigung ersetzt werden.***

Eine Stornierungsmitteilung storniert über die eindeutige verfahrensweite Kennzeichnung genau eine Lohnsteuerbescheinigung.

Eine detaillierte Beschreibung der technischen Umsetzung des Korrektur- und Stornierungsverfahrens ist in der technischen Schnittstellenbeschreibung zur elektronischen Lohnsteuerbescheinigung dokumentiert.

III. Nachzahlungen

Stellen Nachzahlungen laufenden Arbeitslohn dar, sind diese für die Berechnung der Lohnsteuer den Lohnzahlungszeiträumen zuzurechnen, für die sie geleistet werden (R 39b.5 Absatz 4 Satz 1 LStR). Wird eine solche Nachzahlung nach Beendigung des Dienstverhältnisses im selben Kalenderjahr für Lohnzahlungszeiträume bis zur Beendigung des Dienstverhältnisses geleistet, ist die bereits erteilte und übermittelte Lohnsteuerbescheinigung zu korrigieren. ***Die berichtigte Lohnsteuerbescheinigung ist mit dem Merker „Korrektur" zu versehen.*** Sonstige Bezüge, die nach Beendigung des Dienstverhältnisses oder in folgenden Kalenderjahren gezahlt werden, sind gesondert zu bescheinigen; als Dauer des Dienstverhältnisses ist in diesen Fällen der Monat der Zahlung anzugeben.

IV.* Ausstellung von Besonderen Lohnsteuerbescheinigungen durch den Arbeitgeber ohne maschinelle Lohnabrechnung ab *2016

Die unter I. Nummer ***1*** bis ***17*** aufgeführten Regelungen für den Ausdruck der elektronischen Lohnsteuerbescheinigung gelten für die Ausschreibung von Besonderen Lohnsteuerbescheinigungen ab ***2016*** entsprechend. Eine Besondere Lohnsteuerbescheinigung kann von Arbeitgebern ausgestellt werden, für die das Betriebsstättenfinanzamt zugelassen hat, dass diese nicht am elektronischen Abrufverfahren teilnehmen (§§ 39e Absatz 7, 41b Absatz 1 Sätze 4 bis 6 EStG). Dies gilt insbesondere für Arbeitgeber ohne maschinelle Lohnabrechnung, die ausschließlich Arbeitnehmer im Rahmen einer geringfügigen Beschäftigung nach § 8a SGB IV im Privathaushalt beschäftigen und die Lohnsteuerbescheinigung nicht elektronisch an die Finanzverwaltung ***übermitteln***.

Der Vordruck wird dem Arbeitgeber auf Anforderung kostenlos vom Finanzamt zur Verfügung gestellt.

Bekanntmachung des Musters für den Ausdruck der elektronischen Lohnsteuerbescheinigung ***2016***

→ BMF vom ***3. 8. 2015*** (BStBl I ***S. 621***)

Bekanntmachung des Musters für den Ausdruck der elektronischen Lohnsteuerbescheinigung 2016

(BMF vom 3. 8. 2015 – IV C 5 – S 2378/15/10001 – BStBl I S. 621)

1 Anlage

Gemäß § 51 Absatz 4 Nummer 1 des Einkommensteuergesetzes ist das Bundesministerium der Finanzen ermächtigt, das Muster für den Ausdruck der elektronischen Lohnsteuerbescheinigung zu bestimmen. Im Einvernehmen mit den obersten Finanzbehörden der Länder wird hiermit das Muster für den Ausdruck der elektronischen Lohnsteuerbescheinigung für das Kalenderjahr 2016 bekannt gemacht (siehe Anlage).

Der Ausdruck hat das Format DIN A 4.

Der Ausdruck der elektronischen Lohnsteuerbescheinigung kann vom amtlichen Muster abweichen, wenn er sämtliche Angaben in gleicher Reihenfolge enthält und in Format und Aufbau dem bekannt gemachten Musters entspricht.

Bei der Ausstellung des Ausdrucks der elektronischen Lohnsteuerbescheinigung sind die Vorgaben im BMF-Schreiben vom 30. 7. 2015 (BStBl I Seite 614), zu beachten.

Ausdruck der elektronischen Lohnsteuerbescheinigung für 2016

Nachstehende Daten wurden maschinell an die Finanzverwaltung übertragen.

Korrektur/Stornierung
Datum:
eTIN:
Identifikationsnummer:
Personalnummer:
Geburtsdatum:
Transferticket:

Dem Lohnsteuerabzug wurden im letzten Lohnzahlungszeitraum zugrunde gelegt:

Steuerklasse/Faktor

Zahl der Kinderfreibeträge

Steuerfreier Jahresbetrag

Jahreshinzurechnungsbetrag

Kirchensteuermerkmale

Anschrift und Steuernummer des Arbeitgebers:

1. Bescheinigungszeitraum		vom - bis	
2. Zeiträume ohne Anspruch auf Arbeitslohn		Anzahl „U“	
Großbuchstaben (S, M, F)			
		EUR	Ct
3. Bruttoarbeitslohn einschl. Sachbezüge ohne 9. und 10.			
4. Einbehaltene Lohnsteuer von 3.			
5. Einbehaltener Solidaritätszuschlag von 3.			
6. Einbehaltene Kirchensteuer des Arbeitnehmers von 3.			
7. Einbehaltene Kirchensteuer des Ehegatten/Lebenspartners von 3. (nur bei Konfessionsverschiedenheit)			
8. In 3. enthaltene Versorgungsbezüge			
9. Ermäßigt besteuerte Versorgungsbezüge für mehrere Kalenderjahre			
10. Ermäßigt besteuerter Arbeitslohn für mehrere Kalenderjahre (ohne 9.) und ermäßigt besteuerte Entschädigungen			
11. Einbehaltene Lohnsteuer von 9. und 10.			
12. Einbehaltener Solidaritätszuschlag von 9. und 10.			
13. Einbehaltene Kirchensteuer des Arbeitnehmers von 9. und 10.			
14. Einbehaltene Kirchensteuer des Ehegatten/Lebenspartners von 9. und 10. (nur bei Konfessionsverschiedenheit)			
15. (Saison-)Kurzarbeitergeld, Zuschuss zum Mutterschaftsgeld, Verdienstausfallentschädigung (Infektionsschutzgesetz), Aufstockungsbetrag und Altersteilzeitzuschlag			
16. Steuerfreier Arbeitslohn nach	a) Doppelbesteuerungsabkommen (DBA)		
	b) Auslandstätigkeitserlass		
17. Steuerfreie Arbeitgeberleistungen für Fahrten zwischen Wohnung und erster Tätigkeitsstätte			
18. Pauschal besteuerte Arbeitgeberleistungen für Fahrten zwischen Wohnung und erster Tätigkeitsstätte			
19. Steuerpflichtige Entschädigungen und Arbeitslohn für mehrere Kalenderjahre, die nicht ermäßigt besteuert wurden - in 3. enthalten			
20. Steuerfreie Verpflegungszuschüsse bei Auswärtstätigkeit			
21. Steuerfreie Arbeitgeberleistungen bei doppelter Haushaltsführung			
22. Arbeitgeber-anteil/-zuschuss	a) zur gesetzlichen Rentenversicherung		
	b) an berufsständische Versorgungseinrichtungen		
23. Arbeitnehmer-anteil	a) zur gesetzlichen Rentenversicherung		
	b) an berufsständische Versorgungseinrichtungen		
24. Steuerfreie Arbeitgeber-zuschüsse	a) zur gesetzlichen Krankenversicherung		
	b) zur privaten Krankenversicherung		
	c) zur gesetzlichen Pflegeversicherung		
25. Arbeitnehmerbeiträge zur gesetzlichen Krankenversicherung			
26. Arbeitnehmerbeiträge zur sozialen Pflegeversicherung			
27. Arbeitnehmerbeiträge zur Arbeitslosenversicherung			
28. Beiträge zur privaten Kranken- und Pflege-Pflichtversicherung oder Mindestvorsorgepauschale			
29. Bemessungsgrundlage für den Versorgungsfreibetrag zu 8.			
30. Maßgebendes Kalenderjahr des Versorgungsbeginns zu 8. und/oder 9.			
31. Zu 8. bei unterjähriger Zahlung: Erster und letzter Monat, für den Versorgungsbezüge gezahlt wurden			
32. Sterbegeld; Kapitalauszahlungen/Abfindungen und Nachzahlungen von Versorgungsbezügen - in 3. und 8. enthalten			
33. Ausgezahltes Kindergeld			—
34. Freibetrag DBA Türkei			
Finanzamt, an das die Lohnsteuer abgeführt wurde (Name und vierstellige Nr.)			

Vorsorgeaufwendungen
Aufteilung eines einheitlichen Sozialversicherungsbeitrags (Globalbeitrag);

Anpassung der Aufteilungsmaßstäbe für den Veranlagungszeitraum 2016

(BMF-Schreiben vom 28. 8. 2015 – BStBl I S. 632)

Im Einvernehmen mit den obersten Finanzbehörden der Länder sind zur Ermittlung der steuerlich berücksichtigungsfähigen Vorsorgeaufwendungen die vom Steuerpflichtigen geleisteten einheitlichen Sozialversicherungsbeiträge (Globalbeiträge) staatenbezogen wie folgt aufzuteilen:[1])

Vorsorgeaufwendungen nach	Belgien	Irland	Lettland	Malta	Norwegen
§ 10 Absatz 1 Nummer 2 Buchstabe a EStG	51,65 %	75,81 %	80,76 %	48,45 %	57,32 %
§ 10 Absatz 1 Nummer 3 Satz 1 Buchstabe a und b EStG (ohne Krankengeldanteil)	38,46 %	9,68 %	–	42,27 %	42,68 %
§ 10 Absatz 1 Nummer 3a EStG (Anteil vom Globalbeitrag für Krankengeld)	9,89 % (1,65 %)	14,51 % (2,42 %)	15,90 % (8,19 %)	9,28 % (1,55 %)	–
Gesamtaufwand	100,00 %	100,00 %	96,66 % (3,34 % sonstige nicht Abziehbare)	100,00 %	100,00 %
Für Höchstbetragsberechnung gemäß § 10 Absatz 3 EStG anzusetzender Arbeitgeberanteil	97,89 %	161,10 %	181,44 %	48,45 %	98,56 %

Vorsorgeaufwendungen nach	Portugal	Spanien	Verein. Königreich (GB)	Zypern
§ 10 Absatz 1 Nummer 2 Buchstabe a EStG	83,93 %	96,91 %	83,93 %	82,62 %
§ 10 Absatz 1 Nummer 3 Satz 1 Buchstabe a und b EStG (ohne Krankengeldanteil)	–	–	–	–
§ 10 Absatz 1 Nummer 3a EStG (Anteil vom Globalbeitrag für Krankengeld)	16,07 % (2,68 %)	3,09 % (3,09 %)	16,07 % (2,68 %)	17,38 % (2,64 %)
Gesamtaufwand	100,00 %	100,00 %	100,00 %	100,00 %
Für Höchstbetragsberechnung gemäß § 10 Absatz 3 EStG anzusetzender Arbeitgeberanteil	177,40 %	486,61 %	96,52 %	82,62 %

Anwendungsbeispiel:

Der ledige Arbeitnehmer A leistet für das Jahr 2016 in Belgien einen Globalbeitrag i. H. v. 1 000 Euro.

Lösung:

A kann an Vorsorgeaufwendungen geltend machen:

- Altersvorsorgeaufwendungen i. S. d. § 10 Absatz 1 Nummer 2 Buchstabe a EStG i. H. v. 516,50 Euro (= 51,65 % von 1 000 Euro),

[1]) Angaben in Prozent des vom Arbeitnehmer geleisteten Globalbeitrags.

- Beiträge zur Basiskranken- und gesetzlichen Pflegeversicherung i. S. d. § 10 Absatz 1 Nummer 3 Satz 1 Buchstabe a und Buchstabe b EStG i. H. v. 384,60 Euro (= 38,46 % von 1 000 Euro),
- Beiträge für sonstige Vorsorgeaufwendungen i. S. d. § 10 Absatz 1 Nummer 3a EStG i. H. v. 98,90 Euro (= 9,89 % von 1 000 Euro, darin enthalten 16,50 Euro = 1,65 %von 1 000 Euro für Krankengeld und 82,40 Euro = 7,88,241 % von 1 000 Euro für die weiteren sonstigen Vorsorgeaufwendungen).

Im Rahmen der Höchstbetragsberechnung gemäß § 10 Absatz 3 EStG ist ein Arbeitgeberanteil i. H. v. 978,90 Euro (= 97,89 % von 1 000 Euro) anzusetzen.

Eine entsprechende Aufteilung ist hinsichtlich der Altersvorsorgeaufwendungen auch bei der Ausstellung von Lohnsteuerbescheinigungen und Besonderen Lohnsteuerbescheinigungen durch den Arbeitgeber für das Kalenderjahr 2016 vorzunehmen (s. Abschnitt I Tz. 13 Buchstabe a des BMF-Schreibens vom 30. Juli 2015, BStBl I Seite 614).

Die Tabellen sind für den Veranlagungszeitraum 2016 anzuwenden. Sie gelten für den gesamten Veranlagungszeitraum.

Die Aufteilung von Globalbeiträgen, die an Sozialversicherungsträger in Ländern außerhalb Europas geleistet werden, ist nach den Umständen des Einzelfalls vorzunehmen.

Berichtigung der Lohnsteuerbescheinigung

– Der Arbeitnehmer kann nach Übermittlung oder Ausschreibung der Lohnsteuerbescheinigung deren Berichtigung nicht mehr verlangen (→ BFH vom 13. 12. 2007 – BStBl 2008 II S. 434).
– Zur Berichtigung der Lohnsteuerbescheinigung bei Änderung der Lohnsteuer-Anmeldung zu Gunsten des Arbeitgebers → § 41c Abs. 3 Satz 4 und 5 EStG

Bescheinigung zu Unrecht einbehaltener Lohnsteuer

Wird von steuerfreien Einnahmen aus nichtselbständiger Arbeit (zu Unrecht) Lohnsteuer einbehalten und an ein inländisches Finanzamt abgeführt, so ist auch diese Lohnsteuer in der Lohnsteuerbescheinigung einzutragen und auf die für den Veranlagungszeitraum festgesetzte Einkommensteuerschuld des Arbeitnehmers anzurechnen (→ BFH vom 23. 5. 2000 – BStBl II S. 581).

→ Korrektur elektronisch übermittelter Daten

Finanzamtsverzeichnis

Eine Liste der Finanzämter mit den bundeseinheitlichen Finanzamtnummern kann im Internet-Angebot des Bundeszentralamts für Steuern eingesehen und abgerufen werden.

Suchfunktion zur Ermittlung der örtlich und sachlich zuständigen Finanzämter:

Das System GEMFA ist ein Auskunftssystem, mit dessen Hilfe die örtlich und sachlich zuständigen Finanzämter ermittelt werden können. Die Abkürzung GEMFA steht für Gemeinde und Finanzamt. Es werden Daten des Statistischen Bundesamtes, der Deutschen Post AG und der Finanzverwaltung der Länder und des Bundes verwendet.

Neben einem Gemeinde- und Finanzamtsverzeichnis bietet das Bundeszentralamt für Steuern an folgender Stelle auch ein Download an:

http://www.bzst.bund.de/
unter „Online Dienste", „Finanzamtssuche".

Finanzrechtsweg

Bei einer Nettolohnvereinbarung ist für Streitigkeiten über die Höhe des in der Lohnsteuerbescheinigung auszuweisenden Bruttoarbeitslohns der Finanzrechtsweg nicht gegeben (→ BFH vom 13. 12. 2007 – BStBl 2008 II S. 434).

Unzutreffender Steuerabzug

Ein unzutreffender Lohnsteuerabzug kann durch Einwendungen gegen die Lohnsteuerbescheinigung nicht berichtigt werden (→ BFH vom 13. 12. 2007 – BStBl 2008 II S. 434).

EStG
S 2379

§ 41c Änderung des Lohnsteuerabzugs

(1) [1]Der Arbeitgeber ist berechtigt, bei der jeweils nächstfolgenden Lohnzahlung bisher erhobene Lohnsteuer zu erstatten oder noch nicht erhobene Lohnsteuer nachträglich einzubehalten,

1. wenn ihm elektronische Lohnsteuerabzugsmerkmale zum Abruf zur Verfügung gestellt werden oder ihm der Arbeitnehmer eine Bescheinigung für den Lohnsteuerabzug mit Eintragungen vorlegt, die auf einen Zeitpunkt vor Abruf der Lohnsteuerabzugsmerkmale oder vor Vorlage der Bescheinigung für den Lohnsteuerabzug zurückwirken, oder

2. wenn er erkennt, dass er die Lohnsteuer bisher nicht vorschriftsmäßig einbehalten hat; dies gilt auch bei rückwirkender Gesetzesänderung.

[2]In den Fällen des Satzes 1 Nummer 2 ist der Arbeitgeber jedoch verpflichtet, wenn ihm dies wirtschaftlich zumutbar ist.

(2) [1]Die zu erstattende Lohnsteuer ist dem Betrag zu entnehmen, den der Arbeitgeber für seine Arbeitnehmer insgesamt an Lohnsteuer einbehalten oder übernommen hat. [2]Wenn die zu erstattende Lohnsteuer aus dem Betrag nicht gedeckt werden kann, der insgesamt an Lohnsteuer einzubehalten oder zu übernehmen ist, wird der Fehlbetrag dem Arbeitgeber auf Antrag vom Betriebsstättenfinanzamt ersetzt.

(3) [1]Nach Ablauf des Kalenderjahres oder, wenn das Dienstverhältnis vor Ablauf des Kalenderjahres endet, nach Beendigung des Dienstverhältnisses, ist die Änderung des Lohnsteuerabzugs nur bis zur Übermittlung oder Ausschreibung der Lohnsteuerbescheinigung zulässig. [2]Bei Änderung des Lohnsteuerabzugs nach Ablauf des Kalenderjahres ist die nachträglich einzubehaltende Lohnsteuer nach dem Jahresarbeitslohn zu ermitteln. [3]Eine Erstattung von Lohnsteuer ist nach Ablauf des Kalenderjahres nur im Wege des Lohnsteuer-Jahresausgleichs nach § 42b zulässig. [4]Eine Minderung der einzubehaltenden und zu übernehmenden Lohnsteuer (§ 41a Absatz 1 Satz 1 Nummer 1) nach § 164 Absatz 2 Satz 1 der Abgabenordnung ist nach der Übermittlung oder Ausschreibung der Lohnsteuerbescheinigung nur dann zulässig, wenn sich der Arbeitnehmer ohne vertraglichen Anspruch und gegen den Willen des Arbeitgebers Beträge verschafft hat, für die Lohnsteuer einbehalten wurde. [5]In diesem Fall hat der Arbeitgeber die bereits übermittelte oder ausgestellte Lohnsteuerbescheinigung zu berichtigen und sie als geändert gekennzeichnet an die Finanzverwaltung zu übermitteln; § 41b Absatz 1 gilt entsprechend. [6]Der Arbeitgeber hat seinen Antrag zu begründen und die Lohnsteuer-Anmeldung (§ 41a Absatz 1 Satz 1) zu berichtigen.

(4) [1]Der Arbeitgeber hat die Fälle, in denen er die Lohnsteuer nach Absatz 1 nicht nachträglich einbehält oder die Lohnsteuer nicht nachträglich einbehalten kann, weil

1. der Arbeitnehmer vom Arbeitgeber Arbeitslohn nicht mehr bezieht oder

2. der Arbeitgeber nach Ablauf des Kalenderjahres bereits die Lohnsteuerbescheinigung übermittelt oder ausgeschrieben hat,

dem Betriebsstättenfinanzamt unverzüglich anzuzeigen. [2]Das Finanzamt hat die zu wenig erhobene Lohnsteuer vom Arbeitnehmer nachzufordern, wenn der nachzufordernde Betrag 10 Euro übersteigt. [3]§ 42d bleibt unberührt.

R 41c.1

Änderung des Lohnsteuerabzugs

S 2379

(1) [1]Unabhängig von der Verpflichtung des Arbeitgebers, nach § 39c Abs. 1 und 2 EStG den Lohnsteuerabzug für den vorangegangene Monate zu überprüfen und erforderlichenfalls zu ändern, ist der Arbeitgeber in den in § 41c Abs. 1 EStG bezeichneten Fällen zu einer Änderung des Lohnsteuerabzugs bei der jeweils nächstfolgenden Lohnzahlung berechtigt. [2]Die Änderung ist zugunsten oder zuungunsten des Arbeitnehmers zulässig, ohne dass es dabei auf die Höhe der zu erstattenden oder nachträglich einzubehaltenden Steuer ankommt. [3]Für die nachträgliche Einbehaltung durch den Arbeitgeber gilt der Mindestbetrag für die Nachforderung durch das Finanzamt (§ 41c Abs. 4 Satz 2 EStG) nicht.

(2) [1]Der Arbeitgeber ist zur Änderung des Lohnsteuerabzugs nur berechtigt, soweit die Lohnsteuer von ihm einbehalten worden ist oder einzubehalten war. [2]Bei Nettolöhnen (→ R 39b.9) gilt dies für die zu übernehmende Steuer.

(3) [1]Die Änderung des Lohnsteuerabzugs auf Grund rückwirkender Lohnsteuerabzugsmerkmale ist nicht auf die Fälle beschränkt, in denen das Finanzamt die Lohnsteuerabzugsmerkmale mit Wirkung von einem zurückliegenden Zeitpunkt an ändert oder ergänzt. [2]Die Änderung des Lohnsteuerabzugs ist ebenso zulässig, wenn der Arbeitgeber wegen fehlender Lohnsteuerabzugsmerkmale den Lohnsteuerabzug gemäß § 39c Abs. 1 Satz 1 bis 3 oder Abs. 2 Satz 1 EStG vorgenommen hat und dem Arbeitgeber erstmals Lohnsteuerabzugsmerkmale zur Verfügung gestellt werden bzw. der Arbeitnehmer erstmals eine Bescheinigung für den Lohnsteuerabzug

vorlegt oder wenn bei Vorauszahlung des Arbeitslohns der Geltungsbeginn der Lohnsteuerabzugsmerkmale in einen bereits abgerechneten Lohnzahlungszeitraum fällt.

(4) [1]Die Änderung des Lohnsteuerabzugs ist, sofern der Arbeitgeber von seiner Berechtigung hierzu Gebrauch macht, bei der nächsten Lohnzahlung vorzunehmen, die dem Abruf von rückwirkenden Lohnsteuerabzugsmerkmalen oder auf die Vorlage einer Bescheinigung für den Lohnsteuerabzug mit den rückwirkenden Eintragungen oder dem Erkennen einer nicht vorschriftsmäßigen Lohnsteuereinbehaltung folgt. [2]Der Arbeitgeber darf in Fällen nachträglicher Einbehaltung von Lohnsteuer die Einbehaltung nicht auf mehrere Lohnzahlungen verteilen. [3]Die nachträgliche Einbehaltung ist auch insoweit zulässig, als dadurch die Pfändungsfreigrenzen unterschritten werden; wenn die nachträglich einzubehaltende Lohnsteuer den auszuzahlenden Barlohn übersteigt, ist die nachträgliche Einbehaltung in Höhe des auszuzahlenden Barlohns vorzunehmen und dem Finanzamt für den übersteigenden Betrag eine Anzeige nach § 41c Abs. 4 EStG zu erstatten.

(5) [1]Im Falle der Erstattung von Lohnsteuer hat der Arbeitgeber die zu erstattende Lohnsteuer dem Gesamtbetrag der von ihm abzuführenden Lohnsteuer zu entnehmen. [2]Als Antrag auf Ersatz eines etwaigen Fehlbetrags reicht es aus, wenn in der Lohnsteuer-Anmeldung der Erstattungsbetrag kenntlich gemacht wird. [3]Macht der Arbeitgeber von seiner Berechtigung zur Lohnsteuererstattung nach § 41c Abs. 1 und 2 EStG keinen Gebrauch, kann der Arbeitnehmer die Erstattung beim Finanzamt beantragen.

(6) [1]Nach Ablauf des Kalenderjahres ist eine Änderung des Lohnsteuerabzugs in der Weise vorzunehmen, dass die Jahreslohnsteuer festzustellen und durch Gegenüberstellung mit der insgesamt einbehaltenen Lohnsteuer der nachträglich einzubehaltende oder zu erstattende Steuerbetrag zu ermitteln ist. [2]Eine Erstattung darf aber nur im Lohnsteuer-Jahresausgleich unter den Voraussetzungen des § 42b EStG vorgenommen werden. [3]Wenn der Arbeitgeber nach § 42b Abs. 1 EStG den Lohnsteuer-Jahresausgleich nicht durchführen darf, ist auch eine Änderung des Lohnsteuerabzugs mit Erstattungsfolge nicht möglich; der Arbeitnehmer kann in diesen Fällen die Erstattung im Rahmen einer Veranlagung zur Einkommensteuer erreichen. [4]Soweit der Arbeitgeber auf Grund einer Änderung des Lohnsteuerabzugs nach Ablauf des Kalenderjahres nachträglich Lohnsteuer einbehält, handelt es sich um Lohnsteuer des abgelaufenen Kalenderjahres, die zusammen mit der übrigen einbehaltenen Lohnsteuer des abgelaufenen Kalenderjahres in einer Summe in der Lohnsteuerbescheinigung zu übermitteln oder anzugeben ist. [5]Die nachträglich einbehaltene Lohnsteuer ist für den Anmeldungszeitraum anzugeben und abzuführen, in dem sie einbehalten wurde.

(7) [1]Hat der Arbeitgeber die Lohnsteuerbescheinigung übermittelt oder ausgestellt, ist eine Änderung des Lohnsteuerabzuges nicht mehr möglich. [2]Die bloße Korrektur eines zunächst unrichtig übermittelten Datensatzes ist zulässig. [3]Die Anzeigeverpflichtung nach § 41c Abs. 4 Satz 1 Nr. 2 EStG bleibt unberührt.

(8) [1]Bei beschränkt Stpfl. ist auch nach Ablauf des Kalenderjahres eine Änderung des Lohnsteuerabzugs nur für die Lohnzahlungszeiträume vorzunehmen, auf die sich die Änderungen beziehen. [2]Eine Änderung mit Erstattungsfolge kann in diesem Falle nur das Finanzamt durchführen.

Hinweise

H 41c.1

Änderung der Festsetzung

– Eine Erhöhung der Lohnsteuer-Entrichtungsschuld ist unter den Voraussetzungen des § 164 Abs. 2 Satz 1 AO auch nach Übermittlung oder Ausschreibung der Lohnsteuerbescheinigung zulässig (→ BFH vom 30. 10. 2008 – BStBl 2009 II S. 354).

Erstattungsantrag

– Erstattungsansprüche des Arbeitnehmers wegen zu Unrecht einbehaltener Lohnsteuer sind nach Ablauf des Kalenderjahres im Rahmen einer Veranlagung zur Einkommensteuer geltend zu machen. Darüber hinaus ist ein Erstattungsantrag gemäß § 37 AO nicht zulässig (→ BFH vom 20. 5. 1983 – BStBl II S. 584). Dies gilt auch für zu Unrecht angemeldete und abgeführte Lohnsteuerbeträge, wenn der Lohnsteuerabzug nach § 41c Abs. 3 EStG nicht mehr geändert werden kann (→ BFH vom 17. 6. 2009 – BStBl 2010 II S. 72).

– Wird eine Zahlung des Arbeitgebers zu Unrecht dem Lohnsteuerabzug unterworfen, weil die Besteuerung abkommensrechtlich dem Wohnsitzstaat des Arbeitnehmers zugewiesen ist, hat der Arbeitnehmer eine Veranlagung zur Einkommensteuer zu beantragen (§ 50 Abs. 2 Satz 2 Nr. 4 Buchstabe b i. V. m. Satz 7 EStG). Für die übrigen Arbeitnehmer besteht ein Erstattungsanspruch in analoger Anwendung des § 50d Abs. 1 Satz 2 EStG, der gegen das Betriebsstättenfinanzamt des Arbeitgebers zu richten ist (→ BFH vom 21. 10. 2009 – BStBl 2012 II S. 493).

R 41c.2

Anzeigepflichten des Arbeitgebers

S 2379

(1) [1]Der Arbeitgeber hat die Anzeigepflichten nach § 38 Abs. 4, § 41c Abs. 4 EStG unverzüglich zu erfüllen. [2]Sobald der Arbeitgeber erkennt, dass der Lohnsteuerabzug in zu geringer Höhe vorgenommen worden ist, hat er dies dem Betriebsstättenfinanzamt anzuzeigen, wenn er die Lohnsteuer nicht nachträglich einbehalten kann oder von seiner Berechtigung hierzu keinen Gebrauch macht; dies gilt auch bei rückwirkender Gesetzesänderung. [3]Der Arbeitgeber hat die Anzeige über die zu geringe Einbehaltung der Lohnsteuer ggf. auch für die zurückliegenden vier Kalenderjahre zu erstatten. [4]Die Anzeigepflicht besteht unabhängig von dem Mindestbetrag (§ 41c Abs. 4 Satz 2 EStG) für die Nachforderung durch das Finanzamt.

(2) [1]Die Anzeige ist schriftlich zu erstatten. [2]In ihr sind der Name, Anschrift, Geburtsdatum und Identifikationsnummer des Arbeitnehmers, seine Lohnsteuerabzugsmerkmale, nämlich Steuerklasse/Faktor, Zahl der Kinderfreibeträge, Kirchensteuermerkmal und ggf. ein Freibetrag oder Hinzurechnungsbetrag, sowie der Anzeigegrund und die für die Berechnung einer Lohnsteuer-Nachforderung erforderlichen Mitteilungen über Höhe und Art des Arbeitslohns, z. B. Auszug aus dem Lohnkonto, anzugeben.

(3) [1]Das Betriebsstättenfinanzamt hat die Anzeige an das für die Einkommensbesteuerung des Arbeitnehmers zuständige Finanzamt weiterzuleiten, wenn es zweckmäßig erscheint, die Lohnsteuer-Nachforderung nicht sofort durchzuführen, z. B. weil es wahrscheinlich ist, dass der Arbeitnehmer zur Einkommensteuer veranlagt wird. [2]Das ist auch angebracht in Fällen, in denen bei Eingang der Anzeige nicht abzusehen ist, ob sich bei Änderung des Lohnsteuerabzugs nach Ablauf des Kalenderjahres (→ § 41c Abs. 3 Satz 2 EStG) eine Lohnsteuer-Nachforderung ergeben wird.

R 41c.3

Nachforderung von Lohnsteuer

S 2379

(1) In den Fällen des § 38 Abs. 4 und des § 41c Abs. 4 EStG ist das Betriebsstättenfinanzamt für die Nachforderung dann zuständig, wenn die zuwenig erhobene Lohnsteuer bereits im Laufe des Kalenderjahres nachgefordert werden soll.

(2) [1]Im Falle des § 41c Abs. 4 EStG gilt für die Berechnung der nachzufordernden Lohnsteuer nach Ablauf des Kalenderjahres R 41c.1 Abs. 6 Satz 1 und Abs. 8 Satz 1 entsprechend. [2]In allen anderen Fällen ist die Jahreslohnsteuer wie folgt zu ermitteln:

1		Bruttoarbeitslohn
2	+	ermäßigt besteuerte Entschädigungen und ermäßigt besteuerte Vergütungen für mehrjährige Tätigkeit i. S. d. § 34 EStG
3	=	Jahresarbeitslohn
4	–	Freibeträge für Versorgungsbezüge (§ 19 Abs. 2 EStG)
5	–	Werbungskosten, maßgebender Pauschbetrag für Werbungskosten (§§ 9, 9a EStG)
6	–	Altersentlastungsbetrag (§ 24a EStG)
7	–	Entlastungsbetrag für Alleinerziehende (§ 24b EStG)[1)]
8	=	Gesamtbetrag der Einkünfte (§ 2 Abs. 3 EStG)
9	–	Sonderausgaben (§§ 10, 10b, 10c, 39b Abs. 2 Satz 5 Nr. 3 EStG)
10	–	außergewöhnliche Belastungen (§§ 33 bis 33b EStG)
11	=	Einkommen (§ 2 Abs. 4 EStG)
12	–	Freibeträge für Kinder (nur für Kinder, für die kein Anspruch auf Kindergeld besteht; § 39a Abs. 1 Nr. 6 EStG)
13	=	zu versteuerndes Einkommen (§ 2 Abs. 5 EStG)
14	–	Entschädigungen und Vergütungen i. S. d. § 34 EStG (Zeile 2)
15	=	verbleibendes zu versteuerndes Einkommen
16	+	ein Fünftel der Entschädigungen und Vergütungen i. S. d. § 34 EStG (Zeile 2)
17	=	Summe
18	=	Steuerbetrag für die Summe (Zeile 17) laut Grundtarif/Splittingtarif
19	–	Steuerbetrag für das verbleibende zu versteuernde Einkommen (Zeile 15) laut Grundtarif/Splittingtarif
20	=	Unterschiedsbetrag

[3]Hat der Arbeitnehmer keine Entschädigungen und Vergütungen i. S. d. § 34 EStG bezogen, ist der für das zu versteuernde Einkommen (Zeile 13) nach dem Grundtarif/Splittingtarif ermittelte Steuerbetrag die Jahreslohnsteuer (tarifliche Einkommensteuer – § 32a Abs. 1, 5 EStG). [4]Hat der Arbeitnehmer Entschädigungen und Vergütungen i. S. d. § 34 EStG bezogen, ist der Steuer-

1) Ab 2015 die Summe der Beträge nach § 24b Abs. 2 EStG.

betrag für das verbleibende zu versteuernde Einkommen (Zeile 19) zuzüglich des Fünffachen des Unterschiedsbetrags (Zeile 20) die Jahreslohnsteuer (tarifliche Einkommensteuer – § 32a Abs. 1, 5 EStG).

(3) [1]Will das Finanzamt zu wenig einbehaltene Lohnsteuer vom Arbeitnehmer nachfordern, erlässt es gegen diesen einen Steuerbescheid. [2]Nach Ablauf des Kalenderjahres kommt eine Nachforderung von Lohnsteuer oder Einkommensteuer ggf. auch durch erstmalige oder geänderte Veranlagung zur Einkommensteuer in Betracht. [3]Die Nachforderung von Lohnsteuer oder Einkommensteuer erfolgt durch erstmalige oder geänderte Veranlagung zur Einkommensteuer, wenn ein Hinzurechnungsbetrag als Lohnsteuerabzugsmerkmal gebildet wurde (→ § 46 Abs. 2 Nr. 2 EStG).

(4) [1]Außer im Falle des § 38 Abs. 4 EStG unterbleibt die Nachforderung, wenn die nachzufordernde Lohnsteuer den Mindestbetrag nach § 41c Abs. 4 Satz 2 EStG nicht übersteigt. [2]Bezieht sich die Nachforderung auf mehrere Kalenderjahre, ist für jedes Kalenderjahr gesondert festzustellen, ob der Mindestbetrag überschritten wird. [3]Treffen in einem Kalenderjahr mehrere Nachforderungsgründe zusammen, gilt der Mindestbetrag für die insgesamt nachzufordernde Lohnsteuer.

Hinweise H 41c.3

Einzelfälle

Das Finanzamt hat die zu wenig einbehaltene Lohnsteuer vom Arbeitnehmer nachzufordern, wenn

- der Barlohn des Arbeitnehmers zur Deckung der Lohnsteuer nicht ausreicht und die Steuer weder aus zurückbehaltenen anderen Bezügen des Arbeitnehmers noch durch einen entsprechenden Barzuschuss des Arbeitnehmers aufgebracht werden kann (→ § 38 Abs. 4 EStG),
- eine Änderung der Lohnsteuerabzugsmerkmale erforderlich war, diese aber unterblieben ist ,
- in den Fällen des § 39a Abs. 5 EStG ein Freibetrag rückwirkend herabgesetzt worden ist und der Arbeitgeber die zu wenig erhobene Lohnsteuer nicht nachträglich einbehalten kann,
- die rückwirkende Änderung eines Pauschbetrags für behinderte Menschen und Hinterbliebene (→ § 33b EStG) wegen der bereits erteilten Lohnsteuerbescheinigung nicht zu einer Nacherhebung von Lohnsteuer durch den Arbeitgeber führen kann (→ BFH vom 24. 9. 1982 – BStBl 1983 II S. 60),
- der Arbeitgeber dem Finanzamt angezeigt hat, dass er von seiner Berechtigung, Lohnsteuer nachträglich einzubehalten, keinen Gebrauch macht, oder die Lohnsteuer nicht nachträglich einbehalten kann (→ § 41c Abs. 4 EStG),
- der Arbeitnehmer in den Fällen des § 42d Abs. 3 Satz 4 EStG für die nicht vorschriftsmäßig einbehaltene oder angemeldete Lohnsteuer in Anspruch zu nehmen ist; wegen der Wahl der Inanspruchnahme → R 42d.1 Abs. 3 und 4 oder
- die Voraussetzungen der unbeschränkten Einkommensteuerpflicht nach § 1 Abs. 3 EStG nicht vorgelegen haben und es dies bereits bei Erteilung der Bescheinigung hätte bemerken können (→ § 50 Abs. 2 Satz 2 Nr. 2 EStG); auch bei einer fehlerhaft erteilten Bescheinigung kann das Finanzamt die zu wenig erhobene Lohnsteuer nachfordern (→ BFH vom 23. 9. 2008 → BStBl 2009 II S. 666).

Erkenntnisse aus rechtswidriger Außenprüfung

→ BFH vom 9. 11. 1984 (BStBl 1985 II S. 191).

Festsetzungsfrist gegenüber dem Arbeitnehmer

Durch eine Anzeige des Arbeitgebers nach § 41c Abs. 4 Satz 1 Nr. 1 EStG wird der Anlauf der Festsetzungsfrist für die Lohnsteuer gegenüber dem Arbeitnehmer gemäß § 170 Abs. 2 Satz 1 Nr. 1 AO gehemmt (→ BFH vom 5. 7. 2012 – BStBl 2013 II S. 190).

Freibeträge, rückwirkende Änderung

Wird Lohnsteuer nach Ablauf des Kalenderjahres wegen der rückwirkenden Änderung eines Pauschbetrags für behinderte Menschen und Hinterbliebene (→ § 33b EStG) und einer bereits erteilten Lohnsteuerbescheinigung nachgefordert, bedarf es keiner förmlichen Berichtigung des Freibetrags; es genügt, wenn die Inanspruchnahme des Arbeitnehmers ausdrücklich mit der rückwirkenden Änderung des Freibetrags begründet wird (→ BFH vom 24. 9. 1982 – BStBl 1983 II S. 60).

Zuständigkeit

Für die Nachforderung ist im Allgemeinen das für die Einkommensbesteuerung des Arbeitnehmers zuständige Finanzamt zuständig. Ist keine Pflicht- oder Antragsveranlagung nach § 46 Abs. 2 EStG durchzuführen, ist die Nachforderung vom Betriebsstättenfinanzamt vorzunehmen (→ BFH vom 21. 2. 1992 – BStBl II S. 565); Entsprechendes gilt, wenn zu wenig erhobene Lohnsteuer nach §§ 38 Abs. 4 und 41c Abs. 4 EStG bereits im Laufe des Kalenderjahres nachgefordert werden soll. Für die Nachforderung zu wenig einbehaltener Lohnsteuer von beschränkt einkommensteuerpflichtigen Arbeitnehmern ist stets das Betriebsstättenfinanzamt zuständig (→ BFH vom 20. 6. 1990 – BStBl 1992 II S. 43).

EStG

§§ 42 und 42a (weggefallen)

EStG
S 2381

§ 42b Lohnsteuer-Jahresausgleich durch den Arbeitgeber

(1) [1]Der Arbeitgeber ist berechtigt, seinen unbeschränkt einkommensteuerpflichtigen Arbeitnehmern, die während des abgelaufenen Kalenderjahres (Ausgleichsjahr) ständig in einem zu ihm bestehenden Dienstverhältnis gestanden haben, die für das Ausgleichsjahr einbehaltene Lohnsteuer insoweit zu erstatten, als sie die auf den Jahresarbeitslohn entfallende Jahreslohnsteuer übersteigt (Lohnsteuer-Jahresausgleich). [2]Er ist zur Durchführung des Lohnsteuer-Jahresausgleichs verpflichtet, wenn er am 31. Dezember des Ausgleichsjahres mindestens zehn Arbeitnehmer beschäftigt. [3]Der Arbeitgeber darf den Lohnsteuer-Jahresausgleich nicht durchführen, wenn

1. der Arbeitnehmer es beantragt oder

2. der Arbeitnehmer für das Ausgleichsjahr oder für einen Teil des Ausgleichsjahres nach den Steuerklassen V oder VI zu besteuern war oder

3. der Arbeitnehmer für einen Teil des Ausgleichsjahres nach den Steuerklassen II, III oder IV zu besteuern war oder

3a. bei der Lohnsteuerberechnung ein Freibetrag oder Hinzurechnungsbetrag zu berücksichtigen war oder

3b. das Faktorverfahren angewandt wurde oder

4. der Arbeitnehmer im Ausgleichsjahr Kurzarbeitergeld, Schlechtwettergeld, Winterausfallgeld, Zuschuss zum Mutterschaftsgeld nach dem Mutterschutzgesetz, Zuschuss bei Beschäftigungsverboten für die Zeit vor oder nach einer Entbindung sowie für den Entbindungstag während einer Elternzeit nach beamtenrechtlichen Vorschriften, Entschädigungen für Verdienstausfall nach dem Infektionsschutzgesetz vom 20. Juli 2000 (BGBl. I S. 1045) oder nach § 3 Nummer 28 steuerfreie Aufstockungsbeträge oder Zuschläge bezogen hat oder Anhang 1

4a. die Anzahl der im Lohnkonto oder in der Lohnsteuerbescheinigung eingetragenen Großbuchstaben U mindestens eins beträgt oder

5. für den Arbeitnehmer im Ausgleichsjahr im Rahmen der Vorsorgepauschale jeweils nur zeitweise Beträge nach § 39b Absatz 2 Satz 5 Nummer 3 Buchstabe a bis d oder der Beitragszuschlag nach § 39b Absatz 2 Satz 5 Nummer 3 Buchstabe c berücksichtigt wurden oder sich im Ausgleichsjahr der Zusatzbeitragssatz (§ 39b Absatz 2 Satz 5 Nummer 3 Buchstabe b) geändert hat oder

6. der Arbeitnehmer im Ausgleichsjahr ausländische Einkünfte aus nichtselbständiger Arbeit bezogen hat, die nach einem Abkommen zur Vermeidung der Doppelbesteuerung oder unter Progressionsvorbehalt nach § 34c Absatz 5 von der Lohnsteuer freigestellt waren.

(2) [1]Für den Lohnsteuer-Jahresausgleich hat der Arbeitgeber den Jahresarbeitslohn aus dem zu ihm bestehenden Dienstverhältnis festzustellen. [2]Dabei bleiben Bezüge im Sinne des § 34 Absatz 1 und 2 Nummer 2 und 4 außer Ansatz, wenn der Arbeitnehmer nicht jeweils die Einbeziehung in den Lohnsteuer-Jahresausgleich beantragt. [3]Vom Jahresarbeitslohn sind der etwa in Betracht kommende Versorgungsfreibetrag und Zuschlag zum Versorgungsfreibetrag und der etwa in Betracht kommende Altersentlastungsbetrag abzuziehen. [4]Für den so geminderten Jahresarbeitslohn ist die Jahreslohnsteuer nach § 39b Absatz 2 Satz 6 und 7 zu ermitteln nach Maßgabe der Steuerklasse, die für den letzten Lohnzahlungszeitraum des Ausgleichsjahres als elektronisches Lohnsteuerabzugsmerkmal abgerufen oder auf der Bescheinigung für den Lohnsteuerabzug oder etwaigen Mitteilungen über Änderungen zuletzt eingetragen wurde. [5]Den Betrag, um den die sich hiernach ergebende Jahreslohnsteuer die Lohnsteuer unterschreitet, die von dem zugrunde gelegten Jahresarbeitslohn insgesamt erhoben worden ist, hat der Arbeitgeber dem Arbeitnehmer zu erstatten. [6]Bei der Ermittlung der insgesamt erhobenen

Lohnsteuer ist die Lohnsteuer auszuscheiden, die von den nach Satz 2 außer Ansatz gebliebenen Bezügen einbehalten worden ist.

(3) [1]Der Arbeitgeber darf den Lohnsteuer-Jahresausgleich frühestens bei der Lohnabrechnung für den letzten im Ausgleichsjahr endenden Lohnzahlungszeitraum, spätestens bei der Lohnabrechnung für den letzten Lohnzahlungszeitraum, der im Monat März des dem Ausgleichsjahr folgenden Kalenderjahres endet, durchführen. [2]Die zu erstattende Lohnsteuer ist dem Betrag zu entnehmen, den der Arbeitgeber für seine Arbeitnehmer für den Lohnzahlungszeitraum insgesamt an Lohnsteuer erhoben hat. [3]§ 41c Absatz 2 Satz 2 ist anzuwenden.

(4) [1]Im Lohnkonto für das Ausgleichsjahr ist die im Lohnsteuer-Jahresausgleich erstattete Lohnsteuer gesondert einzutragen. [2]In der Lohnsteuerbescheinigung für das Ausgleichsjahr ist der sich nach Verrechnung der erhobenen Lohnsteuer mit der erstatteten Lohnsteuer ergebende Betrag als erhobene Lohnsteuer einzutragen.

Durchführung des Lohnsteuer-Jahresausgleichs durch den Arbeitgeber — R 42b

(1) [1]Der Arbeitgeber darf den Lohnsteuer-Jahresausgleich nur für unbeschränkt einkommensteuerpflichtige Arbeitnehmer durchführen, S 2381

1. die während des Ausgleichsjahrs ständig in einem zu ihm bestehenden Dienstverhältnis gestanden haben,
2. die am 31. Dezember des Ausgleichsjahres in seinen Diensten stehen oder zu diesem Zeitpunkt von ihm Arbeitslohn aus einem früheren Dienstverhältnis beziehen und
3. bei denen kein Ausschlusstatbestand nach § 42b Abs. 1 Satz 3 EStG vorliegt.

[2]Beginnt oder endet die unbeschränkte Einkommensteuerpflicht im Laufe des Kalenderjahres, darf der Arbeitgeber den Lohnsteuer-Jahresausgleich nicht durchführen.

(2) Beantragt der Arbeitnehmer, Entschädigungen oder Vergütungen für mehrjährige Tätigkeit im Sinne des § 34 EStG in den Lohnsteuer-Jahresausgleich einzubeziehen (→ § 42b Abs. 2 Satz 2 EStG), gehören die Entschädigungen und Vergütungen zum Jahresarbeitslohn, für den die Jahreslohnsteuer zu ermitteln ist.

(3) [1]Bei Arbeitnehmern, für die der Arbeitgeber nach § 42b Abs. 1 EStG einen Lohnsteuer-Jahresausgleich durchführen darf, darf der Arbeitgeber den Jahresausgleich mit der Ermittlung der Lohnsteuer für den letzten im Ausgleichsjahr endenden Lohnzahlungszeitraum zusammenfassen (→ § 42b Abs. 3 Satz 1 EStG). [2]Hierbei ist die Jahreslohnsteuer nach § 42b Abs. 2 Satz 1 bis 3 EStG zu ermitteln und der Lohnsteuer, die von dem Jahresarbeitslohn erhoben worden ist, gegenüberzustellen. [3]Übersteigt die ermittelte Jahreslohnsteuer die erhobene Lohnsteuer, ist der Unterschiedsbetrag die Lohnsteuer, die für den letzten Lohnzahlungszeitraum des Ausgleichsjahres einzubehalten ist. [4]Übersteigt die erhobene Lohnsteuer die ermittelte Jahreslohnsteuer, ist der Unterschiedsbetrag dem Arbeitnehmer zu erstatten; § 42b Abs. 3 Satz 2 und 3 sowie Abs. 4 EStG ist hierbei anzuwenden.

Hinweise — H 42b

Lohnsteuer-Jahresausgleich bei Nettolohnvereinbarung

→ Anhang 32

Vorsorgepauschale

Zum Ausschluss des Lohnsteuer-Jahresausgleichs → § 42b Abs. 1 Satz 3 Nr. 5 EStG und → BMF vom 26. 11. 2013 (BStBl I S. 1532), Tz. 8 H 39b.7

§ 42c (weggefallen) — EStG

§ 42d Haftung des Arbeitgebers und Haftung bei Arbeitnehmerüberlassung — EStG S 2383

(1) Der Arbeitgeber haftet

1. **für die Lohnsteuer, die er einzubehalten und abzuführen hat,**
2. **für die Lohnsteuer, die er beim Lohnsteuer-Jahresausgleich zu Unrecht erstattet hat,**

3. für die Einkommensteuer (Lohnsteuer), die auf Grund fehlerhafter Angaben im Lohnkonto oder in der Lohnsteuerbescheinigung verkürzt wird,

4. für die Lohnsteuer, die in den Fällen des § 38 Absatz 3a der Dritte zu übernehmen hat.

(2) Der Arbeitgeber haftet nicht, soweit Lohnsteuer nach § 39 Absatz 5 oder § 39a Absatz 5 nachzufordern ist und in den vom Arbeitgeber angezeigten Fällen des § 38 Absatz 4 Satz 2 und 3 und des § 41c Absatz 4.

(3) [1]Soweit die Haftung des Arbeitgebers reicht, sind der Arbeitgeber und der Arbeitnehmer Gesamtschuldner. [2]Das Betriebsstättenfinanzamt kann die Steuerschuld oder Haftungsschuld nach pflichtgemäßem Ermessen gegenüber jedem Gesamtschuldner geltend machen. [3]Der Arbeitgeber kann auch dann in Anspruch genommen werden, wenn der Arbeitnehmer zur Einkommensteuer veranlagt wird. [4]Der Arbeitnehmer kann im Rahmen der Gesamtschuldnerschaft nur in Anspruch genommen werden,

1. wenn der Arbeitgeber die Lohnsteuer nicht vorschriftsmäßig vom Arbeitslohn einbehalten hat,

2. wenn der Arbeitnehmer weiß, dass der Arbeitgeber die einbehaltene Lohnsteuer nicht vorschriftsmäßig angemeldet hat. [2]Dies gilt nicht, wenn der Arbeitnehmer den Sachverhalt dem Finanzamt unverzüglich mitgeteilt hat.

(4) [1]Für die Inanspruchnahme des Arbeitgebers bedarf es keines Haftungsbescheids und keines Leistungsgebots, soweit der Arbeitgeber

1. die einzubehaltende Lohnsteuer angemeldet hat oder

2. nach Abschluss einer Lohnsteuer-Außenprüfung seine Zahlungsverpflichtung schriftlich anerkennt.

[2]Satz 1 gilt entsprechend für die Nachforderung zu übernehmender pauschaler Lohnsteuer.

(5) Von der Geltendmachung der Steuernachforderung oder Haftungsforderung ist abzusehen, wenn diese insgesamt 10 Euro nicht übersteigt.

S 2384 (6) [1]Soweit einem Dritten (Entleiher) Arbeitnehmer im Sinne des § 1 Absatz 1 Satz 1 des Arbeitnehmerüberlassungsgesetzes in der Fassung der Bekanntmachung vom 3. Februar 1995 (BGBl. I S. 158), das zuletzt durch Artikel 26 des Gesetzes vom 20. Dezember 2011 (BGBl. I S. 2854) geändert worden ist [1], zur Arbeitsleistung überlassen werden, haftet er mit Ausnahme der Fälle, in denen eine Arbeitnehmerüberlassung nach § 1 Absatz 3 des Arbeitnehmerüberlassungsgesetzes vorliegt, neben dem Arbeitgeber. [2]Der Entleiher haftet nicht, wenn der Überlassung eine Erlaubnis nach § 1 des Arbeitnehmerüberlassungsgesetzes, in der jeweils geltenden Fassung zugrunde liegt und soweit er nachweist, dass er den nach § 51 Absatz 1 Nummer 2 Buchstabe d vorgesehenen Mitwirkungspflichten nachgekommen ist. [3]Der Entleiher haftet ferner nicht, wenn er über das Vorliegen einer Arbeitnehmerüberlassung ohne Verschulden irrte. [4]Die Haftung beschränkt sich auf die Lohnsteuer für die Zeit, für die ihm der Arbeitnehmer überlassen worden ist. [5]Soweit die Haftung des Entleihers reicht, sind der Arbeitgeber, der Entleiher und der Arbeitnehmer Gesamtschuldner. [6]Der Entleiher darf auf Zahlung nur in Anspruch genommen werden, soweit die Vollstreckung in das inländische bewegliche Vermögen des Arbeitgebers fehlgeschlagen ist oder keinen Erfolg verspricht; § 219 Satz 2 der Abgabenordnung ist entsprechend anzuwenden. [7]Ist durch die Umstände der Arbeitnehmerüberlassung die Lohnsteuer schwer zu ermitteln, so ist die Haftungsschuld mit 15 Prozent des zwischen Verleiher und Entleiher vereinbarten Entgelts ohne Umsatzsteuer anzunehmen, solange der Entleiher nicht glaubhaft macht, dass die Lohnsteuer, für die er haftet, niedriger ist. [8]Die Absätze 1 bis 5 sind entsprechend anzuwenden. [9]Die Zuständigkeit des Finanzamts richtet sich nach dem Ort der Betriebsstätte des Verleihers.

(7) Soweit der Entleiher Arbeitgeber ist, haftet der Verleiher wie ein Entleiher nach Absatz 6.

(8) [1]Das Finanzamt kann hinsichtlich der Lohnsteuer der Leiharbeitnehmer anordnen, dass der Entleiher einen bestimmten Teil des mit dem Verleiher vereinbarten Entgelts einzubehalten und abzuführen hat, wenn dies zur Sicherung des Steueranspruchs notwendig ist; Absatz 6 Satz 4 ist anzuwenden. [2]Der Verwaltungsakt kann auch mündlich erlassen werden. [3]Die Höhe des einzubehaltenden und abzuführenden Teiles des Entgelts bedarf keiner Begründung, wenn der in Absatz 6 Satz 7 genannte Prozentsatz nicht überschritten wird.

(9) [1]Der Arbeitgeber haftet auch dann, wenn ein Dritter nach § 38 Absatz 3a dessen Pflichten trägt. [2]In diesen Fällen haftet der Dritte neben dem Arbeitgeber. [3]Soweit die Haftung des Dritten reicht, sind der Arbeitgeber, der Dritte und der Arbeitnehmer Gesamtschuldner. [4]Absatz 3 Satz 2 bis 4 *ist anzuwenden;* Absatz 4 gilt auch für die Inanspruchnahme des Dritten. [5]Im Fall des § 38 Absatz 3a Satz 2 beschränkt sich die Haftung des Dritten auf die Lohnsteuer, die für die Zeit zu erheben ist, für die er sich gegenüber dem Arbeitgeber zur Vornahme des Lohnsteuerabzugs verpflichtet hat; der maßgebende Zeitraum endet nicht, bevor der Dritte seinem

1) Das Arbeitnehmerüberlassungsgesetz wurde zuletzt durch Artikel 7 des Gesetzes zur Stärkung der Tarifautonomie vom 11. 8. 2014 (BGBl. I S. 1348) geändert.

Betriebsstättenfinanzamt die Beendigung seiner Verpflichtung gegenüber dem Arbeitgeber angezeigt hat. [6]In den Fällen des § 38 Absatz 3a Satz 7 ist als Haftungsschuld der Betrag zu ermitteln, um den die Lohnsteuer, die für den gesamten Arbeitslohn des Lohnzahlungszeitraums zu berechnen und einzubehalten ist, die insgesamt tatsächlich einbehaltene Lohnsteuer übersteigt. [7]Betrifft die Haftungsschuld mehrere Arbeitgeber, so ist sie bei fehlerhafter Lohnsteuerberechnung nach dem Verhältnis der Arbeitslöhne und für nachträglich zu erfassende Arbeitslohnbeträge nach dem Verhältnis dieser Beträge auf die Arbeitgeber aufzuteilen. [8]In den Fällen des § 38 Absatz 3a ist das Betriebsstättenfinanzamt des Dritten für die Geltendmachung der Steuer- oder Haftungsschuld zuständig.

Inanspruchnahme des Arbeitgebers R 42d.1

Allgemeines S 2383

(1) [1]Der Arbeitnehmer ist – vorbehaltlich § 40 Abs. 3 EStG – Schuldner der Lohnsteuer (§ 38 Abs. 2 EStG); dies gilt auch für den Fall einer Nettolohnvereinbarung (→ R 39b.9). [2]Für diese Schuld kann der Arbeitgeber als Haftender in Anspruch genommen werden, soweit seine Haftung reicht (§ 42d Abs. 1 und 2 EStG); die Haftung entfällt auch in den vom Arbeitgeber angezeigten Fällen des § 38 Abs. 4 Satz 3 EStG. [3]Dies gilt auch bei Lohnzahlung durch Dritte, soweit der Arbeitgeber zur Einbehaltung der Lohnsteuer verpflichtet ist (§ 38 Abs. 1 Satz 3 EStG), und in Fällen des § 38 Abs. 3a EStG.

Haftung anderer Personen

(2) [1]Soweit Dritte für Steuerleistungen in Anspruch genommen werden können, z. B. gesetzliche Vertreter juristischer Personen, Vertreter, Bevollmächtigte, Vermögensverwalter, Rechtsnachfolger, haften sie als Gesamtschuldner neben dem Arbeitgeber als weiterem Haftenden und neben dem Arbeitnehmer als Steuerschuldner (§ 44 AO). [2]Die Haftung kann sich z. B. aus §§ 69 bis 77 AO ergeben.

Gesamtschuldner

(3) [1]Soweit Arbeitgeber, Arbeitnehmer und ggf. andere Personen Gesamtschuldner sind, schuldet jeder die gesamte Leistung (§ 44 Abs. 1 Satz 2 AO). [2]Das Finanzamt muss die Wahl, an welchen Gesamtschuldner es sich halten will, nach pflichtgemäßem Ermessen unter Beachtung der durch Recht und Billigkeit gezogenen Grenzen und unter verständiger Abwägung der Interessen aller Beteiligten treffen.

Ermessensprüfung

(4) [1]Die Haftung des Arbeitgebers ist von einem Verschulden grundsätzlich nicht abhängig. [2]Ein geringfügiges Verschulden oder ein schuldloses Verhalten des Arbeitgebers ist aber bei der Frage zu würdigen, ob eine Inanspruchnahme des Arbeitgebers im Rahmen des Ermessens liegt. [3]Die Frage, ob der Arbeitgeber vor dem Arbeitnehmer in Anspruch genommen werden darf, hängt wesentlich von den Gesamtumständen des Einzelfalles ab, wobei von dem gesetzgeberischen Zweck des Lohnsteuerverfahrens, durch den Abzug an der Quelle den schnellen Eingang der Lohnsteuer in einem vereinfachten Verfahren sicherzustellen, auszugehen ist. [4]Die Inanspruchnahme des Arbeitgebers kann ausgeschlossen sein, wenn er den individuellen Lohnsteuerabzug ohne Berücksichtigung von Gesetzesänderungen durchgeführt hat, soweit es ihm in der kurzen Zeit zwischen der Verkündung des Gesetzes und den folgenden Lohnabrechnungen bei Anwendung eines strengen Maßstabs nicht zumutbar war, die Gesetzesänderungen zu berücksichtigen.

Haftungsbescheid

(5) [1]Wird der Arbeitgeber nach § 42d EStG als Haftungsschuldner in Anspruch genommen, ist, vorbehaltlich § 42d Abs. 4 Nr. 1 und 2 EStG, ein Haftungsbescheid zu erlassen. [2]Darin sind die für das Entschließungs- und Auswahlermessen maßgebenden Gründe anzugeben. [3]Hat der Arbeitgeber nach Abschluss einer Lohnsteuer-Außenprüfung eine Zahlungsverpflichtung schriftlich anerkannt, steht die Anerkenntniserklärung einer Lohnsteuer-Anmeldung gleich (§ 167 Abs. 1 Satz 3 AO). [4]Ein Haftungsbescheid lässt die Lohnsteuer-Anmeldungen unberührt.

Nachforderungsbescheid

(6) [1]Wird pauschale Lohnsteuer nacherhoben, die der Arbeitgeber zu übernehmen hat (§ 40 Abs. 3 EStG), ist ein Nachforderungsbescheid (Steuerbescheid) zu erlassen; Absatz 5 Satz 3 und 4 gilt entsprechend. [2]Der Nachforderungsbescheid bezieht sich auf bestimmte steuerpflichtige Sachverhalte. [3]Die Änderung ist hinsichtlich der ihm zugrunde liegenden Sachverhalte – außer in

den Fällen der §§ 172 und 175 AO – wegen der Änderungssperre des § 173 Abs. 2 AO nur bei Steuerhinterziehung oder leichtfertiger Steuerverkürzung möglich.

Zahlungsfrist

(7) Für die durch Haftungsbescheid (→ Absatz 5) oder Nachforderungsbescheid (→ Absatz 6) angeforderten Steuerbeträge ist eine Zahlungsfrist von einem Monat zu setzen.

H 42d.1

Hinweise

Allgemeines zur Arbeitgeberhaftung

- Wegen der Einschränkung der Haftung in den Fällen, in denen sich der Arbeitgeber und der Arbeitnehmer über die Zugehörigkeit von Bezügen zum Arbeitslohn und damit auch über die Notwendigkeit der Eintragung der mit diesen Bezügen zusammenhängenden Werbungskosten irrten und irren konnten, → BFH vom 5. 11. 1971 (BStBl 1972 II S. 137).
- Die Lohnsteuer ist nicht vorschriftsmäßig einbehalten, wenn der Arbeitgeber im Lohnsteuer-Jahresausgleich eine zu hohe Lohnsteuer erstattet (→ BFH vom 24. 1. 1975 – BStBl II S. 420).
- Wurde beim Arbeitgeber eine Lohnsteuer-Außenprüfung durchgeführt, bewirkt dies nicht zugleich eine Hemmung der Verjährungsfrist in Bezug auf den Steueranspruch gegen den Arbeitnehmer (→ BFH vom 15. 12. 1989 – BStBl 1990 II S. 526).
- Der Arbeitgeber hat den Arbeitslohn vorschriftsmäßig gekürzt, wenn er die Lohnsteuer entsprechend den Lohnsteuerabzugsmerkmalen berechnet hat und wenn er der Berechnung der Lohnsteuer die für das maßgebende Jahr gültigen Lohnsteuertabellen zugrunde gelegt hat (→ BFH vom 9. 3. 1990 – BStBl II S. 608).
- Die Lohnsteuer ist dann vorschriftsmäßig einbehalten, wenn in der betreffenden Lohnsteuer-Anmeldung die mit dem Zufluss des Arbeitslohns entstandene Lohnsteuer des Anmeldungszeitraums erfasst wurde. Maßgebend für das Entstehen der Lohnsteuer sind dabei nicht die Kenntnisse und Vorstellungen des Arbeitgebers, sondern die Verwirklichung des Tatbestandes, an den das Gesetz die Besteuerung knüpft. (→ BFH vom 4. 6. 1993 – BStBl II S. 687).
- Bei einer fehlerhaft ausgestellten Lohnsteuerbescheinigung beschränkt sich die Haftung des Arbeitgebers auf die Lohnsteuer, die sich bei der Einkommensteuerveranlagung des Arbeitnehmers ausgewirkt hat (→ BFH vom 22. 7. 1993 – BStBl II S. 775).
- Führt der Arbeitgeber trotz fehlender Kenntnis der individuellen Lohnsteuerabzugsmerkmale des Arbeitnehmers den Lohnsteuerabzug nicht nach der Steuerklasse VI, sondern nach der Steuerklasse I bis V durch, kann der Arbeitgeber auch nach Ablauf des Kalenderjahrs grundsätzlich nach Steuerklasse VI (§ 42d Abs. 1 Nr. 1 EStG) in Haftung genommen werden (→ BFH vom 12. 1. 2001 – BStBl 2003 II S. 151).
- Die Anzeige des Arbeitgebers nach § 38 Abs. 4 Satz 2 EStG ersetzt die Erfüllung der Einbehaltungspflichten. Bei unterlassener Anzeige hat der Arbeitgeber die Lohnsteuer mit den Haftungsfolgen nicht ordnungsgemäß einbehalten (→ BFH vom 9. 10. 2002 – BStBl II S. 884).
- Hat der Arbeitgeber auf Grund unrichtiger Angaben in den Lohnkonten oder den Lohnsteuerbescheinigungen vorsätzlich Lohnsteuer verkürzt, ist ihm als Steuerstraftäter der Einwand verwehrt, das Finanzamt hätte statt seiner die Arbeitnehmer in Anspruch nehmen müssen (→ BFH vom 12. 2. 2009 – BStBl II S. 478).

Aufhebung des Vorbehalts der Nachprüfung

Aufhebung des Vorbehalts der Nachprüfung nach einer Lohnsteuer-Außenprüfung

(Verfügung der OFD Cottbus vom 17. 06. 1999 – S 0337 – 1 – St 212 –)

Hebt das Finanzamt im Anschluss an eine Lohnsteuer-Außenprüfung den Vorbehalt der Nachprüfung für die Lohnsteuer-Anmeldungen des Prüfungszeitraumes ohne jede Bedingung und Einschränkung" auf, darf es nach dem BFH-Urteil vom 17. 02. 1995 (BFH, Urteil vom 17. 02. 1995, VI R 52/94, BStBl II 1995, 555) aufgrund der Änderungssperre des § 173 Abs. 2 AO *den Arbeitgeber selbst* dann nicht mehr als Haftungsschuldner in Anspruch nehmen, wenn im Prüfungsbericht auf die Möglichkeit einer späteren Inanspruchnahme für den Fall hingewiesen wird, dass die Lohnsteuer von den Arbeitnehmern nicht gezahlt wird.

Um in derartigen Fällen den Eintritt der Änderungssperre verfahrensrechtlich auszuschließen, bitte ich künftig wie folgt zu verfahren:

Sollen vorrangig Arbeitnehmer für Teile der nachzufordernden Lohnsteuer in Anspruch genommen werden, so ist

1. ein Haftungsbescheid (mit Leistungsgebot) über die unstreitig beim Arbeitgeber anzufordernden Beträge zu erlassen und
2. ein weiterer – zunächst nicht mit einem Leistungsgebot versehener – Haftungsbescheid über diejenigen Beträge zu erlassen, die vorerst bei den Arbeitnehmern angefordert werden.

In dem zweiten Haftungsbescheid ist der Arbeitgeber darauf hinzuweisen, dass er diese festgesetzte Haftungsforderung vorerst nicht zu begleichen hat, weil insoweit vorrangig die Arbeitnehmer in Anspruch zu nehmen sind. Dieser Hinweis ist als abweichende Fälligkeitsbestimmung im Sinne des § 220 Abs. 2 Satz 1, 2. Halbsatz AO anzusehen, so dass die Haftungsforderung nicht bereits nach § 220 Abs. 2 Satz 1, 1. Halbsatz und Satz 2 AO mit Bekanntgabe des Haftungsbescheides fällig wird. Im Erhebungsverfahren unterbleibt deshalb zunächst die Sollstellung dieses Betrages beim Arbeitgeber.

Die Nachholung des Leistungsgebots ist innerhalb der fünfjährigen Zahlungsverjährung möglich. Die Zahlungsverjährung beginnt mit Ablauf des Jahres, in dem der Haftungsbescheid bekanntgegeben wird (§ 229 Abs. 2 AO).

Es ist darauf zu achten, dass bei Aufhebung des Vorbehalts der Nachprüfung für die Lohnsteuer-Anmeldungen beide Haftungsbescheide bekanntgegeben worden sind. Die Aufhebung des Vorbehalts der Nachprüfung sollte daher mit dem zuletzt ergehenden Haftungs- und Nachforderungsbescheid erfolgen.

Innerhalb der Zahlungsverjährungsfrist ist zu überwachen, ob die Steuererhebung bei den Arbeitnehmern erfolgreich verläuft.

Soweit nur ein Teil der betroffenen Arbeitnehmer die festgesetzten Steuerbeträge gezahlt hat, ist der unter 2. gegen den Arbeitgeber ergangene Haftungsbescheid nach § 130 AO zu ändern und mit einem Leistungsgebot zu versehen. Im geänderten Haftungsbescheid sind nur noch die Steuerabzugsbeträge aufzunehmen, die durch die Arbeitnehmer nicht gezahlt wurden. Die Sollstellung in Höhe dieses Betrages ist von der LSt-Arbeitgeberstelle über die Buchhaltung 1 der Finanzkasse der Datenerfassung zuzuleiten.

Werden die festgesetzten Steuerbeträge von keinem der betroffenen Arbeitnehmer gezahlt, ist dem Arbeitgeber über den im Haftungsbescheid zu 2. enthaltenen Gesamtbetrag ein Leistungsgebot zu erteilen und zum Soll zu stellen.

Im Falle eines Einspruchs des Arbeitgebers gegen den unter 2. ergangenen Haftungsbescheid ist dieser gemäß§ 361 Abs. 2 AO von der Vollziehung auszusetzen, bis ermittelt ist, ob die Arbeitnehmer ihre Lohnsteuer selbst zahlen können.

Sollte im Verlauf des Einspruchsverfahrens bekannt werden, dass für einen oder mehrere Arbeitnehmer keine Lohnsteuer nachzuerheben ist, ist der Haftungsbescheid spätestens im Rahmen der Einspruchsentscheidung insoweit zu ändern, da der Arbeitgeber für diese Beträge nicht haftet.

Die im BFH-Urteil vom 17. 02. 1995 aufgezeigte erste Variante, wonach der gegenüber dem Arbeitgeber ergehende Haftungsbescheid zunächst nicht die bei den Arbeitnehmern angeforderten Steuerbeträge umfassen und die Lohnsteuer-Außenprüfung erst abgeschlossen werden soll, wenn feststeht, ob die bei den Arbeitnehmern angeforderten Beträge gezahlt werden, wird rechtlich nicht für zulässig angesehen, weil die Lohnsteuer-Außenprüfung grundsätzlich spätestens mit Erlass der auf den Prüfungsergebnissen beruhenden Nachforderungs- und Haftungsbescheide abgeschlossen ist.

Ermessensausübung

- Die Grundsätze von Recht und Billigkeit verlangen keine vorrangige Inanspruchnahme des Arbeitnehmers (→ BFH vom 6. 5. 1959 – BStBl III S. 292).
- Eine vorrangige Inanspruchnahme des Arbeitgebers vor dem Arbeitnehmer kann unzulässig sein, wenn die Lohnsteuer ebenso schnell und ebenso einfach vom Arbeitnehmer nacherhoben werden kann, weil z. B. der Arbeitnehmer ohnehin zu veranlagen ist (→ BFH vom 30. 11. 1966 – BStBl 1967 III S. 331 und vom 12. 1. 1968 – BStBl II S. 324); das gilt insbesondere dann, wenn der Arbeitnehmer inzwischen aus dem Betrieb ausgeschieden ist (→ BFH vom 10. 1. 1964 – BStBl III S. 213).
- Zur Ermessensprüfung bei geringfügigem Verschulden → BFH vom 21. 1. 1972 (BStBl II S. 364).
- Der Inanspruchnahme des Arbeitgebers steht nicht entgegen, dass das Finanzamt über einen längeren Zeitraum von seinen Befugnissen zur Überwachung des Lohnsteuerabzugs und zur Beitreibung der Lohnabzugsbeträge keinen Gebrauch gemacht hat (→ BFH vom 11. 8. 1978 – BStBl II S. 683).

- War die Inanspruchnahme des Arbeitgebers nach der Ermessensprüfung unzulässig, so kann er trotzdem in Anspruch genommen werden, wenn der Versuch des Finanzamts, die Lohnsteuer beim Arbeitnehmer nachzuerheben, erfolglos verlaufen ist (→ BFH vom 18. 7. 1958 – BStBl III S. 384) und § 173 Abs. 2 AO dem Erlass eines Haftungsbescheids nicht entgegensteht (→ BFH vom 17. 2. 1995 – BStBl II S. 555).

  → Aufhebung des Vorbehalts der Nachprüfung
- Eine vorsätzliche Steuerstraftat prägt das Auswahlermessen für die Festsetzung der Lohnsteuerhaftungsschuld; eine besondere Begründung der Ermessensentscheidung ist entbehrlich (→ BFH vom 12. 2. 2009 – BStBl II S. 478).

Eine Inanspruchnahme des Arbeitgebers kann ausgeschlossen sein, wenn z. B.

- der Arbeitgeber eine bestimmte Methode der Steuerberechnung angewendet und das Finanzamt hiervon Kenntnis erlangt und nicht beanstandet hat oder wenn der Arbeitgeber durch Prüfung und Erörterung einer Rechtsfrage durch das Finanzamt in einer unrichtigen Rechtsauslegung bestärkt wurde (→ BFH vom 20. 7. 1962 – BStBl 1963 III S. 23),
- der Arbeitgeber einem entschuldbaren Rechtsirrtum unterlegen ist, weil das Finanzamt eine unklare oder falsche Auskunft gegeben hat (→ BFH vom 24. 11. 1961 – BStBl 1962 III S. 37) oder weil er den Angaben in einem Manteltarifvertrag über die Steuerfreiheit vertraut hat (→ BFH vom 18. 9. 1981 – BStBl II S. 801),
- der Arbeitgeber den Lohnsteuerabzug entsprechend der von einer Mittelbehörde i. S. v. § 2a FVG in einer Verfügung geäußerten Auffassung durchführt, auch wenn er die Verfügung nicht gekannt hat (→ BFH vom 25. 10. 1985 – BStBl 1986 II S. 98); das gilt aber nicht, wenn dem Arbeitgeber bekannt war, dass das für ihn zuständige Betriebsstättenfinanzamt eine andere Auffassung vertritt.
- der Arbeitgeber entsprechend einer Billigkeitsregelung der Finanzbehörden Lohnsteuer materiell unzutreffend einbehält (→ BFH vom 13. 6. 2013 – BStBl 2014 II S. 340).

Die Inanspruchnahme des Arbeitgebers ist in aller Regel ermessensfehlerfrei, wenn

- die Einbehaltung der Lohnsteuer in einem rechtlich einfach und eindeutig vorliegenden Fall nur deshalb unterblieben ist, weil der Arbeitgeber sich über seine Verpflichtungen nicht hinreichend unterrichtet hat (→ BFH vom 5. 2. 1971 – BStBl II S. 353),
- das Finanzamt auf Grund einer fehlerhaften Unterlassung des Arbeitgebers aus tatsächlichen Gründen nicht in der Lage ist, die Arbeitnehmer als Schuldner der Lohnsteuer heranzuziehen (→ BFH vom 7. 12. 1984 – BStBl 1985 II S. 164),
- im Falle einer Nettolohnvereinbarung der Arbeitnehmer nicht weiß, dass der Arbeitgeber die Lohnsteuer nicht angemeldet hat (→ BFH vom 8. 11. 1985 – BStBl 1986 II S. 186),
- sie der Vereinfachung dient, weil gleiche oder ähnliche Berechnungsfehler bei einer größeren Zahl von Arbeitnehmern gemacht worden sind (→ BFH vom 16. 3. 1962 – BStBl III S. 282, vom 6. 3. 1980 – BStBl II S. 289 und vom 24. 1. 1992 – BStBl II S. 696: regelmäßig bei mehr als 40 Arbeitnehmern),
- die individuelle Ermittlung der Lohnsteuer schwierig ist und der Arbeitgeber bereit ist, die Lohnsteuerschulden seiner Arbeitnehmer endgültig zu tragen und keinen Antrag auf Pauschalierung stellt. In diesen und vergleichbaren Fällen kann die nachzufordernde Lohnsteuer unter Anwendung eines durchschnittlichen Bruttosteuersatzes – ggf. im Schätzungswege – ermittelt werden (→ BFH vom 7. 12. 1984 – BStBl 1985 II S. 170, vom 12. 6. 1986 – BStBl II S. 681 und vom 29. 10. 1993 – BStBl 1994 II S. 197),

  → Nettosteuersatz
- der Arbeitgeber in schwierigen Fällen, in denen bei Anwendung der gebotenen Sorgfalt Zweifel über die Rechtslage kommen müssen, einem Rechtsirrtum unterliegt, weil er von der Möglichkeit der Anrufungsauskunft (§ 42e EStG) keinen Gebrauch gemacht hat (→ BFH vom 18. 8. 2005 – BStBl 2006 II S. 30 und vom 29. 5. 2008 – BStBl II S. 933).

Ermessensbegründung

- Die Ermessensentscheidung des Finanzamts muss im Haftungsbescheid, spätestens aber in der Einspruchsentscheidung begründet werden, andernfalls ist sie im Regelfall fehlerhaft. Dabei müssen die bei der Ausübung des Verwaltungsermessens angestellten Erwägungen – die Abwägung des Für und Wider der Inanspruchnahme des Haftungsschuldners – aus der Entscheidung erkennbar sein. Insbesondere muss zum Ausdruck kommen, warum der Haftungsschuldner anstatt des Steuerschuldners oder an Stelle anderer ebenfalls für die Haftung in Betracht kommender Personen in Anspruch genommen wird (→ BFH vom 8. 11. 1988 – BStBl 1989 II S. 219).
- Enthält der Haftungsbescheid keine Aufgliederung des Haftungsbetrags auf die Anmeldungszeiträume, so ist er nicht deshalb nichtig (→ BFH vom 22. 11. 1988 – BStBl 1989 II S. 220).

- Nimmt das Finanzamt sowohl den Arbeitgeber nach § 42d EStG als auch den früheren Gesellschafter-Geschäftsführer u. a. wegen Lohnsteuer-Hinterziehung nach § 71 AO in Haftung, so hat es insoweit eine Ermessensentscheidung nach § 191 Abs. 1 i. V. m. § 5 AO zu treffen und die Ausübung dieses Ermessens regelmäßig zu begründen (→ BFH vom 9. 8. 2002 – BStBl 2003 II S. 160).

Haftung anderer Personen

- Zur Frage der Pflichtverletzung bei der Abführung von Lohnsteuer durch den Geschäftsführer einer GmbH → BFH vom 20. 4. 1982 (BStBl II S. 521).
- Zur Frage der Pflichtverletzung des Geschäftsführers bei Zahlung von Arbeitslohn aus dem eigenen Vermögen → BFH vom 22. 11. 2005 (BStBl 2006 II S. 397).
- Die steuerrechtlich und die insolvenzrechtlich unterschiedliche Bewertung der Lohnsteuer-Abführungspflicht des Arbeitgebers in insolvenzreifer Zeit kann zu einer Pflichtenkollision führen. Eine solche steht der Haftung des Geschäftsführers wegen Nichtabführung der Lohnsteuer aber jedenfalls dann nicht entgegen, wenn der Insolvenzverwalter die Beträge im gedachten Falle der pflichtgemäßen Zahlung der Lohnsteuer vom FA deshalb nicht herausverlangen kann, weil die Anfechtungsvoraussetzungen nach §§ 129 ff. InsO nicht vorliegen (→ BFH vom 27. 2. 2007 – BStBl 2008 II S. – VII R 67/05 –).
- Die gesellschaftsrechtliche Pflicht des Geschäftsführers zur Sicherung der Masse i. S. d. § 64 Abs. 2 GmbHG kann die Verpflichtung zur Vollabführung der Lohnsteuer allenfalls in den drei Wochen suspendieren, die dem Geschäftsführer ab Kenntnis der Überschuldung bzw. Zahlungsunfähigkeit der GmbH nach § 64 Abs. 1 GmbHG eingeräumt sind, um die Sanierungsfähigkeit der GmbH zu prüfen und Sanierungsversuche durchzuführen. Nur in diesem Zeitraum kann das die Haftung nach § 69 AO begründende Verschulden ausgeschlossen sein (→ BFH vom 27. 2. 2007 – BStBl 2008 II S. – VII R 67/05 –).
- Der Geschäftsführer einer GmbH kann als Haftungsschuldner für die von der GmbH nicht abgeführte Lohnsteuer auch insoweit in Anspruch genommen werden, als die Steuer auf seinen eigenen Arbeitslohn entfällt (→ BFH vom 15. 4. 1987 – BStBl 1988 II S. 167).
- Zu den Anforderungen an die inhaltliche Bestimmtheit von Lohnsteuerhaftungsbescheiden bei der Haftung von Vertretern → BFH vom 8. 3. 1988 (BStBl II S. 480).
- Zum Umfang der Haftung bei voller Auszahlung der Nettolöhne → BFH vom 26. 7. 1988 (BStBl II S. 859).
- Durch privatrechtliche Vereinbarungen im Gesellschaftsvertrag kann die Haftung der Gesellschafter einer Gesellschaft bürgerlichen Rechts nicht auf das Gesellschaftsvermögen beschränkt werden (→ BFH vom 27. 3. 1990 – BStBl II S. 939).
- Das Auswahlermessen für die Inanspruchnahme eines von zwei jeweils alleinvertretungsberechtigten GmbH-Geschäftsführern als Haftungsschuldner ist in der Regel nicht sachgerecht ausgeübt, wenn das Finanzamt hierfür allein auf die Beteiligungsverhältnisse der Geschäftsführer am Gesellschaftskapital abstellt (→ BFH vom 29. 5. 1990 – BStBl II S. 1008).
- Zum Zeitpunkt der Anmeldung und Fälligkeit der einzubehaltenden Lohnsteuer und seine Auswirkung auf die Geschäftsführerhaftung → BFH vom 17. 11. 1992 (BStBl 1993 II S. 471).
- Ein ehrenamtlich und unentgeltlich tätiger Vorsitzender eines Vereins, der sich als solcher wirtschaftlich betätigt und zur Erfüllung seiner Zwecke Arbeitnehmer beschäftigt, haftet für die Erfüllung der steuerlichen Verbindlichkeiten des Vereins grundsätzlich nach denselben Grundsätzen wie ein Geschäftsführer einer GmbH (→ BFH vom 23. 6. 1998 – BStBl II S. 761).
- Eine unzutreffende, jedoch bestandskräftig gewordene Lohnsteuer-Anmeldung muss sich der als Haftungsschuldner in Anspruch genommene Geschäftsführer einer GmbH dann nicht nach § 166 AO entgegenhalten lassen, wenn er nicht während der gesamten Dauer der Rechtsbehelfsfrist Vertretungsmacht und damit das Recht hatte, namens der GmbH zu handeln (→ BFH vom 24. 8. 2004 – BStBl 2005 II S. 127).

Haftungsbefreiende Anzeige

- Die haftungsbefreiende Wirkung der Anzeige nach § 41c Abs. 4 EStG setzt voraus, dass die nicht vorschriftsmäßige Einbehaltung der Lohnsteuer vom Arbeitgeber erkannt worden ist. Weicht der Arbeitgeber von einer erteilten Anrufungsauskunft ab, kann er nicht dadurch einen Haftungsausschluss bewirken, indem er die Abweichung dem Betriebsstättenfinanzamt anzeigt (→ BFH vom 4. 6. 1993 – BStBl II S. 687).
- Der Haftungsausschluss nach § 42d Abs. 2 i. V. m. § 41c Abs. 4 EStG setzt stets eine Korrekturberechtigung i. S. d. § 41c Abs. 1 EStG voraus. Daran fehlt es, wenn eine Lohnsteuer-Anmeldung vorsätzlich fehlerhaft abgegeben worden war und dies dem Arbeitgeber zuzurechnen ist (→ BFH vom 21. 4. 2010 – BStBl II S. 833).

Haftungsverfahren

- Wurde nach einer ergebnislosen Lohnsteuer-Außenprüfung der Vorbehalt der Nachprüfung aufgehoben, steht einer Änderung der Lohnsteuer-Anmeldung nach § 173 Abs. 1 AO durch Erlass eines Lohnsteuer-Haftungsbescheides die Änderungssperre des § 173 Abs. 2 AO entgegen, es sei denn, es liegt eine Steuerhinterziehung oder eine leichtfertige Steuerverkürzung vor (→ BFH vom 15. 5. 1992 – BStBl 1993 II S. 840 und vom 7. 2. 2008 – BStBl II 2009 S. 703 –). Gleiches gilt, wenn nach einer Lohnsteuer-Außenprüfung bereits ein Lohnsteuer-Haftungsbescheid ergangen ist und der Vorbehalt der Nachprüfung für die betreffenden Lohnsteuer-Anmeldungen aufgehoben worden ist (→ BFH vom 15. 5. 1992 – BStBl 1993 II S. 829).
- Wird im Anschluss an eine Außenprüfung pauschale Lohnsteuer fälschlicherweise durch einen Haftungsbescheid geltend gemacht, kann mit der Aufhebung des Haftungsbescheides die Unanfechtbarkeit i. S. des § 171 Abs. 4 Satz 1 AO und damit das Ende der Ablaufhemmung für die Festsetzungsfrist eintreten. Der Eintritt der Festsetzungsverjährung kann nur vermieden werden, wenn der inkorrekte Haftungsbescheid erst dann aufgehoben wird, nachdem zuvor der formell korrekte Nachforderungsbescheid erlassen worden ist (→ BFH vom 6. 5. 1994 – BStBl II S. 715).
- Wird vom Arbeitgeber Lohnsteuer in einer Vielzahl von Fällen nachgefordert, so ist die Höhe der Lohnsteuer trotz des damit verbundenen Arbeitsaufwands grundsätzlich individuell zu ermitteln. Etwas anderes gilt dann, wenn entweder die Voraussetzungen des § 162 AO für eine Schätzung der Lohnsteuer vorliegen oder der Arbeitgeber der Berechnung der Haftungsschuld mit einem durchschnittlichen Steuersatz zugestimmt hat (→ BFH vom 17. 3. 1994 – BStBl II S. 536).
- Auch die Ansprüche gegenüber dem Haftenden unterliegen der Verjährung (→ § 191 Abs. 3 AO). Die Festsetzungsfrist für einen Lohnsteuer-Haftungsbescheid endet nicht vor Ablauf der Festsetzungsfrist für die Lohnsteuer (§ 191 Abs. 3 Satz 4 1. Halbsatz AO). Der Beginn der Festsetzungsfrist für die Lohnsteuer richtet sich nach § 170 Abs. 2 Satz 1 Nr. 1 AO. Für den Beginn der die Lohnsteuer betreffenden Festsetzungsfrist ist die Lohnsteuer-Anmeldung (Steueranmeldung) und nicht die Einkommensteuererklärung der betroffenen Arbeitnehmer maßgebend (→ BFH vom 6. 3. 2008 – BStBl II S. 597). Bei der Berechnung der für die Lohnsteuer maßgebenden Festsetzungsfrist sind Anlauf- und Ablaufhemmungen nach §§ 170, 171 AO zu berücksichtigen, soweit sie gegenüber dem Arbeitgeber wirken (→ AEAO § 191 Nr. 9).
- Wenn ein Arbeitgeber die Lohnsteuer trotz gesetzlicher Verpflichtung nicht anmeldet und abführt, kann das Finanzamt sie durch Schätzungsbescheid festsetzen. Die Möglichkeit, einen Haftungsbescheid zu erlassen, steht dem nicht entgegen (→ BFH vom 7. 7. 2004 – BStBl II S. 1087).

Inanspruchnahme des Arbeitnehmers

- Die Beschränkung der Inanspruchnahme des Arbeitnehmers innerhalb des Lohnsteuerabzugsverfahrens nach § 42d Abs. 3 Satz 4 EStG steht einer uneingeschränkten Inanspruchnahme im Einkommensteuerveranlagungsverfahren nicht entgegen (→ BFH vom 13. 1. 2011 – BStBl II S. 479).
- Im Rahmen des Lohnsteuerabzugsverfahrens kann das Wohnsitzfinanzamt die vom Arbeitgeber auf Grund einer (unrichtigen) Anrufungsauskunft nicht einbehaltene und abgeführte Lohnsteuer vom Arbeitnehmer nicht nach § 42d Abs. 3 Satz 4 Nr. 1 EStG nachfordern (→ BFH vom 17. 10. 2013 – BStBl 2014 II S. 892).
- ***vgl. auch zur Ablaufhemmung der Festsetzungsfrist → § 171 Abs. 15 AO.***

§ 171 Abs. 15 AO

(15) Soweit ein Dritter Steuern für Rechnung des Steuerschuldners einzubehalten und abzuführen oder für Rechnung des Steuerschuldners zu entrichten hat, endet die Festsetzungsfrist gegenüber dem Steuerschuldner nicht vor Ablauf der gegenüber dem Steuerentrichtungspflichtigen geltenden Festsetzungsfrist.

Nachforderungsverfahren

- Hat der Arbeitgeber Arbeitslohn nach § 40a Abs. 3 EStG pauschal versteuert, obwohl nicht die Voraussetzungen dieser Vorschrift, sondern die des § 40a Abs. 2 EStG erfüllt sind, so kann ein Nachforderungsbescheid nur erlassen werden, wenn sich der Arbeitgeber eindeutig zu einer Pauschalierung nach § 40a Abs. 2 EStG bereit erklärt hat (→ BFH vom 25. 5. 1984 – BStBl II S. 569).
- Wird Lohnsteuer für frühere Kalenderjahre nachgefordert, so braucht die Steuerschuld nur nach Kalenderjahren aufgegliedert zu werden (→ BFH vom 18. 7. 1985 – BStBl 1986 II S. 152).

– Die Nachforderung pauschaler Lohnsteuer beim Arbeitgeber setzt voraus, dass der Arbeitgeber der Pauschalierung zustimmt (→ BFH vom 20. 11. 2008 – BStBl 2009 II S. 374).

Nettosteuersatz

Haftung des Arbeitgebers: Nachzuerhebende Lohnsteuer nach dem Nettosteuersatz

(Verfügung der OFD Cottbus vom 19. 7. 1996 – S 2383 – 3 – St 117 –)

Nach dem BFH-Urteil vom 29. 10. 1993 (BStBl II 1994, 197) ist die Haftungsschuld grundsätzlich mit dem Bruttosteuersatz und nicht mit dem Nettosteuersatz zu berechnen, es sei denn, daß für den nachzuversteuernden Arbeitslohn eine Nettolohnvereinbarung getroffen wurde. Nach Auffassung des BFH bleibt es dem Finanzamt unbenommen, nach der Zahlung der Haftungsschuld durch den Arbeitgeber zu prüfen, ob durch die Übernahme der Lohnsteuer durch den Arbeitgeber weiterer Arbeitslohn zugeflossen ist und ggf. ein weiterer Haftungsbescheid zu erteilen ist.

Die strikte Anwendung des o. g. BFH-Urteils würde sowohl bei den Finanzämtern als auch bei den Arbeitgebern einen nicht unerheblichen Arbeitsaufwand nach sich ziehen. Die Finanzämter hätten zu überwachen oder zu überprüfen, ob für die übernommene Lohnsteuer weitere Lohnsteuer angemeldet worden ist, und bei Nichtanmeldung ggf. einen weiteren Haftungsbescheid zu erteilen. Für die Arbeitgeber wären die Folgerungen aus den Prüfungsfeststellungen mit der Erteilung des Haftungsbescheids nicht abgeschlossen, sondern eine Berechnung und Anmeldung weiterer Lohnsteuer zu einem späteren Zeitpunkt erforderlich.

Aus diesem Grund halte ich es für vertretbar, daß in den Haftungsbescheiden aufgrund einer Lohnsteuer-Außenprüfung der Nettosteuersatz in den Fällen anzuwenden ist, in denen der Arbeitgeber die Lohnsteuer übernehmen will und der Anwendung des Nettosteuersatzes ausdrücklich zustimmt.

Alternativ wäre auch denkbar, daß der Arbeitgeber sowohl für die auf die Prüfungsfeststellungen entfallende Lohnsteuer als auch für die auf die Übernahme dieser Lohnsteuer entfallende Lohnsteuer seine Zahlungsverpflichtung mit dem Nettosteuersatz gemäß § 42d Abs. 4 Nr. 2 EStG anerkennt. Weiterhin hat der Arbeitgeber die Möglichkeit, die Erhebung der Lohnsteuer mit einem Pauschsteuersatz zu beantragen (§ 40 Abs. 1 Nr. 2 EStG). Da die in § 40 Abs. 3 EStG vorgeschriebene Übernahme einen geldwerten Vorteil darstellt, handelt es sich bei dem Pauschsteuersatz regelmäßig um einen Nettosteuersatz.

Erklärt sich der Arbeitgeber nicht von vornherein bereit, die Lohnsteuer zu übernehmen, oder ist er mit keinem der o. g. Verfahren einverstanden, so ist ein Haftungsbescheid entsprechend dem BFH-Urteil auf der Grundlage des Bruttosteuersatzes zu erteilen. In dem neu aufgelegten Vordruck "Bericht über die Lohnsteuer-Außenprüfung" ist im Abschnitt V der Arbeitgeber durch Ankreuzen des ersten Auswahlfeldes auf die lohnsteuerlichen Konsequenzen der Zahlung der Haftungsschuld in Verbindung mit einem Regreßverzicht hinzuweisen. Durch diesen Hinweis kann ggf. auch erreicht werden, daß sich die Verjährungsfrist für die anzumeldende Lohnsteuer auf fünf oder zehn Jahre verlängert (§ 169 Abs. 2 Satz 2 AO), wenn der Arbeitgeber trotz Hinweises auf die Rechtslage keine weitere Lohnsteuer anmeldet. ...

Pauschalierung der Lohnsteuer

Geschäftsführerhaftung nach § 69 AO – Pauschalierung der Lohnsteuer im Rahmen einer Lohnsteuer-Außenprüfung

(Verfügung der OFD Erfurt vom 26. 2. 1996 – S 0151 A – 04 – St 223 –)

Eine Pauschalierung der LSt. kommt unter den Voraussetzungen des § 40 EStG bzw. des § 40a EStG in Betracht. Dies ist unter anderem dann gegeben, wenn in einer größeren Zahl von Fällen LSt. nachzuerheben ist, weil der Arbeitgeber die LSt. nicht vorschriftsmäßig einbehalten hat *(§ 40 Abs. 1 Nr. 2 EStG). Die LSt.* wird hierbei mit einem unter Berücksichtigung der Vorschriften des § 38a EStG zu ermittelnden Pauschsteuersatz erhoben.

Im Urteil vom 3. 5. 1990 (BStBl II 1990 S. 767) vertrat der BFH die Auffassung, daß sich die Pflichtverletzung und das Verschulden des Geschäftsführers bei der Haftungsinanspruchnahme gem. § 69 AO nach dem Zeitpunkt der Fälligkeit der pauschalen Lohnsteuer richte. Bei Pauschalierungen im Anschluß an eine LSt.-Außenprüfung sei dies der Zeitpunkt der Fälligkeit des Nachforderungs-(Steuer-)bescheids, da die LSt.-Schuld des Arbeitgebers erst mit der Durchführung der Pauschalierung, d. h. mit dem Erlaß des Nachforderungsbescheids entstehe (BFH-Urteil vom 5. 11. 1982, BStBl II 1983 S. 91]92[).

Abweichend von dieser Rechtsprechung vertritt der BFH nunmehr die Meinung, daß die pauschale LSt. sowie die nach einer Außenprüfung zu erhebende Pauschalsteuer bereits im Zeitpunkt des Zuflusses des Lohns beim Arbeitnehmer entsteht (BFH-Urteil vom 6. 5. 1994, BStBl II 1994 S. 715), da es sich bei der pauschalen LSt. materiell-rechtlich um die vom Arbeitgeber übernommene LSt. des Arbeitnehmers handelt.

Der Tatbestand der Pflichtverletzung und des Verschuldens des Haftungsschuldners richten sich somit auch in den Fällen der LSt.-Pauschalierung – wie in Fällen der Haftung des Geschäftsführers für die individuelle LSt. – nach dem in § 41a Abs. 1 EStG geregelten Zeitpunkt der Anmeldung und Abführung der LSt. (bei nicht ausreichenden Zahlungsmitteln ggf. sogar rückbezogen auf den Zeitpunkt der Lohnzahlung).

Rechtsbehelf gegen den Haftungsbescheid

- Der Arbeitnehmer hat gegen diesen Haftungsbescheid insoweit ein Einspruchsrecht, als er persönlich für die nachgeforderte Lohnsteuer in Anspruch genommen werden kann (→ BFH vom 29. 6. 1973 – BStBl II S. 780).
- Wird der Arbeitgeber nach dem Entscheidungssatz des Bescheids als Haftender in Anspruch genommen, so ist der Bescheid unwirksam, wenn nach seiner Begründung pauschale Lohnsteuer nachgefordert wird (→ BFH vom 15. 3. 1985 – BStBl II S. 581).
- Wird Lohnsteuer für frühere Kalenderjahre nachgefordert, so braucht der Haftungsbetrag nur nach Kalenderjahren aufgegliedert zu werden (→ BFH vom 18. 7. 1985 – BStBl 1986 II S. 152).
- Der Haftungsbetrag ist grundsätzlich auf die einzelnen Arbeitnehmer aufzuschlüsseln; wegen der Ausnahmen → BFH vom 8. 11. 1985 (BStBl 1986 II S. 274) und die dort genannten Urteile.
- Werden zu verschiedenen Zeiten und auf Grund unterschiedlicher Tatbestände entstandene Haftungsschulden in einem Haftungsbescheid festgesetzt und ficht der Haftungsschuldner diesen Sammelhaftungsbescheid nur hinsichtlich ganz bestimmter Haftungsfälle an, so erwächst der restliche Teil des Bescheids in Bestandskraft (→ BFH vom 4. 7. 1986 – BStBl II S. 921).
- Der Arbeitnehmer kann sich als Steuerschuldner nicht darauf berufen, dass die haftungsweise Inanspruchnahme des Arbeitgebers wegen Nichtbeanstandung seines Vorgehens bei einer vorangegangenen Außenprüfung gegen Treu und Glauben verstoßen könnte (→ BFH vom 27. 3. 1991 – BStBl II S. 720).
- In einem allein vom Arbeitnehmer veranlassten Einspruchsverfahren ist der Arbeitgeber hinzuzuziehen (→ § 360 AO).

Zusammengefasster Steuer- und Haftungsbescheid

- Steuerschuld und Haftungsschuld können äußerlich in einer Verfügung verbunden werden (→ BFH vom 16. 11. 1984 – BStBl 1985 II S. 266).
- Wird vom Arbeitgeber pauschale Lohnsteuer nacherhoben und wird er zugleich als Haftungsschuldner in Anspruch genommen, so ist die Steuerschuld von der Haftungsschuld zu trennen. Dies kann im Entscheidungssatz des zusammengefassten Steuer- und Haftungsbescheids, in der Begründung dieses Bescheids oder in dem dem Arbeitgeber bereits bekannten oder beigefügten Bericht einer Lohnsteuer-Außenprüfung, auf den zur Begründung Bezug genommen ist, geschehen (→ BFH vom 1. 8. 1985 – BStBl II S. 664).

R 42d.2

Haftung bei Arbeitnehmerüberlassung

Allgemeines

S 2384 (1) [1]Bei Arbeitnehmerüberlassung ist steuerrechtlich grundsätzlich der Verleiher Arbeitgeber der Leiharbeitnehmer (→ R 19.1 Satz 5). [2]Dies gilt für einen ausländischen Verleiher (→ R 38.3 Abs. 1 Satz 2) selbst dann, wenn der Entleiher Arbeitgeber im Sinne eines Doppelbesteuerungsabkommens ist; die Arbeitgebereigenschaft des Entleihers nach einem Doppelbesteuerungsabkommen hat nur Bedeutung für die Zuweisung des Besteuerungsrechts. [3]Wird der Entleiher als Haftungsschuldner in Anspruch genommen, ist wegen der unterschiedlichen Voraussetzungen und Folgen stets danach zu unterscheiden, ob er als Arbeitgeber der Leiharbeitnehmer oder als Dritter nach § 42d Abs. 6 EStG neben dem Verleiher als dem Arbeitgeber der Leiharbeitnehmer haftet.

Inanspruchnahme des Entleihers nach § 42d Abs. 6 EStG

Anhang 3 (2) [1]Der Entleiher haftet nach § 42d Abs. 6 EStG wie der Verleiher (Arbeitgeber), jedoch beschränkt auf die Lohnsteuer für die Zeit, für die ihm der Leiharbeitnehmer überlassen worden ist. [2]Die Haftung des Entleihers richtet sich deshalb nach denselben Grundsätzen wie die Haftung des Arbeitgebers. [3]Sie scheidet aus, wenn der Verleiher als Arbeitgeber nicht haften würde. [4]Die

Haftung des Entleihers kommt nur bei Arbeitnehmerüberlassung nach § 1 des Arbeitnehmerüberlassungsgesetzes (AÜG) in Betracht. [5]Arbeitnehmerüberlassung liegt nicht vor, wenn das Überlassen von Arbeitnehmern als Nebenleistung zu einer anderen Leistung anzusehen ist, wenn z. B. im Falle der Vermietung von Maschinen und Überlassung des Bedienungspersonals der wirtschaftliche Wert der Vermietung überwiegt. [6]In den Fällen des § 1 Abs. 1 Satz 3 und Abs. 3 AÜG ist ebenfalls keine Arbeitnehmerüberlassung anzunehmen. Anhang 3

(3) [1]Zur rechtlichen Würdigung eines Sachverhalts mit drittbezogener Tätigkeit als Arbeitnehmerüberlassung und ihre Abgrenzung insbesondere gegenüber einem Werkvertrag ist entscheidend auf das Gesamtbild der Tätigkeit abzustellen. [2]Auf die Bezeichnung des Rechtsgeschäfts, z. B. als Werkvertrag, kommt es nicht entscheidend an. [3]Auf Arbeitnehmerüberlassung weisen z. B. folgende Merkmale hin:

1. Der Inhaber der Drittfirma (Entleiher) nimmt im Wesentlichen das Weisungsrecht des Arbeitgebers wahr;
2. der mit dem Einsatz des Arbeitnehmers verfolgte Leistungszweck stimmt mit dem Betriebszweck der Drittfirma überein;
3. das zu verwendende Werkzeug wird im Wesentlichen von der Drittfirma gestellt, es sei denn auf Grund von Sicherheitsvorschriften;
4. die mit anderen Vertragstypen, insbesondere Werkvertrag, verbundenen Haftungsrisiken sind ausgeschlossen oder beschränkt worden;
5. die Arbeit des eingesetzten Arbeitnehmers gegenüber dem entsendenden Arbeitgeber wird auf der Grundlage von Zeiteinheiten vergütet.

[4]Bei der Prüfung der Frage, ob Arbeitnehmerüberlassung vorliegt, ist die Auffassung der Bundesagentur für Arbeit zu berücksichtigen. [5]Eine Inanspruchnahme des Entleihers kommt regelmäßig nicht in Betracht, wenn die Bundesagentur für Arbeit gegenüber dem Entleiher die Auffassung geäußert hat, bei dem verwirklichten Sachverhalt liege Arbeitnehmerüberlassung nicht vor.

(4) [1]Ausnahmen von der Entleiherhaftung enthält § 42d Abs. 6 Satz 2 und 3 EStG. [2]Der Überlassung liegt eine Erlaubnis nach § 1 AÜG i. S. d. § 42d Abs. 6 Satz 2 EStG immer dann zugrunde, wenn der Verleiher eine Erlaubnis nach § 1 AÜG zur Zeit des Verleihs besessen hat oder die Erlaubnis in dieser Zeit nach § 2 Abs. 4 AÜG als fortbestehend gilt, d. h. bis zu zwölf Monaten nach Erlöschen der Erlaubnis für die Abwicklung der erlaubt abgeschlossenen Verträge. [3]Der Überlassung liegt jedoch keine Erlaubnis zugrunde, wenn Arbeitnehmer im Rahmen einer wirtschaftlichen Tätigkeit an Betriebe des Baugewerbes für Arbeiten überlassen werden, die üblicherweise von Arbeitern verrichtet werden, weil dies nach § 1b AÜG unzulässig ist und sich die Erlaubnis nach § 1 AÜG auf solchen Verleih nicht erstreckt, es sei denn, die Überlassung erfolgt zwischen Betrieben des Baugewerbes, die von denselben Rahmen- und Sozialkassentarifverträgen oder von der Allgemeinverbindlichkeit erfasst werden. [4]Bei erlaubtem Verleih durch einen inländischen Verleiher haftet der Entleiher nicht. [5]Der Entleiher trägt die Feststellungslast, wenn er sich darauf beruft, dass er über das Vorliegen einer Arbeitnehmerüberlassung ohne Verschulden irrte (§ 42d Abs. 6 Satz 3 EStG). [6]Bei der Inanspruchnahme des Entleihers ist Absatz 3 zu berücksichtigen. [7]Im Bereich unzulässiger Arbeitnehmerüberlassung sind wegen des Verbots in § 1b AÜG strengere Maßstäbe anzulegen, wenn sich der Entleiher darauf beruft, ohne Verschulden einem Irrtum erlegen zu sein. [8]Dies gilt insbesondere, wenn das Überlassungsentgelt deutlich günstiger ist als dasjenige von anderen Anbietern. [9]Ob der Verleiher eine Erlaubnis nach § 1 AÜG hat, muss der Verleiher in dem schriftlichen Überlassungsvertrag nach § 12 Abs. 1 AÜG erklären und kann der Entleiher selbst oder das Finanzamt durch Anfrage bei der Regionaldirektion der Bundesagentur für Arbeit erfahren oder überprüfen. Anhang 3

(5) [1]Die Höhe des Haftungsbetrags ist auf die Lohnsteuer begrenzt, die vom Verleiher ggf. anteilig für die Zeit einzubehalten war, für die der Leiharbeitnehmer dem Entleiher überlassen war. [2]Hat der Verleiher einen Teil der von ihm insgesamt einbehaltenen und angemeldeten Lohnsteuer für den entsprechenden Lohnsteuer-Anmeldungszeitraum gezahlt, wobei er auch die Lohnsteuer des dem Entleiher überlassenen Leiharbeitnehmers berücksichtigt hat, mindert sich der Haftungsbetrag im Verhältnis von angemeldeter zu gezahlter Lohnsteuer.

(6) [1]Der Haftungsbescheid kann gegen den Entleiher ergehen, wenn die Voraussetzungen der Haftung erfüllt sind. [2]Auf Zahlung darf er jedoch erst in Anspruch genommen werden nach einem fehlgeschlagenen Vollstreckungsversuch in das inländische bewegliche Vermögen des Verleihers oder wenn die Vollstreckung keinen Erfolg verspricht (§ 42d Abs. 6 Satz 6 EStG). [3]Eine vorherige Zahlungsaufforderung an den Arbeitnehmer oder ein Vollstreckungsversuch bei diesem ist nicht erforderlich (entsprechende Anwendung des § 219 Satz 2 AO).

Inanspruchnahme des Verleihers nach § 42d Abs. 7 EStG

(7) [1]Nach § 42d Abs. 7 EStG kann der Verleiher, der steuerrechtlich nicht als Arbeitgeber zu behandeln ist, wie ein Entleiher nach § 42d Abs. 6 EStG als Haftender in Anspruch genommen werden. [2]Insoweit kann er erst nach dem Entleiher auf Zahlung in Anspruch genommen werden.

[3]Davon zu unterscheiden ist der Erlass des Haftungsbescheids, der vorher ergehen kann. [4]Gegen den Haftungsbescheid kann sich der Verleiher deswegen nicht mit Erfolg darauf berufen, der Entleiher sei auf Grund der tatsächlichen Abwicklung einer unerlaubten Arbeitnehmerüberlassung als Arbeitgeber aller oder eines Teils der überlassenen Leiharbeitnehmer zu behandeln.

Sicherungsverfahren nach § 42d Abs. 8 EStG

(8) [1]Als Sicherungsmaßnahme kann das Finanzamt den Entleiher verpflichten, einen bestimmten Euro-Betrag oder einen als Prozentsatz bestimmten Teil des vereinbarten Überlassungsentgelts einzubehalten und abzuführen. [2]Hat der Entleiher bereits einen Teil der geschuldeten Überlassungsvergütung an den Verleiher geleistet, kann der Sicherungsbetrag mit einem bestimmten Euro-Betrag oder als Prozentsatz bis zur Höhe des Restentgelts festgesetzt werden. [3]Die Sicherungsmaßnahme ist nur anzuordnen in Fällen, in denen eine Haftung in Betracht kommen kann. [4]Dabei darf berücksichtigt werden, dass sie den Entleiher im Ergebnis weniger belasten kann als die nachfolgende Haftung, wenn er z. B. einen Rückgriffsanspruch gegen den Verleiher nicht durchsetzen kann.

Haftungsverfahren

(9) Wird der Entleiher oder Verleiher als Haftungsschuldner in Anspruch genommen, ist ein Haftungsbescheid zu erlassen (→ R 42d.1 Abs. 5).

Zuständigkeit

(10) [1]Zuständig für den Haftungsbescheid gegen den Entleiher oder Verleiher ist das Betriebsstättenfinanzamt des Verleihers (§ 42d Abs. 6 Satz 9 EStG). [2]Wird bei einem Entleiher festgestellt, dass seine Inanspruchnahme als Haftungsschuldner nach § 42d Abs. 6 EStG in Betracht kommt, ist das Betriebsstättenfinanzamt des Verleihers einzuschalten. [3]Bei Verleih durch einen ausländischen Verleiher (→ § 38 Abs. 1 Satz 1 Nr. 2 EStG) ist das Betriebsstättenfinanzamt des Entleihers zuständig, wenn dem Finanzamt keine andere Überlassung des Verleihers im Inland bekannt ist, da es zugleich Betriebsstättenfinanzamt des Verleihers nach § 41 Abs. 2 Satz 2 EStG ist. [4]Dies gilt grundsätzlich auch für eine Sicherungsmaßnahme nach § 42d Abs. 8 EStG. [5]Darüber hinaus ist für eine Sicherungsmaßnahme jedes Finanzamt zuständig, in dessen Bezirk der Anlass für die Amtshandlung hervortritt, insbesondere bei Gefahr im Verzug (§§ 24, 29 AO).

H 42d.2

Hinweise

Abgrenzungsfragen

Zur Abgrenzung zwischen Arbeitnehmerüberlassung und Werk- oder Dienstverträgen bei Einsatz hochqualifizierter Mitarbeiter des Auftragnehmers → BFH vom 18. 1. 1991 (BStBl II S. 409).

Arbeitnehmerüberlassung im Baugewerbe

Die Haftung des Entleihers nach § 42d Abs. 6 EStG sowie die Anordnung einer Sicherungsmaßnahme nach § 42d Abs. 8 EStG sind ausgeschlossen, soweit der zum Steuerabzug nach§ 48 Abs. 1 EStG verpflichtete Leistungsempfänger den Abzugsbetrag einbehalten und abgeführt hat bzw. dem Leistungsempfänger im Zeitpunkt der Abzugsverpflichtung eine Freistellungsbescheinigung des Leistenden vorliegt, auf deren Rechtmäßigkeit er vertrauen durfte (→ §§ 48 Abs. 4 Nr. 2, 48b Abs. 5 EStG).

Arbeitnehmerüberlassung im Konzern

Überlässt eine im Ausland ansässige Kapitalgesellschaft von ihr eingestellte Arbeitnehmer an eine inländische Tochtergesellschaft gegen Erstattung der von ihr gezahlten Lohnkosten, so ist die inländische Tochtergesellschaft nicht Arbeitgeber im lohnsteuerlichen Sinne. Sie haftet daher für nicht einbehaltene Lohnsteuer nur unter den Voraussetzungen des § 42d Abs. 6 EStG (→ BFH vom 24. 3. 1999 – BStBl 2000 II S. 41).

Steuerrechtlicher Arbeitgeber

Der Verleiher ist grundsätzlich auch bei unerlaubter Arbeitnehmerüberlassung Arbeitgeber der Leiharbeitnehmer, da § 10 Abs. 1 AÜG, der den Entleiher bei unerlaubter Arbeitnehmerüberlassung als Arbeitgeber der Leiharbeitnehmer bestimmt, steuerrechtlich nicht maßgebend ist. Der Entleiher kann jedoch nach dem Gesamtbild der tatsächlichen Gestaltung der Beziehungen zu den für ihn tätigen Leiharbeitnehmern und zum Verleiher, insbesondere bei Entlohnung der Leiharbeitnehmer, steuerrechtlich Arbeitgeber sein (→ BFH vom 2. 4. 1982 – BStBl II S. 502).

Zuständige Finanzämter für ausländische Verleiher
→ H 41.3

Haftung bei Lohnsteuerabzug durch einen Dritten

R 42d.3

[1]In den Fällen der Lohnzahlung durch Dritte haftet der Dritte in beiden Fallgestaltungen des § 38 Abs. 3a EStG neben dem Arbeitgeber (§ 42d Abs. 9 EStG). [2]Es besteht eine Gesamtschuldnerschaft zwischen Arbeitgeber, dem Dritten und dem Arbeitnehmer. [3]Das Finanzamt muss die Wahl, an welchen Gesamtschuldner es sich halten will, nach pflichtgemäßem Ermessen unter Beachtung der durch Recht und Billigkeit gezogenen Grenzen und unter verständiger Abwägung der Interessen aller Beteiligten treffen. [4]Eine Haftungsinanspruchnahme des Arbeitgebers unterbleibt, wenn beim Arbeitnehmer selbst eine Nachforderung unzulässig ist, weil der Mindestbetrag nach § 42d Abs. 5 EStG nicht überschritten wird. [5]Für die durch Haftungsbescheid angeforderten Steuerbeträge ist eine Zahlungsfrist von einem Monat zu setzen.

Hinweise

H 42d.3

Ermessensausübung

Eine Haftung des Arbeitgebers bei einer Lohnsteuerabzugspflicht Dritter kommt nach § 42d Abs. 9 Satz 4 i. V. m. Abs. 3 Satz 4 Nr. 1 EStG nur in Betracht, wenn der Dritte die Lohnsteuer für den Arbeitgeber nicht vorschriftsmäßig vom Arbeitslohn einbehalten hat. An einem derartigen Fehlverhalten fehlt es, wenn beim Lohnsteuerabzug entsprechend einer Lohnsteueranrufungsauskunft oder in Übereinstimmung mit den Vorgaben der zuständigen Finanzbehörden der Länder oder des Bundes verfahren wird (→ BFH vom 20. 3. 2014 – BStBl II S. 592).

§ 42e Anrufungsauskunft

EStG
S 2388

[1]Das Betriebsstättenfinanzamt hat auf Anfrage eines Beteiligten darüber Auskunft zu geben, ob und inwieweit im einzelnen Fall die Vorschriften über die Lohnsteuer anzuwenden sind. [2]Sind für einen Arbeitgeber mehrere Betriebsstättenfinanzämter zuständig, so erteilt das Finanzamt die Auskunft, in dessen Bezirk sich die Geschäftsleitung (§ 10 der Abgabenordnung) des Arbeitgebers im Inland befindet. [3]Ist dieses Finanzamt kein Betriebsstättenfinanzamt, so ist das Finanzamt zuständig, in dessen Bezirk sich die Betriebsstätte mit den meisten Arbeitnehmern befindet. [4]In den Fällen der Sätze 2 und 3 hat der Arbeitgeber sämtliche Betriebsstättenfinanzämter, das Finanzamt der Geschäftsleitung und erforderlichenfalls die Betriebsstätte mit den meisten Arbeitnehmern anzugeben sowie zu erklären, für welche Betriebsstätten die Auskunft von Bedeutung ist.

Anrufungsauskunft

R 42e
S 2388

(1) [1]Einen Anspruch auf gebührenfreie Auskunft haben sowohl der Arbeitgeber, der die Pflichten des Arbeitgebers erfüllende Dritte i. S. d. § 38 Abs. 3a EStG als auch der Arbeitnehmer. [2]In beiden Fällen ist das Betriebsstättenfinanzamt für die Erteilung der Auskunft zuständig; bei Anfragen eines Arbeitnehmers soll es jedoch seine Auskunft mit dessen Wohnsitzfinanzamt abstimmen. [3]Das Finanzamt soll die Auskunft unter ausdrücklichem Hinweis auf § 42e EStG schriftlich erteilen und kann sie befristen; das gilt auch, wenn der Beteiligte die Auskunft nur formlos erbeten hat.

(2) [1]Hat ein Arbeitgeber mehrere Betriebsstätten, hat das zuständige Finanzamt seine Auskunft mit den anderen Betriebsstättenfinanzämtern abzustimmen, soweit es sich um einen Fall von einigem Gewicht handelt und die Auskunft auch für die anderen Betriebsstätten von Bedeutung ist. [2]Bei Anrufungsauskünften grundsätzlicher Art informiert das zuständige Finanzamt die übrigen betroffenen Finanzämter.

(3) [1]Sind mehrere Arbeitgeber unter einer einheitlichen Leitung zusammengefasst (Konzernunternehmen), bleiben für den einzelnen Arbeitgeber entsprechend der Regelung des § 42e Satz 1 und 2 EStG das Betriebsstättenfinanzamt bzw. das Finanzamt der Geschäftsleitung für die Erteilung der Anrufungsauskunft zuständig. [2]Sofern es sich bei einer Anrufungsauskunft um einen Fall von einigem Gewicht handelt und erkennbar ist, dass die Auskunft auch für andere Arbeitgeber des Konzerns von Bedeutung ist oder bereits Entscheidungen anderer Finanzämter vorliegen, ist insbesondere auf Antrag des Auskunftsersuchenden die zu erteilende Auskunft mit

den übrigen betroffenen Finanzämtern abzustimmen. [3]Dazu informiert das für die Auskunftserteilung zuständige Finanzamt das Finanzamt der Konzernzentrale. [4]Dieses koordiniert daraufhin die Abstimmung mit den Finanzämtern der anderen Arbeitgeber des Konzerns, die von der zu erteilenden Auskunft betroffen sind. [5]Befindet sich die Konzernzentrale im Ausland, koordiniert das Finanzamt die Abstimmung, das als erstes mit der Angelegenheit betraut war.

(4) [1]In Fällen der Lohnzahlung durch Dritte, in denen der Dritte die Pflichten des Arbeitgebers trägt, ist die Anrufungsauskunft bei dem Betriebsstättenfinanzamt des Dritten zu stellen. [2]Fasst der Dritte die dem Arbeitnehmer in demselben Lohnzahlungszeitraum aus mehreren Dienstverhältnissen zufließenden Arbeitslöhne zusammen, ist die Anrufungsauskunft bei dem Betriebsstättenfinanzamt des Dritten zu stellen. [3]Dabei hat das Betriebsstättenfinanzamt seine Auskunft in Fällen von einigem Gewicht mit den anderen Betriebsstättenfinanzämtern abzustimmen.

H 42e

Hinweise

Allgemeines

– Eine dem Arbeitgeber erteilte Anrufungsauskunft stellt nicht nur eine Wissenserklärung (unverbindliche Rechtsauskunft) des Betriebsstättenfinanzamts dar, sondern ist ein feststellender Verwaltungsakt i. S. d. § 118 Satz 1 AO, mit dem sich das Finanzamt selbst bindet. Der Arbeitgeber hat ein Recht auf förmliche Bescheidung seines Antrags und kann eine ihm erteilte Anrufungsauskunft im Klageweg inhaltlich überprüfen lassen. (→ BFH vom 30. 4. 2010 – BStBl II S. 996 und vom 2. 9. 2010 – BStBl 2011 II S. 233).
– BMF vom 18. 2. 2011 (BStBl I S. 213), → auch zur Aufhebung/Änderung einer erteilten Anrufungsauskunft

Anrufungsauskunft als feststellender Verwaltungsakt; Anwendung der BFH-Urteile vom 30. April 2009 – VI R 54/07 – und vom 2. September 2010 – VI R 3/09 –

(BMF-Schreiben vom 18. 2. 2011 – IV C 5 – S 2388/0-01; 2011/0110501 –)

Mit Urteilen vom 30. April 2009 – VI R 54/07 – (BStBl II 2010 Seite 996) und vom 2. September 2010 – VI R 3/09 – (BStBl II 2011 Seite 233) hat der BFH unter Abänderung seiner bisherigen Rechtsprechung entschieden, dass die Erteilung und die Aufhebung (Rücknahme, Widerruf) einer Anrufungsauskunft nach § 42e Einkommensteuergesetz (EStG) nicht nur Wissenserklärungen (unverbindliche Rechtsauskünfte) des Betriebsstättenfinanzamts darstellen, sondern vielmehr feststellende Verwaltungsakte im Sinne des § 118 Satz 1 Abgabenordnung (AO) sind.

Zu den Urteilen gilt im Einvernehmen mit den obersten Finanzbehörden der Länder Folgendes:

Die Rechtsgrundsätze der Urteile sind über die entschiedenen Einzelfälle hinaus anzuwenden. Für die Anrufungsauskunft nach § 42e EStG gelten die Regelungen in §§ 118 ff. AO unmittelbar, und zwar insbesondere:

– die Anforderungen an Bestimmtheit und Form gemäß § 119 AO,
– die Regelungen über mögliche Nebenbestimmungen gemäß § 120 AO,
– die Regelungen über die Bekanntgabe gemäß § 122 AO,
– die Regelungen über die Berichtigung offenbarer Unrichtigkeiten gemäß § 129 AO.

Die Anrufungsauskunft kann darüber hinaus mit Wirkung für die Zukunft aufgehoben oder geändert werden; § 207 Absatz 2 AO ist sinngemäß anzuwenden. Hierbei handelt es sich um eine Ermessensentscheidung, die zu begründen ist (vgl. BFH vom 2. September 2010 – VI R 3/09 –, BStBl II 2011 Seite 233). Im Falle einer zeitlichen Befristung der Anrufungsauskunft (vgl. R 42e Absatz 1 Satz 3 Lohnsteuerrichtlinie [LStR]) endet die Wirksamkeit des Verwaltungsaktes durch Zeitablauf (§ 124 Absatz 2 AO). Außerdem tritt eine Anrufungsauskunft außer Kraft, wenn die Rechtsvorschriften, auf denen die Entscheidung beruht, geändert werden (analoge Anwendung des § 207 Absatz 1 AO). Die Anweisungen im Anwendungserlass zu § 207 AO sind sinngemäß anzuwenden.

Die Anrufungsauskunft soll grundsätzlich schriftlich erteilt werden; wird eine Anrufungsauskunft abgelehnt oder abweichend vom Antrag erteilt, hat die Auskunft oder die Ablehnung der Erteilung schriftlich zu erfolgen.

Mögliche Antragsteller (Beteiligte im Sinne von § 42e Satz 1 EStG) sind der Arbeitgeber, der die Pflichten des Arbeitgebers erfüllende Dritte im Sinne von § 38 Absatz 3a EStG und der Arbeitnehmer. Auch als feststellender Verwaltungsakt wirkt die Anrufungsauskunft nur gegenüber demjenigen, der sie beantragt hat. Das Betriebsstättenfinanzamt ist daher durch eine vom Arbeitgeber beantragte und ihm erteilte Anrufungsauskunft nicht gehindert, gegenüber dem Arbeitnehmer einen für ihn ungünstigeren Rechtsstandpunkt einzunehmen (BFH vom 28. August 1991 – BStBl 1992 II Seite 107).

Das Wohnsitzfinanzamt ist bei der Einkommensteuerfestsetzung gegenüber dem Arbeitnehmer nicht an die Anrufungsauskunft des Betriebsstättenfinanzamts gebunden (BFH vom 9. Oktober 1992 – BStBl 1993 II Seite 166).

Die Regelungen über das außergerichtliche Rechtsbehelfsverfahren (§§ 347 ff. AO) sind anzuwenden. Im Falle der Ablehnung einer Anrufungsauskunft nach § 42e EStG kommt eine Aussetzung der Vollziehung allerdings nicht in Betracht, da es sich nicht um einen vollziehbaren Verwaltungsakt handelt. Das Gleiche gilt bei einer Aufhebung oder Änderung einer Anrufungsauskunft (Nummer 2.3.2 des Anwendungserlasses zu § 361 AO).

Aussetzung der Vollziehung

Der Widerruf einer Lohnsteueranrufungsauskunft ist ein feststellender, aber nicht vollziehbarer Verwaltungsakt. Ein Antrag auf Aussetzung der Vollziehung ist deshalb nicht statthaft (→ BFH vom 15. 1. 2015 – BStBl II S. 447).

Bindungswirkung im Lohnsteuerabzugsverfahren

– Erteilt das Betriebsstättenfinanzamt eine Anrufungsauskunft, sind die Finanzbehörden im Rahmen des Lohnsteuerabzugsverfahrens an diese gegenüber allen Beteiligten gebunden (→ BFH vom 17. 10. 2013 – BStBl 2014 S. 892 und vom 20. 3. 2014 – BStBl II S. 592).

– Hat der Arbeitgeber eine Anrufungsauskunft eingeholt und ist er danach verfahren, ist eine Nacherhebung der Lohnsteuer auch dann nicht zulässig, wenn der Arbeitgeber nach einer Lohnsteuer-Außenprüfung einer Pauschalierung nach § 40 Abs. 1 Satz 1 Nr. 2 EStG zugestimmt hat (→ BFH vom 16. 11. 2005 – BStBl 2006 II S. 210).

Keine Bindungswirkung bei der Einkommensteuerveranlagung

Die Bindungswirkung einer Anrufungsauskunft erstreckt sich – unabhängig davon, ob sie dem Arbeitgeber oder dem Arbeitnehmer erteilt wurde –nicht auf das Veranlagungsverfahren. Das Wohnsitzfinanzamt kann daher bei der Einkommensteuerveranlagung einen für den Arbeitnehmer ungünstigeren Rechtsstandpunkt als das Betriebsstättenfinanzamt einnehmen (→ BFH vom 9. 10. 1992 – BStBl 1993 II S. 166 und vom 17. 10. 2013 – BStBl 2014 II S. – VI R 44/12).

Überprüfung durch das Finanzgericht

Die Anrufungsauskunft trifft eine Regelung dahin, wie die Finanzbehörde den vom Antragsteller dargestellten Sachverhalt gegenwärtig beurteilt. Das Finanzgericht überprüft die Auskunft sachlich nur daraufhin, ob der Sachverhalt zutreffend erfasst und die rechtliche Beurteilung nicht evident fehlerhaft ist (→ BFH vom 27. 2. 2014 – BStBl II S. . . . – VI R 23/13).

§ 42f Lohnsteuer-Außenprüfung

EStG
S 2386

(1) Für die Außenprüfung der Einbehaltung oder Übernahme und Abführung der Lohnsteuer ist das Betriebsstättenfinanzamt zuständig.

(2) [1]Für die Mitwirkungspflicht des Arbeitgebers bei der Außenprüfung gilt § 200 der Abgabenordnung. [2]Darüber hinaus haben die Arbeitnehmer des Arbeitgebers dem mit der Prüfung Beauftragten jede gewünschte Auskunft über Art und Höhe ihrer Einnahmen zu geben und auf Verlangen die etwa in ihrem Besitz befindlichen Bescheinigungen für den Lohnsteuerabzug sowie die Belege über bereits entrichtete Lohnsteuer vorzulegen. [3]Dies gilt auch für Personen, bei denen es streitig ist, ob sie Arbeitnehmer des Arbeitgebers sind oder waren.

(3) [1]In den Fällen des § 38 Absatz 3a ist für die Außenprüfung das Betriebsstättenfinanzamt des Dritten zuständig; § 195 Satz 2 der Abgabenordnung bleibt unberührt. [2]Die Außenprüfung ist auch beim Arbeitgeber zulässig; dessen Mitwirkungspflichten bleiben neben den Pflichten des Dritten bestehen.

(4) Auf Verlangen des Arbeitgebers können die Außenprüfung und die Prüfungen durch die Träger der Rentenversicherung (§ 28p des Vierten Buches Sozialgesetzbuch) zur gleichen Zeit durchgeführt werden.

R 42f

Lohnsteuer-Außenprüfung

S 2386
Anhang 6

(1) [1]Für die Lohnsteuer-Außenprüfung gelten die §§ 193 bis 207 AO. [2]Die §§ 5 bis 12, 20 bis 24, 29 und 30 Betriebsprüfungsordnung sind mit Ausnahme des § 5 Abs. 4 Satz 2 sinngemäß anzuwenden.

(2) [1]Der Lohnsteuer-Außenprüfung unterliegen sowohl private als auch öffentlich-rechtliche Arbeitgeber. [2]Prüfungen eines öffentlich-rechtlichen Arbeitgebers durch die zuständige Aufsichts- und Rechnungsprüfungsbehörde stehen der Zulässigkeit einer Lohnsteuer-Außenprüfung nicht entgegen.

(3) [1]Die Lohnsteuer-Außenprüfung hat sich hauptsächlich darauf zu erstrecken, ob sämtliche Arbeitnehmer, auch die nicht ständig beschäftigten, erfasst wurden und alle zum Arbeitslohn gehörigen Einnahmen, gleichgültig in welcher Form sie gewährt wurden, dem Steuerabzug unterworfen wurden und ob bei der Berechnung der Lohnsteuer von der richtigen Lohnhöhe ausgegangen wurde. [2]Privathaushalte, in denen nur gering entlohnte Hilfen beschäftigt werden, sind in der Regel nicht zu prüfen.

(4) [1]Über das Ergebnis der Außenprüfung ist dem Arbeitgeber ein Prüfungsbericht zu übersenden (→ § 202 Abs. 1 AO). [2]Führt die Außenprüfung zu keiner Änderung der Besteuerungsgrundlagen, genügt es, wenn dies dem Arbeitgeber schriftlich mitgeteilt wird (→ § 202 Abs. 1 Satz 3 AO). [3]In den Fällen, in denen ein Nachforderungsbescheid oder ein Haftungsbescheid nicht zu erteilen ist (→ § 42d Abs. 4 EStG), kann der Arbeitgeber auf die Übersendung eines Prüfungsberichts verzichten.

(5) Das Recht auf Anrufungsauskunft nach § 42e EStG steht dem Recht auf Erteilung einer verbindlichen Zusage auf Grund einer Außenprüfung nach § 204 AO nicht entgegen.

H 42f

Hinweise

Aufhebung des Vorbehalts der Nachprüfung

→ § 164 Abs. 3 Satz 3 AO.

→ H 42d.1

Digitale LohnSchnittstelle
→ BMF vom 29. 6. 2011 (BStBl I S. 675)

Empfehlung zur Anwendung eines einheitlichen Standarddatensatzes als Schnittstelle für die Lohnsteuer-Außenprüfung; Digitale LohnSchnittstelle (DLS)

(BMF-Schreiben vom 29. 6. 2011 – IV C 5 – S 2386/07/0005; 2011/0501455 –)

Seit dem 1. Januar 2002 hat die Finanzverwaltung das Recht, im Rahmen von Außenprüfungen die mit Hilfe eines Datenverarbeitungssystems erstellte Buchführung durch Datenzugriff zu prüfen [§ 147 Absatz 6 Abgabenordnung (AO)]. Das Datenzugriffsrecht erstreckt sich auf alle steuerrelevanten Daten (z. B. Lohnbuchhaltung, Finanzbuchhaltung, Anlagenbuchhaltung usw.). Eine wesentliche Form der Umsetzung ist die Überlassung von Datenträgern an Außenprüfer zur Auswertung auf den Notebooks der Prüfer. Die Finanzverwaltung empfiehlt hierzu den GDPdU-Beschreibungsstandard[1]). Die Struktur und die Bezeichnung der steuerrelevanten Daten sind innerhalb dieses Standards nicht definiert.

In Deutschland werden von den Arbeitgebern zurzeit ca. 260 verschiedene Lohnabrechnungsprogramme eingesetzt. Jedes Programm ist anders aufgebaut und strukturiert, so dass auch die Dateien und Felder mit den steuerlich relevanten Daten entsprechend unterschiedlich aufgebaut, bezeichnet, formatiert und verknüpft sind.

Um

- Zweifelsfragen und Unklarheiten zu den Inhalten von elektronischen Dateien und Datenfeldern,
- technische Schwierigkeiten beim Aufbereiten der elektronischen Daten sowie
- Datennachforderungen durch den Außenprüfer (auf weiteren Datenträgern)

1) Grundsätze zum Datenzugriff und zur Prüfbarkeit digitaler Unterlagen (GDPdU) → neu: Grundsätze zur ordnungsmäßigen Führung und Aufbewahrung von Büchern, Aufzeichnungen und Unterlagen in elektronischer Form sowie zum Datenzugriff (GoBD) BMF-Schreiben vom 14. November 2014 (BStBl I Seite 1450).

zu vermeiden, hat die Finanzverwaltung die „Digitale LohnSchnittstelle" (DLS) erarbeitet und beschrieben.

Die DLS ist eine Schnittstellenbeschreibung für den Export von Daten aus dem Lohnbuchhaltungssystem des Arbeitgebers zur Übergabe an den Lohnsteuer-Außenprüfer. Sie soll dabei eine einheitliche Strukturierung und Bezeichnung der Dateien und Datenfelder gemäß den Anforderungen der GDPdU unabhängig von dem beim Arbeitgeber eingesetzten Lohnabrechnungsprogramm sicherstellen.

Im Einvernehmen mit den obersten Finanzbehörden der Länder wird empfohlen, diese einheitliche Schnittstellenbeschreibung möglichst in den Lohnabrechnungsprogrammen vorzusehen und bereitzuhalten.

Mit dieser einheitlichen Schnittstellenbeschreibung soll zum einen erreicht werden, dass die nach § 41 Einkommensteuergesetz (EStG) und § 4 Lohnsteuer-Durchführungsverordnung (LStDV) im Lohnkonto aufzuzeichnenden Angaben in den dem Lohnsteuer-Außenprüfer überlassenen Daten enthalten sind. Zum anderen sollen die Voraussetzungen dafür geschaffen werden, die elektronischen Daten innerhalb kurzer Zeit zu erhalten und mittels der von der Finanzverwaltung eingesetzten Prüfsoftware auszuwerten.

Dies führt zu

- einer wesentlichen Vereinfachung des technischen Prozesses der Datenbereitstellung durch den Arbeitgeber,
- einer Vermeidung inhaltlicher Fehldeutungen von elektronischen Datei- und Feldinhalten,
- einer Verringerung der personellen Kapazitäten zur Betreuung der Datenbereitstellung,
- einer Zeit- und Kostenersparnis auf beiden Seiten und
- einem einheitlichen logischen Datenbestand in den Datenverarbeitungssystemen (auf den zu überlassenden Datenträgern).

Die DLS stellt jedoch im Rahmen der digitalen Zugriffsmöglichkeit keine abschließende Definition und Aufzählung der steuerrelevanten Daten dar, sondern liefert eine Datensatzbeschreibung für den Kernbereich der Lohndaten, die für die weitaus überwiegende Mehrzahl der Prüfungen als ausreichend angesehen werden können. Das Datenzugriffsrecht nach § 147 Absatz 6 Satz 2 AO auf darüber hinausgehende prüfungsrelevante steuerliche Daten bleibt hiervon unberührt.

Für die Bereitstellung der Daten wird der GDPdU-Beschreibungsstandard empfohlen. Die jeweils aktuelle Version der DLS mit weitergehenden Informationen steht auf den Internetseiten des Bundeszentralamtes für Steuern (www.bzst.bund.de) ab dem 1. Juli 2011 zum Download bereit.

Festsetzungsverjährung

Wurde beim Arbeitgeber eine Lohnsteuer-Außenprüfung durchgeführt, bewirkt dies nicht zugleich eine Hemmung der Verjährungsfrist in Bezug auf den Steueranspruch gegen den Arbeitnehmer (→ BFH vom 15. 12. 1989 – BStBl 1990 II S. 526).

Rechte und Mitwirkungspflichten des Arbeitgebers

→ BMF vom 24. 10. 2013 (BStBl I S. 1264)

Mitwirkungspflichten des Arbeitgebers

Hinweise auf die wesentlichen Rechte und Mitwirkungspflichten des Steuerpflichtigen bei der Außenprüfung (§ 5 Abs. 2 Satz 2 BpO 2000)

(BMF-Schreiben vom 24. 10. 2013, BStBl I S. 1264)

1 Anlage

Unter Bezugnahme auf das Ergebnis der Erörterungen mit den obersten Finanzbehörden der Länder sind der Prüfungsanordnung (§ 196 AO) die anliegenden Hinweise beizufügen.

Dieses Schreiben tritt an die Stelle des BMF-Schreibens vom 20. Juli 2001 – IV D 2 – S 0403 – 3/01 – (BStBl I S. 502). Es steht ab sofort für eine Übergangszeit auf den Internetseiten des Bundesministeriums der Finanzen (http://www.bundesfinanzministerium.de) unter der Rubrik Themen – Steuern – Steuerarten – Weitere Steuerthemen – Betriebsprüfung zum Herunterladen bereit.

Anlage

Ihre wesentlichen Rechte und Mitwirkungspflichten bei der Außenprüfung

Die Außenprüfung soll dazu beitragen, dass die Steuergesetze gerecht und gleichmäßig angewendet werden; deshalb ist auch zu Ihren Gunsten zu prüfen (§ 199 Abs. 1 Abgabenordnung – AO –).

Beginn der Außenprüfung

Wenn Sie wichtige Gründe gegen den vorgesehenen Zeitpunkt der Prüfung haben, können Sie beantragen, dass ihr Beginn hinausgeschoben wird (§ 197 Abs. 2 AO). Wollen Sie wegen der Prüfungsanordnung Rückfragen stellen, wenden Sie sich bitte an die prüfende Stelle und geben Sie hierbei den Namen des Prüfers an. Über den Prüfungsbeginn sollten Sie ggf. Ihren Steuerberater unterrichten.

Der Prüfer wird sich bei Erscheinen unter Vorlage seines Dienstausweises bei Ihnen vorstellen (§ 198 AO).

Die Außenprüfung beginnt grundsätzlich in dem Zeitpunkt, in dem der Prüfer nach Bekanntgabe der Prüfungsanordnung konkrete Ermittlungshandlungen vornimmt. Bei einer Datenträgerüberlassung beginnt die Außenprüfung spätestens mit der Auswertung der Daten (AEAO zu § 198).

Ablauf der Außenprüfung

Haben Sie bitte Verständnis dafür, dass Sie für einen reibungslosen Ablauf der Prüfung zur Mitwirkung verpflichtet sind. Aus diesem Grunde sollten Sie Ihren nachstehenden Mitwirkungspflichten unverzüglich nachkommen. Sie können darüber hinaus auch sachkundige Auskunftspersonen benennen.

Stellen Sie dem Prüfer zur Durchführung der Außenprüfung bitte einen geeigneten Raum oder Arbeitsplatz sowie die erforderlichen Hilfsmittel unentgeltlich zur Verfügung (§ 200 Abs. 2 AO).

Legen Sie ihm bitte Ihre Aufzeichnungen, Bücher, Geschäftspapiere und die sonstigen Unterlagen vor, die er benötigt, erteilen Sie ihm die erbetenen Auskünfte, erläutern Sie ggf. die Aufzeichnungen und unterstützen Sie ihn beim Datenzugriff (§ 200 Abs. 1 AO).

Werden die Unterlagen in Form der Wiedergabe auf einem Bildträger oder auf anderen Datenträgern aufbewahrt, kann der Prüfer verlangen, dass Sie auf Ihre Kosten diejenigen Hilfsmittel zur Verfügung stellen, die zur Lesbarmachung erforderlich sind, bzw. dass Sie auf Ihre Kosten die Unterlagen unverzüglich ganz oder teilweise ausdrucken oder ohne Hilfsmittel lesbare Reproduktionen beibringen (§ 147 Abs. 5 AO).

Sind Unterlagen und sonstige Aufzeichnungen mit Hilfe eines DV-Systems erstellt worden, hat der Prüfer das Recht, Einsicht in die gespeicherten Daten zu nehmen und das DV-System zur Prüfung dieser Unterlagen zu nutzen (unmittelbarer Datenzugriff). Dazu kann er verlangen, dass Sie ihm die dafür erforderlichen Geräte und sonstigen Hilfsmittel zur Verfügung stellen. Dies umfasst unter Umständen die Einweisung in das DV-System und die Bereitstellung von fachkundigem Personal zur Auswertung der Daten. Auf Anforderung sind dem Prüfer die Daten auf maschinell auswertbaren Datenträgern zur Verfügung zu stellen (Datenträgerüberlassung) oder nach seinen Vorgaben maschinell auszuwerten (mittelbarer Datenzugriff); § 147 Abs. 6 AO.

Über alle Feststellungen von Bedeutung wird Sie der Prüfer während der Außenprüfung unterrichten, es sei denn, Zweck und Ablauf der Prüfung werden dadurch beeinträchtigt (§ 199 Abs. 2 AO).

Ergebnis der Außenprüfung

Wenn sich die Besteuerungsgrundlagen durch die Prüfung ändern, haben Sie das Recht auf eine Schlussbesprechung. Sie erhalten dabei Gelegenheit, einzelne Prüfungsfeststellungen nochmals zusammenfassend zu erörtern (§ 201 AO).

Über das Ergebnis der Außenprüfung ergeht bei Änderung der Besteuerungsgrundlagen ein schriftlicher Prüfungsbericht, der Ihnen auf Antrag vor seiner Auswertung übersandt wird. Zu diesem Bericht können Sie Stellung nehmen (§ 202 AO).

Rechtsbehelfe können Sie allerdings nicht gegen den Prüfungsbericht, sondern nur gegen die aufgrund der Außenprüfung ergehenden Steuerbescheide einlegen.

Wird bei Ihnen eine abgekürzte Außenprüfung (§ 203 AO) durchgeführt, findet keine Schlussbesprechung statt. Die steuerlich erheblichen Prüfungsfeststellungen werden Ihnen in diesem Fall spätestens mit den Steuer-/Feststellungsbescheiden schriftlich mitgeteilt.

Ablauf der Außenprüfung beim Verdacht einer Steuerstraftat oder einer Steuerordnungswidrigkeit

Ergibt sich während der Außenprüfung der Verdacht einer Steuerstraftat oder einer Steuerordnungswidrigkeit gegen Sie, so dürfen hinsichtlich des Sachverhalts, auf den sich der Verdacht bezieht, die Ermittlungen bei Ihnen erst fortgesetzt werden, wenn Ihnen die Einleitung eines Steuerstraf- oder Bußgeldverfahrens mitgeteilt worden ist (vgl. § 397 AO). Soweit die Prüfungsfeststellungen auch für Zwecke eines Steuerstraf- oder Bußgeldverfahrens verwendet werden können, darf Ihre Mitwirkung bei der Aufklärung der Sachverhalte nicht erzwungen werden (§ 393 Abs. 1 Satz 2 AO). Wirken Sie bei der Aufklärung der Sachverhalte nicht mit (vgl. §§ 90, 93 Abs. 1, 200 Abs. 1 AO), können daraus allerdings im Besteuerungsverfahren für Sie nachteilige Folgerungen gezogen werden; ggf. sind die Besteuerungsgrundlagen zu schätzen, wenn eine zutreffende Ermittlung des Sachverhalts deswegen nicht möglich ist (§ 162 AO).

...

Ort der Lohnsteuer-Außenprüfung

Ort der Lohnsteuer-Außenprüfung

(Verfügung der OFD Bremen vom 31. 8. 1995 – S 2386 – St 2000 –)[1])

1. Prüfungen im Büro des Steuerberaters

Der BFH hat zwar in einem besonders gelagerten Fall durch Beschluß vom 30. 11. 1988 I B 73/88, BStBl II 1989, 256, entschieden, daß auf Antrag des Arbeitgebers auch eine Prüfung im Büro des Steuerberaters in Betracht kommen kann, wenn der Prüfung dort keine zumindest gleichwertigen Verwaltungsinteressen entgegenstehen.

Ich halte indes an meiner wiederholt vertretenen Auffassung fest, daß eine Lohnsteueraußenprüfung im Regelfall in den Geschäftsräumen des Arbeitgebers und nur unter bestimmten Voraussetzungen im Büro des steuerlichen Beraters durchzuführen ist, wenn z. B. der Arbeitgeber keinen geeigneten Raum oder Arbeitsplatz für die Prüfungsdurchführung zur Verfügung stellen kann. Bei Abwägung der Interessen von Verwaltung und Arbeitgeber wird zugunsten der Verwaltung immer zu berücksichtigen sein, daß eine Prüfung in den Geschäftsräumen des Arbeitgebers dem Zweck der Lohnsteueraußenprüfung am besten gerecht wird. Insbesondere lassen sich vor Ort eher die folgenden gesetzlich vorgesehenen Ermittlungen anstellen:

- Auskunftserteilung durch den Arbeitgeber (§ 200 Abs. 1 Satz 2 AO);
- Auskunftserteilung durch andere Betriebsangehörige z. B. Arbeitnehmer (§ 200 Abs. 1 Satz 3 AO);
- Besichtigung von Grundstücken und Betriebsräumen (§ 200 Abs. 3 Satz 2 AO).

Sofern doch ausnahmsweise eine Prüfung im Büro des Steuerberaters in Betracht kommt, sollte von der Möglichkeit einer Besichtigung des Betriebs gleichwohl in der Regel nicht abgesehen werden. Bei der Abwägung für oder gegen eine Besichtigung wird der Betriebsart und -größe sowie der Anzahl von Arbeitnehmern immer besonderes Gewicht beizumessen sein.

2. Prüfung an Amtsstelle

Die nach § 200 Abs. 2 AO vorgesehene Prüfung an Amtsstelle wird – wegen der eingeschränkten Ermittlungsmöglichkeiten – Ausnahmefällen vorbehalten bleiben müssen, z. B. wenn der Arbeitgeber keinen geeigneten Platz zur Verfügung stellen kann und das Steuerberatungsbüro sich außerhalb des Finanzamtsbezirks bzw. des Bezirks der stadtbremischen Finanzämter befindet.

Außenprüfung: Mitwirkungspflichten des Steuerpflichtigen

(Verfügung der OFD Hannover vom 2. 1. 2006 – S 1400 – 12 – StO 121 –)

...

2. Eine Außenprüfung in den Geschäftsräumen des Stpfl. [Steuerpflichtigen] verstößt nicht gegen Art. 13 GG (BFH-Urteil vom 20. 10. 1988, BStBl 1989 II S. 180). Ist ein geeigneter Geschäftsraum vorhanden, so muss die Außenprüfung dort stattfinden. Der Vorrang der Geschäftsräume vor allen anderen Orten ergibt sich aus dem Wortlaut des § 200 Abs. 2 und aus dem Sinn und Zweck der Außenprüfung. Sind keine geeigneten Geschäftsräume vorhanden, ist in den Wohnräumen oder an Amtsstelle zu prüfen. Nur im Ausnahmefall und nur auf Antrag kommen andere Prüfungsorte in Betracht, wenn schützenswerte Interessen des Stpfl. von besonders großem Gewicht die Interessen der Finanzbehörden an einem effizienten Prüfungsablauf in den Geschäftsräumen verdrängen.

1) Zum Ort der Außenprüfung → § 6 der Betriebsprüfungsordnung (BpO 2000) → Anhang 6.

EStG

§ 42g Lohnsteuer-Nachschau

(1) [1]Die Lohnsteuer-Nachschau dient der Sicherstellung einer ordnungsgemäßen Einbehaltung und Abführung der Lohnsteuer. [2]Sie ist ein besonderes Verfahren zur zeitnahen Aufklärung steuererheblicher Sachverhalte.

(2) [1]Eine Lohnsteuer-Nachschau findet während der üblichen Geschäfts- und Arbeitszeiten statt. [2]Dazu können die mit der Nachschau Beauftragten ohne vorherige Ankündigung und außerhalb einer Lohnsteuer-Außenprüfung Grundstücke und Räume von Personen, die eine gewerbliche oder berufliche Tätigkeit ausüben, betreten. [3]Wohnräume dürfen gegen den Willen des Inhabers nur zur Verhütung dringender Gefahren für die öffentliche Sicherheit und Ordnung betreten werden.

(3) [1]Die von der Lohnsteuer-Nachschau betroffenen Personen haben dem mit der Nachschau Beauftragten auf Verlangen Lohn- und Gehaltsunterlagen, Aufzeichnungen, Bücher, Geschäftspapiere und andere Urkunden über die der Lohnsteuer-Nachschau unterliegenden Sachverhalte vorzulegen und Auskünfte zu erteilen, soweit dies zur Feststellung einer steuerlichen Erheblichkeit zweckdienlich ist. [2]§ 42f Absatz 2 Satz 2 und 3 gilt sinngemäß.

(4) [1]Wenn die bei der Lohnsteuer-Nachschau getroffenen Feststellungen hierzu Anlass geben, kann ohne vorherige Prüfungsanordnung (§ 196 der Abgabenordnung) zu einer Lohnsteuer-Außenprüfung nach § 42f übergegangen werden. [2]Auf den Übergang zur Außenprüfung wird schriftlich hingewiesen.

(5) Werden anlässlich einer Lohnsteuer-Nachschau Verhältnisse festgestellt, die für die Festsetzung und Erhebung anderer Steuern erheblich sein können, so ist die Auswertung der Feststellungen insoweit zulässig, als ihre Kenntnis für die Besteuerung der in Absatz 2 genannten Personen oder anderer Personen von Bedeutung sein kann.

H 42g

Hinweise

Allgemeines

→ BMF vom 16. 10. 2014 (BStBl I S. 1408)

Lohnsteuer-Nachschau

BMF vom 16. 10. 2014 – IV C 5 – S 2386/09/10002 :001, 2014/0890135 – (BStBl I S. 1408)

1 Mit § 42g EStG ist durch das Amtshilferichtlinie-Umsetzungsgesetz vom 26. Juni 2013 (BGBl. I Seite 1809) eine Regelung zur Lohnsteuer-Nachschau neu in das EStG eingefügt worden. Die Vorschrift ist zum 30. Juni 2013 in Kraft getreten. Im Einvernehmen mit den obersten Finanzbehörden der Länder gilt zur Anwendung der Vorschrift Folgendes:

1. Allgemeines

2 Die Lohnsteuer-Nachschau ist ein besonderes Verfahren zur zeitnahen Aufklärung möglicher steuererheblicher Sachverhalte. Steuererheblich sind Sachverhalte, die eine Lohnsteuerpflicht begründen oder zu einer Änderung der Höhe der Lohnsteuer oder der Zuschlagsteuern führen können. Das für die Lohnsteuer-Nachschau zuständige Finanzamt kann das Finanzamt, in dessen Bezirk der steuererhebliche Sachverhalt verwirklicht wird, mit der Nachschau beauftragen. Die Lohnsteuer-Nachschau ist keine Außenprüfung i. S. d. §§ 193 ff. AO. Die Vorschriften für eine Außenprüfung sind nicht anwendbar, insbesondere gelten die §§ 146 Absatz 2b, 147 Absatz 6, 201, 202 AO und § 42d Absatz 4 Satz 1 Nummer 2 EStG nicht. Es bedarf weder einer Prüfungsanordnung i. S. d. § 196 AO noch einer Schlussbesprechung oder eines Prüfungsberichts. Im Anschluss an eine Lohnsteuer-Nachschau ist ein Antrag auf verbindliche Zusage (§ 204 AO) nicht zulässig.

2. Zweck der Lohnsteuer-Nachschau

3 Die Lohnsteuer-Nachschau dient der Sicherstellung einer ordnungsgemäßen Einbehaltung und Abführung der Lohnsteuer, des Solidaritätszuschlags, der Kirchenlohnsteuer oder von Pflichtbeiträgen zu einer Arbeits- oder Arbeitnehmerkammer. Ziel der Lohnsteuer-Nachschau ist es, einen Eindruck von den räumlichen Verhältnissen, dem tatsächlich eingesetzten Personal und dem üblichen Geschäftsbetrieb zu gewinnen.

Eine Lohnsteuer-Nachschau kommt insbesondere in Betracht: 4
- bei Beteiligung an Einsätzen der Finanzkontrolle Schwarzarbeit,
- zur Feststellung der Arbeitgeber- oder Arbeitnehmereigenschaft,
- zur Feststellung der Anzahl der insgesamt beschäftigten Arbeitnehmer,
- bei Aufnahme eines neuen Betriebs,
- zur Feststellung, ob der Arbeitgeber eine lohnsteuerliche Betriebsstätte unterhält,
- zur Feststellung, ob eine Person selbständig oder als Arbeitnehmer tätig ist,
- zur Prüfung der steuerlichen Behandlung von sog. Minijobs (vgl. § 8 Absatz 1 und 2 SGB IV), ausgenommen Beschäftigungen in Privathaushalten,
- zur Prüfung des Abrufs und der Anwendung der elektronischen Lohnsteuerabzugsmerkmale (ELStAM) und
- zur Prüfung der Anwendung von Pauschalierungsvorschriften, z. B. § 37b Absatz 2 EStG.

Nicht Gegenstand der Lohnsteuer-Nachschau sind: 5
- Ermittlungen der individuellen steuerlichen Verhältnisse der Arbeitnehmer, soweit sie für den Lohnsteuer-Abzug nicht von Bedeutung sind,
- die Erfüllung der Pflichten des Arbeitgebers nach dem Fünften Vermögensbildungsgesetz und
- Beschäftigungen in Privathaushalten.

3. Durchführung der Lohnsteuer-Nachschau

Die Lohnsteuer-Nachschau muss nicht angekündigt werden (§ 42g Absatz 2 Satz 2 EStG). Die Anordnung der Nachschau erfolgt in der Regel mündlich und zu Beginn der Lohnsteuer- Nachschau. Dem Arbeitgeber soll zu Beginn der Lohnsteuer-Nachschau der Vordruck „Durchführung einer Lohnsteuer-Nachschau"[1]) übergeben werden. Der mit der Lohnsteuer-Nachschau beauftragte Amtsträger hat sich auszuweisen. 6

Zum Zweck der Lohnsteuer-Nachschau können die mit der Lohnsteuer-Nachschau beauftragten Amtsträger Grundstücke und Räume von Personen, die eine gewerbliche oder berufliche Tätigkeit ausüben, betreten (§ 42g Absatz 2 Satz 2 EStG). Die Grundstücke und Räume müssen nicht im Eigentum der gewerblich oder beruflich tätigen Person stehen. Die Lohnsteuer-Nachschau kann sich auch auf gemietete oder gepachtete Grundstücke und Räume sowie auf andere Orte, an denen steuererhebliche Sachverhalte verwirklicht werden (z. B. Baustellen), erstrecken. 7

Wohnräume dürfen gegen den Willen des Inhabers nur zur Verhütung dringender Gefahren für die öffentliche Sicherheit und Ordnung betreten werden (§ 42g Absatz 2 Satz 3 EStG). 8

Häusliche Arbeitszimmer oder Büros, die innerhalb einer ansonsten privat genutzten Wohnung belegen sind, dürfen auch dann betreten bzw. besichtigt werden, wenn sie nur durch die ausschließlich privat genutzten Wohnräume erreichbar sind. 9

Ein Betreten der Grundstücke und Räume ist während der üblichen Geschäfts- und Arbeitszeiten zulässig. Die Nachschau kann auch außerhalb der Geschäftszeiten vorgenommen werden, wenn dort Arbeitnehmer anzutreffen sind. 10

Das Betreten muss dazu dienen, Sachverhalte festzustellen oder zu überprüfen, die für den Steuerabzug vom Arbeitslohn erheblich sein können. Ein Durchsuchungsrecht gewährt die Lohnsteuer-Nachschau nicht. Das bloße Betreten oder Besichtigen von Geschäftsräumen, Betriebsräumen oder Grundstücken ist noch kein Durchsuchen. 11

4. Mitwirkungspflicht

Der Arbeitgeber hat dem mit der Lohnsteuer-Nachschau beauftragten Amtsträger auf Verlangen Lohn- und Gehaltsunterlagen, Aufzeichnungen, Bücher, Geschäftspapiere und andere Urkunden vorzulegen und Auskünfte zu erteilen, soweit dies zur Feststellung steuerlich erheblicher Sachverhalte zweckdienlich ist (§ 42g Absatz 3 Satz 1 EStG). 12

Darüber hinaus haben die Arbeitnehmer dem mit der Lohnsteuer-Nachschau beauftragten Amtsträger jede gewünschte Auskunft über Art und Höhe ihrer Einnahmen zu geben und auf Verlangen in ihrem Besitz befindliche Bescheinigungen über den Lohnsteuerabzug sowie Belege über bereits entrichtete Lohnsteuer vorzulegen (§ 42g Absatz 3 Satz 2 i. V. m. § 42f Absatz 2 Satz 2 EStG). Diese Pflichten gelten auch für Personen, bei denen es streitig ist, ob sie Arbeitnehmer sind oder waren. Die Auskunftspflicht erstreckt sich auf alle Fragen, die für die Beurteilung von Bedeutung sind, ob und in welcher Höhe eine Pflicht zum Abzug von Lohnsteuer und Zuschlagsteuern besteht. 13

[1]) Bundeseinheitlicher Vordruck.

5. Recht auf Datenzugriff

14 Der mit der Lohnsteuer-Nachschau beauftragte Amtsträger darf nur dann auf elektronische Daten des Arbeitgebers zugreifen, wenn der Arbeitgeber zustimmt. Stimmt der Arbeitgeber dem Datenzugriff nicht zu, kann der mit der Lohnsteuer-Nachschau beauftragte Amtsträger verlangen, dass ihm die erforderlichen Unterlagen in Papierform vorgelegt werden. Sollten diese nur in elektronischer Form existieren, kann er verlangen, dass diese unverzüglich ausgedruckt werden (vgl. § 147 Absatz 5 zweiter Halbsatz AO).

6. Übergang zu einer Lohnsteuer-Außenprüfung

15 Geben die bei der Lohnsteuer-Nachschau getroffenen Feststellungen hierzu Anlass, kann ohne vorherige Prüfungsanordnung (§ 196 AO) zu einer Lohnsteuer-Außenprüfung nach § 42f EStG übergegangen werden (§ 42g Absatz 4 Satz 1 EStG). Auf den Übergang zur Außenprüfung ist schriftlich hinzuweisen (§ 42g Absatz 4 Satz 2 EStG). Die allgemeinen Grundsätze über den notwendigen Inhalt von Prüfungsanordnungen gelten entsprechend. Insbesondere sind der Prüfungszeitraum und der Prüfungsumfang festzulegen. Der Beginn einer Lohnsteuer-Außenprüfung nach erfolgter Lohnsteuer-Nachschau ist unter Angabe von Datum und Uhrzeit aktenkundig zu machen. Für die Durchführung der nachfolgenden Lohnsteuer-Außenprüfung gelten die §§ 199 ff. AO. Die Entscheidung zum Übergang zu einer Lohnsteuer-Außenprüfung ist eine Ermessensentscheidung der Finanzbehörde (§ 5 AO).

16 Der Übergang zu einer Lohnsteuer-Außenprüfung nach § 42f EStG kann insbesondere angezeigt sein:

- wenn bei der Lohnsteuer-Nachschau erhebliche Fehler beim Steuerabzug vom Arbeitslohn festgestellt wurden,
- wenn der für die Besteuerung maßgebliche Sachverhalt im Rahmen der Lohnsteuer-Nachschau nicht abschließend geprüft werden kann und weitere Ermittlungen erforderlich sind,
- wenn der Arbeitgeber seinen Mitwirkungspflichten im Rahmen der Lohnsteuer-Nachschau nicht nachkommt oder
- wenn die Ermittlung von Sachverhalten aufgrund des fehlenden Datenzugriffs nicht oder nur erschwert möglich ist.

7. Auswertungsmöglichkeiten

17 Der Arbeitgeber kann aufgrund der im Rahmen der Lohnsteuer-Nachschau gewonnenen Erkenntnisse durch Lohnsteuer-Nachforderungsbescheid oder Lohnsteuer-Haftungsbescheid in Anspruch genommen werden. Die Lohnsteuer-Nachschau kann auch zu einer nachträglichen oder geänderten Lohnsteuer-Anmeldung führen. Soll auf Grund der Lohnsteuer-Nachschau der Arbeitgeber in Haftung genommen oder bei ihm Lohnsteuer nachgefordert werden, ist ihm rechtliches Gehör zu gewähren (§ 91 AO).

18 Ebenso kann der jeweilige Arbeitnehmer im Rahmen der allgemeinen gesetzlichen Regelungen in Anspruch genommen werden (§ 42d Absatz 3 EStG). Erkenntnisse der Lohnsteuer-Nachschau können auch im Veranlagungsverfahren des Arbeitnehmers berücksichtigt werden.

19 Feststellungen, die während einer Lohnsteuer-Nachschau getroffen werden und die für die Festsetzung und Erhebung anderer Steuern des Betroffenen oder anderer Personen erheblich sein können, können ausgewertet werden (§ 42g Absatz 5 EStG). Zu diesem Zweck können Kontrollmitteilungen erstellt werden.

8. Rechtsfolgen

20 Der Beginn der Lohnsteuer-Nachschau hemmt nicht den Ablauf der Festsetzungsfrist nach § 171 Absatz 4 AO. Die Änderungssperre des § 173 Absatz 2 AO findet keine Anwendung. Soweit eine Steuer gemäß § 164 AO unter dem Vorbehalt der Nachprüfung festgesetzt worden ist, muss dieser nach Durchführung der Lohnsteuer-Nachschau nicht aufgehoben werden.

9. Zwangsmittel

21 Im Rahmen einer Lohnsteuer-Nachschau erlassene Verwaltungsakte sind grundsätzlich mit Zwangsmitteln (§§ 328 ff. AO) durchsetzbar. Ein Verwaltungsakt liegt dann vor, wenn der mit der Lohnsteuer-Nachschau beauftragte Amtsträger Maßnahmen ergreift, die den Steuerpflichtigen zu einem bestimmten Tun, Dulden oder Unterlassen verpflichten sollen. Ein Verwaltungsakt liegt insbesondere vor, wenn der Amtsträger den Steuerpflichtigen auffordert,

- das Betreten der nicht öffentlich zugänglichen Geschäftsräume zu dulden,
- Aufzeichnungen, Bücher, Geschäftspapiere und andere lohnsteuerlich relevante Urkunden vorzulegen oder

– Auskunft zu erteilen.

10. Rechtsbehelf

Gegen schlichtes Verwaltungshandeln (z. B. Betreten von Grundstücken und Räume zur Durchführung einer Lohnsteuer-Nachschau) ist kein Einspruch gegeben. Im Rahmen der Lohnsteuer-Nachschau ergangene Verwaltungsakte (vgl. Rz. 21) können gemäß § 347 AO mit Einspruch angefochten werden. Der Amtsträger ist berechtigt und verpflichtet, den Einspruch entgegenzunehmen. Der Einspruch hat keine aufschiebende Wirkung und hindert daher nicht die Durchführung der Lohnsteuer-Nachschau, es sei denn, die Vollziehung des angefochtenen Verwaltungsakts wurde ausgesetzt (§ 361 AO, § 69 FGO). Mit Beendigung der Lohnsteuer- Nachschau sind oder werden Einspruch und Anfechtungsklage gegen die Anordnung der Lohnsteuer-Nachschau unzulässig; insoweit kommt lediglich eine Fortsetzungs- Feststellungsklage (§ 100 Absatz 1 Satz 4 FGO) in Betracht. Wurden die Ergebnisse der Lohnsteuer-Nachschau in einem Steuer- oder Haftungsbescheid berücksichtigt, muss auch dieser Bescheid angefochten werden, um ein steuerliches Verwertungsverbot zu erlangen. 22

Für die Anfechtung der Mitteilung des Übergangs zur Außenprüfung (§ 42g Absatz 4 EStG) gelten die Grundsätze für die Anfechtung einer Prüfungsanordnung entsprechend (vgl. AEAO zu § 196). 23

3. Steuerabzug vom Kapitalertrag (Kapitalertragsteuer)

§ 43 Kapitalerträge mit Steuerabzug

EStG
S 2400

(1) [1]Bei den folgenden inländischen und in den Fällen der Nummern 6, 7 Buchstabe a und Nummern 8 bis 12 sowie Satz 2 auch ausländischen Kapitalerträgen wird die Einkommensteuer durch Abzug vom Kapitalertrag (Kapitalertragsteuer) erhoben:

1. Kapitalerträgen im Sinne des § 20 Absatz 1 Nummer 1, soweit diese nicht nachfolgend in Nummer 1a gesondert genannt sind, und Kapitalerträgen im Sinne des § 20 Absatz 1 Nummer 2. [2]Entsprechendes gilt für Kapitalerträge im Sinne des § 20 Absatz 2 Satz 1 Nummer 2 Buchstabe a und Nummer 2 Satz 2;

1a. Kapitalerträgen im Sinne des § 20 Absatz 1 Nummer 1 aus Aktien und Genussscheinen, die entweder gemäß § 5 des Depotgesetzes zur Sammelverwahrung durch eine Wertpapiersammelbank zugelassen sind und dieser zur Sammelverwahrung im Inland anvertraut wurden, bei denen eine Sonderverwahrung gemäß § 2 Satz 1 des Depotgesetzes erfolgt oder bei denen die Erträge gegen Aushändigung der Dividendenscheine oder sonstigen Erträgnisscheine ausgezahlt oder gutgeschrieben werden;

2. Zinsen aus Teilschuldverschreibungen, bei denen neben der festen Verzinsung ein Recht auf Umtausch in Gesellschaftsanteile (Wandelanleihen) oder eine Zusatzverzinsung, die sich nach der Höhe der Gewinnausschüttungen des Schuldners richtet (Gewinnobligationen), eingeräumt ist, und Zinsen aus Genussrechten, die nicht in § 20 Absatz 1 Nummer 1 genannt sind. [2]Zu den Gewinnobligationen gehören nicht solche Teilschuldverschreibungen, bei denen der Zinsfuß nur vorübergehend herabgesetzt und gleichzeitig eine von dem jeweiligen Gewinnergebnis des Unternehmens abhängige Zusatzverzinsung bis zur Höhe des ursprünglichen Zinsfußes festgelegt worden ist. [3]Zu den Kapitalerträgen im Sinne des Satzes 1 gehören nicht die Bundesbankgenussrechte im Sinne des § 3 Absatz 1 des Gesetzes über die Liquidation der Deutschen Reichsbank und der Deutschen Golddiskontbank in der im Bundesgesetzblatt Teil III, Gliederungsnummer 7620-6, veröffentlichten bereinigten Fassung, das zuletzt durch das Gesetz vom 17. Dezember 1975 (BGBl. I S. 3123) geändert worden ist. [4]Beim Steuerabzug auf Kapitalerträge sind die für den Steuerabzug nach Nummer 1a geltenden Vorschriften entsprechend anzuwenden, wenn

   a) die Teilschuldverschreibungen und Genussrechte gemäß § 5 des Depotgesetzes zur Sammelverwahrung durch eine Wertpapiersammelbank zugelassen sind und dieser zur Sammelverwahrung im Inland anvertraut wurden,

   b) die Teilschuldverschreibungen und Genussrechte gemäß § 2 Satz 1 des Depotgesetzes gesondert aufbewahrt werden oder

   c) die Erträge der Teilschuldverschreibungen und Genussrechte gegen Aushändigung der Erträgnisscheine ausgezahlt oder gutgeschrieben werden;

3. Kapitalerträgen im Sinne des § 20 Absatz 1 Nummer 4;

4. Kapitalerträgen im Sinne des § 20 Absatz 1 Nummer 6 Satz 1 bis 6; § 20 Absatz 1 Nummer 6 Satz 2 und 3 in der am 1. Januar 2008 anzuwendenden Fassung bleiben für Zwecke der Kapitalertragsteuer unberücksichtigt. [2]Der Steuerabzug vom Kapitalertrag ist in den Fällen

des § 20 Absatz 1 Nummer 6 Satz 4 in der am 31. Dezember 2004 geltenden Fassung nur vorzunehmen, wenn das Versicherungsunternehmen auf Grund einer Mitteilung des Finanzamts weiß oder infolge der Verletzung eigener Anzeigeverpflichtungen nicht weiß, dass die Kapitalerträge nach dieser Vorschrift zu den Einkünften aus Kapitalvermögen gehören;

5. (weggefallen)

S 2405 6. ausländischen Kapitalerträgen im Sinne der Nummern 1 und 1a;

7. Kapitalerträgen im Sinne des § 20 Absatz 1 Nummer 7 außer bei Kapitalerträgen im Sinne der Nummer 2, wenn

   a) es sich um Zinsen aus Anleihen und Forderungen handelt, die in ein öffentliches Schuldbuch oder in ein ausländisches Register eingetragen oder über die Sammelurkunden im Sinne des § 9a des Depotgesetzes oder Teilschuldverschreibungen ausgegeben sind;

   b) der Schuldner der nicht in Buchstabe a genannten Kapitalerträge ein inländisches Kreditinstitut oder ein inländisches Finanzdienstleistungsinstitut im Sinne des Gesetzes über das Kreditwesen ist. [2]Kreditinstitut in diesem Sinne ist auch die Kreditanstalt für Wiederaufbau, eine Bausparkasse, ein Versicherungsunternehmen für Erträge aus Kapitalanlagen, die mit Einlagegeschäften bei Kreditinstituten vergleichbar sind, die Deutsche Postbank AG, die Deutsche Bundesbank bei Geschäften mit jedermann einschließlich ihrer Betriebsangehörigen im Sinne der §§ 22 und 25 des Gesetzes über die Deutsche Bundesbank und eine inländische Zweigstelle oder Zweigniederlassung eines ausländischen Unternehmens im Sinne der §§ 53 und 53b des Gesetzes über das Kreditwesen, nicht aber eine ausländische Zweigstelle eines inländischen Kreditinstituts oder eines inländischen Finanzdienstleistungsinstituts. [3]Die inländische Zweigstelle oder Zweigniederlassung gilt anstelle des ausländischen Unternehmens als Schuldner der Kapitalerträge;

7a. Kapitalerträgen im Sinne des § 20 Absatz 1 Nummer 9;

7b. Kapitalerträgen im Sinne des § 20 Absatz 1 Nummer 10 Buchstabe a;

7c. Kapitalerträgen im Sinne des § 20 Absatz 1 Nummer 10 Buchstabe b;

8. Kapitalerträgen im Sinne des § 20 Absatz 1 Nummer 11;

9. Kapitalerträgen im Sinne des § 20 Absatz 2 Satz 1 Nummer 1 Satz 1 und 2;

10. Kapitalerträgen im Sinne des § 20 Absatz 2 Satz 1 Nummer 2 Buchstabe b und Nummer 7;

11. Kapitalerträgen im Sinne des § 20 Absatz 2 Satz 1 Nummer 3;

12. Kapitalerträgen im Sinne des § 20 Absatz 2 Satz 1 Nummer 8.

[2]Dem Steuerabzug unterliegen auch Kapitalerträge im Sinne des § 20 Absatz 3, die neben den in den Nummern 1 bis 12 bezeichneten Kapitalerträgen oder an deren Stelle gewährt werden. [3]Der Steuerabzug ist ungeachtet des § 3 Nummer 40 und des § 8b des Körperschaftsteuergesetzes vorzunehmen. [4]Für Zwecke des Kapitalertragsteuerabzugs gilt die Übertragung eines von einer auszahlenden Stelle verwahrten oder verwalteten Wirtschaftsguts im Sinne des § 20 Absatz 2 auf einen anderen Gläubiger als Veräußerung des Wirtschaftsguts. [5]Satz 4 gilt nicht, wenn der Steuerpflichtige der auszahlenden Stelle unter Benennung der in Satz 6 Nummer 4 bis 6 bezeichneten Daten mitteilt, dass es sich um eine unentgeltliche Übertragung handelt. [6]Die auszahlende Stelle hat in den Fällen des Satzes 5 folgende Daten dem für sie zuständigen Betriebsstättenfinanzamt bis zum 31. Mai des jeweiligen Folgejahres nach amtlich vorgeschriebenem Datensatz auf elektronischem Weg nach Maßgabe der Steuerdaten-Übermittlungsverordnung in der jeweils geltenden Fassung mitzuteilen:

1. Bezeichnung der auszahlenden Stelle,
2. das zuständige Betriebsstättenfinanzamt,
3. das übertragene Wirtschaftsgut, den Übertragungszeitpunkt, den Wert zum Übertragungszeitpunkt und die Anschaffungskosten des Wirtschaftsguts,
4. Name, Geburtsdatum, Anschrift und Identifikationsnummer des Übertragenden,
5. Name, Geburtsdatum, Anschrift und Identifikationsnummer des Empfängers, sowie die Bezeichnung des Kreditinstituts, der Nummer des Depots, des Kontos oder des Schuldbuchkontos,
6. soweit bekannt, das persönliche Verhältnis (Verwandtschaftsverhältnis, Ehe, Lebenspartnerschaft) zwischen Übertragendem und Empfänger.

(2) [1]*Der Steuerabzug ist* außer in den Fällen des Absatzes 1 Satz 1 Nummer 1a und 7c nicht vorzunehmen, wenn Gläubiger und Schuldner der Kapitalerträge (Schuldner) oder die auszahlende Stelle im Zeitpunkt des Zufließens dieselbe Person sind. [2]Der Steuerabzug ist außerdem nicht vorzunehmen, wenn in den Fällen des Absatzes 1 Satz 1 Nummer 6, 7 und 8 bis 12 Gläubiger der Kapitalerträge ein inländisches Kreditinstitut oder inländisches Finanzdienstleistungsinstitut nach Absatz 1 Satz 1 Nummer 7 Buchstabe b oder eine inländische Kapitalverwaltungs-

gesellschaft ist. [3]Bei Kapitalerträgen im Sinne des Absatzes 1 Satz 1 Nummer 6 und 8 bis 12 ist ebenfalls kein Steuerabzug vorzunehmen, wenn

1. **eine unbeschränkt steuerpflichtige Körperschaft, Personenvereinigung oder Vermögensmasse, die nicht unter Satz 2 oder § 44a Absatz 4 Satz 1 fällt, Gläubigerin der Kapitalerträge ist, oder**
2. **die Kapitalerträge Betriebseinnahmen eines inländischen Betriebs sind und der Gläubiger der Kapitalerträge dies gegenüber der auszahlenden Stelle nach amtlich vorgeschriebenem Muster erklärt; dies gilt entsprechend für Kapitalerträge aus Options- und Termingeschäften im Sinne des Absatzes 1 Satz 1 Nummer 8 und 11, wenn sie zu den Einkünften aus Vermietung und Verpachtung gehören.**

[4]Im Fall des § 1 Absatz 1 Nummer 4 und 5 des Körperschaftsteuergesetzes ist Satz 3 Nummer 1 nur anzuwenden, wenn die Körperschaft, Personenvereinigung oder Vermögensmasse durch eine Bescheinigung des für sie zuständigen Finanzamts ihre Zugehörigkeit zu dieser Gruppe von Steuerpflichtigen nachweist. [5]Die Bescheinigung ist unter dem Vorbehalt des Widerrufs auszustellen. [6]Die Fälle des Satzes 3 Nummer 2 hat die auszahlende Stelle gesondert aufzuzeichnen und die Erklärung der Zugehörigkeit der Kapitalerträge zu den Betriebseinnahmen oder zu den Einnahmen aus Vermietung und Verpachtung sechs Jahre aufzubewahren; die Frist beginnt mit dem Schluss des Kalenderjahres, in dem die Freistellung letztmalig berücksichtigt wird. [7]Die auszahlende Stelle hat in den Fällen des Satzes 3 Nummer 2 daneben die Konto- oder Depotbezeichnung oder die sonstige Kennzeichnung des Geschäftsvorgangs, Vor- und Zuname des Gläubigers sowie die Identifikationsnummer nach § 139b der Abgabenordnung bzw. bei Personenmehrheit den Firmennamen und die zugehörige Steuernummer nach amtlich vorgeschriebenem Datensatz zu speichern und durch Datenfernübertragung zu übermitteln. [8]Das Bundesministerium der Finanzen wird den Empfänger der Datenlieferungen sowie den Zeitpunkt der erstmaligen Übermittlung durch ein im Bundessteuerblatt zu veröffentlichendes Schreiben mitteilen.

(3) [1]Kapitalerträge im Sinne des Absatzes 1 Satz 1 Nummer 1 Satz 1 sowie Nummer 1a bis 4 sind inländische, wenn der Schuldner Wohnsitz, Geschäftsleitung oder Sitz im Inland hat; Kapitalerträge im Sinne des Absatzes 1 Satz 1 Nummer 4 sind auch dann inländische, wenn der Schuldner eine Niederlassung *im Sinne der §§ 61, 65 oder des § 68* des Versicherungsaufsichtsgesetzes im Inland hat. [2]Kapitalerträge im Sinne des Absatzes 1 Satz 1 Nummer 1 Satz 2 sind inländische, wenn der Schuldner der veräußerten Ansprüche die Voraussetzungen des Satzes 1 erfüllt. [3]Kapitalerträge im Sinne des § 20 Absatz 1 Nummer 1 Satz 4 sind inländische, wenn der Emittent der Aktien Geschäftsleitung oder Sitz im Inland hat. [4]Kapitalerträge im Sinne des Absatzes 1 Satz 1 Nummer 6 sind ausländische, wenn weder die Voraussetzungen nach Satz 1 noch nach Satz 2 vorliegen. [1)]

(4) Der Steuerabzug ist auch dann vorzunehmen, wenn die Kapitalerträge beim Gläubiger zu den Einkünften aus Land- und Forstwirtschaft, aus Gewerbebetrieb, aus selbständiger Arbeit oder aus Vermietung und Verpachtung gehören.

(5) [1]Für Kapitalerträge im Sinne des § 20, soweit sie der Kapitalertragsteuer unterlegen haben, ist die Einkommensteuer mit dem Steuerabzug abgegolten; die Abgeltungswirkung des Steuerabzugs tritt nicht ein, wenn der Gläubiger nach § 44 Absatz 1 Satz 8 und 9 und Absatz 5 in Anspruch genommen werden kann. [2]Dies gilt nicht in Fällen des § 32d Absatz 2 und für Kapitalerträge, die zu den Einkünften aus Land- und Forstwirtschaft, aus Gewerbebetrieb, aus selbständiger Arbeit oder aus Vermietung und Verpachtung gehören. [3]Auf Antrag des Gläubigers werden Kapitalerträge im Sinne des Satzes 1 in die besondere Besteuerung von Kapitalerträgen nach § 32d einbezogen. [4]Eine vorläufige Festsetzung der Einkommensteuer im Sinne des § 165 Absatz 1 Satz 2 Nummer 2 bis 4 der Abgabenordnung umfasst auch Einkünfte im Sinne des Satzes 1, für die der Antrag nach Satz 3 nicht gestellt worden ist.

§ 43a Bemessung der Kapitalertragsteuer

EStG
S 2406

(1) [1]Die Kapitalertragsteuer beträgt

1. **in den Fällen des § 43 Absatz 1 Satz 1 Nummer 1 bis 4, 6 bis 7a und 8 bis 12 sowie Satz 2:**
   25 Prozent des Kapitalertrags;
2. **in den Fällen des § 43 Absatz 1 Satz 1 Nummer 7b und 7c:**
   15 Prozent des Kapitalertrags.

[2]Im Fall einer Kirchensteuerpflicht ermäßigt sich die Kapitalertragsteuer um 25 Prozent der auf die Kapitalerträge entfallenden Kirchensteuer. [3]§ 32d Absatz 1 Satz 4 und 5 gilt entsprechend.

1) Absatz 3 Satz 1 wurde durch das Gesetz zur Modernisierung der Finanzaufsicht über Versicherungen ab VZ 2016 geändert.

(2) [1]Dem Steuerabzug unterliegen die vollen Kapitalerträge ohne jeden Abzug. [2]In den Fällen des § 43 Absatz 1 Satz 1 Nummer 9 bis 12 bemisst sich der Steuerabzug nach § 20 Absatz 4 und 4a, wenn die Wirtschaftsgüter von der die Kapitalerträge auszahlenden Stelle erworben oder veräußert und seitdem verwahrt oder verwaltet worden sind. [3]Überträgt der Steuerpflichtige die Wirtschaftsgüter auf ein anderes Depot, hat die abgebende inländische auszahlende Stelle der übernehmenden inländischen auszahlenden Stelle die Anschaffungsdaten mitzuteilen. [4]Satz 3 gilt in den Fällen des § 43 Absatz 1 Satz 5 entsprechend. [5]Handelt es sich bei der abgebenden auszahlenden Stelle um ein Kreditinstitut oder Finanzdienstleistungsinstitut mit Sitz in einem anderen Mitgliedstaat der Europäischen Union, in einem anderen Vertragsstaat des EWR-Abkommens vom 3. Januar 1994 (ABl. EG Nr. L 1 S. 3) in der jeweils geltenden Fassung oder in einem anderen Vertragsstaat nach Artikel 17 Absatz 2 Ziffer i der Richtlinie 2003/48/EG vom 3. Juni 2003 im Bereich der Besteuerung von Zinserträgen (ABl. EU Nr. L 157 S. 38), kann der Steuerpflichtige den Nachweis nur durch eine Bescheinigung des ausländischen Instituts führen; dies gilt entsprechend für eine in diesem Gebiet belegene Zweigstelle eines inländischen Kreditinstituts oder Finanzdienstleistungsinstituts. [6]In allen anderen Fällen ist ein Nachweis der Anschaffungsdaten nicht zulässig. [7]Sind die Anschaffungsdaten nicht nachgewiesen, bemisst sich der Steuerabzug nach 30 Prozent der Einnahmen aus der Veräußerung oder Einlösung der Wirtschaftsgüter. [8]In den Fällen des § 43 Absatz 1 Satz 4 gelten der Börsenpreis zum Zeitpunkt der Übertragung zuzüglich Stückzinsen als Einnahmen aus der Veräußerung und die mit dem Depotübertrag verbundenen Kosten als Veräußerungskosten im Sinne des § 20 Absatz 4 Satz 1. [9]Zur Ermittlung des Börsenpreises ist der niedrigste am Vortag der Übertragung im regulierten Markt notierte Kurs anzusetzen; liegt am Vortag eine Notierung nicht vor, so werden die Wirtschaftsgüter mit dem letzten innerhalb von 30 Tagen vor dem Übertragungstag im regulierten Markt notierten Kurs angesetzt; Entsprechendes gilt für Wertpapiere, die im Inland in den Freiverkehr einbezogen sind oder in einem anderen Staat des Europäischen Wirtschaftsraums zum Handel an einem geregelten Markt im Sinne des Artikels 1 Nummer 13 der Richtlinie 93/22/EWG des Rates vom 10. Mai 1993 über Wertpapierdienstleistungen (ABl. EG Nr. L 141 S. 27) zugelassen sind. [10]Liegt ein Börsenpreis nicht vor, bemisst sich die Steuer nach 30 Prozent der Anschaffungskosten. [11]Die übernehmende auszahlende Stelle hat als Anschaffungskosten den von der abgebenden Stelle angesetzten Börsenpreis anzusetzen und die bei der Übertragung als Einnahmen aus der Veräußerung angesetzten Stückzinsen nach Absatz 3 zu berücksichtigen. [12]Satz 9 gilt entsprechend. [13]Liegt ein Börsenpreis nicht vor, bemisst sich der Steuerabzug nach 30 Prozent der Einnahmen aus der Veräußerung oder Einlösung der Wirtschaftsgüter. [14]Hat die auszahlende Stelle die Wirtschaftsgüter vor dem 1. Januar 1994 erworben oder veräußert und seitdem verwahrt oder verwaltet, kann sie den Steuerabzug nach 30 Prozent der Einnahmen aus der Veräußerung oder Einlösung der Wertpapiere und Kapitalforderungen bemessen. [15]Abweichend von den Sätzen 2 bis 14 bemisst sich der Steuerabzug bei Kapitalerträgen aus nicht für einen marktmäßigen Handel bestimmten schuldbuchfähigen Wertpapieren des Bundes und der Länder oder bei Kapitalerträgen im Sinne des § 43 Absatz 1 Satz 1 Nummer 7 Buchstabe b aus nicht in Inhaber- oder Orderschuldverschreibungen verbrieften Kapitalforderungen nach dem vollen Kapitalertrag ohne jeden Abzug.

(3) [1]Die auszahlende Stelle hat ausländische Steuern auf Kapitalerträge nach Maßgabe des § 32d Absatz 5 zu berücksichtigen. [2]Sie hat unter Berücksichtigung des § 20 Absatz 6 Satz 4 im Kalenderjahr negative Kapitalerträge einschließlich gezahlter Stückzinsen bis zur Höhe der positiven Kapitalerträge auszugleichen; liegt ein gemeinsamer Freistellungsauftrag im Sinne des § 44a Absatz 2 Satz 1 Nummer 1 in Verbindung mit § 20 Absatz 9 Satz 2 vor, erfolgt ein gemeinsamer Ausgleich. [3]Der nicht ausgeglichene Verlust ist auf das nächste Kalenderjahr zu übertragen. [4]Auf Verlangen des Gläubigers der Kapitalerträge hat sie über die Höhe eines nicht ausgeglichenen Verlusts eine Bescheinigung nach amtlich vorgeschriebenem Muster zu erteilen; der Verlustübertrag entfällt in diesem Fall. [5]Der unwiderrufliche Antrag auf Erteilung der Bescheinigung muss bis zum 15. Dezember des laufenden Jahres der auszahlenden Stelle zugehen. [6]Überträgt der Gläubiger der Kapitalerträge seine im Depot befindlichen Wirtschaftsgüter vollständig auf ein anderes Depot, hat die abgebende auszahlende Stelle der übernehmenden auszahlenden Stelle auf Verlangen des Gläubigers der Kapitalerträge die Höhe des nicht ausgeglichenen Verlusts mitzuteilen; eine Bescheinigung nach Satz 4 darf in diesem Fall nicht erteilt werden. [7]Erfährt die auszahlende Stelle nach Ablauf des Kalenderjahres von der Veränderung einer Bemessungsgrundlage oder einer zu erhebenden Kapitalertragsteuer, hat sie die entsprechende Korrektur erst zum Zeitpunkt ihrer Kenntnisnahme vorzunehmen; § 44 Absatz 5 bleibt unberührt. [8]Die vorstehenden Sätze gelten nicht in den Fällen des § 20 Absatz 8 und des § 44 Absatz 1 Satz 4 Nummer 1 Buchstabe a Doppelbuchstabe bb sowie bei Körperschaften, Personenvereinigungen oder Vermögensmassen.

(4) [1]Die Absätze 2 und 3 gelten entsprechend für die das Bundesschuldbuch führende Stelle oder eine Landesschuldenverwaltung als auszahlende Stelle. [2]Werden die Wertpapiere oder Forderungen von einem Kreditinstitut oder einem Finanzdienstleistungsinstitut mit der Maßgabe der Verwahrung und Verwaltung durch die das Bundesschuldbuch führende Stelle oder eine Landesschuldenverwaltung erworben, hat das Kreditinstitut oder das Finanzdienstleis-

tungsinstitut der das Bundesschuldbuch führenden Stelle oder einer Landesschuldenverwaltung zusammen mit den im Schuldbuch einzutragenden Wertpapieren und Forderungen den Erwerbszeitpunkt und die Anschaffungsdaten sowie in Fällen des Absatzes 2 den Erwerbspreis der für einen marktmäßigen Handel bestimmten schuldbuchfähigen Wertpapiere des Bundes oder der Länder und außerdem mitzuteilen, dass es diese Wertpapiere und Forderungen erworben oder veräußert und seitdem verwahrt oder verwaltet hat.

§ 43b Bemessung der Kapitalertragsteuer bei bestimmten Gesellschaften

EStG

(1) [1]Auf Antrag wird die Kapitalertragsteuer für Kapitalerträge im Sinne des § 20 Absatz 1 Nummer 1, die einer Muttergesellschaft, die weder ihren Sitz noch ihre Geschäftsleitung im Inland hat, oder einer in einem anderen Mitgliedstaat der Europäischen Union gelegenen Betriebsstätte dieser Muttergesellschaft, aus Ausschüttungen einer Tochtergesellschaft zufließen, nicht erhoben. [2]Satz 1 gilt auch für Ausschüttungen einer Tochtergesellschaft, die einer in einem anderen Mitgliedstaat der Europäischen Union gelegenen Betriebsstätte einer unbeschränkt steuerpflichtigen Muttergesellschaft zufließen. [3]Ein Zufluss an die Betriebsstätte liegt nur vor, wenn die Beteiligung an der Tochtergesellschaft tatsächlich zu dem Betriebsvermögen der Betriebsstätte gehört. [4]Die Sätze 1 bis 3 gelten nicht für Kapitalerträge im Sinne des § 20 Absatz 1 Nummer 1, die anlässlich der Liquidation oder Umwandlung einer Tochtergesellschaft zufließen.

(2) [1]*Muttergesellschaft im Sinne des Absatzes 1 ist jede Gesellschaft, die* [1)]

1. *die in der Anlage 2 zu diesem Gesetz bezeichneten Voraussetzungen erfüllt und*
2. *nach Artikel 3 Absatz 1 Buchstabe a der Richtlinie 2011/96/EU des Rates vom 30. November 2011 über das gemeinsame Steuersystem der Mutter- und Tochtergesellschaften verschiedener Mitgliedstaaten (ABl. L 345 vom 29. 12. 2011, S. 8), die zuletzt durch die Richtlinie 2014/86/EU (ABl. L 219 vom 25. 7. 2014, S. 40) geändert worden ist, zum Zeitpunkt der Entstehung der Kapitalertragsteuer gemäß § 44 Absatz 1 Satz 2 nachweislich mindestens zu 10 Prozent unmittelbar am Kapital der Tochtergesellschaft beteiligt ist (Mindestbeteiligung).*

[2]Ist die Mindestbeteiligung zu diesem Zeitpunkt nicht erfüllt, ist der Zeitpunkt des Gewinnverteilungsbeschlusses maßgeblich. [3]Tochtergesellschaft im Sinne des Absatzes 1 sowie des Satzes 1 ist jede unbeschränkt steuerpflichtige Gesellschaft, die die in der Anlage 2 zu diesem Gesetz und in Artikel 3 Absatz 1 Buchstabe b der Richtlinie 2011/96/EU bezeichneten Voraussetzungen erfüllt. [4]Weitere Voraussetzung ist, dass die Beteiligung nachweislich ununterbrochen zwölf Monate besteht. [5]Wird dieser Beteiligungszeitraum nach dem Zeitpunkt der Entstehung der Kapitalertragsteuer gemäß § 44 Absatz 1 Satz 2 vollendet, ist die einbehaltene und abgeführte Kapitalertragsteuer nach § 50d Absatz 1 zu erstatten; das Freistellungsverfahren nach § 50d Absatz 2 ist ausgeschlossen.

(2a) Betriebsstätte im Sinne der Absätze 1 und 2 ist eine feste Geschäftseinrichtung in einem anderen Mitgliedstaat der Europäischen Union, durch die die Tätigkeit der Muttergesellschaft ganz oder teilweise ausgeübt wird, wenn das Besteuerungsrecht für die Gewinne dieser Geschäftseinrichtung nach dem jeweils geltenden Abkommen zur Vermeidung der Doppelbesteuerung dem Staat, in dem sie gelegen ist, zugewiesen wird und diese Gewinne in diesem Staat der Besteuerung unterliegen.

Anlage 2 (zu § 43b)

Gesellschaften im Sinne der Richtlinie Nr. 2011/96/EU

Gesellschaft im Sinne der genannten Richtlinie ist jede Gesellschaft, die

1. eine der aufgeführten Formen aufweist:

   a) eine Gesellschaft, die gemäß der Verordnung (EG) Nr. 2157/2001 des Rates vom 8. Oktober 2001 über das Statut der Europäischen Gesellschaft (SE) und der Richtlinie 2001/86/EG des Rates vom 8. Oktober 2001 zur Ergänzung des Statuts der Europäischen Gesellschaft hinsichtlich der Beteiligung der Arbeitnehmer gegründet wurde, sowie eine Genossenschaft, die gemäß der Verordnung (EG) Nr. 1435/2003 des Rates vom 22. Juli 2003 über das Statut der Europäischen Genossenschaft (SCE) und gemäß der Richtlinie 2003/72/EG des Rates vom 22. Juli 2003 zur Ergänzung des Statuts der Euro-

1) Absatz 2 Satz 1 wurde durch das Steueränderungsgesetz 2015 neu gefasst und ist erstmals auf Ausschüttungen anzuwenden, die nach dem 31. 12. 2015 zufließen → § 52 Abs. 42a EStG.

päischen Genossenschaft hinsichtlich der Beteiligung der Arbeitnehmer gegründet wurde,

b) Gesellschaften belgischen Rechts mit der Bezeichnung „société anonyme"/„naamloze vennootschap", „société en commandite par actions"/„commanditaire vennootschap op aandelen", „société privée à responsabilité limitée"/„besloten vennootschap met beperkte aansprakelijkheid", „société coopérative à responsabilité limitée"/„coöperatieve vennootschap met beperkte aansprakelijkheid", „société coopérative à responsabilité illimitée"/„coöperatieve vennootschap met onbeperkte aansprakelijkheid", „société en nom collectif"/„vennootschap onder firma" oder „société en commandite simple"/„gewone commanditaire vennootschap", öffentliche Unternehmen, die eine der genannten Rechtsformen angenommen haben, und andere nach belgischem Recht gegründete Gesellschaften, die der belgischen Körperschaftsteuer unterliegen,

c) Gesellschaften bulgarischen Rechts mit der Bezeichnung „събирателно дружество", „командитно дружество", „дружество с ограничена отговорност", „акционерно дружество", „командитно дружество с акции", „неперсонифицирано дружество", „кооперации", „кооперативни съюзи" oder „държавни предприятия", die nach bulgarischem Recht gegründet wurden und gewerbliche Tätigkeiten ausüben,

d) Gesellschaften tschechischen Rechts mit der Bezeichnung „akciová společnost" oder „společnost s ručením omezeným",

e) Gesellschaften dänischen Rechts mit der Bezeichnung „aktieselskab" oder „anpartsselskab" und weitere nach dem Körperschaftsteuergesetz steuerpflichtige Gesellschaften, soweit ihr steuerbarer Gewinn nach den allgemeinen steuerrechtlichen Bestimmungen für die „aktieselskaber" ermittelt und besteuert wird,

f) Gesellschaften deutschen Rechts mit der Bezeichnung „Aktiengesellschaft", „Kommanditgesellschaft auf Aktien", „Gesellschaft mit beschränkter Haftung", „Versicherungsverein auf Gegenseitigkeit", „Erwerbs- und Wirtschaftsgenossenschaft" oder „Betrieb gewerblicher Art von juristischen Personen des öffentlichen Rechts" und andere nach deutschem Recht gegründete Gesellschaften, die der deutschen Körperschaftsteuer unterliegen,

g) Gesellschaften estnischen Rechts mit der Bezeichnung „täisühing", „usaldusühing", „osaühing", „aktsiaselts" oder „tulundusühistu",

h) nach irischem Recht gegründete oder eingetragene Gesellschaften, gemäß dem Industrial and Provident Societies Act eingetragene Körperschaften, gemäß dem Building Societies Act gegründete „building societies" und „trustee savings banks" im Sinne des Trustee Savings Banks Act von 1989,

i) Gesellschaften griechischen Rechts mit der Bezeichnung „ανώνυμη εταιρεία" oder „εταιρεία περιωρισμένης ευθύνης (Ε.Π.Ε.)" und andere nach griechischem Recht gegründete Gesellschaften, die der griechischen Körperschaftsteuer unterliegen,

j) Gesellschaften spanischen Rechts mit der Bezeichnung „sociedad anónima", „sociedad comanditaria por acciones" oder „sociedad de responsabilidad limitada" und die öffentlich-rechtlichen Körperschaften, deren Tätigkeit unter das Privatrecht fällt sowie andere nach spanischem Recht gegründete Körperschaften, die der spanischen Körperschaftsteuer („impuesto sobre sociedades") unterliegen,

k) Gesellschaften französischen Rechts mit der Bezeichnung „société anonyme", „société en commandite par actions", „société à responsabilité limitée", „sociétés par actions simplifiées", „sociétés d'assurances mutuelles", „caisses d'épargne et de prévoyance", „sociétés civiles", die automatisch der Körperschaftsteuer unterliegen, „coopératives" „unions de coopératives", die öffentlichen Industrie- und Handelsbetriebe, die öffentlichen Industrie- und Handelsunternehmen und andere nach französischem Recht gegründete Gesellschaften, die der französischen Körperschaftsteuer unterliegen,

l) Gesellschaften kroatischen Rechts mit der Bezeichnung „dioničko društvo" oder „društvo s ograničenom odgovornošću" und andere nach kroatischem Recht gegründete Gesellschaften, die der kroatischen Gewinnsteuer unterliegen,

m) Gesellschaften italienischen Rechts mit der Bezeichnung „società per azioni", „società in accomandita per azioni", „società a responsabilità limitata", „società cooperative" oder „società di mutua assicurazione" sowie öffentliche und private Körperschaften, deren Tätigkeit ganz oder überwiegend handelsgewerblicher Art ist,

n) Gesellschaften zyprischen Rechts mit der Bezeichnung „εταιρείες" im Sinne der Einkommensteuergesetze,

o) Gesellschaften lettischen Rechts mit der Bezeichnung „akciju sabiedrība" oder „sabiedrība ar ierobežotu atbildību",

p) Gesellschaften litauischen Rechts,

q) Gesellschaften luxemburgischen Rechts mit der Bezeichnung „société anonyme", „société en commandite par actions", „société à responsabilité limitée", „société coopérative", „société coopérative organisée comme une société anonyme", „association d'assurances mutuelles", „association d'épargne-pension" oder „entreprise de nature commerciale, industrielle ou minière de l'Etat, des communes, des syndicats de communes, des établissements publics et des autres personnes morales de droit public" sowie andere nach luxemburgischem Recht gegründete Gesellschaften, die der luxemburgischen Körperschaftsteuer unterliegen,

r) Gesellschaften ungarischen Rechts mit der Bezeichnung: „közkereseti társaság", „betéti társaság", „közös vállalat", „korlátolt felelősségű társaság", „részvénytársaság", „egyesülés" oder „szövetkezet",

s) Gesellschaften maltesischen Rechts mit der Bezeichnung: „Kumpaniji ta' Responsabilita' Limitata" oder „Soċjetajiet en commandite li l-kapital taghhom maqsum f'azzjonijiet",

t) Gesellschaften niederländischen Rechts mit der Bezeichnung „naamloze vennootschap", „besloten vennootschap met beperkte aansprakelijkheid", „open commanditaire vennootschap", „coöperatie", „onderlinge waarborgmaatschappij", „fonds voor gemene rekening", „vereniging op coöperatieve grondslag" oder „vereniging welke op onderlinge grondslag als verzekeraar of kredietinstelling optreedt" und andere nach niederländischem Recht gegründete Gesellschaften, die der niederländischen Körperschaftsteuer unterliegen,

u) Gesellschaften österreichischen Rechts mit der Bezeichnung „Aktiengesellschaft", „Gesellschaft mit beschränkter Haftung", „Versicherungsvereine auf Gegenseitigkeit", „Erwerbs- und Wirtschaftsgenossenschaften", „Betriebe gewerblicher Art von Körperschaften des öffentlichen Rechts" oder „Sparkassen" sowie andere nach österreichischem Recht gegründete Gesellschaften, die der österreichischen Körperschaftsteuer unterliegen,

v) Gesellschaften polnischen Rechts mit der Bezeichnung „spółka akcyjna", „spółka z ograniczoną odpowiedzialnością" oder „spółka komandytowo-akcyjna", [1)]

w) Gesellschaften portugiesischen Rechts in Form von Handelsgesellschaften oder zivilrechtlichen Handelsgesellschaften sowie Genossenschaften und öffentliche Unternehmen,

x) Gesellschaften rumänischen Rechts mit der Bezeichnung „societăţi pe acţiuni", „societăţi în comandită pe acţiuni", „societăţi cu răspundere limitată", „societăţi în nume colectiv" oder „societăţi în comandită simplă", [2)]

y) Gesellschaften slowenischen Rechts mit der Bezeichnung „delniška družba", „komanditna družba" oder „družba z omejeno odgovornostjo",

z) Gesellschaften slowakischen Rechts mit der Bezeichnung „akciová spoločnosť", „spoločnosť s ručením obmedzeným" oder „komanditná spoločnosť",

aa) Gesellschaften finnischen Rechts mit der Bezeichnung „osakeyhtiö"/„aktiebolag", „osuuskunta"/„andelslag", „säästöpankki"/„sparbank" oder „vakuutusyhtiö"/„försäkringsbolag",

bb) Gesellschaften schwedischen Rechts mit der Bezeichnung „aktiebolag", „försäkringsaktiebolag", „ekonomiska föreningar", „sparbanker", „ömsesidiga försäkringsbolag" oder „försäkringsföreningar",

cc) nach dem Recht des Vereinigten Königreichs gegründete Gesellschaften;

2. nach dem Steuerrecht eines Mitgliedstaates in Bezug auf den steuerlichen Wohnsitz als in diesem Staat ansässig betrachtet wird und auf Grund eines mit einem dritten Staat geschlossenen Doppelbesteuerungsabkommens in Bezug auf den steuerlichen Wohnsitz nicht als außerhalb der Gemeinschaft ansässig betrachtet wird und

3. ohne Wahlmöglichkeit einer der folgenden Steuern oder irgendeiner Steuer, die eine dieser Steuern ersetzt, unterliegt, ohne davon befreit zu sein:
   - vennootschapsbelasting/impôt des sociétés in Belgien,
   - корпоративен данък in Bulgarien,
   - daň z příjmů právnických osob in der Tschechischen Republik,
   - selskabsskat in Dänemark,

1) Anlage 2 (zu § 43b EStG) Nr. 1 Buchstabe v wurde durch das Steueränderungsgesetz 2015 geändert und ist erstmals auf Ausschüttungen anzuwenden, die nach dem 31. 12. 2015 zufließen → § 52 Abs. 42a EStG.

2) Anlage 2 (zu § 43b EStG) Nr. 1 Buchstabe x wurde durch das Steueränderungsgesetz 2015 geändert und ist erstmals auf Ausschüttungen anzuwenden, die nach dem 31. 12. 2015 zufließen → § 52 Abs. 42a EStG.

- Körperschaftsteuer in Deutschland,
- ulumaks in Estland,
- corporation tax in Irland,
- φόρος εισοδήματος νομικών προσώπων κερδοσκοπικού χαρακτήρα in Griechenland,
- impuesto sobre sociedades in Spanien,
- impôt sur les sociétés in Frankreich,
- porez na dobit in Kroatien,
- imposta sul reddito delle persone giuridiche in Italien,
- φόρος εισοδήματος in Zypern,
- uzņēmumu ienākuma nodoklis in Lettland,
- pelno mokestis in Litauen,
- impôt sur le revenu des collectivités in Luxemburg,
- társasági adó, osztalékadó in Ungarn,
- taxxa fuq l-income in Malta,
- vennootschapsbelasting in den Niederlanden,
- Körperschaftsteuer in Österreich,
- podatek dochodowy od osób prawnych in Polen,
- imposto sobre o rendimento das pessoas colectivas in Portugal,
- impozit pe profit in Rumänien,
- davek od dobička pravnih oseb in Slowenien,
- daň z príjmov právnických osôb in der Slowakei,
- yhteisöjen tulovero/inkomstskatten för samfund in Finnland,
- statlig inkomstskatt in Schweden,
- corporation tax im Vereinigten Königreich.

EStG

§ 44 Entrichtung der Kapitalertragsteuer

S 2407

(1) [1]Schuldner der Kapitalertragsteuer ist in den Fällen des § 43 Absatz 1 Satz 1 Nummer 1 bis 7b und 8 bis 12 sowie Satz 2 der Gläubiger der Kapitalerträge. [2]Die Kapitalertragsteuer entsteht in dem Zeitpunkt, in dem die Kapitalerträge dem Gläubiger zufließen. [3]In diesem Zeitpunkt haben in den Fällen des § 43 Absatz 1 Satz 1 Nummer 1, 2 bis 4 sowie 7a und 7b der Schuldner der Kapitalerträge, jedoch in den Fällen des § 43 Absatz 1 Satz 1 Nummer 1 Satz 2 die für den Verkäufer der Wertpapiere den Verkaufsauftrag ausführende Stelle im Sinne des Satzes 4 Nummer 1, und in den Fällen des § 43 Absatz 1 Nummer 1a, 6, 7 und 8 bis 12 sowie Satz 2 die die Kapitalerträge auszahlende Stelle den Steuerabzug *unter Beachtung der im Bundessteuerblatt veröffentlichten Auslegungsvorschriften der Finanzverwaltung* für Rechnung des Gläubigers der Kapitalerträge vorzunehmen. [4]Die die Kapitalerträge auszahlende Stelle ist [1)]

1. in den Fällen des § 43 Absatz 1 Satz 1 Nummer 6, 7 Buchstabe a und Nummer 8 bis 12 sowie Satz 2
   a) das inländische Kreditinstitut oder das inländische Finanzdienstleistungsinstitut im Sinne des § 43 Absatz 1 Satz 1 Nummer 7 Buchstabe b, das inländische Wertpapierhandelsunternehmen oder die inländische Wertpapierhandelsbank,
      aa) das die Teilschuldverschreibungen, die Anteile an einer Sammelschuldbuchforderung, die Wertrechte, die Zinsscheine oder sonstigen Wirtschaftsgüter verwahrt oder verwaltet oder deren Veräußerung durchführt und die Kapitalerträge auszahlt oder gutschreibt oder in den Fällen des § 43 Absatz 1 Satz 1 Nummer 8 und 11 die Kapitalerträge auszahlt oder gutschreibt,
      bb) das die Kapitalerträge gegen Aushändigung der Zinsscheine oder der Teilschuldverschreibungen einem anderen als einem ausländischen Kreditinstitut oder einem ausländischen Finanzdienstleistungsinstitut auszahlt oder gutschreibt;
   b) der Schuldner der Kapitalerträge in den Fällen des § 43 Absatz 1 Satz 1 Nummer 7 Buchstabe a und Nummer 10 unter den Voraussetzungen des Buchstabens a, wenn kein inländisches Kreditinstitut oder kein inländisches Finanzdienstleistungsinstitut die die Kapitalerträge auszahlende Stelle ist;

1) Absatz 1 Satz 3 wurde durch das Steueränderungsgesetz 2015 ab VZ 2016 geändert.

2. in den Fällen des § 43 Absatz 1 Satz 1 Nummer 7 Buchstabe b das inländische Kreditinstitut oder das inländische Finanzdienstleistungsinstitut, das die Kapitalerträge als Schuldner auszahlt oder gutschreibt;
3. in den Fällen des § 43 Absatz 1 Satz 1 Nummer 1a
   a) das inländische Kredit- oder Finanzdienstleistungsinstitut im Sinne des § 43 Absatz 1 Satz 1 Nummer 7 Buchstabe b, das inländische Wertpapierhandelsunternehmen oder die inländische Wertpapierhandelsbank, welche die Anteile verwahrt oder verwaltet und die Kapitalerträge auszahlt oder gutschreibt oder die Kapitalerträge gegen Aushändigung der Dividendenscheine auszahlt oder gutschreibt oder die Kapitalerträge an eine ausländische Stelle auszahlt,
   b) die Wertpapiersammelbank, der die Anteile zur Sammelverwahrung anvertraut wurden, wenn sie die Kapitalerträge an eine ausländische Stelle auszahlt,
   c) der Schuldner der Kapitalerträge, soweit die Wertpapiersammelbank, der die Anteile zur Sammelverwahrung anvertraut wurden, keine Dividendenregulierung vornimmt; die Wertpapiersammelbank hat dem Schuldner der Kapitalerträge den Umfang der Bestände ohne Dividendenregulierung mitzuteilen.

[5]Die innerhalb eines Kalendermonats einbehaltene Steuer ist jeweils bis zum zehnten des folgenden Monats an das Finanzamt abzuführen, das für die Besteuerung
1. des Schuldners der Kapitalerträge,
2. der den Verkaufsauftrag ausführenden Stelle oder
3. der die Kapitalerträge auszahlenden Stelle

nach dem Einkommen zuständig ist; bei Kapitalerträgen im Sinne des § 43 Absatz 1 Satz 1 Nummer 1 ist die einbehaltene Steuer, soweit es sich nicht um Kapitalerträge im Sinne des § 20 Absatz 1 Nummer 1 Satz 4 handelt, in dem Zeitpunkt abzuführen, in dem die Kapitalerträge dem Gläubiger zufließen. [6]Dabei ist die Kapitalertragsteuer, die zu demselben Zeitpunkt abzuführen ist, jeweils auf den nächsten vollen Eurobetrag abzurunden. [7]Wenn Kapitalerträge ganz oder teilweise nicht in Geld bestehen (§ 8 Absatz 2) und der in Geld geleistete Kapitalertrag nicht zur Deckung der Kapitalertragsteuer ausreicht, hat der Gläubiger der Kapitalerträge dem zum Steuerabzug Verpflichteten den Fehlbetrag zur Verfügung zu stellen. [8]Soweit der Gläubiger seiner Verpflichtung nicht nachkommt, hat der zum Steuerabzug Verpflichtete dies dem für ihn zuständigen Betriebsstättenfinanzamt anzuzeigen. [9]Das Finanzamt hat die zu wenig erhobene Kapitalertragsteuer vom Gläubiger der Kapitalerträge nachzufordern.

(1a) [1]Werden inländische Aktien über eine ausländische Stelle mit Dividendenberechtigung erworben, aber ohne Dividendenanspruch geliefert und leitet die ausländische Stelle auf die Erträge im Sinne des § 20 Absatz 1 Nummer 1 Satz 4 einen einbehaltenen Steuerbetrag im Sinne des § 43a Absatz 1 Satz 1 Nummer 1 an eine inländische Wertpapiersammelbank weiter, ist diese zur Abführung der einbehaltenen Steuer verpflichtet. [2]Bei Kapitalerträgen im Sinne des § 43 Absatz 1 Satz 1 Nummer 1 und 2 gilt Satz 1 entsprechend.

(2) [1]Gewinnanteile (Dividenden) und andere Kapitalerträge im Sinne des § 43 Absatz 1 Satz 1 Nummer 1, deren Ausschüttung von einer Körperschaft beschlossen wird, fließen dem Gläubiger der Kapitalerträge an dem Tag zu (Absatz 1), der im Beschluss als Tag der Auszahlung bestimmt worden ist. [2]Ist die Ausschüttung nur festgesetzt, ohne dass über den Zeitpunkt der Auszahlung ein Beschluss gefasst worden ist, so gilt als Zeitpunkt des Zufließens der Tag nach der Beschlussfassung; *ist durch Gesetz eine abweichende Fälligkeit des Auszahlungsanspruchs bestimmt oder lässt das Gesetz eine abweichende Bestimmung der Fälligkeit durch Satzungsregelung zu, gilt als Zeitpunkt des Zufließens der Tag der Fälligkeit.* [3]Für Kapitalerträge im Sinne des § 20 Absatz 1 Nummer 1 Satz 4 gelten diese Zuflusszeitpunkte entsprechend. S 2408 [1)]

(3) [1]Ist bei Einnahmen aus der Beteiligung an einem Handelsgewerbe als stiller Gesellschafter in dem Beteiligungsvertrag über den Zeitpunkt der Ausschüttung keine Vereinbarung getroffen, so gilt der Kapitalertrag am Tag nach der Aufstellung der Bilanz oder einer sonstigen Feststellung des Gewinnanteils des stillen Gesellschafters, spätestens jedoch sechs Monate nach Ablauf des Wirtschaftsjahres, für das der Kapitalertrag ausgeschüttet oder gutgeschrieben werden soll, als zugeflossen. [2]Bei Zinsen aus partiarischen Darlehen gilt Satz 1 entsprechend. S 2408

(4) Haben Gläubiger und Schuldner der Kapitalerträge vor dem Zufließen ausdrücklich Stundung des Kapitalertrags vereinbart, weil der Schuldner vorübergehend zur Zahlung nicht in der Lage ist, so ist der Steuerabzug erst mit Ablauf der Stundungsfrist vorzunehmen. S 2408

(5) [1]Die Schuldner der Kapitalerträge, die den Verkaufsauftrag ausführenden Stellen oder die die Kapitalerträge auszahlenden Stellen haften für die Kapitalertragsteuer, die sie einzubehalten und abzuführen haben, es sei denn, sie weisen nach, dass sie die ihnen auferlegten Pflichten weder vorsätzlich noch grob fahrlässig verletzt haben. [2]Der Gläubiger der Kapitalerträge wird nur in Anspruch genommen, wenn S 2408a

---
1) Absatz 2 Satz 2 wurde durch das Steueränderungsgesetz 2015 ab VZ 2016 geändert.

1. der Schuldner, die den Verkaufsauftrag ausführende Stelle oder die die Kapitalerträge auszahlende Stelle die Kapitalerträge nicht vorschriftsmäßig gekürzt hat,
2. der Gläubiger weiß, dass der Schuldner, die den Verkaufsauftrag ausführende Stelle oder die die Kapitalerträge auszahlende Stelle die einbehaltene Kapitalertragsteuer nicht vorschriftsmäßig abgeführt hat, und dies dem Finanzamt nicht unverzüglich mitteilt oder
3. das die Kapitalerträge auszahlende inländische Kreditinstitut oder das inländische Finanzdienstleistungsinstitut die Kapitalerträge zu Unrecht ohne Abzug der Kapitalertragsteuer ausgezahlt hat.

[3]Für die Inanspruchnahme des Schuldners der Kapitalerträge, der den Verkaufsauftrag ausführenden Stelle und der die Kapitalerträge auszahlenden Stelle bedarf es keines Haftungsbescheids, soweit der Schuldner, die den Verkaufsauftrag ausführende Stelle oder die die Kapitalerträge auszahlende Stelle die einbehaltene Kapitalertragsteuer richtig angemeldet hat oder soweit sie ihre Zahlungsverpflichtungen gegenüber dem Finanzamt oder dem Prüfungsbeamten des Finanzamts schriftlich anerkennen.

S 2408 (6) [1]In den Fällen des § 43 Absatz 1 Satz 1 Nummer 7c gilt die juristische Person des öffentlichen Rechts und die von der Körperschaftsteuer befreite Körperschaft, Personenvereinigung oder Vermögensmasse als Gläubiger und der Betrieb gewerblicher Art und der wirtschaftliche Geschäftsbetrieb als Schuldner der Kapitalerträge. [2]Die Kapitalertragsteuer entsteht, auch soweit sie auf verdeckte Gewinnausschüttungen entfällt, die im abgelaufenen Wirtschaftsjahr vorgenommen worden sind, im Zeitpunkt der Bilanzerstellung; sie entsteht spätestens acht Monate nach Ablauf des Wirtschaftsjahres; in den Fällen des § 20 Absatz 1 Nummer 10 Buchstabe b Satz 2 am Tag nach der Beschlussfassung über die Verwendung und in den Fällen des § 22 Absatz 4 des Umwandlungssteuergesetzes am Tag nach der Veräußerung. [3]Die Kapitalertragsteuer entsteht in den Fällen des § 20 Absatz 1 Nummer 10 Buchstabe b Satz 3 zum Ende des Wirtschaftsjahres. [4]Die Absätze 1 bis 4 und 5 Satz 2 sind entsprechend anzuwenden. [5]Der Schuldner der Kapitalerträge haftet für die Kapitalertragsteuer, soweit sie auf verdeckte Gewinnausschüttungen und auf Veräußerungen im Sinne des § 22 Absatz 4 des Umwandlungssteuergesetzes entfällt.

S 2408 1) (7) [1]In den Fällen des § 14 Absatz 3 des Körperschaftsteuergesetzes entsteht die Kapitalertragsteuer in dem Zeitpunkt der Feststellung der Handelsbilanz der Organgesellschaft; sie entsteht spätestens acht Monate nach Ablauf des Wirtschaftsjahrs der Organgesellschaft. [2]Die entstandene Kapitalertragsteuer ist an dem auf den Entstehungszeitpunkt nachfolgenden Werktag an das Finanzamt abzuführen, das für die Besteuerung der Organgesellschaft nach dem Einkommen zuständig ist. [3]Im Übrigen sind die Absätze 1 bis 4 entsprechend anzuwenden.

EStG
S 2404

§ 44a Abstandnahme vom Steuerabzug

(1) [1]Soweit die Kapitalerträge, *die einem unbeschränkt einkommensteuerpflichtigen Gläubiger zufließen,* 2) zusammen mit den Kapitalerträgen, für die die Kapitalertragsteuer nach § 44b zu erstatten ist oder nach Absatz 10 kein Steuerabzug vorzunehmen ist, den Sparer-Pauschbetrag nach § 20 Absatz 9 nicht übersteigen, ist ein Steuerabzug nicht vorzunehmen bei Kapitalerträgen im Sinne des

1. § 43 Absatz 1 Satz 1 Nummer 1 und 2 aus Genussrechten oder
2. § 43 Absatz 1 Satz 1 Nummer 1 und 2 aus Anteilen, die von einer Kapitalgesellschaft ihren Arbeitnehmern überlassen worden sind und von ihr, einem von der Kapitalgesellschaft bestellten Treuhänder, einem inländischen Kreditinstitut oder einer inländischen Zweigniederlassung einer der in § 53b Absatz 1 oder 7 des Kreditwesengesetzes genannten verwahrt werden, und
3. 3) § 43 Absatz 1 Satz 1 Nummer 3 bis 7 und 8 bis 12 sowie Satz 2.

[2]Den Arbeitnehmern im Sinne des Satzes 1 stehen Arbeitnehmer eines mit der Kapitalgesellschaft verbundenen Unternehmens nach § 15 des Aktiengesetzes sowie frühere Arbeitnehmer der Kapitalgesellschaft oder eines mit ihr verbundenen Unternehmens gleich. [3]Den von der Kapitalgesellschaft überlassenen Anteilen stehen Aktien gleich, die den Arbeitnehmern bei einer Kapitalerhöhung auf Grund ihres Bezugsrechts aus den von der Kapitalgesellschaft überlassenen Aktien zugeteilt worden sind oder die den Arbeitnehmern auf Grund einer Kapitalerhöhung aus Gesellschaftsmitteln gehören. [4]Bei Kapitalerträgen im Sinne des § 43 Absatz 1 Satz 1 Nummer 1, 2 bis 7 und 8 bis 12 sowie Satz 2, die einem unbeschränkt einkommensteuerpflichtigen Gläubiger zufließen, ist der Steuerabzug nicht vorzunehmen, wenn anzunehmen ist, dass auch für Fälle der Günstigerprüfung nach § 32d Absatz 6 keine Steuer entsteht.

---

1) Zur zeitlichen Anwendung von Absatz 7 → BMF vom 5. 4. 2005 (BStBl I S. 617).
2) ***Absatz 1 Satz 1 Satzteil vor Nr. 1 wurde durch das Steueränderungsgesetz 2015 ab VZ 2016 geändert.***
3) ***Absatz 1 Satz 1 Nr. 3 wurde durch das Steueränderungsgesetz 2015 ab VZ 2016 geändert.***

(2) [1]Voraussetzung für die Abstandnahme vom Steuerabzug nach Absatz 1 ist, dass dem nach § 44 Absatz 1 zum Steuerabzug Verpflichteten in den Fällen

1. des Absatzes 1 Satz 1 ein Freistellungsauftrag des Gläubigers der Kapitalerträge nach amtlich vorgeschriebenem Muster oder

2. des Absatzes 1 Satz 4 eine Nichtveranlagungs-Bescheinigung des für den Gläubiger zuständigen Wohnsitzfinanzamts

vorliegt. [2]In den Fällen des Satzes 1 Nummer 2 ist die Bescheinigung unter dem Vorbehalt des Widerrufs auszustellen. [3]Ihre Geltungsdauer darf höchstens drei Jahre betragen und muss am Schluss eines Kalenderjahres enden. 4Fordert das Finanzamt die Bescheinigung zurück oder erkennt der Gläubiger, dass die Voraussetzungen für ihre Erteilung weggefallen sind, so hat er dem Finanzamt die Bescheinigung zurückzugeben.

(2a) [1]Ein Freistellungsauftrag kann nur erteilt werden, wenn der Gläubiger der Kapitalerträge seine Identifikationsnummer (§ 139b der Abgabenordnung) und bei gemeinsamen Freistellungsaufträgen auch die Identifikationsnummer des Ehegatten mitteilt. [2]Ein Freistellungsauftrag ist ab dem 1. Januar 2016 unwirksam, wenn der Meldestelle im Sinne des § 45d Absatz 1 Satz 1 keine Identifikationsnummer des Gläubigers der Kapitalerträge und bei gemeinsamen Freistellungsaufträgen auch keine des Ehegatten vorliegt. [3]Sofern der Meldestelle im Sinne des § 45d Absatz 1 Satz 1 die Identifikationsnummer nicht bereits bekannt ist, kann sie diese beim Bundeszentralamt für Steuern abfragen. [4]In der Anfrage dürfen nur die in § 139b Absatz 3 der Abgabenordnung genannten Daten des Gläubigers der Kapitalerträge und bei gemeinsamen Freistellungsaufträgen die des Ehegatten angegeben werden, soweit sie der Meldestelle bekannt sind. [5]Die Anfrage hat nach amtlich vorgeschriebenem Datensatz durch Datenfernübertragung zu erfolgen. [6]Im Übrigen ist § 150 Absatz 6 der Abgabenordnung entsprechend anzuwenden. [7]Das Bundeszentralamt für Steuern teilt der Meldestelle die Identifikationsnummer mit, sofern die übermittelten Daten mit den nach § 139b Absatz 3 der Abgabenordnung beim Bundeszentralamt für Steuern gespeicherten Daten übereinstimmen. [8]Die Meldestelle darf die Identifikationsnummer nur verwenden, soweit dies zur Erfüllung von steuerlichen Pflichten erforderlich ist.

(3) Der nach § 44 Absatz 1 zum Steuerabzug Verpflichtete hat in seinen Unterlagen das Finanzamt, das die Bescheinigung erteilt hat, den Tag der Ausstellung der Bescheinigung und die in der Bescheinigung angegebene Steuer- und Listennummer zu vermerken sowie die Freistellungsaufträge aufzubewahren.

(4) [1]Ist der Gläubiger S 2405

1. eine von der Körperschaftsteuer befreite inländische Körperschaft, Personenvereinigung oder Vermögensmasse oder

2. eine inländische juristische Person des öffentlichen Rechts,

so ist der Steuerabzug bei Kapitalerträgen im Sinne des § 43 Absatz 1 Satz 1 Nummer 4, 6, 7 und 8 bis 12 sowie Satz 2 nicht vorzunehmen. [2]Dies gilt auch, wenn es sich bei den Kapitalerträgen um Bezüge im Sinne des § 20 Absatz 1 Nummer 1 und 2 handelt, die der Gläubiger von einer von der Körperschaftsteuer befreiten Körperschaft bezieht. [3]Voraussetzung ist, dass der Gläubiger dem Schuldner oder dem die Kapitalerträge auszahlenden inländischen Kreditinstitut oder inländischen Finanzdienstleistungsinstitut durch eine Bescheinigung des für seine Geschäftsleitung oder seinen Sitz zuständigen Finanzamts nachweist, dass er eine Körperschaft, Personenvereinigung oder Vermögensmasse im Sinne des Satzes 1 Nummer 1 oder 2 ist. [4]Absatz 2 Satz 2 bis 4 und Absatz 3 gelten entsprechend. [5]Die in Satz 3 bezeichnete Bescheinigung wird nicht erteilt, wenn die Kapitalerträge in den Fällen des Satzes 1 Nummer 1 in einem wirtschaftlichen Geschäftsbetrieb anfallen, für den die Befreiung von der Körperschaftsteuer ausgeschlossen ist, oder wenn sie in den Fällen des Satzes 1 Nummer 2 in einem nicht von der Körperschaftsteuer befreiten Betrieb gewerblicher Art anfallen. [6]Ein Steuerabzug ist auch nicht vorzunehmen bei Kapitalerträgen im Sinne des § 49 Absatz 1 Nummer 5 Buchstabe c und d, die einem Anleger zufließen, der eine nach den Rechtsvorschriften eines Mitgliedstaates der Europäischen Union oder des Europäischen Wirtschaftsraums gegründete Gesellschaft im Sinne des Artikels 54 des Vertrags über die Arbeitsweise der Europäischen Union oder des Artikels 34 des Abkommens über den Europäischen Wirtschaftsraum mit Sitz und Ort der Geschäftsleitung innerhalb des Hoheitsgebietes eines dieser Staaten ist, und der einer Körperschaft im Sinne des § 5 Absatz 1 Nummer 3 des Körperschaftsteuergesetzes vergleichbar ist; soweit es sich um eine nach den Rechtsvorschriften eines Mitgliedstaates des Europäischen Wirtschaftsraums gegründete Gesellschaft oder eine Gesellschaft mit Ort und Geschäftsleitung in diesem Staat handelt, ist zusätzlich Voraussetzung, dass mit diesem Staat ein Amtshilfeabkommen besteht.

(4a) Absatz 4 ist entsprechend auf Personengesellschaften im Sinne des § 212 Absatz 1 des Fünften Buches Sozialgesetzbuch anzuwenden. Dabei tritt die Personengesellschaft an die Stelle des Gläubigers der Kapitalerträge.

(4b) [1]Werden Kapitalerträge im Sinne des § 43 Absatz 1 Satz 1 Nummer 1 von einer Genossenschaft an ihre Mitglieder gezahlt, hat sie den Steuerabzug nicht vorzunehmen, wenn ihr für das jeweilige Mitglied

1. eine Nichtveranlagungs-Bescheinigung nach Absatz 2 Satz 1 Nummer 2,
2. eine Bescheinigung nach Absatz 5 Satz 4,
3. eine Bescheinigung nach Absatz 7 Satz 4 oder
4. eine Bescheinigung nach Absatz 8 Satz 3 vorliegt; in diesen Fällen ist ein Steuereinbehalt in Höhe von drei Fünfteln vorzunehmen.

[2]Eine Genossenschaft hat keinen Steuerabzug vorzunehmen, wenn ihr ein Freistellungsauftrag erteilt wurde, der auch Kapitalerträge im Sinne des Satzes 1 erfasst, soweit die Kapitalerträge zusammen mit den Kapitalerträgen, für die nach Absatz 1 kein Steuerabzug vorzunehmen ist oder für die die Kapitalertragsteuer nach § 44b zu erstatten ist, den mit dem Freistellungsauftrag beantragten Freibetrag nicht übersteigen. [3]Dies gilt auch, wenn die Genossenschaft einen Verlustausgleich nach § 43a Absatz 3 Satz 2 unter Einbeziehung von Kapitalerträgen im Sinne des Satzes 1 durchgeführt hat.

S 2404a (5) [1]Bei Kapitalerträgen im Sinne des § 43 Absatz 1 Satz 1 Nummer 1, 2, 6, 7 und 8 bis 12 sowie Satz 2, die einem unbeschränkt oder beschränkt einkommensteuerpflichtigen Gläubiger zufließen, ist der Steuerabzug nicht vorzunehmen, wenn die Kapitalerträge Betriebseinnahmen des Gläubigers sind und die Kapitalertragsteuer bei ihm auf Grund der Art seiner Geschäfte auf Dauer höher wäre als die gesamte festzusetzende Einkommensteuer oder Körperschaftsteuer. [2]Ist der Gläubiger ein Lebens- oder Krankenversicherungsunternehmen als Organgesellschaft, ist für die Anwendung des Satzes 1 eine bestehende Organschaft im Sinne des § 14 des Körperschaftsteuergesetzes nicht zu berücksichtigen, wenn die beim Organträger anzurechnende Kapitalertragsteuer, einschließlich der Kapitalertragsteuer des Lebens- oder Krankenversicherungsunternehmens, die auf Grund von § 19 Absatz 5 des Körperschaftsteuergesetzes anzurechnen wäre, höher wäre, als die gesamte festzusetzende Körperschaftsteuer. [3]Für die Prüfung der Voraussetzung des Satzes 2 ist auf die Verhältnisse der dem Antrag auf Erteilung einer Bescheinigung im Sinne des Satzes 4 vorangehenden drei Veranlagungszeiträume abzustellen. [4]Die Voraussetzung des Satzes 1 ist durch eine Bescheinigung des für den Gläubiger zuständigen Finanzamts nachzuweisen. [5]Die Bescheinigung ist unter dem Vorbehalt des Widerrufs auszustellen. [6]Die Voraussetzung des Satzes 2 ist gegenüber dem für den Gläubiger zuständigen Finanzamt durch eine Bescheinigung des für den Organträger zuständigen Finanzamts nachzuweisen.

(6) [1]Voraussetzung für die Abstandnahme vom Steuerabzug nach den Absätzen 1, 4 und 5 bei Kapitalerträgen im Sinne des § 43 Absatz 1 Satz 1 Nummer 6, 7 und 8 bis 12 sowie Satz 2 ist, dass die Teilschuldverschreibungen, die Anteile an der Sammelschuldbuchforderung, die Wertrechte, die Einlagen und Guthaben oder sonstigen Wirtschaftsgüter im Zeitpunkt des Zufließens der Einnahmen unter dem Namen des Gläubigers der Kapitalerträge bei der die Kapitalerträge auszahlenden Stelle verwahrt oder verwaltet werden. [2]Ist dies nicht der Fall, ist die Bescheinigung nach § 45a Absatz 2 durch einen entsprechenden Hinweis zu kennzeichnen. [3]Wird bei einem inländischen Kredit- oder Finanzdienstleistungsinstitut im Sinne des § 43 Absatz 1 Satz 1 Nummer 7 Buchstabe b ein Konto oder Depot für eine gemäß § 5 Absatz 1 Nummer 9 des Körperschaftsteuergesetzes befreite Stiftung im Sinne des § 1 Absatz 1 Nummer 5 des Körperschaftsteuergesetzes auf den Namen eines anderen Berechtigten geführt und ist das Konto oder Depot durch einen Zusatz zur Bezeichnung eindeutig sowohl vom übrigen Vermögen des anderen Berechtigten zu unterscheiden als auch steuerlich der Stiftung zuzuordnen, so gilt es für die Anwendung des Absatzes 4, des Absatzes 7, des Absatzes 10 Satz 1 Nummer 3 und des § 44b Absatz 6 in Verbindung mit Absatz 7 als im Namen der Stiftung geführt.

S 2405 (7) [1]Ist der Gläubiger eine inländische

1. Körperschaft, Personenvereinigung oder Vermögensmasse im Sinne des § 5 Absatz 1 Nummer 9 des Körperschaftsteuergesetzes oder
2. Stiftung des öffentlichen Rechts, die ausschließlich und unmittelbar gemeinnützigen oder mildtätigen Zwecken dient, oder
3. juristische Person des öffentlichen Rechts, die ausschließlich und unmittelbar kirchlichen *Zwecken dient,*

so ist der Steuerabzug bei Kapitalerträgen im Sinne des § 43 Absatz 1 Satz 1 Nummer 1, 2, 3 und 7a bis 7c nicht vorzunehmen. [2]Voraussetzung für die Anwendung des Satzes 1 ist, dass der Gläubiger durch eine Bescheinigung des für seine Geschäftsleitung oder seinen Sitz zuständigen Finanzamts nachweist, dass er eine Körperschaft, Personenvereinigung oder Vermögensmasse nach Satz 1 ist. [3]Absatz 4 gilt entsprechend.

(8) [1]Ist der Gläubiger S 2405

1. eine nach § 5 Absatz 1 mit Ausnahme der Nummer 9 des Körperschaftsteuergesetzes oder nach anderen Gesetzen von der Körperschaftsteuer befreite Körperschaft, Personenvereinigung oder Vermögensmasse oder
2. eine inländische juristische Person des öffentlichen Rechts, die nicht in Absatz 7 bezeichnet ist,

so ist der Steuerabzug bei Kapitalerträgen im Sinne des § 43 Absatz 1 Satz 1 Nummer 1, 2, 3 und 7a nur in Höhe von drei Fünfteln vorzunehmen. [2]Voraussetzung für die Anwendung des Satzes 1 ist, dass der Gläubiger durch eine Bescheinigung des für seine Geschäftsleitung oder seinen Sitz zuständigen Finanzamts nachweist, dass er eine Körperschaft, Personenvereinigung oder Vermögensmasse im Sinne des Satzes 1 ist. [3]Absatz 4 gilt entsprechend.

(8a) [1]Absatz 8 ist entsprechend auf Personengesellschaften im Sinne des § 212 Absatz 1 des Fünften Buches Sozialgesetzbuch anzuwenden. [2]Dabei tritt die Personengesellschaft an die Stelle des Gläubigers der Kapitalerträge.

(9) [1]Ist der Gläubiger der Kapitalerträge im Sinne des § 43 Absatz 1 eine beschränkt steuerpflichtige Körperschaft im Sinne des § 2 Nummer 1 des Körperschaftsteuergesetzes, so werden zwei Fünftel der einbehaltenen und abgeführten Kapitalertragsteuer erstattet. [2]§ 50d Absatz 1 Satz 3 bis 12, Absatz 3 und 4 ist entsprechend anzuwenden. [3]Der Anspruch auf eine weitergehende Freistellung und Erstattung nach § 50d Absatz 1 in Verbindung mit § 43boder § 50g oder nach einem Abkommen zur Vermeidung der Doppelbesteuerung bleibt unberührt. [4]Verfahren nach den vorstehenden Sätzen und nach § 50d Absatz 1 soll das Bundeszentralamt für Steuern verbinden.

(10) [1]Werden Kapitalerträge im Sinne des § 43 Absatz 1 Satz 1 Nummer 1a gezahlt, hat die auszahlende Stelle keinen Steuerabzug vorzunehmen, wenn

1. der auszahlenden Stelle eine Nichtveranlagungs-Bescheinigung nach Absatz 2 Satz 1 Nummer 2 für den Gläubiger vorgelegt wird,
2. der auszahlenden Stelle eine Bescheinigung nach Absatz 5 für den Gläubiger vorgelegt wird,
3. der auszahlenden Stelle eine Bescheinigung nach Absatz 7 Satz 2 für den Gläubiger vorgelegt wird oder
4. der auszahlenden Stelle eine Bescheinigung nach Absatz 8 Satz 2 für den Gläubiger vorgelegt wird; in diesen Fällen ist ein Steuereinbehalt in Höhe von drei Fünfteln vorzunehmen.

[2]Wird der auszahlenden Stelle ein Freistellungsauftrag erteilt, der auch Kapitalerträge im Sinne des Satzes 1 erfasst, oder führt diese einen Verlustausgleich nach § 43a Absatz 3 Satz 2 unter Einbeziehung von Kapitalerträgen im Sinne des Satzes 1 durch, so hat sie den Steuerabzug nicht vorzunehmen, soweit die Kapitalerträge zusammen mit den Kapitalerträgen, für die nach Absatz 1 kein Steuerabzug vorzunehmen ist oder die Kapitalertragsteuer nach § 44b zu erstatten ist, den mit dem Freistellungsauftrag beantragten Freistellungsbetrag nicht übersteigen. [3]Absatz 6 ist entsprechend anzuwenden. [4]Werden Kapitalerträge im Sinne des § 43 Absatz 1 Satz 1 Nummer 1a von einer auszahlenden Stelle im Sinne des § 44 Absatz 1 Satz 4 Nummer 3 an eine ausländische Stelle ausgezahlt, hat diese auszahlende Stelle über den von ihr vor der Zahlung in das Ausland von diesen Kapitalerträgen vorgenommenen Steuerabzug der letzten inländischen auszahlenden Stelle in der Wertpapierverwahrkette, welche die Kapitalerträge auszahlt oder gutschreibt, auf deren Antrag eine Sammel-Steuerbescheinigung für die Summe der eigenen und der für Kunden verwahrten Aktien nach amtlich vorgeschriebenem Muster auszustellen. [5]Der Antrag darf nur für Aktien gestellt werden, die mit Dividendenberechtigung erworben und mit Dividendenanspruch geliefert wurden. [6]Wird eine solche Sammel-Steuerbescheinigung beantragt, ist die Ausstellung von Einzel-Steuerbescheinigungen oder die Weiterleitung eines Antrags auf Ausstellung einer Einzel-Steuerbescheinigung über den Steuerabzug von denselben Kapitalerträgen ausgeschlossen; die Sammel-Steuerbescheinigung ist als solche zu kennzeichnen. [7]Auf die ihr ausgestellte Sammel-Steuerbescheinigung wendet die letzte inländische auszahlende Stelle § 44b Absatz 6 mit der Maßgabe an, dass sie von den ihr nach dieser Vorschrift eingeräumten Möglichkeiten Gebrauch zu machen hat.

Hinweise

H 44a

Freistellungsauftrag

→ BMF vom 31. 7. 2013 (BStBl I S. 940)

Anlage

Muster
- Freistellungsauftrag für Kapitalerträge und Antrag auf ehegattenübergreifende/lebenspartnerübergreifende Verlustverrechnung -
(Gilt nicht für Betriebseinnahmen und Einnahmen aus Vermietung und Verpachtung)

(Name, abweichender Geburtsname, Vorname, Geburtsdatum des Gläubigers der Kapitalerträge)

(Straße, Hausnummer)

(Identifikationsnummer des Gläubigers)

☐ Gemeinsamer Freistellungsauftrag*)

(ggf. Name, abweichender Geburtsname, Vorname, Geburtsdatum des Ehegatten/des Lebenspartners)

(Postleitzahl, Ort)

(Identifikationsnummer des Ehegatten/des Lebenspartners bei gemeinsamem Freistellungsauftrag)

An

(z. B. Kreditinstitut/Bausparkasse/Lebensversicherungsunternehmen/Bundes-/Landesschuldenverwaltung)

(Straße, Hausnummer)

(Postleitzahl, Ort)

Hiermit erteile ich/erteilen wir**) Ihnen den Auftrag, meine/unsere**) bei Ihrem Institut anfallenden Kapitalerträge vom Steuerabzug freizustellen und/oder bei Dividenden und ähnlichen Kapitalerträgen die Erstattung von Kapitalertragsteuer zu beantragen, und zwar

☐ bis zu einem Betrag von .... € (bei Verteilung des Sparer-Pauschbetrages auf mehrere Kreditinstitute).

☐ bis zur Höhe des für mich/uns**) geltenden Sparer-Pauschbetrages von insgesamt 801 €/1 602 €**).

☐ über 0 €***) (sofern lediglich eine ehegattenübergreifende/lebenspartnerübergreifende Verlustverrechnung beantragt werden soll).

Dieser Auftrag gilt ab dem 1.1.XXXX bzw. ab Beginn der Geschäftsverbindung

☐ so lange, bis Sie einen anderen Auftrag von mir/uns**) erhalten.

☐ bis zum 31.12.XXXX

Die in dem Auftrag enthaltenen Daten und freigestellten Beträge werden dem Bundeszentralamt für Steuern (BZSt) übermittelt. Sie dürfen zur Durchführung eines Verwaltungsverfahrens oder eines gerichtlichen Verfahrens in Steuersachen oder eines Strafverfahrens wegen einer Steuerstraftat oder eines Bußgeldverfahrens wegen einer Steuerordnungswidrigkeit verwendet sowie vom BZSt den Sozialleistungsträgern übermittelt werden, soweit dies zur Überprüfung des bei der Sozialleistung zu berücksichtigenden Einkommens oder Vermögens erforderlich ist (§ 45d EStG).

Ich versichere/Wir versichern**), dass mein/unser**) Freistellungsauftrag zusammen mit Freistellungsaufträgen an andere Kreditinstitute, Bausparkassen, das BZSt usw. den für mich/uns**) geltenden Höchstbetrag von insgesamt 801 €/1 602 €**) nicht übersteigt. Ich versichere/Wir versichern**) außerdem, dass ich/wir**) mit allen für das Kalenderjahr erteilten Freistellungsaufträgen für keine höheren Kapitalerträge als insgesamt 801 €/1 602 €**) im Kalenderjahr die Freistellung oder Erstattung von Kapitalertragsteuer in Anspruch nehme(n)**).

Die mit dem Freistellungsauftrag angeforderten Daten werden auf Grund von § 44a Absatz 2 und 2a, § 45b Absatz 1 und § 45d Absatz 1 EStG erhoben. Die Angabe der steuerlichen Identifikationsnummer ist für die Übermittlung der Freistellungsdaten an das BZSt erforderlich. Die Rechtsgrundlagen für die Erhebung der Identifikationsnummer ergeben sich aus § 139a Absatz 1 Satz 1 2. Halbsatz AO, § 139b Absatz 2 AO und § 45d EStG. Die Identifikationsnummer darf nur für Zwecke des Besteuerungsverfahrens verwendet werden.

(Datum) (Unterschrift) (ggf. Unterschrift Ehegatte, Lebenspartner, gesetzliche(r) Vertreter)

☐ Zutreffendes bitte ankreuzen

*) Angaben zum Ehegatten/Lebenspartner und dessen Unterschrift sind nur bei einem gemeinsamen Freistellungsauftrag erforderlich

**) Nichtzutreffendes bitte streichen

***) Möchten Sie mit diesem Antrag lediglich eine ehegattenübergreifende/lebenspartnerübergreifende Verlustverrechnung beantragen, so kreuzen Sie bitte dieses Feld an

Der Höchstbetrag von 1 602 € gilt nur bei Ehegatten/Lebenspartnern, die einen gemeinsamen Freistellungsauftrag erteilen und bei denen die Voraussetzungen einer Zusammenveranlagung i. S. des § 26 Absatz 1 Satz 1 EStG vorliegen. Der gemeinsame Freistellungsauftrag ist z. B. nach Auflösung der Ehe/Lebenspartnerschaft oder bei dauerndem Getrenntleben zu ändern. Erteilen Ehegatten/Lebenspartner einen gemeinsamen Freistellungsauftrag, führt dies am Jahresende zu einer Verrechnung der Verluste des einen Ehegatten/Lebenspartners mit den Gewinnen und Erträgen des anderen Ehegatten/Lebenspartners. Freistellungsaufträge können nur mit Wirkung zum Kalenderjahresende befristet werden. Eine Herabsetzung bis zu dem im Kalenderjahr bereits ausgenutzten Betrag ist jedoch zulässig. Sofern ein Freistellungsauftrag im laufenden Jahr noch nicht genutzt wurde, kann er auch zum 1. Januar des laufenden Jahres widerrufen werden. Der Freistellungsauftrag kann nur für sämtliche Depots oder Konten bei einem Kreditinstitut oder einem anderen Auftragnehmer gestellt werden.

EStG
S 2410

§ 44b Erstattung der Kapitalertragsteuer

(1) bis (4) (weggefallen)

(5) [1]Ist Kapitalertragsteuer einbehalten oder abgeführt worden, obwohl eine Verpflichtung hierzu nicht bestand, oder hat der Gläubiger dem nach § 44 Absatz 1 zum Steuerabzug Verpflichteten die Bescheinigung nach § 43 Absatz 2 Satz 4, den Freistellungsauftrag, die Nichtveranlagungs-Bescheinigung oder die Bescheinigungen nach § 44a Absatz 4 oder Absatz 5 erst zu einem Zeitpunkt vorgelegt, zu dem die Kapitalertragsteuer bereits abgeführt war, oder nach diesem Zeitpunkt erst die Erklärung nach § 43 Absatz 2 Satz 3 Nummer 2 abgegeben, ist auf Antrag des nach § 44 Absatz 1 zum Steuerabzug Verpflichteten die Steueranmeldung (§ 45a Absatz 1) insoweit zu ändern; stattdessen kann der zum Steuerabzug Verpflichtete bei der folgenden Steueranmeldung die abzuführende Kapitalertragsteuer entsprechend kürzen. [2]Erstattungsberechtigt ist der Antragsteller. 1) [3]Solange noch keine Steuerbescheinigung nach § 45a erteilt ist, hat der zum Steuerabzug Verpflichtete das Verfahren nach Satz 1 zu betreiben. [4]Die vorstehenden Sätze sind in den Fällen des Absatzes 6 nicht anzuwenden.

(6) [1]Werden Kapitalerträge im Sinne des § 43 Absatz 1 Satz 1 Nummer 1 und 2 durch ein inländisches Kredit- oder Finanzdienstleistungsinstitut im Sinne des § 43 Absatz 1 Satz 1 Nummer 7 Buchstabe b, das die Wertpapiere, Wertrechte oder sonstigen Wirtschaftsgüter unter dem Namen des Gläubigers verwahrt oder verwaltet, als Schuldner der Kapitalerträge oder für Rechnung des Schuldners gezahlt, kann das Kredit- oder Finanzdienstleistungsinstitut die einbehaltene und abgeführte Kapitalertragsteuer dem Gläubiger der Kapitalerträge bis zur Ausstellung einer Steuerbescheinigung, längstens bis zum 31. März des auf den Zufluss der Kapitalerträge folgenden Kalenderjahres, unter den folgenden Voraussetzungen erstatten:

1. **dem Kredit- oder Finanzdienstleistungsinstitut wird eine Nichtveranlagungs-Bescheinigung nach § 44a Absatz 2 Satz 1 Nummer 2 für den Gläubiger vorgelegt,**
2. **dem Kredit- oder Finanzdienstleistungsinstitut wird eine Bescheinigung nach § 44a Absatz 5 für den Gläubiger vorgelegt,**
3. **dem Kredit- oder Finanzdienstleistungsinstitut wird eine Bescheinigung nach § 44a Absatz 7 Satz 2 für den Gläubiger vorgelegt und eine Abstandnahme war nicht möglich oder**
4. **dem Kredit- oder Finanzdienstleistungsinstitut wird eine Bescheinigung nach § 44a Absatz 8 Satz 2 für den Gläubiger vorgelegt und die teilweise Abstandnahme war nicht möglich; in diesen Fällen darf die Kapitalertragsteuer nur in Höhe von zwei Fünfteln erstattet werden.**

[2]Das erstattende Kredit- oder Finanzdienstleistungsinstitut haftet in sinngemäßer Anwendung des § 44 Absatz 5 für zu Unrecht vorgenommene Erstattungen; für die Zahlungsaufforderung gilt § 219 Satz 2 der Abgabenordnung entsprechend. [3]Das Kredit- oder Finanzdienstleistungsinstitut hat die Summe der Erstattungsbeträge in der Steueranmeldung gesondert anzugeben und von der von ihm abzuführenden Kapitalertragsteuer abzusetzen. [4]Wird dem Kredit- oder Finanzdienstleistungsinstitut ein Freistellungsauftrag erteilt, der auch Kapitalerträge im Sinne des Satzes 1 erfasst, oder führt das Institut einen Verlustausgleich nach § 43a Absatz 3 Satz 2 unter Einbeziehung von Kapitalerträgen im Sinne des Satzes 1 aus, so hat es bis zur Ausstellung der Steuerbescheinigung, längstens bis zum 31. März des auf den Zufluss der Kapitalerträge folgenden Kalenderjahres, die einbehaltene und abgeführte Kapitalertragsteuer auf diese Kapitalerträge zu erstatten; Satz 2 ist entsprechend anzuwenden.

(7) [1]Eine Gesamthandsgemeinschaft kann für ihre Mitglieder im Sinne des § 44a Absatz 7 oder Absatz 8 eine Erstattung der Kapitalertragsteuer bei dem für die gesonderte Feststellung ihrer Einkünfte zuständigen Finanzamt beantragen. [2]Die Erstattung ist unter den Voraussetzungen des § 44a Absatz 4, 7 oder Absatz 8 und in dem dort bestimmten Umfang zu gewähren.

EStG
S 2401a

§ 45 Ausschluss der Erstattung von Kapitalertragsteuer

[1]In den Fällen, in denen die Dividende an einen anderen als an den Anteilseigner ausgezahlt wird, ist die Erstattung von Kapitalertragsteuer an den Zahlungsempfänger ausgeschlossen. 2) [2]Satz 1 gilt nicht für den Erwerber eines Dividendenscheines oder sonstigen Anspruches in den Fällen des § 20 Absatz 2 Satz 1 Nummer 2 Buchstabe a Satz 2. [3]In den Fällen des § 20 Absatz 2 Satz 1 Nummer 2 Buchstabe b ist die Erstattung von Kapitalertragsteuer an den Erwerber von Zinsscheinen nach § 37 Absatz 2 der Abgabenordnung ausgeschlossen.

---

1) ***Absatz 5 Satz 3 ist erstmals auf Kapitalerträge anzuwenden, die dem Gläubiger nach dem 31. 12. 2014 zufließen. Der bisherige Satz 3 wurde Satz 4.***

2) § 45 Satz 2 EStG wurde durch das Gesetz zur Anpassung des nationalen Steuerrechts an den Beitritt Kroatiens zur EU und zur Änderung weiterer steuerlicher Vorschriften ab VZ 2014 geändert (Anm.: neu gefasst).

§ 45a Anmeldung und Bescheinigung der Kapitalertragsteuer

EStG

S 2401

(1) [1]Die Anmeldung der einbehaltenen Kapitalertragsteuer ist dem Finanzamt innerhalb der in § 44 Absatz 1 oder Absatz 7 bestimmten Frist nach amtlich vorgeschriebenem Vordruck auf elektronischem Weg nach Maßgabe der Steuerdaten-Übermittlungsverordnung zu übermitteln; die auszahlende Stelle hat die Kapitalertragsteuer auf die Erträge im Sinne des § 43 Absatz 1 Satz 1 Nummer 1a jeweils gesondert für das Land, in dem sich der Ort der Geschäftsleitung des Schuldners der Kapitalerträge befindet, anzugeben [2]Satz 1 gilt entsprechend, wenn ein Steuerabzug nicht oder nicht in voller Höhe vorzunehmen ist. [3]Der Grund für die Nichtabführung ist anzugeben. [4]Auf Antrag kann das Finanzamt zur Vermeidung unbilliger Härten auf eine elektronische Übermittlung verzichten; in diesem Fall ist die Kapitalertragsteuer- Anmeldung von dem Schuldner, der den Verkaufsauftrag ausführenden Stelle, der auszahlenden Stelle oder einer vertretungsberechtigten Person zu unterschreiben.

(2) [1]Folgende Stellen sind verpflichtet, dem Gläubiger der Kapitalerträge auf Verlangen eine Bescheinigung nach amtlich vorgeschriebenem Muster auszustellen, die die nach § 32d erforderlichen Angaben enthält; bei Vorliegen der Voraussetzungen des

1. § 43 Absatz 1 Satz 1 Nummer 1, 2 bis 4, 7a und 7b der Schuldner der Kapitalerträge,

2. § 43 Absatz 1 Satz 1 Nummer 1a, 6, 7 und 8 bis 12 sowie Satz 2 die die Kapitalerträge auszahlende Stelle vorbehaltlich des Absatzes 3 und

3. § 44 Absatz 1a die zur Abführung der Steuer verpflichtete Stelle.

[2]Die Bescheinigung braucht nicht unterschrieben zu werden, wenn sie in einem maschinellen Verfahren ausgedruckt worden ist und den Aussteller erkennen lässt. [3]§ 44a Absatz 6 gilt sinngemäß; über die zu kennzeichnenden Bescheinigungen haben die genannten Institute und Unternehmen Aufzeichnungen zu führen. [4]Diese müssen einen Hinweis auf den Buchungsbeleg über die Auszahlung an den Empfänger der Bescheinigung enthalten.

(3) [1]Werden Kapitalerträge für Rechnung des Schuldners durch ein inländisches Kreditinstitut oder ein inländisches Finanzdienstleistungsinstitut gezahlt, so hat anstelle des Schuldners das Kreditinstitut oder das Finanzdienstleistungsinstitut die Bescheinigung zu erteilen, sofern nicht die Voraussetzungen des Absatzes 2 Satz 1 erfüllt sind.[2]Satz 1 gilt in den Fällen des § 20 Absatz 1 Nummer 1 Satz 4 entsprechend; der Emittent der Aktien gilt insoweit als Schuldner der Kapitalerträge.

(4) [1]Eine Bescheinigung nach Absatz 2 oder Absatz 3 ist auch zu erteilen, wenn in Vertretung des Gläubigers ein Antrag auf Erstattung der Kapitalertragsteuer nach § 44b gestellt worden ist oder gestellt wird. [2]Satz 1 gilt entsprechend, wenn nach § 44a Absatz 8 Satz 1 der Steuerabzug nur nicht in voller Höhe vorgenommen worden ist. 1)

(5) [1]Eine Ersatzbescheinigung darf nur ausgestellt werden, wenn die Urschrift nach den Angaben des Gläubigers abhanden gekommen oder vernichtet ist. [2]Die Ersatzbescheinigung muss als solche gekennzeichnet sein. [3]Über die Ausstellung von Ersatzbescheinigungen hat der Aussteller Aufzeichnungen zu führen.

(6) [1]Eine Bescheinigung, die den Absätzen 2 bis 5 nicht entspricht, hat der Aussteller zurückzufordern und durch eine berichtigte Bescheinigung zu ersetzen. [2]Die berichtigte Bescheinigung ist als solche zu kennzeichnen. [3]Wird die zurückgeforderte Bescheinigung nicht innerhalb eines Monats nach Zusendung der berichtigten Bescheinigung an den Aussteller zurückgegeben, hat der Aussteller das nach seinen Unterlagen für den Empfänger zuständige Finanzamt schriftlich zu benachrichtigen.

(7) [1]Der Aussteller einer Bescheinigung, die den Absätzen 2 bis 5 nicht entspricht, haftet für die auf Grund der Bescheinigung verkürzten Steuern oder zu Unrecht gewährten Steuervorteile. [2]Ist die Bescheinigung nach Absatz 3 durch ein inländisches Kreditinstitut oder ein inländisches Finanzdienstleistungsinstitut auszustellen, so haftet der Schuldner auch, wenn er zum *Zweck der Bescheinigung* unrichtige Angaben macht. [3]**Der Aussteller haftet nicht**

1. in den Fällen des Satzes 2,

2. wenn er die ihm nach Absatz 6 obliegenden Verpflichtungen erfüllt hat.

§ 45b bis § 45c (weggefallen)

EStG

S 2410

1) Das Wort „nur" ist durch ein Redaktionsversehen nicht gestrichen worden.

EStG
S 2409a

§ 45d Mitteilungen an das Bundeszentralamt für Steuern

1) **(1) [1]Wer nach § 44 Absatz 1 dieses Gesetzes und § 7 des Investmentsteuergesetzes zum Steuerabzug verpflichtet ist (Meldestelle), hat dem Bundeszentralamt für Steuern bis zum 1. März des Jahres, das auf das Jahr folgt, in dem die Kapitalerträge den Gläubigern zufließen, folgende Daten zu übermitteln:**

1. **Vor- und Zuname, Identifikationsnummer (§ 139b der Abgabenordnung) sowie das Geburtsdatum des Gläubigers der Kapitalerträge; bei einem gemeinsamen Freistellungsauftrag sind die Daten beider Ehegatten zu übermitteln,**
2. **Anschrift des Gläubigers der Kapitalerträge,**
3. **bei den Kapitalerträgen, für die ein Freistellungsauftrag erteilt worden ist,**
   a) **die Kapitalerträge, bei denen vom Steuerabzug Abstand genommen worden ist oder bei denen auf Grund des Freistellungsauftrags gemäß § 44b Absatz 6 Satz 4 dieses Gesetzes oder gemäß § 7 Absatz 5 Satz 1 des Investmentsteuergesetzes Kapitalertragsteuer erstattet wurde,**
   b) **die Kapitalerträge, bei denen die Erstattung von Kapitalertragsteuer beim Bundeszentralamt für Steuern beantragt worden ist,**
4. **die Kapitalerträge, bei denen auf Grund einer Nichtveranlagungs-Bescheinigung einer natürlichen Person nach § 44a Absatz 2 Satz 1 Nummer 2 vom Steuerabzug Abstand genommen oder eine Erstattung vorgenommen wurde,**
5. **Name und Anschrift der Meldestelle.**

[2]Die Daten sind nach amtlich vorgeschriebenem Datensatz durch Datenfernübertragung zu übermitteln; im Übrigen ist § 150 Absatz 6 der Abgabenordnung entsprechend anzuwenden.

(2) [1]Das Bundeszentralamt für Steuern darf den Sozialleistungsträgern die Daten nach Absatz 1 mitteilen, soweit dies zur Überprüfung des bei der Sozialleistung zu berücksichtigenden Einkommens oder Vermögens erforderlich ist oder der Betroffene zustimmt. [2]Für Zwecke des Satzes 1 ist das Bundeszentralamt für Steuern berechtigt, die ihm von den Sozialleistungsträgern übermittelten Daten mit den vorhandenen Daten nach Absatz 1 im Wege des automatisierten Datenabgleichs zu überprüfen und das Ergebnis den Sozialleistungsträgern mitzuteilen.

(3) [1]Ein inländischer Versicherungsvermittler im Sinne des § 59 Absatz 1 des Versicherungsvertragsgesetzes hat bis zum 30. März des Folgejahres das Zustandekommen eines Vertrages im Sinne des § 20 Absatz 1 Nummer 6 zwischen einer im Inland ansässigen Person und einem Versicherungsunternehmen mit Sitz und Geschäftsleitung im Ausland gegenüber dem Bundeszentralamt für Steuern mitzuteilen; dies gilt nicht, wenn das Versicherungsunternehmen eine Niederlassung im Inland hat oder das Versicherungsunternehmen dem Bundeszentralamt für Steuern bis zu diesem Zeitpunkt das Zustandekommen eines Vertrages angezeigt und den Versicherungsvermittler hierüber in Kenntnis gesetzt hat. [2]Folgende Daten sind zu übermitteln:

1. **Vor- und Zuname sowie Geburtsdatum, Anschrift und Identifikationsnummer des Versicherungsnehmers,**
2. **Name und Anschrift des Versicherungsunternehmens sowie Vertragsnummer oder sonstige Kennzeichnung des Vertrages,**
3. **Name und Anschrift des Versicherungsvermittlers, wenn die Mitteilung nicht vom Versicherungsunternehmen übernommen wurde,**
4. **Laufzeit und garantierte Versicherungssumme oder Beitragssumme für die gesamte Laufzeit,**
5. **Angabe, ob es sich um einen konventionellen, einen fondsgebundenen oder einen vermögensverwaltenden Versicherungsvertrag handelt.**

[3]Die Daten sind nach amtlich vorgeschriebenem Datensatz durch Datenfernübertragung zu übermitteln; im Übrigen ist § 150 Absatz 6 der Abgabenordnung entsprechend anzuwenden.

EStG
S 2402

§ 45e Ermächtigung für Zinsinformationsverordnung

[1]Die Bundesregierung wird ermächtigt, durch Rechtsverordnung mit Zustimmung des Bundesrates die Richtlinie 2003/48/EG des Rates vom 3. Juni 2003 (ABl. EU Nr. L 157 S. 38) in der *jeweils geltenden Fassung* im Bereich der Besteuerung von Zinserträgen umzusetzen. [2]§ 45d Absatz 1 Satz 2 und Absatz 2 ist entsprechend anzuwenden.

1) § 45d Abs. 1 EStG ***in der am 14. 12. 2010 geltenden Fassung*** ist erstmals für Kapitalerträge anzuwenden, die ab dem 1. 1. 2013 zufließen; eine Übermittlung der Identifikationsnummer hat für Kapitalerträge, die vor dem 1. 1. 2016 zufließen, nur zu erfolgen, wenn ***die Identifikationsnummer*** der Meldestelle vorliegt → § 52a Abs. 45 EStG.

4. Veranlagung von Steuerpflichtigen mit steuerabzugspflichtigen Einkünften

§ 46 Veranlagung bei Bezug von Einkünften aus nichtselbständiger Arbeit EStG

(1) (weggefallen) S 2270

(2) Besteht das Einkommen ganz oder teilweise aus Einkünften aus nichtselbständiger Arbeit, von denen ein Steuerabzug vorgenommen worden ist, so wird eine Veranlagung nur durchgeführt,

1. wenn die positive Summe der einkommensteuerpflichtigen Einkünfte, die nicht dem Steuerabzug vom Arbeitslohn zu unterwerfen waren, vermindert um die darauf entfallenden Beträge nach § 13 Absatz 3 und § 24a, oder die positive Summe der Einkünfte und Leistungen, die dem Progressionsvorbehalt unterliegen, jeweils mehr als 410 Euro beträgt;

2. wenn der Steuerpflichtige nebeneinander von mehreren Arbeitgebern Arbeitslohn bezogen hat; das gilt nicht, soweit nach § 38 Absatz 3a Satz 7 Arbeitslohn von mehreren Arbeitgebern für den Lohnsteuerabzug zusammengerechnet worden ist;

3. wenn bei einem Steuerpflichtigen die Summe der beim Steuerabzug vom Arbeitslohn nach § 39b Absatz 2 Satz 5 Nummer 3 Buchstabe b bis d berücksichtigten Teilbeträge der Vorsorgepauschale größer ist als die abziehbaren Vorsorgeaufwendungen nach § 10 Absatz 1 Nummer 3 und Nummer 3a in Verbindung mit Absatz 4 und der im Kalenderjahr insgesamt erzielte Arbeitslohn *11 000* Euro übersteigt, oder bei Ehegatten, die die Voraussetzungen des § 26 Absatz 1 erfüllen, der im Kalenderjahr von den Ehegatten insgesamt erzielte Arbeitslohn *20 900* Euro übersteigt; [1]

3a. wenn von Ehegatten, die nach den §§ 26, 26b zusammen zur Einkommensteuer zu veranlagen sind, beide Arbeitslohn bezogen haben und einer für den Veranlagungszeitraum oder einen Teil davon nach der Steuerklasse V oder VI besteuert oder bei Steuerklasse IV der Faktor (§ 39f) eingetragen worden ist;

4. wenn für einen Steuerpflichtigen ein Freibetrag im Sinne des § 39a Absatz 1 Nummer 1 bis 3, 5 oder Nummer 6 ermittelt worden ist und der im Kalenderjahr insgesamt erzielte Arbeitslohn *11 000* Euro übersteigt oder bei Ehegatten, die die Voraussetzungen des § 26 Absatz 1 erfüllen, der im Kalenderjahr von den Ehegatten insgesamt erzielte Arbeitslohn *20 900* Euro übersteigt; dasselbe gilt für einen Steuerpflichtigen, der zum Personenkreis des § 1 Absatz 2 gehört oder für einen beschränkt einkommensteuerpflichtigen Arbeitnehmer, wenn diese Eintragungen auf einer Bescheinigung für den Lohnsteuerabzug (§ 39 Absatz 3 Satz 1) erfolgt sind; [2]

4a. wenn bei einem Elternpaar, bei dem die Voraussetzungen des § 26 Absatz 1 Satz 1 nicht vorliegen

a) bis c) (weggefallen)

d) im Fall des § 33a Absatz 2 Satz 5 das Elternpaar gemeinsam eine Aufteilung des Abzugsbetrags in einem anderen Verhältnis als je zur Hälfte beantragt oder

e) im Fall des § 33b Absatz 5 Satz 3 das Elternpaar gemeinsam eine Aufteilung des Pauschbetrags für behinderte Menschen oder des Pauschbetrags für Hinterbliebene in einem anderen Verhältnis als je zur Hälfte beantragt.

[2]Die Veranlagungspflicht besteht für jeden Elternteil, der Einkünfte aus nichtselbständiger Arbeit bezogen hat;

5. wenn bei einem Steuerpflichtigen die Lohnsteuer für einen sonstigen Bezug im Sinne des § 34 Absatz 1 und 2 Nummer 2 und 4 nach § 39b Absatz 3 Satz 9 oder für einen sonstigen Bezug nach § 39c Absatz 3 ermittelt wurde;

5a. wenn der Arbeitgeber die Lohnsteuer von einem sonstigen Bezug berechnet hat und dabei der Arbeitslohn aus früheren Dienstverhältnissen des Kalenderjahres außer Betracht geblieben ist (§ 39b Absatz 3 Satz 2, § 41 Absatz 1 Satz 6, Großbuchstabe S);

---

1) Absatz 2 Nr. 3 wurde durch Artikel 2 des Gesetzes zur Anhebung des Grundfreibetrags, des Kinderfreibetrags, des Kindergeldes und des Kinderzuschlags ab VZ 2016 geändert Für VZ 2015 wurde in Absatz 2 Nr. 3 durch Artikel 1 des Gesetzes zur Anhebung des Grundfreibetrags, des Kinderfreibetrags, des Kindergeldes und des Kinderzuschlags jeweils die Angabe „10 700 Euro" durch die Angabe „10 800 Euro" und die Angabe „20 200 Euro" durch die Angabe „20 500 Euro" ersetzt.

2) Absatz 2 Nr. 4 wurde durch Artikel 2 des Gesetzes zur Anhebung des Grundfreibetrags, des Kinderfreibetrags, des Kindergeldes und des Kinderzuschlags ab VZ 2016 geändert. Für VZ 2015 wurde in Absatz 2 Nr. 4 durch Artikel 1 des Gesetzes zur Anhebung des Grundfreibetrags, des Kinderfreibetrags, des Kindergeldes und des Kinderzuschlags jeweils die Angabe „10 700 Euro" durch die Angabe „10 800 Euro" und die Angabe „20 200 Euro" durch die Angabe „20 500 Euro" ersetzt.

6. wenn die Ehe des Arbeitnehmers im Veranlagungszeitraum durch Tod, Scheidung oder Aufhebung aufgelöst worden ist und er oder sein Ehegatte der aufgelösten Ehe im Veranlagungszeitraum wieder geheiratet hat;

7. wenn

a) für einen unbeschränkt Steuerpflichtigen im Sinne des § 1 Absatz 1 bei der Bildung der Lohnsteuerabzugsmerkmale (§ 39) ein Ehegatte im Sinne des § 1a Absatz 1 Nummer 2 berücksichtigt worden ist oder

b) für einen Steuerpflichtigen, der zum Personenkreis des § 1 Absatz 3 oder des § 1a gehört, Lohnsteuerabzugsmerkmale nach § 39 Absatz 2 gebildet worden sind; das nach § 39 Absatz 2 Satz 2 bis 4 zuständige Betriebsstättenfinanzamt ist dann auch für die Veranlagung zuständig.

8. wenn die Veranlagung beantragt wird, insbesondere zur Anrechnung von Lohnsteuer auf die Einkommensteuernummer [2]Der Antrag ist durch Abgabe einer Einkommensteuererklärung zu stellen.

(3) [1]In den Fällen des Absatzes 2 ist ein Betrag in Höhe der einkommensteuerpflichtigen Einkünfte, von denen der Steuerabzug vom Arbeitslohn nicht vorgenommen worden ist und die nicht nach § 32d Absatz 6 der tariflichen Einkommensteuer unterworfen wurden, vom Einkommen abzuziehen, wenn diese Einkünfte insgesamt nicht mehr als 410 Euro betragen. [2]Der Betrag nach Satz 1 vermindert sich um den Altersentlastungsbetrag, soweit dieser den unter Verwendung des nach § 24a Satz 5 maßgebenden Prozentsatzes zu ermittelnden Anteil des Arbeitslohns mit Ausnahme der Versorgungsbezüge im Sinne des § 19 Absatz 2 übersteigt, und um den nach § 13 Absatz 3 zu berücksichtigenden Betrag.

(4) [1]Kommt nach Absatz 2 eine Veranlagung zur Einkommensteuer nicht in Betracht, so gilt die Einkommensteuer, die auf die Einkünfte aus nichtselbständiger Arbeit entfällt, für den Steuerpflichtigen durch den Lohnsteuerabzug als abgegolten, soweit er nicht für zu wenig erhobene Lohnsteuer in Anspruch genommen werden kann. [2]§ 42b bleibt unberührt.

(5) Durch Rechtsverordnung kann in den Fällen des Absatzes 2 Nummer 1, in denen die einkommensteuerpflichtigen Einkünfte, von denen der Steuerabzug vom Arbeitslohn nicht vorgenommen worden ist und die nicht nach § 32d Absatz 6 der tariflichen Einkommensteuer unterworfen wurden, den Betrag von 410 Euro übersteigen, die Besteuerung so gemildert werden, dass auf die volle Besteuerung dieser Einkünfte stufenweise übergeleitet wird.

EStDV

§ 56 Steuererklärungspflicht

[1]Unbeschränkt Steuerpflichtige haben eine jährliche Einkommensteuererklärung für das abgelaufene Kalenderjahr (Veranlagungszeitraum) in den folgenden Fällen abzugeben:

1. Ehegatten, bei denen im Veranlagungszeitraum die Voraussetzungen des § 26 Abs. 1 des Gesetzes vorgelegen haben und von denen keiner die getrennte Veranlagung nach § 26a des Gesetzes wählt,

a) wenn keiner der Ehegatten Einkünfte aus nichtselbständiger Arbeit, von denen ein Steuerabzug vorgenommen worden ist, bezogen und der Gesamtbetrag der Einkünfte mehr als das Zweifache des Grundfreibetrages nach § 32a Absatz 1 Satz 2 Nummer 1 des Gesetzes in der jeweils geltenden Fassung betragen hat,

b) wenn mindestens einer der Ehegatten Einkünfte aus nichtselbständiger Arbeit, von denen ein Steuerabzug vorgenommen worden ist, bezogen hat und eine Veranlagung nach § 46 Abs. 2 Nr. 1 bis 7 des Gesetzes in Betracht kommt,

c) wenn eine Veranlagung nach § 46 Abs. 2a des Gesetzes in Betracht kommt;

2. Personen, bei denen im Veranlagungszeitraum die Voraussetzungen des § 26 Abs. 1 des Gesetzes nicht vorgelegen haben,

a) wenn der Gesamtbetrag der Einkünfte den Grundfreibetrag nach § 32a Absatz 1 Satz 2 Nummer 1 des Gesetzes in der jeweils geltenden Fassung überstiegen hat und darin keine Einkünfte aus nichtselbständiger Arbeit, von denen ein Steuerabzug vorgenommen worden ist, enthalten sind,

b) wenn in dem Gesamtbetrag der Einkünfte Einkünfte aus nichtselbständiger Arbeit, von denen ein Steuerabzug vorgenommen worden ist, enthalten sind und eine Veranlagung nach § 46 Abs. 2 Nr. 1 bis 6 und 7 Buchstabe b des Gesetzes in Betracht kommt.

[2]Eine Steuererklärung ist außerdem abzugeben, wenn zum Schluss des vorangegangenen Veranlagungszeitraums ein verbleibender Verlustabzug festgestellt worden ist.

§ 70 Ausgleich von Härten in bestimmten Fällen

[1]Betragen in den Fällen des § 46 Abs. 2 Nr. 1 bis 7 des Gesetzes die einkommensteuerpflichtigen Einkünfte, von denen der Steuerabzug vom Arbeitslohn nicht vorgenommen worden ist und die nicht nach § 32d Absatz 6 des Gesetzes der tariflichen Einkommensteuer unterworfen wurden, insgesamt mehr als 410 Euro, so ist vom Einkommen der Betrag abzuziehen, um den die bezeichneten Einkünfte, vermindert um den auf sie entfallenden Altersentlastungsbetrag (§ 24a des Gesetzes) und den nach § 13 Abs. 3 des Gesetzes zu berücksichtigenden Betrag, niedriger als 820 Euro sind (Härteausgleichsbetrag). [2]Der Härteausgleichsbetrag darf nicht höher sein als die nach Satz 1 verminderten Einkünfte.

Hinweise

H 46

Abtretung/Verpfändung

§ 46 Abtretung, Verpfändung, Pfändung AO

(1) Ansprüche auf Erstattung von Steuern, Haftungsbeträgen, steuerlichen Nebenleistungen und auf Steuervergütungen können abgetreten, verpfändet und gepfändet werden.

(2) Die Abtretung wird jedoch erst wirksam, wenn sie der Gläubiger in der nach Absatz 3 vorgeschriebenen Form der zuständigen Finanzbehörde nach Entstehung des Anspruchs anzeigt.

(3) [1]Die Abtretung ist der zuständigen Finanzbehörde unter Angabe des Abtretenden, des Abtretungsempfängers sowie der Art und Höhe des abgetretenen Anspruchs und des Abtretungsgrundes auf einem amtlich vorgeschriebenen Vordruck anzuzeigen. [2]Die Anzeige ist vom Abtretenden und vom Abtretungsempfänger zu unterschreiben.

(4) [1]Der geschäftsmäßige Erwerb von Erstattungs- oder Vergütungsansprüchen zum Zweck der Einziehung oder sonstigen Verwertung auf eigene Rechnung ist nicht zulässig. [2]Dies gilt nicht für die Fälle der Sicherungsabtretung. [3]Zum geschäftsmäßigen Erwerb und zur geschäftsmäßigen Einziehung der zur Sicherung abgetretenen Ansprüche sind nur Unternehmen befugt, denen das Betreiben von Bankgeschäften erlaubt ist.

(5) Wird der Finanzbehörde die Abtretung angezeigt, so müssen Abtretender und Abtretungsempfänger der Finanzbehörde gegenüber die angezeigte Abtretung gegen sich gelten lassen, auch wenn sie nicht erfolgt oder nicht wirksam oder wegen Verstoßes gegen Absatz 4 nichtig ist.

(6) [1]Ein Pfändungs- und Überweisungsbeschluss oder eine Pfändungs- und Einziehungsverfügung dürfen nicht erlassen werden, bevor der Anspruch entstanden ist. [2]Ein entgegen diesem Verbot erwirkter Pfändungs- und Überweisungsbeschluss oder erwirkte Pfändungs- und Einziehungsverfügung sind nichtig. [3]Die Vorschriften der Absätze 2 bis 5 sind auf die Verpfändung sinngemäß anzuwenden.

(7) Bei Pfändung eines Erstattungs- oder Vergütungsanspruchs gilt die Finanzbehörde, die über den Anspruch entschieden oder zu entscheiden hat, als Drittschuldner im Sinne der §§ 829, 845 der Zivilprozessordnung.

Anwendungserlass zur Abgabenordnung (AEAO) – Auszug –

AEAO

(BMF-Schreiben vom 31. 1. 2014, BStBl I S. 290)

Zu § 46 – Abtretung, Verpfändung, Pfändung:

1. Der Gläubiger kann die Abtretung oder Verpfändung der zuständigen Finanzbehörde wirksam nur nach Entstehung des Anspruchs anzeigen. Die Anzeige wirkt nicht auf den Zeitpunkt des Abtretungs- oder Verpfändungsvertrages zurück. Vor Entstehung des Steueranspruchs sind Pfändungen wirkungslos; sie werden auch nicht mit Entstehung des Anspruchs wirksam. Da z. B. der Einkommensteuererstattungsanspruch aus überzahlter Lohnsteuer grundsätzlich mit Ablauf des für die Steuerfestsetzung maßgebenden Erhebungszeitraums entsteht (§ 38 AO i. V. m. § 36 Abs. 1 EStG), sind während des betreffenden Erhebungszeitraums (bis 31.12.) angezeigte Lohnsteuer-Abtretungen bzw. Verpfändungen oder ausgebrachte Pfändungen wirkungslos. Ein auf einem Verlustrücktrag nach § 10d Abs. 1 EStG beruhender Erstattungsanspruch ist nur dann wirksam abgetreten, gepfändet oder verpfändet, wenn die Abtretung, Verpfändung oder Pfändung erst nach Ab-

lauf des Verlustentstehungsjahres angezeigt bzw. ausgebracht worden ist (vgl. AEAO zu § 38, Nr. 1 Satz 3). Der Anspruch auf Erstattungszinsen nach § 233a AO entsteht erst, wenn eine Steuerfestsetzung zu einer Steuererstattung führt und die übrigen Voraussetzungen des § 233a AO in diesem Zeitpunkt erfüllt sind. Eine vor der Steuerfestsetzung angezeigte Abtretung des Anspruchs auf Erstattungszinsen ist unwirksam (BFH-Urteil vom 14. 5. 2002, VII R 6/01, BStBl II S. 677).

2. Der geschäftsmäßige Erwerb und die geschäftsmäßige Einziehung von Erstattungs- oder Vergütungsansprüchen ist nach § 46 Abs. 4 AO nur bei Sicherungsabtretungen und dabei auch nur Bankunternehmen gestattet (BFH-Urteil vom 23. 10. 1985, VII R 196/82, BStBl 1986 II S. 124).

2.1 Geschäftsmäßig i. S. v. § 46 Abs. 4 AO handelt, wer die Tätigkeit – Erwerb von Erstattungs- oder Vergütungsansprüchen – selbständig und in Wiederholungsabsicht ausübt. Dafür getroffene organisatorische Vorkehrungen indizieren die Wiederholungsabsicht, sie sind indes für deren Annahme keine notwendige Voraussetzung (vgl. BFH-Urteil vom 13. 10. 1994, VII R 3/94, BFH/NV 1995 S. 473). Eine entscheidende Rolle bei der Beurteilung der Geschäftsmäßigkeit kann die Zahl der Erwerbsfälle und der Zeitraum ihres Vorkommens spielen.

Allgemeine Festlegungen oder Beurteilungsmaßstäbe lassen sich hierzu aber nicht aufstellen; insoweit kommt es immer auf die Verhältnisse des Einzelfalls an (vgl. u. a. BFH-Urteile vom 13. 10. 1994, VII R 3/94, a. a. O., und vom 4. 2. 2005, VII R 54/04, BStBl II 2006 S. 348, jeweils m. w. N.). Für die Annahme der Geschäftsmäßigkeit reicht es indes nicht aus, dass die – vereinzelte – Abtretung im Rahmen eines Handelsgeschäfts vorgenommen wurde.

2.2 Die Abtretung eines Erstattungs- oder Vergütungsanspruchs erfolgt nur dann zur bloßen Sicherung, wenn für beide Beteiligten der Sicherungszweck im Vordergrund steht. Eine Sicherungsabtretung ist daher grundsätzlich dadurch gekennzeichnet, dass der Abtretungsempfänger die Forderung nicht behalten darf. Er soll sie nur vorübergehend für den Abtretenden als Sicherheit für einen Anspruch gegen den Abtretenden innehaben.

Deshalb kann eine Sicherungsabtretung regelmäßig nur dann vorliegen, wenn der Inhaber des Pfandrechts bei Fälligkeit seines Anspruchs zunächst versuchen muss, Befriedigung aus seinem Anspruch selbst zu suchen. Erst wenn dies nicht gelingt, darf er auf die Sicherheit zurückgreifen. Eine Abtretung zur Sicherung ist dagegen nicht gegeben, wenn der Abtretende seine Einwirkungsmöglichkeiten auf die abgetretene Forderung weitgehend aufgibt (vgl. BFH-Urteil vom 3. 2. 1984, VII R 72/82, BStBl II S. 411).

Haben Abtretender und Abtretungsempfänger eine direkte Begleichung der Forderung des Abtretungsempfängers durch die Finanzbehörde vereinbart, liegt eine Sicherungsabtretung nur vor, wenn der Sicherungszweck in einem solchen Maß überwiegt, dass andere Beweggründe für die gewählte rechtliche Gestaltung ausscheiden. Die gesamten Umstände des Einzelfalles, unter denen die Geschäftsbeziehung begründet worden ist, sind für die Beurteilung heranzuziehen (vgl. BFH-Urteil vom 21. 2. 1989, VII R 7/86, BFH/NV S. 555 m. w. N.).

2.3 Eine Sicherungsabtretung liegt nicht vor, wenn der Abtretende den Abtretungsempfänger ermächtigt hat, einen Steuerberater oder Lohnsteuerhilfeverein mit der Einlegung von Rechtsbehelfen zu beauftragen und den Anspruch gegen den Steuerberater bzw. Lohnsteuerhilfeverein auf Herausgabe der Steuerunterlagen an den Abtretungsempfänger ebenfalls abgetreten hat (vgl. BFH-Urteil vom 21. 2. 1989, VII R 7/86, a. a. O.). Gegen eine Sicherungsabtretung kann z. B. auch sprechen, dass der Abtretende im Zeitpunkt der Abtretung arbeitslos ist und der Abtretungsempfänger nicht mit einer Zahlung des Abtretenden aus anderen Mitteln rechnen kann.

Eine Sicherungsabtretung liegt auch dann nicht vor, wenn die der Abtretung zugrunde liegende Geschäftsbeziehung zwischen einem Steuerpflichtigen und einem Kreditinstitut nur zum Zweck der Kreditgewährung begründet wurde und das Kreditinstitut die Erstattungsbeträge aufgrund des Darlehensvertrages nach Eingang der Beträge ohne Einwirkungsmöglichkeit des Steuerpflichtigen verrechnen und auf diese Weise das Darlehen tilgen darf. In diesen Fällen liegt eine Abtretung bzw. Verpfändung erfüllungshalber vor.

2.4 Auskünfte darüber, inwieweit einem Unternehmen das Betreiben von Bankgeschäften nach § 32 Abs. 1 KWG erlaubt worden ist, können bei der Bundesanstalt für Finanzdienstleistungsaufsicht (BAFin) oder auch bei der Deutschen Bundesbank und ihren Hauptverwaltungen eingeholt werden.

2.5 Verstöße gegen § 46 Abs. 4 AO können als Steuerordnungswidrigkeit geahndet werden (§ 383 AO).

3. Auch bei einem Verstoß gegen § 46 Abs. 4 Satz 1 AO oder bei sonstiger Unwirksamkeit des der Abtretung oder Verpfändung zugrunde liegenden Rechtsgeschäfts kann die Finanzbehörde nach erfolgter Anzeige mit befreiender Wirkung an den Abtretungsempfänger zahlen, soweit nicht Rechte anderer Gläubiger entgegenstehen.

4. Mit der wirksam angezeigten Abtretung oder Verpfändung (bzw. ausgebrachten Pfändung) geht nicht die gesamte Rechtsstellung des Steuerpflichtigen über (BFH-Urteile vom 21. 3. 1975, VI R 238/71, BStBl II S. 669, vom 15. 5. 1975, V R 84/70, BStBl 1976 II S. 41, vom 25. 4. 1978, VII R 2/75, BStBl II S. 465, und vom 27. 1. 1993, II S 10/92, BFH/NV S. 350). Übertragen wird nur der Zahlungsanspruch. Auch nach einer Abtretung, Pfändung oder Verpfändung ist der Steuerbescheid nur dem Steuerpflichtigen bekannt zu geben. Der neue Gläubiger des Erstattungsanspruchs kann nicht den Steuerbescheid anfechten. Dem neuen Gläubiger des Erstattungsanspruchs muss nur mitgeteilt werden, ob und ggf. in welcher Höhe sich aus der Veranlagung ein Erstattungsanspruch ergeben hat und ob und ggf. in welcher Höhe aufgrund der Abtretung, Pfändung oder Verpfändung an ihn zu leisten ist. Über Streitigkeiten hierüber ist durch Verwaltungsakt nach § 218 Abs. 2 AO zu entscheiden. Der neue Gläubiger des Erstattungsanspruchs ist nicht befugt, einen Antrag auf Einkommensteuerveranlagung gem. § 46 Abs. 2 Nr. 8 EStG zu stellen (vgl. BFH-Urteil vom 18. 8. 1998, VII R 114/97, BStBl 1999 II S. 84). Die vorstehenden Sätze gelten entsprechend für Fälle einer Überleitung von Steuererstattungsansprüchen gem. § 93 SGB XII. Für die Überleitung von Steuererstattungsansprüchen nach dem Asylbewerberleistungsgesetz ist § 93 SGB XII entsprechend anzuwenden (§ 7 Abs. 3 AsylbLG). Für Fälle des Übergangs von Steuererstattungsansprüchen im Wege des gesetzlichen Forderungsübergangs im Rahmen der Leistungen zur Grundsicherung für Arbeitsuchende nach § 33 SGB II gelten die vorstehenden Sätze entsprechend. Dieser Antrag ist ein von den Rechtswirkungen des § 46 AO nicht erfasstes höchstpersönliches steuerliches Gestaltungsrecht. Die vorstehenden Sätze gelten entsprechend für Fälle einer Überleitung von Steuererstattungsansprüchen gem. § 90 BSHG.
5. Fehlt in der Abtretungsanzeige, nach der die Erstattungsansprüche aus der Zusammenveranlagung abgetreten worden sind, die Unterschrift eines Ehegatten oder Lebenspartners, so wird dadurch die Wirksamkeit der Abtretung des Anspruchs, soweit er auf den Ehegatten bzw. Lebenspartner entfällt, der die Anzeige unterschrieben hat, nicht berührt (BFH-Urteil vom 13. 3. 1997, VII R 39/96, BStBl II S. 522). Zum Erstattungsanspruch bei zusammenveranlagten Ehegatten oder Lebenspartnern vgl. AEAO zu § 37, Nr. 2.6.Für die Anzeige der Abtretung oder Verpfändung eines Erstattungs- oder Vergütungsanspruches wird der in der Anlage abgedruckte Vordruck bestimmt. Die mit BMF-Schreiben vom 23. 7. 2013, BStBl I S. 933, veröffentlichte Fassung des Vordrucks kann weiterhin verwendet werden. 7.Die auf einem vollständig ausgefüllten amtlichen Vordruck erklärte, vom Abtretenden und vom Abtretungsempfänger jeweils eigenhändig unterschriebene Abtretungsanzeige kann der zuständigen Finanzbehörde auch per Telefax übermittelt werden (vgl. BFH-Urteil vom 8. 6. 2010, VII R 39/09, BStBl II S. 839). Dies gilt entsprechend, wenn eine Abtretungsanzeige i. S. d. Satzes 1 eingescannt per E-Mail übermittelt wird. Die Anzeige der Abtretung wird wirksam, sobald die Kenntnisnahme durch die Finanzbehörde möglich und nach der Verkehrsanschauung zu erwarten ist (§ 130 Abs. 1 Satz 1 BGB). Dies bedeutet: Eintritt der Wirksamkeit bei Übermittlung
   - während der üblichen Dienststunden der Finanzbehörde im Zeitpunkt der vollständigen Übermittlung;
   - außerhalb der üblichen Dienststunden der Finanzbehörde zum Zeitpunkt des Dienstbeginns am nächsten Arbeitstag.
6. Für die Anzeige der Abtretung oder Verpfändung eines Erstattungs- oder Vergütungsanspruches wird der in der Anlage abgedruckte Vordruck bestimmt. Die mit BMF-Schreiben vom 31. 1. 2014, BStBl I S. 290, veröffentlichte Fassung des Vordrucks kann bis zum 31. 12. 2015 verwendet werden.

ACHTUNG
Beachten Sie unbedingt die Hinweise in Abschnitt V. des Formulars!
Zutreffendes bitte ankreuzen bzw. leserlich ausfüllen!

Eingangsstempel

Finanzamt

Raum für Bearbeitungsvermerke

☐ **Abtretungsanzeige** ☐ **Verpfändungsanzeige**

I. Abtretende(r) / Verpfänder(in)

Familienname bzw. Firma (bei Gesellschaften)	Vorname	Geburtsdatum
	Steuernummer	
Ehegatte/Lebenspartner: Familienname	Vorname	Geburtsdatum
Anschrift(en)		

II. Abtretungsempfänger(in) / Pfandgläubiger(in)

Name / Firma und Anschrift

III. Anzeige

Folgender Erstattungs- bzw. Vergütungsanspruch ist abgetreten / verpfändet worden:

1. Bezeichnung des Anspruchs:

☐ Einkommensteuer-Veranlagung Für Kalenderjahr ______ ☐ Umsatzsteuerfestsetzung für Kalenderjahr ______

☐ ______ Für Zeitraum ______ ☐ Umsatzsteuervoranmeldung für Monat bzw. Quartal / Jahr ______

☐ ______ Für Kalenderjahr ______

☐

2. Umfang der Abtretung bzw. Verpfändung:

☐ VOLL-Abtretung / Verpfändung **Hinweis: Die Vollabtretung umfasst auch Erstattungsansprüche aufgrund künftiger Änderungen der Steuerfestsetzung(en), die nicht auf Verlustrückträgen (§ 10d EStG) oder rückwirkenden Ereignissen (§ 175 AO) aus Zeiträumen nach Eingang der Abtretungsanzeige / Verpfändungsanzeige bei der Finanzbehörde beruhen.**

☐ TEIL-Abtretung / Verpfändung in Höhe von ______ Euro

3. Grund der Abtretung / Verpfändung: ______
(kurze stichwortartige Kennzeichnung des der Abtretung zugrunde liegenden schuldrechtlichen Lebenssachverhaltes)

4. a) Es handelt sich um eine Sicherungsabtretung oder Verpfändung als Sicherheit:
☐ Ja ☐ Nein

b) Die Abtretung / Verpfändung erfolgte geschäftsmäßig:
☐ Ja ☐ Nein

Abtretungsanzeige BMF 07/2015

Seite 2

5. **Der Abtretungsempfänger / Pfandgläubiger ist ein Unternehmen, dem das Betreiben von Bankgeschäften erlaubt ist:**

☐ Ja ☐ Nein

IV. Überweisung / Verrechnung

Der abgetretene / verpfändete Betrag soll ausgezahlt werden durch:

☐ **Überweisung** auf Konto **IBAN** (International Bank Account Number; internationale Kontonummer) **BIC** (Business Identifier Code; Internationale Bankleitzahl)

Geldinstitut (Zweigstelle) und Ort

Kontoinhaber, wenn abweichend von Abschnitt II.

☐ **Verrechnung** mit Steuerschulden des / der Abtretungsempfängers(in) / Pfandgläubigers(in)

beim Finanzamt Steuernummer

Steuerart Zeitraum

(für genauere Anweisungen bitte einen gesonderten Verrechnungsantrag beifügen!)

V. Wichtige Hinweise

Unterschreiben Sie bitte kein Formular, das nicht ausgefüllt ist oder dessen Inhalt Sie nicht verstehen!

Prüfen Sie bitte sorgfältig, ob sich eine Abtretung für Sie überhaupt lohnt! Denn das Finanzamt bemüht sich, Erstattungs- und Vergütungsansprüche schnell zu bearbeiten.

Vergleichen Sie nach Erhalt des Steuerbescheids den Erstattungsbetrag mit dem Betrag, den Sie gegebenenfalls im Wege der Vorfinanzierung erhalten haben.

Denken Sie daran, dass die Abtretung aus unterschiedlichen Gründen unwirksam sein kann, dass das Finanzamt dies aber nicht zu prüfen braucht! Der geschäftsmäßige Erwerb von Steuererstattungsansprüchen ist nur Kreditinstituten (Banken und Sparkassen) im Rahmen von Sicherungsabtretungen gestattet. Die Abtretung an andere Unternehmen und Privatpersonen ist nur zulässig, wenn diese nicht geschäftsmäßig handeln. Haben Sie z.B. Ihren Anspruch an eine Privatperson abgetreten, die den Erwerb von Steuererstattungsansprüchen geschäftsmäßig betreibt, dann ist die Abtretung unwirksam. Hat aber das Finanzamt den Erstattungsbetrag bereits an den / die von Ihnen angegebenen neuen Gläubiger ausgezahlt, dann kann es nicht mehr in Anspruch genommen werden, das heißt: Sie haben selbst dann keinen Anspruch mehr gegen das Finanzamt auf den Erstattungsanspruch, wenn die Abtretung nicht wirksam ist.

Abtretungen / Verpfändungen können gem. § 46 Abs. 2 AO dem Finanzamt erst dann wirksam angezeigt werden, wenn der abgetretene / verpfändete Erstattungsanspruch entstanden ist. Der Erstattungsanspruch entsteht nicht vor Ablauf des Besteuerungszeitraums (bei der Einkommensteuer / Lohnsteuer: grundsätzlich Kalenderjahr; bei der Umsatzsteuer: Monat, Kalendervierteljahr bzw. Kalenderjahr).

Die Anzeige ist an das für die Besteuerung des / der Abtretenden / Verpfändenden zuständige Finanzamt zu richten. So ist z.B. für den Erstattungsanspruch aus der Einkommensteuer-Veranlagung das Finanzamt zuständig, in dessen Bereich der / die Abtretende / Verpfändende seinen / ihren Wohnsitz hat.

Bitte beachten Sie, dass neben den beteiligten Personen bzw. Gesellschaften auch der abgetretene / verpfändete Erstattungsanspruch für die Finanzbehörde zweifelsfrei erkennbar sein muss. Die Angaben in Abschnitt III. der Anzeige dienen dazu, die gewünschte Abtretung / Verpfändung schnell und problemlos ohne weitere Rückfragen erledigen zu können!

Die Abtretungs- / Verpfändungsanzeige ist sowohl von dem / der Abtretenden / Verpfändenden als auch von dem / der Abtretungsempfänger(in) / Pfandgläubiger(in) zu unterschreiben. Dies gilt z.B. auch, wenn der / die zeichnungsberechtigte Vertreter(in) einer abtretenden juristischen Person (z.B. GmbH) oder sonstigen Gesellschaft und der / die Abtretungsempfänger(in) / Pfandgläubiger(in) personengleich sind (2 Unterschriften).

VI. Unterschriften

1. Abtretende(r) / Verpfänder(in) lt. Abschnitt I. – Persönliche Unterschrift –

Ort, Datum

(Werden bei der **Einkommensteuer-Zusammenveranlagung** die Ansprüche beider Ehegatten/Lebenspartner abgetreten, ist unbedingt erforderlich, dass **beide Ehegatten/Lebenspartner** persönlich unterschreiben.)

2. Abtretungsempfänger(in) / Pfandgläubiger(in) lt. Abschnitt II. – Unterschrift unbedingt erforderlich –

Ort, Datum

Antragsveranlagung

→ R 46.2 EStR, → H 46.2 EStH Anhang 30

Arbeitnehmerveranlagung

Veranlagung bei Bezug von Einkünften aus nichtselbständiger Tätigkeit

1. Pflichtveranlagung nach § 46 Abs. 2 Nr. 1 EStG – 410 €-Grenze

2. Antragsveranlagung nach § 46 Abs. 2 Nr. 8 EStG

Nichtannahmebeschluss zur Verfassungsbeschwerde vor dem Bundesverfassungsgericht (Az. 1 BvR 924/12)

(Thüringer Landesfinanzdirektion vom 23. 10. 2013 – S 2270 A-01-A 3.13 –)

1. Pflichtveranlagung nach § 46 Abs. 2 Nr. 1 EStG

Nach § 46 Abs. 2 Nr. 1 EStG i. d. F. d. JStG 2007 sind Arbeitnehmer verpflichtet, eine Einkommensteuererklärung abzugeben, wenn die positive Summe der einkommensteuerpflichtigen Einkünfte, die nicht dem Steuerabzug vom Arbeitslohn zu unterwerfen waren, vermindert um die darauf entfallenden Beträge nach § 13 Abs. 3 und § 24a, oder die positive Summe der Einkünfte und Leistungen, die dem Progressionsvorbehalt unterliegen, jeweils mehr als 410 Euro beträgt. Nach § 52 Abs. 55j S. 1 EStG ist die Neufassung auch auf Veranlagungszeiträume vor 2006 anzuwenden.

Diese klarstellende Gesetzesänderung wurde auf Grund des BFH-Urteils vom 21. 09. 2006, Az. VI R 52/04, BStBl 2007 II S. 45 erforderlich. Der BFH vertrat darin die Auffassung, dass auch bei einer negativen Summe der Einkünfte, die nicht dem Steuerabzug vom Arbeitslohn unterliegen, von mehr als 410 Euro eine Veranlagung nach § 46 Abs. 2 Nr. 1 EStG von Amts wegen durchzuführen sei.

Mit Urteil vom 31. 01. 2012 hat das Niedersächsische FG (Az. 8 K 196/10) zwar entschieden, dass auch für die Jahre 2002–2004 innerhalb der Festsetzungsfrist eine Pflichtveranlagung durchzuführen ist, wenn die negative Summe der Einkünfte neben den Einkünften aus nichtselbständiger Arbeit mehr als 410 Euro beträgt. Dieses Urteil wurde jedoch durch den BFH mit Urteil vom 17. 01. 2013, Az. VI R 32/12, BStBl 2013 I S. 439 aufgehoben. Danach verstößt die Regelung zur rückwirkenden Anwendung des § 46 Abs. 2 Nr. 1 EStG i. d. F. d. JStG 2007 nicht gegen das rechtsstaatliche Rückwirkungsverbot.

2. Antragsveranlagung nach § 46 Abs. 2 Nr. 8 EStG

Allgemeines / Anwendungsregelung § 52 Abs. 55j S. 4 EStG

Mit dem JStG 2008 (BGBl. 2007 I, S. 3150) ist die zweijährige Antragsfrist des § 46 Abs. 2 Nr. 8 EStG aufgehoben worden. Gem. § 52 Abs. 55j S. 2 EStG i. d. F. des JStG 2008 ist diese Gesetzesfassung erstmals für den VZ 2005 anzuwenden und in Fällen, in denen am 28. 12. 2007 (= Datum der Verkündung im BGBl.) über einen Antrag auf Veranlagung zur Einkommensteuer noch nicht bestandskräftig entschieden worden ist.

Nach dem BFH-Urteil vom 12. 11. 2009, Az. VI R 1/09, BStBl II 2010 S. 406 ist über einen Antrag auf Veranlagung am 28. 12. 2007 auch dann nicht bestandskräftig entschieden, wenn der Antrag auf Veranlagung erst nach dem 28. 12. 2007 beim Finanzamt eingegangen ist. Ein Steuerpflichtiger, der ausschließlich Arbeitslohn bezieht und den Antrag auf Veranlagung für Veranlagungszeiträume vor 2005 erst nach dem 28. 12. 2007 stellt, ist somit nach der BFH-Rechtsprechung zur Einkommensteuer zu veranlagen, soweit Verjährungsfristen nicht entgegenstehen.

Festsetzungsverjährung

Mit Urteil vom 18. 10. 2012, Az. VI R 16/11, BFH/NV 2013 S. 340 – hat der BFH entschieden, dass eine Anlaufhemmung gem. § 170 Abs. 2 Satz 1 Nr. 1 AO in Fällen des § 46 Abs. 2 Nr. 8 EStG (Antragsveranlagung) nicht in Betracht kommt (vgl. auch BFH vom 14. 04. 2011, Az. VI R 53/10, BStBl 2011 II S. 746). Zwischen Pflichtveranlagung und Antragsveranlagung bestehen Sachunterschiede, die eine unterschiedliche Behandlung im Hinblick auf eine Anlaufhemmung rechtfertigen. Diese Rechtsauffassung des BFH entspricht den Ausführungen im AEAO zu § 170, Nr. 3.

Die Festsetzungsfrist für die Einkommensteuer beträgt in Fällen der Antragsveranlagung somit 4 Jahre (§ 169 Abs. 2 Nr. 2 AO).

Die beim Bundesverfassungsgericht anhängige Verfassungsbeschwerde (Az. des BVerfG: 1 BvR 924/12) hat sich durch Nichtannahmebeschluss vom 18. 09. 2013 erledigt. Es verstößt daher nicht gegen den allgemeinen Gleichheitssatz des Art. 3 Abs. 1 GG, dass bei der einkommensteuerlichen Antragsveranlagung nach § 46 Abs. 2 Nr. 8 EStG anders als in Fällen der Pflichtveranlagung nach § 46 Abs. 2 Nr. 1 bis 7 EStG die Anlaufhemmung nach § 170 Abs. 2 Satz 1 Nr. 1 AO nicht zu Anwendung kommt. Auf den Nichtannahmebeschluss – abrufbar in juris – wird verwiesen.

...

Härteausgleich

→ H 46.3 EStH Anhang 30

→ Der Härteausgleich nach § 46 Abs. 3 EStG ist nicht auf dem Progressionsvorbehalt unterliegende Lohnersatzleistungen anzuwenden (→ BFH vom 5. 5. 1994 – BStBl II S. 654).

Örtliche Zuständigkeit für Arbeitnehmer

Arbeitnehmer-Zuständigkeitsverordnung-Bau Anhang 16 I

Örtliche Zuständigkeit für die Einkommensteuer bei Angehörigen der Bundeswehr

(Verfügung der OFD Münster vom 20. 6. 1994 – S 0122 – 28 – St 31 – 34 –)

Nach einer bundeseinheitlichen Vereinfachungsregelung ist hinsichtlich der örtlichen Zuständigkeit für die Einkommensteuer bei Angehörigen der Bundeswehr wie folgt zu verfahren:

1. Für nicht verheiratete Soldaten ist das Finanzamt des Wohnsitzes örtlich zuständig, den der Soldat in seinem Antrag oder seiner Steuererklärung angibt.
2. Für verheiratete Soldaten ist das Finanzamt des Familienwohnsitzes zuständig.

Diese Regelung gilt sinngemäß auch für Angehörige des Bundesgrenzschutzes und Angehörige der Polizei, die in Kasernen oder ähnlichen Unterkünften zusammengezogen sind.

Die Verfügung vom 7. 7. 1992 (S 2380 – 38 – St 15 – 31, StEK EStG § 46 Nr. 61) wird aufgehoben.

→ Umsatzsteuerzuständigkeitsverordnung Anhang 16 II

Ausländische Werkvertragsunternehmer, zentrale Zuständigkeit

(Verfügung des LfSt Bayern vom 13. 6. 2008 – S 0123.2.1 – 2/1 St 41 –)

1. Werkvertragsunternehmer und deren Arbeitnehmer

1.1. Baubereich

– Unternehmer

...

– Arbeitnehmer

Die Einkommensbesteuerung der mit einem Wohnsitz im Ausland ansässigen Werkvertragsarbeitnehmer des Baugewerbes richtet sich nach der umsatzsteuerlichen Zuständigkeit (§ 20a Abs. 3 AO i. V. m. der Arbeitnehmer-Zuständigkeitsverordnung-Bau, BStBl 2001 I S. 605, im amtlichen AO-Handbuch abgedruckt zu § 20a).

Zur Frage, in welchen Fällen eine abweichende Zuständigkeitsvereinbarung nach § 27 AO herbeigeführt werden soll, wird auf AEAO zu § 20a, Nr. 2 verwiesen.

1.2. Nichtbaubereich

– Unternehmer

– Arbeitnehmer

Für die Besteuerung ausländischer Werkvertragsunternehmer und deren Arbeitnehmer, die nicht unter Tz. 1.1 fallen, gilt diese nach Herkunftsländern gegliederte Zuständigkeit nach § 21 AO nicht. Hier greift die zentrale bayerische Zuständigkeit aufgrund der Verordnung über Organisation und Zuständigkeiten in der Bayer. Steuerverwaltung (ZustVSt; AIS: AO/Zuständigkeit). Danach sind das FA München II bzw. das Zentralfinanzamt Nürnberg für diese Werkvertragsunternehmer und deren Arbeitnehmer zuständig.

2. Ausländische Arbeitnehmerverleiher und deren Arbeitnehmer

2.1. Einkommensbesteuerung (ESt, KSt) der ausländischen Verleiher

Die Zuständigkeit in Bayern richtet sich für diesen Personenkreis ausschließlich nach den §§ 19, 20 AO und den hierfür in Betracht kommenden Finanzämtern, weil der Verleiher nicht unter den Personenkreis des § 20a Abs. 1 Satz 1 AO (Einbringung von Bauleistungen) fällt.

2.2. Umsatzbesteuerung der ausländischen Verleiher

Die Zuständigkeit bestimmt sich nach § 21 Abs. 1 Satz 2 AO i. V. m. der UStZustV.

2.3. Lohnsteuererhebung (§ 38 EStG) durch den ausländischen Verleiher

2.3.1 Arbeitnehmerüberlassung im Baubereich

...

2.3.2 Arbeitnehmerüberlassung im Nichtbaubereich

Die Zuständigkeit ergibt sich aus der bayerischen ZustVSt (s. Tz. 1.2). Die Regelung des § 20a Abs. 2 Satz 1 AO wird durch Satz 2 für den Nichtbaubereich ausgeschlossen. Danach obliegt die Durchführung des Steuerabzugs nach § 38 Abs. 1 Satz 2 EStG dem FA München II und dem Zentralfinanzamt Nürnberg.

2.4. Einkommensbesteuerung der ausländischen Leiharbeitnehmer

2.4.1 im Baubereich

Die Zuständigkeit richtet sich ausschließlich nach der umsatzsteuerlichen Zuständigkeit (§ 20a Abs. 3 AO und UStZustV i. V. m. der Arbeitnehmer-Zuständigkeitsverordnung-Bau, BStBl 2001 I S. 605, im amtlichen AO-Handbuch abgedruckt zu § 20a) im Nichtbaubereich.

Es besteht keine zentrale Zuständigkeit, weil § 20a Abs. 2 und 3 AO und die Arbeitnehmer-Zuständigkeitsverordnung-Bau für den Nichtbaubereich keine Anwendung finden. Die Zuständigkeit bestimmt sich daher nach § 19 AO, insbesondere nach § 19 Abs. 2 Satz 2 AO. Es kann jedoch auch eine Zuständigkeitsvereinbarung nach § 27 AO mit dem nach Tz. 2.3.2 zuständigen Arbeitgeberfinanzamt geschlossen werden, wenn dies zweckmäßig ist und der Arbeitnehmer nicht widerspricht.

Hinweis:

Bezüglich der Zuständigkeit für Arbeitnehmer ohne Wohnsitz oder gewöhnlichen Aufenthalt im Inland, die bei einem inländischen Arbeitgeber beschäftigt werden, wird auf Karte 2 zu § 19 AO verwiesen.

EStG

§ 47 (weggefallen)

VII. Steuerabzug bei Bauleistungen

EStG
S 2272

§ 48 Steuerabzug

(1) [1]Erbringt jemand im Inland eine Bauleistung (Leistender) an einen Unternehmer im Sinne des § 2 des Umsatzsteuergesetzes oder an eine juristische Person des öffentlichen Rechts (Leistungsempfänger), ist der Leistungsempfänger verpflichtet, von der Gegenleistung einen Steuerabzug in Höhe von 15 Prozent für Rechnung des Leistenden vorzunehmen. [2]Vermietet der Leistungsempfänger Wohnungen, so ist Satz 1 nicht auf Bauleistungen für diese Wohnungen anzuwenden, wenn er nicht mehr als zwei Wohnungen vermietet. [3]Bauleistungen sind alle Leistungen, die der Herstellung, Instandsetzung, Instandhaltung, Änderung oder Beseitigung von Bauwerken dienen. [4]Als Leistender gilt auch derjenige, der über eine Leistung abrechnet, ohne sie erbracht zu haben.

(2) [1]Der Steuerabzug muss nicht vorgenommen werden, wenn der Leistende dem Leistungsempfänger eine im Zeitpunkt der Gegenleistung gültige Freistellungsbescheinigung nach § 48b Absatz 1 Satz 1 vorlegt oder die Gegenleistung im laufenden Kalenderjahr den folgenden Betrag voraussichtlich nicht übersteigen wird:

1. **15 000 Euro, wenn der Leistungsempfänger ausschließlich steuerfreie Umsätze nach § 4 Nummer 12 Satz 1 des Umsatzsteuergesetzes ausführt,**
2. **5 000 Euro in den übrigen Fällen.**

[2]Für die Ermittlung des Betrags sind die für denselben Leistungsempfänger erbrachten und voraussichtlich zu erbringenden Bauleistungen zusammenzurechnen.

(3) Gegenleistung im Sinne des Absatzes 1 ist das Entgelt zuzüglich Umsatzsteuer.

(4) Wenn der Leistungsempfänger den Steuerabzugsbetrag angemeldet und abgeführt hat,

1. **ist § 160 Absatz 1 Satz 1 der Abgabenordnung nicht anzuwenden,**
2. **sind § 42d Absatz 6 und 8 und § 50a Absatz 7 nicht anzuwenden.**

§ 48a Verfahren

EStG
S 2272a

(1) [1]Der Leistungsempfänger hat bis zum zehnten Tag nach Ablauf des Monats, in dem die Gegenleistung im Sinne des § 48 erbracht wird, eine Anmeldung nach amtlich vorgeschriebenem Vordruck abzugeben, in der er den Steuerabzug für den Anmeldungszeitraum selbst zu berechnen hat. [2]Der Abzugsbetrag ist am zehnten Tag nach Ablauf des Anmeldungszeitraums fällig und an das für den Leistenden zuständige Finanzamt für Rechnung des Leistenden abzuführen. [3]Die Anmeldung des Abzugsbetrags steht einer Steueranmeldung gleich.

(2) Der Leistungsempfänger hat mit dem Leistenden unter Angabe

1. des Namens und der Anschrift des Leistenden,
2. des Rechnungsbetrags, des Rechnungsdatums und des Zahlungstags,
3. der Höhe des Steuerabzugs und
4. des Finanzamts, bei dem der Abzugsbetrag angemeldet worden ist,

über den Steuerabzug abzurechnen.

(3) [1]Der Leistungsempfänger haftet für einen nicht oder zu niedrig abgeführten Abzugsbetrag. [2]Der Leistungsempfänger haftet nicht, wenn ihm im Zeitpunkt der Gegenleistung eine Freistellungsbescheinigung (§ 48b) vorgelegen hat, auf deren Rechtmäßigkeit er vertrauen konnte. [3]Er darf insbesondere dann nicht auf eine Freistellungsbescheinigung vertrauen, wenn diese durch unlautere Mittel oder durch falsche Angaben erwirkt wurde und ihm dies bekannt oder infolge grober Fahrlässigkeit nicht bekannt war. [4]Den Haftungsbescheid erlässt das für den Leistenden zuständige Finanzamt.

(4) § 50b gilt entsprechend.

§ 48b Freistellungsbescheinigung

EStG
S 2272b

(1) [1]Auf Antrag des Leistenden hat das für ihn zuständige Finanzamt, wenn der zu sichernde Steueranspruch nicht gefährdet erscheint und ein inländischer Empfangsbevollmächtigter bestellt ist, eine Bescheinigung nach amtlich vorgeschriebenem Vordruck zu erteilen, die den Leistungsempfänger von der Pflicht zum Steuerabzug befreit. [2]Eine Gefährdung kommt insbesondere dann in Betracht, wenn der Leistende

1. Anzeigepflichten nach § 138 der Abgabenordnung nicht erfüllt,
2. seiner Auskunfts- und Mitwirkungspflicht nach § 90 der Abgabenordnung nicht nachkommt,
3. den Nachweis der steuerlichen Ansässigkeit durch Bescheinigung der zuständigen ausländischen Steuerbehörde nicht erbringt.

(2) Eine Bescheinigung soll erteilt werden, wenn der Leistende glaubhaft macht, dass keine zu sichernden Steueransprüche bestehen.

(3) In der Bescheinigung sind anzugeben:

1. Name, Anschrift und Steuernummer des Leistenden,
2. Geltungsdauer der Bescheinigung,
3. Umfang der Freistellung sowie der Leistungsempfänger, wenn sie nur für bestimmte Bauleistungen gilt,
4. das ausstellende Finanzamt.

(4) Wird eine Freistellungsbescheinigung aufgehoben, die nur für bestimmte Bauleistungen gilt, ist dies den betroffenen Leistungsempfängern mitzuteilen.

(5) Wenn eine Freistellungsbescheinigung vorliegt, gilt § 48 Absatz 4 entsprechend.

(6) [1]Das Bundeszentralamt für Steuern erteilt dem Leistungsempfänger im Sinne des § 48 Absatz 1 Satz 1 im Wege einer elektronischen Abfrage Auskunft über die beim Bundeszentralamt für Steuern gespeicherten Freistellungsbescheinigungen. [2]Mit dem Antrag auf die Erteilung einer Freistellungsbescheinigung stimmt der Antragsteller zu, dass seine Daten nach § 48b Absatz 3 beim Bundeszentralamt für Steuern gespeichert werden und dass über die gespeicherten Daten an die Leistungsempfänger Auskunft gegeben wird.

§ 48c Anrechnung

EStG
S 2272c

(1) [1]Soweit der Abzugsbetrag einbehalten und angemeldet worden ist, wird er auf vom Leistenden zu entrichtende Steuern nacheinander wie folgt angerechnet:

1. die nach § 41a Absatz 1 einbehaltene und angemeldete Lohnsteuer,

2. die Vorauszahlungen auf die Einkommen- oder Körperschaftsteuer,
3. die Einkommen- oder Körperschaftsteuer des Besteuerungs- oder Veranlagungszeitraums, in dem die Leistung erbracht worden ist, und
4. die vom Leistenden im Sinne der §§ 48, 48a anzumeldenden und abzuführenden Abzugsbeträge.

[2]Die Anrechnung nach Satz 1 Nummer 2 kann nur für Vorauszahlungszeiträume innerhalb des Besteuerungs- oder Veranlagungszeitraums erfolgen, in dem die Leistung erbracht worden ist. [3]Die Anrechnung nach Satz 1 Nummer 2 darf nicht zu einer Erstattung führen.

(2) [1]Auf Antrag des Leistenden erstattet das nach § 20a Absatz 1 der Abgabenordnung zuständige Finanzamt den Abzugsbetrag. [2]Die Erstattung setzt voraus, dass der Leistende nicht zur Abgabe von Lohnsteueranmeldungen verpflichtet ist und eine Veranlagung zur Einkommen- oder Körperschaftsteuer nicht in Betracht kommt oder der Leistende glaubhaft macht, dass im Veranlagungszeitraum keine zu sichernden Steueransprüche entstehen werden. [3]Der Antrag ist nach amtlich vorgeschriebenem Muster bis zum Ablauf des zweiten Kalenderjahres zu stellen, das auf das Jahr folgt, in dem der Abzugsbetrag angemeldet worden ist; weitergehende Fristen nach einem Abkommen zur Vermeidung der Doppelbesteuerung bleiben unberührt.

(3) Das Finanzamt kann die Anrechnung ablehnen, soweit der angemeldete Abzugsbetrag nicht abgeführt worden ist und Anlass zu der Annahme besteht, dass ein Missbrauch vorliegt.

EStG
S 2272d

§ 48d Besonderheiten im Fall von Doppelbesteuerungsabkommen

(1) [1]Können Einkünfte, die dem Steuerabzug nach § 48 unterliegen, nach einem Abkommen zur Vermeidung der Doppelbesteuerung nicht besteuert werden, so sind die Vorschriften über die Einbehaltung, Abführung und Anmeldung der Steuer durch den Schuldner der Gegenleistung ungeachtet des Abkommens anzuwenden. [2]Unberührt bleibt der Anspruch des Gläubigers der Gegenleistung auf Erstattung der einbehaltenen und abgeführten Steuer. [3]Der Anspruch ist durch Antrag nach § 48c Absatz 2 geltend zu machen. [4]Der Gläubiger der Gegenleistung hat durch eine Bestätigung der für ihn zuständigen Steuerbehörde des anderen Staates nachzuweisen, dass er dort ansässig ist. [5]§ 48b gilt entsprechend. [6]Der Leistungsempfänger kann sich im Haftungsverfahren nicht auf die Rechte des Gläubigers aus dem Abkommen berufen.

(2) Unbeschadet des § 5 Absatz 1 Nummer 2 des Finanzverwaltungsgesetzes liegt die Zuständigkeit für Entlastungsmaßnahmen nach Absatz 1 bei dem nach § 20a der Abgabenordnung zuständigen Finanzamt.

VIII. Besteuerung beschränkt Steuerpflichtiger

EStG
S 2300

§ 49 Beschränkt steuerpflichtige Einkünfte

(1) Inländische Einkünfte im Sinne der beschränkten Einkommensteuerpflicht (§ 1 Absatz 4) sind

1. Einkünfte aus einer im Inland betriebenen Land- und Forstwirtschaft (§§ 13, 14);
2. Einkünfte aus Gewerbebetrieb (§§ 15 bis 17),
   a) für den im Inland eine Betriebsstätte unterhalten wird oder ein ständiger Vertreter bestellt ist,
   b) die durch den Betrieb eigener oder gecharterter Seeschiffe oder Luftfahrzeuge aus Beförderungen zwischen inländischen und von inländischen zu ausländischen Häfen erzielt werden, einschließlich der Einkünfte aus anderen mit solchen Beförderungen zusammenhängenden, sich auf das Inland erstreckenden Beförderungsleistungen,
   c) die von einem Unternehmen im Rahmen einer internationalen Betriebsgemeinschaft oder eines Pool-Abkommens, bei denen ein Unternehmen mit Sitz oder Geschäftsleitung im Inland die Beförderung durchführt, aus Beförderungen und Beförderungsleistungen nach Buchstabe b erzielt werden,
   d) die, soweit sie nicht zu den Einkünften im Sinne der Nummern 3 und 4 gehören, durch *im Inland ausgeübt* oder verwertete künstlerische, sportliche, artistische, unterhaltende oder ähnliche Darbietungen erzielt werden, einschließlich der Einkünfte aus anderen mit diesen Leistungen zusammenhängenden Leistungen, unabhängig davon, wem die Einnahmen zufließen,
   e) die unter den Voraussetzungen des § 17 erzielt werden, wenn es sich um Anteile an einer Kapitalgesellschaft handelt,

aa) die ihren Sitz oder ihre Geschäftsleitung im Inland hat oder

bb) bei deren Erwerb auf Grund eines Antrags nach § 13 Absatz 2 oder § 21 Absatz 2 Satz 3 Nummer 2 des Umwandlungssteuergesetzes nicht der gemeine Wert der eingebrachten Anteile angesetzt worden ist oder auf die § 17 Absatz 5 Satz 2 anzuwenden war,

f) die, soweit sie nicht zu den Einkünften im Sinne des Buchstaben a gehören, durch

aa) Vermietung und Verpachtung oder

bb) Veräußerung

von inländischem unbeweglichem Vermögen, von Sachinbegriffen oder Rechten, die im Inland belegen oder in ein inländisches öffentliches Buch oder Register eingetragen sind oder deren Verwertung in einer inländischen Betriebsstätte oder anderen Einrichtung erfolgt, erzielt werden. [2]Als Einkünfte aus Gewerbebetrieb gelten auch die Einkünfte aus Tätigkeiten im Sinne dieses Buchstabens, die von einer Körperschaft im Sinne des § 2 Nummer 1 des Körperschaftsteuergesetzes erzielt werden, die mit einer Kapitalgesellschaft oder sonstigen juristischen Person im Sinne des § 1 Absatz 1 Nummer 1 bis 3 des Körperschaftsteuergesetzes vergleichbar ist oder

g) die aus der Verschaffung der Gelegenheit erzielt werden, einen Berufssportler als solchen im Inland vertraglich zu verpflichten; dies gilt nur, wenn die Gesamteinnahmen 10 000 Euro übersteigen;

3. Einkünfte aus selbständiger Arbeit (§ 18), die im Inland ausgeübt oder verwertet wird oder worden ist, oder für die im Inland eine feste Einrichtung oder eine Betriebsstätte unterhalten wird;

4. Einkünfte aus nichtselbständiger Arbeit (§ 19), die

a) im Inland ausgeübt oder verwertet wird oder worden ist,

b) aus inländischen öffentlichen Kassen einschließlich der Kassen des Bundeseisenbahnvermögens und der Deutschen Bundesbank mit Rücksicht auf ein gegenwärtiges oder früheres Dienstverhältnis gewährt werden, ohne dass ein Zahlungsanspruch gegenüber der inländischen öffentlichen Kasse bestehen muss,

c) als Vergütung für eine Tätigkeit als Geschäftsführer, Prokurist oder Vorstandsmitglied einer Gesellschaft mit Geschäftsleitung im Inland bezogen werden,

d) als Entschädigung im Sinne des § 24 Nummer 1 für die Auflösung eines Dienstverhältnisses gezahlt werden, soweit die für die zuvor ausgeübte Tätigkeit bezogenen Einkünfte der inländischen Besteuerung unterlegen haben,

e) an Bord eines im internationalen Luftverkehr eingesetzten Luftfahrzeugs ausgeübt wird, das von einem Unternehmen mit Geschäftsleitung im Inland betrieben wird;

5. Einkünfte aus Kapitalvermögen im Sinne des

a) § 20 Absatz 1 Nummer 1 mit Ausnahme der Erträge aus Investmentanteilen im Sinne des § 2 des Investmentsteuergesetzes, Nummer 2, 4, 6 und 9, wenn der Schuldner Wohnsitz, Geschäftsleitung oder Sitz im Inland hat oder wenn es sich um Fälle des § 44 Absatz 1 Satz 4 Nummer 1 Buchstabe a Doppelbuchstabe bb dieses Gesetzes handelt; dies gilt auch für Erträge aus Wandelanleihen und Gewinnobligationen,

b) § 20 Absatz 1 Nummer 1 in Verbindung mit den §§ 2 und 7 des Investmentsteuergesetzes,

aa) bei Erträgen im Sinne des § 7 Absatz 3 des Investmentsteuergesetzes,

bb) bei Erträgen im Sinne des § 7 Absatz 1, 2 und 4 des Investmentsteuergesetzes, wenn es sich um Fälle des § 44 Absatz 1 Satz 4 Nummer 1 Buchstabe a Doppelbuchstabe bb dieses Gesetzes handelt,

c) § 20 Absatz 1 Nummer 5 und 7, wenn

aa) das Kapitalvermögen durch inländischen Grundbesitz, durch inländische Rechte, die den Vorschriften des bürgerlichen Rechts über Grundstücke unterliegen, oder durch Schiffe, die in ein inländisches Schiffsregister eingetragen sind, unmittelbar oder mittelbar gesichert ist. [2]Ausgenommen sind Zinsen aus Anleihen und Forderungen, die in ein öffentliches Schuldbuch eingetragen oder über die Sammelurkunden im Sinne des § 9a des Depotgesetzes oder Teilschuldverschreibungen ausgegeben sind, oder

bb) das Kapitalvermögen aus Genussrechten besteht, die nicht in § 20 Absatz 1 Nummer 1 genannt sind, oder

d) § 43 Absatz 1 Satz 1 Nummer 7 Buchstabe a, Nummer 9 und 10 sowie Satz 2, wenn sie von einem Schuldner oder von einem inländischen Kreditinstitut oder einem inländischen Finanzdienstleistungsinstitut im Sinne des § 43 Absatz 1 Satz 1 Nummer 7 Buchstabe b einem anderen als einem ausländischen Kreditinstitut oder einem ausländischen Finanzdienstleistungsinstitut

aa) gegen Aushändigung der Zinsscheine ausgezahlt oder gutgeschrieben werden und die Teilschuldverschreibungen nicht von dem Schuldner, dem inländischen Kreditinstitut oder dem inländischen Finanzdienstleistungsinstitut verwahrt werden oder

bb) gegen Übergabe der Wertpapiere ausgezahlt oder gutgeschrieben werden und diese vom Kreditinstitut weder verwahrt noch verwaltet werden.

[2]§ 20 Absatz 2 gilt entsprechend;

6. Einkünfte aus Vermietung und Verpachtung (§ 21), soweit sie nicht zu den Einkünften im Sinne der Nummern 1 bis 5 gehören, wenn das unbewegliche Vermögen, die Sachinbegriffe oder Rechte im Inland belegen oder in ein inländisches öffentliches Buch oder Register eingetragen sind oder in einer inländischen Betriebsstätte oder in einer anderen Einrichtung verwertet werden;

7. sonstige Einkünfte im Sinne des § 22 Nummer 1 Satz 3 Buchstabe a, die von den inländischen gesetzlichen Rentenversicherungsträgern, der inländischen landwirtschaftlichen Alterskasse, den inländischen berufsständischen Versorgungseinrichtungen, den inländischen Versicherungsunternehmen oder sonstigen inländischen Zahlstellen gewährt werden; dies gilt entsprechend für Leibrenten und andere Leistungen ausländischer Zahlstellen, wenn die Beiträge, die den Leistungen zugrunde liegen, nach § 10 Absatz 1 Nummer 2 ganz oder teilweise bei der Ermittlung der Sonderausgaben berücksichtigt wurden;

8. sonstige Einkünfte im Sinne des § 22 Nummer 2, soweit es sich um private Veräußerungsgeschäfte handelt, mit

a) inländischen Grundstücken,

b) inländischen Rechten, die den Vorschriften des bürgerlichen Rechts über Grundstücke unterliegen;

c) (weggefallen)

8a. sonstige Einkünfte im Sinne des § 22 Nummer 4;

9. sonstige Einkünfte im Sinne des § 22 Nummer 3, auch wenn sie bei Anwendung dieser Vorschrift einer anderen Einkunftsart zuzurechnen wären, soweit es sich um Einkünfte aus inländischen unterhaltenden Darbietungen, aus der Nutzung beweglicher Sachen im Inland oder aus der Überlassung der Nutzung oder des Rechts auf Nutzung von gewerblichen, technischen, wissenschaftlichen und ähnlichen Erfahrungen, Kenntnissen und Fertigkeiten, zum Beispiel Plänen, Mustern und Verfahren, handelt, die im Inland genutzt werden oder worden sind; dies gilt nicht, soweit es sich um steuerpflichtige Einkünfte im Sinne der Nummern 1 bis 8 handelt;

10. sonstige Einkünfte im Sinne des § 22 Nummer 5; dies gilt auch für Leistungen ausländischer Zahlstellen, soweit die Leistungen bei einem unbeschränkt Steuerpflichtigen zu Einkünften nach § 22 Nummer 5 Satz 1 führen würden oder wenn die Beiträge, die den Leistungen zugrunde liegen, nach § 10 Absatz 1 Nummer 2 ganz oder teilweise bei der Ermittlung der Sonderausgaben berücksichtigt wurden.

(2) Im Ausland gegebene Besteuerungsmerkmale bleiben außer Betracht, soweit bei ihrer Berücksichtigung inländische Einkünfte im Sinne des Absatzes 1 nicht angenommen werden könnten.

S 1302 (3) [1]Bei Schifffahrt- und Luftfahrtunternehmen sind die Einkünfte im Sinne des Absatzes 1 Nummer 2 Buchstabe b mit 5 Prozent der für diese Beförderungsleistungen vereinbarten Entgelte anzusetzen. [2]Das gilt auch, wenn solche Einkünfte durch eine inländische Betriebsstätte oder einen inländischen ständigen Vertreter erzielt werden (Absatz 1 Nummer 2 Buchstabe a). [3]Das gilt nicht in den Fällen des Absatzes 1 Nummer 2 Buchstabe c oder soweit das deutsche Besteuerungsrecht nach einem Abkommen zur Vermeidung der Doppelbesteuerung ohne Begrenzung des Steuersatzes aufrechterhalten bleibt.

1) (4) [1]Abweichend von Absatz 1 Nummer 2 sind Einkünfte steuerfrei, die ein beschränkt Steuerpflichtiger mit Wohnsitz oder gewöhnlichem Aufenthalt in einem ausländischen Staat durch den Betrieb eigener oder gecharterter Schiffe oder Luftfahrzeuge aus einem Unternehmen bezieht, dessen Geschäftsleitung sich in dem ausländischen Staat befindet. [2]Voraussetzung für die Steuerbefreiung ist, dass dieser ausländische Staat Steuerpflichtigen mit Wohnsitz oder *gewöhnlichem Aufenthalt im* Geltungsbereich dieses Gesetzes eine entsprechende Steuerbefreiung für derartige Einkünfte gewährt und dass das Bundesministerium für *Verkehr und digitale Infrastruktur*die Steuerbefreiung nach Satz 1 für verkehrspolitisch unbedenklich erklärt hat.

1) Absatz 4 Satz 2 wurde durch die Zehnte Zuständigkeitsanpassungsverordnung ab VZ 2015 geändert. (→ Artikel 234 Zehnte Zuständigkeitsverordnung vom 31. 8. 2015, BGBl. I S. 1474)

§ 50 Sondervorschriften für beschränkt Steuerpflichtige EStG S 2301

(1) [1]Beschränkt Steuerpflichtige dürfen Betriebsausgaben (§ 4 Absatz 4 bis 8) oder Werbungskosten (§ 9) nur insoweit abziehen, als sie mit inländischen Einkünften in wirtschaftlichem Zusammenhang stehen. [2]§ 32a Absatz 1 ist mit der Maßgabe anzuwenden, dass das zu versteuernde Einkommen um den Grundfreibetrag des § 32a Absatz 1 Satz 2 Nummer 1 erhöht wird; dies gilt bei Einkünften nach § 49 Absatz 1 Nummer 4 nur in Höhe des diese Einkünfte abzüglich der nach Satz 4 abzuziehenden Aufwendungen übersteigenden Teils des Grundfreibetrags. [3]§§ 10, 10a, 10c, 16 Absatz 4, die §§ 24b, 32, 32a Absatz 6, die §§ 33, 33a, 33b und 35a sind nicht anzuwenden. [4]Hiervon abweichend sind bei Arbeitnehmern, die Einkünfte aus nichtselbständiger Arbeit im Sinne des § 49 Absatz 1 Nummer 4 beziehen, § 10 Absatz 1 Nummer 2 Buchstabe a, Nummer 3 und Absatz 3 sowie § 10c anzuwenden, soweit die Aufwendungen auf die Zeit entfallen, in der Einkünfte im Sinne des § 49 Absatz 1 Nummer 4 erzielt wurden und die Einkünfte nach § 49 Absatz 1 Nummer 4 nicht übersteigen. [5]Die Jahres- und Monatsbeträge der Pauschalen nach § 9a Satz 1 Nummer 1 und § 10c ermäßigen sich zeitanteilig, wenn Einkünfte im Sinne des § 49 Absatz 1 Nummer 4 nicht während eines vollen Kalenderjahres oder Kalendermonats zugeflossen sind.

(2) [1]Die Einkommensteuer für Einkünfte, die dem Steuerabzug vom Arbeitslohn oder vom 1) **Kapitalertrag oder dem Steuerabzug auf Grund des § 50a unterliegen, gilt bei beschränkt Steuerpflichtigen durch den Steuerabzug als abgegolten. [2]Satz 1 gilt nicht**

1. **für Einkünfte eines inländischen Betriebs;**
2. **wenn nachträglich festgestellt wird, dass die Voraussetzungen der unbeschränkten Einkommensteuerpflicht im Sinne des § 1 Absatz 2 oder Absatz 3 oder des § 1a nicht vorgelegen haben; § 39 Absatz 7 ist sinngemäß anzuwenden;**
3. **in Fällen des § 2 Absatz 7 Satz 3;**
4. **für Einkünfte aus nichtselbständiger Arbeit im Sinne des § 49 Absatz 1 Nummer 4,**
   a) **wenn als Lohnsteuerabzugsmerkmal ein Freibetrag nach § 39a Absatz 4 gebildet worden ist oder**
   b) **wenn die Veranlagung zur Einkommensteuer beantragt wird (§ 46 Absatz 2 Nummer 8);**
5. **für Einkünfte im Sinne des § 50a Absatz 1 Nummer 1, 2 und 4, wenn die Veranlagung zur Einkommensteuer beantragt wird.**

[3]In den Fällen des Satzes 2 Nummer 4 erfolgt die Veranlagung durch das Betriebsstättenfinanzamt, das nach § 39 Absatz 2 Satz 2 oder Satz 4 für die Bildung und die Änderung der Lohnsteuerabzugsmerkmale zuständig ist. [4]Bei mehreren Betriebsstättenfinanzämtern ist das Betriebsstättenfinanzamt zuständig, in dessen Bezirk der Arbeitnehmer zuletzt beschäftigt war. [5]Bei Arbeitnehmern mit Steuerklasse VI ist das Betriebsstättenfinanzamt zuständig, in dessen Bezirk der Arbeitnehmer zuletzt unter Anwendung der Steuerklasse I beschäftigt war. [6]Hat der Arbeitgeber für den Arbeitnehmer keine elektronischen Lohnsteuerabzugsmerkmale (§ 39e Absatz 4 Satz 2) abgerufen und wurde keine Bescheinigung für den Lohnsteuerabzug nach § 39 Absatz 3 Satz 1 oder § 39e Absatz 7 Satz 5 ausgestellt, ist das Betriebsstättenfinanzamt zuständig, in dessen Bezirk der Arbeitnehmer zuletzt beschäftigt war. [7]Satz 2 Nummer 4 Buchstabe b und Nummer 5 gilt nur für Staatsangehörige eines Mitgliedstaats der Europäischen Union oder eines anderen Staates, auf den das Abkommen über den Europäischen Wirtschaftsraum Anwendung findet, die im Hoheitsgebiet eines dieser Staaten ihren Wohnsitz oder gewöhnlichen Aufenthalt haben. [8]In den Fällen des Satzes 2 Nummer 5 erfolgt die Veranlagung durch das Bundeszentralamt für Steuern.

(3) § 34c Absatz 1 bis 3 ist bei Einkünften aus Land- und Forstwirtschaft, Gewerbebetrieb oder selbständiger Arbeit, für die im Inland ein Betrieb unterhalten wird, entsprechend anzuwenden, soweit darin nicht Einkünfte aus einem ausländischen Staat enthalten sind, mit denen der beschränkt Steuerpflichtige dort in einem der unbeschränkten Steuerpflicht ähnlichen Umfang zu einer Steuer vom Einkommen herangezogen wird.

(4) Die obersten Finanzbehörden der Länder oder die von ihnen beauftragten Finanz- S 2302 **behörden können mit Zustimmung des Bundesministeriums der Finanzen die Einkommensteuer bei beschränkt Steuerpflichtigen ganz oder zum Teil erlassen oder in einem Pauschbetrag festsetzen, wenn dies im besonderen öffentlichen Interesse liegt; ein besonderes öffentliches Interesse besteht** 2)

1) Der Zeitpunkt der erstmaligen Anwendung von Absatz 2 i. d. F. des Begleitgesetzes zur zweiten Föderalismusreform wird durch eine Rechtsverordnung der Bundesregierung bestimmt, die der Zustimmung des Bundesrates bedarf; dieser Zeitpunkt darf nicht vor dem 31. 12. 2011 liegen → § 52 Abs. 46 ***Satz 1*** EStG. Nach der Verordnung zur Übertragung der Zuständigkeit für das Steuerabzugs- und Veranlagungsverfahren nach den §§ 50 und 50a des EStG auf das BZSt und zur Regelung verschiedener Anwendungszeitpunkte und weiterer Vorschriften vom 24. 6. 2013 (BGBl. I S. 1679) ist Absatz 2 erstmals für Vergütungen anzuwenden, die nach dem 31. 12. 2013 zufließen.

2) Absatz 4 wurde durch das Steueränderungsgesetz 2015 geändert und ist in allen offenen Fällen anzuwenden → § 52 Abs. 46 Satz 2 EStG.

1. an der inländischen Veranstaltung international bedeutsamer kultureller und sportlicher Ereignisse, um deren Ausrichtung ein internationaler Wettbewerb stattfindet, oder
2. am inländischen Auftritt einer ausländischen Kulturvereinigung, wenn ihr Auftritt wesentlich aus öffentlichen Mitteln gefördert wird.

EStG
S 2303

§ 50a Steuerabzug bei beschränkt Steuerpflichtigen

S 2411 (1) Die Einkommensteuer wird bei beschränkt Steuerpflichtigen im Wege des Steuerabzugs erhoben

1. bei Einkünften, die durch im Inland ausgeübte künstlerische, sportliche, artistische, unterhaltende oder ähnliche Darbietungen erzielt werden, einschließlich der Einkünfte aus anderen mit diesen Leistungen zusammenhängenden Leistungen, unabhängig davon, wem die Einkünfte zufließen (§ 49 Absatz 1 Nummer 2 bis 4 und 9), es sei denn, es handelt sich um Einkünfte aus nichtselbständiger Arbeit, die bereits dem Steuerabzug vom Arbeitslohn nach § 38 Absatz 1 Satz 1 Nummer 1 unterliegen,
2. bei Einkünften aus der inländischen Verwertung von Darbietungen im Sinne der Nummer 1 (§ 49 Absatz 1 Nummer 2 bis 4 und 6),
3. bei Einkünften, die aus Vergütungen für die Überlassung der Nutzung oder des Rechts auf Nutzung von Rechten, insbesondere von Urheberrechten und gewerblichen Schutzrechten, von gewerblichen, technischen, wissenschaftlichen und ähnlichen Erfahrungen, Kenntnissen und Fertigkeiten, zum Beispiel Plänen, Mustern und Verfahren, herrühren, sowie bei Einkünften, die aus der Verschaffung der Gelegenheit erzielt werden, einen Berufssportler über einen begrenzten Zeitraum vertraglich zu verpflichten (§ 49 Absatz 1 Nummer 2, 3, 6 und 9),

S 2412 4. bei Einkünften, die Mitgliedern des Aufsichtsrats, Verwaltungsrats, Grubenvorstands oder anderen mit der Überwachung der Geschäftsführung von Körperschaften, Personenvereinigungen und Vermögensmassen im Sinne des § 1 des Körperschaftsteuergesetzes beauftragten Personen sowie von anderen inländischen Personenvereinigungen des privaten und öffentlichen Rechts, bei denen die Gesellschafter nicht als Unternehmer (Mitunternehmer) anzusehen sind, für die Überwachung der Geschäftsführung gewährt werden (§ 49 Absatz 1 Nummer 3).

S 2412 S 2411 (2) [1]Der Steuerabzug beträgt 15 Prozent, in den Fällen des Absatzes 1 Nummer 4 beträgt er 30 Prozent der gesamten Einnahmen. [2]Vom Schuldner der Vergütung ersetzte oder übernommene Reisekosten gehören nur insoweit zu den Einnahmen, als die Fahrt- und Übernachtungsauslagen die tatsächlichen Kosten und die Vergütungen für Verpflegungsmehraufwand die Pauschbeträge nach § 4 Absatz 5 Satz 1 Nummer 5 übersteigen. [3]Bei Einkünften im Sinne des Absatzes 1 Nummer 1 wird ein Steuerabzug nicht erhoben, wenn die Einnahmen je Darbietung 250 Euro nicht übersteigen.

[1)] (3) [1]Der Schuldner der Vergütung kann von den Einnahmen in den Fällen des Absatzes 1 Nummer 1, 2 und 4 mit ihnen in unmittelbarem wirtschaftlichem Zusammenhang stehende Betriebsausgaben oder Werbungskosten abziehen, die ihm ein beschränkt Steuerpflichtiger in einer für das Bundeszentralamt für Steuern nachprüfbaren Form nachgewiesen hat oder die vom Schuldner der Vergütung übernommen worden sind. [2]Das gilt nur, wenn der beschränkt Steuerpflichtige Staatsangehöriger eines Mitgliedstaats der Europäischen Union oder eines anderen Staates ist, auf den das Abkommen über den Europäischen Wirtschaftsraum Anwendung findet, und im Hoheitsgebiet eines dieser Staaten seinen Wohnsitz oder gewöhnlichen Aufenthalt hat. [3]Es gilt entsprechend bei einer beschränkt steuerpflichtigen Körperschaft, Personenvereinigung oder Vermögensmasse im Sinne des § 32 Absatz 4 des Körperschaftsteuergesetzes. [4]In diesen Fällen beträgt der Steuerabzug von den nach Abzug der Betriebsausgaben oder Werbungskosten verbleibenden Einnahmen (Nettoeinnahmen), wenn

1. Gläubiger der Vergütung eine natürliche Person ist, 30 Prozent,
2. Gläubiger der Vergütung eine Körperschaft, Personenvereinigung oder Vermögensmasse ist, 15 Prozent.

(4) [1]Hat der Gläubiger einer Vergütung seinerseits Steuern für Rechnung eines anderen beschränkt steuerpflichtigen Gläubigers einzubehalten (zweite Stufe), kann er vom Steuer-

1) *Der Zeitpunkt der erstmaligen* Anwendung des Absatzes 3 in der am 18.8.2009 geltenden Fassung wird durch eine Rechtsverordnung der Bundesregierung bestimmt, die der Zustimmung des Bundesrates bedarf; dieser Zeitpunkt darf nicht vor dem 31.12.2011 liegen → § 52 Abs. 47 Satz 1 EStG. Nach der Verordnung zur Übertragung der Zuständigkeit für das Steuerabzugs- und Veranlagungsverfahren nach den §§ 50 und 50a des EStG auf das BZSt und zur Regelung verschiedener Anwendungszeitpunkte und weiterer Vorschriften vom 24.6.2013 (BGBl. I S. 1679) sind die Absätze 3 und 5 erstmals für Vergütungen anzuwenden, die nach dem 31.12.2013 zufließen

abzug absehen, wenn seine Einnahmen bereits dem Steuerabzug nach Absatz 2 unterlegen haben. [2]Wenn der Schuldner der Vergütung auf zweiter Stufe Betriebsausgaben oder Werbungskosten nach Absatz 3 geltend macht, die Veranlagung nach § 50 Absatz 2 Satz 2 Nummer 5 beantragt oder die Erstattung der Abzugsteuer nach § 50d Absatz 1 oder einer anderen Vorschrift beantragt, hat er die sich nach Absatz 2 oder Absatz 3 ergebende Steuer zu diesem Zeitpunkt zu entrichten; Absatz 5 gilt entsprechend.

(5) [1]Die Steuer entsteht in dem Zeitpunkt, in dem die Vergütung dem Gläubiger zufließt. [2]In diesem Zeitpunkt hat der Schuldner der Vergütung den Steuerabzug für Rechnung des Gläubigers (Steuerschuldner) vorzunehmen. [3]Er hat die innerhalb eines Kalendervierteljahres einbehaltene Steuer jeweils bis zum zehnten des dem Kalendervierteljahr folgenden Monats an das für ihn zuständige Bundeszentralamt für Steuern abzuführen. [4]Der Schuldner der Vergütung haftet für die Einbehaltung und Abführung der Steuer [5]Der Steuerschuldner kann in Anspruch genommen werden, wenn der Schuldner der Vergütung den Steuerabzug nicht vorschriftsmäßig vorgenommen hat. [6]Der Schuldner der Vergütung ist verpflichtet, dem Gläubiger auf Verlangen die folgenden Angaben nach amtlich vorgeschriebenem Muster zu bescheinigen: S 2411 S 2412 1)

1. **den Namen und die Anschrift des Gläubigers,**
2. **die Art der Tätigkeit und Höhe der Vergütung in Euro,**
3. **den Zahlungstag,**
4. **den Betrag der einbehaltenen und abgeführten Steuer nach Absatz 2 oder Absatz 3,**
5. **das Finanzamt, an das die Steuer abgeführt worden ist.**

(6) Die Bundesregierung kann durch Rechtsverordnung mit Zustimmung des Bundesrates bestimmen, dass bei Vergütungen für die Nutzung oder das Recht auf Nutzung von Urheberrechten (Absatz 1 Nummer 3), die nicht unmittelbar an den Gläubiger, sondern an einen Beauftragten geleistet werden, anstelle des Schuldners der Vergütung der Beauftragte die Steuer einzubehalten und abzuführen hat und für die Einbehaltung und Abführung haftet.

(7) [1]Das Finanzamt des Vergütungsgläubigers kann anordnen, dass der Schuldner der Vergütung für Rechnung des Gläubigers (Steuerschuldner) die Einkommensteuer von beschränkt steuerpflichtigen Einkünften, soweit diese nicht bereits dem Steuerabzug unterliegen, im Wege des Steuerabzugs einzubehalten und abzuführen hat, wenn dies zur Sicherung des Steueranspruchs zweckmäßig ist. [2]Der Steuerabzug beträgt 25 Prozent der gesamten Einnahmen, bei Körperschaften, Personenvereinigungen oder Vermögensmassen 15 Prozent der gesamten Einnahmen; das Finanzamt kann die Höhe des Steuerabzugs hiervon abweichend an die voraussichtlich geschuldete Steuer anpassen. [3]Absatz 5 gilt entsprechend mit der Maßgabe, dass die Steuer bei dem Finanzamt anzumelden und abzuführen ist, das den Steuerabzug angeordnet hat; das Finanzamt kann anordnen, dass die innerhalb eines Monats einbehaltene Steuer jeweils bis zum zehnten des Folgemonats anzumelden und abzuführen ist. [4]§ 50 Absatz 2 Satz 1 ist nicht anzuwenden. S 2411

Hinweise

H 50a

Allgemeines

→ R 50a.2 EStR, H 50a.2 EStH

Neuregelung Steuerabzug

Beschränkt Steuerpflichtige, Steuerabzug, Neuregelung

(Verfügung der OFD Karlsruhe vom 14. 1. 2009 – S 230.3/48 – St 111/St 142 –)

Nachfolgend erhalten Sie einen Überblick zu den Rechtsänderungen beim Steuerabzug nach § 50a EStG bei Zahlungen an beschränkt steuerpflichtige Personen ab dem VZ 2009. Die Änderungen sind aufgrund der Rechtsprechung des EuGH vom 3. 10. 2006 in der Rs C-290/04,

1) Der Zeitpunkt der erstmaligen Anwendung des Absatzes 5 in der am 18.8.2009 geltenden Fassung wird durch eine Rechtsverordnung der Bundesregierung bestimmt, die der Zustimmung des Bundesrates bedarf; dieser Zeitpunkt darf nicht vor dem 31.12.2011 liegen → § 52 Abs. 47 Satz 1 EStG. Nach der Verordnung zur Übertragung der Zuständigkeit für das Steuerabzugs- und Veranlagungsverfahren nach den §§ 50 und 50a des EStG auf das BZSt und zur Regelung verschiedener Anwendungszeitpunkte und weiterer Vorschriften vom 24.6.2013 (BGBl. I S. 1679) sind die Absätze 3 und 5 erstmals für Vergütungen anzuwenden, die nach dem 31.12.2013 zufließen

FKP Scorpio Konzertproduktionen GmbH, notwendig und durch das JStG 2009 umgesetzt worden.

1. Neustrukturierung von § 50a EStG ab VZ 2009

Bislang waren die einzelnen Tatbestände für die Verpflichtung zum Steuerabzug nach § 50a EStG auf die Abs. 1 und 4 verteilt. Nunmehr werden alle Tatbestände in Abs. 1 zusammengefasst, die Unterteilung wird durch Nummerierung vorgenommen:

Die Einkommensteuer wird bei beschränkt Steuerpflichtigen im Wege des Steuerabzugs erhoben

Nr. 1 bei Einkünften durch im Inland ausgeübte künstlerische, sportliche, artistische, unterhaltende oder ähnliche Darbietungen, einschließlich aus damit usw. zusammenhängenden Leistungen (§ 49 Abs. 1 Nrn. 2 bis 4 und Nr. 9 EStG), unabhängig davon, wem die Einnahmen zufließen und soweit es sich nicht um Einkünfte aus nichtselbstständiger Arbeit, die dem Lohnsteuerabzug unterliegen, handelt.

Nr. 2 bei Einkünften aus der inländischen Verwertung der vorstehenden Darbietungen (§ 49 Abs. 1 Nrn. 2 bis 4 und 6 EStG).

Nr. 3 bei Einkünften aus Vergütungen für die Überlassung der Nutzung oder des Rechts auf Nutzung von Rechte, insbesondere von Urheberrechten und gewerblichen Schutzrechten, von gewerblichen, technischen, wissenschaftlichen und ähnlichen Erfahrungen, Kenntnissen und Fertigkeiten, z. B. Plänen, Mustern, Verfahren (§ 49 Abs. 1 Nrn. 2, 3, 6 und 9 EStG).

Nr. 4 bei Einkünften, die Mitgliedern des Aufsichtsrats, Verwaltungsrats, Grubenvorstands und anderen mit der Überwachung der Geschäftsführung von Körperschaften, Personenvereinigungen und Vermögensmassen beauftragten Personen sowie von anderen inländischen Personenvereinigungen des privaten und öffentlichen Rechts, bei denen die Gesellschafter nicht als Unternehmer (Mitunternehmer) anzusehen sind, für die Überwachung der Geschäftsführung gewährt werden (§ 49 Abs. 1 Nr. 3 EStG).

2. Wegfall bzw. Erweiterung von Tatbeständen ab VZ 2009

Dem Steuerabzug unterliegen auch weiterhin Einkünfte aus im Inland ausgeübten, sportlichen, artistischen oder ähnlichen Darbietungen.

Allerdings wurde in § 50a Abs. 1 Nr. 1 EStG auch das Merkmal „unterhaltende" Tätigkeit aufgenommen, um hier den Steuerabzug mit den einschlägigen DBA-Regelungen möglichst konform gehen zu lassen. Nach den DBA kommt es nämlich weniger auf den Status als Künstler, Sportler oder Artist der auftretenden Person an, als auf den unterhaltenden Charakter der Darbietung. Entsprechend wurde auch § 49 Abs. 1 Nr. 2 Buchst. d und Nr. 9 EStG angepasst, um diese Tatbestände auch der beschränkten Steuerpflicht zu unterwerfen.

Die Einkünfte sog. werkschaffender Künstler unterliegen nicht mehr dem Steuerabzug nach § 50a Abs. 1 Nr. 2 EStG. Dies waren Künstler, die keine Darbietung im Inland erbracht haben, aber z. B. ein Bild/eine Statue ins Inland verkauft haben (bis 2008 konnten derartige Einkünfte bei bestehender beschränkter Steuerpflicht aufgrund § 50a Abs. 4 Nr. 2 EStG a. F. dem Steuerabzug unterliegen).

Ebenso fallen die Einkünfte bestimmter Berufsgruppen (z. B. Schriftsteller, Journalisten oder Bildberichterstatter) ab 2009 nicht mehr unter den Steuerabzug nach § 50a Abs. 1 Nr. 2 EStG (bis 2008 erfolgte der Steuerabzug aufgrund § 50a Abs. 4 Nr. 2 EStG a. F. beim Vorliegen einer beschränkten Steuerpflicht). Dies trägt nach der Gesetzesbegründung dem Umstand Rechnung, dass nach den einschlägigen DBA das Besteuerungsrecht nur dann dem Quellenstaat zusteht, wenn die Vergütung aufgrund einer persönlich im Inland ausgeübten Tätigkeit bezahlt wird. Daher wird zukünftig – vorbehaltlich § 50a Abs. 1 Nr. 3 EStG – der Steuerabzug nur noch auf die Verwertung inländischer Tätigkeiten beschränkt.

§ 50a Abs. 1 Nr. 2 EStG enthält keine Ausweitung mehr auf die selbstständigen Einkünfte, da bereits § 50a Abs. 1 Nr. 1 EStG ohne Beschränkung auf die (gewerbliche) Einkunftsart abgefasst ist.

Die Veräußerung von Rechten, die ab VZ 2007 durch eine Änderung in § 50a Abs. 4 Nr. 3 EStG a. F. dem Steuerabzug unterlegen hatte, ist ab VZ 2009 wieder aus dem Gesetz gestrichen worden (§ 50a Abs. 1 Nr. 3 EStG). Auch hier hat Deutschland aufgrund der abgeschlossenen DBA grundsätzlich kein Besteuerungsrecht, was zu einem hohen administrativen Aufwand geführt hat (entweder Erteilung einer Freistellungsbescheinigung oder aber Erstattung der Steuern durch das Bundeszentralamt für Steuern).

Die zeitlich befristete Überlassung von Rechten unterliegt dagegen grundsätzlich weiterhin dem Steuerabzug nach § 50a Abs. 1 Nr. 3 EStG, da für derartige Einkünfte Deutschland häufig in den DBA ein Quellensteuereinbehalt zugestanden wird.

Der Steuerabzug bei Einkünften aus Aufsichtsratsvergütungen bleibt unverändert erhalten (§ 50a Abs. 1 Nr. 4 EStG).

3. Änderungen beim Steuersatz (§ 50a Abs. 2 EStG)

Der Steuersatz für Einkünfte, die dem Steuerabzug nach § 50a Abs. 1 Nrn. 1 bis 3 EStG unterliegen, beträgt künftig 15 % der gesamten Einnahmen (bis 2008: 20 %). Die Absenkung berücksichtigt, dass ein Abzug von Betriebsausgaben/Werbungskosten auch weiterhin nicht möglich ist (§ 50a Abs. 2 EStG). Nicht zu den Einnahmen gehören die tatsächlichen Übernachtungskosten sowie Kosten i.H. der abzugsfähigen Verpflegungsmehraufwandspauschalen i. S. von § 4 Abs. 5 Nr. 5 EStG. Höhere Beträge zählen aber zu den Einnahmen, die dem Steuerabzug unterliegen.

Der bisherige Staffeltarif (§ 50a Abs. 4 Satz 4 Nrn. 1 bis 4 EStG a. F.) entfällt ab VZ 2009, dafür wird eine neue Geringfügigkeitsgrenze eingeführt. Bei Einkünften, die dem Steuerabzug nach § 50a Abs. 1 Nr. 1 EStG unterliegen, wird auf den Steuerabzug verzichtet, wenn die Einnahmen aus der einzelnen Darbietung 250 Euro nicht übersteigen.

Für Einkünfte aus Aufsichtsratsvergütungen beträgt der Steuersatz unverändert 3 % der Einnahmen: 30 %.

4. Betriebsausgaben-/Werbungskostenabzug (§ 50a Abs. 3 EStG)

Wenn der Vergütungsgläubiger Angehöriger eines EU-/EWR-Staates ist und auch in einem EU-/EWR-Staat seinen Wohnsitz/gewöhnlichen Aufenthalt unterhält, ist ein Betriebsausgaben- bzw. Werbungskostenabzug zulässig.

Bei Einkünften, die dem Steuerabzug nach § 50a Abs. 1 Nrn. 1, 2 und 4 EStG unterliegen, kann der Vergütungsschuldner die damit in unmittelbarem Zusammenhang stehenden Betriebsausgaben/Werbungskosten abziehen, die der Vergütungsgläubiger in vom FA nachprüfbarer Form nachweist oder die der Vergütungsschuldner übernimmt.

In diesen Fällen beträgt der Steuersatz für Vergütungen an natürliche Personen und Personenvereinigungen 30 % (statt 15 %) bei Körperschaften u.ä. bleibt es beim Steuersatz von 15 %.

Für Einkünfte aus Lizenzvergütungen usw. ist eine Berücksichtigung von Betriebsausgaben/ Werbungskosten bei Vornahme des Steuerabzugs weiterhin ausgeschlossen.

5. Änderungen beim Steuerabzug auf der zweiten Stufe (§ 50a Abs. 4 EStG)

Bei Vornahme des Steuerabzugs von der Bruttovergütung entfällt zukünftig die Verpflichtung zur nochmaligen Vornahme des Steuerabzugs auf der zweiten Stufe.

Praxis-Beispiele

Beispiel 1:

Der inländische Konzertveranstalter A engagiert über eine beschränkt steuerpflichtige Konzertagentur B einen beschränkt steuerpflichtigen Künstler C.

Inland 1. Stufe Ausland 2. Stufe

A → Vergütung B → Vergütung C

Lösung:

Der Steuerabzug nach § 50a EStG ist nur noch für die Zahlung von A an B vorzunehmen, bei der Zahlung von B an C ist kein Steuerabzug mehr vorzunehmen. Der Verzicht auf die Vornahme des Steuerabzugs auf der zweiten Stufe ist gerechtfertigt, um zu hohe Steuerabzugsbeträge zu vermeiden. Der Verzicht auf den Steuerabzug auf der zweiten Stufe ist nicht möglich, wenn bereits bei Vornahme des Steuerabzugs nach § 50a EStG auf der ersten Stufe Betriebsausgaben/Werbungskosten berücksichtigt werden, eine Veranlagung zur beschränkten Steuerpflicht oder eine Erstattung der Abzugsteuer beantragt wird (§ 50a Abs. 4 EStG).

Beispiel 2:

Der inländische Konzertveranstalter A engagiert über eine beschränkt steuerpflichtige Konzertagentur B (Einzelunternehmen mit Sitz im EU-/EWR-Ausland, B hat eine EU-/EWR-Staatsangehörigkeit) einen beschränkt steuerpflichtigen Künstler C. B macht gegenüber dem A Betriebsausgaben im Zusammenhang mit der inländischen Tätigkeit geltend.

Inland 1. Stufe EU-/EWR Ausland 2. Stufe

A → Vergütung B → Vergütung C

Lösung:

Der Steuerabzug nach § 50a EStG ist nun sowohl für die Zahlung von A an B als auch bei der Zahlung von B an C vorzunehmen. Der Steuersatz für die Zahlung von A an B erhöht sich auf 30 % (Empfänger der Zahlung = natürliche Person). Wenn der C gegenüber dem B keine Betriebsausgaben geltend macht, beträgt der Steuersatz auf der zweiten Stufe 15 %.

6. Sonstige Änderungen

Die verfahrensrechtlichen Vorschriften in § 50a Abs. 5 EStG sind – bis auf redaktionelle Anpassungen – unverändert.

§ 50a Abs. 6 EStG wurde nur redaktionell an die Änderungen angepasst. Weiterhin können Institutionen, wie die GEMA u. a., den Steuerabzug für den Vergütungsschuldner vornehmen, vgl. auch die entsprechenden Änderungen in §§ 73 ff. EStDV.

§ 50a Abs. 7 EStG ist – bis auf die Anpassung des Steuersatzes – unverändert.

Die Steueranmeldung ist ab 2009 grundsätzlich elektronisch an die Finanzverwaltung zu übermitteln, vgl. § 73e EStDV.

Die Vorschriften zum Freistellungs-, Erstattungs- bzw. Kontrollmeldeverfahren in § 50d EStG wurden gleichfalls nur redaktionell angepasst.

7. Änderungen in § 50 EStG mit Auswirkungen auf den Steuerabzug

Zusätzlich zu den bisherigen Möglichkeiten, eine Freistellung vom Steuerabzug vor Zahlung der Vergütung bzw. eine Erstattung des einbehaltenen Steuerabzugsbetrages nach Zahlung der Vergütung, zu beantragen, besteht ab VZ 2009 die Möglichkeit, eine Veranlagung zur beschränkten Steuerpflicht zu beantragen. Voraussetzung dafür ist, dass Einkünfte dem Steuerabzug nach § 50a Abs. 1 Nrn. 1, 2 und 4 EStG unterlegen haben (§ 50 Abs. 2 Nr. 5 EStG), und dass der Vergütungsgläubiger Staatsangehöriger eines EU-/EWR-Staates ist und auch in einem EU-/EWR-Staat seinen Wohnsitz/gewöhnlichen Aufenthalt hat. Die Regelungen waren bis VZ 2008 in § 50 Abs. 5 EStG enthalten und enthielten weitere Voraussetzungen, die ab VZ 2009 entfallen sind.

8. Abstandnahme vom Steuerabzug nach § 50 Abs. 4 EStG

Die bis VZ 2008 in § 50 Abs. 7 EStG enthaltene Ermächtigung, wonach die obersten Finanzbehörden der Länder mit Zustimmung des BMF aus volkswirtschaftlichen Gründen und, wenn dies im öffentlichen Interesse liegt, auf die Erhebung der Einkommensteuer bei beschränkt Steuerpflichtigen verzichten konnten, wird konkreter formuliert. Ein besonderes öffentliches Interesse ist gegeben

1. im Zusammenhang mit der inländischen Veranstaltung international bedeutsamer kultureller und sportlicher Ereignisse, um deren Ausrichtung ein internationaler Wettbewerb stattfindet, oder
2. im Zusammenhang mit dem inländischen Auftritt einer ausländischen Kulturvereinigung, wenn ihr Auftritt wesentlich aus öffentlichen Mitteln gefördert wird.

9. Neue Vordrucke/neues Merkblatt

...

IX. Sonstige Vorschriften, Bußgeld-, Ermächtigungs- und Schlussvorschriften

EStG
S 2409

§ 50b Prüfungsrecht

[1]Die Finanzbehörden sind berechtigt, Verhältnisse, die für die Anrechnung oder Vergütung von Körperschaftsteuer, für die Anrechnung oder Erstattung von Kapitalertragsteuer, für die Nichtvornahme des Steuerabzugs, für die Ausstellung der Jahresbescheinigung nach § 24c oder für die Mitteilungen an das Bundeszentralamt für Steuern nach § 45e von Bedeutung sind oder der Aufklärung bedürfen, bei den am Verfahren Beteiligten zu prüfen. [2]Die §§ 193 bis 203 der Abgabenordnung gelten sinngemäß.

EStG
S 2189

§ 50c (weggefallen)

§ 50d Besonderheiten im Fall von Doppelbesteuerungsabkommen und der §§ 43b und 50g

EStG

(1) [1]Können Einkünfte, die dem Steuerabzug vom Kapitalertrag oder dem Steuerabzug auf Grund des § 50a unterliegen, nach den §§ 43b, 50g oder nach einem Abkommen zur Vermeidung der Doppelbesteuerung nicht oder nur nach einem niedrigeren Steuersatz besteuert werden, so sind die Vorschriften über die Einbehaltung, Abführung und Anmeldung der Steuer ungeachtet der §§ 43b und 50g sowie des Abkommens anzuwenden. [2]Unberührt bleibt der Anspruch des Gläubigers der Kapitalerträge oder Vergütungen auf völlige oder teilweise Erstattung der einbehaltenen und abgeführten oder der auf Grund Haftungsbescheid oder Nachforderungsbescheid entrichteten Steuer. [3]Die Erstattung erfolgt auf Antrag des Gläubigers der Kapitalerträge oder Vergütungen auf der Grundlage eines Freistellungsbescheids; der Antrag ist nach amtlich vorgeschriebenem Vordruck bei dem Bundeszentralamt für Steuern zu stellen. [4]Dem Vordruck ist in den Fällen des § 43 Absatz 1 Satz 1 Nummer 1a eine Bescheinigung nach § 45a Absatz 2 beizufügen. [5]Der zu erstattende Betrag wird nach Bekanntgabe des Freistellungsbescheids ausgezahlt. [6]Hat der Gläubiger der Vergütungen im Sinne des § 50a nach § 50a Absatz 5 Steuern für Rechnung beschränkt steuerpflichtiger Gläubiger einzubehalten, kann die Auszahlung des Erstattungsanspruchs davon abhängig gemacht werden, dass er die Zahlung der von ihm einzubehaltenden Steuer nachweist, hierfür Sicherheit leistet oder unwiderruflich die Zustimmung zur Verrechnung seines Erstattungsanspruchs mit seiner Steuerzahlungsschuld erklärt. [7]Das Bundeszentralamt für Steuern kann zulassen, dass Anträge auf maschinell verwertbaren Datenträgern gestellt werden. [8]Der Antragsteller hat in den Fällen des § 43 Absatz 1 Satz 1 Nummer 1a zu versichern, dass ihm eine Bescheinigung im Sinne des § 45a Absatz 2 vorliegt oder, soweit er selbst die Kapitalerträge als auszahlende Stelle dem Steuerabzug unterworfen hat, nicht ausgestellt wurde; er hat die Bescheinigung zahn Jahre nach Antragstellung aufzubewahren. [9]Die Frist für den Antrag auf Erstattung beträgt vier Jahre nach Ablauf des Kalenderjahres, in dem die Kapitalerträge oder Vergütungen bezogen worden sind. [10]Die Frist nach Satz 9 endet nicht vor Ablauf von sechs Monaten nach dem Zeitpunkt der Entrichtung der Steuer. [11]Ist der Gläubiger der Kapitalerträge oder Vergütungen eine Person, der die Kapitaler träge oder Vergütungen nach diesem Gesetz oder nach dem Steuerrecht des anderen Vertragsstaats nicht zugerechnet werden, steht der Anspruch auf völlige oder teilweise Erstattung des Steuerabzugs vom Kapitalertrag oder nach § 50a auf Grund eines Abkommens zur Vermeidung der Doppelbesteuerung nur der Person zu, der die Kapitalerträge oder Vergütungen nach den Steuergesetzen des anderen Vertragsstaats als Einkünfte oder Gewinne einer ansässigen Person zugerechnet werden. [12]Für die Erstattung der Kapitalertragsteuer gilt § 45 entsprechend. [13]Der Schuldner der Kapitalerträge oder Vergütungen kann sich vorbehaltlich des Absatzes 2 nicht auf die Rechte des Gläubigers aus dem Abkommen berufen.

(1a) [1]Der nach Absatz 1 in Verbindung mit § 50g zu erstattende Betrag ist zu verzinsen. [2]Der Zinslauf beginnt zwölf Monate nach Ablauf des Monats, in dem der Antrag auf Erstattung und alle für die Entscheidung erforderlichen Nachweise vorliegen, frühestens am Tag der Entrichtung der Steuer durch den Schuldner der Kapitalerträge oder Vergütungen. [3]Er endet mit Ablauf des Tages, an dem der Freistellungsbescheid wirksam wird. [4]Wird der Freistellungsbescheid aufgehoben, geändert oder nach § 129 der Abgabenordnung berichtigt, ist eine bisherige Zinsfestsetzung zu ändern. [6]§ 233a Absatz 5 der Abgabenordnung gilt sinngemäß. [6]Für die Höhe und Berechnung der Zinsen gilt § 238 der Abgabenordnung. [7]Auf die Festsetzung der Zinsen ist § 239 der Abgabenordnung sinngemäß anzuwenden. [8]Die Vorschriften dieses Absatzes sind nicht anzuwenden, wenn der Steuerabzug keine abgeltende Wirkung hat (§ 50 Absatz 2).

(2) [1]In den Fällen der §§ 43b, § 50a Absatz 1, § 50g kann der Schuldner der Kapitalerträge oder Vergütungen den Steuerabzug nach Maßgabe von § 43b oder § 50g oder des Abkommens unterlassen oder nach einem niedrigeren Steuersatz vornehmen, wenn das Bundeszentralamt für Steuern dem Gläubiger auf Grund eines von ihm nach amtlich vorgeschriebenem Vordruck gestellten Antrags bescheinigt, dass die Voraussetzungen dafür vorliegen (Freistellung im Steuerabzugsverfahren); dies gilt auch bei Kapitalerträgen, die einer nach einem Abkommen zur Vermeidung der Doppelbesteuerung im anderen Vertragsstaat ansässigen Kapitalgesellschaft, die am Nennkapital einer unbeschränkt steuerpflichtigen Kapitalgesellschaft im Sinne des § 1 Absatz 1 Nummer 1 des Körperschaftsteuergesetzes zu mindestens einem Zehntel unmittelbar beteiligt ist und im Staat ihrer Ansässigkeit den Steuern vom Einkommen oder Gewinn unterliegt, ohne davon befreit zu sein, von der unbeschränkt steuerpflichtigen Kapitalgesellschaft zufließen. [2]Die Freistellung kann unter dem Vorbehalt des Widerrufs erteilt und von Auflagen oder Bedingungen abhängig gemacht werden. [3]Sie kann in den Fällen des § 50a Absatz 1 von der Bedingung abhängig gemacht werden, dass die Erfüllung der Verpflichtungen nach § 50a Absatz 5 nachgewiesen werden, soweit die Vergütungen an andere beschränkt Steuerpflichtige weitergeleitet werden. [4]Die Geltungsdauer der Bescheinigung nach Satz 1 beginnt frühestens an dem Tag, an dem der Antrag beim Bundeszentralamt für Steuern eingeht; sie beträgt mindestens ein Jahr und darf drei Jahre nicht überschreiten; der Gläubiger der Kapitalerträge oder der Vergütungen ist verpflichtet, den Wegfall der Voraussetzungen für die Freistellung

unverzüglich dem Bundeszentralamt für Steuern mitzuteilen. [5]Voraussetzung für die Abstandnahme vom Steuerabzug ist, dass dem Schuldner der Kapitalerträge oder Vergütungen die Bescheinigung nach Satz 1 vorliegt. [6]Über den Antrag ist innerhalb von drei Monaten zu entscheiden. [7]Die Frist beginnt mit der Vorlage aller für die Entscheidung erforderlichen Nachweise. [9]Bestehende Anmeldeverpflichtungen bleiben unberührt.

(3) [1]Eine ausländische Gesellschaft hat keinen Anspruch auf völlige oder teilweise Entlastung nach Absatz 1 oder Absatz 2, soweit Personen an ihr beteiligt sind, denen die Erstattung oder Freistellung nicht zustände, wenn sie die Einkünfte unmittelbar erzielten, und die von der ausländischen Gesellschaft im betreffenden Wirtschaftsjahr erzielten Bruttoerträge nicht aus eigener Wirtschaftstätigkeit stammen, sowie

1. in Bezug auf diese Erträge für die Einschaltung der ausländischen Gesellschaft wirtschaftliche oder sonst beachtliche Gründe fehlen oder
2. die ausländische Gesellschaft nicht mit einem für ihren Geschäftszweck angemessen eingerichteten Geschäftsbetrieb am allgemeinen wirtschaftlichen Verkehr teilnimmt.

[2]Maßgebend sind ausschließlich die Verhältnisse der ausländischen Gesellschaft; organisatorische, wirtschaftliche oder sonst beachtliche Merkmale der Unternehmen, die der ausländischen Gesellschaft nahe stehen (§ 1 Absatz 2 des Außensteuergesetzes), bleiben außer Betracht. [3]An einer eigenen Wirtschaftstätigkeit fehlt es, soweit die ausländische Gesellschaft ihre Bruttoerträge aus der Verwaltung von Wirtschaftsgütern erzielt oder ihre wesentlichen Geschäftstätigkeiten auf Dritte überträgt. [4]Die Feststellungslast für das Vorliegen wirtschaftlicher oder sonst beachtlicher Gründe im Sinne von Satz 1 Nummer 1 sowie des Geschäftsbetriebs im Sinne von Satz 1 Nummer 2 obliegt der ausländischen Gesellschaft. [5]Die Sätze 1 bis 3 sind nicht anzuwenden, wenn mit der Hauptgattung der Aktien der ausländischen Gesellschaft ein wesentlicher und regelmäßiger Handel an einer anerkannten Börse stattfindet oder für die ausländische Gesellschaft die Vorschriften des Investmentsteuergesetzes gelten.

(4) [1]Der Gläubiger der Kapitalerträge oder Vergütungen im Sinne des § 50a hat nach amtlich vorgeschriebenem Vordruck durch eine Bestätigung der für ihn zuständigen Steuerbehörde des anderen Staates nachzuweisen, dass er dort ansässig ist oder die Voraussetzungen des § 50g Absatz 3 Nummer 5 Buchstabe c erfüllt sind [2]Das Bundesministerium der Finanzen kann im Einvernehmen mit den obersten Finanzbehörden der Länder erleichterte Verfahren oder vereinfachte Nachweise zulassen.

(5) [1]Abweichend von Absatz 2 kann das Bundeszentralamt für Steuern in den Fällen des § 50a Absatz 1 Nummer 3 den Schuldner der Vergütung auf Antrag allgemein ermächtigen, den Steuerabzug zu unterlassen oder nach einem niedrigeren Steuersatz vorzunehmen (Kontrollmeldeverfahren). [2]Die Ermächtigung kann in Fällen geringer steuerlicher Bedeutung erteilt und mit Auflagen verbunden werden. [3]Einer Bestätigung nach Absatz 4 Satz 1 bedarf es im Kontrollmeldeverfahren nicht. [4]Inhalt der Auflage kann die Angabe des Namens, des Wohnortes oder des Ortes des Sitzes oder der Geschäftsleitung des Schuldners und des Gläubigers, der Art der Vergütung, des Bruttobetrags und des Zeitpunkts der Zahlungen sowie des einbehaltenen Steuerbetrags sein. [5]Mit dem Antrag auf Teilnahme am Kontrollmeldeverfahren gilt die Zustimmung des Gläubigers und des Schuldners zur Weiterleitung der Angaben des Schuldners an den Wohnsitz- oder Sitzstaat des Gläubigers als erteilt. [6]Die Ermächtigung ist als Beleg aufzubewahren. [7]Absatz 2 Satz 8 gilt entsprechend.

(6) Soweit Absatz 2 nicht anwendbar ist, gilt Absatz 5 auch für Kapitalerträge im Sinne des § 43 Absatz 1 Satz 1 Nummer 1 und 4, wenn sich im Zeitpunkt der Zahlung des Kapitalertrags der Anspruch auf Besteuerung nach einem niedrigeren Steuersatz ohne nähere Ermittlung feststellen lässt.

(7) Werden Einkünfte im Sinne des § 49 Absatz 1 Nummer 4 aus einer Kasse einer juristischen Person des öffentlichen Rechts im Sinne der Vorschrift eines Abkommens zur Vermeidung der Doppelbesteuerung über den öffentlichen Dienst gewährt, so ist diese Vorschrift bei Bestehen eines Dienstverhältnisses mit einer anderen Person in der Weise auszulegen, dass die Vergütungen für der erstgenannten Person geleistete Dienste gezahlt werden, wenn sie ganz oder im Wesentlichen aus öffentlichen Mitteln aufgebracht werden.

(8) [1]Sind Einkünfte eines unbeschränkt Steuerpflichtigen aus nichtselbständiger Arbeit (§ 19) nach einem Abkommen zur Vermeidung der Doppelbesteuerung von der Bemessungsgrundlage der deutschen Steuer auszunehmen, wird die Freistellung bei der Veranlagung ungeachtet des Abkommens nur gewährt, soweit der Steuerpflichtige nachweist, dass der Staat, dem nach dem Abkommen das Besteuerungsrecht zusteht, auf dieses Besteuerungsrecht verzichtet hat oder dass die in diesem Staat auf die Einkünfte festgesetzten Steuern entrichtet wurden. [2]Wird ein solcher Nachweis erst geführt, nachdem die Einkünfte in eine Veranlagung zur Einkommensteuer einbezogen wurden, ist der Steuerbescheid insoweit zu ändern. [3]§ 175 Absatz 1 Satz 2 der Abgabenordnung ist entsprechend anzuwenden.

(9) [1]Sind Einkünfte eines unbeschränkt Steuerpflichtigen nach einem Abkommen zur Vermeidung der Doppelbesteuerung von der Bemessungsgrundlage der deutschen Steuer auszunehmen, so wird die Freistellung der Einkünfte ungeachtet des Abkommens nicht gewährt, wenn

1. der andere Staat die Bestimmungen des Abkommens so anwendet, dass die Einkünfte in diesem Staat von der Besteuerung auszunehmen sind oder nur zu einem durch das Abkommen begrenzten Steuersatz besteuert werden können, oder
2. die Einkünfte in dem anderen Staat nur deshalb nicht steuerpflichtig sind, weil sie von einer Person bezogen werden, die in diesem Staat nicht auf Grund ihres Wohnsitzes, ständigen Aufenthalts, des Ortes ihrer Geschäftsleitung, des Sitzes oder eines ähnlichen Merkmals unbeschränkt steuerpflichtig ist.

[2]Nummer 2 gilt nicht für Dividenden, die nach einem Abkommen zur Vermeidung der Doppelbesteuerung von der Bemessungsgrundlage der deutschen Steuer auszunehmen sind, es sei denn, die Dividenden sind bei der Ermittlung des Gewinns der ausschüttenden Gesellschaft abgezogen worden. [3]Bestimmungen eines Abkommens zur Vermeidung der Doppelbesteuerung, sowie Absatz 8 und § 20 Absatz 2 des Außensteuergesetzes bleiben unberührt, soweit sie jeweils die Freistellung von Einkünften in einem weitergehenden Umfang einschränken.

(10) [1]Sind auf eine Vergütung im Sinne des § 15 Absatz 1 Satz 1 Nummer 2 Satz 1 zweiter Halbsatz und Nummer 3 zweiter Halbsatz die Vorschriften eines Abkommens zur Vermeidung der Doppelbesteuerung anzuwenden und enthält das Abkommen keine solche Vergütungen betreffende ausdrückliche Regelung, gilt die Vergütung für Zwecke der Anwendung des Abkommens zur Vermeidung der Doppelbesteuerung ausschließlich als Teil des Unternehmensgewinns des vergütungsberechtigten Gesellschafters. [2]Satz 1 gilt auch für die durch das Sonderbetriebsvermögen veranlassten Erträge und Aufwendungen. [3]Die Vergütung des Gesellschafters ist ungeachtet der Vorschriften eines Abkommens zur Vermeidung der Doppelbesteuerung über die Zuordnung von Vermögenswerten zu einer Betriebsstätte derjenigen Betriebsstätte der Gesellschaft zuzurechnen, der der Aufwand für die der Vergütung zugrunde liegende Leistung zuzuordnen ist; die in Satz 2 genannten Erträge und Aufwendungen sind der Betriebsstätte zuzurechnen, der die Vergütung zuzuordnen ist. [4]Die Sätze 1 bis 3 gelten auch in den Fällen des § 15 Absatz 1 Satz 1 Nummer 2 Satz 2 sowie in den Fällen des § 15 Absatz 1 Satz 2 entsprechend. [5]Sind Einkünfte im Sinne der Sätze 1 bis 4 einer Person zuzurechnen, die nach einem Abkommen zur Vermeidung der Doppelbesteuerung als im anderen Staat ansässig gilt, und weist der Steuerpflichtige nach, dass der andere Staat die Einkünfte besteuert, ohne die darauf entfallende deutsche Steuer anzurechnen, ist die in diesem Staat nachweislich auf diese Einkünfte festgesetzte und gezahlte und um einen entstandenen Ermäßigungsanspruch gekürzte, der deutschen Einkommensteuer entsprechende, anteilige ausländische Steuer bis zur Höhe der anteilig auf diese Einkünfte entfallenden deutschen Einkommensteuer anzurechnen. [6]Satz 5 gilt nicht, wenn das Abkommen zur Vermeidung der Doppelbesteuerung eine ausdrückliche Regelung für solche Einkünfte enthält. [7]Die Sätze 1 bis 6

1. sind nicht auf Gesellschaften im Sinne des § 15 Absatz 3 Nummer 2 anzuwenden;
2. gelten entsprechend, wenn die Einkünfte zu den Einkünften aus selbständiger Arbeit im Sinne des § 18 gehören; dabei tritt der Artikel über die selbständige Arbeit an die Stelle des Artikels über die Unternehmenseinkünfte, wenn das Abkommen zur Vermeidung der Doppelbesteuerung einen solchen Artikel enthält.

[8]Absatz 9 Satz 1 Nummer 1 bleibt unberührt.

(11) [1]Sind Dividenden beim Zahlungsempfänger nach einem Abkommen zur Vermeidung der Doppelbesteuerung von der Bemessungsgrundlage der deutschen Steuer auszunehmen, wird die Freistellung ungeachtet des Abkommens nur insoweit gewährt, als die Dividenden nach deutschem Steuerrecht nicht einer anderen Person zuzurechnen sind. [2]Soweit die Dividenden nach deutschem Steuer-recht einer anderen Person zuzurechnen sind, werden sie bei dieser Person freigestellt, wenn sie bei ihr als Zahlungsempfänger nach Maßgabe des Abkommens freigestellt würden.

§ 50e Bußgeldvorschriften; Nichtverfolgung von Steuerstraftaten bei geringfügiger Beschäftigung in Privathaushalten

EStG

(1) [1]Ordnungswidrig handelt, wer vorsätzlich oder leichtfertig entgegen § 45d Absatz 1 Satz 1, § 45d Absatz 3 Satz 1, der nach § 45e erlassenen Rechtsverordnung oder den unmittelbar geltenden Verträgen mit den in Artikel 17 der Richtlinie 2003/48/EG genannten Staaten und Gebieten eine Mitteilung nicht, nicht richtig, nicht vollständig oder nicht rechtzeitig abgibt. [2]Die Ordnungswidrigkeit kann mit einer Geldbuße bis zu fünftausend Euro geahndet werden.

(1a) Verwaltungsbehörde im Sinne des § 36 Absatz 1 Nummer 1 des Gesetzes über Ordnungswidrigkeiten ist in den Fällen des Absatzes 1 Satz 1 das Bundeszentralamt für Steuern.

(2) [1]Liegen die Voraussetzungen des § 40a Absatz 2 vor, werden Steuerstraftaten (§§ 369 bis 376 der Abgabenordnung) als solche nicht verfolgt, wenn der Arbeitgeber in den Fällen des § 8a des Vierten Buches Sozialgesetzbuch entgegen § 41a Absatz 1 Nummer 1, auch in Verbindung mit Abs. 2 und 3 und § 51a, und § 40a Absatz 6 Satz 3 dieses Gesetzes in Verbindung mit § 28a Absatz 7 Satz 1 des Vierten Buches Sozialgesetzbuch für das Arbeitsentgelt die Lohnsteuer-Anmeldung und die Anmeldung der einheitlichen Pauschsteuer nicht oder nicht rechtzeitig durchführt und dadurch Steuern verkürzt oder für sich oder einen anderen nicht gerechtfertigte Steuervorteile erlangt. [2]Die Freistellung von der Verfolgung nach Satz 1 gilt auch für den Arbeitnehmer einer in Satz 1 genannten Beschäftigung, der die Finanzbehörde pflichtwidrig über steuerlich erhebliche Tatsachen aus dieser Beschäftigung in Unkenntnis lässt. [3]die Bußgeldvorschriften der §§ 377 bis 384 der Abgabenordnung bleiben mit der Maßgabe anwendbar, dass § 378 der Abgabenordnung auch bei vorsätzlichem Handeln anwendbar ist.

EStG
S 2257c

§ 50f Bußgeldvorschriften

(1) Ordnungswidrig handelt, wer vorsätzlich oder leichtfertig

1. entgegen § 22a Absatz 1 Satz 1 und 2 dort genannte Daten nicht, nicht richtig, nicht vollständig oder nicht rechtzeitig übermittelt oder eine Mitteilung nicht, nicht richtig, nicht vollständig oder nicht rechtzeitig macht oder
2. entgegen § 22a Absatz 2 Satz 9 die Identifikationsnummer für andere als die dort genannten Zwecke verwendet.

(2) Die Ordnungswidrigkeit kann in den Fällen des Absatzes 1 Nummer 1 mit einer Geldbuße bis zu fünfzigtausend Euro und in den übrigen Fällen mit einer Geldbuße bis zu zehntausend Euro geahndet werden.

(3) Verwaltungsbehörde im Sinne des § 36 Absatz 1 Nummer 1 des Gesetzes über Ordnungswidrigkeiten ist die zentrale Stelle nach § 81.

EStG

§ 50g Entlastung vom Steuerabzug bei Zahlungen von Zinsen und Lizenzgebühren zwischen verbundenen Unternehmen verschiedener Mitgliedstaaten der Europäischen Union

(1) [1]Auf Antrag werden die Kapitalertragsteuer für Zinsen und die Steuer auf Grund des § 50a für Lizenzgebühren, die von einem Unternehmen der Bundesrepublik Deutschland oder einer dort gelegenen Betriebsstätte eines Unternehmens eines anderen Mitgliedstaates der Europäischen Union als Schuldner an ein Unternehmen eines anderen Mitgliedstaates der Europäischen Union oder an eine in einem anderen Mitgliedstaat der Europäischen Union gelegene Betriebsstätte eines Unternehmens eines Mitgliedstaates der Europäischen Union als Gläubiger gezahlt werden, nicht erhoben. [2]Erfolgt die Besteuerung durch Veranlagung, werden die Zinsen und Lizenzgebühren bei der Ermittlung der Einkünfte nicht erfasst. [3]Voraussetzung für die Anwendung der Sätze 1 und 2 ist, dass der Gläubiger der Zinsen oder Lizenzgebühren ein mit dem Schuldner verbundenes Unternehmen oder dessen Betriebsstätte ist. [4]Die Sätze 1 bis 3 sind nicht anzuwenden, wenn die Zinsen oder Lizenzgebühren an eine Betriebsstätte eines Unternehmens eines Mitgliedstaates der Europäischen Union als Gläubiger gezahlt werden, die in einem Staat außerhalb der Europäischen Union oder im Inland gelegen ist und in der die Tätigkeit des Unternehmens ganz oder teilweise ausgeübt wird.

(2) Absatz 1 ist nicht anzuwenden auf die Zahlung von

1. Zinsen,
   a) die nach deutschem Recht als Gewinnausschüttung behandelt werden (§ 20 Absatz 1 Nummer 1 Satz 2) oder
   b) die auf Forderungen beruhen, die einen Anspruch auf Beteiligung am Gewinn des Schuldners begründen,
2. Zinsen oder Lizenzgebühren, die den Betrag übersteigen, den der Schuldner und der Gläubiger ohne besondere Beziehungen, die zwischen den beiden oder einem von ihnen und einem Dritten auf Grund von Absatz 3 Nummer 5 Buchstabe b bestehen, vereinbart hätten.

(3) Für die Anwendung der Absätze 1 und 2 gelten die folgenden Begriffsbestimmungen und Beschränkungen:

1. Der Gläubiger muss der Nutzungsberechtigte sein. Nutzungsberechtigter ist
   a) ein Unternehmen, wenn es die Einkünfte im Sinne von § 2 Absatz 1 erzielt;
   b) eine Betriebsstätte, wenn

aa) die Forderung, das Recht oder der Gebrauch von Informationen, auf Grund derer/dessen Zahlungen von Zinsen oder Lizenzgebühren geleistet werden, tatsächlich zu der Betriebsstätte gehört und

bb) die Zahlungen der Zinsen oder Lizenzgebühren Einkünfte darstellen, auf Grund derer die Gewinne der Betriebsstätte in dem Mitgliedstaat der Europäischen Union, in dem sie gelegen ist, zu einer der in Nummer 5 Satz 1 Buchstabe a Doppelbuchstabe cc genannten Steuern beziehungsweise im Fall Belgiens dem „impôt des non-résidents / belasting der nietverblijfhouders" beziehungsweise im Fall Spaniens dem „Impuesto sobre la Renta de no Residentes oder zu einer mit diesen Steuern identischen oder weitgehend ähnlichen Steuer herangezogen werden, die nach dem jeweiligen Zeitpunkt des Inkrafttretens der Richtlinie 2003/49/EG des Rates vom 3. Juni 2003 über eine gemeinsame Steuerregelung für Zahlungen von Zinsen und Lizenzgebühren zwischen verbundenen Unternehmen verschiedener Mitgliedstaaten (ABl. EU Nr. L 157 vom 26. 6. 2003, S. 49), die zuletzt durch die Richtlinie 2013/13/EU (ABl. L 141 vom 28. 5. 2013, S. 30) geändert worden ist, anstelle der bestehenden Steuern oder ergänzend zu ihnen eingeführt wird.

2. Eine Betriebsstätte gilt nur dann als Schuldner der Zinsen oder Lizenzgebühren, wenn die Zahlung bei der Ermittlung des Gewinns der Betriebsstätte eine steuerlich abzugsfähige Betriebsausgabe ist.

3. Gilt eine Betriebsstätte eines Unternehmens eines Mitgliedstaats der Europäischen Union als Schuldner oder Gläubiger von Zinsen oder Lizenzgebühren, so wird kein anderer Teil des Unternehmens als Schuldner oder Gläubiger der Zinsen oder Lizenzgebühren angesehen.

4. Im Sinne des Absatzes 1 sind

a) „Zinsen" Einkünfte aus Forderungen jeder Art, auch wenn die Forderungen durch Pfandrechte an Grundstücken gesichert sind, insbesondere Einkünfte aus öffentlichen Anleihen und aus Obligationen einschließlich der damit verbundenen Aufgelder und der Gewinne aus Losanleihen; Zuschläge für verspätete Zahlung und die Rückzahlung von Kapital gelten nicht als Zinsen;

b) „Lizenzgebühren" Vergütungen jeder Art, die für die Nutzung oder für das Recht auf Nutzung von Urheberrechten an literarischen, künstlerischen oder wissenschaftlichen Werken, einschließlich kinematografischer Filme und Software, von Patenten, Marken, Mustern oder Modellen, Plänen, geheimen Formeln oder Verfahren oder für die Mitteilung gewerblicher, kaufmännischer oder wissenschaftlicher Erfahrungen gezahlt werden; Zahlungen für die Nutzung oder das Recht auf Nutzung gewerblicher, kaufmännischer oder wissenschaftlicher Ausrüstungen gelten als Lizenzgebühren.

5. Die Ausdrücke „Unternehmen eines Mitgliedstaates der Europäischen Union", „verbundenes Unternehmen" und „Betriebsstätte" bedeuten:

a) „Unternehmen eines Mitgliedstaates der Europäischen Union" jedes Unternehmen, das

aa) eine der in Anlage 3 Nummer 1 zu diesem Gesetz aufgeführten Rechtsformen aufweist und

bb) nach dem Steuerrecht eines Mitgliedstaates in diesem Mitgliedstaat ansässig ist und nicht nach einem zwischen dem betreffenden Staat und einem Staat außerhalb der Europäischen Union geschlossenen Abkommen zur Vermeidung der Doppelbesteuerung von Einkünften für steuerliche Zwecke als außerhalb der Gemeinschaft ansässig gilt und

cc) einer der in Anlage 3 Nummer 2 zu diesem Gesetz aufgeführten Steuern unterliegt und nicht von ihr befreit ist. [2]Entsprechendes gilt für eine mit diesen Steuern identische oder weitgehend ähnliche Steuer, die nach dem jeweiligen Zeitpunkt des Inkrafttretens der Richtlinie 2003/49/EG des Rates vom 3. Juni 2003 (ABl. Nr. L 157 vom 26. 6. 2003, S. 49), zuletzt geändert durch die Richtlinie 2013/13/EU (ABl. L 141 vom 28. 5. 2013, S. 30), anstelle der bestehenden Steuern oder ergänzend zu ihnen *eingeführt wird*.

[2]Ein Unternehmen ist im Sinne von Doppelbuchstabe bb in einem Mitgliedstaat der Europäischen Union ansässig, wenn es der unbeschränkten Steuerpflicht im Inland oder einer vergleichbaren Besteuerung in einem anderen Mitgliedstaat der Europäischen Union nach dessen Rechtsvorschriften unterliegt.

b) „Verbundes Unternehmen" jedes Unternehmen, das dadurch mit einem zweiten Unternehmen verbunden ist, dass

aa) das erste Unternehmen unmittelbar mindestens zu 25 Prozent an dem Kapital des zweiten Unternehmens beteiligt ist oder

bb) das zweite Unternehmen unmittelbar mindestens zu 25 Prozent an dem Kapital des ersten Unternehmens beteiligt ist oder cc) ein drittes Unternehmen unmittelbar mindestens zu 25 Prozent an dem Kapital des ersten Unternehmens und dem Kapital des zweiten Unternehmens beteiligt ist.

Die Beteiligungen dürfen nur an Unternehmen bestehen, die in einem Mitgliedstaat der Europäischen Union ansässig sind.

c) „Betriebsstätte“ eine feste Geschäftseinrichtung in einem Mitgliedstaat der Europäischen Union, in der die Tätigkeit eines Unternehmens eines anderen Mitgliedstaates der Europäischen Union ganz oder teilweise ausgeübt wird.

(4) Die Entlastung nach Absatz 1 ist zu versagen oder zu entziehen, wenn der hauptsächliche Beweggrund oder einer der hauptsächlichen Beweggründe für Geschäftsvorfälle die Steuervermeidung oder der Missbrauch sind. § 50d Absatz 3 bleibt unberührt.

(5) Entlastungen von der Kapitalertragsteuer für Zinsen und der Steuer auf Grund des § 50a nach einem Abkommen zur Vermeidung der Doppelbesteuerung, die weiter gehen als die nach Absatz 1 gewährten, werden durch Absatz 1 nicht eingeschränkt.

(6) [1]Ist im Fall des Absatzes 1 Satz 1 eines der Unternehmen ein Unternehmen der Schweizerischen Eidgenossenschaft oder ist eine in der Schweizerischen Eidgenossenschaft gelegene Betriebsstätte eines Unternehmens eines anderen Mitgliedstaats der Europäischen Union Gläubiger der Zinsen oder Lizenzgebühren, gelten die Absätze 1 bis 5 entsprechend mit der Maßgabe, dass die Schweizerische Eidgenossenschaft insoweit einem Mitgliedstaat der Europäischen Union gleichgestellt ist. [2]Absatz 3 Nummer 5 Buchstabe a gilt entsprechend mit der Maßgabe, dass ein Unternehmen der Schweizerischen Eidgenossenschaft jedes Unternehmen ist, das

1. eine der folgenden Rechtsformen aufweist:
   - Aktiengesellschaft/société anonyme/società anonima;
   - Gesellschaft mit beschränkter Haftung/société à responsabilité limitée/società à responsabilità limitata;
   - Kommanditaktiengesellschaft/société en commandite par actions/società in accomandita per azioni, und
2. nach dem Steuerrecht der Schweizerischen Eidgenossenschaft dort ansässig ist und nicht nach einem zwischen der Schweizerischen Eidgenossenschaft und einem Staat außerhalb der Europäischen Union geschlossenen Abkommen zur Vermeidung der Doppelbesteuerung von Einkünften für steuerliche Zwecke als außerhalb der Gemeinschaft oder der Schweizerischen Eidgenossenschaft ansässig gilt, und
3. unbeschränkt der schweizerischen Körperschaftsteuer unterliegt, ohne von ihr befreit zu sein.

Anlage 3
(zu § 50g)

1. Unternehmen im Sinne von § 50g Absatz 3 Nummer 5 Buchstabe a Doppelbuchstabe aa sind:

   a) Gesellschaften belgischen Rechts mit der Bezeichnung
   „naamloze vennootschap“/„société anonyme“, „commanditaire vennootschap op aandelen“/„société en commandite par actions“ oder „besloten vennootschap met beperkte aansprakelijkheid“/„société privée à responsabilité limitée“ sowie öffentlich-rechtliche Körperschaften, deren Tätigkeit unter das Privatrecht fällt;

   b) Gesellschaften dänischen Rechts mit der Bezeichnung
   „aktieselskab“ und „anpartsselskab“;

   c) Gesellschaften deutschen Rechts mit der Bezeichnung
   „Aktiengesellschaft“, „Kommanditgesellschaft auf Aktien“ oder „Gesellschaft mit beschränkter Haftung“;

   d) Gesellschaften griechischen Rechts mit der Bezeichnung
   „ανώνυμη εταιρία“;

   e) Gesellschaften spanischen Rechts mit der Bezeichnung
   „sociedad anónima“, „sociedad comanditaria por acciones“ oder „sociedad de responsabilidad limitada“ sowie öffentlich-rechtliche Körperschaften, deren Tätigkeit unter *das Privatrecht fällt;*

   f) Gesellschaften französischen Rechts mit der Bezeichnung
   „société anonyme“, „société en commandite par actions“ oder „société à responsabilité limitée“ sowie die staatlichen Industrie- und Handelsbetriebe und Unternehmen;

   g) Gesellschaften irischen Rechts mit der Bezeichnung

„public companies limited by shares or by guarantee", „private companies limited by shares or by guarantee", gemäß den „Industrial and Provident Societies Acts" eingetragene Einrichtungen oder gemäß den „Building Societies Acts" eingetragene „building societies";

h) Gesellschaften italienischen Rechts mit der Bezeichnung
„società per azioni", „società in accomandita per azioni" oder „società a responsabilità limitata" sowie staatliche und private Industrie- und Handelsunternehmen;

i) Gesellschaften luxemburgischen Rechts mit der Bezeichnung
„société anonyme", „société en commandite par actions" oder „société à responsabilité limitée";

j) Gesellschaften niederländischen Rechts mit der Bezeichnung
„naamloze vennootschap" oder „besloten vennootschap met beperkte aansprakelijkheid";

k) Gesellschaften österreichischen Rechts mit der Bezeichnung
„Aktiengesellschaft" oder „Gesellschaft mit beschränkter Haftung";

l) Gesellschaften portugiesischen Rechts in Form von Handelsgesellschaften oder zivilrechtlichen Handelsgesellschaften sowie Genossenschaften und öffentliche Unternehmen;

m) Gesellschaften finnischen Rechts mit der Bezeichnung
„osakeyhtiö/aktiebolag", „osuuskunta/andelslag", „säästöpankki/sparbank" oder „vakuutusyhtiö/försäkringsbolag";

n) Gesellschaften schwedischen Rechts mit der Bezeichnung
„aktiebolag" oder „försäkringsaktiebolag";

o) nach dem Recht des Vereinigten Königreichs gegründete Gesellschaften;

p) Gesellschaften tschechischen Rechts mit der Bezeichnung
„akciová společnost", „společnost s ručením omezeným", „veřejná obchodní společnost", „komanditní společnost" oder „družstvo";

q) Gesellschaften estnischen Rechts mit der Bezeichnung
„täisühing", „usaldusühing", „osaühing", „aktsiaselts" oder „tulundusühistu";

r) Gesellschaften zyprischen Rechts, die nach dem Gesellschaftsrecht als Gesellschaften bezeichnet werden, Körperschaften des öffentlichen Rechts und sonstige Körperschaften, die als Gesellschaft im Sinne der Einkommensteuergesetze gelten;

s) Gesellschaften lettischen Rechts mit der Bezeichnung
„akciju sabiedrība" oder „sabiedrība ar ierobežotu atbildību";

t) nach dem Recht Litauens gegründete Gesellschaften;

u) Gesellschaften ungarischen Rechts mit der Bezeichnung
„közkereseti társaság", „betéti társaság", „közös vállalat", „korlátolt felelösségü társaság", „részvénytársaság", „egyesülés", „közhasznú társaság" oder „szövetkezet";

v) Gesellschaften maltesischen Rechts mit der Bezeichnung
„Kumpaniji ta' Responsabilita' Limitata" oder „Soċjetajiet in akkomandita li l-kapital taghhom maqsum f'azzjonijiet";

w) Gesellschaften polnischen Rechts mit der Bezeichnung
„spółka akcyjna" oder „spółka z ograniczoną odpowiedzialnością";

x) Gesellschaften slowenischen Rechts mit der Bezeichnung
„delniška družba", „komanditna delniška družba", „komanditna družba", „družba z omejeno odgovornostjo" oder „družba z neomejeno odgovornostjo";

y) Gesellschaften slowakischen Rechts mit der Bezeichnung
„akciová spoločnos", „spoločnosť s ručením obmedzeným", „komanditná spoločnos", „verejná obchodná spoločnos" oder „družstvo";

aa) Gesellschaften bulgarischen Rechts mit der Bezeichnung
„събирателното дружество", „командитното дружество", „дружеството с ограничена отговорност", „акционерното дружество", „командитното дружество с акции", „кооперации", „кооперативни съюзи" oder „държавни предприятия", die nach bulgarischem Recht gegründet wurden und gewerbliche Tätigkeiten ausüben;

bb) Gesellschaften rumänischen Rechts mit der Bezeichnung
„societăţi pe acţiuni", „societăţi în comandită pe acţiuni" oder „societăţi cu răspundere limitată";

cc) Gesellschaften kroatischen Rechts mit der Bezeichnung „dioničko društvo" oder „društvo s ograničenom odgovor-nošću" und andere nach kroatischem Recht gegründete Gesellschaften, die der kroatischen Gewinnsteuer unterliegen.

2. Steuern im Sinne von § 50g Absatz 3 Nummer 5 Buchstabe a Doppelbuchstabe cc sind:
- impôt des sociétés/vennootschapsbelasting in Belgien,
- selskabsskat in Dänemark,
- Körperschaftsteuer in Deutschland,
- Φόρος εισοδήματος νομικών προσώπων in Griechenland,
- impuesto sobre sociedades in Spanien,
- impôt sur les sociétés in Frankreich,
- corporation tax in Irland,
- imposta sul reddito delle persone giuridiche in Italien,
- impôt sur le revenu des collectivités in Luxemburg,
- vennootschapsbelasting in den Niederlanden,
- Körperschaftsteuer in Österreich,
- imposto sobre o rendimento da pessoas colectivas in Portugal,
- yhteisöjen tulovero/inkomstskatten för samfund in Finnland,
- statlig inkomstskatt in Schweden,
- corporation tax im Vereinigten Königreich,
- Daň z příjmů právnických osob in der Tschechischen Republik,
- Tulumaks in Estland,
- Φόρος εισοδήματος in Zypern,
- Uzņēmumu ienākuma nodoklis in Lettland,
- Pelno mokestis in Litauen,
- Társasági adó in Ungarn,
- Taxxa fuq l-income in Malta,
- Podatek dochodowy od osób prawnych in Polen,
- Davek od dobička pravnih oseb in Slowenien,
- Daň z príjmov právnických osôb in der Slowakei,
- корпоративен данък in Bulgarien,
- impozit pe profit, impozitul pe veniturile obţinute din România de nerezidenţi in Rumänien,
- porez na dobit in Kroatien.

EStG

§ 50h Bestätigung für Zwecke der Entlastung von Quellensteuern in einem anderen Mitgliedstaat der Europäischen Union oder der Schweizerischen Eidgenossenschaft

Auf Antrag hat das Finanzamt, das für die Besteuerung eines Unternehmens der Bundesrepublik Deutschland oder einer dort gelegenen Betriebsstätte eines Unternehmens eines anderen Mitgliedstaats der Europäischen Union im Sinne des § 50g Absatz 3 Nummer 5 oder eines Unternehmens der Schweizerischen Eidgenossenschaft im Sinne des § 50g Absatz 6 Satz 2 zuständig ist, für die Entlastung von der Quellensteuer dieses Staats auf Zinsen oder Lizenzgebühren im Sinne des § 50g zu bescheinigen, dass das empfangende Unternehmen steuerlich im Inland ansässig ist oder die Betriebsstätte im Inland gelegen ist.

EStG

§ 50i Besteuerung bestimmter Einkünfte und Anwendung von Doppelbesteuerungsabkommen

(1) [1]Sind Wirtschaftsgüter des Betriebsvermögens oder sind Anteile im Sinne des § 17 vor dem *29. Juni 2013 in das Betriebs*vermögen einer Personengesellschaft im Sinne des § 15 Absatz 3 übertragen oder überführt worden, und ist eine Besteuerung der stillen Reserven im Zeitpunkt der Übertragung oder Überführung unterblieben, so ist der Gewinn, den ein Steuerpflichtiger, der im Sinne eines Abkommens zur Vermeidung der Doppelbesteuerung im anderen Vertragsstaat ansässig ist, aus der späteren Veräußerung oder Entnahme dieser Wirtschaftsgüter oder Anteile erzielt, ungeachtet entgegenstehender Bestimmungen des Abkommens zur Vermei-

dung der Doppelbesteuerung zu versteuern. [2]Als Übertragung oder Überführung von Anteilen im Sinne des § 17 in das Betriebsvermögen einer Personengesellschaft gilt auch die Gewährung neuer Anteile an eine Personengesellschaft, die bisher auch eine Tätigkeit im Sinne des § 15 Absatz 1 Satz 1 Nummer 1 ausgeübt hat oder gewerbliche Einkünfte im Sinne des § 15 Absatz 1 Satz 1 Nummer 2 bezogen hat, im Rahmen der Einbringung eines Betriebs oder Teilbetriebs oder eines Mitunternehmeranteils dieser Personengesellschaft in eine Körperschaft nach § 20 des Umwandlungssteuergesetzes, wenn der Einbringungszeitpunkt vor dem 29. Juni 2013 liegt und die Personengesellschaft nach der Einbringung als Personengesellschaft im Sinne des § 15 Absatz 3 fortbesteht. [3]Auch die laufenden Einkünfte aus der Beteiligung an der Personengesellschaft, auf die die in Satz 1 genannten Wirtschaftsgüter oder Anteile übertragen oder überführt oder der im Sinne des Satzes 2 neue Anteile gewährt wurden, sind ungeachtet entgegenstehender Bestimmungen des Abkommens zur Vermeidung der Doppelbesteuerung zu versteuern. [4]Die Sätze 1 und 3 gelten sinngemäß, wenn Wirtschaftsgüter vor dem 29. Juni 2013 Betriebsvermögen eines Einzelunternehmens oder einer Personengesellschaft geworden sind, die deswegen Einkünfte aus Gewerbebetrieb erzielen, weil der Steuerpflichtige sowohl im überlassenden Betrieb als auch im nutzenden Betrieb allein oder zusammen mit anderen Gesellschaftern einen einheitlichen geschäftlichen Betätigungswillen durchsetzen kann und dem nutzenden Betrieb eine wesentliche Betriebsgrundlage zur Nutzung überlässt.

(2) [1]Im Rahmen von Umwandlungen und Einbringungen im Sinne des § 1 des Umwandlungssteuergesetzes sind Sachgesamtheiten, die Wirtschaftsgüter und Anteile im Sinne des Absatzes 1 enthalten, abweichend von den Bestimmungen des Umwandlungssteuergesetzes, stets mit dem gemeinen Wert anzusetzen. [2]Ungeachtet des § 6 Absatz 3 und 5 gilt Satz 1 für die Überführung oder Übertragung

1. der Wirtschaftsgüter und Anteile im Sinne des Absatzes 1 aus dem Gesamthandsvermögen der Personengesellschaft im Sinne des Absatzes 1 oder aus dem Sonderbetriebsvermögen eines Mitunternehmers dieser Personengesellschaft oder
2. eines Mitunternehmeranteils an dieser Personengesellschaft

entsprechend. [3]Werden die Wirtschaftsgüter oder Anteile im Sinne des Absatzes 1 von der Personengesellschaft für eine Betätigung im Sinne des § 15 Absatz 2 genutzt (Strukturwandel), gilt Satz 1 entsprechend. [4]Absatz 1 Satz 4 bleibt unberührt.

§ 51 Ermächtigungen

EStG

(1) Die Bundesregierung wird ermächtigt, mit Zustimmung des Bundesrates

1. zur Durchführung dieses Gesetzes Rechtsverordnungen zu erlassen, soweit dies zur Wahrung der Gleichmäßigkeit bei der Besteuerung, zur Beseitigung von Unbilligkeiten in Härtefällen, zur Steuerfreistellung des Existenzminimums oder zur Vereinfachung des Besteuerungsverfahrens erforderlich ist, und zwar:
   a) über die Abgrenzung der Steuerpflicht, die Beschränkung der Steuererklärungspflicht auf die Fälle, in denen eine Veranlagung in Betracht kommt, über die den Einkommensteuererklärungen beizufügenden Unterlagen und über die Beistandspflichten Dritter;
   b) über die Ermittlung der Einkünfte und die Feststellung des Einkommens einschließlich der abzugsfähigen Beträge;
   c) über die Höhe von besonderen Betriebsausgaben-Pauschbeträgen für Gruppen von Betrieben, bei denen hinsichtlich der Besteuerungsgrundlagen annähernd gleiche Verhältnisse vorliegen, wenn der Steuerpflichtige Einkünfte aus Gewerbebetrieb (§ 15) oder selbständiger Arbeit (§ 18) erzielt, in Höhe eines Prozentsatzes der Umsätze im Sinne des § 1 Absatz 1 Nummer 1 des Umsatzsteuergesetzes; Umsätze aus der Veräußerung von Wirtschaftsgütern des Anlagevermögens sind nicht zu berücksichtigen. [2]Einen besonderen Betriebsausgaben-Pauschbetrag dürfen nur Steuerpflichtige in Anspruch nehmen, die ihren Gewinn durch Einnahme-Überschussrechnung nach § 4 Absatz 3 ermitteln. [3]Bei der Festlegung der Höhe des besonderen Betriebsausgaben-Pauschbetrags ist der Zuordnung der Betriebe entsprechend der Klassifikation der Wirtschaftszweige, Fassung für Steuerstatistiken, Rechnung zu tragen. [4]Bei der Ermittlung der besonderen Betriebsausgaben-Pauschbeträge sind alle Betriebsausgaben mit Ausnahme der an das Finanzamt gezahlten Umsatzsteuer zu berücksichtigen. [5]Bei der Veräußerung oder Entnahme von Wirtschaftsgütern des Anlagevermögens sind die Anschaffungs- oder Herstellungskosten, vermindert um die Absetzungen für Abnutzung nach § 7 Absatz 1 oder 4 sowie die Veräußerungskosten neben dem besonderen Betriebsausgaben-Pauschbetrag abzugsfähig. [6]Der Steuerpflichtige kann im folgenden Veranlagungszeitraum zur Ermittlung der tatsächlichen Betriebsausgaben übergehen. [7]Wechselt der Steuerpflichtige zur Ermittlung der tatsächlichen Betriebsausgaben, sind die abnutzbaren Wirtschaftsgüter des Anlagevermögens mit ihren Anschaffungs- oder Herstel-

lungskosten, vermindert um die Absetzungen für Abnutzung nach § 7 Absatz 1 oder 4, in ein laufend zu führendes Verzeichnis aufzunehmen. [8]§ 4 Absatz 3 Satz 5 bleibt unberührt. [9]Nach dem Wechsel zur Ermittlung der tatsächlichen Betriebsausgaben ist eine erneute Inanspruchnahme des besonderen Betriebsausgaben-Pauschbetrags erst nach Ablauf der folgenden vier Veranlagungszeiträume zulässig; die §§ 140 und 141 der Abgabenordnung bleiben unberührt;

d) über die Veranlagung, die Anwendung der Tarifvorschriften und die Regelung der Steuerentrichtung einschließlich der Steuerabzüge;

e) über die Besteuerung der beschränkt Steuerpflichtigen einschließlich eines Steuerabzugs;

f) in Fällen, in denen ein Sachverhalt zu ermitteln und steuerrechtlich zu beurteilen ist, der sich auf Vorgänge außerhalb des Geltungsbereichs dieses Gesetzes bezieht, und außerhalb des Geltungsbereichs dieses Gesetzes ansässige Beteiligte oder andere Personen nicht wie bei Vorgängen innerhalb des Geltungsbereichs dieses Gesetzes zur Mitwirkung bei der Ermittlung des Sachverhalts herangezogen werden können, zu bestimmen,

aa) in welchem Umfang Aufwendungen im Sinne des § 4 Absatz 4 oder des § 9 den Gewinn oder den Überschuss der Einnahmen über die Werbungskosten nur unter Erfüllung besonderer Mitwirkungs- und Nachweispflichten mindern dürfen. [2]Die besonderen Mitwirkungs- und Nachweispflichten können sich erstrecken auf

aaa) die Angemessenheit der zwischen nahestehenden Personen im Sinne des § 1 Absatz 2 des Außensteuergesetzes in ihren Geschäftsbeziehungen vereinbarten Bedingungen,

bbb) die Angemessenheit der Gewinnabgrenzung zwischen unselbständigen Unternehmensteilen,

ccc) die Pflicht zur Einhaltung von für nahestehende Personen geltenden Dokumentations- und Nachweispflichten auch bei Geschäftsbeziehungen zwischen nicht nahestehenden Personen,

ddd) die Bevollmächtigung der Finanzbehörde durch den Steuerpflichtigen, in seinem Namen mögliche Auskunftsansprüche gegenüber den von der Finanzbehörde benannten Kreditinstituten außergerichtlich und gerichtlich geltend zu machen;

bb) dass eine ausländische Gesellschaft ungeachtet des § 50d Absatz 3 nur dann einen Anspruch auf völlige oder teilweise Entlastung vom Steuerabzug nach § 50d Absatz 1 und 2 oder § 44a Absatz 9 hat, soweit sie die Ansässigkeit der an ihr unmittelbar oder mittelbar beteiligten natürlichen Personen, deren Anteil unmittelbar oder mittelbar 10 Prozent übersteigt, darlegt und nachweisen kann;

cc) dass § 2 Absatz 5b Satz 1, § 32d Absatz 1 und § 43 Absatz 5 in Bezug auf Einkünfte im Sinne des § 20 Absatz 1 Nummer 1 und die steuerfreien Einnahmen nach § 3 Nummer 40 Satz 1 und 2 nur dann anzuwenden sind, wenn die Finanzbehörde bevollmächtigt wird, im Namen des Steuerpflichtigen mögliche Auskunftsansprüche gegenüber den von der Finanzbehörde benannten Kreditinstituten außergerichtlich und gerichtlich geltend zu machen.

[2]Die besonderen Nachweis- und Mitwirkungspflichten auf Grund dieses Buchstabens gelten nicht, wenn die außerhalb des Geltungsbereichs dieses Gesetzes ansässigen Beteiligten oder andere Personen in einem Staat oder Gebiet ansässig sind, mit dem ein Abkommen besteht, das die Erteilung von Auskünften entsprechend Artikel 26 des Musterabkommens der OECD zur Vermeidung der Doppelbesteuerung auf dem Gebiet der Steuern vom Einkommen und vom Vermögen in der Fassung von 2005 vorsieht oder der Staat oder das Gebiet Auskünfte in einem vergleichbaren Umfang erteilt oder die Bereitschaft zu einer entsprechenden Auskunftserteilung besteht;

2. Vorschriften durch Rechtsverordnung zu erlassen

a) über die sich aus der Aufhebung oder Änderung von Vorschriften dieses Gesetzes ergebenden Rechtsfolgen, soweit dies zur Wahrung der Gleichmäßigkeit bei der Besteuerung oder zur Beseitigung von Unbilligkeiten in Härtefällen erforderlich ist;

b) (weggefallen);

c) über den Nachweis von Zuwendungen im Sinne des § 10b einschließlich erleichterter Nachweisanforderungen;

d) über Verfahren, die in den Fällen des § 38 Absatz 1 Nummer 2 den Steueranspruch der *Bundesrepublik D*eutschland sichern oder die sicherstellen, dass bei Befreiungen im Ausland ansässiger Leiharbeitnehmer von der Steuer der Bundesrepublik Deutschland auf Grund von Abkommen zur Vermeidung der Doppelbesteuerung die ordnungsgemäße Besteuerung im Ausland gewährleistet ist. [2]Hierzu kann nach Maßgabe zwischenstaatlicher Regelungen bestimmt werden, dass

aa) der Entleiher in dem hierzu notwendigen Umfang an derartigen Verfahren mitwirkt, bb) er sich im Haftungsverfahren nicht auf die Freistellungsbestimmungen des Abkommens berufen kann, wenn er seine Mitwirkungspflichten verletzt;

e) bis m) (weggefallen);

n) über Sonderabschreibungen S 2185

aa) im Tiefbaubetrieb des Steinkohlen-, Pechkohlen-, Braunkohlen- und Erzbergbaues bei Wirtschaftsgütern des Anlagevermögens unter Tage und bei bestimmten mit dem Grubenbetrieb unter Tage in unmittelbarem Zusammenhang stehenden, der Förderung, Seilfahrt, Wasserhaltung und Wetterführung sowie der Aufbereitung des Minerals dienenden Wirtschaftsgütern des Anlagevermögens über Tage, soweit die Wirtschaftsgüter

für die Errichtung von neuen Förderschachtanlagen, auch in Form von Anschlussschachtanlagen,

für die Errichtung neuer Schächte sowie die Erweiterung des Grubengebäudes und den durch Wasserzuflüsse aus stillliegenden Anlagen bedingten Ausbau der Wasserhaltung bestehender Schachtanlagen,

für Rationalisierungsmaßnahmen in der Hauptschacht-, Blindschacht-, Strecken- und Abbauförderung, im Streckenvortrieb, in der Gewinnung, Versatzwirtschaft, Seilfahrt, Wetterführung und Wasserhaltung sowie in der Aufbereitung,

für die Zusammenfassung von mehreren Förderschachtanlagen zu einer einheitlichen Förderschachtanlage und

für den Wiederaufschluss stillliegender Grubenfelder und Feldesteile,

bb) im Tagebaubetrieb des Braunkohlen- und Erzbergbaues bei bestimmten Wirtschaftsgütern des beweglichen Anlagevermögens (Grubenaufschluss, Entwässerungsanlagen, Großgeräte sowie Einrichtungen des Grubenrettungswesens und der ersten Hilfe und im Erzbergbau auch Aufbereitungsanlagen), die

für die Erschließung neuer Tagebaue, auch in Form von Anschlusstagebauen, für Rationalisierungsmaßnahmen bei laufenden Tagebauen,

beim Übergang zum Tieftagebau für die Freilegung und Gewinnung der Lagerstätte und

für die Wiederinbetriebnahme stillgelegter Tagebaue

von Steuerpflichtigen, die den Gewinn nach § 5 ermitteln, vor dem 1. Januar 1990 angeschafft oder hergestellt werden. [2]Die Sonderabschreibungen können bereits für Anzahlungen auf Anschaffungskosten und für Teilherstellungskosten zugelassen werden. [3]Hat der Steuerpflichtige vor dem 1. Januar 1990 die Wirtschaftsgüter bestellt oder mit ihrer Herstellung begonnen, so können die Sonderabschreibungen auch für nach dem 31. Dezember 1989 und vor dem 1. Januar 1991 angeschaffte oder hergestellte Wirtschaftsgüter sowie für vor dem 1. Januar 1991 geleistete Anzahlungen auf Anschaffungskosten und entstandene Teilherstellungskosten in Anspruch genommen werden. [4]Voraussetzung für die Inanspruchnahme der Sonderabschreibungen ist, dass die Förderungswürdigkeit der bezeichneten Vorhaben von der obersten Landesbehörde für Wirtschaft im Einvernehmen mit dem Bundesministerium für Wirtschaft und *Energie* bescheinigt worden ist. [5]Die Sonderabschreibungen können im Wirtschaftsjahr der Anschaffung oder Herstellung und in den vier folgenden Wirtschaftsjahren in Anspruch genommen werden, und zwar bei beweglichen Wirtschaftsgütern des Anlagevermögens bis zu insgesamt 50 Prozent, bei unbeweglichen Wirtschaftsgütern des Anlagevermögens bis zu insgesamt 30 Prozent der Anschaffungs- oder Herstellungskosten. [6]Bei den begünstigten Vorhaben im Tagebaubetrieb des Braunkohlen- und Erzbergbaues kann außerdem zugelassen werden, dass die vor dem 1. Januar 1991 aufgewendeten Kosten für den Vorabraum bis zu 50 Prozent als sofort abzugsfähige Betriebsausgaben behandelt werden; [1)]

o) (weggefallen);

p) über die Bemessung der Absetzungen für Abnutzung oder Substanzverringerung bei nicht zu einem Betriebsvermögen gehörenden Wirtschaftsgütern, die vor dem 21. Juni 1948 angeschafft oder hergestellt oder die unentgeltlich erworben sind. [2]Hierbei kann bestimmt werden, dass die Absetzungen für Abnutzung oder Substanzverringerung nicht nach den Anschaffungs- oder Herstellungskosten, sondern nach Hilfswerten (am 21. Juni 1948 maßgebender Einheitswert, Anschaffungs- oder Herstellungskosten des Rechtsvorgängers abzüglich der von ihm vorgenommenen Absetzungen, fiktive Anschaffungskosten an einem noch zu bestimmenden Stichtag) zu bemessen sind. [3]Zur Vermeidung von Härten kann zugelassen werden, dass anstelle der Absetzungen für Abnutzung, die nach dem am 21. Juni 1948 maßgebenden Einheitswert zu bemessen sind, der Betrag abgezogen wird, der für das Wirtschaftsgut in dem Veranlagungszeit- S 2190

1) Absatz 1 Nr. 2 Buchstabe n Satz 4 wurde durch die Zehnte Zuständigkeitsanpassungsverordnung ab VZ 2015 geändert.

raum 1947 als Absetzung für Abnutzung geltend gemacht werden konnte. [4]Für das Land Berlin tritt in den Sätzen 1 bis 3 an die Stelle des 21. Juni 1948 jeweils der 1. April 1949;

S 2198 q) über erhöhte Absetzungen bei Herstellungskosten

aa) für Maßnahmen, die für den Anschluss eines im Inland belegenen Gebäudes an eine Fernwärmeversorgung einschließlich der Anbindung an das Heizsystem erforderlich sind, wenn die Fernwärmeversorgung überwiegend aus Anlagen der Kraft-Wärme-Kopplung, zur Verbrennung von Müll oder zur Verwertung von Abwärme gespeist wird,

bb) für den Einbau von Wärmepumpenanlagen, Solaranlagen und Anlagen zur Wärmerückgewinnung in einem im Inland belegenen Gebäude einschließlich der Anbindung an das Heizsystem,

cc) für die Errichtung von Windkraftanlagen, wenn die mit diesen Anlagen erzeugte Energie überwiegend entweder unmittelbar oder durch Verrechnung mit Elektrizitätsbezügen des Steuerpflichtigen von einem Elektrizitätsversorgungsunternehmen zur Versorgung eines im Inland belegenen Gebäudes des Steuerpflichtigen verwendet wird, einschließlich der Anbindung an das Versorgungssystem des Gebäudes,

dd) für die Errichtung von Anlagen zur Gewinnung von Gas, das aus pflanzlichen oder tierischen Abfallstoffen durch Gärung unter Sauerstoffabschluss entsteht, wenn dieses Gas zur Beheizung eines im Inland belegenen Gebäudes des Steuerpflichtigen oder zur Warmwasserbereitung in einem solchen Gebäude des Steuerpflichtigen verwendet wird, einschließlich der Anbindung an das Versorgungssystem des Gebäudes,

ee) für den Einbau einer Warmwasseranlage zur Versorgung von mehr als einer Zapfstelle und einer zentralen Heizungsanlage oder bei einer zentralen Heizungs- und Warmwasseranlage für den Einbau eines Heizkessels, eines Brenners, einer zentralen Steuerungseinrichtung, einer Wärmeabgabeeinrichtung und eine Änderung der Abgasanlage in einem im Inland belegenen Gebäude oder in einer im Inland belegenen Eigentumswohnung, wenn mit dem Einbau nicht vor Ablauf von zehn Jahren seit Fertigstellung dieses Gebäudes begonnen worden ist und der Einbau nach dem 30. Juni 1985 fertig gestellt worden ist; Entsprechendes gilt bei Anschaffungskosten für neue Einzelöfen, wenn keine Zentralheizung vorhanden ist.

[2]Voraussetzung für die Gewährung der erhöhten Absetzungen ist, dass die Maßnahmen vor dem 1. Januar 1992 fertig gestellt worden sind; in den Fällen des Satzes 1 Doppelbuchstabe aa müssen die Gebäude vor dem 1. Juli 1983 fertig gestellt worden sein, es sei denn, dass der Anschluss nicht schon im Zusammenhang mit der Errichtung des Gebäudes möglich war. [3]Die erhöhten Absetzungen dürfen jährlich 10 Prozent der Aufwendungen nicht übersteigen. [4]Sie dürfen nicht gewährt werden, wenn für dieselbe Maßnahme eine Investitionszulage in Anspruch genommen wird. [5]Sind die Aufwendungen Erhaltungsaufwand und entstehen sie bei einer zu eigenen Wohnzwecken genutzten Wohnung im eigenen Haus, für die der Nutzungswert nicht mehr besteuert wird, und liegen in den Fällen des Satzes 1 Doppelbuchstabe aa die Voraussetzungen des Satzes 2 zweiter Halbsatz vor, so kann der Abzug dieser Aufwendungen wie Sonderausgaben mit gleichmäßiger Verteilung auf das Kalenderjahr, in dem die Arbeiten abgeschlossen worden sind, und die neun folgenden Kalenderjahre zugelassen werden, wenn die Maßnahme vor dem 1. Januar 1992 abgeschlossen worden ist;

S 2211 r) nach denen Steuerpflichtige größere Aufwendungen

aa) für die Erhaltung von nicht zu einem Betriebsvermögen gehörenden Gebäuden, die überwiegend Wohnzwecken dienen,

bb) zur Erhaltung eines Gebäudes in einem förmlich festgelegten Sanierungsgebiet oder städtebaulichen Entwicklungsbereich, die für Maßnahmen im Sinne des § 177 des Baugesetzbuchs sowie für bestimmte Maßnahmen, die der Erhaltung, Erneuerung und funktionsgerechten Verwendung eines Gebäudes dienen, das wegen seiner geschichtlichen, künstlerischen oder städtebaulichen Bedeutung erhalten bleiben soll, und zu deren Durchführung sich der Eigentümer neben bestimmten Modernisierungsmaßnahmen gegenüber der Gemeinde verpflichtet hat, aufgewendet worden sind,

cc) zur Erhaltung von Gebäuden, die nach den jeweiligen landesrechtlichen Vorschriften Baudenkmale sind, soweit die Aufwendungen nach Art und Umfang zur Erhaltung des Gebäudes als Baudenkmal und zu seiner sinnvollen Nutzung erforderlich sind,

auf zwei bis fünf Jahre gleichmäßig verteilen können. [2]In den Fällen der Doppelbuchstaben bb und cc ist Voraussetzung, dass der Erhaltungsaufwand vor dem 1. Januar 1990 entstanden ist. [3]In den Fällen von Doppelbuchstabe cc sind die Denkmaleigenschaft des Gebäudes und die Voraussetzung, dass die Aufwendungen nach Art und Umfang zur Erhaltung des Gebäudes als Baudenkmal und zu seiner sinnvollen Nutzung erforderlich sind, durch eine Bescheinigung der nach Landesrecht zuständigen oder von der Landesregierung bestimmten Stelle nachzuweisen;

s) nach denen bei Anschaffung oder Herstellung von abnutzbaren beweglichen und bei Herstellung von abnutzbaren unbeweglichen Wirtschaftsgütern des Anlagevermögens auf Antrag ein Abzug von der Einkommensteuer für den Veranlagungszeitraum der Anschaffung oder Herstellung bis zur Höhe von 7,5 Prozent der Anschaffungs- oder Herstellungskosten dieser Wirtschaftsgüter vorgenommen werden kann, wenn eine Störung des gesamtwirtschaftlichen Gleichgewichts eingetreten ist oder sich abzeichnet, die eine nachhaltige Verringerung der Umsätze oder der Beschäftigung zur Folge hatte oder erwarten lässt, insbesondere bei einem erheblichen Rückgang der Nachfrage nach Investitionsgütern oder Bauleistungen. [2]Bei der Bemessung des von der Einkommensteuer abzugsfähigen Betrags dürfen nur berücksichtigt werden S 2185

aa) die Anschaffungs- oder Herstellungskosten von beweglichen Wirtschaftsgütern, die innerhalb eines jeweils festzusetzenden Zeitraums, der ein Jahr nicht übersteigen darf (Begünstigungszeitraum), angeschafft oder hergestellt werden,

bb) die Anschaffungs- oder Herstellungskosten von beweglichen Wirtschaftsgütern, die innerhalb des Begünstigungszeitraums bestellt und angezahlt werden oder mit deren Herstellung innerhalb des Begünstigungszeitraums begonnen wird, wenn sie innerhalb eines Jahres, bei Schiffen innerhalb zweier Jahre nach Ablauf des Begünstigungszeitraums geliefert oder fertig gestellt werden. [2]Soweit bewegliche Wirtschaftsgüter im Sinne des Satzes 1 mit Ausnahme von Schiffen nach Ablauf eines Jahres, aber vor Ablauf zweier Jahre nach dem Ende des Begünstigungszeitraums geliefert oder fertig gestellt werden, dürfen bei Bemessung des Abzugs von der Einkommensteuer die bis zum Ablauf eines Jahres nach dem Ende des Begünstigungszeitraums aufgewendeten Anzahlungen und Teilherstellungskosten berücksichtigt werden,

cc) die Herstellungskosten von Gebäuden, bei denen innerhalb des Begünstigungszeitraums der Antrag auf Baugenehmigung gestellt wird, wenn sie bis zum Ablauf von zwei Jahren nach dem Ende des Begünstigungszeitraums fertig gestellt werden;

dabei scheiden geringwertige Wirtschaftsgüter im Sinne des § 6 Absatz 2 und Wirtschaftsgüter, die in gebrauchtem Zustand erworben werden, aus. [3]Von der Begünstigung können außerdem Wirtschaftsgüter ausgeschlossen werden, für die Sonderabschreibungen, erhöhte Absetzungen oder die Investitionszulage nach § 19 des Berlinförderungsgesetzes in Anspruch genommen werden. [4]In den Fällen des Satzes 2 Doppelbuchstaben bb und cc können bei Bemessung des von der Einkommensteuer abzugsfähigen Betrags bereits die im Begünstigungszeitraum, im Fall des Satzes 2 Doppelbuchstaben bb Satz 2 auch die bis zum Ablauf eines Jahres nach dem Ende des Begünstigungszeitraums aufgewendeten Anzahlungen und Teilherstellungskosten berücksichtigt werden; der Abzug von der Einkommensteuer kann insoweit schon für den Veranlagungszeitraum vorgenommen werden, in dem die Anzahlungen oder Teilherstellungskosten aufgewendet worden sind. [5]Übersteigt der von der Einkommensteuer abzugsfähige Betrag die für den Veranlagungszeitraum der Anschaffung oder Herstellung geschuldete Einkommensteuer, so kann der übersteigende Betrag von der Einkommensteuer für den darauf folgenden Veranlagungszeitraum abgezogen werden. [6]Entsprechendes gilt, wenn in den Fällen des Satzes 2 Doppelbuchstaben bb und cc der Abzug von der Einkommensteuer bereits für Anzahlungen oder Teilherstellungskosten geltend gemacht wird. [7]Der Abzug von der Einkommensteuer darf jedoch die für den Veranlagungszeitraum der Anschaffung oder Herstellung und den folgenden Veranlagungszeitraum insgesamt zu entrichtende Einkommensteuer nicht übersteigen. [8]In den Fällen des Satzes 2 Doppelbuchstaben bb Satz 2 gilt dies mit der Maßgabe, dass an die Stelle des Veranlagungszeitraums der Anschaffung oder Herstellung der Veranlagungszeitraum tritt, in dem zuletzt Anzahlungen oder Teilherstellungskosten aufgewendet worden sind. [9]Werden begünstigte Wirtschaftsgüter von Gesellschaften im Sinne des § 15 Absatz 1 Satz 1 Nummer 2 und 3 angeschafft oder hergestellt, so ist der abzugsfähige Betrag nach dem Verhältnis der Gewinnanteile einschließlich der Vergütungen aufzuteilen. [10]Die Anschaffungs- oder Herstellungskosten der Wirtschaftsgüter, die bei Bemessung des von der Einkommensteuer abzugsfähigen Betrags berücksichtigt worden sind, werden durch den Abzug von der Einkommensteuer nicht gemindert. [11]Rechtsverordnungen auf Grund dieser Ermächtigung bedürfen der Zustimmung des Bundestages. [12]Die Zustimmung gilt als erteilt, wenn der Bundestag nicht binnen vier Wochen nach Eingang der Vorlage der Bundesregierung die Zustimmung verweigert hat;

t) (weggefallen);

u) über Sonderabschreibungen bei abnutzbaren Wirtschaftsgütern des Anlagevermögens, die der Forschung oder Entwicklung dienen und nach dem 18. Mai 1983 und vor dem 1. Januar 1990 angeschafft oder hergestellt werden. [2]Voraussetzung für die Inanspruchnahme der Sonderabschreibungen ist, dass die beweglichen Wirtschaftsgüter ausschließlich und die unbeweglichen Wirtschaftsgüter zu mehr als 33 1/3 Prozent der Forschung oder Entwicklung dienen. [3]Die Sonderabschreibungen können auch für Ausbauten und Erweiterungen an bestehenden Gebäuden, Gebäudeteilen, Eigentumswohnungen oder im Teileigen- S 2185 tum stehenden Räumen zugelassen werden, wenn die ausgebauten oder neu hergestellten Gebäudeteile zu mehr als 33 1/3 Prozent der Forschung oder Entwicklung dienen. [4]Die Wirtschaftsgüter dienen der Forschung oder Entwicklung, wenn sie verwendet werden

aa) zur Gewinnung von neuen wissenschaftlichen oder technischen Erkenntnissen und Erfahrungen allgemeiner Art (Grundlagenforschung) oder

bb) zur Neuentwicklung von Erzeugnissen oder Herstellungsverfahren oder

cc) zur Weiterentwicklung von Erzeugnissen oder Herstellungsverfahren, soweit wesentliche Änderungen dieser Erzeugnisse oder Verfahren entwickelt werden.

[5]Die Sonderabschreibungen können im Wirtschaftsjahr der Anschaffung oder Herstellung und in den vier folgenden Wirtschaftsjahren in Anspruch genommen werden, und zwar

aa) bei beweglichen Wirtschaftsgütern des Anlagevermögens bis zu insgesamt 40 Prozent,

bb) bei unbeweglichen Wirtschaftsgütern des Anlagevermögens, die zu mehr als 66 2/3 Prozent der Forschung oder Entwicklung dienen, bis zu insgesamt 15 Prozent, die nicht zu mehr als 66 2/3 Prozent, aber zu mehr als 33 1/3 Prozent der Forschung oder Entwicklung dienen, bis zu insgesamt 10 Prozent,

cc) bei Ausbauten und Erweiterungen an bestehenden Gebäuden, Gebäudeteilen, Eigentumswohnungen oder im Teileigentum stehenden Räumen, wenn die ausgebauten oder neu hergestellten Gebäudeteile zu mehr als 66 2/3 Prozent der Forschung oder Entwicklung dienen, bis zu insgesamt 15 Prozent, zu nicht mehr als 66 2/3 Prozent, aber zu mehr als 33 1/3 Prozent der Forschung oder Entwicklung dienen, bis zu insgesamt 10 Prozent

der Anschaffungs- oder Herstellungskosten. [6]Sie können bereits für Anzahlungen auf Anschaffungskosten und für Teilherstellungskosten zugelassen werden. [7]Die Sonderabschreibungen sind nur unter der Bedingung zuzulassen, dass die Wirtschaftsgüter und die ausgebauten oder neu hergestellten Gebäudeteile mindestens drei Jahre nach ihrer Anschaffung oder Herstellung in dem erforderlichen Umfang der Forschung oder Entwicklung in einer inländischen Betriebsstätte des Steuerpflichtigen dienen;

v) (weggefallen);

S 2185 w) über Sonderabschreibungen bei Handelsschiffen, die auf Grund eines vor dem 25. April 1996 abgeschlossenen Schiffbauvertrags hergestellt, in einem inländischen Seeschiffsregister eingetragen und vor dem 1. Januar 1999 von Steuerpflichtigen angeschafft oder hergestellt worden sind, die den Gewinn nach § 5 ermitteln. [2]Im Fall der Anschaffung eines Handelsschiffes ist weitere Voraussetzung, dass das Schiff vor dem 1. Januar 1996 in ungebrauchtem Zustand vom Hersteller oder nach dem 31. Dezember 1995 auf Grund eines vor dem 25. April 1996 abgeschlossenen Kaufvertrags bis zum Ablauf des vierten auf das Jahr der Fertigstellung folgenden Jahres erworben worden ist. [3]Bei Steuerpflichtigen, die in eine Gesellschaft im Sinne des § 15 Absatz 1 Satz 1 Nummer 2 und Absatz 3 nach Abschluss des Schiffbauvertrags (Unterzeichnung des Hauptvertrags) eingetreten sind, dürfen Sonderabschreibungen nur zugelassen werden, wenn sie der Gesellschaft vor dem 1. Januar 1999 beitreten. [4]Die Sonderabschreibungen können im Wirtschaftsjahr der Anschaffung oder Herstellung und in den vier folgenden Wirtschaftsjahren bis zu insgesamt 40 Prozent der Anschaffungs- oder Herstellungskosten in Anspruch genommen werden. [5]Sie können bereits für Anzahlungen auf Anschaffungskosten und für Teilherstellungskosten zugelassen werden. [6]Die Sonderabschreibungen sind nur unter der Bedingung zuzulassen, dass die Handelsschiffe innerhalb eines Zeitraums von acht Jahren nach ihrer Anschaffung oder Herstellung nicht veräußert werden; für Anteile an einem Handelsschiff gilt dies entsprechend. [7]Die Sätze 1 bis 6 gelten für Schiffe, die der Seefischerei dienen, entsprechend. [8]Für Luftfahrzeuge, die vom Steuerpflichtigen hergestellt oder in ungebrauchtem Zustand vom Hersteller erworben worden sind und die zur gewerbsmäßigen Beförderung von Personen oder Sachen im internationalen Luftverkehr oder zur Verwendung zu sonstigen gewerblichen Zwecken im Ausland bestimmt sind, gelten die Sätze 1 bis 4 und 6 mit der Maßgabe entsprechend, dass an die Stelle der Eintragung in ein inländisches Seeschiffsregister die Eintragung in die deutsche Luftfahrzeugrolle, an die Stelle des Höchstsatzes von 40 Prozent ein Höchstsatz von 30 Prozent und bei der Vorschrift des Satzes 6 an die Stelle des Zeitraums von acht Jahren ein Zeitraum von sechs Jahren treten;

S 2198a x) über erhöhte Absetzungen bei Herstellungskosten für Modernisierungs- und Instandsetzungsmaßnahmen im Sinne des § 177 des Baugesetzbuchs sowie für bestimmte Maßnahmen, die der Erhaltung, Erneuerung und funktionsgerechten Verwendung eines Gebäudes dienen, das wegen seiner geschichtlichen, künstlerischen oder städtebaulichen Bedeutung erhalten bleiben soll, und zu deren Durchführung sich der Eigentümer neben bestimmten Modernisierungsmaßnahmen gegenüber der Gemeinde verpflichtet hat, die für Gebäude in einem förmlich festgelegten Sanierungsgebiet oder städtebaulichen Entwicklungsbereich aufgewendet worden sind; Voraussetzung ist, dass die Maßnahmen vor dem 1. Januar 1991 abgeschlossen worden sind. [2]Die erhöhten Absetzungen dürfen jährlich 10 Prozent der Aufwendungen nicht übersteigen;

y) über erhöhte Absetzungen für Herstellungskosten an Gebäuden, die nach den jeweiligen landesrechtlichen Vorschriften Baudenkmale sind, soweit die Aufwendungen nach Art und Umfang zur Erhaltung des Gebäudes als Baudenkmal und zu seiner sinnvollen Nutzung erforderlich sind; Voraussetzung ist, dass die Maßnahmen vor dem 1. Januar 1991 abgeschlossen worden sind. [2]Die Denkmaleigenschaft des Gebäudes und die Voraussetzung, dass die Aufwendungen nach Art und Umfang zur Erhaltung des Gebäudes als Baudenkmal und zu seiner sinnvollen Nutzung erforderlich sind, sind durch eine Bescheinigung der nach Landesrecht zuständigen oder von der Landesregierung bestimmten Stelle nachzuweisen. [3]Die erhöhten Absetzungen dürfen jährlich 10 Prozent der Aufwendungen nicht übersteigen; S 2198b

3. die in § 4a Absatz 1 Satz 2 Nummer 1, § 10 Absatz 5, § 22 Nummer 1 Satz 3 Buchstabe a, § 26a Absatz 3, § 34c Absatz 7, § 46 Absatz 5 und § 50a Absatz 6 vorgesehenen Rechtsverordnungen zu erlassen.

(2) [1]Die Bundesregierung wird ermächtigt, durch Rechtsverordnung Vorschriften zu erlassen, nach denen die Inanspruchnahme von Sonderabschreibungen und erhöhten Absetzungen sowie die Bemessung der Absetzung für Abnutzung in fallenden Jahresbeträgen ganz oder teilweise ausgeschlossen werden können, wenn eine Störung des gesamtwirtschaftlichen Gleichgewichts eingetreten ist oder sich abzeichnet, die erhebliche Preissteigerungen mit sich gebracht hat oder erwarten lässt, insbesondere, wenn die Inlandsnachfrage nach Investitionsgütern oder Bauleistungen das Angebot wesentlich übersteigt. [2]Die Inanspruchnahme von Sonderabschreibungen und erhöhten Absetzungen sowie die Bemessung der Absetzung für Abnutzung in fallenden Jahresbeträgen darf nur ausgeschlossen werden S 1987

1. für bewegliche Wirtschaftsgüter, die innerhalb eines jeweils festzusetzenden Zeitraums, der frühestens mit dem Tage beginnt, an dem die Bundesregierung ihren Beschluss über die Verordnung bekanntgibt, und der ein Jahr nicht übersteigen darf, angeschafft oder hergestellt werden. [2]Für bewegliche Wirtschaftsgüter, die vor Beginn dieses Zeitraums bestellt und angezahlt worden sind oder mit deren Herstellung vor Beginn dieses Zeitraums angefangen worden ist, darf jedoch die Inanspruchnahme von Sonderabschreibungen und erhöhten Absetzungen sowie die Bemessung der Absetzung für Abnutzung in fallenden Jahresbeträgen nicht ausgeschlossen werden;
2. für bewegliche Wirtschaftsgüter und für Gebäude, die in dem in Nummer 1 bezeichneten Zeitraum bestellt werden oder mit deren Herstellung in diesem Zeitraum begonnen wird. [2]Als Beginn der Herstellung gilt bei Gebäuden der Zeitpunkt, in dem der Antrag auf Baugenehmigung gestellt wird.

[3]Rechtsverordnungen auf Grund dieser Ermächtigung bedürfen der Zustimmung des Bundestages und des Bundesrates. [4]Die Zustimmung gilt als erteilt, wenn der Bundesrat nicht binnen drei Wochen, der Bundestag nicht binnen vier Wochen nach Eingang der Vorlage der Bundesregierung die Zustimmung verweigert hat.

(3) [1]Die Bundesregierung wird ermächtigt, durch Rechtsverordnung mit Zustimmung des Bundesrates Vorschriften zu erlassen, nach denen die Einkommensteuer einschließlich des Steuerabzugs vom Arbeitslohn, des Steuerabzugs vom Kapitalertrag und des Steuerabzugs bei beschränkt Steuerpflichtigen

1. um höchstens 10 Prozent herabgesetzt werden kann. [2]Der Zeitraum, für den die Herabsetzung gilt, darf ein Jahr nicht übersteigen; er soll sich mit dem Kalenderjahr decken. [3]Voraussetzung ist, dass eine Störung des gesamtwirtschaftlichen Gleichgewichts eingetreten ist oder sich abzeichnet, die eine nachhaltige Verringerung der Umsätze oder der Beschäftigung zur Folge hatte oder erwarten lässt, insbesondere bei einem erheblichen Rückgang der Nachfrage nach Investitionsgütern und Bauleistungen oder Verbrauchsgütern;
2. um höchstens 10 Prozent erhöht werden kann. [2]Der Zeitraum, für den die Erhöhung gilt, darf ein Jahr nicht übersteigen; er soll sich mit dem Kalenderjahr decken. [3]Voraussetzung ist, dass eine Störung des gesamtwirtschaftlichen Gleichgewichts eingetreten ist oder sich abzeichnet, die erhebliche Preissteigerungen mit sich gebracht hat oder erwarten lässt, insbesondere, wenn die Nachfrage nach Investitionsgütern und Bauleistungen oder Verbrauchsgütern das Angebot wesentlich übersteigt.

[2]Rechtsverordnungen auf Grund dieser Ermächtigung bedürfen der Zustimmung des Bundestages.

(4) Das Bundesministerium der Finanzen wird ermächtigt,

1. im Einvernehmen mit den obersten Finanzbehörden der Länder die Vordrucke für
   a) (weggefallen),
   b) die Erklärungen zur Einkommensbesteuerung,
   c) die Anträge nach § 38b Absatz 2, nach § 39a Absatz 2, in dessen Vordrucke der Antrag nach § 39f einzubeziehen ist, die Anträge nach § 39a Absatz 4 sowie die Anträge zu den elektronischen Lohnsteuerabzugsmerkmalen (§ 38b Absatz 3 und § 39e Absatz 6 Satz 7),

d) die Lohnsteuer-Anmeldung (§ 41a Absatz 1),

e) die Anmeldung der Kapitalertragsteuer (§ 45a Absatz 1) und den Freistellungsauftrag nach § 44a Absatz 2 Satz 1 Nummer 1,

f) die Anmeldung des Abzugsbetrags (§ 48a),

g) die Erteilung der Freistellungsbescheinigung (§ 48b),

h) die Anmeldung der Abzugsteuer (§ 50a),

i) die Entlastung von der Kapitalertragsteuer und vom Steuerabzug nach § 50a auf Grund von Abkommen zur Vermeidung der Doppelbesteuerung

und die Muster der Bescheinigungen für den Lohnsteuerabzug nach § 39 Absatz 3 Satz 1 und § 39e Absatz 7 Satz 5, des Ausdrucks der elektronischen Lohnsteuerbescheinigung (§ 41b Absatz 1), das Muster der Lohnsteuerbescheinigung nach § 41b Absatz 3 Satz 1, der Anträge auf Erteilung einer Bescheinigung für den Lohnsteuerabzug nach § 39 Absatz 3 Satz 1 und § 39e Absatz 7 Satz 1 sowie der in § 45a Absatz 2 und 3 und § 50a Absatz 5 Satz 6 vorgesehenen Bescheinigungen zu bestimmen;

1a. im Einvernehmen mit den obersten Finanzbehörden der Länder auf der Basis der §§ 32a und 39b einen Programmablaufplan für die Herstellung von Lohnsteuertabellen zur manuellen Berechnung der Lohnsteuer aufzustellen und bekannt zu machen. [2]Der Lohnstufenabstand beträgt bei den Jahrestabellen 36. [3]Die in den Tabellenstufen auszuweisende Lohnsteuer ist aus der Obergrenze der Tabellenstufen zu berechnen und muss an der Obergrenze mit der maschinell berechneten Lohnsteuer übereinstimmen. [4]Die Monats-, Wochen- und Tagestabellen sind aus den Jahrestabellen abzuleiten;

1b. im Einvernehmen mit den obersten Finanzbehörden der Länder den Mindestumfang der nach § 5b elektronisch zu übermittelnden Bilanz und Gewinn- und Verlustrechnung zu bestimmen;

1c. durch Rechtsverordnung zur Durchführung dieses Gesetzes mit Zustimmung des Bundesrates Vorschriften über einen von dem vorgesehenen erstmaligen Anwendungszeitpunkt gemäß § 52 Absatz 15a in der Fassung des Artikels 1 des Gesetzes vom 20. Dezember 2008 (BGBl. I S. 2580) abweichenden späteren Anwendungszeitpunkt zu erlassen, wenn bis zum 31. Dezember 2010 erkennbar ist, dass die technischen oder organisatorischen Voraussetzungen für eine Umsetzung der in § 5b Absatz 1 in der Fassung des Artikels 1 des Gesetzes vom 20. Dezember 2008 (BGBl. I S. 2580) vorgesehenen Verpflichtung nicht ausreichen.

2. den Wortlaut dieses Gesetzes und der zu diesem Gesetz erlassenen Rechtsverordnungen in der jeweils geltenden Fassung satzweise nummeriert mit neuem Datum und in neuer Paragraphenfolge bekanntzumachen und dabei Unstimmigkeiten im Wortlaut zu beseitigen.

EStG
S 2444

§ 51a Festsetzung und Erhebung von Zuschlagsteuern

(1) Auf die Festsetzung und Erhebung von Steuern, die nach der Einkommensteuer bemessen werden (Zuschlagsteuern), sind die Vorschriften dieses Gesetzes entsprechend anzuwenden.

(2) [1]Bemessungsgrundlage ist die Einkommensteuer, die abweichend von § 2 Absatz 6 unter Berücksichtigung von Freibeträgen nach § 32 Absatz 6 in allen Fällen des § 32 festzusetzen wäre. [2]Zur Ermittlung der Einkommensteuer im Sinne des Satzes 1 ist das zu versteuernde Einkommen um die nach § 3 Nummer 40 steuerfreien Beträge zu erhöhen und um die nach § 3c Absatz 2 nicht abziehbaren Beträge zu mindern. [3]§ 35 ist bei der Ermittlung der festzusetzenden Einkommensteuer nach Satz 1 nicht anzuwenden.

[1) 2)] (2a) [1]Vorbehaltlich des § 40a Absatz 2 ist beim Steuerabzug vom Arbeitslohn Bemessungsgrundlage die Lohnsteuer; beim Steuerabzug vom laufenden Arbeitslohn und beim Jahresausgleich ist die Lohnsteuer maßgebend, die sich ergibt, wenn der nach § 39b Absatz 2 Satz 5 zu

1) Absatz 2a Satz 1 wurde durch Artikel 2 des Gesetzes zur Anhebung des Grundfreibetrags, des Kinderfreibetrags, des Kindergeldes und des Kinderzuschlags ab VZ 2016 geändert.

2) Absatz 2a Satz 1 wurde durch Artikel 1 des Gesetzes zur Anhebung des Grundfreibetrags, des Kinderfreibetrags, des Kindergeldes und des Kinderzuschlags geändert und ist in der am 23. 7. 2015 geltenden Fassung beim Steuerabzug vom Arbeitslohn erstmals anzuwenden auf laufenden Arbeitslohn, der für einen nach dem 30. 11. 2015 endenden Lohnzahlungszeitraum gezahlt wird, und auf sonstige Bezüge, die nach dem 30. 11. 2015 zufließen. Bei der Lohnsteuerberechnung auf laufenden Arbeitslohn, der für einen nach dem 30. 11. 2015, aber vor dem 1. 1. 2016 endenden täglichen, wöchentlichen und monatlichen Lohnzahlungszeitraum gezahlt wird, ist zu berücksichtigen, dass Absatz 2a Satz 1 in der am 23. 7. 2015 geltenden Fassung bis zum 30. 11. 2015 nicht angewandt wurden (Nachholung). Das BMF hat im Einvernehmen mit den obersten Finanzbehörden der Länder entsprechende Programmablaufpläne auf-zustellen und bekannt zu machen (§ 39b Abs. 6 EStG und § 51 Abs. 4 Nr. 1a EStG) → § 52 Abs. 32a EStG.
In Absatz 2a Satz 1 in der am 23. 7. 2015 geltenden Fassung wurde die Angabe „4 368 Euro" durch die Angabe „4 512 Euro" und die Angabe „2 184 Euro" durch die Angabe „2 256 Euro" ersetzt.

versteuernde Jahresbetrag für die Steuerklassen I, II und III um den Kinderfreibetrag von *4 608 Euro* sowie den Freibetrag für den Betreuungs- und Erziehungs- oder Ausbildungsbedarf von 2 640 Euro und für die Steuerklasse IV um den Kinderfreibetrag von *2 304 Euro* sowie den Freibetrag für den Betreuungs- und Erziehungs- oder Ausbildungsbedarf von 1 320 Euro für jedes Kind vermindert wird, für das eine Kürzung der Freibeträge für Kinder nach § 32 Absatz 6 Satz 4 nicht in Betracht kommt. [2]Bei der Anwendung des § 39b für die Ermittlung der Zuschlagsteuern ist die als Lohnsteuerabzugsmerkmal gebildete Zahl der Kinderfreibeträge maßgebend. [3]Bei Anwendung des § 39f ist beim Steuerabzug vom laufenden Arbeitslohn die Lohnsteuer maßgebend, die sich bei Anwendung des nach § 39f Absatz 1 ermittelten Faktors auf den nach den Sätzen 1 und 2 ermittelten Betrag ergibt.

(2b) Wird die Einkommensteuer nach § 43 Absatz 1 durch Abzug vom Kapitalertrag (Kapitalertragsteuer) erhoben, wird die darauf entfallende Kirchensteuer nach dem Kirchensteuersatz der Religionsgemeinschaft, der der Kirchensteuerpflichtige angehört, als Zuschlag zur Kapitalertragsteuer erhoben.

(2c) [1]Der zur Vornahme des Steuerabzugs vom Kapitalertrag Verpflichtete (Kirchensteuerabzugsverpflichteter) hat die auf die Kapitalertragsteuer nach Absatz 2b entfallende Kirchensteuer nach folgenden Maßgaben einzubehalten:

1. Das Bundeszentralamt für Steuern speichert unabhängig von und zusätzlich zu den in § 139b Absatz 3 der Abgabenordnung genannten und nach § 39e gespeicherten Daten des Steuerpflichtigen den Kirchensteuersatz der steuererhebenden Religionsgemeinschaft des Kirchensteuerpflichtigen sowie die ortsbezogenen Daten, mit deren Hilfe der Kirchensteuerpflichtige seiner Religionsgemeinschaft zugeordnet werden kann. [2]Die Daten werden als automatisiert abrufbares Merkmal für den Kirchensteuerabzug bereitgestellt;

2. sofern dem Kirchensteuerabzugsverpflichteten die Identifikationsnummer des Schuldners der Kapitalertragsteuer nicht bereits bekannt ist, kann er sie beim Bundeszentralamt für Steuern anfragen. [2]In der Anfrage dürfen nur die in § 139b Absatz 3 der Abgabenordnung genannten Daten des Schuldners der Kapitalertragsteuer angegeben werden, soweit sie dem Kirchensteuerabzugsverpflichteten bekannt sind. [3]Die Anfrage hat nach amtlich vorgeschriebenem Datensatz durch Datenfernübertragung zu erfolgen. [4]Im Übrigen ist die Steuerdaten-Übermittlungsverordnung entsprechend anzuwenden. [5]Das Bundeszentralamt für Steuern teilt dem Kirchensteuerabzugsverpflichteten die Identifikationsnummer mit, sofern die übermittelten Daten mit den nach § 139b Absatz 3 der Abgabenordnung beim Bundeszentralamt für Steuern gespeicherten Daten übereinstimmen;

3. der Kirchensteuerabzugsverpflichtete hat unter Angabe der Identifikationsnummer und des Geburtsdatums des Schuldners der Kapitalertragsteuer einmal jährlich im Zeitraum vom 1. September bis 31. Oktober beim Bundeszentralamt für Steuern anzufragen, ob der Schuldner der Kapitalertragsteuer am 31. August des betreffenden Jahres (Stichtag) kirchensteuerpflichtig ist (Regelabfrage). [2]Für Kapitalerträge im Sinne des § 43 Absatz 1 Nummer 4 aus Versicherungsverträgen hat der Kirchensteuerabzugsverpflichtete eine auf den Zuflusszeitpunkt der Kapitalerträge bezogene Abfrage (Anlassabfrage) an das Bundeszentralamt für Steuern zu richten. [3]Im Übrigen kann der Kirchensteuerabzugsverpflichtete eine Anlassabfrage bei Begründung einer Geschäftsbeziehung oder auf Veranlassung des Kunden an das Bundeszentralamt für Steuern richten. [4]Auf die Anfrage hin teilt das Bundeszentralamt für Steuern dem Kirchensteuerabzugsverpflichteten die rechtliche Zugehörigkeit zu einer steuererhebenden Religionsgemeinschaft und den für die Religionsgemeinschaft geltenden Kirchensteuersatz zum Zeitpunkt der Anfrage als automatisiert abrufbares Merkmal nach Nummer 1 mit.[5] *Während der Dauer der rechtlichen Verbindung* ist der Schuldner der 1) Kapitalertragsteuer *zumindest einmal* vom Kirchensteuerabzugsverpflichteten auf die Datenabfrage sowie das gegenüber dem Bundeszentralamt für Steuern bestehende Widerspruchsrecht, das sich auf die Übermittlung von Daten zur Religionszugehörigkeit bezieht (Absatz 2e Satz 1), schriftlich oder in geeigneter Form hinzuweisen. [6]Anträge auf das Setzen der Sperrvermerke, die im aktuellen Kalenderjahr für eine Regelabfrage berücksichtigt *werden sollen, müssen* bis zum 30. Juni beim Bundeszentralamt für Steuern eingegangen sein. [7]Alle übrigen Sperrvermerke können nur berücksichtigt werden, wenn sie spätestens zwei Monate vor der Abfrage des Kirchensteuerabzugsverpflichteten eingegangen sind. [8]Dies gilt für den Widerruf entsprechend. [49]Der Hinweis *nach Satz 5* hat *rechtzeitig vor der Regel- oder Anlassabfrage* zu erfolgen. [10]Gehört der Schuldner der Kapitalertragsteuer keiner steuererhebenden Religionsgemeinschaft an oder hat er dem Abruf von Daten zur Religionszugehörigkeit widersprochen (Sperrvermerk), so teilt das Bundeszentralamt für Steuern dem Kirchensteuerabzugsverpflichteten zur Religionszugehörigkeit einen neutralen Wert (Nullwert) mit. [11]Der Kirchensteuerabzugsverpflichtete hat die vorhandenen Daten zur Religionszugehörigkeit unverzüglich zu löschen, wenn ein Nullwert übermittelt wurde;

1) Absatz 2c Satz 1 Nr. 3 Satz 5 und 9 wurde durch Bürokratieentlastungsgesetz ab VZ 2015 neu gefasst.

4. im Falle einer am Stichtag oder im Zuflusszeitpunkt bestehenden Kirchensteuerpflicht hat der Kirchensteuerabzugsverpflichtete den Kirchensteuerabzug für die steuererhebende Religionsgemeinschaft durchzuführen und den Kirchensteuerbetrag an das für ihn zuständige Finanzamt abzuführen. [2]§ 45a Absatz 1 gilt entsprechend; in der Steueranmeldung sind die nach Satz 1 einbehaltenen Kirchensteuerbeträge für jede steuererhebende Religionsgemeinschaft jeweils als Summe anzumelden. [3]Die auf Grund der Regelabfrage vom Bundeszentralamt für Steuern bestätigte Kirchensteuerpflicht hat der Kirchensteuerabzugsverpflichtete dem Kirchensteuerabzug des auf den Stichtag folgenden Kalenderjahres zu Grunde zu legen. [4]Das Ergebnis einer Anlassabfrage wirkt anlassbezogen.

[2]Die Daten gemäß Nummer 3 sind nach amtlich vorgeschriebenem Datensatz durch Datenfernübertragung zu übermitteln. [3]Die Verbindung der Anfrage nach Nummer 2 mit der Anfrage nach Nummer 3 zu einer Anfrage ist zulässig. [4]Auf Antrag kann das Bundeszentralamt für Steuern zur Vermeidung unbilliger Härten auf eine elektronische Übermittlung verzichten. [5]§ 44 Absatz 5 ist mit der Maßgabe anzuwenden, dass der Haftungsbescheid von dem für den Kirchensteuerabzugsverpflichteten zuständigen Finanzamt erlassen wird. [6]§ 45a Absatz 2 ist mit der Maßgabe anzuwenden, dass die steuererhebende Religionsgemeinschaft angegeben wird. [7]Sind an den Kapitalerträgen ausschließlich Ehegatten beteiligt, wird der Anteil an der Kapitalertragsteuer hälftig ermittelt. [8]Der Kirchensteuerabzugsverpflichtete darf die von ihm für die Durchführung des Kirchensteuerabzugs erhobenen Daten ausschließlich für diesen Zweck verwenden. [9]Er hat organisatorisch dafür Sorge zu tragen, dass ein Zugriff auf diese Daten für andere Zwecke gesperrt ist. [10]Für andere Zwecke dürfen der Kirchensteuerabzugsverpflichtete und die beteiligte Finanzbehörde die Daten nur verwenden, soweit der Kirchensteuerpflichtige zustimmt oder dies gesetzlich zugelassen ist.

(2d) [1]Wird die nach Absatz 2b zu erhebende Kirchensteuer nicht nach Absatz 2c als Kirchensteuerabzug vom Kirchensteuerabzugsverpflichteten einbehalten, wird sie nach Ablauf des Kalenderjahres nach dem Kapitalertragsteuerbetrag veranlagt, der sich ergibt, wenn die Steuer auf Kapitalerträge nach § 32d Absatz 1 Satz 4 und 5 errechnet wird; wenn Kirchensteuer als Kirchensteuerabzug nach Absatz 2c erhoben wurde, wird eine Veranlagung auf Antrag des Steuerpflichtigen durchgeführt. [2]Der Abzugsverpflichtete hat dem Kirchensteuerpflichtigen auf dessen Verlangen hin eine Bescheinigung über die einbehaltene Kapitalertragsteuer zu erteilen. [3]Der Kirchensteuerpflichtige hat die erhobene Kapitalertragsteuer zu erklären und die Bescheinigung nach Satz 2 oder nach § 45a Absatz 2 oder 3 vorzulegen.

(2e) [1]Der Schuldner der Kapitalertragsteuer kann unter Angabe seiner Identifikationsnummer nach amtlich vorgeschriebenem Vordruck schriftlich beim Bundeszentralamt für Steuern beantragen, dass der automatisierte Datenabruf seiner rechtlichen Zugehörigkeit zu einer steuererhebenden Religionsgemeinschaft bis auf schriftlichen Widerruf unterbleibt (Sperrvermerk). [2]Das Bundeszentralamt für Steuern kann für die Abgabe der Erklärungen nach Satz 1 ein anderes sicheres Verfahren zur Verfügung stellen. [3]Der Sperrvermerk verpflichtet den Kirchensteuerpflichtigen für jeden Veranlagungszeitraum, in dem Kapitalertragsteuer einbehalten worden ist, zur Abgabe einer Steuererklärung zum Zwecke der Veranlagung nach Absatz 2d Satz 1. [4]Das Bundeszentralamt für Steuern übermittelt für jeden Veranlagungszeitraum, in dem der Sperrvermerk abgerufen worden ist, an das Wohnsitzfinanzamt Name und Anschrift des Kirchensteuerabzugsverpflichteten, an den im Fall des Absatzes 2c Nummer 3 auf Grund des Sperrvermerks ein Nullwert im Sinne des Absatzes 2c Satz 1 Nummer 3 Satz 6 mitgeteilt worden ist. [5]Das Wohnsitzfinanzamt fordert den Kirchensteuerpflichtigen zur Abgabe einer Steuererklärung nach § 149 Absatz 1 Satz 1 und 2 der Abgabenordnung auf.

(3) Ist die Einkommensteuer für Einkünfte, die dem Steuerabzug unterliegen, durch den Steuerabzug abgegolten oder werden solche Einkünfte bei der Veranlagung zur Einkommensteuer oder beim Lohnsteuer-Jahresausgleich nicht erfasst, gilt dies für die Zuschlagsteuer entsprechend.

(4) [1]Die Vorauszahlungen auf Zuschlagsteuern sind gleichzeitig mit den festgesetzten Vorauszahlungen auf die Einkommensteuer zu entrichten; § 37 Absatz 5 ist nicht anzuwenden. [2]Solange ein Bescheid über die Vorauszahlungen auf Zuschlagsteuern nicht erteilt worden ist, sind die Vorauszahlungen ohne besondere Aufforderung nach Maßgabe der für die Zuschlagsteuern geltenden Vorschriften zu entrichten. [3]§ 240 Absatz 1 Satz 3 der Abgabenordnung ist insoweit nicht anzuwenden; § 254 Absatz 2 der Abgabenordnung gilt insoweit sinngemäß.

(5) [1]Mit einem Rechtsbehelf gegen die Zuschlagsteuer kann weder die Bemessungsgrundlage noch die Höhe des zu versteuernden Einkommens angegriffen werden. [2]Wird die Bemessungsgrundlage geändert, ändert sich die Zuschlagsteuer entsprechend.

(6) Die Absätze 1 bis 5 gelten für die Kirchensteuern nach Maßgabe landesrechtlicher Vorschriften.

§ 52 Anwendungsvorschriften

EStG
S 2259

(1) [1]Diese Fassung des Gesetzes ist, soweit in den folgenden Absätzen nichts anderes bestimmt ist, erstmals für den *Veranlagungszeitraum 2016* anzuwenden. [2]Beim Steuerabzug vom Arbeitslohn gilt Satz 1 mit der Maßgabe, dass diese Fassung erstmals auf den laufenden Arbeitslohn anzuwenden ist, der für einen nach dem *31. Dezember 2015* endenden Lohnzahlungszeitraum gezahlt wird, und auf sonstige Bezüge, die nach dem *31. Dezember 2015* zufließen. [3]Beim Steuerabzug vom Kapitalertrag gilt Satz 1 mit der Maßgabe, dass diese Fassung des Gesetzes erstmals auf Kapitalerträge anzuwenden ist, die dem Gläubiger nach dem *31. Dezember 2015* zufließen. 1)

(2) [1]§ 2a Absatz 1 Satz 1 Nummer 6 Buchstabe b in der am 1. Januar 2000 geltenden Fassung ist erstmals auf negative Einkünfte eines Steuerpflichtigen anzuwenden, die er aus einer entgeltlichen Überlassung von Schiffen auf Grund eines nach dem 31. Dezember 1999 rechtswirksam abgeschlossenen obligatorischen Vertrags oder gleichstehenden Rechtsakts erzielt. [2]Für negative Einkünfte im Sinne des § 2a Absatz 1 und 2 in der am 24. Dezember 2008 geltenden Fassung, die vor dem 25. Dezember 2008 nach § 2a Absatz 1 Satz 5 bestandskräftig gesondert festgestellt wurden, ist § 2a Absatz 1 Satz 3 bis 5 in der am 24. Dezember 2008 geltenden Fassung weiter anzuwenden. [3]§ 2a Absatz 3 Satz 3, 5 und 6 in der am 29. April 1997 geltenden Fassung ist für Veranlagungszeiträume ab 1999 weiter anzuwenden, soweit sich ein positiver Betrag im Sinne des § 2a Absatz 3 Satz 3 in der am 29. April 1997 geltenden Fassung ergibt oder soweit eine in einem ausländischen Staat belegene Betriebsstätte im Sinne des § 2a Absatz 4 in der Fassung des § 52 Absatz 3 Satz 8 in der am 30. Juli 2014 geltenden Fassung in eine Kapitalgesellschaft umgewandelt, übertragen oder aufgegeben wird. [4]Insoweit ist in § 2a Absatz 3 Satz 5 letzter Halbsatz in der am 29. April 1997 geltenden Fassung die Angabe „§ 10d Absatz 3" durch die Angabe „§ 10d Absatz 4" zu ersetzen.

(3) § 2b in der Fassung der Bekanntmachung vom 19. Oktober 2002 (BGBl. I S. 4210; 2003 I S. 179) ist weiterhin für Einkünfte aus einer Einkunftsquelle im Sinne des § 2b anzuwenden, die der Steuerpflichtige nach dem 4. März 1999 und vor dem 11. November 2005 rechtswirksam erworben oder begründet hat.

(4) [1]§ 3 Nummer 5 in der am 30. Juni 2013 geltenden Fassung ist vorbehaltlich des Satzes 2 erstmals für den Veranlagungszeitraum 2013 anzuwenden. [2]§ 3 Nummer 5 in der am 29. Juni 2013 geltenden Fassung ist weiterhin anzuwenden für freiwillig Wehrdienst Leistende, die das Dienstverhältnis vor dem 1. Januar 2014 begonnen haben. [3]§ 3 Nummer 10 in der am 31. Dezember 2005 geltenden Fassung ist weiter anzuwenden für ausgezahlte Übergangsbeihilfen an Soldatinnen auf Zeit und Soldaten auf Zeit, wenn das Dienstverhältnis vor dem 1. Januar 2006 begründet worden ist. [4]Auf fortlaufende Leistungen nach dem Gesetz über die Heimkehrerstiftung vom 21. Dezember 1992 (BGBl. I S. 2094, 2101), das zuletzt durch Artikel 1 des Gesetzes vom 10. Dezember 2007 (BGBl. I S. 2830) geändert worden ist, in der jeweils geltenden Fassung ist § 3 Nummer 19 in der am 31. Dezember 2010 geltenden Fassung weiter anzuwenden. [5]§ 3 Nummer 40 ist erstmals anzuwenden für

1. Gewinnausschüttungen, auf die bei der ausschüttenden Körperschaft der nach Artikel 3 des Gesetzes vom 23. Oktober 2000 (BGBl. I S. 1433) aufgehobene Vierte Teil des Körperschaftsteuergesetzes nicht mehr anzuwenden ist; für die übrigen in § 3 Nummer 40 genannten Erträge im Sinne des § 20 gilt Entsprechendes;
2. Erträge im Sinne des § 3 Nummer 40 Satz 1 Buchstabe a, b, c und j nach Ablauf des ersten Wirtschaftsjahres der Gesellschaft, an der die Anteile bestehen, für das das Körperschaftsteuergesetz in der Fassung des Artikels 3 des Gesetzes vom 23. Oktober 2000 (BGBl. I S. 1433) erstmals anzuwenden ist.

[6]§ 3 Nummer 40 Satz 3 und 4 in der am 12. Dezember 2006 geltenden Fassung ist für Anteile, die einbringungsgeboren im Sinne des § 21 des Umwandlungssteuergesetzes in der am 12. Dezember 2006 geltenden Fassung sind, weiter anzuwenden. [7]Bei vom Kalenderjahr abweichenden Wirtschaftsjahren ist § 3 Nummer 40 Buchstabe d Satz 2 in der am 30. Juni 2013 geltenden Fassung erstmals für den Veranlagungszeitraum anzuwenden, in dem das Wirtschaftsjahr endet, *das nach dem 31. Dezember 2013* begonnen hat. [8]§ 3 Nummer 40a in der am 6. August 2004 geltenden Fassung ist auf Vergütungen im Sinne des § 18 Absatz 1 Nummer 4 anzuwenden, wenn die vermögensverwaltende Gesellschaft oder Gemeinschaft nach dem 31. März 2002 und vor dem 1. Januar 2009 gegründet worden ist oder soweit die Vergütungen in Zusammenhang mit der Veräußerung von Anteilen an Kapitalgesellschaften stehen, die nach dem 7. November 2003 und vor dem 1. Januar 2009 erworben worden sind. [9]§ 3 Nummer 40a in der am 19. August 2008 geltenden Fassung ist erstmals auf Vergütungen im Sinne des § 18 Absatz 1 Nummer 4 anzuwenden, wenn die vermögensverwaltende Gesellschaft oder Gemeinschaft nach dem 31. Dezember 2008 gegründet worden ist. [10]§ 3 Nummer 63 ist bei Beiträgen für eine Direktversicherung nicht anzuwenden, wenn die entsprechende Versorgungszusage vor dem 1. Januar 2005

1) Absatz 1 wurde durch das Steueränderungsgesetz 2015 (Inkrafttreten 1. 1. 2016) geändert.

erteilt wurde und der Arbeitnehmer gegenüber dem Arbeitgeber für diese Beiträge auf die Anwendung des § 3 Nummer 63 verzichtet hat. [11]Der Verzicht gilt für die Dauer des Dienstverhältnisses; er ist bis zum 30. Juni 2005 oder bei einem späteren Arbeitgeberwechsel bis zur ersten Beitragsleistung zu erklären. [12]§ 3 Nummer 63 Satz 3 und 4 ist nicht anzuwenden, wenn § 40b Absatz 1 und 2 in der am 31. Dezember 2004 geltenden Fassung angewendet wird. [13]§ 3 Nummer 71 in der am 31. Dezember 2014 geltenden Fassung ist erstmals für den Veranlagungszeitraum 2013 anzuwenden.

(5) [1]§ 3c Absatz 2 Satz 3 und 4 in der am 12. Dezember 2006 geltenden Fassung ist für Anteile, die einbringungsgeboren im Sinne des § 21 des Umwandlungssteuergesetzes in der am 12. Dezember 2006 geltenden Fassung sind, weiter anzuwenden. [2]§ 3c Absatz 2 in der am 31. Dezember 2014 geltenden Fassung ist erstmals für Wirtschaftsjahre anzuwenden, die nach dem 31. Dezember 2014 beginnen.

(6) [1]§ 4 Absatz 1 Satz 4 in der Fassung des Artikels 1 des Gesetzes vom 8. Dezember 2010 (BGBl. I S. 1768) gilt in allen Fällen, in denen § 4 Absatz 1 Satz 3 anzuwenden ist. [2]§ 4 Absatz 3 Satz 4 ist nicht anzuwenden, soweit die Anschaffungs- oder Herstellungskosten vor dem 1. Januar 1971 als Betriebsausgaben abgesetzt worden sind. [3]§ 4 Absatz 3 Satz 4 und 5 in der Fassung des Artikels 1 des Gesetzes vom 28. April 2006 (BGBl. I S. 1095) ist erstmals für Wirtschaftsgüter anzuwenden, die nach dem 5. Mai 2006 angeschafft, hergestellt oder in das Betriebsvermögen eingelegt werden. [4]Die Anschaffungs- oder Herstellungskosten für nicht abnutzbare Wirtschaftsgüter des Anlagevermögens, die vor dem 5. Mai 2006 angeschafft, hergestellt oder in das Betriebsvermögen eingelegt wurden, sind erst im Zeitpunkt des Zuflusses des Veräußerungserlöses oder im Zeitpunkt der Entnahme als Betriebsausgaben zu berücksichtigen. [5]§ 4 Absatz 4a in der Fassung des Gesetzes vom 22. Dezember 1999 (BGBl. I S. 2601) ist erstmals für das Wirtschaftsjahr anzuwenden, das nach dem 31. Dezember 1998 endet. [6]Über- und Unterentnahmen vorangegangener Wirtschaftsjahre bleiben unberücksichtigt. [7]Bei vor dem 1. Januar 1999 eröffneten Betrieben sind im Fall der Betriebsaufgabe bei der Überführung von Wirtschaftsgütern aus dem Betriebsvermögen in das Privatvermögen die Buchwerte nicht als Entnahme anzusetzen; im Fall der Betriebsveräußerung ist nur der Veräußerungsgewinn als Entnahme anzusetzen. [8]§ 4 Absatz 5 Satz 1 Nummer 5 in der Fassung des Artikels 1 des Gesetzes vom 20. Februar 2013 (BGBl. I S. 285) ist erstmals ab dem 1. Januar 2014 anzuwenden. [9]§ 4 Absatz 5 Satz 1 Nummer 6a in der Fassung des Artikels 1 des Gesetzes vom 20. Februar 2013 (BGBl. I S. 285) ist erstmals ab dem 1. Januar 2014 anzuwenden.

[1)] (7) § 4d Absatz 1 Satz 1 Nummer 1 Satz 1 in der Fassung des Artikels 5 Nummer 1 des Gesetzes vom 10. Dezember 2007 (BGBl. I S. 2838) ist erstmals bei nach dem 31. Dezember 2008 zugesagten Leistungen der betrieblichen Altersversorgung anzuwenden.

(8) § 4f in der Fassung des Gesetzes vom 18. Dezember 2013 (BGBl. I S. 4318) ist erstmals für Wirtschaftsjahre anzuwenden, die nach dem 28. November 2013 enden.

(9) [1]§ 5 Absatz 7 in der Fassung des Gesetzes vom 18. Dezember 2013 (BGBl. I S. 4318) ist erstmals für Wirtschaftsjahre anzuwenden, die nach dem 28. November 2013 enden. [2]Auf Antrag kann § 5 Absatz 7 auch für frühere Wirtschaftsjahre angewendet werden. [3]Bei Schuldübertragungen, Schuldbeitritten und Erfüllungsübernahmen, die vor dem 14. Dezember 2011 vereinbart wurden, ist § 5 Absatz 7 Satz 5 mit der Maßgabe anzuwenden, dass für einen Gewinn, der sich aus der Anwendung von § 5 Absatz 7 Satz 1 bis 3 ergibt, jeweils in Höhe von 19 Zwanzigsteln eine gewinnmindernde Rücklage gebildet werden kann, die in den folgenden 19 Wirtschaftsjahren jeweils mit mindestens einem Neunzehntel gewinnerhöhend aufzulösen ist.

(10) [1]§ 5a Absatz 3 in der Fassung des Artikels 9 des Gesetzes vom 29. Dezember 2003 (BGBl. I S. 3076) ist erstmals für das Wirtschaftsjahr anzuwenden, das nach dem 31. Dezember 2005 endet. [2]§ 5a Absatz 3 Satz 1 in der am 31. Dezember 2003 geltenden Fassung ist weiterhin anzuwenden, wenn der Steuerpflichtige im Fall der Anschaffung das Handelsschiff auf Grund eines vor dem 1. Januar 2006 rechtswirksam abgeschlossenen schuldrechtlichen Vertrags oder gleichgestellten Rechtsakts angeschafft oder im Fall der Herstellung mit der Herstellung des Handelsschiffs vor dem 1. Januar 2006 begonnen hat. [3]In Fällen des Satzes 2 muss der Antrag auf Anwendung des § 5a Absatz 1 spätestens bis zum Ablauf des Wirtschaftsjahres gestellt werden, das vor dem 1. Januar 2008 endet. [4]Soweit Ansparabschreibungen im Sinne des § 7g Absatz 3 in der am 17. August 2007 geltenden Fassung zum Zeitpunkt des Übergangs zur Gewinnermittlung nach § 5a Absatz 1 noch nicht gewinnerhöhend aufgelöst worden sind, ist § 5a Absatz 5 Satz 3 in der am 17. August 2007 geltenden Fassung weiter anzuwenden.

(11) § 5b in der Fassung des Artikels 1 des Gesetzes vom 20. Dezember 2008 (BGBl. I S. 2850) ist erstmals für Wirtschaftsjahre anzuwenden, die nach dem 31. Dezember 2010 beginnen.

[2)] (12) [1]§ 6 Absatz 1 Nummer 4 Satz 2 und 3 in der am *1. Januar 2016* geltenden Fassung ist für Fahrzeuge mit Antrieb ausschließlich durch Elektromotoren, die ganz oder überwiegend aus

1) Absatz 7 wird durch das Gesetz zur Umsetzung der EU-Mobilitäts-Richtlinie ab VZ 2018 aufgehoben.
2) Absatz 12 Satz 1 wurde durch das Steueränderungsgesetz 2015 (Inkrafttreten 1. 1. 2016) geändert.

mechanischen oder elektrochemischen Energiespeichern oder aus emissionsfrei betriebenen Energiewandlern gespeist werden (Elektrofahrzeuge), oder für extern aufladbare Hybridelektrofahrzeuge anzuwenden, die vor dem 1. Januar 2023 angeschafft werden. [2]§ 6 Absatz 5 Satz 1 zweiter Halbsatz in der am 14. Dezember 2010 geltenden Fassung gilt in allen Fällen, in denen § 4 Absatz 1 Satz 3 anzuwenden ist.

(13) [1]§ 6a Absatz 2 Nummer 1 erste Alternative und Absatz 3 Satz 2 Nummer 1 Satz 6 erster [1]
Halbsatz in der am 1. Januar 2001 geltenden Fassung ist bei Pensionsverpflichtungen gegenüber Berechtigten anzuwenden, denen der Pensionsverpflichtete erstmals eine Pensionszusage nach dem 31. Dezember 2000 erteilt hat; § 6a Absatz 2 Nummer 1 zweite Alternative sowie § 6a Absatz 3 Satz 2 Nummer 1 Satz 1 und § 6a Absatz 3 Satz 2 Nummer 1 Satz 6 zweiter Halbsatz sind bei Pensionsverpflichtungen anzuwenden, die auf einer nach dem 31. Dezember 2000 vereinbarten Entgeltumwandlung im Sinne von § 1 Absatz 2 des Betriebsrentengesetzes beruhen. [2]§ 6a Absatz 2 Nummer 1 und Absatz 3 Satz 2 Nummer 1 Satz 6 in der am 1. September 2009 geltenden Fassung ist erstmals bei nach dem 31. Dezember 2008 erteilten Pensionszusagen anzuwenden.

(14) *[1]§ 6b Absatz 2a in der am 6. November 2015 geltenden Fassung ist auch auf Gewinne im* [2]
Sinne des § 6b Absatz 2 anzuwenden, die vor dem 6. November 2015 entstanden sind. [2]§ 6b Absatz 10 Satz 11 in der am 12. Dezember 2006 geltenden Fassung ist für Anteile, die einbringungsgeboren im Sinne des § 21 des Umwandlungssteuergesetzes in der am 12. Dezember 2006 geltenden Fassung sind, weiter anzuwenden.

(15) [1]Bei Wirtschaftsgütern, die vor dem 1. Januar 2001 angeschafft oder hergestellt worden sind, ist § 7 Absatz 2 Satz 2 in der Fassung des Gesetzes vom 22. Dezember 1999 (BGBl. I S. 2601) weiter anzuwenden. [2]Bei Gebäuden, soweit sie zu einem Betriebsvermögen gehören und nicht Wohnzwecken dienen, ist § 7 Absatz 4 Satz 1 und 2 in der am 31. Dezember 2000 geltenden Fassung weiter anzuwenden, wenn der Steuerpflichtige im Fall der Herstellung vor dem 1. Januar 2001 mit der Herstellung des Gebäudes begonnen hat oder im Fall der Anschaffung das Objekt auf Grund eines vor dem 1. Januar 2001 rechtswirksam abgeschlossenen obligatorischen Vertrags oder gleichstehenden Rechtsakts angeschafft hat. [3]Als Beginn der Herstellung gilt bei Gebäuden, für die eine Baugenehmigung erforderlich ist, der Zeitpunkt, in dem der Bauantrag gestellt wird; bei baugenehmigungsfreien Gebäuden, für die Bauunterlagen einzureichen sind, der Zeitpunkt, in dem die Bauunterlagen eingereicht werden.

(16) *[1]§ 7g Absatz 1 bis 4 in der am 1. Januar 2016 geltenden Fassung ist erstmals für Investiti-* [3]
onsabzugsbeträge anzuwenden, die in nach dem 31. Dezember 2015 endenden Wirtschaftsjahren in Anspruch genommen werden. [2]Bei Investitionsabzugsbeträgen, die in vor dem 1. Januar 2016 endenden Wirtschaftsjahren in Anspruch genommen wurden, ist § 7g Absatz 1 bis 4 in der am 31. Dezember 2015 geltenden Fassung weiter anzuwenden. [3]Soweit vor dem 1. Januar 2016 beanspruchte Investitionsabzugsbeträge noch nicht hinzugerechnet oder rückgängig gemacht worden sind, vermindert sich der Höchstbetrag von 20. 000 Euro nach § 7g Absatz 1 Satz 4 in der am 1. Januar 2016 geltenden Fassung entsprechend. [4]In Wirtschaftsjahren, die nach dem 31. Dezember 2008 und vor dem 1. Januar 2011 enden, ist § 7g Absatz 1 Satz 2 Nummer 1 mit der Maßgabe anzuwenden, dass bei Gewerbebetrieben oder der selbständigen Arbeit dienenden Betrieben, die ihren Gewinn nach § 4 Absatz 1 oder § 5 ermitteln, ein Betriebsvermögen von 335 000 Euro, bei Betrieben der Land- und Forstwirtschaft ein Wirtschaftswert oder Ersatzwirtschaftswert von 175 000 Euro und bei Betrieben, die ihren Gewinn nach § 4 Absatz 3 ermitteln, ohne Berücksichtigung von Investitionsabzugsbeträgen ein Gewinn von 200 000 Euro nicht überschritten wird. [5]Bei Wirtschaftsgütern, die nach dem 31. Dezember 2008 und vor dem 1. Januar 2011 angeschafft oder hergestellt worden sind, ist § 7g Absatz 6 Nummer 1 mit der Maßgabe anzuwenden, dass der Betrieb zum Schluss des Wirtschaftsjahres, das der Anschaffung oder Herstellung vorangeht, die Größenmerkmale des Satzes 1 nicht überschreitet.

(17) § 9b Absatz 2 in der Fassung des Artikels 11 des Gesetzes vom 18. Dezember 2013 (BGBl. I S. 4318) ist auf Mehr- und Minderbeträge infolge von Änderungen der Verhältnisse im Sinne von § 15a des Umsatzsteuergesetzes anzuwenden, die nach dem 28. November 2013 eingetreten sind.

(18) [1]§ 10 Absatz 1a Nummer 2 in der am 1. Januar 2015 geltenden Fassung ist auf alle Versorgungsleistungen anzuwenden, die auf Vermögensübertragungen beruhen, die nach dem 31. Dezember 2007 vereinbart worden sind. [2]Für Versorgungsleistungen, die auf Vermögensübertragungen beruhen, die vor dem 1. Januar 2008 vereinbart worden sind, gilt dies nur, wenn das übertragene Vermögen nur deshalb einen ausreichenden Ertrag bringt, weil ersparte Aufwendungen, mit Ausnahme des Nutzungsvorteils eines vom Vermögensübernehmer zu eigenen Zwecken genutzten Grundstücks, zu den Erträgen des Vermögens gerechnet werden.

1) Absatz 13 wird durch das Gesetz zur Umsetzung der EU-Mobilitäts-Richtlinie ab VZ 2018 aufgehoben.

2) Absatz 14 Satz 1 wurde durch das Steueränderungsgesetz 2015 (Inkrafttreten 6. 11. 2015) eingefügt und der bisherige Satz 1 wurde Satz 2.

3) Absatz 16 Satz 1 bis 3 wurde durch das Steueränderungsgesetz 2015 (Inkrafttreten 1. 1. 2016) eingefügt und die bisherigen Sätze 1 und 2 wurden die Sätze 4 und 5.

[3]§ 10 Absatz 1 Nummer 5 in der am 1. Januar 2012 geltenden Fassung gilt auch für Kinder, die wegen einer vor dem 1. Januar 2007 in der Zeit ab Vollendung des 25. Lebensjahres und vor Vollendung des 27. Lebensjahres eingetretenen körperlichen, geistigen oder seelischen Behinderung außerstande sind, sich selbst zu unterhalten. [4]§ 10 Absatz 4b Satz 4 bis 6 in der am 30. Juni 2013 geltenden Fassung ist erstmals für die Übermittlung der Daten des Veranlagungszeitraums 2016 anzuwenden. [5]§ 10 Absatz 5 in der am 31. Dezember 2009 geltenden Fassung ist auf Beiträge zu Versicherungen im Sinne des § 10 Absatz 1 Nummer 2 Buchstabe b Doppelbuchstabe bb bis dd in der am 31. Dezember 2004 geltenden Fassung weiterhin anzuwenden, wenn die Laufzeit dieser Versicherungen vor dem 1. Januar 2005 begonnen hat und ein Versicherungsbeitrag bis zum 31. Dezember 2004 entrichtet wurde.

(19) [1]Für nach dem 31. Dezember 1986 und vor dem 1. Januar 1991 hergestellte oder angeschaffte Wohnungen im eigenen Haus oder Eigentumswohnungen sowie in diesem Zeitraum fertiggestellte Ausbauten oder Erweiterungen ist § 10e in der am 30. Dezember 1989 geltenden Fassung weiter anzuwenden. [2]Für nach dem 31. Dezember 1990 hergestellte oder angeschaffte Wohnungen im eigenen Haus oder Eigentumswohnungen sowie in diesem Zeitraum fertiggestellte Ausbauten oder Erweiterungen ist § 10e in der am 28. Juni 1991 geltenden Fassung weiter anzuwenden. [3]Abweichend von Satz 2 ist § 10e Absatz 1 bis 5 und 6 bis 7 in der am 28. Juni 1991 geltenden Fassung erstmals für den Veranlagungszeitraum 1991 bei Objekten im Sinne des § 10e Absatz 1 und 2 anzuwenden, wenn im Fall der Herstellung der Steuerpflichtige nach dem 30. September 1991 den Bauantrag gestellt oder mit der Herstellung des Objekts begonnen hat oder im Fall der Anschaffung der Steuerpflichtige das Objekt nach dem 30. September 1991 auf Grund eines nach diesem Zeitpunkt rechtswirksam abgeschlossenen obligatorischen Vertrags oder gleichstehenden Rechtsakts angeschafft hat oder mit der Herstellung des Objekts nach dem 30. September 1991 begonnen worden ist. [4]§ 10e Absatz 5a ist erstmals bei den in § 10e Absatz 1 und 2 bezeichneten Objekten anzuwenden, wenn im Fall der Herstellung der Steuerpflichtige den Bauantrag nach dem 31. Dezember 1991 gestellt oder, falls ein solcher nicht erforderlich ist, mit der Herstellung nach diesem Zeitpunkt begonnen hat, oder im Fall der Anschaffung der Steuerpflichtige das Objekt auf Grund eines nach dem 31. Dezember 1991 rechtswirksam abgeschlossenen obligatorischen Vertrags oder gleichstehenden Rechtsakts angeschafft hat. [5]§ 10e Absatz 1 Satz 4 in der am 27. Juni 1993 geltenden Fassung und § 10e Absatz 6 Satz 3 in der am 30. Dezember 1993 geltenden Fassung sind erstmals anzuwenden, wenn der Steuerpflichtige das Objekt auf Grund eines nach dem 31. Dezember 1993 rechtswirksam abgeschlossenen obligatorischen Vertrags oder gleichstehenden Rechtsakts angeschafft hat. [6]§ 10e ist letztmals anzuwenden, wenn der Steuerpflichtige im Fall der Herstellung vor dem 1. Januar 1996 mit der Herstellung des Objekts begonnen hat oder im Fall der Anschaffung das Objekt auf Grund eines vor dem 1. Januar 1996 rechtswirksam abgeschlossenen obligatorischen Vertrags oder gleichstehenden Rechtsakts angeschafft hat. [7]Als Beginn der Herstellung gilt bei Objekten, für die eine Baugenehmigung erforderlich ist, der Zeitpunkt, in dem der Bauantrag gestellt wird; bei baugenehmigungsfreien Objekten, für die Bauunterlagen einzureichen sind, gilt als Beginn der Herstellung der Zeitpunkt, in dem die Bauunterlagen eingereicht werden.

(20) [1]§ 10h ist letztmals anzuwenden, wenn der Steuerpflichtige vor dem 1. Januar 1996 mit der Herstellung begonnen hat. [2]Als Beginn der Herstellung gilt bei Baumaßnahmen, für die eine Baugenehmigung erforderlich ist, der Zeitpunkt, in dem der Bauantrag gestellt wird; bei baugenehmigungsfreien Baumaßnahmen, für die Bauunterlagen einzureichen sind, gilt als Beginn der Herstellung der Zeitpunkt, in dem die Bauunterlagen eingereicht werden.

(21) [1]§ 10i in der am 1. Januar 1996 geltenden Fassung ist letztmals anzuwenden, wenn der Steuerpflichtige im Fall der Herstellung vor dem 1. Januar 1999 mit der Herstellung des Objekts begonnen hat oder im Fall der Anschaffung das Objekt auf Grund eines vor dem 1. Januar 1999 rechtswirksam abgeschlossenen obligatorischen Vertrags oder gleichstehenden Rechtsakts angeschafft hat. [2]Als Beginn der Herstellung gilt bei Objekten, für die eine Baugenehmigung erforderlich ist, der Zeitpunkt, in dem der Bauantrag gestellt wird; bei baugenehmigungsfreien Objekten, für die Bauunterlagen einzureichen sind, gilt als Beginn der Herstellung der Zeitpunkt, in dem die Bauunterlagen eingereicht werden.

(22) Für die Anwendung des § 13 Absatz 7 in der am 31. Dezember 2005 geltenden Fassung gilt Absatz 25 entsprechend.

(22a) [1]§ 13a in der am 31. Dezember 2014 geltenden Fassung ist letztmals für das Wirtschaftsjahr anzuwenden, das vor dem 31. Dezember 2015 endet. [2]§ 13a in der am 1. Januar 2015 geltenden Fassung ist erstmals für das Wirtschaftsjahr anzuwenden, das nach dem 30. Dezember 2015 *endet.* [3]*Die Bindungsfrist* auf Grund des § 13a Absatz 2 Satz 1 in der am 31. Dezember 2014 geltenden Fassung bleibt bestehen.

(23) § 15 Absatz 4 Satz 2 und 7 in der am 30. Juni 2013 geltenden Fassung ist in allen Fällen anzuwenden, in denen am 30. Juni 2013 die Feststellungsfrist noch nicht abgelaufen ist.

(24) [1]§ 15a ist nicht auf Verluste anzuwenden, soweit sie

1. durch Sonderabschreibungen nach § 82f der Einkommensteuer-Durchführungsverordnung,

2. durch Absetzungen für Abnutzung in fallenden Jahresbeträgen nach § 7 Absatz 2 von den Herstellungskosten oder von den Anschaffungskosten von in ungebrauchtem Zustand vom Hersteller erworbenen Seeschiffen, die in einem inländischen Seeschiffsregister eingetragen sind,

entstehen; Nummer 1 gilt nur bei Schiffen, deren Anschaffungs- oder Herstellungskosten zu mindestens 30 Prozent durch Mittel finanziert werden, die weder unmittelbar noch mittelbar in wirtschaftlichem Zusammenhang mit der Aufnahme von Krediten durch den Gewerbebetrieb stehen, zu dessen Betriebsvermögen das Schiff gehört. [2]§ 15a ist in diesen Fällen erstmals anzuwenden auf Verluste, die in nach dem 31. Dezember 1999 beginnenden Wirtschaftsjahren entstehen, wenn der Schiffbauvertrag vor dem 25. April 1996 abgeschlossen worden ist und der Gesellschafter der Gesellschaft vor dem 1. Januar 1999 beigetreten ist; soweit Verluste, die in dem Betrieb der Gesellschaft entstehen und nach Satz 1 oder nach § 15a Absatz 1 Satz 1 ausgleichsfähig oder abzugsfähig sind, zusammen das Eineinviertelfache der insgesamt geleisteten Einlage übersteigen, ist § 15a auf Verluste anzuwenden, die in nach dem 31. Dezember 1994 beginnenden Wirtschaftsjahren entstehen. [3]Scheidet ein Kommanditist oder ein anderer Mitunternehmer, dessen Haftung der eines Kommanditisten vergleichbar ist und dessen Kapitalkonto in der Steuerbilanz der Gesellschaft auf Grund von ausgleichs- oder abzugsfähigen Verlusten negativ geworden ist, aus der Gesellschaft aus oder wird in einem solchen Fall die Gesellschaft aufgelöst, so gilt der Betrag, den der Mitunternehmer nicht ausgleichen muss, als Veräußerungsgewinn im Sinne des § 16. [4]In Höhe der nach Satz 3 als Gewinn zuzurechnenden Beträge sind bei den anderen Mitunternehmern unter Berücksichtigung der für die Zurechnung von Verlusten geltenden Grundsätze Verlustanteile anzusetzen. [5]Bei der Anwendung des § 15a Absatz 3 sind nur Verluste zu berücksichtigen, auf die § 15a Absatz 1 anzuwenden ist.

(25) [1]§ 15b in der Fassung des Artikels 1 des Gesetzes vom 22. Dezember 2005 (BGBl. I S. 3683) ist nur auf Verluste der dort bezeichneten Steuerstundungsmodelle anzuwenden, denen der Steuerpflichtige nach dem 10. November 2005 beigetreten ist oder für die nach dem 10. November 2005 mit dem Außenvertrieb begonnen wurde. [2]Der Außenvertrieb beginnt in dem Zeitpunkt, in dem die Voraussetzungen für die Veräußerung der konkret bestimmbaren Fondsanteile erfüllt sind und die Gesellschaft selbst oder über ein Vertriebsunternehmen mit Außenwirkung an den Markt herangetreten ist. [3]Dem Beginn des Außenvertriebs stehen der Beschluss von Kapitalerhöhungen und die Reinvestition von Erlösen in neue Projekte gleich. [4]Besteht das Steuerstundungsmodell nicht im Erwerb eines Anteils an einem geschlossenen Fonds, ist § 15b in der Fassung des Artikels 1 des Gesetzes vom 22. Dezember 2005 (BGBl. I S. 3683) anzuwenden, wenn die Investition nach dem 10. November 2005 rechtsverbindlich getätigt wurde. [5]§ 15b Absatz 3a ist erstmals auf Verluste der dort bezeichneten Steuerstundungsmodelle anzuwenden, bei denen Wirtschaftsgüter des Umlaufvermögens nach dem 28. November 2013 angeschafft, hergestellt oder in das Betriebsvermögen eingelegt werden.

(26) Für die Anwendung des § 18 Absatz 4 Satz 2 in der Fassung des Artikels 1 des Gesetzes vom 22. Dezember 2005 (BGBl. I S. 3683) gilt Absatz 25 entsprechend.

(26a) § 19 Absatz 1 Satz 1 Nummer 3 Satz 2 und 3 in der am 31. Dezember 2014 geltenden Fassung gilt für alle Zahlungen des Arbeitgebers nach dem 30. Dezember 2014.

(27) § 19a in der am 31. Dezember 2008 geltenden Fassung ist weiter anzuwenden, wenn

1. die Vermögensbeteiligung vor dem 1. April 2009 überlassen wird oder
2. auf Grund einer am 31. März 2009 bestehenden Vereinbarung ein Anspruch auf die unentgeltliche oder verbilligte Überlassung einer Vermögensbeteiligung besteht sowie die Vermögensbeteiligung vor dem 1. Januar 2016 überlassen wird

und der Arbeitgeber bei demselben Arbeitnehmer im Kalenderjahr nicht § 3 Nummer 39 anzuwenden hat.

(28) [1]Für die Anwendung des § 20 Absatz 1 Nummer 4 Satz 2 in der am 31. Dezember 2005 geltenden Fassung gilt Absatz 25 entsprechend. [2]Für die Anwendung von § 20 Absatz 1 Nummer 4 Satz 2 und Absatz 2b in der am 1. Januar 2007 geltenden Fassung gilt Absatz 25 entsprechend. [3]§ 20 Absatz 1 Nummer 6 in der Fassung des Gesetzes vom 7. September 1990 (BGBl. I S. 1898) ist erstmals auf nach dem 31. Dezember 1974 zugeflossene Zinsen aus Versicherungsverträgen anzuwenden, die nach dem 31. Dezember 1973 abgeschlossen worden sind. [4]§ 20 Absatz 1 Nummer 6 in der Fassung des Gesetzes vom 20. Dezember 1996 (BGBl. I S. 2049) ist erstmals auf Zinsen aus Versicherungsverträgen anzuwenden, bei denen die Ansprüche nach dem 31. Dezember 1996 entgeltlich erworben worden sind. [5]Für Kapitalerträge aus Versicherungsverträgen, die vor dem 1. Januar 2005 abgeschlossen worden sind, ist § 20 Absatz 1 Nummer 6 in der am 31. Dezember 2004 geltenden Fassung mit der Maßgabe weiterhin anzuwenden, dass in Satz 3 die Wörter „§ 10 Absatz 1 Nummer 2 Buchstabe b Satz 5" durch die Wörter „§ 10 Absatz 1 Nummer 2 Buchstabe b Satz 6" ersetzt werden. [6]§ 20 Absatz 1 Nummer 6 Satz 3 in der Fassung des Artikels 1 des Gesetzes vom 13. Dezember 2006 (BGBl. I S. 2878) ist erstmals anzuwenden auf Versicherungsleistungen im Erlebensfall bei Versicherungsverträgen, die nach dem 31. Dezember 2006 abgeschlossen werden, und auf Versicherungsleistungen bei Rückkauf eines Vertrages

nach dem 31. Dezember 2006. [7]§ 20 Absatz 1 Nummer 6 Satz 2 ist für Vertragsabschlüsse nach dem 31. Dezember 2011 mit der Maßgabe anzuwenden, dass die Versicherungsleistung nach Vollendung des 62. Lebensjahres des Steuerpflichtigen ausgezahlt wird. [8]§ 20 Absatz 1 Nummer 6 Satz 6 in der Fassung des Artikels 1 des Gesetzes vom 19. Dezember 2008 (BGBl. I S. 2794) ist für alle Versicherungsverträge anzuwenden, die nach dem 31. März 2009 abgeschlossen werden oder bei denen die erstmalige Beitragsleistung nach dem 31. März 2009 erfolgt. [9]Wird auf Grund einer internen Teilung nach § 10 des Versorgungsausgleichsgesetzes oder einer externen Teilung nach § 14 des Versorgungsausgleichsgesetzes ein Anrecht in Form eines Versicherungsvertrags zugunsten der ausgleichsberechtigten Person begründet, so gilt dieser Vertrag insoweit zu dem gleichen Zeitpunkt als abgeschlossen wie derjenige der ausgleichspflichtigen Person. [10]§ 20 Absatz 1 Nummer 6 Satz 7 und 8 ist auf Versicherungsleistungen anzuwenden, die auf Grund eines nach dem 31. Dezember 2014 eingetretenen Versicherungsfalles ausgezahlt werden. [11]§ 20 Absatz 2 Satz 1 Nummer 1 in der am 18. August 2007 geltenden Fassung ist erstmals auf Gewinne aus der Veräußerung von Anteilen anzuwenden, die nach dem 31. Dezember 2008 erworben wurden. [12]§ 20 Absatz 2 Satz 1 Nummer 3 in der am 18. August 2007 geltenden Fassung ist erstmals auf Gewinne aus Termingeschäften anzuwenden, bei denen der Rechtserwerb nach dem 31. Dezember 2008 stattgefunden hat. [13]§ 20 Absatz 2 Satz 1 Nummer 4, 5 und 8 in der am 18. August 2007 geltenden Fassung ist erstmals auf Gewinne anzuwenden, bei denen die zugrunde liegenden Wirtschaftsgüter, Rechte oder Rechtspositionen nach dem 31. Dezember 2008 erworben oder geschaffen wurden. [14]§ 20 Absatz 2 Satz 1 Nummer 6 in der am 18. August 2007 geltenden Fassung ist erstmals auf die Veräußerung von Ansprüchen nach dem 31. Dezember 2008 anzuwenden, bei denen der Versicherungsvertrag nach dem 31. Dezember 2004 abgeschlossen wurde; dies gilt auch für Versicherungsverträge, die vor dem 1. Januar 2005 abgeschlossen wurden, sofern bei einem Rückkauf zum Veräußerungszeitpunkt die Erträge nach § 20 Absatz 1 Nummer 6 in der am 31. Dezember 2004 geltenden Fassung steuerpflichtig wären. [15]§ 20 Absatz 2 Satz 1 Nummer 7 in der Fassung des Artikels 1 des Gesetzes vom 14. August 2007 (BGBl. I S. 1912) ist erstmals auf nach dem 31. Dezember 2008 zufließende Kapitalerträge aus der Veräußerung sonstiger Kapitalforderungen anzuwenden. [16]Für Kapitalerträge aus Kapitalforderungen, die zum Zeitpunkt des vor dem 1. Januar 2009 erfolgten Erwerbs zwar Kapitalforderungen im Sinne des § 20 Absatz 1 Nummer 7 in der am 31. Dezember 2008 anzuwendenden Fassung, aber nicht Kapitalforderungen im Sinne des § 20 Absatz 2 Satz 1 Nummer 4 in der am 31. Dezember 2008 anzuwendenden Fassung sind, ist § 20 Absatz 2 Satz 1 Nummer 7 nicht anzuwenden; für die bei der Veräußerung in Rechnung gestellten Stückzinsen ist Satz 15 anzuwenden; Kapitalforderungen im Sinne des § 20 Absatz 2 Satz 1 Nummer 4 in der am 31. Dezember 2008 anzuwendenden Fassung liegen auch vor, wenn die Rückzahlung nur teilweise garantiert ist oder wenn eine Trennung zwischen Ertrags- und Vermögensebene möglich erscheint. [17]Bei Kapitalforderungen, die zwar nicht die Voraussetzungen von § 20 Absatz 1 Nummer 7 in der am 31. Dezember 2008 geltenden Fassung, aber die Voraussetzungen von § 20 Absatz 1 Nummer 7 in der am 18. August 2007 geltenden Fassung erfüllen, ist § 20 Absatz 2 Satz 1 Nummer 7 in Verbindung mit § 20 Absatz 1 Nummer 7 vorbehaltlich der Regelung in Absatz 31 Satz 2 und 3 auf alle nach dem 30. Juni 2009 zufließenden Kapitalerträge anzuwenden, es sei denn, die Kapitalforderung wurde vor dem 15. März 2007 angeschafft. [18]§ 20 Absatz 4a Satz 3 in der Fassung des Artikels 1 des Gesetzes vom 8. Dezember 2010 (BGBl. I S. 1768) ist erstmals für Wertpapiere anzuwenden, die nach dem 31. Dezember 2009 geliefert wurden, sofern für die Lieferung § 20 Absatz 4 anzuwenden ist.

(29) Für die Anwendung des § 21 Absatz 1 Satz 2 in der am 31. Dezember 2005 geltenden Fassung gilt Absatz 25 entsprechend.

(30) Für die Anwendung des § 22 Nummer 1 Satz 1 zweiter Halbsatz in der am 31. Dezember 2005 geltenden Fassung gilt Absatz 25 entsprechend.

(31) [1]§ 23 Absatz 1 Satz 1 Nummer 2 in der am 18. August 2007 geltenden Fassung ist erstmals auf Veräußerungsgeschäfte anzuwenden, bei denen die Wirtschaftsgüter nach dem 31. Dezember 2008 auf Grund eines nach diesem Zeitpunkt rechtswirksam abgeschlossenen obligatorischen Vertrags oder gleichstehenden Rechtsakts angeschafft wurden; § 23 Absatz 1 Satz 1 Nummer 2 Satz 2 in der am 14. Dezember 2010 geltenden Fassung ist erstmals auf Veräußerungsgeschäfte anzuwenden, bei denen die Gegenstände des täglichen Gebrauchs auf Grund eines nach dem 13. Dezember 2010 rechtskräftig abgeschlossenen Vertrags oder gleichstehenden Rechtsakts angeschafft wurden. [2]§ 23 Absatz 1 Satz 1 Nummer 2 in der am 1. Januar 1999 geltenden Fassung ist letztmals auf Veräußerungsgeschäfte anzuwenden, bei denen die Wirtschaftsgüter vor dem 1. Januar 2009 erworben wurden. [3]§ 23 Absatz 1 Satz 1 Nummer 4 ist auf Termingeschäfte anzuwenden, bei denen der Erwerb des Rechts auf einen Differenzausgleich, Geldbetrag oder Vorteil nach dem 31. Dezember 1998 und vor dem 1. Januar 2009 erfolgt. [4]§ 23 Absatz 3 Satz 4 in der am 1. Januar 2000 geltenden Fassung ist auf Veräußerungsgeschäfte anzuwenden, bei denen der Steuerpflichtige das Wirtschaftsgut nach dem 31. Juli 1995 und vor dem 1. Januar 2009 angeschafft oder nach dem 31. Dezember 1998 und vor dem 1. Januar 2009 fertiggestellt hat; § 23 Absatz 3 Satz 4 in der am 1. Januar 2009 geltenden Fassung ist auf Veräußerungsgeschäfte anzuwenden, bei denen der Steuerpflichtige das Wirtschaftsgut nach dem

31. Dezember 2008 angeschafft oder fertiggestellt hat. [5]§ 23 Absatz 1 Satz 2 und 3 sowie Absatz 3 Satz 3 in der am 12. Dezember 2006 geltenden Fassung sind für Anteile, die einbringungsgeboren im Sinne des § 21 des Umwandlungssteuergesetzes in der am 12. Dezember 2006 geltenden Fassung sind, weiter anzuwenden.

(32) [1]§ 32 Absatz 4 Satz 1 Nummer 3 in der Fassung des Artikels 1 des Gesetzes vom 19. Juli 2006 (BGBl. I S. 1652) ist erstmals für Kinder anzuwenden, die im Veranlagungszeitraum 2007 wegen einer vor Vollendung des 25. Lebensjahres eingetretenen körperlichen, geistigen oder seelischen Behinderung außerstande sind, sich selbst zu unterhalten; für Kinder, die wegen einer vor dem 1. Januar 2007 in der Zeit ab der Vollendung des 25. Lebensjahres und vor Vollendung des 27. Lebensjahres eingetretenen körperlichen, geistigen oder seelischen Behinderung außerstande sind, sich selbst zu unterhalten, ist § 32 Absatz 4 Satz 1 Nummer 3 weiterhin in der bis zum 31. Dezember 2006 geltenden Fassung anzuwenden. [2]§ 32 Absatz 5 ist nur noch anzuwenden, wenn das Kind den Dienst oder die Tätigkeit vor dem 1. Juli 2011 angetreten hat. [3]Für die nach § 10 Absatz 1 Nummer 2 Buchstabe b und den §§ 10a, 82 begünstigten Verträge, die vor dem 1. Januar 2007 abgeschlossen wurden, gelten für das Vorliegen einer begünstigten Hinterbliebenenversorgung die Altersgrenzen des § 32 in der am 31. Dezember 2006 geltenden Fassung. [4]Dies gilt entsprechend für die Anwendung des § 93 Absatz 1 Satz 3 Buchstabe b.

(32a) [1]§ 32a Absatz 1 und § 51a Absatz 2a Satz 1 in der am 23. Juli 2015 geltenden Fassung sind beim Steuerabzug vom Arbeitslohn erstmals anzuwenden auf laufenden Arbeitslohn, der für einen nach dem 30. November 2015 endenden Lohnzahlungszeitraum gezahlt wird, und auf sonstige Bezüge, die nach dem 30. November 2015 zufließen. [2]Bei der Lohnsteuerberechnung auf laufenden Arbeitslohn, der für einen nach dem 30. November 2015, aber vor dem 1. Januar 2016 endenden täglichen, wöchentlichen und monatlichen Lohnzahlungszeitraum gezahlt wird, ist zu berücksichtigen, dass § 32a Absatz 1 und § 51a Absatz 2a Satz 1 in der am 23. Juli 2015 geltenden Fassung bis zum 30. November 2015 nicht angewandt wurden (Nachholung). [3]Das Bundesministerium der Finanzen hat im Einvernehmen mit den obersten Finanzbehörden der Länder entsprechende Programmablaufpläne aufzustellen und bekannt zu machen (§ 39b Absatz 6 und § 51 Absatz 4 Nummer 1a). 1)

(33) [1]§ 32b Absatz 2 Satz 1 Nummer 2 Satz 2 Buchstabe c ist erstmals auf Wirtschaftsgüter des Umlaufvermögens anzuwenden, die nach dem 28. Februar 2013 angeschafft, hergestellt oder in das Betriebsvermögen eingelegt werden. [2]§ 32b Absatz 1 Satz 3 in der Fassung des Artikels 11 des Gesetzes vom 18. Dezember 2013 (BGBl. I S. 4318) ist in allen offenen Fällen anzuwenden.

(34) § 34a in der Fassung des Artikels 1 des Gesetzes vom 19. Dezember 2008 (BGBl. I S. 2794) ist erstmals für den Veranlagungszeitraum 2008 anzuwenden.

(34a) Für Veranlagungszeiträume bis einschließlich 2014 ist § 34c Absatz 1 Satz 2 in der bis zum 31. Dezember 2014 geltenden Fassung in allen Fällen, in denen die Einkommensteuer noch nicht bestandskräftig festgesetzt ist, mit der Maßgabe anzuwenden, dass an die Stelle der Wörter „Summe der Einkünfte" die Wörter „Summe der Einkünfte abzüglich des Altersentlastungsbetrages (§ 24a), des Entlastungsbetrages für Alleinerziehende (§ 24b), der Sonderausgaben (§§ 10, 10a, 10b, 10c), der außergewöhnlichen Belastungen (§§ 33 bis 33b), der berücksichtigten Freibeträge für Kinder (§§ 31, 32 Absatz 6) und des Grundfreibetrages (§ 32a Absatz 1 Satz 2 Nummer 1)" treten.

(35) [1]§ 34f Absatz 3 und 4 Satz 2 in der Fassung des Gesetzes vom 25. Februar 1992 (BGBl. I S. 297) ist erstmals anzuwenden bei Inanspruchnahme der Steuerbegünstigung nach § 10e Absatz 1 bis 5 in der Fassung des Gesetzes vom 25. Februar 1992 (BGBl. I S. 297). [2]§ 34f Absatz 4 Satz 1 ist erstmals anzuwenden bei Inanspruchnahme der Steuerbegünstigung nach § 10e Absatz 1 bis 5 oder nach § 15b des Berlinförderungsgesetzes für nach dem 31. Dezember 1991 hergestellte oder angeschaffte Objekte.

(36) [1]Das Bundesministerium der Finanzen kann im Einvernehmen mit den obersten Finanzbehörden der Länder in einem Schreiben mitteilen, wann die in § 39 Absatz 4 Nummer 4 und 5 genannten Lohnsteuerabzugsmerkmale erstmals abgerufen werden können (§ 39e Absatz 3 Satz 1). [2]Dieses Schreiben ist im Bundessteuerblatt zu veröffentlichen.

(37) [1]Das Bundesministerium der Finanzen kann im Einvernehmen mit den obersten Finanzbehörden der Länder in einem Schreiben mitteilen, ab wann die Regelungen in § 39a Absatz 1 Satz 3 bis 5 erstmals anzuwenden sind. [2]Dieses Schreiben ist im Bundessteuerblatt zu veröffentlichen.

(37a) [1]§ 39f Absatz 1 Satz 9 bis 11 und Absatz 3 Satz 1 ist erstmals für den Veranlagungszeitraum anzuwenden, der auf den Veranlagungszeitraum folgt, in dem die für die Anwendung des § 39f Absatz 1 Satz 9 bis 11 und Absatz 3 Satz 1 erforderlichen Programmierarbeiten im Verfahren zur Bildung und Anwendung der elektronischen Lohnsteuerabzugsmerkmale (§ 39e) 2)

1) Absatz 32a wurde durch das Gesetz zur Anhebung des Grundfreibetrags, des Kinderfreibetrags, des Kindergeldes und des Kinderzuschlags (Inkrafttreten 23. 7. 2015) eingefügt.

2) Absatz 37a wurde durch Bürokratieentlastungsgesetz (Inkrafttreten 1. 8. 2015) eingefügt.

abgeschlossen sind. ²Das Bundesministerium der Finanzen gibt im Einvernehmen mit den obersten Finanzbehörden der Länder im Bundesgesetzblatt den Veranlagungszeitraum bekannt, ab dem die Regelung des § 39f Absatz 1 Satz 9 bis 11 und Absatz 3 Satz 1 erstmals anzuwenden ist.

1) *(37b) ¹§ 39b Absatz 2 Satz 5 Nummer 4 in der am 23. Juli 2015 geltenden Fassung ist erstmals anzuwenden auf laufenden Arbeitslohn, der für einen nach dem 30. November 2015 endenden Lohnzahlungszeitraum gezahlt wird, und auf sonstige Bezüge, die nach dem 30. November 2015 zufließen. ²Bei der Lohnsteuerberechnung auf laufenden Arbeitslohn, der für einen nach dem 30. November 2015, aber vor dem 1. Januar 2016 endenden täglichen, wöchentlichen und monatlichen Lohnzahlungszeitraum gezahlt wird, ist zu berücksichtigen, dass § 39b Absatz 2 Satz 5 Nummer 4 in der am 23. Juli 2015 geltenden Fassung bis zum 30. November 2015 nicht angewandt wurde (Nachholung). ³Das Bundesministerium der Finanzen hat dies im Einvernehmen mit den obersten Finanzbehörden der Länder bei der Aufstellung und Bekanntmachung der geänderten Programmablaufpläne für 2015 zu berücksichtigen (§ 39b Absatz 6 und § 51 Absatz 4 Nummer 1a). ⁴In den Fällen des § 24b Absatz 4 ist für das Kalenderjahr 2015 eine Veranlagung durchzuführen, wenn die Nachholung nach Satz 2 durchgeführt wurde.*

(38) § 40a Absatz 2, 2a und 6 in der am 31. Juli 2014 geltenden Fassung ist erstmals ab dem Kalenderjahr 2013 anzuwenden.

(39) Haben Arbeitnehmer im Laufe des Kalenderjahres geheiratet, wird längstens bis zum Ablauf des Kalenderjahres 2017 abweichend von § 39e Absatz 3 Satz 3 für jeden Ehegatten automatisiert die Steuerklasse IV gebildet, wenn die Voraussetzungen des § 38b Absatz 1 Satz 2 Nummer 3 oder Nummer 4 vorliegen.

(40) ¹§ 40b Absatz 1 und 2 in der am 31. Dezember 2004 geltenden Fassung ist weiter anzuwenden auf Beiträge für eine Direktversicherung des Arbeitnehmers und Zuwendungen an eine Pensionskasse, die auf Grund einer Versorgungszusage geleistet werden, die vor dem 1. Januar 2005 erteilt wurde. ²Sofern die Beiträge für eine Direktversicherung die Voraussetzungen des § 3 Nummer 63 erfüllen, gilt dies nur, wenn der Arbeitnehmer nach Absatz 4 gegenüber dem Arbeitgeber für diese Beiträge auf die Anwendung des § 3 Nummer 63 verzichtet hat.

2)

(41) Bei der Veräußerung oder Einlösung von Wertpapieren und Kapitalforderungen, die von der das Bundesschuldbuch führenden Stelle oder einer Landesschuldenverwaltung verwahrt oder verwaltet werden können, bemisst sich der Steuerabzug nach den bis zum 31. Dezember 1993 geltenden Vorschriften, wenn die Wertpapier- und Kapitalforderungen vor dem 1. Januar 1994 emittiert worden sind; dies gilt nicht für besonders in Rechnung gestellte Stückzinsen.

(42) § 43 Absatz 1 Satz 1 Nummer 7 Buchstabe b Satz 2 in der Fassung des Artikels 1 des Gesetzes vom 13. Dezember 2006 (BGBl. I S. 2878) ist erstmals auf Verträge anzuwenden, die nach dem 31. Dezember 2006 abgeschlossen werden.

3) 4) *(42a) § 43b und Anlage 2 (zu § 43b) in der am 1. Januar 2016 geltenden Fassung sind erstmals auf Ausschüttungen anzuwenden, die nach dem 31. Dezember 2015 zufließen.*

(43) ¹Ist ein Freistellungsauftrag im Sinne des § 44a vor dem 1. Januar 2007 unter Beachtung des § 20 Absatz 4 in der bis dahin geltenden Fassung erteilt worden, darf der nach § 44 Absatz 1 zum Steuerabzug Verpflichtete den angegebenen Freistellungsbetrag nur zu 56,37 Prozent berücksichtigen. ²Sind in dem Freistellungsauftrag der gesamte Sparer-Freibetrag nach § 20

1) *Absatz 37b wurde durch das Gesetz zur Anhebung des Grundfreibetrags, des Kinderfreibetrags, des Kindergeldes und des Kinderzuschlags (Inkrafttreten 23. 7. 2015) eingefügt.*

2) Absatz 40a wurde durch das Gesetz zur Änderung des Einkommensteuergesetzes zur Erhöhung des Lohnsteuereinbehalts in der Seeschifffahrt vom 24. 2. 2016 (BGBl. I S. 310). eingefügt (zu § 41a Abs. 4 Satz 1 EStG); das Gesetz tritt an dem Tag in Kraft, an dem die Europäische Kommission die Genehmigung zu dem Änderungsgesetz erteilt hat. Der Zeitpunkt der Genehmigung sowie der Tag des Inkrafttretens sind vom BMF im BGBl. gesondert bekannt zu machen.: „(40a) § 41a Absatz 4 Satz 1 in der Fassung des Artikels 1 des Gesetzes vom ... (BGBl. I S. ...) gilt für eine Dauer von 60 Monaten und ist erstmals für laufenden Arbeitslohn anzuwenden, der für den Lohnzahlungszeitraum gezahlt wird, der nach dem Kalendermonat folgt, in dem die Europäische Kommission die Genehmigung zu diesem Änderungsgesetz erteilt hat; die Regelung ist erstmals für sonstige Bezüge anzuwenden, die nach dem Monat zufließen, in dem die Europäische Kommission die Genehmigung zu diesem Änderungsgesetz erteilt hat. Das Bundesministerium der Finanzen gibt den Tag der erstmaligen Anwendung im Bundesgesetzblatt bekannt. Nach *Ablauf der 60 Monate ist wieder* § 41a Absatz 4 Satz 1 in der Fassung der Bekanntmachung des Einkommensteuergesetzes vom 8. Oktober 2009 (BGBl. I S. 3366, 3862) anzuwenden."

3) *Absatz 42a wurde durch das Steueränderungsgesetz 2015 (Inkrafttreten 1. 1. 2016) eingefügt.*

4) *§ 52 Abs. 55a Satz 2 EStG i. d. F. des Artikels 1 des Gesetzes zur Anpassung des nationalen Steuerrechts an den Beitritt Kroatiens zur EU und zur Änderung weiterer steuerlicher Vorschriften lautet:*
„²§ 43b und die Anlage 2 (zu § 43b) *in der am 1. Juli 2013 geltenden Fassung sind erstmals auf Ausschüttungen anzuwenden, die nach dem 30. Juni 2013 zufließen."*

Absatz 4 in der Fassung des Artikels 1 des Gesetzes vom 19. Juli 2006 (BGBl. I S. 1652) und der gesamte Werbungskosten-Pauschbetrag nach § 9a Satz 1 Nummer 2 in der Fassung des Artikels 1 des Gesetzes vom 19. Juli 2006 (BGBl. I S. 1652) angegeben, ist der Werbungskosten-Pauschbetrag in voller Höhe zu berücksichtigen.

(44) § 44 Absatz 6 Satz 2 und 5 in der am 12. Dezember 2006 geltenden Fassung ist für Anteile, die einbringungsgeboren im Sinne des § 21 des Umwandlungssteuergesetzes in der am 12. Dezember 2006 geltenden Fassung sind, weiter anzuwenden.

(45) § 45d Absatz 1 in der am 14. Dezember 2010 geltenden Fassung ist erstmals für Kapitalerträge anzuwenden, die ab dem 1. Januar 2013 zufließen; eine Übermittlung der Identifikationsnummer hat für Kapitalerträge, die vor dem 1. Januar 2016 zufließen, nur zu erfolgen, wenn die Identifikationsnummer der Meldestelle vorliegt.

(46) [1]Der Zeitpunkt der erstmaligen Anwendung des § 50 Absatz 2 in der am 18. August 2009 geltenden Fassung wird durch eine Rechtsverordnung der Bundesregierung bestimmt, die der Zustimmung des Bundesrates bedarf; dieser Zeitpunkt darf nicht vor dem 31. Dezember 2011 liegen. *[2]§ 50 Absatz 4 in der am 1. Januar 2016 geltenden Fassung ist in allen offenen Fällen anzuwenden.* 1)

(47) [1]Der Zeitpunkt der erstmaligen Anwendung des § 50a Absatz 3 und 5 in der am 18. August 2009 geltenden Fassung wird durch eine Rechtsverordnung der Bundesregierung bestimmt, die der Zustimmung des Bundesrates bedarf; dieser Zeitpunkt darf nicht vor dem 31. Dezember 2011 liegen. [2]§ 50a Absatz 7 in der am 31. Juli 2014 geltenden Fassung ist erstmals auf Vergütungen anzuwenden, für die der Steuerabzug nach dem 31. Dezember 2014 angeordnet worden ist. 2)

(48) [1]§ 50i Absatz 1 Satz 1 und 2 ist auf die Veräußerung oder Entnahme von Wirtschaftsgütern oder Anteilen anzuwenden, die nach dem 29. Juni 2013 stattfindet. [2]Hinsichtlich der laufenden Einkünfte aus der Beteiligung an der Personengesellschaft ist die Vorschrift in allen Fällen anzuwenden, in denen die Einkommensteuer noch nicht bestandskräftig festgesetzt worden ist. [3]§ 50i Absatz 1 Satz 4 in der am 31. Juli 2014 geltenden Fassung ist erstmals auf die Veräußerung oder Entnahme von Wirtschaftsgütern oder Anteilen anzuwenden, die nach dem 31. Dezember 2013 stattfindet. [4]§ 50i Absatz 2 Satz 1 gilt für Umwandlungen und Einbringungen, bei denen der Umwandlungsbeschluss nach dem 31. Dezember 2013 erfolgt ist oder der Einbringungsvertrag nach dem 31. Dezember 2013 geschlossen worden ist. [5]§ 50i Absatz 2 Satz 2 gilt für Übertragungen und Überführungen und § 50i Absatz 2 Satz 3 für einen Strukturwandel nach dem 31. Dezember 2013. 3)

(49) § 51a Absatz 2c und 2e in der am 30. Juni 2013 geltenden Fassung ist erstmals auf nach dem 31. Dezember 2014 zufließende Kapitalerträge anzuwenden.

(49a) [1]Die §§ 62, 63 und 67 in der am 9. Dezember 2014 geltenden Fassung sind für Kindergeldfestsetzungen anzuwenden, die Zeiträume betreffen, die nach dem 31. Dezember 2015 beginnen. [2]Die §§ 62, 63 und 67 in der am 9. Dezember 2014 geltenden Fassung sind auch für Kindergeldfestsetzungen anzuwenden, die Zeiträume betreffen, die vor dem 1. Januar 2016 liegen, der Antrag auf Kindergeld aber erst nach dem 31. Dezember 2015 gestellt wird. *[3]§ 66 Absatz 1 in der am 23. Juli 2015 geltenden Fassung ist für Kindergeldfestsetzungen anzuwenden, die Zeiträume betreffen, die nach dem 31. Dezember 2014 beginnen. [4]§ 66 Absatz 1 in der am 1. Januar 2016 geltenden Fassung ist für Kindergeldfestsetzungen anzuwenden, die Zeiträume betreffen, die nach dem 31. Dezember 2015 beginnen.* 4) 5)

(50) § 70 Absatz 4 in der am 31. Dezember 2011 geltenden Fassung ist weiter für Kindergeldfestsetzungen anzuwenden, die Zeiträume betreffen, die vor dem 1. Januar 2012 enden.

§ 52a (weggefallen)

EStG

1) Absatz 46 Satz 2 wurde durch das Steueränderungsgesetz 2015 (Inkrafttreten 1. 1. 2016) angefügt.

2) Nach der Verordnung zur Übertragung der Zuständigkeit für das Steuerabzugs- und Veranlagungsverfahren nach den §§ 50 und 50a des EStG auf das BZSt und zur Regelung verschiedener Anwendungszeitpunkte und weiterer Vorschriften vom 24. 6. 2013 (BGBl. I S. 1679) ist § 50 Absatz 2 Satz 8 des EStG erstmals für Vergütungen anzuwenden, die nach dem 31. Dezember 2013 zufließen.

3) § 52 Abs. 59c Satz 2 EStG i. d. F. des Artikels 1 des Gesetzes zur Anpassung des nationalen Steuerrechts an den Beitritt Kroatiens zur EU und zur Änderung weiterer steuerlicher Vorschriften lautet:
„[2]§ 50g und die Anlage 3 (zu § 50g) in der am 1. Juli 2013 geltenden Fassung sind erstmals auf Zahlungen anzuwenden, die nach dem 30. Juni 2013 erfolgen."

4) Absatz 49a Satz 3 wurde durch das Gesetz zur Anhebung des Grundfreibetrags, des Kinderfreibetrags, des Kindergeldes und des Kinderzuschlags (Inkrafttreten 23. 7. 2015) angefügt.

5) Absatz 49a Satz 4 wurde durch das Gesetz zur Anhebung des Grundfreibetrags, des Kinderfreibetrags, des Kindergeldes und des Kinderzuschlags (Inkrafttreten 1. 1. 2016) angefügt.

EStG

§ 52b Übergangsregelung bis zur Anwendung der elektronischen Lohnsteuerabzugsmerkmale

(1) [1]Die Lohnsteuerkarte 2010 und die Bescheinigung für den Lohnsteuerabzug (Absatz 3) gelten mit den eingetragenen Lohnsteuerabzugsmerkmalen auch für den Steuerabzug vom Arbeitslohn ab dem 1. Januar 2011 bis zur erstmaligen Anwendung der elektronischen Lohnsteuerabzugsmerkmale durch den Arbeitgeber (Übergangszeitraum). [2]Voraussetzung ist, dass dem Arbeitgeber entweder die Lohnsteuerkarte 2010 oder die Bescheinigung für den Lohnsteuerabzug vorliegt. [3]In diesem Übergangszeitraum hat der Arbeitgeber die Lohnsteuerkarte 2010 und die Bescheinigung für den Lohnsteuerabzug

1. während des Dienstverhältnisses aufzubewahren, er darf sie nicht vernichten;
2. dem Arbeitnehmer zur Vorlage beim Finanzamt vorübergehend zu überlassen sowie
3. nach Beendigung des Dienstverhältnisses innerhalb einer angemessenen Frist herauszugeben.

[4]Nach Ablauf des auf den Einführungszeitraum (Absatz 5 Satz 2) folgenden Kalenderjahres darf der Arbeitgeber die Lohnsteuerkarte 2010 und die Bescheinigung für den Lohnsteuerabzug vernichten. [5]Ist auf der Lohnsteuerkarte 2010 eine Lohnsteuerbescheinigung erteilt und ist die Lohnsteuerkarte an den Arbeitnehmer herausgegeben worden, kann der Arbeitgeber bei fortbestehendem Dienstverhältnis die Lohnsteuerabzugsmerkmale der Lohnsteuerkarte 2010 im Übergangszeitraum weiter anwenden, wenn der Arbeitnehmer schriftlich erklärt, dass die Lohnsteuerabzugsmerkmale der Lohnsteuerkarte 2010 weiterhin zutreffend sind.

(2) [1]Für Eintragungen auf der Lohnsteuerkarte 2010 und in der Bescheinigung für den Lohnsteuerabzug im Übergangszeitraum ist das Finanzamt zuständig. [2]Der Arbeitnehmer ist verpflichtet, die Eintragung der Steuerklasse und der Zahl der Kinderfreibeträge auf der Lohnsteuerkarte 2010 und in der Bescheinigung für den Lohnsteuerabzug umgehend durch das Finanzamt ändern zu lassen, wenn die Eintragung von den Verhältnissen zu Beginn des jeweiligen Kalenderjahres im Übergangszeitraum zu seinen Gunsten abweicht. [3]Diese Verpflichtung gilt auch in den Fällen, in denen die Steuerklasse II bescheinigt ist und die Voraussetzungen für die Berücksichtigung des Entlastungsbetrags für Alleinerziehende (§ 24b) im Laufe des Kalenderjahres entfallen. [4]Kommt der Arbeitnehmer seiner Verpflichtung nicht nach, so hat das Finanzamt die Eintragung von Amts wegen zu ändern; der Arbeitnehmer hat die Lohnsteuerkarte 2010 und die Bescheinigung für den Lohnsteuerabzug dem Finanzamt auf Verlangen vorzulegen.

(3) [1]Hat die Gemeinde für den Arbeitnehmer keine Lohnsteuerkarte für das Kalenderjahr 2010 ausgestellt oder ist die Lohnsteuerkarte 2010 verloren gegangen, unbrauchbar geworden oder zerstört worden, hat das Finanzamt im Übergangszeitraum auf Antrag des Arbeitnehmers eine Bescheinigung für den Lohnsteuerabzug nach amtlich vorgeschriebenem Muster (Bescheinigung für den Lohnsteuerabzug) auszustellen. [2]Diese Bescheinigung tritt an die Stelle der Lohnsteuerkarte 2010.

(4) [1]Beginnt ein nach § 1 Absatz 1 unbeschränkt einkommensteuerpflichtiger lediger Arbeitnehmer im Übergangszeitraum ein Ausbildungsdienstverhältnis als erstes Dienstverhältnis, kann der Arbeitgeber auf die Vorlage einer Bescheinigung für den Lohnsteuerabzug verzichten. [2]In diesem Fall hat der Arbeitgeber die Lohnsteuer nach der Steuerklasse I zu ermitteln; der Arbeitnehmer hat dem Arbeitgeber seine Identifikationsnummer sowie den Tag der Geburt und die rechtliche Zugehörigkeit zu einer steuererhebenden Religionsgemeinschaft mitzuteilen und schriftlich zu bestätigen, dass es sich um das erste Dienstverhältnis handelt. [3]Der Arbeitgeber hat die Erklärung des Arbeitnehmers bis zum Ablauf des Kalenderjahres als Beleg zum Lohnkonto aufzubewahren.

(5) [1]Das Bundesministerium der Finanzen hat im Einvernehmen mit den obersten Finanzbehörden der Länder den Zeitpunkt der erstmaligen Anwendung der ELStAM für die Durchführung des Lohnsteuerabzugs ab dem Kalenderjahr 2013 oder einem späteren Anwendungszeitpunkt sowie den Zeitpunkt des erstmaligen Abrufs der ELStAM durch den Arbeitgeber (Starttermin) in einem Schreiben zu bestimmen, das im Bundessteuerblatt zu veröffentlichen ist. [2]Darin ist für die Einführung des Verfahrens der elektronischen Lohnsteuerabzugsmerkmale ein Zeitraum zu bestimmen (Einführungszeitraum). [3]Der Arbeitgeber oder sein Vertreter (§ 39e Absatz 4 Satz 6) hat im Einführungszeitraum die nach § 39e gebildeten ELStAM abzurufen und für die auf den Abrufzeitpunkt folgende nächste Lohnabrechnung anzuwenden. [4]Für den Abruf der ELStAM hat sich der Arbeitgeber oder sein Vertreter zu authentifizieren und die Steuernummer der Betriebsstätte oder des Teils des Betriebs des Arbeitgebers, in dem der für die Durchführung des Lohnsteuerabzugs maßgebende Arbeitslohn des Arbeitnehmers ermittelt wird (§ 41 Absatz 2), die Identifikationsnummer und den Tag der Geburt des Arbeitnehmers sowie, ob es sich um das erste oder ein weiteres Dienstverhältnis handelt, mitzuteilen. [5]Er hat ein erstes Dienstverhältnis mitzuteilen, wenn auf der Lohnsteuerkarte 2010 oder der Bescheinigung für den Lohnsteuerabzug eine der Steuerklassen I bis V (§ 38b Absatz 1 Satz 2 Nummer 1

bis 5) eingetragen ist oder wenn die Lohnsteuerabzugsmerkmale nach Absatz 4 gebildet worden sind. [6]Ein weiteres Dienstverhältnis (§ 38b Absatz 1 Satz 2 Nummer 6) ist mitzuteilen, wenn die Voraussetzungen des Satzes 5 nicht vorliegen. [7]Der Arbeitgeber hat die ELStAM in das Lohnkonto zu übernehmen und gemäß der übermittelten zeitlichen Gültigkeitsangabe anzuwenden.

(5a) [1]Nachdem der Arbeitgeber die ELStAM für die Durchführung des Lohnsteuerabzugs angewandt hat, sind die Übergangsregelungen in Absatz 1 Satz 1 und in den Absätzen 2 bis 5 nicht mehr anzuwenden. [2]Die Lohnsteuerabzugsmerkmale der vorliegenden Lohnsteuerkarte 2010 und der Bescheinigung für den Lohnsteuerabzug gelten nicht mehr. [3]Wenn die nach § 39e Absatz 1 Satz 1 gebildeten Lohnsteuerabzugsmerkmale den tatsächlichen Verhältnissen des Arbeitnehmers nicht entsprechen, hat das Finanzamt auf dessen Antrag eine besondere Bescheinigung für den Lohnsteuerabzug (Besondere Bescheinigung für den Lohnsteuerabzug) mit den Lohnsteuerabzugsmerkmalen des Arbeitnehmers auszustellen sowie etwaige Änderungen einzutragen (§ 39 Absatz 1 Satz 2) und die Abrufberechtigung des Arbeitgebers auszusetzen. [4]Die Gültigkeit dieser Bescheinigung ist auf längstens zwei Kalenderjahre zu begrenzen. [5]§ 39e Absatz 5 Satz 1 und Absatz 7 Satz 6 gilt entsprechend. [6]Die Lohnsteuerabzugsmerkmale der Besonderen Bescheinigung für den Lohnsteuerabzug sind für die Durchführung des Lohnsteuerabzugs nur dann für den Arbeitgeber maßgebend, wenn ihm gleichzeitig die Lohnsteuerkarte 2010 vorliegt oder unter den Voraussetzungen des Absatzes 1 Satz 5 vorgelegen hat oder eine Bescheinigung für den Lohnsteuerabzug für das erste Dienstverhältnis des Arbeitnehmers vorliegt. [7]Abweichend von Absatz 5 Satz 3 und 7 kann der Arbeitgeber nach dem erstmaligen Abruf der ELStAM die Lohnsteuer im Einführungszeitraum längstens für die Dauer von sechs Kalendermonaten weiter nach den Lohnsteuerabzugsmerkmalen der Lohnsteuerkarte 2010, der Bescheinigung für den Lohnsteuerabzug oder den nach Absatz 4 maßgebenden Lohnsteuerabzugsmerkmalen erheben, wenn der Arbeitnehmer zustimmt. [8]Dies gilt auch, wenn der Arbeitgeber die ELStAM im Einführungszeitraum erstmals angewandt hat.

(6) bis (8) (weggefallen)

(9) Ist der unbeschränkt einkommensteuerpflichtige Arbeitnehmer seinen Verpflichtungen nach Absatz 2 Satz 2 und 3 nicht nachgekommen und kommt eine Veranlagung zur Einkommensteuer nach § 46 Absatz 2 Nummer 1 bis 7 nicht in Betracht, kann das Finanzamt den Arbeitnehmer zur Abgabe einer Einkommensteuererklärung auffordern und eine Veranlagung zur Einkommensteuer durchführen.

Hinweise

H 52b

Allgemeines

Lohnsteuerabzug ab dem Kalenderjahr 2013 im Verfahren der elektronischen Lohnsteuerabzugsmerkmale → BMF vom 7. 8. 2013 (BStBl I S. 951). Anhang 17

§ 53 Sondervorschrift zur Steuerfreistellung des Existenzminimums eines Kindes in den Veranlagungszeiträumen 1983 bis 1995

EStG
S 2282a

[1]In den Veranlagungszeiträumen 1983 bis 1995 sind in Fällen, in denen die Einkommensteuer noch nicht formell bestandskräftig oder hinsichtlich der Höhe der Kinderfreibeträge vorläufig festgesetzt ist, für jedes bei der Festsetzung berücksichtigte Kind folgende Beträge als Existenzminimum des Kindes steuerfrei zu belassen:

1983	3 732 Deutsche Mark,
1984	3 864 Deutsche Mark,
1985	3 924 Deutsche Mark,
1986	4 296 Deutsche Mark,
1987	4 416 Deutsche Mark,
1988	4 572 Deutsche Mark,
1989	4 752 Deutsche Mark,
1990	5 076 Deutsche Mark,
1991	5 388 Deutsche Mark,
1992	5 676 Deutsche Mark,
1993	5 940 Deutsche Mark,
1994	6 096 Deutsche Mark,
1995	6 168 Deutsche Mark.

[2]Im Übrigen ist § 32 in der für den jeweiligen Veranlagungszeitraum geltenden Fassung anzuwenden. [3]Für die Prüfung, ob die nach Satz 1 und 2 gebotene Steuerfreistellung bereits erfolgt

ist, ist das dem Steuerpflichtigen im jeweiligen Veranlagungszeitraum zustehende Kindergeld mit dem auf das bisherige zu versteuernde Einkommen des Steuerpflichtigen in denselben Veranlagungszeitraum anzuwendenden Grenzsteuersatz in einem Freibetrag umzurechnen; dies gilt auch dann, soweit das Kindergeld dem Steuerpflichtigen im Wege eines zivilrechtlichen Ausgleichs zusteht. [4]Die Umrechnung des zustehenden Kindergeldes ist entsprechend dem Umfang der bisher abgezogenen Kinderfreibeträge vorzunehmen. [5]Bei einem unbeschränkt einkommensteuerpflichtigen Elternpaar, bei dem die Voraussetzungen des § 26 Absatz 1 Satz 1 nicht vorliegen, ist eine Änderung der bisherigen Inanspruchnahme des Kinderfreibetrags unzulässig. [6]Erreicht die Summe aus dem bei der bisherigen Einkommensteuerfestsetzung abgezogenen Kinderfreibetrag und dem nach Satz 3 und 4 berechneten Freibetrag nicht den nach Satz 1 und 2 für den jeweiligen Veranlagungszeitraum maßgeblichen Betrag, ist der Unterschiedsbetrag vom bisherigen zu versteuernden Einkommen abzuziehen und die Einkommensteuer neu festzusetzen. [7]Im Zweifel hat der Steuerpflichtige die Voraussetzungen durch Vorlage entsprechender Unterlagen nachzuweisen.

EStG

§ 54 (weggefallen)

EStG
S 2188

§ 55 Schlussvorschriften
(Sondervorschriften für die Gewinnermittlung nach § 4 oder nach Durchschnittssätzen bei vor dem 1. Juli 1970 angeschafftem Grund und Boden)

(1) [1]Bei Steuerpflichtigen, deren Gewinn für das Wirtschaftsjahr, in das der 30. Juni 1970 fällt, nicht nach § 5 zu ermitteln ist, gilt bei Grund und Boden, der mit Ablauf des 30. Juni 1970 zu ihrem Anlagevermögen gehört hat, als Anschaffungs- oder Herstellungskosten (§ 4 Absatz 3 Satz 4 und § 6 Absatz 1 Nummer 2 Satz 1) das Zweifache des nach den Absätzen 2 bis 4 zu ermittelnden Ausgangsbetrags. [2]Zum Grund und Boden im Sinne des Satzes 1 gehören nicht die mit ihm in Zusammenhang stehenden Wirtschaftsgüter und Nutzungsbefugnisse.

(2) [1]Bei der Ermittlung des Ausgangsbetrags des zum land- und forstwirtschaftlichen Vermögen (§ 33 Absatz 1 Satz 1 des Bewertungsgesetzes in der Fassung der Bekanntmachung vom 10. Dezember 1965 – BGBl. I S. 1861 –, zuletzt geändert durch das Bewertungsänderungsgesetz 1971 vom 27. Juli 1971 – BGBl. I S. 1157) gehörenden Grund und Bodens ist seine Zuordnung zu den Nutzungen und Wirtschaftsgütern (§ 34 Absatz 2 des Bewertungsgesetzes) am 1. Juli 1970 maßgebend; dabei sind die Hof- und Gebäudeflächen sowie die Hausgärten im Sinne des § 40 Absatz 3 des Bewertungsgesetzes nicht in die einzelne Nutzung einzubeziehen. [2]Es sind anzusetzen:

1. **bei Flächen, die nach dem Bodenschätzungsgesetz vom 20. Dezember 2007 (BGBl. I S. 3150, 3176) in der jeweils geltenden Fassung zu schätzen sind, für jedes katastermäßig abgegrenzte Flurstück der Betrag in Deutsche Mark, der sich ergibt, wenn die für das Flurstück am 1. Juli 1970 im amtlichen Verzeichnis nach § 2 Absatz 2 der Grundbuchordnung (Liegenschaftskataster) ausgewiesene Ertragsmesszahl vervierfacht wird. [2]Abweichend von Satz 1 sind für Flächen der Nutzungsteile**

   a) **Hopfen, Spargel, Gemüsebau und Obstbau**

      2,05 Euro je Quadratmeter,

   b) **Blumen- und Zierpflanzenbau sowie Baumschulen**

      2,56 Euro je Quadratmeter

   anzusetzen, wenn der Steuerpflichtige dem Finanzamt gegenüber bis zum 30. Juni 1972 eine Erklärung über die Größe, Lage und Nutzung der betreffenden Flächen abgibt,

2. ***für Flächen der forstwirtschaftlichen Nutzung* je Quadratmeter 0,51 Euro,**

3. **für Flächen der weinbaulichen Nutzung der Betrag, der sich unter Berücksichtigung der maßgebenden Lagenvergleichszahl (Vergleichszahl der einzelnen Weinbaulage, § 39 Absatz 1 Satz 3 und § 57 Bewertungsgesetz), die für ausbauende Betriebsweise mit Fassweinerzeugung anzusetzen ist, aus der nachstehenden Tabelle ergibt:**

Lagenvergleichszahl	Ausgangsbetrag je Quadratmeter in Euro
bis 20	1,28
21 bis 30	1,79
31 bis 40	2,56
41 bis 50	3,58
51 bis 60	4,09
61 bis 70	4,60
71 bis 100	5,11
über 100	6,39

4. für Flächen der sonstigen land- und forstwirtschaftlichen Nutzung, auf die Nummer 1 keine Anwendung findet,
   je Quadratmeter 0,51 Euro,
5. für Hofflächen, Gebäudeflächen und Hausgärten im Sinne des § 40 Absatz 3 des Bewertungsgesetzes
   je Quadratmeter 2,56 Euro,
6. für Flächen des Geringstlandes
   je Quadratmeter 0,13 Euro,
7. für Flächen des Abbaulandes
   je Quadratmeter 0,26 Euro,
8. für Flächen des Unlandes
   je Quadratmeter 0,05 Euro.

(3) [1]Lag am 1. Juli 1970 kein Liegenschaftskataster vor, in dem Ertragsmesszahlen ausgewiesen sind, so ist der Ausgangsbetrag in sinngemäßer Anwendung des Absatzes 2 Satz 2 Nummer 1 Satz 1 auf der Grundlage der durchschnittlichen Ertragsmesszahl der landwirtschaftlichen Nutzung eines Betriebs zu ermitteln, die die Grundlage für die Hauptfeststellung des Einheitswerts auf den 1. Januar 1964 bildet. [2]Absatz 2 Satz 2 Nummer 1 Satz 2 bleibt unberührt.

(4) Bei nicht zum land- und forstwirtschaftlichen Vermögen gehörendem Grund und Boden ist als Ausgangsbetrag anzusetzen:

1. Für unbebaute Grundstücke der auf den 1. Januar 1964 festgestellte Einheitswert. [2]Wird auf den 1. Januar 1964 kein Einheitswert festgestellt oder hat sich der Bestand des Grundstücks nach dem 1. Januar 1964 und vor dem 1. Juli 1970 verändert, so ist der Wert maßgebend, der sich ergeben würde, wenn das Grundstück nach seinem Bestand vom 1. Juli 1970 und nach den Wertverhältnissen vom 1. Januar 1964 zu bewerten wäre;
2. für bebaute Grundstücke der Wert, der sich nach Nummer 1 ergeben würde, wenn das Grundstück unbebaut wäre.

(5) [1]Weist der Steuerpflichtige nach, dass der Teilwert für Grund und Boden im Sinne des Absatzes 1 am 1. Juli 1970 höher ist als das Zweifache des Ausgangsbetrags, so ist auf Antrag des Steuerpflichtigen der Teilwert als Anschaffungs- oder Herstellungskosten anzusetzen. [2]Der Antrag ist bis zum 31. Dezember 1975 bei dem Finanzamt zu stellen, das für die Ermittlung des Gewinns aus dem Betrieb zuständig ist. [3]Der Teilwert ist gesondert festzustellen. [4]Vor dem 1. Januar 1974 braucht diese Feststellung nur zu erfolgen, wenn ein berechtigtes Interesse des Steuerpflichtigen gegeben ist. [5]Die Vorschriften der Abgabenordnung und der Finanzgerichtsordnung über die gesonderte Feststellung von Besteuerungsgrundlagen gelten entsprechend.

(6) [1]Verluste, die bei der Veräußerung oder Entnahme von Grund und Boden im Sinne des Absatzes 1 entstehen, dürfen bei der Ermittlung des Gewinns in Höhe des Betrags nicht berücksichtigt werden, um den der ausschließlich auf den Grund und Boden entfallende Veräußerungspreis oder der an dessen Stelle tretende Wert nach Abzug der Veräußerungskosten unter dem Zweifachen des Ausgangsbetrags liegt. [2]Entsprechendes gilt bei Anwendung des § 6 Absatz 1 Nummer 2 Satz 2.

(7) Grund und Boden, der nach § 4 Absatz 1 Satz 5 des Einkommensteuergesetzes 1969 nicht anzusetzen war, ist wie eine Einlage zu behandeln; er ist dabei mit dem nach Absatz 1 oder Absatz 5 maßgebenden Wert anzusetzen.

§ 56 Sondervorschriften für Steuerpflichtige in dem in Artikel 3 des Einigungsvertrages genannten Gebiet

EStG
S 2259a

Bei Steuerpflichtigen, die am 31. Dezember 1990 einen Wohnsitz oder ihren gewöhnlichen Aufenthalt in dem in Artikel 3 des Einigungsvertrages genannten Gebiet und im Jahre 1990 keinen Wohnsitz oder gewöhnlichen Aufenthalt im bisherigen Geltungsbereich dieses Gesetzes hatten, gilt Folgendes:

§ 7 Absatz 5 ist auf Gebäude anzuwenden, die in dem Artikel 3 des Einigungsvertrages genannten Gebiet nach dem 31. Dezember 1990 angeschafft oder hergestellt worden sind.

EStG
S 2259b

§ 57 Besondere Anwendungsregeln aus Anlass der Herstellung der Einheit Deutschlands

(1) Die §§ 7c, 7f, 7g, 7k und 10e dieses Gesetzes, die §§ 76, 78, 82a und 82f der Einkommensteuer-Durchführungsverordnung sowie die §§ 7 und 12 Absatz 3 des Schutzbaugesetzes sind auf Tatbestände anzuwenden, die in dem in Artikel 3 des Einigungsvertrages genannten Gebiet nach dem 31. Dezember 1990 verwirklicht worden sind.

(2) Die §§ 7b und 7d dieses Gesetzes sowie die §§ 81, 82d, 82g und 82i der Einkommensteuer-Durchführungsverordnung sind nicht auf Tatbestände anzuwenden, die in dem in Artikel 3 des Einigungsvertrages genannten Gebiet verwirklicht worden sind.

(3) Bei der Anwendung des § 7g Absatz 2 Nummer 1, und des § 14a Absatz 1 ist in dem in Artikel 3 des Einigungsvertrages genannten Gebiet anstatt vom maßgebenden Einheitswert des Betriebs der Land- und Forstwirtschaft und den darin ausgewiesenen Werten vom Ersatzwirtschaftswert nach § 125 des Bewertungsgesetzes auszugehen.

(4) [1]§ 10d Absatz 1 ist mit der Maßgabe anzuwenden, dass der Sonderausgabenabzug erstmals von dem für die zweite Hälfte des Veranlagungszeitraums 1990 ermittelten Gesamtbetrag der Einkünfte vorzunehmen ist. [2]§ 10d Absatz 2 und 3 ist auch für Verluste anzuwenden, die in dem in Artikel 3 des Einigungsvertrages genannten Gebiet im Veranlagungszeitraum 1990 entstanden sind.

(5) § 22 Nummer 4 ist auf vergleichbare Bezüge anzuwenden, die auf Grund des Gesetzes über Rechtsverhältnisse der Abgeordneten der Volkskammer der Deutschen Demokratischen Republik vom 31. Mai 1990 (GBl. I Nr. 30 S. 274) gezahlt worden sind.

(6) § 34f Absatz 3 Satz 3 ist erstmals auf die in dem in Artikel 3 des Einigungsvertrags genannten Gebiet für die zweite Hälfte des Veranlagungszeitraums 1990 festgesetzte Einkommensteuer anzuwenden.

EStG
S 2259c

§ 58 Weitere Anwendung von Rechtsvorschriften, die vor Herstellung der Einheit Deutschlands in dem in Artikel 3 des Einigungsvertrages genannten Gebiet gegolten haben

(1) Die Vorschriften über Sonderabschreibungen nach § 3 Absatz 1 des Steueränderungsgesetzes vom 6. März 1990 (GBl. I Nr. 17 S. 136) in Verbindung mit § 7 der Durchführungsbestimmung zum Gesetz zur Änderung der Rechtsvorschriften über die Einkommen-, Körperschaft- und Vermögensteuer – Steueränderungsgesetz – vom 16. März 1990 (GBl. I Nr. 21 S. 195) sind auf Wirtschaftsgüter weiter anzuwenden, die nach dem 31. Dezember 1989 und vor dem 1. Januar 1991 in dem in Artikel 3 des Einigungsvertrages genannten Gebiet angeschafft oder hergestellt worden sind.

(2) [1]Rücklagen nach § 3 Absatz 2 des Steueränderungsgesetzes vom 6. März 1990 (GBl. I Nr. 17 S. 136) in Verbindung mit § 8 der Durchführungsbestimmung zum Gesetz zur Änderung der Rechtsvorschriften über die Einkommen-, Körperschaft- und Vermögensteuer – Steueränderungsgesetz – vom 16. März 1990 (GBl. I Nr. 21 S. 195) dürfen, soweit sie zum 31. Dezember 1990 zulässigerweise gebildet worden sind, auch nach diesem Zeitpunkt fortgeführt werden. [2]Sie sind spätestens im Veranlagungszeitraum 1995 gewinn- oder sonst einkünfteerhöhend aufzulösen. [3]Sind vor dieser Auflösung begünstigte Wirtschaftsgüter angeschafft oder hergestellt worden, sind die in Rücklage eingestellten Beträge von den Anschaffungs- oder Herstellungskosten abzuziehen; die Rücklage ist in Höhe des abgezogenen Betrags im Veranlagungszeitraum der Anschaffung oder Herstellung gewinn- oder sonst einkünfteerhöhend aufzulösen.

(3) Die Vorschrift über den Steuerabzugsbetrag nach § 9 Absatz 1 der Durchführungsbestimmung zum Gesetz zur Änderung der Rechtsvorschriften über die Einkommen-, Körperschaft- und Vermögensteuer – Steueränderungsgesetz – vom 16. März 1990 (GBl. I Nr. 21 S. 195) ist für Steuerpflichtige weiter anzuwenden, die vor dem 1. Januar 1991 in dem in Artikel 3 des Einigungsvertrages genannten Gebiet eine Betriebsstätte begründet haben, wenn sie von dem Tag *der Begründung* der Betriebsstätte an zwei Jahre lang die Tätigkeit ausüben, die Gegenstand der Betriebsstätte ist.

EStG
S 2259c

§§ 59 bis 61 (weggefallen)

X. Kindergeld

§ 62 Anspruchsberechtigte

EStG
S 2470

(1) Für Kinder im Sinne des § 63 hat Anspruch auf Kindergeld nach diesem Gesetz, wer

1. im Inland einen Wohnsitz oder seinen gewöhnlichen Aufenthalt hat oder

2. ohne Wohnsitz oder gewöhnlichen Aufenthalt im Inland

a) nach § 1 Absatz 2 unbeschränkt einkommensteuerpflichtig ist oder

b) nach § 1 Absatz 3 als unbeschränkt einkommensteuerpflichtig behandelt wird.

[2]Voraussetzung für den Anspruch nach Satz 1 ist, dass der Berechtigte durch die an ihn vergebene Identifikationsnummer (§ 139b der Abgabenordnung) identifiziert wird. [3]Die nachträgliche Vergabe der Identifikationsnummer wirkt auf Monate zurück, in denen die Voraussetzungen des Satzes 1 vorliegen. 1)

(2) Ein nicht freizügigkeitsberechtigter Ausländer erhält Kindergeld nur, wenn er

1. eine Niederlassungserlaubnis besitzt,

2. eine Aufenthaltserlaubnis besitzt, die zur Ausübung einer Erwerbstätigkeit berechtigt oder berechtigt hat, es sei denn, die Aufenthaltserlaubnis wurde

a) nach § 16 oder § 17 des Aufenthaltsgesetzes erteilt,

b) nach § 18 Absatz 2 des Aufenthaltsgesetzes erteilt und die Zustimmung der Bundesagentur für Arbeit darf nach der Beschäftigungsverordnung nur für einen bestimmten Höchstzeitraum erteilt werden,

c) nach § 23 Absatz 1 des Aufenthaltsgesetzes wegen eines Krieges in seinem Heimatland oder nach den §§ 23a, 24, 25 Absatz 3 bis 5 des Aufenthaltsgesetzes erteilt

oder

3. eine in Nummer 2 Buchstabe c genannte Aufenthaltserlaubnis besitzt und

a) sich seit mindestens drei Jahren rechtmäßig, gestattet oder geduldet im Bundesgebiet aufhält und

b) im Bundesgebiet berechtigt erwerbstätig ist, laufende Geldleistungen nach dem Dritten Buch Sozialgesetzbuch bezieht oder Elternzeit in Anspruch nimmt.

---

§ 63 Kinder

EStG
S 2471

(1) [1]Als Kinder werden berücksichtigt

1. Kinder im Sinne des § 32 Absatz 1,

2. vom Berechtigten in seinen Haushalt aufgenommene Kinder seines Ehegatten,

3. vom Berechtigten in seinen Haushalt aufgenommene Enkel.

[2]§ 32 Absatz 3 bis 5 gilt entsprechend. *[3]Voraussetzung für die Berücksichtigung ist die Identifizierung des Kindes durch die an dieses Kind vergebene Identifikationsnummer (§ 139b der Abgabenordnung). [4]Ist das Kind nicht nach einem Steuergesetz steuerpflichtig (§ 139a Absatz 2 der Abgabenordnung), ist es in anderer geeigneter Weise zu identifizieren. [5]Die nachträgliche Identifizierung oder nachträgliche Vergabe der Identifikationsnummer wirkt auf Monate zurück, in denen die Voraussetzungen der Sätze 1 bis 4 vorliegen.*[6]Kinder, die weder einen Wohnsitz noch ihren gewöhnlichen Aufenthalt im Inland, in einem Mitgliedstaat der Europäischen Union oder in einem Staat, auf den das Abkommen über den Europäischen Wirtschaftsraum Anwendung findet, haben, werden nicht berücksichtigt, es sei denn, sie leben im Haushalt eines Berechtigten im Sinne des § 62 Absatz 1 *Satz 1* Nummer 2 Buchstabe a. [7]Kinder im Sinne von § 2 Absatz 4 Satz 2 des Bundeskindergeldgesetzes werden nicht berücksichtigt. 2)

---

1) *Absatz 1 Satz 2 und 3 wurde durch das Gesetz zur Änderung des Freizügigkeitsgesetzes/EU und weiterer Vorschriften angefügt. § 62 EStG in der am 9. 12. 2014 geltenden Fassung ist für Kindergeldfestsetzungen anzuwenden, die Zeiträume betreffen, die nach dem 31. 12. 2015 beginnen. § 62 EStG in der am 9. 12. 2014 geltenden Fassung ist auch für Kindergeldfestsetzungen anzuwenden, die Zeiträume betreffen, die vor dem 1. 1. 2016 liegen, der Antrag auf Kindergeld aber erst nach dem 31. 12. 2015 gestellt wird → § 52 Abs. 49a EStG.*

2) *Absatz 1 Satz 3 bis 5 wurde durch das Gesetz zur Änderung des Freizügigkeitsgesetzes/EU und weiterer Vorschriften eingefügt und der neue Satz 6 geändert. § 63 EStG in der am 9. 12. 2014 geltenden Fassung ist für Kindergeldfestsetzungen anzuwenden, die Zeiträume betreffen, die nach dem 31. 12. 2015 beginnen. § 63 EStG in der am 9. 12. 2014 geltenden Fassung ist auch für Kindergeldfestsetzungen anzuwenden, die Zeiträume betreffen, die vor dem 1. 1. 2016 liegen, der Antrag auf Kindergeld aber erst nach dem 31. 12. 2015 gestellt wird → § 52 Abs. 49a EStG.*

(2) Die Bundesregierung wird ermächtigt, durch Rechtsverordnung, die nicht der Zustimmung des Bundesrates bedarf, zu bestimmen, dass einem Berechtigten, der im Inland erwerbstätig ist oder sonst seine hauptsächlichen Einkünfte erzielt, für seine in Absatz 1 Satz 3 erster Halbsatz bezeichneten Kinder Kindergeld ganz oder teilweise zu leisten ist, soweit dies mit Rücksicht auf die durchschnittlichen Lebenshaltungskosten für Kinder in deren Wohnsitzstaat und auf die dort gewährten dem Kindergeld vergleichbaren Leistungen geboten ist.

EStG
S 2472

§ 64 Zusammentreffen mehrerer Ansprüche

(1) Für jedes Kind wird nur einem Berechtigten Kindergeld gezahlt.

(2) [1]Bei mehreren Berechtigten wird das Kindergeld demjenigen gezahlt, der das Kind in seinen Haushalt aufgenommen hat. [2]Ist ein Kind in den gemeinsamen Haushalt von Eltern, einem Elternteil und dessen Ehegatten, Pflegeeltern oder Großeltern aufgenommen worden, so bestimmen diese untereinander den Berechtigten. [3]Wird eine Bestimmung nicht getroffen, so bestimmt das Familiengericht auf Antrag den Berechtigten. [4]Den Antrag kann stellen, wer ein berechtigtes Interesse an der Zahlung des Kindergeldes hat. [5]Lebt ein Kind im gemeinsamen Haushalt von Eltern und Großeltern, so wird das Kindergeld vorrangig einem Elternteil gezahlt; es wird an einen Großelternteil gezahlt, wenn der Elternteil gegenüber der zuständigen Stelle auf seinen Vorrang schriftlich verzichtet hat.

(3) [1]Ist das Kind nicht in den Haushalt eines Berechtigten aufgenommen, so erhält das Kindergeld derjenige, der dem Kind eine Unterhaltsrente zahlt. [2]Zahlen mehrere Berechtigte dem Kind Unterhaltsrenten, so erhält das Kindergeld derjenige, der dem Kind die höchste Unterhaltsrente zahlt. [3]Werden gleich hohe Unterhaltsrenten gezahlt oder zahlt keiner der Berechtigten dem Kind Unterhalt, so bestimmen die Berechtigten untereinander, wer das Kindergeld erhalten soll. [4]Wird eine Bestimmung nicht getroffen, so gilt Absatz 2 Satz 3 und 4 entsprechend.

EStG
S 2473

§ 65 Andere Leistungen für Kinder

(1) [1]Kindergeld wird nicht für ein Kind gezahlt, für das eine der folgenden Leistungen zu zahlen ist oder bei entsprechender Antragstellung zu zahlen wäre:

1. Kinderzulagen aus der gesetzlichen Unfallversicherung oder Kinderzuschüsse aus den gesetzlichen Rentenversicherungen,
2. Leistungen für Kinder, die im Ausland gewährt werden und dem Kindergeld oder einer der unter Nummer 1 genannten Leistungen vergleichbar sind,
3. Leistungen für Kinder, die von einer zwischen- oder überstaatlichen Einrichtung gewährt werden und dem Kindergeld vergleichbar sind.

[2]Soweit es für die Anwendung von Vorschriften dieses Gesetzes auf den Erhalt von Kindergeld ankommt, stehen die Leistungen nach Satz 1 dem Kindergeld gleich. [3]Steht ein Berechtigter in einem Versicherungspflichtverhältnis zur Bundesagentur für Arbeit nach § 24 des Dritten Buches Sozialgesetzbuch oder ist er versicherungsfrei nach § 28 Absatz 1 Nummer 1 des Dritten Buches Sozialgesetzbuch oder steht er im Inland in einem öffentlich-rechtlichen Dienst- oder Amtsverhältnis, so wird sein Anspruch auf Kindergeld für ein Kind nicht nach Satz 1 Nummer 3 mit Rücksicht darauf ausgeschlossen, dass sein Ehegatte als Beamter, Ruhestandsbeamter oder sonstiger Bediensteter der Europäischen Union für das Kind Anspruch auf Kinderzulage hat.

(2) Ist in den Fällen des Absatzes 1 Satz 1 Nummer 1 der Bruttobetrag der anderen Leistung niedriger als das Kindergeld nach § 66, wird Kindergeld in Höhe des Unterschiedsbetrags gezahlt, wenn er mindestens 5 Euro beträgt.

§ 66 Höhe des Kindergeldes, Zahlungszeitraum

EStG
S 2474

(1) Das Kindergeld beträgt monatlich für erste und zweite Kinder jeweils *190 Euro*, für dritte Kinder *196 Euro* und für das vierte und jedes weitere Kind jeweils *221 Euro*. [1] [2]

(2) Das Kindergeld wird monatlich vom Beginn des Monats an gezahlt, in dem die Anspruchsvoraussetzungen erfüllt sind, bis zum Ende des Monats, in dem die Anspruchsvoraussetzungen wegfallen.

§ 67 Antrag

EStG
S 2475

[1]Das Kindergeld ist bei der zuständigen Familienkasse schriftlich zu beantragen. [2]Den Antrag kann außer dem Berechtigten auch stellen, wer ein berechtigtes Interesse an der Leistung des Kindergeldes hat. *[3]In Fällen des Satzes 2 ist § 62 Absatz 1 Satz 2 bis 3 anzuwenden. [4]Der Berechtigte ist zu diesem Zweck verpflichtet, demjenigen, der ein berechtigtes Interesse an der Leistung des Kindergeldes hat, seine an ihn vergebene Identifikationsnummer (§ 139b der Abgabenordnung) mitzuteilen. [5]Kommt der Berechtigte dieser Verpflichtung nicht nach, teilt die zuständige Familienkasse demjenigen, der ein berechtigtes Interesse an der Leistung des Kindergeldes hat, auf seine Anfrage die Identifikationsnummer des Berechtigten mit.* [3]

§ 68 Besondere Mitwirkungspflichten

EStG
S 2476

(1) [1]Wer Kindergeld beantragt oder erhält, hat Änderungen in den Verhältnissen, die für die Leistung erheblich sind oder über die im Zusammenhang mit der Leistung Erklärungen abgegeben worden sind, unverzüglich der zuständigen Familienkasse mitzuteilen. [2]Ein Kind, das das 18. Lebensjahr vollendet hat, ist auf Verlangen der Familienkasse verpflichtet, an der Aufklärung des für die Kindergeldzahlung maßgebenden Sachverhalts mitzuwirken; § 101 der Abgabenordnung findet insoweit keine Anwendung.

(2) (weggefallen)

(3) Auf Antrag des Berechtigten erteilt die das Kindergeld auszahlende Stelle eine Bescheinigung über das für das Kalenderjahr ausgezahlte Kindergeld.

(4) Die Familienkassen dürfen den die Bezüge im öffentlichen Dienst anweisenden Stellen Auskunft über den für die jeweilige Kindergeldzahlung maßgebenden Sachverhalt erteilen.

§ 69 Überprüfung des Fortbestehens von Anspruchsvoraussetzungen durch Meldedaten-Übermittlung

EStG
S 2477

Die Meldebehörden übermitteln in regelmäßigen Abständen den Familienkassen nach Maßgabe einer auf Grund des § 56 Absatz 1 Nummer 2 des Bundesmeldegesetzes zu erlassenden Rechtsverordnung die in § 34 Absatz 1 und 2 des Bundesmeldegesetzes genannten Daten aller Einwohner, zu deren Person im Melderegister Daten von minderjährigen Kindern gespeichert sind, und dieser Kinder, soweit die Daten nach ihrer Art für die Prüfung der Rechtmäßigkeit des Bezuges von Kindergeld geeignet sind. [4]

---

1) Absatz 1 wurde durch Artikel 2 des Gesetzes zur Anhebung des Grundfreibetrags, des Kinderfreibetrags, des Kindergeldes und des Kinderzuschlags neu gefasst und ist in der am 1. 1. 2016 geltenden Fassung für Kindergeldfestsetzungen anzuwenden, die Zeiträume betreffen, die nach dem 31. 12. 2015 beginnen → § 52 Abs. 49a Satz 4 EStG.

2) Absatz 1 wurde durch Artikel 1 des Gesetzes zur Anhebung des Grundfreibetrags, des Kinderfreibetrags, des Kindergeldes und des Kinderzuschlags neu gefasst und ist in der am 23. 7. 2015 geltenden Fassung für Kindergeldfestsetzungen anzuwenden, die Zeiträume betreffen, die nach dem 31. 12. 2014 beginnen → § 52 Abs. 49a Satz 3 EStG.
Absatz 1 in der ab 23. 7. 2015 geltenden Fassung lautet:
„Das Kindergeld beträgt monatlich für erste und zweite Kinder jeweils 188 Euro, für dritte Kinder 194 Euro und für das vierte und jedes weitere Kind jeweils 219 Euro."

3) Dem § 67 EStG wurden die Sätze 3 bis 5 durch das Gesetz zur Änderung des Freizügigkeitsgesetzes/EU und weiterer Vorschriften angefügt. § 67 EStG in der am 9. 12. 2014 geltenden Fassung ist für Kindergeldfestsetzungen anzuwenden, die Zeiträume betreffen, die nach dem 31. 12. 2015 beginnen. § 67 EStG in der am 9. 12. 2014 geltenden Fassung ist auch für Kindergeldfestsetzungen anzuwenden, die Zeiträume betreffen, die vor dem 1. 1. 2016 liegen, der Antrag auf Kindergeld aber erst nach dem 31. 12. 2015 gestellt wird → § 52 Abs. 49a EStG.

4) § 69 EStG wurde durch das MeldFortG (Inkrafttreten 1. 5. 2015) geändert.

EStG
S 2478

§ 70 Festsetzung und Zahlung des Kindergeldes

(1) Das Kindergeld nach § 62 wird von den Familienkassen durch Bescheid festgesetzt und ausgezahlt.

(2) Soweit in den Verhältnissen, die für den Anspruch auf Kindergeld erheblich sind, Änderungen eintreten, ist die Festsetzung des Kindergeldes mit Wirkung vom Zeitpunkt der Änderung der Verhältnisse aufzuheben oder zu ändern. [2]Ist die Änderung einer Kindergeldfestsetzung nur wegen einer Anhebung der in § 66 Absatz 1 genannten Kindergeldbeträge erforderlich, kann von der Erteilung eines schriftlichen Änderungsbescheides abgesehen Absatz 3 wurde durch das Gesetz zur Anpassung der Abgabenordnung an den Zollkodex der Union und zur Änderung weiterer steuerlicher Vorschriften ab VZ 2015 neu gefasst.

(3) [1]Materielle Fehler der letzten Festsetzung können durch Aufhebung oder Änderung der Festsetzung mit Wirkung ab dem auf die Bekanntgabe der Aufhebung oder Änderung der Festsetzung folgenden Monat beseitigt werden. [2]Bei der Aufhebung oder Änderung der Festsetzung nach Satz 1 ist § 176 der Abgabenordnung entsprechend anzuwenden; dies gilt nicht für Monate, die nach der Verkündung der maßgeblichen Entscheidung eines obersten Bundesgerichts beginnen.

EStG

§ 71 (weggefallen)

EStG
S 2479

§ 72 Festsetzung und Zahlung des Kindergeldes an Angehörige des öffentlichen Dienstes

(1) [1]Steht Personen, die

1. in einem öffentlich-rechtlichen Dienst-, Amts- oder Ausbildungsverhältnis stehen, mit Ausnahme der Ehrenbeamten, oder

2. Versorgungsbezüge nach beamten- oder soldatenrechtlichen Vorschriften oder Grundsätzen erhalten oder

3. Arbeitnehmer des Bundes, eines Landes, einer Gemeinde, eines Gemeindeverbandes oder einer sonstigen Körperschaft, einer Anstalt oder einer Stiftung des öffentlichen Rechts sind, einschließlich der zu ihrer Berufsausbildung Beschäftigten,

Kindergeld nach Maßgabe dieses Gesetzes zu, wird es von den Körperschaften, Anstalten oder Stiftungen des öffentlichen Rechts festgesetzt und ausgezahlt. [2]Die genannten juristischen Personen sind insoweit Familienkasse.

(2) Der Deutschen Post AG, der Deutschen Postbank AG und der Deutschen Telekom AG obliegt die Durchführung dieses Gesetzes für ihre jeweiligen Beamten und Versorgungsempfänger in Anwendung des Absatzes 1.

(3) Absatz 1 gilt nicht für Personen, die ihre Bezüge oder Arbeitsentgelt

1. von einem Dienstherrn oder Arbeitgeber im Bereich der Religionsgesellschaften des öffentlichen Rechts oder

2. von einem Spitzenverband der Freien Wohlfahrtspflege, einem diesem unmittelbar oder mittelbar angeschlossenen Mitgliedsverband oder einer einem solchen Verband angeschlossenen Einrichtung oder Anstalt

erhalten.

(4) Die Absätze 1 und 2 gelten nicht für Personen, die voraussichtlich nicht länger als sechs Monate in den Kreis der in Absatz 1 Satz 1 Nummer 1 bis 3 und Absatz 2 Bezeichneten eintreten.

(5) Obliegt mehreren Rechtsträgern die Zahlung von Bezügen oder Arbeitsentgelt (Absatz 1 Satz 1) gegenüber einem Berechtigten, so ist für die Durchführung dieses Gesetzes zuständig:

1. bei Zusammentreffen von Versorgungsbezügen mit anderen Bezügen oder Arbeitsentgelt der Rechtsträger, dem die Zahlung der anderen Bezüge oder des Arbeitsentgelts obliegt;

2. bei Zusammentreffen mehrerer Versorgungsbezüge der Rechtsträger, dem die Zahlung der neuen Versorgungsbezüge im Sinne der beamtenrechtlichen Ruhensvorschriften obliegt;

3. bei Zusammentreffen von Arbeitsentgelt (Absatz 1 Satz 1 Nummer 3) mit Bezügen aus einem der in Absatz 1 Satz 1 Nummer 1 bezeichneten Rechtsverhältnisse der Rechtsträger, dem die Zahlung dieser Bezüge obliegt;

4. bei Zusammentreffen mehrerer Arbeitsentgelte (Absatz 1 Satz 1 Nr. 3) der Rechtsträger, dem die Zahlung des höheren Arbeitsentgelts obliegt, oder – falls die Arbeitsentgelte gleich hoch sind – der Rechtsträger, zu dem das zuerst begründete Arbeitsverhältnis besteht.

(6) [1]Scheidet ein Berechtigter im Laufe eines Monats aus dem Kreis der in Absatz 1 Satz 1 Nummer 1 bis 3 Bezeichneten aus oder tritt er im Laufe eines Monats in diesen Kreis ein, so wird das Kindergeld für diesen Monat von der Stelle gezahlt, die bis zum Ausscheiden oder Eintritt des Berechtigten zuständig war. [2]Dies gilt nicht, soweit die Zahlung von Kindergeld für ein Kind in Betracht kommt, das erst nach dem Ausscheiden oder Eintritt bei dem Berechtigten nach § 63 zu berücksichtigen ist. [3]Ist in einem Fall des Satzes 1 das Kindergeld bereits für einen folgenden Monat gezahlt worden, so muss der für diesen Monat Berechtigte die Zahlung gegen sich gelten lassen.

(7) [1]In den Abrechnungen der Bezüge und des Arbeitsentgelts ist das Kindergeld gesondert auszuweisen, wenn es zusammen mit den Bezügen oder dem Arbeitsentgelt ausgezahlt wird. [2]Der Rechtsträger hat die Summe des von ihm für alle Berechtigten ausgezahlten Kindergeldes dem Betrag, den er insgesamt an Lohnsteuer einzubehalten hat, zu entnehmen und bei der nächsten Lohnsteuer-Anmeldung gesondert abzusetzen. [3]Übersteigt das insgesamt ausgezahlte Kindergeld den Betrag, der insgesamt an Lohnsteuer abzuführen ist, so wird der übersteigende Betrag dem Rechtsträger auf Antrag von dem Finanzamt, an das die Lohnsteuer abzuführen ist, aus den Einnahmen der Lohnsteuer ersetzt.

(8) [1]Abweichend von Absatz 1 Satz 1 werden Kindergeldansprüche auf Grund über- oder zwischenstaatlicher Rechtsvorschriften durch die Familienkassen der Bundesagentur für Arbeit festgesetzt und ausgezahlt. [2]Dies gilt auch für Fälle, in denen Kindergeldansprüche sowohl nach Maßgabe dieses Gesetzes als auch auf Grund über- oder zwischenstaatlicher Rechtsvorschriften bestehen.

§ 73 (weggefallen)

EStG
S 2480

§ 74 Zahlung des Kindergeldes in Sonderfällen

EStG
S 2486

(1) [1]Das für ein Kind festgesetzte Kindergeld nach § 66 Absatz 1 kann an das Kind ausgezahlt werden, wenn der Kindergeldberechtigte ihm gegenüber seiner gesetzlichen Unterhaltspflicht nicht nachkommt. [2]Kindergeld kann an Kinder, die bei der Festsetzung des Kindergeldes berücksichtigt werden, bis zur Höhe des Betrags, der sich bei entsprechender Anwendung des § 76 ergibt, ausgezahlt werden. [3]Dies gilt auch, wenn der Kindergeldberechtigte mangels Leistungsfähigkeit nicht unterhaltspflichtig ist oder nur Unterhalt in Höhe eines Betrags zu leisten braucht, der geringer ist als das für die Auszahlung in Betracht kommende Kindergeld. [4]Die Auszahlung kann auch an die Person oder Stelle erfolgen, die dem Kind Unterhalt gewährt.

(2) Für Erstattungsansprüche der Träger von Sozialleistungen gegen die Familienkasse gelten die §§ 102 bis 109 und 111 bis 113 des Zehnten Buches Sozialgesetzbuch entsprechend.

§ 75 Aufrechnung

EStG
S 2487

(1) Mit Ansprüchen auf Erstattung von Kindergeld kann die Familienkasse gegen Ansprüche auf Kindergeld bis zu deren Hälfte aufrechnen, wenn der Leistungsberechtigte nicht nachweist, dass er dadurch hilfebedürftig im Sinne der Vorschriften des Bundessozialhilfegesetzes über die Hilfe zum Lebensunterhalt oder im Sinne der Vorschriften des Zweiten Buches Sozialgesetzbuch über die Leistungen zur Sicherung des Lebensunterhalts wird.

(2) Absatz 1 gilt für die Aufrechnung eines Anspruchs auf Erstattung von Kindergeld gegen einen späteren Kindergeldanspruch eines mit dem Erstattungspflichtigen in Haushaltsgemeinschaft lebenden Berechtigten entsprechend, soweit es sich um laufendes Kindergeld für ein Kind handelt, das bei beiden berücksichtigt werden kann oder konnte.

§ 76 Pfändung

EStG
S 2487

[1]Der Anspruch auf Kindergeld kann nur wegen gesetzlicher Unterhaltsansprüche eines Kindes, das bei der Festsetzung des Kindergeldes berücksichtigt wird, gepfändet werden. [2]Für die Höhe des pfändbaren Betrags gilt:

1. [1]Gehört das unterhaltsberechtigte Kind zum Kreis der Kinder, für die dem Leistungsberechtigten Kindergeld gezahlt wird, so ist eine Pfändung bis zu dem Betrag möglich, der bei gleichmäßiger Verteilung des Kindergeldes auf jedes dieser Kinder entfällt. [2]Ist das Kindergeld durch die Berücksichtigung eines weiteren Kindes erhöht, für das einer dritten Person Kindergeld oder dieser oder dem Leistungsberechtigten eine andere Geldleistung für Kin-

der zusteht, so bleibt der Erhöhungsbetrag bei der Bestimmung des pfändbaren Betrags des Kindergeldes nach Satz 1 außer Betracht;

2. **der Erhöhungsbetrag nach Nummer 1 Satz 2 ist zugunsten jedes bei der Festsetzung des Kindergeldes berücksichtigten unterhaltsberechtigten Kindes zu dem Anteil pfändbar, der sich bei gleichmäßiger Verteilung auf alle Kinder, die bei der Festsetzung des Kindergeldes zugunsten des Leistungsberechtigten berücksichtigt werden, ergibt.**

EStG
S 2488

§ 77 Erstattung von Kosten im Vorverfahren

(1) [1]Soweit der Einspruch gegen die Kindergeldfestsetzung erfolgreich ist, hat die Familienkasse demjenigen, der den Einspruch erhoben hat, die zur zweckentsprechenden Rechtsverfolgung oder Rechtsverteidigung notwendigen Aufwendungen zu erstatten. [2]Dies gilt auch, wenn der Einspruch nur deshalb keinen Erfolg hat, weil die Verletzung einer Verfahrens- oder Formvorschrift nach § 126 der Abgabenordnung unbeachtlich ist. [3]Aufwendungen, die durch das Verschulden eines Erstattungsberechtigten entstanden sind, hat dieser selbst zu tragen; das Verschulden eines Vertreters ist dem Vertretenen zuzurechnen.

(2) Die Gebühren und Auslagen eines Bevollmächtigten oder Beistandes, der nach den Vorschriften des Steuerberatungsgesetzes zur geschäftsmäßigen Hilfeleistung in Steuersachen befugt ist, sind erstattungsfähig, wenn dessen Zuziehung notwendig war.

(3) [1]Die Familienkasse setzt auf Antrag den Betrag der zu erstattenden Aufwendungen fest. [2]Die Kostenentscheidung bestimmt auch, ob die Zuziehung eines Bevollmächtigten oder Beistandes im Sinne des Absatzes 2 notwendig war.

EStG
S 2489

§ 78 Übergangsregelungen

(1) bis (4) (weggefallen)

(5) [1]Abweichend von § 64 Absatz 2 und 3 steht Berechtigten, die für Dezember 1990 für ihre Kinder Kindergeld in dem in Artikel 3 des Einigungsvertrages genannten Gebiet bezogen haben, das Kindergeld für diese Kinder auch für die folgende Zeit zu, solange sie ihren Wohnsitz oder gewöhnlichen Aufenthalt in diesem Gebiet beibehalten und die Kinder die Voraussetzungen ihrer Berücksichtigung weiterhin erfüllen. [2]§ 64 Absatz 2 und 3 ist insoweit erst für die Zeit vom Beginn des Monats an anzuwenden, in dem ein hierauf gerichteter Antrag bei der zuständigen Stelle eingegangen ist; der hiernach Berechtigte muss die nach Satz 1 geleisteten Zahlungen gegen sich gelten lassen.

XI. Altersvorsorgezulage

EStG
S 2490

§ 79 Zulageberechtigte

[1]Die in § 10a Absatz 1 genannten Personen haben Anspruch auf eine Altersvorsorgezulage (Zulage). [2]Ist nur ein Ehegatte nach Satz 1 begünstigt, so ist auch der andere Ehegatte zulageberechtigt, wenn

1. **beide Ehegatten nicht dauernd getrennt leben (§ 26 Absatz 1),**
2. **beide Ehegatten ihren Wohnsitz oder gewöhnlichen Aufenthalt in einem Mitgliedstaat der Europäischen Union oder einem Staat haben, auf den das Abkommen über den Europäischen Wirtschaftsraum anwendbar ist,**
3. **ein auf den Namen des anderen Ehegatten lautender Altersvorsorgevertrag besteht,**
4. **der andere Ehegatte zugunsten des Altersvorsorgevertrags nach Nummer 3 im jeweiligen *Beitragsjahr mindestens 60 Euro* geleistet hat und**
5. **die Auszahlungsphase des Altersvorsorgevertrags nach Nummer 3 noch nicht begonnen hat.**

[3]Satz 1 gilt entsprechend für die in § 10a Absatz 6 Satz 1 und 2 genannten Personen, sofern sie unbeschränkt steuerpflichtig sind oder für das Beitragsjahr nach § 1 Absatz 3 als unbeschränkt steuerpflichtig behandelt werden.

§ 80 Anbieter

EStG
S 2490

Anbieter im Sinne des Gesetzes sind Anbieter von Altersvorsorgeverträgen gemäß § 1 Absatz 2 des Altersvorsorgeverträge-Zertifizierungsgesetzes sowie die in § 82 Absatz 2 genannten Versorgungseinrichtungen.

§ 81 Zentrale Stelle

EStG
S 2490

Zentrale Stelle im Sinne dieses Gesetzes ist die Deutsche Rentenversicherung Bund.

§ 81a Zuständige Stelle

EStG
S 2490

[1]Zuständige Stelle ist bei einem

1. **Empfänger von Besoldung nach dem Bundesbesoldungsgesetz oder einem Landesbesoldungsgesetz die die Besoldung anordnende Stelle,**
2. **Empfänger von Amtsbezügen im Sinne des § 10a Absatz 1 Satz 1 Nummer 2 die die Amtsbezüge anordnende Stelle,**
3. **versicherungsfrei Beschäftigten sowie bei einem von der Versicherungspflicht befreiten Beschäftigten im Sinne des § 10a Absatz 1 Satz 1 Nummer 3 der die Versorgung gewährleistende Arbeitgeber der rentenversicherungsfreien Beschäftigung ,**
4. **Beamten, Richter, Berufssoldaten und Soldaten auf Zeit im Sinne des § 10a Absatz 1 Satz 1 Nummer 4 der zur Zahlung des Arbeitsentgelts verpflichtete Arbeitgeber und**
5. **Empfänger einer Versorgung im Sinne des § 10a Absatz 1 Satz 4 die die Versorgung anordnende Stelle.**

[2]Für die in § 10a Absatz 1 Satz 1 Nummer 5 genannten Steuerpflichtigen gilt Satz 1 entsprechend.

§ 82 Altersvorsorgebeiträge

EStG
S 2491

(1) [1]Geförderte Altersvorsorgebeiträge sind im Rahmen des in § 10a Absatz 1 Satz 1 genannten Höchstbetrags

1. **Beiträge,**
2. **Tilgungsleistungen,**

die der Zulageberechtigte (§ 79) bis zum Beginn der Auszahlungsphase zugunsten eines auf seinen Namen lautenden Vertrags leistet, der nach § 5 des Altersvorsorgeverträge-Zertifizierungsgesetzes zertifiziert ist. [2]Die Zertifizierung ist Grundlagenbescheid im Sinne des § 171 Absatz 10 der Abgabenordnung. [3]Als Tilgungsleistungen gelten auch Beiträge, die vom Zulageberechtigten zugunsten eines auf seinen Namen lautenden Altersvorsorgevertrags im Sinne des § 1 Absatz 1a Satz 1 Nummer 3 des Altersvorsorgeverträge-Zertifizierungsgesetzes erbracht wurden und die zur Tilgung eines im Rahmen des Altersvorsorgevertrags abgeschlossenen Darlehens abgetreten wurden. [4]Im Fall der Übertragung von gefördertem Altersvorsorgevermögen nach § 1 Absatz 1 Satz 1 Nummer 10 Buchstabe b des Altersvorsorgeverträge-Zertifizierungsgesetzes in einen Altersvorsorgevertrag im Sinne des § 1 Absatz 1a Satz 1 Nummer 3 des Altersvorsorgeverträge-Zertifizierungsgesetzes gelten die Beiträge nach Satz 1 Nummer 1 ab dem Zeitpunkt der Übertragung als Tilgungsleistungen nach Satz 3; eine erneute Förderung nach § 10a oder Abschnitt XI erfolgt insoweit nicht. [5]Tilgungsleistungen nach Satz 1 und Satz 3 werden nur berücksichtigt, wenn das zugrunde liegende Darlehen für eine nach dem 31. Dezember 2007 vorgenommene wohnungswirtschaftliche Verwendung im Sinne des § 92a Absatz 1 Satz 1 eingesetzt wurde. [6]Bei einer Aufgabe der Selbstnutzung nach § 92a Absatz 3 Satz 1 gelten im Beitragsjahr der Aufgabe der Selbstnutzung auch die nach der Aufgabe der Selbstnutzung geleisteten Beiträge oder Tilgungsleistungen als Altersvorsorgebeiträge nach Satz 1. [7]Bei einer Reinvestition nach § 92a Absatz 3 Satz 9 Nummer 1 gelten im Beitragsjahr der Reinvestition auch die davor geleisteten Beiträge oder Tilgungsleistungen als Altersvorsorgebeiträge nach Satz 1. [8]Bei einem beruflich bedingten Umzug nach § 92a Absatz 4 gelten

1. **im Beitragsjahr des Wegzugs auch die nach dem Wegzug und**
2. **im Beitragsjahr des Wiedereinzugs auch die vor dem Wiedereinzug**

geleisteten Beiträge und Tilgungsleistungen als Altersvorsorgebeiträge nach Satz 1.

(2) [1]Zu den Altersvorsorgebeiträgen gehören auch

a) die aus dem individuell versteuerten Arbeitslohn des Arbeitnehmers geleisteten Beiträge an einen Pensionsfonds, eine Pensionskasse oder eine Direktversicherung zum Aufbau einer kapitalgedeckten betrieblichen Altersversorgung und

b) Beiträge des Arbeitnehmers und des ausgeschiedenen Arbeitnehmers, die dieser im Fall der zunächst durch Entgeltumwandlung (§ 1a des Betriebsrentengesetzes) finanzierten und nach § 3 Nummer 63 oder § 10a und diesem Abschnitt geförderten kapitalgedeckten betrieblichen Altersversorgung nach Maßgabe des § 1a Absatz 4 und § 1b Absatz 5 Satz 1 Nummer 2 des Betriebsrentengesetzes selbst erbringt,

wenn eine Auszahlung der zugesagten Altersversorgungsleistung in Form einer Rente oder eines Auszahlungsplans (§ 1 Absatz 1 Satz 1 Nummer 4 des Altersvorsorgeverträge-Zertifizierungsgesetzes) vorgesehen ist. [2]Die §§ 3 und 4 des Betriebsrentengesetzes stehen dem vorbehaltlich des § 93 nicht entgegen.

(3) Zu den Altersvorsorgebeiträgen gehören auch die Beitragsanteile, die zur Absicherung der verminderten Erwerbsfähigkeit des Zulageberechtigten und zur Hinterbliebenenversorgung verwendet werden, wenn in der Leistungsphase die Auszahlung in Form einer Rente erfolgt.

(4) Nicht zu den Altersvorsorgebeiträgen zählen

1. Aufwendungen, die vermögenswirksame Leistungen nach dem Fünften Vermögensbildungsgesetz in der jeweils geltenden Fassung darstellen,
2. prämienbegünstigte Aufwendungen nach dem Wohnungsbau-Prämiengesetz in der Fassung der Bekanntmachung vom 30. Oktober 1997 (BGBl. I S. 2678), zuletzt geändert durch Artikel 5 des Gesetzes vom 29. Juli 2008 (BGBl. I S. 1509), in der jeweils geltenden Fassung,
3. Aufwendungen, die im Rahmen des § 10 als Sonderausgaben geltend gemacht werden,
4. Zahlungen nach § 92a Absatz 2 Satz 4 Nummer 1 und Absatz 3 Satz 9 Nummer 2 oder
5. Übertragungen im Sinne des § 3 Nummer 55 bis 55c.

(5) [1]Der Zulageberechtigte kann für ein abgelaufenes Beitragsjahr bis zum Beitragsjahr 2011 Altersvorsorgebeiträge auf einen auf seinen Namen lautenden Altersvorsorgevertrag leisten, wenn

1. der Anbieter des Altersvorsorgevertrags davon Kenntnis erhält, in welcher Höhe und für welches Beitragsjahr die Altersvorsorgebeiträge berücksichtigt werden sollen,
2. in dem Beitragsjahr, für das die Altersvorsorgebeiträge berücksichtigt werden sollen, ein Altersvorsorgevertrag bestanden hat,
3. im fristgerechten Antrag auf Zulage für dieses Beitragsjahr eine Zulageberechtigung nach § 79 Satz 2 angegeben wurde, aber tatsächlich eine Zulageberechtigung nach § 79 Satz 1 vorliegt,
4. die Zahlung der Altersvorsorgebeiträge für abgelaufene Beitragsjahre bis zum Ablauf von zwei Jahren nach Erteilung der Bescheinigung nach § 92, mit der zuletzt Ermittlungsergebnisse für dieses Beitragsjahr bescheinigt wurden, längstens jedoch bis zum Beginn der Auszahlungsphase des Altersvorsorgevertrages erfolgt und
5. der Zulageberechtigte vom Anbieter in hervorgehobener Weise darüber informiert wurde oder dem Anbieter seine Kenntnis darüber versichert, dass die Leistungen aus diesen Altersvorsorgebeiträgen der vollen nachgelagerten Besteuerung nach § 22 Nummer 5 Satz 1 unterliegen.

[2]Wurden die Altersvorsorgebeiträge dem Altersvorsorgevertrag gutgeschrieben und sind die Voraussetzungen nach Satz 1 erfüllt, so hat der Anbieter der zentralen Stelle (§ 81) die entsprechenden Daten nach § 89 Absatz 2 Satz 1 für das zurückliegende Beitragsjahr nach einem mit der zentralen Stelle abgestimmten Verfahren mitzuteilen. [3]Die Beträge nach Satz 1 gelten für die Ermittlung der zu zahlenden Altersvorsorgezulage nach § 83 als Altersvorsorgebeiträge für das Beitragsjahr, für das sie gezahlt wurden. [4]Für die Anwendung des § 10a Absatz 1 Satz 1 sowie bei der Ermittlung der dem Steuerpflichtigen zustehenden Zulage im Rahmen des § 2 Absatz 6 und des § 10a sind die nach Satz 1 gezahlten Altersvorsorgebeiträge weder für das Beitragsjahr nach Satz 1 Nummer 2 noch für das Beitragsjahr der Zahlung zu berücksichtigen.

EStG
S 2492

§ 83 Altersvorsorgezulage

In Abhängigkeit von den geleisteten Altersvorsorgebeiträgen wird eine Zulage gezahlt, die sich aus einer Grundzulage (§ 84) und einer Kinderzulage (§ 85) zusammensetzt.

§ 84 Grundzulage

EStG
S 2492

[1]Jeder Zulageberechtigte erhält eine Grundzulage; diese beträgt jährlich 154 Euro.[2]Für Zulageberechtigte nach § 79 Satz 1, die zu Beginn des Beitragsjahrs (§ 88) das 25. Lebensjahr noch nicht vollendet haben, erhöht sich die Grundzulage nach Satz 1 um einmalig 200 Euro. [3]Die Erhöhung nach Satz 2 ist für das erste nach dem 31. Dezember 2007 beginnende Beitragsjahr zu gewähren, für das eine Altersvorsorgezulage beantragt wird.

§ 85 Kinderzulage

EStG
S 2492

(1) [1]Die Kinderzulage beträgt für jedes Kind, für das dem Zulageberechtigten Kindergeld ausgezahlt wird, jährlich 185 Euro. [2]Für ein nach dem 31. Dezember 2007 geborenes Kind erhöht sich die Kinderzulage nach Satz 1 auf 300 Euro.[3]Der Anspruch auf Kinderzulage entfällt für den Veranlagungszeitraum, für den das Kindergeld insgesamt zurückgefordert wird. [4]Erhalten mehrere Zulageberechtigte für dasselbe Kind Kindergeld, steht die Kinderzulage demjenigen zu, dem für den ersten Anspruchszeitraum (§ 66 Absatz 2) im Kalenderjahr Kindergeld ausgezahlt worden ist.

(2) [1]Bei Eltern, die miteinander verheiratet sind, nicht dauernd getrennt leben (§ 26 Absatz 1) und ihren Wohnsitz oder gewöhnlichen Aufenthalt in einem Mitgliedstaat der Europäischen Union oder einem Staat haben, auf den das Abkommen über den Europäischen Wirtschaftsraum (EWR-Abkommen) anwendbar ist, wird die Kinderzulage der Mutter zugeordnet, auf Antrag beider Eltern dem Vater. [2]Bei Eltern, die miteinander eine Lebenspartnerschaft führen, nicht dauernd getrennt leben (§ 26 Absatz 1) und ihren Wohnsitz oder gewöhnlichen Aufenthalt in einem Mitgliedstaat der Europäischen Union oder einem Staat haben, auf den das EWR-Abkommen anwendbar ist, ist die Kinderzulage dem Lebenspartner zuzuordnen, dem das Kindergeld ausgezahlt wird, auf Antrag beider Eltern dem anderen Lebenspartner. [3]Der Antrag kann für ein abgelaufenes Beitragsjahr nicht zurückgenommen werden.

§ 86 Mindesteigenbeitrag

EStG
S 2492

(1) [1]Die Zulage nach den §§ 84 und 85 wird gekürzt, wenn der Zulageberechtigte nicht den Mindesteigenbeitrag leistet. [2]Dieser beträgt jährlich 4 Prozent der Summe der in dem dem Kalenderjahr vorangegangenen Kalenderjahr

1. **erzielten beitragspflichtigen Einnahmen im Sinne des Sechsten Buches Sozialgesetzbuch,**
2. **bezogenen Besoldung und Amtsbezüge,**
3. **in den Fällen des § 10a Absatz 1 Satz 1 Nummer 3 und Nummer 4 erzielten Einnahmen, die beitragspflichtig waren, wenn die Versicherungsfreiheit in der gesetzlichen Rentenversicherung nicht bestehen würde und**
4. **bezogenen Rente wegen voller Erwerbsminderung oder Erwerbsunfähigkeit oder bezogenen Versorgungsbezüge wegen Dienstunfähigkeit in den Fällen des § 10a Absatz 1 Satz 4,**

jedoch nicht mehr als der in § 10a Absatz 1 Satz 1 genannte Höchstbetrag, vermindert um die Zulage nach den §§ 84 und 85; gehört der Ehegatte zum Personenkreis nach § 79 Satz 2, berechnet sich der Mindesteigenbeitrag des nach § 79 Satz 1 Begünstigten unter Berücksichtigung der den Ehegatten insgesamt zustehenden Zulagen. [3]Auslandsbezogene Bestandteile nach den §§ 52 ff. des Bundesbesoldungsgesetzes oder entsprechender Regelungen eines Landesbesoldungsgesetzes bleiben unberücksichtigt. [4]Als Sockelbetrag sind ab dem Jahr 2005 jährlich 60 Euro zu leisten. [5]Ist der Sockelbetrag höher als der Mindesteigenbeitrag nach Satz 2, so ist der Sockelbetrag als Mindesteigenbeitrag zu leisten. [6]Die Kürzung der Zulage ermittelt sich nach dem Verhältnis der Altersvorsorgebeiträge zum Mindesteigenbeitrag.

(2) [1]Ein nach § 79 Satz 2 begünstigter Ehegatte hat Anspruch auf eine ungekürzte Zulage, wenn der zum begünstigten Personenkreis nach § 79 Satz 1 gehörende Ehegatte seinen geförderten Mindesteigenbeitrag unter Berücksichtigung der den Ehegatten insgesamt zustehenden Zulagen erbracht hat. [2]Werden bei einer in der gesetzlichen Rentenversicherung pflichtversicherten Person beitragspflichtige Einnahmen zu Grunde gelegt, die höher sind als das tatsächlich erzielte Entgelt oder die Entgeltersatzleistung, ist das tatsächlich erzielte Entgelt oder der Zahlbetrag der Entgeltersatzleistung für die Berechnung des Mindesteigenbeitrags zu berücksichtigen. [3]Für die nicht erwerbsmäßig ausgeübte Pflegetätigkeit einer nach § 3 Satz 1 Nummer 1a des Sechsten Buches Sozialgesetzbuch rentenversicherungspflichtigen Person ist für die Berechnung des Mindesteigenbeitrags ein tatsächlich erzieltes Entgelt von 0 Euro zu berücksichtigen.

(3) [1]Für Versicherungspflichtige nach dem Gesetz über die Alterssicherung der Landwirte ist Absatz 1 mit der Maßgabe anzuwenden, dass auch die Einkünfte aus Land- und Forstwirtschaft im Sinne des § 13 des zweiten dem Beitragsjahr vorangegangenen Veranlagungszeitraums als beitragspflichtige Einnahmen des vorangegangenen Kalenderjahres gelten. [2]Negative Einkünfte im Sinne des Satzes 1 bleiben unberücksichtigt, wenn weitere nach Absatz 1 oder Absatz 2 zu berücksichtigende Einnahmen erzielt werden.

(4) Wird nach Ablauf des Beitragsjahres festgestellt, dass die Voraussetzungen für die Gewährung einer Kinderzulage nicht vorgelegen haben, ändert sich dadurch die Berechnung des Mindesteigenbeitrags für dieses Beitragsjahr nicht.

(5) Bei den in § 10a Absatz 6 Satz 1 und 2 genannten Personen ist der Summe nach Absatz 1 Satz 2 die Summe folgender Einnahmen und Leistungen aus dem dem Kalenderjahr vorangegangenen Kalenderjahr hinzuzurechnen:

1. die erzielten Einnahmen aus der Tätigkeit, die die Zugehörigkeit zum Personenkreis des § 10a Absatz 6 Satz 1 begründet, und
2. die bezogenen Leistungen im Sinne des § 10a Absatz 6 Satz 2 Nummer 1.

EStG
S 2493

§ 87 Zusammentreffen mehrerer Verträge

(1) [1]Zahlt der nach § 79 Satz 1 Zulageberechtigte Altersvorsorgebeiträge zugunsten mehrerer Verträge, so wird die Zulage nur für zwei dieser Verträge gewährt. [2]Der insgesamt nach § 86 zu leistende Mindesteigenbeitrag muss zugunsten dieser Verträge geleistet worden sein. [3]Die Zulage ist entsprechend dem Verhältnis der auf diese Verträge geleisteten Beiträge zu verteilen.

(2) [1]Der nach § 79 Satz 2 Zulageberechtigte kann die Zulage für das jeweilige Beitragsjahr nicht auf mehrere Altersvorsorgeverträge verteilen. [2]Es ist nur der Altersvorsorgevertrag begünstigt, für den zuerst die Zulage beantragt wird.

EStG
S 2493

§ 88 Entstehung des Anspruchs auf Zulage

Der Anspruch auf die Zulage entsteht mit Ablauf des Kalenderjahres, in dem die Altersvorsorgebeiträge geleistet worden sind (Beitragsjahr).

EStG
S 2493

§ 89 Antrag

(1) [1]Der Zulageberechtigte hat den Antrag auf Zulage nach amtlich vorgeschriebenen Vordruck bis zum Ablauf des zweiten Kalenderjahres, das auf das Beitragsjahr (§ 88) folgt, bei dem Anbieter seines Vertrages einzureichen. [2]Hat der Zulageberechtigte im Beitragsjahr Altersvorsorgebeiträge für mehrere Verträge gezahlt, so hat er mit dem Zulageantrag zu bestimmen, auf welche Verträge die Zulage überwiesen werden soll. [3]Beantragt der Zulageberechtigte die Zulage für mehr als zwei Verträge, so wird die Zulage nur für die zwei Verträge mit den höchsten Altersvorsorgebeiträgen gewährt. [4]Sofern eine Zulagenummer (§ 90 Absatz 1 Satz 2) durch die zentrale Stelle (§ 81) oder eine Versicherungsnummer nach § 147 des Sechsten Buches Sozialgesetzbuch für den nach § 79 Satz 2 berechtigten Ehegatten noch nicht vergeben ist, hat dieser über seinen Anbieter eine Zulagenummer bei der zentralen Stelle zu beantragen. [5]Der Antragsteller ist verpflichtet, dem Anbieter unverzüglich eine Änderung der Verhältnisse mitzuteilen, die zu einer Minderung oder zum Wegfall des Zulageanspruchs führt.

(1a) [1]Der Zulageberechtigte kann den Anbieter seines Vertrages schriftlich bevollmächtigen, für ihn abweichend von Absatz 1 die Zulage für jedes Beitragsjahr zu beantragen. [2]Absatz 1 Satz 5 gilt mit Ausnahme der Mitteilung geänderter beitragspflichtiger Einnahmen entsprechend. [3]Ein Widerruf der Vollmacht ist bis zum Ablauf des Beitragsjahres, für das der Anbieter keinen Antrag auf Zulage stellen soll, gegenüber dem Anbieter zu erklären.

(2) [1]Der Anbieter ist verpflichtet,

a) die Vertragsdaten,
b) die Versicherungsnummer nach § 147 des Sechsten Buches Sozialgesetzbuch oder die Zulagennummer des Zulageberechtigten und dessen Ehegatten, oder einen Antrag auf Vergabe einer Zulagenummer eines nach § 79 Satz 2 berechtigten Ehegatten,
c) die vom Zulageberechtigten mitgeteilten Angaben zur Ermittlung des Mindesteigenbeitrages (§ 86),
d) die für die Gewährung der Kinderzulage erforderlichen Daten,

e) die Höhe der geleisteten Altersvorsorgebeiträge und

f) das Vorliegen einer nach Absatz 1a erteilten Vollmacht

als die für die Ermittlung und Überprüfung des Zulageanspruchs und Durchführung des Zulageverfahrens erforderlichen Daten zu erfassen. [2]Er hat die Daten der bei ihm im Laufe eines Kalendervierteljahres eingegangenen Anträge bis zum Ende des folgenden Monats nach amtlich vorgeschriebenem Datensatz durch amtlich bestimmte Datenfernübertragung an die zentrale Stelle zu übermitteln. [3]Dies gilt auch im Fall des Absatzes 1 Satz 5.

(3) [1]Ist der Anbieter nach Absatz 1a Satz 1 bevollmächtigt worden, hat er der zentralen Stelle die nach Absatz 2 Satz 1 erforderlichen Angaben für jedes Kalenderjahr bis zum Ablauf des auf das Beitragsjahr folgenden Kalenderjahrs zu übermitteln. [2]Liegt die Bevollmächtigung erst nach dem im Satz 1 genannten Meldetermin vor, hat der Anbieter die Angaben bis zum Ende des folgenden Kalendervierteljahres nach der Bevollmächtigung, spätestens jedoch bis zum Ablauf der in Absatz 1 Satz 1 genannten Antragsfrist, zu übermitteln. Absatz 2 Satz 2 und 3 gilt sinngemäß.

§ 90 Verfahren

EStG
S 2494

(1) [1]Die zentrale Stelle ermittelt auf Grund der von ihr erhobenen oder der ihr übermittelten Daten, ob und in welcher Höhe ein Zulageanspruch besteht. [2]Soweit der zuständige Träger der Rentenversicherung keine Versicherungsnummer vergeben hat, vergibt die zentrale Stelle zur Erfüllung der ihr nach diesem Abschnitt zugewiesenen Aufgaben eine Zulagenummer. [3]Die zentrale Stelle teilt im Fall eines Antrags nach § 10a Absatz 1a der zuständigen Stelle, im Fall eines Antrags nach § 89 Absatz 1 Satz 4 dem Anbieter die Zulagenummer mit; von dort wird sie an den Antragsteller weitergeleitet.

(2) [1]Die zentrale Stelle veranlasst die Auszahlung an den Anbieter zugunsten der Zulageberechtigten durch die zuständige Kasse. [2]Ein gesonderter Zulagenbescheid ergeht vorbehaltlich des Absatzes 4 nicht. [3]Der Anbieter hat die erhaltenen Zulagen unverzüglich den begünstigten Verträgen gutzuschreiben. [4]Zulagen, die nach Beginn der Auszahlungsphase für das Altersvorsorgevermögen von der zentralen Stelle an den Anbieter überwiesen werden, können vom Anbieter an den Anleger ausgezahlt werden. [5]Besteht kein Zulageanspruch, so teilt die zentrale Stelle dies dem Anbieter durch Datensatz mit. [6]Die zentrale Stelle teilt dem Anbieter die Altersvorsorgebeiträge im Sinne des § 82, auf die § 10a oder dieser Abschnitt angewendet wurden, durch Datensatz mit.

(3) [1]Erkennt die zentrale Stelle nachträglich, dass der Zulageanspruch ganz oder teilweise nicht besteht oder weggefallen ist, so hat sie zu Unrecht gutgeschriebene oder ausgezahlte Zulagen zurückzufordern und dies dem Anbieter durch Datensatz mitzuteilen. [2]Bei bestehendem Vertragsverhältnis hat der Anbieter das Konto zu belasten. [3]Die ihm im Kalendervierteljahr mitgeteilten Rückforderungsbeträge hat er bis zum zehnten Tag des dem Kalendervierteljahr folgenden Monats in einem Betrag bei der zentralen Stelle anzumelden und an diese abzuführen. [4]Die Anmeldung nach Satz 3 ist nach amtlich vorgeschriebenem Vordruck abzugeben. [5]Sie gilt als Steueranmeldung im Sinne der Abgabenordnung.

(4) [1]Eine Festsetzung der Zulage erfolgt nur auf besonderen Antrag des Zulageberechtigten. [2]Der Antrag ist schriftlich innerhalb eines Jahres vom Antragsteller an den Anbieter zu richten; die Frist beginnt mit der Erteilung der Bescheinigung nach § 92, die die Ermittlungsergebnisse für das Beitragsjahr enthält, für das eine Festsetzung der Zulage erfolgen soll. [3]Der Anbieter leitet den Antrag der zentralen Stelle zur Festsetzung zu. [4]Er hat dem Antrag eine Stellungnahme und die zur Festsetzung erforderlichen Unterlagen beizufügen. [5]Die zentrale Stelle teilt die Festsetzung auch dem Anbieter mit. [6]Im Übrigen gilt Absatz 3 entsprechend.

§ 91 Datenerhebung und Datenabgleich

EStG
S 2495

(1) [1]Für die Berechnung und Überprüfung der Zulage sowie die Überprüfung des Vorliegens der Voraussetzungen des Sonderausgabenabzugs nach § 10a übermitteln die Träger der gesetzlichen Rentenversicherung, die landwirtschaftliche Alterskasse, die Bundesagentur für Arbeit, die Meldebehörden, die Familienkassen und die Finanzämter der zentralen Stelle auf Anforderung die bei ihnen vorhandenen Daten nach § 89 Absatz 2 durch Datenfernübertragung; für Zwecke der Berechnung des Mindesteigenbeitrags für ein Beitragsjahr darf die zentrale Stelle bei den Trägern der gesetzlichen Rentenversicherung und der landwirtschaftlichen Alterskasse die bei ihnen vorhandenen Daten zu den beitragspflichtigen Einnahmen sowie in den Fällen des § 10a Absatz 1 Satz 4 zur Höhe der bezogenen Rente wegen voller Erwerbsminderung oder Erwerbsunfähigkeit erheben, sofern diese nicht vom Anbieter nach § 89 übermittelt worden sind. [2]Für Zwecke der Überprüfung nach Satz 1 darf die zentrale Stelle die ihr nach Satz 1 über-

mittelten Daten mit den ihr nach § 89 Absatz 2 übermittelten Daten automatisiert abgleichen. [3]Führt die Überprüfung zu einer Änderung der ermittelten oder festgesetzten Zulage, ist dies dem Anbieter mitzuteilen. [4]Ergibt die Überprüfung eine Abweichung von dem in der Steuerfestsetzung berücksichtigten Sonderausgabenabzug nach § 10a oder der gesonderten Feststellung nach § 10a Absatz 4, ist dies dem Finanzamt mitzuteilen; die Steuerfestsetzung oder die gesonderte Feststellung ist insoweit zu ändern.

(2) [1]Die zuständige Stelle hat der zentralen Stelle die Daten nach § 10a Absatz 1 Satz 1 zweiter Halbsatz bis zum 31. März des dem Beitragsjahr folgenden Kalenderjahres durch Datenfernübertragung zu übermitteln. [2]Liegt die Einwilligung nach § 10a Absatz 1 Satz 1 zweiter Halbsatz erst nach dem im Satz 1 genannten Meldetermin vor, hat die zuständige Stelle die Daten spätestens bis zum Ende des folgenden Kalendervierteljahres nach Erteilung der Einwilligung nach Maßgabe von Satz 1 zu übermitteln.

EStG
S 2495

§ 92 Bescheinigung

[1]Der Anbieter hat dem Zulageberechtigten jährlich eine Bescheinigung nach amtlich vorgeschriebenem Muster zu erteilen über

1. die Höhe der im abgelaufenen Beitragsjahr geleisteten Altersvorsorgebeiträge (Beiträge und Tilgungsleistungen),
2. die im abgelaufenen Beitragsjahr getroffenen, aufgehobenen oder geänderten Ermittlungsergebnisse (§ 90),
3. die Summe der bis zum Ende des abgelaufenen Beitragsjahres dem Vertrag gutgeschriebenen Zulagen,
4. die Summe der bis zum Ende des abgelaufenen Beitragsjahres geleisteten Altersvorsorgebeiträge (Beiträge und Tilgungsleistungen),
5. den Stand des Altersvorsorgevermögens,
6. den Stand des Wohnförderkontos (§ 92a Absatz 2 Satz 1), sofern er diesen von der zentralen Stelle mitgeteilt bekommen hat, und
7. die Bestätigung der durch den Anbieter erfolgten Datenübermittlung an die zentrale Stelle im Fall des § 10a Absatz 5 Satz 1.

[2]Einer jährlichen Bescheinigung bedarf es nicht, wenn zu Satz 1 Nummer 1, 2, 6 und 7 keine Angaben erforderlich sind und sich zu Satz 1 Nummer 3 bis 5 keine Änderungen gegenüber der zuletzt erteilten Bescheinigung ergeben. [3]Liegen die Voraussetzungen des Satzes 2 nur hinsichtlich der Angabe nach Satz 1 Nummer 6 nicht vor und wurde die Geschäftsbeziehung im Hinblick auf den jeweiligen Altersvorsorgevertrag zwischen Zulageberechtigtem und Anbieter beendet, weil

1. das angesparte Kapital vollständig aus dem Altersvorsorgevertrag entnommen wurde oder
2. das gewährte Darlehen vollständig getilgt wurde,

bedarf es keiner jährlichen Bescheinigung, wenn der Anbieter dem Zulageberechtigten in einer Bescheinigung im Sinne dieser Vorschrift Folgendes mitteilt: „Das Wohnförderkonto erhöht sich bis zum Beginn der Auszahlungsphase jährlich um 2 Prozent, solange Sie keine Zahlungen zur Minderung des Wohnförderkontos leisten." [4]Der Anbieter kann dem Zulageberechtigten mit dessen Einverständnis die Bescheinigung auch elektronisch bereitstellen.

EStG
S 2496

§ 92a Verwendung für eine selbst genutzte Wohnung

(1) [1]Der Zulageberechtigte kann das in einem Altersvorsorgevertrag gebildete und nach § 10a oder nach diesem Abschnitt geförderte Kapital in vollem Umfang oder, wenn das verbleibende geförderte Restkapital mindestens 3 000 Euro beträgt, teilweise wie folgt verwenden (Altersvorsorge-Eigenheimbetrag):

1. bis zum Beginn der Auszahlungsphase unmittelbar für die Anschaffung oder Herstellung einer Wohnung oder zur Tilgung eines zu diesem Zweck aufgenommenen Darlehens, wenn das dafür entnommene Kapital mindestens 3 000 Euro beträgt, oder
2. bis zum Beginn der Auszahlungsphase unmittelbar für den Erwerb von Pflicht-Geschäftsanteilen an einer eingetragenen Genossenschaft für die Selbstnutzung einer Genossenschaftswohnung oder zur Tilgung eines zu diesem Zweck aufgenommenen Darlehens, wenn das dafür entnommene Kapital mindestens 3 000 Euro beträgt, oder
3. bis zum Beginn der Auszahlungsphase unmittelbar für die Finanzierung eines Umbaus einer Wohnung, wenn

a) das dafür entnommene Kapital

aa) mindestens 6 000 Euro beträgt und für einen innerhalb eines Zeitraums von drei Jahren nach der Anschaffung oder Herstellung der Wohnung vorgenommenen Umbau verwendet wird oder

bb) mindestens 20 000 Euro beträgt,

b) das dafür entnommene Kapital zu mindestens 50 Prozent auf Maßnahmen entfällt, die die Vorgaben der DIN 18040 Teil 2, Ausgabe September 2011, soweit baustrukturell möglich, erfüllen, und der verbleibende Teil der Kosten der Reduzierung von Barrieren in oder an der Wohnung dient; die zweckgerechte Verwendung ist durch einen Sachverständigen zu bestätigen; und

c) der Zulageberechtigte oder ein Mitnutzer der Wohnung für die Umbaukosten weder eine Förderung durch Zuschüsse noch eine Steuerermäßigung nach § 35a in Anspruch nimmt oder nehmen wird noch die Berücksichtigung als außergewöhnliche Belastung nach § 33 beantragt hat oder beantragen wird und dies schriftlich bestätigt. [2]Diese Bestätigung ist bei der Antragstellung nach § 92b Absatz 1 Satz 1 gegenüber der zentralen Stelle abzugeben. [3]Bei der Inanspruchnahme eines Darlehens im Rahmen eines Altersvorsorgevertrags nach § 1 Absatz 1a des Altersvorsorgeverträge-Zertifizierungsgesetzes hat der Zulageberechtigte die Bestätigung gegenüber seinem Anbieter abzugeben.

[2]Die DIN 18040 ist im Beuth-Verlag GmbH, Berlin und Köln, erschienen und beim Deutschen Patent- und Markenamt in München archivmäßig gesichert niedergelegt. [3]Die technischen Mindestanforderungen für die Reduzierung von Barrieren in oder an der Wohnung nach Satz 1 Nummer 3 Buchstabe b werden durch das Bundesministerium für *Umwelt, Naturschutz, Bau und Reaktorsicherheit* im Einvernehmen mit dem Bundesministerium der Finanzen festgelegt und im Bundesbaublatt veröffentlicht. [4]Sachverständige im Sinne dieser Vorschrift sind nach Landesrecht Bauvorlageberechtigte sowie nach § 91 Absatz 1 Nummer 8 der Handwerksordnung öffentlich bestellte und vereidigte Sachverständige, die für ein Sachgebiet bestellt sind, das die Barrierefreiheit und Barrierereduzierung in Wohngebäuden umfasst, und die eine besondere Sachkunde oder ergänzende Fortbildung auf diesem Gebiet nachweisen. [5]Eine nach Satz 1 begünstigte Wohnung ist [1)]

1. eine Wohnung in einem eigenen Haus oder
2. eine eigene Eigentumswohnung oder
3. eine Genossenschaftswohnung einer eingetragenen Genossenschaft,

wenn diese Wohnung in einem Mitgliedstaat der Europäischen Union oder in einem Staat, auf den das Abkommen über den Europäischen Wirtschaftsraum (EWR-Abkommen) anwendbar ist, belegen ist und die Hauptwohnung oder den Mittelpunkt der Lebensinteressen des Zulageberechtigten darstellt. [6]Einer Wohnung im Sinne des Satzes 5 steht ein eigentumsähnliches oder lebenslanges Dauerwohnrecht nach § 33 des Wohnungseigentumsgesetzes gleich, soweit Vereinbarungen nach § 39 des Wohnungseigentumsgesetzes getroffen werden. [7]Bei der Ermittlung des Restkapitals nach Satz 1 ist auf den Stand des geförderten Altersvorsorgevermögens zum Ablauf des Tages abzustellen, an dem die zentrale Stelle den Bescheid nach § 92b ausgestellt hat. [8]Der Altersvorsorge-Eigenheimbetrag gilt nicht als Leistung aus einem Altersvorsorgevertrag, die dem Zulageberechtigten im Zeitpunkt der Auszahlung zufließt.

(2) [1]Der Altersvorsorge-Eigenheimbetrag, die Tilgungsleistungen im Sinne des § 82 Absatz 1 Satz 1 Nummer 2 und die hierfür gewährten Zulagen sind durch die zentrale Stelle in Bezug auf den zugrunde liegenden Altersvorsorgevertrag gesondert zu erfassen (Wohnförderkonto); die zentrale Stelle teilt für jeden Altersvorsorgevertrag, für den sie ein Wohnförderkonto (Altersvorsorgevertrag mit Wohnförderkonto) führt, dem Anbieter jährlich den Stand des Wohnförderkontos nach amtlich vorgeschriebenem Datensatz durch Datenfernübertragung mit. [2]Beiträge, die nach § 82 Absatz 1 Satz 3 wie Tilgungsleistungen behandelt wurden, sind im Zeitpunkt der unmittelbaren Darlehenstilgung einschließlich der zur Tilgung eingesetzten Zulagen und Erträge in das Wohnförderkonto aufzunehmen; zur Tilgung eingesetzte ungeförderte Beiträge einschließlich der darauf entfallenden Erträge fließen dem Zulageberechtigten in diesem Zeitpunkt zu. [3]Nach Ablauf eines Beitragsjahres, letztmals für das Beitragsjahr des Beginns der Auszahlungsphase, ist der sich aus dem Wohnförderkonto ergebende Gesamtbetrag um 2 Prozent zu erhöhen. [4]Das Wohnförderkonto ist zu vermindern um

1. Zahlungen des Zulageberechtigten auf einen auf seinen Namen lautenden zertifizierten Altersvorsorgevertrag nach § 1 Absatz 1 des Altersvorsorgeverträge-Zertifizierungsgesetzes bis zum Beginn der Auszahlungsphase zur Minderung der in das Wohnförderkonto eingestellten Beträge; der Anbieter, bei dem die Einzahlung erfolgt, hat die Einzahlung der zentralen Stelle nach amtlich vorgeschriebenem Datensatz durch Datenfernübertragung mitzuteilen; erfolgt die Einzahlung nicht auf den Altersvorsorgevertrag mit Wohnförderkonto, hat der Zulageberechtigte dem Anbieter, bei dem die Einzahlung erfolgt, die Ver-

1) Absatz 1 Satz 3 wurde durch die Zehnte Zuständigkeitsanpassungsverordnung ab VZ 2015 geändert.

tragsdaten des Altersvorsorgevertrags mit Wohnförderkonto mitzuteilen; diese hat der Anbieter der zentralen Stelle zusätzlich mitzuteilen;

2. den Verminderungsbetrag nach Satz 5.

[5]Verminderungsbetrag ist der sich mit Ablauf des Kalenderjahres des Beginns der Auszahlungsphase ergebende Stand des Wohnförderkontos dividiert durch die Anzahl der Jahre bis zur Vollendung des 85. Lebensjahres des Zulageberechtigten; als Beginn der Auszahlungsphase gilt der vom Zulageberechtigten und Anbieter vereinbarte Zeitpunkt, der zwischen der Vollendung des 60. Lebensjahres und des 68. Lebensjahres des Zulageberechtigten liegen muss; ist ein Auszahlungszeitpunkt nicht vereinbart, so gilt die Vollendung des 67. Lebensjahres als Beginn der Auszahlungsphase. [6]Anstelle einer Verminderung nach Satz 5 kann der Zulageberechtigte jederzeit in der Auszahlungsphase von der zentralen Stelle die Auflösung des Wohnförderkontos verlangen (Auflösungsbetrag). [7]Der Anbieter hat im Zeitpunkt der unmittelbaren Darlehenstilgung die Beträge nach Satz 2 erster Halbsatz und der Anbieter eines Altersvorsorgevertrags mit Wohnförderkonto hat zu Beginn der Auszahlungsphase den Zeitpunkt des Beginns der Auszahlungsphase sowie ein Verlangen nach Satz 6 der zentralen Stelle nach amtlich vorgeschriebenem Datensatz durch Datenfernübertragung mitzuteilen. [8]Wird gefördertes Altersvorsorgevermögen nach § 93 Absatz 2 Satz 1 von einem Anbieter auf einen anderen auf den Namen des Zulageberechtigten lautenden Altersvorsorgevertrag vollständig übertragen und hat die zentrale Stelle für den bisherigen Altersvorsorgevertrag ein Wohnförderkonto geführt, so schließt sie das Wohnförderkonto des bisherigen Vertrags und führt es zu dem neuen Altersvorsorgevertrag fort. [9]Erfolgt eine Zahlung nach Satz 4 Nummer 1 oder nach Absatz 3 Satz 9 Nummer 2 auf einen anderen Altersvorsorgevertrag als auf den Altersvorsorgevertrag mit Wohnförderkonto, schließt die zentrale Stelle das Wohnförderkonto des bisherigen Vertrags und führt es ab dem Zeitpunkt der Einzahlung für den Altersvorsorgevertrag fort, auf den die Einzahlung erfolgt ist. [10]Die zentrale Stelle teilt die Schließung des Wohnförderkontos dem Anbieter des bisherigen Altersvorsorgevertrags mit Wohnförderkonto mit.

(2a) [1]Geht im Rahmen der Regelung von Scheidungsfolgen der Eigentumsanteil des Zulageberechtigten an der Wohnung im Sinne des Absatzes 1 Satz 5 ganz oder teilweise auf den anderen Ehegatten über, geht das Wohnförderkonto in Höhe des Anteils, der dem Verhältnis des übergegangenen Eigentumsanteils zum verbleibenden Eigentumsanteil entspricht, mit allen Rechten und Pflichten auf den anderen Ehegatten über; dabei ist auf das Lebensalter des anderen Ehegatten abzustellen. [2]Hat der andere Ehegatte das Lebensalter für den vertraglich vereinbarten Beginn der Auszahlungsphase oder, soweit kein Beginn der Auszahlungsphase vereinbart wurde, das 67. Lebensjahr im Zeitpunkt des Übergangs des Wohnförderkontos bereits überschritten, so gilt als Beginn der Auszahlungsphase der Zeitpunkt des Übergangs des Wohnförderkontos. [3]Der Zulageberechtigte hat den Übergang des Eigentumsanteils dem Anbieter, in den Fällen des Absatzes 2 Satz 10 erster Halbsatz der zentralen Stelle, nachzuweisen. [4]Dazu hat er die für die Anlage eines Wohnförderkontos erforderlichen Daten des anderen Ehegatten mitzuteilen. [5]Die Sätze 1 bis 4 gelten entsprechend für Ehegatten, die im Zeitpunkt des Todes des Zulageberechtigten

1. nicht dauernd getrennt gelebt haben (§ 26 Absatz 1) und
2. ihren Wohnsitz oder gewöhnlichen Aufenthalt in einem Mitgliedstaat der Europäischen Union oder einem Staat hatten, auf den das Abkommen über den Europäischen Wirtschaftsraum anwendbar ist.

(3) [1]Nutzt der Zulageberechtigte die Wohnung im Sinne des Absatzes 1 Satz 5, für die ein Altersvorsorge-Eigenheimbetrag verwendet oder für die eine Tilgungsförderung im Sinne des § 82 Absatz 1 in Anspruch genommen worden ist, nicht nur vorübergehend nicht mehr zu eigenen Wohnzwecken, hat er dies dem Anbieter, in der Auszahlungsphase der zentralen Stelle, unter Angabe des Zeitpunkts der Aufgabe der Selbstnutzung mitzuteilen. [2]Eine Aufgabe der Selbstnutzung liegt auch vor, soweit der Zulageberechtigte das Eigentum an der Wohnung aufgibt. [3]Die Mitteilungspflicht gilt entsprechend für den Rechtsnachfolger der begünstigten Wohnung, wenn der Zulageberechtigte stirbt. [4]Die Anzeigepflicht entfällt, wenn das Wohnförderkonto vollständig zurückgeführt worden ist, es sei denn, es liegt ein Fall des § 22 Nummer 5 Satz 6 vor. [5]Im Fall des Satzes 1 gelten die im Wohnförderkonto erfassten Beträge als Leistungen aus einem Altersvorsorgevertrag, die dem Zulageberechtigten nach letztmaliger Erhöhung des Wohnförderkontos nach Absatz 2 Satz 3 zum Ende des Veranlagungszeitraums, in dem die Selbstnutzung aufgegeben wurde, zufließen; das Wohnförderkonto ist aufzulösen (Auflösungsbetrag). [6]Verstirbt der Zulageberechtigte, ist der Auflösungsbetrag ihm noch zuzurechnen. [7]Der Anbieter hat der zentralen Stelle den Zeitpunkt der Aufgabe nach amtlich vorgeschriebenem Datensatz durch Datenfernübertragung unter Angabe des Zeitpunkts der Aufgabe mitzuteilen. [8]Wurde im Falle des Satzes 1 eine Tilgungsförderung nach § 82 Absatz 1 Satz 3 in Anspruch genommen und erfolgte keine Einstellung in das Wohnförderkonto nach Absatz 2 Satz 2, sind die Beiträge, die nach § 82 Absatz 1 Satz 3 wie Tilgungsleistungen behandelt wurden, sowie die darauf entfallenden Zulagen und Erträge in ein Wohnförderkonto aufzunehmen und anschlie-

ßend die weiteren Regelungen dieses Absatzes anzuwenden; Absatz 2 Satz 2 zweiter Halbsatz und Satz 7 gilt entsprechend. [9]Die Sätze 5 bis 7 sowie § 20 sind nicht anzuwenden, wenn

1. der Zulageberechtigte einen Betrag in Höhe des noch nicht zurückgeführten Betrags im Wohnförderkonto innerhalb von zwei Jahren vor dem Veranlagungszeitraum und von fünf Jahren nach Ablauf des Veranlagungszeitraums, in dem er die Wohnung letztmals zu eigenen Wohnzwecken genutzt hat, für eine weitere Wohnung im Sinne des Absatzes 1 Satz 5 verwendet,
2. der Zulageberechtigte einen Betrag in Höhe des noch nicht zurückgeführten Betrags im Wohnförderkonto innerhalb eines Jahres nach Ablauf des Veranlagungszeitraums, in dem er die Wohnung letztmals zu eigenen Wohnzwecken genutzt hat, auf einen auf seinen Namen lautenden zertifizierten Altersvorsorgevertrag zahlt; Absatz 2 Satz 4 Nummer 1 und Satz 7 sind entsprechend anzuwenden,
3. die Ehewohnung auf Grund einer richterlichen Entscheidung nach § 1361b des Bürgerlichen Gesetzbuchs oder nach der Verordnung über die Behandlung der Ehewohnung und des Hausrats dem anderen Ehegatten zugewiesen wird, oder
4. der Zulageberechtigte krankheits- oder pflegebedingt die Wohnung nicht mehr bewohnt, sofern er Eigentümer dieser Wohnung bleibt, sie ihm weiterhin zur Selbstnutzung zur Verfügung steht und sie nicht von Dritten, mit Ausnahme seines Ehegatten, genutzt wird.

[10]Der Zulageberechtigte hat dem Anbieter, in der Auszahlungsphase der zentralen Stelle, die Reinvestitionsabsicht und den Zeitpunkt der Reinvestition im Rahmen der Mitteilung nach Satz 1 oder die Aufgabe der Reinvestitionsabsicht mitzuteilen; in den Fällen des Absatzes 2a und des Satzes 9 Nummer 3 gelten die Sätze 1 bis 9 entsprechend für den anderen, geschiedenen oder überlebenden Ehegatten, wenn er die Wohnung nicht nur vorübergehend nicht mehr zu eigenen Wohnzwecken nutzt. [11]Satz 5 ist mit der Maßgabe anzuwenden, dass der Eingang der Mitteilung der aufgegebenen Reinvestitionsabsicht, spätestens jedoch der 1. Januar

1. des sechsten Jahres nach dem Jahr der Aufgabe der Selbstnutzung bei einer Reinvestitionsabsicht nach Satz 9 Nummer 1 oder
2. des zweiten Jahres nach dem Jahr der Aufgabe der Selbstnutzung bei einer Reinvestitionsabsicht nach Satz 9 Nummer 2

als Zeitpunkt der Aufgabe gilt.

(4) [1]Absatz 3 sowie § 20 sind auf Antrag des Steuerpflichtigen nicht anzuwenden, wenn er

1. die Wohnung im Sinne des Absatzes 1 Satz 5 auf Grund eines beruflich bedingten Umzugs für die Dauer der beruflich bedingten Abwesenheit nicht selbst nutzt; wird während dieser Zeit mit einer anderen Person ein Nutzungsrecht für diese Wohnung vereinbart, ist diese Vereinbarung von vorneherein entsprechend zu befristen,
2. beabsichtigt, die Selbstnutzung wieder aufzunehmen und
3. die Selbstnutzung spätestens mit der Vollendung seines 67. Lebensjahres des Steuerpflichtigen aufnimmt.

[2]Der Steuerpflichtige hat den Antrag bei der zentralen Stelle zu stellen und dabei die notwendigen Nachweise zu erbringen. [3]Die zentrale Stelle erteilt dem Steuerpflichtigen einen Bescheid über die Bewilligung des Antrags und informiert den Anbieter des Altersvorsorgevertrags mit Wohnförderkonto des Zulageberechtigten über die Bewilligung, eine Wiederaufnahme der Selbstnutzung nach einem beruflich bedingten Umzug und den Wegfall der Voraussetzungen nach diesem Absatz; die Information hat nach amtlich vorgeschriebenem Datensatz durch Datenfernübertragung zu erfolgen. [4]Entfällt eine der in Satz 1 genannten Voraussetzungen, ist Absatz 3 mit der Maßgabe anzuwenden, dass bei einem Wegfall der Voraussetzung nach Satz 1 Nummer 1 als Zeitpunkt der Aufgabe der Zeitpunkt des Wegfalls der Voraussetzung und bei einem Wegfall der Voraussetzung nach Satz 1 Nummer 2 oder Nummer 3 der Eingang der Mitteilung des Steuerpflichtigen nach Absatz 3 als Zeitpunkt der Aufgabe gilt, spätestens jedoch die Vollendung des 67. Lebensjahres des Steuerpflichtigen.

§ 92b Verfahren bei Verwendung für eine selbst genutzte Wohnung

EStG
S 2496

(1) [1]Der Zulageberechtigte hat die Verwendung des Kapitals nach § 92a Absatz 1 Satz 1 spätestens zehn Monate vor dem Beginn der Auszahlungsphase des Altersvorsorgevertrags im Sinne des § 1 Absatz 1 Nummer 2 des Altersvorsorgeverträge-Zertifizierungsgesetzes bei der zentralen Stelle zu beantragen und dabei die notwendigen Nachweise zu erbringen. [2]Er hat zu bestimmen, aus welchen Altersvorsorgeverträgen der Altersvorsorge-Eigenheimbetrag ausgezahlt werden soll. [3]Die zentrale Stelle teilt dem Zulageberechtigten durch Bescheid und den Anbietern der in Satz 2 genannten Altersvorsorgeverträge nach amtlich vorgeschriebenem

Datensatz durch Datenfernübertragung mit, bis zu welcher Höhe eine wohnungswirtschaftliche Verwendung im Sinne des § 92a Absatz 1 Satz 1 vorliegen kann.

(2) [1]Die Anbieter der in Absatz 1 Satz 2 genannten Altersvorsorgeverträge dürfen den Altersvorsorge-Eigenheimbetrag auszahlen, sobald sie die Mitteilung nach Absatz 1 Satz 3 erhalten haben. [2]Sie haben der zentralen Stelle nach amtlich vorgeschriebenem Datensatz durch Datenfernübertragung Folgendes anzuzeigen:

1. den Auszahlungszeitpunkt und den Auszahlungsbetrag,
2. die Summe der bis zum Auszahlungszeitpunkt dem Altersvorsorgevertrag gutgeschriebenen Zulagen,
3. die Summe der bis zum Auszahlungszeitpunkt geleisteten Altersvorsorgebeiträge und
4. den Stand des geförderten Altersvorsorgevermögens im Zeitpunkt der Auszahlung.

(3) [1]Die zentrale Stelle stellt zu Beginn der Auszahlungsphase und in den Fällen des § 92a Absatz 2 und 3 Satz 5 den Stand des Wohnförderkontos, soweit für die Besteuerung erforderlich, den Verminderungsbetrag und den Auflösungsbetrag von Amts wegen gesondert fest. [2]Die zentrale Stelle teilt die Feststellung dem Zulageberechtigten, in den Fällen des § 92a Absatz 2a Satz 1 auch dem anderen Ehegatten, durch Bescheid und dem Anbieter nach amtlich vorgeschriebenem Datensatz durch Datenfernübertragung mit. [3]Der Anbieter hat auf Anforderung der zentralen Stelle die zur Feststellung erforderlichen Unterlagen vorzulegen. [4]Auf Antrag des Zulageberechtigten stellt die zentrale Stelle den Stand des Wohnförderkontos gesondert fest. [5]§ 90 Absatz 4 Satz 2 bis 5 gilt entsprechend.

EStG
S 2497

§ 93 Schädliche Verwendung

(1) [1]Wird gefördertes Altersvorsorgevermögen nicht unter den in § 1 Absatz 1 Satz 1 Nr. 4, 5 und 10 Buchstabe c des Altersvorsorgeverträge-Zertifizierungsgesetzes oder § 1 Absatz 1 Nummer 4, 5 und 10 Buchstabe c des Altersvorsorgeverträge-Zertifizierungsgesetzes in der bis zum 31. Dezember 2004 geltenden Fassung genannten Voraussetzungen an den Zulageberechtigten ausgezahlt (schädliche Verwendung), sind die auf das ausgezahlte geförderte Altersvorsorgevermögen entfallenden Zulagen und die nach § 10a Absatz 4 gesondert festgestellten Beträge (Rückzahlungsbetrag) zurückzuzahlen. [2]Dies gilt auch bei einer Auszahlung nach Beginn der Auszahlungsphase (§ 1 Absatz 1 Nummer 2 des Altersvorsorgeverträge-Zertifizierungsgesetzes) und bei Auszahlungen im Falle des Todes des Zulageberechtigten. [3]Hat der Zulageberechtigte Zahlungen im Sinne des § 92a Absatz 2 Satz 4 Nummer 1 oder § 92a Absatz 3 Satz 9 Nummer 2 geleistet, dann handelt es sich bei dem hierauf beruhenden Altersvorsorgevermögen um gefördertes Altersvorsorgevermögen im Sinne des Satzes 1, der Rückzahlungsbetrag bestimmt sich insoweit nach der für die in das Wohnförderkonto eingestellten Beträge gewährten Förderung. [4]Eine Rückzahlungsverpflichtung besteht nicht für den Teil der Zulagen und der Steuerermäßigung,

a) der auf nach § 1 Absatz 1 Nr. 6 des Altersvorsorgeverträge-Zertifizierungsgesetzes angespartes gefördertes Altersvorsorgevermögen entfällt, wenn es in Form einer Hinterbliebenenrente an die dort genannten Hinterbliebenen ausgezahlt wird. Dies gilt auch für Leistungen im Sinne des § 82 Absatz 3 an Hinterbliebene des Steuerpflichtigen;
b) der den Beitragsanteilen zuzuordnen ist, die für die zusätzliche Absicherung der verminderten Erwerbsfähigkeit und eine zusätzliche Hinterbliebenenabsicherung ohne Kapitalbildung verwendet worden sind;
c) der auf gefördertes Altersvorsorgevermögen entfällt, das im Falle des Todes des Zulageberechtigten auf einen auf den Namen des Ehegatten lautenden Altersvorsorgevertrag übertragen wird, wenn die Ehegatten im Zeitpunkt des Todes des Zulageberechtigten die Voraussetzungen des § 26 Absatz 1 erfüllt haben;
d) der auf den Altersvorsorge-Eigenheimbetrag entfällt.

(1a) [1]Eine schädliche Verwendung liegt nicht vor, wenn gefördertes Altersvorsorgevermögen auf Grund einer internen Teilung nach § 10 des Versorgungsausgleichsgesetzes oder auf Grund einer externen Teilung nach § 14 des Versorgungsausgleichsgesetzes auf einen zertifizierten Altersvorsorgevertrag oder eine nach § 82 Absatz 2 begünstigte betriebliche Altersversorgung übertragen wird; die auf das übertragene Anrecht entfallende steuerliche Förderung geht mit allen Rechten und Pflichten auf die ausgleichsberechtigte Person über. [2]Eine schädliche Verwendung liegt ebenfalls nicht vor, wenn gefördertes Altersvorsorgevermögen auf Grund einer externen Teilung nach § 14 des Versorgungsausgleichsgesetzes auf die Versorgungsausgleichskasse oder die gesetzliche Rentenversicherung übertragen wird; die Rechte und Pflichten der ausgleichsberechtigten Person aus der steuerlichen Förderung des übertragenen Anteils entfallen. [3]In den Fällen der Sätze 1 und 2 teilt die zentrale Stelle der ausgleichspflichtigen Person die Höhe der auf die Ehezeit im Sinne des § 3 Absatz 1 des Versorgungsausgleichsgesetzes oder die Lebenspartnerschaftszeit im Sinne des § 20 Absatz 2 des Lebenspartnerschaftsgesetzes entfallenden gesondert festgestellten Beträge nach § 10a Absatz 4 und die ermittelten Zulagen mit. [4]Die entsprechenden Beträge sind monatsweise zuzuordnen. [5]Die zentrale Stelle teilt die geänderte Zuordnung der gesondert festgestellten Beträge nach § 10a Absatz 4 sowie der ermittelten Zulagen der ausgleichspflichtigen und in den Fällen des Satzes 1 auch der ausgleichsberechtigten Person durch Feststellungsbescheid mit. [6]Nach Eintritt der Unanfechtbarkeit dieses Feststellungsbescheids informiert die zentrale Stelle den Anbieter durch einen Datensatz über die geänderte Zuordnung.

(2) [1]Die Übertragung von gefördertem Altersvorsorgevermögen auf einen anderen auf den Namen des Zulageberechtigten lautenden Altersvorsorgevertrag (§ 1 Absatz 1 Satz 1 Nr. 10 Buchstabe b des Altersvorsorgeverträge-Zertifizierungsgesetzes) stellt keine schädliche Verwendung dar. [2]Dies gilt sinngemäß in den Fällen des § 4 Absatz 2 und 3 des Betriebsrentengesetzes, wenn das geförderte Altersvorsorgevermögen auf eine der in § 82 Absatz 2 Buchstabe a genannten Einrichtungen der betrieblichen Altersversorgung zum Aufbau einer kapitalgedeckten betrieblichen Altersversorgung übertragen und eine lebenslange Altersversorgung im Sinne des § 1 Absatz 1 Satz 1 Nummer 4 des Altersvorsorgeverträge-Zertifizierungsgesetzes oder § 1 Absatz 1 Satz 1 Nr. 4 und 5 des Altersvorsorgeverträge-Zertifizierungsgesetzes in der bis zum 31. Dezember 2004 geltenden Fassung vorgesehen wird. [3]In den übrigen Fällen der Abfindung von Anwartschaften der betrieblichen Altersversorgung gilt dies, soweit das geförderte Altersvorsorgevermögen zugunsten eines auf den Namen des Zulageberechtigten lautenden Altersvorsorgevertrages geleistet wird.

(3) [1]Auszahlungen zur Abfindung einer Kleinbetragsrente zu Beginn der Auszahlungsphase gelten nicht als schädliche Verwendung. [2]Eine Kleinbetragsrente ist eine Rente, die bei gleichmäßiger Verrentung des gesamten zu Beginn der Auszahlungsphase zur Verfügung stehenden Kapitals eine monatliche Rente ergibt, die 1 Prozent der monatlichen Bezugsgröße nach § 18 des Vierten Buches Sozialgesetzbuch nicht übersteigt. [3]Bei der Berechnung dieses Betrags sind alle bei einem Anbieter bestehenden Verträge des Zulageberechtigten insgesamt zu berücksichtigen, auf die nach diesem Abschnitt geförderte Altersvorsorgebeiträge geleistet wurden.

(4) [1]Wird bei einem einheitlichen Vertrag nach § 1 Absatz 1a Satz 1 Nummer 2 zweiter Halbsatz des Altersvorsorgeverträge-Zertifizierungsgesetzes das Darlehen nicht wohnungswirtschaftlich im Sinne des § 92a Absatz 1 Satz 1 verwendet, liegt zum Zeitpunkt der Darlehensauszahlung eine schädliche Verwendung des geförderten Altersvorsorgevermögens vor, es sei denn, das geförderte Altersvorsorgevermögen wird innerhalb eines Jahres nach Ablauf des Veranlagungszeitraums, in dem das Darlehen ausgezahlt wurde, auf einen anderen zertifizierten Altersvorsorgevertrag übertragen, der auf den Namen des Zulageberechtigten lautet. [2]Der Zulageberechtigte hat dem Anbieter die Absicht zur Kapitalübertragung, den Zeitpunkt der Kapitalübertragung bis zum Zeitpunkt der Darlehensauszahlung und die Aufgabe der Absicht zur Kapitalübertragung mitzuteilen. [3]Wird die Absicht zur Kapitalübertragung aufgegeben, tritt die schädliche Verwendung zu dem Zeitpunkt ein, zu dem die Mitteilung des Zulageberechtigten hierzu beim Anbieter eingeht, spätestens aber am 1. Januar des zweiten Jahres nach dem Jahr, in dem das Darlehen ausgezahlt.

§ 94 Verfahren bei schädlicher Verwendung

EStG
S 2497

(1) [1]In den Fällen des § 93 Absatz 1 hat der Anbieter der zentralen Stelle vor der Auszahlung des geförderten Altersvorsorgevermögens die schädliche Verwendung nach amtlich vorgeschriebenem Datensatz durch amtlich bestimmte Datenfernübertragung anzuzeigen. [2]Die zentrale Stelle ermittelt den Rückzahlungsbetrag und teilt diesen dem Anbieter durch Datensatz mit. [3]Der Anbieter hat den Rückzahlungsbetrag einzubehalten, mit der nächsten Anmeldung nach § 90 Absatz 3 anzumelden und an die zentrale Stelle abzuführen. [4]Der Anbieter hat die einbehaltenen und abgeführten Beträge der zentralen Stelle nach amtlich vorgeschriebenem Datensatz durch amtlich bestimmte Datenfernübertragung mitzuteilen und diese Beträge sowie die dem Vertrag bis zur schädlichen Verwendung gutgeschriebenen Erträge dem Zulageberechtigten zu bescheinigen. [5]In den Fällen des § 93 Absatz 3 gilt Satz 1 entsprechend.

(2) [1]Eine Festsetzung des Rückzahlungsbetrags erfolgt durch die zentrale Stelle auf besonderen Antrag des Zulageberechtigten oder sofern die Rückzahlung nach Absatz 1 ganz oder teilweise nicht möglich oder nicht erfolgt ist. [2]§ 90 Absatz 4 Satz 2 bis 6 gilt entsprechend; § 90 Absatz 4 Satz 5 gilt nicht, wenn die Geschäftsbeziehung im Hinblick auf den jeweiligen Altersvorsorgevertrag zwischen dem Zulageberechtigten und dem Anbieter beendet wurde. [3]Im Rückforderungsbescheid sind auf den Rückzahlungsbetrag die vom Anbieter bereits einbehaltenen und abgeführten Beträge nach Maßgabe der Bescheinigung nach Absatz 1 Satz 4 anzurechnen. [4]Der Zulageberechtigte hat den verbleibenden Rückzahlungsbetrag innerhalb eines Monats nach Bekanntgabe des Rückforderungsbescheids an die zuständige Kasse zu entrichten.

[5]Die Frist für die Festsetzung des Rückzahlungsbetrags beträgt vier Jahre und beginnt mit Ablauf des Kalenderjahres, in dem die Auszahlung im Sinne des § 93 Absatz 1 erfolgt ist.

EStG

§ 95 Sonderfälle der Rückzahlung

S 2498

(1) Die §§ 93 und 94 gelten entsprechend, wenn

1. sich der Wohnsitz oder gewöhnliche Aufenthalt des Zulageberechtigten außerhalb der Mitgliedstaaten der Europäischen Union und der Staaten befindet, auf die das Abkommen über den Europäischen Wirtschaftsraum (EWR-Abkommen) anwendbar ist, oder wenn der Zulageberechtigte ungeachtet eines Wohnsitzes oder gewöhnlichen Aufenthaltes in einem dieser Staaten nach einem Abkommen zur Vermeidung der Doppelbesteuerung mit einem dritten Staat als außerhalb des Hoheitsgebiets dieser Staaten ansässig gilt und

2. entweder keine Zulageberechtigung besteht oder der Vertrag in der Auszahlungsphase ist.

(2) [1]Auf Antrag des Zulageberechtigten ist der Rückzahlungsbetrag im Sinne des § 93 Absatz 1 Satz 1 zunächst bis zum Beginn der Auszahlung zu stunden. [2]Die Stundung ist zu verlängern, wenn der Rückzahlungsbetrag mit mindestens 15 Prozent der Leistungen aus dem Vertrag getilgt wird. [3]Die Stundung endet, wenn das geförderte Altersvorsorgevermögen nicht unter den in § 1 Absatz 1 Satz 1 Nummer 4 des Altersvorsorgeverträge-Zertifizierungsgesetzes genannten Voraussetzungen an den Zulageberechtigten ausgezahlt wird. [4]Der Stundungsantrag ist über den Anbieter an die zentrale Stelle zu richten. [5]Die zentrale Stelle teilt ihre Entscheidung auch dem Anbieter mit.

(3) Wurde der Rückzahlungsbetrag nach Absatz 2 gestundet und

1. verlegt der ehemals Zulageberechtigte seinen ausschließlichen Wohnsitz oder gewöhnlichen Aufenthalt in einen Mitgliedstaat der Europäischen Union oder einen Staat, auf den das Abkommen über den Europäischen Wirtschaftsraum (EWR-Abkommen) anwendbar ist, oder

2. wird der ehemals Zulageberechtigte erneut zulageberechtigt,

sind der Rückzahlungsbetrag und die bereits entstandenen Stundungszinsen von der zentralen Stelle zu erlassen.

EStG

§ 96 Anwendung der Abgabenordnung, allgemeine Vorschriften

S 2499

(1) [1]Auf die Zulagen und die Rückzahlungsbeträge sind die für Steuervergütungen geltenden Vorschriften der Abgabenordnung entsprechend anzuwenden. [2]Dies gilt nicht für § 163 der Abgabenordnung.

(2) [1]Der Anbieter haftet als Gesamtschuldner neben dem Zulageempfänger für die Zulagen und die nach § 10a Absatz 4 gesondert festgestellten Beträge, die wegen seiner vorsätzlichen oder grob fahrlässigen Pflichtverletzung zu Unrecht gezahlt, nicht einbehalten oder nicht zurückgezahlt worden sind. [2]Für die Inanspruchnahme des Anbieters ist die zentrale Stelle zuständig.

(3) Die zentrale Stelle hat auf Anfrage des Anbieters Auskunft über die Anwendung des Abschnitts XI zu geben.

(4) [1]Die zentrale Stelle kann beim Anbieter ermitteln, ob er seine Pflichten erfüllt hat. [2]Die §§ 193 bis 203 der Abgabenordnung gelten sinngemäß. [3]Auf Verlangen der zentralen Stelle hat der Anbieter ihr Unterlagen, soweit sie im Ausland geführt und aufbewahrt werden, verfügbar zu machen.

(5) Der Anbieter erhält vom Bund oder den Ländern keinen Ersatz für die ihm aus diesem Verfahren entstehenden Kosten.

(6) [1]Der Anbieter darf die im Zulageverfahren bekannt gewordenen Verhältnisse der Beteiligten nur für das Verfahren verwerten. [2]Er darf sie ohne Zustimmung der Beteiligten nur offenbaren, soweit dies gesetzlich zugelassen ist.

(7) [1]Für die Zulage gelten die Strafvorschriften des § 370 Absatz 1 bis 4, der §§ 371, 375 Absatz 1 und des § 376 sowie die Bußgeldvorschriften der §§ 378, 379 Absatz 1 und 4 und der §§ 383 und 384 der Abgabenordnung entsprechend. [2]Für das Strafverfahren wegen einer Straftat nach Satz 1 sowie der Begünstigung einer Person, die eine solche Tat begangen hat, gelten die §§ 385 bis 408, für das Bußgeldverfahren wegen einer Ordnungswidrigkeit nach Satz 1 die §§ 409 bis 412 der Abgabenordnung entsprechend.

§ 97 Übertragbarkeit

EStG

[1]Das nach § 10a oder Abschnitt XI geförderte Altersvorsorgevermögen einschließlich seiner Erträge, die geförderten laufenden Altersvorsorgebeiträge und der Anspruch auf die Zulage sind nicht übertragbar. [2]§ 93 Absatz 1a und § 4 des Betriebsrentengesetzes bleiben unberührt. S 2499

§ 98 Rechtsweg

EStG

In öffentlich-rechtlichen Streitigkeiten über die auf Grund des Abschnitts XI ergehenden Verwaltungsakte ist der Finanzrechtsweg gegeben. S 2499

§ 99 Ermächtigung

EStG

(1) Das Bundesministerium der Finanzen wird ermächtigt, die Vordrucke für die Anträge nach§ 89, für die Anmeldung nach § 90 Absatz 3 und für die in den §§ 92 und 94 Absatz 1 Satz 4 vorgesehenen Bescheinigungen und im Einvernehmen mit den obersten Finanzbehörden der Länder den Vordruck für die nach § 22 Nummer 5 Satz 7 vorgesehene Bescheinigung und den Inhalt und Aufbau der für die Durchführung des Zulageverfahrens zu übermittelnden Datensätze zu bestimmen. S 2499

(2) [1]Das Bundesministerium der Finanzen wird ermächtigt, im Einvernehmen mit dem Bundesministerium für Arbeit und Soziales und dem Bundesministerium des Innern durch Rechtsverordnung mit Zustimmung des Bundesrates Vorschriften zur Durchführung dieses Gesetzes über das Verfahren für die Ermittlung, Festsetzung, Auszahlung, Rückzahlung und Rückforderung der Zulage sowie die Rückzahlung und Rückforderung der nach § 10a Absatz 4 festgestellten Beträge zu erlassen. [2]Hierzu gehören insbesondere

1. **Vorschriften über Aufzeichnungs-, Aufbewahrungs-, Bescheinigungs- und Anzeigepflichten des Anbieters,**
2. **Grundsätze des vorgesehenen Datenaustausches zwischen den Anbietern, der zentralen Stelle, den Trägern der gesetzlichen Rentenversicherung, der Bundesagentur für Arbeit, den Meldebehörden, den Familienkassen, den zuständigen Stellen und den Finanzämtern und**
3. **Vorschriften über Mitteilungspflichten, die für die Erteilung der Bescheinigungen nach § 22 Nummer 5 Satz 7 und § 92 erforderlich sind.**

Anlage 1 zum Einkommensteuergesetz
(zu § 4d Absatz 1)

Tabelle für die Errechnung des Deckungskapitals für lebenslänglich laufende Leistungen von Unterstützungskassen

Erreichtes Alter des Leistungsempfängers (Jahre)	Die Jahresbeträge der laufenden Leistungen sind zu vervielfachen bei Leistungen	
	an männliche Leistungsempfänger mit	an weibliche Leistungsempfänger mit
1	2	3
bis 26	11	17
27 bis 29	12	17
30	13	17
31 bis 35	13	16
36 bis 39	14	16
40 bis 46	14	15
47 und 48	14	14
49 bis 52	13	14
53 bis 56	13	13
57 und 58	13	12
59 und 60	12	12
61 bis 63	12	11
64	11	11
65 bis 67	11	10
68 bis 71	10	9
72 bis 74	9	8
75 bis 77	8	7
78	8	6
79 bis 81	7	6
82 bis 84	6	5
85 bis 87	5	4
88	4	4
89 und 90	4	3
91 bis 93	3	3
94	3	2
95 und älter	2	2

Anlage 1a zum Einkommensteuergesetz[1)]
(zu § 13a)

Ermittlung des Gewinns aus Land- und Forstwirtschaft nach Durchschnittssätzen

Für ein Wirtschaftsjahr betragen

1. der Grundbetrag und die Zuschläge für Tierzucht und Tierhaltung der landwirtschaftlichen Nutzung (§ 13a Absatz 4):

Gewinn pro Hektar selbst bewirtschafteter Fläche	350 EUR
bei Tierbeständen für die ersten 25 Vieheinheiten	0 EUR/Vieheinheit
bei Tierbeständen für alle weiteren Vieheinheiten	300 EUR/Vieheinheit

   Angefangene Hektar und Vieheinheiten sind anteilig zu berücksichtigen.

2. die Grenzen und Gewinne der Sondernutzungen (§ 13a Absatz 6):

Nutzung	Grenze	Grenze
1	2	3
Weinbauliche Nutzung	0,66 ha	0,16 ha
Nutzungsteil Obstbau	1,37 ha	0,34 ha
Nutzungsteil Gemüsebau		
Freilandgemüse	0,67 ha	0,06 ha
Unterglas Gemüse	0,17 ha	0,015 ha
Nutzungsteil Blumen/Zierpflanzenbau		
Freiland Zierpflanzen	0,23 ha	0,05 ha
Unterglas Zierpflanzen	0,04 ha	0,01 ha
Nutzungsteil Baumschulen	0,15 ha	0,04 ha
Sondernutzung Spargel	0,42 ha	0,1ha
Sondernutzung Hopfen	0,78 ha	0,19 ha
Binnenfischerei	2 000 kg Jahresfang	500 kg Jahresfang
Teichwirtschaft	1,6 ha	0,4 ha
Fischzucht	0,2 ha	0,05 ha
Imkerei	70 Völker	30 Völker
Wanderschäfereien	120 Mutterschafe	30 Mutterschafe
Weihnachtsbaumkulturen	0,4 ha	0,1 ha

3. in den Fällen des § 13a Absatz 7 Satz 1 Nummer 3 die Betriebsausgaben 60 Prozent der Betriebseinnahmen.

1) Anlage 1a zu § 13a EStG wurde durch das Gesetz zur Anpassung der Abgabenordnung an den Zollkodex der Union und zur Änderung weiterer steuerlicher Vorschriften neu gefasst. § 13a EStG in der am 31. 12. 2014 geltenden Fassung ist letztmals für das Wj. anzuwenden, das vor dem 31. 12. 2015 endet. § 13a EStG in der am 1. 1. 2015 geltenden Fassung ist erstmals für das Wj. anzuwenden, das nach dem 30. 12. 2015 endet. Die Bindungsfrist auf Grund des § 13a Abs. 2 Satz 1 EStG in der am 31. 12. 2014 geltenden Fassung bleibt bestehen → § 52 Abs. 22a EStG.

B.
Anhänge

Übersicht

I.
Altersteilzeitgesetz
(Art. 1 des Gesetzes zur Förderung eines gleitenden Übergangs in den Ruhestand)

vom 23. 7. 1996 (BGBl. I S. 1078), zuletzt geändert durch ***Artikel 6 des Gesetzes zur Durchführung des Haager Übereinkommens vom 30. 6. 2005 über Gerichtsstandsvereinbarungen sowie zur Änderung des Rechtspflegergesetzes, des Gerichts- und Notarkostengesetzes, des Altersteilzeitgesetzes und des Dritten Buches Sozialgesetzbuch vom 10. 12. 2014 (BGBl. I S. 2082)***

§ 1 Grundsatz

(1) Durch Altersteilzeitarbeit soll älteren Arbeitnehmern ein gleitender Übergang vom Erwerbsleben in die Altersrente ermöglicht werden.

(2) Die Bundesagentur für Arbeit (Bundesagentur) fördert durch Leistungen nach diesem Gesetz die Teilzeitarbeit älterer Arbeitnehmer, die ihre Arbeitszeit ab Vollendung des 55. Lebensjahres spätestens ab 31. Dezember 2009 vermindern und damit die Einstellung eines sonst arbeitslosen Arbeitnehmers ermöglichen.

(3) Altersteilzeit im Sinne dieses Gesetzes liegt unabhängig von einer Förderung durch die Bundesagentur auch vor bei einer Teilzeitarbeit älterer Arbeitnehmer, die ihre Arbeitszeit ab Vollendung des 55. Lebensjahres nach dem 31. Dezember 2009 vermindern. Für die Anwendung des § 3 Nr. 28 des Einkommensteuergesetzes kommt es nicht darauf an, dass die Altersteilzeit vor dem 1. Januar 2010 begonnen wurde und durch die Bundesagentur nach § 4 gefördert wird.

§ 2 Begünstigter Personenkreis

(1) Leistungen werden für Arbeitnehmer gewährt, die

1. das 55. Lebensjahr vollendet haben,
2. nach dem 14. Februar 1996 auf Grund einer Vereinbarung mit ihrem Arbeitgeber, die sich zumindest auf die Zeit erstrecken muß, bis eine Rente wegen Alters beansprucht werden kann, ihre Arbeitszeit auf die Hälfte der bisherigen wöchentlichen Arbeitszeit vermindert haben, und versicherungspflichtig beschäftigt im Sinne des Dritten Buches Sozialgesetzbuch sind (Altersteilzeitarbeit) und
3. innerhalb der letzten fünf Jahre vor Beginn der Altersteilzeitarbeit mindestens 1080 Kalendertage in einer versicherungspflichtigen Beschäftigung nach dem Dritten Buch Sozialgesetzbuch oder nach den Vorschriften eines Mitgliedstaates, der Europäischen Union, eines Vertragsstaates des Abkommens über den Europäischen Wirtschaftsraum oder der Schweiz, gestanden haben. Zeiten mit Anspruch auf Arbeitslosengeld oder Arbeitslosenhilfe, Zeiten des Bezugs von Arbeitslosengeld II sowie Zeiten, in denen Versicherungspflicht nach § 26 Abs. 2 des Dritten Buches Sozialgesetzbuch bestand, stehen der versicherungspflichtigen Beschäftigung gleich.

(2) Sieht die Vereinbarung über die Altersteilzeitarbeit unterschiedliche wöchentliche Arbeitszeiten oder eine unterschiedliche Verteilung der wöchentlichen Arbeitszeit vor, ist die Voraussetzung nach Absatz 1 Nr. 2 auch erfüllt, wenn

1. die wöchentliche Arbeitszeit im Durchschnitt eines Zeitraums von bis zu drei Jahren oder bei Regelung in einem Tarifvertrag, auf Grund eines Tarifvertrages in einer Betriebsvereinbarung oder in einer Regelung der Kirchen und der öffentlich-rechtlichen Religionsgesellschaften im Durchschnitt eines Zeitraums von bis zu sechs Jahren die Hälfte der bisherigen wöchentlichen Arbeitszeit nicht überschreitet und der Arbeitnehmer versicherungspflichtig beschäftigt im Sinne des Dritten Buches Sozialgesetzbuch ist und
2. das Arbeitsentgelt für die Altersteilzeitarbeit sowie der Aufstockungsbetrag nach § 3 Abs. 1 Nr. 1 Buchstabe a fortlaufend gezahlt werden.

Im Geltungsbereich eines Tarifvertrages nach Satz 1 Nr. 1 kann die tarifvertragliche Regelung im Betrieb eines nicht tarifgebundenen Arbeitgebers durch Betriebsvereinbarung oder, wenn ein Betriebsrat nicht besteht, durch schriftliche Vereinbarung zwischen dem Arbeitgeber und dem Arbeitnehmer übernommen werden. Können auf Grund eines solchen Tarifvertrages abweichende Regelungen in einer Betriebsvereinbarung getroffen werden, kann auch in Betrieben eines nicht tarifgebundenen Arbeitgebers davon Gebrauch gemacht werden. Satz 1 Nr. 1, 2. Alternative gilt entsprechend. In einem Bereich, in dem tarifvertragliche Regelungen zur Verteilung der Arbeitszeit nicht getroffen sind oder üblicherweise nicht getroffen werden, kann eine Regelung im Sinne des Satzes 1 Nr. 1, 2. Alternative auch durch Betriebsvereinbarung oder, wenn ein Betriebsrat nicht besteht, durch schriftliche Vereinbarung zwischen Arbeitgeber und Arbeitnehmer getroffen werden.

(3) Sieht die Vereinbarung über die Altersteilzeitarbeit unterschiedliche wöchentliche Arbeitszeiten oder eine unterschiedliche Verteilung der wöchentlichen Arbeitszeit über einen Zeitraum von mehr als sechs Jahren vor, ist die Voraussetzung nach Absatz 1 Nr. 2 auch erfüllt, wenn die wöchentliche Arbeitszeit im Durchschnitt eines Zeitraums von sechs Jahren, der innerhalb des Gesamtzeitraums der vereinbarten Altersteilzeitarbeit liegt, die Hälfte der bisherigen wöchentlichen Arbeitszeit nicht überschreitet, der Arbeitnehmer versicherungspflichtig beschäftigt im Sinne des Dritten Buches Sozialgesetzbuch ist und die weiteren Voraussetzungen des Absatzes 2 vorliegen. Die Leistungen nach § 3 Abs. 1 Nr. 1 sind nur in dem in Satz 1 genannten Zeitraum von sechs Jahren zu erbringen.

§ 3 Anspruchsvoraussetzungen

(1) Der Anspruch auf die Leistungen nach § 4 setzt voraus, daß

1. der Arbeitgeber auf Grund eines Tarifvertrages, einer Regelung der Kirchen und der öffentlich-rechtlichen Religionsgesellschaften, einer Betriebsvereinbarung oder einer Vereinbarung mit dem Arbeitnehmer
   a) das Regelarbeitsentgelt für die Altersteilzeit um mindestens 20 vom Hundert aufgestockt hat, wobei die Aufstockung auch weitere Entgeltbestandteile umfassen kann, und
   b) für den Arbeitnehmer zusätzlich Beiträge zur gesetzlichen Rentenversicherung mindestens in Höhe des Beitrags entrichtet hat, der auf 80 vom Hundert des Regelarbeitsentgelts für die Altersteilzeitarbeit, begrenzt auf den Unterschiedsbetrag zwischen 90 vom Hundert der monatlichen Beitragsbemessungsgrenze und dem Regelarbeitsentgelt, entfällt, höchstens bis zur Beitragsbemessungsgrenze, sowie
2. der Arbeitgeber aus Anlass des Übergangs des Arbeitnehmers in die Altersteilzeitarbeit
   a) einen bei einer Agentur für Arbeit arbeitslos gemeldeten Arbeitnehmer, einen Bezieher von Arbeitslosengeld II oder einen Arbeitnehmer nach Abschluss der Ausbildung auf dem freigemachten oder auf einem in diesem Zusammenhang durch Umsetzung freigewordenen Arbeitsplatz versicherungspflichtig im Sinne des Dritten Buches Sozialgesetzbuch beschäftigt; bei Arbeitgebern, die in der Regel nicht mehr als 50 Arbeitnehmer beschäftigen, wird unwiderleglich vermutet, dass der Arbeitnehmer auf dem freigemachten oder auf einem in diesem Zusammenhang durch Umsetzung frei gewordenen Arbeitsplatz beschäftigt wird, oder
   b) einen Auszubildenden versicherungspflichtig im Sinne des Dritten Buches Sozialgesetzbuch beschäftigt, wenn der Arbeitgeber in der Regel nicht mehr als 50 Arbeitnehmer beschäftigt und
3. die freie Entscheidung des Arbeitgebers bei einer über fünf vom Hundert der Arbeitnehmer des Betriebes hinausgehenden Inanspruchnahme sichergestellt ist oder eine Ausgleichskasse der Arbeitgeber oder eine gemeinsame Einrichtung der Tarifvertragsparteien besteht, wobei beide Voraussetzungen in Tarifverträgen verbunden werden können.

(1a) Die Voraussetzungen des Absatzes 1 Nr. 1 Buchstabe a sind auch erfüllt, wenn Bestandteile des Arbeitsentgelts, die für den Zeitraum der vereinbarten Altersteilzeitarbeit vermindert worden sind, bei der Aufstockung außer Betracht bleiben.

(2) Für die Zahlung der Beiträge nach Absatz 1 Nr. 1 Buchstabe b gelten die Bestimmungen des Sechsten Buches Sozialgesetzbuch über die Beitragszahlung aus dem Arbeitsentgelt.

(3) Hat der in Altersteilzeitarbeit beschäftigte Arbeitnehmer die Arbeitsleistung oder Teile der Arbeitsleistung im voraus erbracht, so ist die Voraussetzung nach Absatz 1 Nr. 2 bei Arbeitszeiten nach § 2 Abs. 2 und 3 erfüllt, wenn die Beschäftigung eines bei einer Agentur für Arbeit arbeitslos gemeldeten Arbeitnehmers oder eines Arbeitnehmers nach Abschluß der Ausbildung auf dem freigemachten oder durch Umsetzung freigewordenen Arbeitsplatz erst nach Erbringung der Arbeitsleistung erfolgt.

§ 4 Leistungen

(1) Die Bundesagentur erstattet dem Arbeitgeber für längstens sechs Jahre

1. den Aufstockungsbetrag nach § 3 Abs. 1 Nr. 1 Buchstabe a in Höhe von 20 vom Hundert des für die Altersteilzeitarbeit gezahlten Regelarbeitsentgelts und
2. den Betrag, der nach § 3 Abs. 1 Nr. 1 Buchstabe b in Höhe des Beitrags geleistet worden ist, der auf den Betrag entfällt, der sich aus 80 vom Hundert des Regelarbeitsentgeltes für die Altersteilzeitarbeit ergibt, jedoch höchstens des auf den Unterschiedsbetrag zwischen 90 vom Hundert der monatlichen Beitragsbemessungsgrenze und dem Regelarbeitsentgelt entfallenden Beitrages.

(2) Bei Arbeitnehmern, die nach § 6 Abs. 1 Satz 1 Nr. 1 oder § 231 Abs. 1 und 2 des Sechsten Buches Sozialgesetzbuch von der Versicherungspflicht befreit sind, werden Leistungen nach Absatz 1 auch erbracht, wenn die Voraussetzung des § 3 Abs. 1 Nr. 1 Buchstabe b nicht erfüllt ist. Dem Betrag nach Absatz 1 Nr. 2 stehen in diesem Fall vergleichbare Aufwendungen des Arbeitgebers bis zur Höhe des Beitrags gleich, den die Bundesagentur nach Absatz 1 Nr. 2 zu tragen hätte, wenn der Arbeitnehmer nicht von der Versicherungspflicht befreit wäre.

§ 5 Erlöschen und Ruhen des Anspruchs

(1) Der Anspruch auf die Leistungen nach § 4 erlischt

1. mit Ablauf des Kalendermonats, in dem der Arbeitnehmer die Altersteilzeitarbeit beendet hat,
2. mit Ablauf des Kalendermonats vor dem Kalendermonat, für den der Arbeitnehmer eine Rente wegen Alters oder, wenn er von der Versicherungspflicht in der gesetzlichen Rentenversicherung befreit ist, das 65. Lebensjahr vollendet hat oder eine der Rente vergleichbare Leistung einer Versicherungs- oder Versorgungseinrichtung oder eines Versicherungsunternehmens beanspruchen kann; dies gilt nicht für Renten, die vor dem für den Versicherten maßgebenden Rentenalter in Anspruch genommen werden können oder
3. mit Beginn des Kalendermonats, für den der Arbeitnehmer eine Rente wegen Alters, eine Knappschaftsausgleichsleistung, eine ähnliche Leistung öffentlich-rechtlicher Art oder, wenn er von der Versicherungspflicht in der gesetzlichen Rentenversicherung befreit ist, eine vergleichbare Leistung einer Versicherungs- oder Versorgungseinrichtung oder eines Versicherungsunternehmens bezieht.

(2) Der Anspruch auf die Leistungen besteht nicht, solange der Arbeitgeber auf dem freigemachten oder durch Umsetzung freigewordenen Arbeitsplatz keinen Arbeitnehmer mehr beschäftigt, der bei Beginn der Beschäftigung die Voraussetzungen des § 3 Abs. 1 Nr. 2 erfüllt hat. Dies gilt nicht, wenn der Arbeitsplatz mit einem Arbeitnehmer, der diese Voraussetzungen erfüllt, innerhalb von drei Monaten erneut wiederbesetzt wird oder der Arbeitgeber insgesamt für vier Jahre die Leistungen erhalten hat.

(3) Der Anspruch auf die Leistungen ruht während der Zeit, in der der Arbeitnehmer neben seiner Altersteilzeitarbeit Beschäftigungen oder selbständige Tätigkeiten ausübt, die die Geringfügigkeitsgrenze des § 8 des Vierten Buches Sozialgesetzbuch überschreiten oder auf Grund solcher Beschäftigungen eine Entgeltersatzleistung erhält. Der Anspruch auf die Leistungen erlischt, wenn er mindestens 150 Kalendertage geruht hat. Mehrere Ruhenszeiträume sind zusammenzurechnen. Beschäftigungen oder selbständige Tätigkeiten bleiben unberücksichtigt, soweit der altersteilzeitarbeitende Arbeitnehmer sie bereits innerhalb der letzten fünf Jahre vor Beginn der Altersteilzeitarbeit ständig ausgeübt hat.

(4) Der Anspruch auf die Leistungen ruht während der Zeit, in der der Arbeitnehmer über die Altersteilzeitarbeit hinaus Mehrarbeit leistet, die den Umfang der Geringfügigkeitsgrenze des § 8 des Vierten Buches Sozialgesetzbuch überschreitet. Absatz 3 Satz 2 und 3 gilt entsprechend.

(5) § 48 Abs. 1 Nr. 3 des Zehnten Buches Sozialgesetzbuch findet keine Anwendung.

§ 6 Begriffsbestimmungen

(1) Das Regelarbeitsentgelt für die Altersteilzeit im Sinne dieses Gesetzes ist das auf einen Monat entfallende vom Arbeitgeber regelmäßig zu zahlende sozialversicherungspflichtige Arbeitsentgelt, soweit es die Beitragsbemessungsgrenze des Dritten Buches Sozialgesetzbuch nicht überschreitet. Entgeltbestandteile, die nicht laufend gezahlt werden, sind nicht berücksichtigungsfähig.

(2) Als bisherige wöchentliche Arbeitszeit ist die wöchentliche Arbeitszeit zugrunde zu legen, die mit dem Arbeitnehmer vor dem Übergang in die Altersteilzeitarbeit vereinbart war. Zugrunde zu legen ist höchstens die Arbeitszeit, die im Durchschnitt der letzten 24 Monate vor dem Über-

gang in die Altersteilzeit vereinbart war. Die ermittelte durchschnittliche Arbeitszeit kann auf die nächste volle Stunde gerundet werden.

(3) (weggefallen)

§ 7 Berechnungsvorschriften

(1) Ein Arbeitgeber beschäftigt in der Regel nicht mehr als 50 Arbeitnehmer, wenn er in dem Kalenderjahr, das demjenigen, für das die Feststellung zu treffen ist, vorausgegangen ist, für einen Zeitraum von mindestens acht Kalendermonaten nicht mehr als 50 Arbeitnehmer beschäftigt hat. Hat das Unternehmen nicht während des ganzen nach Satz 1 maßgebenden Kalenderjahrs bestanden, so beschäftigt der Arbeitgeber in der Regel nicht mehr als 50 Arbeitnehmer, wenn er während des Zeitraums des Bestehens des Unternehmens in der überwiegenden Zahl der Kalendermonate nicht mehr als 50 Arbeitnehmer beschäftigt hat. Ist das Unternehmen im Laufe des Kalenderjahrs errichtet worden, in dem die Feststellung nach Satz 1 zu treffen ist, so beschäftigt der Arbeitgeber in der Regel nicht mehr als 50 Arbeitnehmer, wenn nach der Art des Unternehmens anzunehmen ist, dass die Zahl der beschäftigten Arbeitnehmer während der überwiegenden Kalendermonate dieses Kalenderjahrs 50 nicht überschreiten wird.

(2) Für die Berechnung der Zahl der Arbeitnehmer nach § 3 Abs. 1 Nr. 3 ist der Durchschnitt der letzten zwölf Kalendermonate vor dem Beginn der Altersteilzeitarbeit des Arbeitnehmers maßgebend. Hat ein Betrieb noch nicht zwölf Monate bestanden, ist der Durchschnitt der Kalendermonate während des Zeitraums des Bestehens des Betriebes maßgebend.

(3) Bei der Feststellung der Zahl der beschäftigten Arbeitnehmer nach Absatz 1 und 2 bleiben schwerbehinderte Menschen und Gleichgestellte im Sinne des Neunten Buches Sozialgesetzbuch sowie Auszubildende außer Ansatz. Teilzeitbeschäftigte Arbeitnehmer mit einer regelmäßigen wöchentlichen Arbeitszeit von nicht mehr als 20 Stunden sind mit 0,5 und mit einer regelmäßigen wöchentlichen Arbeitszeit von nicht mehr als 30 Stunden mit 0,75 zu berücksichtigen.

(4) Bei der Ermittlung der Zahl der in Altersteilzeit beschäftigten Arbeitnehmer nach § 3 Abs. 1 Nr. 3 sind schwerbehinderte Menschen und Gleichgestellte im Sinne des Neunten Buches Sozialgesetzbuch zu berücksichtigen.

§ 8 Arbeitsrechtliche Regelungen

(1) Die Möglichkeit eines Arbeitnehmers zur Inanspruchnahme von Altersteilzeitarbeit gilt nicht als eine die Kündigung des Arbeitsverhältnisses durch den Arbeitgeber begründende Tatsache im Sinne des § 1 Abs. 2 Satz 1 des Kündigungsschutzgesetzes; sie kann auch nicht bei der sozialen Auswahl nach § 1 Abs. 3 Satz 1 des Kündigungsschutzgesetzes zum Nachteil des Arbeitnehmers berücksichtigt werden.

(2) Die Verpflichtung des Arbeitgebers zur Zahlung von Leistungen nach § 3 Abs. 1 Nr. 1 kann nicht für den Fall ausgeschlossen werden, daß der Anspruch des Arbeitgebers auf die Leistungen nach § 4 nicht besteht, weil die Voraussetzung des § 3 Abs. 1 Nr. 2 nicht vorliegt. Das gleiche gilt für den Fall, daß der Arbeitgeber die Leistungen nur deshalb nicht erhält, weil er den Antrag nach § 12 nicht, nicht richtig, nicht vollständig oder nicht rechtzeitig gestellt hat oder seinen Mitwirkungspflichten nicht nachgekommen ist, ohne daß dafür eine Verletzung der Mitwirkungspflichten des Arbeitnehmers ursächlich war.

(3) Eine Vereinbarung zwischen Arbeitnehmer und Arbeitgeber über die Altersteilzeitarbeit, die die Beendigung des Arbeitsverhältnisses ohne Kündigung zu einem Zeitpunkt vorsieht, in dem der Arbeitnehmer Anspruch auf eine Rente wegen Alters hat, ist zulässig.

§ 8a Insolvenzsicherung

(1) Führt eine Vereinbarung über die Altersteilzeitarbeit im Sinne von § 2 Abs. 2 zum Aufbau eines Wertguthabens, das den Betrag des Dreifachen des Regelarbeitsentgelts nach § 6 Abs. 1 einschließlich des darauf entfallenden Arbeitgeberanteils am Gesamtsozialversicherungsbeitrag übersteigt, ist der Arbeitgeber verpflichtet, das Wertguthaben einschließlich des darauf entfallenden Arbeitgeberanteils am Gesamtsozialversicherungsbeitrag mit der ersten Gutschrift in geeigneter Weise gegen das Risiko seiner Zahlungsunfähigkeit abzusichern. § 7e des Vierten Buches Sozialgesetzbuch findet keine Anwendung. Bilanzielle Rückstellungen sowie zwischen Konzernunternehmen (§ 18 Aktiengesetz) begründete Einstandspflichten, insbesondere *Bürgschaften, Patronatserklärungen* oder Schuldbeitritte, gelten nicht als geeignete Sicherungsmittel im Sinne des Satzes 1.

(2) Bei der Ermittlung der Höhe des zu sichernden Wertguthabens ist eine Anrechnung der Leistungen nach § 3 Abs. 1 Nr. 1 Buchstabe a und b und § 4 Abs. 2 sowie der Zahlungen des Arbeitgebers zur Übernahme der Beiträge im Sinne des § 187a des Sechsten Buches Sozialgesetzbuch unzulässig.

(3) Der Arbeitgeber hat dem Arbeitnehmer die zur Sicherung des Wertguthabens ergriffenen Maßnahmen mit der ersten Gutschrift und danach alle sechs Monate in Textform nachzuweisen. Die Betriebsparteien können eine andere gleichwertige Art und Form des Nachweises vereinbaren; Absatz 4 bleibt hiervon unberührt.

(4) Kommt der Arbeitgeber seiner Verpflichtung nach Absatz 3 nicht nach oder sind die nachgewiesenen Maßnahmen nicht geeignet und weist er auf schriftliche Aufforderung des Arbeitnehmers nicht innerhalb eines Monats eine geeignete Insolvenzsicherung des bestehenden Wertguthabens in Textform nach, kann der Arbeitnehmer verlangen, dass Sicherheit in Höhe des bestehenden Wertguthabens geleistet wird. Die Sicherheitsleistung kann nur erfolgen durch Stellung eines tauglichen Bürgen oder Hinterlegung von Geld oder solchen Wertpapieren, die nach § 234 Abs. 1 und 3 des Bürgerlichen Gesetzbuchs zur Sicherheitsleistung geeignet sind. Die Vorschriften der §§ 233, 234 Abs. 2, §§ 235 und 239 des Bürgerlichen Gesetzbuchs sind entsprechend anzuwenden.

(5) Vereinbarungen über den Insolvenzschutz, die zum Nachteil des in Altersteilzeitarbeit beschäftigten Arbeitnehmers von den Bestimmungen dieser Vorschrift abweichen, sind unwirksam.

(6) Die Absätze 1 bis 5 finden keine Anwendung gegenüber dem Bund, den Ländern, den Gemeinden, Körperschaften, Stiftungen und Anstalten des öffentlichen Rechts, über deren Vermögen die Eröffnung eines Insolvenzverfahrens nicht zulässig ist sowie solchen juristischen Personen des öffentlichen Rechts, bei denen der Bund, ein Land oder eine Gemeinde kraft Gesetzes die Zahlungsfähigkeit sichert.

§ 9 Ausgleichskassen, gemeinsame Einrichtungen

(1) Werden die Leistungen nach § 3 Abs. 1 Nr. 1 auf Grund eines Tarifvertrages von einer Ausgleichskasse der Arbeitgeber erbracht oder dem Arbeitgeber erstattet, gewährt die Bundesagentur auf Antrag der Tarifvertragsparteien die Leistungen nach § 4 der Ausgleichskasse.

(2) Für gemeinsame Einrichtungen der Tarifvertragsparteien gilt Absatz 1 entsprechend.

§ 10 Soziale Sicherung des Arbeitnehmers

(1) Beansprucht ein Arbeitnehmer, der Altersteilzeitarbeit (§ 2) geleistet hat und für den der Arbeitgeber Leistungen nach § 3 Abs. 1 Nr. 1 erbracht hat, Arbeitslosengeld oder Arbeitslosenhilfe, erhöht sich das Bemessungsentgelt, das sich nach den Vorschriften des Dritten Buches Sozialgesetzbuch ergibt, bis zu dem Betrag, der als Bemessungsentgelt zugrunde zu legen wäre, wenn der Arbeitnehmer seine Arbeitszeit nicht im Rahmen der Altersteilzeit vermindert hätte. Kann der Arbeitnehmer eine Rente wegen Alters in Anspruch nehmen, ist von dem Tage an, an dem die Rente erstmals beansprucht werden kann, das Bemessungsentgelt maßgebend, das ohne die Erhöhung nach Satz 1 zugrunde zu legen gewesen wäre. Änderungsbescheide werden mit dem Tag wirksam, an dem die Altersrente erstmals beansprucht werden konnte.

(2) Bezieht ein Arbeitnehmer, für den die Bundesagentur Leistungen nach § 4 erbracht hat, Krankengeld, Versorgungskrankengeld, Verletztengeld oder Übergangsgeld und liegt der Bemessung dieser Leistungen ausschließlich die Altersteilzeit zugrunde, oder bezieht der Arbeitnehmer Krankentagegeld von einem privaten Krankenversicherungsunternehmen erbringt die Bundesagentur anstelle des Arbeitgebers die Leistungen nach § 3 Abs. 1 Nr. 1 in Höhe der Erstattungsleistungen nach § 4. Durch die Leistungen darf der Höchstförderzeitraum nach § 4 Abs. 1 nicht überschritten werden. Satz 1 gilt soweit und solange nicht, als Leistungen nach § 3 Abs. 1 Nr. 1 vom Arbeitgeber erbracht werden. § 5 Abs. 1 gilt entsprechend.

(3) Absatz 2 gilt entsprechend für Arbeitnehmer, die nur wegen Inanspruchnahme der Altersteilzeit nach § 2 Abs. 1 Nr. 1 und 2 des Zweiten Gesetzes über die Krankenversicherung der Landwirte versicherungspflichtig in der Krankenversicherung der Landwirte sind, soweit und solange ihnen Krankengeld gezahlt worden wäre, falls sie nicht Mitglied der landwirtschaftlichen Krankenkasse geworden wären.

(4) Bezieht der Arbeitnehmer Kurzarbeitergeld, gilt für die Berechnung der Leistungen des § 3 Abs. 1 Nr. 1 und des § 4 das Entgelt für die vereinbarte Arbeitszeit als Arbeitsentgelt für die Altersteilzeitarbeit.

(5) Sind für den Arbeitnehmer Aufstockungsleistungen nach § 3 Abs. 1 Nr. 1 Buchstaben a und b gezahlt worden, gilt in den Fällen der nicht zweckentsprechenden Verwendung von Wertguthaben für die Berechnung der Beiträge zur gesetzlichen Rentenversicherung der Unterschiedsbetrag zwischen dem Betrag, den der Arbeitgeber der Berechnung der Beiträge nach § 3 Abs. 1 Nr. 1 Buchstabe b zugrunde gelegt hat, und dem Doppelten des Regelarbeitsentgelts zum Zeitpunkt der nicht zweckentsprechenden Verwendung, höchstens bis zur Beitragsbemessungsgrenze, als beitragspflichtige Einnahme aus dem Wertguthaben; für die Beiträge zur Krankenver-

sicherung, Pflegeversicherung oder nach dem Recht der Arbeitsförderung gilt § 23b Abs. 2 bis 3 des Vierten Buches Sozialgesetzbuch. Im Falle der Zahlungsunfähigkeit des Arbeitgebers gilt Satz 1 entsprechend, soweit Beiträge gezahlt werden.

§ 11 Mitwirkungspflichten des Arbeitnehmers

(1) Der Arbeitnehmer hat Änderungen der ihn betreffenden Verhältnisse, die für die Leistungen nach § 4 erheblich sind, dem Arbeitgeber unverzüglich mitzuteilen. Werden im Fall des § 9 die Leistungen von der Ausgleichskasse der Arbeitgeber oder der gemeinsamen Einrichtung der Tarifvertragsparteien erbracht, hat der Arbeitnehmer Änderungen nach Satz 1 diesen gegenüber unverzüglich mitzuteilen.

(2) Der Arbeitnehmer hat der Bundesagentur die dem Arbeitgeber zu Unrecht gezahlten Leistungen zu erstatten, wenn der Arbeitnehmer die unrechtmäßige Zahlung dadurch bewirkt hat, daß er vorsätzlich oder grob fahrlässig

1. Angaben gemacht hat, die unrichtig oder unvollständig sind, oder
2. der Mitteilungspflicht nach Absatz 1 nicht nachgekommen ist.

Die zu erstattende Leistung ist durch schriftlichen Verwaltungsakt festzusetzen. Eine Erstattung durch den Arbeitgeber kommt insoweit nicht in Betracht.

§ 12 Verfahren

(1) Die Agentur für Arbeit entscheidet auf schriftlichen Antrag des Arbeitgebers, ob die Voraussetzungen für die Erbringung von Leistungen nach § 4 vorliegen. Der Antrag wirkt vom Zeitpunkt des Vorliegens der Anspruchsvoraussetzungen, wenn er innerhalb von drei Monaten nach deren Vorliegen gestellt wird, andernfalls wirkt er vom Beginn des Monats der Antragstellung. In den Fällen des § 3 Abs. 3 kann die Agentur für Arbeit auch vorab entscheiden, ob die Voraussetzungen des § 2 vorliegen. Mit dem Antrag sind die Namen, Anschriften und Versicherungsnummern der Arbeitnehmer mitzuteilen, für die Leistungen beantragt werden. Zuständig ist die Agentur für Arbeit, in dessen Bezirk der Betrieb liegt, in dem der Arbeitnehmer beschäftigt ist. Die Bundesagentur erklärt eine andere Agentur für Arbeit für zuständig, wenn der Arbeitgeber dafür ein berechtigtes Interesse glaubhaft macht.

(2) Die Höhe der Leistungen nach § 4 wird zu Beginn des Erstattungsverfahrens in monatlichen Festbeträgen für die gesamte Förderdauer festgelegt. Die monatlichen Festbeträge werden nur angepasst, wenn sich das berücksichtigungsfähige Regelarbeitsentgelt um mindestens zehn Euro verringert. Leistungen nach § 4 werden auf Antrag erbracht und nachträglich jeweils für den Kalendermonat ausgezahlt, in dem die Anspruchsvoraussetzungen vorgelegen haben. Leistungen nach § 10 Abs. 2 werden auf Antrag des Arbeitnehmers oder, im Falle einer Leistungserbringung des Arbeitgebers an den Arbeitnehmer gemäß § 10 Abs. 2 Satz 2, auf Antrag des Arbeitgebers monatlich nachträglich ausgezahlt.

(3) In den Fällen des § 3 Abs. 3 werden dem Arbeitgeber die Leistungen nach Absatz 1 erst von dem Zeitpunkt an ausgezahlt, in dem der Arbeitgeber auf dem freigemachten oder durch Umsetzung freigewordenen Arbeitsplatz einen Arbeitnehmer beschäftigt, der bei Beginn der Beschäftigung die Voraussetzungen des § 3 Abs. 1 Nr. 2 erfüllt hat. Endet die Altersteilzeitarbeit in den Fällen des § 3 Abs. 3 vorzeitig, erbringt die Agentur für Arbeit dem Arbeitgeber die Leistungen für zurückliegende Zeiträume nach Satz 3, solange die Voraussetzungen des § 3 Abs. 1 Nr. 2 erfüllt sind und soweit dem Arbeitgeber entsprechende Aufwendungen für Aufstockungsleistungen nach § 3 Abs. 1 Nr. 1 und § 4 Abs. 2 verblieben sind. Die Leistungen für zurückliegende Zeiten werden zusammen mit den laufenden Leistungen jeweils in monatlichen Teilbeträgen ausgezahlt. Die Höhe der Leistungen für zurückliegende Zeiten bestimmt sich nach der Höhe der laufenden Leistungen.

(4) Über die Erbringung von Leistungen kann die Agentur für Arbeit vorläufig entscheiden, wenn die Voraussetzungen für den Anspruch mit hinreichender Wahrscheinlichkeit vorliegen und zu ihrer Feststellung voraussichtlich längere Zeit erforderlich ist. Aufgrund der vorläufigen Entscheidung erbrachte Leistungen sind auf die zustehende Leistung anzurechnen. Sie sind zu erstatten, soweit mit der abschließenden Entscheidung ein Anspruch nicht oder nur in geringerer Höhe zuerkannt wird.

§ 13 Auskünfte und Prüfung

Die §§ 315 und 319 des Dritten Buches und das Zweite Kapitel des Zehnten Buches Sozialgesetzbuch gelten entsprechend. § 2 Abs. 1 Nr. 3 des Schwarzarbeitsbekämpfungsgesetzes bleibt unberührt.

§ 14 Bußgeldvorschriften

(1) Ordnungswidrig handelt, wer vorsätzlich oder fahrlässig

1. entgegen § 11 Abs. 1 oder als Arbeitgeber entgegen § 60 Abs. 1 Nr. 2 des Ersten Buches Sozialgesetzbuch eine Mitteilung nicht, nicht richtig, nicht vollständig oder nicht rechtzeitig macht,
2. entgegen § 13 Satz 1 in Verbindung mit § 315 Abs. 1, 2 Satz 1, Abs. 3 oder 5 Satz 1 und 2 des Dritten Buches Sozialgesetzbuch eine Auskunft nicht, nicht richtig, nicht vollständig oder nicht rechtzeitig erteilt,
3. entgegen § 13 Satz 1 in Verbindung mit § 319 Abs. 1 Satz 1 des Dritten Buches Sozialgesetzbuch Einsicht oder Zutritt nicht gewährt oder[1])
4. entgegen § 13 Satz 1 in Verbindung mit § 319 Abs. 2 Satz 1 des Dritten Buches Sozialgesetzbuch Daten nicht, nicht richtig, nicht vollständig, nicht in der vorgeschriebenen Weise oder nicht rechtzeitig zur Verfügung stellt.[1])

(2) Die Ordnungswidrigkeit kann in den Fällen des Absatzes 1 Nr. 4 mit einer Geldbuße bis zu dreißigtausend Euro, in den übrigen Fällen mit einer Geldbuße bis zu tausend Euro geahndet werden.

(3) Verwaltungsbehörden im Sinne des § 36 Abs. 1 Nr. 1 des Gesetzes über Ordnungswidrigkeiten sind die Agenturen für Arbeit.

(4) Die Geldbußen fließen in die Kasse der Bundesagentur. § 66 des Zehnten Buches Sozialgesetzbuch gilt entsprechend.

(5) Die notwendigen Auslagen trägt abweichend von § 105 Abs. 2 des Gesetzes über Ordnungswidrigkeiten die Bundesagentur; diese ist auch ersatzpflichtig im Sinne des § 110 Abs. 4 des Gesetzes über Ordnungswidrigkeiten.

§ 15 Verordnungsermächtigung

Das Bundesministerium für Arbeit und Soziales kann durch Rechtsverordnungen die Mindestnettobeträge nach § 3 Abs. 1 Nr. 1 Buchstabe a in der bis zum 30. Juni 2004 gültigen Fassung bestimmen. Die Vorschriften zum Leistungsentgelt des Dritten Buches Sozialgesetzbuch gelten entsprechend. Das bisherige Arbeitsentgelt im Sinne des § 6 Abs. 1 in der bis zum 30. Juni 2004 gültigen Fassung ist auf den nächsten durch fünf teilbaren Euro-Betrag zu runden. Der Kalendermonat ist mit 30 Tagen anzusetzen.

§ 15a Übergangsregelung nach dem Gesetz zur Reform der Arbeitsförderung

Haben die Voraussetzungen für die Erbringung von Leistungen nach § 4 vor dem 1. April 1997 vorgelegen, erbringt die Bundesagentur die Leistungen nach § 4 auch dann, wenn die Voraussetzungen des § 2 Abs. 1 Nr. 2 und Abs. 2 Nr. 1 in der bis zum 31. März 1997 geltenden Fassung vorliegen.

§ 15b Übergangsregelung nach dem Gesetz zur Reform der gesetzlichen Rentenversicherung

Abweichend von § 5 Abs. 1 Nr. 2 erlischt der Anspruch auf die Leistungen nach § 4 nicht, wenn mit der Altersteilzeit vor dem 1. Juli 1998 begonnen worden ist und Anspruch auf eine ungeminderte Rente wegen Alters besteht, weil 45 Jahre mit Pflichtbeiträgen für eine versicherte Beschäftigung oder Tätigkeit vorliegen.

§ 15c Übergangsregelung nach dem Gesetz zur Fortentwicklung der Altersteilzeit

Ist eine Vereinbarung über Altersteilzeitarbeit vor dem 1. Januar 2000 abgeschlossen worden, erbringt die Bundesagentur die Leistungen nach § 4 auch dann, wenn die Voraussetzungen des § 2 Abs. 1 Nr. 2 und 3 in der bis zum 1. Januar 2000 geltenden Fassung vorliegen.

§ 15d Übergangsregelung zum Zweiten Gesetz zur Fortentwicklung der Altersteilzeit

Ist eine Vereinbarung über Altersteilzeitarbeit vor dem 1. Juli 2000 abgeschlossen worden, gelten § 5 Abs. 2 Satz 2 und § 6 Abs. 2 Satz 2 in der bis zum 1. Juli 2000 geltenden Fassung. Sollen bei einer Vereinbarung nach Satz 1 Leistungen nach § 4 für einen Zeitraum von länger als fünf Jahren beansprucht werden, gilt § 5 Abs. 2 Satz 2 in der ab dem 1. Juli 2000 geltenden Fassung.

§ 15e Übergangsregelung nach dem Gesetz zur Reform der Renten wegen verminderter Erwerbsfähigkeit

Abweichend von § 5 Abs. 1 Nr. 2 erlischt der Anspruch auf die Leistungen nach § 4 nicht, wenn mit der Altersteilzeit vor dem 17. November 2000 begonnen worden ist und Anspruch auf eine ungeminderte Rente wegen Alters besteht, weil die Voraussetzungen nach § 236a Satz 5 Nr. 1 des Sechsten Buches Sozialgesetzbuch vorliegen.

§ 15f Übergangsregelung nach dem Zweiten Gesetz für moderne Dienstleistungen am Arbeitsmarkt

Wurde mit der Altersteilzeit vor dem 1. Januar 2003 begonnen, gelten Arbeitnehmer, die bis zu diesem Zeitpunkt in einer versicherungspflichtigen Beschäftigung nach dem Dritten Buch Sozialgesetzbuch gestanden haben, auch nach dem 1. Januar 2003 als versicherungspflichtig beschäftigt, wenn sie die bis zum 31. Dezember 2002 geltenden Voraussetzungen für das Vorliegen einer versicherungspflichtigen Beschäftigung weiterhin erfüllen.

§ 15g Übergangsregelung zum Dritten Gesetz für moderne Dienstleistungen am Arbeitsmarkt

Wurde mit der Altersteilzeit vor dem 1. Juli 2004 begonnen, sind die Vorschriften in der bis zum 30. Juni 2004 geltenden Fassung mit Ausnahme des § 15 weiterhin anzuwenden. Auf Antrag des Arbeitgebers erbringt die Bundesagentur abweichend von Satz 1 Leistungen nach § 4 in der ab dem 1. Juli 2004 geltenden Fassung, wenn die hierfür ab dem 1. Juli 2004 maßgebenden Voraussetzungen erfüllt sind.

§ 15h Übergangsregelung zum Gesetz über Leistungsverbesserungen in der gesetzlichen Rentenversicherung)

Abweichend von § 5 Absatz 1 Nummer 2 erlischt der Anspruch auf die Leistungen nach § 4 nicht, wenn mit der Altersteilzeit vor dem 1. Januar 2010 begonnen worden ist und die Voraussetzungen für einen Anspruch auf eine Rente für besonders langjährig Versicherte nach § 236b des Sechsten Buches Sozialgesetzbuch erfüllt sind.

§ 15i Übergangsregelung zum Gesetz zu Änderungen im Bereich der geringfügigen Beschäftigung[1]

Wurde mit der Altersteilzeit vor dem 1. Januar 2013 begonnen, gelten Arbeitnehmerinnen und Arbeitnehmer, die bis zu diesem Zeitpunkt in einer versicherungspflichtigen Beschäftigung nach dem Dritten Buch Sozialgesetzbuch gestanden haben, auch nach dem 31. Dezember 2012 als versicherungspflichtig beschäftigt, wenn sie die bis zum 31. Dezember 2012 geltenden Voraussetzungen für das Vorliegen einer versicherungspflichtigen Beschäftigung weiterhin erfüllen.

§ 16 Befristung der Förderungsfähigkeit

Für die Zeit ab dem 1. Januar 2010 sind Leistungen nach § 4 nur noch zu erbringen, wenn die Voraussetzungen des § 2 erstmals vor diesem Zeitpunkt vorgelegen haben.

II.
Verordnung über die Gewährung eines Zuschlags bei Altersteilzeit (Altersteilzeitzuschlagsverordnung – ATZV)

vom 23. 8. 2001 (BGBl. I S. 2239),
zuletzt geändert durch Artikel 15 Abs. 38 des Gesetzes zur Neuordnung und Modernisierung des Bundesdienstrechts (Dienstrechtsneuordnungsgesetz – DNeuG)
vom 5. 2. 2009 (BGBl. I S. 160)

§ 1 Gewährung eines Altersteilzeitzuschlags

Den in § 6 Abs. 2 des Bundesbesoldungsgesetzes genannten Beamten und Richtern wird ein nichtruhegehaltfähiger Altersteilzeitzuschlag gewährt, soweit die Altersteilzeit mindestens mit der Hälfte der bisherigen Arbeitszeit, die für die Bemessung der ermäßigten Arbeitszeit während der Altersteilzeit zugrunde gelegt worden ist, durchgeführt wird.

1) § 15i Altersteilzeitgesetz wurde durch das Gesetz zur Durchführung des Haager Übereinkommens vom 30. 6. 2005 über Gerichtsstandsvereinbarungen sowie zur Änderung des Rechtspflegergesetzes, des Gerichts- und Notarkostengesetzes, des Altersteilzeitgesetzes und des Dritten Buches Sozialgesetzbuch (Inkrafttreten 1. 1. 2015) eingefügt.

§ 2 Höhe und Berechnung

(1) Der Zuschlag wird gewährt in Höhe des Unterschiedsbetrages zwischen der Nettobesoldung, die sich aus dem Umfang der Teilzeitbeschäftigung ergibt, und 83 vom Hundert der Nettobesoldung, die nach der bisherigen Arbeitszeit, die für die Bemessung der ermäßigten Arbeitszeit während der Altersteilzeit zugrunde gelegt worden ist, bei Beamten mit begrenzter Dienstfähigkeit (§ 45 des Bundesbeamtengesetzes oder entsprechendes Landesrecht) unter Berücksichtigung des § 72a des Bundesbesoldungsgesetzes, zustehen würde. Zur Ermittlung dieser letztgenannten Nettobesoldung ist die Bruttobesoldung um die Lohnsteuer entsprechend der individuellen Steuerklasse (§§ 38a, 38b des Einkommensteuergesetzes), den Solidaritätszuschlag (§ 4 Satz 1 des Solidaritätszuschlaggesetzes 1995) und um einen Abzug in Höhe von 8 vom Hundert der Lohnsteuer zu vermindern; Freibeträge (§ 39a des Einkommensteuergesetzes) oder sonstige individuelle Merkmale bleiben unberücksichtigt.

(2) Brutto- und Nettobesoldung im Sinne des Absatzes 1 sind das Grundgehalt, der Familienzuschlag, Amtszulagen, Stellenzulagen, Zuschüsse zum Grundgehalt für Professoren an Hochschulen und die bei der Deutschen Bundesbank gewährte Bankzulage, Überleitungszulagen und Ausgleichszulagen, die wegen des Wegfalls oder der Verminderung solcher Bezüge zustehen, sowie die jährlichen Sonderzahlungen.

(3) Für Beamte im Geschäftsbereich des Bundesministeriums der Verteidigung, deren Dienstposten durch Auflösung oder Verkleinerung von Dienststellen oder durch eine wesentliche Änderung des Aufbaus oder der Aufgaben einer Dienststelle einschließlich der damit verbundenen Umgliederung oder Verlegung auf Grund der Neuausrichtung der Bundeswehr wegfallen, gelten die Absätze 1 bis 3 mit der Maßgabe, dass der Zuschlag auf der Grundlage von 88 vom Hundert der maßgebenden Nettobesoldung bemessen wird. Dies gilt entsprechend für Beamte, deren Dienstposten mit Beamten nach Satz 1 neu besetzt werden.

§ 2a Ausgleich bei vorzeitiger Beendigung der Altersteilzeit

Wenn die Altersteilzeit mit ungleichmäßiger Verteilung der Arbeitszeit (Blockmodell) vorzeitig endet und die insgesamt gezahlten Altersteilzeitbezüge geringer sind als die Besoldung, die nach der tatsächlichen Beschäftigung ohne Altersteilzeit zugestanden hätte, ist ein Ausgleich in Höhe des Unterschiedsbetrages zu gewähren. Dabei bleiben Zeiten ohne Dienstleistung in der Arbeitsphase, soweit sie insgesamt sechs Monate überschreiten, unberücksichtigt. Abweichendes Landesrecht bleibt unberührt.

§ 3 (Inkrafttreten)

Übersicht[1])

I. Gesetz zur Verbesserung der betrieblichen Altersversorgung (Betriebsrentengesetz – BetrAVG) – Auszug –

II. Gesetz über die Zertifizierung von Altersvorsorge- und Basisrentenverträgen (Altersvorsorgeverträge-Zertifizierungsgesetz – AltZertG) – Auszug –

III. Verordnung zur Durchführung der steuerlichen Vorschriften des Einkommensteuergesetzes zur Altersvorsorge und zum Rentenbezugsmitteilungsverfahren sowie zum weiteren Datenaustausch mit der zentralen Stelle (Altersvorsorge-Durchführungsverordnung – AltvDV)

IV. Steuerliche Förderung der privaten Altersvorsorge und betrieblichen Altersversorgung – Auszug –
BMF vom 24. 7. 2013 (BStBl I S. 1022) unter Berücksichtigung der Änderungen durch BMF vom 13. 1. 2014 (BStBl I S. 97) und vom 13. 3. 2014 (BStBl I S. 554)

V. Zusagen auf Leistungen der betrieblichen Altersversorgung; Hinterbliebenenversorgung für die Lebensgefährtin oder den Lebensgefährten
BMF-Schreiben vom 25. 7. 2002 (BStBl I S. 706)

VI. Einkommensteuerrechtliche Behandlung von Vorsorgeaufwendungen und Altersbezügen
BMF vom 19. 8. 2013 (BStBl I S. 1087) unter Berücksichtigung der Änderungen durch BMF vom 10. 1. 2014 (BStBl I S. 70)***, vom 10. 4. 2015 (BStBl I S. 256) und vom 1. 6. 2015 (BStBl I S. 475)***

VII. Vorgezogene Leistungen in Form eines Übergangsgelds vor dem 60. Lebensjahr
BMF-Schreiben vom 26. 1. 2006 – IV C 5 – S 2333 – 2/06 –

VIII. Steuerliche Behandlung einer selbständigen Berufsunfähigkeitsversicherung als Direktversicherung BMF-Schreiben vom 1. 8. 2006 – IV C 5 – S 2333 – 87/06 –

IX. Anhebung der Altersgrenzen;
Erhöhungen im Bereich Versicherungen im Sinne des § 20 Absatz 1 Nummer 6 EStG, Altersvorsorgeverträge, Basisrentenverträge, betriebliche Altersversorgung
BMF-Schreiben vom 6. 3. 2012 (BStBl I S. 238)

I.
Gesetz zur Verbesserung der betrieblichen Altersversorgung (Betriebsrentengesetz – BetrAVG)

vom 19. 12. 1974 (BGBl. I S. 3610, BStBl 1975 I S. 22),
zuletzt geändert durch Artikel 1 des Gesetzes zur Umsetzung der EU-Mobilitäts-Richtlinie vom 21. 12. 2015 (BGBl. I S. 2553)

– Auszug –

§ 1 Zusage des Arbeitgebers auf betriebliche Altersversorgung

(1) Werden einem Arbeitnehmer Leistungen der Alters-, Invaliditäts- oder Hinterbliebenenversorgung aus Anlass seines Arbeitsverhältnisses vom Arbeitgeber zugesagt (betriebliche Altersversorgung), gelten die Vorschriften dieses Gesetzes. Die Durchführung der betrieblichen Altersversorgung kann unmittelbar über den Arbeitgeber oder über einen der in § 1b Abs. 2 bis 4 genannten Versorgungsträger erfolgen. Der Arbeitgeber steht für die Erfüllung der von ihm zugesagten Leistungen auch dann ein, wenn die Durchführung nicht unmittelbar über ihn erfolgt.

(2) Betriebliche Altersversorgung liegt auch vor, wenn

1. der Arbeitgeber sich verpflichtet, bestimmte Beiträge in eine Anwartschaft auf Alters-, Invaliditäts- oder Hinterbliebenenversorgung umzuwandeln (beitragsorientierte Leistungszusage),
2. der Arbeitgeber sich verpflichtet, Beiträge zur Finanzierung von Leistungen der betrieblichen Altersversorgung an einen Pensionsfonds, eine Pensionskasse oder eine Direktversicherung zu zahlen und für Leistungen zur Altersversorgung das planmäßig zuzurechnende Versorgungskapital auf der Grundlage der gezahlten Beiträge (Beiträge und die daraus erzielten Erträge), mindestens die Summe der zugesagten Beiträge, soweit sie nicht rechnungsmäßig

[1]) Das BMF-Schreiben vom 25. 11. 2011 (BStBl I S. 1250) zur steuerlichen Behandlung von Finanzierungsanteilen der Arbeitnehmer zur betrieblichen Altersversorgung im öffentlichen Dienst und zur Umsetzung des BFH-Urteils vom 9. 12. 2010 – VI R 57/08 – (BStBl 2011 II S. 978) ist abgedruckt zu → H 3.63 (Beiträge des Arbeitgebers) LStH.

für einen biometrischen Risikoausgleich verbraucht wurden, hierfür zur Verfügung zu stellen (Beitragszusage mit Mindestleistung),

3. künftige Entgeltansprüche in eine wertgleiche Anwartschaft auf Versorgungsleistungen umgewandelt werden (Entgeltumwandlung) oder
4. der Arbeitnehmer Beiträge aus seinem Arbeitsentgelt zur Finanzierung von Leistungen der betrieblichen Altersversorgung an einen Pensionsfonds, eine Pensionskasse oder eine Direktversicherung leistet und die Zusage des Arbeitgebers auch die Leistungen aus diesen Beiträgen umfasst; die Regelungen für Entgeltumwandlung sind hierbei entsprechend anzuwenden, soweit die zugesagten Leistungen aus diesen Beiträgen im Wege der Kapitaldeckung finanziert werden.

§ 1a Anspruch auf betriebliche Altersversorgung durch Entgeltumwandlung

(1) Der Arbeitnehmer kann vom Arbeitgeber verlangen, dass von seinen künftigen Entgeltansprüchen bis zu 4 vom Hundert der jeweiligen Beitragsbemessungsgrenze in der allgemeinen Rentenversicherung durch Entgeltumwandlung für seine betriebliche Altersversorgung verwendet werden. Die Durchführung des Anspruchs des Arbeitnehmers wird durch Vereinbarung geregelt. Ist der Arbeitgeber zu einer Durchführung über einen Pensionsfonds oder eine Pensionskasse (§ 1b Abs. 3) bereit, ist die betriebliche Altersversorgung dort durchzuführen; andernfalls kann der Arbeitnehmer verlangen, dass der Arbeitgeber für ihn eine Direktversicherung (§ 1b Abs. 2) abschließt. Soweit der Anspruch geltend gemacht wird, muss der Arbeitnehmer jährlich einen Betrag in Höhe von mindestens einem Hundertsechzigstel der Bezugsgröße nach § 18 Abs. 1 des Vierten Buches Sozialgesetzbuch für seine betriebliche Altersversorgung verwenden. Soweit der Arbeitnehmer Teile seines regelmäßigen Entgelts für betriebliche Altersversorgung verwendet, kann der Arbeitgeber verlangen, dass während eines laufenden Kalenderjahres gleich bleibende monatliche Beträge verwendet werden.

(2) Soweit eine durch Entgeltumwandlung finanzierte betriebliche Altersversorgung besteht, ist der Anspruch des Arbeitnehmers auf Entgeltumwandlung ausgeschlossen.

(3) Soweit der Arbeitnehmer einen Anspruch auf Entgeltumwandlung für betriebliche Altersversorgung nach Abs. 1 hat, kann er verlangen, dass die Voraussetzungen für eine Förderung nach den §§ 10a, 82 Abs. 2 des Einkommensteuergesetzes erfüllt werden, wenn die betriebliche Altersversorgung über einen Pensionsfonds, eine Pensionskasse oder eine Direktversicherung durchgeführt wird.

(4) Falls der Arbeitnehmer bei fortbestehendem Arbeitsverhältnis kein Entgelt erhält, hat er das Recht, die Versicherung oder Versorgung mit eigenen Beiträgen fortzusetzen. Der Arbeitgeber steht auch für die Leistungen aus diesen Beiträgen ein. Die Regelungen über Entgeltumwandlung gelten entsprechend.

§ 1b Unverfallbarkeit und Durchführung der betrieblichen Altersversorgung

(1) Einem Arbeitnehmer, dem Leistungen aus der betrieblichen Altersversorgung zugesagt worden sind, bleibt die Anwartschaft erhalten, wenn das Arbeitsverhältnis vor Eintritt des Versorgungsfalls, jedoch nach Vollendung des 25. Lebensjahres endet und die Versorgungszusage zu diesem Zeitpunkt mindestens fünf Jahre bestanden hat (unverfallbare Anwartschaft). Ein Arbeitnehmer behält seine Anwartschaft auch dann, wenn er aufgrund einer Vorruhestandsregelung ausscheidet und ohne das vorherige Ausscheiden die Wartezeit und die sonstigen Voraussetzungen für den Bezug von Leistungen der betrieblichen Altersversorgung hätte erfüllen können. Eine Änderung der Versorgungszusage oder ihre Übernahme durch eine andere Person unterbricht nicht den Ablauf der Fristen nach Satz 1. Der Verpflichtung aus einer Versorgungszusage stehen Versorgungsverpflichtungen gleich, die auf betrieblicher Übung oder dem Grundsatz der Gleichbehandlung beruhen. Der Ablauf einer vorgesehenen Wartezeit wird durch die Beendigung des Arbeitsverhältnisses nach Erfüllung der Voraussetzungen der Sätze 1 und 2 nicht berührt. Wechselt ein Arbeitnehmer vom Geltungsbereich dieses Gesetzes in einen anderen Mitgliedstaat der Europäischen Union, bleibt die Anwartschaft in gleichem Umfange wie für Personen erhalten, die auch nach Beendigung eines Arbeitsverhältnisses innerhalb des Geltungsbereichs dieses Gesetzes verbleiben.

(2) Wird für die betriebliche Altersversorgung eine Lebensversicherung auf das Leben des Arbeitnehmers durch den Arbeitgeber abgeschlossen und sind der Arbeitnehmer oder seine Hinterbliebenen hinsichtlich der Leistungen des Versicherers ganz oder teilweise bezugsberechtigt (Direktversicherung), so ist der Arbeitgeber verpflichtet, wegen Beendigung des Arbeitsverhältnisses nach Erfüllung der in Absatz 1 Satz 1 und 2 genannten Voraussetzungen das Bezugsrecht nicht mehr zu widerrufen. Eine Vereinbarung, nach der das Bezugsrecht durch die Beendigung des Arbeitsverhältnisses nach Erfüllung der in Absatz 1 Satz 1 und 2 genannten Voraussetzungen auflösend bedingt ist, ist unwirksam. Hat der Arbeitgeber die Ansprüche aus dem Versicherungsvertrag abgetreten oder beliehen, so ist er verpflichtet, den Arbeitnehmer, dessen Arbeitsverhält-

nis nach Erfüllung der in Absatz 1 Satz 1 und 2 genannten Voraussetzungen geendet hat, bei Eintritt des Versicherungsfalles so zu stellen, als ob die Abtretung oder Beleihung nicht erfolgt wäre. Als Zeitpunkt der Erteilung der Versorgungszusage im Sinne des Absatzes 1 gilt der Versicherungsbeginn, frühestens jedoch der Beginn der Betriebszugehörigkeit.

(3) Wird die betriebliche Altersversorgung von einer rechtsfähigen Versorgungseinrichtung durchgeführt, die dem Arbeitnehmer oder seinen Hinterbliebenen auf ihre Leistungen einen Rechtsanspruch gewährt (Pensionskasse und Pensionsfonds), so gilt Absatz 1 entsprechend. Als Zeitpunkt der Erteilung der Versorgungszusage im Sinne des Absatzes 1 gilt der Versicherungsbeginn, frühestens jedoch der Beginn der Betriebszugehörigkeit.

(4) Wird die betriebliche Altersversorgung von einer rechtsfähigen Versorgungseinrichtung durchgeführt, die auf ihre Leistungen keinen Rechtsanspruch gewährt (Unterstützungskasse), so sind die nach Erfüllung der in Absatz 1 Satz 1 und 2 genannten Voraussetzungen und vor Eintritt des Versorgungsfalles aus dem Unternehmen ausgeschiedenen Arbeitnehmer und ihre Hinterbliebenen den bis zum Eintritt des Versorgungsfalles dem Unternehmen angehörenden Arbeitnehmern und deren Hinterbliebenen gleichgestellt. Die Versorgungszusage gilt in dem Zeitpunkt als erteilt im Sinne des Absatzes 1, von dem an der Arbeitnehmer zum Kreis der Begünstigten der Unterstützungskasse gehört.

(5) Soweit betriebliche Altersversorgung durch Entgeltumwandlung erfolgt, behält der Arbeitnehmer seine Anwartschaft, wenn sein Arbeitsverhältnis vor Eintritt des Versorgungsfalles endet; in den Fällen der Absätze 2 und 3

1. dürfen die Überschussanteile nur zur Verbesserung der Leistung verwendet,
2. muss dem ausgeschiedenen Arbeitnehmer das Recht zur Fortsetzung der Versicherung oder Versorgung mit eigenen Beiträgen eingeräumt und
3. muss das Recht zur Verpfändung, Abtretung oder Beleihung durch den Arbeitgeber ausgeschlossen werden.

Im Fall einer Direktversicherung ist dem Arbeitnehmer darüber hinaus mit Beginn der Entgeltumwandlung ein unwiderrufliches Bezugsrecht einzuräumen.

§ 2 Höhe der unverfallbaren Anwartschaft

(1) Bei Eintritt des Versorgungsfalles wegen Erreichens der Altersgrenze, wegen Invalidität oder Tod haben ein vorher ausgeschiedener Arbeitnehmer, dessen Anwartschaft nach § 1b fortbesteht, und seine Hinterbliebenen einen Anspruch mindestens in Höhe des Teiles der ohne das vorherige Ausscheiden zustehenden Leistung, der dem Verhältnis der Dauer der Betriebszugehörigkeit zu der Zeit vom Beginn der Betriebszugehörigkeit bis zum Erreichen der Regelaltersgrenze in der gesetzlichen Rentenversicherung entspricht; an die Stelle des Erreichens der Regelaltersgrenze tritt ein früherer Zeitpunkt, wenn dieser in der Versorgungsregelung als feste Altersgrenze vorgesehen ist, spätestens der Zeitpunkt der Vollendung des 65. Lebensjahrs, falls der Arbeitnehmer ausscheidet und gleichzeitig eine Altersrente aus der gesetzlichen Rentenversicherung für besonders langjährig Versicherte in Anspruch nimmt. Der Mindestanspruch auf Leistungen wegen Invalidität oder Tod vor Erreichen der Altersgrenze ist jedoch nicht höher als der Betrag, den der Arbeitnehmer oder seine Hinterbliebenen erhalten hätten, wenn im Zeitpunkt des Ausscheidens der Versorgungsfall eingetreten wäre und die sonstigen Leistungsvoraussetzungen erfüllt gewesen wären.

(2) Ist bei einer Direktversicherung der Arbeitnehmer nach Erfüllung der Voraussetzungen des § 1b Abs. 1 und 5 vor Eintritt des Versorgungsfalls ausgeschieden, so gilt Absatz 1 mit der Maßgabe, daß sich der vom Arbeitgeber zu finanzierende Teilanspruch nach Absatz 1, soweit er über die von dem Versicherer nach dem Versicherungsvertrag auf Grund der Beiträge des Arbeitgebers zu erbringende Versicherungsleistung hinausgeht, gegen den Arbeitgeber richtet. An die Stelle der Ansprüche nach Satz 1 tritt auf Verlangen des Arbeitgebers die von dem Versicherer auf Grund des Versicherungsvertrags zu erbringende Versicherungsleistung, wenn

1. spätestens nach 3 Monaten seit dem Ausscheiden des Arbeitnehmers das Bezugsrecht unwiderruflich ist und eine Abtretung oder Beleihung des Rechts aus dem Versicherungsvertrag durch den Arbeitgeber und Beitragsrückstände nicht vorhanden sind,
2. vom Beginn der Versicherung, frühestens jedoch vom Beginn der Betriebszugehörigkeit an nach dem Versicherungsvertrag die Überschußanteile nur zur Verbesserung der Versicherungsleistung zu verwenden sind und
3. der ausgeschiedene Arbeitnehmer nach dem Versicherungsvertrag das Recht zur Fortsetzung der Versicherung mit eigenen Beiträgen hat.

Der Arbeitgeber kann sein Verlangen nach Satz 2 nur innerhalb von 3 Monaten seit dem Ausscheiden des Arbeitnehmers diesem und dem Versicherer mitteilen. Der ausgeschiedene Arbeitnehmer darf die Ansprüche aus dem Versicherungsvertrag in Höhe des durch Beitragszahlungen des Arbeitgebers gebildeten geschäftsplanmäßigen Deckungskapitals oder, soweit die Berechnung des Deckungskapitals nicht zum Geschäftsplan gehört, das nach § 169 Abs. 3 und 4 des Versicherungsvertragsgesetzes berechneten Wertes weder abtreten noch beleihen. In dieser Höhe darf der Rückkaufswert auf Grund einer Kündigung des Versicherungsvertrags nicht in Anspruch genommen werden; im Falle einer Kündigung wird die Versicherung in eine prämienfreie Versicherung umgewandelt. § 169 Abs. 1 des Versicherungsvertragsgesetzes findet insoweit keine Anwendung. Eine Abfindung des Anspruchs nach § 3 ist weiterhin möglich.

(3) Für Pensionskassen gilt Absatz 1 mit der Maßgabe, daß sich der vom Arbeitgeber zu finanzierende Teilanspruch nach Absatz 1, soweit er über die von der Pensionskasse nach dem aufsichtsbehördlich genehmigten Geschäftsplan oder, soweit eine aufsichtsbehördliche Genehmigung nicht vorgeschrieben ist, nach den allgemeinen Versicherungsbedingungen und den fachlichen Geschäftsunterlagen im Sinne des ***§ 9 Absatz 2 Nummer 2 in Verbindung mit § 234 Absatz 3 Nummer 1 des Versicherungsaufsichtsgesetzes***[1] (Geschäftsunterlagen) auf Grund der Beiträge des Arbeitgebers zu erbringende Leistung hinausgeht, gegen den Arbeitgeber richtet. An die Stelle der Ansprüche nach Satz 1 tritt auf Verlangen des Arbeitgebers die von der Pensionskasse auf Grund des Geschäftsplans oder der Geschäftsunterlagen zu erbringende Leistung, wenn nach dem aufsichtsbehördlich genehmigten Geschäftsplan oder den Geschäftsunterlagen

1. vom Beginn der Versicherung, frühestens jedoch vom Beginn der Betriebszugehörigkeit an, Überschußanteile, die auf Grund des Finanzierungsverfahrens regelmäßig entstehen, nur zur Verbesserung der Versicherungsleistung zu verwenden sind oder die Steigerung der Versorgungsanwartschaften des Arbeitnehmers der Entwicklung seines Arbeitsentgelts, soweit es unter den jeweiligen Beitragsbemessungsgrenzen der gesetzlichen Rentenversicherungen liegt, entspricht und

2. der ausgeschiedene Arbeitnehmer das Recht zur Fortsetzung der Versicherung mit eigenen Beiträgen hat.

Absatz 2 Satz 3 bis 7 gilt entsprechend.

(3a) Für Pensionsfonds gilt Absatz 1 mit der Maßgabe, dass sich der vom Arbeitgeber zu finanzierende Teilanspruch, soweit er über die vom Pensionsfonds auf der Grundlage der nach dem geltenden Pensionsplan im Sinne des ***§ 237 Absatz 3 Nummer 2 und 3 des Versicherungsaufsichtsgesetzes***[2] berechnete Deckungsrückstellung hinausgeht, gegen den Arbeitgeber richtet.

(4) Eine Unterstützungskasse hat bei Eintritt des Versorgungsfalls einem vorzeitig ausgeschiedenen Arbeitnehmer, der nach § 1b Abs. 4 gleichgestellt ist, und seinen Hinterbliebenen mindestens den nach Absatz 1 berechneten Teil der Versorgung zu gewähren.

(5) Bei der Berechnung des Teilanspruchs nach Absatz 1 bleiben Veränderungen der Versorgungsregelung und der Bemessungsgrundlagen für die Leistung der betrieblichen Altersversorgung, soweit sie nach dem Ausscheiden des Arbeitnehmers eintreten, außer Betracht; dies gilt auch für die Bemessungsgrundlagen anderer Versorgungsbezüge, die bei der Berechnung der Leistung der betrieblichen Altersversorgung zu berücksichtigen sind. Ist eine Rente der gesetzlichen Rentenversicherung zu berücksichtigen, so kann das bei der Berechnung von Pensionsrückstellungen allgemein zulässige Verfahren zugrunde gelegt werden, wenn nicht der ausgeschiedene Arbeitnehmer die Anzahl der im Zeitpunkt des Ausscheidens erreichten Entgeltpunkte nachweist; bei Pensionskassen sind der aufsichtsbehördlich genehmigte Geschäftsplan oder die Geschäftsunterlagen maßgebend. Bei Pensionsfonds sind der Pensionsplan und die sonstigen Geschäftsunterlagen maßgebend. Versorgungsanwartschaften, die der Arbeitnehmer nach seinem Ausscheiden erwirbt, dürfen zu keiner Kürzung des Teilanspruchs nach Absatz 1 führen.

(5a) Bei einer unverfallbaren Anwartschaft aus Entgeltumwandlung tritt an die Stelle der Ansprüche nach Absatz 1, 3a oder 4 die vom Zeitpunkt der Zusage auf betriebliche Altersversorgung bis zum Ausscheiden des Arbeitnehmers erreichte Anwartschaft auf Leistungen aus den bis dahin umgewandelten Entgeltbestandteilen; dies gilt entsprechend für eine unverfallbare *Anwartschaft aus Beiträgen im* Rahmen einer beitragsorientierten Leistungszusage.

(5b) An die Stelle der Ansprüche nach den Absätzen 2, 3, 3a und 5a tritt bei einer Beitragszusage mit Mindestleistung das dem Arbeitnehmer planmäßig zuzurechnende Versorgungskapital auf der Grundlage der bis zu seinem Ausscheiden geleisteten Beiträge (Beiträge und die bis zum Eintritt des Versorgungsfalls erzielten Erträge), mindestens die Summe der bis dahin zugesagten Beiträge, soweit sie nicht rechnungsmäßig für einen biometrischen Risikoausgleich verbraucht wurden.

1) § 2 Abs. 3 Satz 1 BetrAVG wurde durch das Gesetz zur Modernisierung der Finanzaufsicht über Versicherungen (Inkrafttreten 1. 1. 2016) geändert.

2) § 2 Abs. 3a BetrAVG wurde durch das Gesetz zur Modernisierung der Finanzaufsicht über Versicherungen (Inkrafttreten 1. 1. 2016) geändert.

§ 3 Abfindung

(1) Unverfallbare Anwartschaften im Falle der Beendigung des Arbeitsverhältnisses und laufende Leistungen dürfen nur unter den Voraussetzungen der folgenden Absätze abgefunden werden.

(2) Der Arbeitgeber kann eine Anwartschaft ohne Zustimmung des Arbeitnehmers abfinden, wenn der Monatsbetrag der aus der Anwartschaft resultierenden laufenden Leistung bei Erreichen der vorgesehenen Altersgrenze 1 vom Hundert, bei Kapitalleistungen zwölf Zehntel der monatlichen Bezugsgröße nach § 18 des Vierten Buches Sozialgesetzbuch nicht übersteigen würde. Dies gilt entsprechend für die Abfindung einer laufenden Leistung. Die Abfindung ist unzulässig, wenn der Arbeitnehmer von seinem Recht auf Übertragung der Anwartschaft Gebrauch macht.

(3) Die Anwartschaft ist auf Verlangen des Arbeitnehmers abzufinden, wenn die Beiträge zur gesetzlichen Rentenversicherung erstattet worden sind.

(4) Der Teil der Anwartschaft, der während eines Insolvenzverfahrens erdient worden ist, kann ohne Zustimmung des Arbeitnehmers abgefunden werden, wenn die Betriebstätigkeit vollständig eingestellt und das Unternehmen liquidiert wird.

(5) Für die Berechnung des Abfindungsbetrages gilt § 4 Abs. 5 entsprechend.

(6) Die Abfindung ist gesondert auszuweisen und einmalig zu zahlen.

§ 4 Übertragung

(1) Unverfallbare Anwartschaften und laufende Leistungen dürfen nur unter den Voraussetzungen der folgenden Absätze übertragen werden.

(2) Nach Beendigung des Arbeitsverhältnisses kann im Einvernehmen des ehemaligen mit dem neuen Arbeitgeber sowie dem Arbeitnehmer

1. die Zusage vom neuen Arbeitgeber übernommen werden oder
2. der Wert der vom Arbeitnehmer erworbenen unverfallbaren Anwartschaft auf betriebliche Altersversorgung (Übertragungswert) auf den neuen Arbeitgeber übertragen werden, wenn dieser eine wertgleiche Zusage erteilt; für die neue Anwartschaft gelten die Regelungen über Entgeltumwandlung entsprechend.

(3) Der Arbeitnehmer kann innerhalb eines Jahres nach Beendigung des Arbeitsverhältnisses von seinem ehemaligen Arbeitgeber verlangen, dass der Übertragungswert auf den neuen Arbeitgeber übertragen wird, wenn

1. die betriebliche Altersversorgung über einen Pensionsfonds, eine Pensionskasse oder eine Direktversicherung durchgeführt worden ist und
2. der Übertragungswert die Beitragsbemessungsgrenze in der allgemeinen Rentenversicherung nicht übersteigt.

Der Anspruch richtet sich gegen den Versorgungsträger, wenn der ehemalige Arbeitgeber die versicherungsförmige Lösung nach § 2 Abs. 2 oder 3 gewählt hat oder soweit der Arbeitnehmer die Versicherung oder Versorgung mit eigenen Beiträgen fortgeführt hat. Der neue Arbeitgeber ist verpflichtet, eine dem Übertragungswert wertgleiche Zusage zu erteilen und über einen Pensionsfonds, eine Pensionskasse oder eine Direktversicherung durchzuführen. Für die neue Anwartschaft gelten die Regelungen über Entgeltumwandlung entsprechend.

(4) Wird die Betriebstätigkeit eingestellt und das Unternehmen liquidiert, kann eine Zusage von einer Pensionskasse oder einem Unternehmen der Lebensversicherung ohne Zustimmung des Arbeitnehmers oder Versorgungsempfängers übernommen werden, wenn sichergestellt ist, dass die Überschussanteile ab Rentenbeginn entsprechend § 16 Abs. 3 Nr. 2 verwendet werden. § 2 Abs. 2 Satz 4 bis 6 gilt entsprechend.

(5) Der Übertragungswert entspricht bei einer unmittelbar über den Arbeitgeber oder über eine Unterstützungskasse durchgeführten betrieblichen Altersversorgung dem Barwert der nach § 2 bemessenen künftigen Versorgungsleistung im Zeitpunkt der Übertragung; bei der Berechnung des Barwerts sind die Rechnungsgrundlagen sowie die anerkannten Regeln der Versicherungsmathematik maßgebend. Soweit die betriebliche Altersversorgung über einen Pensionsfonds, eine Pensionskasse oder eine Direktversicherung durchgeführt worden ist, entspricht der Übertragungswert dem gebildeten Kapital im Zeitpunkt der Übertragung.

(6) Mit der vollständigen Übertragung des Übertragungswerts erlischt die Zusage des ehemaligen Arbeitgebers.

§ 4a Auskunftsanspruch

(1) Der Arbeitgeber oder der Versorgungsträger hat dem Arbeitnehmer bei einem berechtigten Interesse auf dessen Verlangen schriftlich mitzuteilen,

1. in welcher Höhe aus der bisher erworbenen unverfallbaren Anwartschaft bei Erreichen der in der Versorgungsregelung vorgesehenen Altersgrenze ein Anspruch auf Altersversorgung besteht und
2. wie hoch bei einer Übertragung der Anwartschaft nach § 4 Abs. 3 der Übertragungswert ist.

(2) Der neue Arbeitgeber oder der Versorgungsträger hat dem Arbeitnehmer auf dessen Verlangen schriftlich mitzuteilen, in welcher Höhe aus dem Übertragungswert ein Anspruch auf Altersversorgung und ob eine Invaliditäts- oder Hinterbliebenenversorgung bestehen würde.

§ 5 Auszehrung und Anrechnung

(1) Die bei Eintritt des Versorgungsfalls festgesetzten Leistungen der betrieblichen Altersversorgung dürfen nicht mehr dadurch gemindert oder entzogen werden, daß Beträge, um die sich andere Versorgungsbezüge nach diesem Zeitpunkt durch Anpassung an die wirtschaftliche Entwicklung erhöhen, angerechnet oder bei der Begrenzung der Gesamtversorgung auf einen Höchstbetrag berücksichtigt werden.

(2) Leistungen der betrieblichen Altersversorgung dürfen durch Anrechnung oder Berücksichtigung anderer Versorgungsbezüge, soweit sie auf eigenen Beiträgen des Versorgungsempfängers beruhen, nicht gekürzt werden. Dies gilt nicht für Renten aus den gesetzlichen Rentenversicherungen, soweit sie auf Pflichtbeiträgen beruhen, sowie für sonstige Versorgungsbezüge, die mindestens zur Hälfte auf Beiträgen oder Zuschüssen des Arbeitgebers beruhen.

§ 6 Vorzeitige Altersleistung

Einem Arbeitnehmer, der die Altersrente aus der gesetzlichen Rentenversicherung als Vollrente in Anspruch nimmt, sind auf sein Verlangen nach Erfüllung der Wartezeit und sonstiger Leistungsvoraussetzungen Leistungen der betrieblichen Altersversorgung zu gewähren. Fällt die Altersrente aus der gesetzlichen Rentenversicherung wieder weg oder wird sie auf einen Teilbetrag beschränkt, so können auch die Leistungen der betrieblichen Altersversorgung eingestellt werden. Der ausgeschiedene Arbeitnehmer ist verpflichtet, die Aufnahme oder Ausübung einer Beschäftigung oder Erwerbstätigkeit, die zu einem Wegfall oder zu einer Beschränkung der Altersrente aus der gesetzlichen Rentenversicherung führt, dem Arbeitgeber oder sonstigen Versorgungsträger unverzüglich anzuzeigen.

§ 7 Umfang des Versicherungsschutzes

(1) Versorgungsempfänger, deren Ansprüche aus einer unmittelbaren Versorgungszusage des Arbeitgebers nicht erfüllt werden, weil über das Vermögen des Arbeitgebers oder über seinen Nachlaß das Insolvenzverfahren eröffnet worden ist, und ihre Hinterbliebenen haben gegen den Träger der Insolvenzsicherung einen Anspruch in Höhe der Leistung, die der Arbeitgeber aufgrund der Versorgungszusage zu erbringen hätte, wenn das Insolvenzverfahren nicht eröffnet worden wäre. Satz 1 gilt entsprechend,

1. wenn Leistungen aus einer Direktversicherung aufgrund der in § 1b Abs. 2 Satz 3 genannten Tatbestände nicht gezahlt werden und der Arbeitgeber seiner Verpflichtung nach § 1b Abs. 2 Satz 3 wegen der Eröffnung des Insolvenzverfahrens nicht nachkommt,
2. wenn eine Unterstützungskasse oder ein Pensionsfonds die nach ihrer Versorgungsregelung vorgesehene Versorgung nicht erbringt, weil über das Vermögen oder den Nachlass eines Arbeitgebers, der der Unterstützungskasse oder dem Pensionsfonds Zuwendungen leistet (Trägerunternehmen), das Insolvenzverfahren eröffnet worden ist.

§ 14 des Versicherungsvertragsgesetzes findet entsprechende Anwendung. Der Eröffnung des *Insolvenzverfahrens stehen* bei der Anwendung der Sätze 1 bis 3 gleich

1. die Abweisung des Antrags auf Eröffnung des Insolvenzverfahrens mangels Masse,
2. der außergerichtliche Vergleich (Stundungs-, Quoten- oder Liquidationsvergleich) des Arbeitgebers mit seinen Gläubigern zur Abwendung eines Insolvenzverfahrens, wenn ihm der Träger der Insolvenzsicherung zustimmt,
3. die vollständige Beendigung der Betriebstätigkeit im Geltungsbereich dieses Gesetzes, wenn ein Antrag auf Eröffnung des Insolvenzverfahrens nicht gestellt worden ist und ein Insolvenzverfahren offensichtlich mangels Masse nicht in Betracht kommt.

(1a) Der Anspruch gegen den Träger der Insolvenzsicherung entsteht mit dem Beginn des Kalendermonats, der auf den Eintritt des Sicherungsfalles folgt. Der Anspruch endet mit Ablauf des Sterbemonats des Begünstigten, soweit in der Versorgungszusage des Arbeitgebers nicht etwas anderes bestimmt ist. In den Fällen des Absatzes 1 Satz 1 und 4 Nr. 1 und 3 umfaßt der Anspruch auch rückständige Versorgungsleistungen, soweit diese bis zu zwölf Monaten vor Entstehen der Leistungspflicht des Trägers der Insolvenzsicherung entstanden sind.

(2) Personen, die bei Eröffnung des Insolvenzverfahrens oder bei Eintritt der nach Absatz 1 Satz 4 gleichstehenden Voraussetzungen (Sicherungsfall) eine nach § 1b unverfallbare Versorgungsanwartschaft haben, und ihre Hinterbliebenen haben bei Eintritt des Versorgungsfalls einen Anspruch gegen den Träger der Insolvenzsicherung, wenn die Anwartschaft beruht

1. auf einer unmittelbaren Versorgungszusage des Arbeitgebers oder
2. auf einer Direktversicherung und der Arbeitnehmer hinsichtlich der Leistungen des Versicherers widerruflich bezugsberechtigt ist oder die Leistungen aufgrund der in § 1b Abs. 2 Satz 3 genannten Tatbestände nicht gezahlt werden und der Arbeitgeber seiner Verpflichtung aus § 1b Abs. 2 Satz 3 wegen der Eröffnung des Insolvenzverfahrens nicht nachkommt.

Satz 1 gilt entsprechend für Personen, die zum Kreis der Begünstigten einer Unterstützungskasse oder eines Pensionsfonds gehören, wenn der Sicherungsfall bei einem Trägerunternehmen eingetreten ist. Die Höhe des Anspruchs richtet sich nach der Höhe der Leistungen gemäß § 2 Abs. 1, 2 Satz 2 und Abs. 5, bei Unterstützungskassen nach dem Teil der nach der Versorgungsregelung vorgesehenen Versorgung, der dem Verhältnis der Dauer der Betriebszugehörigkeit zu der Zeit vom Beginn der Betriebszugehörigkeit bis zum Erreichen der in der Versorgungsregelung vorgesehenen festen Altersgrenze entspricht, es sei denn, § 2 Abs. 5a ist anwendbar. Für die Berechnung der Höhe des Anspruchs nach Satz 3 wird die Betriebszugehörigkeit bis zum Eintritt des Sicherungsfalles berücksichtigt. Bei Pensionsfonds mit Leistungszusagen gelten für die Höhe des Anspruchs die Bestimmungen für unmittelbare Versorgungszusagen entsprechend, bei Beitragszusagen mit Mindestleistung gilt für die Höhe des Anspruchs § 2 Abs. 5b.

(3) Ein Anspruch auf laufende Leistungen gegen den Träger der Insolvenzsicherung beträgt jedoch im Monat höchstens das Dreifache der im Zeitpunkt der ersten Fälligkeit maßgebenden monatlichen Bezugsgröße gemäß § 18 des Vierten Buches Sozialgesetzbuch. Satz 1 gilt entsprechend bei einem Anspruch auf Kapitalleistungen mit der Maßgabe, daß zehn vom Hundert der Leistung als Jahresbetrag einer laufenden Leistung anzusetzen sind.

(4) Ein Anspruch auf Leistungen gegen den Träger der Insolvenzsicherung vermindert sich in dem Umfang, in dem der Arbeitgeber oder sonstige Träger der Versorgung die Leistungen der betrieblichen Altersversorgung erbringt. Wird im Insolvenzverfahren ein Insolvenzplan bestätigt, vermindert sich der Anspruch auf Leistungen gegen den Träger der Insolvenzsicherung insoweit, als nach dem Insolvenzplan der Arbeitgeber oder sonstige Träger der Versorgung einen Teil der Leistungen selbst zu erbringen hat. Sieht der Insolvenzplan vor, daß der Arbeitgeber oder sonstige Träger der Versorgung die Leistungen der betrieblichen Altersversorgung von einem bestimmten Zeitpunkt an selbst zu erbringen hat, so entfällt der Anspruch auf Leistungen gegen den Träger der Insolvenzsicherung von diesem Zeitpunkt an. Die Sätze 2 und 3 sind für den außergerichtlichen Vergleich nach Absatz 1 Satz 4 Nr. 2 entsprechend anzuwenden. Im Insolvenzplan soll vorgesehen werden, daß bei einer nachhaltigen Besserung der wirtschaftlichen Lage des Arbeitgebers die vom Träger der Insolvenzsicherung zu erbringenden Leistungen ganz oder zum Teil vom Arbeitgeber oder sonstigen Träger der Versorgung wieder übernommen werden.

(5) Ein Anspruch gegen den Träger der Insolvenzsicherung besteht nicht, soweit nach den Umständen des Falles die Annahme gerechtfertigt ist, daß es der alleinige oder überwiegende Zweck der Versorgungszusage oder ihre Verbesserung oder der für die Direktversicherung in § 1b Abs. 2 Satz 3 genannten Tatbestände gewesen ist, den Träger der Insolvenzsicherung in Anspruch zu nehmen. Diese Annahme ist insbesondere dann gerechtfertigt, wenn bei Erteilung oder Verbesserung der Versorgungszusage wegen der wirtschaftlichen Lage des Arbeitgebers zu erwarten war, daß die Zusage nicht erfüllt werde. Ein Anspruch auf Leistungen gegen den Träger der Insolvenzsicherung besteht bei Zusagen und Verbesserungen von Zusagen, die in den beiden letzten Jahren vor dem Eintritt des Sicherungsfalls erfolgt sind, nur

1. für ab dem 1. Januar 2002 gegebene Zusagen, soweit bei Entgeltumwandlung Beträge von bis zu 4 vom Hundert der Beitragsbemessungsgrenze in der allgemeinen Rentenversicherung für eine betriebliche Altersversorgung verwendet werden oder
2. *für im Rahmen von* Übertragungen gegebene Zusagen, soweit der Übertragungswert die Beitragsbemessungsgrenze in der allgemeinen Rentenversicherung nicht übersteigt.

(6) Ist der Sicherungsfall durch kriegerische Ereignisse, innere Unruhen, Naturkatastrophen oder Kernenergie verursacht worden, kann der Träger der Insolvenzsicherung mit Zustimmung der Bundesanstalt für Finanzdienstleistungsaufsicht die Leistungen nach billigem Ermessen abweichend von den Absätzen 1 bis 5 festsetzen.

§ 8 Übertragung der Leistungspflicht und Abfindung

(1) Ein Anspruch gegen den Träger der Insolvenzsicherung auf Leistungen nach § 7 besteht nicht, wenn eine Pensionskasse oder ein Unternehmen der Lebensversicherung sich dem Träger der Insolvenzsicherung gegenüber verpflichtet, diese Leistungen zu erbringen, und die nach § 7 Berechtigten ein unmittelbares Recht erwerben, die Leistungen zu fordern.

(1a) Der Träger der Insolvenzsicherung hat die gegen ihn gerichteten Ansprüche auf den Pensionsfonds, dessen Trägerunternehmen die Eintrittspflicht nach § 7 ausgelöst hat, im Sinne von Absatz 1 zu übertragen, wenn die Bundesanstalt für Finanzdienstleistungsaufsicht hierzu die Genehmigung erteilt. Die Genehmigung kann nur erteilt werden, wenn durch Auflagen der Bundesanstalt für Finanzdienstleistungsaufsicht die dauernde Erfüllbarkeit der Leistungen aus dem Pensionsplan sichergestellt werden kann. Die Genehmigung der Bundesanstalt für Finanzdienstleistungsaufsicht kann der Pensionsfonds nur innerhalb von drei Monaten nach Eintritt des Sicherungsfalles beantragen.

(2) Der Träger der Insolvenzsicherung kann eine Anwartschaft ohne Zustimmung des Arbeitnehmers abfinden, wenn der Monatsbetrag der aus der Anwartschaft resultierenden laufenden Leistung bei Erreichen der vorgesehenen Altersgrenze 1 vom Hundert, bei Kapitalleistungen zwölf Zehntel der monatlichen Bezugsgröße nach § 18 des Vierten Buches Sozialgesetzbuch nicht übersteigen würde oder wenn dem Arbeitnehmer die Beiträge zur gesetzlichen Rentenversicherung erstattet worden sind. Dies gilt entsprechend für die Abfindung einer laufenden Leistung. Die Abfindung ist darüber hinaus möglich, wenn sie an ein Unternehmen der Lebensversicherung gezahlt wird, bei dem der Versorgungsberechtigte im Rahmen einer Direktversicherung versichert ist. § 2 Abs. 2 Satz 4 bis 6 und § 3 Abs. 5 gelten entsprechend.

§ 9 Mitteilungspflicht, Forderungs- und Vermögensübergang

(1) Der Träger der Insolvenzsicherung teilt dem Berechtigten die ihm nach § 7 oder § 8 zustehenden Ansprüche oder Anwartschaften schriftlich mit. Unterbleibt die Mitteilung, so ist der Anspruch oder die Anwartschaft spätestens ein Jahr nach dem Sicherungsfall bei dem Träger der Insolvenzsicherung anzumelden; erfolgt die Anmeldung später, so beginnen die Leistungen frühestens mit dem Ersten des Monats der Anmeldung, es sei denn, daß der Berechtigte an der rechtzeitigen Anmeldung ohne sein Verschulden verhindert war.

(2) Ansprüche oder Anwartschaften des Berechtigten gegen den Arbeitgeber auf Leistungen der betrieblichen Altersversorgung, die den Anspruch gegen den Träger der Insolvenzsicherung begründen, gehen im Falle eines Insolvenzverfahrens mit dessen Eröffnung, in den übrigen Sicherungsfällen dann auf den Träger der Insolvenzsicherung über, wenn dieser nach Absatz 1 Satz 1 dem Berechtigten die ihm zustehenden Ansprüche oder Anwartschaften mitteilt. Der Übergang kann nicht zum Nachteil des Berechtigten geltend gemacht werden. Die mit der Eröffnung des Insolvenzverfahrens übergegangenen Anwartschaften werden im Insolvenzverfahren als unbedingte Forderungen nach § 45 der Insolvenzordnung geltend gemacht.

(3) Ist der Träger der Insolvenzsicherung zu Leistungen verpflichtet, die ohne den Eintritt des Sicherungsfalls eine Unterstützungskasse erbringen würde, geht deren Vermögen einschließlich der Verbindlichkeiten auf ihn über; die Haftung für die Verbindlichkeiten beschränkt sich auf das übergegangene Vermögen. Wenn die übergegangenen Vermögenswerte den Barwert der Ansprüche und Anwartschaften gegen den Träger der Insolvenzsicherung übersteigen, hat dieser den übersteigenden Teil entsprechend der Satzung der Unterstützungskasse zu verwenden. Bei einer Unterstützungskasse mit mehreren Trägerunternehmen hat der Träger der Insolvenzsicherung einen Anspruch gegen die Unterstützungskasse auf einen Betrag, der dem Teil des Vermögens der Kasse entspricht, der auf das Unternehmen entfällt, bei dem der Sicherungsfall eingetreten ist. Die Sätze 1 bis 3 gelten nicht, wenn der Sicherungsfall auf den in § 7 Abs. 1 Satz 4 Nr. 2 genannten Gründen beruht, es sei denn, daß das Trägerunternehmen seine Betriebstätigkeit nach Eintritt des Sicherungsfalls nicht fortsetzt und aufgelöst wird (Liquidationsvergleich).

(3a) Absatz 3 findet entsprechende Anwendung auf einen Pensionsfonds, wenn die Bundesanstalt für Finanzdienstleistungsaufsicht die Genehmigung für die Übertragung der Leistungspflicht durch den Träger der Insolvenzsicherung nach § 8 Abs. 1a nicht erteilt.

(4) In einem Insolvenzplan, der die Fortführung des Unternehmens oder eines Betriebes vorsieht, kann für den Träger der Insolvenzsicherung eine besondere Gruppe gebildet werden. Sofern im Insolvenzplan nichts anderes vorgesehen ist, kann der Träger der Insolvenzsicherung, wenn innerhalb von drei Jahren nach der Aufhebung des Insolvenzverfahrens ein Antrag auf Eröffnung eines neuen Insolvenzverfahrens über das Vermögen des Arbeitgebers gestellt wird, in diesem Verfahren als Insolvenzgläubiger Erstattung der von ihm erbrachten Leistungen verlangen.

(5) Dem Träger der Insolvenzsicherung steht gegen den Beschluß, durch den das Insolvenzverfahren eröffnet wird, die sofortige Beschwerde zu.

§ 10 Beitragspflicht und Beitragsbemessung

(1) Die Mittel für die Durchführung der Insolvenzsicherung werden auf Grund öffentlich-rechtlicher Verpflichtung durch Beiträge aller Arbeitgeber aufgebracht, die Leistungen der betrieblichen Altersversorgung unmittelbar zugesagt haben oder eine betriebliche Altersversorgung über eine Unterstützungskasse, eine Direktversicherung der in § 7 Abs. 1 Satz 2 und Absatz 2 Satz 1 Nr. 2 bezeichneten Art oder einen Pensionsfonds durchführen.

(2) Die Beiträge müssen den Barwert der im laufenden Kalenderjahr entstehenden Ansprüche auf Leistungen der Insolvenzsicherung decken zuzüglich eines Betrages für die aufgrund eingetretener Insolvenzen zu sichernden Anwartschaften, der sich aus dem Unterschied der Barwerte dieser Anwartschaften am Ende des Kalenderjahres und am Ende des Vorjahres bemisst. Der Rechnungszinsfuß bei der Berechnung des Barwerts der Ansprüche auf Leistungen der Insolvenzsicherung bestimmt sich nach ***§ 235 Nummer 4***[1] des Versicherungsaufsichtsgesetzes; soweit keine Übertragung nach § 8 Abs. 1 stattfindet, ist der Rechnungszinsfuß bei der Berechnung des Barwerts der Anwartschaften um ein Drittel höher. Darüber hinaus müssen die Beiträge die im gleichen Zeitraum entstehenden Verwaltungskosten und sonstigen Kosten, die mit der Gewährung der Leistungen zusammenhängen, und die Zuführung zu einem von der Bundesanstalt für Finanzdienstleistungsaufsicht festgesetzten Ausgleichsfonds decken; ***§ 193***[2] des Versicherungsaufsichtsgesetzes bleibt unberührt. Auf die am Ende des Kalenderjahres fälligen Beiträge können Vorschüsse erhoben werden. In Jahren, in denen sich außergewöhnlich hohe Beiträge ergeben würden, kann zu deren Ermäßigung der Ausgleichsfonds in einem von der Bundesanstalt für Finanzdienstleistungsaufsicht zu genehmigenden Umfang herangezogen werden; ***außerdem können die nach den Sätzen 1 bis 3 erforderlichen Beiträge auf das laufende und die bis zu vier folgenden Kalenderjahre verteilt werden.***[3]

(3) Die nach Absatz 2 erforderlichen Beiträge werden auf die Arbeitgeber nach Maßgabe der nachfolgenden Beträge umgelegt, soweit sie sich auf die laufenden Versorgungsleistungen und die nach § 1b unverfallbaren Versorgungsanwartschaften beziehen (Beitragsbemessungsgrundlage); diese Beträge sind festzustellen auf den Schluß des Wirtschaftsjahrs des Arbeitgebers, das im abgelaufenen Kalenderjahr geendet hat:

1. Bei Arbeitgebern, die Leistungen der betrieblichen Altersversorgung unmittelbar zugesagt haben, ist Beitragsbemessungsgrundlage der Teilwert der Pensionsverpflichtung (§ 6a Abs. 3 des Einkommensteuergesetzes).
2. Bei Arbeitgebern, die eine betriebliche Altersversorgung über eine Direktversicherung mit widerruflichem Bezugsrecht durchführen, ist Beitragsbemessungsgrundlage das geschäftsplanmäßige Deckungskapital oder, soweit die Berechnung des Deckungskapitals nicht zum Geschäftsplan gehört, die Deckungsrückstellung. Für Versicherungen, bei denen der Versicherungsfall bereits eingetreten ist, und für Versicherungsanwartschaften, für die ein unwiderrufliches Bezugsrecht eingeräumt ist, ist das Deckungskapital oder die Deckungsrückstellung nur insoweit zu berücksichtigen, als die Versicherungen abgetreten oder beliehen sind.
3. Bei Arbeitgebern, die eine betriebliche Altersversorgung über eine Unterstützungskasse durchführen, ist Beitragsbemessungsgrundlage das Deckungskapital für die laufenden Leistungen (§ 4d Abs. 1 Nr. 1 Buchstabe a des Einkommensteuergesetzes) zuzüglich des Zwanzigfachen der nach § 4d Abs. 1 Nr. 1 Buchstabe b Satz 1 des Einkommensteuergesetzes errechneten jährlichen Zuwendungen für Leistungsanwärter im Sinne von § 4d Abs. 1 Nr. 1 Buchstabe b Satz 2 des Einkommensteuergesetzes.
4. Bei Arbeitgebern, soweit sie betriebliche Altersversorgung über einen Pensionsfonds durchführen, ist Beitragsbemessungsgrundlage 20 vom Hundert des entsprechend Nummer 1 ermittelten Betrages.

(4) Aus den Beitragsbescheiden des Trägers der Insolvenzsicherung findet die Zwangsvollstreckung in entsprechender Anwendung der Vorschriften der Zivilprozeßordnung statt. Die vollstreckbare Ausfertigung erteilt der Träger der Insolvenzsicherung.

§ 10a Säumniszuschläge, Zinsen, Verjährung

(1) Für Beiträge, die wegen Verstoßes des Arbeitgebers gegen die Meldepflicht erst nach Fälligkeit erhoben werden, kann der Träger der Insolvenzsicherung für jeden angefangenen Monat vom Zeitpunkt der Fälligkeit an einen Säumniszuschlag in Höhe von bis zu eins vom Hundert der nacherhobenen Beiträge erheben.

1) § 10 Abs. 2 Satz 2 BetrAVG wurde durch das Gesetz zur Modernisierung der Finanzaufsicht über Versicherungen (Inkrafttreten 1. 1. 2016) geändert.

2) § 10 Abs. 2 Satz 3 BetrAVG wurde durch das Gesetz zur Modernisierung der Finanzaufsicht über Versicherungen (Inkrafttreten 1. 1. 2016) geändert.

3) § 10 Abs. 2 Satz 5 BetrAVG wurde durch das Gesetz zur Modernisierung der Finanzaufsicht über Versicherungen (Inkrafttreten 1. 1. 2016) neu gefasst; Satz 6 wurde aufgehoben.

(2) Für festgesetzte Beiträge und Vorschüsse, die der Arbeitgeber nach Fälligkeit zahlt, erhebt der Träger der Insolvenzsicherung für jeden Monat Verzugszinsen in Höhe von 0,5 vom Hundert der rückständigen Beiträge. Angefangene Monate bleiben außer Ansatz.

(3) Vom Träger der Insolvenzsicherung zu erstattende Beiträge werden vom Tage der Fälligkeit oder bei Feststellung des Erstattungsanspruchs durch gerichtliche Entscheidung vom Tage der Rechtshängigkeit an für jeden Monat mit 0,5 vom Hundert verzinst. Angefangene Monate bleiben außer Ansatz.

(4) Ansprüche auf Zahlung der Beiträge zur Insolvenzsicherung gemäß § 10 sowie Erstattungsansprüche nach Zahlung nicht geschuldeter Beiträge zur Insolvenzsicherung verjähren in sechs Jahren. Die Verjährungsfrist beginnt mit Ablauf des Kalenderjahres, in dem die Beitragspflicht entstanden oder der Erstattungsanspruch fällig geworden ist. Auf die Verjährung sind die Vorschriften des Bürgerlichen Gesetzbuchs anzuwenden.

§ 11 Melde-, Auskunfts- und Mitteilungspflichten

(1) Der Arbeitgeber hat dem Träger der Insolvenzsicherung eine betriebliche Altersversorgung nach § 1b Abs. 1, 2 und 4 für seine Arbeitnehmer innerhalb von 3 Monaten nach Erteilung der unmittelbaren Versorgungszusage, dem Abschluß einer Direktversicherung oder der Errichtung einer Unterstützungskasse oder eines Pensionsfonds mitzuteilen. Der Arbeitgeber, der sonstige Träger der Versorgung, der Insolvenzverwalter und die nach § 7 Berechtigten sind verpflichtet, dem Träger der Insolvenzsicherung alle Auskünfte zu erteilen, die zur Durchführung der Vorschriften dieses Abschnitts erforderlich sind, sowie Unterlagen vorzulegen, aus denen die erforderlichen Angaben ersichtlich sind.

(2) Ein beitragspflichtiger Arbeitgeber hat dem Träger der Insolvenzsicherung spätestens bis zum 30. September eines jeden Kalenderjahrs die Höhe des nach § 10 Abs. 3 für die Bemessung des Beitrages maßgebenden Betrages bei unmittelbaren Versorgungszusagen und Pensionsfonds auf Grund eines versicherungsmathematischen Gutachtens, bei Direktversicherungen auf Grund einer Bescheinigung des Versicherers und bei Unterstützungskassen auf Grund einer nachprüfbaren Berechnung mitzuteilen. Der Arbeitgeber hat die in Satz 1 bezeichneten Unterlagen mindestens 6 Jahre aufzubewahren.

(3) Der Insolvenzverwalter hat dem Träger der Insolvenzsicherung die Eröffnung des Insolvenzverfahrens, Namen und Anschriften der Versorgungsempfänger und die Höhe ihrer Versorgung nach § 7 unverzüglich mitzuteilen. Er hat zugleich Namen und Anschriften der Personen, die bei Eröffnung des Insolvenzverfahrens eine nach § 1 unverfallbare Versorgungsanwartschaft haben, sowie die Höhe ihrer Anwartschaft nach § 7 mitzuteilen.

(4) Der Arbeitgeber, der sonstige Träger der Versorgung und die nach § 7 Berechtigten sind verpflichtet, dem Insolvenzverwalter Auskünfte über alle Tatsachen zu erteilen, auf die sich die Mitteilungspflicht nach Absatz 3 bezieht.

(5) In den Fällen, in denen ein Insolvenzverfahren nicht eröffnet wird (§ 7 Abs. 1 Satz 4) oder nach § 207 der Insolvenzordnung eingestellt worden ist, sind die Pflichten des Insolvenzverwalters nach Absatz 3 vom Arbeitgeber oder dem sonstigen Träger der Versorgung zu erfüllen.

(6) Kammern und andere Zusammenschlüsse von Unternehmern oder anderen selbständigen Berufstätigen, die als Körperschaften des öffentlichen Rechts errichtet sind, ferner Verbände und andere Zusammenschlüsse, denen Unternehmer oder andere selbständige Berufstätige kraft Gesetzes angehören oder anzugehören haben, haben den Träger der Insolvenzsicherung bei der Ermittlung der nach § 10 beitragspflichtigen Arbeitgeber zu unterstützen.

(7) Die nach den Absätzen 1 bis 3 und 5 zu Mitteilungen und Auskünften und die nach Absatz 6 zur Unterstützung Verpflichteten haben die vom Träger der Insolvenzsicherung vorgesehenen Vordrucke zu verwenden.

(8) Zur Sicherung der vollständigen Erfassung der nach § 10 beitragspflichtigen Arbeitgeber können die Finanzämter dem Träger der Insolvenzsicherung mitteilen, welche Arbeitgeber für die Beitragspflicht in Betracht kommen. Die Bundesregierung wird ermächtigt, durch Rechtsverordnung mit Zustimmung des Bundesrates das Nähere zu bestimmen und Einzelheiten des Verfahrens zu regeln.

§ 12 Ordnungswidrigkeiten

(1) Ordnungswidrig handelt, wer vorsätzlich oder fahrlässig

1. entgegen § 11 Abs. 1 Satz 1, Abs. 2, Satz 1, Abs. 3 oder Abs. 5 eine Mitteilung nicht, nicht richtig, nicht vollständig oder nicht rechtzeitig vornimmt,
2. entgegen § 11 Abs. 1 Satz 2 oder Abs. 4 eine Auskunft nicht, nicht richtig, nicht vollständig oder nicht rechtzeitig erteilt oder

3. entgegen § 11 Abs. 1 Satz 2 Unterlagen nicht, nicht richtig, nicht vollständig oder nicht rechtzeitig vorlegt oder entgegen § 11 Abs. 2 Satz 2 Unterlagen nicht aufbewahrt.

(2) Die Ordnungswidrigkeit kann mit einer Geldbuße bis zu zweitausendfünfhundert Euro geahndet werden.

(3) Verwaltungsbehörde im Sinne des § 36 Abs. 1 Nr. 1 des Gesetzes über Ordnungswidrigkeiten ist die Bundesanstalt für Finanzdienstleistungsaufsicht.

§ 13
(weggefallen)

§ 14 Träger der Insolvenzsicherung

(1) Träger der Insolvenzsicherung ist der Pensions-Sicherungs-Verein Versicherungsverein auf Gegenseitigkeit. Er ist zugleich Träger der Insolvenzsicherung von Versorgungszusagen Luxemburger Unternehmen nach Maßgabe des Abkommens vom 22. September 2000 zwischen der Bundesrepublik Deutschland und dem Großherzogtum Luxemburg über Zusammenarbeit im Bereich der Insolvenzsicherung betrieblicher Altersversorgung.[1]

(2)[2] Der Pensions-Sicherungs-Verein Versicherungsverein auf Gegenseitigkeit unterliegt der Aufsicht durch die Bundesanstalt für Finanzdienstleistungsaufsicht. Soweit dieses Gesetz nichts anderes bestimmt, gelten für ihn die Vorschriften für kleine Versicherungsunternehmen nach den §§ 212 bis 216 des Versicherungsaufsichtsgesetzes und die auf Grund des § 217 des Versicherungsaufsichtsgesetzes erlassenen Rechtsverordnungen entsprechend. Die folgenden Vorschriften gelten mit folgenden Maßgaben:

1. ***§ 212 Absatz 2 Nummer 1 des Versicherungsaufsichtsgesetzes gilt mit der Maßgabe, dass § 30 des Versicherungsaufsichtsgesetzes Anwendung findet;***
2. ***§ 212 Absatz 3 Nummer 6 des Versicherungsaufsichtsgesetzes gilt ohne Maßgabe; § 212 Absatz 3 Nummer 7, 10 und 12 des Versicherungsaufsichtsgesetzes gilt mit der Maßgabe, dass die dort genannten Vorschriften auch auf die interne Revision Anwendung finden; § 212 Absatz 3 Nummer 13 des Versicherungsaufsichtsgesetzes gilt mit der Maßgabe, dass die Bundesanstalt für Finanzdienstleistungsaufsicht bei Vorliegen der gesetzlichen Tatbestandsmerkmale die Erlaubnis zum Geschäftsbetrieb widerrufen kann;***
3. ***§ 214 Absatz 1 des Versicherungsaufsichtsgesetzes gilt mit der Maßgabe, dass grundsätzlich die Hälfte des Ausgleichsfonds den Eigenmitteln zugerechnet werden kann. Auf Antrag des Pensions-Sicherungs-Vereins Versicherungsverein auf Gegenseitigkeit kann die Bundesanstalt für Finanzdienstleistungsaufsicht im Fall einer Inanspruchnahme des Ausgleichsfonds nach § 10 Absatz 2 Satz 5 festsetzen, dass der Ausgleichsfonds vorübergehend zu einem hierüber hinausgehenden Anteil den Eigenmitteln zugerechnet werden kann; § 214 Absatz 1 Satz 2 des Versicherungsaufsichtsgesetzes findet keine Anwendung;***
4. ***der Umfang des Sicherungsvermögens muss mindestens der Summe aus den Bilanzwerten der in § 125 Absatz 2 des Versicherungsaufsichtsgesetzes genannten Beträge und dem nicht den Eigenmitteln zuzurechnenden Teil des Ausgleichsfonds entsprechen;***
5. ***§ 134 Absatz 3 Satz 2 des Versicherungsaufsichtsgesetzes gilt mit der Maßgabe, dass die Aufsichtsbehörde die Frist für Maßnahmen des Pensions-Sicherungs-Vereins Versicherungsverein auf Gegenseitigkeit um einen angemessenen Zeitraum verlängern kann; § 134 Absatz 6 Satz 1 des Versicherungsaufsichtsgesetzes ist entsprechend anzuwenden;***
6. ***§ 135 Absatz 2 Satz 2 des Versicherungsaufsichtsgesetzes gilt mit der Maßgabe, dass die Aufsichtsbehörde die genannte Frist um einen angemessenen Zeitraum verlängern kann.***

(3)[3] Der Bundesminister für Arbeit und Sozialordnung weist durch Rechtsverordnung mit Zustimmung des Bundesrates die Stellung des Trägers der Insolvenzsicherung der Kreditanstalt für Wiederaufbau zu, bei der ein Fonds zur Insolvenzsicherung der betrieblichen Altersversorgung gebildet wird, wenn

1. bis zum 31. Dezember 1974 nicht nachgewiesen worden ist, daß der in Absatz 1 genannte Träger die Erlaubnis der Aufsichtsbehörde zum Geschäftsbetrieb erhalten hat,
2. der in Absatz 1 genannte Träger aufgelöst worden ist oder

1) § 14 Abs. 1 Satz 3 und 4 BetrAVG wurden durch das Gesetz zur Modernisierung der Finanzaufsicht über Versicherungen (Inkrafttreten 1. 1. 2016) aufgehoben.

2) § 14 Abs. 2 BetrAVG wurde durch das Gesetz zur Modernisierung der Finanzaufsicht über Versicherungen (Inkrafttreten 1. 1. 2016) neu gefasst.

3) § 14 Abs. 2 BetrAVG wurde durch das Gesetz zur Modernisierung der Finanzaufsicht über Versicherungen (Inkrafttreten 1. 1. 2016) Absatz 3.

3. die Aufsichtsbehörde den Geschäftsbetrieb des in Absatz 1 genannten Trägers untersagt oder die Erlaubnis zum Geschäftsbetrieb widerruft.

In den Fällen der Nummern 2 und 3 geht das Vermögen des in Absatz 1 genannten Trägers einschließlich der Verbindlichkeiten auf die Kreditanstalt für Wiederaufbau über, die es dem Fonds zur Insolvenzsicherung der betrieblichen Altersversorgung zuweist.

(4)[1] Wird die Insolvenzsicherung von der Kreditanstalt für Wiederaufbau durchgeführt, gelten die Vorschriften dieses Abschnittes mit folgenden Abweichungen:

1. In § 7 Abs. 6 entfällt die Zustimmung der Bundesanstalt für Finanzdienstleistungsaufsicht.
2. § 10 Abs. 2 findet keine Anwendung. Die von der Kreditanstalt für Wiederaufbau zu erhebenden Beiträge müssen den Bedarf für die laufenden Leistungen der Insolvenzsicherung im laufenden Kalenderjahr und die im gleichen Zeitraum entstehenden Verwaltungskosten und sonstigen Kosten, die mit der Gewährung der Leistungen zusammenhängen, decken. Bei einer Zuweisung nach Absatz 2 Nr. 1 beträgt der Beitrag für die ersten 3 Jahre mindestens 0,1 vom Hundert der Beitragsbemessungsgrundlage gemäß § 10 Abs. 3; der nicht benötigte Teil dieses Beitragsaufkommens wird einer Betriebsmittelreserve zugeführt. Bei einer Zuweisung nach Absatz 2 Nr. 2 oder 3 wird in den ersten 3 Jahren zu dem Beitrag nach Nummer 2 Satz 2 ein Zuschlag von 0,08 vom Hundert der Beitragsbemessungsgrundlage gemäß § 10 Abs. 3 zur Bildung einer Betriebsmittelreserve erhoben. Auf die Beiträge können Vorschüsse erhoben werden.
3. In § 12 Abs. 3 tritt an die Stelle der Bundesanstalt für Finanzdienstleistungsaufsicht die Kreditanstalt für Wiederaufbau.

Die Kreditanstalt für Wiederaufbau verwaltet den Fonds im eigenen Namen. Für Verbindlichkeiten des Fonds haftet sie nur mit dem Vermögen des Fonds. Dieser haftet nicht für die sonstigen Verbindlichkeiten der Bank. § 11 Abs. 1 Satz 1 des Gesetzes über die Kreditanstalt für Wiederaufbau in der Fassung der Bekanntmachung vom 23. Juni 1969 (BGBl. I S. 573), das zuletzt durch Artikel 14 des Gesetzes vom 21. Juni 2002 (BGBl. I S. 2010) geändert worden ist, ist in der jeweils geltenden Fassung auch für den Fonds anzuwenden.

§ 15 Verschwiegenheitspflicht

Personen, die bei dem Träger der Insolvenzsicherung beschäftigt oder für ihn tätig sind, dürfen fremde Geheimnisse, insbesondere Betriebs- oder Geschäftsgeheimnisse, nicht unbefugt offenbaren oder verwerten. Sie sind nach dem Gesetz über die förmliche Verpflichtung nichtbeamteter Personen vom 2. März 1974 (Bundesgesetzblatt I S. 469, 547) von der Bundesanstalt für Finanzdienstleistungsaufsicht auf die gewissenhafte Erfüllung ihrer Obliegenheiten zu verpflichten.

§ 16 Anpassungsprüfungspflicht

(1) Der Arbeitgeber hat alle drei Jahre eine Anpassung der laufenden Leistungen der betrieblichen Altersversorgung zu prüfen und hierüber nach billigem Ermessen zu entscheiden; dabei sind insbesondere die Belange des Versorgungsempfängers und die wirtschaftliche Lage des Arbeitgebers zu berücksichtigen.

(2) Die Verpflichtung nach Absatz 1 gilt als erfüllt, wenn die Anpassung nicht geringer ist als der Anstieg

1. des Verbraucherpreisindexes für Deutschland oder
2. der Nettolöhne vergleichbarer Arbeitnehmergruppen des Unternehmens

im Prüfungszeitraum.

(3) Die Verpflichtung nach Absatz 1 entfällt wenn

1. der Arbeitgeber sich verpflichtet, die laufenden Leistungen jährlich um wenigstens eins vom *Hundert anzupassen,*
2. die betriebliche Altersversorgung über eine Direktversicherung im Sinne des § 1b Abs. 2 oder über eine Pensionskasse im Sinne des § 1b Abs. 3 durchgeführt wird und ab Rentenbeginn sämtliche auf den Rentenbestand entfallende Überschußanteile zur Erhöhung der laufenden Leistungen verwendet werden oder[2])
3. eine Beitragszusage mit Mindestleistung erteilt wurde; Absatz 5 findet insoweit keine Anwendung.

1) § 14 Abs. 3 BetrAVG wurde durch das Gesetz zur Modernisierung der Finanzaufsicht über Versicherungen (Inkrafttreten 1. 1. 2016) Absatz 4.

2) Absatz 3 Nummer 2 wurde durch das Gesetz zur Umsetzung der EU-Mobilitäts-Richtlinie geändert (Artikel 1 Nr. 7 i. V. m. Artikel 4 Satz 2 des Gesetzes).

(4) Sind laufende Leistungen nach Absatz 1 nicht oder nicht in vollem Umfang anzupassen (zu Recht unterbliebene Anpassung), ist der Arbeitgeber nicht verpflichtet, die Anpassung zu einem späteren Zeitpunkt nachzuholen. Eine Anpassung gilt als zu Recht unterblieben, wenn der Arbeitgeber dem Versorgungsempfänger die wirtschaftliche Lage des Unternehmens schriftlich dargelegt, der Versorgungsempfänger nicht binnen drei Kalendermonaten nach Zugang der Mitteilung schriftlich widersprochen hat und er auf die Rechtsfolgen eines nicht fristgemäßen Widerspruchs hingewiesen wurde.

(5) Soweit betriebliche Altersversorgung durch Entgeltumwandlung finanziert wird, ist der Arbeitgeber verpflichtet, die Leistungen mindestens entsprechend Absatz 3 Nr. 1 anzupassen oder im Falle der Durchführung über eine Direktversicherung oder eine Pensionskasse sämtliche Überschussanteile entsprechend Absatz 3 Nr. 2 zu verwenden.

(6) Eine Verpflichtung zur Anpassung besteht nicht für monatliche Raten im Rahmen eines Auszahlungsplans sowie für Renten ab Vollendung des 85. Lebensjahres im Anschluss an einen Auszahlungsplan.

§ 17 Persönlicher Geltungsbereich und Tariföffnungsklausel

(1) Arbeitnehmer im Sinne der §§ 1 bis 16 sind Arbeiter und Angestellte einschließlich der zu ihrer Berufsausbildung Beschäftigten; ein Berufsausbildungsverhältnis steht einem Arbeitsverhältnis gleich. Die §§ 1 bis 16 gelten entsprechend für Personen, die nicht Arbeitnehmer sind, wenn ihnen Leistungen der Alters-, Invaliditäts- oder Hinterbliebenenversorgung aus Anlaß ihrer Tätigkeit für ein Unternehmen zugesagt worden sind. Arbeitnehmer im Sinne von § 1a Abs. 1 sind nur Personen nach den Sätzen 1 und 2, soweit sie aufgrund der Beschäftigung oder Tätigkeit bei dem Arbeitgeber, gegen den sich der Anspruch nach § 1a richten würde, in der gesetzlichen Rentenversicherung pflichtversichert sind.

(2) Die §§ 7 bis 15 gelten nicht für den Bund, die Länder, die Gemeinden sowie die Körperschaften, Stiftungen und Anstalten des öffentlichen Rechts, bei denen das Insolvenzverfahren nicht zulässig ist, und solche juristische Personen des öffentlichen Rechts, bei denen der Bund, ein Land oder eine Gemeinde kraft Gesetzes die Zahlungsfähigkeit sichert.

(3) Von den §§ 1a, 2 bis 5, 16, 18a Satz 1, §§ 27 und 28 kann in Tarifverträgen abgewichen werden. Die abweichenden Bestimmungen haben zwischen nichttarifgebundenen Arbeitgebern und Arbeitnehmern Geltung, wenn zwischen diesen die Anwendung der einschlägigen tariflichen Regelung vereinbart ist. Im übrigen kann von den Bestimmungen dieses Gesetzes nicht zuungunsten des Arbeitnehmers abgewichen werden.

(4) Gesetzliche Regelungen über Leistungen der betrieblichen Altersversorgung werden unbeschadet des § 18 durch die §§ 1 bis 16 und 26 bis 30 nicht berührt.

(5) Soweit Entgeltansprüche auf einem Tarifvertrag beruhen, kann für diese eine Entgeltumwandlung nur vorgenommen werden, soweit dies durch Tarifvertrag vorgesehen oder durch Tarifvertrag zugelassen ist.

§ 18 Sonderregelungen für den öffentlichen Dienst

(1) Für Personen, die

1. bei der Versorgungsanstalt des Bundes und der Länder (VBL) bei einer kommunalen oder kirchlichen Zusatzversorgungseinrichtung pflichtversichert sind, oder
2. bei einer anderen Zusatzversorgungseinrichtung pflichtversichert sind, die mit einer der Zusatzversorgungseinrichtungen nach Nummer 1 ein Überleitungsabkommen abgeschlossen hat oder aufgrund satzungsrechtlicher Vorschriften von Zusatzversorgungseinrichtungen nach Nummer 1 ein solches Abkommen abschließen kann, oder
3. unter das Gesetz über die zusätzliche Alters- und Hinterbliebenenversorgung für Angestellte und Arbeiter der Freien und Hansestadt Hamburg (Erstes Ruhegeldgesetz – 1. RGG), das Gesetz zur Neuregelung der zusätzlichen Alters- und Hinterbliebenenversorgung für Angestellte und Arbeiter der Freien und Hansestadt Hamburg (Zweites Ruhegeldgesetz – 2. RGG) oder unter das Bremische Ruhelohngesetz in ihren jeweiligen Fassungen fallen oder auf die diese Gesetze sonst Anwendung finden,

gelten die §§ 2, 5, 16, 27 und 28 nicht, soweit sich aus den nachfolgenden Regelungen nichts *Abweichendes ergibt; § 4 gilt nicht*, wenn die Anwartschaft oder die laufende Leistung ganz oder teilweise umlage- oder haushaltsfinanziert ist.

(2) Bei Eintritt des Versorgungsfalles erhalten die in Absatz 1 Nr. 1 und 2 bezeichneten Personen, deren Anwartschaft nach § 1b fortbesteht und deren Arbeitsverhältnis vor Eintritt des Versorgungsfalles geendet hat, von der Zusatzversorgungseinrichtung eine Zusatzrente nach folgenden Maßgaben:

1. Der monatliche Betrag der Zusatzrente beträgt für jedes Jahr der aufgrund des Arbeitsverhältnisses bestehenden Pflichtversicherung bei einer Zusatzversorgungseinrichtung 2,25 vom Hundert, höchstens jedoch 100 vom Hundert der Leistung, die bei dem höchstmöglichen Versorgungssatz zugestanden hätte (Voll-Leistung). Für die Berechnung der Voll-Leistung
   a) ist der Versicherungsfall der Regelaltersrente maßgebend,
   b) ist das Arbeitsentgelt maßgebend, das nach der Versorgungsregelung für die Leistungsbemessung maßgebend wäre, wenn im Zeitpunkt des Ausscheidens der Versicherungsfall im Sinne der Versorgungsregelung eingetreten wäre,
   c) finden § 2 Abs. 5 Satz 1 und § 2 Abs. 6 entsprechend Anwendung,
   d) ist im Rahmen einer Gesamtversorgung der im Falle einer Teilzeitbeschäftigung oder Beurlaubung nach der Versorgungsregelung für die gesamte Dauer des Arbeitsverhältnisses maßgebliche Beschäftigungsquotient nach der Versorgungsregelung als Beschäftigungsquotient auch für die übrige Zeit maßgebend,
   e) finden die Vorschriften der Versorgungsregelung über eine Mindestleistung keine Anwendung und
   f) ist eine anzurechnende Grundversorgung nach dem bei der Berechnung von Pensionsrückstellungen für die Berücksichtigung von Renten aus der gesetzlichen Rentenversicherung allgemein zulässigen Verfahren zu ermitteln. Hierbei ist das Arbeitsentgelt nach Buchstabe b zugrunde zu legen und – soweit während der Pflichtversicherung Teilzeitbeschäftigung bestand – diese nach Maßgabe der Versorgungsregelung zu berücksichtigen.
2. Die Zusatzrente vermindert sich um 0,3 vom Hundert für jeden vollen Kalendermonat, den der Versorgungsfall vor Vollendung des 65. Lebensjahres eintritt, höchstens jedoch um den in der Versorgungsregelung für die Voll-Leistung vorgesehenen Vomhundertsatz.
3. Übersteigt die Summe der Vomhundertsätze nach Nummer 1 aus unterschiedlichen Arbeitsverhältnissen 100, sind die einzelnen Leistungen im gleichen Verhältnis zu kürzen.
4. Die Zusatzrente muss monatlich mindestens den Betrag erreichen, der sich aufgrund des Arbeitsverhältnisses nach der Versorgungsregelung als Versicherungsrente aus den jeweils maßgeblichen Vomhundertsätzen der zusatzversorgungspflichtigen Entgelte oder der gezahlten Beiträge und Erhöhungsbeträge ergibt.
5. Die Vorschriften der Versorgungsregelung über das Erlöschen, das Ruhen und die Nichtleistung der Versorgungsrente gelten entsprechend. Soweit die Versorgungsregelung eine Mindestleistung in Ruhensfällen vorsieht, gilt dies nur, wenn die Mindestleistung der Leistung im Sinne der Nummer 4 entspricht.
6. Verstirbt die in Absatz 1 genannte Person, erhält eine Witwe oder ein Witwer 60 vom Hundert, eine Witwe oder ein Witwer im Sinne des § 46 Abs. 1 des Sechsten Buches Sozialgesetzbuch 42 vom Hundert, eine Halbwaise 12 vom Hundert und eine Vollwaise 20 vom Hundert der unter Berücksichtigung der in diesem Absatz genannten Maßgaben zu berechnenden Zusatzrente; die §§ 46, 48, 103 bis 105 des Sechsten Buches Sozialgesetzbuch sind entsprechend anzuwenden. Die Leistungen an mehrere Hinterbliebene dürfen den Betrag der Zusatzrente nicht übersteigen; gegebenenfalls sind die Leistungen im gleichen Verhältnis zu kürzen.
7. Versorgungsfall ist der Versicherungsfall im Sinne der Versorgungsregelung.

(3) Personen, auf die bis zur Beendigung ihres Arbeitsverhältnisses die Regelungen des Ersten Ruhegeldgesetzes, des Zweiten Ruhegeldgesetzes oder des Bremischen Ruhelohngesetzes in ihren jeweiligen Fassungen Anwendung gefunden haben, haben Anspruch gegenüber ihrem ehemaligen Arbeitgeber auf Leistungen in sinngemäßer Anwendung des Absatzes 2 mit Ausnahme von Absatz 2 Nr. 3 und 4 sowie Nr. 5 Satz 2; bei Anwendung des Zweiten Ruhegeldgesetzes bestimmt sich der monatliche Betrag der Zusatzrente abweichend von Absatz 2 nach der nach dem Zweiten Ruhegeldgesetz maßgebenden Berechnungsweise.

(4) Die Leistungen nach den Absätzen 2 und 3 werden, mit Ausnahme der Leistungen nach Absatz 2 Nr. 4, jährlich zum 1. Juli um 1 vom Hundert erhöht, soweit in diesem Jahr eine allgemeine Erhöhung der Versorgungsrenten erfolgt.

(5) Besteht bei Eintritt des Versorgungsfalles neben dem Anspruch auf Zusatzrente oder auf die in Absatz 3 oder Absatz 7 bezeichneten Leistungen auch Anspruch auf eine Versorgungsrente oder Versicherungsrente der in Absatz 1 Satz 1 Nr. 1 und 2 bezeichneten Zusatzversorgungseinrichtungen oder Anspruch auf entsprechende Versorgungsleistungen der Versorgungsanstalt der deutschen Kulturorchester oder der Versorgungsanstalt der deutschen Bühnen oder nach den Regelungen des Ersten Ruhegeldgesetzes, des Zweiten Ruhegeldgesetzes oder des Bremischen Ruhelohngesetzes, in deren Berechnung auch die der Zusatzrente zugrunde liegenden Zeiten berücksichtigt sind, ist nur die im Zahlbetrag höhere Rente zu leisten.

(6) Eine Anwartschaft auf Zusatzrente nach Absatz 2 oder auf Leistungen nach Absatz 3 kann bei Übertritt der anwartschaftsberechtigten Person in ein Versorgungssystem einer überstaatlichen Einrichtung in das Versorgungssystem dieser Einrichtung übertragen werden, wenn ein entsprechendes Abkommen zwischen der Zusatzversorgungseinrichtung oder der Freien und Hansestadt Hamburg oder der Freien Hansestadt Bremen und der überstaatlichen Einrichtung besteht.

(7) Für Personen, die bei der Versorgungsanstalt der deutschen Kulturorchester oder der Versorgungsanstalt der deutschen Bühnen pflichtversichert sind, gelten die §§ 2 bis 5, 16, 27 und 28 nicht. Bei Eintritt des Versorgungsfalles treten an die Stelle der Zusatzrente und der Leistungen an Hinterbliebene nach Absatz 2 und an die Stelle der Regelung in Absatz 4 die satzungsgemäß vorgesehenen Leistungen; Absatz 2 Nr. 5 findet entsprechend Anwendung. Die Höhe der Leistungen kann nach dem Ausscheiden aus dem Beschäftigungsverhältnis nicht mehr geändert werden. Als pflichtversichert gelten auch die freiwillig Versicherten der Versorgungsanstalt der deutschen Kulturorchester und der Versorgungsanstalt der deutschen Bühnen.

(8) Gegen Entscheidungen der Zusatzversorgungseinrichtungen über Ansprüche nach diesem Gesetz ist der Rechtsweg gegeben, der für Versicherte der Einrichtung gilt.

(9) Bei Personen, die aus einem Arbeitsverhältnis ausscheiden, in dem sie nach § 5 Abs. 1 Satz 1 Nr. 2 des Sechsten Buches Sozialgesetzbuch versicherungsfrei waren, dürfen die Ansprüche nach § 2 Abs. 1 Satz 1 und 2 nicht hinter dem Rentenanspruch zurückbleiben, der sich ergeben hätte, wenn der Arbeitnehmer für die Zeit der versicherungsfreien Beschäftigung in der gesetzlichen Rentenversicherung nachversichert worden wäre; die Vergleichsberechnung ist im Versorgungsfall aufgrund einer Auskunft der Deutschen Rentenversicherung Bund vorzunehmen.

§ 18a Verjährung

Der Anspruch auf Leistungen aus der betrieblichen Altersversorgung verjährt in 30 Jahren. Ansprüche auf regelmäßig wiederkehrende Leistungen unterliegen der regelmäßigen Verjährungsfrist nach den Vorschriften des Bürgerlichen Gesetzbuchs.

§ 30b

§ 4 Abs. 3 gilt nur für Zusagen, die nach dem 31. Dezember 2004 erteilt wurden.

§ 30c

(1) § 16 Abs. 3 Nr. 1 gilt nur für laufende Leistungen, die auf Zusagen beruhen, die nach dem 31. Dezember 1998 erteilt werden.

(2) § 16 Abs. 4 gilt nicht für vor dem 1. Januar 1999 zu Recht unterbliebene Anpassungen.

(3) § 16 Abs. 5 gilt nur für laufende Leistungen, die auf Zusagen beruhen, die nach dem 31. Dezember 2000 erteilt werden.

(4) Für die Erfüllung der Anpassungsprüfungspflicht für Zeiträume vor dem 1. Januar 2003 gilt § 16 Abs. 2 Nr. 1 mit der Maßgabe, dass an die Stelle des Verbraucherpreisindexes für Deutschland der Preisindex für die Lebenshaltung von 4-Personen-Haushalten von Arbeitern und Angestellten mit mittlerem Einkommen tritt.

§ 30d Übergangsregelung zu § 18

(1) Ist der Versorgungsfall vor dem 1. Januar 2001 eingetreten oder ist der Arbeitnehmer vor dem 1. Januar 2001 aus dem Beschäftigungsverhältnis bei einem öffentlichen Arbeitgeber ausgeschieden und der Versorgungsfall nach dem 31. Dezember 2000 eingetreten, sind für die Berechnung der Voll-Leistung die Regelungen der Zusatzversorgungseinrichtungen nach § 18 Abs. 1 Satz 1 Nr. 1 und 2 oder die Gesetze im Sinne des § 18 Abs. 1 Satz 1 Nr. 3 sowie die weiteren Berechnungsfaktoren jeweils in der am 31. Dezember 2000 geltenden Fassung maßgebend; § 18 Abs. 2 Nr. 1 Buchstabe b bleibt unberührt. Die Steuerklasse III/O ist zugrunde zu legen. Ist der Versorgungsfall vor dem 1. Januar 2001 eingetreten, besteht der Anspruch auf Zusatzrente mindestens in der Höhe, wie er sich aus § 18 in der Fassung vom 16. Dezember 1997 (BGBl. I S. 2998) ergibt.

(2) Die Anwendung des § 18 ist in den Fällen des Absatzes 1 ausgeschlossen, soweit eine Versorgungsrente der in § 18 Abs. 1 Satz 1 Nr. 1 und 2 bezeichneten Zusatzversorgungseinrichtungen oder eine entsprechende Leistung aufgrund der Regelungen des Ersten Ruhegeldgesetzes, des Zweiten Ruhegeldgesetzes oder des Bremischen Ruhelohngesetzes bezogen wird, oder eine Versicherungsrente abgefunden wurde.

(3) Für Arbeitnehmer im Sinne des § 18 Abs. 1 Satz 1 Nr. 4, 5 und 6 in der bis zum 31. Dezember 1998 geltenden Fassung, für die bis zum 31. Dezember 1998 ein Anspruch auf Nachversicherung nach § 18 Abs. 6 entstanden ist, gilt Absatz 1 Satz 1 für die aufgrund der Nachversicherung zu ermittelnde Voll-Leistung entsprechend mit der Maßgabe, dass sich der nach § 2 zu ermittelnde Anspruch gegen den ehemaligen Arbeitgeber richtet. Für den nach § 2 zu ermittelnden Anspruch gilt § 18 Abs. 2 Nr. 1 Buchstabe b entsprechend; für die übrigen Bemessungsfaktoren ist auf die Rechtslage am 31. Dezember 2000 abzustellen. Leistungen der gesetzlichen Rentenversicherung, die auf einer Nachversicherung wegen Ausscheidens aus einem Dienstordnungsverhältnis beruhen, und Leistungen, die die zuständige Versorgungseinrichtung aufgrund von Nachversicherungen im Sinne des § 18 Abs. 6 in der am 31. Dezember 1998 geltenden Fassung gewährt, werden auf den Anspruch nach § 2 angerechnet. Hat das Arbeitsverhältnis im Sinne des § 18 Abs. 9 bereits am 31. Dezember 1998 bestanden, ist in die Vergleichsberechnung nach § 18 Abs. 9 auch die Zusatzrente nach § 18 in der bis zum 31. Dezember 1998 geltenden Fassung einzubeziehen.

§ 30e

(1) § 1 Abs. 2 Nr. 4 zweiter Halbsatz gilt für Zusagen, die nach dem 31. Dezember 2002 erteilt werden.

(2) § 1 Abs. 2 Nr. 4 zweiter Halbsatz findet auf Pensionskassen, deren Leistungen der betrieblichen Altersversorgung durch Beiträge der Arbeitnehmer und Arbeitgeber gemeinsam finanziert und die als beitragsorientierte Leistungszusage oder als Leistungszusage durchgeführt werden, mit der Maßgabe Anwendung, dass dem ausgeschiedenen Arbeitnehmer das Recht zur Fortführung mit eigenen Beiträgen nicht eingeräumt werden und eine Überschussverwendung gemäß § 1b Abs. 5 Nr. 1 nicht erfolgen muss. Wird dem ausgeschiedenen Arbeitnehmer ein Recht zur Fortführung nicht eingeräumt, gilt für die Höhe der unverfallbaren Anwartschaft § 2 Abs. 5a entsprechend. Für die Anpassung laufender Leistungen gelten die Regelungen nach § 16 Abs. 1 bis 4. Die Regelung in Absatz 1 bleibt unberührt.

§ 30f

(1) Wenn Leistungen der betrieblichen Altersversorgung vor dem 1. Januar 2001 zugesagt worden sind, ist § 1b Abs. 1 mit der Maßgabe anzuwenden, dass die Anwartschaft erhalten bleibt, wenn das Arbeitsverhältnis vor Eintritt des Versorgungsfalles, jedoch nach Vollendung des 35. Lebensjahres endet und die Versorgungszusage zu diesem Zeitpunkt

1. mindestens zehn Jahre oder
2. bei mindestens zwölfjähriger Betriebszugehörigkeit mindestens drei Jahre

bestanden hat; in diesen Fällen bleibt die Anwartschaft auch erhalten, wenn die Zusage ab dem 1. Januar 2001 fünf Jahre bestanden hat und bei Beendigung des Arbeitsverhältnisses das 30. Lebensjahr vollendet ist. § 1b Abs. 5 findet für Anwartschaften aus diesen Zusagen keine Anwendung.

(2) Wenn Leistungen der betrieblichen Altersversorgung vor dem 1. Januar 2009 und nach dem 31. Dezember 2000 zugesagt worden sind, ist § 1b Abs. 1 Satz 1 mit der Maßgabe anzuwenden, dass die Anwartschaft erhalten bleibt, wenn das Arbeitsverhältnis vor Eintritt des Versorgungsfalls, jedoch nach Vollendung des 30. Lebensjahres endet und die Versorgungszusage zu diesem Zeitpunkt fünf Jahre bestanden hat; in diesen Fällen bleibt die Anwartschaft auch erhalten, wenn die Zusage ab dem 1. Januar 2009 fünf Jahre bestanden hat und bei Beendigung des Arbeitsverhältnisses das 25. Lebensjahr vollendet ist.

§ 30g

(1) § 2 Abs. 5a gilt nur für Anwartschaften, die auf Zusagen beruhen, die nach dem 31. Dezember 2000 erteilt worden sind. Im Einvernehmen zwischen Arbeitgeber und Arbeitnehmer kann § 2 Abs. 5a auch auf Anwartschaften angewendet werden, die auf Zusagen beruhen, die vor dem 1. Januar 2001 erteilt worden sind.

(2) § 3 findet keine Anwendung auf laufende Leistungen, die vor dem 1. Januar 2005 erstmals gezahlt worden sind.

§ 30h

§ 17 Abs. 5 gilt für Entgeltumwandlungen, die auf Zusagen beruhen, die nach dem 29. Juni 2001 erteilt werden.

§ 30i

(1) Der Barwert der bis zum 31. Dezember 2005 aufgrund eingetretener Insolvenzen zu sichernden Anwartschaften wird einmalig auf die beitragspflichtigen Arbeitgeber entsprechend § 10 Abs. 3 umgelegt und vom Träger der Insolvenzsicherung nach Maßgabe der Beträge zum Schluss des Wirtschaftsjahres, das im Jahr 2004 geendet hat, erhoben. Der Rechnungszinsfuß bei der Berechnung des Barwerts beträgt 3,67 vom Hundert.

(2) Der Betrag ist in 15 gleichen Raten fällig. Die erste Rate wird am 31. März 2007 fällig, die weiteren zum 31. März der folgenden Kalenderjahre. Bei vorfälliger Zahlung erfolgt eine Diskontierung der einzelnen Jahresraten mit dem zum Zeitpunkt der Zahlung um ein Drittel erhöhten Rechnungszinsfuß nach ***der nach § 235 Nummer 4 des Versicherungsaufsichtsgesetzes erlassenen Rechtsverordnung***[1], wobei nur volle Monate berücksichtigt werden.

(3) Der abgezinste Gesamtbetrag ist gemäß Absatz 2 am 31. März 2007 fällig, wenn die sich ergebende Jahresrate nicht höher als 50 Euro ist.

(4) Insolvenzbedingte Zahlungsausfälle von ausstehenden Raten werden im Jahr der Insolvenz in die erforderlichen jährlichen Beiträge gemäß § 10 Abs. 2 eingerechnet.

§ 31

Auf Sicherungsfälle, die vor dem 1. Januar 1999 eingetreten sind, ist dieses Gesetz in der bis zu diesem Zeitpunkt geltenden Fassung anzuwenden.

II.
Gesetz über die Zertifizierung von Altersvorsorge- und Basisrentenverträgen (Altersvorsorgeverträge-Zertifizierungsgesetz – AltZertG)[2]

vom 26. 6. 2001 (BGBl. I S. 1310, 1322),
zuletzt geändert durch Artikel ***450 der Zehnten Zuständigkeitsanpassungsverordnung vom 31. 8. 2015*** (BGBl. I S. ***1474***)

– Auszug –

§ 1 Begriffsbestimmungen zum Altersvorsorgevertrag

(1) Ein Altersvorsorgevertrag im Sinne dieses Gesetzes liegt vor, wenn zwischen dem Anbieter und einer natürlichen Person (Vertragspartner) eine Vereinbarung in deutscher Sprache geschlossen wird,

1. (weggefallen)
2. die für den Vertragspartner eine lebenslange und unabhängig vom Geschlecht berechnete Altersversorgung vorsieht, die nicht vor Vollendung des 62. Lebensjahres oder einer vor Vollendung des 62. Lebensjahres beginnenden Leistung aus einem gesetzlichen Alterssicherungssystem des Vertragspartners (Beginn der Auszahlungsphase) gezahlt werden darf; Leistungen aus einer ergänzenden Absicherung der verminderten Erwerbsfähigkeit oder Dienstunfähigkeit und einer zusätzlichen Absicherung der Hinterbliebenen können vereinbart werden; Hinterbliebene in diesem Sinne sind der Ehegatte, der Lebenspartner und die Kinder, für die dem Vertragspartner zum Zeitpunkt des Eintritts des Versorgungsfalles ein Anspruch auf Kindergeld oder ein Freibetrag nach § 32 Abs. 6 des Einkommensteuergesetzes zugestanden hätte; der Anspruch auf Waisenrente oder Waisengeld darf längstens für den Zeitraum bestehen, in dem der Rentenberechtigte die Voraussetzungen für die Berücksichtigung als Kind im Sinne des § 32 des Einkommensteuergesetzes erfüllt;
3. in welcher der Anbieter zusagt, dass zu Beginn der Auszahlungsphase zumindest die eingezahlten Altersvorsorgebeiträge für die Auszahlungsphase zur Verfügung stehen und für die Leistungserbringung genutzt werden; sofern Beitragsanteile zur Absicherung der verminderten Erwerbsfähigkeit oder Dienstunfähigkeit oder zur Hinterbliebenenabsicherung verwendet werden, sind bis zu 20 Prozent der Gesamtbeiträge in diesem Zusammenhang nicht *zu berücksichtigen;* das gilt auch für den Fall, dass das gebildete Kapital zu Beginn der Auszahlungsphase nach Nummer 10 Buchstabe b auf einen anderen Altersvorsorgevertrag übertragen wird;

1) § 30i Abs. 2 Satz 3 BetrAVG wurde durch das Gesetz zur Modernisierung der Finanzaufsicht über Versicherungen (Inkrafttreten 1. 1. 2016) geändert.
2) → u. a. § 3 Nr. 55c, 56 und 63 sowie § 82 Abs. 2 Satz 1 EStG.

4. die monatliche Leistungen für den Vertragspartner in Form einer
   a) lebenslangen Leibrente oder Ratenzahlungen im Rahmen eines Auszahlungsplans mit einer anschließenden Teilkapitalverrentung ab spätestens dem 85. Lebensjahr vorsieht; die Leistungen müssen während der gesamten Auszahlungsphase gleich bleiben oder steigen; Anbieter und Vertragspartner können vereinbaren, dass bis zu zwölf Monatsleistungen in einer Auszahlung zusammengefasst werden oder eine Kleinbetragsrente nach § 93 Abs. 3 des Einkommensteuergesetzes abgefunden wird; bis zu 30 Prozent des zu Beginn der Auszahlungsphase zur Verfügung stehenden Kapitals kann an den Vertragspartner außerhalb der monatlichen Leistungen ausgezahlt werden; die gesonderte Auszahlung der in der Auszahlungsphase anfallenden Zinsen und Erträge ist zulässig;
   b) lebenslangen Verminderung des monatlichen Nutzungsentgelts für eine vom Vertragspartner selbst genutzte Genossenschaftswohnung vorsieht oder eine zeitlich befristete Verminderung mit einer anschließenden Teilkapitalverrentung ab spätestens dem 85. Lebensjahr vorsieht; die Leistungen müssen während der gesamten Auszahlungsphase gleich bleiben oder steigen; die Ansparleistung muss in diesem Fall durch die Einzahlung auf weitere Geschäftsanteile an einer eingetragenen Genossenschaft erfolgen; die weiteren Geschäftsanteile gelten mit Beginn der Auszahlungsphase als gekündigt; Buchstabe a Teilsatz 3 bis 5 gilt entsprechend;
5. die einen Erwerb weiterer Geschäftsanteile an einer eingetragenen Genossenschaft nur zulässt, wenn der Vertragspartner im Zeitpunkt des Abschlusses des Altersvorsorgevertrags sowie in den neun Monaten davor eine Genossenschaftswohnung des Anbieters durchgehend selbst genutzt hat und bei Erwerb weiterer Geschäftsanteile an einer eingetragenen Genossenschaft vorsieht, dass
   a) im Fall der Aufgabe der Selbstnutzung der Genossenschaftswohnung, des Ausschlusses, des Ausscheidens des Mitglieds oder der Auflösung der Genossenschaft die Möglichkeit eingeräumt wird, dass mindestens die eingezahlten Altersvorsorgebeiträge und die gutgeschriebenen Erträge auf einen vom Vertragspartner zu bestimmenden Altersvorsorgevertrag übertragen werden, und
   b) die auf die weiteren Geschäftsanteile entfallenden Erträge nicht ausgezahlt, sondern für den Erwerb weiterer Geschäftsanteile verwendet werden;
6. (weggefallen)
7. (weggefallen)
8. die vorsieht, dass die angesetzten Abschluss- und Vertriebskosten gleichmäßig mindestens auf die ersten fünf Vertragsjahre verteilt werden, soweit sie nicht als Prozentsatz von den Altersvorsorgebeiträgen abgezogen werden;
9. (weggefallen)
10. die dem Vertragspartner bis zum Beginn der Auszahlungsphase einen Anspruch gewährt,
    a) den Vertrag ruhen zu lassen,
    b) den Vertrag mit einer Frist von drei Monaten zum Ende eines Kalendervierteljahres oder zum Beginn der Auszahlungsphase zu kündigen, um das gebildete Kapital auf einen anderen auf seinen Namen lautenden Altersvorsorgevertrag mit einer Vertragsgestaltung nach diesem Absatz desselben oder eines anderen Anbieters übertragen zu lassen, oder
    c) mit einer Frist von drei Monaten zum Ende eines Kalendervierteljahres eine Auszahlung des gebildeten Kapitals für eine Verwendung im Sinne des § 92a des Einkommensteuergesetzes zu verlangen;

    soweit es sich um den Erwerb weiterer Geschäftsanteile an einer Genossenschaft handelt, gilt der erste Halbsatz mit der Maßgabe, dass die weiteren Geschäftsanteile mit einer Frist von drei Monaten zum Ende des Geschäftsjahres gekündigt werden können und die Auszahlung des auf die weiteren Geschäftsanteile entfallenden Geschäftsguthabens binnen sechs Monaten nach Wirksamwerden der Kündigung verlangt werden kann;
11. die im Fall der Verminderung des monatlichen Nutzungsentgelts für eine vom Vertragspartner selbst genutzte Genossenschaftswohnung dem Vertragspartner bei Aufgabe der Selbstnutzung der Genossenschaftswohnung in der Auszahlungsphase einen Anspruch gewährt, den Vertrag mit einer Frist von nicht mehr als drei Monaten zum Ende des Geschäftsjahres zu kündigen, um spätestens binnen sechs Monaten nach Wirksamwerden der Kündigung das noch nicht verbrauchte Kapital auf einen anderen auf seinen Namen lautenden Altersvorsorgevertrag desselben oder eines anderen Anbieters übertragen zu lassen.

Ein Altersvorsorgevertrag im Sinne dieses Gesetzes kann zwischen dem Anbieter und dem Vertragspartner auch auf Grundlage einer rahmenvertraglichen Vereinbarung mit einer Vereinigung geschlossen werden, wenn der begünstigte Personenkreis die Voraussetzungen des § 10a des Einkommensteuergesetzes erfüllt. Bei einer Übertragung nach Satz 1 Nummer 10 Buchstabe b gekündigten Kapitals ist es unzulässig, dass der Anbieter des bisherigen Altersvorsorgevertrags dem Vertragspartner Kosten in Höhe von mehr als 150 Euro in Rechnung stellt. Bei der Berechnung der Abschluss- und Vertriebskosten sind vom Anbieter des neuen Altersvorsorgevertrags maximal 50 Prozent des übertragenen, im Zeitpunkt der Übertragung des nach § 10a oder Abschnitt XI des Einkommensteuergesetzes geförderten Kapitals zu berücksichtigen.

(1a) Als Altersvorsorgevertrag gilt auch ein Vertrag,

1. der für den Vertragspartner einen Rechtsanspruch auf Gewährung eines Darlehens vorsieht,
2. der dem Vertragspartner einen Rechtsanspruch auf Gewährung eines Darlehens einräumt, sowie der darauf beruhende Darlehensvertrag; der Vertrag kann auch mit einer Vertragsgestaltung nach Absatz 1 zu einem einheitlichen Vertrag zusammengefasst werden,
3. der dem Vertragspartner einen Rechtsanspruch auf Gewährung eines Darlehens einräumt und bei dem unwiderruflich vereinbart wird, dass dieses Darlehen durch Altersvorsorgevermögen getilgt wird, welches in einem Altersvorsorgevertrag nach Absatz 1 oder Nummer 2 gebildet wird; beide Vertragsbestandteile (Darlehensvertrag und Altersvorsorgevertrag nach Absatz 1 oder Nummer 2) gelten als einheitlicher Vertrag.

Das Darlehen ist für eine wohnungswirtschaftliche Verwendung im Sinne des § 92a Abs. 1 Satz 1 des Einkommensteuergesetzes einzusetzen und ist spätestens bis zur Vollendung des 68. Lebensjahres des Vertragspartners zu tilgen. Absatz 1 Satz 1 Nr. 8 gilt entsprechend.

(2) Anbieter eines Altersvorsorgevertrages im Sinne dieses Gesetzes sind

1. mit Sitz im Inland:
   a)[1] Lebensversicherungsunternehmen, soweit ihnen hierfür eine Erlaubnis nach dem Versicherungsaufsichtsgesetz vom 1. April 2015 (BGBl. I S. 434) in der jeweils geltenden Fassung erteilt worden ist,
   b) Kreditinstitute, die eine Erlaubnis zum Betreiben des Einlagengeschäfts im Sinne des § 1 Abs. 1 Satz 2 Nr. 1 des Kreditwesengesetzes haben,
   c) Bausparkassen im Sinne des Gesetzes über Bausparkassen in der Fassung der Bekanntmachung vom 15. Februar 1991 (BGBl. I S. 454), zuletzt geändert durch Artikel 13a Nr. 3 des Gesetzes vom 16. Juli 2007 (BGBl. I S. 1330), in der jeweils geltenden Fassung,
   d) externe Kapitalverwaltungsgesellschaften im Sinne des § 17 Absatz 2 Nummer 1 des Kapitalanlagegesetzbuchs;
2. mit Sitz in einem anderen Staat des Europäischen Wirtschaftsraums:
   a)[2] ***Lebensversicherungsunternehmen im Sinne der Richtlinie 2009/138/EG des Europäischen Parlaments und des Rates vom 25. November 2009 betreffend die Aufnahme und Ausübung der Versicherungs- und der Rückversicherungstätigkeit (Solvabilität II) (ABl. L 335 vom 17. 12. 2009, S. 1), die zuletzt durch die Richtlinie 2014/51/EU (ABl. L 153 vom 22. 5. 2014, S. 1) geändert worden ist, in der jeweils geltenden Fassung, soweit sie nach § 61 Absatz 2 und 3 des Versicherungsaufsichtsgesetzes entsprechende Geschäfte im Inland betreiben dürfen,***
   b) Kreditinstitute im Sinne der Richtlinie 2006/48/EG des Europäischen Parlaments und des Rates vom 14. Juni 2006 über die Aufnahme und Ausübung der Tätigkeit der Kreditinstitute (ABl. EU Nr. L 177 S. 1), zuletzt geändert durch die Richtlinie 2007/64/EG des Europäischen Parlaments und des Rates vom 13. November 2007 (ABl. EU Nr. L 319 S. 1), soweit sie nach § 53b Abs. 1 Satz 1 des Kreditwesengesetzes entsprechende Geschäfte im Inland betreiben dürfen,
   c) Verwaltungs- oder Investmentgesellschaften im Sinne der Richtlinie 85/611/EWG des Rates vom 20. Dezember 1985 zur Koordinierung der Rechts- und Verwaltungsvorschriften betreffend bestimmte Organismen für gemeinsame Anlagen in Wertpapieren (OGAW) (ABl. EG Nr. L 375 S. 3), zuletzt geändert durch die Richtlinie 2005/1/EG des Europäischen Parlaments und des Rates vom 9. März 2005 (ABl. EU Nr. L 79 S. 9);
3.[3] mit Sitz außerhalb des Europäischen Wirtschaftsraums, soweit die Zweigstellen die Voraussetzungen des ***§ 67 des Versicherungsaufsichtsgesetzes*** oder des § 53, auch in Verbindung mit § 53c, des Kreditwesengesetzes erfüllen, inländische Zweigstellen von Lebensversicherungsunternehmen oder Kreditinstituten, die eine Erlaubnis zum Betreiben des Einlagengeschäfts im Sinne von § 1 Abs. 1 Satz 2 Nr. 1 des Kreditwesengesetzes haben;
4. in das Genossenschaftsregister eingetragene Genossenschaften,
   a) bei denen nach einer gutachterlichen Äußerung des Prüfungsverbands, von dem die Genossenschaft geprüft wird, keine Feststellungen zur Einschränkung der Ordnungsmäßigkeit der Geschäftsführung zu treffen sind, keine Tatsachen vorliegen, die den Bestand der Genossenschaft gefährden oder ihre Entwicklung wesentlich beeinträchtigen könnten und keine Anhaltspunkte dafür vorliegen, dass die von der Genossenschaft abgeschlossenen Altersvorsorgeverträge nicht ordnungsgemäß erfüllt werden,

---

1) Absatz 2 Satz 1 Nr. 1 Buchstabe a wurde durch die Zehnte Zuständigkeitsanpassungsverordnung geändert.
2) Absatz 2 Satz 1 Nr. 2 Buchstabe a wurde durch die Zehnte Zuständigkeitsanpassungsverordnung neu gefasst.
3) Absatz 2 Satz 1 Nr. 3 wurde durch die Zehnte Zuständigkeitsanpassungsverordnung geändert.

b) die entweder eine Erlaubnis nach dem Kreditwesengesetz besitzen oder wenn sie Leistungen nach Absatz 1 Satz 1 Nr. 4 Buchstabe b anbieten, deren Satzungszweck ist, ihren Mitgliedern Wohnraum zur Verfügung zu stellen, und die Erfüllung der Verpflichtungen nach Absatz 1 Satz 1 Nr. 3 und 10 durch eine Versicherung bei einem im Geltungsbereich dieses Gesetzes zum Geschäftsbetrieb befugten Versicherungsunternehmen oder durch ein Zahlungsversprechen eines im Geltungsbereich dieses Gesetzes zum Geschäftsbetrieb befugten Kreditinstituts oder durch eine Sicherung nach § 7d Satz 5 gesichert ist; die Sicherung kann auf 20 000 Euro pro Vertrag begrenzt werden; und

c) deren Satzung zum einen eine Beteiligung mit mehreren Geschäftsanteilen erlaubt und zum anderen für Mitglieder, die weitere Geschäftsanteile zum Zwecke der Durchführung eines Altersvorsorgevertrages angeschafft haben, hinsichtlich dieser weiteren Geschäftsanteile keine Verpflichtung zu Nachschüssen zur Insolvenzmasse oder zu weiteren Einzahlungen nach § 87a Abs. 2 des Genossenschaftsgesetzes oder zur Verlustzuschreibung im Sinne des § 19 Absatz 1 des Genossenschaftsgesetzes sowie keine längere Kündigungsfrist als die des § 65 Abs. 2 Satz 1 des Genossenschaftsgesetzes und keine abweichenden Regelungen für die Auszahlung des Auseinandersetzungsguthabens im Sinne des § 73 Abs. 4 des Genossenschaftsgesetzes vorsieht; das Vorliegen dieser Voraussetzungen ist durch den Prüfungsverband, von dem die Genossenschaft geprüft wird, zu bestätigen.

Finanzdienstleistungsinstitute sowie Kreditinstitute mit Sitz im Inland, die keine Erlaubnis zum Betreiben des Einlagengeschäfts im Sinne des § 1 Abs. 1 Satz 2 Nr. 1 des Kreditwesengesetzes haben, und Wertpapierdienstleistungsunternehmen im Sinne der Richtlinie 2004/39/EG des Europäischen Parlaments und des Rates vom 21. April 2004 über Märkte für Finanzinstrumente, zur Änderung der Richtlinien 85/611/EWG und 93/6/EWG des Rates und der Richtlinie 2000/12/EG des Europäischen Parlaments und des Rates und zur Aufhebung der Richtlinie 93/22/EWG des Rates (ABl. EU Nr. L 145 S. 1, 2005 Nr. L 45 S. 18), zuletzt geändert durch die Richtlinie 2007/44/EG des Europäischen Parlaments und des Rates vom 5. September 2007 (ABl. EU Nr. L 247 S. 1), mit Sitz in einem anderen Staat des Europäischen Wirtschaftsraums können Anbieter sein, wenn sie

1. nach ihrem Erlaubnisumfang nicht unter die Ausnahmeregelungen nach § 2 Absatz 7, 7a oder 8 des Kreditwesengesetzes fallen oder im Fall von Wertpapierdienstleistungsunternehmen vergleichbaren Einschränkungen der Solvenzaufsicht in dem anderen Staat des Europäischen Wirtschaftsraums unterliegen,
2. ein Anfangskapital im Sinne des Artikels 4 Absatz 1 Nummer 51 der Verordnung (EU) Nr. 575/2013 des Europäischen Parlaments und des Rates vom 26. Juni 2013 über Aufsichtsanforderungen an Kreditinstitute und Wertpapierfirmen und zur Änderung der Verordnung (EU) Nr. 646/2012 (ABl. L 176 vom 27. 6. 2013, S. 1) (Anfangskapital) in Höhe von mindestens 730 000 Euro nachweisen und
3. nach den Bedingungen des Altersvorsorgevertrages die Gelder nur anlegen bei Kreditinstituten im Sinne des Satzes 1.

(3) Die Zertifizierung eines Altersvorsorgevertrages nach diesem Gesetz ist die Feststellung, dass die Vertragsbedingungen des Altersvorsorgevertrages dem Absatz 1, 1a oder beiden Absätzen sowie dem § 2a entsprechen und der Anbieter den Anforderungen des Absatzes 2 entspricht. Eine Zertifizierung im Sinne des § 4 Abs. 2 Satz 1 stellt ausschließlich die Übereinstimmung des Vertrages mit den Anforderungen des Absatzes 1 oder 1a oder beiden fest.

(4) (weggefallen)

(5) Gebildetes Kapital im Sinne dieses Gesetzes ist

a)[1] bei Versicherungsverträgen das nach den anerkannten Regeln der Versicherungsmathematik mit den Rechnungsgrundlagen der Beitragskalkulation berechnete Deckungskapital der Versicherung zuzüglich bereits zugeteilter Überschussanteile, des übertragungsfähigen Werts aus Schlussüberschussanteilen sowie der nach § 153 Abs. 1 und 3 des Versicherungsvertragsgesetzes zuzuteilenden Bewertungsreserven, § 169 Abs. 6 des Versicherungsvertragsgesetzes gilt entsprechend; bei fondsgebundenen Versicherungen und anderen Versicherungen, die Leistungen der in ***§ 124 Absatz 2 des Versicherungsaufsichtsgesetzes*** bezeichneten Art vorsehen, abweichend hiervon die Summe aus dem vorhandenen Wert der Anteilseinheiten und der im sonstigen Vermögen angelegten verzinsten Beitrags- und Zulagenteile, abzüglich der tariflichen Kosten, zuzüglich zugeteilter Überschussanteile, des übertragungsfähigen Werts aus Schlussüberschussanteilen und der nach § 153 Abs. 1 und 3 des Versicherungsvertragsgesetzes zuzuteilenden Bewertungsreserven,

b) bei Investmentsparverträgen der Wert der Fondsanteile zum Stichtag,

c) bei Sparverträgen der Wert des Guthabens einschließlich der bis zum Stichtag entstandenen, aber noch nicht fälligen Zinsen,

1) Absatz 5 Satz 1 Buchstabe a zweiter Halbsatz wurde durch die Zehnte Zuständigkeitsanpassungsverordnung geändert.

d) bei Geschäftsanteilen an einer Genossenschaft der jeweilige Anschaffungspreis; bei Verträgen nach Absatz 1a Satz 1 Nummer 3 jeweils abzüglich des Darlehens, soweit es noch nicht getilgt ist.

Abzüge, soweit sie nicht in diesem Gesetz vorgesehen sind, sind nicht zulässig. In Bezug auf § 2a Satz 1 Nummer 1 Buchstabe b ist nur das für die Leistungserbringung unwiderruflich zugeteilte Kapital zu berücksichtigen.

III.
Verordnung zur Durchführung der steuerlichen Vorschriften des Einkommensteuergesetzes zur Altersvorsorge und zum Rentenbezugsmitteilungsverfahren sowie zum weiteren Datenaustausch mit der zentralen Stelle (Altersvorsorge-Durchführungsverordnung – AltvDV)

vom 28. 2. 2005 (BGBl. I S. 487, BStBl I S. 452),
zuletzt geändert durch ***Artikel 1 der Verordnung zur Änderung steuerlicher Verordnungen und weiterer Vorschriften vom 22. 12. 2014 (BGBl. I S. 2392, BStBl 2015 I S. 72)***

Abschnitt 1
Grundsätze der Datenübermittlung

§ 1 Datensätze

(1) Eine Übermittlung von Daten nach

1. § 10 Absatz 2a und 4b, den §§ 10a, 22a oder Abschnitt XI des Einkommensteuergesetzes,
2. § 32b Absatz 3 des Einkommensteuergesetzes, soweit auf § 22a des Einkommensteuergesetzes verwiesen wird, oder
3. dieser Verordnung

sowie eine nach diesen Vorschriften bestehende Anzeige- und Mitteilungspflicht zwischen den am Verfahren Beteiligten erfolgen in Form eines amtlich vorgeschriebenen Datensatzes.

(2) Absatz 1 gilt nicht für

1. Mitteilungen an den Zulageberechtigten,
2. Mitteilungen des Zulageberechtigten nach § 10a oder Abschnitt XI des Einkommensteuergesetzes,
3. Anzeigen nach den §§ 5 und 13 oder
4. Mitteilungen nach den §§ 6, 10 Absatz 2 Satz 2 und § 11 Absatz 1 und 3.

Wird die Mitteilung nach § 11 Abs. 1 und 3 über die zentrale Stelle übermittelt, ist Absatz 1 anzuwenden. Die Mitteilung des Anbieters an den Zulageberechtigten nach § 90 Abs. 1 Satz 3 des Einkommensteuergesetzes kann mit der Bescheinigung nach § 92 des Einkommensteuergesetzes erfolgen.

§ 2 Technisches Übermittlungsformat

(1) Die Datensätze sind im XML-Format zu übermitteln.

(2) Der codierte Zeichensatz für eine nach den § 10a oder Abschnitt XI des Einkommensteuergesetzes oder nach einer im Abschnitt 2 dieser Verordnung vorzunehmenden Datenübermittlung hat den Anforderungen der DIN 66303, Ausgabe Juni 2000, zu entsprechen. Der Zeichensatz ist gemäß der Vorgabe der zentralen Stelle an den jeweiligen Stand der Technik anzupassen.

(3) Der codierte Zeichensatz für eine Datenübermittlung nach

1. § 10 Absatz 2a und 4b oder § 22a des Einkommensteuergesetzes,
2. § 32b Absatz 3 des Einkommensteuergesetzes, soweit auf § 22a des Einkommensteuergesetzes verwiesen wird, oder
3. den Abschnitten 3 und 4 dieser Verordnung

hat den Anforderungen der ISO/IEC 8859-15, Ausgabe März 1999, zu entsprechen. Absatz 2 Satz 2 gilt entsprechend.

§ 2a DIN- und ISO/IEC-Normen

DIN- und ISO/IEC-Normen DIN- und ISO/IEC-Normen, auf die in dieser Verordnung verwiesen wird, sind im Beuth-Verlag GmbH, Berlin und Köln, erschienen und beim Deutschen Patent- und Markenamt in München archivmäßig gesichert niedergelegt.

§ 3 Verfahren der Datenübermittlung, Schnittstellen

(1) Die Übermittlung der Datensätze hat durch Datenfernübertragung zu erfolgen.

(1a) Bei der elektronischen Übermittlung sind die für den jeweiligen Besteuerungszeitraum oder -zeitpunkt bestimmten Schnittstellen ordnungsgemäß zu bedienen. Die für die Datenübermittlung erforderlichen Schnittstellen und die dazugehörige Dokumentation werden über das Internet in einem geschützten Bereich der zentralen Stelle zur Verfügung gestellt.

(2) Werden Mängel festgestellt, die eine ordnungsgemäße Übernahme der Daten beeinträchtigen, kann die Übernahme der Daten abgelehnt werden. Der Absender ist über die Mängel zu unterrichten.

(3) Die technischen Einrichtungen für die Datenübermittlung stellt jede übermittelnde Stelle für ihren Bereich bereit.

§ 4 Übermittlung durch Datenfernübertragung

(1) Bei der Datenfernübertragung sind dem jeweiligen Stand der Technik entsprechende Maßnahmen zur Sicherstellung von Datenschutz und Datensicherheit zu treffen, die insbesondere die Vertraulichkeit und Unversehrtheit der Daten sowie die Authentifizierung der übermittelnden und empfangenden Stelle gewährleisten. Bei der Nutzung allgemein zugänglicher Netze sind Verschlüsselungsverfahren zu verwenden. Die zentrale Stelle bestimmt das einzusetzende Verschlüsselungsverfahren, das dem jeweiligen Stand der Technik entsprechen muss.

(2) Die zentrale Stelle bestimmt den zu nutzenden Übertragungsweg. Hierbei soll der Übertragungsweg zugelassen werden, der von den an der Datenübermittlung Beteiligten gewünscht wird.

(3) Die erforderlichen Daten können unter den Voraussetzungen des § 11 des Bundesdatenschutzgesetzes oder der vergleichbaren Vorschriften der Landesdatenschutzgesetze durch einen Auftragnehmer der übermittelnden Stelle an die zentrale Stelle übertragen werden. Geeignet ist ein Auftragnehmer, der die Anforderungen an den Datenschutz und die Datensicherheit gemäß dieser Verordnung erfüllt.

(4) Der nach Absatz 3 mit der Datenfernübertragung beauftragte Auftragnehmer gilt als Empfangsbevollmächtigter für Mitteilungen der zentralen Stelle an den Auftraggeber, solange dieser nicht widerspricht.

§ 5 Identifikation der am Verfahren Beteiligten

(1) Der Anbieter, die zuständige Stelle und die Familienkassen haben der zentralen Stelle auf Anforderung anzuzeigen:

1. die Kundenart,
2. den Namen und die Anschrift,
3. soweit erforderlich die E-Mail-Adresse,
4. die Telefon- und soweit vorhanden die Telefaxnummer,
5. die Betriebsnummer und
6. die Art der Verbindung.

(2) Der Anbieter hat zusätzlich zu den in Absatz 1 aufgeführten Angaben eine Zertifizierungsnummer sowie die Bankverbindung, über welche die Zulagenzahlungen abgewickelt werden sollen, anzuzeigen. Hat der Anbieter ausschließlich Daten nach § 10 Absatz 2a und 4b des Einkommensteuergesetzes zu übermitteln, ist die Angabe der Bankverbindung nicht erforderlich.

(2a) Die Familienkassen haben zusätzlich zu den in Absatz 1 aufgeführten Angaben eine von ihnen im Außenverhältnis gegenüber dem Kindergeldempfänger verwendete Kurzbezeichnung der Familienkasse anzuzeigen.

(3) Im Fall der Beauftragung eines Auftragnehmers (§ 4 Abs. 3) hat der Auftraggeber der zentralen Stelle auch die in Absatz 1 genannten Daten des Auftragnehmers anzuzeigen. Eine Mandanten- oder Institutionsnummer des Beteiligten beim Auftragnehmer ist ebenfalls anzuzeigen.

(4) Die am Verfahren Beteiligten (übermittelnde Stellen und ihre Auftragnehmer) erhalten von der zentralen Stelle eine Kundennummer und ein Passwort, die den Zugriff auf den geschützten Bereich des Internets der zentralen Stelle ermöglichen.

(5) Jede Änderung der in den Absätzen 1 bis 3 genannten Daten ist der zentralen Stelle von dem am Verfahren Beteiligten unter Angabe der Kundennummer (Absatz 4) unverzüglich anzuzeigen.

(6) Die Absätze 1 und 3 bis 5 gelten für übermittelnde Stellen im Sinne des § 10 Absatz 2a und 4b des Einkommensteuergesetzes, für Mitteilungspflichtige (§ 22a Absatz 1 Satz 1 des Einkommensteuergesetzes) und für Träger der Sozialleistungen (§ 32b Absatz 3 des Einkommensteuergesetzes) entsprechend. Die Teilnahme der Arbeitgeber am maschinellen Anfrageverfahren der Identifikationsnummer (§ 139b der Abgabenordnung) nach § 41b Absatz 2 des Einkommensteuergesetzes setzt voraus, dass diese bereits durch die Finanzverwaltung authentifiziert wurden; eine weitere Identifikation bei der zentralen Stelle findet nicht statt.

Abschnitt 2
Vorschriften zur Altersvorsorge nach § 10a oder Abschnitt XI des Einkommensteuergesetzes

Unterabschnitt 1
Mitteilungs- und Anzeigepflichten

§ 6 Mitteilungspflichten des Arbeitgebers

(1) Der Arbeitgeber hat der Versorgungseinrichtung (Pensionsfonds, Pensionskasse, Direktversicherung), die für ihn die betriebliche Altersversorgung durchführt, spätestens zwei Monate nach Ablauf des Kalenderjahres oder nach Beendigung des Dienstverhältnisses im Laufe des Kalenderjahres gesondert je Versorgungszusage mitzuteilen, in welcher Höhe die für den einzelnen Arbeitnehmer geleisteten Beiträge individuell besteuert wurden. Die Mitteilungspflicht des Arbeitgebers kann durch einen Auftragnehmer wahrgenommen werden.

(2) Eine Mitteilung nach Absatz 1 kann unterbleiben, wenn die Versorgungseinrichtung dem Arbeitgeber mitgeteilt hat, dass

1. sie die Höhe der individuell besteuerten Beiträge bereits kennt oder aus den bei ihr vorhandenen Daten feststellen kann oder
2. eine Förderung nach § 10a oder Abschnitt XI des Einkommensteuergesetzes nicht möglich ist.

(3) Der Arbeitnehmer kann gegenüber der Versorgungseinrichtung für die individuell besteuerten Beiträge insgesamt auf die Förderung nach § 10a oder Abschnitt XI des Einkommensteuergesetzes verzichten; der Verzicht kann für die Zukunft widerrufen werden.

(4) Soweit eine Mitteilung nach Absatz 1 unterblieben ist und die Voraussetzungen des Absatzes 2 Nr. 1 nicht vorliegen oder der Arbeitnehmer nach Absatz 3 verzichtet hat, hat die Versorgungseinrichtung davon auszugehen, dass es sich nicht um Altersvorsorgebeiträge im Sinne des § 82 Abs. 2 des Einkommensteuergesetzes handelt.

§ 7 Besondere Mitteilungspflichten der zuständigen Stelle

(1) Beantragt ein Steuerpflichtiger, der zu dem in § 10a Abs. 1 Satz 1 zweiter Halbsatz des Einkommensteuergesetzes bezeichneten Personenkreis gehört, über die für ihn zuständige Stelle (§ 81a des Einkommensteuergesetzes) eine Zulagenummer (§ 10a Abs. 1a des Einkommensteuergesetzes), übermittelt die zuständige Stelle die Angaben des Steuerpflichtigen an die zentrale Stelle. Für Empfänger einer Versorgung im Sinne des § 10a Abs. 1 Satz 4 des Einkommensteuergesetzes gilt Satz 1 entsprechend.

(2) Hat der Steuerpflichtige die nach § 10a Abs. 1 Satz 1 zweiter Halbsatz des Einkommensteuergesetzes erforderliche Einwilligung erteilt, hat die zuständige Stelle die Zugehörigkeit des Steuerpflichtigen zum begünstigten Personenkreis für das Beitragsjahr zu bestätigen und die für die Ermittlung des Mindesteigenbeitrags und für die Gewährung der Kinderzulage erforderlichen Daten an die zentrale Stelle zu übermitteln. Sind für ein Beitragsjahr oder für das vorangegangene Kalenderjahr mehrere zuständige Stellen nach § 91 Abs. 2 des Einkommensteuergesetzes zur Meldung der Daten nach § 10a Abs. 1 Satz 1 zweiter Halbsatz des Einkommensteuergesetzes verpflichtet, meldet jede zuständige Stelle die Daten für den Zeitraum, für den jeweils das Beschäftigungs-, Amts- oder Dienstverhältnis bestand und auf den sich jeweils die zu übermittelnden Daten beziehen. Gehört der Steuerpflichtige im Beitragsjahr nicht mehr zum berechtigten Personenkreis im Sinne des § 10a Abs. 1 Satz 1 zweiter Halbsatz des Einkommensteuergesetzes oder ist er nicht mehr Empfänger einer Versorgung im Sinne des § 10a Abs. 1 Satz 4 des Einkommensteuergesetzes oder hat er im Beitragsjahr erstmalig einen Altersvorsorgevertrag (§ 82 Abs. 1 des Einkommensteuergesetzes) abgeschlossen, hat die zuständige Stelle die für die Ermitt-

lung des Mindesteigenbeitrags erforderlichen Daten an die zentrale Stelle zu übermitteln, wenn ihr eine Einwilligung des Steuerpflichtigen vorliegt. Sind die zuständige Stelle und die Familienkasse verschiedenen juristischen Personen zugeordnet, entfällt die Meldung der kinderbezogenen Daten nach Satz 1. In den anderen Fällen kann eine Übermittlung der Kinderdaten durch die zuständige Stelle entfallen, wenn sichergestellt ist, dass die Familienkasse die für die Gewährung der Kinderzulage erforderlichen Daten an die zentrale Stelle übermittelt oder ein Datenabgleich (§ 91 Abs. 1 Satz 1 erster Halbsatz des Einkommensteuergesetzes) erfolgt.

(3) Hat die zuständige Stelle die für die Gewährung der Kinderzulage erforderlichen Daten an die zentrale Stelle übermittelt (§ 91 Abs. 2 des Einkommensteuergesetzes) und wird für diesen gemeldeten Zeitraum das Kindergeld insgesamt zurückgefordert, hat die zuständige Stelle dies der zentralen Stelle bis zum 31. März des Kalenderjahres, das dem Kalenderjahr der Rückforderung folgt, mitzuteilen.

§ 8

(weggefallen)

§ 9 Besondere Mitteilungspflicht der Familienkasse

Hat die zuständige Familienkasse der zentralen Stelle die Daten für die Gewährung der Kinderzulage übermittelt und wird für diesen gemeldeten Zeitraum das Kindergeld insgesamt zurückgefordert, hat die Familienkasse dies der zentralen Stelle unverzüglich mitzuteilen.

§ 10 Besondere Mitteilungspflichten des Anbieters

(1) Der Anbieter hat die vom Antragsteller im Zulageantrag anzugebenden Daten sowie die Mitteilungen nach § 89 Abs. 1 Satz 5 des Einkommensteuergesetzes zu erfassen und an die zentrale Stelle zu übermitteln. Erfolgt eine Datenübermittlung nach § 89 Abs. 3 des Einkommensteuergesetzes, gilt Satz 1 entsprechend.

(2) Der Anbieter hat einen ihm bekannt gewordenen Tatbestand des § 95 Absatz 1 des Einkommensteuergesetzes der zentralen Stelle mitzuteilen. Wenn dem Anbieter ausschließlich eine Anschrift des Zulageberechtigten außerhalb der Mitgliedstaaten der Europäischen Union und der Staaten, auf die das Abkommen über den Europäischen Wirtschaftsraum (EWR-Abkommen) anwendbar ist, bekannt ist, teilt er dies der zentralen Stelle mit.

(3) Der Anbieter hat der zentralen Stelle die Zahlung des nach § 90 Abs. 3 Satz 3 des Einkommensteuergesetzes abzuführenden Rückforderungsbetrages und des nach § 94 Abs. 1 Satz 3 des Einkommensteuergesetzes abzuführenden Rückzahlungsbetrages, jeweils bezogen auf den Zulageberechtigten, sowie die Zahlung von ihm geschuldeter Verspätungs- oder Säumniszuschläge mitzuteilen.

§ 11 Anbieterwechsel

(1) Im Fall der Übertragung von Altersvorsorgevermögen nach § 1 Abs. 1 Satz 1 Nr. 10 Buchstabe b des Altersvorsorgeverträge-Zertifizierungsgesetzes sowie in den Fällen des § 93 Abs. 1 Satz 4 Buchstabe c, Abs. 1a Satz 1 oder Abs. 2 Satz 2 und 3 des Einkommensteuergesetzes hat der Anbieter des bisherigen Vertrags dem Anbieter des neuen Vertrags die in § 92 des Einkommensteuergesetzes genannten Daten einschließlich der auf den Zeitpunkt der Übertragung fortgeschriebenen Beträge im Sinne des § 19 Abs. 1 und 2 mitzuteilen. Dies gilt auch bei einer Übertragung von ausschließlich ungefördertem Altersvorsorgevermögen, die mit einer Übertragung nach § 93 Absatz 1a Satz 1 des Einkommensteuergesetzes vergleichbar ist. Bei der Übermittlung hat er die bisherige Vertragsnummer, die Zertifizierungsnummer und die Anbieternummer anzugeben. Der Anbieter des bisherigen Vertrags kann die Mitteilung nach Satz 1 über die zentrale Stelle dem Anbieter des neuen Vertrags übermitteln. Die zentrale Stelle leitet die Mitteilung ohne inhaltliche Prüfung an den Anbieter des neuen Vertrags. Der Anbieter des bisherigen Vertrags hat den Anbieter des neuen Vertrags über eine Abweisung eines Datensatzes nach § 12 Abs. 1 Satz 3 oder 4 unverzüglich zu unterrichten.

(2) Wird das Altersvorsorgevermögen im laufenden Beitragsjahr vollständig auf einen neuen Anbieter übertragen, ist dieser Anbieter zur Ausstellung der Bescheinigung nach § 92 des Einkommensteuergesetzes sowie zur Übermittlung der Daten nach § 10a Abs. 5 des Einkommensteuergesetzes an die zentrale Stelle für das gesamte Beitragsjahr verpflichtet.

(3) Bei Übertragungen von Altersvorsorgevermögen nach Absatz 1 Satz 1 oder Satz 2 haben der Anbieter des bisherigen Vertrags sowie der Anbieter des neuen Vertrags die Übertragung der zentralen Stelle mitzuteilen. Bei einer Übertragung von gefördertem Altersvorsorgevermögen nach § 82 Absatz 1 Satz 4 des Einkommensteuergesetzes hat der Anbieter des neuen Vertrags dies der zentralen Stelle ergänzend mitzuteilen. Bei einer Übertragung von Altersvorsorgevermö-

gen nach § 93 Absatz 1a Satz 2 des Einkommensteuergesetzes oder bei einer Übertragung von ausschließlich ungefördertem Altersvorsorgevermögen, die mit einer Übertragung nach § 93 Absatz 1a Satz 2 des Einkommensteuergesetzes vergleichbar ist, hat der Anbieter des bisherigen Vertrags die Übertragung der zentralen Stelle mitzuteilen. Bei einer Übertragung nach § 93 Absatz 1a Satz 1 oder Satz 2 des Einkommensteuergesetzes oder bei einer Übertragung von ausschließlich ungefördertem Altersvorsorgevermögen, die mit einer Übertragung nach § 93 Absatz 1a Satz 1 oder Satz 2 des Einkommensteuergesetzes vergleichbar ist, hat der Anbieter des bisherigen Vertrags der zentralen Stelle außerdem die vom Familiengericht angegebene Ehezeit oder die Lebenspartnerschaftszeit mitzuteilen.

(4) Wird Altersvorsorgevermögen auf Grund vertraglicher Vereinbarung nur teilweise auf einen anderen Vertrag übertragen, gehen Zulagen, Beiträge und Erträge anteilig auf den neuen Vertrag über. Die Absätze 1 und 3 gelten entsprechend.

[1]

§ 12 Besondere Mitteilungspflichten der zentralen Stelle gegenüber dem Anbieter

(1) Die zentrale Stelle hat dem Anbieter das Ermittlungsergebnis (§ 90 Abs. 1 Satz 1 des Einkommensteuergesetzes) mitzuteilen. Die Mitteilung steht unter dem Vorbehalt der Nachprüfung (§ 164 der Abgabenordnung). Das Ermittlungsergebnis kann auch durch Abweisung des nach § 89 Abs. 2 des Einkommensteuergesetzes übermittelten Datensatzes, der um eine in dem vom Bundesministerium der Finanzen veröffentlichten Fehlerkatalog besonders gekennzeichnete Fehlermeldung ergänzt wird, übermittelt werden. Ist der Datensatz nach § 89 Abs. 2 des Einkommensteuergesetzes auf Grund von unzureichenden oder fehlerhaften Angaben des Zulageberechtigten abgewiesen sowie um eine Fehlermeldung ergänzt worden und werden die Angaben innerhalb der Antragsfrist des § 89 Abs. 1 Satz 1 des Einkommensteuergesetzes von dem Zulageberechtigten an den Anbieter nicht nachgereicht, gilt auch diese Abweisung des Datensatzes als Übermittlung des Ermittlungsergebnisses.

(2) Die zentrale Stelle hat dem Anbieter die Auszahlung der Zulage nach § 90 Abs. 2 Satz 1 des Einkommensteuergesetzes und § 15, jeweils bezogen auf den Zulageberechtigten, mitzuteilen. Mit Zugang der Mitteilung nach Satz 1 entfällt der Vorbehalt der Nachprüfung der Mitteilung nach Absatz 1 Satz 2. Die zentrale Stelle kann eine Mahnung (§ 259 der Abgabenordnung) nach amtlich vorgeschriebenem Datensatz an den Anbieter übermitteln.

(3) Wird der Rückzahlungsbetrag nach § 95 Abs. 3 Satz 1 des Einkommensteuergesetzes erlassen, hat die zentrale Stelle dies dem Anbieter mitzuteilen.

§ 13 Anzeigepflichten des Zulageberechtigten

(1) (weggefallen)

(2) Liegt ein Tatbestand des § 95 Absatz 1 des Einkommensteuergesetzes vor, hat der Zulageberechtigte dies dem Anbieter auch dann anzuzeigen, wenn aus dem Vertrag bereits Leistungen bezogen werden.

Unterabschnitt 2
Ermittlung, Festsetzung, Auszahlung, Rückforderung und Rückzahlung der Zulagen

§ 14 Nachweis der Rentenversicherungspflicht und der Höhe der maßgebenden Einnahmen

(1) Weichen die Angaben des Zulageberechtigten zur Rentenversicherungspflicht oder zu den beitragspflichtigen Einnahmen oder zu der bezogenen Rente wegen voller Erwerbsminderung oder Erwerbsunfähigkeit im Sinne des Sechsten Buches Sozialgesetzbuch – Gesetzliche Rentenversicherung – in der Fassung der Bekanntmachung vom 19. Februar 2002 (BGBl. I S. 754, 1404, 3384), zuletzt geändert durch Artikel 5 des Gesetzes vom 23. Juli 2002 (BGBl. I S. 2787), in der jeweils geltenden Fassung von den nach § 91 Abs. 1 Satz 1 des Einkommensteuergesetzes übermittelten Angaben des zuständigen Sozialversicherungsträgers ab, sind für den Nachweis der Rentenversicherungspflicht oder die Berechnung des Mindesteigenbeitrags die Angaben des zuständigen Sozialversicherungsträgers maßgebend. Für die von der landwirtschaftlichen Alterskasse übermittelten Angaben gilt Satz 1 entsprechend. Wird abweichend vom tatsächlich erzielten Entgelt oder vom Zahlbetrag der Entgeltersatzleistung ein höherer Betrag als beitragspflichtige Einnahmen im Sinne des § 86 Abs. 1 Satz 2 Nr. 1 des Einkommensteuergesetzes berücksichtigt und stimmen der vom Zulageberechtigten angegebene und der bei dem zuständigen Sozialversicherungsträger ermittelte Zeitraum überein, ist Satz 1 insoweit nicht anzuwenden. Im

[1] § 11 Abs. 5 AltvDV wurde durch die Verordnung zur Änderung steuerlicher Verordnungen und weiterer Vorschriften (Inkrafttreten 30. 12. 2014) aufgehoben.

Festsetzungsverfahren ist dem Zulageberechtigten Gelegenheit zu geben, eine Klärung mit dem Sozialversicherungsträger herbeizuführen.

(2) Liegt der zentralen Stelle eine Bestätigung der zuständigen Stelle über die Zugehörigkeit des Zulageberechtigten zu dem in § 10a Abs. 1 Satz 1 Nr. 1 bis 5 und Satz 4 des Einkommensteuergesetzes genannten Personenkreis vor, gilt Absatz 1 entsprechend.

§ 15 Auszahlung der Zulage

Die Zulagen werden jeweils am 15. der Monate Februar, Mai, August und November eines Jahres zur Zahlung angewiesen. Zum jeweiligen Auszahlungstermin werden angewiesen:

a) Zulagen, die bis zum Ablauf des dem Auszahlungstermin vorangegangenen Kalendervierteljahres über den Anbieter beantragt worden sind und von der zentralen Stelle bis zum Ablauf des dem Auszahlungstermin vorangehenden Kalendermonats ermittelt wurden,

b) Erhöhungen von Zulagen, die bis zum Ablauf des dem Auszahlungstermin vorangehenden Kalendervierteljahres ermittelt oder festgesetzt wurden.

§ 16 Kleinbetragsgrenze für Rückforderungen gegenüber dem Zulageberechtigten

Ein Rückzahlungsbetrag nach § 94 Abs. 2 des Einkommensteuergesetzes, der nicht über den Anbieter zurückgefordert werden kann, wird nur festgesetzt, wenn die Rückforderung mindestens 10 Euro beträgt.

§ 17 Vollstreckung von Bescheiden über Forderungen der zentralen Stelle

Bescheide über Forderungen der zentralen Stelle werden von den Hauptzollämtern vollstreckt. Zuständig ist das Hauptzollamt, in dessen Vollstreckungsbezirk der Schuldner oder die Schuldnerin einen Wohnsitz oder gewöhnlichen Aufenthalt hat. Mangelt es an einem Wohnsitz oder gewöhnlichen Aufenthalt im Inland, ist das Hauptzollamt Potsdam zuständig. Über die Niederschlagung (§ 261 der Abgabenordnung) entscheidet die zentrale Stelle.

Unterabschnitt 3
Bescheinigungs-, Aufzeichnungs- und Aufbewahrungspflichten

§ 18 Erteilung der Anbieterbescheinigungen

(1) Werden Bescheinigungen nach § 22 Nr. 5 Satz 7, § 92 oder § 94 Abs. 1 Satz 4 des Einkommensteuergesetzes mit Hilfe automatischer Einrichtungen erstellt, können Unterschrift und Namenswiedergabe des Anbieters oder des Vertretungsberechtigten fehlen.

(2) Wird die Bescheinigung nach § 92 oder § 94 Abs. 1 Satz 4 des Einkommensteuergesetzes durch die Post übermittelt, ist das Datum der Aufgabe zur Post auf der Bescheinigung anzugeben. Für die Berechnung der Frist nach § 90 Abs. 4 Satz 2 des Einkommensteuergesetzes ist § 122 Abs. 2 und 2a der Abgabenordnung sinngemäß anzuwenden.

§ 19 Aufzeichnungs- und Aufbewahrungspflichten

(1) Der Anbieter nach § 1 Abs. 2 des Altersvorsorgeverträge-Zertifizierungsgesetzes hat für jedes Kalenderjahr Aufzeichnungen zu führen über

1. Name und Anschrift des Anlegers,
2. Vertragsnummer und Vertragsdatum,
3. Altersvorsorgebeiträge, auf die § 10a oder Abschnitt XI des Einkommensteuergesetzes angewendet wurde,
4. dem Vertrag gutgeschriebene Zulagen,
5. *dem Vertrag insg*esamt gutgeschriebene Erträge,
6. Beiträge, auf die § 10a oder Abschnitt XI des Einkommensteuergesetzes nicht angewendet wurde,
7. Beiträge und Zulagen, die zur Absicherung der verminderten Erwerbsfähigkeit verwendet wurden,
8. Beiträge und Zulagen, die zur Hinterbliebenenabsicherung im Sinne des § 1 Abs. 1 Satz 1 Nr. 2 des Altersvorsorgeverträge-Zertifizierungsgesetzes oder § 1 Abs. 1 Satz 1 Nr. 6 des Altersvorsorgeverträge-Zertifizierungsgesetzes in der bis zum 31. Dezember 2004 geltenden Fassung verwendet wurden, und
9. die im Wohnförderkonto (§ 92a Abs. 2 Satz 1 des Einkommensteuergesetzes) zu berücksichtigenden Beträge.

Werden zugunsten des Altersvorsorgevertrags auch nicht geförderte Beiträge geleistet, sind die Erträge anteilig den geförderten und den nicht geförderten Beiträgen zuzuordnen und entsprechend aufzuzeichnen. Die auf den 31. Dezember des jeweiligen Kalenderjahres fortgeschriebenen Beträge sind gesondert aufzuzeichnen.

(2) Für einen Anbieter nach § 80 zweite Alternative des Einkommensteuergesetzes gilt Absatz 1 sinngemäß.

Darüber hinaus hat er Aufzeichnungen zu führen über

1. Beiträge, auf die § 3 Nr. 63 des Einkommensteuergesetzes angewendet wurde; hierzu gehören auch die Beiträge im Sinne des § 5 Abs. 3 Satz 2 der Lohnsteuer-Durchführungsverordnung,
2. Beiträge, auf die § 40b des Einkommensteuergesetzes in der am 31. Dezember 2004 geltenden Fassung angewendet wurde, und
3. Leistungen, auf die § 3 Nr. 66 des Einkommensteuergesetzes angewendet wurde.

(3) Für die Aufbewahrung der Aufzeichnungen nach den Absätzen 1 und 2, der Mitteilungen nach § 5 Abs. 2 der Lohnsteuer-Durchführungsverordnung und des Antrags auf Altersvorsorgezulage oder der einer Antragstellung nach § 89 Abs. 3 des Einkommensteuergesetzes zugrunde liegenden Unterlagen gilt § 147 Abs. 3 der Abgabenordnung entsprechend. Die Unterlagen sind spätestens am Ende des zehnten Kalenderjahres zu löschen oder zu vernichten, das auf die Mitteilung nach § 22 Nr. 5 Satz 7 des Einkommensteuergesetzes folgt. Satz 2 gilt nicht, soweit die Löschung oder Vernichtung schutzwürdige Interessen des Anlegers oder die Wahrnehmung von Aufgaben oder berechtigten Interessen des Anbieters beeinträchtigen würde.

(3a) Unterlagen über die Auszahlung des Altersvorsorge-Eigenheimbetrages im Sinne des § 92a Absatz 1 Satz 1 des Einkommensteuergesetzes sowie Unterlagen, die eine wohnungswirtschaftliche Verwendung im Sinne des § 92a Absatz 1 Satz 1 des Einkommensteuergesetzes nach dem 31. Dezember 2007 eines Darlehens im Sinne des § 1 Absatz 1a des Altersvorsorgeverträge-Zertifizierungsgesetzes nachweisen, sind für die Dauer von zehn Jahren nach der Auflösung oder der Schließung des für den Altersvorsorgevertrag geführten Wohnförderkontos (§ 92a Absatz 2 Satz 1 des Einkommensteuergesetzes) aufzubewahren.

(4) Nach Absatz 3 Satz 1 und Absatz 3a aufzubewahrende schriftliche Unterlagen können als Wiedergabe auf einem Bild- oder anderen dauerhaften Datenträger aufbewahrt werden, wenn sichergestellt ist, dass

1. die Wiedergabe während der Dauer der Aufbewahrungsfrist verfügbar bleibt und innerhalb angemessener Zeit lesbar gemacht werden kann und
2. die lesbar gemachte Wiedergabe mit der schriftlichen Unterlage bildlich und inhaltlich übereinstimmt.

Das Vorliegen der Voraussetzung nach Satz 1 Nr. 2 ist vor der Vernichtung der schriftlichen Unterlage zu dokumentieren.

(5) Sonstige Vorschriften über Aufzeichnungs- und Aufbewahrungspflichten bleiben unberührt.

(6) Der Anbieter hat der zentralen Stelle auf Anforderung den Inhalt der Aufzeichnungen mitzuteilen und die für die Überprüfung der Zulage erforderlichen Unterlagen zur Verfügung zu stellen.

Abschnitt 3
Vorschriften zu Rentenbezugsmitteilungen

§ 20 Aufzeichnungs- und Aufbewahrungspflichten

Der Mitteilungspflichtige hat die übermittelten Daten aufzuzeichnen und die zugrunde liegenden Unterlagen für die Dauer von sechs Jahren nach dem Ende des Jahres, für das die Übermittlung erfolgt ist, geordnet aufzubewahren. § 19 Abs. 4 bis 6 gilt entsprechend.

§ 20a Vollstreckung von Bescheiden über Forderungen der zentralen Stelle[1]

§ 17 gilt für Bescheide über Forderungen der zentralen Stelle im Rahmen des Rentenbezugsmitteilungsverfahrens nach § 22a des Einkommensteuergesetzes entsprechend.

§ 21 Erprobung des Verfahrens

(1) Die zentrale Stelle kann bei den Mitteilungspflichtigen Daten nach § 22a Abs. 1 Satz 1 des Einkommensteuergesetzes erheben zum Zweck der Erprobung

[1] § 20a AltvDV wurde durch die Verordnung zur Änderung steuerlicher Verordnungen und weiterer Vorschriften (Inkrafttreten 30. 12. 2014) eingefügt.

1. des Verfahrens der Datenübermittlung von den Mitteilungspflichtigen an die zentrale Stelle,
2. der bei der zentralen Stelle einzusetzenden Programme,
3. der Weiterleitung an die Finanzverwaltung und
4. der Weiterverarbeitung der Daten in der Finanzverwaltung.

(2) Das Bundeszentralamt für Steuern kann bei den Mitteilungspflichtigen Daten nach § 22a Abs. 2 Satz 3 des Einkommensteuergesetzes in Verbindung mit § 139b Abs. 3 der Abgabenordnung erheben zum Zweck der Erprobung

1. des Verfahrens der Datenübermittlung von den Mitteilungspflichtigen an das Bundeszentralamt für Steuern,
2. des Verfahrens der Datenübermittlung von dem Bundeszentralamt für Steuern an die Mitteilungspflichtigen,
3. der vom Bundeszentralamt für Steuern und der zentralen Stelle einzusetzenden Programme, mit denen den Mitteilungspflichtigen die Daten zur Verfügung gestellt werden.

(3) Die Datenübermittlung erfolgt durch Datenfernübertragung; § 4 Abs. 1 gilt entsprechend.

(4) Die Daten dürfen nur für die in den Absätzen 1 und 2 genannten Zwecke verwendet werden. Sie sind unmittelbar nach Beendigung der Erprobung, spätestens am 31. Dezember 2009, zu löschen.

Abschnitt 4 Vorschriften zum weiteren Datenaustausch mit der zentralen Stelle

§ 22 Aufzeichnungs- und Aufbewahrungspflichten

Soweit nicht bereits eine Aufzeichnungs- und Aufbewahrungspflicht nach § 19 oder § 20 dieser Verordnung besteht, hat die übermittelnde Stelle die übermittelten Daten aufzuzeichnen und die zugrunde liegenden Unterlagen für die Dauer von sechs Jahren nach dem Ende des Jahres, in dem die Übermittlung erfolgt ist, geordnet aufzubewahren. § 19 Absatz 4 bis 6 gilt entsprechend.

§ 23 Erprobung des Verfahrens

§ 21 Absatz 1 dieser Verordnung gilt für die Erprobung des Verfahrens nach § 10 Absatz 2a und 4b des Einkommensteuergesetzes entsprechend mit der Maßgabe, dass die zentrale Stelle bei den übermittelnden Stellen die Daten nach § 10 Absatz 2a und 4b des Einkommensteuergesetzes erheben kann.

§ 24 Mitteilungspflichten der übermittelnden Stellen gegenüber der zentralen Stelle

Die in § 10 Absatz 4b Satz 4 des Einkommensteuergesetzes genannten übermittelnden Stellen haben der zentralen Stelle bis zum 28. Februar des dem Jahr der Auszahlung oder der Rückforderung der steuerfreien Zuschüsse zu Vorsorgeaufwendungen im Sinne des § 10 Absatz 1 Nummer 2, 3 und 3a des Einkommensteuergesetzes oder der Erstattung von solchen Vorsorgeaufwendungen folgenden Jahres folgende Daten zu übermitteln:

1. Identifikationsnummer (§ 139b der Abgabenordnung), Familienname, Vorname, Geburtsdatum und Anschrift des Steuerpflichtigen;
2. die Höhe der im jeweiligen Zahlungsjahr geleisteten und zurückgeforderten steuerfreien Zuschüsse und der erstatteten Vorsorgeaufwendungen, jeweils gesondert betragsmäßig nach Art der Vorsorgeaufwendungen ausgewiesen;
3. Beginn und Ende des Zeitraums, für den der steuerfreie Zuschuss und die Erstattung der Vorsorgeaufwendungen erfolgt ist;
4. Jahr des Zuflusses oder Abflusses;
5. Bezeichnung und Anschrift der übermittelnden Stelle sowie deren Ordnungsbegriff.

Eine Mitteilungspflicht nach Satz 1 besteht nicht, wenn die übermittelnde Stelle der Finanzverwaltung die Zahlung der geleisteten und zurückgeforderten steuerfreien Zuschüsse und der erstatteten Vorsorgeaufwendungen bereits auf Grund anderer Vorschriften elektronisch mitzuteilen hat. Stellt die übermittelnde Stelle fest, dass die an die zentrale Stelle übermittelten Daten unzutreffend sind, ist dies unverzüglich durch Übermittlung eines Datensatzes an die zentrale Stelle zu korrigieren oder zu stornieren. Die übermittelnde Stelle hat den Steuerpflichtigen darüber zu unterrichten, dass die Daten der zentralen Stelle mitgeteilt werden. Hierbei ist die Höhe der Beträge anzugeben, soweit sich diese nicht bereits aus dem Verwaltungsakt ergibt.

IV. Steuerliche Förderung der privaten Altersvorsorge und betrieblichen Altersversorgung[1])

BMF vom 24. 7. 2013 (BStBl I S. 1022)
IV C 3 – S 2015/11/10002
IV C 5 – S 2333/09/10005
2013/0699161

unter Berücksichtigung der Änderungen durch
BMF vom 13. 1. 2014 (BStBl I S. 97)
IV C 3 – S 2015/11/10002 :018
2014/0007769
und BMF vom 13. 3. 2014 (BStBl I S. 554)
IV C 3 – S 2257-b/13/10009
2014/0232639

Zur steuerlichen Förderung der privaten Altersvorsorge und betrieblichen Altersversorgung nehme ich im Einvernehmen mit den obersten Finanzbehörden der Länder wie folgt Stellung:

Für die Inanspruchnahme des Sonderausgabenabzugs nach § 10a EStG wird, was die Prüfungskompetenz der Finanzämter betrifft, vorab auf § 10a Abs. 5 Satz 4 EStG hingewiesen, wonach die vom Anbieter mitgeteilten übrigen Voraussetzungen für den Sonderausgabenabzug nach § 10a Abs. 1 bis 3 EStG (z. B. die Zulagenberechtigung oder die Art der Zulagenberechtigung) im Wege des automatisierten Datenabgleichs nach § 91 EStG durch die zentrale Stelle (Zentrale Zulagenstelle für Altersvermögen – ZfA –) überprüft werden.

– Auszug –

Inhaltsübersicht

[1]) Änderungen gegenüber dem BMF-Schreiben vom 24. 7. 2013 (BStBl I S. 1022) ab dem VZ 2014 sind im Fettdruck dargestellt. Bei den Rz. 425 und 439 sind zusätzlich die Änderungen des BMF-Schreibens vom 13. 1. 2014 (BStBl I S. 97) im Fettdruck hervorgehoben.

[2]) Teil A ist in der Einkommensteuer Handausgabe ***2015*** Anhang 1 I abgedruckt.

A. Private Altersvorsorge[1])

– hier nicht abgedruckt –

B. Betriebliche Altersversorgung

I. Allgemeines

Betriebliche Altersversorgung liegt vor, wenn dem Arbeitnehmer aus Anlass seines Arbeitsverhältnisses vom Arbeitgeber Leistungen zur Absicherung mindestens eines biometrischen Risikos *(Alter, Tod, Invalidität)* zugesagt werden und Ansprüche auf diese Leistungen erst mit dem Eintritt des biologischen Ereignisses fällig werden (§ 1 BetrAVG). Werden mehrere biometrische Risiken abgesichert, ist aus steuerrechtlicher Sicht die gesamte Vereinbarung/Zusage nur dann als betriebliche Altersversorgung anzuerkennen, wenn für alle Risiken die Vorgaben der Rz. 284 bis 290 beachtet werden. Keine betriebliche Altersversorgung in diesem Sinne liegt vor, wenn vereinbart ist, dass ohne Eintritt eines biometrischen Risikos die Auszahlung an beliebige Dritte (z. B. die Erben) erfolgt. Dies gilt für alle Auszahlungsformen (z. B. lebenslange Rente, Auszahlungsplan mit Restkapitalverrentung, Einmalkapitalauszahlung und ratenweise Auszahlung). Als Durchführungswege der betrieblichen Altersversorgung kommen die Direktzusage (§ 1 Abs. 1 Satz 2 BetrAVG), die Unterstützungskasse (§ 1b Abs. 4 BetrAVG), die Direktversicherung (§ 1b 284

1) Teil A ist in der Einkommensteuer Handausgabe ***2015*** Anhang 1 I abgedruckt.

Abs. 2 BetrAVG), die Pensionskasse (§ 1b Abs. 3 BetrAVG) oder der Pensionsfonds (§ 1b Abs. 3 BetrAVG, § 112 VAG) in Betracht.

285 Nicht um betriebliche Altersversorgung handelt es sich, wenn der Arbeitgeber oder eine Versorgungseinrichtung dem nicht bei ihm beschäftigten Ehegatten eines Arbeitnehmers eigene Versorgungsleistungen zur Absicherung seiner biometrischen Risiken (Alter, Tod, Invalidität) verspricht, da hier keine Versorgungszusage aus Anlass eines Arbeitsverhältnisses zwischen dem Arbeitgeber und dem Ehegatten vorliegt (§ 1 BetrAVG).

286 Das biologische Ereignis ist bei der Altersversorgung das altersbedingte Ausscheiden aus dem Erwerbsleben, bei der Hinterbliebenenversorgung der Tod des Arbeitnehmers und bei der Invaliditätsversorgung der Invaliditätseintritt. Als Untergrenze für betriebliche Altersversorgungsleistungen bei altersbedingtem Ausscheiden aus dem Erwerbsleben gilt im Regelfall das 60. Lebensjahr. In Ausnahmefällen können betriebliche Altersversorgungsleistungen auch schon vor dem 60. Lebensjahr gewährt werden, so z. B. bei Berufsgruppen wie Piloten, bei denen schon vor dem 60. Lebensjahr Versorgungsleistungen üblich sind. Ob solche Ausnahmefälle (berufsspezifische Besonderheiten) vorliegen, ergibt sich aus Gesetz, Tarifvertrag oder Betriebsvereinbarung. Erreicht der Arbeitnehmer im Zeitpunkt der Auszahlung das 60. Lebensjahr, hat aber seine berufliche Tätigkeit noch nicht beendet, so ist dies bei den Durchführungswegen Direktversicherung, Pensionskasse und Pensionsfonds unschädlich. Die bilanzielle Behandlung beim Arbeitgeber bei den Durchführungswegen Direktzusage und Unterstützungskasse bleibt davon unberührt. Für Versorgungszusagen, die nach dem 31. Dezember 2011 erteilt werden, tritt an die Stelle des 60. Lebensjahres regelmäßig das 62. Lebensjahr (siehe auch BT-Drucksache 16/3794 vom 12. Dezember 2006, S. 31 unter „IV. Zusätzliche Altersvorsorge" zum RV-Altersgrenzenanpassungsgesetz vom 20. April 2007, BGBl. I 2007 S. 554). Für die Frage, zu welchem Zeitpunkt eine Versorgungszusage erteilt wurde, gelten die Rz. 349 ff. entsprechend. Bei der Invaliditätsversorgung kommt es auf den Invaliditätsgrad nicht an.

287 Eine Hinterbliebenenversorgung im steuerlichen Sinne darf nur Leistungen an die Witwe des Arbeitnehmers oder den Witwer der Arbeitnehmerin, die Kinder im Sinne des § 32 Abs. 3, 4 Satz 1 Nr. 1 bis 3 und Abs. 5 EStG, den früheren Ehegatten oder die Lebensgefährtin/den Lebensgefährten vorsehen. Der Arbeitgeber hat bei Erteilung oder Änderung der Versorgungszusage zu prüfen, ob die Versorgungsvereinbarung insoweit generell diese Voraussetzungen erfüllt; ob im Einzelfall Hinterbliebene in diesem Sinne vorhanden sind, ist letztlich vom Arbeitgeber/Versorgungsträger erst im Zeitpunkt der Auszahlung der Hinterbliebenenleistung zu prüfen. Als Kind kann auch ein im Haushalt des Arbeitnehmers auf Dauer aufgenommenes Kind begünstigt werden, welches in einem Obhuts- und Pflegeverhältnis zu ihm steht und nicht die Voraussetzungen des § 32 EStG zu ihm erfüllt (Pflegekind/Stiefkind und faktisches Stiefkind). Dabei ist es – anders als bei der Gewährung von staatlichen Leistungen – unerheblich, ob noch ein Obhuts- und Pflegeverhältnis zu einem leiblichen Elternteil des Kindes besteht, der ggf. ebenfalls im Haushalt des Arbeitnehmers lebt. Es muss jedoch spätestens zu Beginn der Auszahlungsphase der Hinterbliebenenleistung eine schriftliche Versicherung des Arbeitnehmers vorliegen, in der, neben der geforderten namentlichen Benennung des Pflegekindes/Stiefkindes und faktischen Stiefkindes, bestätigt wird, dass ein entsprechendes Kindschaftsverhältnis besteht. Entsprechendes gilt, wenn ein Enkelkind auf Dauer im Haushalt der Großeltern aufgenommen und versorgt wird. Bei Versorgungszusagen, die vor dem 1. Januar 2007 erteilt wurden, sind für das Vorliegen einer begünstigten Hinterbliebenenversorgung die Altersgrenzen des § 32 EStG in der bis zum 31. Dezember 2006 geltenden Fassung (27. Lebensjahr) maßgebend. Der Begriff des/der Lebensgefährten/in ist als Oberbegriff zu verstehen, der auch die gleichgeschlechtliche Lebenspartnerschaft mit erfasst. Ob eine gleichgeschlechtliche Lebenspartnerschaft eingetragen wurde oder nicht, ist dabei zunächst unerheblich. Für Partner einer eingetragenen Lebenspartnerschaft besteht allerdings die Besonderheit, dass sie einander nach § 5 Lebenspartnerschaftsgesetz zum Unterhalt verpflichtet sind. Insoweit liegt eine mit der zivilrechtlichen Ehe vergleichbare Partnerschaft vor. Handelt es sich dagegen um eine andere Form der nicht ehelichen Lebensgemeinschaft, muss anhand der im BMF-Schreiben vom 25. Juli 2002[1]) (BStBl I S. 706) genannten Voraussetzungen geprüft werden, ob diese als Hinterbliebenenversorgung anerkannt werden kann. Ausreichend ist dabei regelmäßig, dass spätestens zu Beginn der Auszahlungsphase der Hinterbliebenenleistung eine schriftliche Versicherung des Arbeitnehmers vorliegt, in der neben der geforderten namentlichen Benennung des/der Lebensgefährten/in bestätigt wird, dass eine gemeinsame Haushaltsführung besteht.

288 Die Möglichkeit, andere als die in Rz. 287 genannten Personen als Begünstigte für den Fall des Todes des Arbeitnehmers zu benennen, führt steuerrechtlich dazu, dass es sich nicht mehr um eine Hinterbliebenenversorgung handelt, sondern von einer Vererblichkeit der Anwartschaften auszugehen ist. Gleiches gilt, wenn z. B. bei einer vereinbarten Rentengarantiezeit die Auszahlung auch an andere als die in Rz. 287 genannten Personen möglich ist. Ist die Auszahlung der garantierten Leistungen nach dem Tod des Berechtigten hingegen ausschließlich an Hinterblie-

1) → Anhang 2 V.

bene im engeren Sinne (Rz. 287) möglich, ist eine vereinbarte Rentengarantiezeit ausnahmsweise unschädlich. Ein Wahlrecht des Arbeitnehmers zur Einmal- oder Teilkapitalauszahlung ist in diesem Fall nicht zulässig. Es handelt sich vielmehr nur dann um unschädliche Zahlungen nach dem Tod des Berechtigten, wenn die garantierte Rente in unveränderter Höhe (einschließlich Dynamisierungen) an die versorgungsberechtigten Hinterbliebenen im engeren Sinne weiter gezahlt wird. Dabei ist zu beachten, dass die Zahlungen einerseits durch die garantierte Zeit und andererseits durch das Vorhandensein von entsprechenden Hinterbliebenen begrenzt werden. Die Zusammenfassung von bis zu zwölf Monatsleistungen in einer Auszahlung sowie die gesonderte Auszahlung der zukünftig in der Auszahlungsphase anfallenden Zinsen und Erträge sind dabei unschädlich. Im Fall der(s) Witwe(rs) oder der Lebensgefährtin/des Lebensgefährten wird dabei nicht beanstandet, wenn anstelle der Zahlung der garantierten Rentenleistung in unveränderter Höhe das im Zeitpunkt des Todes des Berechtigten noch vorhandene „Restkapital" ausnahmsweise lebenslang verrentet wird. Die Möglichkeit, ein einmaliges angemessenes Sterbegeld an andere Personen als die in Rz. 287 genannten Hinterbliebenen auszuzahlen, führt nicht zur Versagung der Anerkennung als betriebliche Altersversorgung; bei Auszahlung ist das Sterbegeld gem. § 19 EStG oder § 22 Nr. 5 EStG zu besteuern (vgl. Rz. 369 ff.). Im Fall der Pauschalbesteuerung von Beiträgen für eine Direktversicherung nach § 40b EStG in der am 31. Dezember 2004 geltenden Fassung (§ 40b EStG a. F.) ist es ebenfalls unschädlich, wenn eine beliebige Person als Bezugsberechtigte für den Fall des Todes des Arbeitnehmers benannt wird.

Keine betriebliche Altersversorgung liegt vor, wenn zwischen Arbeitnehmer und Arbeitgeber die Vererblichkeit von Anwartschaften vereinbart ist. Auch Vereinbarungen, nach denen Arbeitslohn gutgeschrieben und ohne Abdeckung eines biometrischen Risikos zu einem späteren Zeitpunkt (z. B. bei Ausscheiden aus dem Dienstverhältnis) ggf. mit Wertsteigerung ausgezahlt wird, sind nicht dem Bereich der betrieblichen Altersversorgung zuzuordnen. Gleiches gilt, wenn von vornherein eine Abfindung der Versorgungsanwartschaft, z. B. zu einem bestimmten Zeitpunkt oder bei Vorliegen bestimmter Voraussetzungen, vereinbart ist und dadurch nicht mehr von der Absicherung eines biometrischen Risikos ausgegangen werden kann. Demgegenüber führt allein die Möglichkeit einer Beitragserstattung einschließlich der gutgeschriebenen Erträge bzw. einer entsprechenden Abfindung für den Fall des Ausscheidens aus dem Dienstverhältnis vor Erreichen der gesetzlichen Unverfallbarkeit und/oder für den Fall des Todes vor Ablauf einer arbeitsrechtlich vereinbarten Wartezeit sowie der Abfindung einer Witwenrente/Witwerrente für den Fall der Wiederheirat noch nicht zur Versagung der Anerkennung als betriebliche Altersversorgung. Ebenfalls unschädlich für das Vorliegen von betrieblicher Altersversorgung ist die Abfindung vertraglich unverfallbarer Anwartschaften; dies gilt sowohl bei Beendigung als auch während des bestehenden Arbeitsverhältnisses. Zu den steuerlichen Folgen im Auszahlungsfall siehe Rz. 369 ff. 289

Bei Versorgungszusagen, die vor dem 1. Januar 2005 erteilt wurden (Altzusagen, vgl. Rz. 349 ff.), ist es nicht zu beanstanden, wenn in den Versorgungsordnungen in Abweichung von Rz. 284 ff. die Möglichkeit einer Elternrente oder der Beitragserstattung einschließlich der gutgeschriebenen Erträge an die in Rz. 287 genannten Personen im Fall des Versterbens vor Erreichen der Altersgrenze und in Abweichung von Rz. 312 lediglich für die zugesagte Altersversorgung, nicht aber für die Hinterbliebenen- oder Invaliditätsversorgung die Auszahlung in Form einer Rente oder eines Auszahlungsplans vorgesehen ist. Dagegen sind Versorgungszusagen, die nach dem 31. Dezember 2004 (Neuzusagen, vgl. Rz. 349 ff.) aufgrund von Versorgungsordnungen erteilt werden, die die Voraussetzungen dieses Schreibens nicht erfüllen, aus steuerlicher Sicht nicht mehr als betriebliche Altersversorgung anzuerkennen; eine steuerliche Förderung ist hierfür nicht mehr möglich. Im Fall der nach § 40b EStG a. F. pauschal besteuerten (Alt-)Direktversicherungen gilt nach Rz. 288 weiterhin keine Begrenzung bezüglich des Kreises der Bezugsberechtigten. 290

II. Lohnsteuerliche Behandlung von Zusagen auf Leistungen der betrieblichen Altersversorgung

1. Allgemeines

Der Zeitpunkt des Zuflusses von Arbeitslohn richtet sich bei einer durch Beiträge des Arbeitgebers (einschließlich Entgeltumwandlung oder anderer Finanzierungsanteile des Arbeitnehmers, vgl. Rz. 304) finanzierten betrieblichen Altersversorgung nach dem Durchführungsweg der betrieblichen Altersversorgung (vgl. auch R 40b.1 LStR zur Abgrenzung). Bei der Versorgung über eine Direktversicherung, eine Pensionskasse oder einen Pensionsfonds liegt Zufluss von Arbeitslohn im Zeitpunkt der Zahlung der Beiträge durch den Arbeitgeber an die entsprechende Versorgungseinrichtung vor. Erfolgt die Beitragszahlung durch den Arbeitgeber vor „Versicherungsbeginn", liegt ein Zufluss von Arbeitslohn jedoch erst im Zeitpunkt des „Versicherungsbeginns" vor. Die Einbehaltung der Lohnsteuer richtet sich nach § 38a Abs. 1 und 3 EStG (vgl. auch R 39b.2, 39b.5 und 39b.6 LStR). Bei der Versorgung über eine Direktzusage oder Unter- 291 stützungskasse fließt der Arbeitslohn erst im Zeitpunkt der Zahlung der Altersversorgungsleistungen an den Arbeitnehmer zu.

2. Entgeltumwandlung zugunsten betrieblicher Altersversorgung

292 Um durch Entgeltumwandlung finanzierte betriebliche Altersversorgung handelt es sich, wenn Arbeitgeber und Arbeitnehmer vereinbaren, künftige Arbeitslohnansprüche zugunsten einer betrieblichen Altersversorgung herabzusetzen (Umwandlung in eine wertgleiche Anwartschaft auf Versorgungsleistungen – Entgeltumwandlung – § 1 Abs. 2 Nr. 3 BetrAVG).

Davon zu unterscheiden sind die eigenen Beiträge des Arbeitnehmers, zu deren Leistung er aufgrund einer eigenen vertraglichen Vereinbarung mit der Versorgungseinrichtung originär selbst verpflichtet ist. Diese eigenen Beiträge des Arbeitnehmers zur betrieblichen Altersversorgung werden aus dem bereits zugeflossenen und versteuerten Arbeitsentgelt geleistet (vgl. auch Rz. 304).

293 Eine Herabsetzung von Arbeitslohnansprüchen zugunsten betrieblicher Altersversorgung ist steuerlich als Entgeltumwandlung auch dann anzuerkennen, wenn die in § 1 Abs. 2 Nr. 3 BetrAVG geforderte Wertgleichheit außerhalb versicherungsmathematischer Grundsätze berechnet wird. Entscheidend ist allein, dass die Versorgungsleistung zur Absicherung mindestens eines biometrischen Risikos (Alter, Tod, Invalidität) zugesagt und erst bei Eintritt des biologischen Ereignisses fällig wird.

294 Die Herabsetzung von Arbeitslohn (laufender Arbeitslohn, Einmal- und Sonderzahlungen) zugunsten der betrieblichen Altersversorgung wird aus Vereinfachungsgründen grundsätzlich auch dann als Entgeltumwandlung steuerlich anerkannt, wenn die Gehaltsänderungsvereinbarung bereits erdiente, aber noch nicht fällig gewordene Anteile umfasst. Dies gilt auch, wenn eine Einmal- oder Sonderzahlung einen Zeitraum von mehr als einem Jahr betrifft.

295 Bei einer Herabsetzung laufenden Arbeitslohns zugunsten einer betrieblichen Altersversorgung hindert es die Annahme einer Entgeltumwandlung nicht, wenn der bisherige ungekürzte Arbeitslohn weiterhin Bemessungsgrundlage für künftige Erhöhungen des Arbeitslohns oder andere Arbeitgeberleistungen (wie z. B. Weihnachtsgeld, Tantieme, Jubiläumszuwendungen, betriebliche Altersversorgung) bleibt, die Gehaltsminderung zeitlich begrenzt oder vereinbart wird, dass der Arbeitnehmer oder der Arbeitgeber sie für künftigen Arbeitslohn einseitig ändern können.

3. Behandlung laufender Zuwendungen des Arbeitgebers und Sonderzahlungen an umlagefinanzierte Pensionskassen (§ 19 Abs. 1 Satz 1 Nr. 3 EStG)

296 Laufende Zuwendungen sind regelmäßig fortlaufend geleistete Zahlungen des Arbeitgebers für eine betriebliche Altersversorgung an eine Pensionskasse, die nicht im Kapitaldeckungsverfahren, sondern im Umlageverfahren finanziert wird. Hierzu gehören insbesondere Umlagen an die Versorgungsanstalt des Bundes und der Länder – VBL – bzw. an eine kommunale Zusatzversorgungskasse.

297 Sonderzahlungen des Arbeitgebers sind insbesondere Zahlungen, die an die Stelle der bei regulärem Verlauf zu entrichtenden laufenden Zuwendungen treten oder neben laufenden Beiträgen oder Zuwendungen entrichtet werden und zur Finanzierung des nicht kapitalgedeckten Versorgungssystems dienen. Hierzu gehören beispielsweise Zahlungen, die der Arbeitgeber anlässlich seines Ausscheidens aus einem umlagefinanzierten Versorgungssystem, des Wechsels von einem umlagefinanzierten zu einem anderen umlagefinanzierten Versorgungssystem oder der Zusammenlegung zweier nicht kapitalgedeckter Versorgungssysteme zu leisten hat.

298 **Beispiel zum Wechsel der Zusatzversorgungskasse (ZVK):**

Die ZVK A wird auf die ZVK B überführt. Der Umlagesatz der ZVK A betrug bis zur Überführung 6 % vom zusatzversorgungspflichtigen Entgelt. Die ZVK B erhebt nur 4 % vom zusatzversorgungspflichtigen Entgelt. Der Arbeitgeber zahlt nach der Überführung auf die ZVK B für seine Arbeitnehmer zusätzlich zu den 4 % Umlage einen festgelegten Betrag, durch den die Differenz bei der Umlagenhöhe (6 % zu 4 % vom zusatzversorgungspflichtigen Entgelt) ausgeglichen wird.

Bei dem Differenzbetrag, den der Arbeitgeber nach der Überführung auf die ZVK B zusätzlich leisten muss, handelt es sich um eine steuerpflichtige Sonderzahlung gem. § 19 Abs. 1 *Satz 1 Nr. 3 Satz 2 Buch*stabe b EStG, die mit 15 % gem. § 40b Abs. 4 EStG pauschal zu besteuern ist.

299 Zu den nicht zu besteuernden Sanierungsgeldern gehören die Sonderzahlungen des Arbeitgebers, die er anlässlich der Umstellung der Finanzierung des Versorgungssystems von der Umlagefinanzierung auf die Kapitaldeckung für die bis zur Umstellung bereits entstandenen Versorgungsverpflichtungen oder -anwartschaften noch zu leisten hat. Gleiches gilt für die Zahlun-

gen, die der Arbeitgeber im Fall der Umstellung auf der Leistungsseite für diese vor Umstellung bereits entstandenen Versorgungsverpflichtungen und -anwartschaften in das Versorgungssystem leistet. Davon ist z. B. auszugehen wenn,

– eine deutliche Trennung zwischen bereits entstandenen und neu entstehenden Versorgungsverpflichtungen sowie -anwartschaften sichtbar wird,
– der finanzielle Fehlbedarf zum Zeitpunkt der Umstellung hinsichtlich der bereits entstandenen Versorgungsverpflichtungen sowie -anwartschaften ermittelt wird und
– dieser Betrag ausschließlich vom Arbeitgeber als Zuschuss geleistet wird.

Beispiel zum Sanierungsgeld: 300

Die ZVK A stellt ihre betriebliche Altersversorgung auf der Finanzierungs- und Leistungsseite um. Bis zur Systemumstellung betrug die Umlage 6,2 % vom zusatzversorgungspflichtigen Entgelt. Nach der Systemumstellung beträgt die Zahlung insgesamt 7,7 % vom zusatzversorgungspflichtigen Entgelt. Davon werden 4 % zugunsten der nun im Kapitaldeckungsverfahren finanzierten Neuanwartschaften und 3,7 % für die weiterhin im Umlageverfahren finanzierten Anwartschaften einschließlich eines Sanierungsgeldes geleistet.

Die Ermittlung des nicht zu besteuernden Sanierungsgeldes erfolgt nach § 19 Abs. 1 Satz 1 Nr. 3 Satz 4 Halbsatz 2 EStG. Ein solches nicht zu besteuerndes Sanierungsgeld liegt nur vor, soweit der bisherige Umlagesatz überstiegen wird.

Zahlungen nach der Systemumstellung insgesamt	7,7 %
Zahlungen vor der Systemumstellung	6,2 %
Nicht zu besteuerndes Sanierungsgeld	1,5 %

Ermittlung der weiterhin nach § 19 Abs. 1 Satz 1 Nr. 3 Satz 1 EStG grundsätzlich zu besteuernden Umlagezahlung:

Nach der Systemumstellung geleistete Zahlung für das Umlageverfahren einschließlich des Sanierungsgeldes	3,7 %
Nicht zu besteuerndes Sanierungsgeld	1,5 %
Grundsätzlich zu besteuernde Umlagezahlung	2,2 %

Eine Differenzrechnung nach § 19 Abs. 1 Satz 1 Nr. 3 Satz 4 Halbsatz 2 EStG entfällt, wenn es an laufenden und wiederkehrenden Zahlungen entsprechend dem periodischen Bedarf fehlt, also das zu erbringende Sanierungsgeld als Gesamtfehlbetrag feststeht und lediglich ratierlich getilgt wird.

4. Steuerfreiheit nach § 3 Nr. 63 EStG

a) Steuerfreiheit nach § 3 Nr. 63 Satz 1 und 3 EStG

aa) Begünstigter Personenkreis

Zu dem durch § 3 Nr. 63 EStG begünstigten Personenkreis gehören alle Arbeitnehmer (§ 1 LStDV), unabhängig davon, ob sie in der gesetzlichen Rentenversicherung pflichtversichert sind oder nicht (z. B. beherrschende Gesellschafter-Geschäftsführer, geringfügig Beschäftigte, in einem berufsständischen Versorgungswerk Versicherte). 301

Die Steuerfreiheit setzt lediglich ein bestehendes erstes Dienstverhältnis voraus. Diese Voraussetzung kann auch erfüllt sein, wenn es sich um ein geringfügiges Beschäftigungsverhältnis oder eine Aushilfstätigkeit handelt. Die Steuerfreiheit ist jedoch nicht bei Arbeitnehmern zulässig, bei denen der Arbeitgeber den Lohnsteuerabzug nach der Steuerklasse VI vorgenommen hat. 302

bb) Begünstigte Aufwendungen

Zu den nach § 3 Nr. 63 EStG begünstigten Aufwendungen gehören nur Beiträge an Pensionsfonds, Pensionskassen und Direktversicherungen, die zum Aufbau einer betrieblichen Altersversorgung im Kapitaldeckungsverfahren erhoben werden. Für Umlagen, die vom Arbeitgeber an eine Versorgungseinrichtung entrichtet werden, kommt die Steuerfreiheit nach § 3 Nr. 63 EStG dagegen nicht in Betracht (siehe aber § 3 Nr. 56 EStG, Rz. 340 ff.). Werden sowohl Umlagen als auch Beiträge im Kapitaldeckungsverfahren erhoben, gehören Letztere nur dann zu den begünstigten Aufwendungen, wenn eine getrennte Verwaltung und Abrechnung beider Vermögensmassen erfolgt (Trennungsprinzip). 303

Steuerfrei sind nur Beiträge des Arbeitgebers. Das sind diejenigen Beiträge, die vom Arbeitgeber als Versicherungsnehmer selbst geschuldet und an die Versorgungseinrichtung geleistet werden. Dazu gehören 304

– die Beiträge des Arbeitgebers, die zusätzlich zum ohnehin geschuldeten Arbeitslohn erbracht werden (rein arbeitgeberfinanzierte Beiträge), sowie

- alle im Gesamtversicherungsbeitrag des Arbeitgebers enthaltenen Finanzierungsanteile des Arbeitnehmers (BFH-Urteil vom 9. Dezember 2010 – VI R 57/08 –, BStBl II 2011 S. 978 und BMF-Schreiben vom 25. November 2011, BStBl I S. 1250)[1]) wie z. B.
- eine Eigenbeteiligung des Arbeitnehmers oder
- die mittels Entgeltumwandlung finanzierten Beiträge (vgl. Rz. 292 ff.). Im Fall der Finanzierung der Beiträge durch eine Entgeltumwandlung ist die Beachtung des Mindestbetrags gem. § 1a BetrAVG für die Inanspruchnahme der Steuerfreiheit nicht erforderlich.

Beiträge des Arbeitnehmers, zu deren Leistung er aufgrund einer eigenen vertraglichen Vereinbarung mit der Versorgungseinrichtung originär selbst verpflichtet ist (sog. eigene Beiträge des Arbeitnehmers), sind dagegen vom Anwendungsbereich des § 3 Nr. 63 EStG ausgeschlossen, auch wenn sie vom Arbeitgeber an die Versorgungseinrichtung abgeführt werden.

305 Zur Umsetzung des BFH-Urteils vom 9. Dezember 2010 – VI R 57/08 – (BStBl II 2011 S. 978) zur steuerlichen Behandlung von Finanzierungsanteilen der Arbeitnehmer zur betrieblichen Altersversorgung im öffentlichen Dienst siehe BMF-Schreiben vom 25. November 2011 (BStBl I S. 1250)[2]).

306 Die Steuerfreiheit nach § 3 Nr. 63 EStG kann nur dann in Anspruch genommen werden, wenn der vom Arbeitgeber zur Finanzierung der zugesagten Versorgungsleistung gezahlte Beitrag nach bestimmten individuellen Kriterien dem einzelnen Arbeitnehmer zugeordnet wird. Allein die Verteilung eines vom Arbeitgeber gezahlten Gesamtbeitrags nach der Anzahl der begünstigten Arbeitnehmer genügt hingegen für die Anwendung des § 3 Nr. 63 EStG nicht. Für die Anwendung des § 3 Nr. 63 EStG ist nicht Voraussetzung, dass sich die Höhe der zugesagten Versorgungsleistung an der Höhe des eingezahlten Beitrags des Arbeitgebers orientiert, da der Arbeitgeber nach § 1 BetrAVG nicht nur eine Beitragszusage mit Mindestleistung oder eine beitragsorientierte Leistungszusage, sondern auch eine Leistungszusage erteilen kann.

307 Maßgeblich für die betragsmäßige Begrenzung der Steuerfreiheit auf 4 % der Beitragsbemessungsgrenze in der allgemeinen Rentenversicherung ist auch bei einer Beschäftigung in den neuen Ländern oder Berlin (Ost) die in dem Kalenderjahr gültige Beitragsbemessungsgrenze (West). Zusätzlich zu diesem Höchstbetrag können Beiträge, die vom Arbeitgeber aufgrund einer nach dem 31. Dezember 2004 erteilten Versorgungszusage (Neuzusage, vgl. Rz. 349 ff.) geleistet werden, bis zur Höhe von 1 800 € steuerfrei bleiben. Dieser zusätzliche Höchstbetrag kann jedoch nicht in Anspruch genommen werden, wenn für den Arbeitnehmer in dem Kalenderjahr Beiträge nach § 40b Abs. 1 und 2 EStG a. F. pauschal besteuert werden (vgl. Rz. 363). Bei den Höchstbeträgen des § 3 Nr. 63 EStG handelt es sich jeweils um Jahresbeträge. Eine zeitanteilige Kürzung der Höchstbeträge ist daher nicht vorzunehmen, wenn das Arbeitsverhältnis nicht während des ganzen Jahres besteht oder nicht für das ganze Jahr Beiträge gezahlt werden. Die Höchstbeträge können erneut in Anspruch genommen werden, wenn der Arbeitnehmer sie in einem vorangegangenen Dienstverhältnis bereits ausgeschöpft hat. Im Fall der Gesamtrechtsnachfolge und des Betriebsübergangs nach § 613a BGB kommt dies dagegen nicht in Betracht.

308 Soweit die Beiträge die Höchstbeträge übersteigen, sind sie individuell zu besteuern. Für die individuell besteuerten Beiträge kann eine Förderung durch Sonderausgabenabzug nach § 10a und Zulage nach Abschnitt XI EStG in Betracht kommen (vgl. Rz. 330 ff.). Zur Übergangsregelung des § 52 Abs. 52b EStG siehe Rz. 359 ff.

309 Bei monatlicher Zahlung der Beiträge bestehen keine Bedenken, wenn die Höchstbeträge in gleichmäßige monatliche Teilbeträge aufgeteilt werden. Stellt der Arbeitgeber vor Ablauf des Kalenderjahres, z. B. bei Beendigung des Dienstverhältnisses fest, dass die Steuerfreiheit im Rahmen der monatlichen Teilbeträge nicht in vollem Umfang ausgeschöpft worden ist oder werden kann, muss eine ggf. vorgenommene Besteuerung der Beiträge rückgängig gemacht (spätester Zeitpunkt hierfür ist die Übermittlung oder Erteilung der Lohnsteuerbescheinigung) oder der monatliche Teilbetrag künftig so geändert werden, dass die Höchstbeträge ausgeschöpft werden.

310 Rein arbeitgeberfinanzierte Beiträge sind steuerfrei, soweit sie die Höchstbeträge (4 % der Beitragsbemessungsgrenze in der allgemeinen Rentenversicherung sowie 1 800 €) nicht übersteigen. Die Höchstbeträge werden zunächst durch diese Beiträge ausgefüllt. Sofern die Höchstbeträge dadurch nicht ausgeschöpft worden sind, sind die verbleibenden, auf den verschiedenen Finanzierungsanteilen des Arbeitnehmers beruhenden Beiträge des Arbeitgebers (vgl. Rz. 304) zu berücksichtigen. Besteht neben einer Altzusage auch eine Neuzusage (s. Rz. 349 ff. und 355), wird der *Höchst*betrag des § 3 Nr. 63 Satz 1 EStG (4 % der Beitragsbemessungsgrenze in der allgemeinen Rentenversicherung) zunächst durch alle Beiträge auf Grund der Altzusage ausgeschöpft. Soweit die Steuerfreiheit dadurch nicht voll ausgeschöpft wurde, sind die Beiträge auf

1) Abgedruckt in → H 3.63 LStH unter „Beiträge des Arbeitgebers".
2) Abgedruckt in → H 3.63 LStH unter „Beiträge des Arbeitgebers".

Grund der Neuzusage zu berücksichtigen. Somit gilt in diesen Fällen für die Ermittlung des höchstmöglichen steuerfreien Volumens im Kalenderjahr folgendes Schema:

Altzusage:	rein arbeitgeberfinanzierte Beiträge, sodann auf den verschiedenen Finanzierungsanteilen des Arbeitnehmers beruhende Beiträge
Neuzusage:	rein arbeitgeberfinanzierte Beiträge, sodann auf den verschiedenen Finanzierungsanteilen des Arbeitnehmers beruhende Beiträge

Beispiel: 311

Ein Arbeitgeber hat eine Altzusage und daneben eine Neuzusage erteilt. Es werden zur betrieblichen Altersversorgung folgende Beiträge geleistet:

– aufgrund einer Altzusage an eine Pensionskasse	
– rein arbeitgeberfinanzierte Beiträge	600
– Finanzierungsanteile des Arbeitnehmers	1 800
– Eigenbeteiligung des Arbeitnehmers	600
– Entgeltumwandlung	1 200
– aufgrund einer *Neuzusage* für eine Direktversicherung	
– rein arbeitgeberfinanzierte Beiträge	1 200
– Entgeltumwandlung	1 200
Insgesamt *(Alt- und Neuzusage)*	4 800

Die Beitragsbemessungsgrenze in der allgemeinen Rentenversicherung 2013 beträgt 69 600 € und der Höchstbetrag nach § 3 Nr. 63 Satz 1 EStG somit 2 784 €. Von der Vereinfachungsregelung nach Rz. 309 wird Gebrauch gemacht.

Für die Anwendung von § 3 Nr. 63 EStG ergibt sich Folgendes:

– Beiträge aufgrund der Altzusage steuerfrei nach § 3 Nr. 63 Satz 1 EStG i. H. v. (600 + 1 800)	2 400
– rein arbeitgeberfinanzierte Beiträge aufgrund der *Neuzusage* steuerfrei nach § 3 Nr. 63 Satz 1 EStG i. H. v. (2 784 – 2 400)	384
– verbleibende, rein arbeitgeberfinanzierte Beiträge *Neuzusage* steuerfrei nach § 3 Nr. 63 Satz 3 EStG i. H. v. (1 200 – 384, aber höchstens 1 800)	816
– Entgeltumwandlung Beiträge aufgrund der *Neuzusage* (1 200, höchstens noch 1 800 – 816)	984
– danach verbleibende Beiträge aufgrund der *Neuzusage* steuerpflichtig i. H. v. (2 400 – 384 – 1 800)	216

cc) Begünstigte Auszahlungsformen

Voraussetzung für die Steuerfreiheit ist, dass die Auszahlung der zugesagten Alters-, Invaliditäts- oder Hinterbliebenenversorgungsleistungen in Form einer lebenslangen Rente oder eines Auszahlungsplans mit anschließender lebenslanger Teilkapitalverrentung (§ 1 Abs. 1 Satz 1 Nr. 4 Buchstabe a AltZertG) vorgesehen ist. Im Hinblick auf die entfallende Versorgungsbedürftigkeit z. B. für den Fall der Vollendung des 25. Lebensjahres der Kinder (siehe auch Rz. 287; bei Versorgungszusagen, die vor dem 1. Januar 2007 erteilt wurden, ist grundsätzlich das 27. Lebensjahr maßgebend), der Wiederheirat der Witwe/des Witwers, dem Ende der Erwerbsminderung durch Wegfall der Voraussetzungen für den Bezug (insbesondere bei Verbesserung der Gesundheitssituation oder Erreichen der Altersgrenze) ist es nicht zu beanstanden, wenn eine Rente oder ein Auszahlungsplan zeitlich befristet ist. Von einer Rente oder einem Auszahlungsplan ist auch noch auszugehen, wenn bis zu 30 % des zu Beginn der Auszahlungsphase zur Verfügung stehenden Kapitals außerhalb der monatlichen Leistungen ausgezahlt werden. Die zu Beginn der Auszahlungsphase zu treffende Entscheidung und Entnahme des Teilkapitalbetrags aus diesem Vertrag (Rz. 203) führt zur Besteuerung nach § 22 Nr. 5 EStG. Allein die Möglichkeit, anstelle dieser Auszahlungsformen eine Einmalkapitalauszahlung (100 % des zu Beginn der Auszahlungsphase zur Verfügung stehenden Kapitals) zu wählen, steht der Steuerfreiheit noch nicht entgegen. Die Möglichkeit, eine Einmalkapitalauszahlung anstelle einer Rente oder eines Auszahlungsplans zu wählen, gilt nicht nur für Altersversorgungsleistungen, sondern auch für Invaliditäts- oder Hinterbliebenenversorgungsleistungen. Entscheidet sich der Arbeitnehmer zugunsten einer Einmalkapitalauszahlung, so sind von diesem Zeitpunkt an die Voraussetzungen des § 3 Nr. 63 EStG nicht mehr erfüllt und die Beitragsleistungen zu besteuern. Erfolgt die Ausübung des Wahlrechtes innerhalb des letzten Jahres vor dem altersbedingten Ausscheiden aus dem Erwerbsleben, so ist es aus Vereinfachungsgründen nicht zu beanstanden, wenn die Beitragsleistungen weiterhin nach § 3 Nr. 63 EStG steuerfrei belassen werden. Für die Berechnung der Jahresfrist ist dabei auf das im Zeitpunkt der Ausübung des Wahlrechts vertraglich vorgesehene Ausscheiden aus dem Erwerbsleben (vertraglich vorgesehener Beginn der Altersversorgungsleistung) abzustellen. Da die Auszahlungsphase bei der Hinterbliebenenleistung erst mit dem Zeitpunkt des Todes des ursprünglich Berechtigten beginnt, ist es in diesem Fall aus steuerlicher Sicht nicht zu beanstanden, wenn das Wahlrecht im zeitlichen Zusammenhang mit dem Tod des ursprünglich Berechtig- 312 ten ausgeübt wird. Bei Auszahlung oder anderweitiger wirtschaftlicher Verfügung ist der Einmalkapitalbetrag gem. § 22 Nr. 5 EStG zu besteuern (siehe dazu Rz. 372 ff.)

dd) Sonstiges

313 Eine Steuerfreiheit der Beiträge kommt nicht in Betracht, soweit es sich hierbei nicht um Arbeitslohn im Rahmen eines Dienstverhältnisses, sondern um eine verdeckte Gewinnausschüttung im Sinne des § 8 Abs. 3 Satz 2 KStG handelt. Die allgemeinen Grundsätze zur Abgrenzung zwischen verdeckter Gewinnausschüttung und Arbeitslohn sind hierbei zu beachten.

314 Bei Beiträgen an ausländische betriebliche Altersversorgungssysteme ist zu entscheiden, ob das ausländische Altersversorgungssystem mit einem Durchführungsweg der betrieblichen Altersversorgung nach dem deutschen Betriebsrentengesetz vergleichbar ist bzw. einem der Durchführungswege als vergleichbar zugeordnet werden kann. Entsprechende Beiträge sind steuerfrei nach § 3 Nr. 63 EStG, wenn

- das ausländische betriebliche Altersversorgungssystem vergleichbar mit dem Pensionsfonds, der Pensionskasse oder der Direktversicherung ist und
- auch die weiteren wesentlichen Kriterien für die steuerliche Anerkennung einer betrieblichen Altersversorgung im Inland erfüllt werden (u. a. Absicherung mindestens eines biometrischen Risikos – vgl. Rz. 284 –, enger Hinterbliebenenbegriff – vgl. Rz. 287 –, keine Vererblichkeit – vgl. Rz. 289 –, begünstigte Auszahlungsformen – vgl. Rz. 312) und
- die ausländische Versorgungseinrichtung in vergleichbarer Weise den für inländische Versorgungseinrichtungen maßgeblichen Aufbewahrungs-, Mitteilungs- und Bescheinigungspflichten nach dem Einkommensteuergesetz und der Altersvorsorge-Durchführungsverordnung zur Sicherstellung der Besteuerung der Versorgungsleistungen im Wesentlichen nachkommt.

315 Unter den Voraussetzungen der Rz. 301 bis 313 sind auch die vom Arbeitgeber zusätzlich zum ohnehin geschuldeten Arbeitslohn erbrachten Beiträge an eine Zusatzversorgungskasse (wie z. B. zur Versorgungsanstalt der deutschen Bühnen – VddB –, zur Versorgungsanstalt der deutschen Kulturorchester – VddKO – oder zum Zusatzversorgungswerk für Arbeitnehmer in der Land- und Forstwirtschaft – ZLF –), die er nach der jeweiligen Satzung der Versorgungseinrichtung als Pflichtbeiträge für die Altersversorgung seiner Arbeitnehmer zusätzlich zu den nach § 3 Nr. 62 EStG steuerfreien Beiträgen zur gesetzlichen Rentenversicherung zu erbringen hat, ebenfalls im Rahmen des § 3 Nr. 63 EStG steuerfrei. Die Steuerfreiheit nach § 3 Nr. 62 Satz 1 EStG kommt für diese Beiträge nicht in Betracht. Die Steuerbefreiung des § 3 Nr. 63 (und auch Nr. 56) EStG ist nicht nur der Höhe, sondern dem Grunde nach vorrangig anzuwenden; die Steuerbefreiung nach § 3 Nr. 62 EStG ist bei Vorliegen von Zukunftssicherungsleistungen im Sinne des § 3 Nr. 63 (und auch Nr. 56) EStG daher auch dann ausgeschlossen, wenn die Höchstbeträge des § 3 Nr. 63 (und Nr. 56) EStG bereits voll ausgeschöpft werden.

b) Ausschluss der Steuerfreiheit nach § 3 Nr. 63 Satz 2 EStG

aa) Personenkreis

316 Auf die Steuerfreiheit können grundsätzlich nur Arbeitnehmer verzichten, die in der gesetzlichen Rentenversicherung pflichtversichert sind (§§ 1a, 17 Abs. 1 Satz 3 BetrAVG). Alle anderen Arbeitnehmer können von dieser Möglichkeit nur dann Gebrauch machen, wenn der Arbeitgeber zustimmt.

bb) Höhe und Zeitpunkt der Ausübung des Wahlrechts

317 Soweit der Arbeitnehmer einen Anspruch auf Entgeltumwandlung nach § 1a BetrAVG hat oder andere Finanzierungsanteile (vgl. Rz. 304) zur betrieblichen Altersversorgung erbringt, ist eine individuelle Besteuerung dieser Beiträge auf Verlangen des Arbeitnehmers durchzuführen; die Beiträge sind dabei gleichrangig zu behandeln. In allen anderen Fällen der Entgeltumwandlung (z. B. Entgeltumwandlungsvereinbarung aus dem Jahr 2001 oder früher) ist die individuelle Besteuerung der Beiträge hingegen nur aufgrund einvernehmlicher Vereinbarung zwischen Arbeitgeber und Arbeitnehmer möglich. Bei rein arbeitgeberfinanzierten Beiträgen kann auf die Steuerfreiheit nicht verzichtet werden (vgl. Rz. 310).

318 *Die Ausübung des* Wahlrechts nach § 3 Nr. 63 Satz 2 EStG muss bis zu dem Zeitpunkt erfolgen, zu dem die entsprechende Gehaltsänderungsvereinbarung steuerlich noch anzuerkennen ist (vgl. Rz. 294).

319 Eine nachträgliche Änderung der steuerlichen Behandlung der im Wege der Entgeltumwandlung finanzierten Beiträge ist nicht zulässig.

c) Vervielfältigungsregelung nach § 3 Nr. 63 Satz 4 EStG

Beiträge an einen Pensionsfonds, eine Pensionskasse oder für eine Direktversicherung, die der Arbeitgeber aus Anlass der Beendigung des Dienstverhältnisses leistet, können im Rahmen des § 3 Nr. 63 Satz 4 EStG steuerfrei belassen werden. Die Höhe der Steuerfreiheit ist dabei begrenzt auf den Betrag, der sich ergibt aus 1 800 € vervielfältigt mit der Anzahl der Kalenderjahre, in denen das Dienstverhältnis des Arbeitnehmers zu dem Arbeitgeber bestanden hat; der vervielfältigte Betrag vermindert sich um die nach § 3 Nr. 63 EStG steuerfreien Beiträge, die der Arbeitgeber in dem Kalenderjahr, in dem das Dienstverhältnis beendet wird, und in den sechs vorangegangenen Jahren erbracht hat. Sowohl bei der Ermittlung der zu vervielfältigenden als auch der zu kürzenden Jahre sind nur die Kalenderjahre ab 2005 zu berücksichtigen. Dies gilt unabhängig davon, wie lange das Dienstverhältnis zu dem Arbeitgeber tatsächlich bestanden hat. Die Vervielfältigungsregelung steht jedem Arbeitnehmer aus demselben Dienstverhältnis insgesamt nur einmal zu. Werden die Beiträge statt als Einmalbeitrag in Teilbeträgen geleistet, sind diese so lange steuerfrei, bis der für den Arbeitnehmer maßgebende Höchstbetrag ausgeschöpft ist. Eine Anwendung der Vervielfältigungsregelung des § 3 Nr. 63 Satz 4 EStG ist nicht möglich, wenn gleichzeitig die Vervielfältigungsregelung des § 40b Abs. 2 Satz 3 und 4 EStG a. F. auf die Beiträge, die der Arbeitgeber aus Anlass der Beendigung des Dienstverhältnisses leistet, angewendet wird (vgl. Rz. **365**). Eine Anwendung ist ferner nicht möglich, wenn der Arbeitnehmer bei Beiträgen für eine Direktversicherung auf die Steuerfreiheit der Beiträge zu dieser Direktversicherung zugunsten der Weiteranwendung des § 40b EStG a. F. verzichtet hatte (vgl. Rz. 359 ff.). 320

5. Steuerfreiheit nach § 3 Nr. 65 und 66 EStG

Die sich aus § 3 Nr. 65 Satz 2 bis 4 EStG ergebenden Rechtsfolgen treten auch dann ein, wenn die Auszahlungen unmittelbar vom Träger der Insolvenzsicherung an den Versorgungsberechtigten oder seine Hinterbliebenen vorgenommen werden. In diesem Fall ist der Träger der Insolvenzsicherung Dritter im Sinne des § 3 Nr. 65 Satz 4 EStG und daher zum Lohnsteuereinbehalt verpflichtet. 321

Voraussetzung für die Steuerfreiheit nach § 3 Nr. 66 EStG ist, dass vom Arbeitgeber ein Antrag nach § 4d Abs. 3 EStG oder § 4e Abs. 3 EStG gestellt worden ist. Die Steuerfreiheit nach § 3 Nr. 66 EStG gilt auch dann, wenn beim übertragenden Unternehmen keine Zuwendungen im Sinne von § 4d Abs. 3 EStG oder Leistungen im Sinne von § 4e Abs. 3 EStG im Zusammenhang mit der Übernahme einer Versorgungsverpflichtung durch einen Pensionsfonds anfallen. Bei einer entgeltlichen Übertragung von Versorgungsanwartschaften aktiver Beschäftigter kommt die Anwendung von § 3 Nr. 66 EStG nur für Zahlungen an den Pensionsfonds in Betracht, die für die bis zum Zeitpunkt der Übertragung bereits erdienten Versorgungsanwartschaften geleistet werden (sog. „Past-Service"); Zahlungen an den Pensionsfonds für zukünftig noch zu erdienende Anwartschaften (sog. „Future-Service") sind ausschließlich in dem begrenzten Rahmen des § 3 Nr. 63 EStG lohnsteuerfrei; zu weiteren Einzelheiten, insbesondere zur Abgrenzung von „Past-" und „Future-Service", siehe BMF-Schreiben vom 26. Oktober 2006[1]) (BStBl I S. 709). Erfolgt im Rahmen eines Gesamtplans zunächst eine nach § 3 Nr. 66 EStG begünstigte Übertragung der erdienten Anwartschaften auf einen Pensionsfonds und werden anschließend regelmäßig wiederkehrend (z. B. jährlich) die dann neu erdienten Anwartschaften auf den Pensionsfonds übertragen, sind die weiteren Übertragungen auf den Pensionsfonds nicht nach § 3 Nr. 66 EStG begünstigt, sondern nur im Rahmen des § 3 Nr. 63 EStG steuerfrei. Hinsichtlich des durch die Steuerbefreiungsvorschrift begünstigten Personenkreises vgl. Rz. 301. 322

6. Steuerfreiheit nach § 3 Nr. 55 EStG

Gem. § 4 Abs. 2 Nr. 2 BetrAVG kann nach Beendigung des Arbeitsverhältnisses im Einvernehmen des ehemaligen mit dem neuen Arbeitgeber sowie dem Arbeitnehmer der Wert der vom Arbeitnehmer erworbenen Altersversorgung (Übertragungswert nach § 4 Abs. 5 BetrAVG) auf den neuen Arbeitgeber übertragen werden, wenn dieser eine wertgleiche Zusage erteilt. § 4 Abs. 3 BetrAVG gibt dem Arbeitnehmer für Versorgungszusagen, die nach dem 31. Dezember 2004 erteilt werden, das Recht, innerhalb eines Jahres nach Beendigung des Arbeitsverhältnisses von seinem ehemaligen Arbeitgeber zu verlangen, dass der Übertragungswert auf den neuen Arbeitgeber übertragen wird, wenn die betriebliche Altersversorgung beim ehemaligen Arbeitgeber über einen Pensionsfonds, eine Pensionskasse oder eine Direktversicherung durchgeführt worden ist und der Übertragungswert die im Zeitpunkt der Übertragung maßgebliche Beitragsbemessungsgrenze in der allgemeinen Rentenversicherung nicht übersteigt. 323

Die Anwendung der Steuerbefreiungsvorschrift des § 3 Nr. 55 EStG setzt aufgrund des Verweises auf die Vorschriften des Betriebsrentengesetzes die Beendigung des bisherigen Dienstverhältnisses und ein anderes Dienstverhältnis voraus. Die Übernahme der Versorgungszusage durch 324

1) Abgedruckt in → H 3.66 LStH unter „Umfang der Steuerfreiheit".

einen Arbeitgeber, bei dem der Arbeitnehmer bereits beschäftigt ist, ist betriebsrentenrechtlich unschädlich und steht daher der Anwendung der Steuerbefreiungsvorschrift nicht entgegen. § 3 Nr. 55 EStG und Rz. 323 gelten entsprechend für Arbeitnehmer, die nicht in der gesetzlichen Rentenversicherung pflichtversichert sind (z. B. beherrschende Gesellschafter-Geschäftsführer oder geringfügig Beschäftigte).

325 Der geleistete Übertragungswert ist nach § 3 Nr. 55 Satz 1 EStG steuerfrei, wenn die betriebliche Altersversorgung sowohl beim ehemaligen Arbeitgeber als auch beim neuen Arbeitgeber über einen Pensionsfonds, eine Pensionskasse oder eine Direktversicherung durchgeführt wird. Es ist nicht Voraussetzung, dass beide Arbeitgeber auch den gleichen Durchführungsweg gewählt haben. Um eine Rückabwicklung der steuerlichen Behandlung der Beitragsleistungen an einen Pensionsfonds, eine Pensionskasse oder eine Direktversicherung vor der Übertragung (Steuerfreiheit nach § 3 Nr. 63, 66 EStG, individuelle Besteuerung, Besteuerung nach § 40b EStG) zu verhindern, bestimmt § 3 Nr. 55 Satz 3 EStG, dass die auf dem Übertragungsbetrag beruhenden Versorgungsleistungen weiterhin zu den Einkünften gehören, zu denen sie gehört hätten, wenn eine Übertragung nach § 4 BetrAVG nicht stattgefunden hätte.

326 Der Übertragungswert ist gem. § 3 Nr. 55 Satz 2 EStG auch steuerfrei, wenn er vom ehemaligen Arbeitgeber oder von einer Unterstützungskasse an den neuen Arbeitgeber oder an eine andere Unterstützungskasse geleistet wird.

327 Die Steuerfreiheit des § 3 Nr. 55 EStG kommt jedoch nicht in Betracht, wenn die betriebliche Altersversorgung beim ehemaligen Arbeitgeber als Direktzusage oder mittels einer Unterstützungskasse ausgestaltet war, während sie beim neuen Arbeitgeber über einen Pensionsfonds, eine Pensionskasse oder eine Direktversicherung abgewickelt wird. Dies gilt auch für den umgekehrten Fall. Ebenso kommt die Steuerfreiheit nach § 3 Nr. 55 EStG bei einem Betriebsübergang nach § 613a BGB nicht in Betracht, da in einem solchen Fall die Regelung des § 4 BetrAVG keine Anwendung findet.

328 Wird die betriebliche Altersversorgung sowohl beim alten als auch beim neuen Arbeitgeber über einen Pensionsfonds, eine Pensionskasse oder eine Direktversicherung abgewickelt, liegt im Fall der Übernahme der Versorgungszusage nach § 4 Abs. 2 Nr. 1 BetrAVG lediglich ein Schuldnerwechsel und damit für den Arbeitnehmer kein lohnsteuerlich relevanter Vorgang vor. Entsprechendes gilt im Fall der Übernahme der Versorgungszusage nach § 4 Abs. 2 Nr. 1 BetrAVG, wenn die betriebliche Altersversorgung sowohl beim alten als auch beim neuen Arbeitgeber über eine Direktzusage oder Unterstützungskasse durchgeführt wird. Zufluss von Arbeitslohn liegt hingegen vor im Fall der Ablösung einer gegenüber einem beherrschenden Gesellschafter-Geschäftsführer erteilten Pensionszusage, bei der nach der Ausübung eines zuvor eingeräumten Wahlrechtes auf Verlangen des Gesellschafter-Geschäftsführers der Ablösungsbetrag zur Übernahme der Pensionsverpflichtung an einen Dritten gezahlt wird (BFH-Urteil vom 12. April 2007 – VI R 6/02 –, BStBl II S. 581).

7. Übernahme von Pensionsverpflichtungen gegen Entgelt durch Beitritt eines Dritten in eine Pensionsverpflichtung (Schuldbeitritt) oder Ausgliederung von Pensionsverpflichtungen

329 Bei der Übernahme von Pensionsverpflichtungen gegen Entgelt durch Beitritt eines Dritten in eine Pensionsverpflichtung (Schuldbeitritt) oder durch Ausgliederung von Pensionsverpflichtungen – ohne inhaltliche Veränderung der Zusage – handelt es sich weiterhin um eine Direktzusage des Arbeitgebers. Aus lohnsteuerlicher Sicht bleibt es folglich bei den für eine Direktzusage geltenden steuerlichen Regelungen, d. h., es liegen erst bei Auszahlung der Versorgungsleistungen – durch den Dritten bzw. durch die Pensionsgesellschaft anstelle des Arbeitgebers – Einkünfte im Sinne des § 19 EStG vor. Der Lohnsteuerabzug kann in diesem Fall mit Zustimmung des Finanzamts anstelle vom Arbeitgeber auch von dem Dritten bzw. der Pensionsgesellschaft vorgenommen werden (§ 38 Abs. 3a Satz 2 EStG).

8. Förderung durch Sonderausgabenabzug nach § 10a EStG und Zulage nach Abschnitt XI EStG

330 Zahlungen im Rahmen der betrieblichen Altersversorgung an einen Pensionsfonds, eine Pensionskasse oder eine Direktversicherung können als Altersvorsorgebeiträge durch Sonderausgabenabzug nach § 10a EStG und Zulage nach Abschnitt XI EStG gefördert werden (§ 82 Abs. 2 EStG). Die zeitliche Zuordnung der Altersvorsorgebeiträge im Sinne des § 82 Abs. 2 EStG richtet sich grundsätzlich nach den für die Zuordnung des Arbeitslohns geltenden Vorschriften (§ 38a Abs. 3 EStG; R 39b.2, 39b.5 und 39b.6 LStR).

331 Um Beiträge im Rahmen der betrieblichen Altersversorgung handelt es sich nur, wenn die Beiträge für eine vom Arbeitgeber aus Anlass des Arbeitsverhältnisses zugesagte Versorgungsleistung erbracht werden (§ 1 BetrAVG). Dies gilt unabhängig davon, ob die Beiträge

- ausschließlich vom Arbeitgeber finanziert werden,
- auf einer Entgeltumwandlung beruhen,
- andere im Gesamtversicherungsbeitrag des Arbeitgebers enthaltene Finanzierungsanteile des Arbeitnehmers sind (BFH-Urteil vom 9. Dezember 2010 – VI R 57/08 –, BStBl II 2011 S. 978, und BMF-Schreiben vom 25. November 2011, BStBl I S. 1250)[1]) oder
- eigene Beiträge des Arbeitnehmers sind, die er aus seinem bereits zugeflossenen und versteuerten Arbeitsentgelt zur Finanzierung der betrieblichen Altersversorgung leistet.

Im Übrigen sind Rz. 285 ff. zu beachten.

Voraussetzung für die steuerliche Förderung ist neben der individuellen Besteuerung der Beiträge, dass die Auszahlung der zugesagten Altersversorgungsleistung in Form einer lebenslangen Rente oder eines Auszahlungsplans mit anschließender lebenslanger Teilkapitalverrentung (§ 1 Abs. 1 Satz 1 Nr. 4 Buchstabe a AltZertG) vorgesehen ist. Die steuerliche Förderung von Beitragsteilen, die zur Absicherung einer Invaliditäts- oder Hinterbliebenenversorgung verwendet werden, kommt nur dann in Betracht, wenn die Auszahlung in Form einer Rente (§ 1 Abs. 1 Satz 1 Nr. 4 Buchstabe a AltZertG; vgl. Rz. 312) vorgesehen ist. Rente oder Auszahlungsplan in diesem Sinne liegt auch dann vor, wenn bis zu 30 % des zu Beginn der Auszahlungsphase zur Verfügung stehenden Kapitals außerhalb der monatlichen Leistungen ausgezahlt werden. Die zu Beginn der Auszahlungsphase zu treffende Entscheidung und Entnahme des Teilkapitalbetrags aus diesem Vertrag (Rz. 203) führt zur Besteuerung nach § 22 Nr. 5 EStG. Allein die Möglichkeit, anstelle dieser Auszahlungsformen eine Einmalkapitalauszahlung (100 % des zu Beginn der Auszahlungsphase zur Verfügung stehenden Kapitals) zu wählen, steht der Förderung noch nicht entgegen. Die Möglichkeit, eine Einmalkapitalauszahlung anstelle einer Rente oder eines Auszahlungsplans zu wählen, gilt nicht nur für Altersversorgungsleistungen, sondern auch für Invaliditäts- oder Hinterbliebenenversorgungsleistungen. Entscheidet sich der Arbeitnehmer zugunsten einer Einmalkapitalauszahlung, so sind von diesem Zeitpunkt an die Voraussetzungen des § 10a und Abschnitts XI EStG nicht mehr erfüllt und die Beitragsleistungen können nicht mehr gefördert werden. Erfolgt die Ausübung des Wahlrechtes innerhalb des letzten Jahres vor dem altersbedingten Ausscheiden aus dem Erwerbsleben, so ist es aus Vereinfachungsgründen nicht zu beanstanden, wenn die Beitragsleistungen weiterhin nach § 10a/Abschnitt XI EStG gefördert werden. Für die Berechnung der Jahresfrist ist dabei auf das im Zeitpunkt der Ausübung des Wahlrechts vertraglich vorgesehene Ausscheiden aus dem Erwerbsleben (vertraglich vorgesehener Beginn der Altersversorgungsleistung) abzustellen. Da die Auszahlungsphase bei der Hinterbliebenenleistung erst mit dem Zeitpunkt des Todes des ursprünglich Berechtigten beginnt, ist es in diesem Fall aus steuerlicher Sicht nicht zu beanstanden, wenn das Wahlrecht zu diesem Zeitpunkt ausgeübt wird. Bei Auszahlung des Einmalkapitalbetrags handelt es sich um eine schädliche Verwendung im Sinne des § 93 EStG (vgl. Rz. 391 f.), soweit sie auf steuerlich gefördertem Altersvorsorgevermögen beruht. Da es sich bei der Teil- bzw. Einmalkapitalauszahlung nicht um außerordentliche Einkünfte im Sinne des § 34 Abs. 2 EStG (weder eine Entschädigung noch eine Vergütung für eine mehrjährige Tätigkeit) handelt, kommt eine Anwendung der Fünftelungsregelung des § 34 EStG auf diese Zahlungen nicht in Betracht. 332

Die aus bereits zugeflossenem Arbeitslohn des Arbeitnehmers geleisteten Beiträge an einen Pensionsfonds, eine Pensionskasse oder eine Direktversicherung zum Aufbau einer kapitalgedeckten betrieblichen Altersversorgung, bei der eine Auszahlung der zugesagten Altersversorgungsleistung in Form einer Rente oder eines Auszahlungsplans (§ 1 Abs. 1 Satz 1 Nr. 4 AltZertG) vorgesehen ist, zählen auch dann zu den Altersvorsorgebeiträgen im Sinne von § 82 Abs. 2 EStG, wenn der Arbeitslohn aufgrund eines Doppelbesteuerungsabkommens nicht in Deutschland, sondern in einem anderen Land der inländischen individuellen Besteuerung vergleichbar versteuert wird. 333

Beitragsleistungen, die aus nach § 40a EStG pauschal versteuertem Arbeitslohn erbracht werden, gehören nicht zu den Altersvorsorgebeiträgen nach § 82 Abs. 2 Satz 1 Buchstabe a EStG. 334

Altersvorsorgebeiträge im Sinne des § 82 Abs. 2 EStG sind auch die Beiträge des ehemaligen Arbeitnehmers, die dieser im Fall einer zunächst ganz oder teilweise durch Entgeltumwandlung finanzierten und nach § 3 Nr. 63 oder § 10a/Abschnitt XI EStG geförderten betrieblichen Altersversorgung nach der Beendigung des Arbeitsverhältnisses nach Maßgabe des § 1b Abs. 5 Nr. 2 BetrAVG selbst erbringt. Dies gilt entsprechend in den Fällen der Finanzierung durch eigene Beiträge des Arbeitnehmers (vgl. Rz. 304). 335

Die vom Steuerpflichtigen nach Maßgabe des § 1b Abs. 5 Satz 1 Nr. 2 BetrAVG selbst zu erbringenden Beiträge müssen nicht aus individuell versteuertem Arbeitslohn stammen (z. B. Finanzierung aus steuerfreiem Arbeitslosengeld). Gleiches gilt, soweit der Arbeitnehmer trotz eines weiter bestehenden Arbeitsverhältnisses keinen Anspruch auf Arbeitslohn mehr hat und die Beiträge **nun** selbst erbringt (z. B. während der Schutzfristen des § 3 Abs. 2 und § 6 Abs. 1 des Mutterschutzgesetzes, der Elternzeit, des Bezugs von Krankengeld oder auch § 1a Abs. 4 BetrAVG) oder 336

1) Abgedruckt in → H 3.63 LStH unter „Beiträge des Arbeitgebers".

aufgrund einer gesetzlichen Verpflichtung Beiträge zur betrieblichen Altersversorgung entrichtet werden (z. B. nach §§ 14a und 14b des Arbeitsplatzschutzgesetzes).

337 Voraussetzung für die Förderung durch Sonderausgabenabzug nach § 10a EStG und Zulage nach Abschnitt XI EStG ist in den Fällen der Rz. 335 f., dass der Steuerpflichtige zum begünstigten Personenkreis gehört. Die zeitliche Zuordnung dieser Altersvorsorgebeiträge richtet sich grundsätzlich nach § 11 Abs. 2 EStG.

338 Zu den begünstigten Altersvorsorgebeiträgen gehören nur Beiträge, die zum Aufbau einer betrieblichen Altersversorgung im Kapitaldeckungsverfahren erhoben werden. Für Umlagen, die an eine Versorgungseinrichtung gezahlt werden, kommt die Förderung dagegen nicht in Betracht. Werden sowohl Umlagen als auch Beiträge im Kapitaldeckungsverfahren erhoben, gehören Letztere nur dann zu den begünstigten Aufwendungen, wenn eine getrennte Verwaltung und Abrechnung beider Vermögensmassen erfolgt (Trennungsprinzip).

339 Die Versorgungseinrichtung hat dem Zulageberechtigten jährlich eine Bescheinigung zu erteilen (§ 92 EStG). Diese Bescheinigung muss u. a. den Stand des Altersvorsorgevermögens ausweisen (§ 92 Nr. 5 EStG). Bei einer Leistungszusage (§ 1 Abs. 1 Satz 2 Halbsatz 2 BetrAVG) und einer beitragsorientierten Leistungszusage (§ 1 Abs. 2 Nr. 1 BetrAVG) kann stattdessen der Barwert der erdienten Anwartschaft bescheinigt werden.

9. Steuerfreiheit nach § 3 Nr. 56 EStG

a) Begünstigter Personenkreis

340 Rz. **301** f. gelten entsprechend.

b) Begünstigte Aufwendungen

341 Zu den nach § 3 Nr. 56 EStG begünstigten Aufwendungen gehören nur laufende Zuwendungen des Arbeitgebers für eine betriebliche Altersversorgung an eine Pensionskasse, die nicht im Kapitaldeckungsverfahren, sondern im Umlageverfahren finanziert wird (wie z. B. Umlagen an die Versorgungsanstalt des Bundes und der Länder – VBL – bzw. an eine kommunale oder kirchliche Zusatzversorgungskasse). Soweit diese Zuwendungen nicht nach § 3 Nr. 56 EStG steuerfrei bleiben, können sie individuell oder nach § 40b Abs. 1 und 2 EStG pauschal besteuert werden. Im Übrigen gelten Rz. 305, 306 und 307 Satz 1 und 4 ff., Rz. 309 bis 312 entsprechend. Danach sind z. B. der Arbeitnehmereigenanteil an einer Umlage und die sog. eigenen Beiträge des Arbeitnehmers nicht steuerfrei nach § 3 Nr. 56 EStG.

342 Werden von der Versorgungseinrichtung sowohl Zuwendungen/Umlagen als auch Beiträge im Kapitaldeckungsverfahren erhoben, ist § 3 Nr. 56 EStG auch auf die im Kapitaldeckungsverfahren erhobenen Beiträge anwendbar, wenn eine getrennte Verwaltung und Abrechnung beider Vermögensmassen (Trennungsprinzip, Rz. 303) nicht erfolgt.

343 Erfolgt eine getrennte Verwaltung und Abrechnung beider Vermögensmassen, ist die Steuerfreiheit nach § 3 Nr. 63 EStG für die im Kapitaldeckungsverfahren erhobenen Beiträge vorrangig zu berücksichtigen. Dies gilt unabhängig davon, ob diese Beiträge rein arbeitgeberfinanziert sind, auf einer Entgeltumwandlung oder anderen im Gesamtversicherungsbeitrag des Arbeitgebers enthaltenen Finanzierungsanteilen des Arbeitnehmers beruhen. Die nach § 3 Nr. 63 EStG steuerfreien Beträge mindern den Höchstbetrag des § 3 Nr. 56 EStG (§ 3 Nr. 56 Satz 3 EStG). Zuwendungen nach § 3 Nr. 56 EStG sind daher nur steuerfrei, soweit die nach § 3 Nr. 63 EStG steuerfreien Beiträge den Höchstbetrag des § 3 Nr. 56 EStG unterschreiten. Eine Minderung nach § 3 Nr. 56 Satz 3 EStG ist immer nur in dem jeweiligen Dienstverhältnis vorzunehmen; die Steuerfreistellung nach § 3 Nr. 56 EStG bleibt somit unberührt, wenn z. B. erst in einem späteren ersten Dienstverhältnis Beiträge nach § 3 Nr. 63 EStG steuerfrei bleiben.

344 **Beispiel:**

Arbeitgeber A zahlt in 2013 an seine Zusatzversorgungskasse einen Betrag i. H. v.:

- 240 € (12x 20 €) zugunsten einer getrennt verwalteten und abgerechneten kapitalgedeckten betrieblichen Altersversorgung und
- 1 680 € (12x 140 €) zugunsten einer umlagefinanzierten betrieblichen Altersversorgung.

Der Beitrag i. H. v. 240 € ist steuerfrei gem. § 3 Nr. 63 EStG, denn der entsprechende Höchstbetrag wird nicht überschritten.

Von der Umlage sind 456 € steuerfrei gem. § 3 Nr. 56 Satz 1 und 3 EStG (grundsätzlich 1 680 €, aber maximal 1 % der Beitragsbemessungsgrenze 2013 in der allgemeinen Rentenversicherung i. H. v. 696 € abzüglich 240 €). Die verbleibende Umlage i. H. v. 1 224 € (1 680 € abzüglich 456 €) ist individuell oder gem. § 40b Abs. 1 und 2 EStG pauschal zu besteuern.

345 Es bestehen keine Bedenken gegen eine auf das Kalenderjahr bezogene Betrachtung hinsichtlich der gem. § 3 Nr. 56 Satz 3 EStG vorzunehmenden Verrechnung, wenn sowohl nach § 3 Nr. 63

EStG steuerfreie Beiträge als auch nach § 3 Nr. 56 EStG steuerfreie Zuwendungen erbracht werden sollen. Stellt der Arbeitgeber vor Übermittlung der elektronischen Lohnsteuerbescheinigung fest (z. B. wegen einer erst im Laufe des Kalenderjahres vereinbarten nach § 3 Nr. 63 EStG steuerfreien Entgeltumwandlung aus einer Sonderzuwendung), dass die ursprüngliche Betrachtung nicht mehr zutreffend ist, hat er eine Korrektur vorzunehmen.

Beispiel: 346

Arbeitgeber A zahlt ab dem 1. Januar 2013 monatlich an eine Zusatzversorgungskasse 140 € zugunsten einer umlagefinanzierten betrieblichen Altersversorgung; nach § 3 Nr. 63 EStG steuerfreie Beiträge werden nicht entrichtet. Aus dem Dezembergehalt (Gehaltszahlung 15. Dezember 2013) wandelt der Arbeitnehmer einen Betrag i. H. v. 240 € zugunsten einer kapitalgedeckten betrieblichen Altersversorgung um (wobei die Mitteilung an den Arbeitgeber am 5. Dezember 2013 erfolgt).

Der Beitrag i. H. v. 240 € ist vorrangig steuerfrei nach § 3 Nr. 63 EStG.

Von der Umlage wurde bisher ein Betrag i. H. v. 638 € (= 11x 58 € [1 % der Beitragsbemessungsgrenze 2013 in der allgemeinen Rentenversicherung i. H. v. 696 €, verteilt auf 12 Monate]) nach § 3 Nr. 56 EStG steuerfrei belassen.

Im Monat Dezember 2013 ist die steuerliche Behandlung der Umlagezahlung zu korrigieren, denn nur ein Betrag i. H. v. 456 € (696 € abzüglich 240 €) kann steuerfrei gezahlt werden. Ein Betrag i. H. v. 182 € (638 € abzüglich 456 €) ist noch individuell oder pauschal zu besteuern. Der Arbeitgeber kann wahlweise den Lohnsteuerabzug der Monate 01/2013 bis 11/2013 korrigieren oder im Dezember 2013 den Betrag als sonstigen Bezug behandeln. Der Betrag für den Monat Dezember 2013 i. H. v. 140 € ist individuell oder pauschal zu besteuern.

10. Anwendung des § 40b EStG in der ab 1. Januar 2005 geltenden Fassung

§ 40b EStG erfasst nur noch Zuwendungen des Arbeitgebers für eine betriebliche Altersversorgung an eine Pensionskasse, die nicht im Kapitaldeckungsverfahren, sondern im Umlageverfahren finanziert wird (wie z. B. Umlagen an die Versorgungsanstalt des Bundes und der Länder – VBL – bzw. an eine kommunale oder kirchliche Zusatzversorgungskasse). Werden für den Arbeitnehmer solche Zuwendungen laufend geleistet, bleiben diese ab 1. Januar 2008 zunächst im Rahmen des § 3 Nr. 56 EStG steuerfrei. Die den Rahmen des § 3 Nr. 56 EStG übersteigenden Zuwendungen können dann nach § 40b Abs. 1 und 2 EStG pauschal besteuert werden. Dies gilt unabhängig davon, ob die Zuwendungen aufgrund einer Alt- oder Neuzusage geleistet werden. Lediglich für den Bereich der kapitalgedeckten betrieblichen Altersversorgung wurde die Möglichkeit der Pauschalbesteuerung nach § 40b EStG grundsätzlich zum 1. Januar 2005 aufgehoben. Werden von einer Versorgungseinrichtung sowohl Umlagen als auch Beiträge im Kapitaldeckungsverfahren erhoben, ist dann § 40b EStG auch auf die im Kapitaldeckungsverfahren erhobenen Beiträge anwendbar, wenn eine getrennte Verwaltung und Abrechnung beider Vermögensmassen (Trennungsprinzip, Rz. 303) nicht erfolgt. 347

Zuwendungen des Arbeitgebers im Sinne des § 19 Abs. 1 Satz 1 Nr. 3 Satz 2 EStG an eine Pensionskasse sind in voller Höhe pauschal nach § 40b Abs. 4 EStG i. d. F. des Jahressteuergesetzes 2007 mit 15 % zu besteuern. Dazu gehören z. B. Gegenwertzahlungen nach § 23 Abs. 2 der Satzung der Versorgungsanstalt des Bundes und der Länder – VBL –. Für die Anwendung des § 40b Abs. 4 EStG ist es unerheblich, wenn an die Versorgungseinrichtung keine weiteren laufenden Beiträge oder Zuwendungen geleistet werden. 348

11. Übergangsregelungen § 52 Abs. 6 und 52b EStG zur Anwendung des § 3 Nr. 63 EStG und des § 40b EStG a. F.

a) Abgrenzung von Alt- und Neuzusage

Für die Anwendung von § 3 Nr. 63 Satz 3 EStG sowie § 40b Abs. 1 und 2 EStG a. F. kommt es darauf an, ob die entsprechenden Beiträge aufgrund einer Versorgungszusage geleistet werden, die vor dem 1. Januar 2005 (Altzusage) oder nach dem 31. Dezember 2004 (Neuzusage) erteilt wurde. 349

Für die Frage, zu welchem Zeitpunkt eine Versorgungszusage erstmalig erteilt wurde, ist grundsätzlich die zu einem Rechtsanspruch führende arbeitsrechtliche bzw. betriebsrentenrechtliche Verpflichtungserklärung des Arbeitgebers maßgebend (z. B. Einzelvertrag, Betriebsvereinbarung oder Tarifvertrag). Entscheidend ist danach nicht, wann Mittel an die Versorgungseinrichtung fließen. Bei kollektiven, rein arbeitgeberfinanzierten Versorgungsregelungen ist die Zusage daher in der Regel mit Abschluss der Versorgungsregelung bzw. mit Beginn des Dienstverhältnisses des Arbeitnehmers erteilt. Ist die erste Dotierung durch den Arbeitgeber erst nach Ablauf einer von vornherein arbeitsrechtlich festgelegten Wartezeit vorgesehen, so wird der Zusagezeitpunkt dadurch nicht verändert. Im Fall der ganz oder teilweise durch Entgeltumwandlung finanzierten Zusage gilt diese regelmäßig mit Abschluss der erstmaligen Gehaltsänderungsverein- 350 barung (vgl. auch Rz. 292 ff.) als erteilt. Liegen zwischen der Gehaltsänderungsvereinbarung und der erstmaligen Herabsetzung des Arbeitslohns mehr als 12 Monate, gilt die Versorgungszusage erst im Zeitpunkt der erstmaligen Herabsetzung als erteilt.

351 Die Änderung einer solchen Versorgungszusage stellt aus steuerrechtlicher Sicht unter dem Grundsatz der Einheit der Versorgung insbesondere dann keine Neuzusage dar, wenn bei ansonsten unveränderter Versorgungszusage:

- die Beiträge und/oder die Leistungen erhöht oder vermindert werden,
- die Finanzierungsform ersetzt oder ergänzt wird (rein arbeitgeberfinanziert, Entgeltumwandlung, andere im Gesamtversicherungsbeitrag des Arbeitgebers enthaltene Finanzierungsanteile des Arbeitnehmers oder eigene Beiträge des Arbeitnehmers, vgl. Rz. 304),
- der Versorgungsträger/Durchführungsweg gewechselt wird,
- die zu Grunde liegende Rechtsgrundlage gewechselt wird (z. B. bisher tarifvertraglich, jetzt einzelvertraglich),
- eine befristete Entgeltumwandlung erneut befristet oder unbefristet fortgesetzt wird oder
- in einer vor dem 1. Januar 2012 erteilten Zusage die Untergrenze für betriebliche Altersversorgungsleistungen bei altersbedingtem Ausscheiden aus dem Erwerbsleben um höchstens zwei Jahre bis maximal auf das 67. Lebensjahr erhöht wird. Dabei ist es unerheblich, ob dies zusammen mit einer Verlängerung der Beitragszahlungsdauer erfolgt (vgl. auch Rz. 376).

352 Eine Einordnung als Altzusage bleibt auch im Fall der Übernahme der Zusage (Schuldübernahme) nach § 4 Abs. 2 Nr. 1 BetrAVG durch den neuen Arbeitgeber und bei Betriebsübergang nach § 613a BGB erhalten.

353 Um eine Neuzusage handelt es sich neben den in Rz. 350 aufgeführten Fällen insbesondere,

- soweit die bereits erteilte Versorgungszusage um zusätzliche biometrische Risiken erweitert wird und dies mit einer Beitragserhöhung verbunden ist,
- im Fall der Übertragung der Zusage beim Arbeitgeberwechsel nach § 4 Abs. 2 Nr. 2 und Abs. 3 BetrAVG.

354 Werden einzelne Leistungskomponenten der Versorgungszusage im Rahmen einer von vornherein vereinbarten Wahloption verringert, erhöht oder erstmals aufgenommen (z. B. Einbeziehung der Hinterbliebenenabsicherung nach Heirat) und kommt es infolge dessen nicht zu einer Beitragsanpassung, liegt keine Neuzusage, sondern weiterhin eine Altzusage vor.

355 Gleichwohl ist es aus steuerlicher Sicht möglich, mehrere Versorgungszusagen nebeneinander, also neben einer Altzusage auch eine Neuzusage zu erteilen (z. B. „alte" Direktversicherung und „neuer" Pensionsfonds). Dies gilt grundsätzlich unabhängig davon, ob derselbe Durchführungsweg gewählt wird. Wird neben einer für alle Arbeitnehmer tarifvertraglich vereinbarten Pflichtversorgung z. B. erstmalig nach 2004 tarifvertraglich eine Entgeltumwandlung mit ganz eigenen Leistungskomponenten zugelassen, liegt im Falle der Nutzung der Entgeltumwandlung insoweit eine Neuzusage vor. Demgegenüber ist insgesamt von einer Altzusage auszugehen, wenn neben einem „alten" Direktversicherungsvertrag (Abschluss vor 2005) ein „neuer" Direktversicherungsvertrag (Abschluss nach 2004) abgeschlossen wird und die bisher erteilte Versorgungszusage nicht um zusätzliche biometrische Risiken erweitert wird (vgl. Rz. 351, 1. Spiegelstrich). Dies gilt auch, wenn der „neue" Direktversicherungsvertrag bei einer anderen Versicherungsgesellschaft abgeschlossen wird.

356 Wurde vom Arbeitgeber vor dem 1. Januar 2005 eine Versorgungszusage erteilt (Altzusage) und im Rahmen eines Pensionsfonds, einer Pensionskasse oder Direktversicherung durchgeführt, bestehen aus steuerlicher Sicht keine Bedenken, wenn auch nach einer Übertragung auf einen neuen Arbeitgeber unter Anwendung des „Abkommens zur Übertragung zwischen den Durchführungswegen Direktversicherungen, Pensionskassen oder Pensionsfonds bei Arbeitgeberwechsel" oder vergleichbaren Regelungen zur Übertragung von Versicherungen in Pensionskassen oder Pensionsfonds weiterhin von einer Altzusage ausgegangen wird. Dies gilt auch, wenn sich dabei die bisher abgesicherten biometrischen Risiken ändern, ohne dass damit eine Beitragsänderung verbunden ist. Die Höhe des Rechnungszinses spielt dabei für die lohnsteuerliche Beurteilung keine Rolle. Es wird in diesen Fällen nicht beanstandet, wenn die Beiträge für die Direktversicherung oder an eine Pensionskasse vom neuen Arbeitgeber weiter pauschal besteuert werden (§ 52 Abs. 6 und 52b EStG i. V. m. § 40b EStG a. F.). Zu der Frage der Novation und des Zuflusses von Zinsen siehe Rz. 35 des BMF-Schreibens vom 22. August 2002[1]) (BStBl I S. 827), *Rz. 88 ff. des BMF-Schreibens vom 1. Oktober 2009*[2]) (BStBl I S. 1172) und BMF-Schreiben vom 6. März 2012 (BStBl I S. 238)[3]).

---

1) Abgedruckt in → H 10 LStH unter „Vertragsveränderungen bei Lebensversicherungen".
2) Abgedruckt in → H 20 LStH unter „Versicherungsverträge".
3) → Anhang 2 IX.

Entsprechendes gilt, wenn der (Alt-)Vertrag unmittelbar vom neuen Arbeitgeber fortgeführt wird. Auch insoweit bestehen keine Bedenken, wenn weiterhin von einer Altzusage ausgegangen wird und die Beiträge nach § 40b EStG a. F. pauschal besteuert werden. 357

Wird eine vor dem 1. Januar 2005 abgeschlossene Direktversicherung (Altzusage) oder Versicherung in einer Pensionskasse nach § 2 Abs. 2 oder 3 BetrAVG infolge der Beendigung des Dienstverhältnisses auf den Arbeitnehmer übertragen (versicherungsvertragliche Lösung), dann von diesem zwischenzeitlich privat (z. B. während der Zeit einer Arbeitslosigkeit) und später von einem neuen Arbeitgeber wieder als Direktversicherung oder Pensionskasse fortgeführt, bestehen ebenfalls keine Bedenken, wenn unter Berücksichtigung der übrigen Voraussetzungen bei dem neuen Arbeitgeber weiterhin von einer Altzusage ausgegangen wird. Das bedeutet insbesondere, dass der Versicherungsvertrag trotz der privaten Fortführung und der Übernahme durch den neuen Arbeitgeber – abgesehen von den in Rz. 351 f. genannten Fällen – keine wesentlichen Änderungen erfahren darf. Der Zeitraum der privaten Fortführung sowie die Tatsache, ob in dieser Zeit Beiträge geleistet oder der Vertrag beitragsfrei gestellt wurde, ist insoweit unmaßgeblich. Es wird in diesen Fällen nicht beanstandet, wenn die Beiträge für die Direktversicherung oder Pensionskasse vom neuen Arbeitgeber weiter pauschal besteuert werden (§ 52 Abs. 6 und 52b EStG i. V. m. § 40b EStG a. F.). 358

b) Weiteranwendung des § 40b Abs. 1 und 2 EStG a. F.

Auf Beiträge zugunsten einer kapitalgedeckten betrieblichen Altersversorgung, die aufgrund von Altzusagen geleistet werden, kann § 40b Abs. 1 und 2 EStG a. F. unter folgenden Voraussetzungen weiter angewendet werden: 359

Beiträge für eine Direktversicherung, die die Voraussetzungen des § 3 Nr. 63 EStG nicht erfüllen, können weiterhin vom Arbeitgeber nach § 40b Abs. 1 und 2 EStG a. F. pauschal besteuert werden, ohne dass es hierfür einer Verzichtserklärung des Arbeitnehmers bedarf. 360

Beiträge für eine Direktversicherung, die die Voraussetzungen des § 3 Nr. 63 EStG erfüllen, können nur dann nach § 40b Abs. 1 und 2 EStG a. F. pauschal besteuert werden, wenn der Arbeitnehmer zuvor gegenüber dem Arbeitgeber für diese Beiträge auf die Anwendung des § 3 Nr. 63 EStG verzichtet hat; dies gilt auch dann, wenn der Höchstbetrag nach § 3 Nr. 63 Satz 1 EStG bereits durch anderweitige Beitragsleistungen vollständig ausgeschöpft wird. Handelt es sich um rein arbeitgeberfinanzierte Beiträge und wird die Pauschalsteuer nicht auf den Arbeitnehmer abgewälzt, kann von einer solchen Verzichtserklärung bereits dann ausgegangen werden, wenn der Arbeitnehmer der Weiteranwendung des § 40b EStG a. F. bis zum Zeitpunkt der ersten Beitragsleistung in 2005 nicht ausdrücklich widersprochen hat. In allen anderen Fällen ist eine Weiteranwendung des § 40b EStG a. F. möglich, wenn der Arbeitnehmer dem Angebot des Arbeitgebers, die Beiträge weiterhin nach § 40b EStG a. F. pauschal zu versteuern, spätestens bis zum 30. Juni 2005 zugestimmt hat. Erfolgte die Verzichtserklärung erst nach Beitragszahlung, kann § 40b EStG a. F. für diese Beitragszahlung/en nur dann weiter angewendet und die Steuerfreiheit nach § 3 Nr. 63 EStG rückgängig gemacht werden, wenn die Lohnsteuerbescheinigung im Zeitpunkt der Verzichtserklärung noch nicht übermittelt oder ausgeschrieben worden war. Im Fall eines späteren Arbeitgeberwechsels ist in den Fällen des § 4 Abs. 2 Nr. 1 BetrAVG die Weiteranwendung des § 40b EStG a. F. möglich, wenn der Arbeitnehmer dem Angebot des Arbeitgebers, die Beiträge weiterhin nach § 40b EStG a. F. pauschal zu versteuern, spätestens bis zur ersten Beitragsleistung zustimmt. 361

Beiträge an Pensionskassen können nach § 40b EStG a. F. insbesondere dann weiterhin pauschal besteuert werden, wenn die Summe der nach § 3 Nr. 63 EStG steuerfreien Beiträge und der Beiträge, die wegen der Ausübung des Wahlrechts nach § 3 Nr. 63 Satz 2 EStG individuell versteuert werden, 4 % der Beitragsbemessungsgrenze in der allgemeinen Rentenversicherung übersteigt. Wurde im Fall einer Altzusage bisher lediglich § 3 Nr. 63 EStG angewendet und wird der Höchstbetrag von 4 % der Beitragsbemessungsgrenze in der allgemeinen Rentenversicherung erst nach dem 31. Dezember 2004 durch eine Beitragserhöhung überschritten, ist eine Pauschalbesteuerung nach § 40b EStG a. F. für die übersteigenden Beiträge möglich. Der zusätzliche Höchstbetrag von 1 800 € bleibt in diesen Fällen unberücksichtigt, da er nur dann zur Anwendung gelangt, wenn es sich um eine Neuzusage handelt. 362

c) Verhältnis von § 3 Nr. 63 Satz 3 EStG und § 40b Abs. 1 und 2 Satz 1 und 2 EStG a. F.

Der zusätzliche Höchstbetrag von 1 800 € nach § 3 Nr. 63 Satz 3 EStG für eine Neuzusage kann dann nicht in Anspruch genommen werden, wenn die für den Arbeitnehmer aufgrund einer Altzusage geleisteten Beiträge bereits nach § 40b Abs. 1 und 2 Satz 1 und 2 EStG a. F. pauschal besteuert werden. Dies gilt unabhängig von der Höhe der pauschal besteuerten Beiträge und somit auch unabhängig davon, ob der Dotierungsrahmen des § 40b Abs. 2 Satz 1 EStG a. F. (1 752 €) voll ausgeschöpft wird oder nicht. Eine Anwendung des zusätzlichen Höchstbetrags von 1 800 € kommt aber dann in Betracht, wenn z. B. bei einem Beitrag zugunsten der Altzusage statt 363 der Weiteranwendung des § 40b Abs. 1 und 2 Satz 1 und 2 EStG a. F. dieser Beitrag individuell besteuert wird.

364 Werden für den Arbeitnehmer im Rahmen einer umlagefinanzierten betrieblichen Altersversorgung Zuwendungen an eine Pensionskasse geleistet und werden diese – soweit sie nicht nach § 3 Nr. 56 EStG steuerfrei bleiben (vgl. Rz. 340 ff.) – pauschal besteuert, ist § 40b Abs. 1 und 2 EStG anzuwenden. Dies gilt unabhängig davon, ob die umlagefinanzierten Zuwendungen aufgrund einer Alt- oder Neuzusage geleistet werden. Lediglich für den Bereich der kapitalgedeckten betrieblichen Altersversorgung wurde die Möglichkeit der Pauschalbesteuerung nach § 40b EStG grundsätzlich zum 1. Januar 2005 aufgehoben. Werden von einer Versorgungseinrichtung sowohl Umlagen als auch Beiträge im Kapitaldeckungsverfahren erhoben, wird die Inanspruchnahme des zusätzlichen Höchstbetrags von 1 800 € nach § 3 Nr. 63 Satz 3 EStG für getrennt im Kapitaldeckungsverfahren erhobene Beiträge (Rz. 303) somit durch nach § 40b EStG pauschal besteuerte Zuwendungen zugunsten der umlagefinanzierten betrieblichen Altersversorgung nicht ausgeschlossen.

d) Verhältnis von § 3 Nr. 63 Satz 4 EStG und § 40b Abs. 1 und 2 Satz 3 und 4 EStG a. F.

365 Begünstigte Aufwendungen (Rz. 303 ff.), die der Arbeitgeber aus Anlass der Beendigung des Dienstverhältnisses nach dem 31. Dezember 2004 leistet, können entweder nach § 3 Nr. 63 Satz 4 EStG steuerfrei belassen oder nach § 40b Abs. 2 Satz 3 und 4 EStG a. F. pauschal besteuert werden. Für die Anwendung der Vervielfältigungsregelung des § 3 Nr. 63 Satz 4 EStG kommt es nicht darauf an, ob die Zusage vor oder nach dem 1. Januar 2005 erteilt wurde; sie muss allerdings die Voraussetzungen des § 3 Nr. 63 EStG erfüllen (vgl. insbesondere Rz. 312). Die Anwendung von § 3 Nr. 63 Satz 4 EStG ist allerdings ausgeschlossen, wenn gleichzeitig § 40b Abs. 2 Satz 3 und 4 EStG a. F. auf die Beiträge, die der Arbeitgeber aus Anlass der Beendigung des Dienstverhältnisses leistet, angewendet wird. Eine Anwendung ist ferner nicht möglich, wenn der Arbeitnehmer bei Beiträgen für eine Direktversicherung auf die Steuerfreiheit der Beiträge zu dieser Direktversicherung zugunsten der Weiteranwendung des § 40b EStG a. F. verzichtet hatte (vgl. Rz. 359 ff.). Bei einer Pensionskasse hindert die Pauschalbesteuerung nach § 40b Abs. 1 und 2 Satz 1 und 2 EStG a. F. die Inanspruchnahme des § 3 Nr. 63 Satz 4 EStG nicht. Für die Anwendung der Vervielfältigungsregelung nach § 40b Abs. 2 Satz 3 und 4 EStG a. F. ist allerdings Voraussetzung, dass die begünstigten Aufwendungen zugunsten einer Altzusage geleistet werden. Da allein die Erhöhung der Beiträge und/oder Leistungen bei einer ansonsten unveränderten Versorgungszusage nach Rz. 351 noch nicht zu einer Neuzusage führt, kann die Vervielfältigungsregelung des § 40b EStG a. F. auch dann genutzt werden, wenn der Arbeitnehmer erst nach dem 1. Januar 2005 aus dem Dienstverhältnis ausscheidet. Die Höhe der begünstigten Beiträge muss dabei nicht bereits bei Erteilung dieser Zusage bestimmt worden sein. Entsprechendes gilt in den Fällen, in denen bei einer Altzusage bisher lediglich § 3 Nr. 63 EStG angewendet wurde und der Höchstbetrag von 4 % der Beitragsbemessungsgrenze in der allgemeinen Rentenversicherung erst durch die Beiträge, die der Arbeitgeber aus Anlass der Beendigung des Dienstverhältnisses nach dem 31. Dezember 2004 leistet, überschritten wird.

e) Keine weitere Anwendung von § 40b Abs. 1 und 2 EStG a. F. auf Neuzusagen

366 Auf Beiträge, die aufgrund von Neuzusagen geleistet werden, kann § 40b Abs. 1 und 2 EStG a. F. nicht mehr angewendet werden. Die Beiträge bleiben bis zur Höhe von 4 % der Beitragsbemessungsgrenze in der allgemeinen Rentenversicherung zuzüglich 1 800 € grundsätzlich nach § 3 Nr. 63 EStG steuerfrei.

f) Verhältnis von § 3 Nr. 63 EStG und § 40b EStG a. F., wenn die betriebliche Altersversorgung nebeneinander bei verschiedenen Versorgungseinrichtungen durchgeführt wird

367 Leistet der Arbeitgeber nach § 3 Nr. 63 Satz 1 EStG begünstigte Beiträge an verschiedene Versorgungseinrichtungen, kann er § 40b EStG a. F. auf Beiträge an Pensionskassen unabhängig von der zeitlichen Reihenfolge der Beitragszahlung anwenden, wenn die Voraussetzungen für die weitere Anwendung der Pauschalbesteuerung dem Grunde nach vorliegen. Allerdings muss zum Zeitpunkt der Anwendung des § 40b EStG a. F. bereits feststehen oder zumindest konkret beabsichtigt sein, die nach § 3 Nr. 63 Satz 1 EStG steuerfreien Beiträge in voller Höhe zu zahlen. Stellt der Arbeitgeber fest, dass die Steuerfreiheit noch nicht oder nicht in vollem Umfang ausgeschöpft worden ist oder werden kann, muss die Pauschalbesteuerung nach § 40b EStG a. F. – ggf. teilweise – rückgängig gemacht werden; spätester Zeitpunkt hierfür ist die Übermittlung oder Erteilung der Lohnsteuerbescheinigung.

368 Im Jahr der Errichtung kann der Arbeitgeber für einen neu eingerichteten Durchführungsweg die Steuerfreiheit in Anspruch nehmen, wenn er die für den bestehenden Durchführungsweg bereits in Anspruch genommene Steuerfreiheit rückgängig gemacht und die Beiträge nachträglich bis zum Dotierungsrahmen des § 40b EStG a. F. (1 752 €) pauschal besteuert hat.

III. Steuerliche Behandlung der Versorgungsleistungen

1. Allgemeines

Die Leistungen aus einer Versorgungszusage des Arbeitgebers können Einkünfte aus nichtselbständiger Arbeit oder sonstige Einkünfte sein oder nicht der Besteuerung unterliegen. 369

2. Direktzusage und Unterstützungskasse

Versorgungsleistungen des Arbeitgebers aufgrund einer Direktzusage und Versorgungsleistungen einer Unterstützungskasse führen zu Einkünften aus nichtselbständiger Arbeit (§ 19 EStG). 370

Werden solche Versorgungsleistungen nicht fortlaufend, sondern in einer Summe gezahlt, handelt es sich um Vergütungen (Arbeitslohn) für mehrjährige Tätigkeiten im Sinne des § 34 Abs. 2 Nr. 4 EStG (vgl. BFH-Urteil vom 12. April 2007, BStBl II S. 581), die bei Zusammenballung als außerordentliche Einkünfte nach § 34 Abs. 1 EStG zu besteuern sind. Die Gründe für eine Kapitalisierung von Versorgungsbezügen sind dabei unerheblich. Im Fall von Teilkapitalauszahlungen ist dagegen der Tatbestand der Zusammenballung nicht erfüllt; eine Anwendung des § 34 EStG kommt daher für diese Zahlungen nicht in Betracht. 371

3. Direktversicherung, Pensionskasse und Pensionsfonds

Die steuerliche Behandlung der Leistungen aus einer Direktversicherung, Pensionskasse und Pensionsfonds in der Auszahlungsphase erfolgt nach § 22 Nr. 5 EStG (lex specialis, vgl. Rz. 121 ff.). Der Umfang der Besteuerung hängt davon ab, inwieweit die Beiträge in der Ansparphase durch die Steuerfreiheit nach § 3 Nr. 63 EStG (vgl. Rz. 301 ff.), nach § 3 Nr. 66 EStG (vgl. Rz. 322) oder durch Sonderausgabenabzug nach § 10a EStG und Zulage nach Abschnitt XI EStG (vgl. Rz. 330 ff.) gefördert wurden oder die Leistungen auf steuerfreien Zuwendungen nach § 3 Nr. 56 EStG basieren. Dies gilt auch für Leistungen aus einer ergänzenden Absicherung der Invalidität oder von Hinterbliebenen. Dabei ist grundsätzlich von einer einheitlichen Versorgungszusage und somit für den Aufteilungsmaßstab von einer einheitlichen Behandlung der Beitragskomponenten für Alter und Zusatzrisiken auszugehen. Ist nur die Absicherung von Zusatzrisiken Gegenstand einer Versorgungszusage, ist für den Aufteilungsmaßstab auf die gesamte Beitragsphase und nicht allein auf den letzten geleisteten Beitrag abzustellen. Zu den nicht geförderten Beiträgen gehören insbesondere die nach § 40b EStG a. F. pauschal besteuerten sowie die vor dem 1. Januar 2002 erbrachten Beiträge an eine Pensionskasse oder für eine Direktversicherung. Die Besteuerung erfolgt auch dann nach § 22 Nr. 5 EStG, wenn ein Direktversicherungsvertrag ganz oder teilweise privat fortgeführt wird. 372

Im Fall von Teil- bzw. Einmalkapitalauszahlungen handelt es sich nicht um außerordentliche Einkünfte im Sinne des § 34 Abs. 2 EStG. Es liegt weder eine Entschädigung noch eine Vergütung für eine mehrjährige Tätigkeit vor. Daher kommt eine Anwendung der Fünftelungsregelung des § 34 EStG auf diese Zahlungen nicht in Betracht. 373

a) Leistungen, die ausschließlich auf nicht geförderten Beiträgen beruhen

Leistungen aus Altzusagen (vgl. Rz. 349 ff.), die ausschließlich auf nicht geförderten Beiträgen beruhen, sind, wenn es sich um eine lebenslange Rente, eine Berufsunfähigkeits-, Erwerbsminderungs- oder um eine Hinterbliebenenrente handelt, als sonstige Einkünfte gem. § 22 Nr. 5 Satz 2 Buchstabe a i. V. m. § 22 Nr. 1 Satz 3 Buchstabe a Doppelbuchstabe bb EStG mit dem Ertragsanteil zu besteuern. 374

Handelt es sich um Renten im Sinne der Rz. 374 aus Neuzusagen (vgl. Rz. 349 ff.), die die Voraussetzungen des § 10 Abs. 1 Nr. 2 Satz 1 Buchstabe b EStG erfüllen, sind diese als sonstige Einkünfte gem. § 22 Nr. 5 Satz 2 Buchstabe a i. V. m. § 22 Nr. 1 Satz 3 Buchstabe a Doppelbuchstabe aa EStG zu besteuern. Liegen die Voraussetzungen des § 10 Abs. 1 Nr. 2 Satz 1 Buchstabe b EStG nicht vor, erfolgt die Besteuerung gem. § 22 Nr. 5 Satz 2 Buchstabe a i. V. m. § 22 Nr. 1 Satz 3 Buchstabe a Doppelbuchstabe bb EStG mit dem Ertragsanteil. 375

Auf andere als die in Rz. 374 f. genannten Leistungen (z. B. Kapitalauszahlungen, Teilraten aus Auszahlungsplänen, Abfindungen) sind die Regelungen in Rz. 140 entsprechend anzuwenden. Wird bei einem vor dem 1. Januar 2012 abgeschlossenen Vertrag die Untergrenze für betriebliche Altersversorgungsleistungen bis auf das 62. Lebensjahr oder der Zeitpunkt des erstmaligen Bezugs von Altersversorgungsleistungen bei altersbedingtem Ausscheiden aus dem Erwerbsleben auf das 67. Lebensjahr erhöht (vgl. Rz. 286) und dadurch die Laufzeit des Vertrages verlängert, führt dies allein zu keiner nachträglichen Vertragsänderung, wenn die Verlängerung einen Zeitraum von höchstens zwei Jahren umfasst. Eine entsprechende Verlängerung der Beitragszahlungsdauer ist zulässig. Eine Verlängerung der Laufzeit bzw. der Beitragszahlungsdauer infolge der Anhebung der Altersgrenze kann nur einmalig vorgenommen werden. 376

377 Zu Leistungen aus einer reinen Risikoversicherung vgl. insoweit Rz. 7 des BMF-Schreibens vom 1. Oktober 2009 (BStBl I S. 1172)[1]).

b) Leistungen, die ausschließlich auf geförderten Beiträgen beruhen

378 Leistungen, die ausschließlich auf geförderten Beiträgen beruhen, unterliegen als sonstige Einkünfte nach § 22 Nr. 5 Satz 1 EStG in vollem Umfang der Besteuerung (vgl. auch Rz. 132 f.).

c) Leistungen, die auf geförderten und nicht geförderten Beiträgen beruhen

379 Beruhen die Leistungen sowohl auf geförderten als auch auf nicht geförderten Beiträgen, müssen die Leistungen in der Auszahlungsphase aufgeteilt werden (vgl. Rz. 134 ff.). Für die Frage des Aufteilungsmaßstabs ist das BMF-Schreiben vom 11. November 2004 (BStBl I S. 1061) unter Berücksichtigung der Änderungen durch das BMF-Schreiben vom 14. März 2012 (BStBl I S. 311) anzuwenden.

380 Soweit die Leistungen auf geförderten Beiträgen beruhen, unterliegen sie als sonstige Einkünfte nach § 22 Nr. 5 Satz 1 EStG in vollem Umfang der Besteuerung. Dies gilt unabhängig davon, ob sie in Form der Rente oder als Kapitalauszahlung geleistet werden.

381 Soweit die Leistungen auf nicht geförderten Beiträgen beruhen, gelten die Regelungen in Rz. 374 bis 377 entsprechend.

d) Sonderzahlungen des Arbeitgebers nach § 19 Abs. 1 Satz 1 Nr. 3 EStG

382 Sonderzahlungen des Arbeitgebers im Sinne des § 19 Abs. 1 Satz 1 Nr. 3 Satz 2 EStG einschließlich der Zahlungen des Arbeitgebers zur Erfüllung der Solvabilitätsvorschriften nach den §§ 53c und 114 des Versicherungsaufsichtsgesetzes (VAG), der Zahlungen des Arbeitgebers in der Rentenbezugszeit nach § 112 Abs. 1a VAG und der Sanierungsgelder sind bei der Ermittlung des Aufteilungsmaßstabs nicht zu berücksichtigen.

e) Bescheinigungspflicht

383 Nach § 22 Nr. 5 Satz 7 EStG hat der Anbieter beim erstmaligen Bezug von Leistungen sowie bei Änderung der im Kalenderjahr auszuzahlenden Leistungen dem Steuerpflichtigen nach amtlich vorgeschriebenem Vordruck den Betrag der im abgelaufenen Kalenderjahr zugeflossenen Leistungen zu bescheinigen. In dieser Bescheinigung sind die Leistungen entsprechend den Grundsätzen in Rz. **132** ff. gesondert auszuweisen.

f) Sonderregelungen

aa) Leistungen aus einem Pensionsfonds aufgrund der Übergangsregelung nach § 52 Abs. 34c EStG

384 Haben Arbeitnehmer schon von ihrem Arbeitgeber aufgrund einer Direktzusage oder von einer Unterstützungskasse laufende Versorgungsleistungen erhalten und ist diese Versorgungsverpflichtung nach § 3 Nr. 66 EStG auf einen Pensionsfonds übertragen worden, werden bei den Leistungsempfängern nach § 52 Abs. 34c EStG weiterhin der Arbeitnehmer-Pauschbetrag i. H. v. 1 000 € (§ 9a Satz 1 Nr. 1 Buchstabe a EStG) bzw. der Pauschbetrag für Werbungskosten i. H. v. 102 € nach § 9a Satz 1 Nr. 1 Buchstabe b EStG und der Versorgungsfreibetrag sowie der Zuschlag zum Versorgungsfreibetrag (§ 19 Abs. 2 EStG) berücksichtigt. Dies gilt auch, wenn der Zeitpunkt des erstmaligen Leistungsbezugs und der Zeitpunkt der Übertragung der Versorgungsverpflichtung auf den Pensionsfonds in denselben Monat fallen. Die Leistungen unterliegen unabhängig davon als sonstige Einkünfte nach § 22 Nr. 5 Satz 1 EStG der Besteuerung. Die vorstehenden Ausführungen zur Berücksichtigung des Versorgungsfreibetrags und des Zuschlags zum Versorgungsfreibetrag gelten entsprechend für einen Hinterbliebenenbezug, der auf den Versorgungsbezug folgt.

385 Handelt es sich bereits beim erstmaligen Bezug der Versorgungsleistungen um Versorgungsbezüge im Sinne des § 19 Abs. 2 EStG, wird der Pauschbetrag nach § 9a Satz 1 Nr. 1 Buchstabe b EStG abgezogen; zusätzlich werden der Versorgungsfreibetrag und der Zuschlag zum Versorgungsfreibetrag mit dem für das Jahr des Versorgungsbeginns maßgebenden Vomhundertsatz und Beträgen berücksichtigt. Handelt es sich beim erstmaligen Bezug der Versorgungsleistungen nicht um Versorgungsbezüge im Sinne des § 19 Abs. 2 EStG, weil z. B. keine der Altersgrenzen in § 19 Abs. 2 EStG erreicht sind, ist lediglich der Arbeitnehmer-Pauschbetrag (§ 9a Satz 1 Nr. 1 Buchstabe a EStG) abzuziehen. Wird eine der Altersgrenzen in § 19 Abs. 2 EStG erst zu einem späteren Zeitpunkt erreicht, sind ab diesem Zeitpunkt der für dieses Jahr maßgebende Versorgungsfreibetrag und der Zuschlag zum Versorgungsfreibetrag abzuziehen sowie anstelle des

1) Abgedruckt in → H 20 LStH unter „Versicherungsverträge".

Arbeitnehmer-Pauschbetrags der Pauschbetrag nach § 9a Satz 1 Nr. 1 Buchstabe b EStG. Ein Abzug des Versorgungsfreibetrags nach § 19 Abs. 2 EStG in der bis zum 31. Dezember 2004 geltenden Fassung kommt nach dem 31. Dezember 2004 nicht mehr in Betracht. Dies gilt unabhängig vom Zeitpunkt der Übertragung der Versorgungsverpflichtung auf den Pensionsfonds. Folgt ein Hinterbliebenenbezug einem Versorgungsbezug, sind die Rz. 180 ff. des BMF-Schreibens vom 19. August 2013 (BStBl I S. 1087)[1] entsprechend anzuwenden.

bb) Arbeitgeberzahlungen infolge der Anpassungsprüfungspflicht nach § 16 BetrAVG

Leistungen des Arbeitgebers aufgrund der Anpassungsprüfungspflicht nach § 16 Abs. 1 BetrAVG, mit der die Leistungen einer Versorgungseinrichtung ergänzt werden, gehören zu den Einkünften nach § 19 Abs. 1 Satz 1 Nr. 2 EStG. Rz. 385 gilt entsprechend. Als Versorgungsbeginn im Sinne des § 19 Abs. 2 EStG ist der Beginn der Zahlung durch den Arbeitgeber anzusehen. 386

Erhöhen sich die Zahlungen des Arbeitgebers infolge der Anpassungsprüfungspflicht nach § 16 BetrAVG, liegt eine regelmäßige Anpassung vor, die nicht zu einer Neuberechnung des Versorgungsfreibetrags und des Zuschlags zum Versorgungsfreibetrag führen. 387

Ändert sich die Höhe der Arbeitgeberzahlung unabhängig von der Anpassungsprüfungspflicht, gilt Folgendes: 388

Übernimmt die Versorgungseinrichtung die Arbeitgeberzahlung nur zum Teil, ist dies als Anrechnungs-/Ruhensregelung im Sinne des § 19 Abs. 2 Satz 10 EStG anzusehen und führt zu einer Neuberechnung. Gleiches gilt für den Fall, dass die Versorgungseinrichtung die Zahlungen nicht mehr erbringen kann und sich die Arbeitgeberzahlung wieder erhöht.

Kann die Versorgungseinrichtung die Arbeitgeberzahlungen zunächst vollständig übernehmen und stellt diese später (z. B. wegen Liquiditätsproblemen) wieder ein, so dass der Arbeitgeber die Zahlungsverpflichtung wieder vollständig erfüllen muss, lebt der Anspruch wieder auf. Dies führt nicht zu einem neuen Versorgungsbeginn, so dass für die (Neu-)Berechnung des Versorgungsfreibetrags und des Zuschlags zum Versorgungsfreibetrag die „alte" Kohorte maßgebend ist. 389

cc) Beendigung einer betrieblichen Altersversorgung

Bei Beendigung einer nach § 3 Nr. 63 EStG geförderten betrieblichen Altersversorgung gilt Folgendes: 390

Liegt eine betriebliche Altersversorgung im Sinne des BetrAVG vor und wird diese lediglich mit Wirkung für die Zukunft beendet, z. B. durch eine Abfindung (ggf. auch in Form der Beitragsrückerstattung), dann handelt es sich bei der Zahlung der Versorgungseinrichtung an den Arbeitnehmer um sonstige Einkünfte im Sinne des § 22 Nr. 5 EStG und nicht um Einkünfte nach § 19 EStG.

Im Fall einer kompletten Rückabwicklung des Vertragsverhältnisses mit Wirkung für die Vergangenheit handelt es sich bei der Zahlung der Versorgungseinrichtung an den Arbeitnehmer um eine Arbeitslohnzahlung im Sinne des § 19 Abs. 1 EStG, die im Zeitpunkt des Zuflusses nach den allgemeinen lohnsteuerlichen Grundsätzen behandelt wird.

Kündigt der Arbeitgeber vorzeitig einen nach § 40b EStG begünstigten Direktversicherungsvertrag und wird der Rückkaufswert im Hinblick auf ein unwiderrufliches bzw. unverfallbares Bezugsrecht an den Arbeitnehmer ausgezahlt, ergeben sich aus diesem Vorgang keine lohnsteuerlichen Konsequenzen.

Im Gegensatz zur rückwirkenden Aufhebung einer Vereinbarung mit der Rechtsfolge, dass der Anspruch auf betriebliche Altersversorgung gänzlich untergeht, bewirkt die Abfindung des Anspruchs lediglich einen Rechtsverlust ab dem Zeitpunkt des Wirksamwerdens der Vereinbarung. Der Pauschalierung nach § 40b EStG a. F. steht die vorzeitige Kündigung durch den Arbeitnehmer entgegen. Eine Kündigung durch den Arbeitgeber ist dagegen unschädlich. Von einer Kündigung durch den Arbeitgeber ist auszugehen, wenn betriebliche Gründe (z. B. Liquiditätsschwierigkeiten) maßgebend waren oder die Kündigung durch den Arbeitgeber auf Wunsch des Arbeitnehmers erfolgt ist. Die Kündigung hat keine Auswirkung auf eine bis zu diesem Zeitpunkt erfolgte Pauschalierung nach § 40b EStG a. F.

IV. Schädliche Auszahlung von gefördertem Altersvorsorgevermögen

1. Allgemeines

Wird das nach § 10a/Abschnitt XI EStG steuerlich geförderte Altersvorsorgevermögen an den Arbeitnehmer nicht als Rente oder im Rahmen eines Auszahlungsplans ausgezahlt, handelt es sich grundsätzlich um eine schädliche Verwendung (§ 93 Abs. 1 EStG; Rz. 190 ff.). Im Bereich der 391

1) Geändert durch BMF vom 10. 1. 2014 (BStBl I S. 70) und vom 10. 4. 2015 (BStBl I S. 256).

betrieblichen Altersversorgung kann eine solche schädliche Verwendung dann gegeben sein, wenn Versorgungsanwartschaften abgefunden oder übertragen werden. Entsprechendes gilt, wenn der Arbeitnehmer im Versorgungsfall ein bestehendes Wahlrecht auf Einmalkapitalauszahlung ausübt (vgl. Rz. 332).

392 Liegt eine schädliche Verwendung von gefördertem Altersvorsorgevermögen vor, gelten Rz. 196 ff. sowie 208 bis 231.

2. Abfindungen von Anwartschaften, die auf nach § 10a/Abschnitt XI EStG geförderten Beiträgen beruhen

393 Im Fall der Abfindung von Anwartschaften der betrieblichen Altersversorgung gem. § 3 BetrAVG handelt es sich gem. § 93 Abs. 2 Satz 3 EStG um keine schädliche Verwendung, soweit das nach § 10a/Abschnitt XI EStG geförderte Altersvorsorgevermögen zugunsten eines auf den Namen des Zulageberechtigten lautenden zertifizierten privaten Altersvorsorgevertrags geleistet wird. Der Begriff der Abfindung umfasst außerdem auch Abfindungen, die in arbeitsrechtlich zulässiger Weise außerhalb des Regelungsbereiches des § 3 BetrAVG erfolgen, wie z. B. den Fall der Abfindung ohne Ausscheiden aus dem Arbeitsverhältnis. Liegen die übrigen Voraussetzungen des § 93 Abs. 2 Satz 3 EStG vor, kann somit auch in anderen Abfindungsfällen als denen des § 3 BetrAVG gefördertes Altersvorsorgevermögen aus der betrieblichen Altersversorgung auf einen zertifizierten privaten Altersvorsorgevertrag übertragen werden, ohne dass eine schädliche Verwendung vorliegt.

3. Abfindungen von Anwartschaften, die auf steuerfreien und nicht geförderten Beiträgen beruhen

394 Wird eine Anwartschaft der betrieblichen Altersversorgung abgefunden, die ganz oder teilweise auf nach § 3 Nr. 63 EStG, § 3 Nr. 66 EStG steuerfreien oder nicht geförderten Beiträgen beruht und zugunsten eines auf den Namen des Steuerpflichtigen lautenden zertifizierten Altersvorsorgevertrags geleistet wird, unterliegt der Abfindungsbetrag im Zeitpunkt der Abfindung nicht der Besteuerung (§ 3 Nr. 55c Satz 2 Buchstabe a EStG; Rz. 145). Die Rz. 146 ff. gelten entsprechend.

395 Wird der Abfindungsbetrag nicht entsprechend der Rz. 394 verwendet, erfolgt eine Besteuerung des Abfindungsbetrags im Zeitpunkt der Abfindung entsprechend den Grundsätzen der Rz. 374 bis 381.

4. Portabilität

396 Bei einem Wechsel des Arbeitgebers kann der Arbeitnehmer für Versorgungszusagen, die nach dem 31. Dezember 2004 erteilt werden, gem. § 4 Abs. 3 BetrAVG verlangen, dass der bisherige Arbeitgeber den Übertragungswert (§ 4 Abs. 5 BetrAVG) auf eine Versorgungseinrichtung des neuen Arbeitgebers überträgt. Die Übertragung ist gem. § 93 Abs. 2 Satz 2 EStG dann keine schädliche Verwendung, wenn auch nach der Übertragung eine lebenslange Altersversorgung des Arbeitnehmers im Sinne des § 1 Abs. 1 Satz 1 Nr. 4 Buchstabe a AltZertG gewährleistet wird. Dies gilt auch, wenn der alte und neue Arbeitgeber sowie der Arbeitnehmer sich gem. § 4 Abs. 2 Nr. 2 BetrAVG freiwillig auf eine Übertragung der Versorgungsanwartschaften mittels Übertragungswert von einer Versorgungseinrichtung im Sinne des § 82 Abs. 2 EStG auf eine andere Versorgungseinrichtung im Sinne des § 82 Abs. 2 EStG verständigen.

397 Erfüllt die Versorgungseinrichtung des neuen Arbeitgebers nicht die Voraussetzungen des § 1 Abs. 1 Satz 1 Nr. 4 Buchstabe a AltZertG, gelten Rz. 374 bis 381 entsprechend.

5. Entschädigungsloser Widerruf eines noch verfallbaren Bezugsrechts

398 Hat der Arbeitnehmer für arbeitgeberfinanzierte Beiträge an eine Direktversicherung, eine Pensionskasse oder einen Pensionsfonds die Förderung durch Sonderausgabenabzug nach § 10a EStG und Zulage nach Abschnitt XI EStG erhalten und verliert er vor Eintritt der Unverfallbarkeit sein Bezugsrecht durch einen entschädigungslosen Widerruf des Arbeitgebers, handelt es sich um eine schädliche Verwendung im Sinne des § 93 Abs. 1 EStG. Das Versicherungsunternehmen oder die Pensionskasse hat der ZfA die schädliche Verwendung nach § 94 Abs. 1 EStG anzuzeigen. Die gutgeschriebenen Zulagen sind vom Anbieter einzubehalten. Darüber hinaus hat die ZfA den steuerlichen Vorteil aus dem Sonderausgabenabzug nach § 10a EStG beim Arbeitnehmer nach § 94 Abs. 2 EStG zurückzufordern. Der maßgebliche Zeitpunkt für die Rückforderung der Zulagen und des steuerlichen Vorteils ist der Zeitpunkt, in dem die den Verlust des Bezugsrechts begründenden Willenserklärungen (z. B. Kündigung oder Widerruf) wirksam geworden sind. Im Übrigen gilt R 40b.1 Abs. 13 ff. LStR.

399 Zahlungen, die das Versicherungsunternehmen, die Pensionskasse oder der Pensionsfonds an den Arbeitgeber leistet, weil der Arbeitnehmer für eine arbeitgeberfinanzierte betriebliche Altersversorgung vor Eintritt der Unverfallbarkeit sein Bezugsrecht verloren hat (z. B. bei vorzei-

tigem Ausscheiden aus dem Dienstverhältnis), stellen Betriebseinnahmen dar. §§ 43 EStG ff. sind in diesem Fall zu beachten.

C. Besonderheiten beim Versorgungsausgleich

I. Allgemeines

1. Gesetzliche Neuregelung des Versorgungsausgleichs

Mit dem VersAusglG vom 3. April 2009 wurden die Vorschriften zum Versorgungsausgleich grundlegend geändert. Es gilt künftig für alle ausgleichsreifen Anrechte auf Altersversorgung der Grundsatz der internen Teilung, der bisher schon bei der gesetzlichen Rentenversicherung zur Anwendung kam. Bisher wurden alle von den Ehegatten während der Ehe erworbenen Anrechte auf eine Versorgung wegen Alter und Invalidität bewertet und im Wege eines Einmalausgleichs ausgeglichen, vorrangig über die gesetzliche Rentenversicherung. 400

Das neue VersAusglG sieht dagegen die interne Teilung als Grundsatz des Versorgungsausgleichs auch für alle Systeme der betrieblichen Altersversorgung und privaten Altersvorsorge vor. Hierbei werden die von den Ehegatten in den unterschiedlichen Altersversorgungssystemen erworbenen Anrechte zum Zeitpunkt der Scheidung innerhalb des jeweiligen Systems geteilt und für den ausgleichsberechtigten Ehegatten eigenständige Versorgungsanrechte geschaffen, die unabhängig von den Versorgungsanrechten des ausgleichspflichtigen Ehegatten im jeweiligen System gesondert weitergeführt werden. 401

Zu einem Ausgleich über ein anderes Versorgungssystem (externe Teilung) kommt es nur noch in den in §§ 14 bis 17 VersAusglG geregelten Ausnahmefällen. Bei einer externen Teilung entscheidet die ausgleichsberechtigte Person über die Zielversorgung. Sie bestimmt also, in welches Versorgungssystem der Ausgleichswert zu transferieren ist (ggf. Aufstockung einer bestehenden Anwartschaft, ggf. Neubegründung einer Anwartschaft). Dabei darf die Zahlung des Kapitalbetrags an die gewählte Zielversorgung nicht zu nachteiligen steuerlichen Folgen bei der ausgleichspflichtigen Person führen, es sei denn, sie stimmt der Wahl der Zielversorgung zu. 402

Die gesetzliche Rentenversicherung ist Auffang-Zielversorgung, wenn die ausgleichsberechtigte Person ihr Wahlrecht nicht ausübt und es sich nicht um eine betriebliche Altersversorgung handelt. Bei einer betrieblichen Altersversorgung wird bei fehlender Ausübung des Wahlrechts ein Anspruch in der Versorgungsausgleichskasse begründet. 403

Verbunden ist die externe Teilung mit der Leistung eines Kapitalbetrags in Höhe des Ausgleichswerts, der vom Versorgungsträger der ausgleichspflichtigen Person an den Versorgungsträger der ausgleichsberechtigten Person gezahlt wird. (Ausnahme: Externe Teilung von Beamtenversorgungen nach § 16 VersAusglG; hier findet wie nach dem bisherigen Quasi-Splitting zwischen der gesetzlichen Rentenversicherung und dem Träger der Beamtenversorgung ein Erstattungsverfahren im Leistungsfall statt.) 404

Kommt in Einzelfällen weder die interne Teilung noch die externe Teilung in Betracht, etwa weil ein Anrecht zum Zeitpunkt des Versorgungsausgleichs nicht ausgleichsreif ist (§ 19 VersAusglG), z. B. ein Anrecht bei einem ausländischen, zwischenstaatlichen oder überstaatlichen Versorgungsträger oder ein Anrecht im Sinne des BetrAVG, das noch verfallbar ist, kommt es zu Ausgleichsansprüchen nach der Scheidung (§§ 20 ff. VersAusglG). Zur steuerlichen Behandlung der Ausgleichsansprüche nach der Scheidung vgl. BMF-Schreiben vom 9. April 2010 (BStBl I S. 323). 405

Nach § 20 LPartG findet, wenn eine Lebenspartnerschaft aufgehoben wird, in entsprechender Anwendung des VersAusglG mit Ausnahme der §§ 32 bis 38 VersAusglG ein Ausgleich von im In- oder Ausland bestehenden Anrechten (§ 2 Abs. 1 VersAusglG) statt, soweit sie in der Lebenspartnerschaftszeit begründet oder aufrechterhalten worden sind. Schließen die Lebenspartner in einem Lebenspartnerschaftsvertrag (§ 7 LPartG) Vereinbarungen über den Versorgungsausgleich, so sind die §§ 6 bis 8 VersAusglG entsprechend anzuwenden. Die Ausführungen zum VersAusglG gelten dementsprechend auch in diesen Fällen. **An die Stelle der Ehezeit nach § 3 Abs. 1 VersAusglG tritt insoweit die Lebenspartnerschaftszeit (§ 20 Abs. 2 LPartG).**[1]) 406

Von den nachfolgenden Ausführungen unberührt bleiben steuerliche Auswirkungen, die sich in Zusammenhang mit Pensionszusagen ergeben, die durch Körperschaften an ihre Gesellschafter erteilt wurden und die ganz oder teilweise gesellschaftsrechtlich veranlasst sind. 407

2. Besteuerungszeitpunkte

Bei der steuerlichen Beurteilung des Versorgungsausgleichs ist zwischen dem Zeitpunkt der Teilung eines Anrechts im Versorgungsausgleich durch gerichtliche Entscheidung und dem späteren Zufluss der Leistungen aus den unterschiedlichen Versorgungssystemen zu unterscheiden. 408

---

1) Rz. 406 in der Fassung des → BMF-Schreibens vom 13. 1. 2014 (BStBl I 2014 S. 97). Dieses Schreiben ist grds. mit Wirkung ab 1. Januar 2014 anzuwenden.

409 Bei der internen Teilung wird die Übertragung der Anrechte auf die ausgleichsberechtigte Person zum Zeitpunkt des Versorgungsausgleichs für beide Ehegatten nach § 3 Nr. 55a EStG steuerfrei gestellt, weil auch bei den im Rahmen eines Versorgungsausgleichs übertragenen Anrechten auf eine Alters- und Invaliditätsversorgung das Prinzip der nachgelagerten Besteuerung eingehalten wird. Die Besteuerung erfolgt erst während der Auszahlungsphase. Die später zufließenden Leistungen gehören dabei bei beiden Ehegatten zur gleichen Einkunftsart, da die Versorgungsanrechte innerhalb des jeweiligen Systems geteilt wurden. Ein Wechsel des Versorgungssystems und ein damit möglicherweise verbundener Wechsel der Besteuerung weg von der nachgelagerten Besteuerung hat nicht stattgefunden. Lediglich die individuellen Merkmale für die Besteuerung sind bei jedem Ehegatten gesondert zu ermitteln.

410 Bei einer externen Teilung kann dagegen die Übertragung der Anrechte zu einer Besteuerung führen, da sie mit einem Wechsel des Versorgungsträgers und damit regelmäßig mit einem Wechsel des Versorgungssystems verbunden ist. § 3 Nr. 55b Satz 1 EStG stellt deshalb die Leistung des Ausgleichswerts in den Fällen der externen Teilung für beide Ehegatten steuerfrei, soweit das Prinzip der nachgelagerten Besteuerung insgesamt eingehalten wird. Soweit die späteren Leistungen bei der ausgleichsberechtigten Person jedoch nicht der nachgelagerten Besteuerung unterliegen werden (z. B. Besteuerung nach § 20 Abs. 1 Nr. 6 EStG oder nach § 22 Nr. 1 Satz 3 Buchstabe a Doppelbuchstabe bb EStG mit dem Ertragsanteil), greift die Steuerbefreiung gem. § 3 Nr. 55b Satz 2 EStG nicht, und die Leistung des Ausgleichswerts ist bereits im Zeitpunkt der Übertragung beim ausgleichspflichtigen Ehegatten zu besteuern. Die Besteuerung der später zufließenden Leistungen erfolgt bei jedem Ehegatten unabhängig davon, zu welchen Einkünften die Leistungen beim jeweils anderen Ehegatten führen, und richtet sich danach, aus welchem Versorgungssystem sie jeweils geleistet werden.

II. Interne Teilung (§ 10 VersAusglG)

1. Steuerfreiheit nach § 3 Nr. 55a EStG

411 § 3 Nr. 55a EStG stellt klar, dass die aufgrund einer internen Teilung durchgeführte Übertragung von Anrechten steuerfrei ist; dies gilt sowohl für die ausgleichspflichtige als auch für die ausgleichsberechtigte Person.

2. Besteuerung

412 Die Leistungen aus den übertragenen Anrechten gehören bei der ausgleichsberechtigten Person zu den Einkünften, zu denen die Leistungen bei der ausgleichspflichtigen Person gehören würden, wenn die interne Teilung nicht stattgefunden hätte. Die (späteren) Versorgungsleistungen sind daher (weiterhin) Einkünfte aus nichtselbständiger Arbeit (§ 19 EStG) oder aus Kapitalvermögen (§ 20 EStG) oder sonstige Einkünfte (§ 22 EStG). Ausgleichspflichtige Person und ausgleichsberechtigte Person versteuern beide die ihnen jeweils zufließenden Leistungen. Liegen Einkünfte aus nichtselbständiger Arbeit vor, gilt Rz. 371 auch für die ausgleichberechtigte Person.

413 Für die Ermittlung des Versorgungsfreibetrags und des Zuschlags zum Versorgungsfreibetrag nach § 19 Abs. 2 EStG, des Besteuerungsanteils nach § 22 Nr. 1 Satz 3 Buchstabe a Doppelbuchstabe aa EStG sowie des Ertragsanteils nach § 22 Nr. 1 Satz 3 Buchstabe a Doppelbuchstabe bb EStG bei der ausgleichsberechtigten Person ist auf deren Versorgungsbeginn, deren Rentenbeginn bzw. deren Lebensalter abzustellen. Die Art einer Versorgungszusage (Alt-/Neuzusage) bei der ausgleichsberechtigten Person entspricht grundsätzlich der Art der Versorgungszusage der ausgleichspflichtigen Person. Dies gilt auch bei einer Änderung des Leistungsspektrums nach § 11 Abs. 1 Nr. 3 VersAusglG. Bei einer Hinterbliebenenversorgung zugunsten von Kindern ändert sich die bisher maßgebende Altersgrenze (Rz. **287**) nicht. Die Aufstockung eines zugesagten Sterbegeldes (vgl. Rz. 288) ist möglich. Sofern die Leistungen bei der ausgleichsberechtigten Person nach § 22 Nr. 5 EStG zu besteuern sind, ist für die Besteuerung auf die der ausgleichspflichtigen Person gewährten Förderung abzustellen, soweit diese auf die übertragene Anwartschaft entfällt (vgl. Rz. 124).

414 Wird das Anrecht aus einem Altersvorsorgevertrag oder einem Direktversicherungsvertrag intern geteilt und somit ein eigenes Anrecht der ausgleichsberechtigten Person begründet, gilt der Altersvorsorge- oder Direktversicherungsvertrag der ausgleichsberechtigten Person insoweit zu dem gleichen Zeitpunkt als abgeschlossen wie derjenige der ausgleichspflichtigen Person (§ 52 *Abs. 36 Satz 12 EStG). Dies gilt* entsprechend, wenn die Leistungen bei der ausgleichsberechtigten Person nach § 22 Nr. 5 Satz 2 Buchstabe c i. V. m. § 20 Abs. 1 Nr. 6 EStG zu besteuern sind.

III. Externe Teilung (§ 14 VersAusglG)

1. Steuerfreiheit nach § 3 Nr. 55b EStG

Nach § 3 Nr. 55b Satz 1 EStG ist der aufgrund einer externen Teilung an den Träger der Zielversorgung geleistete Ausgleichswert grundsätzlich steuerfrei, soweit die späteren Leistungen aus den dort begründeten Anrechten zu steuerpflichtigen Einkünften bei der ausgleichsberechtigten Person führen würden. Soweit die Übertragung von Anrechten im Rahmen des Versorgungsausgleichs zu keinen Einkünften im Sinne des EStG führt, bedarf es keiner Steuerfreistellung nach § 3 Nr. 55b EStG. Die Steuerfreiheit nach § 3 Nr. 55b Satz 1 EStG greift gemäß § 3 Nr. 55b Satz 2 EStG nicht, soweit Leistungen, die auf dem begründeten Anrecht beruhen, bei der ausgleichsberechtigten Person zu Einkünften nach § 20 Abs. 1 Nr. 6 EStG oder § 22 Nr. 1 Satz 3 Buchstabe a Doppelbuchstabe bb EStG führen würden. 415

Wird bei der externen Teilung einer betrieblichen Altersversorgung für die ausgleichsberechtigte Person ein Anrecht in einer betrieblichen Altersversorgung begründet, richtet sich die Art der Versorgungszusage (Alt-/Neuzusage) bei der ausgleichsberechtigten Person grundsätzlich nach der Art der Versorgungszusage der ausgleichspflichtigen Person. Dies gilt auch bei einer Änderung des Leistungsspektrums nach § 11 Abs. 1 Satz 2 Nr. 3 VersAusglG. Bei einer Hinterbliebenenversorgung zugunsten von Kindern ändert sich die bisher maßgebende Altersgrenze (Rz. 287) nicht. Die Aufstockung eines zugesagten Sterbegeldes (vgl. Rz. 288) ist möglich. Wird im Rahmen der externen Teilung eine bestehende Versorgungszusage der ausgleichsberechtigten Person aufgestockt, richtet sich die Art der Versorgungszusage nach den Rz. 349 ff. 416

2. Besteuerung bei der ausgleichsberechtigten Person

Für die Besteuerung bei der ausgleichsberechtigten Person ist unerheblich, zu welchen Einkünften die Leistungen aus dem übertragenen Anrecht bei der ausgleichspflichtigen Person geführt hätten, da mit der externen Teilung ein neues Anrecht begründet wird. Bei der ausgleichsberechtigten Person unterliegen Leistungen aus Altersvorsorgeverträgen, Pensionsfonds, Pensionskassen oder Direktversicherungen, die auf dem nach § 3 Nr. 55b Satz 1 EStG steuerfrei geleisteten Ausgleichswert beruhen, insoweit in vollem Umfang der nachgelagerten Besteuerung nach § 22 Nr. 5 Satz 1 EStG. 417

3. Beispiele

Beispiel 1: 418

Im Rahmen einer externen Teilung zahlt das Versicherungsunternehmen X, bei dem der Arbeitnehmerehegatte A eine betriebliche Altersversorgung über eine Direktversicherung (Kapitalversicherung mit Sparanteil) aufgebaut hat, den vom Familiengericht festgesetzten Ausgleichswert an das Versicherungsunternehmen Y zugunsten von Ehegatte B in einen zertifizierten Altersvorsorgevertrag in Form einer Rentenversicherung. Die Beiträge an das Versicherungsunternehmen X wurden in der Vergangenheit ausschließlich pauschal besteuert (§ 40b Abs. 1 und 2 EStG in der am 31. Dezember 2004 geltenden Fassung i. V. m. § 52 Abs. 52b EStG).

Der Ausgleichswert führt nicht zu steuerbaren Einkünften, da kein Erlebensfall oder Rückkauf vorliegt (§ 22 Nr. 5 Satz 2 Buchstabe b i. V. m. § 20 Abs. 1 Nr. 6 EStG). Der Steuerbefreiung nach § 3 Nr. 55b EStG bedarf es daher nicht. Die spätere durch die externe Teilung gekürzte Kapitalleistung unterliegt bei A der Besteuerung nach § 22 Nr. 5 Satz 2 Buchstabe b i. V. m. § 20 Abs. 1 Nr. 6 EStG (ggf. steuerfrei, wenn die Direktversicherung vor dem 1. Januar 2005 abgeschlossen wurde, § 52 Abs. 36 Satz 5 EStG i. V. m. § 20 Abs. 1 Nr. 6 Satz 2 EStG a. F.). Die Leistungen aus dem zertifizierten Altersvorsorgevertrag, die auf dem eingezahlten Ausgleichswert beruhen, unterliegen bei B der Besteuerung nach § 22 Nr. 5 Satz 2 EStG (vgl. Rz. 138 bis 143).

Beispiel 2: 419

Im Rahmen einer externen Teilung zahlt ein Versicherungsunternehmen X, bei der der Arbeitnehmerehegatte A eine betriebliche Altersversorgung über eine Direktversicherung (Rentenversicherung) aufgebaut hat, einen Ausgleichswert an das Versicherungsunternehmen Y zugunsten von Ehegatte B in einen zertifizierten Altersvorsorgevertrag. Die Beiträge an das Versicherungsunternehmen X waren steuerfrei (§ 3 Nr. 63 EStG).

Der Ausgleichswert ist steuerfrei nach § 3 Nr. 55b EStG. Die spätere geminderte Leistung unterliegt bei A der Besteuerung nach § 22 Nr. 5 Satz 1 EStG. Die Leistung bei B unterliegt – soweit diese auf dem eingezahlten Ausgleichswert beruht – ebenfalls der Besteuerung nach § 22 Nr. 5 Satz 1 EStG (vgl. Rz. 132 ff.).

Beispiel 3: 420

Im Rahmen einer externen Teilung zahlt der Arbeitgeber des Arbeitnehmerehegatten A mit dessen Zustimmung (§§ 14 Abs. 4 i. V. m. 15 Abs. 3 VersAusglG) den hälftigen Kapitalwert aus einer Direktzusage in einen privaten Rentenversicherungsvertrag mit Kapitalwahlrecht des Ehegatten B ein.

Der Ausgleichswert ist steuerpflichtig, da die späteren Leistungen aus dem Rentenversicherungsvertrag zu lediglich mit dem Ertragsanteil steuerpflichtigen Einkünften beim Ehegatten B führen (§ 3 Nr. 55b Satz 2 EStG). Beim Ausgleichswert handelt es sich um steuerpflichtigen – ggf. nach der Fünftelregelung ermäßigt zu besteuernden – Arbeitslohn des Arbeitnehmerehegatten A.

4. Verfahren

421 Der Versorgungsträger der ausgleichspflichtigen Person hat grundsätzlich den Versorgungsträger der ausgleichsberechtigten Person über die für die Besteuerung der Leistungen erforderlichen Grundlagen zu informieren. Andere Mitteilungs-, Informations- und Aufzeichnungspflichten bleiben hiervon unberührt.

IV. Steuerunschädliche Übertragung im Sinne des § 93 Abs. 1a EStG

422 Eine steuerunschädliche Übertragung im Sinne des § 93 Abs. 1a Satz 1 EStG liegt vor, wenn aufgrund einer Entscheidung des Familiengerichts im Wege der internen Teilung nach § 10 VersAusglG oder externen Teilung nach § 14 VersAusglG während der Ehezeit (§ 3 Abs. 1 VersAusglG) gebildetes gefördertes Altersvorsorgevermögen auf einen zertifizierten Altersvorsorgevertrag oder in eine nach § 82 Abs. 2 EStG begünstigte betriebliche Altersversorgung (einschließlich der Versorgungsausgleichskasse) übertragen wird. Dies ist bei der internen Teilung immer der Fall. Es ist unerheblich, ob die ausgleichsberechtigte Person selbst zulageberechtigt ist. Werden die bei einer internen Teilung entstehenden Kosten mit dem Altersvorsorgevermögen verrechnet (§ 13 VersAusglG), liegt insoweit keine schädliche Verwendung vor. Im Fall der Verrechnung reduziert sich die Beitragszusage (§ 1 Abs. 1 Satz 1 Nr. 3 AltZertG) des Anbieters entsprechend dem Verhältnis von Verrechnungsbetrag zu dem unmittelbar vor der Verrechnung vorhandenen Altersvorsorgekapital.

423 Die Übertragung aufgrund einer internen Teilung nach § 10 VersAusglG oder einer externen Teilung nach § 14 VersAusglG auf einen Altersvorsorgevertrag oder eine nach § 82 Abs. 2 EStG begünstigte betriebliche Altersversorgung (einschließlich Versorgungsausgleichskasse) der ausgleichsberechtigten Person führt nicht zu steuerpflichtigen Einnahmen.

424 Beruht das auf die Ehezeit entfallende, aufzuteilende Altersvorsorgevermögen auf geförderten und ungeförderten Beiträgen, ist das zu übertragende Altersvorsorgevermögen entsprechend dem Verhältnis der hierin enthaltenen geförderten und ungeförderten Beiträge aufzuteilen und anteilig zu übertragen.

425 **Wird aufgrund einer internen Teilung nach § 10 VersAusglG oder einer externen Teilung nach § 14 VersAusglG** ausschließlich ungefördertes Altersvorsorgevermögen übertragen, **stellt dies eine mit einer** Übertragung im Sinne des § 93 Abs. 1a EStG **vergleichbare Übertragung dar. Insoweit gelten die Rz. 427 und 428 entsprechend. Die** in § 93 Abs. 1a EStG geregelten Rechtsfolgen und Mitteilungsgründe **treten aber** nicht ein.[1])

426 Erfolgt jedoch in dem Fall nachträglich eine steuerliche Förderung von Altersvorsorgebeiträgen für ein in der Ehezeit liegendes Beitragsjahr, liegt rückwirkend betrachtet eine Übertragung im Sinne des § 93 Abs. 1a Satz 1 EStG vor, die auch die damit verbundenen weiteren Rechts- und Verfahrensfolgen auslöst. Hinsichtlich der Ermittlung und Auszahlung der nachträglich gewährten Zulage und der Zuordnung der Steuerverstrickung wird auf Rz. 434 verwiesen.

427 Im Fall der Übertragung im Sinne des § 93 Abs. 1a Satz 1 EStG erfolgt die Mitteilung über die Durchführung der Kapitalübertragung nach dem Verfahren gemäß § 11 AltvDV. Bei der internen Teilung entfällt der Datenaustausch zwischen den Anbietern nach § 11 Abs. 1 bis 3 AltvDV. Der Anbieter der ausgleichspflichtigen Person teilt der ZfA in seiner Meldung zur Kapitalübertragung (§ 11 Abs. 4 AltvDV) neben dem Prozentsatz des geförderten Altersvorsorgekapitals, das übertragen wird, auch die vom Familiengericht angegebene Ehezeit im Sinne des § 3 Abs. 1 VersAusglG mit.

428 Zu den Daten, die im Rahmen des Verfahrens gemäß § 11 AltvDV der ZfA mitzuteilen sind, zählen auch die Daten, die von der ZfA benötigt werden, um die gemeldete ausgleichsberechtigte Person eindeutig zu identifizieren und gegebenenfalls für diese eine Zulagenummer zu vergeben *bzw. ein Zulagekonto an*legen zu können. Aus dem Tatbestand, dass die ausgleichsberechtigte Person die Übertragung in eine förderbare Zielversorgung gewählt hat, für die die Verfahrensgrundsätze des Abschnitts XI EStG gelten, leitet sich neben der Antragsfiktion für die Vergabe

[1]) Rz. 425 in der Fassung des → BMF-Schreibens vom 13. 1. 2014 (BStBl I 2014 S. 97). Dieses Schreiben ist mit Wirkung ab 1. Januar 2014 anzuwenden. Abweichend hiervon ist die Neufassung der Rz. 425 bereits ab 1. Juli 2013 anzuwenden.

einer Zulagenummer auch die Berechtigung des Anbieters zur Erhebung der hierfür notwendigen Daten her.

Erfolgt die interne Teilung und damit verbunden die Übertragung eines Anrechts im Bereich der betrieblichen Altersversorgung, erlangt die ausgleichsberechtigte Person die versorgungsrechtliche Stellung eines ausgeschiedenen Arbeitnehmers im Sinne des BetrAVG (§ 12 VersAusglG). Damit erlangt sie bei einem Pensionsfonds, einer Pensionskasse oder einer Direktversicherung auch das Recht zur Fortsetzung der betrieblichen Versorgung mit eigenen Beiträgen, die nach § 82 Abs. 2 Buchstabe b EStG zu den Altersvorsorgebeiträgen gehören können, wenn ein Fortsetzungsrecht bei der ausgleichspflichtigen Person für die Versorgung bestanden hätte. Rz. 335 ff. gelten entsprechend. 429

Die ZfA teilt der ausgleichspflichtigen Person den Umfang der auf die Ehezeit entfallenden steuerlichen Förderung nach § 10a/Abschnitt XI EStG mit. Diese Mitteilung beinhaltet die beitragsjahrbezogene Auflistung der ermittelten Zulagen sowie die nach § 10a Abs. 4 EStG gesondert festgestellten Beträge, soweit der ZfA diese bekannt sind, für die innerhalb der Ehezeit liegenden Beitragsjahre. Für die Beitragsjahre, in die der Beginn oder das Ende der Ehezeit fällt, wird die Förderung monatsweise zugeordnet, indem jeweils ein Zwölftel der für das betreffende Beitragsjahr gewährten Förderung den zu der Ehezeit zählenden Monaten zugerechnet wird. Die monatsweise Zuordnung erfolgt unabhängig davon, ob die für diese Beitragsjahre gezahlten Beiträge vor, nach oder während der Ehezeit auf den Altersvorsorgevertrag eingezahlt wurden. Die Mitteilung der Höhe der für den Vertrag insgesamt gewährten Förderung ist kein Verwaltungsakt. 430

Soweit das während der Ehezeit gebildete geförderte Altersvorsorgevermögen im Rahmen des § 93 Abs. 1a Satz 1 EStG übertragen wird, geht die steuerliche Förderung mit allen Rechten und Pflichten auf die ausgleichsberechtigte Person über. Dies hat zur Folge, dass im Fall einer schädlichen Verwendung des geförderten Altersvorsorgevermögens derjenige Ehegatte die Förderung zurückzahlen muss, der über das ihm zugerechnete geförderte Altersvorsorgevermögen schädlich verfügt. Leistungen aus dem geförderten Altersvorsorgevermögen sind beim Leistungsempfänger nachgelagert zu besteuern. Die Feststellung der geänderten Zuordnung der steuerlichen Förderung erfolgt beitragsjahrbezogen durch die ZfA. Sie erteilt sowohl der ausgleichspflichtigen als auch der ausgleichsberechtigten Person einen Feststellungsbescheid über die Zuordnung der nach § 10a Abs. 4 EStG gesondert festgestellten Beträge sowie der ermittelten Zulagen. Einwände gegen diese Bescheide können nur erhoben werden, soweit sie sich gegen die geänderte Zuordnung der steuerlichen Förderung richten. Nach Eintritt der Unanfechtbarkeit dieser Feststellungsbescheide werden auch die Anbieter durch einen Datensatz nach § 90 Abs. 2 Satz 6 EStG von der ZfA über die geänderte Zuordnung informiert. 431

Die ZfA kann die Mitteilung über den Umfang der auf die Ehezeit entfallenden steuerlichen Förderung (§ 93 Abs. 1a Satz 2 EStG, vgl. Rz. 430) und den Feststellungsbescheid über die geänderte Zuordnung der steuerlichen Förderung (§ 93 Abs. 1a Satz 5 EStG, vgl. Rz. 431) an die ausgleichspflichtige Person in einem Schreiben zusammenfassen, sofern deutlich wird, dass ein Einspruch nur zulässig ist, soweit er sich gegen die Zuordnung der steuerlichen Förderung richtet. 432

Bei der Übertragung im Sinne des § 93 Abs. 1a EStG ist das übertragene Altersvorsorgevermögen zunächst als Kapitalbetrag ohne steuerliche Zuordnung zu behandeln. Bei Eingang der Mitteilung der ZfA über die geänderte Zuordnung für die Ehezeit hat der Anbieter diese Zuordnung in die steuerliche Bestandsführung zu übernehmen. In der Zeit von der Übertragung des Altersvorsorgevermögens bis zur Mitteilung der ZfA über die steuerliche Neuzuordnung der Förderung sind Auszahlungen aus dem Vertrag nur insoweit zulässig, als für ggf. zurückzuzahlende Förderungen noch ausreichend Kapital zur Verfügung steht. 433

Stellt die ausgleichspflichtige Person nach der Übertragung im Sinne des § 93 Abs. 1a Satz 1 EStG einen Antrag auf Altersvorsorgezulage für ein Beitragsjahr in der Ehezeit, sind bei der Ermittlung des Zulageanspruchs die gesamten von der ausgleichspflichtigen Person gezahlten Altersvorsorgebeiträge des Beitragsjahres – also auch der übertragene Teil der Altersvorsorgebeiträge – zugrunde zu legen. Die Zulage wird vollständig dem Vertrag der ausgleichspflichtigen Person gutgeschrieben. Die Zuordnung der Steuerverstrickung auf die ausgleichspflichtige und die ausgleichsberechtigte Person erfolgt, als wenn die Zulage bereits vor der Übertragung dem Vertrag gutgeschrieben worden wäre. 434

Werden nach Erteilung der Mitteilung über den Umfang der auf die Ehezeit entfallenden steuerlichen Förderung und der Feststellungsbescheide über die geänderte Zuordnung der steuerlichen Förderung für die Ehezeit Ermittlungsergebnisse getroffen, aufgehoben oder geändert, so hat die ZfA eine geänderte Mitteilung über den Umfang der auf die Ehezeit entfallenden steuerlichen Förderung zu erteilen und die Feststellungsbescheide über die geänderte Zuordnung der steuerlichen Förderung nach § 175 Abs. 1 Satz 1 Nr. 2 AO zu ändern. Dies gilt auch, wenn die ZfA nachträglich eine Mitteilung des Finanzamts über gesondert festgestellte Beträge nach § 10a Abs. 4 EStG für Veranlagungszeiträume in der Ehezeit erhält. Nach Eintritt der Unanfechtbarkeit 435 dieser geänderten Feststellungsbescheide werden auch die Anbieter durch einen Datensatz nach § 90 Abs. 2 Satz 6 EStG von der ZfA über die geänderte Zuordnung informiert.

V. Leistungen an die ausgleichsberechtigte Person als Arbeitslohn

436 Nach § 19 Abs. 1 Satz 1 Nr. 2 EStG sind Leistungen, die die ausgleichsberechtigte Person aufgrund der internen oder externen Teilung später aus einer Direktzusage oder von einer Unterstützungskasse erhält, Einkünfte aus nichtselbständiger Arbeit; Rz. 371 gilt entsprechend. Sie unterliegen der Lohnsteuererhebung nach den allgemeinen Regelungen. Bei der ausgleichspflichtigen Person liegen Einkünfte aus nichtselbständiger Arbeit nur hinsichtlich der durch die Teilung gekürzten Leistungen vor.

437 Sowohl bei der ausgleichspflichtigen Person als auch bei der ausgleichsberechtigten Person werden der Arbeitnehmer-Pauschbetrag (§ 9a Satz 1 Nr. 1 Buchstabe a EStG) oder, soweit die Voraussetzungen dafür jeweils vorliegen, der Pauschbetrag für Werbungskosten (§ 9a Satz 1 Nr. 1 Buchstabe b EStG), der Versorgungsfreibetrag und der Zuschlag zum Versorgungsfreibetrag (§ 19 Abs. 2 EStG) berücksichtigt. Die steuerlichen Abzugsbeträge sind nicht auf die ausgleichspflichtige Person und die ausgleichsberechtigte Person aufzuteilen.

438 Zur Neuberechnung des Versorgungsfreibetrags und des Zuschlags zum Versorgungsfreibetrag vgl. Rz. 413.

D. Anwendungsregelung

439 Teil B dieses Schreibens (Rz. 284 – 399) ist mit Wirkung ab **11. September 2013** anzuwenden. Im Übrigen ist dieses Schreiben mit Wirkung ab 1. Januar 2012 anzuwenden. **Abweichend hiervon sind die Rz. 219 und 220 erst ab 1. Januar 2013 anzuwenden. Rz. 425 ist ab 1. Juli 2013 anzuwenden. Die Rz. 21, 24, 26, 27, 31, 70, 71, 85, 89, 95, 148, 150, 153, 161 – 164, 167 – 169, 172, 174, 176, 179, 180, 181a, 182, 188 – 190, 194, 203 – 204, 221, 233, 236 – 237a, 239 – 241, 242a – 246, 247a – 247e, 250, 255a, 258 – 260a, 271, 272a, 282 und 406 sind mit Wirkung ab 1. Januar 2014 anzuwenden. Rz. 178 ist ab 13. März 2014 auf alle offenen Fälle anzuwenden.**

440 Teil B (Rz. 247-355) und Rz. 392 des BMF-Schreibens vom 31. März 2010 – IV C 3 – S 2222/09/10041 – / – IV C 5 – S 2333/07/0003 – (BStBl I S. 270)[1]) werden mit Wirkung ab **11. September 2013** aufgehoben. Im Übrigen wird das genannte BMF-Schreiben ab 1. Januar 2012 aufgehoben.

Anlagen 1 und 2[2])

– nicht abgedruckt –

V.
Zusagen auf Leistungen der betrieblichen Altersversorgung; Hinterbliebenenversorgung für die Lebensgefährtin oder den Lebensgefährten

BMF-Schreiben vom 25. 7. 2002 (BStBl I S. 706)

Zur Frage der steuerrechtlichen Anerkennung von Zusagen auf Hinterbliebenenversorgung für den in eheähnlicher Gemeinschaft lebenden Partner des versorgungsberechtigten Arbeitnehmers nehme ich nach Abstimmung mit den obersten Finanzbehörden der Länder wie folgt Stellung:

Aufwendungen für Versorgungszusagen an Arbeitnehmer, die eine Hinterbliebenenversorgung für den in eheähnlicher Gemeinschaft lebenden Partner des Versorgungsberechtigten vorsehen, können nur dann nach Maßgabe von § 4 Abs. 4, § 4c, § 4d oder § 4e EStG als Betriebsausgaben abgezogen werden, wenn die in Aussicht gestellten Leistungen betrieblich veranlasst sind. Die Zusage auf eine Hinterbliebenenversorgung ist als Pensionsrückstellung nach § 6a EStG zu passivieren und darf nur angesetzt werden, wenn die übrigen Voraussetzungen für die Bildung von Rückstellungen (R 31c Abs. 2 EStR) vorliegen.

Die betriebliche Veranlassung dieser Hinterbliebenenzusagen und die Wahrscheinlichkeit der Inanspruchnahme aus der Verpflichtung ist unter Berücksichtigung der Umstände des jeweiligen Einzelfalls zu prüfen. Anhaltspunkte können beispielsweise eine von der Lebenspartnerin oder dem Lebenspartner schriftlich bestätigte Kenntnisnahme der in Aussicht gestellten Versorgungsleistungen, eine zivilrechtliche Unterhaltspflicht des Arbeitnehmers gegenüber dem Lebenspartner oder eine gemeinsame Haushaltsführung sein.

---
1) Abgedruckt in der Lohnsteuer Handausgabe 2013.
2) Die Anlagen 1 und 2 sind in der Einkommensteuer Handausgabe 2015 Anhang 1 I. abgedruckt.

Die versorgungsberechtigte Lebenspartnerin oder der versorgungsberechtigte Lebenspartner muss in der schriftlich erteilten Zusage namentlich mit Anschrift und Geburtsdatum genannt werden.

Pensionsrückstellungen nach § 6a EStG sind entsprechend dem Geschlecht des begünstigten Hinterbliebenen zu bewerten. Soweit der Berechnung die „Richttafeln 1998" von Prof. Klaus Heubeck zu Grunde gelegt werden, hat die Bewertung anhand des Hinterbliebenenbestandes zu erfolgen.

Die Grundsätze zur steuerlichen Anerkennung von Versorgungszusagen gegenüber dem Arbeitgeber nahestehenden Personen (z. B. beherrschende Gesellschafter-Geschäftsführer, nahe Familienangehörige) bleiben unberührt.

VI.
Einkommensteuerrechtliche Behandlung von Vorsorgeaufwendungen und Altersbezügen

BMF vom 19. 8. 2013 (BStBl I S. 1087)
IV C 3 – S 2221/12/10010 :004
IV C 5 – S 2345/08/0001
2013/0760735
unter Berücksichtigung der Änderungen durch
BMF vom 10. 1. 2014 (BStBl I S. 70),
vom 10. 4. 2015 (BStBl I S. 256)
und vom 1. 6. 2015 (BStBl I S. 475)

Zum Sonderausgabenabzug für Beiträge nach § 10 Absatz 1 und zur Besteuerung von Versorgungsbezügen nach § 19 Absatz 2 sowie von Einkünften nach § 22 Nummer 1 Satz 3 Buchstabe a des Einkommensteuergesetzes (EStG) gilt im Einvernehmen mit den obersten Finanzbehörden der Länder Folgendes:[1])

Inhaltsübersicht

1) Im Fettdruck sind grundsätzlich die Änderungen gegenüber dem BMF-Schreiben vom 13. 9. 2010 (BStBl I S. 681) dargestellt.

2) Der Begriff „Lebenspartner" bezeichnet in diesem BMF-Schreiben Lebenspartner einer eingetragenen Lebenspartnerschaft.

A. Abzug von Altersvorsorgeaufwendungen – § 10 EStG –

I. Sonderausgabenabzug für Beiträge nach § 10 Absatz 1 Nummer 2 EStG

1. Begünstigte Beiträge

a) Beiträge i. S. d. § 10 Absatz 1 Nummer 2 Buchstabe a EStG

aa) Beiträge zu den gesetzlichen Rentenversicherungen

1 Als Beiträge zur gesetzlichen Rentenversicherung sind Beiträge an folgende Träger der gesetzlichen Rentenversicherung zu berücksichtigen:

- Deutsche Rentenversicherung Bund,
- Deutsche Rentenversicherung Knappschaft-Bahn-See,
- Deutsche Rentenversicherung Regionalträger.

2 Die Beiträge können wie folgt erbracht und nachgewiesen werden:

Art der Beitragsleistung	Nachweis durch
Pflichtbeiträge aufgrund einer abhängigen Beschäftigung einschließlich des nach § 3 Nummer 62 EStG steuerfreien Arbeitgeberanteils	Lohnsteuerbescheinigung
Pflichtbeiträge aufgrund einer selbständigen Tätigkeit	Beitragsbescheinigung des Rentenversicherungsträgers oder der Künstlersozialkasse
freiwillige Beiträge	Beitragsbescheinigung des Rentenversicherungsträgers
Nachzahlung von freiwilligen Beiträgen	Beitragsbescheinigung des Rentenversicherungsträgers
freiwillige Zahlung von Beiträgen zum Ausgleich einer Rentenminderung (bei vorzeitiger Inanspruchnahme einer Altersrente) § 187a des Sechsten Buches Sozialgesetzbuch – SGB VI –	Beitragsbescheinigung des Rentenversicherungsträgers

Art der Beitragsleistung	Nachweis durch
freiwillige Zahlung von Beiträgen zum Auffüllen von Rentenanwartschaften, die durch einen Versorgungsausgleich gemindert worden sind § 187 SGB VI	Besondere Beitragsbescheinigung des Rentenversicherungsträgers
Abfindung von Anwartschaften auf betriebliche Altersversorgung § 187b SGB VI	Besondere Beitragsbescheinigung des Rentenversicherungsträgers

Bei selbständigen Künstlern und Publizisten, die nach Maßgabe des Künstlersozialversicherungsgesetzes versicherungspflichtig sind, ist als Beitrag zur gesetzlichen Rentenversicherung der von diesen entrichtete Beitrag an die Künstlersozialkasse zu berücksichtigen. Die Künstlersozialkasse fungiert als Einzugsstelle und nicht als Träger der gesetzlichen Rentenversicherung. Der Beitrag des Versicherungspflichtigen stellt den hälftigen Gesamtbeitrag dar. Der andere Teil wird in der Regel von der Künstlersozialkasse aufgebracht und setzt sich aus der Künstlersozialabgabe und einem Zuschuss des Bundes zusammen. Der von der Künstlersozialkasse gezahlte Beitragsanteil ist bei der Ermittlung der nach § 10 Absatz 1 Nummer 2 EStG zu berücksichtigenden Aufwendungen nicht anzusetzen. 3

Zu den Beiträgen zur gesetzlichen Rentenversicherung gehören auch Beiträge an ausländische gesetzliche Rentenversicherungsträger (vgl. BFH vom 24. Juni 2009, BStBl II S. 1000). **Die Übertragung von Anrechten auf eine zwischen- oder überstaatliche Einrichtung aufgrund eines Abkommens zur Begründung von Anrechten auf Altersversorgung ist steuerfrei nach § 3 Nummer 55e EStG. Das übertragene Vermögen ist nicht als Beitrag nach § 10 Absatz 1 Nummer 2 Satz 1 Buchstabe a EStG zu berücksichtigen.** Der Beitrag eines inländischen Arbeitgebers, den dieser an eine ausländische Rentenversicherung zahlt, ist dem Arbeitnehmer zuzurechnen, wenn die Abführung auf vertraglicher und nicht auf gesetzlicher Grundlage erfolgte (BFH vom 18. Mai 2004, BStBl II S. 1014). Die Anwendung des § 3 Nummer 62 EStG kommt in diesen Fällen nicht in Betracht. 4

bb) Beiträge zur landwirtschaftlichen Alterskasse

In der Alterssicherung der Landwirte können der Landwirt, sein Ehegatte, **sein Lebenspartner** oder in bestimmten Fällen mitarbeitende Familienangehörige versichert sein. Beiträge **zur** landwirtschaftlichen Alterskasse können, soweit sie zum Aufbau einer eigenen Altersversorgung führen, von dem zur Zahlung Verpflichteten als Beiträge i. S. d. § 10 Absatz 1 Nummer 2 Satz 1 Buchstabe a EStG geltend gemacht werden. Werden dem Versicherungspflichtigen aufgrund des Gesetzes zur Alterssicherung der Landwirte Beitragszuschüsse gewährt, mindern diese die nach § 10 Absatz 1 Nummer 2 Buchstabe a EStG anzusetzenden Beiträge. 5

cc) Beiträge zu berufsständischen Versorgungseinrichtungen

Bei berufsständischen Versorgungseinrichtungen im steuerlichen Sinne handelt es sich um öffentlich-rechtliche Versicherungs- oder Versorgungseinrichtungen für Beschäftigte und selbständig tätige Angehörige der kammerfähigen freien Berufe, die den gesetzlichen Rentenversicherungen vergleichbare Leistungen erbringen. Die Mitgliedschaft in der berufsständischen Versorgungseinrichtung tritt aufgrund einer gesetzlichen Verpflichtung bei Aufnahme der betreffenden Berufstätigkeit ein. Die Mitgliedschaft in einer berufsständischen Versorgungseinrichtung führt in den in § 6 Absatz 1 SGB VI genannten Fallgestaltungen auf Antrag zu einer Befreiung von der gesetzlichen Rentenversicherungspflicht. 6

Welche berufsständischen Versorgungseinrichtungen diese Voraussetzung erfüllen, wird jeweils durch gesondertes BMF-Schreiben[1]) bekannt gegeben. 7

***b) Beiträge i. S. d. § 10 Absatz 1 Nummer 2 Buchstabe b EStG*[2])**

aa) Allgemeines

Eine Basisrente i. S. d. § 10 Absatz 1 Nummer 2 Satz 1 Buchstabe b EStG i. V. mit dem Altersvorsorgeverträge-Zertifizierungsgesetz – AltZertG – liegt vor, wenn es sich um einen Vertrag 8

– zum Aufbau einer eigenen kapitalgedeckten Altersversorgung **(Basisrente-Alter), ggf. ergänzt um eine Absicherung des Eintritts der verminderten Erwerbsfähigkeit, der Berufsunfähigkeit oder von Hinterbliebenen oder**

1) BMF vom 8. 7. 2014 (BStBl I S. 1098).
2) ***Rz. 8 bis 44 sind geändert durch BMF-Schreiben vom 10. 1. 2014 (BStBl I S. 70) und gelten ab dem 1. 1. 2014.***

– zur Absicherung gegen den Eintritt der verminderten Erwerbsfähigkeit **im Versicherungsfall (Basisrente-Erwerbsminderung), ggf. verbunden mit einer Absicherung gegen den Eintritt der Berufsunfähigkeit**

handelt.

9 **Beiträge i. S. d. § 10 Absatz 1 Nummer 2 Satz 1 Buchstabe b EStG** liegen **nur** vor, wenn **es sich um eigene Beiträge des Versicherten handelt. Es muss also** Personenidentität zwischen dem Beitragszahler, der versicherten Person und dem Leistungsempfänger **bestehen** (bei Ehegatten siehe R 10.1 EStR 2012 – dies gilt für Lebenspartner entsprechend). Der Anbieter kann davon ausgehen, dass die zugunsten des Vertrags geleisteten Beiträge der Person zuzurechnen sind, die einen vertraglichen Anspruch auf die Leistung hat. Ihn trifft keine Verpflichtung zur Feststellung der Mittelherkunft. Im Fall einer ergänzenden Hinterbliebenenabsicherung **im Rahmen der Basisrente-Alter** ist insoweit ein abweichender Leistungsempfänger zulässig.

10 Der Vertrag **darf** nur die Zahlung einer monatlichen, gleich bleibenden oder steigenden, lebenslangen Leibrente **vorsehen**.

11 Ein Auszahlungsplan erfüllt dieses Kriterium nicht. Bei einem Auszahlungsplan wird nur ein bestimmtes Kapital über eine gewisse Laufzeit verteilt. Nach Laufzeitende ist das Kapital aufgebraucht, so dass die Zahlungen dann enden. Insoweit ist eine lebenslange Auszahlung nicht gewährleistet. Eine andere Wertung ergibt sich auch nicht durch eine Kombination eines Auszahlungsplans mit einer sich anschließenden Teilkapitalverrentung. Begrifflich ist die „Teilverrentung" zwar eine Leibrente, allerdings wird der Auszahlungsplan durch die Verknüpfung mit einer Rente nicht selbst zu einer Leibrente.

12 Ein planmäßiges Sinken der Rentenhöhe ist nicht zulässig. Geringfügige Schwankungen in der Rentenhöhe, sofern diese Schwankungen auf in einzelnen Jahren unterschiedlich hohen Überschussanteilen **während der Rentenzahlung** beruhen, die für die ab **Leistungsbeginn** garantierten Rentenleistungen gewährt werden, sind unschädlich. Das heißt **z. B., bei der Basisrente-Alter darf** der auf Basis des zu Beginn der Auszahlungsphase garantierten Kapitals zuzüglich der unwiderruflich zugeteilten Überschüsse zu errechnende Rentenbetrag während der gesamten Auszahlungsphase nicht unterschritten werden. Ein Anlageprodukt, bei welchem dem Anleger lediglich eine Rente zugesichert wird, die unter diesen Rentenbetrag sinken kann, erfüllt demnach nicht die an eine Leibrente i. S. d. § 10 Absatz 1 Nummer 2 Satz 1 Buchstabe b **Doppelbuchstabe aa** EStG zu stellenden steuerlichen Voraussetzungen.

13 Eine Auszahlung durch die regelmäßige Gutschrift einer gleich bleibenden oder steigenden Anzahl von Investmentanteilen sowie die Auszahlung von regelmäßigen Raten im Rahmen eines Auszahlungsplans sind keine lebenslange Leibrente i. S. d. § 10 Absatz 1 Nummer 2 Satz 1 Buchstabe b EStG.

14 Damit sichergestellt ist, dass die Voraussetzungen für eine Leibrente i. S. d. § 10 Absatz 1 Nummer 2 Satz 1 Buchstabe b **Doppelbuchstabe aa** EStG vorliegen, insbesondere dass die Rente während ihrer Laufzeit nicht sinken kann, muss der Vertrag die Verpflichtung des Anbieters enthalten, vor Rentenbeginn die Leibrente auf Grundlage einer anerkannten Sterbetafel zu berechnen und dabei den während der Laufzeit der Rente geltenden Zinsfaktor festzulegen.

15 In der vertraglichen Vereinbarung muss geregelt sein, dass die Ansprüche aus dem Vertrag **gem. § 10 Absatz 1 Nummer 2 Satz 1 Buchstabe b Satz 2 EStG folgende weitere Voraussetzungen erfüllen:**

16 **– Nichtvererblichkeit:**

Es darf nach den Vertragsbedingungen nicht zu einer Auszahlung an die Erben kommen; im Todesfall kommt das vorhandene Vermögen der Versichertengemeinschaft bzw. der Gemeinschaft der verbleibenden Vorsorgesparer zugute. Die Nichtvererblichkeit wird z. B. nicht ausgeschlossen durch gesetzlich zugelassene Hinterbliebenenleistungen im Rahmen der ergänzenden Hinterbliebenenabsicherung (Rz. **26** ff.) **bei der Basisrente-Alter** und durch Rentenzahlungen für die Zeit bis zum Ablauf des Todesmonats an die Erben.

Eine Rentengarantiezeit – also die Vereinbarung, dass die Rente unabhängig vom Tod der versicherten Person mindestens bis zum Ablauf einer vereinbarten Garantiezeit gezahlt wird – widerspricht der im EStG geforderten Nichtvererblichkeit.

Im Rahmen von Fondsprodukten (Publikumsfonds) kann die Nichtvererblichkeit **bei der Basisrente-Alter** dadurch sichergestellt werden, dass keine erbrechtlich relevanten Vermögenswerte aufgrund des Basisrentenvertrags beim Steuerpflichtigen vorhanden sind. Diese Voraussetzung kann entweder über eine auflösend bedingte Ausgestaltung des schuldrechtlichen Leistungsanspruchs („Treuhandlösung") oder im Wege spezieller Sondervermögen erfüllt werden, deren Vertragsbedingungen vorsehen, dass im Falle des Todes des Anlegers dessen Anteile zugunsten des Sondervermögens eingezogen werden („Fondslösung"). Ebenso kann diese Voraussetzung durch eine vertragliche Vereinbarung zwischen dem Anbieter und dem Steuerpflichtigen erfüllt werden, nach der im Falle des Todes des Steuerpflichtigen der Gegenwert seiner Fondsanteile der Sparergemeinschaft zugutekommt („vertragliche Lösung").

Für die bei einem fondsbasierten Basis-/Rürup-Rentenprodukt im Rahmen der „vertraglichen Lösung" anfallenden „Sterblichkeitsgewinne" sowie für den Einzug der Anteile am Sondervermögen und die anschließende Verteilung bei der „Treuhandlösung" fällt mit Blick auf die persönlichen Freibeträge der Erwerber keine Erbschaftsteuer an.

– **Nichtübertragbarkeit:** 17

Der Vertrag darf keine Übertragung der Ansprüche des Leistungsempfängers auf eine andere Person vorsehen z. B. im Wege der Schenkung; die Pfändbarkeit nach den Vorschriften der Zivilprozessordnung (ZPO) steht dem nicht entgegen. Der Vertrag darf zulassen, dass die Ansprüche des Leistungsempfängers aus dem Vertrag unmittelbar auf einen nach § 5a AltZertG zertifizierten Vertrag (vgl. Rz. **23**) des Leistungsempfängers auch bei einem anderen Unternehmen übertragen werden. **Dabei ist lediglich die Übertragung innerhalb der jeweiligen Produktgruppe (Basisrente-Alter oder Basisrente-Erwerbsminderung) zulässig.**

Dieser Vorgang ist steuerfrei nach § 3 Nummer 55d EStG. Das übertragene Vermögen ist nicht als Beitrag nach § 10 Absatz 1 Nummer 2 Satz 1 Buchstabe b EStG zu berücksichtigen. Die Übertragung **von Anrechten aus einem Basisrentenvertrag i. S. d. § 10 Absatz 1 Nummer 2 Satz 1 Buchstabe b Doppelbuchstabe aa EStG** zur Regelung von Scheidungsfolgen nach dem Versorgungsausgleichsgesetz – VersAusglG – vom 3. April 2009 (BGBl. I S. 700), insbesondere im Rahmen einer internen (§ 10 VersAusglG) oder externen Teilung (§ 14 VersAusglG), ist unschädlich.

– **Nichtbeleihbarkeit:** 18

Es muss vertraglich ausgeschlossen sein, dass die Ansprüche z. B. sicherungshalber abgetreten oder verpfändet werden können.

– **Nichtveräußerbarkeit:** 19

Der Vertrag muss so gestaltet sein, dass die Ansprüche nicht an einen Dritten veräußert werden können.

– **Nichtkapitalisierbarkeit:** 20

Es darf vertraglich kein Recht auf Kapitalisierung des Rentenanspruchs vorgesehen sein mit Ausnahme der Abfindung einer Kleinbetragsrente in Anlehnung an § 93 Absatz 3 Satz 2 und 3 EStG. Die Abfindungsmöglichkeit besteht **bei einer Altersrente i. S. d. § 10 Absatz 1 Nummer 2 Satz 1 Buchstabe b Doppelbuchstabe aa EStG** erst mit dem Beginn der Auszahlungsphase, frühestens mit Vollendung des 62. Lebensjahres des Leistungsempfängers (bei vor dem 1. Januar 2012 abgeschlossenen Verträgen ist grundsätzlich die Vollendung des 60. Lebensjahres maßgebend, vgl. Rz. **24**). Bei Renten aus einem Basisrentenvertrag **(Basisrente-Alter oder Basisrente-Erwerbsminderung)** wegen Berufsunfähigkeit, verminderter Erwerbsfähigkeit und an Hinterbliebene ist die Abfindung einer Kleinbetragsrente schon im Versicherungsfall möglich.

Zu den nach § 10 Absatz 1 Nummer 2 Satz 1 Buchstabe b EStG begünstigten Beiträgen können 21
auch Beiträge an Pensionsfonds, Pensionskassen und Direktversicherungen gehören, die im Rahmen der betrieblichen Altersversorgung erbracht werden (rein arbeitgeberfinanzierte und durch Entgeltumwandlung finanzierte Beiträge sowie Eigenbeiträge), sofern es sich um Beiträge zu einem entsprechend zertifizierten Vertrag handelt (vgl. Rz. **23**). Nicht zu berücksichtigen sind steuerfreie Beiträge, pauschal besteuerte Beiträge und Beiträge, die aufgrund einer Altzusage geleistet werden (vgl. Rz. 349 ff., 374 und 376 des BMF-Schreibens vom 24. Juli 2013, BStBl I S. 1022)[1]).

Werden Beiträge zugunsten von Vorsorgeverträgen geleistet, die u. a. folgende Möglichkeiten 22
vorsehen, liegen keine Beiträge i. S. d. § 10 Absatz 1 Nummer 2 Satz 1 Buchstabe b EStG vor:

- Kapitalwahlrecht,
- Anspruch bzw. Optionsrecht auf (Teil-)Auszahlung nach Eintritt des Versorgungsfalls,
- Zahlung eines Sterbegeldes,
- Abfindung einer Rente – Abfindungsansprüche und Beitragsrückerstattungen im Fall einer Kündigung des Vertrags; dies gilt nicht für gesetzliche Abfindungsansprüche (z. B. § 3 Betriebsrentengesetz – BetrAVG) oder die Abfindung einer Kleinbetragsrente (vgl. Rz. 20).

Für die Berücksichtigung von Beiträgen i. S. d. § 10 Absatz 1 Nummer 2 Satz 1 Buchstabe b EStG 23
als Sonderausgaben **ist u. a.** Voraussetzung, dass

1) → Anhang 2 IV.

- die Beiträge zugunsten eines Vertrags geleistet wurden, der nach § 5a AltZertG zertifiziert ist (Grundlagenbescheid i. S. d. § 171 Absatz 10 AO), und
- der Steuerpflichtige gegenüber dem Anbieter in die Datenübermittlung nach § 10 Absatz 2a EStG eingewilligt hat (vgl. Rz. 145 ff.).

bb) Beiträge i. S. d. § 10 Absatz 1 Nummer 2 Satz 1 Buchstabe b Doppelbuchstabe aa EStG (Basisrente-Alter)

(1) Allgemeines

24 Die Beiträge **zur Basisrente-Alter** können als Sonderausgaben berücksichtigt werden, wenn die Laufzeit des Vertrags nach dem 31. Dezember 2004 beginnt (zu Versicherungsverträgen mit einem Beginn der Laufzeit und mindestens einer Beitragsleistung vor dem 1. Januar 2005 vgl. Rz. 96) und der Vertrag eine Leibrente vorsieht, die nicht vor Vollendung des 62. Lebensjahres des Steuerpflichtigen beginnt (bei vor dem 1. Januar 2012 abgeschlossenen Verträgen ist regelmäßig die Vollendung des 60. Lebensjahres maßgebend).

25 **Für den Abzug von Beiträgen nach § 10 Absatz 1 Nummer 2 Satz 1 Buchstabe b Doppelbuchstabe aa EStG ist außerdem seit dem VZ 2010 Voraussetzung, dass der Vertrag zertifiziert ist (vgl. Rz. 23).** Es reicht für die Berücksichtigung sämtlicher im VZ 2010 und 2011 geleisteter Beiträge i. S. d. § 10 Absatz 1 Nummer 2 Satz 1 Buchstabe b **Doppelbuchstabe aa** EStG aus, wenn für den Mustervertrag bis zum 31. Dezember 2010 ein Antrag auf Zertifizierung bei der Zertifizierungsstelle eingegangen ist, das Muster daraufhin zertifiziert und der Basisrentenvertrag – falls erforderlich – bis zum 31. Dezember 2011 auf das zertifizierte Muster umgestellt worden ist.

(2) Ergänzende Absicherung von Berufsunfähigkeit, verminderter Erwerbsfähigkeit und Hinterbliebenen

26 **Zusätzlich** können **bei der Basisrente-Alter ergänzend** der Eintritt der Berufsunfähigkeit, der verminderten Erwerbsfähigkeit oder auch Hinterbliebene abgesichert werden, wenn die Zahlung einer Rente vorgesehen ist. Eine zeitliche Befristung einer Berufsunfähigkeits- oder Erwerbsminderungsrente ist ausschließlich im Hinblick auf die entfallende Versorgungsbedürftigkeit (Verbesserung der Gesundheitssituation oder Erreichen der Altersgrenze für den Bezug der Altersrente aus dem entsprechenden Vertrag) nicht zu beanstanden. Ebenso ist es unschädlich, wenn der Vertrag bei Eintritt der Berufsunfähigkeit oder der verminderten Erwerbsfähigkeit anstelle oder ergänzend zu einer Rentenzahlung eine Beitragsfreistellung vorsieht.

27 Die ergänzende Absicherung des Eintritts der Berufsunfähigkeit, der verminderten Erwerbsfähigkeit und von Hinterbliebenen ist nur dann unschädlich, wenn mehr als 50 % der Beiträge auf die eigene Altersversorgung des Steuerpflichtigen entfallen. Für das Verhältnis der Beitragsanteile zueinander ist regelmäßig auf den konkret vom Steuerpflichtigen zu zahlenden (Gesamt-)Beitrag abzustellen. Dabei dürfen die Überschussanteile aus den entsprechenden Risiken die darauf entfallenden Beiträge mindern.

28 Sieht der Basisrentenvertrag vor, dass der Steuerpflichtige bei Eintritt der Berufsunfähigkeit oder einer verminderten Erwerbsfähigkeit von der Verpflichtung zur Beitragszahlung für diesen Vertrag – vollständig oder teilweise – freigestellt wird, sind die insoweit auf die Absicherung dieses Risikos entfallenden Beitragsanteile der Altersvorsorge zuzuordnen. Das gilt jedoch nur, wenn sie der Finanzierung der vertraglich vereinbarten lebenslangen Leibrente i. S. d. § 10 Absatz 1 Nummer 2 Satz 1 Buchstabe b **Doppelbuchstabe aa** EStG dienen und aus diesen Beitragsanteilen keine Leistungen wegen Berufsunfähigkeit oder verminderter Erwerbsfähigkeit gezahlt werden, d. h., es wird lediglich der Anspruch auf eine Altersversorgung weiter aufgebaut. Eine Zuordnung zur Altersvorsorge kann jedoch nicht vorgenommen werden, wenn der Steuerpflichtige vertragsgemäß wählen kann, ob er eine Rente wegen Berufsunfähigkeit oder verminderter Erwerbsfähigkeit erhält oder die Beitragsfreistellung in Anspruch nimmt.

29 Sieht der Basisrentenvertrag vor, dass der Steuerpflichtige eine Altersrente und nach seinem Tode der überlebende Ehegatte oder Lebenspartner seinerseits eine lebenslange gleichbleibende oder steigende Leibrente i. S. d. § 10 Absatz 1 Nummer 2 Satz 1 Buchstabe b **Doppelbuchstabe aa** EStG (insbesondere nicht vor Vollendung seines 62. bzw. 60. Lebensjahres für Verträge, die vor dem 1. Januar 2012 abgeschlossen wurden) erhält, handelt es sich nicht um eine ergänzende Hinterbliebenenabsicherung, sondern insgesamt um eine Altersvorsorge. Der Beitrag ist in diesen Fällen in vollem Umfang der Altersvorsorge zuzurechnen. Erfüllt dagegen die zugesagte Rente für den hinterbliebenen Ehegatten oder Lebenspartner nicht die Voraussetzungen des § 10 Absatz 1 Nummer 2 Satz 1 Buchstabe b **Doppelbuchstabe aa** EStG (insbesondere im Hinblick auf das Mindestalter für den Beginn der Rentenzahlung), liegt eine ergänzende Hinterbliebenenabsicherung vor. Die Beitragsanteile, die nach versicherungsmathematischen Grundsätzen auf das Risiko der Rentenzahlung an den hinterbliebenen Ehegatten oder Lebenspartner entfallen, sind daher der ergänzenden Hinterbliebenenabsicherung zuzuordnen.

Wird die Hinterbliebenenversorgung ausschließlich aus dem bei Tod des Steuerpflichtigen vorhandenen Altersvorsorge-(Rest)kapitals finanziert, handelt es sich bei der Hinterbliebenenabsicherung nicht um eine Risikoabsicherung und der Beitrag ist insoweit der Altersvorsorge zuzurechnen. Das gilt auch, wenn der Steuerpflichtige eine entsprechend gestaltete Absicherung des Ehegatten oder Lebenspartner als besondere Komponente im Rahmen seines (einheitlichen) Basisrentenvertrags hinzu- oder später wieder abwählen kann (z. B. bei Scheidung, Wiederheirat etc.). 30

Sowohl die Altersversorgung als auch die ergänzenden Absicherungen müssen in einem einheitlichen Vertrag geregelt sein. Andernfalls handelt es sich nicht um ergänzende Absicherungen zu einem Basisrentenvertrag, sondern um eigenständige Versicherungen. In diesem Fall sind die Aufwendungen hierfür unter den Voraussetzungen des § 10 Absatz 1 Nummer 3a EStG als sonstige Vorsorgeaufwendungen zu berücksichtigen (Rz. 95 ff.). **Erfüllt die Absicherung der verminderten Erwerbsfähigkeit in diesen Fällen die Voraussetzungen des § 10 Absatz 1 Nummer 2 Satz 1 Buchstabe b Doppelbuchstabe bb EStG, ist bei Vorliegen der übrigen Voraussetzungen auch ein Abzug der Aufwendungen nach § 10 Absatz 1 Nummer 2 Satz 1 Buchstabe b EStG möglich.** 31

Bei einem Basisrentenvertrag auf Grundlage von Investmentfonds kann der Einschluss einer ergänzenden Absicherung des Eintritts der Berufsunfähigkeit, der verminderten Erwerbsfähigkeit oder einer zusätzlichen Hinterbliebenenrente im Wege eines einheitlichen Vertrags zugunsten Dritter gem. §§ 328 ff. des Bürgerlichen Gesetzbuchs – BGB – erfolgen. Hierbei ist die Kapitalanlagegesellschaft Versicherungsnehmer, während der Steuerpflichtige die versicherte Person ist und den eigentlichen (Renten-)Anspruch gegen das entsprechende Versicherungsunternehmen erhält. Dies wird im Fall der Vereinbarung einer Berufsunfähigkeits- bzw. Erwerbsunfähigkeitsrente in den Vertragsbedingungen durch Abtretung des Bezugsrechts an den Steuerpflichtigen ermöglicht. Im Falle der Vereinbarung einer zusätzlichen Hinterbliebenenrente erfolgt die Abtretung des Bezugsrechts an den privilegierten Hinterbliebenen. Die Kapitalanlagegesellschaft leitet die Beiträge des Steuerpflichtigen, soweit sie für die ergänzende Absicherung bestimmt sind, an den Versicherer weiter. 32

Zu den Hinterbliebenen, die zusätzlich abgesichert werden können, gehören nur der Ehegatte oder der Lebenspartner des Steuerpflichtigen und Kinder i. S. d. § 32 EStG. Der Anspruch auf Waisenrente ist dabei auf den Zeitraum zu begrenzen, in dem das Kind die Voraussetzungen des § 32 EStG erfüllt. Es ist nicht zu beanstanden, wenn die Waisenrente auch für den Zeitraum gezahlt wird, in dem das Kind nur die Voraussetzungen nach § 32 Absatz 4 Satz 1 EStG erfüllt. Für die vor dem 1. Januar 2007 abgeschlossenen Verträge gilt für das Vorliegen einer begünstigten Hinterbliebenenversorgung die Altersgrenze des § 32 EStG in der bis zum 31. Dezember 2006 geltenden Fassung (§ 52 Absatz 40 Satz 7 EStG). In diesen Fällen können z. B. Kinder in Berufsausbildung in der Regel bis zur Vollendung des 27. Lebensjahres berücksichtigt werden. 33

cc) Beiträge i. S. d. § 10 Absatz 1 Nummer 2 Satz 1 Buchstabe b Doppelbuchstabe bb EStG i. V. mit § 2 Absatz 1a AltZertG (Basisrente-Erwerbsminderung)

Beiträge zur Basisrente-Erwerbsminderung können als Sonderausgaben abgezogen werden, wenn diese auf einen nach § 5a AltZertG zertifizierten Vertrag eingezahlt werden (vgl. Rz. 23). Zertifizierungen können auf Antrag des Anbieters erstmalig mit Wirkung zum 1. Januar 2014 erteilt werden. Demnach sind Beiträge zu Basisrentenverträgen-Erwerbsminderung grundsätzlich ab dem VZ 2014 abziehbar. 34

Ein Basisrentenvertrag-Erwerbsminderung muss nach § 2 Absatz 1a Nummer 1 AltZertG zwingend eine Absicherung gegen den Eintritt der teilweisen oder vollen Erwerbsminderung vorsehen. Eine Erwerbsminderung liegt vor, wenn der Versicherungsnehmer voraussichtlich für mindestens zwölf Monate aufgrund von Krankheit, Körperverletzung oder Behinderung nicht in der Lage ist, unter den üblichen Bedingungen des allgemeinen Arbeitsmarktes voll erwerbstätig zu sein. Dabei ist von einer teilweisen Erwerbsminderung auszugehen, wenn der Versicherungsnehmer nicht imstande ist, mindestens sechs Stunden täglich erwerbstätig zu sein. Eine volle Erwerbsminderung liegt dagegen vor, wenn er hierzu nicht mindestens drei Stunden *täglich in der Lage ist.* Für die Beurteilung, ob eine Beschäftigung unter den üblichen Bedingungen des allgemeinen Arbeitsmarktes möglich und zumutbar ist, kommt es ausschließlich auf die gesundheitlichen Einschränkungen des Versicherten an. Die allgemeine Arbeitsmarktlage ist nicht zu beachten. 35

Neben der Absicherung gegen den Eintritt der verminderten Erwerbsfähigkeit darf ein Basisrentenvertrag-Erwerbsminderung nach § 10 Absatz 1 Nummer 2 Satz 1 Buchstabe b Doppelbuchstabe bb EStG zusätzlich auch die Absicherung gegen den Eintritt der Berufsunfähigkeit enthalten. Es handelt sich in diesen Fällen weiterhin um einen einheitlichen Vertrag. Die verschiedenen Vertragskomponenten können versicherungsrechtlich sowohl der Haupt- als auch der Zusatzversicherung zugeordnet werden. Tritt der Versicherungsfall (Erwerbsminderung oder ggf. Berufsunfähigkeit) bis zur Vollendung des 67. Lebensjahres ein, hat der Anbieter eine lebenslange gleichbleibende oder steigende Leibrente vorzusehen. 36

37 **Eine zeitliche Befristung der Erwerbsminderungs- oder Berufsunfähigkeitsrente ist ausschließlich für den Fall nicht zu beanstanden, dass die Erwerbsminderung oder Berufsunfähigkeit bis zur Vollendung des 67. Lebensjahres weggefallen ist. Der Wegfall ist medizinisch zu begründen. Ein medizinisch begründeter Wegfall der Berufsunfähigkeit kann – wenn dies vereinbart wurde – auch dann vorliegen, wenn der Versicherungsnehmer eine andere Tätigkeit ausübt oder ausüben kann, die zu übernehmen er aufgrund seiner Ausbildung und Fähigkeiten in der Lage ist und die seiner bisherigen Lebensstellung entspricht.**

38 **Sofern der Steuerpflichtige bei Eintritt des Versicherungsfalls das 55. Lebensjahr vollendet hat, darf die zugesagte Rente in ihrer Höhe vom Alter des Steuerpflichtigen bei Eintritt des Versicherungsfalls abhängig gemacht werden. Es muss allerdings auch bei Eintritt des Versicherungsfalls zwischen dem 55. und 67. Lebensjahr eine gleichbleibende oder steigende lebenslange Leibrente (> 0 Euro) gezahlt werden (vgl. aber Rz. 20).**

39 **Hinsichtlich der Absicherung gegen den Eintritt der Berufsunfähigkeit sind die allgemeinen versicherungsvertraglichen Grundsätze zu erfüllen. Hinsichtlich der Absicherung gegen den Eintritt der verminderten Erwerbsfähigkeit müssen neben den allgemeinen versicherungsvertraglichen Grundsätzen folgende Regelungen nach § 2 Absatz 1a AltZertG im Vertrag vorgesehen werden:**

40 – **Leistungsumfang:**

Sieht der Vertrag sowohl eine Absicherung des Eintritts der vollen als auch teilweisen Erwerbsminderung vor, hat der Anbieter bei Eintritt der teilweisen Erwerbsminderung mindestens die Hälfte der versicherten Leistung zu gewähren.

41 – **Leistungsbeginn:**

Die Leistung ist spätestens ab Beginn des Kalendermonats zu gewähren, der dem Kalendermonat folgt, in dem die teilweise oder volle Erwerbsminderung eingetreten ist. Dies gilt, wenn die Leistung bis zum Ende des 36. Kalendermonats nach Ablauf des Monats des Eintritts der teilweisen oder vollen Erwerbsminderung beantragt wird. Wird der Antrag zu einem späteren Zeitpunkt gestellt, hat der Anbieter spätestens ab Beginn des Kalendermonats zu leisten, der 36 Monate vor dem Monat der Beantragung liegt, frühestens jedoch ab Vertragsbeginn.

42 – **Beitragsstundung:**

Die Beiträge (Beitragsanteile) zur Absicherung des Risikos „verminderte Erwerbsfähigkeit" sind auf Antrag des Steuerpflichtigen ab dem Zeitpunkt der Rentenantragstellung wegen teilweiser oder voller Erwerbsminderung bis zur endgültigen Entscheidung über die Leistungspflicht zinslos und ohne andere Auflagen zu stunden.

43 – **Kündigungs- und Abänderungsverzicht:**

Verletzt der Steuerpflichtige (Vertragspartner) schuldlos seine Pflicht, ihm bekannte erhebliche Gefahrumstände anzuzeigen, die für den Versicherer hinsichtlich der Entscheidung zum Abschluss des Vertrags entscheidend sein können, hat der Anbieter auf sein Kündigungsrecht nach § 19 Absatz 3 Satz 2 VVG und das Abänderungsrecht nach § 19 Absatz 4 VVG zu verzichten.

44 – **Begrenzung der medizinischen Mitwirkungspflicht des Steuerpflichtigen:**

Die Verpflichtung des Steuerpflichtigen zur medizinischen Mitwirkung muss nicht nur auf medizinisch indizierte, sondern auch auf zumutbare ärztliche Untersuchungs- und Behandlungsleistungen begrenzt sein. Dies gilt sowohl zur als auch nach der Feststellung der teilweisen oder vollen Erwerbsminderung.

d) Beitragsempfänger

45 Zu den Beitragsempfängern i. S. d. § 10 Absatz 2 Satz 1 Nummer 2 Buchstabe a EStG gehören auch Pensionsfonds, die wie Versicherungsunternehmen den aufsichtsrechtlichen Regelungen des Versicherungsaufsichtsgesetzes – VAG – unterliegen und – seit 1. Januar 2006 – Anbieter i. S. d. § 80 EStG. Die Produktvoraussetzungen für das Vorliegen einer Basisrente (§ 10 Absatz 1 Satz 1 Nummer 2 Buchstabe b EStG) werden dadurch nicht erweitert.

2. Ermittlung des Abzugsbetrags nach § 10 Absatz 3 EStG

a) Höchstbetrag

46 Die begünstigten Beiträge sind nach § 10 Absatz 3 EStG bis zu 20 000 €[1] als Sonderausgaben abziehbar. Im Falle der Zusammenveranlagung von Ehegatten **oder Lebenspartnern** verdoppelt

1) VZ 2015: 22 172 €, VZ 2016: 22 767 €.

sich der Betrag auf 40 000 €[1], unabhängig davon, wer von den Ehegatten **oder Lebenspartnern** die begünstigten Beiträge entrichtet hat.

b) Kürzung des Höchstbetrags nach § 10 Absatz 3 Satz 3 EStG

Der Höchstbetrag ist bei einem Steuerpflichtigen, der zum Personenkreis des § 10c Absatz 3 Satz 3 Nummer 1 oder 2 EStG gehört, um den Betrag zu kürzen, der dem Gesamtbeitrag (Arbeitgeber- und Arbeitnehmeranteil) zur allgemeinen Rentenversicherung entspricht. Der Gesamtbeitrag ist dabei anhand der Einnahmen aus der Tätigkeit zu ermitteln, die die Zugehörigkeit zum genannten Personenkreis begründen. 47

Für die Berechnung des Kürzungsbetrags ist auf den zu Beginn des jeweiligen Kalenderjahres geltenden Beitragssatz in der allgemeinen Rentenversicherung abzustellen. 48

aa) Kürzung des Höchstbetrags beim Personenkreis des § 10 Absatz 3 Satz 3 Nummer 1 Buchstabe a EStG

Zum Personenkreis des § 10 Absatz 3 Satz 3 Nummer 1 EStG **Buchstabe a** gehören insbesondere 49

- Beamte, Richter, Berufssoldaten, Soldaten auf Zeit, Amtsträger,
- Arbeitnehmer, die nach § 5 Absatz 1 **Satz 1** Nummer 2 und 3 SGB VI oder § 230 SGB VI versicherungsfrei sind (z. B. Beschäftigte bei Trägern der Sozialversicherung, Geistliche der als öffentlich-rechtliche Körperschaften anerkannten Religionsgemeinschaften),
- Arbeitnehmer, die auf Antrag des Arbeitgebers von der gesetzlichen Rentenversicherungspflicht befreit worden sind, z. B. eine Lehrkraft an nicht öffentlichen Schulen, bei der eine Altersversorgung nach beamtenrechtlichen oder entsprechenden kirchenrechtlichen Grundsätzen gewährleistet ist.

Der Höchstbetrag nach § 10 Absatz 3 Satz 1 EStG ist um einen fiktiven Gesamtbeitrag zur allgemeinen Rentenversicherung zu kürzen. Bemessungsgrundlage für den Kürzungsbetrag sind die erzielten steuerpflichtigen Einnahmen aus der Tätigkeit, die die Zugehörigkeit zum Personenkreis des § 10 Absatz 3 Satz 3 Nummer 1 EStG begründen, höchstens bis zum Betrag der Beitragsbemessungsgrenze in der allgemeinen Rentenversicherung. 50

Es ist unerheblich, ob die Zahlungen insgesamt beitragspflichtig gewesen wären, wenn Versicherungspflicht in der gesetzlichen Rentenversicherung bestanden hätte. Aus Vereinfachungsgründen ist einheitlich auf die Beitragsbemessungsgrenze (Ost) in der allgemeinen Rentenversicherung abzustellen. 51

bb) Kürzung des Höchstbetrags beim Personenkreis des § 10 Absatz 3 Satz 3 Nummer 1 Buchstabe b EStG

Zum Personenkreis des § 10 Absatz 3 Satz 3 Nummer 1 Buchstabe b EStG gehören Arbeitnehmer, die während des ganzen oder eines Teils des Kalenderjahres nicht der gesetzlichen Rentenversicherungspflicht unterliegen und denen eine betriebliche Altersversorgung im Zusammenhang mit einem im betreffenden **VZ** bestehenden Dienstverhältnis zugesagt worden ist. Hierzu können insbesondere beherrschende Gesellschafter-Geschäftsführer einer GmbH oder Vorstandsmitglieder einer Aktiengesellschaft gehören. Für die Beurteilung der Zugehörigkeit zu diesem Personenkreis sind alle Formen der betrieblichen Altersversorgung zu berücksichtigen. Ohne Bedeutung sind dabei die Art der Finanzierung, die Höhe der Versorgungszusage und die Art des Durchführungswegs. Ebenso ist unerheblich, ob im betreffenden **VZ** Beiträge erbracht wurden oder die Versorgungsanwartschaft angewachsen ist. 52 [2]

Für die Beurteilung, ob eine Kürzung vorzunehmen ist, ist auf das konkrete Dienstverhältnis in dem jeweiligen **VZ** abzustellen. Nicht einzubeziehen sind Anwartschaftsrechte aus einer im gesamten **VZ** privat fortgeführten Direktversicherung, bei der der Arbeitnehmer selbst Versicherungsnehmer ist. 53

Für **VZ** von 2005 bis 2007 wird hinsichtlich der Zugehörigkeit zum Personenkreis des § 10 Absatz 3 Satz 3 Nummer 1 Buchstabe b EStG (bis zum 31. Dezember 2009 war der betroffene Personenkreis in § 10c Absatz 3 Nummer 2 EStG geregelt) danach differenziert, ob das Anwartschaftsrecht ganz oder teilweise ohne eigene Beitragsleistung bzw. durch nach § 3 Nummer 63 EStG steuerfreie Beiträge aufgebaut wurde; siehe hierzu BMF-Schreiben vom 22. Mai 2007, BStBl I S. 493. 54

Kommt eine Kürzung des Höchstbetrags nach § 10 Absatz 3 Satz 3 EStG in Betracht, gelten die Rz. **50** und Rz. **51** entsprechend. 55

1) VZ 2015: 44 344 €, VZ 2016: 45 534 €.
2) Bestätigt durch → BFH vom 15. 7. 2014 (BStBl 2015 II S. 213).

cc) Kürzung des Höchstbetrags beim Personenkreis des § 10 Absatz 3 Satz 3 Nummer 2 EStG

56 Zu den Steuerpflichtigen, die Einkünfte i. S. d. § 22 Nummer 4 EStG beziehen, gehören insbesondere

- Bundestagsabgeordnete,
- Landtagsabgeordnete,
- Abgeordnete des Europaparlaments.

57 Nicht zu diesem Personenkreis gehören z. B.

- ehrenamtliche Mitglieder kommunaler Vertretungen,
- kommunale Wahlbeamte wie Landräte und Bürgermeister.

58 Eine Kürzung des Höchstbetrags nach § 10 Absatz 3 Satz 3 Nummer 2 EStG ist jedoch nur vorzunehmen, wenn der Steuerpflichtige zum genannten Personenkreis gehört und ganz oder teilweise ohne eigene Beitragsleistung einen Anspruch auf Altersversorgung nach dem Abgeordnetengesetz, dem Europaabgeordnetengesetz oder entsprechenden Gesetzen der Länder erwirbt.

59 Bemessungsgrundlage für den Kürzungsbetrag sind die Einnahmen i. S. d. § 22 Nummer 4 EStG, soweit sie die Zugehörigkeit zum Personenkreis im Sinne der Rz. **58** begründen, höchstens der Betrag der Beitragsbemessungsgrenze in der allgemeinen Rentenversicherung. Aus Vereinfachungsgründen ist einheitlich auf die Beitragsbemessungsgrenze (Ost) in der allgemeinen Rentenversicherung abzustellen.

c) Kürzung des Höchstbetrags bei Ehegatten *und Lebenspartnern*

60 Bei Ehegatten ist für jeden Ehegatten gesondert zu prüfen, ob und ggf. in welcher Höhe der gemeinsame Höchstbetrag von 40 000 €[1] zu kürzen ist (Rz. **47** ff.). **Dies gilt für Lebenspartner entsprechend.**

d) Übergangsregelung (bis 2024)

61 Für den Übergangszeitraum bis 2024 sind die nach Rz. 1 bis **31** und **33** bis **60** zu berücksichtigenden Aufwendungen mit dem sich aus § 10 Absatz 3 Satz 4 und 6 EStG ergebenden Prozentsatz anzusetzen:

Jahr	Prozentsatz
2012	74
2013	76
2014	78
2015	80
2016	82
2017	84
2018	86
2019	88
2020	90
2021	92
2022	94
2023	96
2024	98
ab 2025	100

e) Kürzung des Abzugsbetrags bei Arbeitnehmern nach § 10 Absatz 3 Satz 5 EStG

62 Bei Arbeitnehmern, die steuerfreie Arbeitgeberleistungen nach § 3 Nummer 62 EStG oder diesen gleichgestellte steuerfreie Zuschüsse des Arbeitgebers erhalten haben, ist der sich nach Rz. **61** ergebende Abzugsbetrag um diese Beträge zu kürzen (nicht jedoch unter 0 €). Haben beide Ehegatten **oder beide Lebenspartner** steuerfreie Arbeitgeberleistungen erhalten, ist der Abzugsbetrag um beide Beträge zu kürzen.

Beispiele

63 Bei der Berechnung der Beispiele wurde ein Beitragssatz zur allgemeinen Rentenversicherung (RV) i. H. v. 19,6 % herangezogen.

64 **Beispiel 1:**

Ein lediger Arbeitnehmer zahlt im Jahr **2012** einen Arbeitnehmeranteil zur allgemeinen Rentenversicherung i. H. v. 4 000 €. Zusätzlich wird ein steuerfreier Arbeitgeberanteil in gleicher Höhe gezahlt. Daneben hat der Arbeitnehmer noch einen **Basisrentenvertrag** i. S. d. § 10

[1]) ***VZ 2015: 44 344 €, VZ 2016: 45 534 €.***

Absatz 1 Nummer 2 Satz 1 Buchstabe b EStG abgeschlossen und dort Beiträge i. H. v. 3 000 € eingezahlt.

Im Jahr **2012** können Altersvorsorgeaufwendungen i. H. v. **4 140 €** als Sonderausgaben nach § 10 Absatz 1 Nummer 2 i. V. m. Absatz 3 EStG abgezogen werden:

Arbeitnehmerbeitrag	4 000 €	
Arbeitgeberbeitrag	4 000 €	
Basisrentenvertrag	3 000 €	
insgesamt	11 000 €	
Höchstbetrag	20 000 €	
74 % des geringeren Beitrages		**8 140 €**
abzüglich steuerfreier Arbeitgeberanteil		4 000 €
verbleibender Betrag		**4 140 €**

Zusammen mit dem steuerfreien Arbeitgeberbeitrag werden damit Altersvorsorgeaufwendungen i. H. v. **8 140** € von der Besteuerung freigestellt. Dies entspricht 74 % der insgesamt geleisteten Beiträge.

Beispiel 2: 65

Ein lediger Beamter zahlt 3 000 € in einen begünstigten **Basisrentenvertrag** i. S. d. § 10 Absatz 1 Nummer 2 Satz 1 Buchstabe b EStG, um zusätzlich zu seinem Pensionsanspruch eine Altersversorgung zu erwerben. Seine Einnahmen aus dem Beamtenverhältnis betragen 40 **816 €.**

Im Jahr **2012** können Altersvorsorgeaufwendungen i. H. v. **2 220 € als** Sonderausgaben abgezogen werden:

Basisrentenvertrag		3 000 €
Höchstbetrag	20 000 €	
abzgl. fiktiver Gesamtbeitrag RV (40 816 € × 19,6 % =)	8 000 €	
gekürzter Höchstbeitrag		12 000 €
74 % des geringeren Betrages		**2 220 €**

Auch bei diesem Steuerpflichtigen werden **74 %** der Beiträge von der Besteuerung freigestellt.

Beispiel 3: 66

Die Eheleute A und B zahlen im Jahr **2012** jeweils 8 000 € für einen **Basisrentenvertrag** i. S. d. § 10 Absatz 1 Nummer 2 Satz 1 Buchstabe b EStG. A ist im Jahr **2012** als selbständiger Steuerberater tätig und zahlt darüber hinaus 15 000 € in die berufsständische Versorgungseinrichtung der Steuerberater, die der gesetzlichen Rentenversicherung vergleichbare Leistungen erbringt. B ist Beamtin ohne eigene Aufwendungen für ihre künftige Pension. Ihre Einnahmen aus dem Beamtenverhältnis betragen **40 816 €.**

Im Jahr **2012** können Altersvorsorgeaufwendungen i. H. v. **22 940 €** als Sonderausgaben abgezogen werden:

berufsständische Versorgungseinrichtung	15 000 €	
Basisrentenverträge	16 000 €	
insgesamt		31 000 €
Höchstbetrag	40 000 €	
abzgl. fiktiver Gesamtbeitrag RV (**40 816** € × **19,6** % =)	8 000 €	
gekürzter Höchstbetrag		32 000 €
74 % des geringeren Betrages		**22 940 €**

Die Beiträge nach § 168 Absatz 1 Nummer 1b oder 1c SGB VI (geringfügig versicherungspflichtig Beschäftigte) oder nach § 172 Absatz 3 oder 3a SGB VI (versicherungsfrei geringfügig Beschäftigte) vermindern den abziehbaren Betrag nur, wenn der Steuerpflichtige die Hinzurechnung dieser Beiträge zu den Vorsorgeaufwendungen nach § 10 Absatz 1 Nummer 2 Satz 3 beantragt hat. Dies gilt, obwohl der Arbeitgeberbeitrag nach § 3 Nummer 62 EStG steuerfrei ist. 67

II. Sonderausgabenabzug für sonstige Vorsorgeaufwendungen nach § 10 Absatz 1 Nummer 3 und 3a EStG

1. Allgemeines

Mit dem Gesetz zur verbesserten steuerlichen Berücksichtigung von Vorsorgeaufwendungen (Bürgerentlastungsgesetz Krankenversicherung vom 16. Juli 2009) hat der Gesetzgeber die steuerliche Berücksichtigung von Kranken- und Pflegeversicherungsbeiträgen zum 1. Januar 2010 neu geregelt. Die vom Steuerpflichtigen tatsächlich geleisteten Beiträge für eine Absicherung auf sozialhilfegleichem Versorgungsniveau (Basisabsicherung) zur privaten und gesetzlichen Krankenversicherung und zur gesetzlichen Pflegeversicherung werden in vollem Umfang steuerlich berücksichtigt. Ab dem **VZ** 2010 ist deshalb innerhalb der sonstigen Vorsorgeaufwendungen zwischen den Basiskrankenversicherungsbeiträgen (Rz. **69** ff.) und den Beiträgen zur gesetzlichen Pflegeversicherung in § 10 Absatz 1 Nummer 3 EStG (Rz. **94**) sowie den weiteren sonstigen Vor- 68 sorgeaufwendungen in § 10 Absatz 1 Nummer 3a EStG (Rz. **95** ff.) zu unterscheiden. Die Beiträge **zur Basisabsicherung** können grundsätzlich vom Versicherungsnehmer, in den Fällen des § 10 Absatz 1 Nummer 3 Satz 2 EStG abweichend **aber** auch vom Unterhaltsverpflichteten geltend gemacht werden, wenn dieser die eigenen Beiträge eines Kindes, für das ein Anspruch auf einen Kinderfreibetrag oder auf Kindergeld besteht, wirtschaftlich getragen hat. **Hierbei kommt es nicht darauf an, ob die Beiträge in Form von Bar- oder Sachunterhaltsleistungen getragen wurden. Die Beiträge können zwischen den Eltern und dem Kind aufgeteilt, im Ergebnis aber nur einmal – entweder bei den Eltern oder beim Kind – als Vorsorgeaufwendungen berücksichtigt werden (Grundsatz der Einmalberücksichtigung). Die Einkünfte und Bezüge des Kindes haben keinen Einfluss auf die Höhe der bei den Eltern zu berücksichtigenden Vorsorgeaufwendungen. Die Berücksichtigung der Kranken- und Pflegeversicherungsbeiträge des Kindes bei der Grenzbetragsprüfung nach § 32 Absatz 4 Satz 2 EStG in der bis zum VZ 2012 geltenden Fassung steht einer Berücksichtigung der Beiträge zur Basisabsicherung als Sonderausgaben bei den Eltern nicht entgegen.**

2. Sonstige Vorsorgeaufwendungen

a) Beiträge zur Basiskrankenversicherung (§ 10 Absatz 1 Nummer 3 Satz 1 Buchstabe a EStG)

69 Begünstigt sind nach § 10 Absatz 1 Nummer 3 Satz 1 Buchstabe a EStG Beiträge zur Krankenversicherung, soweit diese zur Erlangung eines durch das Zwölfte Buch Sozialgesetzbuch – **SGB XII** – bestimmten sozialhilfegleichen Versorgungsniveaus erforderlich sind (Basiskrankenversicherung):

- Für Beiträge zur gesetzlichen Krankenversicherung (GKV) sind dies die nach dem Dritten Titel des Ersten Abschnitts des Achten Kapitels des Fünften Buches Sozialgesetzbuch (SGB V) oder die nach dem Sechsten Abschnitt des Zweiten Gesetzes über die Krankenversicherung der Landwirte festgesetzten Beiträge, ggf. gemindert um 4 % des Beitrags, soweit sich aus diesem ein Anspruch auf Krankengeld oder ein Anspruch auf eine Leistung, die anstelle von Krankengeld gewährt wird, ergeben kann. **Bei selbst getragenen Eigenleistungen für Vorsorgeuntersuchungen handelt es sich hingegen nicht um Beiträge zu einer Krankenversicherung und damit auch nicht um Vorsorgeaufwendungen i. S. d.** § 10 EStG.
- Für Beiträge zu einer privaten Krankenversicherung (PKV) sind dies die Beitragsanteile, die auf Vertragsleistungen entfallen, die, mit Ausnahme der auf das Krankengeld entfallenden Beitragsanteile, in Art, Umfang und Höhe den Leistungen nach dem Dritten Kapitel des SGB V vergleichbar sind, auf die ein Anspruch besteht. **Die aufgrund eines tariflichen Selbstbehalts oder wegen der Wahl einer Beitragsrückerstattung selbst getragenen Krankheitskosten sind keine Beiträge zur Krankenversicherung.**
- **Bei einer bestehenden Basisabsicherung durch die GKV ist eine zeitgleiche zusätzliche PKV zur Basisabsicherung nicht erforderlich. In diesen Fällen sind bei Pflichtversicherten ausschließlich die Beiträge zur GKV und bei freiwillig Versicherten die höheren Beiträge als Beiträge für eine Basisabsicherung anzusetzen. Aus verwaltungsökonomischen Gründen ist der Sonderausgabenabzug für Beiträge an eine PKV als Basisabsicherung zu gewähren, wenn zeitgleich eine beitragsfreie Familienversicherung in der GKV gegeben ist.**

70 Die im einkommensteuerrechtlichen Zusammenhang verwendeten Begriffe Basisabsicherung und Basiskrankenversicherung sind vom Basistarif i. S. d. § 12 Absatz 1a VAG abzugrenzen. Der Basistarif wurde zum 1. Januar 2009 eingeführt und ist ein besonders gestalteter Tarif. Dieser muss grundsätzlich von jedem privaten Krankenversicherungsunternehmen angeboten werden. Die Leistungen des Basistarifs entsprechen den Pflichtleistungen der GKV. Die so genannte Basisabsicherung i. S. d. Einkommensteuerrechts ist jedoch kein spezieller Tarif, sondern die Absicherung der Leistungen auf dem Niveau der GKV (mit Ausnahme des Krankengeldes), die auch in jedem anderen Tarif als dem Basistarif enthalten sein kann. Für die Absicherung solcher Leistungen gezahlte Beitragsanteile können nach § 10 Absatz 1 Nummer 3 Satz 1 Buchstabe a EStG steuerlich geltend gemacht werden.

71 Beitragsrückerstattungen mindern – unabhängig von ihrer Bezeichnung, z. B. als Pauschalleistung, und soweit sie auf die Basisabsicherung entfallen – die nach § 10 Absatz 1 Nummer 3 Satz 1 Buchstabe a EStG abziehbaren Krankenversicherungsbeiträge in dem Jahr, in dem sie zufließen. **Die Minderung erfolgt unabhängig davon, ob oder in welcher Höhe sich die Beiträge im Abflussjahr steuerlich ausgewirkt haben.** Zur Ermittlung der auf die Basisabsicherung entfallenden Höhe der Beitragsrückerstattung ist der Vertragsstand zugrunde zu legen, der den erstatteten *Beitragszahlungen* zugrunde lag, unabhängig vom Vertragsstand zum Zuflusszeitpunkt der Beitragsrückerstattung **(zu Erstattungsüberhängen vgl. Rz. 158 f.). Aus Vereinfachungsgründen kann auf den Vertragsstand zum 31. Dezember des Beitragsjahres abgestellt werden, welcher der erstatteten Beitragszahlung zugrunde lag.**

72 **Beitragsrückerstattungen in diesem Sinne sind z. B. auch Prämienzahlungen nach § 53 SGB V und Bonuszahlungen nach § 65a SGB V. Beitragserstattungen für Bonusprogramme sind erst-**

mals zu dem Zeitpunkt zu melden, zu dem der Vorteil dem Grunde nach verfügbar ist. Wird der Vorteil z. B. in Form von Bonuspunkten gewährt, sind diese in Euro umzurechnen und als Beitragsrückerstattung zu melden. Boni für familienversicherte Bonusprogrammteilnehmer sind dem Stammversicherten zuzurechnen. Aus Vereinfachungsgründen kann bei einem Stammversicherten, der für sich und seine im Rahmen seiner Familienversicherung mit abgesicherten Angehörigen Bonuspunkte sammelt, eine Beitragserstattung in dem Jahr gemeldet werden, in dem die Sach- oder Geldprämie an den Versicherten ausgegeben wird.

Die Rückzahlung von Beiträgen aus Vorjahren infolge einer rückwirkenden Vertragsänderung ist keine Beitragsrückerstattung. Sie ist vielmehr über eine Datensatzstornierung bzw. -korrektur des betreffenden Jahres zu melden. Gleiches gilt für eine aus diesem Grund gewährte Gutschrift, die mit laufenden Beiträgen verrechnet wird. 73

Bei Vorliegen der übrigen Voraussetzungen sind die Beiträge für eine Absicherung im Krankheitsfall nach § 10 Absatz 1 Nummer 3 Satz 1 Buchstabe a bzw. § 10 Absatz 1 Nummer 3a i. V. m. § 10 Absatz 2 Satz 1 Nummer 2 Buchstabe a EStG an Versicherungsunternehmen, die ihren Sitz oder ihre Geschäftsleitung in einem Mitgliedstaat der Europäischen Union oder einem Vertragsstaat des Abkommens über den Europäischen Wirtschaftsraum haben und das Versicherungsgeschäft im Inland betreiben dürfen,[1]) als Sonderausgaben absetzbar. Beiträge für eine Absicherung im Krankheitsfall nach § 10 Absatz 1 Nummer 3 Satz 1 Buchstabe a i. V. m. § 10 Absatz 2 Satz 1 Nummer 2 Buchstabe a EStG an Einrichtungen, die einen anderweitigen Anspruch auf Absicherung im Krankheitsfall i. S. d. § 5 Absatz 1 Nummer 13 SGB V oder eine der Beihilfe oder freien Heilfürsorge vergleichbare Absicherung i. S. d. § 193 Absatz 3 Satz 2 Nummer 2 des Versicherungsvertragsgesetzes – VVG – gewähren, können ebenfalls als Sonderausgaben berücksichtigt werden. Dies gilt entsprechend, wenn ein Steuerpflichtiger, der weder seinen Wohnsitz noch seinen gewöhnlichen Aufenthalt im Inland hat, mit den Beiträgen einen Versicherungsschutz i. S. d. § 10 Absatz 1 Nummer 3 Satz 1 EStG erwirbt. Wird durch eine Bestätigung des jeweiligen Staates oder eine andere geeignete Quelle (z. B. Dachverband der Versicherungen im jeweiligen Land) nachgewiesen, dass es sich beim Empfänger der Beiträge um einen ausländischen Sozialversicherungsträger handelt, sind auch diese Beiträge für eine Absicherung im Krankheitsfall nach § 10 Absatz 1 Nummer 3 Satz 1 Buchstabe a bzw. § 10 Absatz 1 Nummer 3a i. V. m. § 10 Absatz 2 Satz 1 Nummer 2 Buchstabe c EStG als Sonderausgaben abziehbar.[2]) Beiträge in ausländischer Währung sind nach dem Jahresdurchschnitt der monatlich festgesetzten und im BStBl I veröffentlichten Umsatzsteuer-Umrechnungskurse zu berechnen. Zur Aufteilung von Globalbeiträgen wird auf Rz. 160 verwiesen. 74

Keine Beiträge i. S. d. § 10 Absatz 1 Nummer 3 Satz 1 Buchstabe a EStG sind Beiträge zu einer Auslandskrankenversicherung (Reisekrankenversicherung), die zusätzlich zu einem bestehenden Versicherungsschutz in der GKV oder PKV ohne eingehende persönliche Risikoprüfung abgeschlossen **wird.** 75

aa) Beiträge zur gesetzlichen Krankenversicherung

(1) Allgemeines

Die Beiträge zur GKV sowie die Beiträge zur landwirtschaftlichen Krankenkasse gehören grundsätzlich zu den Beiträgen für eine Basiskrankenversicherung. Hierzu zählt auch ein eventuell von der Krankenkasse erhobener kassenindividueller Zusatzbeitrag i. S. d. § 242 SGB V. **Beiträge zu einer über das Leistungsspektrum der gesetzlichen Krankenversicherung hinausgehenden Zusatzversicherung sind jedoch insgesamt nicht der Basisabsicherung i. S. d. § 10 Absatz 1 Nummer 3 Satz 1 EStG zuzurechnen, da sie nicht zur Erlangung des sozialhilfegleichen Versorgungsniveaus erforderlich sind.** 76

Nicht der Basisabsicherung zuzurechnen ist hingegen der Beitragsanteil, der der Finanzierung des Krankengeldes dient. Dieser Anteil wird mit einem pauschalen Abschlag i. H. v. 4 % bemessen und von der Finanzverwaltung von den übermittelten Beträgen abgezogen. Der Abschlag ist allerdings nur dann vorzunehmen, wenn **sich für den** Steuerpflichtigen im Krankheitsfall ein Anspruch auf Krankengeldzahlung oder ein Anspruch auf eine Leistung **ergeben kann,** die anstelle von Krankengeld gewährt wird. Werden über die GKV auch Leistungen abgesichert, 77

---

1) Bei Versicherungsunternehmen innerhalb eines Mitgliedstaats der Europäischen Union bzw. eines Vertragsstaats des Abkommens über den Europäischen Wirtschaftsraum kann regelmäßig davon ausgegangen werden, dass die Erlaubnis zum Geschäftsbetrieb im Inland gem. § 6 Absatz 1 VAG als erteilt gilt. Welche Unternehmen eine Erlaubnis besitzen, notifiziert sind oder eine Repräsentanz in Deutschland unterhalten, kann unter folgendem Link recherchiert werden: https://portal.mvp.bafin.de/database/InstInfo/.

2) Für die Mitgliedstaaten der Europäischen Union und die Vertragsstaaten des Abkommens über den Europäischen Wirtschaftsraum sowie für die Schweiz kann das Verzeichnis unter folgenden Link genutzt werden: http://ec.europa.eu/employment_social/social-security-directory/Browse.seam?country=DE⟨ID=de.

die über die Pflichtleistungen hinausgehen, so sind auch die darauf entfallenden Beitragsanteile nicht der Basisabsicherung zuzurechnen. Hierzu gehören Beiträge für Wahl- und Zusatztarife, die z. B. Leistungen wie Chefarztbehandlung oder Einbettzimmer abdecken. Vom kassenindividuellen Zusatzbeitrag i. S. d. § 242 SGB V ist kein Abschlag vorzunehmen, da sich aus ihm kein unmittelbarer Anspruch auf Krankengeld oder Anspruch auf eine Leistung, die anstelle von Krankengeld gewährt wird, ergibt.

78 Ermittelt sich bei einem freiwillig Versicherten der Beitrag unter Berücksichtigung mehrerer Einkunftsarten nach einem einheitlichen Beitragssatz, ist die Kürzung um 4 % für den gesamten Beitrag vorzunehmen, auch wenn nur ein Teil der Einkünfte bei der Bemessung der Höhe des Krankengeldes berücksichtigt wird.

(2) Einzelne Personengruppen

(a) Pflichtversicherte Arbeitnehmer

79 Der dem pflichtversicherten Arbeitnehmer zuzurechnende GKV-Beitrag ist grundsätzlich von der Finanzverwaltung um 4 % zu mindern. Ist der Finanzverwaltung bekannt, dass **sich bei** de**m** Arbeitnehmer im Einzelfall **aus den Beiträgen** kein Anspruch auf Krankengeld bzw. **auf** eine Leistung **ergeben kann**, die anstelle von Krankengeld gewährt wird, ist bei Berücksichtigung des Sonderausgabenabzugs von der Finanzverwaltung keine Minderung i. H. v. 4 % vorzunehmen.

(b) Freiwillig gesetzlich versicherte Arbeitnehmer

80 Bei Arbeitnehmern, bei denen der Arbeitgeber den Gesamtbeitrag des Arbeitnehmers an die GKV abführt (Firmenzahler), oder bei Arbeitnehmern, bei denen der Beitrag an die GKV vom Arbeitnehmer selbst gezahlt wird (Selbstzahler), ist der Beitrag nach Abzug des steuerfreien Arbeitgeberzuschusses (§ 3 Nummer 62 EStG) von der Finanzverwaltung um 4 % zu mindern, **wenn sich** grundsätzlich ein Anspruch auf Krankengeld oder auf eine Leistung **ergeben kann**, die anstelle von Krankengeld gewährt wird. **Bei freiwillig versicherten Versorgungsempfängern ist der geleistete Beitrag nicht um 4 % zu mindern, wenn sich kein Anspruch auf Krankengeld oder auf eine Leistung anstelle von Krankengeld ergeben kann.**

(c) Freiwillig gesetzlich versicherte Selbständige

81 **Kann sich aus den geleisteten Beiträgen** bei Selbständigen ein Anspruch auf Krankengeld oder ein Anspruch auf eine Leistung **ergeben**, die anstelle von Krankengeld gewährt wird, ist der Beitrag von der Finanzverwaltung um 4 % zu mindern.

(d) Pflichtversicherte selbständige Künstler und Publizisten

82 Wird von der Künstlersozialkasse an Stelle der steuerfreien Arbeitgeberanteile ein steuerfreier Betrag abgeführt, ist der Beitrag um diesen Betrag zu kürzen. **Kann sich aus den Beiträgen** ein Anspruch auf Krankengeld oder ein Anspruch auf eine Leistung **ergeben**, die anstelle von Krankengeld gewährt wird, ist der ggf. um den steuerfreien Betrag gekürzte Beitrag von der Finanzverwaltung um 4 % zu mindern.

(e) Freiwillig gesetzlich versicherte Künstler und Publizisten

83 Der Beitrag ist um den von der Künstlersozialkasse gewährten steuerfreien Beitragszuschuss zu kürzen. **Kann sich aus den Beiträgen** ein Anspruch auf Krankengeld oder ein Anspruch auf eine Leistung **ergeben**, die anstelle von Krankengeld gewährt wird, ist der ggf. um den steuerfreien Zuschuss gekürzte Beitrag von der Finanzverwaltung um 4 % zu mindern.

(f) Pflichtversicherte Rentner

84 Der im Rahmen der Krankenversicherung der Rentner (KVdR) erhobene Beitrag ist nicht um 4 % zu mindern.

(g) Freiwillig gesetzlich versicherte Rentner

85 *Der Beitrag ist um einen gewährten* steuerfreien Zuschuss zur Krankenversicherung zu kürzen. Bezieht ein freiwillig gesetzlich versicherter Rentner neben der Rente noch andere Einkünfte und **kann sich** im Zusammenhang mit diesen anderen Einkünften ein Anspruch auf Krankengeld oder ein Anspruch auf eine Leistung **ergeben**, die anstelle von Krankengeld gewährt wird, ist der ggf. um den von der Rentenversicherung gezahlten steuerfreien Zuschuss gekürzte Beitrag von der Finanzverwaltung um 4 % zu mindern.

bb) Beiträge zur privaten Krankenversicherung

(1) Allgemeines

Der Basisabsicherung in einer PKV dienen die jeweiligen Beitragsanteile, mit denen Versicherungsleistungen finanziert werden, die in Art, Umfang und Höhe den Leistungen nach dem Dritten Kapitel des SGB V – also den Pflichtleistungen der GKV – vergleichbar sind und auf die ein Anspruch besteht. Nicht zur Basisabsicherung gehören – wie bei der GKV – Beitragsanteile, die der Finanzierung von Wahlleistungen (z. B. Chefarztbehandlung, Einbettzimmer) i. S. d. § 1 Absatz 1 i. V. m. § 2 Absatz 1 KVBEVO (vgl. Rz. **87**), des Krankenhaustagegeldes oder des Krankentagegeldes dienen. 86

Sind in einem Versicherungstarif begünstigte und nicht begünstigte Versicherungsleistungen abgesichert, muss der vom Versicherungsnehmer geleistete Beitrag durch das Krankenversicherungsunternehmen aufgeteilt werden. Wie diese Aufteilung in typisierender Weise zu erfolgen hat, wird durch die „Verordnung zur tarifbezogenen Ermittlung der steuerlich berücksichtigungsfähigen Beiträge zum Erwerb eines Krankenversicherungsschutzes i. S. d. § 10 Absatz 1 Nummer 3 Satz 1 Buchstabe a des Einkommensteuergesetzes (Krankenversicherungsbeitragsanteil-Ermittlungsverordnung; KVBEVO)" (BGBl I 2009, S. 2730) geregelt. Die wesentlichen Grundsätze der Beitragsaufteilung lassen sich wie folgt zusammenfassen: 87

- Enthält ein Tarif nur Leistungen, mit denen eine Basisabsicherung gewährleistet wird, ist eine tarifbezogene Beitragsaufteilung nicht erforderlich. Der für diesen Tarif geleistete Beitrag ist insgesamt abziehbar. Dies gilt auch für Beiträge zum Basistarif i. S. d. § 12 Absatz 1a VAG. **Kann** sich im Rahmen des Basistarifs ein Anspruch auf Krankengeld **ergeben**, ist vom Beitrag ein Abschlag von 4 % vorzunehmen.
- Enthält ein Tarif nur Wahlleistungen ist eine tarifbezogene Beitragsaufteilung nicht durchzuführen. Der für diesen Tarif geleistete Beitrag ist insgesamt nicht nach § 10 Absatz 1 Nummer 3 EStG abziehbar.
- Enthält ein Tarif sowohl Leistungen, mit denen eine Basisabsicherung gewährleistet wird, als auch solche, die darüber hinausgehen, hat das Krankenversicherungsunternehmen nach den Vorschriften der KVBEVO den nicht nach § 10 Absatz 1 Nummer 3 EStG abziehbaren Beitragsanteil zu ermitteln.
- Enthält ein erstmals nach dem 1. Mai 2009 für das Neugeschäft angebotener Tarif nur in geringerem Umfang Leistungen, mit denen eine Basisabsicherung gewährleistet wird, und ansonsten Leistungen, die diesem Niveau nicht entsprechen, hat das Krankenversicherungsunternehmen vom geleisteten Beitrag einen Abschlag in Höhe von 99 % vorzunehmen. Gleiches gilt, wenn – mit Ausnahme des Basistarifs i. S. d. § 12 Absatz 1a VAG – Krankentagegeld oder Krankenhaustagegeld zusammen mit anderen Leistungen in einem Tarif abgesichert ist.

Zahlt der Versicherte für seine Basisabsicherung zunächst einen erhöhten Beitrag, um ab einem bestimmten Alter durch eine entsprechend erhöhte Alterungsrückstellung i. S. d. § 12 Absatz 4a VAG eine zuvor vereinbarte zeitlich unbefristete Beitragsentlastung für seine Basisabsicherung zu erhalten, ist auch der auf die Basisabsicherung entfallende Beitragsanteil für die erhöhte Alterungsrückstellung nach § 10 Absatz 1 Nummer 3 Satz 1 Buchstabe a EStG abziehbar **und im Rahmen der für den VZ der Zahlung geleisteten Beiträge zu melden**. 88

Mit Beiträgen zugunsten einer so genannten Anwartschaftsversicherung erwirbt der Versicherungsnehmer den Anspruch, zu einem späteren Zeitpunkt eine private Krankenversicherung zu einem ermäßigten Beitrag zu erhalten. Der Versicherungsnehmer wird dabei hinsichtlich seines der Beitragsbemessung zugrunde gelegten Gesundheitszustands und ggf. auch hinsichtlich der Alterungsrückstellung so gestellt, als sei der Krankenversicherungsvertrag bereits zu einem früheren Zeitpunkt abgeschlossen worden. Übersteigen die Beiträge für eine Anwartschaftsversicherung jährlich nicht einen Betrag i. H. v. 100 €, sind sie aus Billigkeitsgründen insgesamt wie Beiträge zu einer Basiskrankenversicherung zu behandeln. Die den Betrag von 100 € übersteigenden Beiträge für eine Anwartschaftsversicherung sind nur insoweit wie Beiträge zu einer Basiskrankenversicherung zu behandeln, als sie auf die Minderung von Beitragsbestandteilen gerichtet sind, die der Basiskrankenversicherung zuzurechnen sind. 89

(2) Einzelne Personengruppen

(a) Privat versicherte Arbeitnehmer

Hat ein Arbeitnehmer mit dem Lohn einen steuerfreien Zuschuss für seine Krankenversicherung erhalten, steht dieser insgesamt in unmittelbarem Zusammenhang mit den Vorsorgeaufwendungen i. S. d. § 10 Absatz 1 Nummer 3 EStG (§ 10 Absatz 2 Satz 1 Nummer 1 EStG). Dies gilt auch, wenn der Arbeitnehmer Wahlleistungen abgesichert hat. Der Zuschuss mindert in vollem Umfang die Beiträge zur Basisabsicherung[1]. 90

[1] ***Bestätigt durch BFH vom 2. 9. 2014 (BStBl 2015 II S. 257).***

91 **Beispiel:**

A ist privat krankenversicherter Arbeitnehmer und hat für seine Krankenversicherung einen Beitrag i. H. v. insgesamt 6 000 € jährlich an seine Krankenversicherung zu leisten. Diese Summe setzt sich zusammen aus einem Beitrag i. H. v. 500 € für einen Tarif, der ausschließlich Wahlleistungen abdeckt und einem Beitrag i. H. v. 5 500 € für einen Tarif, der sowohl Leistungen abdeckt, die der Basisabsicherung dienen, als auch darüber hinausgehende Leistungen. Der Beitrag i. H. v. 5 500 € für einen Tarif, der sowohl Leistungen abdeckt, die der Basisabsicherung dienen als auch darüber hinausgehende Leistungen, ist durch das Versicherungsunternehmen nach der KVBEVO aufzuteilen. Nach der Aufteilung ergibt sich für die Absicherung von Leistungen, die der Basisabsicherung dienen, ein Beitragsanteil i. H. v. 4 500 € und für die Absicherung von Leistungen, die nicht der Basisabsicherung dienen, ein Beitragsanteil i. H. v. 1 000 €. Das Versicherungsunternehmen übermittelt einen Beitrag für die Basisabsicherung i. H. v. 4 500 € an die Finanzverwaltung (ZfA). A erhält von seinem Arbeitgeber jährlich einen steuerfreien Zuschuss i. H. v. 3 000 € zu seinem Krankenversicherungsbeitrag.

Der Beitrag i. H. v. 500 € für einen Tarif, der ausschließlich Wahlleistungen abdeckt, ist insgesamt nicht nach § 10 Absatz 1 Nummer 3 EStG zu berücksichtigen. Eine Aufteilung nach der KVBEVO ist insoweit nicht erforderlich. Der Beitrag für die Basisabsicherung i. H. v. 4 500 € wurde der Finanzverwaltung vom Versicherungsunternehmen per Datensatz übermittelt. Dieser wird von der Finanzverwaltung um den vom Arbeitgeber steuerfrei gezahlten Zuschuss i. H. v. 3 000 € vermindert. Es verbleibt danach ein Beitrag i. H. v. 1 500 €, der als sonstige Vorsorgeaufwendungen i. S. d. § 10 Absatz 1 Nummer 3 EStG bei der Ermittlung des entsprechenden Abzugsvolumens zu berücksichtigen ist.

(b) Privat versicherte Künstler und Publizisten

92 Der Beitrag ist um einen gewährten steuerfreien Zuschuss zur Krankenversicherung zu kürzen.

(c) Privat versicherte Rentner

93 Der Beitrag ist um einen gewährten steuerfreien Zuschuss zur Krankenversicherung zu kürzen.

b) Beiträge zur gesetzlichen Pflegeversicherung

94 Begünstigt sind nach § 10 Absatz 1 Nummer 3 Satz 1 Buchstabe b EStG Beiträge zur gesetzlichen Pflegeversicherung, d. h. zur sozialen Pflegeversicherung und zur privaten Pflege-Pflichtversicherung. Die Beiträge sind nach Abzug des steuerfreien Arbeitgeberzuschusses (§ 3 Nummer 62 EStG) bzw. des an Stelle des steuerfreien Arbeitgeberzuschusses gezahlten Betrags, z. B. von der Künstlersozialkasse, ungekürzt anzusetzen[1]. Für Beiträge zugunsten einer Anwartschaftsversicherung zur Pflegeversicherung gilt Rz. **89** entsprechend.

c) Weitere sonstige Vorsorgeaufwendungen

95 Begünstigt sind nach § 10 Absatz 1 Nummer 3a EStG Beiträge zu

- gesetzlichen oder privaten Kranken- und Pflegeversicherungen, soweit diese nicht nach § 10 Absatz 1 Nummer 3 EStG zu berücksichtigen sind; hierzu zählen z. B. Beitragsanteile, die auf Wahlleistungen entfallen **oder der Finanzierung des Krankengeldes dienen**, Beiträge zur freiwilligen privaten Pflegeversicherung oder Basiskrankenversicherungsbeiträge und Beiträge zur gesetzlichen Pflegeversicherung bei fehlender Einwilligung nach § 10 Absatz 2a EStG,
- Versicherungen gegen Arbeitslosigkeit (gesetzliche Beiträge an die Bundesagentur für Arbeit und Beiträge zu privaten Versicherungen),
- Erwerbs- und Berufsunfähigkeitsversicherungen, die nicht Bestandteil einer Versicherung i. S. d. § 10 Absatz 1 Nummer 2 Satz 1 Buchstabe b EStG sind; dies gilt auch für Beitragsbestandteile einer kapitalbildenden Lebensversicherung i. S. d. § 20 Absatz 1 Nummer 6 EStG, die bei der Ermittlung des steuerpflichtigen Ertrags nicht abgezogen werden dürfen,
- Unfallversicherungen, wenn es sich nicht um eine Unfallversicherung mit garantierter Beitragsrückzahlung handelt, die insgesamt als Rentenversicherung oder Kapitalversicherung behandelt wird,
- *Haftpflichtversicherungen,*
- Lebensversicherungen, die nur für den Todesfall eine Leistung vorsehen (Risikolebensversicherung).

Auf Rz. 156 wird verwiesen.

---

1) Bestätigt durch BFH vom 2. 9. 2014 (BStBl 2015 II S. 257).

Beiträge zu nachfolgenden Versicherungen sind ebenfalls nach § 10 Absatz 1 Nummer 3a EStG begünstigt, wenn die Laufzeit dieser Versicherungen vor dem 1. Januar 2005 begonnen hat und mindestens ein Versicherungsbeitrag bis zum 31. Dezember 2004 entrichtet wurde; der Zeitpunkt des Vertragsabschlusses ist insoweit unmaßgeblich: 96

- Rentenversicherungen ohne Kapitalwahlrecht, die die Voraussetzungen des § 10 Absatz 1 Satz 1 Nummer 2 EStG nicht erfüllen,
- Rentenversicherungen mit Kapitalwahlrecht gegen laufende Beitragsleistungen, wenn das Kapitalwahlrecht nicht vor Ablauf von zwölf Jahren seit Vertragsabschluss ausgeübt werden kann,
- Kapitalversicherungen gegen laufende Beitragsleistungen mit Sparanteil, wenn der Vertrag für die Dauer von mindestens zwölf Jahren abgeschlossen worden ist.

Ein Versicherungsbeitrag ist bis zum 31. Dezember 2004 entrichtet, wenn nach § 11 Absatz 2 EStG der Beitrag einem Kalenderjahr vor 2005 zuzuordnen ist. Für Beiträge im Rahmen der betrieblichen Altersversorgung an einen Pensionsfonds, an eine Pensionskasse oder für eine Direktversicherung gilt **Rz. 330** des BMF-Schreibens vom **24. Juli 2013,** BStBl I S. 1022[1]). 97

Für die Berücksichtigung von diesen Beiträgen (**Rz. 96**) gelten außerdem die bisherigen Regelungen zu § 10 Absatz 1 Nummer 2 Satz 2 bis **6** und Absatz 2 Satz 2 EStG in der am 31. Dezember 2004 geltenden Fassung. 98

2. Ermittlung des Abzugsbetrags

a) Höchstbetrag nach § 10 Absatz 4 EStG

Vorsorgeaufwendungen i. S. d. § 10 Absatz 1 Nummer 3 und Nummer 3a EStG können (vorbehaltlich der Rz. **103** und der Günstigerprüfung Rz. **164 ff.**) grundsätzlich bis zur Höhe von 2 400 € abgezogen werden (z. B. bei Steuerpflichtigen, die Aufwendungen für ihre Krankenversicherung und Krankheitskosten vollständig aus eigenen Mitteln tragen). 99

Bei einem Steuerpflichtigen, der ganz oder teilweise ohne eigene Aufwendungen einen Anspruch auf vollständige oder teilweise Erstattung oder Übernahme von Krankheitskosten hat oder für dessen Krankenversicherung Leistungen i. S. d. § 3 Nummer 9, 14, 57 oder 62 EStG erbracht werden, vermindert sich der Höchstbetrag auf 1 900 €. Dies gilt auch, wenn die Voraussetzungen nur in einem Teil des Kalenderjahres vorliegen. Ohne Bedeutung ist hierbei, ob aufgrund eines Anspruchs tatsächlich Leistungen erbracht werden, sowie die konkrete Höhe des Anspruchs. Es kommt nur darauf an, dass ganz oder teilweise ohne eigene Aufwendungen ein Anspruch besteht. Ein vom Arbeitgeber im Rahmen einer geringfügigen Beschäftigung erbrachter pauschaler Beitrag zur GKV führt nicht zum Ansatz des verminderten Höchstbetrags. 100

Der Höchstbetrag i. H. v. 1 900 € gilt z. B. für 101

- Rentner, die aus der gesetzlichen Rentenversicherung nach § 3 Nummer 14 EStG steuerfreie Zuschüsse zu den Krankenversicherungsbeiträgen erhalten,
- Rentner, bei denen der Träger der gesetzlichen Rentenversicherung Beiträge an eine GKV zahlt,
- sozialversicherungspflichtige Arbeitnehmer, für die der Arbeitgeber nach § 3 Nummer 62 EStG steuerfreie Beiträge zur Krankenversicherung leistet; das gilt auch dann, wenn der Arbeitslohn aus einer Auslandstätigkeit aufgrund eines **Doppelbesteuerungsabkommens** – DBA – steuerfrei gestellt wird,
- Besoldungsempfänger oder gleichgestellte Personen, die von ihrem Arbeitgeber nach § 3 Nummer 11 EStG steuerfreie Beihilfen zu Krankheitskosten erhalten,
- **im VZ beihilferechtlich berücksichtigungsfähige Ehegatten oder Lebenspartner (BFH vom 23. Januar 2013, BStBl II S. 608),**
- Beamte, die in der GKV freiwillig versichert sind und deshalb keine Beihilfe zu ihren Krank*heitskosten – trotz eines grundsätzlichen Anspruchs* – erhalten.
- Versorgungsempfänger im öffentlichen Dienst mit Beihilfeanspruch oder gleichgestellte Personen,
- in der GKV ohne eigene Beiträge familienversicherte Angehörige.
- Personen, für die steuerfreie Leistungen der Künstlersozialkasse nach § 3 Nummer 57 EStG erbracht werden.

Der nach § 3 Nummer 62 EStG steuerfreie Arbeitgeberanteil zur gesetzlichen Kranken- und Pflegeversicherung ist bei der Ermittlung des Höchstbetrags nach § 10 Absatz 4 EStG nicht zu berücksichtigen. 102

[1]) → Anhang 2 IV.

b) Mindestansatz

103 Übersteigen die vom Steuerpflichtigen geleisteten Beiträge für die Basisabsicherung (Basiskrankenversicherung – Rz. **69** ff. – und gesetzliche Pflegeversicherung – Rz. **94** –) den Höchstbetrag von 2 800 €/1 900 €, sind diese Beiträge für die Basisabsicherung als Sonderausgaben anzusetzen. Eine betragsmäßige Deckelung auf den Höchstbetrag erfolgt in diesen Fällen nicht. Ein zusätzlicher Abzug von Beiträgen nach § 10 Absatz 1 Nummer 3a EStG ist daneben nicht möglich (vorbehaltlich der Günstigerprüfung Rz. **164** ff.).

c) Abzugsbetrag bei Ehegatten *und Lebenspartnern*

aa) Zusammenveranlagung nach § 26b EStG

104 Bei zusammen veranlagten Ehegatten **oder Lebenspartnern** ist zunächst für jeden Ehegatten **oder Lebenspartner** nach dessen persönlichen Verhältnissen der ihm zustehende Höchstbetrag zu bestimmen. Die Summe der beiden Höchstbeträge ist der gemeinsame Höchstbetrag (§ 10 Absatz 4 Satz 3 EStG). Übersteigen die von den Ehegatten **oder Lebenspartnern** geleisteten Beiträge für die Basisabsicherung (Basiskrankenversicherung – Rz. **69** ff. – und gesetzliche Pflegeversicherung – Rz. **94**) in der Summe den gemeinsamen Höchstbetrag, sind diese Beiträge für die Basisabsicherung als Sonderausgaben zu berücksichtigen. Eine betragsmäßige Deckelung auf den gemeinsamen Höchstbetrag erfolgt in diesen Fällen nicht. Ein zusätzlicher Abzug von Beiträgen nach § 10 Absatz 1 Nummer 3a EStG ist daneben nicht möglich (vorbehaltlich der Günstigerprüfung Rz. **164** ff.).

bb) Einzelveranlagung nach § 26a EStG und „Patchwork-Familien"

105 Wird von den Ehegatten **oder Lebenspartnern** die **Einzel**veranlagung beantragt, wird der Höchstbetrag sowie der Mindestansatz für jeden Ehegatten **oder Lebenspartner** gesondert ermittelt. Für die Berechnung des Mindestansatzes ist bei jedem Ehegatten **oder Lebenspartner** der von ihm als Versicherungsnehmer geleistete Beitrag zur Basisabsicherung anzusetzen. Ist ein Kind Versicherungsnehmer (**vgl. Rz 68**), werden die Beiträge zur Kranken- und Pflegeversicherung i. S. d. § 10 Absatz 1 Nummer 3 Satz 2 EStG jedoch von den **Unterhaltsverpflichteten** getragen, **sind die Beiträge entsprechend der wirtschaftlichen Tragung von dem jeweiligen unterhaltsverpflichteten Elternteil zu beantragen und anzusetzen (Grundsatz der Einmalberücksichtigung). Innerhalb der Ehe bzw. Lebenspartnerschaft folgt die weitere Zuordnung den Regelungen des** § 26a Absatz 2 EStG.

106 *einstweilen frei*

107 **Beispiel 1:**

Ehemann A ist selbständig tätig und privat versichert. Er leistet als VN für seine Basiskrankenversicherung einen Jahresbeitrag i. H. v. 6 000 € bei Versicherung X. Seine Ehefrau B ist Beamtin und privat versichert bei Versicherung Y. Der von B als VN zu leistende Jahresbeitrag zur Basiskrankenversicherung beträgt 3 500 €. Der gemeinsame Sohn S ist im Vertrag von B mitversichert. Der hierfür zu leistende **und von B getragene** Jahresbeitrag zur Basiskrankenversicherung beträgt 1 000 €. Die Tochter T (24 Jahre alt) ist in der studentischen Krankenversicherung (KVdS) versichert und zahlt als VN einen Jahresbeitrag zu ihrer Basiskrankenversicherung i. H. v. 2 000 €. A und B erstatten T den von ihr geleisteten Jahresbeitrag im Rahmen ihrer Unterhaltsverpflichtung. Die Eheleute A und B beantragen die **Einzelveranlagung, wobei** § 26a Absatz 2 Satz 1 EStG **Anwendung finden soll.**

Der Höchstbetrag für Vorsorgeaufwendungen beträgt für A 2 800 € nach § 10 Absatz 4 Satz 1 EStG, da er seine Krankenversicherung vollständig aus eigenen Mitteln finanziert und auch keine steuerfreien Leistungen zu seinen Krankheitskosten erhält. Für B mindert sich der Höchstbetrag nach § 10 Absatz 4 Satz 2 EStG auf 1 900 €, da B einen Anspruch auf steuerfreie Beihilfen zu ihren Krankheitskosten hat. Dem für jeden Ehegatten gesondert ermittelten Höchstbetrag sind die jeweils von A bzw. von B als VN geleisteten Jahresbeiträge zur Basiskrankenversicherung gegenüberzustellen. Sowohl bei A als auch bei B übersteigen die als VN geleisteten Jahresbeiträge zur Basiskrankenversicherung die Höchstbeträge nach § 10 Absatz 4 EStG. Daher sind jeweils die Beiträge zur Basiskrankenversicherung anzusetzen (Mindestansatz).

A kann den Basiskrankenversicherungsbeitrag i. H. v. 6 000 € geltend machen. B kann in ihrer Veranlagung den von ihr als VN geleisteten Basiskrankenversicherungsbeitrag i. H. v. 3 500 € zuzügl. des **von ihr getragenen** Basiskrankenversicherungsbeitrags für ihren Sohn S i. H. v. 1 000 €, zusammen = 4 500 € ansetzen. Den von A und B an T erstatteten Basiskrankenversicherungsbeitrag i. H. v. 2 000 € können A und B jeweils zu 1 000 € – entsprechend der wirtschaftlichen Tragung – im Rahmen der Sonderausgaben geltend machen.

Beispiel 2: 108

A und B sind miteinander verheiratet. Ehefrau B ist die leibliche Mutter des Kindes K. Der Kindesvater ist C. K ist selbst VN seiner Kranken- und Pflegeversicherung. Im Rahmen ihrer Unterhaltspflicht haben C und B die Beiträge des K wirtschaftlich getragen, und zwar C zu 20 % und B zu 80 %. A und B beantragen die Einzelveranlagung nach § 26a EStG, wobei § 26a Absatz 2 Satz 2 EStG Anwendung finden soll.

Entsprechend der Lastentragung werden gem. § 10 Absatz 1 Nummer 3 Satz 2 EStG bei C 20 % und bei B 80 % der jeweils für K getragenen Beiträge für die Absicherung im Krankheitsfall wie eigene Beiträge behandelt. Nach der Verteilungsregelung des § 26a Absatz 2 Satz 2 EStG werden bei A und B sämtliche Sonderausgaben – und damit auch die der B nach § 10 Absatz 1 Nummer 3 Satz 2 EStG zugewiesenen Beiträge des Kindes – jeweils hälftig abgezogen, so dass im Ergebnis A und B jeweils 40 % der Beiträge des K absetzen können. Dass bei A keine Unterhaltsverpflichtung gegenüber K besteht, da es nicht sein leibliches Kind ist, ist für die Verteilung durch § 26a Absatz 2 Satz 2 EStG ohne Belang.

4. Verfahren

Die übermittelnden Stellen haben die geleisteten und erstatteten Beiträge i. S. d. § 10 Absatz 1 Nummer 3 EStG sowie die weiteren nach § 10 Absatz 2a Satz 4 Nummer 2 EStG erforderlichen Daten an die Finanzverwaltung zu übermitteln; **wegen Einzelheiten vgl. die Ausführungen unter Rz. 142 ff.** Der Abzug der steuerfreien Zuschüsse zu den Kranken- und Pflegeversicherungsbeiträgen und die Minderung um 4 % bei den Beiträgen zur **GKV**, wenn sich ein Anspruch auf Krankengeld oder ein Anspruch auf eine Leistung **ergeben kann**, die anstelle von Krankengeld gewährt wird, werden von der Finanzverwaltung vorgenommen (im Einzelnen vgl. Rz. **79** ff.). Die Beiträge zu einer **PKV** werden bereits durch das Versicherungsunternehmen um einen Beitragsanteil, der auf Krankentagegeld entfällt, gemindert, so dass die Finanzverwaltung hier nur noch ggf. gewährte Zuschüsse abziehen muss. 109

Werden Beitragsvorauszahlungen (siehe Rz. 126) geleistet, sind ferner die vertraglich geschuldeten Beiträge zur Basiskranken- und gesetzlichen Pflegeversicherung des Beitragsjahres – bereinigt um Beiträge, die der unbefristeten Beitragsminderung nach Vollendung des 62. Lebensjahres dienen (Rz. 88) – als Bestandteil der Vertrags- bzw. Versicherungsdaten i. S. d. § 10 Absatz 2a Satz 4 EStG in den Datensatz aufzunehmen. Dies gilt nicht, sofern es sich lediglich um eine Vorauszahlung für Januar des Folgejahres handelt. Hierbei ist anzugeben, ob sich aus den Beiträgen ein Anspruch auf Krankengeld oder ein Anspruch auf eine Leistung ergeben kann, die anstelle von Krankengeld gewährt wird. Die Daten dienen der Finanzverwaltung zur Prüfung der sofort abziehbaren Vorauszahlungen nach § 10 Absatz 1 Nummer 3 Satz 4 EStG. 110

Werden steuerfreie Zuschüsse von anderen Stellen als den Mitteilungspflichtigen (§ 22a EStG), den Arbeitgebern oder der Künstlersozialkasse gewährt (z. B. in der Elternzeit), sind diese vom Steuerpflichtigen in der Einkommensteuererklärung anzugeben. 111

a) Gesetzlich Versicherte

Bei Vorliegen einer Familienversicherung i. S. d. § 10 SGB V ist für die mitversicherte Person mangels eigener Beitragsleistung kein Datensatz zu übermitteln. 112

aa) Pflichtversicherte Arbeitnehmer

Der vom Arbeitgeber einbehaltene und abgeführte Arbeitnehmerkranken- und Arbeitnehmerpflegeversicherungsbeitrag zur GKV wird im Rahmen der elektronischen Lohnsteuerbescheinigung an die Finanzverwaltung übermittelt. Erstattet die GKV Beiträge oder erhebt sie vom Versicherten unmittelbar einen kassenindividuellen Zusatzbeitrag i. S. d. § 242 SGB V, sind die jeweiligen Beträge – sofern sie auf die Basisabsicherung entfallen – unmittelbar von der GKV an die Finanzverwaltung (ZfA) zu übermitteln. 113

bb) Freiwillig gesetzlich versicherte Arbeitnehmer

Für Arbeitnehmer, bei denen der Arbeitgeber den Gesamtbeitrag des Arbeitnehmers zur Kranken- und Pflegeversicherung an die GKV abführt (Firmenzahler), hat der Arbeitgeber in der elektronischen Lohnsteuerbescheinigung der Finanzverwaltung den abgeführten Beitrag und den geleisteten steuerfreien Arbeitgeberzuschuss (§ 3 Nummer 62 EStG) mitzuteilen. Erstattet die GKV Beiträge oder erhebt sie vom Versicherten unmittelbar einen kassenindividuellen Zusatzbeitrag i. S. d. § 242 SGB V, sind die jeweiligen Beträge – sofern sie auf die Basisabsicherung entfallen – unmittelbar von der GKV an die Finanzverwaltung (ZfA) zu übermitteln. 114

Für Arbeitnehmer, bei denen der Kranken- und Pflegeversicherungsbeitrag an die GKV vom Arbeitnehmer selbst gezahlt wird (Selbstzahler), hat der Arbeitgeber in der elektronischen Lohn- 115 steuerbescheinigung der Finanzverwaltung den geleisteten steuerfreien Arbeitgeberzuschuss (§ 3 Nummer 62 EStG) mitzuteilen. Die vom Arbeitnehmer unmittelbar an die GKV geleisteten oder von der GKV erstatteten Beiträge einschließlich eines kassenindividuellen Zusatzbeitrags i. S. d. § 242 SGB V sind – sofern sie auf die Basisabsicherung entfallen – von der GKV an die Finanzverwaltung (ZfA) zu übermitteln. **Kann sich für den** Arbeitnehmer aus der GKV ein Anspruch auf Krankengeld bzw. eine Leistung **ergeben**, die anstelle von Krankengeld gewährt wird, ist dies bei der Übermittlung anzugeben.

cc) Freiwillig gesetzlich versicherte Selbständige

116 Die vom Selbständigen an die GKV geleisteten oder von der GKV erstatteten Beiträge einschließlich eines kassenindividuellen Zusatzbeitrags i. S. d. § 242 SGB V sind – sofern sie auf die Basisabsicherung entfallen – von der GKV an die Finanzverwaltung (ZfA) zu übermitteln. **Kann sich für den** Selbständigen aus der GKV ein Anspruch auf Krankengeld bzw. eine Leistung **ergeben**, die anstelle von Krankengeld gewährt wird, ist dies bei der Übermittlung anzugeben.

dd) Pflichtversicherte selbständige Künstler und Publizisten

117 Die Künstlersozialkasse übermittelt die Höhe **des eigenen Beitragsanteils des Künstlers** oder Publizisten zur gesetzlichen Kranken- und Pflegeversicherung, **nicht aber die** von der Künstlersozialkasse gezahlten steuerfreien **Beitragsanteile an die Finanzverwaltung (ZfA)**. **Kann sich für den** Künstler oder Publizisten aus der GKV ein Anspruch auf Krankengeld bzw. eine Leistung **ergeben**, die anstelle von Krankengeld gewährt wird, ist dies bei der Übermittlung anzugeben.

ee) Freiwillig gesetzlich versicherte Künstler und Publizisten

118 Die vom Künstler oder Publizisten an die GKV geleisteten oder von der GKV erstatteten Beiträge einschließlich eines kassenindividuellen Zusatzbeitrags i. S. d. § 242 SGB V sind – sofern sie auf die Basisabsicherung entfallen – von der GKV an die Finanzverwaltung (ZfA) zu übermitteln. **Kann sich für den** Künstler oder Publizisten aus der GKV ein Anspruch auf Krankengeld bzw. eine Leistung **ergeben**, die anstelle von Krankengeld gewährt wird, ist dies bei der Übermittlung anzugeben. Die Künstlersozialkasse übermittelt die Höhe des an den Künstler oder Publizisten steuerfrei gezahlten Beitragszuschusses an die Finanzverwaltung (ZfA).

ff) Pflichtversicherte Rentner

119 Bei den Empfängern einer Rente aus der gesetzlichen Rentenversicherung oder aus einer betrieblichen Altersversorgung wird in der Regel der Kranken- und Pflegeversicherungsbeitrag zur GKV unmittelbar vom Rentenversicherungs-/Versorgungsträger einbehalten und abgeführt. Die entsprechenden Daten werden zusammen mit der Rentenbezugsmitteilung vom Träger der gesetzlichen Rentenversicherung bzw. vom Versorgungsträger an die Finanzverwaltung (ZfA) übermittelt. Erstattet die GKV Beiträge oder erhebt sie vom Versicherten unmittelbar einen kassenindividuellen Zusatzbeitrag i. S. d. § 242 SGB V, sind die jeweiligen Beträge – sofern sie auf die Basisabsicherung entfallen – unmittelbar von der GKV an die Finanzverwaltung (ZfA) zu übermitteln.

gg) Pflichtversicherte Empfänger einer Kapitalleistung aus der betrieblichen Altersversorgung

120 Die vom Empfänger einer Kapitalleistung aus der betrieblichen Altersversorgung unmittelbar an die GKV geleisteten oder von der GKV erstatteten Kranken- und Pflegeversicherungsbeiträge sind von der GKV an die Finanzverwaltung (ZfA) zu übermitteln.

hh) Freiwillig gesetzlich versicherte Rentner

121 Die vom Empfänger einer Rente unmittelbar an die GKV geleisteten oder von der GKV erstatteten Kranken- und Pflegeversicherungsbeiträge einschließlich eines kassenindividuellen Zusatzbeitrags i. S. d. § 242 SGB V sind – sofern sie auf die Basisabsicherung entfallen – von der GKV an die Finanzverwaltung (ZfA) zu übermitteln. Die Höhe des vom Mitteilungspflichtigen i. S. d. § 22a Absatz 1 EStG (z. B. Träger der gesetzlichen Rentenversicherung) gewährten steuerfreien Zuschusses zu den Krankenversicherungsbeiträgen ist im Rahmen der Rentenbezugsmitteilung an die Finanzverwaltung (ZfA) zu übermitteln.

b) Privat Versicherte

aa) Privat versicherte Arbeitnehmer

122 Bei privat versicherten Arbeitnehmern übermittelt das Versicherungsunternehmen die Höhe der geleisteten und erstatteten Beiträge zur Basiskrankenversicherung und zur privaten Pflege-Pflichtversicherung an die Finanzverwaltung (ZfA).

Bei Arbeitnehmern, denen mit dem Lohn ein steuerfreier Zuschuss gezahlt wird, hat der Arbeitgeber in der elektronischen Lohnsteuerbescheinigung der Finanzverwaltung die Höhe des geleisteten steuerfreien Arbeitgeberzuschusses mitzuteilen. 123

bb) Privat versicherte Künstler und Publizisten

Bei Künstlern und Publizisten, für die von der Künstlersozialkasse ein Zuschuss zur Krankenversicherung abgeführt wird, hat die Künstlersozialkasse die Höhe des Zuschusses der Finanzverwaltung mitzuteilen. 124

cc) Privat versicherte Rentner

Die vom Empfänger einer Rente unmittelbar an die PKV geleisteten oder von der PKV erstatteten Kranken- und Pflegeversicherungsbeiträge sind von der PKV an die Finanzverwaltung (ZfA) zu übermitteln. Der vom Mitteilungspflichtigen i. S. d. § 22a Absatz 1 EStG (z. B. Träger der gesetzlichen Rentenversicherung) gewährte steuerfreie Zuschuss zu den Krankenversicherungsbeiträgen ist im Rahmen der Rentenbezugsmitteilung an die Finanzverwaltung (ZfA) zu übermitteln. 125

5. Beitragsvorauszahlungen

a) Anwendungsbereich

§ 10 Absatz 1 Nummer 3 Satz 4 EStG begrenzt ab dem VZ 2011 die innerhalb eines VZ als Sonderausgaben abziehbaren Basiskranken- und gesetzlichen Pflegeversicherungsbeiträge (für das Verfahren vgl. Rz. 109). Die Einhaltung der Regelung wird durch die Finanzverwaltung überprüft. Sie betrifft ausschließlich Beiträge, die für nach Ablauf des Veranlagungszeitraums beginnende Beitragsjahre geleistet werden (Beitragsvorauszahlungen), und enthält eine Einschränkung des Abflussprinzips (§ 11 Absatz 2 Satz 1 EStG). Ausgenommen sind Basiskranken- und gesetzliche Pflegeversicherungsbeiträge, soweit sie der unbefristeten Beitragsminderung nach Vollendung des 62. Lebensjahres dienen (vgl. Rz. 88). Die Vorschrift gilt für Beiträge zur gesetzlichen und zur privaten Kranken- und Pflegeversicherung gleichermaßen. Für die Beiträge zur Pflegeversicherung und für die Beiträge zur Krankenversicherung sind jeweils getrennte Berechnungen durchzuführen. 126

b) Ermittlung der Vergleichsgrößen

Für die zeitliche Zuordnung der Beiträge sind zwei Vergleichsgrößen zu bilden: 127

- **das Zweieinhalbfache der auf den VZ entfallenden Beiträge (zulässiges Vorauszahlungsvolumen) und**
- **die Summe der für nach Ablauf des VZ beginnende Beitragsjahre geleisteten Beiträge (Summe der geleisteten Beitragsvorauszahlungen).**

In den Fällen des § 10 Absatz 1 Nummer 3 Satz 2 und Satz 3 EStG ist für die Ermittlung des zulässigen Vorauszahlungsvolumens und die Summe der geleisteten Beitragsvorauszahlungen auf die Verhältnisse des Versicherungsnehmers abzustellen. 128

aa) Ermittlung des zulässigen Vorauszahlungsvolumens

Zur Ermittlung des zulässigen Vorauszahlungsvolumens sind zunächst die für den VZ vertraglich geschuldeten Beiträge (es kommt nicht auf die tatsächlich gezahlten Beiträge an) zur Basiskrankenversicherung bzw. zur gesetzlichen Pflegeversicherung – jeweils gesondert – festzuhalten. Das Ergebnis ist jeweils mit 2,5 zu multiplizieren. Wird das Versicherungsunternehmen im Laufe eines VZ gewechselt, sind die für den VZ vertraglich geschuldeten Basiskranken- bzw. gesetzlichen Pflegeversicherungsbeiträge sämtlicher betroffener Versicherungsunternehmen *einzubeziehen.* 129

Sind für den VZ keine eigenen Beiträge geschuldet, weil der Steuerpflichtige z. B. als Kind zuvor in einer Familienversicherung mitversichert war und sein Versicherungsverhältnis erst nach Ablauf des VZ beginnt, beträgt das zulässige Vorauszahlungsvolumen des Kindes 0 €. Dagegen erhöht der von den Eltern im laufenden VZ letztmalig für das Kind geleistete Beitrag deren zulässiges Vorauszahlungsvolumen, obwohl insoweit die Beitragsverpflichtung im Folge-VZ nicht mehr besteht. 130

Steuerfreie Zuschüsse und Beitragserstattungen bleiben bei der Ermittlung des Zweieinhalbfachen der für den VZ vertraglich geschuldeten Beiträge außer Betracht. Auch die in einem späteren VZ zufließenden Beitragserstattungen oder die dann gewährten steuerfreien Zuschüsse ändern nicht das zulässige Vorauszahlungsvolumen. 131

bb) Summe der geleisteten Beitragsvorauszahlungen

132 **In die Summe der Beitragsvorauszahlungen sind sämtliche im VZ abgeflossenen Basiskranken- bzw. gesetzlichen Pflegeversicherungsbeiträge – jeweils gesondert – einzubeziehen, die für nach dem VZ beginnende Beitragsjahre geleistet werden. Nicht in die Summe der geleisteten Beitragsvorauszahlungen einzubeziehen sind jedoch jene im VZ abgeflossenen Beiträge, die wegen § 11 Absatz 2 Satz 2 EStG erst im folgenden VZ anzusetzen sind. Diese sind in keinem VZ Beitragsvorauszahlungen (vgl. Beispiele 3 und 4, Rz. 140 f.).**

c) Rechtsfolge

aa) Allgemein

133 § 10 Absatz 1 **Nummer 3 Satz 4 EStG schränkt die Anwendung des für Vorsorgeaufwendungen geltenden Abflussprinzips nach § 11 Absatz 2 Satz 1 EStG insoweit ein, als die betreffenden Beiträge abweichend vom Jahr der Zahlung in dem VZ anzusetzen sind, für den sie geleistet wurden. Wird bei der Vorauszahlung von Kranken- und Pflegeversicherungsbeiträgen für mehrere Zeiträume das zulässige Vorauszahlungsvolumen nicht überschritten, ist grundsätzlich kein Raum für die Anwendung des § 10 Absatz 1 Nummer 3 Satz 4 EStG.**

134 **Findet § 10 Absatz 1 Nummer 3 Satz 4 EStG Anwendung, ist der das zulässige Vorauszahlungsvolumen nicht übersteigende Teil der Beitragsvorauszahlungen im VZ des Abflusses abziehbar (§ 11 Absatz 2 Satz 1 EStG); § 11 Absatz 2 Satz 2 EStG bleibt unberührt (vgl. Rz. 137 ff.). Der verbleibende, das zulässige Vorauszahlungsvolumen übersteigende Teil der Summe der im Veranlagungszeitraum geleisteten Beitragsvorauszahlungen ist den Zeiträumen, für die die Beitragsvorauszahlungen geleistet wurden, gemäß ihrer zeitlichen Abfolge zuzuordnen und in dem betreffenden VZ anzusetzen. Vom zulässigen Vorauszahlungsvolumen sind dabei die Beiträge für jene VZ gedeckt, die zeitlich am nächsten am Kalenderjahr der Zahlung liegen.**

135 **Beispiel 1:**

Der für das Kalenderjahr 2011 zu leistende Beitrag beträgt 1 000 €. Der Steuerpflichtige leistet am 10. Dezember 2011 für die Jahre 2012 bis 2015 jeweils 1 000 € im Voraus.

Das zulässige Vorauszahlungsvolumen für 2011 ist mit 2,5x 1 000 € = 2 500 € zu bemessen. Die geleisteten Beitragsvorauszahlungen betragen in der Summe 4x 1 000 € = 4 000 €. Die Vorauszahlungen sind also aufzuteilen und den kommenden VZ chronologisch zuzuordnen. Der in 2011 absetzbare Teil der Vorauszahlungen i. H. v. 2 500 € ist den Jahren 2012, 2013 und zur Hälfte 2014 zuzuordnen. Der verbleibende Betrag i. H. v. 1 500 € ist mit 500 € in 2014 und mit 1 000 € in 2015 anzusetzen.

136 **Für die vom VN vorausbezahlten Beiträge findet die Rechtsfolge des § 10 Absatz 1 Nummer 3 Satz 4 EStG in den Fällen des § 10 Absatz 1 Nummer 3 Satz 2 EStG beim unterhaltsverpflichteten Steuerpflichtigen und in den Fällen des § 10 Absatz 1 Nummer 3 Satz 3 EStG beim Unterhaltsberechtigten Anwendung.**

bb) Vorauszahlungen vs. regelmäßig wiederkehrende Zahlungen

137 **Regelmäßig wiederkehrende Ausgaben, die kurze Zeit vor Beginn oder kurze Zeit nach Beendigung des Kalenderjahres, zu dem sie wirtschaftlich gehören, abgeflossen und fällig geworden sind, werden dem Kalenderjahr zugeordnet, zu dem sie wirtschaftlich gehören (§ 11 Absatz 2 Satz 2 i. V. m. Absatz 1 Satz 2 EStG). Für im Voraus entrichtete Beiträge bedeutet „kurze Zeit", dass die Zahlung innerhalb des Zeitraums vom 22. Dezember bis 31. Dezember vorgenommen wird und die Beiträge entsprechend der vertraglichen Vereinbarung innerhalb des Zeitraums vom 22. Dezember bis 10. Januar fällig werden.**

138 **Dies gilt auch für Kranken- und Pflegeversicherungsbeiträge, die kumuliert für mehrere Monate oder Jahre in einer Zahlung geleistet werden. Sind die Voraussetzungen des § 11 Absatz 2 Satz 2 i. V. m. Absatz 1 Satz 2 EStG erfüllt, wird der für das folgende Jahr geleistete Beitrag steuerlich im Folgejahr erfasst. § 10 Absatz 1 Nummer 3 Satz 4 EStG hat auf die Anwendung des § 11 Absatz 2 Satz 2 i. V. m. Absatz 1 Satz 2 EStG keine Auswirkung.**

139 **Beispiel 2:**

Am 28. Dezember 2011 leistet der Steuerpflichtige die Beiträge für die Jahre 2012 und 2013 in einer Zahlung im Voraus. Der regelmäßig zum Jahresende des Vorjahres gezahlte Jahresbeitrag ist für das Jahr 2012 am 1. Januar 2012 fällig. Insgesamt überschreitet die Summe der geleisteten Beitragsvorauszahlungen das Zweieinhalbfache der auf den VZ entfallenden Beiträge nicht.

Der in 2011 geleistete Beitrag für das Beitragsjahr 2013 ist im Jahr 2011 anzusetzen. Der Beitrag für das Beitragsjahr 2012 ist nach der Regelung in § 11 Absatz 2 Satz 2 i. V. m. Absatz 1 Satz 2 EStG abweichend vom Zahlungsjahr 2011 im Jahr 2012 zu berücksichtigen.

Die in einem Zahlungsvorgang geleisteten Beitragsvorauszahlungen werden also aufgeteilt.

Beispiel 3: 140

Am 28. Dezember 2011 leistet der Steuerpflichtige die Beiträge für die Jahre 2012 bis 2015 in einer Zahlung im Voraus. Der regelmäßig zum Jahresende des Vorjahres gezahlte Beitrag ist für das Jahr 2012 am 1. Januar 2012 fällig. Wie in Beispiel 1 beträgt der für das Kalenderjahr 2011 zu leistende Beitrag 1 000 €. Die Summe der geleisteten Beitragsvorauszahlungen (3 000 € für die Jahre 2013 bis 2015) überschreitet das zulässige Vorauszahlungsvolumen von 2 500 € um 500 €.

Die Vorauszahlungen sind aufzuteilen und den kommenden VZ chronologisch zuzuordnen. Für den zum Jahreswechsel geleisteten Beitrag für 2012 findet § 11 Absatz 2 Satz 2 i. V. m. Absatz 1 Satz 2 EStG Anwendung, so dass dieser Beitrag im VZ 2012 zu berücksichtigen ist. Bis zur Höhe des zulässigen Vorauszahlungsvolumens i. H. v. 2 500 € ist der Beitrag für 2013, 2014 und ein Betrag i. H. v. 500 € für das Kalenderjahr 2015 in 2011 anzusetzen. Der das zulässige Vorauszahlungsvolumen überschreitende Betrag von 500 € ist gem. § 10 Absatz 1 Nummer 3 Satz 4 EStG im VZ 2015 anzusetzen.

Beispiel 4: 141

Der Steuerpflichtige leistet regelmäßig zum Monatsende den für den Folgemonat geschuldeten Beitrag. Am 28. Dezember 2011 leistet er die Beiträge für die Jahre 2012 bis 2017 im Voraus. Der jährlich zu leistende Beitrag beträgt in allen fraglichen Kalenderjahren 1 200 €.

Die Summe der geleisteten Beitragsvorauszahlungen (Februar bis Dezember 2012: 1 100 € + 2013 bis 2017: 6 000 € = 7 100 €) überschreitet das zulässige Vorauszahlungsvolumen von 3 000 € (= 2,5x 1 200 €) um 4 100 €. (Der Beitrag für Januar 2012 wird nicht in die Summe der geleisteten Beitragsvorauszahlungen mit einbezogen, vgl. Rz. 132.)

Der Beitrag für Januar 2012 ist nach der Regelung in § 11 Absatz 2 Satz 2 i. V. m. Absatz 1 Satz 2 EStG abweichend vom Zahlungsjahr 2011 im Jahr 2012 zu berücksichtigen. Bis zur Höhe des zulässigen Vorauszahlungsvolumens i. H. v. 3 000 € können die Beiträge für Februar 2012 bis Juli 2014 (1 100 € für 2012, 1 200 € für 2013, 700 € für 2014) in 2011 als Sonderausgaben angesetzt werden. Der das zulässige Vorauszahlungsvolumen überschreitende Betrag i. H. v. 4 100 € ist aufzuteilen und gem. § 10 Absatz 1 Nummer 3 Satz 4 EStG im jeweiligen Kalenderjahr, für das er gezahlt wurde (2014 bis 2017), zum Abzug zu bringen. In 2014 sind daher 500 €, in 2015 bis 2017 jeweils 1 200 € als Sonderausgaben anzusetzen.

III. Gemeinsame Regelungen

1. Datenübermittlung

Die erforderlichen Daten nach § 10 Absatz 1 Nummer 2 Satz 1 Buchstabe b und Nummer 3 EStG werden von den übermittelnden Stellen bei Vorliegen der Einwilligung nach § 10 Absatz 2a Satz 1 EStG nach amtlich vorgeschriebenem Datensatz durch Datenfernübertragung unter Angabe der steuerlichen Identifikationsnummer (§ 139b AO) und der Vertragsdaten an die zentrale Stelle (§ 81 EStG) übermittelt. 142

In den Fällen des § 10 Absatz 1 Nummer 3 EStG ist eine Datenübermittlung durch die übermittelnden Stellen nicht vorzunehmen, soweit die Daten bereits mit der elektronischen Lohnsteuerbescheinigung oder der Rentenbezugsmitteilung übermittelt werden. Wurden die auf eine Rente entfallenden Beiträge i. S. d. § 10 Absatz 1 Satz 1 Nummer 3 Buchstabe a Satz 1 und 2 und Buchstabe b EStG bereits mit einer elektronischen Lohnsteuerbescheinigung übermittelt, sind diese insoweit nicht in die Rentenbezugsmitteilung nach § 22a Absatz 1 Satz 1 EStG aufzunehmen (vgl. Rz. 97 des BMF-Schreibens vom 7. Dezember 2011, BStBl I S. 1223). 143

Übermittelnde Stellen sind in den Fällen des 144

- **§ 10 Absatz 1 Nummer 2 Satz 1 Buchstabe b EStG der Anbieter,**
- **§ 10 Absatz 1 Nummer 3 EStG das Versicherungsunternehmen, der Träger der gesetzlichen Kranken- und Pflegeversicherung und die Künstlersozialkasse.**

2. Einwilligung in die Datenübermittlung

a) Allgemeines

Voraussetzung für den Sonderausgabenabzug nach § 10 Absatz 1 Nummer 2 Satz 1 Buchstabe b und Nummer 3 EStG ist, dass der Steuerpflichtige (VN) gegenüber der übermittelnden Stelle in die Übermittlung der erforderlichen Daten schriftlich einwilligt bzw. nicht widersprochen hat, als die übermittelnde Stelle ihn informierte, dass sie von seinem Einverständnis ausgeht (§ 52 Absatz 24 Satz 2 Nummer 1 EStG). Die Einwilligung in die Übermittlung der Beiträge umfasst auch Beitragsrückerstattungen. 145

Wurde eine Einwilligung erteilt (oder gilt diese nach § 52 Absatz 24 Satz 2 Nummer 1 EStG als erteilt) und wurde diese nicht widerrufen, hat ein zwischenzeitlicher Statuswechsel (z. B. ein privat krankenversicherter Selbständiger nimmt vorübergehend die Tätigkeit als gesetzlich versicherter Arbeitnehmer auf) auf den Sonderausgabenabzug von Basiskranken- und gesetzlichen Pflegeversicherungsbeiträgen keinen Einfluss.

146 **Die Einwilligung muss der übermittelnden Stelle spätestens bis zum Ablauf des zweiten Kalenderjahres vorliegen, das auf das Beitragsjahr folgt. Die Einwilligung gilt auch für die folgenden Beitragsjahre, wenn der Steuerpflichtige sie nicht gegenüber der übermittelnden Stelle schriftlich widerruft.**

147 **Die übermittelnde Stelle hat die Daten auch dann zu übermitteln, wenn die Einwilligung offenbar verspätet erteilt wurde. Ob die Frist eingehalten wurde, ist vom Finanzamt als materiellrechtliche Grundlage für den Sonderausgabenabzug zu prüfen.**

b) Einwilligungsfiktion bei Kranken- und Pflegeversicherungsbeiträgen

148 **Im Lohnsteuerabzugs- und Rentenbezugsmitteilungsverfahren gilt für den Zeitraum der Datenübermittlung im Rahmen dieser Verfahren die Einwilligung für Beiträge zur Basisabsicherung nach § 10 Absatz 1 Nummer 3 EStG (einschließlich Beitragsrückerstattungen) – und ab dem VZ 2011 auch die Einwilligung für Zusatzbeiträge zur Basisabsicherung (§ 10 Absatz 2 Satz 3 i. V. m. § 52 Absatz 24 Satz 4 EStG) – als erteilt.**

149 **Die Einwilligung gilt auch dann als erteilt, wenn der Steuerpflichtige eine Bescheinigung eines ausländischen Versicherungsunternehmens oder des Trägers einer ausländischen GKV über die Höhe der nach § 10 Absatz 1 Nummer 3 EStG abziehbaren Beiträge im Rahmen der Einkommensteuerveranlagung vorlegt.**

1. Nachweis bei fehlgeschlagener Datenübermittlung

a) Kranken- und Pflegeversicherungsbeiträge

150 **Werden die erforderlichen Daten aus Gründen, die der Steuerpflichtige nicht zu vertreten hat (z. B. technische Probleme), von der übermittelnden Stelle, einem Mitteilungspflichtigen nach § 22a EStG oder dem Arbeitgeber nicht übermittelt, kann der Steuerpflichtige den Nachweis über die geleisteten und erstatteten Beiträge im Sinne von § 10 Absatz 1 Nummer 3 EStG auch in anderer Weise erbringen. Die übermittelnden Stellen haben die Datenübermittlung gleichwohl unverzüglich nachzuholen.**

b) Beiträge zur Basisrente

151 **Liegen die in § 10 Absatz 2 Satz 2 EStG genannten Voraussetzungen vor und kann der vorgegebene Übermittlungstermin durch den Anbieter, z. B. wegen technischer Probleme, nicht eingehalten werden, hat er dem Steuerpflichtigen die für den Sonderausgabenabzug erforderlichen Daten nach dem mit BMF-Schreiben vom 18. August 2011 (BStBl I S. 788) bekannt gegebenen Vordruckmuster grundsätzlich bis zum 31. März des dem Beitragsjahr folgenden Kalenderjahres zu bescheinigen. Die Bescheinigung entbindet den Anbieter nicht von seiner Verpflichtung zur Datenübermittlung. Er hat diese unverzüglich nachzuholen. Bei fristgerechter Datenübermittlung hat der Anbieter keine solche Bescheinigungspflicht, selbst wenn dem Finanzamt im Zeitpunkt der Veranlagung die erforderlichen Daten für den Sonderausgabenabzug (noch) nicht vorliegen.**

4. Zufluss- und Abflussprinzip (§ 11 EStG)

152 **Regelmäßig wiederkehrende Ausgaben (z. B. Versicherungsbeiträge) sind im Rahmen des Sonderausgabenabzugs grundsätzlich in dem Kalenderjahr anzusetzen, in dem sie geleistet wurden (allgemeines Abflussprinzip des § 11 Absatz 2 Satz 1 EStG). Eine Ausnahme von diesem Grundsatz wird durch § 11 Absatz 2 Satz 2 EStG normiert. Danach sind regelmäßig wiederkehrende Ausgaben, die kurze Zeit (in der Regel in einem Zeitraum von 10 Tagen) vor oder nach Beendigung des Kalenderjahres geleistet werden, abweichend vom Jahr des tatsächlichen Abflusses dem Jahr der wirtschaftlichen Zugehörigkeit zuzuordnen, wenn die Ausgaben kurze Zeit vor oder nach dem Jahreswechsel fällig werden (vgl. H 11 EStH „Kurze Zeit").**

153 **Beispiel 1:**

Der am 1. Januar 2012 fällige Beitrag für den Monat Dezember 2011 wird am 10. Januar 2012 geleistet.

Grundsätzlich wäre der Beitrag im Kalenderjahr 2012 (Zahlung im Jahr 2012) anzusetzen. Da die laufenden Beitragszahlungen aber regelmäßig wiederkehrend sind und die hier aufgeführte Zahlung innerhalb des Zeitraums vom 22. Dezember bis 10. Januar fällig war und

geleistet wurde, ist sie abweichend vom Jahr der Zahlung (2012) dem Jahr der wirtschaftlichen Zugehörigkeit 2011 zuzuordnen.

Beispiel 2: 154

Der am 15. Januar 2012 fällige Beitrag für den Monat Dezember 2011 wird am 5. Januar 2012 geleistet.

Da die Fälligkeit des Dezemberbeitrags außerhalb des sog. „10-Tageszeitraums" liegt, ist die Zahlung vom 5. Januar 2012 steuerlich dem Jahr 2012 zuzuordnen.

Bei Erstellung der Datensätze haben die übermittelnden Stellen für die zeitliche Zuordnung § 11 EStG zu beachten (vgl. in diesem Zusammenhang auch H 11 (Allgemeines) EStH). 155

5. Zusammenhang mit steuerfreien Einnahmen

Voraussetzung für die Berücksichtigung von Vorsorgeaufwendungen i. S. d. § 10 EStG ist, dass sie nicht in unmittelbarem wirtschaftlichen Zusammenhang mit steuerfreien Einnahmen stehen. Dieser Zusammenhang ist z. B. in folgenden Fällen gegeben: 156

- **Gesetzliche Arbeitnehmeranteile, die auf steuerfreien Arbeitslohn entfallen (z. B. nach dem Auslandstätigkeitserlass, aufgrund eines DBA oder aufgrund des zusätzlichen Höchstbetrags von 1 800 € nach § 3 Nummer 63 Satz 3 EStG),**
- **Aufwendungen aus Mitteln, die nach ihrer Zweckbestimmung zur Leistung der Vorsorgeaufwendungen dienen:**
  - **Steuerfreie Zuschüsse zur Krankenversicherung der Rentner, z. B. nach § 106 SGB VI,**
  - **steuerfreie Beträge, die Land- und Forstwirte nach dem Gesetz über die Alterssicherung der Landwirte zur Entlastung von Vorsorgeaufwendungen i. S. d. § 10 Absatz 1 Nummer 2 Satz 1 Buchstabe a EStG erhalten.**

Beiträge in unmittelbarem wirtschaftlichen Zusammenhang mit steuerfreiem Arbeitslohn sind nicht als Sonderausgaben abziehbar (BFH vom 18. April 2012, BStBl II S. 721). Dies gilt nicht, wenn der Arbeitslohn nicht zum Zufluss von Arbeitslohn führt, jedoch beitragspflichtig ist (z. B. Umwandlung zugunsten einer Direktzusage oberhalb von 4 % der Beitragsbemessungsgrenze in der allgemeinen Rentenversicherung; § 115 des Vierten Buches Sozialgesetzbuch – SGB IV –). Die Hinzurechnung des nach § 3 Nummer 62 EStG steuerfreien Arbeitgeberanteils zur gesetzlichen Rentenversicherung oder eines gleichgestellten steuerfreien Zuschusses des Arbeitgebers nach § 10 Absatz 1 Nummer 2 Satz 2 EStG und die Verminderung um denselben nach § 10 Absatz 3 Satz 5 EStG bleiben hiervon unberührt; dies gilt nicht, soweit der steuerfreie Arbeitgeberanteil auf steuerfreien Arbeitslohn entfällt.

Beispiel: 157

Der alleinstehende 57-jährige Steuerpflichtige ist im Juni 2012 arbeitslos geworden und bezieht Arbeitslosengeld i. H. v. 1 150 € monatlich. Während des Bezugs des Arbeitslosengelds übernimmt die Bundesagentur für Arbeit seine freiwillig an die gesetzliche Rentenversicherung gezahlten Beiträge i. H. v. 130 € und seine Beiträge zur privaten Kranken- und Pflegeversicherung i. H. v. 270 €.

Die von der Bundesagentur für Arbeit übernommenen freiwilligen Beiträge zur gesetzlichen Rentenversicherung sowie die Beiträge zur privaten Kranken- und Pflegeversicherung stehen mit dem nach § 3 Nummer 2 EStG steuerfreien Arbeitslosengeld in einem unmittelbaren wirtschaftlichen Zusammenhang. Daher sind diese Beiträge nicht als Sonderausgaben nach § 10 Absatz 1 Nummer 2, 3 und 3a EStG zu berücksichtigen.

6. Erstattungsüberhänge

Übersteigen die vom Steuerpflichtigen erhaltenen Erstattungen zzgl. steuerfreier Zuschüsse die im VZ geleisteten Aufwendungen i. S. d. § 10 Absatz 1 Nummer 2 bis 3a EStG sind die Aufwendungen mit null anzusetzen und es ergibt sich ein Erstattungsüberhang. Dieser ist mit anderen *Aufwendungen* der jeweiligen Nummer zu verrechnen. In den Fällen des § 10 Absatz 1 Nummer 3 EStG ist der verbleibende Erstattungsüberhang dem gem. § 2 Absatz 3 EStG ermittelten Gesamtbetrag der Einkünfte hinzuzurechnen (vgl. § 10 Absatz 4b Satz 3 EStG, gültig ab VZ 2012). 158

Beispiel: 159

A ist im Jahr 2012 nichtselbständig tätig und privat krankenversichert. Dafür leistet er insgesamt einen Krankenversicherungsbeitrag i. H. v. 1 500 €. Nach Aufteilung durch die Versicherung ergibt sich ein Beitragsanteil i. H. v. 1 200 €, der ausschließlich der Absicherung von Basisleistungen dient, sowie ein Beitragsanteil i. H. v. 300 € für die Absicherung von Wahlleistungen. Außerdem entrichtete er Pflegepflichtversicherungsbeiträge von 300 € und gesetzliche Rentenversicherungsbeiträge von 800 €. Kirchensteuer zahlte er 200 €. Für das Vorjahr erhält er folgende Beitragsrückerstattungen: Krankenversicherung i. H. v. 2 000 € –

davon 1 600 € für Basisabsicherung, 500 € für Rentenversicherung. Außerdem erhielt er eine Kirchensteuererstattung i. H. v. 1 500 €.

Die im VZ erhaltenen Erstattungen sind mit den geleisteten Zahlungen wie folgt zu verrechnen:

	Zahlungen im VZ 2012	Erstattungen im VZ 2012	Erstattungs- bzw. Zahlungsüberhang	Verrechnung innerhalb der Nummern (§ 10 Abs. 4b S. 2 EStG)	Hinzurechnung des Erstattungsüberhangs zum Gesamtbetrag der Einkünfte (§ 10 Abs. 4b S. 3 EStG)
Rentenversicherung § 10 Abs. 1 Nr. 2 S. 1 Buchst. a EStG	800 €	500 €	+ 300 €	–	
Krankenversicherung n. § 10 Abs. 1 Nr. 3 S. 1 Buchst. a EStG	1 200 €	1 600 €	– 400 €	– 400 € + 300 € = – 100 €	100 €
Gesetzliche Pflegeversicherung § 10 Abs. 1 Nr. 3 S. 1 Buchst. b EStG	300 €	0 €	+ 300 €		
Krankenversicherung n. § 10 Abs. 1 Nr. 3a EStG	300 €	400 €	– 100 €	Keine Verrechnung	Keine Hinzurechnung
Kirchensteuer § 10 Abs. 1 Nr. 4 EStG	200 €	1 500 €	– 1 300 €	Keine Verrechnung	1 300 €

Gem. § 10 Absatz 4b Satz 2 EStG ist ein Erstattungsüberhang bei den Sonderausgaben nach § 10 Absatz 1 Nummer 2 bis 3a EStG im Rahmen der jeweiligen Nummer zu verrechnen. Daher ist der Erstattungsüberhang aus den Krankenversicherungsbeiträgen zur Absicherung von Basisleistungen mit den Beiträgen zur gesetzlichen Pflegeversicherung zu verrechnen. Eine Verrechnung des Erstattungsüberhangs aus den Krankenversicherungsbeiträgen für die Absicherung von Wahlleistungen ist mangels anderer Beiträge nach § 10 Absatz 1 Nummer 3a EStG nicht möglich. Für die Kirchensteuer sieht § 10 Absatz 4b Satz 2 EStG keine Verrechnungsmöglichkeit mit Sonderausgaben nach § 10 Absatz 1 Nummer 2 bis 3a EStG vor (BFH vom 21. Juli 2009, BStBl II 2010 S. 38).

Nach § 10 Absatz 4b Satz 3 EStG ist ein sich aus § 10 Absatz 1 Nummer 3 und 4 EStG ergebender Erstattungsüberhang dem Gesamtbetrag der Einkünfte (§ 2 Absatz 3 EStG) hinzuzurechnen. Deshalb sind die Erstattungsüberhänge aus den Krankenversicherungsbeiträgen zur Absicherung von Basisleistungen und aus der Kirchensteuer dem Gesamtbetrag der Einkünfte hinzuzurechnen. Der Erstattungsüberhang aus den Krankenversicherungsbeiträgen für die Absicherung von Wahlleistungen nach § 10 Absatz 1 Nummer 3a EStG ist dagegen mit den entsprechenden Beiträgen im VZ 2011 zu verrechnen. Der Bescheid für den VZ 2011 ist diesbezüglich nach § 175 Absatz 1 Satz 1 Nummer 2 AO zu ändern.

7. Globalbeiträge

160 **Anders als bei der inländischen gesetzlichen Sozialversicherung gibt es einige ausländische Sozialversicherungen, in denen – bezogen auf die Beitragsleistung – nicht nach den verschiedenen Sozialversicherungszweigen unterschieden und ein einheitlicher Sozialversicherungsbeitrag (Globalbeitrag) erhoben wird. Mit dem Globalbeitrag werden Leistungen u. a. bei Arbeitslosigkeit, Krankheit, Mutterschutz, Invalidität, Alter und Tod finanziert. Wie die vom Steuer*pflichtigen geleisteten Global*beiträge zur Ermittlung der steuerlich berücksichtigungsfähigen Vorsorgeaufwendungen (u. a. Beiträge an einen ausländischen gesetzlichen Rentenversicherungsträger) aufzuteilen sind, wird für jeden VZ durch gesondertes BMF-Schreiben bekannt gegeben:**

- **für den VZ 2011 und früher:**
  BMF-Schreiben vom 5. Juli 2011, BStBl I S. 711,

- **für den VZ 2012 und teilweise auch für den VZ 2011:**
  BMF-Schreiben vom 26. Januar 2012, BStBl I S. 169,
- **für den VZ 2013**[1])[2][3]**):**
  BMF-Schreiben vom 29. Oktober 2012, BStBl I S. 1013.

8. Änderungsnorm

Ein Steuerbescheid ist nach § 10 Absatz 2a Satz 8 Nummer 1 EStG zu ändern, soweit Daten i. S. d. § 10 Absatz 2a Satz 4 EStG 161

- **erstmals übermittelt (§ 10 Absatz 2a Satz 4 oder 6 EStG) oder**
- **zwecks Korrektur erneut übermittelt oder storniert (§ 10 Absatz 2a Satz 7 EStG)**

worden sind, diese Daten oder Stornierungen bei der bisherigen Steuerfestsetzung nicht berücksichtigt worden sind und sich durch Berücksichtigung der Daten oder Stornierungen eine Änderung der festgesetzten Steuer ergibt. Dies gilt auch dann, wenn die Daten oder Stornierungen im zu ändernden Einkommensteuerbescheid bereits hätten berücksichtigt werden können. Auf die Kenntnis des Bearbeiters kommt es insoweit nicht an.

Ein Steuerbescheid ist nach § 10 Absatz 2a Satz 8 Nummer 2 EStG zu ändern, wenn das Finanzamt feststellt, dass der Steuerpflichtige die Einwilligung in die Datenübermittlung nach § 10 Absatz 2 Satz 2 Nummer 2 oder nach Absatz 2 Satz 3 EStG innerhalb der hierfür maßgeblichen Frist (§ 10 Absatz 2a Satz 1 EStG) nicht erteilt hat. Ohne diese Einwilligung sind die Voraussetzungen für den Sonderausgabenabzug nicht gegeben. Der Steuerbescheid ist zu ändern, soweit ein entsprechender Sonderausgabenabzug berücksichtigt wurde und sich durch die Korrektur eine Änderung der festgesetzten Steuer ergibt. 162

§ 10 Absatz 2a Satz 8 EStG **ist nicht anwendbar, soweit die Daten der Finanzverwaltung im Rahmen der elektronischen Lohnsteuerbescheinigungen nach § 41b EStG oder der Rentenbezugsmitteilungen nach § 22a EStG übermittelt werden. In diesen Fällen sind die allgemeinen Änderungs- und Berichtigungsvorschriften der AO anzuwenden.** 163

IV. Günstigerprüfung nach § 10 Absatz 4a EStG

Die Regelungen zum Abzug von Vorsorgeaufwendungen nach § 10 Absatz 1 Nummer 2, 3 und 3a EStG sind in bestimmten Fällen ungünstiger als nach der für das Kalenderjahr 2004 geltenden Fassung des § 10 Absatz 3 EStG. Zur Vermeidung einer Schlechterstellung wird in diesen Fällen der höhere Betrag berücksichtigt. Die Überprüfung erfolgt von Amts wegen. Einbezogen in die Überprüfung werden nur Vorsorgeaufwendungen, die nach dem ab 2005 geltenden Recht abziehbar sind. Hierzu gehört nicht der nach § 10 Absatz 1 Nummer 2 Satz 2 EStG hinzuzurechnende Betrag (steuerfreier Arbeitgeberanteil zur gesetzlichen Rentenversicherung und ein diesem gleichgestellter steuerfreier Zuschuss des Arbeitgebers). 164

Für die Jahre bis 2019 werden bei der Anwendung des § 10 Absatz 3 EStG in der für das Kalenderjahr 2004 geltenden Fassung die Höchstbeträge für den Vorwegabzug schrittweise gekürzt; Einzelheiten ergeben sich aus der Tabelle zu § 10 Absatz 4a EStG. 165

In die Günstigerprüfung nach § 10 Absatz 4a Satz 1 EStG **werden** zunächst nur die Vorsorgeaufwendungen ohne die Beiträge nach § 10 Absatz 1 Nummer 2 Satz 1 Buchstabe b EStG einbezogen. Die Beiträge zu einer eigenen kapitalgedeckten Altersversorgung i. S. d. § 10 Absatz 1 Nummer 2 Satz 1 Buchstabe b EStG (siehe Rz. 8 bis **31**) werden gesondert, und zwar stets mit dem sich aus § 10 Absatz 3 Satz 4 und 6 EStG ergebenden Prozentsatz berücksichtigt. Hierfür erhöhen sich die nach der Günstigerprüfung als Sonderausgaben zu berücksichtigenden Beträge um einen Erhöhungsbetrag (§ 10 Absatz 4a Satz 1 und 3 EStG) für Beiträge nach § 10 Absatz 1 Nummer 2 Satz 1 Buchstabe b EStG. Es ist jedoch im Rahmen der Günstigerprüfung mindestens der Betrag *anzusetzen, der sich ergibt,* wenn auch die Beiträge nach § 10 Absatz 1 Nummer 2 Satz 1 Buchstabe b EStG in die Günstigerprüfung nach § 10 Absatz 4a Satz 1 EStG einbezogen werden, allerdings ohne Hinzurechnung des Erhöhungsbetrags nach § 10 Absatz 4a Satz 1 und 3 EStG. Der jeweils höhere Betrag (Vorsorgeaufwendungen nach dem **seit** 2010 geltenden Recht, Vorsorgeaufwendungen nach dem für das Jahr 2004 geltenden Recht zuzügl. Erhöhungsbetrag oder Vorsorgeaufwendungen nach dem für das Jahr 2004 geltenden Recht einschließlich Beiträge nach § 10 Absatz 1 Nummer 2 Satz 1 Buchstabe b EStG) wird dann als Sonderausgaben berücksichtigt. 166

---

1) Für den VZ 2014 → BMF vom 8. 10. 2013 (BStBl I S. 1266).
2) Für den VZ 2015 → BMF vom 3. 12. 2014 (BStBl I S. 1606).
3) Für den VZ ***2016*** → BMF vom ***28. 8. 2015*** (BStBl I S. 632).

167 **Beispiel:**

Die Eheleute A (Gewerbetreibender) und B (Hausfrau) zahlen im Jahr **2012** folgende Versicherungsbeiträge:

Basisrente (§ 10 Absatz 1 Nummer 2 **Satz 1** Buchstabe b EStG)	2 000 €
PKV (Basisabsicherung – § 10 Absatz 1 Nummer 3 Satz 1 Buchstabe a EStG)	5 000 €
PKV (Wahlleistungen – § 10 Absatz 1 Nummer 3a EStG)	500 €
Beiträge zur gesetzlichen Pflegeversicherung	500 €
Haftpflichtversicherungen	1 200 €
Kapitalversicherung (Versicherungsbeginn 1995, Laufzeit 25 Jahre)	3 600 €
Kapitalversicherung (Versicherungsbeginn 2005, Laufzeit 20 Jahre)	2 400 €
Insgesamt	15 200 €

Die Beiträge zu der Kapitalversicherung mit Versicherungsbeginn im Jahr 2005 sind nicht zu berücksichtigen, weil sie nicht die Voraussetzungen des § 10 Absatz 1 Nummer 2 und 3a EStG erfüllen.

Abziehbar nach § 10 Absatz 1 Nummer 2 i. V. m. § 10 Absatz 3 EStG und § 10 Absatz 1 Nummer 3 und 3a i. V. m. § 10 Absatz 4 EStG (abziehbare Vorsorgeaufwendungen nach dem **seit 2010** geltenden Recht):

a) Beiträge zur Altersversorgung:	2 000 €		
Höchstbetrag (ungekürzt)	40 000 €		
zu berücksichtigen		2 000 €	
davon **74 %**			**1 480 €**
b) sonstige Vorsorgeaufwendungen:			
PKV (Basisabsicherung – § 10 Absatz 1 Nummer 3 Satz 1 Buchstabe a EStG)		5 000 €	
PKV (Wahlleistungen – § 10 Absatz 1 Nummer 3a EStG)		500 €	
Gesetzliche Pflegepflichtversicherung		500 €	
Haftpflichtversicherungen		1 200 €	
Kapitalversicherung (88 % v. 3 600 €)		3 168 €	
Zwischensumme		10 368 €	
Höchstbetrag nach § 10 Absatz 4 EStG:		5 600 €	
Beiträge nach § 10 Absatz 1 Nummer 3 EStG (Basisabsicherung + gesetzliche Pflegeversicherung)		5 000 €	
Anzusetzen somit			5 600 €
c) Abziehbar insgesamt			**7 080 €**

Günstigerprüfung nach § 10 Absatz 4a Satz 1 EStG:

Abziehbare Vorsorgeaufwendungen in der für das Kalenderjahr 2004 geltenden Fassung des § 10 Absatz 3 EStG (ohne Beiträge i. S. d. § 10 Absatz 1 Nummer 2 Satz 1 Buchstabe b EStG) zuzügl. Erhöhungsbetrag nach § 10 Absatz 4a Satz 3 EStG:

a) **PKV** (Basisabsicherung – § 10 Absatz 1 Nummer 3 Satz 1 Buchstabe a EStG)		5 000 €	
PKV (Wahlleistungen – § 10 Absatz 1 Nummer 3a EStG)		500 €	
Gesetzliche Pflegepflichtversicherung		500 €	
Haftpflichtversicherungen		1 200 €	
Kapitalversicherung		3 168 €	
Summe		10 368 €	
davon abziehbar:			
Vorwegabzug	**4 800 €**	**4 800 €**	
verbleibende Aufwendungen	**5 568 €**		
Grundhöchstbetrag	2 668 €	2 668 €	
verbleibende Aufwendungen	**2 900 €**		
hälftige Aufwendungen	782 €		
hälftiger Höchstbetrag	1 334 €	**1 334 €**	
Zwischensumme			**8 802 €**
*b) zuzüglich Erhöhungs*betrag nach § 10 Absatz 4a Satz 3 EStG/Leibrentenversicherung (§ 10 Absatz 1 Nummer 2 Buchstabe b EStG)	2 000 €		
davon **70** %	**1 480 €**		
Erhöhungsbetrag			**1 480 €**
c) Abzugsvolumen nach § 10 Absatz 4a Satz 1 EStG somit:			**10 282 €**

Ermittlung des Mindestbetrags nach § 10 Absatz 4a Satz 2 EStG:

Nach § 10 Absatz 4a Satz 2 EStG ist bei Anwendung der Günstigerprüfung aber mindestens der Betrag anzusetzen, der sich ergibt, wenn auch die Beiträge zur Basisrente (§ 10 Absatz 1 Nummer 2 Satz 1 Buchstabe b EStG) in die Berechnung des Abzugsvolumens nach dem bis 2004 geltenden Recht einbezogen werden:

a)	**Basisrente**	**2 000 €**	
	PKV (Basisabsicherung – § 10 Absatz 1 Nummer 3 Satz 1 Buchstabe a EStG)	**5 000 €**	
	PKV (Wahlleistungen – § 10 Absatz 1 Nummer 3a EStG)	**500 €**	
	Gesetzliche Pflegepflichtversicherung	**500 €**	
	Haftpflichtversicherungen	1 200 €	
	Kapitalversicherung	3 168 €	
	Summe	12 368 €	
	davon abziehbar:		
	Vorwegabzug	**4 800 €**	**4 800 €**
	verbleibende Aufwendungen	**7 568 €**	
	Grundhöchstbetrag	2 668 €	2 668 €
	verbleibende Aufwendungen	**4 900 €**	
	hälftige Aufwendungen	**2 450 €**	
	hälftiger Höchstbetrag	1 334 €	**1 334 €**
	Zwischensumme		**8 802 €**
b)	Mindestabzugsvolumen nach § 10 Absatz 4a Satz 2 EStG		**8 802 €**

Zusammenstellung:	
Abzugsvolumen nach neuem Recht	**7 080 €**
Günstigerprüfung nach § 10a Absatz 4a Satz 1 EStG	**10 282 €**
Mindestabzugsvolumen nach § 10 Absatz 4a Satz 2 EStG	**8 802 €**

Die Eheleute A können somit für das Jahr **2012** einen Betrag von **10 282 €** als Vorsorgeaufwendungen abziehen.

B. Besteuerung von Versorgungsbezügen – § 19 Absatz 2 EStG –

I. Von internationalen Organisationen gezahlte Pensionen

Bei von folgenden internationalen Organisationen gezahlten Pensionen einschl. der Zulagen (Steuerausgleichszahlung, Familienzulagen und andere) handelt es sich um Versorgungsbezüge i. S. d. § 19 Absatz 2 EStG: 168 [1]

- **Koordinierte Organisationen:**
  - **Europäische Weltraumorganisation (ESA),**
  - **Europarat,**
  - **Nordatlantikvertragsorganisation (NATO),**
  - **Organisation für wirtschaftliche Zusammenarbeit und Entwicklung (OECD),**
  - **Westeuropäische Union (WEU),**
  - **Europäisches Zentrum für mittelfristige Wettervorhersage (EZMV, engl. ECWMF),**
- **Europäische Organisation zur Sicherung der Luftfahrt (EUROCONTROL),**
- **Europäische Patentorganisation (EPO) einschließlich der Dienststellen des Europäischen Patentamts (EPA),**
- **Europäisches Hochschulinstitut (EHI).**

Die Zulässigkeit der Besteuerung von an ehemalige Bedienstete internationaler Organisationen gezahlten Pensionen und Ruhegehältern in Deutschland ist davon abhängig, welche Bestimmungen das für die jeweilige internationale Organisation geltende Abkommen oder Privilegienprotokoll enthält. In der Regel lässt dieses Abkommen bzw. Privilegienprotokoll das deutsche Besteuerungsrecht für die Pensionen oder Ruhegehälter unberührt. Eine Ausnahme hiervon stellt das Protokoll über die Vorrechte und Befreiungen der Europäischen Union (ABl. EU 2008 Nr. C 115 S. 266 vom 9. Mai 2008) dar, d. h., Pensionen und Gehälter ehemaliger Bediensteter von Organisationen, auf die dieses Protokoll anzuwenden ist, unterliegen ausschließlich der EU-internen Besteuerung. Eine Zusammenstellung der internationalen Organisationen einschließlich der Fundstellen der zwischenstaatlichen Vereinbarungen, Zustimmungsgesetze und Rechtsverordnungen, aufgrund derer Personen, Personenvereinigungen, Körperschaften, inter-

1) ***Rz. 168 wurde durch BMF-Schreiben vom 1. 6. 2015 (BStBl I S. 475) neu gefasst und ist auf alle offenen Fälle anzuwenden.***

nationalen Organisationen oder ausländischen Staaten Befreiungen von deutschen Steuern vom Einkommen und vom Vermögen gewährt werden (ausgenommen Abkommen zur Vermeidung der Doppelbesteuerung), enthält das BMF-Schreiben vom 18. März 2013 (BStBl I S. 404).

II. Arbeitnehmer-/Werbungskosten-Pauschbetrag/Zuschlag zum Versorgungsfreibetrag

169 Ab 2005 ist der Arbeitnehmer-Pauschbetrag (§ 9a Satz 1 Nummer 1 Buchstabe a EStG) bei Versorgungsbezügen i. S. d. § 19 Absatz 2 EStG nicht mehr anzuwenden. Stattdessen wird – wie auch bei den Renten – ein Werbungskosten-Pauschbetrag von 102 € berücksichtigt (§ 9a Satz 1 Nummer 1 Buchstabe b EStG). Als Ausgleich für den Wegfall des Arbeitnehmer-Pauschbetrags wird dem Versorgungsfreibetrag ein Zuschlag von zunächst 900 € hinzugerechnet, der für jeden ab 2006 neu in den Ruhestand tretenden Jahrgang abgeschmolzen wird (§ 19 Absatz 2 Satz 3 EStG). **Werden neben** Versorgungsbezügen i. S. d. § 19 Absatz 2 EStG auch **Einnahmen aus nichtselbständiger Arbeit i. S. d.** § 19 Absatz 1 EStG **bezogen**, kommen der Arbeitnehmer-Pauschbetrag und der Werbungskosten-Pauschbetrag nebeneinander zur Anwendung. **Bei den Versorgungsbezügen i. S. d. § 19 Absatz 2 EStG ist** der Werbungskosten-Pauschbetrag auch **dann** zu berücksichtigen, wenn bei Einnahmen aus nichtselbständiger Arbeit i. S. d. § 19 Absatz 1 EStG höhere Werbungskosten **als der Arbeitnehmer-Pauschbetrag** anzusetzen sind.

III. Versorgungsfreibetrag/Zuschlag zum Versorgungsfreibetrag

1. Allgemeines

170 Der maßgebende Prozentsatz für den steuerfreien Teil der Versorgungsbezüge und der Höchstbetrag des Versorgungsfreibetrags sowie der Zuschlag zum Versorgungsfreibetrag bestimmen sich ab 2005 nach dem Jahr des Versorgungsbeginns (§ 19 Absatz 2 Satz 3 EStG). Sie werden für jeden ab 2006 neu in den Ruhestand tretenden Jahrgang abgeschmolzen.

2. Berechnung des Versorgungsfreibetrags und des Zuschlags zum Versorgungsfreibetrag

171 Der Versorgungsfreibetrag und der Zuschlag zum Versorgungsfreibetrag (Freibeträge für Versorgungsbezüge) berechnen sich auf der Grundlage des Versorgungsbezugs für Januar 2005 bei Versorgungsbeginn vor 2005 bzw. des Versorgungsbezugs für den ersten vollen Monat bei Versorgungsbeginn ab 2005; wird der Versorgungsbezug insgesamt nicht für einen vollen Monat gezahlt (z. B. wegen Todes des Versorgungsempfängers), ist der Bezug des Teilmonats auf einen Monatsbetrag hochzurechnen. Bei einer nachträglichen Festsetzung von Versorgungsbezügen ist der Monat maßgebend, für den die Versorgungsbezüge erstmals festgesetzt werden; auf den Zahlungstermin kommt es nicht an. Bei Bezügen und Vorteilen aus früheren Dienstleistungen i. S. d. § 19 Absatz 2 Satz 2 Nummer 2 EStG, die wegen Erreichens einer Altersgrenze gezahlt werden, ist der Monat maßgebend, in dem der Steuerpflichtige das 63. Lebensjahr oder, wenn er schwerbehindert ist, das 60. Lebensjahr vollendet hat, da die Bezüge erst mit Erreichen dieser Altersgrenzen als Versorgungsbezüge gelten. Der maßgebende Monatsbetrag ist jeweils mit zwölf zu vervielfältigen und um Sonderzahlungen zu erhöhen, auf die zu diesem Zeitpunkt (erster voller Monat bzw. Januar 2005) ein Rechtsanspruch besteht (§ 19 Absatz 2 Satz 4 EStG). Die Sonderzahlungen (z. B. Urlaubs- oder Weihnachtsgeld) sind mit dem Betrag anzusetzen, auf den bei einem Bezug von Versorgungsbezügen für das ganze Jahr des Versorgungsbeginns ein Rechtsanspruch besteht. Bei Versorgungsempfängern, die schon vor dem 1. Januar 2005 in Ruhestand gegangen sind, können aus Vereinfachungsgründen die Sonderzahlungen 2004 berücksichtigt werden.

171a [1] **Das Jahr des Versorgungsbeginns (§ 19 Absatz 2 Satz 3 EStG) ist grundsätzlich das Jahr, in dem der Anspruch auf die Versorgungsbezüge (§ 19 Absatz 2 Satz 2 EStG) entstanden ist.**

Bei Bezügen wegen Erreichens einer Altersgrenze im Sinne des § 19 Absatz 2 Satz 2 Nummer 2 EStG ist das Jahr des Versorgungsbeginns das Jahr, in dem erstmals zum einen der Anspruch auf die Bezüge besteht und zum anderen das 60. bzw. 63. Lebensjahr vollendet ist. Der Versorgungsbeginn tritt dagegen nicht ein, solange der Arbeitnehmer von einer bloßen Option, Versorgungsleistungen für einen Zeitraum ab dem Erreichen der maßgeblichen Altersgrenze zu beanspruchen, tatsächlich keinen Gebrauch macht, z. B. weil er die Leistungen erst ab einem späteren Zeitpunkt in Anspruch nehmen will.3. Festschreibung des Versorgungsfreibetrags und des Zuschlags zum Versorgungsfreibetrag

172 *Der nach Rz.* ***171*** *ermittelte* Versorgungsfreibetrag und der Zuschlag zum Versorgungsfreibetrag gelten grundsätzlich für die gesamte Laufzeit des Versorgungsbezugs (§ 19 Absatz 2 Satz 8 EStG).

1) Rz. 171a wurde durch BMF-Schreiben vom 10. 4. 2015 (BStBl I S. 256) eingefügt und ist auf alle offenen Fälle anzuwenden.

4. Neuberechnung des Versorgungsfreibetrags und des Zuschlags zum Versorgungsfreibetrag

Regelmäßige Anpassungen des Versorgungsbezugs (laufender Bezug und Sonderzahlungen) führen nicht zu einer Neuberechnung (§ 19 Absatz 2 Satz 9 EStG). Zu einer Neuberechnung führen nur Änderungen des Versorgungsbezugs, die ihre Ursache in der Anwendung von Anrechnungs-, Ruhens-, Erhöhungs- oder Kürzungsregelungen haben (§ 19 Absatz 2 Satz 10 EStG), z. B. Wegfall, Hinzutreten oder betragsmäßige Änderungen. Dies ist insbesondere der Fall, wenn der Versorgungsempfänger neben seinen Versorgungsbezügen 173

- Erwerbs- oder Erwerbsersatzeinkommen (§ 53 des Beamtenversorgungsgesetzes – BeamtVG –),
- andere Versorgungsbezüge (§ 54 BeamtVG),
- Renten (§ 55 BeamtVG) oder
- Versorgungsbezüge aus zwischenstaatlicher und überstaatlicher Verwendung (§ 56 BeamtVG)

erzielt, wenn sich die Voraussetzungen für die Gewährung des Familienzuschlags oder des Unterschiedsbetrags nach § 50 BeamtVG ändern oder wenn ein Witwen- oder Waisengeld nach einer Unterbrechung der Zahlung wieder bewilligt wird **(zur Neuberechnung beim Versorgungsausgleich siehe Rz. 288). Gleiches gilt für entsprechende Leistungen aufgrund landesrechtlicher Beamtenversorgungsgesetze**. Ändert sich der anzurechnende Betrag aufgrund einer einmaligen Sonderzahlung und hat dies nur eine einmalige Minderung des Versorgungsbezugs zur Folge, so kann auf eine Neuberechnung verzichtet werden. Auf eine Neuberechnung kann aus Vereinfachungsgründen auch verzichtet werden, wenn der Versorgungsbezug, der bisher Bemessungsgrundlage für den Versorgungsfreibetrag war, vor und nach einer Anpassung aufgrund von Anrechnungs-, Ruhens-, Erhöhungs- und Kürzungsregelungen mindestens 7 500 € jährlich/625 € monatlich beträgt, also die Neuberechnung zu keiner Änderung der Freibeträge für Versorgungsbezüge führen würde.

174 In den Fällen einer Neuberechnung ist der geänderte Versorgungsbezug, ggf. einschließlich zwischenzeitlicher Anpassungen, Bemessungsgrundlage für die Berechnung der Freibeträge für Versorgungsbezüge (§ 19 Absatz 2 Satz 11 EStG).

175 Bezieht ein Steuerpflichtiger zunächst Versorgungsbezüge wegen verminderter Erwerbsfähigkeit, bestimmen sich der Prozentsatz, der Höchstbetrag des Versorgungsfreibetrags und der Zuschlag zum Versorgungsfreibetrag nach dem Jahr des Beginns dieses Versorgungsbezugs. Wird der Versorgungsbezug wegen verminderter Erwerbsfähigkeit mit Vollendung des 63. Lebensjahres des Steuerpflichtigen oder, wenn er schwerbehindert ist, mit Vollendung des 60. Lebensjahres, in einen Versorgungsbezug wegen Erreichens der Altersgrenze umgewandelt, bestimmen sich der Prozentsatz, der Höchstbetrag des Versorgungsfreibetrags und der Zuschlag zum Versorgungsfreibetrag weiterhin nach dem Jahr des Beginns des Versorgungsbezugs wegen verminderter Erwerbsfähigkeit. Da es sich bei der Umwandlung des Versorgungsbezugs nicht um eine regelmäßige Anpassung handelt, ist eine Neuberechnung des Versorgungsfreibetrags erforderlich.

5. Zeitanteilige Berücksichtigung des Versorgungsfreibetrags und des Zuschlags zum Versorgungsfreibetrag

176 Werden Versorgungsbezüge nur für einen Teil des Kalenderjahres gezahlt, so ermäßigen sich der Versorgungsfreibetrag und der Zuschlag zum Versorgungsfreibetrag für jeden vollen Kalendermonat, für den keine Versorgungsbezüge geleistet werden, in diesem Kalenderjahr um ein Zwölftel (§ 19 Absatz 2 Satz 12 EStG). Bei Zahlung mehrerer Versorgungsbezüge erfolgt eine Kürzung nur für Monate, für die keiner der Versorgungsbezüge geleistet wird. Ändern sich der Versorgungsfreibetrag und/oder der Zuschlag zum Versorgungsfreibetrag im Laufe des Kalenderjahrs aufgrund einer Neuberechnung nach Rz. **173** f., sind in diesem Kalenderjahr die höchsten Freibeträge für Versorgungsbezüge maßgebend (§ 19 Absatz 2 Satz 11 2. Halbsatz EStG); eine zeitanteilige Aufteilung ist nicht vorzunehmen. Die Änderung der Freibeträge für Versorgungsbezüge kann im Lohnsteuerabzugsverfahren berücksichtigt werden.

6. Mehrere Versorgungsbezüge

177 Bei mehreren Versorgungsbezügen bestimmen sich der maßgebende **Prozentsatz** für den steuerfreien Teil der Versorgungsbezüge und der Höchstbetrag des Versorgungsfreibetrags sowie der Zuschlag zum Versorgungsfreibetrag nach dem Beginn des jeweiligen Versorgungsbezugs. Die Summe aus den jeweiligen Freibeträgen für Versorgungsbezüge wird nach § 19 Absatz 2 Satz 6 EStG auf den Höchstbetrag des Versorgungsfreibetrags und den Zuschlag zum Versorgungsfreibetrag nach dem Beginn des ersten Versorgungsbezugs begrenzt. Fällt der maßgebende Beginn mehrerer laufender Versorgungsbezüge in dasselbe Kalenderjahr, können die Bemessungs-

grundlagen aller Versorgungsbezüge zusammengerechnet werden, da in diesen Fällen für sie jeweils dieselben Höchstbeträge gelten.

178 Werden mehrere Versorgungsbezüge von unterschiedlichen Arbeitgebern gezahlt, ist die Begrenzung der Freibeträge für Versorgungsbezüge im Lohnsteuerabzugsverfahren nicht anzuwenden; die Gesamtbetrachtung und ggf. die Begrenzung erfolgt im Veranlagungsverfahren. Treffen mehrere Versorgungsbezüge bei demselben Arbeitgeber zusammen, ist die Begrenzung auch im Lohnsteuerabzugsverfahren zu beachten.

179 **Beispiel:**

Zwei Ehegatten erhalten jeweils eigene Versorgungsbezüge. Der Versorgungsbeginn des einen Ehegatten liegt im Jahr **2008**, der des anderen im Jahr **2009**. Im Jahr **2013** verstirbt der Ehegatte, der bereits seit **2008** Versorgungsbezüge erhalten hatte. Dem überlebenden Ehegatten werden ab **2013** zusätzlich zu seinen eigenen Versorgungsbezügen i. H. v. monatlich 400 € Hinterbliebenenbezüge i. H. v. monatlich 250 € gezahlt.

Für die eigenen Versorgungsbezüge des überlebenden Ehegatten berechnen sich die Freibeträge für Versorgungsbezüge nach dem Jahr des Versorgungsbeginns **2009**. Der Versorgungsfreibetrag beträgt demnach **33,6** % von 4 800 € (= 400 € Monatsbezug × 12) = **1 613 €** (aufgerundet); der Zuschlag zum Versorgungsfreibetrag beträgt **756 €**.

Für den Hinterbliebenenbezug sind mit Versorgungsbeginn im Jahr **2013** die Freibeträge für Versorgungsbezüge nach § 19 Absatz 2 Satz 7 EStG unter Zugrundelegung des maßgeblichen Prozentsatzes, des Höchstbetrags und des Zuschlags zum Versorgungsfreibetrag des verstorbenen Ehegatten zu ermitteln (siehe dazu Rz. **180** bis **183**). Für die Berechnung sind also die Beträge des maßgebenden Jahres **2008** zugrunde zu legen. Der Versorgungsfreibetrag für die Hinterbliebenenbezüge beträgt demnach **35,2** % von 3 000 € (= 250 € Monatsbezug × 12) = **1 056 €**; der Zuschlag zum Versorgungsfreibetrag beträgt **792 €**.

Die Summe der Versorgungsfreibeträge ab **2013** beträgt (**1 613 €** zuzügl. **1 056 €**) **2 669 €**. Der insgesamt berücksichtigungsfähige Höchstbetrag bestimmt sich nach dem Jahr des Beginns des ersten Versorgungsbezugs (**2008: 2 640 €**). Da der Höchstbetrag überschritten ist, ist der Versorgungsfreibetrag auf insgesamt **2 640 €** zu begrenzen. Auch die Summe der Zuschläge zum Versorgungsfreibetrag (**756 €** zuzügl. **792 €**) **1 548 €** ist nach dem maßgebenden Jahr des Versorgungsbeginns (**2008**) auf insgesamt **792 €** zu begrenzen.

7. Hinterbliebenenversorgung

180 Folgt ein Hinterbliebenenbezug einem Versorgungsbezug, bestimmen sich der Prozentsatz, der Höchstbetrag des Versorgungsfreibetrags und der Zuschlag zum Versorgungsfreibetrag für den Hinterbliebenenbezug nach dem Jahr des Beginns des Versorgungsbezugs des Verstorbenen (§ 19 Absatz 2 Satz 7 EStG). Bei Bezug von Witwen- oder Waisengeld ist für die Berechnung der Freibeträge für Versorgungsbezüge das Jahr des Versorgungsbeginns des Verstorbenen maßgebend, der diesen Versorgungsanspruch zuvor begründete.

181 **Beispiel:**

Im Oktober **2012** verstirbt ein 67-jähriger Ehegatte, der seit dem 63. Lebensjahr Versorgungsbezüge erhalten hat. Der überlebende Ehegatte erhält ab November **2012** Hinterbliebenenbezüge.

Für den verstorbenen Ehegatten sind die Freibeträge für Versorgungsbezüge bereits mit der Pensionsabrechnung für Januar **2008** (35,2 % der voraussichtlichen Versorgungsbezüge **2008**, maximal **2 640** € zuzügl. **792 €** Zuschlag) festgeschrieben worden. Im Jahr **2012** sind die Freibeträge für Versorgungsbezüge des verstorbenen Ehegatten mit zehn Zwölfteln zu berücksichtigen. Für den überlebenden Ehegatten sind mit der Pensionsabrechnung für November **2012** eigene Freibeträge für Versorgungsbezüge zu ermitteln. Zugrunde gelegt werden dabei die hochgerechneten Hinterbliebenenbezüge (einschl. Sonderzahlungen). Darauf sind nach § 19 Absatz 2 Satz 7 EStG der maßgebliche Prozentsatz, der Höchstbetrag und der Zuschlag zum Versorgungsfreibetrag des verstorbenen Ehegatten (**35,2** %, maximal **2 640** € zuzügl. **792** € Zuschlag) anzuwenden. Im Jahr **2012** sind die Freibeträge für Versorgungsbezüge des überlebenden Ehegatten mit zwei Zwölfteln zu berücksichtigen.

182 Erhält ein Hinterbliebener Sterbegeld, stellt dieses gem. R 19.8 Absatz 1 Nummer 1 und R 19.9 Absatz 3 Nummer 3 LStR ebenfalls einen Versorgungsbezug dar. Für das Sterbegeld gelten zur Berechnung der Freibeträge für Versorgungsbezüge ebenfalls der Prozentsatz, der Höchstbetrag und der Zuschlag zum Versorgungsfreibetrag des Verstorbenen. Das Sterbegeld darf als Leistung aus Anlass des Todes die Berechnung des Versorgungsfreibetrags für etwaige sonstige Hinterbliebenenbezüge nicht beeinflussen und ist daher nicht in deren Berechnungsgrundlage einzubeziehen. Das Sterbegeld ist vielmehr als eigenständiger – zusätzlicher – Versorgungsbezug zu behandeln. Die Zwölftelungsregelung ist für das Sterbegeld nicht anzuwenden. Als Bemessungsgrundlage für die Freibeträge für Versorgungsbezüge ist die Höhe des Sterbegeldes im Kalenderjahr anzusetzen, unabhängig von der Zahlungsweise und Berechnungsart.

Beispiel: 183

Im April **2012** verstirbt ein Ehegatte, der zuvor seit **2007** Versorgungsbezüge i. H. v. 1 500 € monatlich erhalten hat. Der überlebende Ehegatte erhält ab Mai **2012** laufende Hinterbliebenenbezüge i. H. v. 1 200 € monatlich. Daneben wird ihm einmalig Sterbegeld i. H. v. zwei Monatsbezügen des verstorbenen Ehegatten, also 3 000 € gezahlt.

Laufender Hinterbliebenenbezug:

Monatsbetrag 1 200 € × 12 = 14 400 €. Auf den hochgerechneten Jahresbetrag werden der für den Verstorbenen maßgebende **Prozentsatz** und Höchstbetrag des Versorgungsfreibetrags (**2007**), zuzügl. des Zuschlags von **828** € angewandt. Das bedeutet im vorliegenden Fall 14 400 € × **36,8** % = **5 300 € (aufgerundet)**, höchstens **2 760** €. Da der laufende Hinterbliebenenbezug nur für acht Monate gezahlt wurde, erhält der überlebende Ehegatte **8/12** dieses Versorgungsfreibetrags, **2 760** €: 12 = **230** € × 8 = **1 840** €. Der Versorgungsfreibetrag für den laufenden Hinterbliebenenbezug beträgt somit **1 840** €, der Zuschlag zum Versorgungsfreibetrag **552** € **(8/12** von **828** €).

Sterbegeld:

Gesamtbetrag des Sterbegelds 2 × 1 500 € = 3 000 €. Auf diesen Gesamtbetrag von 3 000 € werden ebenfalls der für den Verstorbenen maßgebende Prozentsatz und Höchstbetrag des Versorgungsfreibetrags (**2007**), zuzügl. des Zuschlags von **828** € angewandt, 3 000 € × **36,8** % = **1 104** €. Der Versorgungsfreibetrag für das Sterbegeld beträgt **1 104** €, der Zuschlag zum Versorgungsfreibetrag **828** €.

Beide Versorgungsfreibeträge ergeben zusammen einen Betrag von **2 944** €, auf den der insgesamt berücksichtigungsfähige Höchstbetrag nach dem maßgebenden Jahr **2007** anzuwenden ist. Der Versorgungsfreibetrag für den laufenden Hinterbliebenenbezug und das Sterbegeld zusammen beträgt damit **2 760** €. Dazu kommt der Zuschlag zum Versorgungsfreibetrag von insgesamt **828** €.

8. Berechnung des Versorgungsfreibetrags im Falle einer Kapitalauszahlung/Abfindung

Wird anstelle eines monatlichen Versorgungsbezugs eine Kapitalauszahlung/Abfindung an den Versorgungsempfänger gezahlt, so handelt es sich um einen sonstigen Bezug. Für die Ermittlung der Freibeträge für Versorgungsbezüge ist das Jahr des Versorgungsbeginns zugrunde zu legen, die Zwölftelungsregelung ist für diesen sonstigen Bezug nicht anzuwenden. Bemessungsgrundlage ist der Betrag der Kapitalauszahlung/Abfindung im Kalenderjahr. 184

Beispiel 1: 185

Dem Versorgungsempfänger wird im Jahr **2012** eine Abfindung i. H. v. 10 000 € gezahlt. Der Versorgungsfreibetrag beträgt (**28,8** % von 10 000 € = **2 880** €, höchstens) **2 160** €; der Zuschlag zum Versorgungsfreibetrag beträgt **648** €.

Beispiel 2:[1)]

Der Versorgungsempfänger vollendet sein 63. Lebensjahr am 1. September 2015. Bereits seit August 2012 bezieht er Versorgungsleistungen des Arbeitgebers aus einer Direktzusage. Die Versorgungsbezüge werden als (Teil-)Kapitalauszahlungen in jährlichen Raten von 4 800 € gewährt, erstmals am 1. August 2012.

Das Jahr des Versorgungsbeginns ist das Jahr 2015, denn erstmals in 2015 besteht kumulativ ein Anspruch auf die Bezüge und das 63. Lebensjahr ist vollendet (vgl. Rz. 171a). Für 2015 sind jedoch keine Freibeträge für Versorgungsbezüge zu berücksichtigen, da die Ratenzahlung am 1. August 2015 vor Vollendung des 63. Lebensjahres geleistet wird. Der nach dem Versorgungsbeginn in 2015 maßgebende und ab 2016 zu berücksichtigende Versorgungsfreibetrag beträgt 1 152 € (24,0 % von 4 800 €, höchstens 1 800 €); der ab 2016 zu berücksichtigende Zuschlag zum Versorgungsfreibetrag beträgt 540 €; eine Zwölftelung ist nicht vorzunehmen, da es sich bei den Versorgungsbezügen um (Teil-)Kapitalauszahlungen handelt (vgl. Rz. 184). In den Jahren 2012 bis 2015 werden keine Freibeträge für Versorgungsbezüge berücksichtigt, da der Versorgungsempfänger erst im Jahr 2016 im Zeitpunkt der *Zahlung* der Ratenzahlung am 1. August 2016 sein 63. Lebensjahr vollendet hat.

Beispiel 3:

Der Versorgungsempfänger vollendet sein 63. Lebensjahr am 1. August 2014. Er könnte ab diesem Zeitpunkt monatliche Versorgungsleistungen des Arbeitgebers aus einer Direktzusage beziehen. Der Versorgungsempfänger entscheidet sich stattdessen für jährliche (Teil-)Kapitalauszahlungen von 4 800 €. Die erste Rate wird am 1. Februar 2015 ausgezahlt.

Das Jahr des Versorgungsbeginns ist das Jahr 2014, denn erstmals in 2014 besteht kumulativ ein Anspruch auf die Bezüge und das 63. Lebensjahr ist vollendet (vgl. Rz. 171a). Der ab

1) In Rz. 185 wurden durch BMF-Schreiben vom 10. 4. 2015 (BStBl I S. 256) die Beispiele 2 bis 4 eingefügt und sind auf alle offenen Fälle anzuwenden.

2015 zu berücksichtigende Versorgungsfreibetrag beträgt aufgerundet 1 229 € (25,6 % von 4 800 €, höchstens 1 920 €); der ab 2015 zu berücksichtigende Zuschlag zum Versorgungsfreibetrag beträgt 576 €; eine Zwölftelung ist nicht vorzunehmen, da es sich bei den Versorgungsbezügen um (Teil-)Kapitalauszahlungen handelt (vgl. Rz. 184). Im Jahr 2014 werden mangels Zuflusses keine Freibeträge für Versorgungsbezüge berücksichtigt.

Beispiel 4:

Der Versorgungsempfänger vollendet sein 63. Lebensjahr am 1. August 2014. Er könnte ab diesem Zeitpunkt monatliche Versorgungsleistungen des Arbeitgebers aus einer Direktzusage beziehen. Der Versorgungsempfänger entscheidet sich jedoch dafür, die Versorgungsleistungen erst ab dem 1. August 2015 in Anspruch zu nehmen, um höhere Versorgungsleistungen zu erhalten. Er wählt dabei jährliche (Teil-)Kapitalauszahlungen von 4 800 €. Die erste Rate wird am 1. Februar 2016 ausgezahlt.

Das Jahr des Versorgungsbeginns ist das Jahr 2015, denn erstmals im Jahr 2015 besteht kumulativ ein Anspruch auf die Bezüge und das 63. Lebensjahr ist vollendet (vgl. Rz. 171a). Der ab 2016 zu berücksichtigende Versorgungsfreibetrag beträgt aufgerundet 1 152 € (24 % von 4 800 €, höchstens 1 800 €); der ab 2016 zu berücksichtigende Zuschlag zum Versorgungsfreibetrag beträgt 540 €; eine Zwölftelung ist nicht vorzunehmen, da es sich bei den Versorgungsbezügen um (Teil-)Kapitalauszahlung handelt (vgl. Rz. 184). Im Jahr 2015 werden mangels Zuflusses keine Freibeträge für Versorgungsbezüge berücksichtigt.

186 Bei Zusammentreffen mit laufenden Bezügen darf der Höchstbetrag, der sich nach dem Jahr des Versorgungsbeginns bestimmt, nicht überschritten werden (siehe dazu Beispiele in Rz. **181** und **183** zum Sterbegeld).

187 Die gleichen Grundsätze gelten auch, wenn Versorgungsbezüge in einem späteren Kalenderjahr nachgezahlt oder berichtigt werden.

9. Zusammentreffen von Versorgungsbezügen (§ 19 EStG) und Rentenleistungen (§ 22 EStG)

188 Die Frei- und Pauschbeträge sind für jede Einkunftsart gesondert zu berechnen. Ein Lohnsteuerabzug ist nur für Versorgungsbezüge vorzunehmen.

IV. Aufzeichnungs- und Bescheinigungspflichten

189 Nach § 4 Absatz 1 Nummer 4 LStDV hat der Arbeitgeber im Lohnkonto des Arbeitnehmers in den Fällen des § 19 Absatz 2 EStG die für die zutreffende Berechnung des Versorgungsfreibetrags und des Zuschlags zum Versorgungsfreibetrag erforderlichen Angaben aufzuzeichnen. Aufzuzeichnen sind die Bemessungsgrundlage für den Versorgungsfreibetrag (Jahreswert, Rz. **171**), das Jahr des Versorgungsbeginns und die Zahl der Monate (Zahl der Zwölftel), für die Versorgungsbezüge gezahlt werden. Bei mehreren Versorgungsbezügen sind die Angaben für jeden Versorgungsbezug getrennt aufzuzeichnen, soweit die maßgebenden Versorgungsbeginne in unterschiedliche Kalenderjahre fallen (vgl. Rz. **177**). Demnach können z. B. alle Versorgungsbezüge mit Versorgungsbeginn bis zum Jahre 2005 zusammengefasst werden. Zu den Bescheinigungspflichten wird auf die jährlichen BMF-Schreiben zu den Lohnsteuerbescheinigungen hingewiesen.

C. Besteuerung von Einkünften gem. § 22 Nummer 1 Satz 3 Buchstabe a EStG

I. Allgemeines

190 Leibrenten und andere Leistungen aus den gesetzlichen Rentenversicherungen, **der** landwirtschaftlichen Alterskasse, den berufsständischen Versorgungseinrichtungen und aus Leibrentenversicherungen i. S. d. § 10 Absatz 1 Nummer 2 Satz 1 Buchstabe b EStG (vgl. Rz. 8 bis **31**) werden innerhalb eines bis in das Jahr 2039 reichenden Übergangszeitraums in die vollständige nachgelagerte Besteuerung überführt (§ 22 Nummer 1 Satz 3 Buchstabe a Doppelbuchstabe aa EStG). Diese Regelung gilt sowohl für Leistungen von inländischen als auch von ausländischen Versorgungsträgern[1]).

191 **Eine Nachzahlung aus der gesetzlichen Rentenversicherung, die dem Empfänger nach dem 31. Dezember 2004 zufließt, wird nach § 22 Nummer 1 Satz 3 Buchstabe a Doppelbuchstabe aa EStG mit dem Besteuerungsanteil besteuert, auch wenn sie für einen Zeitraum vor dem 1. Januar 2005 gezahlt wird (BFH vom 13. April 2011, BStBl II S. 915). Dies gilt entsprechend für eine Nachzahlung aus der landwirtschaftlichen Alterskasse und den berufsständischen Versorgungseinrichtungen. Es ist zu prüfen, ob § 34 Absatz 1 EStG Anwendung findet. Die Tarifermäßigung ist grundsätzlich auch auf Nachzahlungen von Renten i. S. d. § 22 Nummer 1 EStG anwendbar, soweit diese nicht auf den laufenden VZ entfallen (R 34.4 Absatz 1 EStR 2012).**

[1]) Austrittsleistung einer schweizerischen öffentlich-rechtlichen Pensionskasse ist steuerpflichtig (→ BFH vom 23. 10. 2013 – BStBl 2014 II S. 103).

Ist wegen rückwirkender Zubilligung einer Rente der Anspruch auf eine bisher gewährte Sozialleistung (z. B. auf Krankengeld, Arbeitslosengeld oder Sozialhilfe) ganz oder teilweise weggefallen und steht dem Leistenden deswegen gegenüber dem Rentenversicherungsträger (z. B. nach § 103 des Zehnten Buches Sozialgesetzbuch) ein Erstattungsanspruch zu, sind die bisher gezahlten Sozialleistungen in Höhe dieses Erstattungsanspruchs als Rentenzahlungen anzusehen. Die Rente ist dem Leistungsempfänger insoweit im Zeitpunkt der Zahlung dieser Sozialleistungen zugeflossen. Die Besteuerungsgrundsätze des § 22 Nummer 1 Satz 3 Buchstabe a EStG gelten hierbei entsprechend. Sofern die Sozialleistungen dem Progressionsvorbehalt nach § 32b EStG unterlegen haben, ist dieser rückgängig zu machen, soweit die Beträge zu einer Rente umgewidmet werden (R 32b Absatz 4 EStR). 192

Bei den übrigen Leibrenten erfolgt die Besteuerung auch weiterhin mit dem Ertragsanteil (§ 22 Nummer 1 Satz 3 Buchstabe a Doppelbuchstabe bb EStG ggf. i. V. m. § 55 Absatz 2 EStDV; vgl. Rz. **236** und **237**), es sei denn, es handelt sich um nach dem 31. Dezember 2004 abgeschlossene Rentenversicherungen, bei denen keine lebenslange Rentenzahlung vereinbart und erbracht wird. In diesen Fällen wird die Besteuerung im Wege der Ermittlung des Unterschiedsbetrags nach § 20 Absatz 1 Nummer 6 EStG **vorgenommen.** Die Regelungen in § 22 Nummer 5 EStG bleiben unberührt (vgl. insoweit auch BMF-Schreiben vom **24. Juli 2013,** BStBl I S. 1022[1])). 193

Für Leibrenten und andere Leistungen im Sinne von § 22 Nummer 1 Satz 3 Buchstabe a EStG sind nach § 22a EStG Rentenbezugsmitteilungen zu übermitteln. Einzelheiten hierzu sind durch BMF-Schreiben vom 7. Dezember 2011, BStBl I S. 1223, geregelt. 194

II. Leibrenten und andere Leistungen i. S. d. § 22 Nummer 1 Satz 3 Buchstabe a Doppelbuchstabe aa EStG

1. Leistungen aus den gesetzlichen Rentenversicherungen, aus der landwirtschaftlichen Alterskasse und aus den berufsständischen Versorgungseinrichtungen

§ 22 Nummer 1 Satz 3 Buchstabe a Doppelbuchstabe aa EStG erfasst alle Leistungen unabhängig davon, ob sie als Rente oder Teilrente (z. B. Altersrente, Erwerbsminderungsrente, Hinterbliebenenrente als Witwen- oder Witwerrente, Waisenrente oder Erziehungsrente) oder als einmalige Leistung (z. B. Sterbegeld oder Abfindung von Kleinbetragsrenten) ausgezahlt werden. 195

a) Besonderheiten bei Leibrenten und anderen Leistungen aus den gesetzlichen Rentenversicherungen

Zu den Leistungen i. S. d. § 22 Nummer 1 Satz 3 Buchstabe a Doppelbuchstabe aa EStG gehören auch Zusatzleistungen und andere Leistungen wie Zinsen. 196

§ 22 Nummer 1 Satz 3 Buchstabe a Doppelbuchstabe aa EStG gilt nicht für Einnahmen i. S. d. § 3 EStG wie z. B. 197

- Leistungen aus der gesetzlichen Unfallversicherung wie z. B. Berufsunfähigkeits- oder Erwerbsminderungsrenten der Berufsgenossenschaft (§ 3 Nummer 1 Buchstabe a EStG),
- Sachleistungen und Kinderzuschüsse (§ 3 Nummer 1 Buchstabe b EStG),
- Übergangsgelder nach dem Sechsten Buch Sozialgesetzbuch – SGB VI – (§ 3 Nummer 1 Buchstabe c EStG),
- den Abfindungsbetrag einer Witwen- oder Witwerrente wegen Wiederheirat des Berechtigten nach § 107 SGB VI (§ 3 Nummer 3 Buchstabe a EStG),
- die Erstattung von Versichertenbeiträgen, in Fällen, in denen das mit der Einbeziehung in die Rentenversicherung verfolgte Ziel eines Rentenanspruchs nicht oder voraussichtlich nicht erreicht oder nicht vollständig erreicht werden kann (§§ 210 und 286d SGB VI), die Erstattung von freiwilligen Beiträgen im Zusammenhang mit Nachzahlungen von Beiträgen in besonderen Fällen (§§ 204, 205 und 207 des SGB VI) sowie die Erstattung der vom Versicherten zu Unrecht geleisteten Beiträge nach § 26 SGB IV (§ 3 Nummer 3 Buchstabe b EStG),
- Ausgleichszahlungen nach § 86 Bundesversorgungsgesetz (§ 3 Nummer 6 EStG),
- Renten, die als Entschädigungsleistungen aufgrund gesetzlicher Vorschriften – insbesondere des Bundesentschädigungsgesetzes – zur Wiedergutmachung nationalsozialistischen Unrechts gewährt werden (§ 3 Nummer 8 EStG),
- **Renten wegen Alters und wegen verminderter Erwerbsfähigkeit aus der gesetzlichen Rentenversicherung, die an Verfolgte i. S. d. § 1 des Bundesentschädigungsgesetzes gezahlt werden, wenn rentenrechtliche Zeiten aufgrund der Verfolgung in der Rente enthalten sind. Renten wegen Todes aus der gesetzlichen Rentenversicherung, wenn der verstorbene Versicherte Verfolgter i. S. d. § 1 des Bundesentschädigungsgesetzes war und wenn renten-**

1) Abgedruckt in → Anhang 2 IV.

rechtliche Zeiten aufgrund der Verfolgung in dieser Rente enthalten sind (§ 3 Nummer 8a EStG),

- Zuschüsse zur freiwilligen oder privaten Krankenversicherung (§ 3 Nummer 14 EStG),
- **die aufgrund eines Abkommens mit einer zwischen- oder überstaatlichen Einrichtung zur Begründung von Anrechten auf Altersversorgung übertragenen Werte bei einer zwischen- oder überstaatlichen Einrichtung (§ 3 Nummer 55e EStG),**
- Leistungen nach den §§ 294 bis 299 SGB VI für Kindererziehung an Mütter der Geburtsjahrgänge vor 1921 (§ 3 Nummer 67 EStG); aus Billigkeitsgründen gehören dazu auch Leistungen nach § 294a Satz 2 SGB VI für Kindererziehung an Mütter der Geburtsjahrgänge vor 1927, die am 18. Mai 1990 ihren gewöhnlichen Aufenthalt im Beitrittsgebiet und am 31. Dezember 1991 keinen eigenen Anspruch auf Rente aus eigener Versicherung hatten.

198 Renten i. S. d. § 9 Anspruchs- und Anwartschaftsüberführungsgesetz (AAÜG) werden zwar von der Deutschen Rentenversicherung Bund ausgezahlt, es handelt sich jedoch nicht um Leistungen aus der gesetzlichen Rentenversicherung. Die Besteuerung erfolgt nach § 22 Nummer 1 Satz 3 Buchstabe a Doppelbuchstabe bb EStG ggf. i. V. m. § 55 Absatz 2 EStDV, soweit die Rente nicht nach § 3 Nummer 6 EStG steuerfrei ist.

199 **Die Ruhegehälter, die ehemaligen Bediensteten in internationalen Organisationen gezahlt werden, unterliegen der Besteuerung nach § 22 Nummer 1 Satz 3 Buchstabe a Doppelbuchstabe aa EStG, sofern es sich bei dem Alterssicherungssystem der jeweiligen Organisation um ein System handelt, das mit der inländischen gesetzlichen Rentenversicherung vergleichbar ist. Hierzu gehören z. B.:**

- **Bank für Internationalen Zahlungsausgleich (BIZ),**
- **Europäische Investitionsbank (EIB),**
- **Europäische Organisation für astronomische Forschung in der südlichen Hemisphäre (ESO),**
- **Europäische Organisation für die Nutzung meteorologischer Satelliten (EUMETSAT),**
- **Europäische Organisation für Kernforschung (CERN),**
- **Europäisches Laboratorium für Molekularbiologie (EMBL),**
- **Vereinte Nationen (VN).**

b) Besonderheiten bei Leibrenten und anderen Leistungen aus *der* landwirtschaftlichen Alterskasse

200 Die Renten wegen Alters, wegen Erwerbsminderung und wegen Todes nach dem Gesetz über die Alterssicherung der Landwirte – ALG – gehören zu den Leistungen i. S. d. § 22 Nummer 1 Satz 3 Buchstabe a Doppelbuchstabe aa EStG.

201 Steuerfrei sind z. B. Sachleistungen nach dem ALG (§ 3 Nummer 1 Buchstabe b EStG), Geldleistungen nach den §§ 10, 36 bis 39 ALG (§ 3 Nummer 1 Buchstabe c EStG) sowie Beitragserstattungen nach den §§ 75 und 117 ALG (§ 3 Nummer 3 Buchstabe b EStG).

c) Besonderheiten bei Leibrenten und anderen Leistungen aus den berufsständischen Versorgungseinrichtungen

202 Leistungen aus berufsständischen Versorgungseinrichtungen werden nach § 22 Nummer 1 Satz 3 Buchstabe a Doppelbuchstabe aa EStG besteuert, unabhängig davon, ob die Beiträge als Sonderausgaben nach § 10 Absatz 1 Nummer 2 Satz 1 Buchstabe a EStG berücksichtigt wurden. Die Besteuerung erfolgt auch dann nach § 22 Nummer 1 Satz 3 Buchstabe a Doppelbuchstabe aa EStG, wenn die berufsständische Versorgungseinrichtung keine den gesetzlichen Rentenversicherungen vergleichbaren Leistungen erbringt.

203 Unselbständige Bestandteile der Rente (z. B. Kinderzuschüsse) werden zusammen mit der Rente nach § 22 Nummer 1 Satz 3 Buchstabe a Doppelbuchstabe aa EStG besteuert **(vgl. BFH vom 13. August 2011[1]), BStBl II 2012 S. 312)**.

204 [2] Einmalige Leistungen (z. B. Kapitalauszahlungen, Sterbegeld, Abfindung von Kleinbetragsrenten) unterliegen ebenfalls der Besteuerung nach § 22 Nummer 1 Satz 3 Buchstabe a Doppelbuchstabe aa EStG. Das gilt auch für Kapitalauszahlungen, bei denen die erworbenen Anwartschaften *auf Beiträgen beruhen,* die vor dem 1. Januar 2005 erbracht worden sind. **Es ist zu prüfen, ob unter Berücksichtigung der vom BFH aufgestellten Grundsätze (Urteile vom 23. Oktober 2013 – X R 33/10 und X R 3/12 –) § 34 Absatz 1 EStG Anwendung findet.**

1) Richtig: BFH vom 31. August 2011.

2) Rz. 204 ist geändert durch BMF-Schreiben vom 10. 1. 2014 (BStBl I S. 70) und findet auf alle offenen Fälle Anwendung.

Entsprechend den Regelungen zur gesetzlichen Rentenversicherung sind ab dem **VZ** 2007 folgende Leistungen nach § 3 Nummer 3 Buchstabe c EStG i. V. m. § 3 Nummer 3 Buchstabe a und b EStG steuerfrei: 205

- Witwen- und Witwerrentenabfindungen (§ 3 Nummer 3 Buchstabe c EStG i. V. m. § 3 Nummer 3 Buchstabe a EStG) bei der ersten Wiederheirat, wenn der Abfindungsbetrag das 60-fache der abzufindenden Monatsrente nicht übersteigt. Übersteigt die Abfindung den genannten Betrag, dann handelt es sich bei der Zahlung insgesamt nicht um eine dem § 3 Nummer 3 Buchstabe a EStG entsprechende Abfindung.
- Beitragserstattungen (§ 3 Nummer 3 Buchstabe c EStG i. V. m. § 3 Nummer 3 Buchstabe b EStG), wenn nicht mehr als 59 Beitragsmonate und höchstens die Beiträge abzügl. des steuerfreien Arbeitgeberanteils bzw. -zuschusses (§ 3 Nummer 62 EStG) nominal erstattet werden. Werden bis zu 60 % der für den Versicherten geleisteten Beiträge erstattet, handelt es sich aus Vereinfachungsgründen insgesamt um eine steuerfreie Beitragserstattung.

  Die Möglichkeit der steuerfreien Erstattung von Beiträgen, die nicht Pflichtbeiträge sind, besteht für den Versicherten insgesamt nur einmal. Eine bestimmte Wartefrist – vgl. § 210 Absatz 2 SGB VI – ist insoweit nicht zu beachten. Damit die berufsständische Versorgungseinrichtung erkennen kann, ob es sich um eine steuerfreie Beitragserstattung oder steuerpflichtige Leistung handelt, hat derjenige, der die Beitragserstattung beantragt, gegenüber der berufsständischen Versorgungseinrichtung zu versichern, dass er eine entsprechende Beitragserstattung bisher noch nicht beantragt hat.

  Wird die Erstattung von Pflichtbeiträgen beantragt, ist eine steuerfreie Beitragserstattung erst möglich, wenn nach dem Ausscheiden aus der Versicherungspflicht mindestens 24 Monate vergangen sind und nicht erneut eine Versicherungspflicht eingetreten ist. Unter diesen Voraussetzungen kann eine steuerfreie Beitragserstattung auch mehrmals in Betracht kommen, wenn nach einer Beitragserstattung für den Steuerpflichtigen erneut eine Versicherungspflicht in einer berufsständischen Versorgungseinrichtung begründet wird und diese zu einem späteren Zeitpunkt wieder erlischt. Beantragt der Steuerpflichtige somit aufgrund seines Ausscheidens aus der Versicherungspflicht erneut eine Beitragserstattung, dann handelt es sich nur dann um eine steuerfreie Beitragserstattung, wenn lediglich die geleisteten Pflichtbeiträge erstattet werden. Erfolgt eine darüber hinausgehende Erstattung, handelt es sich insgesamt um eine nach § 22 Nummer 1 Satz 3 Buchstabe a Doppelbuchstabe aa EStG steuerpflichtige Leistung. Damit die berufsständische Versorgungseinrichtung die Leistungen zutreffend zuordnen kann, hat derjenige, der die Beitragserstattung beantragt, in den Fällen des Ausscheidens aus der Versicherungspflicht auch im Falle der Erstattung von Pflichtbeiträgen gegenüber der berufsständischen Versorgungseinrichtung zu erklären, ob er bereits eine Beitragserstattung aus einer berufsständischen Versorgungseinrichtung in Anspruch genommen hat.

  Nach § 3 Nummer 3 Buchstabe b EStG sind auch Beitragserstattungen nach den §§ 204, 205, 207, 286d SGB VI, § 26 SGB IV steuerfrei. Liegen die in den Vorschriften genannten Voraussetzungen auch bei der von einer berufsständischen Versorgungseinrichtung durchgeführten Beitragserstattung vor, handelt es sich insoweit um eine steuerfreie Leistung.

2. Leibrenten und andere Leistungen aus Rentenversicherungen i. S. d. § 10 Absatz 1 Nummer 2 Satz 1 Buchstabe b EStG

Leistungen aus Rentenversicherungen i. S. d. § 10 Absatz 1 Nummer 2 Satz 1 Buchstabe b EStG (vgl. Rz. 8 ff.) unterliegen der nachgelagerten Besteuerung gem. § 22 Nummer 1 Satz 3 Buchstabe a Doppelbuchstabe aa EStG. 206

Für Renten aus Rentenversicherungen, die nicht den Voraussetzungen des § 10 Absatz 1 Nummer 2 Satz 1 Buchstabe b EStG entsprechen – insbesondere für Renten aus Verträgen i. S. d. § 10 Absatz 1 Nummer 3a EStG – bleibt es bei der Ertragsanteilsbesteuerung (vgl. insoweit Rz. **212** ff.), es sei denn, es handelt sich um nach dem 31. Dezember 2004 abgeschlossene Rentenversicherungen, bei denen keine lebenslange Rentenzahlung vereinbart und erbracht wird. Dann erfolgt die *Besteuerung nach* § 20 Absatz 1 Nummer 6 EStG im Wege der Ermittlung des Unterschiedsbetrags. Die Regelungen in § 22 Nummer 5 EStG bleiben unberührt (vgl. BMF-Schreiben vom **24. Juli 2013,** BStBl I S. 1022)[1]). 207

Wird ein Rentenversicherungsvertrag mit Versicherungsbeginn nach dem 31. Dezember 2004, der die Voraussetzungen des § 10 Absatz 1 Nummer 2 Satz 1 Buchstabe b EStG nicht erfüllt, in einen zertifizierten Basisrentenvertrag umgewandelt, führt dies zur Beendigung des bestehenden Vertrags – mit den entsprechenden steuerlichen Konsequenzen – und zum Abschluss eines neuen Basisrentenvertrags im Zeitpunkt der Umstellung. Die Beiträge einschließlich des aus dem Altvertrag übertragenen Kapitals können im Rahmen des Sonderausgabenabzugs nach § 10 Absatz 1 Nummer 2 Satz 1 Buchstabe b EStG berücksichtigt werden. Die sich aus dem Basisren- 208

1) → Anhang 2 IV.

tenvertrag ergebenden Leistungen unterliegen insgesamt der Besteuerung nach § 22 Nummer 1 Satz 3 Buchstabe a Doppelbuchstabe aa EStG.

209 Wird ein Kapitallebensversicherungsvertrag in einen **zertifizierten Basisrentenvertrag** umgewandelt, führt auch dies zur Beendigung des bestehenden Vertrags – mit den entsprechenden steuerlichen Konsequenzen – und zum Abschluss eines neuen Basisrentenvertrags im Zeitpunkt der Umstellung. Die Beiträge einschließlich des aus dem Altvertrag übertragenen Kapitals können im Rahmen des Sonderausgabenabzugs nach § 10 Absatz 1 Nummer 2 **Satz 1** Buchstabe b EStG berücksichtigt werden. Die sich aus dem Basisrentenvertrag ergebenden Leistungen unterliegen insgesamt der Besteuerung nach § 22 Nummer 1 Satz 3 Buchstabe a Doppelbuchstabe aa EStG.

210 Wird entgegen der ursprünglichen vertraglichen Vereinbarung (vgl. Rz. 9 **und 14**) ein zertifizierter Basisrentenvertrag in einen Vertrag umgewandelt, der die Voraussetzungen des § 10 Absatz 1 Nummer 2 Satz 1 Buchstabe b EStG nicht erfüllt, ist steuerlich von einem neuen Vertrag auszugehen. Wird dabei die auf den „alten" Vertrag entfallende Versicherungsleistung ganz oder teilweise auf den „neuen" Vertrag angerechnet, fließt die angerechnete Versicherungsleistung dem Versicherungsnehmer zu und unterliegt im Zeitpunkt der Umwandlung des Vertrags der Besteuerung nach § 22 Nummer 1 Satz 3 Buchstabe a Doppelbuchstabe aa EStG. Ist die Umwandlung als Missbrauch von rechtlichen Gestaltungsmöglichkeiten (§ 42 AO) anzusehen, z. B. Umwandlung innerhalb kurzer Zeit nach Vertragsabschluss ohne erkennbaren sachlichen Grund, ist für die vor der Umwandlung geleisteten Beiträge der Sonderausgabenabzug nach § 10 Absatz 1 Nummer 2 Satz 1 Buchstabe b EStG zu versagen oder rückgängig zu machen.

211 Werden Ansprüche des Leistungsempfängers aus einem Versicherungsvertrag mit Versicherungsbeginn nach dem 31. Dezember 2004, der die Voraussetzungen des § 10 Absatz 1 Nummer 2 **Satz 1** Buchstabe b EStG erfüllt, unmittelbar auf einen **anderen** Vertrag **des Leistungsempfängers** bei einem anderen Unternehmen übertragen, gilt die Versicherungsleistung nicht als dem Leistungsempfänger zugeflossen, wenn der neue Vertrag **nach § 5a AltZertG zertifiziert ist**. Sie unterliegt daher im Zeitpunkt der Übertragung nicht der Besteuerung (§ 3 Nummer 55d EStG).

III. Leibrenten und andere Leistungen i. S. d. § 22 Nummer 1 Satz 3 Buchstabe a Doppelbuchstabe bb EStG

212 Der Anwendungsbereich des § 22 Nummer 1 Satz 3 Buchstabe a Doppelbuchstabe bb EStG umfasst diejenigen Leibrenten und anderen Leistungen, die nicht bereits unter Doppelbuchstabe aa der Vorschrift (vgl. Rz. **195** ff.) oder § 22 Nummer 5 EStG einzuordnen sind, wie Renten aus

- Rentenversicherungen, die nicht den Voraussetzungen des § 10 Absatz 1 Nummer 2 Satz 1 Buchstabe b EStG entsprechen, weil sie z. B. eine Teilkapitalisierung oder Einmalkapitalauszahlung (Kapitalwahlrecht) oder einen Rentenbeginn vor Vollendung des 62. Lebensjahres vorsehen (bei **vor** dem 1. Januar **2012** abgeschlossenen Verträgen ist regelmäßig die Vollendung des **60**. Lebensjahres maßgebend) oder die Laufzeit der Versicherung vor dem 1. Januar 2005 begonnen hat, oder
- Verträgen i. S. d. § 10 Absatz 1 Nummer 3a Buchstabe b EStG.

Bei nach dem 31. Dezember 2004 abgeschlossenen Rentenversicherungen muss eine lebenslange Rentenzahlung vereinbart und erbracht werden.

213 Werden neben einer Grundrente Überschussbeteiligungen in Form einer Bonusrente gezahlt, so ist der gesamte Auszahlungsbetrag mit einem einheitlichen Ertragsanteil der Besteuerung zu unterwerfen. Mit der Überschussbeteiligung in Form einer Bonusrente **wird** kein neues Rentenrecht begründet (R 22.4 Absatz 1 Satz 2 EStR; **BFH vom 22. August 2012,** BStBl II 2013 S. 158). In der Mitteilung nach § 22a EStG (bei Leistungen i. S. d. § 22 Nummer 5 Satz 2 Buchstabe a EStG in der Mitteilung nach § 22 Nummer 5 Satz **7** EStG) ist der Betrag von Grund- und Bonusrente in einer Summe auszuweisen.

214 Dem § 22 Nummer 1 Satz 3 Buchstabe a Doppelbuchstabe bb EStG zuzuordnen sind auch abgekürzte Leibrenten, die nicht unter § 22 Nummer 1 Satz 3 Buchstabe a Doppelbuchstabe aa EStG fallen (z. B. private selbständige Erwerbsminderungsrente, Waisenrente aus einer privaten Versicherung, die die Voraussetzungen des § 10 Absatz 1 Nummer 2 Satz 1 Buchstabe b EStG nicht erfüllt). Dies gilt bei Rentenversicherungen (vgl. Rz. 19 des BMF-Schreibens vom 1. Oktober 2009, BStBl I S. 1172)[1]) nur, wenn sie vor dem 1. Januar 2005 abgeschlossen wurden.

215 Auf Antrag des Steuerpflichtigen sind unter bestimmten Voraussetzungen auch Leibrenten und andere Leistungen i. S. d. § 22 Nummer 1 Satz 3 Buchstabe a Doppelbuchstabe aa EStG nach § 22 Nummer 1 Satz 3 Buchstabe a Doppelbuchstabe bb EStG zu versteuern (sog. Öffnungsklausel). Wegen der Einzelheiten hierzu vgl. die Ausführungen unter Rz. 238 ff.

---

1) Abgedruckt zu → H 20 (Versicherungsverträge).

IV. Besonderheiten bei der betrieblichen Altersversorgung

Die Versorgungsleistungen einer Pensionskasse, eines Pensionsfonds oder aus einer Direktversicherung (z. B. Rente, Auszahlungsplan, Teilkapitalauszahlung, Einmalkapitalauszahlung) unterliegen der Besteuerung nach § 22 Nummer 5 EStG. Einzelheiten zur Besteuerung von Leistungen aus der betrieblichen Altersversorgung sind im BMF-Schreiben vom **24. Juli 2013,** BStBl I S. 1022,[1]) **Rz. 369 ff.** geregelt. 216

V. Durchführung der Besteuerung

1. Leibrenten und andere Leistungen i. S. d. § 22 Nummer 1 Satz 3 Buchstabe a Doppelbuchstabe aa EStG

a) Allgemeines

In der Übergangszeit bis zur vollständigen nachgelagerten Besteuerung unterliegt nur ein Teil der Leibrenten und anderen Leistungen der Besteuerung. In Abhängigkeit vom Jahresbetrag der Rente und dem Jahr des Rentenbeginns wird der steuerfreie Teil der Rente ermittelt, der grundsätzlich für die gesamte Laufzeit der Rente gilt. Diese Regelung bewirkt, dass Rentenerhöhungen, die auf einer regelmäßigen Rentenanpassung beruhen, vollständig nachgelagert besteuert werden. 217

b) Jahresbetrag der Rente

Bemessungsgrundlage für die Ermittlung des der Besteuerung unterliegenden Anteils der Rente ist der Jahresbetrag der Rente (§ 22 Nummer 1 Satz 3 Buchstabe a Doppelbuchstabe aa Satz 2 EStG). Jahresbetrag der Rente ist die Summe der im Kalenderjahr zugeflossenen Rentenbeträge einschließlich der bei Auszahlung einbehaltenen eigenen Beitragsanteile zur Kranken- und Pflegeversicherung. Steuerfreie Zuschüsse zu den Krankenversicherungsbeiträgen sind nicht Bestandteil des Jahresbetrags der Rente. Zum Jahresbetrag der Rente gehören auch die im Kalenderjahr zugeflossenen anderen Leistungen. Bei rückwirkender Zubilligung der Rente ist ggf. Rz. **192 dieses Schreibens und Rz. 48 des BMF-Schreibens vom 7. Dezember 2011** (BStBl I S. 1223) zu beachten. Eine Pfändung der Rente hat keinen Einfluss auf die Höhe des nach § 22 EStG zu berücksichtigenden Jahresbetrags der Rente. **Dies gilt auch für Abtretungen.** 218

c) Bestimmung des Prozentsatzes

aa) Allgemeines

Der **Prozentsatz** in der Tabelle in § 22 Nummer 1 Satz 3 Buchstabe a Doppelbuchstabe aa Satz 3 EStG bestimmt sich grundsätzlich nach dem Jahr des Rentenbeginns. 219

Unter Beginn der Rente ist der Zeitpunkt zu verstehen, ab dem die Rente (ggf. nach rückwirkender Zubilligung) tatsächlich bewilligt wird (siehe Rentenbescheid). 220

Wird die bewilligte Rente bis auf 0 € gekürzt, z. B. weil eigene Einkünfte anzurechnen sind, steht dies dem Beginn der Rente nicht entgegen und unterbricht die Laufzeit der Rente nicht. Verzichtet der Rentenberechtigte in Kenntnis der Kürzung der Rente auf die Beantragung, beginnt die Rente jedoch nicht zu laufen, solange sie mangels Beantragung nicht dem Grunde nach bewilligt wird. 221

Fließt eine andere Leistung vor dem Beginn der Leibrente zu, bestimmt sich der **Prozentsatz** für die Besteuerung der anderen Leistung nach dem Jahr ihres Zuflusses, andernfalls nach dem Jahr des Beginns der Leibrente. 222

bb) Erhöhung oder Herabsetzung der Rente

Soweit Renten i. S. d. § 22 Nummer 1 Satz 3 Buchstabe a Doppelbuchstabe aa EStG später z. B. wegen Anrechnung anderer Einkünfte erhöht oder herabgesetzt werden, ist keine neue Rente anzunehmen. Gleiches gilt, wenn eine Teil-Altersrente in eine volle Altersrente oder eine volle Altersrente in eine Teil-Altersrente umgewandelt wird (§ 42 SGB VI). Für den erhöhten oder verminderten Rentenbetrag bleibt der ursprünglich ermittelte Prozentsatz maßgebend (zur Neuberechnung des Freibetrags vgl. Rz. **232** ff.). 223

cc) Besonderheiten bei Folgerenten aus derselben Versicherung oder demselben Vertrag

Renten aus derselben Versicherung oder demselben Vertrag liegen vor, wenn Renten auf ein und demselben Rentenrecht beruhen. Das ist beispielsweise der Fall, wenn eine Rente wegen voller Erwerbsminderung einer Rente wegen teilweiser Erwerbsminderung folgt oder umgekehrt, bei 224

1) → Anhang 2 IV.

einer Altersrente, der eine (volle oder teilweise) Erwerbsminderungsrente vorherging, oder wenn eine kleine Witwen- oder Witwerrente einer großen Witwen- oder Witwerrente folgt und umgekehrt oder eine Altersrente einer Erziehungsrente folgt. Das gilt auch dann, wenn die Rentenempfänger nicht identisch sind wie z. B. bei einer Altersrente mit nachfolgender Witwen- oder Witwerrente oder Waisenrente. Leistungen aus Anrechten, die im Rahmen des Versorgungsausgleichs durch interne Teilung auf die ausgleichsberechtigte Person übertragen wurden oder die zu Lasten der Anrechte der ausgleichspflichtigen Person für die ausgleichsberechtigte Person durch externe Teilung begründet wurden, stellen einen eigenen Rentenanspruch der ausgleichsberechtigten Person dar. Die Rente der ausgleichsberechtigten Person ist daher keine Rente aus der Versicherung oder dem Vertrag der ausgleichspflichtigen Person.

225 Folgen nach dem 31. Dezember 2004 Renten aus derselben Versicherung oder demselben Vertrag einander nach, wird bei der Ermittlung des Prozentsatzes nicht der tatsächliche Beginn der Folgerente herangezogen. Vielmehr wird ein fiktives Jahr des Rentenbeginns ermittelt, indem vom tatsächlichen Rentenbeginn der Folgerente die Laufzeiten vorhergehender Renten abgezogen werden. Dabei darf der Prozentsatz von 50 % nicht unterschritten werden.

226 **Beispiel:**

A bezieht von Oktober 2003 bis Dezember 2006 (= 3 Jahre und 3 Monate) eine Erwerbsminderungsrente i. H. v. 1 000 €. Anschließend ist er wieder erwerbstätig. Ab Februar 2013 erhält er seine Altersrente i. H. v. 2 000 €.

In 2003 und 2004 ist die Erwerbsminderungsrente gem. § 55 Absatz 2 EStDV mit einem Ertragsanteil von 4 % zu versteuern, in 2005 und 2006 gem. § 22 Nummer 1 Satz 3 Buchstabe a Doppelbuchstabe aa EStG mit einem Besteuerungsanteil von 50 %. Der der Besteuerung unterliegende Teil für die ab Februar 2013 gewährte Altersrente ermittelt sich wie folgt:

Rentenbeginn der Altersrente	Februar 2013
abzgl. der Laufzeit der Ewerbsminderungsrente (3 Jahre und 3 Monate)	
= fiktiver Rentenbeginn	November 2009
Besteuerungsanteil lt. Tabelle	58 %
Jahresbetrag der Rente in 2013: 11 × 2 000 €	22 000 €
Betragsmäßiger Besteuerungsanteil (58 % von 22 000 €)	12 760 €

227 Renten, die vor dem 1. Januar 2005 geendet haben, werden nicht als vorhergehende Renten berücksichtigt und wirken sich daher auf die Höhe des Prozentsatzes für die Besteuerung der nachfolgenden Rente nicht aus.

228 **Abwandlung des Beispiels in Rz. 226**:

Die Erwerbsminderungsrente wurde von Oktober 2000 bis Dezember 2004 bezogen.

In diesem Fall folgen nicht nach dem 31. Dezember 2004 mehrere Renten aus derselben Versicherung einander nach mit der Folge, dass für die Ermittlung des Besteuerungsanteils für die Altersrente das Jahr 2013 maßgebend ist und folglich ein Besteuerungsanteil von 66 %.

229 Lebt eine wegen Wiederheirat des Berechtigten weggefallene Witwen- oder Witwerrente wegen Auflösung oder Nichtigerklärung der erneuten Ehe oder der erneuten Lebenspartnerschaft wieder auf (§ 46 Absatz 3 SGB VI), ist bei Wiederaufleben der Witwen- oder Witwerrente für die Ermittlung des Prozentsatzes nach § 22 Nummer 1 Satz 3 Buchstabe a Doppelbuchstabe aa Satz 3 EStG der Rentenbeginn des erstmaligen Bezugs maßgebend.

d) Ermittlung des steuerfreien Teils der Rente

aa) Allgemeines

230 Nach § 22 Nummer 1 Satz 3 Buchstabe a Doppelbuchstabe aa Satz 4 und 5 EStG gilt der steuerfreie Teil der Rente für die gesamte Laufzeit des Rentenbezugs. Der steuerfreie Teil der Rente wird in dem Jahr ermittelt, das dem Jahr des Rentenbeginns folgt. Bei Renten, die vor dem 1. Januar 2005 begonnen haben, ist der steuerfreie Teil der Rente des Jahres 2005 maßgebend.

bb) Bemessungsgrundlage für die Ermittlung des steuerfreien Teils der Rente

231 Bemessungsgrundlage für die Ermittlung des steuerfreien Teils der Rente ist der Jahresbetrag der Rente in dem Jahr, das dem Jahr des Rentenbeginns folgt. Bei Renten mit Rentenbeginn vor dem 1. Januar 2005 ist der Jahresbetrag der Rente des Jahres 2005 maßgebend. Zum Jahresbetrag der Rente vgl. Rz. **218**.

cc) Neuberechnung des steuerfreien Teils der Rente

Ändert sich der Jahresbetrag der Rente und handelt es sich hierbei nicht um eine regelmäßige Anpassung (z. B. jährliche Rentenerhöhung), ist der steuerfreie Teil der Rente auf der Basis des bisher maßgebenden Prozentsatzes mit der veränderten Bemessungsgrundlage neu zu ermitteln. Auch Rentennachzahlungen oder -rückzahlungen sowie der Wegfall des Kinderzuschusses zur Rente aus einer berufsständischen Versorgungseinrichtung können zu einer Neuberechnung des steuerfreien Teils der Rente führen. **Ändert sich der Jahresbetrag einer Rente in ausländischer Währung aufgrund von Währungsschwankungen, führt die sich daraus ergebende Änderung des Jahresbetrags der Rente ebenfalls zu einer Neuberechnung des steuerfreien Teils der Rente.** 232

Der steuerfreie Teil der Rente ist in dem Verhältnis anzupassen, in dem der veränderte Jahresbetrag der Rente zum Jahresbetrag der Rente steht, der der Ermittlung des bisherigen steuerfreien Teils der Rente zugrunde gelegen hat. Regelmäßige Anpassungen des Jahresbetrags der Rente bleiben dabei außer Betracht (§ 22 Nummer 1 Satz 3 Buchstabe a Doppelbuchstabe aa Satz 7 EStG). Die für die Berechnung erforderlichen Angaben ergeben sich aus der Rentenbezugsmitteilung (vgl. **BMF-Schreiben vom 7. Dezember 2011,** BStBl I S. 1223). 233

Beispiel: 234

R bezieht ab Mai **2010** eine monatliche Witwenrente aus der gesetzlichen Rentenversicherung **(keine Folgerente)** i. H. v. 1 100 €. Die Rente wird aufgrund regelmäßiger Anpassungen zum 1. Juli **2010**, zum 1. Juli **2011**, zum 1. Juli **2012** und zum 1. Juli **2013** jeweils um 10 € erhöht. Wegen anderer Einkünfte wird die Rente ab August **2013** auf 830 € gekürzt.

Rentenzeitraum	**Monatsbetrag**	**Betrag im Zahlungszeitraum**
1.5.–30.6.**2010**	1 100,00 €	2 200,00 €
1.7.–31.12.**2010**	1 110,00 €	6 660,00 €
Jahresrente 2010		**8 860,00 €**
1.1. –30.6.**2011**	1 110,00 €	6 660,00 €
1.7. –31.12.**2011**	1 120,00 €	6 720,00 €
Jahresrente 2011		**13 380,00 €**
1.1. –30.6.**2012**	1 120,00 €	6 720,00 €
1.7. –31.12.**2012**	1 130,00 €	6 780,00 €
Jahresrente 2012		**13 500,00 €**
1.1. –30.6.**2013**	1 130,00 €	6 780,00 €
1.7. –31.7.**2013**	1 140,00 €	1 140,00 €
1.8. –31.12.**2013**	830,00 €	4 150,00 €
Jahresrente 2013		**12 070,00 €**

Dem Finanzamt liegen die folgenden Rentenbezugsmitteilungen vor:

Jahr	**Leistungsbetrag**	**Anpassungsbetrag**
2010	8 860,00 €	0,00 €
2011	13 380,00 €	0,00 €
2012	13 500,00 €	120,00 €
2013	12 070,00 €	206,00 €

Berechnung des steuerfreien Teils der Rente 2011

Jahresrente **2011**		13 380,00 €
– der Besteuerung unterliegender Teil **(60 %** von 13 380,00 €**)** =		**– 8 028,00 €**
= steuerfreier Teil der Rente		**5 352,00 €**

Neuberechnung des steuerfreien Teils der Rente im Jahr 2013

Jahresrente **2013** ohne regelmäßige Anpassungen		
(12 070,00 € – 206,00 €) =	11 864,00 €	
(11 864,00 €/13 380,00 €) × **5 352,00 €** =		**4 745,60 €**

Ermittlung des der Besteuerung unterliegenden Teils der Rente in Anlehnung an den Wortlaut des § 22 Nummer 1 Satz 3 Buchstabe a Doppelbuchstabe aa Satz 3 bis 7 EStG

Jahr	**Besteuerungsanteil der Rente**	
2010	**60 %** von 8 860,00 € =	**5 316,00 €**
2011	**60 %** von 13 380,00 € =	**8 028,00 €**
2012	13 500,00 € – **5 353,00 €** =	**8 148,00 €**
2013	12 070,00 € – **4 745,60 €** =	**7 324,40 €**

Ermittlung des der Besteuerung unterliegenden Teils der Rente in Anlehnung an die Einkommensteuererklärung/die Rentenbezugsmitteilung

	2010	2011	2012	2013
Jahresrente lt. Rentenbezugsmitteilung	8 860,00 €	13 380,00 €	13 500,00 €	12 070,00 €
– Anpassungsbetrag lt. Rentenbezugsmitteilung	– 0,00 €	– 0,00 €	– 120,00 €	– 206,00 €
Zwischensumme	8 860,00 €	13 380,00 €	13 380,00 €	11 864,00 €
darauf fester Prozentsatz (hier: **06** %)	**5 316,00 €**	**8 028,00 €**	**8 028,00 €**	**7 118,40 €**
+ Anpassungsbetrag lt. Rentenbezugsmitteilung	+ 0,00 €	+ 0,00 €	+ 120,00 €	+ 206,00 €
= der Besteuerung unterliegende Anteil der Rente	**5 316,00 €**	**8 028,00 €**	**8 148,00 €**	**7 324,40 €**

235 Folgerenten i. S. d. § 22 Nummer 1 Satz 3 Buchstabe a Doppelbuchstabe aa Satz 8 EStG (vgl. Rz. **224** ff.) werden für die Berechnung des steuerfreien Teils der Rente (§ 22 Nummer 1 Satz 3 Buchstabe a Doppelbuchstabe aa Satz 3 bis 7 EStG) als eigenständige Renten behandelt. Das gilt nicht, wenn eine wegen Wiederheirat weggefallene Witwen- oder Witwerrente (vgl. Rz. **229**) wieder auflebt. In diesem Fall berechnet sich der steuerfreie Teil der Rente nach der ursprünglichen, später weggefallenen Rente (vgl. Rz. **230** und **231**).

2. Leibrenten und andere Leistungen i. S. d. § 22 Nummer 1 Satz 3 Buchstabe a Doppelbuchstabe bb EStG

236 Leibrenten i. S. d. § 22 Nummer 1 Satz 3 Buchstabe a Doppelbuchstabe bb EStG (vgl. Rz. **212**) unterliegen auch ab dem **VZ** 2005 nur mit dem Ertragsanteil der Besteuerung. Sie ergeben sich aus der Tabelle in § 22 Nummer 1 Satz 3 Buchstabe a Doppelbuchstabe bb Satz 4 EStG. Die neuen Ertragsanteile gelten sowohl für Renten, deren Rentenbeginn vor dem 1. Januar 2005 liegt, als auch für Renten, die erst nach dem 31. Dezember 2004 zu laufen beginnen.

237 Für abgekürzte Leibrenten (vgl. Rz. **214**) – z. B. aus einer privaten selbständigen Erwerbsminderungsversicherung, die nur bis zum 65. Lebensjahr gezahlt wird – bestimmen sich die Ertragsanteile auch weiterhin nach § 55 Absatz 2 EStDV.

3. Öffnungsklausel

a) Allgemeines

238 Durch die Öffnungsklausel in § 22 Nummer 1 Satz 3 Buchstabe a Doppelbuchstabe bb Satz 2 EStG werden auf Antrag des Steuerpflichtigen Teile der Leibrenten oder anderer Leistungen, die anderenfalls der nachgelagerten Besteuerung nach § 22 Nummer 1 Satz 3 Buchstabe a Doppelbuchstabe aa EStG unterliegen würden, nach § 22 Nummer 1 Satz 3 Buchstabe a Doppelbuchstabe bb EStG besteuert.

b) Antrag

239 Der Antrag ist vom Steuerpflichtigen beim zuständigen Finanzamt in der Regel im Rahmen der Einkommensteuererklärung formlos zu stellen. Der Antrag kann nicht vor Beginn des Leistungsbezugs gestellt werden. Die Öffnungsklausel in § 22 Nummer 1 Satz 3 Buchstabe a Doppelbuchstabe bb Satz 2 EStG ist nicht von Amts wegen anzuwenden.

c) 10-Jahres-Grenze

240 Die Anwendung der Öffnungsklausel setzt voraus, dass **bis zum 31. Dezember 2004 für** mindestens zehn Jahre Beiträge oberhalb des Betrags des Höchstbeitrags zur gesetzlichen Rentenversicherung gezahlt wurden. Dabei ist jedes Kalenderjahr getrennt zu betrachten. Die Jahre müssen nicht unmittelbar aufeinander folgen. Dabei sind Beiträge grundsätzlich dem Jahr zuzurechnen, in dem sie gezahlt oder für das sie bescheinigt werden. Sofern Beiträge jedoch rentenrechtlich (als Nachzahlung) in einem anderen Jahr wirksam werden, sind diese dem Jahr zuzurechnen, in dem sie rentenrechtlich wirksam werden. Für die Prüfung, ob die 10-Jahres-*Grenze erfüllt ist, sind nur* Zahlungen zu berücksichtigen, die bis zum 31. Dezember 2004 geleistet wurden (BFH vom 19. Januar 2010, BStBl II 2011 S. 567). Sie müssen außerdem „für" Beitragsjahre vor dem 1. Januar 2005 gezahlt worden sein. Der jährliche Höchstbeitrag ist auch dann maßgebend, wenn nur für einen Teil des Jahres Versicherungspflicht bestand oder nicht während des ganzen Jahres Beiträge geleistet wurden (BFH vom 4. Februar 2010, **BStBl II 2011 S. 579**).

d) Maßgeblicher Höchstbeitrag

Für die Prüfung, ob Beiträge oberhalb des Betrags des Höchstbeitrags gezahlt wurden, ist grundsätzlich der Höchstbeitrag zur gesetzlichen Rentenversicherung der Angestellten und Arbeiter (West) des Jahres heranzuziehen, dem die Beiträge zuzurechnen sind. In den Jahren, in denen im gesamten Kalenderjahr eine Versicherung in der knappschaftlichen Rentenversicherung bestand, ist deren Höchstbeitrag maßgebend. Bis 1949 galten in den gesetzlichen Rentenversicherungen unterschiedliche Höchstbeiträge für Arbeiter und Angestellte. Sofern keine Versicherungspflicht in den gesetzlichen Rentenversicherungen bestand, ist stets der Höchstbeitrag für Angestellte in der gesetzlichen Rentenversicherung der Arbeiter und Angestellten zu Grunde zu legen. Höchstbeitrag ist die Summe des Arbeitgeberanteils und des Arbeitnehmeranteils zur jeweiligen gesetzlichen Rentenversicherung. Die maßgeblichen Höchstbeiträge ergeben sich für die Jahre 1927 bis 2004 aus der als Anlage beigefügten Tabelle. 241

e) Ermittlung der geleisteten Beiträge

Für die Frage, ob in einem Jahr Beiträge oberhalb des Betrags des Höchstbeitrags gezahlt wurden, sind sämtliche Beiträge an gesetzliche Rentenversicherungen, an **die** landwirtschaftliche Alterskasse und an berufsständische Versorgungseinrichtungen zusammenzurechnen, die dem einzelnen Jahr zuzurechnen sind (Rz. **240**). **Dabei sind auch Beiträge zu einer ausländischen gesetzlichen Rentenversicherung (vgl. Rz. 4) sowie an Alterssicherungssysteme von internationalen Organisationen, die mit der gesetzlichen Rentenversicherung vergleichbar sind (vgl. Rz. 199), zu berücksichtigen; das gilt unabhängig davon, ob die sich daraus später ergebenden Renteneinkünfte im Inland besteuert werden können.** Beiträge zur gesetzlichen Rentenversicherung aufgrund eines Versorgungsausgleichs (§ 187 Absatz 1 Nummer 1 SGB VI), bei vorzeitiger Inanspruchnahme einer Altersrente (§ 187a SGB VI) oder zur Erhöhung der Rentenanwartschaft (§ 187b SGB VI) sind in dem Jahr zu berücksichtigen, in dem sie geleistet wurden. Dies gilt entsprechend für Beitragszahlungen dieser Art an **die** landwirtschaftliche Alterskasse und **an** berufsständische Versorgungseinrichtungen. 242

Für die Anwendung der Öffnungsklausel werden nur Beiträge berücksichtigt, die eigene Beitragsleistungen des Steuerpflichtigen enthalten. **Bei einer Hinterbliebenenrente ist auf die Beitragsleistung des Verstorbenen abzustellen.** Bei der Ermittlung der gezahlten Beiträge kommt es nicht darauf an, ob die Beiträge vom Steuerpflichtigen vollständig oder teilweise selbst getragen wurden. Es ist auch unerheblich, ob es sich um Pflichtbeiträge, freiwillige Beiträge oder Beiträge zur Höherversicherung handelt. 243

Beiträge aufgrund von Nachversicherungen in gesetzliche Rentenversicherungen, an **die** landwirtschaftliche Alterskasse und an berufsständische Versorgungseinrichtungen sind nicht zu berücksichtigen. Eine Nachversicherung wird durchgeführt, wenn ein Beschäftigungsverhältnis, das unter bestimmten Voraussetzungen nicht der Versicherungspflicht in der gesetzlichen Rentenversicherung oder in einer berufsständischen Versorgungseinrichtung unterlag (z. B. als Beamtenverhältnis), unter Verlust der Versorgungszusage gelöst wird. 244

Zuschüsse zum Beitrag nach § 32 **ALG** werden bei der Berechnung mit einbezogen. 245

Der jährliche Höchstbeitrag ist auch dann maßgebend, wenn nur für einen Teil des Jahres eine Versicherungspflicht bestand oder nicht während des ganzen Jahres Beiträge geleistet wurden (BFH vom 4. Februar 2010, **BStBl II 2011 S. 579)**. Ein anteiliger Ansatz des Höchstbeitrags erfolgt nicht. 246

f) Nachweis der gezahlten Beiträge

Der Steuerpflichtige muss einmalig nachweisen, dass er **für** einen Zeitraum von mindestens zehn Jahren vor dem 1. Januar 2005 Beiträge oberhalb des Betrags des Höchstbeitrags gezahlt hat. Der Nachweis ist durch Bescheinigungen der Versorgungsträger, an die die Beiträge geleistet wurden – bzw. von deren Rechtsnachfolgern –, zu erbringen. Aus der Bescheinigung muss sich ergeben, dass die Beiträge vor dem 1. Januar 2005 geleistet wurden und welchem Jahr sie zugerechnet wurden. Soweit der Versorgungsträger für Beiträge eine Zahlung vor dem 1. Januar 2005 nicht bescheinigen kann, hat er in der Bescheinigung ausdrücklich darauf hinzuweisen. In diesen Fällen obliegt es dem Steuerpflichtigen, den Zahlungszeitpunkt vor dem 1. Januar 2005 nachzuweisen. Wird der Nachweis nicht geführt, sind diese Beträge, **soweit es sich nicht um Pflichtbeiträge handelt**, nicht in die Berechnung einzubeziehen, Pflichtbeiträge gelten **in diesen Fällen** als in dem Jahr gezahlt, für das sie bescheinigt werden. Beiträge oberhalb des Höchstbeitrags, die nach dem 31. Dezember 2004 geleistet worden sind, bleiben für die Anwendung der Öffnungsklausel auch dann außer Betracht, wenn im Übrigen vor dem 1. Januar 2005 über einen Zeitraum von mindestens zehn Jahren Beiträge oberhalb des Betrags des Höchstbeitrags zur gesetzlichen Rentenversicherung geleistet worden sind. Wurde vom Steuerpflichtigen eine von den Grundsätzen dieses BMF-Schreibens abweichende Bescheinigung vorgelegt, ist als Folge der durch die BFH-Rechtsprechung vom 19. Januar 2010, **BStBl II 2011 S. 567,** geänderten 247

Rechtslage bis spätestens für den VZ 2011 eine den Grundsätzen dieses BMF-Schreibens entsprechende neue Beitragsbescheinigung vorzulegen (vgl. auch Rz. **266 ff.**).

g) Ermittlung des auf Beiträgen oberhalb des Betrags des Höchstbeitrags beruhenden Teils der Leistung

248 Der Teil der Leibrenten oder anderen Leistungen, der auf Beiträgen oberhalb des Betrags des Höchstbeitrags beruht, ist vom Versorgungsträger nach denselben Grundsätzen zu ermitteln wie in Leistungsfällen, bei denen keine Beiträge oberhalb des Betrags des Höchstbeitrags geleistet wurden. Dieser Teil wird bezogen auf jeden einzelnen Rentenanspruch getrennt ermittelt. Dabei sind die insgesamt in den einzelnen Kalenderjahren – ggf. zu verschiedenen Versorgungsträgern – geleisteten Beiträge nach Maßgabe der Rz. **252** bis **254** zu berücksichtigen. Jedes Kalenderjahr ist getrennt zu betrachten. Für jedes Jahr ist der Teil der Leistung, der auf Beiträgen oberhalb des Betrags des Höchstbeitrags beruht, gesondert zu ermitteln. Eine Zusammenrechnung der **den** einzelnen Jahren zuzurechnenden Beiträge und eine daraus resultierende Durchschnittsbildung sind nicht zulässig. Sofern Beiträge zur gesetzlichen Rentenversicherung oberhalb des Betrags des Höchstbeitrags geleistet werden und in diesen Beiträgen Höherversicherungsbeiträge enthalten sind, sind diese vorrangig als oberhalb des Betrags des Höchstbeitrags geleistet anzusehen. Wurde vom Steuerpflichtigen eine von den Grundsätzen dieses BMF-Schreibens abweichende Bescheinigung vorgelegt, ist bis spätestens für den VZ 2011 eine den Grundsätzen dieses BMF-Schreibens entsprechende neue Beitragsbescheinigung vorzulegen (vgl. auch Rz. **266 ff.**).

249 Abweichend hiervon wird bei berufsständischen Versorgungseinrichtungen zugelassen, dass die tatsächlich geleisteten Beiträge und die den Höchstbeitrag übersteigenden Beiträge zum im entsprechenden Jahr maßgebenden Höchstbeitrag ins Verhältnis gesetzt werden. Aus dem Verhältnis der Summen der sich daraus ergebenden Prozentsätze ergibt sich der Prozentsatz für den Teil der Leistung, der auf Beiträge oberhalb des Betrags des Höchstbeitrags entfällt. Für Beitragszahlungen ab dem Jahr 2005 ist für übersteigende Beiträge kein Prozentsatz anzusetzen. Diese Vereinfachungsregelung ist zulässig, wenn

– alle Mitglieder der einheitlichen Anwendung der Vereinfachungsregelung zugestimmt haben oder
– die berufsständische Versorgungseinrichtung für das Mitglied den Teil der Leistung, der auf Beiträgen oberhalb des Betrags des Höchstbeitrags zur gesetzlichen Rentenversicherung beruht, nicht nach Rz. **248** ermitteln kann.

250 Beispiel:

Der Versicherte V war in den Jahren 1969 bis 2005 bei einer berufsständischen Versorgungseinrichtung versichert. Die Aufteilung kann wie folgt durchgeführt werden:

Jahr	tatsächlich geleistete Beiträge in DM/€	Höchstbeitrag zur gesetzlichen Rentenversicherung (HB) in DM/€	übersteigende Beiträge in DM/€	tatsächlich geleistete Beiträge in % des HB	übersteigende Beiträge in % des HB
1969	2 321,00 DM	3 264,00 DM	0 DM	71,11 %	0,00 %
1970	3 183,00 DM	3 672,00 DM	0 DM	86,68 %	0,00 %
1971	2 832,00 DM	3 876,00 DM	0 DM	73,07 %	0,00 %
1972	10 320,00 DM	4 284,00 DM	6 036,00 DM	240,90 %	140,90 %
1973	11 520,00 DM	4 968,00 DM	6 552,00 DM	231,88 %	131,88 %
1974	12 600,00 DM	5 400,00 DM	7 200,00 DM	233,33 %	133,33 %
1975	13 632,00 DM	6 048,00 DM	7 584,00 DM	225,40 %	125,40 %
1976	15 024,00 DM	6 696,00 DM	8 328,00 DM	224,37 %	124,37 %
1977	16 344,00 DM	7 344,00 DM	9 000,00 DM	222,55 %	122,55 %
1978	14 400,00 DM	7 992,00 DM	6 408,00 DM	180,18 %	80,18 %
1979	16 830,00 DM	8 640,00 DM	8 190,00 DM	194,79 %	94,79 %
1980	12 510,00 DM	9 072,00 DM	3 438,00 DM	137,90 %	37,90 %
1981	13 500,00 DM	9 768,00 DM	3 732,00 DM	138,21 %	38,21 %
1982	12 240,00 DM	10 152,00 DM	2 268,00 DM	122,34 %	22,34 %
1983	14 670,00 DM	10 900,00 DM	3 770,00 DM	134,59 %	34,59 %
1984	19 440,00 DM	11 544,00 DM	7 896,00 DM	168,40 %	68,40 %
1985	23 400,00 DM	12 306,60 DM	11 093,40 DM	190,14 %	90,14 %
1986	18 360,00 DM	12 902,40 DM	5 457,60 DM	142,30 %	42,30 %
1987	17 730,00 DM	12 790,80 DM	4 939,20 DM	138,62 %	38,62 %
1988	12 510,00 DM	13 464,00 DM	0 DM	92,91 %	0,00 %
1989	14 310,00 DM	13 688,40 DM	621,60 DM	104,54 %	4,54 %
1990	16 740,00 DM	14 137,20 DM	2 602,80 DM	118,41 %	18,41 %

Jahr	tatsächlich geleistete Beiträge in DM/€	Höchstbeitrag zur gesetzlichen Rentenversicherung (HB) in DM/€	übersteigende Beiträge in DM/€	tatsächlich geleistete Beiträge in % des HB	übersteigende Beiträge in % des HB
1991	18 000,00 DM	14 001,00 DM	3 999,00 DM	128,56 %	28,56 %
1992	16 110,00 DM	14 443,20 DM	1 666,80 DM	111,54 %	11,54 %
1993	16 020,00 DM	15 120,00 DM	900,00 DM	105,95 %	5,95 %
1994	17 280,00 DM	17 510,40 DM	0 DM	96,68 %	0,00 %
1995	16 020,00 DM	17 409,60 DM	0 DM	92,02 %	0,00 %
1996	20 340,00 DM	18 432,00 DM	1 908,00 DM	110,35 %	10,35 %
1997	22 140,00 DM	19 975,20 DM	2 164,80 DM	110,84 %	10,84 %
1998	23 400,00 DM	20 462,40 DM	2 937,60 DM	114,36 %	14,36 %
1999	22 500,00 DM	20 094,00 DM	2 406,00 DM	111,97 %	11,97 %
2000	24 210,00 DM	19 917,60 DM	4 292,40 DM	121,55 %	21,55 %
2001	22 230,00 DM	19 940,40 DM	2 289,60 DM	111,48 %	11,48 %
2002	12 725,00 €	10 314,00 €	2 411,00 €	123,88 %	23,38 %
2003	14 721,80 €	11 934,00 €	2 787,80 €	123,36 %	23,36 %
2004	14 447,00 €	12 051,00 €	2 396,00 €	119,88 %	19,88 %
2005	13 274,50 €	12 168,00 €	0,00 €	109,09 %	0,00 %
			Summe	**5 165,63 %**	**1 542,07 %**
			entspricht	**100 %**	**29,85 %**

Von den Leistungen unterliegt ein Anteil von 29,85 % der Besteuerung nach § 22 Nummer 1 Satz 3 Buchstabe a Doppelbuchstabe bb EStG.

h) Aufteilung bei Beiträgen an mehr als einen Versorgungsträger

251 **Hat der Steuerpflichtige sowohl Beiträge zu einer inländischen als auch Beiträge zu einer ausländischen gesetzlichen Rentenversicherung geleistet, kann er bestimmen, welcher gesetzlichen Rentenversicherung die Beiträge vorrangig zuzuordnen sind.** Weist der Steuerpflichtige **im Übrigen** die Zahlung von Beiträgen an mehr als einen Versorgungsträger nach, gilt Folgendes:

aa) Beiträge an mehr als eine berufsständische Versorgungseinrichtung

252 Die Beiträge bis zum jeweiligen Höchstbeitrag sind einer vom Steuerpflichtigen zu bestimmenden berufsständischen Versorgungseinrichtung vorrangig zuzuordnen. Die berufsständischen Versorgungseinrichtungen haben entsprechend dieser Zuordnung den Teil der Leistung zu ermitteln, der auf Beiträgen beruht, die jährlich isoliert betrachtet oberhalb des Betrags des Höchstbeitrags zur gesetzlichen Rentenversicherung gezahlt wurden.

bb) Beiträge an die gesetzliche Rentenversicherung und an berufsständische Versorgungseinrichtungen

253 Die Beiträge bis zum jeweiligen Höchstbeitrag sind vorrangig der gesetzlichen Rentenversicherung zuzuordnen (**beachte auch Rz. 251**). Die berufsständische Versorgungseinrichtung hat den Teil der Leistung zu ermitteln, der auf Beiträgen beruht, die jährlich isoliert betrachtet oberhalb des Betrags des Höchstbeitrags zur gesetzlichen Rentenversicherung gezahlt wurden. Dies gilt für den Träger der gesetzlichen Rentenversicherung entsprechend, wenn die Beiträge zur gesetzlichen Rentenversicherung bereits oberhalb des Höchstbeitrags zur gesetzlichen Rentenversicherung liegen.

254 Beiträge an die landwirtschaftliche Alterskasse sind für die Frage der Anwendung der Öffnungsklausel wie Beiträge zur gesetzlichen Rentenversicherung zu behandeln. Sind Beiträge an die gesetzliche Rentenversicherung und an die landwirtschaftliche Alterskasse geleistet worden, sind die Beiträge bis zum jeweiligen Höchstbeitrag vorrangig der gesetzlichen Rentenversicherung zuzuordnen.

255 **Beispiel:**

Der Steuerpflichtige N hat in den Jahren 1980 bis 1990 folgende Beiträge zur gesetzlichen Rentenversicherung der Arbeiter und Angestellten und an eine berufsständische Versorgungseinrichtung gezahlt. Im Jahr 1981 hat er i. H. v. 22 100 DM Rentenversicherungsbeiträge für die Jahre 1967 bis 1979 nachentrichtet, dabei entfielen auf jedes Jahr 1 700 DM. Im Jahr 1982 hat er neben seinem Grundbeitrag von 2 200 DM außerdem einen Höherversicherungsbeitrag nach § 11 Angestelltenversicherungsgesetz i. H. v. 8 000 DM an die gesetzliche Rentenversicherung gezahlt. Er beantragt die Anwendung der Öffnungsklausel.

Jahr	Beiträge zur gesetzlichen Rentenversicherung	Beiträge an die berufsständische Versorgungseinrichtung	Höchstbeitrag zur gesetzlichen Rentenversicherung	übersteigende Beiträge
1	2	3	4	5
1967	1 700,00 DM	–	2 352,00 DM	–
1968	1 700,00 DM	–	2 880,00 DM	–
1969	1 700,00 DM	–	3 264,00 DM	–
1970	1 700,00 DM	–	3 672,00 DM	–
1971	1 700,00 DM	–	3 876,00 DM	–
1972	1 700,00 DM	–	4 284,00 DM	–
1973	1 700,00 DM	–	4 968,00 DM	–
1974	1 700,00 DM	–	5 400,00 DM	–
1975	1 700,00 DM	–	6 048,00 DM	–
1976	1 700,00 DM	–	6 696,00 DM	–
1977	1 700,00 DM	–	7 344,00 DM	–
1978	1 700,00 DM	–	7 992,00 DM	–
1979	1 700,00 DM	–	8 640,00 DM	–
1980	2 000,00 DM	8 000,00 DM	9 072,00 DM	928,00 DM
1981	2 100,00 DM	8 600,00 DM	9 768,00 DM	932,00 DM
1982	10 200,00 DM	8 200,00 DM	10 152,00 DM	8 248,00 DM
1983	2 300,00 DM	9 120,00 DM	10 900,00 DM	520,00 DM
1984	2 400,00 DM	9 500,00 DM	11 544,00 DM	356,00 DM
1985	2 500,00 DM	9 940,00 DM	12 306,60 DM	133,40 DM
1986	2 600,00 DM	10 600,00 DM	12 902,40 DM	297,60 DM
1987	2 700,00 DM	11 300,00 DM	12 790,80 DM	1 209,20 DM
1988	2 800,00 DM	11 800,00 DM	13 464,00 DM	1 136,00 DM
1989	2 900,00 DM	12 400,00 DM	13 688,40 DM	1 611,60 DM
1990	3 000,00 DM	12 400,00 DM	14 137,20 DM	1 262,80 DM

Die Nachzahlung im Jahr 1981 allein führt nicht zur Anwendung der Öffnungsklausel, auch wenn in diesem Jahr Beiträge oberhalb des 1981 geltenden Höchstbeitrags und **für** einen Zeitraum von mindestens zehn Jahren gezahlt wurden, da die Jahresbeiträge in den Jahren, denen die jeweiligen Nachzahlungen zuzurechnen sind, jeweils nicht oberhalb des Betrags des Höchstbeitrags liegen.

Im Beispielsfall ist die Öffnungsklausel jedoch anzuwenden, da unabhängig von der Nachzahlung in die gesetzliche Rentenversicherung durch die zusätzliche Zahlung von Beiträgen an eine berufsständische Versorgungseinrichtung **für** einen Zeitraum von mindestens zehn Jahren Beiträge oberhalb des Betrags des Höchstbeitrags zur gesetzlichen Rentenversicherung geleistet wurden (Jahre 1980 bis 1990). Die Öffnungsklausel ist vorrangig auf die Rente aus der berufsständischen Versorgungseinrichtung anzuwenden. Für die Berechnung durch die berufsständische Versorgungseinrichtung, welcher Teil der Rente auf Beiträgen oberhalb des Betrags des Höchstbeitrags beruht, sind die übersteigenden Beiträge (Spalte 5 der Tabelle) – höchstens jedoch die tatsächlich an die berufsständische Versorgungseinrichtung geleisteten Beiträge – heranzuziehen. Es ist ausreichend, wenn die berufsständische Versorgungseinrichtung dem Steuerpflichtigen den prozentualen Anteil der auf die übersteigenden Beiträge entfallenden Leistungen mitteilt. Auf dieser Grundlage hat der Steuerpflichtige selbst in der Auszahlungsphase jährlich den konkreten Anteil der Rente zu ermitteln, der nach § 22 Nummer 1 Satz 3 Buchstabe a Doppelbuchstabe bb EStG der Besteuerung unterliegt.

Eine Besonderheit ergibt sich im Beispielsfall für das Jahr 1982. Aufgrund der Zahlung von Höherversicherungsbeiträgen im Jahr 1982 wurden auch an die gesetzliche Rentenversicherung Beiträge oberhalb des Höchstbeitrags zur gesetzlichen Rentenversicherung geleistet. Diese Beiträge sind der gesetzlichen Rentenversicherung zuzuordnen. Die gesetzliche Rentenversicherung hat auf der Grundlage der Entgeltpunkte des Jahres 1982 den Anteil der Rente aus der gesetzlichen Rentenversicherung zu ermitteln, der auf Beiträge oberhalb des Höchstbeitrags entfällt. Dabei gelten die fiktiven Entgeltpunkte für die Höherversicherungsbeiträge innerhalb der Rentenversicherung vorrangig als oberhalb des Höchstbeitrags zur gesetzlichen Rentenversicherung geleistet. Die Öffnungsklausel ist im Beispielsfall sowohl auf die Rente aus der berufsständischen Versorgungseinrichtung (8 200 DM) als auch auf die Rente aus der gesetzlichen Rentenversicherung (48 DM) anzuwenden.

Die Ermittlung des Teils der Leistung, der auf Beiträgen oberhalb des Betrags des Höchstbeitrags zur gesetzlichen Rentenversicherung (Spalte 5 der Tabelle) beruht, erfolgt durch den Versorgungsträger. Hierbei ist nach den Grundsätzen in Rz. **248** bis **250** zu verfahren.

i) Öffnungsklausel bei einmaligen Leistungen

Einmalige Leistungen unterliegen nicht der Besteuerung, soweit auf sie die Öffnungsklausel Anwendung findet. 256

Beispiel: 257

Nach der Bescheinigung der Versicherung beruhen 12 % der Leistungen auf Beiträgen, die oberhalb des Betrags des Höchstbeitrags geleistet wurden. Nach dem Tod des Steuerpflichtigen erhält die Witwe W ein einmaliges Sterbegeld und eine monatliche Witwenrente.

Von der Witwenrente unterliegt ein Anteil von 88 % der nachgelagerten Besteuerung nach § 22 Nummer 1 Satz 3 Buchstabe a Doppelbuchstabe aa EStG und ein Anteil von 12 % der Besteuerung mit dem Ertragsanteil nach § 22 Nummer 1 Satz 3 Buchstabe a Doppelbuchstabe bb EStG. Der Ertragsanteil bestimmt sich nach dem Lebensjahr der rentenberechtigten Witwe W bei Beginn der Witwenrente; die Regelung zur Folgerente findet bei der Ertragsanteilsbesteuerung keine Anwendung.

Das Sterbegeld unterliegt zu einem Anteil von 88 % der nachgelagerten Besteuerung nach § 22 Nummer 1 Satz 3 Buchstabe a Doppelbuchstabe aa EStG. 12 % des Sterbegelds unterliegen nicht der Besteuerung.

j) Versorgungsausgleich unter Ehegatten oder unter Lebenspartnern

Anrechte, auf deren Leistungen die Öffnungsklausel anzuwenden ist, können in einen Versorgungsausgleich unter Ehegatten oder Lebenspartnern einbezogen worden sein. Soweit ein solches Anrecht auf die ausgleichsberechtigte Person übertragen bzw. soweit zu Lasten eines solchen Anrechts für die ausgleichsberechtigte Person ein Anrecht begründet wurde (§§ 10, 14 VersAusglG), kann auf Antrag der ausgleichsberechtigten Person auf die darauf beruhenden Leistungen die Öffnungsklausel ebenfalls Anwendung finden. Es besteht insoweit ein Auskunftsanspruch gegen die ausgleichspflichtige Person bzw. den Versorgungsträger (§ 4 VersAusglG). In dem Umfang, wie die ausgleichsberechtigte Person für übertragene oder begründete Anrechte die Öffnungsklausel anwenden kann, entfällt für die ausgleichspflichtige Person die Anwendbarkeit der Öffnungsklausel. Dabei kommt es nicht darauf an, ob die ausgleichsberechtigte Person tatsächlich von der Anwendbarkeit der Öffnungsklausel Gebrauch macht. 258

Die Anwendung der Öffnungsklausel bei der ausgleichsberechtigten Person setzt voraus, dass die ausgleichspflichtige Person bis zum 31. Dezember 2004 **für** einen Zeitraum von mindestens zehn Jahren Beiträge oberhalb des Betrags des Höchstbeitrags zur gesetzlichen Rentenversicherung gezahlt hat (vgl. Rz. **240**). Dabei sind sämtliche Beitragszahlungen der ausgleichspflichtigen Person ohne Beschränkung auf die Ehe- bzw. Lebenspartnerschaftszeit heranzuziehen. 259

Bei Ehen bzw. Lebenspartnerschaften, die nach dem 31. Dezember 2004 geschlossen werden, kommt die Öffnungsklausel hinsichtlich der Leistungen an die ausgleichsberechtigte Person, die auf im Wege des Versorgungsausgleichs übertragenen oder begründeten Anrechten beruhen, nicht zur Anwendung, da die während der Ehe- bzw. Lebenspartnerschaftszeit erworbenen Leistungen der ausgleichspflichtigen Person insgesamt nicht auf bis zum 31. Dezember 2004 geleisteten Beiträgen oberhalb des Höchstbeitrags beruhen. 260

Erhält die ausgleichsberechtigte Person neben der Leistung, die sich aus dem im Rahmen des Versorgungsausgleichs übertragenen oder begründeten Anrecht ergibt, noch eine auf „eigenen" Beiträgen beruhende Leistung, ist das Vorliegen der 10-Jahres-Grenze für diese Leistung gesondert zu prüfen. Die Beitragszahlungen der ausgleichspflichtigen Person sind dabei nicht zu berücksichtigen. 261

Der auf dem im Rahmen des Versorgungsausgleichs übertragenen oder begründeten Anrecht beruhende Teil der Leistung, der auf Beiträgen oberhalb des Betrags des Höchstbeitrags zur gesetzlichen Rentenversicherung beruht, ermittelt sich ehe- bzw. lebenspartnerschaftszeitbezogen. Dazu ist der Teil der Leistung, der auf in der Ehe- bzw. Lebenspartnerschaftszeit von der ausgleichspflichtigen Person geleisteten Beiträgen oberhalb des Höchstbeitrags beruht, ins Verhältnis zu der insgesamt während der Ehe- bzw. Lebenspartnerschaftszeit erworbenen Leistung der ausgleichspflichtigen Person zu setzen. Als insgesamt während der Ehe- bzw. Lebenspartnerschaftszeit erworbenes Anrecht ist stets der durch das Familiengericht dem Versorgungsausgleich zugrunde gelegte Wert maßgeblich. Abänderungsverfahren nach §§ 225, 226 des Gesetzes über das Verfahren in Familiensachen und in den Angelegenheiten der freiwilligen Gerichtsbarkeit (FamFG) oder § 51 VersAusglG sind zu berücksichtigen. Mit dem sich danach ergebenden prozentualen Anteil unterliegt die sich aus dem im Rahmen des Versorgungsausgleichs übertragenen oder begründeten Anrecht ergebende Leistung an die ausgleichsberechtigte Person der Besteuerung nach § 22 Nummer 1 Satz 3 Buchstabe a Doppelbuchstabe bb EStG. Entsprechend reduziert sich der Teil der Leistung der ausgleichspflichtigen Person, auf den die Öffnungsklausel anwendbar ist. Hierzu ist zunächst bei der ausgleichspflichtigen Person der Betrag der Leistung zu ermitteln, der sich aus allen durch eigene Versicherung erworbenen 262

Anrechten ergibt und auf bis zum 31. Dezember 2004 gezahlten Beiträgen oberhalb des Höchstbeitrags zur gesetzlichen Rentenversicherung beruht, wenn kein Versorgungsausgleich durchgeführt worden wäre. Dabei sind auch diejenigen Anrechte, die der ausgleichspflichtigen Person infolge des durchgeführten Versorgungsausgleichs nicht mehr zustehen, weil sie übertragen worden sind bzw. zu ihren Lasten ein Anrecht für die ausgleichsberechtigte Person begründet worden ist, zu berücksichtigen. Von diesem Betrag wird der Betrag der Leistung abgezogen, der auf Anrechten beruht, die auf die ausgleichsberechtigte Person im Rahmen des Versorgungsausgleichs übertragen wurden und für die die ausgleichsberechtigte Person die Öffnungsklausel in Anspruch nehmen kann. Der verbleibende Betrag ist ins Verhältnis zu der der ausgleichspflichtigen Person nach Berücksichtigung des Versorgungsausgleichs tatsächlich verbleibenden Leistung zu setzen. Mit diesem Prozentsatz unterliegt die nach Durchführung des Versorgungsausgleichs verbleibende Leistung der ausgleichspflichtigen Person der Öffnungsklausel nach § 22 Nummer 1 Satz 3 Buchstabe a Doppelbuchstabe bb Satz 2 EStG. Diese Berechnung ist auch dann vorzunehmen, wenn die ausgleichsberechtigte Person die Anwendung der Öffnungsklausel auf das im Versorgungsausgleich übertragene oder begründete Anrecht nicht geltend macht.

263 Die Anwendung der Öffnungsklausel auf im Rahmen des Versorgungsausgleichs übertragene bzw. begründete Anrechte ist unabhängig vom Rentenbeginn der ausgleichspflichtigen Person und unabhängig davon, ob diese für sich selbst die Öffnungsklausel beantragt. Der bei der ausgleichsberechtigten Person nach § 22 Nummer 1 Satz 3 Buchstabe a Doppelbuchstabe aa EStG anzuwendende Prozentsatz (für die Kohortenbesteuerung) bestimmt sich nach dem Jahr ihres Rentenbeginns.

264 Bezieht die ausgleichsberechtigte Person vom gleichen Versorgungsträger neben der Leistung, die auf dem im Rahmen des Versorgungsausgleichs übertragenen oder begründeten Anrecht beruht, eine durch eigene Versicherung erworbene Leistung, ist die Anwendung der Öffnungsklausel und deren Umfang für die Leistung aus eigener Versicherung gesondert zu ermitteln. Die Beitragszahlungen der ausgleichspflichtigen Person sind dabei nicht zu berücksichtigen. Der sich insoweit ergebende Prozentsatz kann von demjenigen abweichen, der auf das von der ausgleichspflichtigen Person auf die ausgleichsberechtigte Person übertragene bzw. begründete Anrecht anzuwenden ist. Wird vom Versorgungsträger eine einheitliche Leistung erbracht, die sich aus der eigenen und dem im Rahmen des Versorgungsausgleichs übertragenen bzw. begründeten Anrecht zusammensetzt, kann vom Versorgungsträger ein sich auf die Gesamtleistung ergebender einheitlicher Prozentsatz ermittelt werden. Dabei sind ggf. weitere Rentenanteile, die auf einem durchgeführten Versorgungsausgleich beruhen und für die die Anwendbarkeit der Öffnungsklausel nicht gegeben ist, mit einem Verhältniswert von 0 einzubringen. Solange für Rentenanteile aus dem Versorgungsausgleich die Anwendbarkeit der Öffnungsklausel und der entsprechende Verhältniswert nicht festgestellt sind, ist stets von einem Wert von 0 auszugehen. Wird kein auf die Gesamtleistung anzuwendender Wert ermittelt, sind die einzelnen Leistungsteile, auf die der/die berechnete/n Verhältniswert/e anzuwenden ist/sind, anzugeben.

265 **Beispiel:**

Berechnung für die ausgleichsberechtigte Person:

Nach dem Ausscheiden aus dem Erwerbsleben erhält A von einer berufsständischen Versorgungseinrichtung eine Rente i. H. v. monatlich 1 000 €. Diese Rente beruht zu 200 € auf im Rahmen des Versorgungsausgleichs auf A übertragenen Rentenanwartschaften von seiner geschiedenen Ehefrau. Die Voraussetzungen der Öffnungsklausel liegen vor. Nach Ermittlung der berufsständischen Versorgungseinrichtung unterliegen 25 % der übertragenen und 5 % der durch eigene Versicherung erworbenen Rentenanwartschaft des A nach § 22 Nummer 1 Satz 3 Buchstabe a Doppelbuchstabe bb Satz 2 EStG der Ertragsanteilsbesteuerung.

Weist die berufsständische Versorgungseinrichtung die Renten jährlich getrennt aus, sind die jeweiligen Prozentsätze unmittelbar auf die einzelnen Renten anzuwenden.

800 € × 12 = 9 600 €	
95 % nach § 22 Nummer 1 Satz 3 Buchstabe a Doppelbuchstabe aa EStG	9 120 €
5 % nach § 22 Nummer 1 Satz 3 Buchstabe a Doppelbuchstabe bb EStG	480 €
200 € × 12 = 2 400 €	
75 % nach § 22 Nummer 1 Satz 3 Buchstabe a Doppelbuchstabe aa EStG	1 800 €
25 % nach § 22 Nummer 1 Satz 3 Buchstabe a Doppelbuchstabe bb EStG	600 €
Insgesamt zu versteuern	
nach § 22 Nummer 1 Satz 3 Buchstabe a Doppelbuchstabe aa EStG	10 920 €
nach § 22 Nummer 1 Satz 3 Buchstabe a Doppelbuchstabe bb EStG	1 080 €

Weist die berufsständische Versorgungseinrichtung einen einheitlichen Rentenbetrag aus, kann anstelle der Rentenaufteilung auch ein einheitlicher Prozentsatz ermittelt werden.

Der einheitliche Wert für die gesamte Leistung berechnet sich wie folgt:
[(800 € × 5 %) + (200 € × 25 %)]/1 000 € = 9 %
1 000 € × 12 = 12 000 €

91 % nach § 22 Nummer 1 Satz 3 Buchstabe a Doppelbuchstabe aa EStG	10 920 €
9 % nach § 22 Nummer 1 Satz 3 Buchstabe a Doppelbuchstabe bb EStG	1 080 €

9 % der Rente aus der berufsständischen Versorgungseinrichtung unterliegen der Besteuerung nach § 22 Nummer 1 Satz 3 Buchstabe a Doppelbuchstabe bb EStG.

Berechnung für die ausgleichspflichtige Person:

B hat Rentenanwartschaften bei einer berufsständischen Versorgungseinrichtung von insgesamt 1 500 € erworben. Davon wurden im Versorgungsausgleich 200 € auf ihren geschiedenen Ehemann A übertragen. B erfüllt die Voraussetzungen für die Anwendung der Öffnungsklausel. 35 % der gesamten Anwartschaft von 1 500 € beruhen auf bis zum 31. Dezember 2004 gezahlten Beiträgen oberhalb des Höchstbeitrags zur gesetzlichen Rentenversicherung. Für die Ehezeit hat der Träger der berufsständischen Versorgungseinrichtung einen Anteil von 25 % ermittelt.

Der auf die nach Durchführung des Versorgungsausgleichs der B noch zustehende Rente von 1 300 € anwendbare Prozentsatz für die Öffnungsklausel ermittelt sich wie folgt:

Rente der ausgleichspflichtigen Person *vor* Versorgungsausgleich:
1 500 € × 12 = 18 000 €

Anteilsberechnung für Öffnungsklausel, wenn kein Versorgungsausgleich erfolgt wäre:
35 % von 18 000 € = 6 300 €;
6 300 € der insgesamt von B erworbenen Rentenanwartschaften unterliegen (auf Antrag) der Ertragsanteilsbesteuerung (§ 22 Nummer 1 Satz 3 Buchstabe a Doppelbuchstabe bb EStG), die restlichen 11 700 € sind nach § 22 Nummer 1 Satz 3 Buchstabe a Doppelbuchstabe aa EStG zu versteuern.

Im Versorgungsausgleich übertragene Rentenanwartschaft:
200 € × 12 = 2 400 €
25 % von 2 400 € = 600 €
Von den im Versorgungsausgleich auf den geschiedenen Ehemann A übertragenen Rentenanwartschaften können 600 € mit dem Ertragsanteil besteuert werden.

Verbleibender Betrag bei der ausgleichspflichtigen Person für die Anteilsberechnung im Rahmen der Öffnungsklausel:
6 300 € – 600 € = 5 700 €
Der für B verbleibende Betrag, der mit dem Ertragsanteil (§ 22 Nummer 1 Satz 3 Buchstabe a Doppelbuchstabe bb EStG) besteuert werden kann, beträgt 5 700 €.
Rente der ausgleichspflichtigen Person *nach* Versorgungsausgleich:
1 300 € × 12 = 15 600 €

Anteilsberechnung bei der ausgleichspflichtigen Person:
5 700 € von 15 600 € = 36,54 %
Dies entspricht 36,54 % der B nach Durchführung des Versorgungsausgleichs zustehenden Rente. Dieser Anteil der Rente ist nach § 22 Nummer 1 Satz 3 Buchstabe a Doppelbuchstabe bb EStG zu versteuern. Für den übrigen Anteil i. H. v. 63,46 % (9 900 € von 15 600 €) ist § 22 Nummer 1 Satz 3 Buchstabe a Doppelbuchstabe aa EStG anzuwenden.
Rechenweg für die Anteilsberechnung (Öffnungsklausel) bei der ausgleichspflichtigen Person in verkürzter Darstellung:
(18 000 € × 35 % – 2 400 € × 25 %)/15 600 € × 100 = 36,54 %

k) Bescheinigung der Leistung nach § 22 Nummer 1 Satz 3 Buchstabe a Doppelbuchstabe bb Satz 2 EStG

Der Versorgungsträger hat dem Steuerpflichtigen auf dessen Verlangen den prozentualen Anteil der Leistung zu bescheinigen, der auf bis zum 31. Dezember 2004 geleisteten Beiträgen beruht, die oberhalb des Betrags des Höchstbeitrags zur gesetzlichen Rentenversicherung gezahlt wurden. **Wurde der Prozentsatz für die Anwendung der Öffnungsklausel einmal bescheinigt, ist eine weitere Bescheinigung weder bei einer Neufeststellung der Rente noch für Folgerenten erforderlich. Rz. 269 Satz 4 bleibt hiervon unberührt.** Im Fall der Anwendung der Vereinfachungsregelung (Rz. **249**) hat der Versorgungsträger die Berechnung – entsprechend dem Beispielsfall in Rz. **250** – darzustellen. 266

Wurden Beiträge an mehr als einen Versorgungsträger gezahlt und ist der Höchstbeitrag – auch unter Berücksichtigung der Zusammenrechnung nach Rz. **242** – nur bei einem Versorgungsträ- 267 ger überschritten, so ist nur von diesem Versorgungsträger eine Bescheinigung zur Aufteilung der Leistung auszustellen. Der dort bescheinigte Prozentsatz ist nur auf die Leistung dieses Versorgungsträgers anzuwenden. Für die Leistungen der übrigen Versorgungsträger kommt die Öffnungsklausel nicht zur Anwendung. Diese unterliegen in vollem Umfang der Besteuerung nach § 22 Nummer 1 Satz 3 Buchstabe a Doppelbuchstabe aa EStG.

268 Stellt die gesetzliche Rentenversicherung fest, dass geleistete Beiträge zur gesetzlichen Rentenversicherung mindestens einem Jahr zugerechnet wurden, für welches die geleisteten Beiträge oberhalb des Betrags des Höchstbeitrags lagen, so stellt sie – unabhängig davon, ob die Voraussetzungen für die Öffnungsklausel erfüllt sind – eine Mitteilung aus, in der bescheinigt wird, welcher Teil der Leistung auf Beiträgen oberhalb des Betrags des Höchstbeitrags beruht. Für die Frage, welchem Jahr die geleisteten Beiträge zuzurechnen sind, ist Rz. **240** zu beachten. In dieser Bescheinigung wird ausdrücklich darauf hingewiesen, über wie viele Jahre der Betrag des Höchstbeitrags überschritten wurde und dass die Öffnungsklausel nur zur Anwendung kommt, wenn bis zum 31. Dezember 2004 **für** einen Zeitraum von mindestens zehn Jahren Beiträge oberhalb des Betrags des Höchstbeitrags geleistet wurden. Sind die Voraussetzungen der Öffnungsklausel durch Beiträge an weitere Versorgungsträger erfüllt, dient diese Mitteilung der gesetzlichen Rentenversicherung als Bescheinigung zur Aufteilung der Leistung. Der darin mitgeteilte Prozentsatz ist in diesem Fall auf die Leistung der gesetzlichen Rentenversicherung anzuwenden; eine weitere Bescheinigung ist nicht erforderlich.

269 Die endgültige Entscheidung darüber, ob die Öffnungsklausel zur Anwendung kommt, obliegt ausschließlich der Finanzverwaltung und nicht der die Rente auszahlenden Stelle. Der Steuerpflichtige muss deshalb die Anwendung der Öffnungsklausel beim Finanzamt und nicht beim Versorgungsträger beantragen. Der Versorgungsträger ermittelt hierfür den Teil der Leistung, der auf Beiträgen oberhalb des Betrags des Höchstbeitrags beruht und bescheinigt diesen. Für VZ ab 2011 kommt die Öffnungsklausel nur dann zur Anwendung, wenn der Steuerpflichtige das Vorliegen der Voraussetzungen (vgl. Rz. **240** und **242)** nachweist. Der Versorgungsträger erstellt ihm hierfür auf Antrag eine entsprechende Bescheinigung. Wenn bei einer vorangegangenen Bescheinigung von den Grundsätzen dieses BMF-Schreibens nicht abgewichen wurde, genügt eine Bestätigung des Versorgungsträgers, dass die vorangegangene Bescheinigung den Grundsätzen dieses BMF-Schreibens entspricht.

D. Besonderheiten beim Versorgungsausgleich

I. Allgemeines

1. Gesetzliche Neuregelung des Versorgungsausgleichs

270 Mit dem VersAusglG wurden die Vorschriften zum Versorgungsausgleich grundlegend geändert. Es gilt künftig für alle ausgleichsreifen Anrechte auf Altersversorgung der Grundsatz der internen Teilung, der bisher schon bei der gesetzlichen Rentenversicherung zur Anwendung kam. Bisher wurden alle von den Ehegatten während der Ehe **bzw. von den Lebenspartnern während der Lebenspartnerschaftszeit** erworbenen Anrechte auf eine Versorgung wegen Alter und Invalidität bewertet und im Wege eines Einmalausgleichs ausgeglichen, vorrangig über die gesetzliche Rentenversicherung.

271 Das neue VersAusglG sieht dagegen die interne Teilung als Grundsatz des Versorgungsausgleichs auch für alle Systeme der betrieblichen Altersversorgung und privaten Altersvorsorge vor. Hierbei werden die von den Ehegatten **oder Lebenspartnern (§ 20 des Lebenspartnerschaftsgesetzes)** in den unterschiedlichen Altersversorgungssystemen erworbenen Anrechte zum Zeitpunkt der Scheidung innerhalb des jeweiligen Systems geteilt und für den ausgleichsberechtigten Ehegatten **oder Lebenspartner** eigenständige Versorgungsanrechte geschaffen, die unabhängig von den Versorgungsanrechten des ausgleichspflichtigen Ehegatten **oder Lebenspartner** im jeweiligen System gesondert weitergeführt werden.

272 Zu einem Ausgleich über ein anderes Versorgungssystem (externe Teilung) kommt es nur noch in den in §§ 14 bis 17 VersAusglG geregelten Ausnahmefällen. Bei einer externen Teilung entscheidet die ausgleichsberechtigte Person über die Zielversorgung. Sie bestimmt also, in welches Versorgungssystem der Ausgleichswert zu transferieren ist (ggf. Aufstockung einer bestehenden Anwartschaft, ggf. Neubegründung einer Anwartschaft). Dabei darf die Zahlung des Kapitalbetrags an die gewählte Zielversorgung nicht zu nachteiligen steuerlichen Folgen bei der ausgleichspflichtigen Person führen, es sei denn, sie stimmt der Wahl der Zielversorgung zu.

273 Die gesetzliche Rentenversicherung ist Auffang-Zielversorgung, wenn die ausgleichsberechtigte Person ihr Wahlrecht nicht ausübt und es sich nicht um eine betriebliche Altersversorgung handelt. Bei einer betrieblichen Altersversorgung wird bei fehlender Ausübung des Wahlrechts ein Anspruch in der Versorgungsausgleichskasse begründet.

274 Verbunden ist die externe Teilung mit der Leistung eines Kapitalbetrags in Höhe des Ausgleichswerts, der vom Versorgungsträger der ausgleichspflichtigen Person an den Versorgungsträger

der ausgleichsberechtigten Person gezahlt wird. (Ausnahme: Externe Teilung von Beamtenversorgungen nach § 16 VersAusglG; hier findet wie nach dem bisherigen Quasi-Splitting zwischen der gesetzlichen Rentenversicherung und dem Träger der Beamtenversorgung ein Erstattungsverfahren im Leistungsfall statt).

Kommt in Einzelfällen weder die interne Teilung noch die externe Teilung in Betracht, etwa weil ein Anrecht zum Zeitpunkt des Versorgungsausgleichs nicht ausgleichsreif ist (§ 19 VersAusglG), z. B. ein Anrecht bei einem ausländischen, zwischenstaatlichen oder überstaatlichen Versorgungsträger oder ein Anrecht i. S. d. Betriebsrentengesetzes, das noch verfallbar ist, kommt es zu Ausgleichsansprüchen nach der Scheidung (§§ 20 ff. VersAusglG). Zur steuerlichen Behandlung der Ausgleichsansprüche nach der Scheidung vgl. BMF-Schreiben vom **9. April** 2010, **BStBl I S. 323.** 275

2. Besteuerungszeitpunkte

Bei der steuerlichen Beurteilung des Versorgungsausgleichs ist zwischen dem Zeitpunkt der Teilung eines Anrechts im Versorgungsausgleich durch gerichtliche Entscheidung und dem späteren Zufluss der Leistungen aus den unterschiedlichen Versorgungssystemen zu unterscheiden. 276

Bei der internen Teilung wird die Übertragung der Anrechte auf die ausgleichsberechtigte Person zum Zeitpunkt des Versorgungsausgleichs für beide Ehegatten **oder Lebenspartner** nach § 3 Nummer 55a EStG steuerfrei gestellt, weil auch bei den im Rahmen eines Versorgungsausgleichs übertragenen Anrechten auf eine Alters- und Invaliditätsversorgung das Prinzip der nachgelagerten Besteuerung eingehalten wird. Die Besteuerung erfolgt erst während der Auszahlungsphase. Die später zufließenden Leistungen gehören dabei bei beiden Ehegatten **oder Lebenspartnern** zur gleichen Einkunftsart, da die Versorgungsanrechte innerhalb des jeweiligen Systems geteilt wurden. Ein Wechsel des Versorgungssystems und ein damit möglicherweise verbundener Wechsel der Besteuerung weg von der nachgelagerten Besteuerung hat nicht stattgefunden. Lediglich die individuellen Merkmale für die Besteuerung sind bei jedem Ehegatten **oder Lebenspartner** gesondert zu ermitteln. 277

Bei einer externen Teilung kann dagegen die Übertragung der Anrechte zu einer Besteuerung führen, da sie mit einem Wechsel des Versorgungsträgers und damit regelmäßig mit einem Wechsel des Versorgungssystems verbunden ist. § 3 Nummer 55b Satz 1 EStG stellt deshalb die Leistung des Ausgleichswerts in den Fällen der externen Teilung für beide Ehegatten **oder Lebenspartner** steuerfrei, soweit das Prinzip der nachgelagerten Besteuerung insgesamt eingehalten wird. Soweit die späteren Leistungen bei der ausgleichsberechtigten Person jedoch nicht der nachgelagerten Besteuerung unterliegen werden (z. B. Besteuerung nach § 20 Absatz 1 Nummer 6 EStG oder nach § 22 Nummer 1 Satz 3 Buchstabe a Doppelbuchstabe bb EStG mit dem Ertragsanteil), greift die Steuerbefreiung gem. § 3 Nummer 55b Satz 2 EStG nicht, und die Leistung des Ausgleichswerts ist bereits im Zeitpunkt der Übertragung beim ausgleichspflichtigen Ehegatten **oder Lebenspartner** zu besteuern. Die Besteuerung der später zufließenden Leistungen erfolgt bei jedem Ehegatten **oder Lebenspartner** unabhängig davon, zu welchen Einkünften die Leistungen beim jeweils anderen Ehegatten **oder Lebenspartner** führen, und richtet sich danach, aus welchem Versorgungssystem sie jeweils geleistet werden. 278

II. Interne Teilung (§ 10 VersAusglG)

1. Steuerfreiheit des Teilungsvorgangs nach § 3 Nummer 55a EStG

§ 3 Nummer 55a EStG stellt klar, dass die aufgrund einer internen Teilung durchgeführte Übertragung von Anrechten steuerfrei ist; dies gilt sowohl für die ausgleichspflichtige als auch für die ausgleichsberechtigte Person. 279

2. Besteuerung bei der ausgleichsberechtigten Person

Die Leistungen aus den übertragenen Anrechten gehören bei der ausgleichsberechtigten Person *zu den Einkünften*, zu denen die Leistungen bei der ausgleichspflichtigen Person gehören würden, wenn die interne Teilung nicht stattgefunden hätte. Die (späteren) Versorgungsleistungen sind daher (weiterhin) Einkünfte aus nichtselbständiger Arbeit (§ 19 EStG) oder aus Kapitalvermögen (§ 20 EStG) oder sonstige Einkünfte (§ 22 EStG). Ausgleichspflichtige und ausgleichsberechtigte Person versteuern beide die ihnen jeweils zufließenden Leistungen. 280

Für die Ermittlung des Versorgungsfreibetrags und des Zuschlags zum Versorgungsfreibetrag nach § 19 Absatz 2 EStG, des Besteuerungsanteils nach § 22 Nummer 1 Satz 3 Buchstabe a Doppelbuchstabe aa EStG sowie des Ertragsanteils nach § 22 Nummer 1 Satz 3 Buchstabe a Doppelbuchstabe bb EStG bei der ausgleichsberechtigten Person ist auf deren Versorgungsbeginn, deren Rentenbeginn bzw. deren Lebensalter abzustellen. 281

Zu Besonderheiten bei der Öffnungsklausel s. Rz. **258 ff.** 282

III. Externe Teilung (§ 14 VersAusglG)

1. Steuerfreiheit nach § 3 Nummer 55b EStG

283 Nach § 3 Nummer 55b Satz 1 EStG ist der aufgrund einer externen Teilung an den Träger der Zielversorgung geleistete Ausgleichswert grundsätzlich steuerfrei, soweit die späteren Leistungen aus den dort begründeten Anrechten zu steuerpflichtigen Einkünften bei der ausgleichsberechtigten Person führen würden. Soweit die Übertragung von Anrechten im Rahmen des Versorgungsausgleichs zu keinen Einkünften i. S. d. EStG führt, bedarf es keiner Steuerfreistellung nach § 3 Nummer 55b EStG. Die Steuerfreiheit nach § 3 Nummer 55b Satz 1 EStG greift gem. § 3 Nummer 55b Satz 2 EStG nicht, soweit Leistungen, die auf dem begründeten Anrecht beruhen, bei der ausgleichsberechtigten Person zu Einkünften nach § 20 Absatz 1 Nummer 6 EStG oder § 22 Nummer 1 Satz 3 Buchstabe a Doppelbuchstabe bb EStG führen würden.

2. Besteuerung bei der ausgleichsberechtigten Person

284 Für die Besteuerung bei der ausgleichsberechtigten Person ist unerheblich, zu welchen Einkünften die Leistungen aus den übertragenen Anrechten bei der ausgleichspflichtigen Person geführt hätten, da mit der externen Teilung ein neues Anrecht begründet wird.

3. Beispiele

285 **Beispiel 1:**

Im Rahmen einer externen Teilung zahlt das Versicherungsunternehmen X, bei dem der ausgleichspflichtige Ehegatte A eine private Rentenversicherung mit Kapitalwahlrecht abgeschlossen hat, einen Ausgleichswert an das Versicherungsunternehmen Y zugunsten des ausgleichsberechtigten Ehegatten B in eine private Rentenversicherung, die dieser als Zielversorgung gewählt hat.

Der Ausgleichswert ist nicht steuerfrei nach § 3 Nummer 55b Satz 1 EStG, da sich aus der Übertragung keine Einkünfte i. S. d. EStG ergeben (kein Fall des § 20 Absatz 1 Nummer 6 EStG, da es sich weder um einen Erlebensfall noch um einen Rückkauf handelt); mangels Anwendbarkeit von § 3 Nummer 55b Satz 1 EStG kann auch kein Fall des Satzes 2 dieser Vorschrift vorliegen. Bei Ausübung des Kapitalwahlrechts unterliegt die spätere geminderte Kapitalleistung bei A der Besteuerung nach § 20 Absatz 1 Nummer 6 EStG (ggf. keine Besteuerung wegen § 52 Absatz 36 EStG); Rentenleistungen sind bei A steuerpflichtig nach § 22 Nummer 1 Satz 3 Buchstabe a Doppelbuchstabe bb EStG. Die Leistungen werden bei B in gleicher Weise besteuert.

286 **Beispiel 2:**

Im Rahmen einer externen Teilung zahlt das Versicherungsunternehmen X, bei dem der ausgleichspflichtige Ehegatte A eine Basisrentenversicherung (§ 10 Absatz 1 Nummer 2 Satz 1 Buchstabe b EStG) abgeschlossen hat, **mit Zustimmung des A** einen Ausgleichswert an das Versicherungsunternehmen Y zugunsten des ausgleichsberechtigten Ehegatten B in eine private Rentenversicherung, die dieser als Zielversorgung gewählt hat.

Der Ausgleichswert ist nicht steuerfrei nach § 3 Nummer 55b Satz 2 EStG, denn die Leistungen, die auf dem begründeten Anrecht beruhen, würden bei der ausgleichsberechtigten Person zu Einkünften nach § 20 Absatz 1 Nummer 6 EStG (bei Ausübung eines Kapitalwahlrechts) oder nach § 22 Nummer 1 Satz 3 Buchstabe a Doppelbuchstabe bb EStG (bei Rentenzahlungen) führen. A hat im Zeitpunkt der Zahlung durch das Versicherungsunternehmen X einen Betrag in Höhe des Ausgleichswerts nach § 22 Nummer 1 Satz 3 Buchstabe a Doppelbuchstabe aa EStG zu versteuern. Die späteren durch den Versorgungsausgleich gekürzten Leistungen unterliegen bei A ebenfalls der Besteuerung nach § 22 Nummer 1 Satz 3 Buchstabe a Doppelbuchstabe aa EStG. Bei Ausübung des Kapitalwahlrechts unterliegt die spätere Kapitalleistung bei B der Besteuerung nach § 20 Absatz 1 Nummer 6 EStG; Rentenleistungen sind bei B steuerpflichtig nach § 22 Nummer 1 Satz 3 Buchstabe a Doppelbuchstabe bb EStG.

4. Verfahren

287 Der Versorgungsträger der ausgleichspflichtigen Person hat grundsätzlich den Versorgungsträger der ausgleichsberechtigten Person über die für die Besteuerung der Leistungen erforderlichen Grundlagen zu informieren. Andere Mitteilungs-, Informations- und Aufzeichnungspflichten bleiben hiervon unberührt.

IV. Neuberechnung des Versorgungsfreibetrags und des Zuschlags zum Versorgungsfreibetrag

288 Werden im Zeitpunkt der Wirksamkeit der Teilung bereits Versorgungsbezüge bezogen, erfolgt bei der ausgleichspflichtigen Person eine Neuberechnung des Versorgungsfreibetrags und des Zuschlags zum Versorgungsfreibetrag entsprechend § 19 Absatz 2 Satz 10 EStG. Bei der ausgleichsberechtigten Person sind der Versorgungsfreibetrag und der Zuschlag zum Versorgungs-

freibetrag erstmals zu berechnen, da es sich um einen neuen Versorgungsbezug handelt. Dabei bestimmen sich der Prozentsatz, der Höchstbetrag des Versorgungsfreibetrags und der Zuschlag zum Versorgungsfreibetrag nach dem Jahr, für das erstmals Anspruch auf den Versorgungsbezug aufgrund der internen oder externen Teilung besteht.

E. Anwendungsregelung[1]

Vorbehaltlich besonderer Regelungen in den einzelnen Randziffern ist dieses Schreiben ab dem Zeitpunkt seiner Bekanntgabe im Bundessteuerblatt anzuwenden. 289

Das BMF-Schreiben vom 13. September 2010 – IV C 3 – S 2222/09/10041/IV C 5 – S 2345/08/0001 (2010/0628045) –, BStBl I S. 681[2] wird zum Zeitpunkt der Bekanntgabe dieses Schreibens im Bundessteuerblatt aufgehoben. 290

Anlage

Zusammenstellung der Höchstbeiträge in der gesetzlichen Rentenversicherung der Arbeiter und Angestellten und in der knappschaftlichen Rentenversicherung (jeweils Arbeitgeber- und Arbeitnehmeranteil) für die Jahre 1927 bis 2004

Jahr	Gesetzliche Rentenversicherung der Arbeiter und Angestellten		Knappschaftliche Rentenversicherung	
	Arbeiter	Angestellte	Arbeiter	Angestellte
1927	83,43 RM	240,00 RM	383,67 RM	700,00 RM
1928	104,00 RM	280,00 RM	371,25 RM	816,00 RM
1929	104,00 RM	360,00 RM	355,50 RM	901,60 RM
1930	104,00 RM	360,00 RM	327,83 RM	890,40 RM
1931	104,00 RM	360,00 RM	362,48 RM	915,60 RM
1932	104,00 RM	360,00 RM	405,40 RM	940,80 RM
1933	104,00 RM	360,00 RM	405,54 RM	940,80 RM
1934	124,80 RM	300,00 RM	456,00 RM	806,40 RM
1935	124,80 RM	300,00 RM	456,00 RM	806,40 RM
1936	124,80 RM	300,00 RM	456,00 RM	806,40 RM
1937	124,80 RM	300,00 RM	456,00 RM	806,40 RM
1938	136,37 RM	300,00 RM	461,93 RM	1 767,60 RM
1939	140,40 RM	300,00 RM	471,90 RM	1 771,20 RM
1940	140,40 RM	300,00 RM	471,90 RM	1 771,20 RM
1941	140,40 RM	300,00 RM	472,73 RM	1 767,60 RM
1942	171,00 RM	351,60 RM	478,50 RM	1 764,00 RM
1943	201,60 RM	403,20 RM	888,00 RM	1 032,00 RM
1944	201,60 RM	403,20 RM	888,00 RM	1 032,00 RM
1945	201,60 RM	403,20 RM	888,00 RM	1 032,00 RM
1946	201,60 RM	403,20 RM	888,00 RM	1 032,00 RM
1947	201,60 RM	403,20 RM	888,00 RM	1 462,00 RM
1948	201,60 DM[3]	403,20 DM[1]	888,00 DM[1]	1 548,00 DM[1]
1949	504,00 DM	588,00 DM	1 472,50 DM	1 747,50 DM
1950	720,00 DM		1 890,00 DM	
1951	720,00 DM		1 890,00 DM	
1952	780,00 DM		2 160,00 DM	
1953	900,00 DM		2 700,00 DM	
1954	900,00 DM		2 700,00 DM	
1955	967,50 DM		2 700,00 DM	
1956	990,00 DM		2 700,00 DM	
1957	1 215,00 DM		2 770,00 DM	
1958	1 260,00 DM		2 820,00 DM	
1959	1 344,00 DM		2 820,00 DM	
1960	1 428,00 DM		2 820,00 DM	
1961	1 512,00 DM		3 102,00 DM	
1962	1 596,00 DM		3 102,00 DM	
1963	1 680,00 DM		3 384,00 DM	
1964	1 848,00 DM		3 948,00 DM	
1965	2 016,00 DM		4 230,00 DM	

1) Die Regelungen des BMF-Schreibens vom 10. 4. 2015 (BStBl I S. 256) und des BMF-Schreibens vom 1. 6. 2015 (BStBl I S. 475) sind auf alle offenen Fälle anzuwenden.

2) Abgedruckt in der Lohnsteuer Handausgabe 2013.

3) Die im Jahr 1948 vor der Währungsreform geltenden Höchstbeiträge wurden entsprechend der Umstellung der Renten im Verhältnis 1:1 von Reichsmark (RM) in Deutsche Mark (DM) umgerechnet.

Jahr	Gesetzliche Rentenversicherung der Arbeiter und Angestellten	Knappschaftliche Rentenversicherung
	Arbeiter / Angestellte	Arbeiter / Angestellte
1966	2 184,00 DM	4 512,00 DM
1967	2 352,00 DM	4 794,00 DM
1968	2 880,00 DM	5 358,00 DM
1969	3 264,00 DM	5 640,00 DM
1970	3 672,00 DM	5 922,00 DM
1971	3 876,00 DM	6 486,00 DM
1972	4 284,00 DM	7 050,00 DM
1973	4 968,00 DM	7 896,00 DM
1974	5 400,00 DM	8 742,00 DM
1975	6 048,00 DM	9 588,00 DM
1976	6 696,00 DM	10 716,00 DM
1977	7 344,00 DM	11 844,00 DM
1978	7 992,00 DM	12 972,00 DM
1979	8 640,00 DM	13 536,00 DM
1980	9 072,00 DM	14 382,00 DM
1981	9 768,00 DM	15 876,00 DM
1982	10 152,00 DM	16 356,00 DM
1983	10 900,00 DM	17 324,00 DM
1984	11 544,00 DM	18 624,00 DM
1985	12 306,60 DM	19 892,30 DM
1986	12 902,40 DM	20 658,60 DM
1987	12 790,80 DM	20 831,40 DM
1988	13 464,00 DM	21 418,20 DM
1989	13 688,40 DM	22 005,00 DM
1990	14 137,20 DM	22 885,20 DM
1991	14 001,00 DM	22 752,00 DM
1992	14 443,20 DM	23 637,60 DM
1993	15 120,00 DM	24 831,00 DM
1994	17 510,40 DM	28 764,00 DM
1995	17 409,60 DM	28 454,40 DM
1996	18 432,00 DM	29 988,00 DM
1997	19 975,20 DM	32 602,80 DM
1998	20 462,40 DM	33 248,40 DM
1999	20 094,00 DM	32 635,20 DM
2000	19 917,60 DM	32 563,20 DM
2001	19 940,40 DM	32 613,60 DM
2002	10 314,00 Euro	16 916,40 Euro
2003	11 934,00 Euro	19 425,00 Euro
2004	12 051,00 Euro	19 735,80 Euro

VII.
Vorgezogene Leistungen in Form eines Übergangsgelds vor dem 60. Lebensjahr

BMF-Schreiben vom 26. 1. 2006 – IV C 5 – S 2333 – 2/06 –

In Ihrer Eingabe war darauf hingewiesen worden, dass in einzelnen Versorgungssystemen vorgesehen ist, bereits vor dem 60. Lebensjahr vorgezogene Leistungen in Form eines Übergangsgelds zu zahlen. Es stellt sich die Frage nach der Bildung von Pensionsrückstellungen sowie der lohnsteuerlichen Anerkennung, insbesondere vor dem Hintergrund, dass nach dem BMF-Schreiben vom 17. November 2004 (BStBl I S. 1065) als Untergrenze bei altersbedingtem Ausscheiden im Regelfall das 60. Lebensjahr gilt.

Nach Abstimmung mit dem für das Betriebsrentengesetz zuständigen Bundesministerium für Arbeit und Soziales und den obersten Finanzbehörden der Länder wird als Antwort auf die Eingabe Folgendes mitgeteilt:

Überbrückungshilfen oder Übergangsleistungen sind keine Leistungen der betrieblichen Altersversorgung und stehen damit nicht unter dem Schutz des Betriebsrentengesetzes. Es handelt sich dabei um Übergangsgelder, wenn die Regelung der konkreten betrieblichen Altersversorgung bezweckt, den Einkommensverlust des vorzeitig ausgeschiedenen Arbeitnehmers bis zum Eintritt in den Ruhestand auszugleichen.

Wenn man im Einzelfall zu dem Ergebnis gelangt, dass eine Zusage des Arbeitsgebers in „Übergangsleistungen" und „Leistungen der betrieblichen Altersversorgung" aufzusplitten ist, so ist dies für letztere betriebsrentenrechtlich unschädlich. Die Folge ist lediglich eine Aufteilung in Arbeitgeberleistungen, die nicht dem Schutz des Betriebsrentengesetzes unterliegen, und Leistungen der betrieblichen Altersversorgung, für die die Regelungen des Betriebsrentengesetzes gelten.

Berücksichtigt man die betriebsrentenrechtliche Behandlung bei der lohnsteuerlichen Beurteilung, gelangt man zu dem Ergebnis, dass die Zahlung von vorgezogenen Leistungen in Form eines Übergangsgelds vor dem 60. Lebensjahr dann lohnsteuerlich unschädlich ist, wenn im Einzelfall eine Trennung der vorgezogenen Leistungen in Form eines Übergangsgelds von den Leistungen der betrieblichen Altersversorgung möglich ist. Ein Anhaltspunkt hierfür kann sein, dass sich die zugesagte Altersleistung lediglich durch das vorgezogene Ausscheiden des Arbeitnehmers aus dem Arbeitsverhältnis gemäß § 2 Abs. 1 des Betriebsrentengesetzes, nicht aber durch die als „Übergangsgeld" erbrachten Leistungen verringert. Bei einer Trennung der Leistungen ist für den Teil „Übergangsgeld" in der Regel ebenfalls erst bei Auszahlung ein Lohnzufluss anzunehmen. Ist eine Trennung nicht möglich, ist die gesamte Vereinbarung aus lohnsteuerlicher Sicht nicht als betriebliche Altersversorgung anzuerkennen. Siehe dazu Rz. 154 ff. des BMF-Schreibens vom 17. November 2004 (a. a. O.).

Hinsichtlich der Bildung von Pensionsrückstellungen nach § 6a des Einkommensteuergesetzes ist R 6a Abs. 2 Satz 3 EStR einschlägig, d. h. das Einkommensteuerrecht folgt dem Betriebsrentenrecht. Für den Teil „Übergangsgeld" ist eine allgemeine Rückstellung zu bilden.

VIII.
Steuerliche Behandlung einer selbständigen Berufsunfähigkeitsversicherung als Direktversicherung

BMF-Schreiben vom 1. 8. 2006 – IV C 5 – S 2333 – 87/06 –

Auf eine Anfrage hin hat das BMF Folgendes mitgeteilt:

Voraussetzung für die Steuerfreiheit nach § 3 Nr. 63 EStG ist, dass die Auszahlung der zugesagten Versorgungsleistung in Form einer lebenslangen Rente oder eines Auszahlungsplans mit anschließender lebenslanger Teilkapitalverrentung (§ 1 Abs. 1 Satz 1 Nr. 4 des Altersvorsorgeverträge-Zertifizierungsgesetzes) vorgesehen ist. Liegt diese Voraussetzung bei einer selbständigen Berufsunfähigkeitsversicherung vor, wird auch diese vom Anwendungsbereich des § 3 Nr. 63 EStG erfasst. Anhang 2 II

Im Hinblick auf die entfallende Versorgungsbedürftigkeit, z. B. für den Fall der Vollendung des 27. Lebensjahres der Kinder, der Wiederheirat der Witwe/des Witwers, des Endes der Erwerbsminderung durch Wegfall der Voraussetzungen für den Bezug (insbesondere bei Verbesserung der Gesundheitssituation oder Erreichen der Altersgrenze), wird es von der Verwaltung nicht beanstandet, wenn eine Rente oder ein Auszahlungsplan zeitlich befristet ist (Rz. 177 Satz 2 des BMF-Schreibens vom 17. November 2004, BStBl I S. 1065). Somit ist es unschädlich, wenn z. B. eine Berufsunfähigkeitsrente lediglich bis zum Beginn des Bezugs einer Altersrente aus der gesetzlichen Rentenversicherung gezahlt wird.

Eine laufende Verrechnung von Überschussanteilen steht der Steuerfreiheit nach § 3 Nr. 63 EStG grundsätzlich nicht entgegen. Vor diesem Hintergrund können die verzinslich angesammelten Überschüsse einer Berufsunfähigkeitsversicherung auch am Ende der Laufzeit der Versicherung oder nach Eintritt des Versicherungsfalls als einmalige Kapitalsumme ausbezahlt werden. Eine unzulässige Beitragserstattung liegt nicht vor, denn es wird praktisch nur eine Überzahlung (zuviel gezahlte Risikoprämien) korrigiert. Die Auszahlung der Überschüsse unterliegt dann der Besteuerung nach § 22 Nr. 5 EStG (d. h., bei Anwendung von § 3 Nr. 63 EStG vollständige Besteuerung der Auszahlung nach § 22 Nr. 5 Satz 1 EStG).

IX. Anhebung der Altersgrenzen; Erhöhungen im Bereich Versicherungen im Sinne des § 20 Absatz 1 Nummer 6 EStG, Altersvorsorgeverträge, Basisrentenverträge, betriebliche Altersversorgung

BMF-Schreiben vom 6. 3. 2012 (BStBl I S. 238)

$\frac{\text{IV C 3 – S 2220/11/10002}}{\text{IV C 1 – S 2252/07/0001:005}}$ 2012/0186064

In Abstimmung mit den obersten Finanzbehörden der Länder gilt im Hinblick auf die steuerlichen Auswirkungen einer Anpassung von Vorsorgeverträgen an die Anhebung des Mindestrentenalters vom 60. auf das 62. Lebensjahr Folgendes:

I. Versicherungsleistungen, die nach § 20 Absatz 1 Nummer 6 EStG zu versteuern sind

Bei Versicherungsverträgen, die nach dem 31. Dezember 2011 abgeschlossen werden, ist der hälftige Unterschiedsbetrag nach § 20 Absatz 1 Nummer 6 Satz 2 EStG mit der Maßgabe anzuwenden, dass die Versicherungsleistung nach Vollendung des 62. Lebensjahres des Steuerpflichtigen ausgezahlt wird.

Werden wesentliche Vertragsmerkmale einer Versicherung (Versicherungslaufzeit, Versicherungssumme, Beitragshöhe, Beitragszahlungsdauer), die vor dem 1. Januar 2012 abgeschlossen wurde, geändert **und** führt dies nach den Ausführungen im BMF-Schreiben vom 22. August 2002[1]) (BStBl I S. 827) und den Rz. 67 ff. des BMF-Schreibens vom 1. Oktober 2009[2]) (BStBl I S. 1172) zu einem Neubeginn der Mindestvertragsdauer, dann ist **bei** Vertragsänderung nach dem 31. Dezember 2011 der hälftige Unterschiedsbetrag nur dann anzusetzen, wenn

– die Versicherungsleistungen nach Vollendung des 62. Lebensjahres des Steuerpflichtigen und
– nach Ablauf von zwölf Jahren seit der Vertragsänderung ausgezahlt werden.

Soweit nachträglich vereinbarte Beitragserhöhungen oder Erhöhungen der Versicherungssumme im Umfang der Erhöhung steuerlich zu einem gesonderten neuen Vertrag führen, gelten die v. g. Regelungen nur für diesen neuen Vertrag.

Führt die Vertragsänderung bei vor dem 1. Januar 2012 abgeschlossenen Versicherungsverträgen nicht zu einem Neubeginn der Mindestvertragsdauer, bspw. weil sie bereits bei Vertragsabschluss vereinbart wurde, kommt es für die Anwendung des § 20 Absatz 1 Nummer 6 Satz 2 EStG nicht zu einer Anhebung der Altersgrenze auf das 62. Lebensjahr. Der Zeitpunkt der Vertragsänderung ist insoweit ohne Bedeutung.

Darüber hinaus werden Rz. 71 und Rz. 92 des BMF-Schreibens vom 1. Oktober 2009[3]) (BStBl I S. 1172) um folgende Sätze ergänzt:

„Im Hinblick auf die gesetzliche Anhebung des Rentenalters von 65 auf 67 Jahre gilt Folgendes:

Die Verlängerung der Laufzeit eines Vertrages, der bisher einen Auszahlungszeitpunkt im 65. oder 66. Lebensjahr zum Inhalt hatte, führt nicht zu einer nachträglichen Vertragsänderung, wenn die Verlängerung einen Zeitraum von höchstens zwei Jahren umfasst. Eine entsprechende Verlängerung der Beitragszahlungsdauer ist zulässig. Eine solche Verlängerung der Laufzeit bzw. der Beitragszahlungsdauer infolge der Anhebung der Altersgrenze kann nur einmalig vorgenommen werden."

II. Zertifizierte Altersvorsorgeverträge

Bei Altersvorsorgeverträgen, die nach dem 31. Dezember 2011 abgeschlossen werden, dürfen die sich ergebenden Altersleistungen nicht vor Vollendung des 62. Lebensjahres oder einer vor Vollendung des 62. Lebensjahres beginnenden Leistung aus einem gesetzlichen Alterssicherungssystem des Anlegers ausgezahlt werden.

Bei Altersvorsorgeverträgen ist im Hinblick auf die **Förderbarkeit der Beiträge** (§ 10a Abschnitt XI EStG) insgesamt auf das Datum des ursprünglichen Vertragsabschlusses und das dem Vertragsabschluss zugrunde liegende Vertragsmuster abzustellen. D. h., wurde der Altersvorsorgevertrag vor dem 1. Januar 2012 abgeschlossen und sieht dieser für den Beginn der Altersleistungen ein Mindestrentenalter von 60 Jahren vor, dann gilt dies auch für eine nach dem 31. Dezember 2011 vorgenommene Erhöhung des Beitrags bzw. der Versicherungssumme.

---

1) Abgedruckt in → H 10 LStH ***(Vertragsänderungen bei Lebensversicherungen)***.
2) Abgedruckt in → H 20 LStH ***(Versicherungsverträge)***.
3) Abgedruckt in → H 20 LStH ***(Versicherungsverträge)***.

Die sich aus den geförderten Beträgen ergebenden Leistungen unterliegen der **nachgelagerten Besteuerung** nach § 22 Nummer 5 Satz 1 EStG. Der Zeitpunkt der Beitragserhöhung ist insoweit ohne Bedeutung.

Für die Besteuerung von Leistungen aus Altersvorsorgeverträgen, die auf ungeförderten Beiträgen beruhen, ist § 22 Nummer 5 Satz 2 EStG anzuwenden. Im Hinblick auf den Ansatz des hälftigen Unterschiedsbetrags nach § 20 Absatz 1 Nummer 6 Satz 2 EStG gelten für Versicherungsverträge die unter I. genannten Grundsätze. Für die Frage der anwendbaren Altersgrenze kommt es somit auf den Zeitpunkt des Vertragsabschlusses an. Für Altersvorsorgeverträge, deren Leistungen nach § 22 Nummer 5 Satz 2 Buchstabe c EStG besteuert werden, gelten die oben genannten Grundsätze entsprechend.

III. Basisrentenverträge

Bei Basisrentenverträgen, die nach dem 31. Dezember 2011 abgeschlossen werden, dürfen die sich ergebenden Altersleistungen nicht vor Vollendung des 62. Lebensjahres des Anlegers ausgezahlt werden.

Wurde der Basisrentenvertrag vor dem 1. Januar 2012 abgeschlossen, dann führt die Erhöhung der Versicherungssumme bzw. der Beiträge nicht zu einer steuerlichen Aufteilung des Vertrags. Die zugunsten des Basisrentenvertrags geleisteten Beiträge sind nach § 10 Absatz 1 Nummer 2 Buchstabe b EStG begünstigt, da sie zugunsten eines zertifizierten Basisrentenvertrags gezahlt werden.

Die sich aus dem Basisrentenvertrag ergebenden Leistungen sind nach § 22 Nummer 1 Satz 3 Buchstabe a Doppelbuchstabe aa EStG nachgelagert zu versteuern. Der Zeitpunkt der Beitragserhöhung ist insoweit ohne Bedeutung.

IV. Betriebliche Altersversorgung

Im Bereich der betrieblichen Altersversorgung gilt als Untergrenze für betriebliche Altersversorgungsleistungen bei altersbedingtem Ausscheiden aus dem Erwerbsleben im Regelfall das 60. Lebensjahr. Für Versorgungszusagen, die nach dem 31. Dezember 2011 erteilt werden, tritt an die Stelle des 60. Lebensjahres regelmäßig das 62. Lebensjahr (Rz. 249 des BMF-Schreibens vom 31. März 2010[1]), BStBl I S. 270).

Wird in einer vor dem 1. Januar 2012 erteilten Zusage die Untergrenze für betriebliche Altersversorgungsleistungen bei altersbedingtem Ausscheiden aus dem Erwerbsleben entsprechend erhöht, führt dies allein nicht zu einer Neuzusage (s. auch Rz. 306 ff. des BMF-Schreibens vom 31. März 2010[2])). Dabei ist es unerheblich, ob dies zusammen mit einer Verlängerung der Beitragszahlungsdauer erfolgt oder nicht.

Hinsichtlich der Besteuerung der Leistungen aus einer betrieblichen Altersversorgung in den Durchführungswegen Direktversicherung, Pensionskasse und Pensionsfonds gelten die Ausführungen unter Abschnitt I. bis III. entsprechend. Wird bei einem vor dem 1. Januar 2012 abgeschlossenen Vertrag die Untergrenze für betriebliche Altersversorgungsleistungen bis auf das 62. Lebensjahr erhöht und dadurch die Laufzeit des Vertrages verlängert, führt auch dies allein zu keiner nachträglichen Vertragsänderung, wenn die Verlängerung einen Zeitraum von höchstens zwei Jahren umfasst. Eine entsprechende Verlängerung der Beitragszahlungsdauer ist zulässig. Eine Verlängerung der Laufzeit bzw. der Beitragszahlungsdauer infolge der Anhebung der Altersgrenze kann nur einmalig vorgenommen werden.

1) ***Nachfolgeschreiben*** → Anhang 2 IV.
2) ***Nachfolgeschreiben*** → Anhang 2 IV.

Gesetz zur Regelung der Arbeitnehmerüberlassung (Arbeitnehmerüberlassungsgesetz – AÜG)

vom 3. 2. 1995 (BGBl. I S. 158)
zuletzt geändert durch Artikel 7 des Gesetzes zur Stärkung der Tarifautonomie (Tarifautonomiestärkungsgesetz) vom 11. 8. 2014 (BGBl. I S. 1348)[1]

§ 1 Erlaubnispflicht

(1) Arbeitgeber, die als Verleiher Dritten (Entleihern) Arbeitnehmer (Leiharbeitnehmer) im Rahmen ihrer wirtschaftlichen Tätigkeit zur Arbeitsleistung überlassen wollen, bedürfen der Erlaubnis. Die Überlassung von Arbeitnehmern an Entleiher erfolgt vorübergehend. Die Abordnung von Arbeitnehmern zu einer zur Herstellung eines Werkes gebildeten Arbeitsgemeinschaft ist keine Arbeitnehmerüberlassung, wenn der Arbeitgeber Mitglied der Arbeitsgemeinschaft ist, für alle Mitglieder der Arbeitsgemeinschaft Tarifverträge desselben Wirtschaftszweiges gelten und alle Mitglieder auf Grund des Arbeitsgemeinschaftsvertrages zur selbständigen Erbringung von Vertragsleistungen verpflichtet sind. Für einen Arbeitgeber mit Geschäftssitz in einem anderen Mitgliedstaat des Europäischen Wirtschaftsraumes ist die Abordnung von Arbeitnehmern zu einer zur Herstellung eines Werkes gebildeten Arbeitsgemeinschaft auch dann keine Arbeitnehmerüberlassung, wenn für ihn deutsche Tarifverträge desselben Wirtschaftszweiges wie für die anderen Mitglieder der Arbeitsgemeinschaft nicht gelten, er aber die übrigen Voraussetzungen des Satzes 2 erfüllt.

(2) Werden Arbeitnehmer Dritten zur Arbeitsleistung überlassen und übernimmt der Überlassende nicht die üblichen Arbeitgeberpflichten oder das Arbeitgeberrisiko (§ 3 Abs. 1 Nr. 1 bis 3), so wird vermutet, daß der Überlassende Arbeitsvermittlung betreibt.

(3) Dieses Gesetz ist mit Ausnahme des § 1b Satz 1, des § 16 Abs. 1 Nr. 1b und Abs. 2 bis 5 sowie der §§ 17 und 18 nicht anzuwenden auf die Arbeitnehmerüberlassung

1. zwischen Arbeitgebern desselben Wirtschaftszweiges zur Vermeidung von Kurzarbeit oder Entlassungen, wenn ein für den Entleiher und Verleiher geltender Tarifvertrag dies vorsieht,
2. zwischen Konzernunternehmen im Sinne des § 18 des Aktiengesetzes, wenn der Arbeitnehmer nicht zum Zweck der Überlassung eingestellt und beschäftigt wird,

2a. zwischen Arbeitgebern, wenn die Überlassung nur gelegentlich erfolgt und der Arbeitnehmer nicht zum Zweck der Überlassung eingestellt und beschäftigt wird, oder

3. in das Ausland, wenn der Leiharbeitnehmer in ein auf der Grundlage zwischenstaatlicher Vereinbarungen begründetes deutsch-ausländisches Gemeinschaftsunternehmen verliehen wird, an dem der Verleiher beteiligt ist.

§ 1a Anzeige der Überlassung

(1) Keiner Erlaubnis bedarf ein Arbeitgeber mit weniger als 50 Beschäftigten, der zur Vermeidung von Kurzarbeit oder Entlassungen an einen Arbeitgeber einen Arbeitnehmer, der nicht zum Zweck der Überlassung eingestellt und beschäftigt wird, bis zur Dauer von zwölf Monaten überläßt, wenn er die Überlassung vorher schriftlich der Bundesagentur für Arbeit angezeigt hat.

(2) In der Anzeige sind anzugeben

1. Vor- und Familiennamen, Wohnort und Wohnung, Tag und Ort der Geburt des Leiharbeitnehmers,
2. Art der vom Leiharbeitnehmer zu leistenden Tätigkeit und etwaige Pflicht zur auswärtigen Leistung,
3. Beginn und Dauer der Überlassung,
4. Firma und Anschrift des Entleihers.

§ 1b Einschränkungen im Baugewerbe

Arbeitnehmerüberlassung nach § 1 in Betriebe des Baugewerbes für Arbeiten, die üblicherweise von Arbeitern verrichtet werden, ist unzulässig. Sie ist gestattet

a) zwischen Betrieben des Baugewerbes und anderen Betrieben, wenn diese Betriebe erfassende, für allgemein verbindlich erklärte Tarifverträge dies bestimmen,

b) zwischen Betrieben des Baugewerbes, wenn der verleihende Betrieb nachweislich seit mindestens drei Jahren von denselben Rahmen- und Sozialkassentarifverträgen oder von deren Allgemeinverbindlichkeit erfasst wird.

---

1) Nach dem Referentenentwurf des Bundesministeriums für Arbeit und Soziales vom 16. 11. 2015 soll das AÜG geändert werden; die Änderungen sollen zum 1. 1. 2017 in Kraft treten.

Abweichend von Satz 2 ist für Betriebe des Baugewerbes mit Geschäftssitz in einem anderen Mitgliedstaat des Europäischen Wirtschaftsraumes Arbeitnehmerüberlassung auch gestattet, wenn die ausländischen Betriebe nicht von deutschen Rahmen- und Sozialkassentarifverträgen oder für allgemeinverbindlich erklärten Tarifverträgen erfasst werden, sie aber nachweislich seit mindestens drei Jahren überwiegend Tätigkeiten ausüben, die unter den Geltungsbereich derselben Rahmen- und Sozialkassentarifverträge fallen, von denen der Betrieb des Entleihers erfasst wird.

§ 2 Erteilung und Erlöschen der Erlaubnis

(1) Die Erlaubnis wird auf schriftlichen Antrag erteilt.

(2) Die Erlaubnis kann unter Bedingungen erteilt und mit Auflagen verbunden werden, um sicherzustellen, daß keine Tatsachen eintreten, die nach § 3 die Versagung der Erlaubnis rechtfertigen. Die Aufnahme, Änderung oder Ergänzung von Auflagen sind auch nach Erteilung der Erlaubnis zulässig.

(3) Die Erlaubnis kann unter dem Vorbehalt des Widerrufs erteilt werden, wenn eine abschließende Beurteilung des Antrags noch nicht möglich ist.

(4) Die Erlaubnis ist auf ein Jahr zu befristen. Der Antrag auf Verlängerung der Erlaubnis ist spätestens drei Monate vor Ablauf des Jahres zu stellen. Die Erlaubnis verlängert sich um ein weiteres Jahr, wenn die Erlaubnisbehörde die Verlängerung nicht vor Ablauf des Jahres ablehnt. Im Fall der Ablehnung gilt die Erlaubnis für die Abwicklung der nach § 1 erlaubt abgeschlossenen Verträge als fortbestehend, jedoch nicht länger als zwölf Monate.

(5) Die Erlaubnis kann unbefristet erteilt werden, wenn der Verleiher drei aufeinanderfolgende Jahre lang nach § 1 erlaubt tätig war. Sie erlischt, wenn der Verleiher von der Erlaubnis drei Jahre lang keinen Gebrauch gemacht hat.

§ 2a Kosten

(1) Für die Bearbeitung von Anträgen auf Erteilung und Verlängerung der Erlaubnis werden vom Antragsteller Gebühren und Auslagen erhoben.

(2) . Die Bundesregierung wird ermächtigt, durch Rechtsverordnung die gebührenpflichtigen Tatbestände näher zu bestimmen und dabei feste Sätze und Rahmensätze vorzusehen. Die Gebühr darf im Einzelfall 2 500 Euro nicht überschreiten.

§ 3 Versagung

(1) Die Erlaubnis oder ihre Verlängerung ist zu versagen, wenn Tatsachen die Annahme rechtfertigen, daß der Antragsteller

1. die für die Ausübung der Tätigkeit nach § 1 erforderliche Zuverlässigkeit nicht besitzt, insbesondere weil er die Vorschriften des Sozialversicherungsrechts, über die Einbehaltung und Abführung der Lohnsteuer, über die Arbeitsvermittlung, über die Anwerbung im Ausland oder über die Ausländerbeschäftigung, die Vorschriften des Arbeitsschutzrechts oder die arbeitsrechtlichen Pflichten nicht einhält;
2. nach der Gestaltung seiner Betriebsorganisation nicht in der Lage ist, die üblichen Arbeitgeberpflichten ordnungsgemäß zu erfüllen;
3. dem Leiharbeitnehmer für die Zeit der Überlassung an einen Entleiher die im Betrieb dieses Entleihers für einen vergleichbaren Arbeitnehmer des Entleihers geltenden wesentlichen Arbeitsbedingungen einschließlich des Arbeitsentgelts nicht gewährt. Ein Tarifvertrag kann abweichende Regelungen zulassen, soweit er nicht die in einer Rechtsverordnung nach § 3a Absatz 2 festgesetzten Mindeststundenentgelte unterschreitet. Im Geltungsbereich eines solchen Tarifvertrages können nicht tarifgebundene Arbeitgeber und Arbeitnehmer die Anwendung der tariflichen Regelungen vereinbaren. Eine abweichende tarifliche Regelung gilt *nicht für Leiharbeitnehmer*, die in den letzten sechs Monaten vor der Überlassung an den Entleiher aus einem Arbeitsverhältnis bei diesem oder einem Arbeitgeber, der mit dem Entleiher einen Konzern im Sinne des § 18 des Aktiengesetzes bildet, ausgeschieden sind.

4. – 6. (weggefallen)

(2) Die Erlaubnis oder ihre Verlängerung ist ferner zu versagen, wenn für die Ausübung der Tätigkeit nach § 1 Betriebe, Betriebsteile oder Nebenbetriebe vorgesehen sind, die nicht in einem Mitgliedstaat der Europäischen Wirtschaftsgemeinschaft oder einem anderen Vertragsstaat des Abkommens über den Europäischen Wirtschaftsraum liegen.

(3) Die Erlaubnis kann versagt werden, wenn der Antragsteller nicht Deutscher im Sinne des Artikels 116 des Grundgesetzes ist oder wenn eine Gesellschaft oder juristische Person den Antrag stellt, die entweder nicht nach deutschem Recht gegründet ist oder die weder ihren sat-

zungsmäßigen Sitz noch ihre Hauptverwaltung noch ihre Hauptniederlassung im Geltungsbereich dieses Gesetzes hat.

(4) Staatsangehörige der Mitgliedstaaten der Europäischen Wirtschaftsgemeinschaft oder eines anderen Vertragsstaates des Abkommens über den Europäischen Wirtschaftsraum erhalten die Erlaubnis unter den gleichen Voraussetzungen wie deutsche Staatsangehörige. Den Staatsangehörigen dieser Staaten stehen gleich Gesellschaften und juristische Personen, die nach den Rechtsvorschriften dieser Staaten gegründet sind und ihren satzungsgemäßen Sitz, ihre Hauptverwaltung oder ihre Hauptniederlassung innerhalb dieser Staaten haben. Soweit diese Gesellschaften oder juristischen Personen zwar ihren satzungsmäßigen Sitz, jedoch weder ihre Hauptverwaltung noch ihre Hauptniederlassung innerhalb dieser Staaten haben, gilt Satz 2 nur, wenn ihre Tätigkeit in tatsächlicher und dauerhafter Verbindung mit der Wirtschaft eines Mitgliedstaates oder eines Vertragsstaates des Abkommens über den Europäischen Wirtschaftsraum steht.

(5) Staatsangehörige anderer als der in Absatz 4 genannten Staaten, die sich aufgrund eines internationalen Abkommens im Geltungsbereich dieses Gesetzes niederlassen und hierbei sowie bei ihrer Geschäftstätigkeit nicht weniger günstig behandelt werden dürfen als deutsche Staatsangehörige, erhalten die Erlaubnis unter den gleichen Voraussetzungen wie deutsche Staatsangehörige. Den Staatsangehörigen nach Satz 1 stehen gleich Gesellschaften, die nach den Rechtsvorschriften des anderen Staates gegründet sind.

§ 3a Lohnuntergrenze

(1) Gewerkschaften und Vereinigungen von Arbeitgebern, die zumindest auch für ihre jeweiligen in der Arbeitnehmerüberlassung tätigen Mitglieder zuständig sind (vorschlagsberechtigte Tarifvertragsparteien) und bundesweit tarifliche Mindeststundenentgelte im Bereich der Arbeitnehmerüberlassung miteinander vereinbart haben, können dem Bundesministerium für Arbeit und Soziales gemeinsam vorschlagen, diese als Lohnuntergrenze in einer Rechtsverordnung verbindlich festzusetzen; die Mindeststundenentgelte können nach dem jeweiligen Beschäftigungsort differenzieren und auch Regelungen zur Fälligkeit entsprechender Ansprüche einschließlich hierzu vereinbarter Ausnahme und deren Voraussetzungen umfassen.[1] Der Vorschlag muss für Verleihzeiten und verleihfreie Zeiten einheitliche Mindeststundenentgelte sowie eine Laufzeit enthalten. Der Vorschlag ist schriftlich zu begründen.

(2) Das Bundesministerium für Arbeit und Soziales kann, wenn dies im öffentlichen Interesse geboten erscheint, in einer Rechtsverordnung ohne Zustimmung des Bundesrates bestimmen, dass die vorgeschlagenen tariflichen Mindeststundenentgelte nach Absatz 1 als verbindliche Lohnuntergrenze auf alle in den Geltungsbereich der Verordnung fallenden Arbeitgeber sowie Leiharbeitnehmer Anwendung findet.[2] Der Verordnungsgeber kann den Vorschlag nur inhaltlich unverändert in die Rechtsverordnung übernehmen.

(3)[3] Der Verordnungsgeber hat bei seiner Entscheidung nach Absatz 2 im Rahmen einer Gesamtabwägung neben den Zielen dieses Gesetzes zu prüfen, ob eine Rechtsverordnung nach Absatz 2 insbesondere geeignet ist, die finanzielle Stabilität der sozialen Sicherungssysteme zu gewährleisten. Der Verordnungsgeber hat zu berücksichtigen

1. die bestehenden bundesweiten Tarifverträge in der Arbeitnehmerüberlassung und
2. die Repräsentativität der vorschlagenden Tarifvertragsparteien.

(4) Liegen mehrere Vorschläge nach Absatz 1 vor, hat der Verordnungsgeber bei seiner Entscheidung nach Absatz 2 im Rahmen der nach Absatz 3 erforderlichen Gesamtabwägung die Repräsentativität der vorschlagenden Tarifvertragsparteien besonders zu berücksichtigen. Bei der Feststellung der Repräsentativität ist vorrangig abzustellen auf

1. die Zahl der jeweils in den Geltungsbereich einer Rechtsverordnung nach Absatz 2 fallenden Arbeitnehmer, die bei Mitgliedern der vorschlagenden Arbeitgebervereinigung beschäftigt sind;
2. die Zahl der jeweils in den Geltungsbereich einer Rechtsverordnung nach Absatz 2 fallenden Mitglieder der vorschlagenden Gewerkschaften.

(5) Vor Erlass ist ein Entwurf der Rechtsverordnung im Bundesanzeiger bekannt zu machen. Das Bundesministerium für Arbeit und Soziales gibt Verleihern und Leiharbeitnehmern sowie den Gewerkschaften und Vereinigungen von Arbeitgebern, die im Geltungsbereich der Rechtsverordnung zumindest teilweise tarifzuständig sind, Gelegenheit zur schriftlichen Stellungnahme

[1]) § 3a Abs. 1 Satz 1 AÜG wurde durch das Tarifautonomiestärkungsgesetz vom 11. 8. 2014 (BGBl. I S. 1348) geändert.

[2]) § 3a Abs. 2 Satz 1 AÜG wurde durch das Tarifautonomiestärkungsgesetz vom 11. 8. 2014 (BGBl. I S. 1348) geändert.

[3]) § 3a Abs. 3 Satz 1 AÜG a. F. wurde durch das Tarifautonomiestärkungsgesetz vom 11. 8. 2014 (BGBl. I S. 1348) aufgehoben.

innerhalb von drei Wochen ab dem Tag der Bekanntmachung des Entwurfs der Rechtsverordnung im Bundesanzeiger. Nach Ablauf der Stellungnahmefrist wird der in § 5 Absatz 1 Satz 1 des Tarifvertragsgesetzes genannte Ausschuss mit dem Vorschlag befasst.

(6) Nach Absatz 1 vorschlagsberechtigte Tarifvertragsparteien können gemeinsam die Änderung einer nach Absatz 2 erlassenen Rechtsverordnung vorschlagen. Die Absätze 1 bis 5 finden entsprechend Anwendung.

§ 4 Rücknahme

(1) Eine rechtswidrige Erlaubnis kann mit Wirkung für die Zukunft zurückgenommen werden. § 2 Abs. 4 Satz 4 gilt entsprechend.

(2) Die Erlaubnisbehörde hat dem Verleiher auf Antrag den Vermögensnachteil auszugleichen, den dieser dadurch erleidet, daß er auf den Bestand der Erlaubnis vertraut hat, soweit sein Vertrauen unter Abwägung mit dem öffentlichen Interesse schutzwürdig ist. Auf Vertrauen kann sich der Verleiher nicht berufen, wenn er

1. die Erlaubnis durch arglistige Täuschung, Drohung oder eine strafbare Handlung erwirkt hat;
2. die Erlaubnis durch Angaben erwirkt hat, die in wesentlicher Beziehung unrichtig oder unvollständig waren, oder
3. die Rechtswidrigkeit der Erlaubnis kannte oder infolge grober Fahrlässigkeit nicht kannte.

Der Vermögensnachteil ist jedoch nicht über den Betrag des Interesses hinaus zu ersetzen, das der Verleiher an dem Bestand der Erlaubnis hat. Der auszugleichende Vermögensnachteil wird durch die Erlaubnisbehörde festgesetzt. Der Anspruch kann nur innerhalb eines Jahres geltend gemacht werden; die Frist beginnt, sobald die Erlaubnisbehörde den Verleiher auf sie hingewiesen hat.

(3) Die Rücknahme ist nur innerhalb eines Jahres seit dem Zeitpunkt zulässig, in dem die Erlaubnisbehörde von den Tatsachen Kenntnis erhalten hat, die die Rücknahme der Erlaubnis rechtfertigen.

§ 5 Widerruf

(1) Die Erlaubnis kann mit Wirkung für die Zukunft widerrufen werden, wenn

1. der Widerruf bei ihrer Erteilung nach § 2 Abs. 3 vorbehalten worden ist;
2. der Verleiher eine Auflage nach § 2 nicht innerhalb einer ihm gesetzten Frist erfüllt hat;
3. die Erlaubnisbehörde aufgrund nachträglich eingetretener Tatsachen berechtigt wäre, die Erlaubnis zu versagen, oder
4. die Erlaubnisbehörde aufgrund einer geänderten Rechtslage berechtigt wäre, die Erlaubnis zu versagen; § 4 Abs. 2 gilt entsprechend.

(2) Die Erlaubnis wird mit dem Wirksamwerden des Widerrufs unwirksam. § 2 Abs. 4 Satz 4 gilt entsprechend.

(3) Der Widerruf ist unzulässig, wenn eine Erlaubnis gleichen Inhalts erneut erteilt werden müßte.

(4) Der Widerruf ist nur innerhalb eines Jahres seit dem Zeitpunkt zulässig, in dem die Erlaubnisbehörde von den Tatsachen Kenntnis erhalten hat, die den Widerruf der Erlaubnis rechtfertigen.

§ 6 Verwaltungszwang

Werden Leiharbeitnehmer von einem Verleiher ohne die erforderliche Erlaubnis überlassen, so hat die Erlaubnisbehörde dem Verleiher dies zu untersagen und das weitere Überlassen nach den Vorschriften des Verwaltungsvollstreckungsgesetzes zu verhindern.

§ 7 Anzeigen und Auskünfte

(1) Der Verleiher hat der Erlaubnisbehörde nach Erteilung der Erlaubnis unaufgefordert die Verlegung, Schließung und Errichtung von Betrieben, Betriebsteilen oder Nebenbetrieben vorher anzuzeigen, soweit diese die Ausübung der Arbeitnehmerüberlassung zum Gegenstand haben. Wenn die Erlaubnis Personengesamtheiten, Personengesellschaften oder juristischen Personen erteilt ist und nach ihrer Erteilung eine andere Person zur Geschäftsführung oder Vertretung nach Gesetz, Satzung oder Gesellschaftsvertrag berufen wird, ist auch dies unaufgefordert anzuzeigen.

(2) Der Verleiher hat der Erlaubnisbehörde auf Verlangen die Auskünfte zu erteilen, die zur Durchführung des Gesetzes erforderlich sind. Die Auskünfte sind wahrheitsgemäß, vollständig,

fristgemäß und unentgeltlich zu erteilen. Auf Verlangen der Erlaubnisbehörde hat der Verleiher die geschäftlichen Unterlagen vorzulegen, aus denen sich die Richtigkeit seiner Angaben ergibt, oder seine Angaben auf sonstige Weise glaubhaft zu machen. Der Verleiher hat seine Geschäftsunterlagen drei Jahre lang aufzubewahren.

(3) In begründeten Einzelfällen sind die von der Erlaubnisbehörde beauftragten Personen befugt, Grundstücke und Geschäftsräume des Verleihers zu betreten und dort Prüfungen vorzunehmen. Der Verleiher hat die Maßnahmen nach Satz 1 zu dulden. Das Grundrecht der Unverletzlichkeit der Wohnung (Artikel 13 des Grundgesetzes) wird insoweit eingeschränkt.

(4) Durchsuchungen können nur auf Anordnung des Richters bei dem Amtsgericht, in dessen Bezirk die Durchsuchung erfolgen soll, vorgenommen werden. Auf die Anfechtung dieser Anordnung finden die §§ 304 bis 310 der Strafprozeßordnung entsprechende Anwendung. Bei Gefahr im Verzug können die von der Erlaubnisbehörde beauftragten Personen während der Geschäftszeit die erforderlichen Durchsuchungen ohne richterliche Anordnung vornehmen. An Ort und Stelle ist eine Niederschrift über die Durchsuchung und ihr wesentliches Ergebnis aufzunehmen, aus der sich, falls keine richterliche Anordnung ergangen ist, auch die Tatsachen ergeben, die zur Annahme einer Gefahr im Verzug geführt haben.

(5) Der Verleiher kann die Auskunft auf solche Fragen verweigern, deren Beantwortung ihn selbst oder einen der in § 383 Abs. 1 Nr. 1 bis 3 der Zivilprozeßordnung bezeichneten Angehörigen der Gefahr strafgerichtlicher Verfolgung oder eines Verfahrens nach dem Gesetz über Ordnungswidrigkeiten aussetzen würde.

§ 8 Statistische Meldungen

(1) Der Verleiher hat der Erlaubnisbehörde halbjährlich statistische Meldungen über

1. die Zahl der überlassenen Leiharbeitnehmer getrennt nach Geschlecht, nach der Staatsangehörigkeit, nach Berufsgruppen und nach der Art der vor der Begründung des Vertragsverhältnisses zum Verleiher ausgeübten Beschäftigung,
2. die Zahl der Überlassungsfälle, gegliedert nach Wirtschaftsgruppen,
3. die Zahl der Entleiher, denen er Leiharbeitnehmer überlassen hat, gegliedert nach Wirtschaftsgruppen,
4. die Zahl und die Dauer der Arbeitsverhältnisse, die er mit jedem überlassenen Leiharbeitnehmer eingegangen ist,
5. die Zahl der Beschäftigungstage jedes überlassenen Leiharbeitnehmers, gegliedert nach Überlassungsfällen, zu erstatten. Die Erlaubnisbehörde kann die Meldepflicht nach Satz 1 einschränken.

(2) Die Meldungen sind für das erste Kalenderhalbjahr bis zum 1. September des laufenden Jahres, für das zweite Kalenderhalbjahr bis zum 1. März des folgenden Jahres zu erstatten.

(3) Die Erlaubnisbehörde gibt zur Durchführung des Absatzes 1 Erhebungsvordrucke aus. Die Meldungen sind auf diesen Vordrucken zu erstatten. Die Richtigkeit der Angaben ist durch Unterschrift zu bestätigen.

(4) Einzelangaben nach Absatz 1 sind von der Erlaubnisbehörde geheimzuhalten. Die §§ 93, 97, 105 Abs. 1, § 111 Abs. 5 in Verbindung mit § 105 Abs. 1 sowie § 116 Abs. 1 der Abgabenordnung gelten nicht. Dies gilt nicht, soweit die Finanzbehörden die Kenntnisse für die Durchführung eines Verfahrens wegen einer Steuerstraftat sowie eines damit zusammenhängenden Besteuerungsverfahrens benötigen, an deren Verfolgung ein zwingendes öffentliches Interesse besteht, oder soweit es sich um vorsätzlich falsche Angaben des Auskunftspflichtigen oder der für ihn tätigen Personen handelt. Veröffentlichungen von Ergebnissen auf Grund von Meldungen nach Absatz 1 dürfen keine Einzelangaben enthalten. Eine Zusammenfassung von Angaben mehrerer Auskunftspflichtiger ist keine Einzelangabe im Sinne dieses Absatzes.

§ 9 Unwirksamkeit

Unwirksam sind:

1. Verträge zwischen Verleihern und Entleihern sowie zwischen Verleihern und Leiharbeitnehmern, wenn der Verleiher nicht die nach § 1 erforderliche Erlaubnis hat,
2. *Vereinbarungen,* die für den Leiharbeitnehmer für die Zeit der Überlassung an einen Entleiher schlechtere als die im Betrieb des Entleihers für einen vergleichbaren Arbeitnehmer des Entleihers geltenden wesentlichen Arbeitsbedingungen einschließlich des Arbeitsentgelts vorsehen; ein Tarifvertrag kann abweichende Regelungen zulassen, soweit er nicht die in einer Rechtsverordnung nach § 3a Absatz 2 festgesetzten Mindeststundenentgelte unterschreitet; im Geltungsbereich eines solchen Tarifvertrages können nicht tarifgebundene Arbeitgeber und Arbeitnehmer die Anwendung der tariflichen Regelungen vereinbaren; eine

abweichende tarifliche Regelung gilt nicht für Leiharbeitnehmer, die in den letzten sechs Monaten vor der Überlassung an den Entleiher aus einem Arbeitsverhältnis bei diesem oder einem Arbeitgeber, der mit dem Entleiher einen Konzern im Sinne des § 18 des Aktiengesetzes bildet, ausgeschieden sind,

2a. Vereinbarungen, die den Zugang des Leiharbeitnehmers zu den Gemeinschaftseinrichtungen oder -diensten im Unternehmen des Entleihers entgegen § 13b beschränken,

3. Vereinbarungen, die dem Entleiher untersagen, den Leiharbeitnehmer zu einem Zeitpunkt einzustellen, in dem dessen Arbeitsverhältnis zum Verleiher nicht mehr besteht; dies schließt die Vereinbarung einer angemessenen Vergütung zwischen Verleiher und Entleiher für die nach vorangegangenem Verleih oder mittels vorangegangenem Verleih erfolgte Vermittlung nicht aus,

4. Vereinbarungen, die dem Leiharbeitnehmer untersagen, mit dem Entleiher zu einem Zeitpunkt, in dem das Arbeitsverhältnis zwischen Verleiher und Leiharbeitnehmer nicht mehr besteht, ein Arbeitsverhältnis einzugehen,

5. Vereinbarungen, nach denen der Leiharbeitnehmer eine Vermittlungsvergütung an den Verleiher zu zahlen hat.

§ 10 Rechtsfolgen bei Unwirksamkeit, Pflichten des Arbeitgebers zur Gewährung von Arbeitsbedingungen

(1) Ist der Vertrag zwischen einem Verleiher und einem Leiharbeitnehmer nach § 9 Nr. 1 unwirksam, so gilt ein Arbeitsverhältnis zwischen Entleiher und Leiharbeitnehmer zu dem zwischen dem Entleiher und dem Verleiher für den Beginn der Tätigkeit vorgesehenen Zeitpunkt als zustande gekommen; tritt die Unwirksamkeit erst nach Aufnahme der Tätigkeit beim Entleiher ein, so gilt das Arbeitsverhältnis zwischen Entleiher und Leiharbeitnehmer mit dem Eintritt der Unwirksamkeit als zustande gekommen. Das Arbeitsverhältnis nach Satz 1 gilt als befristet, wenn die Tätigkeit des Leiharbeitnehmers bei dem Entleiher nur befristet vorgesehen war und ein die Befristung des Arbeitsverhältnisses sachlich rechtfertigender Grund vorliegt. Für das Arbeitsverhältnis nach Satz 1 gilt die zwischen dem Verleiher und dem Entleiher vorgesehene Arbeitszeit als vereinbart. Im übrigen bestimmen sich Inhalt und Dauer dieses Arbeitsverhältnisses nach den für den Betrieb des Entleihers geltenden Vorschriften und sonstigen Regelungen; sind solche nicht vorhanden, gelten diejenigen vergleichbarer Betriebe. Der Leiharbeitnehmer hat gegen den Entleiher mindestens Anspruch auf das mit dem Verleiher vereinbarte Arbeitsentgelt.

(2) Der Leiharbeitnehmer kann im Fall der Unwirksamkeit seines Vertrags mit dem Verleiher nach § 9 Nr. 1 von diesem Ersatz des Schadens verlangen, den er dadurch erleidet, daß er auf die Gültigkeit des Vertrags vertraut. Die Ersatzpflicht tritt nicht ein, wenn der Leiharbeitnehmer den Grund der Unwirksamkeit kannte.

(3) Zahlt der Verleiher das vereinbarte Arbeitsentgelt oder Teile des Arbeitsentgelts an den Leiharbeitnehmer, obwohl der Vertrag nach § 9 Nr. 1 unwirksam ist, so hat er auch sonstige Teile des Arbeitsentgelts, die bei einem wirksamen Arbeitsvertrag für den Leiharbeitnehmer an einen anderen zu zahlen wären, an den anderen zu zahlen. Hinsichtlich dieser Zahlungspflicht gilt der Verleiher neben dem Entleiher als Arbeitgeber; beide haften insoweit als Gesamtschuldner.

(4) Der Verleiher ist verpflichtet, dem Leiharbeitnehmer für die Zeit der Überlassung an den Entleiher die im Betrieb des Entleihers für einen vergleichbaren Arbeitnehmer des Entleihers geltenden wesentlichen Arbeitsbedingungen einschließlich des Arbeitsentgelts zu gewähren. Soweit ein auf das Arbeitsverhältnis anzuwendender Tarifvertrag abweichende Regelungen trifft (§ 3 Absatz 1 Nummer 3, § 9 Nummer 2), hat der Verleiher dem Leiharbeitnehmer die nach diesem Tarifvertrag geschuldeten Arbeitsbedingungen zu gewähren. Soweit ein solcher Tarifvertrag die in einer Rechtsverordnung nach § 3a Absatz 2 festgesetzten Mindeststundenentgelte unterschreitet, hat der Verleiher dem Leiharbeitnehmer für jede Arbeitsstunde das im Betrieb des Entleihers für einen vergleichbaren Arbeitnehmer des Entleihers für eine Arbeitsstunde zu zahlende Arbeitsentgelt zu gewähren. Im Falle der Unwirksamkeit der Vereinbarung zwischen Verleiher und Leiharbeitnehmer nach § 9 Nummer 2 hat der Verleiher dem Leiharbeitnehmer die im Betrieb des Entleihers für einen vergleichbaren Arbeitnehmer des Entleihers geltenden wesentlichen Arbeitsbedingungen einschließlich des Arbeitsentgelts zu gewähren.

(5) Der Verleiher ist verpflichtet, dem Leiharbeitnehmer mindestens das in einer Rechtsverordnung nach § 3a Absatz 2 für die Zeit der Überlassung und für Zeiten ohne Überlassung festgesetzte Mindeststundenentgelt zu zahlen.

§ 11 Sonstige Vorschriften über das Leiharbeitsverhältnis

(1) Der Nachweis der wesentlichen Vertragsbedingungen des Leiharbeitsverhältnisses richtet sich nach den Bestimmungen des Nachweisgesetzes. Zusätzlich zu den in § 2 Abs. 1 des Nachweisgesetzes genannten Angaben sind in die Niederschrift aufzunehmen:

1. Firma und Anschrift des Verleihers, die Erlaubnisbehörde sowie Ort und Datum der Erteilung der Erlaubnis nach § 1,
2. Art und Höhe der Leistungen für Zeiten, in denen der Leiharbeitnehmer nicht verliehen ist.

(2) Der Verleiher ist ferner verpflichtet, dem Leiharbeitnehmer bei Vertragsschluß ein Merkblatt der Erlaubnisbehörde über den wesentlichen Inhalt dieses Gesetzes auszuhändigen. Nichtdeutsche Leiharbeitnehmer erhalten das Merkblatt und den Nachweis (BGBl. 2002 I S. 4619) nach Absatz 1 auf Verlangen in ihrer Muttersprache. Die Kosten des Merkblatts trägt der Verleiher.

(3) Der Verleiher hat den Leiharbeitnehmer unverzüglich über den Zeitpunkt des Wegfalls der Erlaubnis zu unterrichten. In den Fällen der Nichtverlängerung (§ 2 Abs. 4 Satz 3), der Rücknahme (§ 4) oder des Widerrufs (§ 5) hat er ihn ferner auf das voraussichtliche Ende der Abwicklung (§ 2 Abs. 4 Satz 4) und die gesetzliche Abwicklungsfrist (§ 2 Abs. 4 Satz 4 letzter Halbsatz) hinzuweisen.

(4) § 622 Abs. 5 Nr. 1 des Bürgerlichen Gesetzbuchs ist nicht auf Arbeitsverhältnisse zwischen Verleihern und Leiharbeitnehmern anzuwenden. Das Recht des Leiharbeitnehmers auf Vergütung bei Annahmeverzug des Verleihers (§ 615 Satz 1 des Bürgerlichen Gesetzbuchs) kann nicht durch Vertrag aufgehoben oder beschränkt werden; § 615 Satz 2 des Bürgerlichen Gesetzbuchs bleibt unberührt. Das Recht des Leiharbeitnehmers auf Vergütung kann durch Vereinbarung von Kurzarbeit für die Zeit aufgehoben werden, für die dem Leiharbeitnehmer Kurzarbeitergeld nach dem Dritten Buch Sozialgesetzbuch gezahlt wird; eine solche Vereinbarung kann das Recht des Leiharbeitnehmers auf Vergütung bis längstens zum 31. Dezember 2011ausschließen.

(5) Der Leiharbeitnehmer ist nicht verpflichtet, bei einem Entleiher tätig zu sein, soweit dieser durch einen Arbeitskampf unmittelbar betroffen ist. In den Fällen eines Arbeitskampfs nach Satz 1 hat der Verleiher den Leiharbeitnehmer auf das Recht, die Arbeitsleistung zu verweigern, hinzuweisen.

(6) Die Tätigkeit des Leiharbeitnehmers bei dem Entleiher unterliegt den für den Betrieb des Entleihers geltenden öffentlich-rechtlichen Vorschriften des Arbeitsschutzrechts; die hieraus sich ergebenden Pflichten für den Arbeitgeber obliegen dem Entleiher unbeschadet der Pflichten des Verleihers. Insbesondere hat der Entleiher den Leiharbeitnehmer vor Beginn der Beschäftigung und bei Veränderungen in seinem Arbeitsbereich über Gefahren für Sicherheit und Gesundheit, denen er bei der Arbeit ausgesetzt sein kann, sowie über die Maßnahmen und Einrichtungen zur Abwendung dieser Gefahren zu unterrichten. Der Entleiher hat den Leiharbeitnehmer zusätzlich über die Notwendigkeit besonderer Qualifikationen oder beruflicher Fähigkeiten oder einer besonderen ärztlichen Überwachung sowie über erhöhte besondere Gefahren des Arbeitsplatzes zu unterrichten.

(7) Hat der Leiharbeitnehmer während der Dauer der Tätigkeit bei dem Entleiher eine Erfindung oder einen technischen Verbesserungsvorschlag gemacht, so gilt der Entleiher als Arbeitgeber im Sinne des Gesetzes über Arbeitnehmererfindungen.

§ 12 Rechtsbeziehungen zwischen Verleiher und Entleiher

(1) Der Vertrag zwischen dem Verleiher und dem Entleiher bedarf der Schriftform. In der Urkunde hat der Verleiher anzugeben, ob er die Erlaubnis nach § 1 besitzt. Der Entleiher hat in der Urkunde anzugeben, welche besonderen Merkmale die für den Leiharbeitnehmer vorgesehene Tätigkeit hat und welche berufliche Qualifikation dafür erforderlich ist sowie welche im Betrieb des Entleihers für einen vergleichbaren Arbeitnehmer des Entleihers wesentlichen Arbeitsbedingungen einschließlich des Arbeitsentgelts gelten; Letzeres gilt nicht, soweit die Voraussetzungen der in § 3 Abs. 1 Nr. 3 und § 9 Nr. 2 genannten Ausnahme vorliegen.

(2) Der Verleiher hat den Entleiher unverzüglich über den Zeitpunkt des Wegfalls der Erlaubnis zu unterrichten. In den Fällen der Nichtverlängerung (§ 2 Abs. 4 Satz 3), der Rücknahme (§ 4) oder des Widerrufs (§ 5) hat er ihn ferner auf das voraussichtliche Ende der Abwicklung (§ 2 Abs. 4 Satz 4) und die gesetzliche Abwicklungsfrist (§ 2 Abs. 4 Satz 4 letzter Halbsatz) hinzuweisen.

(3) (weggefallen)

§ 13 Auskunftsanspruch des Leiharbeitnehmers

Der Leiharbeitnehmer kann im Fall der Überlassung von seinem Entleiher Auskunft über die im Betrieb des Entleihers für einen vergleichbaren Arbeitnehmer des Entleihers geltenden wesentlichen Arbeitsbedingungen einschließlich des Arbeitsentgelts verlangen; dies gilt nicht, soweit die Voraussetzungen der in § 3 Abs. 1 Nr. 3 und § 9 Nr. 2 genannten Ausnahme vorliegen.

§ 13a Informationspflicht des Entleihers über freie Arbeitsplätze

Der Entleiher hat den Leiharbeitnehmer über Arbeitsplätze des Entleihers, die besetzt werden sollen, zu informieren. Die Information kann durch allgemeine Bekanntgabe an geeigneter, dem Leiharbeitnehmer zugänglicher Stelle im Betrieb und Unternehmen des Entleihers erfolgen.

§ 13b Zugang des Leiharbeitnehmers zu Gemeinschaftseinrichtungen oder -diensten

Der Entleiher hat dem Leiharbeitnehmer Zugang zu den Gemeinschaftseinrichtungen und -diensten im Unternehmen unter den gleichen Bedingungen zu gewähren wie vergleichbaren Arbeitnehmern in dem Betrieb, in dem der Leiharbeitnehmer seine Arbeitsleistung erbringt, es sei denn, eine unterschiedliche Behandlung ist aus sachlichen Gründen gerechtfertigt. Gemeinschaftseinrichtungen oder -dienste im Sinne des Satzes 1 sind insbesondere Kinderbetreuungseinrichtungen, Gemeinschaftsverpflegung und Beförderungsmittel.

§ 14 Mitwirkungs- und Mitbestimmungsrechte

(1) Leiharbeitnehmer bleiben auch während der Zeit ihrer Arbeitsleistung bei einem Entleiher Angehörige des entsendenden Betriebs des Verleihers.

(2) Leiharbeitnehmer sind bei der Wahl der Arbeitnehmervertreter in den Aufsichtsrat im Entleiherunternehmen und bei der Wahl der betriebsverfassungsrechtlichen Arbeitnehmervertretungen im Entleiherbetrieb nicht wählbar. Sie sind berechtigt, die Sprechstunden dieser Arbeitnehmervertretungen aufzusuchen und an den Betriebs- und Jugendversammlungen im Entleiherbetrieb teilzunehmen. Die §§ 81, 82 Abs. 1 und die §§ 84 bis 86 des Betriebsverfassungsgesetzes gelten im Entleiherbetrieb auch in bezug auf die dort tätigen Leiharbeitnehmer.

(3) Vor der Übernahme eines Leiharbeitnehmers zur Arbeitsleistung ist der Betriebsrat des Entleiherbetriebs nach § 99 des Betriebsverfassungsgesetzes zu beteiligen. Dabei hat der Entleiher dem Betriebsrat auch die schriftliche Erklärung des Verleihers nach § 12 Abs. 1 Satz 2 vorzulegen. Er ist ferner verpflichtet, Mitteilungen des Verleihers nach § 12 Abs. 2 unverzüglich dem Betriebsrat bekanntzugeben.

(4) Die Absätze 1 und 2 Satz 1 und 2 sowie Absatz 3 gelten für die Anwendung des Bundespersonalvertretungsgesetzes sinngemäß.

§ 15 Ausländische Leiharbeitnehmer ohne Genehmigung

(1) Wer als Verleiher einen Ausländer, der einen erforderlichen Aufenthaltstitel nach § 4 Abs. 3 des Aufenthaltsgesetzes, eine Aufenthaltsgestattung oder eine Duldung, die zur Ausbildung der Beschäftigung berechtigen, oder eine Genehmigung nach § 284 Abs. 1 des Dritten Buches Sozialgesetzbuch nicht besitzt, entgegen § 1 einem Dritten ohne Erlaubnis überlässt, wird mit Freiheitsstrafe bis zu drei Jahren oder mit Geldstrafe bestraft.

(2) In besonders schweren Fällen ist die Strafe Freiheitsstrafe von sechs Monaten bis zu fünf Jahren. Ein besonders schwerer Fall liegt in der Regel vor, wenn der Täter gewerbsmäßig oder aus grobem Eigennutz handelt.

§ 15a Entleih von Ausländern ohne Genehmigung

(1) Wer als Entleiher einen ihm überlassenen Ausländer, der einen erforderlichen Aufenthaltstitel nach § 4 Abs. 3 des Aufenthaltsgesetzes, eine Aufenthaltsgestattung oder eine Duldung, die zur Ausbildung der Beschäftigung berechtigen, oder eine Genehmigung nach § 284 Abs. 1 des Dritten Buches Sozialgesetzbuch nicht besitzt, zu Arbeitsbedingungen des Leiharbeitsverhältnisses tätig werden läßt, die in einem auffälligen Mißverhältnis zu den Arbeitsbedingungen deutscher Leiharbeitnehmer stehen, die die gleiche oder eine vergleichbare Tätigkeit ausüben, wird mit Freiheitsstrafe bis zu drei Jahren oder mit Geldstrafe bestraft. In besonders schweren Fällen ist die Strafe Freiheitsstrafe von sechs Monaten bis zu fünf Jahren; ein besonders schwerer Fall liegt in der Regel vor, wenn der Täter gewerbsmäßig oder aus grobem Eigennutz handelt.

(2) Wer als Entleiher

1. gleichzeitig mehr als fünf Ausländer, die einen erforderlichen Aufenthaltstitel nach § 4 Abs. 3 des Aufenthaltsgesetzes, eine Aufenthaltsgestattung oder eine Duldung, die zur Ausbildung

der Beschäftigung berechtigen, oder eine Genehmigung nach § 284 Abs. 1 des Dritten Buches Sozialgesetzbuch nicht besitzen, tätig werden lässt oder

2. eine in § 16 Abs. 1 Nr. 2 bezeichnete vorsätzliche Zuwiderhandlung beharrlich wiederholt,

wird mit Freiheitsstrafe bis zu einem Jahr oder mit Geldstrafe bestraft. Handelt der Täter aus grobem Eigennutz, ist die Strafe Freiheitsstrafe bis zu drei Jahren oder Geldstrafe.

§ 16 Ordnungswidrigkeiten

(1) Ordnungswidrig handelt, wer vorsätzlich oder fahrlässig

1. entgegen § 1 einen Leiharbeitnehmer einem Dritten ohne Erlaubnis überläßt,
1a. einen ihm von einem Verleiher ohne Erlaubnis überlassenen Leiharbeitnehmer tätig werden läßt,
1b. entgegen § 1b Satz 1 Arbeitnehmer überläßt oder tätig werden läßt,
2. einen ihm überlassenen ausländischen Leiharbeitnehmer, der einen erforderlichen Aufenthaltstitel nach § 4 Abs. 3 des Aufenthaltsgesetzes, eine Aufenthaltsgestattung oder eine Duldung, die zur Ausbildung der Beschäftigung berechtigen, oder eine Genehmigung nach § 284 Abs. 1 des Dritten Buches Sozialgesetzbuch nicht besitzt, tätig werden lässt,
2a. eine Anzeige nach § 1a nicht richtig, nicht vollständig oder nicht rechtzeitig erstattet,
3. einer Auflage nach § 2 Abs. 2 nicht, nicht vollständig oder nicht rechtzeitig nachkommt,
4. eine Anzeige nach § 7 Abs. 1 nicht, nicht richtig, nicht vollständig oder nicht rechtzeitig erstattet,
5. eine Auskunft nach § 7 Abs. 2 Satz 1 nicht, nicht richtig, nicht vollständig oder nicht rechtzeitig erteilt,
6. seiner Aufbewahrungspflicht nach § 7 Abs. 2 Satz 4 nicht nachkommt,
6a. entgegen § 7 Abs. 3 Satz 2 eine dort genannte Maßnahme nicht duldet,
7. eine statistische Meldung nach § 8 Abs. 1 nicht, nicht richtig, nicht vollständig oder nicht rechtzeitig erteilt,
7a. entgegen § 10 Absatz 4 eine Arbeitsbedingung nicht gewährt,
7b.[1]) entgegen § 10 Absatz 5 in Verbindung mit einer Rechtsverordnung nach § 3a Absatz 2 Satz 1 das dort genannte Mindeststundenentgelt nicht oder nicht rechtzeitig zahlt,
8. einer Pflicht nach § 11 Abs. 1 oder Abs. 2 nicht nachkommt,
9. entgegen § 13a Satz 1 den Leiharbeitnehmer nicht, nicht richtig oder nicht vollständig informiert,
10. entgegen § 13b Satz 1 Zugang nicht gewährt,
11. entgegen § 17a in Verbindung mit § 5 Absatz 1 Satz 1 des Schwarzarbeitsbekämpfungsgesetzes eine Prüfung nicht duldet oder bei dieser Prüfung nicht mitwirkt,
12. entgegen § 17a in Verbindung mit § 5 Absatz 1 Satz 2 des Schwarzarbeitsbekämpfungsgesetzes das Betreten eines Grundstücks oder Geschäftsraums nicht duldet,
13. entgegen § 17a in Verbindung mit § 5 Absatz 3 Satz 1 des Schwarzarbeitsbekämpfungsgesetzes Daten nicht, nicht richtig, nicht vollständig, nicht in der vorgeschriebenen Weise oder nicht rechtzeitig übermittelt,
14. entgegen § 17b Absatz 1 Satz 1 eine Anmeldung nicht, nicht richtig, nicht vollständig, nicht in der vorgeschriebenen Weise oder nicht rechtszeitig zuleitet,
15. entgegen § 17b Absatz 1 Satz 2 eine Änderungsmeldung nicht, nicht richtig, nicht vollständig, nicht in der vorgeschriebenen Weise oder nicht rechtzeitig macht,
16. entgegen § 17b Absatz 2 eine Versicherung nicht beifügt,
17.[2]) entgegen § 17c Absatz 1 eine Aufzeichnung nicht, nicht richtig, nicht vollständig oder nicht rechtzeitig erstellt oder nicht mindestens zwei Jahre aufbewahrt oder
18. entgegen § 17c Absatz 2 eine Unterlage nicht, nicht richtig, nicht vollständig oder nicht in der vorgeschriebenen Weise bereithält.

(2) Die Ordnungswidrigkeit nach Absatz 1 Nummer 1 bis 1b, 6 und 11 bis 18 kann mit einer Geldbuße bis zu dreißigtausend Euro, die Ordnungswidrigkeit nach Absatz 1 Nummer 2, 7a *und 7b mit einer Geldbuße bis* zu fünfhunderttausend Euro, die Ordnungswidrigkeit nach Absatz 1 Nummer 2a, 3, 9 und 10 mit einer Geldbuße bis zu zweitausendfünfhundert Euro, die

1) § 16 Abs. 1 Nr. 7b AÜG wurde durch das Tarifautonomiestärkungsgesetz vom 11. 8. 2014 (BGBl. I S. 1348) geändert.

2) § 16 Abs. 1 Nr. 17 AÜG wurde durch das Tarifautonomiestärkungsgesetz vom 11. 8. 2014 (BGBl. I S. 1348) neu gefasst.

Ordnungswidrigkeit nach Absatz 1 Nummer 4, 5, 6a, 7 und 8 mit einer Geldbuße bis zu tausend Euro geahndet werden.

(3) Verwaltungsbehörden im Sinne des § 36 Abs. 1 Nr. 1 des Gesetzes über Ordnungswidrigkeiten sind für die Ordnungswidrigkeiten nach Absatz 1 Nr. 1 bis 2a, 7b sowie 11 bis 18 die Behörden der Zollverwaltung, für die Ordnungswidrigkeiten nach Absatz 1 Nr. 3 bis 7a sowie 8 bis 10 die Bundesagentur für Arbeit.

(4) §§ 66 des Zehnten Buches Sozialgesetzbuch gilt entsprechend.

(5) Die Geldbußen fließen in die Kasse der zuständigen Verwaltungsbehörde. Sie trägt abweichend von § 105 Abs. 2 des Gesetzes über Ordnungswidrigkeiten die notwendigen Auslagen und ist auch ersatzpflichtig im Sinne des § 110 Abs. 4 des Gesetzes über Ordnungswidrigkeiten.

§ 17 Durchführung

(1) Die Bundesagentur für Arbeit führt dieses Gesetz nach fachlichen Weisungen des Bundesministeriums für Arbeit und Soziales durch. Verwaltungskosten werden nicht erstattet.

(2) Die Prüfung der Arbeitsbedingungen nach § 10 Absatz 5 obliegt zudem den Behörden der Zollverwaltung nach Maßgabe der §§ 17a bis 18a.

§ 17a Befugnisse der Behörden der Zollverwaltung

Die §§ 2, 3 bis 6 und 14 bis 20, 22, 23 des Schwarzarbeitsbekämpfungsgesetzes sind entsprechend anzuwenden mit der Maßgabe, dass die dort genannten Behörden auch Einsicht in Arbeitsverträge, Niederschriften nach § 2 des Nachweisgesetzes und andere Geschäftsunterlagen nehmen können, die mittelbar oder unmittelbar Auskunft über die Einhaltung der Arbeitsbedingungen nach § 10 Absatz 5 geben.

§ 17b Meldepflicht

(1) Überlässt ein Verleiher mit Sitz im Ausland einen Leiharbeitnehmer zur Arbeitsleistung einem Entleiher, hat der Entleiher, sofern eine Rechtsverordnung nach § 3a auf das Arbeitsverhältnis Anwendung findet, vor Beginn jeder Überlassung der zuständigen Behörde der Zollverwaltung eine schriftliche Anmeldung in deutscher Sprache mit folgenden Angaben zuzuleiten:

1. Familienname, Vornamen und Geburtsdatum des überlassenen Leiharbeitnehmers,
2. Beginn und Dauer der Überlassung,
3. Ort der Beschäftigung,
4. Ort im Inland, an dem die nach § 17c erforderlichen Unterlagen bereitgehalten werden,
5. Familienname, Vornamen und Anschrift in Deutschland eines oder einer Zustellungsbevollmächtigten des Verleihers,
6. Branche, in die die Leiharbeitnehmer überlassen werden sollen, und
7. Familienname, Vornamen oder Firma sowie Anschrift des Verleihers.

Änderungen bezüglich dieser Angaben hat der Entleiher unverzüglich zu melden.

(2) Der Entleiher hat der Anmeldung eine Versicherung des Verleihers beizufügen, dass dieser seine Verpflichtungen nach § 10 Absatz 5 einhält.

(3) Das Bundesministerium der Finanzen kann durch Rechtsverordnung im Einvernehmen mit dem Bundesministerium für Arbeit und Soziales ohne Zustimmung des Bundesrates bestimmen,

1. dass, auf welche Weise und unter welchen technischen und organisatorischen Voraussetzungen eine Anmeldung, Änderungsmeldung und Versicherung abweichend von den Absätzen 1 und 2 elektronisch übermittelt werden kann,
2. unter welchen Voraussetzungen eine Änderungsmeldung ausnahmsweise entfallen kann *und*
3. wie das Meldeverfahren vereinfacht oder abgewandelt werden kann.

(4) Das Bundesministerium der Finanzen kann durch Rechtsverordnung ohne Zustimmung des Bundesrates die zuständige Behörde nach Absatz 1 Satz 1 bestimmen.

§ 17c Erstellen und Bereithalten von Dokumenten

(1)[1]) Sofern eine Rechtsverordnung nach § 3a auf ein Arbeitsverhältnis Anwendung findet, ist der Entleiher verpflichtet, Beginn, Ende und Dauer der täglichen Arbeitszeit des Leiharbeitneh-

---

[1]) § 17c Abs. 1 AÜG wurde durch das Tarifautonomiestärkungsgesetz vom 11. 8. 2014 (BGBl. I S. 1348) geändert.

mers spätestens bis zum Ablauf des siebten auf den Tag der Arbeitsleistung folgenden Kalendertages aufzuzeichnen und diese Aufzeichnungen mindestens zwei Jahre beginnend ab dem für die Aufzeichnung maßgeblichen Zeitpunkt aufzubewahren.

(2) Jeder Verleiher ist verpflichtet, die für die Kontrolle der Einhaltung einer Rechtsverordnung nach § 3a erforderlichen Unterlagen im Inland für die gesamte Dauer der tatsächlichen Beschäftigung des Leiharbeitnehmers im Geltungsbereich dieses Gesetzes, insgesamt jedoch nicht länger als zwei Jahre, in deutscher Sprache bereitzuhalten. Auf Verlangen der Prüfbehörde sind die Unterlagen auch am Ort der Beschäftigung bereitzuhalten.

§ 18 Zusammenarbeit mit anderen Behörden

(1) Zur Verfolgung und Ahndung der Ordnungswidrigkeiten nach § 16 arbeiten die Bundesagentur für Arbeit und die Behörden der Zollverwaltung insbesondere mit folgenden Behörden zusammen:

1. den Trägern der Krankenversicherung als Einzugsstellen für die Sozialversicherungsbeiträge,
2. den in § 71 des Aufenthaltsgesetzes genannten Behörden,
3. den Finanzbehörden,
4. den nach Landesrecht für die Verfolgung und Ahndung von Ordnungswidrigkeiten nach dem Schwarzarbeitsbekämpfungsgesetz zuständigen Behörden,
5. den Trägern der Unfallversicherung,
6. den für den Arbeitsschutz zuständigen Landesbehörden,
7. den Rentenversicherungsträgern,
8. den Trägern der Sozialhilfe.

(2) Ergeben sich für die Bundesagentur für Arbeit oder die Behörden der Zollverwaltung bei der Durchführung dieses Gesetzes im Einzelfall konkrete Anhaltspunkte für

1. Verstöße gegen das Schwarzarbeitsbekämpfungsgesetz,
2. eine Beschäftigung oder Tätigkeit von Ausländern ohne erforderlichen Aufenthaltstitel nach § 4 Abs. 3 des Aufenthaltsgesetzes, eine Aufenthaltsgestattung oder eine Duldung, die zur Ausbildung oder Beschäftigung berechtigen, oder eine Genehmigung nach § 284 Abs. 1 des Dritten Buches Sozialgesetzbuch,
3. Verstöße gegen die Mitwirkungspflicht nach § 60 Abs. 1 Satz 1 Nr. 2 des Ersten Buches Sozialgesetzbuch gegenüber einer Dienststelle der Bundesagentur für Arbeit, einem Träger der gesetzlichen Kranken-, Pflege-, Unfall- oder Rentenversicherung oder einem Träger der Sozialhilfe oder gegen die Meldepflicht nach § 8a des Asylbewerberleistungsgesetzes,
4. Verstöße gegen die Vorschriften des Vierten und Siebten Buches Sozialgesetzbuch über die Verpflichtung zur Zahlung von Sozialversicherungsbeiträgen, soweit sie im Zusammenhang mit den in den Nummern 1 bis 3 genannten Verstößen sowie mit Arbeitnehmerüberlassung entgegen § 1 stehen,
5. Verstöße gegen die Steuergesetze,
6. Verstöße gegen das Aufenthaltsgesetz,

unterrichten sie die für die Verfolgung und Ahndung zuständigen Behörden, die Träger der Sozialhilfe sowie die Behörden nach § 71 des Aufenthaltsgesetzes.

(3) In Strafsachen, die Straftaten nach den §§ 15 und 15a zum Gegenstand haben, sind der Bundesagentur für Arbeit und den Behörden der Zollverwaltung zur Verfolgung von Ordnungswidrigkeiten

1. bei Einleitung des Strafverfahrens die Personendaten des Beschuldigten, der Straftatbestand, die Tatzeit und der Tatort,
2. im Falle der Erhebung der öffentlichen Klage die das Verfahren abschließende Entscheidung mit Begründung

zu übermitteln. Ist mit der in Nummer 2 genannten Entscheidung ein Rechtsmittel verworfen worden oder wird darin auf die angefochtene Entscheidung Bezug genommen, so ist auch die angefochtene Entscheidung zu übermitteln. Die Übermittlung veranlaßt die Strafvollstreckungs- oder die Strafverfolgungsbehörde. Eine Verwendung

1. der Daten der Arbeitnehmer für Maßnahmen zu ihren Gunsten,
2. der Daten des Arbeitgebers zur Besetzung seiner offenen Arbeitsplätze, die im Zusammenhang mit dem Strafverfahren bekanntgeworden sind,
3. der in den Nummern 1 und 2 genannten Daten für Entscheidungen über die Einstellung oder Rückforderung von Leistungen der Bundesagentur für Arbeit

ist zulässig.

(4)[1] (weggefallen)

(5)[2] Die Behörden der Zollverwaltung unterrichten die zuständigen örtlichen Landesfinanzbehörden über den Inhalt von Meldungen nach § 17b.

(6) Die Behörden der Zollverwaltung und die übrigen in § 2 des Schwarzarbeitsbekämpfungsgesetzes genannten Behörden dürfen nach Maßgabe der jeweils einschlägigen datenschutzrechtlichen Bestimmungen auch mit Behörden anderer Vertragsstaaten des Abkommens über den Europäischen Wirtschaftsraum zusammenarbeiten, die dem § 17 Absatz 2 entsprechende Aufgaben durchführen oder für die Bekämpfung illegaler Beschäftigung zuständig sind oder Auskünfte geben können, ob ein Arbeitgeber seine Verpflichtungen nach § 10 Absatz 5 erfüllt. Die Regelungen über die internationale Rechtshilfe in Strafsachen bleiben hiervon unberührt.

§ 18a[3]) (weggefallen)

§ 19 Übergangsvorschrift

§ 3 Absatz 1 Nummer 3 Satz 4 und § 9 Nummer 2 letzter Halbsatz finden keine Anwendung auf Leiharbeitsverhältnisse, die vor dem 15. Dezember 2010 begründet worden sind.

§ 20 (weggefallen)

---

1) § 18 Abs. 4 AÜG wurde durch das Tarifautonomiestärkungsgesetz vom 11. 8. 2014 (BGBl. I S. 1348) aufgehoben.

2) § 18 Abs. 5 AÜG wurde durch das Tarifautonomiestärkungsgesetz vom 11. 8. 2014 (BGBl. I S. 1348) geändert.

3) § 18a AÜG a. F. wurde durch das Tarifautonomiestärkungsgesetz vom 11. 8. 2014 (BGBl. I S. 1348) aufgehoben.

Verordnung über die sozialversicherungsrechtliche Beurteilung von Zuwendungen des Arbeitgebers als Arbeitsentgelt (Sozialversicherungsentgeltverordnung – SvEV)

vom 21. 12. 2006 (BGBl. I S. 3385, BStBl I 2006 S. 782)
zuletzt geändert durch die ***Achte Verordnung zur Änderung der Sozialversicherungsentgeltverordnung vom*** 18. 11. 2015 ***(BGBl. I S.*** 2075***)***

§ 1 Dem sozialversicherungspflichtigen Arbeitsentgelt nicht zuzurechnende Zuwendungen

(1)[1)] [1]Dem Arbeitsentgelt sind nicht zuzurechnen:

1. einmalige Einnahmen, laufende Zulagen, Zuschläge, Zuschüsse sowie ähnliche Einnahmen, die zusätzlich zu Löhnen oder Gehältern gewährt werden, soweit sie lohnsteuerfrei sind; dies gilt nicht für Sonntags-, Feiertags- und Nachtarbeitszuschläge, soweit das Entgelt, auf dem sie berechnet werden, mehr als 25 Euro für jede Stunde beträgt,
2. sonstige Bezüge nach § 40 Abs. 1 Satz 1 Nr. 1 des Einkommensteuergesetzes, die nicht einmalig gezahltes Arbeitsentgelt nach § 23a des Vierten Buches Sozialgesetzbuch sind,
3. Einnahmen nach § 40 Abs. 2 des Einkommensteuergesetzes,
4. Beiträge, nach § 40b des Einkommensteuergesetzes in der am 31. Dezember 2004 geltenden Fassung, die zusätzlich zu Löhnen und Gehältern gewährt werden; dies gilt auch für darin enthaltene Beiträge, die aus einer Entgeltumwandlung (§ 1 Abs. 2 Nr. 3 des Betriebsrentengesetzes) stammen,

4a. Zuwendungen nach § 3 Nr. 56 und § 40b des Einkommensteuergesetzes, die zusätzlich zu Löhnen und Gehältern gewährt werden und für die Satz 3 und 4 nichts Abweichendes bestimmen,

5. Beträge nach § 10 des Entgeltfortzahlungsgesetzes,
6. Zuschüsse zum Mutterschaftsgeld nach § 14 des Mutterschutzgesetzes,
7. in den Fällen des § 3 Abs. 3 der vom Arbeitgeber insoweit übernommene Teil des Gesamtsozialversicherungsbeitrags,
8. Zuschüsse des Arbeitgebers zum Kurzarbeitergeld und Saison-Kurzarbeitergeld, soweit sie zusammen mit dem Kurzarbeitergeld 80 Prozent des Unterschiedsbetrages zwischen dem Sollentgelt und dem Ist-Entgelt nach § 106 des Dritten Buches Sozialgesetzbuch nicht übersteigen,
9. steuerfreie Zuwendungen an Pensionskassen, Pensionsfonds oder Direktversicherungen nach § 3 Nr. 63 Satz 1 und 2 des Einkommensteuergesetzes im Kalenderjahr bis zur Höhe von insgesamt 4 Prozent der Beitragsbemessungsgrenze in der allgemeinen Rentenversicherung; dies gilt auch für darin enthaltene Beträge, die aus einer Entgeltumwandlung (§ 1 Abs. 2 Nr. 3 des Betriebsrentengesetzes) stammen,
10. Leistungen eines Arbeitgebers oder einer Unterstützungskasse an einen Pensionsfonds zur Übernahme bestehender Versorgungsverpflichtungen oder Versorgungsanwartschaften durch den Pensionsfonds, soweit diese nach § 3 Nr. 66 des Einkommensteuergesetzes steuerfrei sind,
11. steuerlich nicht belastete Zuwendungen des Beschäftigten zugunsten von durch Naturkatastrophen im Inland Geschädigten aus Arbeitsentgelt einschließlich Wertguthaben,
12. ***Sonderzahlungen nach § 19 Absatz 1 Satz 1 Nummer 3 Satz 2 bis 4 des Einkommensteuergesetzes*** der Arbeitgeber zur Deckung eines finanziellen Fehlbetrages an die Einrichtungen, für die Satz 3 gilt,
13. Sachprämien nach § 37a des Einkommensteuergesetzes,
14. Zuwendungen nach § 37b Abs. 1 des Einkommensteuergesetzes, soweit die Zuwendungen an Arbeitnehmer eines Dritten erbracht werden und diese Arbeitnehmer nicht Arbeitnehmer eines mit dem Zuwendenden verbundenen Unternehmens sind,
15. vom Arbeitgeber getragene oder übernommene Studiengebühren für ein Studium des Beschäftigten, soweit sie steuerrechtlich kein Arbeitslohn sind,
16. ***steuerfreie Aufwandsentschädigungen und die in § 3 Nummer 26 und 26a des Einkommensteuergesetzes genannten steuerfreien Einnahmen.***

[2]***Dem Arbeitsentgelt sind die in Satz 1 Nummer 1 bis 4a, 9 bis 11, 13, 15 und 16 genannten Einnahmen, Zuwendungen und Leistungen nur dann nicht zuzurechnen, soweit diese vom Arbeitgeber oder von einem Dritten mit der Entgeltabrechnung für den jeweiligen Abrechnungszeitraum lohnsteuerfrei belassen oder pauschal besteuert werden.*** [3]Die Summe der in Satz 1 Nr. 4a genannten Zuwendungen nach § 3 Nr. 56 und § 40b des Einkommensteuergesetzes, ***die vom***

1) § 1 Abs. 1 Satz 1 Nr. 12, Nr. 15, Nr. 16, Satz 2 und 3 SvEV wurden durch das 5. SGB IV-ÄndG vom 15. 4. 2015 (BGBl. I S. 583) ab 16. 4. 2015 geändert.

Arbeitgeber oder von einem Dritten mit der Entgeltabrechnung für den jeweiligen Abrechnungszeitraum lohnsteuerfrei belassen oder pauschal besteuert werden, höchstens jedoch monatlich 100 Euro, sind bis zur Höhe von 2,5 Prozent des für ihre Bemessung maßgebenden Entgelts dem Arbeitsentgelt zuzurechnen, wenn die Versorgungsregelung mindestens bis zum 31. 12. 2000 vor der Anwendung etwaiger Nettobegrenzungsregelungen eine allgemein erreichbare Gesamtversorgung von mindestens 75 Prozent des gesamtversorgungsfähigen Entgelts und nach dem Eintritt des Versorgungsfalles eine Anpassung nach Maßgabe der Entwicklung der Arbeitsentgelte im Bereich der entsprechenden Versorgungsregelung oder gesetzlicher Versorgungsbezüge vorsieht; die dem Arbeitsentgelt zuzurechnenden Beiträge und Zuwendungen vermindern sich um monatlich 13,30 Euro. [4]Satz 3 gilt mit der Maßgabe, dass die Zuwendungen nach § 3 Nr. 56 und § 40b des Einkommensteuergesetzes dem Arbeitsentgelt insoweit zugerechnet werden, als sie in der Summe monatlich 100 Euro übersteigen.

(2) In der gesetzlichen Unfallversicherung und in der Seefahrt sind auch lohnsteuerfreie Zuschläge für Sonntags-, Feiertags- und Nachtarbeit dem Arbeitsentgelt zuzurechnen; dies gilt in der Unfallversicherung nicht für Erwerbseinkommen, das bei einer Hinterbliebenenrente zu berücksichtigen ist.

§ 2 Verpflegung, Unterkunft und Wohnung als Sachbezug

(1)[1)] [1]Der Wert der als Sachbezug zur Verfügung gestellten Verpflegung wird auf monatlich ***236*** Euro festgesetzt. [2]Dieser Wert setzt sich zusammen aus dem Wert für

1. Frühstück von ***50*** Euro,
2. Mittagessen von ***93*** Euro und
3. Abendessen von ***93*** Euro.

(2) [1]Für Verpflegung, die nicht nur dem Beschäftigten, sondern auch seinen nicht bei demselben Arbeitgeber beschäftigten Familienangehörigen zur Verfügung gestellt wird, erhöhen sich die nach Absatz 1 anzusetzenden Werte je Familienangehörigen,

1. der das 18. Lebensjahr vollendet hat, um 100 Prozent,
2. der das 14., aber noch nicht das 18. Lebensjahr vollendet hat, um 80 Prozent,
3. der das 7., aber noch nicht das 14. Lebensjahr vollendet hat, um 40 Prozent und
4. der das 7. Lebensjahr noch nicht vollendet hat, um 30 Prozent.

[2]Bei der Berechnung des Wertes ist das Lebensalter des Familienangehörigen im ersten Entgeltabrechnungszeitraum des Kalenderjahres maßgebend. [3]Sind Ehegatten bei demselben Arbeitgeber beschäftigt, sind die Erhöhungswerte nach Satz 1 für Verpflegung der Kinder beiden Ehegatten je zur Hälfte zuzurechnen.

(3) [1]Der Wert einer als Sachbezug zur Verfügung gestellten Unterkunft wird auf monatlich 223 Euro festgesetzt. [2]Der Wert der Unterkunft nach Satz 1 vermindert sich

1. bei Aufnahme des Beschäftigten in den Haushalt des Arbeitgebers oder bei Unterbringung in einer Gemeinschaftsunterkunft um 15 Prozent,
2. für Jugendliche bis zur Vollendung des 18. Lebensjahres und Auszubildende um 15 Prozent und
3. bei der Belegung
   a) mit zwei Beschäftigten um 40 Prozent,
   b) mit drei Beschäftigten um 50 Prozent und
   c) mit mehr als drei Beschäftigten um 60 Prozent.

[3]Ist es nach Lage des einzelnen Falles unbillig, den Wert einer Unterkunft nach Satz 1 zu bestimmen, kann die Unterkunft mit dem ortsüblichen Mietpreis bewertet werden; Absatz 4 Satz 2 gilt entsprechend.

(4) [1]Für eine als Sachbezug zur Verfügung gestellte Wohnung ist als Wert der ortsübliche Mietpreis unter Berücksichtigung der sich aus der Lage der Wohnung zum Betrieb ergebenden Beeinträchtigungen anzusetzen. [2]Ist im Einzelfall die Feststellung des ortsüblichen Mietpreises mit außergewöhnlichen Schwierigkeiten verbunden, kann die Wohnung mit 3,92 Euro je Quadratmeter monatlich, bei einfacher Ausstattung (ohne Sammelheizung oder ohne Bad oder Dusche) mit 3,20 Euro je Quadratmeter monatlich bewertet werden. [3]Bestehen gesetzliche Mietpreisbeschränkungen, sind die durch diese Beschränkungen festgelegten Mietpreise als Werte anzusetzen. [4]Dies gilt auch für die vertraglichen Mietpreisbeschränkungen im sozialen Wohnungsbau, die nach den jeweiligen Förderrichtlinien des Landes für den betreffenden Förderjahrgang sowie

1) In § 2 Abs. 1 SvEV wurden die Werte mit Wirkung ab 1. 1. 2016 gemäß der Achten Verordnung zur Änderung der Sozialversicherungsentgeltverordnung geändert.

für die mit Wohnungsfürsorgemitteln aus öffentlichen Haushalten geförderten Wohnungen vorgesehen sind. [5]Für Energie, Wasser und sonstige Nebenkosten ist der übliche Preis am Abgabeort anzusetzen.

(5) Werden Verpflegung, Unterkunft oder Wohnung verbilligt als Sachbezug zur Verfügung gestellt, ist der Unterschiedsbetrag zwischen dem vereinbarten Preis und dem Wert, der sich bei freiem Bezug nach den Absätzen 1 bis 4 ergeben würde, dem Arbeitsentgelt zuzurechnen.

(6) [1]Bei der Berechnung des Wertes für kürzere Zeiträume als einen Monat ist für jeden Tag ein Dreißigstel der Werte nach den Absätzen 1 bis 5 zugrunde zu legen. [2]Die Prozentsätze der Absätze 2 und 3 sind auf den Tageswert nach Satz 1 anzuwenden. [3]Die Berechnungen werden jeweils auf 2 Dezimalstellen durchgeführt; die zweite Dezimalstelle wird um 1 erhöht, wenn sich in der dritten Dezimalstelle eine der Zahlen 5 bis 9 ergibt.

§ 3 Sonstige Sachbezüge

(1) [1]Werden Sachbezüge, die nicht von § 2 erfasst werden, unentgeltlich zur Verfügung gestellt, ist als Wert für diese Sachbezüge der um übliche Preisnachlässe geminderte übliche Endpreis am Abgabeort anzusetzen. [2]Sind auf Grund des § 8 Absatz 2 Satz 10 des Einkommensteuergesetzes Durchschnittswerte festgesetzt worden, sind diese Werte maßgebend. [3]Findet § 8 Abs. 2 Satz 2, 3, 4 oder 5 oder Abs. 3 Satz 1 des Einkommensteuergesetzes Anwendung, sind die dort genannten Werte maßgebend. [4]§ 8 Absatz 2 Satz 11 des Einkommensteuergesetzes gilt entsprechend.

(2) Werden Sachbezüge, die nicht von § 2 erfasst werden, verbilligt zur Verfügung gestellt, ist als Wert für diese Sachbezüge der Unterschiedsbetrag zwischen dem vereinbarten Preis und dem Wert, der sich bei freiem Bezug nach Absatz 1 ergeben würde, dem Arbeitsentgelt zuzurechnen.

(3) [1]Waren und Dienstleistungen, die vom Arbeitgeber nicht überwiegend für den Bedarf seiner Arbeitnehmer hergestellt, vertrieben oder erbracht werden und die nach § 40 Abs. 1 Satz 1 Nr. 1 des Einkommensteuergesetzes pauschal versteuert werden, können mit dem Durchschnittsbetrag der pauschal versteuerten Waren und Dienstleistungen angesetzt werden; dabei kann der Durchschnittsbetrag des Vorjahres angesetzt werden. [2]Besteht das Beschäftigungsverhältnis nur während eines Teils des Kalenderjahres, ist für jeden Tag des Beschäftigungsverhältnisses der dreihundertsechzigste Teil des Durchschnittswertes nach Satz 1 anzusetzen. [3]Satz 1 gilt nur, wenn der Arbeitgeber den von dem Beschäftigten zu tragenden Teil des Gesamtsozialversicherungsbeitrags übernimmt. [4]Die Sätze 1 bis 3 gelten entsprechend für Sachzuwendungen im Wert von nicht mehr als 80,00 Euro, die der Arbeitnehmer für Verbesserungsvorschläge sowie für Leistungen in der Unfallverhütung und im Arbeitsschutz erhält. [5]Die mit einem Durchschnittswert angesetzten Sachbezüge, die in einem Kalenderjahr gewährt werden, sind insgesamt dem letzten Entgeltabrechnungszeitraum in diesem Kalenderjahr zuzuordnen.

§ 4 Übergangsregelungen

(weggefallen)

Anwendungsschreiben zu § 35a EStG; Überarbeitung des BMF-Schreibens vom 15. Februar 2010 – IV C 4 – S 2296-b/07/0003 (2010/0014334) –; BStBl I S. 140[1]

BMF-Schreiben vom 10. 1. 2014
– IV C 4 – S 2296-b/07/0003:004 – 2014/0023765 –, BStBl I S. 75

Unter Bezugnahme auf das Ergebnis der Erörterungen mit den obersten Finanzbehörden der Länder gilt für die Anwendung des § 35a EStG Folgendes:

I. Haushaltsnahe Beschäftigungsverhältnisse oder Dienstleistungen

1. Haushaltsnahe Beschäftigungsverhältnisse

Der Begriff des haushaltsnahen Beschäftigungsverhältnisses ist gesetzlich nicht definiert. Im Rahmen eines solchen Beschäftigungsverhältnisses werden Tätigkeiten ausgeübt, die einen engen Bezug zum Haushalt haben. Zu diesen Tätigkeiten gehören u. a. die Zubereitung von Mahlzeiten im Haushalt, die Reinigung der Wohnung des Steuerpflichtigen, die Gartenpflege und die Pflege, Versorgung und Betreuung von Kindern sowie von kranken, alten oder pflegebedürftigen Personen. Die Erteilung von Unterricht (z. B. Sprachunterricht), die Vermittlung besonderer Fähigkeiten sowie sportliche und andere Freizeitbetätigungen fallen nicht darunter. 1

2. Geringfügige Beschäftigung im Sinne des § 8a SGB IV

Die Steuerermäßigung nach § 35a Absatz 1 EStG kann der Steuerpflichtige nur beanspruchen, wenn es sich bei dem haushaltsnahen Beschäftigungsverhältnis um eine geringfügige Beschäftigung im Sinne des § 8a SGB IV handelt. Es handelt sich nur dann um ein geringfügiges Beschäftigungsverhältnis im Sinne dieser Vorschrift, wenn der Steuerpflichtige am Haushaltsscheckverfahren teilnimmt und die geringfügige Beschäftigung in seinem inländischen oder in einem anderen Mitgliedstaat der Europäischen Union oder im Europäischen Wirtschaftsraum liegenden Haushalt ausgeübt wird. 2

Wohnungseigentümergemeinschaften und Vermieter können im Rahmen ihrer Vermietertätigkeit nicht am Haushaltsscheckverfahren teilnehmen. Die von ihnen eingegangenen geringfügigen Beschäftigungsverhältnisse sind nicht nach § 35a Absatz 1 EStG begünstigt. Sie fallen unter die haushaltsnahen Dienstleistungen. Zur Berücksichtigung der Aufwendungen siehe Rdnr. 7. 3

3. Beschäftigungsverhältnisse in nicht inländischen Haushalten

Bei einem nicht inländischen Haushalt, der in einem Staat liegt, der der Europäischen Union oder dem Europäischen Wirtschaftsraum angehört, setzt die Inanspruchnahme der Steuerermäßigung nach § 35a Absatz 1 EStG voraus, dass das monatliche Arbeitsentgelt 400 Euro (ab 1. Januar 2013: 450 Euro)[2]) nicht übersteigt, die Sozialversicherungsbeiträge ausschließlich von dem Arbeitgeber zu entrichten sind und von ihm auch entrichtet werden. Bei anderen haushaltsnahen Beschäftigungsverhältnissen ist für die Gewährung einer Steuerermäßigung nach § 35a Absatz 2 Satz 1 Alternative 1 EStG Voraussetzung, dass aufgrund des Beschäftigungsverhältnisses Arbeitgeber- und Arbeitnehmerbeiträge an die Sozialversicherung in dem jeweiligen Staat der Europäischen Union oder des Europäischen Wirtschaftsraums entrichtet werden. 4

4. Beschäftigungsverhältnisse mit nahen Angehörigen oder zwischen Partnern einer eingetragenen Lebenspartnerschaft bzw. einer nicht ehelichen Lebens-gemeinschaft

Da familienrechtliche Verpflichtungen grundsätzlich nicht Gegenstand eines steuerlich anzuerkennenden Vertrags sein können, sind entsprechende Vereinbarungen zwischen in einem Haushalt zusammenlebenden Ehegatten (§§ 1360, 1356 Absatz 1 BGB) oder zwischen Eltern und in deren Haushalt lebenden Kindern (§ 1619 BGB) nicht begünstigt. Entsprechendes gilt für die Partner einer eingetragenen Lebenspartnerschaft. Auch bei in einem Haushalt zusammenlebenden Partnern einer nicht ehelichen Lebensgemeinschaft oder einer nicht eingetragenen Lebenspartnerschaft kann regelmäßig nicht von einem begünstigten Beschäftigungsverhältnis ausgegangen werden, weil jeder Partner auch seinen eigenen Haushalt führt und es deshalb an dem für Beschäftigungsverhältnisse typischen Über- und Unterordnungsverhältnis fehlt. Ein steuerlich nicht begünstigtes Vertragsverhältnis liegt darüber hinaus auch dann vor, 5

[1]) ***Das BMF-Schreiben wird zzt. überarbeitet.***

[2]) Gesetz zu Änderungen im Bereich der geringfügigen Beschäftigung vom 5. 12. 2012, BGBl. I S. 2474.

wenn der Vertragspartner eine zwischengeschaltete Person (z. B. GmbH) ist und die Arbeiten im Namen dieser zwischengeschalteten Person von einer im Haushalt lebenden Person ausgeführt werden. Zur haushaltsbezogenen Inanspruchnahme der Steuerermäßigung vgl. Rdnrn. 52 bis 54.

6 Haushaltsnahe Beschäftigungsverhältnisse mit Angehörigen, die nicht im Haushalt des Steuerpflichtigen leben (z. B. mit Kindern, die in einem eigenen Haushalt leben), können steuerlich nur anerkannt werden, wenn die Verträge zivilrechtlich wirksam zustande gekommen sind, inhaltlich dem zwischen Fremden Üblichen entsprechen und tatsächlich auch so durchgeführt werden.

5. Haushaltsnahe Dienstleistungen

Grundsatz

7 Unter haushaltsnahen Dienstleistungen im Sinne des § 35a Absatz 2 Satz 1 Alternative 2 EStG werden Leistungen verstanden, die eine hinreichende Nähe zur Haushaltsführung aufweisen oder damit im Zusammenhang stehen. Das sind Tätigkeiten, die gewöhnlich durch Mitglieder des privaten Haushalts oder entsprechend Beschäftigte erledigt werden oder für die eine Dienstleistungsagentur oder ein selbstständiger Dienstleister in Anspruch genommen wird. Zu den haushaltsnahen Dienstleistungen gehören auch geringfügige Beschäftigungsverhältnisse, die durch Wohnungseigentümergemeinschaften und Vermieter im Rahmen ihrer Vermietertätigkeit eingegangen werden. Keine haushaltsnahen Dienstleistungen sind solche, die zwar im Haushalt des Steuerpflichtigen ausgeübt werden, jedoch keinen Bezug zur Hauswirtschaft haben (BFH, Urteil vom 1. Februar 2007, BStBl II Seite 760). Ebenfalls nicht zu den haushaltsnahen Dienstleistungen gehören die handwerklichen Leistungen im Sinne des § 35a Absatz 3 EStG. Keine begünstigte haushaltsnahe Dienstleistung ist die als eigenständige Leistung vergütete Bereitschaft auf Erbringung einer Leistung im Bedarfsfall. Etwas anderes gilt nur dann, wenn der Bereitschaftsdienst Nebenleistung einer ansonsten begünstigten Hauptleistung ist. S. auch Rdnrn. 17 und 29. Eine beispielhafte Aufzählung begünstigter und nicht begünstigter haushaltsnaher Dienstleistungen enthält Anlage 1.

Personenbezogene Dienstleistungen

8 Personenbezogene Dienstleistungen (z. B. Frisör- oder Kosmetikerleistungen) sind keine haushaltsnahen Dienstleistungen, selbst wenn sie im Haushalt des Steuerpflichtigen erbracht werden. Diese Leistungen können jedoch zu den Pflege- und Betreuungsleistungen im Sinne der Rdnr. 10 gehören, wenn sie im Leistungskatalog der Pflegeversicherung aufgeführt sind.

Öffentliches Gelände, Privatgelände, nicht begünstigte Aufwendungen

9 Bei Dienstleistungen, die sowohl auf öffentlichem Gelände als auch auf Privatgelände durchgeführt werden (z. B. Straßen- und Gehwegreinigung, Winterdienst), sind nur Aufwendungen für Dienstleistungen auf Privatgelände begünstigt. Das gilt auch dann, wenn eine konkrete Verpflichtung besteht (z. B. zur Reinigung und Schneeräumung[1]) von öffentlichen Gehwegen und Bürgersteigen). Zur betrags- oder verhältnismäßigen Aufteilung auf öffentliche Flächen und Privatgelände s. Rdnr. 40. Nicht begünstigt sind Aufwendungen, bei denen die Entsorgung im Vordergrund steht (z. B. Müllabfuhr). Etwas anderes gilt, wenn die Entsorgung als Nebenleistung zur Hauptleistung anzusehen ist. Auch Aufwendungen, bei denen eine Gutachtertätigkeit im Vordergrund steht, sind nicht begünstigt. Das Gleiche gilt für Verwaltergebühren.

Pflege- und Betreuungsleistungen

10 Die Feststellung und der Nachweis einer Pflegebedürftigkeit oder der Bezug von Leistungen der Pflegeversicherung sowie eine Unterscheidung nach Pflegestufen sind nicht erforderlich. Es reicht aus, wenn Dienstleistungen zur Grundpflege, d. h. zur unmittelbaren Pflege am Menschen (Körperpflege, Ernährung und Mobilität) oder zur Betreuung in Anspruch genommen werden. Die Steuerermäßigung steht neben der pflegebedürftigen Person auch anderen Personen zu, wenn diese für Pflege- oder Betreuungsleistungen aufkommen, die in ihrem inländischen oder in einem anderen Mitgliedstaat der Europäischen Union oder im Europäischen Wirtschaftsraum liegenden Haushalt bzw. im Haushalt der gepflegten oder betreuten Person durchgeführt werden. Die Steuerermäßigung ist haushaltsbezogen. Werden z. B. zwei pflegebedürftige Personen in einem Haushalt gepflegt, kann die Steuerermäßigung nur einmal in Anspruch genommen werden.

Aufwendungen für Dienstleistungen, die mit denen einer Hilfe im Haushalt vergleichbar sind

11 Begünstigt sind auch Aufwendungen, die einem Steuerpflichtigen wegen der Unterbringung in einem Heim oder zur dauernden Pflege erwachsen, soweit darin – die allgemeinen Unterbringungskosten übersteigende – Aufwendungen für Dienstleistungen enthalten sind, die mit

1) Aber → BFH vom 20. 3. 2014 (BStBl II S. 880).

denen einer Hilfe im Haushalt vergleichbar sind (§ 35a Absatz 2 Satz 2 EStG). In Frage kommen die (anteiligen) Aufwendungen für

- die Reinigung des Zimmers oder des Appartements, die Reinigung der Gemeinschaftsflächen,
- das Zubereiten der Mahlzeiten in dem Heim oder an dem Ort der dauernden Pflege,
- das Servieren der Mahlzeiten in dem Heim oder an dem Ort der dauernden Pflege,
- den Wäscheservice, soweit er in dem Heim oder an dem Ort der dauernden Pflege erfolgt.

Siehe auch Rdnr. 14.

Nicht begünstigt sind 12

- Mietzahlungen, wie z. B. die allgemeinen Aufwendungen für die Unterbringung in einem Alten(wohn)heim, einem Pflegeheim oder einem Wohnstift,
- die Aufwendungen für den Hausmeister, den Gärtner sowie sämtliche Handwerkerleistungen.

Nicht mit einer Hilfe im Haushalt vergleichbar sind Pflege- und Betreuungsleistungen (s. Rdnr. 10).

6. Haushalt des Steuerpflichtigen

Voraussetzung

Das haushaltsnahe Beschäftigungsverhältnis, die haushaltsnahe Dienstleistung oder die Handwerkerleistung müssen in einem inländischen oder in einem anderen in der Europäischen Union oder im Europäischen Wirtschaftsraum liegenden Haushalt des Steuerpflichtigen ausgeübt oder erbracht werden. Beschäftigungsverhältnisse oder Dienstleistungen, die ausschließlich Tätigkeiten zum Gegenstand haben, die außerhalb des Haushalts des Steuerpflichtigen ausgeübt oder erbracht werden, sind nicht begünstigt. Die Begleitung von Kindern, kranken, alten oder pflegebedürftigen Personen bei Einkäufen und Arztbesuchen sowie kleine Botengänge usw. sind nur dann begünstigt, wenn sie zu den Nebenpflichten der Haushaltshilfe, des Pflegenden oder Betreuenden im Haushalt gehören. Pflege- und Betreuungsleistungen sind auch begünstigt, wenn die Pflege und Betreuung im Haushalt der gepflegten oder betreuten Person durchgeführt wird. In diesem Fall ist Voraussetzung, dass der Haushalt der gepflegten oder betreuten Person im Inland, in einem anderen Mitgliedstaat der Europäischen Union oder im Europäischen Wirtschaftsraum liegt (§ 35a Absatz 4 EStG). 13

Voraussetzung für die Gewährung einer Steuerermäßigung für Aufwendungen, die mit denen einer Hilfe im Haushalt vergleichbar sind (Rdnr. 11), ist, dass das Heim oder der Ort der dauernden Pflege in der Europäischen Union oder dem Europäischen Wirtschaftsraum liegt (§ 35a Absatz 4 Satz 2 EStG). Das Vorhandensein eines eigenen Haushalts im Heim oder am Ort der dauernden Pflege ist nicht erforderlich. Zum Wohnen in einem eigenständigen und abgeschlossenen Haushalt in einem Alten(wohn)heim, einem Pflegeheim oder einem Wohnstift vgl. Rdnrn. 16, 17 und 29. 14

Zubehörräume und Außenanlagen

Zur Haushaltsführung gehört auch das Bewirtschaften von Zubehörräumen und Außenanlagen. Die Grenzen des Haushalts im Sinne des § 35a EStG werden daher regelmäßig – unabhängig von den Eigentumsverhältnissen – durch die Grundstücksgrenzen[1]) abgesteckt. Maßgeblich ist, dass der Steuerpflichtige den ggf. gemeinschaftlichen Besitz über diesen Bereich ausübt und für Dritte dieser Bereich nach der Verkehrsanschauung der (Wohn-)Anlage, in der der Steuerpflichtige seinen Haushalt betreibt, zugeordnet wird. So gehört z. B. auch eine an ein Mietwohngrundstück angrenzende, im Gemeinschaftseigentum der Wohnungseigentümer stehende Gartenanlage zum Haushalt der Bewohner, und zwar unabhängig davon, ob der Bewohner diese Gartenanlage als Miteigentümer kraft eigenen Rechts oder als Mieter kraft abgeleiteten Rechts bewirtschaften darf. 15

Wohnen in einem Alten(wohn)heim, einem Pflegeheim oder einem Wohnstift

Eine Inanspruchnahme der Steuerermäßigung nach § 35a Absätze 1 bis 3 EStG ist auch möglich, wenn sich der eigenständige und abgeschlossene Haushalt in einem Heim, wie z. B. einem Altenheim, einem Altenwohnheim, einem Pflegeheim oder einem Wohnstift befindet. Ein Haushalt in einem Heim ist gegeben, wenn die Räumlichkeiten des Steuerpflichtigen nach ihrer Ausstattung für eine Haushaltsführung geeignet sind (Bad, Küche, Wohn- und Schlafbereich), individuell genutzt werden können (Abschließbarkeit) und eine eigene Wirtschaftsführung des Steuerpflichtigen nachgewiesen oder glaubhaft gemacht wird. 16

Zu den begünstigten haushaltsnahen Dienstleistungen bei einer Heimunterbringung gehören neben den in dem eigenständigen und abgeschlossenen Haushalt des Steuerpflichtigen durchgeführten und individuell abgerechneten Leistungen (z. B. Reinigung des Appartements, 17

[1]) Aber → BFH vom 20. 3. 2014 (BStBl II S. 880 und S. 882).

Pflege- oder Handwerkerleistungen im Appartement) u. a. die Hausmeisterarbeiten, die Gartenpflege sowie kleinere Reparaturarbeiten, die Dienstleistungen des Haus- und Etagenpersonals sowie die Reinigung der Gemeinschaftsflächen, wie Flure, Treppenhäuser und Gemeinschaftsräume (BFH, Urteil v. 29. Januar 2009, BStBl 2010 II Seite 166). Aufwendungen für die Zubereitung von Mahlzeiten in der hauseigenen Küche eines Alten(wohn)heims, Pflegeheims oder Wohnstifts und das Servieren der Speisen in dem zur Gemeinschaftsfläche rechnenden Speisesaal sind ebenfalls als haushaltsnahe Dienstleistungen begünstigt. Die Tätigkeit von Haus- und Etagenpersonal, dessen Aufgabe neben der Betreuung des Bewohners noch zusätzlich in der Begleitung des Steuerpflichtigen, dem Empfang von Besuchern und der Erledigung kleiner Botengänge besteht, ist grundsätzlich den haushaltsnahen Dienstleistungen zuzurechnen. Zur Anspruchsberechtigung im Einzelnen s. Rdnr. 29.

Weitere Fälle eines Haushalts des Steuerpflichtigen

18 Zu dem inländischen oder in einem anderen Mitgliedstaat der Europäischen Union oder im Europäischen Wirtschaftsraum liegenden Haushalt des Steuerpflichtigen gehört auch eine Wohnung, die der Steuerpflichtige einem bei ihm zu berücksichtigenden Kind (§ 32 EStG) zur unentgeltlichen Nutzung überlässt. Das Gleiche gilt für eine vom Steuerpflichtigen tatsächlich eigen genutzte Zweit-, Wochenend- oder Ferienwohnung sowie eine tatsächlich eigen genutzte geerbte Wohnung. Der Steuerpflichtige kann deshalb für Leistungen, die in diesen Wohnungen durchgeführt werden, bei Vorliegen der sonstigen Voraussetzungen die Steuerermäßigung nach § 35a EStG in Anspruch nehmen; dies gilt auch, wenn die Leistungen für die eigen genutzte geerbte Wohnung noch vom Erblasser in Anspruch genommen und die Rechnungsbeträge vom Erben überwiesen worden sind. Die Steuerermäßigung wird – auch bei Vorhandensein mehrerer Wohnungen – insgesamt nur einmal bis zu den jeweiligen Höchstbeträgen gewährt[1]).

Wohnungswechsel, Umzug

19 Der Begriff „im Haushalt" ist nicht in jedem Fall mit „tatsächlichem Bewohnen" gleichzusetzen. Beabsichtigt der Steuerpflichtige umzuziehen, und hat er für diesen Zweck bereits eine Wohnung oder ein Haus gemietet oder gekauft, gehört auch diese Wohnung oder dieses Haus zu seinem Haushalt, wenn er tatsächlich dorthin umzieht. Hat der Steuerpflichtige seinen Haushalt durch Umzug in eine andere Wohnung oder ein anderes Haus verlegt, gelten Maßnahmen zur Beseitigung der durch die bisherige Haushaltsführung veranlassten Abnutzung (z. B. Renovierungsarbeiten eines ausziehenden Mieters) noch als im Haushalt erbracht. Voraussetzung ist, dass die Maßnahmen in einem engen zeitlichen Zusammenhang zu dem Umzug stehen. Für die Frage, ab wann oder bis wann es sich um einen Haushalt des Steuerpflichtigen handelt, kommt es im Übrigen grundsätzlich auf das wirtschaftliche Eigentum an. Bei einem Mietverhältnis ist deshalb der im Mietvertrag vereinbarte Beginn des Mietverhältnisses oder bei Beendigung das Ende der Kündigungsfrist und bei einem Kauf der Übergang von Nutzen und Lasten entscheidend. Ein früherer oder späterer Zeitpunkt für den Ein- oder Auszug ist durch geeignete Unterlagen (z. B. Meldebestätigung der Gemeinde, Bestätigung des Vermieters) nachzuweisen. In Zweifelsfällen kann auf das in der Regel anzufertigende Übergabe-/Übernahmeprotokoll abgestellt werden.

II. Inanspruchnahme von Handwerkerleistungen

1. Begünstigte Handwerkerleistung

20 § 35a Absatz 3 EStG gilt für alle handwerklichen Tätigkeiten für Renovierungs-, Erhaltungs- und Modernisierungsmaßnahmen, die in einem inländischen, in der Europäischen Union oder dem Europäischen Wirtschaftsraum liegenden Haushalt des Steuerpflichtigen erbracht werden, unabhängig davon, ob es sich um regelmäßig vorzunehmende Renovierungsarbeiten oder kleine Ausbesserungsarbeiten handelt, die gewöhnlich durch Mitglieder des privaten Haushalts erledigt werden, oder um Erhaltungs- und Modernisierungsmaßnahmen, die im Regelfall nur von Fachkräften durchgeführt werden. Ob es sich bei den Aufwendungen für die einzelne Maßnahme ertragsteuerrechtlich um Erhaltungs- oder Herstellungsaufwand handelt, ist nicht ausschlaggebend. Die sachliche Begrenzung der begünstigten Maßnahme ist vielmehr aus dem Tatbestandsmerkmal „im Haushalt" zu bestimmen. Maßnahmen im Zusammenhang mit neuer Wohn- bzw. Nutzflächenschaffung in einem vorhandenen Haushalt sind begünstigt (BFH, Urteil vom 13. Juli 2011, BStBl 2012 II Seite 232) vgl. auch Rdnr. 21. Eine – nachhaltige – Erhöhung des *Gebrauchswerts der Immobilie* ist kein Kriterium und führt nicht zum Ausschluss der Gewährung der Steuerermäßigung.

---

1) Bestätigt durch → BFH vom 29. 7. 2010 (BStBl 2014 II S. 151).

2. Nicht begünstigte Handwerkerleistungen

Handwerkliche Tätigkeiten im Rahmen einer Neubaumaßnahme sind nicht begünstigt. Als Neubaumaßnahmen gelten alle Maßnahmen, die im Zusammenhang mit der Errichtung eines Haushalts bis zu dessen Fertigstellung (vgl. H 7.4 „Fertigstellung" EStH) anfallen. Rdnr. 19 ist für Dienstleistungen im Zusammenhang mit dem Bezug der Wohnung anwendbar. Eine beispielhafte Aufzählung begünstigter und nicht begünstigter handwerklicher Tätigkeiten enthält Anlage 1. 21

3. Gutachtertätigkeiten

Die Tätigkeit eines Gutachters gehört weder zu den haushaltsnahen Dienstleistungen, noch handelt es sich um eine Handwerkerleistung. Grundsätzlich nicht nach § 35a EStG begünstigt sind daher z. B. 22 [1)]

- Mess- oder Überprüfungsarbeiten,[2)]
- eine Legionellenprüfung,
- Kontrolle von Aufzügen oder von Blitzschutzanlagen,
- die Feuerstättenschau sowie andere
- technische Prüfdienste.

Das gilt auch, wenn diese Leistungen durch einen Kaminkehrer oder Schornsteinfeger erbracht werden, dessen Schornstein-Kehrarbeiten sowie Reparatur- und Wartungsarbeiten als Handwerkerleistung begünstigt sind; vgl. hierzu auch Rdnr. 58.

4. Beauftragtes Unternehmen

Das beauftragte Unternehmen muss nicht in die Handwerksrolle eingetragen sein; es können auch Kleinunternehmer im Sinne des § 19 Absatz 1 Umsatzsteuergesetz mit der Leistung beauftragt werden. 23

5. Öffentlich geförderte Maßnahmen

Unter einer Maßnahme im Sinne des § 35a Absatz 3 Satz 2 EStG ist die (Einzel-)Maßnahme zu verstehen, für die eine öffentliche Förderung in der Form eines zinsverbilligten Darlehens oder steuerfreier Zuschüsse in Anspruch genommen wird. Wird für diese Maßnahme die öffentliche Förderung bewilligt, schließt dies die Möglichkeit der Inanspruchnahme einer Steuerermäßigung nach § 35a Absatz 3 EStG auch für den Teil der mit dieser Maßnahme verbundenen Aufwendungen aus, die sich – z. B. weil sie den Förderhöchstbetrag übersteigen – im Rahmen der öffentlichen Förderung nicht auswirken. Eine Aufteilung der Aufwendungen für eine öffentlich geförderte (Einzel-)Maßnahme mit dem Ziel, für einen Teil der Aufwendungen die Steuerermäßigung nach § 35a Absatz 3 EStG in Anspruch zu nehmen, ist nicht möglich. 24

Werden im Rahmen von Renovierungs-, Erhaltungs- und Modernisierungsmaßnahmen mehrere (Einzel-)Maßnahmen durchgeführt, von denen einzelne öffentlich gefördert werden, ist die Inanspruchnahme der Steuerermäßigung für (Einzel-)Maßnahmen, die nicht unter diese öffentliche Förderung fallen, möglich. 25

Beispiel 1:

Der Eigentümer E saniert sein Einfamilienhaus. Er lässt von einer Heizungsfirma eine neue energieeffiziente Heizungsanlage einbauen und beantragt dafür öffentliche Fördergelder mit der Folge, dass die Inanspruchnahme der Steuerermäßigung nach § 35a EStG für diese Maßnahme ausgeschlossen ist. Gleichzeitig lässt er an den Außenwänden eine Wärmedämmung anbringen. Hierfür beantragt er keine öffentliche Förderung, sondern macht für die darauf entfallenden Arbeitskosten die ihm für diese Maßnahme auch zu gewährende Steuerermäßigung nach § 35a Absatz 3 EStG geltend.

1) Bei Schornsteinfegerleistungen bestehen in allen noch offenen Steuerfällen keine Bedenken, die Inanspruchnahme einer Steuerermäßigung zu gewähren. Das gilt sowohl für Aufwendungen für Mess- oder Überprüfarbeiten einschließlich der Feuerstättenschau als auch für Aufwendungen für Reinigungs- und Kehrarbeiten sowie sonstige Handwerkerleistungen. Die entgegenstehenden Regelungen des Anwendungsschreibens zu § 35a EStG vom 10. 1. 2014 (BStBl I S. 75) sind nicht mehr anzuwenden (→ BMF vom 10. 11. 2015 – BStBl I S. 876).

2) Die Dichtheitsprüfung an Abwasserleitungen zur Überprüfung der Funktionsfähigkeit ist als vorbeugende Erhaltungsmaßnahme nach § 35a EStG begünstigt (→ BFH vom 6. 11. 2014 – BStBl 2015 II S. 481).

III. Anspruchsberechtigte

1. Arbeitgeber, Auftraggeber, Grundsatz

26 Der Steuerpflichtige kann die Steuerermäßigung nach § 35a EStG grundsätzlich nur in Anspruch nehmen, wenn er entweder Arbeitgeber des haushaltsnahen Beschäftigungsverhältnisses oder Auftraggeber der haushaltsnahen Dienstleistung oder Handwerkerleistung ist.

2. Wohnungseigentümergemeinschaften

27 Besteht ein Beschäftigungsverhältnis zu einer Wohnungseigentümergemeinschaft (z. B. bei Reinigung und Pflege von Gemeinschaftsräumen) oder ist eine Wohnungseigentümergemeinschaft Auftraggeber der haushaltsnahen Dienstleistung bzw. der handwerklichen Leistung, kommt für den einzelnen Wohnungseigentümer eine Steuerermäßigung in Betracht, wenn in der Jahresabrechnung

- die im Kalenderjahr unbar gezahlten Beträge nach den begünstigten haushaltsnahen Beschäftigungsverhältnissen, Dienstleistungen und Handwerkerleistungen jeweils gesondert aufgeführt sind (zur Berücksichtigung von geringfügigen Beschäftigungsverhältnissen – siehe Rdnr. 7),
- der Anteil der steuerbegünstigten Kosten ausgewiesen ist (Arbeits- und Fahrtkosten, siehe auch Rdnr. 39) und

der Anteil des jeweiligen Wohnungseigentümers individuell errechnet wurde. Die Aufwendungen für Dienstleistungen, die sowohl auf öffentlichem Gelände als auch auf Privatgelände durchgeführt werden (vgl. Rdnr. 9), sind entsprechend aufzuteilen (vgl. Rdnr. 40). Hat die Wohnungseigentümergemeinschaft zur Wahrnehmung ihrer Aufgaben und Interessen einen Verwalter bestellt und ergeben sich die Angaben nicht aus der Jahresabrechnung, ist der Nachweis durch eine Bescheinigung des Verwalters über den Anteil des jeweiligen Wohnungseigentümers zu führen. Ein Muster für eine derartige Bescheinigung ist als Anlage 2 beigefügt. Das Datum über die Beschlussfassung der Jahresabrechnung kann formlos bescheinigt oder auf der Bescheinigung vermerkt werden.

3. Mieter/unentgeltliche Nutzer

28 Auch der Mieter einer Wohnung kann die Steuerermäßigung nach § 35a EStG beanspruchen, wenn die von ihm zu zahlenden Nebenkosten Beträge umfassen, die für ein haushaltsnahes Beschäftigungsverhältnis, für haushaltsnahe Dienstleistungen oder für handwerkliche Tätigkeiten geschuldet werden und sein Anteil an den vom Vermieter unbar gezahlten Aufwendungen entweder aus der Jahresabrechnung hervorgeht oder durch eine Bescheinigung (vgl. Rdnr. 27 und Anlage 2) des Vermieters oder seines Verwalters nachgewiesen wird. Das gilt auch für den Fall der unentgeltlichen Überlassung einer Wohnung, wenn der Nutzende die entsprechenden Aufwendungen getragen hat.

4. Wohnen in einem Alten(wohn)heim, einem Pflegeheim oder einem Wohnstift

29 Für Bewohner eines Altenheims, eines Altenwohnheims, eines Pflegeheims oder eines Wohnstiftes (vgl. Rdnrn. 14, 16) gilt nach Abschluss eines sog. Heimvertrages Folgendes: Aufwendungen für Dienstleistungen, die innerhalb des Appartements erbracht werden, wie z. B. die Reinigung des Appartements oder die Pflege und Betreuung des Heimbewohners, sind begünstigt. Aufwendungen für Dienstleistungen, die außerhalb des Appartements erbracht werden, sind im Rahmen der Rdnrn. 11, 14, 16 und 17 begünstigt. Das gilt jeweils auch für die von dem Heimbetreiber pauschal erhobenen Kosten, sofern die damit abgegoltene Dienstleistung gegenüber dem einzelnen Heimbewohner nachweislich tatsächlich erbracht worden ist. Darüber hinausgehende Dienstleistungen fallen grundsätzlich nicht unter die Steuerermäßigungsregelung des § 35a EStG, es sei denn, es wird nachgewiesen, dass die jeweilige haushaltsnahe Dienstleistung im Bedarfsfall von dem Heimbewohner abgerufen worden ist. Das gilt sowohl für Dienstleistungen des Heimbetreibers selbst, ggf. mittels eigenen Personals, als auch für Dienstleistungen eines externen Anbieters. Rdnrn. 27 und 28 gelten sinngemäß. Aufwendungen für die Möglichkeit, bei Bedarf bestimmte Pflege- oder Betreuungsleistungen in Anspruch *zu nehmen, sind begünstigt.* Aufwendungen für Pflegekostenergänzungsregelungen oder Beiträge an Einrichtungen (z. B. Solidarkassen), durch welche der Heimbewohner ähnlich einer Versicherung Ansprüche erwirbt, in vertraglich definierten Sachverhalten (z. B. bei Eintritt der Pflegebedürftigkeit) eine Kostenfreistellung oder eine Kostenerstattung zu erhalten, sind nicht begünstigt.

5. Arbeitgeber-Pool

Schließen sich mehrere Steuerpflichtige als Arbeitgeber für ein haushaltsnahes Beschäftigungsverhältnis zusammen (sog. Arbeitgeber-Pool), kann jeder Steuerpflichtige die Steuerermäßigung für seinen Anteil an den Aufwendungen in Anspruch nehmen, wenn für die an dem Arbeitgeber-Pool Beteiligten eine Abrechnung über die im jeweiligen Haushalt ausgeführten Arbeiten vorliegt. Wird der Gesamtbetrag der Aufwendungen für das Beschäftigungsverhältnis durch ein Pool-Mitglied überwiesen, gelten die Regelungen für Wohnungseigentümer und Mieter (vgl. Rdnrn. 27 und 28) entsprechend. 30

IV. Begünstigte Aufwendungen

1. Ausschluss der Steuerermäßigung bei Betriebsausgaben oder Werbungskosten

Die Steuerermäßigung für Aufwendungen ist ausgeschlossen, soweit diese zu den Betriebsausgaben oder Werbungskosten gehören oder wie solche behandelt werden. Gemischte Aufwendungen (z. B. für eine Reinigungskraft, die auch das beruflich genutzte Arbeitszimmer reinigt) sind unter Berücksichtigung des zeitlichen Anteils der zu Betriebsausgaben oder Werbungskosten führenden Tätigkeiten an der Gesamtarbeitszeit sachgerecht aufzuteilen. 31

2. Ausschluss der Steuerermäßigung bei Berücksichtigung der Aufwendungen als Sonderausgaben oder außergewöhnliche Belastungen; Aufwendungen für Kinderbetreuung

Sonderausgaben, außergewöhnliche Belastungen

Eine Steuerermäßigung nach § 35a EStG kommt nur in Betracht, soweit die Aufwendungen nicht vorrangig als Sonderausgaben (z. B. Erhaltungsmaßnahme nach § 10f EStG oder Kinderbetreuungskosten – vgl. Rdnr. 34) oder als außergewöhnliche Belastungen berücksichtigt werden. Für den Teil der Aufwendungen, der durch den Ansatz der zumutbaren Belastung nach § 33 Absatz 3 EStG oder wegen der Gegenrechnung von Pflegegeld oder Pflegetagegeld nicht als außergewöhnliche Belastung berücksichtigt wird, kann der Steuerpflichtige die Steuerermäßigung nach § 35a EStG in Anspruch nehmen. Werden im Rahmen des § 33 EStG Aufwendungen geltend gemacht, die dem Grunde nach sowohl bei § 33 EStG als auch bei § 35a EStG berücksichtigt werden können, ist davon auszugehen, dass die zumutbare Belastung vorrangig auf die nach § 35a EStG begünstigten Aufwendungen entfällt. 32

Behinderten-Pauschbetrag

Nimmt die pflegebedürftige Person einen Behinderten-Pauschbetrag nach § 33b Absatz 1 Satz 1 in Verbindung mit Absatz 3 Satz 2 oder 3 EStG in Anspruch, schließt dies eine Berücksichtigung dieser Pflegeaufwendungen nach § 35a EStG bei ihr aus[1]). Das gilt nicht, wenn der einem Kind zustehende Behinderten-Pauschbetrag nach § 33b Absatz 5 EStG auf den Steuerpflichtigen übertragen wird (BFH, Urteil vom 11. Februar 2010, BStBl II Seite 621) und dieser für Pflege- und Betreuungsaufwendungen des Kindes aufkommt (vgl. Rdnr. 10). 33

Kinderbetreuungskosten

Fallen Kinderbetreuungskosten dem Grunde nach unter die Regelung des § 10 Absatz 1 Nummer 5 EStG (§ 9c EStG a. F.), kommt ein Abzug nach § 35a EStG nicht in Betracht (§ 35a Absatz 5 Satz 1 EStG). Dies gilt sowohl für den Betrag, der zwei Drittel der Aufwendungen für Dienstleistungen übersteigt, als auch für alle Aufwendungen, die den Höchstbetrag von 4 000 Euro je Kind übersteigen. 34

Au-pair

Bei Aufnahme eines Au-pairs in eine Familie fallen in der Regel neben den Aufwendungen für die Betreuung der Kinder auch Aufwendungen für leichte Hausarbeiten an. Wird der Umfang der Kinderbetreuungskosten nicht nachgewiesen (vgl. Rdnr. 7 des BMF-Schreibens vom 14. März 2012, BStBl I Seite 307), kann ein Anteil von 50 Prozent der Gesamtaufwendungen im Rahmen der Steuerermäßigung für haushaltsnahe Dienstleistungen nach § 35a Absatz 2 Satz 1 EStG berücksichtigt werden, wenn die übrigen Voraussetzungen des § 35a EStG (insbesondere die Zahlung auf ein Konto des Au-pairs) vorliegen. 35

3. Umfang der begünstigten Aufwendungen

Arbeitsentgelt

Zu den begünstigten Aufwendungen des Steuerpflichtigen nach § 35a Absatz 1 und Absatz 2 Alternative 1 EStG gehört der Bruttoarbeitslohn oder das Arbeitsentgelt (bei Anwendung des Haushaltsscheckverfahrens und geringfügiger Beschäftigung im Sinne des § 8a SGB IV) sowie 36

---
1) Bestätigt durch → BFH vom 5. 6. 2014 (BStBl II S. 970).

die vom Steuerpflichtigen getragenen Sozialversicherungsbeiträge, die Lohnsteuer ggf. zuzüglich Solidaritätszuschlag und Kirchensteuer, die Umlagen nach dem Aufwendungsausgleichsgesetz (U 1 und U 2) und die Unfallversicherungsbeiträge, die an den Gemeindeunfallversicherungsverband abzuführen sind.

Nachweis des Arbeitsentgelts

37 Als Nachweis dient bei geringfügigen Beschäftigungsverhältnissen (s. Rdnr. 2), für die das Haushaltsscheckverfahren Anwendung findet, die dem Arbeitgeber von der Einzugstelle (Minijob-Zentrale) zum Jahresende erteilte Bescheinigung nach § 28h Absatz 4 SGB IV. Diese enthält den Zeitraum, für den Beiträge zur Rentenversicherung gezahlt wurden, die Höhe des Arbeitsentgelts sowie die vom Arbeitgeber getragenen Gesamtsozialversicherungsbeiträge und Umlagen. Zusätzlich wird in der Bescheinigung die Höhe der einbehaltenen Pauschsteuer beziffert.

38 Bei sozialversicherungspflichtigen haushaltsnahen Beschäftigungsverhältnissen, für die das allgemeine Beitrags- und Meldeverfahren zur Sozialversicherung gilt und bei denen die Lohnsteuer pauschal oder nach Maßgabe der persönlichen Lohnsteuerabzugsmerkmale erhoben wird, sowie bei geringfügigen Beschäftigungsverhältnissen ohne Haushaltsscheckverfahren gelten die allgemeinen Nachweisregeln für die Steuerermäßigung.

Arbeitskosten, Materialkosten

39 Begünstigt sind generell nur die Arbeitskosten. Das sind die Aufwendungen für die Inanspruchnahme der haushaltsnahen Tätigkeit selbst, für Pflege- und Betreuungsleistungen bzw. für Handwerkerleistungen einschließlich der in Rechnung gestellten Maschinen- und Fahrtkosten. Materialkosten oder sonstige im Zusammenhang mit der Dienstleistung, den Pflege- und Betreuungsleistungen bzw. den Handwerkerleistungen gelieferte Waren bleiben mit Ausnahme von Verbrauchsmitteln außer Ansatz.

40 Der Anteil der Arbeitskosten muss grundsätzlich anhand der Angaben in der Rechnung gesondert ermittelt werden können. Auch eine prozentuale Aufteilung des Rechnungsbetrages in Arbeitskosten und Materialkosten durch den Rechnungsaussteller ist zulässig. Bei Wartungsverträgen ist es nicht zu beanstanden, wenn der Anteil der Arbeitskosten, der sich auch pauschal aus einer Mischkalkulation ergeben kann, aus einer Anlage zur Rechnung hervorgeht. Dienstleistungen, die sowohl auf öffentlichem Gelände als auch auf Privatgelände durchgeführt werden (vgl. Rdnr. 9), sind vom Rechnungsaussteller entsprechend aufzuteilen. Zur Aufteilung solcher Aufwendungen bei Wohnungseigentümergemeinschaften genügt eine Jahresbescheinigung des Grundstücksverwalters, die die betrags- oder verhältnismäßige Aufteilung auf öffentliche Flächen und Privatgelände enthält. Entsprechendes gilt für die Nebenkostenabrechnung der Mieter. Abschlagszahlungen können nur dann berücksichtigt werden, wenn hierfür eine Rechnung vorliegt, welche die Voraussetzungen des § 35a EStG erfüllt (vgl. Rdnr. 49). Ein gesonderter Ausweis der auf die Arbeitskosten entfallenden Mehrwertsteuer ist nicht erforderlich.

Versicherungsleistungen

41 Aufwendungen für haushaltsnahe Dienstleistungen oder Handwerkerleistungen, die im Zusammenhang mit Versicherungsschadensfällen entstehen, können nur berücksichtigt werden, soweit sie nicht von der Versicherung erstattet werden. Dabei sind nicht nur erhaltene, sondern auch in späteren Veranlagungszeiträumen zu erwartende Versicherungsleistungen zu berücksichtigen. Das gilt auch für Versicherungsleistungen, die zur medizinischen Rehabilitation erbracht werden, wie z. B. für Haushaltshilfen nach § 10 Absatz 2 Satz 2, § 36 Absatz 1 Satz 2, § 37 Absatz 1 Satz 2, § 39 Absatz 1 Satz 2 des Gesetzes über die Alterssicherung der Landwirte, § 10 des Zweiten Gesetzes über die Krankenversicherung der Landwirte, § 38 Absatz 4 Satz 1 Alternative 2 SGB V, § 54 Absatz 2, § 55 SGB VII, § 54 SGB IX. In solchen Fällen ist nur die Selbstbeteiligung nach § 35a EStG begünstigt.

42 Empfangene Leistungen der Pflegeversicherung des Steuerpflichtigen sowie die Leistungen im Rahmen des Persönlichen Budgets im Sinne des § 17 SGB IX sind anzurechnen, soweit sie ausschließlich und zweckgebunden für Pflege- und Betreuungsleistungen sowie für haushaltsnahe Dienstleistungen im Sinne des § 35a Absatz 2 in Verbindung mit Absatz 5 EStG, die keine Handwerkerleistungen im Sinne des § 35a Absatz 3 EStG sind, gewährt werden. Danach sind Pflegesachleistungen nach § 36 SGB XI und der Kostenersatz für zusätzliche Betreuungsleistungen nach § 45b SGB XI auf die entstandenen Aufwendungen anzurechnen. Leistungen der Pflegeversicherung im Sinne des § 37 SGB XI (sog. Pflegegeld) sind dagegen nicht anzurechnen, weil sie nicht zweckgebunden für professionelle Pflegedienste bestimmt sind, die die Voraussetzungen des § 35a Absatz 5 EStG erfüllen (Ausstellung einer Rechnung, Überweisung auf ein Konto des Empfängers).

Beispiel 2:

Ein pflegebedürftiger Steuerpflichtiger der Pflegestufe II mit dauerhafter erheblicher Einschränkung seiner Alltagskompetenz erhält im Veranlagungszeitraum 2012 in seinem eigenen Haushalt Pflegesachleistungen in der Form einer häuslichen Pflegehilfe sowie zusätzliche Betreuung. Er nimmt dafür einen professionellen Pflegedienst in Anspruch. Die monatlichen Aufwendungen betragen 1 400 €. Die Pflegeversicherung übernimmt die Aufwendungen in Höhe von monatlich 1 100 € (§ 36 Absatz 3 Nummer 2c SGB XI). Darüber hinaus erhält der Steuerpflichtige einen zusätzlichen Kostenersatz nach § 45b SGB XI in Höhe von monatlich 100 €.

Es handelt sich um die Inanspruchnahme von Pflege- und Betreuungsleistungen im Sinne des § 35a Absatz 2 Satz 2 EStG, für die der Steuerpflichtige eine Steuerermäßigung in Anspruch nehmen kann. Die Beträge nach § 36 SGB XI sowie der Kostenersatz nach § 45b SGB XI sind anzurechnen.

Die Steuerermäßigung für die Pflege- und Betreuungsleistungen wird für den Veranlagungszeitraum 2012 wie folgt berechnet:

1 400 € x 12 Monate	16 800 €
– (1 100 € + 100 €) x 12 Monate	–14 400 €
verbleibende Eigenleistung	2 400 €

Davon 20 % = 480 €. Der Steuerpflichtige kann 480 € als Steuerermäßigungsbetrag in Anspruch nehmen.

Beispiel 3:

Eine pflegebedürftige Steuerpflichtige der Pflegestufe I beantragt anstelle der häuslichen Pflegehilfe (§ 36 SGB XI) ein Pflegegeld nach § 37 SGB XI. Im Veranlagungszeitraum 2012 erhält sie monatlich 235 €. Die Steuerpflichtige nimmt zur Deckung ihres häuslichen Pflege- und Betreuungsbedarfs zusätzlich einzelne Pflegeeinsätze eines professionellen Pflegedienstes in Anspruch. Die Aufwendungen dafür betragen jährlich 1 800 €.

Es handelt sich um die Inanspruchnahme von Pflege- und Betreuungsleistungen im Sinne des § 35a Absatz 2 Satz 2 EStG, für die die Steuerpflichtige eine Steuerermäßigung in Anspruch nehmen kann. Das Pflegegeld ist nicht anzurechnen.

Die Steuerermäßigung für die Pflege- und Betreuungsleistungen wird für den Veranlagungszeitraum 2012 wie folgt berechnet:

20 % von 1 800 € = 360 €. Die Steuerpflichtige kann 360 € als Steuerermäßigungsbetrag in Anspruch nehmen.

Beispiel 4:

Ein pflegebedürftiger Steuerpflichtiger der Pflegestufe II nimmt im Veranlagungszeitraum 2012 die ihm nach § 36 Absatz 3 Nummer 2c SGB XI zustehende Sachleistung nur zur Hälfte in Anspruch (550 € / Monat). Er erhält daneben ein anteiliges Pflegegeld (§ 38 in Verbindung mit § 37 SGB XI) in Höhe von monatlich 220 €. Die durch die Pflegeversicherung im Wege der Sachleistung zur Verfügung gestellten regelmäßigen professionellen Pflegeeinsätze werden durch den Steuerpflichtigen durch gelegentliche zusätzliche Beauftragungen eines Pflegedienstes ergänzt. Die Aufwendungen hierfür betragen jährlich 1 800 Euro; hierfür werden keine Pflegesachleistungen gewährt. Die weiteren Pflege- und Betreuungsdienstleistungen erfolgen durch Freunde des Steuerpflichtigen, von denen eine Person im Rahmen einer geringfügigen Beschäftigung im Sinne des § 8a SGB IV zu einem Monatslohn einschließlich der pauschalen Abgaben in Höhe von 380 € beschäftigt wird. Einen Teil des Pflegegeldes leitet der Steuerpflichtige an die anderen Hilfspersonen weiter.

Die Inanspruchnahme des Pflegedienstes ist nach § 35a Absatz 2 Satz 2 EStG begünstigt. Das Pflegegeld nach § 37 SGB XI ist nicht anzurechnen. Das geringfügige Beschäftigungsverhältnis fällt unter § 35a Absatz 1 EStG.

Die Steuerermäßigung für das geringfügige Beschäftigungsverhältnis wird für den Veranlagungszeitraum 2012 wie folgt berechnet:

380 € x 12 Monate	4 560 €

Davon 20 % = 912 €. Der Steuerpflichtige kann 510 € (= Höchstbetrag) als Steuerermäßigung in Anspruch nehmen.

Die Steuerermäßigung für die zusätzlich zu den Sachleistungen der Pflegeversicherung selbst finanzierten externen Pflegeeinsätze wird für den Veranlagungszeitraum 2012 wie folgt berechnet:

20 % von 1 800 € = 360 €. Der Steuerpflichtige kann (510 € + 360 € =) 870 € als Steuerermäßigungsbetrag in Anspruch nehmen.

Wird die Steuerermäßigung für Pflege- und Betreuungsaufwendungen von einem Angehörigen oder einer anderen Person geltend gemacht, ist Rdnr. 42 entsprechend anzuwenden, wenn das Pflegegeld an diese Person weitergeleitet wird. 43

Beispiel 5:

Eine pflegebedürftige Person der Pflegestufe II nimmt im Veranlagungszeitraum 2012 in ihrem eigenen Haushalt einen professionellen Pflegedienst in Anspruch. Die monatlichen

Gesamtaufwendungen hierfür betragen 1 500 €. Durch die Pflegeversicherung werden Pflegesachleistungen nach § 36 Absatz 3 Nummer 2c SGB XI in Höhe von 1 100 € monatlich übernommen. Die darüber hinausgehenden Aufwendungen trägt der Sohn in Höhe von monatlich 400 €.

Es handelt sich um die Inanspruchnahme von Pflege- und Betreuungsleistungen im Sinne des § 35a Absatz 2 Satz 2 EStG, für die der Sohn eine Steuerermäßigung in Anspruch nehmen kann. Die Beträge nach § 36 SGB XI sind anzurechnen.

Die Steuerermäßigung für die Pflege- und Betreuungsleistungen wird für den Veranlagungszeitraum 2012 wie folgt berechnet:

Steuerpflichtiger:	
1 500 € x 12 Monate	18 000 €
– 1 100 € x 12 Monate	13 200 €
Eigenleistung des Sohnes	4 800 €

Davon 20 % = 960 €. Der Sohn kann 960 € als Steuerermäßigungsbetrag in Anspruch nehmen.

<u>Beispiel 6:</u>

Ein pflegebedürftiger Steuerpflichtiger der Pflegestufe II (Schwerbehindertenausweis mit Merkzeichen „H") beantragt anstelle der häuslichen Pflegehilfe (§ 36 SGB XI) ein Pflegegeld nach § 37 SGB XI. Im Veranlagungszeitraum 2012 erhält er monatlich 440 €. Der Steuerpflichtige wird grundsätzlich von seiner Tochter betreut und gepflegt. Er reicht das Pflegegeld an die Tochter weiter. Zu ihrer Unterstützung beauftragt die Tochter gelegentlich zusätzlich einen professionellen Pflegedienst. Die Aufwendungen hierfür haben 2012 insgesamt 1 800 € betragen. Diese Kosten hat die Tochter getragen.

Bei der Beauftragung des Pflegedienstes handelt es sich um die Inanspruchnahme von Pflege- und Betreuungsleistungen im Sinne des § 35a Absatz 2 Satz 2 EStG, für die die Tochter eine Steuerermäßigung in Anspruch nehmen kann. Die an sie weitergeleiteten Beträge nach § 37 SGB XI sind nicht anzurechnen.

Die Steuerermäßigung für die Pflege- und Betreuungsleistungen wird bei der Tochter für den Veranlagungszeitraum 2012 wie folgt berechnet:

20 % von 1 800 € = 360 €. Die Tochter kann 360 € als Steuerermäßigungsbetrag in Anspruch nehmen.

Den Pflege-Pauschbetrag nach § 33b Absatz 6 Satz 1 EStG kann die Tochter nicht in Anspruch nehmen, da sie durch Weiterleitung des Pflegegeldes durch den Vater an sie Einnahmen im Sinne des § 33b Absatz 6 Satz 1 und 2 EStG erhält und sie das Pflegegeld nicht nur treuhänderisch für den Vater verwaltet, um daraus Aufwendungen des Pflegebedürftigen zu bestreiten (vgl. H 33b „Pflege-Pauschbetrag" EStH).

<u>Beispiel 7:</u>

Ein pflegebedürftiges Ehepaar lebt mit seiner Tochter in einem Haushalt. Der Vater hat Pflegestufe II, die Mutter Pflegestufe I. Der Vater wird täglich durch einen professionellen Pflegedienst gepflegt und betreut. Die Aufwendungen wurden 2012 von der Pflegeversicherung als Pflegesachleistung in Höhe von monatlich 1 100 € übernommen (§ 36 Absatz 3 Nummer 2c SGB XI). Die Mutter hat 2012 Pflegegeld nach § 37 SGB XI in Höhe von monatlich 235 € bezogen. Bei ihrer Pflege hilft die Tochter. Sie erhält als Anerkennung das Pflegegeld von der Mutter.

Die monatlichen Aufwendungen für den Pflegedienst des Vaters betragen nach Abzug der Leistungen der Pflegeversicherung 320 €. Zu ihrer Unterstützung beauftragt die Tochter gelegentlich zusätzlich einen Pflegedienst für die Mutter. Die Aufwendungen hierfür haben 2012 insgesamt 1 200 € betragen. Diese Kosten hat die Tochter getragen.

Es handelt sich um die Inanspruchnahme von Pflege- und Betreuungsleistungen im Sinne des § 35a Absatz 2 Satz 2 EStG, für die die Eltern und die Tochter eine Steuerermäßigung in Anspruch nehmen können. Die Beträge nach § 37 SGB XI sind nicht anzurechnen.

Die Steuerermäßigung für die Pflege- und Betreuungsleistungen wird für den Veranlagungszeitraum 2012 wie folgt berechnet:

Eltern: Eigenleistung 320 € x 12 Monate	3 840 €

Davon 20 % = 768 €. Die Eltern können 768 € als Steuerermäßigungsbetrag in Anspruch nehmen.

Tochter: Eigenleistung	1 200 €

Davon 20 % = 240 €. Die Tochter kann 240 € als Steuerermäßigung in Anspruch nehmen.

Zahlungszeitpunkt

Für die Inanspruchnahme der Steuerermäßigung ist auf den Veranlagungszeitraum der Zahlung abzustellen (§ 11 Absatz 2 EStG). Bei regelmäßig wiederkehrenden Ausgaben (z. B. nachträgliche monatliche Zahlung oder monatliche Vorauszahlung einer Pflegeleistung), die innerhalb eines Zeitraums von bis zu zehn Tagen nach Beendigung bzw. vor Beginn eines Kalenderjahres fällig und geleistet worden sind, werden die Ausgaben dem Kalenderjahr zugerechnet, zu dem sie wirtschaftlich gehören. Bei geringfügigen Beschäftigungsverhältnissen gehören die Abgaben für das in den Monaten Juli bis Dezember erzielte Arbeitsentgelt, die erst am 15. Januar des Folgejahres fällig werden, noch zu den begünstigten Aufwendungen des Vorjahres. 44

Dienst- oder Werkswohnung

Für vom Arbeitnehmer bewohnte Dienst- oder Werkswohnungen gilt Folgendes: Lässt der Arbeitgeber haushaltsnahe Dienstleistungen oder Handwerkerleistungen von einem (fremden) Dritten durchführen und trägt er hierfür die Aufwendungen, kann der Arbeitnehmer die Steuerermäßigung nach § 35a EStG nur in Anspruch nehmen, wenn er die Aufwendungen – neben dem Mietwert der Wohnung – als Arbeitslohn (Sachbezug) versteuert hat und der Arbeitgeber eine Bescheinigung erteilt hat, aus der eine Aufteilung der Aufwendungen nach haushaltsnahen Dienstleistungen und Handwerkerleistungen, jeweils unterteilt nach Arbeitskosten und Materialkosten, hervorgeht. Zusätzlich muss aus der Bescheinigung hervorgehen, dass die Leistungen durch (fremde) Dritte ausgeführt worden sind und zu welchem Wert sie zusätzlich zum Mietwert der Wohnung als Arbeitslohn versteuert worden sind. Die Steuerermäßigung kann nicht in Anspruch genommen werden, wenn die haushaltsnahen Dienstleistungen oder Handwerkerleistungen durch eigenes Personal des Arbeitgebers durchgeführt worden sind. Auch pauschale Zahlungen des Mieters einer Dienstwohnung an den Vermieter für die Durchführung von Schönheitsreparaturen sind nicht begünstigt, wenn die Zahlungen unabhängig davon erfolgen, ob und ggf. in welcher Höhe der Vermieter tatsächlich Reparaturen an der Wohnung des Mieters in Auftrag gibt (BFH, Urteil vom 5. Juli 2012, BStBl 2013 II Seite 14). 45

Altenteilerwohnung

Für empfangene Sachleistungen, die ein Altenteiler als wiederkehrende Bezüge versteuert, kann er die Steuerermäßigung für Handwerkerleistungen im Haushalt in Anspruch nehmen, soweit sie auf seinen Haushalt entfallen und in der Person des die Sachleistungen erbringenden Altenteilsverpflichteten alle Voraussetzungen für die Gewährung der Steuerermäßigung vorliegen. 46

Wohnungseigentümer und Mieter

Bei Wohnungseigentümern und Mietern ist erforderlich, dass die auf den einzelnen Wohnungseigentümer und Mieter entfallenden Aufwendungen für haushaltsnahe Beschäftigungsverhältnisse und Dienstleistungen sowie für Handwerkerleistungen entweder in der Jahresabrechnung gesondert aufgeführt oder durch eine Bescheinigung des Verwalters oder Vermieters nachgewiesen sind. Aufwendungen für regelmäßig wiederkehrende Dienstleistungen (wie z. B. Reinigung des Treppenhauses, Gartenpflege, Hausmeister) werden grundsätzlich anhand der geleisteten Vorauszahlungen im Jahr der Vorauszahlungen berücksichtigt, einmalige Aufwendungen (wie z. B. Handwerkerrechnungen) dagegen erst im Jahr der Genehmigung der Jahresabrechnung. Soweit einmalige Aufwendungen durch eine Entnahme aus der Instandhaltungsrücklage finanziert werden, können die Aufwendungen erst im Jahr des Abflusses aus der Instandhaltungsrücklage oder im Jahr der Genehmigung der Jahresabrechnung, die den Abfluss aus der Instandhaltungsrücklage beinhaltet, berücksichtigt werden. Wird eine Jahresabrechnung von einer Verwaltungsgesellschaft mit abweichendem Wirtschaftsjahr erstellt, gilt nichts anderes. Es ist aber auch nicht zu beanstanden, wenn Wohnungseigentümer die gesamten Aufwendungen erst in dem Jahr geltend machen, in dem die Jahresabrechnung im Rahmen der Eigentümerversammlung genehmigt worden ist. Für die zeitliche Berücksichtigung von Nebenkosten bei Mietern gelten die vorstehenden Ausführungen entsprechend. 47

Die Entscheidung, die Steuerermäßigung hinsichtlich der Aufwendungen für die regelmäßig wiederkehrenden Dienstleistungen im Jahr der Vorauszahlung und für die einmaligen Aufwendungen im Jahr der Beschlussfassung oder für die gesamten Aufwendungen die Steuerermäßigung erst im Jahr der Beschlussfassung in Anspruch zu nehmen, hat jeder einzelne Eigentümer bzw. Mieter im Rahmen seiner Einkommensteuererklärung zu treffen. Zur Bescheinigung des Datums über die Beschlussfassung s. Rdnr. 27 und Anlage 2. Hat sich der Wohnungseigentümer bei einer Abrechnung mit einem abweichenden Wirtschaftsjahr dafür entschieden, die gesamten Aufwendungen erst in dem Jahr geltend zu machen, in dem die Jahresabrechnung im Rahmen der Eigentümerversammlung genehmigt worden ist, hat das zur Folge, dass hinsichtlich der regelmäßig wiederkehrenden Dienstleistungen die Aufwendungen des abweichenden Wirtschaftsjahres maßgebend sind. Eine davon abweichende andere zeitanteilige Aufteilung der Aufwendungen ist nicht möglich. Auch für den Fall, dass die Beschlussfassungen über die Jahresabrechnungen für zwei Kalenderjahre in einem Kalenderjahr getroffen werden, kann die 48

Entscheidung für alle in einem Jahr genehmigten Abrechnungen, die Steuerermäßigung im Jahr der Vorauszahlung oder in dem der Beschlussfassung in Anspruch zu nehmen, nur einheitlich getroffen werden.

4. Nachweis

49 Die Steuerermäßigung ist davon abhängig, dass der Steuerpflichtige für die Aufwendungen eine Rechnung erhalten hat und die Zahlung auf das Konto des Erbringers der haushaltsnahen Dienstleistung, der Handwerkerleistung oder der Pflege- oder Betreuungsleistung erfolgt ist (§ 35a Absatz 5 Satz 3 EStG). Dies gilt auch für Abschlagszahlungen (vgl. Rdnr. 40). Bei Wohnungseigentümern und Mietern müssen die sich aus Rdnr. 47 ergebenden Nachweise vorhanden sein. Es ist ausreichend, wenn der Steuerpflichtige die Nachweise auf Verlangen des Finanzamtes vorlegen kann.

Zahlungsarten

50 Die Zahlung auf das Konto des Erbringers der Leistung erfolgt in der Regel durch Überweisung. Beträge, für deren Begleichung ein Dauerauftrag eingerichtet worden ist oder die durch eine Einzugsermächtigung abgebucht oder im Wege des Online-Bankings überwiesen wurden, können in Verbindung mit dem Kontoauszug, der die Abbuchung ausweist, anerkannt werden. Das gilt auch bei Übergabe eines Verrechnungsschecks oder der Teilnahme am Electronic-Cash-Verfahren oder am elektronischen Lastschriftverfahren. Barzahlungen, Baranzahlungen oder Barteilzahlungen können nicht anerkannt werden (BFH, Urteil vom 20. November 2008, BStBl 2009 II Seite 307). Das gilt selbst dann, wenn die Barzahlung von dem Erbringer der haushaltsnahen Dienstleistung, der Pflege- und Betreuungsleistung oder der Handwerkerleistung tatsächlich ordnungsgemäß verbucht worden ist und der Steuerpflichtige einen Nachweis über die ordnungsgemäße Verbuchung erhalten hat oder wenn eine Barzahlung durch eine später veranlasste Zahlung auf das Konto des Erbringers der Leistung ersetzt wird.

Konto eines Dritten

51 Die Inanspruchnahme der Steuerermäßigung durch den Steuerpflichtigen ist auch möglich, wenn die haushaltsnahe Dienstleistung, Pflege- oder Betreuungsleistung oder die Handwerkerleistung, für die der Steuerpflichtige eine Rechnung erhalten hat, von dem Konto eines Dritten bezahlt worden ist.

V. Haushaltsbezogene Inanspruchnahme der Höchstbeträge

1. Ganzjährig ein gemeinsamer Haushalt

52 Die Höchstbeträge nach § 35a EStG können nur haushaltsbezogen in Anspruch genommen werden (§ 35a Absatz 5 Satz 4 EStG). Leben z. B. zwei Alleinstehende im gesamten Veranlagungszeitraum in einem Haushalt, kann jeder seine tatsächlichen Aufwendungen grundsätzlich nur bis zur Höhe des hälftigen Abzugshöchstbetrages geltend machen. Das gilt auch, wenn beide Arbeitgeber im Rahmen eines haushaltsnahen Beschäftigungsverhältnisses oder Auftraggeber haushaltsnaher Dienstleistungen, von Pflege- und Betreuungsleistungen oder von Handwerkerleistungen sind. Eine andere Aufteilung des Höchstbetrages ist zulässig, wenn beide Steuerpflichtige einvernehmlich eine andere Aufteilung wählen und dies gegenüber dem Finanzamt anzeigen. Das gilt auch für Partner einer eingetragenen Lebenspartnerschaft.

Beispiel 8:

Das Ehepaar A und B beschäftigt eine Haushaltshilfe im Rahmen einer geringfügigen Beschäftigung im Sinne des § 8a SGB IV. Die Aufwendungen im Veranlagungszeitraum 2012 betragen einschließlich Abgaben 2 500 €. Darüber hinaus sind Aufwendungen für die Inanspruchnahme von Handwerkerleistungen in Höhe von 4 000 € (Arbeitskosten einschließlich Fahrtkosten) angefallen. Das Ehepaar wird zusammenveranlagt.

Die Steuerermäßigung nach § 35a EStG wird für den Veranlagungszeitraum 2012 wie folgt berechnet:

20 % von 2 500 € (§ 35a Absatz 1 EStG)	500 €
20 % von 4 000 € (§ 35a Absatz 3 EStG)	800 €
Steuerermäßigung 2012	1 300 €

Für die Steuerermäßigung ist es unerheblich, welcher Ehegatte die Aufwendungen bezahlt hat.

Beispiel 9:

C und D sind allein stehend und leben im gesamten Veranlagungszeitraum 2012 in einem gemeinsamen Haushalt. Sie beschäftigen eine Haushaltshilfe im Rahmen einer geringfügigen Beschäftigung im Sinne des § 8a SGB IV. Dabei tritt D gegenüber der Minijob-Zentrale als Arbeitgeberin auf. Sie bezahlt den Lohn der Haushaltshilfe, und von ihrem Konto werden die Abgaben durch die Minijob-Zentrale abgebucht. Die Aufwendungen im Veranlagungszeitraum 2012 betragen einschließlich Abgaben 2 500 €.

Darüber hinaus sind Aufwendungen für die Inanspruchnahme von Handwerkerleistungen angefallen wie folgt:

Schornsteinfegerkosten (Schornstein-Kehrarbeiten, ggf. einschließlich Reparatur- und Wartungsaufwand)	100 €
Tapezieren und Streichen der Wohnräume (Arbeitskosten einschließlich Fahrtkosten)	2 000 €
Reparatur der Waschmaschine vor Ort (Arbeitskosten einschließlich Fahrtkosten)	200 €
	2 300 €

Das Tapezieren und Streichen der Wohnräume haben C und D je zur Hälfte bezahlt. Beide sind gegenüber dem Handwerksbetrieb als Auftraggeber aufgetreten.

Die Schornsteinfegerkosten hat C, die Waschmaschinenreparatur hat D bezahlt.

Die Steuerermäßigung nach § 35a EStG wird für den Veranlagungszeitraum 2012 für die jeweilige Einzelveranlagung wie folgt berechnet:

C:	20 % von (1/2 von 2 000 € =) 1 000 € (§ 35a Absatz 3 EStG)	200 €
	20 % von 100 € (§ 35a Absatz 3 EStG)	20 €
	Steuerermäßigung 2012 für C	220 €
D:	20 % von 2 500 € (§ 35a Absatz 1 EStG)	500 €
	20 % von (1/2 von 2 000 € =) 1 000 € (§ 35a Absatz 3 EStG)	200 €
	20 % von 200 € (§ 35a Absatz 3 EStG)	40 €
	Steuerermäßigung 2012 für D	740 €

C und D zeigen die abweichende Aufteilung gegenüber dem Finanzamt an.

Beispiel 10:

E und F sind allein stehend und leben im gesamten Veranlagungszeitraum 2012 in einem gemeinsamen Haushalt in einem Haus, das der F gehört. Von Juni bis September wird das Haus aufwendig renoviert. Für den Austausch der Fenster und Türen, das Tapezieren und Streichen der Wände, die Renovierung des Badezimmers und das Austauschen der Küche bezahlen sie an die Handwerker insgesamt 30 000 €. Auf Arbeitskosten einschließlich Fahrtkosten entfallen davon 10 000 €. E und F treten gegenüber den Handwerkern gemeinsam als Auftraggeber auf.

a) E und F teilen sich die Aufwendungen hälftig.

Die Steuerermäßigung nach § 35a EStG wird für den Veranlagungszeitraum 2012 für die jeweilige Einzelveranlagung wie folgt berechnet:

E:	20 % von (1/2 von 10 000 € =) 5 000 € (§ 35a Absatz 3 EStG), = 1 000 €, höchstens ½ von 1 200 € =	600 €
F:	Die Steuerermäßigung für F wird ebenso berechnet	600 €

Damit beträgt der haushaltsbezogene in Anspruch genommene Höchstbetrag für die Steuerermäßigung für Handwerkerleistungen 1 200 €.

b) E bezahlt 80 %, F bezahlt 20 % der Aufwendungen.

Die Steuerermäßigung nach § 35a EStG wird für den Veranlagungszeitraum 2012 für die jeweilige Einzelveranlagung grundsätzlich wie folgt berechnet:

E:	20 % von (80 % von 10 000 € =) 8 000 € (§ 35a Absatz 3 EStG), = 1 600 €, höchstens ½ von 1 200 € =	600 €
F:	20 % von (20 % von 10 000 € =) 2 000 € (§ 35a Absatz 3 EStG)	400 €

E und F wählen eine andere Aufteilung des Höchstbetrages, und zwar nach dem Verhältnis, wie sie die Aufwendungen tatsächlich getragen haben. Sie zeigen dies auch gegenüber dem Finanzamt einvernehmlich an.

Die Steuerermäßigung nach § 35a EStG wird für den Veranlagungszeitraum 2012 für die jeweilige Einzelveranlagung wie folgt berechnet:

E:	20 % von (80 % von 10 000 € =) 8 000 € (§ 35a Absatz 3 EStG), = 1 600 €, höchstens 80 % von 1 200 € =	960 €
F:	20 % von (20 % von 10 000 € =) 2 000 € (§ 35a Absatz 3 EStG), = 400 €, höchstens 20 % von 1 200 € =	240 €

Damit beträgt der haushaltsbezogene in Anspruch genommene Höchstbetrag für die Steuerermäßigung für Handwerkerleistungen 1 200 €.

c) F bezahlt als Hauseigentümerin die gesamten Aufwendungen.

Die Steuerermäßigung nach § 35a EStG wird für den Veranlagungszeitraum 2012 für die Einzelveranlagung der F grundsätzlich wie folgt berechnet:

20 % von 10 000 € (§ 35a Absatz 3 EStG) =	2 000 €,
höchstens ½ von 1 200 € (= hälftiger Höchstbetrag)	600 €

E und F haben jedoch die Möglichkeit, eine andere Aufteilung des Höchstbetrags zu wählen, und zwar nach dem Verhältnis, wie sie die Aufwendungen tatsächlich getragen haben (also zu 100 % auf F und zu 0 % auf E). Sie zeigen dies auch gegenüber dem Finanzamt einvernehmlich an.

Die Steuerermäßigung nach § 35a EStG wird für den Veranlagungszeitraum 2012 für die Einzelveranlagung der F nunmehr wie folgt berechnet:

20 % von 10 000 € (§ 35a Absatz 3 EStG) =	2 000 €,
höchstens	1 200 €

E hat keinen Anspruch auf die Steuerermäßigung, da er keine eigenen Aufwendungen getragen hat.

2. Unterjährige Begründung oder Beendigung eines gemeinsamen Haushalts

53 Begründen zwei bisher Alleinstehende mit eigenem Haushalt im Lauf des Veranlagungszeitraums einen gemeinsamen Haushalt oder wird der gemeinsame Haushalt zweier Personen während des Veranlagungszeitraums aufgelöst und es werden wieder zwei getrennte Haushalte begründet, kann bei Vorliegen der übrigen Voraussetzungen jeder Steuerpflichtige die vollen Höchstbeträge in diesem Veranlagungszeitraum in Anspruch nehmen. Das gilt unabhängig davon, ob im Veranlagungszeitraum der Begründung oder Auflösung des Haushalts auch die Eheschließung, die Trennung oder die Ehescheidung erfolgt. Grundsätzlich kann jeder seine tatsächlichen Aufwendungen im Rahmen des Höchstbetrags geltend machen. Darauf, in welchem der beiden Haushalte in diesem Veranlagungszeitraum die Aufwendungen angefallen sind, kommt es nicht an. Für die Inanspruchnahme des vollen Höchstbetrages pro Person ist maßgebend, dass von der jeweiligen Person zumindest für einen Teil des Veranlagungszeitraums ein alleiniger Haushalt unterhalten worden ist.

Beispiel 11:

G und H begründen im Laufe des Veranlagungszeitraums 2012 einen gemeinsamen Haushalt. Vorher hatten beide jeweils einen eigenen Haushalt. Im Laufe des Jahres sind die folgenden Aufwendungen im Sinne des § 35a EStG angefallen:

Einzelhaushalt des G: Aufwendungen für Renovierungsarbeiten der alten Wohnung im zeitlichen Zusammenhang mit dem Umzug (vgl. Rdnr. 19) in Höhe von 12 000 €. Davon entfallen auf Arbeitskosten einschließlich Fahrtkosten 6 000 €.

Einzelhaushalt der H: Aufwendungen für Renovierungsarbeiten der alten Wohnung im zeitlichen Zusammenhang mit dem Umzug (vgl. Rdnr. 19) in Höhe von 2 500 €. Davon entfallen auf Arbeitskosten einschließlich Fahrtkosten 1 000 €.

Gemeinsamer Haushalt: Handwerkerkosten (Arbeitskosten) für die Montage der neuen Möbel 500 €, für das Verlegen von Elektroanschlüssen 200 €, für den Einbau der neuen Küche 400 €. Für Wohnungsreinigungsarbeiten haben sie ein Dienstleistungsunternehmen beauftragt. Die Aufwendungen betragen (ohne Materialkosten) bis Jahresende 800 €. G und H treten gegenüber den jeweiligen Firmen gemeinsam als Auftraggeber auf. Die Kosten teilen sie sich zu gleichen Teilen.

a) Die Steuerermäßigung nach § 35a EStG wird für den Veranlagungszeitraum 2012 für die jeweilige Einzelveranlagung wie folgt berechnet:

G:	20 % von 6 000 € (§ 35a Absatz 3 EStG)	1 200 €
	20 % von (1/2 von 800 € =) 400 € (§ 35a Absatz 2 EStG)	80 €
		1 280 €

Durch die Handwerkerkosten für den Einzelhaushalt hat G seinen Höchstbetrag nach § 35a Absatz 3 EStG ausgeschöpft. Die weiteren Handwerkerkosten in der neuen Wohnung bleiben bei ihm unberücksichtigt. Eine Übertragung des nicht ausgeschöpften Höchstbetrages von H ist nicht möglich.

H:	20 % von 1 000 € (§ 35a Absatz 3 EStG)	200 €
	20 % von (1/2 von 1 100 € =) 550 € (§ 35a Absatz 3 EStG)	110 €
	20 % von (1/2 von 800 € =) 400 € (§ 35a Absatz 2 EStG)	80 €
		390 €

H kann die durch G nicht nutzbare Steuerermäßigung nicht geltend machen, da sie insoweit nicht die Aufwendungen getragen hat.

b) G und H heiraten im November 2012. Sie beantragen die Zusammenveranlagung.

Die Steuerermäßigung nach § 35a EStG wird für 2012 wie folgt berechnet:

20 % von 800 € (§ 35a Absatz 2 EStG)	160 €
20 % von 6 000 € – Einzelhaushalt des G (§ 35a Absatz 3 EStG)	1 200 €
20 % von 1 000 € – Einzelhaushalt der H (§ 35a Absatz 3 EStG)	200 €
20 % von 1 100 € – gemeinsamer Haushalt (Höchstbetrag für Handwerkerkosten ist bei H noch nicht ausgeschöpft; darauf, wer von beiden die Aufwendungen tatsächlich getragen hat, kommt es nicht an)	220 €
	1 780 €

Wird unmittelbar nach Auflösung eines gemeinsamen Haushalts ein gemeinsamer Haushalt mit einer anderen Person begründet, kann derjenige Steuerpflichtige, der ganzjährig in gemeinsamen Haushalten gelebt hat, seine tatsächlichen Aufwendungen nur bis zur Höhe des hälftigen Abzugshöchstbetrages geltend machen. Hat für die andere Person für einen Teil des Veranlagungszeitraums ein alleiniger Haushalt bestanden, ist die Regelung der Rdnr. 53 sinngemäß anzuwenden mit der Folge, dass diese Person den vollen Höchstbetrag beanspruchen kann. Auch in diesen Fällen gilt, dass jeder Steuerpflichtige nur seine tatsächlichen Aufwendungen im Rahmen seines Höchstbetrages geltend machen kann. Etwas anderes gilt nur dann, wenn Steuerpflichtige, die zumindest für einen Teil des Veranlagungszeitraums zusammen einen Haushalt unterhalten haben, einvernehmlich eine andere Aufteilung des Höchstbetrages wählen und dies gegenüber dem Finanzamt anzeigen. Dabei kann für einen Steuerpflichtigen maximal der volle Höchstbetrag berücksichtigt werden. 54

Beispiel 12:

K und L leben seit Jahren zusammen, sind aber nicht verheiratet. Im Laufe des Veranlagungszeitraums 2012 zieht K aus der gemeinsamen Wohnung aus und zieht in den Haushalt von M.

Für den Haushalt von K und L sind die folgenden Aufwendungen angefallen:

Haushaltsnahe Dienstleistungen nach § 35a Absatz 2 EStG in Höhe von 800 €, Aufwendungen für Renovierung und Erhaltung des Haushalts in Höhe von 8 000 €. Es handelt sich jeweils um Arbeitskosten. K und L waren beide Auftraggeber und haben sich die Kosten geteilt.

Für den Haushalt von L sind nach dem Auszug von K die folgenden Aufwendungen angefallen:

Haushaltsnahes Beschäftigungsverhältnis nach § 35a Absatz 1 EStG in Höhe von 700 €, Aufwendungen für Renovierung (Arbeitskosten) 900 €.

Für den Haushalt von M sind bis zum Einzug von K die folgenden Aufwendungen angefallen:

Reparaturkosten der Spülmaschine (Arbeitskosten und Fahrtkostenpauschale) in Höhe von 100 €, Schornsteinfegerkosten (Schornstein-Kehrarbeiten einschließlich Reparatur- und Wartungsaufwand) in Höhe von 120 €.

Für den Haushalt von K und M sind die folgenden Aufwendungen angefallen:

Haushaltsnahe Dienstleistungen nach § 35a Absatz 2 EStG in Höhe von 1 000 € (Arbeitskosten). Die Aufwendungen trägt nur M.

Die Steuerermäßigung nach § 35a EStG wird für den Veranlagungszeitraum 2012 für die jeweilige Einzelveranlagung wie folgt berechnet:

K:	20 % von (1/2 von 800 € =) 400 € (§ 35a Absatz 2 EStG)	80 €
	20 % von (1/2 von 8 000 € =) 4 000 € (§ 35a Absatz 3 EStG) = 800 €, höchstens ½ von 1 200 €	600 €
	Steuerermäßigung 2012 für K	680 €

Durch die Handwerkerkosten für den Haushalt mit L hat K seinen Höchstbetrag nach § 35a Absatz 3 EStG ausgeschöpft.

L:	20 % von (1/2 von 800 € =) 400 € (§ 35a Absatz 2 EStG)	80 €
	20 % von (1/2 von 8 000 € =) 4 000 € (§ 35a Absatz 3 EStG)	800 €
	20 % von 900 € (§ 35a Absatz 3 EStG) (Keine Begrenzung auf den hälftigen Höchstbetrag von 600 €, da L ab dem Auszug von K alleine einen eigenen Haushalt hat.)	180 €
	20 % von 700 € (§ 35a Absatz 1 EStG)	140 €
	Steuerermäßigung 2012 für L	1 200 €

L kann die Aufwendungen in Höhe von 1 000 € für Handwerkerleistungen, die sich bei K nicht als Steuerermäßigung ausgewirkt haben, auch mit dessen Zustimmung nicht geltend machen, da L insoweit die Aufwendungen nicht getragen hat.

M:	20 % von 220 € (§ 35a Absatz 3 EStG)	44 €
	20 % von 1 000 € (§ 35a Absatz 2 EStG)	200 €
	Steuerermäßigung 2012 für M	244 €

Beispiel 13:

N und O leben seit Jahren zusammen, sind aber nicht verheiratet. Im Laufe des Veranlagungszeitraums 2012 zieht N aus der gemeinsamen Wohnung aus und zieht in den Haushalt von P.

Für den Haushalt von N und O sind die folgenden Aufwendungen angefallen:

Aufwendungen für Renovierung und Erhaltung des Haushalts in Höhe von 5 000 €. Es handelt sich jeweils um Arbeitskosten. N und O waren beide Auftraggeber. Die Kosten wurden zu 80 % von N getragen, 20 % von O.

Für den Haushalt von O sind nach dem Auszug von N die folgenden Aufwendungen angefallen: Aufwendungen für Renovierung (Arbeitskosten) 3 000 €.

a) Die Steuerermäßigung nach § 35a EStG wird für den Veranlagungszeitraum 2012 für die jeweilige Einzelveranlagung wie folgt berechnet:

N:	20 % von (80 % von 5 000 € =) 4 000 € (§ 35a Absatz 3 EStG) = 800 €, höchstens ½ von 1 200 €	600 €

Durch die Handwerkerkosten hat N seinen Höchstbetrag nach § 35a Absatz 3 EStG ausgeschöpft.

O:	20 % von (20 % von 5 000 € =) 1 000 € (§ 35a Absatz 3 EStG)	200 €
	20 % von 3 000 € (§ 35a Absatz 3 EStG)	600 €
	Steuerermäßigung 2012 für O	800 €

(Keine Begrenzung auf den hälftigen Höchstbetrag, da O ab dem Auszug von N einen eigenen Haushalt hat. Allerdings beträgt der Höchstbetrag nach § 35a Absatz 3 EStG für O insgesamt 1 200 €. Dieser ist nicht überschritten.)

O kann die durch N nicht nutzbare Steuerermäßigung nicht geltend machen, da sie für ihren Aufwendungsteil die Steuerermäßigung ausgeschöpft hat und darüber hinaus die Aufwendungen nicht getragen hat.

b) N und O wählen eine andere Aufteilung des Höchstbetrages, und zwar nach dem Verhältnis, wie sie die Aufwendungen tatsächlich getragen haben. Sie zeigen dies auch gegenüber dem Finanzamt einvernehmlich an.

Die Steuerermäßigung nach § 35a EStG wird für den Veranlagungszeitraum 2012 für die jeweilige Einzelveranlagung wie folgt berechnet:

N:	20 % von (80 % von 5 000 € =)	4 000 €,
	höchstens von (80 % von 6 000 € =) 4 800 € (§ 35a Absatz 3 EStG)	800 €

N kann seine vollen Aufwendungen nach § 35a Absatz 3 EStG geltend machen.

O:	20 % von (20 % von 5 000 € =) 1 000 € (§ 35a Absatz 3 EStG)	200 €
	20 % von 3 000 € (§ 35a Absatz 3 EStG)	600 €
	(Keine Begrenzung auf den hälftigen Höchstbetrag, da O ab dem Auszug von N einen eigenen Haushalt hat. Allerdings reduziert sich der Höchstbetrag nach § 35a Absatz 3 EStG für O um den auf N übertragenen Anteil von (20 % von 1 000 € =) 200 € auf (20 % von 5 000 € =) 1 000 €. Dieser ist nicht überschritten.)	800 €

VI. Anrechnungsüberhang

55 Entsteht bei einem Steuerpflichtigen infolge der Inanspruchnahme der Steuerermäßigung nach § 35a EStG ein sog. Anrechnungsüberhang, kann der Steuerpflichtige weder die Festsetzung einer negativen Einkommensteuer in Höhe dieses Anrechnungsüberhangs noch die Feststellung einer rück- oder vortragsfähigen Steuerermäßigung beanspruchen (BFH, Urteil vom 29. Januar 2009, BStBl II Seite 411).

VII. Anwendungsregelung

56 Dieses Schreiben ersetzt das BMF-Schreiben vom 15. Februar 2010 (BStBl I Seite 140).

57 Rdnrn. 52, 53 und 54 sind in allen noch offenen Fällen ab dem Veranlagungszeitraum 2003 anzuwenden. Rdnrn. 20 und 21 sind in allen noch offenen Fällen ab dem Veranlagungszeitraum 2006 anzuwenden. Rdnrn. 11, 12 und 14 sind in allen noch offenen Fällen ab dem Veranla-

gungszeitraum 2009 anzuwenden. Rdnrn. 24 und 25 sind in allen noch offenen Fällen ab dem Veranlagungszeitraum 2011 anzuwenden.

Aus Vereinfachungsgründen brauchen Schornsteinfegerleistungen bis einschließlich Veranla- 58
gungszeitraum 2013 nicht in Schornstein-Kehrarbeiten sowie Reparatur- und Wartungsarbeiten [1]
einerseits (als Handwerkerleistungen begünstigt) und Mess- oder Überprüfungsarbeiten sowie Feuerstättenschau andererseits (nicht begünstigt) aufgeteilt zu werden, sondern können als einheitliche begünstigte Handwerkerleistung berücksichtigt werden; vgl. hierzu Rdnr. 22. Ab dem Veranlagungszeitraum 2014 kann für Schornstein-Kehrarbeiten sowie Reparatur- und Wartungsarbeiten des Schornsteinfegers eine Steuerermäßigung nur gewährt werden, wenn sich die erforderlichen Angaben nach Maßgabe der Rdnr. 40 aus der Rechnung ergeben.

Anlagen

Anlage 1

Beispielhafte Aufzählung begünstigter und nicht begünstigter haushaltsnaher Dienstleistungen und Handwerkerleistungen

(zu Rdnrn. 7, 20, 21)

Maßnahme	begünstigt	nicht begünstigt	Haushaltsnahe Dienstleistung	Handwerkerleistung
Abfallmanagement („Vorsortierung")	innerhalb des Grundstücks	alle Maßnahmen außerhalb des Grundstücks	X	
Abflussrohrreinigung	innerhalb des Grundstücks	außerhalb des Grundstücks		X
Ablesedienste und Abrechnung bei Verbrauchszählern (Strom, Gas, Wasser, Heizung usw.)		X		
Abriss eines baufälligen Gebäudes mit anschließendem Neubau		X		
Abwasserentsorgung	Wartung und Reinigung innerhalb des Grundstücks	alle Maßnahmen außerhalb des Grundstücks		X
Anliegerbeitrag		X		
Arbeiten 1. am Dach 2. an Bodenbelägen 3. an der Fassade 4. an Garagen 5. an Innen- und Außenwänden 6. an Zu- und Ableitungen	X X X X X soweit innerhalb des Grundstücks	alle Maßnahmen außerhalb des Grundstücks		X X X X X X

[1] Bei Schornsteinfegerleistungen bestehen in allen noch offenen Steuerfällen keine Bedenken, die Inanspruchnahme einer Steuerermäßigung zu gewähren. Das gilt sowohl für Aufwendungen für Mess- oder Überprüfarbeiten einschließlich der Feuerstättenschau als auch für Aufwendungen für Reinigungs- und Kehrarbeiten sowie sonstige Handwerkerleistungen. Die entgegenstehenden Regelungen des Anwendungsschreibens zu § 35a EStG vom 10. 1. 2014 (BStBl I S. 75) sind nicht mehr anzuwenden (→ BMF vom 10. 11. 2015 – BStBl I S. 876).

Maßnahme	begünstigt	nicht begünstigt	Haushaltsnahe Dienstleistung	Handwerkerleistung
Architektenleistung		X		
Asbestsanierung	X			X
Aufstellen eines Baugerüstes	Arbeitskosten	Miete, Material		X
Aufzugnotruf		X		
Außenanlagen, Errichtung von˜, wie z. B. Wege, Zäune	Arbeitskosten für Maßnahmen auf privatem Grundstück	– auf öffentlichem Grundstück oder – im Rahmen einer Neubaumaßnahme (Rdnr. 21) – Materialkosten		X
Austausch oder Modernisierung 1. der Einbauküche 2. von Bodenbelägen (z. B. Teppichboden, Parkett, Fliesen) 3. von Fenstern und Türen	 X X X			 X X X
Bereitschaft der Erbringung einer ansonsten begünstigten Leistung im Bedarfsfall	als Nebenleistung einer ansonsten begünstigten Hauptleistung	nur Bereitschaft	Abgrenzung im Einzelfall	Abgrenzung im Einzelfall
Brandschadensanierung	soweit nicht Versicherungsleistung	soweit Versicherungsleistung		X
Breitbandkabelnetz	Installation, Wartung und Reparatur innerhalb des Grundstücks	alle Maßnahmen außerhalb des Grundstücks		X
Carport, Terrassenüberdachung	Arbeitskosten	– Materialkosten sowie – Errichtung im Rahmen einer Neubaumaßnahme (Rdnr. 21)		X
Chauffeur		X		
Dachgeschossausbau	Arbeitskosten	– Materialkosten sowie – Errichtung im Rahmen einer Neubaumaßnahme (Rdnr. 21)		X

Maßnahme	*begünstigt*	*nicht begünstigt*	*Haushaltsnahe Dienstleistung*	*Handwerkerleistung*
Dachrinnenreinigung	*X*			*X*
Datenverbindungen	*s. Hausanschlüsse*	*s. Hausanschlüsse*		*X*
Deichabgaben		*X*		
Dichtheitsprüfung von Abwasseranlagen		*X*[1]		
Elektroanlagen	*Wartung und Reparatur*			*X*
Energiepass		*X*		
Entsorgungsleistung	*als Nebenleistung, (z. B. Bauschutt, Fliesenabfuhr bei Neuverfliesung eines Bades, Grünschnittabfuhr bei Gartenpflege)*	*als Hauptleistung*	*Abgrenzung im Einzelfall*	*Abgrenzung im Einzelfall*
Erhaltungsmaßnahmen	*Arbeitskosten für Maßnahmen auf privatem Grundstück*	– *Materialkosten sowie* – *alle Maßnahmen außerhalb des Grundstücks*	*Abgrenzung im Einzelfall*	*Abgrenzung im Einzelfall*
Erstellung oder Hilfe bei der Erstellung der Steuererklärung		*X*		
Fäkalienabfuhr		*X*		
Fahrstuhlkosten	*Wartung und Reparatur*	*Betriebskosten*		*X*
Fertiggaragen	*Arbeitskosten*	– *Materialkosten sowie* – *Errichtung im Rahmen einer Neubaumaßnahme (Rdnr. 21)*		*X*
Feuerlöscher	*Wartung*			*X*
Feuerstättenschau – s. auch Schornsteinfeger		*X*[2]		
Fitnesstrainer		*X*		

1) Überholt durch BFH vom 6. 11. 2014 (BStBl 2015 II S. 481), Fußnote an Rdnr. 22.
2) Überholt → BMF vom 10. 11. 2015 (BStBl I S. 877), Fußnote zu Rdnr. 22.

Maßnahme	begünstigt	nicht begünstigt	Haushaltsnahe Dienstleistung	Handwerkerleistung
Friseurleistungen	*nur soweit sie zu den Pflege- und Betreuungsleistungen gehören, wenn sie im Leistungskatalog der Pflegeversicherung aufgeführt sind (und der Behinderten-Pauschbetrag nicht geltend gemacht wird; s. Rdnrn. 8, 10, 32, 33)*	*alle anderen Friseurleistungen*	*X*	
Fußbodenheizung	*Wartung, Spülung, Reparatur, nachträglicher Einbau*	*Materialkosten*		*X*
Gärtner	*innerhalb des Grundstücks*	*alle Maßnahmen außerhalb des Grundstücks*	*Abgrenzung im Einzelfall*	*Abgrenzung im Einzelfall*
Gartengestaltung	*Arbeitskosten*	*– Materialkosten sowie – erstmalige Anlage im Rahmen einer Neubaumaßnahme (Rdnr. 21)*		*X*
Gartenpflegearbeiten (z. B. Rasen mähen, Hecken schneiden)	*innerhalb des Grundstücks einschließlich Grünschnittentsorgung als Nebenleistung*	*alle Maßnahmen außerhalb des Grundstücks*	*X*	
Gemeinschaftsmaschinen bei Mietern (z. B. Waschmaschine, Trockner)	*Reparatur und Wartung*	*Miete*		*X*
Gewerbeabfallentsorgung		*X*		
Graffitibeseitigung	*X*			*X*
Gutachtertätigkeiten		*X*		
Hand- und Fußpflege	*nur soweit sie zu den Pflege- und Betreuungsleistungen gehören, wenn sie im Leistungskatalog der Pflegeversicherung aufgeführt sind (und der Behinderten-Pauschbetrag nicht geltend gemacht wird; s. Rdnrn. 8, 10, 32, 33)*	*alle anderen*	*X*	

Maßnahme	*begünstigt*	*nicht begünstigt*	*Haushaltsnahe Dienstleistung*	*Handwerkerleistung*
Hausanschlüsse	*z. B. für den Anschluss von Stromkabeln, für das Fernsehen, für Internet über Kabelfernsehen, Glasfaser oder per Satellitenempfangsanlagen sowie Weiterführung der Anschlüsse, jeweils innerhalb des Grundstücks*	*– Materialkosten sowie – erstmalige Anschlüsse im Rahmen einer Neubaumaßnahme (Rdnr. 21) und – alle Maßnahmen außerhalb des Grundstücks*		*X*
Hausarbeiten, wie reinigen, Fenster putzen, bügeln usw. (Rdnr. 1)	*X*		*X*	
Haushaltsauflösung		*X*		
Hauslehrer		*X*		
Hausmeister, Hauswart	*X*		*X*	
Hausreinigung	*X*		*X*	
Hausschwammbeseitigung	*X*			*X*
Hausverwalterkosten oder -gebühren		*X*		
Heizkosten: *1. Verbrauch* *2. Gerätemiete für Zähler* *3. Garantiewartungs-gebühren* *4. Heizungswartung und Reparatur* *5. Austausch der Zähler nach dem Eichgesetz* *6. Schornsteinfeger* *7. Kosten des Ablesedienstes* *8. Kosten der Abrechnung an sich*	*X* *X* *X* *s. Schornsteinfeger*	*X* *X* *s. Schornsteinfeger*[1)] *X* *X*		*X* *X* *X*
Hilfe im Haushalt (Rdnrn. 11, 12, 14) – s. Hausarbeiten				
Insektenschutzgitter	*Montage und Reparatur*	*Material*		*X*

1) Überholt → BMF vom 10. 11. 2015 (BStBl I S. 877), Fußnote zu Rdnr. 22.

Maßnahme	begünstigt	nicht begünstigt	Haushaltsnahe Dienstleistung	Handwerkerleistung
Kamin-Einbau	Arbeitskosten	– Materialkosten sowie – Errichtung im Rahmen einer Neubaumaßnahme (Rdnr. 21)		X
Kaminkehrer – s. Schornsteinfeger				
Kellerausbau	Arbeitskosten	– Materialkosten sowie – Errichtung im Rahmen einer Neubaumaßnahme (Rdnr. 21)		X
Kellerschachtabdeckungen	Montage und Reparatur	Material		X
Kfz. – s. Reparatur		X		
Kinderbetreuungskosten	soweit sie nicht unter § 10 Absatz 1 Nummer 5 EStG (§ 9c EStG a. F.) fallen und für eine Leistung im Haushalt des Steuerpflichtigen anfallen	im Sinne von § 10 Absatz 1 Nummer 5 EStG (§ 9c EStG a. F.); s. auch Rdnr. 34	X	
Klavierstimmer	X			X
Kleidungs- und Wäschepflege und -reinigung	im Haushalt des Steuerpflichtigen		X	
Kontrollaufwendungen des TÜV, z. B. für den Fahrstuhl oder den Treppenlift		X		
Kosmetikleistungen	nur soweit sie zu den Pflege- und Betreuungsleistungen gehören, wenn sie im Leistungskatalog der Pflegeversicherung aufgeführt sind (und der Behinderten-Pauschbetrag nicht geltend gemacht wird; s. Rdnrn. 8, 10, 32, 33)	alle anderen	X	
Laubentfernung	auf privatem Grundstück	auf öffentlichem Grundstück	Abgrenzung im Einzelfall	Abgrenzung im Einzelfall
Legionellenprüfung		X		

Maßnahme	begünstigt	nicht begünstigt	Haushaltsnahe Dienstleistung	Handwerkerleistung
Leibwächter		X		
Material und sonstige im Zusammenhang mit der Leistung gelieferte Waren einschließlich darauf entfallende Umsatzsteuer		Rdnr. 39 Bsp.: Farbe, Fliesen, Pflastersteine, Mörtel, Sand, Tapeten, Teppichboden und andere Fußbodenbeläge, Waren, Stützstrümpfe usw.		
Mauerwerksanierung	X			X
Miete von Verbrauchszählern (Strom, Gas, Wasser, Heizung usw.)		X		
Modernisierungsmaßnahmen (z. B. Badezimmer, Küche)	innerhalb des Grundstücks	alle Maßnahmen außerhalb des Grundstücks		X
Montageleistung z. B. beim Erwerb neuer Möbel	X			X
Müllabfuhr		X		
Müllentsorgungsanlage (Müllschlucker)	Wartung und Reparatur			X
Müllschränke	Anlieferung und Aufstellen	Material		X
Nebenpflichten der Haushaltshilfe, wie kleine Botengänge oder Begleitung von Kindern, kranken, alten oder pflegebedürftigen Personen bei Einkäufen oder zum Arztbesuch	X		X	
Neubaumaßnahmen		Rdnr. 21		
Notbereitschaft / Notfalldienste	soweit es sich um eine nicht gesondert berechnete Nebenleistung z. B. im Rahmen eines Wartungsvertrages handelt	alle anderen reinen Bereitschaftsdienste	X	

Maßnahme	***begünstigt***	***nicht begünstigt***	***Haushaltsnahe Dienstleistung***	***Handwerkerleistung***
Pflasterarbeiten	*innerhalb des Grundstücks*	*– Materialkosten sowie – alle Maßnahmen außerhalb des Grundstücks*		*X*
Pflegebett		*X*		
Pflege der Außenanlagen	*innerhalb des Grundstücks*	*alle Maßnahmen außerhalb des Grundstücks*	*X*	
Pilzbekämpfung	*X*			*X*
Prüfdienste / Prüfleistung (z. B. bei Aufzügen)		*X*		
Rechtsberatung		*X*		
Reinigung	*der Wohnung, des Treppenhauses und der Zubehörräume*		*X*	
Reparatur, Wartung und Pflege				
1. von Bodenbelägen (z. B. Teppichboden, Parkett, Fliesen)	*X*		*Pflege*	*Reparatur und Wartung*
2. von Fenstern und Türen (innen und außen)	*X*		*Pflege*	*Reparatur und Wartung*
3. von Gegenständen im Haushalt des Steuerpflichtigen (z. B. Waschmaschine, Geschirrspüler, Herd, Fernseher, Personalcomputer und andere)	*soweit es sich um Gegenstände handelt, die in der Hausratversicherung mitversichert werden können*	*Arbeiten außerhalb des Grundstücks des Steuerpflichtigen*	*Pflege im Haushalt bzw. auf dem Grundstück des Steuerpflichtigen*	*Reparatur und Wartung im Haushalt bzw. auf dem Grundstück des Steuerpflichtigen*
4. von Heizungsanlagen, Elektro-, Gas- und Wasserinstallationen	*auf dem Grundstück des Steuerpflichtigen*	*außerhalb des Grundstücks des Steuerpflichtigen* *X*		*X*
5. von Kraftfahrzeugen (einschließlich TÜV-Gebühren)	*X*			
6. von Wandschränken				*X*
Schadensfeststellung, Ursachenfeststellung (z. B. bei Wasserschaden, Rohrbruch usw.)		*X*		

Maßnahme	begünstigt	nicht begünstigt	Haushaltsnahe Dienstleistung	Handwerkerleistung
Schadstoffsanierung	X			X
Schädlings- und Ungezieferbekämpfung	X		Abgrenzung im Einzelfall	Abgrenzung im Einzelfall
Schornsteinfeger	– Schornstein-Kehrarbeiten – Reparatur- und Wartungsarbeiten (Rdnr. 58)	– Mess- oder Überprüfungsarbeiten – Feuerstättenschau (Rdnr. 22, 58)[1]		X X
Sekretär; hierunter fallen auch Dienstleistungen in Form von Büroarbeiten (z. B. Ablageorganisation, Erledigung von Behördengängen, Stellen von Anträgen bei Versicherungen und Banken usw.)		X		
Sperrmüllabfuhr		X		
Statikerleistung		X		
Straßenreinigung	auf privatem Grundstück	auf öffentlichem Grundstück	X	
Tagesmutter bei Betreuung im Haushalt des Steuerpflichtigen	soweit es sich bei den Aufwendungen nicht um Kinderbetreuungskosten (Rdnr. 34) handelt	Kinderbetreuungskosten (Rdnr. 34)	X	
Taubenabwehr	X		Abgrenzung im Einzelfall	Abgrenzung im Einzelfall
Technische Prüfdienste (z. B. bei Aufzügen)		X		
Terrassenüberdachung	Arbeitskosten	– Materialkosten sowie – Errichtung im Rahmen einer Neubaumaßnahme (Rdnr. 21)		X

1) Überholt → BMF vom 10. 11. 2015 (BStBl I S. 877), Fußnote zu Rdnr. 22.

Maßnahme	begünstigt	nicht begünstigt	Haushaltsnahe Dienstleistung	Handwerkerleistung
Tierbetreuungs-, pflege- oder -arztkosten[1]		X		
Trockeneisreinigung	X			X
Trockenlegung von Mauerwerk	Arbeiten mit Maschinen vor Ort	ausschließliche Maschinenanmietung		X
TÜV-Gebühren		X		
Überprüfung von Anlagen (z. B. Gebühr für den Schornsteinfeger oder für die Kontrolle von Blitzschutzanlagen)	s. Schornsteinfeger	TÜV-Gebühren; s. auch Schornsteinfeger[2]		X
Umzäunung, Stützmauer o. ä.	Arbeitskosten für Maßnahmen auf privatem Grundstück	– Materialkosten sowie – Maßnahmen auf öffentlichem Grundstück oder – im Rahmen einer Neubaumaßnahme (Rdnr. 21)		X
Umzugsdienstleistungen	für Privatpersonen (Rdnrn. 19, 31)		Abgrenzung im Einzelfall	Abgrenzung im Einzelfall
Verarbeitung von Verbrauchsgütern im Haushalt des Steuerpflichtigen	X		X	
Verbrauchsmittel, wie z. B. Schmier-, Reinigungs- oder Spülmittel sowie Streugut	X		als Nebenleistung (Rdnr. 3-9) – Abgrenzung im Einzelfall	als Nebenleistung (Rdnr. 39-) – Abgrenzung im Einzelfall
Verwaltergebühr		X		

1) Auch die Versorgung und Betreuung eines im Haushalt des Stpfl. aufgenommenen Haustieres kann als haushaltsnahe Dienstleistungen nach § 35a Abs. 2 Satz 1 EStG begünstigt sein (entgegen BMF vom 10. 1. 2014 – BStBl I S. 75, Anlage; denn Tätigkeiten wie das Füttern, die Fellpflege, das Ausführen und die sonstige Beschäftigung des Tieres oder im Zusammenhang mit dem Tier erforderliche Reinigungsarbeiten fallen regelmäßig an und werden typischerweise durch den Stpfl. selbst oder andere Haushaltsangehörige erledigt (BFH vom 3. 9. 2015 – BStBl 2016 II S. 47, VI R 13/15, BFH/NV 2016, S. 115 – 116).

2) Überholt → BMF vom 10. 11. 2015 (BStBl I S. 877), Fußnote zu Rdnr. 22.

Maßnahme	begünstigt	nicht begünstigt	Haushaltsnahe Dienstleistung	Handwerkerleistung
Wachdienst	innerhalb des Grundstücks	außerhalb des Grundstücks	X	
Wärmedämmmaßnahmen	X			X
Wartung: Aufzug Heizung und Öltankanlagen (einschließlich Tankreinigung) Feuerlöscher CO2-Warngeräte Pumpen Abwasser-Rückstau-Sicherungen	X X X X X X			X X X X X X
Wasserschadensanierung	X	soweit Versicherungsleistung		X
Wasserversorgung	Wartung und Reparatur			X
Winterdienst	innerhalb des Grundstücks	alle Maßnahmen außerhalb des Grundstücks[1]	X	
Zubereitung von Mahlzeiten im Haushalt des Steuerpflichtigen	X		X	

1) Aber → BFH vom 20. 3. 2014 (BStBl II S. 880).

Anlage 2

Muster für eine Bescheinigung

(zu Rdnr. 27)

(Name und Anschrift des Verwalters/ Vermieters)	(Name und Anschrift des Eigentümers/ Mieters)

Anlage zur Jahresabrechnung für das Jahr / Wirtschaftsjahr . . . .

Ggf. Datum der Beschlussfassung der Jahresabrechnung: ____________________

In der Jahresabrechnung für das nachfolgende Objekt

____

(Ort, Straße, Hausnummer und ggf. genaue Lagebezeichnung der Wohnung)

sind Ausgaben im Sinne des § 35a Einkommensteuergesetz (EStG) enthalten, die wie folgt zu verteilen sind:

A) Aufwendungen für sozialversicherungspflichtige Beschäftigungen

(§ 35a Absatz 2 Satz 1 Alternative 1 EStG)

Bezeichnung	**Gesamtbetrag (in Euro)**	**Anteil des Miteigentümers / des Mieters**

B) Aufwendungen für die Inanspruchnahme von haushaltsnahen Dienstleistungen

(§ 35a Absatz 2 Satz 1 Alternative 2 EStG)

Bezeichnung	**Gesamtbetrag (in Euro)**	**nicht zu berück-sichtigende Materialkos-ten (in Euro)**	**Aufwendungen bzw. Arbeits-kosten (Rdnrn. 39, 40) (in Euro)**	**Anteil des Mitei-gentümers / des Mieters**

C) Aufwendungen für die Inanspruchnahme von Handwerkerleistungen für Renovierungs-, Erhaltungs- und Modernisierungsmaßnahmen

(§ 35a Absatz 3 EStG)

Bezeichnung	**Gesamt-betrag (in Euro)**	**nicht zu berück-sichtigende Materialkos-ten (in Euro)**	**Aufwendungen bzw. Arbeits-kosten (Rdnrn. 39, 40) (in Euro)**	**Anteil des Mitei-gentümers / des Mieters**

(Ort und Datum)	(Unterschrift des Verwalters oder Vermieters)

Hinweis: Die Entscheidung darüber, welche Positionen im Rahmen der Einkommensteuererklärung berücksichtigt werden können, obliegt ausschließlich der zuständigen Finanzbehörde.

Allgemeine Verwaltungsvorschrift für die Betriebsprüfung (Betriebsprüfungsordnung – BpO 2000)

vom 15. 3. 2000 (BStBl I S. 368)
zuletzt geändert durch die Allgemeine Verwaltungsvorschrift zur Änderung der Betriebsprüfungsordnung vom 20. 7. 2011 (BStBl I S. 710)
– Auszug –

I. Allgemeine Vorschriften

§ 1 Anwendungsbereich der Betriebsprüfungsordnung

(1) Diese Verwaltungsvorschrift gilt für Außenprüfungen der Landesfinanzbehörden und des Bundeszentralamtes für Steuern.

(2) Für besondere Außenprüfungen der Landesfinanzbehörden und des Bundeszentralamtes für Steuern (z. B. Lohnsteueraußenprüfung und Umsatzsteuersonderprüfung) sind die §§ 5 bis 12, 20 bis 24, 29 und 30 mit Ausnahme des § 5 Abs. 4 Satz 2 sinngemäß anzuwenden.

§ 2 Aufgaben der Betriebsprüfungsstellen

(1) Zweck der Außenprüfung ist die Ermittlung und Beurteilung der steuerlich bedeutsamen Sachverhalte, um die Gleichmäßigkeit der Besteuerung sicherzustellen (§§ 85, 199 Abs. 1 AO). Bei der Anordnung und Durchführung von Prüfungsmaßnahmen sind im Rahmen der Ermessensausübung die Grundsätze der Verhältnismäßigkeit der Mittel und des geringstmöglichen Eingriffs zu beachten.

(2) Den Betriebsprüfungsstellen können auch Außenprüfungen im Sinne des § 193 Abs. 2 AO, Sonderprüfungen sowie andere Tätigkeiten mit Prüfungscharakter, zum Beispiel Liquiditätsprüfungen, übertragen werden; dies gilt nicht für Steuerfahndungsprüfungen.

(3) Die Finanzbehörde entscheidet nach pflichtgemäßem Ermessen, ob und wann eine Außenprüfung durchgeführt wird. Dies gilt auch, wenn der Steuerpflichtige eine baldige Außenprüfung begehrt.

§ 3 Größenklassen[1)]

Steuerpflichtige, die der Außenprüfung unterliegen, werden in die Größenklassen
- Großbetriebe (G)
- Mittelbetriebe (M)
- Kleinbetriebe (K) und
- Kleinstbetriebe (Kst)

eingeordnet. Der Stichtag, der maßgebende Besteuerungszeitraum und die Merkmale für diese Einordnung werden jeweils von den obersten Finanzbehörden der Länder im Benehmen mit dem Bundesministerium der Finanzen festgelegt.

II. Durchführung der Außenprüfung

§ 4 Umfang der Außenprüfung

(1) Die Finanzbehörde bestimmt den Umfang der Außenprüfung nach pflichtgemäßem Ermessen.

(2) Bei Großbetrieben und Unternehmen im Sinne der §§ 13 und 19 soll der Prüfungszeitraum an den vorhergehenden Prüfungszeitraum anschließen. Eine Anschlussprüfung ist auch in den Fällen des § 18 möglich.

(3) Bei anderen Betrieben soll der Prüfungszeitraum in der Regel nicht mehr als drei zusammenhängende Besteuerungszeiträume umfassen. Der Prüfungszeitraum kann insbesondere dann drei Besteuerungszeiträume übersteigen, wenn mit nicht unerheblichen Änderungen der Besteuerungsgrundlagen zu rechnen ist oder wenn der Verdacht einer Steuerstraftat oder einer Steuerordnungswidrigkeit besteht. Anschlussprüfungen sind zulässig.

(4) Für die Entscheidung, ob ein Betrieb nach Absatz 2 oder Absatz 3 geprüft wird, ist grundsätzlich die Größenklasse maßgebend, in die der Betrieb im Zeitpunkt der Bekanntgabe der Prüfungsanordnung eingeordnet ist.

---

1) Einordnung in Größenklassen gem. § 3 BpO 2000: Festlegung neuer Abgrenzungsmerkmale zum 1. 1. 2016 BMF vom 9. 6. 2015 (BStBl I S. 504)

(5) Hält die Finanzbehörde eine umfassende Ermittlung der steuerlichen Verhältnisse im Einzelfall nicht für erforderlich, kann sie eine abgekürzte Außenprüfung (§ 203 AO) durchführen. Diese beschränkt sich auf die Prüfung einzelner Besteuerungsgrundlagen eines Besteuerungszeitraums oder mehrere Besteuerungszeiträume.

§ 4a Zeitnahe Betriebsprüfung

(1) Die Finanzbehörde kann Steuerpflichtige unter den Voraussetzungen des Absatzes 2 für eine zeitnahe Betriebsprüfung auswählen. Eine Betriebsprüfung ist zeitnah, wenn der Prüfungszeitraum einen oder mehrere gegenwartsnahe Besteuerungszeiträume umfasst.

(2) Grundlage zeitnaher Betriebsprüfungen sind die Steuererklärungen im Sinne des § 150 der Abgabenordnung der zu prüfenden Besteuerungszeiträume (Absatz 1 Satz 2). Zur Sicherstellung der Mitwirkungsrechte des Bundeszentralamtes für Steuern ist der von der Finanzbehörde ausgewählte Steuerpflichtige dem Bundeszentralamt für Steuern abweichend von der Frist des § 21 Absatz 1 Satz 1 unverzüglich zu benennen.

(3) Über das Ergebnis der zeitnahen Betriebsprüfung ist ein Prüfungsbericht oder eine Mitteilung über die ergebnislose Prüfung anzufertigen (§ 202 der Abgabenordnung).

§ 5 Anordnung der Außenprüfung

(1) Die für die Besteuerung zuständige Finanzbehörde ordnet die Außenprüfung an. Die Befugnis zur Anordnung kann auch der beauftragten Finanzbehörde übertragen werden.

(2) Die Prüfungsanordnung hat die Rechtsgrundlage der Außenprüfung, die zu prüfenden Steuerarten, Steuervergütungen, Prämien, Zulagen, gegebenenfalls zu prüfende bestimmte Sachverhalte sowie den Prüfungszeitraum zu enthalten. Ihr sind Hinweise auf die wesentliche Rechte und Pflichten des Steuerpflichtigen bei der Außenprüfung beizufügen. Die Mitteilung über den voraussichtlichen Beginn und die Festlegung des Ortes der Außenprüfung kann mit der Prüfungsanordnung verbunden werden. Handelt es sich um eine abgekürzte Außenprüfung nach § 203 AO, ist die Prüfungsanordnung um diese Rechtsgrundlage zu ergänzen. Soll der Umfang einer Außenprüfung nachträglich erweitert werden, ist eine ergänzende Prüfungsanordnung zu erlassen.

(3) Der Name des Betriebsprüfers, eines Betriebsprüfungshelfers und andere prüfungsleitende Bestimmungen können in die Prüfungsanordnung aufgenommen werden.

(4) Die Prüfungsanordnung und die Mitteilungen nach den Absätzen 2 und 3 sind dem Steuerpflichtigen angemessene Zeit vor Beginn der Prüfung bekanntzugeben, wenn der Prüfungszweck dadurch nicht gefährdet wird. In der Regel sind bei Großbetrieben 4 Wochen und in anderen Fällen 2 Wochen angemessen.

(5) Wird beantragt, den Prüfungsbeginn zu verlegen, können als wichtige Gründe zum Beispiel Erkrankung des Steuerpflichtigen, seines steuerlichen Beraters oder eines für Auskünfte maßgeblichen Betriebsangehörigen, beträchtliche Betriebsstörungen durch Umbau oder höhere Gewalt anerkannt werden. Dem Antrag des Steuerpflichtigen kann auch unter Auflage, zum Beispiel Erledigung von Vorbereitungsarbeiten für die Prüfung, stattgegeben werden.

(6) Werden die steuerlichen Verhältnisse von Gesellschaftern und Mitgliedern sowie von Mitgliedern der Überwachungsorgane in die Außenprüfung einbezogen, so ist für jeden Beteiligten eine Prüfungsanordnung unter Beachtung der Voraussetzungen des § 193 AO zu erteilen.

§ 6 Ort der Außenprüfung

Die Außenprüfung ist in den Geschäftsräumen des Steuerpflichtigen durchzuführen. Ist ein geeigneter Geschäftsraum nachweislich nicht vorhanden und kann die Außenprüfung nicht in den Wohnräumen des Steuerpflichtigen stattfinden, ist an Amtsstelle zu prüfen (§ 200 Abs. 2 AO). Ein anderer Prüfungsort kommt nur ausnahmsweise in Betracht.

§ 7 Prüfungsgrundsätze

Die Außenprüfung ist auf das Wesentliche abzustellen. Ihre Dauer ist auf das notwendige Maß zu beschränken. Sie hat sich in erster Linie auf solche Sachverhalte zu erstrecken, die zu *endgültigen Steuerausfällen* oder Steuererstattungen oder -vergütungen oder zu nicht unbedeutenden Gewinnverlagerungen führen können.

§ 8 Mitwirkungspflichten

(1) Der Steuerpflichtige ist zu Beginn der Prüfung darauf hinzuweisen, dass er Auskunftspersonen benennen kann. Ihre Namen sind aktenkundig zu machen. Die Auskunfts- und sonstigen

Mitwirkungspflichten des Steuerpflichtigen erlöschen nicht mit der Benennung von Auskunftspersonen.

(2) Der Betriebsprüfer darf im Rahmen seiner Ermittlungsbefugnisse unter den Voraussetzungen des § 200 Abs. 1 Sätze 3 und 4 AO auch Betriebsangehörige um Auskunft ersuchen, die nicht als Auskunftspersonen benannt worden sind.

(3) Die Vorlage von Büchern, Aufzeichnungen, Geschäftspapieren und anderen Unterlagen, die nicht unmittelbar den Prüfungszeitraum betreffen, kann ohne Erweiterung des Prüfungszeitraums verlangt werden, wenn dies zur Feststellung von Sachverhalten des Prüfungszeitraums für erforderlich gehalten wird.

§ 9 Kontrollmitteilungen

Feststellungen, die nach § 194 Abs. 3 AO für die Besteuerung anderer Steuerpflichtiger ausgewertet werden können, sollen der zuständigen Finanzbehörde mitgeteilt werden. Kontrollmaterial über Auslandsbeziehungen ist auch dem Bundeszentralamt für Steuern zur Auswertung zu übersenden.

§ 10 Verdacht einer Steuerstraftat oder -ordnungswidrigkeit

(1) Ergeben sich während einer Außenprüfung zureichende tatsächliche Anhaltspunkte für eine Straftat (§ 152 Abs. 2 StPO), deren Ermittlung der Finanzbehörde obliegt, so ist die für die Bearbeitung dieser Straftat zuständige Stelle unverzüglich zu unterrichten. Dies gilt auch, wenn lediglich die Möglichkeit besteht, dass ein Strafverfahren durchgeführt werden muss. Richtet sich der Verdacht gegen den Steuerpflichtigen, dürfen hinsichtlich des Sachverhalts, auf den sich der Verdacht bezieht, die Ermittlungen (§ 194 AO) bei ihm erst fortgesetzt werden, wenn ihm die Einleitung des Strafverfahrens mitgeteilt worden ist. Der Steuerpflichtige ist dabei, soweit die Feststellungen auch für Zwecke des Strafverfahrens verwendet werden können, darüber zu belehren, dass seine Mitwirkung im Besteuerungsverfahren nicht mehr erzwungen werden kann (§ 393 Abs. 1 AO). Die Belehrung ist unter Angabe von Datum und Uhrzeit aktenkundig zu machen und auf Verlangen schriftlich zu bestätigen (§ 397 Abs. 2 AO).

(2) Absatz 1 gilt beim Verdacht einer Ordnungswidrigkeit sinngemäß.

§ 11 Schlussbesprechung

(1) Findet eine Schlussbesprechung statt, so sind die Besprechungspunkte und der Termin der Schlussbesprechung dem Steuerpflichtigen angemessene Zeit vor der Besprechung bekannt zu geben. Diese Bekanntgabe bedarf nicht der Schriftform.

(2) Hinweise nach § 201 Abs. 2 AO sind aktenkundig zu machen.

§ 12 Prüfungsbericht und Auswertung der Prüfungsfeststellungen

(1) Wenn zu einem Sachverhalt mit einem Rechtsbehelf oder mit einem Antrag auf verbindliche Zusage zu rechnen ist, soll der Sachverhalt umfassend im Prüfungsbericht dargestellt werden.

(2) Ist bei der Auswertung des Prüfungsberichts oder im Rechtsbehelfsverfahren beabsichtigt, von den Feststellungen der Außenprüfung abzuweichen, so ist der Betriebsprüfungsstelle Gelegenheit zur Stellungnahme zu geben. Dies gilt auch für die Erörterung des Sach- und Rechtsstandes gemäß § 364a AO. Bei wesentlichen Abweichungen zuungunsten des Steuerpflichtigen soll auch diesem Gelegenheit gegeben werden, sich hierzu zu äußern.

(3) In dem durch die Prüfungsordnung vorgegebenen Rahmen muss die Außenprüfung entweder durch Steuerfestsetzung oder durch Mitteilung über eine ergebnislose Prüfung abgeschlossen werden.

IV. Mitwirkung des Bundes an Außenprüfungen der Landesfinanzbehörden

§ 20 Art der Mitwirkung

(1) Das Bundeszentralamt für Steuern wirkt an Außenprüfungen der Landesfinanzbehörden durch Prüfungstätigkeit und Beteiligung an Besprechungen mit.

(2) Art und Umfang der Mitwirkung werden jeweils von den beteiligten Behörden im gegenseitigen Einvernehmen festgelegt.

(3) Die Landesfinanzbehörde bestimmt den für den Ablauf der Außenprüfung verantwortlichen Prüfer.

§ 21 Auswahl der Betriebe und Unterrichtung über die vorgesehene Mitwirkung

(1) Die Landesfinanzbehörden stellen dem Bundeszentralamt für Steuern die Prüfungsgeschäftspläne für Großbetriebe spätestens 10 Tage vor dem Beginn des Zeitraums, für den sie aufgestellt worden sind, zur Verfügung. Betriebe, bei deren Prüfung eine Mitwirkung des Bundeszentralamtes für Steuern von den Landesfinanzbehörden für zweckmäßig gehalten wird, sollen kenntlich gemacht werden. Das Bundeszentralamt für Steuern teilt den Landesfinanzbehörden unverzüglich die Betriebe mit, an deren Prüfung es mitwirken will.

(2) Sobald die Landesfinanzbehörde den Prüfungsbeginn mitgeteilt hat, wird sie vom Bundeszentralamt für Steuern über die vorgesehene Mitwirkung unterrichtet.

§ 22 Mitwirkung durch Prüfungstätigkeit

(1) Wirkt das Bundeszentralamt für Steuern durch Prüfungstätigkeit mit, so hat der Bundesbetriebsprüfer regelmäßig in sich geschlossene Prüfungsfelder zu übernehmen und diesen Teil des Prüfungsberichts zu entwerfen. Der Prüfungsstoff wird im gegenseitigen Einvernehmen auf die beteiligten Betriebsprüfer aufgeteilt.

(2) Hat das Bundeszentralamt für Steuern an einer Außenprüfung mitgewirkt, so erhält es eine Ausfertigung des Prüfungsberichts.

§ 23 (weggefallen)

§ 24 Verfahren bei Meinungsverschiedenheiten zwischen dem Bundeszentralamt für Steuern und der Landesfinanzbehörde

Soweit Meinungsverschiedenheiten, die sich bei der Mitwirkung an Außenprüfungen zwischen dem Bundeszentralamt für Steuern und der Landesfinanzbehörde ergeben, von den Beteiligten nicht ausgeräumt werden können, ist den obersten Finanzbehörden des Bundes und des Landes zu berichten und die Entscheidung abzuwarten.

§ 29 Prüferausweis

Für Sachgebietsleiter für Betriebsprüfung und Betriebsprüfer ist jeweils ein Ausweis auszustellen. Der Ausweis hat zu enthalten:

1. die Bezeichnung der ausstellenden Landesfinanzverwaltung oder der ausstellenden Finanzbehörde
2. das Lichtbild des Inhabers
3. den Vor- und Familiennamen
4. die laufende Nummer
5. die Gültigkeitsdauer und
6. die Befugnisse des Inhabers.

§ 30 Prüferbesprechungen

Die Sachgebietsleiter für Betriebsprüfung sollen mit den Prüfern ihrer Sachgebiete, die zuständigen vorgesetzten Finanzbehörden mit den Sachgebietsleitern für Betriebsprüfung oder mit den Betriebsprüfern ihrer Oberfinanzbezirke regelmäßig Zweifelsfragen aus der Prüfungstätigkeit erörtern, sie über neuere Rechtsprechung und neueres Schrifttum unterrichten sowie Richtlinien und Anregungen für ihre Arbeit geben.

IX. Inkrafttreten

§ 39 Inkrafttreten

Diese allgemeine Verwaltungsvorschrift tritt am Tage nach der Veröffentlichung im Bundesanzeiger in Kraft. Gleichzeitig tritt die Allgemeine Verwaltungsvorschrift für die Betriebsprüfung – Betriebsprüfungsordnung – vom 17. Dezember 1987 (BAnz. Nr. 241a vom 24. Dezember 1987) außer Kraft.

Lohnsteuer-Durchführungsverordnung 1990 (LStDV 1990)

vom 10. 10. 1989 (BGBl. I S. 1848, BStBl I S. 405)
zuletzt geändert durch Artikel 27 des Gesetzes zur Anpassung des nationalen Steuerrechts an den Beitritt Kroatiens zur EU und zur Änderung weiterer steuerlicher Vorschriften vom 25. 7. 2014 (BGBl. I S. 1266, BStBl I S. 1126)

§ 1 Arbeitnehmer, Arbeitgeber

(1) [1]Arbeitnehmer sind Personen, die in öffentlichem oder privatem Dienst angestellt oder beschäftigt sind oder waren und die aus diesem Dienstverhältnis oder einem früheren Dienstverhältnis Arbeitslohn beziehen. [2]Arbeitnehmer sind auch die Rechtsnachfolger dieser Personen, soweit sie Arbeitslohn aus dem früheren Dienstverhältnis ihres Rechtsvorgängers beziehen.

(2) [1]Ein Dienstverhältnis (Absatz 1) liegt vor, wenn der Angestellte (Beschäftigte) dem Arbeitgeber (öffentliche Körperschaft, Unternehmer, Haushaltsvorstand) seine Arbeitskraft schuldet. [2]Dies ist der Fall, wenn die tätige Person in der Betätigung ihres geschäftlichen Willens unter der Leitung des Arbeitgebers steht oder im geschäftlichen Organismus des Arbeitgebers dessen Weisungen zu folgen verpflichtet ist.

(3) Arbeitnehmer ist nicht, wer Lieferungen und sonstige Leistungen innerhalb der von ihm selbständig ausgeübten gewerblichen oder beruflichen Tätigkeit im Inland gegen Entgelt ausführt, soweit es sich um die Entgelte für diese Lieferungen und sonstigen Leistungen handelt.

§ 2 Arbeitslohn

(1) Arbeitslohn sind alle Einnahmen, die dem Arbeitnehmer aus dem Dienstverhältnis zufließen. Es ist unerheblich, unter welcher Bezeichnung oder in welcher Form die Einnahmen gewährt werden.

(2) Zum Arbeitslohn gehören auch

1. Einnahmen im Hinblick auf ein künftiges Dienstverhältnis;
2. Einnahmen aus einem früheren Dienstverhältnis, unabhängig davon, ob sie dem zunächst Bezugsberechtigten oder seinem Rechtsnachfolger zufließen. Bezüge, die ganz oder teilweise auf früheren Beitragsleistungen des Bezugsberechtigten oder seines Rechtsvorgängers beruhen, gehören nicht zum Arbeitslohn, es sei denn, daß die Beitragsleistungen Werbungskosten gewesen sind;
3. Ausgaben, die ein Arbeitgeber leistet, um einen Arbeitnehmer oder diesem nahestehende Personen für den Fall der Krankheit, des Unfalls, der Invalidität, des Alters oder des Todes abzusichern (Zukunftssicherung). Voraussetzung ist, daß der Arbeitnehmer der Zukunftssicherung ausdrücklich oder stillschweigend zustimmt. Ist bei einer Zukunftssicherung für mehrere Arbeitnehmer oder diesen nahestehende Personen in Form einer Gruppenversicherung oder Pauschalversicherung der für den einzelnen Arbeitnehmer geleistete Teil der Ausgaben nicht in anderer Weise zu ermitteln, so sind die Ausgaben nach der Zahl der gesicherten Arbeitnehmer auf diese aufzuteilen. Nicht zum Arbeitslohn gehören Ausgaben, die nur dazu dienen, dem Arbeitgeber die Mittel zur Leistung einer dem Arbeitnehmer zugesagten Versorgung zu verschaffen;
4. Entschädigungen, die dem Arbeitnehmer oder seinem Rechtsnachfolger als Ersatz für entgangenen oder entgehenden Arbeitslohn oder für die Aufgabe oder Nichtausübung einer Tätigkeit gewährt werden;
5. besondere Zuwendungen, die auf Grund des Dienstverhältnisses oder eines früheren Dienstverhältnisses gewährt werden, zum Beispiel Zuschüsse im Krankheitsfall;
6. besondere Entlohnungen für Dienste, die über die regelmäßige Arbeitszeit hinaus geleistet werden, wie Entlohnung für Überstunden, Überschichten, Sonntagsarbeit;
7. Lohnzuschläge, die wegen der Besonderheit der Arbeit gewährt werden;
8. *Entschädigungen* für Nebenämter und Nebenbeschäftigungen im Rahmen eines Dienstverhältnisses.

§ 3

(weggefallen)

§ 4 Lohnkonto

(1) Der Arbeitgeber hat im Lohnkonto des Arbeitnehmers Folgendes aufzuzeichnen:

1. den Vornamen, den Familiennamen, den Tag der Geburt, den Wohnort, die Wohnung, sowie die in einer ausgestellten Bescheinigung für den Lohnsteuerabzug eingetragenen allgemeinen Besteuerungsmerkmale. Ändern sich im Laufe des Jahres die in einer Bescheinigung für

den Lohnsteuerabzug eingetragenen allgemeinen Besteuerungsmerkmale, so ist auch der Zeitpunkt anzugeben, von dem an die Änderungen gelten;

2. den Jahresfreibetrag oder den Jahreshinzurechnungsbetrag sowie den Monatsbetrag, Wochenbetrag oder Tagesbetrag, der in einer vom Finanzamt ausgestellten Bescheinigung für den Lohnsteuerabzug eingetragen ist, und den Zeitraum, für den die Eintragungen gelten;
3. bei einem Arbeitnehmer, der dem Arbeitgeber eine Bescheinigung nach § 39b Abs. 6 des Einkommensteuergesetzes in der am 31. Dezember 2010 geltenden Fassung (Freistellungsbescheinigung) vorgelegt hat, einen Hinweis darauf, daß eine Bescheinigung vorliegt, den Zeitraum, für den die Lohnsteuerbefreiung gilt, das Finanzamt, das die Bescheinigung ausgestellt hat, und den Tag der Ausstellung;
4. in den Fällen des § 19 Abs. 2 des Einkommensteuergesetzes die für die zutreffende Berechnung des Versorgungsfreibetrags und des Zuschlags zum Versorgungsfreibetrag erforderlichen Angaben.

(2) Bei jeder Lohnabrechnung ist im Lohnkonto folgendes aufzuzeichnen:

1. der Tag der Lohnzahlung und der Lohnzahlungszeitraum;
2. in den Fällen des § 41 Absatz 1 Satz 5 des Einkommensteuergesetzes jeweils der Großbuchstabe U;
3. der Arbeitslohn, getrennt nach Barlohn und Sachbezügen, und die davon einbehaltene Lohnsteuer. Dabei sind die Sachbezüge einzeln zu bezeichnen und – unter Angabe des Abgabetags oder bei laufenden Sachbezügen des Abgabezeitraums, des Abgabeorts und des Entgelts – mit dem nach § 8 Abs. 2 oder 3 des Einkommensteuergesetzes maßgebenden und um das Entgelt geminderten Wert zu erfassen. Sachbezüge im Sinne des § 8 Abs. 3 des Einkommensteuergesetzes und Versorgungsbezüge sind jeweils als solche kenntlich zu machen und ohne Kürzung um Freibeträge nach § 8 Abs. 3 oder § 19 Abs. 2 des Einkommensteuergesetzes einzutragen. Trägt der Arbeitgeber im Falle der Nettolohnzahlung die auf den Arbeitslohn entfallende Steuer selbst, ist in jedem Fall der Bruttoarbeitslohn einzutragen, die nach den Nummern 4 bis 8 gesondert aufzuzeichnenden Beträge sind nicht mitzuzählen;
4. steuerfreie Bezüge mit Ausnahme der Vorteile im Sinne des § 3 Nr. 45 des Einkommensteuergesetzes und der Trinkgelder. Das Betriebsstättenfinanzamt kann zulassen, daß auch andere nach § 3 des Einkommensteuergesetzes steuerfreie Bezüge nicht angegeben werden, wenn es sich um Fälle von geringer Bedeutung handelt oder wenn die Möglichkeit zur Nachprüfung in anderer Weise sichergestellt ist;
5. Bezüge, die nach einem Abkommen zur Vermeidung der Doppelbesteuerung oder unter Progressionsvorbehalt nach § 34c Abs. 5 des Einkommensteuergesetzes von der Lohnsteuer freigestellt sind;
6. außerordentliche Einkünfte im Sinne des § 34 Abs. 1 und Abs. 2 Nr. 2 und 4 des Einkommensteuergesetzes und die davon nach § 39b Abs. 3 Satz 9 des Einkommensteuergesetzes einbehaltene Lohnsteuer;
7. (weggefallen)
8. Bezüge, die nach den §§ 40 bis 40b des Einkommensteuergesetzes pauschal besteuert worden sind, und die darauf entfallende Lohnsteuer. Lassen sich in den Fällen des § 40 Absatz 1 Satz 1 Nummer 2 und Absatz 2 des Einkommensteuergesetzes die auf den einzelnen Arbeitnehmer entfallenden Beträge nicht ohne weiteres ermitteln, so sind sie in einem Sammelkonto anzuschreiben. Das Sammelkonto muß die folgenden Angaben enthalten: Tag der Zahlung, Zahl der bedachten Arbeitnehmer, Summe der insgesamt gezahlten Bezüge, Höhe der Lohnsteuer sowie Hinweise auf die als Belege zum Sammelkonto aufzubewahrenden Unterlagen, insbesondere Zahlungsnachweise, Bestätigung des Finanzamts über die Zulassung der Lohnsteuerpauschalierung. In den Fällen des § 40a des Einkommensteuergesetzes genügt es, wenn der Arbeitgeber Aufzeichnungen führt, aus denen sich für die einzelnen Arbeitnehmer Name und Anschrift, Dauer der Beschäftigung, Tag der Zahlung, Höhe des Arbeitslohns und in den Fällen des § 40a Abs. 3 des Einkommensteuergesetzes auch die Art der Beschäftigung ergeben. Sind in den Fällen der Sätze 3 und 4 Bezüge nicht mit dem ermäßigten Kirchensteuersatz besteuert worden, so ist zusätzlich der fehlende Kirchensteuerabzug aufzuzeichnen und auf die als Beleg aufzubewahrende Unterlage hinzuweisen, aus der hervorgeht, daß der Arbeitnehmer keiner Religionsgemeinschaft angehört, für die die Kirchensteuer von den Finanzbehörden erhoben wird.

(3) Das Betriebsstättenfinanzamt kann bei Arbeitgebern, die für die Lohnabrechnung ein maschinelles Verfahren anwenden, Ausnahmen von den Vorschriften der Absätze 1 und 2 zulassen, wenn die Möglichkeit zur Nachprüfung in anderer Weise sichergestellt ist. Das Betriebsstättenfinanzamt soll zulassen, daß Sachbezüge im Sinne des § 8 Absatz 2 Satz 11 und Abs. 3 des Einkommensteuergesetzes für solche Arbeitnehmer nicht aufzuzeichnen sind, für die durch betriebliche Regelungen und entsprechende Überwachungsmaßnahmen gewährleistet ist, daß die in § 8

Absatz 2 Satz 11 oder Abs. 3 des Einkommensteuergesetzes genannten Beträge nicht überschritten werden.

(4) In den Fällen des § 38 Abs. 3a des Einkommensteuergesetzes ist ein Lohnkonto vom Dritten zu führen. In den Fällen des § 38 Abs. 3a Satz 2 ist der Arbeitgeber anzugeben und auch der Arbeitslohn einzutragen, der nicht vom Dritten, sondern vom Arbeitgeber selbst gezahlt wird. In den Fällen des § 38 Abs. 3a Satz 7 ist der Arbeitslohn für jedes Dienstverhältnis gesondert aufzuzeichnen.

§ 5 Besondere Aufzeichnungs- und Mitteilungspflichten im Rahmen der betrieblichen Altersversorgung

(1) Der Arbeitgeber hat bei Durchführung einer kapitalgedeckten betrieblichen Altersversorgung über einen Pensionsfonds, eine Pensionskasse oder eine Direktversicherung ergänzend zu den in § 4 Abs. 2 Nr. 4 und 8 angeführten Aufzeichnungspflichten gesondert je Versorgungszusage und Arbeitnehmer Folgendes aufzuzeichnen:

1. bei Inanspruchnahme der Steuerbefreiung nach § 3 Nr. 63 Satz 3 des Einkommensteuergesetzes den Zeitpunkt der Erteilung, den Zeitpunkt der Übertragung nach dem „Abkommen zur Übertragung von Direktversicherungen oder Versicherungen in eine Pensionskasse bei Arbeitgeberwechsel" oder nach vergleichbaren Regelungen zur Übertragung von Versicherungen in Pensionskassen oder Pensionsfonds, bei der Änderung einer vor dem 1. Januar 2005 erteilten Versorgungszusage alle Änderungen der Zusage nach dem 31. Dezember 2004;

2. bei Anwendung des § 40b des Einkommensteuergesetzes in der am 31. Dezember 2004 geltenden Fassung den Inhalt der am 31. Dezember 2004 bestehenden Versorgungszusagen, sowie im Fall des § 52 Abs. 6 Satz 1 des Einkommensteuergesetzes die erforderliche Verzichtserklärung und bei der Übernahme einer Versorgungszusage nach § 4 Abs. 2 Nr. 1 des Betriebsrentengesetzes vom 19. Dezember 1974 (BGBl. I S. 3610), das zuletzt durch Artikel 2 des Gesetzes vom 29. August 2005 (BGBl. I S. 2546) geändert worden ist, in der jeweils geltenden Fassung oder bei einer Übertragung nach dem „Abkommen zur Übertragung von Direktversicherungen oder Versicherungen in eine Pensionskasse bei Arbeitgeberwechsel" oder nach vergleichbaren Regelungen zur Übertragung von Versicherungen in Pensionskassen oder Pensionsfonds im Falle einer vor dem 1. Januar 2005 erteilten Versorgungszusage zusätzlich die Erklärung des ehemaligen Arbeitgebers, dass diese Versorgungszusage vor dem 1. Januar 2005 erteilt und dass diese bis zur Übernahme nicht als Versorgungszusage im Sinne des § 3 Nr. 63 Satz 3 des Einkommensteuergesetzes behandelt wurde.

(2) [1]Der Arbeitgeber hat der Versorgungseinrichtung (Pensionsfonds, Pensionskasse, Direktversicherung), die für ihn die betriebliche Altersversorgung durchführt, spätestens zwei Monate nach Ablauf des Kalenderjahres oder nach Beendigung des Dienstverhältnisses im Laufe des Kalenderjahres gesondert je Versorgungszusage die für den einzelnen Arbeitnehmer geleisteten und

1. nach § 3 Nr. 56 und 63 des Einkommensteuergesetzes steuerfrei belassenen,

2. nach § 40b des Einkommensteuergesetzes in der am 31. Dezember 2004 geltenden Fassung pauschal besteuerten oder

3. individuell besteuerten

Beiträge mitzuteilen. [2]Ferner hat der Arbeitgeber oder die Unterstützungskasse die nach § 3 Nr. 66 des Einkommensteuergesetzes steuerfrei belassenen Leistungen mitzuteilen. [3]Die Mitteilungspflicht des Arbeitgebers oder der Unterstützungskasse kann durch einen Auftragnehmer wahrgenommen werden.

(3) [1]Eine Mitteilung nach Absatz 2 kann unterbleiben, wenn die Versorgungseinrichtung die steuerliche Behandlung der für den einzelnen Arbeitnehmer im Kalenderjahr geleisteten Beiträge bereits kennt oder aus den bei ihr vorhandenen Daten feststellen kann, und dieser Umstand dem Arbeitgeber mitgeteilt worden ist. [2]Unterbleibt die Mitteilung des Arbeitgebers, ohne dass ihm eine entsprechende Mitteilung der Versorgungseinrichtung vorliegt, so hat die Versorgungseinrichtung davon auszugehen, dass es sich insgesamt bis zu den in § 3 Nr. 56 oder 63 des Einkommensteuergesetzes genannten Höchstbeträgen um steuerbegünstigte Beiträge handelt, die in der Auszahlungsphase als Leistungen im Sinne von § 22 Nr. 5 Satz 1 des Einkommensteuergesetzes zu besteuern sind.

§§ 6–7

(weggefallen)

§ 8 Anwendungszeitraum

(1) Die Vorschriften dieser Verordnung in der Fassung des Artikels 2 des Gesetzes vom 13. Dezember 2006 (BGBl. I S. 2878) sind erstmals anzuwenden auf laufenden Arbeitslohn, der für einen nach dem 31. Dezember 2006 endenden Lohnzahlungszeitraum gezahlt wird und auf sonstige Bezüge, die nach dem 31. Dezember 2006 zufließen.

(2) § 6 Abs. 3 und 4 sowie § 7 in der am 31. Dezember 2001 geltenden Fassung sind weiter anzuwenden im Falle einer schädlichen Verfügung vor dem 1. Januar 2002. Die Nachversteuerung nach § 7 Abs. 1 Satz 1 unterbleibt, wenn der nachzufordernde Betrag 10 Euro nicht übersteigt.

Übersicht

I.

Gesetz über die Umzugskostenvergütung für die Bundesbeamten, Richter im Bundesdienst und Soldaten (Bundesumzugskostengesetz – BUKG)

vom 11. 12. 1990 (BGBl. I S. 2682)
zuletzt geändert durch ***Artikel 46 der Zehnten Zuständigkeitsanpassungsverordnung vom 31. 8. 2015 (BGBl. I S. 1474)***

§ 1 Anwendungsbereich

(1) Dieses Gesetz regelt Art und Umfang der Erstattung von Auslagen aus Anlaß der in den §§ 3 und 4 bezeichneten Umzüge und der in § 12 genannten Maßnahmen. Berechtigte sind:

1. Bundesbeamte und in den Bundesdienst abgeordnete Beamte,
2. Richter im Bundesdienst und in den Bundesdienst abgeordnete Richter,
3. Berufssoldaten und Soldaten auf Zeit,
4. Beamte und Richter (Nummern 1 und 2) und Berufssoldaten im Ruhestand,
5. frühere Beamte und Richter (Nummern 1 und 2) und Berufssoldaten, die wegen Dienstunfähigkeit oder Erreichens der Altersgrenze entlassen worden sind,
6. Hinterbliebene der in den Nummern 1 bis 5 bezeichneten Personen.

(2) Hinterbliebene sind der Ehegatte, Lebenspartner, Verwandte bis zum vierten Grade, Verschwägerte bis zum zweiten Grade, Pflegekinder und Pflegeeltern, wenn diese Personen zur Zeit des Todes zur häuslichen Gemeinschaft des Verstorbenen gehört haben.

(3) Eine häusliche Gemeinschaft im Sinne dieses Gesetzes setzt ein Zusammenleben in gemeinsamer Wohnung oder in enger Betreuungsgemeinschaft in demselben Hause voraus.

§ 2 Anspruch auf Umzugskostenvergütung

(1) Voraussetzung für den Anspruch auf Umzugskostenvergütung ist die schriftliche oder elektronische Zusage. Sie soll gleichzeitig mit der den Umzug veranlassenden Maßnahme erteilt werden. In den Fällen des § 4 Abs. 3 muß die Umzugskostenvergütung vor dem Umzug zugesagt werden.

(2) Die Umzugskostenvergütung wird nach Beendigung des Umzuges gewährt. Sie ist innerhalb einer Ausschlußfrist von einem Jahr bei der Beschäftigungsbehörde, in den Fällen des § 4 Abs. 3 bei der letzten Beschäftigungsbehörde, schriftlich oder elektronisch zu beantragen. Die Frist beginnt mit dem Tage nach Beendigung des Umzuges, in den Fällen des § 11 Abs. 3 Satz 1 mit der Bekanntgabe des Widerrufs.

(3) Umzugskostenvergütung wird nicht gewährt, wenn nicht innerhalb von fünf Jahren nach Wirksamwerden der Zusage der Umzugskostenvergütung umgezogen wird. Die oberste Dienstbehörde kann diese Frist in besonders begründeten Ausnahmefällen um längstens zwei Jahre verlängern. § 4 Abs. 3 Satz 2 bleibt unberührt.

§ 3 Zusage der Umzugskostenvergütung

(1) Die Umzugskostenvergütung ist zuzusagen für Umzüge

1. aus Anlaß der Versetzung aus dienstlichen Gründen an einen anderen Ort als den bisherigen Dienstort, es sei denn, daß
   a) mit einer baldigen weiteren Versetzung an einen anderen Dienstort zu rechnen ist,
   b) der Umzug aus besonderen Gründen nicht durchgeführt werden soll,
   c) die Wohnung auf einer üblicherweise befahrenen Strecke weniger als 30 Kilometer von der neuen Dienststätte entfernt ist oder im neuen Dienstort liegt (Einzugsgebiet) oder

d) der Berechtigte auf die Zusage der Umzugskostenvergütung unwiderruflich verzichtet und dienstliche Gründe den Umzug nicht erfordern,
2. auf Anweisung des Dienstvorgesetzten, die Wohnung innerhalb bestimmter Entfernung von der Dienststelle zu nehmen oder eine Dienstwohnung zu beziehen,
3. aus Anlaß der Räumung einer Dienstwohnung auf dienstliche Weisung,
4. aus Anlaß der Aufhebung einer Versetzung nach einem Umzug mit Zusage der Umzugskostenvergütung.

(2) Absatz 1 Nr. 1 gilt entsprechend für Umzüge aus Anlaß
1. der Verlegung der Beschäftigungsbehörde,
2. der nicht nur vorübergehenden Zuteilung aus dienstlichen Gründen zu einem anderen Teil der Beschäftigungsbehörde,
3. der Übertragung eines anderen Richteramtes nach § 32 Abs. 2 des Deutschen Richtergesetzes oder eines weiteren Richteramtes nach § 27 Abs. 2 des vorgenannten Gesetzes.

§ 4 Zusage der Umzugskostenvergütung in besonderen Fällen

(1) Die Umzugskostenvergütung kann in entsprechender Anwendung des § 3 Abs. 1 Nr. 1 zugesagt werden für Umzüge aus Anlaß
1. der Einstellung,
2. der Abordnung oder Kommandierung,
3. der vorübergehenden Zuteilung aus dienstlichen Gründen zu einem anderen Teil der Beschäftigungsbehörde,
4. der vorübergehenden dienstlichen Tätigkeit bei einer anderen Stelle als einer Dienststelle.

(2) Die Umzugskostenvergütung kann ferner zugesagt werden für Umzüge aus Anlaß
1. der Aufhebung oder Beendigung einer Maßnahme nach Absatz 1 Nr. 2 bis 4 nach einem Umzug mit Zusage der Umzugskostenvergütung,
2. der Räumung einer bundeseigenen oder im Besetzungsrecht des Bundes stehenden Mietwohnung, wenn sie auf Veranlassung der obersten Dienstbehörde oder der von ihr ermächtigten Behörde im dienstlichen Interesse geräumt werden soll,
3. einer Versetzung oder eines Wohnungswechsels wegen des Gesundheitszustandes des Berechtigten, des mit ihm in häuslicher Gemeinschaft lebenden Ehegatten oder Lebenspartners oder der mit ihm in häuslicher Gemeinschaft lebenden, beim Familienzuschlag nach dem Bundesbesoldungsgesetz berücksichtigungsfähigen Kinder, wobei die Notwendigkeit des Umzuges amts- oder vertrauensärztlich bescheinigt sein muß,
4. eines Wohnungswechsels, der notwendig ist, weil die Wohnung wegen der Zunahme der Zahl der zur häuslichen Gemeinschaft gehörenden, beim Familienzuschlag nach dem Bundesbesoldungsgesetz berücksichtigungsfähigen Kinder unzureichend geworden ist. Unzureichend ist eine Wohnung, wenn die Zimmerzahl der bisherigen Wohnung um mindestens zwei hinter der zustehenden Zimmerzahl zurückbleibt. Dabei darf für jede vor und nach dem Umzug zur häuslichen Gemeinschaft des Berechtigten gehörende Person (§ 6 Abs. 3 Satz 2 und 3) nur ein Zimmer zugebilligt werden.

(3) Die Umzugskostenvergütung kann ferner für Umzüge aus Anlaß der Beendigung des Dienstverhältnisses Berechtigten nach § 1 Abs. 1 Satz 2 Nr. 4 bis 6 zugesagt werden, wenn
1. ein Verbleiben an Grenzorten, kleineren abgelegenen Plätzen oder Inselorten nicht zumutbar ist oder
2. in den vorausgegangenen zehn Jahren mindestens ein Umzug mit Zusage der Umzugskostenvergütung an einen anderen Ort durchgeführt wurde.

Die Umzugskostenvergütung wird nur gewährt, wenn innerhalb von zwei Jahren nach Beendigung des Dienstverhältnisses umgezogen wird. Sie wird nicht gewährt, wenn das Dienstverhältnis aus Disziplinargründen oder zur Aufnahme einer anderen Tätigkeit beendet wurde.

(4) Der Abordnung nach Absatz 1 Nr. 2 stehen die Zuweisung nach § 29 des Bundesbeamtengesetzes oder nach § 20 Beamtenstatusgesetzes gleich.

§ 5 Umzugskostenvergütung

(1) Die Umzugskostenvergütung umfaßt
1. Beförderungsauslagen (§ 6),
2. Reisekosten (§ 7),
3. Mietentschädigung (§ 8),

4. andere Auslagen (§ 9),
5. Pauschvergütung für sonstige Umzugsauslagen (§ 10),
6. Auslagen nach § 11.

(2) Zuwendungen, die für denselben Umzug von einer anderen Dienst- oder Beschäftigungsstelle gewährt werden, sind auf die Umzugskostenvergütung insoweit anzurechnen, als für denselben Zweck Umzugskostenvergütung nach diesem Gesetz gewährt wird.

(3) Die aufgrund einer Zusage nach § 4 Abs. 1 Nr. 1 oder Abs. 2 Nr. 3 oder 4 gewährte Umzugskostenvergütung ist zurückzuzahlen, wenn der Berechtigte vor Ablauf von zwei Jahren nach Beendigung des Umzuges aus einem von ihm zu vertretenden Grunde aus dem Bundesdienst ausscheidet. Die oberste Dienstbehörde kann hiervon Ausnahmen zulassen, wenn der Berechtigte unmittelbar in ein Dienst- oder Beschäftigungsverhältnis zu einem anderen öffentlich-rechtlichen Dienstherrn im Geltungsbereich dieses Gesetzes oder zu einer in § 40 Abs. 6 Satz 2 und 3 des Bundesbesoldungsgesetzes bezeichneten Einrichtung übertritt.

§ 6 Beförderungsauslagen

(1) Die notwendigen Auslagen für das Befördern des Umzugsgutes von der bisherigen zur neuen Wohnung werden erstattet. Liegt die neue Wohnung im Ausland, so werden in den Fällen des § 3 Abs. 1 Nr. 3, § 4 Abs. 2 Nr. 2 und Abs. 3 Satz 1 die Beförderungsauslagen bis zum inländischen Grenzort erstattet.

(2) Auslagen für das Befördern von Umzugsgut, das sich außerhalb der bisherigen Wohnung befindet, werden höchstens insoweit erstattet, als sie beim Befördern mit dem übrigen Umzugsgut erstattungsfähig wären.

(3) Umzugsgut sind die Wohnungseinrichtung und in angemessenem Umfang andere bewegliche Gegenstände und Haustiere, die sich am Tage vor dem Einladen des Umzugsgutes im Eigentum, Besitz oder Gebrauch des Berechtigten oder anderer Personen befinden, die mit ihm in häuslicher Gemeinschaft leben. Andere Personen im Sinne des Satzes 1 sind der Ehegatte, der Lebenspartner sowie die ledigen Kinder, Stief- und Pflegekinder. Es gehören ferner dazu die nicht ledigen in Satz 2 genannten Kinder und Verwandte bis zum vierten Grade, Verschwägerte bis zum zweiten Grade und Pflegeeltern, wenn der Berechtigte diesen Personen aus gesetzlicher oder sittlicher Verpflichtung nicht nur vorübergehend Unterkunft und Unterhalt gewährt, sowie Hausangestellte und solche Personen, deren Hilfe der Berechtigte aus beruflichen oder gesundheitlichen Gründen nicht nur vorübergehend bedarf.

§ 7 Reisekosten

(1) Die Auslagen für die Reise des Berechtigten und der zur häuslichen Gemeinschaft gehörenden Personen (§ 6 Abs. 3 Satz 2 und 3) von der bisherigen zur neuen Wohnung werden wie bei Dienstreisen des Berechtigten erstattet, in den Fällen des § 4 Abs. 3 Satz 1 Nr. 1 wie sie bei Dienstreisen im letzten Dienstverhältnis zu erstatten wären. Tagegeld wird vom Tage des Einladens des Umzugsgutes an bis zum Tage des Ausladens mit der Maßgabe gewährt, daß auch diese beiden Tage als volle Reisetage gelten. Übernachtungsgeld wird für den Tag des Ausladens des Umzugsgutes nur gewährt, wenn eine Übernachtung außerhalb der neuen Wohnung notwendig gewesen ist.

(2) Absatz 1 Satz 1 gilt entsprechend für zwei Reisen einer Person oder eine Reise von zwei Personen zum Suchen oder Besichtigen einer Wohnung mit der Maßgabe, daß die Fahrkosten bis zur Höhe der billigsten Fahrkarte der allgemein niedrigsten Klasse eines regelmäßig verkehrenden Beförderungsmittels erstattet werden. Tage- und Übernachtungsgeld wird je Reise für höchstens zwei Reise- und zwei Aufenthaltstage gewährt.

(3) Für eine Reise des Berechtigten zur bisherigen Wohnung zur Vorbereitung und Durchführung des Umzuges werden Fahrkosten gemäß Absatz 2 Satz 1 erstattet. Die Fahrkosten einer anderen Person für eine solche Reise werden im gleichen Umfang erstattet, wenn sich zur Zeit des Umzuges am bisherigen Wohnort weder der Berechtigte noch eine andere Person (§ 6 Abs. 3 Satz 2 und 3) befunden hat, der die Vorbereitung und Durchführung des Umzuges zuzumuten war. Wird der Umzug vor dem Wirksamwerden einer Maßnahme nach den §§ 3, 4 Abs. 1 durchgeführt, so werden die Fahrkosten für die Rückreise von der neuen Wohnung zum Dienstort, in den Fällen des § 4 Abs. 1 Nr. 1 zur bisherigen Wohnung, gemäß Absatz 2 Satz 1 erstattet.

(4) § 6 Abs. 1 Satz 2 gilt entsprechend.

§ 8 Mietentschädigung

(1) Miete für die bisherige Wohnung wird bis zu dem Zeitpunkt, zu dem das Mietverhältnis frühestens gelöst werden konnte, längstens jedoch für sechs Monate, erstattet, wenn für dieselbe

Zeit Miete für die neue Wohnung gezahlt werden mußte. Ferner werden die notwendigen Auslagen für das Weitervermieten der Wohnung innerhalb der Vertragsdauer bis zur Höhe der Miete für einen Monat erstattet. Die Sätze 1 und 2 gelten auch für die Miete einer Garage.

(2) Miete für die neue Wohnung, die nach Lage des Wohnungsmarktes für eine Zeit gezahlt werden mußte, während der die Wohnung noch nicht benutzt werden konnte, wird längstens für drei Monate erstattet, wenn für dieselbe Zeit Miete für die bisherige Wohnung gezahlt werden mußte. Entsprechendes gilt für die Miete einer Garage.

(3) Die bisherige Wohnung im eigenen Haus oder die Eigentumswohnung steht der Mietwohnung gleich mit der Maßgabe, daß die Mietentschädigung längstens für ein Jahr gezahlt wird. Die oberste Dienstbehörde kann diese Frist in besonders begründeten Ausnahmefällen um längstens sechs Monate verlängern. An die Stelle der Miete tritt der ortsübliche Mietwert der Wohnung. Entsprechendes gilt für die eigene Garage. Für die neue Wohnung im eigenen Haus oder die neue Eigentumswohnung wird Mietentschädigung nicht gewährt.

(4) Miete nach den Absätzen 1 bis 3 wird nicht für eine Zeit erstattet, in der die Wohnung oder die Garage ganz oder teilweise anderweitig vermietet oder benutzt worden ist.

§ 9 Andere Auslagen

(1) Die notwendigen ortsüblichen Maklergebühren für die Vermittlung einer Mietwohnung und einer Garage oder die entsprechenden Auslagen bis zu dieser Höhe für eine eigene Wohnung werden erstattet.

(2) Die Auslagen für einen durch den Umzug bedingten zusätzlichen Unterricht der Kinder des Berechtigten (§ 6 Abs. 3 Satz 2) werden bis zu vierzig vom Hundert des im Zeitpunkt der Beendigung des Umzuges maßgebenden Endgrundgehaltes der Besoldungsgruppe A 12 des Bundesbesoldungsgesetzes für jedes Kind erstattet, und zwar bis zu fünfzig vom Hundert dieses Betrages voll und darüber hinaus zu drei Vierteln.

(3) Die Auslagen für einen Kochherd werden bis zu einem Betrag von 450 Deutsche Mark1 erstattet, wenn seine Beschaffung beim Bezug der neuen Wohnung notwendig ist. Sofern die neue Wohnung eine Mietwohnung ist, werden unter den gleichen Voraussetzungen auch die Auslagen für Öfen bis zu einem Betrag von 320 Deutsche Mark[1]) für jedes Zimmer erstattet.

§ 10 Pauschvergütung für sonstige Umzugsauslagen

(1) Berechtigte, die am Tage vor dem Einladen des Umzugsgutes eine Wohnung hatten und nach dem Umzug wieder eingerichtet haben, erhalten eine Pauschvergütung für sonstige Umzugsauslagen. Sie beträgt für verheiratete oder in einer Lebenspartnerschaft lebende Angehörige der Besoldungsgruppen B 3 bis B 11, C 4 sowie R 3 bis R 10 28,6, der Besoldungsgruppen B 1 und B 2, A 13 bis A 16, C 1 bis C 3 sowie R 1 und R 2 24,1, der Besoldungsgruppen A 9 bis A 12 21,4 sowie der Besoldungsgruppen A 1 bis A 8 20,2 Prozent des Endgrundgehaltes der Besoldungsgruppe A 13 nach Anlage IV des Bundesbesoldungsgesetzes. Ledige erhalten 50 Prozent des Betrages nach Satz 2. Die Beträge nach den Sätzen 2 und 3 erhöhen sich für jede in § 6 Abs. 3 Satz 2 und 3 bezeichnete Person mit Ausnahme des Ehegatten oder Lebenspartners um 6,3 Prozent des Endgrundgehaltes der Besoldungsgruppe A 13 nach Anlage IV des Bundesbesoldungsgesetzes, wenn sie auch nach dem Umzug mit dem Umziehenden in häuslicher Gemeinschaft lebt.

(2) Dem Verheirateten stehen gleich der Verwitwete und der Geschiedene sowie derjenige, dessen Ehe aufgehoben oder für nichtig erklärt ist, ferner der Ledige, der auch in der neuen Wohnung Verwandten bis zum vierten Grade, Verschwägerten bis zum zweiten Grade, Pflegekindern oder Pflegeeltern aus gesetzlicher oder sittlicher Verpflichtung nicht nur vorübergehend Unterkunft und Unterhalt gewährt, sowie der Ledige, der auch in der neuen Wohnung eine andere Person aufgenommen hat, deren Hilfe er aus beruflichen oder gesundheitlichen Gründen nicht nur vorübergehend bedarf. Dem in einer Lebenspartnerschaft Lebenden stehen gleich derjenige, der seinen Lebenspartner überlebt hat, und derjenige, dessen Lebenspartnerschaft aufgehoben wurde.

(3) Eine Wohnung im Sinne des Absatzes 1 besteht aus einer geschlossenen Einheit von mehreren Räumen, in der ein Haushalt geführt werden kann, darunter stets eine Küche oder ein *Raum mit Kochgelegenheit.* Zu einer Wohnung gehören außerdem Wasserversorgung, Ausguß und Toilette.

(4) Sind die Voraussetzungen des Absatzes 1 Satz 1 nicht gegeben, so beträgt die Pauschvergütung bei Verheirateten 30 vom Hundert, bei Ledigen 20 vom Hundert des Betrages nach

[1]) BMI-Schreiben vom 6. 6. 2001 (GMBl S. 415): 230,08 € bzw. 163,61 €.

Absatz 1 Satz 2 oder 3. Die volle Pauschvergütung wird gewährt, wenn das Umzugsgut aus Anlaß einer vorangegangenen Auslandsverwendung untergestellt war.

(5) In den Fällen des § 11 Abs. 3 werden die nachgewiesenen notwendigen Auslagen bis zur Höhe der Pauschvergütung erstattet.

(6) Ist innerhalb von fünf Jahren ein Umzug mit Zusage der Umzugskostenvergütung nach den §§ 3, 4 Abs. 1 Nr. 2 bis 4 oder Abs. 2 Nr. 1 vorausgegangen, so wird ein Häufigkeitszuschlag in Höhe von 50 vom Hundert der Pauschvergütung nach Absatz 1 gewährt, wenn beim vorausgegangenen und beim abzurechnenden Umzug die Voraussetzungen des Absatzes 1 Satz 1 vorgelegen haben.

(7) Stehen für denselben Umzug mehrere Pauschvergütungen zu, wird nur eine davon gewährt; sind die Pauschvergütungen unterschiedlich hoch, so wird die höhere gewährt.

§ 11 Umzugskostenvergütung in Sonderfällen

(1) Ein Beamter mit Wohnung im Sinne des § 10 Abs. 3, dem Umzugskostenvergütung für einen Umzug nach § 3 Abs. 1 Nr. 1, 3 oder 4, § 4 Abs. 1 Nr. 1 bis 4, Abs. 2 Nr. 1 zugesagt ist, kann für den Umzug in eine vorläufige Wohnung Umzugskostenvergütung erhalten, wenn die zuständige Behörde diese Wohnung vorher schriftlich oder elektronisch als vorläufige Wohnung anerkannt hat. Bis zum Umzug in die endgültige Wohnung darf eine Wohnung nur einmal als vorläufige Wohnung anerkannt werden.

(2) In den Fällen des § 4 Abs. 2 Nr. 3 und 4 werden höchstens die Beförderungsauslagen (§ 6) und die Reisekosten (§ 7) erstattet, die bei einem Umzug über eine Entfernung von fünfundzwanzig Kilometern entstanden wären. Im Falle des § 4 Abs. 3 Satz 1 Nr. 2 werden nur die Beförderungsauslagen (§ 6) erstattet. Satz 2 gilt auch für das Befördern des Umzugsgutes des Ehegatten oder Lebenspartners, wenn der Berechtigte innerhalb von sechs Monaten nach dem Tag geheiratet oder die Lebenspartnerschaft begründet hat, an dem die Umzugskostenvergütung nach § 3 Abs. 1 Nr. 1 oder 2 oder Abs. 2 oder § 4 Abs. 1 oder Abs. 2 Nr. 1 zugesagt worden ist.

(3) Wird die Zusage der Umzugskostenvergütung aus von dem Berechtigten nicht zu vertretenden Gründen widerrufen, so werden die durch die Vorbereitung des Umzuges entstandenen notwendigen, nach diesem Gesetz erstattungsfähigen Auslagen erstattet. Muß in diesem Fall ein anderer Umzug durchgeführt werden, so wird dafür Umzugskostenvergütung gewährt; Satz 1 bleibt unberührt. Die Sätze 1 und 2 gelten entsprechend, wenn die Zusage der Umzugskostenvergütung zurückgenommen, anderweitig aufgehoben wird oder sich auf andere Weise erledigt.

§ 12 Trennungsgeld

(1) Trennungsgeld wird gewährt

1. in den Fällen des § 3 Abs. 1 Nr. 1, 3 und 4 sowie Abs. 2, ausgenommen bei Vorliegen der Voraussetzungen des § 3 Abs. 1 Nr. 1 Buchstaben c und d,
2. in den Fällen des § 4 Abs. 1 Nr. 2 bis 4 und Abs. 2 Nr. 1 oder 3, soweit der Berechtigte an einen anderen Ort als den bisherigen Dienstort versetzt wird, und
3. bei der Einstellung mit Zusage der Umzugskostenvergütung

für die dem Berechtigten durch die getrennte Haushaltsführung, das Beibehalten der Wohnung oder der Unterkunft am bisherigen Wohnort oder das Unterstellen des zur Führung eines Haushalts notwendigen Teils der Wohnungseinrichtung entstehenden notwendigen Auslagen unter Berücksichtigung der häuslichen Ersparnis.

(2) Ist dem Berechtigten die Umzugskostenvergütung zugesagt worden, so darf Trennungsgeld nur gewährt werden, wenn er uneingeschränkt umzugswillig ist und nachweislich wegen Wohnungsmangels am neuen Dienstort einschließlich des Einzugsgebietes (§ 3 Abs. 1 Nr. 1 Buchstabe c) nicht umziehen kann. Diese Voraussetzungen müssen seit dem Tage erfüllt sein, an dem die Umzugskostenvergütung zugesagt worden oder, falls für den Berechtigten günstiger, die Maßnahme wirksam geworden oder die Dienstwohnung geräumt worden ist.

(3) Nach Wegfall des Wohnungsmangels darf Trennungsgeld nur weitergewährt werden, wenn und solange dem Umzug des umzugswilligen Berechtigten einer der folgenden Hinderungsgründe entgegensteht:

1. Vorübergehende schwere Erkrankung des Berechtigten oder eines seiner Familienangehörigen (§ 6 Abs. 3 Satz 2 und 3) bis zur Dauer von einem Jahr;
2. Beschäftigungsverbote für die Berechtigte oder eine Familienangehörige (§ 6 Abs. 3 Satz 2 und 3) für die Zeit vor oder nach einer Entbindung nach mutterschutzrechtlichen Vorschriften;

3. Schul- oder Berufsausbildung eines Kindes (§ 6 Abs. 3 Satz 2 und 3) bis zum Ende des Schul- oder Ausbildungsjahres. Befindet sich das Kind in der Jahrgangsstufe 12 einer Schule, so verlängert sich die Gewährung des Trennungsgeldes bis zum Ende des folgenden Schuljahres; befindet sich das Kind im vorletzten Ausbildungsjahr eines Berufsausbildungsverhältnisses, so verlängert sich die Gewährung des Trennungsgeldes bis zum Ende des folgenden Ausbildungsjahres;
4. Schul- oder Berufsausbildung eines schwerbehinderten Kindes (§ 6 Abs. 3 Satz 2 und 3). Trennungsgeld wird bis zur Beendigung der Ausbildung gewährt, solange diese am neuen Dienst- oder Wohnort oder in erreichbarer Entfernung davon wegen der Behinderung nicht fortgesetzt werden kann;
5. Akute lebensbedrohende Erkrankung eines Elternteiles des Berechtigten oder seines Ehegatten oder Lebenspartners, wenn dieser in hohem Maße Hilfe des Ehegatten, Lebenspartners oder Familienangehörigen des Berechtigten erhält;
6. Schul- oder erste Berufsausbildung des Ehegatten oder Lebenspartners in entsprechender Anwendung der Nummer 3.

Trennungsgeld darf auch gewährt werden, wenn zum Zeitpunkt des Wirksamwerdens der dienstlichen Maßnahme kein Wohnungsmangel, aber einer dieser Hinderungsgründe vorliegt. Liegt bei Wegfall des Hinderungsgrundes ein neuer Hinderungsgrund vor, kann mit Zustimmung der obersten Dienstbehörde Trennungsgeld bis zu längstens einem Jahr weiterbewilligt werden. Nach Wegfall des Hinderungsgrundes darf Trennungsgeld auch bei erneutem Wohnungsmangel nicht gewährt werden.

(4) Der Bundesminister des Innern wird ermächtigt, durch Rechtsverordnung Vorschriften über die Gewährung des Trennungsgeldes zu erlassen. Dabei kann bestimmt werden, daß Trennungsgeld auch bei der Einstellung ohne Zusage der Umzugskostenvergütung gewährt wird und daß in den Fällen des § 3 Abs. 1 Nr. 1 Buchstabe d der Berechtigte für längstens ein Jahr Reisebeihilfen für Heimfahrten erhält.

§ 13 Auslandsumzüge

(1) Auslandsumzüge sind Umzüge zwischen Inland und Ausland sowie im Ausland.

(2) Als Auslandsumzüge gelten nicht die Umzüge

1. der im Grenzverkehr tätigen Beamten, und zwar auch dann nicht, wenn sie im Anschluß an die Tätigkeit im Grenzverkehr in das Inland oder in den Fällen des § 3 Abs. 1 Nr. 3, § 4 Abs. 2 Nr. 2 bis 4, Abs. 3 Satz 1 im Ausland umziehen,
2. in das Ausland in den Fällen des § 3 Abs. 1 Nr. 3, § 4 Abs. 2 Nr. 2 bis 4, Abs. 3 Satz 1,
3. in das Inland in den Fällen des § 3 Abs. 1 Nr. 2 und 3,
4. aus Anlaß einer Einstellung, Versetzung, Abordnung oder Kommandierung und der in § 3 Abs. 2, § 4 Abs. 1 Nr. 3, Abs. 2 Nr. 2 bis 4 bezeichneten Maßnahmen im Inland einschließlich ihrer Aufhebung, wenn die bisherige oder die neue Wohnung im Ausland liegt.

In den Fällen des Satzes 1 Nr. 2 bis 4 wird für die Umzugsreise (§ 7 Abs. 1) Tage- und Übernachtungsgeld nur für die notwendige Reisedauer gewährt; § 7 Abs. 2 und 3 findet keine Anwendung.

§ 14 Sondervorschriften für Auslandsumzüge

(1) Der Bundesminister des Auswärtigen wird ermächtigt, im Einvernehmen mit dem Bundesminister des Innern, dem Bundesminister der Verteidigung und dem Bundesminister der Finanzen für Auslandsumzüge durch Rechtsverordnungen nähere Vorschriften über die notwendige Umzugskostenvergütung (Auslandsumzugskostenverordnung, Absatz 2) sowie das notwendige Trennungsgeld (Auslandstrennungsgeldverordnung, Absatz 3) zu erlassen, soweit die besonderen Bedürfnisse im Ausland es erfordern. Soweit aufgrund dieser Ermächtigung keine Sonderregelungen ergangen sind, finden auch auf Auslandsumzüge die §§ 6 bis 12 Anwendung.

(2) In der Auslandsumzugskostenverordnung sind insbesondere zu regeln:

1. Erstattung der Auslagen für Umzugsvorbereitungen einschließlich Wohnungsbesichtigungsreisen,
2. Erstattung der Beförderungsauslagen,
3. Berücksichtigung bis zu 50 vom Hundert der eingesparten Beförderungsauslagen für zurückgelassene Personenkraftfahrzeuge,
4. Erstattung der Auslagen für die Umzugsreise des Berechtigten und der zu seiner häuslichen Gemeinschaft gehörenden Personen,

5. Gewährung von Beihilfen zu den Fahrkosten von Personen, die mit der Reise in die häusliche Gemeinschaft aufgenommen werden, und zu den Kosten des Beförderns des Heiratsgutes an den Auslandsdienstort, wenn der Anspruchsberechtigte nach seinem Umzug in das Ausland heiratet,
6. Gewährung von Beihilfen zu den Fahrkosten sowie zu den Kosten der Beförderung des anteiligen Umzugsgutes eines Mitglieds der häuslichen Gemeinschaft, wenn es sich vom Berechtigten während seines Auslandsdienstes auf Dauer trennt, bis zur Höhe der Kosten für eine Rückkehr an den letzten Dienstort im Inland,
7. Gewährung der Mietentschädigung,
8. Gewährung der Pauschvergütung für sonstige Umzugsauslagen und Aufwand,
9. Erstattung der nachgewiesenen sonstigen Umzugsauslagen,
10. Erstattung der Lagerkosten oder der Auslagen für das Unterstellen zurückgelassenen Umzugsgutes,
11. Berücksichtigung bis zu 50 vom Hundert der eingesparten Lagerkosten für zurückgelassenes Umzugsgut,
12. Erstattung der Kosten für das Beibehalten der Wohnung im Inland in den Fällen des Absatzes 5,
13. Erstattung der Auslagen für umzugsbedingten zusätzlichen Unterricht,
14. Erstattung der Mietvertragsabschluß-, Gutachter-, Makler- oder vergleichbarer Kosten für die eigene Wohnung,
15. Beiträge zum Beschaffen oder Instandsetzen von Wohnungen,
16. Beiträge zum Beschaffen technischer Geräte und Einrichtungen, die aufgrund der örtlichen Gegebenheiten notwendig sind,
17. Beitrag zum Beschaffen klimabedingter Kleidung,
18. Ausstattungsbeitrag bei Auslandsverwendung,
19. Einrichtungsbeitrag für Leiter von Auslandsvertretungen und funktionell selbständigen Delegationen, die von Botschaftern geleitet werden, sowie für ständige Vertreter und Leiter von Außenstellen von Auslandsvertretungen,
20. Erstattung der Auslagen für die Rückführung von Personen und Umzugsgut aus Sicherheitsgründen,
21. Erstattung der Auslagen für Umzüge in besonderen Fällen,
22. Erstattung der Auslagen für Umzüge in eine vorläufige Wohnung,
23. Erstattung der Umzugsauslagen beim Ausscheiden aus dem Dienst im Ausland.

(3) In der Auslandstrennungsgeldverordnung sind insbesondere zu regeln:

1. Entschädigung für getrennte Haushaltsführung,
2. Entschädigung für getrennte Haushaltsführung aus zwingenden persönlichen Gründen,
3. Entschädigung bei täglicher Rückkehr zum Wohnort,
4. Mietersatz,
5. Gewährung von Trennungsgeld, wenn keine Auslandsdienstbezüge gewährt werden,
6. Gewährung von Trennungsgeld im Einzelfall aus Sicherheitsgründen oder wegen anderer außergewöhnlicher Verhältnisse im Ausland (Trennungsgeld in Krisenfällen),
7. Gewährung von Reisebeihilfen für Heimfahrten für je drei Monate, in besonderen Fällen für je zwei Monate der Trennung. Dies gilt auch für längstens ein Jahr, wenn der Berechtigte auf die Zusage der Umzugskostenvergütung unwiderruflich verzichtet und dienstliche Gründe den Umzug nicht erfordern.

(4) Abweichend von § 2 Abs. 2 Satz 1 entsteht der Anspruch auf die Pauschvergütung, den Beitrag zum Beschaffen klimabedingter Kleidung, den Ausstattungsbeitrag und den Einrichtungsbeitrag zu dem Zeitpunkt, an dem die Umzugskostenvergütung nach § 3 oder § 4 zugesagt wird.

(5) Abweichend von den §§ 3 und 4 kann die Umzugskostenvergütung auch in Teilen zugesagt werden, wenn dienstliche Gründe es erfordern.

(6) Abweichend von § 2 Abs. 2 Satz 2 beträgt die Ausschlußfrist bei Auslandsumzügen zwei Jahre. Wird in den Fällen des Absatzes 2 Nr. 16 die Beitragsfähigkeit erst nach Beendigung des Umzuges anerkannt, beginnt die Ausschlußfrist mit der Anerkennung. In den Fällen des Absatzes 2 Nr. 5 und 6 beginnt sie mit dem Eintreffen am beziehungsweise der Abreise vom Dienstort. Bei laufenden Zahlungen muß die erste Zahlung innerhalb der Frist geleistet werden. Auf einen vor Fristablauf gestellten Antrag können in besonderen Fällen auch später geleistete Zahlungen berücksichtigt werden.

(7) Die oberste Dienstbehörde kann die Umzugskostenvergütung allgemein oder im Einzelfall ermäßigen, soweit besondere Verhältnisse es rechtfertigen.

§ 15 Dienstortbestimmung, Verwaltungsvorschriften

(1) Die oberste Dienstbehörde wird ermächtigt, im Einvernehmen mit dem Bundesminister des Innern benachbarte Gemeinden zu einem Dienstort zu bestimmen, wenn sich Liegenschaften derselben Dienststelle über das Gebiet mehrerer Gemeinden erstrecken.

(2)[1] Die allgemeinen Verwaltungsvorschriften zu diesem Gesetz erläßt der Bundesminister des Innern im Einvernehmen mit dem Bundesminister der Justiz ***und für Verbraucherschutz*** und dem Bundesminister der Verteidigung.

§ 16 Übergangsvorschrift

Ist ein Mietbeitrag vor der Verkündung dieses Gesetzes bewilligt worden, wird er nach bisherigem Recht weiter gewährt.

II.
Allgemeine Verwaltungsvorschrift zum Bundesumzugskostengesetz (BUKGVwV)

vom 2. 1. 1991 (GMBl 1991 S. 66)
i. d. F. der Verwaltungsvorschrift vom 25. 10. 1999 (GMBl S. 787); GMBl 2000 S. 306
geändert durch die Sechste Verwaltungsvorschrift zur Änderung der Allgemeinen Verwaltungsvorschrift zum Bundesumzugskostengesetz (BUKGVwV)
vom 25. 11. 2004 (GMBl S. 1076)

– Auszug –

...

5. **Zu § 5**

5.1 **Zu Absatz 1** (bleibt frei)

5.2 **Zu Absatz 2**

Zuwendungen im Sinne des § 5 Abs. 2 sind sowohl Geldbeträge als auch Sachleistungen.

Beschäftigungsstelle kann auch eine Stelle außerhalb des öffentlichen Dienstes sein.

5.3 **Zu Absatz 3**

Die Vorschrift des § 5 Abs. 3 setzt nicht voraus, dass die Umzugskostenvergütung während des Beamtenverhältnisses gewährt worden ist; sie erfasst auch die Umzugskostenvergütung aus der Zeit eines vorausgegangenen Arbeitsverhältnisses. Bei Anwendung der Vorschrift sind das Arbeitsverhältnis und das sich anschließende Beamtenverhältnis als eine Einheit anzusehen.

Ein Statuswechsel ist kein vom Berechtigten zu vertretender Grund im Sinne der genannten Vorschrift.

6. **Zu § 6**

6.1 **Zu Absatz 1**

6.1.1 Für die Erstattung der Beförderungsauslagen sind die Textziffern 6.1.2 bis 6.1.7 maßgebend.

6.1.2 Wird zur Durchführung des Umzuges ein Speditionsunternehmen in Anspruch genommen, ist zur Ermittlung der notwendigen Auslagen für das Befördern des Umzugsgutes wie folgt zu verfahren:

Der Berechtigte ist in der Wahl des Möbelspediteurs grundsätzlich frei. Zur Ermittlung der notwendigen Beförderungsauslagen hat er vor Durchführung des Umzuges mindestens zwei rechtlich und wirtschaftlich selbständige Spediteure unabhängig voneinander und ohne gegenseitige Kenntnis mit der Besichtigung des Umzugsgutes und der Abgabe je eines vollständigen und umfassenden Kostenvoranschlages zu beauftragen. Es ist nicht zulässig, dass der Spediteur für den Berechtigten ein Konkurrenzangebot einholt. Die Besichtigung des Umzugsgutes ist vom Berechtigten im Antrag auf Abschlag und in der Umzugskostenrechnung zu bestätigen.

Die Kostenvoranschläge müssen einen verbindlichen Höchstpreis enthalten, der bei der Abrechnung des tatsächlichen erbrachten Leistungsumfangs auf der Grundlage der in

[1] ***§ 15 Abs. 2 BUKG wurde durch die Zehnte Zuständigkeitsanpassungsverordnung (Inkrafttreten 8. 9. 2015) geändert.***

dem Kostenvoranschlag ausgewiesenen Einheitspreise für die Beförderungsleistung und Nebenleistungen nicht überschritten werden darf.

Erstattet werden die Beförderungsauslagen nach dem Kostenvoranschlag mit dem niedrigsten Höchstpreis, und zwar auf der Grundlage einer Abrechnung der tatsächlichen erbrachten Beförderungsleistung und Nebenleistungen zu den Einheitspreisen im Kostenvoranschlag. Ist der Umfang des Umzugsgutes oder der Zeitaufwand größer als im Kostenvoranschlag angegeben, ist jedoch nur der vereinbarte Höchstpreis erstattungsfähig.

Bei einem Umzug aus Anlass einer personellen Maßnahme im Zusammenhang mit dem Beschluss des Deutschen Bundestages vom 20. Juni 1991 zur Vollendung der Einheit Deutschlands (§ 1 des Dienstrechtlichen Begleitgesetzes vom 30. Juli 1996, BGBl. I S. 1183) hat der Berechtigte keinen zweiten Kostenvoranschlag vorzulegen, falls er einen Möbelspediteur wählt, mit dem der Rahmenvertrag für Umzüge von Bediensteten anlässlich der Umsetzung des Berlin/Bonn-Gesetzes abgeschlossen worden ist. Falls kein Rahmenvertragspartner gewählt wird, sind die Beförderungsauslagen nach dem Rahmenvertrag der erstattungsfähige Höchstbetrag.

Der Berechtigte hat die Kostenvoranschläge so rechtzeitig vorzulegen, dass eine Kostenprüfung vor Auftragserteilung erfolgen kann. Zum Preisvergleich können in Zweifelsfällen weitere Vergleichsangebote eingeholt werden; dies könnte etwa erforderlich werden, wenn Anlass zu der Annahme besteht, dass die beiden vorgelegten Kostenvoranschläge abgesprochen sind.

Sobald die zuständige Dienststelle die Kostenvoranschläge geprüft und mitgeteilt hat, welches Angebot erstattungsfähig ist, kann der Berechtigte mit dem Umzug beginnen.

6.1.3 Zu den Beförderungsauslagen gehören auch die Auslagen für die Versicherung des Umzugsgutes gegen Transport- und Bruchschäden. Über die Haftung des Unternehmens nach § 451 in Verbindung mit §§ 425 ff., §§ 451d bis 451g HGB hinaus können Transportversicherungsauslagen oder Prämien zur Haftungserweiterung für diejenige Versicherungssumme erstattet werden, die der privaten Hausrat- oder Feuerversicherungssumme entspricht. Eine höhere Versicherungssumme kann berücksichtigt werden, wenn sie durch eine Umzugsgutliste nach dem Muster der Anlage zu Textziffer 6.1.2 mit jeweiligen Wertangaben (Zeitwert) nachgewiesen wird. Als notwendige Auslagen für die Transportversicherung können bis zu 2,5v. T. der maßgebenden Versicherungssumme erstattet werden.

Hat die Behörde für Umzüge ihrer Bediensteten mit bestimmten Versicherungsunternehmen Rahmenverträge abgeschlossen, ist die Transportversicherungsprämie nach dem Rahmenvertrag gleichzeitig der erstattungsfähige Höchstbetrag.

6.1.4 Bei Umzügen vom Inland an einen Ort außerhalb eines EU-Mitgliedstaates und umgekehrt ist für den Möbeltransport insgesamt grundsätzlich keine Umsatzsteuer zu entrichten. Das gilt auch für die mit dem Umzug notwendigerweise verbundenen Nebenleistungen (z. B. Ein- und Auspacken des Umzugsgutes, Gestellung von Packmaterial), wenn diese Nebenleistungen von demselben Unternehmer bewirkt werden, der auch den Möbeltransport durchführt. Umsatzsteuerbeträge, die bei diesen Umzügen den Umziehenden vom Unternehmer für die Beförderung des Umzugsgutes und für die bezeichneten Nebenleistungen in Rechnung gestellt werden, sind deshalb nicht erstattungsfähig.

Die Beförderung von Umzugsgut, die in dem Gebiet von zwei verschiedenen Mitgliedstaaten der Europäischen Union beginnt und endet (innergemeinschaftliche Umzüge), wird an dem Ort ausgeführt, an dem die Beförderung beginnt. Demnach unterliegen innergemeinschaftliche Umzüge der deutschen Umsatzsteuer, wenn die Beförderung im Bundesgebiet beginnt. Beginnt die Beförderung des Umzugsgutes in einem anderen Mitgliedstaat, unterliegt sie der Umsatzbesteuerung dieses Mitgliedstaates. Es kommt nicht darauf an, ob der Beförderungsunternehmer in dem Mitgliedstaat, in dem die Beförderung beginnt, ansässig ist.

Bei innergemeinschaftlichen Umzügen von Mitgliedern einer in dem Gebiet eines anderen EU-Mitgliedstaates ansässigen ständigen diplomatischen Mission oder berufskonsularischen Vertretung an einen Ort außerhalb des Bundesgebietes wird nach Regelungen des Gemeinschaftsrechts Umsatzsteuerbefreiung gewährt, wenn die genannten Personen im Zeitpunkt der Inanspruchnahme der Speditionsleistung bereits Mitglied der im Gastmitgliedstaat ansässigen Auslandsvertretung sind und die Voraussetzungen und Beschränkungen des Gastmitgliedstaates für die Steuerbefreiung erfüllen bzw. einhalten. Bei Umzügen des vorgenannten Personenkreises von einem anderen EU-Mitgliedstaat in das Bundesgebiet richtet sich die umsatzsteuerliche Behandlung nach dem Recht des Mitgliedstaates, in dem die Beförderung beginnt. Dies gilt auch für Umzüge, die für deutsche Truppenangehörige, die in anderen Mitgliedstaaten stationiert sind, oder für Mitglieder einer im Gebiet eines anderen Mitgliedstaates ansässigen zwischenstaatlichen Einrichtung durchgeführt werden. Mitgliedern einer im Bundesgebiet ansässigen zwischenstaatlichen Einrichtung werden jedoch nach dem geltenden Privilegienübereinkommen und Sitzstaatabkommen grundsätzlich keine umsatzsteuerlichen Privilegien eingeräumt.

Vom Spediteur in Rechnung gestellte Versicherungsbeiträge unterliegen als Teil seiner Gesamtleistung der Umsatzsteuer, die jedoch umzugskostenrechtlich nicht als notwendig und erstattungsfähig anerkannt werden kann.

6.1.5 Bei Umzügen ohne Inanspruchnahme eines Spediteurs (z. B. Umzüge in Eigenregie) werden die nachgewiesenen notwendigen Auslagen erstattet. Das gilt nicht, wenn die Arbeiten vom Berechtigten selbst oder von mit ihm in häuslicher Gemeinschaft lebenden Personen (§ 6 Abs. 3 Satz 2 und 3) durchgeführt werden.

6.1.6 Auslagen für das Befördern eines Kraftfahrzeugs durch einen Spediteur sind keine notwendigen Beförderungsauslagen im Sinne des § 6 Abs. 1. Für das Überführen des zum Umzugsgut gehörenden privaten Kraftfahrzeugs durch den Bediensteten oder einen Angehörigen vom bisherigen zum neuen Wohnort wird eine Entschädigung nach § 6 Abs. 1 Satz 1 BRKG gewährt.

Für die Überführung eines zum Umzugsgut gehörenden Wohnwagenanhängers oder eines anderen im Straßenverkehr zugelassenen Pkw-Anhängers von der bisherigen zur neuen Wohnung wird unabhängig von dessen Größe daneben eine Entschädigung von 0,12 DM/km[1]) gewährt.

6.1.7 Maßstab für die Angemessenheit sind die Transportmittel, die üblicherweise für einen Umzug benötigt werden. Üblich sind Möbelwagen und selbständig zu überführende eigene Kraftfahrzeuge, Wohnwagenanhänger oder andere im Straßenverkehr zugelassene Pkw-Anhänger. Ein unverhältnismäßig großer Möbelwagenraum übersteigt die Grenze der Angemessenheit. Dies ist auch der Fall, wenn für den Transport andere als die genannten Fahrzeuge benötigt werden. Ein oder zwei Pferde gehören daher zum Umzugsgut, wenn sie als Anhängerlast mit einem Personenkraftwagen transportiert werden (BVerwG, Urteil v. 17. 9. 1987–6 C 28.86 – Buchholz 261 § 4 Nr. 2).

6.2 **Zu Absatz 2**

Die Kosten für das Einlagern von Umzugsgut werden nicht berücksichtigt.

7. **Zu § 7**

7.1 **Zu Absatz 1**

7.1.1 Wenn einem ledigen Berechtigten ohne Wohnung im Sinne des § 10 Abs. 3 die Zusage der Umzugskostenvergütung aus Anlass der Einstellung (§ 4 Abs. 1 Nr. 1), Abordnung (§ 4 Abs. 1 Nr. 2) oder Versetzung (§ 3 Abs. 1 Nr. 1) erteilt wird, ist die Einstellungs-, Dienstantritts- oder Versetzungsreise als Umzugsreise nach § 7 Abs. 1 mit der Folge abzurechnen, dass in diesen Fällen kein Anspruch auf Erstattung der Auslagen für eine Reise zur Vorbereitung und Durchführung des Umzugs besteht. Auf den Umfang des Umzugsgutes kommt es dabei nicht an.

Voraussetzung hierfür ist, dass dem Berechtigten die Zusage der Umzugskostenvergütung vor Antritt der Reise bekanntgegeben wurde und dass er sein gesamtes Umzugsgut (§ 6 Abs. 3) auf der Reise mit sich führt; der Umzug gilt sodann als beendet. Eine entsprechende Erklärung ist von dem Berechtigten bei Abrechnung der Reisekostenvergütung abzugeben.

7.1.2 Benutzt ein Berechtigter bei Durchführung der Umzugsreise sein privateigenes Kraftfahrzeug, so ist bei der Festsetzung der Reisekostenvergütung von der Einschränkung des § 6 Abs. 1 Satz 2 BRKG aus triftigen Gründen abzusehen, sofern nicht bereits Wegstreckenentschädigung für dieses Kraftfahrzeug gewährt worden ist.

7.2 **Zu Absatz 2** (bleibt frei)

7.3 **Zu Absatz 3**

§ 7 Abs. 3 Satz 3 behandelt den Fall des Vorwegumzugs. Die Vorschrift geht davon aus, dass die Reise vom bisherigen zum neuen Wohnort die Umzugsreise (§ 7 Abs. 1) und die spätere Reise aus Anlass des Dienstantritts eine Dienstreise (§ 16 Abs. 1 Satz 1 BRKG) ist.

8. **Zu § 8**

8.0 **Allgemeines**

8.0.1 Mietentschädigung kommt nur in Betracht, wenn für dieselbe Zeit Miete aus zwei Mietverhältnissen zu zahlen ist. In diesem Fall wird eine Miete erstattet.

Der Zwang zur doppelten Mietzahlung besteht im Regelfalle erst von dem Zeitpunkt an, zu dem die dienstliche Maßnahme mit Zusage der Umzugskostenvergütung wirksam wird. Er kann jedoch auch vorliegen, wenn der Umzug vor dem Wirksamwerden der dienstlichen Maßnahme (sog. Vorwegumzug) aus Fürsorge- oder fiskalischen Gründen

[1]) BMI-Schreiben vom 6. 6. 2001 (GMBl S. 415): 0,06 €/km.

(z. B. zur Einsparung von Trennungsgeld) als notwendig anerkannt werden kann. Solche Gründe können z. B. der Schulbesuch eines Kindes zum Beginn eines Schuljahres sein.

8.0.2 Die Miete wird ohne Rücksicht auf die Größe der Wohnung erstattet. Die Erstattung ist jedoch in offenkundigen Missbrauchsfällen einzuschränken, z. B. bei außergewöhnlich luxuriösen Wohnungen.

8.0.3 Nach Lage des Einzelfalles kann eine Mietentschädigung nach § 8 Abs. 2 von einer Mietentschädigung nach § 8 Abs. 1 innerhalb eines Monats abgelöst werden. Steht Mietentschädigung nicht für einen vollen Kalendermonat zu, ist die Entschädigung in Anlehnung an § 3 Abs. 4 BBesG tageweise festzusetzen.

8.1 **Zu Absatz 1**

Mietentschädigung wird für die bisherige Wohnung im eigenen Haus oder die Eigentumswohnung nach § 8 Abs. 1 in Verbindung mit § 8 Abs. 3 auch erstattet, wenn die neue Wohnung ein eigenes Haus oder eine Eigentumswohnung ist.

8.2 **Zu Absatz 2**

Die neue Wohnung kann noch nicht benutzt werden, wenn noch notwendige umfangreiche Instandsetzungsarbeiten oder Schönheitsreparaturen durchzuführen sind und für diese Zeit bereits Miete gezahlt werden muss.

9. **Zu § 9**

9.1 **Zu Absatz 1**

Entsprechende Auslagen für eine eigene Wohnung sind auch die Maklergebühren für den Erwerb eines Grundstücks, auf dem die eigene Wohnung errichtet wird. Ein Einstellplatz o. Ä. ist wie eine Garage zu behandeln.

9.2 **Zu Absatz 2**

Ob der zusätzliche Unterricht durch den Umzug bedingt ist, hat der Berechtigte in geeigneter Weise nachzuweisen, z. B. durch eine Bescheinigung der Schule.

9.3 **Zu Absatz 3**

9.3.1 Zu den Auslagen für einen Kochherd bzw. für Öfen gehören die Anschaffungskosten, die evtl. anfallenden Auslagen für die Anlieferung der Gegenstände und ggf. anfallende Kosten für das Anschließen der Geräte. Bei den Anschlusskosten handelt es sich um Auslagen, die für die notwendige Verbindung der Geräte an das vorhandene Energienetz bzw. an vorhandene Schornsteine anfallen, um sie gebrauchsfertig zu machen. Reichen die vorhandenen Anschlüsse nicht aus und werden deshalb zusätzliche Arbeiten für die Verlegung von Anschlussleitungen oder ähnlichem erforderlich, bleiben die dadurch entstehenden Auslagen unberücksichtigt.

9.3.2 Die Worte „unter den gleichen Voraussetzungen" in § 9 Abs. 3 Satz 2 bedeuten, dass auch die Erstattung von Auslagen für Öfen in Mietwohnungen davon abhängt, dass die Ofenbeschaffung beim Bezug der neuen Wohnung notwendig ist.

10. **Zu § 10**

10.0 **Allgemeines**

Mit der Pauschvergütung werden alle sonstigen, nicht in den §§ 6 bis 9 bezeichneten Umzugsauslagen pauschal abgegolten.

10.1 **Zu Absatz 1**

Maßgebend ist die Besoldungsgruppe, in der sich der Berechtigte am Tag vor dem Einladen des Umzugsgutes befindet, für Beamte auf Widerruf im Vorbereitungsdienst die Eingangsbesoldungsgruppe ihrer Laufbahn. Bei Berechtigten nach § 1 Abs. 1 Satz 2 Nr. 4 und 5 ist die Besoldungsgruppe maßgebend, der sie bei Beendigung des Dienstverhältnisses angehört haben oder, wenn dies günstiger ist, nach der ihre Versorgungsbezüge berechnet sind. Bei Berechtigten nach § 1 Abs. 1 Satz 2 Nr. 6 ist die Besoldungsgruppe maßgebend, der der Verstorbene zuletzt angehört hat oder, wenn dies günstiger ist, nach der ihre Versorgungsbezüge berechnet sind. Die Rückwirkung der Einweisung in eine Planstelle bleibt unberücksichtigt.

Der Tag vor dem Einladen des Umzugsgutes ist auch für die Bestimmung des Familienstandes maßgebend.

10.2 **Zu Absatz 2** (bleibt frei)

10.3 **Zu Absatz 3**

Die volle Pauschvergütung wird gewährt, wenn vor und nach dem Umzug eine Wohnung vorhanden ist. Der Wohnungsbegriff ergibt sich aus § 10 Abs. 3. Ein einzelner Raum ist hiernach keine Wohnung, auch wenn er mit einer Kochgelegenheit und den zur Führung eines Haushalts notwendigen Einrichtungen ausgestattet ist. Ist nur ein Raum gemietet und wird daneben das Bad, die Küche und die Toilette mitbenutzt, so ist der Wohnungsbegriff des § 10 Abs. 3 ebenfalls nicht erfüllt. Den Wohnungsbegriff erfüllt jedoch ein Einzimmerappartement mit Kochgelegenheit und Toilette als Nebenraum. Die Voraussetzungen sind auch erfüllt, wenn bei Altbauwohnungen die sanitären Anlagen außerhalb der Wohnung liegen.

Für die Erfüllung des Wohnungsbegriffs kommt es nicht darauf an, ob der Berechtigte das ausschließliche (alleinige) Verfügungsrecht über die Wohnung hat oder sie mit anderen Personen gemeinsam gemietet hat, z. B. im Rahmen einer Wohngemeinschaft.

Die Wohnungsvoraussetzungen sind in geeigneter Weise, z. B. durch Vorlage des Mietvertrags, nachzuweisen.

10.4 **Zu Absatz 4** (bleibt frei)

10.5 **Zu Absatz 5**

§ 10 Abs. 5 stellt klar, dass für Umzugsvorbereitungen (§ 11 Abs. 3) eine Pauschvergütung für sonstige Umzugsauslagen nicht gewährt wird, dass aber die sonstigen notwendigen Umzugsauslagen bis zur Höhe der Pauschvergütung erstattet werden. Andere nach dem Gesetz erstattungsfähige Umzugsauslagen (§§ 6 bis 9) werden daneben erstattet.

10.6 **Zu Absatz 6**

Wenn der vorausgegangene Umzug ein Umzug aus Anlass der Einstellung (§ 4 Abs. 1 Nr. 1) oder der Räumung einer Mietwohnung auf dienstliche Veranlassung (§ 4 Abs. 2 Nr. 2) war, wird ein Häufigkeitszuschlag nicht gewährt.

10.7 **Zu Absatz 7**

Um denselben Umzug handelt es sich immer dann, wenn neben dem Berechtigten weitere nach § 6 Abs. 3 berücksichtigungsfähige Personen mit jeweils eigener Zusage der Umzugskostenvergütung aus einer gemeinsame bisherigen Wohnung in eine gemeinsame neue Wohnung umziehen. In allen anderen Fällen handelt es sich nicht um denselben Umzug, so dass jedem Berechtigten die jeweilige Pauschvergütung zusteht.

11. **Zu § 11**

11.1 **Zu Absatz 1**

11.1.1 Die Gründe für die Anerkennung als vorläufige Wohnung können z. B. in der weiten Entfernung zum Dienstort, in der Größe oder der Beschaffenheit der Wohnung oder in der Höhe der Miete liegen.

11.1.2 Eine Anerkennung als vorläufige Wohnung kann bezüglich der Höhe der Miete erfolgen, wenn die Nettokaltmiete der neuen Wohnung die der bisherigen um mindestens zehn Prozent übersteigt. Befindet sich die bisherige Wohnung im eigenen Haus oder ist sie eine Eigentumswohnung, tritt an die Stelle der Miete der ortsübliche Mietwert der Wohnung.

11.1.3 Hinsichtlich des Umfangs der Umzugskostenvergütung gibt es zwischen dem Umzug in eine vorläufige Wohnung und dem Umzug in eine endgültige Wohnung keinen Unterschied. Für den Umzug in eine vorläufige Wohnung kann daher ein Häufigkeitszuschlag nach § 10 Abs. 6 gewährt werden.

11.1.4 Das Erfordernis der vorherigen Anerkennung ist erfüllt, wenn eine zeitgerechte Entscheidung aus Gründen verzögert worden ist, die der Berechtigte nicht zu vertreten hat.

11.1.5 Der Widerruf der Zusage der Umzugskostenvergütung erstreckt sich sowohl auf den Umzug in die vorläufige als auch auf den Umzug in die endgültige Wohnung, wenn die vorläufige Wohnung noch nicht bezogen worden ist. Evtl. Auslagen für Umzugsvorbereitungen werden nach § 11 Abs. 3 erstattet.

11.1.6 Wird die vorläufige Wohnung zur endgültigen Wohnung, ist die Anerkennung zu widerrufen.

11.2 **Zu Absatz 2** (bleibt frei)

11.3 **Zu Absatz 3**

11.3.1 Nach § 11 Abs. 3 können die Auslagen, die durch die Vorbereitung des Umzugs entstanden sind, nur insoweit erstattet werden, als sie bei durchgeführtem Umzug zu erstatten wären. Erstattet werden in der Regel nur durch Belege nachgewiesene notwendige und nach diesem Gesetz erstattungsfähige Auslagen für Umzugsvorbereitungen (§§ 6 bis 9). In Betracht kommen z. B. Auslagen für Reisen zum Suchen oder Besichtigen einer Wohnung und Maklergebühren. Sonstige mit der Umzugsvorbereitung zusammenhängende Auslagen werden nach § 10 Abs. 5 bis zur Höhe der Pauschvergütung erstattet, z. B. Zeitungsanzeigen zum Vermieten der alten und Suchen einer neuen Wohnung.

11.3.2 Die Durchführung eines anderen Umzugs kann in Betracht kommen, wenn das Mietverhältnis der alten Wohnung gekündigt und ein neuer Vertragsabschluss mit dem Vermieter der alten Wohnung nicht möglich ist. Ein anderer Umzug kann auch ein Vorwegumzug sein.

III.
Verordnung über die Umzugskostenvergütung bei Auslandsumzügen (Auslandsumzugskostenverordnung – AUV)

vom 26. 11. 2012 (BGBl. I S. 2349)

– Auszug –

§ 1 Regelungsgegenstand

Diese Verordnung regelt die bei Auslandsumzügen erforderlichen Abweichungen von den allgemein für Beamtinnen und Beamte des Bundes geltenden Vorschriften über die Umzugskostenvergütung.

§ 2 Begriffsbestimmungen

(1) Berücksichtigungsfähige Personen sind:

1. die Ehegattin oder der Ehegatte der berechtigten Person,
2. die Lebenspartnerin oder der Lebenspartner der berechtigten Person,
3. Kinder der berechtigten Person oder der berücksichtigungsfähigen Person nach Nummer 1 oder Nummer 2., die beim Auslandszuschlag berücksichtigungsfähig sind oder spätestens 40 Wochen nach dem Einladen des Umzugsguts geboren worden sind,
4. der gemeinsam mit der berechtigten Person sorgeberechtigte Elternteil eines eigenen Kindes der berechtigten Person,
5. pflegebedürftige Eltern der berechtigten Person oder der berücksichtigungsfähigen Person nach Nummer 1 oder Nummer 2 (mindestens Pflegestufe I nach § 15 des Elften Buches Sozialgesetzbuch); alle weiteren Maßnahmen, die der Gesundheitszustand dieser Personen erfordert, sind im Rahmen der Umzugskosten nicht berücksichtigungsfähig, sowie
6. im Einzelfall weitere Personen, die nach § 6 Absatz 3 des Bundesumzugskostengesetzes berücksichtigungsfähig sind, soweit ihre Berücksichtigung im Einzelfall nach pflichtgemäßem Ermessen geboten ist, insbesondere, weil die berechtigte Person ihnen aufgrund gesetzlicher oder sittlicher Verpflichtung nicht nur vorübergehend Unterkunft und Unterhalt gewährt,

soweit sie nach dem Umzug zur häuslichen Gemeinschaft der berechtigten Person gehören. Die Personen nach Satz 1 Nummer 3, 4 und 6 sind nur berücksichtigungsfähig, wenn sie auch vor dem Umzug zur häuslichen Gemeinschaft der berechtigten Person gehören.

(2) Eine eigene Wohnung ist eine Wohnung, deren Eigentümerin oder Eigentümer oder Hauptmieterin oder Hauptmieter die berechtigte Person oder eine berücksichtigungsfähige Person ist.

§ 3 Antrag und Anzeigepflicht

(1) Die Ausschlussfrist für die Beantragung der Umzugskostenvergütung nach § 14 Absatz 6 Satz 1 des Bundesumzugskostengesetzes beginnt mit Beendigung des Umzugs.

(2) Die berechtigte Person hat jede Änderung der tatsächlichen Verhältnisse, die die Höhe der Umzugskostenvergütung beeinflussen kann, unverzüglich anzuzeigen. Entsprechendes gilt für Rabatte, Geld- und Sachzuwendungen sowie für unentgeltliche Leistungen. Leistungen von dritter Seite sind anzurechnen.

§ 4 Bemessung der Umzugskostenvergütung, berücksichtigungsfähige Kosten

(1) Die Bemessung der Umzugskostenvergütung richtet sich nach den persönlichen Verhältnissen der berechtigten Person am Tag des Dienstantritts am neuen Dienstort. Bei Umzügen aus dem Ausland ins Inland und bei Umzügen aus Anlass der Beendigung des Beamtenverhältnisses (§ 28) sind die persönlichen Verhältnisse an dem Tag, für den zuletzt Auslandsdienstbezüge gewährt worden sind, maßgeblich.

(2) Wenn bei einem Umzug aus dem Ausland ins Inland die berechtigte Person den Wohnort so wählt, dass sie in der ordnungsgemäßen Wahrnehmung ihrer Dienstgeschäfte beeinträchtigt ist, werden höchstens die Umzugskosten erstattet, die bei einem Umzug an den neuen Dienstort entstanden wären; Maklerkosten werden nicht erstattet; Mietentschädigung wird nicht gewährt. Wird ein Umzug ins Ausland oder im Ausland an einen anderen Ort als den neuen Dienstort oder dessen Einzugsgebiet durchgeführt, werden keine Umzugskosten erstattet.

(3) Wird eine eigene Wohnung nicht innerhalb eines Jahres nach dem Dienstantritt der berechtigten Person am neuen Dienstort bezogen, kann eine solche Wohnung im Rahmen der Umzugskostenvergütung nicht berücksichtigt werden. In den Fällen des § 28 Absatz 1 und 2 tritt der Tag nach dem Eintritt des maßgeblichen Ereignisses an die Stelle des Tages des Dienstantritts. Wird

die Umzugskostenvergütung erst nach dem Dienstantritt zugesagt, tritt der Tag des Zugangs der Zusage an die Stelle des Tages des Dienstantritts. Ist die Wohnung wegen Wohnungsmangels oder aus anderen von der obersten Dienstbehörde als zwingend anerkannten Gründen erst nach Ablauf eines Jahres bezogen worden, kann sie berücksichtigt werden, wenn die berechtigte Person den Antrag auf Fristverlängerung vor Ablauf der Jahresfrist stellt.

(4) Leistungen nach den §§ 18 bis 21, die vor dem Umzug gewährt werden, stehen unter dem Vorbehalt, dass zu viel erhaltene Beträge zurückgefordert werden können, wenn der Umzug anders als zunächst geplant durchgeführt wird.

(5) Kosten werden nur berücksichtigt, soweit sie notwendig und nachgewiesen sind.

Abschnitt 2

Erstattungsfähige Kosten

Unterabschnitt 1

Beförderung und Lagerung des Umzugsguts

§ 5 Umzugsgut

(1) Die Auslagen für die Beförderung des Umzugsguts (Beförderungsauslagen) von der bisherigen zur neuen Wohnung werden erstattet.

(2) Zu den Beförderungsauslagen gehören auch:

1. die Kosten für das Ein- und Auspacken des Umzugsguts, die Montage und Installation der üblichen Haushaltsgeräte, das Zwischenlagern (§ 9) und die Transportversicherung sowie
2. Gebühren und Abgaben, die bei der Beförderung des Umzugsguts anfallen.

(3) Wird das Umzugsgut getrennt befördert, ohne dass die oberste Dienstbehörde die Gründe dafür vorher als zwingend anerkannt hat, werden höchstens die Beförderungsauslagen erstattet, die bei nicht getrennter Beförderung entstanden wären.

(4) Bei Umzügen im oder ins Ausland gehören zum Umzugsgut auch Einrichtungsgegenstände und Personenkraftfahrzeuge, für die die berechtigte Person innerhalb von drei Monaten nach dem Bezug der neuen Wohnung den Lieferauftrag erteilt hat; Absatz 3 gilt entsprechend.

(5) Hat die berechtigte Person nach einer Auslandsverwendung mit ausgestatteter Dienstwohnung bei einem folgenden Umzug im Ausland mit Zusage der Umzugskostenvergütung den Lieferauftrag für Einrichtungsgegenstände innerhalb der in Absatz 4 genannten Frist erteilt, um mit diesen Einrichtungsgegenständen eine nicht ausgestattete Wohnung beziehen zu können, werden die Beförderungsauslagen erstattet.

§ 6 Umzugsvolumen

(1) Der berechtigten Person werden Beförderungsauslagen für ein Umzugsvolumen von bis zu 100 Kubikmetern erstattet. Zieht eine berücksichtigungsfähige Person mit um, werden die Auslagen für die Beförderung weiterer 30 Kubikmeter erstattet; für jede weitere mitumziehende berücksichtigungsfähige Person werden die Auslagen für die Beförderung weiterer 10 Kubikmeter erstattet.

(2) Bei Leiterinnen und Leitern von Auslandsvertretungen kann die oberste Dienstbehörde in Einzelfällen der Erstattung der Auslagen für die Beförderung weiterer 50 Kubikmeter zustimmen. Dies gilt im Geschäftsbereich des Bundesministeriums der Verteidigung nach näherer Bestimmung durch die oberste Dienstbehörde auch für sonstige Berechtigte in vergleichbaren Dienststellungen.

(3) Wird der berechtigten Person eine voll oder teilweise ausgestattete Dienstwohnung zugewiesen, kann die oberste Dienstbehörde die Volumengrenzen nach Absatz 1 herabsetzen.

(4) Der Dienstherr kann eine amtliche Vermessung des Umzugsguts veranlassen.

§ 7 Personenkraftfahrzeuge

(1) Die Kosten der Beförderung eines Personenkraftfahrzeugs werden erstattet.

(2) Kosten der Beförderung eines zweiten Personenkraftfahrzeugs mit bis zu 1,8 Litern Hubraum und einem Volumen von höchstens 11 Kubikmetern werden nur erstattet, wenn zum Haushalt am neuen Dienstort mindestens eine berücksichtigungsfähige Person gehört. Innerhalb Europas werden nur die Kosten der Selbstüberführung eines zweiten Personenkraftfahrzeugs bis zur Höhe der Beförderungsauslagen nach dem Bundesreisekostengesetz erstattet; die Kosten der Beförde-

rung eines zweiten Personenkraftfahrzeugs nach Island, Malta, in die Russische Föderation, die Türkei, die Ukraine, nach Weißrussland und Zypern werden jedoch nach Satz 1 erstattet.

(3) Personenkraftfahrzeuge, die beim Umzug berücksichtigt werden, werden nicht in die Berechnung des Umzugsvolumens einbezogen.

(4) Bei einem Umzug im Ausland kann die oberste Dienstbehörde Auslagen für die Beförderung des am bisherigen Dienstort genutzten Personenkraftfahrzeugs nach Deutschland und für die Beförderung eines Fahrzeugs aus Deutschland zum neuen Dienstort erstatten, wenn bezüglich des bisher genutzten Fahrzeugs sowohl die Einfuhr am neuen Dienstort als auch der Verkauf am bisherigen Dienstort verboten sind.

§ 8 Tiere

Beförderungsauslagen für bis zu zwei Haustiere werden erstattet, soweit diese üblicherweise in der Wohnung gehalten werden. Kosten für Transportbehältnisse, Tierheime, Quarantäne und andere Nebenkosten werden nicht erstattet.

§ 9 Zwischenlagern von Umzugsgut

(1) Auslagen für das Zwischenlagern einschließlich der Lagerversicherung sind nur erstattungsfähig, wenn die berechtigte Person den Grund für das Zwischenlagern nicht zu vertreten hat oder wenn die berechtigte Person vorübergehend keine angemessene Leerraumwohnung am neuen Dienstort beziehen kann.

(2)Diese Auslagen werden für die Zeit vom Tag des Einladens des Umzugsguts bis zum Tag des Ausladens des Umzugsguts in der endgültigen Wohnung erstattet.

§ 10 Lagern von Umzugsgut

(1) Zieht die berechtigte Person in eine ganz oder teilweise ausgestattete Dienstwohnung, werden ihr die Auslagen für das Verpacken, Versichern und Lagern des Umzugsguts erstattet, das nicht in die neue Wohnung mitgenommen wird. Daneben werden die notwendigen Auslagen für die Beförderung zum Lagerort erstattet, höchstens jedoch bis zur Höhe der Auslagen für die Beförderung bis zum Sitz der obersten Dienstbehörde (erster Dienstsitz) oder bis zu einem anderen Ort im Inland mit unentgeltlicher Lagermöglichkeit. Bezüglich des berücksichtigungsfähigen Volumens sind Absatz 6 Satz 2 und § 6 Absatz 1 entsprechend anzuwenden.

(2) Wird das nach Absatz 1 eingelagerte Umzugsgut bei einem folgenden Umzug wieder hinzugezogen und ist für diesen Umzug Umzugskostenvergütung zugesagt, werden die Beförderungsauslagen erstattet.

(3) Die Absätze 1 und 2 gelten entsprechend, wenn

1. die Mitnahme des Umzugsguts an den neuen Dienstort aus besonderen Gründen, insbesondere aus klimatischen oder Sicherheitsgründen, nicht zumutbar ist oder
2. während der Dauer der Verwendung an diesem Ort keine Möglichkeit besteht, eine Leerraumwohnung zu mieten, in der das Umzugsgut untergebracht werden kann.

(4) Absatz 1 gilt entsprechend, wenn die berechtigte Person bei einem Umzug ins Ausland einen Teil des Umzugsguts nicht mitnehmen möchte. Kosten für das Lagern werden nur für die Zeit bis zur nächsten Inlandsverwendung übernommen. Kosten für das Hinzuziehen des Lagerguts während einer Auslandsverwendung werden nicht übernommen.

(5) Ist die Verwendung im Inland von vornherein voraussichtlich auf weniger als ein Jahr beschränkt, können Kosten für das Lagern des Umzugsguts erstattet werden.

(6) Kann bei einem Umzug ins Ausland aufgrund der Beschränkung des Umzugsvolumens nach § 6 ein Teil des Umzugsguts nicht mitgeführt werden, gilt Absatz 4 entsprechend. Kosten für das Lagern des Umzugsguts, das die Volumengrenzen nach § 6 Absatz 1 übersteigt, können nur für ein Volumen von bis zu 20 Kubikmetern für die berechtigte Person und von 10 Kubikmetern für jede mitumziehende berücksichtigungsfähige Person erstattet werden. Insgesamt können bei Übersteigen der Volumengrenzen nach § 6 Absatz 1 Kosten für das Lagern von bis zu 50 Kubikmetern Umzugsgut erstattet werden.

Unterabschnitt 2
Reisen

§ 11 Wohnungsbesichtigungsreise, Umzugsabwicklungsreise

(1) Die Auslagen für eine gemeinsame Reise der berechtigten Person und einer berücksichtigungsfähigen Person nach § 2 Absatz 1 Satz 1 Nummer 1, 2 oder 4 vom bisherigen an den neuen

Dienstort zur Wohnungssuche (Wohnungsbesichtigungsreise) oder für eine Reise einer dieser Personen vom neuen zum bisherigen Dienstort zur Vorbereitung und Durchführung des Umzugs (Umzugsabwicklungsreise) werden mit der Maßgabe erstattet, dass gezahlt werden:

1. die Kosten der billigsten Fahrkarte für ein regelmäßig verkehrendes Beförderungsmittel und
2. Tage- und Übernachtungsgeld wie bei Dienstreisen der berechtigten Person für höchstens vier Aufenthaltstage sowie für die notwendigen Reisetage.

(2) Mehreren berechtigten Personen, denen jeweils eine eigene Umzugskostenvergütung zugesagt wurde und die am neuen Dienstort eine gemeinsame Wohnung suchen, stehen die Ansprüche nach Absatz 1 nur für eine gemeinsame Reise zu.

(3) Auslagen für eine Wohnungsbesichtigungsreise zu einer Dienstwohnung werden nicht erstattet.

§ 12 Umzugsreise

(1) Die Auslagen für die Umzugsreise vom bisherigen zum neuen Dienstort werden unter Berücksichtigung der notwendigen Reisedauer nach Maßgabe der folgenden Absätze erstattet.

(2) Die Auslagen für die Umzugsreise der berechtigten Person und der berücksichtigungsfähigen Personen werden wie bei Dienstreisen erstattet. Für die Berechnung des Tagesgelds gelten die Abreise- und Ankunftstage als volle Reisetage.

(3) Die Reisekosten für einen dienstlich angeordneten Umweg der berechtigten Person werden auch für die berücksichtigungsfähigen Personen erstattet, wenn sie mit der berechtigten Person gemeinsam reisen und ihr Verbleib am bisherigen Dienstort unzumutbar ist oder Mietzuschuss nach § 54 des Bundesbesoldungsgesetzes eingespart wird.

(4) Für eine angestellte Betreuungsperson werden die Kosten der billigsten Fahrkarte für ein regelmäßig verkehrendes Beförderungsmittel erstattet, wenn die berechtigte Person betreuungsbedürftig ist oder zum Haushalt der berechtigten Person am neuen Dienstort eine berücksichtigungsfähige Person gehört, die minderjährig, schwerbehindert oder pflegebedürftig (mindestens Pflegestufe I nach § 15 des Elften Buches Sozialgesetzbuch) ist; der Antrag muss spätestens drei Monate nach dem Bezug der neuen Wohnung gestellt werden. Für eine angestellte Betreuungsperson, die im Ausland aus wichtigem Grund aus dem Arbeitsverhältnis ausscheidet, können Fahrtkosten bis zur Höhe der Kosten der billigsten Fahrkarte für ein regelmäßig verkehrendes Beförderungsmittel zum Sitz der obersten Bundesbehörde erstattet werden, auch wenn die Fahrtkosten nach Ablauf der Frist nach § 3 Absatz 1 entstanden sind; der Antrag muss innerhalb von sechs Monaten nach dem Ausscheiden gestellt werden. Für eine Ersatzperson können Fahrtkosten erstattet werden, wenn zum Zeitpunkt ihrer Ankunft die Voraussetzungen nach Satz 1 erfüllt sind; der Erstattungsantrag muss innerhalb von drei Monaten nach Ausscheiden der vorherigen Betreuungsperson, für die Reisekosten erstattet worden sind, gestellt werden.

(5) Verbindet eine berechtigte oder eine berücksichtigungsfähige Person die Umzugsreise mit Urlaub, werden die Auslagen für die Reise zum neuen Dienstort abweichend von § 13 des Bundesreisekostengesetzes bis zu der Höhe erstattet, bis zu der sie erstattet würden, wenn die Umzugsreise unmittelbar vom bisherigen zum neuen Dienstort erfolgt wäre.

(6) Wird die berechtigte Person im Anschluss an einen Heimaturlaub an einen anderen Dienstort versetzt oder abgeordnet, erhält sie für die Reise vom bisherigen Dienstort zum Sitz der für sie zuständigen Dienststelle im Inland (Heimaturlaubsreise) und für die Reise von dort zum neuen Dienstort Reisekostenvergütung wie bei einer Umzugsreise. Dabei werden im anzuwendenden Kostenrahmen die fiktiven Fahrtkosten der Heimaturlaubsreise berücksichtigt, der Anspruch auf Fahrtkostenzuschuss nach der Heimaturlaubsverordnung entfällt. Die Auslagen für die Versicherung des Reisegepäcks werden für die Dauer des Heimaturlaubs erstattet, höchstens jedoch für die Zeit von der Abreise vom bisherigen Dienstort bis zur Ankunft am neuen Dienstort.

(7) Für die berücksichtigungsfähigen Personen gilt Absatz 6 entsprechend.

§ 13 Reisegepäck

(1) Die Auslagen für die Beförderung unbegleiteten Reisegepäcks anlässlich der Umzugsreise vom bisherigen zum neuen Dienstort werden erstattet bis zu einem Gewicht des Reisegepäcks von 200 Kilogramm. Die Obergrenze erhöht sich

1. um 100 Kilogramm für die mitumziehende berücksichtigungsfähige Person nach § 2 Absatz 1 Satz 1 Nummer 1 oder Nummer 2,
2. um 50 Kilogramm für jede mitumziehende berücksichtigungsfähige Person nach § 2 Absatz 1 Satz 1 Nummer 3 bis 6 und in den Fällen des § 12 Absatz 4 für die angestellte Betreuungsperson oder Ersatzkraft.

(2) Bei Flugreisen werden die Auslagen für die Beförderung unbegleiteten Luftgepäcks nach Maßgabe des Absatzes 1 erstattet. Auslagen für die Beförderung begleiteten Luftgepäcks werden bis zu 50 Prozent der Gewichtsgrenzen nach Absatz 1 erstattet, wenn

1. es aus Sicherheitsgründen notwendig ist, das Gepäck als begleitetes Luftgepäck mitzuführen, oder nicht gewährleistet ist, dass das Gepäck in einem zumutbaren Zeitraum ausgelöst werden kann, und
2. die oberste Dienstbehörde vor der Aufgabe des Gepäcks der Erstattung zugestimmt hat.

Unterabschnitt 3
Wohnung

§ 14 Vorübergehende Unterkunft

(1) Auslagen für eine vorübergehende Unterkunft am bisherigen und am neuen Dienstort werden für die Zeit vom Tag des Einladens des Umzugsguts bis zum Tag nach dem Ausladen des Umzugsguts in der endgültigen Wohnung auf Antrag erstattet, soweit sie 25 Prozent der Bezüge übersteigen, die für die Berechnung des Mietzuschusses nach § 54 des Bundesbesoldungsgesetzes maßgeblich sind. Bei Umzügen mit Umzugskostenvergütung nach § 26 gilt Satz 1 für die Zeit vom Tag nach Beendigung der Hinreise bis zum Tag vor Antritt der Rückreise.

(2) Zum Ausgleich des Mehraufwands für die Verpflegung der berechtigten Person und der berücksichtigungsfähigen Personen während des in Absatz 1 genannten Zeitraums wird ohne Vorlage von Einzelnachweisen ein Zuschuss gezahlt. Der Zuschuss beträgt für die ersten 14 Tage des Aufenthalts

1. am ausländischen Wohn- oder Dienstort 75 Prozent des Auslandstagegelds nach § 3 der Auslandsreisekostenverordnung,
2. am inländischen Wohn- oder Dienstort 75 Prozent des Inlandstagegelds nach § 6 Absatz 1 des Bundesreisekostengesetzes.

Vom 15. Tag an wird der Zuschuss auf 50 Prozent des Auslands- oder Inlandstagegelds gesenkt.

(3) Ist die Unterkunft mit einer Kochgelegenheit ausgestattet, werden 50 Prozent der Beträge nach Absatz 2 Satz 2 und 3 gezahlt. Handelt es sich um eine Wohnung mit ausgestatteter Küche oder halten sich die in Absatz 2 Satz 1 genannten Personen bei Verwandten oder Bekannten auf, wird kein Zuschuss gezahlt. Werden nach Absatz 1 Kosten für eine Unterkunft übernommen, in denen Kosten für ein Frühstück enthalten sind, ist der Mehraufwand für Verpflegung um 20 Prozent zu kürzen.

(4) Die Zahlungen nach den Absätzen 1 bis 3 werden nicht für die Tage geleistet, an denen die berechtigte Person

1. Heimaturlaub hat,
2. Urlaub an einem anderen als dem bisherigen oder neuen Wohn- oder Dienstort verbringt oder
3. Auslandstrennungsgeld oder vergleichbare Leistungen erhält.

§ 15 Mietentschädigung

(1) Muss für dieselbe Zeit sowohl für die bisherige als auch für die neue eigene Wohnung der berechtigten Person Miete gezahlt werden, wird die Miete für die bisherige Wohnung bis zu dem Zeitpunkt erstattet, zu dem das Mietverhältnis frühestens gelöst werden kann, höchstens jedoch für drei Monate für eine Wohnung im Inland und für neun Monate für eine Wohnung im Ausland (Mietentschädigung). Die oberste Dienstbehörde kann die Frist für eine Wohnung im Ausland um höchstens ein Jahr verlängern, wenn dies wegen der ortsüblichen Verhältnisse erforderlich ist. Ausgaben für das Weitervermieten der Wohnung innerhalb der Vertragsdauer und für Maßnahmen, durch die Mietentschädigung eingespart wird, werden erstattet. Die Sätze 1 bis 3 gelten entsprechend für die Miete für eine Garage.

(2) Abweichend von § 8 Absatz 4 des Bundesumzugskostengesetzes wird Mietentschädigung auch nicht gewährt

1. für eine Zeit, für die die berechtigte Person Auslandstrennungsgeld oder vergleichbare Leistungen erhält,
2. für eine Wohnung oder Garage, für die Mietzuschuss (§ 54 des Bundesbesoldungsgesetzes) gewährt wird.

(3) Muss die berechtigte Person aufgrund der Lage des Wohnungsmarktes eine Wohnung am neuen Dienstort oder in dessen Einzugsgebiet mieten, die sie noch nicht nutzen kann, und muss für dieselbe Zeit für die bisherige eigene Wohnung der berechtigten Person oder für eine vorü-

bergehende Unterkunft am neuen Dienstort Miete gezahlt werden, wird die Miete für die endgültige Wohnung höchstens für drei Monate erstattet. Wenn die im oder ins Ausland versetzte berechtigte Person eine Wohnung nach Satz 1 schon vor Dienstantritt nutzt und noch keine Auslandsdienstbezüge für den neuen Dienstort erhält, kann mit Zustimmung der obersten Dienstbehörde ein Zuschuss gewährt werden, für dessen Höhe § 54 Absatz 1 des Bundesbesoldungsgesetzes entsprechend gilt.

(4) Zu der Miete für die bisherige Wohnung im Ausland kann auch ohne Anmietung einer neuen Wohnung ein Zuschuss für die Zeit gewährt werden, für die die berechtigte Person weder Auslandstrennungsgeld noch vergleichbare Leistungen erhält. Für die Höhe des Zuschusses gilt § 54 Absatz 1 des Bundesbesoldungsgesetzes entsprechend.

(5) Die oberste Dienstbehörde kann einer berechtigten Person, die im Ausland aus dem Dienst ausgeschieden ist, einen Mietzuschuss nach Absatz 1 bis zur frühesten Kündigungsmöglichkeit, höchstens drei Monate, auch dann bewilligen, wenn sie die Wohnung noch nutzt und keine neue Wohnung gemietet hat. Für die Höhe des Zuschusses gilt § 54 des Bundesbesoldungsgesetzes entsprechend.

(6) Die bisherige Wohnung im eigenen Haus oder die Eigentumswohnung steht der Mietwohnung in Bezug auf Mietentschädigung gleich, sofern eine Vermietung nicht möglich ist; in diesem Fall wird die Mietentschädigung längstens für ein Jahr gezahlt. An die Stelle der Miete tritt der ortsübliche Mietwert der Wohnung. Entsprechendes gilt für die eigene Garage. Für die neue Wohnung im eigenen Haus oder die neue Eigentumswohnung wird keine Mietentschädigung gewährt.

§ 16 Wohnungsbeschaffungskosten

(1) Gutachterkosten, Maklerkosten, ortsübliche Mietvertragsabschlussgebühren, Kosten für Garantieerklärungen und Bürgschaften sowie vergleichbare Kosten, die beim Auszug aus der Wohnung am ausländischen Dienstort oder bei der Beschaffung einer neuen angemessenen Wohnung am ausländischen Dienstort anfallen, werden erstattet.

(2) Wird dem Vermieter einer Wohnung am neuen ausländischen Dienstort eine Kaution geleistet, wird ein unverzinslicher Gehaltsvorschuss bis zum Dreifachen der Mieteigenbelastung der berechtigten Person gewährt, die sich bei entsprechender Anwendung des § 54 des Bundesbesoldungsgesetzes ergibt. Der Vorschuss ist in höchstens 20 gleichen Monatsraten zurückzuzahlen. Die Raten werden von den Dienstbezügen der berechtigten Person einbehalten. Bei vorzeitiger Versetzung oder Beendigung des Dienstverhältnisses ist der Rest des Vorschusses in einer Summe zurückzuzahlen. Soweit die ortsübliche Kaution den Gehaltsvorschuss übersteigt, wird sie erstattet.

(3) Rückzahlungsansprüche gegenüber der Vermieterin oder dem Vermieter sind an den Dienstherrn abzutreten. Soweit die Kaution von der Vermieterin oder vom Vermieter berechtigterweise in Anspruch genommen wird, ist die berechtigte Person zur Rückzahlung des Erstattungsbetrags an den Dienstherrn verpflichtet.

(4) Bei Umzügen aus dem Ausland ins Inland ist § 9 Absatz 1 des Bundesumzugskostengesetzes anzuwenden.

(5) Soweit die Verhältnisse im Zusammenhang mit dem Bezug oder dem Auszug aus einer Wohnung am Auslandsdienstort von im Ausland typischen Verhältnissen abweichen und dies zu einer außergewöhnlichen, von der berechtigten Person nicht zu vertretenden Härte führt, kann die oberste Dienstbehörde eine Leistung zur Milderung der Härte gewähren. Die Entscheidung ist besonders zu begründen und zu dokumentieren.

§ 17 Technische Geräte

(1) Müssen beim Bezug der neuen Wohnung aufgrund der örtlichen Verhältnisse Klimageräte oder Notstromerzeuger beschafft werden, werden die Auslagen für das Beschaffen und den Einbau dieser Geräte sowie die Kosten für die bauliche Herrichtung der betreffenden Räume erstattet.

(2) Die berechtigte Person hat die Geräte auf ihre Kosten regelmäßig zu warten.

(3) Beim Auszug hat die berechtigte Person die Geräte dem Dienstherrn zur Verfügung zu stellen oder den nach Absatz 1 erstatteten Betrag zurückzuzahlen.

Unterabschnitt 4

Pauschalen und zusätzlicher Unterricht

§ 18 Umzugspauschale

(1) Eine berechtigte Person, die eine eigene Wohnung einrichtet, erhält für sich und die berücksichtigungsfähigen Personen eine Pauschale für sonstige Umzugskosten (Umzugspauschale), die sich aus Teilbeträgen nach den folgenden Absätzen zusammensetzt.

(2) Bei einem Auslandsumzug innerhalb der Europäischen Union erhält die berechtigte Person einen Betrag in Höhe von 20 Prozent des Grundgehalts der Stufe 8 der Besoldungsgruppe A 13. Für berücksichtigungsfähige Personen erhält die berechtigte Person zusätzlich folgende Beträge:

1. für eine Person nach § 2 Absatz 1 Satz 1 Nummer 1 oder Nummer 2 einen Betrag in Höhe von 19 Prozent des Grundgehalts der Stufe 8 der Besoldungsgruppe A 13,
2. für eine Person nach § 2 Absatz 1 Satz 1 Nummer 4 bis 6 einen Betrag in Höhe von 7 Prozent des Grundgehalts der Stufe 8 der Besoldungsgruppe A 13,
3. für ein Kind nach § 2 Absatz 1 Satz 1 Nummer 3 einen Betrag in Höhe von 10 Prozent des Grundgehalts der Stufe 8 der Besoldungsgruppe A 13,
4. für ein Kind nach § 2 Absatz 1 Satz 1 Nummer 3, für das ein Auslandszuschlag gezahlt wird, das aber nicht mitumzieht, einen Betrag in Höhe von 10 Prozent des Grundgehalts der Stufe 8 der Besoldungsgruppe A 13,
5. für ein Kind nach § 2 Absatz 1 Satz 1 Nummer 3, für das ein Auslandszuschlag gezahlt wird, das aber im Inland bleibt, einen Betrag in Höhe von 7 Prozent des Grundgehalts der Stufe 8 der Besoldungsgruppe A 13.

(3) Bei einem Umzug außerhalb der Europäischen Union, aus einem Mitgliedstaat der Europäischen Union in einen Staat außerhalb der Europäischen Union oder aus einem Staat außerhalb der Europäischen Union in einen Mitgliedstaat der Europäischen Union erhält die berechtigte Person einen Betrag in Höhe von 21 Prozent des Grundgehalts der Stufe 8 der Besoldungsgruppe A 13. Für berücksichtigungsfähige Personen erhält die berechtigte Person zusätzlich folgende Beträge:

1. für eine Person nach § 2 Absatz 1 Satz 1 Nummer 1 oder Nummer 2 einen Betrag in Höhe von 21 Prozent des Grundgehalts der Stufe 8 der Besoldungsgruppe A 13,
2. für eine Person nach § 2 Absatz 1 Satz 1 Nummer 4 bis 6 einen Betrag in Höhe von 10,5 Prozent des Grundgehalts der Stufe 8 der Besoldungsgruppe A 13,
3. für ein Kind nach § 2 Absatz 1 Satz 1 Nummer 3 einen Betrag in Höhe von 14 Prozent des Grundgehalts der Stufe 8 der Besoldungsgruppe A 13,
4. für ein Kind nach § 2 Absatz 1 Satz 1 Nummer 3, für das ein Auslandszuschlag gezahlt wird, das aber nicht mitumzieht, einen Betrag in Höhe von 14 Prozent des Grundgehalts der Stufe 8 der Besoldungsgruppe A 13,
5. für ein Kind nach § 2 Absatz 1 Satz 1 Nummer 3, für das ein Auslandszuschlag gezahlt wird, das aber im Inland bleibt, einen Betrag in Höhe von 7 Prozent des Grundgehalts der Stufe 8 der Besoldungsgruppe A 13.

(4) Bei einem Umzug aus einem anderen Mitgliedstaat der Europäischen Union ins Inland erhält die berechtigte Person 80 Prozent der Beträge nach Absatz 2, bei einem Umzug aus einem Staat außerhalb der Europäischen Union ins Inland erhält die berechtigte Person 80 Prozent der Beträge nach Absatz 3.

(5) Bei einem Umzug am Wohnort oder in dessen Einzugsgebiet nach § 23 erhält die berechtigte Person 60 Prozent der Beträge nach den Absätzen 2 und 3.

(6) Eine berechtigte Person, die keine Wohnung einrichtet oder eine ausgestattete Wohnung bezieht, erhält 25 Prozent der Beträge nach den Absätzen 2 und 3 für sich und die Person nach § 2 Absatz 1 Satz 1 Nummer 1 oder Nummer 2. Ist nur ein Teil der Privaträume ausgestattet, wird der Betrag nach Satz 1 verhältnismäßig erhöht.

(7) Ist innerhalb der letzten fünf Jahre ein Umzug mit Zusage der Umzugskostenvergütung nach § 3 oder § 4 Absatz 1 Nummer 2 bis 4 oder Absatz 2 des Bundesumzugskostengesetzes an einen anderen Wohnort durchgeführt worden und ist auch bei diesem Umzug eine eigene Wohnung für die Berechnung der pauschalen Vergütung berücksichtigt worden, wird ein Zuschlag in Höhe von 50 Prozent der Beträge nach den Absätzen 2 bis 6 gezahlt.

(8) Besteht am neuen Wohnort eine andere Netzspannung oder Netzfrequenz als am bisherigen Wohnort und ist die neue Wohnung nicht mit einer der bisherigen Wohnung entsprechenden Stromversorgung oder nicht mit den notwendigen elektrischen Geräten ausgestattet, wird ein Zuschlag in Höhe von 13 Prozent des Grundgehalts der Stufe 8 der Besoldungsgruppe A 13 gewährt. Besteht am neuen Wohnort eine andere Fernsehnorm als am bisherigen Wohnort, wird

ein weiterer Zuschlag in Höhe von 10 Prozent des Grundgehalts der Stufe 8 der Besoldungsgruppe A 13 gewährt.

(9) Berechtigten Personen, die jeweils eine eigene Zusage der Umzugskostenvergütung erhalten haben und die eine gemeinsame Wohnung beziehen, wird insgesamt nur eine Umzugspauschale gewährt. In diesem Fall gilt eine der beiden Personen als berücksichtigungsfähige Person nach § 2 Absatz 1 Nummer 1 oder Nummer 2. Sind die Pauschalen der berechtigten Personen unterschiedlich hoch, wird die höhere gezahlt.

§ 19 Ausstattungspauschale

(1) Bei der ersten Verwendung im Ausland erhält die verheiratete oder in einer Lebenspartnerschaft lebende berechtigte Person eine Ausstattungspauschale in Höhe von 70 Prozent des Grundgehalts der Stufe 8 der Besoldungsgruppe A 13, zuzüglich des Grundgehalts der Stufe 8 der jeweiligen Besoldungsgruppe, mindestens der Besoldungsgruppe A 5, höchstens der Besoldungsgruppe B 3. Eine berechtigte Person, die weder verheiratet ist noch in einer Lebenspartnerschaft lebt, und die berechtigte Person, deren Ehegattin oder Ehegatte oder Lebenspartnerin oder Lebenspartner nicht an den neuen Dienstort umzieht, erhält 90 Prozent des sich nach Satz 1 ergebenden Betrages. Für jedes Kind, für das ihr Auslandskinderzuschlag zusteht, erhält die berechtigte Person einen Betrag in Höhe von 14 Prozent des Grundgehalts der Stufe 8 der Besoldungsgruppe A 13. Soweit die oberste Dienstbehörde besondere Verpflichtungen der dienstlichen Repräsentation anerkennt, erhöht sich die Ausstattungspauschale nach Satz 1 oder Satz 2 um 30 Prozent; dies gilt nicht für Empfängerinnen oder Empfänger einer Einrichtungspauschale nach § 20.

(2) Die berechtigte Person, die am neuen Dienstort keine Wohnung einrichtet oder eine ausgestattete Wohnung bezieht, erhält eine Ausstattungspauschale in Höhe von 50 Prozent der Beträge nach Absatz 1. Ist nur ein Teil der Privaträume einer Dienstwohnung ausgestattet, wird die Ausstattungspauschale nach Satz 1 verhältnismäßig erhöht.

(3) Bei einer weiteren Verwendung im Ausland wird eine Ausstattungspauschale gezahlt, wenn die berechtigte Person

1. innerhalb der letzten drei Jahre vor der neuen Verwendung nicht oder nur vorübergehend Dienstbezüge im Ausland oder entsprechende von einer zwischen- oder überstaatlichen Organisation gezahlte Bezüge erhalten hat,
2. bei vorausgegangenen Umzügen innerhalb der letzten drei Jahre keine Ausstattungspauschale aufgrund des § 14 Absatz 7 des Bundesumzugskostengesetzes erhalten hat oder
3. bei vorausgegangenen Umzügen innerhalb der letzten drei Jahre eine verminderte Ausstattungspauschale aufgrund des § 14 Absatz 7 des Bundesumzugskostengesetzes oder nach § 26 Absatz 1 Nummer 9 oder Absatz 5 Nummer 2 dieser Verordnung erhalten hat; in diesem Fall sind die Beträge anzurechnen, die bei den vorausgegangenen Umzügen gezahlt worden sind.

(4) Berechtigte Personen, denen bereits anlässlich einer Verwendung in einem Mitgliedstaat der Europäischen Union eine Ausstattungspauschale gewährt wurde, erhalten bei einem erneuten Umzug in einen Mitgliedstaat der Europäischen Union keine weitere Ausstattungspauschale.

(5) Berechtigte Personen, die eine Gemeinschaftsunterkunft beziehen, erhalten keine Ausstattungspauschale.

(6) § 18 Absatz 9 gilt entsprechend.

§ 20 Einrichtungspauschale

(1) Bei der Bestellung zur Leiterin oder zum Leiter einer Auslandsvertretung erhält die berechtigte Person, die eine ausgestattete Dienstwohnung bezieht oder eine möblierte Wohnung mietet, eine Einrichtungspauschale in Höhe von 140 Prozent des Grundgehalts der Stufe 1 ihrer jeweiligen Besoldungsgruppe. Berechtigte Personen, die einer Besoldungsgruppe der Bundesbesoldungsordnung B angehören, erhalten eine Einrichtungspauschale in Höhe von 120 Prozent des jeweiligen Grundgehalts. Für zusätzliche Einrichtungsgegenstände im Zusammenhang mit der Anwesenheit der Ehegattin oder des Ehegatten oder der Lebenspartnerin oder des Lebenspartners am Dienstort erhöht sich die Einrichtungspauschale um 10 Prozent.

(2) Bezieht die berechtigte Person eine Leerraumwohnung, erhöht sich die Pauschale nach *Absatz 1 für die Einrichtung* der Empfangsräume und der privaten Wohn- und Esszimmer jeweils um 50 Prozent. Ist die Wohnung teilweise ausgestattet, verringert sich der Prozentsatz verhältnismäßig.

(3) Die ständige Vertreterin oder der ständige Vertreter der Leiterin oder des Leiters einer Auslandsvertretung sowie die Leiterin oder der Leiter einer Außenstelle einer Auslandsvertretung erhalten bei ihrer Bestellung eine Einrichtungspauschale in Höhe von 50 Prozent der Pauschale

nach Absatz 1. Bezieht die berechtigte Person eine Leerraumwohnung, erhält sie 75 Prozent der Pauschale nach Absatz 1. Absatz 2 Satz 2 gilt entsprechend.

(4) Früher gezahlte Einrichtungspauschalen sind anzurechnen. Übersteigen diese 80 Prozent der neuen Einrichtungspauschale, wird eine Einrichtungspauschale in Höhe von 20 Prozent gezahlt.

(5) Einer berechtigten Person, die während einer Auslandsverwendung zur Leiterin oder zum Leiter einer Auslandsvertretung bestellt wird, wird die Einrichtungspauschale nur gezahlt, wenn ihr aus Anlass der Bestellung die Umzugskostenvergütung zugesagt worden ist.

(6) Eine berechtigte Person, deren neuer Dienstort in einem Mitgliedstaat der Europäischen Union liegt, ist verpflichtet, die zweckentsprechende Verwendung der Einrichtungspauschale, die aus Anlass des Umzugs an diesen Dienstort gewährt worden ist, der obersten Dienstbehörde auf Verlangen nachzuweisen. Die dafür erforderlichen Belege sind für die Dauer des Verbleibs an diesem Dienstort aufzubewahren und der obersten Dienstbehörde auf Verlangen vorzulegen.

(7) § 18 Absatz 9 gilt entsprechend. (8) Das Bundesministerium der Verteidigung kann bestimmen, dass die Absätze 1 bis 7 in seinem Geschäftsbereich auch für sonstige berechtigte Personen in vergleichbaren Dienststellungen gelten.

§ 21 Pauschale für klimagerechte Kleidung

(1) Bei der ersten Verwendung an einem Auslandsdienstort mit einem Klima, das vom mitteleuropäischen Klima erheblich abweicht, wird eine Pauschale für das Beschaffen klimagerechter Kleidung gezahlt, die sich aus folgenden Teilbeträgen zusammensetzt:

1. an einem Dienstort mit extrem niedrigen Temperaturen
   a) für die berechtigte Person und die berücksichtigungsfähige Person nach § 2 Absatz 1 Satz 1 Nummer 1 oder Nummer 2 jeweils 30 Prozent des Grundgehalts der Stufe 8 der Besoldungsgruppe A 13,
   b) für jedes mitumziehende berücksichtigungsfähige Kind 15 Prozent des Grundgehalts der Stufe 8 der Besoldungsgruppe A 13,
2. an einem Dienstort mit extrem hohen Temperaturen für die berechtigte Person und die berücksichtigungsfähige Person nach § 2 Absatz 1 Satz 1 Nummer 1 oder Nummer 2 jeweils 15 Prozent des Grundgehalts der Stufe 8 der Besoldungsgruppe A 13.

Wird klimagerechte Kleidung von Amts wegen bereitgestellt, ist die Pauschale um 25 Prozent zu kürzen.

(2) Das Auswärtige Amt stellt im Einvernehmen mit dem Bundesministerium der Verteidigung durch Allgemeinverfügung die Auslandsdienstorte fest, deren Klima vom mitteleuropäischen Klima erheblich abweicht.

(3) Bei einer weiteren Verwendung an einem Auslandsdienstort nach Absatz 1 wird eine weitere Pauschale gezahlt, wenn

1. die berechtigte Person innerhalb der letzten drei Jahre vor der neuen Verwendung nicht an einem solchen Dienstort Auslandsdienstbezüge oder entsprechende von einer zwischen- oder überstaatlichen Organisation gezahlte Bezüge erhalten hat,
2. am neuen Dienstort Klimaverhältnisse herrschen, die denen am vorigen Dienstort entgegengesetzt sind, oder
3. die berechtigte Person bei den vorausgegangenen Umzügen innerhalb der letzten drei Jahre eine ermäßigte Pauschale aufgrund des § 26 Absatz 1 Nummer 10 oder Absatz 5 Nummer 3 erhalten hat und beim neuen Umzug keine Gründe für eine Ermäßigung vorliegen; in diesem Fall ist die bei den vorausgegangenen Umzügen gezahlte Pauschale anzurechnen.

(4) Gibt es am Dienstort während der Verwendung sowohl Zeiträume mit extrem niedrigen als auch Zeiträume mit extrem hohen Temperaturen, wird sowohl der Teilbetrag für Dienstorte mit extrem niedrigen Temperaturen als auch der Teilbetrag für Dienstorte mit extrem hohen Temperaturen gewährt.

(5) Ergeht die Feststellung nach Absatz 2 erst nach dem Dienstantritt der berechtigten Person, beginnt die Ausschlussfrist nach § 3 Absatz 1 für den Antrag auf Gewährung der Pauschale für das Beschaffen klimagerechter Kleidung mit der Feststellung der erheblichen Abweichung vom mitteleuropäischen Klima nach Absatz 2, sofern die berechtigte Person zum Zeitpunkt der Antragstellung noch für diesen Dienstort Auslandsdienstbezüge erhält.

(6) § 18 Absatz 9 gilt entsprechend.

§ 22 Zusätzlicher Unterricht

(1) Benötigt ein berücksichtigungsfähiges Kind aufgrund des Umzugs zusätzlichen Unterricht, werden die Unterrichtskosten für höchstens ein Jahr zu 90 Prozent erstattet. Die Frist beginnt spätestens ein Jahr nach Beendigung des Umzugs des Kindes.

(2) Insgesamt wird für jedes berücksichtigungsfähige Kind höchstens ein Betrag in Höhe des zum Zeitpunkt der Beendigung des Umzugs maßgeblichen Grundgehalts der Stufe 1 der Besoldungsgruppe A 14 erstattet. Mit Zustimmung der obersten Dienstbehörde können höhere Kosten erstattet werden, wenn die Anwendung des Satzes 1 für eine berechtigte Person mit häufigen Auslandsverwendungen eine unzumutbare Härte bedeuten würde.

Abschnitt 3

Sonderfälle

§ 23 Umzug am ausländischen Dienstort

(1) Für einen Umzug am ausländischen Dienstort kann Umzugskostenvergütung zugesagt werden, wenn die Gesundheit oder die Sicherheit der berechtigten Person oder der berücksichtigungsfähigen Personen erheblich gefährdet sind oder wenn ein Umzug aus anderen zwingenden Gründen, die sich aus dem Auslandsdienst und den besonderen Verhältnissen im Ausland ergeben, erforderlich ist. In diesen Fällen werden neben den Beförderungsauslagen nach § 5 Absatz 1 bis 3 auch die Auslagen für Wohnungsbeschaffungskosten nach § 16 sowie die Umzugspauschale nach § 18 Absatz 5 gezahlt. Soweit erforderlich, können auch Auslagen nach § 17 erstattet werden.

(2) Bei Umzügen nach Absatz 1 aus gesundheitlichen Gründen kann die Umzugskostenvergütung nur zugesagt werden, wenn die Notwendigkeit amts- oder vertrauensärztlich bescheinigt worden ist.

(3) Die Umzugskostenvergütung ist so rechtzeitig zu beantragen, dass über sie vor Beginn des geplanten Umzugs entschieden werden kann.

(4) Die berechtigte Person, der die Umzugskostenvergütung für einen Umzug nach § 3 Absatz 1 Nummer 1, 3 oder Nummer 4, nach § 4 Absatz 1 Nummer 2 bis 4 des Bundesumzugskostengesetzes oder in den Fällen des § 28 Absatz 1 und 2 dieser Verordnung zugesagt worden ist, erhält für den Umzug in eine vorläufige Wohnung Umzugskostenvergütung, wenn der Dienstherr die neue Wohnung vorher schriftlich als vorläufige Wohnung anerkannt hat.

§ 24 Umzugsbeihilfe

(1) Wenn einer berechtigten Person mit Dienstbezügen die Umzugskostenvergütung zugesagt worden ist und sie nach dem Dienstantritt am neuen ausländischen Dienstort heiratet oder eine Lebenspartnerschaft begründet, können ihr für die Umzugsreise ihrer Ehegattin oder ihres Ehegatten oder ihrer Lebenspartnerin oder ihres Lebenspartners und der zu deren oder dessen häuslicher Gemeinschaft gehörenden minderjährigen Kinder, die durch die Reise in die häusliche Gemeinschaft der berechtigten Person aufgenommen werden, die notwendigen Fahrtkosten erstattet werden. Fahrtkosten werden nur erstattet bis zur Höhe der Kosten der billigsten Fahrkarte für ein regelmäßig verkehrendes Beförderungsmittel für eine Reise vom Wohnort der Ehegattin oder des Ehegatten oder der Lebenspartnerin oder des Lebenspartners zum Dienstort der berechtigten Person, höchstens jedoch für eine solche Reise vom letzten inländischen Dienstort der berechtigten Person an deren neuen ausländischen Dienstort. Die notwendigen Auslagen für das Befördern des Umzugsguts der Ehegattin oder des Ehegatten oder der Lebenspartnerin oder des Lebenspartners und des Umzugsguts ihrer oder seiner Kinder an den ausländischen Dienstort können bis zur Höhe der Auslagen erstattet werden, die entstanden wären, wenn das Umzugsgut vom letzten inländischen an den ausländischen Dienstort befördert worden wäre. § 6 Absatz 1 und § 10 Absatz 6 sind entsprechend anzuwenden.

(2) Bei dauerhafter Trennung im Ausland und bei Beendigung der Beurlaubung der berücksichtigungsfähigen Person nach § 2 Absatz 1 Satz 1 Nummer 1 oder Nummer 2 nach § 24 Absatz 2 des Gesetzes über den Auswärtigen Dienst auf Betreiben des Dienstherrn der berücksichtigungsfähigen Person ist Absatz 1 entsprechend anzuwenden, wenn die berücksichtigungsfähige Person bis zur Trennung zur häuslichen Gemeinschaft der berechtigten Person gehört hat. Die Auslagen werden für die Reise und die Beförderungskosten vom ausländischen Wohnort zum neuen Wohnort entsprechend erstattet, höchstens jedoch bis zur Höhe der Kosten für eine Rückkehr an den letzten inländischen Dienstort der berechtigten Person. Mehrkosten für das getrennte Versenden von Umzugsgut (§ 5 Absatz 3) werden nicht erstattet, wenn die berechtigte Person innerhalb von drei Monaten ins Inland versetzt wird.

(3) Die Absätze 1 und 2 gelten entsprechend für minderjährige Kinder, die erstmals zu dem in einem anderen Staat lebenden anderen Elternteil übersiedeln, sowie einmalig für Kinder der berechtigten Person, für die ein Anspruch auf Kindergeld besteht, bis längstens drei Monate nach Wegfall des Anspruchs für einen Umzug vom Inland ins Ausland oder im Ausland.

(4) Absatz 2 gilt entsprechend für berücksichtigungsfähige Kinder bei

1. Rückkehr ins Inland innerhalb von 18 Monaten nach Abschluss der Schulausbildung am ausländischen Dienstort,
2. Rückkehr ins Inland zur Fortsetzung der Schulausbildung, sofern es am Dienstort keine geeignete Schule gibt, oder
3. erstmaliger Aufnahme einer Berufsausbildung oder eines Studiums im Ausland innerhalb von 18 Monaten nach Abschluss der Schulausbildung am ausländischen Dienstort bis zur Höhe der Kosten für eine Rückkehr an den letzten inländischen Dienstort.

§ 25 Widerruf der Zusage der Umzugskostenvergütung

(1) Die Zusage der Umzugskostenvergütung kann ganz oder teilweise widerrufen werden, wenn

1. mit einer baldigen weiteren Versetzung an einen anderen Dienstort zu rechnen ist,
2. der Umzug aus besonderen Gründen nicht durchgeführt werden soll oder
3. die berechtigte Person stirbt, bevor sie an den neuen Dienstort umgezogen ist.

(2) Die Zusage der Umzugskostenvergütung gilt als ganz widerrufen, wenn vor dem Bezug der neuen Wohnung die Umzugskostenvergütung für einen anderen Umzug zugesagt worden ist.

(3) Wird die Zusage der Umzugskostenvergütung ganz oder teilweise widerrufen, hat die berechtigte Person

1. die Pauschalen nach den §§ 18 bis 21 zurückzuzahlen, soweit sie bis zur Bekanntgabe des Widerrufs nicht bestimmungsgemäß verbraucht worden sind;
2. alle Möglichkeiten zur Vermeidung von Kosten für Umzugsvorbereitungen zu nutzen. Andere notwendige Auslagen, die der berechtigten Person im Zusammenhang mit dem erwarteten Umzug entstanden sind, und Schäden, die als unmittelbare Folge des Widerrufs entstanden sind, können erstattet werden.

(4) Wird innerhalb von sechs Monaten nach dem Widerruf der Zusage die Umzugskostenvergütung für einen Umzug an einen anderen Ort zugesagt, werden die Pauschalen nach den §§ 18 bis 21, die die berechtigte Person aufgrund der ersten Zusage erhalten hat, auf die Beträge angerechnet, die ihr aufgrund der neuen Zusage gewährt werden. Die Anrechnung unterbleibt, soweit die berechtigte Person die Pauschalen bis zur Bekanntgabe des Widerrufs der ersten Zusage bestimmungsgemäß verbraucht hat und die daraus beschafften Gegenstände am neuen Dienstort nicht verwendbar sind.

(5) Wird die Zusage der Umzugskostenvergütung aus Gründen widerrufen, die die berechtigte Person zu vertreten hat, hat sie abweichend von den Absätzen 3 und 4 die schon erhaltene Umzugskostenvergütung insoweit zurückzuzahlen, als die Zusage widerrufen worden ist.

(6) Bei Rücknahme, Aufhebung oder Erledigung der Zusage der Umzugskostenvergütung auf andere Weise gelten die Absätze 3 bis 5 entsprechend.

§ 26 Umzugskostenvergütung bei einer Auslandsverwendung von bis zu zwei Jahren

(1) Soweit von vornherein feststeht, dass die berechtigte Person für nicht mehr als zwei Jahre ins Ausland oder im Ausland versetzt, abgeordnet oder abkommandiert wird, wird für den Hin- und Rückumzug Umzugskostenvergütung höchstens in folgendem Umfang gewährt:

1. Erstattung der Auslagen für die Umzugsreise nach § 12,
2. Erstattung der Auslagen für die Beförderung von Reisegepäck nach § 13,
3. Erstattung der Auslagen für eine vorübergehende Unterkunft nach § 14,
4. Erstattung der Beförderungsauslagen für bis zu 200 Kilogramm Umzugsgut für die berechtigte Person und jede mitumziehende berücksichtigungsfähige Person,
5. Erstattung der notwendigen Auslagen für das Beibehalten der bisherigen Wohnung im Inland, und zwar in voller Höhe, wenn diese aufgrund der dienstlichen Maßnahme nicht bewohnt wird, im Übrigen anteilig entsprechend der Zahl der Personen, die die Wohnung aufgrund der dienstlichen Maßnahme nicht mehr nutzen, oder Erstattung der notwendigen Auslagen für das Lagern des Umzugsguts,
6. Erstattung der notwendigen Garagenmiete für ein am bisherigen Dienst- oder Wohnort zurückgelassenes Personenkraftfahrzeug, sofern weder das Fahrzeug noch die Garage anderweitig genutzt wird,

7. Mietentschädigung nach § 15,
8. Erstattung der Wohnungsbeschaffungskosten nach § 16,
9. 40 Prozent der Umzugspauschale nach § 18 sowie 40 Prozent der Ausstattungspauschale nach § 19,
10. die Pauschale für klimagerechte Kleidung nach § 21; für jede mitumziehende berücksichtigungsfähige Person 40 Prozent dieser Pauschale.

(2) Leistungen nach Absatz 1 Nummer 5 und 6 werden nicht für Tage gewährt, für die die berechtigte Person Auslandstrennungsgeld oder vergleichbare Leistungen erhält. Leistungen nach Absatz 1 Nummer 9 und 10 werden für den Hin- und Rückumzug nur einmal gewährt.

(3) Anstelle der Erstattung der Auslagen nach Absatz 1 Nummer 5 können für die Beförderung des Umzugsguts an den ausländischen Dienstort Auslagen bis zur Höhe der Kosten erstattet werden, die durch eine Einlagerung im Inland entstanden wären, höchstens jedoch bis zur Höhe der Kosten für das Beibehalten der bisherigen Wohnung. Kann das Umzugsgut an einem anderen Ort im Inland unentgeltlich gelagert werden, können anstelle der Erstattung der Auslagen nach Absatz 1 Nummer 5 die Beförderungsauslagen nach § 10 Absatz 1 erstattet werden.

(4) Die oberste Dienstbehörde kann im Einzelfall aus dienstlichen Gründen
1. die Umzugskostenvergütung erweitern,
2. insbesondere aus Gründen der Sicherheit oder aus fiskalischen Gründen die Zusage der Umzugskostenvergütung auf die berechtigte Person beschränken.

(5) Bei einer Auslandsverwendung mit einer vorgesehenen Dauer von bis zu acht Monaten wird Umzugskostenvergütung nur gewährt, wenn Auslandsdienstbezüge (§ 52 des Bundesbesoldungsgesetzes) gezahlt werden. Die Absätze 1 bis 4 gelten in diesem Fall mit folgenden Maßgaben:
1. für die berechtigte Person und jede berücksichtigungsfähige Person, die an der Umzugsreise teilnimmt, werden die Auslagen für die Beförderung von bis zu 100 Kilogramm Umzugsgut erstattet;
2. 20 Prozent der Umzugspauschale nach § 18 sowie 10 Prozent der Ausstattungspauschale nach § 19 werden gezahlt,
3. für die berechtigte Person werden 50 Prozent und für jede mitumziehende berücksichtigungsfähige Person werden 20 Prozent der Pauschale für klimagerechte Kleidung nach § 21 gezahlt.

(6) Dauert die Auslandsverwendung nach Absatz 5 länger als ursprünglich vorgesehen, kann die Umzugskostenvergütung gezahlt werden, die für die längere Verwendungsdauer zusteht. In diesem Fall beginnt die Ausschlussfrist nach § 3 Absatz 1 für die Zahlung der zusätzlichen Umzugskostenvergütung an dem Tag, an dem der berechtigten Person die Verlängerung ihrer Verwendung bekannt gegeben wird.

§ 27 Rückführung aus Gefährdungsgründen

(1) Sind an einem ausländischen Dienstort Leben oder Gesundheit der berechtigten Person oder der zu ihrer häuslichen Gemeinschaft gehörenden berücksichtigungsfähigen Personen und von Betreuungspersonen, für die Kosten nach § 12 Absatz 4 erstattet wurden, erheblich gefährdet, kann die oberste Dienstbehörde Umzugskostenvergütung für die Rückführung oder den Umzug der berechtigten Person oder der zu ihrer häuslichen Gemeinschaft gehörenden berücksichtigungsfähigen Personen und der Betreuungspersonen sowie von Umzugsgut zusagen.

(2) Ist an einem ausländischen Dienstort das Eigentum der berechtigten Person oder der zu ihrer häuslichen Gemeinschaft gehörenden berücksichtigungsfähigen Personen erheblich gefährdet, kann die oberste Dienstbehörde Umzugskostenvergütung für die Rückführung von Umzugsgut zusagen.

(3) Die Zusage kann für eine Rückführung oder einen Umzug ins Inland oder im Ausland erteilt werden. Die Umzugskostenvergütung darf jedoch nur in dem Umfang zugesagt werden, wie es den Umständen nach notwendig ist. Die Sätze 1 und 2 gelten entsprechend für die Rückkehr zum Dienstort.

(4) Die oberste Dienstbehörde bestimmt im Einzelfall, in welchem Umfang Umzugskosten erstattet werden, wenn wegen erheblicher Gefährdung des Lebens, der Gesundheit oder des Eigentums oder wegen anderer außergewöhnlicher Verhältnisse im Ausland andere als die im Bundesumzugskostengesetz vorgesehenen dienstlichen Maßnahmen erforderlich sind. Dabei berücksichtigt sie die nach § 12 Absatz 8 der Auslandstrennungsgeldverordnung getroffenen Regelungen. Werden für einen Dienstort, an dem sich eine Auslandsvertretung befindet, Maßnahmen nach Satz 1 erforderlich, bestimmt das Auswärtige Amt den Umfang der Umzugskostenvergü-

tung für alle an diesem Dienstort tätigen und von der Maßnahme betroffenen berechtigten Personen.

(5) Die berechtigte Person erhält eine pauschale Vergütung nach § 18 Absatz 6, wenn außer dem Reisegepäck Teile des Hausrats zurückgeführt werden müssen und sich die Zusage der Umzugskostenvergütung hierauf erstreckt.

§ 28 Umzug bei Beendigung des Beamtenverhältnisses

(1) Einer berechtigten Person mit Dienstort im Ausland, die in den Ruhestand tritt oder deren Beamtenverhältnis auf Zeit endet, ist Umzugskostenvergütung für einen Umzug an einen Ort ihrer Wahl im Inland zuzusagen. Umzugskostenvergütung wird nur gezahlt, wenn der Umzug spätestens zwei Jahre nach der Beendigung des Beamtenverhältnisses durchgeführt wird. Die oberste Dienstbehörde kann diese Frist in Ausnahmefällen um ein Jahr verlängern.

(2) Absatz 1 gilt nach dem Tod einer berechtigten Person, deren letzter Dienstort im Ausland liegt, entsprechend für berücksichtigungsfähige Personen, die am Todestag der berechtigten Person zu deren häuslicher Gemeinschaft gehört haben. Gibt es keine solchen berücksichtigungsfähigen Personen oder ziehen diese berücksichtigungsfähigen Personen nicht ins Inland um, können den Erbinnen und Erben die notwendigen Auslagen für das Befördern beweglicher Nachlassgegenstände an einen Ort im Inland sowie sonstige berücksichtigungsfähige Auslagen, die durch den Umzug nachweislich entstanden sind, erstattet werden, wenn die Auslagen innerhalb der in Absatz 1 genannten Frist entstanden sind. Für angestellte Betreuungspersonen gilt § 12 Absatz 4 entsprechend.

(3) Soweit in den Fällen der Absätze 1 und 2 Satz 1 Umzüge im Ausland durchgeführt werden, können die notwendigen Umzugsauslagen erstattet werden, höchstens jedoch in dem Umfang, in dem Auslagen bei einem Umzug an den Sitz der obersten Dienstbehörde entstanden wären. Wird später, jedoch noch innerhalb der Frist nach Absatz 1, ein Umzug ins Inland durchgeführt, ist der nach Satz 1 erstattete Betrag auf die nach Absatz 1 oder Absatz 2 zustehende Umzugskostenvergütung anzurechnen.

(4) Endet das Beamtenverhältnis einer berechtigten Person mit Dienstort im Ausland aus einem von ihr zu vertretenden Grund und zieht diese Person spätestens sechs Monate danach ins Inland um, können ihr und den berücksichtigungsfähigen Personen für diesen Umzug die Beförderungsauslagen und Fahrtkosten bis zur Höhe der Kosten der billigsten Fahrkarte für ein regelmäßig verkehrendes Beförderungsmittel erstattet werden, höchstens jedoch die Beförderungsauslagen und Fahrtkosten, die durch einen Umzug an den Sitz der obersten Dienstbehörde entstanden wären.

Abschnitt 4

Schlussvorschriften

§ 29 Übergangsregelungen

(1) Die Kosten für die Beförderung und die Einlagerung von Umzugsgut werden der berechtigten Person, die bereits vor Inkrafttreten dieser Verordnung über höheres Umzugsvolumen verfügt als nach dieser Verordnung berücksichtigt werden kann, bis zum nächsten Umzug ins Inland mit Zusage der Umzugskostenvergütung nach § 3 Absatz 1 Nummer 1 des Bundesumzugskostengesetzes in dem Umfang erstattet, in dem sie vor Inkrafttreten dieser Verordnung erstattungsfähig waren. Reisekosten für Hausangestellte, deren Kosten für die Reise zum bisherigen Dienstort im Rahmen der Auslandsumzugskostenverordnung vor Inkrafttreten dieser Verordnung erstattet wurden, können beim nächsten Umzug mit Zusage der Umzugskostenvergütung nach § 3 Absatz 1 Nummer 1 des Bundesumzugskostengesetzes im Rahmen der Kosten einer Reise ins Inland geltend gemacht werden.

(2) *Hat die berechtigte Person* den Dienst am neuen Dienstort infolge einer Maßnahme, für die Umzugskostenvergütung zugesagt worden ist, nach dem 30. Juni 2010, aber vor dem Inkrafttreten dieser Verordnung angetreten, bemisst sich die Höhe des Ausstattungs- und des Einrichtungsbeitrags nach den §§ 12 und 13 der Auslandsumzugskostenverordnung in der am 30. Juni 2010 geltenden Fassung und dem Bundesbesoldungsgesetz.

§ 30 Inkrafttreten, Außerkrafttreten

Diese Verordnung tritt am 1. Dezember 2012 in Kraft. Gleichzeitig tritt die Auslandsumzugskostenverordnung in der Fassung der Bekanntmachung vom 25. November 2003 (BGBl. I S. 2360), die zuletzt durch Artikel 15 Absatz 44 des Gesetzes vom 5. Februar 2009 (BGBl. I S. 160) geändert worden ist, außer Kraft.

IV.
Steuerliche Anerkennung von Umzugskosten nach R 9.9 Absatz 2 LStR; Änderung der maßgebenden Beträge für umzugsbedingte Unterrichtskosten und sonstige Umzugsauslagen ab 1. März 2014 und 1. März 2015

BMF vom 6. 10. 2014 (BStBl I S. 1342)
IV C 5 – S 2353/08/10007 – 2014/0838465

Im Einvernehmen mit den obersten Finanzbehörden der Länder gilt zur Anwendung der §§ 6 bis 10 des Bundesumzugskostengesetzes (BUKG) für Umzüge ab 1. März 2014 und ab 1. März 2015 jeweils Folgendes:

1. Der Höchstbetrag, der für die Anerkennung umzugsbedingter Unterrichtskosten für ein Kind nach § 9 Absatz 2 BUKG maßgebend ist, beträgt bei Beendigung des Umzugs ab
   - 1. März 2014 — 1 802 Euro;
   - 1. März 2015 — 1 841 Euro.

2. Der Pauschbetrag für sonstige Umzugsauslagen nach § 10 Absatz 1 BUKG beträgt
   a) für Verheiratete, Lebenspartner und Gleichgestellte i. S. d. § 10 Absatz 2 BUKG bei Beendigung des Umzugs
      - ab 1. März 2014 — 1 429 Euro;
      - ab 1. März 2015 — 1 460 Euro.

   b) für Ledige, die die Voraussetzungen des § 10 Absatz 2 BUKG nicht erfüllen, bei Beendigung des Umzugs
      - ab 1. März 2014 — 715 Euro;
      - ab 1. März 2015 — 730 Euro.

Der Pauschbetrag erhöht sich für jede in § 6 Absatz 3 Satz 2 und 3 BUKG bezeichnete weitere Person mit Ausnahme des Ehegatten oder Lebenspartners:

- zum 1. März 2014 um — 315 Euro;
- zum 1. März 2015 um — 322 Euro.

Das BMF-Schreiben vom 1. Oktober 2012 – IV C 5 – S 2353/08/10007; DOK: 2012/0899967 – (BStBl 2012 I Seite 942) ist auf Umzüge, die nach dem 28. Februar 2014 beendet werden, nicht mehr anzuwenden.

Steuerliche Behandlung des Arbeitslohns nach den Doppelbesteuerungsabkommen[1)]

BMF-Schreiben vom 12. 11. 2014 (BStBl I S. 1467)

IV B 2 – S 1300/08/10027 – 2014/0971694

Unter Bezugnahme auf das Ergebnis der Erörterungen mit den obersten Finanzbehörden der Länder gilt für die Besteuerung der Einkünfte aus nichtselbständiger Arbeit nach den DBA Folgendes:

Inhaltsübersicht

1) Das BMF-Schreiben vom 19. 1. 2015 (BStBl I S. 128) zum Stand der Doppelbesteuerungsabkommen und anderer Abkommen im Steuerbereich sowie der Abkommensverhandlungen am 1. Januar 2015 ist abgedruckt zu → H 39.4 (DBA – Übersicht) LStH; das BMF-Schreiben vom 10. 1. 1994 (BStBl I S. 14) zur Besteuerung von Gastlehrkräften nach den Doppelbesteuerungsabkommen (DBA) ist abgedruckt zu H 39.4 (Gastlehrkräfte) LStH.

10 Verständigungsvereinbarungen
11 Aufhebung von Verwaltungsanweisungen
12 Erstmalige Anwendung

Abkürzungsverzeichnis

a. a. O.	am angegebenen Ort
Abs.	Absatz/Absätze
AO	Abgabenordnung
Art.	Artikel
BFH	Bundesfinanzhof
BMF	Bundesministerium der Finanzen
BGBl.	Bundesgesetzblatt
BStBl	Bundessteuerblatt
DBA	Doppelbesteuerungsabkommen
d. h.	das heißt
EStG	Einkommensteuergesetz
EU	Europäische Union
EWR	Europäischer Wirtschaftsraum
ggf.	gegebenenfalls
GmbH	Gesellschaft mit beschränkter Haftung
i. d. F.	in der Fassung
i. d. R.	in der Regel
i. H.	In Höhe
i. H. v.	in Höhe von
i. S.	im Sinne
i. V. m.	in Verbindung mit
LStR	Lohnsteuerrichtlinien
NATO	North Atlantic Treaty Organization (Organisation des Nordatlantikvertrags)
Nr.	Nummer
OECD	Organisation für wirtschaftliche Zusammenarbeit und Entwicklung (Organisation for Economic Co-operation and Development)
OECD-MA	OECD-Musterabkommen
OECD-MK	OECD-Musterkommentar
R	Richtlinie
S.	Seite
s.	siehe
sog.	so genannte/so genannten
Tz.	Textziffer/Textziffern
u. a.	unter anderem
UNO	United Nations Organization (Organisation)
z. B.	zum Beispiel

1 Allgemeines

1.1 Regelungsbereich eines DBA/des OECD-MA

1 Die DBA enthalten Regelungen für die Zuweisung des Besteuerungsrechts sowie zur Vermeidung einer Doppelbesteuerung im Verhältnis der beiden vertragsschließenden Staaten zueinander. Sie begründen selbst keinen Besteuerungsanspruch. Die Abkommen werden durch Protokolle, die Denkschrift, Briefwechsel oder andere Dokumente ergänzt und erläutert. Diese Dokumente sind Bestandteile des Abkommens und in gleicher Weise verbindlich

2 Im Nachfolgenden wird die abkommensrechtliche Behandlung der Vergütungen aus unselbständiger Arbeit anhand des OECD-MA dargestellt. Sowohl das OECD-MA als auch der OECD-MK werden vom Steuerausschuss der OECD laufend weiterentwickelt. Das OECD-MA entfaltet selbst keine rechtliche Bindungswirkung; die von Deutschland abgeschlossenen und rechtlich wirksamen DBA orientieren sich jedoch nach Inhalt und Aufbau am OECD-MA. Im konkreten Einzelfall sind die jeweiligen Vorschriften des anzuwendenden DBA maßgeblich, nicht

das OECD-MA. Soweit im Einzelfall Anknüpfungspunkte zu mehreren Staaten bestehen, können verschiedene DBA nebeneinander zu beachten sein (z. B. bei Berufskraftfahrern, s. Tz. 7).

1.2 OECD-Musterabkommen

3 Bei der steuerlichen Beurteilung von Vergütungen aus unselbständiger Arbeit sind daher insbesondere die Bestimmungen des nationalen Rechts und die des jeweils einschlägigen DBA zu beachten. Die Regelungen des OECD-MA, als auch des OECD-MK, sind unter Berücksichtigung der nachfolgenden Grundsätze bei der Auslegung zu berücksichtigen.

4 **Beispiel 1: Wohnsitz in Deutschland**

Der Arbeitnehmer ist nur in Deutschland unbeschränkt steuerpflichtig. Er ist in Österreich und Belgien tätig.

Es sind die DBA zwischen Deutschland und dem jeweiligen Tätigkeitsstaat (DBA-Österreich und DBA-Belgien) zu prüfen

5 **Beispiel 2: kein Wohnsitz in Deutschland**

Der Arbeitnehmer ist nur in Österreich unbeschränkt steuerpflichtig. Er ist in Deutschland und zusätzlich in Belgien tätig. Er erstellt Marktanalysen und erzielt daraus Vergütungen, die insgesamt nach § 1 Abs. 4 EStG i. V. m. § 49 Abs. 1 Nr. 4 Buchstabe a EStG beschränkt steuerpflichtig sind (BFH-Urteil vom 12. November 1986, BStBl 1987 II S. 379).

Es ist ausschließlich das DBA zwischen Österreich und Deutschland zu prüfen, da nur für dieses DBA eine Abkommensberechtigung nach Art. 4 Abs. 1 i. V. m. Art. 1 DBA-Österreich vorliegt. Soweit die Vergütungen auf die in Belgien ausgeübte Tätigkeit entfallen, sind sie grundsätzlich nach Art. 15 Abs. 1 Satz 1 DBA-Österreich in Österreich als Ansässigkeitsstaat zu besteuern.

1.2 OECD-Musterabkommen

1.2.1 Bestimmung der Ansässigkeit – Art. 4 OECD-MA

6 Für die Anwendung eines DBA ist der Staat zu bestimmen, in dem der Arbeitnehmer und ggf. der Arbeitgeber entsprechend Art. 1 i. V. m. Art. 4 OECD-MA ansässig sind. Der abkommensrechtliche Begriff der Ansässigkeit entspricht nicht dem im innerstaatlichen Recht verwendeten Begriff der unbeschränkten Steuerpflicht.

7 Während die unbeschränkte Steuerpflicht eine umfassende Steuerpflicht begründet, führt die Ansässigkeit einer Person in einem der Vertragsstaaten zu ihrer Abkommensberechtigung (Art. 1 OECD-MA). Zugleich wird mit der Bestimmung der Ansässigkeit einer Person in einem Vertragsstaat dieser Staat für die Anwendung des Abkommens zum Ansässigkeitsstaat; der andere Vertragsstaat ist Quellenstaat. Eine Person kann zwar in beiden Vertragsstaaten (z. B. aufgrund doppelten Wohnsitzes) unbeschränkt steuerpflichtig sein, dagegen kann sie nur in einem der beiden Vertragsstaaten als ansässig i. S. eines DBA gelten.

8 Eine natürliche Person ist nach Art. 4 Abs. 1 Satz 1 OECD-MA in einem Staat ansässig, wenn sie dort aufgrund ihres Wohnsitzes, ihres ständigen Aufenthalts oder eines anderen ähnlichen Merkmals steuerpflichtig ist (s. Tz. 2.1 zur Steuerpflicht nach dem EStG). Zu berücksichtigen ist jedoch, dass nach Art. 4 Abs. 1 Satz 2 OECD-MA eine Ansässigkeit in einem Staat nicht begründet wird, wenn die Person in diesem Staat nur mit Einkünften aus Quellen in diesem Staat oder mit in diesem Staat gelegenem Vermögen steuerpflichtig ist, die Person nach deutschem Rechtsverständnis dort also nur der beschränkten Steuerpflicht unterliegt. Die Ansässigkeit nach Art. 4 Abs. 1 OECD-MA im Inland setzt damit eine unbeschränkte Steuerpflicht im Inland voraus

9 Ist die Person nach Art. 4 Abs. 1 Satz 1 OECD-MA in beiden Vertragsstaaten ansässig (sog. doppelte Ansässigkeit), ist nach der im Art. 4 Abs. 2 OECD-MA festgelegten Prüfungsreihenfolge festzustellen, in welchem Vertragsstaat die Person als ansässig gilt. Verfügt die Person nur in einem Staat über eine ständige Wohnstätte, so gilt sie als nur in diesem Staat ansässig. Unter einer ständigen Wohnstätte sind Räumlichkeiten zu verstehen, die nach Art und Einrichtung zum Wohnen geeignet sind, die ständig genutzt werden können und die tatsächlich regelmäßig genutzt werden. Es handelt sich um eine in den allgemeinen Lebensrhythmus der Person einbezogene Anlaufstelle (s. BFH-Urteile vom 23. Oktober 1985, BStBl 1986 II S. 133, vom 16. Dezember 1998, BStBl 1999 II S. 207 und vom 5. Juni 2007, BStBl II S. 812). Verfügt die Person in beiden Staaten über eine ständige Wohnstätte, so gilt sie als nur in dem Staat ansässig, zu dem sie die engeren persönlichen und wirtschaftlichen Beziehungen hat (Mittelpunkt der Lebensinteressen). Dabei sind ihre familiären und gesellschaftlichen Beziehungen, ihre berufliche, politische, kulturelle und sonstige Tätigkeit, der Ort ihrer Geschäftstätigkeit, der Ort, von wo aus sie ihr Vermögen verwaltet, und Ähnliches zu berücksichtigen. Die Umstände sind als Ganzes zu prüfen. Lässt sich die Ansässigkeit nach diesen Kriterien nicht bestimmen, sind als Hilfsmerkmale zunächst der gewöhnliche Aufenthalt und danach die Staatsangehörigkeit heranzuziehen. Kann

die Ansässigkeit auch nach dem letztgenannten Kriterium nicht bestimmt werden, weil die Person Staatsangehöriger beider Staaten oder keines der Staaten ist, regeln die betreffenden Staaten die Frage in gegenseitigem Einvernehmen nach Art. 25 OECD-MA (s. Tz. 10).

Beziehungen hat (Mittelpunkt der Lebensinteressen). Dabei sind ihre familiären und gesellschaftlichen Beziehungen, ihre berufliche, politische, kulturelle und sonstige Tätigkeit, der Ort ihrer Geschäftstätigkeit, der Ort, von wo aus sie ihr Vermögen verwaltet, und Ähnliches zu berücksichtigen. Die Umstände sind als Ganzes zu prüfen. Lässt sich die Ansässigkeit nach diesen Kriterien nicht bestimmen, sind als Hilfsmerkmale zunächst der gewöhnliche Aufenthalt und danach die Staatsangehörigkeit heranzuziehen. Kann die Ansässigkeit auch nach dem letztgenannten Kriterium nicht bestimmt werden, weil die Person Staatsangehöriger beider Staaten oder keines der Staaten ist, regeln die betreffenden Staaten die Frage in gegenseitigem Einvernehmen nach Art. 25 OECD-MA (s. Tz. 10). 10

Beispiel 1: 11

Der Arbeitnehmer begründet während seines Aufenthalts im ausländischen Tätigkeitsstaat einen Wohnsitz. Die Familie ist dem Arbeitnehmer nicht in den Tätigkeitsstaat gefolgt.

Der Mittelpunkt der Lebensinteressen des Arbeitnehmers befindet sich i. d. R. auch während seines Aufenthalts im ausländischen Tätigkeitsstaat weiterhin in dem bisherigen Ansässigkeitsstaat (kein Ansässigkeitswechsel). Insbesondere hat der Arbeitnehmer nach wie vor persönliche Beziehungen zu seiner Familie im bisherigen Ansässigkeitsstaat. Demgegenüber treten die persönlichen Beziehungen, die der Arbeitnehmer im Tätigkeitsstaat unterhält, in aller Regel stark zurück. Zudem verfügt der Arbeitnehmer häufig auch im bisherigen Ansässigkeitsstaat über wirtschaftliche Beziehungen (z. B. Grundbesitz, Kapitalvermögen, Arbeitgeber ist in diesem Staat ansässig), während die wirtschaftlichen Beziehungen zum Tätigkeitsstaat i. d. R. nur vorübergehender Natur sind.

Beispiel 2: 12

Der Arbeitnehmer begründet während seines auf 9 Monate befristeten Aufenthalts im ausländischen Tätigkeitsstaat einen Wohnsitz. Die Wohnung im bisherigen Ansässigkeitsstaat steht ihm und ggf. seiner Familie jederzeit zur Nutzung zur Verfügung. Das Arbeitsverhältnis zum bisherigen Arbeitgeber besteht fort.

a) Der Arbeitnehmer ist alleinstehend.

b) Die Familie ist dem Arbeitnehmer in den Tätigkeitsstaat gefolgt.

Der Mittelpunkt der Lebensinteressen befindet sich – unabhängig vom Familienstand – in aller Regel weiterhin im bisherigen Ansässigkeitsstaat (s. BFH-Urteil vom 23. Oktober 1985, a. a. O.), da bei einem auf kurze Zeit befristeten Aufenthalt im Tätigkeitsstaat und dem Fortbestehen des bisherigen Arbeitsverhältnisses die persönlichen und wirtschaftlichen Beziehungen zum bisherigen Ansässigkeitsstaat zumeist gewichtiger sind als die zum anderen Staat. Dies bedeutet jedoch nicht, dass sich der Mittelpunkt der Lebensinteressen bei einem vorübergehenden Aufenthalt von über einem Jahr zwangsläufig in den anderen Staat verlagern muss. Vielmehr ist stets das Gesamtbild der Verhältnisse zu würdigen.

Beispiel 3: 13

Der Arbeitnehmer begründet während seines mehrjährigen oder unbefristeten Aufenthalts im ausländischen Tätigkeitsstaat einen Wohnsitz. Die Familie ist dem Arbeitnehmer in den Tätigkeitsstaat gefolgt. Die Wohnung im bisherigen Ansässigkeitsstaat steht der Familie jederzeit zur Nutzung zur Verfügung.

Der Mittelpunkt der Lebensinteressen befindet sich in diesem Fall i. d. R. im Tätigkeitsstaat.

1.2.2 Vergütungen aus unselbständiger Arbeit

1.2.2.1 Artikel 15 OECD-MA

Nach Art. 15 Abs. 1 OECD-MA können die Vergütungen aus unselbständiger Arbeit nur im Ansässigkeitsstaat des Arbeitnehmers besteuert werden, es sei denn, die Tätigkeit wird im anderen Staat ausgeübt. Wird die unselbständige Arbeit im anderen Staat (Tätigkeitsstaat) ausgeübt, steht grundsätzlich diesem Staat das Besteuerungsrecht für die bezogenen Vergütungen (sog. Arbeitsortprinzip) zu. Die bloße Verwertung stellt keine Tätigkeit i. S. der DBA dar (§ 49 Abs. 1 Nr. 4 Buchstabe a 2. Alternative EStG). 14

Abweichend hiervon steht unter den Voraussetzungen des Art. 15 Abs. 2 OECD-MA (sog. 183-Tage-Klausel) das Besteuerungsrecht für solche Vergütungen nur dem Ansässigkeitsstaat des Arbeitnehmers zu. 15

Art. 15 Abs. 3 OECD-MA enthält eine gesonderte Bestimmung für die Besteuerung der Vergütungen des Bordpersonals von Seeschiffen und Luftfahrzeugen im internationalen Verkehr und des Bordpersonals von Schiffen im Binnenverkehr (s. Tz. 4.3.4.2 und Tz. 8). 16

1.2.2.2 Grenzgängerregelung

17 Grenzgänger sind Arbeitnehmer, die i. d. R. im Grenzbereich des einen Staates arbeiten und täglich zu ihrem Wohnsitz im Grenzbereich des anderen Staates zurückkehren. Das OECD-MA sieht für Grenzgänger keine spezielle Regelung vor. Für diese Arbeitnehmer gelten Besonderheiten nach den DBA mit Frankreich (Art. 13 Abs. 5 – i. d. R. Besteuerung im Wohnsitzstaat), Österreich (Art. 15 Abs. 6 – i. d. R. Besteuerung im Wohnsitzstaat) und der Schweiz (Art. 15a – begrenzte Besteuerung im Tätigkeitsstaat und Wohnsitzbesteuerung mit Anrechnungssystem). Die Grenzgängerregelung im Verhältnis zu Belgien ist zum 1. Januar 2004 weggefallen. Besonderheiten bei Grenzpendlern nach Luxemburg sind in der Verständigungsvereinbarung vom 26. Mai 2011 (KonsVerLUXV vom 9. Juli 2012, BGBl. I S. 1484) geregelt.

1.2.2.3 Besondere Regelungen bezüglich der Zuweisung des Besteuerungsrechts

18 Das OECD-MA bzw. die einzelnen DBA enthalten von Art. 15 OECD-MA abweichende Regelungen für bestimmte Arbeitnehmer, insbesondere für das für die Geschäftsführung eines Unternehmens verantwortliche Personal (s. Tz. 6.1), für Künstler und Sportler (Art. 17 OECD-MA), für Ruhegehaltsempfänger (Art. 18 OECD-MA), für die Arbeitnehmer der Gebietskörperschaften, teilweise auch für weitere öffentlich-rechtliche Körperschaften sowie für Vergütungen, die im Rahmen eines Entwicklungshilfeprogramms eines Vertragsstaates gezahlt werden (Art. 19 OECD-MA), für Studenten, Schüler, Lehrlinge und sonstige Auszubildende (Art. 20 OECD-MA), für Hochschullehrer und Lehrer (z. B. Art. 21 DBA-Italien; Art. 20 Abs. 1 DBA-Österreich; Art. 20 Abs. 1 DBA-USA) sowie für Mitglieder diplomatischer Missionen und konsularischer Vertretungen (Art. 28 OECD-MA).

1.2.3 Vermeidung der Doppelbesteuerung – Artikel 23 OECD-MA

19 Deutschland als Ansässigkeitsstaat vermeidet bei Einkünften aus unselbständiger Arbeit die Doppelbesteuerung regelmäßig durch Freistellung der Einkünfte (Anwendung der Freistellungsmethode entsprechend Art. 23 A OECD-MA) unter Berücksichtigung des § 32b Abs. 1 Satz 1 Nr. 3 EStG (Progressionsvorbehalt). Die Steuerfreistellung setzt allerdings i. d. R. die ausländische Besteuerung voraus; diesbezüglich wird auf die Ausführungen zu § 50d Abs. 8 bzw. 9 EStG und zu den Rückfallklauseln in den DBA verwiesen (s. Tz. 2.3, 2.4 und 9).

20 Nach einzelnen DBA-Bestimmungen werden die Einkünfte nicht von der Besteuerung ausgenommen; vielmehr wird, die Doppelbesteuerung durch Steueranrechnung nach Maßgabe des § 34c EStG vermieden (Anwendung der Anrechnungsmethode). Dies gilt u. a. für Fälle der gewerbsmäßigen Arbeitnehmerüberlassung (z. B. DBA mit Dänemark, Frankreich, Italien, Norwegen, Polen oder Schweden) oder für Vergütungen des Bordpersonals von Schiffen und Luftfahrzeugen (s. Tz. 8.2). In einigen Fällen sehen DBA die Anrechnungsmethode grundsätzlich vor (z. B. Art. 22 Abs. 1 DBA-VAE; Art. 23 Abs. 1 Buchstabe b Doppelbuchstabe ee DBA-Liechtenstein; Art. 22 Abs. 1 DBA-Zypern; Art. 23 Abs. 2 Buchstabe a DBA-Mauritius). Die vollständige Anrechnung ausländischer Steuern i. S. des § 36 EStG stellt eine seltene Ausnahme dar (z. B. Art. 15a Abs. 3 Buchstabe a DBA-Schweiz, Grenzgängerregelung). Es ist jedoch zu beachten, dass die Doppelbesteuerung stets durch die Freistellungsmethode (mit Progressionsvorbehalt) vermieden wird, wenn im einschlägigen DBA-Artikel dem anderen Staat ein sog. ausschließliches Besteuerungsrecht zugewiesen wird (z. B. Art. 22 Abs. 2 i. V. m. Art. 14 Abs. 4 DBA-Zypern).

21 Eine besondere Regelung enthält Punkt 11 des Schlussprotokolls zu Art. 23 DBA-Belgien i. d. F. des Zusatzabkommens von 2002. Danach rechnet Deutschland die von belgischen Gemeinden erhobene Zusatzsteuer pauschal i. H. v. 8 % der deutschen Steuer an. Die danach verbleibende deutsche Einkommensteuer ist Bemessungsgrundlage für die Kirchensteuer und den Solidaritätszuschlag. Die pauschale Anrechnung erfolgt nur, soweit Belgien als Ansässigkeitsstaat des Arbeitnehmers anzusehen ist und Deutschland als Quellenstaat für die der deutschen Steuer zugrundeliegenden Einkünfte nach Art. 15 DBA-Belgien das Besteuerungsrecht hat und Belgien diese Einkünfte grundsätzlich nach Art. 23 Abs. 2 Nr. 1 DBA-Belgien freistellt.

1.2.4 Abgrenzung zu anderen Abkommen und Bestimmungen

22 Neben den DBA sind weitere zwischenstaatliche Abkommen bzw. Vereinbarungen zu beachten, nach denen u. a. Arbeitnehmer von deutschen Steuern befreit sind (z. B. bei Tätigkeiten für die *EU, UNO oder NATO). Eine* Zusammenstellung der einzelnen Fundstellen zum 1. Januar 2013 ist dem BMF-Schreiben vom 18. März 2013 (BStBl I S. 404) zu entnehmen.

23 Nach dem Protokoll über die Vorrechte und Befreiungen der Europäischen Union (Abl. EU C 326, S. 266 – EU-Privilegienprotokoll) unterliegen z. B. Gehälter, Löhne und andere Bezüge, welche die EU ihren eigenen Beamten und sonstigen Bediensteten zahlt, nicht der nationalen Steuer in den EU-Mitgliedstaaten. Soweit Einkünfte aufgrund dessen in Deutschland freizustellen sind,

unterliegen sie nicht dem Progressionsvorbehalt gemäß § 32b Abs. 1 Satz 1 Nr. 4 EStG, weil das EU-Privilegienprotokoll keinen entsprechenden Vorbehalt vorsieht. Vergütungen für eine Tätigkeit bei einem Organ bzw. einer Einrichtung der EU oder im Rahmen eines EU-Projektes, die an Personen gezahlt werden, die keine EU-Beamten oder sonstigen Bediensteten der EU sind (z. B. nationale Sachverständige), fallen i. d. R. nicht unter eine unionsrechtliche Befreiungsvorschrift. Hier ist ggf. die Anwendung eines DBA zu prüfen (s. BMF-Schreiben vom 12. April 2006, BStBl I S. 340, zur steuerlichen Behandlung des EU-Tagesgeldes).

2 Besteuerung im Inland

2.1 Steuerpflicht nach dem EStG

Steuerliche Sachverhalte mit Auslandsbezug, die nach dem nationalen Recht der Besteuerung im Inland unterliegen, können im Verhältnis zu DBA-Staaten nur besteuert werden, wenn das jeweils anzuwendende DBA das deutsche Besteuerungsrecht nicht ausschließt. 24

Hat ein Arbeitnehmer einen Wohnsitz oder seinen gewöhnlichen Aufenthalt im Inland, unterliegt er als unbeschränkt Steuerpflichtiger grundsätzlich mit seinem gesamten Welteinkommen der inländischen Besteuerung (§ 1 Abs. 1 i. V. m. § 2 Abs. 1 EStG). 25

Fehlt es sowohl an einem solchen Wohnsitz als auch an einem gewöhnlichen Aufenthalt, ist ein Arbeitnehmer, der inländische Einkünfte i.S. des § 49 Abs. 1 Nr. 4 EStG erzielt, grundsätzlich nach § 1 Abs. 4 EStG beschränkt einkommensteuerpflichtig. Die Erzielung inländischer Einkünfte nach § 49 Abs. 1 Nr. 4 EStG ist allein vom dort definierten inländischen Anknüpfungspunkt und nicht von einem Mindestaufenthalt im Inland abhängig. 26

Auf die unbeschränkte Steuerpflicht nach § 1 Abs. 2 und 3 EStG sowie § 1a EStG, wird hingewiesen. Für EU-/EWR-Staatsangehörige mit Wohnsitz in der Schweiz wird auf das BMF-Schreiben vom 16. September 2013, BStBl I S. 1325, verwiesen. 27

Beispiel: 28

Der in den Niederlanden wohnhafte Arbeitnehmer A ist für den in Aachen ansässigen Arbeitgeber B tätig. A übt seine Tätigkeit zu 60 % in Deutschland und zu 40 % in den Niederlanden aus.

Soweit A seine Tätigkeit im Inland ausübt, erzielt er inländische Einkünfte i. S. des § 49 Abs. 1 Nr. 4 Buchstabe a EStG. Nur für den auf diese Tätigkeit entfallenden Arbeitslohn besteht eine beschränkte Steuerpflicht nach § 1 Abs. 4 EStG.

Besteht eine beschränkte Steuerpflicht i. S. des § 1 Abs. 4 EStG, kann der Arbeitnehmer bei Vorliegen bestimmter Voraussetzungen nach § 1 Abs. 3 EStG als unbeschränkt Steuerpflichtiger behandelt werden und ggf. zusätzlich Vergünstigungen gemäß § 1a EStG in Anspruch nehmen.

Besteht während eines Kalenderjahres sowohl unbeschränkte als auch beschränkte Einkommensteuerpflicht, so sind die während der beschränkten Einkommensteuerpflicht erzielten inländischen Einkünfte in eine Veranlagung zur unbeschränkten Einkommensteuerpflicht einzubeziehen (§ 2 Abs. 7 Satz 3 EStG). Die materiell-rechtliche Behandlung bleibt hiervon unberührt. 29

2.2 Progressionsvorbehalt

Ist nach nationalem Recht zeitweise oder ganzjährig eine unbeschränkte Steuerpflicht gegeben, sind aber die Einkünfte nach einem DBA in Deutschland freizustellen, unterliegen die in Deutschland freigestellten Einkünfte dem Progressionsvorbehalt nach § 32b Abs. 1 Satz 1 Nr. 3 EStG. 30

Zu beachten ist, dass der ab dem Veranlagungszeitraum 2008 nach § 32b Abs. 1 Satz 2 EStG angeordnete Ausschluss des Progressionsvorbehalts für Fälle des § 32b Abs. 1 Satz 1 Nr. 3 EStG nicht Einkünfte aus unselbständiger Arbeit betrifft und nicht für den Progressionsvorbehalt nach § 32b Abs. 1 Satz 1 Nr. 2 EStG gilt. 31

Bei einer im Veranlagungszeitraum nur zeitweise bestehenden unbeschränkten Steuerpflicht sind die ausländischen Einkünfte, die bereits vom nationalen deutschen Steuerrecht nicht erfasst werden und damit im Veranlagungszeitraum nicht der deutschen Einkommensteuer unterlegen haben, ebenfalls in den Progressionsvorbehalt einzubeziehen (§ 32b Abs. 1 Satz 1 Nr. 2 EStG). 32

Bei Arbeitnehmern, die im Inland weder einen Wohnsitz noch ihren gewöhnlichen Aufenthalt haben, ist in den Fällen der Veranlagung gemäß § 1 Abs. 3, § 1a und § 50 Abs. 2 Satz 2 Nr. 4 EStG zu beachten, dass die nicht der deutschen Einkommensteuer oder dem Steuerabzug unterliegenden Einkünfte grundsätzlich dem Progressionsvorbehalt zu unterwerfen sind (§ 32b Abs. 1 Satz 1 Nr. 5 EStG). 33

Einkünfte, die nach einem sonstigen zwischenstaatlichen Übereinkommen steuerfrei sind, werden nach § 32b Abs. 1 Satz 1 Nr. 4 EStG in den Progressionsvorbehalt einbezogen, wenn in dem 34 jeweiligen Übereinkommen die Anwendung des Progressionsvorbehalts ausdrücklich zugelassen worden ist.

35 Die Höhe der Einkünfte, die dem Progressionsvorbehalt unterliegen, ist nach deutschem Steuerrecht zu ermitteln (s. BFH-Urteil vom 20. September 2006, BStBl 2007 II S. 56). Dies bedeutet, dass beispielsweise ausländische Werbungskostenpauschalen oder Steuerbefreiungsvorschriften nicht zu berücksichtigen sind. Die steuerfreien ausländischen Einkünfte aus unselbständiger Arbeit i. S. des § 32b Abs. 1 Satz 1 Nr. 2 bis 5 EStG sind als Überschuss der Einnahmen über die Werbungskosten zu berechnen.

36 Bei der Ermittlung der Einkünfte i. S. des § 32b Abs. 1 Satz 1 Nr. 2 bis 5 EStG

- ist der Arbeitnehmer-Pauschbetrag abzuziehen, soweit er nicht schon bei der Ermittlung der Einkünfte aus nichtselbständiger Arbeit abgezogen wurde (§ 32b Abs. 2 Satz 1 Nr. 2 Satz 2 Buchstabe a EStG);
- sind Werbungskosten nur insoweit zu berücksichtigen, als sie zusammen mit den bei der Ermittlung der Einkünfte aus unselbständiger Arbeit abziehbaren Werbungskosten den Arbeitnehmer-Pauschbetrag übersteigen (§ 32b Abs. 2 Satz 1 Nr. 2 Satz 2 Buchstabe b EStG, s. H 32b „Ausländische Einkünfte" – EStH).

37 **Beispiel 1:**

Der inländische steuerpflichtige Arbeitslohn im Kalenderjahr beträgt 20 000 €; die Werbungskosten betragen 500 €. Der nach DBA unter Progressionsvorbehalt steuerfreie Arbeitslohn beträgt 10 000 €; im Zusammenhang mit der Erzielung des steuerfreien Arbeitslohns sind Werbungskosten in Höhe von 400 € tatsächlich angefallen.

Inländischer steuerpflichtiger Arbeitslohn	20 000 €
./. Werbungskosten im Zusammenhang mit steuerpflichtigem Arbeitslohn, mindestens Arbeitnehmer-Pauschbetrag (§ 9a Satz 1 Nr. 1 Buchstabe a EStG)	./. 1 000 €
Steuerpflichtige Einkünfte gemäß § 19 EStG	19 000 €
Ausländische Progressionseinnahmen	10 000 €
./. Gesamtwerbungskosten abzgl. bereits in Anspruch genommener Arbeitnehmer-Pauschbetrag oder abzgl. tatsächliche inländische Werbungskosten, sofern diese höher sind als der Arbeitnehmer-Pauschbetrag	0 €
Maßgebende Progressionseinkünfte (§ 32b Abs. 2 Satz 1 Nr. 2 Satz 2 EStG)	10 000 €

38 **Beispiel 2:**

Sachverhalt wie Beispiel 1, jedoch sind im Zusammenhang mit der Erzielung des steuerfreien Arbeitslohns tatsächlich Werbungskosten in Höhe von 600 € angefallen.

Inländischer steuerpflichtiger Arbeitslohn	20 000 €
./. Werbungskosten im Zusammenhang mit steuerpflichtigem Arbeitslohn, mindestens Arbeitnehmer-Pauschbetrag (§ 9a Satz 1 Nr. 1 Buchstabe a EStG)	./. 1 000 €
Steuerpflichtige Einkünfte gemäß § 19 EStG	19 000 €
Ausländische Progressionseinnahmen	10 000 €
./. Gesamtwerbungskosten	1 100 €
abzgl. bereits bei den stpfl. Einkünften in Anspruch genommener Arbeitnehmer-Pauschbetrag	./. 1 000 €
oder abzgl. tatsächlicher inländischer Werbungskosten, sofern diese höher sind als der Arbeitnehmer-Pauschbetrag	100 €
Maßgebende Progressionseinkünfte (§ 32b Abs. 2 Satz 1 Nr. 2 Satz 2 EStG)	9 900 €

2.3 Anwendung des § 50d Abs. 9 EStG

39 Nach § 50d Abs. 8 EStG ist zu beachten, dass die in einem DBA vereinbarte Freistellung der Einkünfte eines unbeschränkt Steuerpflichtigen aus unselbständiger Arbeit nur zu gewähren ist, soweit der Steuerpflichtige nachweist, dass der Staat, dem nach dem DBA das Besteuerungsrecht zusteht, auf dieses Besteuerungsrecht verzichtet hat oder dass die in diesem Staat auf die Einkünfte festgesetzten Steuern entrichtet wurden. Die Anwendung des § 50d Abs. 8 EStG erfordert nicht, dass Deutschland als Ansässigkeitsstaat anzusehen ist.

40 Als ausländische Besteuerungsnachweise gelten ausländische Steuerbescheide mit ausländischen Zahlungsbelegen (über ausländische Steuerzahlungen) sowie auch ausländische Gehaltsabrechnungen (mit Ausweis der abgeführten Quellensteuern).

41 Des Weiteren wird auf die Ausführungen im BMF-Schreiben vom 21. Juli 2005, BStBl I S. 821, verwiesen.

2.4 Anwendung des § 50d Abs. 9 EStG

Soweit ein DBA nicht bereits eine entsprechende Regelung enthält, sind nach § 50d Abs. 9 Satz 1 Nr. 1 EStG Einkünfte nicht freizustellen, wenn die Nichtbesteuerung oder niedrige Besteuerung im anderen Staat die Folge eines Qualifikationskonfliktes ist. Qualifikationskonflikte haben ihre Ursache in einer nicht übereinstimmenden Anwendung der Vorschriften eines DBA durch die Vertragsstaaten, weil sie 42

- von unterschiedlichen Sachverhalten ausgehen,
- die Abkommensbestimmungen unterschiedlich auslegen oder
- Abkommensbegriffe, die im DBA nicht definiert sind, nach ihrem nationalen Recht unterschiedlich auslegen (s. Art. 3 Abs. 2 OECD-MA).

Soweit ein DBA nicht bereits eine entsprechende Regelung enthält (vgl. Tz. 9), sind Einkünfte nach § 50d Abs. 9 Satz 1 Nr. 2 EStG nicht von der Besteuerung auszunehmen, wenn die Nichtbesteuerung darauf zurückzuführen ist, dass sich der andere Vertragsstaat an der Ausübung seines DBA-Besteuerungsrechts durch sein innerstaatliches Recht, das diese Einkünfte ganz oder teilweise im Rahmen der beschränkten Steuerpflicht nicht erfasst, gehindert sieht. Als Nichtbesteuerung gilt auch, wenn die Einkünfte nur deshalb im anderen Vertragsstaat besteuert werden, weil der Steuerpflichtige es versäumt, einen Antrag auf Erstattung der erstattungsfähigen Steuer zu stellen. 43

Auf das BMF-Schreiben vom 12. November 2008, BStBl I S. 988, und vom 5. Dezember 2012, BStBl I S. 1248, zur Besteuerung von in Deutschland ansässigem Flugpersonal britischer und irischer Fluggesellschaften wird hingewiesen. § 50d Abs. 9 Satz 1 Nr. 2 EStG greift aber nicht, wenn im anderen DBA-Staat der vorliegende steuerliche Tatbestand auch bei unbeschränkter Steuerpflicht nicht besteuert wird. 44

§ 50d Abs. 9 EStG kann auch dann zur Besteuerung von Einkünften aus unselbständiger Arbeit führen, wenn die Einkünfte nach § 50d Abs. 8 EStG steuerfrei belassen werden können. Die Regelungen des § 50d Abs. 8 und 9 EStG sind insoweit nebeneinander anzuwenden (§ 50d Abs. 9 Satz 3 EStG i. d. F. des AmtshilfeRLUmsG, BGBl. 2013 I S. 1809). 45

Beispiel: 46

K ist in Deutschland ansässig und sowohl bei seinem Arbeitgeber in Deutschland als auch bei einer Schwestergesellschaft in Schweden tätig. Im Jahr 01 hält sich K an 150 Tagen in Schweden auf. Der Arbeitslohn wird vom deutschen Arbeitgeber bezahlt und – soweit er auf die Tätigkeit in Schweden entfällt – der schwedischen Schwestergesellschaft weiterberechnet. Der Steuerberater beantragt die Freistellung des Arbeitslohns, der auf die Tätigkeit in Schweden entfällt, unter Hinweis auf Art. 15 Abs. 2 Buchstabe b DBA-Schweden (wirtschaftlicher Arbeitgeber, s. Tz. 4.3.3.1). Die schwedische Einkommensteuer wird mit 0 € festgesetzt. Der Steuerberater weist nach, dass es in Schweden das Rechtsinstitut des wirtschaftlichen Arbeitgebers i. S. des DBA nicht gibt.

Die Höhe der in Schweden festgesetzten Steuer beträgt 0 €. Der Steuerpflichtige hat somit nachgewiesen, dass die festgesetzte Steuer „entrichtet" wurde (§ 50d Abs. 8 Satz 1 zweite Alternative EStG). Nach § 50d Abs. 9 Satz 1 Nr. 1 EStG kann die Steuerfreistellung in Deutschland dann nicht gewährt werden, wenn der andere Staat (hier: Schweden) die Bestimmungen des DBA so anwendet, dass die Einkünfte in diesem Staat von der Besteuerung auszunehmen sind.

Da die Nichtbesteuerung in Schweden ihre Ursache in einer nicht übereinstimmenden Anwendung von DBA-Bestimmungen hat (Qualifikationskonflikt), entfällt nach § 50d Abs. 9 Satz 1 Nr. 1 EStG die Freistellung des Arbeitslohns.

2.5 Abzugsbeschränkungen

Gemäß § 3c Abs. 1 EStG dürfen Ausgaben, die mit steuerfreien Einnahmen in unmittelbarem wirtschaftlichen Zusammenhang stehen, nicht als Werbungskosten abgezogen werden. Sind Einkünfte aufgrund eines DBA freizustellen, sind regelmäßig nicht nur die Einnahmen, sondern auch die damit zusammenhängenden Werbungskosten von der Bemessungsgrundlage der deutschen Steuer auszunehmen (s. BFH-Urteil vom 11. Februar 2009, BStBl 2010 II S. 536). Darunter fallen sowohl laufende Werbungskosten, die durch steuerfreie Auslandseinkünfte veranlasst sind, als auch vorweggenommene Werbungskosten, die sich auf steuerfreie Auslandseinkünfte beziehen (s. BFH-Urteil vom 20. September 2006, BStBl 2007 II S. 756). Gleiches gilt für nachträgliche Werbungskosten 47

Lassen sich die Werbungskosten nicht eindeutig zuordnen, sind diese nach den zu § 3c Abs. 1 EStG entwickelten Kriterien aufzuteilen. Hierbei sind die Werbungskosten den steuerfreien Einkünften in dem Verhältnis zuzuordnen, in dem die steuerfreien Einnahmen zu den gesamten 48

Einnahmen stehen, die der Steuerpflichtige im betreffenden Zeitraum bezogen hat (s. BFH-Urteil vom 26. März 2002, BStBl II S. 823).

49 Vorsorgeaufwendungen, die mit steuerfreien Einnahmen in unmittelbarem wirtschaftlichen Zusammenhang stehen, sind grundsätzlich nicht als Sonderausgaben abziehbar (s. § 10 Abs. 2 Satz 1 Nr. 1 EStG und das jährliche BMF-Schreiben zur Ausstellung der elektronischen Lohnsteuerbescheinigung); aktuell ist dies das BMF-Schreiben vom 15. September 2014, BStBl I S. 1244.

3 Besteuerung im Tätigkeitsstaat – Artikel 15 Abs. 1 OECD-MA

50 Nach Art. 15 Abs. 1 OECD-MA können die Vergütungen aus unselbständiger Arbeit ausschließlich im Ansässigkeitsstaat des Arbeitnehmers besteuert werden, es sei denn, die Tätigkeit wird im anderen Staat ausgeübt. Wird die unselbständige Arbeit im anderen Staat ausgeübt, steht grundsätzlich diesem Staat (Tätigkeitsstaat) das Besteuerungsrecht für die bezogenen Vergütungen zu.

51 Der Ort der Arbeitsausübung ist grundsätzlich der Ort, an dem sich der Arbeitnehmer zur Ausführung seiner Tätigkeit persönlich aufhält. Unerheblich ist, woher oder wohin die Zahlung des Arbeitslohns geleistet wird oder wo der Arbeitgeber ansässig ist.

4 Besteuerung im Ansässigkeitsstaat – Artikel 15 Abs. 2 OECD-MA (183-Tage-Klausel)

4.1 Voraussetzungen

52 Abweichend von Art. 15 Abs. 1 OECD-MA steht dem Ansässigkeitsstaat des Arbeitnehmers das ausschließliche Besteuerungsrecht für eine nicht in diesem Staat ausgeübte unselbständige Arbeit zu, wenn

- der Arbeitnehmer sich insgesamt nicht länger als 183 Tage innerhalb eines im jeweiligen Abkommen näher beschriebenen Zeitraums im Tätigkeitsstaat aufgehalten oder die Tätigkeit dort ausgeübt hat (s. Tz. 4.2) und
- der Arbeitgeber, der die Vergütungen wirtschaftlich trägt oder hätte tragen müssen, nicht im Tätigkeitsstaat ansässig ist (s. Tz. 4.3) und
- der Arbeitslohn nicht von einer Betriebsstätte oder einer festen Einrichtung, die der Arbeitgeber im Tätigkeitsstaat hat, wirtschaftlich getragen wurde oder zu tragen gewesen wäre (s. Tz. 4.4).

53 Nach dem DBA-Norwegen ist weitere Voraussetzung, dass der Arbeitgeber im selben Staat wie der Arbeitnehmer ansässig ist (Art. 15 Abs. 2 Buchstabe b DBA-Norwegen).

54 Nur wenn alle drei Voraussetzungen zusammen vorliegen, steht dem Ansässigkeitsstaat des Arbeitnehmers das Besteuerungsrecht für Vergütungen, die für eine im Ausland ausgeübte Tätigkeit gezahlt werden, zu. Liegen dagegen nicht sämtliche Voraussetzungen des Art. 15 Abs. 2 OECD-MA zusammen vor, steht nach Art. 15 Abs. 1 OECD-MA dem Tätigkeitsstaat das Besteuerungsrecht für die Einkünfte aus der vom Arbeitnehmer dort ausgeübten unselbständigen Arbeit zu.

55 Steht in einem solchen Fall dem ausländischen Staat das Besteuerungsrecht zu, sind die Vergütungen i. d. R. unter Beachtung einer etwaigen Rückfallklausel im DBA oder des § 50d Abs. 8 bzw. 9 EStG im Inland freizustellen und nur im Rahmen des Progressionsvorbehalts zu berücksichtigen.

56 Ist Deutschland der Tätigkeitsstaat, ist nach den einkommensteuerrechtlichen Vorschriften zu prüfen, ob die Vergütungen des Arbeitnehmers aus seiner im Inland ausgeübten Tätigkeit im Wege der unbeschränkten oder der beschränkten Steuerpflicht der inländischen Besteuerung unterliegen.

4.2 Aufenthalt bis zu 183 Tagen – Art. 15 Abs. 2 Buchstabe a OECD-MA

4.2.1 Ermittlung der Aufenthalts-/Ausübungstage

57 Die in den DBA genannte 183-Tage-Frist bezieht sich häufig auf den Aufenthalt im Tätigkeitsstaat. Nach einigen DBA ist jedoch die Dauer der Ausübung der unselbständigen Arbeit im Tätigkeitsstaat maßgebend.

58 *Die genannte 183-Tage-Frist kann sich* entweder auf das Steuerjahr oder auf das Kalenderjahr oder auch auf einen Zeitraum von zwölf Monaten beziehen.

4.2.2 183-Tage-Frist – Dauer des Aufenthalts im Tätigkeitsstaat

59 Wird in einem DBA zur Ermittlung der Aufenthalts-/Ausübungstage auf den Aufenthalt im Tätigkeitsstaat abgestellt (z. B. Art. 13 Abs. 4 Nr. 1 DBA-Frankreich; Art. 15 Abs. 2 Buchstabe a DBA-

Italien; Art. 15 Abs. 2 Buchstabe a DBA-Österreich), so ist hierbei nicht die Dauer der beruflichen Tätigkeit maßgebend, sondern allein die körperliche Anwesenheit im Tätigkeitsstaat. Es kommt darauf an, ob der Arbeitnehmer an mehr als 183 Tagen im Tätigkeitsstaat anwesend war. Dabei ist auch eine nur kurzfristige Anwesenheit an einem Tag als voller Aufenthaltstag im Tätigkeitsstaat zu berücksichtigen. Es muss sich nicht um einen zusammenhängenden Aufenthalt im Tätigkeitsstaat handeln; mehrere Aufenthalte im selben Tätigkeitsstaat sind zusammenzurechnen.

Als volle Tage des Aufenthalts im Tätigkeitsstaat werden u. a. mitgezählt: 60

- der Ankunfts- und Abreisetag,
- alle Tage der Anwesenheit im Tätigkeitsstaat unmittelbar vor, während und unmittelbar nach der Tätigkeit, z. B. Samstage, Sonntage, gesetzliche Feiertage,
- Tage der Anwesenheit im Tätigkeitsstaat während Arbeitsunterbrechungen, z. B. bei Streik, Aussperrung, Ausbleiben von Lieferungen oder Krankheit, es sei denn, die Krankheit steht der Abreise des Arbeitnehmers entgegen und er hätte ohne sie die Voraussetzungen für die Steuerbefreiung im Tätigkeitsstaat erfüllt,
- Urlaubstage, die unmittelbar vor, während und nach oder in einem engen zeitlichen Zusammenhang mit der Tätigkeit im Tätigkeitsstaat verbracht werden (s. Beispiel 3).

Tage, die ausschließlich außerhalb des Tätigkeitsstaats verbracht werden, unabhängig davon, ob aus beruflichen oder privaten Gründen, werden nicht mitgezählt. Auch Tage des Transits in einem Durchreisestaat zählen nicht als Aufenthaltstage für diesen Staat (s. Beispiel 4). Eine Ausnahme hiervon gilt für Berufskraftfahrer (s. Tz. 7.2). 61

Kehrt der Arbeitnehmer täglich zu seinem Wohnsitz im Ansässigkeitsstaat zurück, so ist er täglich im Tätigkeitsstaat anwesend (s. BFH-Urteil vom 10. Juli 1996, BStBl 1997 II S. 15). 62

Zur Ermittlung der Aufenthaltstage nach dem DBA-Frankreich wird auf die Verständigungsvereinbarung mit Frankreich vom 16. Februar 2006 (s. BMF-Schreiben vom 3. April 2006, BStBl I S. 304; s. KonsVerFRAV vom 20. Dezember 2010 – BStBl 2011 I S. 104) verwiesen, wonach unter bestimmten Voraussetzungen bei mehrtägigen Dienstreisen grundsätzlich auch Sonn- und Feiertage, Urlaubs- und Krankheitstage sowie kurze Unterbrechungen im Zusammenhang mit Reisen in den Heimatstaat oder in Drittstaaten als Tage des Aufenthalts im Tätigkeitsstaat mitgezählt werden. Bei Arbeitnehmern, die – ohne Grenzgänger i. S. des Art. 13 Abs. 5 DBA-Frankreich zu sein – arbeitstäglich in den Tätigkeitsstaat fahren und nach Erbringung der Arbeitsleistung wieder in den Wohnsitzstaat zurückkehren (sog. Grenzpendler), ist jedoch auf die tatsächlich im anderen Staat verbrachten Tage abzustellen (s. BFH-Urteil vom 12. Oktober 2011, BStBl II S. 548). 63

Beispiel 1 – Zu Wochenendheimfahrt: 64

A ist für seinen deutschen Arbeitgeber mehrere Monate lang jeweils von Montag bis Freitag in den Niederlanden tätig. Seine Wochenenden verbringt er bei seiner Familie in Deutschland. Dazu fährt er an jedem Freitag nach Arbeitsende nach Deutschland. Er verlässt Deutschland jeweils am Montagmorgen, um in den Niederlanden seiner Berufstätigkeit nachzugehen.

Die Tage von Montag bis Freitag sind jeweils als volle Anwesenheitstage in den Niederlanden zu berücksichtigen, weil sich A dort zumindest zeitweise aufgehalten hat. Dagegen können die Samstage und Sonntage mangels Aufenthalts in den Niederlanden nicht als Anwesenheitstage i. S. der 183-Tage-Klausel berücksichtigt werden.

Beispiel 2 – Zu Wochenendheimfahrt: 65

Wie Fall 1, jedoch fährt A an jedem Samstagmorgen von den Niederlanden nach Deutschland und an jedem Sonntagabend zurück in die Niederlande.

Bei diesem Sachverhalt sind auch die Samstage und Sonntage als volle Anwesenheitstage in den Niederlanden i. S. der 183-Tage-Klausel zu berücksichtigen, weil sich A an diesen Tagen zumindest zeitweise dort aufgehalten hat.

Beispiel 3 – Berechnung der Urlaubstage: 66

B ist für seinen deutschen Arbeitgeber vom 1. Januar bis 15. Juni in Schweden tätig. Im Anschluss hieran hielt er sich zu Urlaubszwecken bis einschließlich 24. Juni in Deutschland auf. Vom 25. Juni bis 24. Juli verbringt er seinen weiteren Urlaub in Schweden.

Das Besteuerungsrecht für den Arbeitslohn hat Schweden, weil sich B länger als 183 Tage im Kalenderjahr in Schweden aufgehalten hat (Art. 15 DBA-Schweden), denn die Urlaubstage, die B im Anschluss an seine Tätigkeit in Schweden verbringt, stehen in einem engen zeitlichen Zusammenhang mit dieser Tätigkeit und werden daher für die Aufenthaltsdauer berücksichtigt.

Beispiel 4 – Transittage: 67

C (kein Berufskraftfahrer) fährt für seinen deutschen Arbeitgeber an einem Montag mit dem Pkw von Hamburg nach Mailand, um dort eine Montagetätigkeit auszuüben. Er unterbricht seine Fahrt in Österreich, wo er übernachtet. Am folgenden Tag fährt C weiter nach Mailand. Am Freitag fährt C von Mailand über Österreich nach Hamburg zurück.

C durchquert Österreich lediglich für Zwecke des Transits. Zur Berechnung der Aufenthaltstage in Österreich werden daher die Tage, die C auf seiner Fahrt von und nach Mailand in Österreich verbringt, nicht gezählt; damit sind für Italien vier Tage zu zählen, für Österreich ist kein Tag zu berücksichtigen.

4.2.3 183-Tage-Frist – Dauer der Ausübung der unselbständigen Arbeit im Tätigkeitsstaat

68 Wird in einem DBA zur Ermittlung der Aufenthalts-/Ausübungstage auf die Dauer der Ausübung der unselbständigen Arbeit im Tätigkeitsstaat abgestellt (z. B. Art. 15 Abs. 2 Buchstabe a DBA-Dänemark), so ist hierbei jeder Tag zu berücksichtigen, an dem sich der Arbeitnehmer, sei es auch nur für kurze Zeit, in dem anderen Vertragsstaat zur Arbeitsausübung tatsächlich aufgehalten hat.

69 Tage der Anwesenheit im Tätigkeitsstaat, an denen eine Ausübung der beruflichen Tätigkeit ausnahmsweise nicht möglich ist, werden mitgezählt, z. B. bei Streik, Aussperrung, Ausbleiben von Lieferungen oder Krankheit, es sei denn, die Krankheit steht der Abreise des Arbeitnehmers entgegen und er hätte ohne sie die Voraussetzungen für die Steuerbefreiung im Tätigkeitsstaat erfüllt. Abweichend von Tz. 4.2.2 sind alle arbeitsfreien Tage der Anwesenheit im Tätigkeitsstaat vor, während und nach der Tätigkeit, z. B. Samstage, Sonntage, öffentliche Feiertage, Urlaubstage, nicht zu berücksichtigen (s. Beispiel 1).

70 **Beispiel 1 – Wochenendheimfahrten:**

A ist für seinen deutschen Arbeitgeber mehrere Monate lang jeweils von Montag bis Freitag in Dänemark tätig. Seine Wochenenden verbringt er bei seiner Familie in Deutschland. Dazu fährt er an jedem Samstagmorgen von Dänemark nach Deutschland und an jedem Sonntagabend zurück nach Dänemark.

Die Tage von Montag bis Freitag sind jeweils als volle Tage in Dänemark zu berücksichtigen, weil A an diesen Tagen dort seine berufliche Tätigkeit ausgeübt hat. Dagegen können die Samstage und Sonntage mangels Ausübung der Tätigkeit in Dänemark nicht als Tage i. S. der 183-Tage-Klausel berücksichtigt werden.

71 Im Verhältnis zu Belgien (Art. 15 Abs. 2 Nr. 1 DBA-Belgien) gilt die Besonderheit, dass für die Berechnung der 183-Tage-Frist Tage der Arbeitsausübung und übliche Arbeitsunterbrechungen auch dann mitgezählt werden, wenn sie nicht im Tätigkeitsstaat verbracht werden, z. B. Tage wie Samstage, Sonntage, Krankheits- und Urlaubstage, soweit sie auf den Zeitraum der Auslandstätigkeit entfallen (Art. 15 Abs. 2 Nr. 1 DBA-Belgien, s. Beispiel 2).

72 Dies gilt aber nicht für den Anreise- und Abreisetag, wenn an diesen Tagen nicht gearbeitet wird. Insofern handelt es sich nicht um Arbeitsunterbrechungen.

73 **Beispiel 2 – Besonderheiten Belgien:**

B ist für seinen deutschen Arbeitgeber zwei Wochen in Belgien tätig. Hierzu reist B am Sonntag nach Brüssel und nimmt dort am Montag seine Tätigkeit auf. Am folgenden arbeitsfreien Wochenende fährt B am Samstag nach Deutschland und kehrt am Montagmorgen zurück nach Brüssel. Nach Beendigung seiner Tätigkeit am darauf folgenden Freitag kehrt B am Samstag nach Deutschland zurück.

Der Anreisetag sowie der Abreisetag werden nicht als Tage der Arbeitsausübung in Belgien berücksichtigt, weil B an diesen Tagen dort seine berufliche Tätigkeit nicht ausgeübt hat und eine Arbeitsunterbrechung nicht gegeben ist. Die Tage von Montag bis Freitag sind jeweils als Tage der Arbeitsausübung in Belgien zu berücksichtigen, weil B an diesen Tagen dort seine berufliche Tätigkeit ausgeübt hat. Das dazwischen liegende Wochenende wird unabhängig vom Aufenthaltsort als Tage der Arbeitsausübung in Belgien berücksichtigt, weil eine übliche Arbeitsunterbrechung vorliegt. Somit sind für die 183-Tage-Frist 12 Tage zu berücksichtigen.

74 Eine dem DBA-Belgien ähnliche Regelung ist in den Abkommen mit der Elfenbeinküste (Art. 15 Abs. 2 Buchstabe a), Marokko (Art. 15 Abs. 2 Nr. 1) und Tunesien (Art. 15 Abs. 2 Buchstabe a) vereinbart. Diese Abkommen beziehen sich zwar auf die Dauer des Aufenthalts, jedoch werden auch hier gewöhnliche Arbeitsunterbrechungen bei der Berechnung der 183-Tage-Frist berücksichtigt.

4.2.4 Anwendung der 183-Tage-Frist auf einen 12-Monats-Zeitraum

75 Wird in einem DBA zur Ermittlung der Aufenthalts-/Ausübungstage entsprechend dem aktuellen OECD-Standard (Art. 15 Abs. 2 OECD-MA) auf einen „Zeitraum von zwölf Monaten" abgestellt, so sind hierbei alle denkbaren 12-Monats-Zeiträume in Betracht zu ziehen, auch wenn sie sich zum Teil überschneiden. Wenn sich der Arbeitnehmer in einem beliebigen 12-Monats-Zeitraum

an mehr als 183 Tagen in dem anderen Vertragsstaat aufhält, steht diesem für die Einkünfte, die auf diese Tage entfallen, das Besteuerungsrecht zu. Mit jedem Aufenthaltstag des Arbeitnehmers in dem anderen Vertragsstaat ergeben sich somit neue zu beachtende 12-Monats-Zeiträume.

Ein 12-Monats-Zeitraum wurde z. B. mit folgenden Staaten vereinbart (Stand: 1. Januar 2014): 76

Albanien (ab 1. Januar 2012),

Algerien (ab 1. Januar 2009),

Aserbaidschan (ab 1. Januar 2006),

Bulgarien (ab 1. Januar 2011),

Belarus (Weißrussland) (ab 1. Januar 2007),

Georgien (ab 1. Januar 2008),

Ghana (ab 1. Januar 2008),

Großbritannien (ab 1. Januar 2011),

Kanada (ab 1. Januar 2011),

Kasachstan (ab 1. Januar 1996),

Kirgisistan (ab 1. Januar 2007),

Korea (ab 1. Januar 2003),

Kroatien (ab 1. Januar 2007),

Liechtenstein (ab 1. Januar 2013),

Liberia (ab 1. Januar 1970),

Luxemburg (ab 1. Januar 2014)

Malaysia (ab 1. Januar 2011),

Malta (ab 1. Januar 2002),

Mazedonien (ab 1. Januar 2011),

Mexiko (ab 1. Januar 1993),

Norwegen (ab 1. Januar 1991),

Polen (ab 1. Januar 2005),

Rumänien (ab 1. Januar 2004),

Russland (ab 1. Januar 1997),

Singapur (ab 1. Januar 2007),

Slowenien (ab 1. Januar 2007),

Spanien (ab 1. Januar 2013),

Syrien (ab 1. Januar 2011),

Tadschikistan (ab 1. Januar 2005),

Ungarn (ab 1. Januar 2012),

Uruguay (ab 1. Januar 2012),

Usbekistan (ab 1. Januar 2002),

Zypern (ab 1. Januar 2012).

Beispiel 1: 77

A ist für seinen deutschen Arbeitgeber vom 1. April bis 20. April 01 für 20 Tage, zwischen dem 1. August 01 und dem 31. März 02 für 90 Tage sowie vom 25. April 02 bis zum 31. Juli 02 für 97 Tage in Norwegen tätig.

Für die Vergütungen, die innerhalb des Zeitraums 1. August 01 bis 31. Juli 02 auf Tage entfallen, an denen sich A in Norwegen aufhält, hat Norwegen das Besteuerungsrecht, da sich A innerhalb eines 12 Monats-Zeitraums dort an insgesamt mehr als 183 Tagen (insgesamt 187 Tage) aufgehalten hat. Das Besteuerungsrecht für die Einkünfte, die auf den Zeitraum 1. bis 20. April 01 entfallen, steht dagegen Deutschland zu, da sich A in allen auf diesen Zeitraum bezogenen denkbaren 12-Monats-Zeiträumen an nicht mehr als 183 Tagen in Norwegen aufgehalten hat.

78 **Beispiel 2:**

B ist für seinen deutschen Arbeitgeber zwischen dem 1. Januar 01 und dem 28. Februar 01 sowie vom 1. Mai 01 bis zum 30. April 02 für jeweils monatlich 20 Tage in Norwegen tätig.

Das Besteuerungsrecht für die Vergütungen, die innerhalb des Zeitraums 1. Mai 01 bis 30. April 02 auf Tage entfallen, an denen sich B in Norwegen aufhält, hat Norwegen, da sich B innerhalb eines 12 Monats-Zeitraums dort an insgesamt mehr als 183 Tagen (insgesamt = 240 Tage) aufgehalten hat. Gleiches gilt für den Zeitraum 1. Januar 01 bis 28. Februar 01, da sich B auch innerhalb des 12 Monats-Zeitraums 1. Januar 01 bis 31. Dezember 01 an insgesamt mehr als 183 Tagen (insgesamt = 200 Tage) in Norwegen aufgehalten hat.

4.2.5 Anwendung der 183-Tage-Frist auf das Steuerjahr/Kalenderjahr

79 Wird in einem DBA zur Ermittlung der Aufenthalts-/Ausübungstage anstelle eines 12-Monats-Zeitraums auf das Steuerjahr oder Kalenderjahr abgestellt, so sind die Aufenthalts-/Ausübungstage für jedes Steuer- oder Kalenderjahr gesondert zu ermitteln. Weicht das Steuerjahr des anderen Vertragsstaats vom Steuerjahr Deutschlands (= Kalenderjahr) ab, ist jeweils das Steuerjahr des Vertragsstaats maßgebend, in dem die Tätigkeit ausgeübt wird.

80 Folgende Vertragsstaaten haben z. B. ein vom Kalenderjahr abweichendes Steuerjahr

(Stand: 1. Januar 2014):

Australien 1. Juli bis 30. Juni

Bangladesch 1. Juli bis 30. Juni

Großbritannien 6. April bis 5. April (s. u.)

Indien 1. April bis 31. März

Iran 21. März bis 20. März

Namibia 1. März bis 28./29. Februar

Neuseeland 1. April bis 31. März

Pakistan 1. Juli bis 30. Juni

Sri Lanka 1. April bis 31. März

Südafrika 1. März bis 28./29. Februar

81 In Bezug auf Großbritannien ist zu beachten, dass in Art. 14 Abs. 2 Buchstabe a des DBA-Großbritannien vom 30. März 2010 (gültig ab 1. Januar 2011) nicht mehr auf das Steuerjahr abgestellt wird, sondern auf einen Zeitraum von 12 Monaten (zur Berechnung s. Tz. 4.2.4)

82 **Beispiel 1:**

A ist vom 1. Oktober 01 bis 31. Mai 02 für seinen deutschen Arbeitgeber in Schweden tätig.

Die Aufenthaltstage sind für jedes Kalenderjahr getrennt zu ermitteln. A hält sich weder im Kalenderjahr 01 (92 Tage) noch im Kalenderjahr 02 (151 Tage) länger als 183 Tage in Schweden auf.

83 **Beispiel 2:**

B ist für seinen deutschen Arbeitgeber vom 1. Januar 02 bis 31. Juli 02 in Indien (Steuerjahr 1. April bis 31. März) tätig.

Die Aufenthaltstage sind für jedes Steuerjahr getrennt zu ermitteln. Maßgeblich ist das Steuerjahr des Tätigkeitsstaates. Da das Steuerjahr 01/02 in Indien am 31. März 02 endet, hält sich B weder im Steuerjahr 01/02 (90 Tage) noch im Steuerjahr 02/03 (122 Tage) länger als 183 Tage in Indien auf.

4.2.6 Besonderheiten beim Wechsel des Bezugszeitraums im DBA und Wechsel der Ansässigkeit

84 Bei Umstellung eines DBA vom Steuerjahr auf einen 12-Monats-Zeitraum ist – soweit im DBA nichts anderes vereinbart ist – ab Anwendbarkeit des neuen DBA auch dann ein 12-Monats-Zeitraum zu betrachten, wenn dessen Beginn in den Anwendungszeitraum des alten DBA hineinreicht.

85 **Beispiel 1:**

Ein deutscher Arbeitgeber entsendet einen in Deutschland ansässigen Mitarbeiter A vom 15. November 2010 bis 31. Mai 2011 (insgesamt 198 Tage) nach Großbritannien.

Das DBA-Großbritannien 2010 ist nach Art. 32 Abs. 2 Buchstabe a Doppelbuchstabe bb ab 1. Januar 2011 anzuwenden und enthält als maßgeblichen Bezugszeitraum einen 12-Monats-

Zeitraum, der während des bestehenden Steuerjahres (6. April bis 5. April) beginnt bzw. endet. Für den Veranlagungszeitraum 2010 bedeutet das, dass zur Ermittlung der Aufenthaltstage nach Art. XI Abs. 3 DBA-Großbritannien 1964 auf das britische Steuerjahr (6. April 2010 bis 5. April 2011) abzustellen ist. In diesem Zeitraum hielt sich A an 142 Tagen und somit nicht länger als 183 Tage in Großbritannien auf. In 2010 verbleibt somit das Besteuerungsrecht für die in 2010 erhaltenen Einkünfte des A in Deutschland. Für den Veranlagungszeitraum 2011 ist allerdings nach Art. 14 Abs. 2 des DBA-Großbritannien 2010 zu prüfen, ob sich A insgesamt länger als 183 Tage innerhalb eines 12-Monats-Zeitraums, der in 2010 beginnt und im Steuerjahr 2011 endet, in Großbritannien aufgehalten hat. A hat sich 198 Tage in Großbritannien aufgehalten. In 2011 erhält somit Großbritannien das Besteuerungsrecht für die vom 1. Januar 2011 bis 31. Mai 2011 vereinnahmten Einkünfte des A.

Seit der Aktualisierung des OECD-MK im Jahr 2008 (s. OECD-MK Punkt 5.1 zu Art. 15 OECD-MA) ist bei der Ermittlung der Aufenthalts-/Ausübungstage ein Wechsel der Ansässigkeit innerhalb der vorgenannten Bezugszeiträume zu beachten. Tage, an denen der Steuerpflichtige im Tätigkeitsstaat ansässig ist, sind bei der Berechnung der 183 Tage nicht zu berücksichtigen. 86

Beispiel 2: (s. OECD-MK 2010 Punkt 5.1) 87

Vom 1. Januar 01 bis 31. Dezember 01 ist A in Polen ansässig. Am 1. Januar 02 wird A von einem in Deutschland ansässigen Arbeitgeber eingestellt und ab diesem Zeitpunkt in Deutschland ansässig. A wird vom 15. bis 31. März 02 von seinem deutschen Arbeitgeber nach Polen entsandt.

In diesem Fall hält sich A zwischen dem 1. April 01 und dem 31. März 02 insgesamt 292 Tage in Polen auf. Da er aber zwischen dem 1. April 01 und dem 31. Dezember 01 in Polen ansässig war, kann dieser Zeitraum für die Berechnung der 183 Tage nicht berücksichtigt werden. Das DBA-Polen 2003 (Anwendung ab 01. 01. 2005) sieht als maßgeblichen Bezugszeitraum für die 183-Tage-Frist den 12-Monats-Zeitraum vor.

A hat sich somit zwischen dem 1. April 01 und 31. März 02 nur 17 Tage (15. März 02 bis 31. März 02) in Polen aufgehalten, ohne zugleich dort ansässig zu sein.

Beispiel 3: (s. OECD-MK 2010 Punkt 5.1) 88

Vom 15. bis 31. Oktober 01 hält sich A, der in Polen ansässig ist, in Deutschland auf, um dort die Erweiterung der Geschäftstätigkeit der X-AG, die in Polen ansässig ist, vorzubereiten. Am 1. Mai 02 zieht A nach Deutschland, wo er ansässig wird und für eine in Deutschland neu gegründete Tochtergesellschaft der X-AG arbeitet.

In diesem Fall hält sich A zwischen dem 15. Oktober 01 und dem 14. Oktober 02 insgesamt 184 Tage in Deutschland auf. Da er aber zwischen dem 1. Mai 02 und dem 14. Oktober 02 in Deutschland ansässig war, wird dieser letztere Zeitraum für die Berechnung der nach Art. 15 Abs. 2 Buchstabe a genannten Zeiträume nicht berücksichtigt.

A hat sich somit zwischen dem 15. Oktober 01 und dem 14. Oktober 02 nur 16 Tage (15. Oktober 01 bis 31. Oktober 01) in Deutschland aufgehalten, ohne zugleich dort ansässig zu sein.

Beispiel 4: 89

Vom 1. Januar 01 bis 30. April 01 war A in Deutschland und vom 1. Mai 01 bis 31. Dezember 01 in den USA ansässig.

Bis zum 30. April 01 war A bei einem deutschen Arbeitgeber beschäftigt. Vom 1. März bis 6. März 01 war A für seinen deutschen Arbeitgeber in den USA tätig. Der deutsche Arbeitgeber hatte in den USA keine Betriebsstätte.

Deutschland hat für den Zeitraum bis zum 30. April 01 das Besteuerungsrecht, weil Deutschland der Ansässigkeitsstaat war, sich A nicht mehr als 183 Tage in den USA aufgehalten hat (der Zeitraum 1. Mai 01 bis 31. Dezember 01 wird insoweit nicht mitgerechnet, weil A in diesem Zeitraum in den USA ansässig war), und der Arbeitslohn nicht von einem US-amerikanischen Arbeitgeber oder einer US-amerikanischen Betriebsstätte getragen wurde.

4.3 Zahlung durch einen oder für einen im Tätigkeitsstaat ansässigen Arbeitgeber – Art. 15 Abs. 2 Buchstabe b OECD-MA –

4.3.1 Allgemeines

Erfolgt die Zahlung durch einen oder für einen im Tätigkeitsstaat ansässigen Arbeitgeber, sind die Voraussetzungen für die Besteuerung im Ansässigkeitsstaat nach Art. 15 Abs. 2 Buchstabe b OECD-MA nicht erfüllt. 90

Die im Ausland ausgeübte unselbständige Tätigkeit eines Arbeitnehmers kann für seinen zivilrechtlichen Arbeitgeber (s. Tz. 4.3.2), für seinen wirtschaftlichen Arbeitgeber im Rahmen einer Arbeitnehmerentsendung zwischen verbundenen Unternehmen (s. Tz. 4.3.3) oder aber für einen nicht verbundenen Unternehmer (s. Tz. 4.3.4 und 4.3.5) erfolgen. 91

92 Ist eine Personengesellschaft Arbeitgeberin, bestimmt sich deren Ansässigkeit für Zwecke des Art. 15 Abs. 2 Buchstabe b OECD-MA grundsätzlich nach dem Ort der Geschäftsleitung. Entsprechendes gilt für eine Personengesellschaft, die im anderen Staat wie eine Kapitalgesellschaft besteuert wird.

93 Eine Betriebsstätte kommt zivilrechtlich nicht als Arbeitgeberin i. S. des DBA in Betracht (s. BFH-Urteile vom 29. Januar 1986, BStBl II S. 442 und BStBl II S. 513), s. aber Tz. 4.4.

94 **Beispiel:**

A ist Arbeitnehmer eines britischen Unternehmens B. Er wohnt seit Jahren in Deutschland und ist bei einer deutschen Betriebsstätte des B in Hamburg beschäftigt. Im Jahr 01 befindet er sich an fünf Arbeitstagen bei Kundenbesuchen in der Schweiz und an fünf Arbeitstagen bei Kundenbesuchen in Norwegen.

Aufenthalt in der Schweiz: Maßgeblich ist das DBA-Schweiz, da A in Deutschland ansässig ist (Art. 1, 4 Abs. 1 DBA-Schweiz) und die „Quelle" der Einkünfte aus unselbständiger Arbeit in dem Staat liegt, in dem die Tätigkeit ausgeübt wird. Nach Art. 15 Abs. 2 DBA-Schweiz hat Deutschland das Besteuerungsrecht, da neben der Erfüllung der weiteren Voraussetzungen dieser Vorschrift A von einem Arbeitgeber entlohnt wird, der nicht in der Schweiz ansässig ist.

Aufenthalt in Norwegen: Maßgeblich ist das DBA-Norwegen. Deutschland hat kein Besteuerungsrecht für die Vergütungen aus der Tätigkeit in Norwegen. Zwar hält sich A nicht länger als 183 Tage in Norwegen auf. Das Besteuerungsrecht steht Deutschland nach Art. 15 Abs. 2 Buchstabe b DBA-Norwegen aber nur dann zu, wenn der Arbeitgeber in dem Staat ansässig ist, in dem auch der Arbeitnehmer ansässig ist. Arbeitgeber ist hier das britische Unternehmen B; die inländische Betriebsstätte kann nicht Arbeitgeber i. S. des DBA sein.

4.3.2 Auslandstätigkeit für den zivilrechtlichen Arbeitgeber

95 Sofern der im Inland ansässige Arbeitnehmer für seinen zivilrechtlichen Arbeitgeber (z. B. im Rahmen einer Lieferung oder Werk-/Dienstleistung) bei einem nicht verbundenen Unternehmen im Ausland tätig ist, ist regelmäßig davon auszugehen, dass der zivilrechtliche Arbeitgeber auch der Arbeitgeber i. S. des DBA ist. Sofern in diesem Fall auch keine Betriebsstätte des Arbeitgebers vorliegt, die die Vergütungen wirtschaftlich trägt, fällt das Besteuerungsrecht erst dann an den Tätigkeitsstaat, wenn die 183-Tage-Frist überschritten ist (s. dazu Art. 15 Abs. 2 Buchstabe a und c OECD-MA).

96 Entsprechendes gilt für einen im Ausland ansässigen Arbeitnehmer, der für seinen zivilrechtlichen Arbeitgeber im Inland tätig ist.

97 **Beispiel: Werkleistungsverpflichtung**

Das ausschließlich in Spanien ansässige Unternehmen S ist spezialisiert auf die Installation von Computeranlagen. Das in Deutschland ansässige, nicht mit S verbundene Unternehmen D hat kürzlich eine neue Computeranlage angeschafft und schließt für die Durchführung der Installation dieser Anlage einen Werkleistungsvertrag mit S ab. X, ein in Spanien ansässiger Angestellter von S, wird für vier Monate an den Firmensitz von D im Inland gesandt, um die vereinbarte Installation durchzuführen. S berechnet D für die Installationsleistungen (einschließlich Reisekosten des X, Gewinnaufschlag etc.) einen pauschalen Betrag. Der Arbeitslohn des X ist dabei lediglich ein nicht gesondert ausgewiesener Preisbestandteil im Rahmen der Preiskalkulation des S.

X wird im Rahmen einer Werkleistungsverpflichtung und nicht im Rahmen einer Arbeitnehmerentsendung des S bei D tätig. Vorausgesetzt, X hält sich nicht mehr als 183 Tage während des betreffenden 12-Monats-Zeitraums in Deutschland auf und S hat in Deutschland keine Betriebsstätte, der die Gehaltszahlungen an X zuzurechnen sind, weist Art. 14 Abs. 2 DBA-Spanien das Besteuerungsrecht für die Vergütungen aus unselbständiger Arbeit Spanien zu.

X ist in Deutschland nach nationalem Recht bereits deshalb beschränkt steuerpflichtig, weil die Tätigkeit in Deutschland ausgeübt wurde (s. § 49 Abs. 1 Nr. 4 Buchstabe a EStG). Da Deutschland für den entsprechenden Arbeitslohn nach Art. 14 Abs. 2 DBA-Spanien kein Besteuerungsrecht hat, ergibt sich für X insoweit keine Einkommensteuer. Der Lohnsteuer*abzug* für die in Deutschland ausgeübte Tätigkeit kann bereits deshalb unterbleiben, weil in Deutschland kein inländischer Arbeitgeber vorliegt und darüber hinaus auch auf der Abkommensebene Deutschland kein Besteuerungsrecht zusteht. S ist kein in § 38 Abs. 1 Satz 1 Nr. 1 und 2 EStG genannter inländischer abzugspflichtiger Arbeitgeber. Eine Abzugsverpflichtung ergibt sich für Deutschland auch nicht nach § 38 Abs. 1 Satz 2 EStG, weil X im Rahmen einer Werkleistungsverpflichtung tätig wird. Für den Fall, dass S und D verbundene Unternehmen sind, ergibt sich keine abweichende Lösung.

4.3.3 Grenzüberschreitende Arbeitnehmerentsendung zwischen verbundenen Unternehmen

4.3.3.1 Wirtschaftlicher Arbeitgeber

Arbeitgeber i. S. des DBA kann nicht nur der zivilrechtliche Arbeitgeber, sondern auch eine andere natürliche oder juristische Person sein, die die Vergütung für die ihr geleistete unselbständige Tätigkeit wirtschaftlich trägt (s. BFH-Urteil vom 23. Februar 2005, BStBl II S. 547). Entsprechendes gilt für Personengesellschaften (s. Tz. 4.3.1). Wird die unselbständige Tätigkeit eines im Inland ansässigen Arbeitnehmers bei einem im Ausland ansässigen verbundenen Unternehmen (Art. 9 OECD-MA) ausgeübt, ist zu prüfen, welches dieser Unternehmen als Arbeitgeber i. S. des DBA und damit als wirtschaftlicher Arbeitgeber anzusehen ist. Hierbei ist auf den wirtschaftlichen Gehalt und die tatsächliche Durchführung der zugrunde liegenden Vereinbarungen abzustellen. Entsprechendes gilt, wenn ein im Ausland ansässiger Arbeitnehmer bei einem im Inland ansässigen verbundenen Unternehmen (Art. 9 OECD-MA) tätig ist. 98

In den Fällen der Arbeitnehmerentsendung ist der wirtschaftliche Arbeitgeber i. S. des Abkommensrechts auch der zum Lohnsteuerabzug verpflichtete inländische Arbeitgeber i. S. des § 38 Abs. 1 Satz 2 EStG, s. BMF-Schreiben vom 27. Januar 2004, BStBl I S. 173, Tz. III.1. 99

Die Grundsätze des BMF-Schreibens vom 9. November 2001, BStBl I S. 796, (Grundsätze für die Prüfung der Einkunftsabgrenzung zwischen international verbundenen Unternehmen in Fällen der Arbeitnehmerentsendung – Verwaltungsgrundsätze-Arbeitnehmerentsendung) sind bei der Abgrenzung zu beachten. Einzeln abgrenzbare Leistungen sind gesondert zu betrachten. 100

Wird der Arbeitnehmer im Rahmen einer Arbeitnehmerentsendung zur Erfüllung einer Lieferungs- oder Werk-/Dienstleistungsverpflichtung des entsendenden Unternehmens bei einem verbundenen Unternehmen tätig und ist sein Arbeitslohn Preisbestandteil der Lieferung oder Werkleistung, ist der zivilrechtliche Arbeitgeber (= entsendendes Unternehmen) auch Arbeitgeber i. S. des DBA. 101

Dagegen wird das aufnehmende verbundene Unternehmen zum Arbeitgeber im abkommensrechtlichen Sinne (wirtschaftlicher Arbeitgeber), wenn 102

- der Arbeitnehmer in das aufnehmende Unternehmen eingebunden ist und
- das aufnehmende Unternehmen den Arbeitslohn (infolge seines eigenen betrieblichen Interesses an der Entsendung des Arbeitnehmers) wirtschaftlich trägt oder nach dem Fremdvergleichsgrundsatz hätte tragen müssen. Hierbei ist es unerheblich, ob die Vergütungen unmittelbar dem betreffenden Arbeitnehmer ausgezahlt werden, oder ein anderes Unternehmen mit diesen Arbeitsvergütungen in Vorlage tritt (s. Verwaltungsgrundsätze-Arbeitnehmerentsendung, a. a. O.). Eine „willkürliche" Weiterbelastung des Arbeitslohns führt nicht zur Begründung der Arbeitgebereigenschaft, ebenso wie eine unterbliebene Weiterbelastung die Arbeitgebereigenschaft beim aufnehmenden Unternehmen nicht verhindern kann.

Für die Entscheidung, ob der Arbeitnehmer in das aufnehmende Unternehmen eingebunden ist, ist das Gesamtbild der Verhältnisse maßgebend. Hierbei ist insbesondere zu berücksichtigen, ob 103

- das aufnehmende Unternehmen die Verantwortung oder das Risiko für die durch die Tätigkeit des Arbeitnehmers erzielten Ergebnisse trägt und
- der Arbeitnehmer den fachlichen Weisungen des aufnehmenden Unternehmens unterworfen ist.

Darüber hinaus kann für die vorgenannte Entscheidung u. a. zu berücksichtigen sein, wer über Art und Umfang der täglichen Arbeit, die Höhe der Bezüge, die Teilnahme an einem etwaigen Erfolgsbonus- und Aktienerwerbsplan des Konzerns oder die Urlaubsgewährung entscheidet, wer die Arbeitsmittel stellt, das Risiko für eine Lohnzahlung im Nichtleistungsfall trägt, das Recht der Entscheidung über Kündigung oder Entlassung hat, oder für die Sozialversicherungsbelange des Arbeitnehmers verantwortlich ist, in wessen Räumlichkeiten die Arbeit erbracht wird, welchen Zeitraum das Tätigwerden im aufnehmenden Unternehmen umfasst, wem gegenüber Abfindungs- und Pensionsansprüche erwachsen und mit wem der Arbeitnehmer Meinungsverschiedenheiten aus dem Arbeitsvertrag auszutragen hat. 104

Nach diesen Grundsätzen wird z. B. bei Entsendung eines Arbeitnehmers von einer Muttergesellschaft zu ihrer Tochtergesellschaft das aufnehmende Unternehmen nicht zum wirtschaftlichen Arbeitgeber, wenn der Arbeitnehmer nicht in dessen Hierarchie eingebunden ist. In diesem Fall wird der Arbeitnehmer ausschließlich als Vertreter der Muttergesellschaft tätig, während im Verhältnis zur Tochtergesellschaft die für ein Arbeitsverhältnis kennzeichnende Abhängigkeit fehlt. Hier bleibt selbst dann, wenn die Tochtergesellschaft der Muttergesellschaft den Arbeitslohn ersetzt, letztere Arbeitgeberin im abkommensrechtlichen Sinne (s. BFH-Urteil vom 23. Februar 2005, BStBl II S. 547.). 105

Zu einem Wechsel der wirtschaftlichen Arbeitgeberstellung bedarf es weder einer förmlichen Änderung des Arbeitsvertrages zwischen dem Arbeitnehmer und dem entsendenden Unterneh- 106 men noch ist der Abschluss eines zusätzlichen Arbeitsvertrages zwischen dem Arbeitnehmer und dem aufnehmenden Unternehmen oder eine im Vorhinein getroffene Verrechnungspreisabrede zwischen den betroffenen verbundenen Unternehmen erforderlich (s. BFH-Urteil vom 23. Februar 2005, a. a. O.).

107 Auf den Sonderfall eines Arbeitnehmers, der im Interesse seines inländischen Arbeitgebers die Funktion als Verwaltungsratsmitglied oder -beirat bei einem ausländischen verbundenen Unternehmen wahrnimmt, wird hingewiesen (s. BFH-Urteil vom 23. Februar 2005, a. a. O.).

108 In den Fällen der internationalen Arbeitnehmerentsendung ist das in Deutschland ansässige aufnehmende Unternehmen, das den Arbeitslohn für die ihm geleistete Arbeit wirtschaftlich trägt, zum Steuerabzug verpflichtet (§ 38 Abs. 1 Satz 2 EStG). Der wirtschaftliche Arbeitgeberbegriff ist damit auch für Zwecke des Lohnsteuerabzugs zu beachten. Nicht erforderlich ist hierfür, dass das deutsche Unternehmen den Arbeitslohn im eigenen Namen und für eigene Rechnung, beispielsweise aufgrund eigener arbeitsrechtlicher Verpflichtung, auszahlt. Die Lohnsteuerabzugsverpflichtung des inländischen Unternehmens entsteht bereits im Zeitpunkt der Auszahlung des Arbeitslohns an den Arbeitnehmer, sofern es aufgrund einer Vereinbarung mit dem ausländischen, entsendenden Unternehmen mit einer Weiterbelastung rechnen kann (R 38.3 Abs. 5 LStR).

109 Zum Umfang der Abzugsverpflichtung durch das inländische Unternehmen ist darauf hinzuweisen, dass sämtliche Gehaltsbestandteile für im Inland ausgeübte Tätigkeiten – auch die von anderen konzernverbundenen Unternehmen gezahlten Bonuszahlungen oder gewährten Aktienoptionen – grundsätzlich dem inländischen Lohnsteuerabzug unterliegen (§ 38 Abs. 1 Satz 3 EStG).

110 **Beispiel 1 – Entsendung im Interesse des entsendenden verbundenen Unternehmens:**

Das ausschließlich in Spanien ansässige Unternehmen S ist die Muttergesellschaft einer Firmengruppe. Zu dieser Gruppe gehört auch D, ein in Deutschland ansässiges Unternehmen, das Produkte der Gruppe verkauft. S hat eine neue weltweite Marktstrategie für die Produkte der Gruppe entwickelt. Um sicherzustellen, dass diese Strategie von D richtig verstanden und umgesetzt wird, wird X, ein in Spanien ansässiger Angestellter von S, der an der Entwicklung der Marktstrategie mitgearbeitet hat, für vier Monate an den Firmensitz von D gesandt. Das Gehalt von X wird ausschließlich von S getragen.

D ist nicht als wirtschaftlicher Arbeitgeber des X anzusehen, denn S trägt allein die Gehaltsaufwendungen des X. Zudem übt X seine Tätigkeit im alleinigen Interesse von S aus. Eine Eingliederung in die organisatorischen Strukturen des D erfolgt nicht. Das Besteuerungsrecht für die Vergütungen des X wird Spanien zugewiesen (Art. 14 Abs. 2 DBA-Spanien). Deutschland stellt die Vergütungen steuerfrei.

X ist in Deutschland nach nationalem Recht bereits deshalb beschränkt steuerpflichtig, weil die Tätigkeit in Deutschland ausgeübt wurde (s. § 49 Abs. 1 Nr. 4 Buchstabe a EStG). Da Deutschland für den entsprechenden Arbeitslohn nach Art. 14 Abs. 2 DBA-Spanien kein Besteuerungsrecht hat, ergibt sich für X insoweit keine Einkommensteuer.

S und D sind keine inländischen Arbeitgeber i. S. des § 38 Abs. 1 EStG des X und daher auch nicht zum Lohnsteuerabzug verpflichtet.

111 **Beispiel 2: Arbeitnehmerentsendung im Interesse des aufnehmenden Unternehmens**

Ein internationaler Hotelkonzern betreibt durch eine Anzahl von Tochtergesellschaften weltweit Hotels. S, eine in Spanien ansässige Tochtergesellschaft, betreibt in Spanien ein Hotel. D, eine weitere Tochtergesellschaft der Gruppe, betreibt ein Hotel in Deutschland. D benötigt für fünf Monate einen Arbeitnehmer mit spanischen Sprachkenntnissen. Aus diesem Grund wird X, ein in Spanien ansässiger Angestellter der S, zu D entsandt, um während dieser Zeit an der Rezeption im Inland tätig zu sein. X bleibt während dieser Zeit bei S angestellt und wird auch weiterhin von S bezahlt. D übernimmt die Reisekosten von X und bezahlt an S eine Gebühr, die auf dem Gehalt, den Sozialabgaben und weiteren Vergütungen des X für diese Zeit basiert.

Für den Zeitraum der Tätigkeit des X im Inland ist D als wirtschaftlicher Arbeitgeber des X anzusehen. Die Entsendung des X zwischen den international verbundenen Unternehmen erfolgt im Interesse des aufnehmenden Unternehmens D. X ist in dem genannten Zeitraum in den Geschäftsbetrieb des D eingebunden. Zudem trägt D wirtschaftlich die Arbeitsvergütungen. *Die* Tatbestandsvoraussetzung des Art. 14 Abs. 2 Buchstabe b DBA-Spanien sind damit nicht gegeben. Obwohl X weniger als 183 Tage in Deutschland tätig ist, wird Deutschland gemäß Art. 14 Abs. 1 DBA-Spanien das Besteuerungsrecht für die Vergütungen des X für den genannten Zeitraum zugewiesen.

X ist in Deutschland nach nationalem Recht bereits deshalb beschränkt steuerpflichtig, weil die Tätigkeit in Deutschland ausgeübt wurde (s. § 49 Abs. 1 Nr. 4 Buchstabe a EStG).

D ist inländischer Arbeitgeber i. S. des § 38 Abs. 1 Satz 2 EStG. D zahlt den Arbeitslohn zwar nicht an X aus, trägt ihn aber wirtschaftlich und ist daher zum Lohnsteuerabzug verpflichtet (R 38.3 Abs. 5 LStR). Der Lohnsteuerabzug für X ist durchzuführen.

4.3.3.2 Vereinfachungsregelung

Bei einer Arbeitnehmerentsendung zwischen international verbundenen Unternehmen von nicht mehr als drei Monaten (auch jahresübergreifend für sachlich zusammenhängende Tätigkeiten) spricht eine widerlegbare Anscheinsvermutung dafür, dass das aufnehmende Unternehmen mangels Einbindung des Arbeitnehmers nicht als wirtschaftlicher Arbeitgeber anzusehen ist. Die Anscheinsvermutung kann im Einzelfall unter Beachtung der Kriterien in der Tz. 4.3.3.1 entkräftet werden. Die Grundsätze des BMF-Schreibens vom 9. November 2001, BStBl I S. 796, (Verwaltungsgrundsätze-Arbeitnehmerentsendung) sind zu beachten. 112

4.3.3.3 Entsendendes und aufnehmendes Unternehmen sind Arbeitgeber

Ist ein Arbeitnehmer abwechselnd sowohl für seinen inländischen zivilrechtlichen Arbeitgeber als auch für ein weiteres im Ausland ansässiges verbundenes Unternehmen tätig (z. B. ein Arbeitnehmer einer deutschen Muttergesellschaft wird abgrenzbar in Spanien und/oder in Deutschland sowohl im Interesse der spanischen aufnehmenden Gesellschaft als auch im Interesse der entsendenden deutschen Gesellschaft tätig), können abkommensrechtlich beide Unternehmen „Arbeitgeber" des betreffenden Arbeitnehmers sein. Voraussetzung ist, dass nach den vorgenannten Grundsätzen beide Unternehmen für die jeweils anteiligen Vergütungen als Arbeitgeber i. S. des DBA anzusehen sind. Dies kann z. B. der Fall sein, wenn sowohl das entsendende als auch das aufnehmende Unternehmen ein Interesse an der Entsendung haben, weil der Arbeitnehmer Planungs-, Koordinierungs- oder Kontrollfunktionen für das entsendende Unternehmen ausübt (s. Tz. 3.1.1 der Verwaltungsgrundsätze-Arbeitnehmerentsendung, a. a. O.). Die Tätigkeiten für das entsendende und für das aufnehmende Unternehmen sind mit ihrer (zeit-)anteiligen Vergütung jeweils getrennt zu beurteilen. Zunächst spricht eine widerlegbare Vermutung dafür, dass der entsandte Arbeitnehmer mit seiner Tätigkeit beim aufnehmenden Unternehmen in dessen Interesse tätig wird. Anhand von nachvollziehbaren Aufzeichnungen und Beschreibungen über die einzelnen abgrenzbaren Tätigkeiten kann aber dargelegt werden, dass im beschriebenen Umfang die Tätigkeit im Interesse des entsendenden Unternehmens erfolgt und insoweit diesem zuzuordnen ist. 113

Erhält der Arbeitnehmer seine Vergütungen aus unselbständiger Tätigkeit in vollem Umfang von seinem zivilrechtlichen Arbeitgeber und trägt das im Ausland ansässige verbundene Unternehmen wirtschaftlich die an den Arbeitnehmer gezahlten (zeit-)anteiligen Vergütungen für die in diesem Unternehmen ausgeübte Tätigkeit, indem die (zeit-)anteiligen Vergütungen zwischen den verbundenen Unternehmen verrechnet werden, ist zu prüfen, ob der Betrag dieser (zeit-)anteiligen Vergütungen höher ist, als sie ein anderer Arbeitnehmer unter gleichen oder ähnlichen Bedingungen für diese Tätigkeit in diesem anderen Staat erhalten hätte. Der übersteigende Betrag stellt keine Erstattung von Arbeitslohn dar, sondern ist Ausfluss des Verhältnisses der beiden verbundenen Unternehmen zueinander. Der übersteigende Betrag gehört nicht zum Arbeitslohn für die Auslandstätigkeit. Das Besteuerungsrecht steht insoweit dem Ansässigkeitsstaat des Arbeitnehmers zu. 114

Beispiel: 115

Ein in Deutschland ansässiger Arbeitnehmer wird vom 15. August 01 bis 31. Dezember 01 (80 Arbeitstage) an eine chinesische Tochtergesellschaft entsandt. Der Arbeitslohn in Höhe von 110 000 € wird weiterhin vom deutschen Unternehmen ausbezahlt. Davon werden (nach Fremdvergleichsgrundsätzen zutreffend) jedoch 80 000 € an die chinesische Tochtergesellschaft weiterbelastet, da der Arbeitnehmer nicht nur im Interesse der aufnehmenden Tochtergesellschaft, sondern auch im Interesse der entsendenden Muttergesellschaft (z. B. Aufsichtsfunktion zur Umsetzung eines von der Muttergesellschaft vorgegebenen Konzeptes) entsendet wird. Der Arbeitnehmer hält sich während des gesamten Zeitraums (80 Arbeitstage) stets im Interesse beider Arbeitgeber an 20 Arbeitstagen in Deutschland und an 60 Arbeitstagen in China auf. Folglich nimmt er zu jeder Zeit in beiden Staaten jeweils Aufgaben sowohl von der deutschen Muttergesellschaft als auch von der chinesischen Tochtergesellschaft wahr.

Nach Art. 15 Abs. 1 DBA-China können Vergütungen nur im Ansässigkeitsstaat besteuert werden, es sei denn die Tätigkeit wird im anderen Vertragsstaat ausgeübt. Wird die Arbeit dort ausgeübt, so können die dafür bezogenen Vergütungen im anderen Staat besteuert werden. Soweit die Voraussetzungen des Art. 15 Abs. 2 DBA-China erfüllt sind, bleibt es jedoch beim ausschließlichen Besteuerungsrecht des Ansässigkeitsstaates.

Behandlung der nicht weiterbelasteten Lohnbestandteile:

Da der Arbeitnehmer auch im Interesse des entsendenden Unternehmens (deutsche Muttergesellschaft) in China tätig war, entfallen die nicht an die chinesische Tochtergesellschaft weiterbelasteten Lohnbestandteile in Höhe von 30 000 € nach Art. 15 Abs. 1 DBA-China auf die in China ausgeübte Tätigkeit. Insoweit liegen die Voraussetzung des Art. 15 Abs. 2 DBA-China vor. Der Arbeitnehmer hat sich im Jahr 01 nicht länger als 183 Tage im Tätigkeitsstaat aufgehalten und die Vergütung wurde in dieser Höhe (zutreffend) nicht von einem im Tätigkeitsstaat ansässigen Arbeitgeber oder einer dort gelegenen Betriebsstätte bezahlt. Das ausschließliche Besteuerungsrecht an diesem Vergütungsbestandteil verbleibt deshalb im Ansässigkeitsstaat Deutschland. Das deutsche Unternehmen kann die entsprechenden Lohnkosten als Betriebsausgaben geltend machen.

Behandlung der weiterbelasteten Lohnbestandteile:

Der übrige Lohnanteil (80 000 €) ist anhand der auf diesen Zeitraum entfallenden tatsächlichen Arbeitstage (80) auf die in Deutschland und die in China ausgeübte Tätigkeit aufzuteilen.

Der Arbeitslohn entfällt in Höhe von 80 000 € × 20/80 = 20 000 € auf die im Inland ausgeübte Tätigkeit. Das Besteuerungsrecht steht gemäß Art. 15 Abs. 1 Satz 1 1. Halbsatz DBA-China ausschließlich dem Ansässigkeitsstaat Deutschland zu.

Für den auf die Tätigkeit in China entfallenden Arbeitslohn in Höhe von 80 000 € × 60/80 = 60 000 € hat hingegen China gemäß Art. 15 Abs. 1 Satz 2 DBA-China das Besteuerungsrecht. Insbesondere sind aufgrund der nach Fremdvergleichsgrundsätzen zutreffenden Weiterbelastung der Lohnkosten an die chinesische Tochtergesellschaft in dieser Höhe die Voraussetzungen des Art. 15 Abs. 2 DBA-China nicht erfüllt. Der Arbeitslohn ist folglich in Höhe von 60 000 € unter Beachtung der nationalen Rückfallklauseln des § 50d Abs. 8 und 9 EStG und des Progressionsvorbehalts von der deutschen Besteuerung auszunehmen (Art. 24 Abs. 2 Buchstabe a DBA-China).

116 **Abwandlung:**

Sachverhalt wie im Beispiel 1, jedoch entfallen die nicht an die Tochtergesellschaft weiterbelasteten Lohnbestandteile i. H. v. 30 000 € lediglich auf die 20 in Deutschland verbrachten Arbeitstage. Gleichwohl führt der Arbeitnehmer während seines Aufenthalts in Deutschland auch Aufgaben im Interesse der chinesischen Tochtergesellschaft aus.

Behandlung der nicht weiterbelasteten Lohnbestandteile:

Die nicht an die chinesische Tochtergesellschaft weiterbelasteten Lohnbestandteile i. H. v. 30 000 € entfallen auf eine ausschließlich in Deutschland ausgeübte Tätigkeit. Damit steht dem Ansässigkeitsstaat Deutschland gemäß Art. 15 Abs. 1 Satz 1 1. Halbsatz DBA-China das ausschließliche Besteuerungsrecht zu.

Behandlung der weiterbelasteten Lohnbestandteile:

Die Behandlung der an die chinesische Tochtergesellschaft nach Fremdvergleichsgrundsätzen zutreffend weiterbelasteten Lohnbestandteile entspricht der Lösung im obigen Beispiel.

4.3.3.4 Geschäftsführer, Vorstände und Prokuristen

117 Wenn lediglich das im Ausland ansässige verbundene Unternehmen den formellen Anstellungsvertrag mit der natürlichen Person schließt und diese im Rahmen eines Managementvertrags an das inländische verbundene Unternehmen überlässt und die natürliche Person in das deutsche Handelsregister einträgt, ist das deutsche aufnehmende Unternehmen dann als wirtschaftlicher Arbeitgeber anzusehen, wenn die Person in das deutsche aufnehmende Unternehmen eingegliedert ist. Die auf diese Tätigkeit entfallenden Vergütungen sind nach den Fremdvergleichsgrundsätzen dem aufnehmenden Unternehmen (als wirtschaftlichem Arbeitgeber) zuzurechnen. Dies gilt allerdings nicht, wenn die o. g. leitende Person zur Erfüllung einer Dienstleistungsverpflichtung des entsendenden Unternehmens bei einem verbundenen Unternehmen tätig wird und sein Arbeitslohn Preisbestandteil der Dienstleistung ist. In diesem Fall wäre zu prüfen, ob durch die Tätigkeit dieser Person eine Betriebsstätte begründet wurde (s. BMF-Schreiben vom 9. November 2001, BStBl I S. 796, Tz. 2.1).

118 Gleiches gilt in Fällen, in denen für die Tätigkeit als leitende Person beim inländischen verbundenen Unternehmen keine gesonderte Vergütung vereinbart wird oder die Tätigkeit für das deutsche Unternehmen ausdrücklich unentgeltlich erfolgen soll, da der auf die leitende Tätigkeit entfallende Lohnanteil bereits in dem insgesamt im Ausland geschuldeten Arbeitslohn enthalten ist. Das Besteuerungsrecht für den Arbeitslohn, der dem deutschen verbundenen Unternehmen zuzurechnen ist, steht nach den allgemeinen Grundsätzen des Art. 15 OECD-MA Deutschland zu. Soweit die natürliche Person im Ausland ansässig ist, gilt dies nur insoweit, als die Tätigkeit in Deutschland ausgeübt wird.

119 Sondervorschriften in einzelnen DBA zu Geschäftsführern, Vorständen oder anderen leitenden Angestellten wie z. B. Art. 16 DBA-Österreich und Art. 15 Abs. 4 DBA-Schweiz sind jedoch stets vorrangig anzuwenden. In diesen Sonderfällen ist der Ort, an dem die Tätigkeit für das inländische Unternehmen ausgeübt wird, für die Zuteilung des Besteuerungsrechts der Einkünfte aus

unselbständiger Arbeit unbeachtlich. Die Sondervorschriften gelten jedoch nur, wenn die Gesellschaft nicht im gleichen Staat ansässig ist wie die vorgenannte leitende Person.

4.3.3.5 Gestaltungsmissbrauch i. S. des § 42 AO

Dient eine Arbeitnehmerentsendung ausschließlich oder fast ausschließlich dazu, die deutsche Besteuerung zu vermeiden, ist im Einzelfall zu prüfen, ob ein Missbrauch rechtlicher Gestaltungsmöglichkeiten nach § 42 AO vorliegt. 120

Beispiel: 121

Ein in der Schweiz ansässiger Gesellschafter-Geschäftsführer einer inländischen Kapitalgesellschaft unterlag in der Vergangenheit der inländischen Besteuerung nach Art. 15 Abs. 4 DBA-Schweiz. Die Grenzgängereigenschaft des Art. 15a DBA-Schweiz war bei ihm nicht gegeben. Er legt diese Beteiligung in eine Schweizer AG ein, an der er ebenfalls als Gesellschafter-Geschäftsführer wesentlich beteiligt ist. Dieser Ertrag ist nach Art. 13 Abs. 3 i. V. m. Abs. 4 DBA-Schweiz in Deutschland steuerfrei. Sein inländischer Anstellungsvertrag wird aufgelöst, er wird ab der Umstrukturierung als Arbeitnehmer der neuen Muttergesellschaft im Rahmen eines Managementverleihvertrags für die deutsche Tochtergesellschaft tätig.

Dient die gewählte Gestaltung nur dazu, die Anwendung des Art. 15 Abs. 4 DBA-Schweiz zu vermeiden, ist die Gestaltung ungeachtet der ggf. erfüllten Kriterien der Tz. 4.3.3.1 nach § 42 AO nicht anzuerkennen.

4.3.3.6 Arbeitgeber im Rahmen einer Poolvereinbarung

Schließen sich verbundene Unternehmen zu einem Pool zusammen, handelt es sich steuerlich um eine Innengesellschaft (Verwaltungsgrundsätze-Umlageverträge, s. BMF-Schreiben vom 30. Dezember 1999, BStBl I S. 1122). Das gegebene zivilrechtliche Arbeitsverhältnis bleibt in diesen Fällen unverändert bestehen. Maßgeblich für die Anwendung des DBA ist dieses Arbeitsverhältnis. 122

Beispiel: 123

Fünf europäische Landesgesellschaften eines international tätigen Maschinenbau-Konzerns schließen sich zusammen, um eine Einsatzgruppe von Technikern zu bilden, die je nach Bedarf in Notfällen für die Landesgesellschaften in den einzelnen Ländern tätig werden sollen. Jede Landesgesellschaft stellt hierfür drei Techniker; die Kosten der Gruppe werden nach einem Umsatzschlüssel auf die Gesellschaften verteilt.

Arbeitgeber i. S. des DBA ist der jeweilige zivilrechtliche Arbeitgeber (die jeweilige Landesgesellschaft) des Technikers.

4.3.4 Gewerbliche Arbeitnehmerüberlassung

Gewerbliche Arbeitnehmerüberlassung liegt bei Unternehmen (Verleiher) vor, die Dritten (Entleiher) gewerbsmäßig Arbeitnehmer (Leiharbeitnehmer) zur Arbeitsleistung überlassen. 124

4.3.4.1 Beurteilung einer gewerblichen Arbeitnehmerüberlassung nach Art. 15 Abs. 1 und 2 OECD-MA entsprechenden Vorschriften

Bei einer grenzüberschreitenden Arbeitnehmerüberlassung nimmt grundsätzlich der Entleiher die wesentlichen Arbeitgeberfunktionen wahr. Der Leiharbeitnehmer ist regelmäßig in den Betrieb des Entleihers eingebunden. Dementsprechend ist (abweichend von Tz. 4.3.3.2) bereits mit Aufnahme der Tätigkeit des Leiharbeitnehmers beim Entleiher i. d. R. dieser als Arbeitgeber i. S. des DBA anzusehen. 125

Bei einer doppel- oder mehrstöckigen gewerblichen Arbeitnehmerüberlassung ist i. d. R. der letzte Entleiher in der Kette als wirtschaftlicher Arbeitgeber nach DBA anzusehen. 126

Nicht selten, z. B. bei nur kurzfristiger Überlassung (s. BFH-Beschluss vom 4. September 2002, BStBl 2003 II S. 306), können auch wesentliche Arbeitgeberfunktionen beim Verleiher verbleiben. Es ist daher insbesondere anhand folgender Kriterien zu prüfen, ob nach dem Gesamtbild der Verhältnisse der Verleiher oder der Entleiher überwiegend die wesentlichen Arbeitgeberfunktionen wahrnimmt und damit als Arbeitgeber i. S. des DBA (s. auch OECD-MK, Tz. 8.14 zu Art. 15) anzusehen ist. 127

- Wer trägt die Verantwortung oder das Risiko für die durch die Tätigkeit des Arbeitnehmers erzielten Ergebnisse? Hat der Entleiher im Falle von Beanstandungen das Recht, den Arbeitnehmer an den Verleiher zurückzuweisen?
- Wer hat das Recht, dem Arbeitnehmer Weisungen zu erteilen?
- Unter wessen Kontrolle und Verantwortung steht die Einrichtung, in der der Arbeitnehmer seine Tätigkeit ausübt?

– Wer stellt dem Arbeitnehmer im Wesentlichen die Werkzeuge und das Material zur Verfügung?
– Wer bestimmt die Zahl und die Qualifikation der Arbeitnehmer?
– Wer trägt das Lohnkostenrisiko im Falle der Nichtbeschäftigung?

128 **Beispiel 1: Verleih im Inland mit anschließender grenzüberschreitender Lieferungs- oder Werkleistungsverpflichtung**

Der im Inland ansässige Verleiher überlässt den im Inland ansässigen Arbeitnehmer an ein ebenfalls im Inland ansässiges Unternehmen (Entleiher), das den Arbeitnehmer für nicht mehr als 183 Tage zur Erfüllung einer eigenen Lieferungs- oder Werkleistungsverpflichtung bei einem fremden dritten Unternehmen im Ausland einsetzt.

Das im Ausland ansässige Unternehmen nimmt keinerlei Arbeitgeberfunktionen gegenüber dem Arbeitnehmer wahr und ist damit nicht dessen Arbeitgeber im abkommensrechtlichen Sinne. Wirtschaftlicher Arbeitgeber des Arbeitnehmers ist vielmehr der im Inland ansässige Entleiher. Das Besteuerungsrecht für die vom Arbeitnehmer im Ausland ausgeübte Tätigkeit richtet sich ausschließlich nach den Art. 15 Abs. 1 und 2 OECD-MA entsprechenden Vorschriften der DBA. Da der Arbeitnehmer nicht mehr als 183 Tage im Ausland eingesetzt ist und der Entleiher dort weder ansässig ist, noch eine Betriebsstätte unterhält, steht das Besteuerungsrecht für die Vergütungen aus der Tätigkeit ausschließlich Deutschland zu.

129 **Beispiel 2: Verleih im Inland mit anschließender grenzüberschreitender Arbeitnehmerentsendung**

Der im Inland ansässige Verleiher überlässt den im Inland ansässigen Arbeitnehmer an ein ebenfalls im Inland ansässiges Unternehmen (Entleiher), das den Arbeitnehmer für nicht mehr als 183 Tage im Ausland bei einem zum Konzern gehörenden Unternehmen einsetzt.

In diesem Fall ist zu prüfen, welche der beiden Konzerngesellschaften als Arbeitgeber im Sinne des DBA anzusehen ist (s. Tz. 4.3.3). Ist der im Inland ansässige Entleiher der wirtschaftliche Arbeitgeber des Leiharbeitnehmers, entspricht die Lösung der im Beispiel 1.

Ist dagegen das im Ausland ansässige Unternehmen als wirtschaftlicher Arbeitgeber anzusehen, sind die Voraussetzungen des Art. 15 Abs. 2 OECD-MA nicht erfüllt und der ausländische Tätigkeitsstaat hat nach Art. 15 Abs. 1 OECD-MA das Besteuerungsrecht.

130 **Beispiel 3: Grenzüberschreitender Verleih mit anschließender Lieferungs- oder Werkleistungsverpflichtung im Inland**

Der im Inland ansässige Verleiher überlässt den im Inland ansässigen Arbeitnehmer an ein im Ausland ansässiges Unternehmen (Entleiher), das den Arbeitnehmer für nicht mehr als 183 Tage zur Erfüllung einer eigenen Lieferungs- oder Werkleistungsverpflichtung bei einem Unternehmen im Inland einsetzt.

Es liegt eine grenzüberschreitende gewerbliche Arbeitnehmerüberlassung vor, in deren Rahmen der Arbeitnehmer an ein im Ausland ansässiges Unternehmen verliehen wird. Der Entleiher ist auch Arbeitgeber im abkommensrechtlichen Sinne, sofern er die wesentlichen Arbeitgeberfunktionen wahrnimmt. Soweit jedoch der Arbeitnehmer seine unselbständige Arbeit im Inland ausübt, ist der Ansässigkeitsstaat des Arbeitnehmers zugleich dessen Tätigkeitsstaat. Für die auf diese Tätigkeit entfallenden Vergütungen hat Deutschland das ausschließliche Besteuerungsrecht. Allein deshalb, weil der im anderen Vertragsstaat ansässige Entleiher im abkommensrechtlichen Sinne der Arbeitgeber ist und den Arbeitslohn an den Arbeitnehmer zahlt, ist das Besteuerungsrecht nicht dem anderen Vertragsstaat zuzuweisen.

131 **Beispiel 4: Grenzüberschreitender Verleih mit anschließender Arbeitnehmerentsendung in das Inland**

Der im Inland ansässige Verleiher überlässt den im Inland ansässigen Arbeitnehmer an ein im Ausland ansässiges Unternehmen (Entleiher), das den Arbeitnehmer für nicht mehr als 183 Tage bei einem im Inland ansässigen zum Konzern gehörenden Unternehmen einsetzt.

Soweit der Arbeitnehmer seine unselbständige Arbeit im Inland ausübt, ist der Ansässigkeitsstaat des Arbeitnehmers zugleich dessen Tätigkeitsstaat. Für die auf diese Tätigkeit entfallenden Vergütungen hat Deutschland das ausschließliche Besteuerungsrecht. In diesem Fall ist (abweichend von Beispiel 2) nicht entscheidend, welche der beiden Konzerngesellschaften als Arbeitgeber i. S. des DBA anzusehen ist.

132 **Beispiel 5: Grenzüberschreitender Verleih mit anschließender Lieferungs- oder Werkleistungsverpflichtung im gleichen ausländischen Staat**

Der im Inland ansässige Verleiher überlässt den im Inland ansässigen Arbeitnehmer an ein im Ausland ansässiges Unternehmen (Entleiher), das den Arbeitnehmer für nicht mehr als 183 Tage zur Erfüllung einer eigenen Lieferungs- oder Werkleistungsverpflichtung bei einem dritten Unternehmen im gleichen ausländischen Staat einsetzt.

Es liegt eine grenzüberschreitende gewerbliche Arbeitnehmerüberlassung vor, in deren Rahmen der Arbeitnehmer an ein im Ausland ansässiges Unternehmen entliehen und auch in diesem ausländischen Staat tätig wird. Der Entleiher ist Arbeitgeber im abkommensrechtlichen Sinne, sofern er die wesentlichen Arbeitgeberfunktionen wahrnimmt. Die Voraussetzungen des Art. 15 Abs. 2 OECD-MA sind nicht erfüllt und der ausländische Tätigkeitsstaat hat nach Art. 15 Abs. 1 OECD-MA das Besteuerungsrecht.

Beispiel 6: Grenzüberschreitender Verleih mit anschließender Arbeitnehmerentsendung innerhalb des gleichen ausländischen Staats 133

Der im Inland ansässige Verleiher überlässt den im Inland ansässigen Arbeitnehmer an ein im Ausland ansässiges Unternehmen (Entleiher), das den Arbeitnehmer für nicht mehr als 183 Tage bei einem im gleichen ausländischen Staat ansässigen zum Konzern gehörenden Unternehmen einsetzt.

Die Voraussetzungen des Art. 15 Abs. 2 OECD-MA sind nicht erfüllt und der ausländische Tätigkeitsstaat hat nach Art. 15 Abs. 1 OECD-MA das Besteuerungsrecht für die Vergütungen, die auf diese Tätigkeit entfallen. In diesem Fall ist (abweichend von Beispiel 2) nicht entscheidend, welche der beiden Konzerngesellschaften als Arbeitgeber i. S. des DBA anzusehen ist, da beide im gleichen ausländischen Staat ansässig sind.

Beispiel 7: Grenzüberschreitender Verleih mit anschließender Lieferungs- oder Werkleistungsverpflichtung in einem weiteren ausländischen Staat 134

Der im Inland ansässige Verleiher überlässt den im Inland ansässigen Arbeitnehmer an ein im Staat X ansässiges Unternehmen (Entleiher), das den Arbeitnehmer für nicht mehr als 183 Tage zur Erfüllung einer eigenen Lieferungs- oder Werkleistungsverpflichtung bei einem dritten Unternehmen in einem dritten Staat Y einsetzt.

Es liegt eine grenzüberschreitende gewerbliche Arbeitnehmerüberlassung vor, in deren Rahmen der Arbeitnehmer an das in Staat X ansässige Unternehmen entliehen wird. Der Entleiher ist Arbeitgeber im abkommensrechtlichen Sinne, sofern er die wesentlichen Arbeitgeberfunktionen wahrnimmt. Staat X hat nach Art. 15 Abs. 1 OECD-MA dennoch kein Besteuerungsrecht für die Vergütungen, soweit diese auf die im Staat Y ausgeübte Tätigkeit des Arbeitnehmers entfallen.

Das im Staat Y ansässige Unternehmen nimmt keinerlei Arbeitgeberfunktionen gegenüber dem Arbeitnehmer wahr und ist damit nicht dessen Arbeitgeber im abkommensrechtlichen Sinne. Wenn der Arbeitnehmer weniger als 183 Tage in Staat Y eingesetzt ist und der nicht in Staat Y ansässige Arbeitgeber im abkommensrechtlichen Sinne dort keine Betriebsstätte unterhält, steht das Besteuerungsrecht für die Vergütungen aus der Tätigkeit ausschließlich Deutschland zu.

Beispiel 8: Grenzüberschreitender Verleih mit anschließender Arbeitnehmerentsendung in einen weiteren ausländischen Staat 135

Der im Inland ansässige Verleiher überlässt den im Inland ansässigen Arbeitnehmer an ein im Staat X ansässiges Unternehmen (Entleiher), das den Arbeitnehmer für nicht mehr als 183 Tage bei einem zum Konzern gehörenden, in Staat Y ansässigen Unternehmen einsetzt.

In diesem Fall ist zu prüfen, welche der beiden in ausländischen Staaten ansässigen Konzerngesellschaften als Arbeitgeber i. S. des DBA anzusehen ist (s. Tz. 4.3.3). Ist der im Staat X ansässige Entleiher der wirtschaftliche Arbeitgeber des Leiharbeitnehmers, entspricht die Lösung der im Beispiel 7.

Ist dagegen das im Staat Y ansässige Unternehmen als wirtschaftlicher Arbeitgeber anzusehen, sind die Voraussetzungen des Art. 15 Abs. 2 OECD-MA nicht erfüllt und der ausländische Tätigkeitsstaat Y hat nach Art. 15 Abs. 1 OECD-MA das Besteuerungsrecht.

Beispiel 9: Grenzüberschreitender Verleih mit anschließendem Verleih in einen weiteren ausländischen Staat 136

Der im Inland ansässige gewerbliche Verleiher überlässt den im Inland ansässigen Arbeitnehmer an ein im Staat X ansässiges Unternehmen (Entleiher), das ebenfalls ein gewerblicher Verleiher ist und den Arbeitnehmer für nicht mehr als 183 Tage einem dritten, in Staat Y ansässigen Unternehmen (Entleiher) überlässt.

Es liegt eine grenzüberschreitende gewerbliche Arbeitnehmerüberlassung vor. Als wirtschaftlicher Arbeitgeber im abkommensrechtlichen Sinne ist der letzte, in Staat Y ansässige Entleiher in der Kette anzusehen, sofern er die wesentlichen Arbeitgeberfunktionen wahrnimmt. Die Voraussetzungen des Art. 15 Abs. 2 OECD-MA sind nicht erfüllt und der ausländische Tätigkeitsstaat Y hat nach Art. 15 Abs. 1 OECD-MA das Besteuerungsrecht.

Die vorstehenden Grundsätze zum grenzüberschreitenden Arbeitnehmerverleih sind auch in den Fällen anzuwenden, in denen ein im Inland ansässiger Arbeitnehmer bei einem ausländischen gewerbsmäßigen Arbeitnehmerverleiher beschäftigt ist und dieser den Arbeitnehmer an ein Unternehmen im Ausland verleiht. 137

4.3.4.2 Besondere Regelungen in einzelnen DBA

138 Einige DBA enthalten zur Vermeidung von Missbrauch in Fällen von grenzüberschreitenden Leiharbeitsverhältnissen besondere Regelungen, nach denen die Anwendung der 183-Tage-Klausel in diesen Fällen ausgeschlossen wird – insbesondere (Stand: 1. Januar 2014):

Protokoll Ziffer 5 zu Art. 15 DBA-Albanien,

Art. 15 Abs. 3 DBA-Algerien,

Art. 15 Abs. 3 DBA-Aserbaidschan,

Art. 14 Abs. 3 DBA-Bulgarien,

Art. 15 Abs. 4 DBA-Dänemark,

Art. 15 Abs. 3 DBA-Kasachstan,

Art. 15 Abs. 3 DBA-Korea,

Art. 15 Abs. 3 DBA-Kroatien,

Art. 15 Abs. 3 DBA-Polen,

Art. 15 Abs. 3 DBA-Rumänien,

Art. 15 Abs. 4 DBA-Schweden,

Protokoll Ziffer 4 zum DBA-Slowenien,

Art. 14 Abs. 3 DBA-Tadschikistan,

Art. 14 Abs. 3 DBA-Ungarn,

Art. 14 Abs. 3 DBA-Uruguay,

Art. 14 Abs. 3 DBA-Zypern.

139 In diesen Fällen bleibt es beim Besteuerungsrecht des Tätigkeitsstaates nach den Art. 15 Abs. 1 OECD-MA entsprechenden Vorschriften der DBA, unabhängig davon, wie lange der Arbeitnehmer in diesem Staat tätig ist. Der Ansässigkeitsstaat Deutschland vermeidet die Doppelbesteuerung, die sich durch die Anwendung der oben genannten Regelungen ergibt, grundsätzlich durch Anrechnung der ausländischen Steuer (Stand: 1. Januar 2014):

Art. 23 Abs. 1 Buchstabe b Doppelbuchstabe ee DBA-Albanien,

Art. 23 Abs. 2 Buchstabe b Doppelbuchstabe ee DBA-Algerien,

Art. 23 Abs. 1 Buchstabe b Doppelbuchstabe ee DBA-Aserbaidschan,

Art. 22 Abs. 1 Buchstabe b Doppelbuchstabe ee DBA-Bulgarien,

Art. 24 Abs. 1 Buchstabe b Doppelbuchstabe bb DBA-Dänemark,

Art. 23 Abs. 2 Buchstabe b Doppelbuchstabe ee DBA-Kasachstan,

Art. 23 Abs. 1 Buchstabe b Doppelbuchstabe ee DBA-Korea,

Art. 23 Abs. 1 Buchstabe b Doppelbuchstabe ee DBA-Kroatien,

Art. 24 Abs. 1 Buchstabe b Doppelbuchstabe bb DBA-Polen,

Art. 23 Abs. 2 Buchstabe b Doppelbuchstabe ee DBA-Rumänien,

Art. 23 Abs. 1 Buchstabe b Doppelbuchstabe cc DBA-Schweden,

Art. 23 Abs. 2 Buchstabe b Doppelbuchstabe dd DBA-Slowenien,

Art. 22 Abs. 2 Buchstabe b Doppelbuchstabe dd DBA-Tadschikistan,

Art. 22 Abs. 1 Buchstabe b Doppelbuchstabe cc DBA-Ungarn,

Art. 22 Abs. 1 Buchstabe b Doppelbuchstabe ee DBA-Uruguay,

Art. 22 Abs. 1 DBA-Zypern.

140 Art. 13 Abs. 6 DBA-Frankreich, Protokoll Ziffer 13 zum DBA-Italien und Protokoll Ziffer 5 zum DBA-Norwegen sehen vor, dass im Fall des gewerblichen Arbeitnehmerverleihs beiden Vertragsstaaten das Besteuerungsrecht zusteht. Die Doppelbesteuerung wird hier ebenfalls durch Steueranrechnung vermieden (Art. 20 Abs. 1 Buchstabe c DBA-Frankreich, Protokoll Ziffer 13 zum DBA-Italien, Protokoll Ziffer 5 zum DBA-Norwegen).

Art. 15 Abs. 3 DBA-Österreich regelt, dass Art. 15 Abs. 2 Buchstabe b (Arbeitgeber i. S. des DBA) für den Fall der gewerblichen Arbeitnehmerüberlassung dann keine Anwendung findet, wenn sich der Arbeitnehmer nicht länger als 183 Tage im anderen Staat aufhält. Damit wird dem Ansässigkeitsstaat des Arbeitnehmers das Besteuerungsrecht auch dann zugewiesen, wenn der Entleiher seinen Sitz im Tätigkeitsstaat hat und sich der Arbeitnehmer an nicht mehr als 183-Tagen im anderen Staat aufgehalten hat. Die Regelung des DBA wird durch Nr. 6 des Protokolls dahingehend flankiert, dass die 183-Tage-Regelung nur dann nicht zur Anwendung kommt, wenn der Verleiher im anderen Staat eine Betriebsstätte unterhält, die die Vergütungen trägt. Steht nach diesen Regeln Österreich als Tätigkeitsstaat das Besteuerungsrecht zu, vermeidet Deutschland die Doppelbesteuerung durch Anwendung der Freistellungsmethode nach Art. 23 Abs. 1 Buchstabe a DBA-Österreich. 141

Art. 15 Abs. 3 DBA-Polen sieht unter bestimmten Voraussetzungen vor, dass die 183-Tage-Klausel in Fällen internationaler Arbeitnehmerüberlassung nicht gilt und hat den Wechsel auf die Anrechnungsmethode (Art. 24 Abs. 1 Buchstabe b Doppelbuchstabe bb) zur Folge. 142

In folgenden Fällen, in denen es wegen der Anwendung der Anrechnungsmethode im laufenden Kalenderjahr zu einer zeitweiligen Doppelbesteuerung kommen kann, bestehen keine Bedenken, dass aus Billigkeitsgründen entsprechend der Regelung des § 39a Abs. 1 Satz 1 Nr. 5 Buchstabe c EStG das Vierfache der voraussichtlich abzuführenden ausländischen Abzugsteuer als Freibetrag für das Lohnsteuerabzugsverfahren gebildet wird: 143

- Anwendung des Art. 13 Abs. 6 DBA-Frankreich bzw. vergleichbarer Regelungen in anderen DBA
- Berücksichtigung ausländischer Steuern nach § 34c Abs. 1 EStG, die von Staaten erhoben werden, mit denen kein DBA besteht und der Auslandstätigkeitserlass (BMF-Schreiben vom 31. Oktober 1983, BStBl I S. 470) nicht anzuwenden ist. Es ist jedoch zu beachten, dass der Auslandstätigkeitserlass grundsätzlich auch bei Arbeitnehmerüberlassungen angewendet werden kann.

Hierzu ist es erforderlich, dass der Leiharbeitnehmer durch geeignete Unterlagen (z. B. Bestätigung des Arbeitgebers) glaubhaft macht, dass der Quellensteuerabzug im anderen Staat bereits vorgenommen wurde oder mit dem Quellensteuerabzug zumindest ernsthaft zu rechnen ist. Bei der Berechnung des Freibetrags dürfen ausländische Steuern eines Nicht-DBA-Staates nur zugrunde gelegt werden, wenn sie der deutschen Einkommensteuer entsprechen (Anhang 12 II EStH). Auf die Veranlagungsverpflichtung nach § 46 Abs. 2 Nr. 4 EStG wird hingewiesen. 144

4.3.5 Gelegentliche Arbeitnehmerüberlassung zwischen fremden Dritten

Sofern gelegentlich ein Arbeitnehmer bei einem fremden Dritten eingesetzt wird, kann entweder eine Arbeitnehmerüberlassung oder eine Tätigkeit zur Erfüllung einer Lieferungs- oder Werkleistungsverpflichtung vorliegen. 145

Eine gelegentliche Arbeitnehmerüberlassung liegt grundsätzlich dann vor, wenn der zivilrechtliche Arbeitgeber, dessen Unternehmenszweck nicht die Arbeitnehmerüberlassung ist, mit einem nicht verbundenen Unternehmen vereinbart, den Arbeitnehmer für eine befristete Zeit bei letztgenanntem Unternehmen tätig werden zu lassen und das aufnehmende Unternehmen entweder eine arbeitsrechtliche Vereinbarung (Arbeitsverhältnis) mit dem Arbeitnehmer schließt oder als wirtschaftlicher Arbeitgeber anzusehen ist. 146

Bezogen auf die vom Entleiher gezahlten Vergütungen ist in diesen Fällen regelmäßig der Entleiher als Arbeitgeber i. S. des DBA anzusehen. 147

Beispiel: Arbeitnehmerüberlassung zwischen fremden Dritten 148

S, ein in Spanien ansässiges Unternehmen, und D, ein in Deutschland ansässiges Unternehmen, sind ausschließlich mit der Ausübung technischer Dienstleistungen befasst. Sie sind keine verbundenen Unternehmen i. S. des Art. 9 OECD-MA. D benötigt für eine Übergangszeit die Leistungen eines Spezialisten, um eine Bauleistung im Inland fertig zu stellen und wendet sich deswegen an S. Beide Unternehmen vereinbaren, dass X, ein in Spanien ansässiger Angestellter von S, für die Dauer von vier Monaten für D unter der direkten Aufsicht von dessen erstem Ingenieur arbeiten soll. X bleibt während dieser Zeit formal weiterhin bei S angestellt. D zahlt S einen Betrag, der dem Gehalt, Sozialversicherungsabgaben, Reisekosten und anderen Vergütungen des Technikers für diesen Zeitraum entspricht. Zusätzlich wird ein Aufschlag von 5 % gezahlt. Es wurde vereinbart, dass S von allen Schadensersatzansprüchen, die in dieser Zeit aufgrund der Tätigkeit von X entstehen sollten, befreit ist.

Es liegt eine gelegentliche Arbeitnehmerüberlassung zwischen fremden Unternehmen vor. D ist während des genannten Zeitraums als wirtschaftlicher Arbeitgeber des X anzusehen. Die Tatbestandsvoraussetzungen des Art. 14 Abs. 2 Buchstabe b DBA-Spanien sind damit nicht erfüllt. Gemäß Art. 14 Abs. 1 DBA-Spanien hat somit Deutschland das Besteuerungsrecht für die Vergütungen des X für den genannten Zeitraum. Der Aufschlag in Höhe von 5 % stellt keinen Arbeitslohn des X dar.

X ist in Deutschland nach nationalem Recht bereits deshalb beschränkt steuerpflichtig, weil die Tätigkeit in Deutschland ausgeübt wurde (§ 49 Abs. 1 Nr. 4 Buchstabe a EStG).

D ist inländischer Arbeitgeber i. S. des § 38 Abs. 1 Satz 2 EStG und daher zum Lohnsteuerabzug verpflichtet.

4.4 Zahlung des Arbeitslohns zu Lasten einer Betriebsstätte des Arbeitgebers im Tätigkeitsstaat – Art. 15 Abs. 2 Buchstabe c OECD-MA

149 Erfolgt die Zahlung zu Lasten einer Betriebsstätte des Arbeitgebers im Tätigkeitsstaat, sind die Voraussetzungen für die alleinige Besteuerung im Ansässigkeitsstaat nach Art. 15 Abs. 2 Buchstabe c OECD-MA nicht erfüllt.

150 Maßgebend für den Begriff der „Betriebsstätte" ist die Definition in dem jeweiligen Abkommen (Art. 5 OECD-MA). Nach vielen DBA ist z. B. eine Bauausführung oder Montage erst ab einem Zeitraum von mehr als 12 Monaten eine Betriebsstätte (abweichend von § 12 AO, wonach bei einer Dauer von mehr als 6 Monaten eine Betriebsstätte vorliegt).

151 Der Arbeitslohn wird zu Lasten einer Betriebsstätte gezahlt, wenn die Zahlungen wirtschaftlich der Betriebsstätte zuzuordnen sind. Nicht entscheidend ist, wer die Vergütungen auszahlt oder in seiner Teilbuchführung abrechnet. Es kommt nicht darauf an, dass die Vergütungen zunächst von der Betriebsstätte ausgezahlt und später vom Stammhaus erstattet werden. Ebenso ist es nicht entscheidend, wenn eine zunächst vom Stammhaus ausgezahlte Vergütung später in der Form einer Kostenumlage auf die ausländische Betriebsstätte abgewälzt wird. Entscheidend ist allein, ob und ggf. in welchem Umfang die ausgeübte Tätigkeit des Arbeitnehmers nach dem jeweiligen DBA (s. Art. 7 OECD-MA) der Betriebsstätte zuzuordnen ist und die Vergütung deshalb wirtschaftlich zu Lasten der Betriebsstätte geht (s. BFH-Urteil vom 24. Februar 1988, BStBl II S. 819).

152 Eine selbständige Tochtergesellschaft (z. B. GmbH) ist grundsätzlich nicht Betriebsstätte der Muttergesellschaft, kann aber ggf. eine Vertreterbetriebsstätte begründen oder selbst Arbeitgeber sein.

153 Im Übrigen wird auf die „Grundsätze der Verwaltung für die Prüfung der Aufteilung der Einkünfte bei Betriebsstätten international tätiger Unternehmen" (Betriebsstätten-Verwaltungsgrundsätze; s. BMF-Schreiben vom 24. Dezember 1999, BStBl I S. 1076), unter Berücksichtigung der Änderungen durch die BMF-Schreiben vom 20. November 2000, BStBl I S. 1509, vom 29. September 2004, BStBl I S. 917, und vom 25. August 2009, BStBl I S. 888) sowie die „Verwaltungsgrundsätze-Arbeitnehmerentsendung", BMF-Schreiben vom 9. November 2001, BStBl I S. 796) verwiesen.

154 **Beispiel 1:**

Der in Deutschland ansässige A ist vom 1. Januar 01 bis 31. März 01 bei einer Betriebsstätte seines deutschen Arbeitgebers in Frankreich (nicht innerhalb der Grenzzone nach Art. 13 Abs. 5 DBA-Frankreich) tätig. Der Lohnaufwand ist der Betriebsstätte nach Art. 4 DBA-Frankreich als Betriebsausgabe zuzuordnen.

Das Besteuerungsrecht für den Arbeitslohn steht Frankreich zu. A ist zwar nicht mehr als 183 Tage in Frankreich tätig. Da der Arbeitslohn aber zu Lasten einer französischen Betriebsstätte des Arbeitgebers geht, bleibt das Besteuerungsrecht Deutschland nicht erhalten (Art. 13 Abs. 4 DBA-Frankreich). Frankreich kann als Tätigkeitsstaat den Arbeitslohn besteuern (Art. 13 Abs. 1 DBA-Frankreich). Deutschland stellt die Einkünfte unter Beachtung des § 50d Abs. 8 bzw. 9 EStG und des Progressionsvorbehalts frei (Art. 20 Abs. 1 Buchstabe a DBA-Frankreich).

155 **Beispiel 2:**

Der in Frankreich ansässige B ist bei einer deutschen Betriebsstätte seines französischen Arbeitgebers A (nicht innerhalb der Grenzzone nach Art. 13 Abs. 5 DBA-Frankreich) vom 1. Januar 01 bis 31. März 01 in Deutschland tätig. Der Lohnaufwand ist der Betriebsstätte nach Art. 4 DBA-Frankreich als Betriebsausgabe zuzuordnen.

Das Besteuerungsrecht für den Arbeitslohn hat Deutschland. B ist zwar nicht mehr als 183 Tage in Deutschland tätig, der Arbeitslohn geht aber zu Lasten einer deutschen Betriebsstätte. Deutschland kann daher als Tätigkeitsstaat den Arbeitslohn besteuern (Art. 13 Abs. 1 DBA-Frankreich i. V. m. § 1 Abs. 4 und § 49 Abs. 1 Nr. 4 Buchstabe a EStG).

A ist inländischer Arbeitgeber i. S. des § 38 Abs. 1 Satz 1 Nr. 1 EStG, weil er im Inland über eine Betriebsstätte verfügt, und deshalb zum Lohnsteuerabzug verpflichtet ist.

5 Ermittlung des steuerpflichtigen/steuerfreien Arbeitslohns

5.1 Differenzierung zwischen der Anwendung der 183-Tage-Klausel und der Ermittlung des steuerpflichtigen/steuerfreien Arbeitslohns

Nach Art. 15 Abs. 1 OECD-MA können die Vergütungen aus unselbständiger Arbeit ausschließlich im Ansässigkeitsstaat des Arbeitnehmers besteuert werden, es sei denn, die Tätigkeit wird im anderen Staat ausgeübt. Wird die unselbständige Arbeit im anderen Staat ausgeübt, steht auch diesem Staat das Besteuerungsrecht für Vergütungen zu, die für die dort ausgeübte Tätigkeit gezahlt werden (s. Tz. 3). Gemäß Art. 15 Abs. 2 OECD-MA ist zu prüfen, ob trotz der Auslandstätigkeit dem Ansässigkeitsstaat des Arbeitnehmers das ausschließliche Besteuerungsrecht an den Vergütungen aus unselbständiger Arbeit verbleibt (s. Tz. 4). Im Rahmen dieser Prüfung wird u. a. eine Berechnung der nach dem jeweils anzuwendenden DBA maßgeblichen Aufenthalts- oder Ausübungstage im Ausland anhand der 183-Tage-Klausel vorgenommen. 156

Die Ermittlung des steuerpflichtigen/steuerfreien Arbeitslohns erfolgt sodann in einem weiteren gesonderten Schritt. 157

5.2 Grundsätze bei der Ermittlung des steuerpflichtigen/steuerfreien Arbeitslohns

Nach § 90 Abs. 2 AO hat der Steuerpflichtige den Nachweis über die Ausübung der Tätigkeit in dem anderen Staat und deren Zeitdauer durch Vorlage geeigneter Aufzeichnungen (z. B. Stundenprotokolle, Terminkalender, Reisekostenabrechnungen) zu führen. 158

Ist der Arbeitslohn in Deutschland nach einem DBA freizustellen, ist zunächst zu prüfen, inwieweit die Vergütungen unmittelbar der Auslandstätigkeit oder der Inlandstätigkeit zugeordnet werden können (s. Tz. 5.3). Soweit eine unmittelbare Zuordnung nicht möglich ist, ist der verbleibende tätigkeitsbezogene Arbeitslohn aufzuteilen. Die Aufteilung hat bereits der Arbeitgeber im Lohnsteuerabzugsverfahren vorzunehmen; zum Erfordernis der Freistellungsbescheinigung vgl. R 39b.10 LStR. Darüber hinaus hat er den steuerfrei belassenen Arbeitslohn in der Lohnsteuerbescheinigung anzugeben. Das Lohnsteuerabzugsverfahren ist zwar ein Vorauszahlungsverfahren, dessen Besonderheiten und Regelungen nicht in das Veranlagungsverfahren hineinwirken (s. BFH-Urteil vom 13. Januar 2011, BStBl II S. 479), jedoch ist zu berücksichtigen, dass der Arbeitgeber auch nach Erstellung der Lohnsteuerbescheinigung für die zutreffende Anmeldung und Abführung der Lohnsteuer haftet und verpflichtet ist, etwaige Änderungen nach § 41c Abs. 4 EStG anzuzeigen. Das Finanzamt ist nicht gehindert, im Einkommensteuerveranlagungsverfahren die vorgenommene Aufteilung zu überprüfen; es ist nicht an eine fehlerhaft erteilte Freistellungsbescheinigung gebunden (s. BFH-Urteil vom 13. März 1985, BStBl II S. 500). 159

5.3 Direkte Zuordnung

Gehaltsbestandteile, die unmittelbar aufgrund einer konkreten inländischen oder ausländischen Arbeitsleistung gewährt werden, sind vorab direkt zuzuordnen. Dies können z. B. Reisekosten, Überstundenvergütungen, Zuschläge für Sonntags-, Feiertags- und Nachtarbeit, Auslandszulagen, die Gestellung einer Wohnung im Tätigkeitsstaat, Kosten für Orientierungsreise, Sprachunterricht, interkulturelle Schulungen, Aufwendungen für Visa oder medizinische Untersuchungen für die Auslandstätigkeit und sonstige Auslagen oder Unterstützungsleistungen für die mitumziehende Familie sein. Daran schließt sich die Würdigung an, ob überhaupt steuerpflichtiger Arbeitslohn vorliegt oder ob nicht Leistungen im ganz überwiegend betrieblichen Interesse bzw. steuerfreie Aufwandserstattungen vorliegen. Der Gesamtarbeitslohn abzüglich der direkt zugeordneten Gehaltsbestandteile ist der verbleibende Arbeitslohn. 160

5.4 Aufteilung des verbleibenden Arbeitslohns

Der nicht direkt zuordenbare, verbleibende Arbeitslohn ist aufzuteilen. Zum verbleibenden Arbeitslohn gehören z. B. neben den laufenden Vergütungen auch Zusatzvergütungen, die auf die nichtselbständige Arbeit des Arbeitnehmers innerhalb des gesamten Berechnungszeitraums entfallen (z. B. Weihnachts- und Urlaubsgeld). Hat sich das vereinbarte Gehalt während des Kalenderjahres verändert, so ist dieser Veränderung Rechnung zu tragen. 161

Grundlage für die Berechnung des steuerfreien Arbeitslohns ist die Zahl der tatsächlichen Arbeitstage (s. Tz. 5.4.1) innerhalb eines Kalenderjahres. Den tatsächlichen Arbeitstagen ist das für die entsprechende Zeit bezogene und nicht nach Tz. 5.3 direkt zugeordnete Arbeitsentgelt gegenüberzustellen (s. Tz. 5.4.2). 162

5.4.1 Definition der tatsächlichen Arbeitstage

Die tatsächlichen Arbeitstage sind alle Tage innerhalb eines Kalenderjahres, an denen der Arbeitnehmer seine Tätigkeit tatsächlich ausübt und für die er Arbeitslohn bezieht. Krankheitstage mit oder ohne Lohnfortzahlung, Urlaubstage und Tage des ganztägigen Arbeitszeitaus- 163 gleichs sind folglich keine Arbeitstage. Dagegen können auch Wochenend- oder Feiertage grundsätzlich als tatsächliche Arbeitstage zu zählen sein, wenn der Arbeitnehmer an diesen Tagen seine Tätigkeit tatsächlich ausübt und diese durch den Arbeitgeber vergütet wird. Eine solche Vergütung liegt auch vor, wenn dem Arbeitnehmer ein entsprechender Arbeitszeitausgleich gewährt wird. Es kommt weder auf die Zahl der Kalendertage (365) noch auf die Anzahl der vertraglich vereinbarten Arbeitstage an.

164 **Beispiel 1**

Ein Arbeitnehmer (AN) ist grundsätzlich an 250 Werktagen zur Arbeit verpflichtet und verfügt über einen Anspruch von 30 Urlaubstagen (= vereinbarte Arbeitstage: 220). Die tatsächlichen Tage verändern sich wie folgt:

	220
AN überträgt 10 Urlaubstage vom Vorjahr	– 10
AN überträgt 20 Urlaubstage ins Folgejahr	+ 20
AN ist 30 Tage krank mit Lohnfortzahlung	– 30
AN ist 30 Tage krank ohne Lohnfortzahlung	– 30
Tatsächliche Arbeitstage gesamt	170

165 **Beispiel 2**

C ist laut Arbeitsvertrag von montags bis freitags verpflichtet zu arbeiten. Er macht eine Auslandsdienstreise von Freitag bis Montag, wobei C auch am Samstag und Sonntag für seinen Arbeitgeber tätig ist. Von seinem Arbeitgeber erhält C für Samstag eine Überstundenvergütung und für Sonntag einen ganztägigen Freizeitausgleich, den er bereits am Dienstag in Anspruch nimmt. Außer Dienstag sind alle Tage als Arbeitstage zu zählen, da C an diesen Tagen tatsächlich und entgeltlich gearbeitet hat. An dem Dienstag wurde jedoch tatsächlich keine Tätigkeit ausgeübt.

5.4.2 Durchführung der Aufteilung

166 Das aufzuteilende Arbeitsentgelt (Tz. 5.4) ist in Bezug zu den tatsächlichen Arbeitstagen (Tz. 5.4.1) zu setzen. Daraus ergibt sich ein Arbeitsentgelt pro tatsächlichen Arbeitstag. Das aufzuteilende Arbeitsentgelt pro tatsächlichen Arbeitstag ist mit den tatsächlichen Arbeitstagen zu multiplizieren, an denen der Arbeitnehmer seine Tätigkeit im anderen Staat ausgeübt hat.

167 **Beispiel 1 (Grundfall zur Aufteilung nach tatsächlichen Arbeitstagen)**

A ist vom 1. Januar 01 bis 31. Juli 01 für seinen deutschen Arbeitgeber in Österreich tätig. Die vereinbarten Arbeitstage des A belaufen sich auf 220 Tage. Tatsächlich hat A jedoch in Österreich an 145 Tagen und in Deutschland an 95 Tagen gearbeitet (240 Tage). Der aufzuteilende Arbeitslohn beträgt 120 000 €.

Unter Berücksichtigung der Rückfallklauseln stellt Deutschland Einkünfte i. H. v. 145/240 x 120 000 € = 72 500 € unter Progressionsvorbehalt steuerfrei und unterwirft 95/240x 120 000 = 47 500 € der deutschen Besteuerung.

168 **Beispiel 2 (zweistufige Ermittlung des steuerfreien Arbeitslohns)**

A ist vom 1. Januar 01 bis 31. Juli 01 für seinen deutschen Arbeitgeber in Japan tätig. Seinen Familienwohnsitz in Deutschland behält er bei. Er erhält im Jahr 01 einen Arbeitslohn einschließlich Weihnachtsgeld und Urlaubsgeld i. H. v. 80 000 €. Für die Tätigkeit in Japan erhält er zusätzlich eine Zulage in Höhe von 30 000 €. A ist im Jahr 01 vertraglich an 200 Tagen zur Arbeit verpflichtet, übt seine Tätigkeit jedoch tatsächlich an 220 Tagen (davon 140 in Japan) aus.

Deutschland hat für den Arbeitslohn, der auf die Tätigkeit in Japan entfällt, kein Besteuerungsrecht, da sich A länger als 183 Tage (210 Tage; hier: Kalenderjahr) im Kalenderjahr 01 in Japan aufgehalten hat (Art. 15, 23 Abs. 1 Buchstabe a DBA-Japan). Der steuerfreie Arbeitslohn berechnet sich wie folgt:

Die Zulage i. H. v. 30 000 € ist der Auslandstätigkeit unmittelbar zuzuordnen und deshalb im Inland steuerfrei. Der übrige Arbeitslohn i. H. v. 80 000 € ist nach den tatsächlichen Arbeitstagen aufzuteilen. Die tatsächlichen Arbeitstage im Jahr 01 sollen hier 220 Tage betragen. Den tatsächlichen Arbeitstagen im Jahr 01 ist das im Jahr 01 aufzuteilende Arbeitsentgelt i. H. v. 80 000 € gegenüberzustellen. Es ergibt sich ein aufzuteilendes Arbeitsentgelt pro tatsächlichem Arbeitstag i. H. v. 363,64 €. Dieses Entgelt ist mit den tatsächlichen Arbeitstagen zu multiplizieren, die auf die Tätigkeit in Japan entfallen, hier 140 Tage. Von den 80 000 € Arbeitslohn sind daher 140x 363,64 € = 50 910 € im Inland steuerfrei. Der insgesamt steuerfreie Arbeitslohn i. H. v.80 910 € (30 000 € + 50 910 €) ist nach Abzug von Werbungskosten, die in unmittelbarem wirtschaftlichen Zusammenhang mit der Tätigkeit in Japan angefallen sind, freizustellen und nur im Wege des Progressionsvorbehalts zu berücksichtigen (sofern § 50d Abs. 8 oder 9 EStG nicht anzuwenden ist). Der übrige Arbeitslohn i. H. v. 29 090 € ist im Inland steuerpflichtig.

Dabei ist zu beachten, dass Vergütungen grundsätzlich dem Zeitraum zugeordnet werden müssen, in dem sie erdient bzw. für den sie gezahlt wurden. Aus Vereinfachungsgründen kann bei der Übertragung von Urlaubstagen in ein anderes Kalenderjahr von diesem Grundsatz abgewichen werden. Die Vereinfachungsregelung greift jedoch nicht bei der finanziellen Abgeltung von Urlaubsansprüchen. 169

Beispiel 3 (wirtschaftliche Zuordnung zum Erdienungszeitraum) 170

Der ausschließlich in Deutschland ansässige D übt seine Tätigkeit für einen deutschen Arbeitgeber im Rahmen einer Werkleistungsverpflichtung im Jahr 01 an 30 Tagen bei Kunden in Deutschland und an 200 Tagen bei Kunden in der Schweiz aus. Im Jahr 02 wird er ausschließlich in der Schweiz tätig. Er erhält im Februar 02 eine allgemeine Prämienzahlung für das Jahr 01.

Die Prämienzahlung ist nach den Verhältnissen des Erdienungszeitraums (Jahr 01) aufzuteilen und lediglich zu 200/230 unter Progressionsvorbehalt von der deutschen Besteuerung auszunehmen.

Beispiel 4 (Aufteilung bei Urlaubsübertragung) 171

B ist in 01 und 02 für seinen deutschen Arbeitgeber sowohl im Inland als auch in Schweden tätig. Seinen Familienwohnsitz in Deutschland behält er bei. In beiden Jahren hält sich B länger als 183 Tage in Schweden auf. Die vereinbarten Arbeitstage des B belaufen sich in den Kalenderjahren 01 und 02 auf jeweils 220 Tage zuzüglich der vertraglichen Urlaubstage von je 30 Tagen. Der Urlaub von 01 und 02 wurde vollständig in 02 genommen. Die tatsächlichen Arbeitstage in 01 betrugen in Schweden 230 Tage, auf das Inland entfielen 20 Arbeitstage. In 02 entfielen 150 tatsächliche Arbeitstage auf Schweden und 40 tatsächliche Arbeitstage auf das Inland. Der aufzuteilende Arbeitslohn beträgt 50 000 € in 01 und 60 000 € in 02.

Deutschland hat für den Arbeitslohn, der auf die Tätigkeit in Schweden entfällt, kein Besteuerungsrecht, da sich B länger als 183 Tage in 01 und 02 in Schweden aufgehalten hat (Art. 15, 23 Abs. 1 Buchstabe a DBA-Schweden). Der steuerfreie Arbeitslohn berechnet sich wie folgt:

Jahr 01: Die tatsächlichen Arbeitstage (250) setzen sich aus den vertraglich vereinbarten Arbeitstagen (220) und aus den in 01 nicht genommenen Urlaubstagen (30) zusammen. Die so ermittelten 250 tatsächlichen Arbeitstage sind dem aufzuteilenden Arbeitsentgelt von 50 000 € gegenüberzustellen. Das aufzuteilende Arbeitsentgelt pro Arbeitstag beträgt 200 €. Dieser Betrag ist mit den Arbeitstagen zu multiplizieren, an denen sich B tatsächlich in Schweden aufgehalten hat. Von den 50 000 € Jahresarbeitslohn sind in 01 daher 46 000 € (230 Tage x 200 €) im Inland unter Beachtung des § 50d Abs. 8 und 9 EStG steuerfrei und nach Abzug von Werbungskosten, die im Zusammenhang mit der in Schweden ausgeübten Tätigkeit angefallen sind, beim Progressionsvorbehalt zu berücksichtigen. Der übrige Arbeitslohn in Höhe von 4 000 € ist im Inland steuerpflichtig.

Jahr 02: Wegen des aus dem Kalenderjahr 01 übertragenen Urlaubs sind nur 190 tatsächliche Arbeitstage angefallen. Aus Vereinfachungsgründen kann die wirtschaftliche Zuordnung des auf den Urlaub des Jahres 01 entfallenden Arbeitslohns verzichtet werden. Bei einem Jahresarbeitslohn von 60 000 € im Kalenderjahr 02 ergibt sich ein Arbeitslohn pro Kalendertag von 315,79 € (60.000/190). Im Kalenderjahr 02 sind danach insgesamt 47 369 € (375,79x 150 tatsächliche Arbeitstage) im Inland unter Beachtung des § 50d Abs. 8 und 9 EStG steuerfrei und beim Progressionsvorbehalt zu berücksichtigen. Der verbleibende Betrag in Höhe von 12 631 € ist im Inland steuerpflichtig.

Beispiel 5 (finanzielle Abgeltung von Urlaubsansprüchen) 172

Sachverhalt wie Beispiel 4. Der im Jahr 01 in das Jahr 02 übertragene Urlaub wird jedoch nicht beansprucht, sondern vom Arbeitgeber im Juli 02 mit einer Einmalzahlung i. H. v. 10 000 € abgegolten. Der Arbeitnehmer übte seine Tätigkeit an 150 Arbeitstagen in Schweden und an 70 Arbeitstagen in Deutschland aus.

Jahr 01: Lösung wie in Beispiel 4

Jahr 02: B hat im Jahr 02 tatsächlich an 220 Arbeitstagen seine Tätigkeit ausgeübt. Der Urlaub, der mit der Einmalzahlung abgegolten wurde, ist wirtschaftlich dem Jahr 01 zuzuordnen. Folglich sind für diese Einmalzahlung die Verhältnisse des Jahres 01 entscheidend. Im Jahr 02 ergibt sich deshalb folgender steuerfrei zu stellender Arbeitslohn:

60 000 €	x 150/220	= 40 909 €
+ 10 000 €	x 230/250	= 9 200 €
		50 109 €

Der übrige Arbeitslohn (70 000 € – 50 109 € = 19 891 €) ist der deutschen Besteuerung zu unterwerfen.

Hält sich der Arbeitnehmer an einem Arbeitstag nicht ausschließlich im anderen Staat auf (z. B. an Reisetagen), so ist das Arbeitsentgelt für diesen Arbeitstag zeitanteilig aufzuteilen. Dies muss 173 ggf. im Schätzungswege erfolgen. Hierbei ist die für diesen Tag tatsächliche Arbeitszeit zugrunde zu legen.

174 Darüber hinaus ist bei der Aufteilung zu berücksichtigen, dass tatsächliche Arbeitszeiten, die in Transitländern verbracht werden, dem Ansässigkeitsstaat zuzuordnen sind. Zu den Besonderheiten bei Berufskraftfahrern s. Tz. 7.

5.5 Beispiele für die Aufteilung bestimmter Lohnbestandteile

5.5.1 Tantiemen und andere Erfolgsvergütungen

175 Unabhängig vom Zuflusszeitpunkt ist eine zeitraumbezogene Erfolgsvergütung nach den Verhältnissen des Zeitraums zuzuordnen, für den sie gewährt wird (s. BFH-Urteil vom 27. Januar 1972, BStBl II S. 459) und ggf. unter Beachtung des § 50d Abs. 8 bzw. 9 EStG und des Progressionsvorbehalts von der inländischen Besteuerung freizustellen. Dagegen ist eine projektbezogene Erfolgsvergütung vorab direkt zuzuordnen.

5.5.2 Urlaubsentgelte, Urlaubs- und Weihnachtsgeld

176 Urlaubsentgelt (laufende Vergütung), Urlaubs- und Weihnachtsgeld (Vergütungen die auf den gesamten Berechnungszeitraum entfallen) sind in die Aufteilung einzubeziehen. Dies gilt auch für Bezüge, die für den Verzicht auf den Urlaub gezahlt werden (Urlaubsabgeltung für nicht genommenen Urlaub). Dabei ist der Teil der Urlaubsentgelte im Inland freizustellen, der auf die im Ausland ausgeübte Tätigkeit entfällt (s. Beispiel 5 zu Tz. 5.4.2).

5.5.3 Nachzahlung für eine frühere aktive Tätigkeit

177 Eine einmalige Zahlung (z. B. Jubiläumszahlung), die eine Nachzahlung für eine frühere aktive Tätigkeit darstellt und anteilig auf die Auslands- und Inlandstätigkeit entfällt, ist nach den Grundsätzen in Tz. 5.4 aufzuteilen. Für die Zuweisung des Besteuerungsrechts kommt es nicht darauf an, zu welchem Zeitpunkt und wo die Vergütung bezahlt wird, sondern allein darauf, dass sie dem Arbeitnehmer für eine Auslandstätigkeit gezahlt wird (s. BFH-Urteil vom 5. Februar 1992, BStBl II S. 660). Eine Nachzahlung für eine frühere aktive Tätigkeit liegt nicht vor, wenn die einmalige Zahlung ganz oder teilweise der Versorgung dient (s. BFH-Urteil vom 5. Februar 1992, a. a. O. und vom 12. Oktober 1978, BStBl II S. 64).

5.5.4 Abfindungen und Vergütungen für Diensterfindungen

5.5.4.1 Grundsätze zur Besteuerung von Abfindungen

178 Abfindungen, die dem Arbeitnehmer anlässlich seines Ausscheidens aus dem Arbeitsverhältnis gezahlt werden, sind regelmäßig den Vergütungen aus unselbständiger Arbeit i. S. des Art. 15 Abs. 1 OECD-MA zuzuordnen. Unter Abfindungen in diesem Sinne sind Zahlungen zu verstehen, die der Arbeitnehmer als Ausgleich für die mit der Auflösung des Dienstverhältnisses verbundenen Nachteile, insbesondere für den Verlust des Arbeitsplatzes, erhält. Sie stellen jedoch kein zusätzliches Entgelt für die frühere Tätigkeit dar und werden nicht für eine konkrete im In- oder Ausland ausgeübte Tätigkeit gezahlt. Abfindungen sind daher grundsätzlich im Ansässigkeitsstaat des Arbeitnehmers (Art. 15 Abs. 1 Satz 1 erster Halbsatz OECD-MA) zu besteuern (s. BFH-Urteile vom 2. September 2009, BStBl 2010 II S. 387 und S. 394). Maßgeblich hierfür ist der Zuflusszeitpunkt i. S. des § 11 EStG i. V. m. § 38a Abs. 1 Satz 3 EStG (BFH-Urteil vom 24. Februar 1988, BStBl II S. 819 und vom 10. Juli 1996, BStBl 1997 II S. 341).

179 Ein zeitlicher Zusammenhang zwischen dem Zufluss der Abfindung und der Beendigung des Dienstverhältnisses ist nicht erforderlich. Bei einer Zahlung innerhalb eines Zeitraums von fünf Jahren vor Beendigung des Dienstverhältnisses ist zum Beispiel ein sachlicher Zusammenhang mit der Auflösung des Dienstverhältnisses anzunehmen. Ein erhebliches zeitliches Auseinanderfallen der beiden Ereignisse kann jedoch den sachlichen Zusammenhang in Frage stellen.

180 Keine Abfindungen im vorstehenden Sinne stellen Zahlungen zur Abgeltung bereits vertraglich erdienter Ansprüche (z. B. Ausgleichszahlungen für Urlaubs- oder Tantiemeansprüche) dar. Diese sind als nachträglicher Arbeitslohn anzusehen und entsprechend den Aktivbezügen zu behandeln.

181 Hat eine Abfindung hingegen Versorgungscharakter, wird das Besteuerungsrecht nach Art. 18 OECD-MA *(Ruhegehälter)* zugeordnet. Ob ein solcher Versorgungscharakter vorliegt, richtet sich stets nach dem Grund der Zahlung. Dem zeitlichen Aspekt kann jedoch indizielle Bedeutung zukommen:

182 Abfindungen zur Ablösung eines Pensionsanspruchs, die während eines laufenden Arbeitsverhältnisses oder bei dessen Beendigung gezahlt werden, sind als laufende Vergütungen aus unselbständiger Arbeit nach Art. 15 Abs. 1 OECD-MA zu behandeln und können im Tätigkeits-

staat besteuert werden. Sie können dagegen Versorgungscharakter haben, wenn der Arbeitnehmer höchstens ein Jahr vor dem Eintritt in den gesetzlichen Ruhestand steht. Ein Ruhegehalt kann weiterhin vorliegen, wenn bereits laufende Pensionszahlungen kapitalisiert und in einem Einmalbetrag ausgezahlt werden (BFH-Urteil vom 19. September 1975, BStBl 1976 II S. 65).

5.5.4.2 Abfindungsbesteuerung in Sonderfällen und beim Vorliegen von Konsultationsvereinbarungen

Die steuerliche Behandlung von Abfindungszahlungen kann allerdings von den bislang dargestellten Grundsätzen abweichen, wenn in einem DBA hierzu eine Sonderregelung enthalten ist oder mit dem jeweils betroffenen Vertragsstaat eine Konsultationsvereinbarung bezüglich der Besteuerung von Abfindungen vereinbart wurde oder aus der Besonderheit der Fassung des im Abkommen einschlägigen Artikels eine andere Zuordnung abzuleiten ist (z. B. DBA-Frankreich). Derzeit existieren Konsultationsvereinbarungen mit Belgien, Großbritannien, Luxemburg, den Niederlanden, Österreich und der Schweiz, die sich mit der Besteuerung von Abfindungen befassen. 183

Auf der Grundlage von § 2 Abs. 2 AO wurden durch Rechtsverordnung (Konsultationsvereinbarungsverordnungen – KonsVer) die Konsultationsvereinbarungen mit folgenden Staaten in nationales Recht umgesetzt (Stand: 1. Januar 2014): 184

Belgien (s. KonsVerBELV – BStBl 2011 I S. 103),

Großbritannien (s. KonsVerGBRV – BStBl 2012 I S. 862),

Luxemburg (s. KonsVerLUXV – BStBl 2012 I S. 693),

Niederlande (s. KonsVerNLDV – BStBl 2011 I S. 142),

Österreich (s. KonsVerAUTV – BStBl 2011 I S. 144),

Schweiz (s. KonsVerCHEV – BStBl 2011 I S. 146).

Im Verhältnis zu Belgien, Großbritannien, Luxemburg, den Niederlanden und der Schweiz richtet sich die steuerliche Behandlung von Abfindungen nach dem Charakter der Abfindungszahlung. Während Abfindungen mit Versorgungscharakter als Ruhegehälter im Ansässigkeitsstaat besteuert werden können, steht das Besteuerungsrecht für Abfindungen, bei denen es sich um Lohn- oder Gehaltsnachzahlungen oder andere Vergütungen aus dem früheren Arbeitsverhältnis handelt oder die allgemein für das vorzeitige Ausscheiden aus dem Dienst gewährt werden, dem (früheren) Tätigkeitsstaat zu. 185

Zur Aufteilung des Besteuerungsrechts in den Fällen, in denen der Arbeitnehmer in der Zeit vor dem Ausscheiden aus dem Dienst nicht nur in seinem (früheren) Tätigkeitsstaat, sondern auch in seinem Wohnsitzstaat oder in Drittstaaten tätig war, wird auf die oben genannten Rechtsverordnungen mit Belgien, Großbritannien, Luxemburg, den Niederlanden und der Schweiz verwiesen. 186

Im Verhältnis zu Österreich steht das Besteuerungsrecht für Abfindungen aus Anlass der Beendigung des Arbeitsverhältnisses sowie für Urlaubsentschädigungen ungeachtet von deren Charakter stets dem Staat zu, der auch für die Bezüge aus der aktiven Zeit besteuerungsberechtigt war (s. KonsVerAUTV – BStBl 2011 I S. 144). 187

Spezielle Regelungen im Verhältnis zu Liechtenstein sind in Nr. 5 des Protokolls zu Art. 14 und 17 des DBA vom 17. November 2011, BGBl. 2012 II S. 1462/BStBl 2013 I S. 488 enthalten. 188

Unter das DBA-Frankreich fallende Abfindungen, die zur Abgeltung von mit der Auflösung des Dienstverhältnisses verbundenen Nachteilen gezahlt werden, sind aufgrund des besonderen Wortlauts des Art. 13 Abs. 1 DBA-Frankreich (abweichend zu den Art. 15 OECD-MA entsprechenden Regelungen) nicht im Ansässigkeitsstaat, sondern ausschließlich im (ehemaligen) Tätigkeitsstaat zu besteuern (BFH-Urteil vom 24. Juli 2013, BStBl 2014 II S. 929). 189

5.5.4.3 Erfindervergütungen

Eine Vergütung für eine sog. Diensterfindung i. S. des § 9 des Gesetzes über Arbeitnehmererfindungen (ArbnErfG) unterliegt als Arbeitslohn i. S. des § 19 EStG grundsätzlich der Steuerpflicht nach innerstaatlichem Recht (s. BFH-Urteil vom 21. Oktober 2009, BStBl 2012 II S. 493). Dies gilt auch dann, wenn das Arbeitsverhältnis im Augenblick der Zahlung nicht mehr besteht (§ 24 Nr. 2 EStG). Bei diesen Vergütungen liegt, ausgehend von der Qualifikation nach innerstaatlichem Recht (s. Art. 3 Abs. 2 OECD-MA), zwar grundsätzlich Arbeitslohn i. S. des Art. 15 OECD-MA vor. Um zusätzliches Entgelt für eine frühere Tätigkeit i. S. des Art. 15 Abs. 1 Satz 2 OECD-MA, für das der Tätigkeitsstaat das Besteuerungsrecht hat, handelt es sich jedoch regelmäßig nicht. 190

191 Soweit aber die Vergütungen als konkrete Gegenleistung zu einer früheren Arbeitsleistung anzusehen sind, kommt eine Besteuerung im ehemaligen Tätigkeitsstaat in Betracht; ein bloßer Anlasszusammenhang zwischen Zahlung und Tätigkeit reicht hierfür nicht aus.

5.5.5 Optionsrechte auf den Erwerb von Aktien („Stock Options")

5.5.5.1 Allgemeines

192 Das Einräumen von Aktienoptionen ist häufig Bestandteil moderner Vergütungssysteme, wodurch Arbeitnehmer direkt an der Steigerung des Unternehmenswertes („shareholder value") beteiligt und gleichzeitig an den Arbeitgeber gebunden werden sollen.

193 Aktienoptionen im Rahmen eines Dienstverhältnisses liegen vor, wenn ein Arbeitgeber oder eine Konzernobergesellschaft (Optionsgeber) seinen Beschäftigten das Recht einräumt, sich zu einem bestimmten Übernahmepreis an seinem Unternehmen zu beteiligen. Dieses Recht kann zu einem späteren Zeitpunkt durch den Arbeitnehmer ausgeübt und die Beteiligungen damit verbilligt bezogen werden („Stock Options"). Mitunter wird auch das Recht eingeräumt, dass der Arbeitnehmer das Optionsrecht selbst veräußern darf, ohne vorher die Beteiligung am Unternehmen erworben zu haben.

194 Bezüglich des Zeitpunkts der Besteuerung und der Aufteilung des Besteuerungsrechtes existieren aus internationaler Sicht unterschiedliche Rechtsauffassungen. Eingetretene Doppelbesteuerungen können in der Regel nur im Rahmen eines zwischenstaatlichen Verständigungsverfahrens beseitigt werden.

5.5.5.2 Zuflusszeitpunkt und Höhe des geldwerten Vorteils nach nationalem Recht

195 Lohneinnahmen, die nicht als laufender Arbeitslohn gezahlt werden (sonstige Bezüge) gelten nach § 38a Abs. 1 Satz 3 EStG als zugeflossen, wenn ein Arbeitnehmer wirtschaftlich über sie verfügen kann. Dies ist regelmäßig der Fall, wenn die verbilligt überlassenen Aktien in das Eigentum des Arbeitnehmers übergegangen sind (Einbuchung der Aktien auf das Depot des Arbeitnehmers). Folglich führt sowohl bei handelbaren als auch bei nicht handelbaren Aktienoptionen grundsätzlich erst die tatsächliche Ausübung („exercise") der Aktienoption zum Zufluss eines geldwerten Vorteils (s. BFH-Urteile vom 24. Januar 2001, BStBl II S. 509, S. 512 und vom 20. November 2008, BStBl 2009 II S. 382). Stimmt der Zeitpunkt der Optionsausübung mit dem Zeitpunkt der Gutschrift der Aktien im Depot des Arbeitnehmers nicht überein, fließt der geldwerte Vorteil erst an dem Tag zu, an dem die Aktien in das Depot des Arbeitnehmers eingebucht werden (s. BFH-Urteil vom 20. November 2008, a. a. O. und BMF-Schreiben vom 8. Dezember 2009, BStBl I S. 1513, Tz 1.6).

196 Werden die Aktienoptionen in der sog. Exercise-and-Sell-Variante (Verkauf der Aktien sofort mit Ausübung des Aktienoptionsrechts) ausgeübt, erfolgt keine Einbuchung in das Depot des Arbeitnehmers. Der Zufluss des geldwerten Vorteils gilt hier bereits grundsätzlich als im Zeitpunkt der Optionsausübung des Aktienoptionsrechts, d. h. konkret am Tag des Zugangs der Ausübungserklärung beim Optionsgeber, bewirkt.

197 Daneben ist ein Zufluss von Arbeitslohn auch dann zu bejahen, wenn das Optionsrecht vor der Ausübung anderweitig verwertet wird, denn der für den Zufluss von Arbeitslohn maßgebliche geldwerte Vorteil, der in dem auf die Aktien gewährten Preisnachlass besteht, wird insoweit durch den Arbeitnehmer realisiert (vgl. BFH-Urteile vom 20. November 2008, a. a. O. und vom 20. Juni 2005, BStBl II S. 770). Eine solche Verwertung liegt insbesondere vor, wenn der Arbeitnehmer die Aktienoption auf einen Dritten überträgt (BFH vom 18. September 2012, BStBl 2013 II S. 289).

198 Voraussetzung für den Zufluss von Arbeitslohn bei Aktienoptionen ist eine verbilligte oder unentgeltliche Überlassung der Aktien (geldwerter Vorteil). Der geldwerte Vorteil errechnet sich in der Regel aus der Differenz zwischen dem Kurswert der Aktien am Zuflusszeitpunkt (§ 11 Abs. 1 BewG) und dem vom Arbeitnehmer geleisteten Übernahmepreis bzw. den Erwerbsaufwendungen (s. BFH-Urteile vom 20. November 2008, a. a. O. und vom 24. Januar 2001, a. a. O.). Es ist in diesem Zusammenhang nicht zu beanstanden, wenn von den Vereinfachungsregelungen nach Tz. 1.3 letzter Absatz des BMF-Schreibens vom 8. Dezember 2009, BStBl I S. 1513, zur lohnsteuerlichen Behandlung der Überlassung von Vermögensbeteiligungen ab 2009 Gebrauch gemacht wird. Veränderungen des Kurswertes der Aktien haben auf die Höhe des geldwerten Vorteils *keine Auswirkungen. In Ermangelung* eines Kurswerts, z. B. bei nicht handelbaren Aktienoptionen, sind die Aktien am Zuflusstag mit dem gemeinen Wert anzusetzen (§ 11 Abs. 2 BewG).

199 Bei der Ermittlung des geldwerten Vorteils ist die Steuerbefreiung i. H. v. 360 € nach § 3 Nr. 39 EStG zu berücksichtigen, sofern der Arbeitnehmer die verbilligten Aktienoptionen im Rahmen eines gegenwärtigen Dienstverhältnisses erhält. Im Übrigen kommt für steuerpflichtige geldwerte Vorteile aus der Ausübung von Aktienoptionen die Tarifermäßigung des § 34 Abs. 1 EStG

i. V. m. § 34 Abs. 2 Nr. 4 EStG in Betracht, wenn es sich um Vergütungen für mehrjährige Tätigkeiten handelt (s. BFH-Urteil vom 24. Januar 2001, a. a. O.). Diese liegen vor, wenn die Laufzeit zwischen Einräumung und Ausübung mehr als 12 Monate betragen hat und das Arbeitsverhältnis nach Einräumung des Optionsrechts mindestens noch 12 Monate fortbestanden hat. Dagegen muss das Arbeitsverhältnis bei Optionsausübung nicht mehr bestehen. Maßgeblich ist alleine die Laufzeit der einzelnen Aktienoptionen von mehr als 12 Monaten bei gleichzeitiger Beschäftigung durch den Arbeitgeber. Unschädlich ist es, wenn ein Arbeitnehmer Aktienoptionen nicht vollständig in einem einzigen Veranlagungszeitraum ausübt (s. BFH-Urteil vom 18. Dezember 2007, BStBl 2008 II S. 294) oder wiederholt Aktienoptionen eingeräumt und die betreffenden Optionen nicht auf einmal ausgeübt werden.

5.5.5.3 Aufteilung des Besteuerungsrechtes des geldwerten Vorteils nach Abkommensrecht

Der geldwerte Vorteil aus der Optionsgewährung ist den Einkünften aus unselbständiger Arbeit nach Art. 15 OECD-MA zuzuordnen. Diejenigen Einkünfte, die der Arbeitnehmer in seiner Eigenschaft als Anteilseigner nach Ausübung des Optionsrechts aus dem Halten der erworbenen Aktien (z. B. Dividenden) oder ihrer späteren Veräußerung erzielt, sind hingegen Art. 10 bzw. 13 OECD-MA zuzuordnen. 200

Für die Aufteilung des Besteuerungsrechts des geldwerten Vorteils ist bei Aktienoptionen grundsätzlich danach zu unterscheiden, ob die Option einen Vergangenheits- oder einen Zukunftsbezug aufweist. Für den zugrunde zu legenden Aufteilungszeitraum empfiehlt es sich regelmäßig danach zu differenzieren, ob Aktienoptionen an einer Wertpapierbörse gehandelt werden können oder nicht (handelbare und nicht handelbare Aktienoptionen). Können Optionsrechte lediglich außerhalb einer Wertpapierbörse gehandelt werden, gelten sie als nicht handelbar. 201

Handelbare Aktienoptionen werden regelmäßig gewährt, um in der Vergangenheit geleistete Tätigkeiten zu honorieren. Unter Umständen können sie jedoch auch mit Blick auf die Zukunft eingeräumt werden (z. B. mit Verfügungsbeschränkungen). Der geldwerte Vorteil ist unabhängig vom Zuflusszeitpunkt nach den Verhältnissen des Zeitraums zuzuordnen, für den er gewährt wird (Erdienungszeitraum). 202

Nicht handelbare Aktienoptionen stellen lediglich die Einräumung einer Chance dar. Der geldwerte Vorteil ist damit bei Zufluss als Vergütung für den ganzen Erdienungszeitraum („vesting period") anzusehen. Der Erdienungszeitraum ist der Zeitraum zwischen der Optionsgewährung („grant") und der erstmalig tatsächlich möglichen Ausübung des Optionsrechts durch den Arbeitnehmer („vesting"). 203

Soweit keine unmittelbare Zuordnung zu der im Inland oder im Ausland ausgeübten Tätigkeit möglich ist, ist das Besteuerungsrecht nach den in der Tz. 5.4 erläuterten Grundsätzen anhand der tatsächlichen Arbeitstage aufzuteilen und zeitanteilig unter Beachtung des § 50d Abs. 8 bzw. 9 EStG und des Progressionsvorbehalts von der inländischen Besteuerung freizustellen: 204

$$\text{steuerfreier geldwerter Vorteil} = \frac{\text{Anzahl der tatsächlichen Arbeitstage im ausländischen Staat}}{\text{Tatsächliche Arbeitstage im gesamten Erdienungszeitraum}}$$

Befindet sich der Arbeitnehmer im Zeitpunkt der Erdienung des Optionsrechts bereits im Ruhestand, ist für die Aufteilung des geldwerten Vorteils nur der Zeitraum von der Gewährung bis zur Beendigung der aktiven Tätigkeit heranzuziehen. Ist das Arbeitsverhältnis vor der Erdienung des Optionsrechts aus anderen Gründen beendet worden (z. B. Auflösung des Arbeitsverhältnisses), ist für die Aufteilung des geldwerten Vorteils der Zeitraum von der Gewährung des Optionsrechts bis zum Ausscheiden des Arbeitnehmers aus dem aktiven Arbeitsverhältnis maßgeblich. Dies gilt nicht, soweit der Arbeitnehmer weiterhin im Konzernverbund (§ 15 AktG) beschäftigt bleibt und daher das Optionsrecht weiterhin erdient wird. In diesem Fall zählt auch die Tätigkeit beim verbundenen Unternehmen zum Erdienungszeitraum. 205

Vorgenannte Ausführungen gelten unbeschadet eines Wechsels der Steuerpflicht des Arbeitnehmers während des genannten Zeitraums. 206

Sofern der Arbeitnehmer jährlich Aktienoptionsrechte erhält, sind die oben genannten Ausführungen für jedes jährlich ausgegebene Optionsrecht zu beachten. 207

Beispiel: 208

Ein in Deutschland beschäftigter Arbeitnehmer hat am 1. Juni 01 („grant") die nicht handelbare Option auf den Erwerb von 1.000 Aktien seines inländischen Arbeitgebers gewährt bekommen. Der Übernahmepreis liegt bei 10 € je Aktie. Ab dem 1. Januar 02 ist der Arbeitnehmer im Rahmen einer Arbeitnehmerentsendung in Italien tätig und dort mit seinen Arbeitseinkünften steuerpflichtig. Seinen deutschen Wohnsitz behält er während der Entsendung bei. Der Zeitpunkt der erstmalig möglichen Optionsausübung ist der 1. Juni 03 („vesting"). Am 1. September 03 übt der Arbeitnehmer die Aktienoption aus. Der Kurswert der Aktie beträgt zu diesem Zeitpunkt 15 €. Die Aktien werden noch am selben Tag auf seinem

Depot gutgeschrieben. Der Arbeitnehmer ist hat 220 Tagen im Jahr seine Tätigkeit tatsächlich ausgeübt. Im Erdienungszeitraum („vesting period" 1. Juni 01 bis 1. Juni 03) hält er sich wie folgt auf:

Kalenderjahr	01	02	03
Deutschland	128 Arbeitstage	0	0
Italien	0	220 Arbeitstage	92 Arbeitstage

Gemeiner Wert der Aktien zum Zuflusszeitpunkt:	15 000 €
./. Erwerbsaufwendungen	10 000 €
= Steuerpflichtiger geldwerter Vorteil:	5 000 €*)

*) = Auf die Berechnung der Freibeträge wird aus Vereinfachungsgründen verzichtet.

Gesamtarbeitstage im Erdienungszeitraum:	440
In Italien verbrachte Arbeitstage im Erdienungszeitraum:	312

Der in Deutschland unter Beachtung von § 50d Abs. 8 EStG unter Progressionsvorbehalt steuerfrei zu stellende geldwerte Vorteil beträgt damit:

$$5\,000\,€ \times \frac{312 \text{ Arbeitstage in Italien} = 3\,546\ €}{440 \text{ tatsächliche Gesamtarbeitstage}}$$

im Erdienungszeitraum

5.5.5.4 Weitere Aktienvergütungsmodelle

Virtuelle Aktienoptionen (Stock Appreciation Rights, Phantom Stock Awards)

209 Als virtuelle Variante der Stock Options wird auf die tatsächliche Ausgabe von Aktien verzichtet und die finanziellen Auswirkungen entsprechend nachgebildet. Damit werden Neuemissionen sowie die damit verbundene Verwässerung des Aktienkurses und des Stimmrechts vermieden. Im Unterschied zu realen Aktienoptionsplänen besteht im Fall von virtuellen Aktienoptionen (Stock Appreciation Rights oder Phantom Stock Awards) bei Ausübung also kein Recht auf Lieferung von Aktien, sondern ein Recht auf Auszahlung eines Geldbetrages, der sich aus der Kursentwicklung ergibt. Wirtschaftlich betrachtet, stellen die Vergütungen aus den virtuellen Aktienoptionen ein Entgelt für die in der Vergangenheit geleistete Arbeit dar. Die vorgenannten Ausführungen bezüglich Zufluss und Aufteilung gelten entsprechend.

Aktienoptionsplan mit vorgeschaltetem Wandeldarlehen oder Wandelanleihe (Wandelschuldverschreibung)

210 Bei einem Wandeldarlehen gewährt der Darlehensgeber (hier: Arbeitnehmer) dem Darlehensnehmer (hier: Arbeitgeber) ein Darlehen, das mit einem Wandlungs- bzw. Umtauschrecht auf Aktien des Darlehensnehmers ausgestattet ist.

211 Eine Wandelanleihe (Wandelschuldverschreibung) ist ein von einer Aktiengesellschaft (hier: Arbeitgeber als Emittent) ausgegebenes verzinsliches Wertpapier, das dem Inhaber (hier: Arbeitnehmer) das Recht einräumt, die Anleihe in Aktien des Emittenten umzutauschen.

212 Bei Ausübung des Wandlungsrechtes im Rahmen des Aktienoptionsplans gelten die vorgenannten Ausführungen entsprechend (s. BFH-Urteil vom 23. Juni 2005, BStBl II S. 770). Der Zufluss des geldwerten Vorteils erfolgt also zu dem Zeitpunkt, in dem der Arbeitnehmer die wirtschaftliche Verfügungsmacht über die Aktien erhält und nicht bereits durch Hingabe des Darlehens.

Verfügungsbeschränkungen (Restrictions) für Aktien und Aktienanwartschaften

213 Im Gegensatz zu Aktienoptionen handelt es sich bei Restricted Stocks oder Restricted Shares um direkte Übertragungen von Aktien, die gewissen Verfügungsbeschränkungen unterliegen (u. a. Ausschluss von Stimm- und Dividendenbezugsrechten sowie Veräußerungsverbot für einen bestimmten Zeitraum). In vielen Fällen erfolgt die Aktienübertragung aber nicht unmittelbar, sondern den Arbeitnehmern wird zunächst in Aussicht gestellt, in einem späteren Jahr unentgeltlich Aktien ihres Arbeitgebers zu erhalten (Aktienanrechte, Stock Awards, Restricted Stock Units). Voraussetzung ist regelmäßig, dass der betreffende Arbeitnehmer zu diesem Stichtag noch bei dem Arbeitgeber (oder bei einem anderen Unternehmen im Konzernverbund) beschäftigt ist. Dabei werden häufig Sammel- oder Sperrdepots für die Mitarbeiter angelegt und eine entsprechende Anzahl an Aktien gutgeschrieben.

214 Sowohl bei direkten Aktienübertragungen als auch bei der Einräumung von Aktienanrechten setzt ein Lohnzufluss die Erlangung von wirtschaftlichem Eigentum beim Arbeitnehmer voraus. Wirtschaftliches Eigentum kann nicht unterstellt werden, wenn umfassende Verfügungsbeschränkungen (z. B. keine Stimm- und Dividendenbezugsrechte in Kombination mit einem

Veräußerungsverbot) vereinbart wurden. Deshalb fließt dem Arbeitnehmer der geldwerte Vorteil erst in dem Zeitpunkt zu, in dem die Verfügungsbeschränkungen nicht mehr umfassend sind (z. B. bei Wegfall einzelner Beschränkungen). Dies gilt insbesondere auch, wenn eine Übertragung der Aktien in ihrer Wirksamkeit von der Zustimmung der Gesellschaft abhängig und eine Veräußerung der Aktien für den Arbeitnehmer rechtlich unmöglich ist (vinkulierte Namensaktien, s. BFH-Urteil vom 30. Juni 2011, BStBl II S. 923). Ein schuldrechtliches Veräußerungsverbot verhindert den Zufluss jedoch nicht, da die Veräußerung (ggf. unter Sanktionierung) rechtlich möglich ist.

Dagegen ist auch von wirtschaftlichem Eigentum auszugehen, wenn der Arbeitnehmer aufgrund einer Sperr- bzw. Haltefrist die Aktien lediglich für eine bestimmte Zeit nicht veräußern kann, ihm aber das Stimmrecht und der Dividendenanspruch unabhängig von der Vereinbarung einer Sperrfrist zustehen. Sperr- oder Haltefristen stehen einem Zufluss von Arbeitslohn in diesem Fall nicht entgegen (s. BFH-Urteil vom 30. September 2008, BStBl 2009 II S. 282). Die Erlangung der wirtschaftlichen Verfügungsmacht erfordert nicht, dass der Arbeitnehmer in der Lage sein muss, den Vorteil sofort durch Veräußerung der Aktien in Bargeld umzuwandeln. 215

Wegen der Zukunftsbezogenheit bei dieser Form der Mitarbeiterbeteiligung wird das Besteuerungsrecht am geldwerten Vorteil auf den Zeitraum zwischen der Einräumung und der Erlangung der wirtschaftlichen Verfügungsmacht (i. d. R. bei Wegfall der Verfügungsbeschränkung) aufgeteilt. Dies entspricht somit dem Erdienungszeitraum. 216

Im Übrigen gelten die vorgenannten Ausführungen entsprechend. 217

5.5.5.5 Anwendung im Lohnsteuerabzugsverfahren

Die Lohnsteuer entsteht nach § 38 Abs. 2 Satz 2 EStG in dem Zeitpunkt, in dem der Arbeitslohn dem Arbeitnehmer zufließt. Der nach § 38 EStG abzugspflichtige Arbeitgeber hat grundsätzlich auch den geldwerten Vorteil aus der Optionsausübung nach den im Zuflusszeitpunkt gegebenen Verhältnissen der Lohnsteuer zu unterwerfen. Die Verpflichtung zum Lohnsteuerabzug trifft ein inländisches Konzernunternehmen als inländischen Arbeitgeber i. S. des § 38 Abs. 1 EStG nach § 38 Abs. 1 Satz 3 EStG als sog. Arbeitslohn von dritter Seite auch dann, wenn die ausländische Konzernobergesellschaft die Aktienoptionen gewährt. 218

5.5.6 Kaufkraftausgleich, Standortbonus und Sicherung des Wechselkurses

Gleicht der Arbeitgeber die, gegenüber dem bisherigen Ansässigkeitsstaat, höheren Lebenshaltungskosten im Tätigkeitsstaat durch Zahlung eines Auslandsverwendungszuschlags/Kaufkraftausgleiches aus und sind die in § 3 Nr. 64 EStG genannten Beträge überschritten, liegt nach nationalem Recht steuerpflichtiger Arbeitslohn vor, der nach den DBA ausschließlich der Tätigkeit im Tätigkeitsstaat zuzuordnen ist. 219

Der Standortbonus ist eine zusätzliche Vergütung, mit der die Bereitschaft eines Arbeitnehmers zu internationalen Einsätzen, insbesondere an schwierigen Standorten mit vom Wohnsitzstaat abweichenden Lebensbedingungen, gewürdigt werden soll. Auch hier handelt es sich nach nationalem Recht um Arbeitslohn, der abkommensrechtlich der Tätigkeit im Tätigkeitsstaat direkt zuzuordnen ist. 220

Wird Arbeitslohn in der Währung des Tätigkeitsstaates ausgezahlt, ist er bei Zufluss nach dem von der Europäischen Zentralbank veröffentlichten monatlichen Euro-Durchschnittsreferenzkurs umzurechnen (s. BFH-Urteil vom 3. Dezember 2009, BStBl 2010 II S. 698; H 8.1 (1-4) „Ausländische Währung" LStH). Es wird allerdings nicht beanstandet, wenn die in einer ausländischen Währung erhaltenen Lohnzahlungen auf Basis eines jährlichen Umrechnungskurses – ermittelt aus den monatlich veröffentlichten Umsatzsteuerreferenzkursen, abgerundet auf volle 50 Cent – umgerechnet werden. 221

Gleicht der Arbeitgeber Wechselkursschwankungen in gewissen Zeitabständen aus, indem er wechselkursbezogen einen Mehrbetrag ermittelt, den er an den Arbeitnehmer auszahlt oder einen Minderbetrag ermittelt, den er vom Arbeitnehmer zurückfordert, ist dieser Mehr- oder Minderbetrag in demselben Verhältnis aufzuteilen, in dem das wechselkursgesicherte Gehalt auf den Wohnsitzstaat und den Tätigkeitsstaat entfällt. 222

5.5.7 Entgeltumwandlung zugunsten eines Arbeitszeitkontos

Unter den Begriff der Arbeitszeitkonten in diesem Sinne fallen nur sog. Zeitwertkonten (Arbeitsentgeltguthaben). Hierbei vereinbaren Arbeitgeber und Arbeitnehmer, dass künftig fällig werdender Arbeitslohn anstelle einer sofortigen Auszahlung auf einem Zeitwertkonto betragsmäßig erfasst und dem Arbeitnehmer erst im Rahmen einer späteren Freistellung von der weiterhin geschuldeten Arbeitsleistung ausgezahlt wird. Der steuerliche Begriff des Zeitwertkontos entspricht insoweit einer Wertguthabenvereinbarung i. S. des § 7b SGB IV. Die Voraussetzungen für 223 die Anerkennung einer Zeitwertkontenvereinbarung und ihre Besteuerung sind im BMF-Schreiben vom 17. Juni 2009, BStBl I S. 1286 geregelt. Das gilt auch bei einem im Ausland ansässigen Arbeitnehmer, der mit seinem dortigen Arbeitgeber eine Zeitwertkontenvereinbarung geschlossen hat und vorübergehend im Inland tätig ist. In diesem Fall wird auch im Rahmen der beschränkten Steuerpflicht (s. § 49 Abs. 1 Nr. 4 Buchstabe a EStG) der Zufluss des Arbeitslohns zu einem späteren Zeitpunkt erfasst.

224 Auf Zahlungen aus Zeitwertkonten an den Arbeitnehmer ist Art. 15 OECD-MA anzuwenden. Das Besteuerungsrecht des Ansässigkeitsstaates wird danach nur insoweit durchbrochen, als der Arbeitnehmer im anderen Vertragsstaat tätig wird und hierfür Vergütungen bezieht. Ausgehend von dem engen Veranlassungszusammenhang zwischen Auslandstätigkeit und Vergütungsbezug, hat der Tätigkeitsstaat das Besteuerungsrecht für Auszahlungen aus dem Zeitwertkonto nur insofern, als ihnen eine dort erbrachte Arbeitsleistung zugrunde liegt (Erdienungsprinzip).

225 **Beispiel 1:**

Arbeitgeber und Arbeitnehmer A sind im Inland ansässig und schließen eine Zeitwertkontenvereinbarung. In 01 wird A insgesamt für 120 (Aufenthalts- und Tätigkeits-) Tage in die ausländische Betriebsstätte seines Arbeitgebers im DBA-Staat B entsandt. Den regulären Arbeitslohn trägt die ausländische Betriebsstätte. Vereinbarungsgemäß wird A nur die Hälfte des Arbeitslohns ausgezahlt, der auf die Auslandstätigkeit entfällt. Der restliche Betrag wird seinem Zeitwertkonto gutgeschrieben; weitere Wertgutschriften erfolgen nicht. In 05 nimmt A sein Guthaben in Anspruch und wird für 60 Arbeitstage von der Verpflichtung zur Arbeitsleistung unter Fortzahlung seiner (seit 01 unveränderten) Bezüge in voller Höhe freigestellt.

Dem Staat B steht nach Art. 15 Abs. 1 Satz 2 und Abs. 2 Buchstabe c OECD-MA das Besteuerungsrecht für diejenigen Vergütungen zu, die A für seine Tätigkeit dort bezogen hat. Dies gilt unabhängig davon, ob der Betrag dem Arbeitnehmer im regulären Zahlungsturnus zufließt oder der Zuflusszeitpunkt durch die Gutschrift auf dem Zeitwertkonto wirksam in die Zukunft verlagert wird. Vorliegend steht dem Staat B das Besteuerungsrecht an den Zahlungen aus dem Zeitwertkonto im Jahr 05 zu. Deutschland stellt die Vergütungen unter Progressionsvorbehalt und Beachtung des § 50d Abs. 8 bzw. 9 EStG frei.

226 Das Besteuerungsrecht des Tätigkeitsstaates wird nicht dadurch berührt, dass die Voraussetzungen für die steuerliche Anerkennung der Zeitwertkontenvereinbarung später ganz oder teilweise entfallen (BMF-Schreiben vom 17. Juni 2009, BStBl I S. 1286 „planwidrige Verwendung"). Andererseits steht dies auch einer Berücksichtigung der Zahlungen im Rahmen des Progressionsvorbehalts zum Zuflusszeitpunkt nicht entgegen.

227 Soweit sich der Wert des Arbeitszeitguthabens aus anderen Gründen als den vereinbarten Lohngutschriften erhöht hat, z. B. infolge einer vom Arbeitgeber zugesagten Verzinsung oder aufgrund der erfolgreichen Anlage des Arbeitsentgeltguthabens am Kapitalmarkt (s. § 7d Abs. 3 SGB IV), stellt dieser Wertzuwachs keine Gegenleistung für die im anderen Staat ausgeübte Tätigkeit dar. Deshalb verbleibt das Besteuerungsrecht beim Ansässigkeitsstaat. Vorgenannte Zinsen erhöhen das Guthaben des Zeitwertkontos und sind bei tatsächlicher Auszahlung an den Arbeitnehmer als Arbeitslohn zu erfassen.

228 Bringt der Arbeitnehmer sowohl nach DBA freigestellten als auch steuerpflichtigen Arbeitslohn in sein Zeitwertkonto ein, gilt im Zeitpunkt der Auszahlung des Arbeitsentgeltguthabens stets der steuerfreie Arbeitslohn als zuerst verwandt. Ist der steuerfreie Arbeitslohn in mehreren Staaten erdient worden, ist er nach den einzelnen Tätigkeitsstaaten aufzuteilen. In diesem Fall gilt bei der Auszahlung des steuerfreien Arbeitslohns aus dem Arbeitsentgeltguthaben der zuerst erdiente steuerfreie Arbeitslohn als zuerst verwandt.

229 **Beispiel 2:**

Arbeitgeber und Arbeitnehmer A sind im Inland ansässig und schließen eine Zeitwertkontenvereinbarung. Im Jahr 01 wird A insgesamt für 40 (Aufenthalts- und Tätigkeits-) Tage in die ausländische Betriebsstätte seines Arbeitgebers im DBA-Staat B entsandt. Seinen Arbeitslohn trägt die ausländische Betriebsstätte. Vereinbarungsgemäß erhält A für die Auslandstätigkeiten einen Lohnzuschlag in Höhe von 50 %. Dieser wird seinem Zeitwertkonto gutgeschrieben. Der reguläre Lohn wird ausgezahlt. Im Jahr 02 führt A seinem Zeitwertkonto im Inland erdiente Wertgutschriften zu, die eine Freistellung von 20 Arbeitstagen unter Fortzahlung der Bezüge in voller Höhe erlauben. Im Jahr 03 wird A zu den gleichen Konditionen wie im Jahr 01 für 40 (Aufenthalts- und Tätigkeits-) Tage in die ausländische Betriebsstätte seines *Arbeitgebers im DBA-Staat C entsandt.* Im Jahr 05 nimmt A sein gesamtes Zeitwertguthaben in Anspruch und wird für 60 Arbeitstage von der Verpflichtung zur Arbeitsleistung unter Fortzahlung seiner Bezüge in voller Höhe freigestellt.

Die Entgeltzahlung für die ersten 20 Tage der Freistellung von der Arbeitspflicht speisen sich aus dem im Staat B erdienten und unter Beachtung von § 50d Abs. 8 bzw. 9 EStG steuerfreien Arbeitslohn; der unter denselben Bedingungen steuerfreie Arbeitslohn für die folgenden 20

Tage rührt aus der Tätigkeit im Staat C her. Erst in den letzten 20 Tagen kommt das durch die Inlandstätigkeit erdiente steuerpflichtige Arbeitsentgeltguthaben zur Auszahlung.

Im vorstehenden Beispiel ist die Versteuerung im Veranlagungsverfahren 05 auch dann nachgewiesen, wenn der Tätigkeitsstaat den auf dem Zeitwertkonto gutgeschriebenen Lohn einer Besteuerung in 01 unterworfen hat und dies belegt wird. 230

Aufgrund der oft langen Zeitspanne zwischen dem Erwerb der Lohnforderung und ihrem Zufluss kommt in diesen Fällen den steuerlichen Nachweispflichten eine besondere Bedeutung zu. Die Feststellungslast trifft im Lohnsteuerabzugsverfahren beide Beteiligten (Arbeitgeber und Arbeitnehmer). § 90 Abs. 2 AO verankert die Verantwortung für die Aufklärung und Beweismittelvorsorge unter den dort genannten Voraussetzungen (s. auch Tz. 5.2). Soweit der Tätigkeitsstaat die Arbeitszeitkontenvereinbarung nicht anerkennt und stattdessen von einem unmittelbaren Zufluss des gutgeschriebenen Arbeitslohns ausgeht, reicht es für Zwecke des § 50d Abs. 8 EStG aus, die steuerliche Erfassung im Tätigkeitsstaat zu diesem Zeitpunkt nachzuweisen. 231

Die vorstehenden Grundsätze finden auf sog. Gleitzeitkonten keine Anwendung, die lediglich der Ansammlung von Mehr- oder Minderarbeitszeit dienen und zu einem späteren Zeitpunkt ausgeglichen werden. Der Zufluss des Arbeitslohns richtet sich nach den allgemeinen Regeln. 232

5.5.8 Steuerausgleichsmechanismen – Hypo-Tax

Schließt der Arbeitgeber mit dem Arbeitnehmer eine Vereinbarung über den Ausgleich oder Tragung von Steuern des Auslandsaufenthalts, wird bei der Berechnung des Arbeitslohns für Arbeitnehmer im internationalen Einsatz in vielen Fällen eine sog. fiktive bzw. hypothetische Steuer (auch Hypo-Tax) ausgewiesen. Hierbei handelt es sich um eine fiktive Berechnungsgröße, die den auszuzahlenden Arbeitslohn i. d. R. tatsächlich mindert. Im Gegenzug verpflichtet sich der Arbeitgeber regelmäßig, die im Ansässigkeitsstaat oder im Tätigkeitsstaat anfallende Einkommensteuer des Arbeitnehmers zu bezahlen, soweit sie dem Arbeitsverhältnis zuzurechnen ist (sog. Nettolohnvereinbarung). Die Höhe bzw. die Berechnung der Hypo-Tax ist abhängig von der zwischen Arbeitgeber und Arbeitnehmer getroffenen Vereinbarung. Insbesondere in den Fällen der Entsendung von Führungskräften nach Deutschland ist dies regelmäßig eine Nettolohnvereinbarung, wobei die Übernahme der Einkommensteuer im Lohnsteuerabzugsverfahren bereits durch Hochrechnung des Nettolohns auf den Bruttolohn berücksichtigt wird. 233

Soweit vom Arbeitgeber eine Hypo-Tax berücksichtigt wird, fließt kein Arbeitslohn zu. Sie ist – da die entsprechenden Beträge nicht tatsächlich zufließen – auch nicht der Besteuerung zuzuführen. Maßgebend sind die tatsächlich anfallenden und vom Arbeitgeber gezahlten Steuern. 234

Die vom Arbeitgeber tatsächlich gezahlte Einkommensteuer ist in voller Höhe jeweils dem Staat (Ansässigkeits- oder Tätigkeitsstaat) als Arbeitslohn zuzuordnen, in dem sie anfällt. Übernimmt der Arbeitgeber darüber hinaus auch Steuern, die mit anderen Einkunftsquellen in Zusammenhang stehen, ist der hierauf entfallende Betrag abkommensrechtlich nach den allgemeinen Grundsätzen in einen auf die Tätigkeit im Ansässigkeitsstaat und in einen auf die Tätigkeit im Tätigkeitsstaat entfallenden Anteil aufzuteilen. 235

Arbeitgeber-Bescheinigungen über den Einbehalt einer Hypo-Tax stellen keinen Besteuerungsnachweis i. S. des § 50d Abs. 8 EStG dar, da es sich bei der Hypo-Tax nicht um eine tatsächlich entrichtete Steuer handelt. 236

In einem ersten Schritt ist zu prüfen, ob ein inländischer Arbeitgeber (§ 38 Abs. 1 EStG), der zum Lohnsteuerabzug verpflichtet ist, vorhanden ist. Im zweiten Schritt ist zu prüfen, ob eine Netto- oder Bruttolohnvereinbarung besteht. Grundsätzlich ist bei Hypo-Tax-Gestaltungen von einer Nettolohnvereinbarung auszugehen. In diesen Fällen ist der Nettolohn (= Auszahlungsbetrag) auf einen Bruttolohn „hochzurechnen". 237

Sollte kein inländischer Arbeitgeber vorhanden sein und die Zahlung an den Arbeitnehmer in Form einer Nettolohnvereinbarung erfolgen, ist im Rahmen der Einkommensteuerveranlagung, abweichend vom Lohnsteuerabzugsverfahren, nur der Nettolohn zu versteuern (Zuflussprinzip des § 11 EStG). Erst wenn die angefallenen Steuerbeträge später vom ausländischen Arbeitgeber ersetzt werden, ist dieser Betrag erneut der Besteuerung im Rahmen der Einkommensteuerveranlagung zu unterwerfen. 238

Da die tatsächliche Steuerbelastung in diesen Fällen regelmäßig nicht identisch mit der vom Arbeitgeber einbehaltenen Hypo-Tax ist, hat dies nachfolgend dargestellte Auswirkungen auf die steuerliche Behandlung im Inland: 239

Beispiel 1: 240

Ein im DBA-Ausland ansässiger Arbeitnehmer wird von seinem ausländischen Arbeitgeber nach Deutschland entsandt. Der Arbeitnehmer wird für eine im Inland ansässige Betriebsstätte des ausländischen Arbeitgebers tätig oder übernimmt die Funktion eines ständigen Vertreters i. S. des § 13 AO.

Der Arbeitgeber hat ihm für den Entsendungszeitraum unter Berücksichtigung einer fiktiven ausländischen Steuer von 10 000 € einen Nettoarbeitslohn von 45 000 € zugesagt. Das Besteuerungsrecht für den Arbeitslohn in diesem Zeitraum steht Deutschland zu.

Der Nettoarbeitslohn i. H. v. 45 000 € ist in beiden Fällen unter Berücksichtigung der tatsächlichen inländischen Steuerbelastung im Jahr der Zahlung auf einen Bruttoarbeitslohn hochzurechnen.

241 **Abwandlung:**

Wie Beispiel 1, jedoch existiert kein zum LSt-Abzug verpflichteter inländischer Arbeitgeber i. S. des § 38 Abs. 1 EStG.

Der Nettoarbeitslohn in Höhe von 45 000 € ist im Rahmen der Einkommensteuerveranlagung des Arbeitnehmers in Deutschland anzusetzen. Die sich ergebende deutsche Einkommensteuer, die vom ausländischen Arbeitgeber gezahlt wird, ist im Jahr der Zahlung durch den Arbeitgeber beim Arbeitnehmer als geldwerter Vorteil zu erfassen (s. BFH-Urteil vom 6. Dezember 1991, BStBl 1992 II S. 441).

242 **Beispiel 2**

Ein im Inland ansässiger Arbeitnehmer wird von seinem inländischen Arbeitgeber zu einer ausländischen Tochtergesellschaft abgeordnet, die auch die Lohnkosten wirtschaftlich trägt. Der Arbeitnehmer behält seinen inländischen Wohnsitz bei. Der Bruttolohn des Arbeitnehmers beträgt monatlich 3 000 €. Der monatliche Nettoarbeitslohn (ohne Berücksichtigung der Sozialversicherungsabzüge) vor Entsendung beträgt 2 421 €. Der Arbeitnehmer soll weiterhin den gleichen Nettobetrag erhalten. Im Ausland sind monatlich 250 € Steuern für den Arbeitslohnbezug des Arbeitnehmers fällig.

Die Lohnabrechnung sieht wie folgt aus:

Bruttoarbeitslohn	3 000 €
ausländische Steuern	– 250 €
Hypo-Tax	– 329 €
Nettoauszahlungsbetrag	2 421 €

Für Zwecke des Progressionsvorbehalts nach § 32b EStG ist der im Ausland erzielte Arbeitslohn wie folgt zu ermitteln:

Nettoauszahlungsbetrag	2 421 €
tatsächliche ausländische Steuern	+ 250 €
Bruttoarbeitslohn	2 671 €

Der Betrag von monatlich 2 671 € ist für Zwecke des Progressionsvorbehalts bei der Ermittlung der deutschen Einkommensteuer anzusetzen. Der Arbeitgeber wird für den Zeitraum der Entsendung um monatlich 329 € entlastet. Die Hypo-Tax ist völlig unbeachtlich.

243 **Abwandlung**

Wie Beispiel 2, jedoch beträgt die monatliche Steuerbelastung 800 €.

Die Lohnabrechnung sieht wie folgt aus:

Bruttoarbeitslohn	3 000 €
ausländische Steuern	– 800 €
Hypo-Tax	– 579 €
Steuerzuschuss (i. H. der ausländischen Steuer)	+ 800 €
Nettoauszahlungsbetrag	2 421 €

Für Zwecke des Progressionsvorbehalts nach § 32b EStG ist der im Ausland erzielte Arbeitslohn wie folgt zu ermitteln:

Nettoauszahlungsbetrag	2 421 €
tatsächliche ausländische Steuern	+ 800 €
Bruttoarbeitslohn	3 221 €

244 Von dem vorstehend dargestellten System zu unterscheiden sind Treuhandmodelle, bei denen die Arbeitnehmer freiwillig Beiträge in ein gemeinsames Treuhandvermögen leisten, ohne dass der Arbeitgeber eine Zuschuss- oder Insolvenzpflicht hat und aus diesem Treuhandvermögen die ausländischen Steuern beglichen werden. In diesen Fällen gelten die in das gemeinsame Treuhandvermögen (sog. Steuertopf) von den Arbeitnehmern eingebrachten Beträge, die aus dem geschuldeten Arbeitslohn finanziert werden, als sog. Einkommensverwendung. Denn der Arbeitnehmer hat mit der Einbringung der Beträge Rechtsansprüche gegenüber einem fremden Dritten (Treuhandvermögen) erworben. Damit führen die eingebrachten Beträge nicht zu einer Minderung des Bruttoarbeitslohnes. Die Aufteilung des ungekürzten Bruttoarbeitslohnes in einen steuerpflichtigen- und steuerfreien Teil erfolgt nach allgemeinen Grundsätzen. Im Gegenzug bewirkt die Finanzierung der anfallenden Steuer im Ausland oder in Deutschland aus dem Treuhandvermögen keinen Zufluss von Arbeitslohn.

5.5.9 Beiträge bzw. Zuschüsse im Rahmen der sozialen Absicherung

Ein Arbeitnehmer kann während seiner Auslandstätigkeit ausschließlich dem Sozialversicherungsrecht des Ansässigkeits- oder des Tätigkeitsstaates oder dem Sozialversicherungsrecht beider Staaten unterworfen sein. Hier unterliegt der von einem Arbeitgeber bezogene Arbeitslohn sowohl dem Sozialversicherungsrecht des Ansässigkeitsstaates als auch dem Sozialversicherungsrecht des Tätigkeitsstaates. 245

Dabei kann das jeweilige Sozialversicherungsrecht insbesondere eine verpflichtende Renten-, Arbeitslosen- oder Krankenversicherung, aber auch Wahlrechte und freiwillige Versicherungen umfassen. 246

Eine Liste aller Länder, mit denen Deutschland Sozialversicherungsabkommen abgeschlossen hat, ist unter www.dvka.de zu finden. 247

Vom Arbeitgeber geleistete Beiträge bzw. Zuschüsse zu einer Renten-, Arbeitslosen- oder Krankenversicherung stellen regelmäßig Arbeitslohn dar. Das Besteuerungsrecht hierfür ist nach der Prüfung der Steuerbefreiung nach § 3 Nr. 62 EStG dem Wohnsitz- und dem Tätigkeitsstaat nach den DBA ggf. anteilig zuzuordnen, und zwar regelmäßig in dem gleichen Verhältnis, in dem auch der übrige Arbeitslohn aufzuteilen ist. Bei einer Bruttolohnvereinbarung wird der Sozialversicherungsbeitrag „automatisch" zusammen mit den Lohnbestandteilen in einen DBA-rechtlich auf den Heimatstaat entfallenden und in einen DBA-rechtlich auf den Einsatzstaat entfallenden Anteil aufgeteilt. 248

Beispiel: 249

Ein im Inland wohnhafter Arbeitnehmer ist im Jahr 01 für seinen Arbeitgeber sowohl im bisherigen Ansässigkeitsstaat als auch im Tätigkeitsstaat tätig. Der auf den bisherigen Ansässigkeitsstaat entfallende Arbeitslohnanteil beträgt brutto 25 000 €. Enthalten sind sowohl direkt als auch nicht direkt zuordenbare Lohnbestandteile. Die Steuer im bisherigen Ansässigkeitsstaat beträgt 5 000 €. Sie wird vom Arbeitgeber nicht übernommen. Der auf den Tätigkeitsstaat entfallende Arbeitslohnanteil beträgt brutto 50 000 €. Enthalten sind auch hier sowohl direkt als auch nicht direkt zuordenbare Lohnbestandteile. Die hierauf entfallende Steuer beläuft sich im Tätigkeitsstaat auf 10 000 €. Sie wird vom Arbeitgeber ebenfalls nicht übernommen. Der Sozialversicherungsbeitrag beträgt – bezogen auf das Gesamtjahr – 15 000 €.

Die Lohnabrechnung sieht wie folgt aus:

Bruttoarbeitslohn bisheriger Ansässigkeitsstaat	25 000 €
Bruttoarbeitslohn Tätigkeitsstaat	50 000 €
abzüglich Steuer bisheriger Ansässigkeitsstaat	5 000 €
abzüglich Steuer Tätigkeitsstaat	10 000 €
abzüglich Sozialversicherungsbeitrag (einheitlich für das gesamte Kalenderjahr)	15 000 €
Nettoauszahlungsbetrag	45 000 €

Der Bruttoarbeitslohn wird DBA-rechtlich zu 1/3 dem bisherigen Ansässigkeitsstaat und zu 2/3 dem Tätigkeitsstaat zugerechnet. In diesem Verhältnis – 1/3 zu 2/3 – wird „automatisch" auch der Sozialversicherungsbeitrag verteilt (bezüglich der Abzugsbeschränkungen von Sonderausgaben im Zusammenhang mit steuerfreien Einkünften, s. Tz. 2.5).

Das gilt unabhängig davon, an welchen Sozialversicherungsträger im bisherigen Ansässigkeits- oder Tätigkeitsstaat die Beiträge bzw. Zuschüsse gezahlt werden. Insbesondere erfolgt keine direkte Zuordnung nach Tz. 5.3 aufgrund des Sitzes eines Sozialversicherungsträgers. 250

5.5.10 Übernahme von bestimmten Aufwendungen durch den Arbeitgeber

Die Steuerfreiheit bestimmter Einnahmen nach § 3 EStG (hier z. B. Nr. 13 und 16) ist vorrangig zu beachten; einige nach § 3 EStG steuerfreie Einnahmen unterliegen nicht dem Progressionsvorbehalt. 251

Zahlungen, die der Arbeitgeber im Hinblick auf einen künftigen internationalen Einsatz des Arbeitnehmers aufwendet, stellen insoweit i. d. R. Arbeitslohn dar, der nach Tz. 5.3 abkommensrechtlich direkt dem Tätigkeitsstaat zuzuordnen ist. Dies sind z. B. Kosten: 252

– für eine Orientierungsreise, um dem Arbeitnehmer einen Einblick in die Lebensbedingungen am Einsatzort zu geben (z. B. für Unterkunft, Mietwagen, Reisekosten oder Verpflegung),

– für Visa sowie Arbeits- oder Aufenthaltsgenehmigungen,

- für Sprachunterricht oder interkulturelles Training in Bezug auf den rechtlichen, kulturellen, sozialen und wirtschaftlichen Rahmen am Einsatzort (Ausnahmen s. R 19.7 Abs. 2 Satz 4 LStR),
- für medizinische Vorsorge oder sonstige Hilfestellungen und Informationen (u. a. Eröffnung von Bankkonten, Wohnraumbeschaffung).

253 Das gilt auch für:

- Übergangszuschüsse, die der Arbeitgeber als zusätzliche Leistung an bestimmten Einsatzorten zahlt, um höhere Kosten des Arbeitnehmers in der Orientierungsphase auszugleichen oder
- Ausgleichzahlungen des Arbeitgebers für Verluste des Arbeitnehmers aus privaten Veräußerungen im Wohnsitzstaat anlässlich des internationalen Einsatzes.

254 Übernimmt der Arbeitgeber während des Einsatzes Aufwendungen für den Arbeitnehmer im Tätigkeitsstaat (z. B. für die Unterbringung, die Verpflegung, den Umzug oder den Dienstwagen) oder im Wohnsitzstaat (z. B. für die Beibehaltung der bisherigen Wohnung oder deren Aufgabe) oder für Fahrten zwischen beiden Staaten und dies nur in Fällen des internationalen Einsatzes, liegt insoweit i. d. R. Arbeitslohn vor, der nach Tz. 5.3 abkommensrechtlich direkt dem Tätigkeitsstaat zuzuordnen ist. Soweit eine Leistung jedoch nicht auf Fälle des internationalen Einsatzes beschränkt ist und auch dem Wohnsitzstaat nach Tz. 5.3 nicht direkt zugeordnet werden kann, ist eine Aufteilung i. S. der Tz. 5.4 vorzunehmen. Das gilt entsprechend auch für Zuschüsse, die der Arbeitgeber dem Arbeitnehmer zum Ausgleich für dessen Aufwendungen im Zusammenhang mit dem Einsatz zahlt (z. B. Unterstützungsleistungen für den Arbeitnehmer und dessen Familie, Zuschüsse bei Anschaffungen).

255 Die Übernahme von Steuerberatungskosten durch den Arbeitgeber in den Fällen des internationalen Arbeitnehmereinsatzes ist grundsätzlich dergestalt direkt zuzuordnen, dass die Kosten für die Erklärungsabgabe im Heimatstaat ausschließlich der Tätigkeit im Heimatstaat und die Kosten für die Erklärungsabgabe im Einsatzstaat ausschließlich der Tätigkeit im Einsatzstaat zuzurechnen sind. Erfolgt die Übernahme der Steuerberatungskosten jedoch im ausschließlichen wirtschaftlichen Zusammenhang mit der im Inland oder im Ausland ausgeübten Tätigkeit (z. B. aufgrund ausdrücklicher und auf die Dauer der Entsendung beschränkter Vereinbarung im Entsendevertrag), so ist der hieraus resultierende Lohn ausschließlich dieser Tätigkeit zuzuordnen.

256 Stellt der Arbeitgeber dem Arbeitnehmer einen Dienstwagen zur Verfügung, ist der hieraus resultierende geldwerte Vorteil und der für Fahrten zwischen Wohnung und erster Tätigkeitsstätte entstehende geldwerte Vorteil jeweils nach Tz. 5.3 direkt der Tätigkeit im Wohnsitzstaat oder im Tätigkeitsstaat zuzuordnen.

257 Übernimmt der Arbeitgeber Aufwendungen für die Reintegration des Arbeitnehmers in den früheren Wohnsitzstaat (z. B. für die Unterbringung, die Verpflegung, den Rückumzug) und war der zurückliegende Einsatz in dem anderen Staat von vornherein befristet, liegt insoweit i. d. R. Arbeitslohn vor, der nach Tz. 5.3 abkommensrechtlich direkt dem Tätigkeitsstaat zuzuordnen ist. Erfolgte dagegen der Einsatz in dem anderen Staat unbefristet, ist die Rückkehr in den Wohnsitzstaat regelmäßig durch eine neue Tätigkeit im Wohnsitzstaat veranlasst. In diesem Fall sind die Aufwendungen des Arbeitgebers für die Reintegration des Arbeitnehmers in den Wohnsitzstaat ggf. dieser neuen Tätigkeit zuzuordnen.

6 Abkommensrechtliche Beurteilung bestimmter Auslandstätigkeiten

6.1 Organe von Kapitalgesellschaften

258 Bei der Besteuerung der Organe von Kapitalgesellschaften ist zwischen den geschäftsführenden und den überwachenden Organen zu unterscheiden.

259 Die Vergütungen von geschäftsführenden Organen (z. B. Vorstände und Geschäftsführer) von Kapitalgesellschaften fallen regelmäßig in den Anwendungsbereich des Art. 15 OECD-MA. Der Ort der Geschäftsleitung oder der Sitz der Gesellschaft ist für die Aufteilung des Besteuerungsrechts ebenso wenig relevant wie der Ort an dem die Tätigkeit „verwertet" wird, da die Mitglieder der Geschäftsleitung abkommensrechtlich ihre Tätigkeit grundsätzlich an dem Ort ausüben, an dem sie sich persönlich aufhalten (BFH-Urteil vom 5. Oktober 1994, BStBl 1995 II S. 95). Soweit das nationale Besteuerungsrecht nicht durch diese abkommensrechtliche Regelung beschränkt wird, unterliegen die Löhne innerstaatlich gemäß § 49 Abs. 1 Nr. 4 Buchstabe c EStG auch dann *der beschränkten* Einkommensteuerpflicht, wenn die geschäftsführenden Organe ihre Aufgaben im Ausland erfüllen.

260 Davon abzugrenzen sind jedoch die überwachenden Organe von Kapitalgesellschaften (z. B. Aufsichts- und Verwaltungsräte). Dabei handelt es sich um Einkünfte aus selbständiger Tätigkeit i. S. des § 18 EStG, die unter den Anwendungsbereich von Art. 16 OECD-MA fallen. Das Besteuerungsrecht wird regelmäßig dem Ansässigkeitsstaat der Kapitalgesellschaft zugewiesen und die

Doppelbesteuerung durch die Anrechnungsmethode vermieden. Soweit das nationale Besteuerungsrecht nicht durch die abkommensrechtliche Regelung beschränkt wird, unterliegen die Vergütungen gemäß § 49 Abs. 1 Nr. 3 EStG nur dann der beschränkten Einkommensteuerpflicht, wenn die Tätigkeit im Inland ausgeübt oder verwertet wird oder worden ist oder für die Tätigkeit im Inland eine feste Einrichtung oder eine Betriebstätte unterhalten wird.

Hinsichtlich einiger Staaten ist es üblich, dass bestimmte Organe von Kapitalgesellschaften sowohl geschäftsführende als auch überwachende Aufgaben wahrnehmen (z. B. Schweizer Verwaltungsrat, kanadisches Board of Directors). In diesem Fall sind die Vergütungen unter Beachtung von Fremdüblichkeitsgrundsätzen aufzuteilen (vgl. BFH-Urteil vom 14. März 2011, BStBl 2013 II S. 73). Soweit die Einnahmen auf die geschäftsführenden Tätigkeiten entfallen, ist das Besteuerungsrecht nach Art. 15 OECD-MA zuzuweisen. Der übrige Teil fällt unter die Anwendung des Art. 16 OECD-MA. 261

Darüber hinaus sind auch die in einigen DBA enthaltenen Sonderregelungen über Geschäftsführervergütungen (z. B. Art. 15 Abs. 4 DBA-Schweiz, Art. 16 Abs. 2 DBA-Dänemark, Art. 16 DBA-Japan, Art. 16 Abs. 2 DBA-Kasachstan, Art. 16 DBA-Österreich, Art. 16 Abs. 2 DBA-Polen, Art. 16 DBA-Schweden, s. auch Tz. 1.2.2.3) zu beachten. Abfindungen wegen Auflösung des Arbeitsverhältnisses unterfallen ebenfalls den vorgenannten Sonderregelungen. So ist beispielsweise für die Besteuerung der Abfindung an den Geschäftsführer einer japanischen Kapitalgesellschaft Art. 16 DBA-Japan (Sonderregelung Geschäftsführervergütung) anzuwenden. Weiterhin gelten die in Tz. 4.3.3.4 dargestellten Grundsätze zum Geschäftsführer für oben genannte Organe entsprechend. Nachdem auf den tatsächlichen Geschäftsführer abzustellen ist, endet die Anwendung der in einzelnen DBA enthaltenen Sondervorschriften für Organe von Kapitalgesellschaften bereits dann, wenn die Geschäftsführertätigkeit nachweislich tatsächlich nicht mehr ausgeübt wird. Ab diesem Zeitpunkt greift der allgemeine Artikel über unselbständige Arbeit (Art. 15 OECD-MA). 262

6.2 Sich-zur-Verfügung-Halten

Soweit die Arbeitsleistung in einem Sich-zur-Verfügung-Halten (z. B. Bereitschaftsdienst, Zeiträume der Arbeitsfreistellung im Zusammenhang mit der Beendigung des Dienstverhältnisses) besteht, ohne dass es zu einer Tätigkeit kommt, wird die Arbeitsleistung dort erbracht, wo sich der Arbeitnehmer während der Dauer des Sich-zur-Verfügung-Haltens tatsächlich aufhält (s. BFH-Urteil vom 9. September 1970, BStBl II S. 867). 263

6.3 Vorruhestandsgelder

Laufend ausgezahlte Ruhestandsgelder haben immer Versorgungscharakter. Sie sind daher Art. 18 OECD-MA zuzuordnen und im Ansässigkeitsstaat zu besteuern. 264

Erdiente kapitalisierte Vorruhestandsgelder, bei denen ein Versorgungscharakter angenommen werden kann, weil sie kurz (maximal 1 Jahr) vor dem Eintrittsalter in die gesetzliche Rentenversicherung gezahlt werden, sind Art. 18 OECD-MA zuzuordnen. Das Besteuerungsrecht steht daher dem Ansässigkeitsstaat zu. 265

Bei Einmalzahlungen zur Ablösung eines bereits im Arbeitsvertrag vereinbarten Anspruchs auf Vorruhestandsgeld, denen kein Versorgungscharakter beigemessen werden kann, weil sie nicht in einem nahen zeitlichen Zusammenhang vor Erreichen der gesetzlichen Altersgrenze gezahlt werden, handelt es sich grundsätzlich um Vergütungen aus unselbständiger Arbeit i. S. des Art. 15 Abs. 1 OECD-MA, für die dem Tätigkeitsstaat das Besteuerungsrecht zusteht. Ein solcher naher zeitlicher Zusammenhang ist anzunehmen, wenn die Einmalzahlungen innerhalb eines Jahres vor Erreichen des gesetzlichen Renteneintrittsalters geleistet werden. Besondere Umstände für den Eintritt in den Vorruhestand (z. B. Dienstunfähigkeit) sind dabei zu berücksichtigen. 266

Ist ein Vorruhestandsgeld dagegen nicht in einem Arbeitsvertrag vereinbart und somit nicht durch eine bestimmte Tätigkeit erdient, sondern wird der Anspruch erst im Zusammenhang mit der Auflösung eines Dienstverhältnisses begründet, steht das Besteuerungsrecht nach Art. 18 OECD-MA nicht dem Tätigkeitsstaat, sondern dem Ansässigkeitsstaat zu. 267

6.4 Konkurrenz- oder Wettbewerbsverbot

Vergütungen an den Arbeitnehmer für ein Konkurrenz- oder Wettbewerbsverbot fallen unter Art. 15 OECD-MA. Es handelt sich hierbei um Vergütungen, die für eine in die Zukunft gerichtete Verpflichtung gezahlt werden und nicht der Abgeltung und Abwicklung von Interessen aus dem bisherigen Rechtsverhältnis dienen (s. BFH-Urteil vom 12. Juni 1996, BStBl II S. 516). Die Arbeitsleistung, das Nicht-Tätig-Werden, wird in dem Staat erbracht, in dem sich der Arbeitnehmer während der Dauer des Verbotes aufhält. Die Fiktion eines Tätigkeitsortes unabhängig von der körperlichen Anwesenheit, beispielsweise in dem Staat, in dem der Steuerpflichtige nicht 268 tätig werden darf, ist nicht möglich (s. BFH-Urteil vom 5. Oktober 1994, BStBl 1995 II S. 95). Hält sich der Arbeitnehmer während dieses Zeitraums in mehreren Staaten auf, ist das Entgelt entsprechend aufzuteilen.

269 Im Verhältnis zu Österreich werden Zahlungen anlässlich eines im Rahmen der Auflösung des Dienstverhältnisses verankerten Wettbewerbsverbots (Karenzentschädigung) dem vormaligen Tätigkeitsstaat in dem Verhältnis zugewiesen, in dem die für die zuvor ausgeübte Tätigkeit bezogenen Einkünfte dort der Besteuerung unterlegen haben (s. § 5 KonsVerAUTV, a. a. O.). Im Verhältnis zur Schweiz sind die Besonderheiten der Verständigungsvereinbarung zu Abfindungen (s. KonsVerCHEV, a. a. O.) auf Zahlungen im Zusammenhang mit einem bei Auflösung eines Dienstverhältnisses vereinbarten Wettbewerbsverbot sinngemäß anzuwenden.

6.5 Altersteilzeit nach dem Blockmodell

270 Für den Arbeitnehmer besteht im Rahmen des Altersteilzeitgesetzes unter bestimmten Voraussetzungen die Möglichkeit, seine Arbeitszeit zu halbieren. Beim sog. Blockmodell schließt sich dabei an eine Phase der Vollzeitarbeit (Arbeitsphase) eine gleich lange Freistellungsphase an. Das Arbeitsverhältnis besteht bis zum Ende der Freistellungsphase weiter fort. Der Arbeitgeber zahlt dem Arbeitnehmer für die von ihm geleistete Tätigkeit Arbeitslohn.

271 Den Anspruch auf Zahlung des Arbeitslohns während der Freistellungsphase erwirbt der Arbeitnehmer dabei durch seine Tätigkeit in der Arbeitsphase.

272 Der Arbeitslohn in der Arbeits- und in der Freistellungsphase stellt eine Vergütung i. S. des Art. 15 OECD-MA dar. In der Freistellungphase handelt es sich dabei einheitlich um nachträglich gezahlten Arbeitslohn, der in dem Verhältnis aufzuteilen ist, das der Aufteilung der Vergütungen zwischen dem Wohnsitz- und Tätigkeitsstaat in der Arbeitsphase entspricht (s. BFH-Urteil vom 12. Januar 2011, BStBl II S. 446 zum DBA-Frankreich).

273 Der Arbeitslohn wird durch den sog. Aufstockungsbetrag erhöht. Dabei wird der Aufstockungsbetrag nicht für die im Ausland geleistete Tätigkeit gezahlt, sondern für die Bereitschaft des Mitarbeiters eine Altersteilzeitvereinbarung mit dem Arbeitgeber einzugehen. Diese ist unabhängig von der Auslandstätigkeit des Mitarbeiters vereinbart. Der Wert der Auslandsarbeit des Mitarbeiters wird durch die Zahlung des Aufstockungsbetrags nicht erhöht, da der Arbeitnehmer im Ausland keine anderswertige Tätigkeit erbringt als er ohne Altersteilzeitvereinbarung erbringen würde. Als solche Vergütung fällt der Aufstockungsbetrag als Arbeitslohn nicht in das Besteuerungsrecht des Tätigkeitsstaates, sondern steht ausschließlich dem Ansässigkeitsstaat zu. Ist Deutschland der Ansässigkeitsstaat, ist eine Steuerbefreiung nach § 3 Nr. 28 EStG (s. auch R 3.28 Abs. 3 LStR) zu prüfen.

274 Dies gilt auch für Grenzgänger i. S. des Art. 13 Abs. 5 DBA-Frankreich, des Art. 15 Abs. 6 DBA-Österreich und des Art. 15a DBA-Schweiz, unabhängig davon, dass ein Grenzgänger während der Freistellungsphase nicht mehr regelmäßig über die Grenze pendelt.

275 **Beispiel 1:**

Der inländische Arbeitnehmer A ist für seinen im Inland ansässigen Arbeitgeber B tätig. Zwischen A und B ist für die Jahre 01 und 02 eine Altersteilzeit nach dem Blockmodell vereinbart, d. h. das erste Jahr umfasst die Arbeitsphase und das zweite Jahr die Freistellungsphase. A arbeitet im Jahr 01 an 60 Arbeitstagen in einer Betriebsstätte seines Arbeitgebers in Korea. Der Arbeitslohn wird während dieser Zeit von der Betriebsstätte getragen. Die übrigen 180 Arbeitstage ist A im Inland tätig. Seinen inländischen Wohnsitz behält A bei und auch die Freistellungsphase verbringt A ausschließlich im Inland.

In 01 steht Korea als Tätigkeitsstaat des A das Besteuerungsrecht anteilig für 60/240 der Vergütungen zu, da die Voraussetzung des Art. 15 Abs. 2 Buchstabe c DBA-Korea nicht erfüllt ist. Deutschland stellt die Vergütungen insoweit unter Beachtung des § 50d Abs. 8 bzw. 9 EStG und des Progressionsvorbehalts frei. Für die übrigen 180/240 der Vergütungen steht Deutschland das Besteuerungsrecht zu. Entsprechend dieser Aufteilung in der Arbeitsphase steht das Besteuerungsrecht für die Vergütungen des A in der Freistellungsphase in 02 zu 60/240 Korea und zu 180/240 Deutschland zu. Da der Aufstockungsbetrag nicht für die Tätigkeit in Korea gezahlt wird, verbleibt das Besteuerungsrecht diesbezüglich im Ansässigkeitsstaat Deutschland. Die Steuerfreiheit ist unter Beachtung von § 3 Nr. 28 EStG und R 3.28 Abs. 3 LStR zu prüfen.

276 **Beispiel 2:**

Der in Dänemark ansässige Arbeitnehmer A ist für seinen im Inland ansässigen Arbeitgeber B tätig. Zwischen A und B ist für die Jahre 01 und 02 eine Altersteilzeit nach dem Blockmodell vereinbart, d. h. das erste Jahr umfasst die Arbeitsphase und das zweite Jahr die Freistellungsphase. A arbeitet während der Arbeitsphase ausschließlich in Deutschland.

In 01 steht Deutschland als Tätigkeitsstaat des A das Besteuerungsrecht an den Vergütungen in vollem Umfang zu, da die Voraussetzungen des Art. 15 Abs. 2 Buchstabe a und b DBA-Dänemark nicht erfüllt sind. Dementsprechend steht auch das Besteuerungsrecht für die Vergütungen des A in der Freistellungsphase in 02 nur Deutschland zu. Da der Aufstockungsbetrag nicht für die Tätigkeit in Deutschland gezahlt wird, verbleibt das Besteuerungsrecht diesbezüglich im Ansässigkeitsstaat Dänemark.

Beispiel 3: 277

Arbeitnehmer A ist für seinen im Inland ansässigen Arbeitgeber B tätig. Zwischen A und B ist für die Jahre 01 und 02 eine Altersteilzeit nach dem Blockmodell vereinbart, d. h. das erste Jahr umfasst die Arbeitsphase und das zweite Jahr die Freistellungsphase. Im Jahr 01 hat A seinen Wohnsitz in Deutschland und arbeitet auch ausschließlich im Inland. Anfang 02 zieht A nach Spanien.

In 01 unterliegt A im Inland der unbeschränkten Steuerpflicht; ein DBA ist nicht zu beachten. In 02 unterliegt A mit den Vergütungen für die ehemals in Deutschland geleistete Tätigkeit in der Freistellungsphase der beschränkten Steuerpflicht in Deutschland, weil insoweit inländische Einkünfte i. S. des § 49 Abs. 1 Nr. 4 Buchstabe a EStG vorliegen. Nach Art. 14 Abs. 1 DBA-Spanien steht für diese Vergütungen ausschließlich Deutschland das Besteuerungsrecht zu, da die Tätigkeit in der Arbeitsphase in Deutschland ausgeübt wurde. Da der Aufstockungsbetrag nicht für eine Tätigkeit im In- oder Ausland gezahlt wird unterliegt er im Jahr 01(Aktivphase) der Besteuerung im Ansässigkeitsstaat Deutschland und im Jahr 02 (Freistellungsphase) der Besteuerung im Ansässigkeitsstaat Spanien.

7 Besonderheiten bei Berufskraftfahrern

7.1 Allgemeines

Berufskraftfahrer halten sich während der Arbeitsausübung in oder bei ihrem Fahrzeug auf (s. BFH-Urteil vom 31. März 2004, BStBl II S. 936). Das Fahrzeug ist daher ihr Ort der Arbeitsausübung. Der Ort der Arbeitsausübung des Berufskraftfahrers bestimmt sich nach dem jeweiligen Aufenthalts- oder Fortbewegungsort des Fahrzeugs. Zu den Berufskraftfahrern i. S. dieses Schreibens zählen auch Auslieferungsfahrer, nicht aber Reisevertreter. Fahrten zwischen der Wohnung und dem Standort des Fahrzeugs gehören nicht zur beruflichen Tätigkeit des Berufskraftfahrers i. S. der DBA. 278

7.2 Arbeitgeber im Inland

Der Berufskraftfahrer und der Arbeitgeber sind im Inland ansässig und der Arbeitslohn wird nicht von einer ausländischen Betriebsstätte getragen. 279

Soweit die Vergütungen aus unselbständiger Arbeit auf Tätigkeiten des Berufskraftfahrers in Deutschland entfallen, ist der Anwendungsbereich der DBA nicht betroffen. Diese Vergütungen unterliegen der inländischen unbeschränkten Einkommensteuerpflicht. 280

Soweit der Berufskraftfahrer seine Tätigkeit in einem anderen Staat ausübt, ist anhand der 183 Tage-Klausel zu prüfen, welchem der beiden Vertragsstaaten das Besteuerungsrecht für die auf das Ausland entfallenden Einkünfte zusteht. 281

Die Berechnung der 183-Tage-Frist ist dabei für jeden Vertragsstaat gesondert durchzuführen. In Abweichung von den Regelungen in Tz. 4.2.2 führt die von einem Berufskraftfahrer ausgeübte Fahrtätigkeit dazu, dass auch Anwesenheitstage der Durchreise in einem Staat bei der Ermittlung der 183-Tage-Frist als volle Tage der Anwesenheit in diesem Staat zu berücksichtigen sind. Durchquert der Fahrer an einem Tag mehrere Staaten, so zählt dieser Tag für Zwecke der Ermittlung der 183-Tage-Frist in jedem dieser Staaten als voller Anwesenheitstag. 282

Für die Zuordnung des Arbeitslohns gelten die Ausführungen der Tz. 5.2 bis 5.5 entsprechend. 283

Beispiel: 284

Der in München wohnhafte Berufskraftfahrer A nimmt seine Fahrt morgens in München auf, *und fährt über Österreich* nach Italien. Von dort kehrt er am selben Tage über die Schweiz nach München zurück.

Bei Berufskraftfahrern sind auch Tage der Durchreise als volle Anwesenheitstage im jeweiligen Staat zu berücksichtigen. Für die Ermittlung der 183-Tage-Frist ist damit für Österreich, Italien und die Schweiz jeweils ein Tag zu zählen.

7.3 Arbeitgeber oder arbeitslohntragende Betriebsstätte im Ausland

In den Fällen, in denen der Berufskraftfahrer in Deutschland, sein Arbeitgeber aber in dem anderen Vertragsstaat ansässig ist, steht Deutschland das Besteuerungsrecht für die Vergütungen des Berufskraftfahrers aus unselbständiger Arbeit zu, soweit die Vergütungen auf Tätigkeiten des Berufskraftfahrers im Inland entfallen. 285

286 Soweit der Berufskraftfahrer seine Tätigkeit in dem Staat ausübt, in dem der Arbeitgeber ansässig ist, ist die Anwendung des Art. 15 Abs. 2 OECD-MA ausgeschlossen, da die Voraussetzungen des Art. 15 Abs. 2 Buchstabe b OECD-MA nicht vorliegen. Mit jedem Tätigwerden des Berufskraftfahrers im Ansässigkeitsstaat des Arbeitgebers steht diesem als Tätigkeitsstaat das Besteuerungsrecht insoweit zu (Art. 15 Abs. 1 OECD-MA).

287 Übt der Berufskraftfahrer seine Tätigkeit in einem Drittstaat aus, d. h. weder in Deutschland noch in dem Staat, in dem der Arbeitgeber ansässig ist, steht das Besteuerungsrecht für die auf den Drittstaat entfallenden Arbeitsvergütungen im Verhältnis zum Ansässigkeitsstaat des Arbeitgebers Deutschland als Ansässigkeitsstaat des Berufskraftfahrers zu. Besteht mit dem jeweiligen Drittstaat ein DBA, ist im Verhältnis zu diesem Staat nach diesem DBA zu prüfen, welchem Staat das Besteuerungsrecht zusteht. Soweit die Tätigkeit im jeweiligen Drittstaat an nicht mehr als 183 Tagen ausgeübt wird, verbleibt das Besteuerungsrecht regelmäßig bei Deutschland.

288 Die vorgenannten Ausführungen gelten entsprechend für die Fälle, in denen der Arbeitgeber in Deutschland oder in einem Drittstaat ansässig ist, die Arbeitsvergütungen aber von einer Betriebsstätte im Tätigkeitsstaat getragen werden (s. Tz. 4.4).

289 Auf die Verständigungsvereinbarungen mit Luxemburg (s. KonsVerLUXV, a. a. O.) und der Schweiz vom 9./16. Juni 2011, BStBl I S. 621, wird hingewiesen.

290 **Beispiel:**

A, ansässig im Inland, ist für seinen in Österreich ansässigen Arbeitgeber als Berufskraftfahrer tätig. Im Jahr 01 war A das ganze Jahr über im Inland tätig. Lediglich zwei Arbeitstage hat A in Österreich und zwei Arbeitstage in Italien verbracht. A ist kein Grenzgänger i. S. von Art. 15 Abs. 6 DBA-Österreich.

Deutschland hat als Ansässigkeitsstaat des A das Besteuerungsrecht für die Vergütungen, die auf die Arbeitstage entfallen, an denen A seine Tätigkeit in Deutschland ausgeübt hat (Art. 15 Abs. 1 DBA-Österreich). Zudem hat Deutschland das Besteuerungsrecht für die Vergütungen, die auf die in Italien verbrachten Arbeitstage entfallen, da sich A nicht mehr als 183 Tage in Italien aufgehalten hat (Art. 15 Abs. 2 DBA-Italien). Dagegen wird Österreich das Besteuerungsrecht für die Vergütungen zugewiesen, die auf die Tage entfallen, an denen A in Österreich seine Tätigkeit ausgeübt hat (Art. 15 Abs. 1 Satz 2, Abs. 2 Buchstabe b DBA-Österreich). Insoweit stellt Deutschland die Einkünfte unter Beachtung des § 50d Abs. 8 bzw. 9 EStG und des Progressionsvorbehaltes frei (Art. 23 Abs. 1 Buchstabe a DBA-Österreich).

8 Personal auf Schiffen und Flugzeugen

8.1 Allgemeines

291 Die DBA enthalten für die steuerliche Behandlung der Einkünfte des Bordpersonals von Seeschiffen und Luftfahrzeugen im internationalen Verkehr sowie des Bordpersonals von Binnenschiffen häufig gesonderte Bestimmungen. Diese orientieren sich i. d. R. an Art. 15 Abs. 3 OECD-MA. Einzelne Sonderregelungen knüpfen dagegen an Tatbestände an, die von Art. 15 Abs. 3 OECD-MA abweichen oder sehen anstelle der Freistellungsmethode die Anrechnungsmethode vor (z. B. DBA mit Griechenland, der Schweiz und Österreich). Soweit die DBA keine Sonderregelung enthalten, sind die allgemeinen Bestimmungen entsprechend Art. 15 Abs. 1 und 2 OECD-MA anzuwenden (z. B. DBA mit Liberia und Trinidad und Tobago). Mit einigen Staaten bestehen darüber hinaus Sonderabkommen betreffend die Einkünfte von Schiff- und Luftfahrtunternehmen, die auch Bestimmungen für die Vergütungen des Bordpersonals enthalten können (z. B. Abkommen mit der Insel Man und Saudi-Arabien).

292 Soweit die Regelungen dem Art. 15 Abs. 3 OECD-MA entsprechen, können Vergütungen für unselbständige Arbeit, die an Bord eines Seeschiffes oder Luftfahrzeuges, das im internationalen Verkehr betrieben wird, oder an Bord eines Binnenschiffes ausgeübt wird, in dem Vertragsstaat besteuert werden, in dem sich der Ort der tatsächlichen Geschäftsleitung des die Schifffahrt oder Luftfahrt betreibenden Unternehmens i. S. des Art. 8 OECD-MA befindet. Die Vorschrift folgt der Regelung für Unternehmensgewinne aus Schiffen und Luftfahrzeugen; insbesondere kann der Vertragsstaat die Vergütungen an das Bordpersonal besteuern, bei dem sie die Bemessungsgrundlage für die Gewinnbesteuerung mindern.

293 In Fällen der Vercharterung eines vollständig ausgerüsteten und bemannten Schiffes können *sowohl der Vercharterer (unabhängig* von der Nutzung durch den Charterer) als auch der Charterer Gewinne aus Beförderungsleistungen i. S. des Art. 8 OECD-MA erzielen. Auch hier ist ggf. der Vertragsstaat zur Besteuerung der Vergütungen an die Besatzungsmitglieder nach Art. 15 Abs. 3 OECD-MA berechtigt, in dem der Ort der Geschäftsleitung desjenigen Unternehmens liegt, dessen Gewinne durch die Lohnzahlung gemindert werden. Vorstehendes gilt nicht für den Vercharterer, der das Schiff leer vermietet (sog. Bare-Boat-Charter).

Die Anwendung der Art. 15 Abs. 3 OECD-MA entsprechenden Bestimmungen setzt außerdem voraus, dass das maßgebliche Unternehmen i. S. des Art. 8 OECD-MA zugleich abkommensrechtlicher Arbeitgeber des Besatzungsmitglieds ist. Dabei kann Arbeitgeber i. S. des Abkommens nicht nur der zivilrechtliche Arbeitgeber, sondern auch eine dritte Person sein. Dies ist im Einzelfall unter Berücksichtigung des wirtschaftlichen Gehalts und der tatsächlichen Durchführung der zugrunde liegenden Vereinbarungen zu prüfen; die Kriterien gemäß Tz. 4.3.3.1 gelten entsprechend. In den Fällen der Einschaltung von Shipmanagement- und Crewingunternehmen ist zu prüfen, ob die Voraussetzungen des Art. 15 Abs. 3 OECD-MA vorliegen (BFH-Urteile vom 10. November 1993, BStBl 1994 II S. 218 und vom 11. Februar 1997, BStBl II S. 432). 294

8.2 Beispiele für Abkommen, die von der Regelung des OECD-MA abweichen

8.2.1 DBA-Liberia/DBA-Trinidad und Tobago

Das DBA-Liberia enthält keine besondere Regelung für Vergütungen des Bordpersonals von Schiffen oder Luftfahrzeugen, daher sind die allgemeinen Regelungen des Art. 15 Abs. 1 und 2 DBA-Liberia anzuwenden. Demnach gilt Folgendes: 295

Gemäß Art. 15 Abs. 1 DBA-Liberia steht das Besteuerungsrecht dem Ansässigkeitsstaat zu, es sei denn, die Tätigkeit wird im anderen Vertragsstaat ausgeübt. Soweit in Deutschland ansässige Besatzungsmitglieder ihre Tätigkeit auf einem Schiff unter liberianischer Flagge ausüben und sich das Schiff im Hoheitsgebiet von Liberia oder auf hoher See aufhält, ist Liberia als Tätigkeitsstaat anzusehen. Nach Seerecht wird eine Tätigkeit in internationalen Gewässern dem Staat zugeordnet, dessen Flagge das Schiff trägt. Hält sich das Schiff dagegen im Hoheitsgebiet Deutschlands auf, steht das Besteuerungsrecht für die darauf entfallenden Einkünfte Deutschland zu, weil insoweit der Ansässigkeitsstaat des Arbeitnehmers zugleich dessen Tätigkeitsstaat ist. Hält sich das Schiff in den Hoheitsgewässern von Drittstaaten auf, ist zu prüfen, ob das deutsche Besteuerungsrecht aufgrund eines DBA zugunsten eines dritten Staates beschränkt wird. 296

Für den Teil der Einkünfte, für den Art. 15 Abs. 1 DBA-Liberia dem Tätigkeitsstaat Liberia das Besteuerungsrecht zuweist, fällt nach Art. 15 Abs. 2 DBA-Liberia nur dann das Besteuerungsrecht an Deutschland zurück, wenn die dort genannten Voraussetzungen gleichzeitig erfüllt sind. Dabei sind bei der Berechnung der Aufenthaltstage i. S. des Art. 15 Abs. 2 Buchstabe a DBA-Liberia auch solche Tage als volle Tage in Liberia mitzuzählen, in denen sich das Schiff nur zeitweise im Hoheitsgebiet von Liberia oder auf hoher See aufhält. 297

Die Ermittlung des steuerpflichtigen bzw. steuerfreien Arbeitslohns erfolgt in einem weiteren Schritt gemäß Tz. 5; soweit Vergütungen nicht direkt zugeordnet werden können, sind sie nach Tz. 5.4 aufzuteilen. Hält sich der Arbeitnehmer an einem Arbeitstag nicht vollständig im Hoheitsgebiet von Liberia oder auf hoher See auf, sind nach Tz. 5.4 die Vergütungen im Wege der Schätzung zeitanteilig zuzuordnen. 298

Die vorstehenden Ausführungen gelten sinngemäß für die Anwendung des DBA-Trinidad und Tobago. 299

Bei einer Tätigkeit auf einem unter liberianischer Flagge fahrenden Schiff ist zu beachten, dass Liberia von seinem ihm zustehenden Besteuerungsrecht keinen Gebrauch macht. 300

Die Rückfallklausel des § 50d Abs. 8 EStG kommt demnach nicht zur Anwendung. Die Tz. 3.3 des BMF-Schreibens vom 21. Juli 2005, a. a. O. (Bescheinigung von Liberia und Arbeitgeberbescheinigung) ist hierbei zu beachten. Eine Anwendung des § 50d Abs. 9 Satz 1 Nr. 2 EStG kommt ebenfalls nicht in Betracht, weil Seeleute, die in Liberia unbeschränkt steuerpflichtig sind, dort auch nicht besteuert werden. 301

8.2.2 DBA-Schweiz

Art. 15 Abs. 3 Satz 1 DBA-Schweiz regelt die Besteuerung der Vergütungen des Bordpersonals entsprechend Art. 15 Abs. 3 OECD-MA. Art. 15 Abs. 3 Satz 2 DBA-Schweiz enthält zudem eine Rückfallklausel zugunsten des Ansässigkeitsstaates. Können nach Art. 15 Abs. 3 Satz 1 DBA-Schweiz die Vergütungen eines in Deutschland ansässigen Besatzungsmitglieds in der Schweiz besteuert werden, sind diese Vergütungen nur nach Art. 24 Abs. 1 Nr. 1 Buchstabe d i. V. m. Art. 15 Abs. 3 DBA-Schweiz von der deutschen Besteuerung auszunehmen, soweit sie auf eine Tätigkeit entfallen, die tatsächlich in der Schweiz ausgeübt wurde (s. BFH-Urteil vom 22. Oktober 2003, BStBl 2004 II S. 704). In den Fällen, in denen die Arbeit tatsächlich nicht in der Schweiz ausgeübt wurde, wird nach Art. 24 Abs. 1 Nr. 2 DBA-Schweiz die Doppelbesteuerung durch Anrechnung der anteiligen schweizerischen Quellensteuer vermieden. Eine Arbeitsortfiktion in der Schweiz wie bei den sog. leitenden Angestellten im Sinne des Art. 15 Abs. 4 DBA-Schweiz kommt nicht in Betracht (s. BFH-Urteil vom 10. Januar 2012, BFH/NV S. 1138). 302

303 Besonderheiten ergeben sich bei der Besteuerung des Bordpersonals von im internationalen Verkehr eingesetzten Luftfahrzeugen in den Jahren 2012 bis 2016 (s. BMF-Schreiben vom 23. Juli 2012, BStBl I S. 863).

8.2.3 DBA-Griechenland 1966

304 Art. XI Abs. 5 DBA-Griechenland enthält eine spezielle Regelung für Vergütungen des Bordpersonals von Seeschiffen, die von Art. 15 Abs. 3 OECD-MA abweicht. Entscheidend ist hier, wo sich der Registerhafen des jeweiligen Schiffes befindet. Ist Deutschland der Ansässigkeitsstaat, wird die Doppelbesteuerung nach Art. XVII Abs. 2 Nr. 2 Buchstabe a Doppelbuchstabe dd DBA-Griechenland durch die Anrechnungsmethode vermieden.

8.2.4 DBA-Großbritannien 2010

305 Nach Art. 14 Abs. 3 DBA-Großbritannien 2010 können Vergütungen, die eine Person für eine an Bord eines im internationalen Verkehr betriebenen Seeschiffs oder Luftfahrzeugs ausgeübte unselbständige Arbeit bezieht, nur im Ansässigkeitsstaat dieses Besatzungsmitglieds besteuert werden. Soweit Großbritannien als Ansässigkeitsstaat die Vergütungen besteuern kann, ist die Regelung des Art. 24 DBA-Großbritannien (sog. „Remittance-base"-Klausel; s. Tz. 9) zu beachten.

8.2.5 DBA-Zypern 2011

306 Der Wortlaut des Art. 14 Abs. 4 DBA-Zypern 2011 entspricht im Wesentlichen dem Text des Art. 15 Abs. 3 OECD-MA und beinhaltet nach dem OECD-MK auch den wirtschaftlichen Arbeitgeber. Folgerichtig kann Arbeitgeber i. S. dieses Abkommens nicht nur der zivilrechtliche Arbeitgeber, sondern auch eine dritte Person sein. Dies ist im Einzelfall zu prüfen; die Kriterien gemäß Tz. 4.3.3.1 gelten entsprechend. Insbesondere kann der abkommensrechtliche Arbeitgeber das Unternehmen sein, auf dessen Schiff das Besatzungsmitglied tätig wird, wenn dieses Unternehmen die wesentlichen Arbeitgeberfunktionen wahrnimmt. Die Nr. 4 des Protokolls zu Art. 14 Abs. 4 DBA-Zypern schließt die Anwendung des wirtschaftlichen Arbeitgeberbegriffs nicht aus.

8.2.6 DBA-Insel Man 2009

307 Nach Art. 3 Abs. 4 Satz 1 DBA-Insel Man können Vergütungen für eine unselbständige Arbeit an Bord eines im internationalen Verkehr betriebenen Schiffes in der Vertragspartei besteuert werden, in der sich der Ort der Geschäftsleitung des Unternehmens befindet, das die Schifffahrt betreibt (vgl. auch Art. 2 Abs. 1 Buchstaben e und j DBA-Insel Man).

308 Gemäß Art. 3 Abs. 4 Satz 2 DBA-Insel Man können die Vergütungen jedoch auch in der Vertragspartei besteuert werden, in der das Besatzungsmitglied ansässig ist, von dem die Vergütungen bezogen werden. Eine Doppelbesteuerung wird nach Art. 3 Abs. 4 Satz 3 DBA Insel Man in diesem Fall durch die Vertragspartei, in der das Besatzungsmitglied ansässig ist, durch Anrechnung der nach Art. 3 Abs. 4 Satz 1 DBA-Insel Man erhobenen Steuer vermieden.

9 Rückfallklauseln nach DBA

309 Um zu vermeiden, dass Vergütungen in keinem der beiden Vertragsstaaten einer Besteuerung unterliegen, enthalten einige Abkommen Klauseln, die gewährleisten sollen, dass Einkünfte nicht doppelt unbesteuert bleiben. Diese Klauseln sind in den Abkommen unterschiedlich ausgestaltet; überwiegend handelt es sich um sog. Subject-to-tax-Klauseln, Remittance-base-Klauseln oder um Switch-over-Klauseln. Nähere Ausführungen dazu enthält das BMF-Schreiben vom 20. Juni 2013, BStBl I S. 980.

10 Verständigungsvereinbarungen

310 Verständigungsvereinbarungen i. S. des Art. 25 Abs. 1 OECD-MA und Konsultationsvereinbarungen i. S. des Art. 25 Abs. 3 OECD-MA zwischen den zuständigen Behörden der Vertragsstaaten sowie Verordnungen zur Umsetzung von Konsultationsvereinbarungen i. S. des § 2 Abs. 2 AO werden durch die vorstehenden Regelungen nicht berührt.

311 Sofern sich bei der Anwendung der oben genannten Grundsätze eine Doppelbesteuerung ergibt, bleibt es dem Abkommensberechtigten vorbehalten, die Einleitung eines Verständigungsverfahrens zu beantragen (s. BMF-Schreiben vom 13. Juli 2006, BStBl I S. 461).

11 Aufhebung von Verwaltungsanweisungen

312 Das BMF-Schreiben vom 14. September 2006, BStBl I S. 532, wird aufgehoben und durch dieses Schreiben ersetzt.

12 Erstmalige Anwendung

Die vorstehenden Regelungen sind ab 1. Januar 2015 anzuwenden. 313

Auf Antrag des Steuerpflichtigen können die vorstehenden Regelungen in allen offenen Fällen angewendet werden. 314

Übersicht

I. Solidaritätszuschlaggesetz 1995

vom 15. 10. 2002 (BGBl. I 4131)
zuletzt geändert durch ***Artikel 3 und 4 des Gesetzes zur Anhebung des Grundfreibetrags, des Kinderfreibetrags, des Kindergeldes und des Kinderzuschlags vom 16. 7. 2015 (BGBl. I S. 1202, BStBl I S. 566)***

§ 1 Erhebung eines Solidaritätszuschlags

(1) Zur Einkommensteuer und zur Körperschaftsteuer wird ein Solidaritätszuschlag als Ergänzungsabgabe erhoben.

(2) Auf die Festsetzung und Erhebung des Solidaritätszuschlags sind die Vorschriften des Einkommensteuergesetzes und des Körperschaftsteuergesetzes entsprechend anzuwenden.

(3) Ist die Einkommen- oder Körperschaftsteuer für Einkünfte, die dem Steuerabzug unterliegen, durch den Steuerabzug abgegolten oder werden solche Einkünfte bei der Veranlagung zur Einkommen- oder Körperschaftsteuer oder beim Lohnsteuer-Jahresausgleich nicht erfasst, gilt dies für den Solidaritätszuschlag entsprechend.

(4) Die Vorauszahlungen auf den Solidaritätszuschlag sind gleichzeitig mit den festgesetzten Vorauszahlungen auf die Einkommensteuer oder Körperschaftsteuer zu entrichten; § 37 Abs. 5 des Einkommensteuergesetzes ist nicht anzuwenden. Solange ein Bescheid über die Vorauszahlungen auf den Solidaritätszuschlag nicht erteilt worden ist, sind die Vorauszahlungen ohne besondere Aufforderung nach Maßgabe der für den Solidaritätszuschlag geltenden Vorschriften zu entrichten. § 240 Abs. 1 Satz 3 der Abgabenordnung ist insoweit nicht anzuwenden; § 254 Abs. 2 der Abgabenordnung gilt insoweit sinngemäß.

(5) Mit einem Rechtsbehelf gegen den Solidaritätszuschlag kann weder die Bemessungsgrundlage noch die Höhe des zu versteuernden Einkommens angegriffen werden. Wird die Bemessungsgrundlage geändert, ändert sich der Solidaritätszuschlag entsprechend.

§ 2 Abgabepflicht

Abgabepflichtig sind

1. natürliche Personen, die nach § 1 des Einkommensteuergesetzes einkommensteuerpflichtig sind,
2. natürliche Personen, die nach § 2 des Außensteuergesetzes erweitert beschränkt steuerpflichtig sind,
3. Körperschaften, Personenvereinigungen und Vermögensmassen, die nach § 1 oder § 2 des Körperschaftsteuergesetzes körperschaftsteuerpflichtig sind.

§ 3 Bemessungsgrundlage und zeitliche Anwendung

(1) Der Solidaritätszuschlag bemißt sich vorbehaltlich der Absätze 2 bis 5,

1. soweit eine Veranlagung zur Einkommensteuer oder Körperschaftsteuer vorzunehmen ist:
   nach der nach Absatz 2 berechneten Einkommensteuer oder der festgesetzten Körperschaftsteuer für Veranlagungszeiträume ab 1998, vermindert um die anzurechnende oder vergütete Körperschaftsteuer, wenn ein positiver Betrag verbleibt;
2. soweit Vorauszahlungen zur Einkommensteuer oder Körperschaftsteuer zu leisten sind:
   nach den Vorauszahlungen auf die Steuer für Veranlagungszeiträume ab 2002;
3. soweit Lohnsteuer zu erheben ist:
   nach der nach Absatz 2a berechneten Lohnsteuer für
   a) laufenden Arbeitslohn, der für einen nach dem 31. Dezember 1997 endenden Lohnzahlungszeitraum gezahlt wird,
   b) sonstige Bezüge, die nach dem 31. Dezember 1997 zufließen;
4. soweit ein Lohnsteuer-Jahresausgleich durchzuführen ist:
   nach der nach Absatz 2a sich ergebenden Jahreslohnsteuer für Ausgleichsjahre ab 1998;
5. soweit Kapitalertragsteuer oder Zinsabschlag zu erheben ist außer in den Fällen des § 43b des Einkommensteuergesetzes:

nach der ab 1. Januar 1998 zu erhebenden Kapitalertragsteuer oder dem ab diesem Zeitpunkt zu erhebenden Zinsabschlag;

6. soweit bei beschränkt Steuerpflichtigen ein Steuerabzugsbetrag nach § 50a des Einkommensteuergesetzes zu erheben ist:

   nach dem ab 1. Januar 1998 zu erhebenden Steuerabzugsbetrag.

(2) Bei der Veranlagung zur Einkommensteuer ist Bemessungsgrundlage für den Solidaritätszuschlag die Einkommensteuer, die abweichend von § 2 Abs. 6 des Einkommensteuergesetzes unter Berücksichtigung von Freibeträgen nach § 32 Abs. 6 des Einkommensteuergesetzes in allen Fällen des § 32 des Einkommensteuergesetzes festzusetzen wäre.

(2a)[1] [1] ***Vorbehaltlich des § 40a Absatz 2 des Einkommensteuergesetzes ist beim Steuerabzug vom Arbeitslohn Bemessungsgrundlage die Lohnsteuer; beim Steuerabzug vom laufenden Arbeitslohn und beim Jahresausgleich ist die Lohnsteuer maßgebend, die sich ergibt, wenn der nach § 39b Absatz 2 Satz 5 des Einkommensteuergesetzes zu versteuernde Jahresbetrag für die Steuerklassen I, II und III im Sinne des § 38b des Einkommensteuergesetzes um den Kinderfreibetrag von 4 608 Euro[2] sowie den Freibetrag für den Betreuungs- und Erziehungs- oder Ausbildungsbedarf von 2 640 Euro und für die Steuerklasse IV im Sinne des § 38b des Einkommensteuergesetzes um den Kinderfreibetrag von 2 304 Euro[2] sowie den Freibetrag für den Betreuungs- und Erziehungs- oder Ausbildungsbedarf von 1 320 Euro für jedes Kind vermindert wird, für das eine Kürzung der Freibeträge für Kinder nach § 32 Absatz 6 Satz 4 des Einkommensteuergesetzes nicht in Betracht kommt.*** [2]Bei der Anwendung des § 39b des Einkommensteuergesetzes für die Ermittlung des Solidaritätszuschlages ist die als Lohnsteuerabzugsmerkmal gebildete Zahl der Kinderfreibeträge maßgebend. [3]Bei Anwendung des § 39f des Einkommensteuergesetzes ist beim Steuerabzug vom laufenden Arbeitslohn die Lohnsteuer maßgebend, die sich bei Anwendung des nach § 39f Abs. 1 des Einkommensteuergesetzes ermittelten Faktors auf den nach den Sätzen 1 und 2 ermittelten Betrag ergibt.

(3) [1]Der Solidaritätszuschlag ist von einkommensteuerpflichtigen Personen nur zu erheben, wenn die Bemessungsgrundlage nach Absatz 1 Nummer 1 und 2, vermindert um die Einkommensteuer nach § 32d Absatz 3 und 4 des Einkommensteuergesetzes,

1. in den Fällen des § 32a Absatz 5 und 6 des Einkommensteuergesetzes 1 944 Euro,
2. in anderen Fällen 972 Euro

übersteigt. [2]Auf die Einkommensteuer nach § 32d Absatz 3 und 4 des Einkommensteuergesetzes ist der Solidaritätszuschlag ungeachtet des Satzes 1 zu erheben.

(4) Beim Abzug vom laufenden Arbeitslohn ist der Solidaritätszuschlag nur zu erheben, wenn die Bemessungsgrundlage im jeweiligen Lohnzahlungszeitraum

1. bei monatlicher Lohnzahlung
   a) in der Steuerklasse III mehr als 162 Euro und
   b) in den Steuerklassen I, II, IV bis VI mehr als 81 Euro,
2. bei wöchentlicher Lohnzahlung
   a) in der Steuerklasse III mehr als 37,80 Euro und
   b) in den Steuerklassen I, II, IV bis VI mehr als 18,90 Euro,
3. bei täglicher Lohnzahlung
   a) in der Steuerklasse III mehr als 5,40 Euro und
   b) in den Steuerklassen I, II, IV bis VI mehr als 2,70 Euro

beträgt. § 39b Abs. 4 des Einkommensteuergesetzes ist sinngemäß anzuwenden.

1) § 3 Abs. 2a Satz 1 SolzG 1995 wurde durch Artikel 3 des Gesetzes zur Anhebung des Grundfreibetrags, des Kinderfreibetrags, des Kindergeldes und des Kinderzuschlags geändert und ist erstmals anzuwenden auf laufenden Arbeitslohn, der für einen nach dem 30. 11. 2015 endenden Lohnzahlungszeitraum gezahlt wird, und auf sonstige Bezüge, die nach dem 30. 11. 2015 zufließen. Bei der Lohnsteuerberechnung auf laufenden Arbeitslohn, der für einen nach dem 30. 11. 2015, aber vor dem 1. 1. 2016 endenden täglichen, wöchentlichen und monatlichen Lohnzahlungszeitraum gezahlt wird, ist zu berücksichtigen, dass Absatz 2a Satz 1 in der am 23. 7. 2015 geltenden Fassung bis zum 30. 11. 2015 nicht angewandt wurde (Nachholung). Das BMF hat dies im Einvernehmen mit den obersten Finanzbehörden der Länder bei der Aufstellung und Bekanntmachung der entsprechenden Programmablaufpläne zu berücksichtigen → § 6 Abs. 14 SolzG 1995. In § 3 Abs. 2a Satz 1 SolzG 1995 wurde die Angabe „4 368 Euro" durch die Angabe „4 512 Euro" und die Angabe „2 184 Euro" durch die Angabe „2 256 Euro" ersetzt.

2) § 3 Abs. 2a Satz 1 SolzG 1995 wurde durch Artikel 4 des Gesetzes zur Anhebung des Grundfreibetrags, des Kinderfreibetrags, des Kindergeldes und des Kinderzuschlags geändert und ist erstmals auf den laufenden Arbeitslohn anzuwenden, der für einen nach dem 31. 12. 2015 endenden Lohnzahlungszeitraum gezahlt wird, und auf sonstige Bezüge, die nach dem 31. 12. 2015 zufließen → § 6 Abs. 15 SolzG 1995.

(5) Beim Lohnsteuer-Jahresausgleich ist der Solidaritätszuschlag nur zu ermitteln, wenn die Bemessungsgrundlage in Steuerklasse III mehr als 1 944 Euro und in den Steuerklassen I, II oder IV mehr als 972 Euro beträgt.

§ 4 Zuschlagsatz

[1]Der Solidaritätszuschlag beträgt 5,5 Prozent der Bemessungsgrundlage. [2]Er beträgt nicht mehr als 20 Prozent des Unterschiedsbetrages zwischen der Bemessungsgrundlage, vermindert um die Einkommensteuer nach § 32d Absatz 3 und 4 des Einkommensteuergesetzes, und der nach § 3 Absatz 3 bis 5 jeweils maßgebenden Freigrenze. [3]Bruchteile eines Cents bleiben außer Ansatz. [4]Der Solidaritätszuschlag auf die Einkommensteuer nach § 32d Absatz 3 und 4 des Einkommensteuergesetzes beträgt ungeachtet des Satzes 2 5,5 Prozent.

§ 5 Doppelbesteuerungsabkommen

Werden auf Grund eines Abkommens zur Vermeidung der Doppelbesteuerung im Geltungsbereich dieses Gesetzes erhobene Steuern vom Einkommen ermäßigt, so ist diese Ermäßigung zuerst auf den Solidaritätszuschlag zu beziehen.

§ 6 Anwendungsvorschrift

(1) § 2 in der Fassung des Gesetzes vom 18. Dezember 1995 (BGBl. I S. 1959) ist ab dem Veranlagungszeitraum 1995 anzuwenden.

(2) Das Gesetz in der Fassung des Gesetzes vom 11. Oktober 1995 (BGBl. I S. 1250) ist erstmals für den Veranlagungszeitraum 1996 anzuwenden.

(3) Das Gesetz in der Fassung des Gesetzes vom 21. November 1997 (BGBl. I S. 2743) ist erstmals für den Veranlagungszeitraum 1998 anzuwenden.

(4) Das Gesetz in der Fassung des Gesetzes vom 23. Oktober 2000 (BGBl. I S. 1433) ist erstmals für den Veranlagungszeitraum 2001 anzuwenden.

(5) Das Gesetz in der Fassung des Gesetzes vom 21. Dezember 2000 (BGBl. I S. 1978) ist erstmals für den Veranlagungszeitraum 2001 anzuwenden.

(6) Das Solidaritätszuschlagsgesetz 1995 in der Fassung des Artikels 6 des Gesetzes vom 19. Dezember 2000 (BGBl. I S. 1790) ist erstmals für den Veranlagungszeitraum 2002 anzuwenden.

(7) § 1 Abs. 2a in der Fassung des Gesetzes zur Regelung der Bemessungsgrundlage für Zuschlagsteuern vom 21. Dezember 2000 (BGBl. I S. 1978, 1979) ist letztmals für den Veranlagungszeitraum 2001 anzuwenden.

(8) § 3 Abs. 2a in der Fassung des Gesetzes zur Regelung der Bemessungsgrundlage für Zuschlagsteuern vom 21. Dezember 2000 (BGBl. I S. 1978, 1979) ist erstmals für den Veranlagungszeitraum 2002 anzuwenden.

(9) § 3 in der Fassung des Artikels 7 des Gesetzes vom 20. Dezember 2007 (BGBl. I S. 3150) ist erstmals für den Veranlagungszeitraum 2008 anzuwenden.

(10) § 3 in der Fassung des Artikels 5 des Gesetzes vom 22. Dezember 2008 (BGBl. I S. 2955) ist erstmals für den Veranlagungszeitraum 2009 anzuwenden.

(11) § 3 in der Fassung des Artikels 9 des Gesetzes vom 22. Dezember 2009 (BGBl. I S. 3950) ist erstmals für den Veranlagungszeitraum 2010 anzuwenden.

(12) [1]§ 3 Absatz 3 und § 4 in der Fassung des Artikels 31 des Gesetzes vom 8. Dezember 2010 (BGBl. IS. 1768) sind erstmals für den Veranlagungszeitraum 2011 anzuwenden. [2]Abweichend von Satz 1 sind § 3 Absatz 3 und § 4 in der Fassung des Artikels 31 des Gesetzes vom 8. Dezember 2010 (BGBl. IS. 1768) auch für die Veranlagungszeiträume 2009 und 2010 anzuwenden, soweit sich dies zu Gunsten des Steuerpflichtigen auswirkt.

(13) § 3 Absatz 2a Satz 2 in der Fassung des Artikels 6 des Gesetzes vom 7. Dezember 2011 (BGBl. I S. 2592) ist erstmals für den Veranlagungszeitraum 2012 anzuwenden.

(14)[1] [1]§ 3 Absatz 2a Satz 1 in der am 23. Juli 2015 geltenden Fassung ist erstmals anzuwenden auf laufenden Arbeitslohn, der für einen nach dem 30. November 2015 endenden Lohnzahlungszeitraum gezahlt wird, und auf sonstige Bezüge, die nach dem 30. November 2015 zufließen. [2]Bei der Lohnsteuerberechnung auf laufenden Arbeitslohn, der für einen nach dem 30. November 2015, aber vor dem 1. Januar 2016 endenden täglichen, wöchentlichen und monatlichen

1) § 6 Abs. 14 SolzG 1995 wurde durch Artikel 3 des Gesetzes zur Anhebung des Grundfreibetrags, des Kinderfreibetrags, des Kindergeldes und des Kinderzuschlags (Inkrafttreten 23. 7. 2015) angefügt.

Lohnzahlungszeitraum gezahlt wird, ist zu berücksichtigen, dass § 3 Absatz 2a Satz 1 in der am 23. Juli 2015 geltenden Fassung bis zum 30. November 2015 nicht angewandt wurde (Nachholung). [3]Das Bundesministerium der Finanzen hat dies im Einvernehmen mit den obersten Finanzbehörden der Länder bei der Aufstellung und Bekanntmachung der entsprechenden Programmablaufpläne zu berücksichtigen (§ 52 Absatz 32a Satz 3 des Einkommensteuergesetzes).

(15)[1] § 3 Absatz 2a in der am 1. Januar 2016 geltenden Fassung ist erstmals auf den laufenden Arbeitslohn anzuwenden, der für einen nach dem 31. Dezember 2015 endenden Lohnzahlungszeitraum gezahlt wird, und auf sonstige Bezüge, die nach dem 31. Dezember 2015 zufließen.

II.
Merkblatt zum Solidaritätszuschlag im Lohnsteuer-Abzugsverfahren ab 1995

vom 20. 9. 1994 (BStBl I S. 757)

1 Erhebung des Solidaritätszuschlags

1.1 Zeitraum und Bemessungsgrundlage

Der Solidaritätszuschlag ist

– vom laufenden Arbeitslohn zu erheben, der für einen nach dem 31. Dezember 1994 endenden Lohnzahlungszeitraum gezahlt wird und
– von sonstigen Bezügen zu erheben, die nach dem 31. Dezember 1994 zufließen.

Bemessungsgrundlage des Solidaritätszuschlags ist die jeweilige Lohnsteuer.

1.2 Höhe des Solidaritätszuschlags

Der Solidaritätszuschlag ist für den Steuerabzug vom laufenden Arbeitslohn, für den Steuerabzug von sonstigen Bezügen und für die Steuerpauschalierung nach den §§ 40 bis 40b EStG jeweils gesondert zu ermitteln.

1.2.1 Für den Steuerabzug vom laufenden Arbeitslohn ist der Solidaritätszuschlag bei monatlicher Lohnzahlung aus der Tabelle in Anlage 1, bei wöchentlicher Lohnzahlung aus der Tabelle in Anlage 2 und bei täglicher Lohnzahlung aus der Tabelle in Anlage 3 zu ermitteln. Bei höheren als in den Tabellen ausgewiesenen Lohnsteuerbeträgen ist der Solidaritätszuschlag mit 7,5 v. H.[2]) der Lohnsteuer zu berechnen.

1.2.2 Bei von monatlichen, wöchentlichen oder täglichen Lohnzahlungszeiträumen abweichenden Lohnzahlungszeiträumen ist die Lohnsteuer nach § 39b Abs. 4 EStG unter Anwendung der Wochen- oder Tageslohnsteuertabelle zu ermitteln. Für den Wochen- oder Tageslohnsteuerbetrag ist der Solidaritätszuschlag aus den Tabellen in Anlagen 2 oder 3 zu ermitteln bzw. entsprechend Tz. 1.2.1 Satz 2 zu berechnen. Der sich ergebende Betrag ist mit der Zahl der in den abweichenden Lohnzahlungszeitraum fallenden Wochen oder Kalendertage zu vervielfältigen.

1.2.3 Für den Steuerabzug von sonstigen Bezügen und für die Steuerpauschalierung ist der Solidaritätszuschlag stets mit 7,5 v. H.-5 der entsprechenden Lohnsteuer zu berechnen.

1.3 Übernimmt der Arbeitgeber in den Fällen einer Nettolohnvereinbarung auch den Solidaritätszuschlag, so ist die Lohnsteuer nach dem Bruttoarbeitslohn zu berechnen, der nach Kürzung um die Lohnabzüge einschließlich des Solidaritätszuschlags den ausgezahlten Nettolohnbetrag ergibt. Übernimmt der Arbeitgeber den Solidaritätszuschlag nicht, so bleibt dieser bei der Berechnung des Bruttoarbeitslohns außer Betracht. Der Nettolohn ist um den Solidaritätszuschlag zu mindern.

1.4 Wird die Lohnsteuer nach dem voraussichtlichen Jahresarbeitslohn des Arbeitnehmers unter Anwendung der Jahreslohnsteuertabelle berechnet (permanenter Lohnsteuer-Jahresausgleich – § 39b Abs. 2 letzter Satz EStG, Abschnitt 121 Abs. 2 LStR[3])), so ist der Solidaritätszuschlag entsprechend den für die Lohnsteuer geltenden Regeln aus der Tabelle in Anlage 4 zu ermitteln. Bei höheren Jahreslohnsteuerbeträgen ist der Solidaritätszuschlag mit 7,5 v. H.[4]) der Jahreslohnsteuer zu berechnen.

1.5 Bruchteile eines Pfennigs, die sich bei der Berechnung des Solidaritätszuschlags nach Tz. 1.2.1, 1.2.2, 1.2.3 und 1.4 ergeben, bleiben jeweils außer Betracht.

1.6 Wird die Lohnsteuer infolge rückwirkender Änderungen von Besteuerungsmerkmalen (z. B. rückwirkende Änderungen der Zahl der Kinderfreibeträge) neu ermittelt, so ist auch der Solidaritätszuschlag neu zu ermitteln; in diesen Fällen ist ein etwa zuviel einbehaltener Solidaritätszuschlag dem Arbeitnehmer zu erstatten; ein etwa zu wenig einbehaltener

1) § 6 Abs. 15 SolzG 1995 wurde durch Artikel 4 des Gesetzes zur Anhebung des Grundfreibetrags, des Kinderfreibetrags, des Kindergeldes und des Kinderzuschlags (Inkrafttreten 1. 1. 2016) angefügt.

2) Jetzt: 5,5 %.

3) Jetzt: R 39b.8 LStR.

4) Jetzt: 5,5 %.

Solidaritätszuschlag ist nachzuerheben. Das gilt auch bei nachträglicher Eintragung von Freibeträgen auf der Lohnsteuerkarte.

2 Behandlung des Solidaritätszuschlags im Lohnsteuer-Jahresausgleich durch den Arbeitgeber

2.1 Wenn der Arbeitgeber für den Arbeitnehmer einen Lohnsteuer-Jahresausgleich durchführt, ist auch für den Solidaritätszuschlag ein Jahresausgleich durchzuführen.

2.2 Der Jahresbetrag des Solidaritätszuschlags ergibt sich aus der Tabelle in Anlage 4. Bei höheren als in der Tabelle ausgewiesenen Jahreslohnsteuerbeträgen ist der Solidaritätszuschlag mit 7,5 v. H.7 der Jahreslohnsteuer zu berechnen. Tz. 1.5 ist anzuwenden.

2.3 Übersteigt die Summe der einbehaltenen Zuschlagsbeträge den Jahresbetrag des Solidaritätszuschlags, so ist der Unterschiedsbetrag dem Arbeitnehmer vom Arbeitgeber zu erstatten. Übersteigt der Jahresbetrag des Solidaritätszuschlags die Summe der einbehaltenen Zuschlagsbeträge, so kommt eine nachträgliche Einbehaltung des Unterschiedsbetrags durch den Arbeitgeber nur nach Maßgabe des § 41c EStG in Betracht.

3 Verhältnis des Solidaritätszuschlags zur Kirchensteuer

Der Solidaritätszuschlag bezieht sich nur auf die Lohnsteuer, nicht auf die Kirchensteuer. Die Kirchensteuer bemißt sich nach der Lohnsteuer ohne den Solidaritätszuschlag.

4 Aufzeichnung, Anmeldung und Bescheinigung des Solidaritätszuschlags

Der Solidaritätszuschlag ist im Lohnkonto (§ 41 EStG), in der Lohnsteuer-Anmeldung (§ 41a EStG) und in der Lohnsteuerbescheinigung (z. B. auf der Lohnsteuerkarte – § 41b EStG) gesondert neben der Lohnsteuer und Kirchensteuer einzutragen.

5 Maschinelle Berechnung des Solidaritätszuschlags

Es wird auf den Programmablaufplan zur maschinellen Berechnung der vom laufenden Arbeitslohn einzubehaltenden Lohnsteuer hingewiesen, der mit BMF-Schreiben vom 18. August 1994 im Bundessteuerblatt Teil I S. 713 veröffentlicht worden ist.

Übersicht

I.
Steuerbegünstigte Zwecke (§ 10b EStG)

Gesetz zur Stärkung des Ehrenamtes (Ehrenamtsstärkungsgesetz) vom 21. März 2013

Anwendungsschreiben zu § 10b Absatz 1a EStG

BMF vom 15. 9. 2014,
IV C 4 – S 2223/07/0006 :005 – 2014/0761691 (BStBl I S. 1278)

Unter Bezugnahme auf das Ergebnis der Erörterungen mit den obersten Finanzbehörden der Länder gilt für die Anwendung des § 10b Absatz 1a EStG ab dem Veranlagungszeitraum 2013 Folgendes:

1. Spenden in das zu erhaltende Vermögen

a) Zu erhaltendes Vermögen (Vermögensstock)

aa) Definition

Zum zu erhaltenden Vermögen einer Stiftung zählen insbesondere:
- Vermögenswerte, die anlässlich der Errichtung der Stiftung zugewendet werden und die nicht zum Verbrauch bestimmt sind,
- Zuwendungen nach Errichtung der Stiftung mit der ausdrücklichen Bestimmung, dass die Zuwendung der Vermögensausstattung zugute kommen soll (Zustiftungen).

Entscheidend ist die Zweckbestimmung zur dauerhaften Ausstattung bzw. Erhöhung des Stiftungsvermögens.

bb) Verbrauchsstiftung

Verbrauchsstiftungen verfügen nicht über zu erhaltendes Vermögen i. S. d. § 10b Absatz 1a EStG, da das Vermögen der Stiftung zum Verbrauch innerhalb eines vorgegebenen Zeitraums bestimmt ist.

Spenden in das Vermögen einer Verbrauchsstiftung sind nach den allgemeinen Grundsätzen des § 10b Absatz 1 EStG zu behandeln.

cc) Besonderheiten

Gliedert sich das Vermögen einer Stiftung in einen Teil, der zu erhalten ist und einen Teil, der *verbraucht werden kann*, dann gilt Folgendes:

Die Spenden in den Teil des Vermögens, der zu erhalten ist und nicht für den Verbrauch bestimmt ist, sind nach § 10b Absatz 1a EStG abziehbar. Die Spenden in den Teil des Vermögens, der verbraucht werden kann, sind dagegen nach § 10b Absatz 1 EStG abziehbar. Der Spender muss daher gegenüber der Stiftung deutlich machen, für welchen Teil des Vermögens seine Zuwendung erfolgt.

Enthält die Satzung der Stiftung eine Klausel, nach der das zu erhaltende Vermögen in Ausnahmefällen vorübergehend zur Verwirklichung der steuerbegünstigten Zwecke verwendet werden kann, aber der Betrag dem zu erhaltenden Vermögen unverzüglich wieder zugeführt werden muss, liegt kein verbrauchbares Vermögen vor. Das gilt auch dann, wenn die Stiftungsauf-

[1]) Ergänzt durch → BMF vom 26. 3. 2014 (BStBl I S. 791).

sicht den Verbrauch des Vermögens unter der Bedingung des unverzüglichen Wiederaufholens genehmigt.

Sind in der Stiftungssatzung Gründe verankert, die eine Auflösung der Stiftung und den anschließenden Verbrauch des Vermögens für die steuerbegünstigten satzungsmäßigen Zwecke der Stiftung bestimmen, so liegt kein verbrauchbares Vermögen vor.

b) Zuwendungen von Ehegatten/Lebenspartnern

Werden Ehegatten/Lebenspartner nach §§ 26, 26b EStG zusammenveranlagt, gilt für diese ein Höchstbetrag von 2 Mio. Euro. Es muss dabei nicht nachgewiesen werden, dass die Spende von beiden wirtschaftlich getragen wurde.

Wird innerhalb des 10 Jahreszeitraums zur Einzelveranlagung gewechselt, dann ist der verbleibende Spendenvortrag aufzuteilen. Maßgeblich ist dabei, wer die Spende wirtschaftlich getragen hat. Die bisher abgezogenen Beträge werden dem Ehegatten/Lebenspartner zugerechnet, der die Spende wirtschaftlich getragen hat. Überstieg die Spende den Höchstbetrag für Einzelveranlagte, ist der davon noch verbleibende Anteil nach § 10b Absatz 1 EStG abzuziehen.

2. Anwendungsregelung

Dieses Schreiben ist ab dem Veranlagungszeitraum 2013 anzuwenden.

II.
Muster für Zuwendungsbestätigungen (§ 10b EStG);

BMF vom 7. 11. 2013 (BStBl I S. 1333) – IV C 4 – S 2223/07/0018 :005 – 2013/0239390, BStBl I 2013, 1333[1])

Im Einvernehmen mit den obersten Finanzbehörden der Länder sind die in der Anlage beigefügten Muster für Zuwendungen an inländische Zuwendungsempfänger zu verwenden.

Für die Verwendung der aktualisierten Muster für Zuwendungsbestätigungen gilt Folgendes:

1. Die in der Anlage beigefügten Muster für Zuwendungsbestätigungen sind verbindliche Muster (vgl. § 50 Absatz 1 EStDV). Die Zuwendungsbestätigungen können vom jeweiligen Zuwendungsempfänger anhand dieser Muster selbst hergestellt werden. In einer auf einen bestimmten Zuwendungsempfänger zugeschnittenen Zuwendungsbestätigung müssen nur die Angaben aus den veröffentlichten Mustern übernommen werden, die im Einzelfall einschlägig sind. Die in den Mustern vorgesehenen Hinweise zu den haftungsrechtlichen Folgen der Ausstellung einer unrichtigen Zuwendungsbestätigung und zur steuerlichen Anerkennung der Zuwendungsbestätigung sind stets in die Zuwendungsbestätigungen zu übernehmen.
2. Die Wortwahl und die Reihenfolge der vorgegebenen Textpassagen in den Mustern sind beizubehalten, Umformulierungen sind unzulässig. Auf der Zuwendungsbestätigung dürfen weder Danksagungen an den Zuwendenden noch Werbung für die Ziele der begünstigten Einrichtung angebracht werden. Entsprechende Texte sind jedoch auf der Rückseite zulässig. Die Zuwendungsbestätigung darf die Größe einer DIN A 4 – Seite nicht überschreiten.
3. Gegen optische Hervorhebungen von Textpassagen beispielsweise durch Einrahmungen und/oder vorangestellte Ankreuzkästchen bestehen keine Bedenken. Ebenso ist es zulässig, den Namen des Zuwendenden und dessen Adresse so untereinander anzuordnen, dass die gleichzeitige Nutzung als Anschriftenfeld möglich ist. Fortlaufende alphanumerische Zeichen mit einer oder mehreren Reihen, die zur Identifizierung der Zuwendungsbestätigung geeignet sind, können vergeben werden; die Verwendung eines Briefpapiers mit einem Logo, Emblem oder Wasserzeichen der Einrichtung ist zulässig.
4. Es bestehen keine Bedenken, wenn der Zuwendungsempfänger in seinen Zuwendungsbestätigungen alle ihn betreffenden steuerbegünstigten Zwecke nennt. Aus steuerlichen Gründen bedarf es keiner Kenntlichmachung, für welchen konkreten steuerbegünstigten Zweck die Zuwendung erfolgt bzw. verwendet wird.
5. Der zugewendete Betrag ist sowohl in Ziffern als auch in Buchstaben zu benennen. Für die Benennung in Buchstaben ist es nicht zwingend erforderlich, dass der zugewendete Betrag in einem Wort genannt wird; ausreichend ist die Buchstabenbenennung der jeweiligen Ziffern. So kann z. B. ein Betrag in Höhe von 1 322 Euro als „eintausenddreihundertzweiundzwanzig" oder „eins – drei – zwei – zwei" bezeichnet werden. In diesen Fällen sind aller-

[1]) Ergänzt durch → BMF vom 26. 3. 2014 (BStBl I S. 791), Anhang 11 III.

dings die Leerräume vor der Nennung der ersten Ziffer und hinter der letzten Ziffer in geeigneter Weise (z. B. durch „X") zu entwerten.

6. Handelt es sich um eine Sachspende, so sind in die Zuwendungsbestätigung genaue Angaben über den zugewendeten Gegenstand aufzunehmen (z. B. Alter, Zustand historischer Kaufpreis, usw.). Für die Sachspende zutreffende Sätze sind in den entsprechenden Mustern anzukreuzen.
Sachspende aus einem Betriebsvermögen:
Stammt die Sachzuwendung nach den Angaben des Zuwendenden aus dessen Betriebsvermögen, bemisst sich die Zuwendungshöhe nach dem Wert, der bei der Entnahme angesetzt wurde und nach der Umsatzsteuer, die auf die Entnahme entfällt (§ 10b Absatz 3 Satz 2 EStG).. In diesen Fällen braucht der Zuwendungsempfänger keine zusätzlichen Unterlagen in seine Buchführung aufzunehmen, ebenso sind Angaben über die Unterlagen, die zur Wertermittlung gedient haben, nicht erforderlich. Der Entnahmewert ist grundsätzlich der Teilwert. Der Entnahmewert kann auch der Buchwert sein, wenn das Wirtschaftsgut unmittelbar nach der Entnahme für steuerbegünstigte Zwecke gespendet wird (sog. Buchwertprivileg § 6 Absatz 1 Nummer 4 Satz 4 und 5 EStG). Der auf der Zuwendungsbestätigung ausgewiesene Betrag darf den bei der Entnahme angesetzten Wert nicht überschreiten.
Sachspende aus dem Privatvermögen:
Handelt es sich um eine Sachspende aus dem Privatvermögen des Zuwendenden, ist der gemeine Wert des gespendeten Wirtschaftsguts maßgebend, wenn dessen Veräußerung im Zeitpunkt der Zuwendung keinen Besteuerungstatbestand erfüllen würde (§ 10b Absatz 3 Satz 3 EStG). Ansonsten sind die fortgeführten Anschaffungs- oder Herstellungskosten als Wert der Zuwendung auszuweisen. Dies gilt insbesondere bei Veräußerungstatbeständen, die unter § 17 oder § 23 EStG fallen (z. B. Zuwendung einer mindestens 1 %igen Beteiligung an einer Kapitalgesellschaft (§ 17 EStG), einer Immobilie, die sich weniger als zehn Jahre im Eigentum des Spenders befindet (§ 23 Absatz 1 Satz 1 Nummer 1 EStG), eines anderen Wirtschaftsguts im Sinne des § 23 Absatz 1 Satz 1 Nummer 2 EStG mit einer Eigentumsdauer von nicht mehr als einem Jahr). Der Zuwendungsempfänger hat anzugeben, welche Unterlagen er zur Ermittlung des angesetzten Wertes herangezogen hat. In Betracht kommt in diesem Zusammenhang z. B. ein Gutachten über den aktuellen Wert der zugewendeten Sache oder der sich aus der ursprünglichen Rechnung ergebende historische Kaufpreis unter Berücksichtigung einer Absetzung für Abnutzung. Diese Unterlagen hat der Zuwendungsempfänger zusammen mit der Zuwendungsbestätigung in seine Buchführung aufzunehmen.

7. Die Zeile: „Es handelt sich um den Verzicht auf die Erstattung von Aufwendungen Ja 0 Nein 0" ist stets in die Zuwendungsbestätigungen über Geldzuwendungen/Mitgliedsbeiträge zu übernehmen und entsprechend anzukreuzen. Dies gilt auch für Sammelbestätigungen und in den Fällen, in denen ein Zuwendungsempfänger grundsätzlich keine Zuwendungsbestätigungen für die Erstattung von Aufwendungen ausstellt.

8. Werden Zuwendungen an eine juristische Person des öffentlichen Rechts von dieser an andere juristische Personen des öffentlichen Rechts weitergeleitet und werden von diesen die steuerbegünstigten Zwecke verwirklicht, so hat der „Erstempfänger" die in den amtlichen Vordrucken enthaltene Bestätigung wie folgt zu fassen:
Die Zuwendung wird entsprechend den Angaben des Zuwendenden an ....
[Name des Letztempfängers verbunden mit dem Hinweis auf dessen öffentlich-rechtliche Organisationsform] weitergeleitet.

9. Erfolgt der Nachweis in Form der Sammelbestätigung, so ist der bescheinigte Gesamtbetrag auf der zugehörigen Anlage in sämtliche Einzelzuwendungen aufzuschlüsseln.

10. Für maschinell erstellte Zuwendungsbestätigungen ist R 10b.1 Absatz 4 EStR zu beachten.

11. Nach § 50 Absatz 4 EStDV hat die steuerbegünstigte Körperschaft ein Doppel der Zuwendungsbestätigung aufzubewahren. Es ist in diesem Zusammenhang zulässig, das Doppel in elektronischer Form zu speichern. Die Grundsätze ordnungsmäßiger DV-gestützter Buchführungssysteme (BMF-Schreiben vom 7. November 1995, BStBl. I Seite 738) sind zu beachten.

12. Für Zuwendungen nach dem 31. Dezember 1999 ist das Durchlaufspendenverfahren keine zwingende Voraussetzung mehr für die steuerliche Begünstigung von Spenden. Ab 1. Januar 2000 sind alle steuerbegünstigten Körperschaften im Sinne des § 5 Absatz 1 Nummer 9 KStG zum unmittelbaren Empfang und zur Bestätigung von Zuwendungen berechtigt. Dennoch dürfen juristische Personen des öffentlichen Rechts oder öffentliche Dienststellen auch weiterhin als Durchlaufstelle auftreten und Zuwendungsbestätigungen ausstellen (vgl. R 10b.1 Absatz 2 EStR). Sie unterliegen dann aber auch – wie bisher – der Haftung nach § 10b Absatz 4 EStG. Dach- und Spitzenorganisationen können für die ihnen angeschlossenen Vereine dagegen nicht mehr als Durchlaufstelle fungieren.

13. Mit dem Gesetz zur Stärkung des Ehrenamtes vom 21. März 2013 (BGBl. I Seite 556) wurde mit § 60a AO die Feststellung der satzungsmäßigen Voraussetzungen eingeführt. Nach § 60a AO wird die Einhaltung der satzungsmäßigen Voraussetzungen gesondert vom

Finanzamt festgestellt. Dieses Verfahren löst die so genannte vorläufige Bescheinigung ab. Übergangsweise bleiben die bislang ausgestellten vorläufigen Bescheinigungen weiterhin gültig und die betroffenen Körperschaften sind übergangsweise weiterhin zur Ausstellung von Zuwendungsbestätigungen berechtigt. Diese Körperschaften haben in ihren Zuwendungsbestätigungen anzugeben, dass sie durch vorläufige Bescheinigung den steuerbegünstigten Zwecken dienend anerkannt worden sind. Die Bestätigung ist wie folgt zu fassen:

Wir sind wegen Förderung (Angabe des begünstigten Zwecks/der begünstigten Zwecke) durch vorläufige Bescheinigung des Finanzamtes (Name), StNr. (Angabe) vom (Datum) ab (Datum) als steuerbegünstigten Zwecken dienend anerkannt.

Außerdem sind die Hinweise zu den haftungsrechtlichen Folgen der Ausstellung einer unrichtigen Zuwendungsbestätigung und zur steuerlichen Anerkennung der Zuwendungsbestätigung folgendermaßen zu fassen:

Wer vorsätzlich oder grob fahrlässig eine unrichtige Zuwendungsbestätigung erstellt oder veranlasst, dass Zuwendungen nicht zu den in der Zuwendungsbestätigung angegebenen steuerbegünstigten Zwecken verwendet werden, haftet für die entgangene Steuer (§ 10b Absatz 4 EStG, § 9 Absatz 3 KStG, § 9 Nummer 5 GewStG).

Diese Bestätigung wird nicht als Nachweis für die steuerliche Berücksichtigung der Zuwendung anerkannt, wenn das Datum der vorläufigen Bescheinigung länger als 3 Jahre seit Ausstellung der Bestätigung zurückliegt (BMF vom 15. 12. 1994 – BStBl I Seite 884).

In Fällen, in denen juristische Personen des öffentlichen Rechts oder Stiftungen des öffentlichen Rechts Zuwendungen an Körperschaften im Sinne des § 5 Absatz 1 Nummer 9 KStG weiterleiten, ist ebenfalls anzugeben, ob die Empfängerkörperschaft durch vorläufige Bescheinigung als steuerbegünstigten Zwecken dienend anerkannt worden ist. Diese Angabe ist hierbei in den Zuwendungsbestätigungen folgendermaßen zu fassen:

entsprechend den Angaben des Zuwendenden an (Name) weitergeleitet, die/der vom Finanzamt (Name) StNr. (Angabe) mit vorläufiger Bescheinigung (gültig ab: Datum) vom (Datum) als steuerbegünstigten Zwecken dienend anerkannt ist.

Die Hinweise zu den haftungsrechtlichen Folgen der Ausstellung einer unrichtigen Zuwendungsbestätigung und zur steuerlichen Anerkennung der Zuwendungsbestätigung sind dann folgendermaßen zu fassen:

Wer vorsätzlich oder grob fahrlässig eine unrichtige Zuwendungsbestätigung erstellt oder veranlasst, dass Zuwendungen nicht zu den in der Zuwendungsbestätigung angegebenen steuerbegünstigten Zwecken verwendet werden, haftet für die entgangene Steuer (§ 10b Absatz 4 EStG, § 9 Absatz 3 KStG, § 9 Nummer 5 GewStG).

Nur in den Fällen der Weiterleitung an steuerbegünstigte Körperschaften im Sinne von § 5 Absatz 1 Nummer 9 KStG:

Diese Bestätigung wird nicht als Nachweis für die steuerliche Berücksichtigung der Zuwendung anerkannt, wenn das Datum der vorläufigen Bescheinigung länger als 3 Jahre seit Ausstellung der Bestätigung zurückliegt.

14. Ist der Körperschaft, Personenvereinigung oder Vermögensmasse bisher weder ein Freistellungsbescheid noch eine Anlage zum Körperschaftsteuerbescheid erteilt worden und sieht der Feststellungsbescheid nach § 60a AO die Steuerbefreiung erst für den nächsten Veranlagungszeitraum vor (§ 60 Absatz 2 AO), sind Zuwendungen erst ab diesem Zeitpunkt nach § 10b EStG abziehbar. Zuwendungen, die vor Beginn der Steuerbefreiung nach § 5 Absatz 1 Nummer 9 KStG erfolgen, sind steuerlich nicht nach § 10b EStG begünstigt, da die Körperschaft, Personenvereinigung oder Vermögensmasse in diesem Zeitraum nicht die Voraussetzungen des § 10b Absatz 1 Satz 2 Nummer 2 EStG erfüllt. Zuwendungsbestätigungen, die für Zeiträume vor der Steuerbefreiung ausgestellt werden, sind daher unrichtig und können – bei Vorliegen der Voraussetzungen des § 10b Absatz 4 EStG – eine Haftung des Ausstellers auslösen.
15. Die neuen Muster für Zuwendungsbestätigungen werden als ausfüllbare Formulare unter https://www.formulare-bfinv.de zur Verfügung stehen.
16. Für den Abzug steuerbegünstigter Zuwendungen an nicht im Inland ansässige Empfänger wird auf das BMF-Schreiben vom 16. Mai 2011 – IV C 4 – S 2223/07/0005 :008, 2011/0381377 –, (BStBl I Seite 559) hingewiesen.

    Das BMF-Schreiben vom 30. August 2012 – IV C 4 – S 2223/07/0018 :005, 2012/0306063 –, (BStBl I Seite 884) wird hiermit aufgehoben.

    Es wird seitens der Finanzverwaltung nicht beanstandet, wenn bis zum 31. Dezember 2013 die bisherigen Muster für Zuwendungsbestätigungen verwendet werden.[1])

Anlagenverzeichnis:

Anlage 1:	Muster für Geldzuwendungen an inländische juristische Personen des öffentlichen Rechts

1) → Anhang 11 III.

Anlage 2:	Muster für Sachzuwendungen an inländische juristische Personen des öffentlichen Rechts
Anlage 3:	Muster für Geldzuwendungen/Mitgliedsbeitrag an eine steuerbegünstigte Einrichtung
Anlage 4:	Muster für Sachzuwendungen an eine steuerbegünstigte Einrichtung
Anlage 5:	Muster für Geldzuwendungen/Mitgliedsbeitrag an eine Partei
Anlage 6:	Muster für Sachzuwendungen an eine Partei
Anlage 7:	Muster für Geldzuwendungen/Mitgliedsbeitrag an eine unabhängige Wählervereinigung
Anlage 8:	Muster für Sachzuwendungen an eine unabhängige Wählervereinigung
Anlage 9:	Muster für Geldzuwendungen an eine inländische Stiftung des öffentlichen Rechts
Anlage 10:	Muster für Sachzuwendungen an eine inländische Stiftung des öffentlichen Rechts
Anlage 11:	Muster für Geldzuwendungen an eine inländische Stiftung des privaten Rechts
Anlage 12:	Muster für Sachzuwendungen an eine inländische Stiftung des privaten Rechts
Anlage 13:	Sammelbestätigung für Geldzuwendungen an inländische juristische Personen des öffentlichen Rechts
Anlage 14:	Sammelbestätigung für Geldzuwendungen/Mitgliedsbeiträge an eine steuerbegünstigte Einrichtung
Anlage 15:	Sammelbestätigung für Geldzuwendungen/Mitgliedsbeiträge an eine Partei
Anlage 16:	Sammelbestätigung für Geldzuwendungen/Mitgliedsbeiträge an eine unabhängige Wählervereinigung
Anlage 17:	Sammelbestätigung für Geldzuwendungen an eine inländische Stiftung des öffentlichen Rechts
Anlage 18:	Sammelbestätigung für Geldzuwendungen an eine inländische Stiftung des privaten Rechts

Anlage 1

Aussteller (Bezeichnung und Anschrift der inländischen juristischen Person des öffentlichen Rechts oder der inländischen öffentlichen Dienststelle)

Bestätigung über Geldzuwendungen

im Sinne des § 10b des Einkommensteuergesetzes an inländische juristische Personen des öffentlichen Rechts oder inländische öffentliche Dienststellen

Name und Anschrift des Zuwendenden

Betrag der Zuwendung - in Ziffern -	- in Buchstaben -	Tag der Zuwendung:

Es wird bestätigt, dass die Zuwendung nur zur Förderung (Angabe des begünstigten Zwecks / der begünstigten Zwecke) verwendet wird.

Es handelt sich um den Verzicht auf Erstattung von Aufwendungen Ja ☐ Nein ☐

Die Zuwendung wird

☐ von uns unmittelbar für den angegebenen Zweck verwendet.

☐ entsprechend den Angaben des Zuwendenden an .... weitergeleitet, die/der vom Finanzamt .... StNr .... mit Freistellungsbescheid bzw. nach der Anlage zum Körperschaftsteuerbescheid vom .... von der Körperschaftsteuer und Gewerbesteuer befreit ist.

☐ entsprechend den Angaben des Zuwendenden an .... weitergeleitet, der/dem das Finanzamt .... StNr.......... mit **Feststellungsbescheid** vom .... **die Einhaltung der satzungsmäßigen Voraussetzungen nach § 60a AO festgestellt hat**.

(Ort, Datum und Unterschrift des Zuwendungsempfängers)

Hinweis:
Wer vorsätzlich oder grob fahrlässig eine unrichtige Zuwendungsbestätigung erstellt oder veranlasst, dass Zuwendungen nicht zu den in der Zuwendungsbestätigung angegebenen steuerbegünstigten Zwecken verwendet werden, haftet für die entgangene Steuer (§ 10b Abs. 4 EStG, § 9 Abs. 3 KStG, § 9 Nr. 5 GewStG).

Nur in den Fällen der Weiterleitung an steuerbegünstigte Körperschaften im Sinne von § 5 Abs. 1 Nr. 9 KStG:
Diese Bestätigung wird nicht als Nachweis für die steuerliche Berücksichtigung der Zuwendung anerkannt, wenn das Datum des Freistellungsbescheides länger als 5 Jahre bzw. **das Datum der Feststellung der Einhaltung der satzungsmäßigen Voraussetzungen nach § 60a Abs. 1 AO länger als 3 Jahre seit Ausstellung des Bescheides zurückliegt (§ 63 Abs. 5 AO)**.

Anlage 2

Aussteller (Bezeichnung und Anschrift der inländischen juristischen Person des öffentlichen Rechts oder der inländischen öffentlichen Dienststelle)

Bestätigung über Sachzuwendungen
im Sinne des § 10b des Einkommensteuergesetzes an inländische juristische Personen des öffentlichen Rechts oder inländische öffentliche Dienststellen

Name und Anschrift des Zuwendenden

Wert der Zuwendung - in Ziffern -	- in Buchstaben -	Tag der Zuwendung:

Genaue Bezeichnung der Sachzuwendung mit Alter, Zustand, Kaufpreis usw.

□ Die Sachzuwendung stammt nach den Angaben des Zuwendenden aus dem Betriebsvermögen. **Die Zuwendung wurde nach dem Wert der Entnahme (ggf. mit dem niedrigeren gemeinen Wert) und nach der Umsatzsteuer, die auf die Entnahme entfällt, bewertet.**

□ Die Sachzuwendung stammt nach den Angaben des Zuwendenden aus dem Privatvermögen.

□ Der Zuwendende hat trotz Aufforderung keine Angaben zur Herkunft der Sachzuwendung gemacht.

□ Geeignete Unterlagen, die zur Wertermittlung gedient haben, z. B. Rechnung, Gutachten, liegen vor.

Es wird bestätigt, dass die Zuwendung nur zur Förderung (Angabe des begünstigten Zwecks / der begünstigten Zwecke)
verwendet wird.

Die Zuwendung wird

□ von uns unmittelbar für den angegebenen Zweck verwendet.

□ entsprechend den Angaben des Zuwendenden an …………………… weitergeleitet, die/der vom Finanzamt ………… StNr ………… mit Freistellungsbescheid bzw. nach der Anlage zum Körperschaftsteuerbescheid vom ………. von der Körperschaftsteuer und Gewerbesteuer befreit ist.

□ entsprechend den Angaben des Zuwendenden an …………………. weitergeleitet, der/dem das Finanzamt ………….. StNr……….. mit **Feststellungsbescheid** vom ……………… **die Einhaltung der satzungsmäßigen Voraussetzungen nach § 60a AO festgestellt hat.**

____

(Ort, Datum und Unterschrift des Zuwendungsempfängers)

Hinweis:
Wer vorsätzlich oder grob fahrlässig eine unrichtige Zuwendungsbestätigung erstellt oder veranlasst, dass Zuwendungen nicht zu den in der Zuwendungsbestätigung angegebenen steuerbegünstigten Zwecken verwendet werden, haftet für die entgangene Steuer (§ 10b Abs. 4 EStG, § 9 Abs. 3 KStG, § 9 Nr. 5 GewStG).

Nur in den Fällen der Weiterleitung an steuerbegünstigte Körperschaften im Sinne von § 5 Abs. 1 Nr. 9 KStG:
Diese Bestätigung wird nicht als Nachweis für die steuerliche Berücksichtigung der Zuwendung anerkannt, wenn das Datum des Freistellungsbescheides länger als 5 Jahre bzw. **das Datum der Feststellung der Einhaltung der satzungsmäßigen Voraussetzungen nach § 60a Abs. 1 AO länger als 3 Jahre seit Ausstellung des Bescheides zurückliegt (§ 63 Abs. 5 AO).**

Anlage 3

Aussteller (Bezeichnung und Anschrift der steuerbegünstigten Einrichtung)

Bestätigung über Geldzuwendungen/Mitgliedsbeitrag
im Sinne des § 10b des Einkommensteuergesetzes an eine der in § 5 Abs. 1 Nr. 9 des Körperschaftsteuergesetzes bezeichneten Körperschaften, Personenvereinigungen oder Vermögensmassen

Name und Anschrift des Zuwendenden:

Betrag der Zuwendung - in Ziffern -	- in Buchstaben -	Tag der Zuwendung:

Es handelt sich um den Verzicht auf Erstattung von Aufwendungen Ja □ Nein □

□ Wir sind wegen Förderung (Angabe des begünstigten Zwecks / der begünstigten Zwecke) .... **nach dem** Freistellungsbescheid bzw. nach der Anlage zum Körperschaftsteuerbescheid des Finanzamtes .... StNr......................., vom .... **für den letzten Veranlagungszeitraum** .... nach § 5 Abs. 1 Nr. 9 des Körperschaftsteuergesetzes von der Körperschaftsteuer und nach § 3 Nr. 6 des Gewerbesteuergesetzes von der Gewerbesteuer befreit.

□ **Die Einhaltung der satzungsmäßigen Voraussetzungen nach den §§ 51, 59, 60 und 61 AO wurde vom Finanzamt........................., StNr. .... mit Bescheid vom........... nach § 60a AO gesondert festgestellt. Wir fördern nach unserer Satzung (Angabe des begünstigten Zwecks / der begünstigten Zwecke)** ....

Es wird bestätigt, dass die Zuwendung nur zur Förderung (Angabe des begünstigten Zwecks / der begünstigten Zwecke)

verwendet wird.

Nur für steuerbegünstigte Einrichtungen, bei denen die Mitgliedsbeiträge steuerlich nicht abziehbar sind:
□ Es wird bestätigt, dass es sich nicht um einen Mitgliedsbeitrag handelt, dessen Abzug nach § 10b Abs. 1 des Einkommensteuergesetzes ausgeschlossen ist.

(Ort, Datum und Unterschrift des Zuwendungsempfängers)

Hinweis:
Wer vorsätzlich oder grob fahrlässig eine unrichtige Zuwendungsbestätigung erstellt oder veranlasst, dass Zuwendungen nicht zu den in der *Zuwendungsbestätigung angegebenen steuerbegünstigten* Zwecken verwendet werden, haftet für die entgangene Steuer (§ 10b Abs. 4 EStG, § 9 Abs. 3 KStG, § 9 Nr. 5 GewStG).

Diese Bestätigung wird nicht als Nachweis für die steuerliche Berücksichtigung der Zuwendung anerkannt, wenn das Datum des Freistellungsbescheides länger als 5 Jahre bzw. **das Datum der Feststellung der Einhaltung der satzungsmäßigen Voraussetzungen nach § 60a Abs. 1 AO länger als 3 Jahre seit Ausstellung des Bescheides zurückliegt (§ 63 Abs. 5 AO).**

Anlage 4

Aussteller (Bezeichnung und Anschrift der steuerbegünstigten Einrichtung)

Bestätigung über Sachzuwendungen
im Sinne des § 10b des Einkommensteuergesetzes an eine der in § 5 Abs. 1 Nr. 9 des Körperschaftsteuergesetzes bezeichneten Körperschaften, Personenvereinigungen oder Vermögensmassen

Name und Anschrift des Zuwendenden:

Wert der Zuwendung - in Ziffern -	- in Buchstaben -	Tag der Zuwendung:

Genaue Bezeichnung der Sachzuwendung mit Alter, Zustand, Kaufpreis usw.

□ Die Sachzuwendung stammt nach den Angaben des Zuwendenden aus dem Betriebsvermögen. **Die Zuwendung wurde nach dem Wert der Entnahme (ggf. mit dem niedrigeren gemeinen Wert) und nach der Umsatzsteuer, die auf die Entnahme entfällt, bewertet.**

□ Die Sachzuwendung stammt nach den Angaben des Zuwendenden aus dem Privatvermögen.

□ Der Zuwendende hat trotz Aufforderung keine Angaben zur Herkunft der Sachzuwendung gemacht.

□ Geeignete Unterlagen, die zur Wertermittlung gedient haben, z. B. Rechnung, Gutachten, liegen vor.

□ Wir sind wegen Förderung (Angabe des begünstigten Zwecks / der begünstigten Zwecke) .... **nach dem** Freistellungsbescheid bzw. nach der Anlage zum Körperschaftsteuerbescheid des Finanzamtes .... StNr......................., vom .... **für den letzten Veranlagungszeitraum** .... nach § 5 Abs. 1 Nr. 9 des Körperschaftsteuergesetzes von der Körperschaftsteuer und nach § 3 Nr. 6 des Gewerbesteuergesetzes von der Gewerbesteuer befreit.

□ **Die Einhaltung der satzungsmäßigen Voraussetzungen nach den §§ 51, 59, 60 und 61 AO wurde vom Finanzamt........................, StNr. .... mit Bescheid vom.......... nach § 60a AO gesondert festgestellt. Wir fördern nach unserer Satzung (Angabe des begünstigten Zwecks / der begünstigten Zwecke) ....**

Es wird bestätigt, dass die Zuwendung nur zur Förderung (Angabe des begünstigten Zwecks /der begünstigten Zwecke)
verwendet wird.

____
(Ort, Datum und Unterschrift des Zuwendungsempfängers)

Hinweis:
Wer vorsätzlich oder grob fahrlässig eine unrichtige Zuwendungsbestätigung erstellt oder veranlasst, dass Zuwendungen nicht zu den in der Zuwendungsbestätigung angegebenen steuerbegünstigten Zwecken verwendet werden, haftet für die entgangene Steuer (§ 10b Abs. 4 EStG, § 9 Abs. 3 KStG, § 9 Nr. 5 GewStG).

Diese Bestätigung wird nicht als Nachweis für die steuerliche Berücksichtigung der Zuwendung anerkannt, wenn das Datum des Freistellungsbescheides länger als 5 Jahre bzw. **das Datum der Feststellung der Einhaltung der satzungsmäßigen Voraussetzungen nach § 60a Abs. 1 AO länger als 3 Jahre seit Ausstellung des Bescheides zurückliegt (§ 63 Abs. 5 AO).**

Anlage 5

Bezeichnung und Anschrift der Partei

Bestätigung über Geldzuwendungen/Mitgliedsbeitrag

im Sinne des § 34g, § 10b des Einkommensteuergesetzes an politische Parteien im Sinne des Parteiengesetzes

Name und Anschrift des Zuwendenden:

Betrag der Zuwendung - in Ziffern -	- in Buchstaben -	Tag der Zuwendung:

Es handelt sich um den Verzicht auf die Erstattung von Aufwendungen Ja ☐ Nein ☐

Es wird bestätigt, dass diese Zuwendung ausschließlich für die satzungsgemäßen Zwecke verwendet wird.

(Ort, Datum, Unterschrift(en) und Funktion(en))

Hinweis:
Wer vorsätzlich oder grob fahrlässig eine unrichtige Zuwendungsbestätigung erstellt oder veranlasst, dass Zuwendungen nicht zu den in der Zuwendungsbestätigung angegebenen steuerbegünstigten Zwecken verwendet werden, haftet für die entgangene Steuer (§ 34g Satz 3, § 10b Abs. 4 EStG).

Anlage 6

Bezeichnung und Anschrift der Partei

Bestätigung über Sachzuwendungen
im Sinne des § 34g, § 10b des Einkommensteuergesetzes an politische Parteien im Sinne des Parteiengesetzes

Name und Anschrift des Zuwendenden:

Wert der Zuwendung - in Ziffern -	- in Buchstaben -	Tag der Zuwendung:

Genaue Bezeichnung der Sachzuwendung mit Alter, Zustand, Kaufpreis usw.

□ Die Sachzuwendung stammt nach den Angaben des Zuwendenden aus dem Betriebsvermögen. **Die Zuwendung wurde nach dem Wert der Entnahme (ggf. mit dem niedrigeren gemeinen Wert) und nach der Umsatzsteuer, die auf die Entnahme entfällt, bewertet.**

□ Die Sachzuwendung stammt nach den Angaben des Zuwendenden aus dem Privatvermögen.

□ Der Zuwendende hat trotz Aufforderung keine Angaben zur Herkunft der Sachzuwendung gemacht.

□ Geeignete Unterlagen, die zur Wertermittlung gedient haben, z. B. Rechnung, Gutachten, liegen vor.

Es wird bestätigt, dass diese Zuwendung ausschließlich für die satzungsgemäßen Zwecke verwendet wird.

(Ort, Datum, Unterschrift(en) und Funktion(en))

Hinweis:
Wer vorsätzlich oder grob fahrlässig eine unrichtige Zuwendungsbestätigung erstellt oder veranlasst, dass Zuwendungen nicht zu den in der Zuwendungsbestätigung angegebenen steuerbegünstigten Zwecken verwendet werden, haftet für die entgangene Steuer (§ 34g Satz 3, § 10b Abs. 4 EStG).

Anlage 7

Bezeichnung und Anschrift der unabhängigen Wählervereinigung

Bestätigung über Geldzuwendungen/Mitgliedsbeitrag
im Sinne des § 34g des Einkommensteuergesetzes an unabhängige Wählervereinigungen

Name und Anschrift des Zuwendenden:

Betrag der Zuwendung - in Ziffern -	- in Buchstaben -	Tag der Zuwendung:

Es handelt sich um den Verzicht auf die Erstattung von Aufwendungen Ja ☐ Nein ☐

Wir sind ein ☐ rechtsfähiger ☐ nichtrechtsfähiger Verein ohne Parteicharakter

Der Zweck unseres Vereins ist ausschließlich darauf gerichtet, durch Teilnahme mit eigenen Wahlvorschlägen bei der politischen Willensbildung mitzuwirken, und zwar an Wahlen auf

☐ Bundesebene ☐ Landesebene ☐ Kommunalebene

Wir bestätigen, dass wir die Zuwendung nur für diesen Zweck verwenden werden.

☐ Wir sind mit mindestens einem Mandat im (Parlament/Rat) vertreten.

☐ Wir haben der Wahlbehörde / dem Wahlorgan der.. am...................................
angezeigt, dass wir uns an der........................(folgenden Wahl).............................am .... mit eigenen Wahlvorschlägen beteiligen werden.

☐ An der letzten ....(Wahl) ....am .... haben wir uns mit eigenen Wahlvorschlägen beteiligt.

☐ An der letzten oder einer früheren Wahl haben wir uns nicht mit eigenen Wahlvorschlägen beteiligt und eine Beteiligung der zuständigen Wahlbehörde / dem zuständigen Wahlorgan auch nicht angezeigt.

☐ Wir sind beim Finanzamt .... StNr.. erfasst.

☐ Wir sind steuerlich nicht erfasst.

(Ort, Datum, Unterschrift(en) und Funktion(en))

Hinweis:
Wer vorsätzlich oder grob fahrlässig eine unrichtige Zuwendungsbestätigung erstellt oder veranlasst, dass Zuwendungen nicht zu den in der Zuwendungsbestätigung angegebenen steuerbegünstigten Zwecken verwendet werden, haftet für die entgangene Steuer (§ 34g Satz 3, § 10b Abs. 4 EStG).

Anlage 8

Bezeichnung und Anschrift der unabhängigen Wählervereinigung

Bestätigung über Sachzuwendungen

im Sinne des § 34g des Einkommensteuergesetzes an unabhängige Wählervereinigungen

Name und Anschrift des Zuwendenden:

Wert der Zuwendung - in Ziffern -	- in Buchstaben -	Tag der Zuwendung:

Genaue Bezeichnung der Sachzuwendung mit Alter, Zustand, Kaufpreis usw.

□ Die Sachzuwendung stammt nach den Angaben des Zuwendenden aus dem Betriebsvermögen. **Die Zuwendung wurde nach dem Wert der Entnahme (ggf. mit dem niedrigeren gemeinen Wert) und nach der Umsatzsteuer, die auf die Entnahme entfällt, bewertet.**

□ Die Sachzuwendung stammt nach den Angaben des Zuwendenden aus dem Privatvermögen.

□ Der Zuwendende hat trotz Aufforderung keine Angaben zur Herkunft der Sachzuwendung gemacht.

□ Geeignete Unterlagen, die zur Wertermittlung gedient haben, z. B. Rechnung, Gutachten, liegen vor.

Wir sind ein □ rechtsfähiger □ nichtrechtsfähiger Verein ohne Parteicharakter

Der Zweck unseres Vereins ist ausschließlich darauf gerichtet, durch Teilnahme mit eigenen Wahlvorschlägen bei der politischen Willensbildung mitzuwirken, und zwar an Wahlen auf

□ Bundesebene □ Landesebene □ Kommunalebene

Wir bestätigen, dass wir die Zuwendung nur für diesen Zweck verwenden werden.

□ Wir sind mit mindestens einem Mandat im (Parlament/Rat) vertreten.

□ Wir haben der Wahlbehörde / dem Wahlorgan der .... am .... angezeigt, dass wir uns an der ....(folgenden Wahl)........................ am .... mit eigenen Wahlvorschlägen beteiligen werden.

□ An der letzten ....(Wahl) .... am .... haben wir uns mit eigenen Wahlvorschlägen beteiligt.

□ An der letzten oder einer früheren Wahl haben wir uns nicht mit eigenen Wahlvorschlägen beteiligt und eine Beteiligung der zuständigen Wahlbehörde / dem zuständigen Wahlorgan auch nicht angezeigt.

□ Wir sind beim Finanzamt .... StNr .... erfasst.

□ Wir sind steuerlich nicht erfasst.

____

(Ort, Datum, Unterschrift(en) und Funktion(en))

Hinweis:
Wer vorsätzlich oder grob fahrlässig eine unrichtige Zuwendungsbestätigung erstellt oder veranlasst, dass Zuwendungen nicht zu den in der Zuwendungsbestätigung angegebenen steuerbegünstigten Zwecken verwendet werden, haftet für die entgangene Steuer (§ 34g Satz 3, § 10b Abs. 4 EStG).

Anlage 9

Aussteller (Bezeichnung und Anschrift der inländischen Stiftung des öffentlichen Rechts)

Bestätigung über Geldzuwendungen
im Sinne des § 10b des Einkommensteuergesetzes an inländische Stiftungen des öffentlichen Rechts

Name und Anschrift des Zuwendenden:

Betrag der Zuwendung - in Ziffern -	- in Buchstaben -	Tag der Zuwendung:

Es wird bestätigt, dass die Zuwendung nur zur Förderung (Angabe des begünstigten Zwecks / der begünstigten Zwecke)
verwendet wird.

Es handelt sich um den Verzicht auf Erstattung von Aufwendungen Ja ☐ Nein ☐

☐ Die Zuwendung erfolgte **in das zu erhaltende Vermögen (Vermögensstock)**.

☐ Es handelt sich **nicht** um Zuwendungen **in das verbrauchbare Vermögen** einer Stiftung.

Die Zuwendung wird

☐ von uns unmittelbar für den angegebenen Zweck verwendet.

☐ entsprechend den Angaben des Zuwendenden an .... weitergeleitet, die/der vom Finanzamt .... StNr ....mit Freistellungsbescheid bzw. nach der Anlage zum Körperschaftsteuerbescheid vom ....von der Körperschaft- und Gewerbesteuer befreit ist.

☐ **entsprechend den Angaben des Zuwendenden an …………………. weitergeleitet, der/dem das Finanzamt ……………………… StNr…………… mit Feststellungsbescheid vom …………….. die Einhaltung der satzungsmäßigen Voraussetzungen nach § 60a AO festgestellt hat.**

(Ort, Datum und Unterschrift des Zuwendungsempfängers)

Hinweis:
Wer vorsätzlich oder grob fahrlässig eine unrichtige Zuwendungsbestätigung erstellt oder veranlasst, dass Zuwendungen nicht zu den in der Zuwendungsbestätigung angegebenen steuerbegünstigten Zwecken verwendet werden, haftet für die entgangene Steuer (§ 10b Abs. 4 EStG, § 9 Abs. 3 KStG, § 9 Nr. 5 GewStG).

Nur in Fällen der Weiterleitung an steuerbegünstigte Körperschaften im Sinne von § 5 Abs. 1 Nr. 9 KStG:
Diese Bestätigung wird nicht als Nachweis für die steuerliche Berücksichtigung der Zuwendung anerkannt, wenn das Datum des Freistellungsbescheides länger als 5 Jahre bzw. **das Datum der Feststellung der Einhaltung der satzungsmäßigen Voraussetzungen nach § 60a Abs. 1 AO länger als 3 Jahre seit Ausstellung des Bescheides zurückliegt (§ 63 Abs. 5 AO).**

Anlage 10

Aussteller (Bezeichnung und Anschrift der inländischen Stiftung des öffentlichen Rechts)

Bestätigung über Sachzuwendungen
im Sinne des § 10b des Einkommensteuergesetzes an inländische Stiftungen des öffentlichen Rechts

Name und Anschrift des Zuwendenden:

Wert der Zuwendung - in Ziffern -	- in Buchstaben -	Tag der Zuwendung:

Genaue Bezeichnung der Sachzuwendung mit Alter, Zustand, Kaufpreis usw.

☐ Die Sachzuwendung stammt nach den Angaben des Zuwendenden aus dem Betriebsvermögen. **Die Zuwendung wurde nach dem Wert der Entnahme (ggf. mit dem niedrigeren gemeinen Wert) und nach der Umsatzsteuer, die auf die Entnahme entfällt, bewertet.**

☐ Die Sachzuwendung stammt nach den Angaben des Zuwendenden aus dem Privatvermögen.

☐ Der Zuwendende hat trotz Aufforderung keine Angaben zur Herkunft der Sachzuwendung gemacht.

☐ Geeignete Unterlagen, die zur Wertermittlung gedient haben, z. B. Rechnung, Gutachten, liegen vor.

Es wird bestätigt, dass die Zuwendung nur zur Förderung (Angabe des begünstigten Zwecks / der begünstigten Zwecke) verwendet wird.

☐ Die Zuwendung erfolgte **in das zu erhaltende Vermögen (Vermögensstock).**

☐ Es handelt sich **nicht** um Zuwendungen **in das verbrauchbare Vermögen** einer Stiftung.

Die Zuwendung wird

☐ von uns unmittelbar für den angegebenen Zweck verwendet.

☐ entsprechend den Angaben des Zuwendenden an .... weitergeleitet, die/der vom Finanzamt .... StNr .... mit Freistellungsbescheid bzw. nach der Anlage zum Körperschaftsteuerbescheid vom .... von der Körperschaft- und Gewerbesteuer befreit ist.

☐ **entsprechend den Angaben des Zuwendenden an .... weitergeleitet, der/dem das Finanzamt .... StNr............ mit Feststellungsbescheid vom .... die Einhaltung der satzungsmäßigen Voraussetzungen nach § 60a AO festgestellt hat.**

____
(Ort, Datum und Unterschrift des Zuwendungsempfängers)

Hinweis:
Wer vorsätzlich oder grob fahrlässig eine unrichtige Zuwendungsbestätigung erstellt oder veranlasst, dass Zuwendungen nicht zu den in der Zuwendungsbestätigung angegebenen steuerbegünstigten Zwecken verwendet werden, haftet für die entgangene Steuer (§ 10b Abs. 4 EStG, § 9 Abs. 3 KStG, § 9 Nr. 5 GewStG).

Nur in Fällen der Weiterleitung an steuerbegünstigte Körperschaften im Sinne von § 5 Abs. 1 Nr. 9 KStG:
Diese Bestätigung wird nicht als Nachweis für die steuerliche Berücksichtigung der Zuwendung anerkannt, wenn das Datum des Freistellungsbescheides länger als 5 Jahre bzw. **das Datum der Feststellung der Einhaltung der satzungsmäßigen Voraussetzungen nach § 60a Abs. 1 AO länger als 3 Jahre seit Ausstellung des Bescheides zurückliegt (§ 63 Abs. 5 AO).**

Anlage 11

Aussteller (Bezeichnung und Anschrift der inländischen Stiftung des privaten Rechts)

Bestätigung über Geldzuwendungen
im Sinne des § 10b des Einkommensteuergesetzes an inländische Stiftungen des privaten Rechts

Name und Anschrift des Zuwendenden:

Betrag der Zuwendung - in Ziffern -	- in Buchstaben -	Tag der Zuwendung:

Es handelt sich um den Verzicht auf Erstattung von Aufwendungen Ja □ Nein □

□ Wir sind wegen Förderung (Angabe des begünstigten Zwecks / der begünstigten Zwecke) .... **nach dem** Freistellungsbescheid bzw. nach der Anlage zum Körperschaftsteuerbescheid des Finanzamtes .... StNr......................, vom .... **für den letzten Veranlagungszeitraum** .... nach § 5 Abs. 1 Nr. 9 des Körperschaftsteuergesetzes von der Körperschaftsteuer und nach § 3 Nr. 6 des Gewerbesteuergesetzes von der Gewerbesteuer befreit.

□ **Die Einhaltung der satzungsmäßigen Voraussetzungen nach den §§ 51, 59, 60 und 61 AO wurde vom Finanzamt........................, StNr. .... mit Bescheid vom.......... nach § 60a AO gesondert festgestellt. Wir fördern nach unserer Satzung (Angabe des begünstigten Zwecks / der begünstigten Zwecke)** ....

Es wird bestätigt, dass die Zuwendung nur zur Förderung (Angabe des begünstigten Zwecks / der begünstigten Zwecke)
verwendet wird.

□ Die Zuwendung erfolgte **in das zu erhaltende Vermögen (Vermögensstock).**

□ Es handelt sich <u>**nicht**</u> um Zuwendungen **in das verbrauchbare Vermögen** einer Stiftung.

(Ort, Datum und Unterschrift des Zuwendungsempfängers)

Hinweis:
Wer vorsätzlich oder grob fahrlässig eine unrichtige Zuwendungsbestätigung erstellt oder veranlasst, dass Zuwendungen nicht zu den in der *Zuwendungsbestätigung angegebenen steuerbegünstigten* Zwecken verwendet werden, haftet für die entgangene Steuer (§ 10b Abs. 4 EStG, § 9 Abs. 3 KStG, § 9 Nr. 5 GewStG).

Diese Bestätigung wird nicht als Nachweis für die steuerliche Berücksichtigung der Zuwendung anerkannt, wenn das Datum des Freistellungsbescheides länger als 5 Jahre bzw. **das Datum der Feststellung der Einhaltung der satzungsmäßigen Voraussetzungen nach § 60a Abs. 1 AO länger als 3 Jahre seit Ausstellung des Bescheides zurückliegt (§ 63 Abs. 5 AO).**

Anlage 12

Aussteller (Bezeichnung und Anschrift der inländischen Stiftung des privaten Rechts)

Bestätigung über Sachzuwendungen
im Sinne des § 10b des Einkommensteuergesetzes an inländische Stiftungen des privaten Rechts

Name und Anschrift des Zuwendenden:

Wert der Zuwendung - in Ziffern -	- in Buchstaben -	Tag der Zuwendung:

Genaue Bezeichnung der Sachzuwendung mit Alter, Zustand, Kaufpreis usw.

□ Die Sachzuwendung stammt nach den Angaben des Zuwendenden aus dem Betriebsvermögen. **Die Zuwendung wurde nach dem Wert der Entnahme (ggf. mit dem niedrigeren gemeinen Wert) und nach der Umsatzsteuer, die auf die Entnahme entfällt, bewertet.**

□ Die Sachzuwendung stammt nach den Angaben des Zuwendenden aus dem Privatvermögen.

□ Der Zuwendende hat trotz Aufforderung keine Angaben zur Herkunft der Sachzuwendung gemacht.

□ Geeignete Unterlagen, die zur Wertermittlung gedient haben, z. B. Rechnung, Gutachten, liegen vor.

□ Wir sind wegen Förderung (Angabe des begünstigten Zwecks / der begünstigten Zwecke) .... **nach dem** Freistellungsbescheid bzw. nach der Anlage zum Körperschaftsteuerbescheid des Finanzamtes .... StNr........................, vom .... **für den letzten Veranlagungszeitraum** .... nach § 5 Abs. 1 Nr. 9 des Körperschaftsteuergesetzes von der Körperschaftsteuer und nach § 3 Nr. 6 des Gewerbesteuergesetzes von der Gewerbesteuer befreit.

□ **Die Einhaltung der satzungsmäßigen Voraussetzungen nach den §§ 51, 59, 60 und 61 AO wurde vom Finanzamt........................, StNr. .... mit Bescheid vom........... nach § 60a AO gesondert festgestellt. Wir fördern nach unserer Satzung (Angabe des begünstigten Zwecks / der begünstigten Zwecke) ....**

Es wird bestätigt, dass die Zuwendung nur zur Förderung (Angabe des begünstigten Zwecks / der begünstigten Zwecke)
verwendet wird.

□ Die Zuwendung erfolgte **in das zu erhaltende Vermögen (Vermögensstock).**

□ Es handelt sich **nicht** um Zuwendungen **in das verbrauchbare Vermögen** einer Stiftung.

(Ort, Datum und Unterschrift des Zuwendungsempfängers)

Hinweis:
Wer vorsätzlich oder grob fahrlässig eine unrichtige Zuwendungsbestätigung erstellt oder veranlasst, dass Zuwendungen nicht zu den in der Zuwendungsbestätigung angegebenen steuerbegünstigten Zwecken verwendet werden, haftet für die entgangene Steuer (§ 10b Abs. 4 EStG, § 9 Abs. 3 KStG, § 9 Nr. 5 GewStG).

Diese Bestätigung wird nicht als Nachweis für die steuerliche Berücksichtigung der Zuwendung anerkannt, wenn das Datum des Freistellungsbescheides länger als 5 Jahre bzw. **das Datum der Feststellung der Einhaltung der satzungsmäßigen Voraussetzungen nach § 60a Abs. 1 AO länger als 3 Jahre seit Ausstellung des Bescheides zurückliegt (§ 63 Abs. 5 AO).**

Anlage 13

Aussteller (Bezeichnung und Anschrift der inländischen juristischen Person des öffentlichen Rechts oder der inländischen öffentlichen Dienststelle)

Sammelbestätigung über Geldzuwendungen
im Sinne des § 10b des Einkommensteuergesetzes an inländische juristische Personen des öffentlichen Rechts oder inländische öffentliche Dienststellen

Name und Anschrift des Zuwendenden:

Gesamtbetrag der Zuwendung - in Ziffern -	- in Buchstaben -	Zeitraum der Sammelbestätigung:

Es wird bestätigt, dass die Zuwendung nur zur Förderung (Angabe des begünstigten Zwecks / der begünstigten Zwecke)
verwendet wird.

Die Zuwendung wird

- ☐ von uns unmittelbar für den angegebenen Zweck verwendet.
- ☐ entsprechend den Angaben des Zuwendenden an .... weitergeleitet, die/der vom Finanzamt .... StNr .... mit Freistellungsbescheid bzw. nach der Anlage zum Körperschaftsteuerbescheid vom .... von der Körperschaftsteuer und Gewerbesteuer befreit ist.
- ☐ **entsprechend den Angaben des Zuwendenden an .... weitergeleitet, der/dem das Finanzamt .... StNr.................. mit Feststellungsbescheid vom .... die Einhaltung der satzungsmäßigen Voraussetzungen nach § 60a AO festgestellt hat.**

Es wird bestätigt, dass über die in der Gesamtsumme enthaltenen Zuwendungen keine weiteren Bestätigungen, weder formelle Zuwendungsbestätigungen noch Beitragsquittungen oder Ähnliches ausgestellt wurden und werden.

Ob es sich um den Verzicht auf Erstattung von Aufwendungen handelt, ist der Anlage zur Sammelbestätigung zu entnehmen.

____
(Ort, Datum und Unterschrift des Zuwendungsempfängers)

Hinweis:
Wer vorsätzlich oder grob fahrlässig eine unrichtige Zuwendungsbestätigung erstellt oder veranlasst, dass Zuwendungen nicht zu den in der Zuwendungsbestätigung angegebenen steuerbegünstigten Zwecken verwendet werden, haftet für die entgangene Steuer (§ 10b Abs. 4 EStG, § 9 *Abs. 3 KStG, § 9 Nr. 5 GewStG).*

Nur in den Fällen der Weiterleitung an steuerbegünstigte Körperschaften im Sinne von § 5 Abs. 1 Nr. 9 KStG:
Diese Bestätigung wird nicht als Nachweis für die steuerliche Berücksichtigung der Zuwendung anerkannt, wenn das Datum des Freistellungsbescheides länger als 5 Jahre bzw. **das Datum der Feststellung der Einhaltung der satzungsmäßigen Voraussetzungen nach § 60a Abs. 1 AO länger als 3 Jahre seit Ausstellung des Bescheides zurückliegt (§ 63 Abs. 5 AO).**

Anlage zur Sammelbestätigung

Datum der Zuwendung	Verzicht auf die Erstattung von Aufwendungen (ja/nein)	Betrag

Gesamtsumme ____________

Anlage 14

Aussteller (Bezeichnung und Anschrift der steuerbegünstigten Einrichtung)

Sammelbestätigung über Geldzuwendungen/Mitgliedsbeiträge

im Sinne des § 10b des Einkommensteuergesetzes an eine der in § 5 Abs. 1 Nr. 9 des Körperschaftsteuergesetzes bezeichneten Körperschaften, Personenvereinigungen oder Vermögensmassen

Name und Anschrift des Zuwendenden:

Gesamtbetrag der Zuwendung - in Ziffern -	- in Buchstaben -	Zeitraum der Sammelbestätigung:

□ Wir sind wegen Förderung (Angabe des begünstigten Zwecks / der begünstigten Zwecke) .... **nach dem** Freistellungsbescheid bzw. nach der Anlage zum Körperschaftsteuerbescheid des Finanzamtes .... StNr......................., vom .... **für den letzten Veranlagungszeitraum** .... nach § 5 Abs. 1 Nr. 9 des Körperschaftsteuergesetzes von der Körperschaftsteuer und nach § 3 Nr. 6 des Gewerbesteuergesetzes von der Gewerbesteuer befreit.

□ **Die Einhaltung der satzungsmäßigen Voraussetzungen nach den §§ 51, 59, 60 und 61 AO wurde vom Finanzamt........................., StNr. .... mit Bescheid vom.......... nach § 60a AO gesondert festgestellt. Wir fördern nach unserer Satzung (Angabe des begünstigten Zwecks / der begünstigten Zwecke) ....**

Es wird bestätigt, dass die Zuwendung nur zur Förderung (Angabe des begünstigten Zwecks / der begünstigten Zwecke)

verwendet wird.

Nur für steuerbegünstigte Einrichtungen, bei denen die Mitgliedsbeiträge steuerlich nicht abziehbar sind:
□ Es wird bestätigt, dass es sich nicht um einen Mitgliedsbeitrag handelt, dessen Abzug nach § 10b Abs. 1 des Einkommensteuergesetzes ausgeschlossen ist

Es wird bestätigt, dass über die in der Gesamtsumme enthaltenen Zuwendungen keine weiteren Bestätigungen, weder formelle Zuwendungsbestätigungen noch Beitragsquittungen oder Ähnliches ausgestellt wurden und werden.

Ob es sich um den Verzicht auf Erstattung von Aufwendungen handelt, ist der Anlage zur Sammelbestätigung zu entnehmen.

(Ort, Datum und Unterschrift des Zuwendungsempfängers)

Hinweis:
Wer vorsätzlich oder grob fahrlässig eine unrichtige Zuwendungsbestätigung erstellt oder veranlasst, dass Zuwendungen nicht zu den in der *Zuwendungsbestätigung angegebenen steuerbegünstigten* Zwecken verwendet werden, haftet für die entgangene Steuer (§ 10b Abs. 4 EStG, § 9 Abs. 3 KStG, § 9 Nr. 5 GewStG).

Diese Bestätigung wird nicht als Nachweis für die steuerliche Berücksichtigung der Zuwendung anerkannt, wenn das Datum des Freistellungsbescheides länger als 5 Jahre bzw. **das Datum der Feststellung der Einhaltung der satzungsmäßigen Voraussetzungen nach § 60a Abs. 1 AO länger als 3 Jahre seit Ausstellung des Bescheides zurückliegt (§ 63 Abs. 5 AO).**

Anlage zur Sammelbestätigung

Datum der Zuwendung	Art der Zuwendung (**Geldzuwendung/Mitgliedsbeitrag**)	Verzicht auf die Erstattung von Aufwendungen (ja/nein)	Betrag

Gesamtsumme ____________________

Anlage 15

Bezeichnung und Anschrift der Partei

Sammelbestätigung über Geldzuwendungen/Mitgliedsbeiträge

im Sinne des § 34g, § 10b des Einkommensteuergesetzes an politische Parteien im Sinne des Parteiengesetzes

Name und Anschrift des Zuwendenden:

Gesamtbetrag der Zuwendung - in Ziffern -	- in Buchstaben -	Zeitraum der Sammelbestätigung:

Es wird bestätigt, dass diese Zuwendung ausschließlich für die satzungsgemäßen Zwecke verwendet wird.

Es wird bestätigt, dass über die in der Gesamtsumme enthaltenen Zuwendungen keine weiteren Bestätigungen, weder formelle Zuwendungsbestätigungen noch Beitragsquittungen oder Ähnliches ausgestellt wurden und werden.

Ob es sich um den Verzicht auf Erstattung von Aufwendungen handelt, ist der Anlage zur Sammelbestätigung zu entnehmen.

____

(Ort, Datum, Unterschrift(en) und Funktion(en))

Hinweis:
Wer vorsätzlich oder grob fahrlässig eine unrichtige Zuwendungsbestätigung erstellt oder veranlasst, dass Zuwendungen nicht zu den in der Zuwendungsbestätigung angegebenen steuerbegünstigten Zwecken verwendet werden, haftet für die entgangene Steuer (§ 34g Satz 3, § 10b Abs. 4 EStG).

Anlage zur Sammelbestätigung

Datum der Zuwendung	Art der Zuwendung (**Geldzuwendung/Mitgliedsbeitrag**)	Verzicht auf die Erstattung von Aufwendungen (ja/nein)	Betrag

Gesamtsumme ____________________

Anlage 16

Bezeichnung und Anschrift der unabhängigen Wählervereinigung

Sammelbestätigung über Geldzuwendungen/Mitgliedsbeiträge
im Sinne des § 34g des Einkommensteuergesetzes an unabhängige Wählervereinigungen

Name und Anschrift des Zuwendenden:

Gesamtbetrag der Zuwendung - in Ziffern -	- in Buchstaben -	Zeitraum der Sammelbestätigung:

Wir sind ein ☐ rechtsfähiger ☐ nichtrechtsfähiger Verein ohne Parteicharakter

Der Zweck unseres Vereins ist ausschließlich darauf gerichtet, durch Teilnahme mit eigenen Wahlvorschlägen bei der politischen Willensbildung mitzuwirken, und zwar an Wahlen auf

☐ Bundesebene ☐ Landesebene ☐ Kommunalebene

Wir bestätigen, dass wir die Zuwendung nur für diesen Zweck verwenden werden.

☐ Wir sind mit mindestens einem Mandat im (Parlament/Rat) vertreten.

☐ Wir haben der Wahlbehörde / dem Wahlorgan der .... am .... angezeigt, dass wir uns an der .... (folgenden Wahl) .... am .... mit eigenen Wahlvorschlägen beteiligen werden.

☐ An der letzten .... (Wahl) .... am .... haben wir uns mit eigenen Wahlvorschlägen beteiligt.

☐ An der letzten oder einer früheren Wahl haben wir uns nicht mit eigenen Wahlvorschlägen beteiligt und eine Beteiligung der zuständigen Wahlbehörde / dem zuständigen Wahlorgan auch nicht angezeigt.

☐ Wir sind beim Finanzamt .... StNr .... erfasst.

☐ Wir sind steuerlich nicht erfasst.

Es wird bestätigt, dass über die in der Gesamtsumme enthaltenen Zuwendungen keine weiteren Bestätigungen, weder formelle Zuwendungsbestätigungen noch Beitragsquittungen oder Ähnliches ausgestellt wurden und werden.

Ob es sich um den Verzicht auf Erstattung von Aufwendungen handelt, ist der Anlage zur Sammelbestätigung zu entnehmen.

____

(Ort, Datum, Unterschrift(en) und Funktion(en))

Hinweis:
Wer vorsätzlich oder grob fahrlässig eine unrichtige Zuwendungsbestätigung erstellt oder veranlasst, dass Zuwendungen nicht zu den in der Zuwendungsbestätigung angegebenen steuerbegünstigten Zwecken verwendet werden, haftet für die entgangene Steuer (§ 34g Satz 3, § 10b Abs. 4 EStG).

Anlage zur Sammelbestätigung

Datum der Zuwendung	Art der Zuwendung (**Geldzuwendung/Mitgliedsbeitrag**)	Verzicht auf die Erstattung von Aufwendungen (ja/nein)	Betrag

Gesamtsumme ______________________

Anlage 17

Aussteller (Bezeichnung und Anschrift der inländischen Stiftung des öffentlichen Rechts)

Sammelbestätigung über Geldzuwendungen
im Sinne des § 10b des Einkommensteuergesetzes an inländische Stiftungen des öffentlichen Rechts

Name und Anschrift des Zuwendenden:

Gesamtbetrag der Zuwendung - in Ziffern -	- in Buchstaben -	Zeitraum der Sammelbestätigung:

Es wird bestätigt, dass die Zuwendung nur zur Förderung (Angabe des begünstigten Zwecks / der begünstigten Zwecke)
verwendet wird.

□ Es handelt sich **nicht** um Zuwendungen **in das verbrauchbare Vermögen** einer Stiftung.

Die Zuwendung wird

□ von uns unmittelbar für den angegebenen Zweck verwendet.

□ entsprechend den Angaben des Zuwendenden an .... weitergeleitet, die/der vom Finanzamt .... StNr ....mit Freistellungsbescheid bzw. nach der Anlage zum Körperschaftsteuerbescheid vom ....von der Körperschaft- und Gewerbesteuer befreit ist.

□ **entsprechend den Angaben des Zuwendenden an .... weitergeleitet, der/dem das Finanzamt .... StNr.......... mit Feststellungsbescheid vom .... die Einhaltung der satzungsmäßigen Voraussetzungen nach § 60a AO festgestellt hat.**

Es wird bestätigt, dass über die in der Gesamtsumme enthaltenen Zuwendungen keine weiteren Bestätigungen, weder formelle Zuwendungsbestätigungen noch Beitragsquittungen oder Ähnliches ausgestellt wurden und werden.

Ob es sich um den Verzicht auf Erstattung von Aufwendungen handelt, ist der Anlage zur Sammelbestätigung zu entnehmen.

Ob die Zuwendung in das zu erhaltende Vermögen (Vermögensstock) erfolgt ist, ist der Anlage zur Sammelbestätigung zu entnehmen.

(Ort, Datum und Unterschrift des Zuwendungsempfängers)

Hinweis:
Wer vorsätzlich oder grob fahrlässig eine unrichtige Zuwendungsbestätigung erstellt oder veranlasst, dass Zuwendungen nicht zu den in der Zuwendungsbestätigung angegebenen steuerbegünstigten Zwecken verwendet werden, haftet für die entgangene Steuer (§ 10b Abs. 4 EStG, § 9 *Abs. 3 KStG, § 9 Nr. 5 GewStG).*

Nur in den Fällen der Weiterleitung an steuerbegünstigte Körperschaften im Sinne von § 5 Abs. 1 Nr. 9 KStG:
Diese Bestätigung wird nicht als Nachweis für die steuerliche Berücksichtigung der Zuwendung anerkannt, wenn das Datum des Freistellungsbescheides länger als 5 Jahre bzw. **das Datum der Feststellung der Einhaltung der satzungsmäßigen Voraussetzungen nach § 60a Abs. 1 AO länger als 3 Jahre seit Ausstellung des Bescheides zurückliegt (§ 63 Abs. 5 AO).**

Anlage zur Sammelbestätigung

Datum der Zuwendung	Zuwendung erfolgte in das zu erhaltende Vermögen (Vermögensstock) (ja/nein)	Verzicht auf die Erstattung von Aufwendungen (ja/nein)	Betrag

Gesamtsumme ____________________

Anlage 18

Aussteller (Bezeichnung und Anschrift der inländischen Stiftung des privaten Rechts)

Sammelbestätigung über Geldzuwendungen
im Sinne des § 10b des Einkommensteuergesetzes an inländische Stiftungen des privaten Rechts

Name und Anschrift des Zuwendenden:

Gesamtbetrag der Zuwendung - in Ziffern -	- in Buchstaben -	Zeitraum der Sammelbestätigung:

□ Wir sind wegen Förderung (Angabe des begünstigten Zwecks / der begünstigten Zwecke) .... **nach dem** Freistellungsbescheid bzw. nach der Anlage zum Körperschaftsteuerbescheid des Finanzamtes .... StNr......................, vom .... **für den letzten Veranlagungszeitraum** .... nach § 5 Abs. 1 Nr. 9 des Körperschaftsteuergesetzes von der Körperschaftsteuer und nach § 3 Nr. 6 des Gewerbesteuergesetzes von der Gewerbesteuer befreit.

□ **Die Einhaltung der satzungsmäßigen Voraussetzungen nach den §§ 51, 59, 60 und 61 AO wurde vom Finanzamt........................., StNr. .... mit Bescheid vom.......... nach § 60a AO gesondert festgestellt. Wir fördern nach unserer Satzung (Angabe des begünstigten Zwecks / der begünstigten Zwecke) ....**

Es wird bestätigt, dass die Zuwendung nur zur Förderung (Angabe des begünstigten Zwecks / der begünstigten Zwecke)
verwendet wird.

□ Es handelt sich **nicht** um Zuwendungen in das verbrauchbare Vermögen einer Stiftung.

Es wird bestätigt, dass über die in der Gesamtsumme enthaltenen Zuwendungen keine weiteren Bestätigungen, weder formelle Zuwendungsbestätigungen noch Beitragsquittungen oder Ähnliches ausgestellt wurden und werden.

Ob es sich um den Verzicht auf Erstattung von Aufwendungen handelt, ist der Anlage zur Sammelbestätigung zu entnehmen.

Ob die Zuwendung in das zu erhaltende Vermögen (Vermögensstock) erfolgt ist, ist der Anlage zur Sammelbestätigung zu entnehmen.

(Ort, Datum und Unterschrift des Zuwendungsempfängers)

Hinweis:
Wer vorsätzlich oder grob fahrlässig eine unrichtige Zuwendungsbestätigung erstellt oder veranlasst, dass Zuwendungen nicht zu den in der *Zuwendungsbestätigung angegebenen steuerbegünstigten* Zwecken verwendet werden, haftet für die entgangene Steuer (§ 10b Abs. 4 EStG, § 9 Abs. 3 KStG, § 9 Nr. 5 GewStG).

Diese Bestätigung wird nicht als Nachweis für die steuerliche Berücksichtigung der Zuwendung anerkannt, wenn das Datum des Freistellungsbescheides länger als 5 Jahre bzw. **das Datum der Feststellung der Einhaltung der satzungsmäßigen Voraussetzungen nach § 60a Abs. 1 AO länger als 3 Jahre seit Ausstellung des Bescheides zurückliegt (§ 63 Abs. 5 AO).**

Anlage zur Sammelbestätigung

Datum der Zuwendung	Zuwendung erfolgte in das zu erhaltende Vermögen (Vermögensstock) (ja/nein)	Verzicht auf die Erstattung von Aufwendungen (ja/nein)	Betrag

Gesamtsumme

III.
Übergangsfrist und Verwendung der Muster für Zuwendungsbestätigungen nach dem BMF-Schreiben vom 7. November 2013 (BStBl I S. 1333)[1])

BMF vom 26. 3. 2014, (BStBl I S. 791)
– IV C 4 – S 2223/07/0018 :005 – 2014/0288766

Die im Bundessteuerblatt (Teil I 2013 S. 1333)[2]) veröffentlichten Muster für Zuwendungsbestätigungen sind grundsätzlich für Zuwendungen ab dem 1. Januar 2014 zu verwenden. Im Einvernehmen mit den obersten Finanzbehörden der Länder bestehen jedoch keine Bedenken, wenn bis zum 31. Dezember 2014 noch die nach bisherigem Muster erstellten Zuwendungsbestätigungen (BMF-Schreiben vom 30. August 2012, BStBl I S. 884) weiter verwendet werden.

Zur Erläuterung des Haftungshinweises in den veröffentlichten Mustern für Zuwendungsbestätigungen weise ich auf Folgendes hin:

Die tatsächliche Geschäftsführung umfasst auch die Ausstellung steuerlicher Zuwendungsbestätigungen. Zuwendungsbestätigungen dürfen nur dann ausgestellt werden, wenn die Voraussetzungen des § 63 Absatz 5 Abgabenordnung (AO) vorliegen:

Die Erlaubnis wird an die Erteilung eines Feststellungsbescheides nach § 60a Absatz 1 AO, eines Freistellungsbescheides oder eine Anlage zum Körperschaftsteuerbescheid geknüpft. Ist der Bescheid nach § 60a AO älter als drei Kalenderjahre oder ist der Freistellungsbescheid – beziehungsweise sind die Anlagen zum Körperschaftsteuerbescheid – älter als fünf Jahre, darf die Körperschaft keine Zuwendungsbestätigungen mehr ausstellen (Nummer 3 des AEAO zu § 63).

Dieses Schreiben ergänzt das BMF-Schreiben vom 7. November 2013 (BStBl I S. 1333).

IV.
Steuerliche Anerkennung von Spenden durch den Verzicht auf einen zuvor vereinbarten Aufwendungsersatz (Aufwandsspende) bzw. einen sonstigen Anspruch (Rückspende)

BMF vom 25. 11. 2014 (BStBl I S. 1584)
– IV C 4 – S 2223/07/0010 :005 – 2014/0766502

Im Einvernehmen mit den obersten Finanzbehörden der Länder gilt zur steuerlichen Anerkennung von Aufwandsspenden und Rückspenden als Sonderausgabe nach § 10b EStG Folgendes:

1) → Anhang 11 II.
2) → Anhang 11 II.

1. Aufwendungsersatzansprüche können Gegenstand sogenannter Aufwandsspenden gemäß § 10b Absatz 3 Satz 5 und 6 EStG sein. Das gilt auch im Verhältnis eines Zuwendungsempfängers zu seinen ehrenamtlich tätigen Mitgliedern. Nach den Erfahrungen spricht aber eine tatsächliche Vermutung dafür, dass Leistungen ehrenamtlich tätiger Mitglieder und Förderer des Zuwendungsempfängers unentgeltlich und ohne Aufwendungsersatzanspruch erbracht werden. Diese Vermutung ist allerdings widerlegbar. Dafür ist bei vertraglichen Ansprüchen eine schriftliche Vereinbarung zwischen Zuwendendem und Zuwendungsempfänger vorzulegen, die vor der zum Aufwand führenden Tätigkeit getroffen sein muss.

2. Hat der Zuwendende einen Aufwendungsersatzanspruch gegenüber dem Zuwendungsempfänger und verzichtet er darauf, ist ein Spendenabzug nach § 10b Absatz 3 Satz 5 EStG allerdings nur dann rechtlich zulässig, wenn der entsprechende Aufwendungsersatzanspruch durch einen Vertrag oder die Satzung eingeräumt worden ist, und zwar bevor die zum Aufwand führende Tätigkeit begonnen worden ist. Die Anerkennung eines Aufwendungsersatzanspruches ist auch in den Fällen eines rechtsgültigen Vorstandsbeschlusses möglich, wenn der Vorstand dazu durch eine Regelung in der Satzung ermächtigt wurde. Eine nachträgliche rückwirkende Begründung von Ersatzpflichten des Zuwendungsempfängers, zum Beispiel durch eine rückwirkende Satzungsänderung, reicht nicht aus. Aufwendungsersatzansprüche aus einer auf einer entsprechenden Satzungsermächtigung beruhenden Vereinsordnung (z. B. Reisekostenordnung) sind Ansprüche aus einer Satzung im Sinne des § 10b Absatz 3 Satz 5 EStG. Der Verzicht auf bestehende sonstige Ansprüche (Rückspende), wie z. B. Lohn- oder Honorarforderungen oder gesetzliche Ansprüche (die keine Aufwendungsersatzansprüche sind), ist unter den nachstehend unter 3. aufgeführten Voraussetzungen als Spende im Sinne des § 10b EStG abziehbar.

3. Ansprüche auf einen Aufwendungsersatz oder eine Vergütung müssen ernsthaft eingeräumt sein und dürfen nicht von vornherein unter der Bedingung des Verzichts stehen. Wesentliche Indizien für die Ernsthaftigkeit von Ansprüchen auf Aufwendungsersatz oder einer Vergütung sind auch die zeitliche Nähe der Verzichtserklärung zur Fälligkeit des Anspruchs und die wirtschaftliche Leistungsfähigkeit des Zuwendungsempfängers. Die Verzichtserklärung ist dann noch zeitnah, wenn bei einmaligen Ansprüchen innerhalb von drei Monaten und bei einer regelmäßigen Tätigkeit alle drei Monate ein Verzicht erklärt wird. Die wirtschaftliche Leistungsfähigkeit ist anzunehmen, wenn der Zuwendungsempfänger ungeachtet eines späteren Verzichts durch den Zuwendenden bei prognostischer Betrachtung zum Zeitpunkt der Einräumung des Anspruchs auf den Aufwendungsersatz oder die Vergütung wirtschaftlich in der Lage ist, die eingegangene Verpflichtung zu erfüllen. Wird auf einen Anspruch verzichtet, muss dieser auch im Zeitpunkt des Verzichts tatsächlich werthaltig sein. Nur dann kommt ein Abzug als steuerbegünstigte Zuwendung in Betracht.

Sofern der Verein im Zeitpunkt der Einräumung des Anspruchs auf einen Aufwendungsersatz oder eine Vergütung wirtschaftlich in der Lage ist, die eingegangene Verpflichtung zu erfüllen, kann regelmäßig davon ausgegangen werden, dass der Anspruch im Zeitpunkt des Verzichts noch werthaltig ist. Etwas anderes gilt nur dann, wenn sich die finanziellen Verhältnisse des Vereins im Zeitraum zwischen der Einräumung des Anspruchs und dem Verzicht wesentlich verschlechtert haben.

Von der wirtschaftlichen Leistungsfähigkeit ist immer dann auszugehen, wenn die Körperschaft offensichtlich über genügend liquide Mittel bzw. sonstiges Vermögen verfügt, das zur Begleichung der eingegangenen Verpflichtung herangezogen wird. Dabei ist keine Differenzierung nach steuerbegünstigtem Tätigkeitsbereich (ideelle Tätigkeit, Zweckbetrieb), steuerfreier Vermögensverwaltung oder steuerpflichtigem wirtschaftlichen Geschäftsbetrieb vorzunehmen.

4. Der Abzug einer Spende gemäß § 10b EStG setzt voraus, dass die Ausgabe beim Spender zu einer endgültigen wirtschaftlichen Belastung führt. Eine endgültige wirtschaftliche Belastung liegt nicht vor, soweit der Wertabgabe aus dem Vermögen des Steuerpflichtigen ein entsprechender Zufluss – im Falle der Zusammenveranlagung auch beim anderen Ehegatten/Lebenspartner – gegenübersteht (BFH-Urteil vom 20. Februar 1991, BStBl II Seite 690). Die von der spendenempfangsberechtigten Einrichtung erteilten Aufträge und die mit deren Ausführung entstehenden Aufwendungen dürfen nicht, auch nicht zum Teil, im eigenen Interesse des Zuwendenden ausgeführt bzw. getätigt werden. Die Auszahlung von Aufwendungsersatz an den Spender führt insoweit nicht zu einem schädlichen Rückfluss, als der Aufwendungsersatz aufgrund eines ernsthaft eingeräumten Ersatzanspruchs geleistet wird, der nicht unter der Bedingung einer vorhergehenden Spende steht.

5. Bei dem nachträglichen Verzicht auf den Ersatz der Aufwendungen bzw. auf einen sonstigen Anspruch handelt es sich um eine Geldspende, bei der entbehrlich ist, dass Geld zwischen dem Zuwendungsempfänger und dem Zuwendenden tatsächlich hin und her fließt. Dem Zuwendenden ist deshalb eine Zuwendungsbestätigung über eine Geldzuwendung

zu erteilen, in der auch ausdrückliche Angaben darüber zu machen sind, ob es sich um den Verzicht auf die Erstattung von Aufwendungen handelt.

6. ***Eine Zuwendungsbestätigung darf nur erteilt werden, wenn sich der Ersatzanspruch auf Aufwendungen bezieht, die zur Erfüllung der satzungsmäßigen Zwecke des Zuwendungsempfängers erforderlich waren. Für die Höhe der Zuwendung ist der vereinbarte Ersatzanspruch maßgeblich; allerdings kann ein unangemessen hoher Ersatzanspruch zum Verlust der Gemeinnützigkeit des Zuwendungsempfängers führen (§ 55 Absatz 1 Nummer 3 AO). Der Zuwendungsempfänger muss die zutreffende Höhe des Ersatzanspruchs, über den er eine Zuwendungsbestätigung erteilt hat, durch geeignete Unterlagen im Einzelnen belegen können.***
7. ***Dieses BMF-Schreiben ist ab 1. Januar 2015 anzuwenden.***
Das BMF-Schreiben vom 7. Juni 1999 – IV C 4 – S 2223 – 111/99 – (BStBl I Seite 591) findet weiter Anwendung auf alle Zusagen auf Aufwendungsersatz sowie auf alle Zusagen auf Vergütungen, die bis zum 31. Dezember 2014 erteilt werden.
Wird bei einer Körperschaft, die vor dem 1. Januar 2015 gegründet wurde, Aufwendungsersatz lediglich aufgrund eines rechtsgültigen Vorstandsbeschlusses ohne ausdrückliche Satzungsermächtigung eingeräumt, so muss die Satzung nicht allein zur Einräumung dieser Ermächtigung geändert werden.

Übersicht

I.
Verordnung über die elektronische Übermittlung von für das Besteuerungsverfahren erforderlichen Daten (Steuerdaten-Übermittlungsverordnung – StDÜV)[1])

vom 28. 1. 2003 (BGBl. I S. 139, BStBl I S. 162)
zuletzt geändert durch Artikel 6 des Steuervereinfachungsgesetzes 2011
vom 1. 11. 2011 (BGBl. I S. 2131, BStBl I S 986)

Auf Grund

- des § 87a Abs. 6 Satz 1 der Abgabenordnung, der durch Artikel 10 Nr. 8 des Gesetzes vom 13. Dezember 2006 (BGBl. I S. 2878, BStBl. 2007 I S. 28) neu gefasst worden ist,
- des § 150 Abs. 6 Satz 1 und 3 Nr. 2, 3, 5 und 6 der Abgabenordnung in der Fassung der Bekanntmachung vom 1. Oktober 2002 (BGBl. I S. 3866, 2003 I S. 61, BStBl I S. 1056) in Verbindung mit Artikel 5 des Gesetzes vom 22. September 2005 (BGBl. I S. 2809),
- des § 22a Abs. 1 Satz 3 und Abs. 2 Satz 4 des Einkommensteuergesetzes in der Fassung der Bekanntmachung vom 19. Oktober 2002 (BGBl. I S. 4210, 2003 I S. 179, BStBl I S. 1209), der zuletzt durch Artikel 1 Nr. 15 des Jahressteuergesetzes vom 13. 12. 2006 (BGBl. I S. 2878, BStBl 2007 I S. 28) geändert worden ist, in Verbindung mit § 150 Abs. 6 Satz 1 und 3 Nr. 1 bis 3, 5 und 6 der Abgabenordnung,
- des § 45d Abs. 1 Satz 3 des Einkommensteuergesetzes in Verbindung mit § 150 Abs. 6 Satz 3 Nr. 2 der Abgabenordnung sowie
- des § 18a Abs. 9 Satz 2 Nr. 2 des Umsatzsteuergesetzes in der Fassung der Bekanntmachung vom 21. Februar 2005 (BGBl. I S. 386, BStBl I S. 505)

verordnet das Bundesministerium der Finanzen:

§ 1 Allgemeines

(1) [1]Diese Verordnung gilt für die Übermittlung von für das Besteuerungsverfahren erforderlichen Daten mit Ausnahme solcher Daten, die für die Festsetzung von Verbrauchsteuern bestimmt sind, durch Datenfernübertragung (elektronische Übermittlung) an die Finanzverwaltung. [2]Mit der elektronischen Übermittlung können Dritte beauftragt werden.

(2) [1]Das Bundesministerium der Finanzen bestimmt in Abstimmung mit den obersten Finanzbehörden der Länder Art und Einschränkungen der elektronischen Übermittlung von Daten nach Absatz 1 Satz 1 durch ein im Bundessteuerblatt zu veröffentlichendes Schreiben. [2]In diesem Rahmen bestimmte Anforderungen an die Sicherheit der elektronischen Übermittlung sind im Einvernehmen mit dem Bundesamt für Sicherheit in der Informationstechnik festzulegen. [3]Einer Abstimmung mit den obersten Finanzbehörden der Länder bedarf es nicht, soweit ausschließlich die Übermittlung von Daten an Bundesfinanzbehörden betroffen ist.

(3) Bei der elektronischen Übermittlung sind dem jeweiligen Stand der Technik entsprechende Verfahren einzusetzen, die die Authentizität, Vertraulichkeit und Integrität der Daten gewährleisten; im Falle der Nutzung allgemein zugänglicher Netze sind Verschlüsselungsverfahren anzuwenden.

(4) Die in dieser Verordnung genannten Pflichten der Programmhersteller sind ausschließlich öffentlich-rechtlicher Art.

§ 2 Schnittstellen

Bei der elektronischen Übermittlung sind die hierfür aufgrund des § 1 Abs. 2 für den jeweiligen Besteuerungszeitraum oder -zeitpunkt bestimmten Schnittstellen ordnungsgemäß zu bedienen. Die für die Übermittlung benötigten Schnittstellen werden über das Internet zur Verfügung *gestellt.*

1) Die Verpflichtungen aus der Richtlinie 98/34/EG des Europäischen Parlaments und des Rates vom 22. 6. 1998 über ein Informationsverfahren auf dem Gebiet der Normen und technischen Vorschriften und der Vorschriften für die Dienste der Informationsgesellschaft (ABl. EG Nr. L 204 S. 37), geändert durch die Richtlinie 98/48/EG des Europäischen Parlaments und des Rates vom 20. 7. 1998 (ABl. EG Nr. L 217 S. 18), sind beachtet worden.

§ 3 Anforderungen an die Programme

(1) Programme, die für die Verarbeitung von für das Besteuerungsverfahren erforderlichen Daten bestimmt sind, müssen im Rahmen des in der Programmbeschreibung angegebenen Programmumfangs die richtige und vollständige Verarbeitung der für das Besteuerungsverfahren erforderlichen Daten gewährleisten.

(2) Auf den Programmumfang sowie auf Fallgestaltungen, in denen eine richtige und vollständige Erhebung, Verarbeitung und Übermittlung ausnahmsweise nicht möglich ist (Ausschlussfälle), ist in der Programmbeschreibung an hervorgehobener Stelle hinzuweisen.

§ 4 Prüfung der Programme

(1) [1]Programme, die für die Verarbeitung von für das Besteuerungsverfahren erforderlichen Daten bestimmt sind, sind vom Hersteller vor der ersten Nutzung und nach jeder Änderung daraufhin zu prüfen, ob sie die Anforderungen nach § 3 Abs. 1 erfüllen. [2]Hierbei sind ein Protokoll über den letzten durchgeführten Testlauf und eine Programmauflistung zu erstellen, die fünf Jahre aufzubewahren sind. Die Aufbewahrungsfrist nach Satz 2 beginnt mit Ablauf des Kalenderjahres der erstmaligen Nutzung zur Datenübermittlung. Elektronische, magnetische und optische Speicherverfahren, die eine jederzeitige Wiederherstellung der eingesetzten Programmversion in Papierform ermöglichen, sind der Programmauflistung gleichgestellt. Die Finanzbehörden sind befugt, die für die Erfassung, Verarbeitung oder elektronische Übermittlung der Daten bestimmten Programme und Dokumentationen zu überprüfen. § 200 der Abgabenordnung in der Fassung der Bekanntmachung vom 1. Oktober 2002 (BGBl. I S. 3866) in der jeweils geltenden Fassung gilt entsprechend. Der Hersteller oder Vertreiber eines fehlerhaften Programms ist unverzüglich zur Nachbesserung oder Ablösung aufzufordern. Soweit eine unverzügliche Nachbesserung bzw. Ablösung nicht erfolgt, sind die Finanzbehörden berechtigt, die Programme des Herstellers von der elektronischen Übermittlung nach § 1 technisch auszuschließen. Die Finanzbehörden sind nicht verpflichtet, die Programme zu prüfen.

(2) Sind Programme nach Absatz 1 zum allgemeinen Vertrieb vorgesehen, hat der Hersteller den Finanzbehörden auf Verlangen Muster zum Zwecke der Prüfung kostenfrei zur Verfügung zu stellen.

§ 5 Haftung

(1) [1]Der Hersteller von Programmen, die für die Verarbeitung von für das Besteuerungsverfahren erforderlichen Daten bestimmt sind, haftet, soweit die Daten infolge einer Verletzung einer Pflicht nach dieser Verordnung unrichtig oder unvollständig verarbeitet und dadurch Steuern verkürzt oder zu Unrecht steuerliche Vorteile erlangt werden. [2]Die Haftung entfällt, soweit der Hersteller nachweist, dass die Pflichtverletzung nicht auf grober Fahrlässigkeit oder Vorsatz beruht.

(2) [1]Wer Programme nach Absatz 1 zur elektronischen Übermittlung im Auftrag (§ 1 Abs. 1 Satz 2) einsetzt, haftet, soweit aufgrund unrichtiger oder unvollständiger Übermittlung Steuern verkürzt oder zu Unrecht steuerliche Vorteile erlangt werden. [2]Die Haftung entfällt, soweit er nachweist, dass die unrichtige oder unvollständige Übermittlung der Daten nicht auf grober Fahrlässigkeit oder Vorsatz beruht.

(3) Die Absätze 1 und 2 gelten nicht für Zusammenfassende Meldungen im Sinne von § 18a Abs. 1 des Umsatzsteuergesetzes.

§ 6 Authentifizierung, Datenübermittlung im Auftrag

(1) Bei der elektronischen Übermittlung ist ein sicheres Verfahren zu verwenden, das den Datenübermittler authentifiziert und die Vertraulichkeit und Integrität des elektronisch übermittelten Datensatzes gewährleistet (§ 150 Absatz 6 der Abgabenordnung).

(2) [1]Im Falle der Übermittlung im Auftrag (§ 1 Abs. 1 Satz 2) hat der Dritte die Daten dem Auftraggeber unverzüglich in leicht nachprüfbarer Form zur Überprüfung zur Verfügung zu stellen. [2]Der Auftraggeber hat die Daten unverzüglich zu überprüfen.

§ 7 Rentenbezugsmitteilungen

Für das Rentenbezugsmitteilungsverfahren nach § 22a, auch in Verbindung mit § 52 Abs. 38a, des Einkommensteuergesetzes findet ausschließlich die Altersvorsorge-Durchführungsverordnung in der Fassung der Bekanntmachung vom 28. Februar 2005 (BGBl. I S. 487), die zuletzt durch Artikel 1 der Verordnung vom 8. Januar 2009 (BGBl. I S. 31) geändert worden ist, in der jeweils geltenden Fassung Anwendung.

§ 8
(weggefallen)

II.
Automation in der Steuerverwaltung; Steuerdaten-Übermittlungsverordnung – StDÜV – Steuerdaten-Abrufverordnung – StDAV –

BMF-Schreiben vom 15. Januar 2007 – IV C 6 – O 2250 – 138/06 – (BStBl I S. 95)
BMF-Schreiben vom 14. Dezember 1999 – IV D 4 – O 2374 – 18/99 – (BStBl I S. 1055)

BMF vom 16. 11. 2011 (BStBl I S. 1063)
IV A 7 – O 2200/09/10009 :001 – 2011/0877760

Aufgrund § 1 Absatz 2 der Steuerdaten-Übermittlungsverordnung – StDÜV – vom 28. Januar 2003 (BGBl. I, S. 139)[1]), die zuletzt durch das Steuervereinfachungsgesetz 2011 vom 1. November 2011 (BGBl. I, Seite 2131)[2]) geändert worden ist, § 8 der Steuerdaten-Abrufverordnung–StDAV – vom 13. Oktober 2005 (BGBl. I, S. 3021)[3]) und unter Bezugnahme auf das Ergebnis der Erörterungen mit den obersten Finanzbehörden der Länder (AO II/2011 zu TOP 10, AutomSt/O II/2011 zu TOP O 5) werden die folgenden Regelungen getroffen.

1. Anwendungsbereich

Die Steuerdaten-Übermittlungsverordnung (StDÜV) bzw. die Steuerdaten-Abrufverordnung (StDAV) regeln die elektronische Übermittlung steuerlich erheblicher Daten an die Finanzverwaltung bzw. den Abruf steuerlich erheblicher Daten von der Finanzverwaltung

Nicht geregelt werden

- die Übermittlung steuerlich erheblicher Daten an Dritte (z. B. Zahlungsverkehrsdaten an Banken) bzw. der Abruf solcher Daten durch die Finanzverwaltung,
- die verwaltungsübergreifende Übermittlung steuerlich erheblicher Daten (Datenübermittlungen zwischen der Finanzverwaltung und anderen Verwaltungen, z. B. Datenübermittlungen nach dem Steuerstatistikgesetz),
- die finanzverwaltungsinterne Übermittlung (Datenübermittlungen zwischen den Finanzverwaltungen des Bundes und der Länder bzw. der Länder untereinander) und
- sonstige explizit ausgenommene Übermittlungen (insbesondere die Übermittlung von Rentenbezugsmitteilungen an die Zentrale Stelle für Altersvermögen (ZfA) sowie die Übermittlung von Verbrauchsteuerdaten).

2. Zugänge und Authentifizierung des Datenübermittlers

(1) Die elektronische Übermittlung von für das automatisierte Besteuerungsverfahren erforderlichen Daten ist nur zulässig, soweit die Finanzverwaltung hierfür einen Zugang eröffnet hat (§ 87a Absatz 1 Satz 1 Abgabenordnung (AO)). Ein Zugang wird eröffnet, soweit Art, Umfang und Organisation des Einsatzes automatischer Einrichtungen in den Finanzverwaltungen des Bundes und der Länder die elektronische Datenübermittlung ermöglichen. Eine aktuelle Übersicht der eröffneten Zugänge ist als Anlage beigefügt und wird im Internet unter http://www.eSteuer.de veröffentlicht.

(2) Bei der elektronischen Übermittlung ist ein sicheres Verfahren zu verwenden, das den Datenübermittler authentifiziert und die Vertraulichkeit und Integrität des elektronisch übermittelten Datensatzes gewährleistet (§ 150 Absatz 6 Satz 3 AO). Die Authentifizierung erfolgt grundsätzlich elektronisch. Wird für die Übermittlung der elektronischen Steuererklärung ein Zugang ohne elektronische Authentifizierung genutzt, ist für die Übermittlung und den Ausdruck der elektronisch übermittelten Daten (komprimierter Vordruck) das von der Finanzverwaltung erstellte Softwarepaket (ERiC) zu verwenden. Der Steuerpflichtige hat auf dem komprimierten Vordruck zu versichern, dass er die Daten überprüft und nach der elektronischen Übermittlung keine Änderungen vorgenommen hat. Der komprimierte Vordruck ist zu unterschreiben und dem zuständigen Finanzamt einzureichen. Eine Authentifizierung des Datenübermittlers ist zwingend, soweit ein freier (nicht authentifizierter) Zugang nicht eröffnet ist.

3. Bereitstellung von Schnittstellen

Aus Sicherheitsgründen werden die für den jeweiligen Besteuerungszeitraum oder -zeitpunkt bestimmten und zur elektronischen Datenübermittlung benötigten Daten- und Programmschnittstellen sowie die dazugehörige Dokumentation in einem geschützten Bereich des Internets bereitgestellt. Der Zugang wird Personen, die eine Herstellung von Programmen zur Datenüber-

1) BStBl I S. 162.
2) BStBl I S. 986.
3) BStBl I S. 950.

mittlung nach § 1 StDÜV beabsichtigen, auf Antrag gewährt. Informationen hierzu stehen unter http://www.eSteuer.de zur Verfügung. Der Antrag auf Zugang ist abzulehnen, wenn berechtigte Zweifel bestehen, dass Programme zur Datenübermittlung nach § 1 StDÜV hergestellt werden sollen.

4. Ordnungsgemäße Bedienung der Schnittstellen

Die für die Datenübermittlung nach § 1 Absatz 2 StDÜV für den jeweiligen Besteuerungszeitraum oder -zeitpunkt bestimmten Schnittstellen sind ordnungsgemäß zu bedienen. Eine ordnungsgemäße Bedienung der Schnittstellen ist bei

a) Fehlern im Datei- oder Schnittstellenaufbau oder in der Datendarstellung

b) Verstößen gegen technische Festlegungen

nicht gegeben. In diesen Fällen gilt die elektronische Übermittlung als nicht erfolgt.

5. Datenübermittlung im Auftrag

(1) Im Fall der Übermittlung im Auftrag hat der Dritte (Datenübermittler) die Daten dem Auftraggeber unverzüglich in leicht nachprüfbarer Form zur Überprüfung zur Verfügung zu stellen. Der Auftraggeber hat die Daten unverzüglich zu überprüfen (§ 6 Absatz 2 StDÜV) und gegebenenfalls zu berichtigen.

(2) Der Dritte (Datenübermittler) kann die Erfüllung dieser Verpflichtung sowohl durch eigene Aufzeichnungen als auch durch einen vom Auftraggeber unterschriebenen Ausdruck der elektronisch übermittelten Daten nachweisen. Nach den Grundsätzen des Beweises des ersten Anscheins ist davon auszugehen, dass eine von einer Person oder Gesellschaft im Sinne der §§ 3 und 4 des Steuerberatungsgesetzes (StBerG) übermittelte Steuererklärung tatsächlich von dem betreffenden Steuerpflichtigen genehmigt worden ist.

6. Zugang elektronisch übermittelter Steuererklärungen

Elektronisch übermittelte Steuererklärungen gelten an dem Tag als zugegangen, an dem die für den Empfang bestimmte Einrichtung die elektronisch übermittelten Daten in bearbeitbarer Weise aufgezeichnet hat (§ 87a Absatz 1 Satz 2 AO). In den Fällen der Tz. 2 Absatz 2 Satz 3 gilt die elektronische Steuererklärung erst mit Eingang des unterschriebenen komprimierten Vordrucks als zugegangen, da eine Bearbeitung der Daten durch die Finanzbehörden erst ab diesem Zeitpunkt möglich ist.

7. Elektronischer Abruf von Bescheiddaten

Der elektronische Abruf von Bescheiddaten ersetzt nicht die Bekanntgabe des Steuerbescheides. Auf die elektronische Bereitstellung von Bescheiddaten wird im Steuerbescheid hingewiesen. Für diesen Fall sichert die Finanzverwaltung zu, dass die elektronisch bereitgestellten Daten mit dem bekannt gegebenen Bescheid übereinstimmen. Wird ein Einspruch nur deshalb verspätet eingelegt, weil im Vertrauen auf diese Zusicherung oder in Erwartung einer mit der elektronisch übermittelten Steuererklärung beantragten Bescheiddatenbereitstellung eine Überprüfung des Steuerbescheids innerhalb der Einspruchsfrist unterblieb, ist unter analoger Anwendung des § 126 Absatz 3 AO eine Wiedereinsetzung in den vorigen Stand möglich.

8. Schlussbestimmungen

Dieses Schreiben ersetzt die BMF-Schreiben vom 15. Januar 2007 (BStBl I S. 95) und vom 14. Dezember 1999 (BStBl I S. 1055).

Steuerliche Beurteilung gemischter Aufwendungen; Beschluss des Großen Senats des BFH vom 21. September 2009 – GrS 1/06 (BStBl 2010 II Seite 672)

BMF vom 6. 7. 2010 (BStBl I S. 614)
– IV C 3 – S 2227/07/10003: 002 – 2010/0522213

Inhaltsverzeichnis

Der Große Senat des Bundesfinanzhofs hat mit dem o. a. Beschluss entschieden, dass § 12 Nummer 1 Satz 2 EStG kein allgemeines Aufteilungs- und Abzugsverbot für Aufwendungen normiert, die sowohl durch die Einkunftserzielung als auch privat veranlasste Teile enthalten (gemischte Aufwendungen). Unter Bezugnahme auf das Ergebnis der Erörterungen mit den obersten Finanzbehörden der Länder gelten zur steuerlichen Beurteilung gemischter Aufwendungen für alle Einkunftsarten und für die verschiedenen Arten der Gewinnermittlung die folgenden Grundsätze:

1. Allgemeines

1 Gemischte Aufwendungen eines Steuerpflichtigen können nach Maßgabe der folgenden Ausführungen grundsätzlich in als Betriebsausgaben oder Werbungskosten abziehbare sowie in privat veranlasste und damit nicht abziehbare Teile aufgeteilt werden, soweit nicht gesetzlich etwas anderes geregelt ist oder es sich um Aufwandspositionen handelt, die durch das steuerliche Existenzminimum abgegolten oder als Sonderausgaben oder als außergewöhnliche Belastungen abziehbar sind.

2 Eine Aufteilung der Aufwendungen kommt nur in Betracht, wenn der Steuerpflichtige die betriebliche oder berufliche Veranlassung im Einzelnen umfassend dargelegt und nachgewiesen hat. Bestehen gewichtige Zweifel an einer betrieblichen oder beruflichen (Mit)-Veranlassung der Aufwendungen, so kommt für die Aufwendungen schon aus diesem Grund ein Abzug insgesamt nicht in Betracht.

3 Die Aufteilung gemischt veranlasster Aufwendungen hat nach einem an objektiven Kriterien orientierten Maßstab der Veranlassungsbeiträge zu erfolgen. Ist eine verlässliche Aufteilung nur mit unverhältnismäßigem Aufwand möglich, erfolgt die Aufteilung im Wege der Schätzung. Fehlt es an einer geeigneten Schätzungsgrundlage oder sind die Veranlassungsbeiträge nicht trennbar, gelten die Aufwendungen als insgesamt privat veranlasst.

2. Nicht abziehbare Aufwendungen der Lebensführung

4 Nach § 12 Nummer 1 Satz 1 EStG sind Aufwendungen für den Haushalt des Steuerpflichtigen und für den Unterhalt seiner Familienangehörigen vollständig vom Betriebsausgaben-/Werbungskostenabzug ausgeschlossen und demzufolge nicht in einen abziehbaren und nicht abziehbaren Teil aufzuteilen. Sie sind durch die Vorschriften zur Berücksichtigung des steuerlichen Existenzminimums (Grundfreibetrag, Freibeträge für Kinder) pauschal abgegolten oder als Sonderausgaben oder als außergewöhnliche Belastungen abziehbar.

Kosten der Lebensführung in diesem Sinne sind insbesondere Aufwendungen für

- Wohnung,
- Ernährung,
- Kleidung,
- allgemeine Schulausbildung,
- Kindererziehung,
- persönliche Bedürfnisse des täglichen Lebens, z. B. Erhaltung der Gesundheit, Pflege, Hygieneartikel,
- Zeitung,
- Rundfunk oder
- Besuch kultureller und sportlicher Veranstaltungen.

Vollumfänglich nicht abziehbar und demzufolge nicht aufzuteilen sind ferner Aufwendungen nach § 12 Nummer 1 Satz 2 EStG. Das sind Aufwendungen für die Lebensführung, die zwar der Förderung des Berufs oder der Tätigkeit dienen können, die aber grundsätzlich die wirtschaftliche oder gesellschaftliche Stellung des Steuerpflichtigen mit sich bringt. Hierbei handelt es sich um Aufwendungen, die mit dem persönlichen Ansehen des Steuerpflichtigen in Zusammenhang stehen, d. h. der Pflege der sozialen Verpflichtungen dienen (sog. Repräsentationsaufwendungen). 5

Ob Aufwendungen Repräsentationsaufwendungen im Sinne des § 12 Nummer 1 Satz 2 EStG oder (zumindest teilweise) Betriebsausgaben/Werbungskosten darstellen, ist stets durch eine Gesamtwürdigung aller Umstände des Einzelfalls festzustellen. Bei Veranstaltungen, die vom Steuerpflichtigen ausgerichtet werden, stellt ein persönlicher Anlass (z. B. Geburtstag[1]), Trauerfeier) regelmäßig ein bedeutendes Indiz für die Annahme nicht abziehbarer Repräsentationsaufwendungen dar. Auch Aufwendungen für gesellschaftliche Veranstaltungen fallen in der Regel unter § 12 Nummer 1 Satz 2 EStG.

Aufwendungen nach § 12 Nummer 1 EStG sind selbst im Falle einer betrieblichen/beruflichen Mitveranlassung nicht als Betriebsausgaben/Werbungskosten abziehbar. 6

Aufwendungen im Sinne der Rn. 4 und 5 sind Betriebsausgaben oder Werbungskosten, soweit sie ausschließlich oder nahezu ausschließlich betrieblich/beruflich veranlasst sind (z. B. § 4 Absatz 5 Satz 1 Nummer 6b EStG: Arbeitszimmer; § 9 Absatz 1 Satz 3 Nummer 6 EStG: Arbeitsmittel, typische Berufskleidung) oder ein abgegrenzter betrieblicher/beruflicher Mehraufwand gegeben ist. Die Abzugsbeschränkungen des § 4 Absatz 5 Satz 1 Nummer 5 EStG (Verpflegungsmehraufwendungen) und § 9 Absatz 1 Satz 3 Nummer 5 EStG (Doppelte Haushaltsführung) sind zu beachten.[2]) 7

3. Grundsätze der Aufteilung gemischter Aufwendungen

Gemäß § 4 Absatz 4 EStG (Betriebsausgaben) und § 9 Absatz 1 EStG (Werbungskosten) werden bei der Ermittlung der Einkünfte nur Aufwendungen berücksichtigt, die durch die Einkunftserzielung veranlasst sind. Ein Veranlassungszusammenhang in diesem Sinne besteht, wenn die Aufwendungen mit der Einkunftserzielung objektiv zusammenhängen und ihr subjektiv zu dienen bestimmt sind, d. h. wenn sie in unmittelbarem oder mittelbarem wirtschaftlichem Zusammenhang mit einer der Einkunftsarten des Einkommensteuergesetzes stehen. 8

Aufwendungen, die eindeutig und klar abgrenzbar ausschließlich betrieblich/beruflich oder privat veranlasst sind, sind unmittelbar dem betrieblichen/beruflichen oder privaten Teil der Aufwendungen zuzuordnen. 9

a) Durch die Einkunftserzielung (mit)veranlasste Aufwendungen

Nicht von § 12 Nummer 1 EStG erfasste Aufwendungen, die nicht eindeutig zugeordnet werden können, aber einen nachgewiesenen abgrenzbaren betrieblichen oder beruflichen Anteil enthalten, sind nach dem jeweiligen Veranlassungsanteil in abziehbare und nicht abziehbare Aufwendungen aufzuteilen. 10

Bei einer untergeordneten betrieblichen/beruflichen Mitveranlassung (< 10 %) sind die Aufwendungen in vollem Umfang nicht als Betriebsausgaben/Werbungskosten abziehbar. 11

Wird ein Sachverhalt insgesamt als privat veranlasst gewürdigt und werden die Aufwendungen dementsprechend steuerlich nicht berücksichtigt, so können zusätzliche ausschließlich betrieblich/beruflich veranlasste Aufwendungen für sich genommen als Betriebsausgaben oder Werbungskosten abzuziehen sein (vgl. Rn. 9).[3])

Beispiel 1:

Ein Steuerpflichtiger nimmt während seiner 14-tägigen Urlaubsreise an einem eintägigen Fachseminar teil.

B1 Die Aufwendungen für die Urlaubsreise sind nicht abziehbar. Die Aufwendungen, die unmittelbar mit dem Fachseminar zusammenhängen (Seminargebühren, Fahrtkosten vom Urlaubsort zum Tagungsort, ggf. Pauschbetrag für Verpflegungsmehraufwendungen), sind als Betriebsausgaben/Werbungskosten abziehbar.

1) Gemischt veranlasste Aufwendungen für eine Feier mit sowohl beruflichem als auch privatem Anlass können teilweise als Werbungskosten abziehbar sein. Der als Werbungskosten abziehbare Betrag kann anhand der Herkunft der Gäste aus dem beruflichen/privaten Umfeld abgegrenzt werden (→ BFH vom 8. 7 .2015 – BStBl 2016 II S. 1013.

2) Vgl. C III. 4. a der Entscheidungsgründe des GrS.

3) Vgl. C. III. 3f der Entscheidungsgründe des GrS.

12 Bei einer untergeordneten privaten Mitveranlassung (< 10 %) sind die Aufwendungen in vollem Umfang als Betriebsausgaben/Werbungskosten abziehbar; die Abzugsbeschränkungen des § 4 Absatz 5 EStG und § 9 Absatz 5 EStG bleiben unberührt.

Von einer untergeordneten privaten Mitveranlassung der Kosten für die Hin- und Rückreise ist auch dann auszugehen, wenn der Reise ein eindeutiger unmittelbarer betrieblicher/beruflicher Anlass zugrunde liegt (z. B. ein Arbeitnehmer nimmt aufgrund einer Weisung seines Arbeitgebers einen ortsgebundenen Pflichttermin wahr oder ein Nichtarbeitnehmer tätigt einen ortsgebundenen Geschäftsabschluss oder ist Aussteller auf einer auswärtigen Messe), den der Steuerpflichtige mit einem vorangehenden oder nachfolgenden Privataufenthalt verbindet.

b) Höhe der abziehbaren Aufwendungen

13 Sind die Aufwendungen sowohl durch betriebliche/berufliche als auch private Gründe von jeweils nicht untergeordneter Bedeutung (vgl. Rn. 11 und 12) veranlasst, ist nach Möglichkeit eine Aufteilung der Aufwendungen nach Veranlassungsbeiträgen vorzunehmen (vgl. BFH vom 21. April 2010 VI R 66/04 – BStBl II Seite 685; siehe aber Rn. 18).

14 Es ist ein geeigneter, den Verhältnissen im Einzelfall gerecht werdender Aufteilungsmaßstab zu finden. Der Maßstab muss nach objektivierbaren – d. h. nach außen hin erkennbaren und nachvollziehbaren – Kriterien ermittelt und hinsichtlich des ihm zugrunde liegenden Veranlassungsbeitrags dokumentiert werden.

15 Der betrieblich/beruflich und privat veranlasste Teil der Aufwendungen kann beispielsweise nach folgenden Kriterien ermittelt werden: Zeit-, Mengen- oder Flächenanteile sowie Aufteilung nach Köpfen.

Beispiel 2:

An der Feier zum 30. Firmenjubiläum des Einzelunternehmens Y nehmen 100 Personen teil (80 Kunden und Geschäftsfreunde und 20 private Gäste des Firmeninhabers). Die Gesamtkosten der Feier betragen 5 000 €, auf Essen und Getränke entfallen 4 000 €.

B2 Aufgrund der Teilnahme privater Gäste handelt es sich um eine gemischt betrieblich und privat veranlasste Veranstaltung. Zwar liegt der Anlass der Veranstaltung im betrieblichen Bereich (Firmenjubiläum). Die Einladung der privaten Gäste erfolgte allerdings ausschließlich aus privaten Gründen, so dass die Kosten der Verköstigung und Unterhaltung der privaten Gäste als privat veranlasst zu behandeln sind. Sachgerechtes objektivierbares Kriterium für eine Aufteilung ist eine Aufteilung nach Köpfen. 80 Personen nehmen aus betrieblichen Gründen an dem Firmenjubiläum teil, 20 aus privaten Gründen. Damit sind 1 000 € (20 % des Gesamtkosten), die anteilig auf die privaten Gäste entfallen, nicht als Betriebsausgaben abziehbar. Von den verbleibenden betrieblich veranlassten Kosten in Höhe von 4 000 € sind unter Berücksichtigung des § 4 Absatz 5 Satz 1 Nummer 2 EStG 3 040 € (80 % von 1 000 € + 70 % von 80 % von 4 000 €) als Betriebsausgaben abziehbar.

Beispiel 3:

Ein niedergelassener Arzt besucht einen Fachkongress in London. Er reist Samstagfrüh an. Die Veranstaltung findet ganztägig von Dienstag bis Donnerstag statt. Am Sonntagabend reist er nach Hause zurück.

B3 Da Reisen nach dem Beschluss des Großen Senats des BFH entgegen der bisherigen Rechtsprechung nicht mehr in jedem Fall als Einheit zu betrachten sind, sind die Kosten für 2 Übernachtungen (von Dienstag bis Donnerstag) sowie die Kongressgebühren ausschließlich dem betrieblichen Bereich zuzuordnen und daher vollständig als Betriebsausgaben abziehbar. Die Flugkosten sind gemischt veranlasst und entsprechend den Veranlassungsbeiträgen aufzuteilen. Sachgerechter Aufteilungsmaßstab ist das Verhältnis der betrieblichen und privaten Zeitanteile der Reise (betrieblich veranlasst sind $^3/_9$). Ein Abzug der Verpflegungskosten als Betriebsausgaben ist nur in Höhe der Pauschbeträge für Verpflegungsmehraufwendungen für die betrieblich veranlassten Tage zulässig.

Abwandlung:

Der Arzt fährt nicht als Zuhörer, sondern als Mitveranstalter zu dem Fachkongress.

B4 Die Kosten für die Hin- und Rückreise sind vollständig dem betrieblichen Bereich zuzurechnen und daher nicht aufzuteilen (vgl. Rn. 12).

16 *Bestehen keine Zweifel* daran, dass ein nach objektivierbaren Kriterien abgrenzbarer Teil der Aufwendungen betrieblich/beruflich veranlasst ist, bereitet seine Quantifizierung aber Schwierigkeiten, so ist dieser Anteil unter Berücksichtigung aller maßgeblichen Umstände zu schätzen (§ 162 AO). Ist also zweifelsfrei ein betrieblicher/beruflicher Kostenanteil entstanden, kann aber dessen jeweiliger Umfang mangels geeigneter Unterlagen nicht belegt werden, ist wie bisher eine Schätzung geboten.

c) Nicht aufteilbare gemischte Aufwendungen

Ein Abzug der Aufwendungen kommt insgesamt nicht in Betracht, wenn die – für sich gesehen jeweils nicht unbedeutenden – betrieblichen/beruflichen und privaten Veranlassungsbeiträge so ineinander greifen, dass eine Trennung nicht möglich und eine Grundlage für die Schätzung nicht erkennbar ist. Das ist insbesondere der Fall, wenn es an objektivierbaren Kriterien für eine Aufteilung fehlt. 17

Beispiel 4:

Ein Steuerberater begehrt die hälftige Anerkennung der Kosten eines Abonnements einer überregionalen Zeitung, die er neben der regionalen Tageszeitung bezieht, als Betriebsausgaben, weil die überregionale Zeitung umfassend auch über die steuerrechtliche Entwicklung informiere.

B5 Die Kosten sind insgesamt nicht als Betriebsausgaben abziehbar. Die betrieblichen und privaten Veranlassungsbeiträge greifen so ineinander, dass eine Trennung nicht möglich ist. Soweit die Zeitung nicht bereits durch das steuerliche Existenzminimum abgegolten ist, fehlt es an einer Aufteilbarkeit der Veranlassungsbeiträge. Denn keine Rubrik oder Seite einer Zeitung kann ausschließlich dem betrieblichen Bereich zugeordnet werden, sondern dient stets auch dem privaten Informationsinteresse. Es fehlt damit an einer Möglichkeit zur Aufteilung nach objektivierbaren Kriterien.

Die für Auslandsgruppenreisen aufgestellten Abgrenzungsmerkmale gelten grundsätzlich weiter (BFH vom 27. November 1978 – BStBl 1979 II Seite 213; zuletzt BFH vom 21. April 2010 VI R 5/07 – BStBl II Seite 687).[1] Eine Aufteilung der Kosten und damit ein teilweiser Abzug als Betriebsausgaben/Werbungskosten kommt bei solchen Reisen regelmäßig nur in Betracht, soweit die beruflichen und privaten Veranlassungsbeiträge voneinander abgrenzbar sind (vgl. BFH vom 21. April 2010 VI R 5/07 – BStBl II Seite 687). 18

Soweit der BFH bisher die Abziehbarkeit anderer gemischter Aufwendungen mangels objektiver Aufteilungskriterien abgelehnt hat, ist weiterhin von der Nichtabziehbarkeit auszugehen. 19

Beispiele:

B6 Aufwendungen für Sicherheitsmaßnahmen eines Steuerpflichtigen zum Schutz von Leben, Gesundheit, Freiheit und Vermögen seiner Person (BFH vom 5. April 2006 – BStBl II Seite 541),

B7 Aufwendungen eines in Deutschland lebenden Ausländers für das Erlernen der deutschen Sprache (BFH vom 15. März 2007 – BStBl II Seite 814),

B8 Aufwendungen einer Landärztin für einen Schutzhund (BFH vom 29. März 1979 – BStBl II Seite 512),

B9 Einbürgerungskosten zum Erwerb der deutschen Staatsangehörigkeit (BFH vom 18. Mai 1984 – BStBl II Seite 588),

B10
Kosten für den Erwerb eines Führerscheins (BFH vom 8. April 1964 – BStBl III Seite 431).

4. Anwendungsregelung

Dieses Schreiben ist vorbehaltlich des § 176 Absatz 1 Satz 1 Nummer 3 AO für alle offenen Fälle anzuwenden. 20

---

1) Vgl. C. III. 4e der Entscheidungsgründe des GrS.

Übersicht

I.
Fünftes Gesetz
zur Förderung der Vermögensbildung der Arbeitnehmer
(Fünftes Vermögensbildungsgesetz – 5. VermBG)

vom 4. 3. 1994 (BGBl. I S. 406, BStBl I S. 237)
zuletzt geändert durch Artikel 5 des Gesetzes zur Anpassung des Investmentsteuergesetzes und anderer Gesetze an das AIFM-Umsetzungsgesetz (AIFM-Steuer-Anpassungsgesetz – AIFM-StAnpG) vom 18. 12. 2013 (BGBl. I S. 4318, BStBl 2014 I S. 2)

§ 1 Persönlicher Geltungsbereich

(1) Die Vermögensbildung der Arbeitnehmer durch vereinbarte vermögenswirksame Leistungen der Arbeitgeber wird nach den Vorschriften dieses Gesetzes gefördert.

(2) Arbeitnehmer im Sinne dieses Gesetzes sind Arbeiter und Angestellte einschließlich der zu ihrer Berufsausbildung Beschäftigten. Als Arbeitnehmer gelten auch die in Heimarbeit Beschäftigten.

(3) Die Vorschriften dieses Gesetzes gelten nicht

1. für vermögenswirksame Leistungen juristischer Personen an Mitglieder des Organs, das zur gesetzlichen Vertretung der juristischen Person berufen ist,
2. für vermögenswirksame Leistungen von Personengesamtheiten an die durch Gesetz, Satzung oder Gesellschaftsvertrag zur Vertretung der Personengesamtheit berufenen Personen.

(4) Für Beamte, Richter, Berufssoldaten und Soldaten auf Zeit gelten die nachstehenden Vorschriften dieses Gesetzes entsprechend.

§ 2 Vermögenswirksame Leistungen, Anlageformen

(1) Vermögenswirksame Leistungen sind Geldleistungen, die der Arbeitgeber für den Arbeitnehmer anlegt

1. als Sparbeiträge des Arbeitnehmers auf Grund eines Sparvertrags über Wertpapiere oder andere Vermögensbeteiligungen (§ 4)
   a) zum Erwerb von Aktien, die vom Arbeitgeber ausgegeben werden oder an einer deutschen Börse zum regulierten Markt zugelassen oder in den Freiverkehr einbezogen sind,
   b) zum Erwerb von Wandelschuldverschreibungen, die vom Arbeitgeber ausgegeben werden oder an einer deutschen Börse zum regulierten Markt zugelassen oder in den Freiverkehr einbezogen sind, sowie von Gewinnschuldverschreibungen, die vom Arbeitgeber ausgegeben werden, zum Erwerb von Namensschuldverschreibungen des Arbeitgebers jedoch nur dann, wenn auf dessen Kosten die Ansprüche des Arbeitnehmers aus der Schuldverschreibung durch ein Kreditinstitut verbürgt oder durch ein Versicherungs-

unternehmen privatrechtlich gesichert sind und das Kreditinstitut oder Versicherungsunternehmen im Geltungsbereich dieses Gesetzes zum Geschäftsbetrieb befugt ist,

c) zum Erwerb von Anteilen an OGAW-Sondervermögen sowie an als Sondervermögen aufgelegten offenen Publikums-AIF nach den §§ 218 und 219 des Kapitalanlagegesetzbuchs sowie von Anteilen an offenen EU-Investmentvermögen und offenen ausländischen AIF, die nach dem Kapitalanlagegesetzbuch vertrieben werden dürfen, wenn nach dem Jahresbericht für das vorletzte Geschäftsjahr, das dem Kalenderjahr des Abschlusses des Vertrags im Sinne des § 4 oder des § 5 vorausgeht, der Wert der Aktien in diesem Investmentvermögen 60 Prozent des Werts dieses Investmentvermögens nicht unterschreitet; für neu aufgelegte Investmentvermögen ist für das erste und zweite Geschäftsjahr der erste Jahresbericht oder der erste Halbjahresbericht nach Auflegung des Investmentvermögens maßgebend,

d) aufgehoben,

e) aufgehoben,

f) zum Erwerb von Genußscheinen, die vom Arbeitgeber als Wertpapiere ausgegeben werden oder an einer deutschen Börse zum regulierten Markt zugelassen oder in den Freiverkehr einbezogen sind und von Unternehmen mit Sitz und Geschäftsleitung im Geltungsbereich dieses Gesetzes, die keine Kreditinstitute sind, ausgegeben werden, wenn mit den Genußscheinen das Recht am Gewinn eines Unternehmens verbunden ist und der Arbeitnehmer nicht als Mitunternehmer im Sinne des § 15 Abs. 1 Satz 1 Nr. 2 des Einkommensteuergesetzes anzusehen ist,

g) zur Begründung oder zum Erwerb eines Geschäftsguthabens bei einer Genossenschaft mit Sitz und Geschäftsleitung im Geltungsbereich dieses Gesetzes; ist die Genossenschaft nicht der Arbeitgeber, so setzt die Anlage vermögenswirksamer Leistungen voraus, daß die Genossenschaft entweder ein Kreditinstitut oder eine Bau- oder Wohnungsgenossenschaft im Sinne des § 2 Abs. 1 Nr. 2 des Wohnungsbau-Prämiengesetzes ist, die zum Zeitpunkt der Begründung oder des Erwerbs des Geschäftsguthabens seit mindestens drei Jahren im Genossenschaftsregister ohne wesentliche Änderung ihres Unternehmensgegenstandes eingetragen und nicht aufgelöst ist oder Sitz und Geschäftsleitung in dem in Artikel 3 des Einigungsvertrages genannten Gebiet hat und dort entweder am 1. Juli 1990 als Arbeiterwohnungsbaugenossenschaft, Gemeinnützige Wohnungsbaugenossenschaft oder sonstige Wohnungsbaugenossenschaft bestanden oder einen nicht unwesentlichen Teil von Wohnungen aus dem Bestand einer solchen Bau- oder Wohnungsgenossenschaft erworben hat,

h) zur Übernahme einer Stammeinlage oder zum Erwerb eines Geschäftsanteils an einer Gesellschaft mit beschränkter Haftung mit Sitz und Geschäftsleitung im Geltungsbereich dieses Gesetzes, wenn die Gesellschaft das Unternehmen des Arbeitgebers ist,

i) zur Begründung oder zum Erwerb einer Beteiligung als stiller Gesellschafter im Sinne des § 230 des Handelsgesetzbuchs am Unternehmen des Arbeitgebers mit Sitz und Geschäftsleitung im Geltungsbereich dieses Gesetzes, wenn der Arbeitnehmer nicht als Mitunternehmer im Sinne des § 15 Abs. 1 Nr. 2 des Einkommensteuergesetzes anzusehen ist,

k) zur Begründung oder zum Erwerb einer Darlehensforderung gegen den Arbeitgeber, wenn auf dessen Kosten die Ansprüche des Arbeitnehmers aus dem Darlehensvertrag durch ein Kreditinstitut verbürgt oder durch ein Versicherungsunternehmen privatrechtlich gesichert sind und das Kreditinstitut oder Versicherungsunternehmen im Geltungsbereich dieses Gesetzes zum Geschäftsbetrieb befugt ist,

l) zur Begründung oder zum Erwerb eines Genußrechts am Unternehmen des Arbeitgebers mit Sitz und Geschäftsleitung im Geltungsbereich dieses Gesetzes, wenn damit das Recht am Gewinn dieses Unternehmens verbunden ist, der Arbeitnehmer nicht als Mitunternehmer im Sinne des § 15 Abs. 1 Nr. 2 des Einkommensteuergesetzes anzusehen ist und über das Genußrecht kein Genußschein im Sinne des Buchstaben f ausgegeben wird,

2. als Aufwendungen des Arbeitnehmers auf Grund eines Wertpapier-Kaufvertrags (§ 5),

3. als Aufwendungen des Arbeitnehmers auf Grund eines Beteiligungs-Vertrags (§ 6) oder eines Beteiligungs-Kaufvertrags (§ 7),

4. als Aufwendungen des Arbeitnehmers nach den Vorschriften des Wohnungsbau-Prämiengesetzes; die Voraussetzungen für die Gewährung einer Prämie nach dem Wohnungsbau-Prämiengesetz brauchen nicht vorzuliegen; die Anlage vermögenswirksamer Leistungen als Aufwendungen nach § 2 Abs. 1 Nr. 2 des Wohnungsbau-Prämiengesetzes für den ersten Erwerb von Anteilen an Bau- und Wohnungsgenossenschaften setzt voraus, daß die Voraussetzungen der Nummer 1 Buchstabe g zweiter Halbsatz erfüllt sind,

5. als Aufwendungen des Arbeitnehmers
   a) zum Bau, zum Erwerb, zum Ausbau oder zur Erweiterung eines im Inland belegenen Wohngebäudes oder einer im Inland belegenen Eigentumswohnung,
   b) zum Erwerb eines Dauerwohnrechts im Sinne des Wohnungseigentumsgesetzes an einer im Inland belegenen Wohnung,
   c) zum Erwerb eines im Inland belegenen Grundstücks zum Zwecke des Wohnungsbaus oder
   d) zur Erfüllung von Verpflichtungen, die im Zusammenhang mit den in den Buchstaben a bis c bezeichneten Vorhaben eingegangen sind,

   sofern der Anlage nicht ein von einem Dritten vorgefertigtes Konzept zu Grunde liegt, bei dem der Arbeitnehmer vermögenswirksame Leistungen zusammen mit mehr als 15 anderen Arbeitnehmern anlegen kann; die Förderung der Aufwendungen nach den Buchstaben a bis c setzt voraus, daß sie unmittelbar für die dort bezeichneten Vorhaben verwendet werden,
6. als Sparbeiträge des Arbeitnehmers auf Grund eines Sparvertrags (§ 8),
7. als Beiträge des Arbeitnehmers auf Grund eines Kapitalversicherungsvertrags (§ 9),
8. als Aufwendungen des Arbeitnehmers, der nach § 18 Abs. 2 oder 3 die Mitgliedschaft in einer Genossenschaft oder Gesellschaft mit beschränkter Haftung gekündigt hat, zur Erfüllung von Verpflichtungen aus der Mitgliedschaft, die nach dem 31. Dezember 1994 fortbestehen oder entstehen.

(2) Aktien, Wandelschuldverschreibungen, Gewinnschuldverschreibungen oder Genußscheine eines Unternehmens, das im Sinne des § 18 Abs. 1 des Aktiengesetzes als herrschendes Unternehmen mit dem Unternehmen des Arbeitgebers verbunden ist, stehen Aktien, Wandelschuldverschreibungen, Gewinnschuldverschreibungen oder Genußscheinen im Sinne des Absatzes 1 Nr. 1 Buchstabe a, b oder f gleich, die vom Arbeitgeber ausgegeben werden. Ein Geschäftsguthaben bei einer Genossenschaft mit Sitz und Geschäftsleitung im Geltungsbereich dieses Gesetzes, die im Sinne des § 18 Abs. 1 des Aktiengesetzes als herrschendes Unternehmen mit dem Unternehmen des Arbeitgebers verbunden ist, steht einem Geschäftsguthaben im Sinne des Absatzes 1 Nr. 1 Buchstabe g bei einer Genossenschaft, die das Unternehmen des Arbeitgebers ist, gleich. Eine Stammeinlage oder ein Geschäftsanteil an einer Gesellschaft mit beschränkter Haftung mit Sitz und Geschäftsleitung im Geltungsbereich dieses Gesetzes, die im Sinne des § 18 Abs. 1 des Aktiengesetzes als herrschendes Unternehmen mit dem Unternehmen des Arbeitgebers verbunden ist, stehen einer Stammeinlage oder einem Geschäftsanteil im Sinne des Absatzes 1 Nr. 1 Buchstabe h an einer Gesellschaft, die das Unternehmen des Arbeitgebers ist, gleich. Eine Beteiligung als stiller Gesellschafter an einem Unternehmen mit Sitz und Geschäftsleitung im Geltungsbereich dieses Gesetzes, das im Sinne des § 18 Abs. 1 des Aktiengesetzes als herrschendes Unternehmen mit dem Unternehmen des Arbeitgebers verbunden ist oder das auf Grund eines Vertrags mit dem Arbeitgeber an dessen Unternehmen gesellschaftsrechtlich beteiligt ist, steht einer Beteiligung als stiller Gesellschafter im Sinne des Absatzes 1 Nr. 1 Buchstabe i gleich. Eine Darlehensforderung gegen ein Unternehmen mit Sitz und Geschäftsleitung im Geltungsbereich dieses Gesetzes, das im Sinne des § 18 Abs. 1 des Aktiengesetzes als herrschendes Unternehmen mit dem Unternehmen des Arbeitgebers verbunden ist, oder ein Genußrecht an einem solchen Unternehmen stehen einer Darlehensforderung oder einem Genußrecht im Sinne des Absatzes 1 Nr. 1 Buchstabe k oder l gleich.

(3) Die Anlage vermögenswirksamer Leistungen in Gewinnschuldverschreibungen im Sinne des Absatzes 1 Nr. 1 Buchstabe b und des Absatzes 2 Satz 1, in denen neben der gewinnabhängigen Verzinsung eine gewinnunabhängige Mindestverzinsung zugesagt ist, setzt voraus, daß
1. der Aussteller in der Gewinnschuldverschreibung erklärt, die gewinnunabhängige Mindestverzinsung werde im Regelfall die Hälfte der Gesamtverzinsung nicht überschreiten, oder
2. die gewinnunabhängige Mindestverzinsung zum Zeitpunkt der Ausgabe der Gewinnschuldverschreibung die Hälfte der Emissionsrendite festverzinslicher Wertpapiere nicht überschreitet, die in den Monatsberichten der Deutschen Bundesbank für den viertletzten Kalendermonat ausgewiesen wird, der dem Kalendermonat der Ausgabe vorausgeht.

(4) Die Anlage vermögenswirksamer Leistungen in Genußscheinen und Genußrechten im Sinne des Absatzes 1 Nr. 1 Buchstabe f und l und des Absatzes 2 Satz 1 und 5 setzt voraus, daß eine Rückzahlung zum Nennwert nicht zugesagt ist; ist neben dem Recht am Gewinn eine gewinnunabhängige Mindestverzinsung zugesagt, gilt Absatz 3 entsprechend.

(5) Der Anlage vermögenswirksamer Leistungen nach Absatz 1 Nr. 1 Buchstabe f, i bis l, Absatz 2 Satz 1, 4 und 5 sowie Absatz 4 in einer Genossenschaft mit Sitz und Geschäftsleitung im

Geltungsbereich dieses Gesetzes stehen § 19 und eine Festsetzung durch Satzung gemäß § 20 des Genossenschaftsgesetzes nicht entgegen.

(5a) Der Arbeitgeber hat vor der Anlage vermögenswirksamer Leistungen im eigenen Unternehmen in Zusammenarbeit mit dem Arbeitnehmer Vorkehrungen zu treffen, die der Absicherung der angelegten vermögenswirksamen Leistungen bei einer während der Dauer der Sperrfrist eintretenden Zahlungsunfähigkeit des Arbeitgebers dienen. Das Bundesministerium für Arbeit und Sozialordnung berichtet den gesetzgebenden Körperschaften bis zum 30. Juni 2002 über die nach Satz 1 getroffenen Vorkehrungen.

(6) Vermögenswirksame Leistungen sind steuerpflichtige Einnahmen im Sinne des Einkommensteuergesetzes und Einkommen, Verdienst oder Entgelt (Arbeitsentgelt) im Sinne der Sozialversicherung und des Dritten Buches Sozialgesetzbuch. Reicht der nach Abzug der vermögenswirksamen Leistung verbleibende Arbeitslohn zur Deckung der einzubehaltenden Steuern, Sozialversicherungsbeiträge und Beiträge zur Bundesagentur für Arbeit nicht aus, so hat der Arbeitnehmer dem Arbeitgeber den zur Deckung erforderlichen Betrag zu zahlen.

(7) Vermögenswirksame Leistungen sind arbeitsrechtlich Bestandteil des Lohns oder Gehalts. Der Anspruch auf die vermögenswirksame Leistung ist nicht übertragbar.

§ 3 Vermögenswirksame Leistungen für Angehörige, Überweisung durch den Arbeitgeber, Kennzeichnungs-, Bestätigungs- und Mitteilungspflichten

(1) Vermögenswirksame Leistungen können auch angelegt werden

1. zugunsten des nicht dauernd getrennt lebenden Ehegatten oder Lebenspartners des Arbeitnehmers,
2. zugunsten der in § 32 Abs. 1 des Einkommensteuergesetzes bezeichneten Kinder, die zu Beginn des maßgebenden Kalenderjahrs das 17. Lebensjahr noch nicht vollendet hatten oder die in diesem Kalenderjahr lebend geboren wurden oder
3. zugunsten der Eltern oder eines Elternteils des Arbeitnehmers, wenn der Arbeitnehmer als Kind die Voraussetzungen der Nummer 2 erfüllt.

Dies gilt nicht für die Anlage vermögenswirksamer Leistungen auf Grund von Verträgen nach den §§ 5 bis 7.

(2) Der Arbeitgeber hat die vermögenswirksamen Leistungen für den Arbeitnehmer unmittelbar an das Unternehmen oder Institut zu überweisen, bei dem sie angelegt werden sollen. Er hat dabei gegenüber dem Unternehmen oder Institut die vermögenswirksamen Leistungen zu kennzeichnen. Das Unternehmen oder Institut hat die nach § 2 Abs. 1 Nr. 1 bis 5, Abs. 2 bis 4 angelegten vermögenswirksamen Leistungen und die Art ihrer Anlage zu kennzeichnen. Kann eine vermögenswirksame Leistung nicht oder nicht mehr die Voraussetzungen des § 2 Abs. 1 bis 4 erfüllen, so hat das Unternehmen oder Institut dies dem Arbeitgeber unverzüglich schriftlich mitzuteilen. Die Sätze 1 bis 4 gelten nicht für die Anlage vermögenswirksamer Leistungen auf Grund von Verträgen nach den §§ 5, 6 Abs. 1 und § 7 Abs. 1 mit dem Arbeitgeber.

(3) Für eine vom Arbeitnehmer gewählte Anlage nach § 2 Abs. 1 Nr. 5 hat der Arbeitgeber auf Verlangen des Arbeitnehmers die vermögenswirksamen Leistungen an den Arbeitnehmer zu überweisen, wenn dieser dem Arbeitgeber eine schriftliche Bestätigung seines Gläubigers vorgelegt hat, daß die Anlage bei ihm die Voraussetzungen des § 2 Abs. 1 Nr. 5 erfüllt; Absatz 2 gilt in diesem Falle nicht. Der Arbeitgeber hat die Richtigkeit der Bestätigung nicht zu prüfen.

§ 4 Sparvertrag über Wertpapiere oder andere Vermögensbeteiligungen

(1) Ein Sparvertrag über Wertpapiere oder andere Vermögensbeteiligungen im Sinne des § 2 Abs. 1 Nr. 1 ist ein Sparvertrag mit einem Kreditinstitut oder eine Kapitalverwaltungsgesellschaft, in dem sich der Arbeitnehmer verpflichtet, als Sparbeiträge zum Erwerb von Wertpapieren im Sinne des § 2 Abs. 1 Nr. 1 Buchstabe a bis f, Abs. 2 Satz 1, Abs. 3 und 4 oder zur Begründung oder zum Erwerb von Rechten im Sinne des § 2 Abs. 1 Nr. 1 Buchstabe g bis l, Abs. 2 Satz 2 bis 5 und Abs. 4 einmalig oder für die Dauer von sechs Jahren seit Vertragsabschluß laufend vermögenswirksame Leistungen einzahlen zu lassen oder andere Beträge einzuzahlen.

(2) Die Förderung der auf Grund eines Vertrags nach Absatz 1 angelegten vermögenswirksamen Leistungen setzt voraus, daß

1. die Leistungen eines Kalenderjahrs, vorbehaltlich des Absatzes 3, spätestens bis zum Ablauf des folgenden Kalenderjahrs zum Erwerb der Wertpapiere oder zur Begründung oder zum Erwerb der Rechte verwendet und bis zur Verwendung festgelegt werden und

2. die mit den Leistungen erworbenen Wertpapiere unverzüglich nach ihrem Erwerb bis zum Ablauf einer Frist von sieben Jahren (Sperrfrist) festgelegt werden und über die Wertpapiere oder die mit den Leistungen begründeten oder erworbenen Rechte bis zum Ablauf der Sperrfrist nicht durch Rückzahlung, Abtretung, Beleihung oder in anderer Weise verfügt wird.

Die Sperrfrist gilt für alle auf Grund des Vertrags angelegten vermögenswirksamen Leistungen und beginnt am 1. Januar des Kalenderjahrs, in dem der Vertrag abgeschlossen worden ist. Als Zeitpunkt des Vertragsabschlusses gilt der Tag, an dem die vermögenswirksame Leistung, bei Verträgen über laufende Einzahlungen die erste vermögenswirksame Leistung, beim Kreditinstitut oder bei der Kapitalverwaltungsgesellschaft eingeht.

(3) Vermögenswirksame Leistungen, die nicht bis zum Ablauf der Frist nach Absatz 2 Nr. 1 verwendet worden sind, gelten als rechtzeitig verwendet, wenn sie am Ende eines Kalenderjahrs insgesamt 150 Euro nicht übersteigen und bis zum Ablauf der Sperrfrist nach Absatz 2 verwendet oder festgelegt werden.

(4) Eine vorzeitige Verfügung ist abweichend von Absatz 2 unschädlich, wenn

1. der Arbeitnehmer oder sein von ihm nicht dauernd getrennt lebender Ehegatte oder Lebenspartners nach Vertragsabschluß gestorben oder völlig erwerbsunfähig geworden ist,
2. der Arbeitnehmer nach Vertragsabschluß, aber vor der vorzeitigen Verfügung geheiratet oder eine Lebenspartnerschaft begründet hat und im Zeitpunkt der vorzeitigen Verfügung mindestens zwei Jahre seit Beginn der Sperrfrist vergangen sind,
3. der Arbeitnehmer nach Vertragsabschluß arbeitslos geworden ist und die Arbeitslosigkeit mindestens ein Jahr lang ununterbrochen bestanden hat und im Zeitpunkt der vorzeitigen Verfügung noch besteht,
4. der Arbeitnehmer den Erlös innerhalb der folgenden drei Monate unmittelbar für die eigene Weiterbildung oder für die seines von ihm nicht dauernd getrennt lebenden Ehegatten oder Lebenspartners einsetzt und die Maßnahme außerhalb des Betriebes, dem er oder der Ehegatte oder der Lebenspartner angehört, durchgeführt wird und Kenntnisse und Fertigkeiten vermittelt werden, die dem beruflichen Fortkommen dienen und über arbeitsplatzbezogene Anpassungsfortbildungen hinausgehen; für vermögenswirksame Leistungen, die der Arbeitgeber für den Arbeitnehmer nach § 2 Absatz 1 Nummer 1 Buchstabe a, b, f bis l angelegt hat und die Rechte am Unternehmen des Arbeitgebers begründen, gilt dies nur bei Zustimmung des Arbeitgebers; bei nach § 2 Abs. 2 gleichgestellten Anlagen gilt dies nur bei Zustimmung des Unternehmens, das im Sinne des § 18 Abs. 1 des Aktiengesetzes als herrschendes Unternehmen mit dem Unternehmen des Arbeitgebers verbunden ist,[1])
5. der Arbeitnehmer nach Vertragsabschluß unter Aufgabe der nichtselbständigen Arbeit eine Erwerbstätigkeit, die nach § 138 Abs. 1 der Abgabenordnung der Gemeinde mitzuteilen ist, aufgenommen hat oder
6. festgelegte Wertpapiere veräußert werden und der Erlös bis zum Ablauf des Kalendermonats, der dem Kalendermonat der Veräußerung folgt, zum Erwerb von in Absatz 1 bezeichneten Wertpapieren wiederverwendet wird; der bis zum Ablauf des der Veräußerung folgenden Kalendermonats nicht wiederverwendete Erlös gilt als rechtzeitig wiederverwendet, wenn er am Ende eines Kalendermonats insgesamt 150 Euro nicht übersteigt.

(5) Unschädlich ist auch, wenn in die Rechte und Pflichten des Kreditinstituts oder der Kapitalverwaltungsgesellschaftaus dem Sparvertrag an seine Stelle ein anderes Kreditinstitut oder eine andere Kapitalverwaltungsgesellschaftwährend der Laufzeit des Vertrags durch Rechtsgeschäft eintritt.

(6) Werden auf einen Vertrag über laufend einzuzahlende vermögenswirksame Leistungen oder andere Beträge in einem Kalenderjahr, das dem Kalenderjahr des Vertragsabschlusses folgt, weder vermögenswirksame Leistungen noch andere Beträge eingezahlt, so ist der Vertrag unterbrochen und kann nicht fortgeführt werden. Das gleiche gilt, wenn mindestens alle Einzahlungen eines Kalenderjahrs zurückgezahlt oder die Rückzahlungsansprüche aus dem Vertrag abgetreten oder beliehen werden.

§ 5 Wertpapier-Kaufvertrag

(1) Ein Wertpapier-Kaufvertrag im Sinne des § 2 Abs. 1 Nr. 2 ist ein Kaufvertrag zwischen dem Arbeitnehmer und dem Arbeitgeber zum Erwerb von Wertpapieren im Sinne des § 2 Abs. 1 Nr. 1 Buchstabe a bis f, Abs. 2 Satz 1, Abs. 3 und 4 durch den Arbeitnehmer mit der Vereinbarung, den

---

1) § 4 Abs. 4 Nr. 1, 2 und 4 des 5. VermBG erster Halbsatz wurde durch das AmtshilfeRLUmsG geändert und ist erstmals bei Verfügungen nach dem 31. 12. 2012 anzuwenden → § 17 Abs. 13 Satz 2 des 5. VermBG.

vom Arbeitnehmer geschuldeten Kaufpreis mit vermögenswirksamen Leistungen zu verrechnen oder mit anderen Beträgen zu zahlen.

(2) Die Förderung der auf Grund eines Vertrags nach Absatz 1 angelegten vermögenswirksamen Leistungen setzt voraus, daß

1. mit den Leistungen eines Kalenderjahrs spätestens bis zum Ablauf des folgenden Kalenderjahrs die Wertpapiere erworben werden und
2. die mit den Leistungen erworbenen Wertpapiere unverzüglich nach ihrem Erwerb bis zum Ablauf einer Frist von sechs Jahren (Sperrfrist) festgelegt werden und über die Wertpapiere bis zum Ablauf der Sperrfrist nicht durch Rückzahlung, Abtretung, Beleihung oder in anderer Weise verfügt wird; die Sperrfrist beginnt am 1. Januar des Kalenderjahrs, in dem das Wertpapier erworben worden ist; § 4 Abs. 4 Nr. 1 bis 5 gilt entsprechend.

§ 6 Beteiligungs-Vertrag

(1) Ein Beteiligungs-Vertrag im Sinne des § 2 Abs. 1 Nr. 3 ist ein Vertrag zwischen dem Arbeitnehmer und dem Arbeitgeber über die Begründung von Rechten im Sinne des § 2 Abs. 1 Nr. 1 Buchstabe g bis l und Abs. 4 für den Arbeitnehmer am Unternehmen des Arbeitgebers mit der Vereinbarung, die vom Arbeitnehmer für die Begründung geschuldete Geldsumme mit vermögenswirksamen Leistungen zu verrechnen oder mit anderen Beträgen zu zahlen.

(2) Ein Beteiligungs-Vertrag im Sinne des § 2 Abs. 1 Nr. 3 ist auch ein Vertrag zwischen dem Arbeitnehmer und

1. einem Unternehmen, das nach § 2 Abs. 2 Satz 2 bis 5 mit dem Unternehmen des Arbeitgebers verbunden oder nach § 2 Abs. 2 Satz 4 an diesem Unternehmen beteiligt ist, über die Begründung von Rechten im Sinne des § 2 Abs. 1 Nr. 1 Buchstabe g bis l, Abs. 2 Satz 2 bis 5 und Abs. 4 für den Arbeitnehmer an diesem Unternehmen oder
2. einer Genossenschaft mit Sitz und Geschäftsleitung im Geltungsbereich dieses Gesetzes, die ein Kreditinstitut oder eine Bau- oder Wohnungsgenossenschaft ist, die die Voraussetzungen des § 2 Abs. 1 Nr. 1 Buchstabe g zweiter Halbsatz erfüllt, über die Begründung eines Geschäftsguthabens für den Arbeitnehmer bei dieser Genossenschaft mit der Vereinbarung, die vom Arbeitnehmer für die Begründung der Rechte oder des Geschäftsguthabens geschuldete Geldsumme mit vermögenswirksamen Leistungen zahlen zu lassen oder mit anderen Beträgen zu zahlen.

(3) Die Förderung der auf Grund eines Vertrags nach Absatz 1 oder 2 angelegten vermögenswirksamen Leistungen setzt voraus, daß

1. mit den Leistungen eines Kalenderjahrs spätestens bis zum Ablauf des folgenden Kalenderjahrs die Rechte begründet werden und
2. über die mit den Leistungen begründeten Rechte bis zum Ablauf einer Frist von sechs Jahren (Sperrfrist) nicht durch Rückzahlung, Abtretung, Beleihung oder in anderer Weise verfügt wird; die Sperrfrist beginnt am 1. Januar des Kalenderjahrs, in dem das Recht begründet worden ist; § 4 Abs. 4 Nr. 1 bis 5 gilt entsprechend.

§ 7 Beteiligungs-Kaufvertrag

(1) Ein Beteiligungs-Kaufvertrag im Sinne des § 2 Abs. 1 Nr. 3 ist ein Kaufvertrag zwischen dem Arbeitnehmer und dem Arbeitgeber zum Erwerb von Rechten im Sinne des § 2 Abs. 1 Nr. 1 Buchstabe g bis l, Abs. 2 Satz 2 bis 5 und Abs. 4 durch den Arbeitnehmer mit der Vereinbarung, den vom Arbeitnehmer geschuldeten Kaufpreis mit vermögenswirksamen Leistungen zu verrechnen oder mit anderen Beträgen zu zahlen.

(2) Ein Beteiligungs-Kaufvertrag im Sinne des § 2 Abs. 1 Nr. 3 ist auch ein Kaufvertrag zwischen dem Arbeitnehmer und einer Gesellschaft mit beschränkter Haftung, die nach § 2 Abs. 2 Satz 3 mit dem Unternehmen des Arbeitgebers verbunden ist, zum Erwerb eines Geschäftsanteils im Sinne des § 2 Abs. 1 Nr. 1 Buchstabe h an dieser Gesellschaft durch den Arbeitnehmer mit der Vereinbarung, den vom Arbeitnehmer geschuldeten Kaufpreis mit vermögenswirksamen Leistungen zahlen zu lassen oder mit anderen Beträgen zu zahlen.

(3) Für die Förderung der auf Grund eines Vertrags nach Absatz 1 oder 2 angelegten vermögenswirksamen Leistungen gilt § 6 Abs. 3 entsprechend.

§ 8 Sparvertrag

(1) Ein Sparvertrag im Sinne des § 2 Abs. 1 Nr. 6 ist ein Sparvertrag zwischen dem Arbeitnehmer und einem Kreditinstitut, in dem die in den Absätzen 2 bis 5 bezeichneten Vereinbarungen, mindestens aber die in den Absätzen 2 und 3 bezeichneten Vereinbarungen, getroffen sind.

(2) Der Arbeitnehmer ist verpflichtet,

1. einmalig oder für die Dauer von sechs Jahren seit Vertragsabschluß laufend, mindestens aber einmal im Kalenderjahr, als Sparbeiträge vermögenswirksame Leistungen einzahlen zu lassen oder andere Beträge einzuzahlen und
2. bis zum Ablauf einer Frist von sieben Jahren (Sperrfrist) die eingezahlten vermögenswirksamen Leistungen bei dem Kreditinstitut festzulegen und die Rückzahlungsansprüche aus dem Vertrag weder abzutreten noch zu beleihen.

Der Zeitpunkt des Vertragsabschlusses und der Beginn der Sperrfrist bestimmen sich nach den Regelungen des § 4 Abs. 2 Satz 2 und 3.

(3) Der Arbeitnehmer ist abweichend von der in Absatz 2 Satz 1 Nr. 2 bezeichneten Vereinbarung zu vorzeitiger Verfügung berechtigt, wenn eine der in § 4 Abs. 4 Nr. 1 bis 5 bezeichneten Voraussetzungen erfüllt ist.

(4) Der Arbeitnehmer ist abweichend von der in Absatz 2 Satz 1 Nr. 2 bezeichneten Vereinbarung auch berechtigt, vor Ablauf der Sperrfrist mit eingezahlten vermögenswirksamen Leistungen zu erwerben

1. Wertpapiere im Sinne des § 2 Abs. 1 Nr. 1 Buchstabe a bis f, Abs. 2 Satz 1, Abs. 3 und 4,
2. Schuldverschreibungen, die vom Bund, von den Ländern, von den Gemeinden, von anderen Körperschaften des öffentlichen Rechts, vom Arbeitgeber, von einem im Sinne des § 18 Abs. 1 des Aktiengesetzes als herrschendes Unternehmen mit dem Unternehmen des Arbeitgebers verbundenen Unternehmen oder von einem Kreditinstitut mit Sitz und Geschäftsleitung im Geltungsbereich dieses Gesetzes ausgegeben werden, Namensschuldverschreibungen des Arbeitgebers jedoch nur dann, wenn auf dessen Kosten die Ansprüche des Arbeitnehmers aus der Schuldverschreibung durch ein Kreditinstitut verbürgt oder durch ein Versicherungsunternehmen privatrechtlich gesichert sind und das Kreditinstitut oder Versicherungsunternehmen im Geltungsbereich dieses Gesetzes zum Geschäftsbetrieb befugt ist,
3. Genußscheine, die von einem Kreditinstitut mit Sitz und Geschäftsleitung im Geltungsbereich dieses Gesetzes, das nicht der Arbeitgeber ist, als Wertpapiere ausgegeben werden, wenn mit den Genußscheinen das Recht am Gewinn des Kreditinstituts verbunden ist, der Arbeitnehmer nicht als Mitunternehmer im Sinne des § 15 Abs. 1 Nr. 2 des Einkommensteuergesetzes anzusehen ist und die Voraussetzungen des § 2 Abs. 4 erfüllt sind,
4. Anleiheforderungen, die in ein Schuldbuch des Bundes oder eines Landes eingetragen werden,
5. Anteile an einem Sondervermögen, die von Kapitalverwaltungsgesellschaften im Sinne des Kapitalanlagegesetzbuchs ausgegeben werden und nicht unter § 2 Abs. 1 Nr. 1 Buchstabe c fallen, oder
6. Anteile an offenen EU-Investmentvermögen und ausländischen AIF, die nach dem Kapitalanlagegesetzbuch vertrieben werden dürfen.

Der Arbeitnehmer ist verpflichtet, bis zum Ablauf der Sperrfrist die nach Satz 1 erworbenen Wertpapiere bei dem Kreditinstitut, mit dem der Sparvertrag abgeschlossen ist, festzulegen und über die Wertpapiere nicht zu verfügen; diese Verpflichtung besteht nicht, wenn eine der in § 4 Abs. 4 Nr. 1 bis 5 bezeichneten Voraussetzungen erfüllt ist.

(5) Der Arbeitnehmer ist abweichend von der in Absatz 2 Satz 1 Nummer 2 bezeichneten Vereinbarung auch berechtigt, vor Ablauf der Sperrfrist die Überweisung eingezahlter vermögenswirksamer Leistungen auf einen von ihm oder seinem nicht dauernd getrennt lebenden Ehegatten oder Lebenspartner abgeschlossenen Bausparvertrag zu verlangen, wenn weder mit der Auszahlung der Bausparsumme begonnen worden ist noch die überwiesenen Beträge vor Ablauf der Sperrfrist ganz oder zum Teil zurückgezahlt noch Ansprüche aus dem Bausparvertrag abgetreten oder beliehen werden oder wenn eine solche vorzeitige Verfügung nach § 2 Absatz 3 Satz 2 Nummer 1 und 2 des Wohnungsbau-Prämiengesetzes in der Fassung der Bekanntmachung vom 30. Oktober 1997 (BGBl. I S. 2678), das zuletzt durch Artikel 7 des Gesetzes vom 5. April 2011 (BGBl. I S. 554) geändert worden ist, in der jeweils geltenden Fassung unschädlich ist. Satz 1 gilt für vor dem 1. Januar 2009 und nach dem 31. Dezember 2008 abgeschlossene Bausparverträge.

§ 9 Kapitalversicherungsvertrag

(1) Ein Kapitalversicherungsvertrag im Sinne des § 2 Abs. 1 Nr. 7 ist ein Vertrag über eine Kapitalversicherung auf den Erlebens- und Todesfall gegen laufenden Beitrag, der für die Dauer von mindestens zwölf Jahren und mit den in den Absätzen 2 bis 5 bezeichneten Vereinbarungen zwischen dem Arbeitnehmer und einem Versicherungsunternehmen abgeschlossen ist, das im Geltungsbereich dieses Gesetzes zum Geschäftsbetrieb befugt ist.

(2) Der Arbeitnehmer ist verpflichtet, als Versicherungsbeiträge vermögenswirksame Leistungen einzahlen zu lassen oder andere Beträge einzuzahlen.

(3) Die Versicherungsbeiträge enthalten keine Anteile für Zusatzleistungen wie für Unfall, Invalidität oder Krankheit.

(4) Der Versicherungsvertrag sieht vor, daß bereits ab Vertragsbeginn ein nicht kürzbarer Anteil von mindestens 50 Prozent des gezahlten Beitrags als Rückkaufswert (§ 169 des Versicherungsvertragsgesetzes) erstattet oder der Berechnung der prämienfreien Versicherungsleistung § 165 des Versicherungsvertragsgesetzes) zugrunde gelegt wird.

(5) Die Gewinnanteile werden verwendet

1. zur Erhöhung der Versicherungsleistung oder
2. auf Verlangen des Arbeitnehmers zur Verrechnung mit fälligen Beiträgen, wenn er nach Vertragsabschluß arbeitslos geworden ist und die Arbeitslosigkeit mindestens ein Jahr lang ununterbrochen bestanden hat und im Zeitpunkt der Verrechnung noch besteht.

§ 10 Vereinbarung zusätzlicher vermögenswirksamer Leistungen

(1) Vermögenswirksame Leistungen können in Verträgen mit Arbeitnehmern, in Betriebsvereinbarungen, in Tarifverträgen oder in bindenden Festsetzungen (§ 19 des Heimarbeitsgesetzes) vereinbart werden.

(2) – (4) (aufgehoben)

(5) Der Arbeitgeber kann auf tarifvertraglich vereinbarte vermögenswirksame Leistungen die betrieblichen Sozialleistungen anrechnen, die dem Arbeitnehmer in dem Kalenderjahr bisher schon als vermögenswirksame Leistungen erbracht worden sind.

§ 11 Vermögenswirksame Anlage von Teilen des Arbeitslohns

(1) Der Arbeitgeber hat auf schriftliches Verlangen des Arbeitnehmers einen Vertrag über die vermögenswirksame Anlage von Teilen des Arbeitslohns abzuschließen.

(2) Auch vermögenswirksam angelegte Teile des Arbeitslohns sind vermögenswirksame Leistungen im Sinne dieses Gesetzes.

(3) Zum Abschluß eines Vertrags nach Absatz 1, wonach die Lohnteile nicht zusammen mit anderen vermögenswirksamen Leistungen für den Arbeitnehmer angelegt und überwiesen werden sollen, ist der Arbeitgeber nur dann verpflichtet, wenn der Arbeitnehmer die Anlage von Teilen des Arbeitslohns in monatlichen der Höhe nach gleichbleibenden Beträgen von mindestens 13 Euro oder in vierteljährlichen der Höhe nach gleichbleibenden Beträgen von mindestens 39 Euro oder nur einmal im Kalenderjahr in Höhe eines Betrags von mindestens 39 Euro verlangt. Der Arbeitnehmer kann bei der Anlage in monatlichen Beträgen während des Kalenderjahrs die Art der vermögenswirksamen Anlage und das Unternehmen oder Institut, bei dem sie erfolgen soll, nur mit Zustimmung des Arbeitgebers wechseln.

(4) Der Arbeitgeber kann einen Termin im Kalenderjahr bestimmen, zu dem die Arbeitnehmer des Betriebs oder Betriebsteils die einmalige Anlage von Teilen des Arbeitslohns nach Absatz 3 verlangen können. Die Bestimmung dieses Termins unterliegt der Mitbestimmung des Betriebsrats oder der zuständigen Personalvertretung; das für die Mitbestimmung in sozialen Angelegenheiten vorgeschriebene Verfahren ist einzuhalten. Der nach Satz 1 bestimmte Termin ist den Arbeitnehmern in jedem Kalenderjahr erneut in geeigneter Form bekanntzugeben. Zu einem anderen als dem nach Satz 1 bestimmten Termin kann der Arbeitnehmer eine einmalige Anlage nach Absatz 3 nur verlangen

1. von Teilen des Arbeitslohns, den er im letzten Lohnzahlungszeitraum des Kalenderjahrs erzielt, oder
2. von Teilen besonderer Zuwendungen, die im Zusammenhang mit dem Weihnachtsfest oder Jahresende gezahlt werden.

(5) Der Arbeitnehmer kann jeweils einmal im Kalenderjahr von dem Arbeitgeber schriftlich verlangen, daß der Vertrag über die vermögenswirksame Anlage von Teilen des Arbeitslohns aufgehoben, eingeschränkt oder erweitert wird. Im Fall der Aufhebung ist der Arbeitgeber nicht verpflichtet, in demselben Kalenderjahr einen neuen Vertrag über die vermögenswirksame Anlage von Teilen des Arbeitslohns abzuschließen.

(6) In Tarifverträgen oder Betriebsvereinbarungen kann von den Absätzen 3 bis 5 abgewichen werden.

§ 12 Freie Wahl der Anlage

Vermögenswirksame Leistungen werden nur dann nach den Vorschriften dieses Gesetzes gefördert, wenn der Arbeitnehmer die Art der vermögenswirksamen Anlage und das Unternehmen oder Institut, bei dem sie erfolgen soll, frei wählen kann. Einer Förderung steht jedoch nicht entgegen, daß durch Tarifvertrag die Anlage auf die Formen des § 2 Abs. 1 Nr. 1 bis 5, Abs. 2 bis 4 beschränkt wird. Eine Anlage im Unternehmen des Arbeitgebers nach § 2 Abs. 1 Nr. 1 Buchstabe g bis l und Abs. 4 ist nur mit Zustimmung des Arbeitgebers zulässig.

§ 13 Anspruch auf Arbeitnehmer-Sparzulage

(1) Der Arbeitnehmer hat Anspruch auf eine Arbeitnehmer-Sparzulage nach Absatz 2, wenn er gegenüber dem Unternehmen, dem Institut oder dem in § 3 Absatz 3 genannten Gläubiger in die Datenübermittlung nach Maßgabe des § 15 Absatz 1 Satz 2 und 3 eingewilligt hat und sein Einkommen folgende Grenzen nicht übersteigt:[1])

1. bei nach § 2 Abs. 1 Nr. 1 bis 3, Abs. 2 bis 4 angelegten vermögenswirksamen Leistungen die Einkommensgrenze von 20 000 Euro oder bei einer Zusammenveranlagung nach § 26b des Einkommensteuergesetzes von 40 000 Euro oder
2. bei nach § 2 Abs. 1 Nr. 4 und 5 angelegten vermögenswirksamen Leistungen die Einkommensgrenze von 17 900 Euro oder bei einer Zusammenveranlagung nach § 26b des Einkommensteuergesetzes von 35 800 Euro.

Maßgeblich ist das zu versteuernde Einkommen nach § 2 Absatz 5 des Einkommensteuergesetzes in dem Kalenderjahr, in dem die vermögenswirksamen Leistungen angelegt worden sind.

(2) Die Arbeitnehmer-Sparzulage beträgt 20 Prozent der nach § 2 Absatz 1 Nummer 1 bis 3, Absatz 2 bis 4 angelegten vermögenswirksamen Leistungen, soweit sie 400 Euro im Kalenderjahr nicht übersteigen, und 9 Prozent der nach § 2 Absatz 1 Nummer 4 und 5 angelegten vermögenswirksamen Leistungen, soweit sie 470 Euro im Kalenderjahr nicht übersteigen.

(3) Die Arbeitnehmer-Sparzulage gilt weder als steuerpflichtige Einnahme im Sinne des Einkommensteuergesetzes noch als Einkommen, Verdienst oder Entgelt (Arbeitsentgelt) im Sinne der Sozialversicherung und des Dritten Buches Sozialgesetzbuch; sie gilt arbeitsrechtlich nicht als Bestandteil des Lohns oder Gehalts. Der Anspruch auf Arbeitnehmer-Sparzulage ist nicht übertragbar.

(4) Der Anspruch auf Arbeitnehmer-Sparzulage entsteht mit Ablauf des Kalenderjahrs, in dem die vermögenswirksamen Leistungen angelegt worden sind.

(5) Der Anspruch auf Arbeitnehmer-Sparzulage entfällt rückwirkend, soweit die in den §§ 4 bis 7 genannten Fristen oder bei einer Anlage nach § 2 Abs. 1 Nr. 4 die in § 2 Abs. 1 Nr. 3 und 4 und Abs. 3 Satz 1 des Wohnungsbau-Prämiengesetzes vorgesehenen Voraussetzungen nicht eingehalten werden. Satz 1 gilt für vor dem 1. Januar 2009 und nach dem 31. Dezember 2008 abgeschlossene Bausparverträge. Der Anspruch entfällt nicht, wenn die Sperrfrist nicht eingehalten wird, weil

1. der Arbeitnehmer das Umtausch- oder Abfindungsangebot eines Wertpapier-Emittenten angenommen hat oder Wertpapiere dem Aussteller nach Auslosung oder Kündigung durch den Aussteller zur Einlösung vorgelegt worden sind,
2. die mit den vermögenswirksamen Leistungen erworbenen oder begründeten Wertpapiere oder Rechte im Sinne des § 2 Abs. 1 Nr. 1, Abs. 2 bis 4 ohne Mitwirkung des Arbeitnehmers wertlos geworden sind oder

---

[1]) § 13 Abs. 1 Satz 1 des 5. VermBG wurde durch das AmtshilfeRLUmsG neu gefasst. Das BMF teilt den Zeitpunkt der erstmaligen Anwendung des § 13 i. d. F. des Artikels 18 des Gesetzes vom 26. 6. 2013 (BGBl. I S. 1809) durch ein im BStBl zu veröffentlichendes Schreiben mit. Bis zu diesem Zeitpunkt ist der § 13 i. d. F. des Artikels 13 des Gesetzes vom 7. 12. 2011 (BGBl. I S. 2592) weiter anzuwenden → § 17 Abs. 14 Satz 1 und 2 des 5. VermBG.
Satz 1 in der bisherigen Fassung lautet:
„[1]Der Arbeitnehmer hat Anspruch auf eine Arbeitnehmer-Sparzulage nach Absatz 2, wenn sein Einkom*men folgende Grenzen nicht übersteigt:*
1. bei nach § 2 Abs. 1 Nr. 1 bis 3, Abs. 2 bis 4 angelegten vermögenswirksamen Leistungen die Einkommensgrenze von 20 000 Euro oder bei einer Zusammenveranlagung von Ehegatten nach § 26b des Einkommensteuergesetzes von 40 000 Euro oder
2. bei nach § 2 Abs. 1 Nr. 4 und 5 angelegten vermögenswirksamen Leistungen die Einkommensgrenze von 17 900 Euro oder bei einer Zusammenveranlagung von Ehegatten nach § 26b des Einkommensteuergesetzes von 35 800 Euro."

3. der Arbeitnehmer über nach § 2 Abs. 1 Nr. 4 angelegte vermögenswirksame Leistungen nach Maßgabe des § 4 Abs. 4 Nr. 4 in Höhe von mindestens 30 Euro verfügt.

§ 14 Festsetzung der Arbeitnehmer-Sparzulage, Anwendung der Abgabenordnung, Verordnungsermächtigung, Rechtsweg

(1) Die Verwaltung der Arbeitnehmer-Sparzulage obliegt den Finanzämtern. Die Arbeitnehmer-Sparzulage wird aus den Einnahmen an Lohnsteuer gezahlt.

(2) Auf die Arbeitnehmer-Sparzulage sind die für Steuervergütungen geltenden Vorschriften der Abgabenordnung entsprechend anzuwenden. Dies gilt nicht für § 163 der Abgabenordnung.

(3) Für die Arbeitnehmer-Sparzulage gelten die Strafvorschriften des § 370 Abs. 1 bis 4, der §§ 371, 375 Abs. 1 und des § 376 sowie die Bußgeldvorschriften der §§ 378, 379 Abs. 1 und 4 und der §§ 383 und 384 der Abgabenordnung entsprechend. Für das Strafverfahren wegen einer Straftat nach Satz 1 sowie der Begünstigung einer Person, die eine solche Tat begangen hat, gelten die §§ 385 bis 408, für das Bußgeldverfahren wegen einer Ordnungswidrigkeit nach Satz 1 die §§ 409 bis 412 der Abgabenordnung entsprechend.

(4) Die Arbeitnehmer-Sparzulage wird auf Antrag durch das für die Besteuerung des Arbeitnehmers nach dem Einkommen zuständige Finanzamt festgesetzt. Der Arbeitnehmer hat den Antrag nach amtlich vorgeschriebenem Vordruck zu stellen.[1]) Die Arbeitnehmer-Sparzulage wird fällig

a) mit Ablauf der für die Anlageform vorgeschriebenen Sperrfrist nach diesem Gesetz,

b) mit Ablauf der im Wohnungsbau-Prämiengesetz oder in der Verordnung zur Durchführung des Wohnungsbau-Prämiengesetzes genannten Sperr- und Rückzahlungsfristen. Bei Bausparverträgen gelten die in § 2 Abs. 3 Satz 1 des Wohnungsbau-Prämiengesetzes genannten Sperr- und Rückzahlungsfristen und zwar unabhängig davon, ob der Vertrag vor dem 1. Januar 2009 oder nach dem 31. Dezember 2008 abgeschlossen worden ist,

c) mit Zuteilung des Bausparvertrags oder

d) in den Fällen unschädlicher Verfügung.

(5) Ein Bescheid über die Ablehnung der Festsetzung einer Arbeitnehmer-Sparzulage ist aufzuheben und die Arbeitnehmer-Sparzulage ist nachträglich festzusetzen, wenn der Einkommensteuerbescheid nach Ergehen des Ablehnungsbescheides geändert wird und dadurch erstmals festgestellt wird, dass die Einkommensgrenzen des § 13 Absatz 1 unterschritten sind. Die Frist für die Festsetzung der Arbeitnehmer-Sparzulage endet in diesem Fall nicht vor Ablauf eines Jahres nach Bekanntgabe des geänderten Steuerbescheides. Satz 2 gilt entsprechend, wenn der geänderten Einkommensteuerfestsetzung kein Bescheid über die Ablehnung der Festsetzung einer Arbeitnehmer-Sparzulage vorangegangen ist.

(6) Besteht für Aufwendungen, die vermögenswirksame Leistungen darstellen, ein Anspruch auf Arbeitnehmer-Sparzulage und hat der Arbeitnehmer hierfür abweichend von § 1 Satz 2 Nummer 1 des Wohnungsbau-Prämiengesetzes eine Wohnungsbauprämie beantragt, endet die Frist für die Festsetzung der Arbeitnehmer-Sparzulage nicht vor Ablauf eines Jahres nach Bekanntgabe der Mitteilung über die Änderung des Prämienanspruchs.

(7) Die Bundesregierung wird ermächtigt, durch Rechtsverordnung mit Zustimmung des Bundesrates das Verfahren bei der Festsetzung und der Auszahlung der Arbeitnehmer-Sparzulage näher zu regeln, soweit dies zur Vereinfachung des Verfahrens erforderlich ist. Dabei kann auch bestimmt werden, daß der Arbeitgeber, das Unternehmen, das Institut oder der in § 3 Abs. 3 genannte Gläubiger bei der Antragstellung mitwirkt und ihnen die Arbeitnehmer-Sparzulage zugunsten des Arbeitnehmers überwiesen wird.

(8) In öffentlich-rechtlichen Streitigkeiten über die auf Grund dieses Gesetzes ergehenden Verwaltungsakte der Finanzbehörden ist der Finanzrechtsweg gegeben.

[1]) § 14 Abs. 4 Satz 3 des 5. VermBG wurde durch das AmtshilfeRLUmsG neu gefasst. Das BMF teilt den Zeitpunkt der erstmaligen Anwendung des § 14 Abs. 4 i. d. F. des Artikels 18 des Gesetzes vom 26. 6. 2013 (BGBl. I S. 1809) durch ein im BStBl zu veröffentlichendes Schreiben mit. Bis zu diesem Zeitpunkt ist der § 14 Abs. 4 i. d. F. des Artikels 13 des Gesetzes vom 7. 12. 2011 (BGBl. I S. 2592) weiter anzuwenden → § 17 Abs. 14 Satz 1 und 2 des 5. VermBG.
Satz 3 in der bisherigen Fassung lautet:
„[3]Der Arbeitnehmer hat die vermögenswirksamen Leistungen durch die Bescheinigung nach § 15 Abs. 1 nachzuweisen." → Anhang 14 VIII zum Vordruckmuster.

§ 15 Elektronische Vermögensbildungsbescheinigung, Verordnungsermächtigungen, Haftung, Anrufungsauskunft, Außenprüfung[1])

(1) Das Unternehmen, das Institut oder der in § 3 Absatz 3 genannte Gläubiger hat spätestens bis zum 28. Februar des der Anlage der vermögenswirksamen Leistungen folgenden Kalenderjahres nach amtlich vorgeschriebenem Datensatz durch Datenfernübertragung nach Maßgabe der Steuerdaten-Übermittlungsverordnung im Rahmen einer elektronischen Vermögensbildungsbescheinigung folgende Daten zu übermitteln, wenn der Arbeitnehmer gegenüber dem Mitteilungspflichtigen in die Datenübermittlung eingewilligt hat:

1. Name, Vorname, Geburtsdatum, Anschrift und Identifikationsnummer (§ 139b der Abgabenordnung) des Arbeitnehmers,
2. den jeweiligen Jahresbetrag der nach § 2 Abs. 1 Nr. 1 bis 5, Abs. 2 bis 4 angelegten vermögenswirksamen Leistungen sowie die Art ihrer Anlage,
3. das Kalenderjahr, dem diese vermögenswirksamen Leistungen zuzuordnen sind, und
4. entweder das Ende der für die Anlageform vorgeschriebenen Sperrfrist nach diesem Gesetz oder bei einer Anlage nach § 2 Abs. 1 Nr. 4 das Ende der im Wohnungsbau-Prämiengesetz oder in der Verordnung zur Durchführung des Wohnungsbau-Prämiengesetzes genannten Sperr- und Rückzahlungsfristen. Bei Bausparverträgen sind die in § 2 Abs. 3 Satz 1 des Wohnungsbau-Prämiengesetzes genannten Sperr- und Rückzahlungsfristen zu bescheinigen unabhängig davon, ob der Vertrag vor dem 1. Januar 2009 oder nach dem 31. Dezember 2008 abgeschlossen worden ist.

Die Einwilligung nach Satz 1 ist spätestens bis zum Ablauf des zweiten Kalenderjahres, das auf das Kalenderjahr der Anlage der vermögenswirksamen Leistungen folgt, zu erteilen. Dabei hat der Arbeitnehmer dem Mitteilungspflichtigen die Identifikationsnummer mitzuteilen. Die Einwilligung gilt als erteilt, wenn die übermittelnde Stelle den Arbeitnehmer schriftlich darüber informiert, dass vom Vorliegen einer Einwilligung ausgegangen wird und die Daten übermittelt werden, wenn der Arbeitnehmer dem nicht innerhalb einer Frist von vier Wochen nach Erhalt dieser schriftlichen Information schriftlich widerspricht. Die Einwilligung gilt auch für die folgenden Kalenderjahre, es sei denn, der Arbeitnehmer widerruft diese schriftlich gegenüber der übermittelnden Stelle. Der Widerruf muss der übermittelnden Stelle vor Beginn des Kalenderjahres, für das die Einwilligung erstmals nicht mehr gelten soll, vorliegen. Die übermittelnde Stelle hat den Arbeitnehmer über den Inhalt der Datenübermittlung nach Satz 1 zu unterrichten. Wird die Einwilligung nach Ablauf des Kalenderjahres der Anlage der vermögenswirksamen Leistungen, jedoch innerhalb der in Satz 2 genannten Frist abgegeben, sind die Daten bis zum Ende des folgenden Kalendervierteljahres zu übermitteln.

(2) Die Bundesregierung wird ermächtigt, durch Rechtsverordnung mit Zustimmung des Bundesrates weitere Vorschriften zu erlassen über

1. Aufzeichnungs- und Mitteilungspflichten des Arbeitgebers und des Unternehmens oder Instituts, bei dem die vermögenswirksamen Leistungen angelegt sind, und
2. die Festlegung von Wertpapieren und die Art der Festlegung, soweit dies erforderlich ist, damit nicht die Arbeitnehmer-Sparzulage zu Unrecht gezahlt, versagt, nicht zurückgefordert oder nicht einbehalten wird.

---

1) Die Überschrift von § 15 und Absatz 1 des 5. VermBG wurde durch das AmtshilfeRLUmsG neu gefasst bzw. geändert. Das BMF teilt den Zeitpunkt der erstmaligen Anwendung des § 15 i. d. F. des Artikels 18 des Gesetzes vom 26. 6. 2013 (BGBl. I S. 1809) durch ein im BStBl zu veröffentlichendes Schreiben mit. Bis zu diesem Zeitpunkt ist der § 15 i. d. F. des Artikels 13 des Gesetzes vom 7. 12. 2011 (BGBl. I S. 2592) weiter anzuwenden >§ 17 Abs. 14 Satz 1 und 2 des 5. VermBG.
Die Überschrift von § 15 und Absatz 1 in der bisherigen Fassung lauten:
„Bescheinigungspflichten, Haftung, Verordnungsermächtigung, Anrufungsauskunft
(1) [1]Das Unternehmen, das Institut oder der in § 3 Abs. 3 genannte Gläubiger hat dem Arbeitnehmer auf Verlangen eine Bescheinigung auszustellen über
1. den jeweiligen Jahresbetrag der nach § 2 Abs. 1 Nr. 1 bis 5, Abs. 2 bis 4 angelegten vermögenswirksamen Leistungen sowie die Art ihrer Anlage,
2. das Kalenderjahr, dem diese vermögenswirksamen Leistungen zuzuordnen sind, und
3. entweder das Ende der für die Anlageform vorgeschriebenen Sperrfrist nach diesem Gesetz oder bei einer Anlage nach § 2 Abs. 1 Nr. 4 das Ende der im Wohnungsbau-Prämiengesetz oder in der Verordnung zur Durchführung des Wohnungsbau-Prämiengesetzes genannten Sperr- und Rückzahlungsfristen. [2]Bei Bausparverträgen sind die in § 2 Abs. 3 Satz 1 des Wohnungsbau-Prämiengesetzes genannten Sperr- und Rückzahlungsfristen zu bescheinigen unabhängig davon, ob der Vertrag vor dem 1. Januar 2009 oder nach dem 31. Dezember 2008 abgeschlossen worden ist.

[2]Das Bundesministerium der Finanzen kann mit Zustimmung des Bundesrates durch Rechtsverordnung bestimmen, dass die Bescheinigung nach Satz 1 nach amtlich vorgeschriebenem Datensatz durch Datenfernübertragung an eine amtlich bestimmte Stelle zu übermitteln ist. [3]In der Rechtsverordnung können Ausnahmen zugelassen werden. [4]In den Fällen des Satzes 2 kann auf das Ausstellen einer Bescheinigung nach Satz 1 verzichtet werden, wenn der Arbeitnehmer entsprechend unterrichtet wird. [5]Durch die Datenfernübertragung gilt der Nachweis im Sinne des § 14 Abs. 4 Satz 3 als erbracht.“

(3) Haben der Arbeitgeber, das Unternehmen, das Institut oder der in § 3 Abs. 3 genannte Gläubiger ihre Pflichten nach diesem Gesetz oder nach einer auf Grund dieses Gesetzes erlassenen Rechtsverordnung verletzt, so haften sie für die Arbeitnehmer-Sparzulage, die wegen ihrer Pflichtverletzung zu Unrecht gezahlt, nicht zurückgefordert oder nicht einbehalten worden ist.

(4) Das Finanzamt, das für die Besteuerung der in Absatz 3 Genannten zuständig ist, hat auf deren Anfrage Auskunft darüber zu erteilen, wie im einzelnen Fall die Vorschriften über vermögenswirksame Leistungen anzuwenden sind, die nach § 2 Abs. 1 Nr. 1 bis 5, Abs. 2 bis 4 angelegt werden[1].

(5) Das für die Lohnsteuer-Außenprüfung zuständige Finanzamt kann bei den in Absatz 3 Genannten eine Außenprüfung durchführen, um festzustellen, ob sie ihre Pflichten nach diesem Gesetz oder nach einer auf Grund dieses Gesetzes erlassenen Rechtsverordnung, soweit diese mit der Anlage vermögenswirksamer Leistungen nach § 2 Abs. 1 Nr. 1 bis 5, Abs. 2 bis 4 zusammenhängen, erfüllt haben. Die §§ 195 bis 202 der Abgabenordnung gelten entsprechend.

§ 16 Berlin-Klausel

(gegenstandslos)

§ 17 Anwendungsvorschriften

(1) Die vorstehenden Vorschriften dieses Gesetzes gelten vorbehaltlich der nachfolgenden Absätze für vermögenswirksame Leistungen, die nach dem 31. Dezember 1993 angelegt werden.

(2) Für vermögenswirksame Leistungen, die vor dem 1. Januar 1994 angelegt werden, gilt, soweit Absatz 5 nichts anderes bestimmt, § 17 des Fünften Vermögensbildungsgesetzes in der Fassung der Bekanntmachung vom 19. Januar 1989 (BGBl. I S. 137) – Fünftes Vermögensbildungsgesetz 1989 –, unter Berücksichtigung der Änderung durch Artikel 2 Nr. 1 des Gesetzes vom 13. Dezember 1990 (BGBl. I S. 2749).

(3) Für vermögenswirksame Leistungen, die im Jahr 1994 angelegt werden auf Grund eines vor dem 1. Januar 1994 abgeschlossenen Vertrags

1. nach § 4 Abs. 1 oder § 5 Abs. 1 des Fünften Vermögensbildungsgesetzes 1989 zum Erwerb von Aktien oder Wandelschuldverschreibungen, die keine Aktien oder Wandelschuldverschreibungen im Sinne des vorstehenden § 2 Abs. 1 Nr. 1 Buchstabe a oder b, Abs. 2 Satz 1 sind, oder
2. nach § 6 Abs. 2 des Fünften Vermögensbildungsgesetzes 1989 über die Begründung eines Geschäftsguthabens bei einer Genossenschaft, die keine Genossenschaft im Sinne des vorstehenden § 2 Abs. 1 Nr. 1 Buchstabe g, Abs. 2 Satz 2 ist, oder
3. nach § 6 Abs. 2 oder § 7 Abs. 2 des Fünften Vermögensbildungsgesetzes 1989 über die Übernahme einer Stammeinlage oder zum Erwerb eines Geschäftsanteils an einer Gesellschaft mit beschränkter Haftung, die keine Gesellschaft im Sinne des vorstehenden § 2 Abs. 1 Nr. 1 Buchstabe h, Abs. 2 Satz 3 ist,

gelten statt der vorstehenden §§ 2, 4, 6 und 7 die §§ 2, 4, 6 und 7 des Fünften Vermögensbildungsgesetzes 1989.

(4) Für vermögenswirksame Leistungen, die nach dem 31. Dezember 1993 auf Grund eines Vertrags im Sinne des § 17 Abs. 5 Satz 1 des Fünften Vermögensbildungsgesetzes 1989 angelegt werden, gilt § 17 Abs. 5 und 6 des Fünften Vermögensbildungsgesetzes 1989.

(5) Für vermögenswirksame Leistungen, die vor dem 1. Januar 1994 auf Grund eines Vertrags im Sinne des Absatzes 3 angelegt worden sind, gelten § 4 Abs. 2 bis 5, § 5 Abs. 2, § 6 Abs. 3 *und* § 7 Abs. 3 des Fünften Vermögensbildungsgesetzes 1989 über Fristen für die Verwendung vermögenswirksamer Leistungen und über Sperrfristen nach dem 31. Dezember 1993 nicht mehr. Für vermögenswirksame Leistungen, die vor dem 1. Januar 1990 auf Grund eines Vertrags im Sinne des § 17 Abs. 2 des Fünften Vermögensbildungsgesetzes 1989 über die Begründung einer oder mehrerer Beteiligungen als stiller Gesellschafter angelegt worden sind, gilt § 7 Abs. 3 des Fünften Vermögensbildungsgesetzes in der Fassung der Bekanntmachung vom 19. Februar 1987 (BGBl. I S. 630) über die Sperrfrist nach dem 31. Dezember 1993 nicht mehr.

1) Die Auskunft nach § 15 Abs. 4 des 5. VermBG ist ein Verwaltungsakt i. S. von § 118 Satz 1 AO. Diese Auskunft trifft eine Regelung dahin, wie die Finanzbehörde den vom Antragsteller dargestellten Sachverhalt gegenwärtig beurteilt. Entsprechend diesem Regelungsgehalt überprüft das Finanzgericht die Auskunft sachlich nur daraufhin, ob der Sachverhalt zutreffend erfasst und die rechtliche Beurteilung nicht evident fehlerhaft ist (→ BFH vom 5. 6. 2014 – BStBl 2015 II S. 48).

(6) Für vermögenswirksame Leistungen, die vor dem 1. Januar 1999 angelegt worden sind, gilt § 13 Abs. 1 und 2 dieses Gesetzes in der Fassung der Bekanntmachung vom 4. März 1994 (BGBl. I S. 406).

(7) § 13 Abs. 1 Satz 1 und Abs. 2 in der Fassung des Artikels 2 des Gesetzes vom 7. März 2009 (BGBl. I S. 451) ist erstmals für vermögenswirksame Leistungen anzuwenden, die nach dem 31. Dezember 2008 angelegt werden.

(8) § 8 Abs. 5, § 13 Abs. 5 Satz 1 und 2, § 14 Abs. 4 Satz 4 Buchstabe b und § 15 Abs. 1 Nr. 3 in der Fassung des Artikels 7 des Gesetzes vom 29. Juli 2008 (BGBl. I S. 1509) sind erstmals für vermögenswirksame Leistungen anzuwenden, die nach dem 31. Dezember 2008 angelegt werden.

(9) § 4 Abs. 4 Nr. 4 und § 13 Abs. 5 Satz 3 Nr. 3 in der Fassung des Artikels 1 des Gesetzes vom 8. Dezember 2008 (BGBl. I S. 2373) ist erstmals bei Verfügungen nach dem 31. Dezember 2008 anzuwenden.

(10) § 14 Absatz 4 Satz 2 in der Fassung des Artikels 12 des Gesetzes vom 16. Juli 2009 (BGBl. I S. 1959) ist erstmals für vermögenswirksame Leistungen anzuwenden, die nach dem 31. Dezember 2006 angelegt werden, und in Fällen, in denen am 22. Juli 2009 über einen Antrag auf Arbeitnehmer-Sparzulage noch nicht bestandskräftig entschieden ist.

(11) § 13 Absatz 1 Satz 2 in der Fassung des Artikels 10 des Gesetzes vom 8. Dezember 2010 (BGBl. I S. 1768) ist erstmals für vermögenswirksame Leistungen anzuwenden, die nach dem 31. Dezember 2008 angelegt werden.

(12) § 2 Absatz 1 Nummer 5 in der Fassung des Artikels 13 des Gesetzes vom 7. Dezember 2011 (BGBl. I S. 2592) ist erstmals für vermögenswirksame Leistungen anzuwenden, die nach dem 31. Dezember 2011 angelegt werden.

(13) § 3 Absatz 1 Satz 1 Nummer 1 in der Fassung des Artikels 18 des Gesetzes vom 26. Juni 2013 (BGBl. I S. 1809) ist erstmals für vermögenswirksame Leistungen anzuwenden, die nach dem 31. Dezember 2012 angelegt werden. § 4 Absatz 4 Nummer 1, 2 und 4 sowie § 8 Absatz 5 Satz 1 in der Fassung des Artikels 18 des Gesetzes vom 26. Juni 2013 (BGBl. I S. 1809) sind erstmals bei Verfügungen nach dem 31. Dezember 2012 anzuwenden.

(14) Das Bundesministerium der Finanzen teilt den Zeitpunkt der erstmaligen Anwendung der §§ 13 und 14 Absatz 4 sowie des § 15 in der Fassung des Artikels 18 des Gesetzes vom 26. Juni 2013 (BGBl. I S. 1809) durch ein im Bundessteuerblatt zu veröffentlichendes Schreiben mit. Bis zu diesem Zeitpunkt sind die §§ 13 und 14 Absatz 4 sowie der § 15 in der Fassung des Artikels 13 des Gesetzes vom 7. Dezember 2011 (BGBl. I S. 2592) weiter anzuwenden.

(15) § 2 Absatz 1 Nummer 1 in der Fassung des Artikels 5 des Gesetzes vom 18. Dezember 2013 (BGBl. I S. 4318) ist erstmals für vermögenswirksame Leistungen anzuwenden, die nach dem 31. Dezember 2013 angelegt werden. § 4 Absatz 4 Nummer 4 in der Fassung des Artikels 4 des Gesetzes vom 18. Dezember (BGBl. I S. 4318 ist erstmals bei Verfügungen nach dem 31. Dezember 2013 anzuwenden.

§ 18 Kündigung eines vor 1994 abgeschlossenen Anlagevertrags und der Mitgliedschaft in einer Genossenschaft oder Gesellschaft mit beschränkter Haftung

(1) Hat sich der Arbeitnehmer in einem Vertrag im Sinne des § 17 Abs. 3 verpflichtet, auch nach dem 31. Dezember 1994 vermögenswirksame Leistungen überweisen zu lassen oder andere Beträge zu zahlen, so kann er den Vertrag bis zum 30. September 1994 auf den 31. Dezember 1994 mit der Wirkung schriftlich kündigen, daß auf Grund dieses Vertrags vermögenswirksame Leistungen oder andere Beträge nach dem 31. Dezember 1994 nicht mehr zu zahlen sind.

(2) Ist der Arbeitnehmer im Zusammenhang mit dem Abschluß eines Vertrags im Sinne des § 17 Abs. 3 Nr. 2 Mitglied in einer Genossenschaft geworden, so kann er die Mitgliedschaft bis zum 30. September 1994 auf den 31. Dezember 1994 mit der Wirkung schriftlich kündigen, daß nach diesem Zeitpunkt die Verpflichtung, Einzahlungen auf einen Geschäftsanteil zu leisten und ein Eintrittsgeld zu zahlen, entfällt. Weitergehende Rechte des Arbeitnehmers nach dem Statut der Genossenschaft bleiben unberührt. Der ausgeschiedene Arbeitnehmer kann die Auszahlung des Auseinandersetzungsguthabens, die Genossenschaft kann die Zahlung eines den ausgeschiedenen Arbeitnehmer treffenden Anteils an einem Fehlbetrag zum 1. Januar 1998 verlangen.

(3) Ist der Arbeitnehmer im Zusammenhang mit dem Abschluß eines Vertrags im Sinne des § 17 Abs. 3 Nr. 3 Gesellschafter einer Gesellschaft mit beschränkter Haftung geworden, so

kann er die Mitgliedschaft bis zum 30. September 1994 auf den 31. Dezember 1994 schriftlich kündigen. Weitergehende Rechte des Arbeitnehmers nach dem Gesellschaftsvertrag bleiben unberührt. Der zum Austritt berechtigte Arbeitnehmer kann von der Gesellschaft als Abfindung den Verkehrswert seines Geschäftsanteils verlangen; maßgebend ist der Verkehrswert im Zeitpunkt des Zugangs der Kündigungserklärung. Der Arbeitnehmer kann die Abfindung nur verlangen, wenn die Gesellschaft sie ohne Verstoß gegen § 30 Abs. 1 des Gesetzes betreffend die Gesellschaften mit beschränkter Haftung zahlen kann. Hat die Gesellschaft die Abfindung bezahlt, so stehen dem Arbeitnehmer aus seinem Geschäftsanteil keine Rechte mehr zu. Kann die Gesellschaft bis zum 31. Dezember 1996 die Abfindung nicht gemäß Satz 4 zahlen, so ist sie auf Antrag des zum Austritt berechtigten Arbeitnehmers aufzulösen. § 61 Abs. 1, Abs. 2 Satz 1 und Abs. 3 des Gesetzes betreffend die Gesellschaften mit beschränkter Haftung gilt im übrigen entsprechend.

(4) Werden auf Grund der Kündigung nach Absatz 1, 2 oder 3 Leistungen nicht erbracht, so hat der Arbeitnehmer dies nicht zu vertreten.

(5) Hat der Arbeitnehmer nach Absatz 1 einen Vertrag im Sinne des § 17 Abs. 3 Nr. 2 oder nach Absatz 2 die Mitgliedschaft in einer Genossenschaft gekündigt, so gelten beide Kündigungen als erklärt, wenn der Arbeitnehmer dies nicht ausdrücklich ausgeschlossen hat. Entsprechendes gilt, wenn der Arbeitnehmer nach Absatz 1 einen Vertrag im Sinne des § 17 Abs. 3 Nr. 3 oder nach Absatz 3 die Mitgliedschaft in einer Gesellschaft mit beschränkter Haftung gekündigt hat.

(6) Macht der Arbeitnehmer von seinem Kündigungsrecht nach Absatz 1 keinen Gebrauch, so gilt die Verpflichtung, vermögenswirksame Leistungen überweisen zu lassen, nach dem 31. Dezember 1994 als Verpflichtung, andere Beträge in entsprechender Höhe zu zahlen.

II.
Verordnung zur Durchführung des Fünften Vermögensbildungsgesetzes (VermBDV 1994)

vom 20. 12. 1994 (BGBl. 1994 I S. 3904)
zuletzt geändert durch Artikel 8 der Verordnung zur Änderung steuerlicher Vorschriften und weiterer Vorschriften vom 22. 12. 2014 (BGBl. I S. 2392*, **BStBl 2015 I S. 72***)

§ 1 Verfahren

Auf das Verfahren bei der Festsetzung, Auszahlung und Rückzahlung der Arbeitnehmer-Sparzulage sind neben den in § 14 Abs. 2 des Gesetzes bezeichneten Vorschriften die für die Einkommensteuer und Lohnsteuer geltenden Regelungen sinngemäß anzuwenden, soweit sich aus den nachstehenden Vorschriften nichts anderes ergibt.

§ 2 Mitteilungspflichten des Arbeitgebers, des Kreditinstituts oder des Unternehmens

(1) Der Arbeitgeber hat bei Überweisung vermögenswirksamer Leistungen im Dezember und Januar eines Kalenderjahres dem Kreditinstitut oder dem Unternehmen, bei dem die vermögenswirksamen Leistungen angelegt werden, das Kalenderjahr mitzuteilen, dem die vermögenswirksamen Leistungen zuzuordnen sind.

(2) Werden bei einer Anlage nach § 2 Abs. 1 Nr. 4 des Gesetzes oder § 17 Abs. 5 Satz 1 Nr. 1 des Fünften Vermögensbildungsgesetzes in der Fassung der Bekanntmachung vom 19. Januar 1989 (BGBl. I S. 137)

1. Wohnbau-Sparverträge in Baufinanzierungsverträge umgewandelt (§ 12 Abs. 1 Nr. 2 der Verordnung zur Durchführung des Wohnungsbau-Prämiengesetzes in der Fassung der Bekanntmachung vom 29. Juni 1994, BGBl. I S. 1446),
2. Baufinanzierungsverträge in Wohnbau-Sparverträge umgewandelt (§ 18 Abs. 1 Nr. 2 der Verordnung zur Durchführung des Wohnungsbau-Prämiengesetzes in der Fassung der Bekanntmachung vom 29. Juni 1994, BGBl. I S. 1446) oder
3. Sparbeiträge auf einen von dem Arbeitnehmer oder seinem Ehegatten oder Lebenspartner abgeschlossenen Bausparvertrag überwiesen (§ 4 Abs. 3 Nr. 7 des Fünften Vermögensbildungsgesetzes in der Fassung der Bekanntmachung vom 19. Februar 1987, BGBl. I S. 630),

so hat das Kreditinstitut oder Unternehmen, bei dem die vermögenswirksamen Leistungen angelegt worden sind, dem neuen Kreditinstitut oder Unternehmen den Betrag der vermögenswirksamen Leistungen, das Kalenderjahr, dem sie zuzuordnen sind, das Ende der Sperrfrist, seinen

Institutsschlüssel gemäß § 5 Absatz 1 und die bisherige Vertragsnummer des Arbeitnehmers unverzüglich schriftlich mitzuteilen.[1]) Das neue Kreditinstitut oder Unternehmen hat die Angaben aufzuzeichnen.

(3) Das Kreditinstitut oder die Kapitalverwaltungsgesellschaft, bei dem vermögenswirksame Leistungen auf Grund eines Vertrags im Sinne des § 4 des Gesetzes angelegt werden, hat

1. dem Arbeitgeber, der mit den vermögenswirksamen Leistungen erworbene Wertpapiere verwahrt oder an dessen Unternehmen eine nichtverbriefte Vermögensbeteiligung im Sinne des § 2 Abs. 1 Nr. 1 Buchstabe g bis l des Gesetzes mit den vermögenswirksamen Leistungen begründet oder erworben wird, oder
2. dem Unternehmen, an dem eine nichtverbriefte Vermögensbeteiligung im Sinne des § 2 Abs. 1 Nr. 1 Buchstabe g bis l des Gesetzes mit den vermögenswirksamen Leistungen begründet oder erworben wird,

das Ende der für die vermögenswirksamen Leistungen geltenden Sperrfrist unverzüglich schriftlich mitzuteilen. Wenn über die verbrieften oder nichtverbrieften Vermögensbeteiligungen vor Ablauf der Sperrfrist verfügt worden ist, hat dies der Arbeitgeber oder das Unternehmen dem Kreditinstitut oder der Kapitalverwaltungsgesellschaft unverzüglich mitzuteilen.

(4) Der Arbeitgeber, bei dem vermögenswirksame Leistungen auf Grund eines Vertrags im Sinne des § 5 des Gesetzes angelegt werden, hat dem vom Arbeitnehmer benannten Kreditinstitut, das die erworbenen Wertpapiere verwahrt, oder der vom Arbeitnehmer benannten Kapitalverwaltungsgesellschaft, die die erworbenen Wertpapiere verwahrt, das Ende der für die vermögenswirksamen Leistungen geltenden Sperrfrist unverzüglich schriftlich mitzuteilen. Wenn über die Wertpapiere vor Ablauf der Sperrfrist verfügt worden ist, hat dies das Kreditinstitut oder die Kapitalverwaltungsgesellschaft dem Arbeitgeber unverzüglich mitzuteilen.

§ 3 Aufzeichnungspflichten des Beteiligungsunternehmens

(1) Das Unternehmen, an dem eine nichtverbriefte Vermögensbeteiligung im Sinne des § 2 Abs. 1 Nr. 1 Buchstabe g bis l des Gesetzes auf Grund eines Vertrags im Sinne des § 6 Abs. 2 oder des § 7 Abs. 2 des Gesetzes mit vermögenswirksamen Leistungen begründet oder erworben wird, hat den Betrag der vermögenswirksamen Leistungen und das Kalenderjahr, dem sie zuzuordnen sind, sowie das Ende der Sperrfrist aufzuzeichnen. Bei Verträgen im Sinne des § 4 des Gesetzes genügt die Aufzeichnung des Endes der Sperrfrist.

(2) Zu den Aufzeichnungen nach Absatz 1 Satz 1 ist auch der Arbeitgeber verpflichtet, an dessen Unternehmen eine nichtverbriefte Vermögensbeteiligung im Sinne des § 2 Abs. 1 Nr. 1 Buchstabe g bis l des Gesetzes auf Grund eines Vertrags im Sinne des § 6 Abs. 1 oder des § 7 Abs. 1 des Gesetzes mit vermögenswirksamen Leistungen begründet oder erworben wird.

§ 4 Festlegung von Wertpapieren

(1) Wertpapiere, die auf Grund eines Vertrags im Sinne des § 4 des Gesetzes mit vermögenswirksamen Leistungen erworben werden, sind auf den Namen des Arbeitnehmers dadurch festzulegen, daß sie für die Dauer der Sperrfrist wie folgt in Verwahrung gegeben werden:

1. Erwirbt der Arbeitnehmer Einzelurkunden, so müssen diese in das Depot bei dem Kreditinstitut oder der Kapitalverwaltungsgesellschaft gegeben werden, mit dem er den Sparvertrag abgeschlossen hat. Das Kreditinstitut oder die Kapitalverwaltungsgesellschaft muß in den Depotbüchern einen Sperrvermerk für die Dauer der Sperrfrist anbringen. Bei Drittverwahrung genügt ein Sperrvermerk im Kundenkonto beim erstverwahrenden Kreditinstitut oder bei der erstverwahrenden Kapitalverwaltungsgesellschaft.
2. Erwirbt der Arbeitnehmer Anteile an einem Sammelbestand von Wertpapieren oder werden Wertpapiere bei einer Wertpapiersammelbank in Sammelverwahrung gegeben, so muß das Kreditinstitut oder die Kapitalverwaltungsgesellschaft einen Sperrvermerk in das Depotkonto eintragen.

---

[1]) § 2 Abs. 2 Satz 1 Satzteil nach Nr. 3 VermBDV 1994 wurde durch das AmtshilfeRLUmsG geändert. Das BMF teilt den Zeitpunkt der erstmaligen Anwendung von § 2 Abs. 2 Satz 1 i. d. F. des Artikels 19 des Gesetzes vom 26. 6. 2013 (BGBl. I S. 1809) durch ein im BStBl zu veröffentlichendes Schreiben mit. Bis zu *diesem Zeitpunkt ist* § 2 Abs. 2 Satz 1 i. d. F. des Artikels 14 des Gesetzes vom 20. 12. 2008 (BGBl. I S. 2850) weiter anzuwenden → § 11 Abs. 11 Satz 4 und 5 VermBDV 1994.
Satz 1 Satzteil nach Nr. 3 in der bisherigen Fassung lautet:
„so hat das Kreditinstitut oder Unternehmen, bei dem die vermögenswirksamen Leistungen angelegt worden sind, dem neuen Kreditinstitut oder Unternehmen den Betrag der vermögenswirksamen Leistungen, das Kalenderjahr, dem sie zuzuordnen sind, das Ende der Sperrfrist, seinen Institutsschlüssel (§ 5 Abs. 2) und die bisherige Vertragsnummer des Arbeitnehmers unverzüglich schriftlich mitzuteilen."

(2) Wertpapiere nach Absatz 1 Satz 1

1. die eine Vermögensbeteiligung an Unternehmen des Arbeitgebers oder eine gleichgestellte Vermögensbeteiligung (§ 2 Abs. 2 Satz 1 des Gesetzes) verbriefen oder
2. die der Arbeitnehmer vom Arbeitgeber erwirbt,

können auch vom Arbeitgeber verwahrt werden. Der Arbeitgeber hat die Verwahrung sowie das Ende der Sperrfrist aufzuzeichnen.

(3) Wertpapiere, die auf Grund eines Vertrags im Sinne des § 5 des Gesetzes erworben werden, sind festzulegen durch Verwahrung

1. beim Arbeitgeber oder
2. im Auftrag des Arbeitgebers bei einem Dritten oder
3. bei einem vom Arbeitnehmer benannten inländischen Kreditinstitut oder bei einer vom Arbeitnehmer benannten inländischen Kapitalverwaltungsgesellschaft.

In den Fällen der Nummern 1 und 2 hat der Arbeitgeber die Verwahrung, den Betrag der vermögenswirksamen Leistungen, das Kalenderjahr, dem sie zuzuordnen sind, und das Ende der Sperrfrist aufzuzeichnen. Im Falle der Nummer 3 hat das Kreditinstitut oder die Kapitalverwaltungsgesellschaft das Ende der Sperrfrist aufzuzeichnen.

(4) Bei einer Verwahrung durch ein Kreditinstitut oder eine Kapitalverwaltungsgesellschaft hat der Arbeitnehmer innerhalb von drei Monaten nach dem Erwerb der Wertpapiere dem Arbeitgeber eine Bescheinigung des Kreditinstituts oder der Kapitalverwaltungsgesellschaft darüber vorzulegen, daß die Wertpapiere entsprechend Absatz 1 in Verwahrung genommen worden sind.

§ 5 Elektronische Vermögensbildungsbescheinigung[1])

(1) Das Kreditinstitut, das Unternehmen oder der Arbeitgeber, bei dem vermögenswirksame Leistungen nach § 2 Abs. 1 Nr. 1 bis 4, Abs. 2 bis 4 des Gesetzes oder nach § 17 Abs. 5 Satz 1 des Fünften Vermögensbildungsgesetzes in der am 19. Januar 1989 geltenden Fassung (BGBl. I S. 137) angelegt werden, hat in der elektronischen Vermögensbildungsbescheinigung seinen Institutsschlüssel und die Vertragsnummer des Arbeitnehmers anzugeben; dies gilt nicht für Anlagen nach § 2 Abs. 1 Nr. 4 des Gesetzes in Verbindung mit § 2 Abs. 1 Nr. 2 des Wohnungsbau-

[1]) § 5 VermBDV 1994 wurde durch das AmtshilfeRLUmsG neu gefasst. Das BMF teilt den Zeitpunkt der erstmaligen Anwendung von § 5 i. d. F. des Artikels 19 des Gesetzes vom 26. 6. 2013 (BGBl. I S. 1809) durch ein im BStBl zu veröffentlichendes Schreiben mit. Bis zu diesem Zeitpunkt ist § 5 i. d. F. des Artikels 14 des Gesetzes vom 20. 12. 2008 (BGBl. I S. 2850) weiter anzuwenden → § 11 Abs. 11 Satz 4 und 5 VermBDV 1994.

§ 5 in der bisherigen Fassung lautet:

„**§ 5 Bescheinigung vermögenswirksamer Leistungen**

(1) Die Bescheinigung nach § 15 Abs. 1 des Gesetzes ist nach amtlich vorgeschriebenem Vordruck zu erteilen. Vermögenswirksame Leistungen, die nach dem 31. Dezember 1994 angelegt werden, sind nach amtlich vorgeschriebenem datenerfassungsgerechten Vordruck zu bescheinigen.

(2) [1]Das Kreditinstitut, das Unternehmen oder der Arbeitgeber, bei dem vermögenswirksame Leistungen nach § 2 Abs. 1 Nr. 1 bis 4, Abs. 2 bis 4 des Gesetzes oder nach § 17 Abs. 5 Satz 1 des Fünften Vermögensbildungsgesetzes in der am 19. Januar 1989 geltenden Fassung (BGBl. I S. 137) angelegt werden, hat in der Bescheinigung seinen Institutsschlüssel und die Vertragsnummer des Arbeitnehmers anzugeben; dies gilt nicht für Anlagen nach § 2 Abs. 1 Nr. 4 des Gesetzes in Verbindung mit § 2 Abs. 1 Nr. 2 des Wohnungsbau-Prämiengesetzes. [2]Der Institutsschlüssel ist bei der Zentralstelle der Länder anzufordern. [3]Bei der Anforderung sind anzugeben

1. Name und Anschrift des anfordernden Kreditinstituts, Unternehmens oder Arbeitgebers,
2. Bankverbindung für die Überweisung der Arbeitnehmer-Sparzulagen,
3. Lieferanschrift für die Übersendung von Datenträgern.

[4]Die Vertragsnummer darf keine Sonderzeichen enthalten.

(3) Der Arbeitgeber oder das Unternehmen, bei dem vermögenswirksame Leistungen nach § 2 Abs. 1 Nr. 2 und 3, Abs. 2 bis 4 des Gesetzes angelegt werden, hat in der Bescheinigung für vermögenswirksame Leistungen, die noch nicht zum Erwerb von Wertpapieren oder zur Begründung von Rechten verwendet worden sind, als Ende der Sperrfrist den 31. Dezember des sechsten Kalenderjahrs nach dem Kalenderjahr anzugeben, dem die vermögenswirksamen Leistungen zuzuordnen sind.

(4) [1]In der Bescheinigung über vermögenswirksame Leistungen, die nach § 2 Abs. 1 Nr. 1 oder 4 des Gesetzes oder nach § 17 Abs. 5 Satz 1 des Fünften Vermögensbildungsgesetzes in der am 19. Januar 1989 geltenden Fassung (BGBl. I S. 137) bei Kreditinstituten, Kapitalanlagegesellschaften oder Versicherungsunternehmen angelegt worden sind, ist bei einer unschädlichen vorzeitigen Verfügung als Ende der Sperrfrist der Zeitpunkt dieser Verfügung anzugeben. [2]Dies gilt bei Zuteilung eines Bausparvertrags entsprechend.

(5) Bei einer schädlichen vorzeitigen Verfügung über vermögenswirksame Leistungen, die nach § 2 Abs. 1 Nr. 1 oder 4 des Gesetzes oder nach § 17 Abs. 5 Satz 1 des Fünften Vermögensbildungsgesetzes in der am 19. Januar 1989 geltenden Fassung (BGBl. I S. 137) bei Kreditinstituten, Kapitalanlagegesellschaften oder Versicherungsunternehmen angelegt worden sind, darf eine Bescheinigung nicht erteilt werden."

Prämiengesetzes. Der Institutsschlüssel ist bei der Zentralstelle der Länder anzufordern. Bei der Anforderung sind anzugeben

1. Name und Anschrift des anfordernden Kreditinstituts, Unternehmens oder Arbeitgebers,
2. Bankverbindung für die Überweisung der Arbeitnehmer-Sparzulagen,
3. Lieferanschrift für die Übersendung von Datenträgern.

Die Vertragsnummer darf keine Sonderzeichen enthalten.

(2) Der Arbeitgeber oder das Unternehmen, bei dem vermögenswirksame Leistungen nach § 2 Abs. 1 Nr. 2 und 3, Abs. 2 bis 4 des Gesetzes angelegt werden, hat in der elektronischen Vermögensbildungsbescheinigung, die noch nicht zum Erwerb von Wertpapieren oder zur Begründung von Rechten verwendet worden sind, als Ende der Sperrfrist den 31. Dezember des sechsten Kalenderjahrs nach dem Kalenderjahr anzugeben, dem die vermögenswirksamen Leistungen zuzuordnen sind.

(3) In der elektronischen Vermögensbildungsbescheinigung über vermögenswirksame Leistungen, die nach § 2 Absatz 1 Nummer 1 oder Nummer 4 des Gesetzes oder nach § 17 Absatz 5 Satz 1 des Gesetzes in der am 19. Januar 1989 geltenden Fassung bei Kreditinstituten, Kapitalverwaltungsgesellschaften oder Versicherungsunternehmen angelegt worden sind, ist bei einer unschädlichen vorzeitigen Verfügung als Ende der Sperrfrist der Zeitpunkt dieser Verfügung anzugeben. Dies gilt bei Zuteilung eines Bausparvertrags entsprechend.

(4) Bei einer schädlichen vorzeitigen Verfügung über vermögenswirksame Leistungen, die nach § 2 Abs. 1 Nr. 1 oder 4 des Gesetzes oder nach § 17 Abs. 5 Satz 1 des Fünften Vermögensbildungsgesetzes in der am 19. Januar 1989 geltenden Fassung (BGBl. I S. 137) bei Kreditinstituten, Kapitalverwaltungsgesellschaften oder Versicherungsunternehmen angelegt worden sind, darf eine elektronische Vermögensbildungsbescheinigung nicht erteilt werden.

§ 6 Festsetzung der Arbeitnehmer-Sparzulage, Mitteilungspflichten der Finanzämter

(1) Die Festsetzung der Arbeitnehmer-Sparzulage ist regelmäßig mit der Einkommensteuererklärung zu beantragen. Die festzusetzende Arbeitnehmer-Sparzulage ist auf den nächsten vollen Euro-Betrag aufzurunden. Sind für den Arbeitnehmer die vermögenswirksamen Leistungen eines Kalenderjahres auf mehr als einem der in § 2 Abs. 1 Nr. 1 bis 5 des Gesetzes und der in § 17 Abs. 5 Satz 1 des Fünften Vermögensbildungsgesetzes in der am 19. Januar 1989 geltenden Fassung (BGBl. I S. 137) bezeichneten Anlageverträge angelegt worden, so gilt die Aufrundung für jeden Vertrag.

(2) Festgesetzte, noch nicht fällige Arbeitnehmer-Sparzulagen sind der Zentralstelle der Länder zur Aufzeichnung der für ihre Auszahlung notwendigen Daten mitzuteilen. Das gilt auch für die Änderung festgesetzter Arbeitnehmer-Sparzulagen sowie in den Fällen, in denen festgesetzte Arbeitnehmer-Sparzulagen nach Auswertung einer Anzeige über die teilweise schädliche vorzeitige Verfügung (§ 8 Abs. 4 Satz 2) unberührt bleiben.

(3) Werden bei einer Anlage nach § 2 Abs. 1 Nr. 1 bis 4, Abs. 2 bis 4 des Gesetzes oder nach § 17 Abs. 5 Satz 1 des Fünften Vermögensbildungsgesetzes in der am 19. Januar 1989 geltenden Fassung (BGBl. I S. 137) vor Ablauf der Sperrfrist teilweise Beträge zurückgezahlt, Ansprüche aus dem Vertrag abgetreten oder beliehen, die Bauspar- oder Versicherungssumme ausgezahlt, die Festlegung aufgehoben oder Spitzenbeträge nach § 4 Abs. 3 des Gesetzes oder des § 5 Abs. 3 des Fünften Vermögensbildungsgesetzes in der am 19. Februar 1987 geltenden Fassung (BGBl. I S. 630) von mehr als 150 Euro nicht rechtzeitig verwendet, so gelten für die Festsetzung oder Neufestsetzung der Arbeitnehmer-Sparzulage die Beträge in folgender Reihenfolge als zurückgezahlt:

1. Beträge, die keine vermögenswirksamen Leistungen sind,
2. vermögenswirksame Leistungen, für die keine Arbeitnehmer-Sparzulage festgesetzt worden ist,
3. vermögenswirksame Leistungen, für die eine Arbeitnehmer-Sparzulage festgesetzt worden ist.

(4) In den Fällen des § 4 Abs. 4 Nr. 6 des Gesetzes oder des § 5 Abs. 4 des Fünften Vermögensbildungsgesetzes in der am 19. Februar 1987 geltenden Fassung (BGBl. I S. 630) gilt für die Festsetzung oder Neufestsetzung der Arbeitnehmer-Sparzulage der nicht wiederverwendete Erlös, wenn er 150 Euro übersteigt, in folgender Reihenfolge als zurückgezahlt:

1. Beträge, die keine vermögenswirksamen Leistungen sind,
2. vermögenswirksame Leistungen, für die keine Arbeitnehmer-Sparzulage festgesetzt worden ist,

3. vermögenswirksame Leistungen, für die eine Arbeitnehmer-Sparzulage festgesetzt worden ist.

Maßgebend sind die bis zum Ablauf des Kalenderjahres, das dem Kalenderjahr der Veräußerung vorangeht, angelegten Beträge.

§ 7 Auszahlung der Arbeitnehmer-Sparzulage

(1) Die festgesetzte Arbeitnehmer-Sparzulage ist vom Finanzamt an den Arbeitnehmer auszuzahlen

1. bei einer Anlage nach § 2 Abs. 1 Nr. 4 des Gesetzes in Verbindung mit § 2 Abs. 1 Nr. 2 des Wohnungsbau-Prämiengesetzes sowie bei einer Anlage nach § 2 Abs. 1 Nr. 5 des Gesetzes;
2. bei einer Anlage nach § 2 Abs. 1 Nr. 1 bis 4, Abs. 2 bis 4 des Gesetzes oder nach § 17 Abs. 5 Satz 1 des Gesetzes in der am 1. Januar 1989 geltenden Fassung, wenn im Zeitpunkt der Bekanntgabe des Bescheids über die Festsetzung der Arbeitnehmer-Sparzulage die für die Anlageform vorgeschriebene Sperrfrist oder die im Wohnungsbau-Prämiengesetz oder in der Verordnung zur Durchführung des Wohnungsbau-Prämiengesetzes in der Fassung der Bekanntmachung vom 29. Juni 1994 (BGBl. I S. 1446) genannten Sperr- und Rückzahlungsfristen abgelaufen sind. Bei Bausparverträgen gelten die in § 2 Abs. 3 Satz 1 des Wohnungsbau-Prämiengesetzes genannten Sperr- und Rückzahlungsfristen unabhängig davon, ob der Vertrag vor dem 1. Januar 2009 oder nach dem 31. Dezember 2008 abgeschlossen worden ist;
3. in den Fällen des § 5 Absatz 3;[1])
4. bei einer Anlage nach § 2 Abs. 1 Nr. 2 und 3 des Gesetzes, wenn eine unschädliche vorzeitige Verfügung vorliegt.

(2) Die bei der Zentralstelle der Länder aufgezeichneten Arbeitnehmer-Sparzulagen für Anlagen nach § 2 Abs. 1 Nr. 1 bis 4, Abs. 2 bis 4 des Gesetzes oder nach § 17 Abs. 5 Satz 1 des Fünften Vermögensbildungsgesetzes in der am 19. Januar 1989 geltenden Fassung (BGBl. I S. 137) sind dem Kreditinstitut, dem Unternehmen oder dem Arbeitgeber, bei dem die vermögenswirksamen Leistungen angelegt worden sind, zugunsten des Arbeitnehmers zu überweisen. Die Überweisung ist in den Fällen des § 14 Abs. 4 Satz 4 Buchstabe c und d des Gesetzes bis zum Ende des Kalendermonats vorzunehmen, der auf den Kalendermonat folgt, in dem die Zuteilung oder die unschädliche vorzeitige Verfügung angezeigt worden ist.

§ 8 Anzeigepflichten des Kreditinstituts, des Unternehmens oder des Arbeitgebers[2])

(1) Der Zentralstelle der Länder ist anzuzeigen,

1. von dem Kreditinstitut, der Kapitalverwaltungsgesellschaft oder dem Versicherungsunternehmen, das bei ihm nach § 2 Abs. 1 Nr. 1 oder 4 des Gesetzes oder § 17 Abs. 5 Satz 1 des Fünften Vermögensbildungsgesetzes in der am 19. Januar 1989 geltenden Fassung (BGBl. I S. 137) angelegte vermögenswirksame Leistungen nach § 15 Abs. 1 des Gesetzes bescheinigt hat, wenn vor Ablauf der Sperrfrist
   a) vermögenswirksame Leistungen zurückgezahlt werden,
   b) über Ansprüche aus einem Vertrag im Sinne des § 4 des Gesetzes, einem Bausparvertrag oder einem Vertrag nach § 17 Abs. 5 Satz 1 des Fünften Vermögensbildungsgesetzes in der am 19. Januar 1989 geltenden Fassung (BGBl. I S. 137) durch Rückzahlung, Abtretung, Beleihung oder in anderer Weise verfügt wird,
   c) die Festlegung erworbener Wertpapiere aufgehoben oder über solche Wertpapiere verfügt wird,
   d) der Bausparvertrag zugeteilt oder die Bausparsumme ausgezahlt wird oder
   e) die Versicherungssumme ausgezahlt oder der Versicherungsvertrag in einen Vertrag umgewandelt wird, der die Voraussetzungen des in § 17 Abs. 5 Satz 1 Nr. 3 des Fünften Vermögensbildungsgesetzes in der am 19. Januar 1989 geltenden Fassung (BGBl. I S. 137) *bezeichneten Vertrags* nicht erfüllt;
2. von dem Kreditinstitut oder der Kapitalverwaltungsgesellschaft, bei dem vermögenswirksame Leistungen nach § 4 des Gesetzes oder § 17 Abs. 5 Satz 1 Nr. 2 des Fünften Vermögensbildungsgesetzes in der am 19. Januar 1989 geltenden Fassung (BGBl. I S. 137) angelegt worden

---

1) § 7 Abs. 1 Nr. 3 VermBDV 1994 wurde durch das AmtshilfeRLUmsG geändert. Das BMF teilt den Zeitpunkt der erstmaligen Anwendung von § 2 Abs. 1 Nr. 3 i. d. F. des Artikels 19 des Gesetzes vom 26. 6. 2013 (BGBl. I S. 1809) durch ein im BStBl zu veröffentlichendes Schreiben mit. Bis zu diesem Zeitpunkt ist § 7 Abs. 1 Nr. 3 i. d. F. des Artikels 14 des Gesetzes vom 20. 12. 2008 (BGBl. I S. 2850) weiter anzuwenden → § 11 Abs. 11 Satz 4 und 5 VermBDV 1994.
Nr. 3 in der bisherigen Fassung lautet:
„3. in den Fällen des § 5 Abs. 4;"

2) → Anhang 14 IV zu den Vordrucken und zur Datensatzbeschreibung.

sind, wenn Spitzenbeträge nach § 4 Abs. 3 oder Abs. 4 Nr. 6 des Gesetzes oder § 5 Abs. 3 oder 4 des Fünften Vermögensbildungsgesetzes in der am 19. Februar 1987 geltenden Fassung (BGBl. I S. 630) von mehr als 150 Euro nicht rechtzeitig verwendet oder wiederverwendet worden sind;

3. von dem Kreditinstitut oder der Kapitalverwaltungsgesellschaft, dem nach § 2 Abs. 3 Satz 2 mitgeteilt worden ist, daß über verbriefte oder nichtverbriefte Vermögensbeteiligungen vor Ablauf der Sperrfrist verfügt worden ist;
4. von dem Unternehmen oder Arbeitgeber, bei dem eine nichtverbriefte Vermögensbeteiligung nach § 2 Abs. 1 Nr. 1 Buchstabe g bis l des Gesetzes aufgrund eines Vertrags nach § 6 oder § 7 des Gesetzes mit vermögenswirksamen Leistungen begründet oder erworben worden ist, wenn vor Ablauf der Sperrfrist über die Vermögensbeteiligung verfügt wird oder wenn der Arbeitnehmer die Vermögensbeteiligung nicht bis zum Ablauf des Kalenderjahres erhalten hat, das auf das Kalenderjahr der vermögenswirksamen Leistungen folgt;
5. von dem Arbeitgeber, der Wertpapiere nach § 4 Abs. 3 Satz 1 Nr. 1 oder 2 verwahrt oder bei einem Dritten verwahren läßt, wenn vor Ablauf der Sperrfrist die Festlegung von Wertpapieren aufgehoben oder über Wertpapiere verfügt wird oder wenn bei einer Verwahrung nach § 4 Abs. 3 Satz 1 Nr. 3 der Arbeitnehmer die Verwahrungsbescheinigung nach § 4 Abs. 4 nicht rechtzeitig vorlegt;
6. von dem Arbeitgeber, bei dem vermögenswirksame Leistungen aufgrund eines Vertrags im Sinne des § 5 des Gesetzes angelegt werden, wenn ihm die Mitteilung des Kreditinstituts oder der Kapitalverwaltungsgesellschaft nach § 2 Abs. 4 Satz 2 zugegangen ist oder wenn der Arbeitnehmer mit den vermögenswirksamen Leistungen eines Kalenderjahres nicht bis zum Ablauf des folgenden Kalenderjahres die Wertpapiere erworben hat.

(2) Das Kreditinstitut, die Kapitalverwaltungsgesellschaft oder das Versicherungsunternehmen hat in den Anzeigen nach Absatz 1 Nr. 1 bis 3 zu kennzeichnen, ob eine unschädliche, vollständig schädliche oder teilweise schädliche vorzeitige Verfügung vorliegt. Der Betrag, über den schädlich vorzeitig verfügt worden ist, sowie die in den einzelnen Kalenderjahren jeweils angelegten vermögenswirksamen Leistungen sind nur in Anzeigen über teilweise schädliche vorzeitige Verfügungen anzugeben.

(3) Die Anzeigen nach Absatz 1 sind nach amtlich vorgeschriebenem Vordruck oder nach amtlich vorgeschriebenem Datensatz durch Datenfernübertragung für die innerhalb eines Kalendermonats bekannt gewordenen vorzeitigen Verfügungen der Zentralstelle der Länder jeweils spätestens bis zum 15. Tag des folgenden Kalendermonats zuzuleiten.

(4) Sind bei der Zentralstelle der Länder Arbeitnehmer-Sparzulagen für Fälle aufgezeichnet,

1. die nach Absatz 1 Nr. 4 bis 6 angezeigt werden oder
2. die nach Absatz 1 Nr. 1 bis 3 angezeigt werden, wenn die Anzeigen als vollständig oder teilweise schädliche vorzeitige Verfügung gekennzeichnet sind,

so hat die Zentralstelle die Auszahlung der aufgezeichneten Arbeitnehmer-Sparzulagen zu sperren. Die Zentralstelle hat die Anzeigen um ihre Aufzeichnungen zu ergänzen und zur Auswertung dem Finanzamt zu übermitteln, das nach Kenntnis der Zentralstelle zuletzt eine Arbeitnehmer-Sparzulage für den Arbeitnehmer festgesetzt hat.

§ 9 Rückforderung der Arbeitnehmer-Sparzulage durch das Finanzamt

Das für die Besteuerung des Arbeitnehmers nach dem Einkommen zuständige Finanzamt (§ 19 der Abgabenordnung) hat eine zu Unrecht gezahlte Arbeitnehmer-Sparzulage vom Arbeitnehmer zurückzufordern. Die Rückforderung unterbleibt, wenn der zurückzufordernde Betrag fünf Euro nicht übersteigt.

§ 10 Anwendungszeitraum

§ 8 dieser Verordnung ist auf vermögenswirksame Leistungen, über die nach dem 31. Dezember 1994 vorzeitig verfügt worden ist, anzuwenden. Im übrigen ist diese Verordnung auf vermögenswirksame Leistungen, die nach dem 31. Dezember 1993 angelegt werden, anzuwenden.

§ 11 Inkrafttreten, weiter anzuwendende Vorschriften

(1) Diese Verordnung in der Fassung des Artikels 14 des Gesetzes vom 20. Dezember 2008 (BGBl. I S. 2850) ist ab 1. Januar 2009 anzuwenden. Das Bundesministerium der Finanzen teilt den Zeitpunkt der erstmaligen Anwendung von § 2 Absatz 2 Satz 1, der §§ 5 und 7 Absatz 1 Nummer 3 in der Fassung des Artikels 19 des Gesetzes vom 26. Juni 2013 (BGBl. I S. 1809) durch ein im Bundessteuerblatt zu veröffentlichendes Schreiben mit. Bis zu diesem Zeitpunkt sind § 2 Absatz 2 Satz 1, die §§ 5 und 7 Absatz 1 Nummer 3 in der Fassung des Artikels 14 des Gesetzes vom 20. Dezember 2008 (BGBl. I S. 2850) weiter anzuwenden.

(2) Die Verordnung zur Durchführung des Fünften Vermögensbildungsgesetzes vom 4. Dezember 1991 (BGBl. I S. 1556), geändert durch Artikel 4 des Gesetzes vom 21. Dezember 1993 (BGBl. I S. 2310), tritt am Tage nach der Verkündung dieser Verordnung außer Kraft. Sie ist auf vermögenswirksame Leistungen, die vor dem 1. Januar 1994 angelegt worden sind, weiter anzuwenden; § 7 ist auch auf vermögenswirksame Leistungen, über die vor dem 1. Januar 1995 vorzeitig verfügt worden ist, weiter anzuwenden. Im übrigen ist die Verordnung zur Durchführung des Fünften Vermögensbildungsgesetzes vom 4. Dezember 1991 auf vermögenswirksame Leistungen, die nach dem 31. Dezember 1993 angelegt worden sind, nicht mehr anzuwenden.

III.
Anwendung des Fünften Vermögensbildungsgesetzes (5. VermBG)

BMF vom 23. 7. 2014 (BStBl I S. 1175)
– IV C 5 -S 2430/14/10002 – 2014/0585357 –

Inhaltsverzeichnis

Unter Bezugnahme auf das Ergebnis der Erörterungen mit den obersten Finanzbehörden der Länder und mit dem Bundesministerium für Wirtschaft und **Energie** wird zur Anwendung des Fünften Vermögensbildungsgesetzes in der Fassung der Bekanntmachung vom 4. März 1994 (BGBl. I S. 406, BStBl I S. 237) – 5. VermBG – **unter Berücksichtigung der jüngeren gesetzlichen Änderungen durch**

- **das Gesetz zur Umsetzung der Amtshilferichtlinie sowie zur Änderung steuerlicher Vorschriften (Amtshilferichtlinie-Umsetzungsgesetz – AmtshilfeRLUmsG) vom 26. Juni 2013 (BGBl. I S. 1809, BStBl I S. 802) und**
- **das Gesetz zur Anpassung des Investmentsteuergesetzes und anderer Gesetze an das AIFM-Umsetzungsgesetz (AIFM-Steuer-Anpassungsgesetz – AIFM-StAnpG) vom 18. Dezember 2013 (BGBl. I S. 4318, BStBl 2014 I S. 2)**

wie folgt Stellung genommen:[1])

1. Persönlicher Geltungsbereich (§ 1 des 5. VermBG)

(1) Das 5. VermBG gilt für unbeschränkt und beschränkt einkommensteuerpflichtige Arbeitnehmer im arbeitsrechtlichen Sinne (Angestellte, Arbeiter) und Auszubildende, deren Arbeitsverhältnis oder Ausbildungsverhältnis deutschem Arbeitsrecht unterliegt (§ 1 Absatz 1, Absatz 2 Satz 1 des 5. VermBG). Das 5. VermBG gilt auch für in Heimarbeit Beschäftigte (§ 1 Absatz 2 Satz 2 des 5. VermBG) und für Beamte, Richter, Berufssoldaten und Soldaten auf Zeit (§ 1 Absatz 4 des 5. VermBG). Soldaten auf Zeit, für die das 5. VermBG gilt, sind auch Bezieher von Ausbildungsgeld, das nach § 30 Absatz 2 des Soldatengesetzes während des Studiums gezahlt wird.

(2) Das 5. VermBG gilt für die in Absatz 1 Satz 1 bezeichneten Arbeitnehmer, z. B. auch dann, wenn sie

1. ihren Wohnsitz im Ausland haben und als entsandte Kräfte oder deutsche Ortskräfte an Auslandsvertretungen der Bundesrepublik beschäftigt sind,
2. ausländische Arbeitnehmer sind und als Grenzgänger in der Bundesrepublik arbeiten,
3. Kommanditisten oder stille Gesellschafter eines Unternehmens sind und mit der Kommanditgesellschaft oder dem Unternehmen einen Arbeitsvertrag abgeschlossen haben, der sie in eine abhängige Stellung zu der Gesellschaft oder dem Unternehmen bringt und sie deren Weisungsrecht unterstellt,
4. freiwillig Wehrdienstleistende sind und in einem ruhenden Arbeitsverhältnis stehen (§ 1 Absatz 1 des Arbeitsplatzschutzgesetzes), aus dem sie noch Arbeitslohn erhalten,
5. behinderte Menschen im Arbeitsbereich anerkannter Werkstätten für behinderte Menschen sind und zu den Werkstätten in einem arbeitnehmerähnlichen Rechtsverhältnis stehen (§ 138 Absatz 1 SGB IX),
6. kurzfristig Beschäftigte, Aushilfskräfte in der Land- und Forstwirtschaft und geringfügig entlohnte Beschäftigte sind, deren Arbeitslohn nach § 40a EStG pauschal versteuert wird.

(3) Im Zweifel ist eine Person Arbeitnehmer im arbeitsrechtlichen Sinne, wenn sie Arbeitslohn im steuerlichen Sinne aus einem gegenwärtigen Dienstverhältnis bezieht. Gleiches gilt für einen Gesellschafter, wenn für ihn Sozialversicherungspflicht besteht.

(4) Das 5. VermBG wird darüber hinaus angewendet auf

1. Arbeitnehmer, die als Grenzgänger im benachbarten Ausland nach ausländischem Arbeitsrecht beschäftigt sind, aber ihren ständigen Wohnsitz und den Mittelpunkt ihrer Lebensinteressen im Inland haben (vgl. auch Abschnitt 2 Absatz 3),
2. Personen, die aus dem Arbeitsverhältnis ausgeschieden sind, aber im Rahmen seiner Abwicklung noch Entgelt für geleistete Arbeit erhalten.

(5) Das 5. VermBG gilt vorbehaltlich der Sätze 3 und 4 nicht für Mitglieder des zur gesetzlichen Vertretung berufenen Organs einer juristischen Person und durch Gesetz, Satzung oder Gesellschaftsvertrag zur Vertretung einer Personengesamtheit berufene Personen (§ 1 Absatz 3 des 5. VermBG), weil sie in dieser Eigenschaft nicht Arbeitnehmer im arbeitsrechtlichen Sinne sind. Zu diesen Organmitgliedern oder Vertretern einer Personengesamtheit gehören insbesondere Vorstandsmitglieder von Aktiengesellschaften, rechtsfähigen oder nichtrechtsfähigen Vereinen, Stiftungen, Versicherungsvereinen auf Gegenseitigkeit und Genossenschaften sowie Geschäftsführer von Gesellschaften mit beschränkter Haftung und von Orts- und Innungskrankenkassen (vgl. BFH-Urteil vom 15. Oktober 1976, BStBl 1977 II S. 53). Für die bezeichneten Organmitglieder einer juristischen Person und Vertreter einer Personengesamtheit gilt das 5. VermBG jedoch dann, wenn sie mit einem Dritten einen Arbeitsvertrag abgeschlossen haben und deshalb Arbeitnehmer im Sinne des Absatzes 1 Satz 1 sind, oder wenn sie zu den in § 1 Absatz 4 des 5. VermBG bezeichneten Personen gehören (Absatz 1 Satz 2, Absatz 8). Für Vorstandsmitglieder einer

---

1) Die Änderungen des BMF-Schreibens vom 9. August 2004 (BStBl I S. 717), das durch die BMF-Schreiben vom 16. März 2009 (BStBl I S. 501), vom 4. Februar 2010 (BStBl I S. 195) und vom 2. Dezember 2011 (BStBl I S. 1252) geändert wurde, sind durch Fettdruck hervorgehoben. Die redaktionelle Anpassung von Verweisen (z. B. „Absatz" statt „Abs." und „5. VermBG" statt „VermBG") ist nicht gesondert kenntlich gemacht.

Genossenschaft gilt das 5. VermBG darüber hinaus dann, wenn sie mit der Genossenschaft selbst einen Arbeitsvertrag abgeschlossen haben und wenn die Stellung und Tätigkeit auf Grund des Arbeitsverhältnisses von der Stellung und Tätigkeit als Vorstandsmitglied klar abgrenzbar ist und das Arbeitsverhältnis unabhängig von der Vorstandstätigkeit begründet wurde. Eine solche unterscheidbare und trennbare Doppelstellung als Vorstandsmitglied und Arbeitnehmer der Genossenschaft liegt z. B. dann vor, wenn eine vor der Berufung in den Vorstand ausgeübte Tätigkeit als Arbeitnehmer der Genossenschaft danach unverändert fortgesetzt wird, wenn diese Tätigkeit wie bisher bezahlt, die hinzugekommene Vorstandstätigkeit dagegen unentgeltlich geleistet wird, und wenn beide Tätigkeiten sich deutlich voneinander unterscheiden.

(6) Das 5. VermBG gilt außerdem z. B. nicht für folgende Personen, weil sie nicht Arbeitnehmer im arbeitsrechtlichen Sinne sind:

1. freiwillig Wehrdienstleistende, wenn sie nicht in einem ruhenden Arbeitsverhältnis stehen (vgl. auch Absatz 2 Nummer 4),
2. Bezieher von Renten aus den gesetzlichen Rentenversicherungen und Empfänger von arbeitsrechtlichen Versorgungsbezügen einschließlich Vorruhestandsbezügen, wenn sie nicht weiter in einem Arbeitsverhältnis stehen,
3. Personen, die ein freiwilliges soziales Jahr oder ein freiwilliges ökologisches Jahr im Sinne des Jugendfreiwilligendienstegesetzes oder **einen Freiwilligendienst im Sinne der Verordnung (EU) Nummer 1288/2013 des Europäischen Parlaments und des Rates vom 11. Dezember 2013 zur Einrichtung von „Erasmus+", dem Programm der Union für allgemeine und berufliche Bildung, Jugend und Sport (ABl. EU Nummer L 347 S. 50)** oder einen anderen Dienst im Ausland im Sinne von **§ 5 des Bundesfreiwilligendienstegesetzes** oder einen entwicklungspolitischen Freiwilligendienst „weltwärts" im Sinne der Richtlinie des Bundesministeriums für wirtschaftliche Zusammenarbeit und Entwicklung vom 1. August 2007 (BAnz. 2008 S. 1297) oder einen Freiwilligendienst aller Generationen im Sinne des § 2 Absatz 1a des Siebten Buches Sozialgesetzbuch oder einen Internationalen Jugendfreiwilligendienst im Sinne der Richtlinie des Bundesministeriums für Familie, Senioren, Frauen und Jugend vom 20. Dezember 2010 (GMBl S. 1778) oder den Bundesfreiwilligendienst **im Sinne des Bundesfreiwilligendienstgesetzes** leisten,
4. Entwicklungshelfer im Sinne des Entwicklungshelfer-Gesetzes.

Das 5. VermBG gilt auch nicht für Bedienstete internationaler Organisationen, deren Arbeitsverhältnis nicht deutschem Arbeitsrecht unterliegt.

(7) In Heimarbeit Beschäftigte, für die das 5. VermBG gilt (Absatz 1 Satz 2), sind Heimarbeiter und Hausgewerbetreibende (§ 1 Absatz 1 Heimarbeitsgesetz – HAG). Heimarbeiter sind Personen, die in selbst gewählter Arbeitsstätte (eigener Wohnung oder selbst gewählter Betriebsstätte) allein oder mit Familienangehörigen im Auftrag von Gewerbetreibenden oder Zwischenmeistern erwerbsmäßig arbeiten, jedoch die Verwertung der Arbeitsergebnisse den unmittelbar oder mittelbar auftraggebenden Gewerbetreibenden überlassen (§ 2 Absatz 1 HAG). Hausgewerbetreibende sind Personen, die in eigener Arbeitsstätte (eigener Wohnung oder Betriebsstätte) mit nicht mehr als zwei fremden Hilfskräften oder Heimarbeitern im Auftrag von Gewerbetreibenden oder Zwischenmeistern Waren herstellen, bearbeiten oder verpacken, wobei sie selbst wesentlich am Stück mitarbeiten, jedoch die Verwertung der Arbeitsergebnisse dem unmittelbar auftraggebenden Gewerbetreibenden überlassen; unschädlich ist es, wenn Hausgewerbetreibende vorübergehend, d. h. in nur unbedeutendem Umfang, unmittelbar für den Absatzmarkt arbeiten (§ 2 Absatz 2 HAG). Das 5. VermBG gilt nicht für die den in Heimarbeit Beschäftigten gemäß § 1 Absatz 2 HAG Gleichgestellten.

(8) Das 5. VermBG gilt nicht für

1. sog. Ehrenbeamte (z. B. ehrenamtliche Bürgermeister), weil sie keine beamtenrechtliche Besoldung beziehen,
2. Empfänger beamtenrechtlicher Versorgungsbezüge,
3. entpflichtete Hochschullehrer, wenn sie nach Landesrecht nicht weiter Beamte im beamtenrechtlichen Sinne sind.

2. Begriff der vermögenswirksamen Leistungen, Überweisung (§ 2, § 3 Absatz 2 und 3 des 5. VermBG)

(1) Vermögenswirksame Leistungen sind Geldleistungen, die der Arbeitgeber für den Arbeitnehmer in einer der in § 2 Absatz 1 des 5. VermBG genannten Anlageformen anlegt; der Arbeitgeber hat für den Arbeitnehmer grundsätzlich unmittelbar an das Unternehmen, das Institut oder den Gläubiger zu leisten, bei dem nach Wahl des Arbeitnehmers (Abschnitt 12 Absatz 6) die vermögenswirksame Anlage erfolgen soll. Ausnahmen bestehen nach Absatz 3 **dieses Abschnitts** und in folgenden Fällen:

1. Bei einer Anlage nach § 2 Absatz 1 Nummer 2 und 3 des 5. VermBG in Beteiligungen auf Grund von Verträgen mit dem Arbeitgeber werden die vermögenswirksamen Leistungen verrechnet (Abschnitt 6 Absatz 1 und 2, Abschnitt 7 Absatz 2).
2. Bei einer Anlage nach § 2 Absatz 1 Nummer 5 des 5. VermBG für den Wohnungsbau (Abschnitt 10) können die vermögenswirksamen Leistungen auch unmittelbar an den Arbeitnehmer zur Weiterleitung an den Gläubiger gezahlt werden.

Im Übrigen kann nur Arbeitslohn vermögenswirksam angelegt werden, der dem Arbeitnehmer noch nicht zugeflossen ist; die nachträgliche Umwandlung von zugeflossenem Arbeitslohn in vermögenswirksame Leistungen nach § 11 des 5. VermBG (Abschnitt 12 Absatz 2 und 3) ist nur im Fall des Absatzes 3 möglich. Geldwerte Vorteile aus der verbilligten Überlassung von Vermögensbeteiligungen sind keine vermögenswirksamen Leistungen.

(2) Vermögenswirksame Leistungen liegen auch insoweit vor, als Anspruch auf Arbeitnehmer-Sparzulage nicht besteht, weil z. B.

1. auf Grund eines Sparvertrags oder Kapitalversicherungsvertrags (§ 2 Absatz 1 Nummer 6 und 7, § 13 Absatz 2 des 5. VermBG) angelegt wird,
2. die zulagebegünstigten Höchstbeträge von 400 Euro bzw. 470 Euro überschritten sind (§ 13 Absatz 2 des 5. VermBG)
oder
3. die Einkommensgrenze überschritten ist (§ 13 Absatz 1 des 5. VermBG).

(3) Für den Grenzgänger (Abschnitt 1 Absatz 4 Nummer 1) kann der ausländische Arbeitgeber vermögenswirksame Leistungen auch dadurch anlegen, dass er eine andere Person mit der Überweisung oder Einzahlung in seinem Namen und für seine Rechnung beauftragt. Geht dies aus dem Überweisungsauftrag oder dem Einzahlungsbeleg eindeutig hervor, bestehen keine Bedenken, wenn es sich bei der beauftragten Person um den Begünstigten selbst handelt. Lehnt es der ausländische Arbeitgeber ab, mit dem bei ihm beschäftigten Grenzgänger einen Vertrag nach § 11 Absatz 1 des 5. VermBG abzuschließen, so kann statt des Arbeitgebers ein inländisches Kreditinstitut oder eine **Kapitalverwaltungsgesellschaft** mit dem Arbeitnehmer die vermögenswirksame Anlage von Lohnteilen vereinbaren. Voraussetzung ist, dass der ausländische Arbeitgeber den Arbeitslohn auf ein Konto des Arbeitnehmers bei dem Kreditinstitut überweist und dieses sodann die vermögenswirksam anzulegenden Beträge zu Lasten dieses Kontos unmittelbar an das Unternehmen, das Institut oder den Gläubiger leistet; wird der Vertrag mit der **Kapitalverwaltungsgesellschaft** abgeschlossen, gilt dies sinngemäß. Diese Regelungen gelten auch für Arbeitnehmer, die bei diplomatischen und konsularischen Vertretungen ausländischer Staaten im Inland beschäftigt sind, wenn das Arbeitsverhältnis deutschem Arbeitsrecht unterliegt.

(4) Der Anspruch des Arbeitnehmers auf vermögenswirksame Leistungen ist bis zum Betrag von 870 Euro im Kalenderjahr unabhängig von der Anlageart nicht übertragbar und damit auch nicht pfändbar und nicht verpfändbar (§ 2 Absatz 7 Satz 2 des 5. VermBG, § 851 Absatz 1 ZPO, § 1274 Absatz 2 BGB). Dies gilt auch, soweit der Arbeitgeber die vermögenswirksamen Leistungen aus dem Arbeitslohn anzulegen hat (§ 11 des 5. VermBG) und unabhängig davon, ob und wieweit die vermögenswirksamen Leistungen zulagebegünstigt sind.

(5) Aufwendungen, die vermögenswirksame Leistungen darstellen, zählen nicht zu den Altersvorsorgebeiträgen (§ 82 Absatz 4 Nummer 1 EStG). Auf eine Förderung mittels einer Arbeitnehmer-Sparzulage kommt es nicht an.

3. Zeitliche Zuordnung der vermögenswirksamen Leistungen (§ 2 Absatz 6 des 5. VermBG)

(1) Vermögenswirksame Leistungen sind Arbeitslohn (§ 2 Absatz 6 des 5. VermBG). Die zeitliche Zuordnung vermögenswirksamer Leistungen richtet sich nach den für die Zuordnung des Arbeitslohns geltenden Vorschriften (vgl. § 38a Absatz 1 Satz 2 und 3 EStG, R 39b.5 und 39b.6 LStR). Für die Zurechnung vermögenswirksamer Leistungen zum abgelaufenen Kalenderjahr kommt es auf den Zeitpunkt des Eingangs beim Anlageinstitut nicht an (vgl. Abschnitt 13 Absatz 1).

(2) Die zeitliche Zuordnung vermögenswirksamer Leistungen ist auf den Beginn der Sperrfrist ohne Einfluss. Die Sperrfrist für auf Sparverträge über Wertpapiere oder andere Vermögensbeteiligungen (§ 4 des 5. VermBG) angelegte vermögenswirksame Leistungen beginnt stets am 1. Januar des Kalenderjahrs, in dem die einmalige oder die erste laufende vermögenswirksame Leis*tung beim Kreditinstitut* oder **bei** der **Kapitalverwaltungsgesellschaft** eingeht.

4. Vermögensbeteiligungen (§ 2 Absatz 1 Nummer 1 des 5. VermBG)

(1) Die Vermögensbeteiligungen, deren Begründung oder Erwerb nach dem 5. VermBG mit der Arbeitnehmer-Sparzulage begünstigt ist, sind in § 2 Absatz 1 Nummer 1 i. V. m. Absatz 2 bis 4 des 5. VermBG abschließend aufgezählt. Danach können sowohl Vermögensbeteiligungen am

Unternehmen des Arbeitgebers (betriebliche Beteiligungen) als auch Vermögensbeteiligungen an anderen Unternehmen (außerbetriebliche Beteiligungen) begründet oder erworben werden. Eine Vermögensbeteiligung kann jedoch nur begründet oder erworben werden, wenn ihre Laufzeit nicht vor der für die gewählte Anlage geltenden Sperrfrist endet.

(2) Aktien und Wandelschuldverschreibungen sind Vermögensbeteiligungen, wenn sie

1. vom inländischen oder ausländischen Arbeitgeber oder von einem Unternehmen, das als herrschendes Unternehmen mit dem Unternehmen des Arbeitgebers verbunden ist (§ 18 Absatz 1 des Aktiengesetzes – AktG –), ausgegeben werden oder
2. an einer deutschen Börse zum regulierten Markt zugelassen oder in den Freiverkehr einbezogen sind.

(3) Eine Gewinnschuldverschreibung ist ein Wertpapier, das auf Inhaber, Namen oder an Order lautet und in dem die Leistung einer bestimmten Geldsumme – im Regelfall die Einlösung zum Nennwert – versprochen wird. Ob die Einlösung nach Fristablauf, Kündigung oder Rückgabe vorgesehen ist, ist dabei ohne Bedeutung. Unerheblich ist ebenfalls, ob neben Geldsummenansprüchen Geldwertansprüche verbrieft sind; so liegt z. B. eine Gewinnschuldverschreibung auch vor, wenn die Einlösung zum Kurs einer entsprechenden Aktie, mindestens jedoch zu einer bestimmten Geldsumme vereinbart ist. Voraussetzung ist in allen Fällen, dass neben einer bestimmten Geldsumme eine Verzinsung zugesagt ist, die mit dem Gewinn zusammenhängt. Auf die Bezeichnung als Zins kommt es dabei nicht an. Neben dem gewinnabhängigen Zins kann ein fester Zins zugesagt bzw. ein gewinnunabhängiger Mindestzins vereinbart sein. Gewinnschuldverschreibungen sind Vermögensbeteiligungen, wenn sie vom inländischen oder ausländischen Arbeitgeber oder von einem Unternehmen ausgegeben werden, das als herrschendes Unternehmen mit dem Unternehmen des Arbeitgebers verbunden ist (§ 18 Absatz 1 AktG). Sofern in solchen Gewinnschuldverschreibungen eine gewinnunabhängige Mindestverzinsung zugesagt ist, muss eine der in § 2 Absatz 3 des 5. VermBG geforderten Voraussetzungen erfüllt sein; die Mindestverzinsung im Sinne des § 2 Absatz 3 Nummer 2 des 5. VermBG bestimmt sich nach dem Ausgabepreis, nicht nach dem Nennwert oder Tageskurs der Gewinnschuldverschreibung.

(4) Wandel- und Gewinnschuldverschreibungen, die Namensschuldverschreibungen des Arbeitgebers sind, sind Vermögensbeteiligungen, wenn die Ansprüche des Arbeitnehmers aus der Schuldverschreibung auf Kosten des Arbeitgebers durch ein inländisches Kreditinstitut verbürgt oder durch ein inländisches Versicherungsunternehmen privatrechtlich gesichert sind; ein Wechsel des Bürgen oder des Versicherungsunternehmens während der für die gewählte Anlage geltenden Sperrfrist ist zulässig, wenn der neue Bürge oder das neue Versicherungsunternehmen die bisher entstandenen Verpflichtungen übernimmt. Durch den Eintritt des Sicherungsfalls wird die für die gewählte Anlage geltende Sperrfrist nicht berührt. Die Sicherung ist nicht erforderlich, wenn der Arbeitgeber ein inländisches Kreditinstitut ist.

(5) Anteile an **OGAW-Sondervermögen sowie an als Sondervermögen aufgelegten offenen Publikums-AIF nach den §§ 218 und 219 des Kapitalanlagegesetzbuchs sowie Anteile an offenen EU-Investmentvermögen und offenen ausländischen AIF, die nach dem Kapitalanlagegesetzbuch vertrieben werden dürfen** (§ 2 Absatz 1 Nummer 1 Buchstabe c des 5. VermBG), bleiben Vermögensbeteiligungen bei Änderung der im maßgebenden Jahresbericht oder im ersten **Jahres- oder** Halbjahresbericht nach Auflegung des **Investmentvermögens** festgestellten Zusammensetzung des **Investmentvermögens**, die während der Laufzeit eines Vertrags nach § 4 des 5. VermBG über den Erwerb von entsprechenden Anteilen mit laufenden vermögenswirksamen Leistungen eintreten **kann.**

(6) Ein Genussschein ist ein Wertpapier, wenn er ein Genussrecht verbrieft und auf Inhaber, Namen oder an Order lautet. Ein Genussschein kann grundsätzlich von Unternehmen jeder Rechtsform ausgegeben werden. Genussrechte können alle Vermögensrechte sein, wie sie typischerweise Aktionären zustehen. Sie unterscheiden sich von Mitgliedschaftsrechten durch das Fehlen der Kontroll- und Verwaltungsrechte. Genussscheine sind Vermögensbeteiligungen, wenn sie

1. vom inländischen oder ausländischen Arbeitgeber oder von einem Unternehmen, das als herrschendes Unternehmen mit dem Unternehmen des Arbeitgebers verbunden ist (§ 18 Absatz 1 AktG), ausgegeben werden oder
2. von einem inländischen Unternehmen, das kein Kreditinstitut ist, ausgegeben werden und an einer deutschen Börse zum regulierten Markt zugelassen oder in den Freiverkehr einbezogen sind.

Voraussetzung ist stets, dass mit dem Genussrecht das Recht am Gewinn des Unternehmens verbunden ist. Die Zusage eines gewinnunabhängigen Mindest- bzw. Festzinses steht damit grundsätzlich nicht im Einklang. Ein gewinnunabhängiger Mindest- oder Festzins ist z. B. dann nicht zugesagt, wenn die Zinszahlung ausdrücklich von einem ausreichenden Gewinn abhängig gemacht ist oder das Genussrechtskapital am Verlust teilnimmt (vgl. § 10 Absatz 5 Gesetz über das Kreditwesen). Sofern eine gewinnunabhängige Mindestverzinsung zugesagt ist, muss eine der in § 2 Absatz 4 i. V. m. Absatz 3 des 5. VermBG geforderten Voraussetzungen erfüllt sein. Die Mindestverzinsung im Sinne des § 2 Absatz 3 Nummer 2 des 5. VermBG bestimmt sich nach dem Ausgabepreis, nicht nach dem Nennwert oder Tageskurs des Genussscheins. Sind neben dem Recht am Gewinn eines Unternehmens andere Rechte vereinbart, die ebenfalls typische Vermögensrechte eines Aktionärs sein können (z. B. Bezugsrechte), steht das der Annahme eines Genussrechts nicht entgegen. Voraussetzung ist außerdem, dass Rückzahlung zum Nennwert nicht zugesagt ist. Diese Voraussetzung ist z. B. in folgenden Fällen erfüllt:

1. Ausschluss der Rückzahlbarkeit (Unkündbarkeit, keine Rücknahme des Genussscheins);
2. Rückzahlbarkeit bei Kündigung, bei Rückgabe oder nach Fristablauf, wenn sich der Rückzahlungsanspruch nach der Wertentwicklung eines Unternehmens richtet (z. B. unmittelbar auf einen Anteil am Liquidationserlös gerichtet ist oder sich nach dem Börsenkurs einer entsprechenden Aktie des Unternehmens richtet);
3. Rückzahlbarkeit bei Kündigung, bei Rückgabe oder nach Fristablauf, wenn eine Beteiligung am Verlust vereinbart ist (das ist auch dann der Fall, wenn im Verlustfalle weniger als der Nennwert zurückgezahlt wird);
4. Rückzahlbarkeit bei Kündigung, bei Rückgabe oder nach Fristablauf, wenn eine Rückzahlung nur aus dem Gewinn erfolgen darf.

Ist Rückzahlung zum Nennwert zugesagt, kann es sich um eine Gewinnschuldverschreibung handeln (Absatz 3).

(7) Beteiligungen an einer Genossenschaft durch Begründung oder Erwerb eines Geschäftsguthabens sind Vermögensbeteiligungen, wenn die Genossenschaft

1. der inländische Arbeitgeber oder ein inländisches Unternehmen ist, das als herrschendes Unternehmen mit dem inländischen Unternehmen des Arbeitgebers verbunden ist (§ 18 Absatz 1 AktG), oder
2. ein inländisches Kreditinstitut oder ein Post-, Spar- oder Darlehensverein ist oder
3. eine Bau- oder Wohnungsgenossenschaft im Sinne des § 2 Absatz 1 Nummer 2 des Wohnungsbau-Prämiengesetzes (WoPG) ist, welche die in § 2 Absatz 1 Nummer 1 Buchstabe g des 5. VermBG geforderten Voraussetzungen erfüllt.

Die Begründung oder der Erwerb eines Geschäftsguthabens bei einer Genossenschaft setzt voraus, dass der Arbeitnehmer bereits Mitglied der Genossenschaft ist oder vereinbart ist, dass er von der Genossenschaft als Mitglied aufgenommen wird. Zur Begründung von Geschäftsguthaben bei einer Genossenschaft werden auch die vermögenswirksamen Leistungen angelegt, die als Anzahlungen oder als Einzahlungen auf den Geschäftsanteil des Arbeitnehmers geleistet werden, nachdem das Geschäftsguthaben durch Verlust gemindert oder der Geschäftsanteil durch Beschluss der Generalversammlung erhöht worden ist. Ist die Sperrfrist nicht eingehalten, gehören Aufwendungen für den ersten Erwerb von Anteilen an Bau- und Wohnungsgenossenschaften (§ 2 Absatz 1 Nummer 2 WoPG) zu den Anlagen nach § 2 Absatz 1 Nummer 4 des 5. VermBG (Abschnitt 9 Absatz 3).

(8) Beteiligungen an einer Gesellschaft mit beschränkter Haftung (GmbH) durch Übernahme einer Stammeinlage oder Erwerb eines Geschäftsanteils sind Vermögensbeteiligungen, wenn die GmbH der inländische Arbeitgeber oder ein inländisches Unternehmen ist, das als herrschendes Unternehmen mit dem inländischen Unternehmen des Arbeitgebers verbunden ist (§ 18 Absatz 1 AktG). Zur Übernahme einer Stammeinlage bei einer GmbH durch den Arbeitnehmer können vermögenswirksame Leistungen

1. bei Errichtung der GmbH auf Grund des mit dem Arbeitnehmer abgeschlossenen Gesellschaftsvertrags oder
2. bei Erhöhung des Stammkapitals der GmbH auf Grund einer Übernahmeerklärung des Arbeitnehmers (§ 55 Absatz 1 GmbH-Gesetz)

nach den Vorschriften des § 6 des 5. VermBG über den Beteiligungsvertrag angelegt werden. Zum Erwerb eines Geschäftsanteils an einer GmbH durch den Arbeitnehmer können vermögenswirksame Leistungen auf Grund eines Abtretungsvertrags des Arbeitnehmers mit der arbeitgebenden GmbH oder dem genannten verbundenen Unternehmen nach den Vorschriften des § 7 des 5. VermBG über den Beteiligungs-Kaufvertrag (Abschnitt 7) angelegt werden. Nach den Vorschriften des § 4 des 5. VermBG angelegte vermögenswirksame Leistungen können zur Übernahme einer Stammeinlage auf Grund eines Gesellschaftsvertrags oder einer Übernahmeerklärung des Arbeitnehmers und zum Erwerb eines Geschäftsanteils auf Grund eines Abtretungsvertrags verwendet werden (§ 4 Absatz 2 Satz 1 Nummer 1 des 5. VermBG). Zur Übernahme einer Stammeinlage können vermögenswirksame Leistungen bereits dann angelegt oder verwendet werden, wenn der Gesellschaftsvertrag abgeschlossen oder die Übernahme der Stammeinlage erklärt, aber die Gesellschaft oder die Erhöhung des Stammkapitals noch nicht in das Handelsregister eingetragen worden ist. Unterbleibt die Eintragung, so sind Abschnitt 18 Absatz 1 Nummer 3 und § 8 Absatz 1 Nummer 4 der Verordnung zur Durchführung des Fünften Vermögensbildungsgesetzes (VermBDV 1994) zu beachten.

(9) Stille Beteiligungen an einem Unternehmen sind Vermögensbeteiligungen, wenn dieses

1. der inländische Arbeitgeber oder ein inländisches Unternehmen ist, das als herrschendes Unternehmen mit dem inländischen Unternehmen des Arbeitgebers verbunden ist (§ 18 Absatz 1 AktG), oder
2. ein inländisches Unternehmen ist, das auf Grund eines Vertrags mit dem Arbeitgeber an dessen inländischem Unternehmen gesellschaftsrechtlich beteiligt ist (indirekte betriebliche stille Beteiligung über eine so genannte Mitarbeiterbeteiligungsgesellschaft).

Als Vermögensbeteiligungen sind auch stille Beteiligungen an einem inländischen Unternehmen anzusehen, das auf Grund eines Vertrags mit einem anderen inländischen Unternehmen an diesem gesellschaftsrechtlich beteiligt ist, wenn dieses als herrschendes Unternehmen mit dem inländischen Unternehmen des Arbeitgebers verbunden ist (§ 18 Absatz 1 AktG). Die stille Beteiligung muss die im Handelsgesetzbuch für sie vorgeschriebenen Voraussetzungen erfüllen. Die stille Beteiligung an einem Unternehmen ist danach unabhängig von dessen Rechtsform möglich, wenn das Unternehmen ein Handelsgewerbe betreibt, oder wenn das Unternehmen z. B. wegen seiner Rechtsform oder wegen seiner Eintragung im Handelsregister als Unternehmen gilt, das ein Handelsgewerbe betreibt. An einer Gesellschaft, die kein Handelsgewerbe betreibt, aber – zu Unrecht – als Kommanditgesellschaft im Handelsregister eingetragen ist, kann eine stille Beteiligung begründet werden, wenn die eingetragene Gesellschaft ein Gewerbe betreibt. Ob diese Voraussetzung erfüllt ist, ist jeweils unter Berücksichtigung der Umstände des Einzelfalls ausschließlich nach handelsrechtlichen Grundsätzen festzustellen. Für die Abgrenzung einer stillen Beteiligung von einem partiarischen Darlehen kommt es darauf an, ob die Vertragspartner einen gemeinsamen Zweck verfolgen (vgl. BFH-Urteil vom 21. Juni 1983, BStBl II S. 563). Indiz für die Verfolgung eines gemeinsamen Zwecks kann die ausdrückliche Vereinbarung von Kontrollrechten des Arbeitnehmers sein. Fehlt es an einem gemeinsamen Zweck der Vertragspartner, liegt ein partiarisches Darlehen vor (Absatz 10).

(10) Darlehensforderungen sind Vermögensbeteiligungen, wenn

1. sie Forderungen gegen den Arbeitgeber oder gegen ein inländisches Unternehmen sind, das als herrschendes Unternehmen mit dem Unternehmen des Arbeitgebers verbunden ist (§ 18 Absatz 1 AktG) und
2. die Ansprüche des Arbeitnehmers aus dem Darlehensvertrag gesichert sind.

Absatz 4 gilt entsprechend.

(11) Genussrechte an einem Unternehmen, über die keine Genussscheine mit Wertpapiercharakter ausgegeben werden, sind Vermögensbeteiligungen, wenn

1. das Unternehmen der inländische Arbeitgeber oder ein inländisches Unternehmen ist, das als herrschendes Unternehmen mit dem inländischen Unternehmen des Arbeitgebers verbunden ist (§ 18 Absatz 1 AktG), und
2. die Voraussetzungen des Absatzes 6 erfüllt sind.

Ist Rückzahlung zum Nennwert vereinbart, kann es sich um ein partiarisches Darlehen handeln (Absatz 10).

(12) Mit vermögenswirksamen Leistungen können auch Nebenkosten der Begründung oder des Erwerbs einer Vermögensbeteiligung beglichen werden. Nebenkosten sind z. B. Provisionen, Notariatsgebühren, Eintrittsgelder im Zusammenhang mit Geschäftsguthaben bei einer Genossenschaft, Aufgelder im Zusammenhang mit Stammeinlagen bei einer GmbH und Kosten für Registereintragungen. Keine Nebenkosten in diesem Sinne sind z. B. Stückzinsen und Verwaltungskosten wie z. B. Depot- oder Kontoführungsgebühren.

5. Anlagen auf Grund von Sparverträgen über Wertpapiere oder andere Vermögensbeteiligungen (§ 2 Absatz 1 Nummer 1, § 4 des 5. VermBG)

(1) Sparverträge über Wertpapiere oder andere Vermögensbeteiligungen (Abschnitt 4) können mit inländischen Kreditinstituten, **Kapitalverwaltungsgesellschaften** und Kreditinstituten oder Verwaltungsgesellschaften im Sinne der Richtlinie **2009/65/EG** in anderen EU-Mitgliedstaaten abgeschlossen werden. Die Verträge brauchen die Voraussetzungen des § 21 Absatz 4 der Kreditinstituts-Rechnungslegungsverordnung nicht zu erfüllen, d. h., es können auch ohne Ausfertigung eines Sparbuchs mit jeder Einzahlung unmittelbar wertpapiermäßig verbriefte Vermögensbeteiligungen erworben werden. Die Verträge können auf den Erwerb oder die Begründung bestimmter Vermögensbeteiligungen beschränkt sein (z. B. auf den Erwerb von Aktien eines bezeichneten Unternehmens). Die Beschränkung kann geändert oder aufgehoben werden.

(2) Ein Vertrag über eine einmalige Einzahlung ist ein Vertrag über eine einzige, der Höhe nach bestimmte Einzahlung. Ein Vertrag über laufende Einzahlungen liegt vor, wenn auf diesen Vertrag für die Dauer von sechs Jahren seit Vertragsabschluss mindestens einmal in jedem Kalenderjahr Beträge eingezahlt werden sollen; die einzuzahlenden Beträge brauchen der Höhe nach nicht bestimmt zu sein. Als Zeitpunkt des Vertragsabschlusses gilt der Tag, an dem die vermögenswirksame Leistung, bei Verträgen über laufende Einzahlungen die erste vermögenswirksame Leistung, beim Kreditinstitut oder bei der **Kapitalverwaltungsgesellschaft** eingeht. Aus Vereinfachungsgründen bestehen keine Bedenken dagegen, Einzahlungen auf einen Sparvertrag über laufende Einzahlungen noch bis zum letzten Tag des Kalendermonats zuzulassen, in dem die Frist von sechs Jahren endet.

(3) Die siebenjährige Sperrfrist gilt einheitlich für Verträge über die einmalige oder laufende Anlage vermögenswirksamer Leistungen. Sie beginnt am 1. Januar des Kalenderjahrs, in dem die vermögenswirksame Leistung, bei Verträgen über laufende Einzahlungen die erste vermögenswirksame Leistung beim Kreditinstitut oder bei der **Kapitalverwaltungsgesellschaft** eingeht. Die Einzahlung anderer Beträge ist auf den Beginn der Sperrfrist ohne Einfluss.

Beispiel:

Der Arbeitnehmer unterschreibt den Sparvertrag über laufende Einzahlungen am 29. Juli **2014**. Die erste vermögenswirksame Leistung geht am 20. August **2014** bei der **Kapitalverwaltungsgesellschaft** ein. Der Sparvertrag gilt am 20. August **2014** als abgeschlossen, so dass die sechsjährige Einzahlungsfrist am 19. August **2020** endet. Auf Grund der Vereinfachungsregelung ist die letzte Einzahlung aber auch noch am 31. August **2020** möglich. Die siebenjährige Sperrfrist endet am 31. Dezember **2020**.

(4) Der Vertrag über die laufende Anlage vermögenswirksamer Leistungen ist unterbrochen, wenn in einem Kalenderjahr, das dem Kalenderjahr des Vertragsabschlusses folgt, weder vermögenswirksame Leistungen noch andere Beträge eingezahlt werden; dabei liegt z. B. eine Einzahlung anderer Beträge auch dann vor, wenn Zinsen für eingezahlte Beträge gutgeschrieben bleiben.

Beispiele:

A. Der Arbeitnehmer unterschreibt den Sparvertrag über laufende Einzahlungen am 30. September **2014**. Die erste vermögenswirksame Leistung geht am 4. November **2014**, weitere vermögenswirksame Leistungen gehen bis einschließlich März **2015** bei der **Kapitalverwaltungsgesellschaft** ein. Ab 1. April **2015** werden keine Beträge mehr eingezahlt, weil der Arbeitnehmer arbeitslos geworden ist. Die gutgeschriebenen Zinsen und die gutgeschriebenen Erträge aus Vermögensbeteiligungen hat sich der Arbeitnehmer auszahlen lassen. Am 2. November **2016** werden erneut vermögenswirksame Leistungen eingezahlt. Der Vertrag ist nicht unterbrochen, weil in den Kalenderjahren **2015** und **2016** vermögenswirksame Leistungen angelegt worden sind.

B. Der Arbeitnehmer unterschreibt den Sparvertrag über laufende Einzahlungen am 30. September **2014**. Die erste vermögenswirksame Leistung geht am 4. November **2014** bei der **Kapitalverwaltungsgesellschaft** ein. Ab 1. Januar **2015** werden keine Beträge mehr eingezahlt, weil der Arbeitnehmer arbeitslos geworden ist. Die gutgeschriebenen Zinsen und die gutgeschriebenen Erträge aus Vermögensbeteiligungen hat sich der Arbeitnehmer auszahlen lassen. Ab 1. Februar **2016** werden erneut vermögenswirksame Leistungen eingezahlt. Der Vertrag ist unterbrochen, weil im Kalenderjahr **2015** keine Einzahlungen vorliegen.

(5) Nach einer Unterbrechung können auf den Sparvertrag keine vermögenswirksamen Leistungen mehr angelegt werden.

(6) Endet für vermögenswirksame Leistungen die Verwendungsfrist (§ 4 Absatz 2 Nummer 1 des 5. VermBG) mit oder nach Ablauf der Sperrfrist, so werden sie auch dann gefördert, wenn keine Vermögensbeteiligungen erworben werden.

(7) Die Festlegung erworbener Wertpapiere und die Aufzeichnungspflichten bei ihrer Verwahrung durch den Arbeitgeber sind in § 4 Absatz 1 und 2 VermBDV 1994 geregelt. Die Mitteilungspflichten des Kreditinstituts oder der **Kapitalverwaltungsgesellschaft** und des Arbeitgebers bei Verwahrung der erworbenen Wertpapiere durch den Arbeitgeber sind in § 2 Absatz 3 VermBDV 1994 geregelt.

(8) Die erworbenen Wertpapiere können vor Ablauf der Sperrfrist zulagenunschädlich gegen andere verbriefte Vermögensbeteiligungen ausgetauscht werden (§ 4 Absatz 4 Nummer 6 des 5. VermBG). Dieser Austausch ist nur möglich, wenn die Wertpapiere bei einem Kreditinstitut oder bei einer **Kapitalverwaltungsgesellschaft** verwahrt werden. Der Erlös aus der Veräußerung einschließlich etwaiger Kursgewinne ist bis zum Ablauf des folgenden Kalendermonats zum Erwerb der für den Rest der Sperrfrist festzulegenden anderen Wertpapiere zu verwenden. Dabei übrig bleibende vermögenswirksame Leistungen bleiben gefördert, wenn sie 150 Euro nicht überstei-

gen; aus mehreren Veräußerungsvorgängen übrig bleibende vermögenswirksame Leistungen sind zusammenzurechnen. Wird die 150-Euro-Grenze überschritten, wird die Förderung der nicht wieder verwendeten vermögenswirksamen Leistungen rückgängig gemacht, weil in dieser Höhe eine **schädliche Verfügung vorliegt**. Sind zum Erwerb von Wertpapieren neben vermögenswirksamen Leistungen auch andere Beträge verwendet worden, so gelten beim Austausch von Wertpapieren zuerst die anderen Beträge als übrig bleibend; diese Beträge bleiben bei der Ermittlung der 150-Euro-Grenze außer Ansatz.

6. Anlagen auf Grund von Wertpapier-Kaufverträgen (§ 2 Absatz 1 Nummer 2, § 5 des 5. VermBG)

(1) Auf Grund eines Wertpapier-Kaufvertrags mit dem inländischen Arbeitgeber werden vermögenswirksame Leistungen durch Verrechnung mit dem Kaufpreis zum Erwerb von Wertpapieren (§ 2 Absatz 1 Nummer 1 **Buchstaben a bis c** und f des 5. VermBG) angelegt. Der Kaufpreis kann mit vermögenswirksamen Leistungen entrichtet werden durch

– einmalige Verrechnung als Vorauszahlung oder nachträgliche Zahlung,
– laufende Verrechnung als Anzahlungen oder Abzahlungen.

(2) Ist der Kaufpreis durch einmalige Verrechnung vorausgezahlt oder durch laufende Verrechnung angezahlt worden, so hat der Arbeitgeber ein Anzahlungskonto zu führen.

(3) Die Festlegung erworbener Wertpapiere und die Aufzeichnungspflichten bei ihrer Verwahrung sind in § 4 Absatz 3 VermBDV 1994 geregelt. Die Mitteilungspflichten des Arbeitgebers und des Kreditinstituts oder der **Kapitalverwaltungsgesellschaft** bei Verwahrung der erworbenen Wertpapiere durch ein vom Arbeitnehmer benanntes Kreditinstitut oder eine vom Arbeitnehmer benannte **Kapitalverwaltungsgesellschaft** sind in § 2 Absatz 4 VermBDV 1994 geregelt. Der sparzulagenunschädliche Austausch von Wertpapieren (Abschnitt 5 Absatz 8) ist nicht möglich, wenn diese auf Grund eines Wertpapier-Kaufvertrags erworben worden sind.

7. Anlagen auf Grund von Beteiligungs-Verträgen und Beteiligungs-Kaufverträgen (§ 2 Absatz 1 Nummer 3, §§ 6 und 7 des 5. VermBG)

(1) Beteiligungs-Verträge (§ 6 des 5. VermBG) unterscheiden sich von Beteiligungs-Kaufverträgen (§ 7 des 5. VermBG) hauptsächlich dadurch, dass Beteiligungs-Verträge nicht verbriefte Vermögensbeteiligungen erstmals begründen, während auf Grund von Beteiligungs-Kaufverträgen bereits bestehende nicht verbriefte Vermögensbeteiligungen erworben werden.

(2) Auf Grund eines Beteiligungs-Vertrags nach § 6 Absatz 1 des 5. VermBG und auf Grund eines Beteiligungs-Kaufvertrags nach § 7 Absatz 1 des 5. VermBG zwischen dem Arbeitnehmer und dem inländischen Arbeitgeber können vermögenswirksame Leistungen in nicht verbrieften betrieblichen Vermögensbeteiligungen angelegt werden. Auf Grund eines Beteiligungs-Kaufvertrags nach § 7 Absatz 1 des 5. VermBG können außerdem insbesondere außerbetriebliche Vermögensbeteiligungen in Form von Geschäftsguthaben bei inländischen Kredit-, Bau- oder Wohnungsbaugenossenschaften sowie stille Beteiligungen an sog. Mitarbeiterbeteiligungsgesellschaften (Abschnitt 4 Absatz 9) erworben werden. Die vermögenswirksamen Leistungen sind zu verrechnen (Abschnitt 6 Absatz 1 und 2).

(3) Ein Beteiligungs-Vertrag nach § 6 Absatz 2 des 5. VermBG kann vom Arbeitnehmer mit einem Unternehmen, das mit dem Unternehmen des Arbeitgebers verbunden ist, mit einer sog. Mitarbeiterbeteiligungsgesellschaft oder mit einer Kredit-, Bau- oder Wohnungsgenossenschaft zur Begründung nicht verbriefter Vermögensbeteiligungen an dem vertragschließenden Unternehmen abgeschlossen werden. Ein Beteiligungs-Kaufvertrag nach § 7 Absatz 2 des 5. VermBG kann vom Arbeitnehmer mit der GmbH, die mit dem Unternehmen des Arbeitgebers verbunden ist, zum Erwerb von Geschäftsanteilen an der vertragschließenden GmbH abgeschlossen werden. Die vermögenswirksamen Leistungen sind vom Arbeitgeber zu überweisen; die einmalige Überweisung als Voraus- oder nachträgliche Zahlung sowie laufende Überweisungen als An- oder Abzahlungen sind zulässig. So kann in einem Beteiligungs-Vertrag nach § 6 Absatz 2 des 5. VermBG vereinbart sein, dass der Arbeitnehmer an eine Genossenschaft vermögenswirksame Leistungen laufend als Anzahlungen zum Zwecke der Begründung von Geschäftsguthaben vom Arbeitgeber überweisen lässt, damit die Genossenschaft für den Arbeitnehmer die Einzahlungen erbringt, die zu leisten sind, sobald er der Genossenschaft beigetreten ist und die Geschäftsanteile übernommen hat.

(4) Ist die für die Begründung der Vermögensbeteiligung geschuldete Geldsumme (§ 6 Absatz 1 und 2 des 5. VermBG) oder der Kaufpreis (§ 7 Absatz 1 und 2 des 5. VermBG) durch einmalige vermögenswirksame Leistung vorausgezahlt oder durch laufende vermögenswirksame Leistungen angezahlt worden, so hat der Arbeitgeber oder das Unternehmen ein Anzahlungskonto zu führen.

(5) Die Aufzeichnungspflichten während der Dauer der Sperrfrist (§ 6 Absatz 3 Nummer 2, § 7 Absatz 3 des 5. VermBG) sind in § 3 VermBDV 1994 geregelt.

8. Insolvenzschutz (§ 2 Absatz 5a des 5. VermBG)

(1) Der Arbeitgeber hat vor der Anlage vermögenswirksamer Leistungen im eigenen Unternehmen in Zusammenarbeit mit dem Arbeitnehmer Vorkehrungen zu treffen, die der Absicherung der angelegten vermögenswirksamen Leistungen bei einer während der Dauer der Sperrfrist eintretenden Zahlungsunfähigkeit des Arbeitgebers dienen (§ 2 Absatz 5a **Satz 1** des 5. VermBG). **Diese** Vorkehrungen des Arbeitgebers gegen Insolvenz sind nicht Voraussetzung für den Anspruch des Arbeitnehmers auf die Arbeitnehmer-Sparzulage. **Die Regelung betrifft alle im Fünften Vermögensbildungsgesetz zugelassenen Formen von Kapitalbeteiligungen der Arbeitnehmer am arbeitgebenden Unternehmen mit Ausnahme von Darlehen (§ 2 Absatz 1 Nummer 1 Buchstabe k des 5. VermBG) und Namensschuldverschreibungen (§ 2 Absatz 1 Nummer 1 Buchstabe b des 5. VermBG), für die bereits die Absicherung durch eine Versicherung oder Bankbürgschaft als Voraussetzung für die Anlage vermögenswirksamer Leistungen und damit für einen möglichen Anspruch auf Arbeitnehmer-Sparzulage vorgeschrieben ist.**

(2) Zum Bericht des Bundesministeriums für Arbeit und Sozialordnung über die Vorkehrungen zur Insolvenzsicherung vermögenswirksamer Leistungen beim Erwerb von Mitarbeiter-Kapitalbeteiligungen (§ 2 Absatz 5a Satz 2 des 5. VermBG) siehe Bundestags-Drucksache 14/9731 vom 28. Juni 2002.

9. Anlagen nach dem Wohnungsbau-Prämiengesetz (§ 2 Absatz 1 Nummer 4 des 5. VermBG)

(1) Als Aufwendungen des Arbeitnehmers nach dem WoPG können vermögenswirksame Leistungen auf Grund von Verträgen angelegt werden, die nach den Vorschriften des WoPG abgeschlossen worden sind. Bei der Anlage vermögenswirksamer Leistungen nach § 2 Absatz 1 Nummer 2 WoPG als Aufwendungen für den ersten Erwerb von Anteilen an Bau- und Wohnungsgenossenschaften müssen jedoch die Voraussetzungen des § 2 Absatz 1 Nummer 1 Buchstabe g zweiter Halbsatz des 5. VermBG erfüllt sein. Eine Anlage nach dem WoPG liegt auch dann vor, wenn der Arbeitnehmer unbeschränkt einkommensteuerpflichtig nach § 1 Absatz 3 EStG ist und die Voraussetzungen des § 1 Absatz 2 Satz 1 Nummer 1 und 2 EStG nicht erfüllt oder beschränkt einkommensteuerpflichtig ist (§ 1 Absatz 4 EStG) oder wenn das Einkommen des Arbeitnehmers die Einkommensgrenze (§ 2a WoPG) überschritten hat.

(2) Beiträge an Bausparkassen zur Erlangung von Baudarlehen setzen den Abschluss eines Bausparvertrags mit einer Bausparkasse voraus (§ 2 Absatz 1 Nummer 1 WoPG). Bausparkassen sind Kreditinstitute im Sinne des § 1 Absatz 1 des Gesetzes über Bausparkassen.

(3) Vermögenswirksame Leistungen können als Aufwendungen für den ersten Erwerb von Anteilen an Bau- und Wohnungsgenossenschaften erbracht werden (§ 2 Absatz 1 Nummer 2 WoPG). Wegen der Zuordnung zu einer Anlage nach § 2 Absatz 1 Nummer 1 Buchstabe g des 5. VermBG und den Wegfall dieser Zulagenbegünstigung vgl. Abschnitt 4 Absatz 7 und Abschnitt 18 Absatz 1 Nummer 3.

(4) Wohnbau-Sparverträge im Sinne des WoPG sind Sparverträge mit einem Kreditinstitut oder einem am 31. Dezember 1989 als gemeinnützig anerkannten Wohnungsunternehmen oder einem am 31. Dezember 1989 als Organ der staatlichen Wohnungspolitik anerkannten Unternehmen, wenn diese Unternehmen eigene Spareinrichtungen unterhalten, auf die die Vorschriften des Gesetzes über das Kreditwesen anzuwenden sind. Die eingezahlten Sparbeiträge und die Prämien müssen zum Bau oder Erwerb selbst genutzten Wohneigentums oder zum Erwerb eines eigentumsähnlichen Dauerwohnrechts verwendet werden; die Wohnbau-Sparverträge müssen auf die Dauer von drei bis sechs Jahren als allgemeine Sparverträge oder als Sparverträge mit festgelegten Sparraten abgeschlossen werden (§ 2 Absatz 1 Nummer 3 WoPG).

(5) Baufinanzierungsverträge im Sinne des WoPG sind Verträge mit einem Wohnungs- und Siedlungsunternehmen oder einem am 31. Dezember 1989 anerkannten Organ der staatlichen Wohnungspolitik, die nach der Art von Sparverträgen mit festgelegten Sparraten auf die Dauer von drei bis acht Jahren mit dem Zweck einer Kapitalansammlung abgeschlossen werden; Voraussetzung ist, dass die eingezahlten Beiträge und die Prämien zum Bau oder Erwerb selbst genutzten Wohneigentums oder zum Erwerb eines eigentumsähnlichen Dauerwohnrechts verwendet werden (§ 2 Absatz 1 Nummer 4 WoPG). Baufinanzierungsverträge unterscheiden sich von den Wohnbau-Sparverträgen mit festgelegten Sparraten (Absatz 4) dadurch, dass außer den Verpflichtungen des Arbeitnehmers auch die Verpflichtungen des Unternehmens zur Erbringung der vertraglichen Leistungen von vornherein festgelegt sein müssen (vgl. BFH-Urteil vom 17. März 1972, BStBl II S. 601).

10. Anlagen für den Bau, den Erwerb, den Ausbau, die Erweiterung oder die Entschuldung eines Wohngebäudes usw. (§ 2 Absatz 1 Nummer 5 des 5. VermBG)

Bei einer Anlage unmittelbar für den Bau, den Erwerb, den Ausbau, die Erweiterung oder die Entschuldung eines im Inland belegenen Wohngebäudes usw. gilt Folgendes:

1. Wohngebäude sind Gebäude, soweit sie Wohnzwecken dienen.
2. Für die Anlage ist Voraussetzung, dass der Arbeitnehmer entweder Alleineigentümer oder Miteigentümer des Wohngebäudes usw. ist; mindestens muss jedoch eine Auflassungsvormerkung zu seinen Gunsten im Grundbuch eingetragen sein. Keine Anlage in diesem Sinne liegt vor, sofern der Anlage ein von einem Dritten vorgefertigtes Konzept zu Grunde liegt, bei dem der Arbeitnehmer vermögenswirksame Leistungen zusammen mit mehr als 15 anderen Arbeitnehmern anlegen kann (§ 2 Absatz 1 Nummer 5 des 5. VermBG).
3. Eine Anlage liegt u. a. vor, wenn es sich bei den Aufwendungen um Anschaffungskosten, Herstellungskosten und Erhaltungsaufwendungen bei Instandsetzung und Modernisierung handelt (vgl. BMF-Schreiben vom 18. Juli 2003, BStBl I S. 386).
4. Als Aufwendungen für den Bau, den Erwerb, den Ausbau, die Erweiterung oder die Entschuldung eines Wohngebäudes usw. können die vermögenswirksamen Leistungen nur erbracht werden, soweit im Zeitpunkt ihres Zuflusses die Schuld des Arbeitnehmers, für den die Leistungen erbracht werden, nicht bereits getilgt ist.
5. Sparleistungen an Treuhand- und Immobilienspargesellschaften sind keine Aufwendungen für den Bau, den Erwerb, den Ausbau, die Erweiterung oder die Entschuldung eines Wohngebäudes usw.

11. Anlagen auf Grund von Verträgen des Ehegatten oder Lebenspartners, der Kinder oder der Eltern (§ 3 Absatz 1 des 5. VermBG)

(1) Der Arbeitnehmer kann vermögenswirksame Leistungen auch auf Grund von Sparverträgen über Wertpapiere oder andere Vermögensbeteiligungen (Abschnitt 5), auf Grund von Verträgen nach den Vorschriften des WoPG (Abschnitt 9), auf Grund von Sparverträgen (§ 8 des 5. VermBG) und auf Grund von Kapitalversicherungsverträgen (§ 9 des 5. VermBG) anlegen lassen, die von seinem Ehegatten **oder Lebenspartner** abgeschlossen worden sind, mit dem der Arbeitnehmer die Zusammenveranlagung zur Einkommensteuer wählen kann (§ 26 Absatz 1 Satz 1 EStG). Das gilt auch, wenn die genannten Verträge von Kindern des Arbeitnehmers (§ 32 Absatz 1 EStG) abgeschlossen worden sind, solange die Kinder zu Beginn des Kalenderjahrs der vermögenswirksamen Leistung das 17. Lebensjahr noch nicht vollendet haben. Hat der Arbeitnehmer zu Beginn des Kalenderjahrs der vermögenswirksamen Leistungen das 17. Lebensjahr noch nicht vollendet, so können vermögenswirksame Leistungen auch auf die genannten Verträge angelegt werden, die von seinen Eltern oder einem Elternteil abgeschlossen worden sind. Die vom Arbeitnehmer zugunsten des Ehegatten **oder Lebenspartners**, der Kinder oder der Eltern auf deren Sparverträge über Wertpapiere oder andere Vermögensbeteiligungen angelegten vermögenswirksamen Leistungen sind vom Vertragsinhaber vertragsgemäß zu verwenden; der Vertragsinhaber kann mit diesen Leistungen auch betriebliche Vermögensbeteiligungen erwerben (z. B. Gewinnschuldverschreibungen oder Genussscheine seines Arbeitgebers). Eine Abtretung der Ansprüche aus den genannten Verträgen an den Arbeitnehmer steht der Anlage seiner vermögenswirksamen Leistungen auf diese Verträge nicht entgegen.

(2) Absatz 1 gilt entsprechend bei Anlagen für den Bau, den Erwerb, den Ausbau, die Erweiterung oder die Entschuldung eines Wohngebäudes usw. (Abschnitt 10), wenn die in Absatz 1 genannten Personen Alleineigentümer oder Miteigentümer des Wohngebäudes usw. sind oder zu ihren Gunsten eine Auflassungsvormerkung im Grundbuch eingetragen ist (Abschnitt 10 Nummer 2).

(3) Die Absätze 1 und 2 gelten auch bei steuerlich anerkannten Dienstverhältnissen zwischen Ehegatten **oder Lebenspartnern** (vgl. R 4.8 Absatz 1 EStR, H 4.8 – *Arbeitsverhältnisse zwischen Ehegatten* – EStH).

(4) Vermögenswirksame Leistungen können auch auf Gemeinschaftskonten/-depots angelegt werden. Abschnitt 14 **Absatz 3** und Abschnitt 19 Absatz 1 Satz 3 sind zu beachten.

12. Vereinbarung der vermögenswirksamen Leistungen, freie Wahl der Anlage (§§ 10, 11, 12 des 5. VermBG)

(1) Vermögenswirksame Leistungen, die zusätzlich zum sonstigen Arbeitslohn zu erbringen sind, können in Verträgen mit Arbeitnehmern, in Betriebsvereinbarungen, in Tarifverträgen sowie in bindenden Festsetzungen nach dem Heimarbeitsgesetz vereinbart werden (§ 10 des 5. VermBG); für Beamte, Richter, Berufssoldaten und Soldaten auf Zeit werden zusätzliche vermögenswirksame Leistungen auf Grund eines Gesetzes erbracht.

(2) Die vermögenswirksame Anlage von Teilen des Arbeitslohns (Absatz 3) wird in einem Vertrag vereinbart, den der Arbeitgeber auf schriftlichen Antrag des Arbeitnehmers mit diesem abschließen muss (§ 11 Absatz 1 des 5. VermBG; bezüglich der Grenzgänger vgl. Abschnitt 2 Absatz 3). Macht ein Tarifvertrag den Anspruch auf zusätzliche vermögenswirksame Leistungen davon abhängig, dass der Arbeitnehmer als Eigenleistung auch Teile des Arbeitslohns vermögenswirksam anlegt, so ist für die vermögenswirksame Anlage ein schriftlicher Antrag des Arbeitnehmers nicht erforderlich. Der Arbeitgeber muss auf Verlangen des Arbeitnehmers die vermögenswirksame Anlage von Lohnteilen auch dann vereinbaren, wenn der Arbeitnehmer für diese Anlage eine der nicht zulagebegünstigten Anlageformen (Abschnitt 2 Absatz 2 Nummer 1) wählt. Der Arbeitgeber muss dem Verlangen des Arbeitnehmers aber insoweit nicht folgen, als die anzulegenden Lohnteile für sich oder zusammen mit anderen vermögenswirksamen Leistungen den Betrag von 870 Euro im Kalenderjahr übersteigen. Soweit der Arbeitgeber zur Anlage von Lohnteilen nicht verpflichtet ist, kann er sich freiwillig bereit erklären, die vom Arbeitnehmer verlangte Anlage von Lohnteilen zu vereinbaren.

(3) Vermögenswirksam angelegt werden können nur Teile des Arbeitslohns, der zu den Einkünften aus nichtselbständiger Arbeit nach § 19 EStG gehört (Arbeitslohn im steuerlichen Sinne) und der dem Arbeitnehmer noch nicht zugeflossen ist; die nachträgliche Umwandlung von zugeflossenem Arbeitslohn in vermögenswirksame Leistungen ist nur im Fall der Grenzgänger (Abschnitt 2 Absatz 3) möglich. Auch pauschal besteuerter oder steuerfreier Arbeitslohn kann vermögenswirksam angelegt werden, also z. B. Teile

1. des pauschal besteuerten Arbeitslohns von kurzfristig Beschäftigten, Aushilfskräften in der Land- und Forstwirtschaft und geringfügig entlohnten Beschäftigten (§ 40a EStG),
2. der pauschal besteuerten sonstigen Bezüge (§ 40 Absatz 1 EStG),
3. des steuerfreien Zuschusses zum Mutterschaftsgeld (§ 3 Nummer 1 Buchstabe d EStG).

Kein Arbeitslohn in diesem Sinne sind z. B. die steuerfreien Lohnersatzleistungen (wie Wintergeld – Mehraufwands-Wintergeld, Zuschuss-Wintergeld –, Insolvenzgeld, Mutterschaftsgeld), der Ersatz von Aufwendungen des Arbeitnehmers, die Arbeitnehmer-Sparzulage und die Vergütungen, die ein Kommanditist für seine Tätigkeit im Dienst der Kommanditgesellschaft erhält; diese Bezüge können deshalb nicht vermögenswirksam angelegt werden.

(4) Bei einem minderjährigen Arbeitnehmer, den sein gesetzlicher Vertreter zum Abschluss des Arbeitsvertrags ermächtigt hat, ist im Allgemeinen davon auszugehen, dass er ohne ausdrückliche Zustimmung des Vertreters Verträge mit dem Arbeitgeber über vermögenswirksame Leistungen abschließen kann; denn ein solcher Arbeitnehmer ist für alle das Arbeitsverhältnis der gestatteten Art betreffenden Rechtsgeschäfte unbeschränkt geschäftsfähig, wenn die Ermächtigung keine Einschränkungen enthält.

(5) Der Arbeitnehmer hat dem Arbeitgeber mitzuteilen, in welcher Anlageform und bei welchem Unternehmen, Institut oder Gläubiger vermögenswirksame Leistungen nach seiner Wahl (Absatz 6) angelegt werden sollen; er hat dabei anzugeben, wann und in welcher Höhe er die Anlage verlangt, und den Anlagevertrag – z. B. durch dessen Konto- oder Vertragsnummer – näher zu bezeichnen.

(6) Die Zulagebegünstigung vermögenswirksamer Leistungen (§ 13 des 5. VermBG) setzt voraus, dass der Arbeitnehmer frei wählen kann, in welcher der Anlageformen und bei welchem Unternehmen, Institut oder Gläubiger (§ 3 Absatz 3 Satz 1 des 5. VermBG) der Arbeitgeber die vermögenswirksamen Leistungen anlegen soll (§ 12 Satz 1 des 5. VermBG); einer Förderung steht jedoch nicht entgegen, dass durch Tarifvertrag die Anlage auf die Formen des § 2 Absatz 1 Nummer 1 bis 5, Absatz 2 bis 4 beschränkt wird (§ 12 Satz 2 des 5. VermBG). Der Arbeitnehmer kann aber eine Vermögensbeteiligung am Unternehmen des Arbeitgebers in einer der in § 2 Absatz 1 Nummer 1 Buchstabe g bis l und Absatz 4 des 5. VermBG bezeichneten Formen (Abschnitt 4) nur dann begründen oder erwerben, wenn der Arbeitgeber zustimmt (§ 12 Satz 3 des 5. VermBG). Deshalb verstößt es nicht gegen § 12 des 5. VermBG, wenn ein Arbeitgeber nur bestimmten Arbeitnehmern oder Arbeitnehmergruppen die Möglichkeit einräumt, mit ihren vermögenswirksamen Leistungen Vermögensbeteiligungen am Unternehmen des Arbeitgebers im Sinne des § 2 Absatz 1 Nummer 1 Buchstabe g bis l und Absatz 4 des 5. VermBG – z. B. Darlehensforderungen oder stille Beteiligungen – zu begründen.

(7) Der Arbeitnehmer kann verlangen, dass die für ihn zu erbringenden vermögenswirksamen Leistungen auf verschiedene Anlageformen verteilt werden, oder dass die Anlageform gewechselt wird, wenn er daran ein berechtigtes Interesse hat, das gegenüber dem Interesse des Arbeitgebers an möglichst geringem Verwaltungsaufwand überwiegt. An der Verteilung auf verschiedene Anlageformen oder am Wechsel der Anlageform kann der Arbeitnehmer z. B. dann ein berechtigtes Interesse haben, wenn er dadurch die Förderung voll ausschöpfen möchte. Für den Wechsel der Anlageform bei vermögenswirksamer Anlage von Lohnteilen (Absatz 2) ist § 11 Absatz 5 des 5. VermBG zu beachten.

13. Kennzeichnungs- und Mitteilungspflichten (§ 3 Absatz 2 des 5. VermBG, § 2 Absatz 1 VermBDV 1994)

(1) Bei Überweisung der vermögenswirksam anzulegenden Beträge an das Unternehmen, Institut oder den Gläubiger (Abschnitt 2 Absatz 1) hat der Arbeitgeber die Beträge als vermögenswirksame Leistung besonders kenntlich zu machen und den Namen des Arbeitnehmers sowie dessen Konto- oder Vertragsnummer anzugeben. Zusätzlich ist bei Überweisungen im Dezember und Januar anzugeben, welchem Kalenderjahr die überwiesenen Beträge zuzuordnen sind (vgl. Abschnitt 3 Absatz 1).

(2) Geht bei dem Unternehmen, dem Institut oder dem Gläubiger ein vom Arbeitgeber als vermögenswirksame Leistung gekennzeichneter Betrag ein und kann dieser nicht nach den Vorschriften des 5. VermBG angelegt werden (z. B. weil ein Anlagevertrag im Sinne des 5. VermBG nicht besteht oder bereits erfüllt ist oder weil bei einem Bausparvertrag die Bausparsumme ausgezahlt worden ist), so ist das Unternehmen, das Institut oder der Gläubiger verpflichtet, dies dem Arbeitgeber unverzüglich schriftlich mitzuteilen; nach Eingang einer solchen Mitteilung darf der Arbeitgeber für den Arbeitnehmer keine vermögenswirksamen Leistungen mehr überweisen.

14. Bescheinigung vermögenswirksamer Leistungen (§ 15 Absatz 1 des 5. VermBG in der Fassung des Beitreibungsrichtlinie-Umsetzungsgesetzes vom 7. Dezember 2011, BGBl. I S. 2592, § 5 VermBDV 1994 in der Fassung des Steuerbürokratieabbaugesetzes vom 20. Dezember 2008, BGBl. I S. 2850)

(1) Bis zur Einführung der elektronischen Vermögensbildungsbescheinigung, deren erstmalige Anwendung zu einem späteren Zeitpunkt durch ein im Bundessteuerblatt zu veröffentlichendes BMF-Schreiben mitgeteilt wird (§ 17 Absatz 14 des 5. VermBG, § 11 Absatz 1 Satz 2 und 3 VermBDV 1994), gilt weiter Folgendes:

(2) Das Kreditinstitut, **die Kapitalverwaltungsgesellschaft,** die Bausparkasse, das Unternehmen, der Arbeitgeber oder der Gläubiger, mit dem der Arbeitnehmer den Anlagevertrag abgeschlossen hat, hat die vermögenswirksamen Leistungen zu bescheinigen, die im Kalenderjahr angelegt worden sind (§ 15 Absatz 1 des 5. VermBG **in der Fassung des Beitreibungsrichtlinie-Umsetzungsgesetzes vom 7. Dezember 2011, BGBl. I S. 2592,** § 5 VermBDV 1994 **in der Fassung des Steuerbürokratieabbaugesetzes vom 20. Dezember 2008, BGBl. I S. 2850**). Für vermögenswirksame Leistungen, die auf nicht zulagebegünstigte Anlagearten angelegt worden sind, ist die Ausstellung einer Bescheinigung nicht zulässig. Außerdem darf eine Bescheinigung nicht mehr erteilt werden, wenn über sämtliche vermögenswirksame Leistungen schädlich verfügt worden ist, die nach § 2 Absatz 1 Nummer 1 oder 4 des 5. VermBG (Abschnitte 5 und 9) angelegt worden sind (§ 5 Absatz 5 VermBDV 1994 **in der Fassung des Steuerbürokratieabbaugesetzes vom 20. Dezember 2008, BGBl. I S. 2850**).

(3) Die Bescheinigung ist auf den Arbeitnehmer auszustellen, für den der Arbeitgeber die vermögenswirksamen Leistungen erbracht hat. Das gilt auch dann, wenn die vermögenswirksamen Leistungen zugunsten des Ehegatten **oder Lebenspartners**, der Kinder, der Eltern oder eines Elternteils angelegt worden sind (§ 3 Absatz 1 des 5. VermBG), wenn mehrere Personen Vertragsinhaber sind (Gemeinschaftsvertrag) oder die vermögenswirksamen Leistungen auf Gemeinschaftskonten/-depots angelegt wurden (vgl. Abschnitt 11 Absatz 4).

(4) Für die Bescheinigung ist der amtlich vorgeschriebene Vordruck zu verwenden; das für das jeweilige Kalenderjahr geltende Vordruckmuster wird im Bundessteuerblatt Teil I bekannt gemacht. Im Einzelnen gilt Folgendes:

1. Der „Institutsschlüssel für die Arbeitnehmer-Sparzulage" wird von der Zentralstelle **für Arbeitnehmer-Sparzulage und Wohnungsbauprämie** beim Technischen Finanzamt Berlin – ZPS ZANS –, Klosterstraße 59, 10179 Berlin vergeben (§ 5 Absatz 2 Satz 2 und 3 VermBDV 1994 **in der Fassung des Steuerbürokratieabbaugesetzes vom 20. Dezember 2008, BGBl. I S. 2850**). Er ist bei Anlagearten erforderlich, die einer Sperrfrist unterliegen. Sperrfristen gelten nicht bei Anlagen zum Wohnungsbau (Abschnitt 10) und bei Anlagen für den ersten Erwerb von Anteilen an Bau- und Wohnungsgenossenschaften gemäß § 2 Absatz 1 Nummer 4 des 5. VermBG (Abschnitt 9 Absatz 3). In der Bescheinigung kann auf die Angabe dieses Institutsschlüssels nur dann verzichtet werden, wenn im Zeitpunkt der Ausstellung die für die Anlageart geltende Sperrfrist abgelaufen ist.
2. Die Vertragsnummer darf höchstens 14-stellig sein und keine Sonderzeichen enthalten. Es ist nicht zulässig, für mehrere Arbeitnehmer dieselbe Vertragsnummer zu verwenden. Werden vermögenswirksame Leistungen auf von Dritten abgeschlossene Verträge oder auf Gemeinschaftsverträge angelegt (Absatz 2), so sind die vermögenswirksamen Leistungen jedes Arbeitnehmers unter einer eigenen Vertragsnummer zu bescheinigen; eine gemeinsame Vertragsnummer ist nur bei Ehegatten **oder Lebenspartnern** zulässig.

3. Der „Institutsschlüssel für die Arbeitnehmer-Sparzulage", die Vertragsnummer und die Sperrfrist (vgl. Nummer 4) bilden den Ordnungsbegriff für das automatisierte Festsetzungs- und Auszahlungsverfahren der Arbeitnehmer-Sparzulage. Das automatisierte Verfahren setzt voraus, dass Inhalt und Darstellung der Vertragsnummer bei der Bescheinigung vermögenswirksamer Leistungen sowie bei der Anzeige über eine vorzeitige Verfügung (durch Datensatz oder Vordruck, vgl. Abschnitt 21 Absatz 1) übereinstimmen. **Der Ordnungsbegriff ist für die gesamte Laufzeit des begünstigten Vertrages unabänderbar. Dies gilt auch, wenn der Vertrag einem anderen Anlageinstitut übertragen wird.**
4. Das Ende der für die vermögenswirksamen Leistungen geltenden Sperrfrist (vgl. Nummer 1) ist stets anzugeben. Bei der Bescheinigung vermögenswirksamer Leistungen, die auf Verträge nach §§ 5 bis 7 des 5. VermBG angelegt und noch nicht für Vermögensbeteiligungen verwendet worden sind, ist als Ende der Sperrfrist der 31. Dezember des sechsten Kalenderjahrs nach dem Kalenderjahr der vermögenswirksamen Anlage anzugeben (§ 5 Absatz 3 VermBDV 1994 **in der Fassung des Steuerbürokratieabbaugesetzes vom 20. Dezember 2008, BGBl. I S. 2850**). Ist über vermögenswirksame Leistungen unschädlich vorzeitig verfügt worden, die nach § 2 Absatz 1 Nummer 1 oder 4 des 5. VermBG angelegt worden sind, so ist in der Bescheinigung als Ende der Sperrfrist der Zeitpunkt dieser Verfügung anzugeben (§ 5 Absatz 4 VermBDV 1994 **in der Fassung des Steuerbürokratieabbaugesetzes vom 20. Dezember 2008, BGBl. I S. 2850**); das gilt auch für die Bescheinigung der vermögenswirksamen Leistungen, die weiter auf den Anlagevertrag angelegt werden (Abschnitt 17 Absatz 5). Entsprechendes gilt bei Zuteilung eines Bausparvertrags.

(**5**) Sind vermögenswirksame Leistungen für die Anlage zum Wohnungsbau an den Arbeitnehmer ausgezahlt worden (Abschnitt 2 Absatz 1 Nummer 2), hat der Gläubiger die Bescheinigung auszustellen, wenn der Arbeitnehmer schriftlich erklärt, in welcher Höhe vermögenswirksame Leistungen zum Wohnungsbau verwendet worden sind.

(**6**) Die Bescheinigung ist grundsätzlich erst nach Ablauf des Kalenderjahrs zu erteilen, in dem die vermögenswirksamen Leistungen angelegt worden sind. Davon abweichend können die vermögenswirksamen Leistungen bereits im laufenden Kalenderjahr bescheinigt werden, wenn

1. bei Anlageverträgen nach § 2 Absatz 1 Nummer 1 des 5. VermBG die Einzahlungsfrist abgelaufen ist (Abschnitt 5 Absatz 2),
2. auf Anlageverträge nach §§ 5, 6 und 7 des 5. VermBG keine vermögenswirksamen Leistungen mehr angelegt werden können,
3. Anlageverträge nach § 2 Absatz 1 Nummer 1 oder 4 des 5. VermBG mit Kreditinstituten, **Kapitalverwaltungsgesellschaften**, Bausparkassen oder Versicherungsunternehmen im Falle einer unschädlichen vorzeitigen Verfügung aufgehoben werden.

(**7**) In der Bescheinigung sind die angelegten vermögenswirksamen Leistungen auf den nächsten vollen Euro aufzurunden.

15. Festsetzung der Arbeitnehmer-Sparzulage (§§ 13, 14 des 5. VermBG, § 6 Absatz 1 VermBDV 1994)

(1) Der Antrag auf Festsetzung der Arbeitnehmer-Sparzulage ist regelmäßig mit der Einkommensteuererklärung zu stellen. Für den Antrag auf Festsetzung der Arbeitnehmer-Sparzulage ist auch dann der Vordruck für die Einkommensteuererklärung zu verwenden, wenn der Arbeitnehmer keinen Antrag auf Veranlagung zur Einkommensteuer stellt und auch nicht zur Einkommensteuer zu veranlagen ist, z. B. weil er nur pauschal besteuerten Arbeitslohn bezogen hat.

(2) Die Arbeitnehmer-Sparzulage kann auch dann erst nach Ablauf des Kalenderjahrs, in dem die vermögenswirksamen Leistungen angelegt worden sind (§ 13 Absatz 4 des 5. VermBG), festgesetzt werden, wenn der Antrag schon vorher gestellt ist.

(3) Zuständig ist das Finanzamt, in dessen Bezirk der Arbeitnehmer im Zeitpunkt der Antragstellung seinen Wohnsitz oder gewöhnlichen Aufenthalt hat. Bei Wegfall der unbeschränkten Einkommensteuerpflicht im Laufe eines Kalenderjahrs ist das Finanzamt zuständig, in dessen Bezirk der Arbeitnehmer seinen Wohnsitz oder gewöhnlichen Aufenthalt hatte. Hat der Arbeitnehmer im Inland weder einen Wohnsitz noch seinen gewöhnlichen Aufenthalt, so tritt an die Stelle des Wohnsitzfinanzamts das Betriebsstättenfinanzamt des Arbeitgebers.

(4) Übersteigen die für den Arbeitnehmer erbrachten vermögenswirksamen Leistungen die geförderten Höchstbeträge und sind die Leistungen auf mehrere Anlagearten aufgeteilt worden, kann der Arbeitnehmer durch Vorlage nur einzelner Bescheinigungen (Abschnitt 14) die vermögenswirksamen Leistungen bestimmen, die mit Arbeitnehmer-Sparzulage begünstigt werden sollen. Legt der Arbeitnehmer sämtliche Bescheinigungen vor, begünstigt das Finanzamt die vermögenswirksamen Leistungen in einer Reihenfolge, die im Regelfall für den Arbeitnehmer günstig ist.

(5) Für die Anwendung der Einkommensgrenze von 35 800/40 000 Euro für Ehegatten **oder Lebenspartner** ist allein maßgeblich, ob tatsächlich eine Zusammenveranlagung durchgeführt wird. Aus diesem Grunde ist die 35 800/40 000-Euro-Grenze auch bei der Zusammenveranlagung des überlebenden Ehegatten **oder Lebenspartners** mit dem verstorbenen Ehegatten **oder Lebenspartner** im Todesjahr des Ehegatten **oder Lebenspartners** anzuwenden. Von dem auf das Todesjahr folgenden Kalenderjahr an gilt die 17 900/20 000-Euro-Grenze (BFH-Urteil vom 14. Mai 1976, BStBl II S. 546). Haben Ehegatten **oder Lebenspartner** die Einzelveranlagung gewählt, ist für jeden Ehegatten **oder Lebenspartner** gesondert zu prüfen, ob das von ihm zu versteuernde Einkommen die Einkommensgrenze von 17 900/ 20 000 Euro überschreitet. **Die für einen Lebenspartner bereits vor Inkrafttreten des Amtshilferichtlinie-Umsetzungsgesetzes vom 26. Juni 2013 (BGBl. I S. 1809) festgesetzte Arbeitnehmer-Sparzulage vergangener Jahre bleibt auch dann unangetastet, wenn eine rückwirkend durchgeführte Zusammenveranlagung mit einem Lebenspartner für das betreffende Sparjahr zusammengenommen zur Überschreitung der Einkommensgrenze führt.** Bei der Ermittlung des zu versteuernden Einkommens sind auch in den Fällen, in denen es auf Grund der Vorschriften zum Familienleistungsausgleich (§ 31 EStG) beim auszuzahlenden Kindergeld verbleibt, stets die in Betracht kommenden Freibeträge für Kinder (§ 32 EStG) abzuziehen (§ 2 Absatz 5 Satz 2 EStG); dabei sind stets die Freibeträge für das gesamte Sparjahr zugrunde zu legen.

(6) Die Einkommensgrenzen des § 13 Absatz 1 des 5. VermBG gelten nicht für beschränkt einkommensteuerpflichtige Arbeitnehmer, die nicht zur Einkommensteuer veranlagt werden, da bei diesem Personenkreis ein zu versteuerndes Einkommen im Sinne des § 2 Absatz 5 EStG nicht festgestellt wird; diesen Arbeitnehmern steht deshalb die Arbeitnehmer-Sparzulage ohne Rücksicht auf die Höhe ihres Einkommens zu.

(7) Anträge auf Festsetzung einer Arbeitnehmer-Sparzulage können bis zum Ablauf der – grundsätzlich vierjährigen – Festsetzungsfrist nach § 169 AO wirksam gestellt werden.

(8) Ein Bescheid über die Ablehnung der Festsetzung einer Arbeitnehmer-Sparzulage wegen Überschreitens der Einkommensgrenze ist aufzuheben, wenn der Einkommensteuerbescheid nach Ergehen des Ablehnungsbescheids zur Arbeitnehmer-Sparzulage geändert und dadurch erstmals festgestellt wird, dass die Einkommensgrenze unterschritten ist (§ 14 Absatz 5 Satz 1 des 5. VermBG). Die Arbeitnehmer-Sparzulage wird dann vom Finanzamt nachträglich festgesetzt. Die Frist für die Festsetzung der Arbeitnehmer-Sparzulage endet in diesem Fall nicht vor Ablauf eines Jahres nach Bekanntgabe des geänderten Steuerbescheids (§ 14 Absatz 5 Satz 2 des 5. VermBG). Die Nachholung der Festsetzung der Arbeitnehmer-Sparzulage wird von Amts wegen (grundsätzlich verbunden mit der Änderung der Einkommensteuerfestsetzung) vorgenommen. Ein erneuter Antrag des Arbeitnehmers auf Festsetzung der Arbeitnehmer-Sparzulage ist daher nicht erforderlich.

Beispiel:

Der Arbeitgeber überweist für den ledigen Arbeitnehmer in 2014 vermögenswirksame Leistungen in Höhe von 400 Euro auf einen VL-Investmentsparplan. Der Arbeitnehmer stellt in 2015 mit seiner Einkommensteuererklärung einen Antrag auf Festsetzung der Arbeitnehmer-Sparzulage und fügt die entsprechende Anlage VL bei. Das vom Finanzamt in 2015 für den Veranlagungszeitraum 2014 berechnete zu versteuernde Einkommen beträgt 20 500 Euro. Das Finanzamt lehnt die Festsetzung der beantragten Arbeitnehmer-Sparzulage ab, da das zu versteuernde Einkommen die maßgebliche Einkommensgrenze von 20 000 Euro überschreitet.

Nach einem Einspruch gegen die Festsetzung der Einkommensteuer und einem anschließenden Verfahren vor dem Finanzgericht berücksichtigt das Finanzamt Ende Februar 2019 für den Veranlagungszeitraum 2014 in einem Abhilfebescheid weitere Werbungskosten. Das zu versteuernde Einkommen des Veranlagungszeitraums 2014 mindert sich auf 19 700 Euro.

Nunmehr erfolgt ohne weiteres Zutun des Arbeitnehmers durch das Finanzamt in 2019 eine erstmalige Festsetzung der Arbeitnehmer-Sparzulage für 2014 in Höhe von 80 Euro (400 Euro x 20 %), denn die maßgebliche Einkommensgrenze von 20 000 Euro wird nicht mehr überschritten. Diese Festsetzung ist bis Ende Februar 2 020 möglich, da der Ablauf der Festsetzungsfrist für die Arbeitnehmer-Sparzulage 2014 bis dahin gehemmt ist.

Ist der geänderten Einkommensteuerfestsetzung kein Bescheid über die Ablehnung der Festsetzung einer Arbeitnehmer-Sparzulage vorangegangen, weil der Arbeitnehmer wegen der Überschreitung der Einkommensgrenze keine Arbeitnehmer-Sparzulage beantragt hat, kann bis zum Ablauf der entsprechend verlängerten Festsetzungsfrist nachträglich die Arbeitnehmer-Sparzulage beantragt und festgesetzt werden; eine Nachholung der Festsetzung der Arbeitnehmer-Sparzulage von Amts wegen ist in diesen Fällen nicht möglich. Stand jedoch schon vor Ergehen des geänderten Einkommensteuerbescheids fest, dass die Einkommensgrenzen nicht überschritten wurden, verlängert sich die Festsetzungsfrist nicht; in diesen Fällen kann

nur innerhalb der regulären Festsetzungsfrist von vier Jahren ein Antrag auf Festsetzung der Arbeitnehmer-Sparzulage gestellt werden.

(9) In Fällen, in denen für vermögenswirksame Leistungen ein Anspruch auf Arbeitnehmer-Sparzulage besteht, aber der Arbeitnehmer dennoch eine Wohnungsbauprämie beantragt hat, endet die Frist für die Festsetzung der Arbeitnehmer-Sparzulage nicht vor Ablauf eines Jahres nach Bekanntgabe der Mitteilung über die Änderung des Prämienanspruchs (§ 14 Absatz 6 des 5. VermBG).

(**10**) Die Arbeitnehmer-Sparzulage ist für jeden Anlagevertrag auf volle Euro aufzurunden. Das Finanzamt soll die Entscheidung über die Arbeitnehmer-Sparzulage mit dem Einkommensteuerbescheid verbinden.

16. Höhe der Arbeitnehmer-Sparzulage (§ 13 Absatz 2 des 5. VermBG)

(1) Die Arbeitnehmer-Sparzulage beträgt 20 % für vermögenswirksame Leistungen von höchstens 400 Euro, die in Vermögensbeteiligungen (Abschnitt 4) angelegt werden, d. h. auf

1. Sparverträge über Wertpapiere oder andere Vermögensbeteiligungen (§ 4 des 5. VermBG; Abschnitt 5),
2. Wertpapier-Kaufverträge (§ 5 des 5. VermBG; Abschnitt 6),
3. Beteiligungs-Verträge (§ 6 des 5. VermBG; Abschnitt 7) und
4. Beteiligungs-Kaufverträge (§ 7 des 5. VermBG; Abschnitt 7).

(2) Die Arbeitnehmer-Sparzulage beträgt 9 % für vermögenswirksame Leistungen von höchstens 470 Euro, die angelegt werden

1. nach dem Wohnungsbau-Prämiengesetz (§ 2 Absatz 1 Nummer 4 des 5. VermBG; Abschnitt 9) und
2. für den Bau, den Erwerb, den Ausbau, die Erweiterung oder die Entschuldung eines Wohngebäudes usw. (§ 2 Absatz 1 Nummer 5 des 5. VermBG; Abschnitt 10).

(3) Die beiden Zulagen (Absatz 1 und 2) können nebeneinander in Anspruch genommen werden. Insgesamt werden also vermögenswirksame Leistungen bis 870 Euro jährlich mit der Arbeitnehmer-Sparzulage begünstigt. Die Förderung gilt im Übrigen auch für Verträge, die vor 1999 abgeschlossen worden sind.

(4) Die höchstmögliche Arbeitnehmer-Sparzulage kann nur erhalten, wer sowohl in Vermögensbeteiligungen als auch in Bausparen bzw. in Anlagen für den Wohnungsbau anlegt. Dies bedingt zwei Anlageverträge. Da nur Zahlungen durch den Arbeitgeber mit Zulage begünstigt sind (Abschnitt 2), muss dieser zwei Verträge bedienen.

17. Auszahlung der Arbeitnehmer-Sparzulage (§ 14 Absatz 4 und 7 des 5. VermBG, § 7 VermBDV 1994 in der Fassung des Steuerbürokratieabbaugesetzes vom 20. Dezember 2008, BGBl. I S. 2850)

(1) Die festgesetzten Arbeitnehmer-Sparzulagen werden regelmäßig erst mit Ablauf der für die vermögenswirksamen Leistungen geltenden Sperrfrist an das Kreditinstitut, die **Kapitalverwaltungsgesellschaft**, die Bausparkasse, das Unternehmen oder den Arbeitgeber überwiesen, mit denen der Anlagevertrag abgeschlossen worden ist (§ 7 Absatz 2 VermBDV 1994). Die **ZPS ZANS** erstellt über jeden auszuzahlenden (= je Kalenderjahr festgesetzten) Betrag einen Datensatz, **der der** zuständigen Landesfinanzbehörde zugeleitet **wird**, die die Auszahlung veranlasst. **Der Verwendungszweck der Überweisung an das Anlageinstitut enthält für die Zuordnung zum begünstigten Vertrag den Institutsschlüssel des Anlageinstituts und die Vertragsnummer des begünstigten Vertrages.**

(2) Die Anlageinstitute haben die überwiesenen Arbeitnehmer-Sparzulagen an die Arbeitnehmer auszuzahlen. Im Innenverhältnis zwischen Anlageinstitut und Arbeitnehmer kann vereinbart werden, dass die an das Anlageinstitut überwiesenen Arbeitnehmer-Sparzulagen in einer der in § 2 Absatz 1 des 5. VermBG genannten Anlageformen angelegt werden. Ist dem Anlageinstitut in Einzelfällen die Auszahlung der Arbeitnehmer-Sparzulage an den Arbeitnehmer nicht möglich, z. B. weil der Wohnort nicht ermittelt werden konnte, hat das Anlageinstitut diese Arbeitnehmer-Sparzulage der Finanzbehörde zu überweisen, von der sie die Arbeitnehmer-Sparzulage erhalten hat; dabei sind die im **Verwendungszweck des Auszahlungsdatensatzes** für den **Begünstigten** enthaltenen Angaben vollständig mitzuteilen.

(3) Die festgesetzten Arbeitnehmer-Sparzulagen werden in folgenden Fällen vom Finanzamt unmittelbar an den Arbeitnehmer ausgezahlt (§ 7 Absatz 1 VermBDV 1994 **in der Fassung des Steuerbürokratieabbaugesetzes vom 20. Dezember 2008, BGBl. I S. 2850**):

1. bei Anlagen zum Wohnungsbau (Abschnitt 10) und bei Anlagen für den ersten Erwerb von Anteilen an Bau- und Wohnungsgenossenschaften gemäß § 2 Absatz 1 Nummer 4 des 5. VermBG (Abschnitt 9 Absatz 3),
2. wenn die für die vermögenswirksamen Leistungen geltende Sperrfrist im Zeitpunkt der Bekanntgabe des Bescheids über die Festsetzung der Arbeitnehmer-Sparzulage abgelaufen ist,
3. wenn über die angelegten vermögenswirksamen Leistungen unschädlich vorzeitig verfügt oder der Bausparvertrag zugeteilt worden ist (Abschnitt 14 **Absatz 4** Nummer 4).

(4) Wenn Arbeitnehmer-Sparzulagen für vermögenswirksame Leistungen, über die unschädlich vorzeitig verfügt worden ist, bei der **ZPS ZANS** aufgezeichnet sind, wird die Arbeitnehmer-Sparzulage an die Anlageinstitute ausgezahlt (Absatz 1). Abweichend davon ist die Arbeitnehmer-Sparzulage für vermögenswirksame Leistungen, die auf Anlageverträge nach §§ 5 bis 7 des 5. VermBG angelegt worden sind, vom Finanzamt unmittelbar an den Arbeitnehmer auszuzahlen.

(5) Ist über angelegte vermögenswirksame Leistungen unschädlich vorzeitig verfügt worden, so endet für diesen Anlagevertrag die Sperrfrist im Zeitpunkt dieser Verfügung (Abschnitt 14 Absatz 3 Nummer 4). Deshalb sind Arbeitnehmer-Sparzulagen für vermögenswirksame Leistungen, die weiter auf diesen Anlagevertrag angelegt werden, vom Finanzamt unmittelbar an den Arbeitnehmer auszuzahlen.

(6) Ergeben sich Nachfragen hinsichtlich der Auszahlung der Arbeitnehmer-Sparzulage, sind diese nicht an die **ZPS ZANS**, sondern an die zuständigen Stellen in den Ländern zu richten. Arbeitnehmer können die zuständige Stelle bei ihrem Wohnsitzfinanzamt erfragen.

18. Wegfall der Zulagebegünstigung (§ 13 Absatz 5 Satz 1 des 5. VermBG)

(1) Die Zulagebegünstigung für vermögenswirksame Leistungen entfällt vorbehaltlich des Absatzes 2 und des Abschnitts 19 rückwirkend,

1. soweit bei Anlagen auf Grund von Sparverträgen über Wertpapiere oder andere Vermögensbeteiligungen (Abschnitt 5) vor Ablauf der siebenjährigen Sperrfrist zulagebegünstigte vermögenswirksame Leistungen zurückgezahlt werden, die Festlegung unterblieben ist oder aufgehoben wird oder über die Vermögensbeteiligungen verfügt wird. Die Zulagebegünstigung entfällt auch für Spitzenbeträge, wenn diese 150 Euro übersteigen (§ 4 Absatz 3 des 5. VermBG). Die Förderung entfällt ebenfalls für Beträge, die beim zulageunschädlichen Austausch von Wertpapieren übrig bleiben, wenn die 150-Euro-Grenze überschritten wird (Abschnitt 5 Absatz 8),
2. wenn bei Anlagen auf Grund von Wertpapier-Kaufverträgen (Abschnitt 6) die Wertpapiere, mit deren Kaufpreis die vermögenswirksamen Leistungen eines Kalenderjahrs verrechnet worden sind, nicht spätestens bis zum Ablauf des folgenden Kalenderjahrs erworben werden oder wenn die Festlegung unterblieben ist oder soweit vor Ablauf der sechsjährigen Sperrfrist die Festlegung aufgehoben wird oder über die Wertpapiere verfügt wird,
3. wenn bei Anlagen auf Grund von Beteiligungs-Verträgen oder Beteiligungs-Kaufverträgen (Abschnitt 7) der Arbeitnehmer die nicht verbrieften Vermögensbeteiligungen, für deren Begründung oder Erwerb die vermögenswirksamen Leistungen eines Kalenderjahrs verrechnet oder überwiesen worden sind, nicht spätestens bis zum Ablauf des folgenden Kalenderjahrs erhält oder soweit vor Ablauf der sechsjährigen Sperrfrist über die Rechte verfügt wird. Handelt es sich um Aufwendungen für den ersten Erwerb von Anteilen an Bau- und Wohnungsgenossenschaften, so verringert sich bei Verletzung der Sperrfrist die Zulagebegünstigung von 20 % auf 9 % entsprechend § 2 Absatz 1 Nummer 4 i. V. m. § 13 Absatz 2 des 5. VermBG und Abschnitt 16 Absatz 2 Nummer 1 (vgl. Abschnitt 22 Absatz 1 Nummer 1),
4. soweit bei Anlagen nach dem WoPG (Abschnitt 9)
   a) Bausparkassenbeiträge vor Ablauf von sieben Jahren seit Vertragsabschluss zurückgezahlt, die Bausparsumme ausgezahlt oder Ansprüche aus dem Bausparvertrag abgetreten *oder beliehen werden;* dies gilt unabhängig von den Regelungen im WoPG für vor dem 1. Januar 2009 und nach dem 31. Dezember 2008 abgeschlossene Bausparverträge,
   b) Beiträge auf Grund von Wohnbau-Sparverträgen vor Ablauf der jeweiligen Festlegungsfrist zurückgezahlt (§ 9 WoPDV) oder nach Ablauf der jeweiligen Festlegungsfrist nicht zweckentsprechend verwendet werden (§ 10 WoPDV),
   c) Beiträge auf Grund von Baufinanzierungsverträgen zurückgezahlt (§ 15 Absatz 4 WoPDV) oder nicht fristgerecht zweckentsprechend verwendet werden (§ 16 WoPDV).

Im Übrigen liegt in der Kündigung eines Vertrags noch keine sparzulageschädliche Verfügung, sondern erst in der Rückzahlung von Beträgen; deshalb bleibt eine Rücknahme der Kündigung vor Rückzahlung von Beträgen ohne Auswirkung auf festgesetzte Arbeitnehmer-Sparzulagen (vgl. BFH-Urteil vom 13. Dezember 1989, BStBl 1990 II S. 220). Im Gegensatz dazu stellt eine

Abtretung auch dann eine sparzulageschädliche Verfügung dar, wenn sie später zurückgenommen wird.

(2) Abweichend von Absatz 1 bleibt die Zulagebegünstigung für vermögenswirksame Leistungen bei Verletzung der Sperrfrist in den Fällen des § 13 Absatz 5 **Satz 3** des 5. VermBG erhalten. Nach § 13 Absatz 5 **Satz 3** Nummer 1 des 5. VermBG ist nicht Voraussetzung, dass ggf. die neuen Wertpapiere oder die erhaltenen Beträge für den Rest der Sperrfrist festgelegt werden. Wertlosigkeit im Sinne des § 13 Absatz 5 **Satz 3** Nummer 2 des 5. VermBG ist anzunehmen, wenn der Arbeitnehmer höchstens 33 % der angelegten vermögenswirksamen Leistungen zurückerhält. Übersteigen die zurückgezahlten Beträge die 33 %-Grenze, so bleibt die Zulagebegünstigung der vermögenswirksamen Leistungen nur dann erhalten, wenn der Arbeitnehmer die erhaltenen Beträge oder damit erworbene andere Vermögensbeteiligungen im Sinne des § 2 Absatz 1 Nummer 1 des 5. VermBG bei einem Kreditinstitut oder bei einer **Kapitalverwaltungsgesellschaft** für den Rest der Sperrfrist festlegt.

(3) Sind mit vermögenswirksamen Leistungen, die auf Grund von Sparverträgen über Wertpapiere oder andere Vermögensbeteiligungen angelegt worden sind, **Anteile an neu aufgelegten OGAW-Sondervermögen sowie an als Sondervermögen aufgelegten offenen Publikums-AIF nach den §§ 218 und 219 des Kapitalanlagegesetzbuchs sowie Anteile an offenen EU-Investmentvermögen und offenen ausländischen AIF, die nach dem Kapitalanlagegesetzbuch vertrieben werden dürfen (§ 2 Absatz 1 Nummer 1 Buchstabe c des 5. VermBG), erworben worden (Abschnitt 4 Absatz 5) und ergibt sich aus dem ersten Jahres- oder** Halbjahresbericht, dass die angenommenen Verhältnisse nicht vorgelegen haben, so entfällt für die vermögenswirksamen Leistungen die Zulagebegünstigung.

19. Zulageunschädliche Verfügungen (§ 4 Absatz 4 des 5. VermBG)

(1) Bei Anlagen zulagebegünstigter vermögenswirksamer Leistungen auf Grund von

- Sparverträgen über Wertpapiere oder andere Vermögensbeteiligungen (Abschnitt 5),
- Wertpapier-Kaufverträgen (Abschnitt 6),
- Beteiligungs-Verträgen oder Beteiligungs-Kaufverträgen (Abschnitt 7)

ist Arbeitnehmer-Sparzulage trotz Verletzung der Sperrfristen oder der in Abschnitt 5 Absatz 6, Abschnitt 18 Absatz 1 Nummer 2 und 3 bezeichneten Fristen in den Fällen des § 4 Absatz 4 des 5. VermBG nicht zurückzufordern. Dabei gilt Folgendes:

1. Völlige Erwerbsunfähigkeit im Sinne des § 4 Absatz 4 Nummer 1 des 5. VermBG liegt vor bei einem Grad der Behinderung von mindestens 95.
2. Arbeitslos im Sinne des § 4 Absatz 4 Nummer 3 des 5. VermBG sind Personen, die Arbeitslosengeld (**§ 136** Drittes Buch Sozialgesetzbuch – SGB III), Arbeitslosengeld II (§ 19 SGB II) oder Arbeitslosenbeihilfe für ehemalige Soldaten auf Zeit (§ 86a Soldatenversorgungsgesetz) beziehen oder ohne Bezug dieser Leistungen arbeitslos gemeldet sind. Als arbeitslos anzusehen sind auch
   a) Personen, die als Arbeitslose im Sinne des Satzes 1 erkranken oder eine Kur antreten, für die Dauer der Erkrankung oder der Kur,
   b) Frauen, die zu Beginn der Schutzfristen nach § 3 Absatz 2, § 6 Absatz 1 des Mutterschutzgesetzes arbeitslos im Sinne des Satzes 1 waren oder als arbeitslos im Sinne des Buchstaben a anzusehen waren, für die Dauer dieser Schutzfristen und der folgenden Monate, für die bei Bestehen eines Arbeitsverhältnisses Elternzeit nach dem Bundeselterngeld- und Elternzeitgesetz hätte beansprucht werden können,
   c) Personen, die an einer nach §§ 81 **bis** 87 SGB III geförderten beruflichen Weiterbildung oder die an einer z. B. nach §§ 112 **bis** 129 SGB III geförderten beruflichen Weiterbildung im Rahmen der Förderung der Teilhabe behinderter Menschen am Arbeitsleben teilnehmen, wenn sie ohne die Teilnahme an der Maßnahme arbeitslos wären.
   d) Personen, die nach Auslaufen der Zahlung von Krankengeld durch die Krankenkasse wegen Zeitablaufs (sog. Aussteuerung) Arbeitslosengeld beziehen. Die Jahresfrist in § 4 Absatz 4 Nummer 3 des 5. VermBG für die andauernde Arbeitslosigkeit beginnt jedoch erst, wenn die Zahlung von Krankengeld vor Bezug von Arbeitslosengeld ausgelaufen ist, d. h., die Zeit des Krankengeldbezugs zählt nicht mit.

Sind die vermögenswirksamen Leistungen auf Grund eines Vertrags, dessen Inhaber oder Mitinhaber ein Kind, die Eltern oder ein Elternteil des Arbeitnehmers ist (§ 3 Absatz 1 Nummer 2 und 3 des 5. VermBG), oder auf Gemeinschaftskonten/-depots (Abschnitt 11 Absatz 4) angelegt worden, so muss die zulageunschädliche Verfügungsmöglichkeit in der Person des Arbeitnehmers gegeben sein; die zulageunschädliche Verfügungsmöglichkeit ist ohne zeitliche Befristung auf die Leistung des Arbeitnehmers beschränkt. Ist der Ehegatte **oder Lebenspartner** des Arbeitnehmers Inhaber oder Mitinhaber des Anlagevertrags (§ 3 Absatz 1 Nummer 1 des 5. VermBG), wirkt die zulageunschädliche Verfügung für beide Ehegatten **oder Lebenspartner**.

(2) Werden bei Anlagen nach dem WoPG (Abschnitt 9) Sperrfristen verletzt, so ist in den Fällen des § 4 Absatz 4 Nummer 1 und 3 des 5. VermBG (vgl. Absatz 1 Nummer 1 und 2) Arbeitnehmer-Sparzulage nicht zurückzufordern; dies gilt in den Fällen des § 4 Absatz 4 Nummer 4 des 5. VermBG entsprechend, wenn der Arbeitnehmer über nach dem WoPG angelegte vermögenswirksame Leistungen in Höhe von mindestens 30 Euro verfügt. Außerdem ist bei der Anlage vermögenswirksamer Leistungen auf Grund von Bausparverträgen Arbeitnehmer-Sparzulage nicht zurückzufordern,

1. wenn bei vorzeitiger Auszahlung der Bausparsumme oder bei vorzeitiger Beleihung von Ansprüchen aus dem Bausparvertrag der Arbeitnehmer die empfangenen Beträge unverzüglich und unmittelbar zu wohnwirtschaftlichen Zwecken (vgl. Abschnitt 10) verwendet oder
2. wenn bei vorzeitiger Abtretung der Erwerber die Bausparsumme oder die auf Grund einer Beleihung empfangenen Beträge unverzüglich und unmittelbar zu wohnwirtschaftlichen Zwecken für den Arbeitnehmer oder dessen Angehörige (§ 15 AO) verwendet,
3. wenn ein Bausparvertrag vor Ablauf der Festlegungsfrist gekündigt oder aufgelöst wird, der nach Verrechnung geleisteter Bausparbeiträge mit der Abschlussgebühr kein Guthaben ausweist; bei Bausparverträgen, die ein Guthaben ausweisen, entfällt die Zulagebegünstigung nur für die tatsächlich zurückgezahlten Bausparbeiträge.

Außerdem ist zulageunschädlich, wenn bei Anlagen auf Grund von Wohnbau-Sparverträgen und Baufinanzierungsverträgen die Vertragsinhalte und die Vertragspartner des Arbeitnehmers gegeneinander ausgetauscht werden (§§ 12, 18 WoPDV). Im Übrigen muss die zulageunschädliche Verfügungsmöglichkeit stets in der Person des Vertragsinhabers gegeben sein; sind Angehörige des Arbeitnehmers Inhaber oder Mitinhaber des Vertrags, gilt Absatz 1 Satz 3 und 4 entsprechend.

20. Nachweis einer zulageunschädlichen Verfügung (§ 4 Absatz 4 des 5. VermBG, § 8 VermBDV 1994)

Die zulageunschädliche Verfügung (Abschnitt 19) ist dem Kreditinstitut, der **Kapitalverwaltungsgesellschaft** oder dem Versicherungsunternehmen (§ 8 Absatz 2 VermBDV 1994) oder dem Finanzamt (nur bei einer Anlage im Sinne des § 8 Absatz 1 Nummer 4 bis 6 VermBDV 1994) vom Arbeitnehmer (im Todesfall von seinen Erben) wie folgt nachzuweisen:

1. Im Fall der **Eheschließung durch Vorlage der Eheurkunde,**
2. **im Fall der Begründung einer Lebenspartnerschaft durch Vorlage der Lebenspartnerschaftsurkunde,**
3. im Fall des Todes durch Vorlage der Sterbeurkunde oder des Erbscheins,
4. im Fall der völligen Erwerbsunfähigkeit (d. h. eines Grades der Behinderung von mindestens 95) durch Vorlage eines Ausweises nach § 69 Absatz 5 SGB IX oder eines Feststellungsbescheids nach § 69 Absatz 1 SGB IX oder eines vergleichbaren Bescheids nach § 69 Absatz 2 SGB IX; die Vorlage des Rentenbescheids eines Trägers der gesetzlichen Rentenversicherung der Angestellten und Arbeiter genügt nicht (vgl. BFH-Urteil vom 25. April 1968, BStBl II S. 606),
5. im Fall der Arbeitslosigkeit des Arbeitnehmers durch Vorlage von Unterlagen über folgende Zahlungen:
   a) Arbeitslosengeld (§ 136 SGB III) oder
   b) Arbeitslosengeld II (§ 19 SGB II) oder
   c) Arbeitslosenbeihilfe für ehemalige Soldaten auf Zeit im Sinne des Soldatenversorgungsgesetzes oder
   d) Krankengeld, Verletztengeld oder Übergangsgeld nach § 47b SGB V, § 47 SGB VII, Versorgungskrankengeld und Übergangsgeld nach §§ 16, 26 Bundesversorgungsgesetz oder nach dem Sozialgesetzbuch oder
   e) Elterngeld oder
   f) **Übergangsgeld z. B. nach § 119 SGB III im Falle der Weiterbildung** im Rahmen der beruflichen Rehabilitation.

   Werden solche Zahlungen nicht geleistet, so sind
   – Zeiten der Arbeitslosigkeit durch eine entsprechende Bescheinigung der zuständigen Dienststelle der Bundesagentur für Arbeit (in der Regel: Agentur für Arbeit) nachzuweisen,
   – Zeiten der Erkrankung oder der Kur, die als Zeiten der Arbeitslosigkeit anzusehen sind, durch eine Bescheinigung des Kostenträgers oder der Anstalt, in der die Unterbringung erfolgt, oder durch eine ärztliche Bescheinigung nachzuweisen,
   – die Zeit der Schutzfristen, die als Zeit der Arbeitslosigkeit anzusehen ist, durch das Zeugnis eines Arztes oder einer Hebamme nachzuweisen und die als Zeit der Arbeitslosigkeit

anzusehende Zeit, für die bei Bestehen eines Arbeitsverhältnisses Elternzeit hätte beansprucht werden können, glaubhaft zu machen,

6. im Fall der Aufnahme einer selbständigen Erwerbstätigkeit durch Vorlage von Unterlagen über die Auflösung des Arbeitsverhältnisses und die Mitteilung an die Gemeinde nach § 138 Absatz 1 AO,
7. im Fall der Weiterbildung durch Vorlage einer von einer Beratungsstelle im Sinne der **Richtlinie** zur Förderung von Prämiengutscheinen und Beratungsleistungen im Rahmen **des Bundesprogramms** "Bildungsprämie" (**BAnz AT 22. 05. 2014 B2**) ausgestellten und von einem Weiterbildungsanbieter ergänzten Bescheinigung (Informationen unter www.bildungspraemie.info).

21. Anzeigepflichten (§ 8 VermBDV 1994)

(1) Wird über vermögenswirksame Leistungen vorzeitig verfügt, ist dies der **ZPS ZANS** anzuzeigen. Für die Anzeige ist der amtlich vorgeschriebene Datensatz zu verwenden. Für eine geringe Anzahl von Mitteilungen ist die Datenübermittlung auf amtlich vorgeschriebenem Vordruck möglich. Die Bekanntgabe der Vordruckmuster und der Datensatzbeschreibung erfolgte letztmals am 16. August 2011 im Bundessteuerblatt Teil I S. 801[1]). Die Anzeigen von Kreditinstituten, **Kapitalverwaltungsgesellschaften**, Bausparkassen und Versicherungsunternehmen sind als unschädliche oder schädliche Verfügungen zu kennzeichnen (§ 8 Absatz 1 bis 3 VermBDV 1994).

(2) Sind auf den Anlagevertrag auch andere Beträge gutgeschrieben, die keine vermögenswirksamen Leistungen sind (z. B. Zinsen, eigene Einzahlungen des Arbeitnehmers), so ist in der Anzeige über eine teilweise schädliche vorzeitige Verfügung als vermögenswirksame Leistung nur der Betrag anzugeben, der die anderen Beträge übersteigt (§ 6 Absatz 3 Nummer 1 und Absatz 4 Nummer 1 VermBDV 1994).

22. Änderung der Festsetzung, Rückforderung von Arbeitnehmer-Sparzulagen (§ 13 Absatz 5 des 5. VermBG, § 6 Absatz 2 und 3, § 8 Absatz 4, § 9 VermBDV 1994)

(1) Der Bescheid über die Festsetzung der Arbeitnehmer-Sparzulage ist zu ändern, wenn

1. bei Anlage vermögenswirksamer Leistungen auf Verträge nach §§ 5 bis 7 des 5. VermBG angezeigt worden ist, dass Sperr-, Verwendungs- oder Vorlagefristen verletzt worden sind (§ 8 Absatz 1 Nummer 4 bis 6 VermBDV 1994), oder sich die Förderung in den Fällen des Abschnitt 18 Absatz 1 Nummer 3 Satz 2 verringert,
2. bei Anlage vermögenswirksamer Leistungen nach § 2 Absatz 1 Nummer 1 und 4 des 5. VermBG eine teilweise schädliche Verfügung angezeigt worden ist (§ 8 Absatz 1 Nummer 1 bis 3 und Absatz 2 VermBDV 1994) und das Finanzamt die Verfügung über vermögenswirksame Leistungen festgestellt hat, für die Arbeitnehmer-Sparzulagen festgesetzt worden sind (§ 6 Absatz 3 und 4 VermBDV 1994),
3. die Einkommensgrenze des § 13 Absatz 1 des 5. VermBG durch nachträgliche Änderung des zu versteuernden Einkommens über- oder unterschritten wird,
4. das Finanzamt davon Kenntnis erhält, z. B. durch eine Außenprüfung, dass eine vermögenswirksame Anlage nicht vorlag.

Bei einer teilweise schädlichen Verfügung (Nr. 2) und einer Förderung **mit einem** ab 2009 angehobenen Fördersatz ist davon auszugehen, dass über die geringer geförderten vermögenswirksamen Leistungen vorrangig schädlich verfügt wurde.

Beispiel:

Ein Arbeitnehmer hat am 1. April **2008** mit einer **Kapitalverwaltungsgesellschaft** einen Anlagevertrag nach § 4 des 5. VermBG abgeschlossen, auf den in den Kalenderjahren **2008** bis **2013** jeweils 400 Euro (insgesamt 2 400 Euro) vermögenswirksame Leistungen angelegt worden sind. Zusätzlich wurden Anteile aus Ausschüttungen im Wert von 100 Euro gutgeschrieben. Im Kalenderjahr **2014** verkauft der Arbeitnehmer Wertpapiere, für die er vermögenswirksame Leistungen in Höhe von durchschnittlich 2 200 Euro aufgewendet hat.

Die **Kapitalverwaltungsgesellschaft** zeigt an, dass über vermögenswirksame Leistungen in Höhe von 2 100 Euro (2 200 Euro vermögenswirksame Leistungen abzüglich 100 Euro aus Ausschüttungen, vgl. Abschnitt 21 Absatz 2) schädlich verfügt worden ist. Das Finanzamt stellt fest, dass für die vermögenswirksamen Leistungen des Kalenderjahrs **2012** keine Arbeitnehmer-Sparzulage festgesetzt worden ist, weil die Einkommensgrenze überschritten war. Nach Abzug dieser vermögenswirksamen Leistungen verbleibt ein Betrag von 1 700 Euro (2 100 Euro abzüglich 400 Euro), für den zu Unrecht eine Arbeitnehmer-Sparzulage gewährt worden ist. Die Festsetzung der Arbeitnehmer-Sparzulage ist deshalb um

1) → Anhang 14 IV.

332 Euro (**400 Euro** [Jahr **2008**] x 18 % zzgl. **1 200 Euro [Jahre 2009 bis 2011] x 20 % zzgl.** 100 Euro **[Jahr 2013]** x 20 %) zu mindern.

(2) Das Finanzamt hat zu Unrecht bereits ausgezahlte Arbeitnehmer-Sparzulagen vom Arbeitnehmer zurückzufordern. Das gilt auch für Arbeitnehmer-Sparzulagen, die das Finanzamt wegen Ablaufs der Sperrfrist an den Arbeitnehmer ausgezahlt hat und dem Finanzamt erst nachträglich eine schädliche Verfügung über die vermögenswirksamen Leistungen bekannt wird.

23. Außenprüfung (§ 15 Absatz 5 des 5. VermBG)

Nach § 15 Absatz 5 des 5. VermBG ist eine Außenprüfung bei dem Unternehmen oder Institut zulässig, bei dem die vermögenswirksamen Leistungen angelegt sind. Die Außenprüfung kann sich auf die Einhaltung sämtlicher Pflichten erstrecken, die sich aus dem **5. VermBG** und der VermBDV 1994 ergeben, z. B. die Erfüllung von Anzeigepflichten.

24. Anwendungsregelungen

Dieses BMF-Schreiben ersetzt das BMF-Schreiben vom 9. August 2004 (BStBl I S. 717)[1]) unter Berücksichtigung der Änderungen durch die BMF-Schreiben vom 16. März 2009 (BStBl I S. 501), vom 4. Februar 2010 (BStBl I S. 195) und vom 2. Dezember 2011 (BStBl I S. 1252). Die genannten BMF-Schreiben werden hiermit aufgehoben.

IV.
Bekanntmachung der Vordruckmuster für Anzeigen nach § 8 Absatz 1 Nummer 1 bis 3 VermBDV 1994 (VermB 12) und nach § 8 Absatz 1 Nummer 4 bis 6 VermBDV 1994 (VermB 13) sowie der Datensatzbeschreibung[2]) für die Zuleitung durch Datenfernübertragung

(BMF-Schreiben vom 16. 8. 2011 – IV C 5 – S 2439/10/10002 –, BStBl I S. 801)

3 Anlagen[3])

Die Vordruckmuster für Anzeigen nach § 8 Absatz 1 Nummer 1 bis 3 VermBDV 1994 (VermB 12) und nach § 8 Absatz 1 Nummer 4 bis 6 VermBDV 1994 (VermB 13) sowie die Datensatzbeschreibung für die Zuleitung der entsprechenden Anzeigen nach amtlich vorgeschriebenem Datensatz durch Datenfernübertragung (§ 8 Absatz 3 VermBDV 1994) werden hiermit in der Anlage neu bekannt gemacht.

Die neuen Vordrucke sind ab dem 1. Januar 2012 zu verwenden. Datenübermittlungen ab dem 1. Januar 2012 sind auf Grundlage der neuen Datensatzbeschreibung durchzuführen.

Die Vordrucke haben das Format DIN A4. Die Vordrucke können auch maschinell hergestellt werden. Im Interesse einer korrekten Erfassung (maschinelle Beleglesung) muss ein maschinell hergestellter Vordruck sämtliche Angaben in gleicher Anordnung enthalten und in Format, Aufbau, Druckbild und Wortlaut dem bekannt gemachten Vordruck entsprechen. Insbesondere darf ein maschinell hergestellter Vordruck bezüglich folgender Punkte nicht vom amtlichen Muster abweichen:

- keine Hinterlegung in Farbe oder Grauwerten,
- keine Kammboxen und keine Erläuterungstexte in den Datenfeldern,
- Schriftgrößen,
- keine Serifenschriften,
- keine zusätzlichen Inhalte wie Erläuterungstexte und Informationen des Anlageinstituts, Unternehmens, Empfängers.

Wird ein Vordruck maschinell ausgefüllt, dürfen für die Eintragungen in den Datenfeldern ebenfalls keine Serifenschriften verwendet werden. Diese Eintragungen sind in Schriftgröße 12 pt vorzunehmen. Eine kleinere Schrift darf nur verwendet werden, wenn anderenfalls der für die Eintragung zur Verfügung stehende Platz nicht ausreichen würde. Maschinell erstellte Anzeigen brauchen nicht handschriftlich unterschrieben zu werden.

Die Bekanntmachung vom 15. November 2001 – IV C 5 – S 2439 – 14/01 – (BStBl I S. 875)[4]) wird mit Wirkung ab 1. Januar 2012 aufgehoben.

---

1) Dieses BMF-Schreiben mit den entsprechenden Änderungen ist in der Lohnsteuer Handausgabe 2014 abgedruckt.
2) Die Datensatzbeschreibung ist hier nicht abgedruckt.
3) Die Datensatzbeschreibung (Anlage 3) ist hier nicht abgedruckt.
4) Abgedruckt in Anhang 14 IV der Lohnsteuer Handausgabe 2011.

(Anschrift des Kreditinstituts/Versicherungsunternehmens)

Ort, Datum

Telefon

Technisches Finanzamt Berlin
- ZPS ZANS -
Klosterstr. 59

10179 Berlin.

Anzeige nach § 8 Abs. 1 Nr. 1 bis 3 VermBDV 1994

	Zutreffendes ankreuzen ☒ oder ausfüllen
Arbeitnehmer (Name, Vorname)	geboren am
(Straße, Hausnummer)	Identifikationsnummer
(Postleitzahl, Wohnort)	

Art der Anlage

1 ☐ Sparvertrag über Wertpapiere oder andere Vermögensbeteiligungen (§ 4 des 5. VermBG)

4 ☐ Bausparvertrag (§ 2 Abs. 1 Nr. 4 des 5. VermBG)

Institutsschlüssel für Arbeitnehmer-Sparzulage

Vertrags-Nummer

Bei Vertragsbeginn maßgebliches Ende der Sperrfrist (Tag Monat Jahr)

Die angelegten vermögenswirksamen Leistungen wurden nicht fristgerecht verwendet oder über sie wurde vor Ablauf der Sperrfrist verfügt.

Die vorzeitige Verfügung ist 1 ☐ unschädlich ☐ schädlich 0 ☐ aufgehoben.

Bei vorzeitiger schädlicher Verfügung:

2 ☐ Verfügt wurde über sämtliche verwögenswirksame Leistungen.

3 ☐ Verfügt wurde nur über einen Teil der vermögenswirksamen Leistungen in Höhe von ______ Euro. Insgesamt wurden angelegt:

im Kalenderjahr	vermögenswirksame Leistungen Euro

(Unterschrift)

VermB 12 - 08.11 -

Ort, Datum

(Anschrift des Arbeitgebers/Unternehmens)

Telefon

Technisches Finanzamt Berlin
- ZPS ZANS -
Klosterstr. 59

10179 Berlin.

Anzeige nach § 8 Abs. 1 Nr. 4 bis 6 VermBDV 1994

	Zutreffendes ankreuzen ☒ oder ausfüllen
Arbeitnehmer (Name, Vorname)	geboren am
(Straße, Hausnummer)	Identifikationsnummer
(Postleitzahl, Wohnort)	

Art der Anlage

2 ☐ Wertpapier-Kaufvertrag (§ 5 des 5. VermBG)

3 ☐ Beteiligungs-Vertrag oder Beteiligungs-Kaufvertrag (§§ 6,7 des 5. VermBG)

Institutsschlüssel für Arbeitnehmer-Sparzulage ☐☐☐☐☐☐☐ Vertrags-Nummer ☐☐☐☐☐☐☐☐☐☐☐☐☐☐

Bei Vertragsbeginn maßgebliches Ende der Sperrfrist Tag ☐☐ Monat ☐☐ Jahr ☐☐☐☐

Die für die vermögenswirksame Anlage geltenden Sperr-, Verwendungs- oder Vorlagenfristen wurden verletzt. Angezeigt wird, dass

1 ☐ über vermögenswirksame Leistungen vorzeitig verfügt wurde.

2 ☐ vermögenswirksame Leistungen nicht rechtzeitig bestimmungsgemäß verwendet wurden.

3 ☐ die Verwahrungsbescheinigung nicht rechtzeitig vorgelegt wurde.

0 ☐ die vorzeitige Verfügung aufgehoben wurde.

Betroffen sind vermögenswirksame Leistungen in Höhe von ________ Euro.

Auf den Anlagevertrag wurden insgesamt angelegt:

im Kalenderjahr	vermögenswirksame Leistungen Euro

(Unterschrift)

VermB 13 - 08.11 -

Erläuterungen

Damit das Finanzamt bei vorzeitiger unschädlicher Verfügung die Arbeitnehmer-Sparzulage an den Arbeitnehmer auszahlen kann und um zu verhindern, dass vom Finanzamt festgesetzte Arbeitnehmer-Sparzulagen bei Eintritt der Fälligkeit zu Unrecht an den Arbeitgeber oder das Unternehmen zugunsten des Arbeitnehmers überwiesen werden, bestehen folgende Anzeigepflichten:

1. Der **Arbeitgeber**, bei dem die vermögenswirksamen Leistungen angelegt sind, hat unverzüglich anzuzeigen, dass

   - vor Ablauf der Sperrfrist über Wertpapiere, die der Arbeitgeber verwahrt oder von einem Dritten verwahren lässt oder die das vom Arbeitnehmer benannte Kreditinstitut verwahrt, durch Veräußerung, Abtretung oder Beleihung verfügt worden ist oder die Wertpapiere endgültig aus der Verwahrung genommen worden sind,
   - der Arbeitnehmer die Verwahrungsbescheinigung dem Arbeitgeber nicht innerhalb von drei Monaten nach dem Erwerb der Wertpapiere vorgelegt hat,
   - der Arbeitnehmer für die aufgrund eines Wertpapier-Kaufvertrags, Beteiligungs-Vertrags oder Beteiligungs-Kaufvertrags angezahlten (vorausgezahlten) Beträge bis zum Ablauf des auf die Zahlung folgenden Kalenderjahrs keine Wertpapiere oder nichtverbrieften betrieblichen Beteiligungen erhalten hat,
   - vor Ablauf der Sperrfrist über nichtverbriefte betriebliche Beteiligungen verfügt worden ist.

2. **Unternehmen,** an denen mit vermögenswirksamen Leistungen nichtverbriefte Beteiligungen **(Genossenschaftsanteile, GmbH-Geschäftsanteile, stille Beteiligungen)** erworben werden sollen oder erworben worden sind, haben unverzüglich anzuzeigen, dass der Arbeitnehmer für die aufgrund eines Beteiligungs-Vertrags oder Beteiligungs-Kaufvertrags angezahlten (vorausgezahlten) Beträge bis zum Ablauf des auf die Zahlung folgenden Kalenderjahrs keine Beteiligungen erhalten hat. Nach Begründung oder Erwerb der Beteiligung ist jede Verfügung vor Ablauf der Sperrfrist anzuzeigen.

Die Anzeigen sind nach amtlich vorgeschriebenem Vordruck ohne Rücksicht darauf zu erstatten, ob unschädliche Verfügungen vorliegen; diese werden ausschließlich vom Finanzamt geprüft.

V.
Vereinfachtes nachträgliches Beantragungsverfahren für die Arbeitnehmer-Sparzulage

(BMF-Schreiben vom 13. 12. 2001 – IV C 5 – S 2436 – 10/01 –)

Zu der Frage der Vereinfachung des Antragsverfahrens hat eine Abstimmung mit den obersten Finanzbehörden der Länder stattgefunden. Es bestehen neben der Möglichkeit, dass der Arbeitnehmer den Antrag auf die Arbeitnehmer-Sparzulage auf den für das Sparjahr geltenden Vordrucken beim Finanzamt stellt, auch gegen das folgende vereinfachte Verfahren keine Bedenken:

Die Bausparkasse übersendet dem Sparer eine beidseitig bedruckte Seite im DIN A 4 Format, die auf der Vorderseite die erste Seite des Mantelbogens und auf der Rückseite die erste Seite der Anlage N des entsprechenden Sparjahres enthält. Dadurch ist sichergestellt, dass die Grunddaten im Finanzamt abgeglichen werden können und dem Finanzamt bekannt wird, wie viele Anlagen VL eingereicht werden. Die Bausparkasse kann schon die persönlichen Daten des Sparers (Steuernummer, Name, Bankverbindung etc.) aufnehmen, so dass der Sparer den Antrag nur noch unterschreiben und beim Finanzamt einreichen muss. Durch die Übersendung einer neuen Anlage VL könnten zudem Rückfragen vermieden werden, wenn der Sparer die Anlage nicht mehr in seinen Unterlagen finden kann.

VI.
Beiträge zum Erwerb von Miteigentum an so genannten Immobilienspargesellschaften[1])

(Verfügung der OFD Berlin vom 22. 5. 2003 – St 178 – S 2430 – 1/03 –)

Auf Bund-Länder-Ebene wurde die Frage erörtert, inwieweit vermögenswirksame Leistungen, die Arbeitnehmer an eine Treuhandgesellschaft zum Erwerb von Immobilienanteilen zahlen, ohne dass sie selbst als Grundstückseigentümer eingetragen sind, sparzulagenbegünstigt i. S. des § 2 Abs. 1 Nr. 5 des 5. VermBG sind. Anhang 14 I

Im Ergebnis wurde festgestellt, dass solche Treuhandfälle keine förderfähigen Anlagen i. S. des 5. VermBG darstellen, weil der erforderliche Anlegerschutz nicht gewährleistet ist. Seit

1) → auch Abschnitt 10 des BMF-Schreibens vom 23. 7. 2014 (BStBl I S. 1175); das BMF-Schreiben ist in → Anhang 14 III abgedruckt.

1994 setzt der Anlegerschutz im 5. VermBG grundsätzlich die Anlage der vermögenswirksamen Leistungen bei staatlich kontrollierten Einrichtungen (Banken, Versicherungen) voraus. Davon gibt es nur zwei Ausnahmen

- Anlage beim eigenen Arbeitgeber (wegen des besonderen Vertrauensverhältnisses) und
- Anlage bei sich selbst (in Form von Grundeigentum).

Mangels eigenen Grundeigentums können die dargestellten Treuhandverhältnisse nicht als förderfähige Anlagen i. S. des 5. VermBG anerkannt werden.

VII.
Antragsfrist – Arbeitnehmer-Sparzulage

(Verfügungen der OFD Rheinland vom 29. 7. 2009 – S 2430 – 1002 – St 213 – und der OFD Münster vom 29. 7. 2009 – S 2430 – 16 – St 22 – 31 –)

Die Arbeitnehmer-Sparzulage wird auf Antrag durch das für die Besteuerung des Arbeitnehmers nach dem Einkommen zuständige Finanzamt festgesetzt. Der Arbeitnehmer hatte bisher den Antrag spätestens bis zum Ablauf des zweiten Kalenderjahrs nach dem Kalenderjahr zu stellen, in dem die vermögenswirksamen Leistungen angelegt worden sind (§ 14 Abs. 4 Satz 2 des 5. VermBG).

Abweichende Antragsfristen gelten nur in den Fällen, in denen der Anspruch auf Arbeitnehmer-Sparzulage erst später erstmalig entsteht, weil

- der Arbeitnehmer die Einkommensgrenzen erstmals unterschreitet (§ 14 Abs. 5 des 5. VermBG) oder
- eine Mitteilung über die Änderung des Prämienanspruchs ergeht, wenn der Arbeitnehmer für die vermögenswirksamen Leistungen zunächst einen Antrag auf Wohnungsbauprämie gestellt hat (§ 14 Abs. 6 des 5. VermBG).

Durch das JStG 2008 ist die Zweijahresfrist für den Antrag auf Einkommensteuerveranlagung nach § 46 Abs. 2 Nr. 8 EStG weggefallen. Mit dem Inkrafttreten des Gesetzes zur steuerlichen Berücksichtigung von Vorsorgeaufwendungen (Bürgerentlastungsgesetz) am 23. 7. 2009 entfällt jetzt auch die Zweijahresfrist für den Antrag auf Festsetzung der Arbeitnehmer-Sparzulage. Die geänderte Regelung ist nach § 17 Abs. 10 des 5. VermBG erstmals für vermögenswirksame Leistungen anzuwenden, die nach dem 31. 12. 2006 angelegt worden sind und in Fällen, in denen bis zum 22. 7. 2009 über einen Antrag auf Arbeitnehmer-Sparzulage noch nicht bestandskräftig entschieden ist.

VIII.
Bekanntmachung des Vordruckmusters für die Bescheinigung der ***2015*** angelegten vermögenswirksamen Leistungen (Anlage VL ***2015***)

(BMF-Schreiben vom ***4. 9. 2015*** – IV C 5 – S 2439/***15***/10001 –, BStBl I S. ***673***)

Das Vordruckmuster für die Bescheinigung der ***2015*** angelegten vermögenswirksamen Leistungen (Anlage VL ***2015***) wird hiermit in der Anlage bekannt gemacht (§ 15 Absatz 1 des Fünften Vermögensbildungsgesetzes, § 5 der Verordnung zur Durchführung des Fünften Vermögensbildungsgesetzes).

Der Vordruck hat das Format DIN A 4.

Der Vordruck kann auch maschinell hergestellt werden. Im Interesse einer korrekten Erfassung (maschinelle Beleglesung) muss der maschinell hergestellte Vordruck sämtliche Angaben in gleicher Anordnung enthalten und in Format, Aufbau, Druckbild und Wortlaut dem bekannt gemachten Vordruck entsprechen. Insbesondere darf ein maschinell hergestellter Vordruck *bezüglich folgender Punkte* nicht vom amtlichen Muster abweichen:

- keine Hinterlegung in Farbe oder Grauwerten,
- keine Kammboxen und keine Erläuterungstexte in den Datenfeldern,
- Schriftgrößen,
- keine Serifenschriften,
- keine zusätzlichen Inhalte wie Erläuterungstexte und Informationen des Anlageinstituts, Unternehmens, Empfängers.

Wird der Vordruck maschinell ausgefüllt, dürfen für die Eintragungen in den Datenfeldern ebenfalls keine Serifenschriften verwendet werden. Diese Eintragungen sind in Schriftgröße 12 pt vorzunehmen. Eine kleinere Schrift darf nur verwendet werden, wenn anderenfalls der für die Eintragung zur Verfügung stehende Platz nicht ausreichen würde.

Maschinell erstellte Bescheinigungen brauchen nicht handschriftlich unterschrieben zu werden.

Beim Ausfüllen der Anlage VL ***2015*** sind die Vorgaben im BMF-Schreiben vom 23. Juli 2014 (BStBl I S. 1175) zu beachten.[1])

1) Zu → Anhang 14 III abgedruckt.

vom Arbeitnehmer auszufüllen ▶

Name, Vorname	Steuernummer / Identifikationsnummer

2015

99	1 5
	9
87	

Anlage VL

Wichtiger Hinweis:

Diese Bescheinigung benötigen Sie, wenn Sie eine Arbeitnehmer-Sparzulage nach dem Fünften Vermögensbildungsgesetz (5. VermBG) beantragen wollen. In diesem Fall reichen Sie bitte diese Bescheinigung zu Ihrer Einkommensteuererklärung / zu Ihrem Antrag auf Arbeitnehmer-Sparzulage ein.

Bescheinigung vermögenswirksamer Leistungen für 2015

(§ 15 Abs. 1 des 5. VermBG, § 5 VermBDV 1994)

Arbeitnehmer (Name, Vorname)	geboren am

Straße, Hausnummer

Postleitzahl, Wohnort

	1. Vertrag		2. Vertrag	
Art der Anlage *)	0		0	
Institutsschlüssel für die Arbeitnehmer-Sparzulage	1		1	
Vertragsnummer	2		2	
Vermögenswirksame Leistungen (auf volle Euro aufgerundet)	3		3	
Ende der Sperrfrist (Format: TT.MM.JJJJ)	4		4	

Anlageinstitut, Unternehmen, Empfänger

***) Bitte zutreffende Kennzahl eintragen.**

1 = Sparvertrag über Wertpapiere oder andere Vermögensbeteiligungen (§ 4 des 5. VermBG)

2 = Wertpapier-Kaufvertrag (§ 5 des 5. VermBG)

3 = Beteiligungs-Vertrag oder Beteiligungs-Kaufvertrag (§§ 6, 7 des 5. VermBG)

4 = Bausparvertrag (§ 2 Abs. 1 Nr. 4 des 5. VermBG)

8 = Wohnungsbau (§ 2 Abs. 1 Nr. 5 des 5. VermBG) oder Anlagen nach § 2 Abs. 1 Nr. 4 des 5. VermBG in Verbindung mit § 2 Abs. 1 Nr. 2 des Wohnungsbau-Prämiengesetzes

(Datum) (Unterschrift des Anlageinstituts, Unternehmens, Empfängers)

Anlage VL - Juli 2015

Übersicht

I.
Wohnungsbau-Prämiengesetz
(WoPG 1996)

vom 30. 10. 1997 (BGBl. I S. 2678, BStBl I S. 1050),
zuletzt geändert durch Artikel 9 des Gesetzes zur Anpassung steuerlicher Regelungen an die Rechtsprechung des Bundesverfassungsgerichts
vom 18. 7. 2014 (BGBl. I S. 1042, BStBl I S. 1062)

§ 1 Prämienberechtigte

Unbeschränkt einkommensteuerpflichtige Personen im Sinne des § 1 Abs. 1 oder 2 oder Abs. 3 in Verbindung mit Abs. 2 Satz 1 Nr. 1 und 2 des Einkommensteuergesetzes, die das 16. Lebensjahr vollendet haben oder Vollwaisen sind, können für Aufwendungen zur Förderung des Wohnungsbaus eine Prämie erhalten. Voraussetzung ist, daß

1. die Aufwendungen nicht vermögenswirksame Leistungen darstellen, für die Anspruch auf Arbeitnehmer-Sparzulage nach § 13 des Fünften Vermögensbildungsgesetzes besteht, und
2. das maßgebende Einkommen des Prämienberechtigten die Einkommensgrenze (§ 2a) nicht überschritten hat.

§ 2 Prämienbegünstigte Aufwendungen

(1) Als Aufwendungen zur Förderung des Wohnungsbaus im Sinne des § 1 gelten

1. Beiträge an Bausparkassen zur Erlangung von Baudarlehen, soweit die an dieselbe Bausparkasse geleisteten Beiträge im Sparjahr (§ 4 Abs. 1) mindestens 50 Euro betragen. Voraussetzung ist, daß die Bausparkasse ihren Sitz oder ihre Geschäftsleitung in einem Mitgliedstaat der Europäischen Union hat und ihr die Erlaubnis zum Geschäftsbetrieb im Gebiet der Europäischen Union erteilt ist. Bausparkassen sind Kreditinstitute, deren Geschäftsbetrieb darauf gerichtet ist, Bauspareinlagen entgegenzunehmen und aus den angesammelten Beträgen den Bausparern nach einem auf gleichmäßige Zuteilungsfolge gerichteten Verfahren Baudarlehen für wohnungswirtschaftliche Maßnahmen zu gewähren. Werden Beiträge an Bausparkassen zugunsten eines zertifizierten Altersvorsorgevertrages zur Erlangung eines Bauspardarlehens in einem Sparjahr (§ 4 Abs. 1) vom Anbieter den Altersvorsorgebeiträgen nach § 82 des Einkommensteuergesetzes zugeordnet, handelt es sich bei allen Beiträgen zu diesem Vertrag innerhalb dieses Sparjahres bis zu den in § 10a Abs. 1 des Einkommensteuergesetzes genannten Höchstbeträgen um Altersvorsorgebeiträge und nicht um prämienbegünstigte Aufwendungen im Sinne der Absätze 2 und 3;
2. Aufwendungen für den ersten Erwerb von Anteilen an Bau- und Wohnungsgenossenschaften;
3. Beiträge auf Grund von Sparverträgen, die auf die Dauer von drei bis sechs Jahren als allgemeine Sparverträge oder als Sparverträge mit festgelegten Sparraten mit einem Kreditinstitut abgeschlossen werden, wenn die eingezahlten Sparbeiträge und die Prämien zum Bau oder Erwerb selbst genutzten Wohneigentums oder zum Erwerb eines eigentumsähnlichen Dauerwohnrechts verwendet werden;
4. Beiträge auf Grund von Verträgen, die mit Wohnungs- und Siedlungsunternehmen nach der Art von Sparverträgen mit festgelegten Sparraten auf die Dauer von drei bis acht Jahren mit *dem Zweck einer Kapitalansammlung* abgeschlossen werden, wenn die eingezahlten Beiträge und die Prämien zum Bau oder Erwerb selbst genutzten Wohneigentums oder zum Erwerb eines eigentumsähnlichen Dauerwohnrechts verwendet werden. Den Verträgen mit Wohnungs- und Siedlungsunternehmen stehen Verträge mit den am 31. Dezember 1989 als Organe der staatlichen Wohnungspolitik anerkannten Unternehmen gleich, soweit sie die Voraussetzungen nach Satz 1 erfüllen.

(2) Für die Prämienbegünstigung der in Absatz 1 Nr. 1 bezeichneten Aufwendungen ist Voraussetzung, dass

1. bei Auszahlung der Bausparsumme oder bei Beleihung der Ansprüche aus dem Vertrag der Bausparer die empfangenen Beträge unverzüglich und unmittelbar zum Wohnungsbau verwendet oder
2. im Fall der Abtretung der Erwerber die Bausparsumme oder die auf Grund einer Beleihung empfangenen Beträge unverzüglich und unmittelbar zum Wohnungsbau für die abtretende Person oder deren Angehörige im Sinne des § 15 der Abgabenordnung verwendet.

Unschädlich ist jedoch eine Verfügung ohne Verwendung zum Wohnungsbau, die frühestens sieben Jahre nach dem Vertragsabschluss erfolgt, wenn der Bausparer bei Vertragsabschluss das 25. Lebensjahr noch nicht vollendet hatte. Die Prämienbegünstigung ist in diesen Fällen auf die Berücksichtigung der in Absatz 1 Nr. 1 bezeichneten Aufwendungen der letzten sieben Sparjahre bis zu der Verfügung beschränkt. Jeder Bausparer kann nur einmal über einen vor Vollendung des 25. Lebensjahres abgeschlossenen Bausparvertrag ohne wohnungswirtschaftliche Verwendung prämienunschädlich verfügen. Unschädlich ist auch eine Verfügung ohne Verwendung zum Wohnungsbau, wenn der Bausparer oder sein von ihm nicht dauernd getrennt lebender Ehegatte nach Vertragsabschluss gestorben oder völlig erwerbsunfähig geworden ist oder der Bausparer nach Vertragsabschluss arbeitslos geworden ist und die Arbeitslosigkeit mindestens ein Jahr lang ununterbrochen bestanden hat und im Zeitpunkt der Verfügung noch besteht. Die Prämienbegünstigung ist in diesen Fällen auf die Berücksichtigung der in Absatz 1 Nr. 1 bezeichneten Aufwendungen der letzten sieben Sparjahre bis zum Eintritt des Ereignisses beschränkt. Die Vereinbarung über die Erhöhung der Bausparsumme ist als selbständiger Vertrag zu behandeln. Als Wohnungsbau im Sinne der Nummern 1 und 2 gelten auch bauliche Maßnahmen des Mieters zur Modernisierung seiner Wohnung. Dies gilt ebenfalls für den ersten Erwerb von Anteilen an Bau- und Wohnungsgenossenschaften im Sinne des Absatzes 1 Nr. 2 und den Erwerb von Rechten zur dauernden Selbstnutzung von Wohnraum in Alten-, Altenpflege- und Behinderteneinrichtungen oder -anlagen. Die Unschädlichkeit setzt weiter voraus, daß die empfangenen Beträge nicht zum Wohnungsbau im Ausland eingesetzt werden, sofern nichts anderes bestimmt ist.

(3) Für vor dem 1. Januar 2009 abgeschlossene Verträge, für die bis zum 31. Dezember 2008 mindestens ein Beitrag in Höhe der Regelsparrate entrichtet wurde, ist Voraussetzung für die Prämienbegünstigung der in Absatz 1 Nr. 1 bezeichneten Aufwendungen, dass vor Ablauf von sieben Jahren seit Vertragsabschluss weder die Bausparsumme ganz oder zum Teil ausgezahlt noch geleistete Beiträge ganz oder zum Teil zurückgezahlt oder Ansprüche aus dem Bausparvertrag abgetreten oder beliehen werden. Unschädlich ist jedoch die vorzeitige Verfügung, wenn

1. die Bausparsumme ausgezahlt oder die Ansprüche aus dem Vertrag beliehen werden und der Bausparer die empfangenen Beträge unverzüglich und unmittelbar zum Wohnungsbau verwendet,
2. im Fall der Abtretung der Erwerber die Bausparsumme oder die auf Grund einer Beleihung empfangenen Beträge unverzüglich und unmittelbar zum Wohnungsbau für die abtretende Person oder deren Angehörige im Sinne des § 15 der Abgabenordnung verwendet,
3. der Bausparer oder sein von ihm nicht dauernd getrennt lebender Ehegatte nach Vertragsabschluss gestorben oder völlig erwerbsunfähig geworden ist oder
4. der Bausparer nach Vertragsabschluss arbeitslos geworden ist und die Arbeitslosigkeit mindestens ein Jahr lang ununterbrochen bestanden hat und im Zeitpunkt der vorzeitigen Verfügung noch besteht.

Absatz 2 Satz 7 bis 10 gilt sinngemäß.

§ 2a Einkommensgrenze

Die Einkommensgrenze beträgt 25 600 Euro, bei Ehegatten (§ 3 Abs. 3) 51 200 Euro. Maßgebend ist das zu versteuernde Einkommen (§ 2 Absatz 5 des Einkommensteuergesetzes) des Sparjahrs (§ 4 Abs. 1). Bei Ehegatten ist das zu versteuernde Einkommen maßgebend, das sich bei einer Zusammenveranlagung nach § 26b des Einkommensteuergesetzes ergeben hat oder, falls eine Veranlagung nicht durchgeführt worden ist, ergeben würde.

§ 2b

(weggefallen)

§ 3 Höhe der Prämie

(1) Die Prämie bemißt sich nach den im Sparjahr (§ 4 Abs. 1) geleisteten prämienbegünstigten Aufwendungen. Sie beträgt 8,8 Prozent der Aufwendungen.

(2) Die Aufwendungen des Prämienberechtigten sind je Kalenderjahr bis zu einem Höchstbetrag von 512 Euro, bei Ehegatten (Absatz 3) zusammen bis zu 1 024 Euro prämienbegünstigt. Die Höchstbeträge stehen den Prämienberechtigten gemeinsam zu (Höchstbetragsgemeinschaft).

(3)[1]) Ehegatten im Sinne dieses Gesetzes sind Personen, welche nach § 26b des Einkommensteuergesetzes zusammen veranlagt werden oder die, falls eine Veranlagung zur Einkommensteuer nicht durchgeführt wird, die Voraussetzungen des § 26 Absatz 1 Satz 1 des Einkommensteuergesetzes erfüllen. Die Regelungen dieses Gesetzes zu Ehegatten sind auch auf Lebenspartner anzuwenden, wenn in Verbindung mit § 2 Absatz 8 des Einkommensteuergesetzes die Voraussetzungen des Satzes 1 erfüllt sind.

§ 4 Prämienverfahren allgemein

(1) Der Anspruch auf Prämie entsteht mit Ablauf des Sparjahrs. Sparjahr ist das Kalenderjahr, in dem die prämienbegünstigten Aufwendungen geleistet worden sind.

(2) Die Prämie ist nach amtlich vorgeschriebenem Vordruck bis zum Ablauf des zweiten Kalenderjahrs, das auf das Sparjahr (Absatz 1) folgt, bei dem Unternehmen zu beantragen, an das die prämienbegünstigten Aufwendungen geleistet worden sind. Der Antragsteller hat zu erklären, für welche Aufwendungen er die Prämie beansprucht, wenn bei mehreren Verträgen die Summe der Aufwendungen den Höchstbetrag (§ 3 Abs. 2) überschreitet; Ehegatten (§ 3 Abs. 3) haben dies einheitlich zu erklären. Der Antragsteller ist verpflichtet, dem Unternehmen unverzüglich eine Änderung der Verhältnisse mitzuteilen, die zu einer Minderung oder zum Wegfall des Prämienanspruchs führen.

(3) Überschreiten bei mehreren Verträgen die insgesamt ermittelten oder festgesetzten Prämien die für das Sparjahr höchstens zulässige Prämie (§ 3), ist die Summe der Prämien hierauf zu begrenzen. Dabei ist die Prämie vorrangig für Aufwendungen auf Verträge mit dem jeweils älteren Vertragsdatum zu belassen. Insoweit ist eine abweichende Erklärung des Prämienberechtigten oder seines Ehegatten unbeachtlich.

(4) Ein Rückforderungsanspruch erlischt, wenn er nicht bis zum Ablauf des vierten Kalenderjahrs geltend gemacht worden ist, das auf das Kalenderjahr folgt, in dem der Prämienberechtigte die Prämie verwendet hat (§ 5).

(5) Das Unternehmen darf die im Prämienverfahren bekanntgewordenen Verhältnisse der Beteiligten nur für das Verfahren verwerten. Es darf sie ohne Zustimmung der Beteiligten nur offenbaren, soweit dies gesetzlich zugelassen ist.

§ 4a Prämienverfahren im Fall des § 2 Abs. 1 Nr. 1

(1) Bei Aufwendungen im Sinne des § 2 Abs. 1 Nr. 1 hat die Bausparkasse auf Grund des Antrags zu ermitteln, ob und in welcher Höhe ein Prämienanspruch nach Maßgabe dieses Gesetzes oder nach einer auf Grund dieses Gesetzes erlassenen Rechtsverordnung besteht. Dabei hat sie alle Verträge mit dem Prämienberechtigten und seinem Ehegatten (§ 3 Abs. 3) zu berücksichtigen. Die Bausparkasse hat dem Antragsteller das Ermittlungsergebnis spätestens im nächsten Kontoauszug mitzuteilen.

(2) Die Bausparkasse hat die im Kalendermonat ermittelten Prämien (Absatz 1 Satz 1) im folgenden Kalendermonat in einem Betrag zur Auszahlung anzumelden, wenn die Voraussetzungen für die Prämienbegünstigung nach § 2 Abs. 2 nachgewiesen sind. In den Fällen des § 2 Abs. 3 darf die Prämie nicht vor Ablauf des Kalendermonats angemeldet werden, in dem

a) der Bausparvertrag zugeteilt,

b) die in § 2 Abs. 3 Satz 1 genannte Frist überschritten oder

c) unschädlich im Sinne des § 2 Abs. 3 Satz 2 verfügt

worden ist. Die Anmeldung ist nach amtlich vorgeschriebenem Vordruck (Wohnungsbauprämien- Anmeldung) bei dem für die Besteuerung der Bausparkasse nach dem Einkommen zuständigen Finanzamt (§ 20 der Abgabenordnung) abzugeben. Hierbei hat die Bausparkasse zu bestätigen, daß die Voraussetzungen für die Auszahlung des angemeldeten Prämienbetrags vorliegen. Die Wohnungsbauprämien-Anmeldung gilt als Steueranmeldung im Sinne der Abgabenordnung. Das Finanzamt veranlaßt die Auszahlung an die Bausparkasse zugunsten der Prämienberechtigten durch die zuständige Bundeskasse. Die Bausparkasse hat die erhaltenen Prämien unverzüglich dem Prämienberechtigten gutzuschreiben oder auszuzahlen.

---

[1]) § 3 Abs. 3 WoPG 1996 wurde in Bezug auf die Lebenspartner durch das Gesetz zur Anpassung steuerlicher Regelungen an die Rechtsprechung des Bundesverfassungsgerichts (Inkrafttreten 19. 8. 2014) neu gefasst.

(3) Die Bausparkasse hat die für die Überprüfung des Prämienanspruchs erforderlichen Daten innerhalb von vier Monaten nach Ablauf der Antragsfrist für das Sparjahr (§ 4 Abs. 2 Satz 1) nach amtlich vorgeschriebenem Datensatz durch Datenfernübertragung an die Zentralstelle der Länder zu übermitteln. Besteht der Prämienanspruch nicht oder in anderer Höhe, so teilt die Zentralstelle dies der Bausparkasse durch einen Datensatz mit.

(4) Erkennt die Bausparkasse oder wird ihr mitgeteilt, daß der Prämienanspruch ganz oder teilweise nicht besteht oder weggefallen ist, so hat sie das bisherige Ermittlungsergebnis aufzuheben oder zu ändern; zu Unrecht gutgeschriebene oder ausgezahlte Prämien hat sie zurückzufordern. Absatz 1 Satz 3 gilt entsprechend. Bei fortbestehendem Vertragsverhältnis kann sie das Konto belasten. Die Bausparkasse hat geleistete Rückforderungsbeträge in der Wohnungsbauprämien-Anmeldung des nachfolgenden Monats abzusetzen. Kann die Bausparkasse zu Unrecht gutgeschriebene oder ausgezahlte Prämien nicht belasten oder kommt der Prämienempfänger ihrer Zahlungsaufforderung nicht nach, so hat sie hierüber unverzüglich das für die Besteuerung nach dem Einkommen des Prämienberechtigten zuständige Finanzamt (Wohnsitzfinanzamt nach § 19 der Abgabenordnung) zu unterrichten. In diesen Fällen erläßt das Wohnsitzfinanzamt einen Rückforderungsbescheid.

(5) Eine Festsetzung der Prämie erfolgt nur auf besonderen Antrag des Prämienberechtigten. Der Antrag ist schriftlich innerhalb eines Jahres nach Bekanntwerden des Ermittlungsergebnisses der Bausparkasse vom Antragsteller unter Angabe seines Wohnsitzfinanzamts an die Bausparkasse zu richten. Die Bausparkasse leitet den Antrag diesem Finanzamt zur Entscheidung zu. Dem Antrag hat sie eine Stellungnahme und die zur Entscheidung erforderlichen Unterlagen beizufügen. Das Finanzamt teilt seine Entscheidung auch der Bausparkasse mit.

(6) Die Bausparkasse haftet als Gesamtschuldner neben dem Prämienempfänger für die Prämie, die wegen ihrer Pflichtverletzung zu Unrecht gezahlt, nicht einbehalten oder nicht zurückgefordert wird. Die Bausparkasse haftet nicht, wenn sie ohne Verschulden darüber irrte, daß die Prämie zu zahlen war. Für die Inanspruchnahme der Bausparkasse ist das in Absatz 2 Satz 3 bestimmte Finanzamt zuständig. Für die Inanspruchnahme des Prämienempfängers ist das Wohnsitzfinanzamt zuständig.

(7) Das nach Absatz 2 Satz 3 zuständige Finanzamt hat auf Anfrage der Bausparkasse Auskunft über die Anwendung dieses Gesetzes zu geben.

(8) Das nach Absatz 2 Satz 3 zuständige Finanzamt kann bei der Bausparkasse ermitteln, ob sie ihre Pflichten nach diesem Gesetz oder nach einer auf Grund dieses Gesetzes erlassenen Rechtsverordnung erfüllt hat. Die §§ 193 bis 203 der Abgabenordnung gelten sinngemäß. Die Unterlagen über das Prämienverfahren sind im Geltungsbereich dieses Gesetzes zu führen und aufzubewahren.

(9) Die Bausparkasse erhält vom Bund oder den Ländern keinen Ersatz für die ihr aus dem Prämienverfahren entstehenden Kosten.

§ 4b Prämienverfahren in den Fällen des § 2 Abs. 1 Nr. 2 bis 4

(1) Bei Aufwendungen im Sinne des § 2 Abs. 1 Nr. 2 bis 4 hat das Unternehmen den Antrag an das Wohnsitzfinanzamt des Prämienberechtigten weiterzuleiten.

(2) Wird dem Antrag entsprochen, veranlaßt das Finanzamt die Auszahlung der Prämie an das Unternehmen zugunsten des Prämienberechtigten durch die zuständige Bundeskasse. Einen Bescheid über die Festsetzung der Prämie erteilt das Finanzamt nur auf besonderen Antrag des Prämienberechtigten. Wird nachträglich festgestellt, daß die Voraussetzungen für die Prämie nicht vorliegen oder die Prämie aus anderen Gründen ganz oder teilweise zu Unrecht gezahlt worden ist, so hat das Finanzamt die Prämienfestsetzung aufzuheben oder zu ändern und die Prämie, soweit sie zu Unrecht gezahlt worden ist, zurückzufordern. Sind zu diesem Zeitpunkt die prämienbegünstigten Aufwendungen durch das Unternehmen noch nicht ausgezahlt, so darf die Auszahlung nicht vorgenommen werden, bevor die Prämien an das Finanzamt zurückgezahlt sind.

§ 5 Verwendung der Prämie

(1) (weggefallen)

(2) Die Prämien für die in § 2 Abs. 1 Nr. 1, 3 und 4 bezeichneten Aufwendungen sind vorbehaltlich des § 2 Abs. 2 Satz 2 bis 6 sowie Abs. 3 Satz 2 zusammen mit den prämienbegünstigten Aufwendungen zu dem vertragsmäßigen Zweck zu verwenden. Geschieht das nicht, so hat das Unternehmen in den Fällen des § 4b dem Finanzamt unverzüglich Mitteilung zu machen.

(3) Über Prämien, die für Aufwendungen nach § 2 Abs. 1 Nr. 2 ausgezahlt werden, kann der Prämienberechtigte verfügen, wenn das Geschäftsguthaben beim Ausscheiden des Prämienberechtigten aus der Genossenschaft ausgezahlt wird.

§ 6 Steuerliche Behandlung der Prämie

Die Prämien gehören nicht zu den Einkünften im Sinne des Einkommensteuergesetzes.

§ 7 Aufbringung der Mittel

Der Bund stellt die Beträge für die Prämien den Ländern in voller Höhe gesondert zur Verfügung.

§ 8 Anwendung der Abgabenordnung und der Finanzgerichtsordnung

(1) Auf die Wohnungsbauprämie sind die für Steuervergütungen geltenden Vorschriften der Abgabenordnung entsprechend anzuwenden. Dies gilt nicht für § 108 Abs. 3 der Abgabenordnung hinsichtlich der in § 2 genannten Fristen sowie für die §§ 109 und 163 der Abgabenordnung.

(2) Für die Wohnungsbauprämie gelten die Strafvorschriften des § 370 Abs. 1 bis 4, der §§ 371, 375 Abs. 1 und des § 376 sowie die Bußgeldvorschriften der §§ 378, 379 Abs. 1, 4 und der §§ 383 und 384 der Abgabenordnung entsprechend. Für das Strafverfahren wegen einer Straftat nach Satz 1 sowie der Begünstigung einer Person, die eine solche Tat begangen hat, gelten die §§ 385 bis 408, für das Bußgeldverfahren wegen einer Ordnungswidrigkeit nach Satz 1 die §§ 409 bis 412 der Abgabenordnung entsprechend.

(3) In öffentlich-rechtlichen Streitigkeiten über die auf Grund dieses Gesetzes ergehenden Verwaltungsakte der Finanzbehörden ist der Finanzrechtsweg gegeben.

(4) Besteuerungsgrundlagen für die Berechnung des nach § 2a maßgebenden Einkommens, die der Veranlagung zur Einkommensteuer zugrunde gelegen haben, können der Höhe nach nicht durch einen Rechtsbehelf gegen die Prämie angegriffen werden.

§ 9 Ermächtigungen

(1) Die Bundesregierung wird ermächtigt, durch Rechtsverordnung mit Zustimmung des Bundesrates Vorschriften zur Durchführung dieses Gesetzes zu erlassen über

1. (weggefallen)
2. die Bestimmung der Genossenschaften, die zu den Bau- und Wohnungsgenossenschaften gehören (§ 2 Abs. 1 Nr. 2);
3. den Inhalt der in § 2 Abs. 1 Nr. 3 bezeichneten Sparverträge, die Berechnung der Rückzahlungsfristen, die Folgen vorzeitiger Rückzahlung von Sparbeträgen und die Verpflichtungen der Kreditinstitute; die Vorschriften sind den in den §§ 18 bis 29 der Einkommensteuer-Durchführungsverordnung 1953 enthaltenen Vorschriften mit der Maßgabe anzupassen, daß eine Frist bestimmt werden kann, innerhalb der die Prämien zusammen mit den prämienbegünstigten Aufwendungen zu dem vertragsmäßigen Zweck zu verwenden sind;
4. den Inhalt der in § 2 Abs. 1 Nr. 4 bezeichneten Verträge und die Verwendung der auf Grund solcher Verträge angesammelten Beträge; dabei kann der vertragsmäßige Zweck auf den Bau durch das Unternehmen oder auf den Erwerb von dem Unternehmen, mit dem der Vertrag abgeschlossen worden ist, beschränkt und eine Frist von mindestens drei Jahren bestimmt werden, innerhalb der die Prämien zusammen mit den prämienbegünstigten Aufwendungen zu dem vertragsmäßigen Zweck zu verwenden sind. Die Prämienbegünstigung kann auf Verträge über Gebäude beschränkt werden, die nach dem 31. Dezember 1949 fertiggestellt worden sind. Für die Fälle des Erwerbs kann bestimmt werden, daß der angesammelte Betrag und die Prämien nur zur Leistung des in bar zu zahlenden Kaufpreises verwendet werden dürfen;
5. die Ermittlung, Festsetzung, Auszahlung oder Rückzahlung der Prämie, wenn Besteuerungsgrundlagen für die Berechnung des nach § 2a maßgebenden Einkommens, die der Veranlagung zur Einkommensteuer zugrunde gelegen haben, geändert werden oder wenn für Aufwendungen, die vermögenswirksame Leistungen darstellen, Arbeitnehmer-Sparzulagen zurückgezahlt oder nachträglich festgesetzt oder ausgezahlt werden;
6. das Verfahren für die Ermittlung, Festsetzung, Auszahlung und Rückforderung der Prämie. Hierzu gehören insbesondere Vorschriften über Aufzeichnungs-, Aufbewahrungs-, Bescheinigungs- und Anzeigepflichten des Unternehmens, bei dem die prämienbegünstigten Aufwendungen angelegt worden sind.

(2) Das Bundesministerium der Finanzen wird ermächtigt, den Wortlaut des Wohnungsbau-Prämiengesetzes und der hierzu erlassenen Durchführungsverordnung in der jeweils geltenden Fassung mit neuem Datum, unter neuer Überschrift und in neuer Paragraphenfolge bekanntzumachen und dabei Unstimmigkeiten des Wortlauts zu beseitigen.

(3) Das Bundesministerium der Finanzen wird ermächtigt, im Einvernehmen mit den obersten Finanzbehörden der Länder

a) den in § 4 Abs. 2 Satz 1 und den in § 4a Abs. 2 Satz 3 vorgeschriebenen Vordruck und

b) die in § 4a Abs. 3 vorgeschriebenen Datensätze

zu bestimmen.

§ 10 Schlußvorschriften

(1) Dieses Gesetz in der Fassung des Artikels 11 des Gesetzes vom 8. Dezember 2010 (BGBl. I S. 1768) ist vorbehaltlich Satz 2 erstmals für das Sparjahr 2009 anzuwenden. § 2 Abs. 1 Nr. 1 Satz 4 in der Fassung des Artikels 5 des Gesetzes vom 29. Juli 2008 (BGBl. I S. 1509) ist erstmals für das Sparjahr 2008 anzuwenden. Bei Aufwendungen im Sinne des § 2 Abs. 1 Nr. 1 ist die Prämie für Sparjahre vor 1996 nach § 4 in der Fassung des Artikels 7 des Gesetzes vom 15. Dezember 1995 (BGBl. I S. 1783) festzusetzen. § 4 Abs. 4 in der Fassung des Artikels 29 des Gesetzes vom 20. Dezember 2001 (BGBl. I S. 3794) ist erstmals bei nicht vertragsgemäßer Verwendung nach dem 31. Dezember 1998 anzuwenden. § 4a Abs. 3 Satz 1 und § 9 Abs. 3 Buchstabe b in der Fassung des Artikels 13 des Gesetzes vom 20. Dezember 2008 (BGBl. I S. 2850) sind erstmals für Datenlieferungen nach dem 31. Dezember 2008 anzuwenden.

(2) Beiträge an Bausparkassen (§ 2 Abs. 1 Nr. 1), für die in den Kalenderjahren 1991 bis 1993 die Zusatzförderung nach § 10 Abs. 6 dieses Gesetzes in der Fassung der Bekanntmachung vom 30. Juli 1992 (BGBl. I S. 1405) in Anspruch genommen worden ist, müssen ausdrücklich zur Verwendung für den Wohnungsbau in dem in Artikel 3 des Einigungsvertrages genannten Gebiet bestimmt sein. Eine Verfügung, die § 2 Abs. 3 entspricht, nicht aber dem besonderen vertraglichen Zweck, ist hinsichtlich der Zusatzprämie und des zusätzlichen Höchstbetrages schädlich. Schädlich ist auch die Verwendung für Ferien- und Wochenendwohnungen, die in einem entsprechend ausgewiesenen Sondergebiet liegen oder die sich auf Grund ihrer Bauweise nicht zum dauernden Bewohnen eignen.

II.
Verordnung zur Durchführung des Wohnungsbau-Prämiengesetzes (WoPDV 1996)

vom 30. 10. 1997 (BGBl. I S. 2684, BStBl I S. 1055)
geändert durch Artikel 6 des Gesetzes zur verbesserten Einbeziehung der selbstgenutzten Wohnimmobilie in die geförderte Altersvorsorge (Eigenheimrentengesetz – EigRentG) vom 29. 7. 2008 (BGBl. I S. 1509)

1. Beiträge an Bausparkassen zur Erlangung von Baudarlehen

§ 1

(weggefallen)

§ 1a Aufzeichnungs- und Aufbewahrungspflichten

(1) Die Bausparkasse hat Aufzeichnungen zu führen über

1. den Namen und die Anschrift des Bausparers sowie des Abtretenden und des Abtretungsempfängers der Ansprüche aus einem Bausparvertrag,
2. die Vertragsnummer und das Vertragsdatum des Bausparvertrags,
3. die prämienbegünstigten Aufwendungen je Sparjahr,
4. die ermittelte oder festgesetzte Prämie je Sparjahr,
5. die ausgezahlte Prämie je Sparjahr,
6. den Anlaß der Anmeldung in den Fällen des § 4a Abs. 2 Satz 2 des Gesetzes,
7. den nach § 4a Abs. 3 Satz 2 des Gesetzes mitgeteilten Prämienanspruch,
8. das Finanzamt, das im Falle des § 4a Abs. 5 des Gesetzes festgesetzt hat.

(2) Die Bausparkasse hat Unterlagen zu den Aufzeichnungen zu nehmen, aus denen sich der Inhalt des Bausparvertrags und die zweckentsprechende Verwendung oder eine unschädliche Verfügung über die Bausparsumme ergeben.

(3) Der Antrag auf Wohnungsbauprämie und die sonstigen Unterlagen sind geordnet zu sammeln und nach Ende des Sparjahrs zehn Jahre lang aufzubewahren. Die Bausparkasse kann die Unterlagen durch Bildträger oder andere Speichermedien ersetzen.

(4) Sonstige Vorschriften über Aufzeichnungspflichten bleiben unberührt.

(5) Die Bausparkasse hat dem Finanzamt auf Anforderung den Inhalt der Aufzeichnungen mitzuteilen und die für die Festsetzung der Prämie erforderlichen Unterlagen auszuhändigen.

§ 1b Übertragung von Bausparverträgen auf eine andere Bausparkasse

Werden Bausparverträge auf eine andere Bausparkasse übertragen und verpflichtet sich diese gegenüber dem Bausparer und der Bausparkasse, mit der der Vertrag abgeschlossen worden ist, in die Rechte und Pflichten aus dem Vertrag einzutreten, so gilt die Übertragung nicht als Rückzahlung. Das Bausparguthaben muß von der übertragenden Bausparkasse unmittelbar an die übernehmende Bausparkasse überwiesen werden.

§ 2 Wegfall des Prämienanspruchs und Rückzahlung der Prämien

(1) Der Prämienanspruch entfällt, soweit bei Bausparverträgen

1. prämienschädlich verfügt wird, oder
2. die für die Zusatzförderung nach § 10 Abs. 2 des Gesetzes erforderlichen Voraussetzungen nicht erfüllt werden.

Bereits ausgezahlte Prämien sind an die Bausparkasse oder an das zuständige Finanzamt zurückzuzahlen. Bei einer Teilrückzahlung von Beiträgen kann der Bausparer bestimmen, welche Beiträge als zurückgezahlt gelten sollen. Das gilt auch, wenn die Bausparsumme zum Teil ausgezahlt oder die ausgezahlte Bausparsumme teilweise schädlich verwendet wird oder Ansprüche aus dem Vertrag zum Teil abgetreten oder beliehen werden.

(2) Absatz 1 ist nicht anzuwenden, wenn unschädlich nach § 2 Abs. 2 Satz 2 bis 6 sowie Abs. 3 Satz 2 und 3 des Gesetzes verfügt worden ist. Beabsichtigt im Fall des § 2 Abs. 2 Satz 1 Nr. 2 oder Abs. 3 Satz 2 Nr. 2 des Gesetzes der Abtretungsempfänger im Zeitpunkt der Abtretung der Ansprüche aus dem Bausparvertrag eine unverzügliche und unmittelbare Verwendung zum Wohnungsbau für den Abtretenden oder dessen Angehörige (§ 15 der Abgabenordnung), so ist die Prämie dem Abtretenden auszuzahlen oder die Rückforderung bereits ausgezahlter Prämien auszusetzen, wenn der Abtretende eine Erklärung des Abtretungsempfängers über die Verwendungsabsicht beibringt.

2. Bau- und Wohnungsgenossenschaften

§ 3

Bau- und Wohnungsgenossenschaften im Sinne des § 2 Abs. 1 Nr. 2 des Gesetzes sind Genossenschaften, deren Zweck auf den Bau und die Finanzierung sowie die Verwaltung oder Veräußerung von Wohnungen oder auf die wohnungswirtschaftliche Betreuung gerichtet ist.

3. Wohnbau-Sparverträge

§ 4 Allgemeine Sparverträge

(1) Allgemeine Sparverträge im Sinne des § 2 Abs. 1 Nr. 3 des Gesetzes sind Verträge mit

1. einem Kreditinstitut oder
2. einem am 31. Dezember 1989 als gemeinnützig anerkannten Wohnungsunternehmen oder einem am 31. Dezember 1989 als Organ der staatlichen Wohnungspolitik anerkannten Unternehmen, wenn diese Unternehmen eigene Spareinrichtungen unterhalten, auf die die Vorschriften des Gesetzes über das Kreditwesen anzuwenden sind,

in denen der Prämienberechtigte sich verpflichtet, die eingezahlten Sparbeiträge auf drei bis sechs Jahre festzulegen und die eingezahlten Sparbeiträge sowie die Prämien zu dem in § 2 Abs. 1 Nr. 3 des Gesetzes bezeichneten Zweck zu verwenden. Die Verträge können zugunsten dritter Personen abgeschlossen werden.

(2) Die Verlängerung der Festlegung um jeweils ein Jahr oder um mehrere Jahre bis zu einer Gesamtdauer der Festlegung von sechs Jahren kann zwischen dem Prämienberechtigten und dem Unternehmen vereinbart werden. Die Vereinbarung über die Verlängerung ist vor Ablauf der Festlegungsfrist zu treffen.

§ 5 Rückzahlungsfrist bei allgemeinen Sparverträgen

Die Sparbeiträge dürfen erst nach Ablauf der vereinbarten Festlegungsfrist (§ 4) zurückgezahlt werden. Die Festlegungsfrist beginnt am 1. Januar, wenn der Vertrag vor dem 1. Juli, und am 1. Juli, wenn der Vertrag nach dem 30. Juni des betreffenden Kalenderjahrs abgeschlossen worden ist.

§ 6 Sparverträge mit festgelegten Sparraten

(1) Sparverträge mit festgelegten Sparraten im Sinne des § 2 Abs. 1 Nr. 3 des Gesetzes sind Verträge mit einem der in § 4 Abs. 1 bezeichneten Unternehmen, in denen sich der Prämienberechtigte verpflichtet, für drei bis sechs Jahre laufend, jedoch mindestens vierteljährlich, der Höhe nach gleichbleibende Sparraten einzuzahlen und die eingezahlten Sparbeiträge sowie die Prämien zu dem in § 2 Abs. 1 Nr. 3 des Gesetzes bezeichneten Zweck zu verwenden. Die Verträge können zugunsten dritter Personen abgeschlossen werden.

(2) Die Verlängerung der Einzahlungsverpflichtung um jeweils ein Jahr oder um mehrere Jahre bis zu einer Gesamtdauer der Einzahlungen von sechs Jahren kann zwischen dem Prämienberechtigten und dem Unternehmen vereinbart werden. Die Vereinbarung über die Verlängerung ist spätestens im Zeitpunkt der letzten nach dem Vertrag zu leistenden Einzahlung zu treffen.

(3) Den in Absatz 1 bezeichneten Einzahlungen werden gleichgestellt

1. zusätzliche Einzahlungen, soweit sie in einem Kalenderjahr nicht höher sind als der Jahresbetrag der in Absatz 1 bezeichneten Einzahlungen, sowie
2. zusätzliche Einzahlungen, die vermögenswirksame Leistungen darstellen, bis zur Höhe des nach dem Fünften Vermögensbildungsgesetz geförderten Betrags.

§ 7 Rückzahlungsfrist bei Sparverträgen mit festgelegten Sparraten

Die auf Grund eines Sparvertrags mit festgelegten Sparraten eingezahlten Sparbeiträge dürfen ein Jahr nach dem Tag der letzten Einzahlung, jedoch nicht vor Ablauf eines Jahres nach dem letzten regelmäßigen Fälligkeitstag, zurückgezahlt werden.

§ 8 Unterbrechung von Sparverträgen mit festgelegten Sparraten

(1) Sparraten, die nicht rechtzeitig geleistet worden sind, können innerhalb eines halben Jahres nach ihrer Fälligkeit, spätestens bis zum 15. Januar des folgenden Kalenderjahrs, nachgeholt werden; die im folgenden Kalenderjahr nachgeholten Sparraten gelten als Einzahlungen des Kalenderjahrs der Fälligkeit. Innerhalb des letzten halben Jahres vor Ablauf der Festlegungsfrist ist eine Nachholung ausgeschlossen.

(2) Der Vertrag ist in vollem Umfang unterbrochen, wenn eine Sparrate nicht spätestens vor Ablauf der in Absatz 1 bezeichneten Nachholfrist eingezahlt worden ist oder wenn Einzahlungen zurückgezahlt werden; das gleiche gilt, wenn Ansprüche aus dem Vertrag abgetreten werden, es sei denn, der Abtretungsempfänger ist ein Angehöriger (§ 15 der Abgabenordnung) oder die im Vertrag bezeichnete andere Person. Der Vertrag ist teilweise unterbrochen, wenn eine Sparrate in geringerer als der vereinbarten Höhe geleistet und der Unterschiedsbetrag nicht innerhalb der in Absatz 1 bezeichneten Frist nachgeholt worden ist.

(3) Ist der Vertrag in vollem Umfang unterbrochen (Absatz 2 Satz 1), so sind spätere Einzahlungen nicht mehr prämienbegünstigt. Liegt eine teilweise Unterbrechung (Absatz 2 Satz 2) vor, so sind spätere Einzahlungen nur in Höhe des Teils der Sparraten prämienbegünstigt, der ununterbrochen in gleichbleibender Höhe geleistet worden ist. Dieser Betrag ist auch maßgebend für die zusätzlichen Einzahlungen, die nach § 6 Abs. 3 Nr. 1 erbracht werden können.

§ 9 Vorzeitige Rückzahlung

Soweit vor Ablauf der in den §§ 5 und 7 bezeichneten Fristen, außer in den Fällen des § 12, Sparbeiträge im Sinne des § 4 oder des § 6 zurückgezahlt werden, werden Prämien nicht ausgezahlt; bereits ausgezahlte Prämien sind an das Finanzamt zurückzuzahlen. Das gilt nicht, wenn der Prämienberechtigte oder die im Vertrag bezeichnete andere Person stirbt oder nach Vertragsabschluß völlig erwerbsunfähig wird.

§ 10 Verwendung der Sparbeiträge

(1) Die auf Grund eines allgemeinen Sparvertrags (§ 4) oder eines Sparvertrags mit festgelegten Sparraten (§ 6) eingezahlten Beträge sind von dem Prämienberechtigten oder der in dem Vertrag bezeichneten anderen Person zusammen mit den Prämien innerhalb eines Jahres nach der Rückzahlung der Sparbeiträge, spätestens aber innerhalb von vier Jahren nach dem Zeitpunkt,

in dem die eingezahlten Sparbeiträge frühestens zurückgezahlt werden dürfen, zu dem in § 2 Abs. 1 Nr. 3 des Gesetzes bezeichneten Zweck zu verwenden. § 9 Satz 2 findet Anwendung.

(2) Eine Verwendung zu dem in § 2 Abs. 1 Nr. 3 des Gesetzes bezeichneten Zweck ist gegeben, wenn die eingezahlten Beträge verwendet werden

1. zum Bau selbst genutzten Wohneigentums für den Prämienberechtigten, die in dem Vertrag bezeichnete andere Person oder die in § 15 der Abgabenordnung bezeichneten Angehörigen dieser Personen,
2. zum Erwerb selbst genutzten Wohneigentums oder eines eigentumsähnlichen Dauerwohnrechts durch den Prämienberechtigten, die in dem Vertrag bezeichnete andere Person oder die in § 15 der Abgabenordnung bezeichneten Angehörigen dieser Personen.

§ 11 Anzeigepflicht

Die in § 4 Abs. 1 bezeichneten Unternehmen haben, außer im Fall des Todes des Prämienberechtigten oder der in dem Vertrag bezeichneten anderen Person, dem für ihre Veranlagung oder dem für die Veranlagung des Prämienberechtigten zuständigen Finanzamt unverzüglich die Fälle mitzuteilen, in denen

1. Sparbeiträge vor Ablauf der in den §§ 5 und 7 bezeichneten Fristen zurückgezahlt werden,
2. Sparbeiträge und Prämien nicht oder nicht innerhalb der Fristen des § 10 zu dem dort bezeichneten Zweck verwendet werden,
3. Sparverträge auf ein anderes Unternehmen übertragen oder in Verträge mit Wohnungs- und Siedlungsunternehmen oder mit am 31. Dezember 1989 anerkannten Organen der staatlichen Wohnungspolitik umgewandelt werden (§ 12 Abs. 1).

Die Anzeige kann auch von der Niederlassung eines Unternehmens an das Finanzamt gerichtet werden, in dessen Bezirk sich die Niederlassung befindet.

§ 12 Übertragung und Umwandlung von Sparverträgen

(1) Prämien werden auch ausgezahlt und bereits ausgezahlte Prämien werden nicht zurückgefordert, wenn

1. allgemeine Sparverträge (§ 4) und Sparverträge mit festgelegten Sparraten (§ 6) während ihrer Laufzeit unter Übertragung der bisherigen Einzahlungen und der Prämien auf ein anderes Unternehmen übertragen werden und sich dieses gegenüber dem Prämienberechtigten und dem Unternehmen, mit dem der Vertrag abgeschlossen worden ist, verpflichtet, in die Rechte und Pflichten aus dem Vertrag einzutreten,
2. Sparverträge mit festgelegten Sparraten während ihrer Laufzeit unter Übertragung der bisherigen Einzahlungen und der Prämien in Verträge mit Wohnungs- und Siedlungsunternehmen oder mit am 31. Dezember 1989 anerkannten Organen der staatlichen Wohnungspolitik im Sinne des § 13 umgewandelt werden.

(2) In Fällen der Übertragung (Absatz 1 Nr. 1) gelten die §§ 4 bis 11 weiter mit der Maßgabe, daß die bisherigen Einzahlungen als Einzahlungen auf Grund des Vertrags mit dem Unternehmen, auf das der Vertrag übertragen worden ist, behandelt werden. In Fällen der Umwandlung (Absatz 1 Nr. 2) gelten die §§ 15 bis 17 mit der Maßgabe, daß die bisherigen Einzahlungen als Einzahlungen auf Grund des Vertrags mit dem Wohnungs- oder Siedlungsunternehmen oder mit dem am 31. Dezember 1989 anerkannten Organ der staatlichen Wohnungspolitik behandelt werden.

4. Verträge mit Wohnungs- und Siedlungsunternehmen und Organen der staatlichen Wohnungspolitik (Baufinanzierungsverträge)

§ 13 Inhalt der Verträge

(1) Verträge im Sinne des § 2 Abs. 1 Nr. 4 des Gesetzes sind Verträge mit einem Wohnungs- oder Siedlungsunternehmen (§ 14) oder einem am 31. Dezember 1989 anerkannten Organ der staatlichen Wohnungspolitik (§ 2 Abs. 1 Nr. 4 Satz 2 des Gesetzes), in denen sich der Prämienberechtigte verpflichtet,

1. einen bestimmten Kapitalbetrag in der Weise anzusammeln, daß er für drei bis acht Jahre laufend, jedoch mindestens vierteljährlich, der Höhe nach gleichbleibende Sparraten bei dem Wohnungs- oder Siedlungsunternehmen oder dem am 31. Dezember 1989 anerkannten Organ der staatlichen Wohnungspolitik einzahlt, und
2. den angesammelten Betrag und die Prämien zu dem in § 2 Abs. 1 Nr. 4 des Gesetzes bezeichneten Zweck zu verwenden (§ 16),

und in denen sich das Wohnungs- oder Siedlungsunternehmen oder das am 31. Dezember 1989 anerkannte Organ der staatlichen Wohnungspolitik verpflichtet, die nach dem Vertrag vorgesehene Leistung (§ 16) zu erbringen. § 6 Abs. 2 gilt entsprechend. Die Verträge können zugunsten dritter Personen abgeschlossen werden.

(2) Den in Absatz 1 bezeichneten Einzahlungen werden gleichgestellt

1. zusätzliche Einzahlungen, soweit sie in einem Kalenderjahr nicht höher sind als der Jahresbetrag der in Absatz 1 bezeichneten Einzahlungen, sowie
2. zusätzliche Einzahlungen, die vermögenswirksame Leistungen darstellen, bis zur Höhe des nach dem Fünften Vermögensbildungsgesetz geförderten Betrags.

§ 14 Wohnungs- und Siedlungsunternehmen

Wohnungs- und Siedlungsunternehmen im Sinne des § 13 sind

1. am 31. Dezember 1989 als gemeinnützig anerkannte Wohnungsunternehmen,
2. gemeinnützige Siedlungsunternehmen,
3. Unternehmen, die vor Aufhebung des Reichsheimstättengesetzes zur Ausgabe von Heimstätten zugelassen waren,
4. andere Wohnungs- und Siedlungsunternehmen, wenn sie die folgenden Voraussetzungen erfüllen:
   a) Das Unternehmen muß im Handelsregister oder im Genossenschaftsregister eingetragen sein;
   b) der Zweck des Unternehmens muß ausschließlich oder weit überwiegend auf den Bau und die Verwaltung oder Übereignung von Wohnungen oder die wohnungswirtschaftliche Betreuung gerichtet sein. Die tatsächliche Geschäftsführung muß dem entsprechen;
   c) das Unternehmen muß sich einer regelmäßigen und außerordentlichen Überprüfung seiner wirtschaftlichen Lage und seines Geschäftsgebarens, insbesondere der Verwendung der gesparten Beträge, durch einen wohnungswirtschaftlichen Verband, zu dessen satzungsmäßigem Zweck eine solche Prüfung gehört, unterworfen haben. Soweit das Unternehmen oder seine Gesellschafter an anderen Unternehmen gleicher Art beteiligt sind, muß sich die Überprüfung zugleich auf diese erstrecken.

§ 15 Unterbrechung und Rückzahlung der Einzahlungen

(1) Sparraten, die nicht rechtzeitig geleistet worden sind, können innerhalb eines halben Jahres nach ihrer Fälligkeit, spätestens bis zum 15. Januar des folgenden Kalenderjahrs, nachgeholt werden; die im folgenden Kalenderjahr nachgeholten Sparraten gelten als Einzahlungen des Kalenderjahrs der Fälligkeit. Innerhalb des letzten halben Jahres vor Ablauf der Festlegungsfrist ist eine Nachholung ausgeschlossen.

(2) Der Vertrag ist in vollem Umfang unterbrochen, wenn eine Sparrate nicht spätestens vor Ablauf der in Absatz 1 bezeichneten Nachholfrist eingezahlt worden ist oder wenn Einzahlungen zurückgezahlt werden; das gleiche gilt, wenn Ansprüche aus dem Vertrag abgetreten werden, es sei denn, der Abtretungsempfänger ist ein Angehöriger (§ 15 der Abgabenordnung) oder die im Vertrag bezeichnete andere Person. Der Vertrag ist teilweise unterbrochen, wenn eine Sparrate in geringerer als der vereinbarten Höhe geleistet und der Unterschiedsbetrag nicht innerhalb der in Absatz 1 bezeichneten Frist nachgeholt worden ist.

(3) Ist der Vertrag in vollem Umfang unterbrochen (Absatz 2 Satz 1), so sind spätere Einzahlungen nicht mehr prämienbegünstigt. Liegt eine teilweise Unterbrechung (Absatz 2 Satz 2) vor, so sind spätere Einzahlungen nur in Höhe des Teils der Sparraten prämienbegünstigt, der ununterbrochen in gleichbleibender Höhe geleistet worden ist. Dieser Betrag ist auch maßgebend für die zusätzlichen Einzahlungen, die nach § 13 Abs. 2 Nr. 1 erbracht werden können.

(4) Soweit eingezahlte Beiträge, außer in den Fällen des § 18, zurückgezahlt werden, werden Prämien nicht ausgezahlt; bereits ausgezahlte Prämien sind an das Finanzamt zurückzuzahlen. Das gilt nicht, wenn der Prämienberechtigte oder die im Vertrag bezeichnete andere Person stirbt oder nach Vertragsabschluß völlig erwerbsunfähig wird.

§ 16 Verwendung der angesammelten Beträge

(1) Der angesammelte Betrag ist zusammen mit den Prämien innerhalb von fünf Jahren nach dem Zeitpunkt, in dem nach dem Vertrag die letzte Zahlung zu leisten ist, von dem Prämienberechtigten oder der im Vertrag bezeichneten anderen Person zu dem in § 2 Abs. 1 Nr. 4 des Gesetzes bezeichneten Zweck zu verwenden. § 15 Abs. 4 Satz 2 findet Anwendung.

(2) Eine Verwendung zu dem in § 2 Abs. 1 Nr. 4 des Gesetzes bezeichneten Zweck ist gegeben, wenn der angesammelte Betrag und die Prämien verwendet werden

1. zum Bau selbst genutzten Wohneigentums für den Prämienberechtigten, die in dem Vertrag bezeichnete andere Person oder die in § 15 der Abgabenordnung bezeichneten Angehörigen dieser Person durch das Wohnungs- und Siedlungsunternehmen oder das am 31. Dezember 1989 anerkannte Organ der staatlichen Wohnungspolitik oder
2. zum Erwerb selbst genutzten Wohneigentums oder eines eigentumsähnlichen Dauerwohnrechts durch den Prämienberechtigten, die in dem Vertrag bezeichnete andere Person oder die in § 15 der Abgabenordnung bezeichneten Angehörigen dieser Personen; dabei muß es sich um einen Erwerb von dem Wohnungs- und Siedlungsunternehmen oder dem am 31. Dezember 1989 anerkannten Organ der staatlichen Wohnungspolitik und um selbst genutztes Wohneigentum handeln, das nach dem 31. Dezember 1949 errichtet worden ist.

(3) Bei einer Verwendung im Sinne des Absatzes 2 Nr. 2 dürfen der angesammelte Betrag und die Prämien nur zur Leistung des bar zu zahlenden Teils des Kaufpreises verwendet werden.

§ 17 Anzeigepflicht

Das Wohnungs- oder Siedlungsunternehmen oder das am 31. Dezember 1989 anerkannte Organ der staatlichen Wohnungspolitik hat, außer im Fall des Todes des Prämienberechtigten oder der in dem Vertrag bezeichneten anderen Person, dem für seine Veranlagung oder dem für die Veranlagung des Prämienberechtigten zuständigen Finanzamt unverzüglich die Fälle mitzuteilen, in denen

1. angesammelte Beträge zurückgezahlt werden (§ 15),
2. angesammelte Beträge und Prämien nicht oder nicht innerhalb der Frist des § 16 zu dem in § 2 Abs. 1 Nr. 4 des Gesetzes bezeichneten Zweck verwendet werden,
3. Verträge auf ein anderes Wohnungs- oder Siedlungsunternehmen oder ein anderes am 31. Dezember 1989 anerkanntes Organ der staatlichen Wohnungspolitik übertragen oder in Sparverträge mit festgelegten Sparraten im Sinne des § 6 umgewandelt werden (§ 18 Abs. 1).

Die Anzeige kann auch von der Niederlassung eines Wohnungs- oder Siedlungsunternehmens oder eines am 31. Dezember 1989 anerkannten Organs der staatlichen Wohnungspolitik an das Finanzamt gerichtet werden, in dessen Bezirk sich die Niederlassung befindet.

§ 18 Übertragung und Umwandlung von Verträgen mit Wohnungs- und Siedlungsunternehmen und Organen der staatlichen Wohnungspolitik

(1) Prämien werden auch ausgezahlt und bereits ausgezahlte Prämien werden nicht zurückgefordert, wenn Verträge mit Wohnungs- und Siedlungsunternehmen oder am 31. Dezember 1989 anerkannten Organen der staatlichen Wohnungspolitik (§ 13) während ihrer Laufzeit unter Übertragung der bisherigen Einzahlungen und der Prämien

1. auf ein anderes Wohnungs- oder Siedlungsunternehmen oder ein anderes am 31. Dezember 1989 anerkanntes Organ der staatlichen Wohnungspolitik übertragen werden und sich dieses gegenüber dem Prämienberechtigten und dem Unternehmen, mit dem der Vertrag abgeschlossen worden ist, verpflichtet, in die Rechte und Pflichten aus dem Vertrag einzutreten,
2. in einen Sparvertrag mit festgelegten Sparraten im Sinne des § 6 umgewandelt werden.

(2) § 12 Abs. 2 ist entsprechend anzuwenden.

5. Änderung der Voraussetzungen für den Prämienanspruch in besonderen Fällen

§ 19 Änderung des zu versteuernden Einkommens

(1) Wird im Besteuerungsverfahren die Entscheidung über die Höhe des zu versteuernden Einkommens nachträglich in der Weise geändert, daß dadurch

1. die Einkommensgrenze (§ 2a des Gesetzes) unterschritten wird, so kann der Prämienberechtigte die Prämie innerhalb eines Jahres nach Bekanntgabe der Änderung erstmalig oder erneut beantragen;
2. die Einkommensgrenze überschritten wird, so ist die Prämie neu zu ermitteln oder festzusetzen; ausgezahlte Prämien sind zurückzufordern.

(2) Besteht oder entsteht für Aufwendungen, die vermögenswirksame Leistungen darstellen,

1. kein Anspruch auf Arbeitnehmer-Sparzulage und liegen dennoch die Voraussetzungen für den Prämienanspruch vor, so kann der Prämienberechtigte die Prämie innerhalb eines Jahres nach Bekanntgabe des Bescheids über die Arbeitnehmer-Sparzulage erstmalig oder erneut beantragen;

2. nachträglich ein Anspruch auf Arbeitnehmer-Sparzulage und entfällt damit der Prämienanspruch, so ist die Prämie neu zu ermitteln oder festzusetzen; ausgezahlte Prämien sind zurückzufordern.

6. Anwendungszeitraum

§ 20 Anwendungsvorschrift

Diese Verordnung in der Fassung des Artikels 6 des Gesetzes vom 29. Juli 2008 (BGBl. I S. 1509) ist erstmals für das Sparjahr 2009 anzuwenden.

III.
Allgemeine Verwaltungsvorschrift zur Ausführung des Wohnungsbau-Prämiengesetzes

vom 22. 10. 2002 (BStBl I S. 1044)

Nach Artikel 85 Abs. 2 des Grundgesetzes wird die folgende allgemeine Verwaltungsvorschrift zur Ausführung des Wohnungsbau-Prämiengesetzes erlassen:

Wohnungsbau-Prämienrichtlinien 2002 – WoPR 2002 –

Einführung

[1]Die Wohnungsbau-Prämienrichtlinien 2002 (WoPR 2002) enthalten im Interesse einer einheitlichen Anwendung des Wohnungsbau-Prämienrechts Weisungen zur Auslegung des Wohnungsbau-Prämiengesetzes 1996 (WoPG 1996) in der Fassung der Bekanntmachung vom 30. Oktober 1997 (BGBl. I S. 2678), zuletzt geändert durch Artikel 13 des Fünften Gesetzes zur Änderung des Steuerbeamten-Ausbildungsgesetzes und zur Änderung von Steuergesetzen vom 23. Juli 2002 (BGBl. I S. 2715) und seiner Durchführungsverordnung (WoPDV 1996) in der Fassung der Bekanntmachung vom 30. Oktober 1997 (BGBl. I S. 2684), zuletzt geändert durch Artikel 14 des Fünften Gesetzes zur Änderung des Steuerbeamten-Ausbildungsgesetzes und zur Änderung von Steuergesetzen vom 23. Juli 2002 (BGBl. I S. 2715) und behandeln Zweifelsfragen und Auslegungsfragen von allgemeiner Bedeutung. [2]Die Wohnungsbau-Prämienrichtlinien 2002 sind auf die prämienbegünstigten Aufwendungen für Sparjahre anzuwenden, die nach dem 31. Dezember 1995 begonnen haben. [3]Vor den Wohnungsbau-Prämienrichtlinien 2002 ergangene sonstige Verwaltungsanweisungen zum Wohnungsbauprämienrecht sind nicht mehr anzuwenden.

Zu § 1 und § 2a des Gesetzes

1. Begünstigter Personenkreis

(1) [1]Eine Prämie erhalten natürliche Personen,

- die unbeschränkt einkommensteuerpflichtig im Sinne des § 1 Abs. 1 oder 2 Einkommensteuergesetz (EStG) sind oder nach § 1 Abs. 3 EStG auf Antrag als unbeschränkt einkommensteuerpflichtig zu behandeln sind und dabei in einem Dienstverhältnis zu einer inländischen juristischen Person des öffentlichen Rechts stehen und dafür Arbeitslohn aus einer inländischen öffentlichen Kasse beziehen,
- spätestens am Ende des Sparjahrs das 16. Lebensjahr vollendet haben oder Vollwaisen sind und
- Aufwendungen zur Förderung des Wohnungsbaus gemacht haben (§ 1 WoPG).

[2]Es ist unschädlich, wenn der Prämienberechtigte nicht während des gesamten Sparjahrs unbeschränkt einkommensteuerpflichtig ist oder als unbeschränkt einkommensteuerpflichtig behandelt wird. [3]Die Voraussetzungen der Prämienberechtigung müssen in der Person des Vertragsinhabers gegeben sein; dies gilt auch, wenn der Vertrag einen Dritten begünstigt (Abschnitt 3 Abs. 3 Satz 1).

(2) [1]Zusammenschlüsse natürlicher Personen, die als solche nicht einkommensteuerpflichtig sind – z. B. nichtrechtsfähige Vereine, Erbengemeinschaften, Personengesellschaften –, sind nicht prämienberechtigt; Partner einer eingetragenen Lebenspartnerschaft[1]) und Partner einer nichtehelichen Lebensgemeinschaft gelten als Alleinstehende. [2]Jedoch kann der einzelne Beteiligte nach Maßgabe seiner persönlichen Verhältnisse mit den ihm nachweislich zuzurechnenden Aufwendungen prämienberechtigt sein (BFH vom 10. 2. 1961 – BStBl III S. 224). [3]Für die Zuordnung der aufgrund eines Vertrags zur Förderung des Wohnungsbaus geleisteten prämienbegünstigten Aufwendungen auf die einzelnen Beteiligten ist auf das bei Vertragsabschluss im Innen-

1) Zur eingetragenen Lebenspartnerschaft siehe nun § 3 Abs. 3 Satz 2 WoPG.

verhältnis festgelegte Verhältnis abzustellen. [4]Bei Partnern einer eingetragenen Lebenspartnerschaft[1]) und Partnern einer nichtehelichen Lebensgemeinschaft kann – soweit nicht ausdrücklich etwas anderes bestimmt ist – von einer hälftigen Zurechnung ausgegangen werden.

(3) Wegen des Begriffs „Aufwendungen zur Förderung des Wohnungsbaus" vgl. Abschnitte 3 bis 8.

2. Einkommensgrenzen

(1) [1]Für die Prämienberechtigung sind die Einkommensverhältnisse des Sparjahrs maßgebend. [2]Die Einkommensgrenze beträgt für Alleinstehende (Abschnitt 10 Abs. 2) 25 600 Euro und für Ehegatten[2]) (Abschnitt 10 Abs. 3) 51 200 Euro. [3]Bei der Ermittlung des zu versteuernden Einkommens sind für jedes Kind im Sinne des § 32 EStG die jeweils in Betracht kommenden Freibeträge nach § 32 Abs. 6 EStG zu berücksichtigen (§ 2 Abs. 5 EStG); dabei sind stets die Freibeträge für das gesamte Sparjahr zugrunde zu legen. [4]Im Übrigen erhöht sich das zu versteuernde Einkommen um die nach § 3 Nr. 40 EStG steuerfreien Beträge und mindert sich um die nach § 3c Abs. 2 EStG nicht abziehbaren Beträge (§ 2 Abs. 5a EStG)[3]).

(2) Zu den Folgen einer nachträglichen Änderung des zu versteuernden Einkommens wird auf § 19 Abs. 1 WoPDV, Abschnitt 11 Abs. 2 Satz 1, Abschnitt 12 Abs. 4, Abschnitt 13 Abs. 5 Satz 1 Nr. 3 hingewiesen.

Zu § 2 und § 5 des Gesetzes

3. Prämienbegünstigte Aufwendungen (Allgemeines)

(1) [1]Die prämienbegünstigten Aufwendungen ergeben sich abschließend aus § 2 Abs. 1 WoPG. [2]Aufwendungen, die vermögenswirksame Leistungen darstellen, sind nur prämienbegünstigt, soweit kein Anspruch auf Arbeitnehmer-Sparzulage nach § 13 des 5. Vermögensbildungsgesetzes (5. VermBG) besteht (§ 1 Nr. 1 WoPG). [3]Bei Änderungen des Anspruchs auf Arbeitnehmer-Sparzulage ist § 19 Abs. 2 WoPDV zu beachten. [4]Die Wohnungsbauprämie gehört nicht zu den prämienbegünstigten Aufwendungen. [5]Von dem Unternehmen gutgeschriebene Zinsen abzüglich etwaiger Steuern, z. B. des Zinsabschlags, können als prämienbegünstigte Aufwendungen verwendet werden. [6]Beiträge an dieselbe Bausparkasse, die nach Abzug des Betrags, für den Anspruch auf Arbeitnehmer-Sparzulage besteht, im Sparjahr weniger als 50 Euro betragen, sind keine prämienbegünstigten Aufwendungen (§ 2 Abs. 1 Nr. 1 WoPG).

(2) [1]Rückwirkende Vertragsvereinbarungen sind nicht anzuerkennen. [2]Die Vereinbarung über die Erhöhung der Bausparsumme ist als selbständiger Vertrag (Zusatzvertrag) zu behandeln (BFH vom 7. 3. 1975 – BStBl II S. 532); eine aus Anlass der Umstellung auf den Euro vorgenommene Aufrundung der Bausparsumme auf den nächsten glatten durch 1 000 Euro teilbaren Betrag stellt keine Vertragserhöhung in diesem Sinne dar. [3]Werden Bausparverträge zusammengelegt, wird die Bausparsumme herabgesetzt oder der Vertrag geteilt, so liegt lediglich eine Änderung des bisherigen Vertrags vor, die das Abschlussdatum nicht berührt.

(3) [1]Der Prämienberechtigte kann prämienbegünstigte Aufwendungen im Sinne des § 2 Abs. 1 Nr. 1, 3 und 4 WoPG auch zu Gunsten Dritter erbringen. [2]Soweit die angesammelten Beträge als Voraussetzung für die Prämie zu dem vertragsmäßigen Zweck verwendet werden müssen, tritt der Begünstigte an die Stelle des Prämienberechtigten. [3]Stirbt der Prämienberechtigte vor dem Ende der Einzahlungsdauer, so kann der Vertrag von seinem Rechtsnachfolger fortgesetzt werden. [4]Das gilt auch, wenn der Vertrag im Wege einer Erbauseinandersetzung auf einen Miterben übertragen worden ist (BFH vom 15. 6. 1973 – BStBl II S. 737). [5]Die am Ende des Todesjahres gutgeschriebenen Zinsen gehören zu den Bausparbeiträgen des Rechtsnachfolgers. [6]Für die Prämienbegünstigung der Aufwendungen, die vom Fortsetzenden erbracht werden, kommt es allein auf dessen persönliche Verhältnisse an.

(4)[4]) [1]Haben Ehegatten einen Vertrag gemeinsam abgeschlossen, so kommt es in bestimmten Fällen – z. B. bei vorzeitiger Verfügung wegen Arbeitslosigkeit oder bei Ehegatten, die als Alleinstehende zu behandeln sind (Abschnitt 10 Abs. 2), oder bei Fortsetzung des Vertrags nach Scheidung der Ehe – darauf an, welcher der Ehegatten die Aufwendungen geleistet hat. [2]Für diese Feststellung kann den Angaben der Ehegatten im Allgemeinen gefolgt werden, es sei denn, dass sich aus den Unterlagen, wie es z. B. bei vermögenswirksamen Leistungen der Fall sein kann, *etwas anderes ergibt.*

1) Zur eingetragenen Lebenspartnerschaft siehe nun § 3 Abs. 3 Satz 2 WoPG.
2) Entsprechendes gilt für Lebenspartner (§ 3 Abs. 3 Satz 2 WoPG).
3) § 2 Abs. 5a EStG ist nicht mehr anzuwenden. → § 2a Satz 2 und § 10 Abs. 1 Satz 1 WoPG in der Fassung des Jahressteuergesetzes 2010.
4) Entsprechendes gilt für Lebenspartner (§ 3 Abs. 3 Satz 2 WoPG).

4. Beiträge an Bausparkassen zur Erlangung eines Baudarlehens

(1) [1]Baudarlehen sind Darlehen, die bestimmt sind

1. zum Bau, zum Erwerb oder zu einer – gemessen am Verkehrswert nicht unerheblichen – Verbesserung
   a) eines Wohngebäudes,
   b) eines anderen Gebäudes, soweit es Wohnzwecken dient, oder
   c) einer Eigentumswohnung;
2. zur Ausstattung eines Wohngebäudes mit Einbaumöbeln, zur Einrichtung oder zum Einbau von Heizungsanlagen sowie für Maßnahmen zur Wärmedämmung und zur Nutzung erneuerbarer Energien (Energie aus Biomasse, Geothermie, solarer Strahlung, Wasser- und Windkraft). [2]Voraussetzung ist, dass die Einrichtungen wesentliche Bestandteile eines Gebäudes sind oder ein Nebengebäude oder eine Außenanlage (§ 89 Bewertungsgesetz; Abschnitt 45 der Richtlinien für die Bewertung des Grundvermögens) darstellen;
3. zum Erwerb eines eigentumsähnlichen Dauerwohnrechts (zur Definition vgl. Abschnitt 6 Abs. 4 Satz 2);
4. zum Erwerb von Rechten zur dauernden Selbstnutzung von Wohnraum in Alten-, Altenpflege- und Behinderteneinrichtungen oder -anlagen;
5. zur Beteiligung an der Finanzierung des Baues oder Erwerbs eines Gebäudes gegen Überlassung einer Wohnung;
6. zum Erwerb von Bauland, das der Bausparer in der Absicht erwirbt, ein Wohngebäude darauf zu errichten. [2]Soll das zu errichtende Gebäude nur zum Teil Wohnzwecken dienen, so ist der Erwerb nur für den Teil des Baulandes begünstigt, der Wohnzwecken dienen soll. [3]Auf die Baureife des Grundstücks kommt es nicht an;
7. zum Erwerb eines Grundstücks, auf dem der Bausparer als Erbbauberechtigter bereits ein Wohngebäude errichtet hat. [2]Nummer 6 Satz 2 gilt entsprechend;
8. zur Durchführung baulicher Maßnahmen des Mieters oder anderer nutzungsberechtigter Personen zur Modernisierung ihrer Wohnung;
9. zum ersten Erwerb von Anteilen an Bau- oder Wohnungsgenossenschaften (Abschnitt 5);
10. zur völligen oder teilweisen Ablösung von Verpflichtungen, z. B. von Hypotheken, die im Zusammenhang mit den in Nummer 1 bis 9 bezeichneten Vorhaben eingegangen worden sind, oder von Erbbauzinsreallasten. [2]Das gilt auch dann, wenn der Bausparer bereits mit Hilfe fremden Kapitals gebaut hat. [3]Nicht als Ablösung von Verpflichtungen gilt die Zahlung von laufenden Tilgungs- und Zinsbeträgen, von aufgelaufenen Tilgungs- und Zinsbeträgen (sog. Nachtilgung) und von vorausgezahlten Tilgungs- und Zinsraten (sog. Voraustilgung). [4]Eine unschädliche Verwendung des Bausparguthabens zur Ablösung von Verbindlichkeiten, die im Zusammenhang mit dem Erwerb eines Wohngebäudes eingegangen worden sind, liegt nur vor, soweit es sich um Verpflichtungen gegenüber Dritten handelt, nicht aber bei der Verpflichtung mehrerer Erwerber untereinander (BFH vom 29. 11. 1973 – BStBl 1974 II S. 126).

[2]Die Bausparsumme (Bausparguthaben und Baudarlehen) muss grundsätzlich für ein Objekt im Inland verwendet werden; begünstigt sind auch Ferien- oder Wochenendwohnungen. [3]Ausnahmen gelten für Bauvorhaben von Bediensteten der Europäischen Union an ihrem ausländischen Wohnsitz, von dem aus sie ihrer Amtstätigkeit nachgehen (BFH vom 1. 3. 1974 – BStBl II S. 374).

(2) [1]Als Bausparbeiträge sind die Beiträge, die bis zur vollen oder teilweisen Auszahlung der Bausparsumme entrichtet wurden, zu berücksichtigen, höchstens aber bis zum Erreichen der vereinbarten Bausparsumme; auf den Zeitpunkt der Zuteilung kommt es nicht an (BFH vom 25. 7. 1958 – BStBl III S. 368). [2]Neben den vertraglich vereinbarten Beiträgen gehören dazu u. a.

- Abschlussgebühren, auch wenn sie zunächst auf einem Sonderkonto gutgeschrieben worden sind,
- freiwillige Beiträge,
- gutgeschriebene Zinsen, die zur Beitragszahlung verwendet werden,
- Umschreibegebühren,
- Zinsen für ein Bausparguthaben, das aus einem Auffüllungskredit entstanden ist (BFH vom 5. 5. 1972 – BStBl II S. 732).

[3]Keine Bausparbeiträge sind Tilgungsbeträge, Bereitstellungszinsen, Darlehenszinsen, Verwaltungskostenbeiträge und Zuteilungsgebühren. [4]Hat der Bausparer vor der Zuteilung des Baudarlehens einen Zwischenkredit erhalten, sind die Beiträge, die er bis zur Auszahlung der Bausparsumme entrichtet, prämienbegünstigt. [5]Hat der Bausparer jedoch den Zwischenkredit unter Beleihung von Ansprüchen aus einem Bausparvertrag vor Ablauf der Sperrfrist erhalten, so gilt dies nur, wenn er den Zwischenkredit unverzüglich und unmittelbar zu begünstigten Zwecken

verwendet. [6]Werden Bausparbeiträge vor Ablauf des Sparjahrs, für das sie geleistet wurden, zurückgezahlt, so gelten sie als nicht geleistet.

5. Aufwendungen für den ersten Erwerb von Anteilen an Bau- und Wohnungsgenossenschaften

(1) [1]Bau- und Wohnungsgenossenschaften (im Sinne von § 2 Abs. 1 Nr. 2 WoPG, § 3 WoPDV) müssen eingetragene Genossenschaften im Sinne des § 1 des Genossenschaftsgesetzes (GenG) sein. [2]Aufwendungen für den Erwerb von Mitgliedschaftsrechten an Personenvereinigungen anderer Rechtsform, z. B. an Vereinen, sind nicht prämienbegünstigt (BFH vom 23. 1. 1959 – BStBl III S. 145).

(2) [1]Aufwendungen für den ersten Erwerb von Anteilen an Bau- und Wohnungsgenossenschaften sind alle Einzahlungen des Prämienberechtigten auf seinen Geschäftsanteil. [2]Erster Erwerb ist jeder unmittelbare Erwerb von der Genossenschaft. [3]Ein Genosse kann mehrere Anteile an der Genossenschaft prämienbegünstigt erwerben; die Geschäftsanteile müssen nicht gleichzeitig erworben werden. [4]Prämienbegünstigt sind hiernach z. B. auch Einzahlungen auf den Geschäftsanteil, die geleistet werden, nachdem das Geschäftsguthaben durch Verlustabschreibung gemindert oder der Geschäftsanteil durch Beschluss der Generalversammlung erhöht worden ist. [5]Darüber hinaus gehören zu den Aufwendungen für den ersten Erwerb die Eintrittsgelder. [6]Zahlungen, die an den ausscheidenden Genossen für die Übernahme seines Geschäftsguthabens geleistet werden, sind keine Aufwendungen für den ersten Erwerb von Anteilen an Bau- und Wohnungsgenossenschaften.

6. Beiträge auf Grund von Wohnbau-Sparverträgen und auf Grund von Baufinanzierungsverträgen (Allgemeines)

(1) [1]Bei Sparverträgen mit festgelegten Sparraten (§ 2 Abs. 1 Nr. 3 und 4 WoPG) kann der Prämienberechtigte die im laufenden Kalenderjahr fällig werdenden Sparraten im Voraus einzahlen. [2]Die vorausgezahlten Sparraten werden jedoch erst im Zeitpunkt der Fälligkeit Sparbeiträge im Sinne des Gesetzes. [3]Werden vorausgezahlte Sparraten vor Eintritt ihrer vertraglichen Fälligkeit wieder zurückgezahlt, so gelten sie als nicht geleistet. [4]Übersteigen im Kalenderjahr die Einzahlungen des Prämienberechtigten die Summe der auf dieses Kalenderjahr entfallenden Sparraten, so können sie als zusätzliche Einzahlungen im Rahmen des § 6 Abs. 3 WoPDV prämienbegünstigt sein.

(2) [1]Voraussetzung für die Festsetzung und Auszahlung einer Prämie ist, dass die Sparbeiträge vor Ablauf der Festlegungsfrist nicht zurückgezahlt werden (§§ 9, 15 Abs. 4 WoPDV). [2]Auch bei einer Unterbrechung (§ 8 Abs. 2, § 15 Abs. 2 WoPDV) bleibt die ursprüngliche Festlegungsfrist bestehen.

(3) [1]Der vertragsmäßige Zweck ist erfüllt, wenn die Beiträge und Prämien innerhalb der Verwendungsfrist (§ 10 Abs. 1, § 16 Abs. 1 WoPDV) zu den gesetzmäßigen Zwecken verwendet werden. [2]Eine Rückzahlung vor Ablauf der Festlegungsfrist (§§ 5, 7 WoPDV) oder vor dem Zeitpunkt, in dem nach dem Vertrag die letzte Zahlung zu leisten ist, ist auch dann prämienschädlich, wenn die Beiträge zu dem vertragsmäßigen Zweck verwendet werden.

(4) [1]Der Begriff selbst genutztes Wohneigentum ergibt sich aus § 17 Abs. 2 Wohnraumförderungsgesetz. [2]Ein Dauerwohnrecht (§ 31 Wohnungseigentumsgesetz) ist als eigentumsähnlich anzusehen, wenn der Dauerwohnberechtigte in seinen Rechten und Pflichten einem Wohnungseigentümer wirtschaftlich gleichgestellt ist (BFH vom 11. 9. 1964 – BStBl 1965 III S. 8) und der Dauerwohnberechtigte auf Grund des Dauerwohnrechtsvertrags bei einem Heimfall des Dauerwohnrechts eine angemessene Entschädigung erhält. [3]Entspricht der Dauerwohnrechtsvertrag dem Mustervertrag über die Bestellung eines eigentumsähnlichen Dauerwohnrechts (Bundesbaublatt 1956 S. 615), so kann ohne weitere Prüfung anerkannt werden, dass der Dauerwohnberechtigte wirtschaftlich einem Wohnungseigentümer gleichsteht.

7. Besonderheiten bei Wohnbau-Sparverträgen

(1) [1]Eine vertragsmäßige Verwendung liegt auch in einer Beseitigung von Schäden an Gebäuden von selbst genutztem Wohneigentum unter wesentlichem Bauaufwand, durch die die Gebäude auf Dauer zu Wohnzwecken nutzbar gemacht werden. [2]Der Erwerb von Bauland kann bereits als Baumaßnahme angesehen werden, wenn er in zeitlichem Zusammenhang mit dem Bau von Wohnraum im eigenen Haus steht. [3]Das ist stets anzunehmen, wenn mit dem Bau spätestens innerhalb eines Jahres nach dem Grundstückserwerb begonnen wird (BFH vom 28. 7. 1972 – BStBl II S. 923). [4]Mit dem Bau kann schon vor Beginn der Frist begonnen werden, die nach § 10 Abs. 1 WoPDV für die Verwendung der Mittel maßgebend ist, jedoch dürfen auch in diesen Fällen die Sparbeiträge und die Prämien erst nach Ablauf der Sperrfrist (§§ 5, 7 WoPDV) für das Bauvorhaben verwendet werden. [5]Der Verwendung zum Bau wird die Ablösung von Verbindlichkei-

ten gleichgestellt, die im Zusammenhang mit dem Bauvorhaben entstanden sind. [6]Voraussetzung ist, dass das selbst genutzte Wohneigentum bei Abschluss des Wohnbau-Sparvertrags noch nicht fertig gestellt oder noch nicht wiederhergestellt war (vgl. das vorgenannte BFH-Urteil).

(2) [1]Eine Verwendung zum Erwerb selbst genutzten Wohneigentums oder eines eigentumsähnlichen Dauerwohnrechts liegt auch vor, wenn die Sparbeiträge und Prämien zur Tilgung von Verbindlichkeiten, die im Zusammenhang mit dem Erwerb entstanden sind, verwendet werden. [2]Voraussetzung ist, dass das selbst genutzte Wohneigentum erst nach Abschluss des Wohnbau-Sparvertrags erworben worden ist (BFH vom 31. 1. 1964 – BStBl III S. 258).

8. Besonderheiten bei Baufinanzierungsverträgen

(1) Bei Verträgen mit Wohnungs- und Siedlungsunternehmen oder Organen der staatlichen Wohnungspolitik (Baufinanzierungsverträge – § 2 Abs. 1 Nr. 4 WoPG, § 13 WoPDV) muss neben den Verpflichtungen des Prämienberechtigten auch die Verpflichtung des Unternehmens, die vertraglichen Leistungen zu erbringen (§ 16 WoPDV), von vornherein festgelegt sein (BFH vom 17. 3. 1972 – BStBl II S. 601).

(2) [1]Das Bauvorhaben (selbst genutztes Wohneigentum) muss von dem Wohnungs- und Siedlungsunternehmen oder von dem am 31. 12. 1989 anerkannten Organ der staatlichen Wohnungspolitik für Rechnung des Prämienberechtigten, der in dem Vertrag bezeichneten anderen Person oder des in § 15 Abgabenordnung (AO) bezeichneten Angehörigen dieser Person durchgeführt, technisch und wirtschaftlich im Wesentlichen betreut werden. [2]Begünstigt ist danach sowohl der Trägerbau als auch der Betreuungsbau, nicht aber der Bau ohne Einschaltung des Unternehmens (BFH vom 8. 3. 1967 – BStBl III S. 353 und vom 13. 7. 1967 – BStBl III S. 590). [3]Mit dem Bau kann schon vor Beginn der Verwendungsfrist (§ 16 Abs. 1 WoPDV) begonnen werden, jedoch dürfen der angesammelte Betrag und die dafür gewährten Prämien erst nach Ablauf der Ansammlungsfrist (§ 13 Abs. 1 WoPDV) für das Bauvorhaben verwendet werden. [4]Abschnitt 7 Abs. 1 Satz 5 und 6 wird angewendet.

(3) [1]Beim Erwerb selbst genutzten Wohneigentums oder eines eigentumsähnlichen Dauerwohnrechts muss der Prämienberechtigte, die im Vertrag bezeichnete andere Person oder der in § 15 AO bezeichnete Angehörige dieser Person das Eigenheim usw. von dem Wohnungs- und Siedlungsunternehmen oder von dem am 31. 12. 1989 anerkannten Organ der staatlichen Wohnungspolitik erwerben. [2]Der angesammelte Betrag und die dafür gewährten Prämien dürfen nur zur Leistung des bar zu zahlenden Teils des Kaufpreises verwendet werden (§ 16 Abs. 3 WoPDV). [3]Auf den Zeitpunkt des Erwerbs kommt es dabei nicht an.

9. Bindung der prämienbegünstigten Aufwendungen und Prämien

(1) [1]Der Prämienberechtigte muss bei Bausparverträgen, Wohnbau-Sparverträgen und Baufinanzierungsverträgen (§ 2 Abs. 1 Nr. 1, 3 und 4 WoPG) die prämienbegünstigten Aufwendungen und die Prämien zu dem vertragsmäßigen Zweck verwenden (§ 5 Abs. 2 WoPG, Abschnitte 4 Abs. 1 und 6 Abs. 3). [2]Diese Bindung an den vertragsmäßigen Zweck endet bei Bausparverträgen mit Ablauf der Sperrfrist[1]); für Bausparbeiträge, für die eine Zusatzförderung in Anspruch genommen worden ist, besteht weiterhin eine unbefristete Zweckbindung (§ 10 Abs. 2 WoPG). [3]Bei Wohnbau-Sparverträgen und Baufinanzierungsverträgen besteht eine unbefristete Zweckbindung. [4]Bei Bausparverträgen kann bei Tod oder völliger Erwerbsunfähigkeit (§ 2 Abs. 2 Satz 2 Nr. 3 WoPG) und bei länger andauernder Arbeitslosigkeit (§ 2 Abs. 2 Satz 2 Nr. 4 WoPG) über die prämienbegünstigten Aufwendungen und Prämien unschädlich verfügt werden; gleiches gilt für Wohnbau-Sparverträge und Baufinanzierungsverträge.

(2) [1]Die Prämien für Aufwendungen zum ersten Erwerb von Anteilen an Bau- und Wohnungsgenossenschaften (§ 2 Abs. 1 Nr. 2 WoPG) bleiben bei der Genossenschaft gebunden, bis das Geschäftsguthaben anlässlich des Ausscheidens des Prämienberechtigten ausgezahlt wird (§ 5 Abs. 3 WoPG). [2]Dabei ist es ohne Bedeutung, ob die Prämie zur Auffüllung des Geschäftsguthabens gedient hat oder ob sie anderweitig gutgeschrieben worden ist, weil z. B. das Geschäftsguthaben bereits die Höhe des Geschäftsanteils erreicht hat. [3]Kündigt der Prämienberechtigte einzelne Geschäftsanteile, ohne aus der Genossenschaft auszuscheiden (§ 67b GenG), so kann in entsprechender Anwendung des § 5 Abs. 3 WoPG die Prämie insoweit ausgezahlt werden, als sie für die Aufwendungen zum Erwerb des gekündigten Geschäftsanteils gezahlt worden ist. [4]Entsprechendes gilt, wenn im Falle der Verschmelzung von Genossenschaften ein Überhangbetrag nach § 87 Abs. 2 des Umwandlungsgesetzes an den Genossen ausgezahlt wird.

(3) [1]Wird die Bausparsumme nach Zuteilung, aber vor Ablauf der Sperrfrist ausgezahlt, ist dies grundsätzlich prämienschädlich (§ 2 Abs. 2 Satz 1 WoPG), es sei denn, die empfangenen Beträge

1) Diese prämienunschädliche Verfügungsmöglichkeit gilt nur noch für vor dem 1. 1. 2009 abgeschlossene Bausparverträge (→ § 2 Abs. 3 Satz 1 WoPG) und für bestimmte junge Bausparer (→ § 2 Abs. 2 Satz 2–4 WoPG).

werden unverzüglich und unmittelbar zum Wohnungsbau für den Prämienberechtigten oder dessen Angehörige (§ 15 AO) verwendet. [2]Wird das Bausparguthaben vor Zuteilung der Bausparsumme ausgezahlt, z. B. nach Kündigung des Bausparvertrags, so handelt es sich um eine Rückzahlung von Beiträgen, die vor Ablauf der Sperrfrist auch dann schädlich ist, wenn die Beiträge zum Wohnungsbau verwendet werden (BFH vom 4. 6. 1975 – BStBl II S. 757). [3]Wird dabei die Abschlussgebühr einbehalten, liegt lediglich eine Teilrückzahlung vor. [4]Die einbehaltene Abschlussgebühr bleibt begünstigt; eine Rückforderung der Prämie unterbleibt insoweit. [5]Hat der Prämienberechtigte Bausparbeiträge geleistet, die sich nicht als prämienbegünstigte Aufwendungen im Sinne des Wohnungsbau-Prämiengesetzes ausgewirkt haben, so sind die zurückgezahlten Beiträge zunächst mit den Beiträgen zu verrechnen, die ohne Auswirkung geblieben sind (§ 2 Abs. 1 Satz 3 WoPDV).

(4) [1]Werden Ansprüche aus dem Bausparvertrag beliehen, ist dies grundsätzlich prämienschädlich (§ 2 Abs. 2 Satz 1 WoPG). [2]Ansprüche sind beliehen, wenn sie sicherungshalber abgetreten oder verpfändet sind und die zu sichernde Schuld entstanden ist. [3]Wird der Bausparvertrag zur Stellung einer Kaution beliehen, ist auf den Zeitpunkt abzustellen, zu dem die durch die Kaution zu sichernde Verbindlichkeit entsteht. [4]Die Beleihung ist prämienunschädlich, wenn die auf Grund der Beleihung empfangenen Beträge unverzüglich und unmittelbar zum Wohnungsbau für den Prämienberechtigten oder dessen Angehörige (§ 15 AO) verwendet werden (BFH vom 15. 6. 1973 – BStBl II S. 719 und vom 11. 10. 1989 – BFHE 158, 491). [5]Die Pfändung des Bausparguthabens im Wege der Zwangsvollstreckung ist – im Gegensatz zur Verpfändung des Bausparguthabens – keine Beleihung. [6]Die Pfändung ist erst dann und nur insoweit prämienschädlich, als das Bausparguthaben vor Ablauf der Sperrfrist an den Pfändungsgläubiger ausgezahlt oder zu seinen Gunsten verrechnet wird. [7]Soweit die Prämien gepfändet werden, führt die Verwertung vor Ablauf der Sperrfrist zum Wegfall des Prämienanspruchs, weil auch die Prämien zu dem vertragsmäßigen Zweck verwendet werden müssen (§ 5 Abs. 2 WoPG). [8]Bei Wohnbau-Sparverträgen und Baufinanzierungsverträgen ist die Beleihung der Ansprüche aus diesen Verträgen stets prämienunschädlich.

(5) [1]Werden Ansprüche aus dem Bausparvertrag abgetreten, ist dies grundsätzlich prämienschädlich (§ 2 Abs. 2 Satz 1 WoPG). [2]Bei einer sicherungshalben Abtretung gilt Absatz 4. [3]Die Abtretung ist prämienunschädlich, wenn der Abtretungsempfänger die Mittel unverzüglich nach Auszahlung und unmittelbar zum Wohnungsbau für den Abtretenden oder dessen Angehörige (§ 15 AO) verwendet (§ 2 Abs. 2 WoPDV, BFH vom 17. 10. 1980 – BStBl 1981 II S. 141). [4]Verwendet der Abtretungsempfänger nach Ablauf der Sperrfrist die Bausparmittel nicht zu begünstigten Zwecken, bleiben die von ihm geleisteten Bausparbeiträge prämienbegünstigt; der Prämienanspruch für Aufwendungen des Abtretenden entfällt dagegen. [5]Bei Wohnbau-Sparverträgen und Baufinanzierungsverträgen ist die Abtretung der Ansprüche aus diesen Verträgen wegen der Zweckbindung ebenfalls prämienschädlich, es sei denn, der Abtretungsempfänger ist ein Angehöriger (§ 15 AO) oder die im Vertrag bezeichnete andere Person (§ 8 Abs. 2, § 15 Abs. 2 WoPDV). [6]Eine Abtretung unter Ehegatten ist stets prämienunschädlich.

(6) [1]Eine unverzügliche Verwendung zum Wohnungsbau liegt grundsätzlich nur dann vor, wenn innerhalb von zwölf Monaten, nachdem über die Mittel verfügt werden kann, mit dem Wohnungsbau begonnen wird (BFH vom 29. 11. 1973 – BStBl 1974 II S. 227). [2]Eine vorzeitige Auszahlung der Bausparsumme oder der auf Grund einer Beleihung empfangenen Beträge ist auch dann schädlich, wenn das beabsichtigte Vorhaben aus Gründen scheitert, die der Bausparer nicht zu vertreten hat, und er die empfangenen Mittel wieder zurückzahlt (BFH vom 29. 11. 1973 – BStBl 1974 II S. 202). [3]Eine unmittelbare Verwendung zum Wohnungsbau liegt vor, wenn direkt durch die Hingabe der empfangenen Beträge Rechte an einem begünstigten Objekt erworben werden. [4]Dies ist z. B. bei dem Erwerb von Immobilienzertifikaten der Fall, wenn der Bausparer wirtschaftlicher Eigentümer der durch den Immobilienfonds angeschafften oder hergestellten Objekte wird, die von ihm für den Erwerb aufgewendeten Mittel unverzüglich und unmittelbar zu den begünstigten Zwecken verwendet werden und der Fonds in Form einer bürgerlich-rechtlichen Gemeinschaft als Bruchteilsgemeinschaft geführt wird (§§ 741 ff. BGB). [5]Eine unmittelbare Verwendung zum Wohnungsbau liegt dagegen nicht vor, wenn Bausparmittel zur Beteiligung an einer juristischen Person oder Personengesellschaft eingesetzt werden, die diese Mittel ihrerseits zum Wohnungsbau verwendet, weil der Bausparer primär einen Anteil an einer Gesellschaft und nicht an einem Grundstück erwirbt (BFH vom 6. 5. 1977 – BStBl II S. 633). [6]Eine unmittelbare Verwendung zum Wohnungsbau liegt auch dann nicht vor, wenn der Bausparer Beträge, die er unter Beleihung von Ansprüchen aus dem Bausparvertrag erlangt hat, zur Auffüllung seines Bausparguthabens verwendet, um eine schnellere Zuteilung zu erreichen (BFH vom 22. 3. 1968 – BStBl II S. 404). [7]Bei Ehegatten im Sinne des § 26 Abs. 1 EStG ist es unerheblich, ob der Bausparer oder sein Ehegatte vorzeitig empfangene Beträge zum Wohnungsbau verwenden. [8]Die Vorfinanzierung einer begünstigten Baumaßnahme mit Eigenmitteln ist vom Zuteilungstermin an unschädlich, es sei denn, die Bausparsumme wird anschließend in einen Betrieb des Bausparers eingelegt (BFH vom 29. 11. 1973 – BStBl 1974 II S. 126).

(7) [1]Ist die ausgezahlte Bausparsumme (Absatz 3) höher als die zum Wohnungsbau verwandten Beträge, so ist zunächst das Verhältnis der zum Wohnungsbau verwandten Beträge zur ausgezahlten Bausparsumme festzustellen (BFH vom 27. 11. 1964 – BStBl 1965 III S. 214). [2]Für den Teilbetrag der insgesamt geleisteten Bausparbeiträge, der dem zum Wohnungsbau verwandten Anteil entspricht, bleibt die Prämienbegünstigung erhalten.

Beispiel:

Der Prämienberechtigte hat einen Bausparvertrag über 50 000 Euro abgeschlossen. Die eingezahlten Beiträge von insgesamt 20 000 Euro waren in voller Höhe prämienbegünstigt. Die volle Bausparsumme wird vor Ablauf der Sperrfrist ausgezahlt. Der Prämienberechtigte verwendet sie unverzüglich und unmittelbar zum Bau eines Gebäudes, das nur zum Teil Wohnzwecken dient. Die Baukosten betragen insgesamt 200 000 Euro. Davon entfallen 40 000 Euro auf den Teil des Gebäudes, der Wohnzwecken dient.

Zwischen dem für den Wohnungsbau verwendeten Teil der Bausparsumme und der gesamten Bausparsumme besteht somit ein Verhältnis von 40 000 Euro : 50 000 Euro = $^4/_5$ = 80 v. H. Von den geleisteten Bausparbeiträgen in Höhe von 20 000 Euro bleiben demnach 80 v. H. = 16 000 Euro prämienbegünstigt.

[3]Eine entsprechende Aufteilung ist auch in den Fällen der Beleihung (Absatz 4) und der Abtretung (Absatz 5) vorzunehmen.

(8) [1]Bei Bausparverträgen, Wohnbau-Sparverträgen und Baufinanzierungsverträgen ist die vorzeitige Auszahlung, Rückzahlung, Abtretung oder Beleihung unschädlich:

1. bei Tod des Prämienberechtigten oder seines Ehegatten (§ 2 Abs. 2 Satz 2 Nr. 3 WoPG)[1]). [2]Dabei kann über die Beiträge vorzeitig verfügt werden, die der Prämienberechtigte vor seinem Tod oder dem Tod seines Ehegatten geleistet hat. [3]Das gilt auch dann, wenn der Vertrag nach dem Todesfall fortgesetzt worden ist (BFH vom 15. 6. 1973 – BStBl II S. 737). [4]Nach einer Verfügung ist der Vertrag jedoch unterbrochen und kann nicht weiter fortgesetzt werden;
2. bei völliger Erwerbsunfähigkeit des Prämienberechtigten oder seines Ehegatten (§ 2 Abs. 2 Satz 2 Nr. 3 WoPG)[2]) . [2]Völlige Erwerbsunfähigkeit in diesem Sinne liegt vor bei einer vollen Erwerbsminderung im Sinne des § 43 Abs. 2 des Sechsten Buches Sozialgesetzbuch (SGB VI) oder bei einem Grad der Behinderung von mindestens 95. [3]Liegen die Voraussetzungen für die unschädliche Verfügung vor, so kann der Prämienberechtigte hiervon zu einem beliebigen Zeitpunkt Gebrauch machen. [4]Das gilt für alle vor der Verfügung geleisteten Beiträge;
3. bei Arbeitslosigkeit des Prämienberechtigten (§ 2 Abs. 2 Satz 2 Nr. 4 WoPG)[3]); arbeitslos im Sinne dieser Richtlinien sind Personen, die Arbeitslosengeld (§ 117 Drittes Buch Sozialgesetzbuch – SGB III[4])), Arbeitslosenhilfe (§ 190 SGB III[5])) oder Arbeitslosenbeihilfe oder Arbeitslosenhilfe für ehemalige Soldaten auf Zeit (§ 86a Soldatenversorgungsgesetz) beziehen oder ohne Bezug dieser Leistungen beim Arbeitsamt[6]) arbeitslos gemeldet sind. [2]Als arbeitslos anzusehen sind im Sinne dieser Richtlinien auch
   a) Personen, die als Arbeitslose im Sinne des Satzes 1 erkranken oder Leistungen zur medizinischen Rehabilitation erhalten, für die Dauer der Erkrankung oder der Leistungen zur medizinischen Rehabilitation,
   b) Frauen, die zu Beginn der Schutzfristen nach § 3 Abs. 2, § 6 Abs. 1 des Mutterschutzgesetzes arbeitslos im Sinne des Satzes 1 waren oder als arbeitslos im Sinne des Buchstaben a anzusehen waren, für die Dauer dieser Schutzfristen und der folgenden Monate, für die bei Bestehen eines Arbeitsverhältnisses Erziehungsurlaub nach dem Bundeserziehungsgeldgesetz hätte beansprucht werden können,
   c) Personen, die an einer nach §§ 77 bis 96 SGB III[7]) geförderten beruflichen Weiterbildung) oder die an einer z. B. nach §§ 97 bis 115 SGB III[8]) geförderten beruflichen Weiterbildung im Rahmender Förderung der Teilhabe behinderter Menschen am Arbeitsleben teilnehmen, wenn sie ohne die Teilnahme an der Maßnahme bzw. ohne die Leistungen arbeitslos wären.

[2]*Bei Verträgen zu Gunsten Dritter* (Abschnitt 3 Abs. 3) ist es aus Billigkeitsgründen prämienunschädlich, wenn der Begünstigte stirbt und die Beträge vorzeitig an seine Erben oder Vermächtnisnehmer gezahlt werden oder wenn der Begünstigte völlig erwerbsunfähig wird und die Beträge vorzeitig an ihn gezahlt werden.

---

1) Jetzt: § 2 Abs. 3 Satz 2 Nr. 3 WoPG.
2) Jetzt: § 2 Abs. 3 Satz 2 Nr. 3 WoPG.
3) Jetzt: § 2 Abs. 3 Satz 2 Nr. 4 WoPG.
4) Jetzt: § 136 SGB III.
5) Jetzt: Arbeitslosengeld II, § 19 SGB III.
6) Jetzt: Bundesagentur für Arbeit bzw. Agentur für Arbeit.
7) Jetzt: §§ 81 bis 87 SGB III.
8) Jetzt: §§ 112 bis 129 SGB III.

(9) [1]Die unschädliche Verfügung ist nachzuweisen:

1. bei Tod durch Vorlage der Sterbeurkunde oder des Erbscheins;
2. bei völliger Erwerbsunfähigkeit
   a) aufgrund einer vollen Erwerbsminderung im Sinne des § 43 Abs. 2 SGB VI durch Vorlage des Rentenbescheids eines Trägers der gesetzlichen Rentenversicherung. [2]Besteht kein Anspruch auf Rente wegen voller Erwerbsminderung im Sinne des § 43 Abs. 2 SGB VI kann der Nachweis in anderer Form geführt werden,
   b) bei einem Grad der Behinderung von mindestens 95 durch Vorlage eines Ausweises nach § 69 Abs. 5 des Neunten Buches Sozialgesetzbuch (SGB IX) oder eines Feststellungsbescheids nach § 69 Abs. 1 SGB IX oder eines vergleichbaren Bescheids nach § 69 Abs. 2 SGB IX; die Vorlage des Rentenbescheids eines Trägers der gesetzlichen Rentenversicherung der Angestellten und Arbeiter genügt nicht (BFH vom 25. 4. 1968 – BStBl II S. 606);
3. bei Arbeitslosigkeit durch Vorlage von Unterlagen über folgende Zahlungen:
   a) Arbeitslosengeld (§ 117 SGB III),
   b) Arbeitslosenhilfe (§ 190 SGB III),
   c) Arbeitslosenbeihilfe und Arbeitslosenhilfe für ehemalige Soldaten auf Zeit im Sinne des Soldatenversorgungsgesetzes,
   d) Krankengeld nach § 47b des Fünften Buches Sozialgesetzbuch, Versorgungskrankengeld nach den §§ 16 und 16a Abs. 1, § 16b Abs. 5 Buchstabe c des Bundesversorgungsgesetzes, Verletztengeld nach § 47 Abs. 2 des Siebten Buches Sozialgesetzbuch oder Übergangsgeld nach § 21 Abs. 4 SGB VI,
   e) Erziehungsgeld oder
   f) Unterhaltsgeld nach § 153 SGB III bei Teilnahme an beruflichen Weiterbildungsmaßnahmen oder Anschlussunterhaltsgeld nach § 156 SGB III im Anschluss an abgeschlossene berufliche Weiterbildungsmaßnahmen oder Übergangsgeld nach § 45 Abs. 2 SGB IX im Rahmen der Leistungen zur Teilhabe am Arbeitsleben.

   [3]Werden solche Zahlungen nicht geleistet, so sind

- Zeiten der Arbeitslosigkeit im Sinne dieser Richtlinien durch eine entsprechende Bescheinigung der zuständigen Dienststelle der Bundesanstalt für Arbeit (in der Regel: Arbeitsamt)[1]) nachzuweisen,
- Zeiten der Erkrankung oder der Leistungen zur medizinischen Rehabilitation, die als Zeiten der Arbeitslosigkeit anzusehen sind, durch eine Bescheinigung des Kostenträgers oder der Anstalt, in der die Unterbringung erfolgt, oder durch eine ärztliche Bescheinigung nachzuweisen,
- die Zeit der Schutzfristen, die als Zeit der Arbeitslosigkeit anzusehen ist, durch das Zeugnis eines Arztes oder einer Hebamme nachzuweisen und die als Zeit der Arbeitslosigkeit anzusehende Zeit, für die bei Bestehen eines Arbeitsverhältnisses Erziehungsurlaub hätte beansprucht werden können, glaubhaft zu machen.

Zu § 3 des Gesetzes

10. Höhe der Prämie

(1) [1]Bei einem Alleinstehenden (Absatz 2) sind Aufwendungen bis zu einem Höchstbetrag von 512 Euro prämienbegünstigt. [2]Ehegatten (Absatz 3) steht ein gemeinsamer Höchstbetrag von 1 024 Euro zu (Höchstbetragsgemeinschaft); ihre Aufwendungen sind zusammenzurechnen.

(2) Alleinstehende Personen im Sinne des WoPG sind Ledige, Verwitwete, Geschiedene, Partner einer eingetragenen Lebenspartnerschaft[2]) und Partner einer nichtehelichen Lebensgemeinschaft sowie Ehegatten, bei denen die Voraussetzungen des Absatzes 3 nicht erfüllt sind.

(3)[3]) [1]Ehegatten im Sinne des WoPG sind Personen, die mindestens während eines Teils des Sparjahrs (§ 4 Abs. 1 WoPG) miteinander verheiratet waren, nicht dauernd getrennt gelebt haben, unbeschränkt einkommensteuerpflichtig (§ 1 Satz 1 WoPG) waren und die für das Sparjahr nicht die getrennte oder besondere Veranlagung[4]) zur Einkommensteuer gewählt haben (§ 3 *Abs. 3 WoPG).* [2]*Als unbeschränkt* einkommensteuerpflichtig im Sinne des Satzes 1 gilt auch der

1) Jetzt: Bundesagentur für Arbeit bzw. Agentur für Arbeit.
2) Zur eingetragenen Lebenspartnerschaft siehe nun § 3 Abs. 3 Satz 2 WoPG.
3) Entsprechendes gilt für Lebenspartner (§ 3 Abs. 3 Satz 2 WoPG).
4) Ab dem VZ 2013 wird die getrennte und besondere Veranlagung durch die Einzelveranlagung von Ehegatten ersetzt.

Ehegatte eines nach § 1 Satz 1 WoPG Prämienberechtigten (Abschnitt 1 Abs. 1), der auf Antrag nach § 1a Abs. 1 Nr. 2 EStG als unbeschränkt einkommensteuerpflichtig behandelt wird. [3]Auf R 174 EStR[1]) wird hingewiesen.

(4) Bei der Berechnung der Prämie ist für jeden Vertrag die Summe der im Kalenderjahr geleisteten Aufwendungen auf volle Euro aufzurunden.

Zu § 4 des Gesetzes

11. Antrag auf Wohnungsbauprämie

(1) [1]Der Antrag auf Wohnungsbauprämie ist nach amtlich vorgeschriebenem Vordruck bis zum Ablauf des zweiten Kalenderjahrs, das auf das Sparjahr folgt, an das Unternehmen zu richten, an das die prämienbegünstigten Aufwendungen geleistet worden sind. [2]Ehegatten (Abschnitt 10 Abs. 3) müssen einen gemeinsamen Antrag abgeben. [3]Beansprucht der Prämienberechtigte Prämien für Aufwendungen, die er an verschiedene Unternehmen geleistet hat, so ist an jedes dieser Unternehmen ein Antrag zu richten; dabei ist in jedem Antrag anzugeben, inwieweit für andere Aufwendungen Prämien beantragt worden sind. [4]Ist ein Bausparvertrag, Wohnbau-Sparvertrag oder Baufinanzierungsvertrag vor der Antragstellung auf ein anderes Unternehmen übertragen worden (§§ 1b, 12 Abs. 1 und § 18 Abs. 1 WoPDV), so ist der Antrag an dieses Unternehmen zu richten. [5]Das Unternehmen hat auf dem Antrag die Höhe der Aufwendungen zu bescheinigen, die der Prämienberechtigte geleistet hat. [6]Die zeitliche Zuordnung vermögenswirksamer Leistungen richtet sich nach den für die Zuordnung von Arbeitslohn geltenden Vorschriften.

(2) [1]Wird auf Grund eines geänderten Einkommensteuerbescheids die Einkommensgrenze (§ 2a WoPG) unterschritten, kann der Prämienberechtigte innerhalb eines Jahres nach Bekanntgabe der Änderung die Prämie erstmalig oder erneut beantragen (§ 19 Abs. 1 Nr. 1 WoPDV). [2]Besteht für Aufwendungen, die vermögenswirksame Leistungen darstellen, kein Anspruch auf Arbeitnehmer-Sparzulage und liegen die Voraussetzungen für den Anspruch auf Wohnungsbauprämie vor, kann der Prämienberechtigte im Antrag auf Wohnungsbauprämie verlangen, die vermögenswirksamen Leistungen in die prämienbegünstigten Aufwendungen einzubeziehen, oder er kann einen Prämienantrag innerhalb eines Jahres nach Bekanntgabe des Bescheids über die Arbeitnehmer-Sparzulage stellen (§ 19 Abs. 2 Nr. 1 WoPDV). [3]Nimmt der Prämienberechtigte das besondere Antragsrecht nach Satz 1 oder 2 in Anspruch, hat er dem Unternehmen das Vorliegen der Antragsvoraussetzungen formlos zu versichern.

Zu § 4a des Gesetzes

12. Prämienverfahren im Fall des § 2 Abs. 1 Nr. 1 WoPG

(1) [1]Die Bausparkasse ermittelt nach Ablauf des Sparjahrs auf Grund der Angaben im Antrag des Prämienberechtigten die Höhe der Prämie und teilt das Ergebnis dem Prämienberechtigten mit. [2]Fehlende oder unschlüssige Angaben im Antrag lässt die Bausparkasse vom Prämienberechtigten ergänzen. [3]Hat der Prämienberechtigte mehrere Verträge bei derselben Bausparkasse und ist seine nach § 4 Abs. 2 Satz 2 WoPG abgegebene Erklärung nicht eindeutig, so kann die Bausparkasse die Prämie vorrangig den Verträgen mit dem älteren Vertragsdatum zuordnen.

(2) [1]Die Bausparkasse fordert fällige Prämien mit der Wohnungsbauprämien-Anmeldung bei dem Finanzamt an, das für ihre Besteuerung nach dem Einkommen zuständig ist (§ 20 AO, Geschäftsleitungsfinanzamt). [2]Prämien sind fällig, wenn

- der Bausparvertrag zugeteilt worden ist,
- die Sperrfrist abgelaufen ist (§ 2 Abs. 2 Satz 1 WoPG[2])) oder
- über Ansprüche aus dem Vertrag unschädlich verfügt worden ist (§ 2 Abs. 2 Satz 2 WoPG[3])).

[3]Die Bausparkasse hat die erhaltenen Prämien unverzüglich dem Prämienberechtigten gutzuschreiben oder auszuzahlen. [4]Gepfändete Prämien (Abschnitt 9 Abs. 4 Satz 7), die nach Ablauf der Sperrfrist oder nach unschädlicher Verfügung verwertet werden, hat die Bausparkasse als Drittschuldner an den Pfändungsgläubiger auszuzahlen.

(3) [1]Bei der nach § 4a Abs. 3 WoPG vorgeschriebenen Datenübermittlung hat die Bausparkasse auch die Datensätze für Prämienanträge zu berücksichtigen, die auf Grund der besonderen Antragsfristen des § 19 WoPDV (Abschnitt 11 Abs. 2) nach Ablauf der allgemeinen Antragsfrist des § 4 Abs. 2 Satz 1 WoPG bis zum Zeitpunkt der Datenträgererstellung eingegangen sind. [2]Die nach diesem Zeitpunkt eingehenden Prämienanträge sowie Prämienanträge, die zwar vor diesem Zeitpunkt eingegangen sind, bei denen aber erst danach eine Wohnungsbauprämie ermittelt

1) Jetzt: R 26 EStR.
2) Jetzt: § 2 Abs. 3 Satz 1 WoPG.
3) Jetzt: § 2 Abs. 3 Satz 2 WoPG.

werden konnte, sind nicht nachzumelden. [3]Die Prämienermittlung für diese Fälle ist von den Bausparkassen gesondert festzuhalten.

(4) [1]Erfährt die Bausparkasse durch eigene Erkenntnis oder durch Mitteilung von anderer Seite, dass die Prämienermittlung unzutreffend ist, muss sie das bisherige Ermittlungsergebnis ändern und den Prämienberechtigten entsprechend unterrichten. [2]Eine Prämienfestsetzung des Wohnsitzfinanzamts (Absatz 7) bindet die Bausparkasse; gegebenenfalls hat die Bausparkasse eine Änderung der Prämienfestsetzung beim Wohnsitzfinanzamt anzuregen. [3]Sind unzutreffend ermittelte Prämien bereits angemeldet worden (Absatz 2), so hat die Bausparkasse diese vom Prämienberechtigten zurückzufordern; hierzu kann sie auch das betreffende Vertragskonto belasten. [4]Soweit die Rückforderung auf diesem Weg nicht möglich ist, gilt Abschnitt 13 Abs. 6 entsprechend. [5]Die auf Grund der Rückforderung empfangenen Beträge sind in der Wohnungsbauprämien-Anmeldung des Folgemonats abzusetzen. [6]Bleibt die Rückforderung erfolglos, muss die Bausparkasse unverzüglich das Wohnsitzfinanzamt des Prämienberechtigten (§ 19 AO) unterrichten.

(5) [1]Der Prämienberechtigte hat Einwände gegen das Ermittlungsergebnis gegenüber der Bausparkasse geltend zu machen. [2]Kann die Bausparkasse nicht abhelfen, hat sie schriftliche Eingaben dem Wohnsitzfinanzamt des Prämienberechtigten zuzuleiten. [3]Die schriftliche Eingabe ist in diesem Fall als Antrag auf Festsetzung der Prämie im Sinne des § 4a Abs. 5 WoPG zu werten. [4]Hat die Bausparkasse das Ermittlungsergebnis auf Grund einer Mitteilung der Zentralstelle der Länder nach § 4a Abs. 3 Satz 2 WoPG geändert, so kann sie Einwendungen des Prämienberechtigten hiergegen nicht selbst abhelfen.

(6) [1]Das Geschäftsleitungsfinanzamt (Absatz 2) veranlasst die Auszahlung der angemeldeten Prämien. [2]Daneben ist es dafür zuständig,

- auf Anfrage der Bausparkasse Auskunft zum Prämienverfahren zu geben (§ 4a Abs. 7 WoPG),
- bei der Bausparkasse Außenprüfungen durchzuführen (§ 4a Abs. 8 WoPG),
- die Bausparkasse erforderlichenfalls als Haftungsschuldner in Anspruch zu nehmen (§ 4a Abs. 6 WoPG).

(7) Das Wohnsitzfinanzamt des Prämienberechtigten ist dafür zuständig,

- auf Antrag einen Bescheid über die Festsetzung der Prämie zu erlassen (§ 4a Abs. 5 WoPG),
- Prämien zurückzufordern, soweit entsprechende Versuche der Bausparkasse fehlgeschlagen sind (§ 4a Abs. 4 WoPG),
- Rechtsbehelfsverfahren im Zusammenhang mit Prämienfestsetzungen und Rückforderungen zu führen,
- über einen vom Prämienberechtigten gestellten Antrag auf Wiedereinsetzung in den vorigen Stand (§ 110 AO) zu entscheiden, wenn der Prämienberechtigte den Antrag auf Wohnungsbauprämie verspätet gestellt hat. [2]Das Finanzamt hat der Bausparkasse die Entscheidung über den Antrag auf Wiedereinsetzung mitzuteilen.

Zu § 4b des Gesetzes

13. Prämienverfahren in den Fällen des § 2 Abs. 1 Nr. 2 bis 4 WoPG

(1) [1]Das Unternehmen leitet den Prämienantrag an das Wohnsitzfinanzamt des Prämienberechtigten weiter (§ 4b Abs. 1 WoPG). [2]Zur Vereinfachung des Verfahrens können die Unternehmen die Anträge listenmäßig zusammenfassen (Sammellisten) und die Listen in zweifacher Ausfertigung beim Finanzamt einreichen.

(2) [1]Über den Antrag auf Wohnungsbauprämie kann das Finanzamt stets erst nach Ablauf des Sparjahrs entscheiden, in dem die Aufwendungen geleistet worden sind (§ 4 Abs. 1 WoPG). [2]Das gilt auch, wenn über die Aufwendungen bereits vor Ablauf dieses Sparjahrs prämienunschädlich verfügt worden ist.

(3) [1]Das Finanzamt unterrichtet das Unternehmen von der Entscheidung über den Prämienantrag und teilt die Höhe der festgesetzten und an das Unternehmen auszuzahlenden Prämie mit. [2]Es ist Sache des Unternehmens, den Prämienberechtigten von der Entscheidung über seinen Prämienantrag zu unterrichten. [3]Einen förmlichen Bescheid erteilt das Finanzamt dem Prämienberechtigten von Amts wegen, wenn es den Antrag in vollem Umfang ablehnt; in allen anderen Fällen geschieht dies nur auf Antrag des Prämienberechtigten (§ 4b Abs. 2 WoPG). [4]Der Antrag kann beim Finanzamt bis zum Eintritt der Unanfechtbarkeit der Prämienfestsetzung gestellt werden (vgl. Abschnitt 15 Abs. 2).

(4) Das Finanzamt hat die Prämie unmittelbar nach ihrer Festsetzung zugunsten des Prämienberechtigten über die zuständige Bundeskasse zur Auszahlung an das Unternehmen anzuweisen.

(5) [1]Das Finanzamt hat Prämien vom Prämienberechtigten zurückzufordern, wenn

1. die Voraussetzungen für die Prämienfestsetzung von vornherein nicht vorgelegen haben (§ 4b Abs. 2 Satz 3 WoPG), z. B. wenn eine spätere Überprüfung der Einkommensgrenzen ergibt, dass die Einkommensgrenzen bereits im Zeitpunkt der Prämienfestsetzung überschritten waren;
2. die Voraussetzungen für die Prämienfestsetzung nachträglich weggefallen sind (§ 4b Abs. 2 Satz 3 WoPG);
3. infolge einer Änderung der Besteuerungsgrundlagen die maßgebende Einkommensgrenze überschritten wird (§ 19 Abs. 1 Nr. 2 WoPDV);
4. sich für Aufwendungen nachträglich ein Anspruch auf Arbeitnehmer-Sparzulage nach dem 5. VermBG ergibt und der Prämienanspruch insoweit entfällt (§ 19 Abs. 2 Nr. 2 WoPDV).

[2]Wegen der Festsetzungsverjährung vgl. Abschnitt 15 Abs. 3.

(6) [1]Die Prämien werden nur zurückgefordert, wenn die Rückforderung mindestens 10 Euro beträgt (§ 5 KBV). [2]Für diese Grenze ist allein der Gesamtbetrag des Rückforderungsbescheids maßgebend. [3]Ob der jeweilige Rückforderungsbescheid einen oder mehrere Verträge oder ein oder mehrere Kalenderjahre berührt, ist dabei unerheblich.

(7) [1]Über die Rückforderung ist stets ein förmlicher Bescheid mit Rechtsbehelfsbelehrung zu erteilen. [2]Die Rückzahlungsverpflichtung des Prämienberechtigten ist dem Unternehmen mitzuteilen. [3]Ist das Guthaben dem Prämienberechtigten noch nicht ausgezahlt worden, so ist vom Unternehmen ein Betrag in Höhe der Rückzahlungsforderung und etwa zu erwartender Nebenforderungen bis zur Erfüllung aller Forderungen zurückzubehalten.

Zu § 5 des Gesetzes

14. Prüfung der Verwendung zu dem vertragsmäßigen Zweck, Anzeigepflichten des Unternehmens

(1) [1]Das Unternehmen hat die Verwendung der prämienbegünstigten Aufwendungen und der Prämien zu dem vertragsmäßigen Zweck vor der Auszahlung zu prüfen. [2]Die Art der Prüfung bleibt dem pflichtgemäßen Ermessen des Unternehmens überlassen. [3]Es wird sich in der Regel nicht mit der bloßen Erklärung des Prämienberechtigten über die beabsichtigte Verwendung dieser Mittel begnügen können, sondern muss aus vorgelegten Unterlagen die Überzeugung gewinnen, dass eine vertragsmäßige Verwendung zu erwarten ist. [4]Ist vor der Auszahlung eine abschließende Beurteilung nicht möglich, so muss sich das Unternehmen die Verwendung der prämienbegünstigten Aufwendungen und der Prämien nach der Auszahlung nachweisen lassen.

(2) [1]Erkennt das Unternehmen in den Fällen des § 4b WoPG nach abschließender Prüfung, dass die prämienbegünstigten Aufwendungen nicht vertragsmäßig verwendet werden, oder hat es Bedenken, ob eine vertragsmäßige Verwendung gewährleistet ist, so muss es dies dem Finanzamt unverzüglich mitteilen. [2]Sind die prämienbegünstigten Aufwendungen und die Prämien noch nicht ausgezahlt, so hat das Unternehmen die Prämien zurückzuhalten.

(3) [1]Das Finanzamt prüft auf Grund der Mitteilung, ob eine Verwendung zu dem vertragsmäßigen Zweck gegeben ist. [2]Ist eine Verwendung zu dem vertragsmäßigen Zweck gegeben, so genügt eine formlose Benachrichtigung des Unternehmens, dass gegen die Auszahlung keine Bedenken bestehen. [3]Andernfalls ändert das Finanzamt die Prämienfestsetzung und fordert Prämien vom Prämienberechtigten zurück (Abschnitt 13 Abs. 5).

(4) Wegen der Anzeigepflichten der Unternehmen wird im übrigen auf § 4a Abs. 4 Satz 5 WoPG und die §§ 11, 17 WoPDV hingewiesen.

Zu § 8 des Gesetzes

15. Festsetzungsverjährung, Unanfechtbarkeit

(1) [1]Der Anspruch auf Wohnungsbauprämie unterliegt der Festsetzungsverjährung (§ 8 Abs. 1 WoPG in Verbindung mit § 155 Abs. 6, §§ 169 bis 171 AO). [2]Die Festsetzungsfrist beträgt vier Jahre (§ 169 Abs. 2 Nr. 2 AO). [3]Sie beginnt mit Ablauf des Kalenderjahrs, in dem die Aufwendungen erbracht worden sind. [4]Beantragt der Prämienberechtigte in den Fällen des § 19 Abs. 1 Nr. 1 und Abs. 2 Nr. 1 WoPDV erstmals oder erneut die Prämie, tritt insoweit eine Ablaufhemmung der Festsetzungsfrist nach § 171 Abs. 3 AO ein. [5]Wird dieser Antrag nach Ablauf der regulären Festsetzungsfrist, aber noch innerhalb der Jahresfrist gemäß § 19 Abs. 1 Nr. 1 und Abs. 2 Nr. 1 WoPDV gestellt, gilt § 171 Abs. 3a Satz 1 zweiter Halbsatz AO entsprechend. [6]Die Festsetzungsfrist läuft nicht ab, bevor über den Antrag unanfechtbar entschieden worden ist.

(2) [1]In den Fällen des § 4b WoPG wird die Entscheidung über den Prämienantrag, solange ein förmlicher Bescheid nicht erteilt wird (Abschnitt 13 Abs. 3), mit der Übersendung der Mittei-

lung über die Gutschrift der Prämie, z. B. Kontoauszug, durch das Unternehmen an den Prämienberechtigten bekannt gegeben. [2]Sofern kein Rechtsbehelf eingelegt worden ist, wird die Prämienfestsetzung mit Ablauf eines Monats nach ihrer Bekanntgabe (§ 355 Abs. 1 AO) unanfechtbar. [3]Bis zum Eintritt der Unanfechtbarkeit, im Rechtsbehelfsverfahren spätestens im Verfahren vor dem Finanzgericht (BFH vom 27. 3. 1958 – BStBl III S. 227 und vom 1. 2. 1966 – BStBl III S. 321), kann der Prämienberechtigte nachträglich alle Tatsachen vorbringen, die für die Höhe der Prämie maßgebend sind, er kann innerhalb des prämienbegünstigten Höchstbetrages eine anderweitige Aufteilung der Prämie beantragen (§ 4 Abs. 2 Satz 2 WoPG) oder seinen Prämienantrag ganz oder zum Teil zurücknehmen.

(3) [1]Sind Prämien ausgezahlt worden, obwohl die Voraussetzungen von vornherein nicht vorgelegen haben oder nachträglich entfallen sind, so erlischt nach § 4 Abs. 4 WoPG ein etwaiger Rückforderungsanspruch, wenn er nicht bis zum Ablauf des vierten Kalenderjahrs geltend gemacht worden ist, das auf das Kalenderjahr folgt, in dem der Prämienberechtigte die Prämie verwendet hat (Abschnitt 13 Abs. 5 Satz 1 Nr. 1 und 2). [2]Diese Regelung geht den Vorschriften der Abgabenordnung über die Festsetzungsverjährung vor. [3]Wird die maßgebliche Einkommensgrenze infolge einer Änderung der Besteuerungsgrundlagen überschritten (Abschnitt 13 Abs. 5 Satz 1 Nr. 3) oder entfällt der Prämienanspruch, weil sich nachträglich ein Anspruch auf Arbeitnehmer-Sparzulage ergeben hat (Abschnitt 13 Abs. 5 Satz 1 Nr. 4), so beginnt nach § 175 Abs. 1 Satz 2 AO die Festsetzungsfrist für den Rückforderungsanspruch mit Ablauf des Kalenderjahrs, in dem das prämienschädliche Ereignis eingetreten ist.

IV.
Gesetz über die soziale Wohnraumförderung (Wohnraumförderungsgesetz – WoFG)

vom 13. 9. 2001 (BGBl. I S. 2376)
zuletzt geändert durch ***Artikel 3 des Gesetzes zur Reform des Wohngeldrechts und zur Änderung des Wohnraumförderungsgesetzes (WoGRefG) vom 2. 10. 2015 (BGBl. I S. 1610)***

– Auszug –

§ 1 Zweck und Anwendungsbereich, Zielgruppe

(1) Dieses Gesetz regelt die Förderung des Wohnungsbaus und anderer Maßnahmen zur Unterstützung von Haushalten bei der Versorgung mit Mietwohnraum, einschließlich genossenschaftlich genutzten Wohnraums, und bei der Bildung von selbst genutztem Wohneigentum (soziale Wohnraumförderung).

(2) Zielgruppe der sozialen Wohnraumförderung sind Haushalte, die sich am Markt nicht angemessen mit Wohnraum versorgen können und auf Unterstützung angewiesen sind. Unter diesen Voraussetzungen unterstützt

1. die Förderung von Mietwohnraum insbesondere Haushalte mit geringem Einkommen sowie Familien und andere Haushalte mit Kindern, Alleinerziehende, Schwangere, ältere Menschen, behinderte Menschen, Wohnungslose und sonstige hilfebedürftige Personen,
2. die Förderung der Bildung selbst genutzten Wohneigentums insbesondere Familien und andere Haushalte mit Kindern sowie behinderte Menschen, die unter Berücksichtigung ihres Einkommens und der Eigenheimzulage die Belastungen des Baus oder Erwerbs von Wohnraum ohne soziale Wohnraumförderung nicht tragen können.

§ 2 Fördergegenstände und Fördermittel

(1) Fördergegenstände sind:

1. Wohnungsbau, einschließlich des erstmaligen Erwerbs des Wohnraums innerhalb von zwei Jahren nach Fertigstellung (Ersterwerb),
2. Modernisierung von Wohnraum,
3. Erwerb von Belegungsrechten an bestehendem Wohnraum und
4. Erwerb bestehenden Wohnraums,

wenn damit die Unterstützung von Haushalten bei der Versorgung mit Mietwohnraum durch Begründung von Belegungs- und Mietbindungen oder bei der Bildung von selbst genutztem Wohneigentum erfolgt.

(2) Die Förderung erfolgt durch

1. Gewährung von Fördermitteln, die aus öffentlichen Haushalten oder Zweckvermögen als Darlehen zu Vorzugsbedingungen, auch zur nachstelligen Finanzierung, oder als Zuschüsse bereitgestellt werden,

2. Übernahme von Bürgschaften, Garantien und sonstigen Gewährleistungen sowie
3. Bereitstellung von verbilligtem Bauland.

§ 3 Durchführung der Aufgaben und Zuständigkeiten

(1) Länder, Gemeinden und Gemeindeverbände wirken nach Maßgabe dieses Gesetzes bei der sozialen Wohnraumförderung zusammen.

(2) Die Länder führen die soziale Wohnraumförderung als eigene Aufgabe durch. Sie legen das Verwaltungsverfahren fest, soweit dieses Gesetz keine Regelungen trifft. Zuständige Stelle im Sinne dieses Gesetzes ist die Stelle, die nach Landesrecht zuständig ist oder von der Landesregierung in sonstiger Weise bestimmt wird.

(3) Die Länder sollen bei der sozialen Wohnraumförderung die wohnungswirtschaftlichen Belange der Gemeinden und Gemeindeverbände berücksichtigen, dies gilt insbesondere, wenn sich eine Gemeinde oder ein Gemeindeverband an der Förderung beteiligt. Die Länder können bei ihrer Förderung ein von einer Gemeinde oder einem Gemeindeverband beschlossenes Konzept zur sozialen Wohnraumversorgung (kommunales Wohnraumversorgungskonzept) zu Grunde legen.

(4) Gemeinden und Gemeindeverbände können mit eigenen Mitteln eine Förderung nach diesem Gesetz und den hierzu erlassenen landesrechtlichen Vorschriften durchführen, soweit nicht im Übrigen Landesrecht entgegensteht.

§ 6 Allgemeine Fördergrundsätze

Die soziale Wohnraumförderung ist der Nachhaltigkeit einer Wohnraumversorgung verpflichtet, die die wirtschaftlichen und sozialen Erfordernisse mit der Erhaltung der Umwelt in Einklang bringt. Bei der Förderung sind zu berücksichtigen:

1. die örtlichen und regionalen wohnungswirtschaftlichen Verhältnisse und Zielsetzungen, die erkennbaren unterschiedlichen Investitionsbedingungen des Bauherrn sowie die besonderen Anforderungen des zu versorgenden Personenkreises;
2. der Beitrag des genossenschaftlichen Wohnens zur Erreichung der Ziele und Zwecke der sozialen Wohnraumförderung;
3. die Schaffung und Erhaltung sozial stabiler Bewohnerstrukturen;
4. die Schaffung und Erhaltung ausgewogener Siedlungsstrukturen sowie ausgeglichener wirtschaftlicher, sozialer und kultureller Verhältnisse, die funktional sinnvolle Zuordnung der Wohnbereiche zu den Arbeitsplätzen und der Infrastruktur (Nutzungsmischung) sowie die ausreichende Anbindung des zu fördernden Wohnraums an den öffentlichen Personennahverkehr;
5. die Nutzung des Wohnungs- und Gebäudebestandes für die Wohnraumversorgung;
6. die Erhaltung preisgünstigen Wohnraums im Fall der Förderung der Modernisierung;
7. die Anforderungen des Kosten sparenden Bauens, insbesondere durch
   a) die Begrenzung der Förderung auf einen bestimmten Betrag (Förderpauschale),
   b) die Festlegung von Kostenobergrenzen, deren Überschreitung eine Förderung ausschließt, oder
   c) die Vergabe von Fördermitteln im Rahmen von Wettbewerbsverfahren;
8. die Anforderungen des barrierefreien Bauens für die Nutzung von Wohnraum und seines Umfelds durch Personen, die infolge von Alter, Behinderung oder Krankheit dauerhaft oder vorübergehend in ihrer Mobilität eingeschränkt sind;
9. der sparsame Umgang mit Grund und Boden, die ökologischen Anforderungen an den Bau und die Modernisierung von Wohnraum sowie Ressourcen schonende Bauweisen.

Maßnahmen der sozialen Wohnraumförderung, die im Zusammenhang mit städtebaulichen Sanierungs- und Entwicklungsmaßnahmen stehen, sind bevorzugt zu berücksichtigen.

§ 7 Besondere Grundsätze zur Förderung von Mietwohnraum

Bei der Förderung von Mietwohnraum sind folgende Grundsätze zu berücksichtigen:

1. Um tragbare Wohnkosten für Haushalte im Sinne des § 1 Abs. 2 Satz 2 Nr. 1 zu erreichen, können Wohnkostenentlastungen durch Bestimmung höchstzulässiger Mieten unterhalb von ortsüblichen Vergleichsmieten oder durch sonstige Maßnahmen vorgesehen werden. Dabei sind insbesondere die Leistungen nach dem Wohngeldgesetz sowie das örtliche Mietenniveau und das Haushaltseinkommen des Mieters sowie deren Entwicklungen zu berücksichtigen.

2. Wohnkostenentlastungen, die nach Förderzweck und Zielgruppe sowie Förderintensität unangemessen sind (Fehlförderungen), sind zu vermeiden oder auszugleichen. Maßnahmen zur Vermeidung von Fehlförderungen sind Vorkehrungen bei der Förderung, durch die die Wohnkostenentlastung
   a) auf Grund von Bestimmungen in der Förderzusage oder
   b) auf Grund eines Vorbehalts in der Förderzusage durch Entscheidung der zuständigen Stelle vermindert wird. Eine Maßnahme zum Ausgleich entstandener Fehlförderungen in Fällen der Festlegung von höchstzulässigen Mieten ist die Erhebung von Ausgleichszahlungen nach den §§ 34 bis 37.
3. Bei der Vermeidung und dem Ausgleich von Fehlförderungen sind soweit erforderlich Veränderungen der für die Wohnkostenentlastung maßgeblichen Einkommensverhältnisse und der Haushaltsgröße durch Überprüfungen in regelmäßigen zeitlichen Abständen zu berücksichtigen.

§ 12 Bevorzugung von Maßnahmen, zusätzliche Förderung

(1) Maßnahmen, bei denen Bauherren in Selbsthilfe tätig werden oder bei denen Mieter von Wohnraum Leistungen erbringen, durch die sie im Rahmen des Mietverhältnisses Vergünstigungen erlangen, können bei der Förderung bevorzugt werden. Selbsthilfe sind die Arbeitsleistungen, die zur Durchführung der geförderten Maßnahmen vom Bauherrn selbst, seinen Angehörigen oder von anderen unentgeltlich oder auf Gegenseitigkeit oder von Mitgliedern von Genossenschaften erbracht werden. Leistungen von Mietern sind die von

1. Mietern für die geförderten Maßnahmen erbrachten Finanzierungsanteile, Arbeitsleistungen oder Sachleistungen und
2. Genossenschaftsmitgliedern übernommenen weiteren Geschäftsanteile, soweit sie für die geförderten Maßnahmen über die Pflichtanteile hinaus erbracht werden.

(2) Eine zusätzliche Förderung für notwendigen Mehraufwand kann insbesondere gewährt werden bei

1. Ressourcen schonenden Bauweisen, die besonders wirksam zur Entlastung der Umwelt, zum Schutz der Gesundheit und zur rationellen Energieverwendung beitragen,
2. besonderen baulichen Maßnahmen, mit denen Belangen behinderter oder älterer Menschen Rechnung getragen wird,
3. einer organisierten Gruppenselbsthilfe für den bei der Vorbereitung und Durchführung der Maßnahmen entstehenden Aufwand,
4. besonderen experimentellen Ansätzen zur Weiterentwicklung des Wohnungsbaus.

§ 16 Wohnungsbau, Modernisierung

(1) Wohnungsbau ist das Schaffen von Wohnraum durch

1. Baumaßnahmen, durch die Wohnraum in einem neuen selbstständigen Gebäude geschaffen wird,
2. Beseitigung von Schäden an Gebäuden unter wesentlichem Bauaufwand, durch die die Gebäude auf Dauer wieder zu Wohnzwecken nutzbar gemacht werden,
3. Änderung, Nutzungsänderung oder Erweiterung von Gebäuden, durch die unter wesentlichem Bauaufwand Wohnraum geschaffen wird, oder
4. Änderung von Wohnraum unter wesentlichem Bauaufwand zur Anpassung an geänderte Wohnbedürfnisse.

(2) Wohnraum oder anderer Raum ist in Fällen des Absatzes 1 Nr. 2 nicht auf Dauer nutzbar, wenn ein zu seiner Nutzung erforderlicher Gebäudeteil zerstört ist oder wenn sich der Raum oder der Gebäudeteil in einem Zustand befindet, der aus bauordnungsrechtlichen Gründen eine dauernde, der Zweckbestimmung entsprechende Nutzung nicht gestattet; dabei ist es unerheblich, ob der Raum oder der Gebäudeteil tatsächlich genutzt wird.

(3) Modernisierung sind bauliche Maßnahmen, die

1. *den Gebrauchswert des* Wohnraums oder des Wohngebäudes nachhaltig erhöhen,
2. die allgemeinen Wohnverhältnisse auf Dauer verbessern oder
3. nachhaltig Einsparungen von Energie oder Wasser bewirken.

Instandsetzungen, die durch Maßnahmen der Modernisierung verursacht werden, fallen unter die Modernisierung.

§ 17 Wohnraum

(1) Wohnraum ist umbauter Raum, der tatsächlich und rechtlich zur dauernden Wohnnutzung geeignet und vom Verfügungsberechtigten dazu bestimmt ist. Wohnraum können Wohnungen oder einzelne Wohnräume sein.

(2) Selbst genutztes Wohneigentum ist Wohnraum im eigenen Haus oder in einer eigenen Eigentumswohnung, der zu eigenen Wohnzwecken genutzt wird.

(3) Mietwohnraum ist Wohnraum, der den Bewohnern auf Grund eines Mietverhältnisses oder eines genossenschaftlichen oder sonstigen ähnlichen Nutzungsverhältnisses zum Gebrauch überlassen wird.

§ 19 Wohnfläche

(1) Die Wohnfläche einer Wohnung ist die Summe der anrechenbaren Grundflächen der ausschließlich zur Wohnung gehörenden Räume. Die Landesregierungen werden ermächtigt, durch Rechtsverordnung Vorschriften zur Berechnung der Grundfläche und zur Anrechenbarkeit auf die Wohnfläche zu erlassen. Die Landesregierungen können die Ermächtigung durch Rechtsverordnung auf eine oberste Landesbehörde übertragen.

§ 20 Gesamteinkommen

Maßgebendes Einkommen ist das Gesamteinkommen des Haushalts. Gesamteinkommen des Haushalts im Sinne dieses Gesetzes ist die Summe der Jahreseinkommen der Haushaltsangehörigen abzüglich der Frei- und Abzugsbeträge nach § 24. Maßgebend sind die Verhältnisse im Zeitpunkt der Antragstellung.

§ 21 Begriff des Jahreseinkommens

(1) Jahreseinkommen im Sinne dieses Gesetzes ist, vorbehaltlich der Absätze 2 und 3 sowie der §§ 22 und 23, die Summe der positiven Einkünfte im Sinne des § 2 Abs. 1, 2 und 5a des Einkommensteuergesetzes jedes Haushaltsangehörigen. Bei den Einkünften im Sinne des § 2 Abs. 1 Satz 1 Nr. 1 bis 3 des Einkommensteuergesetzes ist § 7g Abs. 1 bis 4 und 7 des Einkommensteuergesetzes nicht anzuwenden. Ein Ausgleich mit negativen Einkünften aus anderen Einkunftsarten und mit negativen Einkünften des zusammenveranlagten Ehegatten ist nicht zulässig.

(2) Zum Jahreseinkommen gehören:

1.1 der nach § 19 Abs. 2 und § 22 Nr. 4 Satz 4 Buchstabe b des Einkommensteuergesetzes steuerfreie Betrag von Versorgungsbezügen,

1.2 die einkommensabhängigen, nach § 3 Nr. 6 des Einkommensteuergesetzes steuerfreien Bezüge, die auf Grund gesetzlicher Vorschriften aus öffentlichen Mitteln versorgungshalber an Wehr- und Zivildienstbeschädigte oder ihre Hinterbliebenen, Kriegsbeschädigte und Kriegshinterbliebene sowie ihnen gleichgestellte Personen gezahlt werden,

1.3 die den Ertragsanteil oder den der Besteuerung unterliegenden Anteil nach § 22 Nr. 1 Satz 3 Buchstabe a des Einkommensteuergesetzes übersteigenden Teile von Leibrenten,

1.4 die nach § 3 Nr. 3 des Einkommensteuergesetzes steuerfreien Kapitalabfindungen auf Grund der gesetzlichen Rentenversicherung und auf Grund der Beamten-(Pensions-)Gesetze,

1.5 die nach § 3 Nr. 1 Buchstabe a des Einkommensteuergesetzes steuerfreien

a) Renten wegen Minderung der Erwerbsfähigkeit nach den §§ 56 bis 62 des Siebten Buches Sozialgesetzbuch,

b) Renten und Beihilfen an Hinterbliebene nach den §§ 63 bis 71 des Siebten Buches Sozialgesetzbuch,

c) Abfindungen nach den §§ 75 bis 80 des Siebten Buches Sozialgesetzbuch,

1.6 *die Lohn- und Einkommens*ersatzleistungen nach § 32b Abs. 1 Nr. 1 des Einkommensteuergesetzes, mit Ausnahme der nach § 3 Nr. 1 Buchstabe d des Einkommensteuergesetzes steuerfreien Mutterschutzleistungen und des nach § 3 Nr. 67 des Einkommensteuergesetzes steuerfreien Elterngeldes bis zur Höhe der nach § 10 des Bundeselterngeld- und Elternzeitgesetzes anrechnungsfreien Beträge,

1.7 die Hälfte der nach § 3 Nr. 7 des Einkommensteuergesetzes steuerfreien

a) Unterhaltshilfe nach den §§ 261 bis 278a des Lastenausgleichsgesetzes, mit Ausnahme der Pflegezulage nach § 269 Abs. 2 des Lastenausgleichsgesetzes,

b) Beihilfe zum Lebensunterhalt nach den §§ 301 bis 301b des Lastenausgleichsgesetzes,

c) Unterhaltshilfe nach § 44 und Unterhaltsbeihilfe nach § 45 des Reparationsschädengesetzes,

d) Beihilfe zum Lebensunterhalt nach den §§ 10 bis 15 des Flüchtlingshilfegesetzes, mit Ausnahme der Pflegezulage nach § 269 Abs. 2 des Lastenausgleichsgesetzes,

1.8 die nach § 3 Nr. 1 Buchstabe a des Einkommensteuergesetzes steuerfreien Krankentagegelder,

1.9 die Hälfte der nach § 3 Nr. 68 des Einkommensteuergesetzes steuerfreien Renten nach § 3 Abs. 2 des Anti-D-Hilfegesetzes,

2.1 die nach § 3b des Einkommensteuergesetzes steuerfreien Zuschläge für Sonntags-, Feiertags- oder Nachtarbeit,

2.2 der nach § 40a des Einkommensteuergesetzes vom Arbeitgeber pauschal besteuerte Arbeitslohn,

3.1 der nach § 20 Abs. 9 des Einkommensteuergesetzes steuerfreie Betrag (Sparer-Pauschbetrag), soweit die Kapitalerträge 100 Euro übersteigen,

3.2 (weggefallen)

3.3 die auf erhöhte Absetzungen entfallenden Beträge, soweit sie die höchstmöglichen Absetzungen für Abnutzung nach § 7 des Einkommensteuergesetzes übersteigen, und die auf Sonderabschreibungen entfallenden Beträge,

4.1 der nach § 3 Nr. 9 des Einkommensteuergesetzes steuerfreie Betrag von Abfindungen wegen einer vom Arbeitgeber veranlassten oder gerichtlich ausgesprochenen Auflösung des Dienstverhältnisses,

4.2 der nach § 3 Nr. 27 des Einkommensteuergesetzes steuerfreie Grundbetrag der Produktionsaufgaberente und das Ausgleichsgeld nach dem Gesetz zur Förderung der Einstellung der landwirtschaftlichen Erwerbstätigkeit,

4.3 die nach § 3 Nr. 60 des Einkommensteuergesetzes steuerfreien Leistungen aus öffentlichen Mitteln an Arbeitnehmer des Steinkohlen-, Pechkohlen- und Erzbergbaues, des Braunkohlentiefbaues und der Eisen- und Stahlindustrie aus Anlass von Stilllegungs-, Einschränkungs-, Umstellungs- oder Rationalisierungsmaßnahmen,

5.1 die nach § 22 Nr. 1 Satz 2 des Einkommensteuergesetzes dem Empfänger nicht zuzurechnenden Bezüge, die ihm von nicht zum Haushalt rechnenden Personen gewährt werden, und die Leistungen nach dem Unterhaltsvorschussgesetz,

5.2[1] die nach § 3 Nummer 48 des Einkommensteuergesetzes steuerfreien allgemeinen Leistungen nach § 17 des Unterhaltssicherungsgesetzes,

5.3 (weggefallen)

5.4 die Hälfte des für die Kosten zur Erziehung bestimmten Anteils an Leistungen zum Unterhalt

a) des Kindes oder Jugendlichen in Fällen

aa) der Vollzeitpflege nach § 39 in Verbindung mit § 33 oder mit § 35a Abs. 2 Nr. 3 des Achten Buches Sozialgesetzbuch oder

bb) einer vergleichbaren Unterbringung nach § 21 des Achten Buches Sozialgesetzbuch,

b) des jungen Volljährigen in Fällen der Vollzeitpflege nach § 41 in Verbindung mit den §§ 39 und 33 oder mit den §§ 39 und 35a Abs. 2 Nr. 3 des Achten Buches Sozialgesetzbuch,

5.5 die Hälfte der laufenden Leistungen für die Kosten des notwendigen Unterhalts einschließlich der Unterkunft sowie der Krankenhilfe für Minderjährige und junge Volljährige nach § 13 Abs. 3 Satz 2, § 19 Abs. 3, § 21 Satz 2, § 39 Abs. 1 und § 41 Abs. 2 des Achten Buches Sozialgesetzbuch,

5.6 die Hälfte des Pflegegeldes nach § 37 des Elften Buches Sozialgesetzbuch für Pflegehilfen, die keine Wohn- und Wirtschaftsgemeinschaft mit dem Pflegebedürftigen führen,

6.1 die Hälfte der als Zuschüsse erbrachten

a) Leistungen zur Förderung der Ausbildung nach dem Bundesausbildungsförderungsgesetz,

b) Leistungen der Begabtenförderungswerke, soweit sie nicht von Nummer 6.2 erfasst sind,

c) Stipendien, soweit sie nicht von Buchstabe b, Nummer 6.2 oder Nummer 6.3 erfasst sind,

d) Berufsausbildungsbeihilfen und des Ausbildungsgeldes nach dem Dritten Buch Sozialgesetzbuch,

e) Beiträge zur Deckung des Unterhaltsbedarfs nach dem Aufstiegsfortbildungsförderungsgesetz,

[1]) § 21 Abs. 2 Nr. 5.2 WoFG wurde durch das Gesetz zur Neuregelung der Unterhaltssicherung sowie zur Änderung soldatenrechtlicher Vorschriften (Inkrafttreten 1. 11. 2015) neu gefasst.

6.2 die als Zuschuss gewährte Graduiertenförderung,

6.3 die Hälfte der nach § 3 Nr. 42 des Einkommensteuergesetzes steuerfreien Zuwendungen, die auf Grund des Fulbright-Abkommens gezahlt werden,

7.1[1] das Arbeitslosengeld II und das Sozialgeld nach § 19 Absatz 1 des Zweiten Buches Sozialgesetzbuch,

7.2 die Leistungen der Hilfe zum Lebensunterhalt nach den §§ 27 bis 30 des Zwölften Buches Sozialgesetzbuch,

7.3[2] die Leistungen der Grundsicherung im Alter und bei Erwerbsminderung nach ***§ 42 Nummer 1, 2 und 4*** des Zwölften Buches Sozialgesetzbuch mit Ausnahme der Leistungen für einmalige Bedarfe,

7.4 die Leistungen nach dem Asylbewerberleistungsgesetz,

7.5 die Leistungen der ergänzenden Hilfe zum Lebensunterhalt nach § 27a des Bundesversorgungsgesetzes oder nach einem Gesetz, das dieses für anwendbar erklärt, mit Ausnahme der Leistungen für einmalige Bedarfe,
soweit diese Leistungen die bei ihrer Berechnung berücksichtigten Kosten für Wohnraum übersteigen,

8. die ausländischen Einkünfte nach § 32b Abs. 1 Nr. 2 und 3 des Einkommensteuergesetzes.

(3) Aufwendungen zum Erwerb, zur Sicherung und zur Erhaltung von Einnahmen nach Absatz 2 mit Ausnahme der Nummern 5.3 bis 5.5 dürfen in der im Sinne des § 22 Abs. 1 und 2 zu erwartenden oder nachgewiesenen Höhe abgezogen werden.

§ 22 Zeitraum für die Ermittlung des Jahreseinkommens

(1) Bei der Ermittlung des Jahreseinkommens ist das Einkommen zu Grunde zu legen, das in den zwölf Monaten ab dem Monat der Antragstellung zu erwarten ist. Hierzu kann auch von dem Einkommen ausgegangen werden, das innerhalb der letzten zwölf Monate vor Antragstellung erzielt worden ist. Änderungen sind zu berücksichtigen, wenn sie im Zeitpunkt der Antragstellung innerhalb von zwölf Monaten mit Sicherheit zu erwarten sind; Änderungen, deren Beginn oder Ausmaß nicht ermittelt werden können, bleiben außer Betracht.

(2) Kann die Höhe des zu erwartenden Einkommens nicht nach Absatz 1 ermittelt werden, so ist grundsätzlich das Einkommen der letzten zwölf Monate vor Antragstellung zu Grunde zu legen

(3) Bei Personen, die zur Einkommensteuer veranlagt werden, kann bei Anwendung des Absatzes 1 von den Einkünften ausgegangen werden, die sich aus dem letzten Einkommensteuerbescheid, den Vorauszahlungsbescheiden oder der letzten Einkommensteuererklärung ergeben; die sich hieraus ergebenden Einkünfte sind bei Anwendung des Absatzes 2 zu Grunde zu legen.

(4) Einmaliges Einkommen, das in einem nach Absatz 1 oder 2 maßgebenden Zeitraum anfällt, aber einem anderen Zeitraum zuzurechnen ist, ist so zu behandeln, als wäre es während des anderen Zeitraums angefallen. Einmaliges Einkommen, das einem nach Absatz 1 oder 2 maßgebenden Zeitraum zuzurechnen, aber in einem früheren Zeitraum angefallen ist, ist so zu behandeln, als wäre es während des nach Absatz 1 oder 2 maßgebenden Zeitraums angefallen. Satz 2 gilt nur für Einkommen, das innerhalb von drei Jahren vor Antragstellung angefallen ist.

§ 23 Pauschaler Abzug

(1) Bei der Ermittlung des Jahreseinkommens wird von dem nach den §§ 21 und 22 ermittelten Betrag ein pauschaler Abzug in Höhe von jeweils 10 Prozent für die Leistung von

1. Steuern vom Einkommen,
2. Pflichtbeiträgen zur gesetzlichen Kranken- und Pflegeversicherung und
3. Pflichtbeiträgen zur gesetzlichen Rentenversicherung

vorgenommen.

(2) Werden keine Pflichtbeiträge nach Absatz 1 Nr. 2 oder 3 geleistet, so werden laufende Beiträge zu öffentlichen oder privaten Versicherungen oder ähnlichen Einrichtungen in der tatsächlich geleisteten Höhe, höchstens bis zu jeweils 10 Prozent des sich nach den §§ 21 und 22 ergebenden Betrages abgezogen, wenn die Beiträge der Zweckbestimmung der Pflichtbeiträge nach Absatz 1 Nr. 2 oder 3 entsprechen. Dies gilt auch, wenn die Beiträge zu Gunsten eines zum Haushalt rechnenden Angehörigen geleistet werden. Die Sätze 1 und 2 gelten nicht, wenn eine im

1) § 21 Abs. 2 Nr. 7.1 WoFG wurde durch das WoGRefG (Inkrafttreten 9. 10. 2015) neu gefasst.
2) § 21 Abs. 2 Nr. 7.3 WoFG wurde durch das WoGRefG (Inkrafttreten 9. 10. 2015) geändert.

Wesentlichen beitragsfreie Sicherung oder eine Sicherung, für die Beiträge von einem Dritten geleistet werden, besteht.

§ 24 Frei- und Abzugsbeträge

(1) Bei der Ermittlung des Gesamteinkommens werden folgende Freibeträge abgesetzt:

1. 4 500 Euro für jeden schwerbehinderten Menschen mit einem Grad der Behinderung
   a) von 100 oder
   b) von wenigstens 80, wenn der schwerbehinderte Mensch häuslich pflegebedürftig im Sinne des § 14 des Elften Buches Sozialgesetzbuch ist;
2. 2 100 Euro für jeden schwerbehinderten Menschen mit einem Grad der Behinderung von unter 80, wenn der schwerbehinderte Mensch häuslich pflegebedürftig im Sinne des § 14 des Elften Buches Sozialgesetzbuch ist;
3. 4 000 Euro bei jungen Ehepaaren bis zum Ablauf des fünften Kalenderjahres nach dem Jahr der Eheschließung; junge Ehepaare sind solche, bei denen keiner der Ehegatten das 40. Lebensjahr vollendet hat;
4. 600 Euro für jedes Kind unter zwölf Jahren, für das Kindergeld nach dem Einkommensteuergesetz oder dem Bundeskindergeldgesetz oder eine Leistung im Sinne des § 65 Abs. 1 des Einkommensteuergesetzes oder des § 4 Abs. 1 des Bundeskindergeldgesetzes gewährt wird, wenn die antragsberechtigte Person allein mit Kindern zusammenwohnt und wegen Erwerbstätigkeit oder Ausbildung nicht nur kurzfristig vom Haushalt abwesend ist;
5. bis zu 600 Euro, soweit ein zum Haushalt rechnendes Kind eigenes Einkommen hat und das 16., aber noch nicht das 25. Lebensjahr vollendet hat.

(2) Aufwendungen zur Erfüllung gesetzlicher Unterhaltsverpflichtungen werden bis zu dem in einer notariell beurkundeten Unterhaltsvereinbarung festgelegten oder in einem Unterhaltstitel oder Unterhaltsbescheid festgestellten Betrag abgesetzt. Liegen eine notariell beurkundete Unterhaltsvereinbarung, ein Unterhaltstitel oder ein Unterhaltsbescheid nicht vor, können Aufwendungen zur Erfüllung gesetzlicher Unterhaltsverpflichtungen wie folgt abgesetzt werden:

1. bis zu 3 000 Euro für einen Haushaltsangehörigen, der auswärts untergebracht ist und sich in der Berufsausbildung befindet;
2. bis zu 6 000 Euro für einen nicht zum Haushalt rechnenden früheren oder dauernd getrennt lebenden Ehegatten oder Lebenspartner;
3. bis zu 3 000 Euro für eine sonstige nicht zum Haushalt rechnende Person.

V.
Bekanntmachung der Vordruckmuster für den Antrag auf Wohnungsbauprämie für *2015*

(BMF-Schreiben vom 9. 10. 2015, IV C 5 – S 1961/15/10002, 2015/0866106, BStBl I S. 837)

Nach § 4 Absatz 2 Wohnungsbau-Prämiengesetz vom 30. Oktober 1997 (BGBl. I S. 2678)[1]) ist der Antrag auf Wohnungsbauprämie **nach amtlich vorgeschriebenem Vordruck** zu erstellen. Die Vordruckmuster für 2015 mit Erläuterungen werden hiermit bekannt gemacht.

Die Vordrucke können auch maschinell hergestellt werden, wenn sie sämtliche Angaben in der gleichen Reihenfolge enthalten. Abweichende Formate sind zulässig; die Erklärung zu den Einkommensverhältnissen kann hervorgehoben oder auf sie auffallend hingewiesen werden. Maschinell erstellte Anträge für Aufwendungen i. S. d. § 2 Absatz 1 Nummer 2 bis 4 WoPG brauchen nicht handschriftlich von dem Unternehmen unterschrieben zu werden.

1) BStBl I S. 1050.

Anlage 1

An (Bausparkasse)

Eingangsstempel der Bausparkasse

(Anschrift des/der Prämienberechtigten)

Antrag auf Wohnungsbauprämie 2015

für Bausparbeiträge (§ 2 Abs. 1 Nr. 1 WoPG)

Abgabe eines Antrags je Bausparkasse spätestens bis zum 31. Dezember 2017

Zutreffendes bitte ankreuzen ☒ oder ausfüllen

Die in einen Kreis gesetzten Zahlen verweisen auf die **Erläuterungen**.

Steuernummer ①

Identifikationsnummer Prämienberechtigte(r)	Identifikationsnummer Ehegatte/Lebenspartner *

I. Angaben zur Person ②

Prämienberechtigte(r) (Familienname, Vorname) — Geburtsdatum

Ehegatte/Lebenspartner * (Familienname, Vorname) — Geburtsdatum

Wohnsitz des/der Prämienberechtigten bei Antragstellung (Straße, Hausnummer, Postleitzahl, Ort) — Telefonnummer

Für das Sparjahr 2015 besteht Anspruch auf Wohnungsbauprämie als ☐ Alleinstehende(r) ② ☐ Ehegatten /Lebenspartner * ②

II. Aufwendungen, für die eine Prämie beantragt wird

Für vermögenswirksame Leistungen, für die Anspruch auf Arbeitnehmer-Sparzulage besteht, wird keine Prämie gewährt. ③

Bei Beiträgen an Bausparkassen zur Erlangung von Baudarlehen kann eine Prämie nur gewährt werden, wenn die an dieselbe Bausparkasse geleisteten Beiträge (ohne vermögenswirksame Leistungen, für die Anspruch auf Arbeitnehmer-Sparzulage besteht) mindestens 50 Euro betragen haben. Werden Beiträge zugunsten eines zertifizierten Altersvorsorgevertrages den Altersvorsorgebeiträgen zugeordnet, handelt es sich bei allen Beiträgen zu diesem Vertrag bis zu den in § 10a Abs. 1 des Einkommensteuergesetzes genannten Höchstbeträgen um keine prämienbegünstigte Aufwendungen.

Vertragsnummer	Abschlussdatum Monat/Jahr	Aufwendungen 2015 (ohne vermögenswirksame Leistungen) lt. Kontoauszug (auf volle Euro aufgerundet) mit Anspruch auf Prämienauszahlung ④	Prämienvormerkung ④	Bei Überschreitung des Höchstbetrags Prämiengewährung für ⑤	nachrichtlich: vermögenswirksame Leistungen
1	2	3	4	5	6

Die nachfolgenden Angaben sind für die Ermittlung der Prämie erforderlich.

☐ Ich (wir) beantrage(n) die **Einbeziehung der vermögenswirksamen Leistungen** in die prämienbegünstigten Aufwendungen durch die Bausparkasse, weil das maßgebende zu versteuernde Einkommen über 17.900 Euro (Alleinstehende) bzw. 35.800 Euro (Ehegatten/Lebenspartner *) liegt und deshalb **kein Anspruch auf Arbeitnehmer-Sparzulage** besteht. **Bitte unbedingt Erläuterung ③ beachten.**

Für das Sparjahr 2015 habe(n) ich (wir) bereits eine Wohnungsbauprämie bei einer (einem) anderen Bausparkasse (Unternehmen) beantragt, aber den prämienbegünstigten Höchstbetrag (512/1.024 Euro) noch nicht voll ausgeschöpft ⑥:

☐ nein ☐ ja. Ich (wir) habe(n) bereits Aufwendungen in Höhe von ______ Euro geltend gemacht.

III. Einkommensverhältnisse

Eine Wohnungsbauprämie kann für 2015 nur gewährt werden, wenn das maßgebende zu versteuernde Einkommen dieses Sparjahres bestimmte Grenzen nicht übersteigt.

Ich (wir) erkläre(n), dass ich (wir) nach meinen (unseren) Einkommensverhältnissen Anspruch auf Wohnungsbauprämie für 2015 habe(n), ***weil mein (unser) maßgebendes*** **zu versteuerndes Einkommen nicht mehr als 25.600/51.200 Euro beträgt.** ⑦

Ich stimme dem Prämienantrag als Ehegatte /Lebenspartner * oder als gesetzlicher Vertreter zu. ⑧

Datum — Prämienberechtigte(r) — Ehegatte/Lebenspartner * — gesetzl. Vertreter/in

Unterschrift – ggf. auch des Ehegatten/Lebenspartners * nicht vergessen!
Die Angaben in diesem Antrag werden nach §§ 4, 4a des Wohnungsbau-Prämiengesetzes erhoben.

* nach dem Lebenspartnerschaftsgesetz (LPartG)

Vor Ausfüllen des Antrages beachten Sie bitte die Erläuterungen

Unterschrift nicht vergessen

00.910/0914/60 – W. Kohlhammer GmbH Deutscher Gemeindeverlag GmbH (15080)

Erläuterungen

zum Antrag auf Wohnungsbauprämie für das Kalenderjahr 2015

(Die in einen Kreis gesetzten Zahlen beziehen sich auf die entsprechenden Zahlen im Antragsvordruck.)

Der Antrag muss spätestens bis zum 31. Dezember 2017 bei der Bausparkasse abgegeben werden, an die die Aufwendungen geleistet worden sind.

① Sofern Sie zur Einkommensteuer veranlagt werden, geben Sie bitte die Steuernummer an, unter der die Veranlagung zur Einkommensteuer durchgeführt wird. Bitte geben Sie auch Ihre Identifikationsnummer und ggf. die Ihres Ehegatten / Lebenspartners nach dem LPartG an.

② **Prämienberechtigt** für 2015 sind alle unbeschränkt einkommensteuerpflichtigen Personen, die vor dem 2. 1.2000 geboren oder Vollwaisen sind. Unbeschränkt einkommensteuerpflichtig sind natürliche Personen, die in der Bundesrepublik Deutschland ansässig sind (Wohnsitz oder gewöhnlicher Aufenthalt), oder die im Ausland ansässig sind und zu einer inländischen juristischen Person des öffentlichen Rechts in einem Dienstverhältnis stehen und dafür Arbeitslohn aus einer inländischen öffentlichen Kasse beziehen.

Alleinstehende sind alle Personen, die 2015 nicht verheiratet / verpartnert waren, und Ehegatten / Lebenspartner nach dem LPartG, die keine Höchstbetragsgemeinschaft bilden.

Ehegatten / Lebenspartnern nach dem LPartG steht ein gemeinsamer Höchstbetrag zu (Höchstbetragsgemeinschaft), wenn sie beide mindestens während eines Teils des Kalenderjahres 2015 miteinander verheiratet / verpartnert waren, nicht dauernd getrennt gelebt haben, unbeschränkt einkommensteuerpflichtig waren und sie nicht die Einzelveranlagung zur Einkommensteuer wählen. Sie gelten als zusammenveranlagte Ehegatten / Lebenspartner nach dem LPartG, auch wenn keine Veranlagung durchgeführt worden ist. Ehegatten / Lebenspartner nach dem LPartG, die keine Höchstbetragsgemeinschaft bilden, gelten als Alleinstehende.

③ Bausparbeiträge, die vermögenswirksame Leistungen sind, werden vorrangig durch Gewährung einer Arbeitnehmer-Sparzulage gefördert. Eine Einbeziehung vermögenswirksamer Leistungen in die prämienbegünstigten Aufwendungen kommt deshalb nur in Betracht, wenn Sie keinen Anspruch auf Arbeitnehmer-Sparzulage haben. Ein Anspruch auf Arbeitnehmer-Sparzulage besteht, wenn das maßgebende zu versteuernde Einkommen **unter Berücksichtigung der Freibeträge für Kinder** ⑦ nicht mehr als 17.900 Euro bei Alleinstehenden ② bzw. 35.800 Euro bei zusammenveranlagten Ehegatten / Lebenspartnern nach dem LPartG ② beträgt. Sind diese Einkommensgrenzen überschritten, können Sie im Rahmen der prämienbegünstigten Höchstbeträge (512 / 1.024 Euro) ⑥ für diese vermögenswirksamen Leistungen Wohnungsbauprämie beanspruchen.

④ Die Wohnungsbauprämie wird regelmäßig nur ermittelt und vorgemerkt.

Die Auszahlung der angesammelten Wohnungsbauprämien an die Bausparkasse – zugunsten Ihres Bausparvertrags – erfolgt grundsätzlich erst bei wohnungswirtschaftlicher Verwendung des Bausparvertrags. Für Bausparbeiträge, die auf Bausparverträge erst nach wohnungswirtschaftlicher Verwendung des Bausparvertrags geleistet worden sind, wird die Wohnungsbauprämie bereits nach Bearbeitung des Prämienantrags an die Bausparkasse – zugunsten Ihres Bausparvertrags – ausgezahlt.

Für Bausparverträge, die vor dem 1.1.2009 abgeschlossen wurden und für die bis zum 31.12.2008 mindestens ein Beitrag in Höhe der Regelsparrate entrichtet wurde, erfolgt die Auszahlung der Wohnungsbauprämie an die Bausparkasse – zugunsten Ihres Bausparvertrags –, wenn der Bausparvertrag zugeteilt, die Festlegungsfrist von 7 Jahren seit Abschluss des Bausparvertrags überschritten oder unschädlich über den Bausparvertrag verfügt worden ist. Für Bausparbeiträge, die auf bereits zugeteilte Bausparverträge bzw. erst nach Ablauf der Festlegungsfrist von 7 Jahren seit Abschluss des Bausparvertrags geleistet worden sind, wird die Wohnungsbauprämie bereits nach Bearbeitung des Prämienantrags an die Bausparkassse – zugunsten Ihres Bausparvertrags – ausgezahlt.

⑤ Haben Sie mehrere Verträge, aufgrund derer prämienbegünstigte Aufwendungen im Sinne des Wohnungsbau-Prämiengesetzes geleistet werden und **überschreiten Ihre Beiträge den Höchstbetrag ⑥**, müssen Sie erklären, für welche Beiträge Sie die Prämie erhalten wollen. Für die im Antrag unter II. aufgeführten Aufwendungen können Sie eine Prämie allerdings nur insoweit beanspruchen, als Sie oder Ihr Ehegatte / Lebenspartner nach dem LPartG den Höchstbetrag noch nicht anderweitig ausgeschöpft haben, z. B. durch bereits bei einer anderen Bausparkasse oder einem anderen Unternehmen geltend gemachte Aufwendungen. **Tragen Sie deshalb bitte die Beiträge, für die Sie die Prämie beanspruchen, bis zu dem Ihnen höchstens noch zustehenden Betrag, in die dafür unter II. vorgesehene Spalte 5 ein.**

⑥ Bausparbeiträge und andere Aufwendungen im Sinne des Wohnungsbau-Prämiengesetzes sind **insgesamt** nur bis zu einem Höchstbetrag von 512 Euro bei Alleinstehenden ② bzw. 1.024 Euro bei zusammenveranlagten Ehegatten / Lebenspartnern nach dem LPartG ② prämienbegünstigt.

⑦ Eine Wohnungsbauprämie für das Jahr 2015 kann nur gewährt werden, wenn das zu versteuernde Einkommen des Jahres 2015 die Einkommensgrenze nicht überschritten hat. Deswegen kann eine Wohnungsbauprämie nur ermittelt werden, wenn Sie eine entsprechende Erklärung abgeben. Die maßgebliche Einkommensgrenze für Alleinstehende ② beträgt 25.600 Euro, für zusammenveranlagte Ehegatten / Lebenspartner nach dem LPartG ② 51.200 Euro. Haben Ehegatten / Lebenspartner nach dem LPartG für 2015 die Einzelveranlagung gewählt, gilt für jeden die Einkommensgrenze von 25.600 Euro. Für die Ermittlung des für das Wohnungsbau-Prämiengesetz **maßgebenden zu versteuernden Einkommens sind für die steuerlich zu berücksichtigenden Kinder stets die Freibeträge für Kinder für das gesamte Sparjahr abzuziehen.** Dies gilt auch, wenn bei Ihrer Einkommensteuerveranlagung nicht die Freibeträge für Kinder berücksichtigt wurden, weil Sie Anspruch auf Kindergeld haben. Der Kinderfreibetrag beträgt in der Regel für Alleinstehende ② 2.256 Euro und für zusammenveranlagte Ehegatten / Lebenspartner nach dem LPartG ② 4.512 Euro; der Freibetrag für den Betreuungs- und Erziehungs- oder Ausbildungsbedarf des Kindes beträgt in der Regel für Alleinstehende ② 1.320 Euro und für zusammenveranlagte Ehegatten / Lebenspartner nach dem LPartG ② 2.640 Euro. Soweit in Ihrem Einkommensteuerbescheid schon die Freibeträge für Kinder berücksichtigt sind, dürfen diese nicht nochmals abgezogen werden. Ihr zu versteuerndes Einkommen können Sie aus Ihrem Einkommensteuerbescheid für 2015 entnehmen. Sollte dieser Bescheid noch nicht vorliegen, können Sie anhand der folgenden Erläuterungen eine überschlägige Prüfung selbst vornehmen.

Die Prämiengewährung für 2015 muss nicht ausgeschlossen sein, wenn der Bruttoarbeitslohn bei Arbeitnehmern in 2015 mehr als 25.600 / 51.200 Euro betragen hat. Der nachstehenden Tabelle können Sie entnehmen, bis zu welchem in 2015 bezogenen Bruttoarbeitslohn Ihnen eine Wohnungsbauprämie gewährt werden kann.

Familienstand Zahl der Kinder	**Bruttoarbeitslohn 2015 in Euro** (unter Berücksichtigung der dem Arbeitnehmer zustehenden Pausch- und Freibeträge und unter der Voraussetzung, dass keine anderen Einkünfte vorliegen)			
Alleinstehende	**Personenkreis A***		**Personenkreis B ***	
a) ohne Kinder	30.988		28.536	
b) mit Kindern	Elternteil, dem ein Entlastungsbetrag für Alleinerziehende zusteht		Elternteil, dem k e i n Entlastungsbetrag für Alleinerziehende zusteht	
	Personenkreis A*	**Personenkreis B***	**Personenkreis A***	**Personenkreis B***
1 Kind	37.260	34.020	35.047	32.112
2 Kinder	41.686	37.836	39.195	35.688
3 Kinder	46.113	41.652	43.343	39.264
Zusammenveranlagte Ehegatten / Lebenspartner (ein Arbeitnehmer)				
	Personenkreis A*		**Personenkreis B ***	
a) ohne Kinder	59.802		55.272	
b) mit 1 Kind	67.248		62.424	
c) mit 2 Kindern	74.700		69.576	
d) mit 3 Kindern	81.852		76.728	
Zusammenveranlagte Ehegatten / Lebenspartner (zwei Arbeitnehmer)				
	Personenkreis A*		**Personenkreis B ***	
a) ohne Kinder	61.976		57.072	
b) mit 1 Kind	70.092		64.224	
c) mit 2 Kindern	78.389		71.376	
d) mit 3 Kindern	86.685		78.528	

*) Unter den Personenkreis A fallen rentenversicherungspflichtige Arbeitnehmer, unter den Personenkreis B nicht rentenversicherungspflichtige Arbeitnehmer, z. B. Beamte, Richter, Berufssoldaten mit eigenen Aufwendungen zur Kranken- und Pflegepflichtversicherung von 1.900 Euro / 3.800 Euro pro Jahr (bei alleinverdienenden Ehegatten / Lebenspartnern 3.000 Euro).

Die in der Tabelle angegebenen Beträge können sich im Einzelfall noch erhöhen, wenn höhere Abzüge (z. B. Versorgungs-Freibetrag, Werbungskosten oberhalb des Pauschbetrags, zusätzliche Sonderausgaben beispielsweise aufgrund eines kassenindividuellen Zusatzbeitragssatzes zur gesetzlichen Krankenversicherung, außergewöhnliche Belastungen) zu berücksichtigen sind.

Die angegebenen Beträge können sich allerdings auch verringern, wenn Sie noch weitere Einkünfte haben, bzw. in der gesetzlichen Rentenversicherung die Beitragsbemessungsgrenze Ost anzuwenden ist.

Weitere Einkünfte sind z. B. Einkünfte aus Land- und Forstwirtschaft, aus Gewerbebetrieb, aus selbständiger Arbeit, aus Vermietung und Verpachtung sowie die sonstigen Einkünfte nach § 22 Einkommensteuergesetz (EStG), insbesondere der der Besteuerung unterliegende Teil der Renten aus der gesetzlichen Rentenversicherung. Einkünfte aus Kapitalvermögen, die der abgeltenden Kapitalertragsteuer nach § 43 Absatz 5 EStG (sog. Abgeltungsteuer) bzw. dem gesonderten Steuertarif nach § 32d Absatz 1 Satz 1 EStG unterliegen, bleiben dabei unberücksichtigt.

⑧ Der Antrag auf Wohnungsbauprämie ist vom Prämienberechtigten eigenhändig zu unterschreiben. Bei Ehegatten / Lebenspartnern nach dem LPartG, die eine Höchstbetragsgemeinschaft ② bilden, muss jeder Ehegatte / Lebenspartner nach dem LPartG den Antrag unterschreiben. Bei minderjährigen Prämienberechtigten ist auch die Unterschrift des gesetzlichen Vertreters erforderlich.

Anlage 2

An (Unternehmen)

Eingangsstempel des Unternehmens

(Anschrift des/der Prämienberechtigten)

Antrag auf Wohnungsbauprämie 2015

für Aufwendungen i.S.d. § 2 Abs. 1 Nr. 2–4 WoPG

Abgabe eines Antrags je Unternehmen spätestens bis zum 31. Dezember 2017

Zutreffendes bitte ankreuzen ☒ oder ausfüllen
Die in einen Kreis gesetzten Zahlen verweisen auf die **Erläuterungen**.

Zuständiges Finanzamt ① ____________ **Steuernummer**

Vor Ausfüllen des Antrages beachten Sie bitte die Erläuterungen

Identifikationsnummer Prämienberechtigte(r)	**Identifikationsnummer Ehegatte/Lebenspartner** *

I. Angaben zur Person ②

Prämienberechtigte(r) (Familienname, Vorname, ggf. Geburtsname)	Geburtsdatum
Ehegatte/Lebenspartner * (Familienname, Vorname, ggf. Geburtsname)	Geburtsdatum
Wohnsitz des/der Prämienberechtigten bei Antragstellung (Straße, Hausnummer, Postleitzahl, Ort)	Telefonnummer
Weiterer Wohnsitz des/der Prämienberechtigten und/oder abweichender Wohnsitz des Ehegatten/des Lebenspartners * bei Antragstellung	

Familienstand	verheiratet/verpartnert seit	verwitwet seit	geschieden/ausgetragen seit	dauernd getrennt lebend seit	Finanzamt, bei dem zuletzt eine Wohnungsbauprämie beantragt wurde
☐ ledig					

II. Aufwendungen, für die eine Prämie beantragt wird

Für vermögenswirksame Leistungen, für die Anspruch auf Arbeitnehmer-Sparzulage besteht, wird keine Prämie gewährt. ③

Vertragsnummer	Abschlussdatum Monat/Jahr	Aufwendungen 2015 (ohne vermögenswirksame Leistungen) auf volle Euro aufgerundet	Bei Überschreitung des Höchstbetrags Prämiengewährung für ④	nachrichtlich: vermögenswirksame Leistungen	**Nicht vom Sparer auszufüllen!**
1	2	3	4	5	**Eintragungen des Unternehmens** Wir bestätigen die Richtigkeit der nebenstehenden Angaben
					(Unterschrift)

☐ Ich (wir) beantrage(n) die **Einbeziehung der vermögenswirksamen Leistungen** in die prämienbegünstigten Aufwendungen durch das Unternehmen, weil aufgrund des maßgebenden zu versteuernden Einkommens (s. Rückseite IV.) **kein Anspruch auf Arbeitnehmer-Sparzulage** besteht. **Bitte unbedingt Erläuterung ③ beachten.**

Eintragungen des Finanzamtes

1. Es wird eine Prämie von ________ Euro festgesetzt. Die Prämie ist auszuzahlen.
2. ☐ Über die Ablehnung/Teilablehnung ist ein Bescheid zu erteilen: erl. ________ (Tag, Namensz.)
3. *Eintragung in Sammelliste Nr.* ________ ________ (Tag, Namensz.)
4. Zu den ________ Akten.

(Sachgebietsleiter/in) (Datum) (Bearbeiter/in) (Datum)

00/910/091580 – W. Kohlhammer GmbH Deutscher Gemeindeverlag GmbH (15080)

Vermerke des Finanzamts

III. Einkommensverhältnisse

Eine Wohnungsbauprämie kann für 2015 nur gewährt werden, wenn das zu versteuernde Einkommen (ggf. unter Berücksichtigung von Freibeträgen für Kinder) dieses Jahres bestimmte Grenzen nicht übersteigt. ⑤
Die nachfolgenden Angaben sind für die Prüfung des Prämienanspruchs erforderlich.

1. ☐ Ein Einkommensteuerbescheid ist für 2015 vom [Finanzamt, Steuernummer] erteilt worden. Danach beträgt das maßgebende zu versteuernde Einkommen des Kalenderjahres 2015

bei Alleinstehenden oder bei Ehegatten/Lebenspartnern *, die die Einzelveranlagung zur Einkommensteuer gewählt haben: ②	☐ mehr als	☐ nicht mehr als	25.600 Euro
bei Zusammenveranlagung: ②	☐ mehr als	☐ nicht mehr als	51.200 Euro

2. **(Nur ausfüllen, wenn 1. nicht zutrifft)** ⑥
Eine Einkommensteuererklärung für 2015

☐ ist abgegeben. ☐ wird noch abgegeben. ☐ wird nicht abgegeben.

Für eine zügige Bearbeitung sind vollständige Angaben zu a. oder b. erforderlich.

a. ☐ Ein Einkommensteuerbescheid ist für 2014 vom [Finanzamt, Steuernummer] erteilt worden. Danach beträgt das zu versteuernde Einkommen des Kalenderjahres 2014

bei Alleinstehenden:	☐ mehr als	☐ nicht mehr als	23.300 Euro
bei Zusammenveranlagung:	☐ mehr als	☐ nicht mehr als	46.600 Euro

Hat sich Ihr Einkommen in 2015 gegenüber 2014 um mehr als 10% erhöht? ☐ Ja ☐ Nein (weiter bei Abschnitt IV.)

b. ☐ Eine Einkommensteuererklärung für 2014

☐ ist abgegeben. ☐ wird noch abgegeben. ☐ wird nicht abgegeben.

Einkünfte 2015: Bruttoarbeitslohn: ______ Euro

weitere Einkünfte: ⑦ Art und Höhe ______ Euro

IV. Einbeziehung der vermögenswirksamen Leistungen ③

(Ausfüllen, wenn unter II. für die vermögenswirksamen Leistungen Wohnungsbauprämie beantragt wird)
Das nach III. 1. oder III. 2. zugrunde zu legende zu versteuernde Einkommen beträgt

bei Alleinstehenden: ☐ mehr als 17.900 Euro,

bei Zusammenveranlagung: ☐ mehr als 35.800 Euro

V. Weitere Aufwendungen im Sinne des Wohnungsbau-Prämiengesetzes ⑧

Hinweis: Keine Eintragung erforderlich, soweit die weiteren Aufwendungen vermögenswirksame Leistungen sind, für die Anspruch auf Arbeitnehmer-Sparzulage besteht. Falls Sie oder Ihr mit Ihnen zusammenveranlagter Ehegatte/Lebenspartner * im Kalenderjahr 2015 noch andere prämienbegünstigte Aufwendungen im Sinne des Wohnungsbau-Prämiengesetzes geleistet haben (z.B. Bausparbeiträge), machen Sie dazu bitte die folgenden Angaben:

Für das Sparjahr 2015 habe(n) ich (wir) bereits eine Wohnungsbauprämie bei einem (einer) anderen Unternehmen (Bausparkasse) beantragt, aber den prämienbegünstigten Höchstbetrag (512/1.024 Euro) noch nicht voll ausgeschöpft:

☐ nein ☐ ja. Ich (wir) habe(n) bereits Aufwendungen in Höhe von ______ Euro geltend gemacht.

Ich stimme dem Prämienantrag als Ehegatte/Lebenspartner * oder als gesetzlicher Vertreter zu. ⑨

Unterschrift nicht vergessen

Datum — Prämienberechtigte(r) **Unterschrift** – Ehegatte/Lebenspartner * gesetzl. Vertreter/in
ggf. auch des Ehegatten/Lebenspartners * – nicht vergessen!

Die Angaben in diesem Antrag werden nach § 88 der Abgabenordnung in Verbindung mit § 8 des Wohnungsbau-Prämiengesetzes erhoben.

* nach dem Lebenspartnerschaftsgesetz (LPartG)

Erläuterungen

zum Antrag auf Wohnungsbauprämie für das Kalenderjahr 2015
(Die in einen Kreis gesetzten Zahlen beziehen sich auf die entsprechenden Zahlen im Antragsvordruck.)
Der Antrag muss spätestens bis zum 31. Dezember 2017 bei dem Unternehmen abgegeben werden, an das die Aufwendungen geleistet worden sind.

① **Zuständiges Finanzamt** ist für Sie das im Zeitpunkt der Antragstellung für Ihre Veranlagung zur Einkommensteuer zuständige Finanzamt. Bitte geben Sie dieses Finanzamt auch dann an, wenn Sie keine Einkommensteuererklärung abgeben. Geben Sie bitte auch Ihre **Identifikationsnummer** und ggf. die Ihres Ehegatten / Lebenspartners nach dem LPartG an.

② **Prämienberechtigt** für 2015 sind alle unbeschränkt einkommensteuerpflichtigen Personen, die vor dem 2.1.2000 geboren oder Vollwaisen sind. Unbeschränkt einkommensteuerpflichtig sind natürliche Personen, die in der Bundesrepublik Deutschland ansässig sind (Wohnsitz oder gewöhnlicher Aufenthalt), oder die im Ausland ansässig sind und zu einer inländischen juristischen Person des öffentlichen Rechts in einem Dienstverhältnis stehen und dafür Arbeitslohn aus einer inländischen öffentlichen Kasse beziehen.

Alleinstehende sind alle Personen, die 2015 nicht verheiratet / verpartnert waren, und Ehegatten / Lebenspartner nach dem LPartG, die keine Höchstbetragsgemeinschaft bilden.

Ehegatten/Lebenspartnern nach dem LPartG steht ein gemeinsamer Höchstbetrag zu (Höchstbetragsgemeinschaft), wenn sie beide mindestens während eines Teils des Kalenderjahres 2015 miteinander verheiratet / verpartnert waren, nicht dauernd getrennt gelebt haben, unbeschränkt einkommensteuerpflichtig waren und sie nicht die Einzelveranlagung zur Einkommensteuer wählen. Sie gelten als zusammenveranlagte Ehegatten, auch wenn keine Veranlagung durchgeführt worden ist. Ehegatten / Lebenspartner nach dem LPartG, die keine Höchstbetragsgemeinschaft bilden, gelten als Alleinstehende.

③ Aufwendungen, die vermögenswirksame Leistungen sind, werden vorrangig durch Gewährung einer Arbeitnehmer-Sparzulage gefördert. Eine Einbeziehung vermögenswirksamer Leistungen in die prämienbegünstigten Aufwendungen kommt deshalb nur in Betracht, wenn Sie keinen Anspruch auf Arbeitnehmer-Sparzulage haben. Ein Anspruch auf Arbeitnehmer-Sparzulage besteht, wenn das maßgebende zu versteuernde Einkommen **unter Berücksichtigung der Freibeträge für Kinder** ⑤ nicht mehr als 17.900 Euro bei Alleinstehenden ② bzw. 35.800 Euro bei zusammenveranlagten Ehegatten/Lebenspartnern nach dem LPartG ② beträgt. Überschreiten Sie die Einkommensgrenzen, können Sie im Rahmen der prämienbegünstigten Höchstbeträge (512/1.024 Euro) ⑧ für diese vermögenswirksamen Leistungen Wohnungsbauprämie beanspruchen.

④ Haben Sie mehrere Verträge, aufgrund derer prämienbegünstigte Aufwendungen im Sinne des Wohnungsbau-Prämiengesetzes geleistet werden und **überschreiten Ihre Beiträge den Höchstbetrag** ⑧, müssen Sie erklären, für welche Beiträge Sie die Prämie erhalten wollen. Für die im Antrag unter II. aufgeführten Aufwendungen können Sie eine Prämie allerdings nur insoweit beanspruchen, als Sie oder Ihr Ehegatte / Lebenspartner nach dem LPartG den Höchstbetrag noch nicht anderweitig ausgeschöpft haben, z. B. durch bereits bei anderen Unternehmen oder einer Bausparkasse geltend gemachte Aufwendungen. **Tragen Sie deshalb bitte die Beiträge, für die Sie die Prämie beanspruchen, bis zu dem Ihnen höchstens noch zustehenden Betrag, in die dafür unter II. Vorgesehene Spalte 4 ein.**

⑤ Eine Wohnungsbauprämie für das Jahr 2015 kann nur gewährt werden, wenn das zu versteuernde Einkommen des Jahres 2015 die Einkommensgrenze nicht überschritten hat. Die maßgebliche Einkommensgrenze für Alleinstehende ② beträgt 25.600 Euro, für zusammenveranlagte Ehegatten/Lebenspartner nach dem LPartG ② 51.200 Euro. Haben Ehegatten / Lebenspartner nach dem LPartG für 2015 die Einzelveranlagung gewählt, gilt für jeden die Einkommensgrenze von 25.600 Euro. Für die Ermittlung des für das Wohnungsbau-Prämiengesetz **maßgebenden zu versteuernden Einkommens sind für die steuerlich zu berücksichtigenden Kinder stets die Freibeträge für Kinder für das gesamte Sparjahr abzuziehen.** Dies gilt auch, wenn bei Ihrer Einkommensteuerveranlagung nicht die Freibeträge für Kinder berücksichtigt wurden, weil Sie Anspruch auf Kindergeld haben. Der Kinderfreibetrag beträgt in der Regel für Alleinstehende ② 2.256 Euro und für zusammenveranlagte Ehegatten/Lebenspartner nach dem LPartG ② 4.512 Euro; der Freibetrag für den Betreuungs- und Erziehungs- oder Ausbildungsbedarf des Kindes beträgt in der Regel für Alleinstehende ② 1.320 Euro und für zusammenveranlagte Ehegatten/Lebenspartner nach dem LPartG ② 2.640 Euro. Soweit in Ihrem Einkommensteuerbescheid schon die Freibeträge für Kinder berücksichtigt sind, dürfen diese nicht nochmals abgezogen werden. Ihr zu versteuerndes Einkommen können Sie aus Ihrem Einkommensteuerbescheid für 2015 entnehmen. Sollte dieser Bescheid noch nicht vorliegen, können Sie anhand der folgenden Erläuterungen eine überschlägige Prüfung selbst vornehmen.

Die Prämiengewährung für 2015 muss nicht ausgeschlossen sein, wenn der Bruttoarbeitslohn bei Arbeitnehmern in 2015 mehr als 25.600 / 51.200 Euro betragen hat. Der nachstehenden Tabelle können Sie entnehmen, bis zu welchem in 2015 bezogenen Bruttoarbeitslohn Ihnen eine Wohnungsbauprämie gewährt werden kann.

Familienstand Zahl der Kinder	Bruttoarbeitslohn 2015 in Euro (unter Berücksichtigung der dem Arbeitnehmer zustehenden Pausch- und Freibeträge und unter der Voraussetzung, dass keine anderen Einkünfte vorliegen)			
Alleinstehende	**Personenkreis A***		**Personenkreis B ***	
a) ohne Kinder	30.988		28.536	
b) mit Kindern	Elternteil, dem e i n Entlastungsbetrag für Alleinerziehende zusteht		Elternteil, dem k e i n Entlastungsbetrag für Alleinerziehende zusteht	
	Personenkreis A*	**Personenkreis B***	**Personenkreis A***	**Personenkreis B***
1 Kind	37.260	34.020	35.047	32.112
2 Kinder	41.686	37.836	39.195	35.688
3 Kinder	46.113	41.652	43.343	39.264
Zusammenveranlagte Ehegatten / Lebenspartner (ein Arbeitnehmer)				
	Personenkreis A*		**Personenkreis B ***	
a) ohne Kinder	59.802		55.272	
b) mit 1 Kind	67.248		62.424	
c) mit 2 Kindern	74.700		69.576	
d) mit 3 Kindern	81.852		76.728	
Zusammenveranlagte Ehegatten / Lebenspartner (zwei Arbeitnehmer)				
	Personenkreis A*		**Personenkreis B ***	
a) ohne Kinder	61.976		57.072	
b) mit 1 Kind	70.092		64.224	
c) mit 2 Kindern	78.389		71.376	
d) mit 3 Kindern	86.685		78.528	

*) Unter den Personenkreis A fallen rentenversicherungspflichtige Arbeitnehmer, unter den Personenkreis B nicht rentenversicherungspflichtige Arbeitnehmer, z. B. Beamte, Richter, Berufssoldaten mit eigenen Aufwendungen zur Kranken- und Pflegepflichtversicherung von 1.900 Euro / 3.800 Euro pro Jahr (bei alleinverdienenden Ehegatten / Lebenspartnern 3.000 Euro).

Die in der Tabelle angegebenen Beträge können sich im Einzelfall noch erhöhen, wenn höhere Abzüge (z. B. Versorgungs-Freibetrag, Werbungskosten oberhalb des Pauschbetrags, zusätzliche Sonderausgaben beispielsweise aufgrund eines kassenindividuellen Zusatzbeitragssatzes zur gesetzlichen Krankenversicherung, außergewöhnliche Belastungen) zu berücksichtigen sind.

Die angegebenen Beträge können sich allerdings auch verringern, wenn Sie noch weitere Einkünfte haben, bzw. in der gesetzlichen Rentenversicherung die Beitragsbemessungsgrenze Ost anzuwenden ist.

⑥ Falls Sie zum Zeitpunkt der Antragstellung noch keinen Einkommensteuerbescheid erhalten haben, machen Sie bitte die zusätzlichen Angaben über Ihre Einkommensverhältnisse. Hierdurch wird gewährleistet, dass das Finanzamt Ihren Antrag ohne weitere Rückfragen bearbeiten kann.

⑦ Weitere Einkünfte sind z. B. Einkünfte aus Land- und Forstwirtschaft, aus Gewerbebetrieb, aus selbständiger Arbeit, aus Vermietung und Verpachtung sowie die sonstigen Einkünfte nach § 22 Einkommensteuergesetz (EStG), insbesondere der der Besteuerung unterliegende Teil der Renten aus der gesetzlichen Rentenversicherung. Einkünfte aus Kapitalvermögen, die der abgeltenden Kapitalertragsteuer nach § 43 Absatz 5 EStG (sog. Abgeltungsteuer) bzw. dem gesonderten Steuertarif nach § 32d Absatz 1 Satz 1 EStG unterliegen, bleiben dabei unberücksichtigt.

⑧ Bausparbeiträge und andere Aufwendungen im Sinne des Wohnungsbau-Prämiengesetzes sind **insgesamt** nur bis zu einem Höchstbetrag von 512 Euro bei Alleinstehenden ② bzw. 1.024 Euro bei zusammenveranlagten Ehegatten/Lebenspartnern nach dem LPartG ② prämienbegünstigt. Für die im Antrag unter II. aufgeführten Aufwendungen besteht ein Prämienanspruch nur, soweit Sie die genannten Höchstbeträge noch nicht ausgeschöpft haben.

⑨ Der Antrag auf Wohnungsbauprämie ist vom Prämienberechtigten eigenhändig zu unterschreiben. Bei Ehegatten/Lebenspartnern nach dem LPartG, die eine Höchstbetragsgemeinschaft ② bilden, muss jeder Ehegatte / Lebenspartner nach dem LPartG den Antrag unterschreiben. Bei minderjährigen Prämienberechtigten ist auch die Unterschrift des gesetzlichen Vertreters erforderlich.

Übersicht

I. Verordnung über die örtliche Zuständigkeit für die Einkommensteuer von im Ausland ansässigen Arbeitnehmern des Baugewerbes (Arbeitnehmer-Zuständigkeitsverordnung – Bau – ArbZustBauV)

II. Verordnung über die örtliche Zuständigkeit für die Umsatzsteuer im Ausland ansässiger Unternehmer (Umsatzsteuerzuständigkeitsverordnung – UStZustV)

I. Verordnung über die örtliche Zuständigkeit für die Einkommensteuer von im Ausland ansässigen Arbeitnehmern des Baugewerbes (Arbeitnehmer-Zuständigkeitsverordnung – Bau – ArbZustBauV)

Artikel 6 des Gesetzes vom 30. 8. 2001 (BGBl. I S. 2267)
geändert durch Artikel 62b des Gesetzes zur Bereinigung von Bundesrecht im Zuständigkeitsbereich des Bundesministeriums der Finanzen und zur Änderung des Münzgesetzes vom 8. 5. 2008 (BGBl. I S. 810)

§ 1

[1]Für die Einkommensteuer des Arbeitnehmers, der von einem Unternehmer im Sinne des § 20a Abs. 1 oder 2 der Abgabenordnung im Inland beschäftigt ist und der seinen Wohnsitz im Ausland hat, ist das in § 1 Abs. 1 oder 2 der Umsatzsteuerzuständigkeitsverordnung für seinen Wohnsitzstaat genannte Finanzamt zuständig. [2]Hat der Arbeitnehmer eines in der Republik Polen ansässigen Unternehmens im Sinne des § 20a Abs. 1 oder 2 der Abgabeordnung seinen Wohnsitz in der Republik Polen, ist für seine Einkommensteuer abweichend von Satz 1 das Finanzamt zuständig, das für seinen Arbeitgeber zuständig ist.

§ 2

Diese Verordnung tritt am 7. September 2001 in Kraft.

II. Verordnung über die örtliche Zuständigkeit für die Umsatzsteuer im Ausland ansässiger Unternehmer (Umsatzsteuerzuständigkeitsverordnung – UStZustV)

vom 20. 12. 2001 (BGBl. I S. 3794, 3814)
zuletzt geändert durch ***Artikel 7 der Verordnung vom 22. Dezember 2014 (BGBl. I S. 2392)***

§ 1

(1) Für die Umsatzsteuer der Unternehmer im Sinne des § 21 Abs. 1 Satz 2 der Abgabenordnung sind folgende Finanzämter örtlich zuständig:

1. das Finanzamt Trier für im Königreich Belgien ansässige Unternehmer,
2. das Finanzamt Neuwied für in der Republik Bulgarien ansässige Unternehmer,
3. das Finanzamt Flensburg für im Königreich Dänemark ansässige Unternehmer,
4. das Finanzamt Rostock für in der Republik Estland ansässige Unternehmer,
5. das Finanzamt Bremen für in der Republik Finnland ansässige Unternehmer,
6. das Finanzamt Offenburg für in der Französischen Republik ansässige Unternehmer,
7. das Finanzamt Hannover-Nord für im Vereinigten Königreich Großbritannien und Nordirland ansässige Unternehmer,
8. das Finanzamt Berlin Neukölln für in der Griechischen Republik ansässige Unternehmer,
9. das Finanzamt Hamburg-Nord für in der Republik Irland ansässige Unternehmer,
10. das Finanzamt München für in der Italienischen Republik ansässige Unternehmer,
11. das Finanzamt Kassel-Hofgeismar für in der Republik Kroatien ansässige Unternehmer,
12. das Finanzamt Bremen für in der Republik Lettland ansässige Unternehmer,
13. das Finanzamt Konstanz für im Fürstentum Liechtenstein ansässige Unternehmer,
14. das Finanzamt Mühlhausen für in der Republik Litauen ansässige Unternehmer,
15. das Finanzamt Saarbrücken Am Stadtgraben für im Großherzogtum Luxemburg ansässige Unternehmer,
16. das Finanzamt Berlin Neukölln für in der Republik Mazedonien ansässige Unternehmer,

17. das Finanzamt Kleve für im Königreich der Niederlande ansässige Unternehmer,
18. das Finanzamt Bremen für im Königreich Norwegen ansässige Unternehmer,
19. das Finanzamt München für in der Republik Österreich ansässige Unternehmer,
20. ***das Finanzamt Oranienburg für in der Republik Polen ansässige Unternehmer, deren Nachname oder Firmenname mit den Buchstaben A bis M beginnt; das Finanzamt Cottbus für in der Republik Polen ansässige Unternehmer, deren Nachname oder Firmenname mit den Anfangsbuchstaben N bis Ż beginnt, sowie für alle in der Republik Polen ansässige Unternehmer, auf die das Verfahren nach § 18 Absatz 4e des Umsatzsteuergesetzes anzuwenden ist,***[1])
21. das Finanzamt Kassel-Hofgeismar für in der Portugiesischen Republik ansässige Unternehmer,
22. das Finanzamt Chemnitz-Süd für in Rumänien ansässige Unternehmer,
23. das Finanzamt Magdeburg für in der Russischen Föderation ansässige Unternehmer,
24. das Finanzamt Hamburg-Nord für im Königreich Schweden ansässige Unternehmer,
25. das Finanzamt Konstanz für in der Schweizerischen Eidgenossenschaft ansässige Unternehmer,
26. das Finanzamt Chemnitz-Süd für in der Slowakischen Republik ansässige Unternehmer,
27. das Finanzamt Kassel-Hofgeismar für im Königreich Spanien ansässige Unternehmer,
28. das Finanzamt Oranienburg für in der Republik Slowenien ansässige Unternehmer,
29. das Finanzamt Chemnitz-Süd für in der Tschechischen Republik ansässige Unternehmer,
30. das Finanzamt Dortmund-Unna für in der Republik Türkei ansässige Unternehmer,
31. das Finanzamt Magdeburg für in der Ukraine ansässige Unternehmer,
32. das Zentralfinanzamt Nürnberg für in der Republik Ungarn ansässige Unternehmer,
33. das Finanzamt Magdeburg für in der Republik Weißrussland ansässige Unternehmer,
34. das Finanzamt Bonn-Innenstadt für in den Vereinigten Staaten von Amerika ansässige Unternehmer.

(2) Für die Umsatzsteuer der Unternehmer im Sinne des § 21 Abs. 1 Satz 2 der Abgabenordnung, die nicht von Absatz 1 erfasst werden, ist das Finanzamt Berlin Neukölln zuständig.

(2a) Abweichend von den Absätzen 1 und 2 ist für die Unternehmer, die von § 18 Abs. 4c des Umsatzsteuergesetzes Gebrauch machen, das Bundeszentralamt für Steuern zuständig.

(3) Die örtliche Zuständigkeit nach § 61 Abs. 1 Satz 1 der Umsatzsteuer-Durchführungsverordnung für die Vergütung der abziehbaren Vorsteuerbeträge an im Ausland ansässige Unternehmer bleibt unberührt.

§ 2

Diese Verordnung tritt am Tage nach ihrer Verkündung in Kraft.

[1]) ***§ 1 Abs. 1 Nr. 20 UStZustV wurde durch die Verordnung zur Änderung steuerlicher Verordnungen und weiterer Vorschriften (Inkrafttreten 30. 12. 2014) geändert.***

Übersicht

I. Elektronische Lohnsteuerabzugsmerkmale;

Startschreiben zum erstmaligen Abruf und zur Anwendung ab dem Kalenderjahr 2013

BMF vom 19. 12. 2012 (BStBl I S. 1258) – IV C 5 – S 2363/07/0002-03 – 2012/1170782 –

Nach § 52b Absatz 5 Satz 1 Einkommensteuergesetz (EStG) in der Fassung der Bekanntmachung vom 8. Oktober 2009 (BGBl. I S. 3366, 3862), die zuletzt durch Artikel 3 des Gesetzes vom 8. Mai 2012 (BGBl. I S. 1030) geändert worden ist, hat das Bundesministerium der Finanzen den Zeitpunkt der erstmaligen Anwendung der elektronischen Lohnsteuerabzugsmerkmale (ELStAM) für die Durchführung des Lohnsteuerabzugs sowie den Zeitpunkt des erstmaligen Abrufs der ELStAM durch den Arbeitgeber (Starttermin) in einem BMF-Schreiben (Startschreiben) zu bestimmen.

Im Einvernehmen mit den obersten Finanzbehörden der Länder wird als Starttermin für das Verfahren der elektronischen Lohnsteuerabzugsmerkmale (ELStAM-Verfahren) der 1. November 2012 festgelegt. Ab diesem Zeitpunkt können die Arbeitgeber die ELStAM der Arbeitnehmer mit Wirkung ab dem 1. Januar 2013 abrufen. Damit hat der Arbeitgeber das ELStAM-Verfahren grundsätzlich für laufenden Arbeitslohn, der für einen nach dem 31. Dezember 2012 endenden Lohnzahlungszeitraum gezahlt wird, und für sonstige Bezüge, die nach dem 31. Dezember 2012 zufließen, anzuwenden (§ 52b Absatz 5 Satz 2 EStG). Abweichend von § 52b Absatz 5 Satz 2 EStG in der o. g. Fassung sind für die Einführung des ELStAM-Verfahrens die verfahrenserleichternden Regelungen des § 52b – neu – EStG in der Fassung des Jahressteuergesetzes 2013 (JStG 2013) zu beachten. Das parlamentarische Verfahren zum JStG 2013 ist noch nicht abgeschlossen. Es ist aber davon auszugehen, dass die Neufassung des § 52b EStG zu einem späteren Zeitpunkt in Kraft treten wird. Damit sind die in der Entwurfsfassung des BMF-Schreibens mit Stand vom 2. Oktober 2012 – IV C 5 – S 2363/07/0002-03 – / – 2012/0813379 – (sog. ELStAM-Startschreiben)[1]) enthaltenen Regelungen für den Lohnsteuerabzug im Einführungszeitraum 2013 weiterhin anzuwenden. Dieser Entwurf enthält insbesondere Ausführungen zur Möglichkeit der weiteren Anwendung der Lohnsteuerkarte 2010 oder sonstiger Papierbescheinigungen solange der Arbeitgeber das ELStAM-Verfahren in 2013 noch nicht anwendet. Die Entwurfsfassung dieses BMF-Schreibens steht auf den Internetseiten des Bundesministeriums der Finanzen (http://www.bundesfinanzministerium.de) unter der Rubrik Themen – Steuern – Steuerarten – Lohnsteuer – BMF-Schreiben/Allgemeines bzw. unter http://www.bundesfinanzministerium.de/Content/DE/Downloads/BMF_Schreiben/Steuerarten /Lohnsteuer/2012-10-02-elstam.html zur Einsicht und zum Abruf bereit.

Für die Durchführung des Regelverfahrens zur Anwendung der ELStAM wird auf § 39e EStG und die Entwurfsfassung des BMF-Schreibens mit Stand vom 11. Oktober 2012 – IV C 5 – S 2363/07/0002-03 – / – 2012/0929862 – (sog. ELStAM-Anwendungsschreiben)[2]) hingewiesen. Die Entwurfsfassung dieses BMF-Schreibens steht auf den Internetseiten des Bundesministeriums der Finanzen (http://www.bundesfinanzministerium.de) unter der Rubrik Themen – Steuern –

[1]) → Anhang 17 II. → BMF vom 25. 7. 2013 in der endgültigen Fassung.
[2]) → Anhang 17 III. → BMF vom 7. 8. 2013 in der endgültigen Fassung.

Steuerarten – Lohnsteuer – BMF-Schreiben/Allgemeines bzw. unter http://www.bundesfinanzministerium.de/Content/DE/Downloads/BMF_Schreiben/Steuerarten/Lohnsteuer/2012-10-12-;LStAbzugsmerkmale.html zur Einsicht und zum Abruf bereit. Dieses Schreiben wird im Bundessteuerblatt Teil I veröffentlicht.

II.
Elektronische Lohnsteuerabzugsmerkmale (ELStAM); Erstmaliger Abruf der elektronischen Lohnsteuerabzugsmerkmale durch den Arbeitgeber und Anwendungsgrundsätze für den Einführungszeitraum 2013

BMF vom 25. 7. 2013 (BStBl I S. 943) – IV C 5 – S 2363/13/10003 – 2013/0634146

Nach § 52b EStG in der Fassung des Gesetzes zur Umsetzung der Amtshilferichtlinie sowie zur Änderung steuerlicher Vorschriften (Amtshilferichtlinie-Umsetzungsgesetz – AmtshilfeRLUmsG) vom 26. Juni 2013 (BGBl. I S. 1809) sind im Einvernehmen mit den obersten Finanzbehörden der Länder für den Lohnsteuerabzug ab dem Kalenderjahr 2013 die folgenden Regelungen zu beachten:

Inhaltsübersicht

I. Starttermin

Mit Schreiben vom 19. Dezember 2012 – IV C 5 – S 2363/07/0002-03 – / – 2012/1170782 – (BStBl I S. 1258, ELStAM-Startschreiben) hat das Bundesministerium der Finanzen als Starttermin für das Verfahren der elektronischen Lohnsteuerabzugsmerkmale (ELStAM-Verfahren) den 1. November 2012 festgelegt. Ab diesem Zeitpunkt können die Arbeitgeber die ELStAM der Arbeitnehmer mit Wirkung ab dem 1. Januar 2013 abrufen. Der Arbeitgeber hat das ELStAM-Verfahren grundsätzlich für laufenden Arbeitslohn, der für einen nach dem 31. Dezember 2012 endenden Lohnzahlungszeitraum gezahlt wird, und für sonstige Bezüge, die nach dem *31. Dezember 2012 zufließen*, anzuwenden.

II. Einführungszeitraum für das ELStAM-Verfahren

Nach der Regelung in § 52b Absatz 5 Satz 2 EStG ist für die Einführung des ELStAM-Verfahrens ein Zeitraum zu bestimmen (Einführungszeitraum). Auf der Grundlage dieser Vorschrift wird hiermit das Kalenderjahr 2013 als Einführungszeitraum bestimmt. Damit wird insbesondere den Arbeitgebern ein längerer Umstellungszeitraum auf das ELStAM-Verfahren angeboten, um auch eventuelle technische und organisatorische Probleme, die bei einem gleichzeitigen Einstieg aller Arbeitgeber zu einem festen Termin entstehen könnten, zu vermeiden. Daraus folgt auch, dass der Arbeitgeber die ELStAM spätestens für den letzten im Kalenderjahr

2013 endenden Lohnzahlungszeitraum abzurufen und anzuwenden hat. Ein Abruf mit Wirkung ab 2014 ist verspätet.

Weil im Einführungszeitraum das Lohnsteuerabzugsverfahren nach Maßgabe der Regelungen für das Papierverfahren oder für das ELStAM-Verfahren durchgeführt werden kann, sind abweichend vom BMF-Schreiben vom 7. August 2013 IV C 5 S 2363/13/10003 – / – 2013/0755076 – (BStBl I S. 951) die folgenden Regelungen zu beachten.

III. Arbeitgeber

1. Papierverfahren im Einführungszeitraum

Solange der Arbeitgeber im Einführungszeitraum das ELStAM-Verfahren nicht anwendet, sind für den Lohnsteuerabzug folgende Papierbescheinigungen zugrunde zu legen:

1. Die Lohnsteuerkarte 2010 oder
2. eine vom Finanzamt nach § 52b Absatz 3 EStG ausgestellte Bescheinigung für den Lohnsteuerabzug 2011, 2012 oder 2013 (Ersatzbescheinigung 2011, 2012, 2013).

Sind von den unter Nummer 1 und 2 genannten Papierbescheinigungen abweichende Lohnsteuerabzugsmerkmale anzuwenden, kann sie der Arbeitnehmer anhand folgender amtlicher Bescheinigungen nachweisen:

1. Mitteilungsschreiben des Finanzamts zur „Information über die erstmals elektronisch gespeicherten Daten für den Lohnsteuerabzug (Elektronische Lohnsteuerabzugsmerkmale)" nach § 52b Absatz 9 EStG i. d. F. des Jahres 2012,
2. Ausdruck oder sonstige Papierbescheinigung des Finanzamts mit den ab dem 1. Januar 2012 oder zu einem späteren Zeitpunkt im Übergangszeitraum 2012 und Einführungszeitraum 2013 gültigen ELStAM oder
3. Besondere Bescheinigung für den Lohnsteuerabzug (Tz. III. 2.) aufgrund abweichender Meldedaten (§ 52b Absatz 5a Satz 3 EStG bis zur Bereitstellung der ELStAM nach Aufhebung der Abrufsperre, längstens bis zum Ablauf der Gültigkeit (§ 52b Absatz 5a Satz 4 und 5 EStG.

Die in den vor dem 1. Januar 2013 ausgestellten Ausdrucken oder sonstigen Papierbescheinigungen eingetragenen Lohnsteuerabzugsmerkmale (Steuerklasse, Zahl der Kinderfreibeträge, Freibetrag, Hinzurechnungsbetrag, Kirchensteuerabzugsmerkmal, Faktor) bleiben weiterhin gültig und sind dem Lohnsteuerabzug im Einführungszeitraum zugrunde zu legen (§ 52b Absatz Satz 1 und Absatz 3 EStG. Ein erneuter Antrag des Arbeitnehmers ist hierfür nicht erforderlich.

Das Mitteilungsschreiben des Finanzamts nach § 52b Absatz 9 EStG i. d. F. des Jahres 2012 ist nur dann für den Arbeitgeber maßgebend, wenn ihm gleichzeitig die Lohnsteuerkarte 2010 oder die Ersatzbescheinigung 2011 für das erste Dienstverhältnis des Arbeitnehmers vorliegt (Steuerklassen I bis V). Hingegen ist der Ausdruck bzw. die sonstige Papierbescheinigung des Finanzamts mit den ab dem 1. Januar 2012 oder zu einem späteren Zeitpunkt im Einführungszeitraum 2013 gültigen Lohnsteuerabzugsmerkmalen für den Arbeitgeber maßgebend, wenn ihm gleichzeitig die Lohnsteuerkarte 2010 oder die Ersatzbescheinigung 2011, 2012, 2013 für das erste Dienstverhältnis des Arbeitnehmers vorliegt (Steuerklassen I bis V).

Legt der Arbeitnehmer ein Mitteilungsschreiben des Finanzamts nach § 52b Absatz 9 EStG i. d. F. des Jahres 2012, einen Ausdruck bzw. eine sonstige Papierbescheinigung des Finanzamts oder eine Besondere Bescheinigung für den Lohnsteuerabzug dem Arbeitgeber zum Zweck der Berücksichtigung beim Lohnsteuerabzug vor, sind allein die ausgewiesenen Lohnsteuerabzugsmerkmale auf der zuletzt ausgestellten amtlichen Bescheinigung für den Lohnsteuerabzug maßgebend. Sämtliche auf einer Lohnsteuerkarte 2010 oder einer zu einem früheren Zeitpunkt ausgestellten Ersatzbescheinigung 2011, 2012, 2013 oder einer anderen zu einem früheren Zeitpunkt ausgestellten amtlichen Bescheinigung eingetragenen Lohnsteuerabzugsmerkmale werden überschrieben. Diese vereinfachte Nachweismöglichkeit besteht auch dann, wenn der Arbeitnehmer im Kalenderjahr 2013 in ein neues erstes Dienstverhältnis wechselt.

Somit sind die zuletzt eingetragenen Lohnsteuerabzugsmerkmale – unabhängig von der eingetragenen Gültigkeit – vom Arbeitgeber zunächst auch noch für das Lohnsteuerabzugsverfahren im Einführungszeitraum zu berücksichtigen. Der Arbeitgeber braucht nicht zu prüfen, ob die Voraussetzungen für die einzelnen Lohnsteuerabzugsmerkmale dem Grunde bzw. der Höhe nach noch vorliegen.

Zur Verpflichtung des Arbeitgebers zur Entgegennahme und Aufbewahrung der vom Finanzamt ausgestellten Papierbescheinigungen vgl. Tz. III. 9.

Ist auf der Lohnsteuerkarte 2010 eine Lohnsteuerbescheinigung erteilt und die Lohnsteuerkarte an den Arbeitnehmer herausgegeben worden, kann der Arbeitgeber bei fortbestehendem Dienstverhältnis die Lohnsteuerabzugsmerkmale der Lohnsteuerkarte 2010 im Einführungszeitraum 2013 weiter anwenden, wenn der Arbeitnehmer schriftlich bestätigt, dass die Lohnsteuerabzugsmerkmale der Lohnsteuerkarte 2010 auch weiterhin für den Lohnsteuerabzug im Einführungszeitraum 2013 zutreffend sind (§ 52b Absatz 1 Satz 5 EStG). Eine amtliche Bescheinigung ist hierfür nicht vorgesehen, so dass eine formlose Erklärung des Arbeitnehmers als Nachweis ausreicht. Diese schriftliche Bestätigung ist als Beleg zum Lohnkonto zu nehmen.

Für unbeschränkt einkommensteuerpflichtige ledige Arbeitnehmer, die im Kalenderjahr 2013 während des Einführungszeitraums ein Ausbildungsverhältnis als erstes Dienstverhältnis beginnen, kann der Arbeitgeber die Vereinfachungsregelung des § 52b Absatz 4 EStG anwenden. In diesen Fällen kann der Arbeitgeber den Lohnsteuerabzug ohne Vorlage einer Lohnsteuerkarte 2010 oder Ersatzbescheinigung 2011, 2012, 2013 nach der Steuerklasse I vornehmen. Dazu hat der Auszubildende seinem Arbeitgeber die Identifikationsnummer, den Tag der Geburt und ggf. die rechtliche Zugehörigkeit zu einer steuererhebenden Religionsgemeinschaft mitzuteilen und schriftlich zu bestätigen, dass es sich um ein erstes Dienstverhältnis handelt.

Wurde die vorstehende Vereinfachungsregelung bereits im Kalenderjahr 2011 oder 2012 in Anspruch genommen, kann im Einführungszeitraum 2013 die Lohnsteuer weiterhin nach der Steuerklasse I ermittelt werden. Voraussetzung hierfür ist eine schriftliche Bestätigung des Auszubildenden, dass es sich weiterhin um sein erstes Dienstverhältnis handelt.

2. Bescheinigung bei unzutreffenden ELStAM und Sperrung des Arbeitgeberabrufs (Besondere Bescheinigung für den Lohnsteuerabzug)

Bei Einführung des ELStAM-Verfahrens bzw. dem erstmaligen Abruf der ELStAM durch den Arbeitgeber kann nicht ausgeschlossen werden, dass die Finanzverwaltung für den Arbeitnehmer aufgrund fehlerhafter Meldedaten materiell unzutreffende ELStAM bereitstellt, da die Finanzämter nicht befugt sind, in der ELStAM-Datenbank gespeicherte Meldedaten zu ändern. Es können auch aus anderen Gründen unzutreffende ELStAM gespeichert sein, deren Berichtigung aus technischen Gründen nicht zeitnah möglich ist.

Hat das Finanzamt in diesen Fällen eine Besondere Bescheinigung für den Lohnsteuerabzug ausgestellt (§ 52b Absatz 5a Satz 3 EStG, Tz. V. 2.), wird der Arbeitgeberabruf gesperrt, sog. Vollsperrung. Meldet der Arbeitgeber oder sein Vertreter den Arbeitnehmer trotz erfolgter Sperrung an, erhält er die Mitteilung „Keine Anmeldeberechtigung". Die Regelungen des § 39e Absatz 6 Satz 8 EStG (Lohnsteuerabzug nach Steuerklasse VI) sind nicht anzuwenden, wenn der Arbeitnehmer dem Arbeitgeber die Besondere Bescheinigung für den Lohnsteuerabzug vorgelegt hat.

Der Arbeitgeber darf die Lohnsteuerabzugsmerkmale dieser Besonderen Bescheinigung für den Lohnsteuerabzug nur dann für den angegebenen Zeitraum anwenden, wenn ihm die Lohnsteuerkarte 2010 oder eine Ersatzbescheinigung 2011, 2012, 2013 des Arbeitnehmers mit einer der Steuerklassen I bis V (erstes Dienstverhältnis) vorliegt. Zur Anwendung der kalenderjahrbezogen bescheinigten Lohnsteuerabzugsmerkmale vgl. Tz. V. 2.

Erfolgte die Sperrung der ELStAM vor dem erstmaligen Abruf durch den Arbeitgeber, hat der Arbeitnehmer und nicht das Finanzamt dem Arbeitgeber die Aufhebung der Sperrung mitzuteilen (Tz. IV und V. 2.). Dazu hat der Arbeitnehmer seinem Arbeitgeber das Informationsschreiben seines Wohnsitzfinanzamts über die Aufhebung der Sperrung auszuhändigen. Aufgrund dieser Mitteilung hat der Arbeitgeber den beschäftigten Arbeitnehmer erstmalig in der ELStAM-Datenbank anzumelden (Tz. III. 4.) und die entsprechenden ELStAM abzurufen. Diese Grundsätze gelten auch bei einem Arbeitgeberwechsel während der Dauer der Sperrung.

Hat das Finanzamt die ELStAM nach ihrem erstmaligen Abruf gesperrt, wird dem Arbeitgeber die Aufhebung der Sperrung durch Bereitstellung sog. Änderungslisten automatisch mitgeteilt. Daraufhin hat der Arbeitgeber die bereitgestellten ELStAM abzurufen und ab der dem Abruf folgenden Lohnabrechnung anzuwenden.

3. Unzutreffende ELStAM aus anderen Gründen

Bei unzutreffenden ELStAM, die auf vom Finanzamt zu bildenden Merkmalen beruhen (z. B. Freibetrag aus dem Lohnsteuerermäßigungsverfahren, Steuerklassenkombination bei Ehegatten, Beantragung der Steuerklasse II), korrigiert das Finanzamt auf Veranlassung des Arbeitnehmers die ELStAM in der Datenbank. Daraufhin werden dem Arbeitgeber die zutreffenden ELStAM zur Verfügung gestellt.

Nimmt das Finanzamt die Korrektur vor dem erstmaligen Abruf vor (z. B. bei Feststellung des Fehlers im Rahmen des Ermäßigungsverfahrens), werden dem Arbeitgeber beim erstmaligen Abruf die zutreffenden ELStAM bereitgestellt. Der vom Finanzamt in diesem Fall ausgestellte Ausdruck der ELStAM (Tz. V. 2) kann auch vor dem erstmaligen Arbeitgeberabruf nach den Grundsätzen der Tz. III. 1 dem Lohnsteuerabzug zugrunde gelegt werden.

Nimmt das Finanzamt die Korrektur nach dem erstmaligen Abruf vor, werden dem Arbeitgeber die zutreffenden ELStAM bereitgestellt (sog. Änderungsmitteilung), die rückwirkend auf den Zeitpunkt des erstmaligen Abrufs angewendet werden können. Zur Beschleunigung der Korrektur eines unzutreffenden Lohnsteuerabzugs kann der in diesem Fall ausgestellte Ausdruck der ELStAM (Tz. V. 2.) vor dem Abruf der korrigierten ELStAM nach den Grundsätzen der Tz. III. 1. dem Lohnsteuerabzug zugrunde gelegt werden.

4. Erstmaliger Einsatz des ELStAM-Verfahrens nach dem Starttermin

Nach dem Starttermin hat der Arbeitgeber oder sein Vertreter die beschäftigten Arbeitnehmer im Einführungszeitraum für den Einsatz des ELStAM-Verfahrens in der ELStAM-Datenbank anzumelden. Dazu soll der Arbeitgeber sämtliche Arbeitnehmer einer lohnsteuerlichen Betriebsstätte zeitgleich in das ELStAM-Verfahren einbeziehen. Um den Arbeitgebern den Einstieg in das ELStAM-Verfahren zu erleichtern, bestehen abweichend davon aber keine Bedenken, die Arbeitnehmer im Einführungszeitraum auch stufenweise (zu verschiedenen Zeitpunkten) in das ELStAM-Verfahren zu überführen. Wählt der Arbeitgeber diese Möglichkeit, hat er für den Lohnsteuerabzug – bezogen auf die jeweilige Betriebsstätte – sowohl die Regelungen für das Papierverfahren als auch für das ELStAM-Verfahren zu beachten.

Der Arbeitgeber soll dem Arbeitnehmer den Zeitpunkt für die erstmalige Anwendung der ELStAM zeitnah mitteilen. Eine Mitteilung des erstmaligen Abrufs der ELStAM gegenüber dem Betriebsstättenfinanzamt ist nicht erforderlich. Bei der Anmeldung in der ELStAM-Datenbank hat der Arbeitgeber auch anzugeben, ob es sich um ein erstes oder ein weiteres Dienstverhältnis des Arbeitnehmers handelt. Diese Angaben sind für die programmgesteuerte Bildung der Lohnsteuerklasse erforderlich.

Ein erstes Dienstverhältnis darf der Arbeitgeber während des Einführungszeitraums nur anmelden, wenn ihm für den betreffenden Arbeitnehmer

- die Lohnsteuerkarte 2010 oder
- eine vom Finanzamt ausgestellte Bescheinigung für den Lohnsteuerabzug 2011, 2012 oder 2013 (Ersatzbescheinigung 2011, 2012, 2013)

mit einer der Steuerklassen I bis V vorliegt
oder wenn

- er im Rahmen der Vereinfachungsregelung für Auszubildende (§ 52b Absatz 4 EStG) den Lohnsteuerabzug ohne Vorlage einer Lohnsteuerkarte 2010 oder einer Ersatzbescheinigung nach der Steuerklasse I vorgenommen hat oder
- er die Lohnsteuerabzugsmerkmale der Lohnsteuerkarte 2010 nach § 52b Absatz 1 Satz 5 EStG aufgrund einer Erklärung des Arbeitnehmers weiter angewendet hat (§ 52b Absatz 5 Satz 5 EStG.

Diese Grundsätze gelten – mit Ausnahme der Fälle des § 52b Absatz 1 Satz 5 EStG (Anwendung der Lohnsteuerabzugsmerkmale 2010 ohne Lohnsteuerkarte 2010) – auch bei Begründung eines neuen Dienstverhältnisses im Einführungszeitraum. Für unbeschränkt einkommensteuerpflichtige ledige Arbeitnehmer, die im Einführungszeitraum nach Einstieg des Arbeitgebers in das ELStAM-Verfahren ein Ausbildungsverhältnis als erstes Dienstverhältnis beginnen, kann der Arbeitgeber ein erstes Dienstverhältnis ohne Vorlage einer Lohnsteuerkarte 2010 oder einer Ersatzbescheinigung anmelden, wenn der Auszubildende seinem Arbeitgeber dies entsprechend schriftlich bestätigt.

5. ELStAM bei verschiedenen Lohnarten

Auch wenn der Arbeitgeber verschiedenartige Bezüge zahlt, sind diese aufgrund des Grundsatzes eines einheitlichen Dienstverhältnisses zu einem Arbeitgeber zusammenzurechnen. In den folgenden Fällen handelt es sich um ein einheitliches Dienstverhältnis, so dass die Lohnsteuer für die Bezüge einheitlich und nach denselben ELStAM zu erheben ist. Der Abruf von ELStAM für ein zweites Dienstverhältnis des Arbeitnehmers durch denselben Arbeitgeber ist nicht möglich.

Beispiele für die Zahlung verschiedenartiger Bezüge:

- Ein Arbeitnehmer erhält vom Arbeitgeber neben einer Betriebsrente noch Arbeitslohn *für ein aktives Dienstverhältnis*; die Lohnsteuer wird nicht pauschal erhoben.
- Ein Arbeitnehmer erhält vom Arbeitgeber Hinterbliebenenbezüge und eigene Versorgungsbezüge oder Arbeitslohn für ein aktives Dienstverhältnis.
- Ein Arbeitnehmer ist in Elternzeit und arbeitet gleichwohl beim selben Arbeitgeber weiter.

Behandelt der Arbeitgeber solche Bezüge bei der Durchführung des Lohnsteuerabzugs wie Bezüge aus unterschiedlichen Dienstverhältnissen, sind für Lohnabrechnungszeiträume, die vor dem 1. Januar 2015 enden, bzw. für sonstige Bezüge, die vor dem 1. Januar 2015 zufließen, die vom Arbeitgeber abgerufenen ELStAM für einen der gezahlten Bezüge anzuwenden.[1]) Für den jeweils anderen Bezug ist die Steuerklasse VI ohne weiteren Abruf von ELStAM für ein zweites Dienstverhältnis zu Grunde zu legen. Für den Lohnsteuereinbehalt von Versorgungsbezügen nach der Steuerklasse VI ist § 39b Absatz 2 Satz 5 Nummer 1 EStG zu berücksichtigen, wonach kein Zuschlag zum Versorgungsfreibetrag anzusetzen ist. Die Lohnsteuerbescheinigung ist entsprechend den getrennt abgerechneten Bezügen auszustellen und an die Finanzverwaltung zu übermitteln.

6. Anwendung der abgerufenen ELStAM

Nach erfolgreichem Abruf der ELStAM hat der Arbeitgeber für die angemeldeten Arbeitnehmer die Vorschriften des ELStAM-Verfahrens (§§ 38 bis 39e EStG, Regelverfahren) anzuwenden. Danach sind die vom Arbeitgeber oder seinem Vertreter abgerufenen ELStAM grundsätzlich für die nächste auf den Abrufzeitpunkt folgende Lohnabrechnung anzuwenden und im Lohnkonto aufzuzeichnen (§§ 52b Absatz 5 Satz 3, 41 Absatz 1 Satz 2 EStG; Ausnahme vgl. Tz. III. 7.).

Eine erneute Anwendung der Lohnsteuerabzugsmerkmale nach der Lohnsteuerkarte 2010 sowie der vom Finanzamt ausgestellten Ersatzbescheinigung 2011, 2012, 2013 und nach den weiteren unter Tz. III. 1. genannten Papierbescheinigungen ist grundsätzlich nicht mehr möglich (§ 52b Absatz 5a Satz 1 und 2 EStG; Ausnahme vgl. Tz. III. 7.). Dieser Grundsatz ist auch dann zu beachten, wenn ein späterer Abruf oder eine spätere Anwendung der ELStAM aufgrund technischer Störungen nicht möglich ist. In diesen Fällen sind die Regelungen des § 39c EStG (Einbehaltung der Lohnsteuer ohne Lohnsteuerabzugsmerkmale) anzuwenden.

Scheitert allerdings der erstmalige Abruf der ELStAM während des Einführungszeitraums aufgrund technischer Probleme, kann der Arbeitgeber bis zum vorletzten Lohnzahlungszeitraum des Einführungszeitraums weiterhin das Papierverfahren und die Regelungen des § 52b EStG anwenden.

Weichen die erstmals abgerufenen ELStAM von den auf der Lohnsteuerkarte 2010, einer vom Finanzamt ausgestellten Ersatzbescheinigung 2011, 2012, 2013 und den weiteren unter Tz. III. 1. genannten den Papierbescheinigungen eingetragenen bzw. im Lohnkonto aufgezeichneten Lohnsteuerabzugsmerkmalen ab, besteht für den Arbeitgeber weder eine Korrekturpflicht nach § 41c Absatz 1 Satz 1 Nummer 1 EStG noch eine Anzeigepflicht nach § 41c Absatz 4 i. V. m. Absatz 1 Satz 1 Nummer 1 EStG, da er bei Berücksichtigung der vom Arbeitnehmer vorgelegten Lohnsteuerkarte 2010, der vom Finanzamt ausgestellten Ersatzbescheinigung 2011, 2012, 2013 und den weiteren unter Tz. III. 1. genannten Papierbescheinigungen vorschriftsmäßig gehandelt hat. Abweichungen können z. B. dann auftreten, wenn der Arbeitnehmer seiner Anzeigeverpflichtung im Papierverfahren bei Änderungen der Lohnsteuerabzugsmerkmale zu seinen Ungunsten nicht nachgekommen ist (z. B. Steuerklasse III oder II anstatt I).

7. Verzicht auf sofortige Anwendung der abgerufenen ELStAM

Nichtanwendung der erstmals abgerufenen ELStAM

Abweichend von Tz. III. 6 kann der Arbeitgeber nach § 52b Absatz 5a Satz 7 EStG auf eine sofortige Anwendung der im Einführungszeitraum erstmals abgerufenen ELStAM einmalig verzichten. Statt dessen kann er den Lohnsteuerabzug für die Dauer von bis zu sechs Kalendermonaten weiter nach den Merkmalen der Lohnsteuerkarte 2010, einer vom Finanzamt ausgestellten Ersatzbescheinigung für den Lohnsteuerabzug 2011, 2012 2013 und der weiteren unter Tz. III. 1. genannten Papierbescheinigung bzw. nach den im Lohnkonto aufgezeichneten Lohnsteuerabzugsmerkmalen durchführen. Der 6-Monats-Zeitraum gilt auch dann, wenn dieser über das Ende des Einführungszeitraums (31. Dezember 2013) hinausreicht.

Für eine verzögerte Anwendung der erstmals abgerufenen ELStAM ist die Zustimmung des Arbeitnehmers erforderlich. Der Arbeitgeber ist nicht verpflichtet, solch eine betriebsinterne Abstimmung lohnsteuerlich zu dokumentieren; es sind keine Aufzeichnungen im Lohnkonto erforderlich.

In diesem 6-Monats-Zeitraum kann der Arbeitgeber insbesondere die Funktionsfähigkeit der eingesetzten Lohnabrechnungsprogramme absichern. Ferner ermöglicht diese Regelung, dass der Arbeitgeber dem Arbeitnehmer die abgerufenen ELStAM zur Überprüfung vorab mitteilt. Hierfür– aber auch für eine spätere Prüfung der ELStAM – stellt die Finanzverwaltung einen

---

[1]) Nichtbeanstandungsregelung wurde verlängert durch BMF-Schreiben vom 23. 10. 2014 → Anhang 17 IV.

Vordruck (Vordruck „Bescheinigung zur Überprüfung der elektronischen Lohnsteuerabzugsmerkmale (ELStAM)") im Internetangebot der obersten Finanzbehörden der Länder und in einer Formulardatenbank der Bundesfinanzverwaltung unter der Internetadresse https://www.formulare-bfinv.de in der Rubrik Formularcenter/Formularkatalog/Steuerformulare/Lohnsteuer zur Einsicht und zum Abruf bereit.

Nichtanwendung der erstmals abgerufenen ELStAM nach erstmaligem Lohnsteuerabzug

Der Arbeitgeber kann ferner nach § 52b Absatz 5a Satz 7 und 8 EStG und abweichend von Tz. III. 6 auf freiwilliger Basis und mit Zustimmung des Arbeitnehmers den Lohnsteuerabzug nach den Merkmalen der Lohnsteuerkarte 2010 oder einer vom Finanzamt ausgestellten Ersatzbescheinigung 2011, 2012, 2013 und der weiteren unter Tz. III. 1. genannten Papierbescheinigung bzw. nach den im Lohnkonto aufgezeichneten Lohnsteuerabzugsmerkmalen für die Dauer von bis zu sechs Kalendermonaten durchführen, wenn die erstmalige Anwendung der im Einführungszeitraum erstmals abgerufenen ELStAM zu einem vom bisherigen Verfahren abweichenden Lohnsteuerabzug führt. In diesem Zeitraum kann der Arbeitnehmer mit dem Finanzamt die Abweichungen der ELStAM von den bislang berücksichtigten Lohnsteuerabzugsmerkmalen aufklären. Auch hierzu kann der Arbeitgeber dem Arbeitnehmer die Abweichungen zwischen den im Lohnkonto aufgezeichneten Lohnsteuerabzugsmerkmalen und den ELStAM durch den Vordruck „Bescheinigung zur Überprüfung der elektronischen Lohnsteuerabzugsmerkmale (ELStAM)" mitteilen.

Der 6-Monats-Zeitraum gilt auch dann, wenn dieser über das Ende des Einführungszeitraums (31. Dezember 2013) hinausreicht.

Lohnsteuerabzug nach Korrektur der ELStAM bzw. nach Ablauf des 6-Monats-Zeitraums

Nach Vorlage der Besonderen Bescheinigung für den Lohnsteuerabzug (z. B. bei unzutreffenden Meldedaten) durch den Arbeitnehmer oder nach Eingang einer sog. Änderungsmitteilung zum Abruf der vom Finanzamt korrigierten ELStAM hat der Arbeitgeber diese Merkmale entsprechend Tz. III. 2 bzw. III. 3 anzuwenden. Spätestens nach Ablauf des 6-Monats-Zeitraums hat der Arbeitgeber die (erstmals) abgerufenen ELStAM anzuwenden, wenn der Arbeitnehmer keine Besondere Bescheinigung für den Lohnsteuerabzug vorgelegt hat oder keine sog. Änderungsmitteilung zum Abruf der vom Finanzamt korrigierten ELStAM eingeht, z. B. weil die (erstmals) bereitgestellten ELStAM zutreffend sind.

Keine Rückrechnungsverpflichtung des Arbeitgebers

Wendet der Arbeitgeber die Regelungen des § 52b Absatz 5a Satz 7 und 8 EStG an, besteht für ihn weder eine Rückrechnungs-/Korrekturpflicht noch eine Anzeigeverpflichtung für den 6-Monats-Zeitraum bzw. auf den 1. Januar 2013 (vgl. Tz. III. 6.).

8. Beendigung des Dienstverhältnisses bei Anwendung des ELStAM-Verfahrens

Hat der Arbeitgeber die ELStAM des Arbeitnehmers bereits angewendet, hat der Arbeitgeber den Tag der Beendigung des Dienstverhältnisses (z. B. in Fällen des Arbeitgeberwechsels) der Finanzverwaltung unverzüglich mitzuteilen (sog. Abmeldung, § 39e Absatz 4 Satz 5 EStG). Eine solche elektronische Abmeldung ist auch dann erforderlich, wenn das Finanzamt den Arbeitgeberabruf gesperrt hat (vgl. Tz. III. 2.).

9. Entgegennahme und Aufbewahrung der Lohnsteuerkarte 2010/Papierbescheinigung(en)

Der Arbeitgeber hat auch im Einführungszeitraum die Lohnsteuerkarte 2010, Ersatzbescheinigung für 2011, 2012, 2013 und die weiteren der unter Tz. III. 1. genannten Papierbescheinigungen entgegenzunehmen, aufzubewahren sowie die darauf eingetragenen Lohnsteuerabzugsmerkmale in das Lohnkonto zu übernehmen. Die so aufgezeichneten Lohnsteuerabzugsmerkmale sind dem Lohnsteuerabzug im Einführungszeitraum bis zur erstmaligen Anwendung der ELStAM für den jeweiligen Arbeitnehmer zugrunde zu legen.

Auf Anforderung hat der Arbeitgeber dem Arbeitnehmer im Einführungszeitraum die vorgelegten Bescheinigungen (Tz. III. 1.) zur Änderung nicht mehr zutreffender Lohnsteuerabzugsmerkmale durch das Finanzamt vorübergehend zu überlassen oder nach Beendigung des Dienstverhältnisses vor Ablauf des Kalenderjahres 2014 innerhalb einer angemessenen Frist auszuhändigen (§ 52b Absatz 1 Satz 3 Nummer 2 und 3 EStG).

Die Lohnsteuerkarte 2010, Ersatzbescheinigung für 2011, 2012, 2013 und die weiteren unter Tz. III. 1. genannten Papierbescheinigungen dürfen erst nach Ablauf des Kalenderjahres 2014 vernichtet werden (§ 52b Absatz 1 Satz 4 EStG).

10. Härtefallregelung

Weil der Einführungszeitraum zum 31. Dezember 2013 endet, können Härtefallanträge auf Nichtteilnahme am ELStAM-Verfahren (§ 39e Absatz 7 EStG) für das Kalenderjahr 2013 frühestens mit Wirkung ab dem letzten Lohnzahlungszeitraum in 2013 gestellt werden. Bis zu diesem Zeitpunkt steht das Papierverfahren ohnehin zur Verfügung.

IV. Arbeitnehmer

Papierverfahren vor Einsatz des ELStAM-Verfahrens

Bis zum erstmaligen Einsatz des ELStAM-Verfahrens im Einführungszeitraum sind für den Nachweis der Lohnsteuerabzugsmerkmale die Regelungen für die Papierbescheinigungen in Tz. III. 1 zu beachten. Die Vereinfachungsregelung für Auszubildende nach § 52b Absatz 4 EStG kann weiterhin angewandt werden (Tz. III. 4.).

Sind aufgrund geänderter Lebensverhältnisse für das Kalenderjahr 2013 gegenüber den Verhältnissen des Jahres 2012 abweichende Lohnsteuerabzugsmerkmale (Freibetrag, Hinzurechnungsbetrag, Kirchensteuerabzugsmerkmal, Faktor) maßgebend, kann das Finanzamt auf Antrag des Arbeitnehmers die Lohnsteuerkarte 2010 oder die Ersatzbescheinigung für 2011 oder 2012, 2013 berichtigen. Weicht die Eintragung der Steuerklasse oder die Zahl der Kinderfreibeträge auf der Lohnsteuerkarte 2010, der Ersatzbescheinigung 2011 oder 2012 oder der weiteren unter Tz. III. 1. genannten Papierbescheinigung von den Verhältnissen zu Beginn des Kalenderjahres 2013 zu Gunsten des Arbeitnehmers ab oder ist die Steuerklasse II bescheinigt und entfallen die Voraussetzungen für die Berücksichtigung des Entlastungsbetrags für Alleinerziehende (§ 24b EStG) im Laufe des Kalenderjahres 2013, besteht auch im Jahr 2013 – wie bisher – eine Anzeigepflicht des Arbeitnehmers gegenüber dem Finanzamt (§ 52b Absatz 2 Satz 2 und 3 EStG).

Wechselt der Arbeitnehmer im Einführungszeitraum seinen Arbeitgeber, hat er sich die Lohnsteuerkarte 2010 oder die Ersatzbescheinigung 2011, 2012, 2013 sowie die weiteren unter Tz. III. 1. genannten Papierbescheinigungen vom bisherigen Arbeitgeber aushändigen zu lassen und dem neuen Arbeitgeber vorzulegen.

Lohnsteuerermäßigungsverfahren 2013

Für die Berücksichtigung von Freibeträgen nach § 39a Absatz 1 Satz 1 Nummer 1 bis 3 und 5 bis 8 EStG ist zu beachten, dass die für die Kalenderjahre 2010, 2011 oder 2012 bescheinigten Beträge in 2013 ohne weiteren Antrag nur für den Zeitraum des Papierverfahrens bis zum Einsatz des ELStAM-Verfahrens im Einführungszeitraum gelten.

Entspricht ein für das Kalenderjahr 2010, 2011 oder 2012 eingetragener Freibetrag im Kalenderjahr 2013 nicht mehr den tatsächlichen Verhältnissen, z. B. Minderung des Freibetrags aufgrund geringerer Fahrtkosten für Fahrten zwischen Wohnung und regelmäßiger Arbeitsstätte als Werbungskosten, ist der Arbeitnehmer zwar nicht verpflichtet, die Anpassung des Freibetrags auf den dem Arbeitgeber vorliegenden Bescheinigungen (Tz. III. 1.) zu veranlassen. Unterbleibt jedoch ein Antrag auf Herabsetzung des Freibetrags, kann dies zu Nachzahlungen im Rahmen der Einkommensteuerveranlagung führen.

Sollen Freibeträge auch bei Anwendung der ELStAM durch den Arbeitgeber in 2013 (weiter) berücksichtigt werden, sind diese grundsätzlich im Rahmen des Lohnsteuerermäßigungsverfahrens für 2013 neu zu beantragen. Entsprechendes gilt für das Faktorverfahren (§ 39f EStG), die Steuerklasse II bei volljährigen Kindern sowie für antragsgebundene Kinderzähler, sofern nicht bereits für das Kalenderjahr 2012 eine mehrjährige Berücksichtigung des Kindes beantragt worden ist. Pauschbeträge für behinderte Menschen und Hinterbliebene werden weiterhin in der Regel mehrjährig berücksichtigt.

Korrektur der ELStAM nach Einsatz des ELStAM-Verfahrens

Stellt die Finanzverwaltung im Einführungszeitraum dem Arbeitgeber ELStAM bereit, die nach Auffassung des Arbeitnehmers unzutreffend sind, kann er beim Wohnsitzfinanzamt eine *Berichtigung der ELStAM beantragen* (vgl. Tz. III. 2 und 3.). Macht der Arbeitgeber von der Regelung in § 52b Absatz 5a Satz 7 und 8 EStG (Verzicht auf sofortige Anwendung der abgerufenen ELStAM) Gebrauch, bedarf dies der Zustimmung des Arbeitnehmers (Tz. III. 7.).

Zur Erleichterung der Kommunikation zwischen Arbeitnehmer und Finanzamt in Abweichungsfällen kann der Arbeitnehmer den Vordruck „Antrag auf Korrektur der elektronischen Lohnsteuerabzugsmerkmale (ELStAM)" verwenden, der im Internetangebot der obersten Finanzbehörden der Länder und in einer Formulardatenbank der Bundesfinanzverwaltung unter der Internetadresse https://www.formulare-bfinv.de in der Rubrik Formularcenter/Formularkatalog/Steuerformulare/Lohnsteuer zur Einsicht und zum Abruf bereit steht.

Auf die Verpflichtung des Arbeitnehmers, den Arbeitgeber über die vom Finanzamt mitgeteilte Aufhebung einer Abrufsperre zu informieren, wird hingewiesen (Tz. III. 2 und V. 2.).

V. Finanzamt

1. Lohnsteuerermäßigungsverfahren 2013

Sind beim Arbeitnehmer im Rahmen des Lohnsteuerermäßigungsverfahrens für das Kalenderjahr 2013 Freibeträge zu berücksichtigen, hat das Finanzamt diese Lohnsteuerabzugsmerkmale in der ELStAM-Datenbank zu speichern. In diesen Antragsfällen ist dem Arbeitnehmer stets ein Ausdruck der ELStAM mit den ab 2013 geltenden Merkmalen zur Vorlage beim Arbeitgeber auszustellen. Gleiches gilt, wenn der Arbeitnehmer für das Kalenderjahr 2013 die Berücksichtigung eines Kinderzählers, der Steuerklasse II, eines Faktors oder einer anderen Steuerklassenkombination bei Ehegatten beantragt hat.

2. Unzutreffende ELStAM

Allgemeines

Werden dem Arbeitgeber ELStAM bereitgestellt, die nach Auffassung des Arbeitnehmers unzutreffend sind, hat das Wohnsitzfinanzamt auf Antrag des Arbeitnehmers die gebildeten ELStAM zu prüfen und sie ggf. zu ändern.

Unzutreffende ELStAM und Sperrung des Arbeitgeberabrufs

Entsprechen die programmgesteuert gebildeten ELStAM nicht den tatsächlichen Verhältnissen des Arbeitnehmers und sind somit unzutreffend (z. B. wegen fehlerhafter Meldedaten), hat das Finanzamt auf Antrag des Arbeitnehmers eine Besondere Bescheinigung für den Lohnsteuerabzug auszustellen (§ 52b Absatz 5a Satz 3 EStG) und den Arbeitgeberabruf zu sperren, sog. Vollsperrung (vgl. Tz. III. 2.). Die Besondere Bescheinigung für den Lohnsteuerabzug kann für das Kalenderjahr 2013 und 2014 ausgestellt werden, wobei der Faktor (§ 39f EStG) sowie Freibeträge nach § 39a Absatz 1 Satz 1 Nummer 1 bis 3 und 5 bis 8 EStG stets nur bezogen auf ein Kalenderjahr zu bescheinigen sind.

Hat das Finanzamt ein sog. Fehlerticket erstellt, wird ihm die Korrektur der Unstimmigkeiten bzw. Fehler in der ELStAM-Datenbank mitgeteilt. Im Anschluss daran hat das Finanzamt die Sperrung aufzuheben. Erfolgte die Sperrung nach dem erstmaligen Abruf der ELStAM, erhält der Arbeitgeber automatisch eine sog. Änderungsmitteilung mit den korrigierten ELStAM. Erfolgte die Sperrung bereits vor dem erstmaligen Abruf, ist deren Aufhebung dem Arbeitnehmer zur Information des Arbeitgebers mitzuteilen (Informationsschreiben, vgl. Tz. III. 2). In diesem Fall hat der Arbeitgeber den Arbeitnehmer erstmalig in der ELStAM-Datenbank anzumelden.

Lebenspartnerschaften

Derzeit übermitteln die Meldebehörden lediglich die Information an die Finanzverwaltung, dass es sich bei dem Arbeitnehmer um einen Lebenspartner handelt. Neben dem Merkmal der Lebenspartnerschaft wird die Identifikationsnummer des anderen Lebenspartners derzeit noch nicht mitgeteilt. Daher ist eine programmgesteuerte Bildung der für Ehegatten möglichen Steuerklassenkombinationen für Lebenspartner im ELStAM-Verfahren noch nicht möglich.

Die Berücksichtigung der für Ehegatten möglichen Steuerklassen und Steuerklassenkombinationen beim Lohnsteuerabzug durch den Arbeitgeber setzt in diesen Fällen einen Antrag beim zuständigen Wohnsitzfinanzamt voraus. Da diese Lohnsteuerabzugsmerkmale noch nicht automatisiert gebildet werden können, stellt das Finanzamt nach § 52b Absatz 5a Satz 3 EStG (vgl. Tz. III. 2.) eine Besondere Bescheinigung für den Lohnsteuerabzug aus, die der Arbeitnehmer seinem Arbeitgeber für die Durchführung des Lohnsteuerabzugs vorzulegen hat. Der Arbeitgeberabruf für die ELStAM ist entsprechend zu sperren.

Nach der technischen Umsetzung der programmgesteuerten Bildung von Steuerklassenkombinationen für Lebenspartnerschaften gelten die für Ehegatten zu beachtenden Regelungen entsprechend. Sollen die automatisch gebildeten Steuerklassen aus Sicht der Lebenspartner nicht zur Anwendung kommen, kann eine abweichende Steuerklassenkombination beim zuständigen Finanzamt beantragt werden; Vordruck „Antrag auf Steuerklassenwechsel bei Ehegatten/Lebenspartnern"). Ein solcher Antrag gilt nicht als Änderung der Steuerklassen im Sinne des § 39 Absatz 6 Satz 3 EStG. Das Recht, einmal jährlich die Steuerklasse zu wechseln, bleibt davon unberührt (§ 39 Absatz 6 Satz 4 EStG). Ebenso gilt eine Änderung der Steuerklassen bei Wiederaufnahme der Lebenspartnerschaft nicht als Steuerklassenwechsel.

Leben die Lebenspartner dauernd getrennt, haben sie dies dem Finanzamt unverzüglich anzuzeigen (Vordruck „Erklärung zum dauernden Getrenntleben"). Dadurch wird – ungeachtet *eines etwaigen Steuerklassen*wechsels im Trennungsjahr – ab Beginn des darauf folgenden Jahres die Steuerklasse I gebildet.

Unzutreffende ELStAM aus anderen Gründen

Betreffen die für den Arbeitnehmer bereitgestellten unzutreffenden ELStAM vom Finanzamt zu bildende Merkmale (z. B. Freibetrag aus dem Lohnsteuerermäßigungsverfahren, Steuerklassenkombination bei Ehegatten, Beantragung der Steuerklasse II), korrigiert es auf Veranlassung des Arbeitnehmers die ELStAM, die daraufhin dem Arbeitgeber elektronisch zum Abruf bereitgestellt werden.

Wird die Korrektur vor dem erstmaligen Abruf der ELStAM durchgeführt, z. B. im Lohnsteuerermäßigungsverfahren, werden dem Arbeitgeber die zutreffenden ELStAM beim erstmaligen Abruf bereitgestellt. Nimmt der Arbeitgeber bereits am ELStAM-Verfahren teil, erhält der Arbeitgeber die zutreffenden ELStAM mit der nächsten sog. Änderungsmitteilung bereitgestellt.

Dem Arbeitnehmer ist stets ein Ausdruck der ELStAM (ggf. mit Freibetrag) zur Vorlage beim Arbeitgeber auszuhändigen. Nimmt der Arbeitgeber noch nicht am ELStAM-Verfahren teil, hat er den Ausdruck entsprechend den Grundsätzen der Tz. III. 1 und 3 zu berücksichtigen.

3. Keine Rückforderung der Papierbescheinigungen

Das Finanzamt hat die im Rahmen des Lohnsteuerermäßigungsverfahrens 2013 ausgestellten Bescheinigungen für den Lohnsteuerabzug 2013 und die weiteren unter Tz. III. 1. genannten Papierbescheinigungen nicht zurückzufordern.

Dieses Schreiben ist ab dem 1. November 2012 anzuwenden.

III.
Elektronische Lohnsteuerabzugsmerkmale (ELStAM);

Lohnsteuerabzug ab dem Kalenderjahr 2013 im Verfahren der elektronischen Lohnsteuerabzugsmerkmale

BMF vom 7. 8. 2013 (BStBl I S. 951)

IV C 5 – S 2363/13/10003 – 2013/0755076

Im Einvernehmen mit den obersten Finanzbehörden der Länder gilt für den Lohnsteuerabzug ab dem Kalenderjahr 2013 im Verfahren der elektronischen Lohnsteuerabzugsmerkmale Folgendes:

Inhaltsübersicht

I. Verfahren der elektronischen Lohnsteuerabzugsmerkmale

1 Mit Wirkung ab dem 1. Januar 2012 sind die lohnsteuerlichen Verfahrensregelungen für das neue Verfahren der elektronischen Lohnsteuerabzugsmerkmale (ELStAM) in Kraft getreten. Als Einsatztermin für das Verfahren der elektronischen Lohnsteuerabzugsmerkmale (ELStAM-Verfahren) wurde der 1. November 2012 festgelegt (BMF-Schreiben vom 19. Dezember 2012 – IV C 5 – S 2363/07/0002-03 – / – 2012/1170782 –, BStBl I S. 1258 – (ELStAM-Startschreiben). Ab diesem Zeitpunkt stellt die Finanzverwaltung den Arbeitgebern die ELStAM für die Arbeitnehmer maschinell verwertbar zum Abruf zur Verfügung. Technische Informationen zum Verfahrensstart stehen unter https://www.elster.de/arbeitg_elstam.php zur Verfügung.

2 Im ELStAM-Verfahren ist allein die Finanzverwaltung für die Bildung der Lohnsteuerabzugsmerkmale und deren Bereitstellung für den Abruf durch den Arbeitgeber zuständig. Die steuerlichen Rechte und Pflichten der Arbeitgeber und Arbeitnehmer werden beibehalten. Es ist nicht vorgesehen und auch nicht erforderlich, dass der Arbeitnehmer sich vor Aufnahme einer Beschäftigung bzw. Beginn eines Dienstverhältnisses beim Finanzamt anmeldet oder einen Antrag zur Bildung der ELStAM stellt.

3 Ab dem Kalenderjahr 2013 ist der Arbeitgeber verpflichtet, den Arbeitnehmer bei Aufnahme des Dienstverhältnisses bei der Finanzverwaltung anzumelden und zugleich die ELStAM anzufordern. Diese Verpflichtung besteht auch, wenn das Finanzamt einen Härtefallantrag auf Nichtteilnahme am ELStAM-Verfahren (vgl. Rz. 113 bis 118, § 39e Absatz 7 EStG) abgelehnt hat. Hat das Finanzamt hingegen dem Antrag des Arbeitgebers auf Anwendung der Härtefallregelung zugestimmt, ist er von der Verpflichtung zur Anwendung des ELStAM-Verfahrens befreit. Die Anforderung von ELStAM ist nur für im Betrieb beschäftigte Arbeitnehmer zulässig.

4 Nach dem Abruf sind die ELStAM in das Lohnkonto des Arbeitnehmers zu übernehmen und entsprechend deren Gültigkeit für die Dauer des Dienstverhältnisses für den Lohnsteuerabzug anzuwenden. Etwaige Änderungen stellt die Finanzverwaltung dem Arbeitgeber monatlich zum Abruf bereit. Der Arbeitgeber soll dem Arbeitnehmer die Anwendung des ELStAM-Verfahrens zeitnah mitteilen. Wird das Dienstverhältnis beendet, hat der Arbeitgeber das Beschäftigungsende (Datum) der Finanzverwaltung unverzüglich auf elektronischem Weg nach amtlich vorgeschriebenem Datensatz mitzuteilen.

II. Bildung und Inhalt der ELStAM

1. ELStAM-Verfahren ab 2013

5 Gemäß dem ELStAM-Startschreiben vom 19. Dezember 2012 a. a. O. hat der Arbeitgeber die ELStAM der Arbeitnehmer ab dem 1. Januar 2013 anzuwenden. Das Kalenderjahr 2013 ist als Einführungszeitraum (§ 52b Absatz 5 Satz 2 EStG bestimmt worden.

6 Soweit ein Arbeitgeber für die Durchführung des Lohnsteuerabzugs Lohnsteuerabzugsmerkmale benötigt, werden sie auf Veranlassung des Arbeitnehmers gebildet (§ 39 Absatz 1 Satz 1 EStG). Die Bildung der ELStAM erfolgt grundsätzlich automatisiert durch die Finanzverwaltung (Bundeszentralamt für Steuern, § 39e Absatz 1 Satz 1 EStG). Soweit das Finanzamt auf Antrag des Arbeitnehmers Lohnsteuerabzugsmerkmale nach § 39 Absatz 1 und 2 EStG bildet (z. B. Freibeträge nach § 39a EStG oder Steuerklassen nach antragsgebundenem Steuerklassenwechsel), teilt es diese dem Bundeszentralamt für Steuern zum Zweck der Bereitstellung für den automatisierten Abruf durch den Arbeitgeber mit.

2. Lohnsteuerabzugsmerkmale

7 Als Lohnsteuerabzugsmerkmale kommen in Betracht (§ 39 Absatz 4 EStG):

1. Steuerklasse (§ 38b Absatz 1 EStG) und Faktor (§ 39f EStG),
2. Zahl der Kinderfreibeträge bei den Steuerklassen I bis IV (§ 38b Absatz 2 EStG),
3. Freibetrag und Hinzurechnungsbetrag (§ 39a EStG),
4. Höhe der Beiträge für eine private Krankenversicherung und für eine private Pflege-Pflichtversicherung (§ 39b Absatz 2 Satz 5 Nummer 3 Buchstabe d EStG) für die Dauer von zwölf Monaten,
5. Mitteilung, dass der von einem Arbeitgeber gezahlte Arbeitslohn nach einem Abkommen zur Vermeidung der Doppelbesteuerung von der Lohnsteuer freizustellen ist,
6. die für den Kirchensteuerabzug erforderlichen Merkmale (§ 39e Absatz 3 Satz 1 EStG).

8 Die unter Nummer 4 und 5 aufgeführten Lohnsteuerabzugsmerkmale sollen erst in einer weiteren programmtechnischen Ausbaustufe des Verfahrens als ELStAM berücksichtigt werden (§ 52 Absatz 50g und Absatz 51b EStG). Gleiches gilt für die Möglichkeit, einen Freibetrag und Hinzurechnungsbetrag für die Dauer von zwei Kalenderjahren zu bilden (§ 39a Absatz 1 Satz 3 und § 52 Absatz 50h EStG). Zur vereinfachten Berücksichtigung der Beiträge für eine private

Krankenversicherung und für eine private Pflege-Pflichtversicherung wird auf das BMF-Schreiben vom 22. Oktober 2010, BStBl I Seite 1254, Tz. 6.1, verwiesen.

3. Bildung und Änderung der (elektronischen) Lohnsteuerabzugsmerkmale

Für die (erstmalige) Bildung der (elektronischen) Lohnsteuerabzugsmerkmale stehen zwei Möglichkeiten zur Verfügung: 9

1. Im Regelfall erfolgt die erstmalige Bildung der ELStAM zu Beginn eines Dienstverhältnisses aufgrund der Anmeldung des Arbeitnehmers durch seinen Arbeitgeber bei der Finanzverwaltung mit dem Ziel, die ELStAM des Arbeitnehmers abzurufen (§ 39e Absatz 4 Satz 2 EStG).
2. Soweit Lohnsteuerabzugsmerkmale nicht automatisiert gebildet werden oder davon abweichend zu bilden sind (z. B. Freibeträge nach § 39a EStG oder Steuerklassen nach antragsgebundenem Steuerklassenwechsel), erfolgt die Bildung der Lohnsteuerabzugsmerkmale auf Antrag des Arbeitnehmers durch das Finanzamt (§ 39 Absatz 1 und 2 EStG).

Lohnsteuerabzugsmerkmale werden sowohl für ein erstes als auch für jedes weitere Dienstverhältnis gebildet (§ 39 Absatz 1 Satz 1 EStG). Auf Antrag des Arbeitnehmers teilt ihm das Finanzamt – auch im Hinblick auf ein zukünftiges Dienstverhältnis – seine (elektronischen) Lohnsteuerabzugsmerkmale mit (§ 39e Absatz 6 Satz 4 EStG). 10

Grundlage für die Bildung der Lohnsteuerabzugsmerkmale sind die von den Meldebehörden mitgeteilten melderechtlichen Daten (§ 39e Absatz 2 Satz 1 und 2 EStG), wobei die Finanzverwaltung grundsätzlich an diese melderechtlichen Daten gebunden ist (§ 39 Absatz 1 Satz 3 EStG). Änderungen der melderechtlichen Daten sind von den Meldebehörden dem Bundeszentralamt für Steuern tagesaktuell mitzuteilen und in dessen Datenbank für die elektronischen Lohnsteuerabzugsmerkmale (ELStAM-Datenbank) zu speichern. Dies ermöglicht der Finanzverwaltung, z. B. künftig die Steuerklassen bei Änderung des Familienstands automatisch zu bilden und zu ändern. Auslöser hierfür sind jeweils die Mitteilungen der Meldebehörden. Bei der automatischen Änderung kann es eventuell zu zeitlichen Verzögerungen kommen, die das Finanzamt nicht beeinflussen kann. 11

In begründeten Ausnahmefällen hat das Finanzamt rechtliche Prüfungen zu melderechtlichen Merkmalen vorzunehmen und bei abweichenden Feststellungen selbst eine Entscheidung über die zutreffende Besteuerung zu treffen. Trifft das Finanzamt in diesen Einzelfällen eine von den gespeicherten melderechtlichen Daten abweichende Entscheidung für die Besteuerung, werden die Lohnsteuerabzugsmerkmale nicht auf Basis der ELStAM-Datenbank gebildet. Das Finanzamt stellt in diesen Fällen eine jahresbezogene Bescheinigung für den Lohnsteuerabzug aus, anhand derer der Arbeitgeber den Lohnsteuerabzug durchzuführen hat (§ 39 Absatz 1 Satz 2 EStG). Der Abruf der ELStAM wird zugleich für den Gültigkeitszeitraum der Bescheinigung allgemein gesperrt; vgl. im Übrigen Rz. 33 bis 38. Für Änderungen im Melderegister bleiben weiterhin allein die Meldebehörden zuständig. 12

4. Zuständigkeit

Die Zuständigkeit für die Bildung der Lohnsteuerabzugsmerkmale für nach § 1 Absatz 1 EStG unbeschränkt einkommensteuerpflichtige Arbeitnehmer richtet sich nach den Vorschriften der AO. Zuständiges Finanzamt ist in der Regel das Wohnsitzfinanzamt. Abweichend hiervon kann dies nach Zuständigkeitsverordnungen der Länder auch das für die Veranlagung zur Einkommensteuer zuständige Finanzamt sein (z. B. durch Zentralisierungsmaßnahmen in Großstädten). 13

5. Steuerklassenbildung bei Ehegatten/Lebenspartnern

Ändert sich der Familienstand eines Arbeitnehmers, z. B. durch Eheschließung, Tod des Ehegatten oder Scheidung, übermitteln die nach Landesrecht für das Meldewesen zuständigen Behörden (Meldebehörden) die melderechtlichen Änderungen des Familienstands automatisch an die Finanzverwaltung. 14

Eheschließung

Heiraten Arbeitnehmer, so teilen die zuständigen Meldebehörden der Finanzverwaltung den Familienstand „verheiratet", das Datum der Eheschließung und die Identifikationsnummer des Ehegatten mit. Dadurch werden beide Ehegatten programmgesteuert in die Steuerklasse IV eingereiht, wenn sie unbeschränkt einkommensteuerpflichtig sind und nicht dauernd getrennt leben (§ 39e Absatz 3 Satz 3 Nummer 2 EStG). Die Steuerklasse IV wird mit Wirkung vom Tag der Eheschließung an vergeben. Nach dem derzeitigen Stand der Programmierung wird bei Eheschließungen ab dem Kalenderjahr 2012 ohne Ausnahme automatisiert die Steuerklasse IV gebildet (§ 52 Absatz 52 EStG). Für eine spätere programmtechnische Ausbaustufe des neuen Verfahrens ist auch die Möglichkeit der automatisierten Zuteilung der Steuerklasse III bei Heirat vorgesehen (§ 39e Absatz 3 Satz 3 Nummer 1 EStG). 15

16 Soll die automatisch gebildete Steuerklassenkombination aus Sicht des Arbeitnehmers nicht zur Anwendung kommen, kann eine abweichende Steuerklassenkombination beim zuständigen Finanzamt beantragt werden (§ 39 Absatz 6 Satz 3 EStG; Vordruck „Antrag auf Steuerklassenwechsel bei Ehegatten/Lebenspartnern"). Diese Änderungen werden – abweichend von den übrigen Fällen des Steuerklassenwechsels – ab dem Zeitpunkt der Eheschließung wirksam. Ein solcher Antrag gilt nicht als Änderung der Steuerklassen im Sinne des § 39 Absatz 6 Satz 3 EStG. Das Recht, einmal jährlich die Steuerklasse zu wechseln, bleibt davon unberührt (§ 39 Absatz 6 Satz 4 EStG). Ebenso gilt eine Änderung der Steuerklassen bei Wiederaufnahme der ehelichen Gemeinschaft nicht als Steuerklassenwechsel. Gleiches gilt, wenn die automatisch gebildete Steuerklasse nicht erst zum Tag der Eheschließung, sondern bereits ab dem 1. des Heiratsmonats vergeben werden soll (§ 39 Absatz 6 Satz 2 EStG).

17 Ehegatten, die beide in einem Dienstverhältnis stehen, können darüber hinaus wie bisher einmalig im Laufe des Kalenderjahres beim Finanzamt eine Änderung der Steuerklassen beantragen (Steuerklassenwechsel, Vordruck „Antrag auf Steuerklassenwechsel bei Ehegatten/Lebenspartnern"). Für eine Berücksichtigung der Änderung im laufenden Kalenderjahr ist der Antrag spätestens bis zum 30. November zu stellen (§ 39 Absatz 6 Satz 6 EStG). Die beantragten Steuerklassen werden mit Wirkung vom Beginn des Kalendermonats, der auf die Antragstellung folgt, gewährt (§ 39 Absatz 6 Satz 5 EStG).

Scheidung

18 Wird die Ehe durch Scheidung aufgelöst, übermittelt die Meldebehörde den geänderten melderechtlichen Familienstand sowie das Datum der Scheidung der Ehe an die Finanzverwaltung. Zu Beginn des darauf folgenden Kalenderjahres wird für diese Arbeitnehmer automatisiert die Steuerklasse I gebildet. Davon unberührt bleibt die Anzeigepflicht des Arbeitnehmers bei Beginn eines dauernden Getrenntlebens. Zur Änderung der Steuerklassen im Scheidungsjahr vgl. R 39.2 Absatz 2 und Absatz 5 LStR 2013.

19 Auf die Möglichkeit eines zusätzlichen Steuerklassenwechsels nach R 39.2 Absatz 5 Satz 5 LStR 2013 wird hingewiesen (Vordruck „Antrag auf Steuerklassenwechsel bei Ehegatten/Lebenspartnern"). Entsprechendes gilt bei der Aufhebung einer Ehe.

Tod

20 Verstirbt ein Ehegatte, wird die Steuerklasse des überlebenden Ehegatten ab dem ersten des auf den Todestag folgenden Monats automatisch in Steuerklasse III geändert. Etwas anderes gilt nur, sofern die Voraussetzungen für die Anwendung dieser Steuerklasse im Zeitpunkt des Todes nicht vorgelegen haben. Ab Beginn des zweiten Kalenderjahres nach dem Tod des Ehegatten wird programmgesteuert die Steuerklasse I gebildet.

Auslandssachverhalte

21 Gibt ein Ehegatte den inländischen Wohnsitz bzw. gewöhnlichen Aufenthalt auf, wird der Abruf der ELStAM des ins Ausland verzogenen Ehegatten gesperrt. In der Folge erhält der im Inland verbleibende Ehegatte ab dem Beginn des Folgejahres automatisiert die Steuerklasse I zugeteilt. Erfüllt der im Inland verbleibende unbeschränkt einkommensteuerpflichtige Ehegatte die Voraussetzungen des § 1a Absatz 1 Nummer 2 EStG, kann dieser auf Antrag in die Steuerklasse III eingereiht werden (Vordruck „Anträge zu den elektronischen Lohnsteuerabzugsmerkmalen – ELStAM –", vgl. Rz. 88 bis 90 und 92). Zu den Pflichten des Arbeitnehmers beim Wechsel der Steuerpflicht vgl. Rz. 73.

22 Die erneute Begründung eines inländischen Wohnsitzes bzw. gewöhnlichen Aufenthalts nach einem Auslandsaufenthalt führt bei Ehegatten ab Beginn dieses Monats automatisch zur Einreihung in die Steuerklasse IV.

Dauerndes Getrenntleben

23 Leben Ehegatten dauernd getrennt, haben sie dies dem zuständigen Wohnsitzfinanzamt (vgl. Rz. 13) unverzüglich anzuzeigen (Vordruck „Erklärung zum dauernden Getrenntleben"). Dadurch wird – ungeachtet eines etwaigen Steuerklassenwechsels im Trennungsjahr – ab Beginn des darauf folgenden Jahres automatisch die Steuerklasse I gebildet.

Lebenspartnerschaften

24 Mit dem Gesetz zur Änderung des Einkommensteuergesetzes in Umsetzung der Entscheidung des Bundesverfassungsgerichtes vom 7. Mai 2013 (BGBl. I S. 2397) sind die Regelungen des EStG zu *Ehegatten* und *Ehen* auch auf Lebenspartner und Lebenspartnerschaften anzuwenden (§ 2 Absatz 8 EStG). Damit sind die gesetzlichen Rechte und Pflichten von Ehegatten für den Lohnsteuerabzug auch für Lebenspartner einer Lebenspartnerschaft einschlägig. Dies gilt insbesondere bei Begründung und Auflösung einer Lebenspartnerschaft, im Todesfall eines Lebenspartners, bei Verlegung des inländischen Wohnsitzes bzw. gewöhnlichen Aufenthalts in das Ausland sowie bei dauerndem Getrenntleben.

Derzeit ist die programmgesteuerte Bildung der für Ehegatten möglichen Steuerklassenkombinationen für Lebenspartner technisch noch nicht umgesetzt, so dass insoweit eine Teilnahme am – ELStAM –Verfahren für eine Übergangszeit ausgeschlossen ist. Die Berücksichtigung der für Ehegatten möglichen Steuerklassenkombinationen beim Lohnsteuerabzug durch den Arbeitgeber setzt in diesen Fällen einen Antrag beim zuständigen Wohnsitzfinanzamt (vgl. Rz. 13) voraus. Nach Prüfung stellt das Wohnsitzfinanzamt nach § 39 Absatz 1 Satz 2 EStG eine Bescheinigung für den Lohnsteuerabzug aus, die der Arbeitnehmer seinem Arbeitgeber für die Durchführung des Lohnsteuerabzugs vorzulegen hat. Der Arbeitgeberabruf für die – ELStAM – ist entsprechend zu sperren. 25

Zu weiteren Einzelheiten wird auf Tz. V. 2. des BMF-Schreibens zum erstmaligen Abruf der elektronischen Lohnsteuerabzugsmerkmale durch den Arbeitgeber und mit Anwendungsgrundsätzen für den Einführungszeitraum vom 25. Juli 2013 – IV C 5 – S 2363/13/10003 – / – 2013/0634146 – (BStBl I S. 943) verwiesen[1]) 26

6. Berücksichtigung von Kindern

Lohnsteuerabzugsmerkmal

Kinderfreibetragszähler werden als Lohnsteuerabzugsmerkmal ab Beginn des Jahres der Geburt des Kindes bis zum Ablauf des Jahres, in dem die Voraussetzungen für die Berücksichtigung des Kindes nach § 32 Absatz 1, 2, 4 und 5 EStG entfallen, berücksichtigt (Jahresprinzip). 27

Bei minderjährigen Kindern im Sinne des § 32 Absatz 1 Nummer 1 EStG werden in den Steuerklassen I bis IV die Kinderfreibetragszähler bei beiden Elternteilen entsprechend der Regelungen in § 38b Absatz 2 EStG automatisch berücksichtigt, sofern Eltern und Kind in derselben Gemeinde wohnen. 28

Minderjährige Kinder, die nicht in der Wohnung des Arbeitnehmers gemeldet sind, wurden bisher nur dann im Lohnsteuerabzugsverfahren berücksichtigt, wenn für dieses Kind eine steuerliche Lebensbescheinigung vorgelegt wurde. Diese Nachweisverpflichtung ist bereits ab dem Kalenderjahr 2011 entfallen. Die Bildung der Kinderfreibetragszähler setzt in diesen Fällen einen einmaligen Antrag voraus (Vordruck „Antrag auf Lohnsteuer-Ermäßigung" bzw. „Vereinfachter Antrag auf Lohnsteuer-Ermäßigung"). Dabei ist der Nachweis beim Finanzamt durch Vorlage einer Geburtsurkunde des Kindes zu führen. 29

Kommt ein Elternteil seinen Unterhaltsverpflichtungen im Wesentlichen nicht nach (sog. Mangelunterhaltsfälle), ist eine Übertragung des Kinderfreibetrags auf den anderen Elternteil im Lohnsteuerabzugsverfahren ab dem Kalenderjahr 2012 nur noch dann möglich, wenn der Antragsteller keinen Unterhaltsvorschuss erhalten hat. Insoweit ist R 39.2 Absatz 9 LStR 2011 nicht mehr anzuwenden. Ein Antrag auf Übertragung kann auch im Rahmen einer Veranlagung zur Einkommensteuer gestellt werden. 30

Mehrjährige Berücksichtigung in den Antragsfällen nach § 38b Absatz 2 Satz 2 EStG

Ab dem Kalenderjahr 2012 ist auch in den Antragsfällen nach § 38b Absatz 2 Satz 2 EStG die mehrjährige Berücksichtigung von Kindern im Lohnsteuerabzugsverfahren möglich, wenn nach den tatsächlichen Verhältnissen zu erwarten ist, dass die Voraussetzungen bestehen bleiben (§ 38b Absatz 2 Satz 3 EStG). Eine mehrjährige Berücksichtigung kommt z. B. in den folgenden Fällen in Betracht: 31

1. Pflegekinder in den Fällen des § 32 Absatz 1 Nummer 2 EStG,
2. Kinder unter 18 Jahren, wenn der Wohnsitz/gewöhnliche Aufenthalt des anderen Elternteils nicht ermittelbar oder der Vater des Kindes amtlich nicht feststellbar ist,
3. Kinder nach Vollendung des 18. Lebensjahres, die die Voraussetzungen des § 32 Absatz 4 EStG erfüllen. Bei Kindern, die sich in Berufsausbildung im Sinne des § 32 Absatz 4 Nummer 2 Buchstabe a EStG befinden, kann sich die mehrjährige Berücksichtigung bei einem Ausbildungsdienstverhältnis, z. B. aus dem Ausbildungsvertrag, ergeben; bei einem Erststudium kann für die mehrjährige Berücksichtigung grundsätzlich die Regelstudienzeit im Sinne der §§ 11, 19 HRG zugrunde gelegt werden.

Der Antrag nach § 38b Absatz 2 Satz 2 EStG kann nur nach amtlich vorgeschriebenem Vordruck gestellt werden (§ 38b Absatz 2 Satz 5 EStG); hierfür stehen die Vordrucke „Antrag auf Lohnsteuer-Ermäßigung" bzw. „Vereinfachter Antrag auf Lohnsteuer-Ermäßigung" zur Verfügung. 32

[1]) Siehe Tz. V.2 des BMF-Schreibens vom 25. 7. 2013

III. Durchführung des Lohnsteuerabzugs

1. Elektronisches Verfahren

Regelverfahren

33 Mit dem ELStAM-Startschreiben vom 19. Dezember 2012 a. a. O., wurde als Starttermin für das ELStAM-Verfahren der 1. November 2012 mit Wirkung ab dem 1. Januar 2013 festgelegt. Ab diesem Zeitpunkt ist der Lohnsteuerabzug grundsätzlich nach den ELStAM durchzuführen (Regelverfahren). Dazu stellt die Finanzverwaltung dem Arbeitgeber die Lohnsteuerabzugsmerkmale unentgeltlich zum elektronischen Abruf bereit (§ 39e Absatz 3 Satz 1 EStG). Die Finanzverwaltung bildet für Arbeitnehmer als Grundlage für den Lohnsteuerabzug die Steuerklasse, die Zahl der Kinderfreibetragszähler für die Steuerklassen I bis IV sowie die Merkmale für den Kirchensteuerabzug automatisch als ELStAM. Auf Antrag des Arbeitnehmers werden auch Freibeträge und Hinzurechnungsbeträge nach § 39a EStG oder ein Faktor nach § 39f EStG berücksichtigt. Zu der geplanten technischen Erweiterung (Ausbaustufe) vgl. Rz. 8.

Verfahren bei unzutreffenden ELStAM

34 Stellt die Finanzverwaltung dem Arbeitgeber unzutreffende ELStAM bereit, kann der Arbeitnehmer deren Berichtigung beim Finanzamt beantragen (§ 39 Absatz 1 Satz 2 und Absatz 2 EStG, vgl. Rz. 9 bis 13). In Betracht kommen neben unzutreffenden melderechtlichen Merkmalen insbesondere ELStAM, die aus technischen Gründen nicht zeitnah berichtigt werden können.

35 Um bei unzutreffenden ELStAM den zutreffenden Lohnsteuerabzug vornehmen zu können, stellt das Finanzamt im laufenden Verfahren auf Antrag des Arbeitnehmers eine Bescheinigung für den Lohnsteuerabzug (§ 39 Absatz 1 Satz 2 EStG) für die Dauer eines Kalenderjahres aus und sperrt in der Regel gleichzeitig den Arbeitgeberabruf (Vollsperrung). Durch diese Sperrung erhält der Arbeitgeber für den Arbeitnehmer keine sog. Änderungslisten mehr. Legt der Arbeitnehmer dem Arbeitgeber die Bescheinigung für den Lohnsteuerabzug vor, sind die darauf eingetragenen Lohnsteuerabzugsmerkmale maßgebend. Folglich hat sie der Arbeitgeber in das Lohnkonto des Arbeitnehmers zu übernehmen, dem Lohnsteuerabzug zugrunde zu legen und die Regelung in § 39e Absatz 6 Satz 8 EStG (Lohnsteuerabzug nach Steuerklasse VI) nicht anzuwenden.

36 Hebt das Finanzamt die Sperre nach einer Korrektur der (fehlerhaften) Daten auf, werden dem Arbeitgeber die zutreffenden ELStAM in einer sog. Änderungsliste zum Abruf bereitgestellt. Mit dem erneuten Abruf der ELStAM durch den Arbeitgeber verliert die Bescheinigung für den Lohnsteuerabzug ihre Gültigkeit; sie ist nicht an das Finanzamt zurückzugeben. Der Arbeitgeber darf sie nach Ablauf des Kalenderjahres vernichten.

37 Ist eine Korrektur unzutreffender ELStAM durch das Finanzamt für zurückliegende Lohnzahlungszeiträume erforderlich, stellt das Finanzamt auf Antrag des Arbeitnehmers eine befristete Bescheinigung für den Lohnsteuerabzug aus (§ 39 Absatz 1 Satz 2 EStG). Dies gilt insbesondere für Änderungen von ELStAM im Einspruchsverfahren oder bei verzögert übermittelten bzw. weiterverarbeiteten Daten der Meldebehörden. In der befristeten Bescheinigung werden die anzuwendenden Lohnsteuerabzugsmerkmale für im Kalenderjahr zurückliegende Monate ausgewiesen (befristet bis zum Monatsende vor Bereitstellung der zutreffenden ELStAM). Weil diese Lohnsteuerabzugsmerkmale nur für die Vergangenheit anzuwenden sind, wird der Arbeitgeberabruf für die ELStAM nicht gesperrt.

38 Hat das Finanzamt im Einführungszeitraum (§ 52b Absatz 5 Satz 2 EStG) aufgrund abweichender Meldedaten eine Besondere Bescheinigung für den Lohnsteuerabzug nach § 52b Absatz 5a Satz 3 EStG ausgestellt, sind die Grundsätze der Tz. III. 2. des BMF-Schreibens zum erstmaligen Abruf der elektronischen Lohnsteuerabzugsmerkmale durch den Arbeitgeber und mit Anwendungsgrundsätzen für den Einführungszeitraum vom 25. Juli 2013, a. a. O. zu beachten.

2. Arbeitgeberpflichten

Anmeldung durch den Arbeitgeber bzw. Dritten

39 Zum Abruf der ELStAM hat sich der Arbeitgeber bei der Finanzverwaltung über das ElsterOnline-Portal zu registrieren und seine Wirtschafts-Identifikationsnummer anzugeben (§ 39e Absatz 4 Satz 3 EStG).

40 Beauftragt der Arbeitgeber einen Dritten mit der Durchführung des Lohnsteuerabzugs, hat sich der Dritte für den Datenabruf zu registrieren und zusätzlich seine Wirtschafts-Identifikationsnummer mitzuteilen (§ 39e Absatz 4 Satz 6 EStG). In diesem Fall ist der Arbeitgeber nicht zur Registrierung im ElsterOnline-Portal verpflichtet.

41 Da die Wirtschafts-Identifikationsnummer noch nicht zur Verfügung steht, erfolgt die erforderliche Anmeldung mit der Steuernummer der lohnsteuerlichen Betriebsstätte oder des Teilbetriebs, in dem der für die Durchführung des Lohnsteuerabzugs maßgebende Arbeitslohn des Arbeitnehmers ermittelt wird (§ 39e Absatz 9 EStG).

Der Arbeitgeber bzw. ein in seinem Auftrag tätiger Dritter hat das für die Authentifizierung erforderliche elektronische Zertifikat einmalig im ElsterOnline-Portal (www.elsteronline.de) zu beantragen. Ohne Authentifizierung sind eine Anmeldung der Arbeitnehmer und ein Abruf von ELStAM nicht möglich. Einzelheiten zur Authentifizierung, zur Anmeldung und Abmeldung des Arbeitnehmers sowie für den Abruf der ELStAM sind im Internet unter https://www.elster.de/arbeitg_home.php einseh- und abrufbar. Es wird die Verwendung der Zertifikatsart „Nicht-persönliches Zertifikat (Organisationszertifikat)" empfohlen. Diese wird unternehmensbezogen ausgestellt und bietet die Möglichkeit, mehrere Zertifikate zu beantragen. Verfügt der Arbeitgeber bzw. der in seinem Auftrag tätige Dritte bereits über ein entsprechendes Zertifikat (z. B. zur Übermittlung der Lohnsteuerbescheinigung), ist ein erneuter Antrag zum Erwerb eines elektronischen Zertifikats grundsätzlich nicht erforderlich. Abrufberechtigt sind zudem nur Personen bzw. Unternehmen, die der Finanzverwaltung als Arbeitgeber oder berechtigter Dritter bekannt sind. Zu den Schutzvorschriften für die ELStAM vgl. unter Rz. 107 und 108. 42

Ist ein Dritter mit der Datenübermittlung beauftragt, ist eine zusammengefasste Übermittlung von Daten zur Anmeldung und Abmeldung sowie für den Abruf der ELStAM von Arbeitnehmern mehrerer Arbeitgeber zulässig. 43

Mitteilung der Steuernummer an den Arbeitnehmer

Möchte der Arbeitnehmer eine Negativ- oder Positivliste (vgl. Rz. 75 bis 79) beim Finanzamt einrichten, hat der Arbeitgeber dem Arbeitnehmer die Steuernummer der Betriebsstätte oder des Teilbetriebs, in dem der für die Durchführung des Lohnsteuerabzugs maßgebende Arbeitslohn ermittelt wird, mitzuteilen (§ 39e Absatz 6 Satz 6 Nummer 1 Satz 2 und Absatz 9 EStG). Der Arbeitnehmer hat für die Verwendung dieser Steuernummer die Schutzvorschriften für die ELStAM entsprechend zu beachten (§ 39e Absatz 6 Satz 6 Nummer 1 Satz 3 EStG, vgl. Rz. 107 und 108). 44

Abruf der ELStAM

Die Teilnahme am neuen Verfahren setzt voraus, dass der Arbeitgeber den Arbeitnehmer bei der Finanzverwaltung per Datenfernübertragung einmalig anmeldet und dadurch dessen ELStAM anfordert. Dies muss zum Start des Verfahrens für sämtliche Beschäftigte und im laufenden Verfahren nur für neu eingestellte Arbeitnehmer erfolgen. Mit der Anmeldebestätigung werden dem Arbeitgeber die ELStAM des Arbeitnehmers zur Verfügung gestellt. Die erstmals gebildeten ELStAM sind nach dem Starttermin für die dann jeweils nächstfolgende Lohnabrechnung abzurufen, in das Lohnkonto zu übernehmen und gemäß der zeitlichen Gültigkeitsangabe anzuwenden (§ 52b Absatz 5 Satz 3 und 7 EStG, § 39e Absatz 4 Satz 2 EStG). 45

Für die Anforderung von ELStAM hat der Arbeitgeber folgende Daten des Arbeitnehmers mitzuteilen (§ 39e Absatz 4 Satz 3 EStG): 46

1. Identifikationsnummer,
2. Tag der Geburt,
3. Tag des Beginns des Dienstverhältnisses,
4. ob es sich um ein erstes oder weiteres Dienstverhältnis handelt,
5. etwaige Angaben, ob und in welcher Höhe ein nach § 39a Absatz 1 Satz 1 Nummer 7 EStG festgestellter Freibetrag abgerufen werden soll.

Macht der Arbeitgeber zu 4. keine Angaben, wird programmgesteuert ein weiteres Beschäftigungsverhältnis unterstellt (Steuerklasse VI). 47

In der Anmeldung des Arbeitnehmers hat der Arbeitgeber zudem den Zeitpunkt anzugeben, ab dem er die für den Lohnsteuerabzug erforderlichen ELStAM anzuwenden hat („Referenzdatum Arbeitgeber"; sog. refDatumAG). Dies wird regelmäßig der Beginn des Dienstverhältnisses sein. Für einen davor liegenden Zeitraum ist die Anforderung von ELStAM nicht zulässig. Folglich legt dieses Datum den Zeitpunkt fest, ab dem ELStAM gebildet (und im Anschluss daran zum Abruf bereitgestellt) werden sollen. Nach der erfolgreichen Anmeldung des Arbeitnehmers werden die ELStAM für einen vor dem in der Anmeldung genannten Referenzdatum liegenden Zeitraum dem Arbeitgeber nicht übermittelt. 48

Das Referenzdatum Arbeitgeber darf nicht 49

- vor dem Start des ELStAM-Verfahrens (1. Januar 2013) liegen,
- vor dem Beginn des Dienstverhältnisses liegen,
- nach dem Tag der elektronischen Anmeldung des Arbeitnehmers liegen,
- vor dem 1. Januar des laufenden Jahres liegen, wenn der Arbeitnehmer nach Ablauf des Monats Februar des laufenden Jahres elektronisch angemeldet wird,
- vor dem Vorjahresbeginn liegen, wenn der Arbeitnehmer vor dem 1. März des laufenden Jahres elektronisch angemeldet wird.

Für Anmeldungen, die vor dem 1. Januar 2013 bei der Finanzverwaltung eingegangen sind, war als Referenzdatum Arbeitgeber stets der 1. Januar 2013 anzugeben.

50 Soweit die ELStAM-Anfrage des Arbeitgebers im Kalenderjahr 2013 trotz zutreffender Angaben in den Feldern „Beschäftigungsbeginn" und „Referenzdatum Arbeitgeber" von der Finanzverwaltung abgewiesen wird, darf der Arbeitgeber den Lohnsteuerabzug nach den ihm in Papierform vorliegenden Lohnsteuerabzugsmerkmalen des Arbeitnehmers bis zu zwei Monate nach dem Einsatz der Programmversion, mit der dieser Fehler behoben wird, längstens für den letzten Lohnzahlungszeitraum im Kalenderjahr 2013, durchführen. Weitere verfahrenserleichternde Regelungen zur Durchführung des Lohnsteuerabzugs werden vorübergehend im Internet unter http://www.bundesfinanzministerium.de/Content/DE/Downloads/BMF_Schreiben/Steuerarten/;][?tjl]>Lohnsteuer/2013-04-25-Abweisung-ELStAM-Anfrage-Arbeitgeber. pdf?__blob=publicationFile=1 und https://www.elster.de/arbeitg_elstam.php bereitgestellt.

Laufendes Abrufverfahren

51 Der Arbeitgeber ist verpflichtet, die ELStAM monatlich abzufragen und abzurufen (§ 39e Absatz 5 Satz 3 EStG). Da sich die Lohnsteuerabzugsmerkmale der Arbeitnehmer in einer Vielzahl von Fällen nicht in jedem Monat ändern, hat die Finanzverwaltung einen Mitteilungsservice eingerichtet. Zur Nutzung dieses Mitteilungsverfahrens kann der Arbeitgeber im ElsterOnline-Portal beantragen, per E-Mail Informationen über die Bereitstellung von Änderungen zu erhalten. Erfährt der Arbeitgeber durch diesen E-Mail-Mitteilungsservice, dass sich für einen Lohnzahlungszeitraum keine Änderungen bei den ELStAM seiner Arbeitnehmer ergeben haben, ist er für diesen Zeitraum von der Verpflichtung zum Abruf befreit. Wird ihm dagegen mitgeteilt, dass neue bzw. geänderte ELStAM zum Abruf bereitstehen, bleibt er zum Abruf verpflichtet.[1])

52 Legt der Arbeitnehmer eine Bescheinigung des Finanzamts zur Korrektur des Lohnsteuerabzugs zurückliegender Lohnzahlungszeiträume vor (vgl. Rz. 35 und 37), ist eine Änderung des Lohnsteuerabzugs nach Maßgabe des § 41c Absatz 1 Satz 1 Nummer 1 EStG möglich.

Gültigkeit der ELStAM, Beendigung des Dienstverhältnisses

53 Nach § 39e Absatz 5 Satz 1 EStG sind die abgerufenen ELStAM gemäß der zeitlichen Gültigkeitsangabe vom Arbeitgeber für die Durchführung des Lohnsteuerabzugs des Arbeitnehmers anzuwenden, bis

1. ihm die Finanzverwaltung geänderte ELStAM zum Abruf bereitstellt oder
2. der Arbeitgeber der Finanzverwaltung die Beendigung des Dienstverhältnisses mitteilt.

54 Der Arbeitgeber hat der Finanzverwaltung die Beendigung des Dienstverhältnisses unverzüglich mitzuteilen (§ 39e Absatz 4 Satz 5 EStG). Hierzu übermittelt der Arbeitgeber oder der von ihm beauftragte Dritte die Daten des abzumeldenden Arbeitnehmers (Identifikationsnummer, Geburtsdatum, Datum der Beendigung des Dienstverhältnisses und refDatumAG) auf elektronischem Weg nach amtlich vorgeschriebenem Datensatz. Vgl. im Übrigen Rz. 60.

55 Nach dem Tod eines Arbeitnehmers wird ein Abruf der ELStAM automatisch allgemein gesperrt. Versucht der Arbeitgeber ELStAM abzurufen, erhält er lediglich die Rückmeldung, dass ein Abruf nicht möglich ist; ein Rückschluss auf den Grund (Tod des Arbeitnehmers) ist nicht möglich.

56 Bei Lohnzahlungen an Erben oder Hinterbliebene des verstorbenen Arbeitnehmers sind diese durch den Arbeitgeber als Arbeitnehmer anzumelden, damit die Finanzverwaltung ELStAM bilden und zum Abruf bereitstellen kann.

Lohnzahlungen nach Beendigung des Dienstverhältnisses

57 Zahlt der Arbeitgeber nach Beendigung des Dienstverhältnisses laufenden Arbeitslohn (R 39b.2 Absatz 1 LStR 2013), sind der Besteuerung die ELStAM zum Ende[2)] des Lohnzahlungszeitraums zugrunde zu legen, für den die Nachzahlung erfolgt. Eine erneute Anmeldung des Arbeitnehmers bei der Finanzverwaltung ist insoweit nicht erforderlich.

58 Handelt es sich dagegen um sonstige Bezüge (R 39b.2 Absatz 2 LStR 2013), sind für die Besteuerung die ELStAM zum Ende des Lohnzahlungszeitraums[3)] des Zuflusses des sonstigen Bezugs maßgebend. Der Arbeitgeber muss daher den Arbeitnehmer erneut bei der Finanzverwaltung anmelden. Unterlässt der Arbeitgeber in diesem Fall die Anmeldung, obwohl ihm die hierzu *erforderlichen Angaben des* Arbeitnehmers vorliegen und der Anmeldung keine technischen

---

1) Der Arbeitgeber erfährt (seit März 2014) durch den E-Mail-Mitteilungsservice, dass sich für einen Lohnzahlungszeitraum Änderungen bei den ELStAM seiner Arbeitnehmer ergeben haben, sodass er zum Abruf verpflichtet ist.

2) → R 39.5 Abs. 1 Satz 3 LStR.

3) Jetzt: Kalendermonat → R 39.6 Abs. 3 Satz 1 LStR.

Hinderungsgründe gemäß § 39c Absatz 1 Satz 2 EStG entgegenstehen, ist der Steuerabzug nach der Steuerklasse VI vorzunehmen.

3. Arbeitgeberwechsel

In Fällen des Arbeitgeberwechsels ist der (bisherige) erste Arbeitgeber verpflichtet, die Beendigung des Dienstverhältnisses der Finanzverwaltung unverzüglich anzuzeigen und den Arbeitnehmer bei der Finanzverwaltung zeitnah elektronisch abzumelden (§ 39e Absatz 4 Satz 5 EStG, vgl. Rz. 54). Der neue erste Arbeitgeber hat sich bei der Finanzverwaltung als erster Arbeitgeber (Hauptarbeitgeber) anzumelden und die ELStAM des Arbeitnehmers abzurufen (vgl. Rz. 45 bis 50).. 59

Bei der Abmeldung ist zu berücksichtigen, dass die aktuellen ELStAM des Arbeitnehmers dem Arbeitgeber ab dem ersten bis zum fünften Werktag des Folgemonats zum Abruf bereitgestellt werden. Erfolgt die Abmeldung des Arbeitnehmers vor dem fünften Werktag des Folgemonats, kann der Arbeitgeber die aktuellen ELStAM des Arbeitnehmers für den Monat der Beendigung des Dienstverhältnisses ggf. nicht abrufen. 60

Erfolgt nach einem Arbeitgeberwechsel die Anmeldung des Arbeitnehmers durch den neuen (aktuellen) Hauptarbeitgeber, bevor der vorherige Hauptarbeitgeber die Abmeldung vorgenommen hat, gilt Folgendes: 61

- Der aktuelle Hauptarbeitgeber erhält die für das erste Dienstverhältnis gültigen ELStAM rückwirkend ab dem Beginn des Dienstverhältnisses. Der bisherige Hauptarbeitgeber erhält mit Gültigkeit ab diesem Tag die ELStAM für Steuerklasse VI.
- Erfolgt die Anmeldung des Arbeitnehmers zu einem Zeitpunkt, der mehr als 6 Wochen nach Beginn des Dienstverhältnisses liegt, erhält der aktuelle Hauptarbeitgeber die für das erste Dienstverhältnis gültigen ELStAM ab dem Tag der Anmeldung. Der bisherige Hauptarbeitgeber erhält mit Gültigkeit ab diesem Tag die ELStAM für Steuerklasse VI.

Beispiel 1 (Anmeldung innerhalb der 6-Wochen-Frist): 62

Arbeitnehmer A ist mit Steuerklasse III bei Arbeitgeber ALT beschäftigt. A wechselt zum 20. Juni 2013 zum Arbeitgeber NEU. Während Arbeitgeber NEU das Beschäftigungsverhältnis am 10. Juli 2013 als Hauptarbeitgeber mit Beschäftigungsbeginn 20. Juni 2013 anmeldet, unterbleibt eine Abmeldung durch den bisherigen Arbeitgeber ALT.

Arbeitgeber NEU

NEU erhält in der Anmeldebestätigungsliste zur Anmeldung vom 10. Juli 2013 die ELStAM rückwirkend auf den Tag des Beginns der Beschäftigung (Gültigkeit ab 20. Juni 2013) mit der Steuerklasse III.

Arbeitgeber ALT

ALT erhält mit dem nächsten Abruf (Anfang August 2013) ELStAM mit der Steuerklasse VI mit Gültigkeit ab Beginn der Beschäftigung bei Arbeitgeber NEU (20. Juni 2013). In der Zeit ab dem 20. Juni 2013 gezahlter Restlohn ist nach Steuerklasse VI zu besteuern.

Hinweis: Hat Arbeitgeber ALT den Arbeitnehmer bis Ende des Monats Juli 2013 abgemeldet, werden ihm für A keine ELStAM mehr zum Abruf bereitgestellt.

Beispiel 2 (Anmeldung außerhalb der 6-Wochen-Frist): 63

Arbeitnehmer B ist mit Steuerklasse III beim Arbeitgeber ALT beschäftigt. B wechselt zum 20. Juni 2013 zum Arbeitgeber NEU. NEU meldet das Beschäftigungsverhältnis am 20. August 2013 als Hauptarbeitgeber mit Beschäftigungsbeginn 20. Juni 2013 an, eine Abmeldung durch den bisherigen Arbeitgeber ALT unterbleibt.

Arbeitgeber NEU

NEU erhält für B erstmalig ELStAM mit der Steuerklasse III mit Gültigkeit ab dem Tag der Anmeldung (20. August 2013). Zuvor gezahlter Lohn ist mit Steuerklasse VI zu besteuern.

Arbeitgeber ALT

ALT erhält mit dem nächsten Abruf (Anfang September 2013) ELStAM mit der Steuerklasse VI mit Gültigkeit ab dem 20. August 2013.

Hinweis: Hat Arbeitgeber ALT den Arbeitnehmer bis Ende des Monats August 2013 abgemeldet, werden ihm für B keine ELStAM mehr zum Abruf bereitgestellt.

4. Weiteres Dienstverhältnis

Beginn eines weiteren Dienstverhältnisses

Beginnt der Arbeitnehmer ein neues Dienstverhältnis und bezieht er nebeneinander von mehreren Arbeitgebern Arbeitslohn, hat er zu entscheiden, welches das erste und welches das weitere Dienstverhältnis ist. Soll der Arbeitslohn des neuen Dienstverhältnisses nach der Steuerklasse VI 64 besteuert werden, hat der Arbeitnehmer dem Arbeitgeber neben der Identifikationsnummer und dem Tag der Geburt mitzuteilen, dass es sich um ein weiteres Dienstverhältnis handelt (vgl. Rz. 68 und 69). Zur Berücksichtigung eines nach § 39a Absatz 1 Satz 1 Nummer 7 EStG festgestellten Freibetrags vgl. Rz. 127. Soll der Arbeitslohn des neuen Dienstverhältnisses nach den Merkmalen des ersten Dienstverhältnisses besteuert werden, hat der Arbeitnehmer dem Arbeitgeber mitzuteilen, dass es sich um das erste Dienstverhältnis handelt.

65 Nachdem der Arbeitgeber des neuen Dienstverhältnisses den Arbeitnehmer bei der Finanzverwaltung angemeldet hat, bildet die Finanzverwaltung die zutreffenden Steuerklassen automatisch und stellt sie dem jeweiligen Arbeitgeber zum Abruf bereit. Dem Arbeitgeber des weiteren Dienstverhältnisses werden als ELStAM die Steuerklasse VI und ggf. die rechtliche Zugehörigkeit zu einer steuererhebenden Religionsgemeinschaft sowie ein Freibetrag nach § 39a Absatz 1 Satz 1 Nummer 7 EStG zum Abruf bereitgestellt. Wird das neue Dienstverhältnis als erstes Dienstverhältnis angemeldet, stellt die Finanzverwaltung dem Arbeitgeber die ELStAM nach Rz. 6, 9 und 10 und dem anderen Arbeitgeber die Steuerklasse VI zum Abruf bereit.

66 Die für das neue Dienstverhältnis gültigen ELStAM werden grundsätzlich rückwirkend ab dem Beginn des Dienstverhältnisses (vgl. Rz. 59, 61 bis 63) gebildet.

Wechsel des ersten Dienstverhältnisses

67 Bezieht der Arbeitnehmer nebeneinander von mehreren Arbeitgebern Arbeitslohn, kann er auch während des Kalenderjahres einen neuen ersten Arbeitgeber bestimmen. Hierfür ist dem neuen Hauptarbeitgeber mitzuteilen, dass es sich nun um das erste Dienstverhältnis handelt. Dem weiteren Arbeitgeber ist mitzuteilen, dass es sich nun um das weitere Dienstverhältnis handelt und ggf. ob und in welcher Höhe ein nach § 39a Absatz 1 Satz 1 Nummer 7 EStG festgestellter Freibetrag (vgl. Rz. 127) abgerufen werden soll. Ein solcher Wechsel darf frühestens mit Wirkung vom Beginn des Kalendermonats an erfolgen, in dem der Arbeitnehmer das erste Dienstverhältnis neu bestimmt.

5. Pflichten des Arbeitnehmers

Gegenüber dem Arbeitgeber

68 Zum Zweck des Abrufs der ELStAM hat der Arbeitnehmer jedem Arbeitgeber bei Eintritt in das Dienstverhältnis Folgendes mitzuteilen (§ 39e Absatz 4 Satz 1 EStG):

1. die Identifikationsnummer sowie den Tag der Geburt,
2. ob es sich um das erste oder ein weiteres Dienstverhältnis handelt (vgl. Rz. 64),
3. ggf. ob und in welcher Höhe ein nach § 39a Absatz 1 Satz 1 Nummer 7 EStG festgestellter Freibetrag abgerufen werden soll (vgl. Rz. 127).

69 Soll in einem zweiten oder weiteren Dienstverhältnis ein Freibetrag nach § 39a Absatz 1 Satz 1 Nummer 1 bis 6 EStG abgerufen werden, wird auf die Erläuterung unter Rz. 125 und 126verwiesen.

Gegenüber der Finanzverwaltung

70 Die Steuerklasse und die Zahl der Kinderfreibeträge für minderjährige Kinder werden im neuen Verfahren in der Regel automatisch geändert. Auslöser hierfür sind Mitteilungen der Meldebehörden über den geänderten Familienstand bzw. die Geburt oder den Tod eines Kindes. In diesen Fällen ist der Arbeitnehmer nicht zu einer Mitteilung an das Finanzamt verpflichtet (§ 39 Absatz 5 Satz 3 EStG i. V. m. § 39e Absatz 2 Satz 2 EStG).

71 Ändern sich die persönlichen Verhältnisse des Arbeitnehmers und treten die Voraussetzungen zur Einreihung in eine für ihn ungünstigere Steuerklasse oder für eine geringere Zahl der Kinderfreibeträge ein, ist er in den Fällen, in denen die Änderungen nicht durch geänderte Meldedaten automatisch angestoßen werden, verpflichtet, dies dem Finanzamt mitzuteilen und die Steuerklasse sowie die Zahl der Kinderfreibeträge umgehend ändern zu lassen (§ 39 Absatz 5 Satz 1 EStG). Dies gilt insbesondere bei dauernder Trennung der Ehegatten bzw. Lebenspartner oder wenn die Voraussetzungen für die Berücksichtigung des Entlastungsbetrags für Alleinerziehende und somit für die Anwendung der Steuerklasse II entfallen.

72 Ferner besteht eine Mitteilungspflicht des Arbeitnehmers gegenüber dem Finanzamt, wenn ihm bekannt wird, dass die ELStAM zu seinen Gunsten von den nach § 39 EStG zu bildenden Lohnsteuerabzugsmerkmalen abweichen (§ 39e Absatz 6 Satz 5 EStG), z. B. wenn der Arbeitgeber abgerufene ELStAM irrtümlich nicht dem zutreffenden Arbeitnehmer zugeordnet hat.

73 Wird ein unbeschränkt einkommensteuerpflichtiger Arbeitnehmer beschränkt einkommensteuerpflichtig, z. B. weil er ins grenznahe Ausland verzieht und seinen Arbeitsplatz im Inland beibehält, hat er dies seinem Wohnsitzfinanzamt (vgl. Rz. 13) ebenfalls unverzüglich mitzuteilen (§ 39 Absatz 7 Satz 1 EStG). Als Folge hat das Finanzamt die Lohnsteuerabzugsmerkmale vom Zeit-

punkt des Eintritts der beschränkten Einkommensteuerpflicht an zu ändern (Sperrung des Abrufs der ELStAM). Auf Antrag wird das Betriebsstättenfinanzamt des Arbeitgebers für den Arbeitnehmer eine Bescheinigung für den Lohnsteuerabzug ausstellen (vgl. Rz. 86 bis 88) und ihn ggf. in die Steuerklasse I einreihen.

Zu den Folgerungen aufgrund fehlender oder unzutreffender Angaben vgl. Tz. Rz. 93 bis 98 und 101. 74

6. Rechte des Arbeitnehmers

Abrufsperren und Abrufberechtigungen

Im neuen Verfahren kann der Arbeitnehmer einen oder mehrere zum Abruf von ELStAM berechtigte(n) Arbeitgeber benennen (Abrufberechtigung, „Positivliste") oder bestimmte Arbeitgeber von der Abrufberechtigung ausschließen (Abrufsperre, „Negativliste"; § 39e Absatz 6 Satz 6 Nummer 1 EStG). Zudem gibt es die Möglichkeit, sämtliche Arbeitgeber vom Abruf auszuschließen („Vollsperrung"; § 39e Absatz 6 Satz 6 Nummer 2 EStG). Eine Abrufberechtigung oder eine Sperrung ist dem Finanzamt mit dem Vordruck „Anträge zu den elektronischen Lohnsteuerabzugsmerkmalen – ELStAM –" mitzuteilen. Eine Verpflichtung zur Erteilung einer Abrufberechtigung der ELStAM oder deren Sperrung besteht nicht. 75

Abrufberechtigungen und Abrufsperren gelten lediglich mit Wirkung für die Zukunft, eine rückwirkende Berücksichtigung ist nicht möglich. Sie gelten, bis der Arbeitnehmer erklärt, die Abrufberechtigung zu erteilen oder die Sperrung aufzuheben. 76

Die Erteilung einer Abrufberechtigung oder Sperrung eines Arbeitgebers zum Abruf der ELStAM setzt die Angabe der Steuernummer der Betriebsstätte oder des Teilbetriebs des Arbeitgebers, in dem der für die Durchführung des Lohnsteuerabzugs maßgebende Arbeitslohn ermittelt wird, voraus. Zu den sich hieraus ergebenden Arbeitgeberpflichten vgl. Rz. 44. Für die Verwendung der Steuernummer des Arbeitgebers gelten die Regelungen zu den Schutzvorschriften für die ELStAM entsprechend (vgl. Rz. 107 und 108). 77

Positivliste

Hat der Arbeitnehmer bei seinem Wohnsitzfinanzamt (vgl. Rz. 13) eine Positivliste eingereicht, werden darin nicht genannte Arbeitgeber für den Abruf von ELStAM des Antragstellers gesperrt. Wird im Falle eines Arbeitgeberwechsels der neue Arbeitgeber nicht in eine bereits vorhandene Positivliste aufgenommen, ist ein Abruf der ELStAM durch den neuen Arbeitgeber nicht möglich. Bei fehlender Abrufberechtigung ist der Arbeitgeber zur Anwendung der Steuerklasse VI verpflichtet (§ 39e Absatz 6 Satz 8 EStG). Die Aufnahme von Arbeitgebern in die Positivliste setzt kein bestehendes Arbeitsverhältnis voraus. 78

Negativliste

Hat der Arbeitnehmer bei seinem Wohnsitzfinanzamt (vgl. Rz. 13) eine Negativliste eingereicht, können die darin genannten Arbeitgeber die ELStAM des Antragstellers nicht abrufen. Kommt es gleichwohl zu einem Arbeitsverhältnis und einer Lohnzahlung eines dieser Arbeitgeber, hat er aufgrund der fehlenden Abrufberechtigung die Steuerklasse VI anzuwenden (§ 39e Absatz 6 Satz 8 EStG). 79

Vollsperrung

Hat der Arbeitnehmer bei seinem Wohnsitzfinanzamt (vgl. Rz. 13) beantragt, die Bildung oder Bereitstellung der ELStAM allgemein sperren zu lassen, ist ein Abruf nicht möglich. Aufgrund der fehlenden Abrufberechtigung hat der Arbeitgeber die Steuerklasse VI anzuwenden (§ 39e Absatz 6 Satz 8 EStG). Die Sperrung bleibt solange bestehen, bis der Arbeitnehmer die Bildung oder Bereitstellung der ELStAM allgemein freischalten lässt. 80

Auskunft über die eigenen ELStAM

Der Arbeitnehmer kann beim zuständigen Wohnsitzfinanzamt (vgl. Rz. 13) auf Antrag Auskunft über die für ihn gebildeten ELStAM sowie über die durch den Arbeitgeber in den letzten 24 Monaten erfolgten Abrufe der ELStAM erhalten (§ 39e Absatz 6 Satz 4 EStG; vgl. Vordruck „Anträge zu den elektronischen Lohnsteuerabzugsmerkmalen – ELStAM –"). 81

Dem Arbeitnehmer ist es darüber hinaus möglich, seine ELStAM über das ElsterOnline-Portal (www.elsteronline.de/eportal) einzusehen. Dazu ist eine kostenfreie Registrierung unter Verwendung der Identifikationsnummer im ElsterOnline-Portal notwendig. 82

Ungünstigere Lohnsteuerabzugsmerkmale

Nach § 38b Absatz 3 EStG haben unbeschränkt einkommensteuerpflichtige Arbeitnehmer die Möglichkeit, beim Wohnsitzfinanzamt (vgl. Rz. 13) die Berücksichtigung ungünstigerer Lohnsteuerabzugsmerkmale zu beantragen (eine ungünstigere Steuerklasse, eine geringere Anzahl 83 von Kindern; ebenso ist die Rücknahme eines Antrags auf Berücksichtigung des Pauschbetrags für behinderte Menschen möglich); s. Vordruck „Anträge zu den elektronischen Lohnsteuerabzugsmerkmalen – ELStAM –". Von ungünstigeren Besteuerungsmerkmalen ist stets auszugehen, wenn die vom Arbeitnehmer gewählten Lohnsteuerabzugsmerkmale zu einem höheren Lohnsteuerabzug (inkl. Solidaritätszuschlag und ggf. Kirchensteuer) führen oder wenn statt der Steuerklasse IV die Steuerklasse I gewählt wird.

84 Ein solcher Antrag ist z. B. bei Arbeitnehmern denkbar, die dem Arbeitgeber ihren aktuellen Familienstand nicht mitteilen möchten. Um zu vermeiden, dass dem Arbeitgeber z. B. nach einer Eheschließung bzw. Begründung einer Lebenspartnerschaft die nunmehr für verheiratete bzw. verpartnerte Arbeitnehmer in Betracht kommende Steuerklasse III, IV oder V mitgeteilt wird, kann der Arbeitnehmer beantragen, stattdessen die Steuerklasse I beizubehalten.

85 Um das Ziel der Nichtoffenbarung von geänderten Besteuerungsmerkmalen zu erreichen, kann ein solcher Antrag bereits vor dem maßgebenden Ereignis beim Wohnsitzfinanzamt (vgl. Rz. 13) gestellt werden.

7. Im Inland nicht meldepflichtige Arbeitnehmer

86 Für im Inland nicht meldepflichtige Personen (nach § 1 Absatz 2 EStG erweitert unbeschränkt einkommensteuerpflichtige Arbeitnehmer, nach § 1 Absatz 3 EStG auf Antrag wie unbeschränkt einkommensteuerpflichtig zu behandelnde Arbeitnehmer, nach § 1 Absatz 4 EStG beschränkt einkommensteuerpflichtige Arbeitnehmer), wird die steuerliche Identifikationsnummer nicht auf Grund von Mitteilungen der Meldebehörden zugeteilt. Die Teilnahme dieser Arbeitnehmer am neuen Verfahren ist in einer späteren programmtechnischen Ausbaustufe vorgesehen. Dies gilt auch dann, wenn für diesen Arbeitnehmerkreis auf Anforderung des Finanzamts oder aus anderen Gründen (z. B. früherer Wohnsitz im Inland) steuerliche Identifikationsnummern vorliegen.

87 In diesen Fällen hat das Betriebsstättenfinanzamt des Arbeitgebers derzeit noch auf Antrag Papierbescheinigungen für den Lohnsteuerabzug auszustellen (Vordrucke „Antrag auf Erteilung einer Bescheinigung für den Lohnsteuerabzug für das Kalenderjahr 201__ bei erweiterter unbeschränkter Einkommensteuerpflicht und für übrige Bezieher von Arbeitslohn aus inländischen öffentlichen Kassen", „Antrag auf Erteilung einer Bescheinigung für den Lohnsteuerabzug für das Kalenderjahr 201__ für beschränkt einkommensteuerpflichtige Arbeitnehmer"). Legt ein Arbeitnehmer eine dieser Bescheinigungen für den Lohnsteuerabzug vor, entfällt die Verpflichtung und Berechtigung des Arbeitgebers zum Abruf der ELStAM nach § 39e Absatz 4 Satz 2 und Absatz 5 Satz 3 EStG.

88 Der Antrag nach § 39 Absatz 3 Satz 1 EStG ist grundsätzlich vom Arbeitnehmer zu stellen. Die Bescheinigung der Steuerklasse I kann auch der Arbeitgeber beantragen (§ 39 Absatz 3 Satz 3 EStG), wenn er den Antrag im Namen des Arbeitnehmers stellt. Weitere Lohnsteuerabzugsmerkmale, etwa die Zahl der Kinderfreibeträge oder ein Freibetrag nach § 39a EStG, können nur auf Antrag des Arbeitnehmers gebildet werden (§ 39 Absatz 3 Satz 1 EStG).

89 Der Arbeitgeber hat die in der jahresbezogenen Bescheinigung für den Lohnsteuerabzug ausgewiesenen Lohnsteuerabzugsmerkmale in das Lohnkonto des Arbeitnehmers zu übernehmen, diese Bescheinigung als Beleg zum Lohnkonto zu nehmen und während des Dienstverhältnisses, längstens bis zum Ablauf des jeweiligen Kalenderjahres, aufzubewahren (§ 39 Absatz 3 Satz 4 EStG). Bei Beendigung des Arbeitsverhältnisses vor Ablauf des Kalenderjahres hat er dem Arbeitnehmer diese Bescheinigung für den Lohnsteuerabzug auszuhändigen.

90 Ist die Ausstellung einer solchen Bescheinigung nicht beantragt oder legt der Arbeitnehmer sie nicht innerhalb von sechs Wochen nach Beginn des Dienstverhältnisses vor, hat der Arbeitgeber die Lohnsteuer nach der Steuerklasse VI zu ermitteln (§ 39c Absatz 2 Satz 2 EStG).

91 In den Lohnsteuerbescheinigungen dieser Arbeitnehmer ist anstelle der Identifikationsnummer das lohnsteuerliche Ordnungsmerkmal (§ 41b Absatz 2 Satz 1 und 2 EStG, sog. eTIN = elektronische Transfer-Identifikations-Nummer) auszuweisen.

92 Hinsichtlich der Schutzvorschriften für die Lohnsteuerabzugsmerkmale gelten die Regelungen zu den ELStAM unter Rz. 107 und 108 entsprechend.

8. Durchführung des Lohnsteuerabzugs ohne ELStAM

Fehlende Lohnsteuerabzugsmerkmale

93 Bei fehlenden Lohnsteuerabzugsmerkmalen hat der Arbeitgeber die Lohnsteuererhebung nach der Steuerklasse VI durchzuführen. Dies kommt insbesondere dann in Betracht, wenn der Arbeitnehmer

- bei Beginn des Dienstverhältnisses seinem Arbeitgeber die zum Abruf der ELStAM erforderliche steuerliche Identifikationsnummer und das Geburtsdatum schuldhaft nicht mitteilt (§ 39e Absatz 4 Satz 1 EStG),
- eine Übermittlung der ELStAM an den Arbeitgeber gesperrt hat (§ 39e Absatz 6 Satz 6 Nummer 1 EStG) oder
- beim Finanzamt (vgl. Rz. 13) die Bildung der ELStAM sperren lassen hat (§ 39e Absatz 6 Satz 6 Nummer 2 EStG).

Abweichend hiervon hat der Arbeitgeber in den folgenden Fällen für die Lohnsteuerberechnung – längstens für die Dauer von drei Kalendermonaten – die voraussichtlichen Lohnsteuerabzugsmerkmale im Sinne des § 38b EStG zu Grunde zu legen (§ 39c Absatz 1 Satz 2 EStG), wenn 94

1. ein Abruf der ELStAM wegen technischer Störungen nicht möglich ist,
2. der Arbeitnehmer die fehlende Mitteilung über die ihm zuzuteilende Identifikationsnummer nicht zu vertreten hat.

Als Störungen in diesem Sinne kommen technische Schwierigkeiten bei Anforderung und Abruf, Bereitstellung oder Übermittlung der ELStAM in Betracht oder eine verzögerte Ausstellung der Bescheinigung für den Lohnsteuerabzug durch das Finanzamt. 95

Aufgrund dieser Ausnahmeregelungen kann der Arbeitgeber den Lohnsteuerabzug für die Dauer von längstens drei Monaten nach den ihm bekannten persönlichen Besteuerungsmerkmalen des Arbeitnehmers durchführen (Steuerklasse, Kinderzähler und Religionszugehörigkeit). Erhält der Arbeitgeber die (elektronischen) Lohnsteuerabzugsmerkmale vor Ablauf der drei Monate, hat er in den Fällen des § 39c Absatz 1 Satz 2 EStG die Lohnsteuerermittlungen für die vorangegangenen Kalendermonate zu überprüfen und erforderlichenfalls zu ändern (§ 39c Absatz 1 Satz 4 EStG). 96

Hat der Arbeitnehmer nach Ablauf der drei Monate die Identifikationsnummer sowie den Tag seiner Geburt nicht mitgeteilt und ersatzweise die Bescheinigung für den Lohnsteuerabzug nicht vorgelegt, so ist rückwirkend die Besteuerung nach der Steuerklasse VI durchzuführen und die Lohnsteuerermittlungen für die ersten drei Monate zu korrigieren. Erhält der Arbeitgeber in diesen Fällen die ELStAM oder ersatzweise die Bescheinigung für den Lohnsteuerabzug nach Ablauf der 3-Monatsfrist, ist eine Änderung des Lohnsteuerabzugs nur nach Maßgabe des § 41c Absatz 1 Satz 1 Nummer 1 EStG möglich. 97

Unbeschränkt einkommensteuerpflichtige Arbeitnehmer ohne steuerliche Identifikationsnummer

Ist einem nach § 1 Absatz 1 EStG unbeschränkt einkommensteuerpflichtigen Arbeitnehmer (noch) keine Identifikationsnummer (§§ 139a, 139b AO) zugeteilt worden, können ELStAM weder automatisiert gebildet noch vom Arbeitgeber abgerufen werden. In diesen Fällen ersetzt eine dem Arbeitgeber vorzulegende Bescheinigung für den Lohnsteuerabzug mit den anzuwendenden Lohnsteuerabzugsmerkmalen die ELStAM. Der Arbeitnehmer hat eine solche Bescheinigung für den Lohnsteuerabzug beim Wohnsitzfinanzamt (vgl. Rz. 13) formlos oder mit dem „Antrag auf Ausstellung einer Bescheinigung für den Lohnsteuerabzug" zu beantragen und dem Arbeitgeber vorzulegen (§ 39e Absatz 8 Satz 1 und 4 EStG). 98

Das Wohnsitzfinanzamt (vgl. Rz. 13) hat diese Bescheinigung für die Dauer eines Kalenderjahres auszustellen. Legt der Arbeitnehmer eine entsprechende Bescheinigung für den Lohnsteuerabzug vor, entfällt die Verpflichtung und Berechtigung des Arbeitgebers zum Abruf der ELStAM (§ 39e Absatz 8 Satz 2 EStG). 99

Der Arbeitgeber hat diese jahresbezogene Bescheinigung für den Lohnsteuerabzug als Beleg zum Lohnkonto zu nehmen und während des Dienstverhältnisses, längstens bis zum Ablauf des jeweiligen Kalenderjahres, aufzubewahren. Bei Beendigung des Arbeitsverhältnisses vor Ablauf des Kalenderjahres hat er dem Arbeitnehmer diese Bescheinigung auszuhändigen. 100

Hat der Arbeitnehmer die Ausstellung einer solchen Bescheinigung für den Lohnsteuerabzug nicht beantragt oder legt er sie nicht innerhalb von sechs Wochen nach Beginn des Dienstverhältnisses vor, hat der Arbeitgeber die Lohnsteuer nach der Steuerklasse VI zu ermitteln. 101

Erhält der Arbeitnehmer seine Identifikationsnummer zugeteilt, hat er sie dem Arbeitgeber mitzuteilen (§ 39e Absatz 4 Satz 1 EStG). Mit dieser Angabe und dem (bereits vorliegenden) Geburtsdatum ist der Arbeitgeber berechtigt, die ELStAM des Arbeitnehmers abzurufen. Die vorliegende Bescheinigung für den Lohnsteuerabzug hindert den Arbeitgeber nicht, im laufenden Kalenderjahr zum elektronischen Verfahren zu wechseln, um so die ELStAM des Arbeitnehmers abrufen zu können. Die Bescheinigung für den Lohnsteuerabzug ist weder an das ausstellende Finanzamt noch an den Arbeitnehmer herauszugeben. 102

Hinsichtlich der Pflichten des Arbeitgebers zur Übertragung der Lohnsteuerabzugsmerkmale in das Lohnkonto, Aufbewahrung und Herausgabe der Bescheinigung für den Lohnsteuerabzug, Verwendung des lohnsteuerlichen Ordnungsmerkmals nach § 41b Absatz 2 Satz 1 und 2 EStG 103 sowie der Schutzvorschriften für die Lohnsteuerabzugsmerkmale gelten die Regelungen unter Rz. 89, 91,107 und 108 entsprechend.

9. ELStAM bei verschiedenen Lohnarten

104 Auch wenn der Arbeitgeber verschiedenartige Bezüge zahlt, sind diese aufgrund des Grundsatzes eines einheitlichen Dienstverhältnisses zu einem Arbeitgeber zusammenzurechnen. In den folgenden Fällen handelt es sich um ein einheitliches Dienstverhältnis, so dass die Lohnsteuer für die Bezüge einheitlich und nach denselben ELStAM zu erheben ist. Der Abruf von ELStAM für ein zweites Dienstverhältnis des Arbeitnehmers durch denselben Arbeitgeber ist nicht möglich.

105 **Beispiele für die Zahlung verschiedenartiger Bezüge:**

- Ein Arbeitnehmer erhält vom Arbeitgeber neben einer Betriebsrente noch Arbeitslohn für ein aktives Dienstverhältnis; die Lohnsteuer wird nicht pauschal erhoben.
- Ein Arbeitnehmer erhält vom Arbeitgeber Hinterbliebenenbezüge und eigene Versorgungsbezüge oder Arbeitslohn für ein aktives Dienstverhältnis.
- Ein Arbeitnehmer ist in Elternzeit und arbeitet gleichwohl beim selben Arbeitgeber weiter.

106 Zu der im Einführungszeitraum 2013 und im Kalenderjahr 2014 möglichen abweichenden Behandlung als Bezüge aus unterschiedlichen Dienstverhältnissen (Nichtbeanstandungsregelung) vgl. Tz. III. 5. des BMF-Schreibens zum erstmaligen Abruf der elektronischen Lohnsteuerabzugsmerkmale durch den Arbeitgeber und mit Anwendungsgrundsätzen für den Einführungszeitraum vom 25. Juli 2013, a. a. O.[1])

10. Schutzvorschriften für die (elektronischen) Lohnsteuerabzugsmerkmale

107 Nur die Personen, denen der Arbeitnehmer die Berechtigung erteilt hat (Arbeitgeber oder beauftragte Dritte), sind befugt, ELStAM abzurufen und zu verwenden (§ 39e Absatz 4 Satz 2 und 6 EStG). ELStAM sind nur für den Lohnsteuerabzug bestimmt (§ 39e Absatz 4 Satz 7 und Absatz 5 Satz 1 EStG). Folglich dürfen grundsätzlich weder der Arbeitgeber noch der mit der Durchführung des Lohnsteuerabzugs beauftragte Dritte abgerufene ELStAM bzw. Lohnsteuerabzugsmerkmale offenbaren. Dies gilt nicht, soweit eine Weitergabe von (elektronischen) Lohnsteuerabzugsmerkmalen gesetzlich zugelassen ist oder der Arbeitnehmer einer anderen Verwendung zustimmt (§ 39 Absatz 8 Satz 2 EStG).

108 Vorsätzliche oder leichtfertige Zuwiderhandlungen stellen eine Ordnungswidrigkeit dar und können mit einer Geldbuße bis zu zehntausend Euro geahndet werden (§ 39 Absatz 9 i. V. m. § 39e Absatz 4 Satz 7 EStG).

IV. Verfahrensrecht

109 Sowohl die erstmalige Bildung der (elektronischen) Lohnsteuerabzugsmerkmale als auch deren spätere Änderungen sind – wie die Eintragungen auf der Lohnsteuerkarte im bisherigen Verfahren – eine gesonderte Feststellung von Besteuerungsgrundlagen im Sinne von § 179 Absatz 1 AO, die unter dem Vorbehalt der Nachprüfung steht (§ 39 Absatz 1 Satz 4 EStG). Eine solche Feststellung ist ein anfechtbarer Verwaltungsakt, dessen Vollziehung gemäß § 361 AO ausgesetzt werden kann. Da die Bildung der ELStAM unter dem Vorbehalt der Nachprüfung steht, hat der Arbeitnehmer daneben auch die Möglichkeit, eine Änderung nach § 164 Absatz 2 Satz 2 AO zu beantragen.

110 Um als Verwaltungsakt erkennbar und anfechtbar zu sein, müssen die Bildung der (elektronischen) Lohnsteuerabzugsmerkmale und deren Änderungen dem Arbeitnehmer bekannt gegeben werden (§ 39 Absatz 1 Satz 5 EStG). Gemäß § 119 Absatz 2 AO kann dies schriftlich, elektronisch, mündlich oder in anderer Weise erfolgen. Üblicherweise hat der Arbeitgeber die ELStAM als Grundlage für die Lohnsteuerermittlung in der Lohn- und Gehaltsabrechnung auszuweisen (§ 39e Absatz 5 Satz 2 und Absatz 6 EStG). In diesen Fällen werden sie mit Aushändigung der Lohnabrechnung an den Arbeitnehmer bekannt gegeben (§ 39e Absatz 6 Satz 3 EStG). Wird die Lohnabrechnung elektronisch bereitgestellt, ist das Bereitstellungsdatum maßgebend (§ 39e Absatz 6 Satz 3 EStG).

111 Diesen Formen der Bekanntgabe ist keine Rechtsbehelfsbelehrung beizufügen (§ 39e Absatz 6 *Satz 2 EStG). Dies führt dazu,* dass ein Einspruch gegen die gebildeten ELStAM innerhalb eines Jahres ab Bekanntgabe des Verwaltungsaktes eingelegt werden kann (§ 356 Absatz 2 AO).

---

1) Die Nichtbeanstandungsregelung wurde verlängert. Diese Verlängerung gilt nunmehr für die Lohnsteuererhebung auf den laufenden Arbeitslohn für Lohnzahlungszeiträume, die vor dem ***1. 1. 2017*** enden, und für die Lohnsteuererhebung auf sonstige Bezüge, die vor dem ***1. 1. 2017*** zufließen → ***BMF vom 19. 10. 2015 (BStBl I S. 831)*** → Anhang 17 IV.

Erteilt das Finanzamt auf Antrag des Arbeitnehmers einen Bescheid über die Berücksichtigung von Lohnsteuerabzugsmerkmalen (§ 39 Absatz 1 Satz 8 EStG), ist diesem eine Rechtsbehelfsbelehrung beizufügen. Das Finanzamt ist zudem zur schriftlichen Erteilung eines Bescheids mit einer Belehrung über den zulässigen Rechtsbehelf verpflichtet, wenn dem Antrag des Arbeitnehmers auf Bildung oder Änderung der Lohnsteuerabzugsmerkmale (regelmäßig im Rahmen eines Antrags auf Lohnsteuer-Ermäßigung) nicht oder nicht in vollem Umfang entsprochen wird (§ 39 Absatz 1 Satz 8 EStG). 112

V. Härtefallregelung

Allgemeines

Sind Arbeitgeber nicht in der Lage und ist es ihnen nicht zumutbar, die ELStAM der Arbeitnehmer elektronisch abzurufen, wird ein Ersatzverfahren angeboten (§ 39e Absatz 7 EStG). Auf Antrag des Arbeitgebers kann das Betriebsstättenfinanzamt zur Vermeidung unbilliger Härten die Nichtteilnahme am neuen Abrufverfahren (ELStAM-Verfahren) zulassen (§ 39e Absatz 7 Satz 1 EStG). Die Teilnahme am Härtefallverfahren ist kalenderjährlich unter Darlegung der Gründe neu zu beantragen (§ 39e Absatz 7 Satz 4 EStG); ggf. rückwirkend bis zum Beginn des Kalenderjahres der Antragstellung. 113

Eine unbillige Härte liegt insbesondere bei einem Arbeitgeber vor, für den die technischen Möglichkeiten der Kommunikation über das Internet wirtschaftlich oder persönlich unzumutbar ist (§ 150 Absatz 8 AO ist entsprechend anzuwenden). 114

Dem Antrag ist stets stattzugeben, wenn der Arbeitgeber ohne maschinelle Lohnabrechnung ausschließlich Arbeitnehmer im Rahmen einer geringfügigen Beschäftigung in seinem Privathaushalt im Sinne des § 8a Viertes Buch Sozialgesetzbuch bzw. § 276a Sechstes Buch Sozialgesetzbuch beschäftigt und wenn er die Lohnsteuer vom Arbeitslohn/-entgelt nicht pauschal erhebt (§ 39e Absatz 7 Satz 2 EStG). 115

Auch nach einer Genehmigung zur Nichtteilnahme an diesem Verfahren kann der Arbeitgeber jederzeit ohne gesonderte Mitteilung zum elektronischen Abrufverfahren wechseln. 116

Antragstellung

Der Antrag ist nach amtlich vorgeschriebenem Vordruck zu stellen (Vordruck „Antrag des Arbeitgebers auf Nichtteilnahme am Abrufverfahren der elektronischen Lohnsteuerabzugsmerkmale (ELStAM) für 201_") und muss folgende Angaben beinhalten: 117

1. Steuernummer der lohnsteuerlichen Betriebsstätte,
2. Verzeichnis der beschäftigten Arbeitnehmer,
3. Identifikationsnummer und Geburtsdatum der einzelnen Beschäftigten,
4. Angaben darüber, ob es sich um ein erstes (Hauptarbeitgeber) oder weiteres Dienstverhältnis (Steuerklasse VI) handelt und
5. bei einem weiteren Beschäftigungsverhältnis ggf. den nach § 39a Absatz 1 Satz 1 Nummer 7 EStG zu berücksichtigenden Betrag.

Verfahren/Bescheinigung der Lohnsteuerabzugsmerkmale

Gibt das Betriebsstättenfinanzamt dem Antrag statt, wird dem Arbeitgeber eine arbeitgeberbezogene Bescheinigung zur Durchführung des Lohnsteuerabzugs erteilt, welche die für das jeweilige Kalenderjahr gültigen Lohnsteuerabzugsmerkmale der einzelnen Arbeitnehmer enthält. Im Fall der Änderung von Lohnsteuerabzugsmerkmalen wird dem Arbeitgeber automatisch eine geänderte Bescheinigung für den Lohnsteuerabzug übersandt. Diese Bescheinigungen sind nur für den beantragenden Arbeitgeber bestimmt und dürfen von einem weiteren Arbeitgeber nicht als Grundlage für den Lohnsteuerabzug herangezogen werden. 118

Pflichten des Arbeitgebers

Für die Lohnsteuererhebung gelten in diesen Fällen die Regelungen des Abrufverfahrens für die ELStAM entsprechend. Insbesondere haben auch die wegen der Inanspruchnahme der Härtefallregelung nicht am elektronischen Verfahren teilnehmenden Arbeitgeber die Lohnsteuerabzugsmerkmale der Arbeitnehmer in deren Lohnabrechnung auszuweisen. Auch hier gelten die Lohnsteuerabzugsmerkmale gegenüber dem Arbeitnehmer als bekannt gegeben, sobald der Arbeitgeber dem Arbeitnehmer die Lohnabrechnung mit den ausgewiesenen Lohnsteuerabzugsmerkmalen aushändigt. Im Übrigen sind für die in der Bescheinigung ausgewiesenen Lohnsteuerabzugsmerkmale die Schutzvorschriften für die ELStAM entsprechend zu beachten (vgl. Rz. 107 und 108). 119

Der Arbeitgeber hat die Bescheinigung für den Lohnsteuerabzug sowie evtl. Änderungsmitteilungen als Beleg zum Lohnkonto zu nehmen und sie während der Beschäftigung, längstens bis zum Ablauf des maßgebenden Kalenderjahres, aufzubewahren. Zur Erteilung der Lohnsteuer- 120 bescheinigung (§ 41b EStG) hat der Arbeitgeber die Besondere Lohnsteuerbescheinigung zu verwenden.

121 Beginnt ein Arbeitnehmer im laufenden Kalenderjahr ein Dienstverhältnis, ist der Arbeitgeber zur Mitteilung an das Betriebsstättenfinanzamt verpflichtet (vgl. Rz. 3). Für die Ausstellung und Entgegennahme der Bescheinigung zur Durchführung des Lohnsteuerabzugs gelten Rz. 117 bis 120 entsprechend.

122 Bei Ausscheiden eines Arbeitnehmers aus dem Dienstverhältnis ist dem Betriebsstättenfinanzamt unverzüglich das Datum der Beendigung schriftlich anzuzeigen (§ 39e Absatz 7 Satz 8 EStG).

VI. Betrieblicher Lohnsteuer-Jahresausgleich (§ 42b EStG)

123 Nach einem Arbeitgeberwechsel im laufenden Kalenderjahr sind dem neuen Arbeitgeber – anders als im bisherigen Verfahren – regelmäßig nur die ELStAM des aktuellen Dienstverhältnisses bekannt. Deshalb hat der Arbeitgeber als weitere Voraussetzung für die Durchführung eines Lohnsteuer-Jahresausgleichs zu beachten, dass der Arbeitnehmer durchgängig das gesamte Kalenderjahr bei ihm beschäftigt war. Im Rahmen des Lohnsteuer-Jahresausgleichs ist die Jahreslohnsteuer nach der Steuerklasse zu ermitteln, die für den letzten Lohnzahlungszeitraum des Ausgleichsjahres als ELStAM abgerufen oder in einer Bescheinigung für den Lohnsteuerabzug ausgewiesen worden ist.

VII. Lohnsteuerermäßigungsverfahren ab 2013

Gültigkeit der Lohnsteuerabzugsmerkmale

124 Im Gegensatz zu den nach § 38b EStG zu bildenden Lohnsteuerabzugsmerkmalen wird im neuen Verfahren für die nach § 39a EStG zu bildenden persönlichen Freibeträge zunächst die jahresbezogene Betrachtungsweise fortgesetzt. Folglich ist die Geltungsdauer des Freibetrags, der beim Lohnsteuerabzug insgesamt zu berücksichtigen und abzuziehen ist, sowie eines Hinzurechnungsbetrags derzeit weiterhin auf ein Jahr begrenzt (§ 52 Absatz 50h EStG). Wie bisher sind hiervon die Pauschbeträge für behinderte Menschen und Hinterbliebene ausgenommen.

Start- und Endtermin für das Lohnsteuerermäßigungsverfahren

125 Der an den früheren Versand der Lohnsteuerkarten durch die Gemeinden (frühestens ab dem 20. September) gebundene Starttermin für das Lohnsteuerermäßigungsverfahren besteht nicht mehr. Nach § 39a Absatz 2 Satz 2 EStG beginnt die Frist für die Antragstellung im neuen Verfahren am 1. Oktober eines jeden Jahres. Sie endet weiterhin am 30. November des Kalenderjahres, in dem der Freibetrag gilt. Werden Anträge auf Lohnsteuer-Ermäßigung entgegen der gesetzlichen Vorgabe bereits vor dem 1. Oktober des Vorjahres gestellt, hat das Finanzamt diese Anträge nicht aus formalen Gründen abzulehnen. Diese Anträge sind mit Start des Lohnsteuerermäßigungsverfahrens zu bearbeiten.

126 Soll ein Freibetrag nach § 39a Absatz 1 Satz 1 Nummer 1 bis 6 EStG auf mehrere Dienstverhältnisse aufgeteilt werden, ist ein Antrag beim Finanzamt erforderlich. In diesen Fällen ordnet das Finanzamt die Freibeträge den einzelnen Dienstverhältnissen für den Abruf als ELStAM zu. Der Arbeitnehmer hat dem Arbeitgeber weder Angaben zur Anwendung des Freibetrags noch dessen Höhe mitzuteilen.

Aufteilung Hinzurechnungsbetrag/Freibetrag

127 Im neuen Verfahren kann der Arbeitnehmer entscheiden, ob bzw. in welcher Höhe der Arbeitgeber einen nach § 39a Absatz 1 Satz 1 Nummer 7 EStG beantragten und vom Finanzamt ermittelten Freibetrag abrufen soll. Allein für eine solche Verteilung auf die einzelnen Dienstverhältnisse ist ein Antrag beim Finanzamt nicht erforderlich. Diese Wahlmöglichkeit ist für zweite und weitere Dienstverhältnisse insbesondere für Fälle eines Arbeitgeberwechsels, nach Beendigung eines Dienstverhältnisses sowie bei in größeren Zeiträumen schwankenden Arbeitslöhnen gedacht.

128 Der Arbeitgeber hat den vom Arbeitnehmer genannten Betrag im Rahmen einer üblichen Anmeldung des Arbeitnehmers bzw. Anfrage von ELStAM an die Finanzverwaltung zu übermitteln. *Nach Prüfung* des übermittelten Betrags stellt die Finanzverwaltung dem Arbeitgeber den tatsächlich zu berücksichtigenden Freibetrag als ELStAM zum Abruf bereit. Nur dieser Freibetrag ist für den Arbeitgeber maßgebend und für den Lohnsteuerabzug anzuwenden sowie in der üblichen Lohn- und Gehaltsabrechnung des Arbeitnehmers als ELStAM auszuweisen.

VIII. Sonstiges

Aufzeichnung im Lohnkonto

Der Arbeitgeber hat die im elektronischen Verfahren abgerufenen ELStAM in das Lohnkonto zu übernehmen (§ 41 Absatz 1 Satz 2 EStG). Gleiches gilt für die im Rahmen der Härtefallregelung (vgl. Rz. 118 und 120) in der vom Finanzamt ausgestellten Bescheinigung ausgewiesenen (Lohnsteuerabzugs-) Merkmale und für die in der nach § 39e Absatz 8 EStG ausgestellten Bescheinigungen für den Lohnsteuerabzug ausgewiesenen (Lohnsteuerabzugs-)Merkmale. 129

Lohnsteuerbescheinigung

Im elektronischen Verfahren ist der Finanzverwaltung der für die Zerlegung der Lohnsteuer erforderliche amtliche Gemeindeschlüssel bekannt. Aus diesem Grunde entfällt insoweit die Übermittlungsverpflichtung des Arbeitgebers in der elektronischen Lohnsteuerbescheinigung. 130

Korrektur des Lohnsteuerabzugs

Nach § 41c Absatz 1 Satz 1 Nummer 1 EStG ist der Arbeitgeber berechtigt, bei der jeweils nächsten Lohnzahlung bisher erhobene Lohnsteuer zu erstatten bzw. noch nicht erhobene Lohnsteuer nachträglich einzubehalten. Das gilt im neuen Verfahren auch dann, wenn ihm ELStAM zum Abruf zur Verfügung gestellt werden oder ihm der Arbeitnehmer eine Bescheinigung für den Lohnsteuerabzug mit Eintragungen vorlegt, die auf einen Zeitpunkt vor Abruf der Lohnsteuerabzugsmerkmale oder vor Vorlage der Bescheinigung für den Lohnsteuerabzug zurückwirken. 131

Bereitstellung von Steuererklärungen und Vordrucken

Die im neuen Verfahren der ELStAM erforderlichen bundeseinheitlich abgestimmten Erklärungen und Vordrucke werden von den Finanzbehörden des Bundes und der Länder zur Verfügung gestellt. Die seitens des Bundesministeriums der Finanzen bereitgestellten Erklärungen und Vordrucke stehen im Internet in einer Formulardatenbank unter der Internetadresse //https://www.formulare-bfinv.de in der Rubrik Formularcenter/Formularkatalog/Steuerformulare/Lohnsteuer als ausfüllbare Formulare bereit. 132

Anwendungszeitraum

Dieses Schreiben ist für Lohnzahlungszeiträume ab dem Kalenderjahr 2013 bzw. für ab 2013 zugeflossene sonstige Bezüge anzuwenden, soweit der Arbeitgeber im Einführungszeitraum nicht nach den Regelungen des § 52b EStG und dem BMF-Schreiben zum erstmaligen Abruf der elektronischen Lohnsteuerabzugsmerkmale durch den Arbeitgeber und mit Anwendungsgrundsätzen für den Einführungszeitraum vom 25. Juli 2013, a. a. O., verfährt. 133

IV.
Lohnsteuerabzug im Verfahren der elektronischen Lohnsteuerabzugsmerkmale; ELStAM bei verschiedenen Lohnarten

BMF-Schreiben vom ***25. Juli 2013, BStBl I 2013 S. 943, Tz. III. 5, vom 7. August 2013, BStBl I 2013 S. 951, Rz. 104 – 106, sowie vom 23. Oktober 2014, BStBl I 2014 S. 1411***

BMF-Schreiben vom ***19. 10. 2015*** (BStBl I Seite ***831***)

In den BMF-Schreiben vom 25. Juli 2013, BStBl I 2013 S. 943, Tz. III. 5, vom 7. August 2013, BStBl I 2013 S. 951, Rz. 104 – 106, sowie vom 23. Oktober 2014, BStBl I 2014 S. 1411, wird aus Vereinfachungsgründen auf die Möglichkeit einer besonderen Lohnsteuererhebung bei verschiedenartigen Bezügen hingewiesen (Nichtbeanstandungsregelung). Diese Regelung gilt bisher nur für die Kalenderjahre 2013 bis 2015.

Der Referentenentwurf eines Gesetzes zur Modernisierung des Besteuerungsverfahrens (Stand: 26. August 2015) sieht eine gesetzliche Regelung vor, wonach der Arbeitgeber während des Kalenderjahres die Lohnsteuer für verschiedenartige Bezüge für den zweiten und weiteren Bezug ohne Abruf weiterer elektronischer Lohnsteuerabzugsmerkmale nach der Steuerklasse VI erheben darf, wenn er u. a. die verschiedenartigen Bezüge bei Beendigung des Dienstverhältnisses oder am Ende des Kalenderjahres zusammenfasst (Wahlmöglichkeit, § 39e Absatz 5a – neu – EStG in der Fassung des o. g. Entwurfs eines Gesetzes zur Modernisierung des Besteuerungsverfahrens).

Aufgrund dieses Regelungsentwurfs wird nach dem Ergebnis der Erörterungen mit den obersten Finanzbehörden der Länder die o. g. Nichtbeanstandungsregelung aus Billigkeitsgründen für das Kalenderjahr 2016 verlängert.

Folglich kann der Arbeitgeber solche Bezüge weiterhin wie Bezüge aus unterschiedlichen Dienstverhältnissen behandeln und die abgerufenen ELStAM nur für einen der gezahlten Bezüge anwenden. Für den anderen Bezug ist die Steuerklasse VI ohne weiteren Abruf von ELStAM zu Grunde zu legen. Wird für einen Versorgungsbezug die Lohnsteuer nach der Steuerklasse VI erhoben, ist § 39b Absatz 2 Satz 5 Nummer 1 EStG zu berücksichtigen, wonach kein Zuschlag zum Versorgungsfreibetrag anzusetzen ist. Die Lohnsteuerbescheinigung ist jeweils für den getrennt abgerechneten Bezug auszustellen und an die Finanzverwaltung zu übermitteln. Im Übrigen wird auf die o. g. Regelungen in den BMF-Schreiben vom 25. Juli 2013 und vom 7. August 2013 verwiesen.

Diese Verlängerung gilt für die Lohnsteuererhebung auf den laufenden Arbeitslohn für Lohnzahlungszeiträume, die vor dem 1. Januar 2017 enden, und für die Lohnsteuererhebung auf sonstige Bezüge, die vor dem 1. Januar 2017 zufließen. Nach Abschluss des o. g. Gesetzgebungsverfahrens kann mit keiner weiteren Billigkeitsregelung mehr gerechnet werden.

Entfernungspauschalen;
Gesetz zur Änderung und Vereinfachung der Unternehmensbesteuerung und des steuerlichen Reisekostenrechts vom 20. Februar 2013 (BGBl. I S. 285)

(BMF-Schreiben vom 31. 10. 2013 – IV C 5 – S 2351/09/10002:02 – BStBl I S. 1376)

Mit dem Gesetz zur Änderung und Vereinfachung der Unternehmensbesteuerung und des steuerlichen Reisekostenrechts vom 20. Februar 2013 (BGBl. I S. 285, BStBl I S. 188) haben sich Änderungen zu den Entfernungspauschalen ergeben, die nachfolgend **in Fettdruck** dargestellt sind. Das BMF-Schreiben vom 3. Januar 2013 (BStBl I S. 215) ist mit Wirkung ab 1. Januar 2014 damit überholt.

Inhaltsübersicht

Zur Ermittlung der Entfernungspauschalen wird im Einvernehmen mit den obersten Finanzbehörden der Länder wie folgt Stellung genommen:

1. Entfernungspauschale für die Wege zwischen Wohnung und erster Tätigkeitsstätte (§ 9 Absatz 1 Satz 3 Nummer 4 und Absatz 2 EStG) oder für Fahrten nach § 9 Absatz 1 Satz 3 Nummer 4a Satz 3 EStG

1.1 Allgemeines

Die Entfernungspauschale ist grundsätzlich unabhängig vom Verkehrsmittel zu gewähren. Ihrem Wesen als Pauschale entsprechend kommt es grundsätzlich nicht auf die Höhe der tatsächlichen Aufwendungen an. Unfallkosten können als außergewöhnliche Aufwendungen (§ 9 Absatz 1 Satz 1 EStG) jedoch neben der Entfernungspauschale berücksichtigt werden (siehe Tz. 4).

Auch bei Benutzung öffentlicher Verkehrsmittel wird die Entfernungspauschale angesetzt. Übersteigen die Aufwendungen für die Benutzung öffentlicher Verkehrsmittel den im Kalenderjahr insgesamt als Entfernungspauschale anzusetzenden Betrag, können diese übersteigenden Aufwendungen zusätzlich angesetzt werden (§ 9 Absatz 2 Satz 2 EStG; siehe auch unter Tz. 1.6).

Beispiel 1:

Ein Arbeitnehmer benutzt von Januar bis September (an 165 Arbeitstagen) für die Wege von seiner Wohnung zur 90 km entfernten ersten Tätigkeitsstätte und zurück den eigenen Kraftwagen. Dann verlegt er seinen Wohnsitz. Von der neuen Wohnung aus gelangt er ab Oktober (an 55 Arbeitstagen) zur nunmehr nur noch 5 km entfernten ersten Tätigkeitsstätte mit dem öffentlichen Bus. Hierfür entstehen ihm tatsächliche Kosten in Höhe von (3x 70 Euro =) 210 Euro.

Für die Strecken mit dem eigenen Kraftwagen ergibt sich eine Entfernungspauschale von 165 Arbeitstagen x 90 km x 0,30 Euro = 4 455 Euro. Für die Strecke mit dem Bus errechnet sich eine Entfernungspauschale von 55 Arbeitstagen x 5 km x 0,30 Euro = 83 Euro. Die insgesamt im Kalenderjahr anzusetzende Entfernungspauschale i. H. v. 4 538 Euro (4 455 + 83 Euro) ist anzusetzen, da die tatsächlich angefallenen Aufwendungen für die Nutzung der öffentlichen Verkehrsmittel (210 Euro) diese nicht übersteigen.

Beispiel 2:

Ein Arbeitnehmer benutzt für die Fahrten von der Wohnung zur **ersten Tätigkeitsstätte** den Bus und die Bahn. Die kürzeste benutzbare Straßenverbindung beträgt 20 km. Die Monatskarte für den Bus kostet 50 Euro und für die Bahn 65 Euro (= 115 Euro). Für das gesamte Kalenderjahr ergibt sich eine Entfernungspauschale von 220 Tagen x 20 km x 0,30 Euro = 1 320 Euro. Die für die Nutzung von Bus und Bahn im Kalenderjahr angefallenen Aufwendungen betragen 1 380 Euro (12x 115 Euro). Da die tatsächlich angefallenen Kosten für die Benutzung der öffentlichen Verkehrsmittel die insgesamt im Kalenderjahr anzusetzende Entfernungspauschale übersteigen, kann der übersteigende Betrag zusätzlich angesetzt werden; insgesamt somit 1 380 Euro.

Ausgenommen von der Entfernungspauschale sind Flugstrecken und Strecken mit steuerfreier Sammelbeförderung.

Für Flugstrecken sind die tatsächlichen Aufwendungen anzusetzen (BFH vom 26. März 2009, BStBl II Seite 724). Bei entgeltlicher Sammelbeförderung durch den Arbeitgeber sind die Aufwendungen des Arbeitnehmers ebenso als Werbungskosten anzusetzen.

Für Fahrten zwischen Wohnung und einem sog. „Sammelpunkt" oder Wohnung und dem nächstgelegenen Zugang eines „weiträumigen Tätigkeitsgebiets" gelten die Regelungen der Entfernungspauschale entsprechend. Zu den Voraussetzungen und der Anwendung des § 9 Absatz 1 Satz 3 Nummer 4a Satz 3 EStG im Einzelnen sind Rz. 37 bis 45 des BMF-Schreibens zur Reform des steuerlichen Reisekostenrechts vom 30. September 2013 (BStBl I S. 1279[1]) zu beachten.

1.2 Höhe der Entfernungspauschale

Die Entfernungspauschale beträgt 0,30 Euro für jeden vollen Entfernungskilometer zwischen Wohnung und erster Tätigkeitsstätte. Die Entfernungspauschale gilt bei der Nutzung von Flugzeugen nur für die An- und Abfahrten zu und von Flughäfen.

Die anzusetzende Entfernungspauschale ist wie folgt zu berechnen:
Zahl der Arbeitstage x volle Entfernungskilometer x 0,30 Euro.

1.3 Höchstbetrag von 4 500 Euro

Die anzusetzende Entfernungspauschale ist grundsätzlich auf einen Höchstbetrag von 4 500 Euro im Kalenderjahr begrenzt. Die Beschränkung auf 4 500 Euro gilt

- wenn der Weg zwischen Wohnung und erster Tätigkeitsstätte mit einem Motorrad, Motorroller, Moped, Fahrrad oder zu Fuß zurückgelegt wird,
- bei Benutzung eines Kraftwagens für die Teilnehmer an einer Fahrgemeinschaft und zwar für die Tage, an denen der Arbeitnehmer seinen eigenen oder zur Nutzung überlassenen Kraftwagen nicht einsetzt,
- bei Benutzung öffentlicher Verkehrsmittel, soweit im Kalenderjahr insgesamt keine höheren Aufwendungen glaubhaft gemacht oder nachgewiesen werden (§ 9 Absatz 2 Satz 2 EStG).

Bei Benutzung eines eigenen oder zur Nutzung überlassenen Kraftwagens greift die Begrenzung auf 4 500 Euro nicht. Der Arbeitnehmer muss lediglich nachweisen oder glaubhaft machen, dass er die Fahrten zwischen Wohnung und erster Tätigkeitsstätte mit dem eigenen oder ihm zur Nutzung überlassenen Kraftwagen zurückgelegt hat. Ein Nachweis der tatsächlichen Aufwendungen für den Kraftwagen ist für den Ansatz eines höheren Betrages als 4 500 Euro nicht erforderlich.

1.4 Maßgebende Entfernung zwischen Wohnung und regelmäßiger Arbeitsstätte

Für die Bestimmung der Entfernung zwischen Wohnung und **erster Tätigkeitsstätte** ist die kürzeste Straßenverbindung zwischen Wohnung und **erster Tätigkeitsstätte** maßgebend. Dabei sind nur volle Kilometer der Entfernung anzusetzen, ein angefangener Kilometer bleibt unberücksichtigt. Die Entfernungsbestimmung richtet sich nach der Straßenverbindung; sie ist unabhängig von dem Verkehrsmittel, das tatsächlich für den Weg zwischen Wohnung und **erster Tätigkeitsstätte** benutzt wird. Bei Benutzung eines Kraftfahrzeugs kann eine andere als die kürzeste Straßenverbindung zugrunde gelegt werden, wenn diese offensichtlich verkehrsgünstiger ist und vom Arbeitnehmer regelmäßig für die Wege zwischen Wohnung und **erster Tätigkeitsstätte** benutzt wird. Eine mögliche, aber vom Steuerpflichtigen nicht tatsächlich benutzte Straßenverbindung kann der Berechnung der Entfernungspauschale nicht zugrunde gelegt wer-

[1]) Aktualisiert durch BMF-Schreiben vom 24. 10. 2014 → Anhang 38.

den. Diese Grundsätze gelten auch, wenn der Arbeitnehmer ein öffentliches Verkehrsmittel benutzt, dessen Linienführung direkt über die verkehrsgünstigere Straßenverbindung erfolgt (z. B. öffentlicher Bus). Eine von der kürzesten Straßenverbindung abweichende Strecke ist verkehrsgünstiger, wenn der Arbeitnehmer die **erste Tätigkeitsstätte** – trotz gelegentlicher Verkehrsstörungen – in der Regel schneller und pünktlicher erreicht (BFH vom 10. Oktober 1975, BStBl II S. 852 sowie BFH vom 16. November 2011, VI R 46/10, BStBl 2012 II S. 470 und VI R 19/11, BStBl 2012 II S. 520). Teilstrecken mit steuerfreier Sammelbeförderung sind nicht in die Entfernungsermittlung einzubeziehen.

Eine Fährverbindung ist sowohl bei der Ermittlung der kürzesten Straßenverbindung als auch bei der Ermittlung der verkehrsgünstigsten Straßenverbindung einzubeziehen, soweit sie zumutbar erscheint und wirtschaftlich sinnvoll ist. Die Fahrtstrecke der Fähre selbst ist dann jedoch nicht Teil der maßgebenden Entfernung. An ihrer Stelle können die tatsächlichen Fährkosten berücksichtigt werden.

Gebühren für die Benutzung eines Straßentunnels oder einer mautpflichtigen Straße dürfen dagegen nicht neben der Entfernungspauschale berücksichtigt werden, weil sie nicht für die Benutzung eines Verkehrsmittels entstehen. Fallen die Hin- und Rückfahrt zur **ersten Tätigkeitsstätte** auf verschiedene Arbeitstage, so kann aus Vereinfachungsgründen unterstellt werden, dass die Fahrten an einem Arbeitstag durchgeführt wurden; ansonsten ist H 9.10 (Fahrtkosten – bei einfacher Fahrt) LStH **2014**[1]) weiter zu beachten.

Beispiel 1:

Ein Arbeitnehmer fährt mit der U-Bahn zur ersten Tätigkeitsstätte. Einschließlich der Fußwege beträgt die zurückgelegte Entfernung 15 km. Die kürzeste Straßenverbindung beträgt 10 km. Für die Ermittlung der Entfernungspauschale ist eine Entfernung von 10 km anzusetzen.

Beispiel 2:

Ein Arbeitnehmer wohnt an einem Fluss und hat seine erste Tätigkeitsstätte auf der anderen Flussseite. Die Entfernung zwischen Wohnung und erster Tätigkeitsstätte beträgt über die nächstgelegene Brücke 60 km und bei Benutzung einer Autofähre 20 km. Die Fährstrecke beträgt 0,6 km, die Fährkosten betragen 650 Euro jährlich.

Für die Entfernungspauschale ist eine Entfernung von 19 km anzusetzen. Daneben können die Fährkosten berücksichtigt werden (siehe auch Tz. 1.6 Beispiel 4).

1.5 Fahrgemeinschaften

Unabhängig von der Art der Fahrgemeinschaft ist bei jedem Teilnehmer der Fahrgemeinschaft die Entfernungspauschale entsprechend der für ihn maßgebenden Entfernungsstrecke anzusetzen. Umwegstrecken, insbesondere zum Abholen von Mitfahrern, sind jedoch nicht in die Entfernungsermittlung einzubeziehen.

Der Höchstbetrag für die Entfernungspauschale von 4 500 Euro greift auch bei einer wechselseitigen Fahrgemeinschaft, und zwar für die Mitfahrer der Fahrgemeinschaft an den Arbeitstagen, an denen sie ihren Kraftwagen nicht einsetzen.

Bei wechselseitigen Fahrgemeinschaften kann zunächst der Höchstbetrag von 4 500 Euro durch die Wege an den Arbeitstagen ausgeschöpft werden, an denen der Arbeitnehmer mitgenommen wurde. Deshalb ist zunächst die (auf 4 500 Euro begrenzte) anzusetzende Entfernungspauschale für die Tage zu berechnen, an denen der Arbeitnehmer mitgenommen wurde. Anschließend ist die anzusetzende (unbegrenzte) Entfernungspauschale für die Tage zu ermitteln, an denen der Arbeitnehmer seinen eigenen Kraftwagen benutzt hat. Beide Beträge zusammen ergeben die insgesamt anzusetzende Entfernungspauschale.

Beispiel:

Bei einer aus drei Arbeitnehmern bestehenden wechselseitigen Fahrgemeinschaft beträgt die Entfernung zwischen Wohnung und erster Tätigkeitsstätte für jeden Arbeitnehmer 100 km. Bei tatsächlichen 210 Arbeitstagen benutzt jeder Arbeitnehmer seinen eigenen Kraftwagen an 70 Tagen für die Fahrten zwischen Wohnung und erster Tätigkeitsstätte. Die Entfernungspauschale ist für jeden Teilnehmer der Fahrgemeinschaft wie folgt zu ermitteln:

Zunächst ist die Entfernungspauschale für die Fahrten und Tage zu ermitteln, an denen der Arbeitnehmer mitgenommen wurde:

140 Arbeitstage x 100 km x 0,30 Euro = 4 200 Euro

(Höchstbetrag von 4 500 Euro ist nicht überschritten).

1) Jetzt: LStH ***2016***

Anschließend ist die Entfernungspauschale für die Fahrten und Tage zu ermitteln, an denen der Arbeitnehmer seinen eigenen Kraftwagen benutzt hat:

70 Arbeitstage x 100 km x 0,30 Euro = 2 100 Euro

abziehbar (unbegrenzt)

anzusetzende Entfernungspauschale = 6 300 Euro

Setzt bei einer Fahrgemeinschaft nur ein Teilnehmer seinen Kraftwagen ein, kann er die Entfernungspauschale ohne Begrenzung auf den Höchstbetrag von 4 500 Euro für seine Entfernung zwischen Wohnung und **erster Tätigkeitsstätte** geltend machen; eine Umwegstrecke zum Abholen der Mitfahrer ist nicht in die Entfernungsermittlung einzubeziehen. Bei den Mitfahrern wird gleichfalls die Entfernungspauschale angesetzt, allerdings bei ihnen begrenzt auf den Höchstbetrag von 4 500 Euro.

1.6 Benutzung verschiedener Verkehrsmittel

Arbeitnehmer legen die Wege zwischen Wohnung und **erster Tätigkeitsstätte** oftmals auf unterschiedliche Weise zurück, d. h., für eine Teilstrecke werden der Kraftwagen und für die weitere Teilstrecke öffentliche Verkehrsmittel benutzt (Park & Ride) oder es werden für einen Teil des Jahres der eigene Kraftwagen und für den anderen Teil öffentliche Verkehrsmittel benutzt. In derartigen Mischfällen ist zunächst die maßgebende Entfernung für die kürzeste Straßenverbindung zu ermitteln (Tz. 1.4). Auf der Grundlage dieser Entfernung ist sodann die anzusetzende Entfernungspauschale für die Fahrten zwischen Wohnung und **erster Tätigkeitsstätte** zu berechnen.

Die Teilstrecke, die mit dem eigenen Kraftwagen zurückgelegt wird, ist in voller Höhe anzusetzen; für diese Teilstrecke kann Tz. 1.4 zur verkehrsgünstigeren Strecke angewandt werden. Der verbleibende Teil der maßgebenden Entfernung ist die Teilstrecke, die auf öffentliche Verkehrsmittel entfällt. Die anzusetzende Entfernungspauschale ist sodann für die Teilstrecke und Arbeitstage zu ermitteln, an denen der Arbeitnehmer seinen eigenen oder ihm zur Nutzung überlassenen Kraftwagen eingesetzt hat. Anschließend ist die anzusetzende Entfernungspauschale für die Teilstrecke und Arbeitstage zu ermitteln, an denen der Arbeitnehmer öffentliche Verkehrsmittel benutzt. Beide Beträge ergeben die insgesamt anzusetzende Entfernungspauschale, so dass auch in Mischfällen ein höherer Betrag als 4 500 Euro angesetzt werden kann.

Beispiel 1:

Ein Arbeitnehmer fährt an 220 Arbeitstagen im Jahr mit dem eigenen Kraftwagen 30 km zur nächsten Bahnstation und von dort 100 km mit der Bahn zur **ersten Tätigkeitsstätte.** Die kürzeste maßgebende Entfernung (Straßenverbindung) beträgt 100 km. Die Aufwendungen für die Bahnfahrten betragen (monatlich 180 Euro x 12 =) 2 160 Euro im Jahr.

Von der maßgebenden Entfernung von 100 km entfällt eine Teilstrecke von 30 km auf Fahrten mit dem eigenen Kraftwagen, so dass sich hierfür eine Entfernungspauschale von 220 Arbeitstagen x 30 km x 0,30 Euro = 1 980 Euro ergibt. Für die verbleibende Teilstrecke mit der Bahn von (100 km – 30 km =) 70 km errechnet sich eine Entfernungspauschale von 220 Arbeitstagen x 70 km x 0,30 Euro = 4 620 Euro. Hierfür ist der Höchstbetrag von 4 500 Euro anzusetzen, so dass sich eine insgesamt anzusetzende Entfernungspauschale von 6 480 Euro ergibt. Die tatsächlichen Aufwendungen für die Bahnfahrten in Höhe von 2 160 Euro bleiben unberücksichtigt, weil sie unterhalb der für das Kalenderjahr insgesamt anzusetzenden Entfernungspauschale liegen.

Beispiel 2:

Ein Arbeitnehmer fährt an 220 Arbeitstagen im Jahr mit dem eigenen Kraftwagen 3 km zu einer verkehrsgünstig gelegenen Bahnstation und von dort noch 30 km mit der Bahn zur **ersten Tätigkeitsstätte**. Die kürzeste maßgebende Straßenverbindung beträgt 25 km. Die Jahreskarte für die Bahn kostet 1 746 Euro.

Für die Teilstrecke mit dem eigenen Kraftwagen von 3 km ergibt sich eine Entfernungspauschale von 220 Arbeitstagen x 3 km x 0,30 Euro = 198 Euro. Für die verbleibende Teilstrecke mit der Bahn von (25 km – 3 km =) 22 km errechnet sich eine Entfernungspauschale von 220 Arbeitstagen x 22 km x 0,30 Euro = 1 452 Euro. Die insgesamt im Kalenderjahr anzusetzende Entfernungspauschale beträgt somit 1 650 Euro. Da die tatsächlichen Aufwendungen für die Bahnfahrten in Höhe von 1 746 Euro höher sind als die für das Kalenderjahr insgesamt anzusetzende Entfernungspauschale, kann zusätzlich der die Entfernungspauschale übersteigende Betrag angesetzt werden; insgesamt also 1 746 Euro.

Beispiel 3:

Ein Arbeitnehmer fährt im Kalenderjahr die ersten drei Monate mit dem eigenen Kraftwagen und die letzten neun Monate mit öffentlichen Verkehrsmitteln zur 120 km entfernten **ersten Tätigkeitsstätte.** Die entsprechende Monatskarte kostet 190 Euro.

Die Entfernungspauschale beträgt bei 220 Arbeitstagen: 220x 120 km x 0,30 Euro = 7 920 Euro. Da jedoch für einen Zeitraum von neun Monaten öffentliche Verkehrsmittel benutzt worden sind, ist hier die Begrenzung auf den Höchstbetrag von 4 500 Euro zu beachten. Die anzusetzende Entfernungspauschale ist deshalb wie folgt zu ermitteln:

165 Arbeitstage x 120 km x 0,30 Euro = 5 940 Euro

Begrenzt auf den Höchstbetrag von 4 500 Euro

zuzüglich 55 Arbeitstage x 120 km x 0,30 Euro = 1 980 Euro

anzusetzende Entfernungspauschale insgesamt 6 480 Euro

Die tatsächlichen Kosten für die Benutzung der öffentlichen Verkehrsmittel (9x 190 Euro = 1 710 Euro) sind niedriger; anzusetzen ist also die Entfernungspauschale in Höhe von 6 480 Euro.

Beispiel 4:

Ein Arbeitnehmer wohnt in Konstanz und hat seine **erste Tätigkeitsstätte** auf der anderen Seite des Bodensees. Für die Fahrt zur regelmäßigen Arbeitsstätte benutzt er seinen Kraftwagen und die Fähre von Konstanz nach Meersburg. Die Fahrtstrecke einschließlich der Fährstrecke von 4,2 km beträgt insgesamt 15 km. Die Monatskarte für die Fähre kostet 122,50 Euro. Bei 220 Arbeitstagen im Jahr ergibt sich eine

Entfernungspauschale von:

220 Arbeitstage x 10 km x 0,30 Euro = 660 Euro

zuzüglich Fährkosten (12x 122,50 Euro)= 1 470 Euro

Insgesamt zu berücksichtigen 2 130 Euro

1.7 Mehrere Wege an einem Arbeitstag

Die Entfernungspauschale kann für die Wege zu derselben **ersten Tätigkeitsstätte** für jeden Arbeitstag nur einmal angesetzt werden.

1.8 Mehrere Dienstverhältnisse

Bei Arbeitnehmern, die in mehreren Dienstverhältnissen stehen und denen Aufwendungen für die Wege zu mehreren auseinander liegenden **ersten Tätigkeitsstätten** entstehen, ist die Entfernungspauschale für jeden Weg zur **ersten Tätigkeitsstätte** anzusetzen, wenn der Arbeitnehmer am Tag zwischenzeitlich in die Wohnung zurückkehrt. Die Einschränkung, dass täglich nur eine Fahrt zu berücksichtigen ist, gilt nur für **den Fall** einer, nicht aber für **den Fall mehrerer erster Tätigkeitsstätten**. Werden täglich mehrere **erste Tätigkeitsstätten** ohne Rückkehr zur Wohnung nacheinander angefahren, so ist für die Entfernungsermittlung der Weg zur **zuerst aufgesuchten ersten Tätigkeitsstätte** als Umwegstrecke zur nächsten **ersten Tätigkeitsstätte** zu berücksichtigen; die für die Ermittlung der Entfernungspauschale anzusetzende Entfernung darf höchstens die Hälfte der Gesamtstrecke betragen.

Beispiel 1:

Ein Arbeitnehmer fährt an 220 Tagen vormittags von seiner Wohnung A zur **ersten Tätigkeitsstätte** B, nachmittags weiter zur **ersten Tätigkeitsstätte** C und abends zur Wohnung in A zurück. Die Entfernungen betragen zwischen A und B 30 km, zwischen B und C 40 km und zwischen C und A 50 km.

Die Gesamtentfernung beträgt 30 + 40 + 50 km = 120 km, die Entfernung zwischen der Wohnung und den beiden **ersten Tätigkeitsstätten** 30 + 50 km = 80 km. Da dies mehr als die Hälfte der Gesamtentfernung ist, sind (120 km : 2) = 60 km für die Ermittlung der Entfernungspauschale anzusetzen. Die Entfernungspauschale beträgt 3 960 Euro (220 Tage x 60 km x 0,30 Euro).

Beispiel 2:

Ein Arbeitnehmer fährt mit öffentlichen Verkehrsmitteln an 220 Arbeitstagen vormittags von seiner Wohnung A zur ersten Tätigkeitsstätte B, mittags zur Wohnung A, nachmittags zur **ersten Tätigkeitsstätte** C und abends zur Wohnung A zurück. Die Entfernungen betragen zwischen A und B 30 km und zwischen A und C 40 km. Die Monatskarte für die öffentlichen Verkehrsmittel kostet 300 Euro monatlich.

Die Entfernungspauschale beträgt:

220 Tage x 70 km (30 km + 40 km) x 0,30 Euro = 4 620 Euro, höchstens 4 500 Euro. Die tatsächlichen Kosten für die Benutzung der öffentlichen Verkehrsmittel (12x 300 Euro = 3 600 Euro) übersteigen die im Kalenderjahr insgesamt anzusetzende Entfernungspauschale nicht; anzusetzen ist also die Entfernungspauschale in Höhe von 4 500 Euro.

1.9 Anrechnung von Arbeitgeberleistungen auf die Entfernungspauschale

Jeder Arbeitnehmer erhält die Entfernungspauschale unabhängig von der Höhe seiner Aufwendungen für die Wege zwischen Wohnung und **erster Tätigkeitsstätte**. Nach § 9 Absatz 1 Satz 3 Nummer 4 EStG gilt dies auch dann, wenn der Arbeitgeber dem Arbeitnehmer ein Kraftfahrzeug für die Wege zwischen Wohnung und **erster Tätigkeitsstätte** überlässt und diese Arbeitgeberleistung nach § 8 Absatz 3 EStG (Rabattfreibetrag) steuerfrei ist, z. B. wenn ein Mietwagenunternehmen dem Arbeitnehmer einen Mietwagen für die Fahrten zwischen Wohnung und **erster Tätigkeitsstätte** überlässt.

Die folgenden steuerfreien bzw. pauschal versteuerten Arbeitgeberleistungen sind jedoch auf die anzusetzende und ggf. auf 4 500 Euro begrenzte Entfernungspauschale anzurechnen:

– nach § 8 Absatz 2 Satz 9 EStG (44 Euro-Grenze) steuerfreie Sachbezüge für die Wege zwischen Wohnung und erster Tätigkeitsstätte,

– nach § 8 Absatz 3 EStG steuerfreie Sachbezüge für Fahrten zwischen Wohnung und erster Tätigkeitsstätte bis höchstens 1 080 Euro (Rabattfreibetrag),

– der nach § 40 Absatz 2 Satz 2 EStG pauschal besteuerte Arbeitgeberersatz bis zur Höhe der abziehbaren Entfernungspauschale (siehe Tz. 5).

Die vorgenannten steuerfreien oder pauschal besteuerten Arbeitgeberleistungen sind vom Arbeitgeber zu bescheinigen (§ 41b Absatz 1 Satz 2 Nummer 6 und 7 EStG).

2. Entfernungspauschale für Familienheimfahrten bei doppelter Haushaltsführung (§ 9 Absatz 1 Satz 3 Nummer 5 EStG)

Auf die Entfernungspauschale für Familienheimfahrten bei doppelter Haushaltsführung sind die Tzn. 1.1 und 1.4 entsprechend anzuwenden. Die Begrenzung auf den Höchstbetrag von 4 500 Euro gilt bei Familienheimfahrten nicht. Für Flugstrecken und bei entgeltlicher Sammelbeförderung durch den Arbeitgeber sind die tatsächlichen Aufwendungen des Arbeitnehmers anzusetzen. Arbeitgeberleistungen für Familienheimfahrten, die nach § 3 Nummer 13 oder 16 EStG steuerfrei sind, sind nach § 3c Absatz 1 EStG auf die für die Familienheimfahrten anzusetzende Entfernungspauschale anzurechnen.

3. Behinderte Menschen

Nach § 9 Absatz 2 Satz 3 EStG können behinderte Menschen für die Wege zwischen Wohnung und **erster Tätigkeitsstätte** an Stelle der Entfernungspauschale die tatsächlichen Aufwendungen ansetzen. Bei Benutzung eines privaten Fahrzeugs können die Fahrtkosten **aus Vereinfachungsgründen auch** mit den pauschalen Kilometersätzen gemäß § 9 Absatz 1 **Satz 3 Nummer 4a EStG** angesetzt werden **(siehe auch Rz. 36 des BMF-Schreibens zur Reform des steuerlichen Reisekostenrechts vom 30. September 2013,** BStBl I S. 1279[1])). Bei Benutzung eines eigenen oder zur Nutzung überlassenen Kraftwagens kann danach ohne Einzelnachweis der Kilometersatz von 0,30 Euro je gefahrenen Kilometer angesetzt werden. Unfallkosten, die auf einer Fahrt zwischen Wohnung und **erster Tätigkeitsstätte** entstanden sind, können neben dem pauschalen Kilometersatz berücksichtigt werden. Werden die Wege zwischen Wohnung und **erster Tätigkeitsstätte** mit verschiedenen Verkehrsmitteln zurückgelegt, kann das Wahlrecht – Entfernungspauschale oder tatsächliche Kosten – für beide zurückgelegten Teilstrecken nur einheitlich ausgeübt werden (BFH vom 5. Mai 2009, BStBl II S. 729).

Beispiel 1:

Ein behinderter Arbeitnehmer **A** (Grad der Behinderung von 90) fährt an 220 Arbeitstagen im Jahr mit dem eigenen Kraftwagen 17 km zu einem behindertengerechten Bahnhof und von dort 82 km mit der Bahn zur ersten Tätigkeitsstätte. Die tatsächlichen Bahnkosten betragen 240 Euro im Monat. **A wählt das günstigste Ergebnis (für 183 Tage die Entfernungspauschale und für 37 Tage den Ansatz der tatsächlichen Kosten**

a) Ermittlung der Entfernungspauschale

Für die Teilstrecke mit dem eigenen Kraftwagen errechnet sich eine Entfernungspauschale von **183** Arbeitstagen x 17 km x 0,30 Euro =	**933,30** Euro
Für die Teilstrecke mit der Bahn errechnet sich eine Entfernungspauschale von ***183*** *Arbeitstagen* x 82 km x 0,30 Euro =	**4 501,80** Euro
höchstens	**4 500** Euro
so dass sich eine insgesamt anzusetzende Entfernungspauschale von (4 500 Euro + 934 Euro) ergibt.	**5 434** Euro

1) Aktualisiert durch BMF-Schreiben vom 24. 10. 2014 → Anhang 38.

b) Ermittlung der tatsächlichen Kosten

Für die Teilstrecke mit dem eigenen Kraftwagen sind **37** Arbeitstage x 17 km x 2x 0,30 Euro =	**377,40** Euro
anzusetzen (= tatsächliche Aufwendungen mit pauschalem Kilometersatz), für die verbleibende Teilstrecke mit der Bahn	**484,36** Euro
(= 240 Euro x 12 Monate = 2 880 Euro : 220 Tage x 37 Tage), so dass sich insgesamt also ein Betrag von (377,40 Euro + 484,36 Euro) ergibt.	**862** Euro
Insgesamt kann somit ein Betrag von (183 Tage Entfernungspauschale und 37 Tage tatsächliche Kosten) abgezogen werden.	**6 296** Euro

Beispiel 2:

Arbeitnehmer **A** fährt an 220 Arbeitstagen im Jahr mit dem eigenen Kraftwagen 17 km zum Bahnhof und von dort 82 km mit der Bahn zur **ersten Tätigkeitsstätte**. Die tatsächlichen Bahnkosten betragen 240 Euro im Monat. Mitte des Jahres (110 Arbeitstage) tritt eine Behinderung ein (Grad der Behinderung von 90). **A wählt wieder das günstigste Ergebnis (für 183 Tage die Entfernungspauschale und für 37 Tage während des Zeitraums der Behinderung den Ansatz der tatsächlichen Kosten).**

a) Ermittlung der Entfernungspauschale

Für die Teilstrecke mit dem eigenen Kraftwagen errechnet sich eine Entfernungspauschale von **183** Arbeitstagen x 17 km x 0,30 Euro =	**933,30** Euro
Für die Teilstrecke mit der Bahn errechnet sich eine Entfernungspauschale von **183** Arbeitstagen x 82 km x 0,30 Euro =	**4 501,80** Euro
höchstens	**4 500** Euro
so dass sich eine insgesamt anzusetzende Entfernungspauschale von (4 500 Euro+ 934 Euro) ergibt.	**5 434** Euro

b) Ermittlung der tatsächlichen Kosten

Für die Teilstrecke mit dem eigenen Kraftwagen sind **37** Arbeitstage x 17 km x 2x 0,30 Euro =	**377,40** Euro
anzusetzen (= tatsächliche Aufwendungen mit pauschalem Kilometersatz), für die verbleibende Teilstrecke mit der Bahn	**484,36** Euro
(= 240 Euro x 12 Monate = 2 880 Euro : 220 Tage x 37 Tage), so dass sich insgesamt also ein Betrag von (377,40 Euro + 484,36 Euro) ergibt.	**862** Euro
Insgesamt kann auch in diesem Fall ein Betrag von (183 Tage Entfernungspauschale und 37 Tage tatsächliche Kosten) abgezogen werden.	**6 296** Euro

4. Abgeltungswirkung der Entfernungspauschalen

Nach § 9 Absatz 2 Satz 1 EStG sind durch die Entfernungspauschale sämtliche Aufwendungen abgegolten, die durch die Wege zwischen Wohnung und erster Tätigkeitsstätte und Familienheimfahrten entstehen. Dies gilt z. B. auch für Parkgebühren für das Abstellen des Kraftfahrzeugs während der Arbeitszeit, für Finanzierungskosten **(siehe auch BFH vom 15. April 2010, BStBl II Seite 805)**, Beiträge für Kraftfahrerverbände, Versicherungsbeiträge für einen Insassenunfallschutz, Aufwendungen infolge Diebstahls sowie für die Kosten eines Austauschmotors anlässlich eines Motorschadens auf einer Fahrt zwischen Wohnung und erster Tätigkeitsstätte oder einer Familienheimfahrt. Unfallkosten, die auf einer Fahrt zwischen Wohnung und erster Tätigkeitsstätte oder auf einer zu berücksichtigenden Familienheimfahrt entstehen, sind als außergewöhnliche Aufwendungen im Rahmen der allgemeinen Werbungskosten nach § 9 Absatz 1 Satz 1 EStG weiterhin neben der Entfernungspauschale zu berücksichtigen (siehe Bundestags-Drucksache 16/12099, Seite 6).

5. Pauschalbesteuerung nach § 40 Absatz 2 Satz 2 EStG

5.1 Allgemeines

Der Arbeitgeber kann die Lohnsteuer für **Sachbezüge in Form der unentgeltlichen oder verbilligten Beförderung eines Arbeitnehmers zwischen Wohnung und erster Tätigkeitsstätte oder Fahrten nach § 9 Absatz 1 Satz 3 Nummer 4a Satz 3 EStG sowie für** zusätzlich zum ohnehin geschuldeten Arbeitslohn gezahlte Zuschüsse zu den Aufwendungen des Arbeitnehmers für Fahrten zwischen Wohnung und **erster Tätigkeitsstätte sowie Fahrten nach § 9 Absatz 1 Satz 3 Nummer 4a Satz 3 EStG** pauschal mit 15 % erheben, soweit diese den Betrag nicht übersteigen, den der Arbeitnehmer nach § 9 Absatz 1 Satz 3 Nummer 4 **und Absatz 2** EStG als Werbungskosten geltend machen kann. Ausschlaggebend für die Höhe **des pauschalierbaren Betrags** ist demnach der Betrag, den der Arbeitnehmer für die Fahrten zwischen Wohnung und **erster Tätigkeitsstätte oder Fahrten nach § 9 Absatz 1 Satz 3 Nummer 4a Satz 3 EStG** als Werbungskosten geltend machen kann.

5.2 Höhe der pauschalierbaren Zuschüsse

Bei ausschließlicher Benutzung eines eigenen oder zur Nutzung überlassenen Kraftwagens ist die Höhe der pauschalierungsfähigen **Sachbezüge und** Zuschüsse des Arbeitgebers auf die Höhe der nach § 9 Absatz 1 Satz 3 Nummer 4 EStG als Werbungskosten abziehbaren Entfernungspauschale beschränkt, **ohne Begrenzung auf den Höchstbetrag von 4 500 Euro**. Aus Vereinfachungsgründen kann davon ausgegangen werden, dass monatlich an 15 Arbeitstagen Fahrten zwischen Wohnung und **erster Tätigkeitsstätte oder Fahrten nach § 9 Absatz 1 Satz 3 Nummer 4a Satz 3 EStG** erfolgen.

Bei ausschließlicher **Benutzung** eines Motorrads, Motorrollers, Mopeds **oder** Mofas **sind** die pauschalierbaren **Sachbezüge und** Zuschüsse des Arbeitgebers auf die Höhe der nach § 9 Absatz 1 Satz 3 Nummer 4 EStG als Werbungskosten abziehbaren Entfernungspauschale, **begrenzt auf den Höchstbetrag von 4 500 Euro,** beschränkt. Aus Vereinfachungsgründen kann hier ebenfalls davon ausgegangen werden, dass monatlich an 15 Arbeitstagen Fahrten zwischen Wohnung und **erster Tätigkeitsstätte oder Fahrten nach § 9 Absatz 1 Satz 3 Nummer 4a Satz 3 EStG** erfolgen.

Bei ausschließlicher Benutzung öffentlicher Verkehrsmittel, bei entgeltlicher Sammelbeförderung, für Flugstrecken sowie bei behinderten Menschen ist eine Pauschalierung **der Sachbezüge und Zuschüsse** in Höhe der tatsächlichen Aufwendungen **des Arbeitnehmers (§ 9 Absatz 1 Satz 3 Nummer 4 und Absatz 2 EStG)** für die Fahrten zwischen Wohnung und **erster Tätigkeitsstätte oder Fahrten nach § 9 Absatz 1 Satz 3 Nummer 4a Satz 3 EStG** zulässig.

Bei der **Benutzung** verschiedener Verkehrsmittel (insbesondere sog. Park & Ride-Fälle) ist die Höhe der pauschalierbaren **Sachbezüge und** Zuschüsse des Arbeitgebers auf die Höhe der nach § 9 Absatz 1 Satz 3 Nummer 4 **und Absatz 2** EStG als Werbungskosten abziehbaren Entfernungspauschale beschränkt. Eine Pauschalierung in Höhe der tatsächlichen Aufwendungen **des Arbeitnehmers** für die Nutzung öffentlicher Verkehrsmittel kommt erst dann in Betracht, wenn diese die insgesamt im Kalenderjahr anzusetzende Entfernungspauschale, ggf. begrenzt auf **den Höchstbetrag von** 4 500 Euro, übersteigen. Aus Vereinfachungsgründen kann auch in diesen Fällen davon ausgegangen werden, dass monatlich an 15 Arbeitstagen Fahrten zwischen Wohnung und **erster Tätigkeitsstätte oder Fahrten nach § 9 Absatz 1 Satz 3 Nummer 4a Satz 3 EStG** erfolgen.

6. Anwendungsregelung

Dieses Schreiben ist mit Wirkung ab 1. Januar 2014 anzuwenden.

Das BMF-Schreiben zu den Entfernungspauschalen vom 3. Januar 2013 (BStBl I S. 215) ist letztmals für den Veranlagungszeitraum 2013 anzuwenden. Beim Steuerabzug vom Arbeitslohn gilt dies mit der Maßgabe, dass die Fassung des BMF-Schreibens vom 3. Januar 2013 letztmals auf den laufenden Arbeitslohn anzuwenden ist, der für einen bis zum 31. Dezember 2013 endenden Lohnzahlungszeitraum gezahlt wird, und auf sonstige Bezüge, die bis zum 31. Dezember 2013 zufließen.

Verordnung über maßgebende Rechengrößen der Sozialversicherung für *2016* (Sozialversicherungs-Rechengrößenverordnung *2016*)

vom ***30. 11. 2015 (BGBl. I S. 2137)***
– Auszug –

§ 1 Durchschnittsentgelt in der Rentenversicherung

(1) Das Durchschnittsentgelt für das Jahr ***2014*** beträgt ***3514 Euro***.

(2) Das vorläufige Durchschnittsentgelt für das Jahr ***2016*** beträgt ***3267 Euro***.

(3) Die Anlage 1 zum Sechsten Buch Sozialgesetzbuch wird entsprechend ergänzt.

§ 2 Bezugsgröße in der Sozialversicherung

(1) Die Bezugsgröße im Sinne des § 18 Absatz 1 des Vierten Buches Sozialgesetzbuch beträgt im Jahr ***2016*** jährlich ***3860 Euro*** und monatlich ***2905 Euro***.

(2) Die Bezugsgröße (Ost) im Sinne des § 18 Absatz 2 des Vierten Buches Sozialgesetzbuch beträgt im Jahr ***2016*** jährlich ***3240 Euro*** und monatlich ***2520 Euro***.

§ 3 Beitragsbemessungsgrenzen in der Rentenversicherung

(1) Die Beitragsbemessungsgrenzen betragen im Jahr ***2016***
1. in der allgemeinen Rentenversicherung jährlich ***7400 Euro*** und monatlich ***6200 Euro***,
2. in der knappschaftlichen Rentenversicherung jährlich ***9800 Euro*** und monatlich ***7650 Euro***.

Die Anlage 2 zum Sechsten Buch Sozialgesetzbuch wird für den Zeitraum ***„1. 1. 2016–31. 12. 2016"*** um die Jahresbeiträge ergänzt.

(2) Die Beitragsbemessungsgrenzen (Ost) betragen im Jahr ***2016***
1. in der allgemeinen Rentenversicherung jährlich ***6800 Euro*** und monatlich ***5400 Euro***,
2. in der knappschaftlichen Rentenversicherung jährlich ***7800 Euro*** und monatlich ***6650 Euro***.

Die Anlage 2a zum Sechsten Buch Sozialgesetzbuch wird für den Zeitraum ***„1. 1. 2016–31. 12. 2016"*** um die Jahresbeiträge ergänzt.

Bundesreisekostengesetz (BRKG)

vom 26. 5. 2005 (BGBl. I S. 1418)
zuletzt geändert durch Artikel 3 des Gesetzes zur Änderung und Vereinfachung der Unternehmensbesteuerung und des steuerlichen Reisekostenrechts vom 20. 2. 2013 (BGBl. I S. 285)

§ 1 Geltungsbereich

(1) Dieses Gesetz regelt Art und Umfang der Reisekostenvergütung der Beamtinnen, Beamten, Richterinnen und Richter des Bundes sowie der Soldatinnen und Soldaten und der in den Bundesdienst abgeordneten Beamtinnen, Beamten, Richterinnen und Richter

(2) Die Reisekostenvergütung umfasst
1. die Fahrt- und Flugkostenerstattung (§ 4),
2. die Wegstreckenentschädigung (§ 5),
3. das Tagegeld (§ 6),
4. das Übernachtungsgeld (§ 7),
5. die Auslagenerstattung bei längerem Aufenthalt am Geschäftsort (§ 8),
6. die Aufwands- und Pauschvergütung (§ 9) sowie
7. die Erstattung sonstiger Kosten (§ 10).

§ 2 Dienstreisen

(1) Dienstreisen sind Reisen zur Erledigung von Dienstgeschäften außerhalb der Dienststätte. Sie müssen, mit Ausnahme von Dienstreisen am Dienst- oder Wohnort, schriftlich oder elektronisch angeordnet oder genehmigt worden sein, es sei denn, dass eine Anordnung oder Genehmigung nach dem Amt der Dienstreisenden oder dem Wesen des Dienstgeschäfts nicht in Betracht kommt. Dienstreisen sollen nur durchgeführt werden, wenn sie aus dienstlichen Gründen notwendig sind. Dienstreisen sind auch Reisen aus Anlass der Versetzung, Abordnung oder Kommandierung.

(2) Die Dauer der Dienstreise bestimmt sich nach der Abreise und Ankunft an der Wohnung, es sei denn, die Dienstreise beginnt oder endet an der Dienststätte.

§ 3 Anspruch auf Reisekostenvergütung

(1) Dienstreisende erhalten auf Antrag eine Vergütung der dienstlich veranlassten notwendigen Reisekosten. Der Anspruch auf Reisekostenvergütung erlischt, wenn sie nicht innerhalb einer Ausschlussfrist von sechs Monaten nach Beendigung der Dienstreise schriftlich oder elektronisch beantragt wird. Die zuständigen Stellen können bis zum Ablauf von sechs Monaten nach Antragstellung die Vorlage der maßgeblichen Kostenbelege verlangen. Werden diese Belege auf Anforderung nicht innerhalb von drei Monaten vorgelegt, kann der Vergütungsantrag insoweit abgelehnt werden.

(2) Leistungen, die Dienstreisende ihres Amtes wegen von dritter Seite aus Anlass einer Dienstreise erhalten, sind auf die Reisekostenvergütung anzurechnen.

(3) Bei Dienstreisen für eine auf Veranlassung der zuständigen Behörde ausgeübte Nebentätigkeit haben Dienstreisende nur Anspruch auf Reisekostenvergütung, die nicht von anderer Stelle zu übernehmen ist. Das gilt auch dann, wenn Dienstreisende auf ihren Anspruch gegen diese Stelle verzichtet haben.

§ 4 Fahrt- und Flugkostenerstattung

(1) Entstandene Kosten für Fahrten auf dem Land- oder Wasserweg mit regelmäßig verkehrenden Beförderungsmitteln werden bis zur Höhe der niedrigsten Beförderungsklasse erstattet. Für Bahnfahrten von mindestens zwei Stunden können die entstandenen Fahrtkosten der nächsthöheren Klasse erstattet werden. Wurde aus dienstlichen oder wirtschaftlichen Gründen ein Flugzeug benutzt, werden die Kosten der niedrigsten Flugklasse erstattet. Kosten einer höheren Klasse regelmäßig verkehrender Beförderungsmittel können erstattet werden, wenn dienstliche Gründe dies im Einzelfall oder allgemein erfordern.

(2) Mögliche Fahrpreisermäßigungen sind zu berücksichtigen. Fahrtkosten werden nicht erstattet, wenn eine unentgeltliche Beförderungsmöglichkeit genutzt werden kann.

(3) Dienstreisenden, denen für Bahnfahrten die Kosten der niedrigsten Beförderungsklasse zu erstatten wären, werden bei einem Grad der Behinderung von mindestens 50 die Kosten der nächsthöheren Klasse erstattet.

(4) Wurde aus triftigem Grund ein Mietwagen oder ein Taxi benutzt, werden die entstandenen notwendigen Kosten erstattet.

§ 5 Wegstreckenentschädigung

(1) Für Fahrten mit anderen als den in § 4 genannten Beförderungsmitteln wird eine Wegstreckenentschädigung gewährt. Sie beträgt bei Benutzung eines Kraftfahrzeuges oder eines anderen motorbetriebenen Fahrzeuges 20 Cent je Kilometer zurückgelegter Strecke, höchstens jedoch 130 Euro. Die oberste Bundesbehörde kann den Höchstbetrag auf 150 Euro festsetzen, wenn dienstliche Gründe dies im Einzelfall oder allgemein erfordern.

(2) Besteht an der Benutzung eines Kraftwagens ein erhebliches dienstliches Interesse, beträgt die Wegstreckenentschädigung 30 Cent je Kilometer zurückgelegter Strecke. Das erhebliche dienstliche Interesse muss vor Antritt der Dienstreise in der Anordnung oder Genehmigung schriftlich oder elektronisch festgestellt werden.

(3) Benutzen Dienstreisende zur Erledigung von Dienstgeschäften regelmäßig ein Fahrrad, wird Wegstreckenentschädigung nach Maßgabe einer allgemeinen Verwaltungsvorschrift gemäß § 16 gewährt.

(4) Eine Wegstreckenentschädigung wird Dienstreisenden nicht gewährt, wenn sie

1. eine vom Dienstherrn unentgeltlich zur Verfügung gestellte Beförderungsmöglichkeit nutzen konnten oder
2. von anderen Dienstreisenden des Bundes oder eines anderen Dienstherrn in einem Kraftwagen mitgenommen wurden.

§ 6 Tagegeld

(1) Als Ersatz von Mehraufwendungen für Verpflegung erhalten Dienstreisende ein Tagegeld. Die Höhe des Tagegeldes bemisst sich nach § 4 Abs. 5 Satz 1 Nr. 5 Satz 2 des Einkommensteuergesetzes. Die Höhe des Tagegeldes bemisst sich nach der Verpflegungspauschale zur Abgeltung tatsächlich entstandener, beruflich veranlasster Mehraufwendungen im Inland nach dem Einkommensteuergesetz.

(2) Erhalten Dienstreisende ihres Amtes wegen unentgeltlich Verpflegung, werden von dem zustehenden Tagegeld für das Frühstück 20 Prozent und für das Mittag- und Abendessen je 40 Prozent des Tagegeldes für einen vollen Kalendertag einbehalten. Gleiches gilt, wenn das Entgelt für Verpflegung in den erstattungsfähigen Fahrt-, Übernachtungs- oder Nebenkosten enthalten ist. Die Sätze 1 und 2 sind auch dann anzuwenden, wenn Dienstreisende ihres Amtes wegen unentgeltlich bereitgestellte Verpflegung ohne triftigen Grund nicht in Anspruch nehmen. Die oberste Dienstbehörde kann in besonderen Fällen niedrigere Einbehaltungssätze zulassen.

§ 7 Übernachtungsgeld

(1) Für eine notwendige Übernachtung erhalten Dienstreisende pauschal 20 Euro. Höhere Übernachtungskosten werden erstattet, soweit sie notwendig sind.

(2) Übernachtungsgeld wird nicht gewährt

1. für die Dauer der Benutzung von Beförderungsmitteln,
2. bei Dienstreisen am oder zum Wohnort für die Dauer des Aufenthalts an diesem Ort,
3. bei unentgeltlicher Bereitstellung einer Unterkunft des Amtes wegen, auch wenn diese Unterkunft ohne triftigen Grund nicht genutzt wird, und
4. in den Fällen, in denen das Entgelt für die Unterkunft in den erstattungsfähigen Fahrt- oder sonstigen Kosten enthalten ist, es sei denn, dass eine Übernachtung aufgrund einer zu frühen Ankunft am Geschäftsort oder einer zu späten Abfahrt von diesem zusätzlich erforderlich wird.

§ 8 Auslagenerstattung bei längerem Aufenthalt am Geschäftsort

Dauert der dienstlich veranlasste Aufenthalt an demselben auswärtigen Geschäftsort länger als 14 Tage, wird vom 15. Tag an ein um 50 Prozent ermäßigtes Tagegeld gewährt; in besonderen Fällen kann die oberste Dienstbehörde oder die von ihr ermächtigte Behörde auf eine Ermäßigung des Tagegeldes verzichten. Notwendige Übernachtungskosten werden erstattet; ein pauschales Übernachtungsgeld nach § 7 Abs. 1 wird nicht gewährt. Als Reisebeihilfe für Heimfahrten werden für jeweils 14 Tage des Aufenthalts am Geschäftsort je nach benutztem Beförderungsmittel Fahrt- oder Flugkosten bis zur Höhe des in § 4 Abs. 1 Satz 1 oder 3 oder in § 5 Abs. 1 genannten Betrages gewährt. Wird der Geschäftsort aufgrund von Heimfahrten verlassen, wird für die Zeit des Aufenthalts in der Wohnung Tagegeld nicht gewährt.

§ 9 Aufwands- und Pauschvergütung

(1) Dienstreisende, denen erfahrungsgemäß geringerer Aufwand für Verpflegung oder Unterkunft als allgemein üblich entsteht, erhalten nach näherer Bestimmung der obersten Dienstbehörde oder der von ihr ermächtigten Behörde anstelle von Tagegeld, Übernachtungsgeld und Auslagenerstattung nach § 8 Satz 1 und 2 eine entsprechende Aufwandsvergütung. Diese kann auch nach Stundensätzen bemessen werden.

(2) Die oberste Dienstbehörde oder die von ihr ermächtigte Behörde kann für regelmäßige oder gleichartige Dienstreisen anstelle der Reisekostenvergütung oder einzelner ihrer Bestandteile eine Pauschvergütung gewähren, die nach dem Durchschnitt der in einem bestimmten Zeitraum sonst anfallenden Reisekostenvergütungen zu bemessen ist.

§ 10 Erstattung sonstiger Kosten

(1) Zur Erledigung des Dienstgeschäfts notwendige Auslagen, die nicht nach den §§ 4 bis 9 zu erstatten sind, werden als Nebenkosten erstattet.

(2) Entfällt eine Dienstreise aus einem von der oder dem Bediensteten nicht zu vertretenden Grund, werden durch die Vorbereitung entstandene, nach diesem Gesetz abzugeltende Auslagen erstattet.

§ 11 Bemessung der Reisekostenvergütung in besonderen Fällen

(1) Für Dienstreisen aus Anlass der Versetzung, Abordnung oder Kommandierung wird das Tagegeld für die Zeit bis zur Ankunft am neuen Dienstort gewährt; im Übrigen gilt § 2 Abs. 2. Das Tagegeld wird für die Zeit bis zum Ablauf des Ankunftstages gewährt, wenn den Dienstreisenden vom nächsten Tag an Trennungsreise- oder Trennungstagegeld zusteht; daneben wird Übernachtungsgeld (§ 7) gewährt. Für Dienstreisen im Sinne des Satzes 1 wird das Tagegeld vom Beginn des Abfahrtstages an gewährt, wenn für den vorhergehenden Tag Trennungsreise- oder Trennungstagegeld gewährt wird. Für ein- und zweitägige Abordnungen oder Kommandierungen ist bei der Festsetzung der Reisekostenvergütung abweichend von den Sätzen 1 bis 3 die gesamte Dauer der Abwesenheit von der Wohnung oder bisherigen Dienststätte zugrunde zu legen.

(2) Für Reisen aus Anlass der Einstellung kann Reisekostenvergütung wie für Dienstreisen gewährt werden; Absatz 1 ist entsprechend anzuwenden. Die Reisekostenvergütung darf dabei nicht höher sein als der Betrag, der für eine Dienstreise von der Wohnung zur Dienststätte zu erstatten wäre.

(3) Reisekostenvergütung kann ferner gewährt werden.

1. für Einstellungsreisen vor dem Wirksamwerden der Ernennung zur Beamtin, zum Beamten, zur Richterin, zum Richter, zur Soldatin oder zum Soldaten und
2. für Reisen aus Anlass des Ausscheidens aus dem Dienst wegen Ablaufs der Dienstzeit oder wegen Dienstunfähigkeit von Beamtinnen und Beamten auf Widerruf, von Soldatinnen und Soldaten auf Zeit oder von Soldaten, die aufgrund der Wehrpflicht Wehrdienst leisten; dies gilt für Reisen in das Ausland nur bis zum inländischen Grenzort oder dem inländischen Flughafen, von dem die Flugreise angetreten wird.

Die Absätze 1 und 2 Satz 2 gelten entsprechend.

(4) Für Reisen zum Zwecke der Ausbildung oder Fortbildung, die teilweise im dienstlichen Interesse liegen, können mit Zustimmung der obersten Dienstbehörde oder der von ihr ermächtigten Behörde entstandene Kosten bis zur Höhe der für Dienstreisen zustehenden Reisekostenvergütung erstattet werden.

(5) Übernachten Dienstreisende in ihrer außerhalb des Geschäftsorts gelegenen Wohnung, wird für jede Hin- und Rückfahrt aus Anlass einer Übernachtung als Ersatz der Fahrtauslagen ein Betrag in Höhe der Übernachtungspauschale nach § 7 gewährt.

§ 12 Erkrankung während einer Dienstreise

Erkranken Dienstreisende und werden sie in ein Krankenhaus aufgenommen, werden für jeden vollen Kalendertag des Krankenhausaufenthalts die notwendigen Auslagen für die Unterkunft am Geschäftsort erstattet. Für eine Besuchsreise einer oder eines Angehörigen aus Anlass einer durch ärztliche Bescheinigung nachgewiesenen lebensgefährlichen Erkrankung der oder des Dienstreisenden werden Fahrtauslagen gemäß § 4 Abs. 1 Satz 1 und 3 oder § 5 Abs. 1 erstattet.

§ 13 Verbindung von Dienstreisen mit privaten Reisen

(1) Werden Dienstreisen mit privaten Reisen verbunden, wird die Reisekostenvergütung so bemessen, als ob nur die Dienstreise durchgeführt worden wäre. Die Reisekostenvergütung nach Satz 1 darf die sich nach dem tatsächlichen Reiseverlauf ergebende nicht übersteigen. Werden Dienstreisen mit einem Urlaub von mehr als fünf Arbeitstagen verbunden, werden nur die zusätzlich für die Erledigung des Dienstgeschäfts entstehenden Kosten als Fahrtauslagen entsprechend den §§ 4 und 5 erstattet; Tage- und Übernachtungsgeld wird für die Dauer des Dienstgeschäfts sowie für die zusätzliche Reisezeit gewährt.

(2) Wird in besonderen Fällen angeordnet oder genehmigt, dass die Dienstreise an einem vorübergehenden Aufenthaltsort anzutreten oder zu beenden ist, wird die Reisekostenvergütung abweichend von Absatz 1 nach der Abreise von oder der Ankunft an diesem Ort bemessen. Entsprechendes gilt, wenn in diesen Fällen die Dienstreise an der Wohnung oder Dienststätte beginnt oder endet. Absatz 1 Satz 2 ist entsprechend anzuwenden.

(3) Wird aus dienstlichen Gründen die vorzeitige Beendigung einer Urlaubsreise angeordnet, gilt die Rückreise vom Urlaubsort unmittelbar oder über den Geschäftsort zur Dienststätte als Dienstreise, für die Reisekostenvergütung gewährt wird. Außerdem werden die Fahrtauslagen für die kürzeste Reisestrecke von der Wohnung zum Urlaubsort, an dem die Bediensteten die Anordnung erreicht, im Verhältnis des nicht ausgenutzten Teils der Urlaubsreise zur vorgesehenen Dauer der Urlaubsreise erstattet.

(4) Aufwendungen der Dienstreisenden und der sie begleitenden Personen, die durch die Unterbrechung oder vorzeitige Beendigung einer Urlaubsreise verursacht worden sind, werden in angemessenem Umfang erstattet. Dies gilt auch für Aufwendungen, die aus diesen Gründen nicht ausgenutzt werden konnten; hinsichtlich der Erstattung von Aufwendungen für die Hin- und Rückfahrt ist Absatz 3 Satz 2 sinngemäß anzuwenden.

§ 14 Auslandsdienstreisen

(1) Auslandsdienstreisen sind Dienstreisen im oder ins Ausland sowie vom Ausland ins Inland.

(2) Nicht als Auslandsdienstreisen gelten Dienstreisen der im Grenzverkehr tätigen Beamtinnen und Beamten im Bereich ausländischer Lokalgrenzbehörden, zwischen solchen Bereichen und zwischen diesen und dem Inland.

(3) Das Bundesministerium des Innern wird ermächtigt, durch Rechtsverordnung wegen der besonderen Verhältnisse abweichende Vorschriften über die Reisekostenvergütung für Auslandsdienstreisen bezüglich der Anordnung und Genehmigung von Dienstreisen, der Fahrt- und Flugkosten, des Auslandstage- und Auslandsübernachtungsgeldes, der Reisebeihilfen, der Kriterien der Erstattung klimabedingter Bekleidung und anderer Nebenkosten zu erlassen.

§ 15 Trennungsgeld

(1) Beamtinnen, Beamte, Richterinnen und Richter, die an einen Ort außerhalb des Dienst- und Wohnortes ohne Zusage der Umzugskostenvergütung abgeordnet werden, erhalten für die ihnen dadurch entstehenden notwendigen Aufwendungen unter Berücksichtigung der häuslichen Ersparnis ein Trennungsgeld nach einer Rechtsverordnung, die für Abordnungen im Inland das Bundesministerium des Innern erlässt. Diese Verordnung ist auch anzuwenden für Abordnungen im oder ins Ausland sowie vom Ausland ins Inland, soweit aufgrund der Ermächtigung des Absatzes 2 keine Sonderregelungen ergangen sind. Dasselbe gilt für Kommandierungen von Soldatinnen und Soldaten und die vorübergehende dienstliche Tätigkeit bei einer anderen Stelle als einer Dienststelle. Der Abordnung stehen die Zuweisung nach § 29 des Bundesbeamtengesetzes oder nach § 20 des Beamtenstatusgesetzes gleich.

(2) Absatz 1 Satz 1 und 3 gilt entsprechend für Abordnungen ohne Zusage der Umzugskostenvergütung im oder ins Ausland sowie vom Ausland ins Inland, soweit die besonderen Bedürfnisse des Auslandsdienstes und die besonderen Verhältnisse im Ausland es erfordern mit

der Maßgabe, dass das Auswärtige Amt die Rechtsverordnung im Einvernehmen mit dem Bundesministerium des Innern, dem Bundesministerium der Verteidigung und dem Bundesministerium der Finanzen erlässt.

(3) Werden Beamtinnen oder Beamte auf Widerruf im Vorbereitungsdienst zum Zwecke ihrer Ausbildung einer Ausbildungsstelle an einem anderen Ort als dem bisherigen Dienst- und Wohnort zugewiesen, können ihnen die dadurch entstehenden notwendigen Mehrauslagen ganz oder teilweise erstattet werden.

§ 16 Verwaltungsvorschriften

Allgemeine Verwaltungsvorschriften zu diesem Gesetz erlässt das Bundesministerium des Innern. Verwaltungsvorschriften zu den Sondervorschriften für die Reisekostenvergütung für Auslandsdienstreisen erlässt das Bundesministerium des Innern im Einvernehmen mit dem Auswärtigen Amt.

Verordnung über das Trennungsgeld bei Versetzungen und Abordnungen im Inland (Trennungsgeldverordnung – TGV)

vom 29. 6. 1999 (BGBl. I S. 1533)
zuletzt geändert durch ***Artikel 4a des Siebten Besoldungsänderungsgesetzes (7. BesÄndG) vom 3. 12. 2015 (BGBl. I S. 2163)***

§ 1 Anwendungsbereich

(1) Berechtigte nach dieser Verordnung sind
1. Bundesbeamte und in den Bundesdienst abgeordnete Beamte,
2. Richter im Bundesdienst und in den Bundesdienst abgeordnete Richter und
3. Berufssoldaten und Soldaten auf Zeit.

(2) Trennungsgeld wird gewährt aus Anlaß der
1. Versetzung aus dienstlichen Gründen,
2. Aufhebung einer Versetzung nach einem Umzug mit Zusage der Umzugskostenvergütung,
3. Verlegung der Beschäftigungsbehörde,
4. nicht nur vorübergehenden Zuteilung aus dienstlichen Gründen zu einem anderen Teil der Beschäftigungsbehörde,
5. Übertragung eines anderen Richteramtes nach § 32 Abs. 2 des Deutschen Richtergesetzes oder eines weiteren Richteramtes nach § 27 Abs. 2 des vorgenannten Gesetzes,
6. Abordnung oder Kommandierung, auch im Rahmen der Aus- und Fortbildung,
7. Zuweisung nach § 29 des Bundesbeamtengesetzes und § 20 des Beamtenstatusgesetzes,
8. vorübergehenden Zuteilung aus dienstlichen Gründen zu einem anderen Teil der Beschäftigungsbehörde,
9. vorübergehenden dienstlichen Tätigkeit bei einer anderen Stelle als einer Dienststelle,
10. Aufhebung oder Beendigung einer Maßnahme nach den Nummern 6 bis 9 nach einem Umzug mit Zusage der Umzugskostenvergütung,
11. Versetzung mit Zusage der Umzugskostenvergütung nach § 4 Abs. 2 Nr. 3 des Bundesumzugskostengesetzes,
12. Einstellung mit Zusage der Umzugskostenvergütung,
13. Einstellung ohne Zusage der Umzugskostenvergütung bei vorübergehender Dauer des Dienstverhältnisses, der vorübergehenden Verwendung am Einstellungsort oder während der Probezeit; die Gewährung von Trennungsgeld in diesen Fällen bedarf der Zustimmung der obersten Dienstbehörde oder der von ihr ermächtigten nachgeordneten Behörde,
14. Räumung einer Dienstwohnung auf dienstliche Weisung, solange der zur Führung eines Haushalts notwendige Teil der Wohnungseinrichtung untergestellt werden muß.

(3) Trennungsgeld wird nur gewährt, wenn
1. bei Maßnahmen nach Absatz 2 Nr. 1 bis 13 der neue Dienstort ein anderer als der bisherige Dienstort ist und die Wohnung nicht im Einzugsgebiet (§ 3 Abs. 1 Nr. 1 Buchstabe c des Bundesumzugskostengesetzes) liegt,
2. bei Maßnahmen nach Absatz 2 Nr. 1 bis 5 der Berechtigte nicht unwiderruflich auf die Zusage der Umzugskostenvergütung verzichtet und dienstliche Gründe den Umzug nicht erfordern (§ 3 Abs. 1 Nr. 1 Buchstabe d des Bundesumzugskostengesetzes).

(4) Die Absätze 2 und 3 gelten auch für im Grenzverkehr tätige Beamte im Bereich ausländischer Lokalgrenzbehörden, zwischen solchen Bereichen und zwischen diesen und dem Inland.

§ 2 Trennungsgeld nach Zusage der Umzugskostenvergütung

(1) Ist Umzugskostenvergütung zugesagt, steht Trennungsgeld zu,
1. wenn der Berechtigte seit dem Tag des Wirksamwerdens der Zusage oder, falls für ihn günstiger, der Maßnahme nach § 1 Abs. 2 uneingeschränkt umzugswillig ist und
2. solange er wegen Wohnungsmangels im Einzugsgebiet (§ 3 Abs. 1 Nr. 1 Buchstabe c des Bundesumzugskostengesetzes) nicht umziehen kann.

Uneingeschränkt umzugswillig ist, wer sich unter Ausschöpfung aller Möglichkeiten nachweislich und fortwährend um eine angemessene Wohnung bemüht. Angemessen ist eine Wohnung, die den familiären Bedürfnissen des Berechtigten entspricht. Dabei ist von der bisherigen Wohnungsgröße auszugehen, es sei denn, daß sie in einem erheblichen Mißverhältnis zur Zahl der zum Haushalt gehörenden Personen steht. Die Lage des Wohnungsmarktes im Einzugsgebiet (§ 3 Abs. 1 Nr. 1 Buchstabe c des Bundesumzugskostengesetzes) ist zu berücksichtigen. Bei unverheirateten Berechtigten ohne Wohnung im Sinne des § 10 Abs. 3 des Bundesumzugskostengesetzes gilt als Wohnung auch ein möbliertes Zimmer oder eine bereitgestellte Gemeinschaftsunterkunft.

(2) Nach Wegfall des Wohnungsmangels darf Trennungsgeld nur weitergewährt werden, wenn und solange dem Umzug des umzugswilligen Berechtigten im Zeitpunkt des Wegfalls des Wohnungsmangels einer der folgenden Hinderungsgründe entgegensteht:

1. vorübergehende schwere Erkrankung des Berechtigten oder eines seiner Familienangehörigen (§ 6 Abs. 3 Satz 2 und 3 des Bundesumzugskostengesetzes) bis zur Dauer von einem Jahr;
2. Beschäftigungsverbote für die Berechtigte oder eine Familienangehörige (§ 6 Abs. 3 Satz 2 und 3 des Bundesumzugskostengesetzes) für die Zeit vor oder nach einer Entbindung nach mutterschutzrechtlichen Vorschriften oder entsprechendem Landesrecht;
3. Schul- oder Berufsausbildung eines Kindes (§ 6 Abs. 3 Satz 2 und 3 des Bundesumzugskostengesetzes) bis zum Ende des Schul- oder Ausbildungsjahres. Befindet sich das Kind in der Jahrgangsstufe 12 einer Schule, so verlängert sich die Gewährung des Trennungsgeldes bis zum Ende des folgenden Schuljahres; befindet sich das Kind im vorletzten Ausbildungsjahr eines Berufsausbildungsverhältnisses, so verlängert sich die Gewährung des Trennungsgeldes bis zum Ende des folgenden Ausbildungsjahres;
4. Schul- oder Berufsausbildung eines schwerbehinderten Kindes (§ 6 Abs. 3 Satz 2 und 3 des Bundesumzugskostengesetzes). Trennungsgeld wird bis zur Beendigung der Ausbildung gewährt, solange diese am neuen Dienst- oder Wohnort oder in erreichbarer Entfernung davon wegen der Behinderung nicht fortgesetzt werden kann;
5. akute lebensbedrohende Erkrankung eines Elternteiles des Berechtigten oder seines Ehegatten oder Lebenspartners, wenn dieser in hohem Maße Hilfe des Ehegatten, Lebenspartners oder Familienangehörigen des Berechtigten erhält;
6. Schul- oder erste Berufsausbildung des Ehegatten oder Lebenspartners in entsprechender Anwendung der Nummer 3.

Trennungsgeld darf auch gewährt werden, wenn zum Zeitpunkt des Wirksamwerdens der dienstlichen Maßnahme kein Wohnungsmangel, aber einer oder mehrere dieser Hinderungsgründe vorliegen. Liegt bei Wegfall des Hinderungsgrundes ein neuer Hinderungsgrund vor, kann mit Zustimmung der obersten Dienstbehörde Trennungsgeld bis zu längstens einem Jahr weiterbewilligt werden. Nach Wegfall des Hinderungsgrundes darf Trennungsgeld auch bei erneutem Wohnungsmangel nicht gewährt werden.

(3) Ist ein Umzug, für den Umzugskostenvergütung zugesagt ist, aus Anlaß einer Maßnahme nach § 1 Abs. 2 vor deren Wirksamwerden durchgeführt, kann Trennungsgeld in sinngemäßer Anwendung dieser Verordnung bis zum Tag vor der Dienstantrittsreise, längstens für 3 Monate gewährt werden.

(4) Wird die Zusage der Umzugskostenvergütung außerhalb eines Rechtsbehelfsverfahrens aufgehoben, wird dadurch ein Trennungsgeldanspruch nicht begründet; ein erloschener Trennungsgeldanspruch lebt nicht wieder auf.

§ 3 Trennungsgeld beim auswärtigen Verbleiben

(1) Ein Berechtigter, der nicht täglich zum Wohnort zurückkehrt und dem die tägliche Rückkehr nicht zuzumuten oder aus dienstlichen Gründen nicht gestattet ist, erhält für die ersten 14 Tage nach beendeter Dienstantrittsreise als Trennungsgeld die gleiche Vergütung wie bei Dienstreisen (Trennungsreisegeld). Die tägliche Rückkehr zum Wohnort ist in der Regel nicht zuzumuten, wenn beim Benutzen regelmäßig verkehrender Beförderungsmittel die Abwesenheit von der Wohnung mehr als 12 Stunden oder die benötigte Zeit für das Zurücklegen der Strecke zwischen Wohnung und Dienststätte und zurück mehr als 3 Stunden beträgt. Ändert sich vorübergehend der Beschäftigungsort auf Grund einer Maßnahme nach § 1 Abs. 2 oder für volle Kalendertage der Abwesenheit wegen einer Dienstreise für längstens drei Monate, wird bei Rückkehr nach Beendigung der Maßnahme oder Dienstreise Trennungsreisegeld gewährt, soweit der Anspruchszeitraum nach Satz 1 noch nicht ausgeschöpft war.

(2) Vom 15. Tag, im Falle des § 2 Abs. 3 vom Tag nach Beendigung des Umzuges an wird unter der Voraussetzung, daß eine Wohnung oder Unterkunft am bisherigen Wohnort beibehalten wird, als Trennungsgeld Trennungstagegeld und Trennungsübernachtungsgeld nach Maßgabe der Absätze 3 und 4 gewährt. Ist Umzugskostenvergütung nicht zugesagt, wird vom 15. Tage an Trennungsgeld nach Maßgabe der Absätze 3 und 4 auch gewährt, solange nach *dem Umzug eine Wohnung* oder Unterkunft außerhalb des neuen Dienstortes einschließlich des Einzugsgebietes (§ 3 Abs. 1 Nr. 1 Buchstabe c des Bundesumzugskostengesetzes) weiter besteht und mehrere Haushalte geführt werden; § 7 Abs. 2 ist zu beachten.

(3) [1]Als Trennungstagegeld wird ein Betrag in Höhe der Summe der nach der Sozialversicherungsentgeltverordnung maßgebenden Sachbezugswerte für Frühstück, Mittagessen und Abendessen gewährt. Der Berechtigte, der

a) mit seinem Ehegatten oder Lebenspartner in häuslicher Gemeinschaft lebt oder
b) mit einem Verwandten bis zum vierten Grad, einem Verschwägerten bis zum zweiten Grad, einem Pflegekind oder Pflegeeltern in häuslicher Gemeinschaft lebt und ihnen aus gesetzlicher oder sittlicher Verpflichtung nicht nur vorübergehend Unterkunft und Unterhalt ganz oder überwiegend gewährt oder
c) mit einer Person in häuslicher Gemeinschaft lebt, deren Hilfe er aus beruflichen oder nach ärztlichem, im Zweifel nach amtsärztlichem Zeugnis aus gesundheitlichen Gründen nicht nur vorübergehend bedarf,

und einen getrennten Haushalt führt, erhält als Trennungstagegeld 150 Prozent dieses Betrages. Erhält der Berechtigte seines Amtes wegen unentgeltlich Verpflegung, ist das Trennungstagegeld für jede bereitgestellte Mahlzeit um den maßgebenden Sachbezugswert nach der Sachbezugsverordnung zu kürzen; bei Berechtigten nach Satz 2 erhöht sich der Kürzungsbetrag um 50 Prozent des maßgebenden Sachbezugswertes nach der Sozialversicherungsentgeltverordnung für die jeweilige Mahlzeit. Das gleiche gilt, wenn Verpflegung von dritter Seite bereitgestellt wird und das Entgelt für sie in den erstattbaren Fahr- und Nebenkosten enthalten ist oder wenn der Berechtigte seines Amtes wegen unentgeltlich bereitgestellte Verpflegung ohne triftigen Grund nicht in Anspruch nimmt.

(4) Als Trennungsübernachtungsgeld werden die nachgewiesenen notwendigen, auf Grund eines Mietvertrags oder einer ähnlichen Nutzungsvereinbarung zu zahlenden Kosten für eine wegen einer Maßnahme nach § 1 Abs. 2 bezogenen angemessenen Unterkunft erstattet. Zu den Unterkunftskosten gehören auch die unmittelbar mit der Nutzung der Unterkunft zusammenhängenden Nebenkosten. Erhält der Berechtigte seines Amtes wegen unentgeltlich Unterkunft, wird ein Trennungsübernachtungsgeld nicht gewährt; im übrigen gilt § 7 Abs. 2 des Bundesreisekostengesetzes entsprechend. Notwendige Fahrkosten zwischen dieser außerhalb des Dienstortes bereitgestellten Unterkunft und der Dienststätte werden in entsprechender Anwendung des § 5 Abs. 4 erstattet.

§ 4 Sonderbestimmungen beim auswärtigen Verbleiben

(1) Das Tagegeld des Trennungsreisegeldes und das Trennungstagegeld werden für volle Kalendertage
1. der Abwesenheit vom neuen Dienstort und dem Ort der auf Grund einer dienstlichen Maßnahme nach § 1 Abs. 2 bezogenen Unterkunft,
2. des Aufenthaltes in einem Krankenhaus, einer Sanatoriumsbehandlung oder einer Heilkur,
3. der Beschäftigungsverbote nach den mutterschutzrechtlichen Bestimmungen nicht gewährt.

(2) Auf das Tagegeld des Trennungsreisegeldes ist die für eine Dienstreise oder einen Dienstgang von weniger als 24 Stunden Dauer zustehende Reisekostenvergütung für Verpflegungsmehraufwand anzurechnen.

(3) Das Übernachtungsgeld des Trennungsreisegeldes und das Trennungsübernachtungsgeld werden bei einer Änderung des Dienstortes auf Grund einer Maßnahme nach § 1 Abs. 2 und in den Fällen des Absatzes 1 weitergewährt, solange die Aufgabe einer entgeltlichen Unterkunft nicht zumutbar oder wegen der mietvertraglichen Bindung nicht möglich ist.

(4) Wird der Dienstort in den Fällen des Absatzes 1 Nr. 3 oder auf Grund einer Erkrankung verlassen, werden die Fahrauslagen bis zur Höhe der Kosten für die Fahrt zum Wohnort und zurück wie bei einer Dienstreise erstattet. Nach Rückkehr steht dem Berechtigten kein Trennungsreisegeld zu, wenn die Unterkunft wieder in Anspruch genommen werden kann, für die das Trennungsgeld nach Absatz 3 bis zur Rückkehr gewährt wird.

(5) Berechtigte, denen erfahrungsgemäß geringere Aufwendungen für Verpflegung als allgemein entstehen, erhalten nach näherer Bestimmung der obersten Dienstbehörde oder der von ihr ermächtigten nachgeordneten Behörde entsprechend den notwendigen Mehrauslagen ein ermäßigtes Trennungsgeld.

(6) Ändert sich der neue Dienstort auf Grund einer Maßnahme nach § 1 Abs. 2 für längstens drei Monate, werden nachgewiesene notwendige Kosten für das Beibehalten der Unterkunft erstattet. Bei tatsächlicher oder zumutbarer täglicher Rückkehr wird neben dem Trennungsgeld nach § 3 eine Entschädigung nach § 6 Abs. 1, 3 und 4 gewährt.

(7) Erhält der Ehegatte oder Lebenspartner des Berechtigten Trennungsgeld nach § 3 oder eine entsprechende Entschädigung nach den Vorschriften eines anderen Dienstherrn, erhält der Berechtigte anstelle des Trennungstagegeldes nach § 3 Abs. 3 Satz 2 Trennungstagegeld nach § 3 Abs. 3 Satz 1, wenn er am Dienstort des Ehegatten oder Lebenspartners wohnt oder der Ehegatte oder Lebenspartner an seinem Dienstort beschäftigt ist.

(8) Wird nach einem Umzug mit Zusage der Umzugskostenvergütung kein Trennungsgeld für die bisherige Unterkunft mehr gewährt, werden die notwendigen Auslagen für diese Unter-

kunft längstens bis zu dem Zeitpunkt erstattet, zu dem das Mietverhältnis frühestens gelöst werden kann.

§ 5 Reisebeihilfe für Heimfahrten

(1) Ein Berechtigter nach § 3 erhält eine Reisebeihilfe für jeden halben Monat, wenn er die Voraussetzungen des § 3 Abs. 3 Satz 2 erfüllt oder das 18. Lebensjahr noch nicht vollendet hat, im übrigen für jeden Monat. Ändern sich diese Voraussetzungen, so beginnt der neue Anspruchszeitraum erst nach Ablauf des bisherigen, sofern dies für den Berechtigten günstiger ist. Der Anspruchszeitraum wird aus Anlaß einer neuen Maßnahme nach § 1 Abs. 2 durch Sonn- und Feiertage, allgemein dienstfreie Werktage und Tage der Dienstantrittsreise nicht unterbrochen. Eine Reisebeihilfe wird nur gewährt, wenn die Reise im maßgebenden Anspruchszeitraum beginnt.

(2) Verzichtet ein Berechtigter bei Maßnahmen nach § 1 Abs. 2 Nr. 1 bis 5 unwiderruflich auf die Zusage der Umzugskostenvergütung und ist aus dienstlichen Gründen ein Umzug nicht erforderlich (§ 3 Abs. 1 Nr. 1 Buchstabe d des Bundesumzugskostengesetzes), gilt Absatz 1 mit der Maßgabe, daß Reisebeihilfe für längstens ein Jahr gewährt wird.

(3) Anstelle einer Reise des Berechtigten kann auch eine Reise des Ehegatten, des Lebenspartners, eines Kindes oder einer Person nach § 3 Abs. 3 Satz 2 Buchstabe b berücksichtigt werden.

(4) Als Reisebeihilfe werden die entstandenen notwendigen Fahrauslagen bis zur Höhe der Kosten der für den Berechtigten billigsten Fahrkarte der allgemein niedrigsten Klasse ohne Zuschläge eines regelmäßig verkehrenden Beförderungsmittels vom Dienstort zum bisherigen Wohnort oder, wenn dieser im Ausland liegt, bis zum inländischen Grenzort und zurück erstattet. Bei Benutzung zuschlagpflichtiger Züge werden auch die notwendigen Zuschläge wie bei Dienstreisen erstattet. Nach näherer Bestimmung des Bundesministeriums des Innern können in besonderen Fällen Flugkosten erstattet werden.

§ 5a Reisebeihilfe für Heimfahrten bei Einsatz im Rahmen von Unterstützungsmaßnahmen zur Bewältigung der steigenden Zahl von Asylbewerbern[1]

Berechtigte nach § 3, die zur Bewältigung der steigenden Zahl von Asylbewerbern für von der obersten Dienstbehörde beschlossene personelle Unterstützungsmaßnahmen eingesetzt werden, erhalten eine Reisebeihilfe für jede Woche. § 5 Absatz 1 Satz 2 bis 4 und Absatz 2 bis 4 bleibt im Übrigen unberührt.

§ 5b

(weggefallen)

§ 6 Trennungsgeld bei täglicher Rückkehr zum Wohnort

(1) Ein Berechtigter, der täglich an den Wohnort zurückkehrt oder dem die tägliche Rückkehr zuzumuten ist (§ 3 Abs. 1 Satz 2), erhält als Trennungsgeld Fahrkostenerstattung, Wegstrecken- oder Mitnahmeentschädigung wie bei Dienstreisen. Hierauf sind die Fahrauslagen anzurechnen, die für das Zurücklegen der Strecke zwischen Wohnung und der bisherigen, bei einer Kette von Maßnahmen nach § 1 Abs. 2 der ursprünglichen Dienststätte entstanden wären, wenn die Entfernung mindestens fünf Kilometer beträgt. Dabei ist als Aufwand ein Betrag von 0,08 Euro je Entfernungskilometer und Arbeitstag zugrunde zu legen. Von der Anrechnung ist ganz oder teilweise abzusehen, wenn der Berechtigte nachweist, daß er bei Fahrten zwischen Wohnung und bisheriger Dienststätte üblicherweise keinen entsprechenden Aufwand hätte.

(2) Zusätzlich wird ein Verpflegungszuschuß von 2,05 Euro je Arbeitstag gewährt, wenn die notwendige Abwesenheit von der Wohnung mehr als 11 Stunden beträgt, es sei denn, daß Anspruch auf Reisekostenvergütung für Verpflegungsmehraufwand besteht.

(3) Muß aus dienstlichen Gründen am Dienstort übernachtet werden, werden die dadurch entstandenen notwendigen Mehraufwendungen erstattet.

(4) Das Trennungsgeld nach den Absätzen 1 und 2 darf das in einem Kalendermonat zustehende Trennungsgeld nach den §§ 3 und 4 sowie das Tage- und Übernachtungsgeld für die Hin- und Rückreise nicht übersteigen. Als Übernachtungsgeld wird für die ersten 14 Tage höchstens der Betrag nach § 7 Abs. 1 Satz 1 des Bundesreisekostengesetzes und ab dem 15. Tag als Trennungsübernachtungsgeld ein Drittel dieses Betrages berücksichtigt.

1) § 5a TGV wurde durch die 7. BesÄndG (Inkrafttreten 1. 4. 2016) eingefügt.

§ 7 Sonderfälle

(1) Anspruch auf Trennungsgeld besteht weiter, wenn sich aus Anlaß einer neuen Maßnahme nach § 1 Abs. 2 der neue Dienstort nicht ändert.

(2) Nach einem Umzug, für den Umzugskostenvergütung nicht zu gewähren ist, darf das Trennungsgeld nicht höher sein als das bisherige.

(3) Das Trennungsgeld kann ganz oder teilweise versagt werden, wenn die Führung der Dienstgeschäfte verboten ist oder infolge einer vorläufigen Dienstenthebung oder einer gesetzmäßig angeordneten Freiheitsentziehung der Dienst nicht ausgeübt werden kann. Das gilt nicht, wenn der Berechtigte auf Grund einer dienstlichen Weisung am Dienstort bleibt.

(4) Trennungsgeld steht nur zu, solange Anspruch auf Besoldung besteht.

§ 8 Ende des Trennungsgeldanspruchs

(1) Das Trennungsgeld wird bis zum Tag des Wegfalls der maßgebenden Voraussetzungen gewährt.

(2) Bei einem Umzug mit Zusage der Umzugskostenvergütung wird Trennungsgeld längstens gewährt bis vor dem Tag, für den der Berechtigte für seine Person Reisekostenerstattung nach § 7 Abs. 1 des Bundesumzugskostengesetzes erhält, im übrigen bis zum Tag des Ausladens des Umzugsgutes.

(3) Bei einer neuen dienstlichen Maßnahme nach § 1 Abs. 2 wird Trennungsgeld bis zu dem Tag gewährt, an dem der Dienstort verlassen wird, bei Gewährung von Reisekostenvergütung für diesen Tag bis zum vorausgehenden Tag.

§ 9 Verfahrensvorschriften

(1) Das Trennungsgeld ist innerhalb einer Ausschlußfrist von einem Jahr nach Beginn der Maßnahme nach § 1 Abs. 2 schriftlich zu beantragen. Trennungsgeld wird monatlich nachträglich auf Grund von Forderungsnachweisen gezahlt, die der Berechtigte innerhalb einer Ausschlußfrist von einem Jahr nach Ablauf des maßgeblichen Kalendermonats abzugeben hat. Satz 2 gilt entsprechend für Anträge auf Reisebeihilfe nach Ablauf des maßgebenden Anspruchszeitraums.

(2) Der Berechtigte hat nachzuweisen, daß die Voraussetzungen für die Trennungsgeldgewährung vorliegen, insbesondere hat er das fortwährende Bemühen um eine Wohnung (§ 2 Abs. 1) zu belegen.

(3) Die oberste Dienstbehörde bestimmt die Behörde, die das Trennungsgeld gewährt.

§ 10 Anwendungsvorschrift[1]

§ 5a ist nur bis zum 31. Dezember 2018 anzuwenden.

[1] ***§ 10 TGV wurde durch die 7. BesÄndG (Inkrafttreten 1. 4. 2016) neu gefasst, gleichzeitig wurden die §§ 11 bis 15 aufgehoben.***

Verordnung über das Auslandstrennungsgeld (Auslandstrennungsgeldverordnung – ATGV)

vom 22. 1. 1998 (BGBl. I S. 189)
zuletzt geändert durch Artikel 15 Abs. 41 des Gesetzes zur Neuordnung und Modernisierung des Bundesdienstrechts (DNeuG) vom 5. 2. 2009 (BGBl. I S. 160)

§ 1 Anwendungsbereich, Zweckbestimmung

(1) Ansprüche auf Auslandstrennungsgeld entstehen aus Anlaß von Versetzungen, versetzungsgleichen Maßnahmen (§ 3 Abs. 2 des Bundesumzugskostengesetzes) und Abordnungen vom Inland in das Ausland, im Ausland und vom Ausland in das Inland sowie auch ohne Zusage der Umzugskostenvergütung bei Einstellungen in das Ausland und im Ausland bei vorübergehender Dauer des Dienstverhältnisses oder bei einer vorübergehenden Verwendung am Einstellungsort. Der Abordnung steht gleich
1. die Kommandierung,
2. die vorübergehende Zuteilung aus dienstlichen Gründen zu einem anderen Teil der Beschäftigungsbehörde an einem anderen Ort als dem bisherigen Dienstort,
3. die Aufhebung der Abordnung oder Kommandierung nach einem Umzug mit Zusage der Umzugskostenvergütung,
4. die vorübergehende dienstliche Tätigkeit bei einer anderen Stelle als einer Dienststelle und
5. die Zuweisung zur Amtsausübung in besonderen Fällen (§ 29 des Bundesbeamtengesetzes; § 20 des Beamtenstatusgesetzes).

(2) Mit dem Auslandstrennungsgeld werden notwendige Auslagen für getrennte Haushaltsführung am bisherigen Wohnort aus Anlaß von Versetzungen oder Abordnungen an einen anderen Ort als den bisherigen Dienst- oder Wohnort unter Berücksichtigung der häuslichen Ersparnis abgegolten.

(3) Auslandstrennungsgeld wird nur gewährt, wenn bei Maßnahmen nach Absatz 1 der neue Dienstort ein anderer als der bisherige Dienstort ist und die Wohnung nicht im Einzugsgebiet (§ 3 Abs. 1 Nr. 1 Buchstabe c des Bundesumzugskostengesetzes) liegt.

(4) Verzichtet der Berechtigte unwiderruflich auf die Zusage der Umzugskostenvergütung und ist aus dienstlichen Gründen ein Umzug nicht erforderlich, werden als Auslandstrennungsgeld nur Reisebeihilfen nach § 13 für längstens ein Jahr gezahlt.

§ 2 Berechtigte

(1) Berechtigt sind
1. Bundesbeamte,
2. Richter im Bundesdienst,
3. Berufssoldaten und Soldaten auf Zeit und
4. in den Bundesdienst abgeordnete Beamte und Richter.

(2) Berechtigt sind nicht
1. im Grenzverkehr tätige Beamte bei dienstlichen Maßnahmen nach § 1 Abs. 1 im Bereich ausländischer Lokalgrenzbehörden, zwischen solchen Bereichen und zwischen diesen und dem Inland,
2. Ehrenbeamte und
3. ehrenamtliche Richter.

§ 3 Arten des Auslandstrennungsgeldes

Als Auslandstrennungsgeld werden gezahlt:
1. Entschädigung für getrennte Haushaltsführung (§§ 6 bis 8, 10),
2. Entschädigung bei täglicher Rückkehr zum Wohnort (§ 11),
3. Entschädigung, wenn keine Auslandsdienstbezüge gezahlt werden (§ 12 Abs. 7),
4. Reisebeihilfen für Heimfahrten (§ 13),
5. Entschädigung im Einzelfall aus Sicherheitsgründen oder wegen anderer außergewöhnlicher Verhältnisse im Ausland (Auslandstrennungsgeld in Krisenfällen; § 12 Abs. 8).

§ 4 Entschädigung für getrennte Haushaltsführung

(1) Das Auslandstrennungsgeld nach den §§ 6 bis 8 und 10 wird gezahlt, wenn der Berechtigte

1. mit seinem Ehegatten, Lebenspartner oder ledigen Kindern in häuslicher Gemeinschaft lebt oder
2. mit anderen Verwandten bis zum vierten Grade, einem Verschwägerten bis zum zweiten Grade, einem Pflegekind oder Pflegeeltern in häuslicher Gemeinschaft lebt und ihnen aus gesetzlicher oder sittlicher Verpflichtung – nicht nur vorübergehend – Unterkunft und Unterhalt ganz oder überwiegend gewährt oder
3. mit einer Person in häuslicher Gemeinschaft lebt, deren Hilfe er aus beruflichen oder nach amtsärztlichem Zeugnis aus gesundheitlichen Gründen – nicht nur vorübergehend – bedarf,

und getrennten Haushalt führt. § 8 Abs. 3 und 4 sowie § 12 Abs. 7 bleiben unberührt.

(2) Ist Umzugskostenvergütung (§§ 3 und 4 des Bundesumzugskostengesetzes) zugesagt, wird Auslandstrennungsgeld nach den §§ 6 bis 8 nur gezahlt, wenn die Voraussetzungen des § 5 vorliegen.

§ 5 Auslandstrennungsgeld nach Zusage der Umzugskostenvergütung

(1) Nach Zusage der Umzugskostenvergütung (§§ 3 und 4 des Bundesumzugskostengesetzes) wird Auslandstrennungsgeld nur gezahlt, wenn und solange der Berechtigte
1. seit dem Tage des Wirksamwerdens der Zusage oder, falls für ihn günstiger, der dienstlichen Maßnahme nach § 1 Abs. 1 uneingeschränkt umzugswillig ist und
2. wegen Wohnungsmangels am neuen Dienstort einschließlich des Einzugsgebietes oder aus zwingenden persönlichen Gründen vorübergehend nicht umziehen kann.

Der Berechtigte ist verpflichtet, sich unter Ausnutzung jeder gebotenen Gelegenheit nachweislich fortwährend um eine Wohnung zu bemühen. Der Umzug darf nicht durch unangemessene Ansprüche an die Wohnung oder aus anderen nicht zwingenden Gründen verzögert werden.

(2) Nach Widerruf der Zusage der Umzugskostenvergütung darf Auslandstrennungsgeld nicht gezahlt werden, wenn im Zeitpunkt der Bekanntgabe des Widerrufs die Voraussetzungen für die Zahlung des Auslandstrennungsgeldes nach Absatz 1 nicht erfüllt waren oder weggefallen sind.

(3) Die Absätze 1 und 2 gelten nicht, wenn Umzugskostenvergütung nach § 17 der Auslandsumzugskostenverordnung gezahlt wird.

§ 6 Versetzungen und Abordnungen vom Inland in das Ausland

(1) Bei Versetzungen und Abordnungen vom Inland in das Ausland wird Auslandstrennungsgeld in Höhe der Sätze des Trennungstagegeldes nach § 3 Abs. 3 Satz 2 bis 4 der Trennungsgeldverordnung gezahlt; § 4 Abs. 5 der Trennungsgeldverordnung findet Anwendung.

(2) Nach Räumung der bisherigen Wohnung wird das Auslandstrennungsgeld nach Absatz 1 auch gezahlt, wenn die zur häuslichen Gemeinschaft des Berechtigten gehörenden Personen (§ 4 Abs. 1 Satz 1) an einem anderen als dem neuen Dienstort einschließlich Einzugsgebiet eine Unterkunft gegen Entgelt oder eine ihnen oder dem Berechtigten gehörende Wohnung vorübergehend beziehen. Ist die Unterkunft unentgeltlich, wird das Auslandstrennungsgeld nach Absatz 1 um die Hälfte gekürzt. Diese Ansprüche schließen Leistungen nach § 4 Abs. 5 und 6 der Auslandsumzugskostenverordnung aus.

(3) In das Inland versetzten oder abgeordneten Berechtigten, die Auslandstrennungsgeld nach § 8 Abs. 3 oder 4 erhalten, wird bei einer erneuten Versetzung oder Abordnung in das Ausland anstelle des Auslandstrennungsgeldes nach § 8 Abs. 3 oder 4 Auslandstrennungsgeld nach Absatz 1 gezahlt. Daneben kann der Unterschiedsbetrag zwischen der Miete für die Unterkunft im Inland und 18 vom Hundert der Summe aus Grundgehalt, Familienzuschlag der Stufe 1, Amts-, Stellen- und Ausgleichszulagen erstattet werden. § 12 Abs. 3 findet Anwendung.

(4) In das Inland versetzten oder abgeordneten Berechtigten, die Auslandstrennungsgeld *nach § 8 Abs. 1 oder* 2 erhalten, wird bei einer erneuten Versetzung oder Abordnung in das Ausland mit Zusage der Umzugskostenvergütung anstelle der Abfindung nach § 8 Abs. 1 und 2 Auslandstrennungsgeld nach § 7 gezahlt. § 12 Abs. 3 findet Anwendung.

§ 7 Versetzungen und Abordnungen im Ausland

(1) Bei Versetzungen und Abordnungen im Ausland wird Auslandstrennungsgeld in Höhe der Sätze des Trennungstagegeldes nach § 3 Abs. 3 Satz 2 bis 4 der Trennungsgeldverordnung gezahlt; § 4 Abs. 5 der Trennungsgeldverordnung findet Anwendung.

(2) Nach Räumung der bisherigen Wohnung wird Auslandstrennungsgeld in Höhe des Betrages gezahlt, der dem Berechtigten nach § 3 der Trennungsgeldverordnung zustünde, wenn die

zu seiner häuslichen Gemeinschaft gehörenden Personen (§ 4 Abs. 1) weder am bisherigen Dienstort noch im Einzugsgebiet (§ 3 Abs. 1 Nr. 1 Buchstabe c des Bundesumzugskostengesetzes) eine Unterkunft beziehen.

§ 8 Versetzungen und Abordnungen vom Ausland in das Inland

(1) Bei Versetzungen und Abordnungen vom Ausland in das Inland wird Auslandstrennungsgeld in Höhe der Sätze des Trennungsgeldes nach § 3 Abs. 3 Satz 2 bis 4 der Trennungsgeldverordnung gezahlt; § 4 Abs. 5 der Trennungsgeldverordnung findet Anwendung.

(2) Bei Zusage der Umzugskostenvergütung wird Auslandstrennungsgeld nach Absatz 1 gezahlt, wenn und solange die in § 4 Abs. 1 Satz 1 genannten Personen am bisherigen Dienstort zurückbleiben, weil

1. der Berechtigte wegen Wohnungsmangels am neuen Dienstort an einem Umzug gehindert ist oder
2. zwingende persönliche Umzugshinderungsgründe (§ 12 Abs. 3 des Bundesumzugskostengesetzes) vorliegen.

Bei Wohnungsmangel wird Auslandstrennungsgeld nach Absatz 1 jedoch längstens bis zum letzten Tage des auf die Abreise des Anspruchsberechtigten folgenden dritten Kalendermonats gewährt.

(3) Dauert der Wohnungsmangel über die in Absatz 2 Satz 2 genannte Frist hinaus fort, erhöht sich das Trennungsgeld nach Absatz 1 für eine in § 4 Abs. 1 Satz 1 Nr. 1 bis 3 genannte Person um 50 vom Hundert und für jede weitere dort genannte Person um 10 vom Hundert, sofern sie in die Wohnung aufgenommen ist. Es erhöht sich um weitere 10 vom Hundert für Hausangestellte, für die die Kosten der Umzugsreise erstattet werden oder die als Ersatzkraft für eine im Ausland zurückgebliebene Hausangestellte in die Wohnung aufgenommen sind.

(4) Berechtigte, die am bisherigen Dienstort im Ausland eine Wohnung im Sinne des § 10 Abs. 3 des Bundesumzugskostengesetzes hatten, erhalten nach Aufgabe der Wohnung am bisherigen ausländischen Wohnort bis zum Wegfall des Wohnungsmangels am neuen inländischen Dienstort besonderes Auslandstrennungsgeld in Höhe des Trennungsgeldes nach § 3 der Trennungsgeldverordnung. Absatz 3 Satz 1 gilt entsprechend bezüglich der ab dem 15. Tag zustehenden Zahlung. Die Zahlung steht auch zu, wenn beide Ehegatten oder Lebenspartner mit Anspruch auf Auslandstrennungsgeld zeitgleich vom Ausland ins Inland versetzt oder abgeordnet werden. In diesem Fall erfolgt die Zahlung einschließlich der Erhöhungssätze nach Absatz 3 Satz 1 nur an einen Ehegatten oder Lebenspartner. Das besondere Auslandstrennungsgeld wird auch alleinstehenden Berechtigten gezahlt, und zwar in Höhe des Trennungsgeldes nach § 3 Abs. 3 Satz 1 der Trennungsgeldverordnung.

§ 9

(weggefallen)

§ 10 Vorwegumzüge

Wird ein Umzug, für den Umzugskostenvergütung zugesagt ist, aus Anlaß einer Maßnahme nach § 1 Abs. 1 vor deren Wirksamwerden durchgeführt, wird Auslandstrennungsgeld nach § 6 Abs. 1, § 7 Abs. 1 oder § 8 Abs. 1 bis zum Ablauf des Tages der Beendigung der Dienstantrittsreise, längstens jedoch für 3 Monate gezahlt.

§ 11 Entschädigung bei täglicher Rückkehr zum Wohnort

(1) Bei täglicher Rückkehr zum Wohnort wird Fahrkostenerstattung, Wegstrecken- oder Mitnahmeentschädigung wie bei Dienstreisen gezahlt. Für Tage mit mehr als elfstündiger Abwesenheit von der Wohnung wird ein Verpflegungszuschuß gezahlt; bei Dienstschichten über zwei Tage wird die Abwesenheitsdauer für jede Schicht gesondert berechnet. Der Verpflegungszuschuß beträgt 4 Deutsche Mark, bei Berechtigten, die eine Wohnung im Sinne des § 10 Abs. 3 des Bundesumzugskostengesetzes haben oder mit einer in § 4 Abs. 1 Satz 1 bezeichneten Person in häuslicher Gemeinschaft leben, 5 Deutsche Mark täglich. Die Entschädigung *nach den Sätzen 1* bis 3 darf den nach § 6 Abs. 1, § 7 Abs. 1 oder § 8 Abs. 1 zustehenden Betrag nicht übersteigen.

(2) Berechtigte, die nicht täglich an den Wohnort zurückkehren, obwohl dies zumutbar ist, erhalten eine Vergütung wie bei täglicher Rückkehr zum Wohnort. Die tägliche Rückkehr zum Wohnort ist in der Regel nicht zumutbar, wenn beim Benutzen regelmäßig verkehrender

Beförderungsmittel die Abwesenheit von der Wohnung mehr als 12 Stunden oder die benötigte Zeit für das Zurücklegen der Strecke zwischen Wohnung und Dienststätte und zurück mehr als 3 Stunden beträgt.

(3) Muß der Berechtigte aus dienstlichen Gründen am Dienstort übernachten, werden die nachgewiesenen notwendigen Mehraufwendungen erstattet.

§ 12 Auslandstrennungsgeld in Sonderfällen

(1) Haben beide Ehegatten oder Lebenspartner Anspruch auf Auslandstrennungsgeld nach dieser Verordnung, wird Auslandstrennungsgeld nach den §§ 6 bis 8 Abs. 1 und 2 und § 10 nicht gezahlt. Satz 1 gilt nicht, wenn dritte Personen im Sinne des § 4 Abs. 1 Satz 1 in der bisherigen Wohnung verbleiben; in diesem Falle erhält ein Ehegatte oder Lebenspartner, bei unterschiedlichen Dienstbezügen der mit den höheren, Auslandstrennungsgeld nach den §§ 6 bis 8 oder 10. Steht dem Ehegatten oder Lebenspartner des Berechtigten Trennungsgeld nach § 3 der Trennungsgeldverordnung oder eine entsprechende Entschädigung nach den Vorschriften eines anderen Dienstherrn zu, gelten die Sätze 1 und 2 entsprechend.

(2) Bei Versetzungen und Abordnungen an demselben Dienstort wird Auslandstrennungsgeld weitergezahlt.

(3) Berechtigten werden bei einer neuen dienstlichen Maßnahme nach § 1 Abs. 1 und bei Aufhebung der Abordnung die notwendigen Auslagen für die Unterkunft am bisherigen Dienstort längstens bis zu dem Zeitpunkt erstattet, zu dem das Mietverhältnis frühestens gelöst werden kann.

(4) Die Rückwirkung der Einweisung in eine Planstelle oder der Einordnung von Ämtern und Dienstgraden bleibt unberücksichtigt.

(5) Ist einem Berechtigten mit Anspruch auf Auslandstrennungsgeld die Führung seiner Dienstgeschäfte verboten oder ist er infolge von Maßnahmen des Disziplinarrechts oder durch eine auf Grund eines Gesetzes angeordnete Freiheitsentziehung an der Ausübung seines Dienstes gehindert, kann für die Dauer der Dienstunterbrechung das Auslandstrennungsgeld gekürzt oder seine Zahlung eingestellt werden. Das gilt nicht, wenn er auf Grund dienstlicher Weisung am Dienstort bleibt.

(6) Für einen Zeitraum, für den kein Anspruch auf Besoldung besteht, wird kein Auslandstrennungsgeld gezahlt.

(7) Bei Abordnungen vom Inland in das Ausland und im Ausland, für die keine Auslandsdienstbezüge (§ 52 des Bundesbesoldungsgesetzes) zustehen, wird als Auslandstrennungsgeld die gleiche Vergütung wie bei Auslandsdienstreisen gezahlt; die §§ 4 bis 7 finden insoweit keine Anwendung.

(8) Die oberste Dienstbehörde bestimmt in sinngemäßer Anwendung der Vorschriften dieser Verordnung das Auslandstrennungsgeld im Einzelfall, wenn aus Sicherheitsgründen oder wegen anderer außergewöhnlicher Verhältnisse im Ausland andere als in § 1 Abs. 1 bezeichnete dienstliche Maßnahmen oder Maßnahmen, die die im Haushalt des Berechtigten wohnenden Personen im Sinne des § 4 Abs. 1 Satz 1 betreffen, erforderlich sind und dadurch Mehraufwendungen im Sinne des § 1 Abs. 2 entstehen. Werden für einen Dienstort, an dem sich eine Auslandsvertretung befindet, Maßnahmen nach Satz 1 erforderlich, bestimmt das Auswärtige Amt das Auslandstrennungsgeld für alle an diesem Dienstort tätigen und von der Maßnahme betroffenen Berechtigten.

§ 13 Reisebeihilfen für Heimfahrten

(1) Ein Berechtigter, dem Auslandstrennungsgeld nach den §§ 6 bis 8 und 10 gezahlt wird, erhält eine Reisebeihilfe für Heimfahrten für je 3 Monate der Trennung. In besonderen Fällen *kann die oberste Dienstbehörde* den Anspruchszeitraum auf je 2 Monate festlegen; dies gilt für die Fälle des § 12 Abs. 7 entsprechend. Anderen Berechtigten, denen keine uneingeschränkte Umzugskostenvergütung nach den §§ 3 und 4 des Bundesumzugskostengesetzes zugesagt wurde, kann die oberste Dienstbehörde insbesondere unter Berücksichtigung der Besonderheiten des Dienstortes und der persönlichen Situation der Betreffenden Reisebeihilfen nach den Sätzen 1 und 2 gewähren.

(2) Der Anspruchszeitraum beginnt mit dem ersten Tag, für den Auslandstrennungsgeld zusteht.

(3) Die Reise kann frühestens einen Monat nach Beginn des Anspruchszeitraums oder nach dem Ablauf der Zeiträume nach Absatz 1, für die bereits eine Reisebeihilfe gezahlt wurde, angetreten werden. Der Anspruch auf Reisebeihilfe kann in den nächsten Anspruchszeit-

raum übertragen werden. Der Anspruchszeitraum wird durch eine neue dienstliche Maßnahme nach § 1 Abs. 1 nicht unterbrochen.

(4) Hält sich der Berechtigte während der dienstlichen Maßnahme am Wohnort auf und wurden die Kosten der Reise vom Dienstort zum Wohnort aus amtlichen Mitteln erstattet oder ein Zuschuß gezahlt oder wurde er unentgeltlich befördert und handelt es sich dabei nicht um eine Reise nach Absatz 1 oder eine Heimaturlaubsreise, beginnt der Anspruchszeitraum mit dem Tage der Rückkehr an den Dienstort. Dies gilt entsprechend für eine Wohnungsbesichtigungsreise an den neuen Dienstort im Sinne des § 4 Abs. 4 der Auslandsumzugskostenverordnung.

(5) Anstelle einer Reise des Berechtigten kann auch eine Reise der in § 4 Abs. 1 Satz 1 genannten Personen berücksichtigt werden. Empfängern eines Auslandsverwendungszuschlags nach § 58a des Bundesbesoldungsgesetzes, die in schwimmenden Verbänden eingesetzt sind, und Empfängern eines Auslandszuschlags nach § 55 des Bundesbesoldungsgesetzes mindestens der Stufe 10, denen auf Grund einer Entscheidung der obersten Dienstbehörde aus zwingenden dienstlichen Gründen eine Heimfahrt nach Absatz 1 nicht gewährt werden kann, können Reisebeihilfen nach den Grundsätzen des Absatzes 6 für eine Reise für sie und die in § 4 Abs. 1 Nr. 1 genannten Personen zu einem von der obersten Dienstbehörde festgelegten Ort gewährt werden. Absatz 3 gilt entsprechend.

(6) Als Reisebeihilfe werden die entstandenen notwendigen Fahrkosten zwischen dem neuen Dienstort und dem Wohnort der in § 4 Abs. 1 Satz 1 genannten Personen auf dem kürzesten Wege bis zur Höhe der billigsten Fahrkarte der allgemein niedrigsten Klasse eines regelmäßig verkehrenden Beförderungsmittels erstattet. In diesem Kostenrahmen wird Reisebeihilfe auch zum Urlaubsort der in § 4 Abs. 1 Satz 1 genannten Personen gezahlt. Mögliche Fahrpreisermäßigungen sind zu berücksichtigen. Soweit dienstliche Beförderungsmittel unentgeltlich benutzt werden können, werden Fahrkosten nicht erstattet.

§ 14 Sonderbestimmungen bei auswärtigem Verbleiben

(1) Für volle Kalendertage

1. der Abwesenheit vom neuen Dienstort und dem Ort der auf Grund einer dienstlichen Maßnahme nach § 1 Abs. 1 bezogenen Unterkunft,
2. des Aufenthaltes in einem Krankenhaus, einer Sanatoriumsbehandlung oder einer Heilkur,
3. der Beschäftigungsverbote nach mutterschutzrechtlichen Bestimmungen

wird kein Auslandstrennungsgeld nach den §§ 6 bis 8 und 10 gewährt, es sei denn, dass die Nichtgewährung wegen besonderer Verhältnisse unbillig wäre.

(2) Absatz 1 gilt nicht in den Fällen, in denen Auslandstrennungsgeld nach § 8 Abs. 3 und 4 gezahlt wird.

§ 15 Zahlungsvorschriften

(1) Auslandstrennungsgeld wird grundsätzlich vom Tage nach dem Tage der Beendigung der Dienstantrittsreise zum neuen Dienstort bis zu dem Tage gezahlt, an dem die maßgebenden Voraussetzungen wegfallen. Bei Versetzungen und Abordnungen vom Ausland in das Inland wird abweichend hiervon das Auslandstrennungsgeld mit dem Tage des Beginns der Dienstantrittsreise gezahlt, längstens jedoch für einen Zeitraum, der für die zeitgerechte Durchführung der Reise erforderlich gewesen wäre, wenn Auslandsdienstbezüge nur bis zum Tage vor der Abreise vom ausländischen Dienstort gezahlt werden (§ 52 Abs. 2 des Bundesbesoldungsgesetzes). Dies gilt auch für die Dauer der Rückreise zum alten Dienstort aus Anlaß der Aufhebung der Abordnung vom Ausland in das Inland. Für die Dauer der Rückreise nach Beendigung der Abordnung im Ausland gilt dies nur in den Fällen, in denen ein höherer Mietzuschuß nach § 57 des Bundesbesoldungsgesetzes bezogen auf den alten Dienstort nicht gezahlt wurde.

(2) Besteht der Anspruch auf Auslandstrennungsgeld nicht für einen vollen Kalendermonat, wird nur der Teil gezahlt, der auf den Anspruchszeitraum entfällt, soweit in dieser Verordnung nichts anderes bestimmt ist.

(3) Wird bei einer neuen dienstlichen Maßnahme im Sinne des § 1 Abs. 1 der Dienstort vorzeitig verlassen, wird Auslandstrennungsgeld bis zu dem Tage gezahlt, an dem der Dienstort verlassen wird, bei Gewährung von Reisekostenvergütung für diesen Tag bis zum vorausgehenden Tag. § 12 Abs. 3 findet Anwendung. Kann der bisherige Dienstort wegen Erkrankung nicht verlassen werden, wird Auslandstrennungsgeld bis zum Tage vor dem Tage weitergezahlt, an dem der Dienstort hätte verlassen werden können. Satz 1 gilt entsprechend bei Beendigung des Dienstverhältnisses.

(4) Ist bei Erkrankung mit der Aufnahme des Dienstes innerhalb von 3 Monaten nicht zu rechnen und ist nach Feststellung des Dienstherrn die Rückkehr an den Wohnort zumutbar,

wird Auslandstrennungsgeld bis zu dem Tage gezahlt, an dem der Dienstort hätte verlassen werden können. Notwendige Fahrtkosten werden bis zur Höhe der Kosten für die Fahrt zum Wohnort und zurück wie bei einer Dienstreise erstattet. Das gilt auch bei einem Beschäftigungsverbot nach der Verordnung über den Mutterschutz für Beamtinnen. Die weiterlaufenden Kosten für die Unterkunft am Dienstort werden nach § 12 Abs. 3 erstattet.

(5) Bei einem Umzug mit Zusage der Umzugskostenvergütung wird Auslandstrennungsgeld längstens bis zum Tage des Einladens des Umzugsgutes gezahlt; an die Stelle des Tages des Einladens des Umzugsgutes tritt bei einer Umzugskostenvergütung nach § 17 der Auslandsumzugskostenverordnung der Tag der Umzugsreise einer zur häuslichen Gemeinschaft gehörenden Person. In den Fällen des § 6 Abs. 2 und des § 8 Abs. 2 Satz 1 Nr. 1 wird Auslandstrennungsgeld längstens bis zum Tage des Verlassens der Unterkunft gezahlt.

(6) Der Anspruch nach § 8 Abs. 3 endet am Tage vor dem Bezug der Wohnung oder der Möglichkeit zum Bezug der Wohnung.

(7) Ändert sich für einen Trennungsgeldempfänger im Inland auf Grund einer Maßnahme nach § 1 Abs. 1 vom Inland in das Ausland der neue Dienstort für längstens zwölf Monate, können nachgewiesene notwendige Kosten für das Beibehalten der Unterkunft im Inland erstattet werden, wenn dem Berechtigten die Aufgabe der Unterkunft nicht zuzumuten ist.

§ 16 Verfahrensvorschriften

(1) Das Auslandstrennungsgeld ist innerhalb einer Ausschlußfrist von zwei Jahren bei der Beschäftigungsbehörde schriftlich zu beantragen. Die Frist beginnt mit dem Tage des Dienstantritts, bei Zahlung von Reisekostenvergütung für diesen Tag mit dem folgenden Tage.

(2) Das Auslandstrennungsgeld wird monatlich nachträglich gezahlt. Auf Antrag kann ein angemessener Abschlag gezahlt werden. Die oberste Dienstbehörde kann bestimmen, daß das Auslandstrennungsgeld unter Vorbehalt vorausgezahlt wird.

(3) Der Berechtigte ist verpflichtet, alle Änderungen unverzüglich anzuzeigen, die für die Auslandstrennungsgeldzahlung von Bedeutung sein können.

(4) Die oberste Dienstbehörde bestimmt die zuständige Behörde für die Bewilligung und Zahlung des Auslandstrennungsgeldes.

§ 17 Übergangsvorschrift

Ein vor dem Inkrafttreten dieser Änderungsverordnung bewilligtes Auslandstrennungsgeld nach § 1 Abs. 3 Satz 2 wird nach den bisherigen Vorschriften weitergewährt.

§ 18

(Inkrafttreten, Außerkrafttreten)

Verordnung über die Reisekostenvergütung bei Auslandsdienstreisen (Auslandsreisekostenverordnung – ARV)

vom 21. 5. 1991 (BGBl. I S. 1140)
zuletzt geändert durch Artikel 1 der Dritten Verordnung zur Änderung der Auslandsreisekostenverordnung vom 6. 10. 2014 (BGBl. I S. 1591)

Auf Grund des § 20 Abs. 3 des Bundesreisekostengesetzes in der Fassung der Bekanntmachung vom 13. November 1973 (BGBl. I S. 1621), der durch Artikel 2 Nr. 2 des Gesetzes vom 11. Dezember 1990 (BGBl. I S. 2682) geändert worden ist, verordnet der Bundesminister des Innern:

§ 1 Geltung des Bundesreisekostengesetzes, Dienstreiseanordnung und -genehmigung

(1) Wenn und soweit in dieser Verordnung nichts Abweichendes bestimmt ist, gelten die Vorschriften des Bundesreisekostengesetzes.

(2) Auslandsdienstreisen der Bundesbeamten, in den Bundesdienst abgeordneten anderen Beamten sowie der Soldaten bedürfen der schriftlichen Anordnung oder Genehmigung durch die oberste Dienstbehörde oder die von ihr ermächtigte Behörde, es sei denn, daß eine Anordnung oder Genehmigung nach dem Amt des Auslandsdienstreisenden oder dem Wesen des Dienstgeschäfts nicht in Betracht kommt.

§ 2 Kostenerstattung

(1) Bei Bahnreisen werden die Kosten für das Benutzen der ersten Klasse erstattet. Dies gilt nicht für folgende Länder:

Belgien, Dänemark, Finnland, Frankreich, Irland, Italien (ausgenommen südlich der Eisenbahnstrecke Rom-Pescara), Liechtenstein, Luxemburg, Monaco, Niederlande, Norwegen, Österreich, Schweden, Schweiz und Vereinigtes Königreich.

(2) Bei Flugreisen werden die Kosten für das Benutzen der Business- oder einer vergleichbaren Klasse erstattet. Satz 1 ist nicht bei Flugreisen in Europa sowie bei sonstigen Flugreisen anzuwenden, für die die oberste Dienstbehörde insbesondere wegen der Flugdauer eine abweichende Regelung getroffen hat.

(3) Bei Schiffsreisen werden neben dem Fahrpreis die Kosten für das Benutzen einer 2-Bett-Kabine im Zwischen- oder Oberdeck erstattet.

§ 3 Auslandstagegeld, Auslandsübernachtungsgeld

(1) Die Auslandstage- und Auslandsübernachtungsgelder werden für Auslandsdienstreisen mit einer Abwesenheit von 24 Stunden in Höhe der Beträge gezahlt, die auf Grund von Erhebungen durch allgemeine Verwaltungsvorschriften nach § 16 des Bundesreisekostengesetzes festgesetzt und im Gemeinsamen Ministerialblatt veröffentlicht werden. In den Fällen des § 9 Absatz 4a Satz 3 Nummer 2 und 3 des Einkommensteuergesetzes beträgt das Auslandstagegeld jeweils 80 Prozent des Auslandstagegeldes nach Satz 1; bei mehreren Auslandsdienstreisen an einem Kalendertag werden die Abwesenheitszeiten an diesem Tag addiert. In begründeten Ausnahmefällen kann von Satz 1 hinsichtlich des Auslandsübernachtungsgeldes abgewichen werden, wenn die nachgewiesenen notwendigen Übernachtungskosten das jeweilige Auslandsübernachtungsgeld übersteigen.

(2) Für die in den allgemeinen Verwaltungsvorschriften nach Absatz 1 nicht aufgeführten Übersee- und Außengebiete eines Landes sind die Auslandstage- und Auslandsübernachtungsgelder des Mutterlandes maßgebend. Für die in den allgemeinen Verwaltungsvorschriften nach Absatz 1 und in Satz 1 nicht erfaßten Gebiete oder Länder ist das Auslandstage- und Auslandsübernachtungsgeld von Luxemburg maßgebend. Absatz 1 gilt entsprechend.

(3) (aufgehoben)

§ 4 Grenzübertritt

(1) Das Auslandstage- und Auslandsübernachtungsgeld oder Inlandstage- und Inlandsübernachtungsgeld bestimmt sich nach dem Land, das der Auslandsdienstreisende vor 24 Uhr Ortszeit zuletzt erreicht. Wird bei Auslandsdienstreisen das Inland vor 24 Uhr Ortszeit zuletzt er-

reicht, wird Auslandstagegeld für das Land des letzten Geschäfts-, Dienst- oder Wohnortes im Ausland gezahlt.

(2) Bei Flugreisen gilt ein Land in dem Zeitpunkt als erreicht, in dem das Flugzeug dort landet; Zwischenlandungen bleiben unberücksichtigt, es sei denn, daß durch sie Übernachtungen notwendig werden. Erstreckt sich eine Flugreise über mehr als zwei Kalendertage, ist für die Tage, die zwischen dem Tag des Abflugs und dem Tag der Landung liegen, das Auslandstagegeld für Österreich maßgebend.

(3) Bei Schiffsreisen ist das Auslandstagegeld für Luxemburg, für die Tage der Ein- und Ausschiffung das für den Hafenort geltende Auslands- oder Inlandstagegeld maßgebend.

(4) Die in den Absätzen 1 und 2 Satz 1 auf das jeweilige Land bezogenen Vorschriften sind auch für Orte anzuwenden, für die besondere Auslandstage- und Auslandsübernachtungsgelder nach § 3 Abs. 1 Satz 1 festgesetzt worden sind.

§ 5 Reisekostenvergütung bei längerem Aufenthalt am Geschäftsort, Kostenerstattung für das Beschaffen klimagerechter Bekleidung

(1) Dauert der Aufenthalt an demselben ausländischen Geschäftsort ohne Hin- und Rückreisetage länger als 14 Tage, ist das Auslandstagegeld nach § 3 Abs. 1 und 2 vom 15. Tage an um 10 vom Hundert zu ermäßigen. Die oberste Dienstbehörde kann abweichend von Satz 1 in begründeten Ausnahmefällen von der Ermäßigung absehen. Reisebeihilfen für Heimfahrten werden in entsprechender Anwendung des § 13 der Auslandstrennungsgeldverordnung gezahlt; an die Stelle des Dienstortes tritt der Geschäftsort.

(2) Bei Auslandsdienstreisen mit mehr als 5 Tagen Aufenthalt am ausländischen Geschäftsort in einer Klimazone mit einem vom mitteleuropäischen erheblich abweichenden Klima werden die Kosten für das Beschaffen klimagerechter Bekleidung bis zur Höhe des Ortszuschlages der Tarifklasse 1c Stufe 1 der Anlage V des Bundesbesoldungsgesetzes erstattet. § 21 Absatz 3 und 4 der Auslandsumzugskostenverordnung ist entsprechend anzuwenden, es sei denn, dass aus jahreszeitlichen Gründen klimagerechte Bekleidung nicht beschafft zu werden braucht.

(3) Bei Auslandsdienstreisen von mehr als 8 Tagen Dauer werden die nachgewiesenen notwendigen Kosten für die Reinigung der Bekleidung erstattet.

§ 6 Erkrankung während der Auslandsdienstreise

Erkrankt ein Auslandsdienstreisender und kann er deswegen nicht an seinen Wohnort zurückkehren, wird Reisekostenvergütung weitergezahlt. Wird er in ein nicht am Wohnort oder in dessen Nähe gelegenes Krankenhaus aufgenommen, erhält er für jeden vollen Kalendertag des Krankenhausaufenthaltes nur Ersatz der notwendigen Auslagen für die Unterkunft am Geschäftsort; bei Aufnahme in ein ausländisches Krankenhaus erhält er darüber hinaus 10 vom Hundert des Auslandstagegeldes nach § 3 Abs. 1 und 2, bei Aufnahme in ein inländisches Krankenhaus 10 vom Hundert des Tagegeldes nach § 6 Absatz 1 Satz 1 und 2 des Bundesreisekostengesetzes in Verbindung mit § 9 Absatz 4a Satz 2 und 3 Nummer 1 des Einkommensteuergesetzes.

§ 7 Übergangsvorschrift

Bei Auslandsdienstreisebeginn vor und Auslandsdienstreiseende nach dem Inkrafttreten dieser Verordnung wird Reisekostenvergütung nach den vor dem Inkrafttreten geltenden Vorschriften gezahlt, wenn dies für den Auslandsdienstreisenden günstiger ist.

§ 8 Inkrafttreten

Diese Verordnung tritt am Tage nach der Verkündung in Kraft.

Zuordnung der Steuerberatungskosten zu den Betriebsausgaben, Werbungskosten oder Kosten der Lebensführung

BMF-Schreiben 21. 12. 2007 – IV B 2 – S 2144/07/0002, 2007/0586772 (BStBl I 2008 S. 256)

Durch das Gesetz zum Einstieg in ein steuerliches Sofortprogramm vom 22. Dezember 2005 (BGBl. I S. 3682, BStBl I 2006 S. 79) wurde der Abzug von Steuerberatungskosten als Sonderausgaben ausgeschlossen. Steuerberatungskosten sind nur noch zu berücksichtigen, wenn sie Betriebsausgaben oder Werbungskosten darstellen. Im Einvernehmen mit den obersten Finanzbehörden der Länder gilt für die Zuordnung der Steuerberatungskosten zu den Betriebsausgaben, Werbungskosten oder den nicht abziehbaren Kosten der Lebensführung Folgendes:

1. Begriffsbestimmung

1 Steuerberatungskosten umfassen alle Aufwendungen, die in sachlichem Zusammenhang mit dem Besteuerungsverfahren stehen. Hierzu zählen insbesondere solche Aufwendungen, die dem Steuerpflichtigen durch die Inanspruchnahme eines Angehörigen der steuerberatenden Berufe zur Erfüllung seiner steuerlichen Pflichten und zur Wahrung seiner steuerlichen Rechte entstehen (§§ 1 und 2 StBerG). Dazu gehören auch die damit zwangsläufig verbundenen und durch die Steuerberatung veranlassten Nebenkosten (→ BFH vom 12. Juli 1989, BStBl II S. 967), wie Fahrtkosten zum Steuerberater und Unfallkosten auf dem Weg zum Steuerberater. Steuerberatungskosten sind u. a. auch Beiträge zu Lohnsteuerhilfevereinen, Aufwendungen für Steuerfachliteratur und sonstige Hilfsmittel (z. B. Software).

2 Nicht zu den Steuerberatungskosten zählen u. a. Rechtsanwaltskosten, die der Steuerpflichtige aufwendet, um die Zustimmung seines geschiedenen oder dauernd getrennt lebenden unbeschränkt steuerpflichtigen Ehegatten zum begrenzten Realsplitting zu erlangen oder die für die Verteidigung in einem Steuerstrafverfahren (→ BFH vom 20. September 1989, BStBl II 1990 S. 20) anfallen.

2. Zuordnung zu den Betriebsausgaben/Werbungskosten

3 Steuerberatungskosten sind als Betriebsausgaben oder Werbungskosten abzuziehen, wenn und soweit sie bei der Ermittlung der Einkünfte anfallen (→ BFH vom 18. November 1965, BStBl III 1966 S. 190) oder im Zusammenhang mit Betriebssteuern (z. B. Gewerbesteuer, Umsatzsteuer, Grundsteuer für Betriebsgrundstücke) oder Investitionszulagen für Investitionen im einkünfterelevanten Bereich stehen. Die Ermittlung der Einkünfte umfasst die Kosten der Buchführungsarbeiten und der Überwachung der Buchführung, die Ermittlung von Ausgaben oder Einnahmen, die Anfertigung von Zusammenstellungen, die Aufstellung von Bilanzen oder von Einnahmenüberschussrechnungen, die Beantwortung der sich dabei ergebenden Steuerfragen, soweit es sich nicht um Nebenleistungen nach § 12 Nr. 3 EStG handelt und die Kosten der Beratung. Zur Ermittlung der Einkünfte zählt auch das Ausfüllen des Vordrucks Einnahmenüberschussrechnung (EÜR).

3. Zuordnung zu den Kosten der Lebensführung

4 Das Übertragen der Ergebnisse aus der jeweiligen Einkunftsermittlung in die entsprechende Anlage zur Einkommensteuererklärung und das übrige Ausfüllen der Einkommensteuererklärung gehören nicht zur Einkunftsermittlung. Die hierauf entfallenden Kosten sowie Aufwendungen, die die Beratung in Tarif- oder Veranlagungsfragen betreffen oder im Zusammenhang mit der Ermittlung von Sonderausgaben und außergewöhnlichen Belastungen stehen, sind als Kosten der privaten Lebensführung gemäß § 12 Nr. 1 EStG steuerlich nicht zu berücksichtigen (→ BFH vom 12. Juli 1989, BStBl II S. 967).

5 Zu den der Privatsphäre zuzurechnenden Aufwendungen zählen auch die Steuerberatungskosten, die:

- durch haushaltsnahe Beschäftigungsverhältnisse veranlasst sind,
- im Zusammenhang mit der Inanspruchnahme haushaltsnaher Dienstleistungen oder der steuerlichen Berücksichtigung von Kinderbetreuungskosten stehen,
- die Erbschaft- oder Schenkungsteuer,
- das Kindergeld oder
- die Eigenheimzulage betreffen.

4. Zuordnung zur Betriebs-/Berufssphäre oder zur Privatsphäre

Steuerberatungskosten, die für Steuern entstehen, die sowohl betrieblich/beruflich als auch privat verursacht sein können, sind anhand ihrer Veranlassung den Aufwendungen nach Rdnr. 3 oder 4 zuzuordnen (z. B. Grundsteuer, Kraftfahrzeugsteuer, Zweitwohnungssteuer, Gebühren für verbindliche Auskünfte nach § 89 Abs. 3 bis 5 AO). Als Aufteilungsmaßstab dafür ist grundsätzlich die Gebührenrechnung des Steuerberaters heranzuziehen. 6

5. Zuordnung gemischt veranlasster Aufwendungen

Entstehen dem Steuerpflichtigen Aufwendungen, die unter Berücksichtigung der Ausführungen zu den Rdnrn. 3 und 4 sowohl betrieblich/beruflich als auch privat veranlasst sind, wie z. B. Beiträge an Lohnsteuerhilfevereine, Anschaffungskosten für Steuerfachliteratur zur Ermittlung der Einkünfte und des Einkommens, Beratungsgebühren für einen Rechtsstreit, der sowohl die Ermittlung von Einkünften als auch z. B. den Ansatz von außergewöhnlichen Belastungen umfasst, ist im Rahmen einer sachgerechten Schätzung eine Zuordnung zu den Betriebsausgaben, Werbungskosten oder Kosten der Lebensführung vorzunehmen. Dies gilt auch in den Fällen einer Vereinbarung einer Pauschalvergütung nach § 14 der StBGebV. 7

Bei Beiträgen an Lohnsteuerhilfevereine, Aufwendungen für steuerliche Fachliteratur und Software wird es nicht beanstandet, wenn diese Aufwendungen i. H. v. 50 Prozent den Betriebsausgaben oder Werbungskosten zugeordnet werden. Dessen ungeachtet ist aus Vereinfachungsgründen der Zuordnung des Steuerpflichtigen bei Aufwendungen für gemischte Steuerberatungskosten bis zu einem Betrag von 100 Euro im Veranlagungszeitraum zu folgen. 8

Beispiel:

Der Steuerpflichtige zahlt in 01 einen Beitrag an einen Lohnsteuerhilfeverein i. H. v. 120 Euro. Davon ordnet er 100 Euro den Werbungskosten zu; diese Zuordnung ist nicht zu beanstanden.

6. Zuordnung der Steuerberatungskosten bei Körperschaften

Auf Körperschaften findet § 12 EStG keine Anwendung. Den Körperschaften im Sinne des § 1 Abs. 1 Nr. 1 bis 3 KStG entstehende Steuerberatungskosten sind in vollem Umfang als Betriebsausgaben abziehbar. Für Körperschaften, die auch andere als gewerbliche Einkünfte erzielen, ist zwischen einkunftsbezogenen und nicht einkunftsbezogenen Aufwendungen zu unterscheiden. Den einzelnen Einkunftsarten zuzuordnenden Steuerberatungskosten sind als Betriebsausgaben oder Werbungskosten abziehbar. 9

7. Anwendungszeitpunkt

Steuerberatungskosten, die den Kosten der Lebensführung zuzuordnen sind, sind ab dem 1. Januar 2006 nicht mehr als Sonderausgaben zu berücksichtigen. Maßgebend dafür ist der Zeitpunkt des Abflusses der Aufwendungen (§ 11 Abs. 2 Satz 1 EStG). Werden Steuerberatungskosten für den Veranlagungszeitraum 2005 vorschussweise (§ 8 StBGebV) bereits in 2005 gezahlt, so sind sie dem Grunde nach abziehbar. Eine spätere Rückzahlung aufgrund eines zu hohen Vorschusses mindert die abziehbaren Aufwendungen des Veranlagungszeitraumes 2005. Ein bereits bestandskräftiger Bescheid ist nach § 175 Abs. 1 Satz 1 Nr. 2 AO zu ändern (→ BFH vom 28. Mai 1998, BStBl II 1999 S. 95). 10

Übersicht[1)]

I.
Lohnsteuerliche Behandlung der Überlassung eines betrieblichen Kraftfahrzeugs für Fahrten zwischen Wohnung und regelmäßiger Arbeitsstätte[2)] (§ 8 Absatz 2 Satz 3 EStG);

Anwendung der Urteile des BFH vom 22. September 2010 – VI R 54/09 – (BStBl II Seite 354), – VI R 55/09 – (BStBl II Seite 358) und – VI R 57/09 – (BStBl II Seite 359)

BMF vom 1. 4. 2011 (BStBl I S. 301) – IV C 5 – S 2334/08/10010; 2011/0250056 –

Zu den Urteilen des Bundesfinanzhofs (BFH) vom 22. September 2010 – VI R 54/09 – (BStBl 2011 II S. 354), – VI R 55/09 – (BStBl 2011 II S. 358) und – VI R 57/09 – (BStBl 2011 II S. 359) sowie zu den Urteilen des BFH vom 4. April 2008 – VI R 85/04 – (BStBl II Seite 887), – VI R 68/05 – (BStBl II Seite 890) und vom 28. August 2008 – VI R 52/07 – (BStBl II 2009 Seite 280) gilt im Einvernehmen mit den obersten Finanzbehörden der Länder Folgendes:

Die Urteile sind über den jeweils entschiedenen Einzelfall hinaus entsprechend den nachfolgenden Regelungen anzuwenden. Die BMF-Schreiben vom 23. Oktober 2008 (BStBl I Seite 961) und vom 12. März 2009 (BStBl I Seite 500) werden aufgehoben.

1. Grundsätze der BFH-Rechtsprechung; BFH-Urteil – VI R 57/09 –

1 Der BFH hat seine Rechtsauffassung bestätigt, dass die Zuschlagsregelung des § 8 Absatz 2 Satz 3 EStG einen Korrekturposten zum Werbungskostenabzug darstellt und daher nur insoweit zur Anwendung kommt, wie der Arbeitnehmer den Dienstwagen tatsächlich für Fahrten zwi-

1) ***Das BMF-Schreiben vom 20. 1. 2015 (BStBl I S. 143) zu Rabatten an Arbeitnehmer von dritter Seite ist abgedruckt zu → H 8.2 Sachbezüge von dritter Seite; das BMF-Schreiben vom 18. 12. 2009 (BStBl I 2010 S. 20) zum Erwerb von Kraftfahrzeugen vom Arbeitgeber in der Automobilindustrie ist abgedruckt in → Anhang 37; das BMF-Schreiben vom 16. 5. 2013 (BStBl I S. 729) zum Verhältnis von § 8 Absatz 2 und Absatz 3 EStG bei der Bewertung von Sachbezügen ist abgedruckt in → Anhang 36; der Gleich lautende Erlass der obersten Finanzbehörden der Länder vom 23. 11. 2002 (BStBl I S. 1224) betr. Steuerliche Behandlung der Überlassung von (Elektro-)Fahrrädern ist abgedruckt zu → H 8.1 (1 – 4) (Fahrrad) LStH; das BMF-Schreiben vom 19. 5. 2015 (BStBl I S. 484) zur steuerlichen Behandlung von Arbeitgeberdarlehen ist abgedruckt in → Anhang 42; das BMF-Schreiben vom 13. 4. 2012 (BStBl I S. 531) zur lohnsteuerlichen Behandlung der Übernahme von Studiengebühren für ein berufsbegleitendes Studium durch den Arbeitgeber ist abgedruckt in → Anhang 34 II; das BMF-Schreiben vom 10. 10. 2013 (BStBl I S. 1301) zu Zukunftssicherungsleistungen und 44-Euro-Freigrenze ist abgedruckt zu → H 8.1 (1 – 4) (Zukunftssicherungsleistungen und 44-Euro-Freigrenze) LStH.***

2) Jetzt: Fahrten zwischen Wohnung und erster Tätigkeitsstätte sowie Fahrten nach § 9 Abs. 1 Satz 3 Nr. 4a Satz 3 EStG (→ § 8 Abs. 2 Satz 3 EStG).

schen Wohnung und regelmäßiger Arbeitsstätte benutzt hat. Die Zuschlagsregelung des § 8 Absatz 2 Satz 3 EStG habe nicht die Funktion, eine irgendwie geartete zusätzliche private Nutzung des Dienstwagens zu bewerten. Sie bezwecke lediglich einen Ausgleich für abziehbare, tatsächlich aber nicht entstandene Erwerbsaufwendungen.

Zur Ermittlung des Zuschlags für Fahrten zwischen Wohnung und regelmäßiger Arbeitsstätte[1]) ist nach Auffassung des BFH (Urteil vom 4. April 2008 – VI R 85/04 –, BStBl II Seite 887) eine Einzelbewertung der tatsächlichen Fahrten mit 0,002 % des Listenpreises im Sinne des § 6 Absatz 1 Nummer 4 Satz 2 EStG je Entfernungskilometer vorzunehmen. 2

2. Zeitliche Anwendung der BFH-Rechtsprechung

2.1. Anwendung der BFH-Rechtsprechung bis einschließlich 2010

Die BFH-Rechtsprechung ist für Veranlagungszeiträume bis einschließlich 2010 in allen offenen Fällen im Veranlagungsverfahren anwendbar. Der für Lohnzahlungszeiträume bis einschließlich 2010 vorgenommene Lohnsteuerabzug ist nicht zu ändern. 3

2.2. Anwendung der BFH-Rechtsprechung ab 2011

Die BFH-Rechtsprechung ist im Lohnsteuerabzugsverfahren und im Veranlagungsverfahren anwendbar. 4

Im Lohnsteuerabzugsverfahren ist der Arbeitgeber nicht zur Einzelbewertung der tatsächlichen Fahrten zwischen Wohnung und regelmäßiger Arbeitsstätte (vgl. Rdnr. 2) verpflichtet. Dem Arbeitgeber bleibt es unbenommen, im Lohnsteuerabzugsverfahren nur die kalendermonatliche Ermittlung des Zuschlags mit 0,03 Prozent des Listenpreises für jeden Kilometer der Entfernung zwischen Wohnung und regelmäßiger Arbeitsstätte (0,03 %-Regelung) vorzunehmen, z. B. die Gestellung des betrieblichen Kraftfahrzeugs an die Anwendung der 0,03 %-Regelung zu binden. 5

Der Arbeitgeber muss in Abstimmung mit dem Arbeitnehmer die Anwendung der BFH-Rechtsprechung oder die Anwendung der 0,03 %-Regelung für jedes Kalenderjahr einheitlich für alle diesem überlassenen betrieblichen Kraftfahrzeuge festlegen. Die Methode darf während des Kalenderjahres nicht gewechselt werden; zur Anwendung im Lohnsteuerabzugsverfahren für 2011 vgl. Rdnr. 12. Bei der Veranlagung zur Einkommensteuer ist der Arbeitnehmer nicht an die für die Erhebung der Lohnsteuer gewählte Methode gebunden und kann die Methode einheitlich für alle ihm überlassenen betrieblichen Kraftfahrzeuge für das gesamte Kalenderjahr wechseln. 6

3. Materielle Anwendung der BFH-Rechtsprechung

Grundsätzlich ist die Ermittlung des Zuschlags für die Nutzung eines betrieblichen Kraftfahrzeugs für Fahrten zwischen Wohnung und regelmäßiger Arbeitsstätte[2]) kalendermonatlich mit 0,03 Prozent des Listenpreises für jeden Kilometer der Entfernung zwischen Wohnung und regelmäßiger Arbeitsstätte[3]) vorzunehmen. Eine Einzelbewertung der tatsächlichen Fahrten zwischen Wohnung und regelmäßiger Arbeitsstätte[4]) (vgl. Rdnr. 2) ist nur unter den nachfolgenden Voraussetzungen zulässig. 7

3.1. Anwendung der BFH-Rechtsprechung im Lohnsteuerabzugsverfahren

Der Arbeitnehmer hat gegenüber dem Arbeitgeber kalendermonatlich fahrzeugbezogen schriftlich zu erklären, an welchen Tagen (mit Datumsangabe) er das betriebliche Kraftfahrzeug tatsächlich für Fahrten zwischen Wohnung und regelmäßiger Arbeitsstätte[5]) genutzt hat; die bloße Angabe der Anzahl der Tage reicht nicht aus. Es sind keine Angaben erforderlich, wie der Arbeitnehmer an den anderen Arbeitstagen zur regelmäßigen Arbeitsstätte[6]) gelangt ist. Arbeitstage, an denen der Arbeitnehmer das betriebliche Kraftfahrzeug für Fahrten zwischen Wohnung und regelmäßiger Arbeitsstätte[7]) mehrmals benutzt, sind für Zwecke der Einzelbewertung nur einmal 8

---

1) Jetzt: Fahrten zwischen Wohnung und erster Tätigkeitsstätte bzw. Fahrten nach § 9 Abs. 1 Satz 3 Nr. 4a Satz 3 EStG.

2) Jetzt: Fahrten zwischen Wohnung und erster Tätigkeitsstätte bzw. Fahrten nach § 9 Abs. 1 Satz 3 Nr. 4a Satz 3 EStG.

3) Jetzt: Entfernung zwischen Wohnung und erster Tätigkeitsstätte sowie der Fahrten nach § 9 Abs. 1 Satz 3 Nr. 4a Satz 3 EStG (→ § 8 Abs. 2 Satz 3 EStG).

4) Jetzt: Fahrten zwischen Wohnung und erster Tätigkeitsstätte bzw. Fahrten nach § 9 Abs. 1 Satz 3 Nr. 4a Satz 3 EStG.

5) Jetzt: Fahrten zwischen Wohnung und erster Tätigkeitsstätte bzw. Fahrten nach § 9 Abs. 1 Satz 3 Nr. 4a Satz 3 EStG.

6) Jetzt: ersten Tätigkeitsstätte; bei Fahrten nach § 9 Abs. 1 Satz 3 Nr. 4a Satz 3 EStG: demselben Ort oder demselben weiträumigen Arbeitsgebiet.

7) Jetzt: Fahrten zwischen Wohnung und erster Tätigkeitsstätte bzw. Fahrten nach § 9 Abs. 1 Satz 3 Nr. 4a Satz 3 EStG.

zu erfassen. Diese Erklärungen des Arbeitnehmers hat der Arbeitgeber als Belege zum Lohnkonto aufzubewahren. Es ist aus Vereinfachungsgründen nicht zu beanstanden, wenn für den Lohnsteuerabzug jeweils die Erklärung des Vormonats zugrunde gelegt wird.

9 Stehen dem Arbeitnehmer gleichzeitig mehrere betriebliche Kraftfahrzeuge zur Verfügung, ist die Regelung, nach der dem Nutzungswert für Fahrten zwischen Wohnung und regelmäßiger Arbeitsstätte[1]) stets der Listenpreis des überwiegend für diese Fahrten benutzten betrieblichen Kraftfahrzeugs zugrunde zu legen ist (BMF-Schreiben vom 28. Mai 1996, BStBl I Seite 654), für Zwecke der Einzelbewertung nicht anzuwenden. Der Zuschlag für Fahrten zwischen Wohnung und regelmäßiger Arbeitsstätte[2]) ist in diesen Fällen entsprechend den Angaben des Arbeitnehmers (vgl. Rdnr. 8) fahrzeugbezogen zu ermitteln.

10 Der Arbeitgeber hat aufgrund der Erklärungen des Arbeitnehmers den Lohnsteuerabzug durchzuführen, sofern der Arbeitnehmer nicht erkennbar unrichtige Angaben macht. Ermittlungspflichten des Arbeitgebers ergeben sich hierdurch nicht.

11 Wird im Lohnsteuerabzugsverfahren eine Einzelbewertung der tatsächlichen Fahrten zwischen Wohnung und regelmäßiger Arbeitsstätte[3]) vorgenommen, so hat der Arbeitgeber für alle dem Arbeitnehmer überlassenen betrieblichen Kraftfahrzeuge eine jahresbezogene Begrenzung auf insgesamt 180 Fahrten vorzunehmen. Eine monatliche Begrenzung auf 15 Fahrten ist ausgeschlossen.

Beispiel 1:

Arbeitnehmer A kann ein vom Arbeitgeber B überlassenes betriebliches Kraftfahrzeug (Mittelklasse) auch für Fahrten zwischen Wohnung und regelmäßiger Arbeitsstätte[4]) nutzen. B liegen datumsgenaue Erklärungen des A über Fahrten zwischen Wohnung und regelmäßiger Arbeitsstätte[5]) für die Monate Januar bis Juni an jeweils 14 Tagen, für die Monate Juli bis November an jeweils 19 Tagen vor. Für den Monat Dezember liegt B eine datumsgenaue Erklärung des A über Fahrten zwischen Wohnung und regelmäßiger Arbeitsstätte[6]) an 4 Tagen vor.

In den Monaten Januar bis Juni hat B für Zwecke der Einzelbewertung jeweils 14 Tage zugrunde zu legen, in den Monaten Juli bis November jeweils 19 Tage. Wegen der jahresbezogenen Begrenzung auf 180 Fahrten ist für Zwecke der Einzelbewertung im Dezember nur ein Tag anzusetzen (Anzahl der Fahrten von Januar bis November = 179). Damit ergeben sich für die Einzelbewertung der tatsächlichen Fahrten des A zwischen Wohnung und regelmäßiger Arbeitsstätte[7]) je Kalendermonat folgende Prozentsätze:

Januar bis Juni:	0,028 % (14 Fahrten x 0,002 %)
Juli bis November:	0,038 % (19 Fahrten x 0,002 %)
Dezember:	0,002 % (1 Fahrt x 0,002 %).

Beispiel 2:

Wie Beispiel 1. Ab Dezember steht dem A ein anderes betriebliches Kraftfahrzeug (Oberklasse) zur Nutzung zur Verfügung.

Für die Einzelbewertung der tatsächlichen Fahrten des A zwischen Wohnung und regelmäßiger Arbeitsstätte[8]) ergeben sich entsprechend der zeitlichen Reihenfolge der tatsächlichen Fahrten zwischen Wohnung und regelmäßiger Arbeitsstätte[9]) je Kalendermonat folgende Prozentsätze:

Januar bis Juni:	0,028 % (14 Fahrten x 0,002 %)
Juli bis November:	0,038 % (19 Fahrten x 0,002 %)

jeweils vom Listenpreis des betrieblichen Kraftfahrzeugs der Mittelklasse,

Dezember:	0,002 % (1 Fahrt x 0,002 %)

vom Listenpreis des betrieblichen Kraftfahrzeugs der Oberklasse.

12 Hat der Arbeitgeber bisher im Lohnsteuerabzugsverfahren 2011 die 0,03 %-Regelung angewandt, kann er abweichend von Rdnr. 6 Satz 2 während des Kalenderjahres 2011 zur Anwendung der BFH-Rechtsprechung übergehen. Die Methode darf während des Kalenderjahres 2011 nicht

1) Jetzt: Fahrten zwischen Wohnung und erster Tätigkeitsstätte bzw. Fahrten nach § 9 Abs. 1 Satz 3 Nr. 4a Satz 3 EStG.
2) Jetzt: Fahrten zwischen Wohnung und erster Tätigkeitsstätte bzw. Fahrten nach § 9 Abs. 1 Satz 3 Nr. 4a Satz 3 EStG.
3) Jetzt: Fahrten zwischen Wohnung und erster Tätigkeitsstätte bzw. Fahrten nach § 9 Abs. 1 Satz 3 Nr. 4a *Satz 3 EStG.*
4) Jetzt: erster Tätigkeitsstätte.
5) Jetzt: erster Tätigkeitsstätte.
6) Jetzt: erster Tätigkeitsstätte.
7) Jetzt: erster Tätigkeitsstätte.
8) Jetzt: erster Tätigkeitsstätte.
9) Jetzt: erster Tätigkeitsstätte.

erneut gewechselt werden. Die in Rdnr. 11 Satz 1 vorgesehene Begrenzung auf 180 Tage ist für jeden Kalendermonat, in der die 0,03 %-Regelung angewandt wurde, um 15 Tage zu kürzen.

Im Falle der Einzelbewertung der tatsächlichen Fahrten zwischen Wohnung und regelmäßiger Arbeitsstätte[1]) ist die Lohnsteuerpauschalierung nach § 40 Absatz 2 Satz 2 EStG anhand der vom Arbeitnehmer erklärten Anzahl der Tage vorzunehmen; R 40.2 Absatz 6 Satz 1 Nummer 1 Buchstabe b), 2. Halbsatz LStR 2011 ist nicht anzuwenden. 13

3.2. Anwendung der BFH-Rechtsprechung im Veranlagungsverfahren

Um im Veranlagungsverfahren zur Einzelbewertung der tatsächlichen Fahrten zwischen Wohnung und regelmäßiger Arbeitsstätte[2]) wechseln zu können, muss der Arbeitnehmer fahrzeugbezogen darlegen, an welchen Tagen (mit Datumsangabe) er das betriebliche Kraftfahrzeug tatsächlich für Fahrten zwischen Wohnung und regelmäßiger Arbeitsstätte[3]) genutzt hat. Zudem hat er durch geeignete Belege glaubhaft zu machen, dass und in welcher Höhe der Arbeitgeber den Zuschlag mit 0,03 Prozent des Listenpreises für jeden Kilometer der Entfernung zwischen Wohnung und regelmäßiger Arbeitsstätte[4]) ermittelt und versteuert hat (z. B. Gehaltsabrechnung, die die Besteuerung des Zuschlags erkennen lässt; Bescheinigung des Arbeitgebers). Für das Veranlagungsverfahren 2011 gilt Rdnr. 12 entsprechend. 14

4. Gestellung eines Fahrers für die Fahrten zwischen Wohnung und regelmäßiger Arbeitsstätte[5]); BFH-Urteil – VI R 54/09 –

Für Veranlagungszeiträume ab 2001 bleiben die bestehenden Verwaltungsregelungen zur Gestellung eines Fahrers für die Fahrten zwischen Wohnung und regelmäßiger Arbeitsstätte[6]) im Hinblick auf die ab 2001 geltende, von den tatsächlichen Aufwendungen grundsätzlich unabhängige Entfernungspauschale unberührt, vgl. R 8.1 (10) LStR 2011.[7]) 15

5. Selbständige Anwendung der Zuschlagsregelung des § 8 Absatz 2 Satz 3 EStG; BFH-Urteil – VI R 54/09 –

Der BFH vertritt die Auffassung, die Zuschlagsregelung des § 8 Absatz 2 Satz 3 EStG („wenn und soweit" das Kraftfahrzeug tatsächlich genutzt wird) sei neben der 1 %-Regelung selbständig anzuwenden, wenn das Kraftfahrzeug ausschließlich für Fahrten zwischen Wohnung und regelmäßiger Arbeitsstätte[8]) überlassen wird; die Formulierung „auch" in § 8 Absatz 2 Satz 3 EStG stehe dem nicht entgegen. Dieser Auffassung des BFH wird aus Vereinfachungsgründen gefolgt. Die bestehenden Verwaltungsregelungen zum Nutzungsverbot des betrieblichen Kraftfahrzeugs für private Zwecke sind zu beachten (BMF-Schreiben vom 28. Mai 1996, BStBl I Seite 654).[9]) 16

6. Park and ride; BFH-Urteil – VI R 68/05 –

Setzt der Arbeitnehmer ein ihm überlassenes betriebliches Kraftfahrzeug bei den Fahrten zwischen Wohnung und regelmäßiger Arbeitsstätte[10]) oder bei Familienheimfahrten nur für eine Teilstrecke ein, so ist der Ermittlung des Zuschlags grundsätzlich die gesamte Entfernung zugrunde zu legen. Es ist nicht zu beanstanden, den Zuschlag auf der Grundlage der Teilstrecke zu ermitteln, die mit dem betrieblichen Kraftfahrzeug tatsächlich zurückgelegt wurde, wenn 17

a) das Kraftfahrzeug vom Arbeitgeber nur für diese Teilstrecke zur Verfügung gestellt worden ist und der Arbeitgeber die Einhaltung seines Nutzungsverbots überwacht (BMF-Schreiben vom 28. Mai 1996 – BStBl I Seite 654) oder
b) für die restliche Teilstrecke ein Nachweis über die Benutzung eines anderen Verkehrsmittels erbracht wird, z. B. eine auf den Arbeitnehmer ausgestellte Jahres-Bahnfahrkarte vorgelegt wird (BFH-Urteil vom 4. April 2008 – VI R 68/05 – BStBl II Seite 890).

---

1) Jetzt: Fahrten zwischen Wohnung und erster Tätigkeitsstätte (→ § 40 Abs. 2 Satz 2 EStG).
2) Jetzt: Fahrten zwischen Wohnung und erster Tätigkeitsstätte bzw. Fahrten nach § 9 Abs. 1 Satz 3 Nr. 4a Satz 3 EStG.
3) Jetzt: Fahrten zwischen Wohnung und erster Tätigkeitsstätte bzw. Fahrten nach § 9 Abs. 1 Satz 3 Nr. 4a Satz 3 EStG.
4) Jetzt: Fahrten zwischen Wohnung und erster Tätigkeitsstätte bzw. Fahrten nach § 9 Abs. 1 Satz 3 Nr. 4a Satz 3 EStG.
5) Jetzt: Fahrten zwischen Wohnung und erster Tätigkeitsstätte bzw. Fahrten nach § 9 Abs. 1 Satz 3 Nr. 4a Satz 3 EStG.
6) Jetzt: Fahrten zwischen Wohnung und erster Tätigkeitsstätte bzw. Fahrten nach § 9 Abs. 1 Satz 3 Nr. 4a Satz 3 EStG.
7) ***Teilweise überholt → R 8.1 Abs. 10 LStR.***
8) Jetzt: Fahrten zwischen Wohnung und erster Tätigkeitsstätte bzw. Fahrten nach § 9 Abs. 1 Satz 3 Nr. 4a Satz 3 EStG.
9) Überholt → H 8.1 (9 – 10) Nutzungsverbot LStH.
10) Jetzt: Fahrten zwischen Wohnung und erster Tätigkeitsstätte bzw. Fahrten nach § 9 Abs. 1 Satz 3 Nr. 4a Satz 3 EStG.

II.
Steuerliche Behandlung der Überlassung eines betrieblichen Kraftfahrzeugs an Arbeitnehmer

(BMF vom 28. 5. 1996 (BStBl I S. 654) – IV B 6 – S 2334 – 173/96 –)

Die steuerliche Bewertung der Überlassung eines betrieblichen Kraftfahrzeugs an Arbeitnehmer ist in Abschnitt 31 Abs. 7 und 7a LStR 1996[1]) und in Tz. 20 bis 37 des Merkblatts zu den Rechtsänderungen beim Steuerabzug vom Arbeitslohn ab 1. Januar 1996 (BStBl 1995 I S. 719) geregelt. Unter Bezugnahme auf das Ergebnis der Besprechung mit den obersten Finanzbehörden der Länder wird zu Zweifelsfragen wie folgt Stellung genommen:

I. Pauschaler Nutzungswert

1. Listenpreis[2])

Für den pauschalen Nutzungswert ist der inländische Listenpreis des Kraftfahrzeugs im Zeitpunkt seiner Erstzulassung maßgebend. Das gilt auch für re-importierte Fahrzeuge. Soweit das re-importierte Fahrzeug mit zusätzlichen Sonderausstattungen versehen ist, die sich im inländischen Listenpreis nicht niedergeschlagen haben, ist der Wert der Sonderausstattung zusätzlich zu berücksichtigen. Soweit das re-importierte Fahrzeug geringerwertig ausgestattet ist, läßt sich der Wert der „Minderausstattung" durch einen Vergleich mit einem adäquaten inländischen Fahrzeug angemessen berücksichtigen.

2. Überlassung von mehreren Kraftfahrzeugen[3])

Stehen einem Arbeitnehmer gleichzeitig mehrere Kraftfahrzeuge zur Verfügung, so ist für jedes Fahrzeug die private Nutzung mit monatlich 1 v. H. des Listenpreises anzusetzen; dem privaten Nutzungswert kann der Listenpreis des überwiegend genutzten Kraftfahrzeugs zugrunde gelegt werden, wenn die Nutzung der Fahrzeuge durch andere zur Privatsphäre des Arbeitnehmers gehörende Personen so gut wie ausgeschlossen ist. Dem Nutzungswert für Fahrten zwischen Wohnung und Arbeitsstätte[4]) ist stets der Listenpreis des überwiegend für diese Fahren benutzten Kraftfahrzeugs zugrunde zu legen.

3. Monatsbeträge[5])

Die pauschalen Nutzungswerte nach § 8 Abs. 2 Satz 2 und 3 EStG sind mit ihren Monatsbeträgen auch dann anzusetzen, wenn der Arbeitnehmer das ihm überlassene Kraftfahrzeug tatsächlich nur gelegentlich nutzt oder wenn er von seinem Zugriffsrecht auf ein Kraftfahrzeug aus einem Fahrzeugpool nur gelegentlich Gebrauch macht.

Die Monatsbeiträge brauchen nicht angesetzt zu werden

a) für volle Kalendermonate, in denen dem Arbeitnehmer kein betriebliches Kraftfahrzeug zur Verfügung steht, oder

b) wenn dem Arbeitnehmer das Kraftfahrzeug aus besonderem Anlaß oder zu einem besonderen Zweck nur gelegentlich (von Fall zu Fall) für nicht mehr als fünf Kalendertage im Kalendermonat überlassen wird. In diesem Fall ist die Nutzung zu Privatfahren und zu Fahrten zwischen Wohnung und Arbeitsstätte[6]) je Fahrtkilometer mit 0,001 v. H. des inländischen Listenpreises des Kraftfahrzeugs zu bewerten (Einzelbewertung). Zum Nachweis der Fahrstrecke müssen die Kilometerstände festgehalten werden.

4. Dienstliche Nutzung im Zusammenhang mit Fahrten zwischen Wohnung und Arbeitsstätte[7])

Ein geldwerter Vorteil ist für Fahrten zwischen Wohnung und Arbeitsstätte[8]) nicht zu erfassen, wenn ein Arbeitnehmer ein Firmenfahrzeug ausschließlich an den Tagen für seine Fahrten zwi-

---

1) → Jetzt R 8.1 Abs. 9 und 10 LStR.
2) → Jetzt R 8.1 Abs. 9 Nr. 1 Satz 6 LStR.
3) Bleibt von BFH vom 9. 3. 2010 unberührt (→ Fußnote 1 im BStBl 2010 II S. 903).
4) Jetzt: Fahrten zwischen Wohnung und erster Tätigkeitsstätte sowie Fahrten nach § 9 Abs. 1 Satz 3 Nr. 4a Satz 3 EStG (→ § 8 Abs. 2 Satz 3 EStG).
5) → *H 8.1 (9–10) LStH Nutzung durch mehrere* Arbeitnehmer und Fahrzeugpool.
6) Jetzt: Fahrten zwischen Wohnung und erster Tätigkeitsstätte sowie Fahrten nach § 9 Abs. 1 Satz 3 Nr. 4a Satz 3 EStG (→ § 8 Abs. 2 Satz 3 EStG).
7) Jetzt: Fahrten zwischen Wohnung und erster Tätigkeitsstätte sowie Fahrten nach § 9 Abs. 1 Satz 3 Nr. 4a Satz 3 EStG (→ § 8 Abs. 2 Satz 3 EStG).
8) Jetzt: Fahrten zwischen Wohnung und erster Tätigkeitsstätte sowie Fahrten nach § 9 Abs. 1 Satz 3 Nr. 4a Satz 3 EStG (→ § 8 Abs. 2 Satz 3 EStG).

schen Wohnung und Arbeitsstätte[1]) erhält, an denen es erforderlich werden kann, daß er dienstliche Fahrten von der Wohnung aus antritt, z. B. beim Bereitschaftsdienst in Versorgungsunternehmen.

5. Nutzungsverbot[2])

Wird dem Arbeitnehmer ein Kraftfahrzeug mit der Maßgabe zur Verfügung gestellt, es für Privatfahrten und/oder Fahrten zwischen Wohnung und Arbeitsstätte[3]) nicht zu nutzen, so kann von dem Ansatz des jeweils in Betracht kommenden pauschalen Wertes nur abgesehen werden, wenn der Arbeitgeber die Einhaltung seines Verbots überwacht oder wenn wegen der besonderen Umstände des Falles die verbotene Nutzung so gut wie ausgeschlossen ist, z. B. wenn der Arbeitnehmer das Fahrzeug nach seiner Arbeitszeit und am Wochenende auf dem Betriebsgelände abstellt und den Schlüssel abgibt.

Das Nutzungsverbot ist durch entsprechende Unterlagen nachzuweisen, die zum Lohnkonto zu nehmen sind. Wird das Verbot allgemein oder aus besonderem Anlaß oder zu besonderem Zweck von Fall zu Fall ausgesetzt, so ist Nummer 3 entsprechend anzuwenden.

6. Park and ride[4])

Setzt der Arbeitnehmer ein ihm überlassenes Kraftfahrzeug bei den Fahrten zwischen Wohnung und Arbeitsstätte[5]) oder bei Familienheimfahrten nur für eine Teilstrecke ein, weil er regelmäßig die andere Teilstrecke mit öffentlichen Verkehrsmitteln zurücklegt, so ist der Ermittlung des pauschalen Nutzungswerts die gesamte Entfernung zugrunde zu legen. Ein Nutzungswert auf der Grundlage der Entfernung, die mit dem Kraftfahrzeug zurückgelegt worden ist, kommt nur in Betracht, wenn das Kraftfahrzeug vom Arbeitgeber nur für diese Teilstrecke zur Verfügung gestellt worden ist. Nummer 5 ist entsprechend anzuwenden.[6])

7. Fahrergestellung bei Familienheimfahrten

Stellt der Arbeitgeber dem Arbeitnehmer für die steuerlich zu erfassenden Familienheimfahrten ein Kraftfahrzeug mit Fahrer zu Verfügung, so ist der Nutzungswert der Fahrten, die unter Inanspruchnahme eines Fahrers durchgeführt worden sind, um 50 v. H. zu erhöhen.

8. Begrenzung des pauschalen Nutzungswerts

Der pauschale Nutzungswert nach § 8 Abs. 2 Satz 2, 3 und 5 EStG kann die dem Arbeitgeber für das Fahrzeug insgesamt entstandenen Kosten übersteigen. Wird dies im Einzelfall nachgewiesen, so ist der Nutzungswert höchstens mit dem Betrag der Gesamtkosten des Kraftfahrzeugs anzusetzen, wenn nicht aufgrund des Nachweises der Fahrten durch ein Fahrtenbuch nach § 8 Abs. 2 Satz 4 EStG ein geringerer Wertansatz in Betracht kommt. Der mit dem Betrag der Gesamtkosten anzusetzende Nutzungswert ist um 50 v. H. zu erhöhen, wenn das Kraftfahrzeug mit Fahrer zur Verfügung gestellt worden ist.

II. Individueller Nutzungswert

1. Elektronisches Fahrtenbuch

Ein elektronisches Fahrtenbuch ist anzuerkennen, wenn sich daraus dieselben Erkenntnisse wie aus einem manuell geführten Fahrtenbuch gewinnen lassen. Beim Ausdrucken von elektronischen Aufzeichnungen müssen nachträgliche Veränderungen der aufgezeichneten Angaben technisch ausgeschlossen, zumindest aber dokumentiert werden.[7])

2. Erleichterungen bei der Führung eines Fahrtenbuchs

Ein Fahrtenbuch soll die Zuordnung von Fahrten zur betrieblichen und beruflichen Sphäre darstellen und ermöglichen. Es muß laufend geführt werden. Bei einer Dienstreise, Einsatzwechseltätigkeit und Fahrtätigkeit müssen die über die Fahrtstrecken hinausgehenden Angaben hinsichtlich Reiseziel, Reiseroute, Reisezweck und aufgesuchte Geschäftspartner die berufliche Ver-

1) Jetzt: Fahrten zwischen Wohnung und erster Tätigkeitsstätte sowie Fahrten nach § 9 Abs. 1 Satz 3 Nr. 4a Satz 3 EStG (→ § 8 Abs. 2 Satz 3 EStG).
2) Überholt → H 8.1 (9–10) Nutzungsverbot LStH.
3) Jetzt: Fahrten zwischen Wohnung und erster Tätigkeitsstätte sowie Fahrten nach § 9 Abs. 1 Satz 3 Nr. 4a Satz 3 EStG (→ § 8 Abs. 2 Satz 3 EStG).
4) Wegen abweichender Rechtsprechung → H 8.1 (9–10) LStH Park and ride.
5) Jetzt: Fahrten zwischen Wohnung und erster Tätigkeitsstätte sowie Fahrten nach § 9 Abs. 1 Satz 3 Nr. 4a Satz 3 EStG (→ § 8 Abs. 2 Satz 3 EStG).
6) Teilweise überholt → H 8.1 (9–10) Park and Ride LStH.
7) Bestätigt durch BFH vom 16. 11. 2005 (BStBl 2006 II S. 410).

anlassung plausibel erscheinen lassen und ggf. eine stichprobenartige Nachprüfung ermöglichen. Auf einzelne dieser zusätzlichen Angaben kann verzichtet werden, soweit wegen der besonderen Umstände im Einzelfall die erforderliche Aussagekraft und Überprüfungsmöglichkeit nicht beeinträchtigt wird. Bei Kundendienstmonteuren und Handelsvertretern mit täglich wechselnden Auswärtstätigkeiten reicht es z. B. aus, wenn sie angeben, welche Kunden sie an welchem Ort aufsuchen. Angaben über die Reiseroute und zu den Entfernungen zwischen den Stationen einer Auswärtstätigkeit sind nur bei größerer Differenz zwischen direkter Entfernung und tatsächlicher Fahrtstrecke erforderlich. Bei sicherheitsgefährdeten Personen, deren Fahrtroute häufig von sicherheitsmäßigen Gesichtspunkten bestimmt wird, kann auf die Angabe der Reiseroute auch bei größeren Differenzen zwischen der direkten Entfernung und der tatsächlichen Fahrtstrecke verzichtet werden.

3. Aufwendungen bei sicherheitsgeschützten Fahrzeugen

Wird der Nutzungswert für ein aus Sicherheitsgründen gepanzertes Kraftfahrzeug nach § 8 Abs. 2 Satz 4 EStG ermittelt, so kann dabei die AfA nach dem Anschaffungspreis des leistungsschwächeren Fahrzeugs zugrunde gelegt werden, das dem Arbeitnehmer zur Verfügung gestellt würde, wenn seine Sicherheit nicht gefährdet wäre. Im Hinblick auf die durch die Panzerung verursachten höheren laufenden Betriebskosten bestehen keine Bedenken, wenn der Nutzungswertermittlung 70 v. H. der tatsächlich festgestellten laufenden Kosten (ohne AfA) zugrunde gelegt werden.

4. Fahrergestellung[1])

Wenn ein Kraftfahrzeug mit Fahrer zur Verfügung gestellt wird, ist der für die Fahrten zwischen Wohnung und Arbeitsstätte[2]) insgesamt ermittelte Nutzungswert um 50 v. H. zu erhöhen. Für Privatfahrten erhöht sich der hierfür insgesamt ermittelte Nutzungswert nach Abschnitt 31 Abs. 7a Nr. 2 LStR 1996[3]) entsprechend dem Grad der Inanspruchnahme des Fahrers um 50, 40 oder 25 v. H. Bei Familienheimfahrten erhöht sich der auf die einzelne Familienheimfahrt ermittelte Nutzungsvorteil nur dann um 50 v. H., wenn für diese Fahrt ein Fahrer in Anspruch genommen worden ist.

Bei der Feststellung der privat und der dienstlich zurückgelegten Fahrtstrecken sind sog. Leerfahrten, die bei der Überlassung eines Kraftfahrzeugs mit Fahrer durch die An- und Abfahrten des Fahrers auftreten können, den dienstlichen Fahrten zuzurechnen.

III. Lohnsteuerpauschalierung

Ist der Nutzungswert für Familienheimfahrten nach § 8 Abs. 2 Satz 5 EStG zu erfassen, so kommt eine Pauschalbesteuerung nach § 40 Abs. 2 Satz 2 EStG nur für Familienheimfahrten nach Ablauf von zwei Jahren[4]) nach Aufnahme der Tätigkeit am neuen Beschäftigungsort und nur bis zur Höhe des Betrags in Betracht, den der Arbeitnehmer als Werbungskosten für Fahrten zwischen Wohnung und Arbeitsstätte[5]) geltend machen.

III.
Private Kfz-Nutzung durch den Gesellschafter-Geschäftsführer einer Kapitalgesellschaft;

Urteile des Bundesfinanzhofs vom 23. Januar 2008 – I R 8/06 – (BStBl 2012 II S. 260), vom 23. April 2009 – VI R 81/06 – (BStBl 2012 II S. 262) und vom 11. Februar 2010 – VI R 43/09 – (BStBl 2012 II S. 266)

(BMF vom 3. 4. 2012 (BStBl I S. 478) – IV C 2 – S 2742/08/10001 –)

Nach dem Ergebnis der Erörterungen mit den obersten Finanzbehörden der Länder gilt zur Anwendung der Urteile des Bundesfinanzhofs vom 23. Januar 2008 – I R 8/06 – (BStBl 2012 II S. 260), vom 23. April 2009 – VI R 81/06 – (BStBl 2012 II S. 262) und vom 11. Februar 2010 – VI R 43/09 – (BStBl 2012 II S. 266) im Hinblick auf die Frage der privaten Nutzung eines betrieblichen Kraftfahrzeugs (Kfz) durch den Gesellschafter-Geschäftsführer einer Kapitalgesellschaft Folgendes:

1) Teilweise überholt → BMF vom 15. 7. 2014, BStBl I S. 1109; R 8.1 Abs. 10 LStR, H 8.1 (9-10) Fahrergestellung LStH.
2) Jetzt: Fahrten zwischen Wohnung und erster Tätigkeitsstätte sowie Fahrten nach § 9 Abs. 1 Satz 3 Nr. 4a Satz 3 EStG (→ § 8 Abs. 2 Satz 3 EStG).
3) → Jetzt: R 8.1 (10) LStR.
4) Durch Wegfall der Zweijahresfrist gegenstandslos.
5) Jetzt: Fahrten zwischen Wohnung und erster Tätigkeitsstätte bzw. Fahrten nach § 9 Abs. 1 Satz 3 Nr. 4a Satz 3 EStG(→ § 40 Abs. 2 Satz 2 EStG).

I. Vorliegen einer verdeckten Gewinnausschüttung (§ 8 Absatz 3 Satz 2 KStG)

Nach den BFH-Entscheidungen vom 23. Januar 2008 – I R 8/06 – (a. a. O.) und vom 17. Juli 2008 – I R 83/07 – (BFH/NV 2009 S. 417) ist nur diejenige Nutzung eines betrieblichen Kfz durch einen Gesellschafter-Geschäftsführer betrieblich veranlasst, welche durch eine fremdübliche Überlassungs- oder Nutzungsvereinbarung abgedeckt wird. Die ohne eine solche Vereinbarung erfolgende oder darüber hinausgehende oder einem ausdrücklichen Verbot widersprechende Nutzung ist hingegen durch das Gesellschaftsverhältnis zumindest mitveranlasst. Sie führt sowohl bei einem beherrschenden als auch bei einem nicht beherrschenden Gesellschafter-Geschäftsführer zu einer verdeckten Gewinnausschüttung (§ 8 Absatz 3 Satz 2 KStG).[1] 1

Eine Überlassungs- oder Nutzungsvereinbarung kann auch durch eine – ggf. vom schriftlichen Anstellungsvertrag abweichende – mündliche oder konkludente Vereinbarung zwischen der Kapitalgesellschaft und dem Gesellschafter-Geschäftsführer erfolgen, wenn entsprechend dieser Vereinbarung tatsächlich verfahren wird (BFH-Urteil vom 24. Januar 1990 – I R 157/86 –, BStBl II S. 645). Für einen außen stehenden Dritten muss dabei zweifelsfrei zu erkennen sein, dass das Kfz durch die Kapitalgesellschaft auf Grund einer entgeltlichen Vereinbarung mit dem Gesellschafter überlassen wird. 2

Erfolgt die Überlassung im Rahmen eines Arbeitsverhältnisses, muss die tatsächliche Durchführung der Vereinbarung – insbesondere durch zeitnahe Verbuchung des Lohnaufwands und Abführung der Lohnsteuer (und ggf. der Sozialversicherungsbeiträge) – durch die Kapitalgesellschaft nachgewiesen sein. Erfolgt die Überlassung nicht im Rahmen des Arbeitsverhältnisses, sondern im Rahmen eines entgeltlichen Überlassungsvertrags, muss auch hier die Durchführung der Vereinbarung – etwa durch die zeitnahe Belastung des Verrechnungskontos des Gesellschafter-Geschäftsführers – dokumentiert sein. 3

II. Bewertung der verdeckten Gewinnausschüttung

Auf der Ebene der Kapitalgesellschaft ist für die Bemessung der verdeckten Gewinnausschüttung im Zusammenhang mit der privaten Kfz-Nutzung von der erzielbaren Vergütung auszugehen (H 37 KStH 2008 Stichwort „Nutzungsüberlassungen"). Dies steht in Einklang mit den BFH-Urteilen vom 23. Februar 2005 – I R 70/04 – (BStBl II S. 882) und vom 23. Januar 2008 – I R 8/06 – (a. a. O.), wonach die verdeckte Gewinnausschüttung mit dem gemeinen Wert der Nutzungsüberlassung zu bemessen ist und damit einen angemessenen Gewinnaufschlag einbezieht. Aus Vereinfachungsgründen kann es die Finanzbehörde im Einzelfall zulassen, dass die verdeckte Gewinnausschüttung für die private Nutzung eines betrieblichen Kfz entsprechend § 6 Absatz 1 Nummer 4 Satz 2 EStG mit 1 Prozent des inländischen Listenpreises im Zeitpunkt der Erstzulassung zuzüglich der Kosten für Sonderausstattung einschließlich Umsatzsteuer für jeden Kalendermonat bewertet wird; bei Nutzung des Kfz durch den Gesellschafter-Geschäftsführer auch für Fahrten zwischen Wohnung und Arbeitsstätte[2]) erhöht sich dieser Wert um die in § 8 Absatz 2 Satz 3 EStG und für Familienheimfahrten im Rahmen einer doppelten Haushaltsführung um die in § 8 Absatz 2 Satz 5 EStG genannten Beträge. 4

Auf der Ebene des Gesellschafters ist die verdeckte Gewinnausschüttung auch nach Inkrafttreten des § 32a KStG durch das Jahressteuergesetz 2007 vom 13. Dezember 2006 (BStBl 2007 I S. 28) nach § 8 Absatz 2 Satz 2, 3 und 5 EStG zu bewerten. 5

III. Anwendung

Dieses Schreiben ist in allen offenen Fällen anzuwenden. 6

IV.
Lohnsteuerliche Behandlung vom Arbeitnehmer selbst getragener Aufwendungen bei der Überlassung eines betrieblichen Kraftfahrzeugs (§ 8 Absatz 2 Satz 2 ff. EStG); Anwendung von R 8.1 Absatz 9 Nummer 1 Satz 5 LStR 2011 und R 8.1 Absatz 9 Nummer 4 LStR 2011

BMF vom 19. 4. 2013 (BStBl I S. 513) – IV C 5 – S 2334/11/10004 – 2013/0356498 –

Im Einvernehmen mit den obersten Finanzbehörden der Länder gilt zur lohnsteuerlichen Behandlung vom Arbeitnehmer selbst getragener Aufwendungen bei der Überlassung eines betrieblichen Kraftfahrzeugs Folgendes:

---
[1]) BFH vom 21. 3. 2013 (BStBl I S. 1044).
[2]) Jetzt: Fahrten zwischen Wohnung und erster Tätigkeitsstätte sowie Fahrten nach § 9 Abs. 1 Satz 3 Nr. 4a Satz 3 EStG (→ § 8 Abs. 2 Satz 3 EStG).

1. Nutzungsentgelt i. S. v. R 8.1 Absatz 9 Nummer 4 LStR 2011

1 Zahlt der Arbeitnehmer an den Arbeitgeber oder auf dessen Weisung an einen Dritten zur Erfüllung einer Verpflichtung des Arbeitgebers (abgekürzter Zahlungsweg) für die außerdienstliche Nutzung (Nutzung zu privaten Fahrten, zu Fahrten zwischen Wohnung und regelmäßiger Arbeitsstätte und zu Heimfahrten im Rahmen einer doppelten Haushaltsführung) eines betrieblichen Kraftfahrzeugs ein Nutzungsentgelt, mindert dies den Nutzungswert (R 8.1 Absatz 9 Nummer 4 Satz 1 LStR 2011).

2 Es ist gleichgültig, ob das Nutzungsentgelt pauschal oder entsprechend der tatsächlichen Nutzung des Kraftfahrzeugs bemessen wird (R 8.1 Absatz 9 Nummer 4 Satz 2 LStR 2011). Nutzungsentgelt i. S. v. R 8.1 Absatz 9 Nummer 4 LStR 2011 ist:

a) ein arbeitsvertraglich oder aufgrund einer anderen arbeits- oder dienstrechtlichen Rechtsgrundlage vereinbarter nutzungsunabhängiger pauschaler Betrag (z. B. Monatspauschale),

b) ein arbeitsvertraglich oder aufgrund einer anderen arbeits- oder dienstrechtlichen Rechtsgrundlage vereinbarter an den gefahrenen Kilometern ausgerichteter Betrag (z. B. Kilometerpauschale) oder

c) die arbeitsvertraglich oder aufgrund einer anderen arbeits- oder dienstrechtlichen Rechtsgrundlage vom Arbeitnehmer übernommenen Leasingraten.

3 Die vollständige oder teilweise Übernahme einzelner Kraftfahrzeugkosten (z. B. Treibstoffkosten, Versicherungsbeiträge, Wagenwäsche) durch den Arbeitnehmer ist kein an der tatsächlichen Nutzung bemessenes Nutzungsentgelt i. S. d. Rdnr. 2 (vgl. R 8.1 Absatz 9 Nummer 1 Satz 5 LStR 2011, siehe auch BFH-Urteil vom 18. Oktober 2007, BStBl 2008 II Seite 198). Dies gilt auch für einzelne Kraftfahrzeugkosten, die zunächst vom Arbeitgeber verauslagt und anschließend dem Arbeitnehmer weiterbelastet werden oder, wenn der Arbeitnehmer zunächst pauschale Abschlagszahlungen leistet, die zu einem späteren Zeitpunkt nach den tatsächlich entstandenen Kraftfahrzeugkosten abgerechnet werden. Ein den Nutzungswert minderndes Nutzungsentgelt muss daher arbeitsvertraglich oder aufgrund einer anderen arbeits- oder dienstrechtlichen Rechtsgrundlage für die Gestellung des betrieblichen Kraftfahrzeugs vereinbart worden sein und darf nicht die Weiterbelastung einzelner Kraftfahrzeugkosten zum Gegenstand haben. Wie der Arbeitgeber das pauschale Nutzungsentgelt kalkuliert, ist dagegen unerheblich.

4 In Höhe des Nutzungsentgelts i. S. d. Rdnr. 2 ist der Arbeitnehmer nicht bereichert und die gesetzlichen Voraussetzungen des § 8 Absatz 1 EStG i. V. m. § 19 Absatz 1 EStG sind nicht erfüllt. Übersteigt das Nutzungsentgelt den Nutzungswert, führt der übersteigende Betrag weder zu negativem Arbeitslohn noch zu Werbungskosten.

2. Pauschale Nutzungswertmethode (1 %-Regelung, 0,03 %-Regelung)

5 Der geldwerte Vorteil aus der Gestellung eines Dienstwagens ist monatlich pauschal mit 1 % des inländischen Listenpreises im Zeitpunkt der Erstzulassung zuzüglich der Kosten für Sonderausstattungen einschließlich der Umsatzsteuer zu bewerten (§ 8 Absatz 2 Satz 2 i. V. m. § 6 Absatz 1 Nummer 4 Satz 2 EStG). Wird der geldwerte Vorteil aus der Nutzung eines betrieblichen Kraftfahrzeugs zu privaten Fahrten typisierend nach der 1 %-Regelung ermittelt, so ist der geldwerte Vorteil grundsätzlich um monatlich 0,03 % des Listenpreises für jeden Kilometer der Entfernung zwischen Wohnung und regelmäßiger Arbeitsstätte zu erhöhen, wenn das Kraftfahrzeug auch für Fahrten zwischen Wohnung und regelmäßiger Arbeitsstätte genutzt werden kann (§ 8 Absatz 2 Satz 3 EStG, im Übrigen vgl. BMF-Schreiben vom 1. April 2011, BStBl I Seite 301). Die Begrenzung des pauschalen Nutzungswerts auf die Gesamtkosten ist zu beachten (vgl. BMF-Schreiben vom 28. Mai 1996, BStBl I Seite 654 Tz. I.8).

6 **Beispiele**

Der Arbeitgeber hat seinem Arbeitnehmer ein betriebliches Kraftfahrzeug auch zur Privatnutzung überlassen und den geldwerten Vorteil aus der Kraftfahrzeuggestellung nach der 1 %-Regelung bewertet.

Beispiel 1

In der Nutzungsüberlassungsvereinbarung ist geregelt, dass der Arbeitnehmer ein Nutzungsentgelt in Höhe von 0,20 Euro je privat gefahrenen Kilometer zu zahlen hat. Es handelt sich um ein pauschales Nutzungsentgelt i. S. d. Rdnr. 2. Der pauschale Nutzungswert ist um dieses Nutzungsentgelt zu kürzen.

Beispiel 2

Der Arbeitnehmer kann das Kraftfahrzeug mittels einer Tankkarte des Arbeitgebers betanken. In der Nutzungsüberlassungsvereinbarung ist geregelt, dass der Arbeitnehmer ein Entgelt in Höhe der privat veranlassten Treibstoffkosten zu zahlen hat. Der Arbeitgeber hat den Betrag für den vom Arbeitnehmer anlässlich privater Fahrten verbrauchten Treibstoff ermittelt und vom Gehalt des Folgemonats einbehalten. Die nachträgliche Kostenübernahme durch den Arbeitnehmer ist kein Nutzungsentgelt i. S. d. Rdnr. 2. Aus den übernommenen Treibstoffkosten wird nicht dadurch ein Nutzungsentgelt, dass der Arbeitnehmer zunächst auf Kosten des Arbeitgebers tanken kann und erst anschließend die Treibstoffkosten ersetzen muss, zur Anwendung siehe Rdnr. 10.

Beispiel 3

In der Nutzungsüberlassungsvereinbarung ist geregelt, dass der Arbeitnehmer ein Entgelt zu zahlen hat, das sich aus einer Monatspauschale in Höhe von 200 Euro und privat veranlassten Treibstoffkosten zusammensetzt.

Es handelt sich nur in Höhe der Monatspauschale um ein Nutzungsentgelt i. S. d. Rdnr. 2.

3. Individuelle Nutzungswertmethode (Fahrtenbuchmethode)

Statt des pauschalen Nutzungswerts können die auf die außerdienstlichen Fahrten entfallenden tatsächlichen Aufwendungen als individueller Nutzungswert angesetzt werden. Diese Bewertungsmethode setzt den Nachweis der tatsächlichen Kraftfahrzeugkosten (Gesamtkosten) und die Führung eines ordnungsgemäßen Fahrtenbuchs voraus. Werden auf Grund eines ordnungsgemäß geführten Fahrtenbuchs die außerdienstlichen und die dienstlichen Fahrten nachgewiesen, kann der auf die außerdienstliche Nutzung entfallende Anteil an den Gesamtkosten konkret ermittelt werden (§ 8 Absatz 2 Satz 4 EStG). 7

Bei der Fahrtenbuchmethode fließen vom Arbeitnehmer selbst getragene individuelle Kraftfahrzeugkosten – von vornherein – nicht in die Gesamtkosten ein und erhöhen damit nicht den individuellen Nutzungswert (R 8.1 Absatz 9 Nummer 2 Satz 8, 2. Halbsatz LStR 2011). Zahlt der Arbeitnehmer ein pauschales Nutzungsentgelt i. S. d. Rdnr. 2, ist der individuelle Nutzungswert um diesen Betrag zu kürzen. 8

Beispiele 9

Der Arbeitgeber hat seinem Arbeitnehmer ein betriebliches Kraftfahrzeug auch zur Privatnutzung überlassen und den geldwerten Vorteil aus der Kraftfahrzeuggestellung nach der Fahrtenbuchmethode bewertet.

Beispiel 4

In der Nutzungsüberlassungsvereinbarung ist geregelt, dass der Arbeitnehmer ein Nutzungsentgelt in Höhe von 0,20 Euro je privat gefahrenen Kilometer zu zahlen hat. Es handelt sich um ein Nutzungsentgelt i. S. d. Rdnr. 2. Der individuelle Nutzungswert ist um dieses Nutzungsentgelt zu kürzen.

Beispiel 5

Der Arbeitnehmer kann das Kraftfahrzeug mittels einer Tankkarte des Arbeitgebers betanken. In der Nutzungsüberlassungsvereinbarung ist geregelt, dass der Arbeitnehmer ein Entgelt in Höhe der privat veranlassten Treibstoffkosten zu zahlen hat. Der Arbeitgeber hat den Betrag für den vom Arbeitnehmer anlässlich privater Fahrten verbrauchten Treibstoff ermittelt und vom Gehalt des Folgemonats einbehalten.

Die vom Arbeitnehmer selbst getragenen Treibstoffkosten fließen nicht in die Gesamtkosten des Kraftfahrzeugs ein. Anhand der (niedrigeren) Gesamtkosten ist der individuelle Nutzungswert zu ermitteln. Es handelt sich aber nicht um ein Nutzungsentgelt i. S. d. Rdnr. 2.

Beispiel 6

Wie Beispiel 5. In der Nutzungsüberlassungsvereinbarung ist geregelt, dass der Arbeitnehmer zudem ein Nutzungsentgelt in Höhe von 0,10 Euro je privat gefahrenen Kilometer zu zahlen hat.

Die vom Arbeitnehmer selbst getragenen Treibstoffkosten fließen nicht in die Gesamtkosten des Kraftfahrzeugs ein. Anhand der (niedrigeren) Gesamtkosten ist der individuelle Nutzungswert zu ermitteln. Das zusätzlich gezahlte Nutzungsentgelt i. S. d. Rdnr. 2 mindert den individuellen Nutzungswert.

4. Anwendung

Dieses Schreiben ist in allen offenen Fällen anzuwenden. Rdnr. 3 Sätze 2 und 3 sind erstmals auf ab dem 1. Juli 2013 verwirklichte Sachverhalte anzuwenden. Dieses Schreiben wird im Bundessteuerblatt Teil I veröffentlicht. 10

V.
Nutzung eines betrieblichen Kraftfahrzeugs für private Fahrten, Fahrten zwischen Wohnung und Betriebsstätte/erster Tätigkeitsstätte und Familienheimfahrten; Nutzung von Elektro- und Hybridelektrofahrzeugen

BMF vom 5. 06. 2014 (BStBl I S. 835) – IV C 6 – S 2177/13/10002 – 2014/0308252

Durch das AmtshilfeRLUmsG vom 26. Juni 2013 (BGBl. I S. 1809, BStBl I S. 802) wurde § 6 Absatz 1 Nummer 4 Satz 2 und 3 EStG um Sonderregelungen für Elektrofahrzeuge und extern aufladbare Hybridelektrofahrzeuge ergänzt. Im Einvernehmen mit den obersten Finanzbehörden der Länder gilt Folgendes:

1. Sachlicher Anwendungsbereich

a) Elektrofahrzeug

1 Elektrofahrzeug im Sinne des § 6 Absatz 1 Nummer 4 Satz 2 und 3 EStG ist ein Kraftfahrzeug, das ausschließlich durch einen Elektromotor angetrieben wird, der ganz oder überwiegend aus mechanischen oder elektrochemischen Energiespeichern (z. B. Schwungrad mit Generator oder Batterie) oder aus emissionsfrei betriebenen Energiewandlern (z. B. wasserstoffbetriebene Brennstoffzelle[1])) gespeist wird.

Nach dem Verzeichnis des Kraftfahrtbundesamtes zur Systematisierung von Kraftfahrzeugen und ihren Anhängern (Stand: Juni 2012) weisen danach folgende Codierungen im Feld 10 der Zulassungsbescheinigung ein Elektrofahrzeug i. d. S. aus: 0004 und 0015.

b) Hybridelektrofahrzeug

2 Hybridelektrofahrzeug[2]) ist ein Hybridfahrzeug, das zum Zwecke des mechanischen Antriebs aus folgenden Quellen im Fahrzeug gespeicherte Energie/Leistung bezieht:

– einem Betriebskraftstoff;

– einer Speichereinrichtung für elektrische Energie/Leistung (z. B. Batterie, Kondensator, Schwungrad mit Generator).

Hybridelektrofahrzeuge im Sinne des § 6 Absatz 1 Nummer 4 Satz 2 und 3 EStG müssen zudem extern aufladbar sein.

Nach dem Verzeichnis des Kraftfahrtbundesamtes zur Systematisierung von Kraftfahrzeugen und ihren Anhängern (Stand: Juni 2012) weisen danach folgende Codierungen im Feld 10 der Zulassungsbescheinigung ein Hybridelektrofahrzeug i. d. S. aus: 0016 bis 0019 und 0025 bis 0031.

2. Pauschale Ermittlung des privaten/pauschalen Nutzungswerts

a) Ermittlung des maßgebenden Listenpreises

3 Die Bemessungsgrundlage für die Ermittlung des Entnahmewerts nach § 6 Absatz 1 Nummer 4 Satz 2 EStG, der nicht abziehbaren Betriebsausgaben nach § 4 Absatz 5 Satz 1 Nummer 6 EStG oder des geldwerten Vorteils nach § 8 Absatz 2 Satz 2, 3 und 5 EStG ist der inländische Listenpreis im Zeitpunkt der Erstzulassung des Kraftfahrzeugs zuzüglich der Kosten für Sonderausstattung einschließlich Umsatzsteuer. Für Kraftfahrzeuge im Sinne der Rdnrn. 1 und 2 ist dieser Listenpreis wegen der darin enthaltenen Kosten für das Batteriesystem pauschal zu mindern; der pauschale Abschlag ist der Höhe nach begrenzt. Der Minderungs- und der Höchstbetrag richten sich nach dem Anschaffungsjahr des Kraftfahrzeugs und können aus nachfolgender Tabelle entnommen werden. Werden Elektro- und Hybridelektrofahrzeuge im Sinne der Rdnrn. 1 und 2 gebraucht erworben, richtet sich der Minderungsbetrag nach dem Jahr der Erstzulassung des Kraftfahrzeugs. Der kWh-Wert kann dem Feld 22 der Zulassungsbescheinigung entnommen werden.

1) Für Brennstoffzellenfahrzeuge werden ergänzende Regelungen aufgenommen, sobald diese allgemein marktgängig sind.

2) Vgl. Richtlinie 2007/46/EG des Europäischen Parlaments und des Rates vom 5. September 2007 zur Schaffung eines Rahmens für die Genehmigung von Kraftfahrzeugen und Kraftfahrzeuganhängern sowie von Systemen, Bauteilen und selbstständigen technischen Einheiten für diese Fahrzeuge (ABl. L 263/1 vom 9. Oktober 2007).

Anschaffungsjahr/Jahr der Erstzulassung	Minderungsbetrag in Euro/ kWh der Batteriekapazität	Höchstbetrag in Euro
2013 und früher	500	10 000
2014	450	9 500
2015	400	9 000
2016	350	8 500
2017	300	8 000
2018	250	7 500
2019	200	7 000
2020	150	6 500
2021	100	6 000
2022	50	5 500

Die Abrundung des Listenpreises auf volle Hundert Euro nach Rdnr. 10 des BMF-Schreibens vom 18. November 2009 (BStBl I S. 1326) und R 8.1 Absatz 9 Nummer 1 Satz 6 LStR ist nach Abzug des Abschlages vorzunehmen. Auf den so ermittelten Wert sind die Prozentsätze nach § 4 Absatz 5 Satz 1 Nummer 6 Satz 3, § 6 Absatz 1 Nummer 4 Satz 2 und § 8 Absatz 2 Satz 3 und 5 EStG anzuwenden. 4

Beispiel 1:

Der Steuerpflichtige hat in 2013 ein Elektrofahrzeug mit einer Batteriekapazität von 16,3 Kilowattstunden (kWh) erworben. Der Bruttolistenpreis beträgt 45 000 €. Die betriebliche Nutzung beträgt 60 %. Der private Nutzungsanteil nach § 6 Absatz 1 Nummer 4 Satz 2 EStG ermittelt sich wie folgt:

Der Bruttolistenpreis ist um 8 150 € (16,3 kWh x 500 €) zu mindern. Der für die Ermittlung des Entnahmewerts geminderte und auf volle hundert Euro abgerundete Bruttolistenpreis beträgt 36 800 €. Die Nutzungsentnahme nach der 1 %-Regelung beträgt 368 € pro Monat.

Beispiel 2:

Der Steuerpflichtige hat in 2013 ein Elektrofahrzeug mit einer Batteriekapazität von 26 Kilowattstunden (kWh) erworben. Der Bruttolistenpreis beträgt 109 150 €. Die betriebliche Nutzung beträgt 60 %. Der private Nutzungsanteil nach § 6 Absatz 1 Nummer 4 Satz 2 EStG ermittelt sich wie folgt:

Der Bruttolistenpreis (109 150 €) ist um 10 000 € (26 kWh x 500 € = 13 000 €, begrenzt auf 10 000 € Höchstbetrag) zu mindern und auf volle Hundert Euro abzurunden. Der für die Ermittlung des Entnahmewerts geminderte Bruttolistenpreis beträgt 99 100 €. Die Nutzungsentnahme beträgt 991 € pro Monat.

Eine Minderung der Bemessungsgrundlage ist nur dann vorzunehmen, wenn der Listenpreis die Kosten des Batteriesystems beinhaltet. Wird das Batteriesystem des Elektro- oder Hybridelektrofahrzeugs nicht zusammen mit dem Kraftfahrzeug angeschafft, sondern ist für dessen Überlassung ein zusätzliches Entgelt, z. B. in Form von Leasingraten, zu entrichten, kommt eine Minderung der Bemessungsgrundlage nicht in Betracht. Die für die Überlassung der Batterie zusätzlich zu entrichtenden Entgelte sind grundsätzlich als Betriebsausgaben abziehbar. 5

Beispiel 3:

Der Steuerpflichtige hat in 2013 ein Elektrofahrzeug mit einer Batteriekapazität von 16 Kilowattstunden (kWh) erworben. Der Bruttolistenpreis beträgt 25 640 €. Für die Batterie hat der Steuerpflichtige monatlich zusätzlich eine Mietrate von 79 € zu zahlen. Die betriebliche Nutzung beträgt 60 %. Der private Nutzungsanteil nach § 6 Absatz 1 Nummer 4 Satz 2 EStG ermittelt sich wie folgt:

Der Bruttolistenpreis (25 640 €) ist nicht zu mindern und wird – auf volle Hundert Euro abgerundet – für die Ermittlung des Entnahmewerts zugrunde gelegt. Die Nutzungsentnahme beträgt 256 € pro Monat.

Aus Vereinfachungsgründen ist es auch zulässig, die Nutzungsentnahme ausgehend vom Listenpreis für das Kraftfahrzeug mit Batteriesystem zu berechnen, wenn das gleiche Kraftfahrzeug am Markt jeweils mit oder ohne Batteriesystem angeschafft werden kann. 6

Beispiel 4:

Wie Beispiel 3, das Elektrofahrzeug könnte der Steuerpflichtige auch zusammen mit dem Batteriesystem erwerben. Der Bruttolistenpreis betrüge 31 640 €. Der private Nutzungsanteil nach § 6 Absatz 1 Nummer 4 Satz 2 EStG könnte auch wie folgt ermittelt werden:

Der Bruttolistenpreis (31 640 €) ist um 8 000 € (16 kWh x 500 € = 8 000 €) zu mindern und auf volle Hundert Euro abzurunden. Der für die Ermittlung des Entnahmewerts geminderte Bruttolistenpreis beträgt 23 600 €. Die Nutzungsentnahme beträgt 236 € pro Monat.

b) Begrenzung der pauschalen Wertansätze (sog. Kostendeckelung)

7 Nach den Rdnrn. 18 bis 20 des BMF-Schreibens vom 18. November 2009 (BStBl I S. 1326) und Tz. I.8 des BMF-Schreibens vom 28. Mai 1996 (BStBl I S. 654) werden die pauschalen Wertansätze auf die für das genutzte Kraftfahrzeug insgesamt tatsächlich entstandenen Gesamtkosten begrenzt. Zu den Gesamtkosten des Kraftfahrzeugs gehören auch die Absetzungen für Abnutzung. Für den Vergleich des pauschal ermittelten Nutzungswerts/geldwerten Vorteils mit den Gesamtkosten ist die Bemessungsgrundlage für die Absetzungen für Abnutzung um den Abschlag nach Rdnr. 3 zu mindern.

8 Enthalten die Anschaffungskosten für das Elektro- oder Hybridelektrofahrzeug keinen Anteil für das Batteriesystem (Rdnr. 5) und ist für die Überlassung der Batterie ein zusätzliches Entgelt (z. B. Miete oder Leasingrate) zu entrichten, sind die für das genutzte Kraftfahrzeug insgesamt tatsächlich entstandenen Gesamtkosten um dieses zusätzlich entrichtete Entgelt zu mindern. In diesem Fall sind auch weitere Kosten für das Batteriesystem, wie z. B. Reparaturkosten, Wartungspauschalen oder Beiträge für spezielle Batterieversicherungen abzuziehen, wenn sie vom Steuerpflichtigen zusätzlich zu tragen sind.

3. Ermittlung des tatsächlichen privaten/individuellen Nutzungswerts

9 Werden die Entnahme nach § 6 Absatz 1 Nummer 4 Satz 1 oder 3 (betriebliche Nutzung des Kraftfahrzeugs von 10 bis 50 Prozent oder Fahrtenbuchmethode), die nicht abziehbaren Betriebsausgaben nach § 4 Absatz 5 Satz 1 Nummer 6 Satz 3 2. Halbsatz oder der geldwerte Vorteil nach § 8 Absatz 2 Satz 4 und 5 EStG mit den auf die jeweilige Nutzung entfallenden Aufwendungen bewertet und enthalten die Anschaffungskosten für das Elektro- oder Hybridelektrofahrzeug einen Anteil für das Batteriesystem, ist die Bemessungsgrundlage für die Absetzungen für Abnutzung um die nach § 6 Absatz 1 Nummer 4 Satz 2 EStG in pauschaler Höhe festgelegten Beträge zu mindern.

Beispiel 5:

Der Steuerpflichtige hat im Januar 2013 ein Elektrofahrzeug mit einer Batteriekapazität von 16 Kilowattstunden (kWh) erworben. Der Bruttolistenpreis beträgt 43 000 €; die tatsächlichen Anschaffungskosten 36 000 €. Die betriebliche Nutzung beträgt gemäß ordnungsgemäßem Fahrtenbuch 83 %. Der private Nutzungsanteil nach § 6 Absatz 1 Nummer 4 Satz 3 EStG ermittelt sich wie folgt:

Für die Ermittlung der Gesamtkosten sind die Anschaffungskosten um den pauschal ermittelten Minderungsbetrag i. H. v. 8 000 € (16 kWh x 500 €) zu mindern. Danach sind bei den Gesamtkosten Absetzungen für Abnutzung i. H. v. 4 666,67 € (36 000 € ./. 8 000 € = 28 000 € verteilt auf 6 Jahre) anzusetzen. Daneben sind Aufwendungen für Versicherung (1 000 €) und Strom (890 €) angefallen. Die Summe der geminderten Gesamtaufwendungen beträgt 6 556,67 €. Die Nutzungsentnahme nach der Fahrtenbuchmethode beträgt 1 114,63 € (17 %).

10 Wird die Batterie gemietet oder geleast, sind entsprechend Rdnr. 8 die Gesamtkosten um dieses zusätzlich entrichtete Entgelt zu mindern.

Beispiel 6:

Der Steuerpflichtige hat im Januar 2013 ein Elektrofahrzeug mit einer Batteriekapazität von 16 Kilowattstunden (kWh) erworben. Der Bruttolistenpreis beträgt 32 000 €; die tatsächlichen Anschaffungskosten (netto) 25 600 €. Für die Batterie hat der Steuerpflichtige monatlich zusätzlich eine Mietrate von 79 € zu zahlen. Die betriebliche Nutzung beträgt gemäß ordnungsgemäßem Fahrtenbuch 83 %. Der private Nutzungsanteil nach § 6 Absatz 1 Nummer 4 Satz 3 EStG ermittelt sich wie folgt:

Für die Ermittlung der Gesamtkosten sind Absetzungen für Abnutzung i. H. v. 4 266,67 € (25 600 € *verteilt auf 6 Jahre) und* weitere Aufwendungen für Versicherung (1 000 €) und Strom (890 €) anzusetzen. Die auf die Batteriemiete entfallenden Aufwendungen sind nicht zu berücksichtigen. Die Summe der geminderten Gesamtaufwendungen beträgt 6 156,67 €. Die Nutzungsentnahme nach der Fahrtenbuchmethode beträgt 1 046,63 € (17 %).

11 Miet-/Leasinggebühren für Kraftfahrzeuge im Sinne der Rdnrn. 1 und 2, die die Kosten des Batteriesystems beinhalten, sind aufzuteilen. Die anteilig auf das Batteriesystem entfallenden Miet-/

Leasinggebühren mindern die Gesamtkosten (vgl. Rdnr. 10). Es bestehen keine Bedenken, wenn als Aufteilungsmaßstab hierfür das Verhältnis zwischen dem Listenpreis (einschließlich der Kosten für das Batteriesystem) und dem um den Abschlag nach Rdnr. 3 geminderten Listenpreis angesetzt wird.

Beispiel 7:

Der Steuerpflichtige hat im Januar 2013 ein Elektrofahrzeug mit einer Batteriekapazität von 16 Kilowattstunden (kWh) geleast. Der Bruttolistenpreis beträgt 43 000 €; die monatliche Leasingrate 399 €. Die betriebliche Nutzung beträgt gemäß ordnungsgemäßem Fahrtenbuch 83 %. Der private Nutzungsanteil nach § 6 Absatz 1 Nummer 4 Satz 3 EStG ermittelt sich wie folgt:

Für die Ermittlung der Gesamtkosten sind die Leasingraten unter Anwendung des Verhältnisses zwischen Listenpreis und dem um den pauschalen Abschlag geminderten Listenpreis aufzuteilen:

Listenpreis 43 000 €; geminderter Listenpreis 35 000 € entspricht einer Minderung von 18,6 %
Leasingraten 399 € x 12 Monate = 4 788 €, davon 18,6 % = 890,57 €.

Danach sind bei den Gesamtkosten Leasingaufwendungen i. H. v. 3 897,43 € anzusetzen. Daneben sind Aufwendungen für Versicherung (1 000 €) und Strom (890 €) angefallen. Die Summe der geminderten Gesamtaufwendungen beträgt 5 787,43 €. Die Nutzungsentnahme nach der Fahrtenbuchmethode beträgt 983,86 € (17 %).

4. Anwendungszeitraum

12 Die Minderung der Bemessungsgrundlage für die Ermittlung der Privatentnahme, der nicht abziehbaren Betriebsausgaben oder des geldwerten Vorteils für die Nutzung eines Elektro- oder eines Hybridelektrofahrzeugs ist ab dem 1. Januar 2013 für Elektrofahrzeuge und Hybridelektrofahrzeuge anzuwenden, die vor dem 1. Januar 2023 angeschafft, geleast oder zur Nutzung überlassen werden (§ 52 Absatz 1 und Absatz 16 Satz 11 EStG).[1])

VI.
Geldwerter Vorteil für die Gestellung eines Kraftfahrzeugs mit Fahrer

BFH-Urteil vom 15. Mai 2013 – VI R 44/11 – (BStBl 2014 II S. 589)

BMF vom 15. 07. 2014 (BStBl I S 1109) – IV C 5 – S 2334/13/10003 – 2014/0511844

1 Der BFH hat mit Urteil vom 15. Mai 2013 – VI R 44/11 – (BStBl 2014 II S. 589) entschieden, dass die arbeitgeberseitige Gestellung eines Fahrers für die Fahrten des Arbeitnehmers zwischen Wohnung und (regelmäßiger) Arbeitsstätte (ab 1. Januar 2014: erster Tätigkeitsstätte) dem Grunde nach zu einem lohnsteuerrechtlich erheblichen Vorteil führt, der grundsätzlich nach dem um übliche Preisnachlässe geminderten üblichen Endpreis am Abgabeort (§ 8 Absatz 2 Satz 1 EStG) zu bemessen ist. Maßstab zur Bewertung dieses Vorteils ist der Wert einer von einem fremden Dritten bezogenen vergleichbaren Dienstleistung, wobei dieser Wert den zeitanteiligen Personalkosten des Arbeitgebers entsprechen kann, aber nicht muss.

2 Unter Bezugnahme auf das Ergebnis der Erörterung mit den obersten Finanzbehörden der Länder sind die Grundsätze dieses Urteils im Lohnsteuerabzugsverfahren und im Veranlagungsverfahren zur Einkommensteuer allgemein anzuwenden. Sie gelten sowohl für Privatfahrten, für Fahrten zwischen Wohnung und erster Tätigkeitsstätte oder Fahrten nach § 9 Absatz 1 Satz 3 Nummer 4a Satz 3 EStG als auch für Familienheimfahrten. Sie sind unabhängig davon anzuwenden, ob der Nutzungswert des Fahrzeugs pauschal oder nach der Fahrtenbuchmethode ermittelt wird. Der geldwerte Vorteil aus der Fahrergestellung ist nach R 8.1 Absatz 10 LStR zusätzlich zum Wert nach R 8.1 Absatz 9 Nummer 1 oder 2 LStR als Arbeitslohn zu erfassen.

3 Maßstab zur Bewertung des geldwerten Vorteils aus der arbeitgeberseitigen Gestellung eines Fahrers ist grundsätzlich der Preis für eine von einem fremden Dritten bezogene vergleichbare Dienstleistung (üblicher Endpreis i. S. d. § 8 Absatz 2 Satz 1 EStG). Es bestehen jedoch keine Bedenken, insgesamt einheitlich für das Kalenderjahr für Privatfahrten, für Fahrten zwischen Wohnung und erster Tätigkeitsstätte oder Fahrten nach § 9 Absatz 1 Satz 3 Nummer 4a Satz 3 EStG sowie für Familienheimfahrten als üblichen Endpreis am Abgabeort den Anteil an den tatsächlichen Lohn- und Lohnnebenkosten des Fahrers (d. h. insbesondere: Bruttoarbeitslohn, Arbeitgeberbeiträge zur Sozialversicherung, Verpflegungszuschüsse sowie Kosten beruflicher Fort- und Weiterbildung für den Fahrer) anzusetzen, welcher der Einsatzdauer des Fahrers im Verhältnis zu dessen Gesamtarbeitszeit entspricht. Zur Einsatzdauer des Fahrers gehören auch die Stand- und Wartezeiten des Fahrers, nicht aber die bei der Überlassung eines Kraftfahrzeugs

1) ***Jetzt § 52 Abs. 12 Satz 1 EStG.***

mit Fahrer durch die An- und Abfahrten des Fahrers durchgeführten Leerfahrten und die anfallenden Rüstzeiten; diese sind den dienstlichen Fahrten zuzurechnen.

4 Es ist aus Vereinfachungsgründen nicht zu beanstanden, wenn der geldwerte Vorteil aus einer Fahrergestellung wie folgt ermittelt wird:

1. Stellt der Arbeitgeber dem Arbeitnehmer für Fahrten zwischen Wohnung und erster Tätigkeitsstätte oder Fahrten nach § 9 Absatz 1 Satz 3 Nummer 4a Satz 3 EStG ein Kraftfahrzeug mit Fahrer zur Verfügung, ist der für diese Fahrten nach R 8.1 Absatz 9 Nummer 1 oder 2 LStR bzw. nach Rz. 2 des BMF-Schreibens vom 1. April 2011 (BStBl I S. 301) durch eine Einzelbewertung der tatsächlichen Fahrten ermittelte Nutzungswert des Kraftfahrzeugs um 50 % zu erhöhen.

   Für die zweite und jede weitere Familienheimfahrt anlässlich einer doppelten Haushaltsführung erhöht sich der auf die einzelne Familienheimfahrt entfallende Nutzungswert nur dann um 50 %, wenn für diese Fahrt ein Fahrer in Anspruch genommen worden ist.

2. Stellt der Arbeitgeber dem Arbeitnehmer für andere Privatfahrten ein Kraftfahrzeug mit Fahrer zur Verfügung, ist der entsprechende private Nutzungswert des Kraftfahrzeugs wie folgt zu erhöhen:

   a) um 50 %, wenn der Fahrer überwiegend in Anspruch genommen wird,

   b) um 40 %, wenn der Arbeitnehmer das Kraftfahrzeug häufig selbst steuert,

   c) um 25 %, wenn der Arbeitnehmer das Kraftfahrzeug weit überwiegend selbst steuert.

3. Wird der pauschal anzusetzende Nutzungswert i. S. d. § 8 Absatz 2 Satz 2, 3 und 5 EStG auf die Gesamtkosten des Kraftfahrzeugs begrenzt, ist der anzusetzende Nutzungswert um 50 % zu erhöhen, wenn das Kraftfahrzeug mit Fahrer zur Verfügung gestellt worden ist.

5 Der Arbeitgeber kann im Lohnsteuerabzugsverfahren den geldwerten Vorteil nach Rz. 3 oder nach Rz. 4 ansetzen. Diese Wahl kann er im Kalenderjahr für Privatfahrten, für Fahrten zwischen Wohnung und erster Tätigkeitsstätte oder Fahrten nach § 9 Absatz 1 Satz 3 Nummer 4a Satz 3 EStG sowie für Familienheimfahrten insgesamt nur einheitlich ausüben. Erfolgt die Bewertung nach Rz. 3, hat der Arbeitgeber die Grundlagen für die Berechnung des geldwerten Vorteils aus der Fahrergestellung zu dokumentieren, als Belege zum Lohnkonto aufzubewahren und dem Arbeitnehmer auf Verlangen formlos mitzuteilen.

6 Der Arbeitnehmer kann den geldwerten Vorteil aus der Fahrergestellung im Rahmen seiner Einkommensteuerveranlagung nach den vorgenannten Grundsätzen abweichend von dem Ansatz des Arbeitgebers bewerten und gegenüber dem Finanzamt nachweisen. Diese Wahl kann er im Kalenderjahr für Privatfahrten, für Fahrten zwischen Wohnung und erster Tätigkeitsstätte oder Fahrten nach § 9 Absatz 1 Satz 3 Nummer 4a Satz 3 EStG sowie für Familienheimfahrten insgesamt nur einheitlich ausüben.

7 Eine abweichende Bewertung setzt voraus, dass der im Lohnsteuerabzugsverfahren angesetzte Vorteil sowie die Grundlagen für die Berechnung des geldwerten Vorteils nachgewiesen werden (z. B. durch eine formlose Mitteilung des Arbeitgebers).

8 Dieses Schreiben ist in allen offenen Fällen anzuwenden.

Entlastungsbetrag für Alleinerziehende, § 24b EStG Anwendungsschreiben

BMF vom 29. 10. 2004 (BStBl I S. 1042)
IV C 4 – S 2281 – 515/04

Unter Bezugnahme auf das Ergebnis der Erörterungen mit den obersten Finanzbehörden der Länder gilt für die Anwendung des § 24b EStG ab dem Veranlagungszeitraum 2004 Folgendes:

I. Allgemeines

Durch Artikel 9 des Haushaltsbegleitgesetzes 2004 vom 29. Dezember 2003 (BGBl. I S. 3076; BStBl 2004 I S. 120) wurde mit § 24b EStG ein Entlastungsbetrag für Alleinerziehende in Höhe von 1 308 Euro[1] jährlich zum 1. Januar 20004 in das Einkommensteuergesetz eingefügt. Durch das Gesetz zur Änderung der Abgabenordnung und weiterer Gesetze vom 21. Juli 2004 (BGBl. I S. 1753) wurden die Voraussetzungen für die Inanspruchnahme des Entlastungsbetrages für Alleinerziehende geändert, im Wesentlichen wurde der Kreis der Berechtigten erweitert.

Ziel des Entlastungsbetrages für Alleinerziehende ist es, die höheren Kosten für die eigene Lebens- bzw. Haushaltsführung der sog. echten Alleinerziehenden abzugelten, die einen gemeinsamen Haushalt nur mit ihren Kindern und keiner anderen erwachsenen Person führen, die tatsächlich oder finanziell zum Haushalt beiträgt.

Der Entlastungsbetrag für Alleinerziehende wird außerhalb des Familienleistungsausgleichs bei Ermittlung des Gesamtbetrages der Einkünfte durch Abzug von der Summe der Einkünfte und beim Lohnsteuerabzug mit der Steuerklasse II berücksichtigt.

II. Anspruchsberechtigte

Der Entlastungsbetrag für Alleinerziehende wird Steuerpflichtigen gewährt, die

- „allein stehend" sind und
- zu deren Haushalt mindestens ein Kind gehört, für das ihnen ein Freibetrag nach § 32 Abs. 6 EStG oder Kindergeld zusteht.

„Allein stehend" im Sinne des § 24b Abs. 1 EStG sind nach § 24b Abs. 2 EStG[2] Steuerpflichtige, die

- nicht die Voraussetzungen für die Anwendung des Splitting-Verfahrens (§ 26 Abs. 1 EStG) erfüllen oder
- verwitwet sind

und

- keine Haushaltsgemeinschaft mit einer anderen volljährigen Person bilden (Ausnahme siehe unter 3.).

1. Haushaltszugehörigkeit

Ein Kind gehört zum Haushalt des Steuerpflichtigen, wenn es dauerhaft in dessen Wohnung lebt oder mit seiner Einwilligung vorübergehend, z. B. zu Ausbildungszwecken, auswärtig untergebracht ist. Haushaltszugehörigkeit erfordert ferner eine Verantwortung für das materielle (Versorgung, Unterhaltsgewährung) und immaterielle Wohl (Fürsorge, Betreuung) des Kindes.[3] Eine Heimunterbringung ist unschädlich, wenn die Wohnverhältnisse die speziellen Bedürfnisse des Kindes berücksichtigen und es sich im Haushalt des Steuerpflichtigen regelmäßig aufhält (vgl. BFH vom 14. November 2001, BStBl 2002 II S. 244). Ist das Kind nicht in der Wohnung des Steuerpflichtigen gemeldet, trägt der Steuerpflichtige die Beweislast für das Vorliegen der Haushaltszugehörigkeit. Ist das Kind bei mehreren Steuerpflichtigen gemeldet oder gehört es unstreitig zum Haushalt des Steuerpflichtigen ohne bei ihm gemeldet zu sein, ist aber bei weiteren Steuerpflichtigen gemeldet, steht der Entlastungsbetrag demjenigen Alleinstehen-

***1)** § 24b EStG wurde durch Artikel 1 des Gesetzes zur Anhebung des Grundfreibetrags, des Kinderfreibetrags, des Kindergeldes und des Kinderzuschlags vom 16. 7. 2015 (BGBl. I S. 1202, BStBl I S. 566) ab VZ 2015 geändert: gehört zum Haushalt des allein stehenden Stpfl. ein berücksichtigungsfähiges Kind, beträgt der Entlastungsbetrag für Alleinerziehende im Kalenderjahr 1 908 Euro. Für jedes weitere berücksichtigungsfähige Kind erhöht sich der Betrag um jeweils 240 Euro.*

***2)** Jetzt § 24b Abs. 3 EStG.*

***3)** § 24b Abs. 1 Satz 2 EStG vermutet unwiderlegbar, dass ein Kind, das in der Wohnung des allein stehenden Stpfl. gemeldet ist, zu dessen Haushalt gehört (→ BFH vom 5. 2. 2015 – BStBl II S. 926).*

den zu, zu dessen Haushalt das Kind tatsächlich gehört. Dies ist im Regelfall derjenige, der das Kindergeld erhält.[1])

2. Splitting-Verfahren[2])

Es sind grundsätzlich nur Steuerpflichtige anspruchsberechtigt, die nicht die Voraussetzungen für die Anwendung des Splitting-Verfahrens erfüllen.[3]) Abweichend hiervon können verwitwete Steuerpflichtige nach § 24b Abs. 3 EStG[4]) den Entlastungsbetrag für Alleinerziehende erstmals zeitanteilig für den Monat des Todes des Ehegatten beanspruchen. Darüber hinaus, insbesondere in den Fällen der getrennten[5]) oder der besonderen Veranlagung im Jahr der Eheschließung[6]), kommt eine zeitanteilige Berücksichtigung nicht in Betracht.

Im Ergebnis sind nur Steuerpflichtige anspruchsberechtigt, die

- während des gesamten Veranlagungszeitraums nicht verheiratet (ledig, geschieden) sind,
- verheiratet sind, aber seit dem vorangegangenen Veranlagungszeitraum dauernd getrennt leben,
- verwitwet sind oder
- deren Ehegatte im Ausland lebt und nicht unbeschränkt einkommensteuerpflichtig im Sinne des § 1 Abs. 1 oder 2 EStG oder des § 1a EStG ist.

3. Haushaltsgemeinschaft

Gemäß § 24b Abs. 2 Satz 1 EStG[7]) sind Steuerpflichtige nur dann „allein stehend", wenn sie keine Haushaltsgemeinschaft mit einer anderen volljährigen Person bilden.

Der Gewährung des Entlastungsbetrages für Alleinerziehende steht es kraft Gesetzes nicht entgegen, wenn eine andere minderjährige Person in den Haushalt aufgenommen wird oder es sich bei der anderen volljährigen Person um ein leibliches Kind, Adoptiv-, Pflege-, Stief- oder Enkelkind handelt, für das dem Steuerpflichtigen ein Freibetrag für Kinder (§ 32 Abs. 6 EStG) oder Kindergeld zusteht oder das steuerlich nicht berücksichtigt wird, weil es

- den gesetzlichen Grundwehr- oder Zivildienst leistet (§ 32 Abs. 5 Satz 1 Nr. 1 EStG),
- sich an Stelle des gesetzlichen Grundwehrdienstes freiwillig für die Dauer von nicht mehr als drei Jahren zum Wehrdienst verpflichtet hat (§ 32 Abs. 5 Satz 1 Nr. 2 EStG), oder
- eine vom gesetzlichen Grundwehrdienst oder Zivildienst befreiende Tätigkeit als Entwicklungshelfer im Sinne des § 1 Abs. 1 des Entwicklungshelfer-Gesetzes ausübt (§ 32 Abs. 5 Satz 1 Nr. 3 EStG).

Es ist unschädlich, wenn die vorgenannten Kinder zur Haushaltsgemeinschaft gehören.

§ 24b Abs. 2 Satz 2 EStG[8]) enthält neben der gesetzlichen Definition der Haushaltsgemeinschaft auch die widerlegbare Vermutung für das Vorliegen einer Haushaltsgemeinschaft, die an die Meldung der anderen volljährigen Person mit Haupt- oder Nebenwohnsitz in der Wohnung des Steuerpflichtigen anknüpft. Eine nachträgliche Ab- bzw. Ummeldung ist insoweit unerheblich. Die Vermutung gilt jedoch dann nicht, wenn die Gemeinde oder das Finanzamt positive Kenntnis davon hat, dass die tatsächlichen Verhältnisse von den melderechtlichen Verhältnissen zugunsten des Steuerpflichtigen abweichen.

a) Begriff der Haushaltsgemeinschaft

Eine Haushaltsgemeinschaft liegt vor, wenn der Steuerpflichtige und die andere Person in der gemeinsamen Wohnung – im Sinne des § 8 AO – gemeinsam wirtschaften („Wirtschaften aus

[1]) Ist ein Kind annähernd gleichwertig in die beiden Haushalte seiner allein stehenden Eltern aufgenommen, können die Eltern – unabhängig davon, an welchen Berechtigten das Kindergeld ausgezahlt wird – untereinander bestimmen, wem der Entlastungsbetrag zustehen soll, es sei denn, einer der Berechtigten hat bei seiner Veranlagung oder durch Berücksichtigung der Steuerklasse II beim Lohnsteuerabzug den Entlastungsbetrag bereits in Anspruch genommen. Treffen die Eltern keine Bestimmung über die Zuordnung des Entlastungsbetrags, steht er demjenigen zu, an den das Kindergeld ausgezahlt wird (→ BFH vom 28. 4. 2010 – BStBl 2011 II S. 30).

[2]) Das Splitting-Verfahren ist auch auf Lebenspartner anzuwenden (→ § 2 Abs. 8 EStG).

[3]) Bestätigt durch BFH vom 19. 10. 2006 (BStBl 2007 II S. 637); hiergegen eingelegte Verfassungsbeschwerde nicht zur Entscheidung angenommen (BVerfG vom 22. 5. 2009-2 BvR 310/07 – BStBl II S. 884) und die Beschwerde beim Europäischen Gerichtshof für Menschenrechte für unzulässig erklärt (EGMR vom 28. 3. 2013 – 45624/09 –).

[4]) Jetzt § 24b Abs. 4 EStG.

[5]) Die getrennte Veranlagung wurde durch die Einzelveranlagung von Ehegatten ersetzt (→ § 26 EStG).

[6]) Die besondere Veranlagung im Jahr der Eheschließung wurde aufgehoben.

[7]) Jetzt § 24b Abs. 3 Satz 1 EStG.

[8]) Jetzt § 24b Abs. 3 Satz 2 EStG.

einem Topf")[1]). Die Annahme einer Haushaltsgemeinschaft setzt hingegen nicht die Meldung der anderen Person in der Wohnung des Steuerpflichtigen voraus.

Eine Haushaltsgemeinschaft setzt ferner nicht voraus, dass nur eine gemeinsame Kasse besteht und die zur Befriedigung jeglichen Lebensbedarfs dienenden Güter nur gemeinsam und aufgrund gemeinsamer Planung angeschafft werden. Es genügt eine mehr oder weniger enge Gemeinschaft mit nahem Beieinanderwohnen, bei der jedes Mitglied der Gemeinschaft tatsächlich oder finanziell seinen Beitrag zur Haushalts- bzw. Lebensführung leistet und an ihr partizipiert (der gemeinsame Verbrauch der Lebensmittel oder Reinigungsmittel, die gemeinsame Nutzung des Kühlschrankes etc.).

Auf die Zahlungswege kommt es dabei nicht an, d. h. es steht der Annahme einer Haushaltsgemeinschaft nicht entgegen, wenn z. B. der Steuerpflichtige die laufenden Kosten des Haushalts ohne Miete trägt und die andere Person dafür vereinbarungsgemäß die volle Miete bezahlt.

Es kommt ferner nicht darauf an, dass der Steuerpflichtige und die andere Person in besonderer Weise materiell (Unterhaltsgewährung) und immateriell (Fürsorge und Betreuung) verbunden sind.

Deshalb wird grundsätzlich bei jeder Art von Wohngemeinschaften mit gemeinsamer Wirtschaftsführung, sei es mit Studierenden oder mit verwandten Personen vermutet, dass bei Meldung der anderen Person in der Wohnung des Steuerpflichtigen auch eine Haushaltsgemeinschaft vorliegt.

Als Kriterien für eine Haushaltsgemeinschaft können auch der Zweck und die Dauer der Anwesenheit der anderen Person in der Wohnung des Steuerpflichtigen herangezogen werden. So liegt eine Haushaltsgemeinschaft nicht vor bei nur kurzfristiger Anwesenheit in der Wohnung oder nicht nur vorübergehender Abwesenheit von der Wohnung.

Beispiele für nur kurzfristige Anwesenheit:

Zu Besuchszwecken, aus Krankheitsgründen

Beispiele für nur vorübergehende Abwesenheit:

Krankenhausaufenthalt, Auslandsreise, Auslandsaufenthalt eines Montagearbeiters, doppelte Haushaltsführung aus beruflichen Gründen bei regelmäßiger Rückkehr in die gemeinsame Wohnung

Beispiele für eine nicht nur vorübergehende Abwesenheit:

Strafvollzug, bei Meldung als vermisst, Auszug aus der gemeinsamen Wohnung, evtl. auch Unterhaltung einer zweiten Wohnung aus privaten Gründen

Haushaltsgemeinschaften sind jedoch insbesondere gegeben bei:

- Eheähnlichen Gemeinschaften,
- eingetragenen Lebenspartnerschaften[2]),
- Wohngemeinschaften unter gemeinsamer Wirtschaftsführung mit einer sonstigen volljährigen Person (z. B. mit Studierenden, Verwandten oder mit volljährigen Kindern, für die dem Steuerpflichtigen weder Kindergeld noch ein Freibetrag für Kinder zusteht),
- nicht dauernd getrennt lebenden Ehegatten, bei denen keine Ehegattenbesteuerung in Betracht kommt (z. B. bei deutschen Ehegatten von Angehörigen der NATO-Streitkräfte).

Mit sonstigen volljährigen Personen besteht keine Haushaltsgemeinschaft, wenn sie sich tatsächlich **und** finanziell nicht an der Haushaltsführung beteiligen.

Die Fähigkeit, sich tatsächlich an der Haushaltsführung zu beteiligen, fehlt bei Personen, bei denen mindestens ein Schweregrad der Pflegebedürftigkeit im Sinne des § 14 SGB XI (Pflegestufe I, II oder III) besteht oder die blind sind.

Die Fähigkeit, sich finanziell an der Haushaltsführung zu beteiligen, fehlt bei Personen, die kein oder nur geringes Vermögen im Sinne des § 33a Abs. 1 Satz 3 EStG[3]) besitzen und deren Einkünfte und Bezüge im Sinne des § 32 Abs. 4 Satz 2 bis 4 EStG den dort genannten Betrag nicht übersteigen[4]).

1) Ein gemeinsames Wirtschaften kann sowohl darin bestehen, dass die andere volljährige Person zu den Kosten des gemeinsamen Haushalts beiträgt, als auch in einer Entlastung durch tatsächliche Hilfe und Zusammenarbeit. Auf den Umfang der Hilfe oder des Anteils an den im Haushalt anfallenden Arbeiten kommt es grundsätzlich nicht an (→ BFH vom 28. 6. 2012 – BStBl II S. 815).

2) Jetzt: lebenspartnerschaftsähnlichen Gemeinschaften (→ § 24b ***Abs. 3*** Satz 3 EStG), weil das Splitting-Verfahren auch auf Lebenspartner anzuwenden ist (→ § 2 Abs. 8 EStG).

3) Jetzt § 33a Abs. 1 Satz 4 EStG.

4) § 32 Abs. 4 Satz 2 bis 4 EStG wurde ab dem VZ 2012 geändert; die Einkünfte- und Bezügegrenze ist weggefallen. Als Einkünfte- und Bezügegrenze ist ab VZ 2012 der Höchstbetrag nach § 33a Abs. 1 Satz 1 EStG maßgebend.

Der Nachweis des gesundheitlichen Merkmals „blind" richtet sich nach § 65 EStDV.

Der Nachweis über den Schweregrad der Pflegebedürftigkeit im Sinne des § 14 SGB XI ist durch Vorlage des Leistungsbescheides des Sozialhilfeträgers bzw. des privaten Pflegeversicherungsunternehmens zu führen. Bei rückwirkender Feststellung des Merkmals „blind" oder der Pflegebedürftigkeit sind ggf. bestandskräftige Steuerfestsetzungen auch hinsichtlich des Entlastungsbetrages nach § 24b EStG zu ändern.

b) Widerlegbarkeit der Vermutung

Der Steuerpflichtige kann die Vermutung der Haushaltsgemeinschaft bei Meldung der anderen volljährigen Person in seiner Wohnung widerlegen, wenn er glaubhaft darlegt, dass eine Haushaltsgemeinschaft mit der anderen Person nicht vorliegt.

c) Unwiderlegbarkeit der Vermutung

Bei nichtehelichen, aber eheähnlichen (Lebens-)Gemeinschaften und eingetragenen Lebenspartnerschaften[1]) scheidet wegen des Verbots einer Schlechterstellung von Ehegatten (vgl. BVerfGE 99, 216 [232 ff.]) die Widerlegbarkeit aus.

Eheähnliche Lebensgemeinschaften – im Sinne einer auf Dauer angelegten Verantwortungs- und Einstehensgemeinschaft – können anhand folgender, aus dem Sozialhilferecht abgeleiteter Indizien festgestellt werden:

- Dauer des Zusammenlebens (z. B. von länger als einem Jahr),
- Versorgung gemeinsamer Kinder im selben Haushalt,
- Versorgung anderer Angehöriger im selben Haushalt,
- der Mietvertrag ist von beiden Partnern unterschrieben und auf Dauer angelegt,
- gemeinsame Kontoführung,
- andere Verfügungsbefugnisse über Einkommen und Vermögen des Partners oder
- andere gemeinsame Verträge, z. B. über Unterhaltspflichten.

Beantragt ein Steuerpflichtiger den Abzug von Unterhaltsleistungen an den Lebenspartner als außergewöhnliche Belastungen nach § 33a Abs. 1 EStG, ist i. d. R. vom Vorliegen einer eheähnlichen Gemeinschaft auszugehen.

[1]) Jetzt: lebenspartnerschaftsähnlichen Gemeinschaften (→ § 24b ***Abs. 3*** Satz 3 EStG), weil das Splitting-Verfahren auch auf Lebenspartner anzuwenden ist (→ § 2 Abs. 8 EStG).

Zweifelsfragen im Zusammenhang mit der ertragsteuerlichen Behandlung von Entlassungsentschädigungen (§ 34 EStG)

BMF vom 1. 11. 2013 (BStBl I S. 1326) IV C 4 – S 2290/13/10002 – 2013/0929313

Unter Bezugnahme auf das Ergebnis der Erörterungen mit den obersten Finanzbehörden der Länder nehme ich zu Fragen im Zusammenhang mit der ertragsteuerlichen Behandlung von Entlassungsentschädigungen wie folgt Stellung:

Inhaltsverzeichnis

I. Allgemeines

[1]Scheidet ein Arbeitnehmer auf Veranlassung des Arbeitgebers vorzeitig aus einem Dienstverhältnis aus, so können ihm folgende Leistungen des Arbeitgebers zufließen, die wegen ihrer unterschiedlichen steuerlichen Auswirkung gegeneinander abzugrenzen sind: 1

– normal zu besteuernder Arbeitslohn nach § 19, ggf. i. V. m. § 24 Nr. 2 EStG,

– steuerbegünstigte Entschädigungen nach § 24 Nr. 1 i. V. m. § 34 Abs. 1 und 2 EStG (→ Rz. 2 bis 3),

– steuerbegünstigte Entschädigungen nach § 24 Nr. 1 i. V. m. § 34 Abs. 1 und 2 EStG (→ Rz. 2 bis 4),

– steuerbegünstigte Leistungen für eine mehrjährige Tätigkeit i. S. d. § 34 Abs. 2 Nr. 4 EStG.

[2]Auch die Modifizierung betrieblicher Renten kann Gegenstand von Auflösungsvereinbarungen sein (→ Rz. 4 bis 7).

2 [1]Eine steuerbegünstigte Entschädigung setzt voraus, dass an Stelle der bisher geschuldeten Leistung eine andere tritt. [2]Diese andere Leistung muss auf einem anderen, eigenständigen Rechtsgrund beruhen. [3]Ein solcher Rechtsgrund wird regelmäßig Bestandteil der Auflösungsvereinbarung sein; er kann aber auch bereits bei Abschluss des Dienstvertrags oder im Verlauf des Dienstverhältnisses für den Fall des vorzeitigen Ausscheidens vereinbart werden. [4]Eine Leistung in Erfüllung eines bereits vor dem Ausscheiden begründeten Anspruchs des Empfängers ist keine Entschädigung, auch wenn dieser Anspruch in einer der geänderten Situation angepassten Weise erfüllt wird (Modifizierung; siehe z. B. Rz. 4 bis 7). [5]Der Entschädigungsanspruch darf – auch wenn er bereits früher vereinbart worden ist – erst als Folge einer vorzeitigen Beendigung des Dienstverhältnisses entstehen. [6]Eine Entschädigung i. S. d. § 24 Nr. 1 Buchstabe a EStG kann auch vorliegen, wenn der Arbeitgeber seinem Arbeitnehmer eine (Teil-)Abfindung zahlt, weil dieser seine Wochenarbeitszeit aufgrund eines Vertrags zur Änderung des Arbeitsvertrags unbefristet reduziert (→ BFH vom 25. 08. 2009 – BStBl 2010 II S. 1030).

3 [1]Eine Entschädigung i. S. d. § 24 Nr. 1 Buchstabe a EStG, die aus Anlass einer Entlassung aus dem Dienstverhältnis vereinbart wird (Entlassungsentschädigung), setzt den Verlust von Einnahmen voraus, mit denen der Arbeitnehmer rechnen konnte. [2]Eine Zahlung des Arbeitgebers, die bereits erdiente Ansprüche abgilt, wie z. B. rückständiger Arbeitslohn, anteiliges Urlaubsgeld, Urlaubsabgeltung, Weihnachtsgeld, Gratifikationen, Tantiemen oder bei rückwirkender Beendigung des Dienstverhältnisses bis zum steuerlich anzuerkennenden Zeitpunkt der Auflösung noch zustehende Gehaltsansprüche, ist keine Entschädigung i. S. d. § 24 Nr. 1 Buchstabe a EStG. [3]Das gilt auch für freiwillige Leistungen, wenn sie in gleicher Weise den verbleibenden Arbeitnehmern tatsächlich zugewendet werden.

II. Lebenslängliche betriebliche Versorgungszusagen

4 [1]Lebenslängliche Bar- oder Sachleistungen sind als Einkünfte i. S. d. § 24 Nr. 2 EStG zu behandeln (→ BFH vom 28. 09. 1967 – BStBl 1968 II S. 76). [2]Sie sind keine außerordentlichen Einkünfte i. S. d. § 34 Abs. 2 EStG und damit für eine begünstigte Besteuerung der im Übrigen gezahlten Entlassungsentschädigung i. S. d. § 24 Nr. 1 Buchstabe a EStG unschädlich (siehe die hauptsächlichen Anwendungsfälle in Rz. 5 bis 7). [3]Deshalb kommt die begünstigte Besteuerung auch dann in Betracht, wenn dem Arbeitnehmer im Rahmen der Ausscheidensvereinbarung erstmals lebenslang laufende Versorgungsbezüge zugesagt werden. [4]Auch eine zu diesem Zeitpunkt erstmals eingeräumte lebenslängliche Sachleistung, wie z. B. ein verbilligtes oder unentgeltliches Wohnrecht, ist für die ermäßigte Besteuerung unschädlich.

1. Steuerliche Behandlung von Entlassungsentschädigungen bei Verzicht des Arbeitgebers auf die Kürzung einer lebenslänglichen Betriebsrente

5 Wird bei Beginn der Rente aus der gesetzlichen Rentenversicherung die lebenslängliche Betriebsrente ungekürzt gezahlt, so schließt dies die ermäßigte Besteuerung der Entlassungsentschädigung, die in einem Einmalbetrag gezahlt wird, nicht aus.

2. Steuerliche Behandlung von Entlassungsentschädigungen bei vorgezogener lebenslänglicher Betriebsrente

6 [1]Wird im Zusammenhang mit der Auflösung des Dienstverhältnisses neben einer Einmalzahlung eine (vorgezogene) lebenslängliche Betriebsrente bereits vor Beginn der Rente aus der gesetzlichen Rentenversicherung gezahlt, so schließt auch dies die ermäßigte Besteuerung der Entlassungsentschädigung nicht aus. [2]Dabei ist es unerheblich, ob die vorgezogene Betriebsrente gekürzt, ungekürzt oder erhöht geleistet wird. [3]In diesen Fällen ist die vorgezogene Betriebsrente nach § 24 Nr. 2 EStG zu erfassen.

3. Steuerliche Behandlung von Entlassungsentschädigungen bei Umwandlung eines (noch) verfallbaren Anspruchs auf lebenslängliche Betriebsrente in einen unverfallbaren Anspruch

7 Wird ein (noch) verfallbarer Anspruch auf lebenslängliche Betriebsrente im Zusammenhang mit der Auflösung eines Dienstverhältnisses in einen unverfallbaren Anspruch umgewandelt, so ist *die Umwandlung des Anspruchs* für die Anwendung des § 34 Abs. 1 EStG auf die Einmalzahlung unschädlich.

III. Zusammenballung von Einkünften i. S. d. § 34 EStG

1. Zusammenballung von Einkünften in einem VZ (→ 1. Prüfung)

[1]Nach ständiger Rechtsprechung (→ BFH vom 14. 08. 2001 – BStBl 2002 II S. 180 m. w. N.) setzt die Anwendung der begünstigten Besteuerung nach § 34 Abs. 1 und 2 EStG u. a. voraus, dass die Entschädigungsleistungen zusammengeballt in einem VZ zufließen. [2]Der Zufluss mehrerer Teilbeträge in unterschiedlichen VZ ist deshalb grundsätzlich schädlich (→ BFH vom 03. 07. 2002 – BStBl 2004 II S. 447, → 1. Prüfung). [3]Dies gilt nicht, soweit es sich um eine im Verhältnis zur Hauptleistung stehende geringfügige Zahlung (maximal 5 % der Hauptleistung) handelt, die in einem anderen VZ zufließt (→ BFH vom 25. 08. 2009 – BStBl 2011 II S. 27). [4]Ausnahmsweise können jedoch ergänzende Zusatzleistungen, die Teil der einheitlichen Entschädigung sind und in späteren VZ aus Gründen der sozialen Fürsorge für eine gewisse Übergangszeit gewährt werden, für die Beurteilung der Hauptleistung als einer zusammengeballten Entschädigung unschädlich sein (→ Rz. 13). [5]Pauschalbesteuerte Arbeitgeberleistungen sind bei der Beurteilung des Zuflusses in einem VZ nicht zu berücksichtigen. [6]Bestimmen Arbeitgeber und Arbeitnehmer, dass die fällige Entschädigung erst im Folgejahr zufließen soll, ist dies für die Anwendung von § 34 Abs. 1 und 2 EStG unschädlich. [7]Dabei gelten die Grundsätze von Rz. 8 bis 15 entsprechend (→ BFH vom 11. 11. 2009 – BStBl 2010 II S. 46). [8]Ein auf zwei Jahre verteilter Zufluss der Entschädigung ist ausnahmsweise unschädlich, wenn die Zahlung der Entschädigung von vornherein in einer Summe vorgesehen war und nur wegen ihrer ungewöhnlichen Höhe und der besonderen Verhältnisse des Zahlungspflichtigen auf zwei Jahre verteilt wurde oder wenn der Entschädigungsempfänger – bar aller Existenzmittel – dringend auf den baldigen Bezug einer Vorauszahlung angewiesen war (→ BFH vom 02. 09. 1992 – BStBl 1993 II S. 831). 8 [1)]

2. Zusammenballung von Einkünften unter Berücksichtigung der wegfallenden Einnahmen (→ 2. Prüfung)

2.1. Zusammenballung i. S. d. § 34 EStG, wenn durch die Entschädigung die bis zum Jahresende wegfallenden Einnahmen überschritten werden

Übersteigt die anlässlich der Beendigung eines Arbeitsverhältnisses gezahlte Entschädigung die bis zum Ende des VZ entgehenden Einnahmen, die der Arbeitnehmer bei Fortsetzung des Arbeitsverhältnisses bezogen hätte, so ist das Merkmal der Zusammenballung von Einkünften stets erfüllt. 9

2.2. Zusammenballung i. S. d. § 34 EStG, wenn durch die Entschädigung nur ein Betrag bis zur Höhe der bis zum Jahresende wegfallenden Einnahmen abgegolten wird

Übersteigt die anlässlich der Beendigung eines Dienstverhältnisses gezahlte Entschädigung die bis zum Ende des (Zufluss-) VZ entgehenden Einnahmen nicht, ist das Merkmal der Zusammenballung von Einkünften nur erfüllt, wenn der Steuerpflichtige weitere Einnahmen bezieht, die er bei Fortsetzung des Dienstverhältnisses nicht bezogen hätte (→ BFH vom 04. 03. 1998 – BStBl II S. 787, → 2. Prüfung). 10

a) Ermittlung der zu berücksichtigenden Einkünfte (mit Beispielen)

[1]Für die Beurteilung der Zusammenballung ist es ohne Bedeutung, ob die Entschädigung für den Einnahmeverlust mehrerer Jahre gewährt werden soll. [2]Entscheidend ist vielmehr, ob es unter Einschluss der Entschädigung infolge der Beendigung des Dienstverhältnisses in dem jeweiligen VZ insgesamt zu einer über die normalen Verhältnisse hinausgehenden Zusammenballung von Einkünften kommt (→ BFH vom 04. 03. 1998 – BStBl II S. 787). [3]Dagegen kommt es auf eine konkrete Progressionserhöhung nicht an (→ BFH vom 17. 12. 1982 – BStBl 1983 II S. 221, vom 21. 03. 1996 – BStBl II S. 416 und vom 04. 03. 1998 – BStBl II S. 787). [4]Auch die Zusammenballung mit anderen laufenden Einkünften des Steuerpflichtigen ist keine weitere Voraussetzung für die Anwendung des § 34 Abs. 1 EStG (→ BFH vom 13. 11. 1953 – BStBl 1954 III S. 13); dies gilt insbesondere in Fällen, in denen die Entschädigung die bis zum Jahresende entgehenden Einnahmen nur geringfügig übersteigt (→ Rz. 9). [5]Andererseits kommt § 34 Abs. 1 EStG unter dem Gesichtspunkt der Zusammenballung auch dann in Betracht, wenn im Jahr des Zuflusses der Entschädigung weitere Einkünfte erzielt werden, die der Steuerpflichtige nicht bezogen hätte, wenn das Dienstverhältnis ungestört fortgesetzt worden wäre und er dadurch mehr erhält, als er bei normalem Ablauf der Dinge erhalten hätte (→ BFH vom 04. 03. 1998 – BStBl II S. 787). [6]Bei 11

1) Vgl. aber BFH vom 13. 10. 2015 – IX R 46/14 – BFH/NV 2016, 133 – 134; Die Auszahlung einer einheitlichen Abfindung in zwei Teilbeträgen steht der Anwendung des ermäßigten Steuersatzes ausnahmsweise nicht entgegen, wenn sich die Teilzahlungen im Verhältnis zueinander eindeutig als Haupt- und Nebenleistung darstellen und wenn die Nebenleistung geringfügig ist. Eine Nebenleistung kann unter Berücksichtigung der konkreten individuellen Steuerbelastung als geringfügig anzusehen sein, wenn sie niedriger ist als die tarifliche Steuerbegünstigung der Hauptleistung.

der Berechnung der Einkünfte, die der Steuerpflichtige beim Fortbestand des Vertragsverhältnisses im VZ bezogen hätte, ist grundsätzlich auf die Einkünfte des Vorjahres abzustellen (→ BFH vom 04. 03. 1998 – BStBl II S. 787), es sei denn, die Einnahmesituation ist in diesem Jahr durch außergewöhnliche Ereignisse geprägt (→ BFH vom 27. 01. 2010 – BStBl 2011 II S. 28). [7]Die erforderliche Vergleichsrechnung ist grundsätzlich anhand der jeweiligen Einkünfte des Steuerpflichtigen laut Steuerbescheid/Steuererklärung vorzunehmen (→ Beispiele 1 und 2). [8]Da die außerordentlichen Einkünfte innerhalb einer Einkunftsart bzw. der Summe der Einkünfte eine „besondere Abteilung“ bilden (→ BFH vom 29. 10. 1998 – BStBl 1999 II S. 588), sind in die Vergleichsrechnung nur Einkünfte einzubeziehen, die in einem Veranlassungszusammenhang mit dem (früheren) Arbeitsverhältnis oder dessen Beendigung bzw. in einem inneren Zusammenhang mit der früheren Tätigkeit stehen, d. h. die dazu bestimmt sind, die Einkünfte aus der früheren Tätigkeit zu ersetzen. [9]Negative Einkünfte aus einer neu aufgenommenen Tätigkeit i. S. d. §§ 13, 15, 18 sowie § 19 EStG (ohne Versorgungsbezüge) sind nie zu berücksichtigen. [10]Dabei ist der Arbeitnehmer-Pauschbetrag vorrangig von den laufenden Einkünften i. S. d. § 19 EStG abzuziehen (→ BFH vom 29. 10. 1998 – BStBl 1999 II S. 588). [11]Dem Progressionsvorbehalt unterliegende positive Lohnersatzleistungen und dem § 32b EStG unterliegender Arbeitslohn sind in die Vergleichsrechnung einzubeziehen. [12]Liegen ausschließlich Einkünfte i. S. d. § 19 EStG vor, ist es nicht zu beanstanden, wenn die erforderliche Vergleichsrechnung stattdessen anhand der betreffenden Einnahmen aus nichtselbständiger Arbeit durchgeführt wird. [13]Unbeschadet der Regelungen in Rz. 8 (Zusammenballung von Einkünften in einem VZ) sind bei einer solchen Vergleichsrechnung nach Maßgabe der Einnahmen neben den positiven Lohnersatzleistungen und dem Arbeitslohn, die dem Progressionsvorbehalt nach § 32b EStG unterliegen, auch pauschalbesteuerte Arbeitgeberleistungen einzubeziehen (→ Beispiel 3).

Beispiel 1:

Auflösung des Dienstverhältnisses im Jahr 02. Die Entschädigung im Jahr 02 beträgt 15 000 EUR.

Vergleich		
– Jahr 01		
Einkünfte i. S. d. § 19 EStG (50 000 EUR ./. 1 000 EUR)		49 000 EUR
Einkünfte aus den übrigen Einkunftsarten		0 EUR
Summe		49 000 EUR
– Jahr 02		
Einnahmen i. S. d. § 19 EStG aus bisherigem Dienstverhältnis	25 000 EUR	
Einnahmen i. S. d. § 19 EStG aus neuem Dienstverhältnis	25 000 EUR	
abzgl. AN-Pauschbetrag	1 000 EUR	49 000 EUR
Entschädigung		15 000 EUR
Summe		64 000 EUR

Die Entschädigung (15 000 EUR) übersteigt nicht den Betrag der entgehenden Einnahmen (25 000 EUR). Der Steuerpflichtige hat aber aus dem alten und neuen Dienstverhältnis so hohe Einkünfte, dass es unter Einbeziehung der Entschädigung zu einer die bisherigen Einkünfte übersteigenden Zusammenballung von Einkünften und somit zur Anwendung des § 34 EStG kommt.

Beispiel 2:

Auflösung des Dienstverhältnisses im Jahr 02. Die Entschädigung im Jahr 02 beträgt 20 000 EUR.

Vergleich	
– Jahr 01	
Einkünfte i. S. d. § 19 EStG (50 000 EUR ./. 1 000 EUR)	49 000 EUR
Einkünfte aus den übrigen Einkunftsarten	0 EUR
Summe	49 000 EUR
– Jahr 02	
Einnahmen i. S. d. § 19 EStG aus bisherigem Dienstverhältnis (20 000 EUR) abzgl. AN-Pauschbetrag (1 000 EUR)	19 000 EUR
Entschädigung	20 000 EUR
tatsächlich bezogenes Arbeitslosengeld	4 800 EUR
Summe	43 800 EUR

Die Entschädigung von 20 000 EUR übersteigt nicht den Betrag der entgehenden Einnahmen (30 000 EUR). Der auf der Basis der Einkünfte vorgenommene Vergleich der aus dem bisherigen Dienstverhältnis im Jahr 02 bezogenen Einkünfte einschließlich der Entschädigung (19 000 EUR + 20 000 EUR + 4 800 EUR = 43 800 EUR) übersteigt nicht die bisherigen Einkünfte des Jahres 01 (49 000 EUR).

Auch bei einem Vergleich nach Maßgabe der Einnahmen aus nichtselbständiger Arbeit übersteigen die im Jahr 02 bezogenen Einnahmen einschließlich der Entschädigung (20 000 EUR + 20 000 EUR + 4 800 = 44 800 EUR) nicht die Einnahmen des Jahres 01 (50 000 EUR). Eine Zusammenballung der Einkünfte liegt daher nicht vor. Für die Entschädigung kommt eine ermäßigte Besteuerung nach § 34 Abs. 1 und 2 EStG deshalb nicht in Betracht.

Beispiel 3:

Auflösung des Dienstverhältnisses im Jahr 02. Die Entschädigung im Jahr 02 beträgt 25 000 EUR.

Vergleich auf der Basis der Einnahmen:

– Jahr 01	
Einnahmen i. S. d. § 19 EStG	50 000 EUR
– Jahr 02	
Einnahmen i. S. d. § 19 EStG aus bisherigem Dienstverhältnis	20 000 EUR
Entschädigung	25 000 EUR
pauschal besteuerte Zukunftssicherungsleistungen ab dem Ausscheiden	994 EUR
tatsächlich bezogenes Arbeitslosengeld	4 800 EUR
Summe	50 794 EUR

Die Entschädigung 25 000 EUR übersteigt nicht den Betrag der entgehenden Einnahmen (30 000 EUR).

Der Vergleich nach Maßgabe der Einnahmen aus nichtselbständiger Arbeit ergibt, dass die Einnahmen im Jahr 02 einschließlich der Entschädigung, den pauschal besteuerten Zukunftssicherungsleistungen ab dem Ausscheiden und dem tatsächlich bezogenen Arbeitslosengeld (50 794 EUR) die Einnahmen des Jahres 01 (50 000 EUR) übersteigen. Aufgrund der vorliegenden Zusammenballung kann die Entschädigung nach § 34 Abs. 1 und 2 EStG ermäßigt besteuert werden.

Beispiel 4:

Auflösung des Dienstverhältnisses im März 02 – Einnahmen i. S. d. § 19 EStG bis dahin 17 000 EUR, die Entschädigung beträgt 46 000 EUR. Anschließend Bezug von Arbeitslosengeld (April 02 bis Oktober 02) 9 000 EUR. Gründung eines Gewerbebetriebs im November 02 (Einkünfte: ./.15 000 EUR).

Vergleich:

– Jahr 01	
Einkünfte i. S. d. § 19 EStG (65 000 EUR ./. 1 000 EUR)	64 000 EUR
Einkünfte aus den übrigen Einkunftsarten	0 EUR
Summe	64 000 EUR
– Jahr 02	
Einkünfte i. S. d. § 19 EStG aus bisherigem Dienstverhältnis (17 000 EUR ./. 1 000 EUR)	16 000 EUR
Entschädigung	46 000 EUR
tatsächlich bezogenes Arbeitslosengeld	9 000 EUR
Summe	71 000 EUR

Die Entschädigung (46 000 EUR) übersteigt nicht den Betrag der entgehenden Einnahmen (65 000 EUR ./. 17 000 EUR) in Höhe von 48 000 EUR.

Nach dem Vergleich der Einkünfte aus dem früheren Dienstverhältnis des Jahres 01 (64 000 EUR) mit den Einkünften des Jahres 02, die in Zusammenhang mit dem früheren Arbeitsverhältnis (Arbeitslohn und Entschädigung) und dessen Auflösung (Arbeitslosengeld) stehen (71 000 EUR), liegt jedoch eine Zusammenballung von Einkünften im Jahr 02 vor.

Die negativen Einkünfte aus dem neu aufgenommenen Gewerbebetrieb sind nicht zu berücksichtigen.

b) Anwendung im Lohnsteuerabzugsverfahren

[1]Im Lohnsteuerabzugsverfahren richtet sich die Anwendung des § 34 EStG nach § 39b Abs. 3 Satz 9 EStG. [2]Dabei ist die Regelung nach Rz. 8 und 11 ebenfalls anzuwenden, wobei der Arbeitgeber auch solche Einnahmen (Einkünfte) berücksichtigen darf, die der Arbeitnehmer nach Beendigung des bestehenden Dienstverhältnisses erzielt. [3]Der Arbeitnehmer ist in diesem Fall zur Abgabe einer Einkommensteuererklärung verpflichtet (Pflichtveranlagung nach § 46 Abs. 2 Nr. 5 EStG). [4]Kann der Arbeitgeber die erforderlichen Feststellungen nicht treffen, ist im Lohnsteuerabzugsverfahren die Besteuerung ohne Anwendung des § 39b Abs. 3 Satz 9 EStG durchzuführen. [5]Die begünstigte Besteuerung erfolgt dann ggf. erst im Veranlagungsverfahren (Antragsveranlagung nach § 46 Abs. 2 Nr. 8 EStG). [6]Die ermäßigte Besteuerung ist im Lohnsteuer- 12

abzugsverfahren nicht anzuwenden, wenn sie zu einer höheren Steuer führt als die Besteuerung als nicht begünstigter sonstiger Bezug (→ BMF-Schreiben vom 10. 01. 2000 – BStBl I S. 138).

3. Zusammenballung von Einkünften bei zusätzlichen Entschädigungsleistungen des Arbeitgebers

a) Zusätzliche Entschädigungsleistungen des Arbeitgebers

13 [1]Sehen Entlassungsvereinbarungen zusätzliche Leistungen des früheren Arbeitgebers vor, z. B. unentgeltliche Nutzung des Dienstwagens, ohne dass der ausgeschiedene Mitarbeiter noch zu einer Dienstleistung verpflichtet wäre, so kann es sich um eine Entschädigung handeln (→ Rz. 2, 3). [2]Eine Entschädigung liegt in diesen Fällen u. a. nicht vor, wenn derartige zusätzliche Leistungen nicht nur bei vorzeitigem Ausscheiden, sondern auch in anderen Fällen, insbesondere bei altersbedingtem Ausscheiden, erbracht werden, z. B. Fortführung von Mietverhältnissen, von Arbeitgeberdarlehen, von Deputatlieferungen und von Sondertarifen, sowie Weitergewährung von Rabatten. [3]Lebenslänglich zugesagte Geld- oder Sachleistungen sind stets nach § 24 Nr. 2 EStG zu behandeln.

b) Zusammenballung von Einkünften bei zusätzlichen Entschädigungsleistungen des Arbeitgebers aus Gründen der sozialen Fürsorge in späteren VZ

14 [1]Fließt die Gesamtentschädigung (Einmalbetrag zuzüglich zusätzlicher Entschädigungsleistungen) nicht in einem VZ zu, so ist dies für die Anwendung des § 34 EStG grundsätzlich schädlich (→ Rz. 8). [2]Werden aber zusätzliche Entschädigungsleistungen, die Teil einer einheitlichen Entschädigung sind, aus Gründen der sozialen Fürsorge für eine gewisse Übergangszeit in späteren VZ gewährt, sind diese für die Beurteilung der Hauptleistung als einer zusammengeballten Entschädigung unschädlich, wenn sie weniger als 50 % der Hauptleistung betragen. [3]Die Vergleichsrechnung ist hier durch Einnahmenvergleich vorzunehmen.

[4]Zusatzleistungen aus Gründen der sozialen Fürsorge sind beispielsweise solche Leistungen, die der (frühere) Arbeitgeber seinem (früheren) Arbeitnehmer zur Erleichterung des Arbeitsplatz- oder Berufswechsels oder als Anpassung an eine dauerhafte Berufsaufgabe und Arbeitslosigkeit erbringt. [5]Sie setzen keine Bedürftigkeit des entlassenen Arbeitnehmers voraus. [6]Soziale Fürsorge ist allgemein im Sinne der Fürsorge des Arbeitgebers für seinen früheren Arbeitnehmer zu verstehen. [7]Ob der Arbeitgeber zu der Fürsorge arbeitsrechtlich verpflichtet ist, ist unerheblich.

[8]Derartige ergänzende Zusatzleistungen können beispielsweise die Übernahme von Kosten für eine Outplacement-Beratung (→ BFH vom 14. 08. 2001 – BStBl 2002 II S. 180), die befristete Weiterbenutzung des Dienstwagens (→ BFH vom 03. 07. 2002 – BStBl 2004 II S. 447), die befristete Übernahme von Versicherungsbeiträgen, die befristete Zahlung von Zuschüssen zum Arbeitslosengeld (→ BFH vom 24. 01. 2002 – BStBl 2004 II S. 442), die Zahlung einer Jubiläumszuwendung nach dem Ausscheiden, die der Arbeitnehmer bei Fortsetzung des Arbeitsverhältnisses erhalten hätte (→ BFH vom 14. 05. 2003 – BStBl 2004 II S. 451) und Zahlungen zur Verwendung für die Altersversorgung (→ BFH vom 15. 10. 2003 – BStBl 2004 II S. 264) sein.

[9]Die aus sozialer Fürsorge erbrachten ergänzenden Zusatzleistungen, die außerhalb des zusammengeballten Zuflusses in späteren VZ erfolgen, fallen nicht unter die Tarifbegünstigung des § 34 Abs. 1 EStG.

Beispiel:

Auflösung des Dienstverhältnisses im Jahr 02. Der Arbeitgeber zahlt im Jahr 02 insgesamt 150 000 EUR Entschädigung und gewährt von Juli 02 bis Juni 03 zur Überbrückung der Arbeitslosigkeit einen Zuschuss zum Arbeitslosengeld von monatlich 2 500 EUR. Im Jahr 03 fließen keine weiteren Einkünfte zu.

– Jahr 02		
Einnahmen i. S. d. § 19 EStG		50 000 EUR
Entschädigung	150 000 EUR	
monatlicher Zuschuss (6x 2 500 EUR)	15 000 EUR	
Entschädigung insgesamt (Hauptleistung)		165 000 EUR
– Jahr 03		
monatlicher Zuschuss (6x 2 500 EUR)		15 000 EUR

Die im Jahr 03 erhaltenen Zahlungen sind zusätzliche Entschädigungsleistungen, die aus sozialer Fürsorge für eine gewisse Übergangszeit gewährt wurden. Sie betragen 15 000 EUR = 9,09 % von 165 000 EUR (Entschädigungshauptleistung) und sind damit unschädlich für die Beurteilung der Hauptleistung als einer zusammengeballten Entschädigung. Die im Jahr 02 erhaltenen Entschädigungsleistungen sind daher nach § 34 EStG ermäßigt zu besteuern. Die im Jahr 03 erhaltenen Zusatzleistungen fallen nicht unter die Tarifbegünstigung des § 34 EStG. Wegen des vorzunehmenden Vergleichs der Einnahmen bleibt der Arbeitnehmer-Pauschbetrag außer Betracht.

c) Weitere Nutzung der verbilligten Wohnung

Ist die weitere Nutzung einer Wohnung Bestandteil der Entschädigungsvereinbarung, so ist die Mietverbilligung nur dann für die Zusammenballung von Einkünften schädlich, wenn sie mietrechtlich frei vereinbar und dem Grunde nach geldwerter Vorteil aus dem früheren Dienstverhältnis ist und nicht auf die Lebenszeit des oder der Berechtigten abgeschlossen ist. 15

IV. Planwidriger Zufluss in mehreren VZ/ Rückzahlung bereits empfangener Entschädigungen

[1]Die Anwendung der begünstigten Besteuerung nach § 34 Abs. 1 und 2 EStG setzt u. a. voraus, dass die Entschädigungsleistungen zusammengeballt, d. h. in einem VZ zufließen (→ Rz. 9). [2]Das Interesse der Vertragsparteien ist daher regelmäßig auf den planmäßigen Zufluss in einem VZ gerichtet. [3]Findet in den Fällen der nachstehenden Rz. 19 und 20 ein planwidriger Zufluss in mehreren VZ statt, obwohl die Vereinbarungen eindeutig auf einen einmaligen Zufluss gerichtet waren, ist der Korrekturbetrag eines nachfolgenden VZ (VZ 02) auf Antrag des Steuerpflichtigen in den VZ (VZ 01) zurück zu beziehen, in dem die – grundsätzlich begünstigte – Hauptentschädigung zugeflossen ist. [4]Stimmt das Finanzamt diesem Antrag zu (§ 163 AO), ist der Steuerbescheid (VZ 01) nach § 175 Abs. 1 Satz 1 Nr. 2 AO zu ändern, wobei die begünstigte Besteuerung auf die gesamte Entschädigungsleistung (Hauptentschädigung zzgl. Korrekturbetrag) anzuwenden ist. [5]Wird der Antrag nicht gestellt und ist die Steuerfestsetzung für diesen VZ (VZ 02) bereits bestandskräftig, so ist der Bescheid (VZ 01) nach § 175 Abs. 1 Satz 1 Nr. 2 AO zu ändern und die begünstigte Steuerberechnung wegen fehlender Zusammenballung zu versagen. 16

[1]Hat der Steuerpflichtige in einem nachfolgenden VZ einen Teil der Entschädigung zurückzuzahlen, so ist die Rückzahlung als Korrektur auch dann im Jahr des Abflusses zu berücksichtigen, wenn die Abfindung im Zuflussjahr begünstigt besteuert worden ist. [2]Eine Lohnrückzahlung ist regelmäßig kein rückwirkendes Ereignis i. S. d. § 175 Abs. 1 Satz 1 Nr. 2 AO, das zur Änderung des Einkommensteuerbescheides des Zuflussjahres berechtigt (→ BFH vom 04. 05. 2006 – BStBl II S. 911). 17

1. Versehentlich zu niedrige Auszahlung der Entschädigung

[1]Es kommt vor, dass eine Entschädigung an den ausscheidenden Arbeitnehmer versehentlich – z. B. auf Grund eines Rechenfehlers, nicht jedoch bei unzutreffender rechtlicher Würdigung – im Jahr des Ausscheidens zu niedrig ausgezahlt wird. [2]Der Fehler wird im Laufe eines späteren VZ erkannt und der Differenzbetrag ausgezahlt. 18

2. Nachzahlung nach Rechtsstreit

[1]Streiten sich Arbeitgeber und Arbeitnehmer vor Gericht über die Höhe der Entschädigung, zahlt der Arbeitgeber üblicherweise an den Arbeitnehmer im Jahr des Ausscheidens nur den von ihm (Arbeitgeber) für zutreffend gehaltenen Entschädigungsbetrag und leistet ggf. erst Jahre später auf Grund einer gerichtlichen Entscheidung oder eines Vergleichs eine weitere Zahlung. [2]Voraussetzung für die Anwendung der Billigkeitsregelung nach Rz. 16 ist in diesen Fällen, dass der ausgeschiedene Arbeitnehmer keinen Ersatzanspruch hinsichtlich einer aus der Nachzahlung resultierenden eventuellen ertragsteuerlichen Mehrbelastung gegenüber dem früheren Arbeitgeber hat. 19

V. Vom Arbeitgeber freiwillig übernommene Rentenversicherungsbeiträge i. S. d. § 187a SGB VI

Die Hälfte der vom Arbeitgeber freiwillig übernommenen Rentenversicherungsbeiträge i. S. d. § 187a SGB VI, durch die Rentenminderungen bei vorzeitiger Inanspruchnahme der Altersrente gemildert oder vermieden werden können, ist steuerfrei nach § 3 Nr. 28 EStG. 20

[1]Die vom Arbeitgeber zusätzlich geleisteten Rentenversicherungsbeiträge nach § 187a SGB VI einschließlich darauf entfallender, ggf. vom Arbeitgeber getragener Steuerabzugsbeträge sind als Teil der Entschädigung i. S. d. § 24 Nr. 1 EStG, die im Zusammenhang mit der Auflösung *eines Dienstverhältnisses geleistet wird*, zu behandeln. [2]Leistet der Arbeitgeber diese Beiträge in Teilbeträgen, ist dies für die Frage der Zusammenballung unbeachtlich. [3]Die dem Arbeitnehmer darüber hinaus zugeflossene Entschädigung (Einmalbetrag) kann daher aus Billigkeitsgründen auf Antrag unter den übrigen Voraussetzungen begünstigt besteuert werden. 22

VI. Anwendung

[1]Die vorstehenden Grundsätze sind in allen noch offenen Fällen anzuwenden. [2]Dieses Schreiben ersetzt die im Bezug genannten BMF-Schreiben.[1]) 23

---

[1]) BMF-Schreiben vom 24. 5. 2004 (BStBl I S. 505, berichtigt BStBl I S. 633) und vom 17. 1. 2011 (BStBl I S. 39).

Allgemeine Verwaltungsvorschrift zur Anwendung des Erbschaftsteuer- und Schenkungsteuerrechts (Erbschaftsteuer-Richtlinien 2011 – ErbStR 2011)

vom 19. 12. 2011 (BStBl I Sondernummer 1 / 2011)

– Auszug –

R B 12.1 Kapitalforderungen und Schulden

(1) Besondere Umstände, die eine **vom Nennwert abweichende Bewertung** rechtfertigen, liegen vor,

1. wenn die Kapitalforderungen oder Schulden unverzinslich sind und ihre Laufzeit im Besteuerungszeitpunkt mehr als ein Jahr beträgt;
2. wenn die Kapitalforderungen oder Schulden niedrig verzinst oder hoch verzinst sind und die Kündbarkeit für längere Zeit ausgeschlossen ist;
3. wenn zweifelhaft ist, ob eine Kapitalforderung in vollem Umfang durchsetzbar ist.

(2) [1]Eine **niedrig verzinsliche Kapitalforderung** oder Schuld, die unter dem Nennwert anzusetzen ist, kann angenommen werden, wenn die Verzinsung unter 3 Prozent liegt und die Kündbarkeit am Veranlagungsstichtag für längere Zeit, d. h. für mindestens vier Jahre, eingeschränkt oder ausgeschlossen ist. [2]Stehen einer unverzinslichen oder niedrig verzinslichen Kapitalforderung an Stelle der Zinsen oder neben den Zinsen andere wirtschaftliche Vorteile gegenüber, kommt eine Bewertung unter dem Nennwert nicht in Betracht; dies gilt entsprechend, wenn einer unverzinslichen oder niedrig verzinslichen Kapitalschuld an Stelle der Zinsen oder neben den Zinsen andere wirtschaftliche Nachteile gegenüberstehen. [3]**Eine hoch verzinsliche Kapitalforderung** oder Schuld, die über dem Nennwert anzusetzen ist, kann im allgemeinen angenommen werden, wenn die Verzinsung über 9 Prozent liegt und die Rückzahlung am Besteuerungsstichtag noch für mindestens vier Jahre ausgeschlossen ist; Satz 2 gilt entsprechend.

(3) [1]Ist zweifelhaft, ob oder inwieweit eine **Kapitalforderung durchsetzbar** ist, kann sie dem Grad der Zweifelhaftigkeit entsprechend mit einem niedrigeren Schätzwert anzusetzen sein. [2]Das gilt insbesondere beim Ansatz verjährter Kapitalforderungen. [3]Schwierigkeiten in der Beurteilung der Rechtslage sind kein besonderer Umstand, der einen Abschlag rechtfertigt.

(4) Nicht zum Betriebsvermögen gehörende **Steuererstattungsansprüche** und **Steuervergütungsansprüche** sowie entsprechende Schulden (z. B. Einkommensteuerschulden) sind als Kapitalforderungen oder Schulden zu bewerten.

(5) Kapitalforderungen und Schulden, die auf **ausländische Währungen** lauten, sind mit dem am Besteuerungszeitpunkt maßgebenden Umrechnungskurs zu bewerten.

Anwendung von BMF-Schreiben; BMF-Schreiben, die bis zum *20. März 2015* ergangen sind

BMF vom ***23. 3. 2015 (BStBl I S. 278)***) ***IV A 2 – O 2000/14/10001 – 2015/0188422***

Anwendung von gleich lautenden Erlassen der obersten Finanzbehörden der Länder;

Gleich lautende Erlasse, die bis zum ***20. März 2015*** ergangen sind

Gleich lautende Erlasse der obersten Finanzbehörden der Länder

vom ***23. März 2015 (BStBl I S. 279)***)

Unter Bezugnahme auf das Ergebnis der Erörterungen mit den obersten Finanzbehörden der Länder gilt zur Anwendung der bis zum Tage dieses Schreibens ergangenen BMF-Schreiben ***dieser Erlasse ergangenen*** gleich lautenden Erlasse der obersten Finanzbehörden der Länder das Folgende:

Für Steuertatbestände, die nach dem 31. Dezember ***2013*** verwirklicht werden, sind die bis zum Tage dieses BMF-Schreibens/dieser Erlasse ergangenen BMF-Schreiben/gleich lautenden Erlasse der obersten Finanzbehörden der Länder anzuwenden, soweit sie in der Positivliste aufgeführt sind. Die nicht in der Positivliste aufgeführten BMF-Schreiben/gleich lautenden Erlasse der obersten Finanzbehörden der Länder werden für nach dem 31. Dezember ***2013*** verwirklichte Steuertatbestände aufgehoben. Für vor dem 1. Januar ***2014*** verwirklichte Steuertatbestände bleibt die Anwendung der nicht in der Positivliste aufgeführten BMF-Schreiben/gleich lautenden Erlasse der obersten Finanzbehörden der Länder unberührt, soweit sie nicht durch ändernde oder ergänzende BMF-Schreiben/gleich lautende Erlasse der obersten Finanzbehörden der Länder überholt sind.

BMF-Schreiben/gleich lautende Erlasse der obersten Finanzbehörden der Länder in diesem Sinne sind Verwaltungsvorschriften, die die Vollzugsgleichheit im Bereich der vom Bund verwalteten, der von den Ländern verwalteten und der von den Ländern im Auftrag des Bundes verwalteten Steuern sicherstellen sollen sowie Verwaltungsvorschriften zur Ausführung des Steuerberatungsgesetzes und die mit gleichem Wortlaut und Datum im Bundessteuerblatt Teil I veröffentlicht wurden bzw. zur Veröffentlichung vorgesehen sind. Die Aufhebung der BMF-Schreiben/gleich lautenden Erlasse der obersten Finanzbehörden der Länder bedeutet keine Aufgabe der bisherigen Rechtsauffassung der Verwaltung, sondern dient der Bereinigung der Weisungslage. Sie hat deklaratorischen Charakter, soweit die BMF-Schreiben/gleich lautenden Erlasse der obersten Finanzbehördender Länder bereits aus anderen Gründen keine Rechtswirkung mehr entfalten. Die in der Anlage 1 zum o. a. BMF-Schreiben/gleich lautenden Erlassen der obersten Finanzbehörden der Länder ***vom 24. März 2014*** aufgeführten und nicht mehr in der aktuellen Positivliste enthaltenen BMF-Schreiben/gleich lautenden Erlasse der obersten Finanzbehörden der Länder sind nachrichtlich in der Anlage 2 (gemeinsame Liste der im BMF-Schreiben vom ***24. März 2014 (BStBl I S. 606)***) und in den gleich lautenden Erlassen der obersten Finanzbehörden der Länder vom *24. März 2014 (BStBl I S. 607)*) aufgeführten und nicht mehr in der aktuellen Positivliste enthaltenen BMF-Schreiben und gleich lautenden Erlasse der obersten Finanzbehörden der Länder) aufgeführt.

– Auszug der lohnsteuerlich relevanten BMF-Schreiben/gleich lautenden Erlasse der obersten Finanzbehörden der Länder aus der Positivliste, einschließlich der ab dem ***21. März 2015*** ergangenen lohnsteuerlich relevanten BMF-Schreiben/gleich lautenden Erlasse der obersten Finanzbehörden der Länder –

lfd. Nr.	Datum	Aktenzeichen, Fundstelle LStH 2013	Fundstelle BStBl	Betreff
1	31. 10. 1983	IV B 6 – S 2293 – 50/83 H 39d	BStBl I 1983, S. 470	Steuerliche Behandlung von Arbeitnehmereinkünften bei Auslandstätigkeit (Auslandstätigkeitserlass)
2	02. 03. 1990	IV B 6 – S 2332 – 23/90 H 19.3	BStBl I 1990, S. 141	Einkommensteuerliche Behandlung der Zinsen auf Einlagen der Arbeitnehmer von Kreditinstituten
3[1])	05. 10. 1990	IV B 6 – S 2332 – 73/90 H 19.0	BStBl I 1990, S. 638	Steuerabzug vom Arbeitslohn bei unbeschränkt einkommensteuer(lohnsteuer-)pflichtigen Künstlern und verwandten Berufen

1) Neufassung der Anlage → lfd. Nr. ***123***.

lfd. Nr.	Datum	Aktenzeichen, Fundstelle LStH 2013	Fundstelle BStBl	Betreff
4	22. 02. 1991	IV B 6 – S 2360 – 3/91 H 9.1	BStBl I 1991, S. 951	Steuerliche Behandlung des Versorgungszuschlags für Beamte bei Beurlaubung ohne Dienstbezüge
5	31. 03. 1992	IV B 6 – S 2012 – 12/92 H 9.5	BStBl I 1992, S. 270	Dienstreise-Kaskoversicherung des Arbeitgebers für Kraftfahrzeuge des Arbeitnehmers und steuerfreier Fahrtkostenersatz, hier BFH-Urteil vom 27. Juni 1991 – VI R 3/87 –
6[1])	15. 04. 1993	IV B 6 – S 2334 – 68/93 H 8.2	BStBl I 1993, S. 339	Steuerliche Behandlung der Personalrabatte bei Arbeitnehmern von Kreditinstituten
7	10. 01. 1994	IV C 5 – S 1300 – 196/93 H 39b.10	BStBl 1994 I S. 14	Besteuerung von Gastlehrkräften nach den Doppelbesteuerungsabkommen (DBA)
8	28. 03. 1994	IV B 6 – S 2334 – 46/94	BStBl I 1994, S. 233	Lohnsteuerliche Behandlung ersparter Abschlussgebühren bei Abschluss eines Bausparvertrages
9	14. 09. 1994	IV B 6 – S 2334 – 115/94	BStBl I 1994, S. 755	Steuerliche Behandlung unentgeltlicher oder verbilligter Reisen bei Mitarbeitern von Reisebüros und Reiseveranstaltern
10[2])	19. 09. 1994	IV C 6 – S 1301 Schz – 60/94 H 39d	BStBl I 1994, S. 683	Deutsch-schweizerisches Doppelbesteuerungsabkommen vom 11. August 1971; Einführungsschreiben zur Neuregelung der Grenzgängerbesteuerung
11	20. 09. 1994	IV B 6 – S 2450 – 6/94	BStBl I 1994, S. 757	Merkblatt zum Solidaritätszuschlag im Lohnsteuer-Abzugsverfahren ab 1995
12	06. 12. 1994	IV B 6 – S 2332 – 48/94	BStBl I 1994, S. 921	Lohnsteuerliche Behandlung der Pflichtbeiträge katholischer Geistlicher zur/zum a) Ruhegehaltskasse des (Erz-)Bistums, b) Diaspora-Priesterhilfswerk, c) Haushälterinnen-Zusatzversorgung
13	29. 09. 1995	IV B 6 – S 2000 – 60/95 H 39.2, H 39c	BStBl 1995 I S. 429	Lohnsteuer-Ermäßigungsverfahren/ Steuerklassen in EU/EWR Fällen
14	01. 11. 1995	S 2330 A – 10/96 – 204.1 H 8.1 (9 – 10)	BStBl I 1995, S. 719	Merkblatt für den Arbeitgeber zu den Rechtsänderungen beim Steuerabzug vom Arbeitslohn ab 1. Januar 1996 und zur Auszahlung des Kindergeldes ab 1. Januar 1996

1) Überholt → lfd. Nr. ***143***.
2) Teilweise überholt → lfd. Nr. ***19*** und ***48***.

lfd. Nr.	Datum	Aktenzeichen, Fundstelle LStH 2013	Fundstelle BStBl	Betreff
15	28. 05. 1996	IV B 6 – S 2334 – 173/96 H 8.1 (9-10)	BStBl I 1996, S. 654	Steuerliche Behandlung der Überlassung eines betrieblichen Kraftfahrzeugs an Arbeitnehmer Lohnsteuerliche Behandlung der Pflichtbeiträge katholischer Geistlicher zur/zum a) Ruhegehaltskasse des (Erz-) Bistums, b) Diaspora-Priesterhilfswerk, c) Haushälterinnen-Zusatzversorgung
16	14. 10. 1996	IV B 2 – S 2143-23/96 H 19.7	BStBl I 1996, S. 1192	Ertragsteuerliche Behandlung von Incentive-Reisen
17[1])	*30. 12. 1996*	*IV B 4 – S 2303 – 266/96*	BStBl I 1996, S. 1506	*Beschränkte und unbeschränkte Einkommensteuerpflicht; Umsetzung des EuGH-Urteils vom 14. Februar 1995 – Schumacker – im Rahmen des Jahressteuergesetzes 1996*
18	30. 06. 1997	IV B 6 – S 2334 – 148/97 H 19.3	BStBl I 1997, S. 696	Lohnsteuerliche Behandlung der Aufwendungen des Arbeitgebers für sicherheitsgefährdete Arbeitnehmer, Sicherheitsmaßnahmen
19[2])	07. 07. 1997	IV C 6 – S 1301 Schz – 37/97 H 39d	BStBl I 1997, S. 723	Deutsch-schweizerisches Doppelbesteuerungsabkommen vom 11. August 1971 (DBA); Grenzgängerbesteuerung leitende Angestellte, Arbeitnehmer mit Drittstaateneinkünften
20	13. 03. 1998	IV B 4 – S 2303 – 28/98	BStBl I 1998, S. 351	Einkommensteuerrechtliche Behandlung der nicht im Inland ansässigen Korrespondenten inländischer Rundfunk- und Fernsehanstalten sowie inländischer Zeitungsunternehmen
21	25. 11. 1999	IV C 1 – S 2102 – 31/99 H 39c	BStBl I 1999, S. 990	Bescheinigung nach § 1 Abs. 3 Satz 4 Einkommensteuergesetz; Verzicht auf die Bestätigung der ausländischen Steuerbehörde im Lohnsteuer-Ermäßigungsverfahren
22	10. 01. 2000	IV C 5 – S 2330 – 2/00 H 39b.6, H 40.2, H 40a.1, H 40b.1	BStBl I 2000, S. 138	Gesetz zur Neuregelung der geringfügigen Beschäftigungsverhältnisse und Steuerentlastungsgesetz 1999/2000/2002; Anwendung von Vorschriften zum Lohnsteuerabzugsverfahren
23	15. 12. 2000	IV D 2 – S 1551 – 188/00 H 9.5	BStBl I 2000, S. 1532	AfA-Tabelle für die allgemein verwendbaren Anlagegüter (AfA-Tabelle „AV")

1) Teilweise überholt → lfd. Nr. ***21***.
2) Teilweise überholt → lfd. Nr. ***48***.

lfd. Nr.	Datum	Aktenzeichen, Fundstelle LStH 2013	Fundstelle BStBl	Betreff
24	25. 07. 2002	IV A 6 – S 2176 – 28/02	BStBl I 2002, S. 706	Zusagen auf Leistungen der betrieblichen Altersversorgung; Hinterbliebenenversorgung für die Lebensgefährtin oder den Lebensgefährten
25[1])	31. 07. 2002	IV C 5 – S 2369 – 5/02 H 39d	BStBl I 2002, S. 707	Besteuerung der Einkünfte aus nichtselbständiger Arbeit bei beschränkt einkommensteuerpflichtigen Künstlern
26	22. 08. 2002	IV C 4 – S 2221 – 211/02 H 40b.1	BStBl I 2002, S. 827	Vertragsänderungen bei Versicherungen auf den Erlebens- oder Todesfall im Sinne des § 10 Abs. 1 Nr. 2 Buchstabe b Doppelbuchstabe cc und dd EStG
27[2])	27. 12. 2002	IV A 5 – S 2272 – 1/02 H 41.3	BStBl I 2002, S. 1399	Steuerabzug von Vergütungen für im Inland erbrachte Bauleistungen (§ 48 ff. EStG)
28	04. 09. 2003	IV A 5 – S 2272b – 20/03	BStBl I 2003, S. 431	Steuerabzug von Vergütungen für im Inland erbrachte Bauleistungen (§§ 48 ff. EStG)
29	26. 09. 2003	IV A 5 – S 2227 – 1/03 H 9.2	BStBl I 2003, S. 447	Einkommensteuerliche Behandlung von Aufwendungen für Auslandssprachkurse als Werbungskosten oder Betriebsausgaben nach § 9 Abs. 1 Satz 1, § 4 Abs. 4 EStG und § 12 Nr. 1 EStG; Rechtsfolgen aus dem Urteil des BFH vom 13. Juni 2002 (BStBl II 2003 S. 765)
30	27. 01. 2004	IV C 5 – S 2000 – 2/04 H 8.1 (1-4)	BStBl I 2004, S. 173	Einführungsschreiben Lohnsteuer zum Steueränderungsgesetz 2003 und Haushaltsbegleitgesetz 2004
31[3])	09. 08. 2004	IV C 5 – S 2430 – 18/04 H 19a	BStBl I 2004, S. 717	Vermögensbildung Anwendung des Fünften Vermögensbildungsgesetzes ab 2004
32	29. 10. 2004	IV C 4 – S 2281 – 515/04 H 24b, H 39.1	BStBl I 2004, S. 1042	Entlastungsbetrag für Alleinerziehende, § 24b EStG; Anwendungsschreiben
33	21. 07. 2005	IV B 1 – S 2411 – 2/05 H 39b.10	BStBl I 2005, S. 821	Merkblatt zur Steuerfreistellung ausländischer Einkünfte gem. § 50d Abs. 8 EStG
34[4])	22. 08. 2005	IV B 2 – S 2144 – 41/05	BStBl I 2005, S. 845	Ertragsteuerliche Behandlung von Aufwendungen für VIP-Logen in Sportstätten
35	10. 10. 2005	IV C 5 – S 2334 – 75/05 H 3.59	BStBl I 2005, S. 959	Steuerbefreiung von Mietvorteilen nach § 3 Nr. 59 2. Halbsatz EStG; BFH-Urteil vom 16. Februar 2005 – VI R 58/03 – (BStBl II S. 750)

1) Teilweise überholt → lfd. Nr. ***95***.
2) Teilweise ergänzt → lfd. Nr. ***28***.
3) Ab VZ 2009 → lfd. Nr. ***52*** und ***59***,
ab VZ 2012 → lfd. Nr. ***77***,
ab VZ 2014 → lfd. Nr. ***125***.
4) Teilweise überholt → lfd. Nr. ***39***, ab VZ 2007 → lfd. Nr. ***47 und Nr. 142***.

lfd. Nr.	Datum	Aktenzeichen, Fundstelle LStH 2013	Fundstelle BStBl	Betreff
36	13. 12. 2005	IV C 3 – S 2253 – 112/05 H 9.14, H 19.3	BStBl I 2006, S. 4	Vermietung eines Büroraums an den Arbeitgeber; Anwendung des BFH-Urteils vom 16. September 2004 (BStBl 2005 II S. 10)
37	03. 04. 2006	IV B 6 – S 1301 FRA – 26/06 H 39d	BStBl I 2006, S. 304	Deutsch-französisches Doppelbesteuerungsabkommen; Verständigungsvereinbarung zur 183-Tage-Regelung (Artikel 13 Abs. 4) und zur Anwendung der Grenzgängerregelung (Artikel 13 Abs. 5)
38	12. 04. 2006	IV B 3 – S 1311 – 75/06 H 3.64, H 39b.10	BStBl I 2006, S. 340	Steuerliche Behandlung des von Organen der EU gezahlten Tagegeldes für in ihrem Bereich verwendete Beamte
39[1])	11. 07. 2006	IV B 2 – S 2144 – 53/06	BStBl I 2006, S. 447	Ertragsteuerliche Behandlung von Aufwendungen für VIP-Logen in Sportstätten; Anwendung der Vereinfachungsregelung auf ähnliche Sachverhalte
40[2])	14. 09. 2006	IV B 6 – S 1300 – 367/06 H 38.3, H 39b.10, H 39d	BStBl I 2006, S. 532	Steuerliche Behandlung des Arbeitslohns nach den Doppelbesteuerungsabkommen (DBA)
41	*20. 10. 2006*	*IV B 5 – S 1301 CHE – 55/06*	BStBl I 2007, S. 68	*Abkommen zwischen der Bundesrepublik Deutschland und der Schweizerischen Eidgenossenschaft zur Vermeidung der Doppelbesteuerung auf dem Gebiete der Steuern vom Einkommen und vom Vermögen vom 11. August 1971; Ansässigkeitsbescheinigung für Grenzgänger zum Zwecke der Ermäßigung der Abzugssteuern nach Artikel 15a Abs. 1 Satz 3 des Abkommens und des Verhandlungsprotokolls vom 18. Dezember 1991 (Vordruck Gre-1)*
42[3])	26. 10. 2006	IV B 2 – S 2144 – 57/06 H 3.66	BStBl I 2006, S. 709	Übertragung von Versorgungsverpflichtungen und Versorgungsanwartschaften auf Pensionsfonds; Anwendung der Regelung in § 4d Abs. 3 EStG und § 4e Abs. 3 EStG i. V. m. § 3 Nr. 66 EStG
43	28. 12. 2006		BStBl I 2007, S. 76	Gleichlautende Erlasse der obersten Finanzbehörden der Länder betr. Kirchensteuer bei Pauschalierung der Einkommensteuer nach § 37b EStG

1) Ab VZ 2007 → lfd. Nr. ***47 und Nr. 142***.
2) Überholt → lfd. Nr. ***132***.
3) Überholt → lfd. Nr. .***147***.

lfd. Nr.	Datum	Aktenzeichen, Fundstelle LStH 2013	Fundstelle BStBl	Betreff
44	10. 01. 2007	IV B 6 – S 1301 BEL – 1/07 H 39d	BStBl I 2007, S. 261	Deutsch-belgisches Doppelbesteuerungsabkommen; Verständigungsvereinbarung mit dem belgischen Finanzministerium vom 15. Dezember 2006 über die Zuordnung des Besteuerungsrechts bei Abfindungen an Arbeitnehmer
45[1])	31. 05. 2007	IV A 5 – S 7100/07/0031 2007/0222008 H 19.0	BStBl I 2007, S. 503	Umsatzsteuer; Leistungen zwischen Gesellschaft und Gesellschafter; Geschäftsführungs- und Vertretungsleistungen eines Gesellschafters
46	29. 10. 2007	IV B 6 – S 1301 – NDL/07/0006, 2007/0467685 H 39d	BStBl I 2007, S. 756	Deutsch-niederländisches Doppelbesteuerungsabkommen; Verständigungsvereinbarung zur Zuordnung des Besteuerungsrechts bei Abfindungen an Arbeitnehmer
47[2])	29. 04. 2008	IV B 2 – S 2297-b/07/0001 2008/0210802 H 37b, Anhang 23a	BStBl I 2008, S. 566	Pauschalierung der Einkommensteuer bei Sachzuwendungen nach § 37b EStG
48	30. 09. 2008	IV B 2 – S 1301 – CHE/07/100015 - 2008/0522903 H 39d	BStBl I 2008, S. 935	Abkommen zwischen der Bundesrepublik Deutschland und der Schweizerischen Eidgenossenschaft zur Vermeidung der Doppelbesteuerung auf dem Gebiet der Steuern vom Einkommen und Vermögen; Verständigungsverfahren zu Art. 15 Abs. 4
49[3])	01. 10. 2008	IV C 5 – S 2334/07/0009 2008/0537560	BStBl I 2008, S. 892	Steuerliche Behandlung von Arbeitgeberdarlehen
50	12. 11. 2008	IV B 5 – S 1300/07/10080 2008/0278947 H 39b.10	BStBl I 2008, S. 988	Besteuerung von in Deutschland ansässigem Flugpersonal britischer und irischer Fluggesellschaften
51[4])	25. 11. 2008	IV C 4 – S 2121/07/0010 2008/0656438	BStBl I 2008, S. 985	Steuerfreie Einnahmen aus ehrenamtlicher Tätigkeit; Gesetz zur weiteren Stärkung des bürgerschaftlichen Engagements vom 10. Oktober 2007
52[5])	16. 03. 2009	IV C 5 – S 2430/09/10001 2009/0171679 H 19a	BStBl I 2009, S. 501	Anwendung des Fünften Vermögensbildungsgesetzes ab 2009

1) Teilweise überholt → lfd. Nr. ***68***.
2) Überholt → lfd. Nr. ***142***.
3) Überholt → lfd. Nr. ***143***.
4) Überholt → lfd. Nr ***133***.
5) Teilweise überholt → lfd. Nr. ***59***,
ab 2012 → lfd. Nr. ***77***,
ab VZ 2014 → lfd. Nr. ***125***.

lfd. Nr.	Datum	Aktenzeichen, Fundstelle LStH 2013	Fundstelle BStBl	Betreff
53	17. 06. 2009	IV C 5 – S 2332/07/0004 2009/0406609 H 3b, H 38.2	BStBl I 2009, S. 1286	Lohn-/einkommensteuerliche Behandlung sowie Voraussetzungen für die steuerliche Anerkennung von Zeitwertkonten-Modellen
54[1])	14. 10. 2009	VI C 4 – S 2121/07/0010 2009/0680374	BStBl I 2009, S. 1318	Gemeinnützigkeitsrechtliche Folgerungen aus der Anwendung des § 3 Nummer 26a EStG; Zahlungen an Mitglieder des Vorstands
55	28. 10. 2009	IV C 5 – S 2332/09/10004 2009/0690175 H 9.8, H 19.3, H 40b.2	BStBl I 2009, S. 1275	Einkommen-(lohn-)steuerliche Behandlung von freiwilligen Unfallversicherungen
56[2])	18. 11. 2009	IV C 6 – S 2177/07/10004 2009/0725394 H 8.1 (9-10)	BStBl I 2009, S. 1326	Ertragsteuerliche Erfassung der Nutzung eines betrieblichen Kraftfahrzeugs zu Privatfahrten, zu Fahrten zwischen Wohnung und Betriebsstätte sowie zu Familienheimfahrten nach § 4 Absatz 5 Satz 1 Nummer 6 und § 6 Absatz 1 Nummer 4 Satz 1 bis 3 EStG; Berücksichtigung der Änderungen durch das Gesetz zur Eindämmung missbräuchlicher Steuergestaltungen vom 28. April 2006 (BStBl I S. 353) und des Gesetzes zur Fortführung der Gesetzeslage 2006 bei der Entfernungspauschale vom 20. April 2009 (BGBl. I S. 774, BStBl I S. 536)
57	08. 12. 2009	IV C 5 – S 2347/09/10002 2009/0810442 H 3.39, H 19a	BStBl I 2009, S. 1513	Lohnsteuerliche Behandlung der Überlassung von Vermögensbeteiligungen ab 2009 (§ 3 Nummer 39 , § 19a EStG)
58[3])	18. 12. 2009	IV C 5 – S 2334/09/10006 2009/0830813 H 8.2	BStBl I 2010, S. 20	Ermittlung des geldwerten Vorteils beim Erwerb von Kraftfahrzeugen vom Arbeitgeber in der Automobilbranche (§ 8 Absatz 3 EStG)
59[4])	04. 02. 2010	IV C 5 – S 2430/09/10002 2010/0076244 H 19a	BStBl I 2010, S. 195	Anwendung des Fünften Vermögensbildungsgesetzes ab 2009; Anlagen für den Bau, den Erwerb, den Ausbau, die Erweiterung oder die Entschuldung eines Wohngebäudes usw. durch eine Vielzahl von Arbeitnehmern

1) Überholt→ lfd. Nr. ***133***.
2) Teilweise überholt → lfd. Nr. ***121***.
3) Zum Verhältnis von § 8 Absatz 2 und Absatz 3 EStG → lfd. Nr. ***97***.
4) Ab VZ 2012 → lfd. Nr ***77***,
ab VZ 2014 → lfd. Nr. ***125***.

lfd. Nr.	Datum	Aktenzeichen, Fundstelle LStH 2013	Fundstelle BStBl	Betreff
60[1]	05. 03. 2010	IV D 2 – S 7210/07/10003 IV C 5 – S 2353/09/10008 2010/0166200	BStBl I 2010, S. 259	Umsatzsteuer / Lohnsteuer; Anwendung des ermäßigten Umsatzsteuersatzes für Beherbergungsleistungen (§ 12 Abs. 2 Nr. 11 UStG) ab dem 1. Januar 2010; Folgen für die Umsatz- und Lohnbesteuerung
61	25. 03. 2010	IV B 2 – S 1301 – CHE/07/10015 2010/0229750 H 39d	BStBl I 2010, S. 268	Besteuerungsrecht von Abfindungen an Arbeitnehmer nach Artikel 15 des Abkommens zwischen der Bundesrepublik Deutschland und der Schweizerischen Eidgenossenschaft zur Vermeidung der Doppelbesteuerung auf dem Gebiete der Steuern vom Einkommen und vom Vermögen
62	06. 07. 2010	IV C 3 – S 2227/07/10003:-002 2010/0522213 H 9.1	BStBl I 2010, S. 614	Steuerliche Beurteilung gemischter Aufwendungen; Beschluss des Großen Senats des BFH vom 21. September 2009 – GrS 1/06 (BStBl 2010 II S. 672)
63	26. 08. 2010	V B 2 – S 1301 – AUT/ 07/10015-01, 2010/0646004 H 39d	BStBl I 2010, S. 645	Besteuerungsrecht von Abfindungen an Arbeitnehmer nach Artikel 15 des Abkommens zwischen der Bundesrepublik Deutschland und der Republik Österreich zur Vermeidung der Doppelbesteuerung auf dem Gebiete der Steuern vom Einkommen und vom Vermögen
64	22. 09. 2010	IV C 4 – S 2227/07/10002 :002 2010/04160-45 H 9.2	BStBl I 2010, S. 721	Neuregelung der einkommensteuerlichen Behandlung von Berufsausbildungskosten gemäß § 10 Absatz 1 Nummer 7, § 12 Nummer 5 EStG in der Fassung des Gesetzes zur Änderung der Abgabenordnung und anderer Gesetze vom 21. Juli 2004 (BGBl. I S. 1753, BStBl I 2005 S. 343) ab 2004
65	18. 02. 2011	IV C 5 – S 2388/0-01 2011/0110501 H 42e	BStBl I 2011, S. 213	Anrufungsauskunft als feststellender Verwaltungsakt; Anwendung der BFH-Urteile vom 30. April 2009 – VI R 54/07 – (BStBl II 2010 S. 996) und vom 2. September 2010 – VI R 3/09 – (BStBl II 2011 S. 233)
66	02. 03. 2011	IV C 6 – S 2145/07/10002 2011/0150549 H 9.12, H 9.14	BStBl I 2011, S. 195	Einkommensteuerliche Behandlung der Aufwendungen für eine häusliches Arbeitszimmer nach § 4 Abs. 5 Satz 1 Nummer 6b, § 9 Absatz 5 und § 10 Absatz 1 Nummer 7 EStG; Neuregelung durch das Jahressteuergesetz 2010 vom 8. Dezember 2010 (BGBl. I S. 1768, BStBl I S. 1394)

1) ***Teilweise überholt*** → lfd. Nr. 131 und Rz. ***64 des BMF-Schreibens vom 24. 10. 2014 (BStBl I S. 1412)*** – Anhang 38.

lfd. Nr.	Datum	Aktenzeichen, Fundstelle LStH 2013	Fundstelle BStBl	Betreff
67	01. 04. 2011	IV C 5 – S 2334/08/10010 2011/0250056 H 8.1 (9-10), H 40.2	BStBl I 2011, S. 301	Lohnsteuerliche Behandlung der Überlassung eines betrieblichen Kraftfahrzeugs für Fahrten zwischen Wohnung und regelmäßiger Arbeitsstätte (§ 8 Absatz 2 Satz 3 EStG); Anwendung der Urteile des BFH vom 22. September 2010 – VI R 54/09 – (BStBl II 2011 S. 354), – VI R 55/09 – (BStBl II 2011 S. 358) und – VI R 57/09 – (BStBl II 2011 S. 359)
68	02. 05. 2011	IV D 2 – S 7104/11/10001 2011/0329553 H 19.0	BStBl I 2011, S. 490	Umsatzsteuer; Unternehmereigenschaft des geschäftsführenden Komplementärs einer Kommanditgesellschaft; Konsequenzen des BFH-Urteils vom 14. April 2010 – XI R 14/09 – (BStBl 2011 II S. 433)
69	29. 06. 2011	IV C 5 – S 2386/07/0005 2011/0501455 H 42f	BStBl I 2011, S. 675	Empfehlung zur Anwendung eines einheitlichen Standarddatensatzes als Schnittstelle für die Lohnsteuer-Außenprüfung; Digitale LohnSchnittstelle (DLS)
70	29. 06. 2011	IV B 2 – S 1301-CHE/07/ 10015:005 2011/0496718 H 39d	BStBl I 2011, S. 621	Abkommen zwischen der Bundesrepublik Deutschland und der Schweizerischen Eidgenossenschaft zur Vermeidung der Doppelbesteuerung auf dem Gebiete der Steuern vom Einkommen und vom Vermögen (DBA-Schweiz); Behandlung von Arbeitnehmern im internationalen Transportgewerbe nach Artikel 15 Absatz 1 DBA-Schweiz
71	16. 08. 2011	IV C 5 – S 2439/10/10002	BStBl I 2011, S. 801	Vermögensbildung Bekanntmachung der Vordruckmuster für Anzeigen nach § 8 Absatz 1 Nummer 1 bis 3 VermBDV 1994 (VermB 12) und nach § 8 Absatz 1 Nummer 4 bis 6 VermBDV 1994 (VermB 13) sowie der Datensatzbeschreibung für die Zuleitung durch Datenfernübertragung
72	19. 09. 2011	IV B 3 – S 1301 – LUX/07/10002 2011/0736274 H 39d	BStBl I 2011, S. 849	Deutsch-luxemburgisches Doppelbesteuerungsabkommen (DBA-LUX); Verständigungsvereinbarung über die steuerliche Behandlung von Berufskraftfahrern; Erweiterung der Verständigungsvereinbarung auf Lokomotivführer und Begleitpersonal

lfd. Nr.	Datum	Aktenzeichen, Fundstelle LStH 2013	Fundstelle BStBl	Betreff
73	19. 09. 2011	IV B 3 – S 1301 – LUX/10/10002 2011/0736462 H 39d	BStBl I 2011, S. 852	Deutsch-luxemburgisches Doppelbesteuerungsabkommen (DBA-LUX); Verständigungsvereinbarung betreffend die Besteuerung von Abfindungszahlungen, Abfindungen und Entschädigungen in Folge einer Kündigung und/oder eines Sozialplans sowie Arbeitslosengeld
74	16. 11. 2011	IV A 7 – O 2200/09/10009: 001 2011/0877760 H 41a.1	BStBl I 2011, S. 1063	Automation in der Steuerverwaltung; Steuerdaten-Übermittlungsverordnung – StDÜV– Steuerdaten-Abrufverordnung – StDAV –
75	25. 11. 2011	IV C 5 – S 2333/11/10003 2011/0942959	BStBl I 2011, S. 1250	Steuerliche Behandlung von Finanzierungsanteilen der Arbeitnehmer zur betrieblichen Altersversorgung im öffentlichen Dienst; Umsetzung des BFH-Urteils vom 9. Dezember 2010 – VI R 57/08 – (BStBl 2011 II S. 978)
76	02. 12. 2011	IV B 3 – S 1301 – GB/10/10001 2011/0926572 H 39d	BStBl I 2011, S. 1221	Deutsch-britisches Doppelbesteuerungsabkommen (DBA GB); Verständigungsvereinbarung über die Zuordnung des Besteuerungsrechts von Abfindungen
77[1])	02. 12. 2011	IV C 5 – S 2430/11/10002 2011/0926778 H 19a	BStBl I 2011, S. 1252	Anwendung des Fünften Vermögensbildungsgesetzes ab 2009; Änderungen durch das Jahressteuergesetz 2010, das Steuervereinfachungsgesetz 2011 und das Beitreibungsrichtlinie-Umsetzungsgesetz
78	06. 03. 2012	IV C 3 – S 2220/11/10002 IV C 1 – S 2252/07/0001: 005 2012/0186064	BStBl I 2012, S. 238	Anhebung der Altersgrenzen; Erhöhungen im Bereich Versicherungen im Sinne des § 20 Absatz 1 Nummer 6 EStG, Altersvorsorgeverträge, Basisrentenverträge, betriebliche Altersversorgung
79	14. 03. 2012	IV C 4 – S 2221/07/0012: 012 2012/0204082	BStBl I 2012, S. 307	Steuerliche Berücksichtigung von Kinderbetreuungskosten ab dem Veranlagungszeitraum 2012 (§ 10 Absatz 1 Nummer 5 EStG); Anwendungsschreiben
80	03. 04. 2012	IV C 2 – S 2742/08/10001 2012/0274530 H 8.1 (9-10), H 19.3	BStBl I 2012, S. 478	Private Kfz-Nutzung durch den Gesellschafter-Geschäftsführer einer Kapitalgesellschaft; Urteile des Bundesfinanzhofs vom 23. Januar 2008 – I R 8/06 – (BStBl 2012 II S. 260), vom 23. April 2009 – VI R 81/06 – (BStBl 2012 II S. 262) und vom 11. Februar 2010 – VI R 43/09 – (BStBl 2012 II S. 266)

1) Ab VZ 2014 → lfd. Nr. ***125***.

lfd. Nr.	Datum	Aktenzeichen, Fundstelle LStH 2013	Fundstelle BStBl	Betreff
81	03. 04. 2012	IV A 5 – O 1000/07/10086-07 IV A 3 – S 0321/07/10004 2012/0273134	BStBl I 2012, S. 522	Grundsätze für die Verwendung von Steuererklärungsvordrucken; Amtlich vorgeschriebene Vordrucke
82	13. 04. 2012	IV C 5 – S 2332/07/0001 2012/0322945 H 19.7	BStBl I 2012, S. 531	Lohnsteuerliche Behandlung der Übernahme von Studiengebühren für ein berufsbegleitendes Studium durch den Arbeitgeber
83	27. 04. 2012	IV B 3 – S 1301 – NDL/07/10010 2012/0389398	BStBl I 2012, S. 691	Deutsch-niederländisches Doppelbesteuerungsabkommen (DBA-NL); Anwendung des Kassenstaatsprinzips auf ehemalige staatliche Pensionsfonds
84	23. 05. 2012	IV C 5 – S 1901/11/10005 2012/0432828 H 9.1, H 19.3	BStBl I 2012, S. 617	Lohnsteuerliche Behandlung der Familienpflegezeit
85	25. 06. 2012	IV B 5 – S 1301 – USA/0-04 2012/0464365 H 39b.10	BStBl I 2012, S. 692	Deutsch-amerikanisches Doppelbesteuerungsabkommen (DBA-USA); BFH-Urteil vom 21. Oktober 2009 – I R 70/08 – (BStBl 2012 II S. 493)
86	23. 07. 2012	IV B 2 – S 1301 – CHE/07/10015-03 2012/0641138 H39d	BStBl I 2012, S. 863	Abkommen zwischen der Bundesrepublik Deutschland und der Schweizerischen Eidgenossenschaft zur Vermeidung der Doppelbesteuerung auf dem Gebiete der Steuern vom Einkommen und vom Vermögen (DBA-Schweiz); Besteuerung von fliegendem Personal entsprechend Ziffer 1des Protokolls zu Artikel 15 Absatz 3 DBA-Schweiz in der Fassung des Revisionsprotokolls vom 27. Oktober 2010
87[1]	26. 09. 2012	*H 8.1 (1-4)*	BStBl I 2012, S. 940	Gleichlautende Erlasse der obersten Finanzbehörden der Länder Steuerliche Behandlung der von Luftfahrtunternehmen gewährten unentgeltlichen oder verbilligten Flüge
88[2]	01. 10. 2012	IV C 5 – S 2353/08/10007 *2012/0899967* H 9.9	BStBl I 2012, S. 942	Steuerliche Anerkennung von Umzugskosten nach R 9.9 Absatz 2 LStR 2011; Änderung der maßgebenden Beträge für umzugsbedingte Unterrichtskosten und sonstige Umzugsauslagen ab 1. März 2012, 1. Januar 2013 und 1. August 2013

1) Für VZ 2016 bis VZ 2018 → lfd. Nr. 152.
2) Für Umzüge ab 1. 3. 2014 und 1. 3. 2015 → lfd. Nr. ***128***.

lfd. Nr.	Datum	Aktenzeichen, Fundstelle LStH 2013	Fundstelle BStBl	Betreff
89	23. 10. 2012	*H 40.1, H 40.2, H 40a.1, H 41.1*	BStBl I 2012, S. 1083	Gleich lautende Erlasse der obersten Finanzbehörden der Länder betr. Kirchensteuer bei Pauschalierung der Lohnsteuer
90	15. 11. 2012	IV C 6 – S 2177/10/10002 2012/1038276	BStBl I 2012, S. 1099	Ertragsteuerliche Erfassung der Nutzung eines betrieblichen Kraftfahrzeugs zu Privatfahrten nach § 6 Absatz 1 Nummer 4 Satz 1 bis 3 EStG; Glaubhaftmachung der Nutzung bestimmter Kraftfahrzeuge
91	23. 11. 2012	*H 8.1 (9-10)*	BStBl I 2012, S. 1224	Gleichlautende Erlasse der obersten Finanzbehörden der Länder Steuerliche Behandlung der Überlassung von (Elektro-)Fahrrädern
92	04. 12. 2012	IV C 5 – S 2353/12/10009 2012/1074468 H 9.8	BStBl I 2012, S. 1249	Keine Übernachtungspauschalen bei LKW-Fahrern, die in der Schlafkabine ihres LKW übernachten; vereinfachter Nachweis von Reisenebenkosten; BFH-Urteil vom 28. März 2012 – VI R 48/11 – (BStBl 2012 II S. 926)
93	19. 12. 2012	IV C 5 – S 2363/07/0002-03 2012/1170782	BStBl I 2013, *S. 1258*	Elektronische Lohnsteuerabzugsmerkmale; Startschreiben zum erstmaligen Abruf und zur Anwendung ab dem Kalenderjahr 2013
94	18. 03. 2013	IV B 4 – S 1311/07/10039 2013/0234331 H 3.0	BStBl I 2013, S. 404	Steuerliche Vorrechte und Befreiungen auf Grund zwischenstaatlicher Vereinbarungen
95	28. 03. 2013	IV C 5 – S 2332/09/10002 2013/0298100 H 39d	BStBl I 2013, S. 443	Besteuerung der Einkünfte aus nichtselbständiger Arbeit bei beschränkt einkommensteuerpflichtigen Künstlern; Pauschsteuersatz für in Deutschland kurzfristig abhängig Beschäftigte ausländische Künstler
96	19. 04. 2013	IV C 5 – S 2334/11/10004 2013/0356498 H 8.1 (9-10)	BStBl I 2013, S. 513	Lohnsteuerliche Behandlung vom Arbeitnehmer selbst getragener Aufwendungen bei der Überlassung eines betrieblichen Kraftfahrzeugs (§ 8 Absatz 2 Satz 2 ff. EStG); Anwendung von R 8.1 Absatz 9 Nummer 1 Satz 5 LStR 2011 und R 8.1 Absatz 9 Nummer 4 LStR 2011
97	16. 05. 2013	IV C 5 – S 2334/07/0011 2013/0356883 H 8.1 (1-4), H 8.2	BStBl I 2013, S. 729	Verhältnis von § 8 Absatz 2 und Absatz 3 EStG bei der Bewertung von Sachbezügen; Anwendung der Urteile des BFH vom 26. Juli 2012 – VI R 30/09 – (BStBl II 2013 S. 400) und – VI R 27/11 – (BStBl II 2013 S. 402)

lfd. Nr.	Datum	Aktenzeichen, Fundstelle LStH 2013	Fundstelle BStBl	Betreff
98	22. 05. 2013	IV C 5 – S 2388/11/10001-02 2013/0461548 H 3.33, H 40.2	BStBl 2013 I, S. 728	Gewährung von Zusatzleistungen und Zulässigkeit von Gehaltsumwandlungen; Anwendung der BFH-Urteile vom 19. September 2012 – VI R 54/11- (BStBl II 2013 S. 395) und – VI R 55/11 – (BStBl II 2013 S. 398)
99	20. 06. 2013	IV B 2 – S 1300/09/10006 2013/0539717	BStBl I 2013, S. 980	Anwendung von Subject-to-tax-, Remittance-base- und Switch-over-Klauseln nach den Doppelbesteuerungsabkommen unter Berücksichtigung des Urteils des BFH vom 17. Oktober 2007 – I R 96/06 – (BStBl 2008 II S. 953)
100	21. 06. 2013	IV C 4 – S 2223/07/0015: 008 2013/0599537	BStBl I 2013, S. 769	Hochwasser Deutschland 2013; Steuerliche Maßnahmen zur Unterstützung der Opfer des Hochwassers in Deutschland
101	24. 07. 2013	IV C 3 – S 2015/11/10002 IV C 5. S 2333/09/10005 2013/0699161 H 3.55, H 3.55a, H 3.55b, H 3.56, H 3.63, H 3.65, H 3.66, H 19.3, H 38.2, H 40b	BStBl I 2013, S. 1022	Steuerliche Förderung der privaten Altersvorsorge und betrieblichen Altersversorgung
102	25. 07. 2013	IV C 5 – S 2363/13/10003 2013/0634146 H 39.1, H 39a.1, H 39b.1, H 39e	BStBl I 2013, S. 943	Elektronische Lohnsteuerabzugsmerkmale; Erstmaliger Abruf der elektronischen Lohnsteuerabzugsmerkmale durch den Arbeitgeber und Anwendungsgrundsätze für den Einführungszeitraum 2013
103	07. 08. 2013	IV C 5 – S 2363/13/10003 2013/0755076 H 39.1, H 39a.1, H 39e	BStBl I 2013, S. 951	Elektronische Lohnsteuerabzugsmerkmale; Lohnsteuerabzug ab dem Kalenderjahr 2013 im Verfahren der elektronischen Lohnsteuerabzugsmerkmale
104[1]	19. 08. 2013	IV C 3 – S 2221/12/10010: 004 IV C 5 – S 2345/08/0001 2013/0760735 *H 19.8*	BStBl I 2013, S. 1087	Einkommensteuerrechtliche Behandlung von Vorsorgeaufwendungen und Altersbezügen

[1]) ***Teilweise überholt** → **lfd. Nr. 141 und 146.***

lfd. Nr.	Datum	Aktenzeichen, Fundstelle LStH 2013	Fundstelle BStBl	Betreff
105[1])	28. 08. 2013	IV C 5 – S 2378/13/10002 2013/0272073 H 41b	BStBl I 2013, S. 1132	Ausstellung von elektronischen Lohnsteuerbescheinigungen 2014; Bekanntgabe des Musters für den Ausdruck der elektronischen Lohnsteuerbescheinigung 2014; Ausstellung von Besonderen Lohnsteuerbescheinigungen durch den Arbeitgeber ohne maschinelle Lohnabrechnung für das Kalenderjahr 2014
106	16. 09. 2013	IV C 3 – S 1325/11/10014 2013/0855952	BStBl I 2013, S. 1325	EuGH-Urteil vom 28. Februar 2013 in der Rechtssache C-425/11 (Ettwein) – § 1a EStG bei Wohnsitz Schweiz
107[2])	08. 10. 2013	IV C 3 – S 2221/09/10013: 001 2013/0898779	BStBl I 2013, S. 1266	Vorsorgeaufwendungen, Aufteilung eines einheitlichen Sozialversicherungsbeitrags (Globalbeitrag); Anpassung der Aufteilungsmaßstäbe für den Veranlagungszeitraum 2014
108	10. 10. 2013	IV C 5 – S 2334/13/10001 2013/0865652 H 8.1 (1-4), H 40b.1	BStBl I 2013, S. 1301	Zukunftssicherungsleistungen und 44-Euro-Freigrenze
109	24. 10. 2013	IV A 4 – S 403/13/10001 2013/0958391	BStBl I 2013, S. 1264	Hinweise auf die wesentlichen Rechte und Mitwirkungspflichten des Steuerpflichtigen bei der Außenprüfung (§ 5 Abs. 2 Satz 2 BpO 2000)
110	31. 10. 2013	IV C 5 – S 2351/09/10002 001 2013/0932639	BStBl I 2013, S. 1376	Entfernungspauschalen; Gesetz zur Änderung und Vereinfachung der Unternehmensbesteuerung und des steuerlichen Reisekostenrechts vom 20. Februar 2013 (BGBl. Teil I Seite 285)
111	01. 11. 2013	IV C 4– S 2290/13/10002 2013/0929313 H 34, H 39b.6		Zweifelsfragen im Zusammenhang mit der ertragsteuerlichen Behandlung von Entlassungsentschädigungen (§ 34 EStG)
112[3])	11. 11. 2013	IV C 5 – S 2353/08/10006: 004 2013/0998649	BStBl I 2013, S. 1467	Steuerliche Behandlung von Reisekosten und Reisekostenvergütungen bei betrieblich und beruflich veranlassten Auslandsreisen ab 1. Januar 2014
113[4])	12. 11. 2013	IV C 5 – S 2334/13/10002 2013/1015623	BStBl I 2013, S. 1473	Lohnsteuerliche Behandlung von unentgeltlichen oder verbilligten Mahlzeiten der Arbeitnehmer ab Kalenderjahr 2014

1) Ab Kalenderjahr 2015 → lfd. Nr. ***127***, ***ab Kalenderjahr 2016 → lfd. Nr. 148***.
2) Ab VZ 2015 → lfd. Nr. ***134***, ***ab VZ 2016 → lfd. Nr. 149***.
3) Für Auslandsreisen ab 1. 1. 2015 → lfd. Nr. 137.
4) Ab VZ 2015 → lfd. Nr. ***136***.

lfd. Nr.	Datum	Aktenzeichen, Fundstelle LStH 2013	Fundstelle BStBl	Betreff
114	18. 11. 2013	IV C 4 – S 2285/07/0005:013 2013/1038632	BStBl I 2013, S. 1462	Berücksichtigung ausländischer Verhältnisse; Ländergruppeneinteilung ab 1. Januar 2014
115	26. 11. 2013	IV C 5 – S 2367/13/10001 2013/1078676	BStBl I 2013, S. 1532	Vorsorgepauschale im Lohnsteuerabzugsverfahren (§ 39b Absatz 2 Satz 5 Nummer 3 und Absatz 4 EStG)
116	28. 11. 2013	IV C 4 – S 2223/07/0015:010 2013/1041022	BStBl I 2013.S. 15-03	Steuerliche Maßnahmen zur Unterstützung der Opfer des Taifuns „Haiyan" auf den Philippinen
117	10. 01. 2014	IV C 4 – S 2296-b/07/0003 :004 2014/0023765	BStBl I 2014, S. 75	Anwendungsschreiben zu § 35a EStG; Überarbeitung des BMF-Schreibens vom 15. Februar 2010 – IV C 4 – S 2296-b/07/0003 (2010/0014334) –; BStBl I Seite 140
118	22. 01. 2014	IV B 2 – S 1301/07/10017-05 2014/0061052	BStBl I 2014, S. 171	Stand der Doppelbesteuerungsabkommen und anderer Abkommen im Steuerbereich sowie der Abkommensverhandlungen am 1. Januar 2014
119	30. 01. 2014	IV C 5 – S 2333/13/10004 2014/0079071	BStBl I 2014, S. 210	Zuschüsse an einen Arbeitnehmer für dessen Versicherung in einer ausländischen gesetzlichen Krankenversicherung innerhalb der Europäischen Union und des Europäischen Wirtschaftsraums sowie im Verhältnis zur Schweiz (§ 3 Nummer 62 EStG)
120	12. 05. 2014	IV C 2 – S 2743/12/10001 2014/0074863	BStBl I 2014, S. 860	Verdeckte Einlage in eine Kapitalgesellschaft und Zufluss von Gehaltsbestandsteilen bei einem Gesellschafter-Geschäftsführer einer Kapitalgesellschaft; Urteile des Bundesfinanzhofs vom 3. Februar 2011 – VI R 4/10 – (BStBl 2014 II S. 493) und – VI R 66/09 – (BStBl 2014 II S. 491) sowie vom 15. Mai 2013 – VI R 24/12 – (BStBl 2014 II S. 495)
121	05. 06. 2014	IV C 6 – S 2177/13/10002 2014/0308252	BStBl I 2014, S. 835	Nutzung eines betrieblichen Kraftfahrzeugs für private Fahrten, Fahrten zwischen Wohnung und Betriebsstätte/erster Tätigkeitsstätte und Familienheimfahrten; Nutzung von Elektro- und Hybridelektrofahrzeugen
122	17. 06. 2014	IV C 4 – S 2223/07/0015: 011 2014/0463684	BStBl I 2014, S. 889	Steuerliche Maßnahmen zur Unterstützung der Opfer des Hochwassers auf dem Balkan (Bosnien-Herzegowina, Kroatien und Serbien)

lfd. Nr.	Datum	Aktenzeichen, Fundstelle LStH 2013	Fundstelle BStBl	Betreff
123	09. 07. 2014	IV C 5 – S 2332/0-07 2014/0374626	BStBl I 2014, S. 1103	Steuerabzug vom Arbeitslohn bei unbeschränkt einkommensteuer(lohnsteuer-)pflichtigen Künstlern und verwandten Berufen; Nachweis der Unternehmereigenschaft
124	15. 07. 2014	IV C 5 – S 2334/13/10003 2014/0511844	BStBl I 2014, S. 1109	Geldwerter Vorteil für die Gestellung eines Kraftfahrzeugs mit Fahrer; BFH-Urteil vom 15. Mai 2013 – VI R 44/11 – (BStBl 2014 II Seite 589)
125	23. 07. 2014	IV C 5 – S 2430/14/10002 2014/0585357	BStBl I 2014, S. 1175	Anwendung des Fünften Vermögensbildungsgesetzes (5. VermBG)
126[1]	*22. 08. 2014*	*IV C 5 – S 2439/14/10001 2014/0583701*	***BStBl I 2014, S. 1192***	*Bekanntmachung des Vordruckmusters für die Bescheinigung der 2014 angelegten vermögenswirksamen Leistungen (Anlage VL 2014)*
127[2]	15. 09. 2014	IV C 5 – S 2378/14/10001 2014/0269664	BStBl I 2014, S. 1244	Ausstellung von elektronischen Lohnsteuerbescheinigungen für Kalenderjahre ab 2015 Ausstellung von Besonderen Lohnsteuerbescheinigungen durch den Arbeitgeber ohne maschinelle Lohnabrechnung für Kalenderjahre ab 2015
128	06. 10. 2014	IV C 5 – S 2353/08/10007 2014/0838465	BStBl I 2014, *S. 1342*	Steuerliche Anerkennung von Umzugskosten nach R 9.9 Absatz 2 LStR 2013; Änderung der maßgebenden Beträge für umzugsbedingte Unterrichtskosten und sonstige Umzugsauslagen ab 1. März 2014 und 1. März 2015
129	16. 10. 2014	IV C 5 – S 2386/0910002:001 2014/0890135	BStBl I 2014, *S. 1408*	Lohnsteuer-Nachschau
130	23. 10. 2014	IV C 5 – S 2363/13/10003	BStBl I 2014, *S. 1411*	Lohnsteuerabzug im Verfahren der elektronischen Lohnsteuerabzugsmerkmale; ELStAM bei verschiedenen Lohnarten
131	24. 10. 2014	IV C 5 – S 2353/14/10002 2014/0849647	BStBl I 2014, *S. 1412*	*Ergänztes* BMF-Schreiben zur Reform des steuerlichen Reisekostenrechts ab 1. 1. 2014
132	*12. 11. 2014*	*IV B 2 – S 1300/08/10027 2014/0971694*	*BStBl I 2014, S. 1467*	Steuerliche Behandlung des Arbeitslohns nach den Doppelbesteuerungsabkommen
133	*21. 11. 2014*	*IV C 4 – S 2121/07/0010:032 2014/0847902*	*BStBl I 2014, S. 1581*	Steuerfreie Einnahmen aus ehrenamtlicher Tätigkeit; *Anwendungsschreiben zu § 3 Nummer 26a und 26b EStG*

1) Für Kalenderjahr 2015 → lfd. Nr. 150.
2) Ab Kalenderjahr 2016 → lfd. Nr. 148.

lfd. Nr.	Datum	Aktenzeichen, Fundstelle LStH 2013	Fundstelle BStBl	Betreff
134[1]	*03. 12. 2014*	*IV C 3 – S 2221/09/10013: 001 2014/1076894*	*BStBl I 2014, S. 1606*	Vorsorgeaufwendungen, Aufteilung eines einheitlichen Sozialversicherungsbeitrags (Globalbeitrag); Anpassung der Aufteilungsmaßstäbe für den Veranlagungszeitraum 2015
135	*11. 12. 2014*	*IV B 4 – S 1301-TÜR/0 :007 2014/1043059*	*BStBl I 2015, S. 92*	*Anwendung von Artikel 18, 19 und 22 des Abkommens vom 19. September 2011 zwischen der Bundesrepublik Deutschland und der Republik Türkei zur Vermeidung der Doppelbesteuerung und der Steuerverkürzung auf dem Gebiet der Steuern vom Einkommen*
136	*16. 12. 2014*	*IV C 5 – S 2334/14/10005 2014/1043099*	*BStBl I 2015, S. 33*	Lohnsteuerliche Behandlung von unentgeltlichen oder verbilligten Mahlzeiten der Arbeitnehmer ab Kalenderjahr 2015
137	*19. 12. 2014*	*IV C 5 – S 2353/08/10006 :005 2014/1119560*	*BStBl I 2015, S. 34*	*Steuerliche Behandlung von Reisekosten und Reisekostenvergütungen bei betrieblich und beruflich veranlassten Auslandsreisen ab 1. Januar 2015*
138	*05. 01. 2015*	*IV C 5 – S 2334/08/10006 2014/1146426*	*BStBl I 2015, S. 119*	*Sachbezugswert für Essenmarken*
139	*19. 01. 2015*	*IV B 2 – S 1301/07/10017-06 2015/0039285*	*BStBl I 2015, S. 128*	*Stand der Doppelbesteuerungsabkommen und anderer Abkommen im Steuerbereich sowie der Abkommensverhandlungen am 1. Januar 2015*
140	*20. 01. 2015*	*IV C 5 – S 2360/12/10002 2014/1134901*	*BStBl I 2015, S. 143*	Steuerliche Behandlung der Rabatte, die Arbeitnehmern von dritter Seite eingeräumt werden
141[2]	*10. 04. 2015*	*IV C 5 – S 2345/08/10001: 006 2015/0294544*	*BStBl I 2015, S. 256*	*Einkommensteuerrechtliche Behandlung von Vorsorgeaufwendungen und Altersbezügen;* *Zeitpunkt des Versorgungsbeginns für die Berechnung der Freibeträge für Versorgungsbezüge*
142	*19. 05. 2015*	*IV C 6 – S 2297-b/14/10001 2015/0331056*	*BStBl I 2015, S. 468*	Pauschalierung der Einkommensteuer bei Sachzuwendungen nach § 37b EStG
143	*19. 05. 2015*	*IV C 5 – S 2334/07/0009 2015/0316822*	*BStBl I 2015, S. 484*	Steuerliche Behandlung von Arbeitgeberdarlehen
144	*19. 05. 2015*	*IV C 4 – S 2223/07/0015 :013 2015/0373468*	*BStBl I 2015, S. 466*	*Steuerliche Maßnahmen zur Unterstützung der Opfer des Erdbebens in Nepal*

1) Ab VZ 2016 → lfd. Nr. 149.
2) Teilweise überholt → lfd. Nr. 146.

lfd. Nr.	Datum	Aktenzeichen, Fundstelle LStH 2013	Fundstelle BStBl	Betreff
145	*21. 05. 2015*	*IV C 5 – S 2365/15/10001 2015/0436234*	*BStBl I 2015, S. 488*	*Zweijährige Gültigkeit von Freibeträgen im Lohnsteuer-Ermäßigungsverfahren nach § 39a Einkommensteuergesetz (EStG);* *Startschreiben zur erstmaligen Anwendung ab dem Kalenderjahr 2016*
146	*01. 06. 2015*	*IV C 5 – S 2345/15/10001 2015/0280842*	*BStBl I 2015, S. 475*	*Einkommensteuerrechtliche Behandlung von Vorsorgeaufwendungen und Altersbezügen;* *Besteuerung der Versorgungsbezüge internationaler und europäischer Organisationen*
147	*10. 07. 2015*	*IV C 6 – S 2144/07/10003 2015/0575672*	*BStBl I 2015, S. 544*	*Betriebliche Altersversorgung; Übertragung von Versorgungsverpflichtungen und Versorgungsanwartschaften auf Pensionsfonds, Anwendung der Regelungen in § 4d Absatz 3 EStG und § 4e Absatz 3 EStG i. V. m. § 3 Nummer 66 EStG*
148	*30. 07. 2015*	*IV C 5 – S 2378/15/10001 2015/0089357*	*BStBl I 2015, S. 614*	*Ausstellung von elektronischen Lohnsteuerbescheinigungen für Kalenderjahre ab 2016;* *Ausstellung von Besonderen Lohnsteuerbescheinigungen durch den Arbeitgeber ohne maschinelle Lohnabrechnung für Kalenderjahre ab 2016*
149	*28. 08. 2015*	*IV C 3 – S 2221/09/10013 :001 2015/0750171*	*BStBl I 2015, S. 632*	*Vorsorgeaufwendungen, Aufteilung eines einheitlichen Sozialversicherungsbeitrags (Globalbeitrag); Anpassung der Aufteilungsmaßstäbe für den Veranlagungszeitraum 2016*
150	*04. 09. 2015*	*IV C 5 – S 2439/15/10001 2015/0770255*	*BStBl I 2015, S. 673*	*Bekanntmachung des Vordruckmusters für die Bescheinigung der 2015 angelegten vermögenswirksamen Leistungen (Anlage VL 2015)*
151	*09. 09. 2015*	*IV C 5 – S 2353/11/10003 2015/0737984*	*BStBl I 2015, S. 734*	*Dienstreise-Kaskoversicherung des Arbeitgebers für Kraftfahrzeuge des Arbeitnehmers und steuerfreier Fahrtkostenersatz;* *BFH-Urteil vom 27. Juni 1991 – VI R 3/87*
152	*10. 09. 2015*	*IV C 5 – S 2334/12/10001 2015/0772394*	*BStBl I 2015, S. 735*	*Gleichlautende Erlasse der obersten Finanzbehörden der Länder;* *Steuerliche Behandlung der von Luftfahrtunternehmen gewährten unentgeltlichen oder verbilligten Flüge*

lfd. Nr.	Datum	Aktenzeichen, Fundstelle LStH 2013	Fundstelle BStBl	Betreff
153	*14. 10. 2015*	*IV C 5 – S 2332/15/10001 2015/0581477*	*BStBl I 2015, S. 832*	*Lohn- und umsatzsteuerliche Behandlung von Betriebsveranstaltungen; Rechtslage nach dem „Gesetz zur Anpassung der Abgabenordnung an den Zollkodex der Union und zur Änderung weiterer steuerlicher Vorschriften"*
154	*19. 10. 2015*	*IV C 5 – S 2363/13/10003 2015/0925413*	*BStBl I 2015, S. 831*	*Lohnsteuerabzug im Verfahren der elektronischen Lohnsteuerabzugsmerkmale; ELStAM bei verschiedenen Lohnarten*
155	26. 11. 2001	IV C 5 – S 1961-35/01	BStBl I 2001, S. 890	Wohnungsbau-Prämie Bekanntmachung des Vordruckmusters für die Mitteilung nach § 4a Abs. 4 WoPG über zurückzufordernde Prämien
156	10. 10. 2013	IV C 5 – S 1961/12/10004 2013/0930663	BStBl I 2013, S. 1313	Bekanntmachung des Vordruckmusters für die Wohnungsbauprämien-Anmeldung ab 14. Oktober 2013
157	08. 09. 2014	IV C 5 – S 1961/14/10001 2014/0780758	BStBl I 2014, S. 1374	Bekanntmachung des Vordruckmusters für die Sammelliste für Wohnungsbauprämien

Einkommensteuer-Handbuch *2015*

– Auszug –

Einkommensteuer-Hinweise *2015*
(EStH *2015*)

Einkommensteuer-Richtlinien 2005 vom 16. 12. 2005 (BStBl I Sondernummer 1/2005), geändert durch die EStÄR 2008 vom 18. 12. 2008 (BStBl I S. 1017) und durch die EStÄR 2012 vom 25. 3. 2013 (BStBl I S. 276).

Einkommensteuer-Hinweise *2015*
(EStH *2015*)

R 1. Steuerpflicht

[1]Unbeschränkt steuerpflichtig gemäß § 1 Abs. 2 EStG sind insbesondere von der Bundesrepublik Deutschland ins Ausland entsandte deutsche Staatsangehörige, die Mitglied einer diplomatischen Mission oder konsularischen Vertretung sind – einschließlich der zu ihrem Haushalt gehörenden Angehörigen –, soweit die Voraussetzungen des § 1 Abs. 2 EStG erfüllt sind. [2]Für einen ausländischen Ehegatten gilt dies auch, wenn er die Staatsangehörigkeit des Empfangsstaates besitzt. [3]Für die Anwendung des § 1a Abs. 1 Nr. 2 EStG ist Voraussetzung, dass der Stpfl. selbst als unbeschränkt Stpfl. nach § 1 Abs. 3 EStG zu behandeln ist; die Einkunftsgrenzen des § 1 Abs. 3 Satz 2 und des § 1a Abs. 1 Nr. 2 Satz 3 EStG sind daher nacheinander gesondert zu prüfen[1)].

H 1a

Allgemeines

Die unbeschränkte Einkommensteuerpflicht erstreckt sich auf sämtliche inländische und ausländische Einkünfte, soweit nicht für bestimmte Einkünfte abweichende Regelungen bestehen, z. B. in DBA oder in anderen zwischenstaatlichen Vereinbarungen.

Auslandskorrespondenten

→ BMF vom 13. 3. 1998 (BStBl I S. 351)

Auslandslehrkräfte und andere nicht entsandte Arbeitnehmer

Befinden sich an deutsche Auslandsschulen vermittelte Lehrer und andere nicht entsandte Arbeitnehmer in einem Dienstverhältnis zu einer inländischen juristischen Person des öffentlichen Rechts, beziehen hierfür Arbeitslohn aus einer inländischen öffentlichen Kasse (→ BMF vom 9. 7. 1990 – BStBl I S. 324) und sind in den USA (→ BMF vom 10. 11. 1994 – BStBl I S. 853) bzw. Kolumbien und Ecuador (→ BMF vom 17. 6. 1996 – BStBl I S. 688) tätig, ergibt sich ihre unbeschränkte Einkommensteuerpflicht grundsätzlich bereits aus § 1 Abs. 2 EStG.

Beschränkte Steuerpflicht nach ausländischem Recht

Ob eine Person in dem Staat, in dem sie ihren Wohnsitz oder gewöhnlichen Aufenthalt hat, lediglich in einem der beschränkten Einkommensteuerpflicht ähnlichen Umfang zu einer Steuer vom Einkommen herangezogen wird (§ 1 Abs. 2 Satz 2 EStG), ist nach den Vorschriften des maßgebenden ausländischen Steuerrechts zu prüfen (→ BFH vom 22. 2. 2006 – BStBl 2007 II S. 106).

Diplomaten und sonstige Beschäftigte ausländischer Vertretungen in der Bundesrepublik

→ § 3 Nr. 29 EStG

1) R 1 Satz 3 überholt → H 1a (Ehegattensplitting bei fiktiver unbeschränkter Einkommensteuerpflicht).

Doppelbesteuerungsabkommen

→ Verzeichnis der Abkommen zur Vermeidung der Doppelbesteuerung

Ehegattensplitting bei fiktiver unbeschränkter Einkommensteuerpflicht

Bei der Frage, ob Ehegatten die Einkunftsgrenzen (relative oder absolute Wesentlichkeitsgrenze) für das Wahlrecht zur Zusammen-veranlagung in Fällen der fiktiven unbeschränkten Einkommensteuerpflicht (§ 1 Abs. 3 EStG) wahren, ist im Rahmen einer einstufigen Prüfung nach § 1a Abs. 1 Nr. 2 EStG auf die Einkünfte beider Ehegatten abzustellen und der Grundfreibetrag zu verdoppeln (→ BFH vom 6. 5. 2015 – BStBl II S. 957).

Einkünfteermittlung

Die Einkünfteermittlung nach § 1 Abs. 3 Satz 2 EStG vollzieht sich in zwei Stufen. Zunächst ist in einem ersten Schritt die Summe der Welteinkünfte zu ermitteln. Dabei sind sämtliche Einkünfte, unabhängig davon, ob sie im In- oder Ausland erzielt wurden, nach deutschem Recht zu ermitteln. In einem zweiten Schritt sind die Welteinkünfte in Einkünfte, die der deutschen Einkommensteuer unterliegen, und in Einkünfte, die diese Voraussetzungen nicht erfüllen, aufzuteilen. Überschreiten die so ermittelten ausländischen Einkünfte die absolute Wesentlichkeitsgrenze des § 1 Abs. 3 Satz 2 i. V. m. § 1a Abs. 1 Nr. 2 Satz 3 EStG, ist eine Zusammenveranlagung zur Einkommensteuer auch dann ausgeschlossen, wenn sie, nach dem Recht des Wohnsitzstaates ermittelt, unterhalb der absoluten Wesentlichkeitsgrenze liegen (→ BFH vom 20. 8. 2008 – BStBl 2009 II S. 708).

Erweiterte beschränkte Steuerpflicht

→ §§ 2 und 5 AStG

Erweiterte unbeschränkte Steuerpflicht und unbeschränkte Steuerpflicht auf Antrag

- § 1 Abs. 2 bzw. § 1 Abs. 3 i. V. m. § 1a Abs. 2 EStG
  Im Ausland bei internationalen Organisationen beschäftigte Deutsche fallen nicht unter § 1 Abs. 2 oder § 1 Abs. 3 i. V. m. § 1a Abs. 2 EStG, da sie ihren Arbeitslohn nicht aus einer inländischen öffentlichen Kasse beziehen. Mitarbeiter des Goethe-Instituts mit Wohnsitz im Ausland stehen nicht zu einer inländischen juristischen Person des öffentlichen Rechts in einem Dienstverhältnis und sind daher nicht nach § 1 Abs. 2 EStG unbeschränkt einkommensteuerpflichtig (→ BFH vom 22. 2. 2006 – BStBl 2007 II S. 106).
- BMF vom 8. 10. 1996 (BStBl I S. 1191) – Auszug –:
  Billigkeitsregelung in Fällen, in denen ein Stpfl. und sein nicht dauernd getrennt lebender Ehegatte zunächst unter den Voraussetzungen des § 1 Abs. 2 EStG unbeschränkt einkommensteuerpflichtig sind bzw. unter den Voraussetzungen des § 1 Abs. 3 i. V. m. § 1a Abs. 2 EStG auf Antrag als unbeschränkt steuerpflichtig behandelt werden,
  - der Stpfl. dann aus dienstlichen Gründen in das Inland versetzt wird,
  - der nicht dauernd getrennt lebende Ehegatte aus persönlichen Gründen noch für kurze Zeit im Ausland verbleibt und
  - die Voraussetzungen des § 1a Abs. 1 EStG nicht erfüllt sind.
- → BMF vom 4. 10. 2011 (BStBl I S. 961):
  Berücksichtigung ausländischer Verhältnisse; Ländergruppeneinteilung ab 2012.
- Die in § 1 Abs. 3 Satz 3 EStG aufgeführten inländischen Einkünfte, die nach einem DBA nur der Höhe nach beschränkt besteuert werden dürfen, sind in die inländische Veranlagung gem. § 46 Abs. 1 Nr. 7 Buchstabe b i. V. m. § 1 Abs. 3 EStG einzubeziehen (→ BFH vom 13. 11. 2002 – BStBl 2003 II S. 587).

Europäischer Wirtschaftsraum

Mitgliedstaaten des EWR sind die Mitgliedstaaten der EU, Island, Norwegen und Liechtenstein.

Freistellung von deutschen Abzugssteuern

→ § 50d EStG, Besonderheiten im Fall von DBA

Schiffe

Schiffe unter Bundesflagge rechnen auf hoher See zum Inland → BFH vom 12. 11. 1986 (BStBl 1987 II S. 377)

Unbeschränkte Steuerpflicht – auf Antrag –

- → BMF vom 30. 12. 1996 (BStBl I S. 1506)
- Die zum Nachweis der Höhe der nicht der deutschen Steuer unterliegenden Einkünfte erforderliche Bescheinigung der zuständigen ausländischen Steuerbehörde ist auch dann vorzulegen, wenn der Stpfl. angibt, keine derartigen Einkünfte erzielt zu haben (sog. Nullbescheinigung). Die Verwendung eines bestimmten Vordrucks für die Bescheinigung ist gesetzlich nicht vorgeschrieben (→ BFH vom 8. 9. 2010 – BStBl 2011 II S. 447).

Wechsel der Steuerpflicht

→ § 2 Abs. 7 Satz 3 EStG

Wohnsitz/Gewöhnlicher Aufenthalt in der Schweiz

§ 1a Abs. 1 EStG ist bei Staatsangehörigen eines Mitgliedstaates der EU oder eines EWR-Staates bei Vorliegen der übrigen Voraussetzungen auch anwendbar, wenn

- der Empfänger der Leistungen i. S. d. Nr. 1 und 1a,
- die ausgleichsberechtigte Person i. S. d. Nr. 1b oder
- der Ehegatte/Lebenspartner i. S. d. Nr. 2

seinen/ihren Wohnsitz oder gewöhnlichen Aufenthalt in der Schweiz haben (→ BMF vom 16. 9. 2013 – BStBl I S. 1325).

R 2. Umfang der Besteuerung

(1) Das zu versteuernde Einkommen ist wie folgt zu ermitteln:

1	Summe der Einkünfte aus den Einkunftsarten
2 =	Summe der Einkünfte
3 –	Altersentlastungsbetrag (§ 24a EStG)
4 –	Entlastungsbetrag für Alleinerziehende (§ 24b EStG)
5 –	Freibetrag für Land- und Forstwirte (§ 13 Abs. 3 EStG)
6 +	Hinzurechnungsbetrag (§ 52 Abs. 3 Satz 5[1]) EStG sowie § 8 Abs. 5 Satz 2 AIG)
7 =	Gesamtbetrag der Einkünfte (§ 2 Abs. 3 Satz 1 EStG)
8 –	Verlustabzug nach § 10d EStG
9 –	Sonderausgaben (§§ 10, 10a, 10b, 10c EStG)
10 –	außergewöhnliche Belastungen (§§ 33 bis 33b EStG
11 –	Steuerbegünstigung der zu Wohnzwecken genutzten Wohnungen, Gebäude und Baudenkmale sowie der schutzwürdigen Kulturgüter (§§ 10e bis 10i EStG, § 52 Abs. 21 Satz 6 EStG i. d. F. vom 16. 4. 1997, BGBl. I S. 821 und § 7 FördG)
12 +	Erstattungsüberhänge (§ 10 Abs. 4b Satz 3 EStG)
13 +	zuzurechnendes Einkommen gem.§ 15 Abs. 1 AStG[2])
14 =	Einkommen (§ 2 Abs. 4 EStG)
15 –	Freibeträge für Kinder (§§ 31, 32 Abs. 6 EStG)
16 –	Härteausgleich nach§ 46 Abs. 3 EStG, § 70 EStDV
17 =	z. v. E. (§ 2 Abs. 5 EStG).

(2) Die festzusetzende Einkommensteuer ist wie folgt zu ermitteln:

1 Steuerbetrag

a) *nach § 32a Abs. 1, 5,* § 50 Abs. 1 Satz 2 EStG
oder

1) Jetzt → § 52 Abs. 2 Satz 3 EStG

2) Eine Hinzurechnung entfällt ab VZ 2013, da diese bereits im Rahmen der Einkünfteermittlung vorzunehmen ist (§ 15 Abs. 1 AStG in der durch das AmtshilfeRLUmsG geänderten Fassung).

	b) nach dem bei Anwendung des Progressionsvorbehalts (§ 32b EStG) oder der Steuersatzbegrenzung sich ergebenden Steuersatz
2 +	Steuer auf Grund Berechnung nach den §§ 34, 34b EStG
3 +	Steuer auf Grund der Berechnung nach§ 34a Abs. 1, 4 bis 6 EStG
4 =	tarifliche Einkommensteuer (§ 32a Abs. 1, 5 EStG)
5 –	Minderungsbetrag nach Punkt 11 Ziffer 2 des Schlussprotokolls zu Artikel 23 DBA Belgien in der durch Artikel 2 des Zusatzabkommens vom 5. 11. 2002 geänderten Fassung (BGBl. 2003 II S. 1615)
6 –	ausländische Steuern nach § 34c Abs. 1 und 6 EStG, § 12 AStG
7 –	Steuerermäßigung nach § 35 EStG
8 –	Steuerermäßigung für Stpfl. mit Kindern bei Inanspruchnahme erhöhter Absetzungen für Wohngebäude oder der Steuerbegünstigungen für eigengenutztes Wohneigentum (§ 34f Abs. 1, 2 EStG)
9 –	Steuerermäßigung bei Zuwendungen an politische Parteien und unabhängige Wählervereinigungen (§ 34g EStG)
10 –	Steuerermäßigung nach § 34f Abs. 3 EStG
11 –	Steuerermäßigung nach § 35a EStG
12 –	Ermäßigung bei Belastung mit Erbschaftsteuer (§ 35b EStG)
13 +	Steuer auf Grund Berechnung nach § 32d Abs. 3 und 4 EStG
14 +	Steuern nach § 34c Abs. 5 EStG
15 +	Nachsteuer nach § 10 Abs. 5 EStG i. V. m. den § 30 EStDV
16 +	Zuschlag nach § 3 Abs. 4 Satz 2 Forstschäden-Ausgleichsgesetz
17 +	Anspruch auf Zulage für Altersvorsorge, wenn Beiträge als Sonderausgaben abgezogen worden sind (§ 10a Abs. 2 EStG)
18 +	Anspruch auf Kindergeld oder vergleichbare Leistungen, soweit in den Fällen des § 31 EStG das Einkommen um Freibeträge für Kinder gemindert wurde
19 =	festzusetzende Einkommensteuer (§ 2 Abs. 6 EStG).

H 2

Keine Einnahmen oder Einkünfte

Bei den folgenden Leistungen handelt es sich nicht um Einnahmen oder Einkünfte:
- Arbeitnehmer-Sparzulagen (§ 13 Abs. 3 VermBG)
- Investitionszulagen nach dem InvZulG
- Neue Anteilsrechte auf Grund der Umwandlung von Rücklagen in Nennkapital (§§ 1, 7 KapErhStG)
- Wohnungsbau-Prämien (§ 6 WoPG)

Lebenspartner und Lebenspartnerschaften

§ 2 Abs. 8 EStG gilt nur für Lebenspartner und Lebenspartnerschaften i. S. d. § 1 Abs. 1 LPartG. Andere Lebensgemeinschaften fallen nicht unter diese Vorschrift, selbst wenn die Partner ihre Rechtsbeziehungen auf eine vertragliche Grundlage gestellt haben (→ BFH vom 26. 6. 2014 – BStBl II S. 829).

Liebhaberei

bei Einkünften aus
- Land- und Forstwirtschaft → H 13.5 (Liebhaberei),→ H 13a.2 (Liebhaberei),
- Gewerbebetrieb → H 15.3 (Abgrenzung der Gewinnerzielungsabsicht zur Liebhaberei), H 16 (2) Liebhaberei,
- selbständiger Arbeit → H 18.1 (Gewinnerzielungsabsicht),
- Kapitalvermögen → H 20.1 (Schuldzinsen),
- Vermietung und Verpachtung → H 21.2 (Einkünfteerzielungsabsicht).

Preisgelder

- BMF vom 5. 9. 1996 (BStBl I S. 1150) unter Berücksichtigung der Änderungen durch BMF vom 23. 12. 2002 (BStBl 2003 I S. 76).
- Fernseh-Preisgelder → BMF vom 30. 5. 2008 (BStBl I S. 645).

Steuersatzbegrenzung

Bei der Festsetzung der Einkommensteuer ist in den Fällen der Steuersatzbegrenzung die rechnerische Gesamtsteuer quotal aufzuteilen und sodann der Steuersatz für die der Höhe nach nur beschränkt zu besteuernden Einkünfte zu ermäßigen (BFH vom 13. 11. 2002 – BStBl 2003 II S. 587).

R 9a. Pauschbeträge für Werbungskosten

Die Pauschbeträge für Werbungskosten sind nicht zu ermäßigen, wenn die unbeschränkte Steuerpflicht lediglich während eines Teiles des Kalenderjahres bestanden hat.

H 9a

Beschränkt Einkommensteuerpflichtige

Zur Anwendung der Pauschbeträge für Werbungskosten bei beschränkt Einkommensteuerpflichtigen → § 50 Abs. 1 Satz 3 bis 5 EStG

R 10.1. Sonderausgaben (Allgemeines)

Bei Ehegatten, die nach § 26b EStG zusammen zur Einkommensteuer veranlagt werden, kommt es für den Abzug von Sonderausgaben nicht darauf an, ob sie der Ehemann oder die Ehefrau geleistet hat.

H 10.1

Abkürzung des Zahlungsweges

Bei den Sonderausgaben kommt der Abzug von Aufwendungen eines Dritten auch unter dem Gesichtspunkt der Abkürzung des Vertragswegs nicht in Betracht (→ BMF vom 7. 7. 2008 – BStBl I S. 717).

Abzugshöhe/Abzugszeitpunkt

- Sonderausgaben sind in dem VZ abziehbar, in dem sie geleistet worden sind (§ 11 Abs. 2 EStG). Dies gilt auch, wenn sie der Stpfl. mit Darlehensmitteln bestritten hat (→ BFH vom 15. 3. 1974 – BStBl II S. 513). Sie dürfen nur dann bei der Ermittlung des Einkommens abgezogen werden, wenn der Stpfl. tatsächlich und endgültig wirtschaftlich belastet ist. Steht im Zeitpunkt der Zahlung, ggf. auch im Zeitpunkt der Erstattung noch nicht fest, ob der Stpfl. durch die Zahlung endgültig wirtschaftlich belastet bleibt (z. B. bei Kirchensteuer im Falle der Aufhebung der Vollziehung), sind sie im Jahr des Abflusses abziehbar (→ BFH vom 24. 4. 2002 – BStBl II S. 569).
  Werden gezahlte Sonderausgaben in einem späteren VZ an den Stpfl. erstattet, ist der Erstattungsbetrag aus Gründen der Praktikabilität im Erstattungsjahr mit gleichartigen Sonderausgaben zu verrechnen mit der Folge, dass die abziehbaren Sonderausgaben des Erstattungsjahres entsprechend gemindert werden. Ist im Jahr der Erstattung der Sonderausgaben an den Stpfl. ein Ausgleich mit gleichartigen Aufwendungen nicht oder nicht in voller Höhe möglich, so ist der Sonderausgabenabzug des Jahres der Verausgabung insoweit um die nachträgliche Erstattung zu mindern; ein bereits bestandskräftiger Bescheid ist nach § 175 Abs. 1 Satz 1 Nr. 2 AO zu ändern (→ BFH vom 7. 7. 2004– BStBl II S. 1058 und BMF vom 11. 7. 2002 – BStBl I S. 667). Ob die Sonderausgaben gleichartig sind, richtet sich nach deren Sinn und Zweck sowie deren wirtschaftlichen Bedeutung und Auswirkungen für den Stpfl. Bei Versicherungsbeiträgen kommt es auf die Funktion der Versicherung und das abgesicherte Risiko an (→ BFH vom 21. 7. 2009 – BStBl 2010 II S. 38).
- Kirchensteuer → H 10.7 (Willkürliche Zahlungen).

R 10.2. Unterhaltsleistungen an den geschiedenen oder dauernd getrennt lebenden Ehegatten

(1) Der Antrag nach § 10 Abs. 1 Nr. 1 EStG[1] kann auf einen Teilbetrag der Unterhaltsleistungen beschränkt werden.

---

[1] *Jetzt § 10 Abs. 1a Nr. 1 EStG.*

(2) [1]Die Zustimmung wirkt auch dann bis auf Widerruf, wenn sie im Rahmen eines Vergleichs erteilt wird. [2]Die Zustimmung zum Abzug von Unterhaltsleistungen als Sonderausgaben dem Grunde nach wirkt auch für die Erhöhung des Höchstbetrags nach § 10 Abs. 1 Nr. 1 Satz 2 EStG[1)]. [3]Dies gilt unabhängig davon, wann die Zustimmung erteilt wurde.

(3) Leistet jemand Unterhalt an mehrere Empfänger, sind die Unterhaltsleistungen an jeden bis zum Höchstbetrag abziehbar.

H 10.2

Allgemeines

- Durch Antrag und Zustimmung werden alle in dem betreffenden VZ geleisteten Unterhaltsaufwendungen zu Sonderausgaben umqualifiziert. Für den Abzug ist es unerheblich, ob es sich um einmalige oder laufende Leistungen bzw. Nachzahlungen oder Vorauszahlungen handelt. Ein Abzug als außergewöhnliche Belastung ist nicht möglich, auch nicht, soweit sie den für das Realsplitting geltenden Höchstbetrag übersteigen (→ BFH vom 7. 11. 2000 – BStBl 2001 II S. 338).
- Antrag und Zustimmung zum begrenzten Realsplitting können nicht – auch nicht übereinstimmend – zurückgenommen oder nachträglich beschränkt werden (→ BFH vom 22. 9. 1999 – BStBl 2000 II S. 218).
- Ein Einkommensteuerbescheid ist nach § 175 Abs. 1 Satz 1 Nr. 2 AO zu ändern, wenn nach Eintritt der Bestandskraft
  - sowohl die Zustimmung erteilt als auch der Antrag nach § 10 ***Abs. 1a*** Nr. 1 Satz 1 EStG gestellt werden (→ BFH vom 12. 7. 1989 – BStBl II S. 957) oder
  - der Antrag i. V. m. einer nachträglichen Zustimmungsverweigerung ausgedehnt wird (→ BFH vom 28. 6. 2006 – BStBl 2007 II S. 5).
- Ein Einkommensteuerbescheid ist nach § 175 Abs. 1 Satz 1 Nr. 2 AO nicht zu ändern, wenn der Antrag auf Realsplitting erst nach Bestandskraft des Einkommensteuerbescheids gestellt wird, obwohl die Zustimmungserklärung des Unterhaltsempfängers dem Geber bereits vor Eintritt der Bestandskraft vorlag (→ BFH vom 20. 8. 2014 – BStBl 2015 II S. 138

Erbe

Unterhaltsleistungen, die der Erbe nach § 1586b BGB an den geschiedenen Ehegatten des Erblassers zu erbringen hat, sind nicht als Sonderausgaben abzugsfähig (→ BFH vom 12. 11. 1997 – BStBl 1998 II S. 148).

Nicht unbeschränkt steuerpflichtiger Empfänger

Ist der Empfänger nicht unbeschränkt steuerpflichtig, kann ein Abzug der Unterhaltsleistungen bei Vorliegen der Voraussetzungen des § 1a Abs. 1 Nr. 1 EStG oder auf Grund eines DBA in Betracht kommen. Entsprechende Regelungen gibt es z. B. in den DBA Kanada, Artikel 18 Abs. 3 Buchst. d und Protokoll Nr. 8 (BStBl 2002 I S. 505, 521) und den USA, Artikel 18 Abs. 3 und Protokoll Nr. 15 (BStBl 2008 I S. 766) sowie in der mit der Schweiz getroffenen Verständigungsvereinbarung, § 21 Abs. 2 Deutsch-Schweizerische Konsultationsvereinbarungsverordnung (BStBl 2011 I S. 146).

Rechtsanwaltskosten

Rechtsanwaltskosten, die ein Stpfl. aufwendet, um die Zustimmung seines geschiedenen oder dauernd getrennt lebenden unbeschränkt steuerpflichtigen Ehegatten zum begrenzten Realsplitting zu erlangen, sind keine Unterhaltsleistungen (→ BFH vom 10. 3. 1999 – BStBl II S. 522).

Unterhaltsleistungen

Es ist unerheblich, ob die Unterhaltsleistungen freiwillig oder auf Grund gesetzlicher Unterhaltspflicht erbracht werden. Auch als Unterhalt erbrachte Sachleistungen sind zu berücksichtigen (→ BFH vom 12. 4. 2000 – BStBl 2002 II S. 130).

1) Jetzt § 10 Abs. 1a Nr. 1 Satz 2 EStG.

Wohnungsüberlassung

Bei unentgeltlicher Wohnraumüberlassung kann der Mietwert als Sonderausgabe abgezogen werden. Befindet sich die überlassene Wohnung im Miteigentum des geschiedenen oder dauernd getrennt lebenden Ehegatten, kann der überlassende Ehegatte neben dem Mietwert seines Miteigentumsanteils auch die von ihm auf Grund der Unterhaltsvereinbarung getragenen verbrauchsunabhängigen Kosten für den Miteigentumsanteil des anderen Ehegatten als Sonderausgabe abziehen (→ BFH vom 12. 4. 2000 – BStBl 2002 II S. 130).

Zur Wohnungsüberlassung an den geschiedenen oder dauernd getrennt lebenden Ehegatten bei Abschluss eines Mietvertrages → H 21.4 (Vermietung an Unterhaltsberechtigte).

Zustimmung

- Die Finanzbehörden sind nicht verpflichtet zu prüfen, ob die Verweigerung der Zustimmung rechtsmissbräuchlich ist (→ BFH vom 25. 7. 1990 – BStBl II S. 1022). Im Fall der rechtskräftigen Verurteilung zur Erteilung der Zustimmung (§ 894 Abs. 1 ZPO; → BFH vom 25. 10. 1988 – BStBl 1989 II S. 192) wirkt sie nur für das Kalenderjahr, das Gegenstand des Rechtsstreits war.
- Im Fall der rechtskräftigen Verurteilung zur Erteilung der Zustimmung (§ 894 Abs. 1 ZPO; → BFH vom 25. 10. 1988 – BStBl 1989 II S. 192) wirkt sie nur für das Kalenderjahr, das Gegenstand des Rechtsstreits war.
- Stimmt der geschiedene oder dauernd getrennt lebende Ehegatte dem der Höhe nach beschränkten Antrag auf Abzug der Unterhaltszahlungen als Sonderausgaben zu, beinhaltet dies keine der Höhe nach unbeschränkte Zustimmung für die Folgejahre (→ BFH vom 14. 4. 2005 – BStBl II S. 825).
- Der **Widerruf** der Zustimmung muss vor Beginn des Kalenderjahrs, für den er wirksam werden soll, erklärt werden. Er ist gegenüber dem Wohnsitzfinanzamt sowohl des Unterhaltsleistenden als auch des Unterhaltsempfängers möglich Wird er gegenüber dem Wohnsitzfinanzamt des Unterhaltsempfängers erklärt, ist das Wissen dieser Behörde für die Änderungsbefugnis nach § 173 Abs. 1 Nr. 1 AO des für die Veranlagung des Unterhaltsleistenden zuständigen Finanzamtes ohne Bedeutung (→ BFH vom 2. 7. 2003 – BStBl II S. 803).

R 10.3. Versorgungsleistungen

(1) Versorgungsleistungen, die mit steuerbefreiten Einkünften, z. B. auf Grund eines DBA, in wirtschaftlichem Zusammenhang stehen, können nicht als Sonderausgaben abgezogen werden.

(2) [1]Versorgungsleistungen, die freiwillig oder auf Grund einer freiwillig begründeten Rechtspflicht geleistet werden, sind grundsätzlich nicht als Sonderausgaben abziehbar. [2]Das gilt auch für Zuwendungen an eine gegenüber dem Stpfl. oder seinem Ehegatten gesetzlich unterhaltsberechtigte Person oder an deren Ehegatten (§ 12 Nr. 2 EStG).

H 10.3

Ablösung eines Nießbrauchs oder eines anderen Nutzungsrechts

→ BMF vom 11. 3. 2010 (BStBl I S. 227), Rz. 24 f., und vom 30. 9. 2013 (BStBl I S. 1184, Rz. 55 – 67).

Altenteilsleistung

Der Wert unbarer Altenteilsleistungen ist nach § 2 Abs. 2 der SvEV[1]) vom 21. 12. 2006 (BGBl. I S. 3385) in der für den jeweiligen VZ geltenden Fassung zu schätzen (→ BFH vom 18. 12. 1990 – BStBl 1991 II S. 354).

Beerdigungskosten

Soweit der Vermögensübernehmer kein Erbe und vertraglich zur Übernahme der durch den Tod des letztverstorbenen Vermögensübergebers entstandenen Beerdigungskosten verpflichtet ist, kann er die durch den Tod des letztverstorbenen Vermögensübergebers entstandenen Beerdigungskosten als dauernde Last abziehen (→ BFH vom 19. 1. 2010 – BStBl II S. 544). Ist er hingegen Alleinerbe, sind die Beerdigungskosten auch dann nicht abziehbar, wenn er sich vertrag-

1) → Anhang 4

lich zur Übernahme dieser Kosten verpflichtet hat (→ BFH vom 19. 1. 2010 – BStBl 2011 II S. 162).

Erbbauzinsen

Erbbauzinsen, die im Zusammenhang mit der Selbstnutzung einer Wohnung im eigenen Haus anfallen, können nicht als dauernde Last abgezogen werden (→ BFH vom 24. 10. 1990 – BStBl 1991 II S. 175).

Schuldzinsen

Schuldzinsen zur Finanzierung von als Sonderausgaben abziehbaren privaten Versorgungsleistungen sind nicht als Versorgungsleistungen abziehbar (→ BFH vom 14. 11. 2001 – BStBl 2002 II S. 413).

Vermögensübertragung im Zusammenhang mit Versorgungsleistungen

→ BMF vom 11. 3. 2010 (BStBl I S. 227)

Vorweggenommene Erbfolge

Zur ertragsteuerlichen Behandlung der vorweggenommenen Erbfolge → BMF vom 13. 1. 1993 (BStBl I S. 80) unter Berücksichtigung der Änderungen durch BMF vom 26. 2. 2007 (BStBl I S. 269).

R 10.3a. Versorgungsausgleich

– unbesetzt –

H 10.3a

Versorgungsausgleich i. S. d. § 10 *Abs. 1a Nr. 4* EStG

Zur einkommensteuerrechtlichen Behandlung der Leistungen auf Grund eines schuldrechtlichen Versorgungsausgleichs → BMF vom 9. 4. 2010 (BStBl I S. 323).

R 10.4. Vorsorgeaufwendungen (Allgemeines)

[1]Nach § 10 Abs. 1 Nr. 3 Satz 2 EStG können eigene Beiträge des Kindes zur Basiskranken- und gesetzlichen Pflegeversicherung im Rahmen des Sonderausgabenabzugs bei den Eltern berücksichtigt werden, wenn diese das Kind, für das sie Anspruch auf einen Freibetrag nach § 32 Abs. 6 EStG oder auf Kindergeld haben, durch Unterhaltsleistungen in Form von Bar- oder Sachleistungen (z. B. Unterkunft und Verpflegung) unterstützen. [2]Ob das Kind über eigene Einkünfte verfügt, ist insoweit ohne Bedeutung. [3]Allerdings können die Basiskranken- und gesetzlichen Pflegeversicherungsbeiträge des Kindes insgesamt nur einmal als Vorsorgeaufwendungen berücksichtigt werden. [4]Entweder erfolgt die Berücksichtigung nach § 10 Abs. 1 Nr. 3 Satz 2 EStG bei den Eltern oder nach § 10 Abs. 1 Nr. 3 Satz 1 EStG beim Kind.

H 10.4

Abzug von Vorsorgeaufwendungen

- Zum Sonderausgabenabzug für Beiträge nach § 10 Abs. 1 Nr. 2 bis 3a EStG → BMF vom 19. 8. 2013 (BStBl I S. 1087), unter Berücksichtigung der Änderungen durch BMF vom 10. 1. 2014 (BStBl I S. 70), Rz. 1 – 167) → Anhang 2.
- Zur Verfassungsmäßigkeit der beschränkten Abziehbarkeit von Altersvorsorgeaufwendungen → BFH vom 18. 11. 2009 (BStBl 2010 II S. 414) und vom 9. 12. 2009 (BStBl 2010 II S. 348).

Berufsständische Versorgungseinrichtungen

Liste der berufsständischen Versorgungseinrichtungen, die den gesetzlichen Rentenversicherungen vergleichbare Leistungen i. S. d. § 10 Abs. 1 Nr. 2 Satz 1 Buchstabe a EStG erbringen → BMF vom 8. 7. 2014 (BStBl I S. 1098).

Nichtabziehbare Vorsorgeaufwendungen

Vorsorgeaufwendungen, die mit steuerfreien Einnahmen in unmittelbarem wirtschaftlichen Zusammenhang stehen, sind nicht abziehbar.

Beispiele:

1. Gesetzliche Arbeitnehmeranteile zur Sozialversicherung, die auf steuerfreien Arbeitslohn entfallen (→ BFH vom 27. 3. 1981 – BStBl II S. 530), z. B. auf Grund einer Freistellung nach einem DBA oder dem ATE vom 31. 10. 1983 (BStBl I S. 470);
2. Aufwendungen aus Mitteln, die nach ihrer Zweckbestimmung zur Leistung der Vorsorgeaufwendungen dienen, wie
   a) steuerfreie Zuschüsse zur Krankenversicherung der Rentner, z. B. nach § 106 SGB VI (→ H 3.14);
   b) Sonderleistungen, die Wehrpflichtige oder Zivildienstleistende unter bestimmten Voraussetzungen zum Ersatz für Beiträge zu einer Krankenversicherung, Unfallversicherung oder Haftpflichtversicherung erhalten (§ 7 USG, § 78 Abs. 1 Nr. 2 ZDG). Beiträge zu Versicherungen, die mit dem Führen und Halten von Kraftfahrzeugen zusammenhängen, z. B. Kraftfahrzeug-Haftpflichtversicherung, Kraftfahrzeug-Insassenunfallversicherung, werden nach § 7 Abs. 2 Nr. 4 USG nicht ersetzt;
   c) Beiträge zur Alters- und Hinterbliebenenversorgung, die Wehrpflichtigen und Zivildienstleistenden erstattet werden (§ 14a und 14b Arbeitsplatzschutzgesetz, § 78 Abs. 1 Nr. 1 ZDG);
   d) steuerfreie Beträge, die Land- und Forstwirte nach dem Gesetz über die Alterssicherung der Landwirte zur Entlastung von Vorsorgeaufwendungen im Sinne des § 10 Abs. 1 Nr. 2 Buchstabe a EStG erhalten.

R 10.5. Versicherungsbeiträge

[1]Wird ein Kraftfahrzeug teils für berufliche und teils für private Zwecke benutzt, kann der Stpfl. den Teil seiner Aufwendungen für die Kfz-Haftpflichtversicherung, der dem Anteil der privaten Nutzung entspricht, im Rahmen des § 10 EStG als Sonderausgaben abziehen. [2]Werden Aufwendungen für Wege zwischen Wohnung und Arbeitsstätte oder Familienheimfahrten mit eigenem Kraftfahrzeug in Höhe der Entfernungspauschale nach § 9 Abs. 1 Satz 3 Nr. 4 EStG abgezogen, können die Aufwendungen für die Kfz-Haftpflichtversicherung zur Vereinfachung in voller Höhe als Sonderausgaben anerkannt werden.

H 10.5

Beiträge an ausländische Sozialversicherungsträger

Zur Aufteilung der an ausländische Sozialversicherungsträger geleisteten Globalbeiträge zur Berücksichtigung der Vorsorgeaufwendungen im Rahmen des Sonderausgabenabzugs → BMF vom ***3. 12. 2014 (BStBl I S. 1606)***

Erbschaftsteuerversicherung

- Zum Begriff der Erbschaftsteuerversicherung → BMF vom 1. 10. 2009 (BStBl I S. 1172), Rz. 30
- Die Beiträge gehören zu den sonstigen Vorsorgeaufwendungen nach § 10 Abs. 1 Nr. 3a EStG (→ BMF vom 19. 8. 2013 – BStBl I S. 1087, Rz. 95 – 98) → Anhang 2.

Kapitalwahlrecht

Für vor dem 1. 10. 1996 abgeschlossene Verträge ist Abschnitt 88 Abs. 1 Satz 4 EStR 1987 weiter anzuwenden. Abschnitt 88 Abs. 1 Satz 4 EStR 1987 lautet: „Beiträge zu Rentenversicherungen mit Kapitalwahlrecht gegen laufende Beitragsleistung können als Sonderausgaben abgezogen werden, wenn die Auszahlung des Kapitals frühestens zu einem Zeitpunkt nach Ablauf von zwölf Jahren seit Vertragsabschluss verlangt werden kann."

Keine Sonderausgaben

Die als Sonderausgaben zu berücksichtigenden Aufwendungen sind in § 10 EStG abschließend aufgezählt. Nicht benannte Aufwendungen können nicht als Sonderausgaben abgezogen werden (→ BFH vom 4. 2. 2010 – BStBl II S. 617). Hierzu zählen z. B. Beiträge für eine

- Hausratversicherung,
- Kaskoversicherung,
- Rechtsschutzversicherung,
- Sachversicherung.

Krankentagegeldversicherung

Die Beiträge gehören zu den sonstigen Vorsorgeaufwendungen nach § 10 Abs. 1 Nr. 3a EStG (→ BMF vom 19. 8. 2013 – BStBl I S. 1087, Rz. 95–98) → Anhang 2.

Lebensversicherung (Vertragsabschluss vor dem 1. 1. 2005)

- Allgemeines/Grundsätze
  - → BMF vom 22. 8. 2002 (BStBl I S. 827) unter Berücksichtigung der Änderungen durch BMF vom 1. 10. 2009 (BStBl I S. 1188).
  - → Auszug aus dem EStG 2002 in der am 31. 12. 2004 geltenden Fassung
  - → Verzeichnis der ausländischen Versicherungsunternehmen, denen die Erlaubnis zum Betrieb eines nach § 10 Abs. 1 Nr. 2 EStG a. F. begünstigten Versicherungszweigs im Inland erteilt ist – Stand: 1. 1. 2004
- Beiträge zu Lebensversicherungen mit Teilleistungen auf den Erlebensfall vor Ablauf der Mindestvertragsdauer von zwölf Jahren sind auch nicht teilweise als Sonderausgaben abziehbar (→ BFH vom 27. 10. 1987 – BStBl 1988 II S. 132),
- Einsatz von Lebensversicherungen zur Tilgung oder Sicherung von Darlehen → BMF vom 15. 6. 2000 (BStBl I S. 1118) und vom 16. 7. 2012 (BStBl I S. 686).

Loss-of-Licence-Versicherung

Beiträge zur Berufsunfähigkeitsversicherung eines Flugzeugführers sind regelmäßig Sonderausgaben, keine Werbungskosten (→ BFH vom 13. 4. 1976 – BStBl II S. 599).

Pflegekrankenversicherung

Die Beiträge zu einer ergänzenden Pflegekrankenversicherung gehören zu den sonstigen Vorsorgeaufwendungen nach § 10 Abs. 1 Nr. 3a EStG (→ BMF vom 19. 8. 2013 – BStBl I S. 1087, Rz. 95–98) → Anhang 2.

Pflegerentenversicherung

Die Beiträge gehören zu den sonstigen Vorsorgeaufwendungen nach § 10 Abs. 1 Nr. 3a EStG (→ BMF vom 19. 8. 2013 – BStBl I S. 1087, Rz. 95–98) → Anhang 2.

Unfallversicherung

- Zuordnung von Versicherungsbeiträgen zu Werbungskosten oder Sonderausgaben → BMF vom 28. 10. 2009 (BStBl I S. 1275), Tz. 4
- Soweit die Beiträge nicht den Werbungskosten zuzuordnen sind, liegen sonstige Vorsorgeaufwendungen nach § 10 Abs. 1 Nr. 3a EStG vor (→ BMF vom 19. 8. 2013 – BStBl I S. 1087, Rz. 95–98) → Anhang 2.

Versorgungsbeiträge Selbständiger

Beiträge, für die eine gesetzliche Leistungspflicht besteht, stellen, auch soweit sie auf die sog. „alte Last" entfallen, regelmäßig keine Betriebsausgaben dar, wenn sie gleichzeitig der eigenen Versorgung oder der Versorgung der Angehörigen dienen (→ BFH vom 13. 4. 1972 – BStBl II S. 728 und 730).

Sie können in diesem Fall als Sonderausgaben im Rahmen des § 10 EStG abgezogen werden.

Vertragseintritt

Wer in den Lebensversicherungsvertrag eines anderen eintritt, kann nur die nach seinem Eintritt fällig werdenden Beiträge als Sonderausgaben abziehen; der Eintritt gilt nicht als neuer Vertragsabschluss (→ BFH vom 9. 5. 1974 – BStBl II S. 633).

R 10.6. Nachversteuerung von Versicherungsbeiträgen

[1]Bei einer Nachversteuerung nach § 30 EStDV wird der Steuerbescheid des Kalenderjahres, in dem die Versicherungsbeiträge für Versicherungen i. S. d. § 10 Abs. 1 Nr. 3 Buchstabe b EStG als Sonderausgaben berücksichtigt worden sind, nicht berichtigt. [2]Es ist lediglich festzustellen, welche Steuer für das jeweilige Kalenderjahr festzusetzen gewesen wäre, wenn der Stpfl. die Versicherungsbeiträge nicht geleistet hätte. [3]Der Unterschiedsbetrag zwischen dieser Steuer und der seinerzeit festgesetzten Steuer ist als Nachsteuer für das Kalenderjahr zu erheben, in dem das steuerschädliche Ereignis eingetreten ist.

H 10.6

Nachsteuer

Bei Berechnung der Nachsteuer nach § 10 Abs. 5 EStG findet § 177 AO keine Anwendung; bisher nicht geltend gemachte Aufwendungen können nicht nachgeschoben werden (→ BFH vom 15. 12. 1999 – BStBl 2000 II S. 292).

Nachversteuerung für Versicherungsbeiträge bei Ehegatten im Falle ihrer getrennten Veranlagung

Sind die Ehegatten in einem dem VZ 1990 vorangegangenen Kalenderjahr nach § 26a EStG in der für das betreffende Kalenderjahr geltenden Fassung getrennt veranlagt worden und waren in ihren zusammengerechneten Sonderausgaben mit Ausnahme des Abzugs für den steuerbegünstigten nicht entnommenen Gewinn und des Verlustabzugs Versicherungsbeiträge enthalten, für die eine Nachversteuerung durchzuführen ist, ist nach Abschnitt 109a EStR 1990 zu verfahren.

Veräußerung von Ansprüchen aus Lebensversicherungen

Die Veräußerung von Ansprüchen aus Lebensversicherungen führt weder zu einer Nachversteuerung der als Sonderausgaben abgezogenen Versicherungsbeiträge noch zur Besteuerung eines etwaigen Überschusses des Veräußerungserlöses über die eingezahlten Versicherungsbeiträge (→ BMF vom 22. 8. 2002 – BStBl I S. 827, RdNr. 32).

R 10.7. Kirchensteuern und Kirchenbeiträge

(1) [1]Beiträge der Mitglieder von Religionsgemeinschaften (Kirchenbeiträge), die mindestens in einem Land als Körperschaft des öffentlichen Rechts anerkannt sind, aber während des ganzen Kalenderjahres keine Kirchensteuer erheben, sind aus Billigkeitsgründen wie Kirchensteuern abziehbar. [2]Voraussetzung ist, dass der Stpfl. über die geleisteten Beiträge eine Empfangsbestätigung der Religionsgemeinschaft vorlegt. [3]Der Abzug ist bis zur Höhe der Kirchensteuer zulässig, die in dem betreffenden Land von den als Körperschaften des öffentlichen Rechts anerkannten Religionsgemeinschaften erhoben wird. [4]Bei unterschiedlichen Kirchensteuersätzen ist der höchste Steuersatz maßgebend. [5]Die Sätze 1 bis 4 sind nicht anzuwenden, wenn der Stpfl. gleichzeitig als Mitglied einer öffentlich-rechtlichen Religionsgemeinschaft zur Zahlung von Kirchensteuer verpflichtet ist.

(2) Kirchenbeiträge, die nach Absatz 1 nicht wie Kirchensteuer als Sonderausgaben abgezogen werden, können im Rahmen des § 10b EStG steuerlich berücksichtigt werden.

H 10.7

Beiträge an Religionsgemeinschaften (R 10.7 Abs. 1 Satz 1 bis 3 EStR)

Die in R 10.7 getroffene Regelung stellt eine Billigkeitsmaßnahme (§ 163 AO) dar, die zwingend anzuwenden ist. Der höchstmögliche Abzug beträgt 8 % bzw. 9 % der festgesetzten Einkommensteuer auf das um die Beiträge geminderte zu versteuernde Einkommen; § 51a Abs. 1 und 2 EStG ist anzuwenden (→ BFH vom 10. 10. 2001 – BStBl 2002 II S. 201 und vom 12. 6. 2002 – BStBl 2003 II S. 281).

Kirchensteuern an Religionsgemeinschaften in EU-/EWR-Staaten

Auch Kirchensteuerzahlungen an Religionsgemeinschaften, die in einem anderen EU-Mitgliedstaat oder in einem EWR-Staat belegen sind und die bei Inlandsansässigkeit als Körperschaften des öffentlichen Rechts anzuerkennen wären, sind als Sonderausgabe nach § 10 Abs. 1 Nr. 4 EStG abziehbar. Das betrifft die Staaten Finnland (evangelisch-lutherische und orthodoxe Staatskirchen) und Dänemark (evangelisch-lutherische Staatskirche). Soweit in den vorgenannten Staaten andere Religionsgemeinschaften ansässig sind, sind für die fiktive Einordnung als Körperschaft des öffentlichen Rechts die zuständigen Innen- oder Kultusbehörden einzubeziehen (→ BMF vom 16. 11. 2010 – BStBl I S. 1311).

Kirchensteuern i. S. d. § 10 Abs. 1 Nr. 4 EStG

Sie sind Geldleistungen, die von den als Körperschaften des öffentlichen Rechts anerkannten Religionsgemeinschaften von ihren Mitgliedern auf Grund gesetzlicher Vorschriften erhoben werden. Die Kirchensteuer wird in der Regel als Zuschlagsteuer zur Einkommen- bzw. Lohnsteuer erhoben. Kirchensteuern können aber nach Maßgabe der Gesetze auch erhoben werden als Kirchensteuern vom Einkommen, vom Vermögen, vom Grundbesitz und als Kirchgeld. **Keine Kirchensteuern** sind freiwillige Beiträge, die an öffentlich-rechtliche Religionsgemeinschaften oder andere religiöse Gemeinschaften entrichtet werden.

Willkürliche Zahlungen

Kirchensteuern sind grundsätzlich in dem VZ als Sonderausgabe abzugsfähig, in dem sie tatsächlich entrichtet wurden, soweit es sich nicht um willkürliche, die voraussichtliche Steuerschuld weit übersteigende Zahlungen handelt (→ BFH vom 25. 1. 1963 – BStBl III S. 141).

R 10.8. Kinderbetreuungskosten

– unbesetzt –

H 10.8

Abzugsbeschränkung

Die Beschränkung des Abzugs von Kinderbetreuungskosten auf zwei Drittel der Aufwendungen und einen Höchstbetrag von 4 000 Euro je Kind ist verfassungsgemäß (→ BFH vom 9. 2. 2012 – BStBl II S. 567).

Anwendungsschreiben

→ BMF vom 14. 3. 2012 (BStBl I S. 307)

R 10.9. Aufwendungen für die Berufsausbildung

(1) [1]Erhält der Stpfl. zur unmittelbaren Förderung seiner Ausbildung steuerfreie Bezüge, mit denen Aufwendungen i. S. d. § 10 Abs. 1 Nr. 7 EStG abgegolten werden, entfällt insoweit der Sonderausgabenabzug. [2]Das gilt auch dann, wenn die zweckgebundenen steuerfreien Bezüge erst nach Ablauf des betreffenden Kalenderjahres gezahlt werden. [3]Zur Vereinfachung ist eine Kürzung der für den Sonderausgabenabzug in Betracht kommenden Aufwendungen nur dann vorzunehmen, wenn die steuerfreien Bezüge ausschließlich zur Bestreitung der in § 10 Abs. 1 Nr. 7 EStG bezeichneten Aufwendungen bestimmt sind. [4]Gelten die steuerfreien Bezüge dagegen ausschließlich oder teilweise Aufwendungen für den Lebensunterhalt ab – ausgenommen solche für auswärtige Unterbringung –, z. B. Berufsausbildungsbeihilfen nach § 59 SGB III, Leis*tungen nach den §§ 12 und* 13 BAföG, sind die als Sonderausgaben geltend gemachten Berufsausbildungsaufwendungen nicht zu kürzen.

Nachlaufende Studiengebühren

(2) Staatlich gestundete Studienbeiträge, die erst nach Abschluss des Studiums gezahlt werden (sog. nachlaufende Studiengebühren), sind nach den allgemeinen Grundsätzen des § 11 Abs. 2 EStG im Jahr der Zahlung der gestundeten Beiträge und somit auch nach Abschluss der Berufsausbildung als Sonderausgaben abziehbar.

H 10.9

Aufwendungen i. S. d. § 10 Abs. 1 Nr. 7 EStG:

- **Arbeitsmittel**

  Die für Arbeitsmittel i. S. d. § 9 Abs. 1 Satz 3 Nr. 6 EStG geltenden Vorschriften sind sinngemäß anzuwenden. Schafft ein Stpfl. abnutzbare Wirtschaftsgüter von mehrjähriger Nutzungsdauer an, so sind im Rahmen des § 10 Abs. 1 Nr. 7 EStG nur die auf die Nutzungsdauer verteilten Anschaffungskosten als Sonderausgaben abziehbar (→ BFH vom 7. 5. 1993 – BStBl II S. 676).

  Die Anschaffungs- oder Herstellungskosten von Arbeitsmitteln einschließlich der Umsatzsteuer können im Jahr ihrer Verausgabung in voller Höhe als Sonderausgaben abgesetzt werden, wenn sie ausschließlich der Umsatzsteuer für das einzelne Arbeitsmittel 410 € nicht übersteigen (→ R 9.12 LStR 2013).
- **häusliches Arbeitszimmer**

  → BMF vom 2. 3. 2011 (BStBl I S. 195)
- **Fachliteratur**

  → BFH vom 28. 11. 1980 (BStBl 1981 II S. 309)
- **Mehraufwand für Verpflegung**

  → BFH vom 3. 12. 1974 (BStBl 1975 II S. 356),

  → R 9.6 LStR 2013,
- **Mehraufwand wegen doppelter Haushaltsführung**

  → R 9.11 LStR 2013.

Ausbildungsdarlehen/Studiendarlehen

- Abzugshöhe/Abzugspunkt → H 10.1
- Aufwendungen zur Tilgung von Ausbildungs-/Studiendarlehen gehören nicht zu den abziehbaren Aufwendungen im Sinne des § 10 Abs. 1 Nr. 7 EStG (→ BFH vom 15. 3. 1974 – BStBl II S. 513).
- Zinsen für ein Ausbildungsdarlehen gehören zu den abziehbaren Aufwendungen, auch wenn sie nach Abschluss der Berufsausbildung gezahlt werden (→ BFH vom 28. 2. 1992 – BStBl II S. 834).
- Ist ein Ausbildungsdarlehen nebst Zuschlag zurückzuzahlen, sind die Aufwendungen für den Zuschlag Ausbildungs- und keine Werbungskosten, wenn damit nachträglich die im Zusammenhang mit der Berufsausbildung gewährten Vorteile abgegolten werden sollen und wenn der Zuschlag nicht weitaus überwiegend als Druckmittel zur Einhaltung der vorvertraglichen Verpflichtung zur Eingehung eines langfristigen Arbeitsverhältnisses dienen soll (→ BFH vom 28. 2. 1992 – BStBl II S. 834).

Aus- und Fortbildung

→ R 9.2 LStR 2013

Auswärtige Unterbringung

Ein Student, der seinen Lebensmittelpunkt an den Studienort verlagert hat, ist regelmäßig nicht auswärts untergebracht (→ BFH vom 19. 9. 2012 – BStBl 2013 II S. 284).

Beruf

Der angestrebte Beruf muss nicht innerhalb bestimmter bildungspolitischer Zielvorstellungen des Gesetzgebers liegen (→ BFH vom 18. 12. 1987 – BStBl 1988 II S. 494).

Berufsausbildungskosten

Aufwendungen für die erstmalige Berufsausbildung oder ein Erststudium BMF vom 22. 9. 2010 (BStBl I S. 721).[1])

1) Anhang 34 I

Deutschkurs

Aufwendungen eines in Deutschland lebenden Ausländers für den Erwerb von Deutschkenntnissen sind nicht als Aufwendungen für die Berufsausbildung abziehbar (→ BFH vom 15. 3. 2007 – BStBl II S. 814).

Habilitation

Aufwendungen eines wissenschaftlichen Assistenten an einer Hochschule für seine Habilitation sind Werbungskosten i. S. v. § 9 EStG (→ BFH vom 7. 8. 1967 – BStBl III S. 778).

Klassenfahrt

Aufwendungen eines Berufsschülers für eine im Rahmen eines Ausbildungsdienstverhältnisses als verbindliche Schulveranstaltung durchgeführte Klassenfahrt sind in der Regel Werbungskosten (→ BFH vom 7. 2. 1992 – BStBl II S. 531).

Studienreisen

→ R 12.2

Umschulung

Aufwendungen für eine Umschulungsmaßnahme, die die Grundlage dafür bildet, von einer Berufs- oder Erwerbsart zu einer anderen überzuwechseln, können vorab entstandene Werbungskosten sein (→ BFH vom 4. 12. 2002 – BStBl 2003 II S. 403).

R 10.10. Schulgeld

Kind als Vertragspartner

(1) [1]Schulgeldzahlungen eines Stpfl. sind bei diesem auch dann nach § 10 Abs. 1 Nr. 9 EStG abziehbar, wenn dessen unterhaltsberechtigtes Kind selbst Vertragspartner der Schule ist. [2]Hat der Stpfl. für das sich in der Ausbildung befindende Kind einen Anspruch auf einen Freibetrag nach § 32 Abs. 6 EStG oder auf Kindergeld, ist davon auszugehen, dass die erforderliche Unterhaltsberechtigung des Kindes besteht.

Schulbesuche im Ausland

(2) [1]Zu den nach § 10 Abs. 1 Nr. 9 EStG abziehbaren Sonderausgaben gehören u. a. Schulgeldzahlungen für den Besuch einer im EU-/EWR-Raum belegenen Bildungsstätte, wenn der Besuch mit dem „International Baccalaureate" (Internationales Abitur) abschließen soll. [2]Für die Anerkennung mehrjähriger Auslandsschulbesuche ist die Vorlage einer einmaligen Prognoseentscheidung der im Einzelfall zuständigen Behörde (z. B. Zeugnisanerkennungsstelle) ausreichend.

H 10.10

Allgemeines

- → BMF vom 9. 3. 2009 (BStBl I S. 487)
- Der Abzug von Schulgeldzahlungen setzt nicht voraus, dass die Eltern selbst Vertragspartner des mit der Privatschule abgeschlossenen Vertrages sind (→ BFH vom 9. 11. 2011 – BStBl 2012 II S. 321).

Aufwendungen für den Schulbesuch als außergewöhnliche Belastungen

→ H 33.1 – 33.4 (Schulbesuch)

Privatschule in der Schweiz

Schulgeld, das an eine schweizerische Privatschule gezahlt wird, kann nicht als Sonderausgabe abgezogen werden. Hierin liegt keine Verletzung der Kapitalverkehrsfreiheit. Das Freizügigkeitsabkommen zwischen der Europäischen Gemeinschaft und ihren Mitgliedstaaten und der Schweiz vom 21. 6. 1999 (BGBl. 2001 II S. 811) gewährt keinen Anspruch auf Gleichbehandlung mit Privatschulen, die in der EU oder im EWR belegen sind (→ BFH vom 9. 5. 2012 – BStBl II S. 585).

Spendenabzug

Zum Spendenabzug von Leistungen der Eltern an gemeinnützige Schulvereine – Schulen in freier Trägerschaft→ BMF vom 4. 1. 1991 (BStBl 1992 I S. 266).

R 10.11. Kürzung des Vorwegabzugs bei der Günstigerprüfung

– unbesetzt –

H 10.11

Allgemeines

Ist nach § 10 Abs. 4a EStG in den Kalenderjahren 2005 bis 2019 der Abzug der Vorsorgeaufwendungen nach Absatz 1 Nr. 2 und 3 in der für das Kalenderjahr 2004 geltenden Fassung des § 10 Abs. 3 EStG mit den in § 10 Abs. 4a EStG genannten Höchstbeträgen für den Vorwegabzug günstiger, ist der sich danach ergebende Betrag anstelle des Abzugs nach Absatz 3 und 4 anzusetzen.

§ 10 Abs. 3 EStG in der für das Kalenderjahr 2004 geltenden Fassung lautet:

„(3) Für Vorsorgeaufwendungen gelten je Kalenderjahr folgende Höchstbeträge:

1. ein Grundhöchstbetrag von 1 334 Euro,
   im Fall der Zusammenveranlagung von Ehegatten von 2 668 Euro;
2. ein Vorwegabzug von 3 068 Euro,
   im Fall der Zusammenveranlagung von Ehegatten von 6 136 Euro.
   [2]Diese Beträge sind zu kürzen um 16 vom Hundert der Summe der Einnahmen
   a) aus nichtselbständiger Arbeit im Sinne des § 19 ohne Versorgungsbezüge im Sinne des § 19 Abs. 2, wenn für die Zukunftssicherung des Steuerpflichtigen Leistungen im Sinne des § 3 Nr. 62 erbracht werden oder der Steuerpflichtige zum Personenkreis des § 10c Abs. 3 Nr. 1 oder 2 gehört, und
   b) aus der Ausübung eines Mandats im Sinne des § 22 Nr. 4;
3. für Beiträge nach Absatz 1 Nr. 2 Buchstabe c ein zusätzlicher Höchstbetrag von 184 Euro für Steuerpflichtige, die nach dem 31. Dezember 1957 geboren sind;
4. Vorsorgeaufwendungen, die die nach den Nummern 1 bis 3 abziehbaren Beträge übersteigen, können zur Hälfte, höchstens bis zu 50 vom Hundert des Grundhöchstbetrags abgezogen werden (hälftiger Höchstbetrag)."

Bemessungsgrundlage für die Kürzung des Vorwegabzugs

– **Einnahmen aus einem früheren Beschäftigungsverhältnis**
  Der Vorwegabzug für Vorsorgeaufwendungen ist auch für VZ nach Beendigung des Beschäftigungsverhältnisses zu kürzen, wenn in wirtschaftlichem Zusammenhang mit der früheren Beschäftigung stehender Arbeitslohn nachträglich an den Stpfl. ausgezahlt wird und dieser durch arbeitgeberfinanzierte Zukunftssicherungsleistungen oder Altersversorgungsansprüche begünstigt worden war (→ BFH vom 20. 12. 2006 – BStBl 2007 II S. 823).
– **Entlassungsentschädigung**
  Zu den Einnahmen aus nichtselbständiger Arbeit, die Bemessungsgrundlage für die Kürzung des Vorwegabzugs für Vorsorgeaufwendungen sind, gehört auch eine vom Arbeitgeber gezahlte Entlassungsentschädigung, für die kein Arbeitgeberbeitrag zu leisten war (BFH vom 16. 10. 2002 – BStBl 2003 II S. 343).
– **Mehrere Beschäftigungsverhältnisse**
  Bei mehreren Beschäftigungsverhältnissen sind für die Kürzung des Vorwegabzugs für Vorsorgeaufwendungen nur die Einnahmen aus den Beschäftigungsverhältnissen zu berücksichtigen, in deren Zusammenhang die Voraussetzungen für eine Kürzung des Vorwegabzugs für Vorsorgeaufwendungen erfüllt sind (BMF vom 26. 2. 2004 – BStBl I S. 720).
– **Zukunftssicherungsleistungen**
  – Zum Begriff der Zukunftssicherungsleistungen im Sinne des § 3 Nr. 62 EStG R 3.62 LStR 2013.

- Die Höhe der vom Arbeitgeber erbrachten Zukunftssicherungsleistungen im Sinne des § 3 Nr. 62 EStG ist für den Umfang der Kürzung des Vorwegabzugs ohne Bedeutung (BFH vom 16. 10. 2002 – BStBl 2003 II S. 183).
- Der Vorwegabzug ist auch dann zu kürzen, wenn der Arbeitgeber Zukunftssicherungsleistungen während des VZ nur zeitweise erbringt oder nur Beiträge zur Kranken- und Pflegeversicherung leistet (BFH vom 16. 10. 2002 – BStBl 2003 II S. 288).
- Der Vorwegabzug für Vorsorgeaufwendungen ist auch dann zu kürzen, wenn das Anwartschaftsrecht auf Altersversorgung nicht unverfallbar ist oder wirtschaftlich nicht gesichert erscheint. Diese Kürzung ist nicht rückgängig zu machen, wenn eine Pensionszusage in späteren Jahren widerrufen wird (BFH vom 28. 7. 2004 – BStBl 2005 II S. 94).

- **Zusammenveranlagte Ehegatten**

  Bei der Kürzung des zusammenveranlagten Ehegatten gemeinsam zustehenden Vorwegabzugs für Vorsorgeaufwendungen ist in die Bemessungsgrundlage nur der Arbeitslohn desjenigen Ehegatten einzubeziehen, für den Zukunftssicherungsleistungen i. S. d. § 3 Nr. 62 EStG erbracht worden sind oder der zum Personenkreis des § 10c Abs. 3 Nr. 1 oder 2 EStG gehört (→ BMF vom 3. 12. 2003 – BStBl 2004 I S. 709).

Gesellschafter-Geschäftsführer von Kapitalgesellschaften

→ BMF vom 22. 5. 2007 (BStBl I S. 493)

Höchstbetrag nach § 10 Abs. 3 EStG

Der Höchstbetrag ist nicht zu kürzen:

- wenn der Arbeitgeber für die Zukunftssicherung des Stpfl. keine Leistungen i. S. d. Absatzes 3 erbracht hat. Werden später Beiträge für einen bestimmten Zeitraum nachentrichtet, ist dieser Vorgang ein rückwirkendes Ereignis i. S. d. § 175 Abs. 1 Satz 1 Nr. 2 AO; der Höchstbetrag ist zu kürzen (→ BFH vom 21. 1. 2004 – BStBl II S. 650),
- wenn einem Gesellschafter-Geschäftsführer einer GmbH im Anstellungsvertrag ein Anspruch auf Ruhegehalt eingeräumt wird, dessen Art und Höhe erst später per Gesellschafterbeschluss bestimmt werden soll und die GmbH keine Aufwendungen zur Sicherstellung der künftigen Altersversorgung tätigt (→ BFH vom 14. 6. 2000 – BStBl 2001 II S. 28),
- bei Pflichtversicherten nach § 2 Abs. 1 Nr. 11 Angestelltenversicherungsgesetz bzw. nach § 4 SGB VI auf Antrag Pflichtversicherten (BFH vom 19. 5. 1999 – BStBl 2001 II S. 64),

R 10b.1 Ausgaben zur Förderung steuerbegünstigter Zwecke i. S. d. § 10b Abs. 1 und 1a EStG

Begünstigte Ausgaben

(1) [1]Mitgliedsbeiträge, sonstige Mitgliedsumlagen und Aufnahmegebühren sind nicht abziehbar, wenn die diese Beträge erhebende Einrichtung Zwecke bzw. auch Zwecke verfolgt, die in § 10b Abs. 1 Satz 8 EStG genannt sind. [2]Zuwendungen, die mit der Auflage geleistet werden, sie an eine bestimmte natürliche Person weiterzugeben, sind nicht abziehbar. [3]Zuwendungen können nur dann abgezogen werden, wenn der Zuwendende endgültig wirtschaftlich belastet ist. [4]Bei Sachzuwendungen aus einem Betriebsvermögen darf zuzüglich zu dem Entnahmewert i. S. d. § 6 Abs. 1 Nr. 4 EStG auch die bei der Entnahme angefallene Umsatzsteuer abgezogen werden.

Durchlaufspenden

(2) [1]Das Durchlaufspendenverfahren ist keine Voraussetzung für die steuerliche Begünstigung von Zuwendungen. [2]Inländische juristische Personen des öffentlichen Rechts, die Gebietskörperschaften sind, und ihre Dienststellen sowie inländische kirchliche juristische Personen des öffentlichen Rechts können jedoch ihnen zugewendete Spenden – nicht aber Mitgliedsbeiträge, sonstige Mitgliedsumlagen und Aufnahmegebühren – an Zuwendungsempfänger i. S. d. § 10b Abs. 1 Satz 2 EStG weiterleiten. [3]Die Durchlaufstelle muss die tatsächliche Verfügungsmacht über die Spendenmittel erhalten. [4]Dies geschieht in der Regel (anders insbesondere bei → Sachspenden) durch Buchung auf deren Konto. [5]Die Durchlaufstelle muss die Vereinnahmung der Spenden und ihre Verwendung (Weiterleitung) getrennt und unter Beachtung der haushaltsrechtlichen Vorschriften nachweisen. [6]Vor der Weiterleitung der Spenden an eine nach § 5 Abs. 1 Nr. 9 KStG steuerbefreite Körperschaft, Personenvereinigung oder Vermögensmasse muss sie prüfen, ob die Zuwendungsempfängerin wegen Verfolgung gemeinnütziger, mildtätiger oder kirchlicher Zwecke i. S. d. § 5 Abs. 1 Nr. 9 KStG anerkannt oder vorläufig aner-

kannt worden ist und ob die Verwendung der Spenden für diese Zwecke sichergestellt ist. [7]Die Zuwendungsbestätigung darf nur von der Durchlaufstelle ausgestellt werden.

Nachweis der Zuwendungen

(3) [1]Zuwendungen nach den §§ 10b und 34g EStG sind grundsätzlich durch eine vom Empfänger nach amtlich vorgeschriebenem Vordruck erstellte Zuwendungsbestätigung nachzuweisen. [2]Die Zuwendungsbestätigung kann auch von einer durch Auftrag zur Entgegennahme von Zahlungen berechtigten Person unterschrieben werden.

Maschinell erstellte Zuwendungsbestätigung

(4) [1]Als Nachweis reicht eine maschinell erstellte Zuwendungsbestätigung ohne eigenhändige Unterschrift einer zeichnungsberechtigten Person aus, wenn der Zuwendungsempfänger die Nutzung eines entsprechenden Verfahrens dem zuständigen Finanzamt angezeigt hat. [2]Mit der Anzeige ist zu bestätigen, dass folgende Voraussetzungen erfüllt sind und eingehalten werden:

1. die Zuwendungsbestätigungen entsprechen dem amtlich vorgeschriebenen Vordruck,
2. die Zuwendungsbestätigungen enthalten die Angabe über die Anzeige an das Finanzamt,
3. eine rechtsverbindliche Unterschrift wird beim Druckvorgang als Faksimile eingeblendet oder es wird beim Druckvorgang eine solche Unterschrift in eingescannter Form verwendet,
4. das Verfahren ist gegen unbefugten Eingriff gesichert,
5. das Buchen der Zahlungen in der Finanzbuchhaltung und das Erstellen der Zuwendungsbestätigungen sind miteinander verbunden und die Summen können abgestimmt werden, und
6. Aufbau und Ablauf des bei der Zuwendungsbestätigung angewandten maschinellen Verfahrens sind für die Finanzbehörden innerhalb angemessener Zeit prüfbar (analog § 145 AO); dies setzt eine Dokumentation voraus, die den Anforderungen der Grundsätze ordnungsmäßiger DV-gestützter Buchführungssysteme genügt.

[3]Die Regelung gilt nicht für Sach- und Aufwandsspenden.

Prüfungen

(5) [1]Ist der Empfänger einer Zuwendung eine inländische juristische Person des öffentlichen Rechts, eine inländische öffentliche Dienststelle oder ein inländischer amtlich anerkannter Verband der freien Wohlfahrtspflege einschließlich seiner Mitgliedsorganisationen, kann im Allgemeinen davon ausgegangen werden, dass die Zuwendungen für steuerbegünstigte Zwecke verwendet werden. [2]Das gilt auch dann, wenn der Verwendungszweck im Ausland verwirklicht wird.

H 10b.1

Anwendungsschreiben

→ BMF vom 18. 12. 2008 (BStBl 2009 I S. 16) – letztmals abgedruckt im Anhang 37 II EStH 2013 und BMF vom 15. 9. 2014 (BStBl I S. 1278) → Anhang 11

Auflagen

Zahlungen an eine steuerbegünstigte Körperschaft zur Erfüllung einer Auflage nach § 153a StPO oder § 56b StGB sind nicht als Spende abziehbar (→ BFH vom 19. 12. 1990 – BStBl 1991 II S. 234).

Aufwandsspenden

→ BMF vom 25. 11. 2014 (BStBl I S. 1584)

Beitrittsspende

Eine anlässlich der Aufnahme in einen Golfclub geleistete Zahlung ist keine Zuwendung i. S. d. § 10b Abs. 1 EStG, wenn derartige Zahlungen von den Neueintretenden anlässlich ihrer Aufnahme erwartet und zumeist auch gezahlt werden (sog. Beitrittsspende). Die geleistete Zahlung ist als → Gegenleistung des Neumitglieds für den Erwerb der Mitgliedschaft und die Nutzungsmöglichkeit der Golfanlagen anzusehen (→ BFH vom 2. 8. 2006 – BStBl 2007 II S. 8).

Durchlaufspendenverfahren

- → BMF vom 7. 11. 2013 (BStBl I S. 1333) → ergänzt durch BMF vom 26. 3. 2014 (BStBl I S. 791). → Anhang 11 III.
- Eine Durchlaufspende ist nur dann abziehbar, wenn der Letztempfänger für denjenigen VZ, für den die Spende steuerlich berücksichtigt werden soll, wegen des begünstigten Zwecks von der Körperschaftsteuer befreit ist (→ BFH vom 5. 4. 2006 – BStBl 2007 II S. 450).
- Für den Abzug von Sachspenden im Rahmen des Durchlaufspendenverfahrens ist erforderlich, dass der Durchlaufstelle das Eigentum an der Sache verschafft wird. Bei Eigentumserwerb durch Einigung und Übergabeersatz (§§ 930, 931 BGB) ist die körperliche Übergabe der Sache an die Durchlaufstelle nicht erforderlich; es sind aber eindeutige Gestaltungsformen zu wählen, die die tatsächliche Verfügungsfreiheit der Durchlaufstelle über die Sache sicherstellen und eine Überprüfung des Ersterwerbs der Durchlaufstelle und des Zweiterwerbs der begünstigten gemeinnützigen Körperschaft ermöglichen.

Elternleistungen an gemeinnützige Schulvereine (Schulen in freier Trägerschaft) und entsprechende Fördervereine

- Als steuerlich begünstigte Zuwendungen kommen nur freiwillige Leistungen der Eltern in Betracht, die über den festgesetzten Elternbeitrag hinausgehen (→ BMF vom 4. 1. 1991 – BStBl 1992 I S. 266). Setzt ein Schulträger das Schulgeld so niedrig an, dass der normale Betrieb der Schule nur durch die Leistungen der Eltern an einen Förderverein aufrechterhalten werden kann, die dieser satzungsgemäß an den Schulträger abzuführen hat, handelt es sich bei diesen Leistungen um ein Entgelt, welches im Rahmen eines → Leistungsaustausches erbracht wird und nicht um steuerlich begünstigte Zuwendungen (→ BFH vom 12. 8. 1999 – BStBl 2000 II S. 65).
- → § 10 Abs. 1 Nr. 9 EStG

Gebrauchte Kleidung als Sachspende (Abziehbarkeit und Wertermittlung)

Bei gebrauchter Kleidung stellt sich die Frage, ob sie überhaupt noch einen gemeinen Wert (Marktwert) hat. Wird ein solcher geltend gemacht, sind die für eine Schätzung maßgeblichen Faktoren wie Neupreis, Zeitraum zwischen Anschaffung und Weggabe und der tatsächliche Erhaltungszustand durch den Stpfl. nachzuweisen (→ BFH vom 23. 5. 1989 – BStBl II S. 879).

Gegenleistung

- Ein Zuwendungsabzug ist ausgeschlossen, wenn die Ausgaben zur Erlangung einer Gegenleistung des Empfängers erbracht werden. Eine Aufteilung der Zuwendung in ein angemessenes Entgelt und eine den Nutzen übersteigende unentgeltliche Leistung scheidet bei einer einheitlichen Leistung aus. Auch im Fall einer Teilentgeltlichkeit fehlt der Zuwendung insgesamt die geforderte Uneigennützigkeit (→ BFH vom 2. 8. 2006 – BStBl 2007 II S. 8).
- → Beitrittsspende

Rückwirkendes Ereignis

Die Erteilung der Zuwendungsbestätigung nach § 50 EStDV ist kein rückwirkendes Ereignis i. S. d. § 175 Abs. 1 Satz 1 Nr. 2 AO (→ § 175 Abs. 2 Satz 2 AO).

Sachspenden

Zur Zuwendungsbestätigung → BMF vom 7. 11. 2013 (BStBl I S. 1333) ergänzt durch BMF vom 26. 3. 2014 (BStBl I S. 791). → Anhang 11 II und III.

Spenden in das zu erhaltende Vermögen

- → BMF vom 15. 9. 2014 (BStBl I S. 1278) Anhang 11 I
- ***Zuwendungen an eine rechtsfähige Stiftung sind vor deren Anerkennung nicht als Sonderausgaben abziehbar (→ BFH vom 11. 2. 2015 – BStBl II S. 545)***

Spendenhaftung

Die Ausstellerhaftung nach § 10b Abs. 4 Satz 2 1. Alternative EStG betrifft grundsätzlich den in § 10b Abs. 1 Satz 2 EStG genannten Zuwendungsempfänger (z. B. Kommune, gemeinnütziger Verein). Die Haftung einer natürlichen Person kommt allenfalls dann in Frage, wenn diese Person außerhalb des ihr zugewiesenen Wirkungskreises handelt. Die Ausstellerhaftung setzt Vorsatz oder grobe Fahrlässigkeit voraus. Grobe Fahrlässigkeit liegt z. B. bei einer Kommune vor, wenn nicht geprüft wird, ob der Verein, der die Zuwendung erhält, gemeinnützig ist (→ BFH vom 24. 4. 2002 – BStBl 2003 II S. 128). Unrichtig ist eine Zuwendungsbestätigung, deren Inhalt nicht der objektiven Sach- und Rechtslage entspricht. Das ist z. B. dann der Fall, wenn die Bestätigung Zuwendungen ausweist, die Entgelt für Leistungen sind (→ BFH vom 12. 8. 1999 – BStBl 2000 II S. 65). Bei rückwirkender Aberkennung der Gemeinnützigkeit haftet eine Körperschaft nicht wegen Fehlverwendung, wenn sie die Zuwendung zu dem in der Zuwendungsbestätigung angegebenen begünstigten Zweck verwendet (→ BFH vom 10. 9. 2003 – BStBl 2004 II S. 352).

Sponsoring

→ BMF vom 18. 2. 1998 (BStBl I S. 212)

Vermächtniszuwendungen

Aufwendungen des Erben zur Erfüllung von Vermächtniszuwendungen an gemeinnützige Einrichtungen sind weder beim Erben (→ BFH vom 22. 9. 1993 – BStBl II S. 874) noch beim Erblasser (→ BFH vom 23. 10. 1996 – BStBl 1997 II S. 239) als Zuwendungen nach § 10b Abs. 1 EStG abziehbar.

Vertrauensschutz

– Der Schutz des Vertrauens in die Richtigkeit einer Zuwendungsbestätigung erfasst nicht Gestaltungen, in denen die Bescheinigung zwar inhaltlich unrichtig ist, der in ihr ausgewiesene Sachverhalt aber ohnehin keinen Abzug rechtfertigt (→ BFH vom 5. 4. 2006 – BStBl 2007 II S. 450).
– Eine → Zuwendungsbestätigung begründet keinen Vertrauensschutz, wenn für den Leistenden der Zahlung angesichts der Begleitumstände klar erkennbar ist, dass die Zahlung in einem Gegenleistungsverhältnis steht (→ BFH vom 2. 8. 2006 – BStBl 2007 II S. 8).
– → Beitrittsspende
– → Gegenleistung

Zuwendungsbestätigung (§ 50 EStDV)

Die Zuwendungsbestätigung ist eine unverzichtbare sachliche Voraussetzung für den Zuwendungsabzug. Die Bestätigung hat jedoch nur den Zweck einer Beweiserleichterung hinsichtlich der Verwendung der Zuwendung und ist nicht bindend (→ BFH vom 23. 5. 1989 – BStBl II S. 879). Entscheidend ist u. a. der Zweck, der durch die Zuwendung tatsächlich gefördert wird (→ BFH vom 15. 12. 1999 – BStBl 2000 II S. 608). Eine Zuwendungsbestätigung wird vom Finanzamt nicht als Nachweis für den Zuwendungsabzug anerkannt, wenn das Datum des Steuerbescheides/Freistellungsbescheides länger als 5 Jahre bzw. das Datum der vorläufigen Bescheinigung länger als 3 Jahre seit Ausstellung der Bestätigung zurückliegt; dies gilt auch bei Durchlaufspenden (→ BMF vom 15. 12. 1994 – BStBl I S. 884). Eine Aufteilung von Zuwendungen in abziehbare und nichtabziehbare Teile je nach satzungsgemäßer und nichtsatzungsgemäßer anteiliger Verwendung der Zuwendung ist unzulässig (→ BFH vom 7. 11. 1990 – BStBl 1991 II S. 547).

Zur Erstellung und Verwendung der Zuwendungsbestätigungen:

→ BMF vom 7. 11. 2013 (BStBl I S. 1333) ergänzt durch BMF vom 26. 3. 2014 (BStBl I S. 791) → Anhang 11 II und III.

Zuwendungsempfänger im EU-/EWR-Ausland

Der ausländische Zuwendungsempfänger muss nach der Satzung, dem Stiftungsgeschäft oder der sonstigen Verfassung und nach der tatsächlichen Geschäftsführung ausschließlich und unmittelbar gemeinnützigen, mildtätigen oder kirchlichen Zwecken dienen (§§ 51 bis 68 AO). Den Nachweis hierfür hat der inländische Spender durch Vorlage geeigneter Belege zu erbringen (→ BMF vom 16. 5. 2011 – BStBl I S. 559 → Anhang 11 II, BFH vom 17. 9. 2013 – BStBl 2014 II S. 440 ***und vom 21. 1. 2015 – BStBl II S. 588***).

R 10b.2 Zuwendungen an politische Parteien

[1]Zuwendungen an politische Parteien sind nur dann abziehbar, wenn die Partei bei Zufluss der Zuwendung als politische Partei i. S. d. § 2 PartG anzusehen ist. [2]Der Stpfl. hat dem Finanzamt die Zuwendungen grundsätzlich durch eine von der Partei nach amtlich vorgeschriebenem Vordruck erstellte Zuwendungsbestätigung nachzuweisen. [3]R 10b.1 Abs. 3 Satz 2 und Abs. 4 gilt entsprechend → Anhang 11.

H 10b.2

Parteiengesetz

→ Parteiengesetz vom 31. 1. 1994 (BGBl. I S. 149), zuletzt geändert durch Artikel 1 des Zehnten Gesetzes zur Änderung des Parteiengesetzes und Achtundzwanzigsten Gesetzes zur Änderung des Abgeordnetengesetzes vom 23. 8. 2011 (BGBl. I S. 1748).

Zuwendungsbestätigung (§ 50 EStDV)

→ BMF vom 7. 11. 2013 (BStBl I S. 1333) ergänzt durch BMF vom 26. 3. 2014 (BStBl I S. 791) → Anhang 11 II und III.

R 10b.3. Begrenzung des Abzugs der Ausgaben für steuerbegünstigte Zwecke

Alternativgrenze

(1) [1]Zu den gesamten Umsätzen i. S. d. § 10b Abs. 1 Satz 1 Nr. 2 EStG gehören außer den steuerbaren Umsätzen i. S. d. § 1 UStG auch nicht steuerbare → Umsätze. [2]Der alternative Höchstbetrag wird bei einem Mitunternehmer von dem Teil der Summe der gesamten Umsätze und der im Kalenderjahr aufgewendeten Löhne und Gehälter der Personengesellschaft berechnet, der dem Anteil des Mitunternehmers am Gewinn der Gesellschaft entspricht.

Stiftungen[1])

(2) – nicht mehr abgedruckt –

H 10b.3

Höchstbetrag in Organschaftsfällen

- → R 47 Abs. 5 KStR 2004
- Ist ein Stpfl. an einer Personengesellschaft beteiligt, die Organträger einer körperschaftsteuerrechtlichen Organschaft ist, bleibt bei der Berechnung des Höchstbetrags der abziehbaren Zuwendungen nach § 10b Abs. 1 EStG auf Grund des G. d. E. das dem Stpfl. anteilig zuzurechnende Einkommen der Organgesellschaft außer Ansatz (→ BFH vom 23. 1. 2002 – BStBl 2003 II S. 9).

Kreditinstitute

Die Gewährung von Krediten und das Inkasso von Schecks und Wechsel erhöht die „Summe der gesamten Umsätze". Die Erhöhung bemisst sich jedoch nicht nach den Kreditsummen, Schecksummen und Wechselsummen, Bemessungsgrundlage sind vielmehr die Entgelte, die *der Stpfl. für die Kreditgewährungen* und den Einzug der Schecks und Wechsel erhält (→ BFH vom 4. 12. 1996 – BStBl 1997 II S. 327).

Umsätze

Zur „Summe der gesamten Umsätze" gehören die steuerbaren (steuerpflichtige und steuerfreie → BFH vom 4. 12. 1996 – BStBl 1997 II S. 327) sowie die nicht steuerbaren Umsätze (→ R 10b.3 Abs. 1 Satz 1). Ihre Bemessung richtet sich nach dem Umsatzsteuerrechts (→ BFH vom 4. 12. 1996 – BStBl 1997 II S. 327).

1) Absatz 2 nicht mehr abgedruckt, da überholt auf Grund der Änderung des § 10b Abs. 1a Satz 1 EStG durch das Ehrenamtsstärkungsgesetz.

R 12.1. Abgrenzung der Kosten der Lebensführung von den Betriebsausgaben und Werbungskosten

– unbesetzt –

H 12.1

Allgemeines

Bei der Entscheidung, ob nicht abziehbare Aufwendungen für die Lebenshaltung vorliegen, kommt es im Allgemeinen weniger auf den objektiven Charakter des angeschafften Gegenstands an, sondern vielmehr auf die Funktion des Gegenstands im Einzelfall, also den tatsächlichen Verwendungszweck (→ BFH vom 20. 5. 2010 – BStBl II S. 723).

Ausbildungs- und Fortbildungsaufwendungen für Kinder

- Aufwendungen der Eltern für die Ausbildung oder die berufliche Fortbildung ihrer Kinder gehören grundsätzlich zu den nicht abziehbaren Lebenshaltungskosten (→ BFH vom 29. 10. 1997 – BStBl 1998 II S. 149).
- → H 4.8 (Bildungsaufwendungen für Kinder)
- Ausnahme: → § 10 Abs. 1 Nr. 9 EStG.

Berufliche Tätigkeit während einer Ferienreise

Reist ein Stpfl. zur Erholung und zur Aktualisierung von Lehrbüchern an einen Ferienort, ist regelmäßig von einer nicht unwesentlichen privaten Mitveranlassung auszugehen, die bei fehlender Trennbarkeit der Reise in einen beruflichen und einen privaten Teil den Abzug der Aufwendungen als Betriebsausgaben ausschließt (→ BFH vom 7. 5. 2013 – BStBl II S. 808).

Berufsausbildungskosten

Aufwendungen für die erstmalige Berufsausbildung oder ein Erststudium → BMF vom 22. 9. 2010 (BStBl I S. 721) → Anhang 34.

Bewirtungskosten

→ § 4 Abs. 5 Satz 1 Nr. 2 EStG

→ R 4.10 Abs. 5 bis 9

Aufwendungen für die Bewirtung von Geschäftsfreunden in der Wohnung des Stpfl. sind **regelmäßig** in vollem Umfang Kosten der Lebensführung (→ R 4.10 Abs. 6 Satz 8). Das Gleiche gilt für Aufwendungen des Stpfl. für die Bewirtung von Geschäftsfreunden anlässlich seines Geburtstages in einer Gaststätte (→ BFH vom 12. 12. 1991 – BStBl 1992 II S. 524).

→ Gemischte Aufwendungen

→ Karnevalsveranstaltungen

Brille

→ Medizinisch-technische Hilfsmittel und Geräte

Bücher

Aufwendungen eines Publizisten für Bücher allgemeinbildenden Inhalts sind Kosten der Lebensführung (→ BFH vom 21. 5. 1992 – BStBl II S. 1015).

Deutschkurs

Aufwendungen eines in Deutschland lebenden Ausländers für den Erwerb von Deutschkenntnissen sind regelmäßig nichtabziehbare Kosten der Lebensführung (→ BFH vom 15. 3. 2007 – BStBl II S. 814 und → BMF vom 6. 7. 2010 – BStBl I S. 614, Rn. 19) → Anhang 13.

Einbürgerungskosten

Aufwendungen für die Einbürgerung sind Kosten der Lebensführung (→ BFH vom 18. 5. 1984 – BStBl II S. 588 und → BMF vom 6. 7. 2010 – BStBl I S. 614, Rn. 19) → Anhang 13.

Erbstreitigkeiten

Der Erbfall selbst stellt im Gegensatz zur Erbauseinandersetzung einen einkommensteuerrechtlich irrelevanten privaten Vorgang dar mit der Folge, dass die Aufwendungen für die Verfolgung eigener Rechte in einem Streit über das Erbrecht der Privatvermögenssphäre zuzuordnen sind (→ BFH vom 17. 6. 1999 – BStBl II S. 600).

Führerschein

Aufwendungen für den Erwerb des Pkw-Führerscheins sind grundsätzlich Kosten der Lebensführung (→ BFH vom 5. 8. 1977 – BStBl II S. 834 und → BMF vom 6. 7. 2010 – BStBl I S. 614, Rn. 19) → Anhang 13.

Gemischte Aufwendungen

Bei gemischt veranlassten Aufwendungen besteht kein generelles Aufteilungs- und Abzugsverbot (→ BFH vom 21. 9. 2009 – BStBl 2010 II S. 672); zu den Folgerungen → BMF vom 6. 7. 2010 (BStBl I S. 614) → Anhang 13.

Geschenke an Geschäftsfreunde

→ § 4 Abs. 5 Satz 1 Nr. 1 EStG

→ R 4.10 Abs. 2 bis 4

Gesellschaftliche Veranstaltungen

Aufwendungen, die durch die Teilnahme an gesellschaftlichen Veranstaltungen, z. B. eines Berufs-, Fach- oder Wirtschaftsverbandes oder einer Gewerkschaft, entstanden sind, sind stets Kosten der Lebensführung und zwar auch dann, wenn die gesellschaftlichen Veranstaltungen im Zusammenhang mit einer rein fachlichen oder beruflichen Tagung oder Sitzung standen (→ BFH vom 1. 8. 1968 – BStBl II S. 713).

→ Gemischte Aufwendungen

→ Karnevalsveranstaltungen

→ Kulturelle Veranstaltungen

Hörapparat

→ Medizinisch-technische Hilfsmittel und Geräte

Karnevalsveranstaltungen

Aufwendungen für die Einladung von Geschäftspartnern zu Karnevalsveranstaltungen sind Lebenshaltungskosten (→ BFH vom 29. 3. 1994 – BStBl II S. 843).

Kleidung und Schuhe

Als Kosten der Lebensführung nicht abziehbar, selbst wenn der Stpfl. sie ausschließlich bei der Berufsausübung trägt (→ BFH vom 18. 4. 1991 – BStBl II S. 751 und → BMF vom 6. 7. 2010 – BStBl I S. 614, Rn. 4) → Anhang 13.

Ausnahme: typische Berufskleidung → R 3.31 LStR 2013 und H 9.12 (Berufskleidung) LStH ***2015***

Körperpflegemittel, Kosmetika

Als Kosten der Lebensführung nicht abziehbar (→ BFH vom 6. 7. 1989 – BStBl 1990 II S. 49 und → BMF vom 6. 7. 2010 – BStBl I S. 614, Rn. 4) → Anhang 13.

Kontoführungsgebühren

Pauschale Kontoführungsgebühren sind nach dem Verhältnis beruflich und privat veranlasster Kontenbewegungen aufzuteilen (→ BFH vom 9. 5. 1984 – BStBl II S. 560).

Konzertflügel einer Musiklehrerin

Kann ein Arbeitsmittel i. S. d. § 9 Abs. 1 Satz 3 Nr. 6 EStG sein (→ BFH vom 21. 10. 1988 – BStBl 1989 II S. 356).

Kulturelle Veranstaltungen

Aufwendungen für den Besuch sind regelmäßig keine Werbungskosten, auch wenn dabei berufliche Interessen berührt werden (→ BFH vom 8. 2. 1971 – BStBl II S. 368 betr. Musiklehrerin und → BMF vom 6. 7. 2010 – BStBl I S. 614, Rn. 4) → Anhang 13.

Kunstwerke

Aufwendungen für Kunstwerke zur Ausschmückung eines Arbeits- oder Dienstzimmers sind Kosten der Lebensführung (→ BFH vom 12. 3. 1993 – BStBl II S. 506).

Medizinisch-technische Hilfsmittel und Geräte

Aufwendungen für technische Hilfsmittel zur Behebung körperlicher Mängel können als reine Kosten der Lebensführung nicht abgezogen werden, auch wenn die Behebung des Mangels im beruflichen Interesse liegt.

→ BFH vom 8. 4. 1954 (BStBl III S. 174) – Hörapparat

→ BFH vom 28. 9. 1990 (BStBl 1991 II S. 27) – Bifokalbrille

→ BFH vom 23. 10. 1992 (BStBl 1993 II S. 193) – Sehbrille

Nachschlagewerk

- Allgemeines Nachschlagewerk eines Lehrers ist regelmäßig dem privaten Lebensbereich zuzuordnen (→ BFH vom 29. 4. 1977 – BStBl II S. 716).
- Allgemeines englisches Nachschlagewerk eines Englischlehrers kann Arbeitsmittel i. S. d. § 9 Abs. 1 Satz 3 Nr. 6 EStG sein (→ BFH vom 16. 10. 1981 – BStBl 1982 II S. 67).

Personalcomputer

Eine private Mitbenutzung ist für den vollständigen Betriebsausgaben- bzw. Werbungskostenabzug unschädlich, wenn diese einen Anteil von etwa 10 % nicht übersteigt. Bei einem höheren privaten Nutzungsanteil sind die Kosten eines gemischt genutzten PC aufzuteilen. § 12 Nr. 1 Satz 2 EStG steht einer solchen Aufteilung nicht entgegen (→ BFH vom 19. 2. 2004 – BStBl II S. 958).

Sponsoring

→ BMF vom 18. 2. 1998 (BStBl I S. 212)

Steuerberatungskosten

Zuordnung der Steuerberatungskosten zu den Betriebsausgaben, Werbungskosten oder Kosten der Lebensführung → BMF vom 21. 12. 2007 (BStBl 2008 I S. 256).

Strafverfahren

→ H 12.3 (Kosten des Strafverfahrens/der Strafverteidigung)

Tageszeitung

Aufwendungen für den Bezug regionaler wie überregionaler Tageszeitungen gehören zu den unter § 12 Nr. 1 Satz 2 EStG fallenden Lebenshaltungskosten (→ BFH vom 7. 9. 1989 – BStBl 1990 II S. 19 und → BMF vom 6. 7. 2010 – BStBl I S. 614, Rn. 4 und 17) → Anhang 13.

Telefonanschluss in einer Wohnung

Grund- und Gesprächsgebühren sind Betriebsausgaben oder Werbungskosten, soweit sie auf die beruflich geführten Gespräche entfallen. Der berufliche Anteil ist aus dem – ggf. geschätzten – Verhältnis der beruflich und der privat geführten Gespräche zu ermitteln (→ BFH vom 21. 11. 1980 – BStBl 1981 II S. 131). Zur Aufteilung der Gebühren → R 9.1 Abs. 5 LStR 2013.

Videorecorder eines Lehrers

Aufwendungen für einen Videorecorder sind regelmäßig Kosten der Lebensführung (→ BFH vom 27. 9. 1991 – BStBl 1992 II S. 195).

R 12.2. Studienreisen, Fachkongresse

– unbesetzt –

H 12.2

Allgemeines

Aufwendungen können nur berücksichtigt werden, wenn sie durch die Einkunftserzielung veranlasst sind. Aufwendungen, die eindeutig und klar abgrenzbar ausschließlich betrieblich/beruflich oder privat veranlasst sind, sind unmittelbar dem betrieblichen/beruflichen oder privaten Teil der Aufwendungen zuzuordnen. Bei gemischt veranlassten Aufwendungen besteht kein generelles Aufteilungs- und Abzugsverbot (→ BFH vom 21. 9. 2009 – BStBl 2010 II S. 672); zu den Folgerungen → BMF vom 6. 7. 2010 (BStBl I S. 614) → Anhang 13.

Incentive-Reisen

→ BMF vom 14. 10. 1996 (BStBl I S. 1192)

Nachweis der Teilnahme

Bei betrieblicher/beruflicher Veranlassung sind Aufwendungen für die Teilnahme an einem Kongress nur abziehbar, wenn feststeht, dass der Stpfl. an den Veranstaltungen teilgenommen hat (→ BFH vom 4. 8. 1977 – BStBl II S. 829). An den Nachweis der Teilnahme sind strenge Anforderungen zu stellen; der Nachweis muss sich auf jede Einzelveranstaltung beziehen, braucht jedoch nicht in jedem Fall durch Anwesenheitstestat geführt zu werden (→ BFH vom 13. 2. 1980 – BStBl II S. 386 und vom 11. 1. 2007 – BStBl II S. 457).

R 18.1. Abgrenzung der selbständigen Arbeit gegenüber anderen Einkunftsarten

Ärzte

(1) Die Vergütungen der Betriebsärzte, der Knappschaftsärzte, der nicht voll beschäftigten Hilfsärzte bei den Gesundheitsämtern, der Vertragsärzte und der Vertragstierärzte der Bundeswehr und anderer Vertragsärzte in ähnlichen Fällen gehören zu den Einkünften aus selbständiger Arbeit, unabhängig davon, ob neben der vertraglichen Tätigkeit eine eigene Praxis ausgeübt wird, es sei denn, dass besondere Umstände vorliegen, die für die Annahme einer nichtselbständigen Tätigkeit sprechen.

Erfinder

(2) [1]Planmäßige Erfindertätigkeit ist in der Regel freie Berufstätigkeit i. S. d. § 18 Abs. 1 Nr. 1 EStG, soweit die Erfindertätigkeit nicht im Rahmen eines Betriebs der Land- und Forstwirtschaft oder eines Gewerbebetriebs ausgeübt wird. [2]Wird die Erfindertätigkeit im Rahmen eines Arbeitsverhältnisses ausgeübt, dann ist der Arbeitnehmer als freier Erfinder zu behandeln, soweit

er die Erfindung außerhalb seines Arbeitsverhältnisses verwertet. [3]Eine Verwertung außerhalb des Arbeitsverhältnisses ist auch anzunehmen, wenn ein Arbeitnehmer eine frei gewordene Diensterfindung seinem Arbeitgeber zur Auswertung überlässt, sofern der Verzicht des Arbeitgebers nicht als Verstoß gegen § 42 AO anzusehen ist.

H 18.1

Allgemeines

→ R 15.1 (Selbständigkeit)

→ H 19.0 LStH 2014

→ R 19.2 LStR 2013

Beispiele für selbständige Nebentätigkeit

- Beamter als Vortragender an einer Hochschule, Volkshochschule, Verwaltungsakademie oder bei Vortragsreihen ohne festen Lehrplan,
- Rechtsanwalt als Honorarprofessor ohne Lehrauftrag.

Die Einkünfte aus einer solchen Tätigkeit gehören in der Regel zu den Einkünften aus selbständiger Arbeit im Sinne des § 18 Abs. 1 Nr. 1 EStG (→ BFH vom 4. 10. 1984 – BStBl 1985 II S. 51).

Gewinnerzielungsabsicht

Verluste über einen längeren Zeitraum sind für sich allein noch kein ausreichendes Beweisanzeichen für fehlende Gewinnerzielungsabsicht (BFH vom 14. 3. 1985 – BStBl II S. 424).

Kindertagespflege

Zur einkommensteuerrechtlichen Behandlung der Geldleistungen für Kinder in Kindertagespflege → BMF vom 17. 12. 2007 (BStBl 2008 I S. 17) unter Berücksichtigung der Änderungen durch BMF vom 17. 12. 2008 (BStBl 2009 I S. 15) und vom 20. 5. 2009 (BStBl I S. 642)

Lehrtätigkeit

Die nebenberufliche Lehrtätigkeit von Handwerksmeistern an Berufs- und Meisterschulen ist in der Regel als Ausübung eines freien Berufs anzusehen, wenn sich die Lehrtätigkeit ohne besondere Schwierigkeit von der Haupttätigkeit trennen lässt (→ BFH vom 27. 1. 1955 – BStBl III S. 229).

Nachhaltige Erfindertätigkeit

- Keine Zufallserfindung, sondern eine planmäßige (nachhaltige) Erfindertätigkeit liegt vor, wenn es nach einem spontan geborenen Gedanken weiterer Tätigkeiten bedarf, um die Erfindung bis zur Verwertungsreife zu entwickeln (BFH vom 18. 6. 1998 – BStBl II S. 567).
- Liegt eine Zufallserfindung vor, führt allein die Anmeldung der Erfindung zum Patent noch nicht zu einer nachhaltigen Tätigkeit (BFH vom 10. 9. 2003 – BStBl 2004 II S. 218).

Patentveräußerung gegen Leibrente

a) **durch Erben des Erfinders:**
Veräußert der Erbe die vom Erblasser als freiberuflichem Erfinder entwickelten Patente gegen Leibrente, so ist die Rente, sobald sie den Buchwert der Patente übersteigt, als laufende Betriebseinnahme und nicht als private Veräußerungsrente nur mit dem Ertragsanteil zu versteuern, es sei denn, dass die Patente durch eindeutige Entnahme vor der Veräußerung in das Privatvermögen überführt worden waren (BFH vom 7. 10. 1965 – BStBl III S. 666).

b) **bei anschließender Wohnsitzverlegung ins Ausland:**
Laufende Rentenzahlungen können als nachträglich erzielte Einkünfte aus selbständiger Arbeit im Inland steuerpflichtig sein (BFH vom 28. 3. 1984 – BStBl II S. 664).

Prüfungstätigkeit

Als Nebentätigkeit i. d. R. als Ausübung eines freien Berufs anzusehen (→ BFH vom 14.3. und 2. 4. 1958 – BStBl III S. 255, 293).

Wiederholungshonorare/Erlösbeteiligungen

Bei Wiederholungshonoraren und Erlösbeteiligungen, die an ausübende Künstler von Hörfunk- oder Fernsehproduktionen als Nutzungsentgelte für die Übertragung originärer urheberrechtlicher Verwertungsrechte gezahlt werden, handelt es sich nicht um Arbeitslohn, sondern um Einkünfte i. S. d. § 18 EStG (→ BFH vom 26. 7. 2006 – BStBl II S. 917).

R 31. Familienleistungsausgleich

→ Prüfung der Steuerfreistellung

(1) – unbesetzt –

Anspruch auf Kindergeld

(2) [1]Bei der Prüfung der Steuerfreistellung ist auf das für den jeweiligen VZ zustehende Kindergeld oder die vergleichbare Leistung abzustellen, unabhängig davon, ob ein Antrag gestellt wurde oder eine Zahlung erfolgt ist. [2]Dem Kindergeld vergleichbare Leistungen i. S. d. § 65 Abs. 1 Satz 1 EStG oder Leistungen auf Grund über- oder zwischenstaatlicher Rechtsvorschriften sind wie Ansprüche auf Kindergeld bis zur Höhe der Beträge nach § 66 EStG zu berücksichtigen. [3]Auch ein Anspruch auf Kindergeld, dessen Festsetzung aus verfahrensrechtlichen Gründen nicht erfolgt ist, ist zu berücksichtigen.

Zurechnung des Kindergelds/zivilrechtlicher Ausgleich

(3) [1]Der Anspruch auf Kindergeld ist demjenigen zuzurechnen, der für das Kind Anspruch auf einen Kinderfreibetrag nach § 32 Abs. 6 EStG hat, auch wenn das Kindergeld an das Kind selbst oder einen Dritten (z. B. einen Träger von Sozialleistungen) ausgezahlt wird. [2]Der Anspruch auf Kindergeld ist grundsätzlich beiden Elternteilen jeweils zur Hälfte zuzurechnen; dies gilt unabhängig davon, ob ein barunterhaltspflichtiger Elternteil Kindergeld über den zivilrechtlichen Ausgleich von seinen Unterhaltszahlungen abzieht, oder ein zivilrechtlicher Ausgleich nicht in Anspruch genommen wird. [3]In den Fällen des § 32 Abs. 6 Satz 3 EStG und in den Fällen der Übertragung des Kinderfreibetrags (§ 32 Abs. 6 Satz 6, 1. Alternative EStG) ist dem Stpfl. der gesamte Anspruch auf Kindergeld zuzurechnen. [4]Wird für ein Kind lediglich der Freibetrag für den Betreuungs- und Erziehungs- oder Ausbildungsbedarf übertragen (§ 32 Abs. 6 Satz 6, 2. Alternative EStG), bleibt die Zurechnung des Anspruchs auf Kindergeld hiervon unberührt.

Abstimmung zwischen Finanzämtern und Familienkassen

(4) [1]Kommen die Freibeträge für Kinder zum Abzug, hat das Finanzamt die Veranlagung grundsätzlich unter Berücksichtigung des Anspruchs auf Kindergeld durchzuführen. [2]Ergeben sich durch den Vortrag des Stpfl. begründete Zweifel am Bestehen eines Anspruchs auf Kindergeld, ist die Familienkasse zu beteiligen. [3]Wird von der Familienkasse bescheinigt, dass ein Anspruch auf Kindergeld besteht, übernimmt das Finanzamt grundsätzlich die Entscheidung der Familienkasse über die Berücksichtigung des Kindes. [2]Zweifel an der Richtigkeit der Entscheidung der einen Stelle (Finanzamt oder Familienkasse) oder eine abweichende Auffassung sind der Stelle, welche die Entscheidung getroffen hat, mitzuteilen. [3]Diese teilt der anderen Stelle *mit, ob sie den Zweifeln* Rechnung trägt bzw. ob sie sich der abweichenden Auffassung anschließt. [4]Kann im Einzelfall kein Einvernehmen nicht erzielt werden, haben das Finanzamt und die Familienkasse der jeweils vorgesetzten Behörde zu berichten. [5]Bis zur Klärung der Streitfrage ist die Festsetzung unter dem Vorbehalt der Nachprüfung durchzuführen.

H 31

Hinzurechnung nach § 31 Satz 4 EStG

Für die Hinzurechnung ist allein entscheidend, ob ein Anspruch auf Kindergeld besteht. Der Kindergeldanspruch ist daher unabhängig davon, ob das Kindergeld tatsächlich gezahlt worden ist, hinzuzurechnen, wenn die Berücksichtigung von Freibeträgen nach § 32 Abs. 6 EStG rechnerisch günstiger ist als der Kindergeldanspruch (→ BFH vom 13. 9. 2012 – BStBl 2013 II S. 228). Dies gilt auch dann, wenn ein Kindergeldantrag trotz des materiell-rechtlichen Bestehens des Anspruchs bestandskräftig abgelehnt worden ist (→ BFH vom 15. 3. 2012 – BStBl 2013 II S. 226).

Prüfung der Steuerfreistellung

Die Vergleichsrechnung, bei der geprüft wird, ob das Kindergeld oder der Ansatz der Freibeträge nach § 32 Abs. 6 EStG für den Stpfl. vorteilhafter ist, wird für jedes Kind einzeln durchgeführt. Dies gilt auch dann, wenn eine Zusammenfassung der Freibeträge für zwei und mehr Kinder wegen der Besteuerung außerordentlicher Einkünfte günstiger wäre (→ BFH vom 28. 4. 2010 – BStBl 2011 II S. 259).

Übersicht über vergleichbare ausländische Leistungen

→ BZSt vom 21. 3. 2014 (BStBl I S. 768)

Über- und zwischenstaatliche Rechtsvorschriften

Über- und zwischenstaatliche Rechtsvorschriften i. S. v. R 31 Abs. 2 Satz 2 sind insbesondere folgende Regelungen:

- Verordnung (EWG) Nr. 1408/71 des Rates zur Anwendung der Systeme der sozialen Sicherheit auf Arbeitnehmer und Selbständige sowie deren Familienangehörige, die innerhalb der Gemeinschaft zu- und abwandern i. d. F. der Bekanntmachung vom 30. 1. 1997 (ABl. EG Nr. L 28 vom 30. 1. 1997, S. 4), zuletzt geändert durch VO (EG) Nr. 592/2008 vom 17. 6. 2008 (ABl. EG Nr. L 177 vom4. 7. 2008, S. 1), ab 1. 5. 2010 mit Inkrafttreten der VO (EG) Nr. 987/2009 gilt die VO (EG) 883/2004 des Europäischen Parlaments und des Rates vom 29. 4. 2004 zur Koordinierung der Systeme der sozialen Sicherheit (ABl. EG Nr. L 200 vom 7. 6. 2004, S. 1), geändert durch VO (EG) Nr. 988/2009 vom 16. 9. 2009 (ABl. EG Nr. L 284 vom 30. 10. 2009, S. 43), zu den Übergangsbestimmungen siehe Art. 87 VO (EG) Nr. 883/2004;
- Verordnung (EWG) Nr. 574/72 des Rates über die Durchführung der Verordnung (EWG) 1408/71 über die Anwendung der Systeme der sozialen Sicherheit auf Arbeitnehmer und Selbständige sowie deren Familienangehörige, die innerhalb der Gemeinschaft zu- und abwandern i. d. F. der Bekanntmachung vom 30. 1. 1997 (ABl. EG Nr. L 28 vom 30. 1. 1997, S. 102), zuletzt geändert durch VO (EG) Nr. 120/2009 des Rates vom 9. 2. 2009 (ABl. EG Nr. L 39 vom 10. 2. 2009, S. 29); ab 1. 5. 2010 ersetzt durch die Verordnung (EG) Nr. 987/2009 des Europäischen Parlaments und des Rates vom 16. 9. 2009 zur Festlegung der Modalitäten für die Durchführung der Verordnung (EG) Nr. 883/2004 über die Koordinierung der Systeme der sozialen Sicherheit (ABl. EG Nr. L 284 vom 30. 10. 2009, S. 1), zu den Übergangsbestimmungen siehe Art. 93 VO (EG) Nr. 987/2009 i. V. m. Art. 87 VO (EG) Nr. 883/2004;
- die Verordnungen (EWG) Nr. 1408/71 und (EWG) Nr. 574/72 gelten bis auf weiteres im Verhältnis zu den EWR-Staaten Island, Liechtenstein und Norwegen. Gleiches gilt bis zur Übernahme der VO (EG) Nr. 883/2004 und 987/2009 im Verhältnis zur Schweiz und zu Drittstaatsangehörigen im Sinne der VO (EG) Nr. 859/2003;
- Verordnung (EG) Nr. 859/2003 des Rates vom 14. 5. 2003 zur Ausdehnung der Bestimmungen der Verordnung (EWG) Nr. 1408/71 und der Verordnung (EWG) Nr. 574/72 auf Drittstaatsangehörige, die ausschließlich aufgrund ihrer Staatsangehörigkeit nicht bereits unter diese Bestimmungen fallen (ABl. EG Nr. L 124 vom 20. 5. 2003, S. 1);
- EWR-Abkommen vom 2. 5. 1992 (BGBl. 1993 II S. 226) i. d. F. des Anpassungsprotokolls vom 17. 3. 1993 (BGBl. II S. 1294);
- Abkommen zwischen der Europäischen Gemeinschaft und ihren Mitgliedstaaten einerseits und der Schweizerischen Eidgenossenschaft andererseits über die Freizügigkeit vom 21. 6. 1999 (BGBl. 2001 II S. 810), in Kraft getreten am 1. 6. 2002 (BGBl. II S. 1692). Nach diesem Abkommen gelten die gemeinschaftsrechtlichen Koordinierungsvorschriften (Verordnungen (EWG) Nr. 1408/71 und 574/72) auch im Verhältnis zur Schweiz.

Auf Grund der vorstehenden Regelungen besteht grundsätzlich vorrangig ein Anspruch im Beschäftigungsstaat. Wenn die ausländische Familienleistung geringer ist und der andere Elternteil dem deutschen Recht der sozialen Sicherheit unterliegt, besteht Anspruch auf einen Unter*schiedsbetrag zum Kindergeld in* Deutschland.

- Bosnien und Herzegowina
  → Serbien/Montenegro
- Marokko
  Abkommen zwischen der Bundesrepublik Deutschland und dem Königreich Marokko über Kindergeld vom 25. 3. 1981 (BGBl. 1995 II S. 634 ff.) in der Fassung des Zusatzabkommens

vom 22. 11. 1991 (BGBl. 1995 II S. 640), beide in Kraft getreten am 1. 8. 1996 (BGBl. II S. 1455);

- Mazedonien
  → Serbien/Montenegro
- Serbien/Montenegro
  Abkommen zwischen der Bundesrepublik Deutschland und der Sozialistischen Föderativen Republik Jugoslawien über Soziale Sicherheit vom 12. 10. 1968 (BGBl. 1969 II S. 1437) in Kraft getreten am 1. 9. 1969 (BGBl. II S. 1568) i. d. F. des Änderungsabkommens vom 30. 9. 1974 (BGBl. 1975 II S. 389) in Kraft getreten am 1. 1. 1975 (BGBl. II S. 916).
  Das vorgenannte Abkommen gilt im Verhältnis zu Bosnien und Herzegowina, Serbien sowie Montenegro) uneingeschränkt fort, nicht jedoch im Verhältnis zur Republik Kroatien, zur Republik Slowenien und zur Republik Mazedonien;
- Türkei
  Abkommen zwischen der Bundesrepublik Deutschland und der Republik Türkei über Soziale Sicherheit vom 30. 4. 1964 (BGBl. 1965 II S. 1169 ff.) in Kraft getreten am 1. 11. 1965 (BGBl. II S. 1588) i. d. F. des Zusatzabkommens vom 2. 11. 1984 zur Änderung des Abkommens (BGBl. 1986 II S. 1040 ff.) in Kraft getreten am 1. 4. 1987 (BGBl. II S. 188);
- Tunesien
  Abkommen zwischen der Bundesrepublik Deutschland und der Tunesischen Republik über Kindergeld vom 20. 9. 1991 (BGBl. 1995 II S. 642 ff.) in Kraft getreten am 1. 8. 1996 (BGBl. II S. 2522).

Höhe des inländischen Kindergeldes für Kinder in einzelnen Abkommensstaaten

Angaben in Euro je Monat	1. Kind	2. Kind	3. Kind	4. Kind	5. Kind	6. Kind	ab 7. Kind
Bosnien und Herzegowina	5,11	12,78	30,68	30,68	35,79	35,79	35,79
Kosovo	5,11	12,78	30,68	30,68	35,79	35,79	35,79
Marokko	5,11	12,78	12,78	12,78	12,78	12,78	–
Montenegro	5,11	12,78	30,68	30,68	35,79	35,79	35,79
Serbien	5,11	12,78	30,68	30,68	35,79	35,79	35,79
Türkei	5,11	12,78	30,68	30,68	35,79	35,79	35,79
Tunesien	5,11	12,78	12,78	12,78	–	–	–

Zivilrechtlicher Ausgleich

Verzichtet der zum Barunterhalt verpflichtete Elternteil durch gerichtlichen oder außergerichtlichen Vergleich auf die Anrechnung des hälftigen Kindergeldes auf den Kindesunterhalt, ist sein zivilrechtlicher Ausgleichsanspruch gleichwohl in die Prüfung der Steuerfreistellung des § 31 EStG einzubeziehen (→ BFH vom 16. 3. 2004 – BStBl 2005 II S. 332).Sieht das Zivilrecht eines anderen Staates nicht vor, dass das Kindergeld die Unterhaltszahlung an das Kind mindert, ist der für das Kind bestehende Kindergeldanspruch dennoch bei der Prüfung der Steuerfreistellung nach § 31 EStG anzusetzen (→ BFH vom 13. 8. 2002 – BStBl II S. 867 und vom 28. 6. 2012 – BStBl 2013 II S. 655).

Zurechnung des Kindergelds

Bei der Prüfung der Steuerfreistellung ist der gesamte Anspruch auf Kindergeld dem vollen Kinderfreibetrag gegenüberzustellen, wenn der halbe Kinderfreibetrag auf den betreuenden Elternteil übertragen wurde, weil der andere Elternteil seiner Unterhaltsverpflichtung gegenüber dem Kind nicht nachkam (→ BFH vom 16. 3. 2004 – BStBl 2005 II S. 594).

R 32.1. Im ersten Grad mit dem Stpfl. verwandte Kinder

– unbesetzt –

H 32.1

Anerkennung der Vaterschaft

Die Anerkennung der Vaterschaft begründet den gesetzlichen Vaterschaftstatbestand des § 1592 Nr. 2 BGB und bestätigt das zwischen dem Kind und seinem Vater von der Geburt an bestehende echte Verwandtschaftsverhältnis i. S. d. § 32 Abs. 1 Nr. 1 EStG. Bestandskräftige Einkommensteuerbescheide sind nach § 175 Abs. 1 Satz 1 Nr. 2 AO zu ändern und kindbedingte Steuervorteile zu berücksichtigen (→ BFH vom 28. 7. 2005 – BStBl 2008 II S. 350).

Annahme als Kind

A 9.2 Abs. 1 und 3 DA-KG ***2015***:

„(1) Ein angenommenes minderjähriges Kind ist ein Kind i. S. v. § 32 Abs. 1 Nr. 1 EStG. Die Annahme wird vom Familiengericht ausgesprochen und durch Zustellung des Annahmebeschlusses an den Annehmenden rechtswirksam (§ 197 Abs. 2 FamFG). Mit der Annahme als Kind erlischt das Verwandtschaftsverhältnis des Kindes zu seinen leiblichen Eltern; nimmt ein Ehegatte das Kind seines Ehegatten an, erlischt das Verwandtschaftsverhältnis nur zu dem anderen Elternteil und dessen Verwandten (§ 1755 BGB).

(3) Wird eine volljährige Person als Kind angenommen, gilt diese ebenfalls als im ersten Grad mit der annehmenden Person verwandt. Das Verwandtschaftsverhältnis zu den leiblichen Eltern erlischt jedoch nur dann, wenn das Familiengericht der Annahme die Wirkung einer Vollannahme beigelegt hat (§ 1772 BGB). . . .“

R 32.2. Pflegekinder

Pflegekindschaftsverhältnis

(1) [1]Ein Pflegekindschaftsverhältnis (§ 32 Abs. 1 Nr. 2 EStG) setzt voraus, dass das Kind im Haushalt der Pflegeeltern sein Zuhause hat und diese zu dem Kind in einer familienähnlichen, auf längere Dauer angelegten Beziehung wie zu einem eigenen Kind stehen, z. B. wenn der Stpfl. ein Kind im Rahmen von Hilfe zur Erziehung in Vollzeitpflege (§§ 27, 33 SGB VIII) oder im Rahmen von Eingliederungshilfe (§ 35a Abs. 1 Satz 2 Nr. 3 SGB VIII) in seinen Haushalt aufnimmt, sofern das Pflegeverhältnis auf Dauer angelegt ist. [2]Hieran fehlt es, wenn ein Kind von vornherein nur für eine begrenzte Zeit im Haushalt des Stpfl. Aufnahme findet. [3]Kinder, die mit dem Ziel der Annahme vom Stpfl. in Pflege genommen werden (§ 1744 BGB), sind regelmäßig Pflegekinder. [4]Zu Erwerbszwecken in den Haushalt aufgenommen sind z. B. Kostkinder. [5]Hat der Stpfl. mehr als sechs Kinder in seinem Haushalt aufgenommen, spricht eine Vermutung dafür, dass es sich um Kostkinder handelt.

Kein Obhuts- und Pflegeverhältnis zu den leiblichen Eltern

(2) [1]Voraussetzung für ein Pflegekindschaftsverhältnis zum Stpfl. ist, dass das Obhuts- und Pflegeverhältnis zu den leiblichen Eltern nicht mehr besteht, d. h. die familiären Bindungen zu diesen auf Dauer aufgegeben sind. [2]Gelegentliche Besuchskontakte allein stehen dem nicht entgegen.

Altersunterschied

(3) [1]Ein Altersunterschied wie zwischen Eltern und Kindern braucht nicht unbedingt zu bestehen. [2]Dies gilt auch, wenn das zu betreuende Geschwister von Kind an wegen Behinderung pflegebedürftig war und das betreuende Geschwister die Stelle der Eltern, z. B. nach deren Tod, einnimmt. [3]Ist das zu betreuende Geschwister dagegen erst im Erwachsenenalter pflegebedürftig geworden, wird im Allgemeinen ein dem Eltern-Kind-Verhältnis ähnliches Pflegeverhältnis nicht mehr begründet werden können.

H 32.2

Familienähnliches, auf längere Dauer berechnetes Band; nicht zu Erwerbszwecken

A 10.3 DA-KG ***2015***:

„(1) Ein familienähnliches Band wird allgemein dann angenommen, wenn zwischen der Pflegeperson und dem Kind ein Aufsichts-, Betreuungs- und Erziehungsverhältnis wie zwischen Eltern und leiblichen Kind besteht. Es kommt nicht darauf an, ob die Pflegeeltern die *Personensorge innehaben*.

(2) Ein Altersunterschied wie zwischen Eltern und Kindern braucht nicht unbedingt zu bestehen. Ein Pflegekindschaftsverhältnis kann daher auch zwischen Geschwistern, z. B. Waisen, gegeben sein (BFH vom 5. 8. 1977 – BStBl II S. 832). Das Gleiche gilt ohne Rücksicht auf einen Altersunterschied, wenn der zu betreuende Geschwisterteil von Kind an wegen Behinderung pflegebedürftig war und der betreuende Teil die Stelle der Eltern, etwa nach

deren Tod, einnimmt. Ist der zu betreuende Geschwisterteil dagegen erst nach Eintritt der Volljährigkeit pflegebedürftig geworden, so wird im Allgemeinen ein dem Eltern-Kind-Verhältnis ähnliches Pflegeverhältnis nicht mehr begründet werden können.

(3) Auch die Aufnahme einer sonstigen volljährigen Person insbesondere eines volljährigen Familienangehörigen in den Haushalt und die Sorge für diese Person begründet für sich allein regelmäßig kein Pflegekindschaftsverhältnis, selbst wenn die Person behindert ist. Wenn es sich bei der Person jedoch um einen schwer geistig oder seelisch behinderten Menschen handelt, der in seiner geistigen Entwicklung einem Kind gleichsteht, kann ein Pflegekindschaftsverhältnis unabhängig vom Alter der behinderten Person und der Pflegeeltern begründet werden. Die Wohn- und Lebensverhältnisse der behinderten Person müssen den Verhältnissen leiblicher Kinder vergleichbar sein und eine Zugehörigkeit der behinderten Person zur Familie widerspiegeln, außerdem muss ein dem Eltern-Kind-Verhältnis vergleichbares Erziehungsverhältnis bestehen (siehe auch BFH vom 9. 2. 2012 – BStBl II S. 739).

(4) Anhaltspunkt für das Vorliegen einer familienähnlichen Bindung kann eine vom Jugendamt erteilte Pflegeerlaubnis nach § 44 SGB VIII sein. Sie ist jedoch nicht in jedem Fall vorgeschrieben, z. B. dann nicht, wenn das Kind der Pflegeperson vom Jugendamt vermittelt worden ist, wenn Pflegekind und Pflegeperson miteinander verwandt oder verschwägert sind, oder wenn es sich um eine nicht gewerbsmäßige Tagespflege handelt. Wird eine amtliche Pflegeerlaubnis abgelehnt bzw. eine solche widerrufen, kann davon ausgegangen werden, dass ein familienähnliches, auf längere Dauer angelegtes Band zwischen Pflegeperson und Kind nicht bzw. nicht mehr vorliegt.

(5) Die nach § 32 Abs. 1 Nr. 2 EStG erforderliche familienähnliche Bindung muss von vornherein auf mehrere Jahre angelegt sein. Maßgebend ist nicht die tatsächliche Dauer der Bindung, wie sie sich aus rückschauender Betrachtung darstellt, sondern vielmehr die Dauer, die der Bindung nach dem Willen der Beteiligten bei der Aufnahme des Kindes zugedacht ist. Dabei kann bei einer von den Beteiligten beabsichtigten Dauer von mindestens zwei Jahren im Regelfall davon ausgegangen werden, dass ein Pflegekindschaftsverhältnis i. S. d. EStG begründet worden ist. Das Gleiche gilt, wenn ein Kind mit dem Ziel der Annahme als Kind in Pflege genommen wird.

(6) Werden von einer Pflegeperson bis zu sechs Kinder in ihren Haushalt aufgenommen, ist davon auszugehen, dass die Haushaltsaufnahme nicht zu Erwerbszwecken erfolgt. Keine Pflegekinder sind sog. Kostkinder. Hat die Pflegeperson mehr als sechs Kinder in ihren Haushalt aufgenommen, spricht eine Vermutung dafür, dass es sich um Kostkinder handelt, vgl. R 32.2 Abs. 1 EStR 2012. In einem erwerbsmäßig betriebenen Heim (Kinderhaus) oder in einer sonstigen betreuten Wohnform nach § 34 SGB VIII untergebrachte Kinder sind keine Pflegekinder (BFH vom 23. 9. 1998 – BStBl 1999 II S. 133 und vom 2. 4. 2009 – BStBl 2010 II S. 345). Die sozialrechtliche Einordnung hat Tatbestandswirkung (BFH vom 2. 4. 2009 – BStBl 2010 II S. 345), d. h. sie ist ein Grundlagenbescheid, dem Bindungswirkung zukommt ***(vgl. V 19)***."

Fehlendes Obhuts- und Pflegeverhältnis zu den Eltern

A 10.4 DA-KG ***2015***:

„Ein Pflegekindschaftsverhältnis setzt des Weiteren voraus, dass ein Obhuts- und Pflegeverhältnis zu den Eltern nicht mehr besteht. Ob ein Obhuts- und Pflegeverhältnis zu den leiblichen Eltern noch besteht, hängt vom Einzelfall ab und ist insbesondere unter Berücksichtigung des Alters des Kindes, der Anzahl und der Dauer der Besuche der leiblichen Eltern bei dem Kind sowie der Frage zu beurteilen, ob und inwieweit vor der Trennung bereits ein Obhuts- und Pflegeverhältnis des Kindes zu den leiblichen Eltern bestanden hat (BFH vom 20. 1. 1995 – BStBl II S. 585 und vom 7. 9. 1995 – BStBl 1996 II S. 63). Ein Pflegekindschaftsverhältnis liegt nicht vor, wenn die Pflegeperson nicht nur mit dem Kind, sondern auch mit einem Elternteil des Kindes in häuslicher Gemeinschaft lebt, und zwar selbst dann nicht, wenn der Elternteil durch eine Schul- oder Berufsausbildung in der Obhut und Pflege des Kindes beeinträchtigt ist (BFH vom 9. 3. 1989 – BStBl II S. 680). Ein zwischen einem allein erziehenden Elternteil und seinem Kind im Kleinkindalter begründetes Obhuts- und Pflegeverhältnis wird durch die vorübergehende Abwesenheit des Elternteils nicht unterbrochen (BFH vom 12. 6. 1991 – BStBl 1992 II S. 20). Das Weiterbestehen eines Obhuts- und Pflegeverhältnisses zu den Eltern ist i. d. R. nicht anzunehmen, wenn ein Pflegekind von seinen Eltern nur gelegentlich im Haushalt der Pflegeperson besucht wird bzw. wenn es seine leiblichen Eltern ebenfalls nur gelegentlich besucht. Die Auflösung des Obhuts- und Pflegeverhältnisses des Kindes zu den leiblichen Eltern kann i. d. R. angenommen werden, wenn ein noch nicht schulpflichtiges Kind mindestens ein Jahr lang bzw. ein noch schulpflichtiges Kind über zwei Jahre und länger keine ausreichenden Kontakte mehr hat (BFH vom 20. 1. 1995 – BStBl II S. 582 und vom 7. 9. 1995 – BStBl 1996 II S. 63)."

R 32.3. Allgemeines zur Berücksichtigung von Kindern

[1]Ein Kind wird vom Beginn des Monats an, in dem die Anspruchsvoraussetzungen erfüllt sind, berücksichtigt. [2]Entsprechend endet die Berücksichtigung mit Ablauf des Monats, in dem die Anspruchsvoraussetzungen wegfallen (Monatsprinzip). [3]Für die Frage, ob ein Kind lebend geboren wurde, ist im Zweifel das Personenstandsregister des Standesamtes maßgebend. [4]Eine Berücksichtigung außerhalb des Zeitraums der unbeschränkten Steuerpflicht der Eltern ist – auch in den Fällen des § 2 Abs. 7 Satz 3 EStG – nicht möglich. [5]Ein vermisstes Kind ist bis zur Vollendung des 18. Lebensjahres zu berücksichtigen.

R 32.4. Kinder, die Arbeit suchen

– unbesetzt –

H 32.4

Erkrankung und Mutterschaft

A 13.2 Abs. 1 und 2 DA-KG 2015:

„(1) Eine Berücksichtigung ist auch in einem Zeitraum möglich, in dem das Kind wegen Erkrankung nicht bei einer Agentur für Arbeit im Inland arbeitsuchend gemeldet ist. Eine Berücksichtigung während einer Erkrankung setzt voraus, dass diese und das voraussichtliche Ende der Erkrankung durch eine ärztliche Bescheinigung nachgewiesen werden. Ist nach den ärztlichen Feststellungen das voraussichtliche Ende der Erkrankung nicht absehbar, ist zu prüfen, ob das Kind wegen einer Behinderung nach § 32 Abs. 4 Satz 1 Nr. 3 EStG berücksichtigt werden kann. Unmittelbar nach Ablauf von sechs Monaten hat die Familienkasse nach Vorlage eines amtsärztlichen Gutachtens oder einer ärztlichen Bescheinigung des Medizinischen Dienstes der Krankenversicherung zu entscheiden, ob das Kind noch berücksichtigt werden kann; auch aus dem Gutachten oder der Bescheinigung muss das voraussichtliche Ende der Erkrankung hervorgehen. Meldet sich das Kind nach Wegfall der Hinderungsgründe nicht unmittelbar bei der zuständigen Agentur für Arbeit im Inland arbeitsuchend, ist die Festsetzung ab dem Monat, der dem Monat folgt, in dem die Hinderungsgründe wegfallen, nach § 70 Abs. 2 Satz 1 EStG aufzuheben.

(2) Ein Kind, das wegen eines Beschäftigungsverbots nach §§ 3, 6 MuSchG nicht bei einer Agentur für Arbeit im Inland arbeitsuchend gemeldet ist, kann nach § 32 Abs. 4 Satz 1 Nr. 1 EStG berücksichtigt werden. Dies gilt auch, sofern das Kind nach dem Ende des Beschäftigungsverbots nach §§ 3, 6 MuSchG die Meldung als Arbeitsuchender im Inland nicht erneut vornimmt (BFH vom 13. 6. 2013 – BStBl 2014 II S. 834). Befindet sich das Kind jedoch in Elternzeit nach dem BEEG, wird es nur berücksichtigt, wenn es arbeitsuchend gemeldet ist.“

Kinder, die Arbeit suchen

→ A 13.*1* Abs. 1 ***und 2*** DA-KG ***2015***:

„(1) Ein noch nicht 21 Jahre altes Kind kann nach § 32 Abs. 4 Satz 1 Nr. 1 EStG berücksichtigt werden, wenn es nicht in einem Beschäftigungsverhältnis steht und bei einer Agentur für Arbeit im Inland arbeitsuchend gemeldet ist. Geringfügige Beschäftigungen i. S. v. § 8 SGB IV bzw. § 8a SGB IV (siehe A 19.3.3 Abs. 1 und 2) und Maßnahmen nach § 16d SGB II, bei denen kein übliches Arbeitsentgelt, sondern neben dem Alg II eine angemessene Entschädigung für Mehraufwendungen des Leistungsempfängers gewährt wird, stehen der Berücksichtigung nicht entgegen. Ein Kind, das in einem anderen EU- bzw. EWR-Staat oder in der Schweiz bei der staatlichen Arbeitsvermittlung arbeitsuchend gemeldet ist, kann ebenfalls berücksichtigt werden.

(2) Der Nachweis, dass ein Kind bei einer Agentur für Arbeit im Inland arbeitsuchend gemeldet ist, hat über eine Bescheinigung der zuständigen Agentur für Arbeit im Inland zu erfolgen. Es sind diesbezüglich keine weiteren Prüfungen durch die Familienkasse erforderlich. Auch der Nachweis der Arbeitslosigkeit oder des Bezugs von Arbeitslosengeld nach § 136 SGB III dient als Nachweis der Meldung als arbeitsuchend.

R 32.5. Kinder, die für einen Beruf ausgebildet werden

– unbesetzt –

H 32.5

Allgemeines

- → A 14 DA-KG ***2015***
- Als Berufsausbildung ist die Ausbildung für einen künftigen Beruf zu verstehen. In der Berufsausbildung befindet sich, wer sein Berufsziel noch nicht erreicht hat, sich aber ernstlich darauf vorbereitet (→ BFH vom 9. 6. 1999 – BStBl II S. 706). Dem steht nicht entgegen, dass das Kind auf Grund der Art der jeweiligen Ausbildungsmaßnahme die Möglichkeit der Erzielung eigener Einkünfte erlangt (→ BFH vom 16. 4. 2002 – BStBl II S. 523).

Beginn und Ende der Berufsausbildung

- Das Referendariat im Anschluss an die erste juristische Staatsprüfung gehört zur Berufsausbildung (→ BFH vom 10. 2. 2000 – BStBl II S. 398).
- Ein Kind befindet sich nicht in Ausbildung, wenn es sich zwar an einer Universität immatrikuliert, aber tatsächlich das Studium noch nicht aufgenommen hat (→ BFH vom 23. 11. 2001 – BStBl 2002 II S. 484).
- Ein Universitätsstudium ist in dem Zeitpunkt abgeschlossen, in dem eine nach dem einschlägigen Prüfungsrecht zur Feststellung des Studienerfolgs vorgesehene Prüfungsentscheidung ergangen ist oder ein Prüfungskandidat von der vorgesehenen Möglichkeit, sich von weiteren Prüfungsabschnitten befreien zu lassen, Gebrauch gemacht hat (→ BFH vom 21. 1. 1999 BStBl II S. 141). Die Berufsausbildung endet bereits vor Bekanntgabe des Prüfungsergebnisses, wenn das Kind nach Erbringung aller Prüfungsleistungen eine Vollzeiterwerbstätigkeit aufnimmt (→ BFH vom 24. 5. 2000 – BStBl II S. 473),
- → A 14.10 DA-KG ***2015***

Behinderte Kinder, die für einen Beruf ausgebildet werden

→ A 14.4 DA-KG ***2015***:

„Ein behindertes Kind wird auch dann für einen Beruf ausgebildet, wenn es durch gezielte Maßnahmen auf eine – wenn auch einfache – Erwerbstätigkeit vorbereitet wird, die nicht spezifische Fähigkeiten oder Fertigkeiten erfordert. Unter diesem Gesichtspunkt kann z. B. auch der Besuch einer Schule für behinderte Menschen, einer Heimsonderschule, das Arbeitstraining in einer Anlernwerkstatt oder die Förderung im Berufsbildungsbereich einer Werkstatt für behinderte Menschen den Grundtatbestand des § 32 Abs. 4 Satz 1 Nr. 2 Buchst. a EStG erfüllen."

Erneute Berufsausbildung

Im Rahmen der Altersgrenze des § 32 Abs. 4 Satz 1 i. V. m. Abs. 5 EStG ist eine Berufsausbildung ungeachtet dessen zu berücksichtigen, ob es sich um die erste oder eine weitere Ausbildung handelt bzw. ob eine zusätzliche Ausbildungsmaßnahme einer beruflichen Qualifizierung oder einem anderen Beruf dient (→ BFH vom 20. 7. 2000 – BStBl 2001 II S. 107).

Praktikum

- → A 14.8 DA-KG ***2015***:

  „(1) Während eines Praktikums wird ein Kind für einen Beruf ausgebildet, sofern dadurch Kenntnisse, Fähigkeiten und Erfahrungen vermittelt werden, die als Grundlagen für die Ausübung des angestrebten Berufs geeignet sind (vgl. BFH vom 9. 6. 1999 – BStBl II S. 713) und es sich nicht lediglich um ein gering bezahltes Arbeitsverhältnis handelt. Das Praktikum muss für das angestrebte Berufsziel förderlich sein (BFH vom *15. 7. 2003 – BStBl II S. 843*).

  (2) Ein vorgeschriebenes Praktikum ist als notwendige fachliche Voraussetzung oder Ergänzung der eigentlichen Ausbildung an einer Schule, Hochschule oder sonstigen Ausbildungsstätte ohne weiteres anzuerkennen. Gleiches gilt für ein durch die Ausbildungs- oder Studienordnung empfohlenes Praktikum sowie für ein Praktikum, das in dem mit der späteren Ausbildungsstätte abgeschlossenen schriftlichen Ausbildungsvertrag oder der von dieser Ausbildungsstätte schriftlich gegebenen verbindlichen Ausbildungszusage vorgesehen ist. Ein Praktikum, das weder vorgeschrieben noch empfohlen ist, kann unter den Voraussetzungen des Abs. 1 grundsätzlich nur für eine Dauer von maximal sechs Monaten berücksichtigt werden. Die Anerkennung kann auch darüber hinaus erfolgen, wenn ein ausreichender Bezug zum Berufsziel glaubhaft gemacht wird. Davon kann ausgegangen werden, wenn dem Praktikum ein detaillierter Ausbildungs-

plan zu Grunde liegt, der darauf zielt, unter fachkundiger Anleitung für die Ausübung des angestrebten Berufs wesentliche Kenntnisse und Fertigkeiten zu vermitteln.

(3) Sieht die maßgebliche Ausbildungs- und Prüfungsordnung praktische Tätigkeiten vor, die nicht zur Fachausbildung gehören, aber ersatzweise zur Erfüllung der Zugangsvoraussetzungen genügen, so sind diese als ein zur Ausbildung gehörendes Praktikum anzusehen. Das Gleiche gilt für ein Praktikum, das im Einvernehmen mit der künftigen Ausbildungsstätte zur Erfüllung einer als Zugangsvoraussetzung vorgeschriebenen hauptberuflichen Tätigkeit geleistet werden kann."

- Das Anwaltspraktikum eines Jurastudenten ist Berufsausbildung, auch wenn es weder gesetzlich noch durch die Studienordnung vorgeschrieben ist (→ BFH vom 9. 6. 1999 – BStBl II S. 713).
- Zur Berufsausbildung eines Studenten der Anglistik, der einen Abschluss in diesem Studiengang anstrebt, gehört auch ein Auslandspraktikum als Fremdsprachenassistent an einer Schule in Großbritannien während eines Urlaubssemesters (→ BFH vom 14. 1. 2000 – BStBl II S. 199).

Promotion

Zur Berufsausbildung gehört auch die Vorbereitung auf eine Promotion, wenn diese im Anschluss an das Studium ernsthaft und nachhaltig durchgeführt wird (→ BFH vom 9. 6. 1999 – BStBl II S. 708).

Schulbesuch

- Zur Berufsausbildung gehört auch der Besuch von Allgemeinwissen vermittelnden Schulen wie Grund-, Haupt- und Oberschulen sowie von Fach- und Hochschulen. Auch der Besuch eines Colleges in den USA kann zur Berufsausbildung zählen (→ BFH vom 9. 6. 1999 – BStBl II S. 705).
- → A 14.5 DA-KG ***2015***

Soldat auf Zeit

Ein Soldat auf Zeit, der zum Offizier ausgebildet wird, befindet sich in Berufsausbildung (→ BFH vom 16. 4. 2002 – BStBl II S. 523); Gleiches gilt für die Ausbildung zum Unteroffizier (→ BFH vom 17. 7. 2003 – BStBl 2007 II S. 247)***, für die während des Wehrdienstes stattfindende Ausbildung zum Reserveoffizier (→ BFH vom 8. 5. 2014 – BStBl II S. 717)*** und die Ausbildung eines Soldaten auf Zeit für seine spätere Verwendung im Mannschaftsdienstgrad, wenn sie zu Beginn der Verpflichtungszeit erfolgt; die Ausbildung umfasst die Grundausbildung und die sich anschließende Dienstpostenausbildung (→ A 14.2 Satz 2 DA-KG ***2015***). ***Weiterhin gilt dies für die dreimonatige Grundausbildung und die sich anschließende Dienstpostenausbildung während des freiwilligen Wehrdienstes nach § 58b SG; die ersten vier Monate der Wehrdienstzeit können daher ohne näheren Nachweis berücksichtigt werden (→ A 14.2 Satz 2 DA-KG 2015).***

Sprachaufenthalt im Ausland

→ A 14.9 DA-KG ***2015***:

„(1) Sprachaufenthalte im Ausland sind regelmäßig als Berufsausbildung anzuerkennen, wenn der Erwerb der Fremdsprachenkenntnisse nicht dem ausbildungswilligen Kind allein überlassen bleibt, sondern Ausbildungsinhalt und Ausbildungsziel von einer fachlich autorisierten Stelle vorgegeben werden. Davon ist ohne weiteres auszugehen, wenn der Sprachaufenthalt mit anerkannten Formen der Berufsausbildung verbunden wird (z. B. Besuch einer allgemeinbildenden Schule, eines Colleges oder einer Universität). In allen anderen Fällen – insbesondere bei Auslandsaufenthalten im Rahmen von Au-pair-Verhältnissen – setzt die Anerkennung voraus, dass der Aufenthalt von einem theoretisch-systematischen Sprachunterricht in einer Fremdsprache begleitet wird (vgl. BFH vom 9. 6. 1999 – BStBl II S. 701 und S. 710 und vom 19. 2. 2002 – BStBl II S. 469).

(2) Es kann regelmäßig eine ausreichende Ausbildung angenommen werden, wenn ein begleitender Sprachunterricht von wöchentlich zehn Unterrichtsstunden stattfindet. Das Leben in der Gastfamilie zählt nicht dazu. Im Einzelnen gilt A 14.3 Abs. 1 bis 3."

→ Umfang der zeitlichen Inanspruchnahme durch die Berufsausbildung

Umfang der zeitlichen Inanspruchnahme durch die Berufsausbildung

→ A 14.3 Abs. 1 bis 3 DA-KG ***2015***:

„(1) Die Ausbildung muss ernsthaft betrieben werden, damit sie berücksichtigungsfähig ist. Sie muss Zeit und Arbeitskraft des Kindes dermaßen in Anspruch nehmen, dass ein greifbarer Bezug zu dem angestrebten Berufsziel hergestellt wird und Bedenken gegen die Ernsthaftigkeit ausgeschlossen werden können.

(2) Bei Ausbildungsgängen, die keine regelmäßige Präsenz an einer Ausbildungsstätte erfordern (z. B. Universitäts- und Fachhochschulstudiengänge, Fernuniversität einschließlich der als Fernstudium angebotenen, andere Fernlehrgänge), sollte die Ernsthaftigkeit durch Vorlage von Leistungsnachweisen („Scheine", Bescheinigungen des Betreuenden über Einreichung von Arbeiten zur Kontrolle), die Aufschluss über die Fortschritte des Lernenden geben, in den in A 14.10 Abs. 13 festgelegten Zeitpunkten belegt werden. Sind bei Studenten die Semesterbescheinigungen aussagekräftig (durch Ausweis der Hochschulsemester), sind diese als Nachweis ausreichend.

(3) Eine tatsächliche Unterrichts- bzw. Ausbildungszeit von zehn Wochenstunden kann regelmäßig als ausreichende Ausbildung anerkannt werden. Eine tatsächliche Unterrichts- bzw. Ausbildungszeit von weniger als zehn Wochenstunden kann nur dann als ausreichende Ausbildung anerkannt werden, wenn

- das Kind zur Teilnahme am Schulunterricht zur Erfüllung der Schulpflicht verpflichtet ist (BFH vom 28. 4. 2010 – BStBl II S. 1060),
- der zusätzliche ausbildungsbezogene Zeitaufwand (z. B. für Vor- und Nachbereitung) über das übliche Maß hinausgeht oder
- die besondere Bedeutung der Maßnahme für das angestrebte Berufsziel dies rechtfertigt.

Üblich ist ein Zeitaufwand für die häusliche Vor- und Nacharbeit, welcher der Dauer der Unterrichts- bzw. Ausbildungszeit entspricht, sowie ein Zeitaufwand für den Weg von und zur Ausbildungsstätte bis zu einer Stunde für die einfache Wegstrecke. Über das übliche Maß hinaus geht der ausbildungsbezogene Zeitaufwand z. B.

- bei besonders umfangreicher Vor- und Nacharbeit oder
- wenn neben die Unterrichtseinheiten zusätzliche ausbildungsfördernde Aktivitäten bzw. die praktische Anwendung des Gelernten treten.

Die besondere Bedeutung der Maßnahme für das angestrebte Berufsziel rechtfertigt eine geringere Stundenanzahl, z. B. bei

- Erwerb einer qualifizierten Teilnahmebescheinigung,
- Prüfungsteilnahme,
- regelmäßigen Leistungskontrollen,
- berufszielbezogener Üblichkeit der Durchführung einer solchen Maßnahme, wenn die Ausbildungsmaßnahme der üblichen Vorbereitung auf einen anerkannten Prüfungsabschluss dient oder wenn die einschlägigen Ausbildungs- oder Studienordnungen bzw. entsprechende Fachbereiche die Maßnahme vorschreiben oder empfehlen."

Unterbrechungszeiten

- Zur Berufsausbildung zählen Unterbrechungszeiten wegen Erkrankung oder Mutterschaft, nicht jedoch Unterbrechungszeiten wegen der Betreuung eines eigenen Kindes (→ BFH vom 15. 7. 2003 – BStBl II S. 848).
- Ist für den Zeitraum eines Urlaubssemesters der Besuch von Vorlesungen und der Erwerb von Leistungsnachweisen nach hochschulrechtlichen Bestimmungen untersagt, sind für diesen Zeitraum die Voraussetzungen einer Berufsausbildung nicht erfüllt (→ BFH vom 13. 7. 2004 – BStBl II S. 999).
- → A 14.6 Abs. 8 und A 14.11 DA-KG ***2015***

Volontariat

- Eine Volontärtätigkeit, die ausbildungswillige Kinder vor Annahme einer voll bezahlten Beschäftigung gegen geringe Entlohnung absolvieren, ist grundsätzlich als Berufsausbildung anzuerkennen, wenn das Volontariat der Erlangung der angestrebten beruflichen Qualifikation dient und somit der Ausbildungscharakter im Vordergrund steht (→ BFH vom 9. 6. 1999 – BStBl II S. 706).
- → A 14.6 Abs. 3 DA-KG ***2015***

R 32.6. Kinder, die sich in einer Übergangszeit befinden

– unbesetzt –

H 32.6

Übergangszeit nach § 32 Abs. 4 Satz 1 Nr. 2 Buchst. b EStG

→ A 15 Abs. 1 bis 4 DA-KG ***2015***:

„(1) Nach § 32 Abs. 4 Satz 1 Nr. 2 Buchst. b EStG besteht für ein noch nicht 25 Jahre altes Kind auch dann Anspruch auf Kindergeld, wenn es sich in einer Übergangszeit von höchstens vier Monaten befindet, die zwischen zwei Ausbildungsabschnitten oder zwischen einem Ausbildungsabschnitt und der Ableistung

- des gesetzlichen Wehr- oder ZD,
- einer vom Wehr- oder ZD befreienden Tätigkeit als Entwicklungshelfer im Sinne des § 1 Abs. 1 EhfG,
- ***der Ableistung des freiwilligen Wehrdienstes nach § 58b SG (für Anspruchszeiträume ab 1. 1. 2015) oder***
- eines geregelten Freiwilligendienstes i. S. d. § 32 Abs. 4 Satz 1 Nr. 2 Buchst. d EStG (vgl. ***A 17***)

liegt. Als gesetzlicher Wehr- bzw. ZD gilt auch ein freiwilliger zusätzlicher Wehrdienst im Anschluss an den GWD i. S. d. § 6b WPflG sowie ein freiwilliger zusätzlicher ZD gem. § 41a ZDG. Zeiträume zwischen einem Ausbildungsabschnitt und der Ableistung des freiwilligen Wehrdienstes nach § 58b SG (bis zum 12. 4. 2013: 7. Abschnitt des WPflG) begründen dagegen keine Übergangszeit. Kinder sind auch in Übergangszeiten von höchstens vier Monaten zwischen dem Abschluss der Ausbildung und dem Beginn eines der in Satz 1 genannten Dienste und Tätigkeiten zu berücksichtigen (vgl. BFH vom 25. 1. 2007 – BStBl II 2008 S. 664). Die Übergangszeit von höchstens vier Monaten ist nicht taggenau zu berechnen, sondern umfasst vier volle Kalendermonate (BFH vom 15. 7. 2003 – BStBl II S. 847). Endet z. B. ein Ausbildungsabschnitt im Juli, muss der nächste spätestens im Dezember beginnen.

(2) Übergangszeiten ergeben sich als vom Kind nicht zu vermeidende Zwangspausen, z. B. durch Rechtsvorschriften über den Ausbildungsverlauf, aus den festen Einstellungsterminen der Ausbildungsbetriebe oder den Einstellungsgewohnheiten staatlicher Ausbildungsinstitutionen. Eine Übergangszeit im Sinne einer solchen Zwangspause kann auch in Betracht kommen, wenn das Kind den vorangegangenen Ausbildungsplatz – ggf. aus von ihm zu vertretenden Gründen – verloren oder die Ausbildung abgebrochen hat. Als Ausbildungsabschnitt gilt jeder Zeitraum, der nach § 32 Abs. 4 Satz 1 Nr. 2 Buchst. a EStG als Berufsausbildung zu berücksichtigen ist.

(3) Eine Berücksichtigung des Kindes während der Übergangszeit hat zu erfolgen, wenn es entweder bereits einen Ausbildungsplatz hat oder sich um einen Platz im nachfolgenden Ausbildungsabschnitt, der innerhalb des zeitlichen Rahmens des § 32 Abs. 4 Satz 1 Nr. 2 Buchst. b EStG beginnt, beworben hat. Gleichermaßen ist zu verfahren, wenn der Berechtigte bei Beendigung der Ausbildung des Kindes an einer allgemeinbildenden Schule oder in einem sonstigen Ausbildungsabschnitt glaubhaft erklärt, dass sich das Kind um einen solchen Ausbildungsplatz sobald wie möglich bewerben wird, und die Familienkasse unter Würdigung aller Umstände zu der Überzeugung gelangt, dass die Fortsetzung der Ausbildung zu dem angegebenen Zeitpunkt wahrscheinlich ist. Entsprechend ist bei Übergangszeiten zwischen einem Ausbildungsabschnitt und einem Dienst bzw. einer Tätigkeit i. S. d. Abs. 1 Satz 1 und 2 zu verfahren.

(4) Eine Übergangszeit liegt nicht vor, wenn das Kind sich nach einem Ausbildungsabschnitt oder einem Dienst bzw. einer Tätigkeit i. S. d. Abs. 1 Satz 1 und 2 wegen Kindesbetreuung nicht um einen Anschlussausbildungsplatz bemüht."

R 32.7. Kinder, die mangels Ausbildungsplatz ihre Berufsausbildung nicht beginnen oder fortsetzen können

Allgemeines

(1) [1]Grundsätzlich ist jeder Ausbildungswunsch des Kindes anzuerkennen, es sei denn, dass seine Verwirklichung wegen der persönlichen Verhältnisse des Kindes ausgeschlossen erscheint. [2]Dies gilt auch dann, wenn das Kind bereits eine abgeschlossene Ausbildung in einem anderen Beruf besitzt. [3]Das Finanzamt kann verlangen, dass der Stpfl. die ernsthaften Bemühungen des Kindes um einen Ausbildungsplatz durch geeignete Unterlagen nachweist oder zumindest glaubhaft macht.

Ausbildungsplätze

(2) Ausbildungsplätze sind neben betrieblichen und überbetrieblichen insbesondere solche an Fach- und Hochschulen sowie Stellen, an denen eine in der Ausbildungs- oder Prüfungsordnung vorgeschriebene praktische Tätigkeit abzuleisten ist.

Ernsthafte Bemühungen um einen Ausbildungsplatz

(3) [1]Für die Berücksichtigung eines Kindes ohne Ausbildungsplatz ist Voraussetzung, dass es dem Kind trotz ernsthafter Bemühungen nicht gelungen ist, seine Berufsausbildung zu beginnen oder fortzusetzen. [2]Als Nachweis der ernsthaften Bemühungen kommen z. B. Bescheinigungen der Agentur für Arbeit über die Meldung des Kindes als Bewerber um eine berufliche Ausbildungsstelle, Unterlagen über eine Bewerbung bei der Zentralen Vergabestelle von Studienplätzen, Bewerbungsschreiben unmittelbar an Ausbildungsstellen sowie deren Zwischennachricht oder Ablehnung in Betracht.

(4) [1]Die Berücksichtigung eines Kindes ohne Ausbildungsplatz ist ausgeschlossen, wenn es sich wegen Kindesbetreuung nicht um einen Ausbildungsplatz bemüht. [2]Eine Berücksichtigung ist dagegen möglich, wenn das Kind infolge Erkrankung oder wegen eines Beschäftigungsverbots nach den §§ 3 und 6 Mutterschutzgesetz daran gehindert ist, seine Berufsausbildung zu beginnen oder fortzusetzen.

H 32.7

Erkrankung und Mutterschaft

→ ***A 16.2 Abs. 1 Satz 1 bis 3 DA-KG 2015***

„(1) Eine Berücksichtigung ist nach § 32 Abs. 4 Satz 1 Nr. 2 Buchst. c EStG auch möglich, wenn das Kind infolge einer Erkrankung daran gehindert ist, sich um eine Berufsausbildung zu bemühen, sie zu beginnen oder fortzusetzen. Eine Berücksichtigung während einer Erkrankung setzt voraus, dass diese und das voraussichtliche Ende der Erkrankung durch eine ärztliche Bescheinigung nachgewiesen werden. Ist nach den ärztlichen Feststellungen das voraussichtliche Ende der Erkrankung nicht absehbar, ist zu prüfen, ob das Kind wegen einer Behinderung nach § 32 Abs. 4 Satz 1 Nr. 3 EStG berücksichtigt werden kann."

Kinder ohne Ausbildungsplatz

→ A 16.*1* Abs. 1 ***bis 3*** DA-KG ***2015***:

„(1) Nach § 32 Abs. 4 Satz 1 Nr. 2 Buchst. c EStG ist ein noch nicht 25 Jahre altes Kind zu berücksichtigen, wenn es eine Berufsausbildung – im Inland oder Ausland – mangels Ausbildungsplatz nicht beginnen oder fortsetzen kann. Der angestrebte Ausbildungsplatz muss nach § 32 Abs. 4 Satz 1 Nr. 2 Buchst. a EStG zu berücksichtigen sein. Ein Mangel eines Ausbildungsplatzes liegt sowohl in Fällen vor, in denen das Kind noch keinen Ausbildungsplatz gefunden hat, als auch dann, wenn ihm ein solcher bereits zugesagt wurde, es diesen aber aus schul-, studien- oder betriebsorganisatorischen Gründen erst zu einem späteren Zeitpunkt antreten kann (BFH vom 15. 7. 2003 – BStBl II S. 845). Kein Mangel eines Ausbildungsplatzes liegt dagegen vor, wenn das Kind die objektiven Anforderungen an den angestrebten Ausbildungsplatz nicht erfüllt oder wenn es im Falle des Bereitstehens eines Ausbildungsplatzes aus anderen Gründen am Antritt gehindert wäre, z. B. wenn es im Ausland arbeitsvertraglich gebunden ist (BFH vom 15. 7. 2003 – BStBl II S. 843). Hat das Kind noch keinen Ausbildungsplatz gefunden, hängt die Berücksichtigung davon ab, dass es ihm trotz ernsthafter Bemühungen nicht gelungen ist, seine Berufsausbildung zu beginnen oder fortzusetzen. Die Suche nach einem Ausbildungsplatz muss also bisher erfolglos verlaufen sein oder der nächste Ausbildungsabschnitt einer mehrstufigen Ausbildung kann mangels Ausbildungsplatz nicht begonnen werden. Beispiele für eine üblicherweise noch nicht abgeschlossene Berufsausbildung sind die Beendigung der Schulausbildung und die Ablegung des ersten Staatsexamens, wenn das zweite Staatsexamen für die Berufsausübung angestrebt wird. Grundsätzlich ist jeder Ausbildungswunsch des Kindes anzuerkennen. Die Bewerbung muss für den nächstmöglichen Ausbildungsbeginn erfolgen. Kann eine Bewerbung nicht abgegeben werden, z. B. für Studierwillige, weil das Verfahren bei der SfH (vormals ZVS) noch nicht eröffnet ist, genügt zunächst eine schriftliche Erklärung des Kindes, sich so bald wie möglich bewerben zu wollen.

(2) Der Berechtigte muss der Familienkasse die ernsthaften Bemühungen des Kindes um einen Ausbildungsplatz zum nächstmöglichen Beginn durch geeignete Unterlagen nachweisen oder zumindest glaubhaft machen. Eine Ausbildung wird nicht zum nächstmöglichen Zeitpunkt angestrebt, wenn das Kind aus von ihm zu vertretenden Gründen, z. B. wegen einer Erwerbstätigkeit oder der Ableistung eines freiwilligen Wehrdienstes, die Ausbildung erst zu einem späteren Zeitpunkt beginnen möchte. Ist eine Bewerbung erfolglos geblieben, sind für den anschließenden Zeitraum übliche und zumutbare Bemühungen nachzuweisen. Als Nachweis kommen insbesondere folgende Unterlagen in Betracht:

- schriftliche Bewerbungen unmittelbar an Ausbildungsstellen sowie deren Zwischennachricht oder Ablehnung,
- die schriftliche Bewerbung bei der SfH (vormals ZVS),
- ***die schriftliche Bewerbung für den freiwilligen Wehrdienst,***
- die schriftliche Zusage einer Ausbildungsstelle,
- die Bescheinigung über die Registrierung als Bewerber für einen Ausbildungsplatz oder für eine Bildungsmaßnahme bei einer Agentur für Arbeit oder bei einem anderen zuständigen Leistungsträger (Jobcenter),
- die von der Agentur für Arbeit für den Rentenversicherungsträger erstellte Bescheinigung über Anrechnungszeiten der Ausbildungssuche i. S. d. § 58 Abs. 1 Satz 1 Nr. 3a SGB VI; wird die Bescheinigung pauschal bis zum 30.9. eines Jahres ausgestellt, gilt sie grundsätzlich nur für drei Monate ab dem Tag der Anmeldung bei der Berufsberatung als Nachweis für das ernsthafte Bemühen des Kindes um einen Ausbildungsplatz (BFH vom 22. 9. 2011 – BStBl 2012 II S. 411).

(3) Das Kind kann für den Zeitraum berücksichtigt werden, in dem es auf einen Ausbildungsplatz wartet (BFH vom 7. 8. 1992 – BStBl 1993 II S. 103). Die Wartezeit beginnt beispielsweise mit der Beendigung der Schulausbildung, einer (ersten) Ausbildung oder eines Ausbildungsabschnitts. Nimmt das Kind ernsthafte Bemühungen erst nach Ablauf des Folgemonats nach Wegfall eines anderen Berücksichtigungstatbestandes i. S. d. § 32 Abs. 4 Satz 1 Nr. 2 EStG auf, ist es ab dem Monat der ersten Bewerbung oder Registrierung zu berücksichtigen; Abs. 1 Satz 9 bleibt unberührt.

Beispiel 1

Das Kind legt die Abiturprüfung im April eines Jahres ab (offizielles Schuljahresende in diesem Bundesland). Unmittelbar nach Ablegung der Abiturprüfung beabsichtigt das Kind, im Oktober des Jahres ein Studium zu beginnen, und bewirbt sich im Juli (Eröffnung des Verfahrens bei der SfH) um einen Studienplatz. Im September erhält das Kind jedoch die Absage der SfH. Das Kind möchte sich zum Sommersemester des nächsten Jahres erneut um einen Studienplatz bewerben.

Das Kind kann wie folgt berücksichtigt werden:

- bis einschließlich April als Kind, das für einen Beruf ausgebildet wird (§ 32 Abs. 4 Satz 1 Nr. 2 Buchst. a EStG),
- ab Mai durchgängig als Kind ohne Ausbildungsplatz (§ 32 Abs. 4 Satz 1 Nr. 2 Buchst. c EStG), von Mai bis September, weil es nach dem Schulabschluss die Ausbildung aufgrund des Vergabeverfahrens der SfH zunächst nicht fortsetzen konnte, und für den Zeitraum ab Oktober aufgrund der Absage der SfH und des weiter bestehenden Ausbildungswunsches. Abs. 1 Satz 9 und 10 und Abs. 2 Satz 3 sind zu beachten.

Beispiel 2

Das Kind legt die Abiturprüfung im April eines Jahres ab (offizielles Schuljahresende in diesem Bundesland). Das Kind möchte sich zunächst orientieren und beabsichtigt, danach eine Berufsausbildung zu beginnen. Im August bewirbt sich das Kind schriftlich zum nächstmöglichen Zeitpunkt um einen Ausbildungsplatz, erhält im Januar des nachfolgenden Jahres eine schriftliche Zusage und nimmt im August die Ausbildung auf.

Das Kind kann nur in folgenden Zeiträumen berücksichtigt werden:

- bis einschließlich April als Kind, das für einen Beruf ausgebildet wird (§ 32 Abs. 4 Satz 1 Nr. 2 Buchst. a EStG),
- von August bis Juli des nachfolgenden Jahres als Kind ohne Ausbildungsplatz (§ 32 Abs. 4 Satz 1 Nr. 2 Buchst. c EStG),
- ab August des nachfolgenden Jahres als Kind, das für einen Beruf ausgebildet wird (§ 32 Abs. 4 Satz 1 Nr. 2 Buchst. a EStG).

R 32.8. Kinder, die ein freiwilliges soziales oder ökologisches Jahr oder freiwillige Dienste leisten

– unbesetzt –

H 32.8

Geregelte Freiwilligendienste

→ A 17 DA-KG ***2015***

R 32.9. Kinder, die wegen körperlicher, geistiger oder seelischer Behinderung außerstande sind, sich selbst zu unterhalten

[1]Als Kinder, die wegen körperlicher, geistiger oder seelischer Behinderung außerstande sind, sich selbst zu unterhalten, kommen insbesondere Kinder in Betracht, deren Schwerbehinderung (§ 2 Abs. 2 SGB IX) festgestellt ist oder die einem schwer behinderten Menschen gleichgestellt sind (§ 2 Abs. 3 SGB IX). [2]Ein Kind, das wegen seiner Behinderung außerstande ist, sich selbst zu unterhalten, kann bei Vorliegen der sonstigen Voraussetzungen über das 25. Lebensjahr hinaus ohne altersmäßige Begrenzung berücksichtigt werden. [3]Eine Berücksichtigung setzt voraus, dass die Behinderung, deretwegen das Kind nicht in der Lage ist, sich selbst zu unterhalten, vor Vollendung des 25. Lebensjahres eingetreten ist.

H 32.9

Altersgrenze

Die Altersgrenze, innerhalb derer die Behinderung eingetreten sein muss, ist nicht auf Grund entsprechender Anwendung des § 32 Abs. 5 Satz 1 EStG z. B. um den Zeitraum des vom Kind in früheren Jahren geleisteten Grundwehrdienstes zu verlängern (BFH vom 2. 6. 2005 – BStBl II S. 756).

Außerstande sein, sich selbst zu unterhalten

– → A 18.4 DA-KG ***2015***:

„(1) Bei behinderten Kindern ist grundsätzlich der notwendige Lebensbedarf den kindeseigenen Mitteln gegenüberzustellen (vgl. aber Abs. 3). Übersteigen die kindeseigenen Mittel nicht den notwendigen Lebensbedarf, ist das Kind außerstande, sich selbst zu unterhalten. Falls die kindeseigenen Mittel den notwendigen Lebensbedarf überschreiten und ungleichmäßig zufließen (z. B. durch eine Nachzahlung oder die erstmalige Zahlung einer Rente), ist zu prüfen, ab welchem vollen Monat das Kind in der Lage ist, sich selbst zu unterhalten. Führt eine Nachzahlung dazu, dass das Kind nicht länger außerstande ist, sich selbst zu unterhalten, ist die Kindergeldfestsetzung erst ab dem Folgemonat des Zuflusses aufzuheben (vgl. BFH vom 11. 4. 2013, BStBl II S. 1037).

(2) Der notwendige Lebensbedarf des behinderten Kindes setzt sich aus dem allgemeinen Lebensbedarf und dem individuellen behinderungsbedingten Mehrbedarf zusammen (vgl. BFH vom 15. 10. 1999 – BStBl 2000 II S. 75 und 79). Als allgemeiner Lebensbedarf ist der Grundfreibetrag nach § 32a Abs. 1 Satz 2 Nr. 1 EStG i. H. v. ***8 472*** Euro (***für 2014: 8 354 Euro,*** für 2013: 8 130 Euro, für 2012: 8 004 Euro) anzusetzen; zum behinderungsbedingten Mehrbedarf vgl. Abs. 4 und 5. Die kindeseigenen Mittel setzen sich aus dem verfügbaren Nettoeinkommen nach A 18.5 und sämtlichen Leistungen Dritter nach A 18.6 zusammen; das Vermögen des Kindes gehört nicht zu den kindeseigenen Mitteln (BFH vom 19. 8. 2002 – BStBl 2003 II S. 88 und 91). Einzelheiten insbesondere zu Sonderzuwendungen und einmaligen Nachzahlungen siehe BMF-Schreiben vom 22. 11. 2010 Abschnitt VI – BStBl I S. 1346.

(3) Übersteigen die kindeseigenen Mittel nicht den allgemeinen Lebensbedarf, ist davon auszugehen, dass das Kind außerstande ist, sich selbst zu unterhalten. Bei dieser vereinfachten Berechnung zählen zum verfügbaren Nettoeinkommen und den Leistungen Dritter keine Leistungen, die dem Kind wegen eines behinderungsbedingten Bedarfs zweckgebunden zufließen, insbesondere sind dies Pflegegeld bzw. -zulage aus der gesetzlichen Unfallversicherung, nach § 35 BVG oder nach § 64 SGB XII, Ersatz der Mehrkosten für den Kleider- und Wäscheverschleiß (z. B. § 15 BVG), die Grundrente und die Schwerstbeschädigtenzulage nach § 31 BVG und Leistungen der Pflegeversicherung (§ 3 Nr. 1a EStG) oder die Eingliederungshilfe bei voll- und teilstationärer Unterbringung. Wird nach dieser Berechnung der allgemeine Lebensbedarf überschritten, ist eine ausführliche Berechnung (vgl. Abs. 1 Satz 1 ***und Vordruck „Erklärung zum verfügbaren Nettoeinkommen“[1]***) vorzunehmen.

(4) Zum behinderungsbedingten Mehrbedarf gehören alle mit einer Behinderung zusammenhängenden außergewöhnlichen Belastungen, z. B. Aufwendungen für die Hilfe bei den gewöhnlichen und regelmäßig wiederkehrenden Verrichtungen des täglichen Lebens, für die Pflege sowie für einen erhöhten Wäschebedarf. Sofern kein Einzelnachweis erfolgt, bemisst sich der behinderungsbedingte Mehrbedarf grundsätzlich in Anlehnung an den Pauschbetrag für behinderte Menschen des § 33b Abs. 3 EStG. Als Einzelnachweis sind sämtliche Leistungen nach dem SGB XII, ggf. abzüglich des Taschengeldes und des Verpflegungsanteils (vgl. Abs. 6 Satz 4 und Abs. 7 Satz 2), sowie Pflege-

1) Vordruck der Familienkasse.

geld aus der Pflegeversicherung (BFH vom 24. 8. 2004 – BStBl 2010 II S. 1052) und Blindengeld (BFH vom 31. 8. 2006 – BStBl 2010 II S. 1054) zu berücksichtigen. Die Sätze 1 bis 3 sind bei allen behinderten Kindern unabhängig von ihrer Wohn- oder Unterbringungssituation anzuwenden. Erhält das Kind Eingliederungshilfe, sind die Abs. 6 und 7 zu beachten.

(5) Neben dem nach Abs. 4 ermittelten behinderungsbedingten Mehrbedarf (einschließlich Eingliederungshilfe) kann ein weiterer behinderungsbedingter Mehrbedarf angesetzt werden. Hierzu gehören alle übrigen durch die Behinderung bedingten Aufwendungen wie z. B. Operationskosten und Heilbehandlungen, Kuren, Arzt- und Arzneikosten; bestehen Zweifel darüber, ob die Aufwendungen durch die Behinderung bedingt sind, ist eine ärztliche Bescheinigung hierüber vorzulegen. Zum weiteren behinderungsbedingten Mehrbedarf zählen bei allen behinderten Kindern auch persönliche Betreuungsleistungen der Eltern, soweit sie über die durch das Pflegegeld abgedeckte Grundpflege und hauswirtschaftliche Verrichtungen hinausgehen und nach amtsärztlichem Gutachten oder ärztlicher Bescheinigung des Medizinischen Dienstes einer Krankenversicherung unbedingt erforderlich sind. Der hierfür anzusetzende Stundensatz beträgt ***9*** Euro. Fahrtkosten sind ebenfalls zu berücksichtigen (H 33.1 – 33.4 (Fahrtkosten behinderter Menschen) EStH 2013[1])). Mehraufwendungen, die einem behinderten Kind anlässlich einer Urlaubsreise durch Kosten für Fahrten, Unterbringung und Verpflegung einer Begleitperson entstehen, können ebenfalls neben dem Pauschbetrag für behinderte Menschen (§ 33b Abs. 3 EStG) i. H. v. bis zu 767 Euro pro Kalenderjahr als behinderungsbedingter Mehrbedarf berücksichtigt werden, sofern die Notwendigkeit ständiger Begleitung nachgewiesen ist. Der Nachweis ist vor Antritt der Reise durch ein amtsärztliches Gutachten, eine ärztliche Bescheinigung des Medizinischen Dienstes einer Krankenversicherung oder die Feststellungen im Ausweis nach SGB IX (bis 30. 6. 2001: Schwerbehindertenausweis), z. B. durch den Vermerk „Die Notwendigkeit ständiger Begleitung ist nachgewiesen", zu erbringen (BFH vom 4. 7. 2002 – BStBl II S. 765). Wurden für nachgewiesenen bzw. glaubhaft gemachten behinderungsbedingten Mehrbedarf Leistungen durch einen Sozialleistungsträger erbracht, ist darauf zu achten, dass der Mehrbedarf nur einmal berücksichtigt wird. Die kindeseigenen Mittel, die an einen Sozialleistungsträger abgezweigt, übergeleitet oder diesem erstattet werden, mindern nicht den behinderungsbedingten Mehrbedarf des Kindes, sondern die Leistungen des Sozialleistungsträgers in entsprechender Höhe. Dies gilt auch für einen Kostenbeitrag der Eltern.

(6) Ein Kind ist vollstationär oder auf vergleichbare Weise untergebracht, wenn es nicht im Haushalt der Eltern lebt, sondern anderweitig auf Kosten eines Dritten (i. d. R. der Sozialleistungsträger) untergebracht ist. Dabei ist es unerheblich, ob es vollstationär versorgt wird, in einer eigenen Wohnung oder in sonstigen Wohneinrichtungen (z. B. betreutes Wohnen) lebt. Vollstationäre oder vergleichbare Unterbringung liegt auch dann vor, wenn sich das Kind zwar zeitweise (z. B. am Wochenende oder in den Ferien) im Haushalt der Eltern aufhält, der Platz im Heim, im Rahmen des betreuten Wohnens usw. aber durchgehend auch während dieser Zeit zur Verfügung steht. Die Ermittlung des behinderungsbedingten Mehrbedarfs erfolgt regelmäßig durch Einzelnachweis der Aufwendungen, indem die z. B. im Wege der Eingliederungshilfe übernommenen Kosten für die vollstationäre oder vergleichbare Unterbringung ggf. abzüglich des Taschengeldes und des nach der SvEV zu ermittelnden Wertes der Verpflegung angesetzt werden. Der Pauschbetrag für behinderte Menschen ist nicht neben den Kosten der Unterbringung zu berücksichtigen, da deren Ansatz einem Einzelnachweis entspricht. Liegt eine vollstationäre Heimunterbringung des behinderten Kindes vor, kann evtl. gezahltes Pflege- oder Blindengeld nicht neben der Eingliederungshilfe als behinderungsbedingter Mehrbedarf berücksichtigt werden. Der Berechtigte kann weiteren behinderungsbedingten Mehrbedarf glaubhaft machen (siehe Abs. 5).

(7) Ein Kind ist teilstationär untergebracht, wenn es z. B. bei seinen Eltern lebt und zeitweise in einer Einrichtung (Werkstatt für behinderte Menschen) betreut wird. Die Leistungen im Rahmen der Eingliederungshilfe abzüglich des nach SvEV zu bestimmenden Wertes der Verpflegung sind als behinderungsbedingter Mehrbedarf anzusetzen. Für die Pflege und Betreuung außerhalb der teilstationären Unterbringung ist neben dem behinderungsbedingten Mehrbedarf nach Satz 2 mindestens ein Betrag in Höhe des Pauschbetrags für behinderte Menschen nach § 33b Abs. 3 EStG als Bedarf des Kindes zu berücksichtigen. Der Berechtigte kann weiteren behinderungsbedingten Mehrbedarf *glaubhaft machen (siehe Abs. 5).*

– Beispiele:

A. Im Haushalt eines Stpfl. lebt dessen ***39-jähriger*** Sohn, der durch einen Unfall im Alter von 21 Jahren schwerbehindert wurde (Grad der Behinderung 100, gesundheitliche

[1]) → ***Jetzt EStH 2015.***

Merkzeichen „G" und „H"). Er arbeitet tagsüber in einer Werkstatt für behinderte Menschen (WfB). Hierfür erhält er ein monatliches Arbeitsentgelt von 75 €. Die Kosten für die Beschäftigung in der WfB von monatlich 1 250 € und die Fahrtkosten für den arbeitstäglichen Transport zur WfB von monatlich 100 € trägt der Sozialhilfeträger im Rahmen der Eingliederungshilfe. Der Sohn bezieht daneben eine Rente wegen voller Erwerbsminderung aus der gesetzlichen Rentenversicherung von monatlich 300 €, wovon nach Abzug eines Eigenanteils zur gesetzlichen Kranken- und Pflegeversicherung der Rentner in Höhe von ***29 €*** noch ***271 €*** ausgezahlt werden. Außerdem erhält er eine private Rente von monatlich 270 €. Der Ertragsanteil der Renten beträgt jeweils 50 % und 49 %. Der Stpfl. macht einen Aufwand für Fahrten (3 000 km im Jahr) glaubhaft, für die kein Kostenersatz geleistet wird. Der Sohn beansprucht freies Mittagessen in der Werkstatt. Er hat keinen Anspruch auf Pflegegeld.

Ermittlung des gesamten notwendigen Lebensbedarfs für den VZ ***2015***:

Grundbedarf (§ 32a Abs. 1 Satz 2 Nr. 1 EStG)		***8 472 €***
Behinderungsbedingter Mehrbedarf:		
Kosten der Beschäftigung in der WfB (1 250 € × 12)	15 000 €	
im Grundbedarf enthaltene Verpflegung, ermittelt nach SvEV[1]) (90 € × 12)	– 1 080 €	
	13 920 €	
Fahrtbedarf (WfB – Elternhaus), (100 € × 12)	1 200 €	
darüber hinaus bestehender Fahrtbedarf (3 000 km × 0,30 €)	900 €	
pauschaler behinderungsbedingter Mehrbedarf in Höhe des Pauschbetrags für behinderte Menschen (§ 33b Abs. 3 EStG)	3 700 €	19 720 €
Gesamter notwendiger Lebensbedarf		***2. 192 €***
Ermittlung der eigenen Mittel des Kindes:		
Einkünfte:		
Keine Einkünfte aus nichtselbständiger Arbeit, da das Arbeitsentgelt (75 € × 12 = 900 €) nicht den Arbeitnehmer-Pauschbetrag nach § 9a EStG übersteigt.		
Besteuerungsanteil der Rente wegen voller Erwerbsminderung (50 % von ***3 252 €***)	***1 626 €***	
(Anmerkung: Sozialversicherungsbeiträge bleiben für die Berechnung der eigenen Mittel unberücksichtigt, → A 18.4 Abs. 2 Satz 3 i. V. m. A 18.5 Satz 2 DA-KG ***2015***)		
Ertragsanteil der privaten Rente (49 % von 3 240 €)	1 587 €	
Werbungskosten-Pauschbetrag	– 102 €	***3 111 €***
Steuerfreie Einnahmen / Leistungen Dritter:		
Rente wegen voller Erwerbsminderung, soweit Besteuerungsanteil übersteigend	***1 626 €***	
Private Rente, soweit Ertragsanteil übersteigend	1 653 €	
Eingliederungshilfe	15 000 €	
Fahrtkostenübernahme durch Sozialhilfeträger	1 200 €	
Kostenpauschale (R 33a.1 Abs. 3 Satz 5 EStR)	– 180 €	***1. 299 €***
Summe der eigenen Mittel		***2. 410 €***

Der Sohn verfügt nicht über die für die Bestreitung seines notwendigen Lebensbedarfs erforderlichen Mittel: das Kind ist außerstande, sich selbst zu unterhalten, es ist deshalb steuerlich zu berücksichtigen.

B. Die 25-jährige Tochter (Grad der Behinderung 100, gesundheitliches Merkmal H") eines Stpfl. ist vollstationär in einer Einrichtung für behinderte Menschen untergebracht. An Wochenenden und während ihres Urlaubs hält sie sich im Haushalt des Stpfl. auf. Die Kosten für die Heimunterbringung der Unterbringung in der Einrichtung (Eingliederungshilfe) von jährlich 30 000 € tragen der Sozialhilfeträger im Rahmen der Eingliederungshilfe in Höhe von 27 000 € und die Pflegeversicherung in Höhe von 3 000 €. Der Sozialhilfeträger zahlt der Tochter ferner ein monatliches Taschengeld von 100 € und eine monatliche Bekleidungspauschale von 50 € und wendet für die Fahrten zwischen Elternhaus und Einrichtung jährlich 600 € auf. Für die Zeit des Aufenthalts im elterlichen Haushalt erhält die Tochter ein monat-

1) → Anhang 4.

liches Pflegegeld von 225 €. In diesen Zeiträumen erbringen die Eltern durchschnittlich monatlich 10 Stunden persönliche Betreuungsleistungen, die vom Pflegegeld nicht abgedeckt und nach amtsärztlicher Bescheinigung unbedingt erforderlich sind. Sie leisten einen monatlichen Kostenbeitrag an den Sozialhilfeträger von 31 € (§ 94 Abs. 2 SGB XII).

Ermittlung des gesamten notwendigen Lebensbedarfs für den VZ ***2015***:

Grundbedarf (§ 32a Abs. 1 Satz 2 Nr. 1 EStG):		***8 472 €***
Behinderungsbedingter Mehrbedarf		
Kosten des Platzes in der Einrichtung	30 000 €	
Im Grundbedarf enthaltene Verpflegung, ermittelt nach der SvEV[1]) (229 € × 12)	– 2 748 €	
	27 252 €	
Fahrtbedarf Einrichtung-Elternhaus	600 €	
Vom Pflegegeld abgedeckter Pflegebedarf (225 € × 12)	2 700 €	
Betreuungsleistungen der Eltern (10 Stunden × 12 × ***9 €***)	***1 080 €***	***3. 632 €***
Gesamter notwendiger Lebensbedarf:		***4. 104 €***
Ermittlung der eigenen Mittel des Kindes:		
Eingliederungshilfe (Kostenbeitrag in Höhe von 12 × 31 € ist abgezogen)		26 628 €
Leistung nach § 43a SGB XI (Abgeltung der Pflege in vollstationären Einrichtungen der Behindertenhilfe)		3 000 €
Taschengeld (100 € × 12)		1 200 €
Bekleidungspauschale (50 € × 12)		600 €
Fahrtkostenübernahme durch Sozialhilfeträger		600 €
Pflegegeld (225 € × 12):		2 700 €
Kostenpauschale (R 33a.1 Abs. 3 Satz 5 EStR)		– 180 €
Summe der eigenen Mittel		34 548 €

Ein pauschaler behinderungsbedingter Mehraufwand in Höhe des Pauschbetrags für behinderte Menschen nach § 33b Abs. 3 EStG kann nicht zusätzlich angesetzt werden, weil der Ansatz der Kosten bei vollstationärer Unterbringung einem Einzelnachweis entspricht.

Die Tochter ist außerstande, sich selbst zu unterhalten. Es kommen die Freibeträge gemäß § 32 Abs. 6 EStG zum Abzug.

Nachweis der Behinderung

→ A 18.2 Abs. 1 DA-***2015***:

„Den Nachweis einer Behinderung kann der Berechtigte erbringen:

1. bei einer Behinderung, deren Grad auf mindestens 50 festgestellt ist, durch einen Ausweis nach dem SGB IX oder durch einen Bescheid der nach § 69 Abs. 1 SGB IX zuständigen Behörde,
2. bei einer Behinderung, deren Grad auf weniger als 50, aber mindestens 25 festgestellt ist,
   a) durch eine Bescheinigung der nach § 69 Abs. 1 SGB IX zuständigen Behörde auf Grund eines Feststellungsbescheids nach § 69 Abs. 1 des SGB IX, die eine Äußerung darüber enthält, ob die Behinderung zu einer dauernden Einbuße der körperlichen Beweglichkeit geführt hat oder auf einer typischen Berufskrankheit beruht,
   b) wenn dem Kind wegen seiner Behinderung nach den gesetzlichen Vorschriften Renten oder andere laufende Bezüge zustehen, durch den Rentenbescheid oder einen entsprechenden Bescheid,
3. bei einer Einstufung als schwerstpflegebedürftige Person in Pflegestufe III nach dem SGB XI oder diesem entsprechenden Bestimmungen durch den entsprechenden Bescheid.

Der Nachweis der Behinderung kann auch in Form einer Bescheinigung bzw. eines Zeugnisses des behandelnden Arztes oder eines ärztlichen Gutachtens erbracht werden (BFH vom 16. 4. 2002 – BStBl II S. 738). Aus der Bescheinigung bzw. dem Gutachten muss folgendes her*vorgehen:*

– ***Vorliegen*** der Behinderung,
– Beginn der Behinderung, soweit das Kind das 25. Lebensjahr vollendet hat, und
– Auswirkungen der Behinderung auf die Erwerbsfähigkeit des Kindes.

[1]) Ab 1. 1. 2007: Sozialversicherungsentgeltverordnung (SvEV) → Anhang 4.

Für ein Kind, das wegen seiner Behinderung bereits länger als ein Jahr in einer Kranken- oder Pflegeeinrichtung untergebracht ist, genügt eine Bestätigung des für diese Einrichtung zuständigen Arztes hierüber; die Bescheinigung ist nach spätestens fünf Jahren zu erneuern."

Suchtkrankheiten

Suchtkrankheiten können Behinderungen darstellen (→ BFH vom 16. 4. 2002 – BStBl II S. 738).

Ursächlichkeit der Behinderung

→ A 18.3 DA-KG ***2015***:

„(1) ***Die Behinderung muss ursächlich für die Unfähigkeit des Kindes sein, sich selbst zu unterhalten.*** Allein die Feststellung eines sehr hohen Grades der Behinderung rechtfertigt die Annahme der Ursächlichkeit ***jedoch*** nicht.

(2) Die Ursächlichkeit ***ist anzunehmen***, wenn:

- der Grad der Behinderung 50 oder mehr beträgt ***(vgl. A 18.2 Abs. 1 Satz 1 Nr. 1)*** und besondere Umstände hinzutreten, aufgrund derer eine Erwerbstätigkeit unter den üblichen Bedingungen des allgemeinen Arbeitsmarktes ausgeschlossen erscheint. Als besondere Umstände gelten
  - ***die*** Unterbringung in einer Werkstatt für behinderte Menschen,
  - ***der*** Bezug von Leistungen der Grundsicherung im Alter und bei Erwerbsminderung nach dem SGB XII oder
  - die Fortdauer einer Schul- oder Berufsausbildung eines Kindes aufgrund seiner Behinderung über das 25. Lebensjahr hinaus,
- im Ausweis über die Eigenschaft als schwerbehinderter Mensch oder im Feststellungsbescheid das Merkmal „H" (hilflos) eingetragen ist,
- eine volle Erwerbsminderungsrente gegenüber dem Kind bewilligt ist oder eine dauerhafte volle Erwerbsminderung nach § 45 SGB XII festgestellt ist.

Dem Merkzeichen „H" steht die Einstufung als schwerstpflegebedürftig in Pflegestufe III nach dem SGB XI oder diesem entsprechenden Bestimmungen gleich. Die Einstufung als schwerstpflegebedürftig ist durch Vorlage des entsprechenden Bescheides nachzuweisen.

(3)***Liegt kein Fall des Absatzes 2 vor***, ist eine Stellungnahme der Reha/SB-Stelle der Agentur für Arbeit darüber einzuholen, ob die Voraussetzungen für eine Mehrfachanrechnung gem. § 76 Abs. 1 oder Abs. 2 SGB IX erfüllt sind oder ob das Kind nach Art und Umfang seiner Behinderung in der Lage ist, eine arbeitslosenversicherungspflichtige, mindestens 15 Stunden wöchentlich umfassende Beschäftigung unter den üblichen Bedingungen des für ihn in Betracht kommenden Arbeitsmarktes auszuüben. Liegen die Voraussetzungen für eine Mehrfachanrechnung vor, ist das Kind zu berücksichtigen, auch wenn es eine Erwerbstätigkeit von mehr als 15 Stunden wöchentlich ausüben könnte. Ist das Kind nicht in der Lage eine mindestens 15 Stunden wöchentlich umfassende Beschäftigung unter den üblichen Bedingungen des für ihn in Betracht kommenden Arbeitsmarktes auszuüben, kann unterstellt werden, dass die Ursächlichkeit der Behinderung gegeben ist. Für die Anfrage ***steht*** der Vordruck „Kindergeld für ein behindertes Kind***; Beteiligung der Reha/SB-Stelle***[1]" ***zur Verfügung***. Der Feststellungsbescheid und ggf. vorhandene ärztliche Bescheinigungen sind beizufügen. Ist der Reha/SB-Stelle der Agentur für Arbeit mangels hinreichender Unterlagen eine Stellungnahme nicht möglich, teilt sie dies auf der Rückseite des Vordrucks „Kindergeld für ein behindertes Kind***; Beteiligung der Reha/SB-Stelle***[2]" der Familienkasse mit. In diesem Fall ist der Antrag stellenden Person unter Verwendung des Vordrucks „Kindergeld für ein behindertes Kind – Beteiligung des Ärztlichen Dienstes bzw. Berufspsychologischen Services der Bundesagentur für Arbeit[3]" nach dem vom BZSt vorgegebenen Muster (siehe www.bzst.de) vorzuschlagen, das Kind durch den Ärztlichen Dienst bzw. Berufspsychologischen Service der Bundesagentur für Arbeit begutachten zu lassen. Dabei ist er auf die Rechtsfolgen der Nichtfeststellbarkeit der Anspruchsvoraussetzungen hinzuweisen. Sofern der Berechtigte innerhalb der gesetzten Frist nicht widerspricht, leitet die Familienkasse erneut eine Anfrage der Reha/SB-Stelle zu, die ihrerseits die Begutachtung durch den Ärztlichen Dienst und ggf. den Berufspsychologischen Service veranlasst. Das Gutachten ist an die Reha/SB-Stelle zu senden, damit diese die Anfrage der Familienkasse beantworten kann. Das Gutachten verbleibt bei der Reha/SB-Stelle. Erscheint das Kind ohne Angabe von Gründen nicht zur Begutachtung, gibt der Ärztliche Dienst/Berufspsychologische Service die Unterlagen an die Reha/SB-Stelle zurück, die ihrerseits die Familienkasse unterrichtet. Wird die Begutachtung verweigert, so ist der Antrag abzulehnen. Zur Überprüfung der Festsetzung vgl. A 18.1 Abs. 5 und 6.

1) Vordruck der Familienkasse.
2) Muster des BZSt.
3) Vordruck der Familienkasse.

(4) Die Behinderung muss nicht die einzige Ursache dafür sein, dass das Kind außerstande ist, sich selbst zu unterhalten. Eine Mitursächlichkeit ist ausreichend, wenn ihr nach den Gesamtumständen des Einzelfalls erhebliche Bedeutung zukommt (BFH vom 19. 11. 2008 – BStBl 2010 II S. 1057). Die Prüfung der Mitursächlichkeit kommt in den Fällen zum Tragen, in denen das Kind grundsätzlich in der Lage ist, eine Erwerbstätigkeit auf dem allgemeinen Arbeitsmarkt auszuüben (d. h. eine mindestens 15 Stunden wöchentlich umfassende Beschäftigung), die Behinderung der Vermittlung einer Arbeitsstelle jedoch entgegensteht. Eine allgemein ungünstige Situation auf dem Arbeitsmarkt oder andere Umstände (z. B. mangelnde Mitwirkung bei der Arbeitsvermittlung, Ablehnung von Stellenangeboten), die zur Arbeitslosigkeit des Kindes führen, begründen hingegen keine Berücksichtigung nach § 32 Abs. 4 Satz 1 Nr. 3 EStG. Auch wenn das Kind erwerbstätig ist, kann die Behinderung mitursächlich sein. Ist das Kind trotz seiner Erwerbstätigkeit nicht in der Lage, seinen notwendigen Lebensbedarf zu bestreiten (vgl. A 18.4), ist im Einzelfall zu prüfen, ob die Behinderung für die mangelnde Fähigkeit zum Selbstunterhalt mitursächlich ist (BFH vom 15. 3. 2012 – BStBl II S. 892).

(5) Die Ursächlichkeit der Behinderung für die Unfähigkeit des Kindes, sich selbst zu unterhalten, kann nicht angenommen werden, wenn es sich in Untersuchungs- oder Strafhaft befindet, auch dann nicht, wenn die Straftat durch die Behinderung gefördert wurde (BFH vom 30. 4. 2014 – BStBl II S. 1014).“

R 32.10. Erwerbstätigkeit

– unbesetzt –

H 32.10

Ausschluss von Kindern auf Grund einer Erwerbstätigkeit

A 19 DA-KG ***2015***:

„A 19.1 Allgemeines

(1) Ein über 18 Jahre altes Kind, das eine erstmalige Berufsausbildung oder ein Erststudium abgeschlossen hat und

– weiterhin für einen Beruf ausgebildet wird (§ 32 Abs. 4 Satz 1 Nr. 2 Buchst. a EStG),
– sich in einer Übergangszeit befindet (§ 32 Abs. 4 Satz 1 Nr. 2 Buchst. b EStG),
– seine Berufsausbildung mangels Ausbildungsplatz nicht beginnen oder fortsetzen kann (§ 32 Abs. 4 Satz 1 Nr. 2 Buchst. c EStG) oder
– einen Freiwilligendienst leistet (§ 32 Abs. 4 Satz 1 Nr. 2 Buchst. d EStG),

wird nach § 32 Abs. 4 Satz 2 EStG nur berücksichtigt, wenn es keiner anspruchsschädlichen Erwerbstätigkeit i. S. d. § 32 Abs. 4 Satz 3 EStG nachgeht (vgl. A 19.3). Dies gilt auch, wenn die erstmalige Berufsausbildung vor Vollendung des 18. Lebensjahres abgeschlossen worden ist.

(2) Die Einschränkung des § 32 Abs. 4 Satz 2 EStG gilt nicht für Kinder ohne Arbeitsplatz i. S. v. § 32 Abs. 4 Satz 1 Nr. 1 EStG (vgl. A 13) und behinderte Kinder i. S. d. § 32 Abs. 4 Satz 1 Nr. 3 EStG (vgl. A 18).

A 19.2 Erstmalige Berufsausbildung und Erststudium

A 19.2.1 Berufsausbildung nach § 32 Abs. 4 Satz 2 EStG

(1) Eine Berufsausbildung i. S. d. § 32 Abs. 4 Satz 2 EStG liegt vor, wenn das Kind durch eine berufliche Ausbildungsmaßnahme die notwendigen fachlichen Fertigkeiten und Kenntnisse erwirbt, die zur Aufnahme eines Berufs befähigen. Voraussetzung ist, dass der Beruf durch eine Ausbildung in einem öffentlich-rechtlich geordneten Ausbildungsgang erlernt wird (BFH vom 6. 3. 1992 – BStBl II S. 661) und der Ausbildungsgang durch eine Prüfung abgeschlossen wird. Das Tatbestandsmerkmal „Berufsausbildung“ nach § 32 Abs. 4 Satz 2 EStG ist enger gefasst als das Tatbestandsmerkmal „für einen Beruf ausgebildet werden“ nach § 32 Abs. 4 Satz 1 Nr. 2 Buchst. a EStG (vgl. A 14). Es handelt sich bei einer „Berufsausbildung“ i. S. v. Satz 2 stets auch um eine Maßnahme, in der das Kind nach Satz 1 „für einen Beruf ausgebildet wird“. Jedoch ist nicht jede allgemein berufsqualifizierende Maßnahme gleichzeitig auch eine „Berufsausbildung“. Der Abschluss einer solchen Maßnahme (z. B. der Erwerb eines Schulabschlusses, ein Volontariat oder ein freiwilliges Berufspraktikum) führt nicht bereits dazu, dass ein Kind, das im Anschluss weiterhin die *Anspruchsvoraussetzungen nach* § 32 Abs. 4 Satz 1 Nr. 2 EStG erfüllt, nur noch unter den weiteren Voraussetzungen der Sätze 2 und 3 berücksichtigt wird.

Beispiel:

Nach dem Abitur absolvierte ein 20-jähriges Kind ein Praktikum. Danach kann es eine Berufsausbildung mangels Ausbildungsplatz nicht beginnen und geht zur Überbrückung des

Zeitraums zwischen Praktikum und Berufsausbildung einer Erwerbstätigkeit nach (30 Wochenstunden).

In der Zeit zwischen Praktikum und Beginn der Berufsausbildung erfüllt das Kind den Grundtatbestand des § 32 Abs. 4 Satz 1 Nr. 2 Buchst. c EStG. § 32 Abs. 4 Satz 2 und 3 EStG ist nicht einschlägig, da das Praktikum zwar das Tatbestandsmerkmal des § 32 Abs. 4 Satz 1 Nr. 2 Buchst. a EStG („für einen Beruf ausgebildet werden") erfüllt, jedoch keine „Berufsausbildung" i. S. d. § 32 Abs. 4 Satz 2 EStG darstellt. Der Kindergeldanspruch besteht somit unabhängig davon, wie viele Stunden das Kind in der Woche arbeitet.

(2) Zur Berufsausbildung zählen insbesondere:

1. Berufsausbildungsverhältnisse gem. § 1 Abs. 3, §§ 4 bis 52 BBiG. Der erforderliche Abschluss besteht hierbei in der erfolgreich abgelegten Abschlussprüfung i. S. d. § 37 BBiG. Gleiches gilt, wenn die Abschlussprüfung nach § 43 Abs. 2 BBiG ohne ein Ausbildungsverhältnis auf Grund einer entsprechenden schulischen Ausbildung abgelegt wird, die gem. den Voraussetzungen des § 43 Abs. 2 BBiG als im Einzelnen gleichwertig anerkannt ist;
2. mit Berufsausbildungsverhältnissen vergleichbare betriebliche Ausbildungsgänge außerhalb des Geltungsbereichs des BBiG (zurzeit nach der Schiffsmechaniker-Ausbildungsverordnung);
3. die Ausbildung auf Grund der bundes- oder landesrechtlichen Ausbildungsregelungen für Berufe im Gesundheits- und Sozialwesen;
4. landesrechtlich geregelte Berufsabschlüsse an Berufsfachschulen;
5. die Berufsausbildung behinderter Menschen in anerkannten Berufsausbildungsberufen oder auf Grund von Regelungen der zuständigen Stellen in besonderen „Behinderten-Ausbildungsberufen" und
6. die Berufsausbildung in einem öffentlich-rechtlichen Dienstverhältnis sowie die Berufsausbildung auf Kauffahrtschiffen, die nach dem Flaggenrechtsgesetz die Bundesflagge führen, soweit es sich nicht um Schiffe der kleinen Hochseefischerei und der Küstenfischerei handelt und
7. Maßnahmen zur Behebung von amtlich festgestellten Unterschieden zwischen einem im Ausland erworbenen Berufsabschluss und einem entsprechenden im Inland geregelten Berufsabschluss, z. B. Anpassungslehrgänge nach § 11 Berufsqualifikationsfeststellungsgesetz. Informationen zur Anerkennung ausländischer Berufsqualifikationen (z. B. zu den zuständigen Stellen) sind unter www.anerkennung-in-deutschland.de und www.bq-portal.de zu finden.

(3) Von Abs. 2 nicht erfasste Bildungsmaßnahmen werden einer Berufsausbildung i. S. d. § 32 Abs. 4 Satz 2 EStG gleichgestellt, wenn sie dem Nachweis einer Sachkunde dienen, die Voraussetzung zur Aufnahme einer fest umrissenen beruflichen Betätigung ist. Die Ausbildung muss in einem geordneten Ausbildungsgang erfolgen und durch eine staatliche oder staatlich anerkannte Prüfung abgeschlossen werden. Der erfolgreiche Abschluss der Prüfung muss Voraussetzung für die Aufnahme der beruflichen Betätigung sein. Die Ausbildung und der Abschluss müssen von Umfang und Qualität der Ausbildungsmaßnahmen und Prüfungen her grundsätzlich mit den Anforderungen vergleichbar sein, die bei Berufsausbildungsmaßnahmen i. S. d. Abs. 2 gestellt werden. Dazu gehört z. B. die Ausbildung zu Berufspiloten auf Grund der JAR-FCL 1 deutsch vom 15. 4. 2003, BAnz 2003 Nr. 80a.

(4) Abs. 1 bis 3 gelten entsprechend für Berufsausbildungen im Ausland, deren Abschlüsse inländischen Abschlüssen gleichgestellt sind. Bei Abschlüssen aus einem Mitgliedstaat der EU oder des EWR oder der Schweiz ist i. d. R. davon auszugehen, dass diese gleichgestellt sind.

A 19.2.2 Erstmalige Berufsausbildung

(1) Die Berufsausbildung ist als erstmalige Berufsausbildung anzusehen, wenn ihr keine andere abgeschlossene Berufsausbildung bzw. kein abgeschlossenes Hochschulstudium vorausgegangen ist. Wird ein Kind ohne entsprechende Berufsausbildung in einem Beruf tätig und führt es die zugehörige Berufsausbildung nachfolgend durch (nachgeholte Berufsausbildung), handelt es sich dabei um eine erstmalige Berufsausbildung.

(2) Eine erstmalige Berufsausbildung ist abgeschlossen, wenn sie zur Aufnahme eines Berufs befähigt. Das gilt auch, wenn sich daran eine darauf aufbauende weitere Ausbildung anschließt (z. B. bestandene Verkäuferprüfung gefolgt von einer Ausbildung zum Einzelhandelskaufmann, oder Meisterausbildung nach abgeschlossener Gesellenprüfung). ***Ist hingegen bei einer mehraktigen Ausbildung der erste Abschluss ein integrativer Bestandteil eines einheitlichen Ausbildungsgangs, kann auch eine weiterführende Ausbildung Teil der Erstausbildung sein (z. B. bei einem ausbildungsintegrierenden dualen Studiengang). Insoweit kommt es vor allem darauf an, ob die Ausbildungsabschnitte in einem engen sachlichen Zusammenhang (z. B. dieselbe Berufssparte, derselbe fachliche Bereich) zueinander stehen und in engem zeitlichen Zusammenhang durchgeführt werden (vgl. BFH vom 3. 7. 2014 – BStBl 2015 II S. 152).***

(3) Maßnahmen nach A 19.2.1 Abs. 2 Nr. 7 sind als Teil der im Ausland erfolgten Berufsausbildung anzusehen.

A 19.2.3 Erststudium

(1) Ein Studium i. S. d. § 32 Abs. 4 Satz 2 EStG liegt vor, wenn es an einer Hochschule i. S. d. § 1 HRG absolviert wird. Hochschulen i. S. dieser Vorschrift sind Universitäten, Pädagogische Hochschulen, Kunsthochschulen, Fachhochschulen und sonstige Einrichtungen des Bildungswesens, die nach Landesrecht staatliche Hochschulen sind. Gleichgestellt sind private und kirchliche Bildungseinrichtungen sowie Hochschulen des Bundes, die nach Landesrecht als Hochschule anerkannt werden (§ 70 HRG). Nach Landesrecht kann vorgesehen werden, dass bestimmte an Berufsakademien oder anderen Ausbildungseinrichtungen erfolgreich absolvierte Ausbildungsgänge einem abgeschlossenen Studium an einer Fachhochschule gleichwertig sind und die gleichen Berechtigungen verleihen, auch wenn es sich bei diesen Ausbildungseinrichtungen nicht um Hochschulen i. S. d. § 1 HRG handelt. Studien können auch als Fernstudien durchgeführt werden (§ 13 HRG).

(2) Ein Studium stellt ein Erststudium i. S. d. § 32 Abs. 4 Satz 2 EStG dar, wenn es sich um eine Erstausbildung handelt. Es darf ihm kein anderes durch einen berufsqualifizierenden Abschluss beendetes Studium bzw. keine andere abgeschlossene nichtakademische Berufsausbildung i. S. v. A 19.2.1 und A 19.2.2 vorangegangen sein. Dies gilt auch in den Fällen, in denen während eines Studiums eine Berufsausbildung abgeschlossen wird, unabhängig davon, ob die beiden Ausbildungen sich inhaltlich ergänzen.

(3) Bei einem Wechsel des Studiums ohne Abschluss des zunächst betriebenen Studiengangs stellt das zunächst aufgenommene Studium kein abgeschlossenes Erststudium dar. Bei einer Unterbrechung eines Studiengangs ohne einen berufsqualifizierenden Abschluss und seiner späteren Weiterführung stellt der der Unterbrechung vorangegangene Studienteil kein abgeschlossenes Erststudium dar.

(4) Postgraduale Zusatz-, Ergänzungs- und Aufbaustudien i. S. d. § 12 HRG setzen den Abschluss eines Studiums voraus und stellen daher kein Erststudium dar.

(5) Studien- und Prüfungsleistungen an ausländischen Hochschulen, die zur Führung eines ausländischen akademischen Grades berechtigen, der nach § 20 HRG in Verbindung mit dem Recht des Landes, in dem der Gradinhaber seinen Wohnsitz oder gewöhnlichen Aufenthalt hat, anerkannt wird, sowie Studien- und Prüfungsleistungen, die von Staatsangehörigen eines Mitgliedstaats der EU oder von Vertragstaaten des EWR oder der Schweiz an Hochschulen dieser Staaten erbracht werden, sind nach diesen Grundsätzen inländischen Studien- und Prüfungsleistungen gleichzustellen. Für die Gleichstellung von Studien- und Prüfungsleistungen werden die in der Datenbank „anabin" (www.anabin.de) der Zentralstelle für ausländisches Bildungswesen beim Sekretariat der Kultusministerkonferenz aufgeführten Bewertungsvorschläge zugrunde gelegt.

A 19.2.4 Abschluss eines Erststudiums

(1) Ein Studium wird i. d. R. durch eine Prüfung abgeschlossen (§§ 15, 16 HRG). Mit bestandener Prüfung wird i. d. R. ein Hochschulgrad verliehen. Hochschulgrade sind u. a. der Diplom-, Magister-, Bachelor- oder Mastergrad. Zwischenprüfungen stellen keinen Abschluss eines Studiums i. S. d. § 32 Abs. 4 Satz 2 EStG dar.

(2) Die von den Hochschulen angebotenen Studiengänge führen in der Regel zu einem berufsqualifizierenden Abschluss (§ 10 Abs. 1 Satz 1 HRG). Im Zweifel ist davon auszugehen, dass die entsprechenden Prüfungen berufsqualifizierend sind.

(3) Nach § 19 Abs. 2 HRG ist der Bachelor- oder Bakkalaureusgrad einer inländischen Hochschule ein berufsqualifizierender Abschluss. Daraus folgt, dass der Abschluss eines Bachelorstudiengangs den Abschluss eines Erststudiums darstellt und ein nachfolgender Studiengang als weiteres Studium anzusehen ist. Dies gilt auch, wenn ein Masterstudium i. S. d. § 19 HRG auf einem Bachelorstudiengang aufbaut (konsekutives Masterstudium).

(4) Werden zwei (oder ggf. mehrere) Studiengänge parallel studiert, die zu unterschiedlichen Zeiten abgeschlossen werden, stellt der nach dem berufsqualifizierenden Abschluss eines Studienganges weiter fortgesetzte Studiengang vom Zeitpunkt dieses Abschlusses an kein Erststudium mehr dar.

(5) Als berufsqualifizierender Studienabschluss gilt auch der Abschluss eines Studiengangs, durch den die fachliche Eignung für einen beruflichen Vorbereitungsdienst oder eine berufliche Einführung vermittelt wird (§ 10 Abs. 1 Satz 2 HRG). Dazu zählt insbesondere der Vorbereitungsdienst der Rechts- oder Lehramtsreferendare.

A 19.3 Anspruchsunschädliche Erwerbstätigkeit

Nach Abschluss einer erstmaligen Berufsausbildung oder eines Erststudiums wird ein Kind in den Fällen des § 32 Abs. 4 Satz 1 Nr. 2 EStG nur berücksichtigt, wenn es keiner anspruchsschädlichen Erwerbstätigkeit nachgeht. Ein Kind ist erwerbstätig, wenn es einer auf die Erzielung von Einkünften gerichteten Beschäftigung nachgeht, die den Einsatz seiner persönlichen Arbeitskraft erfordert (BFH vom 16. 5. 1975 – BStBl II S. 537). Das ist der Fall bei einem Kind, das eine nichtselbständige Tätigkeit, eine land- und forstwirtschaftliche,

eine gewerbliche oder eine selbständige Tätigkeit ausübt. Keine Erwerbstätigkeit ist insbesondere:
- ein Au-Pair-Verhältnis,
- die Verwaltung eigenen Vermögens.

Anspruchsunschädlich nach § 32 Abs. 4 Satz 3 EStG ist
- eine Erwerbstätigkeit mit bis zu 20 Stunden regelmäßiger wöchentlicher Arbeitszeit (vgl. A 19.3.1),
- ein Ausbildungsdienstverhältnis (vgl. A 19.3.2) oder
- ein geringfügiges Beschäftigungsverhältnis i. S. d. §§ 8 und 8a SGB IV (vgl. A 19.3.3).

Eine Erwerbstätigkeit im Rahmen eines geregelten Freiwilligendienstes nach § 32 Abs. 4 Satz 1 Nr. 2 Buchst. d EStG ist unschädlich.

A 19.3.1 Regelmäßige wöchentliche Arbeitszeit bis zu 20 Stunden

(1) Unschädlich für den Kindergeldanspruch ist eine Erwerbstätigkeit, wenn die regelmäßige wöchentliche Arbeitszeit insgesamt nicht mehr als 20 Stunden beträgt. Bei der Ermittlung der regelmäßigen wöchentlichen Arbeitszeit ist grundsätzlich die individuell vertraglich vereinbarte Arbeitszeit zu Grunde zu legen. Es sind nur Zeiträume ab dem Folgemonat nach Abschluss einer erstmaligen Berufsausbildung bzw. eines Erststudiums einzubeziehen.

(2) Eine vorübergehende (höchstens zwei Monate andauernde) Ausweitung der Beschäftigung auf mehr als 20 Stunden ist unbeachtlich, wenn während des Zeitraumes innerhalb eines Kalenderjahres, in dem einer der Grundtatbestände des § 32 Abs. 4 Satz 1 Nr. 2 EStG erfüllt ist, die durchschnittliche wöchentliche Arbeitszeit nicht mehr als 20 Stunden beträgt. Durch einen Jahreswechsel wird eine vorübergehende Ausweitung nicht unterbrochen. Bei der Ermittlung der durchschnittlichen wöchentlichen Arbeitszeit sind nur volle Kalenderwochen mit gleicher Arbeitszeit anzusetzen.

Beispiel:

Die Tochter eines Berechtigten schließt nach dem Abitur ein Bachelorstudium ab und beginnt im Oktober 2013 mit dem Masterstudium. Gem. vertraglicher Vereinbarung ist sie ab dem 1. April 2014 mit einer wöchentlichen Arbeitszeit von 20 Stunden als Bürokraft beschäftigt. In den Semesterferien arbeitet sie – auf Grund einer zusätzlichen vertraglichen Vereinbarung – vom 1. August bis zur Kündigung am 30. September 2014 in Vollzeit mit 40 Stunden wöchentlich. Im Oktober 2014 vollendet sie ihr 25. Lebensjahr.

Somit ergeben sich folgende Arbeitszeiten pro voller Woche:

vom 1. April bis 31. Juli 2014

(16 Wochen und 10 Tage): 20 Stunden pro Woche

vom 1. August bis 30. September 2014

(8 Wochen und 5 Tage):40 Stunden pro Woche

(= Ausweitung der Beschäftigung)

Die durchschnittliche wöchentliche Arbeitszeit beträgt 15,2 Stunden; Berechnung:

(16 Wochen x 20 Std.) + (8 Wochen x 40 Std.) 42 Wochen = 15,2 Std.

Das Kind ist aufgrund des Studiums bis einschließlich Oktober 2014 nach § 32 Abs. 4 Satz 1 Nr. 2 Buchst. a EStG zu berücksichtigen. Das Studium wird jedoch nach Abschluss eines Erststudiums durchgeführt, so dass das Kind nach § 32 Abs. 4 Satz 2 und 3 EStG nur berücksichtigt werden kann, wenn die ausgeübte Erwerbstätigkeit anspruchsunschädlich ist. Da die Ausweitung der Beschäftigung des Kindes lediglich vorübergehend ist und gleichzeitig während des Vorliegens des Grundtatbestandes nach § 32 Abs. 4 Satz 1 Nr. 2 EStG die durchschnittliche wöchentliche Arbeitszeit 20 Stunden nicht übersteigt, ist die Erwerbstätigkeit anspruchsunschädlich. Das Kind ist von Januar bis einschließlich Oktober 2014 zu berücksichtigen.

Variante:

Würde das Kind während der Semesterferien dagegen vom 16. Juli bis 25. September 2014 (= mehr als zwei Monate) vollzeiterwerbstätig sein, wäre die Ausweitung der Erwerbstätigkeit nicht nur vorübergehend und damit diese Erwerbstätigkeit als anspruchsschädlich einzustufen. Dies gilt unabhängig davon, dass auch hier die durchschnittliche wöchentliche Arbeitszeit 20 Stunden nicht überschritten würde. Das Kind könnte demnach für den Monat August 2014 nicht berücksichtigt werden (vgl. auch A 19.4).

(3) Führt eine vorübergehende (höchstens zwei Monate andauernde) Ausweitung der Beschäftigung auf über 20 Wochenstunden dazu, dass die durchschnittliche wöchentliche Arbeitszeit insgesamt mehr als 20 Stunden beträgt, ist der Zeitraum der Ausweitung anspruchsschädlich, nicht der gesamte Zeitraum der Erwerbstätigkeit.

Beispiel:

Ein Kind befindet sich während des gesamten Kalenderjahres im Studium. Diesem ist eine abgeschlossene Berufsausbildung vorausgegangen. Neben dem Studium übt das

Kind ganzjährig eine Beschäftigung mit einer vertraglich vereinbarten Arbeitszeit von 20 Stunden wöchentlich aus. In der vorlesungsfreien Zeit von Juli bis August weitet das Kind seine wöchentliche Arbeitszeit vorübergehend auf 40 Stunden aus. Ab September beträgt die wöchentliche Arbeitszeit wieder 20 Stunden.

Durch die vorübergehende Ausweitung seiner Arbeitszeit erhöht sich die durchschnittliche wöchentliche Arbeitszeit des Kindes auf über 20 Stunden. Aus diesem Grund ist der Zeitraum der Ausweitung als anspruchsschädlich anzusehen. Für die Monate Juli und August entfällt daher nach § 32 Abs. 4 Satz 2 und 3 EStG der Anspruch.

(4) Mehrere nebeneinander ausgeübte Tätigkeiten (z. B. eine Erwerbstätigkeit nach Abs. 1 Satz 1 und eine geringfügige Beschäftigung nach A 19.3.3) sind anspruchsunschädlich, wenn dadurch insgesamt die 20-Stunden-Grenze des § 32 Abs. 4 Satz 3 EStG nicht überschritten wird. Hingegen ist eine innerhalb eines Ausbildungsdienstverhältnisses erbrachte Erwerbstätigkeit außer Betracht zu lassen.

A 19.3.2 Ausbildungsdienstverhältnis

(1) Die Erwerbstätigkeit im Rahmen eines Ausbildungsdienstverhältnisses ist stets anspruchsunschädlich. Ein solches liegt vor, wenn die Ausbildungsmaßnahme Gegenstand des Dienstverhältnisses ist (vgl. R 9.2 LStR ***2013***[1]) und H 9.2 „Ausbildungsdienstverhältnis" LStH2014[2]). Hierzu zählen z. B.

- die Berufsausbildungsverhältnisse gemäß § 1 Abs. 3, §§ 4 bis 52 BBiG,
- ein Praktikum bzw. ein Volontariat, bei dem die Voraussetzungen nach A 14.8 bzw. A 14.6 Abs. 3 vorliegen,
- das Referendariat bei Lehramtsanwärtern und Rechtsreferendaren zur Vorbereitung auf das zweite Staatsexamen,
- duale Studiengänge (siehe aber Abs. 2),
- das Dienstverhältnis von Beamtenanwärtern und Aufstiegsbeamten,
- das Dienstverhältnis eines ***Soldaten*** während ***der militärischen Ausbildung oder*** des Studiums an einer Bundeswehrhochschule,
- ***das Dienstverhältnis eines Soldaten während der zivilberuflichen Ausbildung oder des Studiums an einer zivilen Hochschule, sofern diese Maßnahme Bestandteil der Unteroffiziers-, Feldwebel- oder Offiziersausbildung ist,***
- das Praktikum eines Pharmazeuten im Anschluss an den universitären Teil des Pharmaziestudiums,
- das im Rahmen der Ausbildung zum Erzieher abzuleistende Anerkennungsjahr.

Dagegen liegt kein Ausbildungsdienstverhältnis vor, wenn die Ausbildungsmaßnahme nicht Gegenstand des Dienstverhältnisses ist, auch wenn sie seitens des Arbeitgebers gefördert wird, z. B. durch ein Stipendium oder eine Verringerung der vertraglich vereinbarten Arbeitszeit.

(2) Bei berufsbegleitenden und berufsintegrierten dualen Studiengängen fehlt es häufig an einer Ausrichtung der Tätigkeit für den Arbeitgeber auf den Inhalt des Studiums, so dass in solchen Fällen die Annahme eines Ausbildungsdienstverhältnisses ausscheidet. Liegt hingegen eine Verknüpfung zwischen Studium und praktischer Tätigkeit vor, die über eine bloße thematische Verbindung zwischen der Fachrichtung des Studiengangs und der in dem Unternehmen ausgeübten Tätigkeit oder eine rein organisatorische Verzahnung hinausgeht, ist die Tätigkeit als im Rahmen eines Ausbildungsdienstverhältnisses ausgeübt zu betrachten. Eine entsprechende Ausrichtung der berufspraktischen Tätigkeit kann z. B. anhand der Studienordnung oder der Kooperationsvereinbarung zwischen Unternehmen und Hochschule glaubhaft gemacht werden.

A 19.3.3 Geringfügiges Beschäftigungsverhältnis

(1) Geringfügige Beschäftigungsverhältnisse nach § 32 Abs. 4 Satz 3 EStG sind:

- geringfügig entlohnte Beschäftigungen (§§ 8 Abs. 1 Nr. 1 und 8a SGB IV) und
- kurzfristige Beschäftigungen (§§ 8 Abs. 1 Nr. 2 SGB und 8a SGB IV).

(2) Bei der Beurteilung, ob ein geringfügiges Beschäftigungsverhältnis vorliegt, ist grundsätzlich die Einstufung des Arbeitgebers maßgeblich.

(3) Eine neben einem Ausbildungsdienstverhältnis ausgeübte geringfügige Beschäftigung ist unschädlich. Hinsichtlich einer neben einer Erwerbstätigkeit ausgeübten geringfügigen Beschäftigung vgl. A 19.3.1 Abs. 4 Satz 1.

A 19.4 Monatsprinzip

Liegen die Anspruchsvoraussetzungen des § 32 Abs. 4 Satz 1 bis 3 EStG wenigstens an einem Tag im Kalendermonat vor, besteht nach § 66 Abs. 2 EStG für diesen Monat Anspruch auf Kindergeld. Hat ein Kind eine erstmalige Berufsausbildung oder ein Erststudium abgeschlossen und erfüllt es weiterhin einen Anspruchstatbestand des § 32 Abs. 4 Satz 1 Nr. 2 EStG, entfällt der Kindergeldanspruch nur in den Monaten, in denen die anspruchsschädliche Erwerbstätigkeit den gesamten Monat umfasst. A 14.2 ist zu beachten.

1) Jetzt LStR 2015.
2) Jetzt LStH 2015.

Beispiel:

Ein Kind schließt nach dem Abitur zunächst eine Berufsausbildung mit der Gesellenprüfung ab und studiert ab dem Jahr 2010. Ab dem 20. Juli 2012 nimmt es unbefristet eine anspruchsschädliche Erwerbstätigkeit auf.

Aufgrund des Studiums ist das Kind nach § 32 Abs. 4 Satz 1 Nr. 2 Buchst. a EStG zu berücksichtigen. Das Studium wird jedoch nach Abschluss einer erstmaligen Berufsausbildung durchgeführt, so dass das Kind nach § 32 Abs. 4 Satz 2 EStG nur berücksichtigt werden kann, wenn es keiner anspruchsschädlichen Erwerbstätigkeit nachgeht. Für die Monate August bis Dezember 2012 kann das Kind nicht berücksichtigt werden. Neben den Monaten Januar bis Juni kann das Kind auch im Juli berücksichtigt werden, da es wenigstens an einem Tag die Anspruchsvoraussetzung – keine anspruchsschädliche Erwerbstätigkeit – erfüllt."

R 32.11. Verlängerungstatbestände bei Arbeit suchenden Kindern und Kindern in Berufsausbildung

– unbesetzt –

H 32.11

Dienste im Ausland

A 20 Abs. 5 DA-KG ***2015***:

(5) Als Verlängerungstatbestände sind nicht nur der nach deutschem Recht geleistete GWD bzw. ZD sowie die Entwicklungshilfedienste nach dem EhfG oder dem ZDG zu berücksichtigen, sondern auch entsprechende Dienste nach ausländischen Rechtsvorschriften. Eine Berücksichtigung der nach ausländischen Rechtsvorschriften geleisteten Dienste ist jedoch grundsätzlich nur bis zur Dauer des deutschen gesetzlichen GWD oder ZD möglich. Dabei ist auf die zu Beginn des Auslandsdienstes maßgebende Dauer des deutschen GWD oder ZD abzustellen. Wird der gesetzliche GWD oder ZD in einem anderen EU- bzw. EWR-Staat geleistet, so ist nach § 32 Abs. 5 Satz 2 EStG die Dauer dieses Dienstes maßgebend, auch wenn dieser länger als die Dauer des entsprechenden deutschen Dienstes ist."

Entwicklungshelfer

- → Gesetz vom 18. 6. 1969 (BGBl. I S. 549 – EhfG), zuletzt geändert durch Artikel 21 des Gesetzes vom 20. 12. 2011 (BGBl. I S. 2854).
- Entwicklungshelfer sind deutsche Personen, die nach Vollendung ihres 18. Lebensjahres und auf Grund einer Verpflichtung für zwei Jahre gegenüber einem anerkannten Träger des Entwicklungsdienstes Tätigkeiten in Entwicklungsländern ohne Erwerbsabsicht ausüben (→ § 1 EhfG). Als Träger des Entwicklungsdienstes sind anerkannt:
  a) Deutsche Gesellschaft für internationale Zusammenarbeit (GIZ), Bonn / Eschborn,
  b) Arbeitsgemeinschaft für Entwicklungshilfe e. V. (AGEH), Köln,
  c) Evangelischer Entwicklungsdienst e. V. (EED/DÜ), Berlin,
  d) Eirene, Internationaler Christlicher Friedensdienst e. V., Neuwied,
  e) Weltfriedensdienst e. V. (WFD), Berlin,
  f) Christliche Fachkräfte International e. V. (CFI), Stuttgart,
  g) Forum Ziviler Friedensdienst e. V. (forumZFD), Bonn.

Ermittlung des Verlängerungszeitraums

A 20 Abs. 3 DA-KG ***2015***:

(3) Bei der Ermittlung des Verlängerungszeitraums sind zunächst die Monate nach Vollendung des 18. Lebensjahres zu berücksichtigen, in denen mindestens an einem Tag ein Dienst bzw. eine Tätigkeit i. S. d. § 32 Abs. 5 Satz 1 EStG geleistet wurde. Dabei sind auch die Monate zu berücksichtigen, für die Anspruch auf Kindergeld bestand (vgl. BFH vom 5. 9. 2013 – BStBl 2014 II S. 39)."

R 32.12. Höhe der Freibeträge für Kinder in Sonderfällen

Einem Stpfl., der die vollen Freibeträge für Kinder erhält, weil der andere Elternteil verstorben ist (§ 32 Abs. 6 Satz 3 EStG), werden Stpfl. in Fällen gleichgestellt, in denen

1. der Wohnsitz oder gewöhnliche Aufenthalt des anderen Elternteils nicht zu ermitteln ist oder
2. der Vater des Kindes amtlich nicht feststellbar ist.

H 32.12

Lebenspartner und Freibeträge für Kinder

→ BMF vom 17. 1. 2014 (BStBl I S. 109)

R 32.13. Übertragung der Freibeträge für Kinder

Barunterhaltsverpflichtung

(1) [1]Bei dauernd getrennt lebenden oder geschiedenen Ehegatten sowie bei Eltern eines nichtehelichen Kindes ist der Elternteil, in dessen Obhut das Kind sich nicht befindet, grundsätzlich zur Leistung von Barunterhalt verpflichtet. [2]Wenn die Höhe nicht durch gerichtliche Entscheidung, Verpflichtungserklärung, Vergleich oder anderweitig durch Vertrag festgelegt ist, können dafür die von den Oberlandesgerichten als Leitlinien aufgestellten Unterhaltstabellen, z. B. → „Düsseldorfer Tabelle", einen Anhalt geben.

Der Unterhaltsverpflichtung im Wesentlichen nachkommen

(2) [1]Ein Elternteil kommt seiner Barunterhaltsverpflichtung gegenüber dem Kind im Wesentlichen nach, wenn er sie mindestens zu 75 % erfüllt. [2]Der Elternteil, in dessen Obhut das Kind sich befindet, erfüllt seine Unterhaltsverpflichtung in der Regel durch die Pflege und Erziehung des Kindes (§ 1606 Abs. 3 BGB).

Maßgebender Verpflichtungszeitraum

(3) [1]Hat aus Gründen, die in der Person des Kindes liegen, oder wegen des Todes des Elternteiles die Unterhaltsverpflichtung nicht während des ganzen Kalenderjahres bestanden, ist für die Frage, inwieweit sie erfüllt worden ist, nur auf den Verpflichtungszeitraum abzustellen. [2]Wird ein Elternteil erst im Laufe des Kalenderjahres zur Unterhaltszahlung verpflichtet, ist für die Prüfung, ob er seiner Barunterhaltsverpflichtung gegenüber dem Kind zu mindestens 75 % nachgekommen ist, nur der Zeitraum zu Grunde zu legen, für den der Elternteil zur Unterhaltsleistung verpflichtet wurde. [3]Im Übrigen kommt es nicht darauf an, ob die unbeschränkte Steuerpflicht des Kindes oder der Eltern während des ganzen Kalenderjahres bestanden hat.

Verfahren

[1)] (4) [1]Wird die Übertragung des dem anderen Elternteil zustehenden Kinderfreibetrags beantragt, weil dieser seiner Unterhaltsverpflichtung gegenüber dem Kind für das Kalenderjahr nicht im Wesentlichen nachgekommen ist oder mangels Leistungsfähigkeit nicht unterhaltspflichtig ist, muss der Antragsteller die Voraussetzungen dafür darlegen; eine Übertragung des dem anderen Elternteil zustehenden Kinderfreibetrags scheidet für Zeiträume aus, in denen Unterhaltsleistungen nach dem Unterhaltsvorschussgesetz gezahlt worden sind. [2]Dem betreuenden Elternteil ist auf Antrag der dem anderen Elternteil, in dessen Wohnung das minderjährige Kind nicht gemeldet ist, zustehende Freibetrag für den Betreuungs- und Erziehungs- oder Ausbildungsbedarf zu übertragen. [3]Die Übertragung scheidet aus, wenn der Elternteil, bei dem das Kind nicht gemeldet ist, der Übertragung widerspricht, weil er Kinderbetreuungskosten trägt (z. B., weil er als barunterhaltsverpflichteter Elternteil ganz oder teilweise für einen sich aus Kindergartenbeiträgen ergebenden Mehrbedarf des Kindes aufkommt) oder das Kind regelmäßig in einem nicht unwesentlichen Umfang betreut (z. B., wenn eine außergerichtliche Vereinbarung über einen regelmäßigen Umgang an Wochenenden und in den Ferien vorliegt). [4]Die Voraussetzungen für die Übertragung sind monatsweise zu prüfen. [5]In Zweifelsfällen ist dem anderen Elternteil Gelegenheit zu geben, sich zum Sachverhalt zu äußern (§ 91 AO). [6]In dem Kalenderjahr, in dem das Kind das 18. Lebensjahr vollendet, ist eine Übertragung des Freibetrags für den Betreuungs- und Erziehungs- oder Ausbildungsbedarf nur für den Teil des Kalenderjahres möglich, in dem das Kind noch minderjährig ist. [7]Werden die Freibeträge für Kinder bei einer Veranlagung auf den Stpfl. übertragen, teilt das Finanzamt dies dem für den ande-

1) Die bisher in R 32.13 Abs. 4 Satz 2 EStR 2008 enthaltene Regelung, dass die Übertragung des Kinderfreibetrags stets auch zur Übertragung des Freibetrags für den Betreuungs- und Erziehungs- oder Ausbildungsbedarf führt, gilt weiterhin (→ BMF vom 28. 6. 2013 – BStBl I S. 845, Rz. 5).

ren Elternteil zuständigen Finanzamt mit. [8]Ist der andere Elternteil bereits veranlagt, ist die Änderung der Steuerfestsetzung, sofern sie nicht nach § 164 Abs. 2 Satz 1 oder § 165 Abs. 2 AO vorgenommen werden kann, nach § 175 Abs. 1 Satz 1 Nr. 2 AO durchzuführen. [9]Beantragt der andere Elternteil eine Herabsetzung der gegen ihn festgesetzten Steuer mit der Begründung, die Voraussetzungen für die Übertragung der Freibeträge für Kinder auf den Stpfl. lägen nicht vor, ist der Stpfl. unter den Voraussetzungen des § 174 Abs. 4 und 5 AO zu dem Verfahren hinzuzuziehen. [10]Obsiegt der andere Elternteil, kommt die Änderung der Steuerfestsetzung beim Stpfl. nach § 174 Abs. 4 AO in Betracht. [11]Dem Finanzamt des Stpfl. ist zu diesem Zweck die getroffene Entscheidung mitzuteilen.

H 32.13

Beispiele zu R 32.13 Abs. 3:

A. Das Kind beendet im Juni seine Berufsausbildung und steht ab September in einem Arbeitsverhältnis. Seitdem kann es sich selbst unterhalten. Der zum Barunterhalt verpflichtete Elternteil ist seiner Verpflichtung nur für die Zeit bis einschließlich Juni nachgekommen. Er hat seine für 8 Monate bestehende Unterhaltsverpflichtung für 6 Monate, also zu 75 % erfüllt.

B. Der Elternteil, der bisher seiner Unterhaltsverpflichtung durch Pflege und Erziehung des Kindes voll nachgekommen ist, verzieht im August ins Ausland und leistet von da an keinen Unterhalt mehr. Er hat seine Unterhaltsverpflichtung, bezogen auf das Kalenderjahr, nicht mindestens zu 75 % erfüllt.

Beurteilungszeitraum

Bei der Beurteilung der Frage, ob ein Elternteil seiner Unterhaltsverpflichtung gegenüber einem Kind nachgekommen ist, ist nicht auf den Zeitpunkt abzustellen, in dem der Unterhalt gezahlt worden ist, sondern auf den Zeitraum, für den der Unterhalt bestimmt ist (→ BFH vom 11. 12. 1992 – BStBl 1993 II S. 397).

Freistellung von der Unterhaltsverpflichtung

Stellt ein Elternteil den anderen Elternteil von der Unterhaltsverpflichtung gegenüber einem gemeinsamen Kind gegen ein Entgelt frei, das den geschätzten Unterhaltsansprüchen des Kindes entspricht, so behält der freigestellte Elternteil den Anspruch auf den (halben) Kinderfreibetrag (→ BFH vom 25. 1. 1996 – BStBl 1997 II S. 21).

Konkrete Unterhaltsverpflichtung

Kommt ein Elternteil seiner konkret-individuellen Unterhaltsverpflichtung nach, so ist vom Halbteilungsgrundsatz auch dann nicht abzuweichen, wenn diese Verpflichtung im Verhältnis zum Unterhaltsbedarf des Kindes oder zur Unterhaltszahlung des anderen Elternteils gering ist (→ BFH vom 25. 7. 1997 – BStBl 1998 II S. 433).

Das gilt auch in Fällen, in denen sich eine nur geringe Unterhaltsverpflichtung aus einem Urteil eines Gerichts der ehemaligen Deutschen Demokratischen Republik ergibt (→ BFH vom 25. 7. 1997 – BStBl 1998 II S. 435).

Steuerrechtliche Folgewirkungen der Übertragung

Infolge der Übertragung der Freibeträge für Kinder können sich bei den kindbedingten Steuerentlastungen, die vom Erhalt eines Freibetrags nach § 32 Abs. 6 EStG abhängen, Änderungen ergeben. Solche Folgeänderungen können zum Beispiel eintreten beim Entlastungsbetrag für Alleinerziehende (§ 24b EStG), beim Prozentsatz der zumutbaren Belastung (§ 33 Abs. 3 EStG), beim Freibetrag nach § 33a Abs. 2 EStG und bei der Übertragung des dem Kind zustehenden Behinderten- oder Hinterbliebenen-Pauschbetrags (§ 33b Abs. 5 EStG).

Übertragung der Freibeträge für Kinder

→ BMF vom 28. 6. 2013 (BStBl I S. 845)

R 32b. Progressionsvorbehalt

Allgemeines

(1) [1]Entgelt-,Lohn- oder Einkommensersatzleistungen der gesetzlichen Krankenkassen unterliegen auch insoweit dem Progressionsvorbehalt nach § 32b Abs. 1 Satz 1 Nr. 1 Buchstabe b EStG, als sie freiwillig Versicherten gewährt werden. [2]Beim Übergangsgeld das behinderten oder von Behinderung bedrohten Menschen nach den §§ 45 bis 52 SGB IX gewährt wird, handelt es sich um steuerfreie Leistungen nach dem SGB III, SGB VI, SGB VII oder dem Bundesversorgungsgesetz, die dem Progressionsvorbehalt unterliegen. [3]Leistungen nach der Berufskrankheitenverordnung sowie das Krankentagegeld aus einer privaten Krankenversicherung und Leistungen zur Sicherung des Lebensunterhalts und zur Eingliederung in Arbeit nach dem SGB II (sog. Arbeitslosengeld II) gehören nicht zu den Entgelt-, Lohn- oder Einkommensersatzleistungen, die dem Progressionsvorbehalt unterliegen.

(2) [1]In den Progressionsvorbehalt sind die Lohn- und Einkommensersatzleistungen mit den Beträgen einzubeziehen, die als Leistungsbeträge nach den einschlägigen Leistungsgesetzen festgestellt werden. [2]Kürzungen dieser Leistungsbeträge, die sich im Falle der Abtretung oder durch den Abzug von Versichertenanteilen an den Beiträgen zur Rentenversicherung, Arbeitslosenversicherung und ggf. zur Kranken- und Pflegeversicherung ergeben, bleiben unberücksichtigt. [3]Der bei der Ermittlung der Einkünfte aus nichtselbständiger Arbeit nicht ausgeschöpfte Arbeitnehmer-Pauschbetrag ist auch von Entgelt-, Lohn- und Einkommensersatzleistungen abzuziehen.

Rückzahlung von Entgelt-, Lohn- oder Einkommensersatzleistungen

(3) [1]Werden die in § 32b Abs. 1 Satz 1 Nr. 1 EStG bezeichneten Entgelt-,Lohn- oder Einkommensersatzleistungen zurückgezahlt, sind sie von den im selben Kalenderjahr bezogenen Leistungsbeträgen abzusetzen, unabhängig davon, ob die zurückgezahlten Beträge im Kalenderjahr ihres Bezugs dem Progressionsvorbehalt unterlegen haben. [2]Ergibt sich durch die Absetzung ein negativer Betrag, weil die Rückzahlungen höher sind als die im selben Kalenderjahr empfangenen Beträge oder weil den zurückgezahlten keine empfangenen Beträge gegenüberstehen, ist auch der negative Betrag bei der Ermittlung des besonderen Steuersatzes nach § 32b EStG zu berücksichtigen (negativer Progressionsvorbehalt). [3]Aus Vereinfachungsgründen bestehen keine Bedenken, zurückgezahlte Beträge dem Kalenderjahr zuzurechnen, in dem der Rückforderungsbescheid ausgestellt worden ist.[4]Beantragt der Stpfl., die zurückgezahlten Beträge dem Kalenderjahr zuzurechnen, in dem sie tatsächlich abgeflossen sind, hat er den Zeitpunkt des tatsächlichen Abflusses anhand von Unterlagen, z. B. Aufhebungs-/Erstattungsbescheide oder Zahlungsbelege, nachzuweisen oder glaubhaft zu machen.

Rückwirkender Wegfall von Entgelt-, Lohn- oder Einkommensersatzleistungen

(4) Fällt wegen der rückwirkenden Zubilligung einer Rente der Anspruch auf Sozialleistungen (z. B. Kranken- oder Arbeitslosengeld) rückwirkend ganz oder teilweise weg, ist dies am Beispiel des Krankengeldes steuerlich wie folgt zu behandeln:

1. Soweit der Krankenkasse ein Erstattungsanspruch nach § 103 SGB X gegenüber dem Rentenversicherungsträger zusteht, ist das bisher gezahlte Krankengeld als Rentenzahlung anzusehen und nach § 22 Nr. 1 Satz 3 Buchstabe a EStG mit dem Ertragsanteil der Besteuerung zu unterwerfen. [2]Das Krankengeld unterliegt insoweit nicht dem Progressionsvorbehalt nach § 32b EStG.
2. Gezahlte und die Rentenleistung übersteigende Krankengeldbeträge i. S. d. § 50 Abs. 1 Satz 2 SGB V sind als Krankengeld nach § 3 Nr. 1 Buchstabe a EStG steuerfrei; § 32b EStG ist anzuwenden. [2]Entsprechendes gilt für das Krankengeld, das vom Empfänger infolge rückwirkender Zubilligung einer Rente aus einer ausländischen gesetzlichen Rentenversicherung nach § 50 Abs. 1 Satz 3 SGB V an die Krankenkasse zurückzuzahlen ist.
3. Soweit die nachträgliche Feststellung des Rentenanspruchs auf VZ zurückwirkt, für die Steuerbescheide bereits ergangen sind, sind diese Steuerbescheide nach § 175 Abs. 1 Satz 1 Nr. 2 AO zu ändern.

Fehlende Entgelt-, Lohn- oder Einkommensersatzleistungen

(5) [1]Hat ein Arbeitnehmer trotz Arbeitslosigkeit kein Arbeitslosengeld erhalten, weil ein entsprechender Antrag abgelehnt worden ist, kann dies durch die Vorlage des Ablehnungsbescheids nachgewiesen werden; hat der Arbeitnehmer keinen Antrag gestellt, kann dies durch die Vorlage der vom Arbeitgeber nach § 312 SGB III ausgestellten Arbeitsbescheinigung im Original belegt werden. [2]Kann ein Arbeitnehmer weder durch geeignete Unterlagen nach-

weisen noch in sonstiger Weise glaubhaft machen, dass er keine Entgelt-, Lohn- oder Einkommensersatzleistungen erhalten hat, kann das Finanzamt bei der für den Arbeitnehmer zuständigen Agentur für Arbeit (§ 327 SGB III) eine Bescheinigung darüber anfordern (Negativbescheinigung).

H 32b

Allgemeines

Ist für Einkünfte nach § 32b Abs. 1 EStG der Progressionsvorbehalt zu beachten, ist wie folgt zu verfahren:

1. Ermittlung des nach § 32a Abs. 1 EStG maßgebenden zvE.
2. Dem zvE werden für die Berechnung des besonderen Steuersatzes die Entgelt-, Lohn- oder Einkommensersatzleistungen (§ 32b Abs. 1 Satz 1 Nr. 1 EStG) sowie die unter § 32b Abs. 1 Satz 1 Nr. 2 bis 5 EStG fallenden Einkünfte im Jahr ihrer Entstehung hinzugerechnet oder von ihm abgezogen. Der sich danach ergebende besondere Steuersatz ist auf das nach § 32a Abs. 1 EStG ermittelte zvE anzuwenden.

Beispiele:

Fall	A	B
zvE (§ 2 Abs. 5 EStG)	*4 000 €*	*4 000 €*
Fall A Arbeitslosengeld	*1 000 €*	
oder		
Fall B zurückgezahltes Arbeitslosengeld		*3 000 €*
Für die Berechnung des Steuersatzes maßgebende zvE	*5 000 €*	*3 000 €*
Steuer nach Splittingtarif	*8 032 €*	*4 424 €*
besonderer (= durchschnittlicher) Steuersatz	*16,0640 %*	*11,9567 %*
Die Anwendung des besonderen Steuersatzes auf das zvE ergibt als Steuer	*6 425 €*	*4 782 €*

Ein Verlustabzug (§ 10d EStG) ist bei der Ermittlung des besonderen Steuersatzes nach § 32b Abs. 1 EStG nicht zu berücksichtigen.

Anwendung auf Lohnersatzleistungen

Der Progressionsvorbehalt für Lohnersatzleistungen ist verfassungsgemäß (→ BVerfG vom 3. 5. 1995 – BStBl II S. 758).

Anwendung bei Stpfl. mit Einkünften aus nichtselbständiger Arbeit

→ R 46.2

Arbeitnehmer-Pauschbetrag

Zur Berechnung des Progressionsvorbehalts sind steuerfreie Leistungen nach § 32b Abs. 1 Satz 1 Nr. 1 EStG nicht um den Arbeitnehmer-Pauschbetrag zu vermindern, wenn bei der Ermittlung der Einkünfte aus nichtselbständiger Arbeit den Pauschbetrag übersteigende Werbungskosten abgezogen wurden (→ BFH vom 25. 9. 2014 – BStBl 2015 II S. 182).

Ausländische Einkünfte

Die Höhe ist nach dem deutschen Steuerrecht zu ermitteln (→ BFH vom 22. 5. 1991 – BStBl 1992 II S. 94).Die steuerfreien ausländischen Einkünfte aus nichtselbständiger Arbeit i. S. d. § 32b Abs. 1 Satz 1 Nr. 2 bis 5 EStG sind als Überschuss der Einnahmen über die Werbungskosten zu berechnen. Dabei sind die tatsächlich angefallenen Werbungskosten bzw. der Arbeitnehmer-Pauschbetrag nach Maßgabe des § 32b Abs. 2 Satz 1 Nr. 2 Satz 2 EStG zu berücksichtigen.

Beispiel für Einkünfte aus nichtselbständiger Arbeit:

Der inländische steuerpflichtige Arbeitslohn beträgt 20 000 €; die Werbungskosten betragen 500 €. Der nach DBA/ATE unter Progressionsvorbehalt steuerfreie Arbeitslohn beträgt 10 000 €; im Zusammenhang mit der Erzielung des steuerfreien Arbeitslohns sind Werbungskosten in Höhe von 400 € tatsächlich angefallen.

Inländischer steuerpflichtige Arbeitslohn	20 000 €
./. Arbeitnehmer-Pauschbetrag (§ 9a Satz 1 Nr. 1 Buchstabe a EStG)	./. 1 000 €
steuerpflichtige Einkünfte gem. § 19 EStG	19 000 €
Ausländische Progressionseinnahmen	10 000 €
./. Arbeitnehmer-Pauschbetrag	0 €
maßgebende Progressionseinkünfte § 32b Abs. 2 Satz 1 Nr. 2 Satz 2 EStG	10 000 €

Ausländische Personengesellschaft

Nach einem DBA freigestellte Einkünfte aus der Beteiligung an einer ausländischen Personengesellschaft unterliegen auch dann dem Progressionsvorbehalt, wenn die ausländische Personengesellschaft in dem anderen Vertragsstaat als juristische Person besteuert wird (→ BFH vom 4. 4. 2007 – BStBl II S. 521).

Ausländische Renteneinkünfte

Ausländische Renteneinkünfte sind im Rahmen des Progressionsvorbehalts mit dem Besteuerungsanteil (§ 22 Nr. 1 Satz 3 Buchstabe a Doppelbuchstabe aa EStG) und nicht mit dem Ertragsanteil zu berücksichtigen, wenn die Leistung der ausländischen Altersversorgung in ihrem Kerngehalt den gemeinsamen und typischen Merkmalen der inländischen Basisversorgung entspricht. Zu den wesentlichen Merkmalen der Basisversorgung gehört, dass die Renten erst bei Erreichen einer bestimmten Altersgrenze bzw. bei Erwerbsunfähigkeit gezahlt werden und als Entgeltersatzleistung der Lebensunterhaltssicherung dienen (→ BFH vom 14. 7. 2010 – BStBl 2011 II S. 628).

Ausländische Sozialversicherungsbeiträge

Beiträge an die schweizerische Alters- und Hinterlassenenversicherung können nicht bei der Ermittlung des besonderen Steuersatzes im Rahmen des Progressionsvorbehaltes berücksichtigt werden (→ BFH vom 18. 4. 2012 BStBl II S. 721).

Ausländische Verluste

- Durch ausländische Verluste kann der Steuersatz auf Null sinken (→ BFH vom 25. 5. 1970 – BStBl II S. 660),
- Drittstaatenverluste i. S. d. § 2a EStG werden nur nach Maßgabe des § 2a EStG berücksichtigt (→ BFH vom 17. 11. 1999 – BStBl 2000 II S. 605).
- Ausländische Verluste aus der Veräußerung oder Aufgabe eines Betriebs, die nach einem DBA von der Bemessungsgrundlage der deutschen Steuer auszunehmen sind, unterfallen im Rahmen des Progressionsvorbehaltes nicht der sog. Fünftel-Methode (→ BFH vom 1. 2. 2012 – BStBl II S. 405).

Datenübermittlung

Zur rückwirkenden Verrechnung zwischen Trägern der Sozialleistungen → BMF vom 16. 7. 2013 (BStBl I S. 922)

EU-Tagegeld

Zur steuerlichen Behandlung des von Organen der EU gezahlten Tagegeldes → BMF vom 12. 4. 2006 (BStBl I S. 340)

Grundfreibetrag

Es begegnet keinen verfassungsrechtlichen Bedenken, dass wegen der in § 32a Abs. 1 Satz 2 EStG angeordneten vorrangigen Anwendung des Progressionsvorbehalts des § 32b EStG auch ein z. v. E. unterhalb des Grundfreibetrags der Einkommensteuer unterliegt (→ BFH vom 9. 8. 2001 – BStBl II S. 778).

Leistungen der gesetzlichen Krankenkasse

- Leistungen der gesetzlichen Krankenkasse für eine Ersatzkraft im Rahmen der Haushaltshilfe an nahe Angehörige (§ 38 Abs. 4 Satz 2 SGB V) unterliegen nicht dem Progressionsvorbehalt (→ BFH vom 17. 6. 2005 – BStBl 2006 II S. 17).

- Die Einbeziehung des Krankengeldes, das ein freiwillig in einer gesetzlichen Krankenkasse versicherter Stpfl. erhält, in den Progressionsvorbehalt, ist verfassungsgemäß (→ BFH vom 26. 11. 2008 – BStBl 2009 II S. 376).
- ***Auch nach der Einführung des sog. Basistarifs in der privaten Krankenversicherung ist es verfassungsrechtlich nicht zu beanstanden, dass zwar das Krankengeld aus der gesetzlichen Krankenversicherung, nicht aber das Krankentagegeld aus einer privaten Krankenversicherung in den Progressionsvorbehalt einbezogen wird (→ BFH vom 13. 11. 2014 – BStBl 2015 II S. 563).***

Steuerfreiheit einer Leibrente

Ist eine Leibrente sowohl nach einem DBA als auch nach § 3 Nr. 6 EStG steuerfrei, unterliegt sie nicht dem Progressionsvorbehalt (→ BFH vom 22. 1. 1997 – BStBl II S. 358).

Vorfinanziertes Insolvenzgeld

Soweit Insolvenzgeld vorfinanziert wird, das nach § 188 Abs. 1 SGB III einem Dritten zusteht, ist die Gegenleistung für die Übertragung des Arbeitsentgeltanspruchs als Insolvenzgeld anzusehen. Die an den Arbeitnehmer gezahlten Entgelte hat dieser i. S. d. § 32b Abs. 1 Satz 1 Nr. 1 Buchstabe a EStG bezogen, wenn sie ihm nach den Regeln über die Überschusseinkünfte zugeflossen sind (→ BFH vom 1. 3. 2012 – BStBl II S. 596).

Zeitweise unbeschränkte Steuerpflicht

- Besteht wegen Zu- oder Wegzugs nur zeitweise die unbeschränkte Steuerpflicht, sind die außerhalb der unbeschränkten Steuerpflicht im Kalenderjahr erzielten Einkünfte im Wege des Progressionsvorbehalts zu berücksichtigen, wenn diese nicht der beschränkten Steuerpflicht unterliegen (→ BFH vom 15. 5. 2002 – BStBl II S. 660, vom 19. 12. 2001 – BStBl 2003 II S. 302 und vom 19. 11. 2003 – BStBl 2004 II S. 549).
- Vorab entstandene Werbungskosten im Zusammenhang mit einer beabsichtigten Tätigkeit im Ausland sind beim Progressionsvorbehalt zu berücksichtigen, wenn dies nicht durch ein Doppelbesteuerungsabkommen ausgeschlossen wird (→ BFH vom 20. 9. 2006 – *BStBl 2007 II S. 756*).

R 33.1. Außergewöhnliche Belastungen allgemeiner Art

[1]§ 33 EStG setzt eine Belastung des Stpfl. auf Grund außergewöhnlicher und dem Grunde und der Höhe nach zwangsläufiger Aufwendungen voraus. [2]Der Stpfl. ist belastet, wenn ein Ereignis in seiner persönlichen Lebenssphäre ihn zu Ausgaben zwingt, die er selbst endgültig zu tragen hat. [3]Die Belastung tritt mit der Verausgabung ein. [4]Zwangsläufigkeit dem Grunde nach wird in der Regel auf Aufwendungen des Stpfl. für sich selbst oder für Angehörige i. S. d. § 15 AO beschränkt sein. [5]Aufwendungen für andere Personen können diese Voraussetzung nur ausnahmsweise erfüllen (sittliche Pflicht).

R 33.2. Aufwendungen für existenziell notwendige Gegenstände

Aufwendungen zur Wiederbeschaffung oder Schadensbeseitigung können im Rahmen des Notwendigen und Angemessenen unter folgenden Voraussetzungen als außergewöhnliche Belastung berücksichtigt werden:

1. Sie müssen einen existenziell notwendigen Gegenstand betreffen – dies sind Wohnung, Hausrat und Kleidung, nicht aber z. B. ein Pkw oder eine Garage.
2. Der Verlust oder die Beschädigung muss durch ein unabwendbares Ereignis wie Brand, Hochwasser, Kriegseinwirkung, Vertreibung, politische Verfolgung verursacht sein, oder von dem Gegenstand muss eine → Gesundheitsgefährdung ausgehen, die beseitigt werden muss und die nicht auf Verschulden des Stpfl. oder seines Mieters oder auf einen Baumangel zurückzuführen ist (z. B. bei Schimmelpilzbildung.
3. Dem Stpfl. müssen tatsächlich finanzielle Aufwendungen entstanden sein; ein bloßer Schadenseintritt reicht zur Annahme von Aufwendungen nicht aus.
4. Die Aufwendungen müssen ihrer Höhe nach notwendig und angemessen sein und werden nur berücksichtigt, soweit sie den Wert des Gegenstandes im Vergleich zu vorher nicht übersteigen.
5. Nur der endgültig verlorene Aufwand kann berücksichtigt werden, d. h., die Aufwendungen sind um einen etwa nach Schadenseintritt noch vorhandenen Restwert zu kürzen.

6. Der Stpfl. muss glaubhaft darlegen, dass er den Schaden nicht verschuldet hat und dass realisierbare Ersatzansprüche gegen Dritte nicht bestehen.
7. Ein Abzug scheidet aus, sofern der Stpfl. zumutbare Schutzmaßnahmen unterlassen oder eine allgemein zugängliche und übliche Versicherungsmöglichkeit nicht wahrgenommen hat.
8. Das schädigende Ereignis darf nicht länger als drei Jahre zurückliegen, bei Baumaßnahmen muss mit der Wiederherstellung oder Schadensbeseitigung innerhalb von drei Jahren nach dem schädigenden Ereignis begonnen worden sein.

R 33.3. Aufwendungen wegen Pflegebedürftigkeit und erheblich eingeschränkter Alltagskompetenz

Voraussetzungen und Nachweis

(1) [1]Zu dem begünstigten Personenkreis zählen pflegebedürftige Personen, bei denen mindestens ein Schweregrad der Pflegebedürftigkeit i. S. d. §§ 14, 15 SGB XI besteht und Personen, bei denen eine erhebliche Einschränkung der Alltagskompetenz nach § 45a SGB XI festgestellt wurde. [2]Der Nachweis ist durch eine Bescheinigung (z. B. Leistungsbescheid oder -mitteilung) der sozialen Pflegekasse oder des privaten Versicherungsunternehmens, das die private Pflegeversicherung durchführt, oder nach § 65 Abs. 2 EStDV zu führen. [3]Pflegekosten von Personen, die nicht zu dem nach Satz 1 begünstigten Personenkreis zählen und ambulant gepflegt werden, können ohne weiteren Nachweis auch dann als außergewöhnliche Belastungen berücksichtigt werden, wenn sie von einem anerkannten Pflegedienst nach § 89 SGB XI gesondert in Rechnung gestellt worden sind.

Eigene Pflegeaufwendungen

(2) [1]Zu den Aufwendungen infolge Pflegebedürftigkeit und erheblich eingeschränkter Alltagskompetenz zählen sowohl Kosten für die Beschäftigung einer ambulanten Pflegekraft und/oder die Inanspruchnahme von Pflegediensten, von Einrichtungen der Tages- oder Nachtpflege, der Kurzzeitpflege oder von nach Landesrecht anerkannten niedrigschwelligen Betreuungsangeboten als auch Aufwendungen zur Unterbringung in einem Heim. [2]Wird bei einer Heimunterbringung wegen Pflegebedürftigkeit der private Haushalt aufgelöst, ist die Haushaltsersparnis mit dem in § 33a Abs. 1 Satz 1 EStG genannten Höchstbetrag der abziehbaren Aufwendungen anzusetzen. [3]Liegen die Voraussetzungen nur während eines Teiles des Kalenderjahres vor, sind die anteiligen Beträge anzusetzen ($^1/_{360}$ pro Tag, $^1/_{12}$ pro Monat).

Konkurrenz zu § 33a Abs. 3 EStG

(3) – unbesetzt –

Konkurrenz zu § 33b Abs. 3 EStG

(4) [1]Die Inanspruchnahme eines Pauschbetrags nach § 33b Abs. 3 EStG schließt die Berücksichtigung von Pflegeaufwendungen nach Absatz 2 im Rahmen des § 33 EStG aus. [2]Zur Berücksichtigung eigener Aufwendungen der Eltern für ein behindertes Kind → R 33b. Abs. 2.

Pflegeaufwendungen für Dritte

(5) Hat der pflegebedürftige Dritte im Hinblick auf sein Alter oder eine etwaige Bedürftigkeit dem Stpfl. Vermögenswerte zugewendet, z. B. ein Hausgrundstück, kommt ein Abzug der Pflegeaufwendungen nur in der Höhe in Betracht, wie die Aufwendungen den Wert des hingegebenen Vermögens übersteigen.

R 33.4. Aufwendungen wegen Krankheit und Behinderung sowie für Integrationsmaßnahmen

Nachweis

(1) [1]Der Nachweis von Krankheitskosten ist nach § 64 EStDV zu führen. [2]Bei Aufwendungen für eine Augen-Laser-Operation ist die Vorlage eines amtsärztlichen Attests nicht erforderlich. [3]Bei einer andauernden Erkrankung mit anhaltendem Verbrauch bestimmter Arznei-, Heil- und Hilfsmittel reicht die einmalige Vorlage einer Verordnung. [4]Wurde die Notwendigkeit einer Sehhilfe in der Vergangenheit durch einen Augenarzt festgestellt, genügt in den Folgejahren

die Sehschärfenbestimmung durch einen Augenoptiker. [5]Als Nachweis der angefallenen Krankheitsaufwendungen kann auch die Vorlage der Erstattungsmitteilung der privaten Krankenversicherung oder der Beihilfebescheid einer Behörde ausreichen. [6]Diese Erleichterung entbindet den Stpfl. aber nicht von der Verpflichtung, dem Finanzamt die Zwangsläufigkeit, Notwendigkeit und Angemessenheit nicht erstatteter Aufwendungen auf Verlangen nachzuweisen. [7]Wurde die Notwendigkeit einer Kur offensichtlich im Rahmen der Bewilligung von Zuschüssen oder Beihilfen anerkannt, genügt bei Pflichtversicherten die Bescheinigung der Versicherungsanstalt und bei öffentlich Bediensteten der Beihilfebescheid.

Privatschulbesuch

(2) [1]Ist ein Kind ausschließlich wegen einer Behinderung im Interesse einer angemessenen Berufsausbildung auf den Besuch einer Privatschule (Sonderschule oder allgemeine Schule in privater Trägerschaft) mit individueller Förderung angewiesen, weil eine geeignete öffentliche Schule oder eine den schulgeldfreien Besuch ermöglichende geeignete Privatschule nicht zur Verfügung steht oder nicht in zumutbarer Weise erreichbar ist, ist das Schulgeld dem Grunde nach als außergewöhnliche Belastung nach § 33 EStG – neben einem auf den Stpfl. übertragbaren Pauschbetrag für behinderte Menschen – zu berücksichtigen. [2]Der Nachweis, dass der Besuch der Privatschule erforderlich ist, muss durch eine Bestätigung der zuständigen obersten Landeskultusbehörde oder der von ihr bestimmten Stelle geführt werden.

Kur

(3) [1]Kosten für Kuren im Ausland sind in der Regel nur bis zur Höhe der Aufwendungen anzuerkennen, die in einem dem Heilzweck entsprechenden inländischen Kurort entstehen würden. [2]Verpflegungsmehraufwendungen anlässlich einer Kur können nur in tatsächlicher Höhe nach Abzug der Haushaltsersparnis von $^1/_5$ der Aufwendungen berücksichtigt werden.

Aufwendungen behinderter Menschen für Verkehrsmittel

(4) [1]Macht ein gehbehinderter Stpfl. neben den Aufwendungen für Privatfahrten mit dem eigenen Pkw auch solche für andere Verkehrsmittel (z. B. für Taxis) geltend, ist die als noch angemessen anzusehende jährliche Fahrleistung von 3 000 km (beim GdB von mindestens 80 oder GdB von mindestens 70 und Merkzeichen G) – bzw. von 15 000 km (bei Merkzeichen aG, Bl oder H) – entsprechend zu kürzen. [2]Die Aufwendungen für die behindertengerechte Umrüstung eines PKWs können im VZ des Abflusses als außergewöhnliche Belastungen neben den angemessenen Aufwendungen für Fahrten berücksichtigt werden. [3]Eine Verteilung auf mehrere VZ ist nicht zulässig.

Behinderungsbedingte Baukosten

(5) [1]Um- oder Neubaukosten eines Hauses oder einer Wohnung können im VZ des Abflusses eine außergewöhnliche Belastung darstellen, soweit die Baumaßnahme durch die Behinderung bedingt ist. [2]Eine Verteilung auf mehrere VZ ist nicht zulässig. [3]Für den Nachweis der Zwangsläufigkeit der Aufwendungen ist die Vorlage folgender Unterlagen ausreichend:

- der Bescheid eines gesetzlichen Trägers der Sozialversicherung oder der Sozialleistungen über die Bewilligung eines pflege- bzw. behinderungsbedingten Zuschusses (z. B. zur Verbesserung des individuellen Wohnumfeldes nach § 40 Abs. 4 SGB XI) oder
- das Gutachten des Medizinischen Dienstes der Krankenversicherung (MDK), des Sozialmedizinischen Dienstes (SMD) oder der Medicproof Gesellschaft für Medizinische Gutachten mbH.

Aufwendungen für Deutsch- und Integrationskurse

(6) [1]Aufwendungen für den Besuch von Sprachkursen, in denen Deutsch gelehrt wird, sind nicht als außergewöhnliche Belastungen abziehbar. [2]Gleiches gilt für Integrationskurse, es sei denn, der Stpfl. weist durch Vorlage einer Bestätigung der Teilnahmeberechtigung nach § 6 Abs. 1 Satz 1 und 3 der Verordnung über die Durchführung von Integrationskursen für Ausländer und Spätaussiedler nach, dass die Teilnahme am Integrationskurs verpflichtend war und damit aus rechtlichen Gründen zwangsläufig erfolgte.

H 33.1 – 33.4

Abkürzung des Zahlungsweges

Bei den außergewöhnlichen Belastungen kommt der Abzug von Aufwendungen eines Dritten auch unter dem Gesichtspunkt der Abkürzung des Vertragswegs nicht in Betracht (→ BMF vom 7. 7. 2008 – BStBl I S. 717).

Adoption

Aufwendungen im Zusammenhang mit einer Adoption sind nicht zwangsläufig (→ BFH vom ***10. 3. 2015 – BStBl II S. 695***).

Asbestbeseitigung

Die tatsächliche Zwangsläufigkeit von Aufwendungen zur Beseitigung von Asbest ist nicht anhand der abstrakten Gefährlichkeit von Asbestfasern zu beurteilen; erforderlich sind zumindest konkret zu befürchtende Gesundheitsgefährdungen. Denn die Notwendigkeit einer Asbestsanierung hängt wesentlich von der verwendeten Asbestart und den baulichen Gegebenheiten ab (→ BFH vom 29. 3. 2012 – BStBl II S. 570).

→ Gesundheitsgefährdung

Asyl

Die Anerkennung als Asylberechtigter läßt nicht ohne weiteres auf ein unabwendbares Ereignis für den Verlust von Hausrat und Kleidung schließen (→ BFH vom 26. 4. 1991 – BStBl II S. 755).

Außergewöhnlich

Außergewöhnlich sind Aufwendungen, wenn sie nicht nur der Höhe, sondern auch ihrer Art und dem Grunde nach außerhalb des Üblichen liegen und insofern nur einer Minderheit entstehen. Die typischen Aufwendungen der Lebensführung sind aus dem Anwendungsbereich des § 33 EStG ungeachtet ihrer Höhe im Einzelfall ausgeschlossen (→ BFH vom 29. 9. 1989 – BStBl 1990 II S. 418, vom 19. 5. 1995 – BStBl II S. 774, vom 22. 10. 1996 – BStBl 1997 II S. 558 und vom 12. 11. 1996 – BStBl 1997 II S. 387).

Aussteuer

Aufwendungen für die Aussteuer einer heiratenden Tochter sind regelmäßig nicht als zwangsläufig anzusehen, weil sie grundsätzlich in den Vermögensbereich gehören; dies gilt auch, wenn die Eltern ihrer Verpflichtung, dem Kind eine Berufsausbildung zuteil werden zu lassen, nicht nachgekommen sind (→ BFH vom 3. 6. 1987 – BStBl II S. 779).

Begleitperson

Aufwendungen eines Schwerbehinderten für eine Begleitperson bei Reisen sind nicht als außergewöhnliche Belastung abziehbar, wenn die Begleitperson ein Ehegatte ist, der aus eigenem Interesse an der Reise teilgenommen hat und für den kein durch die Behinderung des anderen Ehegatten veranlasster Mehraufwand angefallen ist (→ BFH vom 7. 5. 2013 – BStBl II S. 808).

Behindertengerechte Ausstattung

- Mehraufwendungen für die notwendige behindertengerechte Gestaltung des individuellen Wohnumfelds sind außergewöhnliche Belastungen. Sie stehen so stark unter dem Gebot der sich aus der Situation ergebenden Zwangsläufigkeit, dass die Erlangung eines etwaigen Gegenwerts regelmäßig in den Hintergrund tritt. Es ist nicht erforderlich, dass die Behinderung auf einem nicht vorhersehbaren Ereignis beruht und deshalb ein schnelles Handeln des Stpfl. oder seiner Angehörigen geboten ist. Auch die Frage nach zumutbaren Handlungsalternativen stellt sich in solchen Fällen nicht (→ BFH vom 24. 2. 2011 – BStBl II S. 1102).
- ***Behinderungsbedingte Umbaukosten einer Motoryacht sind keine außergewöhnlichen Belastungen (→ BFH vom 2. 6. 2015 – BStBl II S. 775).***
- R 33.4 Abs. 5

Bestattungskosten

eines nahen Angehörigen sind regelmäßig als außergewöhnliche Belastung zu berücksichtigen, soweit sie nicht aus dem Nachlass bestritten werden können und auch nicht durch Ersatzleistungen gedeckt sind (→ BFH vom 8. 9. 1961 – BStBl 1962 III S. 31, vom 19. 10. 1990 – BStBl 1991 II S. 140, vom 17. 6. 1994 – BStBl II S. 754 und vom 22. 2. 1996 – BStBl II S. 413). Leistungen aus einer Sterbegeldversicherung oder aus einer Lebensversicherung, die dem Stpfl. anlässlich des Todes eines nahen Angehörigen außerhalb des Nachlasses zufließen, sind auf die als außergewöhnliche Belastung anzuerkennenden Kosten anzurechnen (→ BFH vom 19. 10. 1990 – BStBl 1991 II S. 140 und vom 22. 2. 1996 – BStBl II S. 413).

Zu den außergewöhnlichen Belastungen gehören nur solche Aufwendungen, die unmittelbar mit der eigentlichen Bestattung zusammenhängen. Nur mittelbar mit einer Bestattung zusammenhängende Kosten werden mangels Zwangsläufigkeit nicht als außergewöhnliche Belastung anerkannt. Zu diesen mittelbaren Kosten gehören z. B.:

- Aufwendungen für die Bewirtung von Trauergästen (→ BFH vom 17. 9. 1987 – BStBl 1988 II S. 130),
- Aufwendungen für Trauerkleidung (→ BFH vom 12. 8. 1966 – BStBl 1967 III S. 364),
- Reisekosten für die Teilnahme an einer Bestattung eines nahen Angehörigen (→ BFH vom 17. 6. 1994 – BStBl 1994 II S. 754).

Betreuervergütung

Vergütungen für einen ausschließlich zur Vermögenssorge bestellten Betreuer stellen keine außergewöhnlichen Belastungen, sondern Betriebsausgaben bzw. Werbungskosten bei den mit dem verwalteten Vermögen erzielten Einkünften dar, sofern die Tätigkeit des Betreuers weder einer kurzfristigen Abwicklung des Vermögens noch der Verwaltung ertraglosen Vermögens dient (→ BFH vom 14. 9. 1999 – BStBl 2000 II S. 69).

Betrug

Durch Betrug veranlaßte vergebliche Zahlungen für einen Grundstückskauf sind nicht zwangsläufig (→ BFH vom 19. 5. 1995 – BStBl II S. 774).

Darlehen

- Werden die Ausgaben über Darlehen finanziert werden, tritt die Belastung bereits im Zeitpunkt der Verausgabung ein (→ BFH vom 10. 6. 1988 – BStBl II S. 814).
- → Verausgabung

Diätverpflegung

- Aufwendungen, die durch Diätverpflegung entstehen, sind von der Berücksichtigung als außergewöhnliche Belastung auch dann ausgeschlossen, wenn die Diätverpflegung an die Stelle einer sonst erforderlichen medikamentösen Behandlung tritt (→ BFH vom 21. 6. 2007 – BStBl II S. 880).
- ***Aufwendungen für Arzneimittel i. S. d. § 2 Arzneimittelgesetz unterfallen nicht dem Abzugsverbot für Diätverpflegung, wenn die Zwangsläufigkeit (medizinische Indikation) der Medikation durch ärztliche Verordnung nachgewiesen ist (→ BFH vom 14. 4. 2015 – BStBl II S. 703).***

Eltern-Kind-Verhältnis

Aufwendungen des nichtsorgeberechtigten Elternteils zur Kontaktpflege sind nicht außergewöhnlich (→ BFH vom 27. 9. 2007 – BStBl 2008 II S. 287).

Ergänzungspflegervergütung

Wird für einen Minderjährigen im Zusammenhang mit einer Erbauseinandersetzung die Anordnung einer Ergänzungspflegschaft erforderlich, so sind die Aufwendungen hierfür nicht als außergewöhnliche Belastungen zu berücksichtigen (→ BFH vom 14. 9. 1999 – BStBl 2000 II S. 69).

Erpressungsgelder

Erpressungsgelder sind keine außergewöhnlichen Belastungen, wenn der Erpressungsgrund selbst und ohne Zwang geschaffen worden ist (→ BFH vom 18. 3. 2004 – BStBl II S. 867).

Ersatz von dritter Seite

Ersatz und Unterstützungen von dritter Seite zum Ausgleich der Belastung sind von den berücksichtigungsfähigen Aufwendungen abzusetzen, es sei denn, die vertragsgemäße Erstattung führt zu steuerpflichtigen Einnahmen beim Stpfl. (→ BFH vom 14. 3. 1975 – BStBl II S. 632 und vom 6. 5. 1994 – BStBl 1995 II S. 104). Die Ersatzleistungen sind auch dann abzusetzen, wenn sie erst in einem späteren Kalenderjahr gezahlt werden, der Stpfl. aber bereits in dem Kalenderjahr, in dem die Belastung eingetreten ist, mit der Zahlung rechnen konnte (→ BFH vom 21. 8. 1974 – BStBl 1975 II S. 14). Werden Ersatzansprüche gegen Dritte nicht geltend gemacht, entfällt die Zwangsläufigkeit, wobei die Zumutbarkeit Umfang und Intensität der erforderlichen Rechtsverfolgung bestimmt (→ BFH vom 20. 9. 1991 – BStBl 1992 II S. 137 und vom 18. 6. 1997 – BStBl II S. 805). Der Verzicht auf die Inanspruchnahme von staatlichen Transferleistungen (z. B. Eingliederungshilfe nach § 35a SGB VIII) steht dem Abzug von Krankheitskosten als außergewöhnliche Belastungen nicht entgegen (→ BFH vom 11. 11. 2010 – BStBl 2011 II S. 969). Der Abzug von Aufwendungen nach § 33 EStG ist ferner ausgeschlossen, wenn der Stpfl. eine allgemein zugängliche und übliche Versicherungsmöglichkeit nicht wahrgenommen hat (→ BFH vom 6. 5. 1994 – BStBl 1995 II S. 104). Dies gilt auch, wenn lebensnotwendige Vermögensgegenstände, wie Hausrat und Kleidung wiederbeschafft werden müssen (→ BFH vom 26. 6. 2003 – BStBl 2004 II S. 47).

- **Hausratversicherung**
  Anzurechnende Leistungen aus einer Hausratversicherung sind nicht aufzuteilen in einen Betrag, der auf allgemein notwendigen und angemessenen Hausrat entfällt, und in einen solchen, der die Wiederbeschaffung von Gegenständen und Kleidungsstücken gehobenen Anspruchs ermöglichen soll (→ BFH vom 30. 6. 1999 – BStBl II S. 766),
- **Krankenhaustagegeldversicherungen**
  Bis zur Höhe der durch einen Krankenhausaufenthalt verursachten Kosten sind die Leistungen abzusetzen, nicht aber Leistungen aus einer Krankentagegeldversicherung (→ BFH vom 22. 10. 1971 – BStBl 1972 II S. 177).
- **Private Pflegezusatzversicherung**
  Das aus einer privaten Pflegezusatzversicherung bezogene Pflege(tage)geld mindert die abziehbaren Pflegekosten (→ BFH vom 14. 4. 2011 – BStBl II S. 701).

Fahrtkosten, allgemein

Unumgängliche Fahrtkosten, die dem Grunde nach als außergewöhnliche Belastung zu berücksichtigen sind, sind bei Nutzung eines Pkw nur in Höhe der Kosten für die Benutzung eines öffentlichen Verkehrsmittels abziehbar, es sei denn, es bestand keine zumutbare öffentliche Verkehrsverbindung (→ BFH vom 3. 12. 1998 – BStBl 1999 II S. 227).

→ Fahrtkosten behinderter Menschen

→ Familienheimfahrten

→ Kur

→ Mittagheimfahrt

→ Pflegeaufwendungen für Dritte

→ Zwischenheimfahrten

Fahrtkosten behinderter Menschen

Kraftfahrzeugkosten behinderter Menschen können im Rahmen der Angemessenheit neben den Pauschbeträgen nur wie folgt berücksichtigt werden (→ BMF vom 29. 4. 1996 – BStBl I S. 446 und vom 21. 11. 2001 – BStBl I S. 868):

1. **Bei geh- und stehbehinderten Stpfl. (GdB von mindestens 80 oder GdB von mindestens 70 und Merkzeichen G):**
   Aufwendungen für durch die Behinderung veranlasste unvermeidbare Fahrten sind als außergewöhnliche Belastung anzuerkennen, soweit sie nachgewiesen oder glaubhaft gemacht werden und angemessen sind.
   Aus Vereinfachungsgründen kann im Allgemeinen ein Aufwand für Fahrten bis zu 3 000 km im Jahr als angemessen angesehen werden.

2. **Bei außergewöhnlich gehbehinderten (Merkzeichen aG), blinden (Merkzeichen Bl) und hilflosen (Merkzeichen H) Menschen:**
   In den Grenzen der Angemessenheit dürfen nicht nur die Aufwendungen für durch die Behinderung veranlasste unvermeidbare Fahrten, sondern auch für Freizeit-, Erholungs- und Besuchsfahrten abgezogen werden. Die tatsächliche Fahrleistung ist nachzuweisen oder glaubhaft zu machen. Eine Fahrleistung von mehr als 15 000 km im Jahr liegt in aller Regel nicht mehr im Rahmen des Angemessenen (→ BFH vom 2. 10. 1992 – BStBl 1993 II S. 286). Die Begrenzung auf jährlich 15 000 km gilt ausnahmsweise nicht, wenn die Fahrleistung durch eine berufsqualifizierende Ausbildung bedingt ist, die nach der Art und Schwere der Behinderung nur durch den Einsatz eines Pkw durchgeführt werden kann. In diesem Fall können weitere rein private Fahrten nur noch bis zu 5 000 km jährlich berücksichtigt werden (→ BFH vom 13. 12. 2001 – BStBl 2002 II S. 198).
3. Ein höherer Aufwand als 0,30 €/km ist unangemessen und darf deshalb im Rahmen des § 33 EStG nicht berücksichtigt werden (→ BFH vom 19. 5. 2004 – III R 16/02). Das gilt auch dann, wenn sich der höhere Aufwand wegen einer nur geringen Jahresfahrleistung ergibt (→ BFH vom 18. 12. 2003 – BStBl 2004 II S. 453).

Die Kosten können auch berücksichtigt werden, wenn sie nicht beim behinderten Menschen selbst, sondern bei einem Stpfl. entstanden sind, auf den der Behinderten-Pauschbetrag nach § 33b Abs. 5 EStG übertragen worden ist; das gilt jedoch nur für solche Fahrten, an denen der behinderte Mensch selbst teilgenommen hat (→ BFH vom 1. 8. 1975 – BStBl II S. 825).

Familienheimfahrten

Aufwendungen verheirateter Wehrpflichtiger für Familienheimfahrten sind keine außergewöhnliche Belastung berücksichtigt werden (→ BFH vom 5. 12. 1969 – BStBl 1970 II S. 210).

Formaldehydemission

→ Gesundheitsgefährdung

Freiwillige Ablösungen

von laufenden Kosten für die Anstaltsunterbringung eines pflegebedürftigen Kindes sind nicht zwangsläufig (→ BFH vom 14. 11. 1980 – BStBl 1981 II S. 130).

Gegenwert

– Die Erlangung eines Gegenwerts schließt insoweit die Belastung des Stpfl. aus. Einen Gegenwert liegt vor, wenn der betreffende Gegenstand oder die bestellte Leistung eine gewisse Marktfähigkeit besitzen, die in einem bestimmten Verkehrswert zum Ausdruck kommt (→ BFH vom 4. 3. 1983 – BStBl II S. 378 und vom 29. 11. 1991 – BStBl 1992 II S. 290). Bei der Beseitigung eingetretener Schäden an einem Vermögensgegenstand, der für den Stpfl. von existenziell wichtiger Bedeutung ist, ergibt sich ein Gegenwert nur hinsichtlich von Wertverbesserungen, nicht jedoch hinsichtlich des verlorenen Aufwandes (→ BFH vom 6. 5. 1994 – BStBl 1995 II S. 104).
– → Gesundheitsgefährdung
– → Behindertengerechte Ausstattung

Gesundheitsgefährdung

– Geht von einem Gegenstand des existenznotwendigen Bedarfs eine konkrete Gesundheitsgefährdung aus, die beseitigt werden muss (z. B. asbesthaltige Außenfassade des Hauses, Formaldehydemission von Möbeln), sind die Sanierungskosten und die Kosten für eine ordnungsgemäße Entsorgung des Schadstoffs aus tatsächlichen Gründen zwangsläufig entstanden. Die Sanierung muss im Zeitpunkt ihrer Durchführung unerlässlich sein. Die Gesundheitsgefährdung ist durch ein vor Durchführung der Maßnahme von einer zuständigen amtlichen technischen Stelle erstelltes Gutachten und bei Unterschreitung des Grenzwerts durch ein zusätzliches, vor Durchführung der Maßnahme einzuholendes amts- und vertrauensärztliches Attest nachzuweisen (→ BFH vom 9. 8. 2001 – BStBl 2002 II S. 240 und vom 23. 5. 2002 – BStBl II S. 592). Der Stpfl. ist verpflichtet, die medizinische Indikation der Maßnahmen nachzuweisen. Eines amts- oder vertrauensärztlichen Gutachtens bedarf es hierzu nicht (→ BFH vom 11. 11. 2010 – BStBl 2011 II S. 966).
– Tauscht der Stpfl. gesundheitsgefährdende Gegenstände des existenznotwendigen Bedarfs aus, steht die Gegenwertlehre dem Abzug der Aufwendungen nicht entgegen. Der sich aus

der Erneuerung ergebende Vorteil ist jedoch anzurechnen („Neu für Alt") (→ BFH vom 11. 11. 2010 – BStBl 2011 II S. 966).
- → Mietzahlungen

Gutachter

Ergibt sich aus Gutachten die Zwangsläufigkeit von Aufwendungen gem. § 33 Abs. 2 EStG, können auch die Aufwendungen für das Gutachten berücksichtigt werden (→ BFH vom 23. 5. 2002 – BStBl II S. 592).

Haushaltsersparnis

Wird bei einer Heimunterbringung wegen Pflegebedürftigkeit der private Haushalt aufgelöst, können nur die über die üblichen Kosten der Unterhaltung eines Haushalts hinausgehenden Aufwendungen als außergewöhnliche Belastung berücksichtigt werden (→ BFH vom 22. 8. 1980 – BStBl 1981 II S. 23, vom 29. 9. 1989 – BStBl 1990 II S. 418 und vom 15. 4. 2010 – BStBl II S. 794). Kosten der Unterbringung in einem Krankenhaus können regelmäßig ohne Kürzung um eine Haushaltsersparnis als außergewöhnliche Belastung anerkannt werden.

Heileurythmie

Die Heileurythmie ist ein Heilmittel i. S. d. §§ 2 und 32 SGB V. Für den Nachweis der Zwangsläufigkeit von Aufwendungen im Krankheitsfall ist eine Verordnung eines Arztes oder Heilpraktikers nach § 64 Abs. 1 Nr. 1 EStDV ausreichend (→ BFH vom 26. 2. 2014 – BStBl II S. 824).

→ Wissenschaftlich nicht anerkannte Behandlungsmethoden

Heimunterbringung

- Aufwendungen eines nicht pflegebedürftigen Stpfl., der mit seinem pflegebedürftigen Ehegatten in ein Wohnstift übersiedelt, erwachsen nicht zwangsläufig (→ BFH vom 14. 11. 2013 – BStBl 2014 II S. 456).
- Bei einem durch Krankheit veranlassten Aufenthalt in einem Seniorenheim oder -wohnstift sind die Kosten für die Unterbringung außergewöhnliche Belastungen. Der Aufenthalt kann auch krankheitsbedingt sein, wenn keine zusätzlichen Pflegekosten entstanden sind und kein Merkmal „H" oder „Bl" im Schwerbehindertenausweis festgestellt ist. Die Unterbringungskosten sind nach Maßgabe der für Krankheitskosten geltenden Grundsätze als außergewöhnliche Belastungen zu berücksichtigen, soweit sie nicht außerhalb des Rahmens des Üblichen liegen (→ BFH vom 14. 11. 2013 – BStBl 2014 II S. 456).
- Kosten für die behinderungsbedingte Unterbringung in einer sozial-therapeutischen Einrichtung können außergewöhnliche Belastungen sein (→ BFH vom 9. 12. 2010 – BStBl 2011 II S. 1011).
- → H 33a.1 (Abgrenzung zu § 33 EStG)

Kapitalabfindung von Unterhaltsansprüchen

Der Abzug einer vergleichsweise vereinbarten Kapitalabfindung zur Abgeltung sämtlicher möglicherweise in der Vergangenheit entstandener und künftiger Unterhaltsansprüche eines geschiedenen Ehegatten scheidet in aller Regel wegen fehlender Zwangsläufigkeit aus (→ BFH vom 26. 2. 1998, BStBl II S. 605).

Krankenhaustagegeldversicherung

Die Leistungen sind von den berücksichtigungsfähigen Aufwendungen abzusetzen (→ BFH vom 22. 10. 1971 – BStBl 1972 II S. 177).

Krankentagegeldversicherung

Die Leistungen sind – im Gegensatz zu Leistungen aus einer Krankenhaustagegeldversicherung – kein Ersatz für Krankenhauskosten (→ BFH vom 22. 10. 1971 – BStBl 1972 II S. 177).

Krankenversicherungsbeiträge

Da Krankenversicherungsbeiträge ihrer Art nach Sonderausgaben sind, können sie auch bei an sich beihilfeberechtigten Angehörigen des öffentlichen Dienstes nicht als außergewöhnliche Belastung berücksichtigt werden, wenn der Stpfl. wegen seines von Kindheit an bestehenden Leidens keine Aufnahme in eine private Krankenversicherung gefunden hat (→ BFH vom 29. 11. 1991 – BStBl 1992 II S. 293).

Krankheitskosten für Unterhaltsberechtigte

Für einen Unterhaltsberechtigten aufgewendete Krankheitskosten können beim Unterhaltspflichtigen grundsätzlich nur insoweit als außergewöhnliche Belastung anerkannt werden, als der Unterhaltsberechtigte nicht in der Lage ist, die Krankheitskosten selbst zu tragen (→ BFH vom 11. 7. 1990 – BStBl 1991 II S. 62). Ein schwerbehindertes Kind, das angesichts der Schwere und der Dauer seiner Erkrankung seinen Grundbedarf und behinderungsbedingten Mehrbedarf nicht selbst zu decken in der Lage ist und bei dem ungewiss ist, ob sein Unterhaltsbedarf im Alter durch Leistungen Unterhaltspflichtiger gedeckt werden kann, darf jedoch zur Altersvorsorge maßvoll Vermögen bilden. Die das eigene Vermögen des Unterhaltsempfängers betreffende Bestimmung des § 33a Abs. 1 Satz 4 EStG kommt im Rahmen des § 33 EStG nicht zur Anwendung (→ BFH vom 11. 2. 2010 – BStBl II S. 621).

Künstliche Befruchtung wegen Krankheit

- Aufwendungen für eine künstliche Befruchtung, die einem Ehepaar zu einem gemeinsamen Kind verhelfen soll, das wegen Empfängnisunfähigkeit der Ehefrau sonst von ihrem Ehemann nicht gezeugt werden könnte (homologe künstliche Befruchtung), können außergewöhnliche Belastungen sein (→ BFH vom 18. 6. 1997 – BStBl II S. 805). Dies gilt auch für ein nicht verheiratetes Paar, wenn die Richtlinien der ärztlichen Berufsordnungen beachtet werden; insbesondere eine fest gefügte Partnerschaft vorliegt und der Mann die Vaterschaft anerkennen wird (→ BFH vom 10. 5. 2007 – BStBl II S. 871).
- Aufwendungen eines Ehepaares für eine medizinisch angezeigte künstliche Befruchtung mit dem Samen eines Dritten (heterologe künstliche Befruchtung) sind als Krankheitskosten zu beurteilen und damit als außergewöhnliche Belastung zu berücksichtigen (→ BFH vom 16. 12. 2010 – BStBl 2011 S. 414).
- Aufwendungen für eine künstliche Befruchtung nach vorangegangener freiwilliger Sterilisation sind keine außergewöhnlichen Belastungen (→ BFH vom 3. 3. 2005 – BStBl II S. 566).

Kur

Kosten für eine Kurreise können als außergewöhnliche Belastung nur abgezogen werden, wenn die Kurreise zur Heilung oder Linderung einer Krankheit nachweislich notwendig ist und eine andere Behandlung nicht oder kaum erfolgversprechend erscheint (→ BFH vom 12. 6. 1991 – BStBl II S. 763).

- **Erholungsurlaub/Abgrenzung zur** Heilkur
  Im Regelfall ist zur Abgrenzung einer Heilkur vom Erholungsurlaub ärztliche Überwachung zu fordern. Gegen die Annahme einer Heilkur kann auch die Unterbringung in einem Hotel oder Privatquartier anstatt in einem Sanatorium und die Vermittlung durch ein Reisebüro sprechen (→ BFH vom 12. 6. 1991 – BStBl II S. 763),
- **Fahrtkosten**
  Als Fahrtkosten zum Kurort sind grundsätzlich die Kosten der öffentlichen Verkehrsmittel anzusetzen (→ BFH vom 12. 6. 1991 – BStBl II S. 763). Die eigenen Kfz-Kosten können nur ausnahmsweise berücksichtigt werden, wenn besondere persönliche Verhältnisse dies erfordern (→ BFH vom 30. 6. 1967 – BStBl III S. 655),
  Aufwendungen für Besuchsfahrten zu in Kur befindlichen Angehörigen sind keine außergewöhnliche Belastung (→ BFH vom 16. 5. 1975 – BStBl II S. 536),
- **Nachkur**
  Nachkuren in einem typischen Erholungsort sind auch dann nicht abziehbar, wenn sie ärztlich verordnet sind; dies gilt erst recht, wenn die Nachkur nicht unter einer ständigen ärztlichen Aufsicht in einer besonderen Kranken- oder Genesungsanstalt durchgeführt wird (→ BFH vom 4. 10. 1968 – BStBl 1969 II S. 179),

Medizinische Fachliteratur

Aufwendungen eines Stpfl. für medizinische Fachliteratur sind auch dann nicht als außergewöhnliche Belastungen zu berücksichtigen, wenn die Literatur dazu dient, die Entscheidung für eine bestimmte Therapie oder für die Behandlung durch einen bestimmten Arzt zu treffen (→ BFH vom 6. 4. 1990 – BStBl II S. 958, BFH vom 24. 10. 1995 – BStBl 1996 II S. 88).

Medizinische Hilfsmittel als Gebrauchsgegenstände des täglichen Lebens

Gebrauchsgegenstände des täglichen Lebens i. S. v. § 33 Abs. 1 SGB V sind nur solche technischen Hilfen, die getragen oder mit sich geführt werden können, um sich im jeweiligen Umfeld zu bewegen, zurechtzufinden und die elementaren Grundbedürfnisse des täglichen Lebens zu befriedigen. Ein Nachweis nach § 64 Abs. 1 Nr. 2 Satz 1 Buchst. e EStDV kann nur gefordert werden, wenn ein medizinisches Hilfsmittel diese Merkmale erfüllt. Ein Treppenlift erfüllt nicht die Anforderungen dieser Legaldefinition eines medizinischen Hilfsmittels, so dass die Zwangsläufigkeit von Aufwendungen für den Einbau eines Treppenlifts nicht formalisiert nachzuweisen ist (→ BFH vom 6. 2. 2014 – BStBl II S. 458).

Mietzahlungen

Mietzahlungen für eine ersatzweise angemietete Wohnung können als außergewöhnliche Belastung zu berücksichtigen sein, wenn eine Nutzung der bisherigen eigenen Wohnung wegen Einsturzgefahr amtlich untersagt ist. Dies gilt jedoch nur bis zur Wiederherstellung der Bewohnbarkeit oder bis zu dem Zeitpunkt, in dem der Stpfl. die Kenntnis erlangt, dass eine Wiederherstellung der Bewohnbarkeit nicht mehr möglich ist (→ BFH vom 21. 4. 2010 – BStBl II S. 965).

Mittagsheimfahrt

Aufwendungen für Mittagsheimfahrten stellen keine außergewöhnliche Belastung dar, auch wenn die Fahrten wegen des Gesundheitszustands oder einer Behinderung des Stpfl. angebracht oder erforderlich sind (→ BFH vom 4. 7. 1975 – BStBl II S. 738).

Nachweis der Zwangsläufigkeit von krankheitsbedingten Aufwendungen

Die in § 64 EStDV vorgesehenen Nachweise können nicht durch andere Unterlagen ersetzt werden (→ BFH vom 25. 1. 2015 – BStBl II S. 586).

Neben den Pauschbeträgen für behinderte Menschen zu berücksichtigende Aufwendungen

→ H 33b

Pflegeaufwendungen

- Ob die Pflegebedürftigkeit bereits vor Beginn des Heimaufenthalts oder erst später eingetreten ist, ist ohne Bedeutung (→ BMF vom 20. 1. 2003 – BStBl I S. 89).
- Aufwendungen wegen Pflegebedürftigkeit sind nur insoweit zu berücksichtigen, als die Pflegekosten die Leistungen der Pflegepflichtversicherung und das aus einer ergänzenden Pflegekrankenversicherung bezogene Pflege(tage)geld übersteigen (→ BFH vom 14. 4. 2011 – BStBl II S. 701).

Pflegeaufwendungen für Dritte

Pflegeaufwendungen (z. B. Kosten für die Unterbringung in einem Pflegeheim), die dem Stpfl. infolge der Pflegebedürftigkeit einer Person erwachsen, der gegenüber der Stpfl. zum Unterhalt verpflichtet ist (z. B. seine Eltern oder Kinder), können grundsätzlich als außergewöhnliche Belastungen abgezogen werden, sofern die tatsächlich angefallenen Pflegekosten von den reinen Unterbringungskosten abgegrenzt werden können (→ BFH vom 12. 11. 1996 – BStBl 1997 II S. 387). Zur Berücksichtigung von besonderem Unterhaltsbedarf einer unterhaltenen Person (z. B. wegen Pflegebedürftigkeit) neben typischen Unterhaltsaufwendungen → BMF vom 2. 12. 2002 (BStBl I S. 1389). Aufwendungen, die einem Stpfl. für die krankheitsbedingte Unterbringung eines Angehörigen in einem Heim entstehen, stellen als Krankheitskosten eine außer*gewöhnliche Belastung* i. S. d. § 33 EStG dar (→ BFH vom 30. 6. 2011 – BStBl 2012 II S. 876). Ob die Pflegebedürftigkeit bereits vor Beginn des Heimaufenthalts oder erst später eingetreten ist, ist ohne Bedeutung (→ BMF vom 20. 1. 2003 – BStBl I S. 89). Abziehbar sind neben den Pflegekosten auch die im Vergleich zu den Kosten der normalen Haushaltsführung entstandenen Mehrkosten für Unterbringung und Verpflegung (→ BFH vom 30. 6. 2011 – BStBl 2012 II S. 876).

- **Fahrtkosten**
  Aufwendungen für Fahrten, um einen kranken Angehörigen, der im eigenen Haushalt lebt, zu betreuen und zu versorgen, können unter besonderen Umständen außergewöhnliche Belastungen sein. Die Fahrten dürfen nicht lediglich der allgemeinen Pflege verwandtschaftlicher Beziehungen dienen (→ BFH vom 6. 4. 1990 – BStBl II S. 958 und vom 22. 10. 1996 – BStBl 1997 II S. 558),
- **Übertragung des gesamten sicheren Vermögens**
  → R 33.3 Abs. 5,
  Aufwendungen für die Unterbringung und Pflege eines bedürftigen Angehörigen sind nicht als außergewöhnliche Belastung zu berücksichtigen, soweit der Stpfl. von dem Angehörigen dessen gesamtes sicheres Vermögen in einem Zeitpunkt übernommen hat, als dieser sich bereits im Rentenalter befand (→ BFH vom 12. 11. 1996 – BStBl 1997 II S. 387),
- **Zwangsläufigkeit bei persönlicher Pflege**
  Aufwendungen, die durch die persönliche Pflege eines nahen Angehörigen entstehen, sind nur dann außergewöhnliche Belastungen, wenn die Übernahme der Pflege unter Berücksichtigung der näheren Umstände des Einzelfalls aus rechtlichen oder sittlichen Gründen i. S. d. § 33 Abs. 2 EStG zwangsläufig ist. Allein das Bestehen eines nahen Verwandtschaftsverhältnisses reicht für die Anwendung des § 33 EStG nicht aus. Bei der erforderlichen Gesamtbewertung der Umstände des Einzelfalls sind u. a. der Umfang der erforderlichen Pflegeleistungen und die Höhe der für den Stpfl. entstehenden Aufwendungen zu berücksichtigen (→ BFH vom 22. 10. 1996 – BStBl 1997 II S. 558).

Rechtliche Pflicht

Zahlungen in Erfüllung rechtsgeschäftlicher Verpflichtungen erwachsen regelmäßig nicht zwangsläufig. Unter rechtliche Gründe i. S. v. § 33 Abs. 2 EStG fallen danach nur solche rechtlichen Verpflichtungen, die der Stpfl. nicht selbst gesetzt hat (→ BFH vom 18. 7. 1986 – BStBl II S. 745 und vom 19. 5. 1995 – BStBl II S. 774).

→ Kapitalabfindung von Unterhaltsansprüchen

Rentenversicherungsbeiträge

→ Sittliche Pflicht

Sanierung eines selbst genutzten Gebäudes

Aufwendungen für die Sanierung eines selbst genutzten Wohngebäudes, nicht aber die Kosten für übliche Instandsetzungs- und Modernisierungsmaßnahmen oder die Beseitigung von Baumängeln, können als außergewöhnliche Belastung abzugsfähig sein, wenn

- durch die Baumaßnahmen konkrete Gesundheitsgefährdungen abgewehrt werden z. B. bei einem asbestgedeckten Dach (→ BFH vom 29. 3. 2012 – BStBl II S. 570) → aber Asbestbeseitigung
- unausweichliche Schäden beseitigt werden, weil eine konkrete und unmittelbar bevorstehende Unbewohnbarkeit des Gebäudes droht und daraus eine aufwändige Sanierung folgt z. B. bei Befall eines Gebäudes mit Echtem Hausschwamm (→ BFH vom 29. 3. 2012 – BStBl II S. 572)
- vom Gebäude ausgehende unzumutbare Beeinträchtigungen behoben werden z. B. Geruchsbelästigungen (→ BFH vom 29. 3. 2012 – BStBl II S. 574)

Der Grund für die Sanierung darf weder beim Erwerb des Grundstücks erkennbar gewesen noch vom Grundstückseigentümer verschuldet worden sein. Auch muss der Stpfl. realisierbare *Ersatzansprüche gegen Dritte verfolgen*, bevor er seine Aufwendungen steuerlich geltend machen kann und er muss sich den aus der Erneuerung ergebenden Vorteil anrechnen lassen („Neu für Alt"). Die Zwangsläufigkeit der Aufwendungen ist anhand objektiver Kriterien nachzuweisen.

→ Gesundheitsgefährdung

Schadensersatzleistungen

können zwangsläufig sein, wenn der Stpfl. bei der Schädigung nicht vorsätzlich oder grob fahrlässig gehandelt hat (→ BFH vom 3. 6. 1982 – BStBl II S. 749).

Schulbesuch

- Aufwendungen für den Privatschulbesuch eines Kindes werden durch die Vorschriften des Familienleistungsausgleichs und § 33a Abs. 2 EStG abgegolten und können daher grundsätzlich nur dann außergewöhnliche Belastungen sein, wenn es sich bei diesen Aufwendungen um unmittelbare Krankheitskosten handelt (→ BFH vom 17. 4. 1997 – BStBl II S. 752).
- Außergewöhnliche Belastungen liegen nicht vor, wenn ein Kind ausländischer Eltern, die sich nur vorübergehend im Inland aufhalten, eine fremdsprachliche Schule besucht (→ BFH vom 23. 11. 2000 – BStBl 2001 II S. 132).
- Aufwendungen für den Besuch einer Schule für Hochbegabte können außergewöhnliche Belastungen sein, wenn dies medizinisch angezeigt ist und es sich hierbei um unmittelbare Krankheitskosten handelt. Dies gilt auch für die Kosten einer auswärtigen der Krankheit geschuldeten Internatsunterbringung, selbst wenn diese zugleich der schulischen Ausbildung dient. Ein zusätzlicher Freibetrag nach § 33a Abs. 2 EStG kann nicht gewährt werden (→ BFH vom 12. 5. 2011 – BStBl II S. 783).
- → H 33a.2 (Auswärtige Unterbringung)

Sittliche Pflicht

Eine die Zwangsläufigkeit von Aufwendungen begründende sittliche Pflicht ist nur dann zu bejahen, wenn diese so unabdingbar auftritt, dass sie ähnlich einer Rechtspflicht von außen her als eine Forderung oder zumindest Erwartung der Gesellschaft derart auf den Stpfl. einwirkt, dass ihre Erfüllung als eine selbstverständliche Handlung erwartet und die Missachtung dieser Erwartung als moralisch anstößig empfunden wird, wenn das Unterlassen der Aufwendungen also Sanktionen im sittlich-moralischen Bereich oder auf gesellschaftlicher Ebene zur Folge haben kann (→ BFH vom 27. 10. 1989 – BStBl 1990 II S. 294 und vom 22. 10. 1996 – BStBl 1997 II S. 558). Die sittliche Pflicht gilt nur für unabdingbar notwendige Aufwendungen (→ BFH vom 12. 12. 2002 – BStBl 2003 II S. 299). Bei der Entscheidung ist auf alle Umstände des Einzelfalls, insbesondere die persönlichen Beziehungen zwischen den Beteiligten, ihre Einkommens- und Vermögensverhältnisse sowie die konkrete Lebenssituation, bei der Übernahme einer Schuld auch auf den Inhalt des Schuldverhältnisses abzustellen (→ BFH vom 24. 7. 1987 – BStBl II S. 715).

Die allgemeine sittliche Pflicht, in Not geratenen Menschen zu helfen, kann allein die Zwangsläufigkeit nicht begründen (→ BFH vom 8. 4. 1954 – BStBl III S. 188).

Zwangsläufigkeit kann vorliegen, wenn das Kind des Erblassers als Alleinerbe Nachlassverbindlichkeiten erfüllt, die auf existentiellen Bedürfnissen seines in Armut verstorbenen Elternteils unmittelbar vor oder im Zusammenhang mit dessen Tod beruhen (→ BFH vom 24. 7. 1987 – BStBl II S. 715).

Nachzahlungen zur Rentenversicherung eines Elternteils sind nicht aus sittlichen Gründen zwangsläufig, wenn auch ohne die daraus entstehenden Rentenansprüche der Lebensunterhalt des Elternteils sichergestellt ist (→ BFH vom 7. 3. 2002 – BStBl II S. 473).

Studiengebühren

Gebühren für die Hochschulausbildung eines Kindes sind weder nach § 33a Abs. 2 EStG noch nach § 33 EStG als außergewöhnliche Belastung abziehbar (→ BFH vom 17. 12. 2009 – BStBl 2010 II S. 341).

Trinkgelder

Trinkgelder sind nicht zwangsläufig i. S. d. § 33 Abs. 2 EStG und zwar unabhängig davon, ob die zugrunde liegende Leistung selbst als außergewöhnliche Belastung zu beurteilen ist (→ BFH vom 30. 10. 2003 – BStBl 2004 II S. 270 und vom 19. 4. 2012 – BStBl 2012 II S. 577).

Umschulungskosten

Kosten für eine Zweitausbildung sind dann nicht berücksichtigungsfähig, wenn die Erstausbildung nicht endgültig ihren wirtschaftlichen Wert verloren hat (→ BFH vom 28. 8. 1997 – BStBl 1998 II S. 183).

Umzug

Umzugskosten sind unabhängig von der Art der Wohnungskündigung durch den Mieter oder Vermieter in der Regel nicht außergewöhnlich (→ BFH vom 28. 2. 1975 – BStBl II S. 482 und vom 23. 6. 1978 – BStBl II S. 526).

Unterbringung eines nahen Angehörigen in einem Heim

→ BMF vom 2. 12. 2002 (BStBl I S. 1389)

Unterhaltsverpflichtung

→ Kapitalabfindung von Unterhaltsansprüchen
→ Pflegeaufwendungen für Dritte

Urlaubsreise

Aufwendungen für die Wiederbeschaffung von Kleidungsstücken, die dem Stpfl. auf einer Urlaubsreise entwendet wurden, können regelmäßig nicht als außergewöhnliche Belastung angesehen werden, weil üblicherweise ein notwendiger Mindestbestand an Kleidung noch vorhanden ist (→ BFH vom 3. 9. 1976 – BStBl II S. 712).

Verausgabung

Aus dem Zusammenhang der Vorschriften von § 33 Abs. 1 EStG und § 11 Abs. 2 Satz 1 EStG folgt, dass außergewöhnliche Belastungen für das Kalenderjahr anzusetzen sind, in dem die Aufwendungen tatsächlich geleistet worden sind (→ BFH vom 30. 7. 1982 – BStBl II S. 744 und vom 10. 6. 1988 – BStBl II S. 814). Dies gilt grundsätzlich auch, wenn die Aufwendungen (nachträgliche) Anschaffungs- oder Herstellungskosten eines mehrjährig nutzbaren Wirtschaftsguts darstellen (→ BFH vom 22. 10. 2009 – BStBl 2010 II S. 280).

→ Darlehen
→ Ersatz von dritter Seite

Vermögensebene

Auch Kosten zur Beseitigung von Schäden an einem Vermögensgegenstand können Aufwendungen i. S. v. § 33 EStG sein, wenn der Vermögensgegenstand für den Stpfl. von existenziell wichtiger Bedeutung ist. Eine Berücksichtigung nach § 33 EStG scheidet aus, wenn Anhaltspunkte für ein Verschulden des Stpfl. erkennbar oder Ersatzansprüche gegen Dritte gegeben sind oder wenn der Stpfl. eine allgemein zugängliche und übliche Versicherungsmöglichkeit nicht wahrgenommen hat (→ BFH vom 6. 5. 1994 – BStBl 1995 II S. 104). Dies gilt auch, wenn lebensnotwendige Vermögensgegenstände, wie Hausrat und Kleidung wiederbeschafft werden müssen (→ BFH vom 26. 6. 2003 – BStBl 2004 II S. 47).

→ R 33.2

Verschulden

Ein eigenes (ursächliches) Verschulden des Stpfl. schließt die Berücksichtigung von Aufwendungen zur Wiederherstellung von Vermögensgegenständen nach § 33 EStG aus (→ BFH vom 6. 5. 1994 – BStBl 1995 II S. 104).

→ Vermögensebene

Versicherung

Eine Berücksichtigung von Aufwendungen zur Wiederherstellung von Vermögensgegenständen nach § 33 EStG scheidet aus, wenn der Stpfl. eine allgemein zugängliche und übliche Versicherungsmöglichkeit nicht wahrgenommen hat (→ BFH vom 6. 5. 1994 – BStBl 1995 II S. 104). Dies gilt auch, wenn lebensnotwendige Vermögensgegenstände, wie Hausrat und Kleidung wiederbeschafft werden müssen (→ BFH vom 26. 6. 2003 – BStBl 2004 II S. 47).

→ Ersatz von dritter Seite
→ Vermögensebene
→ Bestattungskosten

Wissenschaftlich nicht anerkannte Behandlungsmethoden

- Wissenschaftlich nicht anerkannt ist eine Behandlungsmethode dann, wenn Qualität und Wirksamkeit nicht dem allgemein anerkannten Stand der medizinischen Erkenntnisse entsprechen (→ BFH vom 26. 6. 2014 – BStBl 2015 II S. 9).
- ***Maßgeblicher Zeitpunkt für die wissenschaftliche Anerkennung einer Behandlungsmethode i. S. d. § 64 Abs. 1 Nr. 2 Satz 1 Buchst. f EStDV ist der Zeitpunkt der Behandlung (→ BFH vom 18. 6. 2015 – BStBl II S. 803).***
- Die Behandlungsmethoden, Arznei- und Heilmittel der besonderen Therapierichtungen nach § 2 Abs. 1 Satz 2 SGB V (Phytotherapie, Homöopathie und Anthroposophie mit dem Heilmittel Heileurythmie) gehören nicht zu den wissenschaftlich nicht anerkannten Behandlungsmethoden. Der Nachweis der Zwangsläufigkeit von Aufwendungen im Krankheitsfall ist daher nicht nach § 64 Abs. 1 Nr. 2f EStDV zu führen. ***Sofern es sich um Aufwendungen für Arznei-, Heil- und Hilfsmittel handelt, ist der Nachweis der Zwangsläufigkeit nach § 64 Abs. 1 Nr. 1 EStDV zu erbringen*** (→ BFH vom 26. 2. 2014 – BStBl II S. 824).
- ***Bei einer Liposuktion handelt es sich um eine wissenschaftlich nicht anerkannte Methode zur Behandlung eines Lipödems (→ BFH vom 18. 6. 2015 – BStBl II S. 803).***

Wohngemeinschaft

Nicht erstattete Kosten für die behinderungsbedingte Unterbringung eines Menschen im arbeitsfähigen Alter in einer betreuten Wohngemeinschaft können außergewöhnliche Belastungen sein. Werden die Unterbringungskosten als Eingliederungshilfe teilweise vom Sozialhilfeträger übernommen, kann die Notwendigkeit der Unterbringung unterstellt werden (→ BFH vom 23. 5. 2002 – BStBl II S. 567).

Zinsen

Zinsen für ein Darlehen können ebenfalls zu den außergewöhnlichen Belastungen zählen, soweit die Darlehensaufnahme selbst zwangsläufig erfolgt ist (→ BFH vom 6. 4. 1990 – BStBl II S. 958); sie sind im Jahr der Verausgabung abzuziehen.

Zwischenheimfahrten

Fahrtkosten aus Anlass von Zwischenheimfahrten können grundsätzlich nicht berücksichtigt werden. Dies gilt nicht, wenn ein fünfjähriges Kind von einer Begleitperson zum Zwecke einer amtsärztlich bescheinigten Heilbehandlung von mehrstündiger Dauer gefahren und wieder abgeholt hat, wenn es der Begleitperson nicht zugemutet werden kann, die Behandlung abzuwarten (→ BFH vom 3. 12. 1998 – BStBl 1999 II S. 227).

R 33a.1. Aufwendungen für den Unterhalt und eine etwaige Berufsausbildung

Gesetzlich unterhaltsberechtigte Person

(1) [1]Gesetzlich unterhaltsberechtigt sind Personen, denen gegenüber der Stpfl. nach dem BGB oder dem LPartG unterhaltsverpflichtet ist. [2]Somit müssen die zivilrechtlichen Voraussetzungen eines Unterhaltsanspruchs vorliegen und die Unterhaltskonkurrenzen beachtet werden. [3]Für den Abzug ist dabei die tatsächliche Bedürftigkeit des Unterhaltsempfängers erforderlich (sog. konkrete Betrachtungsweise) [4]Eine Prüfung, ob im Einzelfall tatsächlich ein Unterhaltsanspruch besteht, ist aus Gründen der Verwaltungsvereinfachung nicht erforderlich, wenn die unterstützte Person unbeschränkt steuerpflichtig sowie dem Grunde nach (potenziell) unterhaltsberechtigt ist, tatsächlich Unterhalt erhält und alle übrigen Voraussetzungen des § 33a Abs. 1 EStG vorliegen; insoweit wird die Bedürftigkeit der unterstützten Person typisierend unterstellt. [5]Gehört die unterhaltsberechtigte Person zum Haushalt des Stpfl., kann regelmäßig davon ausgegangen werden, dass ihm dafür Unterhaltsaufwendungen in Höhe des maßgeblichen Höchstbetrags erwachsen.

Arbeitskraft und Vermögen

(2) [1]Die zu unterhaltende Person muß zunächst ihr eigenes Vermögen, wenn es nicht geringfügig ist, einsetzen und verwerten. [2]Hinsichtlich des vorrangigen Einsatzes und Verwertung der eigenen Arbeitskraft ist Absatz 1 Satz 4 entsprechend anzuwenden. [3]Als geringfügig kann in der Regel ein Vermögen bis zu einem gemeinen Wert (Verkehrswert) von 15 500 Euro angesehen werden. [3]Dabei bleiben außer Betracht:

1. Vermögensgegenstände, deren Veräußerung offensichtlich eine Verschleuderung bedeuten würde,
2. Vermögensgegenstände, die einen besonderen persönlichen Wert, z. B. Erinnerungswert, für den Unterhaltsempfänger haben oder zu seinem Hausrat gehören, und ein angemessenes Hausgrundstück im Sinne von § 90 Abs. 2 Nr. 8 SGB XII, wenn der Unterhaltsempfänger das Hausgrundstück allein oder zusammen mit Angehörigen bewohnt, denen es nach seinem Tode weiter als Wohnung dienen soll.

Einkünfte und Bezüge

(3) [1]Einkünfte sind stets in vollem Umfang zu berücksichtigen, also auch soweit sie zur Bestreitung des Unterhalts nicht zur Verfügung stehen oder die Verfügungsbefugnis beschränkt ist. [2]Dies gilt auch für Einkünfte, die durch unvermeidbare Versicherungsbeiträge des Kindes gebunden sind. [3]Bezüge i. S. v. § 33a Abs. 1 Satz 5 EStG sind alle Einnahmen in Geld oder Geldeswert, die nicht im Rahmen der einkommensteuerrechtlichen Einkunftsermittlung erfasst werden. [4]Zu diesen Bezügen gehören insbesondere:
1. Kapitalerträge i. S. d. § 32d Abs. 1 EStG ohne Abzug des Sparer-Pauschbetrags nach § 20 Abs. 9 EStG,
2. die nicht der Besteuerung unterliegenden Teile der Leistungen (§ 22 Nr. 1 Satz 3 Buchstabe a Doppelbuchstabe aa EStG) und die Teile von Leibrenten, die den Ertragsanteil nach § 22 Nr. 1 Satz 3 Buchstabe a Doppelbuchstabe bb EStG übersteigen,
3. Einkünfte und Leistungen, soweit sie dem Progressionsvorbehalt unterliegen,
4. steuerfreie Einnahmen nach § 3 Nr. 1 Buchstabe a, Nr. 2b, 3, 5, 6, 11, 27, 44, 58 und § 3b EStG,
5. die nach § 3 Nr. 40 und 40a EStG steuerfrei bleibenden Beträge abzüglich der damit in Zusammenhang stehenden Aufwendungen i. S. d. § 3c EStG,
6. pauschal besteuerte Bezüge nach § 40a EStG,
7. Unterhaltsleistungen des geschiedenen oder dauernd getrennt lebenden Ehegatten, soweit sie nicht als sonstige Einkünfte i. S. d. § 22 Nr. 1a EStG erfasst sind,
8. Zuschüsse eines Trägers der gesetzlichen Rentenversicherung zu den Aufwendungen eines Rentners für seine Krankenversicherung.

[5]Bei der Feststellung der anzurechnenden Bezüge sind aus Vereinfachungsgründen insgesamt 180 Euro im Kalenderjahr abzuziehen, wenn nicht höhere Aufwendungen, die im Zusammenhang mit dem Zufluss der entsprechenden Einnahmen stehen, nachgewiesen oder glaubhaft gemacht werden. [6]Ein solcher Zusammenhang ist z. B. bei Kosten eines Rechtsstreits zur Erlangung der Bezüge und bei Kontoführungskosten gegeben.

Opfergrenze, Ländergruppeneinteilung

(4) [1]Die → Opfergrenze ist unabhängig davon zu beachten, ob die unterhaltene Person im Inland oder im Ausland lebt. [2]Die nach § 33a Abs. 1 Satz 6 EStG maßgeblichen Beträge sind anhand der → Ländergruppeneinteilung zu ermitteln.

Erhöhung des Höchstbetrages für Unterhaltsleistungen um Beiträge zur Kranken- und Pflegeversicherung

(5) [1]Der Höchstbetrag nach § 33a Abs. 1 Satz 1 EStG erhöht sich um die für die Absicherung der unterhaltsberechtigten Person aufgewandten Beiträge zur Kranken- und Pflegeversicherung nach § 10 Abs. 1 Nr. 3 EStG, wenn für diese beim Unterhaltsleistenden kein Sonderausgabenabzug möglich ist. [2]Dabei ist es nicht notwendig, dass die Beiträge tatsächlich von dem Unterhaltsverpflichteten gezahlt oder erstattet wurden. [3]Für diese Erhöhung des Höchstbetrages genügt es, wenn der Unterhaltsverpflichtete seiner Unterhaltsverpflichtung nachkommt. [4]Die Gewährung von Sachunterhalt (z. B. Unterkunft und Verpflegung) ist ausreichend.

H 33a.1

Allgemeines zum Abzug von Unterhaltsaufwendungen

Abziehbare Aufwendungen i. S. d. § 33a Abs. 1 Satz 1 EStG sind solche für den typischen Unterhalt, d. h. die üblichen für den laufenden Lebensunterhalt bestimmten Leistungen, sowie Aufwendungen für eine Berufsausbildung. Dazu können auch gelegentliche oder einmalige Leistungen gehören. Diese dürfen aber regelmäßig nicht als Unterhaltsleistungen für Vormonate und auch nicht zur Deckung des Unterhaltsbedarfs für das Folgejahr berücksichtigt werden (→ BFH vom 5. 5. 2010 – BStBl 2011 II S. 164 und vom 11. 11. 2010 – BStBl 2011 II

S. 966). Den Aufwendungen für den typischen Unterhalt sind auch Krankenversicherungsbeiträge, deren Zahlung der Stpfl. übernommen hat, zuzurechnen (→ BFH vom 31. 10. 1973 – BStBl 1974 II S. 86). Eine Kapitalabfindung, mit der eine Unterhaltsverpflichtung abgelöst wird, kann nur im Rahmen des § 33a Abs. 1 EStG berücksichtigt werden (→ BFH vom 19. 6. 2008 – BStBl 2009 II S. 365).

Abgrenzung zu § 33 EStG

- Typische Unterhaltsaufwendungen – insbesondere für Ernährung, Kleidung, Wohnung, Hausrat und notwendige Versicherungen – können nur nach § 33a Abs. 1 EStG berücksichtigt werden. Erwachsen dem Stpfl. außer Aufwendungen für den typischen Unterhalt und eine Berufsausbildung Aufwendungen für einen besonderen Unterhaltsbedarf der unterhaltenen Person, z. B. Krankheitskosten, so kommt dafür eine Steuerermäßigung nach § 33 EStG in Betracht (→ BFH vom 19. 6. 2008 – BStBl 2009 II S. 365 und BMF vom 2. 12. 2002 – BStBl I S 1389).
- Aufwendungen für die krankheitsbedingte Unterbringung von Angehörigen in einem Altenpflegeheim fallen unter § 33 EStG, während Aufwendungen für deren altersbedingte Heimunterbringung nur nach § 33a Abs. 1 EStG berücksichtigt werden können (→ BFH vom 30. 6. 2011 – BStBl 2012 II S. 876).
- Zur Berücksichtigung von Aufwendungen wegen Pflegebedürftigkeit und erheblich eingeschränkter Alltagskompetenz → R 33.3, von Aufwendungen wegen Krankheit und Behinderung → R 33.4 und von Aufwendungen für existentiell notwendige Gegenstände → R 33.2.

Anrechnung eigener Einkünfte und Bezüge

- **Allgemeines**
  Leistungen des Stpfl., die neben Unterhaltsleistungen aus einem anderen Rechtsgrund (z. B. Erbauseinandersetzungsvertrag) erbracht werden, gehören zu den anzurechnenden Einkünften und Bezügen der unterhaltenen Person (BFH vom 17. 10. 1980 – BStBl 1981 II S. 158)
- **Ausbildungshilfen**
  Ausbildungshilfen der Agentur für Arbeit mindern nur dann den Höchstbetrag des § 33a Abs. 1 EStG bei den Eltern, wenn sie Leistungen abdecken, zu denen die Eltern gesetzlich verpflichtet sind. Eltern sind beispielsweise nicht verpflichtet, ihrem Kind eine zweite Ausbildung zu finanzieren, der sich das Kind nachträglich nach Beendigung der ersten Ausbildung unterziehen will. Erhält das Kind in diesem Fall Ausbildungshilfen zur Finanzierung von Lehrgangsgebühren, Fahrtkosten oder Arbeitskleidung, sind diese nicht auf den Höchstbetrag anzurechnen (→ BFH vom 4. 12. 2001 – BStBl 2002 II S. 195). Der Anspruch auf kindergeldähnliche Leistungen nach ausländischem Recht steht dem Kindergeldanspruch gleich (→ BFH vom 4. 12. 2003 – BStBl 2004 II S. 275).
- Einkünfte und Bezüge
  → R 33a.1 Abs. 3
- **Leistungen für Mehrbedarf bei Körperschaden**
  Leistungen, die nach bundes- oder landesgesetzlichen Vorschriften gewährt werden, um einen Mehrbedarf zu decken, der durch einen Körperschaden verursacht ist, sind keine anzurechnenden Bezüge (→ BFH vom 22. 7. 1988 – BStBl II S. 830).
- **Zusammenfassendes Beispiel für die Anrechnung:**
  Ein Stpfl. unterhält seinen 35-jährigen Sohn mit ***150 €*** monatlich. Dieser erhält Arbeitslohn von jährlich 7 200 €. Davon wurden gesetzliche Sozialversicherungsbeiträge i. H. v. 1 472 € abgezogen (Krankenversicherung 568 €, Rentenversicherung 716 €, Pflegeversicherung 88 € und Arbeitslosenversicherung 100 €). Daneben erhält er seit seinem 30. Lebensjahr eine lebenslängliche Rente aus einer privaten Unfallversicherung i. H. v. 150 € monatlich.

Tatsächliche Unterhaltsleistungen			***1 800 €***
Ungekürzter Höchstbetrag			***8 472 €***
Erhöhungsbetrag nach § 33a Abs. 1 Satz 2 EStG			
Krankenversicherung	568 €		
abzüglich 4 %	– 22 €		
(→ BMF vom 19. 8. 2013 – BStBl I S. 1087, Rz. 77 → Anhang 1a II)			
verbleiben	546 €	546 €	
Pflegeversicherung	88 €	88 €	
Erhöhungsbetrag			634 €

Ungekürzter Höchstbetrag und Erhöhungsbetrag gesamt				***9 106 €***
Einkünfte des Sohnes				
Arbeitslohn		7 200 €		
Arbeitnehmer-Pauschbetrag	1 000 €	1 000 €		
Einkünfte i. S. d. § 19 EStG		6 200 €	6 200 €	
Leibrente		1 800 €		
Hiervon Ertragsanteil 44 %		792 €		
Werbungskosten-Pauschbetrag	102 €	102 €		
Einkünfte i. S. d. § 22 EStG		690 €	690 €	
S.d.E.			6 890 €	
Bezüge des Sohnes				
Steuerlich nicht erfasster Teil der Rente		1 008 €		
Kostenpauschale	180 €	180 €		
Bezüge		828 €	828 €	
S.d.E. und Bezüge			7 718 €	
anrechnungsfreier Betrag			– 624 €	
anzurechnende Einkünfte			7 094 €	– 7 094 €
Höchstbetrag				***2 012 €***
Abzugsfähige Unterhaltsleistungen				***1 800 €***

– Zuschüsse

Zu den ohne anrechnungsfreien Betrag anzurechnenden Zuschüssen gehören z. B. die als Zuschuss gewährten Leistungen nach dem BAföG, nach dem SGB III gewährte Berufsausbildungsbeihilfen und Ausbildungsgelder sowie Stipendien aus öffentlichen Mitteln. Dagegen sind Stipendien aus dem ERASMUS/SOKRATES-Programm der EU nicht anzurechnen, da die Stipendien nicht die üblichen Unterhaltsaufwendungen, sondern allein die anfallenden Mehrkosten eines Auslandsstudiums (teilweise) abdecken (→ BFH vom 17. 10. 2001 – BStBl 2002 II S. 793).

Geringes Vermögen („Schonvermögen")

- Nicht gering kann auch Vermögen sein, das keine anzurechnenden Einkünfte abwirft; Vermögen ist auch dann zu berücksichtigen, wenn es die unterhaltene Person für ihren künftigen Unterhalt benötigt (→ BFH vom 14. 8. 1997 – BStBl 1998 II S. 241).
- Bei Ermittlung des für den Unterhaltshöchstbetrag schädlichen Vermögens sind Verbindlichkeiten und Verwertungshindernisse vom Verkehrswert der aktiven Vermögensgegenstände, der mit dem gemeinen Wert nach dem BewG zu ermitteln ist, in Abzug zu bringen (Nettovermögen) (→ BFH vom 11. 2. 2010 – BStBl II S. 628). Wertmindernd zu berücksichtigen sind dabei auch ein Nießbrauchsvorbehalt sowie ein dinglich gesichertes Veräußerungs- und Belastungsverbot (→ BFH vom 29. 5. 2008 – BStBl 2009 II S. 361).
- Die Bodenrichtwerte nach dem BauGB sind für die Ermittlung des Verkehrswertes von Grundvermögen i. S. d. § 33a EStG nicht verbindlich (→ BFH vom 11. 2. 2010 – BStBl II S. 628).
- Ein angemessenes Hausgrundstück i. S. d. § 90 Abs. 2 Nr. 8 SGB XII bleibt außer Betracht (→ R 33a.1 Abs. 2).

§ 90 Abs. 2 Nr. 8 SGB XII hat folgenden Wortlaut:

„Einzusetzendes Vermögen

. . .

(2) Die Sozialhilfe darf nicht abhängig gemacht werden vom Einsatz oder von der Verwertung

. . .

8. eines angemessenen Hausgrundstücks, das von der nachfragenden Person oder einer anderen in den § 19 Abs. 1 bis 3 genannten Person allein oder zusammen mit Angehörigen ganz oder teilweise bewohnt wird und nach ihrem Tod von ihren Angehörigen bewohnt werden soll. Die Angemessenheit bestimmt sich nach der Zahl der Bewohner, dem Wohnbedarf (zum Beispiel behinderter, blinder oder pflegebedürftiger Menschen), der Grundstücksgröße, der Hausgröße, dem Zuschnitt und der Ausstattung des Wohngebäudes sowie dem Wert des Grundstücks einschließlich des Wohngebäudes,"

Geschiedene oder dauernd getrennt lebende Ehegatten

Durch Antrag und Zustimmung nach § 10 ***Abs. 1a*** Nr. 1 EStG werden alle in dem betreffenden VZ geleisteten Unterhaltsaufwendungen zu Sonderausgaben umqualifiziert. Ein Abzug als außergewöhnliche Belastung ist nicht möglich, auch nicht, soweit sie den für das Realsplitting geltenden Höchstbetrag übersteigen (→ BFH vom 7. 11. 2000 – BStBl 2001 II S. 338). Sind für das Kalenderjahr der Trennung oder Scheidung die Vorschriften über die Ehegattenbesteuerung (§§ 26 bis 26b, § 32a Abs. 5 EStG) anzuwenden, dann können Aufwendungen für den Unterhalt des dauernd getrennt lebenden oder geschiedenen Ehegatten nicht nach § 33a Abs. 1 EStG abgezogen werden (→ BFH vom 31. 5. 1989 – BStBl II S. 658).

Gleichgestellte Person

→ BMF vom 7. 6. 2010 (BStBl I S. 582)

Haushaltsgemeinschaft

Lebt der Unterhaltsberechtigte mit bedürftigen Angehörigen in einer Haushaltsgemeinschaft und wird seine Rente bei der Berechnung der Sozialhilfe als Einkommen der Haushaltsgemeinschaft angerechnet, ist die Rente nur anteilig auf den Höchstbetrag des § 33a Abs. 1 Satz 1 EStG anzurechnen. In diesem Fall sind die Rente und die Sozialhilfe nach Köpfen aufzuteilen (→ BFH vom 19. 6. 2002 – BStBl II S. 753).

Heimunterbringung

→ Personen in einem Altenheim oder Altenwohnheim

Ländergruppeneinteilung

→ BMF vom 18. 11. 2013 (BStBl I S. 1462)

Opfergrenze

→ BMF vom 7. 6. 2010 (BStBl I S. 582), Rz. 10 – 12

Personen in einem Altenheim oder Altenwohnheim

Zu den Aufwendungen für den typischen Unterhalt gehören grundsätzlich auch Kosten der Unterbringung in einem Altenheim oder Altenwohnheim (→ BFH vom 29. 9. 1989 – BStBl 1990 II S. 418).

Personen im Ausland

- Zur Berücksichtigung von Aufwendungen für den Unterhalt → BMF vom 7. 6. 2010 (BStBl I S. 588)
- Ländergruppeneinteilung → BMF vom 18. 11. 2013 (BStBl I S. 1462)

Personen mit einer Aufenthaltserlaubnis nach § 23 Aufenthaltsgesetz

→ ***BMF vom 27. 5. 2015 (BStBl I S. 474)***

Unterhalt für mehrere Personen

Unterhält der Steuerpflichtige mehrere Personen, die einen gemeinsamen Haushalt führen, so ist der nach § 33a Abs. 1 EStG abziehbare Betrag grundsätzlich für jede unterhaltene Person getrennt zu ermitteln. Der insgesamt nachgewiesene Zahlungsbetrag ist unterschiedslos nach Köpfen aufzuteilen (→ BFH vom 12. 11. 1993 – BStBl 1994 II S. 731 und BMF vom 7. 6. 2010 – BStBl I S. 588, Rz. 19). Handelt es sich bei den unterhaltenen Personen um in Haushaltsgemeinschaft lebende Ehegatten, z. B. Eltern, so sind die Einkünfte und Bezüge zunächst für jeden Ehegatten gesondert festzustellen und sodann zusammenzurechnen. Die zusammengerechneten Einkünfte und Bezüge sind um 1 248 € (zweimal 624 €) zu kürzen. Der verbleibende Betrag ist von der Summe der beiden Höchstbeträge abzuziehen (→ BFH vom 15. 11. 1991 – BStBl 1992 II S. 245).

Unterhaltsanspruch der Mutter bzw. des Vaters eines nichtehelichen Kindes

§ 1615l BGB:

„(1) [1]Der Vater hat der Mutter für die Dauer von sechs Wochen vor und acht Wochen nach der Geburt des Kindes Unterhalt zu gewähren. [2]Dies gilt auch hinsichtlich der Kosten, die infolge der Schwangerschaft oder der Entbindung außerhalb dieses Zeitraums entstehen.

(2) [1]Soweit die Mutter einer Erwerbstätigkeit nicht nachgeht, weil sie infolge der Schwangerschaft oder einer durch die Schwangerschaft oder die Entbindung verursachten Krankheit dazu außerstande ist, ist der Vater verpflichtet, ihr über die in Absatz 1 Satz 1 bezeichnete Zeit hinaus Unterhalt zu gewähren. [2]Das Gleiche gilt, soweit von der Mutter wegen der Pflege oder Erziehung des Kindes eine Erwerbstätigkeit nicht erwartet werden kann. [3]Die Unterhaltspflicht beginnt frühestens vier Monate vor der Geburt und besteht für mindestens drei Jahre nach der Geburt. [4]Sie verlängert sich, solange und soweit dies der Billigkeit entspricht. [5]Dabei sind insbesondere die Belange des Kindes und die bestehenden Möglichkeiten der Kinderbetreuung zu berücksichtigen.

(3) [1]Die Vorschriften über die Unterhaltspflicht zwischen Verwandten sind entsprechend anzuwenden. [2]Die Verpflichtung des Vaters geht der Verpflichtung der Verwandten der Mutter vor. [3]§ 1613 Abs. 2 gilt entsprechend. [4]Der Anspruch erlischt nicht mit dem Tod des Vaters.

(4) [1]Wenn der Vater das Kind betreut, steht ihm der Anspruch nach Absatz 2 Satz 2 gegen die Mutter zu. [2]In diesem Falle gilt Absatz 3 entsprechend."

Der gesetzliche Unterhaltsanspruch der Mutter eines nichtehelichen Kindes gegenüber dem Kindsvater nach § 1615l BGB ist vorrangig gegenüber der Unterhaltsverpflichtung ihrer Eltern mit der Folge, dass für die Kindsmutter der Anspruch ihrer Eltern auf Kindergeld oder Freibeträge für Kinder erlischt und für die Unterhaltsleistungen des Kindsvaters an sie eine Berücksichtigung nach § 33a Abs. 1 EStG in Betracht kommt (→ BFH vom 19. 5. 2004 – BStBl II S. 943).

Unterhaltsberechtigung

- Dem Grunde nach gesetzlich unterhaltsberechtigt sind nach § 1601 BGB Verwandte in gerader Linie i. S. d. § 1589 Satz 1 BGB wie z. B. Kinder, Enkel, Eltern und Großeltern, sowie nach §§ 1360 ff., 1570 BGB Ehegatten untereinander. Voraussetzung für die Annahme einer gesetzlichen Unterhaltsberechtigung i. S. d. § 33a Abs. 1 EStG ist die tatsächliche Bedürftigkeit des Unterhaltsempfängers i. S. d. § 1602 BGB. Nach der sog. konkreten Betrachtungsweise kann die Bedürftigkeit des Unterhaltsempfängers nicht typisierend unterstellt werden. Dies führt dazu, dass die zivilrechtlichen Voraussetzungen eines Unterhaltsanspruchs (§§ 1601 – 1603 BGB) vorliegen müssen und die Unterhaltskonkurrenzen (§§ 1606 und 1608 BGB) zu beachten sind (→ BMF vom 7. 6. 2010 – BStBl I S. 588, Rz. 8 und BFH vom 5. 5. 2010 – BStBl 2011 II S. 116).
- Bei landwirtschaftlich tätigen Angehörigen greift die widerlegbare Vermutung, dass diese nicht unterhaltsbedürftig sind, soweit der landwirtschaftliche Betrieb in einem nach den Verhältnissen des Wohnsitzstaates üblichen Umfang und Rahmen betrieben wird (→ BFH vom 5. 5. 2010 – BStBl 2011 II S. 116).
- Für Inlandssachverhalte gilt die Vereinfachungsregelung in R 33a Abs. 1 Satz 4 EStR.
- Die Unterhaltsberechtigung muss gegenüber dem Stpfl. oder seinem Ehegatten bestehen. Die Voraussetzungen für eine Ehegattenveranlagung nach § 26 Abs. 1 Satz 1 EStG müssen nicht gegeben sein (→ BFH vom 27. 7. 2011 – BStBl II S. 965).

R 33a.2. Freibetrag zur Abgeltung des Sonderbedarfs eines sich in Berufsausbildung befindenden, auswärtig untergebrachten, volljährigen Kindes

Allgemeines

(1) [1]Den Freibetrag nach § 33a Abs. 2 EStG kann nur erhalten, wer für das in Berufsausbil*dung befindliche Kind einen* Anspruch auf einen Freibetrag nach § 32 Abs. 6 EStG oder Kindergeld hat. [2]Der Freibetrag nach § 33a Abs. 2 EStG kommt daher für Kinder i. S. d. § 63 Abs. 1 EStG in Betracht.

Auswärtige Unterbringung

(2) [1]Eine auswärtige Unterbringung i. S. d. § 33a Abs. 2 Satz 1 EStG liegt vor, wenn ein Kind außerhalb des Haushalts der Eltern wohnt. [2]Dies ist nur anzunehmen, wenn für das Kind außerhalb des Haushalts der Eltern eine Wohnung ständig bereitgehalten und das Kind auch außerhalb des elterlichen Haushalts verpflegt wird. [3]Seine Unterbringung muss darauf angelegt sein, die räumliche Selbständigkeit des Kindes während seiner ganzen Ausbildung, z. B. eines Studi-

ums, oder eines bestimmten Ausbildungsabschnitts, z. B. eines Studiensemesters oder -trimesters, zu gewährleisten. [4]Voraussetzung ist, dass die auswärtige Unterbringung auf eine gewisse Dauer angelegt ist. [5]Auf die Gründe für die auswärtige Unterbringung kommt es nicht an.

H 33a.2

Auswärtige Unterbringung

- **Asthma**
  Keine auswärtige Unterbringung des Kindes wegen Asthma (→ BFH vom 26. 6. 1992 – BStBl 1993 II S. 212),
- Aufwendungen für den Schulbesuch als außergewöhnliche Belastungen
  Werden die Aufwendungen für den Schulbesuch als außergewöhnliche Belastungen berücksichtigt, kann kein zusätzlicher Freibetrag nach § 33a Abs. 2 EStG gewährt werden (→ BFH vom 12. 5. 2011 – BStBl II S. 783).
- **Getrennte Haushalte beider Elternteile**
  Auswärtige Unterbringung liegt nur vor, wenn das Kind aus den Haushalten beider Elternteile ausgegliedert ist (→ BFH vom 5. 2. 1988 – BStBl II S. 579),
- **Haushalt des Kindes in Eigentumswohnung des Stpfl.**
  Auswärtige Unterbringung liegt vor, wenn das Kind in einer Eigentumswohnung des Stpfl. einen selbständigen Haushalt führt (→ BFH vom 26. 1. 1994 – BStBl II S. 544 und vom 25. 1. 1995 – BStBl II S. 378). Ein Freibetrag gem. § 33a Abs. 2 EStG wegen auswärtiger Unterbringung ist ausgeschlossen, wenn die nach dem EigZulG begünstigte Wohnung als Teil eines elterlichen Haushalts anzusehen ist (→ BMF vom 21. 12. 2004 – BStBl 2005 I S. 305, Rz. 63),
- **Klassenfahrt**
  Keine auswärtige Unterbringung, da es an der erforderlichen Dauer fehlt (→ BFH vom 5. 11. 1982 – BStBl 1983 II S. 109),
- Legasthenie
  Werden Aufwendungen für ein an Legasthenie leidendes Kind als außergewöhnliche Belastung i. S. d. § 33 EStG berücksichtigt (→ § 64 Abs. 1 Nr. 2 Buchstabe c EStDV), ist daneben ein Freibetrag nach § 33a Abs. 2 EStG wegen auswärtiger Unterbringung des Kindes nicht möglich (→ BFH vom 26. 6. 1992 – BStBl 1993 II S. 278),
- **Praktikum**
  Keine auswärtige Unterbringung bei Ableistung eines Praktikums außerhalb der Hochschule, wenn das Kind nur dazu vorübergehend auswärtig untergebracht ist (→ BFH vom 20. 5. 1994 – BStBl II S. 887),
- **Sprachkurs**
  Keine auswärtige Unterbringung bei dreiwöchigem Sprachkurs (→ BFH vom 29. 9. 1989 – BStBl 1990 II S. 62),
- **Verheiratetes Kind**
  Auswärtige Unterbringung liegt vor, wenn ein verheiratetes Kind mit seinem Ehegatten eine eigene Wohnung bezogen hat (→ BFH vom 8. 2. 1974 – BStBl II S. 299).

Freiwilliges soziales Jahr

Die Tätigkeit im Rahmen eines freiwilligen sozialen Jahres ist grundsätzlich nicht als Berufsausbildung zu beurteilen (→ BFH vom 24. 6. 2004 – BStBl 2006 II S. 294).

Ländergruppeneinteilung

→ BMF vom 18. 11. 2013 (BStBl I S. 1462)

Studiengebühren

Gebühren für die Hochschulausbildung eines Kindes sind weder nach § 33a Abs. 2 EStG noch nach § 33 EStG als außergewöhnliche Belastung abziehbar (→ BFH vom 17. 12. 2009 – BStBl 2010 II S. 341).

R 33a.3 Zeitanteilige Ermäßigung nach § 33a Abs. 3 EStG

Ansatz bei unterschiedlicher Höhe des Höchstbetrags nach § 33a Abs. 1 EStG oder des Freibetrags nach § 33a Abs. 2 EStG

(1) Ist in einem Kalenderjahr der Höchstbetrag nach § 33a Abs. 1 EStG oder der Freibetrag nach § 33a Abs. 2 EStG in unterschiedlicher Höhe anzusetzen, z. B. bei Anwendung der Ländergruppeneinteilung für einen Teil des Kalenderjahres, wird für den Monat, in dem die geänderten Voraussetzungen eintreten, der jeweils höhere Betrag angesetzt.

Aufteilung der eigenen Einkünfte und Bezüge

(2) [1]Der Jahresbetrag der eigenen Einkünfte und Bezüge ist für die Anwendung des § 33a Abs. 3 Satz 2 EStG wie folgt auf die Zeiten innerhalb und außerhalb des Unterhaltszeitraums aufzuteilen:

1. Einkünfte aus nichtselbständiger Arbeit, sonstige Einkünfte sowie Bezüge nach dem Verhältnis der in den jeweiligen Zeiträumen zugeflossenen Einnahmen; die Grundsätze des § 11 Abs. 1 EStG gelten entsprechend; Pauschbeträge nach § 9a EStG und die Kostenpauschale nach R 33a.1 Abs. 3 Satz 5 sind hierbei zeitanteilig anzusetzen;
2. andere Einkünfte auf jeden Monat des Kalenderjahres mit einem Zwölftel.

[2]Der Stpfl. kann jedoch nachweisen, dass eine andere Aufteilung wirtschaftlich gerechtfertigt ist, wie es z. B. der Fall ist, wenn bei Einkünften aus selbständiger Arbeit die Tätigkeit erst im Laufe des Jahres aufgenommen wird oder wenn bei Einkünften aus nichtselbständiger Arbeit im Unterhaltszeitraums höhere Werbungskosten angefallen sind als bei verhältnismäßiger bzw. zeitanteiliger Aufteilung darauf entfallen würden.

H 33a.3

Allgemeines

- Der Höchstbetrag für den Abzug von Unterhaltsaufwendungen (§ 33a Abs. 1 EStG) und der Freibetrag nach § 33a Abs. 2 EStG sowie der anrechnungsfreie Betrag nach § 33a Abs. 1 Satz 5 EStG ermäßigen sich für jeden vollen Kalendermonat, in dem die Voraussetzungen für die Anwendung der betreffenden Vorschrift nicht vorgelegen haben, um je ein Zwölftel (§ 33a Abs. 3 Satz 1 EStG). Erstreckt sich das Studium eines Kindes einschließlich der unterrichts- und vorlesungsfreien Zeit über den ganzen VZ, so kann davon ausgegangen werden, dass beim Stpfl. in jedem Monat Aufwendungen anfallen, so dass § 33a Abs. 3 Satz 1 EStG nicht zur Anwendung kommt (→ BFH vom 22. 3. 1996 – BStBl 1997 II S. 30).
- Eigene Einkünfte und Bezüge der unterhaltenen Person sind nur anzurechnen, soweit sie auf den Unterhaltszeitraums entfallen (§ 33a Abs. 3 Satz 2 EStG). Leisten Eltern Unterhalt an ihren Sohn nur während der Dauer seines Wehrdienstes, unterbleibt die Anrechnung des Entlassungsgeldes nach § 9 des Wehrsoldgesetzes, da es auf die Zeit nach Beendigung des Wehrdienstes entfällt (→ BFH vom 26. 4. 1991 – BStBl II S. 716).

Beispiel für die Aufteilung eigener Einkünfte und Bezüge auf die Zeiten innerhalb und außerhalb des Unterhaltszeitraums:

Der Stpfl. unterhält seine allein stehende im Inland lebende Mutter vom 15. April bis 15. September (Unterhaltszeitraum) mit insgesamt 3 000 €. Die Mutter bezieht ganzjährig eine monatliche Rente aus der gesetzlichen Rentenversicherung von 200 € (Besteuerungsanteil 50 %). Außerdem hat sie im Kalenderjahr Einkünfte aus Vermietung und Verpachtung in Höhe von 1 050 €.

Höchstbetrag für das Kalenderjahr ***8 472 €*** (§ 33a Abs. 1 Satz 1 EStG)			
anteiliger Höchstbetrag für April bis September (6/12 von ***8 472 €*** =)			**4 236 €**
Eigene Einkünfte der Mutter im Unterhaltszeitraum:			
Einkünfte aus Leibrenten			
Besteuerungsanteil 50 % von 2 400 € =	1 200 €		
abzgl. Werbungskosten-Pauschbetrag (§ 9a Satz 1 Nr. 3 EStG)	– 102 €		
Einkünfte	1 098 €		
auf den Unterhaltszeitraum entfallen 6/12		549 €	
Einkünfte aus V + V	1 050 €		
auf den Unterhaltszeitraum entfallen 6/12		525 €	
S. d. E. im Unterhaltszeitraum		1 074 €	

Eigene Bezüge der Mutter im Unterhaltszeitraum:			
steuerfreier Teil der Rente	1 200 €		
abzgl. Kostenpauschale	– 180 €		
verbleibende Bezüge	1 020 €		
auf den Unterhaltszeitraum entfallen $^6/_{12}$		510 €	
Summe der eigenen Einkünfte und Bezüge im Unterhaltszeitraum		1 584 €	
abzgl. anteil. anrechnungsfreier Betrag ($^6/_{12}$ von 624 € =)		– 312 €	
anzurechnende Einkünfte und Bezüge		1 272 €	– 1 272 €
abzuziehender Betrag			***2 964 €***

Besonderheiten bei Zuschüssen

Als Ausbildungshilfe bezogene Zuschüsse jeglicher Art, z. B. Stipendien für ein Auslandsstudium aus öffentlichen oder aus privaten Mitteln, mindern die zeitanteiligen Höchstbeträge nur der Kalendermonate, für die die Zuschüsse bestimmt sind (§ 33a Abs. 3 Satz 3 EStG). Liegen bei der unterhaltenen Person sowohl eigene Einkünfte und Bezüge als auch Zuschüsse vor, die als Ausbildungshilfe nur für einen Teil des Unterhaltszeitraums bestimmt sind, dann sind zunächst die eigenen Einkünfte und Bezüge anzurechnen und sodann die Zuschüsse zeitanteilig entsprechend ihrer Zweckbestimmung.

Beispiel:

Ein über 25 Jahre altes Kind des Stpfl. B studiert während des ganzen Kalenderjahrs, erhält von ihm monatliche Unterhaltsleistungen i. H. v. 500 € und gehört nicht zum Haushalt des Stpfl. Verlängerungstatbestände nach § 32 Abs. 5 EStG liegen nicht vor. Dem Kind fließt in den Monaten Januar bis Juni Arbeitslohn von 3 400 € zu, die Werbungskosten übersteigen nicht den Arbeitnehmer-Pauschbetrag. Für die Monate Juli bis Dezember bezieht es ein Stipendium aus öffentlichen Mitteln von 6 000 €.

ungekürzter Höchstbetrag nach § 33a Abs. 1 EStG für das Kalenderjahr		***8 472 €***
Arbeitslohn	3 400 €	
abzüglich Arbeitnehmer-Pauschbetrag	– 1 000 €	
Einkünfte aus nichtselbständiger Arbeit	2 400 €	
anrechnungsfreier Betrag	– 624 €	
anzurechnende Einkünfte	1 766 €	– 1 766 €
verminderter Höchstbetrag nach § 33a Abs. 1 EStG		***6 706 €***
zeitanteiliger verminderter Höchstbetrag für Januar – Juni ($^6/_{12}$ von ***6 706 €***)		***3 353 €***
Unterhaltsleistungen Jan. – Juni (6x 500 €)		3 000 €
abzugsfähige Unterhaltsleistungen Jan. – Juni		3 000 €
zeitanteiliger verminderter Höchstbetrag nach § 33a Abs. 1 EStG für Juli – Dez.		***3 353 €***
Ausbildungszuschuss (Auslandsstipendium)	6 000 €	
abzüglich Kostenpauschale	– 180 €	
anzurechnende Bezüge	5 820 €	– 5 820 €
Höchstbetrag nach § 33a Abs. 1 EStG für Juli – Dez.		0 €
abzugsfähige Unterhaltsleistungen Juli – Dez.		0 €

R 33b. Pauschbeträge für behinderte Menschen, Hinterbliebene und Pflegepersonen

(1) [1]Ein Pauschbetrag für behinderte Menschen, der Hinterbliebenen-Pauschbetrag und der Pflege-Pauschbetrag können mehrfach gewährt werden, wenn mehrere Personen die Voraussetzungen erfüllen (z. B. Steuerpflichtiger, Ehegatte, Kind), oder wenn eine Person die Voraussetzungen für verschiedene Pauschbeträge erfüllt. [2]Mit dem Pauschbetrag für behinderte Menschen werden die laufenden und typischen Aufwendungen für die Hilfe bei den gewöhnlichen und regelmäßig wiederkehrenden Verrichtungen des täglichen Lebens, für die Pflege sowie für einen erhöhten Wäschebedarf abgegolten. [3]Es handelt sich um Aufwendungen, die behinderten *Menschen erfahrungsgemäß* durch ihre Krankheit bzw. Behinderung entstehen und deren alleinige behinderungsbedingte Veranlassung nur schwer nachzuweisen ist. [4]Alle übrigen behinderungsbedingten Aufwendungen (z. B. Operationskosten sowie Heilbehandlungen, Kuren, Arznei- und Arztkosten, Fahrtkosten) können daneben als außergewöhnliche Belastung nach § 33 EStG berücksichtigt werden.

(2) Unabhängig von einer Übertragung des Behinderten-Pauschbetrags nach § 33b Abs. 5 EStG können Eltern ihre eigenen zwangsläufigen Aufwendungen für ein behindertes Kind nach § 33 EStG abziehen.

(3) Eine Übertragung des Pauschbetrages für behinderte Menschen auf die Eltern eines Kindes mit Wohnsitz oder gewöhnlichem Aufenthalt im Ausland ist nur möglich, wenn das Kind als unbeschränkt steuerpflichtig behandelt wird (insbesondere § 1 Abs. 3 Satz 2, 2. Halbsatz EStG ist zu beachten).

(4) Ein Stpfl. führt die Pflege auch dann noch persönlich durch, wenn er sich zur Unterstützung zeitweise einer ambulanten Pflegekraft bedient.

(5) § 33b Abs. 6 *Satz* 6 EStG gilt auch, wenn nur ein Stpfl. den Pflege-Pauschbetrag tatsächlich in Anspruch nimmt.

(6) Der Pflege-Pauschbetrag nach § 33b Abs. 6 EStG kann neben dem nach § 33b Abs. 5 EStG vom Kind auf die Eltern übertragenen Pauschbetrag für behinderte Menschen in Anspruch genommen werden.

(7) Beiträge zur Rentenversicherung, Kranken- und Pflegeversicherung der pflegenden Person, die die Pflegekasse übernimmt, führen nicht zu Einnahmen i. S. d. § 33b Abs. 6 Satz 1 EStG.

(8) [1]Bei Beginn, Änderung oder Wegfall der Behinderung im Laufe eines Kalenderjahres ist stets der Pauschbetrag nach dem höchsten Grad zu gewähren, der im Kalenderjahr festgestellt war. [2]Eine Zwölftelung ist nicht vorzunehmen. [3]Dies gilt auch für den Hinterbliebenen- und Pflege-Pauschbetrag.

(9) Der Nachweis der Behinderung nach § 65 Abs. 1 Nr. 2 Buchstabe a EStDV gilt als geführt, wenn die dort genannten Bescheinigungen behinderten Menschen nur noch in elektronischer Form übermittelt werden und der Ausdruck einer solchen elektronisch übermittelten Bescheinigung vom Stpfl. vorgelegt wird.

H 33b

Allgemeines

- Zur Behinderung i. S. d. § 33b EStG → § 69 SGB IX, zur Hilflosigkeit → § 33b Abs. 6 EStG, zur Pflegebedürftigkeit → *R 33.3 Abs. 1.*
- Verwaltungsakte, die die Voraussetzungen für die Inanspruchnahme der Pauschbeträge feststellen (→ § 65 EStDV), sind Grundlagenbescheide i. S. d. § 171 Abs. 10 und § 175 Abs. 1 Satz 1 Nr. 1 AO (→ BFH vom 5. 2. 1988 – BStBl II S. 436). Auf Grund eines solchen Bescheides ist ggf. eine Änderung früherer Steuerfestsetzungen hinsichtlich der Anwendung des § 33b EStG nach § 175 Abs. 1 Satz 1 Nr. 1 AO unabhängig davon vorzunehmen, ob ein Antrag i. S. d. § 33b Abs. 1 EStG für den VZ dem Grunde nach bereits gestellt worden ist. Die Änderung ist für alle VZ vorzunehmen, auf die sich der Grundlagenbescheid erstreckt (→ BFH vom 22. 2. 1991 – BStBl II S. 717 und vom 13. 12. 1985 – BStBl 1986 II S. 245).
- Einen Pauschbetrag von 3 700 € können behinderte Menschen unabhängig vom GdB erhalten, in deren Ausweis das Merkzeichen „Bl" oder „H" (→ § 69 Abs. 5 SGB IX) eingetragen ist.

Aufteilung des übertragenen Pauschbetrags für behinderte Menschen

→ BMF vom 28. 6. 2013 (BStBl I S. 845)

Hinterbliebenen-Pauschbetrag

Zu den Gesetzen, die das BVG für entsprechend anwendbar erklärt (§ 33b Abs. 4 Nr. 1 EStG), gehören:

- das Soldatenversorgungsgesetz (→ § 80),
- das ZDG (→ § 47),
- das Häftlingshilfegesetz (→ §§ 4 und 5),
- das Gesetz über die Unterhaltsbeihilfe für Angehörige von Kriegsgefangenen (→ § 3),
- das Gesetz über den Bundesgrenzschutz (→ § 59 Abs. 1 i. V. m. dem Soldatenversorgungsgesetz),
- das Gesetz über das Zivilschutzkorps (→ § 46 i. V. m. dem Soldatenversorgungsgesetz),
- das Gesetz zur Regelung der Rechtsverhältnisse der unter Artikel 131 GG fallenden Personen (→ §§ 66, 66a),
- das Gesetz zur Einführung des Bundesversorgungsgesetzes im Saarland (→ § 5 Abs. 1),
- das Infektionsschutzgesetz (→ § 63),
- das Gesetz über die Entschädigung für Opfer von Gewalttaten (→ § 1 Abs. 1).

Nachweis der Behinderung

- Der Nachweis für die Voraussetzungen eines Pauschbetrages ist gem. § 65 EStDV zu führen (zum Pflege-Pauschbetrag → BFH vom 20. 2. 2003 – BStBl II S. 476). Nach § 69 Abs. 1 SGB IX zuständige Behörden sind die für die Durchführung des Bundesversorgungsgesetzes zuständigen Behörden (Versorgungsämter) und die gem. § 69 Abs. 1 S. 7 SGB IX nach Landesrecht für zuständig erklärten Behörden.
- Zum Nachweis der Behinderung von in Deutschland nicht steuerpflichtigen Kindern → BMF vom 8. 8. 1997 (BStBl I S. 1016).
- An die für die Gewährung des Pauschbetrags für behinderte Menschen und des Pflege-Pauschbetrags vorzulegenden Bescheinigungen, Ausweise oder Bescheide sind die Finanzbehörden gebunden (→ BFH vom 5. 2. 1988 – BStBl II S. 436).
- Bei den Nachweisen nach § 65 Abs. 1 Nr. 2 Buchstabe b EStDV kann es sich z. B. um Rentenbescheide des Versorgungsamtes oder eines Trägers der gesetzlichen Unfallversicherung oder bei Beamten, die Unfallruhegeld beziehen, um einen entsprechenden Bescheid ihrer Behörde handeln. Der Rentenbescheid eines Trägers der gesetzlichen Rentenversicherung der Arbeiter und Angestellten genügt nicht (→ BFH vom 25. 4. 1968 – BStBl II S. 606).

Neben den Pauschbeträgen für behinderte Menschen zu berücksichtigende Aufwendungen

Folgende Aufwendungen können neben den Pauschbeträgen für behinderte Menschen als außergewöhnliche Belastung nach § 33 EStG berücksichtigt werden:

- Operationskosten, Kosten für Heilbehandlungen, Arznei- und Arztkosten (→ R 33b Abs. 1 EStR),
- Kraftfahrzeugkosten (→ H 33.1 – 33.4 – Fahrtkosten behinderter Menschen sowie → R 33b Abs. 1 Satz 4 EStR),
- Führerscheinkosten für ein schwer geh- und stehbehindertes Kind (→ BFH vom 26. 3. 1993 – BStBl II S. 749),
- Kosten für eine Heilkur (→ BFH vom 11. 12. 1987 – BStBl 1988 II S. 275, → H 33.1 – 33.4 (Kur) sowie → R 33.4 Abs. 1 und 3),
- Schulgeld für den Privatschulbesuch des behinderten Kindes (→ H 33.1 – 33.4 – Privatschule und → R 33.4 Abs. 2) sowie
- Kosten für die behindertengerechte Ausgestaltung des eigenen Wohnhauses (→ R 33.4 Abs. 5 und H 33.1 – 33.4 – Behindertengerechte Ausstattung).

Pflegebedürftigkeit

→ R 33.3 Abs. 1

Pflege-Pauschbetrag

- Eine sittliche Verpflichtung zur Pflege ist anzuerkennen, wenn eine enge persönliche Beziehung zu der gepflegten Person besteht (→ BFH vom 29. 8. 1996 – BStBl 1997 II S. 199),
- Der Pflege-Pauschbetrag nach § 33b Abs. 6 EStG ist nicht nach der Zahl der Personen aufzuteilen, welche bei ihrer Einkommensteuerveranlagung die Berücksichtigung eines Pflegepauschbetrages begehren, sondern nach der Zahl der Stpfl., welche eine hilflose Person in ihrer Wohnung oder in der Wohnung des Pflegebedürftigen tatsächlich persönlich gepflegt haben (→ BFH vom 14. 10. 1997 – BStBl 1998 II S. 20),
- Abgesehen von der Pflege durch Eltern (§ 33b Abs. 6 Satz 2 EStG) schließen Einnahmen der Pflegeperson für die Pflege unabhängig von ihrer Höhe die Gewährung des Pflege-Pauschbetrags aus. Hierzu gehört grundsätzlich auch das weitergeleitete Pflegegeld. Der Ausschluss von der Gewährung des Pflege-Pauschbetrags gilt nicht, wenn das Pflegegeld lediglich treuhänderisch für den Pflegebedürftigen verwaltet wird und damit ausschließlich Aufwendungen des Pflegebedürftigen bestritten werden. In diesem Fall muss die Pflegeperson die konkrete Verwendung des Pflegegeldes nachweisen und ggf. nachträglich noch eine Vermögenstrennung durchführen (→ BFH vom 21. 3. 2002 – BStBl II S. 417).

Übertragung des Pauschbetrags von einem im Ausland lebenden Kind

Der Pauschbetrag nach § 33b Abs. 3 EStG für ein behindertes Kind kann nicht nach § 33b Abs. 5 EStG auf einen im Inland unbeschränkt steuerpflichtigen Elternteil übertragen werden, wenn das Kind im Ausland außerhalb eines EU/EWR-Mitgliedstaates seinen Wohnsitz oder gewöhnlichen Aufenthalt hat und im Inland keine eigenen Einkünfte erzielt (BFH vom 2. 6. 2005 – BStBl II S. 828; → auch R 33b Abs. 3).

R 34.3. Besondere Voraussetzungen für die Anwendung des § 34 Abs. 1 EStG

(1) Entschädigungen i. S. d. § 24 Nr. 1 EStG sind nach § 34 Abs. 1 i. V. m. Abs. 2 Nr. 2 EStG nur begünstigt, wenn es sich um außerordentliche Einkünfte handelt; dabei kommt es nicht darauf an, im Rahmen welcher Einkunftsart sie angefallen sind.

(2) [1]Die Nachzahlung von → Nutzungsvergütungen und Zinsen i. S. d. § 34 Abs. 2 Nr. 3 EStG muss einen Zeitraum von mehr als 36 Monaten umfassen. [2]Es genügt nicht, dass sie auf drei Kalenderjahre entfällt.

H 34.3

Entlassungsentschädigungen

- → BMF vom 1. 11. 2013 (BStBl I S. 1326) → Anhang 27.
- Die Rückzahlung einer Abfindung ist auch dann im Abflussjahr zu berücksichtigen, wenn die Abfindung im Zuflussjahr begünstigt besteuert worden ist. Eine Lohnrückzahlung ist regelmäßig kein rückwirkendes Ereignis, das zur Änderung des Einkommensteuerbescheides des Zuflussjahres berechtigt (→ BFH vom 4. 5. 2006 – BStBl II S. 911).

Entschädigung i. S. d. § 24 Nr. 1 EStG

→ R 24.1

Entschädigung in zwei VZ

- Außerordentliche Einkünfte i. S. d. § 34 Abs. 2 Nr. 2 EStG sind (nur) gegeben, wenn die zu begünstigenden Einkünfte in einem VZ zu erfassen sind (→ BFH vom 21. 3. 1996 – BStBl II S. 416 und vom 14. 5. 2003 – BStBl II S. 881). Die Tarifermäßigung nach § 34 Abs. 1 EStG kann aber unter besonderen Umständen ausnahmsweise auch dann in Betracht kommen, wenn die Entschädigung nicht in einem Kalenderjahr zufließt, sondern sich auf zwei Kalenderjahre verteilt. Voraussetzung ist jedoch stets, dass die Zahlung der Entschädigung von vornherein in einer Summe vorgesehen war und nur wegen ihrer ungewöhnlichen Höhe und der besonderen Verhältnisse des Zahlungspflichtigen auf zwei Jahre verteilt wurde oder wenn der Entschädigungsempfänger – bar aller Existenzmittel – dringend auf den baldigen Bezug einer Vorauszahlung angewiesen war (→ BFH vom 2. 9. 1992 – BStBl 1993 II S. 831).
- Bei Land- und Forstwirten mit einem vom Kalenderjahr abweichenden Wirtschaftsjahr ist die Tarifermäßigung ausgeschlossen, wenn sich die außerordentlichen Einkünfte auf Grund der Aufteilungsvorschrift des § 4a Abs. 2 Nr. 1 Satz 1 EStG auf mehr als zwei VZ verteilen (→ BFH vom 4. 4. 1968 – BStBl II S. 411).
- Planwidriger Zufluss
  → BMF vom 1. 11. 2013 (BStBl I S. 1326), Rz. 16 – 19 → Anhang 27.
- Die Ablösung wiederkehrender Bezüge aus einer Betriebs- oder Anteilsveräußerung durch eine Einmalzahlung kann als Veräußerungserlös auch dann tarifbegünstigt sein, wenn im Jahr der Betriebs- oder Anteilsveräußerung eine Einmalzahlung tarifbegünstigt versteuert worden ist, diese aber im Verhältnis zum Ablösebetrag als geringfügig (im Urteilsfall weniger als 1 %) anzusehen ist (→ BFH vom 14. 1. 2004 – BStBl II S. 493).

Nutzungsvergütungen i. S. d. § 24 Nr. 3 EStG

- Werden Nutzungsvergütungen oder Zinsen i. S. d. § 24 Nr. 3 EStG für einen Zeitraum von mehr als drei Jahren nachgezahlt, ist der gesamte Nachzahlungsbetrag nach § 34 Abs. 2 Nr. 3 i. V. m. Absatz 1 EStG begünstigt. Nicht begünstigt sind Nutzungsvergütungen, die in einem Einmalbetrag für einen drei Jahre übersteigenden Nutzungszeitraum gezahlt werden und von denen ein Teilbetrag auf einen Nachzahlungszeitraum von weniger als drei Jahren und die im Übrigen auf den zukünftigen Nutzungszeitraum entfallen (→ BFH vom 19. 4. 1994 – BStBl II S. 640).
- Die auf Grund eines Zwangsversteigerungsverfahrens von der öffentlichen Hand als Ersteherin gezahlten sog. Bargebotszinsen stellen keine „Zinsen auf Entschädigungen" i. S. v. § 24 Nr. 3 EStG dar (→ BFH vom 28. 4. 1998 – BStBl II S. 560).

Vorabentschädigungen

Teilzahlungen, die ein Handelsvertreter entsprechend seinen abgeschlossenen Geschäften laufend vorweg auf seine künftige Wettbewerbsentschädigung (§ 90a HGB) und auf seinen künftigen Ausgleichsanspruch (§ 89b HGB) erhält, führen in den jeweiligen Veranlagungszeiträumen zu keiner → Zusammenballung von Einkünften und lösen deshalb auch nicht die Tarifermäßigung nach § 34 Abs. 1 EStG aus (→ BFH vom 20. 7. 1988 – BStBl II S. 936).

Zinsen i. S. d. § 24 Nr. 3 EStG

→ Nutzungsvergütungen

Zusammenballung von Einkünften

- Eine Entschädigung ist nur dann tarifbegünstigt, wenn sie zu einer Zusammenballung von Einkünften innerhalb eines VZ führt (→ BFH vom 4. 3. 1998 – BStBl II S. 787). → BMF vom 1. 11. 2013 (BStBl I S. 1326), Rz. 8 – 15 → Anhang 27
- Erhält ein Stpfl. wegen der Körperverletzung durch einen Dritten auf Grund von mehreren gesonderten und unterschiedliche Zeiträume betreffenden Vereinbarungen mit dessen Versicherung Entschädigungen als Ersatz für entgangene und entgehende Einnahmen, steht der Zufluss der einzelnen Entschädigungen in verschiedenen VZ der tarifbegünstigten Besteuerung jeder dieser Entschädigungen nicht entgegen (→ BFH vom 21. 1. 2004 – BStBl II S. 716).

R 34.4. Anwendung des § 34 Abs. 1 EStG auf Einkünfte aus der Vergütung für eine mehrjährige Tätigkeit (§ 34 Abs. 2 Nr. 4 EStG)

Allgemeines

(1) [1]§ 34 Abs. 2 Nr. 4 i. V. m. Abs. 1 EStG gilt grundsätzlich für alle Einkunftsarten. [2]§ 34 Abs. 1 EStG ist auch auf Nachzahlungen von Ruhegehaltsbezügen und von Renten i. S. d. § 22 Nr. 1 EStG anwendbar, soweit diese nicht für den laufenden VZ geleistet werden. [3]Voraussetzung für die Anwendung ist, dass auf Grund der Einkunftsermittlungsvorschriften eine → Zusammenballung von Einkünften eintritt, die bei Einkünften aus nicht selbständiger Arbeit auf wirtschaftlich vernünftigen Gründen beruht und bei anderen Einkünften nicht dem vertragsgemäßen oder dem typischen Ablauf entspricht.

Einkünfte aus nicht selbständiger Arbeit

(2) Bei Einkünften aus nicht selbständiger Arbeit kommt es nicht darauf an, dass die Vergütung für eine abgrenzbare Sondertätigkeit gezahlt wird, dass auf sie ein Rechtsanspruch besteht oder dass sie eine zwangsläufige Zusammenballung von Einnahmen darstellt.

Ermittlung der Einkünfte

(3) [1]Bei der Ermittlung der dem § 34 Abs. 2 Nr. 4 i. V. m. Abs. 1EStG unterliegenden Einkünfte gilt R 34.1 Abs. 4 Satz 2. [2]Handelt es sich sowohl bei den laufenden Einnahmen als auch bei den außerordentlichen Bezügen um Versorgungsbezüge i. S. d. § 19 Abs. 2 EStG, können der im Kalenderjahr des Zuflusses die Freibeträge für Versorgungsbezüge in Betracht kommende Versorgungs-Freibetrag nach § 19 Abs. 2 EStG nur einmal abgezogen werden; er ist zunächst bei den nicht nach § 34 EStG begünstigten Einkünften zu berücksichtigen. [3]Nur ein insoweit nicht verbrauchte Freibeträge für Versorgungsbezüge sind bei den nach § 34 EStG begünstigten Einkünften abzuziehen. [4]Entsprechend ist bei anderen Einkunftsarten zu verfahren, bei denen ein im Rahmen der Einkünfteermittlung anzusetzender Freibetrag oder Pauschbetrag abzuziehen ist. [5]Werden außerordentliche Einkünfte aus nicht selbständiger Arbeit neben laufenden Einkünften dieser Art bezogen, ist bei den Einnahmen der Arbeitnehmer-Pauschbetrag insgesamt nur einmal abzuziehen, wenn insgesamt keine höheren Werbungskosten nachgewiesen werden. [6]In anderen Fällen sind die auf die jeweiligen Einnahmen entfallenden tatsächlichen Werbungskosten bei diesen Einnahmen zu berücksichtigen.

H 34.4

Arbeitslohn für mehrere Jahre

- Die Anwendung des § 34 Abs. 3 EStG setzt nicht voraus, dass der Arbeitnehmer die Arbeitsleistung erbringt; es genügt, dass der Arbeitslohn für mehrere Jahre gezahlt worden ist (→ BFH vom 17. 7. 1970 – BStBl II S. 683).

- ***Liegen wirtschaftlich vernünftige Gründe für eine zusammengeballte Entlohnung vor, muss es sich nicht um einmalige und unübliche (Sonder-)Einkünfte für eine Tätigkeit handeln, die von der regelmäßigen Erwerbstätigkeit abgrenzbar ist oder auf einem besonderen Rechtsgrund beruht (→ BFH vom 7. 5. 2015 – BStBl II S.** 890**).***

Außerordentliche Einkünfte i. S. d. § 34 Abs. 2 Nr. 4 i. V. m. § 34 Abs. 1 EStG

1. § 34 Abs. 2 Nr. 4 i. V. m. § 34 Abs. 1 EStG ist z. B. **anzuwenden, wenn**
   - eine Lohnzahlung für eine Zeit, die vor dem Kalenderjahr liegt, deshalb nachträglich geleistet wird, weil der Arbeitgeber Lohnbeträge zu Unrecht einbehalten oder mangels flüssiger Mittel nicht in der festgelegten Höhe ausgezahlt hat (→ BFH vom 17. 7. 1970 – BStBl II S. 683),
   - der Arbeitgeber Prämien mehrerer Kalenderjahre für eine Versorgung oder für eine Unfallversicherung des Arbeitnehmers deshalb voraus- oder nachzahlt, weil er dadurch günstigere Prämiensätze erzielt oder weil die Zusammenfassung satzungsgemäßen Bestimmungen einer Versorgungseinrichtung entspricht,
   - dem Stpfl. Tantiemen für mehrere Jahre in einem Kalenderjahr zusammengeballt zufließen (→ BFH vom 11. 6. 1970 – BStBl II S. 639).
   - dem Stpfl. Zahlungen, die zur Abfindung von Pensionsanwartschaften geleistet werden, zufließen. Dem Zufluss steht nicht entgegen, dass der Ablösungsbetrag nicht an den Stpfl., sondern an einen Dritten gezahlt worden ist (→ BFH vom 12. 4. 2007 – BStBl II S. 581).
2. § 34 Abs. 2 Nr. 4 i. V. m. § 34 Abs. 1 EStG ist z. B. **nicht anzuwenden** bei zwischen Arbeitgeber und Arbeitnehmer vereinbarten und regelmäßig ausgezahlten gewinnabhängigen Tantiemen, deren Höhe erst nach Ablauf des Wirtschaftsjahrs festgestellt werden kann; es handelt sich hierbei nicht um die Abgeltung einer mehrjährigen Tätigkeit (→ BFH vom 30. 8. 1966 – BStBl III S. 545).
3. § 34 Abs. 2 Nr. 4 i. V. m. § 34 Abs. 1 EStG kann in besonders gelagerten **Ausnahmefällen** anzuwenden sein, wenn die Vergütung für eine mehrjährige nichtselbständige Tätigkeit dem Stpfl. aus wirtschaftlich vernünftigen Gründen nicht in einem Kalenderjahr, sondern in zwei Kalenderjahren in Teilbeträgen zusammengeballt ausgezahlt wird (→ BFH vom 16. 9. 1966 – BStBl 1967 III S. 2).

→ Vergütung für eine mehrjährige Tätigkeit

Erstattungszinsen nach § 233a AO

Erstattungszinsen nach § 233a AO sind keine außerordentlichen Einkünfte (→ BFH vom 12. 11. 2013 – BStBl 2014 II S. 168).

Gewinneinkünfte

Die Annahme außerordentlicher Einkünfte i. S. d. § 34 Abs. 2 Nr. 4 EStG setzt voraus, dass die Vergütung für mehrjährige Tätigkeiten eine Progressionswirkung typischerweise erwarten lässt. Dies kann bei Einkünften i. S. d. § 2 Abs. 2 Satz 1 Nr. 1 EStG dann der Fall sein, wenn

- der Stpfl. sich während mehrerer Jahre ausschließlich einer bestimmten Sache gewidmet und die Vergütung dafür in einem einzigen Veranlagungszeitraum erhalten hat oder
- eine sich über mehrere Jahre erstreckende Sondertätigkeit, die von der übrigen Tätigkeit des Stpfl. ausreichend abgrenzbar ist und nicht zum regelmäßigen Gewinnbetrieb gehört, in einem einzigen Veranlagungszeitraum entlohnt wird oder
- der Stpfl. für eine mehrjährige Tätigkeit eine Nachzahlung in einem Betrag aufgrund einer vorausgegangenen rechtlichen Auseinandersetzung erhalten hat

(→ BFH vom 14. 12. 2006 – BStBl 2007 II S. 180),

- *eine einmalige Sonderzahlung* für langjährige Dienste auf Grund einer arbeitnehmerähnlichen Stellung geleistet wird (→ BFH vom 7. 7. 2004 – BStBl 2005 II S. 276) oder
- durch geballte Nachaktivierung von Umsatzsteuer-Erstattungsansprüchen mehrerer Jahre ein Ertrag entsteht (→ BFH vom 25. 2. 2014 – BStBl II S. 668 ***und vom 25. 9. 2014 – BStBl 2015 II S. 220***).

Jubiläumszuwendungen

Zuwendungen, die ohne Rücksicht auf die Dauer der Betriebszugehörigkeit lediglich aus Anlass eines Firmenjubiläums erfolgen, erfüllen die Voraussetzungen von § 34 Abs. 2 Nr. 4 EStG nicht (→ BFH vom 3. 7. 1987 – BStBl II S. 820).

Nachzahlung von Versorgungsbezügen

§ 34 Abs. 2 Nr. 4 i. V. m. § 34 Abs. 1 EStG auch auf Nachzahlungen anwendbar, die als Ruhegehalt für eine ehemalige Arbeitnehmertätigkeit gezahlt werden (→ BFH vom 28. 2. 1958 – BStBl III S. 169).

Tantiemen

→ außerordentliche Einkünfte i. S. d. § 34 Abs. 2 Nr. 4 i. V. m. § 34 Abs. 1 EStG

Verbesserungsvorschläge

Die einem Arbeitnehmer gewährte Prämie für einen Verbesserungsvorschlag stellt keine Entlohnung für eine mehrjährige Tätigkeit im Sinne des § 34 Abs. 2 Nr. 4 i. V. m. § 34 Abs. 1 EStG dar, wenn sie nicht nach dem Zeitaufwand des Arbeitnehmers, sondern ausschließlich nach der Kostenersparnis des Arbeitgebers in einem bestimmten künftigen Zeitraum berechnet wird (→ BFH vom 16. 12. 1996 – BStBl 1997 II S. 222).

Vergütung für eine mehrjährige Tätigkeit

Die Anwendung von § 34 Abs. 2 Nr. 4 i. V. m. § 34 Abs. 1 EStG ist nicht dadurch ausgeschlossen, dass die Vergütungen für eine mehrjährige Tätigkeit während eines Kalenderjahrs in mehreren Teilbeträgen gezahlt werden (→ BFH vom 11. 6. 1970 – BStBl II S. 639).

Versorgungsbezüge

→ Nachzahlung von Versorgungsbezügen

Zusammenballung von Einkünften

- Eine Zusammenballung von Einkünften ist nicht anzunehmen, wenn die Vertragsparteien die Vergütung bereits durch ins Gewicht fallende Teilzahlungen auf mehrere Kalenderjahre verteilt haben (→ BFH vom 10. 2. 1972 – BStBl II S. 529).
- ***Bei der Veräußerung eines Mitunternehmeranteils fehlt es an einer Zusammenballung, wenn der Stpfl. zuvor auf Grund einheitlicher Planung und im zeitlichen Zusammenhang mit der Veräußerung einen Teil des ursprünglichen Mitunternehmeranteils ohne Aufdeckung der stillen Reserven übertragen hat (→ BFH vom 9. 12. 2014 – BStBl 2015 II S. 529).***

R 46.1. Veranlagung nach § 46 Abs. 2 Nr. 2 EStG

§ 46 Abs. 2 Nr. 2 EStG gilt auch für die Fälle, in denen der Stpfl. rechtlich in nur einem Dienstverhältnis steht, die Bezüge aber von verschiedenen öffentlichen Kassen ausgezahlt und gesondert nach Maßgabe der jeweiligen Lohnsteuerkarte[1]) dem Steuerabzug unterworfen worden sind.

R 46.2. Veranlagung nach § 46 Abs. 2 Nr. 8 EStG

(1) Die Vorschrift des § 46 Abs. 2 Nr. 8 EStG ist nur anwendbar, wenn der Arbeitnehmer nicht bereits nach den Vorschriften des § 46 Abs. 2 Nr. 1 bis 7 EStG zu veranlagen ist.

(2) Der Antrag ist innerhalb der allgemeinen Festsetzungsfrist von vier Jahren zu stellen.

(3) Sollen ausländische Verluste, die nach einem DBA bei der Ermittlung des z. v. E. (§ 2 Abs. 5 EStG) außer Ansatz geblieben sind, zur Anwendung des negativen Progressionsvorbehalts berücksichtigt werden, so ist auf Antrag eine Veranlagung durchzuführen.

(4) [1]Hat ein Arbeitnehmer im VZ zeitweise nicht in einem Dienstverhältnis gestanden, kann die Dauer der Nichtbeschäftigung z. B. durch eine entsprechende Bescheinigung der Agentur für Arbeit, wie einen Bewilligungsbescheid über das Arbeitslosengeld oder eine Bewilligung von Leistungen nach dem SGB III, belegt werden. [2]Kann ein Arbeitnehmer Zeiten der Nichtbeschäftigung durch geeignete Unterlagen nicht nachweisen oder in sonstiger Weise glaubhaft machen, ist dies kein Grund, die Antragsveranlagung nicht durchzuführen. [3]Ob und in welcher Höhe außer dem auf der Lohnsteuerbescheinigung ausgewiesenen bescheinigten Arbeitslohn

[1]) Jetzt Lohnsteuerabzugsmerkmale.

weiterer Arbeitslohn zu berücksichtigen ist, hängt von dem im Einzelfall ermittelten Sachverhalt ab. [4]Für dessen Beurteilung gelten die Grundsätze der freien Beweiswürdigung.

H 46.2

Abtretung/Verpfändung

- zur Abtretung bzw. Verpfändung des Erstattungsanspruchs → § 46 AO sowie AEAO zu § 46,
- zum Entstehen des Erstattungsanspruchs → § 38 AO i. V. m. § 36 Abs. 1 EStG.

Anlaufhemmung

Eine Anlaufhemmung gem. § 170 Abs. 2 Satz 1 Nr. 1 AO kommt in den Fällen des § 46 Abs. 2 Nr. 8 EStG nicht in Betracht (→ BFH vom 14. 4. 2011 – BStBl II S. 746).

Antrag auf Veranlagung

Kommt eine Veranlagung des Stpfl. nach § 46 Abs. 2 EStG nicht in Betracht, können auch Grundlagenbescheide nicht über die Änderungsnorm des § 175 Abs. 1 Satz 1 Nr. 1 AO zu einer solchen führen (→ BFH vom 9. 2. 2012 – BStBl II S. 750).

Ermittlung der Summe der Einkünfte

Unter der „Summe der Einkünfte" i. S. d. § 46 Abs. 2 Nr. 1 EStG ist derjenige Saldo zu verstehen, der nach horizontaler und vertikaler Verrechnung der Einkünfte verbleibt. Versagt das Gesetz – wie in § 23 Abs. 3 Satz 8 EStG im Falle eines Verlustes aus privaten Veräußerungsgeschäften – die Verrechnung eines Verlustes aus einer Einkunftsart mit Gewinnen bzw. Überschüssen aus anderen Einkunftsarten, fließt dieser Verlust nicht in die „Summe der Einkünfte" ein (→ BFH vom 26. 3. 2013 – BStBl II S. 631).

Pfändung des Erstattungsanspruchs aus der Antragsveranlagung

→ § 46 AO sowie AEAO zu § 46

Rechtswirksamer Antrag

Ein Antrag auf Veranlagung zur Einkommensteuer ist nur dann rechtswirksam gestellt, wenn der amtlich vorgeschriebene Vordruck verwendet wird, dieser innerhalb der allgemeinen Festsetzungsfrist beim Finanzamt eingeht und bis dahin auch vom Arbeitnehmer eigenhändig unterschrieben ist (→ BFH vom 10. 10. 1986 – BStBl 1987 II S. 77). Eine Einkommensteuererklärung ist auch dann nach amtlich vorgeschriebenem Vordruck" abgegeben, wenn ein – auch einseitig – privat gedruckter oder fotokopierter Vordruck verwendet wird, der dem amtlichen Muster entspricht (→ BFH vom 22. 5. 2006 – BStBl 2007 II S. 2).

Schätzungsbescheid

Für die Durchführung des Veranlagungsverfahrens bedarf es keines Antrags des Stpfl., wenn das Finanzamt das Veranlagungsverfahren von sich aus bereits durchgeführt und einen Schätzungsbescheid unter dem Vorbehalt der Nachprüfung erlassen hat. Dies gilt jedenfalls dann, *wenn bei Erlass des Steuerbescheids* aus der insoweit maßgeblichen Sicht des Finanzamts die Voraussetzungen für eine Veranlagung von Amts wegen vorlagen (→ BFH vom 22. 5. 2006 – BStBl II S. 912).

R 46.3. Härteausgleich

– unbesetzt –

H 46.3

Abhängigkeit der Veranlagung vom Härteausgleich

Eine Veranlagung ist unabhängig vom Härteausgleich nach § 46 Abs. 3 EStG durchzuführen, auch wenn dieser im Ergebnis zu einem Betrag unter 410 Euro führt (→ BFH vom 2. 12. 1971 – BStBl 1972 II S. 278).

Allgemeines

Bestehen die einkommensteuerpflichtigen Einkünfte, die nicht der Lohnsteuer zu unterwerfen waren, sowohl aus positiven Einkünften als auch aus negativen Einkünften (Verlusten), so wird ein Härteausgleich nur gewährt, wenn die Summe dieser Einkünfte abzüglich der darauf entfallenden Beträge nach § 13 Abs. 3 und § 24a EStG einen positiven Einkunftsbetrag von nicht mehr als 410 Euro bzw. 820 Euro ergibt. Das gilt auch in den Fällen der Zusammenveranlagung von Ehegatten, in denen der eine Ehegatte positive und der andere Ehegatte negative Einkünfte, die nicht der Lohnsteuer zu unterwerfen waren, bezogen hat, und im Fall der Veranlagung nach § 46 Abs. 2 Nr. 4 EStG (→ BFH vom 24. 4. 1961 – BStBl III S. 310).

Beispiel:

Ein Arbeitnehmer, der im Jahr 2005 das 65. Lebensjahr vollendet hatte und für den Lohnsteuerabzugsmerkmale nach § 39 Abs. 4 i. V. m. § 39a Abs. 1 Satz 1 Nr. 5 EStG (einschl. Freibetrag) gebildet wurden, hat neben seinen Einkünften aus nichtselbständiger Arbeit (Ruhegeld) in ***2015*** folgende Einkünfte bezogen:

Gewinn aus Land- und Forstwirtschaft		2 000 €
Verlust aus Vermietung und Verpachtung		– 300 €
positive Summe dieser Einkünfte		1 700 €
Prüfung des Veranlagungsgrundes nach § 46 Abs. 2 Nr. 1 EStG:		
Summe der einkommensteuerpflichtigen Einkünfte, die nicht dem Steuerabzug vom Arbeitslohn unterlagen		1 700 €
Abzug nach § 13 Abs. 3 EStG	***900 €***	
Altersentlastungsbetrag nach § 24a EStG (40 % aus 1 700 € =)	+ 680 €	***–1 580 €***
		120 €

Die Voraussetzungen nach § 46 Abs. 2 Nr. 1 EStG sind nicht gegeben; der Arbeitnehmer ist nach § 46 Abs. 2 Nr. 4 EStG zu veranlagen.

Härteausgleich nach § 46 Abs. 3 EStG:

Betrag der einkommensteuerpflichtigen (Neben-)Einkünfte	1 700 €
Abzug nach § 13 Abs. 3 EStG	***–900 €***
Altersentlastungsbetrag nach § 24a EStG	– 680 €
Vom Einkommen abziehbarer Betrag	***120 €***

Anwendung der §§ 34, 34b und 34c EStG

Würden Einkünfte, die nicht der Lohnsteuer zu unterwerfen waren, auf Grund eines Härteausgleichsbetrags in gleicher Höhe unversteuert bleiben, so ist für die Anwendung dieser Ermäßigungsvorschriften kein Raum (→ BFH vom 29. 5. 1963 – BStBl III S. 379 und vom 2. 12. 1971 – BStBl 1972 II S. 278).

Grenzgänger

→ ***H 25 (Härteregelung)***

Lohnersatzleistung

Der Härteausgleich nach § 46 Abs. 3 EStG ist nicht auf dem Progressionsvorbehalt unterliegende Lohnersatzleistungen anzuwenden (→ BFH vom 5. 5. 1994 – BStBl II S. 654).

R 50a.1. Steuerabzug bei Lizenzgebühren, Vergütungen für die Nutzung von Urheberrechten und bei Veräußerungen von Schutzrechten usw.

[1]Lizenzgebühren für die Verwertung gewerblicher Schutzrechte und Vergütungen für die Nutzung von Urheberrechten, deren Empfänger im Inland weder einen Wohnsitz noch ihren gewöhnlichen Aufenthalt haben, unterliegen nach § 49 Abs. 1 Nr. 2 Buchstabe f Doppelbuchstabe aa bzw. Nr. 6 EStG der beschränkten Steuerpflicht, wenn die Patente in die deutsche Pa-

tentrolle eingetragen sind oder wenn die gewerblichen Erfindungen oder Urheberrechte in einer inländischen Betriebsstätte oder in einer anderen Einrichtung verwertet werden. [2]Als andere Einrichtungen sind öffentlich-rechtliche Rundfunkanstalten anzusehen, soweit sie sich in dem durch Gesetz oder Staatsvertrag bestimmten Rahmen mit der Weitergabe von Informationen in Wort und Bild beschäftigen und damit hoheitliche Aufgaben wahrnehmen, so dass sie nicht der Körperschaftsteuer unterliegen und damit auch keine Betriebsstätte begründen. [3]In den übrigen Fällen ergibt sich die beschränkte Steuerpflicht für Lizenzgebühren aus § 49 Abs. 1 Nr. 2 Buchstabe a oder Nr. 9 EStG. [4]Dem Steuerabzug unterliegen auch Lizenzgebühren, die den Einkünften aus selbständiger Arbeit zuzurechnen sind (§ 49 Abs. 1 Nr. 3 EStG).

H 50a.1

Kundenadressen

Einkünfte aus der Überlassung von Kundenadressen zur Nutzung im Inland fallen auch dann nicht gem. § 49 Abs. 1 Nr. 9 EStG unter die beschränkte Steuerpflicht, wenn die Adressen vom ausländischen Überlassenden nach Informationen über das Konsumverhalten der betreffenden Kunden selektiert wurden. Es handelt sich nicht um die Nutzungsüberlassung von Know-how, sondern von Datenbeständen (→ BFH vom 13. 11. 2002 – BStBl 2003 II S. 249).

Rechteüberlassung

- Die entgeltliche Überlassung eines Rechts führt zu inländischen Einkünften, wenn die Rechteverwertung Teil einer gewerblichen oder selbständigen Tätigkeit im Inland (§ 49 Abs. 1 Nr. 2 Buchstabe a oder Nr. 3 EStG) ist oder die Überlassung zeitlich begrenzt zum Zwecke der Verwertung in einer inländischen Betriebsstätte oder anderen inländischen Einrichtung erfolgt (§ 49 Abs. 1 Nr. 6 EStG). Dies gilt auch dann, wenn das Recht vom originären beschränkt steuerpflichtigen Inhaber selbst überlassen wird, wie z. B. bei der Überlassung der Persönlichkeitsrechte eines Sportlers durch diesen selbst im Rahmen einer Werbekampagne (→ BMF vom 2. 8. 2005 – BStBl I S. 844).
- Zu einem ausnahmsweise möglichen Betriebsausgaben- und Werbungskostenabzug → BMF vom 17. 6. 2014 (BStBl I S. 887)

Spezialwissen

Auch ein rechtlich nicht geschütztes technisches Spezialwissen, wie es in § 49 Abs. 1 Nr. 9 EStG aufgeführt ist, kann wie eine Erfindung zu behandeln sein, wenn sein Wert etwa dadurch greifbar ist, dass es in Lizenzverträgen zur Nutzung weitergegeben werden kann (→ BFH vom 26. 10. 2004 – BStBl 2005 II S. 167).

Werbeleistungen eines ausländischen Motorsport-Rennteams

Eine ausländische Kapitalgesellschaft, die als Motorsport-Rennteam Rennwagen und Fahrer in einer internationalen Rennserie einsetzt, erbringt eine eigenständige sportliche Darbietung. Sie ist mit ihrer anteilig auf inländische Rennen entfallenden Vergütung für Werbeleistungen (auf den Helmen und Rennanzügen der Fahrer und auf den Rennwagen aufgebrachte Werbung) beschränkt steuerpflichtig (→ BFH vom 6. 6. 2012 – BStBl 2013 II S. 430).

R 50a.2. Berechnung des Steuerabzugs nach § 50a EStG in besonderen Fällen

– unbesetzt –

H 50a.2

Allgemeines

- Zum Steuerabzug gem. § 50a EStG bei Einkünften beschränkt Steuerpflichtiger aus künstlerischen, sportlichen, artistischen, unterhaltenden oder ähnlichen Darbietungen → BMF vom 25. 11. 2010 (BStBl I S. 1350).
- Zur Haftung eines im Ausland ansässigen Vergütungsschuldners gem. § 50a Abs. 5 EStG auf der sog. zweiten Ebene → BFH vom 22. 8. 2007 (BStBl 2008 II S. 190).

Auslandskorrespondenten

→ BMF vom 13. 3. 1998 (BStBl I S. 351)

Ausländische Kulturvereinigungen

→ BMF vom 20. 7. 1983 (BStBl I S. 382) und BMF vom 30. 5. 1995 (BStBl I S. 336)

Doppelbesteuerungsabkommen

Nach § 50d Abs. 1 Satz 1 EStG sind die Vorschriften über die Einbehaltung, Abführung und Anmeldung der Steuer durch den Schuldner der Vergütung nach § 50a EStG ungeachtet eines DBA anzuwenden, wenn Einkünfte nach dem Abkommen nicht oder nur nach einem niedrigeren Steuersatz besteuert werden können (→ BFH vom 13. 7. 1994 – BStBl 1995 II S. 129).

Fotomodelle

Zur Aufteilung von Gesamtvergütungen beim Steuerabzug von Einkünften beschränkt stpfl. Fotomodelle → BMF vom 9. 1. 2009 (BStBl I S. 362).

Sicherungseinbehalt nach § 50a Abs. 7 EStG

- Allgemeines → BMF vom 2. 8. 2002 (BStBl I S. 710)
- Sperrwirkung gem. § 48 Abs. 4 EStG → BMF vom 27. 12. 2002 (BStBl I S. 1399) unter Berücksichtigung der Änderungen durch BMF vom 4. 9. 2003 (BStBl I S. 431), Tz. 96 ff.

Steueranmeldung

- Im Falle einer Aussetzung (Aufhebung) der Vollziehung dürfen ausgesetzte Steuerbeträge nur an den Vergütungsschuldner und nicht an den Vergütungsgläubiger erstattet werden (→ BFH vom 13. 8. 1997 – BStBl II S. 700 und BMF vom 25. 11. 2010 – BStBl I S. 1350, Rz. 68).
- Zu Inhalt und Wirkungen einer Steueranmeldung gem. § 73e EStDV und zur gemeinschaftsrechtskonformen Anwendung des § 50a EStG → BFH vom 7. 11. 2007 (BStBl 2008 II S. 228) und BMF vom 25. 11. 2010 (BStBl I S. 1350, Rz. 68).

Steuerbescheinigung nach § 50a Abs. 5 Satz 6 EStG

Das amtliche Muster ist auf der Internetseite des BZSt (www.bzst.bund.de) abrufbar.

Übersicht

Übernimmt der Schuldner der Vergütung die Steuer nach § 50a EStG und den Solidaritätszuschlag (sog. Nettovereinbarung), ergibt sich zur Ermittlung der Abzugsteuer in den Fällen des § 50a Abs. 2 Satz 1, erster Halbsatz und Satz 3 EStG folgender Berechnungssatz in %, der auf die jeweilige Netto-Vergütung anzuwenden ist:

Bei einer Netto-Vergütung in € Zufluss nach dem 31. 12. 2008	Berechnungssatz für die Steuer nach § 50a Abs. 4 EStG in % der Netto-Vergütung	Berechnungssatz für den Solidaritätszuschlag in % der Netto-Vergütung
bis 250,00	0,00	0,00
mehr als 250,00	17,82	0,98

Zuständigkeit

Örtlich zuständig für den Erlass eines Nachforderungsbescheides gem. § 73g Abs. 1 EStDV gegen den Vergütungsgläubiger (Steuerschuldner) ist das für die Besteuerung des Vergütungsschuldners nach dem Einkommen zuständige Finanzamt (§ 73e Satz 1 EStDV).

Steuerliche Behandlung von Reisekosten und Reisekostenvergütungen bei betrieblich und beruflich veranlassten Auslandsreisen ab 1. Januar *2016*

BMF vom 9. 12. 2015 (BStBl I S. 1058)

IV C 5 – S 2353/08/10006 :006 – 2015/1117215

Aufgrund des § 9 Absatz 4a Satz 5 ff. Einkommensteuergesetz (EStG) werden im Einvernehmen mit den obersten Finanzbehörden der Länder die in der anliegenden Übersicht ausgewiesenen Pauschbeträge für Verpflegungsmehraufwendungen und Übernachtungskosten für beruflich und betrieblich veranlasste Auslandsdienstreisen bekannt gemacht (Fettdruck kennzeichnet Änderungen gegenüber der Übersicht ab 1. Januar ***2015*** –***BStBl 2015 I S. 34***).

Bei eintägigen Reisen in das Ausland ist der entsprechende Pauschbetrag des letzten Tätigkeitsortes im Ausland maßgebend. Bei mehrtägigen Reisen in verschiedenen Staaten gilt für die Ermittlung der Verpflegungspauschalen am An- und Abreisetag sowie an den Zwischentagen (Tagen mit 24 Stunden Abwesenheit) im Hinblick auf § 9 Absatz 4a Satz 5 2. Halbsatz EStG insbesondere Folgendes:

- Bei der Anreise vom Inland in das Ausland oder vom Ausland ***in das*** Inland jeweils ohne Tätigwerden ist der entsprechende Pauschbetrag des Ortes maßgebend, der vor ***24.00*** Uhr Ortszeit erreicht wird.
- Bei der Abreise vom Ausland***in das*** Inland oder vom Inland ***in das*** Ausland ist der entsprechende Pauschbetrag des letzten Tätigkeitsortes maßgebend.
- Für die Zwischentage ist in der Regel der entsprechende Pauschbetrag des Ortes maßgebend, den der Arbeitnehmer vor ***24.00*** Uhr Ortszeit erreicht.

Siehe dazu auch Rz. 51 des BMF-Schreibens vom 24. Oktober 2014 BStBl I S. 1412.[1])

Schließt sich an den Tag der Rückreise von einer mehrtägigen Auswärtstätigkeit zur Wohnung oder ersten Tätigkeitsstätte eine weitere ein- oder mehrtägige Auswärtstätigkeit an, ist für diesen Tag nur die höhere Verpflegungspauschale zu berücksichtigen.

Zur Kürzung der Verpflegungspauschale gilt Folgendes:

Bei der Gestellung von Mahlzeiten durch den Arbeitgeber oder auf dessen Veranlassung durch einen Dritten ist die Kürzung der Verpflegungspauschale i. S d. § 9 Absatz 4a Satz 8 ff. EStG tagesbezogen vorzunehmen, d. h. von der für den jeweiligen Reisetag maßgebenden Verpflegungspauschale (s. o.) für eine 24-stündige Abwesenheit (§ 9 Absatz 4a Satz 5 EStG), unabhängig davon, in welchem Land die jeweilige Mahlzeit zur Verfügung gestellt wurde.

> ***Beispiel:***
>
> ***Der Ingenieur I kehrt am Dienstag von einer mehrtägigen Auswärtstätigkeit in Straßburg zu seiner Wohnung zurück. Nachdem er Unterlagen und neue Kleidung eingepackt hat, reist er zu einer weiteren mehrtägigen Auswärtstätigkeit nach Kopenhagen weiter. I erreicht Kopenhagen um 23.00 Uhr. Die Übernachtungen – jeweils mit Frühstück – wurden vom Arbeitgeber im Voraus gebucht und bezahlt.***
>
> ***Für Dienstag ist nur die höhere Verpflegungspauschale von 40 Euro (Rückreisetag von Straßburg: 32 Euro, Anreisetag nach Kopenhagen: 40 Euro) anzusetzen. Aufgrund der Gestellung des Frühstücks im Rahmen der Übernachtung in Straßburg ist die Verpflegungspauschale um 12 Euro (20 Prozent der Verpflegungspauschale Kopenhagen für einen vollen Kalendertag: 60 Euro) auf 28 Euro zu kürzen.***

Für die in der Bekanntmachung nicht erfassten Länder ist der für Luxemburg geltende Pauschbetrag maßgebend, für nicht erfasste Übersee- und Außengebiete eines Landes ist der für das Mutterland geltende Pauschbetrag maßgebend.

Die Pauschbeträge für Übernachtungskosten sind ausschließlich in den Fällen der Arbeitgebererstattung anwendbar (R 9.7 Absatz 3 LStR und Rz. 123 des BMF-Schreibens vom 24. Oktober 2014 BStBl I S. 1412). Für den Werbungskostenabzug sind nur die tatsächlichen Übernachtungskosten maßgebend (R 9.7 Absatz 2 LStR und Rz. 112 des BMFSchreibens vom 24. Oktober 2014 BStBl I S. 1412)[2]); dies gilt entsprechend für den Betriebsausgabenabzug (R 4.12 Absatz 2 und 3 EStR).

Dieses Schreiben gilt entsprechend für doppelte Haushaltsführungen im Ausland (R 9.11 Absatz 10 Satz 1, Satz 7 Nummer 3 LStR und Rz. 107 ff. des BMF-Schreibens vom 24. Oktober 2014 BStBl I S. 1412)[3]).

---

1) → Anhang 38.
2) → Anhang 38.
3) → Anhang 38.

Übersicht über die ab 1. Januar ***2016*** geltenden Pauschbeträge für Verpflegungsmehraufwendungen und Übernachtungskosten im Ausland

(Änderungen gegenüber 1. Januar ***2015 –BStBl 2015 I Seite 34*** – in Fettdruck)

Land	Pauschbeträge für Verpflegungsmehraufwendungen		Pauschbetrag für Übernachtungskosten
	bei einer Abwesenheitsdauer von mindestens 24 Stunden je Kalendertag	für den An- und Abreisetag sowie bei einer Abwesenheitsdauer von mehr als 8 Stunden je Kalendertag	
	€	€	€
Afghanistan	30	20	95
Ägypten	40	27	113
Äthiopien	27	18	86
Äquatorialguinea	**36**	**24**	**166**
Albanien	**29**	**20**	**90**
Algerien	39	26	190
Andorra	**34**	**23**	**45**
Angola	77	52	265
Antigua und Barbuda	53	36	117
Argentinien	34	23	144
Armenien	23	16	63
Aserbaidschan	40	27	120
Australien			
– Canberra	58	39	158
– Sydney	59	40	186
– im Übrigen	56	37	133
Bahrain	**45**	**30**	**180**
Bangladesch	30	20	**111**
Barbados	58	39	179
Belgien	41	28	135
Benin	40	27	101
Bolivien	24	16	70
Bosnien und Herzegowina	18	12	73
Botsuana	**40**	**27**	**102**
Brasilien			
– Brasilia	53	36	160
– Rio de Janeiro	47	32	145
– Sao Paulo	53	36	120
– im Übrigen	54	36	110
Brunei	48	32	106
Bulgarien	22	15	90
Burkina Faso	44	29	84
Burundi	47	32	98
Chile	40	27	130
China			
– Chengdu	**35**	**24**	**105**
– Hongkong	**74**	**49**	**145**
– Peking	**46**	**31**	**142**
– Shanghai	**50**	**33**	**128**
– im Übrigen	**40**	**27**	**113**
Costa Rica	36	24	69

Land	Pauschbeträge für Verpflegungsmehraufwendungen		Pauschbetrag für Übernachtungskosten
	bei einer Abwesenheitsdauer von mindestens 24 Stunden je Kalendertag €	für den An- und Abreisetag sowie bei einer Abwesenheitsdauer von mehr als 8 Stunden je Kalendertag €	€
Côte d'Ivoire	51	34	146
Dänemark	60	40	150
Dominica	40	27	94
Dominikanische Republik	40	27	71
Dschibuti	48	32	160
Ecuador	39	26	55
El Salvador	**44**	**29**	**119**
Eritrea	**46**	**31**	**81**
Estland	27	18	**71**
Fidschi	32	21	57
Finnland	39	26	136
Frankreich			
– Lyon	53	36	83
– Marseille	51	34	86
– Parissowie die Departments 92, 93 und 94	58	39	135
– Straßburg	48	32	89
– im Übrigen	44	29	81
Gabun	62	41	278
Gambia	**30**	**20**	**125**
Georgien	30	20	80
Ghana	46	31	174
Grenada	51	34	121
Griechenland			
– Athen	57	38	125
– im Übrigen	42	28	132
Guatemala	28	19	96
Guinea	38	25	110
Guinea-Bissau	**24**	**16**	**86**
Guyana	41	28	81
Haiti	50	33	111
Honduras	44	29	104
Indien			
– Chennai	**34**	**23**	**87**
– Kalkutta	**41**	**28**	**117**
– Mumbai	**32**	**21**	**125**
– Neu Delhi	**50**	**33**	**144**
– im Übrigen	**36**	**24**	**145**
Indonesien	38	25	130
Iran	28	19	84
Irland	**44**	**29**	**92**
Island	47	32	108
Israel	**56**	**37**	**191**
Italien			
– Mailand	39	26	156

Land	Pauschbeträge für Verpflegungsmehraufwendungen		Pauschbetrag für Übernachtungskosten
	bei einer Abwesenheitsdauer von mindestens 24 Stunden je Kalendertag €	für den An- und Abreisetag sowie bei einer Abwesenheitsdauer von mehr als 8 Stunden je Kalendertag €	€
– Rom	52	35	160
– im Übrigen	34	23	126
Jamaika	54	36	135
Japan			
– Tokio	53	36	153
– im Übrigen	51	34	156
Jemen	24	16	95
Jordanien	36	24	85
Kambodscha	36	24	85
Kamerun	40	27	130
Kanada			
– Ottawa	**35**	24	**110**
– Toronto	**52**	**35**	**142**
– Vancouver	**48**	**32**	**106**
– im Übrigen	**44**	**29**	**111**
Kap Verde	30	20	**105**
Kasachstan	39	26	109
Katar	56	37	170
Kenia	**42**	**28**	**223**
Kirgisistan	29	20	91
Kolumbien	41	28	126
Kongo, Republik	**50**	**33**	**200**
Kongo, Demokratische Republik	**68**	**45**	**171**
Korea, Demokratische Volksrepublik	39	26	132
Korea, Republik	**58**	**39**	**112**
Kosovo	26	17	65
Kroatien	28	19	75
Kuba	50	33	85
Kuwait	42	28	**185**
Laos	33	22	67
Lesotho	24	16	**103**
Lettland	30	20	80
Libanon	44	29	120
Libyen	45	30	100
Liechtenstein	**53**	**36**	**180**
Litauen	24	16	68
Luxemburg	47	32	102
Madagaskar	38	25	83
Malawi	**47**	**32**	**123**
Malaysia	36	24	100
Malediven	38	25	93
Mali	41	28	122
Malta	45	30	112
Marokko	42	28	105
Marshall Inseln	63	42	70
Mauretanien	**39**	**26**	**105**

Land	Pauschbeträge für Verpflegungsmehraufwendungen		Pauschbetrag für Übernachtungskosten
	bei einer Abwesenheitsdauer von mindestens 24 Stunden je Kalendertag €	für den An- und Abreisetag sowie bei einer Abwesenheitsdauer von mehr als 8 Stunden je Kalendertag €	€
Mauritius	48	32	140
Mazedonien	24	16	95
Mexiko	41	28	141
Mikronesien	56	37	74
Moldau, Republik	18	12	100
Monaco	41	28	52
Mongolei	29	20	84
Montenegro	29	20	95
Mosambik	42	28	147
Myanmar	46	31	45
Namibia	23	16	77
Nepal	28	19	86
Neuseeland	47	32	98
Nicaragua	**36**	**24**	**81**
Niederlande	46	31	119
Niger	36	24	70
Nigeria	63	42	255
Norwegen	64	43	182
Österreich	36	24	104
Oman	48	32	120
Pakistan			
– Islamabad	30	20	165
– im Übrigen	27	18	68
Palau	51	34	166
Panama	34	23	101
Papua-Neuguinea	36	24	90
Paraguay	36	24	61
Peru	30	20	93
Philippinen	30	20	107
Polen			
– Breslau	33	22	92
– Danzig	29	20	77
– Krakau	28	19	88
– Warschau	30	20	105
– im Übrigen	27	18	50
Portugal	36	24	92
Ruanda	**46**	**31**	**141**
Rumänien			
– Bukarest	26	17	100
– im Übrigen	27	18	80
Russische Föderation			
– Moskau	30	20	118
– St. Petersburg	24	16	104
– im Übrigen	21	14	78
Sambia	36	24	95
Samoa	29	20	57

Land	Pauschbeträge für Verpflegungsmehraufwendungen		Pauschbetrag für Übernachtungskosten
	bei einer Abwesenheitsdauer von mindestens 24 Stunden je Kalendertag €	für den An- und Abreisetag sowie bei einer Abwesenheitsdauer von mehr als 8 Stunden je Kalendertag €	€
São Tomé – Príncipe	42	28	75
San Marino	41	28	77
Saudi-Arabien			
– Djidda	**38**	**25**	**234**
– Riad	48	32	**179**
– im Übrigen	**48**	32	80
Schweden	**50**	**33**	**168**
Schweiz			
– Genf	**64**	**43**	**195**
– im Übrigen	**62**	**41**	**169**
Senegal	**45**	**30**	**128**
Serbien	30	20	90
Sierra Leone	39	26	82
Simbabwe	45	30	103
Singapur	53	36	188
Slowakische Republik	24	16	130
Slowenien	30	20	95
Spanien			
– Barcelona	32	21	118
– Kanarische Inseln	32	21	98
– Madrid	41	28	113
– Palma de Mallorca	32	21	110
– im Übrigen	29	20	88
Sri Lanka	40	27	118
St. Kitts und Nevis	45	30	99
St. Lucia	54	36	129
St. Vincent und die Grenadinen	52	35	121
Sudan	35	24	115
Südafrika			
– Kapstadt	**27**	**18**	**112**
– Johannisburg	**29**	**20**	**124**
– im Übrigen	**22**	**15**	**94**
Südsudan	53	36	114
Suriname	**41**	**28**	**108**
Syrien	38	25	140
Tadschikistan	26	17	67
Taiwan	39	26	110
Tansania	**47**	**32**	**201**
Thailand	32	21	120
Togo	35	24	108
Tonga	32	21	36
Trinidad und Tobago	54	36	164
Tschad	47	32	151
Tschechische Republik	24	16	97
Türkei			
– Istanbul	35	24	**104**

Land	Pauschbeträge für Verpflegungsmehraufwendungen		Pauschbetrag für Übernachtungskosten
	bei einer Abwesenheitsdauer von mindestens 24 Stunden je Kalendertag	für den An- und Abreisetag sowie bei einer Abwesenheitsdauer von mehr als 8 Stunden je Kalendertag	
	€	€	€
– Izmir	42	28	80
– im Übrigen	40	27	78
Tunesien	33	22	80
Turkmenistan	33	22	108
Uganda	35	24	129
Ukraine	36	24	85
Ungarn	30	20	75
Uruguay	**44**	**29**	**109**
Usbekistan	**34**	**23**	**123**
Vatikanstaat	52	35	160
Venezuela	48	32	207
Vereinigte Arabische Emirate	45	30	155
Vereinigte Staaten von Amerika (USA)			
– Atlanta	57	38	122
– Boston	48	32	206
– Chicago	48	32	130
– Houston	57	38	136
– Los Angeles	48	32	153
– Miami	57	38	102
– New York City	48	32	215
– San Francisco	48	32	110
– Washington, D. C.	57	38	205
– im Übrigen	48	32	102
Vereinigtes Königreich von Großbritannien und Nordirland			
– London	**62**	**41**	**224**
– im Übrigen	**45**	**30**	**115**
Vietnam	38	25	86
Weißrussland	27	18	109
Zentralafrikanische Republik	29	20	52
Zypern	39	26	90

Steuerliche Fragen im Zusammenhang mit Nettolohnvereinbarungen

(Verfügungen der Senatsverwaltung für Finanzen Berlin vom 27. 06. 2006 – III A – S 2367 – 1/2006)
Bezug: Verfügungen der OFD Düsseldorf vom 29. 11. 2005 – S 2367 A – St 22/St 221 –; Verfügungen der OFD Düsseldorf vom 29. 11. 2005 – S 2367 – 16 – St 21-K/St 212-K –, OFD Frankfurt am Main vom 11. 3. 2006 – S 2367 A – 10 – St II 3.01 –, OFD Berlin vom 23. 08. 2000 – St 176 – S 2367 – 1/97 –

1. Allgemeines

Eine Nettolohnvereinbarung liegt vor, wenn der Arbeitgeber nach dem Arbeitsvertrag – bzw. nach einer Betriebsvereinbarung oder einem Tarifvertrag – verpflichtet ist, zzgl. zu dem vereinbarten Nettolohn die darauf entfallende Lohnsteuer sowie sonstige Annexsteuern wie z. B. Kirchensteuern, Solidaritätszuschlag und die Arbeitnehmeranteile zur Sozialversicherung zu tragen.

Die entsprechende Verpflichtung des Arbeitgebers berührt dabei lediglich das Innenverhältnis, so dass der Arbeitnehmer selbst Schuldner der Steuern bzw. Beiträge bleibt (vgl. § 38 Abs. 2 EStG für die Lohnsteuer). Die Übernahme der Steuern bzw. Beitragslasten stellt für den Arbeitnehmer zusätzlich zu seinem Nettogehalt gezahlten Arbeitslohn dar. Steuerpflichtiger Bruttoarbeitslohn ist in diesen Fällen die Summe aus ausgezahltem Nettolohn und den vom Arbeitgeber übernommenen Steuern bzw. Arbeitnehmeranteilen am Gesamtsozialversicherungsbeitrag. Zu Einzelheiten der Berechnung wird auf R 122 LStR[1]) verwiesen.

Der danach ermittelte Bruttoarbeitslohn ist als Einnahme aus nichtselbständiger Arbeit auch dann in die Einkommensteuerveranlagung des Arbeitnehmers einzubeziehen, wenn die vom Arbeitgeber einbehaltene Lohnsteuer höher als die später durch die Veranlagung festgesetzte Einkommensteuer ist und der Arbeitnehmer den daraus resultierenden Erstattungsanspruch im Rahmen der Nettolohnvereinbarung an den Arbeitgeber abgetreten hatte (vgl. BFH-Beschluss vom 12. 12. 1975, BStBl 1976 II S. 543; BFH-Urteil vom 16. 08. 1979, BStBl 1979 II S. 771).

Ergibt sich aufgrund der Durchführung einer Einkommensteuerveranlagung ein Erstattungsanspruch des Arbeitnehmers, den dieser entsprechend den bestehenden arbeitsvertraglichen Vereinbarungen – bzw. den kollektiven Regelungen der Betriebsvereinbarung bzw. des Tarifvertrags – an den Arbeitgeber abzutreten bzw. auszukehren hat, bleibt dieser Umstand ohne Auswirkungen auf die Einkommensteuerveranlagung des entsprechenden Veranlagungszeitraums (BFH-Urteil vom 16. 08. 1979, BStBl 1979 II S. 771). Die Einkommensteuererstattung führt vielmehr zu negativen Einnahmen des Arbeitnehmers aus nichtselbständiger Tätigkeit, die in dem Kalenderjahr der tatsächlichen Rückzahlung an den Arbeitgeber steuerlich zu berücksichtigen sind (vgl. hierzu Tzn. 3 und 4).

Bei Bestehen einer Nettolohnvereinbarung ist grundsätzlich bei der Einkommensteuerveranlagung des Arbeitnehmers die vom Arbeitgeber einbehaltene Lohnsteuer auf die Einkommensteuerschuld ohne Rücksicht darauf anzurechnen, ob der Arbeitgeber die Lohnsteuer tatsächlich an das Finanzamt abgeführt hat (BFH-Urteile vom 26. 02. 1982, BStBl 1982 II S. 403; vom 13. 11. 1987, BFH/NV 1987 S. 566 und vom 28. 02. 1992, BStBl 1992 II S. 733). Hier ist entscheidend, dass bei Vorliegen einer Nettolohnvereinbarung regelmäßig aus Sicht des Arbeitnehmers mit der Auszahlung des Nettobetrages der Bruttoarbeitslohn entsprechend den gesetzlichen Vorschriften u. a. um den Lohnsteuerabzug gekürzt worden ist (vgl. auch § 42d Abs. 3 Satz 4 Nr. 2 EStG).

2. Lohnsteuer-Jahresausgleich durch den Arbeitgeber (§ 42b EStG)

Der Arbeitgeber ist unter den Voraussetzungen des § 42b EStG berechtigt bzw. verpflichtet, für unbeschränkt steuerpflichtige Arbeitnehmer einen Lohnsteuer-Jahresausgleich durchzuführen.

Bei Vorliegen einer Nettolohnvereinbarung hat der Arbeitgeber die zutreffende Jahreslohnsteuer durch Hochrechnung des Jahresnettolohns auf den entsprechenden Jahresbruttolohn zu ermitteln und diesen auf der von ihm zu erstellenden Lohnsteuerbescheinigung (§ 41b EStG) zu vermerken. Führt die Durchführung des Lohnsteuer-Jahresausgleichs zu Steuererstattungen, ist die zu bescheinigende einbehaltene Lohnsteuer entsprechend zu vermindern.

Das beschriebene Verfahren berücksichtigt, dass eine im Lohnsteuer-Jahresausgleichsverfahren vorgenommene Erstattung regelmäßig dem Arbeitgeber verbleibt und sich danach die zu bescheinigenden Bruttobezüge durch Rückzahlung von Arbeitslohn entsprechend mindern.

[1]) Jetzt R 39b.9 LStR.

Hat der Arbeitnehmer im Ausgleichsjahr vor Ausstellung bzw. Übermittlung der Lohnsteuerbescheinigung eine Einkommensteuererstattung aufgrund der Durchführung einer Einkommensteuerveranlagung für ein Vorjahr erhalten und diese an seinen Arbeitgeber weitergeleitet, kann der nach den vorgenannten Grundsätzen ermittelte Bruttoarbeitslohn um diesen Erstattungsbetrag gekürzt werden (vgl. hierzu Tz. 3). Als vom Arbeitgeber einbehaltene Lohnsteuer ist dann die um den Erstattungsbetrag geminderte Lohnsteuer auszuweisen.

3. Steuerliche Behandlung der Einkommensteuererstattung bei Nettolohnvereinbarungen und unbeschränkter Steuerpflicht

An den Arbeitgeber weitergeleitete Einkommensteuererstattungen sind als negative Einnahmen im Kalenderjahr des Abflusses (§ 11 Abs. 2 EStG) beim Arbeitnehmer steuermindernd zu berücksichtigen. Ein Abfluss in diesem Sinne erfolgt dabei regelmäßig noch nicht mit der wirksamen Abtretung des Erstattungsanspruches (§ 46 Abs. 2 AO) an den Arbeitgeber, sondern erst in dem Zeitpunkt, in dem die Erstattung tatsächlich an den Arbeitgeber geleistet wird (vgl. BFH-Urteil vom 22. 06. 1990, BFH/NV 1991 S. 156).

Anders als bei der Rückzahlung eines irrtümlich überhöht gezahlten Nettolohns durch den Arbeitnehmer ist diese negative Einnahme nicht auf einen fiktiven Bruttobetrag hochzurechnen, da es sich bei der Einkommensteuererstattung lediglich um die Rückzahlung der entsprechenden Steuern auf den Nettolohn handelt.

Im Lohnsteuerabzugsverfahren kann der Arbeitgeber den Rückfluss von Arbeitslohn durch eine Minderung des laufenden Bruttoarbeitslohns – also nicht durch Abzug vom übrigen Nettolohn – berücksichtigen.[1])

Beispiel:

Ein Arbeitnehmer (Steuerklasse III/1, ohne Religionszugehörigkeit, nicht sozialversicherungspflichtig) mit Nettolohnvereinbarung erhält im Kalenderjahr 2005 monatliche Nettobezüge in Höhe von 5 000 €. Im April des Jahres wird die Erstattung aus der Einkommensteuerveranlagung 2003 in Höhe von 1 500 € vom Finanzamt an den Arbeitgeber überwiesen.

Die Lohnsteuer für den Monat April 2005 ist wie folgt zu berechnen:

ursprünglicher Bruttoarbeitslohn 6 322,09 €

abzüglich ESt-Erstattung ./. 1 500,00 €

bereinigter Bruttoarbeitslohn 4 822,09 €

Lohnsteuer hiervon 780,16 €

Solidaritätszuschlag hiervon 35,05 €

Bei Durchführung des betrieblichen Lohnsteuer-Jahresausgleichs ist Tz. 2 zu beachten.

Macht der Arbeitgeber von der Möglichkeit, die Rückzahlung von Arbeitslohn im Lohnsteuerabzugsverfahren zu berücksichtigen, keinen Gebrauch, kann der Arbeitnehmer die zurückgezahlten Beträge bei seiner Veranlagung zur Einkommensteuer – im Beispielsfall 2005 – als negative Einnahme geltend machen.

4. Steuerliche Behandlung der Einkommensteuererstattung bei Nettolohnvereinbarung nach Wegfall der unbeschränkten Steuerpflicht

4.1 Ausgleich mit nachträglichen Lohnzahlungen

Häufig erhalten ausländische Arbeitnehmer nach Wegfall der unbeschränkten Steuerpflicht noch Leistungen wie z. B. Bonizahlungen einer ausländischen Konzernmutter, die auf die Zeit der unbeschränkten Steuerpflicht entfallen und dementsprechend als Arbeitslohn von dritter Seite – sonstiger Bezug – durch den inländischen Arbeitgeber dem Lohnsteuerabzug zu unterwerfen sind (vgl. § 38 Abs. 1 Satz 3 EStG).

Nicht selten fallen Einkommensteuererstattungen, die sich aufgrund einer Veranlagung des Arbeitnehmers ergeben haben und die dieser an seinen Arbeitgeber abgetreten hat, mit derartigen Zahlungen zusammen.

Hat der Arbeitgeber einen Lohnsteuerabzug für nachträglich gezahlte Bezüge des Arbeitnehmers durchzuführen, kann er im Lohnsteuerabzugsverfahren den entsprechenden Arbeitslohn um die in der Steuererstattung liegende negative Einnahme des Arbeitnehmers desselben Ka-

[1]) Zu dieser Frage sind beim Finanzgericht Düsseldorf mehrere Klageverfahren anhängig. Es bestehen keine Bedenken, vergleichbare Rechtsbehelfe bis zu einer abschließenden gerichtlichen Klärung ruhen zu lassen. Die Vollziehung der Bescheide ist auf Antrag auszusetzen, da die Streitfrage höchstrichterlich noch nicht geklärt ist.

lenderjahres mindern (§ 39d Abs. 3 Satz 4 i. V. mit § 39b Abs. 3 EStG). Die Ausführungen in Tz. 3 gelten entsprechend.

Ist nach diesen Grundsätzen eine Berücksichtigung der Rückzahlung des Arbeitslohns nicht möglich, kann die negative Einnahme bei der Einkommensteuerveranlagung des Arbeitnehmers berücksichtigt werden.

4.2 Erstattung im Jahr des Wegfalls der unbeschränkten Steuerpflicht

Fließt ein an den Arbeitgeber abgetretener Erstattungsbetrag aufgrund einer Einkommensteuerveranlagung des Arbeitnehmers im Kalenderjahr des Wechsels von der unbeschränkten zur beschränkten Steuerpflicht zu – bzw. aufgrund der Abtretung als negative Einnahme ab –, ist für die in die Zeit der beschränkten Steuerpflicht fallende und zu negativen Einkünften führende Erstattung § 2 Abs. 7 EStG zu beachten. Danach sind die während der beschränkten Einkommensteuerpflicht erzielten inländischen Einkünfte den während der unbeschränkten Einkommensteuerpflicht erzielten Einkünften hinzuzurechnen (§ 2 Abs. 7 Satz 3 EStG). Die Veranlagung wird insgesamt nach den für unbeschränkt Steuerpflichtige geltenden Vorschriften durchgeführt. Dabei können familien- und personenbezogene Steuerentlastungen nur anteilig für die Zeit der unbeschränkten Steuerpflicht berücksichtigt werden (§ 50 Abs. 1 Satz 5 EStG).

Beispiel:

Der Arbeitnehmer wird ins Ausland versetzt, er gibt daher im August 2005 seinen inländischen Wohnsitz auf. Der auf die Zeit der unbeschränkten Steuerpflicht entfallende Bruttoarbeitslohn beträgt 50 000 €. Die Einkommensteuerveranlagung 2004 führt im November 2005 zu einer Steuererstattung in Höhe von 2 000 €, die an den Arbeitgeber weitergeleitet wird. Die ausländischen Einkünfte des Arbeitnehmers betragen – umgerechnet – 25 000 €.

Lösung:

Eine Einkommensteuerveranlagung kann erst nach Ablauf des Kalenderjahres 2005 durchgeführt werden (§ 25 Abs. 1 EStG). Als Bruttoarbeitslohn sind anzusetzen: 50 000 € ./. 2 000 € = 48 000 €. Die ausländischen Einkünfte in Höhe von 25 000 € unterliegen dem Progressionsvorbehalt (§ 32b Abs. 1 Nr. 2 EStG).

4.3 Durchführung des Verlustrücktrags

Fließt ein an den Arbeitgeber abgetretener Erstattungsbetrag aufgrund einer Einkommensteuerveranlagung des Arbeitnehmers nach Ablauf des Wegzugsjahres zu – bzw. aufgrund der Abtretung als negative Einnahme ab – und kann dann nicht mehr mit positiven Einkünften ausgeglichen werden, kommt eine Berücksichtigung im Wege des Verlustrücktrags nach § 10d Abs. 1 EStG in Betracht.

Für die Durchführung des Verlustrücktrags im Rahmen einer Pflichtveranlagung bedarf es keines besonderen Antrags, sondern er ist von Amts wegen durchzuführen, soweit er nicht nach § 10d Abs. 1 Satz 4 EStG (Satz 7 EStG a. F.) eingeschränkt wird. Ist ein Arbeitnehmer nicht bereits aus anderen Gründen zur Einkommensteuer zu veranlagen, muss er eine Veranlagung nach § 46 Abs. 2 Nr. 8 EStG beantragen (R 115 Abs. 7 EStR).

Die Durchführung des Verlustrücktrags in einen früheren Veranlagungszeitraum ist nicht durch § 50 Abs. 2 bzw. Abs. 5 EStG eingeschränkt.

Nach § 50 Abs. 5 EStG gilt die Einkommensteuer bei beschränkt Steuerpflichtigen u. a. für Einkünfte, die dem Steuerabzug vom Arbeitslohn unterliegen, als durch den Steuerabzug abgegolten. Ein Ausgleich mit Verlusten aus anderen Einkunftsarten ist ebenso wie ein Verlustabzug nach § 10d EStG ausgeschlossen (§ 50 Abs. 2 EStG).

Sinn und Zweck dieser Bestimmungen ist es, durch Steuerabzug für bestimmte während der Dauer der beschränkten Steuerpflicht bezogene Einkünfte eine effektive Mindestbesteuerung sicherzustellen.

Dieser vom Gesetzgeber verfolgte Zweck rechtfertigt es jedoch nicht, negative abzugssteuerpflichtige Einnahmen oder Einkünfte auch dann vom Verlustausgleich oder -abzug auszuschließen, wenn diese mit Einkünften aus der Zeit der unbeschränkten Steuerpflicht korrespondieren, für die das Abgeltungsprinzip gerade nicht galt (Hinweis auf das BFH-Urteil vom 02. 11. 1977, BStBl 1978 II S. 102, ergangen zu Einnahmen nach § 49 Abs. 1 Nr. 5 EStG; Urteil des FG Düsseldorf vom 26. 11. 1990, EFG 1991 S. 318 – rkr.)[1])

Dem stehen auch die Ausführungen zu Tz. 5 der Entscheidungsgründe im BFH-Urteil vom 17. 04. 1996 (BStBl 1996 II S. 571) nicht entgegen. Hier hat der BFH es abgelehnt, in der Zeit der beschränkten Steuerpflicht gezahlte Schuldzinsen (Werbungskosten zu Einnahmen aus Kapi-

---

1) Der gegenteiligen Auffassung des Niedersächsischen FG (Urteil vom 17. 01. 2001, EFG 2001 S. 1136 – rkr.) ist nicht zu folgen.

talvermögen in der Zeit der unbeschränkten Steuerpflicht) im Wege des Verlustrücktrags gemäß § 10d EStG zu berücksichtigen, u. a. weil dies dem für Einkünfte aus Kapitalvermögen geltenden Bruttoprinzip des § 50 Abs. 5 EStG widerspreche.

Diese Entscheidung trägt dem Gedanken Rechnung, dass im Rahmen der beschränkten Steuerpflicht bei abzugssteuerpflichtigen Einkünften Werbungskosten nicht berücksichtigt werden – Abzugsverbot –, vielmehr wird der Steuerabzug von den – ungekürzten – Einnahmen vorgenommen. Bei der Einkommensteuererstattung, die von Arbeitnehmern mit Nettolohnvereinbarung an ihre Arbeitgeber weitergeleitet wird, handelt es sich jedoch nicht um Werbungskosten, sondern um „negative" Einnahmen. Diese sind nach dem BFH-Urteil vom 02. 11. 1977 (BStBl 1978 II S. 102) ausdrücklich vom Abzugsverbot ausgenommen. Negative Einnahmen sind keine Werbungskosten, sondern eine Korrektur der positiven Einnahmen. Ein Verlustrücktrag gemäß § 10d EStG ist damit zulässig.

Soweit der Arbeitgeber nicht bereits im Lohnsteuerabzugsverfahren diese negativen Einnahmen bei der Ermittlung der Lohnsteuer auf nachträgliche Arbeitslohnzahlungen desselben Kalenderjahres berücksichtigt hat, ist der rücktragsfähige Betrag im Rahmen der Einkommensteuerveranlagung nicht um positive Einkünfte i. S. des § 49 Abs. 1 Nr. 4 EStG, von denen ein Lohnsteuerabzug vorzunehmen ist, zu vermindern (Hinweis auf § 50 Abs. 5 EStG).

Bei der Durchführung des Verlustrücktrags ist das BFH-Urteil vom 06. 06. 2000 (BStBl 2000 II S. 491) zu beachten. Danach entsteht der Erstattungsanspruch aus der Durchführung des Verlustrücktrags nicht bereits mit Eintritt des Verlustes, sondern nach § 36 Abs. 1 i. V. mit § 10d Abs. 1 EStG erst mit Ablauf des Veranlagungszeitraums, in dem der nicht ausgeglichene Verlust angefallen ist. Erst mit Ablauf des Verlustentstehungsjahres steht fest, ob für das Rücktragsjahr eine Einkommensteuer entstanden ist, die niedriger ist als die anzurechnenden Steuerbeträge und damit zu einer Erstattung führt.

Dies folgt aus dem Zusammenspiel zwischen den §§ 36 Abs. 1 und 10d Abs. 1 EStG, wonach ein Erstattungsanspruch, der aus der Anrechnung rücktragsfähiger Verluste im Ausgleichsjahr herrührt, nicht entstehen kann, bevor der Tatbestand des § 10d Abs. 1 EStG verwirklicht ist. Für die Entstehung eines rücktragsfähigen Verlustes bestimmt § 10d Abs. 1 EStG nämlich, dass es sich um negative Einkünfte – des Verlustentstehungsjahres – handeln muss, die bei der Ermittlung des Gesamtbetrags der Einkünfte – des Verlustentstehungsjahres – nicht ausgeglichen wurden.

Die Durchführung des Verlustrücktrags vor Ablauf des Verlustentstehungsjahres scheidet damit aus, denn Steuern können nicht erstattet werden, bevor der Erstattungsanspruch entstanden ist. Darf aber der Verlustrücktrag erst nach Ablauf des Verlustentstehungsjahres durchgeführt werden, kann die daraus resultierende Steuererstattung nicht im selben Jahr zu- bzw. an den Arbeitgeber abfließen. Insoweit kommt es vielmehr erst im Zweitfolgejahr zu weiteren negativen Einkünften. Diese sind sodann wegen des auf ein Jahr beschränkten Verlustrücktrags nicht mehr nach § 10d Abs. 1 EStG rücktragsfähig.

Das bedeutet, dass der Verlustrücktrag stets erst nach Ablauf des Verlustentstehungsjahres durchgeführt werden darf und dabei eine Hochrechnung in analoger Anwendung von R 122 LStR[1]) zu unterbleiben hat.

Abwandlung zum Beispiel in Tz. 4.2:

Die Steuererstattung für das Jahr 2004 erfolgt erst im Februar 2006.

Lösung:

Der Veranlagung 2005 ist ein Bruttoarbeitslohn von 50 000 € zugrunde zu legen. Die negativen Einnahmen in Höhe von 2 000 € führen im Jahr 2006 zu einem negativen Gesamtbetrag der Einkünfte und sind im Wege des Verlustrücktrags nach § 10d Abs. 1 EStG bei der Einkommensteuerveranlagung 2005 zu berücksichtigen, allerdings noch nicht bei der im Jahr 2006 durchgeführten Erstveranlagung. Erst nach Ablauf des Jahres 2006 ist der Einkommensteuerbescheid 2005 nach § 10d Abs. 1 Satz 2 EStG (Satz 5 EStG a. F.) zu ändern. Die daraus resultierende weitere Erstattung, die frühestens im Jahr 2007 als Arbeitslohnrückzahlung in Erscheinung tritt und zu negativen Einkünften führt, geht damit für den Verlustrücktrag in das Jahr 2005 endgültig verloren.

5. Steuerliche Behandlung von Nettolohnvereinbarungen, die die sog. „Hypotax" oder „Hyposteuer" beinhalten

Die Hypotax ist die fiktive Steuer vom Einkommen (evtl. zuzüglich aller staatlichen Abgaben) eines nach Deutschland entsandten Arbeitnehmers, die der Arbeitnehmer in seinem Heimatland zu entrichten hätte, wenn er seinen Wohnsitz dort beibehalten hätte.

1) Jetzt R 39b.9 LStR.

In einer besonderen Form der Nettolohnvereinbarung dient sie als Berechnungsgrundlage. Zweck dieser Vereinbarung ist es, dass der Arbeitnehmer während seiner Entsendung nach Deutschland durch höhere/niedrigere Steuern (und andere Abgaben) keinen niedrigeren/höheren Nettolohn als im Heimatland bezieht. Der im Heimatland vereinbarte Bruttolohn abzüglich der vom Arbeitgeber ermittelten Hypotax beziffert den vereinbarten Nettolohn.

Es ergeben sich keine von den obigen Ausführungen abweichenden steuerlichen Auswirkungen. Sind die deutschen Abgaben höher als die ausländischen, wird die Differenz zwischen deutschen Abgaben einerseits und der Hypotax andererseits vom Arbeitgeber getragen, was den Arbeitslohn insoweit erhöht. Im umgekehrten Fall ist die dem Arbeitgeber zu erstattende Differenz eine negative Einnahme des Arbeitnehmers, die auch wie oben beschrieben steuerlich zu behandeln ist. In den meisten Fällen hat der Arbeitgeber dies bei der Berechnung des laufenden monatlichen Lohns grob berücksichtigt, und der in der Lohnsteuerbescheinigung ausgewiesene Bruttoarbeitslohn ist schon um die negative Einnahme gemindert. Regelmäßig kann der endgültige Betrag der Hypotax jedoch erst nach Ablauf des Kalenderjahres ermittelt werden, so dass sich im Veranlagungsverfahren Veränderungen bei der Höhe des Arbeitslohns ergeben können. Es ist dabei zu beachten, dass die negativen Einnahmen nicht doppelt steuermindernd (als Werbungskosten bzw. negative Einnahmen im Veranlagungsverfahren und negative Einnahmen im Lohnsteuerabzugsverfahren) geltend gemacht werden.

Sollte der Arbeitgeber den Bruttoarbeitslohn zu hoch ausgewiesen haben, weil er die negative Einnahme nicht bei der Berechnung des laufenden Arbeitslohns mindernd berücksichtigt hat, ist Folgendes zu beachten:

- Wurde dem Arbeitgeber versehentlich ein zu hoher Betrag ausgezahlt, den er zurückerstatten muss, ist die Rückzahlung erst im Jahr des Abflusses als negative Einnahme zu berücksichtigen. Der Bruttoarbeitslohn ist erst für dieses Jahr zu korrigieren. Eine wiederum daraus resultierende ESt-Erstattung, die der Arbeitnehmer an den Arbeitgeber abführen muss, ist im Jahr des Abflusses beim Arbeitnehmer als negative Einnahme zu berücksichtigen.
- Wurde dem Arbeitnehmer jedoch tatsächlich weniger ausgezahlt, ist im Veranlagungsverfahren der Bruttolohn zu korrigieren. Die daraus resultierende ESt-Erstattung, die der Arbeitnehmer an den Arbeitgeber abführen muss, ist im Jahr des Abflusses beim Arbeitnehmer als negative Einnahme zu berücksichtigen.

Sollte der Arbeitnehmer den Bruttoarbeitslohn zu niedrig ausgewiesen haben, weil er im Lohnsteuerabzugsverfahren des Vorjahres eine zu hohe Hypotax als negative Einnahme ausgerechnet hatte, ist entsprechend zu verfahren.

6. Steuerliche Behandlung der Nachzahlungs- und Erstattungszinsen (§ 233a AO)

Nettolohnvereinbarungen enthalten vielfach die Abrede, dass der Arbeitgeber zusätzlich zu den übernommenen Steuern bzw. Sozialversicherungsbeiträgen auch evtl. Zinsen auf Steuernachforderungen (§ 233a AO) tragen soll. Korrespondierend tritt der Arbeitnehmer seine gegen das Finanzamt bestehenden Ansprüche auf Erstattungszinsen ab.

Die Übernahme der Zinsen auf Steuernachforderungen durch den Arbeitgeber ist zusätzlicher Arbeitslohn des Arbeitnehmers, der bei der Berechnung der Lohnsteuer als sonstiger Bezug i. S. des § 39b Abs. 3 EStG zu erfassen ist. Im Rahmen der Einkommensteuerveranlagung sind sie nicht berücksichtigungsfähig (§ 12 Nr. 3 EStG).

Die Zahlung von Erstattungszinsen führt beim Arbeitnehmer grundsätzlich zu Einnahmen aus Kapitalvermögen i. S. des § 20 Abs. 1 Nr. 7 EStG. Die Vereinnahmung durch bzw. die Weiterleitung an den Arbeitgeber aufgrund bestehender vertraglicher Verpflichtungen führt – vergleichbar der Beurteilung bei den Steuererstattungsansprüchen – zu negativen Einnahmen des Arbeitnehmers aus nichtselbständiger Arbeit.

Für die steuerliche Behandlung gelten im Übrigen die Ausführungen zu Tz. 2–4 entsprechend.

7. Steuerberatungskosten als Arbeitslohn

Da die Erstattung aus der Einkommensteuerveranlagung des Arbeitnehmers dem Arbeitgeber zugute kommt, trägt der Arbeitgeber die damit zusammenhängenden Steuerberatungskosten. Steuererklärungspflichtig nach den §§ 25 Abs. 3, 46 Abs. 2 EStG ist der Arbeitnehmer. Er ist Steuerschuldner und damit auch erstattungsberechtigt; die Nettolohnvereinbarung lässt das öffentlich-rechtliche Steuerschuldverhältnis unberührt. In der Übernahme der Steuerberatungskosten liegt daher eine Zuwendung des Arbeitgebers an den Arbeitnehmer, die als Arbeitslohn zu erfassen ist. Dies gilt sowohl in Fällen der Pflichtveranlagung nach § 46 Abs. 2 Nr. 1–7 EStG als auch in Fällen der Antragsveranlagung nach § 46 Abs. 2 Nr. 8 EStG.

Der Umstand, dass die Steuerberatungskosten nach § 10 Abs. 1 Nr. 6 EStG – zumindest bis einschließlich Veranlagungszeitraum 2005 – als Sonderausgaben abziehbar sind, steht ihrer Erfassung als Arbeitslohn nicht entgegen.

8. Behandlung von Arbeitslohn, für den der Arbeitgeber keine Lohnsteuer abgeführt hat, durch Veranlagungsstellen und bei Lohnsteuer-Außenprüfungen

Feststellungen der Lohnsteuer-Außenprüfungen haben ergeben, dass ausländische Arbeitnehmer, die mit ihrem inländischen Arbeitgeber eine Nettolohnvereinbarung getroffen haben, vielfach neben ihrem laufenden Arbeitslohn noch sonstige Vergütungen oder geldwerte Vorteile erhalten, die nicht dem laufenden Lohnsteuerabzug unterworfen worden sind. So ist insbesondere bei der Prüfung von inländischen Tochtergesellschaften japanischer Firmen festgestellt worden, dass die Muttergesellschaften an von ihnen in die Bundesrepublik Deutschland entsandte Arbeitnehmer häufig Boni auf Konten der Arbeitnehmer in ihrem Heimatland überweisen. Nach den Prüfungsfeststellungen unterbleibt häufig ein Lohnsteuerabzug durch den inländischen Arbeitgeber – die Tochtergesellschaft –, so dass diese Zahlungen regelmäßig nicht in den Lohnsteuerbescheinigungen enthalten sind. Die begünstigten Arbeitnehmer rechnen vielmehr diese Beträge mit dem ausgezahlten Nettobetrag dem vom Arbeitgeber bescheinigten Brutto-Jahresarbeitslohn im Rahmen ihrer Einkommensteuerveranlagung hinzu.

Diese Behandlung steht nicht im Einklang mit den bestehenden gesetzlichen Bestimmungen.

Bei derartigen von der ausländischen Muttergesellschaft zusätzlich zum laufenden Arbeitslohn geleisteten Zahlungen und Zuwendungen handelt es sich regelmäßig um Zahlungen eines Arbeitslohns von dritter Seite, die als sonstige Bezüge i. S. des § 39b Abs. 3 EStG dem Lohnsteuerabzug durch den inländischen Arbeitgeber unterliegen (§ 38 Abs. 1 Satz 3 EStG, R 106 Abs. 2 LStR[1])). Bestehen Nettolohnvereinbarungen, sind diese Beträge vom Arbeitgeber auf die entsprechenden Bruttobeträge hochzurechnen, die Lohnsteuern fristgerecht an das zuständige Betriebsstättenfinanzamt abzuführen und die entsprechenden Beträge in die Lohnsteuerbescheinigung aufzunehmen.

Ergibt sich bei Durchführung der Veranlagung, dass der Arbeitgeber keinen Lohnsteuerabzug vorgenommen hat, wird die Steuer beim Arbeitnehmer regelmäßig nicht nachgefordert werden können, da aus seiner Sicht der Arbeitgeber mit der Auszahlung des Nettolohns den Bruttoarbeitslohn vorschriftsmäßig gekürzt hat (Hinweis auf BFH-Urteile vom 26. 02. 1982, 13. 11. 1987 und 28. 02. 1992, a. a. O. Tz. 1 letzter Abs.). Dementsprechend ist die auf diese Bezüge entfallende Lohnsteuer nach § 36 Abs. 2 Nr. 2 EStG auf die Einkommensteuerschuld des Arbeitnehmers auch dann anzurechnen, wenn der Arbeitgeber diese nicht an das Finanzamt abgeführt hat. Eine Ausnahme gilt nur dann, wenn der Arbeitnehmer positiv weiß, dass der Arbeitgeber die einbehaltene Lohnsteuer nicht vorschriftsmäßig angemeldet hat und dies dem Finanzamt nicht unverzüglich mitteilt (§ 42d Abs. 3 Satz 4 Nr. 2 EStG).

Zur Sicherung des Steueraufkommens bittet das SenFin daher, wie folgt zu verfahren:

Die Veranlagungsstelle stellt die Veranlagung des betroffenen Arbeitnehmers zunächst zurück und informiert die Arbeitgeberstelle des zuständigen Betriebsstättenfinanzamts über die Höhe der bisher nicht dem Lohnsteuerabzug unterworfenen Bezüge des betroffenen Arbeitnehmers. Das Betriebsstättenfinanzamt setzt sich unter Darlegung dieses Sachverhalts mit dem Arbeitgeber in Verbindung und ermittelt dabei, ob auch bei weiteren Arbeitnehmern eine zutreffende Lohnversteuerung für derartige Zahlungen unterblieben ist. Dem Arbeitgeber ist dann Gelegenheit zu geben, entsprechend berichtigte Lohnsteuer-Anmeldungen für die betroffenen Zeiträume einzureichen. Im Einzelfall bestehen keine Bedenken, Berichtigungen in der letzten Lohnsteuer-Anmeldung des entsprechenden Veranlagungszeitraums vorzunehmen. Berichtigt der Arbeitgeber im vorstehenden Sinne die Lohnsteuer-Anmeldungen nicht, ist er nach § 42d EStG in Haftung zu nehmen.

Das Betriebsstättenfinanzamt informiert die Wohnsitzfinanzämter der betroffenen Arbeitnehmer, damit diese die nach den Angaben des Arbeitgebers zutreffend ermittelten Bruttowerte der Veranlagung zugrunde legen und die entsprechenden Lohnsteuern auf die Einkommensteuerschuld anrechnen können.

Werden entsprechende Feststellungen bei Lohnsteuer-Außenprüfungen getroffen, ist entsprechend zu verfahren.

1) Jetzt R 38.4 LStR.

9. Zuordnung des Besteuerungsrechts für Arbeitslohn nach Doppelbesteuerungsabkommen in Sonderfällen

9.1 Zuweisung des Besteuerungsrechts

9.1.1 Besteuerungsrecht des Ansässigkeitsstaats

Das BMF hat im Schreiben vom 05. 01. 1994, BStBl 1994 I S. 11 (ergänzt durch BMF-Schreiben vom 05. 07. 1995, BStBl 1995 I S. 373 und vom 12. 05. 2000, BStBl 2000 I S. 483) zu steuerlichen Fragen im Zusammenhang mit der kurzfristigen Entsendung von Arbeitnehmern ins Ausland Stellung genommen. Hiernach handelt es sich bei den betreffenden Personen um im Inland ansässige Arbeitnehmer. Weitere Zweifelsfragen ergeben sich, wenn die Arbeitnehmer ins Inland abgeordnet wurden und von hier aus kurzfristige Dienstreisen ins Ausland unternehmen.

Arbeitnehmer, die von einer im Ausland ansässigen rechtlich selbständigen Person zu einer in der Bundesrepublik Deutschland ansässigen Tochtergesellschaft oder einer im Inland befindlichen Betriebsstätte entsandt werden, halten sich vielfach für kurze Zeit (weniger als 184 Tage) aus beruflichen Gründen im europäischen oder außereuropäischen Ausland bzw. im Entsendestaat auf. Im Rahmen ihrer Einkommensteuererklärung beantragen diese Arbeitnehmer häufig, den auf ihre Auslandstätigkeit entfallenden Arbeitslohn von der inländischen Besteuerung freizustellen. Ob eine Freistellung tatsächlich gerechtfertigt ist, hängt von verschiedenen Voraussetzungen ab:

1. Ansässigkeit des Arbeitnehmers i. S. d. DBA
2. Ansässigkeit des Arbeitgebers i. S. d. DBA
3. Tätigkeitsstaat des Arbeitnehmers
4. Eingliederung des Arbeitnehmers in eine Betriebsstätte des Arbeitgebers i. S. d. DBA im Tätigkeitsstaat

Die Zuordnung des Besteuerungsrechts wird an folgenden Grundfällen unter Berücksichtigung von Art. 15 des OECD-Musterabkommens dargestellt. Hierbei wird unterstellt, dass die Voraussetzung zu Pkt. 4 im Ausland während der Dauer der Dienstreise nicht gegeben ist:

1. Der aus dem Staat X entsandte A wird Arbeitnehmer einer im Inland ansässigen Tochtergesellschaft der in X ansässigen Obergesellschaft. Mit der Entsendung begründet A die Ansässigkeit i. S. d. DBA in der Bundesrepublik Deutschland.
   a) Der Arbeitnehmer unternimmt eine kurze Dienstreise in den Drittstaat D;
   b) Der Arbeitnehmer unternimmt eine kurze Dienstreise in den Entsendestaat X.

   zu a) Anwendbar ist das DBA zwischen der Bundesrepublik Deutschland und dem Staat D. Sofern das DBA dem OECD-MA entspricht, verbleibt das Besteuerungsrecht bei dem Ansässigkeitsstaat des Arbeitnehmers (Bundesrepublik Deutschland), da alle Voraussetzungen des Art. 15 Abs. 2 OECD-MA gegeben sind.

   zu b) Anwendbar ist das DBA zwischen der Bundesrepublik Deutschland und dem Staat X. Sofern das DBA dem OECD-MA entspricht, verbleibt das Besteuerungsrecht bei dem Ansässigkeitsstaat des Arbeitnehmers (Bundesrepublik Deutschland), da alle Voraussetzungen des Art. 15 Abs. 2 OECD-MA gegeben sind.
2. Ausgangsfall wie 1, der Arbeitnehmer wird jedoch nicht im Inland ansässig, da sein Lebensmittelpunkt in X verbleibt.
   a) Der Arbeitnehmer unternimmt eine kurze Dienstreise in den Drittstaat D;
   b) Der Arbeitnehmer unternimmt eine kurze Dienstreise in den Entsendestaat X.

   zu a) Das DBA zwischen der Bundesrepublik Deutschland und dem Staat D ist nicht anwendbar, da der Arbeitnehmer weder in der Bundesrepublik Deutschland noch in D ansässig ist. Das Besteuerungsrecht für die in D ausgeübte Tätigkeit ist der Bundesrepublik Deutschland nach dem DBA mit dem Staat X entsprechend Art. 15 Abs. 1 Satz 1 OECD-MA entzogen. Die Zuordnung des Besteuerungsrechts ergibt sich aus dem DBA zwischen den Staaten X und D. Dies gilt auch dann, wenn der Arbeitnehmer nach deutschem Steuerrecht aufgrund eines (Zweit-) Wohnsitzes oder eines gewöhnlichen Aufenthalts im Inland unbeschränkt steuerpflichtig ist.

   zu b) Der Arbeitnehmer ist in X ansässig und dort tätig. Nach dem DBA zwischen der Bundesrepublik Deutschland und X steht das Besteuerungsrecht für den Zeitraum der Dienstreise dem Staat X zu.
3. Der aus dem Staat X entsandte A wird als Arbeitnehmer einer im Inland befindlichen Betriebsstätte eines in X ansässigen Unternehmens tätig. Mit der Entsendung begründet der Arbeitnehmer seine Ansässigkeit in der Bundesrepublik Deutschland.
   a) Der Arbeitnehmer unternimmt eine kurze Dienstreise in den Drittstaat D;
   b) Der Arbeitnehmer unternimmt eine kurze Dienstreise nach Norwegen;
   c) Der Arbeitnehmer unternimmt eine kurze Dienstreise in den Entsendestaat X.

   zu a) Anwendbar ist das DBA zwischen der Bundesrepublik Deutschland und dem Staat D. Sofern das DBA dem OECD-MA entspricht, verbleibt das Besteuerungsrecht bei dem Ansässigkeitsstaat des Arbeitnehmers (Bundesrepublik Deutschland).

zu b) Das DBA Norwegen stellt insoweit eine Ausnahme dar, als bei kurzfristigen Arbeitsaufenthalten in diesem Staat das Besteuerungsrecht nur dann beim Ansässigkeitsstaat des Arbeitnehmers verbleibt, wenn der Arbeitgeber und Arbeitnehmer im selben Staat, hier der Bundesrepublik Deutschland, ansässig sind (Art. 15 Abs. 2 Buchstabe b DBA Norwegen). Da die Betriebsstätte eines ausländischen Unternehmens nicht als ein im Inland ansässiger Arbeitgeber i. S. d. DBA-Rechts anzusehen ist (BFH-Urteile vom 29. 01. 1986, BStBl 1986 II S. 4, BStBl 1986 II S. 442 und BStBl 1986 II S. 513), steht das Besteuerungsrecht bei dieser Fallkonstellation Norwegen zu.
Diese Ausnahme galt bislang auch für das DBA Österreich. Art. 15 Abs. 2 des geänderten DBA Österreich vom 24. 08. 2000 (anzuwenden ab dem VZ 2003) regelt nunmehr, dass es für die Erfassung der nichtselbständigen Einkünfte im Ansässigkeitsstaat nicht mehr erforderlich ist, dass Arbeitgeber und Arbeitnehmer im selben Staat ansässig sind.

zu c) Da die Vergütung von einem in X ansässigen Arbeitgeber gezahlt wird (siehe vorstehend unter b), steht das Besteuerungsrecht dem Staat X zu.

4. Ausgangsfall wie 3, der Arbeitnehmer wird jedoch nicht im Inland ansässig, da sein Lebensmittelpunkt in X verbleibt.
   a) Der Arbeitnehmer unternimmt eine kurze Dienstreise in den Drittstaat D;
   b) Der Arbeitnehmer unternimmt eine kurze Dienstreise nach Norwegen;
   c) Der Arbeitnehmer unternimmt eine kurze Dienstreise in den Entsendestaat X.

zu a) Das DBA zwischen der Bundesrepublik Deutschland und dem Staat D ist nicht anwendbar, da der Arbeitnehmer weder in der Bundesrepublik Deutschland noch in D ansässig ist. Das Besteuerungsrecht für die in D ausgeübte Tätigkeit ist der Bundesrepublik Deutschland nach dem DBA mit dem Staat X entsprechend Art. 15 Abs. 1 Satz 1 OECD-MA entzogen. Die Zuordnung des Besteuerungsrechts ergibt sich aus dem DBA zwischen den Staaten X und D. Dies gilt auch dann, wenn der Arbeitnehmer nach deutschem Steuerrecht aufgrund eines (Zweit-) Wohnsitzes oder eines gewöhnlichen Aufenthalts im Inland unbeschränkt steuerpflichtig ist.

zu b) Das vorstehend zu a) Gesagte gilt entsprechend.

zu c) Da die Tätigkeit in X ausgeübt und von einem in X ansässigen Arbeitgeber entlohnt wird, steht das Besteuerungsrecht dem Staat X zu.

9.1.2 Doppelansässigkeit nach DBA – Japan

Die deutschen DBA enthalten grundsätzlich bei konkurrierender Ansässigkeit Regelungen, die einem der Vertragsstaaten den Vorrang als Wohnsitzstaat einräumen. Eine derartige Regelung fehlt jedoch im DBA mit Japan.

Somit müsste derzeit noch in jedem Fall, in dem ein japanischer Arbeitnehmer vorträgt, nicht nur in der Bundesrepublik Deutschland, sondern auch in seinem Heimatstaat ansässig zu sein, die Ansässigkeit i. S. d. DBA im Wege des Verständigungsverfahrens festgestellt werden.

Diesbezüglich haben Verständigungsgespräche mit Vertretern der japanischen Steuerverwaltung stattgefunden. Diese stellten klar, dass ein Steuerpflichtiger mit Wohnsitz in Japan, der für einen Arbeitsaufenthalt von voraussichtlich mehr als einem Jahr Japan verlässt, ab diesem Zeitpunkt seine Ansässigkeit in Japan verliert. Dies gilt auch dann, wenn die Ehefrau und die Kinder weiterhin in Japan wohnen. Die Ansässigkeit in Japan lebt bei Zwischenaufenthalten in Japan während der Abordnungszeit nicht kurzzeitig wieder auf.

Begründet ein solcher Steuerpflichtiger seinen Wohnsitz oder gewöhnlichen Aufenthalt im Inland, wird er in Deutschland unbeschränkt steuerpflichtig und ist allein in Deutschland ansässig.

9.1.3 Aufteilung des Arbeitslohns

Zur Frage der Aufteilung des Arbeitslohns für eine Tätigkeit im Ausland vgl. Tz. 6.1 des BMF-Schreibens vom 05. 01. 1994, BStBl 1994 I S. 11.

10. Werbungskostenabzug

10.1 Doppelte Haushaltsführung

Unter den Voraussetzungen des § 9 Abs. 1 Satz 3 Nr. 5 EStG sind Mehraufwendungen wegen doppelter Haushaltsführung als Werbungskosten abzugsfähig (vgl. hierzu R 43 LStR[1])).

---
1) Jetzt R 9.11 LStR.

Zu den dabei steuerlich berücksichtigungsfähigen Mehraufwendungen zählen auch die Kosten für eine Zweitwohnung (R 43 Abs. 9 LStR[1])), soweit diese notwendig sind. Diese Einschränkung dient dem Ausschluss von überhöhten Werbungskosten (BFH-Urteil vom 16. 03. 1979, BStBl 1979 II S. 473). Dementsprechend sind abzugsfähig u. a. lediglich die Aufwendungen, die für die Anmietung einer Wohnung entstehen, die den Wohnbedürfnissen des Steuerpflichtigen als Einzelperson angemessen Rechnung trägt. Als ungefähre Richtgröße dürfte hier eine Wohnungsgröße von ca. 60 qm anzusehen sein.

Mietet der Steuerpflichtige demgegenüber eine größere Wohnung an – insbesondere im Hinblick auf den beabsichtigten Nachzug seiner Familie ins Inland –, sind die entsprechenden Kosten lediglich anteilig zum Abzug zuzulassen, da sie insoweit Kosten der privaten Lebensführung darstellen (§ 12 Nr. 1 Satz 1 EStG).

10.2 Umzugskosten

10.2.1 Grundsätzliches

Die durch einen beruflich veranlassten Wohnungswechsel entstandenen Aufwendungen sind Werbungskosten (§ 9 Abs. 1 Satz 1 EStG; R 41 Abs. 1 LStR[2])).

Dabei können die tatsächlichen Umzugskosten ohne weitere Prüfung bis zur Höhe der Beträge als Werbungskosten abgezogen werden, die nach dem Bundesumzugskostenrecht als Umzugskostenvergütung höchstens gezahlt werden können (R 41 Abs. 2 LStR[3])).

Dies gilt jedoch nicht für Aufwendungen für die Anschaffung von klimabedingter Kleidung und Wohnungsausstattung i. S. der §§ 11 und 12 AUV, für die ein Werbungskostenabzug grundsätzlich ausgeschlossen ist (H 41 – Höhe der Umzugskosten – LStH[4])).

10.2.2 Umzugskostenpauschalen

Das Bundesumzugskostengesetz (BUKG)[5]) bzw. die Auslandsumzugskostenverordnung (AUV)[6]) sehen jeweils in ihren §§ 10 die Erstattungsfähigkeit von bestimmten Umzugskostenpauschalen vor. In diesen Vorschriften geht der Gesetzgeber davon aus, dass sonstige Umzugskosten bei jedem Umzug in einer bestimmten Höhe entstehen, die den im Gesetz für den Einzelfall vorgesehenen Betrag der Pauschvergütung rechtfertigen. Die Höhe der danach als Werbungskosten abziehbaren Pauschbeträge ergibt sich

- für Umzüge ab 01. 01. 2001 aus dem BMF-Schreiben vom 20. 12. 2000, BStBl 2000 I S. 1579[7]),
- für Umzüge ab 01. 01. 2002 aus dem BMF-Schreiben vom 22. 08. 2001, BStBl 2001 I S. 542[8]),
- für Umzüge ab 01. 07. 2003 aus dem BMF-Schreiben vom 05. 08. 2003, BStBl 2003 I S. 416[9]).

Ein Werbungskostenabzug für pauschale Umzugsauslagen setzt jedoch im Hinblick auf § 3c EStG voraus, dass die gesamten Umzugskosten einschließlich der Pauschalbeträge nach § 10 BUKG bzw. § 10 AUV die vom Arbeitgeber steuerfrei erstatteten Aufwendungen (§ 3 Nr. 16 EStG) übersteigen (R 41 Abs. 2 Satz 5 LStR[10])).

Ein Rückumzug des Arbeitnehmers in das Ausland ist nur beruflich veranlasst und ein Werbungskostenabzug für pauschale Umzugsauslagen nach § 10 AUV nur zulässig, wenn der Arbeitnehmer für eine von vornherein befristete Tätigkeit in das Inland versetzt worden war (H 41 Rückumzug ins Ausland LStH[11]); BFH-Urteil vom 04. 12. 1992, BStBl 1993 II S. 722).

Bei Arbeitnehmern, die ihren Lebensmittelpunkt in das Inland verlegt hatten[12]), sind die Pauschalen beim Rückumzug grundsätzlich nach § 10 Abs. 1 und 2 AUV zu bemessen und nach § 10 Abs. 4 AUV auf 80 v. H. zu begrenzen (BFH-Urteil vom 04. 12. 1992, BStBl 1993 II S. 722). Ungeachtet der Verlegung ihres Lebensmittelpunkts – z. B. wegen Mitnahme der Familie – werden die Arbeitnehmer jedoch vielfach in ihre eingerichtete Wohnung zurück umziehen, die sie während der von vornherein befristeten Inlandstätigkeit im Ausland beibehalten haben. Da mithin am neuen Wohnort keine Wohnung eingerichtet, sondern eine mit den notwendigen

1) Jetzt R 9.11 Abs. 8 LStR.
2) Jetzt R 9.9 Abs. 1 LStR.
3) Jetzt R 9.9 Abs. 2 LStR.
4) Jetzt H 9.9 LStH.
5) LSt-Handbuch 2006 Anhang 10 I.
6) LSt-Handbuch 2006 Anhang 10 III.
7) Siehe auch LSt-Handbuch 2002 Anhang 10 IV.
8) Siehe auch LSt-Handbuch 2003 Anhang 10 IV.
9) Siehe auch LSt-Handbuch 2006 Anhang 10 IV.
10) Jetzt R 9.9 Abs. 2 LStR.
11) Jetzt H 9.9 LStH.
12) Bei doppelter Haushaltsführung dürfen die Umzugskostenpauschalen nicht angesetzt werden.

Möbeln und sonstigen Haushaltsgegenständen ausgestattete Wohnung bezogen wird, richtet sich die Höhe der Umzugskostenpauschale nach § 10 Abs. 5 AUV, d. h., es ist das Zweifache der Beträge nach § 10 Abs. 4 BUKG anzusetzen, bei Verheirateten also 60 v. H. und bei Ledigen 40 v. H. der Pauschalen nach § 10 Abs. 1 BUKG. Die Pauschale nach § 10 Abs. 7 AUV ist in diesen Fällen nicht zu gewähren, weil nicht davon auszugehen ist, dass sich in der beibehaltenen Wohnung im Ausland hinsichtlich Stromversorgung, Elektrogeräte oder Fernsehnorm etwas geändert hat (vgl. Urteil des FG Düsseldorf vom 07. 09. 2004–3 K 5337/02 E, n. v. – rkr.).

Beispiel:

Nach dreijähriger Inlandstätigkeit ziehen der Steuerpflichtige und seine Ehefrau mit ihren zwei Kindern nach dem 31. 07. 2004 in ihre beibehaltene Wohnung im Ausland zurück. Steuerfreie Arbeitgeberleistungen für den Rückumzug hat der Steuerpflichtige nicht erhalten.

Lösung:

Da wegen der Verlegung des Lebensmittelpunkts in das Inland keine doppelte Haushaltsführung im steuerlichen Sinne begründet worden war, steht dem Abzug der pauschalen Umzugsauslagen als Werbungskosten nichts im Wege. Sie sind nach § 10 Abs. 5 AUV i. V. mit § 10 Abs. 4 BUKG in folgender Höhe zu berücksichtigen:

für Verheiratete 60 v. H. von 1 121 €	672,60 €
für zwei Kinder 60 v. H. von 494 €	296,40 €
Werbungskostenabzug	969,00 €

10.2.3 Umzugskosten bei doppelter Haushaltsführung

Zu beachten ist, dass die Pauschalen für sonstige Umzugsauslagen nach § 10 BUKG und § 10 AUV nur berücksichtigt werden dürfen, wenn der Arbeitnehmer mit dem Umzug auch seinen Lebensmittelpunkt verlegt (BFH-Urteil vom 29. 01. 1988, BFH/NV 1988 S. 367). Da dies bei der Begründung einer doppelten Haushaltsführung nicht geschieht, können damit zusammenhängende sonstige Umzugsauslagen nur in nachgewiesener Höhe als Werbungskosten berücksichtigt werden (R 43 Abs. 10 Satz 1 und 2 LStR[1])). Das gilt sowohl für den Umzug des Arbeitnehmers in das Inland anlässlich der Begründung einer doppelten Haushaltsführung, als auch für den Rückumzug in das Ausland anlässlich der Beendigung der doppelten Haushaltsführung.

10.2.4 Besonderheiten bei der Erstattung von Umzugskosten durch den Arbeitgeber

Die Erstattung der Umzugskosten durch den Arbeitgeber ist nach § 3 Nr. 16 EStG steuerfrei, soweit keine höheren Beträge erstattet werden, als der Arbeitnehmer als Werbungskosten geltend machen könnte (R 41 Abs. 3 LStR[2])). Hierzu verweist das SenFin auf die vorstehenden Ausführungen.

Bei ins Inland entsandten Arbeitnehmern werden die Kosten für einen beruflich veranlassten Umzug regelmäßig in vollem Umfang vom Arbeitgeber übernommen, so dass den Arbeitnehmern keine durch den Umzug veranlassten, von ihnen selbst zu tragenden Aufwendungen mehr verbleiben. Ein Werbungskostenabzug ist insoweit nach § 3c Abs. 1 EStG ausgeschlossen (R 41 Abs. 2 Satz 5 LStR[3])).

Im Einzelfall ist daher zu ermitteln, in welchem Umfang dem Steuerpflichtigen Umzugskosten durch seinen Arbeitgeber erstattet worden sind, und ein Werbungskostenabzug darüber hinaus – ggf. in Höhe der o. a. Pauschbeträge für sonstige Umzugsauslagen nach § 10 BUKG bzw. § 10 AUV – nur zuzulassen, wenn ersichtlich ist, dass dem Steuerpflichtigen Umzugskosten auch tatsächlich entstanden sind, die durch die Arbeitgeberleistungen nicht bereits abgedeckt sind.

Bei Lohnsteuer-Außenprüfungen bietet sich die Fertigung entsprechenden Kontrollmaterials an.

10.2.5 Schulgeldzahlungen als Werbungskosten

Es ist bekannt geworden, dass die ins Inland entsandten Arbeitnehmer unter Berufung auf § 9 BUKG bzw. § 8 AUV auch Schulgeldzahlungen für den Besuch einer Ergänzungsschule als Werbungskosten geltend machen.

Das SenFin weist darauf hin, dass als Werbungskosten lediglich die notwendigen Auslagen für einen umzugsbedingten zusätzlichen Unterricht berücksichtigungsfähig sind. Hierunter fällt

1) Jetzt R 9.11 Abs. 9 LStR.
2) Jetzt R 9.9 Abs. 3 LStR.
3) Jetzt R 9.9 Abs. 2 Satz 5 LStR.

z. B. Nachhilfeunterricht, ein Sprachkursus etc., nicht jedoch der obligatorische Besuch allgemeinbildender Schulen.

Hier kann auch der Hinweis auf die für Kinder von Angehörigen des Auswärtigen Dienstes gezahlte Schulbeihilfe (§ 21 Abs. 3 des Gesetzes über den Auswärtigen Dienst vom 30. 08. 1990, BGBl 1990 I S. 1842 – GAD – i. V. mit der dazu ergangenen Verwaltungsvorschrift, GMBl 1992 S. 48) keinen Werbungskostenabzug unter Gleichbehandlungsgrundsätzen begründen. Die entsprechenden Beihilfezahlungen sind Ausdruck der besonderen Fürsorgepflicht des Bundes gegenüber einer besonderen Gruppe von Bediensteten, die von Amts wegen einem häufigen Ortswechsel bzw. dauernden Auslandsaufenthalten ausgesetzt ist.

Mit diesem Tatbestand ist die Entsendung ausländischer Arbeitnehmer für eine regelmäßig befristete Zeit in die Bundesrepublik Deutschland nicht vergleichbar.

11. Behandlung von Sozialversicherungsbeiträgen

11.1 Sozialversicherungspflicht

11.1.1 Grundsatz

Werden Arbeitnehmer auf Weisung ihres ausländischen Arbeitgebers in das Inland entsandt, um hier z. B. eine – befristete – Tätigkeit für eine inländische Tochtergesellschaft auszuüben, ist von den Sozialversicherungsträgern bzw. den örtlichen Einzugsstellen zu prüfen, ob die Arbeitnehmer der inländischen Sozialversicherungspflicht unterliegen.

Dies ist nach § 5 SGB IV (sog. Einstrahlung) regelmäßig nicht der Fall, wenn

- eine Entsendung
- im Rahmen eines im Ausland bestehenden Beschäftigungsverhältnisses erfolgt und
- die Dauer der Beschäftigung im Inland im Voraus zeitlich begrenzt ist.

Die Frage, unter welchen Voraussetzungen von einer Einstrahlung im sozialversicherungsrechtlichen Sinne bei Entsendung von Arbeitnehmern durch einen ausländischen Arbeitgeber zur Aufnahme einer Tätigkeit bei einer inländischen Tochtergesellschaft auszugehen ist, hat das BSG mit Urteil vom 07. 11. 1996 – Az. 12 RK 79/94 (DB 1997 S. 835) dahingehend entschieden, dass die aus dem Ausland entsandten Arbeitnehmer der inländischen Sozialversicherungspflicht unterliegen, wenn bei konzerninterner Entsendung die inländische Tochtergesellschaft eine juristische Person ist, der Arbeitnehmer in den Betrieb dieser Gesellschaft eingegliedert ist und sie das Arbeitsentgelt zahlt.

11.1.2 Deutsch/Japanisches Sozialabkommen

Mit Wirkung vom 01. 02. 2000 ist das deutsch/japanische Abkommen[1]) über Soziale Sicherheit vom 20. 04. 1998 (BGBl 1999 II S. 876) in Kraft getreten. Danach besteht bei der Entsendung eines japanischen Arbeitnehmers in das Inland bis zu 60 Monaten Dauer keine inländische Rentenversicherungspflicht mehr. Die Frist begann am 01. 02. 2000 zu laufen. Ist bei konzerninterner Entsendung die inländische Tochtergesellschaft eine juristische Person, die das Arbeitsentgelt zahlt, und ist der Arbeitnehmer in den Betrieb dieser Gesellschaft eingegliedert, kann auf Antrag für einen Zeitraum von insgesamt 96 Monaten Versicherungsfreiheit gewährt werden.

Für die Arbeitslosenversicherung gilt die rentenversicherungsrechtliche Beurteilung entsprechend. Für die Kranken- und Pflegeversicherung hingegen gelten diese Ausnahmeregelungen nicht.

11.1.3 Auswirkungen auf die Vorsorgepauschale und den Abzug der Vorsorgeaufwendungen

Da der in das Inland entsandte Arbeitnehmer entweder in der ausländischen gesetzlichen Rentenversicherung versicherungspflichtig bleibt oder der inländischen gesetzlichen Rentenversicherung unterliegt, findet § 10c Abs. 3 EStG[2]) (gekürzte Vorsorgepauschale) keine Anwendung.

- Für Veranlagungszeiträume bis 2004 ist der Vorwegabzug nach § 10 Abs. 3 Nr. 2 EStG zu kürzen, wenn kein Fall der Einstrahlung nach § 5 SGB IV vorliegt und deshalb nach § 3 Nr. 62 EStG steuerfreie Pflichtbeiträge des Arbeitgebers zur inländischen Sozialversicherung abgeführt werden. Ab 01. 02. 2000 (siehe Tz. 11.1.2) wird der Kürzungstatbestand im Falle der Entsendung eines japanischen Arbeitnehmers allein durch die Zahlung steuer-

[1]) Zu diesem Abkommen hat die Bundesversicherungsanstalt für Angestellte – nunmehr Deutsche Rentenversicherung Bund – die Broschüre Nr. 43 Zwischenstaatliche Regelungen mit Japan" herausgegeben, die bei der Deutschen Rentenversicherung Bund, 10704 Berlin angefordert oder im Internet unter http://www.deutsche-rentenversicherung-bund.de abgerufen werden kann.

[2]) Ab 2010 → § 39b Abs. 2 Satz 5 Nr. 3 und Abs. 4 EStG.

freier Beitragsteile oder Zuschüsse des Arbeitgebers zur Kranken- und Pflegeversicherung erfüllt.

Im Fall der Einstrahlung nach § 5 SGB IV richtet sich die Kürzung des Vorwegabzugs danach, ob der Arbeitgeber nach ausländischem Sozialversicherungsrecht an ausländische Sozialversicherungsträger, die den inländischen Sozialversicherungsträgern vergleichbar sind, beitrags- oder zuschusspflichtig ist. Die Beweislast für den ungekürzten Ansatz des Vorwegabzugs trägt der Steuerpflichtige (§ 90 Abs. 2 AO).

- Ab Veranlagungszeitraum 2005 gehören sowohl die Arbeitnehmerbeiträge als auch die nach § 3 Nr. 62 EStG steuerfreien Arbeitgeberbeiträge und die diesen gleichgestellten Zuschüsse des Arbeitgebers zur – inländischen oder ausländischen – gesetzlichen Rentenversicherung zu den Altersvorsorgeaufwendungen (§ 10 Abs. 1 Nr. 2 Satz 1 Buchst. a und Satz 2 EStG), die im Rahmen des § 10 Abs. 3 EStG als Sonderausgaben abziehbar sind. Im Fall der Einstrahlung nach § 5 SGB IV kann der Steuerpflichtige diese Beiträge und Zuschüsse nicht durch eine Lohnsteuerbescheinigung, sondern nur durch geeignete andere Unterlagen nachweisen.

  Wenn der Arbeitgeber steuerfreie Beitragsteile oder Zuschüsse zur Krankenversicherung zahlt, sind sonstige Vorsorgeaufwendungen nur bis zur Höhe des verminderten Höchstbetrags nach § 10 Abs. 4 Satz 2 EStG absetzbar. Das gilt auch für den in der gesetzlichen Krankenversicherung ohne eigene Beiträge familienversicherten Ehegatten (BMF-Schreiben vom 24. 02. 2005, BStBl 2005 I S. 429, Rz. 48).

11.2 Beitragsentrichtung durch den Arbeitgeber

Hinsichtlich der steuerlichen Behandlung der Beitragsleistungen gelten folgende Grundsätze:

- Ungeachtet des möglichen Bestreitens einer inländischen Sozialversicherungspflicht erfolgt die Beitragsentrichtung in Erfüllung einer sozialversicherungsrechtlichen Verpflichtung, so dass der Arbeitgeberanteil nach § 3 Nr. 62 EStG stets steuerfrei gezahlt werden kann.
- Soweit der Arbeitgeber entsprechend der getroffenen Nettolohnabrede den Beitragsanteil des Arbeitnehmers übernimmt, liegt hierin Zufluss von Arbeitslohn (§ 19 EStG).

  Kein Lohnzufluss ist anzunehmen, soweit der Arbeitgeber die Arbeitnehmerbeiträge zur gesetzlichen Rentenversicherung nicht auf der Grundlage der bestehenden Nettolohnvereinbarung als Bestandteil des Arbeitsverhältnisses, sondern darlehensweise (§ 607 Abs. 2 BGB) als Vereinbarungsdarlehen mit der Maßgabe abführt, dass das Darlehen nach der Rückkehr des Arbeitnehmers in sein Heimatland mit dem dann gegen den Träger der gesetzlichen Rentenversicherung geltend zu machenden Erstattungsanspruch getilgt wird. Voraussetzung für die steuerliche Anerkennung dieser Gestaltung ist, dass die Nettolohnabrede selbst dahingehend modifiziert wird, dass sich der Nettolohnanspruch um den Arbeitnehmerbeitrag zur gesetzlichen Rentenversicherung vermindert. Davon ist nur auszugehen, wenn sich bei verständiger Würdigung aller vorliegenden Verträge unter Berücksichtigung deren zeitnaher tatsächlicher Durchführung (entsprechende Umsetzung in der Gehaltsabrechnung und der laufenden Buchführung) klar und eindeutig nachvollziehen lässt, dass der Nettolohnanspruch um den Arbeitnehmeranteil zur gesetzlichen Rentenversicherung gemindert worden ist.

  Die spätere Beitragserstattung ist aber nur möglich, wenn für weniger als 60 Monate Beiträge zur inländischen Rentenversicherung geleistet worden sind. Sind Beiträge für 60 oder mehr Monate darlehensweise abgeführt worden, ist daher im Rahmen von Lohnsteuer-Außenprüfungen festzustellen, wie Arbeitgeber und Arbeitnehmer sich über die Erledigung des Darlehens verständigt haben. Sollte der Arbeitgeber seinen Rückzahlungsanspruch gegen den Arbeitnehmer nicht geltend gemacht haben, ist im Zeitpunkt des Verzichts ein weiterer Lohnzufluss eingetreten, welcher ggf. noch der Lohnversteuerung zuzuführen ist.

Soweit Arbeitnehmer im Wege des Einspruchs gegen eine die Übernahme des Arbeitnehmeranteils als Arbeitslohn berücksichtigende Einkommensteuerfestsetzung geltend machen, sie unterlägen nicht der inländischen Sozialversicherungspflicht, bittet das SenFin, hierüber in Abstimmung mit der örtlich zuständigen Einzugsstelle zu entscheiden.

11.3 Erstattung von Sozialversicherungsbeiträgen

Wird die inländische Sozialversicherungspflicht durch Rückkehr der Arbeitnehmer in ihr Heimatland beendet, kann der Beitragsanteil der Arbeitnehmer zur Rentenversicherung auf Antrag nach einer Wartefrist von 24 Monaten erstattet werden (§ 210 Abs. 1 Nr. 1, Abs. 2 SGB VI). Voraussetzung für die Beitragserstattung ist aber, dass für weniger als 60 Monate Beiträge zur inländischen Rentenversicherung geleistet worden sind (siehe Tz. 11.2).

Für die steuerliche Behandlung der Beitragserstattungen gelten folgende Grundsätze:

Der Rückzahlung dieser – ursprünglich zu Recht abgeführten – Beiträge kommt keine Rückwirkung auf die steuerliche Behandlung der Beitragszahlungen im Jahr ihrer Entrichtung zu, so dass für diese Veranlagungs- bzw. Lohnzahlungszeiträume rückwirkend keine steuerlichen Konsequenzen zu ziehen sind.

- Ist der Arbeitnehmeranteil mit der Folge von Lohnzufluss im Rahmen der Nettolohnabrede entrichtet worden, ist die spätere Erstattung an den Arbeitgeber als Rückzahlung von Arbeitslohn und damit als negative Einnahme aus nichtselbständiger Arbeit des Arbeitnehmers zu behandeln. Auf diese sind die hinsichtlich der steuerlichen Behandlung von Steuererstattungen in Nettolohnfällen entwickelten Grundsätze entsprechend anzuwenden (vgl. Tzn. 3, 4), d. h., der zu berücksichtigende Erstattungsbetrag ist nicht auf einen fiktiven Bruttobetrag hochzurechnen.
  Mit Urteil vom 12. 09. 2000 (Az. 3 K 8148/97 E, n. v.) hat das FG Düsseldorf allerdings entschieden (vgl. auch Urteil des FG Düsseldorf vom 12. 08. 1998, EFG 1998 S. 1678 – rkr.), dass ein Abfluss i. S. des § 11 Abs. 2 EStG schon zu dem Zeitpunkt anzunehmen ist, in dem der Sozialversicherungsträger das „wohlverstandene Interesse" des Arbeitnehmers an der Abtretung seiner Erstattungsansprüche anerkennt (Bescheid nach § 53 Abs. 2 Nr. 2 SGB I). Hinsichtlich der Abtretung der Beitragserstattung sind die Entscheidungsgrundsätze in allen offenen Fällen anzuwenden. Hinsichtlich der Abtretung der Steuererstattung ist dagegen weiter nach Tz. 3 Abs. 1 zu verfahren.
  Aufgrund der zweijährigen Wartefrist ist es den betroffenen Arbeitnehmern ggf. unmöglich, eine für den ab 01. 01. 1999 auf ein Jahr verkürzten Verlustrücktrag (§ 10d Abs. 1 EStG i. d. F. des StEntlG 1999/2000/2002) rechtzeitige Erstattung zu erhalten. In der insoweit fehlenden Abgestimmtheit der sozialversicherungs- und steuerrechtlichen Vorschriften liegt jedoch keine sachliche Unbilligkeit i. S. des § 163 AO. Der Umstand, dass einerseits Einnahmezuflüsse in dem einen Veranlagungszeitraum eine Steuerbelastung auslösen und andererseits Ausgabenabflüsse in einem anderen Veranlagungszeitraum ohne steuerliche Auswirkung bleiben, liegt vielmehr im Wesen der Abschnittsbesteuerung (§ 25 Abs. 1 EStG) und dem dabei zu beachtenden Zu- und Abflussprinzip (§ 11 EStG) begründet. Ein systemwidriger Gesetzesüberhang ist hierin nicht zu erkennen (vgl. Urteil des FG Rheinland-Pfalz vom 24. 03. 1988, EFG 1988 S. 421 – rkr. unter Hinweis auf BFH-Urteil vom 03. 02. 1987, BStBl 1987 II S. 492; Urteil des FG Baden-Württemberg vom 22. 06. 1990, EFG 1991 S. 5 – rkr. unter Bezugnahme auf BFH-Urteile vom 29. 06. 1982, BStBl 1982 II S. 755 und vom 22. 06. 1990, BFH/NV 1991 S. 156).
- Waren die Sozialversicherungsbeiträge des Arbeitnehmers lediglich darlehensweise entrichtet worden, ergeben sich aus der Rückzahlung der Beiträge zur Rentenversicherung keine steuerlichen Konsequenzen für den betroffenen Arbeitnehmer.

12. Kindergeld

Ein ausländischer Arbeitnehmer, der zur vorübergehenden Dienstleistung in das Inland entsandt wird, hat nach § 62 Abs. 2 Satz 2 EStG keinen Anspruch auf Kindergeld (vgl. DA 62.4.1 Abs. 2 FamEStG, BStBl 2004 I S. 742, 752; DA 62.4.1 Abs. 1 Satz 4 FamEStG, BStBl 2005 I S. 820 in der ab 01. 01. 2005 geltenden Neufassung).

Der ausländische Ehegatte des entsandten Arbeitnehmers hat einen Anspruch auf Kindergeld bis zum 31. 12. 2004 nur, wenn er im Besitz einer Aufenthaltsberechtigung oder Aufenthaltserlaubnis ist und u. a. in einem Versicherungspflichtverhältnis zur Bundesanstalt für Arbeit nach § 28 Nr. 1 SGB III steht (DA 62.4.1 Abs. 3 FamEStG, BStBl 2004 I S. 742, 752). Ab 01. 01. 2005 kann sich der Kindergeldanspruch aus § 62 Abs. 2 Nr. 3 oder 4 i. V. mit § 52 Abs. 61a EStG ergeben (DA 62.4.3 FamEStG, BStBl 2005 I S. 820).

Durch das zum 01. 02. 2000 in Kraft getretene deutsch/japanische Abkommen über Soziale Sicherheit vom 20. 04. 1998 (a. a. O. Tz. 11.1.2) sind insoweit keine Änderungen eingetreten.

Viertes Gesetz für moderne Dienstleistungen am Arbeitsmarkt – Hartz IV Steuerliche Behandlung von „Ein-Euro-Jobs"

(FinMin Saarland vom 11. 1. 2005 – B/2-4-10/2005-S 2342)

Norm:
§ 3 Nr. 2b EStG, § 32b EStG

Mit dem Vierten Gesetz für moderne Dienstleistungen am Arbeitsmarkt (Hartz IV) vom 24. 12. 2003 (BGBl I S. 2954) wurden neue Instrumente geschaffen, die Langzeitarbeitslosen den Wiedereinstieg ins Arbeitsleben ermöglichen sollen.

Eines dieser Instrumente sind die sog. „Ein-Euro-Jobs". Die gesetzliche Grundlage bilden § 2 i. V. § 16 Abs. 3 SGB II.

Die Arbeitslosen sollen ihre Arbeitskraft für gemeinnützige Tätigkeiten einsetzen. Hierfür richten die Kommunen je nach Bedarf Arbeitsgelegenheiten ein oder lassen die Tätigkeiten nach Absprache auch bei anderen gemeinnützigen Trägern zu. In der Regel werden kommunale Beschäftigungsgesellschaften und gemeinnützige Organisationen als Anbieter der Arbeitsgelegenheiten auftreten. Die Stellen werden regelmäßig bei der Arbeitsgemeinschaft aus den Kommunen und der Arbeitsagentur beantragt. Die Fördergelder erhält der Anbieter der Arbeitsgelegenheit, welcher damit den Arbeitslosengeld II-Beziehern die Mehraufwandsentschädigung für den „Ein-Euro-Job" auszahlt. Die wöchentliche Arbeitszeit soll bis zu 30 Stunden betragen.

Die Mehraufwandsentschädigung beträgt 1–2 EUR pro Stunde und wird neben dem Arbeitslosengeld II gezahlt. Eine Anrechnung auf das Arbeitslosengeld II erfolgt nicht. Die Betroffenen müssen lediglich die durch den „Ein-Euro-Job" entstandenen Aufwendungen selbst tragen (z. B. Fahrtkosten).

Die Mehraufwandsentschädigung ist wie das Arbeitslosengeld II gem. § 3 Nr. 2b EStG steuerfrei. Beide Leistungen unterliegen nicht dem Progressionsvorbehalt, da sie in der abschließenden Aufzählung des § 32b EStG nicht enthalten sind.

. . .

Übersicht

I. Neuregelung der einkommensteuerlichen Behandlung von Berufsausbildungskosten gemäß § 10 Absatz 1 Nummer 7, § 12 Nummer 5 EStG in der Fassung des Gesetzes zur Änderung der Abgabenordnung und weiterer Gesetze vom 21. Juli 2004 (BGBl. I S. 1753, BStBl I 2005 S. 343) ab 2004

II. Lohnsteuerliche Behandlung der Übernahme von Studiengebühren für ein berufsbegleitendes Studium durch den Arbeitgeber
BMF vom 13. 4. 2012 (BStBl I S. 531)

I.
Neuregelung der einkommensteuerlichen Behandlung von Berufsausbildungskosten gemäß § 10 Absatz 1 Nummer 7, § 12 Nummer 5 EStG in der Fassung des Gesetzes zur Änderung der Abgabenordnung und weiterer Gesetze vom 21. Juli 2004 (BGBl. I S. 1753, BStBl I 2005 S. 343) ab 2004

BMF-Schreiben vom 4. November 2005 (BStBl I S. 955) unter Berücksichtigung der Änderungen durch BMF-Schreiben vom 21. Juni 2007 (BStBl I S. 492) und BFH-Urteil vom 18. Juni 2009 – VI R 14/07 – (BStBl II 2010 S. 816)

BMF vom 22. 9. 2010 (BStBl I S. 721)[1][2][3]
IV C 4 – S 2227/07/10002: 002 – 2010/0416045

Die einkommensteuerliche Behandlung von Berufsausbildungskosten wurde durch das Gesetz zur Änderung der Abgabenordnung und weiterer Gesetze vom 21. Juli 2004 (BGBl. I S. 1753, BStBl I 2005 S. 343) neu geordnet (Neuordnung). Nach dem Ergebnis der Erörterungen mit den obersten Finanzbehörden der Länder unter Einbeziehung der Rechtsfolgen aus der allgemeinen Anwendung des BFH-Urteils vom 18. Juni 2009 – VI R 14/07 – (BStBl II 2010, S. 816) und notwendiger redaktioneller Änderungen gelten dazu die nachfolgenden Ausführungen.

Inhaltsverzeichnis

1. Grundsätze

1 Aufwendungen für die erstmalige Berufsausbildung oder ein Erststudium[4] stellen nach § 12 Nummer 5 EStG[5] keine Betriebsausgaben oder Werbungskosten dar, es sei denn, die Bildungsmaßnahme findet im Rahmen eines Dienstverhältnisses statt (Ausbildungsdienstverhältnis).[6]

---

1) → auch § 4 Abs. 9, § 9 Abs. 6, § 10 Abs. 1 Nr. 7 Satz 1 und § 12 Nr. 5 EStG i. d. F. des BeitrRLUmsG.

2) ***Ab dem VZ 2015 gelten neue gesetzliche Regelungen zur Definition einer Erstausbildung (→ § 9 Abs. 6 EStG i. d. F. des Gesetzes zur Anpassung der Abgabenordnung an den Zollkodex der Union und zur Änderung weiterer steuerlicher Vorschriften).***

3) ***Zur Frage der Verfassungsmäßigkeit der Regelungen zur Abziehbarkeit von Aufwendungen für eine Berufsausbildung sind beim BVerfG Normenkontrollverfahren anhängig (Az. 2 BvL 22-27/14). Festsetzungen der Einkommensteuer werden hinsichtlich der Abziehbarkeit der Aufwendungen für eine Berufsausbildung oder ein Studium als Werbungskosten oder Betriebsausgaben vorläufig durchgeführt (→ BMF vom 20. 2. 2015 – BStBl I S. 174).***

4) ***Bestätigt durch BFH vom 5. 11. 2013 (BStBl 2014 II S. 165).***

5) ***Die Regelung ist verfassungsgemäß (→ BFH vom 5. 11. 2013 – BStBl 2014 II S. 165).***

6) Weder die erstmalige Berufsausbildung i. S. des § 12 Nr. 5 EStG noch die i. S. des § 9 Abs. 6 EStG setzen ein Berufsausbildungsverhältnis nach dem Berufsbildungsgesetz oder eine bestimmte Ausbildungsdauer voraus; Eine Ausbildung zur Flugbegleiterin stellt eine Berufsausbildung dar (→ BFH vom 28. 2. 2013 – BStBl II 2015 S. 180). Ab dem VZ 2015 gelten neue gesetzliche Regelungen zur Definition einer Erstausbildung.

Aufwendungen für die eigene Berufsausbildung, die nicht Betriebsausgaben oder Werbungskosten darstellen, können nach § 10 Absatz 1 Nummer 7 EStG bis zu 4 000 Euro im Kalenderjahr als Sonderausgaben abgezogen werden.

Ist einer Berufsausbildung oder einem Studium eine abgeschlossene erstmalige Berufsausbildung oder ein abgeschlossenes Erststudium vorausgegangen (weitere Berufsausbildung oder weiteres Studium), handelt es sich dagegen bei den durch die weitere Berufsausbildung oder das weitere Studium veranlassten Aufwendungen um Betriebsausgaben oder Werbungskosten, wenn ein hinreichend konkreter, objektiv feststellbarer Zusammenhang mit späteren im Inland steuerpflichtigen Einnahmen aus der angestrebten beruflichen Tätigkeit besteht. Entsprechendes gilt für ein Erststudium nach einer abgeschlossenen nichtakademischen Berufsausbildung (BFH vom 18. Juni 2009 – VI R 14/07 –, BStBl II 2010 S. 816). Die Rechtsprechung des BFH zur Rechtslage vor der Neuordnung ist insoweit weiter anzuwenden, BFH vom 4. Dezember 2002 – VI R 120/01 – (BStBl II 2003 S. 403); vom 17. Dezember 2002 – VI R 137/01 – (BStBl II 2003 S. 407); vom 13. Februar 2003 – IV R 44/01 – (BStBl II 2003 S. 698); vom 29. April 2003 –VI R 86/99 – (BStBl II 2003 S. 749); vom 27. Mai 2003 – VI R 33/01 – (BStBl II 2004 S. 884); vom 22. Juli 2003 –VI R 190/97 – (BStBl II 2004 S. 886); vom 22. Juli 2003 – VI R 137/99 – (BStBl II 2004 S. 888); vom 22. Juli 2003 – VI R 50/02 – (BStBl II 2004 S. 889); vom 13. Oktober 2003 – VI R 71/02 – (BStBl II 2004 S. 890); vom 4. November 2003 –VI R 96/01 – (BStBl II 2004 S. 891). 2

Unberührt von der Neuordnung bleibt die Behandlung von Aufwendungen für eine berufliche Fort- und Weiterbildung. Sie stellen Betriebsausgaben oder Werbungskosten dar, sofern sie durch den Beruf veranlasst sind, soweit es sich dabei nicht um eine erstmalige Berufsausbildung oder ein Erststudium i. S. d. § 12 Nummer 5 EStG handelt. 3

2. Erstmalige Berufsausbildung, Erststudium und Ausbildungsdienstverhältnisse i. S. d. § 12 Nummer 5 EStG

2.1 Erstmalige Berufsausbildung

Unter dem Begriff „Berufsausbildung" i. S. d. § 12 Nummer 5 EStG ist eine berufliche Ausbildung unter Ausschluss eines Studiums zu verstehen. 4

Eine Berufsausbildung i. S. d. § 12 Nummer 5 EStG liegt vor, wenn der Steuerpflichtige durch eine berufliche Ausbildungsmaßnahme die notwendigen fachlichen Fertigkeiten und Kenntnisse erwirbt, die zur Aufnahme eines Berufs befähigen. Voraussetzung ist, dass der Beruf durch eine Ausbildung im Rahmen eines öffentlich-rechtlich geordneten Ausbildungsgangs erlernt wird (BFH vom 6. März 1992 – VI R 163/88 –, BStBl II 1992 S. 661) und der Ausbildungsgang durch eine Prüfung abgeschlossen wird.

Die Auslegung des Begriffs „Berufsausbildung" im Rahmen des § 32 Absatz 4 EStG ist für § 12 Nummer 5 EStG nicht maßgeblich.

Zur Berufsausbildung zählen: 5

- Berufsausbildungsverhältnisse gemäß § 1 Absatz 3, §§ 4 bis 52 Berufsbildungsgesetz (Artikel 1 des Gesetzes zur Reform der beruflichen Bildung [Berufsbildungsreformgesetz – BerBiRefG] vom 23. März 2005, BGBl. I S. 931 zuletzt geändert durch Gesetz vom 5. Februar 2009, BGBl. I S. 160, im Folgenden BBiG), sowie anerkannte Lehr- und Anlernberufe oder vergleichbar geregelte Ausbildungsberufe aus der Zeit vor dem In-Kraft-Treten des BBiG, § 104 BBiG. Der erforderliche Abschluss besteht hierbei in der erfolgreich abgelegten Abschlussprüfung i. S. d. § 37 BBiG. Gleiches gilt, wenn die Abschlussprüfung nach § 43 Absatz 2 BBiG ohne ein Ausbildungsverhältnis auf Grund einer entsprechenden schulischen Ausbildung abgelegt wird, die gemäß den Voraussetzungen des § 43 Absatz 2 BBiG als im Einzelnen gleichwertig anerkannt ist;
- mit Berufsausbildungsverhältnissen vergleichbare betriebliche Ausbildungsgänge außerhalb des Geltungsbereichs des BBiG (zurzeit nach der Schiffsmechaniker-Ausbildungsverordnung vom 12. April 1994, BGBl. I S. 797 in der jeweils geltenden Fassung);
- die Ausbildung auf Grund der bundes- oder landesrechtlichen Ausbildungsregelungen für Berufe im Gesundheits- und Sozialwesen;
- landesrechtlich geregelte Berufsabschlüsse an Berufsfachschulen;
- die Berufsausbildung behinderter Menschen in anerkannten Berufsausbildungsberufen oder auf Grund von Regelungen der zuständigen Stellen in besonderen „Behinderten-Ausbildungsberufen" und
- die Berufsausbildung in einem öffentlich-rechtlichen Dienstverhältnis sowie die Berufsausbildung auf Kauffahrtschiffen, die nach dem Flaggenrechtsgesetz vom 8. Februar 1951 (BGBl. I S. 79) die Bundesflagge führen, soweit es sich nicht um Schiffe der kleinen Hochseefischerei und der Küstenfischerei handelt.

6 Andere Bildungsmaßnahmen werden einer Berufsausbildung i. S. d. § 12 Nummer 5 EStG gleichgestellt, wenn sie dem Nachweis einer Sachkunde dienen, die Voraussetzung zur Aufnahme einer fest umrissenen beruflichen Betätigung ist.[1] Die Ausbildung muss im Rahmen eines geordneten Ausbildungsgangs erfolgen und durch eine staatliche oder staatlich anerkannte Prüfung abgeschlossen werden. Der erfolgreiche Abschluss der Prüfung muss Voraussetzung für die Aufnahme der beruflichen Betätigung sein. Die Ausbildung und der Abschluss müssen vom Umfang und Qualität der Ausbildungsmaßnahmen und Prüfungen her grundsätzlich mit den Anforderungen, die im Rahmen von Berufsausbildungsmaßnahmen i. S. d. Rz. 5 gestellt werden, vergleichbar sein.

Dazu gehört z. B. die Ausbildung zu Berufspiloten auf Grund der JAR-FCL 1 deutsch vom 15. April 2003, Bundesanzeiger 2003 Nummer 80a.

7 Aufwendungen für den Besuch allgemein bildender Schulen sind Kosten der privaten Lebensführung i. S. d. § 12 Nummer 1 EStG und dürfen daher nicht bei den einzelnen Einkunftsarten abgezogen werden. Der Besuch eines Berufskollegs zum Erwerb der Fachhochschulreife gilt als Besuch einer allgemein bildenden Schule. Dies gilt auch, wenn ein solcher Abschluss, z. B. das Abitur, nach Abschluss einer Berufsausbildung nachgeholt wird (BFH vom 22. Juni 2006 – VI R 5/04 –, BStBl II S. 717). Derartige Aufwendungen können als Sonderausgaben gemäß § 10 Absatz 1 Nummer 7 oder Nummer 9 EStG vom Gesamtbetrag der Einkünfte abgezogen werden.

8 Die Berufsausbildung ist als erstmalige Berufsausbildung anzusehen, wenn ihr keine andere abgeschlossene Berufsausbildung beziehungsweise kein abgeschlossenes berufsqualifizierendes Hochschulstudium vorausgegangen ist. Wird ein Steuerpflichtiger ohne entsprechende Berufsausbildung in einem Beruf tätig und führt er die zugehörige Berufsausbildung nachfolgend durch (nachgeholte Berufsausbildung), handelt es sich dabei um eine erstmalige Berufsausbildung (BFH vom 6. März 1992 – VI R 163/88 –, BStBl II 1992 S. 661).

9 Diese Grundsätze gelten auch für die Behandlung von Aufwendungen für Anerkennungsjahre und praktische Ausbildungsabschnitte als Bestandteil einer Berufsausbildung. Soweit keine vorherige abgeschlossene Berufsausbildung vorangegangen ist, stellen sie Teil einer ersten Berufsausbildung dar und unterliegen § 12 Nummer 5 EStG. Nach einer vorherigen abgeschlossenen Berufsausbildung oder einem berufsqualifizierenden Studium können Anerkennungsjahre und Praktika einen Bestandteil einer weiteren Berufsausbildung darstellen oder bei einem entsprechenden Veranlassungszusammenhang als Fort- oder Weiterbildung anzusehen sein.

10 Bei einem Wechsel und einer Unterbrechung der erstmaligen Berufsausbildung sind die in Rz. 19 angeführten Grundsätze entsprechend anzuwenden.

11 Inländischen Abschlüssen gleichgestellt sind Berufsausbildungsabschlüsse von Staatsangehörigen eines Mitgliedstaats der Europäischen Union (EU) oder eines Vertragstaats des europäischen Wirtschaftsraums (EWR) oder der Schweiz, die in einem dieser Länder erlangt werden, sofern der Abschluss in mindestens einem dieser Länder unmittelbar den Zugang zu dem entsprechenden Beruf eröffnet. Ferner muss die Tätigkeit, zu denen die erlangte Qualifikation in mindestens einem dieser Länder befähigt, der Tätigkeit, zu der ein entsprechender inländischer Abschluss befähigt, gleichartig sein. Zur Vereinfachung kann in der Regel davon ausgegangen werden, dass eine Gleichartigkeit vorliegt.

2.2 Erststudium

2.2.1 Grundsätze

12 Ein Studium i. S. d. § 12 Nummer 5 EStG liegt dann vor, wenn es sich um ein Studium an einer Hochschule i. S. d. § 1 Hochschulrahmengesetz handelt (Gesetz vom 26. Januar 1976, BGBl. I S. 185 in der Fassung der Bekanntmachung vom 19. Januar 1999, BGBl. I S. 18, zuletzt geändert durch Gesetz vom 12. April 2007, BGBl. I S. 506, im Folgenden HRG). Nach dieser Vorschrift sind Hochschulen die Universitäten, die Pädagogischen Hochschulen, die Kunsthochschulen, die Fachhochschulen und die sonstigen Einrichtungen des Bildungswesens, die nach Landesrecht staatliche Hochschulen sind. Gleichgestellt sind private und kirchliche Bildungseinrichtungen sowie die Hochschulen des Bundes, die nach Landesrecht als Hochschule anerkannt werden, § 70 HRG. Studien können auch als Fernstudien durchgeführt werden, § 13 HRG. Auf die Frage, welche schulischen Abschlüsse oder sonstigen Leistungen den Zugang zum Studium eröffnet haben, kommt es nicht an.

13 Ein Studium stellt dann ein erstmaliges Studium i. S. d. § 12 Nummer 5 EStG dar, wenn es sich um eine Erstausbildung handelt. Es darf ihm kein anderes durch einen berufsqualifizierenden Abschluss beendetes Studium oder keine andere abgeschlossene nichtakademische Berufsausbildung i. S. d. Rz. 4 bis 11 vorangegangen sein (BFH vom 18. Juni 2009 – VI R 14/07 –, BStBl II

1) Ab dem VZ 2015 gelten neue gesetzliche Regelungen zur Definition einer Erstausbildung.

2010 S. 816)[1]). Dies gilt auch in den Fällen, in denen während eines Studiums eine Berufsausbildung erst abgeschlossen wird, unabhängig davon, ob die beiden Ausbildungen sich inhaltlich ergänzen. In diesen Fällen ist eine Berücksichtigung der Aufwendungen für das Studium als Werbungskosten/Betriebsausgaben erst – unabhängig vom Zahlungszeitpunkt – ab dem Zeitpunkt des Abschlusses der Berufsausbildung möglich. Davon ausgenommen ist ein Studium, das im Rahmen eines Dienstverhältnisses stattfindet (siehe Rz. 27). Ein Studium wird auf Grund der entsprechenden Prüfungsordnung einer inländischen Hochschule durch eine Hochschulprüfung oder eine staatliche oder kirchliche Prüfung abgeschlossen, §§ 15, 16 HRG.

Auf Grund einer berufsqualifizierenden Hochschulprüfung kann ein Hochschulgrad verliehen 14 werden. Hochschulgrade sind der Diplom- und der Magistergrad i. S. d. § 18 HRG. Das Landesrecht kann weitere Grade vorsehen. Ferner können die Hochschulen Studiengänge einrichten, die auf Grund entsprechender berufsqualifizierender Prüfungen zu einem Bachelor- oder Bakkalaureusgrad und einem Master- oder Magistergrad führen, § 19 HRG. Der Magistergrad i. S. d. § 18 HRG setzt anders als der Master- oder Magistergrad i. S. d. des § 19 HRG keinen vorherigen anderen Hochschulabschluss voraus. Zwischenprüfungen stellen keinen Abschluss eines Studiums i. S. d. § 12 Nummer 5 EStG dar.

Die von den Hochschulen angebotenen Studiengänge führen in der Regel zu einem berufsquali- 15 fizierenden Abschluss, § 10 Absatz 1 Satz 1 HRG. Im Zweifel ist davon auszugehen, dass die entsprechenden Prüfungen berufsqualifizierend sind.

Die Ausführungen bei den Berufsausbildungskosten zur Behandlung von Aufwendungen für 16 Anerkennungsjahre und Praktika gelten entsprechend, vgl. Rz. 9.

Studien- und Prüfungsleistungen an ausländischen Hochschulen, die zur Führung eines auslän- 17 dischen akademischen Grades berechtigen, der nach § 20 HRG in Verbindung mit dem Recht des Landes, in dem der Gradinhaber seinen inländischen Wohnsitz oder inländischen gewöhnlichen Aufenthalt hat, anerkannt wird, sowie Studien- und Prüfungsleistungen, die von Staatsangehörigen eines Mitgliedstaats der EU oder von Vertragstaaten des EWR oder der Schweiz an Hochschulen dieser Staaten erbracht werden, sind nach diesen Grundsätzen inländischen Studien- und Prüfungsleistungen gleichzustellen. Der Steuerpflichtige hat die Berechtigung zur Führung des Grades nachzuweisen. Für die Gleichstellung von Studien- und Prüfungsleistungen werden die in der Datenbank „anabin" (www.anabin.de) der Zentralstelle für ausländisches Bildungswesen beim Sekretariat der Kultusministerkonferenz aufgeführten Bewertungsvorschläge zugrunde gelegt.

2.2.2 Einzelfragen

Fachschulen: 18

Die erstmalige Aufnahme eines Studiums nach dem berufsqualifizierenden Abschluss einer Fachschule stellt auch dann ein Erststudium dar, wenn die von der Fachschule vermittelte Bildung und das Studium sich auf ein ähnliches Wissensgebiet beziehen. Die Aufwendungen für ein solches Erststudium können bei Vorliegen der entsprechenden Voraussetzungen als Betriebsausgaben oder Werbungskosten berücksichtigt werden.

Wechsel und Unterbrechung des Studiums: 19

Bei einem Wechsel des Studiums ohne Abschluss des zunächst betriebenen Studiengangs, z. B. von Rechtswissenschaften zu Medizin, stellt das zunächst aufgenommene Jurastudium kein abgeschlossenes Erststudium dar. Bei einer Unterbrechung eines Studiengangs ohne einen berufsqualifizierenden Abschluss und seiner späteren Weiterführung stellt der der Unterbrechung nachfolgende Studienteil kein weiteres Studium dar.

Beispiel:

An einer Universität wird der Studiengang des Maschinenbaustudiums aufgenommen, anschließend unterbrochen und nunmehr eine Ausbildung als Kfz-Mechaniker begonnen, aber ebenfalls nicht abgeschlossen. Danach wird der Studiengang des Maschinenbaustudiums weitergeführt und abgeschlossen. § 12 Nummer 5 EStG ist auf beide Teile des Maschinenbaustudiums anzuwenden. Das gilt unabhängig davon, ob das Maschinenbaustudium an derselben Hochschule fortgeführt oder an einer anderen Hochschule bzw. Fachhochschule aufgenommen und abgeschlossen wird.

Abwandlung:

Wird das begonnene Studium statt dessen, nachdem die Ausbildung zum Kfz-Mechaniker erfolgreich abgeschlossen wurde, weitergeführt und abgeschlossen, ist § 12 Nummer 5 EStG

[1]) Aufwendungen für ein Erststudium, welches zugleich eine Erstausbildung vermittelt und das nicht im Rahmen eines Dienstverhältnisses stattgefunden hat, sind keine (vorweggenommenen) Betriebsausgaben (→ BFH vom 5. 11. 2013 – BStBl 2014 II S. 165).

nur auf den ersten Teil des Studiums anzuwenden, da der Fortsetzung des Studiums eine abgeschlossene nichtakademische Berufsausbildung vorausgeht.

20 Mehrere Studiengänge:

Werden zwei (oder ggf. mehrere) Studiengänge parallel studiert, die zu unterschiedlichen Zeiten abgeschlossen werden, stellt der nach dem berufsqualifizierenden Abschluss eines der Studiengänge weiter fortgesetzte andere Studiengang vom Zeitpunkt des Abschlusses an ein weiteres Studium dar.

21 Aufeinander folgende Abschlüsse unterschiedlicher Hochschultypen:

Da die Universitäten, Pädagogischen Hochschulen, Kunsthochschulen, Fachhochschulen sowie weitere entsprechende landesrechtliche Bildungseinrichtungen gleichermaßen Hochschulen i. S. d. § 1 HRG darstellen, stellt ein Studium an einer dieser Bildungseinrichtungen nach einem abgeschlossen Studium an einer anderen dieser Bildungseinrichtungen ein weiteres Studium dar. So handelt es sich bei einem Universitätsstudium nach einem abgeschlossenen Fachhochschulstudium um ein weiteres Studium.

22 Ergänzungs- und Aufbaustudien:

Postgraduale Zusatz-, Ergänzungs- und Aufbaustudien i. S. d. § 12 HRG setzen den Abschluss eines ersten Studiums voraus und stellen daher ein weiteres Studium dar.

23 Vorbereitungsdienst:

Als berufsqualifizierender Studienabschluss gilt auch der Abschluss eines Studiengangs, durch den die fachliche Eignung für einen beruflichen Vorbereitungsdienst oder eine berufliche Einführung vermittelt wird, § 10 Absatz 1 Satz 2 HRG. Dazu zählt beispielhaft der jur. Vorbereitungsdienst (Referendariat). Das erste juristische Staatsexamen stellt daher einen berufsqualifizierenden Abschluss dar.

24 Bachelor- und Masterstudiengänge:

Nach § 19 Absatz 2 HRG stellt der Bachelor- oder Bakkalaureusgrad einer inländischen Hochschule einen berufsqualifizierenden Abschluss dar. Daraus folgt, dass der Abschluss eines Bachelorstudiengangs den Abschluss eines Erststudiums darstellt und ein nachfolgender Studiengang als weiteres Studium anzusehen ist.

Nach § 19 Absatz 3 HRG kann die Hochschule auf Grund von Prüfungen, mit denen ein weiterer berufsqualifizierender Abschluss erworben wird, einen Master- oder Magistergrad verleihen. Die Hochschule kann einen Studiengang ausschließlich mit dem Abschluss Bachelor anbieten (grundständig). Sie kann einen Studiengang mit dem Abschluss als Bachelor und einem inhaltlich darauf aufbauenden Masterstudiengang vorsehen (konsekutives Masterstudium). Sie kann aber auch ein Masterstudium anbieten, ohne selbst einen entsprechenden Bachelorstudiengang anzubieten (postgraduales Masterstudium).

Ein Masterstudium i. S. d. § 19 HRG kann nicht ohne ein abgeschlossenes Bachelor- oder anderes Studium aufgenommen werden. Es stellt daher ein weiteres Studium dar. Dies gilt auch für den Master of Business Administration (MBA).

Er ermöglicht Studenten verschiedener Fachrichtungen ein anwendungsbezogenes Postgraduiertenstudium in den Wirtschaftwissenschaften.

25 Berufsakademien und andere Ausbildungseinrichtungen:

Nach Landesrecht kann vorgesehen werden, dass bestimmte an Berufsakademien oder anderen Ausbildungseinrichtungen erfolgreich absolvierte Ausbildungsgänge einem abgeschlossenen Studium an einer Fachhochschule gleichwertig sind und die gleichen Berechtigungen verleihen, auch wenn es sich bei diesen Ausbildungseinrichtungen nicht um Hochschulen i. S. d. § 1 HRG handelt. Soweit dies der Fall ist, stellt ein entsprechend abgeschlossenes Studium unter der Voraussetzung, dass ihm kein anderes abgeschlossenes Studium oder keine andere abgeschlossene Berufsausbildung vorangegangen ist, ein Erststudium i. S. d. § 12 Nummer 5 EStG dar.

26 Promotion:

Es ist regelmäßig davon auszugehen, dass dem Promotionsstudium und der Promotion durch die *Hochschule selber* der Abschluss eines Studiums vorangeht. Aufwendungen für ein Promotionsstudium und die Promotion stellen Betriebsausgaben oder Werbungskosten dar, sofern ein berufsbezogener Veranlassungszusammenhang zu bejahen ist (BFH vom 4. November 2003 – VI R 96/01 –, BStBl II 2004, S. 891). Dies gilt auch, wenn das Promotionsstudium bzw. die Promotion im Einzelfall ohne vorhergehenden berufsqualifizierenden Studienabschluss durchgeführt wird.

Eine Promotion stellt keinen berufsqualifizierenden Abschluss eines Studienganges dar.

2.3 Berufsausbildung oder Studium im Rahmen eines Ausbildungsdienstverhältnisses

Eine erstmalige Berufsausbildung oder ein Studium findet im Rahmen eines Ausbildungsdienstverhältnisses statt, wenn die Ausbildungsmaßnahme Gegenstand des Dienstverhältnisses ist (vgl. R 9.2 LStR 2008[1]) und H 9.2 „Ausbildungsdienstverhältnis" LStH 2010[2]) sowie die dort angeführte Rechtsprechung des BFH). Die dadurch veranlassten Aufwendungen stellen Werbungskosten dar. Zu den Ausbildungsdienstverhältnissen zählen z. B. die Berufsausbildungsverhältnisse gemäß § 1 Absatz 3, §§ 4 bis 52 BBiG. 27

Dementsprechend liegt kein Ausbildungsdienstverhältnis vor, wenn die Berufsausbildung oder das Studium nicht Gegenstand des Dienstverhältnisses ist, auch wenn die Berufsbildungsmaßnahme oder das Studium seitens des Arbeitgebers durch Hingabe von Mitteln, z. B. eines Stipendiums, gefördert wird. 28

3. Abzug von Aufwendungen für die eigene Berufsausbildung als Sonderausgaben, § 10 Absatz 1 Nummer 7 EStG

Bei der Ermittlung der Aufwendungen gelten die allgemeinen Grundsätze des Einkommensteuergesetzes. Dabei sind die Regelungen in § 4 Absatz 5 Satz 1 Nummer 5 und 6b, § 9 Absatz 1 Satz 3 Nummer 4 und 5 und Absatz 2 EStG[3]) zu beachten. Zu den abziehbaren Aufwendungen gehören z. B. 29

- Lehrgangs-, Schul- oder Studiengebühren, Arbeitsmittel, Fachliteratur,
- Fahrten zwischen Wohnung und Ausbildungsort,
- Mehraufwendungen für Verpflegung,
- Mehraufwendungen wegen auswärtiger Unterbringung.

Für den Abzug von Aufwendungen für eine auswärtige Unterbringung ist nicht erforderlich, dass die Voraussetzungen einer doppelten Haushaltsführung vorliegen.

4. Anwendungszeitraum

Die Grundsätze dieses Schreibens sind in allen noch offenen Fällen ab dem Veranlagungszeitraum 2004 anzuwenden. Dieses Schreiben ersetzt die BMF-Schreiben vom 4. November 2005 – IV C 8 – S 2227 – 5/05 – (BStBl I S. 955) und 21. Juni 2007 – IV C 4 – S 2227/07/0002 – 2007/0137269 – (BStBl I S. 492). 30

II.
Lohnsteuerliche Behandlung der Übernahme von Studiengebühren für ein berufsbegleitendes Studium durch den Arbeitgeber

BMF vom 13. 4. 2012 (BStBl I S. 531)
IV C 5 – S 2332/07/0001 – 2012/0322945

Im Einvernehmen mit den obersten Finanzbehörden der Länder gilt zur lohnsteuerlichen Behandlung der Übernahme von Studiengebühren für ein berufsbegleitendes Studium durch den Arbeitgeber Folgendes:

Grundsätzlich gehören nach § 19 Absatz 1 Satz 1 Nummer 1 in Verbindung mit § 8 Absatz 1 EStG alle Einnahmen in Geld oder Geldeswert, die durch ein individuelles Dienstverhältnis veranlasst sind, zu den Einkünften aus nichtselbständiger Arbeit. Dies gilt – vorbehaltlich der weiteren Ausführungen – auch für vom Arbeitgeber übernommene Studiengebühren für ein berufsbegleitendes Studium des Arbeitnehmers.

1. Ausbildungsdienstverhältnis

Ein berufsbegleitendes Studium findet im Rahmen eines Ausbildungsdienstverhältnisses statt, wenn die Ausbildungsmaßnahme Gegenstand des Dienstverhältnisses ist (vgl. R 9.2 LStR 2011 und H 9.2 „Ausbildungsdienstverhältnis" LStH 2012 sowie die dort angeführte Rechtsprechung des BFH). Voraussetzung ist, dass die Teilnahme an dem berufsbegleitenden Studium zu den Pflichten des Arbeitnehmers aus dem Dienstverhältnis gehört.

---

1) → LStR 2015.
2) → LStH ***2016***.
3) Ab 2014 ist erste Tätigkeitsstätte auch eine Bildungseinrichtung, die außerhalb eines Dienstverhältnisses zum Zwecke eines Vollzeitstudiums oder einer vollzeitigen Bildungsmaßnahme aufgesucht wird (§ 9 Abs. 4 Satz 8 EStG).
→ BMF vom 24. 10. 2014 (BStBl I S. ***1412***), Rz. 32 ff.; → Anhang 38.

Ein berufsbegleitendes Studium findet insbesondere nicht im Rahmen eines Ausbildungsdienstverhältnisses statt, wenn

(a) das Studium nicht Gegenstand des Dienstverhältnisses ist, auch wenn das Studium seitens des Arbeitgebers durch Hingabe von Mitteln, z. B. eines Stipendiums, gefördert wird oder

(b) Teilzeitbeschäftigte ohne arbeitsvertragliche Verpflichtung ein berufsbegleitendes Studium absolvieren und das Teilzeitarbeitsverhältnis lediglich das Studium ermöglicht.

1.1 Arbeitgeber ist Schuldner der Studiengebühren

Ist der Arbeitgeber im Rahmen eines Ausbildungsdienstverhältnisses Schuldner der Studiengebühren, wird ein ganz überwiegend eigenbetriebliches Interesse des Arbeitgebers unterstellt und steuerrechtlich kein Vorteil mit Arbeitslohncharakter angenommen. So sind auch Studiengebühren kein Arbeitslohn, die der Arbeitgeber bei einer im dualen System durchgeführten Ausbildung aufgrund einer Vereinbarung mit der Bildungseinrichtung als unmittelbarer Schuldner trägt.

1.2. Arbeitnehmer ist Schuldner der Studiengebühren

Ist der Arbeitnehmer im Rahmen eines Ausbildungsdienstverhältnisses Schuldner der Studiengebühren und übernimmt der Arbeitgeber die Studiengebühren, wird ein ganz überwiegend eigenbetriebliches Interesse des Arbeitgebers unterstellt und steuerrechtlich kein Vorteil mit Arbeitslohncharakter angenommen, wenn

(a) sich der Arbeitgeber arbeitsvertraglich zur Übernahme der Studiengebühren verpflichtet und

(b) der Arbeitgeber die übernommenen Studiengebühren vom Arbeitnehmer arbeitsvertraglich oder aufgrund einer anderen arbeitsrechtlichen Rechtsgrundlage zurückfordern kann, sofern der Arbeitnehmer das ausbildende Unternehmen auf eigenen Wunsch innerhalb von zwei Jahren nach dem Studienabschluss verlässt.

Ein ganz überwiegend eigenbetriebliches Interesse des Arbeitgebers kann auch dann angenommen werden, wenn der Arbeitgeber die übernommenen Studiengebühren nach arbeitsrechtlichen Grundsätzen nur zeitanteilig zurückfordern kann. Scheidet der Arbeitnehmer zwar auf eigenen Wunsch aus dem Unternehmen aus, fällt der Grund für das Ausscheiden aus dem Arbeitsverhältnis aber allein in die Verantwortungs- oder Risikosphäre des Arbeitgebers (Beispiele: Der vertraglich zugesagte Arbeitsort entfällt, weil der Arbeitgeber den Standort schließt. Der Arbeitnehmer nimmt das Angebot eines Ausweicharbeitsplatzes nicht an und kündigt.), kann eine vereinbarte Rückzahlungsverpflichtung nach arbeitsrechtlichen Grundsätzen hinfällig sein. In diesen Fällen genügt die Vereinbarung der Rückzahlungsverpflichtung für die Annahme eines überwiegenden eigenbetrieblichen Interesses an der Übernahme der Studiengebühren.

Der Arbeitgeber hat auf der ihm vom Arbeitnehmer zur Kostenübernahme vorgelegten Originalrechnung die Kostenübernahme sowie deren Höhe anzugeben. Eine Ablichtung der insoweit ergänzten Originalrechnung ist als Beleg zum Lohnkonto aufzubewahren.

2. Berufliche Fort- und Weiterbildungsleistung

Ein berufsbegleitendes Studium kann als berufliche Fort- und Weiterbildungsleistung des Arbeitgebers im Sinne der Richtlinie R 19.7 LStR 2011 anzusehen sein, wenn es die Einsatzfähigkeit des Arbeitnehmers im Betrieb erhöhen soll. Ist dies der Fall, führt die Übernahme von Studiengebühren für dieses Studium durch den Arbeitgeber nicht zu Arbeitslohn, denn sie wird im ganz überwiegend eigenbetrieblichen Interesse des Arbeitgebers durchgeführt. Die lohnsteuerliche Beurteilung, ob das berufsbegleitende Studium als berufliche Fort- und Weiterbildungsleistung des Arbeitgebers im Sinne der Richtlinie R 19.7 LStR 2011 anzusehen ist, ist nach den konkreten Umständen des Einzelfalls vorzunehmen. Hierbei ist Folgendes zu beachten:

2.1 Schuldner der Studiengebühren

Es kommt für die Annahme eines ganz überwiegend eigenbetrieblichen Interesses des Arbeitgebers nicht darauf an, ob der Arbeitgeber oder der Arbeitnehmer Schuldner der Studiengebühren ist. Ist der Arbeitnehmer Schuldner der Studiengebühren, ist nur insoweit die Annahme eines ganz überwiegend eigenbetrieblichen Interesses des Arbeitgebers möglich, wie der Arbeitgeber vorab die Übernahme der zukünftig entstehenden Studiengebühren schriftlich zugesagt hat (R 19.7 Absatz 1 Satz 3 und 4 LStR 2011). Der Arbeitgeber hat auf der ihm vom Arbeitnehmer zur Kostenübernahme vorgelegten Originalrechnung die Kostenübernahme sowie deren Höhe anzugeben. Eine Ablichtung der insoweit ergänzten Originalrechnung ist als Beleg zum Lohnkonto aufzubewahren.

2.2 Rückforderungsmöglichkeit des Arbeitgebers

Für die Annahme eines ganz überwiegend eigenbetrieblichen Interesses des Arbeitgebers ist es nicht erforderlich, dass der Arbeitgeber die übernommenen Studiengebühren vom Arbeitnehmer arbeitsvertraglich oder aufgrund einer anderen arbeitsrechtlichen Rechtsgrundlage zurückfordern kann.

2.3 Übernahme von Studienkosten durch den Arbeitgeber im Darlehenswege

Bei einer Übernahme von Studienkosten durch den Arbeitgeber im Darlehenswege, bei der marktübliche Vereinbarungen über Verzinsung, Kündigung und Rückzahlung getroffen werden, führt weder die Hingabe noch die Rückzahlung der Mittel zu lohnsteuerlichen Folgerungen.

Ist das Arbeitgeberdarlehen nach den getroffenen Vereinbarungen nur dann tatsächlich zurückzuzahlen, wenn der Arbeitnehmer aus Gründen, die in seiner Person liegen, vor Ablauf des vertraglich festgelegten Zeitraums (in der Regel zwei bis fünf Jahre) aus dem Arbeitsverhältnis ausscheidet oder ist der marktübliche Zinssatz unterschritten, ist zu prüfen, ob im Zeitpunkt der Einräumung des Arbeitgeberdarlehens die Voraussetzungen des R 19.7 LStR 2011 vorliegen. Wird dies bejaht, ist der Verzicht auf die Darlehensrückzahlung oder der Zinsvorteil eine Leistung des Arbeitgebers im ganz überwiegend eigenbetrieblichen Interesse.

Liegen die Voraussetzungen des R 19.7 LStR 2011 nicht vor, stellt der (Teil-)Erlass des Darlehens einen Vorteil mit Arbeitslohncharakter für den Arbeitnehmer dar. Gleiches gilt für einen Zinsvorteil nach Maßgabe des BMF-Schreibens vom 1. Oktober 2008 (BStBl I Seite 892)[1]. Der Arbeitslohn fließt dem Arbeitnehmer bei einem Darlehens(teil-)erlass in dem Zeitpunkt zu, in dem der Arbeitgeber zu erkennen gibt, dass er auf die (Teil-)Rückzahlung des Darlehens verzichtet (BFH-Urteil vom 27. März 1992, BStBl II Seite 837).

2.4 Prüfschema

Es ist nicht zu beanstanden, wenn die lohnsteuerliche Beurteilung nach folgendem Prüfschema vorgenommen wird:

1. **Liegt eine erstmalige Berufsausbildung oder ein Erststudium als Erstausbildung außerhalb eines Ausbildungsdienstverhältnisses im Sinne von § 9 Absatz 6 und § 12 Nummer 5 EStG vor?**[2][3]

   Wenn ja:

   → Es liegen weder Werbungskosten des Arbeitnehmers noch ein ganz überwiegend eigenbetriebliches Interesse des Arbeitgebers vor. Die Übernahme von Studiengebühren durch den Arbeitgeber führt zu Arbeitslohn.

   Wenn nein:

2. **Ist eine berufliche Veranlassung gegeben?**

   Wenn nein:

   → Es liegen weder Werbungskosten des Arbeitnehmers noch ein ganz überwiegend eigenbetriebliches Interesse des Arbeitgebers vor. Die Übernahme von Studiengebühren durch den Arbeitgeber führt zu Arbeitslohn.

   Wenn ja:

3. **Sind die Voraussetzungen der Richtlinie R 19.7 LStR 2011 (vgl. auch Tz. 2.1. bis 2.3.) erfüllt?**

   Wenn nein:

   → Es liegen Werbungskosten des Arbeitnehmers, aber kein ganz überwiegend eigenbetriebliches Interesse des Arbeitgebers vor. Die Übernahme von Studiengebühren durch den Arbeitgeber führt zu Arbeitslohn.

   Wenn ja:

   → Es liegt eine Leistung des Arbeitgebers im ganz überwiegend eigenbetrieblichen Interesse vor. Die Übernahme von Studiengebühren durch den Arbeitgeber führt nicht zu Arbeitslohn. Zur Übernahme von weiteren durch die Teilnahme des Arbeitnehmers an dem berufsbegleitenden Studium veranlassten Kosten durch den Arbeitgeber vgl. R 19.7 Absatz 3 LStR 2011.

---

*1) **Jetzt BMF-Schreiben vom 19. 5. 2015 (BStBl I S. 484), → Anhang 42.***

2) Vgl. auch BMF-Schreiben vom 22. 9. 2010 (BStBl I Seite 721), → Anhang 34 I.

*3) **Ab dem VZ 2015 gelten neue gesetzliche Regelungen zur Definition einer Erstausbildung (§ 9 Abs. 6 EStG i. d. F. des Gesetzes zur Anpassung der Abgabenordnung an den Zollkodex der Union und zur Änderung weiterer steuerlicher Vorschriften).***

Lohn-/einkommensteuerliche Behandlung sowie Voraussetzungen für die steuerliche Anerkennung von Zeitwertkonten-Modellen

BMF vom 17. 6. 2009 (BStBl I S. 1286)
IV C 5 – S 2332/07/0004, 2009/0406609

Zur lohn-/einkommensteuerlichen Behandlung von Zeitwertkonten-Modellen sowie den Voraussetzungen für die steuerliche Anerkennung nehme ich im Einvernehmen mit den obersten Finanzbehörden der Länder wie folgt Stellung:

A. Allgemeines zu Zeitwertkonten

I. Steuerlicher Begriff des Zeitwertkontos

Bei Zeitwertkonten vereinbaren Arbeitgeber und Arbeitnehmer, dass der Arbeitnehmer künftig fällig werdenden Arbeitslohn nicht sofort ausbezahlt erhält, sondern dieser Arbeitslohn beim Arbeitgeber nur betragsmäßig erfasst wird, um ihn im Zusammenhang mit einer vollen oder teilweisen Freistellung von der Arbeitsleistung während des noch fortbestehenden Dienstverhältnisses auszuzahlen. In der Zeit der Arbeitsfreistellung ist dabei das angesammelte Guthaben um den Vergütungsanspruch zu vermindern, der dem Arbeitnehmer in der Freistellungsphase gewährt wird. Der steuerliche Begriff des Zeitwertkontos entspricht insoweit dem Begriff der Wertguthabenvereinbarungen im Sinne von § 7b SGB IV (sog. Lebensarbeitszeit- bzw. Arbeitszeitkonto).

Keine Zeitwertkonten in diesem Sinne sind dagegen Vereinbarungen, die das Ziel der flexiblen Gestaltung der werktäglichen oder wöchentlichen Arbeitszeit oder den Ausgleich betrieblicher Produktions- und Arbeitszeitzyklen verfolgen (sog. Flexi- oder Gleitzeitkonten). Diese dienen lediglich zur Ansammlung von Mehr- oder Minderarbeitszeit, die zu einem späteren Zeitpunkt ausgeglichen wird. Bei Flexi- oder Gleitzeitkonten ist der Arbeitslohn mit Auszahlung bzw. anderweitiger Erlangung der wirtschaftlichen Verfügungsmacht des Arbeitnehmers zugeflossen und zu versteuern.

II. Besteuerungszeitpunkt

Weder die Vereinbarung eines Zeitwertkontos noch die Wertgutschrift auf diesem Konto führen zum Zufluss von Arbeitslohn, sofern die getroffene Vereinbarung den nachfolgenden Voraussetzungen entspricht. Erst die Auszahlung des Guthabens während der Freistellung löst Zufluss von Arbeitslohn und damit eine Besteuerung aus.

Die Gutschrift von Arbeitslohn (laufender Arbeitslohn, Einmal- und Sonderzahlungen) zugunsten eines Zeitwertkontos wird aus Vereinfachungsgründen auch dann steuerlich anerkannt, wenn die Gehaltsänderungsvereinbarung bereits erdiente, aber noch nicht fällig gewordene Arbeitslohnteile umfasst. Dies gilt auch, wenn eine Einmal- oder Sonderzahlung einen Zeitraum von mehr als einem Jahr betrifft.

III. Verwendung des Guthabens zugunsten betrieblicher Altersversorgung

Wird das Guthaben des Zeitwertkontos aufgrund einer Vereinbarung zwischen Arbeitgeber und Arbeitnehmer vor Fälligkeit (planmäßige Auszahlung während der Freistellung) ganz oder teilweise zugunsten der betrieblichen Altersversorgung herabgesetzt, ist dies steuerlich als eine Entgeltumwandlung zugunsten der betrieblichen Altersversorgung anzuerkennen. Der Zeitpunkt des Zuflusses dieser zugunsten der betrieblichen Altersversorgung umgewandelten Beträge richtet sich nach dem Durchführungsweg der zugesagten betrieblichen Altersversorgung (vgl. BMF-Schreiben vom 20. Januar 2009, BStBl I S. 273, Rz. 189).[1])

Bei einem Altersteilzeitarbeitsverhältnis im sog. Blockmodell gilt dies in der Arbeitsphase und der Freistellungsphase entsprechend. Folglich ist auch in der Freistellungsphase steuerlich von einer Entgeltumwandlung auszugehen, wenn vor Fälligkeit (planmäßige Auszahlung) vereinbart wird, das Guthaben des Zeitwertkontos oder den während der Freistellung auszuzahlenden Arbeitslohn zugunsten der betrieblichen Altersversorgung herabzusetzen.

IV. Begünstigter Personenkreis

1. Grundsatz: Arbeitnehmer in einem gegenwärtigen Dienstverhältnis

Ein Zeitwertkonto kann für alle Arbeitnehmer (§ 1 LStDV) im Rahmen eines gegenwärtigen Dienstverhältnisses eingerichtet werden. Dazu gehören auch Arbeitnehmer mit einer geringfügig entlohnten Beschäftigung i. S. d. § 8 bzw. § 8a SGB IV.

[1]) Jetzt BMF vom 13. 1. 2014 (BStBl I S. 97) und vom 13. 3. 2014 (BStBl I S. 554), Rz. 253; → Anhang 2 IV.

Besonderheiten gelten bei befristeten Dienstverhältnissen und bei Arbeitnehmern, die gleichzeitig Organ einer Körperschaft sind.

2. Besonderheiten

a) Befristete Dienstverhältnisse

Bei befristeten Dienstverhältnissen werden Zeitwertkonten steuerlich nur dann anerkannt, wenn die sich während der Beschäftigung ergebenden Guthaben bei normalem Ablauf während der Dauer des befristeten Dienstverhältnisses, d. h. innerhalb der vertraglich vereinbarten Befristung, durch Freistellung ausgeglichen werden.

b) Organe von Körperschaften

Vereinbarungen über die Einrichtung von Zeitwertkonten bei Arbeitnehmern, die zugleich als Organ einer Körperschaft bestellt sind – z. B. bei Mitgliedern des Vorstands einer Aktiengesellschaft oder Geschäftsführern einer GmbH –, sind mit dem Aufgabenbild des Organs einer Körperschaft nicht vereinbar. Infolgedessen führt bereits die Gutschrift des künftig fällig werdenden Arbeitslohns auf dem Zeitwertkonto zum Zufluss von Arbeitslohn.

Die allgemeinen Grundsätze der verdeckten Gewinnausschüttung bleiben unberührt.

Der Erwerb einer Organstellung hat keinen Einfluss auf das bis zu diesem Zeitpunkt aufgebaute Guthaben eines Zeitwertkontos. Nach Erwerb der Organstellung führen alle weiteren Zuführungen zu dem Konto steuerlich zu Zufluss von Arbeitslohn. Nach Beendigung der Organstellung und Fortbestehen des Dienstverhältnisses kann der Arbeitnehmer das Guthaben entsprechend der unter A. I. dargestellten Grundsätze weiter aufbauen oder das aufgebaute Guthaben für Zwecke der Freistellung verwenden.

c) Als Arbeitnehmer beschäftigte beherrschende Anteilseigner

Buchstabe b) gilt entsprechend für Arbeitnehmer, die von der Körperschaft beschäftigt werden, die sie beherrschen.

B. Modellinhalte

I. Aufbau des Zeitwertkontos

In ein Zeitwertkonto können keine weiteren Gutschriften mehr unversteuert eingestellt werden, sobald feststeht, dass die dem Konto zugeführten Beträge nicht mehr durch Freistellung vollständig aufgebraucht werden können.

Bei Zeitwertkontenvereinbarungen, die die Anforderungen des § 7 Absatz 1a Satz 1 Nummer 2 SGB IV hinsichtlich der Angemessenheit der Höhe des während der Freistellung fälligen Arbeitsentgeltes berücksichtigen, wird davon ausgegangen, dass die dem Konto zugeführten Beträge durch Freistellung vollständig aufgebraucht werden können und somit eine solche Prognoseentscheidung regelmäßig entbehrlich ist. Für Zeitwertkonten, die diese Anforderungen nicht berücksichtigen und eine Freistellung für Zeiten, die unmittelbar vor dem Zeitpunkt liegen, zu dem der Beschäftigte eine Rente wegen Alters nach dem SGB VI bezieht oder beziehen könnte, vorsehen, ist hierfür einmal jährlich eine Prognoseentscheidung zu treffen. Für diese Prognoseentscheidung ist zum einen der ungeminderte Arbeitslohnanspruch (ohne Berücksichtigung der Gehaltsänderungsvereinbarung) und zum anderen der voraussichtliche Zeitraum der maximal noch zu beanspruchenden Freistellung maßgeblich. Der voraussichtliche Zeitraum der Freistellung bestimmt sich dabei grundsätzlich nach der vertraglichen Vereinbarung. Das Ende des voraussichtlichen Freistellungszeitraums kann allerdings nicht über den Zeitpunkt hinausgehen, zu dem der Arbeitnehmer eine Rente wegen Alters nach dem SGB VI spätestens beanspruchen kann (Regelaltersgrenze). Jede weitere Gutschrift auf dem Zeitwertkonto ist dann Einkommensverwendung und damit steuerpflichtiger Zufluss von Arbeitslohn.

Beispiel zur Begrenzung der Zuführung:

Zwischen dem 55-jährigen Arbeitnehmer B und seinem Arbeitgeber wird vereinbart, dass künftig die Hälfte des Arbeitslohns in ein Zeitwertkonto eingestellt wird, das dem Arbeitnehmer während der Freistellungsphase ratierlich ausgezahlt werden soll. Das Arbeitsverhältnis soll planmäßig mit Vollendung des 67. Lebensjahrs (Jahr 12) beendet werden. Der aktuelle Jahresarbeitslohn beträgt 100 000 €. Nach sieben Jahren beträgt das Guthaben 370 000 € (einschließlich Wertzuwächsen). Der Jahresarbeitslohn im Jahr 08 beläuft sich auf 120 000 €. Kann hiervon wieder die Hälfte dem Zeitwertkonto zugeführt werden?

Nach Ablauf des achten Jahres verbleiben für die Freistellungsphase noch vier Jahre. Eine Auffüllung des Zeitwertkontos ist bis zum Betrag von 480 000 € (= ungekürzter Arbeitslohn des laufenden Jahres × Dauer der Freistellungsphase in Jahren) steuerlich unschädlich.

Daher können im Jahr 08 weitere 60 000 € dem Zeitwertkonto zugeführt werden (370 000 € + 60 000 € = 430 000 € Stand Guthaben 31. Dezember 08). Sollte im Jahr 09 die Freistellungsphase noch nicht begonnen haben, können keine weiteren Beträge mehr unversteuert in das Zeitwertkonto eingestellt werden (Prognoserechnung: bei einem Jahresarbeitslohn von 120 000 € für die Freistellungsphase von drei Freistellungsjahren = 360 000 €).

Bei erfolgsabhängiger Vergütung ist dabei neben dem Fixum auch der erfolgsabhängige Vergütungsbestandteil zu berücksichtigen. Es bestehen keine Bedenken, insoweit den Durchschnittsbetrag der letzten fünf Jahre zu Grunde zu legen. Wird die erfolgsabhängige Vergütung noch keine fünf Jahre gewährt oder besteht das Dienstverhältnis noch keine fünf Jahre, ist der Durchschnittsbetrag dieses Zeitraumes zu Grunde zu legen.

Beispiel zu erfolgsabhängigen Vergütungen:

Zwischen dem 55-jährigen Arbeitnehmer C und seinem Arbeitgeber wird Anfang 01 vereinbart, dass künftig die Hälfte des Arbeitslohns in ein Zeitwertkonto eingestellt wird, das dem Arbeitnehmer während der Freistellungsphase ratierlich ausgezahlt werden soll. Das Arbeitsverhältnis soll planmäßig mit Vollendung des 67. Lebensjahrs (Jahr 12) beendet werden. C bezieht im Jahr 01 ein Festgehalt von 100 000 €. Daneben erhält er erfolgsabhängige Vergütungsbestandteile, die ebenfalls hälftig dem Zeitwertkonto zugeführt werden sollen. Nach sieben Jahren beträgt das Guthaben des Zeitwertkontos 520 000 €. Die Fixvergütung beläuft sich im Jahr 08 auf 120 000 €. Die variablen Vergütungsbestandteile im Jahr 08 betragen 80 000 €; in den letzten fünf Jahren standen ihm variable Vergütungen in Höhe von insgesamt 300 000 € zu.

Dem Zeitwertkonto können im achten Jahr (Jahr 08) 100 000 € unversteuert zugeführt werden. Damit beläuft sich das Guthaben des Zeitwertkontos am Ende des Jahres 08 auf 620 000 € und ist – bezogen auf eine mögliche Freistellungsphase von noch vier Jahren – weiterhin geringer als das Vierfache des aktuellen jährlichen Fixgehalts (120 000 €) zuzüglich der durchschnittlichen jährlichen variablen Vergütungen von 60 000 € (300 000 € : 5), die sich somit für einen Freistellungszeitraum von vier Jahren auf 720 000 € belaufen (= 180 000 € × 4 Jahre).

II. Verzinsung der Zeitwertkontenguthaben

Im Rahmen von Zeitwertkonten kann dem Arbeitnehmer auch eine Verzinsung des Guthabens zugesagt sein. Diese kann beispielsweise bestehen in einem festen jährlichen Prozentsatz des angesammelten Guthabens, wobei sich der Prozentsatz auch nach dem Umfang der jährlichen Gehaltsentwicklung richten kann, oder in einem Betrag in Abhängigkeit von der Entwicklung bestimmter am Kapitalmarkt angelegter Vermögenswerte.

Die Zinsen erhöhen das Guthaben des Zeitwertkontos, sind jedoch erst bei tatsächlicher Auszahlung an den Arbeitnehmer als Arbeitslohn zu erfassen.

III. Zuführung von steuerfreiem Arbeitslohn zu Zeitwertkonten

Wird vor der Leistung von steuerlich begünstigtem Arbeitslohn bestimmt, dass ein steuerfreier Zuschlag auf dem Zeitwertkonto eingestellt und getrennt ausgewiesen wird, bleibt die Steuerfreiheit bei Auszahlung in der Freistellungsphase erhalten (R 3b Absatz 8 LStR 2008). Dies gilt jedoch nur für den Zuschlag als solchen, nicht hingegen für eine darauf beruhende etwaige Verzinsung oder Wertsteigerung.

IV. Kein Rechtsanspruch gegenüber einem Dritten

Wird das Guthaben eines Zeitwertkontos auf Grund der Vereinbarung zwischen Arbeitgeber und Arbeitnehmer z. B. als Depotkonto bei einem Kreditinstitut oder Fonds geführt, darf der Arbeitnehmer zur Vermeidung eines Lohnzuflusses keinen unmittelbaren Rechtsanspruch gegenüber dem Dritten haben.

Beauftragt der Arbeitgeber ein externes Vermögensverwaltungsunternehmen mit der Anlage der Guthabenbeträge, findet die Minderung wie auch die Erhöhung des Depots z. B. durch Zinsen und Wertsteigerungen infolge von Kursgewinnen zunächst in der Sphäre des Arbeitgebers statt. Beim Arbeitnehmer sind die durch die Anlage des Guthabens erzielten Vermögensminderungen/-mehrungen – unter Berücksichtigung der Regelung zur Zeitwertkontengarantie unter B. V. – erst bei Auszahlung der Beträge in der Freistellungsphase lohnsteuerlich zu erfassen. Ein Kapitalanlagewahlrecht des Arbeitnehmers ist dann unschädlich.

Beim Erwerb von Ansprüchen des Arbeitnehmers gegenüber einem Dritten im Fall der Eröffnung des Insolvenzverfahrens ist § 3 Nummer 65 Buchstabe c 2. Halbsatz EStG zu beachten.

V. Zeitwertkontengarantie

1. Inhalt der Zeitwertkontengarantie

Zeitwertkonten werden im Hinblick auf die in §§ 7d und 7e SGB IV getroffenen Regelungen steuerlich nur dann anerkannt, wenn die zwischen Arbeitgeber und Arbeitnehmer getroffene Vereinbarung vorsieht, dass zum Zeitpunkt der planmäßigen Inanspruchnahme des Guthabens mindestens ein Rückfluss der dem Zeitwertkonto zugeführten Arbeitslohn-Beträge (Bruttoarbeitslohn im steuerlichen Sinne ohne den Arbeitgeberanteil am Gesamtsozialversicherungsbeitrag) gewährleistet ist (Zeitwertkontengarantie). Im Fall der arbeitsrechtlichen Garantie des Arbeitgebers für die in das Zeitwertkonto für den Arbeitnehmer eingestellten Beträge bestehen keine Bedenken, von der Erfüllung der Zeitwertkontengarantie auszugehen, wenn der Arbeitgeber für diese Verpflichtung insbesondere die Voraussetzungen des Insolvenzschutzes nach § 7e SGB IV entsprechend erfüllt. Dies gilt nicht nur zu Beginn, sondern während der gesamten Auszahlungsphase, unter Abzug der bereits geleisteten Auszahlungen.

Wertschwankungen sowie die Minderung des Zeitwertkontos (z. B. durch die Abbuchung von Verwaltungskosten und Depotgebühren) in der Zuführungsphase sind lohnsteuerlich unbeachtlich.

Beispiel zur Zeitwertkontengarantie und Wertschwankungen:

Im Rahmen eines vereinbarten Zeitwertkontos ergibt sich zum Ende des dritten Jahres innerhalb der zehnjährigen Ansparphase ein Guthaben von 10 000 €. Bei jährlichen Zuführungen von 4 000 € ergab sich durch Wertschwankungen sowie die Belastung von Provisionszahlungen und Verwaltungskosten ein geringerer Wert als die Summe der zugeführten Arbeitslohnbeträge.

Die Minderung des Guthabens des Zeitwertkontos ist unschädlich, wenn bis zum Beginn der Auszahlungsphase die Wertminderung durch Wertsteigerungen der Anlage oder durch Erträge aus der Anlage wieder ausgeglichen wird.

Beispiel 1 zur Zeitwertkontengarantie und Verwaltungskosten:

Der Bestand des Zeitwertkontos beträgt zu Beginn der Freistellungsphase 60 000 €, die aus jährlichen Gutschriften von jeweils 5 000 € innerhalb der achtjährigen Aufbauphase sowie Erträgen aus der Anlage und Wertsteigerungen herrühren. Während der Freistellungsphase fallen jährlich Verwaltungskosten in Höhe von 120 € an, die dem Zeitwertkonto belastet werden sollen.

Die Belastung des Zeitwertkontos mit Verwaltungskosten und sonstigen Gebühren ist unschädlich, denn die Summe der bis zu Beginn der Freistellungsphase zugeführten Beträge (= 40 000 €) wird hierdurch nicht unterschritten.

Beispiel 2 zur Zeitwertkontengarantie und Verwaltungskosten:

Der Bestand des Zeitwertkontos beträgt zu Beginn der Auszahlungsphase 40 200 €, die aus jährlichen Zuführungen von jeweils 5 000 € innerhalb der achtjährigen Aufbauphase sowie Erträgen aus der Anlage herrühren, aber auch durch Wertschwankungen in der Vergangenheit beeinflusst wurden. Im Hinblick auf die ertragsschwache Anlage wird eine Beratung in Anspruch genommen, die Kosten von 500 € verursacht. Ferner fallen weitere Verwaltungskosten in Höhe von 180 € an.

Die Belastung des Zeitwertkontos ist nur bis zu einem Betrag von 200 € unschädlich (Summe der zugeführten Arbeitslohnbeträge zu Beginn der Freistellungsphase und als steuerpflichtiger Arbeitslohn während der Freistellung mindestens auszuzahlen 40 000 €). Die restlichen Aufwendungen in Höhe von 480 € (= 500 € + 180 € – 200 €) muss der Arbeitgeber, der für den Erhalt des Zeitwertkontos einzustehen hat, tragen.

2. Zeitwertkontengarantie des Anlageinstituts

Wird das Guthaben eines Zeitwertkontos auf Grund der Vereinbarung zwischen Arbeitgeber und Arbeitnehmer bei einem externen Anlageinstitut (z. B. Kreditinstitut oder Fonds) geführt und liegt keine Zeitwertkontengarantie nach Ziffer 1 vor, muss eine vergleichbare Garantie durch das Anlageinstitut vorliegen.

C. Planwidrige Verwendung der Zeitwertkontenguthaben

I. Auszahlung bei existenzbedrohender Notlage

Die Vereinbarungen zur Bildung von Guthaben auf einem Zeitwertkonto werden steuerlich auch dann noch anerkannt, sofern die Möglichkeit der Auszahlung des Guthabens bei fortbestehendem Beschäftigungsverhältnis neben der Freistellung von der Arbeitsleistung auf Fälle einer existenzbedrohenden Notlage des Arbeitnehmers begrenzt wird.

Wenn entgegen der Vereinbarung ohne existenzbedrohende Notlage des Arbeitnehmers das Guthaben dennoch ganz oder teilweise ausgezahlt wird, ist bei dem einzelnen Arbeitnehmer das gesamte Guthaben – also neben dem ausgezahlten Betrag auch der verbleibende Guthabenbetrag – im Zeitpunkt der planwidrigen Verwendung zu besteuern.

II. Beendigung des Dienstverhältnisses vor oder während der Freistellungsphase

Eine planwidrige Verwendung liegt im Übrigen vor, wenn das Dienstverhältnis vor Beginn oder während der Freistellungsphase beendet wird (z. B. durch Erreichen der Altersgrenze, Tod des Arbeitnehmers, Eintritt der Invalidität, Kündigung) und der Wert des Guthabens an den Arbeitnehmer oder seine Erben ausgezahlt wird. Lohnsteuerlich gelten dann die allgemeinen Grundsätze, d. h. der Einmalbetrag ist in der Regel als sonstiger Bezug zu besteuern. Wurde das Guthaben über einen Zeitraum von mehr als zwölf Monate hinweg angespart, ist eine tarifermäßigte Besteuerung im Rahmen des § 34 EStG vorzunehmen (Arbeitslohn für mehrjährige Tätigkeit).

III. Planwidrige Weiterbeschäftigung

Der Nichteintritt oder die Verkürzung der Freistellung durch planwidrige Weiterbeschäftigung ist ebenfalls eine planwidrige Verwendung. Eine lohnsteuerliche Erfassung erfolgt in diesen Fällen im Zeitpunkt der Auszahlung des Guthabens.

D. Übertragung des Zeitwertkontenguthabens bei Beendigung der Beschäftigung

Bei Beendigung einer Beschäftigung besteht die Möglichkeit, ein in diesem Beschäftigungsverhältnis aufgebautes Zeitwertkonto zu erhalten und nicht auflösen zu müssen.

Bei der Übertragung des Guthabens an den neuen Arbeitgeber (§ 7f Absatz 1 Satz 1 Nummer 1 SGB IV) tritt der neue Arbeitgeber an die Stelle des alten Arbeitgebers und übernimmt im Wege der Schuldübernahme die Verpflichtungen aus der Zeitwertkontenvereinbarung. Die Leistungen aus dem Zeitwertkonto durch den neuen Arbeitgeber sind Arbeitslohn, von dem er bei Auszahlung Lohnsteuer einzubehalten hat.

Im Fall der Übertragung des Guthabens auf die Deutsche Rentenversicherung Bund (§ 7f Absatz 1 Satz 1 Nr. 2 SGB IV) wird die Übertragung durch § 3 Nummer 53 EStG steuerfrei gestellt. Ein tatsächlich noch bestehendes Beschäftigungsverhältnis ist hierfür nicht erforderlich. Bei der Auszahlung des Guthabens durch die Deutsche Rentenversicherung Bund handelt es sich um Arbeitslohn, für den die Deutsche Rentenversicherung Bund Lohnsteuer einzubehalten hat (§ 38 Absatz 3 Satz 3 EStG).

E. Bilanzielle Behandlung der Zeitwertkonten

Zur bilanziellen Berücksichtigung von Arbeitszeit-, Zeitwert- und Lebensarbeitszeitkonten wird in einem gesonderten BMF-Schreiben Stellung genommen.

F. Anwendungsregelung

Dieses Schreiben ist mit Wirkung ab 1. Januar 2009 anzuwenden.

I. Übergangsregelung für vor dem 1. Januar 2009 eingerichtete Zeitwertkonten

Bei Zeitwertkonten-Modellen, die vor dem 1. Januar 2009 eingerichtet wurden und ohne die Regelungen zur Zeitwertkontengarantie nach Abschnitt B. V. steuerlich anzuerkennen gewesen wären, sind aus Vertrauensschutzgründen der am 31. Dezember 2008 vorhandene Wertbestand des Zeitwertkontos sowie die Zuführungen vom 1. Januar bis zum 31. Dezember 2009 erst bei Auszahlung zu besteuern. Zuführungen ab dem 1. Januar 2010 führen steuerlich zum Zufluss von Arbeitslohn.

Wird spätestens bis zum 31. Dezember 2009 eine Zeitwertkontengarantie nach Abschnitt B. V. für den am 31. Dezember 2008 vorhandenen Wertbestand des Zeitwertkontos sowie die Zuführungen vom 1. Januar bis zum 31. Dezember 2009 nachträglich vorgesehen, können diese Modelle steuerlich weiter als Zeitwertkonten anerkannt werden, so dass auch die Zuführungen nach dem 31. Dezember 2009 erst bei Auszahlung zu besteuern sind. Abschnitt C. bleibt unberührt.

***II. Übergangsregelung für* Zeitwertkonten zugunsten von Organen von Körperschaften (Geschäftsführer und Vorstände) und als Arbeitnehmer beschäftigte beherrschende Anteilseigner**

Bei Zeitwertkonten-Modellen für Organe von Körperschaften sowie als Arbeitnehmer beschäftigte beherrschende Anteilseigner, die bis zum 31. Januar 2009 eingerichtet wurden und aus Vertrauensschutzgründen steuerlich anzuerkennen gewesen wären, sind alle Zuführungen bis zum

31. Januar 2009 erst bei Auszahlung zu besteuern. Die Übergangsregelung gilt nicht für verdeckte Gewinnausschüttungen. Abschnitt C. bleibt unberührt.

III. Besondere Aufzeichnungen

Als Arbeitslohn zu besteuernde Zuführungen nach F. I. und F. II. sind im Zeitwertkonto gesondert aufzuzeichnen. Eine etwaige Verzinsung (vgl. Abschnitt B. II.) ist entsprechend aufzuteilen; die auf zu besteuernde Zuführungen nach dem Stichtag entfallenden Zinsen fließen dem Arbeitnehmer als Einkünfte aus Kapitalvermögen zu.

Verhältnis von § 8 Absatz 2 und Absatz 3 EStG bei der Bewertung von Sachbezügen; Anwendung der Urteile des BFH vom 26. Juli 2012 – VI R 30/09 – (BStBl II Seite 400) und – VI R 27/11 – (BStBl II Seite 402)

(BMF-Schreiben vom 16. 5. 2013 – IV C 5 – S 2334/07/0011 – BStBl I S. 729)

Zu den Urteilen des Bundesfinanzhofs (BFH) vom 26. Juli 2012 – VI R 30/09 – (BStBl II Seite 400) und – VI R 27/11 – (BStBl II Seite 402) gilt im Einvernehmen mit den obersten Finanzbehörden der Länder Folgendes:

Die Urteile sind über den jeweils entschiedenen Einzelfall hinaus entsprechend den nachfolgenden Regelungen anzuwenden. Das BMF-Schreiben vom 28. März 2007 (BStBl I Seite 464) wird aufgehoben.

1. Grundsätze der BFH-Rechtsprechung

1 Der BFH bestätigt in seinen Urteilen vom 26. Juli 2012 – VI R 30/09 – und – VI R 27/11 – die in seiner Entscheidung vom 5. September 2006 – VI R 41/02 – (BStBl II 2007 Seite 309) vertretene Rechtsauffassung, dass der Arbeitnehmer im Rahmen seiner Einkommensteuerveranlagung den geldwerten Vorteil wahlweise nach § 8 Absatz 2 EStG ohne Bewertungsabschlag und ohne Rabattfreibetrag oder mit diesen Abschlägen auf der Grundlage des Endpreises des Arbeitgebers nach § 8 Absatz 3 EStG bewerten lassen kann.

2 Nach Auffassung des BFH ist bei Anwendung des § 8 Absatz 2 EStG Vergleichspreis grundsätzlich der „günstigste Preis am Markt". Endpreis i. S. d. § 8 Absatz 3 EStG ist nach Auffassung des BFH der am Ende von Verkaufsverhandlungen als letztes Angebot stehende Preis und umfasst deshalb auch Rabatte (Änderung der Rechtsprechung).

2. Zeitliche Anwendung der BFH-Rechtsprechung

3 Die BFH-Rechtsprechung ist sowohl im Lohnsteuerabzugsverfahren als auch im Veranlagungsverfahren in allen offenen Fällen anwendbar (vgl. aber Rdnr. 5 und Rdnr. 11).

3. Materielle Anwendung der BFH-Rechtsprechung

3.1. Endpreis i. S. d. § 8 Absatz 2 Satz 1 EStG

4 Einnahmen, die nicht in Geld bestehen (Wohnung, Kost, Waren, Dienstleistungen und sonstige Sachbezüge), sind mit den um übliche Preisnachlässe geminderten üblichen Endpreisen am Abgabeort anzusetzen (§ 8 Absatz 2 Satz 1 EStG); R 8.1 Absatz 2 Satz 9 LStR 2011[1]) ist anzuwenden. Endpreis in diesem Sinne ist auch der nachgewiesene günstigste Preis einschließlich sämtlicher Nebenkosten, zu dem die konkrete Ware oder Dienstleistung mit vergleichbaren Bedingungen an Endverbraucher ohne individuelle Preisverhandlungen im Zeitpunkt des Zuflusses am Markt angeboten wird; R 8.1 Absatz 2 Satz 9 LStR 2011 ist nicht anzuwenden. Fallen Bestell- und Liefertag auseinander, sind die Verhältnisse am Bestelltag für die Preisfeststellung maßgebend (vgl. R 8.1 Absatz 2 Satz 8 LStR 2011)[2]) . Markt in diesem Sinne sind alle gewerblichen Anbieter, von denen der Steuerpflichtige die konkrete Ware oder Dienstleistung im Inland unter Einbeziehung allgemein zugänglicher Internetangebote oder auf sonstige Weise gewöhnlich beziehen kann. § 8 Absatz 2 Sätze 2 bis 9 EStG[3]) bleiben unberührt.

5 Dem Arbeitgeber bleibt es unbenommen, im Lohnsteuerabzugsverfahren einen um übliche Preisnachlässe geminderten üblichen Endpreis am Abgabeort i. S. d. Rdnr. 4 Satz 1 anzusetzen. Er ist nicht verpflichtet, den günstigsten Preis am Markt i. S. d. Rdnr. 4 Satz 2 zu ermitteln. Der Arbeitnehmer kann im Rahmen seiner Einkommensteuerveranlagung den geldwerten Vorteil mit dem günstigsten Preis am Markt i. S. d. Rdnr. 4 Satz 2 bewerten (vgl. Rdnr. 10).

6 Der Arbeitgeber hat die Grundlagen für den ermittelten und der Lohnversteuerung zu Grunde gelegten Endpreis als Belege zum Lohnkonto aufzubewahren, zu dokumentieren und dem Arbeitnehmer auf Verlangen formlos mitzuteilen.

3.2. Endpreis i. S. d. § 8 Absatz 3 Satz 1 EStG

7 Endpreis i. S. d. § 8 Absatz 3 Satz 1 EStG ist der Preis, zu dem der Arbeitgeber oder der dem *Abgabeort nächstansässige* Abnehmer die konkrete Ware oder Dienstleistung fremden Letztverbrauchern im allgemeinen Geschäftsverkehr am Ende von Verkaufsverhandlungen durchschnittlich anbietet. Auf diesen Angebotspreis sind der gesetzliche Bewertungsabschlag von 4 Prozent

---

[1]) Jetzt: R 8.1 Abs. 2 Satz 3 LStR
[2]) Ab 2015 entfallen.
[3]) Jetzt: § 8 Abs. 2 Sätze 2 bis 11 EStG.

und der gesetzliche Rabattfreibetrag von 1 080 Euro zu berücksichtigen (§ 8 Absatz 3 Satz 2 EStG).

Bei der Ermittlung des tatsächlichen Angebotspreises ist es nicht zu beanstanden, wenn als Endpreis i. S. d. § 8 Absatz 3 EStG der Preis angenommen wird, der sich ergibt, wenn der Preisnachlass, der durchschnittlich beim Verkauf an fremde Letztverbraucher im allgemeinen Geschäftsverkehr tatsächlich gewährt wird, von dem empfohlenen Preis abgezogen wird. 8

Das BMF-Schreiben vom 18. Dezember 2009 (BStBl I 2010 Seite 20) zur Ermittlung des geldwerten Vorteils beim Erwerb von Kraftfahrzeugen vom Arbeitgeber in der Automobilbranche ist hinsichtlich des bisher zu berücksichtigenden Preisnachlasses in Höhe von 80 Prozent nicht mehr anzuwenden. Es gilt ansonsten unverändert fort.

Der Arbeitgeber hat die Grundlagen für den ermittelten und der Lohnversteuerung zu Grunde gelegten Endpreis als Belege zum Lohnkonto aufzubewahren, zu dokumentieren und dem Arbeitnehmer auf Verlangen formlos mitzuteilen. 9

3.3. Wahlrecht zwischen den Bewertungsmethoden nach § 8 Absatz 2 und Absatz 3 EStG

Der Arbeitnehmer kann den geldwerten Vorteil im Rahmen seiner Einkommensteuerveranlagung nach § 8 Absatz 2 Satz 1 EStG (vgl. Rdnr. 4) bewerten. Der Arbeitnehmer hat den im Lohnsteuerabzugsverfahren der Besteuerung zu Grunde gelegten Endpreis i. S. d. § 8 Absatz 3 Satz 1 EStG und den Endpreis i. S. d. § 8 Absatz 2 Satz 1 EStG nachzuweisen (z. B. formlose Mitteilung des Arbeitgebers, Ausdruck eines günstigeren inländischen Angebots im Zeitpunkt des Zuflusses). 10

Dem Arbeitgeber bleibt es unbenommen, im Lohnsteuerabzugsverfahren den geldwerten Vorteil nach § 8 Absatz 3 Satz 1 EStG (vgl. Rdnr. 7) zu bewerten. Er ist nicht verpflichtet, den geldwerten Vorteil nach § 8 Absatz 2 Satz 1 EStG (vgl. Rdnr. 4) zu bewerten. 11

Beispiel: 12

Ein Möbelhandelsunternehmen übereignet seinem Arbeitnehmer im Januar 2013 eine Schrankwand und im Februar 2013 eine Couch zu einem Preis von je 3 000 Euro. Bestell- und Liefertag fallen nicht auseinander. Der durch Preisauszeichnung angegebene Endpreis beträgt jeweils 5 000 Euro. Das Möbelhandelsunternehmen gewährt auf diese Möbelstücke durchschnittlich 10 Prozent Rabatt. Ein anderes inländisches Möbelhandelsunternehmen bietet diese Couch im Februar 2013 auf seiner Internetseite für 4 000 Euro an. Der Arbeitgeber hat die geldwerten Vorteile nach § 8 Absatz 3 Satz 1 EStG bewertet. Der Arbeitnehmer beantragt im Rahmen seiner Einkommensteuerveranlagung die Bewertung des geldwerten Vorteils für die Couch nach § 8 Absatz 2 Satz 1 EStG und legt einen Ausdruck des günstigeren Angebots vor.

Steuerliche Behandlung im Lohnsteuerabzugsverfahren:

Endpreis i. S. d. § 8 Absatz 3 Satz 1 EStG ist der am Ende von Verkaufsverhandlungen durchschnittlich angebotene Preis des Arbeitgebers in Höhe von jeweils 4 500 Euro (= 5 000 Euro abzgl. durchschnittlichem Rabatt von 10 Prozent). Zur Ermittlung des geldwerten Vorteils aus der Übereignung der Schrankwand ist der Endpreis um 180 Euro (= 4 Prozent) zu kürzen, so dass sich nach Anrechnung des vom Arbeitnehmer gezahlten Entgelts von 3 000 Euro ein Arbeitslohn von 1 320 Euro ergibt. Dieser Arbeitslohn überschreitet den Rabatt-Freibetrag von 1 080 Euro um 240 Euro, so dass dieser Betrag für Januar 2013 zu versteuern ist. Zur Ermittlung des geldwerten Vorteils aus der Übereignung der Couch ist der Endpreis von 4 500 Euro um 180 Euro (= 4 Prozent) zu kürzen, so dass sich nach Anrechnung des vom Arbeitnehmer gezahlten Entgelts von 3 000 Euro ein Arbeitslohn von 1 320 Euro ergibt. Der Rabatt-Freibetrag kommt nicht mehr in Betracht, da er bereits bei der Ermittlung des geldwerten Vorteils aus der Übereignung der Schrankwand berücksichtigt wurde. Daher ist ein Arbeitslohn von 1 320 Euro für Februar 2013 zu versteuern.

Steuerliche Behandlung im Veranlagungsverfahren:

Endpreis i. S. d. § 8 Absatz 2 Satz 1 EStG ist die nachgewiesene günstigste Marktkondition in Höhe von 4 000 Euro. Zur Ermittlung des geldwerten Vorteils aus der Übereignung der Couch ist der Endpreis nicht zu kürzen, so dass sich nach Anrechnung des vom Arbeitnehmer gezahlten Entgelts ein Arbeitslohn von 1 000 Euro (statt bisher 1 320 Euro) ergibt. Die Freigrenze für Sachbezüge nach § 8 Absatz 2 Satz 9 EStG[1]) ist überschritten, so dass ein Arbeitslohn von 1 000 Euro zu versteuern ist. Der bisher versteuerte Arbeitslohn (vgl. Zeile 3 des Ausdrucks der elektronischen Lohnsteuerbescheinigung für 2013) ist durch das Finanzamt um 320 Euro zu mindern.

1) Jetzt: § 8 Abs. 2 Satz 11 EStG.

Ermittlung des geldwerten Vorteils beim Erwerb von Kraftfahrzeugen vom Arbeitgeber in der Automobilbranche (§ 8 Abs. 3 EStG)

BMF vom 18. 12. 2009 (BStBl I 2010 S. 20)
IV C 5 – S 2334/09/10006 – 2009/0830813

Im Einvernehmen mit den obersten Finanzbehörden der Länder gilt bei der Ermittlung des geldwerten Vorteils beim Erwerb von Kraftfahrzeugen vom Arbeitgeber in der Automobilbranche Folgendes:

Personalrabatte, die Automobilhersteller oder Automobilhändler ihren Arbeitnehmern beim Erwerb von Kraftfahrzeugen gewähren, gehören grundsätzlich als geldwerte Vorteile zum steuerpflichtigen Arbeitslohn. Der steuerlichen Bewertung der Kraftfahrzeuge sind unter den Voraussetzungen des § 8 Absatz 3 EStG (vgl. R 8.2 Absatz 1 LStR 2008) die Endpreise zugrunde zu legen, zu denen der Arbeitgeber die Kraftfahrzeuge anderen Letztverbrauchern im allgemeinen Geschäftsverkehr anbietet. Bietet der Arbeitgeber die Kraftfahrzeuge anderen Letztverbrauchern nicht an, so sind die Endpreise des nächstgelegenen Händlers maßgebend (R 8.2 Absatz 2 Satz 1 bis 6 LStR 2008).

Endpreis ist nicht der Preis, der mit dem Käufer unter Berücksichtigung individueller Preiszugeständnisse tatsächlich vereinbart wird. Regelmäßig ist vielmehr der Preis maßgebend, der nach der Preisangabenverordnung anzugeben und auszuweisen ist. Dies ist z. B. der sog. Hauspreis, mit dem Kraftfahrzeuge ausgezeichnet werden, die im Verkaufsraum eines Automobilhändlers ausgestellt werden. Wenn kein anderes Preisangebot vorliegt, ist dem Endpreis grundsätzlich die unverbindliche Preisempfehlung (UPE) des Herstellers zugrunde zu legen.

Nach den Gepflogenheiten in der Automobilbranche werden Kraftfahrzeuge im allgemeinen Geschäftsverkehr fremden Letztverbrauchern tatsächlich häufig zu einem Preis angeboten, der unter der UPE des Herstellers liegt. Deshalb kann der tatsächliche Angebotspreis anstelle des empfohlenen Preises angesetzt werden (vgl. BFH-Urteil vom 4. Juni 1993 – BStBl II Seite 687, BFH-Urteil vom 17. Juni 2009 – BStBl II Seite 67).

Im Hinblick auf die Schwierigkeiten bei der Ermittlung des tatsächlichen Angebotspreises ist es nicht zu beanstanden, wenn als Endpreis im Sinne des § 8 Absatz 3 EStG der Preis angenommen wird, der sich ergibt, wenn 80 Prozent[1]) des Preisnachlasses, der durchschnittlich beim Verkauf an fremde Letztverbraucher im allgemeinen Geschäftsverkehr tatsächlich gewährt wird, von dem empfohlenen Preis abgezogen wird. Dabei ist der durchschnittliche Preisnachlass modellbezogen nach den tatsächlichen Verkaufserlösen in den vorangegangenen drei Kalendermonaten zu ermitteln und jeweils der Endpreisfeststellung im Zeitpunkt der Bestellung (Bestellbestätigung) zugrunde zu legen.

Bei der Ermittlung des durchschnittlichen Preisnachlasses sind auch Fahrzeugverkäufe, deren Endpreise inklusive Transport- und Überführungskosten im Einzelfall über der UPE liegen, sowie Fahrzeugverkäufe, die mit überhöhter Inzahlungnahme von Gebrauchtfahrzeugen, Sachzugaben oder anderen indirekten Rabatten einhergehen, einzubeziehen. Neben Barrabatten ist der Wert indirekter Rabatte bei der Ermittlung des durchschnittlichen Preisnachlasses zu berücksichtigen, soweit diese in den Verkaufsunterlagen des Automobilherstellers oder Automobilhändlers nachvollziehbar dokumentiert sind. Fahrzeugverkäufe mit Marktzins unterschreitenden Finanzierungen bleiben bei der Ermittlung des durchschnittlichen Preisnachlasses unberücksichtigt.

Es wird nicht beanstandet, wenn bei neu eingeführten Modellen in den ersten drei Kalendermonaten ein pauschaler Abschlag von 6 Prozent der UPE als durchschnittlicher Preisnachlass angenommen wird. Als neues Modell ist ein neuer Fahrzeugtyp oder eine neue Fahrzeuggeneration anzusehen, nicht dagegen eine sog. Modellpflegemaßnahme („Facelift"). Es bestehen keine Bedenken, in Zweifelsfällen hierzu auf die ersten Ziffern des im Fahrzeugschein oder in der Zulassungsbescheinigung Teil I verzeichneten Typenschlüssels des Herstellers abzustellen. Wurde ein Modell in den der Bestellung vorangegangenen drei Kalendermonaten nicht verkauft, ist auf den durchschnittlichen Preisnachlass des letzten Dreimonatszeitraums abzustellen, in dem Verkaufsfälle vorliegen.

Der Arbeitgeber hat die Grundlagen für den ermittelten geldwerten Vorteil als Beleg zum Lohnkonto aufzubewahren.

Dieses Schreiben ersetzt das BMF-Schreiben vom 30. Januar 1996, BStBl I Seite 114, und ist ab dem 1. Januar 2009 anzuwenden.

1) Überholt → Rdnr. 8 des BMF-Schreibens vom 16. 5. 2013 (BStBl I S. 729).

Ergänztes BMF-Schreiben zur Reform des steuerlichen Reisekostenrechts ab 1. Januar 2014[1]

(ersetzt das Schreiben vom 30. September 2013)

BMF-Schreiben vom 24. 10. 2014 (BStBl I S. 1412)
IV C 5 – 2353/14/10002 – 2014/0849647

Inhalt

[1]) Das BMF-Schreiben vom 19. 12. 2014 (BStBl 2015 I S. 34) zur steuerlichen Behandlung von Reisekosten und Reisekostenvergütungen bei betrieblich und beruflich veranlassten Auslandsreisen ab 1. Januar 2015 ist abgedruckt zu → Anhang 31; das BMF-Schreiben vom 4. 12. 2012 (BStBl I S. 1249) „Keine Übernachtungspauschalen bei LKW-Fahrern, die in der Schlafkabine ihres LKW übernachten; vereinfachter Nachweis von Reisekosten" ist abgedruckt zu → H 9.8 (LKW-Fahrer) LStH.

I. Vorbemerkung

1 Mit dem Gesetz zur Änderung und Vereinfachung der Unternehmensbesteuerung und des steuerlichen Reisekostenrechts vom 20. Februar 2013 (BGBl. I S. 285, BStBl I S. 188) wurden die bisherigen steuerlichen Bestimmungen zum steuerlichen Reisekostenrecht umgestaltet. Unter Bezugnahme auf das Ergebnis der Erörterungen mit den obersten Finanzbehörden der Länder gelten bei der Anwendung der am 1. Januar 2014 in Kraft **getretenen** gesetzlichen Bestimmungen des Einkommensteuergesetzes zur steuerlichen Beurteilung von Reisekosten der Arbeitnehmer die folgenden Grundsätze:

II. Anwendung der Regelungen bei den Einkünften aus nichtselbständiger Arbeit

1. Erste Tätigkeitsstätte, auswärtige Tätigkeit, weiträumiges Tätigkeitsgebiet, § 9 Absatz 1 Satz 3 Nummer 4a, Absatz 4 EStG

a) Gesetzliche Definition „erste Tätigkeitsstätte", § 9 Absatz 4 EStG

2 Zentraler Punkt der ab 1. Januar 2014 in Kraft geltenden Neuregelungen ist die gesetzliche Definition der ersten Tätigkeitsstätte, die künftig an die Stelle der regelmäßigen Arbeitsstätte tritt. Der Arbeitnehmer kann je Dienstverhältnis höchstens eine erste Tätigkeitsstätte, ggf. aber auch keine erste, sondern nur auswärtige Tätigkeitsstätten haben (§ 9 Absatz 4 Satz 5 EStG). Die Bestimmung der ersten Tätigkeitsstätte erfolgt vorrangig anhand der dienst- oder arbeitsrechtlichen Festlegungen durch den Arbeitgeber (Rz. 5 ff.). Sind solche nicht vorhanden oder sind die getroffenen Festlegungen nicht eindeutig, werden hilfsweise quantitative Kriterien (Rz. 25 ff.) herangezogen. Voraussetzung ist zudem, dass der Arbeitnehmer in einer der in § 9 Absatz 4 Satz 1 EStG genannten ortsfesten Einrichtungen (Rz. 3 ff.) dauerhaft (Rz. 13 ff.) tätig werden soll. **Ein Arbeitnehmer ohne erste Tätigkeitsstätte ist außerhalb seiner Wohnung immer auswärts tätig.**

aa) Tätigkeitsstätte

3 Tätigkeitsstätte ist eine **von der Wohnung getrennte,** ortsfeste betriebliche Einrichtung. **Baucontainer, die z. B. auf einer Großbaustelle längerfristig fest mit dem Erdreich verbunden sind und in denen sich z. B. Baubüros, Aufenthaltsräume oder Sanitäreinrichtungen befinden, stellen „ortsfeste" betriebliche Einrichtungen dar. Befinden sich auf einem Betriebs-/Werksgelände mehrere ortsfeste betriebliche Einrichtungen, so handelt es sich dabei nicht um mehrere, sondern nur um eine Tätigkeitsstätte.** Fahrzeuge, Flugzeuge, Schiffe oder Tätigkeitsgebiete ohne ortsfeste betriebliche Einrichtungen sind keine Tätigkeitsstätten i. S. d. § 9 Absatz 4 Satz 1 EStG. Das häusliche Arbeitszimmer des Arbeitnehmers ist – wie bisher – keine betriebliche Einrichtung des Arbeitgebers oder eines Dritten und kann daher auch zukünftig keine erste Tätigkeitsstätte sein. Dies gilt auch, wenn der Arbeitgeber vom Arbeitnehmer einen oder mehrere Arbeitsräume anmietet, die der Wohnung des Arbeitnehmers zuzurechnen sind. **Auch in diesem Fall handelt es sich bei einem häuslichen Arbeitszimmer um einen Teil der Wohnung des Arbeitnehmers.** Zur Abgrenzung, welche Räume der Wohnung des Arbeitnehmers zuzurechnen sind, ist auf das Gesamtbild der Verhältnisse im Einzelfall abzustellen (z. B. unmittelbare Nähe zu den privaten Wohnräumen).

bb) Tätigkeitsstätte des Arbeitgebers bei einem verbundenen Unternehmen oder bei einem Dritten

Die Annahme einer Tätigkeitsstätte erfordert nicht, dass es sich um eine ortsfeste betriebliche Einrichtung des lohnsteuerlichen Arbeitgebers handelt. Von der Neuregelung erfasst werden auch Sachverhalte, in denen der Arbeitnehmer statt beim eigenen Arbeitgeber in einer ortsfesten betrieblichen Einrichtung eines der in § 15 AktG genannten Unternehmen oder eines Dritten (z. B. eines Kunden) tätig werden soll. **Von einem solchen Tätigwerden kann dann nicht ausgegangen werden, wenn der Arbeitnehmer bei dem Dritten oder verbundenen Unternehmen z. B. nur eine Dienstleistung des Dritten in Anspruch nimmt oder einen Einkauf tätigt.** 4

cc) Zuordnung mittels dienst- oder arbeitsrechtlicher Festlegung durch den Arbeitgeber

Eine erste Tätigkeitsstätte liegt vor, wenn der Arbeitnehmer einer solchen Tätigkeitsstätte (§ 9 Absatz 4 Satz 1 EStG) dauerhaft zugeordnet ist. Ist der Arbeitnehmer nur vorübergehend einer Tätigkeitsstätte zugeordnet, begründet er dort keine erste Tätigkeitsstätte (zur Abgrenzung der Merkmale „dauerhaft" und „vorübergehend" vgl. Rz. 13). Die dauerhafte Zuordnung des Arbeitnehmers wird durch die dienst- oder arbeitsrechtlichen Festlegungen sowie die diese ausfüllenden Absprachen oder Weisungen bestimmt (§ 9 Absatz 4 Satz 2 EStG). Das gilt für einzelne Arbeitnehmer oder Arbeitnehmergruppen, unabhängig davon, ob diese schriftlich oder mündlich erteilt worden sind. Die Zuordnung muss sich auf die Tätigkeit des Arbeitnehmers beziehen; dies ergibt sich aus § 9 Absatz 4 Satz 3 EStG, der mit der beispielhaften Aufzählung darüber hinaus das Kriterium der Dauerhaftigkeit beschreibt. 5

Die Zuordnung eines Arbeitnehmers zu einer betrieblichen Einrichtung allein aus tarifrechtlichen, mitbestimmungsrechtlichen oder organisatorischen Gründen (z. B. Personalaktenführung), ohne dass der Arbeitnehmer in dieser Einrichtung tätig werden soll, ist keine Zuordnung i. S. d. § 9 Absatz 4 EStG. Sofern der Arbeitnehmer in einer vom Arbeitgeber festgelegten Tätigkeitsstätte zumindest in ganz geringem Umfang tätig werden soll, z. B. Hilfs- und Nebentätigkeiten (Auftragsbestätigungen, Stundenzettel, Krank- und Urlaubsmeldung abgeben etc.), kann der Arbeitgeber den Arbeitnehmer zu dieser Tätigkeitsstätte zuordnen, selbst wenn für die Zuordnung letztlich tarifrechtliche, mitbestimmungsrechtliche oder organisatorische Gründe ausschlaggebend sind. Auf die Qualität des Tätigwerdens kommt es dabei somit nicht an (anders als bei der Bestimmung anhand der quantitativen Zuordnungskriterien, vgl. dazu Rz. 26). Vielmehr können, wie z. B. bei Festlegung einer Dienststelle/Dienststätte, auch Tätigkeiten von untergeordneter Bedeutung (s. o.) ausreichend sein (Vorrang des Dienst- oder Arbeitsrechts). **Die Abgabe von Krank-oder Urlaubsmeldungen durch Dritte (z. B. mittels Post, Bote oder Familienangehörige) reicht für eine Zuordnung nicht aus, da ein Tätigwerden auch ein persönliches Erscheinen des Arbeitnehmers voraussetzt.** 6

Soll der Arbeitnehmer an mehreren Tätigkeitsstätten tätig werden und ist er einer bestimmten Tätigkeitsstätte dienst- oder arbeitsrechtlich dauerhaft zugeordnet, ist es unerheblich, in welchem Umfang er seine berufliche Tätigkeit an dieser oder an den anderen Tätigkeitsstätten ausüben soll. Auch auf die Regelmäßigkeit des Aufsuchens dieser Tätigkeitsstätten kommt es dann nicht mehr an. 7

Nicht mehr entscheidend ist zudem, ob an der vom Arbeitgeber nach § 9 Absatz 4 Satz 1 EStG festgelegten Tätigkeitsstätte der qualitative Schwerpunkt der Tätigkeit liegt oder liegen soll. Die Rechtsprechung des BFH, die darauf abstellte, ob der zu beurteilenden Arbeitsstätte eine hinreichend zentrale Bedeutung gegenüber weiteren Tätigkeitsorten beizumessen war (vgl. BFH vom 9. Juni 2011, VI R 36/10, BStBl 2012 II S. 36), welche Tätigkeit an den verschiedenen Arbeitsstätten im Einzelnen ausgeübt wurde und welches konkrete Gewicht dieser Tätigkeit zukam (vgl. BFH vom 9. Juni 2011, VI R 55/10, BStBl 2012 II S. 38), ist ab 2014 gegenstandslos. 8

Beispiel 1:

Der Vertriebsmitarbeiter V für die Region A soll einmal wöchentlich an den Firmensitz nach B fahren, dem er zugeordnet ist. Dort soll er die anfallenden Bürotätigkeiten erledigen und an Dienstbesprechungen teilnehmen. B ist erste Tätigkeitsstätte auf Grund der arbeitsrechtlichen Zuordnung. Dabei ist unerheblich, dass V überwiegend in der Region A und nicht in B tätig werden soll.

Abwandlung:

Ordnet der Arbeitgeber den V dem Firmensitz in B nicht oder nicht eindeutig zu, erfolgt die Prüfung, ob eine erste Tätigkeitsstätte vorliegt, anhand der quantitativen Kriterien des § 9 Absatz 4 Satz 4 EStG (Rz. 25 ff.) In diesem Fall liegt in B keine erste Tätigkeitsstätte vor.

§ 42 AO ist zu beachten. Insbesondere bei Gesellschafter-Geschäftsführern, Arbeitnehmer-Ehegatten/**Lebenspartnern** und sonstigen, mitarbeitenden Familienangehörigen ist entscheidend, ob die getroffenen Vereinbarungen einem Fremdvergleich standhalten. 9

10 Da die dienst- oder arbeitsrechtliche Zuordnungsentscheidung des Arbeitgebers eindeutig sein muss, ist sie vom Arbeitgeber zu dokumentieren. In Betracht kommen hierfür z. B. Regelungen im Arbeitsvertrag, im Tarifvertrag, in Protokollnotizen, dienstrechtlichen Verfügungen, Einsatzplänen, Reiserichtlinien, Reisekostenabrechnungen, der Ansatz eines geldwerten Vorteils für die Nutzung eines Dienstwagens für die Fahrten Wohnung – erste Tätigkeitsstätte oder vom Arbeitgeber als Nachweis seiner Zuordnungsentscheidung vorgelegte Organigramme. Fehlt ein Nachweis oder die Glaubhaftmachung einer eindeutigen Zuordnung, gilt § 9 Absatz 4 Satz 4 EStG.

11 Ein Organigramm kann gegen den Willen des Arbeitgebers nicht als Nachweis zur Bestimmung einer ersten Tätigkeitsstätte herangezogen werden, wenn der Arbeitgeber tatsächlich keine Zuordnung seines Arbeitnehmers zu einer Tätigkeitsstätte getroffen hat und kein anderer Nachweis über die Zuordnung erbracht wird. In diesen Fällen ist anhand der quantitativen Kriterien nach § 9 Absatz 4 Satz 4 EStG zu prüfen, ob der Arbeitnehmer eine erste Tätigkeitsstätte hat. Indiz für eine dienst- oder arbeitsrechtliche Zuordnungsentscheidung des Arbeitgebers kann auch sein, dass z. B. nach der Reiserichtlinie gerade für Tätigkeiten an dieser Tätigkeitsstätte keine Reisekosten gezahlt werden bzw. die Besteuerung eines geldwerten Vorteils für die Fahrten Wohnung – erste Tätigkeitsstätte bei Dienstwagengestellung erfolgt.

12 § 9 Absatz 4 Satz 1 bis 3 EStG sieht die Möglichkeit einer Zuordnungsentscheidung des Arbeitgebers zu einer bestimmten Tätigkeitsstätte vor.

Der Arbeitgeber kann dienst- oder arbeitsrechtlich daher nicht festlegen, dass der Arbeitnehmer keine erste Tätigkeitsstätte hat (Negativfestlegung). Er kann allerdings (ggf. auch ausdrücklich) darauf verzichten, eine erste Tätigkeitsstätte dienst- oder arbeitsrechtlich festzulegen, oder ausdrücklich erklären, dass organisatorische Zuordnungen keine erste Tätigkeitsstätte begründen sollen. In diesen Fällen erfolgt die Prüfung, ob eine erste Tätigkeitsstätte gegeben ist, anhand der quantitativen Zuordnungskriterien nach § 9 Absatz 4 Satz 4 EStG (Rz. 25 ff.). Der Arbeitgeber kann zudem festlegen, dass sich die Bestimmung der ersten Tätigkeitsstätte nach den quantitativen Zuordnungskriterien des § 9 Absatz 4 Satz 4 EStG richtet. Im Ergebnis ist eine Zuordnungsentscheidung des Arbeitgebers mittels dienst- oder arbeitsrechtlicher Festlegung (Rz. 6 ff.) somit lediglich erforderlich, wenn er die erste Tätigkeitsstätte abweichend von den quantitativen Zuordnungskriterien festlegen will.

Beispiel 2

In Einstellungsbögen bzw. in Arbeitsverträgen ist aufgrund des Nachweisgesetzes und tariflicher Regelungen ein Einstellungs-, Anstellungs-oder Arbeitsort des Arbeitnehmers bestimmt. Hierbei handelt es sich nicht um eine Zuordnung i. S. d.§ 9 Absatz 4 EStG, wenn der Arbeitgeber schriftlich auch gegenüber dem Arbeitnehmer bzw. in der Reiserichtlinie des Unternehmens erklärt, dass dadurch keine arbeitsrechtliche Zuordnung zu einer ersten Tätigkeitsstätte erfolgen soll.

dd) Dauerhafte Zuordnung

13 Die Zuordnung durch den Arbeitgeber zu einer Tätigkeitsstätte muss auf Dauer angelegt sein (Prognose). Die typischen Fälle einer dauerhaften Zuordnung sind nach § 9 Absatz 4 Satz 3 EStG die unbefristete Zuordnung des Arbeitnehmers zu einer bestimmten betrieblichen Einrichtung, die Zuordnung für die gesamte Dauer des – befristeten oder unbefristeten – Dienstverhältnisses oder die Zuordnung über einen Zeitraum von 48 Monaten hinaus. Die Zuordnung „bis auf Weiteres" ist eine Zuordnung ohne Befristung und damit dauerhaft. **Entscheidend sind dabei allein die Festlegungen des Arbeitgebers und die im Rahmen des Dienstverhältnisses erteilten Weisungen.**

Beispiel 3:

Der Arbeitnehmer A ist von der Firma Z als technischer Zeichner ausschließlich für ein Projekt befristet eingestellt worden. Das Arbeitsverhältnis von A soll vertragsgemäß nach Ablauf der Befristung enden.

A hat ab dem ersten Tag der Tätigkeit bei Z auf Grund der arbeitsrechtlichen Zuordnung des Arbeitgebers seine erste Tätigkeitsstätte.

14 Für die Beurteilung, ob eine dauerhafte Zuordnung vorliegt, ist die auf die Zukunft gerichtete prognostische Betrachtung (Ex-ante-Betrachtung) maßgebend. Die Änderung einer Zuordnung durch den Arbeitgeber ist mit Wirkung für die Zukunft zu berücksichtigen.

Beispiel 4:

Der in H wohnende Arbeitnehmer A ist bis auf Weiteres an drei Tagen in der Woche in einer Filiale seines Arbeitgebers in H und an zwei Tagen in der Woche in einer Filiale seines Arbeitgebers in S tätig. Der Arbeitgeber hatte zunächst die Filiale in S als erste Tätigkeitsstätte festgelegt. Ab 1. Juli 2014 legt er H als erste Tätigkeitsstätte fest.

Bis 30. Juni 2014 hat der Arbeitnehmer in S seine erste Tätigkeitsstätte. Ab 1. Juli 2014 ist die erste Tätigkeitsstätte in H.

Beispiel 5:

Der Arbeitnehmer A ist unbefristet beschäftigt. Für einen Zeitraum von 36 Monaten soll er überwiegend in der Filiale X arbeiten. In der Filiale Y soll er nur an Teambesprechungen, Mitarbeiterschulungen und sonstigen Firmenveranstaltungen teilnehmen. Diese finden voraussichtlich einmal pro Monat statt. Der Arbeitgeber hat A der Filiale Y arbeitsrechtlich dauerhaft zugeordnet.

Erste Tätigkeitsstätte ist die Filiale Y, da A dort arbeitsrechtlich dauerhaft zugeordnet ist.

Abwandlung:

Ordnet der Arbeitgeber nicht zu, liegt keine erste Tätigkeitsstätte vor; in der Filiale X soll A nicht dauerhaft tätig werden und in der Filiale Y nicht in dem nach § 9 Absatz 4 Satz 4 EStG (Rz. 25 ff.) erforderlichen quantitativen Umfang.

Eine Änderung der Zuordnung kann auch vorliegen, wenn sich das Berufsbild des Arbeitnehmers aufgrund der Vorgaben des Arbeitgebers dauerhaft ändert, so z. B. wenn ein Außendienstmitarbeiter auf Dauer in den Innendienst wechselt. 15

Beispiel 6:

Der Arbeitnehmer A ist von seinem Arbeitgeber unbefristet eingestellt worden, um dauerhaft in der Filiale Y zu arbeiten. In den ersten 36 Monaten seiner Beschäftigung soll A aber zunächst ausschließlich die Filiale X führen. In der Filiale Y soll er während dieser Zeit nicht, auch nicht in ganz geringem Umfang tätig werden.

Die Filiale X ist keine erste Tätigkeitsstätte, da A dort lediglich für 36 Monate und damit nicht dauerhaft tätig werden soll (unabhängig vom quantitativen Umfang der Tätigkeit). Die Filiale Y wird erst nach Ablauf von 36 Monaten erste Tätigkeitsstätte, wenn A dort tätig werden soll.

Weichen die tatsächlichen Verhältnisse durch unvorhersehbare Ereignisse, wie etwa Krankheit, politische Unruhen am Tätigkeitsort, Insolvenz des Kunden o. Ä. von der ursprünglichen Festlegung (Prognose) der dauerhaften Zuordnung ab, bleibt die zuvor getroffene Prognoseentscheidung für die Vergangenheit bezüglich des Vorliegens der ersten Tätigkeitsstätte maßgebend. 16

Beispiel 7:

Der Kundendienstmonteur K soll an der betrieblichen Einrichtung seines Arbeitgebers in A lediglich in unregelmäßigen Abständen seine Aufträge abholen und abrechnen, Urlaubsanträge abgeben und gelegentlich an Besprechungen teilnehmen (vgl. Rz. 26). K ist der betrieblichen Einrichtung in A nicht arbeitsrechtlich zugeordnet. Seine eigentliche berufliche Tätigkeit soll K ausschließlich bei verschiedenen Kunden ausüben. Auf Grund ungeplanter betrieblicher Abläufe ergibt es sich, dass K über einen Zeitraum von 12 Monaten nun die betriebliche Einrichtung in A arbeitstäglich aufsuchen soll und auch aufsucht, um dort seine Berichte zu verfassen (= Teil seiner eigentlichen beruflichen Tätigkeit).

Auch wenn K für einen Zeitraum von 12 Monaten arbeitstäglich einen Teil seiner beruflichen Tätigkeit in der betrieblichen Einrichtung in A ausüben soll, führt dies mangels Dauerhaftigkeit noch nicht zu einer ersten Tätigkeitsstätte. Die ursprüngliche Prognose sah dies nicht vor und nach der neuen Prognose sollen diese Arbeiten am Betriebssitz in A nur vorübergehend ausgeübt werden.

Wird eine auf **höchstens** 48 Monate geplante Auswärtstätigkeit des Arbeitnehmers verlängert, kommt es darauf an, ob dieser vom Zeitpunkt der Verlängerungsentscheidung an noch mehr als 48 Monate an der Tätigkeitsstätte eingesetzt werden soll. 17

Beispiel 8:

Der unbefristet beschäftigte Arbeitnehmer A wird für eine Projektdauer von voraussichtlich 18 Monaten der betrieblichen Einrichtung in M zugeordnet. Nach 18 Monaten wird die Zuordnung um 36 Monate verlängert.

Obwohl A insgesamt 54 Monate in M tätig wird, hat er dort keine erste Tätigkeitsstätte. Die vom Gesetz vorgegebene Prognose-Betrachtung bedeutet, dass A weder im Zeitpunkt der erstmaligen Zuordnung noch im Zeitpunkt der Verlängerungsentscheidung für mehr als 48 Monate in M eingesetzt werden sollte.

Abwandlung:

Die Zuordnung von A wird bereits nach drei Monaten um 36 Monate auf insgesamt 54 Monate verlängert.

Ab dem Zeitpunkt der Verlängerungsentscheidung hat A seine erste Tätigkeitsstätte in M, da er ab diesem Zeitpunkt noch 51 Monate und somit dauerhaft in M tätig werden soll. Das gilt auch, wenn A für diese Tätigkeit neu eingestellt und eine Probezeit vereinbart wurde oder das Projekt planwidrig bereits nach 12 Monaten beendet wird. Die steuerliche Beurteilung der ersten drei Monate als beruflich veranlasste Auswärtstätigkeit bleibt von der Verlängerungsentscheidung unberührt.

18 Bei einer sog. Kettenabordnung ist keine dauerhafte Zuordnung zu einer Tätigkeitsstätte gegeben, wenn die einzelne Abordnung jeweils einen Zeitraum von **höchstens** 48 Monaten umfasst.

19 Eine dauerhafte Zuordnung ist gegeben, wenn das Dienstverhältnis auf einen anderen Arbeitgeber ausgelagert wird und der Arbeitnehmer für die gesamte Dauer des neuen Beschäftigungsverhältnisses oder länger als 48 Monate weiterhin an seiner früheren Tätigkeitsstätte des bisherigen Arbeitgebers tätig werden soll (sog. Outsourcing). Die anders lautende Rechtsprechung des BFH (vgl. BFH vom 9. Februar 2012, VI R 22/10, BStBl II S. 827) ist überholt. Entsprechendes gilt für den Fall, dass ein Leiharbeitnehmer ausnahmsweise dauerhaft (nach § 9 Absatz 4 Satz 3 EStG, wenn er „bis auf Weiteres" also unbefristet, für die gesamte Dauer des Leiharbeitsverhältnisses oder länger als 48 Monate) in einer ortsfesten betrieblichen Einrichtung des Entleihers tätig werden soll (vgl. BFH vom 17. Juni 2010, VI R 35/08, BStBl II S. 852, der das Vorliegen einer regelmäßigen Arbeitsstätte generell verneint hatte). Auch die Entscheidung des BFH, wonach die betriebliche Einrichtung eines Kunden des Arbeitgebers in der Regel keine regelmäßige Arbeitsstätte sein konnte (vgl. BFH vom 13. Juni 2012, VI R 47/11, BStBl 2013 II S. 169), ist überholt, sofern der Arbeitnehmer dauerhaft beim Kunden des Arbeitgebers tätig werden soll.

Beispiel 9:

Der Arbeitnehmer A ist von der Zeitarbeitsfirma Z als technischer Zeichner ausschließlich für die Überlassung an die Projektentwicklungsfirma P eingestellt worden. Das Arbeitsverhältnis von A endet vertragsgemäß nach Abschluss des aktuellen Projekts bei P.

A hat ab dem ersten Tag der Tätigkeit bei der Projektentwicklungsfirma P seine erste Tätigkeitsstätte, da er seine Tätigkeit bei P für die gesamte Dauer seines Dienstverhältnisses bei Z und damit dort dauerhaft ausüben soll.

Abwandlung:

Der Arbeitnehmer A ist von der Zeitarbeitsfirma Z unbefristet als technischer Zeichner eingestellt worden und wird bis auf Weiteres an die Projektentwicklungsfirma P überlassen.

A hat ab dem ersten Tag der Tätigkeit bei der Projektentwicklungsfirma P seine erste Tätigkeitsstätte, da er seine Tätigkeit bei P ohne Befristung und damit dort dauerhaft ausüben soll.

20 Dienststelle/Dienststätte i. S. d. öffentlichen Reisekosten-, Umzugskosten- und Trennungsgeldrechts ist die Stelle, bei der der Arbeitnehmer eingestellt oder zu der er versetzt, abgeordnet, zugeteilt, zugewiesen oder kommandiert worden ist. Jede dieser dienstlichen Maßnahmen führt dazu, dass diese Stelle zur neuen dienstrechtlichen Dienststelle/Dienststätte wird, unabhängig davon, ob die Maßnahme dauerhaft oder nur vorübergehend ist. Für die steuerrechtliche Beurteilung der dauerhaften Zuordnung zu einer bestimmten Tätigkeitsstätte gilt insbesondere Folgendes:

- Versetzung ohne zeitliche Befristung – dauerhafte Zuordnung, es wird eine neue „erste Tätigkeitsstätte" begründet.
- Abordnung ohne zeitliche Befristung – dauerhafte Zuordnung, es wird eine neue „erste Tätigkeitsstätte" begründet.
- Versetzung mit einer zeitlichen Befristung bis zu 48 Monaten – keine dauerhafte Zuordnung, damit keine neue „erste Tätigkeitsstätte".
- Abordnung mit einer zeitlichen Befristung bis zu 48 Monaten, ggf. auch verbunden mit dem Ziel der Versetzung – keine dauerhafte Zuordnung, damit keine neue „erste Tätigkeitsstätte".
- Entsprechendes gilt für abordnungs- oder versetzungsgleiche Maßnahmen (z. B. Kommandierung, Zuteilung, Zuweisung).

21 Bei grenzüberschreitender Arbeitnehmerentsendung zwischen verbundenen Unternehmen liegt beim aufnehmenden Unternehmen eine erste Tätigkeitsstätte dann vor, wenn der Arbeitnehmer im Rahmen eines eigenständigen Arbeitsvertrags mit dem aufnehmenden Unternehmen einer ortsfesten betrieblichen Einrichtung dieses Unternehmens unbefristet zugeordnet ist, die Zuordnung die Dauer des gesamten – befristeten oder unbefristeten – Dienstverhältnisses umfasst oder die Zuordnung über einen Zeitraum von 48 Monaten hinausreicht (vgl. § 9 Absatz 4 Satz 3 EStG). **Die Rechtsprechung des BFH, die darauf abstellte, dass ein Arbeitnehmer, der wiederholt befristet von seinem Arbeitgeber ins Ausland entsandt worden ist, dort keine regelmäßige Arbeitsstätte begründet (vgl. BFH vom 10. April 2014, VI R 11/13, BStBl 2014 II S. 804), ist im Hinblick auf die gesetzliche Regelung des § 9 Absatz 4 EStG ab 2014 überholt.**

Beispiel 10:

Der Arbeitnehmer A ist von der ausländischen Muttergesellschaft M für zwei Jahre an die inländische Tochtergesellschaft T entsandt worden. A hat mit T einen eigenständigen Arbeitsvertrag über zwei Jahre abgeschlossen, in dem er der inländischen Hauptniederlassung von T zugeordnet wurde.

A hat bei T seine erste Tätigkeitsstätte.

Wird ein Arbeitnehmer bei grenzüberschreitender Arbeitnehmerentsendung zwischen verbundenen Unternehmen ohne Abschluss eines eigenständigen Arbeitsvertrags mit dem aufnehmenden Unternehmen in einer ortsfesten betrieblichen Einrichtung dieses Unternehmens tätig, liegt beim aufnehmenden Unternehmen eine erste Tätigkeitsstätte nur dann vor, wenn der Arbeitnehmer vom entsendenden Unternehmen einer ortsfesten Einrichtung des aufnehmenden Unternehmens unbefristet zugeordnet ist, die Zuordnung die Dauer des gesamten – befristeten oder unbefristeten – Dienstverhältnisses umfasst oder die Zuordnung über einen Zeitraum von 48 Monaten hinausreicht (vgl. § 9 Absatz 4 Satz 3 EStG). 22

Beispiel 11:

Der Arbeitnehmer A ist von der ausländischen Muttergesellschaft M im Rahmen eines unbefristeten Arbeitsvertrags für zwei Jahre an die inländische Tochtergesellschaft T entsandt und für diesen Zeitraum der inländischen Hauptniederlassung von T zugeordnet worden. A hat mit T keinen eigenständigen Arbeitsvertrag abgeschlossen.

A hat bei T keine erste Tätigkeitsstätte, da er der inländischen Hauptniederlassung von T nicht dauerhaft i. S. v. § 9 Absatz 4 Satz 1 i. V. m. Satz 3 EStG zugeordnet worden ist. Er übt für die Dauer seiner zweijährigen Tätigkeit bei T eine beruflich veranlasste Auswärtstätigkeit aus.

Fehlt es bei grenzüberschreitender Arbeitnehmerentsendung zwischen verbundenen Unternehmen an einer dauerhaften Zuordnung des Arbeitnehmers zu einer betrieblichen Einrichtung des aufnehmenden Unternehmens durch dienst- oder arbeitsrechtliche Festlegung oder ist die getroffene Festlegung nicht eindeutig, gelten die quantitativen Zuordnungskriterien des § 9 Absatz 4 Satz 4 EStG (vgl. hierzu die Ausführungen zur Dauerhaftigkeit unter Rz. 13 ff. und zu den quantitativen Kriterien unter Rz. 25 ff.). 23

ee) Anwendung der 48-Monatsfrist im Zusammenhang mit der Prüfung der dauerhaften Zuordnung ab 1. Januar 2014

Für die Anwendung der im Zusammenhang mit der Prüfung einer dauerhaften Zuordnung gegebenenfalls zu beachtenden 48-Monatsfrist gilt Folgendes: 24

Für die Frage (Prognose), ob der Arbeitnehmer dauerhaft einer bestimmten Tätigkeitsstätte zugeordnet ist, kommt es maßgeblich auf den jeweiligen Beginn der durch den Arbeitnehmer auszuübenden Tätigkeit an. Dieser ist daher regelmäßig für die Anwendung der 48-Monatsfrist entscheidend, auch wenn er vor dem 1. Januar 2014 liegt. Hat der Arbeitgeber zu Beginn der Tätigkeit keine oder keine eindeutige Prognose getroffen oder eine solche nicht dokumentiert, konnte er diese bis spätestens zum 1. Januar 2014 treffen und dokumentieren.

Beispiel 12:

Der Arbeitnehmer A hat seine Tätigkeit am 1. Juli 2010 an der Tätigkeitsstätte des Kunden K seines Arbeitgebers aufgenommen. Er soll dort bis zum 1. März 2014 tätig sein.

Die 48-Monatsfrist beginnt am 1. Juli 2010; der Tätigkeitszeitraum beträgt weniger als 48 Monate. A hat ab 1. Januar 2014 bei dem Kunden K weiterhin keine erste Tätigkeitsstätte.

Abwandlung:

A hat seine Tätigkeit am 1. Juli 2010 an einer Tätigkeitsstätte des Kunden K seines Arbeitgebers aufgenommen und soll dort bis zum 31. Dezember 2014 tätig sein.

Die 48-Monatsfrist beginnt am 1. Juli 2010; der Tätigkeitszeitraum beträgt mehr als 48 Monate. Ab 1. Januar 2014 hat Arbeitnehmer A somit bei dem Kunden K seine erste Tätigkeitsstätte.

ff) Quantitative Zuordnungskriterien

Fehlt es an einer dauerhaften Zuordnung des Arbeitnehmers zu einer betrieblichen Einrichtung durch dienst- oder arbeitsrechtliche Festlegung nach den vorstehenden Kriterien (z. B. weil der Arbeitgeber ausdrücklich auf eine Zuordnung verzichtet hat oder ausdrücklich erklärt, dass organisatorische Zuordnungen keine steuerliche Wirkung entfalten sollen) oder ist die getroffene Festlegung nicht eindeutig, ist nach § 9 Absatz 4 Satz 4 EStG von einer ersten Tätigkeitsstätte an der betrieblichen Einrichtung auszugehen, an der der Arbeitnehmer 25

- typischerweise arbeitstäglich oder
- je Arbeitswoche zwei volle Arbeitstage oder mindestens ein Drittel seiner vereinbarten regelmäßigen Arbeitszeit

dauerhaft (vgl. Rz. 13 ff.) tätig werden soll.

Beispiel 13:

Der Arbeitnehmer A ist von seinem Arbeitgeber unbefristet eingestellt worden, um dauerhaft in der Filiale Y zu arbeiten. In den ersten 36 Monaten seiner Tätigkeit arbeitet er an drei

Tagen wöchentlich in der Filiale X und zwei volle Tage wöchentlich in der Filiale Y. Der Arbeitgeber hat A für die ersten 36 Monate Filiale X zugeordnet.

In diesen 36 Monaten seiner Tätigkeit hat A in der Filiale X keine erste Tätigkeitsstätte, da er dort nicht dauerhaft zugeordnet ist. Erste Tätigkeitsstätte ist jedoch – auch ohne Zuordnung i. S. d. § 9 Absatz 4 Satz 1 EStG – Filiale Y, da A dort dauerhaft typischerweise an zwei vollen Tagen i. S. d. § 9 Absatz 4 Satz 4 EStG tätig werden soll.

Abwandlung:

Der Arbeitnehmer A soll in den ersten 36 Monaten seiner Tätigkeit an vier Tagen wöchentlich in der Filiale X und einen vollen Tag wöchentlich in der Filiale Y tätig werden.

In diesen 36 Monaten seiner Tätigkeit hat A in der Filiale X keine erste Tätigkeitsstätte, da er dort nicht dauerhaft tätig werden soll. Erste Tätigkeitsstätte ist auch nicht die Filiale Y, da A dort die quantitativen Kriterien nach § 9 Absatz 4 Satz 4 EStG nicht erfüllt.

26 Dabei muss der Arbeitnehmer an der betrieblichen Einrichtung seine eigentliche berufliche Tätigkeit ausüben. Allein ein regelmäßiges Aufsuchen der betrieblichen Einrichtung, z. B. für kurze Rüstzeiten, zur Berichtsfertigung, zur Vorbereitung der Zustellroute, zur Wartung und Pflege des Fahrzeugs, zur Abholung oder Abgabe von Kundendienstfahrzeugen, **oder LKWs einschließlich deren Be- und Entladung, zur Abgabe von** Auftragsbestätigungen, Stundenzetteln, Krankmeldungen und Urlaubsanträgen führt hier noch nicht zu einer Qualifizierung der betrieblichen Einrichtung als erste Tätigkeitsstätte.

Beispiel 14:

Der Kundendienstmonteur K, der von seinem Arbeitgeber keiner betrieblichen Einrichtung dauerhaft zugeordnet ist, sucht den Betrieb seines Arbeitgebers regelmäßig auf, um den Firmenwagen samt Material zu übernehmen, die Auftragsbestätigungen in Empfang zu nehmen und die Stundenzettel vom Vortag abzugeben.

Der K hat keine erste Tätigkeitsstätte. Der Betrieb seines Arbeitgebers wird auch durch das regelmäßige Aufsuchen nicht zur ersten Tätigkeitsstätte, da er seine eigentliche berufliche Tätigkeit an diesem Ort nicht ausübt.

Beispiel 15:

Die Fahrer im ÖPV sollen ihr Fahrzeug immer an wechselnden Stellen im Stadtgebiet aufnehmen und in der Regel mindestens einmal wöchentlich die Kassen abrechnen. Die Kassenabrechnung sollen sie in der Geschäftsstelle oder in einem Betriebshof durchführen. Dort werden auch die Personalakten geführt oder sind Krank- und Urlaubsmeldungen abzugeben.

Das bloße Abrechnen der Kassen, die Führung der Personalakten sowie die Verpflichtung zur Abgabe der Krank- und Urlaubsmeldungen führt nicht zu einer ersten Tätigkeitsstätte am Betriebshof oder in der Geschäftsstelle, es sei denn, der Arbeitgeber ordnet die Arbeitnehmer dem Betriebshof oder der Geschäftsstelle arbeitsrechtlich als erste Tätigkeitsstätte zu.

Beispiel 16:

Der LKW-Fahrer L soll typischerweise arbeitstäglich den Betriebssitz des Arbeitgebers aufsuchen, um dort das Fahrzeug abzuholen sowie dessen Wartung und Pflege durchzuführen.

Allein das Abholen sowie die Wartung und Pflege des Fahrzeugs, als Hilfs- und Nebentätigkeiten, führen nicht zu einer ersten Tätigkeitsstätte am Betriebssitz des Arbeitgebers; allerdings handelt es sich in diesem Fall bei dem Betriebssitz um einen sog. Sammelpunkt (Rz. 37). Etwas anderes gilt nur, wenn der Arbeitgeber den Arbeitnehmer dem Betriebssitz arbeitsrechtlich als erste Tätigkeitsstätte zuordnet (Rz. 12).

27 Auch die in § 9 Absatz 4 Satz 4 EStG aufgeführten zeitlichen (= quantitativen) Kriterien sind anhand einer in die Zukunft gerichteten Prognose zu beurteilen. Weichen die tatsächlichen Verhältnisse durch unvorhersehbare Ereignisse (wie z. B. Krankheit) hiervon ab, bleibt es bei der zuvor getroffenen Prognoseentscheidung bezüglich der ersten Tätigkeitsstätte. Die Prognoseentscheidung ist zu Beginn des Dienstverhältnisses zu treffen. Die auf Grundlage dieser Prognose getroffene Beurteilung bleibt solange bestehen, bis sich die Verhältnisse maßgeblich ändern. Davon ist insbesondere auszugehen, wenn sich das Berufsbild des Arbeitnehmers (Außendienstmitarbeiter wechselt z. B. in den Innendienst) oder die quantitativen Zuordnungskriterien (*Arbeitnehmer soll z. B. statt zwei nun* drei Filialen betreuen) dauerhaft ändern oder der Arbeitgeber erstmalig eine dienst- oder arbeitsrechtliche Zuordnungsentscheidung trifft.

Beispiel 17:

Der Arbeitnehmer A soll seine berufliche Tätigkeit an drei Tagen wöchentlich in einem häuslichen Arbeitszimmer ausüben und an zwei vollen Tagen wöchentlich in der betrieblichen Einrichtung seines Arbeitgebers in D tätig werden.

Das häusliche Arbeitszimmer ist nie erste Tätigkeitsstätte. Erste Tätigkeitsstätte ist hier vielmehr die betriebliche Einrichtung des Arbeitgebers in D, da der Arbeitnehmer dort an zwei vollen Tagen wöchentlich beruflich tätig werden soll.

Beispiel 18:

Der Arbeitnehmer A soll seine berufliche Tätigkeit im häuslichen Arbeitszimmer ausüben und zusätzlich jeden Arbeitstag für eine Stunde in der betrieblichen Einrichtung seines Arbeitgebers in D tätig werden.

Das häusliche Arbeitszimmer ist nie erste Tätigkeitsstätte. Erste Tätigkeitsstätte ist hier vielmehr die betriebliche Einrichtung des Arbeitgebers in D, da der Arbeitnehmer dort typischerweise arbeitstäglich tätig werden soll. In diesem Fall ist es unerheblich, dass dort weniger als 1/3 der gesamten regelmäßigen Arbeitszeit erbracht werden soll.

Beispiel 19:

Der Arbeitnehmer A soll seine berufliche Tätigkeit im häuslichen Arbeitszimmer ausüben und zusätzlich jeden Tag in einer anderen betrieblichen Einrichtung seines Arbeitgebers tätig werden. Die Arbeitszeit in den verschiedenen Tätigkeitsstätten beträgt jeweils weniger als 1/3 der gesamten Arbeitszeit des Arbeitnehmers.

Das häusliche Arbeitszimmer ist nie erste Tätigkeitsstätte. Auch an den anderen Tätigkeitsstätten des Arbeitgebers hat der Arbeitnehmer keine erste Tätigkeitsstätte, da er diese Tätigkeitsstätten nicht arbeitstäglich aufsucht und dort jeweils weniger als 1/3 seiner gesamten Arbeitszeit tätig wird.

Beispiel 20:

Der Arbeitnehmer A übt seine Tätigkeit nur bei wechselnden Kunden und im häuslichen Arbeitszimmer aus. Er hat keine erste Tätigkeitsstätte.

Zusammenfassung 28

Bei der quantitativen Prüfung kommt es somit allein auf den Umfang der an der Tätigkeitsstätte zu leistenden arbeitsvertraglichen Arbeitszeit (mind. 1/3 der vereinbarten regelmäßigen Arbeitszeit oder zwei volle Arbeitstage wöchentlich oder arbeitstäglich) an. Dies bedeutet:

- Soll der Arbeitnehmer an einer Tätigkeitsstätte zwei volle Arbeitstage je Arbeitswoche oder mindestens 1/3 der vereinbarten regelmäßigen Arbeitszeit tätig werden, dann ist dies die erste Tätigkeitsstätte.
- Entsprechendes gilt, wenn der Arbeitnehmer an einer Tätigkeitsstätte arbeitstäglich und mindestens 1/3 der vereinbarten regelmäßigen Arbeitszeit tätig werden soll.
- Soll der Arbeitnehmer an einer Tätigkeitsstätte arbeitstäglich, aber weniger als 1/3 der vereinbarten regelmäßigen Arbeitszeit tätig werden, dann führt dies nur zu einer ersten Tätigkeitsstätte, wenn der Arbeitnehmer dort typischerweise arbeitstäglich seine eigentliche berufliche Tätigkeit und nicht nur Vorbereitungs-, Hilfs- oder Nebentätigkeiten (Rüstzeiten, Abholung oder Abgabe von Kundendienstfahrzeug, **oder LKWs einschließlich deren Be- und Entladung, zur Abgabe von** Auftragsbestätigungen, Stundenzetteln, Krankmeldungen, Urlaubsanträgen oder Ähnlichem) durchführen soll.
- Erfüllen danach mehrere Tätigkeitsstätten die quantitativen Voraussetzungen für eine erste Tätigkeitsstätte, kann der Arbeitgeber bestimmen, welche dieser Tätigkeitsstätten die erste Tätigkeitsstätte ist.
- Fehlt eine solche Bestimmung des Arbeitgebers, wird zugunsten des Arbeitnehmers die Tätigkeitsstätte zugrunde gelegt, die der Wohnung des Arbeitnehmers am nächsten liegt.

gg) Mehrere Tätigkeitsstätten

Der Arbeitnehmer kann je Dienstverhältnis höchstens eine erste Tätigkeitsstätte haben (§ 9 29
Absatz 4 Satz 5 EStG). Hingegen kann ein Arbeitnehmer mit mehreren Dienstverhältnissen auch mehrere erste Tätigkeitsstätten haben (je Dienstverhältnis jedoch höchstens eine).

Erfüllen mehrere Tätigkeitsstätten in einem Dienstverhältnis die quantitativen Kriterien für die 30
Annahme einer ersten Tätigkeitsstätte, kann der Arbeitgeber die erste Tätigkeitsstätte bestimmen (§ 9 Absatz 4 Satz 6 EStG). Dabei muss es sich nicht um die Tätigkeitsstätte handeln, an der der Arbeitnehmer den zeitlich überwiegenden oder qualitativ bedeutsameren Teil seiner beruflichen Tätigkeit ausüben soll.

Beispiel 21:

Der in H wohnende Filialleiter A ist an drei Tagen in der Woche in einer Filiale seines Arbeitgebers in H und an zwei Tagen in der Woche in einer Filiale seines Arbeitgebers in S tätig. Der Arbeitgeber bestimmt die Filiale in S zur ersten Tätigkeitsstätte.

Durch die Bestimmung seines Arbeitgebers hat der Filialleiter A in der betrieblichen Einrichtung in S seine erste Tätigkeitsstätte. Unerheblich ist, dass er dort lediglich zwei Tage und damit nicht zeitlich überwiegend beruflich tätig ist.

31 Macht der Arbeitgeber von seinem Bestimmungsrecht nach § 9 Absatz 4 Satz 6 EStG keinen Gebrauch oder ist die Bestimmung nicht eindeutig, ist die der Wohnung des Arbeitnehmers örtlich am nächsten liegende Tätigkeitsstätte die erste Tätigkeitsstätte (§ 9 Absatz 4 Satz 7 EStG). Die Fahrten zu weiter entfernt liegenden Tätigkeitsstätten werden in diesem Fall als Auswärtstätigkeit qualifiziert.

Beispiel 22:

Der in H wohnende Filialleiter A soll typischerweise arbeitstäglich in drei Filialen (X, Y und Z) seines Arbeitgebers tätig werden. Er fährt morgens mit seinem eigenen PKW regelmäßig zur Filiale X, dann zur Filiale Y, von dort zur Filiale Z und von dieser zur Wohnung. Die Filiale in Y liegt der Wohnung am nächsten. Der Arbeitgeber ordnet A arbeitsrechtlich keine Filiale (als erste Tätigkeitsstätte) zu.

Erste Tätigkeitsstätte ist die Filiale Y, da diese der Wohnung des A am nächsten liegt. Die Tätigkeit in X und Z sind beruflich veranlasste Auswärtstätigkeiten. Da A von seiner Wohnung zu einer auswärtigen Tätigkeitsstätte, von dort zur ersten Tätigkeitsstätte und von dort wieder zu einer anderen auswärtigen Tätigkeitsstätte fährt, liegen keine Fahrten zwischen Wohnung und erster Tätigkeitsstätte vor, sondern Fahrten, für die ein steuerfreier Arbeitgeberersatz bzw. Werbungskostenabzug nach Reisekostengrundsätzen in Betracht kommt.

Abwandlung:

Wie Beispiel 22, allerdings nutzt der Filialleiter A für die arbeitstäglichen Fahrten einen ihm vom Arbeitgeber überlassenen Dienstwagen; A führt kein Fahrtenbuch, sondern ermittelt den geldwerten Vorteil nach der pauschalen Nutzungswertmethode.

Grundsätzlich ist ein geldwerter Vorteil, für die Möglichkeit den Dienstwagen für Fahrten zwischen Wohnung und erster Tätigkeitsstätte zu nutzen, in Höhe von 0,03 Prozent des Listenpreises je Entfernungskilometer anzusetzen. Weist A mittels Einzelaufzeichnungen die Zahl der tatsächlichen Fahrten zwischen Wohnung und erster Tätigkeitsstätte nach, ist stattdessen für jede Fahrt ein geldwerter Vorteil von 0,002 Prozent des Listenpreises je Entfernungskilometer anzusetzen. Im vorliegenden Fall hat A keine unmittelbaren Fahrten zwischen Wohnung und erster Tätigkeitsstätte; daher ist – bei Nachweis der tatsächlichen Fahrten – insoweit kein geldwerter Vorteil anzusetzen.

Beispiel 23:

Die Pflegedienstkraft P hat täglich vier Personen zu betreuen. Alle vier Pflegepersonen sollen **von P nach Absprache mit der Pflegedienststelle (Arbeitgeber) bis auf Weiteres** arbeitstäglich regelmäßig betreut werden. Der Arbeitgeber hat keine dieser Pflegestellen als erste Tätigkeitsstätte bestimmt.

Erste Tätigkeitsstätte der P ist die ihrer Wohnung am nächsten liegende Pflegestelle.

Abwandlung:

Die vier Pflegepersonen sollen von P nach Absprache mit der Pflegedienststelle (Arbeitgeber) zunächst für die Dauer von zwei Jahren arbeitstäglich regelmäßig betreut werden.

Die Pflegedienstkraft hat keine erste Tätigkeitsstätte, da sie an keiner der Pflegestellen dauerhaft tätig werden soll.

hh) Erste Tätigkeitsstätte bei Vollzeitstudium oder vollzeitigen Bildungsmaßnahmen

32 Erste Tätigkeitsstätte ist auch eine Bildungseinrichtung, die außerhalb eines Dienstverhältnisses zum Zwecke eines Vollzeitstudiums oder einer vollzeitigen Bildungsmaßnahme aufgesucht wird (§ 9 Absatz 4 Satz 8 EStG). Durch diese Neuregelung ist die Rechtsprechung des BFH, wonach es sich bei vollzeitig besuchten Bildungseinrichtungen nicht um regelmäßige Arbeitsstätten handelt (vgl. BFH vom 9. Februar 2012, VI R 42/11, BStBl 2013 II S. 236 und VI R 44/10, BStBl 2013 II S. 234), überholt.

Ein Studium oder eine Bildungsmaßnahme findet insbesondere dann außerhalb eines Dienstverhältnisses statt, wenn

- diese nicht Gegenstand des Dienstverhältnisses sind, auch wenn sie seitens des Arbeitgebers durch Hingabe von Mitteln, wie z. B. eines Stipendiums, gefördert werden oder
- diese ohne arbeitsvertragliche Verpflichtung absolviert werden und die Beschäftigung lediglich das Studium oder die Bildungsmaßnahme ermöglicht.

Zur Abgrenzung gegenüber einem Studium oder einer Bildungsmaßnahme innerhalb eines Dienstverhältnisses vgl. auch R 9.2 sowie 19.7 LStR 2013.

Ein Vollzeitstudium oder eine vollzeitige Bildungsmaßnahme liegt insbesondere vor, wenn der Steuerpflichtige im Rahmen des Studiums oder im Rahmen der Bildungsmaßnahme für einen Beruf ausgebildet wird und daneben entweder keiner Erwerbstätigkeit nachgeht oder während der gesamten Dauer des Studiums oder der Bildungsmaßnahme eine Erwerbstätigkeit mit durchschnittlich bis zu 20 Stunden regelmäßiger wöchentlicher Arbeitszeit oder in Form eines geringfügigen Beschäftigungsverhältnisses i. S. d. §§ 8 und 8a SGB IV ausübt. 33

Dies gilt auch für den Sonderausgabenabzug nach § 10 Absatz 1 Nummer 7 EStG. 34

b) Fahrtkosten bei auswärtiger Tätigkeit, Sammelpunkt, weiträumiges Tätigkeitsgebiet, § 9 Absatz 1 Satz 3 Nummer 4a EStG

aa) Tatsächliche Fahrtkosten und pauschaler Kilometersatz bei auswärtiger Tätigkeit

Die steuerliche Berücksichtigung der tatsächlichen Fahrtkosten im Zusammenhang mit einer auswärtigen beruflichen Tätigkeit bleibt im Wesentlichen unverändert. 35

Statt der tatsächlichen Aufwendungen kann aus Vereinfachungsgründen typisierend je nach Art des benutzten Verkehrsmittels (z. B. PKW, Motorrad) auch ein pauschaler Kilometersatz (höchste Wegstreckenentschädigung nach dem Bundesreisekostengesetz für das jeweils benutzte Beförderungsmittel: Benutzung eines Kraftwagens, z. B. PKW 0,30 Euro, für jedes andere motorbetriebene Fahrzeug 0,20 Euro) für jeden gefahrenen Kilometer angesetzt werden (§ 9 Absatz 1 Satz 3 Nummer 4a Satz 2 EStG). Eine Prüfung der tatsächlichen Kilometerkosten ist demnach nicht mehr erforderlich, wenn der Arbeitnehmer von dieser gesetzlichen Typisierung Gebrauch macht. Durch diese Neuregelung ist die Rechtsprechung des BFH zur Prüfung der pauschalen Kilometersätze (vgl. BFH vom 25. Oktober 1985, VI R 15/81, BStBl 1986 II S. 200 sowie vom 26. Juli 1991, VI R 114/88, BStBl 1992 II S. 105) überholt. 36

bb) „Sammelpunkt"

Liegt keine erste Tätigkeitsstätte (nach Rz. 6 ff. oder Rz. 25 ff.) vor und bestimmt der Arbeitgeber durch dienst- oder arbeitsrechtliche Festlegung, dass der Arbeitnehmer sich dauerhaft (Rz. 13 ff.) typischerweise arbeitstäglich an einem festgelegten Ort, der die Kriterien für eine erste Tätigkeitsstätte nicht erfüllt, einfinden soll, um von dort seine unterschiedlichen eigentlichen Einsatzorte aufzusuchen oder von dort seine berufliche Tätigkeit aufzunehmen (z. B. Treffpunkt für einen betrieblichen Sammeltransport, das Busdepot, der Fährhafen), werden die Fahrten des Arbeitnehmers von der Wohnung zu diesem vom Arbeitgeber festgelegten Ort wie Fahrten zu einer ersten Tätigkeitsstätte behandelt; für diese Fahrten dürfen Fahrtkosten nur im Rahmen des § 9 Absatz 1 Satz 3 Nummer 4 und Absatz 2 EStG (Entfernungspauschale) angesetzt werden. 37

Beispiel 24:

Bus- oder LKW-Fahrer haben regelmäßig keine erste Tätigkeitsstätte. Lediglich, wenn dauerhaft und typischerweise arbeitstäglich ein vom Arbeitgeber festgelegter Ort aufgesucht werden soll, werden die Fahrten von der Wohnung zu diesem Ort/Sammelpunkt gleich behandelt mit den Fahrten von der Wohnung zu einer ersten Tätigkeitsstätte.

Beispiel 25:

Kundendienstmonteure haben ebenfalls in der Regel keine erste Tätigkeitsstätte. Nur dann, wenn dauerhaft und typischerweise arbeitstäglich ein vom Arbeitgeber festgelegter Ort aufgesucht werden soll, werden die Fahrten von der Wohnung zu diesem Ort/Sammelpunkt ebenso behandelt wie die Fahrten von der Wohnung zu einer ersten Tätigkeitsstätte.

Beispiel 26:

Seeleute, die auf einem Schiff tätig werden sollen, haben in der Regel keine erste Tätigkeitsstätte, da das Schiff keine ortsfeste betriebliche Einrichtung des Arbeitgebers ist. Soll der Dienstantritt, die Ein- und Ausschiffung aber typischerweise arbeitstäglich von dem gleichen Anleger (wie z. B. einem Fähranleger, Liegeplatz des Seenotrettungskreuzers, Anleger des Fahrgastschiffes) erfolgen, werden die Fahrten zu diesem Ort/Sammelpunkt ebenso behandelt wie die Fahrten von der Wohnung zu einer ersten Tätigkeitsstätte.

Beispiel 27:

Angestellte Lotsen haben üblicherweise keine erste Tätigkeitsstätte, wenn sie ihre Tätigkeit typischerweise auf verschiedenen Schiffen ausüben sollen. Fahrten von der Wohnung zu einer vom Arbeitgeber festgelegten Lotsenstation oder Lotsenwechselstation, um von dort zum Einsatz auf ein Schiff verbracht zu werden, werden ebenso behandelt wie die Fahrten von der Wohnung zu einer ersten Tätigkeitsstätte.

Treffen sich mehrere Arbeitnehmer typischerweise arbeitstäglich an einem bestimmten Ort, um von dort aus gemeinsam zu ihren Tätigkeitsstätten zu fahren (privat organisierte Fahrgemeinschaft), liegt kein „Sammelpunkt" nach § 9 Absatz 1 Satz 3 Nummer 4a Satz 3 EStG vor. Es fehlt insoweit an einer dienst- oder arbeitsrechtlichen Festlegung des Arbeitgebers. 38

39 Auf die Berücksichtigung von Verpflegungspauschalen oder Übernachtungskosten als Werbungskosten oder den steuerfreien Arbeitgeberersatz hierfür hat diese Festlegung hingegen keinen Einfluss, da der Arbeitnehmer weiterhin außerhalb einer ersten Tätigkeitsstätte und somit auswärts beruflich tätig wird. Es wird keine erste Tätigkeitsstätte fingiert, sondern nur die Anwendung der **Entfernungspauschale** für die Fahrtkosten von der Wohnung zu diesem Ort sowie die Besteuerung eines geldwerten Vorteils bei Dienstwagengestellung durch den Arbeitgeber nach § 8 Absatz 2 Satz 3 und 4 EStG festgelegt und der steuerfreie Arbeitgeberersatz für diese Fahrten nach § 3 Nummer 13 oder Nummer 16 EStG ausgeschlossen.

cc) Weiträumiges Tätigkeitsgebiet

40 Soll der Arbeitnehmer auf Grund der Weisungen des Arbeitgebers seine berufliche Tätigkeit typischerweise arbeitstäglich in einem weiträumigen Tätigkeitsgebiet ausüben, findet für die Fahrten von der Wohnung zu diesem Tätigkeitsgebiet ebenfalls die Entfernungspauschale Anwendung.

41 Ein weiträumiges Tätigkeitsgebiet liegt in Abgrenzung zur ersten Tätigkeitsstätte vor, wenn die vertraglich vereinbarte Arbeitsleistung auf einer festgelegten Fläche und nicht innerhalb einer ortsfesten betrieblichen Einrichtung des Arbeitgebers, eines verbundenen Unternehmens (§ 15 AktG) oder bei einem vom Arbeitgeber bestimmten Dritten ausgeübt werden soll. In einem weiträumigen Tätigkeitsgebiet werden in der Regel z. B. Zusteller, Hafenarbeiter und Forstarbeiter tätig.

Hingegen sind z. B. Bezirksleiter und Vertriebsmitarbeiter, die verschiedene Niederlassungen betreuen oder mobile Pflegekräfte, die verschiedene Personen in deren Wohnungen in einem festgelegten Gebiet betreuen, sowie Schornsteinfeger von dieser Regelung nicht betroffen.

42 Wird das weiträumige Tätigkeitsgebiet immer von verschiedenen Zugängen aus betreten oder befahren, ist die Entfernungspauschale aus Vereinfachungsgründen bei diesen Fahrten nur für die kürzeste Entfernung von der Wohnung zum nächstgelegenen Zugang anzuwenden.

43 Für alle Fahrten innerhalb des weiträumigen Tätigkeitsgebietes sowie für die zusätzlichen Kilometer bei den Fahrten von der Wohnung zu einem weiter entfernten Zugang können weiterhin die tatsächlichen Aufwendungen oder der sich am Bundesreisekostengesetz orientierende maßgebliche pauschale Kilometersatz angesetzt werden.

Beispiel 28:

Der Forstarbeiter A fährt an 150 Tagen mit dem PKW von seiner Wohnung zu dem 15 km entfernten, nächstgelegenen Zugang des von ihm täglich zu betreuenden Waldgebietes (weiträumiges Tätigkeitsgebiet). An 70 Tagen fährt A von seiner Wohnung über einen weiter entfernt gelegenen Zugang (20 km) in das Waldgebiet.

Die Fahrten von der Wohnung zu dem weiträumigen Tätigkeitsgebiet werden behandelt wie die Fahrten von der Wohnung zu einer ersten Tätigkeitsstätte. A kann somit für diese Fahrten lediglich die Entfernungspauschale in Höhe von 0,30 Euro je Entfernungskilometer (= 15 km x 0,30 Euro) als Werbungskosten ansetzen. Die Fahrten innerhalb des Waldgebietes können mit den tatsächlichen Kosten oder aus Vereinfachungsgründen mit dem pauschalen Kilometersatz in Höhe von 0,30 Euro je tatsächlich gefahrenem Kilometer berücksichtigt werden.

Bei den Fahrten zu dem weiter entfernt gelegenen Zugang werden ebenfalls nur 15 Kilometer mit der Entfernungspauschale (15 km x 0,30 Euro) berücksichtigt. Die jeweils zusätzlichen fünf Kilometer für den tatsächlich längeren Hin- und Rückweg werden ebenso wie die Fahrten innerhalb des weiträumigen Tätigkeitsgebietes mit den tatsächlichen Kosten oder aus Vereinfachungsgründen mit dem pauschalen Kilometersatz in Höhe von 0,30 Euro je gefahrenem Kilometer berücksichtigt.

Somit sind für 220 Tage jeweils 15 km mit der Entfernungspauschale und die restlichen tatsächlich gefahrenen Kilometer mit den tatsächlichen Kosten oder aus Vereinfachungsgründen mit dem pauschalen Kilometersatz in Höhe von 0,30 Euro anzusetzen.

44 Auf die Berücksichtigung von Verpflegungspauschalen oder Übernachtungskosten als Werbungskosten sowie den steuerfreien Arbeitgeberersatz hat diese Festlegung „tätig werden in einem weiträumigen Tätigkeitsgebiet" – im Gegensatz zum bisherigen sog. „weiträumigen *Arbeitsgebiet*", welches auch „regelmäßige Arbeitsstätte" sein konnte – keinen Einfluss, da der Arbeitnehmer weiterhin außerhalb einer ersten Tätigkeitsstätte – und damit auswärts – beruflich tätig wird. Es wird nur die Anwendung der Entfernungspauschale für die Fahrtkosten von der Wohnung zum nächstgelegenen Zugang zu dem weiträumigen Tätigkeitsgebiet sowie die Besteuerung eines geldwerten Vorteils bei Dienstwagengestellung durch den Arbeitgeber nach § 8 Absatz 2 Satz 3 und 4 EStG festgelegt und der steuerfreie Arbeitgeberersatz für diese Fahrten nach § 3 Nummer 13 oder Nummer 16 EStG ausgeschlossen.

Soll der Arbeitnehmer in mehreren ortsfesten Einrichtungen seines Arbeitgebers, eines verbundenen Unternehmens oder eines Dritten, die innerhalb eines bestimmten Bezirks gelegen sind, beruflich tätig werden, wird er nicht in einem weiträumigen Tätigkeitsgebiet, sondern an verschiedenen, ggf. sogar ständig wechselnden Tätigkeitsstätten tätig. 45

2. Verpflegungsmehraufwendungen, § 9 Absatz 4a EStG

a) Vereinfachung bei der Ermittlung der Pauschalen, § 9 Absatz 4a Satz 2 bis 5 EStG

aa) Eintägige Auswärtstätigkeiten im Inland

Für eintägige auswärtige Tätigkeiten ohne Übernachtung kann ab einer Abwesenheit von mehr als acht Stunden von der Wohnung und der ersten Tätigkeitsstätte eine Pauschale von 12 Euro berücksichtigt werden. Dies gilt auch, wenn der Arbeitnehmer seine auswärtige berufliche Tätigkeit über Nacht (also an zwei Kalendertagen) ausübt – somit nicht übernachtet – und dadurch ebenfalls insgesamt mehr als acht Stunden von der Wohnung und der ersten Tätigkeitsstätte abwesend ist. Ist der Arbeitnehmer an einem Kalendertag mehrfach oder über Nacht (an zwei Kalendertagen ohne Übernachtung) auswärts tätig, **können** die Abwesenheitszeiten dieser Tätigkeiten **zusammengerechnet und im Fall der Tätigkeit über Nacht für den Kalendertag berücksichtigt werden, an dem der Arbeitnehmer den überwiegenden Teil der insgesamt mehr als 8 Stunden abwesend ist.** 46

Beispiel 29

Der Vertriebsleiter V verlässt um 8.00 Uhr seine Wohnung in B und besucht zuerst bis 12.00 Uhr einen Kunden. Von 12.30 Uhr bis 14.30 Uhr ist er in seinem Büro (erste Tätigkeitsstätte) tätig. Anschließend fährt er von dort zu einer Tagung in C und kehrt um 19.00 Uhr noch einmal für eine Stunde in sein Büro in B zurück.

Es zählen die Zeiten vom Verlassen der Wohnung bis zur Ankunft an der ersten Tätigkeitsstätte (Büro) mittags sowie vom Verlassen der ersten Tätigkeitsstätte (Büro)bis zur Rückkehr dorthin. V war zweimal beruflich auswärts tätig und dabei insgesamt mehr als acht Stunden von seiner Wohnung und seiner ersten Tätigkeitsstätte abwesend. Er erfüllt daher die Voraussetzungen der Verpflegungspauschale für eine eintägige Auswärtstätigkeit (12 Euro).

Beispiel 30

Der Kurierfahrer K ist typischerweise von 20.00 Uhr bis 5.30 Uhr des Folgetags beruflich unterwegs. In dieser Zeit legt er regelmäßig auch eine Lenkpause von 45 Minuten ein. Seine Wohnung verlässt K um 19.30 Uhr und kehrt um 6.00 Uhr dorthin zurück. Eine erste Tätigkeitsstätte liegt nicht vor.

K ist im Rahmen seiner beruflichen Auswärtstätigkeit (Fahrtätigkeit) über Nacht von seiner Wohnung abwesend. Bei der Lenkpause handelt es sich nicht um eine Übernachtung. Die Abwesenheitszeiten über Nacht können somit zusammengerechnet werden. Sie werden für den zweiten Kalendertag berücksichtigt, an dem A den überwiegenden Teil der Zeit abwesend ist. A erfüllt die Voraussetzungen der Verpflegungspauschale für eine eintägige Auswärtstätigkeit (12 Euro).

Abwandlung 1

Die berufliche Fahrtätigkeit des K verteilt sich wie folgt auf die Tage (in Stunden):

Montag	Dienstag	Mittwoch	Donnerstag	Freitag	Samstag
5	45	45	44,5	55	4

Im Fall der Zusammenrechnung der Abwesenheitszeiten über Nacht, kann K eine Verpflegungspauschale für eine eintägige Auswärtstätigkeit für folgende Tage beanspruchen: Montag, Dienstag, Mittwoch und Freitag. Werden stattdessen die an dem jeweiligen Tag geleisteten einzelnen Abwesenheitszeiten zusammengerechnet, dann kann K für Dienstag, Mittwoch, Donnerstag und Freitag eine Verpflegungspauschale von 12 Euro beanspruchen.

Abwandlung 2

Die berufliche Fahrtätigkeit des K verteilt sich wie folgt auf die Tage (in Stunden):

Montag	Dienstag	Mittwoch	Donnerstag	Freitag	Samstag
5	45	45	44,5	44	5

Im Fall der Zusammenrechnung der Abwesenheitszeiten über Nacht, kann K eine Verpflegungspauschale für eine eintägige Auswärtstätigkeit für folgende Tage beanspruchen: Montag, Dienstag, Mittwoch, Donnerstag und Samstag.

Wären nur die an dem jeweiligen Tag geleisteten einzelnen Abwesenheitszeiten zu berücksichtigen und zusammenzurechnen, könnte K nur für Dienstag, Mittwoch und Donnerstag eine Verpflegungspauschale von 12 Euro beanspruchen.

Dies wird durch die gesetzliche Regelung des § 9 Absatz 4a Satz 3 Nummer 3 2. Halbsatz EStG verhindert, die anstelle der auf den Kalendertag bezogenen Betrachtung ausnahmsweise bei auswärtigen beruflichen Tätigkeiten über Nacht ohne Übernachtung die Zusammenrechnung dieser Zeiten ermöglicht.

Beispiel 31

Der Arbeitnehmer A unternimmt, ohne zu übernachten, eine Dienstreise, die am 5.5. um 17.00 Uhr beginnt und am 6.5. um 7.30 Uhr beendet wird. Am 6.5. unternimmt A nachmittags eine weitere Dienstreise (von 14.00 Uhr bis 23.30 Uhr). A hat hier die Möglichkeit die Abwesenheitszeiten der ersten Dienstreise über Nacht zusammenzurechnen (= 14 Stunden und 30 Minuten). Bedingt durch die überwiegende Abwesenheit am 6.5. ist die dafür zu berücksichtigende Verpflegungspauschale dann dem 6.5. zuzurechnen.

Alternativ können auch alle ausschließlich am 6.5. geleisteten Abwesenheitszeiten (7 Stunden 30 Minuten zuzüglich 8 Stunden 30 Minuten = 16 Stunden) zusammengerechnet werden. In diesem Fall bleiben die im Rahmen der ersten Dienstreise angefallenen Abwesenheitszeiten unberücksichtigt.

Unabhängig davon, für welche Berechnungsmethode A sich entscheidet, steht ihm lediglich eine Verpflegungspauschale von 12 Euro für den 6.5. zu.

Eine Verpflegungspauschale von 24 Euro kommt nur in Betracht, wenn entweder die gesamte Tätigkeit über Nacht oder die Tätigkeit an dem jeweiligen Kalendertag 24 Stunden erreicht.

Beispiel 32

Der Arbeitnehmer A arbeitet von 8.30 Uhr bis 17.00 Uhr in seinem Büro in B (erste Tätigkeitsstätte), anschließend fährt er zu einem Geschäftstermin in C. Der Termin erstreckt sich bis 0.30 Uhr des Folgetags. A kehrt um 1.30 Uhr in seine Wohnung zurück.

A war wegen beruflicher Tätigkeit mehr als acht Stunden auswärts tätig. Dass sich die Abwesenheit über zwei Kalendertage ohne Übernachtung erstreckt, ist unschädlich. Die Abwesenheiten werden zusammengerechnet und dem ersten Kalendertag zugeordnet, weil an diesem Tag der überwiegende Teil der Abwesenheit stattgefunden hat. A erfüllt die Voraussetzungen der Verpflegungspauschale für eine eintägige Auswärtstätigkeit (12 Euro).

bb) Mehrtägige Auswärtstätigkeiten im Inland

47 Für die Kalendertage, an denen der Arbeitnehmer außerhalb seiner Wohnung und ersten Tätigkeitsstätte beruflich tätig ist (auswärtige berufliche Tätigkeit) und aus diesem Grund 24 Stunden von seiner Wohnung abwesend ist, kann weiterhin eine Pauschale von 24 Euro als Werbungskosten geltend gemacht bzw. vom Arbeitgeber steuerfrei ersetzt werden **(Zwischentag)**.

48 Für den **An- und Abreisetag** einer mehrtägigen auswärtigen Tätigkeit mit Übernachtung außerhalb der Wohnung kann ohne Prüfung einer Mindestabwesenheitszeit eine Pauschale von jeweils 12 Euro als Werbungskosten berücksichtigt bzw. vom Arbeitgeber steuerfrei ersetzt werden. Insoweit ist es unerheblich, ob der Arbeitnehmer die Reise von der Wohnung, der ersten oder einer anderen Tätigkeitsstätte aus antritt. **Eine mehrtägige auswärtige Tätigkeit mit Übernachtung liegt auch dann vor, wenn die berufliche Auswärtstätigkeit über Nacht ausgeübt wird und sich daran eine Übernachtung am Tage sowie eine weitere Tätigkeit über Nacht anschließt. Unerheblich ist auch, ob für die Übernachtung tatsächlich Übernachtungskosten anfallen (so z. B. bei Schlafen im Bus, LKW oder Lok).**

Beispiel 33

Der Ingenieur I aus B ist von Montagabend bis Dienstag in M auswärts tätig. An diese Tätigkeit schließt sich am Dienstag gleich die Weiterreise nach H zu einer neuen auswärtigen Tätigkeit an. I fährt von M direkt nach H und kehrt am Mittwochmittag zu seiner Wohnung zurück.

I kann folgende Verpflegungspauschalen beanspruchen: für Montag als Anreisetag und für Mittwoch als Rückreisetag stehen ihm jeweils 12 Euro zu. Da I am Dienstag infolge der *Abreise aus M und direkten* Anreise nach H 24 Stunden von seiner Wohnung und ersten Tätigkeitsstätte abwesend ist, kann er für diesen Tag eine Pauschale von 24 Euro beanspruchen.

Abwandlung

I sucht am Dienstag kurz seine Wohnung in B auf, um Unterlagen und Kleidung einzupacken und fährt nach einer Stunde weiter nach H.

In diesem Fall kann I auch für Dienstag als An- und gleichzeitig als Abreisetag nur 12 Euro Verpflegungspauschale beanspruchen. Eine Verpflegungspauschale von 24 Euro kann nur dann beansprucht werden, wenn I infolge seiner beruflichen Auswärtstätigkeit 24 Stunden von seiner Wohnung und ersten Tätigkeitsstätte abwesend ist.Beispiel 34

Monteur M aus D ist von Montag bis Mittwoch in S auswärts tätig. Eine erste Tätigkeitsstätte besteht nicht. M verlässt am Montag um 10.30 Uhr seine Wohnung in D. M verlässt S am Mittwochabend und erreicht seine Wohnung in D am Donnerstag um 1.45 Uhr.

M steht für Montag (Anreisetag) eine Verpflegungspauschale von 12 Euro zu. Für Dienstag und Mittwoch kann M eine Pauschale von 24 Euro beanspruchen, da er an diesen Tagen 24 Stunden von seiner Wohnung abwesend ist. Für Donnerstag steht ihm eine Pauschale von 12 Euro zu (Abreisetag).

Als Wohnung im vorstehenden Sinn gilt (§ 9 Absatz 4a Satz 4 2. Halbsatz EStG) 49

- der Hausstand, der den Mittelpunkt der Lebensinteressen des Arbeitnehmers bildet und nicht nur gelegentlich aufgesucht wird oder
- die Zweitwohnung am Ort einer steuerlich anzuerkennenden doppelten Haushaltsführung (insbesondere zu berücksichtigen, wenn der Arbeitnehmer mehrere Wohnungen hat).

Beispiel 35

Wohnung in diesem Sinne kann somit z. B. bei Auszubildenden auch die elterliche Wohnung sein, wenn sich dort noch der Lebensmittelpunkt des Auszubildenden befindet.

Beispiel 36

Übernachtet der Arbeitnehmer aus beruflichem Anlass z. B. im Rahmen einer Auswärtstätigkeit in seinem eigenen Ferienappartement, welches er nur gelegentlich aufsucht, handelt es sich um eine mehrtägige auswärtige Tätigkeit mit Übernachtung, auch wenn für die Übernachtung selbst keine Kosten entstehen.

cc) Auswärtstätigkeiten im Ausland

Für Tätigkeiten im Ausland gibt es nur noch zwei Pauschalen in Höhe von 120 Prozent und 80 Prozent der Auslandstagegelder nach dem Bundesreisekostengesetz unter den gleichen Voraussetzungen wie bei den inländischen Pauschalen. Die entsprechenden Beträge werden durch BMF-Schreiben bekannt gemacht. Im Hinblick auf die bei auswärtigen beruflichen Tätigkeiten im Ausland oftmals über Nacht oder mehrere Tage andauernden An- und Abreisen genügt es für die Qualifizierung als An- und Abreisetag, wenn der Arbeitnehmer unmittelbar nach der Anreise oder vor der Abreise auswärtig übernachtet. Die übrigen Regelungen zu den Besonderheiten bei Auswärtstätigkeiten im Ausland gelten weiter (so z. B. R 9.6 Absatz 3 LStR 2013) 50

Bei Auswärtstätigkeiten in verschiedenen ausländischen Staaten gilt für die Ermittlung der Verpflegungspauschalen am An-und Abreisetag Folgendes: 51

- **Bei einer Anreise vom Inland ins Ausland oder vom Ausland ins Inland jeweils ohne Tätigwerden ist die Verpflegungspauschale des Ortes maßgebend, der vor 24.00 Uhr erreicht wird.**
- **Bei einer Abreise vom Ausland ins Inland oder vom Inland ins Ausland ist die Verpflegungspauschale des letzten Tätigkeitsortes maßgebend.**

Beispiel 37

Der Arbeitnehmer A reist am Montag um 20.00 Uhr zu einer beruflichen Auswärtstätigkeit von seiner Wohnung in Berlin nach Brüssel. Er erreicht Belgien um 2.00 Uhr. Dienstag ist er den ganzen Tag in Brüssel tätig. Am Mittwoch reist er zu einem weiteren Geschäftstermin um 8.00 Uhr nach Amsterdam. Er erreicht Amsterdam um 14.00 Uhr. Dort ist er bis Donnerstag um 13.00 Uhr tätig und reist anschließend zurück nach Berlin. Er erreicht seine Wohnung am Donnerstag um 22.30 Uhr.

Für *Montag* ist die inländische Verpflegungspauschale für den Anreisetag maßgebend, da A sich um 24.00 Uhr noch im Inland befindet. Für Dienstag ist die Verpflegungspauschale für Belgien anzuwenden. Für Mittwoch ist die Verpflegungspauschale für die Niederlande zu Grunde zulegen, da sich der Ort, den A vor 24 Uhr Ortszeit zuletzt erreicht hat, in den Niederlanden befindet (§ 9 Absatz 4a Satz 5 EStG). Für Donnerstag ist die Verpflegungspauschale der Niederlande für den Abreisetag maßgeblich, da A noch bis 13.00 Uhr in Amsterdam beruflich tätig war.

Beispiel 38

Der Arbeitnehmer A reist für ein berufliches Projekt am Sonntag um 21.00 Uhr von Paris nach Mannheim. Am Sonntag um 24.00 Uhr befindet sich A noch in Frankreich. A ist in Mannheim von Montag bis Freitag beruflich tätig und verlässt Mannheim am Freitag um 11.00 Uhr. Er erreicht Paris am Freitag um 21.00 Uhr.

Für Sonntag (Anreisetag) ist die Verpflegungspauschale für Frankreich maßgebend. Für Montag bis Freitag ist die jeweils maßgebliche inländische Verpflegungspauschale anzuwenden.

b) Dreimonatsfrist, § 9 Absatz 4a Satz 6 EStG

52 Wie bisher ist der Abzug der Verpflegungsmehraufwendungen auf die ersten drei Monate einer längerfristigen beruflichen Tätigkeit an derselben Tätigkeitsstätte beschränkt (vgl. Rz. **55**). **Werden im Rahmen einer beruflichen Tätigkeit mehrere ortsfeste betriebliche Einrichtungen innerhalb eines großräumigen Werks-oder Betriebsgeländes aufgesucht, handelt es sich um die Tätigkeit an einer Tätigkeitsstätte. Handelt es sich um einzelne ortsfeste betriebliche Einrichtungen verschiedener Auftraggeber oder Kunden, liegen mehrere Tätigkeitsstätten vor. Dies gilt auch dann, wenn sich die Tätigkeitsstätten in unmittelbarer räumlicher Nähe zueinander befinden.**

53 Um die Berechnung der Dreimonatsfrist zu vereinfachen, wird eine rein zeitliche Bemessung der Unterbrechungsregelung eingeführt. Danach führt eine Unterbrechung der beruflichen Tätigkeit an derselben Tätigkeitsstätte zu einem Neubeginn der Dreimonatsfrist, wenn sie mindestens vier Wochen dauert (§ 9 Absatz 4a Satz 7 EStG). Der Grund der Unterbrechung ist unerheblich; es zählt nur noch die Unterbrechungsdauer.

54 Dies gilt auch, wenn die Unterbrechung der beruflichen Tätigkeit schon vor dem 1. Januar 2014 begonnen hat.

Beispiel 39

Der Arbeitnehmer A musste seine Tätigkeit in B wegen einer Krankheit ab dem 15. Dezember 2013 unterbrechen. Er nimmt seine Tätigkeit in B am 20. Januar 2014 wieder auf.

Die berufliche Tätigkeit des A in B wurde für mehr als vier Wochen unterbrochen. A kann somit für weitere drei Monate seiner Tätigkeit in B Verpflegungspauschalen als Werbungskosten geltend machen oder steuerfrei durch den Arbeitgeber ersetzt bekommen.

55 **Von** einer **längerfristigen** berufliche Tätigkeit an derselben Tätigkeitsstätte **ist erst dann auszugehen, sobald** der Arbeitnehmer an dieser mindestens an drei Tagen **in der Woche** tätig wird. Die Dreimonatsfrist beginnt daher nicht, solange die auswärtige Tätigkeitsstätte an nicht mehr als zwei Tagen **in der Woche** aufgesucht wird. Die Prüfung des Unterbrechungszeitraums und des Ablaufs der Dreimonatsfrist erfolgt stets im Nachhinein mit Blick auf die zurückliegende Zeit (Ex-post-Betrachtung).

Beispiel 40:

Der Bauarbeiter A soll ab März 2014 arbeitstäglich an der Baustelle in H für 5 Monate tätig werden. Am 1. April 2014 nimmt er dort seine Tätigkeit auf. Ab 20. Mai 2014 wird er nicht nur in H, sondern für einen Tag wöchentlich auch an der Baustelle in B tätig, da dort ein Kollege ausgefallen ist.

Für die Tätigkeit an der Baustelle in H beginnt die Dreimonatsfrist am 1. April 2014 und endet am 30. Juni 2014. Eine vierwöchige Unterbrechung liegt nicht vor (immer nur eintägige Unterbrechung).

Für die Tätigkeit an der Baustelle in B greift die Dreimonatsfrist hingegen nicht, da A dort lediglich einen Tag wöchentlich tätig wird.

Abwandlung:

Wie Beispiel **40**, allerdings wird A ab 1. April 2014 zwei Tage wöchentlich in H und drei Tage wöchentlich in B tätig. Ab 15. April 2014 muss er für zwei Wochen nach M. Ab 1. Mai 2014 ist er dann bis auf Weiteres drei Tage wöchentlich in H und zwei Tage in B tätig.

Für die Tätigkeit an der Baustelle in B beginnt die Dreimonatsfrist am 1. April 2014 und endet am 30. Juni 2014. Eine vierwöchige Unterbrechung liegt nicht vor (lediglich zwei Wochen und dann immer nur dreitägige Unterbrechung).

Für die Tätigkeit an der Baustelle in H beginnt die Dreimonatsfrist hingegen erst am 1. Mai 2014, da A dort erst ab diesem Tag an drei Tagen wöchentlich tätig wird.

Beispiel 41

Der Außendienstmitarbeiter A wohnt in K und hat am Betriebssitz seines Arbeitgebers in S seine erste Tätigkeitsstätte (arbeitsrechtliche Zuordnung durch AG). A sucht arbeitstäglich die Filiale in K gegen 8.00 Uhr auf und bereitet sich dort üblicherweise für ein bis zwei Stunden auf seinen Außendienst vor. Von ca. 10.00 Uhr bis 16.30 Uhr sucht er dann verschiedene Kunden im Großraum K auf. Anschließend fährt er nochmals in die Filiale in K, um Nacharbeiten zu erledigen.

Bei dem arbeitstäglichen Vor-und Nachbereiten der Außendiensttätigkeit in der Filiale in K handelt es sich um eine längerfristige berufliche Auswärtstätigkeit an derselben Tätigkeitsstätte; für die berufliche Tätigkeit an dieser Tätigkeitsstätte können nach Ablauf von drei

Monaten daher keine Verpflegungspauschalen mehr beansprucht werden. Für die restliche eintägige berufliche Auswärtstätigkeit bei den verschiedenen Kunden im Großraum K gilt dies nicht. Die Tätigkeitszeit in der Filiale in K kann für die Ermittlung der erforderlichen Mindestabwesenheitszeit von mehr als 8 Stunden nach Ablauf von 3 Monaten nicht mehr berücksichtigt werden, sondern ist abzuziehen. Ab dem vierten Monat kommt es für die Ermittlung der Abwesenheitszeiten der eintägigen Auswärtstätigkeit daher jeweils auf die Dauer der Abwesenheit von der Wohnung, abzüglich der Tätigkeitszeit(en) in der Filiale in K an.

Bei beruflichen Tätigkeiten auf mobilen, nicht ortsfesten betrieblichen Einrichtungen wie z. B. Fahrzeugen, Flugzeugen, Schiffen findet die Dreimonatsfrist ebenfalls keine Anwendung. Entsprechendes gilt für eine Tätigkeit in einem weiträumigen Tätigkeitsgebiet. 56

Die Regelungen zu den Verpflegungspauschalen sowie die Dreimonatsfrist gelten auch im Rahmen einer doppelten Haushaltsführung (§ 9 Absatz 4a Satz 12 EStG). 57

c) Pauschalbesteuerung nach § 40 Absatz 2 Satz 1 Nummer 4 EStG

Die Lohnsteuer kann mit einem Pauschsteuersatz von 25 Prozent erhoben werden, wenn dem Arbeitnehmer Vergütungen für Verpflegungsmehraufwendungen anlässlich einer Auswärtstätigkeit i. S. v. § 9 Absatz 4a Satz 3 bis 6 EStG gezahlt werden, soweit diese die danach dem Arbeitnehmer zustehenden Verpflegungspauschalen ohne Anwendung der Kürzungsregelung nach § 9 Absatz 4a Satz 8 bis 10 EStG um nicht mehr als 100 Prozent übersteigen. 58

Soweit nach Ablauf der Dreimonatsfrist eine steuerfreie Erstattung von Verpflegungsmehraufwendungen nicht mehr möglich ist, kommt eine Pauschalbesteuerung nach § 40 Absatz 2 Satz 1 Nummer 4 EStG nicht in Betracht. 59

Beispiel 42

Der Arbeitnehmer A erhält während einer ununterbrochenen viermonatigen Auswärtstätigkeit von seinem Arbeitgeber Vergütungen für Verpflegungsmehraufwendungen in Höhe von 48 Euro für jeden vollen Kalendertag. Für An- und Abreisetage reduziert sich diese Vergütung auf 24 Euro pro Tag. Während seiner Auswärtstätigkeit wird dem Arbeitnehmer kostenlos eine Unterkunft vom Arbeitgeber zur Verfügung gestellt.

In den ersten drei Monaten ist die Verpflegungspauschale für die vollen Kalendertage in Höhe von 24 Euro und für die An- und Abreisetage jeweils in Höhe von 12 Euro steuerfrei. Der Mehrbetrag von 24 Euro bzw. 12 Euro kann mit 25 Prozent pauschal versteuert werden. Ab dem vierten Monat sind die vom Arbeitgeber gezahlten Verpflegungsvergütungen von täglich 48 Euro bzw. 24 Euro wegen des Ablaufs der Dreimonatsfrist in voller Höhe als Arbeitslohn individuell zu versteuern.

Für Verpflegungszuschüsse, die im Rahmen einer doppelten Haushaltsführung gezahlt werden (§ 9 Absatz 4a Satz 12 EStG), ist die Pauschalbesteuerung nach § 40 Absatz 2 Satz 1 Nummer 4 EStG – wie bisher – nicht zulässig. 60

3. Vereinfachung der steuerlichen Erfassung der vom Arbeitgeber zur Verfügung gestellten Mahlzeiten während einer auswärtigen Tätigkeit, § 8 Absatz 2 Satz 8 und 9, § 9 Absatz 4a Satz 8 bis 10, § 40 Absatz 2 Nummer 1a EStG

a) Bewertung und Besteuerungsverzicht bei üblichen Mahlzeiten, § 8 Absatz 2 Satz 8 und 9 EStG

Eine vom Arbeitgeber während einer beruflich veranlassten Auswärtstätigkeit zur Verfügung gestellte „übliche" Mahlzeit wird mit dem amtlichen Sachbezugswert nach § 2 SvEV bewertet. Entsprechendes gilt für die im Rahmen einer beruflich veranlassten doppelten Haushaltsführung vom Arbeitgeber zur Verfügung gestellten „üblichen" Mahlzeiten. Als „üblich" gilt eine Mahlzeit, deren Preis 60 Euro nicht übersteigt (§ 8 Absatz 2 Satz 8 EStG). Hierbei sind auch die zur Mahlzeit eingenommenen Getränke einzubeziehen. 61

Mahlzeiten mit einem Preis von über 60 Euro dürfen nicht mit dem amtlichen Sachbezugswert bewertet werden. Bei einer solchen Mahlzeit wird typisierend unterstellt, dass es sich um ein „Belohnungsessen" (R 8.1 Absatz 8 Nummer 3 LStR 2013) handelt. Belohnungsessen sind mit dem tatsächlichen Preis als Arbeitslohn (§ 8 Absatz 2 Satz 1 EStG) anzusetzen. 62

Für die Prüfung der 60-Euro-Grenze kommt es auf den Preis der Mahlzeit (einschließlich Umsatzsteuer) an, den der Dritte dem Arbeitgeber in Rechnung stellt. Zuzahlungen des Arbeitnehmers sind bei der Prüfung der 60 Euro-Grenze nicht zu berücksichtigen. Ist der Preis der Mahlzeit in der Rechnung eines Dritten nicht beziffert, weil die Mahlzeit im Rahmen eines Gesamtpreises z. B. mit einer Fortbildungsveranstaltung berechnet wird, ist nach dem Gesamtbild der Verhältnisse im Einzelfall zu beurteilen, ob es sich um eine „übliche" Beköstigung i. S. d. § 8 Absatz 2 Satz 8 EStG gehandelt hat oder ob ein höherer Wert der Mahlzeit als 60 Euro anzunehmen ist. 63

64 Die für eine unmittelbar vom Arbeitgeber abgegebene Mahlzeit maßgeblichen Grundsätze gelten auch, wenn eine Mahlzeit auf Veranlassung des Arbeitgebers von einem Dritten an den Arbeitnehmer abgegeben wird. Die Gestellung einer Mahlzeit ist vom Arbeitgeber veranlasst, wenn er Tag und Ort der Mahlzeitengestellung bestimmt. Das ist insbesondere dann der Fall, wenn

- er die Verpflegungskosten im Hinblick auf die beruflich veranlasste Auswärtstätigkeit des Arbeitnehmers dienst- oder arbeitsrechtlich erstattet und
- die Rechnung auf den Arbeitgeber ausgestellt ist (R 8.1 Absatz 8 Nummer 2 Satz 6 LStR 2013) oder es sich um eine Kleinbetragsrechnung i. S. d. § 14 UStG i. V. m. § 33 UStDV handelt, die im Original beim Arbeitgeber vorliegt **oder vorgelegen hat und zu Zwecken der elektronischen Archivierung eingescannt wurde**.

65 **Zu den vom Arbeitgeber zur Verfügung gestellten Mahlzeiten (Rz. 73 ff.) gehören auch die z. B. im Flugzeug, im Zug oder auf einem Schiff im Zusammenhang mit der Beförderung unentgeltlich angebotenen Mahlzeiten, sofern die Rechnung für das Beförderungsticket auf den Arbeitgeber ausgestellt ist und von diesem dienst- oder arbeitsrechtlich erstattet wird. Die Verpflegung muss dabei nicht offen auf der Rechnung ausgewiesen werden. Lediglich dann, wenn z. B. anhand des gewählten Beförderungstarifs feststeht, dass es sich um eine reine Beförderungsleistung handelt, bei der keine Mahlzeiten unentgeltlich angeboten werden, liegt keine Mahlzeitengestellung vor.**

66 Die steuerliche Erfassung einer solchen üblichen Mahlzeit als Arbeitslohn ist ausgeschlossen, wenn der Arbeitnehmer für die betreffende Auswärtstätigkeit dem Grunde nach eine Verpflegungspauschale i. S. d. § 9 Absatz 4a EStG als Werbungskosten geltend machen könnte. Auf die Höhe der tatsächlich als Werbungskosten anzusetzenden Verpflegungspauschale kommt es nicht an. Ebenso ist eine mögliche Kürzung des Werbungskostenabzugs nach § 9 Absatz 4a Satz 8 ff. EStG wegen der Gestellung einer Mahlzeit unerheblich.

67 Im Ergebnis unterbleibt die Erfassung der mit dem Sachbezugswert bewerteten Mahlzeit bereits immer dann, wenn der Arbeitnehmer anlässlich einer beruflich veranlassten Auswärtstätigkeit eine Verpflegungspauschale beanspruchen kann, weil er innerhalb der Dreimonatsfrist nach § 9 Absatz 4a Satz 6 EStG nachweislich mehr als acht Stunden von seiner Wohnung und der ersten Tätigkeitsstätte abwesend ist oder eine mehrtägige Auswärtstätigkeit mit Übernachtung vorliegt. Nach Ablauf der Dreimonatsfrist ist die Gestellung einer Mahlzeit grundsätzlich als Arbeitslohn zu erfassen.

Beispiel 43

Der Arbeitnehmer A nimmt auf Veranlassung seines Arbeitgebers an einem zweitägigen Seminar mit Übernachtung teil. Die Hotelrechnung ist auf den Arbeitgeber ausgestellt. Der Arbeitgeber erstattet die vom Arbeitnehmer verauslagten Übernachtungskosten von 100 Euro inklusive 20 Euro für ein Frühstück im Rahmen der Reisekostenabrechnung des Arbeitnehmers. Die auf den Arbeitgeber ausgestellte Rechnung des Seminarveranstalters hat der Arbeitgeber unmittelbar bezahlt. Darin enthalten ist für beide Seminartage jeweils ein für derartige Veranstaltungen typisches Mittagessen, dessen Preis in der Rechnung nicht gesondert ausgewiesen ist.

Der Arbeitnehmer A erhält sowohl das Frühstück als auch die beiden Mittagessen auf Veranlassung seines Arbeitgebers. Für den An- und den Abreisetag steht ihm grundsätzlich jeweils eine Verpflegungspauschale in Höhe von 12 Euro zu.

Obgleich der Preis der Mittagessen in der Rechnung des Seminarveranstalters nicht beziffert ist, kann auf Grund der Art und Durchführung der Seminarveranstaltung von einer üblichen Beköstigung ausgegangen werden, deren Preis 60 Euro nicht übersteigt. Die Mahlzeiten sind daher nicht als Arbeitslohn zu erfassen und die Verpflegungspauschale des Arbeitnehmers ist im Hinblick auf die zur Verfügung gestellten Mahlzeiten nach § 9 Absatz 4a Satz 8 EStG zu kürzen (vgl. Rz. **73** ff.).

68 Eine vom Arbeitgeber oder auf dessen Veranlassung von einem Dritten abgegebene Mahlzeit mit einem höheren Preis als 60 Euro ist stets als Arbeitslohn zu erfassen. Das gilt auch dann, wenn der Preis der Mahlzeit zwar nicht offen in Rechnung gestellt, nach dem Gesamtbild der Umstände aber als unüblich i. S. d. § 8 Absatz 2 Satz 8 EStG anzusehen ist und ein Wert der Mahlzeit von mehr als 60 Euro unterstellt werden kann. Im Zweifel ist der Wert der Mahlzeit zu schätzen. Eine unübliche Mahlzeit ist als Arbeitslohn zu erfassen, unabhängig davon, ob der Arbeitnehmer für *die betreffende* Auswärtstätigkeit eine Verpflegungspauschale als Werbungskosten geltend machen kann.

Beispiel 44:

Der Arbeitnehmer A nimmt im Auftrag seines Arbeitgebers an einer eintägigen Podiumsdiskussion mit anschließender Abendveranstaltung teil. Die auf den Arbeitgeber ausgestellte Rechnung des Veranstalters hat der Arbeitgeber unmittelbar bezahlt. Darin enthalten sind die Kosten für ein Galadinner, das mit 80 Euro separat ausgewiesen ist. Der Arbeitnehmer ist mehr als acht Stunden von seiner Wohnung und seiner ersten Tätigkeitsstätte abwesend. Der Arbeitnehmer erhält das Galadinner vom Veranstalter der Podiumsdiskussion auf Veranlassung seines Arbeitgebers. Angesichts der Kosten von mehr als 60 Euro ist von einem Belohnungsessen auszugehen (unübliche Beköstigung gemäß § 8 Absatz 2 Satz 8 EStG), so dass die dafür berechneten 80 Euro als Arbeitslohn anzusetzen sind. Der Arbeitnehmer kann als Werbungskosten eine ungekürzte Verpflegungspauschale in Höhe von 12 Euro geltend machen.

Der Ansatz einer nach § 8 Absatz 2 Satz 8 EStG mit dem amtlichen Sachbezugswert bewerteten Mahlzeit als Arbeitslohn setzt voraus, dass es sich um eine übliche Mahlzeit handelt und der Arbeitnehmer keine Verpflegungspauschale beanspruchen kann; dies liegt regelmäßig vor, wenn er nicht mehr als acht Stunden außerhalb seiner Wohnung und seiner ersten Tätigkeitsstätte beruflich tätig ist oder die Dreimonatsfrist nach § 9 Absatz 4a Satz 6 EStG überschritten ist. 69

Zahlt der Arbeitnehmer in diesen Fällen ein Entgelt für die erhaltene Mahlzeit, mindert dieses Entgelt den steuerpflichtigen geldwerten Vorteil. Es ist nicht zu beanstanden, wenn der Arbeitgeber ein vereinbartes Entgelt für die Mahlzeit im Rahmen der Lohnabrechnung unmittelbar aus dem Nettoentgelt des Arbeitnehmers entnimmt. Übersteigt das vom Arbeitnehmer gezahlte Entgelt den maßgebenden Sachbezugswert oder entspricht es dem Sachbezugswert, verbleibt kein steuerpflichtiger geldwerter Vorteil. Der den Sachbezugswert übersteigende Betrag darf nicht als Werbungskosten abgezogen werden. 70

Gleiches gilt, wenn der Arbeitnehmer bei der Gestellung einer Mahlzeit auf Veranlassung des Arbeitgebers ein zuvor vereinbartes Entgelt unmittelbar an den Dritten entrichtet. Es muss sich hierbei aber um ein Entgelt des Arbeitnehmers handeln. Wird das vom Dritten in Rechnung gestellte Entgelt zunächst vom Arbeitnehmer verauslagt und diesem anschließend vom Arbeitgeber erstattet, handelt es sich nicht um ein Entgelt des Arbeitnehmers. Das gilt insbesondere für den auf den Arbeitgeber ausgestellten Rechnungsbetrag. 71

Beispiel 45:

Der Arbeitnehmer A nimmt auf Veranlassung seines Arbeitgebers an einem zweitägigen Seminar mit Übernachtung teil. Die auf den Arbeitgeber ausgestellte Hotelrechnung von 100 Euro inklusive 20 Euro für ein Frühstück wird zunächst vom Arbeitnehmer bezahlt. Der Arbeitgeber erstattet dem Arbeitnehmer die Übernachtungskosten inklusive Frühstück im Rahmen der Reisekostenabrechnung.

Im Hinblick auf die Rechnungsstellung und spätere Erstattung der Auslagen durch den Arbeitgeber handelt es sich bei dem in der Hotelrechnung für das Frühstück enthaltenen Kostenanteil nicht um ein Entgelt des Arbeitnehmers. Da es sich bei den zur Verfügung gestellten Mahlzeiten um übliche Mahlzeiten handelt, sind diese nicht als Arbeitslohn zu erfassen; beim Werbungskostenabzug des Arbeitnehmers sind die Verpflegungspauschalen entsprechend zu kürzen (für den zweiten Tag zustehende Verpflegungspauschale um 4,80 Euro).

Beispiel 46:

Der Arbeitnehmer A wird für sechs Monate von seinem Arbeitgeber an einen Tochterbetrieb im Inland entsandt. Für die Zeit der Entsendung übernachtet der Arbeitnehmer während der Woche in einem Hotel in der Nähe des Tochterbetriebs. Das Hotel stellt dem Arbeitgeber pro Übernachtung 70 Euro zuzüglich 10 Euro für ein Frühstück in Rechnung, dass der Arbeitnehmer zunächst verauslagt und dann im Rahmen der Reisekostenabrechnung von seinem Arbeitgeber erstattet erhält. Es liegt eine beruflich veranlasste Auswärtstätigkeit vor. Der Arbeitnehmer erhält das Frühstück jeweils auf Veranlassung seines Arbeitgebers.

Für die ersten drei Monate der Auswärtstätigkeit stehen dem Arbeitnehmer arbeitstäglich Verpflegungspauschalen zu. Da es sich bei den zur Verfügung gestellten Mahlzeiten um übliche Mahlzeiten handelt, sind diese nicht als Arbeitslohn zu erfassen und beim Werbungskostenabzug des Arbeitnehmers die Verpflegungspauschalen entsprechend zu kürzen.

Ab dem vierten Monat der Auswärtstätigkeit stehen dem Arbeitnehmer keine Verpflegungspauschalen mehr zu. Das Frühstück ist jeweils mit dem amtlichen Sachbezugswert als Arbeitslohn zu erfassen, der nach § 40 Absatz 2 Satz 1 Nummer 1a EStG pauschal besteuert (vgl. dazu Rz. **93** ff.) werden kann.

Abwandlung:

Sachverhalt wie voriges Beispiel. Allerdings zahlt der Arbeitnehmer A für das Frühstück jeweils 3 Euro.

Das vom Arbeitnehmer A für das Frühstück gezahlte Entgelt ist ab dem vierten Monat auf den Sachbezugswert anzurechnen. Da das Entgelt höher ist als der Sachbezugswert, unterbleibt eine Besteuerung als Arbeitslohn. Der den Sachbezugswert übersteigende Betrag darf nicht als Werbungskosten abgezogen werden.

72 Die Vorteile aus der Teilnahme des Arbeitnehmers an einer geschäftlich veranlassten Bewirtung i. S. d. § 4 Absatz 5 Satz 1 Nummer 2 EStG gehören weiterhin nicht zum Arbeitslohn (R 8.1 Absatz 8 Nummer 1 LStR 2013). Entsprechendes gilt für die im ganz überwiegenden eigenbetrieblichen Interesse des Arbeitgebers abgegebenen Mahlzeiten. Hierzu gehören insbesondere die Teilnahme an einem Arbeitsessen (R 19.6 Absatz 2 Satz 2 LStR 2013) sowie die im Rahmen einer üblichen Betriebsveranstaltung (R 19.5 LStR 2013) abgegebenen Mahlzeiten.

b) Kürzung der Verpflegungspauschalen, § 9 Absatz 4a Satz 8 bis 10 EStG

aa) Voraussetzungen der Mahlzeitengestellung

73 Der Arbeitnehmer kann für die ihm tatsächlich entstandenen Mehraufwendungen für Verpflegung auf Grund einer beruflich veranlassten Auswärtstätigkeit nach der Abwesenheitszeit von seiner Wohnung und seiner ersten Tätigkeitsstätte gestaffelte Verpflegungspauschalen als Werbungskosten ansetzen oder in entsprechender Höhe einen steuerfreien Arbeitgeberersatz erhalten. Das Merkmal „tatsächlich entstandene" Mehraufwendungen bringt dabei zum Ausdruck, dass die Verpflegungspauschalen insoweit nicht mehr zum Ansatz kommen, als der Arbeitnehmer während seiner beruflichen Auswärtstätigkeit durch den Arbeitgeber „verpflegt" wird. Eine Prüfungspflicht hinsichtlich der Höhe der tatsächlich entstandenen Aufwendungen besteht nicht. Wird dem Arbeitnehmer von seinem Arbeitgeber oder auf dessen Veranlassung von einem Dritten eine Mahlzeit zur Verfügung gestellt, wird der Werbungskostenabzug vielmehr tageweise gekürzt, und zwar

- um 20 Prozent für ein Frühstück und
- um jeweils 40 Prozent für ein Mittag- und Abendessen

der für die 24-stündige Abwesenheit geltenden höchsten Verpflegungspauschale. Das entspricht für Auswärtstätigkeiten im Inland einer Kürzung der jeweils zustehenden Verpflegungspauschale um 4,80 Euro für ein Frühstück und jeweils 9,60 Euro für ein Mittag- und Abendessen. **Diese typisierende, pauschale Kürzung der Verpflegungspauschale ist tagesbezogen und maximal bis auf 0 Euro vorzunehmen.**

74 [1] **Auch ein vom Arbeitgeber zur Verfügung gestellter Snack oder Imbiss (z. B. belegte Brötchen, Kuchen, Obst), der während einer auswärtigen Tätigkeit gereicht wird, kann eine Mahlzeit sein, die zur Kürzung der Verpflegungspauschale führt. Eine feste zeitliche Grenze für die Frage, ob ein Frühstück, Mittag-oder Abendessen zur Verfügung gestellt wird, gibt es nicht. Maßstab für die Einordnung ist vielmehr, ob die zur Verfügung gestellte Verpflegung an die Stelle einer der genannten Mahlzeiten tritt, welche üblicherweise zu der entsprechenden Zeit eingenommen wird.**

75 **Unbeachtlich im Hinblick auf die gesetzlich vorgeschriebene pauschale Kürzung der Verpflegungspauschalen ist, ob die vom Arbeitgeber zur Verfügung gestellte Mahlzeit vom Arbeitnehmer tatsächlich eingenommen wird oder die Aufwendungen für die vom Arbeitgeber gestellte Mahlzeit niedriger sind als der jeweilige pauschale Kürzungsbetrag. Die Kürzung kann nur dann unterbleiben, wenn der Arbeitgeber keine Mahlzeit zur Verfügung stellt, z. B. weil er die entsprechende Mahlzeit abbestellt oder der Arbeitnehmer die Mahlzeit selbst veranlasst und bezahlt.**

Beispiel 47

Der Arbeitnehmer A ist von 9.00 Uhr bis 18.00 auswärts bei verschiedenen Kunden beruflich tätig. In der Mittagspause kauft er sich eine Pizza und ein Wasser für 8 Euro. Da A anlässlich einer eintägigen beruflichen Auswärtstätigkeit mehr als acht Stunden von seiner Wohnung abwesend ist, könnte er eine Verpflegungspauschale von 12 Euro beanspruchen.

---

[1] ***Auszug aus dem Antwortschreiben des BMF vom 19. 5. 2015 (IV C 5 – S 2353/15/10002 – DOK 2015/0364577) an die acht Spitzenverbände der gewerblichen Wirtschaft:***
Aus steuerrechtlicher Sicht werden als Mahlzeiten alle Speisen und Lebensmittel angesehen, die üblicherweise der Ernährung dienen und die zum Verzehr während der Arbeitszeit oder im unmittelbaren Anschluss daran geeignet sind, somit Vor- und Nachspeisen ebenso wie Imbisse und Snacks. Eine Kürzung der steuerlichen Verpflegungspauschale ist allerdings nur vorzunehmen, wenn es sich bei der vom Arbeitgeber gestellten Mahlzeit tatsächlich um ein Frühstück, Mittag- oder Abendessen handelt. Es kommt daher für die steuerrechtliche Würdigung nicht allein darauf an, dass dem Arbeitnehmer etwas Essbares vom Arbeitgeber zur Verfügung gestellt wird, sondern auch, ob es sich dabei um eine der im Gesetz genannten Mahlzeit handelt. So handelt es sich beispielsweise bei Kuchen, der anlässlich eines Nachmittagskaffees gereicht wird, nicht um eine der genannten Mahlzeiten und es ist keine Kürzung der Verpflegungspauschale vorzunehmen. Auch die z. B. auf innerdeutschen Flügen oder Kurzstrecken-Flügen gereichten kleinen Tüten mit Chips, Salzgebäck, Schokowaffeln, Müsliriegel oder vergleichbare andere Knabbereien erfüllen nicht die Kriterien für eine Mahlzeit und führen somit zu keiner Kürzung der Pauschalen. In der Praxis obliegt es vorrangig dem jeweiligen Arbeitgeber, zu beurteilen, inwieweit die von ihm angebotenen Speisen unter Berücksichtigung z. B. ihres jeweiligen Umfangs, des entsprechenden Anlasses oder der Tageszeit tatsächlich an die Stelle einer der genannten Mahlzeiten treten.

Würde A die Rechnung für die mittags verzehrte Pizza und das Wasser seinem Arbeitgeber vorlegen und von diesem erstattet bekommen, könnte A neben 8 Euro Erstattungsbetrag nur noch eine gekürzte Verpflegungspauschale von 2,40 Euro (12 Euro – 9,60 Euro) beanspruchen.

[1])**Bei der Hingabe von Essensmarken durch den Arbeitgeber im Rahmen einer beruflichen Auswärtstätigkeit des Arbeitnehmers, handelt es sich in der Regel nicht um eine vom Arbeitgeber gestellte Mahlzeit, sondern lediglich um eine Verbilligung der vom Arbeitnehmer selbst veranlassten und bezahlten Mahlzeit.** 76

Beispiel 48:

Der Arbeitnehmer A ist auf einer dreitägigen Auswärtstätigkeit. Der Arbeitgeber hat für den Arbeitnehmer in einem Hotel zwei Übernachtungen jeweils mit Frühstück sowie am Zwischentag ein Mittag- und ein Abendessen gebucht und bezahlt. Der Arbeitnehmer A erhält vom Arbeitgeber keine weiteren Reisekostenerstattungen.

Der Arbeitgeber hat keinen geldwerten Vorteil für die Mahlzeiten zu versteuern. Der Arbeitnehmer kann für die Auswärtstätigkeit folgende Verpflegungspauschalen als Werbungskosten geltend machen:

Anreisetag:			12,00 Euro
Zwischentag:		24,00 Euro	
Kürzung:	Frühstück	– 4,80 Euro	
	Mittagessen	– 9,60 Euro	
	Abendessen	– 9,60 Euro	
verbleiben für Zwischentag			0,00 Euro
Abreisetag:		12,00 Euro	
Kürzung:	Frühstück	– 4,80 Euro	
verbleiben für den Abreisetag			7,20 Euro
Insgesamt abziehbar			19,20 Euro

Beispiel 49

Der Werbegrafiker W arbeitet von 10.00 Uhr bis 20.00 Uhr in seinem Büro in B (erste Tätigkeitsstätte), anschließend fährt er noch zu einem Geschäftstermin in C. Der Termin erstreckt sich bis 3.00 Uhr des Folgetags. W kehrt um 4.30 Uhr in seine Wohnung zurück. Zu Beginn des Geschäftstermins nimmt W an einem Abendessen teil, welches vom Arbeitgeber des W bestellt und bezahlt wird.

W ist im Rahmen seiner beruflichen Tätigkeit mehr als acht Stunden auswärts tätig. Dass sich diese Abwesenheit über zwei Kalendertage ohne Übernachtung erstreckt, ist unschädlich. Die Abwesenheitszeiten werden zusammengerechnet und dem zweiten Kalendertag zugeordnet, da an diesem Tag der überwiegende Teil der Abwesenheit stattgefunden hat. Die Verpflegungspauschale von 12 Euro für die berufliche Abwesenheit von mehr als acht Stunden über Nacht ist allerdings um 9,60 Euro zu kürzen; dass die Mahlzeit am ersten Tag vom Arbeitgeber gestellt wird und die Verpflegungspauschale dem Folgetag (Tag an dem die Auswärtstätigkeit endet) zuzuordnen ist, ist dabei unbeachtlich; dem Arbeitnehmer wird im Zusammenhang mit der beruflichen Auswärtstätigkeit, für die er die Verpflegungspauschale beanspruchen kann, eine Mahlzeit vom Arbeitgeber gestellt.

bb) Weitere Voraussetzungen der Kürzung

Die Kürzung der **Verpflegungspauschalen** ist auch dann vorzunehmen, wenn der Arbeitgeber die dem Arbeitnehmer zustehende Reisekostenvergütung lediglich gekürzt ausbezahlt. Nur ein für die Gestellung der Mahlzeit vereinbartes und vom Arbeitnehmer tatsächlich gezahltes Entgelt mindert den Kürzungsbetrag. Es ist hierbei nicht zu beanstanden, wenn der Arbeitgeber das für die Mahlzeit vereinbarte Entgelt im Rahmen eines abgekürzten Zahlungsweges unmittelbar aus dem Nettolohn des Arbeitnehmers entnimmt. Gleiches gilt, wenn der Arbeitgeber das Entgelt im Wege der Verrechnung aus der dem Arbeitnehmer dienst- oder arbeitsrechtlich zustehenden Reisekostenerstattung entnimmt. 77

Beispiel 50:

Der Arbeitnehmer A ist auf einer dreitägigen Auswärtstätigkeit. Der Arbeitgeber hat für den Arbeitnehmer A in einem Hotel zwei Übernachtungen jeweils mit Frühstück sowie am Zwischentag ein Mittag- und ein Abendessen gebucht und bezahlt. Zusätzlich zu diesen Leistungen möchte der Arbeitgeber auch noch eine steuerfreie Reisekostenerstattung zahlen. Für die vom Arbeitgeber veranlassten und bezahlten Mahlzeiten soll jeweils ein Betrag in Höhe des geltenden Sachbezugswertes (2014: Frühstück 1,63 Euro und Mittag-/Abendessen 3,00 Euro) einbehalten werden.

[1]) → ***aber auch H 8.1 (7) Essenmarken nach Ablauf der Dreimonatsfrist bei Auswärtstätigkeit.***

Der Arbeitgeber hat keinen geldwerten Vorteil für die Mahlzeiten zu versteuern. Der Arbeitgeber kann für die Auswärtstätigkeit höchstens noch folgende Beträge zusätzlich für die Verpflegung steuerfrei auszahlen:

Anreisetag:			12,00 Euro
Zwischentag:		24,00 Euro	
Kürzung:	Frühstück	– 4,80 Euro	
	Mittagessen	– 9,60 Euro	
	Abendessen	– 9,60 Euro	
verbleiben für Zwischentag			0,00 Euro
Abreisetag:		12,00 Euro	
Kürzung:	Frühstück	– 4,80 Euro	
verbleiben für den Abreisetag			7,20 Euro
Insgesamt abziehbar			19,20 Euro

Zahlt der Arbeitgeber angesichts der Mahlzeitengestellung nur eine (z. B. um die amtlichen Sachbezugswerte für zwei Frühstücke je 1,63 Euro, ein Mittagessen je 3,00 Euro und ein Abendessen je 3,00 Euro zusammen also um 9,26 Euro) gekürzte steuerfreie Reisekostenerstattung von 9,94 Euro an seinen Arbeitnehmer, kann der Arbeitnehmer die Differenz von 9,26 Euro als Werbungskosten geltend machen. In diesem Fall hat der Arbeitnehmer einen arbeitsrechtlichen Anspruch (nur) auf eine gekürzte Reisekostenerstattung.

Anreisetag:			12,00 Euro
Zwischentag:		24,00 Euro	
Kürzung:	Frühstück	– 4,80 Euro	
	Mittagessen	– 9,60 Euro	
	Abendessen	– 9,60 Euro	
verbleiben für Zwischentag			0,00 Euro
Abreisetag:		12,00 Euro	
Kürzung:	Frühstück	– 4,80 Euro	
verbleiben für den Abreisetag			7,20 Euro
Insgesamt abziehbar			19,20 Euro
abzüglich steuerfreie Reisekostenerstattung			– 9,94 Euro
verbleiben als Werbungskosten			– 9,26 Euro

Nimmt der Arbeitgeber den Einbehalt in Höhe der Sachbezugswerte z. B. von einem Betrag in Höhe der ungekürzten Verpflegungspauschalen (48,00 Euro) vor und zahlt nur eine gekürzte Reisekostenerstattung von 38,74 Euro (48 Euro – 9,26 Euro) an den Arbeitnehmer, können ebenfalls höchstens 19,20 Euro steuerfrei erstattet werden. Der darüber hinausgehende, vom Arbeitgeber ausgezahlte Betrag von 19,54 Euro (= 38,74 Euro – 19,20 Euro) ist pauschal (nach § 40 Absatz 2 Satz 1 Nummer 4 EStG höchstens bis zu 48,00 Euro) oder individuell zu besteuern.

Zahlt der Arbeitgeber eine ungekürzte steuerfreie Reisekostenerstattung von 19,20 Euro, zieht hiervon aber im Wege der Verrechnung ein Entgelt für die gestellten Mahlzeiten in Höhe der amtlichen Sachbezugswerte ab, ist die Kürzung der Verpflegungspauschalen um die verrechneten Entgelte zu kürzen, im Gegenzug aber die ungekürzte steuerfreie Reisekostenerstattung von 19,20 Euro abzuziehen. Zwar erhält der Arbeitnehmer nur 9,94 Euro ausgezahlt, dies ist aber wirtschaftlich die Differenz aus 19,20 Euro steuerfreie Reisekostenerstattung – 9,26 Euro Entgelt für die gestellten Mahlzeiten. In diesem Fall hat der Arbeitnehmer einen arbeitsrechtlichen Anspruch auf eine ungekürzte steuerfreie Reisekostenerstattung, die der Arbeitgeber aber im Rahmen der Erfüllung dieses Erstattungsanspruchs mit seinem Anspruch auf das für die Mahlzeiten vereinbarte Entgelt aufrechnet. Die arbeitgeberinterne Verrechnung ändert nicht den wirtschaftlichen Charakter oder die Anspruchsgrundlage der Reisekostenerstattung.

Anreisetag:			12,00 Euro
Zwischentag:		24,00 Euro	
Kürzung:	Frühstück	– 3,17 Euro (4,80 – 1,63 Euro)	
	Mittagessen	– 6,60 Euro (9,60 – 3,00 Euro)	
	Abendessen	– 6,60 Euro (9,60 – 3,00 Euro)	
verbleiben für Zwischentag			7,63 Euro
Abreisetag:		12,00 Euro	
Kürzung:	Frühstück	– 3,17 Euro (4,80 – 1,63 Euro)	
verbleiben für den Abreisetag			8,83 Euro
Insgesamt Verpflegungspauschalen			28,46 Euro
abzüglich steuerfreie Reisekostenerstattung			– 19,20 Euro
verbleiben als Werbungskosten			9,26 Euro

Zahlt der Arbeitgeber eine ungekürzte Reisekostenerstattung von 48 Euro und zieht hiervon das für die Mahlzeiten vereinbarte Entgelt in Höhe der Sachbezugswerte im Wege der Verrechnung ab (48,00 Euro – 9,26 Euro = 38,74 Euro), ändert dies nichts an der Berechnung der dem Arbeitnehmer steuerlich zustehenden Verpflegungspauschalen. In diesem Fall können ebenfalls 28,46 Euro steuerfrei erstattet werden. Der darüber hinausgehende, dem Arbeitnehmer arbeitsrechtlich zustehende Erstattungsbetrag von 19,54 Euro (= 48,00 Euro – 28,46 Euro) ist pauschal (nach § 40 Absatz 2 Satz 1 Nummer 4 EStG höchstens bis zu 48,00 Euro) oder individuell zu besteuern.

Abwandlung 1:

Wie Beispiel **50** Ausgangsfall, allerdings zahlt der Arbeitnehmer A für das Frühstück je 5 Euro und für das Mittag- und das Abendessen je 7 Euro.

Anreisetag:			12,00 Euro
Zwischentag:		24,00 Euro	
Kürzung:	Frühstück	– 0,00 Euro (4,80 – 5,00 Euro)	
	Mittagessen	– 2,60 Euro (9,60 – 7,00 Euro)	
	Abendessen	– 2,60 Euro (9,60 – 7,00 Euro)	
verbleiben für Zwischentag			18,80 Euro
Abreisetag:		12,00 Euro	
Kürzung:	Frühstück	– 0,00 Euro (4,80 – 5,00 Euro)	
verbleiben für den Abreisetag			12,00 Euro
Insgesamt steuerfrei auszahlbar			42,80 Euro

Abwandlung 2:

Sachverhalt wie Beispiel **50** Ausgangsfall, allerdings zahlt der Arbeitnehmer für die volle Verpflegung am Zwischentag pauschal 19,00 Euro.

Anreisetag:			12,00 Euro
Zwischentag:		24,00 Euro	
Kürzung: (24 Euro – 19 Euro)	Tagesverpflegung	– 5,00 Euro	
verbleiben für Zwischentag			19,00 Euro
Abreisetag:		12,00 Euro	
Kürzung:	Frühstück	– 4,80 Euro	
verbleiben für den Abreisetag			7,20 Euro
Insgesamt steuerfrei auszahlbar			38,20 Euro

Beispiel 51

Der Arbeitnehmer ist während einer eintägigen Auswärtstätigkeit von 5.00 bis 22.00 Uhr abwesend. Der Arbeitgeber stellt am Reisetag zwei Mahlzeiten (Mittag- und Abendessen) zur Verfügung. Für eintägige Auswärtstätigkeiten erstattet der Arbeitgeber dem Arbeitnehmer einen Verpflegungsmehraufwand von 30,00 Euro. Aufgrund der Kürzung der Verpflegungspauschale verbleibt kein steuerfreier Reisekostenersatz für Verpflegungsmehraufwendungen.

Verpflegungspauschale:			**12,00 Euro**
Kürzung:	**Mittagessen**	**–9,60 Euro**	
	Abendessen	**–9,60 Euro**	
verbleibt Verpflegungspauschale:			**0,00 Euro**

Die Erstattung des Verpflegungsmehraufwands durch den Arbeitgeber ist in Höhe von 30,00 Euro grundsätzlich steuerpflichtiger Arbeitslohn. Nach § 40 Absatz 2 Satz 1 Nummer 4 EStG kann der Arbeitgeber einen Betrag von 12,00 Euro (100 Prozent des in § 9 Absatz 4a Satz 3 Nummer 2 EStG genannten Betrags) pauschal mit 25 Prozent besteuern. Die verbleibenden 18,00 Euro (30,00 Euro abzüglich 12,00 Euro) sind nach den persönlichen Besteuerungsmerkmalen des Arbeitnehmers individuell zu besteuern.

Zuzahlungen des Arbeitnehmers sind jeweils vom Kürzungsbetrag derjenigen Mahlzeit abzuzie- 78
hen, für die der Arbeitnehmer das Entgelt zahlt. Übersteigt das vom Arbeitnehmer für die Mahlzeit gezahlte Entgelt den Kürzungsbetrag, entfällt für diese Mahlzeit die Kürzung des Werbungskostenabzugs. Eine Verrechnung etwaiger Überzahlungen des Arbeitnehmers mit Kürzungsbeträgen für andere Mahlzeiten ist nicht zulässig.

Beispiel 52:

Der Arbeitnehmer A ist auf einer dreitägigen Auswärtstätigkeit. Der Arbeitgeber hat für den Arbeitnehmer in einem Hotel zwei Übernachtungen jeweils mit Frühstück sowie am Zwischentag ein Mittag- und ein Abendessen gebucht und bezahlt. Der Arbeitnehmer A zahlt für das Mittag- und Abendessen je 10 Euro.

Anreisetag:			12,00 Euro
Zwischentag:		24,00 Euro	
Kürzung:	Frühstück	– 4,80 Euro	
	Mittagessen	– 0,00 Euro (9,60 – 10,00 Euro)	
	Abendessen	– 0,00 Euro (9,60 – 10,00 Euro)	
verbleiben für Zwischentag			19,20 Euro
Abreisetag:		12,00 Euro	
Kürzung:	Frühstück	– 4,80 Euro	
verbleiben für den Abreisetag			7,20 Euro
Insgesamt Verpflegungspauschalen			38,40 Euro

79 Die Kürzung **der Verpflegungspauschale** ist auch dann vorzunehmen, wenn der Arbeitgeber den amtlichen Sachbezugswert der Mahlzeit pauschal besteuert hat.

Beispiel 53:

Der Arbeitnehmer A nimmt an einer eintägigen Fortbildungsveranstaltung teil. Der Arbeitgeber hat für den Arbeitnehmer A auf dieser Fortbildungsveranstaltung ein Mittagessen gebucht und bezahlt. Der Arbeitgeber besteuert das Mittagessen nach § 40 Absatz 2 Satz 1 Nummer 1a EStG pauschal, da er keine Aufzeichnungen über die Abwesenheit des Arbeitnehmers führt. Der Arbeitnehmer A erhält vom Arbeitgeber keine weiteren Reisekostenerstattungen.

Der A kann anhand seiner Bahntickets gegenüber dem Finanzamt nachweisen, dass er für die Fortbildung insgesamt zehn Stunden von seiner Wohnung und seiner ersten Tätigkeitsstätte abwesend war. Er kann für die Fortbildung folgende Verpflegungspauschalen als Werbungskosten abziehen:

eintägige Auswärtstätigkeit:	12,00 Euro
Kürzung: 1x Mittagessen	– 9,60 Euro
verbleiben als Verpflegungspauschale	2,40 Euro

80 Erhält der Arbeitnehmer steuerfreie Erstattungen für Verpflegung vom Arbeitgeber, ist ein Werbungskostenabzug insoweit ausgeschlossen.

Beispiel 54:

Der Arbeitnehmer A ist auf einer dreitägigen Auswärtstätigkeit. Der Arbeitgeber hat für den Arbeitnehmer in einem Hotel zwei Übernachtungen jeweils mit Frühstück sowie am Zwischentag ein Mittag- und ein Abendessen gebucht und bezahlt. Der Arbeitnehmer A erhält von seinem Arbeitgeber zusätzlich zu den zur Verfügung gestellten Mahlzeiten noch eine steuerfreie Reisekostenerstattung für Verpflegungsmehraufwendungen in Höhe von 19,20 Euro. Der Arbeitgeber muss keinen geldwerten Vorteil für die Mahlzeiten versteuern. Der A kann für die Auswärtstätigkeit keine Verpflegungspauschalen als Werbungskosten geltend machen:

Anreisetag:			12,00 Euro
Zwischentag:		24,00 Euro	
Kürzung:	Frühstück	– 4,80 Euro	
	Mittagessen	– 9,60 Euro	
	Abendessen	– 9,60 Euro	
verbleiben für Zwischentag			0,00 Euro
Abreisetag:		12,00 Euro	
Kürzung:	Frühstück	– 4,80 Euro	
verbleiben für den Abreisetag			7,20 Euro
Insgesamt Verpflegungspauschalen			19,20 Euro
abzüglich steuerfreie Reisekostenerstattung:			– 19,20 Euro
verbleiben als Werbungskosten:			0,00 Euro

81 Die Kürzung der Verpflegungspauschalen ist nach § 9 Absatz 4a Satz 8 EStG immer dann vorzunehmen, wenn dem Arbeitnehmer eine Mahlzeit von seinem Arbeitgeber oder auf dessen Veranlassung von einem Dritten zur Verfügung gestellt wird.

82 Die Kürzung gilt daher auch für die Teilnahme des Arbeitnehmers an einer geschäftlich veranlassten Bewirtung i. S. d. § 4 Absatz 5 Satz 1 Nummer 2 EStG oder an einem außerhalb der ersten Tätigkeitsstätte gewährten Arbeitsessen (R 19.6 Absatz 2 Satz 2 LStR 2013), wenn der Arbeitgeber oder auf dessen Veranlassung ein Dritter die Mahlzeit zur Verfügung stellt. Es kommt nicht darauf an, ob Vorteile aus der Gestellung derartiger Mahlzeiten zum Arbeitslohn zählen.

Beispiel 55

Unternehmer U trifft sich am Samstagabend mit einigen Vertretern der Zulieferfirma Z in einem Restaurant zum Essen, um mit diesen eine geschäftliche Kooperation zu erörtern. An dem Essen nehmen auch der Vertriebsleiter und der Leiter der Konstruktionsabteilung des U teil. Jeder Teilnehmer erhält ein Menü zum Preis von 55 Euro einschließlich Getränke. Die Mahlzeit am Samstagabend erhalten die Arbeitnehmer des U im Rahmen einer geschäftlich veranlassten Bewirtung; sie gehört nicht zum Arbeitslohn. Sofern bei den

Arbeitnehmern des U die Voraussetzungen für eine Verpflegungspauschale erfüllt wären (z. B. weil sie mehr als acht Stunden abwesend waren oder weil sie nach dem Restaurantbesuch auswärtig übernachtet haben), wäre diese um 9,60 Euro zu kürzen.

Für die Arbeitnehmer der Zulieferfirma Z handelt es sich ebenfalls um die Teilnahme an einer geschäftlich veranlassten Bewirtung, die auch für die Arbeitnehmer des Z keinen Arbeitslohn darstellt. Sofern die Arbeitnehmer des Z die Voraussetzungen für eine Verpflegungspauschale erfüllen, ist bei diesen keine Kürzung wegen der gestellten Mahlzeit vorzunehmen. Z selbst hat seinen Arbeitnehmern keine Mahlzeit gestellt. Da U das Essen gestellt hat, um Geschäftsbeziehungen zu Z zu knüpfen, ist das Merkmal: „ein Dritter auf Veranlassung des Arbeitgebers" nicht gegeben.

Nimmt der Arbeitnehmer hingegen an der geschäftlich veranlassten Bewirtung durch einen Dritten oder einem Arbeitsessen eines Dritten teil, fehlt es in aller Regel an einer durch den Arbeitgeber zur Verfügung gestellten Mahlzeit; in diesem Fall sind die Verpflegungspauschalen nicht zu kürzen. 83

Beispiel 56

Der Mitarbeiter einer deutschen Gesellschaft nimmt an einer Vertriebsveranstaltung im Betriebssitz der italienischen Tochtergesellschaft teil (separate Firmierung). Die italienische Gesellschaft trägt sämtliche Kosten der Vertriebsveranstaltung (so z. B. Hotel, Essen, etc.).

Die Verpflegungspauschalen des Arbeitnehmers der deutschen Gesellschaft sind nicht zu kürzen, weil ihm die Mahlzeiten nicht auf Veranlassung seines Arbeitgebers, sondern eines Dritten (der italienischen Tochtergesellschaft) zur Verfügung gestellt werden.

Abwandlung

Die italienische Tochtergesellschaft belastet der deutschen Gesellschaft die Kosten für den Arbeitnehmer weiter.

In diesem Fall ist davon auszugehen, dass die dem Arbeitnehmer gestellten Mahlzeiten auf Veranlassung des Arbeitgebers erfolgen, was zur gesetzlich vorgeschriebenen Kürzung der Verpflegungspauschalen führt.

Da die im Rahmen einer herkömmlichen Betriebsveranstaltung (R 19.5 LStR 2013) abgegebenen Mahlzeiten in aller Regel durch den Arbeitgeber veranlasst sind, gelten für den Sonderfall, dass die Betriebsveranstaltung mit einer beruflichen Auswärtstätigkeit verknüpft ist, die in Rz. **88** dargestellten Grundsätze entsprechend. 84

Die durch eine zusätzlich zur Betriebsveranstaltung veranlasste berufliche Auswärtstätigkeit entstehenden Fahrt-und Übernachtungskosten sowie Verpflegungsmehraufwendungen sind Reisekosten und können als Werbungskosten berücksichtigt oder in entsprechender Höhe als steuerfreier Arbeitgeberersatz erstattet werden. 85

Die dem Arbeitgeber unmittelbar durch die Betriebsveranstaltung entstehenden Fahrt- und Übernachtungskosten sowie Verpflegungsaufwendungen sind nach den für die Betriebsveranstaltung geltenden allgemeinen Grundsätzen steuerlich zu beurteilen.

Die Kürzung der Verpflegungspauschalen unterbleibt insoweit, als Mahlzeiten vom Arbeitgeber zur Verfügung gestellt werden, deren Preis 60 Euro übersteigt und die daher individuell zu versteuern sind. 86

Hat der Arbeitnehmer für die Mahlzeit ein Entgelt entrichtet, wird dieses Entgelt auf den Kürzungsbetrag angerechnet. Es kommt insoweit auf das tatsächlich entrichtete Entgelt an, nicht aber darauf, ob das Entgelt dem tatsächlichen Wert der Mahlzeit entsprochen oder der Arbeitnehmer die Mahlzeit verbilligt erhalten hat. 87

cc) Ermittlung der Pauschalen bei gemischt veranlassten Veranstaltungen mit Mahlzeiten-*gestellung*

Bei gemischt veranlassten Reisen sind die **entstehenden** Kosten **grundsätzlich** in einen beruflich veranlassten Anteil und einen den Kosten der Lebensführung zuzurechnenden Anteil aufzuteilen (vgl. BFH vom 18. August 2005, VI R 32/03, BStBl 2006 II S. 30). Dies gilt auch für die **entstehenden** Verpflegungsmehraufwendungen. Stellt der Arbeitgeber im Rahmen einer gemischt veranlassten Reise Mahlzeiten zur Verfügung, ist die **gesetzlich vorgeschriebene** Kürzung der Verpflegungspauschalen **erst** nach **der** Ermittlung des beruflich veranlassten Teils der Verpflegungspauschalen vorzunehmen. 88

Beispiel 57:

Der Arbeitnehmer A nimmt an einer einwöchigen vom Arbeitgeber organisierten und finanzierten Reise im Inland teil. Das Programm sieht morgens eine Fortbildungsmaßnahme vor, der Nachmittag steht für touristische Aktivitäten zur Verfügung. Frühstück und Abendessen sind inklusive (Halbpension).

Folgende Auswirkungen ergeben sich durch die gemischte Veranlassung der Reise **(bei einer angenommene Quote von 50 Prozent)** auf die steuerliche Berücksichtigung des Verpflegungsmehraufwands:

Die Verpflegungsmehraufwendungen sind – wie die übrigen Reisekosten – nur zu 50 Prozent beruflich veranlasst.

Anreisetag: 12,00 Euro x 50 Prozent =	6,00 Euro	
Kürzung:	– 9,60 Euro	
verbleibt Verpflegungspauschale		0,00 Euro
5 Zwischentage je 24,00 Euro x 50 Prozent =	je 12,00 Euro	
Kürzung je 4,80 Euro und je 9,60 Euro =	je – 14,40 Euro	
verbleibt Verpflegungspauschale 5x 0,00 Euro =		0,00 Euro
Abreisetag: 12,00 Euro x 50 Prozent =	6,00 Euro	
Kürzung:	– 4,80 Euro	
verbleibt Verpflegungspauschale		1,20 Euro

c) Doppelte Haushaltsführung, § 9 Absatz 4a Satz 12 EStG

89 Die Verpflegungspauschalen gelten auch für eine Übergangszeit von drei Monaten, nachdem eine steuerlich anzuerkennende doppelte Haushaltsführung begründet wurde (§ 9 Absatz 4a Satz 12 EStG). Für den Fall der Gestellung von Mahlzeiten durch den Arbeitgeber oder auf dessen Veranlassung von einem Dritten im Rahmen der doppelten Haushaltsführung gelten die vorstehenden Ausführungen unter Rz. 61 bis 87 entsprechend.

Beispiel 58:

Der Arbeitnehmer A wird vom Stammsitz seines Arbeitgebers, wo er mit seiner Familie wohnt, an einen 250 Kilometer entfernten Tochterbetrieb im Inland ohne zeitliche Begrenzung umgesetzt. A behält seinen Familienwohnsitz bei und übernachtet während der Woche in einem Hotel in der Nähe des Tochterbetriebs. Das Hotel stellt dem Arbeitgeber pro Übernachtung 50 Euro zuzüglich 10 Euro für ein Frühstück in Rechnung, welche der Arbeitnehmer zunächst verauslagt und dann von seinem Arbeitgeber erstattet erhält.

Es liegt eine doppelte Haushaltsführung vor, da der Tochterbetrieb mit der zeitlich unbegrenzten Zuordnung zur ersten Tätigkeitsstätte des Arbeitnehmers wird. Für die ersten drei Monate der doppelten Haushaltsführung gelten die Regelungen zur Gestellung von Mahlzeiten bei Auswärtstätigkeit entsprechend. Nach Ablauf der Dreimonatsfrist sind dann die Regeln der Gestellung von Mahlzeiten am Ort der ersten Tätigkeitsstätte anzuwenden. In den ersten drei Monaten der doppelten Haushaltsführung unterbleibt folglich die Erfassung des arbeitstäglichen Frühstücks mit dem amtlichen Sachbezugswert als Arbeitslohn bei gleichzeitiger Kürzung der täglichen Verpflegungspauschalen um jeweils 4,80 Euro. Nach Ablauf der ersten drei Monate ist für das Frühstück ein geldwerter Vorteil in Höhe des Sachbezugswertes anzusetzen (R 8.1 Absatz 7 Nummer 1 LStR 2013).

d) Bescheinigungspflicht „M“

90 Hat der Arbeitgeber oder auf dessen Veranlassung ein Dritter dem Arbeitnehmer während seiner beruflichen Tätigkeit außerhalb seiner Wohnung und seiner ersten Tätigkeitsstätte oder im Rahmen einer doppelten Haushaltsführung eine mit dem amtlichen Sachbezugswert zu bewertende Mahlzeit zur Verfügung gestellt, muss im Lohnkonto der Großbuchstabe „M“ aufgezeichnet und in der elektronischen Lohnsteuerbescheinigung bescheinigt werden. Zur Erläuterung der mit dem Großbuchstaben „M“ bescheinigten Mahlzeitengestellungen sind neben den Reisekostenabrechnungen regelmäßig keine weiteren detaillierten Arbeitgeberbescheinigungen auszustellen.

91 Diese Aufzeichnungs- und Bescheinigungspflicht gilt unabhängig von der Anzahl der Mahlzeitengestellungen an den Arbeitnehmer im Kalenderjahr. Es kommt nicht darauf an, ob eine Besteuerung der Mahlzeiten ausgeschlossen ist (§ 8 Absatz 2 Satz 9 EStG) oder die Mahlzeit pauschal nach § 40 Absatz 2 Satz 1 Nummer 1a EStG oder individuell besteuert wurde. Im Fall der Gewährung von Mahlzeiten, die keinen Arbeitslohn darstellen oder deren Preis 60 Euro übersteigt und die daher nicht mit dem amtlichen Sachbezugswert zu bewerten sind, besteht keine Pflicht im Lohnkonto den Großbuchstaben „M“ aufzuzeichnen und zu bescheinigen.

92 Sofern das Betriebsstättenfinanzamt für die nach § 3 Nummer 13 oder Nummer 16 EStG steuerfrei gezahlten Vergütungen nach § 4 Absatz 3 LStDV eine andere Aufzeichnung als im Lohnkonto zugelassen hat, ist für eine Übergangszeit (bis max. 2015[1])) eine Bescheinigung des Großbuchstabens „M“ nicht zwingend erforderlich.

[1]) ***Verlängert bis zum 31. 12. 2017 → BMF vom 30. 7. 2015 (BStBl I S. 614).***

e) Neue Pauschalbesteuerungsmöglichkeit üblicher Mahlzeiten, § 40 Absatz 2 Satz 1 Nummer 1a EStG

Nach § 40 Absatz 2 Satz 1 Nummer 1a EStG besteht bei Mahlzeiten die Möglichkeit der pauschalen Besteuerung mit 25 Prozent, wenn 93

- diese dem Arbeitnehmer von seinem Arbeitgeber oder auf dessen Veranlassung von einem Dritten während einer auswärtigen Tätigkeit unentgeltlich oder verbilligt zur Verfügung gestellt werden und
- deren Besteuerung nicht nach § 8 Absatz 2 Satz 9 EStG unterbleibt.

Die Pauschalbesteuerung kommt demnach in Betracht, wenn 94

- der Arbeitnehmer ohne Übernachtung nicht mehr als acht Stunden auswärts tätig ist,
- der Arbeitgeber die Abwesenheitszeit nicht überwacht, nicht kennt oder
- die Dreimonatsfrist nach § 9 Absatz 4a Satz 6 EStG abgelaufen ist.

Beispiel 59:

Der Arbeitnehmer A nimmt an einer halbtägigen auswärtigen Seminarveranstaltung teil. Der Arbeitgeber hat für die teilnehmenden Arbeitnehmer neben dem Seminar auch ein Mittagessen gebucht und bezahlt. Der Arbeitgeber besteuert das Mittagessen nach § 40 Absatz 2 Satz 1 Nummer 1a EStG pauschal mit 25 Prozent, weil er keine Aufzeichnungen über die Abwesenheitszeiten der Arbeitnehmer führt.

Voraussetzung ist, dass es sich um übliche Mahlzeiten handelt, die nach § 8 Absatz 2 Satz 8 EStG mit dem Sachbezugswert anzusetzen sind. 95

Nicht nach § 40 Absatz 2 Satz 1 Nummer 1a EStG pauschal besteuerbar sind somit sog. Belohnungsessen mit einem Preis von mehr als 60 Euro. 96

Die Pauschalierungsmöglichkeit greift auch nicht für Mahlzeiten, die im überwiegend eigenbetrieblichen Interesse des Arbeitgebers abgegeben werden (z. B. sog. Arbeitsessen oder bei Beteiligung von Arbeitnehmern an einer geschäftlich veranlassten Bewirtung), da insoweit kein steuerpflichtiger Arbeitslohn vorliegt. 97

Die Pauschalierungsmöglichkeit nach § 40 Absatz 2 Satz 1 Nummer 1a EStG gilt zudem nicht für die Gestellung von Mahlzeiten am Ort der ersten Tätigkeitsstätte im Rahmen einer doppelten Haushaltsführung; hier kommt allerdings eine Pauschalierung nach § 40 Absatz 2 Satz 1 Nummer 1 EStG in Betracht. 98

4. Unterkunftskosten, § 9 Absatz 1 Satz 3 Nummer 5 und Nummer 5a EStG

a) Unterkunftskosten im Rahmen der doppelten Haushaltsführung, § 9 Absatz 1 Satz 3 Nummer 5 EStG

aa) Vorliegen einer doppelten Haushaltsführung

Eine doppelte Haushaltsführung liegt nur vor, wenn der Arbeitnehmer außerhalb des Ortes seiner ersten Tätigkeitsstätte einen eigenen Haushalt unterhält und auch am Ort der ersten Tätigkeitsstätte wohnt. Die Anzahl der Übernachtungen ist dabei weiterhin unerheblich. 99

Das Vorliegen eines eigenen Hausstandes setzt neben dem Innehaben einer Wohnung aus eigenem Recht als Eigentümer oder Mieter bzw. aus gemeinsamem oder abgeleitetem Recht als Ehegatte, Lebenspartner oder Lebensgefährte sowie Mitbewohner gemäß § 9 Absatz 1 Satz 3 Nummer 5 Satz 3 EStG auch eine finanzielle Beteiligung an den Kosten der Lebensführung (laufende Kosten der Haushaltsführung) voraus. Es genügt nicht, wenn der Arbeitnehmer z. B. im Haushalt der Eltern lediglich ein oder mehrere Zimmer unentgeltlich bewohnt oder wenn dem Arbeitnehmer eine Wohnung im Haus der Eltern unentgeltlich zur Nutzung überlassen wird. Die finanzielle Beteiligung an den Kosten der Haushaltsführung ist darzulegen und kann auch bei volljährigen Kindern, die bei ihren Eltern oder einem Elternteil wohnen, nicht generell unterstellt werden. Durch diese Neuregelung ist die anders lautende Rechtsprechung des BFH (z. B. BFH vom 16. Januar 2013, VI R 46/12, BStBl II S. 627) überholt. Eine finanzielle Beteiligung an den Kosten der Haushaltsführung mit Bagatellbeträgen ist nicht ausreichend. Betragen die Barleistungen des Arbeitnehmers mehr als 10 Prozent der monatlich regelmäßig anfallenden laufenden Kosten der Haushaltsführung (z. B. Miete, Mietnebenkosten, Kosten für Lebensmittel und andere Dinge des täglichen Bedarfs), ist von einer finanziellen Beteiligung oberhalb der Bagatellgrenze auszugehen. Liegen die Barleistungen darunter, kann der Arbeitnehmer eine hinreichende finanzielle Beteiligung auch auf andere Art und Weise darlegen. Bei Ehegatten oder Lebenspartnern mit den Steuerklassen III, IV oder V kann eine finanzielle Beteiligung an den Kosten der Haushaltsführung ohne entsprechenden Nachweis unterstellt werden (vgl. auch Rz. 109). 100

bb) Berufliche Veranlassung

101 Das Beziehen einer Zweitwohnung oder -unterkunft muss aus beruflichen Gründen erforderlich sein. Eine Zweitwohnung oder -unterkunft in der Nähe des Beschäftigungsorts steht einer Zweitwohnung am Ort der ersten Tätigkeitsstätte gleich. Aus Vereinfachungsgründen kann von einer Zweitunterkunft oder -wohnung am Ort der ersten Tätigkeitsstätte dann noch ausgegangen werden, wenn der Weg von der Zweitunterkunft oder -wohnung zur ersten Tätigkeitsstätte weniger als die Hälfte der Entfernung der kürzesten Straßenverbindung zwischen der Hauptwohnung (Mittelpunkt der Lebensinteressen) und der ersten Tätigkeitsstätte beträgt. **Befinden sich der eigene Hausstand und die Zweitwohnung innerhalb desselben Ortes (derselben Stadt oder Gemeinde) kann für die Frage der beruflichen Veranlassung ebenfalls diese Vereinfachungsregelung (Entfernung Zweitwohnung und erste Tätigkeitsstätte im Vergleich zur Entfernung zwischen Hauptwohnung und ersten Tätigkeitsstätte) herangezogen werden.**

Beispiel 60:

Der Arbeitnehmer A hat seinen eigenen Hausstand in B und in C seine neue erste Tätigkeitsstätte. Die Entfernung von B (Mittelpunkt der Lebensinteressen) nach C beträgt 250 km. Der Arbeitnehmer findet in Z eine günstige Zweitwohnung. Die Entfernung von dieser Zweitwohnung in Z nach C (erste Tätigkeitsstätte) beträgt 70 km.

Auch wenn die Zweitwohnung in Z 70 km von C entfernt liegt, gilt sie noch als Wohnung am Ort der ersten Tätigkeitsstätte, da sie weniger als die Hälfte der Entfernung von der Hauptwohnung in B zur neuen ersten Tätigkeitsstätte in C entfernt liegt (1/2 von 250 km = 125 km).

Abwandlung:

Die Entfernung von der Zweitwohnung in Z nach C (erste Tätigkeitsstätte) beträgt 150 Kilometer. In diesem Fall kann nicht mehr ohne Weiteres von einer Zweitwohnung am Ort der ersten Tätigkeitsstätte ausgegangen werden. Die steuerliche Anerkennung richtet sich in diesem Fall nach den von der BFH-Rechtsprechung aufgestellten Grundsätzen (vgl. hierzu grundlegend BFH vom 19. April 2012, VI R 59/11, BStBl II S. 833).

cc) Höhe der Unterkunftskosten

102 Als Unterkunftskosten für eine doppelte Haushaltsführung im Inland werden die dem Arbeitnehmer tatsächlich entstandenen Aufwendungen für die Nutzung der Wohnung oder Unterkunft höchstens bis zu einem nachgewiesenen Betrag von 1 000 Euro im Monat anerkannt. Die Prüfung der Notwendigkeit und Angemessenheit entfällt; auch auf die Zahl der Wohnungsbenutzer (Angehörige) kommt es nicht an. Durch diese Neuregelung ist die anders lautende Rechtsprechung des BFH (vgl. BFH vom 9. August 2007, VI R 10/06, BStBl II S. 820) überholt.

103 Steht die Zweitwohnung oder -unterkunft im Eigentum des Arbeitnehmers, sind die tatsächlichen Aufwendungen (z. B. AfA, Schuldzinsen, Reparaturkosten, Nebenkosten) bis zum Höchstbetrag von 1 000 Euro monatlich zu berücksichtigen. Insoweit gelten die Grundsätze der BFH-Rechtsprechung (vgl. BFH vom 3. Dezember 1982, VI R 228/80, BStBl 1983 II S. 467) weiter.

104 Der Höchstbetrag umfasst sämtliche entstehenden Aufwendungen wie Miete, Betriebskosten, Kosten der laufenden Reinigung und Pflege der Zweitwohnung oder -unterkunft, AfA für notwendige Einrichtungsgegenstände (ohne Arbeitsmittel), Zweitwohnungsteuer, Rundfunkbeitrag, Miet- oder Pachtgebühren für KFZ-Stellplätze, Aufwendungen für Sondernutzung (wie Garten), die vom Arbeitnehmer selbst getragen werden. Wird die Zweitwohnung oder -unterkunft möbliert angemietet, sind die Aufwendungen bis zum Höchstbetrag berücksichtigungsfähig. Auch Aufwendungen für einen separat angemieteten Garagenstellplatz sind in den Höchstbetrag einzubeziehen und können nicht als „sonstige" notwendige Mehraufwendungen zusätzlich berücksichtigt werden. Die anders lautende BFH-Rechtsprechung (vgl. BFH vom 13. November 2012, VI R 50/11, BStBl 2013 II S. 286) ist überholt. **Maklerkosten, die für die Anmietung einer Zweitwohnung oder -unterkunft entstehen, sind als Umzugskosten zusätzlich als Werbungskosten abziehbar (R 9.9 Absatz 2 LStR 2013) oder vom Arbeitgeber steuerfrei erstattbar. Sie sind nicht in die 1 000 Euro-Grenze mit einzubeziehen.**

105 Bei der Anwendung des Höchstbetrags ist grundsätzlich § 11 EStG zu beachten. Soweit der monatliche Höchstbetrag von 1 000 Euro nicht ausgeschöpft wird, ist eine Übertragung des nicht ausgeschöpften Volumens in andere Monate des Bestehens der doppelten Haushaltsführung im selben Kalenderjahr möglich. Erhält der Arbeitnehmer Erstattungen z. B. für Nebenkosten, mindern diese Erstattungen im Zeitpunkt des Zuflusses die Unterkunftskosten der doppelten Haushaltsführung.

Ein häusliches Arbeitszimmer in der Zweitwohnung am Ort der ersten Tätigkeitsstätte ist bei der Ermittlung der anzuerkennenden Unterkunftskosten wie bisher nicht einzubeziehen; der Abzug der hierauf entfallenden Aufwendungen richtet sich weiterhin nach § 4 Absatz 5 Satz 1 Nummer 6b EStG (vgl. BFH vom 9. August 2007, VI R 23/05, BStBl 2009 II S. 722).

Der Höchstbetrag nach § 9 Absatz 1 Satz 3 Nummer 5 Satz 4 EStG in Höhe von 1 000 Euro ist ein Monatsbetrag, der nicht auf einen Kalendertag umzurechnen ist und grundsätzlich für jede doppelte Haushaltsführung des Arbeitnehmers gesondert gilt. Beziehen mehrere berufstätige Arbeitnehmer (z. B. beiderseits berufstätige Ehegatten, Lebenspartner, Lebensgefährten, Mitglieder einer Wohngemeinschaft) am gemeinsamen Beschäftigungsort eine gemeinsame Zweitwohnung, handelt es sich jeweils um eine doppelte Haushaltsführung, so dass jeder Arbeitnehmer den Höchstbetrag für die tatsächlich von ihm getragenen Aufwendungen jeweils für sich beanspruchen kann. 106

Beispiel 61:

Die beiderseits berufstätigen Ehegatten bewohnen an ihrem Beschäftigungsort in M (jeweils Ort der ersten Tätigkeitsstätte) gemeinsam eine möblierte Unterkunft. Ihren Hausstand sowie ihren Lebensmittelpunkt haben die Eheleute nachweislich im eigenen Einfamilienhaus in B. Die Aufwendungen für die Nutzung der Unterkunft am Beschäftigungsort betragen inklusive sämtlicher Nebenkosten und Abschreibungen für notwendige Einrichtungsgegenstände 1 100 Euro im Monat. Diese werden auf Grund gemeinsamer Verpflichtung von beiden Ehegatten zu gleichen Anteilen gezahlt.

Die tatsächlichen Aufwendungen für die Nutzung der Unterkunft können bei jedem Ehegatten jeweils in Höhe von 550 Euro angesetzt werden.

Beispiel 62:

Der Arbeitnehmer A bewohnt am Ort seiner ersten Tätigkeitsstätte in M eine Zweitwohnung. Die Aufwendungen für die Nutzung dieser Unterkunft (Miete inklusive sämtlicher berücksichtigungsfähiger Nebenkosten und evtl. Abschreibungen für notwendige Einrichtungsgegenstände) betragen bis zum 30. Juni monatlich 990 Euro. Ab 1. Juli wird die Miete um 30 Euro erhöht, so dass ab diesem Zeitpunkt die monatlichen Aufwendungen für die Nutzung der Unterkunft 1 020 Euro betragen.

In den Monaten Januar bis Juni können die Aufwendungen für die Nutzung der Unterkunft in voller Höhe vom Arbeitgeber steuerfrei erstattet bzw. von A als Werbungskosten geltend gemacht werden.

Ab Juli ist grundsätzlich die Beschränkung auf den Höchstbetrag von 1 000 Euro zu beachten. Die den Höchstbetrag übersteigenden Aufwendungen von monatlich 20 Euro können allerdings mit dem noch nicht aufgebrauchten Höchstbetragsvolumen der Monate Januar bis Juni (6x 10 Euro = 60 Euro) verrechnet und insoweit steuerfrei erstattet oder als Werbungskosten geltend gemacht werden.

Bei doppelter Haushaltsführung im Ausland gelten die bisherigen Grundsätze unverändert weiter. Danach sind die Aufwendungen in tatsächlicher Höhe notwendig, soweit sie die ortsübliche Miete für eine nach Lage und Ausstattung durchschnittliche Wohnung am Ort der ersten Tätigkeitsstätte mit einer Wohnfläche bis zu 60 qm nicht überschreiten. 107

dd) Steuerfreie Erstattung durch den Arbeitgeber und Werbungskostenabzug

Für den steuerfreien Arbeitgeberersatz kann der Arbeitgeber bei Arbeitnehmern mit den Steuerklassen III, IV oder V weiterhin ohne Weiteres unterstellen, dass sie einen eigenen Hausstand haben, an dem sie sich auch finanziell beteiligen. Bei anderen Arbeitnehmern darf der Arbeitgeber einen eigenen Hausstand nur dann anerkennen, wenn sie schriftlich erklären, dass sie neben einer Zweitwohnung oder -unterkunft am Beschäftigungsort außerhalb des Beschäftigungsortes einen eigenen Hausstand unterhalten, an dem sie sich auch finanziell beteiligen. Die Kosten der Zweitwohnung oder -unterkunft am Ort der ersten Tätigkeitsstätte im Inland können weiterhin vom Arbeitgeber pauschal steuerfrei erstattet werden (R 9.11 Absatz 10 Satz 7 Nummer 3 LStR 2013). 108

Beim Werbungskostenabzug im Rahmen der Einkommensteuerveranlagung hat der Arbeitnehmer das Vorliegen einer doppelten Haushaltsführung und die finanzielle Beteiligung an der Haushaltsführung am Ort des eigenen Hausstands darzulegen. Kosten der Zweitwohnung oder -unterkunft sind für die Berücksichtigung als Werbungskosten grundsätzlich im Einzelnen nachzuweisen; sie können geschätzt werden, wenn sie dem Grunde nach zweifelsfrei entstanden sind (vgl. BFH vom 12. September 2001, VI R 72/97, BStBl II S. 775). 109

b) Unterkunftskosten im Rahmen einer Auswärtstätigkeit, § 9 Absatz 1 Satz 3 Nummer 5a EStG

Als Werbungskosten abzugsfähig sind Unterkunftskosten bei einer Auswärtstätigkeit. Hierbei muss es sich um notwendige Mehraufwendungen eines Arbeitnehmers für beruflich veranlasste Übernachtungen an einer Tätigkeitsstätte handeln, die nicht erste Tätigkeitsstätte ist. 110

aa) Berufliche Veranlassung

111 Die berufliche Veranlassung ist gegeben, wenn der Arbeitnehmer auf Weisung des Arbeitgebers so gut wie ausschließlich betrieblich bzw. dienstlich unterwegs ist. Dies ist zum Beispiel der Fall, wenn der Arbeitnehmer einen Kunden besucht. Erledigt der Arbeitnehmer im Zusammenhang mit der beruflich veranlassten Auswärtstätigkeit auch in einem mehr als geringfügigen Umfang private Angelegenheiten, sind die beruflich veranlassten von den privat veranlassten Aufwendungen zu trennen (vgl. BFH vom 21. September 2009, GrS 1/06, BStBl 2010 II S. 672). Ist das nicht – auch nicht durch Schätzung – möglich, gehören die gesamten Aufwendungen zu den nach § 12 EStG nicht abziehbaren Aufwendungen für die Lebensführung.

bb) Unterkunftskosten

112 Unterkunfts- bzw. Übernachtungskosten sind die tatsächlichen Aufwendungen für die persönliche Inanspruchnahme einer Unterkunft zur Übernachtung. Hierzu zählen zum Beispiel Kosten für die Nutzung eines Hotelzimmers, Mietaufwendungen für die Nutzung eines (ggf. möblierten) Zimmers oder einer Wohnung sowie Nebenleistungen (z. B. Kultur- und Tourismusförderabgabe, Kurtaxe/Fremdenverkehrsabgabe, bei Auslandsübernachtungen die besondere Kreditkartengebühr bei Zahlungen in Fremdwährungen). Im Rahmen des Werbungskostenabzugs können lediglich die tatsächlich entstandenen Übernachtungskosten und keine Pauschalen berücksichtigt werden.

113 Kosten für Mahlzeiten gehören zu den Aufwendungen des Arbeitnehmers für die Verpflegung und sind nur nach Maßgabe des § 9 Absatz 4a EStG abziehbar. Wird durch Zahlungsbelege nur ein Gesamtpreis für Unterkunft und Verpflegung nachgewiesen und lässt sich der Preis für die Verpflegung nicht feststellen (z. B. Tagungspauschale), so ist dieser Gesamtpreis zur Ermittlung der Übernachtungskosten zu kürzen. Als Kürzungsbeträge sind dabei

- für Frühstück 20 Prozent,
- für Mittag- und Abendessen jeweils 40 Prozent

der für den Unterkunftsort maßgebenden Verpflegungspauschale bei einer Auswärtstätigkeit mit einer Abwesenheitsdauer von mindestens 24 Stunden anzusetzen.

Beispiel 63:

Der Arbeitnehmer A übernachtet während einer zweitägigen inländischen Auswärtstätigkeit im Hotel. Die Rechnung des Hotels ist auf den **Namen des Arbeitgebers** ausgestellt. Das Hotel rechnet eine Übernachtung mit Frühstück wie folgt ab:

Pauschalarrangement	70 Euro

Der Arbeitgeber hat folgende Möglichkeiten:

Zur Ermittlung der Übernachtungskosten kann der Gesamtpreis um 4,80 Euro (20 Prozent von 24 Euro für die auf das Frühstück entfallenden anteiligen Kosten) gekürzt werden. Der verbleibende Betrag von 65,20 Euro kann vom Arbeitgeber dann als Übernachtungskosten steuerfrei erstattet werden. Für den An- und Abreisetag stehen dem Arbeitnehmer Verpflegungspauschalen von 24 Euro (je 12 Euro für den An- und Abreisetag) zu. Die Verpflegungspauschale für den Abreisetag ist nicht zu kürzen (um 4,80 Euro für das Frühstück), wenn der Arbeitgeber dem Arbeitnehmer lediglich die 65,20 Euro als Übernachtungskosten erstattet. Insgesamt kann der Arbeitgeber somit 89,20 Euro steuerfrei erstatten (65,20 Euro Unterkunft plus 24 Euro Verpflegung).

Erstattet der Arbeitgeber dem Arbeitnehmer hingegen den Gesamtpreis von 70 Euro (also einschließlich Frühstück), sind die Verpflegungspauschalen zu kürzen auf einen Betrag von 19,20 Euro für Verpflegung. Insgesamt kann der Arbeitgeber somit 89,20 Euro steuerfrei erstatten (70 Euro Unterkunft und Frühstück plus 19,20 Euro Verpflegung).

Die Berechnungen führen somit zum gleichen Ergebnis, egal von welchem Betrag der pauschale Einbehalt bzw. die pauschale Kürzung erfolgt.

Abwandlung:

Die Rechnung des Hotels ist **auf den Namen des Arbeitnehmers** ausgestellt.

Auch in diesem Fall kann der Arbeitgeber insgesamt höchstens 89,20 Euro steuerfrei erstatten (65,20 Euro Unterkunft plus 24 Euro Verpflegung).

Beispiel 64:

Der Arbeitnehmer A übernachtet während einer zweitägigen Auswärtstätigkeit im Hotel. Die *Rechnung ist auf den* **Namen des Arbeitgebers** ausgestellt. Das Hotel rechnet eine Übernachtung mit Frühstück wie folgt ab:

Übernachtung	60 Euro
Frühstück	10 Euro

Die ausgewiesenen Übernachtungskosten von 60 Euro können vom Arbeitgeber steuerfrei erstattet werden. Für den An- und Abreisetag stünden dem Arbeitnehmer zusätzlich auch noch Verpflegungspauschalen von 24 Euro (je 12 Euro für den An- und Abreisetag) zu. Die Verpflegungspauschale für den Abreisetag ist nicht zu kürzen, wenn der Arbeitgeber dem Arbeitnehmer lediglich die 60 Euro Übernachtungskosten erstattet.

Erstattet der Arbeitgeber hingegen auch den Betrag von 10 Euro für das Frühstück, ist die Verpflegungspauschale für den Abreisetag um 4,80 Euro wegen des vom Arbeitgeber zur Verfügung gestellten Frühstücks zu kürzen. Der Arbeitgeber kann dann zusätzlich einen Betrag von 19,20 Euro für Verpflegung steuerfrei erstatten.

Abwandlung:

Die Rechnung des Hotels ist **auf den Namen des Arbeitnehmers** ausgestellt.

In diesem Fall kann der Arbeitgeber insgesamt höchstens 84 Euro steuerfrei erstatten (60 Euro Unterkunft plus 24 Euro Verpflegung).

Werden keine steuerfreien Erstattungen seitens des Arbeitgebers gezahlt, ist der Betrag von 84 Euro als Werbungskosten berücksichtigungsfähig.

cc) Notwendige Mehraufwendungen

114 Es ist lediglich die berufliche Veranlassung zu prüfen, nicht aber die Angemessenheit der Unterkunft (bestimmte Hotelkategorie oder Größe der Unterkunft). Die Anerkennung von Unterkunftskosten im Rahmen einer auswärtigen beruflichen Tätigkeit erfordert, dass noch eine andere Wohnung besteht, **für die dem Arbeitnehmer Aufwendungen entstehen, weil er dort**

- seinen Lebensmittelpunkt hat, ohne dass dort jedoch ein eigener Hausstand vorliegen muss, **oder**
- **seinen Lebensmittelpunkt wieder aufnehmen will.**

Für die Berücksichtigung von Unterkunftskosten anlässlich einer Auswärtstätigkeit wird somit – anders als bei der doppelten Haushaltsführung – nicht vorausgesetzt, dass der Arbeitnehmer eine Wohnung aus eigenem Recht oder als Mieter innehat und eine finanzielle Beteiligung an den Kosten der Lebensführung leistet. Es genügt, wenn der Arbeitnehmer z. B. im Haushalt der Eltern ein Zimmer bewohnt.

115 Ist die Unterkunft am auswärtigen Tätigkeitsort die einzige Wohnung/Unterkunft des Arbeitnehmers, liegt kein beruflich veranlasster Mehraufwand vor.

116 Soweit höhere Übernachtungskosten anfallen, weil der Arbeitnehmer eine Unterkunft gemeinsam mit Personen nutzt, die in keinem Dienstverhältnis zum selben Arbeitgeber stehen, sind nur diejenigen Aufwendungen anzusetzen, die bei alleiniger Nutzung durch den Arbeitnehmer angefallen wären. Nicht abziehbar sind somit Mehrkosten, die aufgrund der Mitnutzung der Übernachtungsmöglichkeit durch eine Begleitperson entstehen, insbesondere wenn die Begleitung privat und nicht beruflich veranlasst ist. Bei Mitnutzung eines Mehrbettzimmers (z. B. Doppelzimmer) können die Aufwendungen angesetzt werden, die bei Inanspruchnahme eines Einzelzimmers im selben Haus entstanden wären.

117 **Bei Nutzung einer Wohnung am auswärtigen Tätigkeitsort zur Übernachtung während einer beruflich veranlassten Auswärtstätigkeit kann im Inland aus Vereinfachungsgründen – entsprechend der Regelungen für Unterkunftskosten bei einer längerfristigen Auswärtstätigkeit von mehr als 48 Monaten – bei Aufwendungen bis zu einem Betrag von 1 000 Euro monatlich von einer ausschließlichen beruflichen Veranlassung ausgegangen werden. Betragen die Aufwendungen im Inland mehr als 1 000 Euro monatlich oder handelt es sich um eine Wohnung im Ausland, können nur die Aufwendungen berücksichtigt werden, die durch die beruflich veranlasste, alleinige Nutzung des Arbeitnehmers verursacht werden; dazu kann die ortsübliche Miete für eine nach Lage und Ausstattung durchschnittliche Wohnung am Ort der auswärtigen Tätigkeitsstätte mit einer Wohnfläche bis zu 60 qm als Vergleichsmaßstab herangezogen werden.**

Beispiel 65:

Der Arbeitnehmer A wird aus persönlichen Gründen auf einer Auswärtstätigkeit von seiner Ehefrau begleitet. Für die Übernachtung im Doppelzimmer entstehen Kosten von 150 Euro. Ein Einzelzimmer hätte 90 Euro gekostet.

Als Werbungskosten abziehbar oder vom Arbeitgeber steuerfrei erstattungsfähig sind 90 Euro.

Abwandlung:

Auf einer Auswärtstätigkeit teilt sich der Arbeitnehmer A das Doppelzimmer mit seinem Kollegen B, der ihn aus betrieblichen Gründen begleitet.

Für jeden Arbeitnehmer können (150 Euro : 2 =) 75 Euro als Werbungskosten berücksichtigt oder vom Arbeitgeber steuerfrei erstattet werden.

dd) Begrenzte Berücksichtigung von Unterkunftskosten bei einer längerfristigen Auswärtstätigkeit an derselben Tätigkeitsstätte im Inland

118 Bei einer längerfristigen beruflichen Tätigkeit an derselben Tätigkeitsstätte im Inland, die nicht erste Tätigkeitsstätte ist, können nach Ablauf von 48 Monaten die tatsächlich entstehenden Unterkunftskosten höchstens noch bis zur Höhe von 1 000 Euro im Monat als Werbungskosten abgezogen oder vom Arbeitgeber steuerfrei erstattet werden. Das gilt auch für Hotelübernachtungen.

119 Bei Übernachtungen im Ausland im Rahmen einer längerfristigen Auswärtstätigkeit gelten die bisherigen Grundsätze zur beruflichen Veranlassung und Notwendigkeit der entstandenen Aufwendungen unverändert weiter. Die Höchstgrenze von 1 000 Euro gilt hier nicht.

120 **Von** einer **längerfristigen** berufliche Tätigkeit an derselben Tätigkeitsstätte **ist erst dann auszugehen, sobald** der Arbeitnehmer an dieser mindestens an drei Tagen **in der Woche** tätig wird. Die 48-Monatsfrist beginnt daher nicht, solange die auswärtige Tätigkeitsstätte nur an zwei Tagen **in der Woche** aufgesucht wird. Eine Unterbrechung von weniger als sechs Monaten, z. B. wegen Urlaub, Krankheit, beruflicher Tätigkeit an einer anderen Tätigkeitsstätte, führt nicht zu einem Neubeginn der 48-Monatsfrist. Die Prüfung des Unterbrechungszeitraums und des Ablaufs der 48-Monatsfrist erfolgt stets im Nachhinein mit Blick auf die zurückliegende Zeit (Ex-post-Betrachtung).

Beispiel 66:

Der Arbeitnehmer A ist seit 1. April 2014 an der sich an seinem Wohnort befindlichen ersten Tätigkeitsstätte in H an zwei Tagen in der Woche tätig. An den anderen drei Tagen betreut er aufgrund arbeitsrechtlicher Festlegungen eine 200 km entfernte Filiale in B. Dort übernachtet er regelmäßig zweimal wöchentlich.

Da der Arbeitnehmer A längerfristig infolge seiner beruflichen Tätigkeit an drei Tagen in der Woche an derselben Tätigkeitsstätte in B, die nicht erste Tätigkeitsstätte ist, tätig wird und dort übernachtet, können die ihm tatsächlich entstehenden Übernachtungskosten nach Ablauf von 48 Monaten nur noch bis zur Höhe von 1 000 Euro monatlich als Werbungskosten geltend gemacht oder steuerfrei erstattet werden.

Abwandlung:

Wie Beispiel **66**, allerdings muss A ab 15. Juli 2014 für vier Monate nach M. Ab 16. November 2014 ist er dann drei Tage wöchentlich in H und zwei Tage in B.

Für die längerfristige berufliche Auswärtstätigkeit in B beginnt die 48-Monatsfrist am 1. April 2014 und endet voraussichtlich am 31. März 2018. Eine sechsmonatige Unterbrechung liegt noch nicht vor (lediglich vier Monate und dann immer nur dreitägige Unterbrechung).

121 Für die Prüfung der 48-Monatsfrist wird auf den tatsächlich verwirklichten Sachverhalt abgestellt. Erst nach Ablauf von 48 Monaten greift die Begrenzung der Höhe nach auf den Betrag von 1 000 Euro im Monat. Die unbegrenzte Berücksichtigung der entstandenen Aufwendungen in den ersten 48 Monaten bleibt davon unberührt.

ee) Anwendung der 48-Monatsfrist zur begrenzten Berücksichtigung der Unterkunftskosten bei einer längerfristigen Auswärtstätigkeit im Inland ab 1. Januar 2014

122 Maßgeblich für den Beginn der 48-Monatsfrist ist der jeweilige Beginn der längerfristigen beruflichen Tätigkeit an derselben Tätigkeitsstätte im Inland. Dies gilt auch, wenn dieser vor dem 1. Januar 2014 liegt. Aus Vereinfachungsgründen ist es allerdings nicht zu beanstanden, wenn die abziehbaren Übernachtungskosten erst ab dem ersten vollen Kalendermonat, der auf den Monat folgt, in dem die 48-Monatsfrist endet, auf 1 000 Euro begrenzt werden.

Beispiel 67:

Der Arbeitnehmer A hat seine Tätigkeit am 15. Juli 2010 an einer auswärtigen Tätigkeitsstätte aufgenommen und soll dort bis zum 31. Dezember 2015 tätig sein. Die 48-Monatsfrist beginnt am 15. Juli 2010 und endet mit Ablauf des 14. Juli 2014. Nach Ablauf dieser Frist können grundsätzlich Übernachtungskosten nur noch bis zur Höhe von 1 000 Euro monatlich berücksichtigt werden. Aus Vereinfachungsgründen ist es jedoch nicht zu beanstanden, wenn diese Begrenzung der Übernachtungskosten erst ab dem ersten vollen Kalendermonat *angewendet wird,* der auf den Monat folgt, in dem die 48-Monatsfrist endet. Dies wäre dann ab August 2014.

Abwandlung:

Der Arbeitnehmer A wird vom 15. März 2014 bis 3. Oktober 2014 wegen eines personellen Engpasses ausschließlich am Stammsitz der Firma tätig. Ab 4. Oktober 2014 kehrt er zu der vorherigen auswärtigen Tätigkeitsstätte zurück.

Die längerfristige Auswärtstätigkeit wurde länger als sechs Monate unterbrochen. Die Übernachtungskosten können daher ab 4. Oktober 2014 für die nächsten 48 Monate (bis 3. Oktober 2018) grundsätzlich wieder unbeschränkt berücksichtigt werden.

ff) Steuerfreie Erstattung durch den Arbeitgeber

Für jede Übernachtung im Inland darf der Arbeitgeber die nachgewiesenen Übernachtungskosten nach Rz. 112 bis Rz. 121 oder – wie bisher – ohne Einzelnachweis einen Pauschbetrag von 20 Euro steuerfrei erstatten. Bei Übernachtungen im Rahmen einer auswärtigen beruflichen Tätigkeit im Ausland gelten die bisherigen Grundsätze unverändert weiter. 123

5. Reisenebenkosten

Zu den Reisenebenkosten gehören die tatsächlichen Aufwendungen z. B. für: 124

1. Beförderung und Aufbewahrung von Gepäck
2. Ferngespräche und Schriftverkehr beruflichen Inhalts mit dem Arbeitgeber oder Geschäftspartnern;
3. Straßen- und Parkplatzbenutzung sowie Schadensbeseitigung infolge von Verkehrsunfällen, wenn die jeweils damit verbundenen Fahrtkosten als Reisekosten anzusetzen sind;
4. Verlust von auf der Reise abhanden gekommener oder beschädigter Gegenstände, die der Arbeitnehmer auf der Reise verwenden musste, wenn der Verlust aufgrund einer reisespezifischen Gefährdung eingetreten ist. Berücksichtigt wird der Verlust bis zur Höhe des Wertes, der dem Gegenstand zum Zeitpunkt des Verlustes beigemessen wird.
5. Private Telefongespräche, soweit sie der beruflichen Sphäre zugeordnet werden können (vgl. BFH-Urteil vom 5. Juli 2012, VI R 50/10, BStBl 2013 II S. 282).

Die Reisenebenkosten sind durch geeignete Unterlagen nachzuweisen bzw. glaubhaft zu machen. Regelmäßig wiederkehrende Reisenebenkosten können zur Vereinfachung über einen repräsentativen Zeitraum von drei Monaten im Einzelnen nachgewiesen werden und dann in der Folgezeit mit dem täglichen Durchschnittsbetrag angesetzt werden. Zur Berücksichtigung von Reisenebenkosten bei LKW-Fahrern, die in ihrer Schlafkabine übernachten, vgl. BMF-Schreiben vom 4. Dezember 2012, BStBl I S. 1249. 125

Nicht zu den Reisenebenkosten gehören z. B.: 126

1. Kosten für die persönliche Lebensführung wie Tageszeitungen, private Telefongespräche mit Ausnahme der Gespräche i. S. d. Rz. **124** Nr. 5, Massagen, Minibar oder Pay-TV,
2. Ordnungs-, Verwarnungs- und Bußgelder, die auf einer Auswärtstätigkeit verhängt werden,
3. Verlust von Geld oder Schmuck,
4. Anschaffungskosten für Bekleidung, Koffer oder andere Reiseausrüstungsgegenstände, weil sie nur mittelbar mit einer Auswärtstätigkeit zusammenhängen,
5. Essengutscheine, z. B. in Form von Raststätten- oder Autohof-Wertbons.

Gutscheine i. S. d. Rz. **126** Nummer 5 gehören nicht zu den Reisenebenkosten, da zur Abgeltung der tatsächlich entstandenen, beruflich veranlassten Mehraufwendungen für Verpflegung eine Verpflegungspauschale (§ 9 Absatz 4a EStG) angesetzt werden kann. 127

Beispiel 68:

Der LKW-Fahrer L ist im Inland eintägig mehr als acht Stunden beruflich auswärts tätig. Er nimmt ein Mittagessen im Wert von 8,50 Euro in einer Autobahnraststätte ein und bezahlt an der Kasse 6 Euro in bar und den Rest in Wertbons, die er im Zusammenhang mit der vom Arbeitgeber erstatteten Parkplatzgebühr erhalten hat.

Dem LKW-Fahrer L steht eine ungekürzte Verpflegungspauschale von 12 Euro zu.

6. Sonstiges

Zur Ermittlung der steuerfreien Leistungen für Reisekosten dürfen die einzelnen Aufwendungsarten zusammengefasst werden; die Leistungen sind steuerfrei, soweit sie die Summe der zulässigen steuerfreien Leistungen nicht übersteigen. Hierbei können mehrere Reisen zusammengefasst abgerechnet werden. Dies gilt sinngemäß für **Umzugskosten und für** Mehraufwendungen bei einer doppelten Haushaltsführung **(R 3.16 Satz 1 bis 3 ggf. i. V. m. R 3.13 Abs. 1 Satz 3 LStR 2013)**. 128

Beispiel 69

Im Rahmen einer längerfristigen beruflichen Auswärtstätigkeit wird ein Monteurfür die Dauer von sechs Monaten (110 Arbeitstage) an derselben Tätigkeitsstätte tätig. Die arbeitstägliche Abwesenheit von seiner Wohnung und der ersten Tätigkeitsstätte beträgt jeweils mehr als 8 Stunden. Während der sechs Monate seiner Tätigkeit steht dem Monteur nach

Reiserichtlinie des Arbeitgebers ein Tagegeld in Höhe von insgesamt 660 Euro zu (110 Arbeitstage x 6 Euro/Arbeitstag).

Erfolgt eine monatliche Reisekostenabrechnung können die Tagegelder der ersten drei Monate steuerfrei geleistet werden:
Steuerfreie Verpflegungspauschalen:
55 Arbeitstage x 12 Euro/Arbeitstag = 660 Euro
Gezahltes Tagegeld:
55 Arbeitstage x 6 Euro/Arbeitstag = 330 Euro
Der Arbeitnehmer könnte somit zusätzlich für die ersten drei Monate noch 330 Euro als Werbungskosten geltend machen.

Die Tagegelder der folgenden drei Monate sind steuerpflichtig und der Arbeitnehmer kann keine Werbungskosten mehr geltend machen.
Steuerfreie Verpflegungspauschalen: = 0 Euro
Gezahltes Tagegeld:
55 Arbeitstage x 6 Euro/Arbeitstag = 330 Euro
Wird die längerfristige berufliche Auswärtstätigkeit zusammengefasst abgerechnet, können die Tagegelder der gesamten sechs Monate steuerfrei gezahlt werden. Der Arbeitnehmer kann dann keinen Werbungskostenabzug mehr geltend machen.
Steuerfreie Verpflegungspauschalen:
55 Arbeitstage x 12 Euro/Arbeitstag = 660 Euro
Gezahltes Tagegeld:
110 Arbeitstage x 6 Euro/Arbeitstag = 660 Euro

129 **In den Fällen, in denen keine steuerfreie Verpflegungspauschale gezahlt werden darf, ist es nicht zu beanstanden, wenn der Arbeitgeber bei einer von ihm zur Verfügung gestellten Mahlzeit eine Verrechnung des anzusetzenden Sachbezugswertes mit steuerfrei zu erstattenden Fahrt-, Unterkunfts- oder Reisenebenkosten vornimmt.**

Beispiel 70

Der Arbeitnehmer A nimmt an einem halbtägigen auswärtigen Seminar mit Mittagessen teil und ist 6 Stunden von seiner Wohnung und der ersten Tätigkeitsstätte abwesend. Für die Fahrt zum Seminar nutzt A seinen privaten PKW und könnte für die entstandenen Fahrtkosten eine steuerfreie Erstattung in Höhe von 30 Euro von seinem Arbeitgeber beanspruchen.

Der Arbeitgeber kann die von ihm im Rahmen des Seminars gestellte Mahlzeit mit dem Sachbezugswert individuell oder pauschal mit 25 Prozent versteuern oder von den zu erstattenden 30 Euro abziehen.

III. Zeitliche Anwendungsregelung

130 Dieses Schreiben ist mit Wirkung ab 1. Januar 2014 anzuwenden. **Hinsichtlich der Regelungen in Rz. 65 (Mahlzeiten im Flugzeug, Schiff oder Zug) ist es nicht zu beanstanden, wenn diese erst ab 1. Januar 2015 angewendet werden. Das BMF-Schreiben vom 30. September 2013 wird aufgehoben und durch dieses BMF-Schreiben ersetzt. Änderungen sind durch Fettdruck dargestellt.**

Das BMF-Schreiben vom 20. August 2001, BStBl I S. 541, das BMF-Schreiben vom 21. Dezember 2009, BStBl 2010 I S. 21, das BMF-Schreiben vom 27. September 2011, BStBl I S. 976 sowie das BMF-Schreiben vom 15. Dezember 2011, BStBl 2012 I S. 57 werden mit Wirkung ab 1. Januar 2014 aufgehoben.

Ehrenamtliche Feuerwehrleute: geringfügige Beschäftigungsverhältnisse

(Erlass des FinMin Bayern vom 14. 7. 2003–34 – S 2334 – 013 – 23 86/03 –)

1. Allgemeines

Mit dem Zweiten Gesetz für moderne Dienstleistungen am Arbeitsmarkt vom 23. 12. 2002, BGBl 2002 I S. 4621, sind grundlegende Neuregelungen bei geringfügigen Beschäftigungen (400-Euro-Jobs) und Niedriglohn-Jobs (d. h. Beschäftigungsverhältnisse mit einem Arbeitsentgelt von 400,01 bis einschließlich 800 Euro) ab 1. 4. 2003 in Kraft getreten. Zu den Einkünften, die zu einer Anwendung der neuen Regelungen führen können, zählen:

- Entschädigungen gemäß Art. 11 BayFwG für ehrenamtlich tätige Kommandanten einer Freiwilligen Feuerwehr und ihre Stellvertreter und gemäß Art. 20 BayFwG für ehrenamtlich tätige Kreisbrandräte, Kreisbrandinspektoren und Kreisbrandmeister
- Entschädigung für die Teilnahme an Brandwachen und Sicherheitswachen gemäß Art. 11 Abs. 2 BayFwG

2. Steuerliche Auswirkungen

a) Ermittlung des steuerfreien und steuerpflichtigen Anteils

Von der Entschädigung für die ehrenamtlich tätigen Kommandanten und ihre Stellvertreter bleibt – wie seit dem 1. 1. 2002 – ein Betrag von monatlich 154 Euro[1]) als Aufwandsentschädigung gemäß § 3 Nr. 12 Satz 2 EStG i. V. m. R 13 Abs. 3 Satz 3 bis 6 EStR steuerfrei. Beim ehrenamtlich tätigen Kreisbrandrat, Kreisbrandinspektor und Kreisbrandmeister beträgt der steuerfreie Anteil der Entschädigung gemäß § 3 Nr. 12 Satz 2 EStG i. V. m. R 13 Abs. 3 Satz 2 EStR ein Drittel, mindestens 154 Euro[2]) monatlich.

Daneben kann auch die Steuerbefreiung für eine nebenberufliche Tätigkeit als Übungsleiter, Ausbilder, Erzieher, Betreuer oder eine vergleichbare Tätigkeit gemäß § 3 Nr. 26 EStG in Betracht kommen, soweit der Feuerwehrdienstleistende im Rahmen seines Feuerwehrdienstes eine begünstigte Nebentätigkeit (wie Ausbildungstätigkeit und Sofortmaßnahmen gegenüber Verunglückten und Verletzten) ausübt und den steuerfreien Höchstbetrag von insgesamt 1 848 Euro[3]) im Kalenderjahr nicht bereits im Zusammenhang mit anderen begünstigten nebenberuflichen Tätigkeiten ausschöpft. Im Einzelnen wird auf Anlage 2 dieses Merkblatts verwiesen.

Die Steuervergünstigungen können in der für den Feuerwehrdienstleistenden günstigsten Reihenfolge angesetzt werden. Bei der Berechnung der weiteren Steuerbefreiung ist jeweils auf den Restbetrag nach Abzug der zuvor angesetzten Steuerbefreiung abzustellen. Ein nach Abzug der steuerfreien Beträge verbleibender Restbetrag ist als steuerpflichtiger Arbeitslohn dem Lohnsteuerabzug zu unterwerfen.

Die Entschädigung für die Teilnahme an Brand- und Sicherheitswachen gilt allein den Zeitaufwand ab und ist damit in vollem Umfang dem Lohnsteuerabzug zu unterwerfen.

b) Durchführung des Lohnsteuerabzugs

– Lohnsteuerkarte:

Die Gemeinde bzw. der Landkreis verlangt zur Durchführung des Lohnsteuerabzugs vom Feuerwehrdienstleistenden die Vorlage einer Lohnsteuerkarte[4]). Die Höhe des Lohnsteuerabzugs richtet sich nach der auf der Lohnsteuerkarte[5]) eingetragenen Steuerklasse (ggf. Steuerklasse VI).

– Pauschalversteuerung:

Alternativ kann die Gemeinde bzw. der Landkreis unter Verzicht auf die Vorlage einer Lohnsteuerkarte eine Pauschalversteuerung nach Maßgabe des § 40a EStG durchführen, wenn das steuerpflichtige Arbeitsentgelt 400 Euro[6]) monatlich nicht übersteigt. Der Pauschsteuersatz beträgt 2 % des steuerpflichtigen Arbeitsentgelts, wenn die Gemeinde bzw. der Landkreis in der

---

1) Jetzt 200 Euro.
2) Jetzt 200 Euro.
3) Jetzt 2 400 Euro.
4) Überholt durch Einführung der elektronischen Lohnsteuerabzugsmerkmale (ELStAM).
5) Überholt durch Einführung der elektronischen Lohnsteuerabzugsmerkmale (ELStAM).
6) Nun 450 Euro.

Sozialversicherung den pauschalen Rentenversicherungsbeitrag von 12 %[1]) zu entrichten hat (vgl. 3.). Die einheitliche Pauschsteuer von 2 % schließt den Solidaritätszuschlag und die Kirchensteuer mit ein und ist zusammen mit den pauschalen Sozialversicherungsbeiträgen an die Bundesknappschaft zu entrichten (vgl. 5.).

Der Pauschsteuersatz beträgt 20 % des steuerpflichtigen Arbeitsentgelts, wenn die Gemeinde bzw. der Landkreis in der Sozialversicherung nicht den pauschalen Rentenversicherungsbeitrag, sondern den allgemeinen Beitrag zu entrichten hat. Zur pauschalen Lohnsteuer von 20 % kommt der Solidaritätszuschlag von 5,5 % und ggf. die pauschale Kirchensteuer hinzu; sie ist – wie bisher – an das FA abzuführen.

3. Sozialversicherungsrechtliche Auswirkungen

Die Beiträge zu den einzelnen Zweigen der Sozialversicherung betragen derzeit:

Rentenversicherung	19,5 %[2])	je aus dem sozialversicherungspflichtigen
Pflegeversicherung	1,7 %[3])	Gesamtbetrag
Arbeitslosenversicherung	6,5 %[4])	
Krankenversicherung	hier variiert der Beitrag je nach Krankenkasse.[5])	

Die Frage, inwieweit sich die Neuregelung der „Mini-Jobs" auf Mitglieder der Freiwilligen Feuerwehren auswirkt, richtet sich danach, ob neben den Einkünften aus dem Feuerwehrdienst weitere, sozialversicherungspflichtige Einkünfte erzielt werden.

Es sind insbesondere folgende Fallgruppen zu unterscheiden:

a) Einkünfte aus dem Feuerwehrdienst von nicht mehr als 400 Euro neben einer Hauptbeschäftigung:

Eine „erste" geringfügige Beschäftigung bleibt versicherungsfrei. Neben einer sozialversicherungspflichtigen Hauptbeschäftigung kann daher eine geringfügige Beschäftigung sozialversicherungsfrei ausgeübt werden. Jede weitere geringfügige Beschäftigung wird mit der sozialversicherungspflichtigen Hauptbeschäftigung zusammengerechnet und unterfällt damit – mit Ausnahme der Arbeitslosenversicherung – der vollen Sozialversicherungspflicht.

Wird der Feuerwehrdienstleistende neben seinem Hauptberuf tätig, werden seine steuerpflichtigen Einkünfte aus dem Feuerwehrdienst bis zu 400 Euro nicht in die Beitragspflicht einbezogen. In diesem Fall muss die Gemeinde für den Feuerwehrdienst pauschale Sozialversicherungsbeiträge abführen. Dies sind 12 %[6]) der steuerpflichtigen Einkünfte an die gesetzliche Rentenversicherung. Hinzu kommen Beiträge von 11 %[7]) an die gesetzliche Krankenversicherung, wenn der Feuerwehrmann Mitglied in einer gesetzlichen Krankenversicherung ist oder als Familienmitglied in einer Krankenkasse mitversichert ist. Beiträge zur Arbeitslosenversicherung müssen nicht abgeführt werden.

Übt der ehrenamtliche Feuerwehrmann seine Hauptbeschäftigung jedoch bei demselben Arbeitgeber – also der Gemeinde bzw. dem Landkreis – aus, so ist ohne Rücksicht auf die arbeitsvertragliche Gestaltung sozialversicherungsrechtlich von einem einheitlichen Beschäftigungsverhältnis auszugehen.

Beschäftigte, die freiwillig in der gesetzlichen Krankenversicherung versichert sind, zahlen – unabhängig von der Pauschalbeitragszahlung der Gemeinde – auch aus den steuerpflichtigen Einkünften aus dem Feuerwehrdienst bis zu 400 Euro Beiträge zur gesetzlichen Krankenversicherung. Denn für freiwillige Mitglieder in der gesetzlichen Krankenversicherung ist bei der Beitragsbemessung die gesamte wirtschaftliche Leistungsfähigkeit, zu der auch das Entgelt aus einer geringfügigen Beschäftigung zählt, zu berücksichtigen.

b) Steuerpflichtige Einkünfte aus dem Feuerwehrdienst bis zu 400 Euro neben anderen geringfügigen Beschäftigungen:

Übt ein Feuerwehrdienstleistender mehrere geringfügige Beschäftigungen aus und überschreitet das steuerpflichtige Arbeitsentgelt insgesamt die Grenze von 400 Euro pro Monat, tritt vom Tag des Überschreitens an Versicherungspflicht in allen Zweigen der Sozialversicherung ein.

1) *Nun 15 %.*
2) Nun 18,7 %.
3) Nun 2,35 %.
4) Nun 3,0 %.
5) Ab 2009 einheitlicher Beitragssatz 14,6 %, ggf. zuzügl. einkommensabhängiger Zusatzbeitrag.
6) Nun 15 %.
7) Nun 13 %.

Dabei richtet sich die Beitragsberechnung im Bereich oberhalb von 400 Euro bis zur Grenze 800 Euro gemäß den Regelungen zur Gleitzone (vgl. unter 3. d).

Bei Einkünften über 800 Euro unterliegt das gesamte Arbeitsentgelt der normalen Beitragspflicht. Sämtliche Einkünfte werden zur Berechnung der Sozialversicherungsbeiträge zusammengefasst. Feuerwehrdienstleistender und die Gemeinde müssen für die steuerpflichtigen Einkünfte aus dem Feuerwehrdienst jeweils die Hälfte des – je nach Höhe der Beiträge zur gesetzlichen Krankenversicherung individuell verschiedenen – Gesamtsozialversicherungsbeitrages tragen (z.Z. durchschnittlich rund 21 %).

c) Nur Einkünfte aus dem Feuerwehrdienst bis zu 400 Euro:

Die Gemeinde muss für den Feuerwehrdienst pauschale Sozialversicherungsbeiträge abführen, und zwar in jedem Fall 12 %[1]) der Einkünfte an die gesetzliche Rentenversicherung. Hinzu kommen 11 %[2]) Beiträge an die gesetzliche Krankenversicherung, sofern der Feuerwehrdienstleistende Mitglied einer gesetzlichen Krankenversicherung oder als Familienmitglied in einer Krankenkasse mitversichert ist. Der Feuerwehrmann erhält seine Entschädigung ohne Abzug von Sozialversicherungsbeiträgen ausgezahlt.

d) Nur Einkünfte aus dem Feuerwehrdienst in der Gleitzone von oberhalb 400 Euro bis zu 800 Euro:

Die steuerpflichtigen Arbeitsentgelte innerhalb der Gleitzone unterliegen der Versicherungspflicht in allen Zweigen der Sozialversicherung. Bei der Zusammenrechnung der Arbeitsentgelte aus mehreren Beschäftigungen ist zu beachten, dass eine „erste" geringfügige Beschäftigung versicherungsfrei bleibt (vgl. 3. a). In der Gleitzone wird der Beitragsbemessung ein reduziertes beitragspflichtiges Arbeitsentgelt zugrunde gelegt. Die Gemeinde zahlt für das gesamte Arbeitsentgelt grundsätzlich den vollen Arbeitgeberanteil ein, d. h. sie trägt die Hälfte der für die steuerpflichtigen Einkünfte aus dem Feuerwehrdienst üblichen Kranken-, Pflege und Rentenversicherungsbeiträge sowie der Beiträge zur Arbeitslosenversicherung.

Der vom Feuerwehrdienstleistenden zu zahlende Beitrag steigt linear von rund 4 % am Anfang der Gleitzone bis zum vollen Arbeitnehmeranteil, d. h. bis zur Hälfte des individuellen Gesamtsozialversicherungsbeitrags, an.

4. „Aufstockungsmöglichkeit"

In den geschilderten Fällen, in denen die Gemeinde pauschale Beiträge zur gesetzlichen Rentenversicherung zahlt, können sich für den Feuerwehrdienstleistenden Rentenansprüche ergeben: Wird in diesen Fällen zum Beispiel der Feuerwehrdienst mit steuerpflichtigen Einkünften von 400 Euro ein ganzes Jahr lang ausgeübt, erwirbt der Feuerwehrdienstleistende derzeit einen monatlichen Rentenanspruch von 2,61 Euro. Zudem werden 4 Monate für die Wartezeit berücksichtigt. Die betreffenden Feuerwehrdienstleistenden haben die Möglichkeit durch die Ergänzung des pauschalen Arbeitgeberbeitrags von 12 %[3]) zum vollwertigen Pflichtbeitrag (derzeit 19,5 %[4])) Ansprüche auf das volle Leistungsspektrum der Rentenversicherung (Anspruch auf Rehabilitation, Erwerbsminderungsrente, vorgezogene Altersrenten, Rentenberechnung nach Mindesteinkommen, Anspruch auf die Förderung nach der sog. Riester-Rente) zu erlangen. Falls die Einkünfte aus dem Feuerwehrdienst dabei 155 Euro unterschreiten, ist ein Mindestbeitrag festgelegt.

5. Verfahren

Der Feuerwehrdienst, der zu steuerpflichtigen Einkünften führt, muss – wie alle anderen Arbeitsverhältnisse – der Sozialversicherung gemeldet werden, d. h., er ist in das normale Meldeverfahren einbezogen.

Allerdings sind alle Meldungen immer bei der Bundesknappschaft (Minijob-Zentrale) und nicht mehr bei den Krankenkassen einzureichen. Die Bundesknappschaft ist zuständige Einzugsstelle für geringfügig Beschäftigte. Sie nimmt die von der Gemeinde für geringfügig Beschäftigte Feuerwehrdienstleistende zu zahlenden Pauschalbeiträge entgegen und zieht auch die Rentenversicherungsbeiträge für diejenigen ein, die von der Aufstockungsmöglichkeit (vgl. 4.) Gebrauch gemacht haben.

---

1) Nun 15 %.
2) Nun 13 %.
3) Nun 15 %.
4) Nun 18,7 %.

Sofern aufgrund der geringfügig entlohnten Beschäftigung infolge der Zusammenrechnung mit einer nicht geringfügigen versicherungspflichtigen Beschäftigung Versicherungspflicht besteht, sind Meldungen und Beiträge an die Krankenkasse zu richten, bei der der geringfügig beschäftigte Feuerwehrmann krankenversichert ist.

Anlage 1

Hinweis: Bei geringfügigen Dauerbeschäftigungen bis 400 Euro sind pauschale Beiträge zur Pflegeversicherung nicht abzuführen. Im Übrigen folgt die Pflegeversicherung der versicherungsrechtlichen Beurteilung der Krankenversicherung.

Fallkonstellation	Rentenversicherung	Krankenversicherung
Einkünfte aus Feuerwehrdienst bis zu 400 Euro neben Sozialversicherungspflichtiger Hauptbeschäftigung	Die erste geringfügig entlohnte Beschäftigung ist nicht mit der Hauptbeschäftigung zusammenzurechnen – 12 %[1]) Pauschalbeitrag durch Gemeinde; – Aufstockungsmöglichkeit	Die erste geringfügig entlohnte Beschäftigung ist nicht mit der Hauptbeschäftigung zusammenzurechnen – 11 %[2]) Pauschalbeitrag durch Gemeinde, sofern gesetzlich krankenversichert
Einkünfte aus dem Feuerwehrdienst bis zu 400 Euro neben weiteren geringfügigen Beschäftigungsverhältnissen	– Bei Einkünften von insgesamt über 800 Euro: normale Beitragspflicht: Berechnungsgrundlage ist die Summe aller Einkünfte; Gemeinde und Feuerwehrmann tragen je die Hälfte für die Feuerwehreinkünfte – Bei Einkünften von insgesamt zwischen 400,01 Euro und 800 Euro gemäß Regelungen zur Gleitzone: Gemeinde trägt die Hälfte der Beiträge aus den Feuerwehreinkünften, der Feuerwehrmann seinen Anteil aus den reduzierten Feuerwehreinkünften – Bei Einkünften bis zu insgesamt 400 Euro: 12 %[3]) Pauschalbeitrag durch Gemeinde	– Bei Einkünften von insgesamt über 800 Euro: normale Beitragspflicht: Berechnungsgrundlage ist die Summe aller Einkünfte; Gemeinde und Feuerwehrmann tragen je die Hälfte für die Feuerwehreinkünfte – Bei Einkünften von insgesamt zwischen 400,01 Euro und 800 Euro gemäß Regelungen zur Gleitzone: Gemeinde trägt die Hälfte der Beiträge aus den Feuerwehreinkünften, der Feuerwehrmann seinen Anteil aus den reduzierten Feuerwehreinkünften – Bei Einkünften bis zu insgesamt 400 Euro: 11 %[4]) Pauschalbeitrag durch Gemeinde, sofern gesetzlich krankenversichert
nur Einkünfte aus dem Feuerwehrdienst bis zu 400 Euro	12 %[5]) Pauschalbeitrag durch Gemeinde; Aufstockungsmöglichkeit	11 %[6]) Pauschalbeitrag durch Gemeinde, sofern gesetzlich krankenversichert
nur Einkünfte aus dem Feuerwehrdienst von 400,01 Euro bis 800 Euro (Gleitzone)	Gemeinde trägt die Hälfte der Beiträge aus den Feuerwehreinkünften, der Feuerwehrmann seinen Anteil aus den reduzierten Feuerwehreinkünften	Gemeinde trägt die Hälfte der Beiträge aus den Feuerwehreinkünften, der Feuerwehrmann seinen Anteil aus den reduzierten Feuerwehreinkünften

1) Nun 15 %.
2) Nun 13 %.
3) Nun 15 %.
4) Nun 13 %.
5) Nun 15 %.
6) Nun 13 %.

Fallkonstellation	**Rentenversicherung**	**Krankenversicherung**
Arbeitslosenversicherung	**Lohnsteuer**	
Keine Beiträge	Lohnsteuerkarte oder ggf. einheitliche Pauschsteuer von 2 %	
– Bei Einkünften von insgesamt über 800 Euro normale Beitragspflicht: Berechnungsgrundlage ist die Summe aller Einkünfte; Gemeinde und Feuerwehrmann tragen je die Hälfte für die Feuerwehreinkünfte	Lohnsteuerkarte oder ggf. Pauschalversteuerung mit 20 %	
– Bei Einkünften insgesamt zwischen 400,01 Euro und 800 Euro gemäß Regelungen zur Gleitzone: Gemeinde trägt die Hälfte der Beiträge aus den Feuerwehreinkünften, der Feuerwehrmann seinen Anteil aus den reduzierten Feuerwehreinkünften	Lohnsteuerkarte oder ggf. Pauschalversteuerung mit 20 %	
– Bei Einkünften bis zu insgesamt 400 Euro: Keine Beiträge	Lohnsteuerkarte oder ggf. einheitliche Pauschsteuer von 2 %	
Keine Beiträge	Lohnsteuerkarte oder ggf. einheitliche Pauschsteuer von 2 % (Steuerfreistellungsbescheinigung ab 1. 4. 2003 nicht mehr gültig)	
Gemeinde trägt die Hälfte der Beiträge aus den Feuerwehreinkünften, der Feuerwehrmann seinen Anteil aus den reduzierten Feuerwehreinkünften	Lohnsteuerkarte	

Anlage 2

Angaben zur Person

An die/das
Gemeinde/Stadt/Landratsamt

Erklärung zur Anwendung des sog. Übungsleiterfreibetrags beim Feuerwehrdienst für das Jahr 200_

In meiner Eigenschaft als ______________________________ erhalte ich eine Aufwandsentschädigung. Zur Berücksichtigung des nach § 3 Nr. 26 EStG begünstigten Betrags[2)] erkläre ich:

1. Zur Anwendung des sog. Übungsleiterfreibetrags:

☐ Ich übe neben meiner oben genannten Feuerwehrtätigkeit keine weitere begünstigte Nebentätigkeit aus und versichere, dass im maßgebenden Kalenderjahr die Steuerbefreiung nicht bereits in einem anderen Dienst- oder Auftragsverhältnis berücksichtigt worden ist oder berücksichtigt wird.

☐ Ich übe mehrere begünstigte Nebentätigkeiten aus, für die die Steuerbefreiung in Anspruch genommen wird: Bei meiner oben genannten Feuerwehrtätigkeit kann von dem Gesamtjahreshöchstbetrag von 1 848 EUR nur ein Restbetrag von ______ EUR angesetzt werden.

2. Zur Ermittlung des begünstigten Anteils:

☐ Ich beantrage, bei meiner oben genannten Feuerwehrtätigkeit den Anteil der begünstigten Tätigkeit mit dem umseitig aufgeführten typisierenden Aufteilungsschlüssel zu berücksichtigen.

☐ Ich führe einen detaillierten Einzelnachweis darüber, wie viele Stunden meine gesamte Feuerwehrtätigkeit umfasst und an wie vielen Stunden ich begünstigte Feuerwehrtätigkeit (= Ausbildungstätigkeit sowie Sofortmaßnahmen gegenüber Verunglückten und Verletzten) ausübe. Die entsprechenden Nachweise sind beigefügt

Gesamtstunden: ______________________________

davon begünstigte Stunden: ______________________________

3. Zur zeitanteiligen Aufteilung des Höchstbetrags:

Im Interesse einer gleichmäßigen Lohnabrechnung wird der zu berücksichtigende Freibetrag, sofern von der Feuerwehrführungskraft nicht ausdrücklich anders beantragt, zeitanteilig berücksichtigt. Beginnt oder endet die oben genannte Feuerwehrtätigkeit innerhalb eines Kalenderjahrs, so ist der für die begünstigte Tätigkeit ermittelte Jahreshöchstbetrag auf die Monate der Tätigkeit aufzuteilen. Kann der Antrag aufgrund einer späteren Antragstellung nicht bereits zu Jahres- oder Betätigungsbeginn berücksichtigt werden, so wird der Jahresbetrag auf die noch verbleibenden Monate des Kalenderjahres aufgeteilt.

Ich versichere, dass ich die Angaben wahrheitsgemäß nach bestem Wissen und Gewissen gemacht habe, und werde evtl. Änderungen der Verhältnisse unverzüglich mitteilen.

Ort, Datum Unterschrift

____

Zu § 3 Nr. 26 EStG

Begünstigt sind nebenberufliche Tätigkeiten als Übungsleiter, Ausbilder, Erzieher, Betreuer oder vergleichbare nebenberufliche Tätigkeiten, nebenberufliche künstlerische Tätigkeiten sowie die nebenberufliche Pflege alter, kranker oder behinderter Menschen. Voraussetzung ist, dass die genannte nebenberufliche Tätigkeit im Dienst oder im Auftrag einer inländischen juristischen Person des öffentlichen Rechts oder einer als gemeinnützig anerkannten Einrichtung (z. B. Sport- oder Musikverein, Einrichtung der Wohlfahrtspflege, Volkshochschule) ausgeübt wird und die Tätigkeit der Förderung gemeinnütziger, mildtätiger und kirchlicher Zwecke dient. Die Einnahmen bleiben bis zur Höhe von insgesamt 1 848 EUR[1]) im Kalenderjahr steuerfrei.

Damit die Gemeinde, die Stadt oder das Landratsamt den sog. Übungsleiterfreibetrag bei der Lohnabrechnung berücksichtigen kann, hat der Feuerwehrdienstleistende seiner Dienststelle den Anteil seiner begünstigten Feuerwehrtätigkeit mitzuteilen und dabei anzugeben, inwieweit der sog. Übungsleiterfreibetrag nicht bereits durch andere begünstigte Nebentätigkeiten im maßgebenden Kalenderjahr aufgebraucht wird. Diese Erklärung hat der Arbeitgeber zum Lohnkonto zu nehmen.

Zur Vereinfachung der Feststellung, inwieweit die Feuerwehrtätigkeit eine nach § 3 Nr. 26 EStG begünstigte Tätigkeit darstellt, kann auf Grund repräsentativer Erhebungen für den Regelfall von dem nachfolgenden Aufteilungsschlüssel ausgegangen werden:

Funktion	begünstigter Anteil
Kreisbrandrat	40 %
Kreisbrandinspektor	60 %
Kreisbrandmeister	70 %
Kommandant	60 %
Stv. Kommandant	65 %
andere Feuerwehrdienstleistende, die regelmäßig über das übliche Maß hinaus Feuerwehrdienst leisten (vgl. Art. 11 Abs. 1 *Satz 2 BayFwG)*	50 %

1) Jetzt: 2 400 EUR.

Beispiel:
Ein ehrenamtlich tätiger Feuerwehrkommandant erhält auf Grundlage des Art. 11 Abs. 1 BayFwG monatlich eine Entschädigung von 240 EUR. Da der Kommandant noch andere begünstigte Nebentätigkeiten ausübt, für die er den sog. Übungsleiterfreibetrag beansprucht, erklärt er, dass der Übungsleiterfreibetrag bei seiner Tätigkeit als Kommandant nur mit einem Jahresrestbetrag von 600 EUR (= 50 EUR monatlich) berücksichtigt werden kann. Der steuerfreie Betrag errechnet sich wie folgt:

Monatliche Grundvergütung	240 EUR
davon steuerfrei nach § 3 Nr. 26 EStG	
60 % von 240 EUR (höchstens 50 EUR monatlich)	./. 50 EUR
verbleiben:	190 EUR
Vom verbleibenden Restbetrag von 190 EUR steuerfrei nach § 3 Nr. 12 EStG (höchstens 154 EUR monatlich)[1])	154 EUR
verbleibt steuerpflichtiger Anteil	36 EUR

Der von der Entschädigung in Höhe von 240 EUR insgesamt steuerfrei bleibende Betrag beläuft sich im Beispielsfall auf 204 EUR, der steuerpflichtige Anteil auf 36 EUR[2]).

1) Jetzt 200 EUR.
2) Jetzt: 15 EUR.

Vordruck Antrag auf Erteilung einer Bescheinigung bei erweiterter unbeschränkter Einkommensteuerpflicht

Antrag auf Erteilung einer Bescheinigung für den Lohnsteuerabzug 201__ bei erweiterter unbeschränkter Einkommensteuerpflicht und für übrige Bezieher von Arbeitslohn aus inländischen öffentlichen Kassen

Identifikationsnummer (soweit erhalten) - Antragsteller/in

Identifikationsnummer (soweit erhalten) - Ehegatte/Lebenspartner

Zur Beachtung:

Arbeitnehmer, die in der Bundesrepublik Deutschland weder einen Wohnsitz noch ihren gewöhnlichen Aufenthalt haben, aber Arbeitslohn aus einer inländischen öffentlichen Kasse beziehen, werden unter bestimmten Voraussetzungen den unbeschränkt einkommensteuerpflichtigen Arbeitnehmern gleichgestellt. Diese Arbeitnehmer erhalten auf Antrag für den Lohnsteuerabzug eine Bescheinigung über die Steuerklasse, die Zahl der Kinderfreibeträge und einen ggf. in Betracht kommenden Freibetrag bei dem für den Arbeitgeber zuständigen Finanzamt (Betriebsstättenfinanzamt).

Sind beim Lohnsteuerabzug weder Kinderfreibeträge noch andere Freibeträge zu berücksichtigen, so brauchen Sie nur diesen Vordruck und ggf. die „Anlage Grenzpendler EU/EWR" oder die „Anlage Grenzpendler außerhalb EU/EWR" auszufüllen. Andernfalls fügen Sie diesem Antrag bitte auch einen Lohnsteuer-Ermäßigungsantrag bei. Wenn Sie – und ggf. Ihr Ehegatte/Lebenspartner – **erstmals** einen **Steuerfreibetrag**, einen **höheren Freibetrag** als im Vorjahr oder **das Faktorverfahren** für Ehegatten/Lebenspartner beantragen, verwenden Sie bitte den sechsseitigen Vordruck „Antrag auf Lohnsteuer-Ermäßigung". Wenn Sie **keinen höheren Freibetrag** als für das Vorjahr beantragen oder nur die Zahl der Kinderfreibeträge und ggf. die Steuerklasse I in II geändert werden sollen, verwenden Sie bitte den Vordruck „Vereinfachter Antrag auf Lohnsteuer-Ermäßigung".

Nach dem Doppelbesteuerungsabkommen mit Belgien wird die einzubehaltende Lohnsteuer grundsätzlich um 8 % gemindert, wenn Sie in Belgien ansässig sind und Ihre Einkünfte aus nichtselbständiger Arbeit in der Bundesrepublik Deutschland besteuert werden. Soweit diese Voraussetzungen vorliegen, enthält die von Ihnen beantragte Bescheinigung einen entsprechenden Hinweis für Ihren Arbeitgeber.

Fügen Sie dem Antrag bitte Belege und ggf. für dasselbe Kalenderjahr bereits erteilte Bescheinigungen (ggf. die Bescheinigung für den Ehegatten/Lebenspartner) bei.

Nach den Vorschriften der Datenschutzgesetze wird darauf hingewiesen, dass die Angabe der Telefonnummer freiwillig im Sinne dieser Gesetze ist und im Übrigen die mit diesem Antrag angeforderten Daten auf Grund der §§ 149, 150 der Abgabenordnung und der §§ 1 Abs. 2, 39 Abs. 2 und 3 des Einkommensteuergesetzes - EStG - erhoben werden.

Weiße Felder bitte ausfüllen oder ☒ ankreuzen		**Die Angaben für den Ehegatten/Lebenspartner bitte immer ausfüllen!**
Angaben zur Person	**Antragstellende Person** (Name, Vorname)	**Ehegatte/Lebenspartner** (Name, Vorname)
	Ausgeübter Beruf	Ausgeübter Beruf
	Straße und Hausnummer	Straße und Hausnummer (falls abweichend)
	Postleitzahl, Wohnort, Staat	Postleitzahl, Wohnort, Staat (falls abweichend)
	Geburtsdatum Tag Monat Jahr Staatsangehörigkeit	Geburtsdatum Tag Monat Jahr Staatsangehörigkeit
	Verheiratet/Verpartnert seit / Verwitwet seit	Geschieden/Lebensp. aufgehoben seit / Dauernd getrennt lebend seit
	Eine Bescheinigung für das Kalenderjahr, für das der Antrag gestellt wird, ist bereits ausgestellt ☐ Nein ☐ Ja, ist beigefügt	Eine Bescheinigung für das Kalenderjahr, für das der Antrag gestellt wird, ist bereits ausgestellt ☐ Nein ☐ Ja, ist beigefügt
Arbeitgeber	Name	Name
	Der Arbeitslohn wird gezahlt von (Anschrift der öffentlichen Kasse)	Der Arbeitslohn wird gezahlt von (Anschrift des Arbeitgebers, ggf. der öffentlichen Kasse)
	Name	Name
	Straße und Hausnummer	Straße und Hausnummer
	Postleitzahl, Ort	Postleitzahl, Ort
	Der Arbeitslohn für die Auslandstätigkeit wird gezahlt ab / Datum	Der Arbeitslohn für die Auslandstätigkeit wird gezahlt ab / Datum

Nur bei Ehegatten/Lebenspartnern, die beide Arbeitslohn beziehen:
Wir beantragen die Steuerklassenkombination

Antragstellende Person/Ehegatte oder Lebenspartner ☐ drei/fünf ☐ vier/vier ☐ fünf/drei

☐ Ich beantrage die Steuerklasse II, Kinderfreibeträge, andere Freibeträge oder das Faktorverfahren für Ehegatten/Lebenspartner. Den Vordruck „Antrag auf Lohnsteuer-Ermäßigung" oder „Vereinfachter Antrag auf Lohnsteuer-Ermäßigung" habe ich beigefügt.

3.14

Stets auszufüllen von Bediensteten **ohne** diplomatischen oder konsularischen Status und von Empfängern von Versorgungsbezügen (Angabe deshalb nicht erforderlich bei erweiterter unbeschränkter Einkommensteuerpflicht nach § 1 Abs. 2 EStG; darunter fallen insbesondere Bedienstete **mit** diplomatischem oder konsularischem Status sowie im Ausland stationierte Bundeswehrsoldaten, bei denen die Voraussetzungen des Artikels X des NATO-Truppenstatuts vorliegen):

Sind Sie auf Grund eines dienstlichen Auftrags im Ausland tätig?

☐ Ja, bitte „Anlage Grenzpendler EU/EWR" beifügen

☐ Nein (z.B. bei Versorgungsempfängern) | Wohnsitzstaat

Sind Sie nicht aufgrund eines dienstlichen Auftrags im Ausland tätig, aber Staatsangehöriger eines Mitgliedstaates der Europäischen Union (EU) oder von Island, Norwegen, Liechtenstein (EWR) und wollen Sie weitere Steuervergünstigungen in Anspruch nehmen (insbesondere die Steuerklasse III, wenn Ihr Ehegatte/Lebenspartner seinen Wohnsitz oder gewöhnlichen Aufenthalt in einem EU/EWR-Staat oder in der Schweiz hat), geben Sie bitte zusätzlich die „Anlage Grenzpendler EU/EWR" ab. Sind Sie kein Staatsangehöriger eines EU/EWR-Staates, geben Sie ggf. die „Anlage Grenzpendler außerhalb EU/EWR" ab.

Die Bescheinigung soll nicht mir zugesandt werden, sondern an (z.B. an die das Gehalt zahlende Kasse)

Name

Straße und Hausnummer oder Postfach

Postleitzahl, Ort

Bei der Ausfertigung dieses Antrags hat mitgewirkt

Herr/Frau/Firma | in | Telefonnummer

Ich nehme zur Kenntnis, dass ich verpflichtet bin, unverzüglich die Änderung der Bescheinigung zu beantragen, wenn sich die für die Bescheinigung der Steuerklasse und die Berücksichtigung von Kindern zugrunde gelegten Verhältnisse zu meinen Ungunsten ändern oder die Voraussetzungen für die erweiterte unbeschränkte Einkommensteuerpflicht wegfallen.

(Datum) | (**Unterschrift** der antragstellenden Person) | (**Unterschrift** des Ehegatten/Lebenspartners)

Verfügung des Finanzamts

1. Bescheinigung für den Lohnsteuerabzug
ist mit folgenden allgemeinen Besteuerungsmerkmalen zu erteilen:

Steuerklasse/Faktor	Zahl der Kinderfreibeträge [1]	Gültig vom - bis

1) nicht bei beschränkter Einkommensteuerpflicht

2) bei beschränkter Einkommensteuerpflicht nur Freibeträge nach § 39a Abs. 4 EStG

3) einschl. Zahl der Kinderfreibeträge (nicht bei beschränkter Einkommensteuerpflicht)

EUR

2. Freibeträge [2] ....
Pauschbeträge für Behinderte und Hinterbliebene ....
Freibetrag wg. Förderung des Wohneigentums usw. ....
Werbungskosten ....
Sonderausgaben ....
Außergewöhnliche Belastungen in besonderen Fällen ....
Außergewöhnliche Belastungen allgemeiner Art ....
Jahresfreibetrag ....
bisher berücksichtigt ....
verbleibender Freibetrag ....
Monatsbetrag ....
Wochenbetrag ....
Tagesbetrag ....

Gültig vom - bis

3. Änderung

der StKl [3]/Faktor	in StKl [3]/Faktor	Gültig vom - bis

4. Minderung der Lohnsteuer nach dem DBA Belgien in die Bescheinigung aufnehmen (nicht bei Geschäftsführern und Vorständen i.S.d. Art. 16 Abs. 2 DBA Belgien)
Gültig vom - bis

5. Bescheinigung und Belege an Antragsteller abgesandt am

6. Bescheid zur Post am

7. ☐ Vormerken für die ESt-Veranlagung

8. Z.d.A.

(Sachgebietsleiter) | (Datum) | (Sachbearbeiter)

Vordruck Antrag auf Erteilung einer Bescheinigung für beschränkt einkommensteuerpflichtige Arbeitnehmer

Antrag auf Erteilung einer Bescheinigung für den Lohnsteuerabzug 201 ___ für beschränkt einkommensteuerpflichtige Arbeitnehmer

Zur Beachtung:

Arbeitnehmern, die in der Bundesrepublik Deutschland weder einen Wohnsitz noch ihren gewöhnlichen Aufenthalt haben (beschränkt einkommensteuerpflichtige Arbeitnehmer), wird eine Bescheinigung über die für den Lohnsteuerabzug maßgebenden persönlichen Besteuerungsmerkmale ausgestellt. Die Bescheinigung ist vom Arbeitnehmer mit diesem Vordruck bei dem für den Arbeitgeber zuständigen Finanzamt (Betriebsstättenfinanzamt) zu beantragen; sie ist dem Arbeitgeber vor Beginn des Kalenderjahres oder beim Eintritt in das Dienstverhältnis vorzulegen.

Wird die Bescheinigung eines Freibetrags **(Abschnitt B)** beantragt, ist der Antrag vom Arbeitnehmer zu unterschreiben. Wird lediglich die Bescheinigung der Steuerklasse **(Abschnitt A)** und der Steuerbefreiung **(Abschnitte C, D und E)** beantragt, kann die Bescheinigung auch vom Arbeitgeber im Namen des Arbeitnehmers beantragt werden.

Der Antrag auf Erteilung oder Änderung der Bescheinigung kann nur bis zum Ablauf des Kalenderjahres gestellt werden, für das die Bescheinigung gilt. Bei beschränkt einkommensteuerpflichtigen Arbeitnehmern gilt die Einkommensteuer mit der Durchführung des Lohnsteuerabzugs grundsätzlich als abgegolten.

Wird Ihnen aufgrund der Angaben in Abschnitt B dieses Antrags ein **Freibetrag** in der Bescheinigung für dem Lohnsteuerabzug eingetragen und übersteigt der im Kalenderjahr insgesamt erzielte Arbeitslohn 11.000 € sind Sie verpflichtet, nach Ablauf des Kalenderjahres eine **Einkommensteuererklärung** beim zuständigen Betriebsstättenfinanzamt **abzugeben.**

Auf Antrag werden Sie als unbeschränkt einkommensteuerpflichtig behandelt, wenn die Summe Ihrer Einkünfte **mindestens zu 90 %** der deutschen Einkommensteuer unterliegt **oder** wenn die nicht der deutschen Einkommensteuer unterliegenden Einkünfte den **Grundfreibetrag** (ab 2016: 8.652 €; ggf. nach den Verhältnissen Ihres Wohnsitzstaates gemindert) nicht übersteigen. Sind Sie Staatsangehöriger eines EU/EWR-Staats und leben von Ihrem Ehegatten/Lebenspartner nicht dauernd getrennt, ist für die Bescheinigung der Steuerklasse III weitere Voraussetzung, dass der Ehegatte/Lebenspartner seinen Wohnsitz in einem EU/EWR-Staat oder der Schweiz hat und Sie selbst die vorgenannten Einkommensgrenzen erfüllen. Darüber hinaus ist Voraussetzung, dass die Einkünfte beider Ehegatte/Lebenspartner die Einkommensgrenzen erfüllen, wobei der Grundfreibetrag zu verdoppeln ist. In diesen Fällen ist der Vordruck „Antrag auf einer Lohnsteuer-Ermäßigung" mit der Anlage „Grenzpendler EU/EWR" zu verwenden. Nach Ablauf des Kalenderjahres sind Sie zur Abgabe einer Einkommensteuererklärung verpflichtet.

Nach dem Doppelbesteuerungsabkommen mit Belgien wird die einzubehaltende Lohnsteuer grundsätzlich um 8 % gemindert, wenn Sie in Belgien ansässig sind und Ihre Einkünfte aus nichtselbständiger Arbeit in der Bundesrepublik Deutschland besteuert werden. Soweit diese Voraussetzungen vorliegen, enthält die von Ihnen beantragte Bescheinigung einen entsprechenden Hinweis für Ihren Arbeitgeber.

Wenn Sie eine Bescheinigung nach **Abschnitt C, D, E oder F** beantragen, ist außer diesem Abschnitt **nur noch Abschnitt A** auszufüllen. Fügen Sie dem Antrag bitte Belege und ggf. für dasselbe Kalenderjahr bereits erteilte Bescheinigungen bei.

Nach den Vorschriften der Datenschutzgesetze wird darauf hingewiesen, dass die Angabe der Telefonnummer freiwillig im Sinne dieser Gesetze ist und im Übrigen die mit diesem Antrag angeforderten Daten auf Grund der §§ 149, 150 der Abgabenordnung und der §§ 1 Abs. 4, 39 Abs. 2 und 3 des Einkommensteuergesetzes - EStG - erhoben werden.

(A) Angaben zur Person

Weiße Felder bitte ausfüllen oder [x] ankreuzen.

Identifikationsnummer -soweit erhalten-

Name, Vorname | Geburtsdatum: Tag | Monat | Jahr

Verheiratet/Lebensp. begründet seit | Verwitwet seit | Geschieden/Lebensp. aufgehoben seit | Dauernd getrennt lebend seit

Aufenthalt in der Bundesrepublik Deutschland ☐ Nein | Ja, vom (voraussichtlich) bis

Straße, Hausnummer, Postleitzahl, Ort im Inland

Wohnsitz im Ausland ☐ Nein ☐ Ja | Straße, Hausnummer

Postleitzahl, Ort, Staat

Geburtsort | Staatsangehörigkeit

Bei Verheirateten/bei Lebenspartnerschaften: Der Ehegatte/Lebenspartner hat im Inland | einen Wohnsitz ☐ Nein ☐ Ja | ein Arbeitsverhältnis ☐ Nein ☐ Ja

Aufenthalt des Ehegatte/Lebenspartner hat im Inland ☐ Nein | Ja, vom (voraussichtlich) bis

(inländischer) Arbeitgeber der antragstellenden Person (Name, Anschrift)

Steuernummer

Beschäftigt als | seit | (voraussichtlich) bis

voraussichtlicher inländischer Jahresarbeitslohn | €

Weitere Arbeitgeber im laufenden Kalenderjahr (Name, Anschrift, Steuernummer) | vom - bis

Bescheinigungen für beschränkt einkommensteuerpflichtige Arbeitnehmer für das laufende Kalenderjahr sind mir bereits erteilt worden ☐ Nein | Ja, vom Finanzamt

8.15 ab 2016 034005

2

(B) Berücksichtigung von Freibeträgen

I. Werbungskosten
Nur ausfüllen, wenn die Werbungskosten höher sind als der (ggf. zeitanteilige) maßgebende Pauschbetrag von 1000 €/102 €.

Erläuterungen

1. Wege zwischen Wohnung und erste Tätigkeitssstätte (Entfernungspauschale)

Die Wege werden ganz oder teilweise zurückgelegt mit einem eigenen oder zur Nutzung überlassenen ☐ privaten Kfz ☐ Firmenwagen

Fahrtkostenersatz des Arbeitgebers [1) €

Arbeitsstätte in (Ort und Straße) - ggf. nach besonderer Aufstellung -	Arbeitstage je Woche	Urlaubs- und Krankheitstage
1.		
2.		

Behinderungsgrad mind. 70 oder mind. 50 und Merkzeichen „G" ☐ Ja

Tätigkeitsstätte Nr.	aufgesucht an Tagen	einfache Entfernung (km)	davon zurückgelegte km mit eigenem oder zur Nutzung überlassenen Pkw 2) 3)	Sammelbeförderung des Arbeitgebers	öffentl. Verkehrsmitteln, Motorrad, Fahrrad o.ä., als Fußgänger, als Mitfahrer einer Fahrgemeinschaft 2)	Aufwendungen für öffentl. Verkehrsmittel 4)	EUR

2. Beiträge zu Berufsverbänden (Bezeichnung der Verbände)

3. Aufwendungen für Arbeitsmittel (Art der Arbeitsmittel) 5) - soweit nicht steuerfrei ersetzt -

4. Weitere Werbungskosten (z.B. Fortbildungskosten, Fahrt-/Übernachtungskosten bei Auswärtstätigkeit) 5)
- soweit nicht steuerfrei ersetzt -

5. Pauschbeträge für Mehraufwendungen für Verpflegung bei Auswärtstätigkeit 7)

Abwesenheitsdauer mehr als 8 Std.
Zahl der Tage x 12 € 0

An-/Abreisetag (bei auswärtiger Übernachtung)	Abwesenheitsdauer 24 Std.	steuerfreier Arbeitgeberersatz	
Zahl der Tage x 12 € 0	Zahl der Tage x 24 € 0	- €=	0,00

6. Mehraufwendungen für doppelte Haushaltsführung
Der doppelte Haushalt ist aus beruflichem Anlass begründet worden

Beschäftigungsort

Grund 5) | am | besteht voraussichtlich bis

Eigener Hausstand am Lebensmittelpunkt: ☐ Nein ☐ Ja, in | seit

Kosten der ersten Fahrt zum Beschäftigungsort und der letzten Fahrt zum eigenen Hausstand		steuerfreier Arbeitgeberersatz	
☐ mit öffentlichen Verkehrsmitteln ☐ mit privatem Kfz Entfernung km x €	0,00€	€=	0,00
Fahrtkosten für Heimfahrten (nicht bei Firmenwagennutzung) 3) 4) 6) ☐ einfache Entfernung ohne Flugstrecken km x Anzahl x 0,30 €	= 0,00€	- €=	0,00
☐ *mit öffentlichen Verkehrsmitteln*	= €	- €=	0,00
Kosten der Unterkunft am Beschäftigungsort (lt. Nachweis) höchstens 1.000 € im Monat	€	- €=	0,00
Mehraufwendungen für Verpflegung 5) 7) täglich € x Zahl der Tage	= 0,00€	- €=	0,00
		Summe	

1) Nur Fahrtkostenersatz eintragen, der pauschal besteuert oder steuerfrei gewährt wird

2) Die Entfernungspauschale beträgt 0,30 € je Entfernungskilometer, bei anderen Verkehrsmitteln als eigenem oder zur Nutzung überlassenen Pkw höchstens 4.500 €.

3) Erhöhter Kilometersatz wegen Behinderung: 0,60 € je Entfernungskilometer

4) Die tatsächlichen Aufwendungen für öffentliche Verkehrsmittel (ohne Flug- und Fährkosten) werden nur angesetzt, wenn sie höher sind als die Entfernungspauschale

5) Ggf. auf gesondertem Blatt erläutern

6) Die Aufwendungen für Heimflüge oder die anstelle der Aufwendungen für Heimfahrten entstehenden Telefonkosten bitte auf besonderem Blatt erläutern

7) Bei Abwesenheitsdauer von: mehr als 8 Std.: 12 € 24 Std.: 24 € nur für die ersten drei Monate an der selben Tätigkeitsstätte/demselben Tätigkeitsort

Vermerke des Finanzamts

→ **Summe** €

abzüglich - ggf. zeitanteiligen - maßgebenden Pauschbetrag von 1000 €/102 €

Se.: €

Übertragen in Vfg.

Bitte Belege beifügen !

Bitte Belege beifügen ! 3

II. Sonderausgaben	EUR	Vermerke des Finanzamts
Spenden und Mitgliedsbeiträge — **Bitte jeweils Bescheinigungen nach amtlich vorgeschriebenem Vordruck beifügen**		Summe €
a) Spenden und Mitgliedsbeiträge zur Förderung steuerbegünstigter Zwecke		abzüglich – ggf. zeitanteiligen – Sonderausgaben-Pauschbetrag von 36 €
b) Spenden in das zu erhaltende Vermögen (Vermögensstock) einer Stiftung		
c) Spenden und Mitgliedsbeiträge an politische Parteien		- €
Summe		Se.: € Übertragen in Vfg.
III. Freibetrag wegen Förderung des Wohneigentums ☐ wie im Vorjahr ☐ Erstmaliger Antrag oder Änderung gegenüber dem Vorjahr (Ermittlung bitte auf gesondertem Blatt erläutern)		€ Übertragen in Vfg.

IV. Übertragung Freibetrag/Hinzurechnungsbetrag

☐ Der Jahresarbeitslohn aus meinem ersten Dienstverhältnis beträgt bei Steuerklasse I ab 2016 voraussichtlich nicht mehr als 11.822 €.

Bitte tragen Sie auf der Bescheinigung für den Lohnsteuerabzug für mein zweites Dienstverhältnis einen Freibetrag in Höhe von ______

für ein drittes oder weiteres Dienstverhältnis einen Freibetrag in Höhe von ______ €

und einen entsprechenden Hinzurechnungsbetrag auf der Bescheinigung für den Lohnsteuerabzug für das erste Dienstverhältnis ein. **Die Bescheinigung(en) für den Lohnsteuerabzug habe ich beigefügt.**

C Begrenzung des Steuerabzugs bei beschränkt einkommensteuerpflichtigen Versorgungsempfängern

Ich bin Empfänger von Versorgungsbezügen i.S. d. § 19 Abs. 2 EStG

☐ Ich beantrage, die Besteuerung der Versorgungsbezüge nach Artikel 18 Abs. 1 DBA Norwegen auf 15 % der Bruttozahlung zu begrenzen.

☐ Es liegen Versorgungsbezüge nach Artikel 17 Abs. 3 i.V.m. Abs. 2 DBA Spanien vor, die erstmals nach dem 31.12.2014 zufließen. Die Besteuerung ist auf 5 % des Bruttobetrags zu begrenzen.

D Steuerbefreiung von beschränkt einkommensteuerpflichtigen Studenten

Ich bin Student einer Lehranstalt außerhalb der Bundesrepublik Deutschland. Eine Bescheinigung der Lehranstalt über die Studenteneigenschaft und ggf. über die Notwendigkeit einer praktischen Ausbildung ist beigefügt.

Bezeichnung der Lehranstalt	Ort, Staat	
Studienfach	Art der Tätigkeit, für die eine Steuerbefreiung beantragt wird	Höhe des monatlichen Arbeitslohns €

E Steuerbefreiung von beschränkt einkommensteuerpflichtigen Versorgungsempfängern

Ich bin Empfänger von Versorgungsbezügen i. S. d. § 19 Abs. 2 EStG, die nach § 39 Abs. 4 Nr. 5 EStG und dem Abkommen zur Vermeidung der Doppelbesteuerung zwischen der Bundesrepublik Deutschland

Staat	Artikel/Absatz	nicht dem Steuerabzug unterliegen.

Eine Ansässigkeitsbescheinigung des Wohnsitzfinanzamts ist beigefügt.

☐ Ich beantrage, die Versorgungsbezüge nach Artikel 18 Abs. 2 DBA Türkei bis zur Höhe von 10.000 € von der Besteuerung freizustellen und die Besteuerung auf 10 % zu begrenzen.

F Steuerbefreiung aus anderen Gründen

Der von mir bezogene Arbeitslohn unterliegt nach dem Abkommen zur Vermeidung der Doppelbesteuerung zwischen der Bundesrepublik Deutschland und

Staat	Artikel/Absatz	nicht der Besteuerung im Inland.

Gründe bitte auf gesondertem Blatt erläutern.

4

Bei der Ausfertigung des Antrags hat mitgewirkt Herr/Frau/Firma	in	Telefonnummer

Ich nehme zur Kenntnis, dass ich verpflichtet bin, unverzüglich die Änderung der Bescheinigung zu beantragen, wenn
– ich einen Wohnsitz oder gewöhnlichen Aufenthalt in der Bundesrepublik Deutschland begründe;
– im Fall eines Antrags nach **Abschnitt D** meine Tätigkeit in der Bundesrepublik Deutschland über 183 Tage im Kalenderjahr hinausgeht.

Datum	Falls der Antrag im Namen des Arbeitnehmers vom Arbeitgeber gestellt wird:
(Unterschrift der antragstellenden Person)	(Firmenstempel, Unterschrift des Arbeitgebers)

- Nur vom Finanzamt auszufüllen -
Verfügung

1. ☐ Bescheinigung für beschränkt einkommensteuerpflichtige Arbeitnehmer ist zu erteilen

	EUR	Gültig vom - bis
a) maßgebliche Steuerklasse ☐ eins ☐ sechs		
b) Freibeträge:		
Werbungskosten		
Sonderausgaben - § 10b EStG		
- Förderung des Wohneigentums		
Freibetrag insgesamt		
Hinzurechnungsbetrag		
zu bescheinigender Jahresbetrag		
bisher berücksichtigt		
verbleibender Freibetrag		Gültig vom - bis
Monatsbetrag		
Wochenbetrag		
Tagesbetrag		

2. ☐ Hinzurechnungsbetrag auf der ersten Lohnsteuerabzugsbescheinigung

Jahresbetrag	Monatsbetrag	Wochenbetrag	Tagesbetrag	Gültig vom - bis
€	€	€	€	

	Gültig vom - bis
3. ☐ Minderung der Lohnsteuer nach dem DBA Belgien in der Bescheinigung aufnehmen (nicht bei Geschäftsführern und Vorständen i.S.d. Art. 16 Abs. 2 DBA Belgien)	
4. ☐ Begrenzung auf 15 % nach Art. 18 Abs. 1 DBA Norwegen in der Bescheinigung aufnehmen	
5. ☐ Begrenzung auf 5 % nach Art. 17 Abs. 3 i.V.m. Abs. 2 DBA Spanien in der Bescheinigung aufnehmen	
6. ☐ Freistellung der Versorgungsbezüge bis 10.000 €/Begrenzung auf 10 % nach Art. 18 Abs. 2 DBA Türkei in der Bescheinigung aufnehmen	
7. ☐ Freistellungsbescheinigung nach § 39 Abs. 4 Nr. 5 EStG ist zu erteilen	

8. ☐ Belege an Antragsteller zurück am

9. ☐ Bescheinigung(en) zur Post am

10. ☐ Vormerken für ESt-Veranlagung

11. Z.d.A.

(Sachgebietsleiter)	(Datum)	(Sachbearbeiter)

Lohn- und umsatzsteuerliche Behandlung von Betriebsveranstaltungen; Rechtslage nach dem „Gesetz zur Anpassung der Abgabenordnung an den Zollkodex der Union und zur Änderung weiterer steuerlicher Vorschriften“

BMF-Schreiben vom 14. 10. 2015 (BStBl I S. 832) – IV C 5 – S 2332/15/10001 – 2015/0581477 –

Mit dem Gesetz zur Anpassung der Abgabenordnung an den Zollkodex der Union und zur Änderung weiterer steuerlicher Vorschriften vom 22. Dezember 2014 (BGBl. I S. 2417, BStBl 2015 I S. 58) wurde die Besteuerung von Zuwendungen an Arbeitnehmer im Rahmen von Betriebsveranstaltungen gesetzlich geregelt. Unter Bezugnahme auf das Ergebnis der Erörterungen mit den obersten Finanzbehörden der Länder gelten bei der Anwendung des am 1. Januar 2015 in Kraft getretenen § 19 Absatz 1 Satz 1 Nummer 1a EStG die folgenden Grundsätze:

1. Begriff der Betriebsveranstaltung

Betriebsveranstaltungen sind Veranstaltungen auf betrieblicher Ebene mit gesellschaftlichem Charakter, z. B. Betriebsausflüge, Weihnachtsfeiern, Jubiläumsfeiern. Ob die Veranstaltung vom Arbeitgeber, Betriebsrat oder Personalrat durchgeführt wird, ist unerheblich. Eine Betriebsveranstaltung liegt nur vor, wenn der Teilnehmerkreis sich überwiegend aus Betriebsangehörigen, deren Begleitpersonen und gegebenenfalls Leiharbeitnehmern oder Arbeitnehmern anderer Unternehmen im Konzernverbund zusammensetzt.

Die Ehrung eines einzelnen Jubilars oder eines einzelnen Arbeitnehmers z. B. bei dessen Ausscheiden aus dem Betrieb, auch unter Beteiligung weiterer Arbeitnehmer, ist keine Betriebsveranstaltung; zu Sachzuwendungen aus solchem Anlass vgl. R 19.3 Absatz 2 Nummer 3 und 4 LStR. Auch ein so genanntes Arbeitsessen (R 19.6 Absatz 2 LStR) ist keine Betriebsveranstaltung.

Erfüllt eine Veranstaltung des Arbeitgebers nicht den Begriff der Betriebsveranstaltung, ist nach allgemeinen Grundsätzen zu prüfen, ob es sich bei geldwerten Vorteilen, die der Arbeitgeber seinen Arbeitnehmern im Rahmen dieser Veranstaltung gewährt, um Arbeitslohn nach § 19 EStG handelt.

2. Begriff der Zuwendung

Zuwendungen anlässlich einer Betriebsveranstaltung sind alle Aufwendungen des Arbeitgebers einschließlich Umsatzsteuer unabhängig davon, ob sie einzelnen Arbeitnehmern individuell zurechenbar sind oder ob es sich um einen rechnerischen Anteil an den Kosten der Betriebsveranstaltung handelt, die der Arbeitgeber gegenüber Dritten für den äußeren Rahmen der Betriebsveranstaltung aufwendet.

Zuwendungen anlässlich einer Betriebsveranstaltung sind insbesondere:

a) Speisen, Getränke, Tabakwaren und Süßigkeiten,

b) die Übernahme von Übernachtungs- und Fahrtkosten (siehe auch Tz. 6),

c) Musik, künstlerische Darbietungen sowie Eintrittskarten für kulturelle und sportliche Veranstaltungen, wenn sich die Veranstaltung nicht im Besuch der kulturellen oder sportlichen Veranstaltung erschöpft,

d) Geschenke. Dies gilt auch für die nachträgliche Überreichung der Geschenke an solche Arbeitnehmer, die aus betrieblichen oder persönlichen Gründen nicht an der Betriebsveranstaltung teilnehmen konnten, nicht aber für eine deswegen gewährte Barzuwendung,

e) Zuwendungen an Begleitpersonen des Arbeitnehmers,

f) Barzuwendungen, die statt der in a) bis c) genannten Sachzuwendungen gewährt werden, wenn ihre zweckentsprechende Verwendung sichergestellt ist,

g) Aufwendungen für den äußeren Rahmen, z. B. für Räume, Beleuchtung oder Eventmanager.

Als Aufwendungen für den äußeren Rahmen sind auch die Kosten zu erfassen, die nur zu einer abstrakten Bereicherung des Arbeitnehmers führen, wie z. B. Kosten für anwesende Sanitäter, für die Erfüllung behördlicher Auflagen, Stornokosten oder Trinkgelder. Keine Aufwendungen für den äußeren Rahmen nach Tz. 2 Buchstabe g) sind die rechnerischen Selbstkosten des Arbeitgebers, wie z. B. die anteiligen Kosten der Lohnbuchhaltung für die Erfassung des geldwerten *Vorteils der Betriebsveranstaltung* oder die anteilige AfA sowie Kosten für Energie- und Wasserverbrauch bei einer Betriebsveranstaltung in den Räumlichkeiten des Arbeitgebers.

Die gesetzliche Regelung stellt nicht darauf ab, ob es sich um übliche Zuwendungen handelt. Auch unübliche Zuwendungen, wie z. B. Geschenke, deren Wert je Arbeitnehmer 60 Euro übersteigt, oder Zuwendungen an einzelne Arbeitnehmer aus Anlass – nicht nur bei Gelegenheit – einer Betriebsveranstaltung unterfallen daher § 19 Absatz 1 Satz 1 Nummer 1a EStG.

3. Arbeitnehmer

§ 19 Absatz 1 Satz 1 Nummer 1a EStG erfasst Zuwendungen des Arbeitgebers an seine aktiven Arbeitnehmer, seine ehemaligen Arbeitnehmer, Praktikanten, Referendare, ähnliche Personen sowie Begleitpersonen.

Aus Vereinfachungsgründen wird es nicht beanstandet, wenn auch Leiharbeitnehmer bei Betriebsveranstaltungen des Entleihers sowie Arbeitnehmer anderer konzernangehöriger Unternehmen einbezogen werden.

Die Anwendbarkeit der Regelung auf Leiharbeitnehmer und Arbeitnehmer anderer konzernangehöriger Unternehmen setzt voraus, dass hinsichtlich dieser Personengruppen die weiteren Voraussetzungen (Offenstehen der Betriebsveranstaltung für alle Angehörigen dieser Personengruppe) des § 19 Absatz 1 Satz 1 Nummer 1a EStG erfüllt sind.

4. Freibetrag

Soweit die unter Tz. 2 aufgeführten Zuwendungen den Betrag von 110 Euro je Betriebsveranstaltung und teilnehmendem Arbeitnehmer nicht übersteigen, gehören sie nicht zu den Einkünften aus nichtselbständiger Arbeit, wenn die Teilnahme an der Betriebsveranstaltung allen Angehörigen des Betriebs oder eines Betriebsteils offensteht. Dies gilt für bis zu zwei Betriebsveranstaltungen jährlich.

a) Berechnung des Freibetrags

Die Höhe der dem einzelnen Arbeitnehmer gewährten Zuwendungen berechnet sich wie folgt:
Alle nach der Tz. 2 zu berücksichtigenden Aufwendungen sind zu gleichen Teilen auf alle bei der Betriebsveranstaltung anwesenden Teilnehmer aufzuteilen. Sodann ist der auf eine Begleitperson entfallende Anteil der Aufwendungen dem jeweiligen Arbeitnehmer zuzurechnen. Für die Begleitperson ist kein zusätzlicher Freibetrag von 110 Euro anzusetzen.

Beispiel:

Die Aufwendungen für eine Betriebsveranstaltung betragen 10 000 Euro. Der Teilnehmerkreis setzt sich aus 75 Arbeitnehmern zusammen, von denen 25 von je einer Person begleitet werden.

Die Aufwendungen sind auf 100 Personen zu verteilen, so dass auf jede Person ein geldwerter Vorteil von 100 Euro entfällt. Sodann ist der auf die Begleitperson entfallende geldwerte Vorteil dem jeweiligen Arbeitnehmer zuzurechnen. 50 Arbeitnehmer haben somit einen geldwerten Vorteil von 100 Euro, der den Freibetrag von 110 Euro nicht übersteigt und daher nicht steuerpflichtig ist. Bei 25 Arbeitnehmern beträgt der geldwerte Vorteil 200 Euro; nach Abzug des Freibetrags von 110 Euro ergibt sich für diese Arbeitnehmer ein steuerpflichtiger geldwerter Vorteil von jeweils 90 Euro.

Die 44-Euro-Freigrenze des § 8 Absatz 2 Satz 11 EStG ist für Zuwendungen anlässlich von Betriebsveranstaltungen nicht anwendbar.

b) Offenstehen der Betriebsveranstaltung für alle Arbeitnehmer

Voraussetzung für die Gewährung des Freibetrags ist, dass die Betriebsveranstaltung allen Angehörigen des Betriebs oder eines Betriebsteils offensteht. Veranstaltungen, die nur für einen beschränkten Kreis der Arbeitnehmer von Interesse sind, sind nach § 19 Absatz 1 Satz 1 Nummer 1a Satz 3 EStG begünstigte Betriebsveranstaltungen, wenn sich die Begrenzung des Teilnehmerkreises nicht als eine Bevorzugung bestimmter Arbeitnehmergruppen darstellt. Als begünstigte Betriebsveranstaltungen sind deshalb auch solche Veranstaltungen anzuerkennen, die z. B.

- jeweils nur für eine Organisationseinheit des Betriebs, z. B. Abteilung, durchgeführt werden, *wenn alle Arbeitnehmer* dieser Organisationseinheit an der Veranstaltung teilnehmen können,
- nur für alle im Ruhestand befindlichen früheren Arbeitnehmer des Unternehmens veranstaltet werden (Pensionärstreffen),
- nur für solche Arbeitnehmer durchgeführt werden, die bereits im Unternehmen ein rundes (10-, 20-, 25-, 30-, 40-, 50-, 60-jähriges) Arbeitnehmerjubiläum gefeiert haben oder i. V. m. der Betriebsveranstaltung feiern (Jubilarfeiern). Dabei ist es unschädlich, wenn neben den Jubilaren auch ein begrenzter Kreis anderer Arbeitnehmer, wie z. B. die engeren Mitarbeiter und Abteilungsleiter des Jubilars, Betriebsrats-/Personalratsvertreter oder auch die Familienangehörigen des Jubilars eingeladen werden. Der Annahme eines 40-, 50- oder 60-jährigen Arbeitnehmerjubiläums steht nicht entgegen, wenn die Jubilarfeier zu einem Zeitpunkt stattfindet, der höchstens fünf Jahre vor den bezeichneten Jubiläumsdienstzeiten liegt.

c) Freibetrag für maximal zwei Betriebsveranstaltungen jährlich

Der Freibetrag gilt für bis zu zwei Betriebsveranstaltungen jährlich. Nimmt der Arbeitnehmer an mehr als zwei Betriebsveranstaltungen teil, können die beiden Veranstaltungen, für die der Freibetrag gelten soll, ausgewählt werden. Dient die Teilnahme eines Arbeitnehmers an einer Betriebsveranstaltung der Erfüllung beruflicher Aufgaben, z. B. wenn der Personalchef oder Betriebsrats-/Personalratsmitglieder die Veranstaltungen mehrerer Abteilungen besuchen, ist der auf diesen Arbeitnehmer entfallende Anteil an den Gesamtaufwendungen kein Arbeitslohn.

5. Besteuerung der Zuwendungen

Für die Erhebung der Lohnsteuer gelten die allgemeinen Vorschriften; § 40 Absatz 2 EStG ist anwendbar. Das gilt für alle steuerpflichtigen Zuwendungen an Arbeitnehmer aus Anlass – nicht nur bei Gelegenheit – einer Betriebsveranstaltung.

Arbeitslohn aus Anlass von Betriebsveranstaltungen i. S. der Tz. 4 Buchstabe b kann mit 25 % pauschal besteuert werden (§ 40 Absatz 2 Satz 1 Nummer 2 EStG). Eine solche Pauschalierung der Lohnsteuer kommt von vornherein nicht in Betracht, wenn es sich bei der Veranstaltung nicht um eine Betriebsveranstaltung im Sinne der Tz. 1 handelt.

R 40.2 Absatz 1 Nummer 2 LStR ist ab dem Jahr 2015 insoweit überholt, als dort eine gesonderte Pauschalierung der Lohnsteuer bei nicht üblichen Zuwendungen vorgesehen ist. Auch nicht übliche Zuwendungen gehören zu den maßgebenden Gesamtkosten einer Betriebsveranstaltung.

Zuwendungen aus Anlass von Betriebsveranstaltungen an Arbeitnehmer von anderen Unternehmen im Konzernverbund sowie an Leiharbeitnehmer durch den Entleiher können wahlweise vom Zuwendenden oder vom Arbeitgeber versteuert werden. § 40 Absatz 2 Satz 1 Nummer 2 EStG ist auch insoweit anwendbar. Wendet der Zuwendende die Freibetragsregelung an, hat sich der Zuwendende beim Arbeitgeber zu vergewissern, dass für den Arbeitnehmer die unter Tz. 4 Buchstabe c) dieses Schreibens dargestellten Voraussetzungen erfüllt sind.

6. Reisekosten

Reisekosten liegen ausnahmsweise vor, wenn die Betriebsveranstaltung außerhalb der ersten Tätigkeitsstätte des Arbeitnehmers stattfindet, die Anreise der Teilnahme an der Veranstaltung dient und die Organisation dem Arbeitnehmer obliegt. Steuerfreie Erstattungen durch den Arbeitgeber sind nach den Grundsätzen des § 3 Nummer 13 oder 16 EStG zulässig.

Beispiel 1:

Arbeitgeber A veranstaltet einen Betriebsausflug. Mitarbeiter, die an einem anderen Standort tätig sind, reisen für den Betriebsausflug zunächst zur Unternehmenszentrale an. Diese Fahrtkosten – sowie ggf. im Zusammenhang mit der An- und Abreise entstehende Verpflegungspauschalen und Übernachtungskosten – gehören nicht zu den Zuwendungen anlässlich der Betriebsveranstaltung, sondern können als Reisekosten vom Arbeitgeber steuerfrei erstattet werden.

Beispiel 2:

Arbeitgeber A veranstaltet einen Betriebsausflug. Für die Fahrt vom Unternehmen zum Ausflugsziel organisiert er eine gemeinsame Busfahrt. Die Kosten hierfür zählen zu den Zuwendungen anlässlich der Betriebsveranstaltung.

Beispiel 3:

Der Betriebsausflug beginnt mit einer ganztägigen Fahrt auf einem Fahrgastschiff. Am nächsten Tag wird die Betriebsveranstaltung am Zielort fortgesetzt. Sowohl die übernommenen Fahrtkosten als auch die Übernachtungskosten gehören zu den Zuwendungen anlässlich der Betriebsveranstaltung.

7. Auswirkungen der gesetzlichen Änderung auf die Umsatzsteuer

Die gesetzlichen Änderungen, insbesondere die Ersetzung der bisherigen lohnsteuerlichen Freigrenze durch einen Freibetrag, haben grundsätzlich keine Auswirkungen auf die umsatzsteuerrechtlichen Regelungen.

Ob eine Betriebsveranstaltung vorliegt und wie die Kosten, die auf den einzelnen Arbeitnehmer entfallen, zu berechnen sind, bestimmt sich nach den o. g. lohnsteuerrechtlichen Grundsätzen.

Von einer überwiegend durch das unternehmerische Interesse des Arbeitgebers veranlassten, üblichen Zuwendung ist umsatzsteuerrechtlich im Regelfall auszugehen, wenn der Betrag je Arbeitnehmer und Betriebsveranstaltung 110 € einschließlich Umsatzsteuer nicht überschreitet. Übersteigt dagegen der Betrag, der auf den einzelnen Arbeitnehmer entfällt, pro Veranstaltung die Grenze von 110 € einschließlich Umsatzsteuer, ist von einer überwiegend durch den privaten Bedarf des Arbeitnehmers veranlassten unentgeltlichen Zuwendung auszugehen.

Durch die LStÄR 2015 vom 22. Oktober 2014, BStBl I S. 1344, wurde die sog. Aufmerksamkeitsgrenze auf 60 € erhöht. Zur Wahrung einer einheitlichen Rechtsanwendung wird dieser Betrag auch in Abschnitt 1.8 Absatz 3 Satz 2 UStAE übernommen.

Unter Bezugnahme auf das Ergebnis der Erörterungen mit den obersten Finanzbehörden der Länder wird der Umsatzsteuer-Anwendungserlass (UStAE) vom 1. Oktober 2010, BStBl I S. 846, der zuletzt durch das BMF-Schreiben vom 7. Oktober 2015 – III C 2 – S 7282/13/10001 (2015/0874602) –, BStBl I S. 782, geändert worden ist, wie folgt geändert:

1. Abschnitt 1.8 wird wie folgt geändert:
   a) In Absatz 3 Satz 2 UStAE wird die Betragsangabe „40 €" durch die Betragsangabe „60 €" ersetzt.
   b) In Absatz 4 Satz 3 Nr. 6 Satz 4 UStAE wird der Klammerzusatz gestrichen.
2. In Abschnitt 15.15 Abs. 2 wird das Beispiel 3 wie folgt gefasst:

„Beispiel 3:

[1]Unternehmer U mit zur Hälfte steuerfreien, den Vorsteuerabzug ausschließenden Ausgangsumsätzen bezieht Leistungen für die Durchführung eines Betriebsausfluges. [2]Die Kosten pro Arbeitnehmer betragen

a) **80 €**

b) 200 €

Zu a)

[1]Die Aufwendungen für den Betriebsausflug stellen Aufmerksamkeiten dar, weil sie **den Betrag** von 110 € nicht übersteigen (vgl. **Abschnitt 1.8 Abs. 4 Satz 3 Nr. 6**). [2]Da die Überlassung dieser Aufmerksamkeiten keinen Wertabgabentatbestand erfüllt, fehlt es an einem steuerbaren Ausgangsumsatz, dem die Leistungsbezüge direkt und unmittelbar zugeordnet werden können. [3]Für den Vorsteuerabzug ist deshalb die Gesamttätigkeit des U maßgeblich. [4]U kann daher die Hälfte der Aufwendungen als Vorsteuer abziehen.

Zu b)

[1]Die Aufwendungen für den Betriebsausflug stellen **grundsätzlich** keine Aufmerksamkeiten dar, weil sie **den Betrag** von 110 € übersteigen (**vgl. Abschnitt 1.8 Abs. 4 Satz 3 Nr. 6**). [2]Es liegt eine Mitveranlassung durch die Privatsphäre der Arbeitnehmer vor. [3]Bei Überschreiten **des Betrags** von 110 € besteht für U kein Anspruch auf Vorsteuerabzug, sofern die Verwendung bereits bei Leistungsbezug beabsichtigt ist. [4]Dementsprechend unterbleibt eine Wertabgabenbesteuerung. [5]Maßgeblich ist hierfür, dass sich ein Leistungsbezug zur Entnahme für unternehmensfremde Privatzwecke und ein Leistungsbezugs für das Unternehmen gegenseitig ausschließen. [6]Der nur mittelbar verfolgte Zweck,- das Betriebsklima zu fördern,- ändert hieran nichts (vgl. BFH-Urteil vom 9. 12. 2010, V R 17/10, BStBl 2012 II S. 53)."

8. Zeitliche Anwendung

Dieses Schreiben gilt im Hinblick auf die lohn- und einkommensteuerlichen Regelungen für alle nach dem 31. Dezember 2014 endenden Lohnzahlungszeiträume sowie für nach dem 31. Dezember 2014 beginnende Veranlagungszeiträume. R 19.5 LStR 2015 ist für diese Zeiträume nicht mehr anzuwenden.

Die Grundsätze dieses Schreibens gelten für die Umsatzbesteuerung von Sachzuwendungen und Betriebsveranstaltungen, die nach dem 31. Dezember 2014 ausgeführt wurden. Aus Vereinfachungsgründen ist es nicht zu beanstanden, wenn die Grundsätze dieses Schreibens erst auf die Umsatzbesteuerung von Sachzuwendungen und Betriebsveranstaltungen angewendet werden, die ab dem Tag nach der Veröffentlichung des Schreibens im Bundessteuerblatt Teil I ausgeführt werden.

Steuerliche Behandlung von Arbeitgeberdarlehen

BMF-Schreiben vom 19. 5. 2015 (BStBl I S. 484)

Im Einvernehmen mit den obersten Finanzbehörden der Länder gilt zur steuerlichen Behandlung von Arbeitgeberdarlehen Folgendes:

1. Anwendungsbereich

1 Ein Arbeitgeberdarlehen liegt vor, wenn durch den Arbeitgeber oder aufgrund des Dienstverhältnisses durch einen Dritten an den Arbeitnehmer Geld überlassen wird und diese Geldüberlassung auf einem Darlehensvertrag beruht. Erhält der Arbeitnehmer durch solch ein Arbeitgeberdarlehen Zinsvorteile, sind sie zu versteuern. Der zur Anwendung des Lohnsteuerabzugsverfahrens verpflichtete Arbeitgeber hat die Lohnsteuer nach Maßgabe von § 38 Absatz 1 i. V. m. Absatz 4 Satz 3 EStG einzubehalten und abzuführen, sofern er sie nicht nach § 40 Absatz 1 EStG pauschal erhebt oder die Einkommensteuer nicht nach § 37b EStG pauschal erhoben wird.

2 Gehaltsvorschüsse im öffentlichen Dienst, die nach den Vorschussrichtlinien des Bundes oder der entsprechenden Richtlinien der Länder gewährt werden, sind Arbeitgeberdarlehen. Keine Arbeitgeberdarlehen sind dagegen insbesondere Reisekostenvorschüsse, vorschüssig gezahlter Auslagenersatz, Lohnabschläge und Lohnvorschüsse, wenn es sich hierbei um eine abweichende Vereinbarung über die Bedingungen der Zahlung des Arbeitslohns handelt.

2. Ermittlung des geldwerten Vorteils

3 Bei Überlassung eines zinslosen oder zinsverbilligten Arbeitgeberdarlehens ist der geldwerte Vorteil (Zinsvorteil) zu ermitteln, der vom Arbeitnehmer als Arbeitslohn zu versteuern ist. Für die Ermittlung des Zinsvorteils ist zwischen einer Bewertung nach § 8 Absatz 2 EStG (z. B. der Arbeitnehmer eines Einzelhändlers erhält ein zinsverbilligtes Arbeitgeberdarlehen) und einer Bewertung nach § 8 Absatz 3 Satz 1 EStG (z. B. der Bankangestellte erhält von seinem Arbeitgeber ein zinsverbilligtes Arbeitgeberdarlehen mit Ansatz des Rabatt-Freibetrags) zu unterscheiden. Der Arbeitnehmer erlangt keinen steuerpflichtigen Zinsvorteil, wenn der Arbeitgeber ihm ein Darlehen zu einem marktüblichen Zinssatz (Maßstabszinssatz) gewährt (BFH-Urteil vom 4. Mai 2006 – VI R 28/05 –, BStBl II Seite 781).

4 Zinsvorteile, die der Arbeitnehmer durch Arbeitgeberdarlehen erhält, sind Sachbezüge. Sie sind als solche zu versteuern, wenn die Summe der noch nicht getilgten Darlehen am Ende des Lohnzahlungszeitraums 2 600 € übersteigt.

Beispiel:
Ein Arbeitgeber gewährt seinem Arbeitnehmer ein zinsloses Darlehen in Form eines Gehaltsvorschusses in Höhe von 2 000 €. Die daraus resultierenden Zinsvorteile sind nicht als Arbeitslohn zu versteuern, da der Darlehensbetrag am Ende des Lohnzahlungszeitraums die Freigrenze von 2 600 € nicht übersteigt.

2.1. Bewertung nach § 8 Abs. 2 EStG

2.1.1. Allgemeine Grundsätze

5 Sachbezüge sind mit den um übliche Preisnachlässe geminderten üblichen Endpreisen am Abgabeort anzusetzen (§ 8 Absatz 2 Satz 1 EStG). Von einem üblichen Endpreis ist bei einem Darlehen auszugehen, wenn sein Zinssatz mit dem Maßstabszinssatz (Rdnr. 3 Satz 3) vergleichbar ist; der pauschale Abschlag i. H. v. 4 % nach R 8.1 Absatz 2 Satz 3 LStR ist vorzunehmen. Solch ein üblicher Endpreis kann sich aus dem Angebot eines Kreditinstituts am Abgabeort ergeben.

Als üblicher Endpreis gilt auch der günstigste Preis für ein vergleichbares Darlehen mit nachgewiesener günstigster Marktkondition, zu der das Darlehen unter Einbeziehung allgemein zugänglicher Internetangebote (z. B. Internetangebote von Direktbanken) an Endverbraucher angeboten wird, ohne dass individuelle Preisverhandlungen im Zeitpunkt des Vertragsabschlusses berücksichtigt werden. Bei dieser Ermittlung kommt der pauschale Abschlag i. H. v. 4 % nach R 8.1 Absatz 2 Satz 3 LStR nicht zur Anwendung.

6 Hat der Arbeitgeber den Zinsvorteil nach dem üblichen Endpreis am Abgabeort bewertet (Rdnr. 5 Satz 2), kann der Arbeitnehmer dennoch die Zinsvorteile im Rahmen seiner Einkommensteuerveranlagung mit dem niedrigeren günstigsten Preis am Markt i. S. d. Rdnr. 5 Satz 4 bewerten und dem Finanzamt nachweisen (z. B. durch Ausdruck des in einem Internet-Vergleichsportal ausgewiesenen individualisierten günstigeren inländischen Kreditangebots zum Zeitpunkt des Vertragsabschlusses). Ein solcher Nachweis ist auch dann zulässig, wenn der Arbeitgeber bereits den aus seiner Sicht günstigsten Preis am Markt i. S. d. Rdnr. 5 Satz 4 angesetzt hat und der Arbeitnehmer einen noch niedrigeren günstigsten Preis am Markt berücksichtigt haben möchte. Das günstigere inländische Angebot muss in einem zeitlichen Zusammenhang mit der Gewäh-

rung des Arbeitgeberdarlehens stehen. Aus Vereinfachungsgründen ist es nicht zu beanstanden, wenn dieses Angebot bis zu 10 Tage vor der Kreditanfrage beim Arbeitgeber und bis zu 10 Tage nach dem Vertragsabschluss des Arbeitgeberdarlehens eingeholt wird.

Der Arbeitgeber hat die Unterlagen für den ermittelten und der Lohnversteuerung zu Grunde gelegten Endpreis sowie die Berechnung der Zinsvorteile zu dokumentieren, als Belege zum Lohnkonto aufzubewahren und dem Arbeitnehmer auf Verlangen formlos mitzuteilen. 7

2.1.2 Ermittlung des Zinsvorteils

Bei nach § 8 Absatz 2 Satz 1 EStG zu bewertenden Zinsvorteilen im Zusammenhang mit Arbeitgeberdarlehen bemisst sich der geldwerte Vorteil nach dem Unterschiedsbetrag zwischen dem Maßstabszinssatz für vergleichbare Darlehen am Abgabeort (Rdnr. 5 Satz 2) oder dem günstigsten Preis für ein vergleichbares Darlehen am Markt (Rdnr. 5 Satz 4) und dem Zinssatz, der im konkreten Einzelfall vereinbart ist. Vergleichbar in diesem Sinne ist ein Darlehen, das dem Arbeitgeberdarlehen insbesondere hinsichtlich der Kreditart (z. B. Wohnungsbaukredit, Konsumentenkredit/Ratenkredit, Überziehungskredit), der Laufzeit des Darlehens, der Dauer der Zinsfestlegung, der zu beachtenden Beleihungsgrenze und des Zeitpunktes der Tilgungsverrechnung im Wesentlichen entspricht. Die Einordung des jeweiligen Darlehens (Kreditart) richtet sich allein nach dem tatsächlichen Verwendungszweck. 8

Bei Arbeitgeberdarlehen mit Zinsfestlegung ist grundsätzlich für die gesamte Vertragslaufzeit der Maßstabszinssatz für vergleichbare Darlehen am Abgabeort (Rdnr. 5 Satz 2) oder der günstigste Preis für ein vergleichbares Darlehen am Markt (Rdnr. 5 Satz 4) bei Vertragsabschluss maßgeblich. Werden nach Ablauf der Zinsfestlegung die Zinskonditionen desselben Darlehens neu vereinbart (Prolongation), ist der Zinsvorteil neu zu ermitteln. Dabei ist der neu vereinbarte Zinssatz mit dem Maßstabszinssatz für vergleichbare Darlehen am Abgabeort (Rdnr. 5 Satz 2) oder dem günstigsten Preis für ein vergleichbares Darlehen am Markt (Rdnr. 5 Satz 4) im Zeitpunkt der Prolongationsvereinbarung zu vergleichen. Bei Arbeitgeberdarlehen mit variablem Zinssatz ist für die Ermittlung des Zinsvorteils im Zeitpunkt der vertraglichen Zinssatzanpassung der neu vereinbarte Zinssatz mit dem jeweils aktuellen Maßstabszinssatz für vergleichbare Darlehen am Abgabeort (Rdnr. 5 Satz 2) oder dem jeweils günstigsten Preis für ein vergleichbares Darlehen am Markt (Rdnr. 5 Satz 4) zu vergleichen. 9

Bei der Prüfung, ob die für Sachbezüge anzuwendende 44 €-Freigrenze (§ 8 Absatz 2 Satz 11 EStG) überschritten wird, sind Zinsvorteile aus der Überlassung eines zinslosen oder zinsverbilligten Arbeitgeberdarlehens vorbehaltlich der Rdnr. 4 einzubeziehen. 10

Ein nach Beachtung der Rdnr. 4 und der Rdnr. 10 ermittelter steuerpflichtiger Zinsvorteil aus der Überlassung eines zinslosen oder zinsverbilligten Arbeitgeberdarlehens i. S. d. § 8 Absatz 2 EStG kann nach § 37b EStG pauschal besteuert werden (vgl. hierzu BMF-Schreiben vom 19. Mai 2015, BStBl I Seite 468).Der Arbeitgeber kann die Entscheidung, § 37b Absatz 2 EStG innerhalb eines Kalenderjahres anzuwenden, nicht zurücknehmen. 11

Aus Vereinfachungsgründen wird es nicht beanstandet, wenn bei einer Bewertung nach Rdnr. 5 Satz 2 für die Feststellung des Maßstabszinssatzes die bei Vertragsabschluss von der Deutschen Bundesbank zuletzt veröffentlichten Effektivzinssätze – also die gewichteten Durchschnittszinssätze – herangezogen werden, die unter http://www.bundesbank.de/Redaktion/DE/Downloads/Statistiken/Geld_Und_Kapitalmaerkte/Zinssaetze_Renditen/S11BATGV.pdf?__blob=publicationFile veröffentlicht sind. Von dem sich danach ergebenden Effektivzinssatz kann nach R 8.1 Absatz 2 Satz 3 LStR ein pauschaler Abschlag von 4 % vorgenommen werden. Aus der Differenz zwischen diesem Maßstabszinssatz und dem Zinssatz, der im konkreten Einzelfall vereinbart ist, sind die Zinsverbilligung und der Zinsvorteil zu ermitteln, wobei die Zahlungsweise der Zinsen (z. B. monatlich, jährlich) unmaßgeblich ist. Zwischen den einzelnen Arten von Krediten (z. B. Wohnungsbaukredit, Konsumentenkredit/Ratenkredit) ist zu unterscheiden. 12

Beispiel: 13

Ein Arbeitnehmer erhält im März 2015 ein Arbeitgeberdarlehen von 30 000 € zu einem Effektivzinssatz von 2 % jährlich (Laufzeit 4 Jahre mit monatlicher Tilgungsverrechnung und monatlicher Fälligkeit der Zinsen). Der bei Vertragsabschluss im März 2015 von der Deutschen Bundesbank für Konsumentenkredite mit anfänglicher Zinsbindung von über einem Jahr bis zu fünf Jahren veröffentlichte Effektivzinssatz (Erhebungszeitraum Januar 2015) beträgt 4,71 %.

Nach Abzug des pauschalen Abschlags von 4 % ergibt sich ein Maßstabszinssatz von 4,52 % (Ansatz von zwei Dezimalstellen – ohne Rundung). Die Zinsverbilligung beträgt somit 2,52 % (4,52 % abzüglich 2 %). Danach ergibt sich im März 2015 ein Zinsvorteil von 63 € (2,52 % von 30 000 € x 1/12). Dieser Vorteil ist – da die 44 €-Freigrenze überschritten ist – lohnsteuerpflichtig. Der Zinsvorteil ist jeweils bei Tilgung des Arbeitgeberdarlehens für die Restschuld neu zu ermitteln.

2.1.3 Einzelanfragen zur Ermittlung des Maßstabszinssatzes

14 Einzelanfragen zur Ermittlung des Maßstabszinssatzes für vergleichbare Darlehen am Abgabeort sind bei der Deutschen Bundesbank unter https://www.bundesbank.de/Navigation/DE/Service/Kontakt/kontakt_node.html?contact_id=16 148 möglich.

2.2 Bewertung nach § 8 Absatz 3 EStG

2.2.1 Allgemeine Grundsätze

15 Der Zinsvorteil aus der Überlassung eines zinslosen oder zinsverbilligten Darlehens kann nach § 8 Absatz 3 EStG ermittelt werden, wenn der Arbeitgeber Darlehen gleicher Art und – mit Ausnahme des Zinssatzes – zu gleichen Konditionen (insbesondere Laufzeit des Darlehens, Dauer der Zinsfestlegung, Zeitpunkt der Tilgungsverrechnung) überwiegend an betriebsfremde Dritte vergibt und der Zinsvorteil nicht nach § 40 EStG pauschal besteuert wird.

16 Endpreis i. S. d. § 8 Absatz 3 EStG für die von einem Kreditinstitut gegenüber seinen Mitarbeitern erbrachten Dienstleistungen ist grundsätzlich der Preis, der für diese Leistungen im Preisaushang des Kreditinstituts oder der kontoführenden Zweigstelle angegeben ist. Dieser Preisaushang ist für die steuerliche Bewertung auch der Dienstleistungen maßgebend, die vom Umfang her den Rahmen des standardisierten Privatkundengeschäfts übersteigen, es sei denn, dass für derartige Dienstleistungen in den Geschäftsräumen offen zugängliche besondere Preisverzeichnisse ausgelegt werden. Es ist zur Ermittlung des Zinsvorteils nach § 8 Absatz 3 EStG zulässig, von dem im Preisaushang dargestellten Preis abzuweichen. Rdnr. 7 und 8 des BMF-Schreibens vom 16. Mai 2013 (BStBl I Seite 729), wonach am Ende von Verkaufsverhandlungen durchschnittlich gewährte Preisnachlässe zu berücksichtigen sind, gilt auch für die Ermittlung des Zinsvorteils nach § 8 Absatz 3 EStG für die von einem Kreditinstitut gegenüber seinen Mitarbeitern erbrachten Dienstleistungen. Der Abschlag von 4 % nach § 8 Absatz 3 Satz 1 EStG ist stets vorzunehmen.

2.2.2 Ermittlung des Zinsvorteils

17 Wird der Zinsvorteil nach § 8 Absatz 3 EStG bewertet, bemisst sich der Zinsvorteil nach dem Unterschiedsbetrag zwischen dem nach Rdnr. 16 ermittelten und um 4 % geminderten Effektivzinssatz, den der Arbeitgeber fremden Letztverbrauchern im allgemeinen Geschäftsverkehr für Darlehen vergleichbarer Kreditart (z. B. Wohnungsbaukredit, Konsumentenkredit) anbietet (Maßstabszinssatz), und dem Zinssatz, der im konkreten Einzelfall vereinbart ist. Bei Arbeitgeberdarlehen mit Zinsfestlegung ist grundsätzlich der Maßstabszinssatz bei Vertragsabschluss für die gesamte Vertragslaufzeit maßgeblich. Im Falle der Prolongation ist der neu vereinbarte Zinssatz mit dem Maßstabszinssatz im Zeitpunkt der Prolongationsvereinbarung zu vergleichen. Bei Arbeitgeberdarlehen mit variablem Zinssatz ist für die Ermittlung des Zinsvorteils im Zeitpunkt der vertraglichen Zinssatzanpassung der neu vereinbarte Zinssatz mit dem jeweils aktuellen Maßstabszinssatz zu vergleichen.

18 Der Arbeitgeber hat die Unterlagen für den ermittelten und der Lohnversteuerung zu Grunde gelegten Endpreis sowie die Berechnung des Zinsvorteils zu dokumentieren, als Belege zum Lohnkonto aufzubewahren und dem Arbeitnehmer auf Verlangen formlos mitzuteilen.

19 Wird der Zinsvorteil aus der Überlassung eines zinslosen oder zinsverbilligten Darlehens nach § 40 Absatz 1 EStG pauschal versteuert, so ist der Zinsvorteil nach § 8 Absatz 2 Satz 1 EStG zu bewerten (vgl. Tz. 2.1, Rdnr. 5 bis 13). Dies gilt auch, wenn der Arbeitgeber Darlehen überwiegend betriebsfremden Dritten überlässt. Sind die Voraussetzungen für die Lohnsteuerpauschalierung erfüllt, insbesondere weil ein Pauschalierungsantrag gestellt worden ist, kann diese Bewertungsmethode auch dann gewählt werden, wenn keine pauschale Lohnsteuer anfällt. In den Fällen des § 8 Absatz 3 EStG ist es auch dann nicht zulässig, die Steuer nach § 37b Absatz 2 EStG zu pauschalieren, wenn der Arbeitgeber nach R 8.2 Absatz 1 Satz 1 Nummer 4 LStR die Bewertung des geldwerten Vorteils nach § 8 Absatz 2 EStG wählt und der Zinsvorteil nicht nach § 40 Absatz 1 EStG pauschal versteuert worden ist.

20 Zinsvorteile sind als sonstige Bezüge i. S. d. § 40 Absatz 1 Satz 1 Nummer 1 EStG anzusehen, wenn der maßgebende Zinszahlungszeitraum den jeweiligen Lohnzahlungszeitraum überschreitet.

21 Wird der Zinsvorteil nur zum Teil pauschal versteuert, weil die Pauschalierungsgrenze des § 40 Absatz 1 Satz 3 EStG überschritten ist, so ist bei der Bewertung des individuell zu versteuernden Zinsvorteils der Teilbetrag des Darlehens außer Ansatz zu lassen, für den die Zinsvorteile unter Anwendung der Tz. 2.1. (Rdnr. 5 bis 13) pauschal versteuert werden.

22 **Beispiel:**

Ein Kreditinstitut überlässt seinem Arbeitnehmer am 1. Januar 2015 ein Arbeitgeberdarlehen von 150 000 € zum Effektivzinssatz von 2 % jährlich (Laufzeit 4 Jahre mit jährlicher Tilgungsverrechnung und vierteljährlicher Fälligkeit der Zinsen). Darlehen gleicher Art bietet das

Kreditinstitut fremden Kunden im allgemeinen Geschäftsverkehr zu einem Effektivzinssatz von 4,5 % an. Der nachgewiesene günstigste Zinssatz für vergleichbare Darlehen am Markt (i. S. d. Rdnr. 5 Satz 4) wurde im Internet bei einer Direktbank mit 4 % ermittelt.

Das Kreditinstitut beantragt die Besteuerung nach § 40 Absatz 1 Satz 1 Nummer 1 EStG. Der Zinsvorteil ist insoweit nach § 8 Absatz 2 Satz 1 EStG zu ermitteln. Die nach Tz. 2.1.2 ermittelte Zinsverbilligung beträgt 2 % (marktüblicher Zinssatz 4 %, abzüglich Zinslast des Arbeitnehmers von 2 %). Der pauschale Abschlag i. H. v. 4 % nach R 8.1 Absatz 2 Satz 3 LStR kommt nicht in Betracht.

Der Zinsvorteil im Kalenderjahr 2015 beträgt 3 000 € (2 % von 150 000 €). Mangels anderer pauschal besteuerter Leistungen kann der Zinsvorteil des Arbeitnehmers bis zum Höchstbetrag von 1 000 € pauschal besteuert werden (Pauschalierungsgrenze). Ein Zinsvorteil von 1 000 € ergibt sich unter Berücksichtigung der nach Tz. 2.1.2 ermittelten Zinsverbilligung von 2 % für ein Darlehen von 50 000 € (2 % von 50 000 € = 1 000 €). Mithin wird durch die Pauschalbesteuerung nur der Zinsvorteil aus einem Darlehensteilbetrag von 50 000 € abgedeckt. Der Zinsvorteil aus dem restlichen Darlehensteilbetrag von 100 000 € ist individuell zu versteuern. Der zu versteuernde Betrag ist wie folgt zu ermitteln:

Nach Abzug eines Abschlags von 4 % (§ 8 Absatz 3 Satz 1 EStG) vom Angebotspreis des Arbeitgebers von 4,5 % ergibt sich ein Maßstabszinssatz von 4,32 %.

100 000 € Darlehen × Maßstabszinssatz 4,32 %	4 320 €
./. Zinslast des Arbeitnehmers 100 000 € × 2 %	2 000 €
Zinsvorteil	2 320 €
./. Rabattfreibetrag (§ 8 Abs. 3 Satz 2 EStG)	1 080 €
zu versteuernder Zinsvorteil (Jahresbetrag)	1 240 €
vierteljährlich als sonstiger Bezug der Lohnsteuer zu unterwerfen	310 €

Der Zinsvorteil ist jeweils bei Tilgung des Arbeitgeberdarlehens für die Restschuld neu zu ermitteln.

2.3 Wahlrechte zwischen den Bewertungsmethoden nach § 8 Absatz 2 und Absatz 3 EStG

Hinsichtlich der Wahlmöglichkeit des Arbeitnehmers für die Ermittlung des Zinsvorteils nach § 8 Absatz 2 Satz 1 oder Absatz 3 EStG gilt das BMF-Schreiben vom 16. Mai 2013 (BStBl I Seite 729) entsprechend. 23

Der Arbeitnehmer kann den Zinsvorteil im Rahmen seiner Einkommensteuerveranlagung nach § 8 Absatz 2 Satz 1 EStG (vgl. Rdnr. 5–13) bewerten. In diesen Fällen hat der Arbeitnehmer den Endpreis nachzuweisen, den der Arbeitgeber im Lohnsteuerabzugsverfahren zu Grunde gelegt hat (z. B. durch eine formlose Mitteilung des Arbeitgebers). 24

Dem Arbeitgeber bleibt es unbenommen, im Lohnsteuerabzugsverfahren den Zinsvorteil nach § 8 Absatz 3 Satz 1 EStG (vgl. Rdnr. 15 – 18) zu bewerten. Er ist dann nicht verpflichtet, den Zinsvorteil nach § 8 Absatz 2 Satz 1 EStG (vgl. Rdnr. 5–13) zu bewerten. Ermittelt der Arbeitgeber den Vorteil nach § 8 Absatz 2 Satz 1 EStG, kann er einen um übliche Preisnachlässe geminderten üblichen Endpreis am Abgabeort i. S. d. Rdnr. 5 Satz 2 ansetzen. Er ist dann nicht verpflichtet, den günstigsten Preis am Markt i. S. d. Rdnr. 5 Satz 4 zu ermitteln. 25

3. Zufluss von Arbeitslohn

Als Zuflusszeitpunkt ist der Fälligkeitstermin der Zinsen als Nutzungsentgelt für die Überlassung eines zinsverbilligten Darlehens anzusehen (vgl. Beispiel unter Tz. 2.2.2, Rdnr. 22). Bei der Überlassung eines zinslosen Darlehens ist der Zufluss in dem Zeitpunkt anzunehmen, in dem das Entgelt üblicherweise fällig wäre. Es kann davon ausgegangen werden, dass das Entgelt üblicherweise zusammen mit der Tilgungsrate fällig wäre. Wird ein Arbeitgeberdarlehen ohne Tilgungsleistung (endfälliges Darlehen) gewährt, kann für die Entscheidung, ob der Zinsvorteil am Ende der Laufzeit oder monatlich, vierteljährlich oder jährlich zufließt, grundsätzlich dem der Vereinbarung zugrundeliegenden Willen der Beteiligten gefolgt werden. 26

4. Versteuerung in Sonderfällen

4.1. Versteuerung bei fehlender Zahlung von Arbeitslohn

Erhält der Arbeitnehmer keinen anderen laufenden Arbeitslohn (z. B. bei Beurlaubung, Elternzeit), ist der im Kalenderjahr erhaltene Zinsvorteil bei Wiederaufnahme der Arbeitslohnzahlung zu versteuern oder andernfalls spätestens nach Ablauf des Kalenderjahres nach § 41c EStG zu behandeln. 27

4.2. Versteuerung bei Ausscheiden aus dem Dienstverhältnis

28 Scheidet der Arbeitnehmer aus dem Dienstverhältnis aus und besteht das vergünstigte Arbeitgeberdarlehen weiter, so hat der Arbeitgeber dies dem Betriebsstättenfinanzamt anzuzeigen, wenn er aufgrund des beendeten Dienstverhältnisses die Lohnsteuer für die Zinsvorteile nicht einbehalten kann (§ 41c Absatz 4 Satz 1 Nummer 1 EStG).

5. Sicherheitenbestellung

29 Setzt der Zinssatz des vergleichbaren Darlehens eine Sicherheitenbestellung (z. B. eine Grundschuldbestellung) voraus, ist der Verzicht des Arbeitgebers auf eine solche Bestellung ein steuerpflichtiger geldwerter Vorteil. In die Bewertung des geldwerten Vorteils einbezogen werden insbesondere die üblichen Kosten und Gebühren des Grundbuchamts und des Notars für eine dingliche Sicherung des Arbeitgeberdarlehens. Diese Beträge können regelmäßig mit den im Internet bereitgestellten Notar-/Grundbuchkostenrechnern ermittelt werden. Ein Abschlag ist nicht vorzunehmen. Als Zuflusszeitpunkt ist das Auszahlungsdatum des Arbeitgeberdarlehens anzusetzen. Ein geldwerter Vorteil für die ersparte Löschung einer Sicherheitenbestellung ist aus Vereinfachungsgründen nicht anzusetzen.

6. Aufzeichnungserleichterungen für Kreditinstitute

30 Das Betriebsstättenfinanzamt kann auf Antrag eines Kreditinstituts Ausnahmen von der Aufzeichnung der geldwerten Vorteile zulassen, die sich aus der unentgeltlichen oder verbilligten

- Kontenführung, Nutzung von Geldautomaten sowie der Ausgabe von Kreditkarten,
- Depotführung bis zu einem Depotnennwert von 60 000 € (maßgebend ist der Depotnennwert, nach dem die Depotgebühren berechnet werden),
- Überlassung von Schließfächern und Banksafes und
- Beschaffung und Rücknahme von Devisen durch Barumtausch

ergeben.

31 Voraussetzung hierfür ist, dass

a) der durchschnittliche Betrag des Vorteils aus den von der Aufzeichnung befreiten Dienstleistungen unter Berücksichtigung des Preisabschlags nach § 8 Absatz 3 EStG von 4 % je Arbeitnehmer ermittelt wird (Durchschnittsbetrag).

   Der Durchschnittsbetrag ist jeweils im letzten Lohnzahlungszeitraum eines Kalenderjahres aus der summarischen Erfassung sämtlicher aufzeichnungsbefreiter Vorteile der vorangegangenen 12 Monate für die Arbeitnehmer eines Kreditinstituts (einschließlich sämtlicher inländischer Zweigstellen) zu ermitteln. Dabei sind auch die Vorteile einzubeziehen, die der Arbeitgeber Personen einräumt, die mit den Arbeitnehmern verbunden sind. Falls erforderlich, können für alleinstehende und verheiratete Arbeitnehmer unterschiedliche Durchschnittsbeträge festgesetzt werden.

   Hat ein Kreditinstitut mehrere lohnsteuerliche Betriebsstätten, so ist der Aufzeichnungsverzicht und ggf. die Festsetzung des Durchschnittsbetrags mit den anderen Betriebsstättenfinanzämtern abzustimmen.

b) der Arbeitgeber im letzten Lohnzahlungszeitraum des Kalenderjahres den Betrag pauschal nach § 40 Absatz 1 EStG versteuert, um den die Summe der Vorteile aus den nicht aufzeichnungsbefreiten Dienstleistungen und dem Durchschnittsbetrag bei den einzelnen Arbeitnehmern den Rabattfreibetrag von 1 080 € übersteigt. Dabei ist der übersteigende Betrag wenigstens bis zur Höhe des Durchschnittsbetrags pauschal zu versteuern. Soweit die Vorteile pauschal versteuert werden, sind sie nach § 8 Absatz 2 EStG zu bewerten.

7. Anrufungsauskunft

32 Für Sachverhalte zur steuerlichen Behandlung von Arbeitgeberdarlehen kann eine Anrufungsauskunft i. S. d. § 42e EStG eingeholt werden.

8. Zeitliche Anwendung

33 Dieses Schreiben ersetzt die BMF-Schreiben vom 15. April 1993, BStBl I Seite 339 sowie vom 1. Oktober 2008, BStBl I Seite 892, und ist in allen offenen Fällen anzuwenden.

Anwendung von Artikel 18, 19 und 22 des Abkommens vom 19. September 2011 zwischen der Bundesrepublik Deutschland und der Republik Türkei zur Vermeidung der Doppelbesteuerung und der Steuerverkürzung auf dem Gebiet der Steuern vom Einkommen

BMF vom 11. 12. 2014 – IV B 4 – S 1301-TÜR/0 :007 (BStBl 2015 I S. 92).

Am 1. August 2012 ist das Abkommen vom 19. September 2011 zwischen der Bundesrepublik Deutschland und der Republik Türkei zur Vermeidung der Doppelbesteuerung und der Steuerverkürzung auf dem Gebiet der Steuern vom Einkommen (DBA) in Kraft getreten. Es ist ab dem Veranlagungszeitraum 2011 anzuwenden. Im Hinblick auf die steuerliche Behandlung von Alterseinkünften im deutsch-türkischen Verhältnis nehme ich im Einvernehmen mit den obersten Finanzbehörden der Länder wie folgt Stellung:

1. Unbeschränkt Steuerpflichtige mit Alterseinkünften aus der Türkei

Ist Deutschland der Ansässigkeitsstaat i. S. d. Artikels 4 DBA, steht für die Alterseinkünfte (Ruhegehälter, Renten und ähnliche Vergütungen) mit Ausnahme der Ruhegehälter aus dem türkischen öffentlichen Dienst (vgl. Rz. 2) grundsätzlich Deutschland das Besteuerungsrecht zu (Artikel 18 Absatz 1 DBA). Betroffen sind insbesondere Renten aus der türkischen gesetzlichen Rentenversicherung („Institution für Soziale Sicherheit" – SGK)[1]). Der Türkei steht als Quellenstaat ebenfalls ein Besteuerungsrecht zu, allerdings sind Zahlungen dort bis zu einem Betrag von 10 000 Euro von der Steuer befreit (Artikel 18 Absatz 2 DBA). Die in der Türkei erhobene Steuer ist nicht auf die deutsche Steuer anzurechnen. In Höhe der in der Türkei als Quellenstaat nicht zu besteuernden Zahlungen bis zu einem Betrag von 10 000 Euro hat Deutschland als Ansässigkeitsstaat das alleinige Besteuerungsrecht (Artikel 18 Absatz 1 DBA). 1

Eine Doppelbesteuerung wird durch Freistellung vermieden, soweit der Bruttobetrag der Alterseinkünfte den Betrag von 10 000 Euro übersteigt (Artikel 22 Absatz 2 Buchstaben a und d DBA i. V. m. § 32b Absatz 1 Satz 1 Nummer 3 EStG). Zur Berechnung des Progressionsvorbehalts ist aus dem übersteigenden Betrag die Höhe der Einkünfte zu ermitteln. Zur Berechnung im Einzelnen vgl. Beispiel in Rz. 22.

Ist Deutschland – trotz unbeschränkter Steuerpflicht – nicht der Ansässigkeitsstaat i. S. d. Artikels 4 DBA, besteht für Alterseinkünfte aus der Türkei kein Besteuerungsrecht. In diesem Fall unterliegen die Alterseinkünfte in voller Höhe dem Progressionsvorbehalt.

Für Ruhegehälter, die vom türkischen Staat, von einer türkischen Gebietskörperschaft oder einem von diesen errichteten Sondervermögen an einen in Deutschland ansässigen Steuerpflichtigen für der Türkei oder einer ihrer Gebietskörperschaften geleistete Dienste gezahlt werden, steht Deutschland das ausschließliche Besteuerungsrecht zu, wenn der Steuerpflichtige deutscher Staatsangehöriger ist (Artikel 19 Absatz 2 Buchstabe b DBA). Artikel 18 DBA ist auf Ruhegehälter aus dem öffentlichen Dienst nicht anwendbar. 2

1) In der Türkei wurden alle drei ehemaligen staatlichen Renten- und Krankenversicherungsträger unter dem Dach der „Institution für Soziale Sicherheit" (SGK) zusammengelegt. Arbeiter und Angestellte mit einem Arbeitsvertrag bei einem türkischen Unternehmen, Beamte und Angestellte in öffentlichen Betrieben sowie Selbstständige und Arbeitskräfte in der Landwirtschaft werden bei der SGK versichert. Die Versicherungen bieten Schutz bei Krankheit, Mutterschaft, Arbeitsunfällen, Behinderungen, Berufskrankheiten sowie eine (meist geringfügige) Altersversorgung und Sterbegeld. Eine Ausnahmeregelung gibt es für Arbeitnehmer, die bei einem Unternehmen mit Hauptsitz in Deutschland beschäftigt sind. Sie können weiterhin ihre Mitgliedschaft bei der deutschen Sozialversicherung beibehalten. Ausführliche Informationen zum türkischen Sozialversicherungssystem werden – auch in deutscher Sprache – auf der Webseite der türkischen Sozialversicherungsanstalt Sosyal Güvenlik Kurumu (www.sgk.gov.tr) zur Verfügung gestellt. Zahlungen der SGK an Ruhestandsbeamte und frühere Angestellte des öffentlichen Dienstes werden von Artikel 19 DBA erfasst.

2. Beschränkt Steuerpflichtige mit Alterseinkünften aus Deutschland

3 Bei der Berücksichtigung von Alterseinkünften aus Deutschland ist im Rahmen der Festsetzung der Einkommensteuer eines beschränkt Steuerpflichtigen zunächst die Steuerpflicht dieser Einkünfte in Deutschland (§ 49 EStG) und sodann die Aufteilung des Besteuerungsrechts für diese Alterseinkünfte nach dem DBA zu prüfen.

4 Der beschränkten Steuerpflicht unterliegen Renten aus der inländischen (deutschen) gesetzlichen Rentenversicherung, der landwirtschaftlichen Alterskasse, den berufsständischen Versorgungseinrichtungen und aus Basisrentenverträgen. Dies gilt auch für Leibrenten und andere Leistungen aus ausländischen Zahlstellen, wenn die Beiträge, die den Leistungen zugrunde liegen, ganz oder teilweise bei der Ermittlung der Sonderausgaben berücksichtigt wurden (§ 49 Absatz 1 Nummer 7 EStG). Ebenso sind Leistungen aus Altersvorsorgeverträgen („Riester-Rente"), aus Pensionsfonds, Pensionskassen (z. B. Versorgungsanstalten des Bundes und der Länder) und Direktversicherungen (§ 49 Absatz 1 Nummer 10 EStG) erfasst.

5 Einnahmen aus einem früheren Dienstverhältnis wie z. B. Wartegelder, Ruhegelder, Werks- oder Betriebsrenten, Witwen- und Waisengelder (Ruhegehälter) sowie andere Bezüge und Vorteile aus früheren Dienstleistungen, unabhängig davon, ob sie dem ursprünglich Bezugsberechtigten oder seinem Rechtsnachfolger zufließen, stellen beschränkt steuerpflichtige Einkünfte aus nichtselbständiger Arbeit nach § 49 Absatz 1 Nummer 4 EStG dar.

6 Bei den Alterseinkünften (Ruhegehälter, Renten und ähnliche Vergütungen i. S. d. Rz. 4, 5) steht – mit Ausnahme der Ruhegehälter aus dem deutschen öffentlichen Dienst – der Türkei als Ansässigkeitsstaat das Besteuerungsrecht zu (Artikel 18 Absatz 1 DBA). Deutschland kann diese Alterseinkünfte, wenn sie aus Deutschland stammen, ebenfalls besteuern, soweit ihr Bruttobetrag (vor Abzug von Steuern und Sozialabgaben) 10 000 Euro übersteigt (vgl. Artikel 18 Absatz 2 Satz 1 DBA). Die Steuer ist auf 10 % des Bruttobetrages begrenzt (vgl. Artikel 18 Absatz 2 Satz 2 DBA).

7 Bei der Besteuerung beschränkt Steuerpflichtiger mit Alterseinkünften aus Deutschland ist grundsätzlich zwischen abgeltend besteuerten und anderen Alterseinkünften zu unterscheiden:

a) Ausschließlich nicht abgeltend besteuerte Alterseinkünfte

8 Um zu ermitteln, in welchem Umfang die Alterseinkünfte im Quellenstaat Deutschland besteuert werden dürfen, ist wie folgt vorzugehen:

a) Aus den nicht abgeltend besteuerten Alterseinkünften i. S. d. Artikels 18 DBA (z. B. Renten, Leistungen aus der betrieblichen Altersversorgung, Ruhegehälter – sofern ausnahmsweise die Abgeltungswirkung durchbrochen ist) ist eine Summe zu bilden, die den Bruttobetrag der Alterseinkünfte darstellt.
Nur wenn der Bruttobetrag der Alterseinkünfte den Betrag von 10 000 Euro überschreitet, sind die den Bruttobetrag bildenden Alterseinkünfte in die weitere Berechnung einzubeziehen:

b) In einem zweiten Schritt ist die **Summe der Einkünfte (§ 2 Absatz 2 EStG) ausschließlich** aus den nach Buchstabe a zu berücksichtigenden **Alterseinkünften** zu bilden. Bei Renten wird ein Werbungskostenpauschbetrag (Werbungskosten-PB) von 102 Euro (§ 9a Satz 1 Nummer 3 EStG) berücksichtigt. Bei Versorgungsbezügen i. S. d. § 19 Absatz 2 EStG bleibt ein nach einem Prozentsatz ermittelter, auf einen Höchstbetrag begrenzter Betrag (Versorgungsfreibetrag) und ein Zuschlag zum Versorgungsfreibetrag steuerfrei. Daneben wird ein Werbungskosten-PB von 102 Euro (§ 9a Satz 1 Nummer 1 Buchstabe b EStG) berücksichtigt.

c) Ist der um 10 000 Euro verminderte Betrag aus Buchstabe a geringer als der Betrag nach Buchstabe b, gilt dieser bezogen auf diese Alterseinkünfte (Buchstabe a) als Summe der Einkünfte (Günstigerprüfung). Andernfalls ist der nach Buchstabe b ermittelte Betrag als Summe der Einkünfte anzusetzen.

9 Das zu versteuernde Einkommen des Steuerpflichtigen ist unter Berücksichtigung des nach Rz. 8 Buchstabe c anzusetzenden Betrags zu ermitteln.

10 Auf das nach Rz. 9 ermittelte zu versteuernde Einkommen ist die tarifliche Einkommensteuer zu errechnen. Der auf die Alterseinkünfte entfallende Teil der Einkommensteuer darf 10 % des Bruttobetrags der Alterseinkünfte (Rz. 8 Buchstabe a) nicht übersteigen. Die festzusetzende Einkommensteuer ist erforderlichenfalls um den übersteigenden Betrag zu mindern. Zur Berechnung im Einzelnen vgl. Beispiel in Rz. 23.

11 Die Zuständigkeit für die Durchführung des Besteuerungsverfahrens bei beschränkt Steuerpflichtigen richtet sich in diesen Fällen nach § 19 Absatz 2 und Absatz 6 Abgabenordnung (AO) i. V. m. § 1 Einkommensteuer-Zuständigkeitsverordnung (EStZustV). Sind ausschließlich Einkünfte nach § 49 Absatz 1 Nummer 7 oder 10 EStG (Renten) in die Veranlagung einzubezie-

hen, ist für die Veranlagung gemäß § 19 Absatz 6 AO i. V. m. § 1 EStZustV das Finanzamt Neubrandenburg örtlich zuständig.

b) Ausschließlich abgeltend besteuerte Alterseinkünfte

Liegen ausschließlich Einkünfte i. S. v. § 49 Absatz 1 Nummer 4 EStG (Ruhegehälter) vor, tritt gemäß § 50 Absatz 2 Satz 1 EStG für die genannten Einkünfte durch den Steuerabzug vom Arbeitslohn eine Abgeltungswirkung ein. Die Abgeltungswirkung wird lediglich durchbrochen, wenn ein Freibetrag i. S. d. § 39a Absatz 4 EStG (bis VZ 2011: § 39d Absatz 2 EStG) auf der Bescheinigung i. S. d. § 39 Absatz 3 EStG i. V. m. § 39a Absatz 2 Satz 8 EStG (bis VZ 2011: § 39d Absatz 1 Satz 3 EStG) vermerkt ist, § 50 Absatz 2 Satz 2 Nummer 4 Buchstabe a EStG. 12

Werden von einem beschränkt Steuerpflichtigen ausschließlich Ruhegehälter bezogen, ist zunächst keine Begrenzung des Steuerabzugs auf 10 % des Bruttobetrags der Leistungen im Rahmen des Lohnsteuerabzugs vorzunehmen; Artikel 27 Absatz 1 DBA lässt insoweit einen Steuerabzug nach den innerstaatlichen Rechtsvorschriften zu. 13

Auf Antrag[1]) des Steuerpflichtigen (bzw. des Arbeitgebers im Namen des Steuerpflichtigen) ist nach § 39 Absatz 3 i. V. m. Absatz 4 Nummer 5 EStG der Jahres-Arbeitslohn bis zur Höhe von 10 000 Euro freizustellen und die Besteuerung auf 10 % zu begrenzen, wenn es sich um Ruhegehalt im o. g. Sinne handelt. Das Betriebsstättenfinanzamt erteilt daraufhin eine Bescheinigung für den Lohnsteuerabzug, auf der vermerkt ist, dass das DBA-Türkei anzuwenden und demnach der Betrag nach Artikel 18 Absatz 2 DBA von 10 000 Euro sowie die Begrenzung auf 10 % zu berücksichtigen sind.[2]) Der Betrag wird durch den Arbeitgeber gekürzt um den Versorgungsfreibetrag nach § 19 Absatz 2 Satz 1 i. V. m. Satz 3 EStG, den Zuschlag zum Versorgungsfreibetrag nach § 19 Absatz 2 Satz 1 i. V. m. Satz 3 EStG und den Werbungskosten-PB nach § 9a Satz 1 Nummer 1 Buchstabe b EStG, da insoweit alterseinkünftespezifische Frei- bzw. Pauschbeträge vorliegen. Die Vorsorgepauschale nach § 39b Absatz 2 Satz 5 Nummer 3 Schlusssatz Halbsatz 2 EStG und der Sonderausgaben-Pauschbetrag (Sonderausgaben-PB) nach § 10c EStG mindern den Betrag nicht. Der in der Lohnsteuerberechnung enthaltene Grundfreibetrag wird bereits vorrangig vor dem gekürzten Betrag nach Artikel 18 Absatz 2 DBA berücksichtigt. In der Lohnsteuerbescheinigung wird der verbrauchte Betrag ausgewiesen[3]). Die Abgeltungswirkung des Lohnsteuerabzugs bleibt in diesen Fällen erhalten. 14

Auf Antrag des Steuerpflichtigen an das Betriebsstättenfinanzamt des Arbeitgebers ist die Steuer in analoger Anwendung des § 50d Absatz 1 Satz 2 EStG zu erstatten, soweit der Betrag nach Artikel 18 Absatz 2 DBA durch den inländischen Arbeitgeber nicht zutreffend berücksichtigt wurde oder soweit die einbehaltene Lohnsteuer die 10 %-Grenze des Artikels 18 Absatz 2 Satz 2 DBA überschritten hat. Hierfür sind die Begrenzung des Steuerabzugs in Höhe von 10 % des Bruttobetrags der Leistungen und daneben die tarifliche Einkommensteuer nach § 32a EStG unter Berücksichtigung des nach Rz. 14 Satz 3 und 4 gekürzten Betrags in Höhe von 10 000 Euro zu ermitteln. Der niedrigere Wert ist anzusetzen, und ein sich hierzu ggf. ergebender Differenzbetrag zur einbehaltenen Lohnsteuer ist zu erstatten. Ein darüber hinausgehender Erstattungsanspruch nach § 37 Absatz 2 AO besteht nicht. Der Antrag auf Erstattung kann nur bis zum Ablauf des vierten Kalenderjahres gestellt werden, das auf den Zeitpunkt der Steuerfestsetzung folgt (Artikel 27 Absatz 2 DBA). Hat der Steuerpflichtige weitere Einkünfte, die im Rahmen des Veranlagungsverfahrens zu besteuern sind (z. B. Renten, Einkünfte aus Vermietung und Verpachtung), so ist das Erstattungsverfahren für die nicht in die Veranlagung einzubeziehenden Ruhegehälter vom Betriebsstättenfinanzamt getrennt zum Veranlagungsverfahren des jeweils zuständigen Finanzamtes durchzuführen. 15

Wird die Abgeltungswirkung durch Eintragung eines Freibetrages nach § 50 Absatz 2 Satz 2 Nummer 4 Buchstabe a EStG durchbrochen, sind die betreffenden Einkünfte in das Veranlagungsverfahren nach Rz. 8 ff. einzubeziehen. Hat der Steuerpflichtige kein Vermögen im Inland, ist für die Veranlagung das Betriebsstättenfinanzamt des Arbeitgebers gemäß § 50 Absatz 2 Satz 3 EStG zuständig. 16

c) Gemischte (abgeltend und nicht abgeltend besteuerte) Einkünfte

Liegen Einkünfte nach § 49 Absatz 1 Nummer 7 oder 10 EStG (Renten) und Einkünfte i. S. v. § 49 Absatz 1 Nummer 4 EStG (Ruhegehälter) vor, tritt für die Einkünfte i. S. v. § 49 Absatz 1 Nummer 4 EStG (Ruhegehälter) durch den Steuerabzug vom Lohn die Abgeltungswir- 17

---

1) Antrag auf Erteilung einer Bescheinigung für den Lohnsteuerabzug für beschränkt einkommensteuer pflichtige Arbeitnehmer wird erstmals für das Kalenderjahr 2016 entsprechend ergänzt. → Anhang 40

2) Das Vordruckmuster für die Bescheinigung wird erstmals für das Kalenderjahr 2016 um ein Ankreuzfeld erweitert.

3) Der verbrauchte Betrag soll erstmals in der Lohnsteuerbescheinigung für das Kalenderjahr 2016 ausgewiesen werden. Das Bescheinigungsmuster wird entsprechend angepasst.

kung ein. Für die Besteuerung der Ruhegehälter gelten Rz. 12 ff. und für die Besteuerung der Renten Rz. 8 ff. entsprechend. Zur Berechnung im Einzelnen vgl. Beispiele in Rz. 24 und 25.

Hat der Steuerpflichtige kein Vermögen im Inland und ist die Abgeltungswirkung durchbrochen (z. B. durch Eintragung eines Freibetrags), ist für die Veranlagung der Renten und Ruhegehälter das Betriebsstättenfinanzamt des Arbeitgebers nach § 50 Absatz 2 Satz 3 EStG zuständig. In allen anderen Fällen – mit Ausnahme der in Rz. 18 genannten Fälle – verbleibt es bei der Zuständigkeit des Finanzamtes Neubrandenburg. Das Finanzamt Neubrandenburg prüft, ob eine Lohnsteuerbescheinigung vorliegt und in welcher Höhe im Rahmen des Lohnsteuerabzugsverfahrens der Betrag nach Artikel 18 Absatz 2 Satz 1 DBA bereits verbraucht ist.

Hat der Steuerpflichtige ein Ruhegehalt bezogen und bleibt es bei der Abgeltungswirkung für den Steuerabzug vom Lohn, so ist auf Antrag[1]) des Steuerpflichtigen (bzw. des Arbeitgebers im Namen des Steuerpflichtigen) nach § 39 Absatz 3 i. V. m. Absatz 4 Nummer 5 EStG der Jahres-Arbeitslohn bis zur Höhe von 10 000 Euro freizustellen und die Besteuerung auf 10 % zu begrenzen. Das Betriebsstättenfinanzamt erteilt daraufhin eine Bescheinigung für den Lohnsteuerabzug, auf der vermerkt ist, dass das DBA-Türkei anzuwenden und demnach der Betrag nach Artikel 18 Absatz 2 DBA von 10 000 Euro sowie die Begrenzung auf 10 % zu berücksichtigen sind.[2]) Der Betrag nach Artikel 18 Absatz 2 DBA von 10 000 Euro wird für die Lohnsteuerberechnung durch den Arbeitgeber gekürzt um den Versorgungsfreibetrag nach § 19 Absatz 2 Satz 1 i. V. m. Satz 3 EStG, den Zuschlag zum Versorgungsfreibetrag nach § 19 Absatz 2 Satz 1 i. V. m. Satz 3 EStG und den Werbungskosten-PB nach § 9a Satz 1 Nummer 1 Buchstabe b EStG, da insoweit alterseinkünftespezifische Frei- bzw. Pauschbeträge vorliegen. Die Vorsorgepauschale nach § 39b Absatz 2 Satz 5 Nummer 3 Schlusssatz Halbsatz 2 EStG und der Sonderausgaben-PB nach § 10c EStG mindern den Betrag nach Artikel 18 Absatz 2 DBA nicht. Der in der Lohnsteuerberechnung enthaltene Grundfreibetrag wird vorrangig vor dem gekürzten Betrag nach Artikel 18 Absatz 2 DBA berücksichtigt. In der Lohnsteuerbescheinigung wird der verbrauchte Betrag ausgewiesen[3]). Die Abgeltungswirkung des Lohnsteuerabzugs bleibt in diesen Fällen erhalten.

Im Rahmen der Veranlagung ist ein ggf. noch nicht verbrauchter Teil des Betrags nach Artikel 18 Absatz 2 Satz 1 DBA (in Höhe von ursprünglich 10 000 Euro) zu berücksichtigen; in Höhe der beim Lohnsteuerabzug bereits berücksichtigten Frei- und Pauschbeträge (Versorgungsfreibetrag einschließlich Zuschlag zum Versorgungsfreibetrag und Werbungskosten-PB) ist dieser Betrag bereits verbraucht. Hierzu ist auch die Lohnsteuerbescheinigung heranzuziehen.

18 Wurde dem Steuerpflichtigen noch keine gültige Steuernummer zugeteilt, ist im Zweifel das Finanzamt Neubrandenburg als zuständiges Veranlagungsfinanzamt anzunehmen. Liegen Einkünfte nach § 49 Absatz 1 Nummer 7 oder 10 EStG (Renten), Einkünfte i. S. v. § 49 Absatz 1 Nummer 4 EStG (Ruhegehälter) und weitere Einkünfte nach § 49 Absatz 1 EStG vor (z. B. Einkünfte aus Gewerbebetrieb oder Einkünfte aus Vermietung und Verpachtung), ist für die Veranlagung der Alterseinkünfte gemäß § 19 Absatz 2 Satz 1 AO das Finanzamt zuständig, in dessen Bezirk sich das Vermögen (z. B.: Betriebsstätte oder das vermietete Objekt) befindet. Für die Besteuerung der Ruhegehälter gelten die Rz. 12 ff. und für die Besteuerung der Renten die Rz. 8 ff. entsprechend.

d) Ruhegehälter aus dem öffentlichen Dienst

19 Für Ruhegehälter, die vom deutschen Staat, seinen Ländern, von einer deutschen Gebietskörperschaft oder einem von diesen errichteten Sondervermögen an einen in der Türkei ansässigen Steuerpflichtigen gezahlt werden, steht Deutschland das ausschließliche Besteuerungsrecht zu (Artikel 19 Absatz 2 Buchstabe a DBA). Da Artikel 18 DBA auf Ruhegehälter aus dem öffentlichen Dienst nicht anwendbar ist, gilt für diese Einkünfte weder der Betrag von 10 000 Euro noch der Höchststeuersatz. Die Anweisungen der Rz. 6 ff. finden keine Anwendung.

20 Wenn der in der Türkei ansässige Bezieher der Ruhegehälter türkischer Staatsangehöriger ist, steht abweichend von Rz. 19 der Türkei das ausschließliche Besteuerungsrecht zu (Artikel 19 Absatz 2 Buchstabe b DBA).

---

1) Antrag auf Erteilung einer Bescheinigung für den Lohnsteuerabzug für beschränkt einkommensteuer pflichtige Arbeitnehmer wird erstmals für das Kalenderjahr 2016 entsprechend ergänzt. → Anhang 40

2) Das Vordruckmuster für die Bescheinigung wird erstmals für das Kalenderjahr 2016 um ein Ankreuzfeld erweitert.

3) Der verbrauchte Betrag soll erstmals in der Lohnsteuerbescheinigung für das Kalenderjahr 2016 ausgewiesen werden. Das Bescheinigungsmuster wird entsprechend angepasst.

3. Antrag auf unbeschränkte Steuerpflicht nach § 1 Absatz 3 EStG

Eine natürliche Person, die weder über einen Wohnsitz noch über einen gewöhnlichen Aufenthalt im Inland verfügt, wird auf Antrag mit ihren inländischen Einkünften als unbeschränkt steuerpflichtig behandelt, wenn ihre Einkünfte im Kalenderjahr mindestens zu 90 % der deutschen Einkommensteuer unterliegen oder die nicht der deutschen Einkommensteuer unterliegenden Einkünfte den Grundfreibetrag nicht übersteigen. Da die Türkei der Ländergruppe 3 zuzuordnen ist (vgl. zuletzt BMF-Schreiben vom 18. November 2013, BStBl I S. 1462), ist der Grundfreibetrag nach § 1 Absatz 3 Satz 2 EStG zu kürzen (Berücksichtigung mit ½). Alterseinkünfte einschließlich der Ruhegehälter, die nach Artikel 18 Absatz 2 DBA der Höhe nach nur beschränkt besteuert werden dürfen, gelten für die Berechnung der Einkunftsgrenzen nach § 1 Absatz 3 Satz 2 EStG als nicht der deutschen Einkommensteuer unterliegend (§ 1 Absatz 3 Satz 3 EStG; siehe Beispiel in Rz. 26). 21

4. Beispiele

a) Beispiel zu Tz. 1

Grundfall unbeschränkte Steuerpflicht 22

Der nach Artikel 4 DBA in Deutschland ansässige A scheidet zum 31. 12. 2011 aus dem Berufsleben aus. Zum 1. 1. 2012 vollendet er sein 65. Lebensjahr.

A vereinnahmt in 2012:

Rente aus der türkischen gesetzlichen15 000 Euro jährlich

Rentenversicherung (Rentenbeginn 1. 1. 2012)

Lösung:

In die deutsche Besteuerung darf nur die Bruttorente bis 10 000 Euro einbezogen werden, da die den Betrag von 10 000 Euro übersteigende Bruttorente in der Türkei besteuert werden darf (siehe Rz. 1). Soweit die Bruttorente 10 000 Euro übersteigt, unterliegen die sich daraus ergebenden Einkünfte dem Progressionsvorbehalt.

Der in die deutsche Besteuerung einzubeziehende Teil der Bruttorente beläuft sich auf 10 000 Euro (entspricht 66,67 % der Bruttorente). Der dem Progressionsvorbehalt unterliegende Teil beläuft sich auf 5 000 Euro (entspricht 33,33 % der Bruttorente).

Die aufzuteilende Summe der Alterseinkünfte beträgt

Einkünfte nach § 22 Nummer 1 Satz 3 EStG

Rente aus der gesetzlichen Rentenversicherung15 000 €

Rentenbeginn1. 1. 2012

Besteuerungsanteil64 %

Anzusetzen9 600 €

Der der Besteuerung unterliegende Anteil von 9 600 € ist in dem oben dargestellten Maßstab aufzuteilen. Der Werbungskosten-PB ist vorrangig bei dem der deutschen Besteuerung unterliegenden Anteil zu berücksichtigen.

Die Höhe der in die deutsche Besteuerung einzubeziehenden Alterseinkünfte beträgt

9 600 € x 66,67 % 6 400 €

Werbungskosten-PB./. 102 €

6 298 €

Die Höhe der dem Progressionsvorbehalt unterliegenden Einkünfte beträgt

9 600 € x 33,33 %3 200 €

b) Beispiele zu Tz. 2

Grundfall beschränkte Steuerpflicht (ausschließlicher Bezug von Renten): 23

A scheidet zum 31. 12. 2011 aus dem Berufsleben aus und verlegt seinen Wohnsitz zum 31. 12. 2011 in die Türkei. Seit dem 1. 1. 2012 (seinem 65. Geburtstag) bezieht er seine Alterseinkünfte.

A vereinnahmt in 2012:

Rente aus der deutschen gesetzlichen

Rentenversicherung (Rentenbeginn 1. 1. 2012) – jährlich12 000 Euro

Bruttobezüge12 000 Euro

Lösung:

Der Bruttobetrag der von A erzielten Alterseinkünfte übersteigt den Betrag von 10 000 Euro, so dass Deutschland ein Besteuerungsrecht nach Artikel 18 Absatz 2 DBA zusteht. Die Höhe der Besteuerung ist wie folgt zu ermitteln:

Der Bruttobetrag der Alterseinkünfte (vgl. Rz. 8 Buchstabe a) beläuft sich auf12 000 €

Die Summe der Alterseinkünfte (vgl. Rz. 8 Buchstabe b) beträgt 7 578 €

Einkünfte nach § 49 Absatz 1 Nummer 7 i. V. m. § 22 Nummer 1 Satz 3 EStG

Rente aus der gesetzlichen Rentenversicherung 12 000 €

Rentenbeginn 1. 1. 2012

Besteuerungsanteil 64 %

Anzusetzen 7 680 €

Werbungskosten-PB ./. 102 €

Anzusetzen somit 7 578 €

Günstigerprüfung nach Rz. 8 Buchstabe c

Bruttobetrag der Alterseinkünfte (Rz. 8 Buchstabe a) 12 000 €

Betrag nach Artikel 18 Absatz 2 DBA ./.10 000 €

Verminderter Bruttobetrag 2 000 €

Summe der Alterseinkünfte 7 578 €

Anzusetzen ist der niedrigere Wert 2 000 €

Altersentlastungsbetrag (keine Anwendung nach § 24a Satz 2 Nummer 2 EStG)

Gesamtbetrag der Einkünfte 2 000 €

Zu versteuerndes Einkommen 2 000 €

Hinzurechnung des Grundfreibetrags (§ 50 Absatz 1 Satz 2 EStG) 8 004 €[1])

Summe 10 004 €

Die tarifliche Einkommensteuer (incl. SolZ) beträgt 316 €

Maximalsteuerbelastung nach DBA

Bruttobetrag 12 000 €

Prozentsatz nach DBA 10 %

Maximale Einkommensteuer für Alterseinkünfte 1 200 €

Tarifliche Einkommensteuer (incl. SolZ) 316 €

Anzusetzen ist der niedrigere Betrag 316 €

Festzusetzende Einkommensteuer (incl. SolZ) 316 €

Gesamtsteuerbelastung auf 12 000 € Bruttobezüge 316 €

24 **Abwandlung 1 beschränkte Steuerpflicht (Bezug von Renten und Ruhegehältern):**

Wie im Grundfall. Für die Einkünfte i. S. v. § 49 Absatz 1 Nummer 4 EStG (Ruhegehälter) tritt die Abgeltungswirkung ein. A stellt keinen Antrag auf Berücksichtigung des Betrags nach Artikel 18 Absatz 2 Satz 1 DBA von 10 000 € bzw. der Begrenzung auf 10 % nach Artikel 18 Absatz 2 Satz 2 DBA im Rahmen des Lohnsteuerabzugs.

A vereinnahmt in 2012:

Rente aus der deutschen gesetzlichen Rentenversicherung (Rentenbeginn 1. 1. 2012) jährlich	12 000 Euro
Rente aus einer Pensionskasse, diese beruht zu 20 % auf nach § 3 Nr. 63 EStG geförderten und zu 80 % auf ungeförderten Beiträgen	6 000 Euro (1 200 Euro gefördert / 4 800 Euro ungefördert)
Ruhegehalt aus einer Direktzusage seines ehemaligen privaten Arbeitgebers – jährlich	6 000 Euro
Bruttobezüge	24 000 Euro

Lösung:

Der Bruttobetrag der von A erzielten Alterseinkünfte übersteigt den Betrag von 10 000 Euro, so dass Deutschland ein Besteuerungsrecht nach Artikel 18 Absatz 2 DBA zusteht. Die Höhe der Besteuerung ist wie folgt zu ermitteln:

1) In 2013 = 8 130 Euro.
Ab 2014 = 8 354 Euro

1. Ruhegehalt

Ruhegehälter unterliegen dem Lohnsteuerabzug, welchen der Arbeitgeber ohne Berücksichtigung des Betrags nach Artikel 18 Absatz 2 Satz 1 DBA vornimmt, da der Steuerpflichtige keinen Antrag auf Berücksichtigung gestellt hat.

Einkünfte nach § 49 Absatz 1 Nummer 4 EStG

Ruhegehalt 6 000 €

./. Versorgungsfreibetrag (§ 19 Absatz 2 Satz 1 i. V. m. Satz 3 EStG) ./. 1 728 €

./. Zuschlag zum Versorgungsfreibetrag (§ 19 Absatz 2 Satz 1 i. V. m. Satz 3 EStG) ./. 648 €

./. Werbungskosten-PB (§ 9a Satz 1 Nummer 1 Buchstabe b EStG) ./. 102 €

./. Mindestvorsorgepauschale

(§ 39b Absatz 2 Satz 5 Nummer 3 Schlusssatz Halbsatz 2 EStG) ./. 720 €

./. Sonderausgaben-PB (§ 10c EStG) ./. 36 €

Nach der Grundtabelle zu versteuern sind damit 2 766 €

Die Lohnsteuer beträgt unter Berücksichtigung des Grundfreibetrags 0 €. Für die Einkünfte i. S. v. § 49 Absatz 1 Nummer 4 EStG (Ruhegehälter) tritt die Abgeltungswirkung ein. Sie werden nicht in die Veranlagung zur beschränkten Steuerpflicht einbezogen.

Der Betrag nach Artikel 18 Absatz 2 Satz 1 DBA in Höhe von 10 000 € ist in Höhe von 2 478 € (1 728 € + 648 € + 102 €) verbraucht. Damit verbleibt ein Betrag in Höhe von 7 522 €.

2. Übrige Renten

Der **Bruttobetrag der Alterseinkünfte** nach § 22 EStG beläuft sich auf 18 000 €

Die **Summe der Alterseinkünfte** (vgl. Rz. 8 Buchstabe b) ermittelt sich wie folgt:

Einkünfte nach § 22 EStG

Einkünfte nach § 49 Absatz 1 Nummer 7 i. V. m. § 22 Nummer 1 Satz 3 Buchstabe a Doppelbuchstabe aa EStG

Rente aus der gesetzlichen Rentenversicherung	12 000 €
Rentenbeginn	1. 1. 2012
Besteuerungsanteil	64 %
Anzusetzen somit	7 680 €
Einkünfte nach § 49 Absatz 1 Nummer 10 i. V. m. § 22 Nummer 5 EStG	
Rente aus der Pensionskasse	
Geförderter Teil § 22 Nummer 5 Satz 1 EStG	1 200 €
Ungeförderter Teil § 22 Nummer 5 Satz 2 Buchstabe a EStG	4 800 €
Ertragsanteil	18 %
Anzusetzen	+ 864 €
Summe § 22 EStG	9 744 €
Werbungskosten-PB ./.	102 €
Gesamteinkünfte nach § 22 EStG somit	9 642 €
Summe der Alterseinkünfte (vgl. Rz. 8 Buchstabe b)	9 642 €
Günstigerprüfung nach Rz. 8 Buchstabe c	
Bruttobetrag der Alterseinkünfte nach § 22 EStG	18 000 €
Verbleibender Betrag nach Artikel 18 Absatz 2 DBA	./. 7 522 €
Verminderter Bruttobetrag	10 478 €
Summe der Alterseinkünfte	9 642 €
Anzusetzen ist der niedrigere Wert	9 642 €
Altersentlastungsbetrag (§ 24a EStG)	
Einkünfte nach § 22 Nummer 5 Satz 1 EStG	1 200 €
davon 30,4 %	365 €
maximal	1 444 €
anzusetzen	./. 365 €
Gesamtbetrag der Einkünfte	9 277 €
Zu versteuerndes Einkommen	9 277 €
Hinzurechnung des Grundfreibetrags (§ 50 Absatz 1 Satz 2 EStG)	8 004 €
Summe	17 281 €

Die **tarifliche Einkommensteuer** (incl. SolZ) beträgt	2 093,12 €
Maximalsteuerbelastung nach DBA	
Bruttobetrag	24 000 €
Prozentsatz nach DBA	10 %
Maximale Steuer nach DBA	2 400 €
Abzgl. Lohnsteuer (incl. SolZ)	./. 0 €
verbleiben	2 400 €
Tarifliche Einkommensteuer (incl. SolZ)	2 093,12 €
Anzusetzen ist der niedrigere Betrag	2 093,12 €
Festzusetzende Einkommensteuer (incl. SolZ)	**2 093,12 €**
Gesamtsteuerbelastung auf 24 000 € Bruttobezüge	**2 093,12 €**

25 **Abwandlung 2 beschränkte Steuerpflicht (Bezug von Renten und Ruhegehältern):**

Wie im Grundfall. Für die Einkünfte i. S. v. § 49 Absatz 1 Nummer 4 EStG (Ruhegehälter) tritt die Abgeltungswirkung ein. Auf Antrag des Steuerpflichtigen hat das Betriebsstättenfinanzamt eine Bescheinigung für den Lohnsteuerabzug erteilt, auf der vermerkt ist, dass das DBA-Türkei anzuwenden ist und der Betrag von 10 000 Euro sowie die Begrenzung auf 10 % zu berücksichtigen sind.

A vereinnahmt in 2012:

Rente aus der deutschen gesetzlichen Rentenversicherung (Rentenbeginn 1. 1. 2012)	12 000 Euro
Rente aus einer Pensionskasse, diese beruht zu 20 % auf nach § 3 Nr. 63 EStG geförderten und zu 80 % auf ungeförderten Beiträgen	6 000 Euro (1 200 Euro gefördert / 4 800 Euro ungefördert)
Ruhegehalt aus einer Direktzusage seines ehemaligen privaten Arbeitgebers	50 000 Euro jährlich
Bruttobezüge	**68 000 Euro**

Lösung:

Der Bruttobetrag der von A erzielten Alterseinkünfte übersteigt den Betrag von 10 000 Euro, so dass Deutschland ein Besteuerungsrecht nach Artikel 18 Absatz 2 DBA zusteht. Die Höhe der Besteuerung ist wie folgt zu ermitteln:

1. Ruhegehalt

Ruhegehälter unterliegen dem Lohnsteuerabzug, den der Arbeitgeber aufgrund des Antrags des Steuerpflichtigen unter Berücksichtigung des Betrags nach Artikel 18 Absatz 2 Satz 1 DBA und der Begrenzung der Steuer auf 10 % nach Artikel 18 Absatz 2 Satz 2 DBA vornimmt:

Einkünfte nach § 49 Absatz 1 Nummer 4 EStG	
Ruhegehalt	50 000 €
./. Versorgungsfreibetrag (§ 19 Absatz 2 Satz 1 i. V. m. Satz 3 EStG)	./. 2 160 €
./. Zuschlag zum Versorgungsfreibetrag (§ 19 Absatz 2 Satz 1 i. V. m. Satz 3 EStG)	./. 648 €
./. Werbungskosten-PB (§ 9a Satz 1 Nummer 1 Buchstabe b EStG)	./. 102 €
./. Mindestvorsorgepauschale (§ 39b Absatz 2 Satz 5 Nummer 3 Schlusssatz Halbsatz 2 EStG)	./. 1 900 €
./. Sonderausgaben-PB (§ 10c EStG)	./. 36 €
= zu versteuern sind grundsätzlich	45 154 €
./. Betrag nach Artikel 18 Absatz 2 Satz 1 DBA	./. 7 090 €
= BMG für die Lohnsteuer	38 064 €
zu zahlende Lohnsteuer (incl. SolZ – ohne 10 % Begrenzung)	8 774,43 €
Maximalbelastung nach DBA	
Bruttobetrag	50 000 €
Prozentsatz nach DBA	10 %
Maximale Lohnsteuer	5 000 €
Anzusetzende Lohnsteuer	**5 000 €**

Der Betrag nach Artikel 18 Absatz 2 Satz 1 DBA ist im ersten Schritt in Höhe von 2 910 € (2 160 € + 648 € + 102 €) verbraucht. Im zweiten Schritt ist der Betrag in Höhe von weiteren 7 090 € verbraucht. Damit ist letztlich der Betrag nach Artikel 18 Absatz 2 Satz 1 DBA in voller Höhe im Rahmen des Lohnsteuerabzugs verbraucht. Es verbleibt kein Restbetrag, der bei den übrigen Renteneinkünften berücksichtigt werden könnte. Für die Einkünfte i. S. v. § 49 Absatz 1 Nummer 4 EStG (Ruhegehälter) tritt die Abgeltungswirkung ein. Sie werden nicht in die Veranlagung zur beschränkten Steuerpflicht einbezogen.

2. Übrige Renten

Der **Bruttobetrag der Alterseinkünfte** nach § 22 EStG beläuft sich auf	18 000 €
Die **Summe der Alterseinkünfte** (vgl. Rz. 8 Buchstabe b) ermittelt sich wie folgt:	
Einkünfte nach § 22 EStG	
Einkünfte nach § 49 Absatz 1 Nummer 7 i. V. m. § 22 Nummer 1 Satz 3 Buchstabe a Doppelbuchstabe aa EStG	
Rente aus der gesetzlichen Rentenversicherung	12 000 €
Rentenbeginn 1. 1. 2012	
Besteuerungsanteil	64 %
Anzusetzen somit	7 680 €
Einkünfte nach § 49 Absatz 1 Nummer 10 i. V. m. § 22 Nummer 5 EStG	
Rente aus der Pensionskasse	
Geförderter Teil § 22 Nummer 5 Satz 1 EStG	1 200 €
Ungeförderter Teil § 22 Nummer 5 Satz 2 Buchstabe a EStG	4 800 €
Ertragsanteil	18 %
Anzusetzen	+ 864 €
Summe § 22 EStG	9 744 €
Werbungskosten-PB	./. 102 €
Gesamteinkünfte nach § 22 EStG somit	9 642 €
Summe der Alterseinkünfte (9 642 €)	9 642 €
Günstigerprüfung nach Rz. 8 Buchstabe c	
Bruttobetrag der Alterseinkünfte nach § 22 EStG	18 000 €
Verbleibender Betrag (Artikel 18 Absatz 2 DBA)	./. 0 €
Verminderter Bruttobetrag	18 000 €
Summe der Alterseinkünfte	9 642 €
Anzusetzen ist der niedrigere Wert	9 642 €
Altersentlastungsbetrag (§ 24a EStG)	
Einkünfte nach § 22 Nummer 5 Satz 1 EStG	1 200 €
davon	30,4 %
	365 €
maximal	1 444 €
anzusetzen	./. 365 €
Gesamtbetrag der Einkünfte	9 277 €
Zu versteuerndes Einkommen	9 277 €
Hinzurechnung des Grundfreibetrags (§ 50 Absatz 1 Satz 2 EStG)	8 004 €
Summe	17 281 €
Die **tarifliche Einkommensteuer** (incl. SolZ) beträgt	2 093,12 €
Maximalsteuerbelastung nach DBA	
Bruttobetrag	68 000 €
Prozentsatz nach DBA	10 %
Maximale Einkommensteuer für Alterseinkünfte	6 800 €
Abzgl. Lohnsteuer (incl. SolZ)	./. 5 000 €
verbleiben	1 800 €
Tarifliche Einkommensteuer (incl. SolZ)	2 093,12 €
Anzusetzen ist der niedrigere Betrag	1 800 €
Festzusetzende Einkommensteuer (incl. SolZ)	**1 800** €
Gesamtsteuerbelastung auf 68 000 € Bruttobezüge	**6 800** €

c) Beispiel zu Tz. 3

26 Antrag auf unbeschränkte Steuerpflicht nach § 1 Absatz 3 EStG:

Wie im Grundfall (Rz. 23). A erzielt daneben aus in Deutschland belegenen Mietobjekten Einkünfte in Höhe von 8 000 Euro (Einkünfte nach § 21 EStG). A stellt einen Antrag nach § 1 Absatz 3 EStG.

A vereinnahmt in 2012:

Rente aus der deutschen gesetzlichen Rentenversicherung (Rentenbeginn 1. 1. 2012)	12 000 Euro jährlich
Einkünfte aus Vermietung und Verpachtung	8 000 Euro

Lösung:

Der Bruttobetrag der von A erzielten Alterseinkünfte übersteigt den Betrag von 10 000 Euro, sodass Deutschland ein Besteuerungsrecht nach Artikel 18 Absatz 2 DBA zusteht. Die Einkunftsgrenzen des § 1 Absatz 3 EStG sind allerdings überschritten. Die Einkünfte von A unterliegen nicht zu mindestens 90 % der deutschen Einkommensteuer, da die Alterseinkünfte gemäß § 1 Absatz 3 Satz 3 EStG als nicht der deutschen Einkommensteuer unterliegend gelten. Auch übersteigen die nicht der deutschen Einkommensteuer unterliegenden (Alters-)Einkünfte den Grundfreibetrag. Der Grundfreibetrag ist dabei zur Berechnung der Einkunftsgrenzen nach § 1 Absatz 3 Satz 2 EStG zu kürzen. Die Türkei unterfällt der Ländergruppe 3 (Berücksichtigung mit ½).

Der **Bruttobetrag der Alterseinkünfte** (vgl. Rz. 8 Buchstabe a) beläuft sich auf 12 000 €

Die **Summe der Alterseinkünfte** (vgl. Grundfall) beträgt 7 578 €

Der **gekürzte Grundfreibetrag** beträgt 4 002 €

5. Schlussregelung

Dieses Schreiben ist für alle offenen Fälle ab dem Veranlagungszeitraum 2011 anzuwenden.

Übersicht

I. Zweijährige Gültigkeit von Freibeträgen im Lohnsteuer-Ermäßigungsverfahren nach § 39a Einkommensteuergesetz (EStG); Startschreiben zur erstmaligen Anwendung ab dem Kalenderjahr 2016
BMF-Schreiben vom 21. 5. 2015 (BStBl I S. 488)

II. Lohnsteuerermäßigungsverfahren 2016
Verfügung der Oberfinanzdirektion Frankfurt am Main vom 23. 11. 2015 – S 2365 A-32-St 232 –

I. Zweijährige Gültigkeit von Freibeträgen im Lohnsteuer-Ermäßigungsverfahren nach § 39a Einkommensteuergesetz (EStG); Startschreiben zur erstmaligen Anwendung ab dem Kalenderjahr 2016

BMF-Schreiben vom 21. 5. 2015 (BStBl I S. 488)

Nach § 52 Absatz 37 EStG in der Fassung der Bekanntmachung vom 8. Oktober 2009 (BGBl. I S. 3366), zuletzt geändert durch Artikel 2 Absatz 7 des Gesetzes zur Modernisierung der Finanzaufsicht über Versicherungen vom 1. April 2015 (BGBl. I S. 434), hat das Bundesministerium der Finanzen den Zeitpunkt der erstmaligen Anwendung der zweijährigen Gültigkeit von Freibeträgen im Lohnsteuer-Ermäßigungsverfahren zur Durchführung des Lohnsteuerabzugs in einem BMF-Schreiben (Startschreiben) zu bestimmen.

Im Einvernehmen mit den obersten Finanzbehörden der Länder wird als Starttermin für das Verfahren der zweijährigen Gültigkeit von Freibeträgen im Lohnsteuer-Ermäßigungsverfahren der 1. Oktober 2015 festgelegt. Ab diesem Zeitpunkt können die Arbeitnehmer den Antrag auf Bildung eines Freibetrags nach § 39a EStG für einen Zeitraum von längstens zwei Kalenderjahren mit Wirkung ab dem 1. Januar 2016 bei ihrem Wohnsitzfinanzamt stellen.

II. Lohnsteuerermäßigungsverfahren 2016

Verfügung der Oberfinanzdirektion Frankfurt am Main vom 23. 11. 2015 – S 2365 A-32-St 232 –

Für das Lohnsteuerermäßigungsverfahren 2016 wird insbesondere auf folgende (Neu-)regelungen hingewiesen:

1. Allgemeines zum Lohnsteuerermäßigungsverfahren

1.1 Beginn des Lohnsteuerermäßigungsverfahrens

Starttermin für das Lohnsteuerermäßigungsverfahren ist gemäß § 39a Abs. 2 Satz 2 EStG jeweils der 01.10. des Vorjahres, für das der Freibetrag gelten soll, d. h. für den Veranlagungszeitraum 2016 beginnt das Lohnsteuerermäßigungsverfahren am 01. 10. 2015. Die Erfassung von Freibeträgen für den VZ 2016 ist in der ELStAM-Datenbank auch erst ab diesem Zeitpunkt möglich. Der Antrag für das Lohnsteuerermäßigungsverfahren 2016 muss bis spätestens 30. November 2016 gestellt werden.

1.2 Grundsätzlich keine Weitergeltung der Freibeträge für 2015

Die Berücksichtigung antragsabhängiger Freibeträge im Lohnsteuerabzugsverfahren 2016 setzt *grundsätzlich voraus, dass* der Arbeitnehmer für das Kalenderjahr 2016 einen entsprechenden Antrag auf Lohnsteuerermäßigung stellt. Eine Ausnahme gilt für Behinderten- und Hinterbliebenen-Pauschbeträge, die bereits in der ELStAM-Datenbank gespeichert und über den 31. 12. 2015 hinaus gültig sind.

1.3 Geltungsdauer von Frei- und Hinzurechnungsbeträgen

Gem. § 39a Abs. 1 Satz 2 EStG gelten die im Lohnsteuerermäßigungsverfahren beantragten Frei- und Hinzurechnungsbeträge jeweils für ein Kalenderjahr.

Arbeitnehmer können gem. § 39a Abs. 1 Satz 3 bis 5 EStG i. V. m. dem BMF-Schreiben vom 21. 05. 2015 (BStBl I 2015, 488) im Ermäßigungsverfahren 2016 erstmals einen Antrag auf Bildung der Frei- und Hinzurechnungsbeträge für einen Zeitraum von längstens zwei Kalenderjahren mit Wirkung ab dem 01. 01. 2016 beantragen.

Hierfür wurde im Abschnitt A des amtlichen Vordrucks das folgende Antragsfeld eingefügt:

„Ich beantrage, den Freibetrag bis zum 31. 12. 2017 zu berücksichtigen."

Die Pauschbeträge für behinderte Menschen und Hinterbliebene (§ 39a Abs. 1 Satz 1 Nr. 4 EStG) sind hiervon ausgenommen und können auch weiterhin überjährig berücksichtigt werden.

...

§ 39f Abs. 1 Satz 9 EStG in der Fassung des Bürokratieentlastungsgesetzes vom 28. 07. 2015 sieht bereits auch eine zweijährige Gültigkeit beim Faktorverfahren vor. Allerdings ist hierzu in § 52 Abs. 37a EStG geregelt, dass die zweijährige Gültigkeit erst Anwendung findet, wenn die erforderlichen Programmierarbeiten im ELStAM-Verfahren abgeschlossen sind. Das BMF wird den Startzeitpunkt dann im Bundesgesetzblatt bekanntgeben. Die Erfassung eines Faktors zur Steuerklasse IV kann im Ermäßigungszeitraum 2016 daher weiterhin nur mit einer einjährigen Gültigkeit erfolgen.

1.4 Ausdruck der ELStAM ab dem 01. 10. 2015

Wie bereits in den Vorjahren wird der ELStAM-Ausdruck ab dem 01. 10. 2015 automatisiert mit den zum 01. 01. 2016 gültigen ELStAM befüllt. Diese Verfahrensweise erfolgt vorübergehend bis zum Jahresbeginn 2016. Als Begleiterscheinung wird in dieser Übergangszeit die Anzahl der Kinderfreibeträge (Kinderzähler) auf der Maske Kind mit den bereits zum 01. 01. 2016 gültigen Werten angezeigt, was zu einer Abweichung von den aktuell noch gültigen Werten führen kann.

Beispiel:

Einem Elternteil (Steuerklasse I) sind zwei Kinder jeweils halb zugeordnet. Die Zuordnung von Kind 1 endet am 31. 12. 2015, die Zuordnung von Kind 2 am 31. 12. 2017. Der Kinderzähler beläuft sich bei Aufruf der ELStAM-Datenbank bis zum 30. 09. 2015 auf 1,0 (2x 0,5). Erfolgt der Aufruf am 01. 10. 2015, beträgt der Kinderzähler 0,5, da bereits die zum 01. 01. 2016 gültigen Werte nach Wegfall von Kind 1 angezeigt werden. Es handelt sich hierbei aber um ein reines Darstellungsproblem. Dem Arbeitgeber wird bis zum Ablauf des Kalenderjahres der zutreffende Kinderzähler übermittelt.

Auf Antrag ist dem Arbeitnehmer ein Ausdruck der ELStAM auszustellen, § 39e Abs. 6 Satz 4 EStG. Hierfür ist auf Seite 1 des amtlichen Ermäßigungsvordrucks das Ankreuzfeld „Ausdruck der ELStAM gewünscht" enthalten. Sofern im Ermäßigungszeitraum 2016 ein Ausdruck für das laufende Kalenderjahr 2015 erforderlich ist, sind die darin zu bescheinigenden Abzugsmerkmale personell abzuändern.

Der Ausdruck der ELStAM ist nicht zur Vorlage beim Arbeitgeber bestimmt, da er gegenüber diesem nicht als Nachweis der gültigen Lohnsteuerabzugsmerkmale gilt.

...

2. Gleichstellung von Lebenspartnerschaften im Ermäßigungsverfahren

Bislang war die zutreffende Abbildung von Lebenspartnerschaften im ELStAM-Verfahren programmtechnisch und melderechtlich noch nicht möglich. Ab dem 01. 11. 2015 sind die Meldebehörden gesetzlich verpflichtet, neben dem Personenstand „in eingetragener Lebenspartnerschaft" und dem Tag der Begründung auch die IdNr. des Lebenspartners zu übermitteln. Die Nacherfassung dieser Daten erfolgt für bestehende Lebenspartnerschaften jedoch nicht im Rahmen einer Initialdatenlieferung, stattdessen müssen die Meldebehörden diese Daten sukzessive bis zum 29. 02. 2016 nacherfassen.

Sofern die wechselseitige Verknüpfung zwischen den Lebenspartnern in der ELStAM-Datenbank im Zeitpunkt des Antrags auf Lohnsteuerermäßigung noch nicht vorhanden ist, ist den betroffenen Personen weiterhin eine Bescheinigung für den Lohnsteuerabzug für das Kalenderjahr 2016 auszustellen und der Arbeitgeberabruf für beide Lebenspartner durch Setzen einer Vollsperrung zu unterbinden.

3. Erhöhung des Grundfreibetrags (§ 32a Abs. 1 EStG)

(2015: 8 472,- €)

Der Grundfreibetrag erhöht sich in 2016 auf 8 652,- €.

4. Erhöhung des Kinderfreibetrags (§ 32 Abs. 6 Satz 1 EStG)

(2015: 4 512,- €)

Der Kinderfreibetrag erhöht sich in 2016 auf 4 608,- € (2 304,- € je Elternteil.)

Der Freibetrag für Betreuung und Erziehung oder Ausbildung in Höhe von 2 640,- € (1 320,- € je Elternteil) bleibt unverändert bestehen.

5. Außergewöhnliche Belastungen – Erhöhung des Unterhaltshöchstbetrags (§ 33a Abs. 1 Satz 1 EStG)

(2015: 8 472;- €)

Der Unterhaltshöchstbetrag erhöht sich in 2016 auf 8 652,- €. Die Erhöhung entspricht der Anhebung des Grundfreibetrags.

6. Änderungen im Vordruck

6.1 Werbungskosten der antragstellenden Person

In Abschnitt D (Beschränkt antragsfähige Ermäßigungsgründe) wurde unter Nr. 6 „Mehraufwendungen für doppelte Haushaltsführung" für die Berücksichtigung von Familienheimfahrten mit öffentlichen Verkehrsmitteln eine neue Eintragungszeile eingefügt.

6.2 Faktor

Für die Berechnung des Faktors (Abschnitt F) wird bei in der gesetzlichen Krankenversicherung versicherten Personen zusätzlich die Angabe des Zusatzbeitrags in % benötigt (vgl. § 39b Absatz 2 Satz 4 Nummer 3 Buchstabe b EStG). Eine entsprechende Abfrage wurde im Vordruck aufgenommen.

6.3 Entlastungsbetrag für Alleinerziehende (Steuerklasse II/Freibetrag bei Verwitweten), Erhöhungsbetrag als Freibetrag

§ 24b Abs. 2 EStG sieht neben dem Entlastungsbetrag von 1 908,- € für ein Kind einen Erhöhungsbetrag für jedes weitere, zum Haushalt des Steuerpflichtigen gehörende Kind vor. Da in der Steuerklasse II nur der Entlastungsbetrag für ein Kind (ohne Erhöhungsbeträge) berücksichtigt wird, kann der Erhöhungsbetrag für das zweite und weitere Kind(er) daher als Freibetrag gebildet werden (§ 39a Abs. 1 Nr. 4a EStG). Die Mindestgrenze von 600 € gemäß § 39a Absatz 2 Satz 4 EStG findet bei der Bildung eines Erhöhungsbetrags nach § 24b Abs. 2 Satz 2 keine Anwendung. Eine zweijährige Bildung i. S. v. § 39a Abs. 1 Satz 3 bis 5 EStG ist ab dem Ermäßigungszeitraum 2 016 möglich.

...

Steuernummer

Identifikationsnummer (IdNr.) - Antragsteller/in | Identifikationsnummer (IdNr.) - Ehegatte

2016

Antrag auf Lohnsteuer-Ermäßigung

Weiße Felder bitte ausfüllen oder ☒ ankreuzen

! Verwenden Sie diesen Vordruck bitte nur, wenn Sie – und ggf. Ihr Ehegatte – **erstmals** einen **Steuerfreibetrag** oder einen **höheren** Freibetrag als für 2015 beantragen. Wenn nur die Zahl der Kinderfreibeträge und/oder die Steuerklasse I in II geändert werden soll oder kein höherer Freibetrag als für 2015 beantragt wird, verwenden Sie bitte anstelle dieses Vordrucks den „Vereinfachten Antrag auf Lohnsteuer-Ermäßigung 2016". Die Freibeträge und alle weiteren Änderungen der Besteuerungsmerkmale werden als **elektronische Lohnsteuerabzugsmerkmale (ELStAM)** gespeichert und den Arbeitgebern in einem elektronischen Abrufverfahren bereitgestellt. Der Antrag kann vom 1. Oktober 2015 bis zum **30. November 2016** gestellt werden. Danach kann ein Antrag auf Steuerermäßigung nur noch bei einer Veranlagung zur Einkommensteuer für 2016 berücksichtigt werden.

Aus **Abschnitt D** ergeben sich die Antragsgründe, für die ein Antrag nur dann zulässig ist, wenn die Aufwendungen und Beträge in 2016 insgesamt höher sind als **600 €**. Bei der Berechnung dieser Antragsgrenze zählen Werbungskosten grundsätzlich nur mit, soweit sie **1.000 €** (bei Versorgungsbezügen 102 €) übersteigen.

Ehegatten können in **Abschnitt F** anstelle der Steuerklassenkombination III/V oder IV/IV die Eintragung der Steuerklassen IV in Verbindung mit einem **Faktor** beantragen. Dies hat zur Folge, dass die einzubehaltende Lohnsteuer in Anlehnung an das Splittingverfahren ermittelt wird. Freibeträge werden in die Berechnung des Faktors einbezogen.

Wird Ihnen auf Grund dieses Antrags ein Steuerfreibetrag gewährt – ausgenommen Behinderten-/Hinterbliebenen-Pauschbetrag oder Änderungen bei der Zahl der Kinderfreibeträge – und übersteigt der im Kalenderjahr insgesamt erzielte Arbeitslohn 11.000 €, bei zusammenveranlagten Ehegatten der von den Ehegatten insgesamt erzielte Arbeitslohn 20.900 €, oder wird ein Faktor eingetragen, sind Sie nach § 46 Abs. 2 Nr. 3a oder 4 des Einkommensteuergesetzes verpflichtet, für das Kalenderjahr 2016 eine **Einkommensteuererklärung abzugeben.**

Ändern sich im Laufe des Kalenderjahres die für den Freibetrag/die Steuerklasse maßgebenden Verhältnisse zu Ihren Ungunsten, sind Sie verpflichtet, dies dem Finanzamt umgehend anzuzeigen.

Dieser Antrag ist auch zu verwenden, wenn Sie im Inland weder einen Wohnsitz noch Ihren gewöhnlichen Aufenthalt haben, Ihre Einkünfte jedoch mindestens zu 90 % der deutschen Einkommensteuer unterliegen oder die nicht der deutschen Einkommensteuer unterliegenden Einkünfte nicht mehr als 8.652 € (dieser Betrag wird ggf. nach den Verhältnissen Ihres Wohnsitzstaates gemindert) betragen. Fügen Sie bitte die „Anlage Grenzpendler EU/EWR" oder die „Anlage Grenzpendler außerhalb EU/EWR" bei.

Nach den Vorschriften der Datenschutzgesetze wird darauf hingewiesen, dass die Angabe der Telefonnummer freiwillig im Sinne dieser Gesetze ist und im Übrigen die mit diesem Antrag angeforderten Daten auf Grund der §§ 149,150 der Abgabenordnung und der §§ 38b Abs. 2, 39 Abs. 6, 39a Abs. 2, 39f des Einkommensteuergesetzes erhoben werden.

Ⓐ Angaben zur Person

Die Eintragungsmöglichkeiten für Ehegatten gelten für Lebenspartner nach dem Lebenspartnerschaftsgesetz entsprechend.

Antragstellende Person/Name		**Ehegatte/Name**	
Vorname	Ausgeübter Beruf	Vorname	Ausgeübter Beruf
Straße und Hausnummer		Straße und Hausnummer (falls abweichend)	
Postleitzahl, Wohnort		Postleitzahl, Wohnort (falls abweichend)	
Geburtsdatum	Tag Monat Jahr Religion	Geburtsdatum	Tag Monat Jahr Religion

Verheiratet seit | Verwitwet seit | Geschieden seit | Dauernd getrennt lebend seit | Telefonische Rückfragen unter Nr. | Ausdruck der ELStAM gewünscht ☐

☐ Ich beantrage als Staatsangehöriger eines EU/EWR-Mitgliedstaates ohne Wohnsitz oder gewöhnlichen Aufenthalt im Inland die Steuerklasse III. Die „Anlage Grenzpendler EU/EWR" ist beigefügt.

Arbeitgeber im Inland (Name, Anschrift)

Voraussichtlicher Bruttoarbeitslohn 2016 (erstes Dienstverhältnis)	(einschl. Sachbezüge, Gratifikationen, Tantiemen usw.)	€	(einschl. Sachbezüge, Gratifikationen, Tantiemen usw.)	€
	darin enthaltene Versorgungsbezüge	€	darin enthaltene Versorgungsbezüge	€
Voraussichtliche andere Einkünfte 2016 (einschließl. weiterer Dienstverhältnisse)	Einkunftsart		Einkunftsart	
	Höhe	€	Höhe	€

Ich werde/Wir werden zur Einkommensteuer veranlagt ☐ Nein | Ja, beim Finanzamt | Steuernummer

Ich beantrage, den Freibetrag **bis zum 31.12.2017** zu berücksichtigen. ☐
(Freibeträge für behinderte Menschen und Hinterbliebene bleiben hiervon unberührt.)

Bei der Ausfertigung des Antrags hat mitgewirkt:
Herr/Frau/Firma, Adresse, Telefonnummer

7.15

(Datum) | (Unterschrift der antragstellenden Person) | (Unterschrift des Ehegatten)

2

(B) Angaben zu Kindern

Leibliche Kinder sind nicht anzugeben, wenn vor dem 01.01.2016 das Verwandtschaftsverhältnis durch Adoption erloschen ist oder ein Pflegekindschaftsverhältnis zu einer anderen Person begründet wurde.			Kindschaftsverhältnis			
			zur antragstellenden Person		zum Ehegatten	
Vorname des Kindes (ggf. auch abweichender Familienname)	Geburtsdatum	Wohnort im Inland: IdNr. des Kindes Wohnort im Ausland: Staat eintragen	leibliches Kind/ Adoptivkind	Pflegekind	leibliches Kind/ Adoptivkind	Pflegekind
1			☐	☐	☐	☐
2			☐	☐	☐	☐
3			☐	☐	☐	☐

Bei Kindern unter 18 Jahren
Das unter Nr. eingetragene Kind ist in den ELStAM noch zu berücksichtigen (Bitte Nachweis beifügen, z.B. Geburtsurkunde).

Bei Kindern über 18 Jahre [in den Fällen b) bis e): Nach Abschluss einer erstmaligen Berufsausbildung oder eines Erststudiums werden Kinder nur berücksichtigt, wenn sie keiner Erwerbstätigkeit nachgehen (Ausnahme z.B. Minijob).]

Die Berücksichtigung in den ELStAM (ggf. für mehrere Jahre) wird beantragt, weil das Kind
a) ohne Beschäftigung und bei einer Agentur für Arbeit als arbeitsuchend gemeldet ist [1) 3)]
b) in Berufsausbildung steht (ggf. Angabe der Schule, der Ausbildungsstelle usw.) [2) 3)]
c) sich in einer Übergangszeit von höchstens 4 Monaten zwischen zwei Ausbildungsabschnitten oder zwischen einem Ausbildungsabschnitt und der Ableistung eines freiwilligen Dienstes (Buchstabe e) oder des freiwilligen Wehrdienstes nach § 58b des Soldatengesetzes befindet [2) 3)]
d) eine Berufsausbildung mangels Ausbildungsplatzes nicht beginnen oder fortsetzen kann [2)]
e) ein freiwilliges soziales oder ökologisches Jahr (Jugendfreiwilligendienstegesetz), einen europäischen/entwicklungspolitischen Freiwilligendienst, einen Freiwilligendienst aller Generationen (§ 2 Abs. 1a SGB VII), einen Bundesfreiwilligendienst, einen Int. Jugendfreiwilligendienst oder einen Anderen Dienst im Ausland (§ 5 Bundesfreiwilligendienstgesetz) leistet [2)]
f) sich wegen einer vor dem 25. Lebensjahr eingetretenen körperlichen, geistigen oder seelischen Behinderung nicht selbst finanziell unterhalten kann [4)]

zu Nr.	Antragsgrund		Monat	Jahr		Monat	Jahr
		Berücksichtigung vom			bis		
		Berücksichtigung vom			bis		

Kindschaftsverhältnis der unter Nr. 1 bis 3 genannten Kinder zu weiteren Personen

zu Nr.	ist durch Tod des anderen Elternteils erloschen am:	besteht/hat bestanden zu: Name, Geburtsdatum und letztbekannte Anschrift dieser Personen, Art des Kindschaftsverhältnisses (einschließlich Pflegekindschaftsverhältnis)

Angaben entfallen für Kinder nicht dauernd getrennt lebender Ehegatten, für die bei jedem Ehegatten dasselbe Kindschaftsverhältnis angekreuzt ist.

Ich beantrage den vollen/halben Kinderfreibetrag, - weil der andere/leibliche Elternteil des Kindes				Nur bei Stief-/Großelternteil:
seine Unterhaltsverpflichtung nicht mindestens zu 75 % erfüllt und ich keinen Unterhaltsvorschuss erhalte	wegen mangelnder finanzieller Leistungsfähigkeit nicht unterhaltspflichtig ist und ich keinen Unterhaltsvorschuss erhalte	im Ausland lebt	der Übertragung lt. Anlage K auf den Stief-/Großelternteil zugestimmt hat	- weil ich das Kind in meinem Haushalt aufgenommen habe oder ich als Großelternteil gegenüber dem Kind unterhaltspflichtig bin
Kind(er) zu Nr.	Kind(er) zu Nr.	Kind(er) zu Nr.	Kind(er) zu Nr.	Kind(er) zu Nr.

Entlastungsbetrag für Alleinerziehende (Steuerklasse II/Freibetrag bei Verwitweten), Erhöhungsbetrag als Freibetrag
(Sofern die Eintragungsmöglichkeiten nicht ausreichen oder für einzelne Kinder kein Erhöhungsbetrag als Freibetrag berücksichtigt werden soll, reichen Sie bitte ein gesondertes Blatt ein.)

Das Kind/Die Kinder zu Nr.		ist/sind mit mir in der gemeinsamen Wohnung gemeldet	vom – bis	Für das Kind/die Kinder erhalte ich Kindergeld	vom – bis

			vom – bis
Außer mir ist/sind in der gemeinsamen Wohnung eine/mehrere volljährige Person(en) gemeldet, die nicht als Kind(er) in **Abschnitt B** genannt ist/sind.	☐ Nein	☐ Ja	
Es besteht eine Haushaltsgemeinschaft mit mindestens einer weiteren volljährigen Person, die nicht als Kind in **Abschnitt B** genannt ist.	☐ Nein	☐ Ja	

Name, Vorname (weitere Personen bitte auf gesondertem Blatt angeben)	Verwandtschaftsverhältnis	Beschäftigung/Tätigkeit

(C) Unbeschränkt antragsfähige Ermäßigungsgründe

I. Behinderte Menschen und Hinterbliebene
(Bei Kindern auch **Abschnitt B** ausfüllen)

Nachweis ☐ ist beigefügt ☐ hat bereits vorgelegen

Name	Ausweis/Rentenbescheid/Bescheinigung ausgestellt am	unbefristet gültig	gültig bis	hinterblieben	behindert	blind/ständig hilflos	geh- und stehbehindert	Grad der Behinderung
		☐		☐	☐	☐	☐	
		☐		☐	☐	☐	☐	

II. Freibetrag wegen Förderung des Wohneigentums, Verlusten aus anderen Einkünften oder eines Verlustvortrags	☐ wie im Vorjahr ☐ Erstmaliger Antrag oder Änderung gegenüber dem Vorjahr (Ermittlung bitte auf gesondertem Blatt erläutern)	EUR

1) Die Kinder werden nur bis zum 21. Lebensjahr berücksichtigt.
2) Die Kinder werden nur bis zum 25. Lebensjahr berücksichtigt.
3) Bei Kindern, die Grundwehrdienst, Zivildienst oder befreienden Dienst geleistet haben, verlängert sich der Zeitraum der Berücksichtigung um die Dauer des Dienstes.
4) Berücksichtigt werden auch Kinder mit einer vor 2007 und vor dem 27. Lebensjahr eingetretenen Behinderung.

Bitte Belege beifügen !

3

III. Freibetrag für haushaltsnahe Beschäftigungsverhältnisse, Dienst- und Handwerkerleistungen

			Höhe
Aufwendungen für geringfügige Beschäftigungen im Privathaushalt (sog. Minijobs) Art der Tätigkeit			€
Aufwendungen für sozialversicherungspflichtige Beschäftigungen im Privathaushalt Art der Tätigkeit			€
Art der haushaltsnahen Dienstleistung(en), Hilfe im eigenen Haushalt	Name und Anschrift des Leistenden	Aufwendungen €	Erstattungen €
Art der Pflege- und Betreuungsleistung(en), Heimunterbringung		€	€
Art der Handwerkerleistung(en) im eigenen Haushalt		€	€

Nur bei Alleinstehenden: Es besteht ganzjährig ein gemeinsamer Haushalt mit einer anderen alleinstehenden Person (Name, Vorname, Geburtsdatum)

Ⓓ Beschränkt antragsfähige Ermäßigungsgründe

Erläuterungen

I. Werbungskosten der antragstellenden Person

1. Wege zwischen Wohnung und erster Tätigkeitsstätte (Entfernungspauschale)

Fahrtkostenersatz des Arbeitgebers [5] €

Die Wege werden ganz oder teilweise zurückgelegt mit einem eigenen oder zur Nutzung überlassenen ☐ privaten Kfz ☐ Firmenwagen

erste Tätigkeitsstätte in (Ort und Straße) - ggf. nach gesonderter Aufstellung -
1.
2.

Arbeitstage je Woche | Urlaubs- und Krankheitstage | Behinderungsgrad mind. 70 oder mind. 50 und Merkzeichen „G" ☐ Ja

Tätigkeitsstätte Nr.	aufgesucht an Tagen	einfache Entfernung (km)	davon zurückgelegte km mit: eigenem oder zur Nutzung überlassenen Pkw [6] [7]	Sammelbeförderung des Arbeitgebers	öffentl. Verkehrsmitteln, Motorrad, Fahrrad o.ä., als Fußgänger, als Mitfahrer einer Fahrgemeinschaft [6]	Aufwendungen für öffentl. Verkehrsmittel [8]	EUR

2. Beiträge zu Berufsverbänden (Bezeichnung der Verbände)

3. Aufwendungen für Arbeitsmittel (Art der Arbeitsmittel) [9] - soweit nicht steuerfrei ersetzt -

4. Weitere Werbungskosten (z.B. Fortbildungskosten, Fahrt-/Übernachtungskosten bei Auswärtstätigkeit) [9]
- soweit nicht steuerfrei ersetzt -

5. Pauschbeträge für Mehraufwendungen für Verpflegung bei Auswärtstätigkeit [11]
Abwesenheitsdauer mehr als 8 Std. Zahl der Tage x 12 €
An-/Abreisetag (bei auswärtiger Übernachtung) Zahl der Tage x 12 € | Abwesenheitsdauer 24 Std. Zahl der Tage x 24 € | steuerfreier Arbeitgeberersatz - € =

6. Mehraufwendungen für doppelte Haushaltsführung
Der doppelte Haushalt ist aus beruflichem Anlass begründet worden
Tätigkeitsort
Grund [9] | am | besteht voraussichtlich bis

Eigener Hausstand am Lebensmittelpunkt: ☐ Nein ☐ Ja, in | seit

Kosten der ersten Fahrt zum Tätigkeitsort und der letzten Fahrt zum eigenen Hausstand
☐ mit öffentlichen Verkehrsmitteln ☐ mit privatem Kfz Entfernung km x € = € | steuerfreier Arbeitgeberersatz - € =

Fahrtkosten für Heimfahrten (nicht bei Firmenwagennutzung) [7] [8] [10]
☐ einfache Entfernung ohne Flugstrecken km x Anzahl x 0,30 € = € - € =
☐ mit öffentlichen Verkehrsmitteln € - € =

Kosten der Unterkunft am Tätigkeitsort (lt. Nachweis)
höchstens 1.000 € im Monat € - € =

Mehraufwendungen für Verpflegung [9] [11] Zahl der Tage
täglich € x = € - € =

Summe

Bitte Belege beifügen !

Erläuterungen:

5) Nur Fahrtkostenersatz eintragen, der pauschal besteuert oder steuerfrei gewährt wird

6) Die Entfernungspauschale beträgt 0,30 € je Entfernungskilometer; bei anderen Verkehrsmitteln als eigenem oder zur Nutzung überlassenen Pkw höchstens 4.500 €.

7) Erhöhter Kilometersatz wegen Behinderung: 0,60 € je Entfernungskilometer

8) Die tatsächlichen Aufwendungen für öffentliche Verkehrsmittel (ohne Flug- und Fährkosten) werden nur angesetzt, wenn sie im Kalenderjahr höher sind als die Entfernungspauschale.

9) Ggf. auf gesondertem Blatt erläutern

10) Die Aufwendungen für Heimflüge oder die anstelle der Aufwendungen für Heimfahrten entstehenden Telefonkosten bitte auf gesondertem Blatt erläutern

11) Nur für die ersten drei Monate an derselben Tätigkeitsstätte/demselben Tätigkeitsort

Vermerke des Finanzamts

Summe €
- 1.000 €
- 102 €

Se: €

Übertragen in Vfg.

4

II. Werbungskosten des Ehegatten

1. Wege zwischen Wohnung und erster Tätigkeitsstätte (Entfernungspauschale)

Die Wege werden ganz oder teilweise zurückgelegt mit einem eigenen oder zur Nutzung überlassenen ☐ privaten Kfz ☐ Firmenwagen

Fahrtkostenersatz des Arbeitgebers [5)] €

ersteTätigkeitsstätte in (Ort und Straße) - ggf. nach gesonderter Aufstellung -	Arbeitstage je Woche	Urlaubs- und Krankheitstage	Behinderungsgrad mind. 70 oder mind. 50 und Merkzeichen „G"
1.			
2.			☐ Ja

Tätigkeits-stätte Nr.	aufgesucht an Tagen	einfache Entfernung (km)	davon zurückgelegte km mit eigenem oder zur Nutzung überlassenen Pkw [6) 7)]	Sammelbe-förderung des Arbeitgebers	öffentl. Verkehrsmitteln, Motorrad, Fahrrad o.ä., als Fußgänger, als Mitfahrer einer Fahrgemeinschaft [6)]	Aufwendungen für öffentl. Verkehrsmittel [8)]	EUR

2. Beiträge zu Berufsverbänden (Bezeichnung der Verbände)

3. Aufwendungen für Arbeitsmittel (Art der Arbeitsmittel) [9)] - soweit nicht steuerfrei ersetzt -

4. Weitere Werbungskosten (z.B. Fortbildungskosten, Fahrt-/Übernachtungskosten bei Auswärtstätigkeit) [9)]
- soweit nicht steuerfrei ersetzt -

5. Pauschbeträge für Mehraufwendungen für Verpflegung bei Auswärtstätigkeit [11)]

Abwesenheitsdauer mehr als 8 Std. – Zahl der Tage x 12 €

An-/Abreisetag (bei auswärtiger Übernachtung) – Zahl der Tage x 12 €

Abwesenheitsdauer 24 Std. – Zahl der Tage x 24 €

steuerfreier Arbeitgeberersatz - € =

6. Mehraufwendungen für doppelte Haushaltsführung
Der doppelte Haushalt ist aus beruflichem Anlass begründet worden

Tätigkeitsort

Grund [9)] | am | besteht voraussichtlich bis

Eigener Hausstand am Lebensmittelpunkt: ☐ Nein ☐ Ja, in | seit

Kosten der ersten Fahrt zum Tätigkeitsort und der letzten Fahrt zum eigenen Hausstand | steuerfreier Arbeitgeberersatz

☐ mit öffentlichen Verkehrsmitteln ☐ mit privatem Kfz Entfernung km x € = € - € =

Fahrtkosten für Heimfahrten (nicht bei Firmenwagennutzung) [7) 8) 10)]

☐ einfache Entfernung ohne Flugstrecken km x Anzahl x 0,30 € = € - € =

☐ mit öffentlichen Verkehrsmitteln € - € =

Kosten der Unterkunft am Tätigkeitsort (lt. Nachweis)
höchstens 1.000 € im Monat € - € =

Mehraufwendungen für Verpflegung [9) 11)] – Zahl der Tage

täglich € x = € - € =

Summe

Erläuterungen

4) Siehe Fußnote 4 auf Seite 2 des Vordrucks
6) Die Entfernungspauschale beträgt 0,30 € je Entfernungskilometer; bei anderen Verkehrsmitteln als eigenem oder zur Nutzung überlassenen Pkw höchstens 4.500 €.
7) Erhöhter Kilometersatz wegen Behinderung: 0,60 € je Entfernungskilometer
8) Die tatsächlichen Aufwendungen für öffentliche Verkehrsmittel (ohne Flug- und Fahrkosten) werden nur angesetzt, wenn sie im Kalenderjahr höher sind als die Entfernungspauschale.
9) Ggf. auf gesondertem Blatt erläutern
10) Die Aufwendungen für Heimflüge oder die anstelle der Aufwendungen für Heimfahrten entstehenden Telefonkosten bitte auf gesondertem Blatt erläutern
11) Nur für die ersten drei Monate an derselben Tätigkeitsstätte/demselben Tätigkeitsort

Vermerke des Finanzamts

Summe €
- 1.000 €
- 102 €

Se: €

Übertragen in Vfg.

III. Sonderausgaben

Versicherungsbeiträge (z.B. Beiträge zu Renten-, Kranken-, Pflegeversicherung usw.) können **nicht im Ermäßigungsverfahren** geltend gemacht werden. Diese so genannten Vorsorgeaufwendungen werden beim laufenden Lohnsteuerabzug über die Vorsorgepauschale berücksichtigt.

1. Renten, dauernde Lasten, schuldrechtl. Versorgungsausgleich (Empfänger, Art und Grund der Schuld)

2. Unterhaltsleistungen an den geschiedenen/dauernd getrennt lebenden Ehegatten lt. Anlage U **und/oder Ausgleichsleistungen zur Vermeidung des Versorgungsausgleichs** lt. Anlage U

3. Kirchensteuer, soweit diese nicht als Zuschlag zur Kapitalertragsteuer erhoben wird

4. Aufwendungen für die eigene Berufsausbildung (Bitte auf gesondertem Blatt erläutern)

5. Aufwendungen zur Betreuung eines Kindes (Bitte auch Abschnitt B ausfüllen!) | lt. Abschnitt B Nr. | Das Kind gehört zu meinem Haushalt | vom - bis

2/3 der Aufwendungen max. 4.000 € je Kind (ggf Ländergruppeneinteilung beachten): €

Das Kind ☐ hat das 14. Lebensjahr noch nicht vollendet. ☐ ist wegen einer vor Vollendung des 25. Lebensjahres eingetretenen Behinderung außerstande, sich selbst finanziell zu unterhalten. [4)]

Art der Aufwendungen	Höhe	steuerfreier Ersatz	Summe zu 1-5
	€	€	€

Bitte Belege beifügen !

5

6. Schulgeld an Privatschulen für das/die Kind(er) lt. **Abschnitt B** Nr.	Bezeichnung der Schule	EUR	Vermerke des Finanzamts
7. Spenden und Mitgliedsbeiträge	**Bitte jeweils Bescheinigungen nach vorgeschriebenem Muster beifügen**		Summe zu 1-7 €
a) Spenden und Mitgliedsbeiträge zur Förderung steuerbegünstigter Zwecke			- 36 € - 72 €
b) Spenden in das zu erhaltende Vermögen (Vermögensstock) einer Stiftung			Se: €
c) Spenden und Mitgliedsbeiträge an politische Parteien			Übertragen in Vfg.

IV. Außergewöhnliche Belastungen

1. Unterhalt für gesetzlich unterhaltsberechtigte und ihnen gleichgestellte Personen

(Bei mehreren Personen bitte gesondertes Blatt verwenden)

12) Soweit diese Beiträge nicht als Sonderausgaben bei dem Unterhaltsverpflichteten abziehbar sind.

13) Bei Zahlung von Ausbildungshilfen in monatlich unterschiedlicher Höhe bitte Art, Höhe und Zeitraum auf gesondertem Blatt erläutern

Name und Anschrift (ggf. ausländischer Wohnsitz) der unterhaltenen Person | Identifikationsnummer (IdNr.) - der unterhaltenen Person

Familienstand, Beruf | Verwandtschaftsverhältnis zu der unterhaltenen Person | Geburtsdatum

Hat jemand Anspruch auf einen Freibetrag für Kinder oder Kindergeld für diese Person?

☐ Nein ☐ Ja, für die Monate

☐ Die unterstützte Person ist der geschiedene oder dauernd getrennt lebende Ehegatte.
☐ Die unterstützte Person ist als Kindesmutter/Kindesvater gesetzlich unterhaltsberechtigt.
☐ Die unterstützte Person ist nicht unterhaltsberechtigt, jedoch können bei ihr öffentliche Mittel wegen der Unterhaltszahlungen gekürzt oder nicht gewährt werden.

Aufwendungen für die unterhaltene Person (Art)	vom - bis	Höhe
		€
davon für die Basiskranken- und gesetzliche Pflegeversicherung der unterhaltsberechtigten Person tatsächlich aufgewendete Beiträge [12]		€

Diese Person hat	Bruttoarbeitslohn	darauf entfallende Werbungskosten	Öffl. Ausbildungshilfen[13]	Renten, andere Einkünfte, Bezüge	Vermögen
a) im Unterhaltszeitraum 2016	€	€	€	€	€
b) außerhalb des Unterhaltszeitraums 2016	€	€	€	€	€

Diese Person lebt ☐ in meinem Haushalt ☐ im eigenen/anderen Haushalt | zusammen mit folgenden Angehörigen

Zum Unterhalt dieser Person tragen auch bei (Name, Anschrift, Zeitraum und Höhe der Unterhaltsleistungen)

2. Freibetrag zur Abgeltung eines Sonderbedarfs bei Berufsausbildung:
Ein Freibetrag zur Abgeltung eines Sonderbedarfs kommt nur in Betracht, wenn Ihnen Aufwendungen für ein volljähriges, zur Berufsausbildung auswärtig untergebrachtes Kind entstehen, für das Sie Anspruch auf einen Freibetrag für Kinder oder auf Kindergeld haben.
(Bitte auch Abschnitt B ausfüllen!)

Vorname, Familienstand	auswärtig untergebracht	vom - bis	Anschrift

3. Pflege-Pauschbetrag: Ein Pflege-Pauschbetrag kommt in Betracht, wenn Sie oder Ihr Ehegatte eine nicht nur vorübergehend hilflose Person **unentgeltlich** in Ihrer Wohnung oder in deren Wohnung im Inland persönlich pflegen.

Name, Anschrift und Verwandtschaftsverhältnis der hilflosen Person

Name und Anschrift anderer Pflegepersonen

Nachweis der Hilflosigkeit ☐ ist beigefügt ☐ hat vorgelegen

4. Außergewöhnliche Belastungen allgemeiner Art (ggf. auf gesondertem Blatt erläutern und zusammenstellen)	Gesamtaufwendungen	Abzüglich erhaltene oder zu erwartende Ersatzleistungen	Zu berücksichtigende Aufwendungen
Art der Belastung (z.B. durch Krankheit, Todesfall)	EUR	EUR	EUR

Vermerke des Finanzamts

Abziehbar zu 1 €

Abziehbar zu 2 + €

Abziehbar zu 3 + €

Summe zu 1-3 Übertragen in Vfg. €

Abziehbar zu 4 Übertragen in Vfg. €

Verteilung/Übertragung der Freibeträge

Werbungskosten können nur bei dem Ehegatten berücksichtigt werden, bei dem sie entstanden sind. Wenn der Freibetrag im Übrigen anders als je zur Hälfte auf die Ehegatten aufgeteilt werden soll, dann geben Sie bitte das Aufteilungsverhältnis an (: %).

Der dem anderen Ehegatten/Kind zustehende Behinderten-/Hinterbliebenen-Pauschbetrag soll

beim Antragsteller ☐ in voller Höhe oder ☐ zu % berücksichtigt werden.

beim Ehegatten ☐ in voller Höhe oder ☐ zu % berücksichtigt werden.

6

(E) Übertragung Freibetrag/Hinzurechnungsbetrag für ☐ die antragstellende Person ☐ den Ehegatten

Der Jahresarbeitslohn aus meinem ersten Dienstverhältnis beträgt voraussichtlich nicht mehr als (bei sozialversicherungspflichtigen Arbeitnehmern) mit

☐ Steuerklasse I oder IV: 11.822 € ☐ Steuerklasse II: 14.148 € ☐ Steuerklasse III: 22.380 € ☐ Steuerklasse V: 1.272 €

(bei Empfängern von Betriebsrenten und Versorgungsempfängern) mit

☐ Steuerklasse I oder IV: 14.429 € ☐ Steuerklasse II: 16.505 € ☐ Steuerklasse III: 24.270 € ☐ Steuerklasse V: 2.179 €

Bitte berücksichtigen Sie in meinen ELStAM für mein zweites Dienstverhältnis oder meine weiteren Dienstverhältnisse einen Freibetrag in Höhe von ________ € und einen entsprechenden Hinzurechnungsbetrag für das erste Dienstverhältnis.

(Hinweis für den Antragsteller: Der Freibetrag kann von Ihrem zweiten oder weiteren Arbeitgeber nur berücksichtigt werden, wenn Sie ihm die Höhe des Freibetrags mitteilen.)

(F) Faktorverfahren für Ehegatten

Bitte stets die Angaben in Abschnitt A vollständig ausfüllen!

☐ Wir beantragen zur Ermittlung der Lohnsteuer jeweils die Berücksichtigung der Steuerklasse IV in Verbindung mit einem Faktor **bis zum 31.12.2016.**

	Antragstellende Person		Ehegatte	
Ich bin in der gesetzlichen Rentenversicherung pflichtversichert oder in einer berufsständischen Versorgungseinrichtung versichert.	☐ Ja	☐ Nein	☐ Ja	☐ Nein
Ich bin in der **gesetzlichen** Kranken- und sozialen Pflegeversicherung versichert.	☐ Ja	Zusatzbeitrag in %	☐ Ja	Zusatzbeitrag in %
Beiträge zur **privaten** Krankenversicherung (nur Basisabsicherung) und zur privaten Pflege-Pflichtversicherung	€		€	
Ich habe steuerfreie Arbeitgeberzuschüsse zur privaten Krankenversicherung und zur privaten Pflege-Pflichtversicherung erhalten.	☐ Ja	☐ Nein	☐ Ja	☐ Nein
Ich leiste für die Pflegeversicherung einen Beitragszuschlag für Kinderlose (§ 55 Abs. 3 SGB XI).	☐ Ja	☐ Nein	☐ Ja	☐ Nein

Verfügung des Finanzamts

Gültig vom ________ bis 31.12.201_

	Antragstellende Person/ Ehegatte EUR	agB allgemeiner Art EUR
Berechnung des Freibetrags nach § 33 EStG		
Jahresarbeitslohn		
abzüglich Freibeträge für Versorgungsbezüge, Altersentlastungsbetrag		abzgl. zumutbare Belastung
Werbungskosten (mindestens 1.000/102 €)		
Zumutbare Belastung nach § 33 Abs. 3 EStG ____ % von ergibt zumutbare Belastung	▶	

Überbelastungsbetrag = ________ € Übertragen in Vfg.

	EUR	Antragstellende Person EUR	Ehegatte EUR
1. Entlastungsbetrag für Alleinerziehende: Erhöhungsbetrag als Freibetrag / bei Verwitweten mit Steuerklasse III			
Pauschbeträge für behinderte Menschen und Hinterbliebene			
Förderung des Wohneigentums, Verluste anderer Einkunftsarten/Verlustabzug			
haushaltsnahe Beschäftigungsverhältnisse/Dienst-/Handwerkerleistungen [14]			
Sonderausgaben			
Außergewöhnliche Belastungen in besonderen Fällen (Se. 1–3)			
Außergewöhnliche Belastungen allgemeiner Art			
Zwischensumme			
Freibeträge für Kinder i.S.d. § 39a Abs. 1 Nr. 6 EStG [15]			
Werbungskosten			
Zwischensumme			
Hinzurechnungsbetrag			
zu bescheinigender Jahresfreibetrag			
bisher berücksichtigt			
zu verteilender Betrag			
Monatsbetrag			
Wochenbetrag			
Tagesbetrag			

14) vierfacher Betrag der jeweiligen Steuerermäßigung, § 39a Abs. 1 Nr. 5 Buchst. c EStG
15) Die Zahl der Kinderfreibeträge ist ggf. entsprechend zu vermindern

2. Hinzurechnungsbetrag für das erste Dienstverhältnis

	Jahresbetrag	Monatsbetrag	Wochenbetrag	Tagesbetrag	Gültig vom - bis
☐ bei der antragstellenden Person ☐ beim Ehegatten	€	€	€	€	- 31.12.201_

3. Änderung der	Steuerklasse/Faktor	Zahl der Kinderfreibeträge	in	Steuerklasse/ Faktor	Zahl der Kinderfreibeträge	Gültig ab

4. Belege an antragstellende Person zurück am	5. Ausdruck/Bescheid zur Post am	6. Vormerkung für ESt-Veranlagung 2016/2017 Änderung der ELStAM angewiesen	7. Z.d.A.

(Sachgebietsleiter) (Datum) (Sachbearbeiter)

Steuernummer

2016

Identifikationsnummer (soweit erhalten) - Antragsteller/in

Identifikationsnummer (soweit erhalten) - Ehegatte

Vereinfachter Antrag auf Lohnsteuer-Ermäßigung

Weiße Felder bitte ausfüllen oder ☒ ankreuzen

Zur Beachtung:

Verwenden Sie diesen Vordruck bitte nur, wenn Sie – und ggf. Ihr Ehegatte – höchstens dieselbe Lohnsteuer-Ermäßigung (Kinderfreibeträge, Steuerfreibetrag) beantragen wollen wie für 2015 und die maßgebenden Verhältnisse sich nicht wesentlich geändert haben oder wenn nur die Zahl der Kinderfreibeträge – bitte Rückseite **(Abschnitt C)** ausfüllen – und/oder die Steuerklasse I in II geändert werden sollen. Die Freibeträge und alle weiteren Änderungen der Besteuerungsmerkmale werden als **elektronische Lohnsteuerabzugsmerkmale (ELStAM)** gespeichert und den Arbeitgebern in einem elektronischen Abrufverfahren bereitgestellt.

! Wenn Sie einen **höheren** Freibetrag als für 2015 oder das **Faktorverfahren** bei Ehegatten beantragen oder **nicht** nur die Zahl der Kinderfreibeträge (und ggf. die Steuerklasse) geändert werden sollen, verwenden Sie bitte anstelle dieses Vordrucks den sechsseitigen „Antrag auf Lohnsteuer-Ermäßigung 2016".

Der Antrag kann vom 1. Oktober 2015 **bis zum 30. November 2016** gestellt werden. Nach diesem Zeitpunkt kann ein Antrag auf Steuerermäßigung nur noch bei einer Veranlagung zur Einkommensteuer für 2016 berücksichtigt werden.

Wird Ihnen auf Grund dieses Antrags ein Steuerfreibetrag gewährt – ausgenommen Behinderten-/Hinterbliebenen-Pauschbetrag oder Änderungen bei der Zahl der Kinderfreibeträge – und übersteigt der im Kalenderjahr insgesamt erzielte Arbeitslohn 11.000 €, bei zusammenveranlagten Ehegatten der von den Ehegatten insgesamt erzielte Arbeitslohn 20.900 €, sind Sie nach § 46 Abs. 2 Nr. 4 des Einkommensteuergesetzes verpflichtet, für das Kalenderjahr 2016 eine **Einkommensteuererklärung abzugeben.**

Ändern sich im Laufe des Kalenderjahres die für den Freibetrag/die Steuerklasse maßgebenden Verhältnisse zu Ihren Ungunsten, sind Sie verpflichtet, dies dem Finanzamt umgehend anzuzeigen.

Nach den Vorschriften der Datenschutzgesetze wird darauf hingewiesen, dass die Angabe der Telefonnummer freiwillig im Sinne dieser Gesetze ist und im Übrigen die mit diesem Antrag angeforderten Daten auf Grund der §§ 149,150 der Abgabenordnung und der §§ 38b Abs. 2, 39 Abs. 6 und 39a Abs. 2 des Einkommensteuergesetzes erhoben werden.

(A) Angaben zur Person

Die Eintragungsmöglichkeiten für Ehegatten gelten für Lebenspartner nach dem Lebenspartnerschaftsgesetz entsprechend.

Antragstellende Person/Name, Vorname	**Ehegatte/**Name, Vorname
Straße und Hausnummer	Straße und Hausnummer (falls abweichend)
Postleitzahl, Wohnort	Postleitzahl, Wohnort (falls abweichend)
Geburtsdatum – Tag, Monat, Jahr – Religion	Geburtsdatum – Tag, Monat, Jahr – Religion

Verheiratet seit	Verwitwet seit	Geschieden seit	Dauernd getrennt lebend seit	Telefonische Rückfragen unter Nr.	Ausdruck der ELStAM gewünscht ☐

(B) Lohnsteuer-Ermäßigung im vereinfachten Verfahren

Auf Grund des Lohnsteuer-Ermäßigungsantrags 2015 hatte das	Finanzamt	Steuernummer	folgende Lohnsteuerabzugsmerkmale berücksichtigt

bei der antragstellenden Person	Zahl der Kinderfreibeträge		steuerfreier Jahresbetrag	€	Hinzurechnungsbetrag	€
beim Ehegatten	Zahl der Kinderfreibeträge		steuerfreier Jahresbetrag	€	Hinzurechnungsbetrag	€

Die Verhältnisse haben sich gegenüber 2015 nicht wesentlich geändert.

Es wird beantragt, folgende ELStAM zu berücksichtigen:

☐ Zahl der Kinderfreibeträge	☐ wie 2015	☐ weniger als 2015 und zwar nur	Zahl der Kinderfreibeträge	Bitte Abschnitt C ausfüllen!
☐ steuerfreier Jahresbetrag	☐ wie 2015	☐ weniger als 2015 und zwar nur	Antragsteller €	Ehegatte €
☐ Hinzurechnungsbetrag	☐ wie 2015	☐ weniger als 2015 und zwar nur	Antragsteller €	Ehegatte €

Ich beantrage, den Freibetrag **bis zum 31.12.2017** zu berücksichtigen. ☐
(Freibeträge für behinderte Menschen und Hinterbliebene bleiben hiervon unberührt.)

Bei der Ausfertigung des Antrags hat mitgewirkt:
Herr/Frau/Firma, Adresse, Telefonnummer

(Datum) (Unterschrift der antragstellenden Person) (Unterschrift des Ehegatten)

6.15

2

Ⓒ Angaben zu Kindern

1) Die Kinder werden nur bis zum 21. Lebensjahr berücksichtigt. 2) Die Kinder werden nur bis zum 25. Lebensjahr berücksichtigt.
3) Bei Kindern, die Grundwehrdienst, Zivildienst oder befreienden Dienst geleistet haben, verlängert sich der Zeitraum der Berücksichtigung um die Dauer des Dienstes.

Leibliche Kinder sind nicht anzugeben, wenn vor dem 01.01.2016 das Verwandtschaftsverhältnis durch Adoption erloschen ist oder ein Pflegekindschaftsverhältnis zu einer anderen Person begründet wurde.

Vorname des Kindes (ggf. auch abweichender Familienname)	Geburtsdatum	Wohnort im Inland: **IdNr.** des Kindes / Wohnort im Ausland: Staat eintragen	Kindschaftsverhältnis zur antragstellenden Person: leibliches Kind/ Adoptivkind	Kindschaftsverhältnis zur antragstellenden Person: Pflegekind	Kindschaftsverhältnis zum Ehegatten: leibliches Kind/ Adoptivkind	Kindschaftsverhältnis zum Ehegatten: Pflegekind
1						
2						
3						

Bei Kindern unter 18 Jahren
Das unter Nr. ____ eingetragene Kind ist in den ELStAM noch zu berücksichtigen (Bitte Nachweis beifügen, z.B. Geburtsurkunde).

Bei Kindern über 18 Jahre [in den Fällen b) bis e): Nach Abschluss einer erstmaligen Berufsausbildung oder eines Erststudiums werden Kinder nur berücksichtigt, wenn sie keiner Erwerbstätigkeit nachgehen (Ausnahme z.B. Minijob).]

Die Berücksichtigung in den ELStAM (ggf. für mehrere Jahre) wird beantragt, weil das Kind
a) ohne Beschäftigung und bei einer Agentur für Arbeit als Arbeit suchend gemeldet ist [1) 3)]
b) in Berufsausbildung steht (ggf. Angabe der Schule, der Ausbildungsstelle usw.) [2) 3)]
c) sich in einer Übergangszeit von höchstens 4 Monaten zwischen zwei Ausbildungsabschnitten oder zwischen einem Ausbildungsabschnitt und der Ableistung eines freiwilligen Dienstes (Buchstabe e) oder des freiwilligen Wehrdienstes nach § 58b des Soldatengesetzes befindet [2) 3)]
d) eine Berufsausbildung mangels Ausbildungsplatzes nicht beginnen oder fortsetzen kann [2)]
e) ein freiwilliges soziales oder ökologisches Jahr (Jugendfreiwilligendienstegesetz), einen europäischen/entwicklungspolitischen Freiwilligendienst, einen Freiwilligendienst aller Generationen (§ 2 Abs. 1a SGB VII), einen Bundesfreiwilligendienst, einen Int. Jugendfreiwilligendienst oder einen Anderen Dienst im Ausland (§ 5 Bundesfreiwilligendienstgesetz) leistet [2)]
f) sich wegen einer vor dem 25. Lebensjahr eingetretenen körperlichen, geistigen oder seelischen Behinderung nicht selbst unterhalten kann. Berücksichtigt werden auch Kinder mit einer vor 2007 und vor dem 27. Lebensjahr eingetretenen Behinderung.

zu Nr.	Antragsgrund		Monat	Jahr		Monat	Jahr
		Berücksichtigung vom			bis		
		Berücksichtigung vom			bis		

Kindschaftsverhältnis der unter Nr. 1 bis 3 genannten Kinder zu weiteren Personen

zu Nr.	ist durch Tod des anderen Elternteils erloschen am:	besteht/hat bestanden zu: Name, Geburtsdatum und letztbekannte Anschrift dieser Personen, Art des Kindschaftsverhältnisses (einschließlich Pflegekindschaftsverhältnis)

Angaben entfallen für Kinder nicht dauernd getrennt lebender Ehegatten, für die bei jedem Ehegatten dasselbe Kindschaftsverhältnis angekreuzt ist.

Ich beantrage den vollen/halben Kinderfreibetrag, - weil der andere/leibliche Elternteil des Kindes				**Nur bei Stief-/Großelternteil:**
seine Unterhaltsverpflichtung nicht mindestens zu 75 % erfüllt und ich keinen Unterhaltsvorschuss erhalte	wegen mangelnder finanzieller Leistungsfähigkeit nicht unterhaltspflichtig ist und ich keinen Unterhaltsvorschuss erhalte	im Ausland lebt	der Übertragung lt. Anlage K auf den Stief-/Großelternteil zugestimmt hat	- weil ich das Kind in meinem Haushalt aufgenommen habe oder ich als Großelternteil gegenüber dem Kind unterhaltspflichtig bin
Kind(er) zu Nr.	Kind(er) zu Nr.	Kind(er) zu Nr.	Kind(er) zu Nr.	Kind(er) zu Nr.

Entlastungsbetrag für Alleinerziehende (Steuerklasse II/Freibetrag bei Verwitweten), Erhöhungsbetrag als Freibetrag
(Sofern die Eintragungsmöglichkeiten nicht ausreichen oder für einzelne Kinder kein Erhöhungsbetrag als Freibetrag berücksichtigt werden soll, reichen Sie bitte ein gesondertes Blatt ein.)

Das Kind/Die Kinder zu Nr.		ist/sind mit mir in der gemeinsamen Wohnung gemeldet	vom – bis	Für das Kind/die Kinder erhalte ich Kindergeld	vom – bis

Außer mir ist/sind in der gemeinsamen Wohnung eine/mehrere volljährige Person(en) gemeldet, die nicht als Kind(er) in **Abschnitt C** genannt ist/sind. ☐ Nein ☐ Ja vom – bis

Es besteht eine Haushaltsgemeinschaft mit mindestens einer weiteren volljährigen Person, die nicht als Kind in **Abschnitt C** genannt ist. ☐ Nein ☐ Ja

Name, Vorname (weitere Personen bitte auf gesondertem Blatt angeben)	Verwandtschaftsverhältnis	Beschäftigung/Tätigkeit

Verfügung des Finanzamts

1. Zu berücksichtigende Freibeträge (bei Freibeträgen für Kinder i.S.d. § 39a Abs. 1 Nr. 6 EStG ist die Zahl der Kinderfreibeträge ggf. zu vermindern)

	Jahresbetrag	monatlich	wöchentlich	täglich	Gültig vom - bis
bei der antragstellenden Person	€	€	€	€	- 31.12.201_
beim Ehegatten	€	€	€	€	Gültig vom - bis - 31.12.201_

2. Hinzurechnungsbetrag für das erste Dienstverhältnis

				Gültig vom - bis
☐ bei der antragstellenden Person ☐ beim Ehegatten	€	€	€	- 31.12.201_

3. Änderung der	Steuerklasse	Zahl der Kinderfreibeträge	in Steuerklasse	Zahl der Kinderfreibeträge	Gültig ab

4. Belege zurück am:	5. Ausdruck/Bescheid zur Post am	6. Vormerkung für ESt-Veranlagung 2016/2017 Änderung der ELStAM angewiesen	7. Z.d.A.

(Sachgebietsleiter) (Datum) (Sachbearbeiter)

Abzug von Bewirtungsaufwendungen als Werbungskosten

(Verfügung der OFD Niedersachsen vom 29. 11. 2011 – S 2350 – 32 – St 215 –)

I. Allgemeine Grundsätze

Werbungskosten sind Aufwendungen zur Erwerbung, Sicherung und Erhaltung der Einnahmen (§ 9 Abs. 1 Satz 1 EStG). Hierzu können nach § 9 Abs. 5 EStG i. V. m. § 4 Abs. 5 Satz 1 Nr. 2 EStG auch Bewirtungsaufwendungen eines Arbeitnehmers gehören.

Gleichwohl sind Aufwendungen, die die private Lebensführung berühren und bei denen eine genaue Aufteilung in einen beruflichen und einen privaten Teil nicht möglich ist, nach § 12 Nr. 1 Satz 2 EStG steuerlich nicht abzugsfähig, auch wenn sie zugleich zur Förderung des Berufs oder der Tätigkeit des Steuerpflichtigen erfolgen.

Ob der Steuerpflichtige Aufwendungen aus beruflichem Anlass tätigt oder ob es sich um Aufwendungen für die Lebensführung i. S. v. § 12 Nr. 1 Satz 2 EStG handelt, muss anhand einer Würdigung aller Umstände des Einzelfalls entschieden werden.

Als starkes Indiz für die berufliche Veranlassung der Bewirtung spricht, dass der Arbeitgeber die Veranstaltung ohne Mitspracherecht des betroffenen Beschäftigten organisiert und ausrichtet.

II. Prüfungsschema

Ob der Steuerpflichtige Bewirtungsaufwendungen aus beruflichem Anlass erbringt oder ob es sich um nicht abziehbare Aufwendungen der Lebensführung gem. § 12 Nr. 1 Satz 2 EStG (Repräsentationsaufwendungen) handelt, muss anhand einer Würdigung aller Umstände des Einzelfalls entschieden werden. Dabei ist folgendes Prüfungsschema anzuwenden:

1. Abzug dem Grunde nach (Abgrenzung berufliche/betriebliche oder private Veranlassung)
2. Abzug der Höhe nach
   - Aufteilung von gemischt veranlassten Bewirtungsaufwendungen
   - Anwendung der gesetzlichen Abzugsbeschränkung

1. Abzug dem Grunde nach

Nach ständiger Rechtsprechung des BFH ist für die Beurteilung, ob Aufwendungen für eine Bewirtung beruflich oder privat veranlasst sind, in erster Linie auf den Anlass der Bewirtung abzustellen. Dieses stellt jedoch lediglich ein erhebliches Indiz, aber nicht das alleinige Kriterium für die Beurteilung einer beruflichen oder privaten Veranlassung der Bewirtungsaufwendungen dar. Vielmehr ist anhand der gesamten Umstände des Einzelfalles (u. a. Ort der Veranstaltung, Veranstalter, Teilnehmer, Modalitäten bei der Durchführung) zu ermitteln, ob die Veranstaltung eher einen beruflichen oder privaten Charakter hat (BFH-Urteil vom 10. Juli 2008, BFH/NV 2008, 1831).

a) Anlass der Bewirtung

Bewirtungskosten eines Arbeitnehmers für Geburtstags-, Beförderungs- und ähnliche Feiern, mit denen gewisse gesellschaftliche Repräsentationsverpflichtungen erfüllt werden, stellen, auch wenn sie zur Verbesserung des Betriebsklimas beitragen sollen, grundsätzlich typische steuerlich nicht abzugsfähige Aufwendungen für die Lebensführung i. S. d. § 12 Nr. 1 Satz 2 EStG dar, die die wirtschaftliche und gesellschaftliche Stellung mit sich bringt (siehe z. B. BFH-Urteil vom 28. März 1985, BFH/NV 1987, 231).

Nach der BFH-Rechtsprechung (z. B. Urteil vom 10. Juli 2008, BFH/NV 2008, 1831, m. w. N.) führt jedoch die Tatsache allein, dass der Arbeitnehmer

- eine Feier aus rein persönlichen Gründen ausrichtet (z. B. Geburtstag, Jubiläum)
- oder keine erfolgsabhängigen Bezüge hat,

nicht dazu, dass der Werbungskostenabzug ausgeschlossen werden müsste. Im Rahmen der erforderlichen Gesamtwürdigung sind daneben auch weitere Umstände heranzuziehen, sodass unter den nachstehend genannten Voraussetzungen ein Werbungskostenabzug möglich ist.

b) Ort der Bewirtung

Findet der Empfang der Gäste in den Räumlichkeiten des Arbeitgebers statt, so spricht dieses Indiz für eine berufliche Veranlassung.

Eine luxuriöse Umgebung (Anmietung einer Jacht oder eines Schlosssaals anlässlich der Durchführung der Feier) kann ein Anhaltspunkt dafür sein, dass die privaten Gründe für die Ausrichtung der Veranstaltung überwiegen. Das Gleiche gilt, wenn die Aufwendungen in einem extremen Missverhältnis zu den korrespondierenden Einnahmen stehen. Allerdings müsste auch hier in die Prüfung miteinbezogen werden, wer welchen Personenkreis eingeladen hat.

c) Teilnehmerkreis

Handelt es sich bei den Gästen um Geschäftspartner des Arbeitgebers, Angehörige des öffentlichen Lebens sowie der Presse, Verbandsfunktionäre, Kollegen, Mitarbeiter des Arbeitnehmers oder des Arbeitgebers und nicht um private Bekannte und Freunde des Arbeitnehmers, so kann dieses ein Anhaltspunkt und gewichtiges Indiz für eine berufliche Veranlassung sein.

d) Einladender

Ein starkes Indiz für eine berufliche Veranlassung der Bewirtung liegt vor, wenn der Arbeitgeber die Veranstaltung ohne ein Mitspracherecht des Arbeitnehmers organisiert und ausrichtet (Arbeitgeber tritt als Gastgeber auf und bestimmt die Gästeliste). Es handelt sich um ein Fest des Arbeitgebers.

Falls ein Arbeitnehmer jedoch neben der ausschließlich vom Arbeitgeber organisierten und ausgerichteten Veranstaltung noch eine weitere Veranstaltung aus Anlass desselben Ereignisses mit einem nahezu identischen Personenkreis organisiert, spricht Einiges dafür, dass die privaten Gründe der weiteren Veranstaltung in den Vordergrund treten, da hier die Pflege der persönlichen Beziehungen zu Mitarbeitern und Kollegen einen hohen Stellenwert einnimmt, sodass die berufliche Veranlassung der Feier vollständig in den Hintergrund tritt.

e) Art der Bezüge

Nach neuerer Rechtsprechung ist die Art der Bezüge (variabel oder feststehend) nicht mehr von ausschlaggebender Bedeutung für die berufliche Veranlassung der Bewirtungskosten. Die Art der Bezüge stellt lediglich ein Indiz dar (BFH-Urteil vom 11. Januar 2007, BStBl II 2007, 317).

Handelt es sich um einen Arbeitnehmer mit variablen Bezügen, die der Höhe nach vom Erfolg seiner Mitarbeiter oder seines Tätigkeitsbereichs abhängig sind (z. B. bei einem Handelsvertreter), können die Bewirtungsaufwendungen zugunsten anderer, ihm unterstellter Arbeitnehmer desselben Arbeitgebers als Werbungskosten abzugsfähig sein. Die Bewirtungskosten des Arbeitnehmers dienen dann dem Zweck, seine, von deren Erfolg abhängigen, Bezüge zu steigern und sind somit beruflich veranlasste Werbungskosten (zuletzt BFH-Urteile vom 19. Juni 2008, BStBl II 2009, 11, und BFH/NV 2009, 11, m. w. N.). Nicht erforderlich ist dagegen, dass der Arbeitnehmer die Bewirtung vorher den Mitarbeitern als Belohnung in Aussicht gestellt hat.

Hat der Arbeitnehmer feststehende nicht erfolgsabhängige Bezüge, so steht dies allein dem beruflichen Veranlassungszusammenhang seiner Bewirtungsaufwendungen nicht entgegen (BFH-Urteile vom 6. März 2008, BFH/NV 2008, 1316 und 24. Mai 2007, BStBl II 2007, 721). Nach dem Werbungskostenbegriff des § 9 Abs. 1 Satz 1 EStG ist es für den Werbungskostenabzug erforderlich, dass die Aufwendungen der Erwerbung, Sicherungen und der Erhaltung von Einnahmen dienen. Eine beabsichtigte bzw. tatsächliche Steigerung der Einnahmen ist hingegen nicht erforderlich. Die berufliche Veranlassung kann sich auch aus anderen Umständen (z. B. Motivation der Mitarbeiter) ergeben.

f) Beispiele

In der Finanzrechtsprechung wurde in folgenden Fällen der Werbungskostenabzug zugelassen:

- Abschiedsfeier eines Oberarztes (FG Hamburg vom 24. Juni 2009, EFG 2009, 1633, BFH-Beschluss vom 26. Januar 2010, BFH/NV 2010, 875)
- Abschiedsfeier eines leitenden Beamten (FG München vom 21. Juli 2009, DStRE 2010, 719)
- Bewirtungskosten eines Chefarztes an einer Universitätsklinik für eine Antrittsvorlesung mit anschließendem Empfang sowie für eine Betriebsfeier mit seinen Mitarbeitern (BFH-Urteil vom 10. Juli 2008, BFH/NV 2008, 1831)
- Bewirtungsaufwendungen für eine Kommandoübergabe mit Verabschiedung aus dem Dienst eines Brigadegenerals (BFH-Urteil vom 19. Juni 2008, BStBl II 2008, 870)

- Bewirtungsaufwendungen eines Behördenleiters für eine Feier mit seinen Mitarbeitern anlässlich des fünfjährigen Bestehens der Behörde im Anschluss an eine Dienstbesprechung und als Ersatz für die üblicherweise stattfindende Weihnachtsfeier (BFH-Urteil vom 6. März 2008, BFH/NV 2008, 1316)
- Bewirtungsaufwendungen eines Geschäftsführers für sein 25-jähriges Dienstjubiläum (BFH-Urteil vom 1. Februar 2007, BStBl II 2007, 459)

Weitere Beispiele:

A, Vorsteher des Finanzamts B, wird in den Ruhestand verabschiedet; gleichzeitig wird der neue Vorsteher eingeführt. Die Feier findet im Sitzungssaal des Finanzamts statt. Die Gästeliste wird im Wesentlichen von der Oberfinanzdirektion bestimmt. Der Eigenanteil des A an den Bewirtungskosten beträgt 1 000,00 EUR.

Es handelt sich um ein „Fest des Arbeitgebers". A kann somit die von ihm getragenen Bewirtungskosten in voller Höhe als Werbungskosten absetzen.

Im Finanzamt C findet jährlich eine Weihnachtsfeier der Behörde statt. Die Gästeliste wird von der Geschäftsstelle festgelegt, es werden nur die Bediensteten (auch ehemalige) des Finanzamts eingeladen. Wegen der knappen Haushaltsmittel wird erwartet, dass sich der Vorsteher mit einem Zuschuss an den Kosten beteiligt.

Es handelt sich um ein „Fest des Arbeitgebers". Dies gilt auch dann, wenn „offizieller Veranstalter" nicht die Behörde als solche ist, sondern z. B. der Personalrat oder auch ein sog. Vergnügungsausschuss, bestehend aus Mitarbeitern der Behörde. Die Aufwendungen können als Werbungskosten abgezogen werden.

Entsprechendes gilt für die Übernahme von Kosten für ähnliche gesellige Veranstaltungen wie z. B. Betriebsausflüge oder Jubiläumsfeiern. Dem Werbungskostenabzug steht es nicht entgegen, wenn eine solche Veranstaltung (z. B. ein Betriebsausflug) außerhalb der Behörde stattfindet, da es sich hierbei lediglich um ein Indiz bei der Beurteilung der Frage handelt, ob die Aufwendungen beruflich oder privat veranlasst sind.

2. Abzug der Höhe nach

a) Aufteilung von gemischt veranlassten Aufwendungen

Sind die Bewirtungsaufwendungen des Arbeitnehmers sowohl beruflich als auch privat veranlasst, ist nach dem Beschluss des Großen Senats des BFH vom 21. September 2009, GrS 1/06, BStBl II 2010, 672, grundsätzlich in einen beruflich und einen privat veranlassten Teil aufzuteilen. In den Fällen, in denen die Gesamtwürdigung aller Umstände des Einzelfalls zu dem Ergebnis führt, dass es sich bei den Bewirtungsaufwendungen um Repräsentationsaufwendungen im Sinne des § 12 Nr. 1 EStG handelt, ist eine Aufteilung nicht vorzunehmen (siehe BMF-Schreiben vom 6. Juli 2010, BStBl I 2010, 614 Rn. 5 ff.). Die Aufwendungen sind dann insgesamt nicht abzugsfähig.

b) Gesetzliche Abzugsbeschränkung

Nach § 9 Abs. 5 EStG i. V. m. § 4 Abs. 5 Satz 1 Nr. 2 EStG sind für die Bewirtung von Personen aus geschäftlichem Anlass auch bei den Werbungskosten nur bis zu 70 % der Aufwendungen abzugsfähig. Voraussetzung für den Werbungskostenabzug ist weiter, dass die Aufwendungen als angemessen anzusehen sind und die Höhe der Bewirtungskosten sowie die berufliche Veranlassung nachgewiesen wird.

Diese Abzugsbeschränkung gilt nicht, wenn ein Arbeitnehmer Dritte nicht aus „geschäftlichem Anlass" i. S. d. § 4 Abs. 5 Satz 1 Nr. 2 EStG, sondern aus allgemeinen beruflichen Gründen bewirtet und die o. g. Voraussetzungen für den Werbungskostenabzug vorliegen.

Dies ist z. B. der Fall, wenn der Arbeitnehmer

- nicht selbst als bewirtende Person auftritt, weil es sich z. B. um ein „Fest des Arbeitgebers" handelt (BFH-Urteil vom 19. Juni 2008, BStBl II 2008, 870, betreffend die Kommandoübergabe eines Brigadegenerals),
- erfolgsabhängige Bezüge hat und Mitarbeiter bewirtet, um sie zu Leistungssteigerungen zu motivieren (z. B. BFH-Urteile vom 19. Juni 2008, BStBl II 2009, 11, und BFH/NV 2009, 11, betreffend Bewirtungskosten leitender Angestellter für ihre Mitarbeiter),
- aus beruflichem Anlass Aufwendungen für die Bewirtung von Arbeitskollegen seines Arbeitgebers trägt (z. B. BFH-Urteil vom 10. Juli 2008, BFH/NV 2008, 1831, betreffend die Antrittsvorlesung eines Chefarztes mit anschließendem Empfang).

In diesen Fällen sind die Aufwendungen in voller Höhe als Werbungskosten abzugsfähig.

III. Nachweispflicht

Zum Nachweis der Höhe und der betrieblichen/beruflichen Veranlassung der Aufwendungen hat der Steuerpflichtige schriftlich die folgenden Angaben zu machen (§ 4 Abs. 5 Satz 1 Nr. 2 EStG):

> „Ort, Tag, Teilnehmer und Anlass der Bewirtung sowie die Höhe der Aufwendungen. Hat die Bewirtung in einer Gaststätte stattgefunden, so genügen Angaben zu dem Anlass und den Teilnehmern der Bewirtung; die Rechnung über die Bewirtung ist beizufügen".

Diese formellen Voraussetzungen gelten grundsätzlich auch für Bewirtungskosten von Arbeitnehmern (vgl. BFH-Urteil vom 19. Juni 2008, BStBl. II 2009, 11), allerdings nur, wenn die Abzugsbeschränkung des § 4 Abs. 5 Satz 1 Nr. 2 EStG überhaupt Anwendung findet.

Einkommensteuerliche Behandlung von Aufwendungen für Studienreisen und Fachkongresse

(Verfügung der OFD Hannover vom 17. 2. 2009 – S 2227 – 10 – StO 217 –)

1. Allgemeines

Aufwendungen für Studienreisen und Fachkongresse sind nur dann als Werbungskosten oder Betriebsausgaben abzugsfähig, wenn die Teilnahme so gut wie ausschließlich beruflich/betrieblich veranlasst ist und die Verfolgung privater Interessen (z. B. Erholung, Bildung, Erweiterung des allgemeinen Gesichtskreises) nach dem Anlass der Reise, dem vorgesehenen Programm und der tatsächlichen Durchführung nahezu ausgeschlossen ist.

Insbesondere bei Informationszwecken dienenden Auslandsgruppenreisen und Auslandsfachkongressen ist es oft schwierig, ein – für die sachgerechte Beurteilung erforderliches – eindeutiges Bild über deren Veranlassung zu erhalten. Die wichtigsten Grundsätze zur steuerlichen Behandlung derartiger Aufwendungen sind in R 12.2 EStR und in H 12.2 EStH dargestellt.

Die Abgrenzung und Entscheidung darüber, ob (private) Lebenshaltungskosten oder berufliche/betriebliche Aufwendungen vorliegen, kann bei Auslandsgruppenreisen nur unter Würdigung aller Umstände des Einzelfalls erfolgen. Für die einkommensteuerrechtliche Würdigung ist es demnach unerlässlich, vor einer Entscheidung insbesondere das vollständige Reiseprogramm sowie die Namen und Anschriften der übrigen Teilnehmer (vgl. 2.2 Homogener Teilnehmerkreis) anzufordern.

Nach der bisherigen Rechtsprechung des Bundesfinanzhofs (BFH) ist die Reise für den Werbungskosten-/Betriebsausgabenabzug stets als Einheit zu beurteilen. Steuerpflichtige sollen durch eine mehr oder weniger zufällig oder bewusst herbeigeführte Verbindung zwischen beruflichen/betrieblichen und privaten Interessen nicht in die Lage versetzt werden, Reiseaufwendungen nur deshalb zum Teil in einen einkommensteuerlich relevanten Bereich verlagern zu können, weil sie entsprechende Berufe/Tätigkeiten ausüben, während andere Steuerpflichtige gleichartige Aufwendungen aus dem versteuerten Einkommen decken müssen.

Derartige gemischte Aufwendungen sind nach der Intention des § 12 Nr. 1 Satz 2 EStG (Wahrung der steuerlichen Gerechtigkeit) insgesamt den Kosten der privaten Lebensführung zuzurechnen, wenn und soweit die beruflichen/betrieblichen Aufwendungen nicht nach objektiven Maßstäben und in nachprüfbarer Form voneinander getrennt werden können. Lediglich dann, wenn objektive Merkmale eine zutreffende und leicht nachprüfbare Trennung des beruflichen/betrieblichen Teils vom privaten Teil der Reise ermöglichen und der berufliche/betriebliche Teil nicht von untergeordneter Bedeutung ist, können Teile der Aufwendungen steuerlich berücksichtigt werden (Grundsatzurteile des Großen Senats des BFH vom 19. Oktober 1970 – GrS 2/70 – , BStBl 1971 II S. 17 und vom 27. November 1978 – GrS 8/77 –, BStBl 1979 II S. 213).

Mit Vorlagebeschluss vom 20. Juli 2006 – VI R 94/0 – , BStBl 2007 II S. 121, hat der VI. Senat des BFH dem Großen Senat die Rechtsfrage vorgelegt, ob bei gemischt veranlassten Reisen Aufwendungen für die Hin- und Rückreise nach Maßgabe der beruflich/betrieblich und privat veranlassten Zeitanteile im Schätzungswege aufgeteilt werden können, wenn die beruflich/betrieblich veranlassten Zeitanteile feststehen und diese nicht von untergeordneter Bedeutung sind. Das Verfahren wird unter dem Aktenzeichen GrS 1/06 geführt. Die Entscheidung des Großen Senats bleibt abzuwarten. Anhängige Rechtsbehelfsverfahren ruhen gem. § 363 Abs. 2 AO.

2. Einzelkriterien

Die berufliche/betriebliche Veranlassung einer Reise kann nicht bereits durch allgemeine Ausführungen des Steuerpflichtigen (allgemeine berufliche Bildung, allgemeine Informationsgewinnung) nachgewiesen werden. Folgende Kriterien sind im Einzelfall zu überprüfen und finden bei Auslandskongressen sinngemäß Anwendung:

2.1 Reiseprogramm muss auf die besonderen beruflichen/betrieblichen Bedürfnisse und Gegebenheiten des Teilnehmers zugeschnitten sein

An den Nachweis der beruflichen/betrieblichen Veranlassung einer Auslandsgruppenreise sind nach der Rechtsprechung des BFH strenge Anforderungen zu stellen. Es reicht nicht aus, wenn die Teilnehmer nur ein allgemein berufliches Interesse kundtun, da die Förderung der allgemeinen beruflichen Bildung Teil der Allgemeinbildung ist. Vielmehr sollte das Reiseprogramm auf die besonderen beruflichen Bedürfnisse und Gegebenheiten des Teilnehmers zugeschnitten sein und der Reise offensichtlich ein unmittelbarer beruflicher Anlass oder ein konkreter Bezug zur beruflichen Tätigkeit des Steuerpflichtigen zugrunde liegen. Solche Reisen sind in der Regel ausschließlich der beruflichen/betrieblichen Sphäre zuzuordnen, selbst wenn sie in mehr oder weniger großem Umfang auch zu privaten Unternehmungen genutzt werden, vorausgesetzt, die Verfolgung privater Interessen bildet nicht den Schwerpunkt der Reise (BFH-Urteile vom 27. August 2002 – VI R 22/01 –, BStBl 2003 II S. 369, und vom 27. Juli 2004 – VI R 81/00 –, BFH/NV 2005, S. 42).

- BFH-Urteil vom 23. Januar 1997 – IV R 39/96 –, BStBl 1997 II S. 347
  Das Halten eines einzigen Vortrags ist für sich genommen nicht geeignet, die Teilnahme an einem mehrtägigen Fachkongress als unmittelbar beruflich veranlasst anzusehen.
  Auslandsreisen, denen ein unmittelbarer beruflicher Anlass fehlt, führen nach der ständigen Rechtsprechung des BFH nur dann zu abziehbaren Werbungskosten, wenn die Reisen ausschließlich oder zumindest weitaus überwiegend im beruflichen Interesse unternommen werden, wenn also die Verfolgung privater Interessen nach dem Anlass der Reise, dem vorgesehenen Programm und der tatsächlichen Durchführung nahezu ausgeschlossen ist (BFH-Beschluss vom 12. Januar 2006 – VI B 101/05 –, BFH/NV S. 739).
- BFH-Urteil vom 21. Oktober 1996 – VI R 39/96 –, BFH/NV 1997, S. 469
  Die Aufwendungen einer Pastorin für eine etwa dreiwöchige Reise nach Indien, der kein unmittelbarer beruflicher Zweck oder konkreter Auftrag des Arbeitgebers zugrunde lag und die sich auch auf touristisch interessante Orte mit Besichtigungen von Sehenswürdigkeiten erstreckte, sind nicht nahezu ausschließlich beruflich veranlasst und können deshalb nicht als Werbungskosten abgezogen werden.
- BFH-Urteile vom 27. Juli 2004 – VI R 81/00 –, BFH/NV 2005, S. 42, und vom 29. November 2006 – VI R 36/02 –, BFH/NV 2007, S. 621
  Aufwendungen einer Lehrerin für eine (Studien-)Reise, die sich nicht von einer allgemein touristisch geprägten Reise unterscheidet, sind keine Werbungskosten. Die Möglichkeit, gewonnene Kenntnisse und Erfahrungen für den Unterricht und/oder die Vorbereitung einer Klassenfahrt/eines Schüleraustauschs zu verwenden, rechtfertigen für sich allein keinen Werbungskostenabzug.
  Die Teilnahme des Ehegatten oder anderer Angehöriger spricht regelmäßig gegen eine berufliche/betriebliche Veranlassung der Reise.
- BFH-Urteil vom 18. März 1983 – VI R 183/79 –
  Dafür, dass die vom Arbeitgeber bezahlte USA-Gruppenstudienreise eines seiner Arbeitnehmer wegen des Reiseverlaufs mit erheblichem Tourismusprogramm insgesamt eine private Bildungsreise darstellt, spricht insbesondere auch die Teilnahme der Ehefrau des Arbeitnehmers, wenngleich der Arbeitnehmer die Reisekosten der Ehefrau selbst getragen hat. Im Rahmen der Gesamtwürdigung von Anlass, Ablauf und Ergebnis der Reise kann die Tatsache der Teilnahme der Ehefrau (ohne berufsbezogenes Interesse) nicht außer Betracht bleiben. Die Ehegatten haben die touristischen Teile der Reise so hoch eingeschätzt, dass sie die erheblichen Reisekosten der Ehefrau auf sich genommen haben.

2.2 Homogener Teilnehmerkreis

Der Teilnehmerkreis einer vorrangig Studienzwecken dienenden Gruppenreise muss im Wesentlichen gleichartig sein. Dies trägt dem Erfordernis Rechnung, dass das Programm auf die besonderen beruflichen/betrieblichen Bedürfnisse der Teilnehmer zugeschnitten sein muss.

2.3 Straffe Organisation und Teilnahmepflicht am Programm

Das berufsbezogene Reiseprogramm muss straff durchorganisiert sein, d. h. die Programmgestaltung darf, von Pausen oder vortragsfreien Wochenenden abgesehen, keine Zeit für private Erholungs- und Bildungsinteressen lassen.

- BFH-Urteil vom 24. Oktober 1991 – VI R 134/87 –, BFH/NV 1992, S. 240
  Die Aufwendungen für die Teilnahme an einer Gruppenreise von Gerichtsreferendaren nach Budapest stellen keine Werbungskosten dar, wenn den Teilnehmern neben dem Anreisetag und Abreisetag fünf Aufenthaltstage zur Verfügung stehen und während dieser Zeit „berufsspezifische Fachveranstaltungen" lediglich an zwei Tagen stattfinden.
- BFH-Urteil vom 12. September 1996 – IV R 36/96 –, BFH/NV 1997, S. 219
  Eine Fortbildungsveranstaltung ist nicht straff organisiert, wenn der Veranstalter die Gestaltung der Nachmittage in das freie Belieben der Teilnehmer stellt. Dies gilt auch, wenn die Teilnehmer selbst entscheiden können, ob, wo, wie lange und in welcher Form sie den Stoff des Vormittagsprogramms nachmittags in kleinen Arbeitsgruppen vertiefen.
  Neben der straffen Organisation muss das berufsbezogene Reiseprogramm den Steuerpflichtigen auch zur Teilnahme an dem Programm verpflichten. Es soll vermieden werden, dass ein Steuerpflichtiger die Kosten für eine straff organisierte Informationsreise steuerlich

geltend macht, obwohl er sich an der Reise nur ihrem äußeren Ablauf nach bzw. am Reiseprogramm nur teilweise beteiligt hat.
Im Hinblick auf „die begrenzte geistige Aufnahmefähigkeit des Menschen" ist es jedoch unschädlich, wenn der Steuerpflichtige bei einem umfangreichen Vortragsprogramm konzentrationsbedingt an einzelnen, wenigen Veranstaltungen (gemessen an Anzahl und zeitlichem Umfang aller Fortbildungsveranstaltungen) nicht teilgenommen hat (BFH-Urteil vom 11. Januar 2007 – VI R 8/05 –, BStBl 2007 II S. 457, und vorhergehendes Urteil des FG Baden-Württemberg vom 21. September 2004 – 1 K 170/03 –). Steht dem Steuerpflichtigen infolge der Nichtteilnahme jedoch erhebliche Zeit für die Befriedigung privater Interessen zur Verfügung (z. B. Nichtteilnahme an zwei von 16 Veranstaltungen eines fünftägigen Seminars mit der Folge, dass ein gesamter Tag zur freien Verfügung steht), ist dies nicht durch dessen begrenzte Aufnahmefähigkeit, sondern durch private Motive veranlasst.

- BFH-Urteil vom 18. April 1996 – IV R 46/95 –, BFH/NV 1997, S. 18
  Findet eine berufliche Fortbildungsveranstaltung für Radiologen an einem beliebten Ferienort (Davos) während der üblichen Urlaubszeit statt und sieht das Tagungsprogramm eine vierstündige Mittagspause vor, gehören die Aufwendungen für Hin- und Rückfahrt zum Veranstaltungsort sowie der Aufenthalt zu den nicht abzugsfähigen Lebenshaltungskosten.

Die Teilnahme an den besuchten Veranstaltungen ist grundsätzlich durch detaillierte Teilnahme-/Abschlusszertifikate, Mitschriften oder andere geeignete Unterlagen nachzuweisen (BFH-Urteil vom 4. August 1977, BStBl 1977 II S. 829). Die Anforderungen an diesen Nachweis müssen umso strenger sein, je mehr der Tagungsort oder die Reiseroute die Verfolgung privater Interessen, wie z. B. Erholung, nahe legt oder ermöglicht. Liegen dem Steuerpflichtigen keine Teilnahmezertifikate vor, ist es ausreichend, wenn er die Teilnahme an den einzelnen Fortbildungsveranstaltungen glaubhaft machen kann (BFH-Urteil vom 11. Januar 2007 – VI R 8/05 –, BStBl 2007 II S. 457).

Bietet die zeitliche Gestaltung des Veranstaltungsprogramms in nicht nur unbedeutendem Umfang die Möglichkeit, privaten Neigungen nachzugehen, so führt dies, auch wenn die Teilnahme des Steuerpflichtigen an den Veranstaltungen feststeht, in der Regel zur Nichtabzugsfähigkeit der gesamten Aufwendungen, weil die Verfolgung privater neben der Förderung beruflicher Interessen nicht nahezu ausgeschlossen ist. Das gilt auch, wenn zwar ein umfangreiches und die Möglichkeit zur Erfüllung privater Interessen an sich nahezu ausschließen- des Programm vorgesehen ist, die Teilnahme des Steuerpflichtigen an den vorgesehenen und durchgeführten Veranstaltungen jedoch nicht feststeht.

Im Rahmen der Beurteilung des vorgelegten Reise-/Veranstaltungsprogramms ist zu prüfen, ob dieses eine vollständige und zuverlässige Wiedergabe des tatsächlichen Reise-/Veranstaltungsverlaufs beinhaltet (BFH-Urteil vom 14. Mai 1993 – VI R 29/92 –, BFH/NV, S. 653).

2.4 Organisator der Reise

Die fachliche Organisation einer Reise unter fachkundiger Leitung kann für ihre berufliche/betriebliche Veranlassung sprechen. Nicht jede von einem Fachverband veranstaltete Reise ist aber als beruflich/betrieblich veranlasst zu beurteilen (BFH-Urteile vom 18. Februar 1965 – IV 36/64 – , BStBl 1965 III S. 279, vom 22. Mai 1974 – I R 212/72 –, BStBl 1975 II S. 70, vom 5. September 1990 – IV B 169/89 –, BStBl 1990 II S. 1059, und vom 19. Oktober 1989 – VI R 155/88 –, BStBl 1990 II S. 134), weil sonst leicht durch Ausarbeitung eines Programms, an dem jeder fachlich Interessierte teilnehmen kann (aber nicht teilnehmen muss), zur Lebenshaltung gehörende Erholungs-, Besichtigungs- und Bildungsreisen zu betrieblich/beruflich veranlassten Reisen gemacht werden könnten.

2.5 Reiseziel bzw. Reiseroute

Ist die Reiseroute auseinander gezogen sowie mit häufigem Ortswechsel während des Reiseverlaufes verbunden und sind die besuchten Orte gleichzeitig beliebte Ziele des Tourismus, so ist diesen Umständen besondere Bedeutung beizumessen. Da derartige Reisen erfahrungsgemäß auch von Personen unternommen werden, die ihren Urlaub zur privaten Wissens- und Kenntniserweiterung nutzen wollen und keinerlei berufliche/betriebliche Veranlassung haben, spricht dies für eine private (Mit-)Veranlassung.

- BFH-Urteil vom 30. Juni 1995 – VI R 22/91 –, BFH/NV 1996, S. 30
  Werden von einem Verkäufer für Maschinen zur Herstellung von Schnellimbissmahlzeiten im Rahmen einer Auslandsgruppenreise in den USA an verschiedenen Orten Sehenswürdigkeiten besucht, liegt keine (überwiegende) betriebliche/berufliche Veranlassung durch die Besichtigung von Fast-Food-Restaurants an diesen Orten vor.
  Reist der Steuerpflichtige zu Fachtagungen und Kongressen an einen Ort, der wegen schöner Lage oder wegen seines Kultur- und Erholungswertes regelmäßig auch andere Ur-

laubsreisende in großem Umfang anzieht, sind bei der Beurteilung der beruflichen/betrieblichen Veranlassung ebenfalls besonders strenge Maßstäbe anzusetzen, vor allem an die straffe Organisation (s. 2.3).

2.6 Beförderungsmittel

Die Benutzung eines erholsamen Beförderungsmittels, das zeitaufwendiger und mitunter auch kostspieliger ist als das sonst günstigste Beförderungsmittel, ist nach der Rechtsprechung des BFH ebenfalls ein Indiz für eine private Mitveranlassung. Der Zeitaufwand für eine Reise kann vom Steuerpflichtigen grundsätzlich selbst bestimmt werden. Jedoch kann die lange Dauer einer Reise ein Anzeichen dafür sein, dass die Reise zumindest auch teilweise privat veranlasst war. Dies ist beispielsweise der Fall, wenn bei der Teilnahme an einem Fachkongress zwischen Reise- und Kongressdauer ein Missverhältnis besteht.

- BFH-Urteil vom 1. April 1971 – IV R 72/70 –, BStBl 1971 II S. 524

  Es bestehen erhebliche Bedenken gegen die berufliche Veranlassung des Besuches eines Ärztekongresses, wenn dieser nur viereinhalb Tage dauert und die Hin- und Rückreise (mit dem Schiff) 16 Tage beansprucht. Hält das Finanzgericht die Schiffsreise für privat veranlasst, so kann es nicht mit der Begründung, sie habe keine Mehrkosten gegenüber einer Flugreise verursacht, die gesamten Kosten der Reise als Betriebsausgaben anerkennen.
- BFH-Urteil vom 14. Juli 1988 – IV R 57/87 –, BStBl 1989 II S. 19

  Aufwendungen eines Steuerberaters für die Teilnahme an einem Steuerberater-Symposium, das auf einem Passagierfährschiff während einer Ostseefahrt stattfindet, sind nur insoweit als Betriebsausgaben abziehbar, als es sich um die Seminargebühren handelt.

2.7 Gestaltung der Wochenenden/Feiertage

Auch die Gestaltung der Wochenenden sowie der Feiertage ist in die Gesamtbetrachtung der Reise einzubeziehen. Sind diese Tage als reine Ruhetage deklariert, lässt dies nicht unbedingt auf außerberufliche Reisemotive schließen. Etwas Anderes gilt, wenn sich die Ausgestaltung der Wochenenden oder Feiertage an allgemein touristischen Zielen orientiert und in die Reisezeit besonders viele Feiertage und Wochenenden mit einbezogen sind.

- BFH-Urteil vom 31. Januar 1997 – VI R 83/96 –, BFH/NV, S. 647

  Aufwendungen eines Lehrers für einen Studienkurs in England sind nicht als Werbungskosten abziehbar, wenn dabei private Unternehmungen eine nicht nur unbedeutende Rolle spielen. Von zwölf Tagen, die der Lehrgang ohne An- und Abreise dauerte, waren nur sechs Tage ausschließlich mit Veranstaltungen ausgefüllt, die der beruflichen Sphäre zurechenbar sind.

2.8 Gesamtbeurteilung der Reise

Die Abgrenzung und Entscheidung, ob (private) Lebenshaltungskosten oder beruflich/betrieblich bedingte Aufwendungen vorliegen, kann bei Auslandsgruppenreisen zu Informationszwecken nur aufgrund einer Würdigung aller Umstände des jeweiligen Einzelfalls getroffen werden, wobei zu prüfen ist, ob und in welchem Umfang private Gründe ggf. die Reise (mit)veranlasst haben. Die vorgenannten Kriterien sind dabei zu prüfen und gegeneinander abzuwägen. Die Auslandsgruppenreise ist als Einheit zu beurteilen, weil die einzelnen Teile einer solchen Reise von der Organisation und der Durchführung her nur im Zusammenhang gesehen werden können. Ergibt die Gesamtbeurteilung, dass auch private Reiseinteressen von nicht untergeordneter Bedeutung vorgelegen haben, ist regelmäßig die berufliche/betriebliche Veranlassung der gesamten Auslandsgruppenreise zu verneinen (BFH-Urteil vom 14. April 1988, BStBl 1988 II S. 633); s. jedoch Tz. 1 – Hinweis auf ein anhängiges Verfahren vor dem Großen Senat unter dem Az. GrS 1/06 und nachfolgende Tz. 3.2 –.

3. Besonderheiten

3.1 Verbindung der beruflichen/betrieblichen Reise mit einem Privataufenthalt

Reisen, die sich aus einer Auslandsgruppenreise und aus einem vorangehenden oder nachfolgenden Privataufenthalt zusammensetzen, sind nicht mehr als beruflich/betrieblich veranlasst anzusehen, es sei denn, der Privataufenthalt wäre im Verhältnis zur Gruppenreise zeitlich von untergeordneter Bedeutung.

3.2 Abzugsfähige Kosten bei insgesamt nicht beruflich/betrieblich veranlassten Reisen

Wenn die Gesamtreise als nicht beruflich/betrieblich veranlasst zu würdigen ist, sind nur die Aufwendungen als Werbungskosten/Betriebsausgaben abzugsfähig, die zusätzlich zu den Aufwendungen einer im Übrigen als privat zu beurteilenden Reise entstehen, eindeutig von diesen abgrenzbar sind und ausschließlich beruflich/betrieblich veranlasst sind (BFH-Beschluss vom 27. November 1978 – GrS 8/77 –, BStBl 1979 II S. 213).

Voraussetzung ist, dass dem Steuerpflichtigen im Verhältnis zu den Aufwendungen der als privat beurteilten Reise sicher und leicht abgrenzbare zusätzliche Aufwendungen (z. B. für den Geschäftsbesuch bei einem Vertragspartner, für eine Besichtigung oder für die Teilnahme an einem Kongress) erwachsen sind, die nicht entstanden wären, wenn er diesen ausschließlich beruflich/betrieblich veranlassten Reiseteil nicht durchgeführt hätte. Diese zusätzlichen Aufwendungen können z. B. sein:
- Eintrittsgelder
- Fahrtkosten
- Kongressgebühren
- ggf. auch zusätzliche Unterbringungskosten und Mehraufwendungen für Verpflegung.

Alle anderen Aufwendungen, die auch ohne den einzelnen beruflichen/betrieblichen Anlass entstanden wären, sind dagegen nicht als Werbungskosten oder Betriebsausgaben abziehbar.

- BFH-Urteil vom 23. April 1992, BStBl 1992 II S. 898
  Dem Betriebsausgabenabzug der Kosten für die Teilnahme an einer beruflichen Fortbildungsveranstaltung steht nicht entgegen, dass dieser Veranstaltung ein Urlaubsaufenthalt an demselben Ort vorangeht. Die Kosten der Reise zum Veranstaltungsort und zurück einschließlich Reisenebenkosten können in diesem Falle ebenso wie die Kosten des Urlaubsaufenthalts nicht als Betriebsausgaben abgezogen werden. Die auf die Zeit des Fachkongresses entfallenden Übernachtungskosten und Verpflegungsmehraufwendungen sind hingegen betrieblich veranlasst und eindeutig abgrenzbar, so dass § 12 Nr. 1 EStG keine Anwendung findet.

3.3 Ansatz von Werbungskosten/Betriebsausgaben (Pauschbeträgen)

Mehraufwendungen für Verpflegung sind nach des § 4 Abs. 5 Satz 1 Nr. 5 Satz 2 als Werbungskosten/Betriebsausgaben anzusetzen. Bei Auslandsreisen sind die Pauschbeträge für Verpflegungsmehraufwendungen gem. § 4 Abs. 5 Satz 1 Nr. 5 Satz 4 EStG nach den Verhältnissen des jeweiligen Staats anzupassen. Die aktuellen Pauschbeträge für Verpflegungsmehraufwendungen sind im Anhang 25[1]) zum amtlichen Lohnsteuerhandbuch abgedruckt. Für den Steuerpflichtigen besteht seit der Einführung der gesetzlichen Regelung ab dem VZ 1996 ein Rechtsanspruch auf die gesetzlichen Pauschbeträge für Verpflegungsmehraufwendungen, so dass diese auch bei einer offensichtlich unzutreffenden Besteuerung anzusetzen sind (H 9.6 (Verpflegungsmehraufwendungen) LStH – BFH-Urteil vom 4. April 2006 – VI R 44/03 –, BStBl 2006 II S. 567).

Ab dem VZ 2008 sind nur noch die tatsächlichen Übernachtungskosten bei einer Auswärtstätigkeit als Reisekosten und als Werbungskosten abzugsfähig, soweit sie nicht vom Arbeitgeber nach § 3 Nr. 13 oder 16 EStG steuerfrei ersetzt werden (R 9.7 Abs. 2 LStR).

3.4 Reisekostenersatz/Zuwendung einer Reise durch den Arbeitgeber

In manchen Fällen werden die entstandenen Reisekosten durch den Arbeitgeber ganz oder teilweise erstattet. Ersetzt ein privater Arbeitgeber einem Arbeitnehmer Aufwendungen für eine Reise, die nach den vorstehenden Grundsätzen nicht als weitaus überwiegend beruflich veranlasst anzusehen ist, so dass die Aufwendungen insgesamt den steuerlich nicht abzugsfähigen Kosten der privaten Lebensführung i. S. d. § 12 Nr. 1 S. 2 EStG zuzuordnen sind, so kann dies im Einzelfall zu Einnahmen des Arbeitnehmers führen, sofern die Bildungsmaßnahme nicht im ganz überwiegenden Interesse des Arbeitgebers (R 19.7 Abs. 2 LStR) liegt. Gleiches gilt, wenn der private Arbeitgeber seinem Arbeitnehmer die Teilnahme an einer Reise zuwendet, die nicht als weitaus überwiegend beruflich veranlasst zu qualifizieren ist.

Bei der Zuwendung von gemischt veranlassten Reisen, deren beruflicher und privater Anteil jeweils nicht von untergeordneter Bedeutung ist, sind die Kostenbestandteile der Reise – soweit nicht eine direkte Zuordnung zum Werbungskostenbereich oder der Privatsphäre des Arbeitnehmers möglich ist (vgl. 2.1) – im Schätzungswege in Arbeitslohn und Zuwendungen im eigenbetrieblichen Interesse aufzuteilen, da § 12 Nr. 1 EStG bei der Ermittlung der Einnahmen keine sinngemäße Anwendung findet (BFH-Urteil vom 18. August 2005 – VI R 32/03 –, BStBl 2006 II S. 30).

---

1) Hier abgedruckt in → Anhang 31.

Ergibt sich hiernach aus dem Kostenersatz/der Zuwendung der Reise Arbeitslohn, handelt es sich bei den Leistungen des Arbeitgebers um steuerpflichtige Einnahmen des Arbeitnehmers. Ein steuerfreier Ersatz der Reisekosten des Arbeitnehmers nach § 3 Nr. 16 EStG kommt diesbezüglich nicht in Betracht, da diese nur dann steuerfrei ersetzt werden können, wenn sie beim Arbeitnehmer dem Grunde nach Werbungskosten darstellen (BFH-Urteile vom 18. März 1983 – VI R 183/79 – und vom 12. April 2007 – VI R 53/04 –, BStBl 2007 II S. 536).

Der Reisekostenersatz durch den Arbeitgeber könnte ein Indiz für die berufliche/betriebliche Veranlassung der Reise sein, da dies in aller Regel im betrieblichen Interesse des Arbeitgebers geschieht. Dieser Umstand reicht jedoch allein nicht aus, um die berufliche/betriebliche Veranlassung zu bejahen.

Auch die Gewährung von Zuschüssen an Arbeitnehmer im öffentlichen Dienst führt nicht zwangsläufig zur steuerlichen Anerkennung der verbleibenden Reisekosten. Die Aufwendungen des Arbeitnehmers für diese Reisen können in den meisten Fällen ebenfalls nicht als Werbungskosten i. S. d. § 9 EStG berücksichtigt werden, da diese nicht als überwiegend beruflich veranlasst anzusehen sind; sie gehören mithin zu den nicht abzugsfähigen Aufwendungen für die private Lebensführung i. S. d. § 12 Nr. 1 EStG.

Soweit nicht (anteilig) eine Einordnung des Zuschusses als Zuwendung im eigenbetrieblichen Interesse in Betracht kommt, handelt es sich hierbei um Arbeitslohn. Die Steuerbefreiungsvorschrift des § 3 Nr. 13 EStG findet keine Anwendung, da es sich insoweit bei den aus öffentlichen Kassen gezahlten Reisekostenvergütungen dem Grunde nach nicht um Werbungskosten handelt (H 3.13 (Prüfung, ob Werbungskosten) LStH; BFH-Urteil vom 12. April 2007 – VI R 53/04 –, a. a. O.).

Steuerbefreiung des Kaufkraftausgleichs (§ 3 Nummer 64 EStG);

Gesamtübersicht der Kaufkraftzuschläge – Stand 1. Januar 2016 –

BMF-Schreiben vom 14. 1. 2016 (BStBl I S. 142)

Die Gesamtübersicht über die maßgebenden Kaufkraftzuschläge mit Stand 1. Januar 2016 wird hiermit in der Anlage bekannt gemacht. Die Gesamtübersicht umfasst die Zeiträume ab 1. Januar 2012.

Das BMF-Schreiben vom 19. Januar 2015 – IV C 5 – S 2341/15/10001; DOK: 2015/0026001 – (BStBl I Seite 136) sowie die Bekanntmachungen über die Steuerbefreiung des Kaufkraftausgleichs vom 7. April 2015 – IV C 5 – S 2341/15/10001; DOK: 2015/0288158 – (BStBl I Seite 263), 2. Juli 2015 – IV C 5 – S 2341/15/10001; DOK: 2015/0525568 – (BStBl I Seite 558) und 6. Oktober 2015 – IV C 5 – S 2341/15/10001; DOK: 2015/0882386 – (BStBl I Seite 757) werden hiermit aufgehoben.

Gesamtübersicht über die Kaufkraftzuschläge zum 1. 1. 2016 (§ 3 Nr. 64 EStG) mit Zeitraum ab 1. 1. 2012	Dienstort	Datum vor 2012 entspricht letzter Änderung	Kaufkraftzuschlag in Prozent
Afghanistan		1. 1. 02	0
Ägypten		1. 1. 01	0
Albanien		1. 9. 02	0
Algerien		1. 6. 01	0
Angola		1. 11. 15	25
Angola		1. 7. 15	30
Angola		1. 6. 15	35
Angola		1. 5. 15	30
Angola		1. 4. 15	35
Angola		1. 9. 14	30
Angola		1. 8. 12	25
Angola		1. 2. 10	30
Argentinien		1. 3. 02	0
Armenien		1. 9. 04	0
Aserbeidschan		1. 4. 15	0
Aserbeidschan		1. 12. 11	5
Äquatorialguinea		1. 3. 15	10
Äquatorialguinea		1. 4. 12	5
Äthiopien		1. 7. 03	0
Australien		1. 10. 15	5
Australien		1. 7. 15	10
Australien		1. 4. 15	15
Australien		1. 10. 14	10

Gesamtübersicht über die Kaufkraftzuschläge zum 1. 1. 2016 (§ 3 Nr. 64 EStG) mit Zeitraum ab 1. 1. 2012	Dienstort	Datum vor 2012 entspricht letzter Änderung	Kaufkraftzuschlag in Prozent
Australien		1. 9. 14	15
Australien		1. 4. 14	10
Australien		1. 2. 14	5
Australien		1. 8. 13	10
Australien		1. 6. 13	15
Australien		1. 9. 12	20
Australien		1. 8. 12	25
Australien		1. 5. 12	20
Australien		1. 4. 12	15
Australien		1. 1. 12	20
Bahrain		1. 7. 02	0
Bangladesch		1. 4. 02	0
Belgien		1. 4. 09	5
Benin		1. 4. 99	5
Bolivien		1. 8. 01	0
Bosnien-Herzegowina		1. 11. 98	0
Botsuana		1. 10. 90	0
Brasilien	- Brasilia	1. 10. 15	0
Brasilien	- Brasilia	1. 8. 15	5
Brasilien	- Brasilia	1. 7. 15	10
Brasilien	- Brasilia	1. 4. 15	5
Brasilien	- Brasilia	1. 1. 15	10
Brasilien	- Brasilia	1. 12. 14	5
Brasilien	- Brasilia	1. 11. 14	10
Brasilien	- Brasilia	1. 10. 14	5
Brasilien	- Brasilia	1. 9. 14	10
Brasilien	- Brasilia	1. 8. 14	5
Brasilien	- Brasilia	1. 7. 14	10
Brasilien	- Brasilia	1. 8. 13	5
Brasilien	- Brasilia	1. 12. 11	10
Brasilien	- Porto Alegre	1. 10. 15	0
Brasilien	- Porto Alegre	1. 8. 15	5
Brasilien	- Porto Alegre	1. 7. 15	10

Gesamtübersicht über die Kaufkraftzuschläge zum 1. 1. 2016 (§ 3 Nr. 64 EStG) mit Zeitraum ab 1. 1. 2012	Dienstort	Datum vor 2012 entspricht letzter Änderung	Kaufkraftzuschlag in Prozent
Brasilien	- Porto Alegre	1. 4. 15	5
Brasilien	- Porto Alegre	1. 1. 15	10
Brasilien	- Porto Alegre	1. 12. 14	5
Brasilien	- Porto Alegre	1. 11. 14	10
Brasilien	- Porto Alegre	1. 10. 14	5
Brasilien	- Porto Alegre	1. 9. 14	10
Brasilien	- Porto Alegre	1. 8. 14	5
Brasilien	- Porto Alegre	1. 7. 14	10
Brasilien	- Porto Alegre	1. 8. 13	5
Brasilien	- Porto Alegre	1. 2. 11	10
Brasilien	- Recife	1. 10. 15	5
Brasilien	- Recife	1. 3. 15	10
Brasilien	- Recife	1. 2. 15	15
Brasilien	- Recife	1. 10. 14	10
Brasilien	- Recife	1. 9. 14	15
Brasilien	- Recife	1. 7. 13	10
Brasilien	- Recife	1. 3. 13	15
Brasilien	- Recife	1. 2. 13	10
Brasilien	- Recife	1. 5. 10	15
Brasilien	- Rio de Janeiro	1. 10. 15	5
Brasilien	- Rio de Janeiro	1. 8. 15	10
Brasilien	- Rio de Janeiro	1. 7. 15	15
Brasilien	- Rio de Janeiro	1. 4. 15	10
Brasilien	- Rio de Janeiro	1. 1. 15	15
Brasilien	- Rio de Janeiro	1. 12. 14	10
Brasilien	- Rio de Janeiro	1. 11. 14	15
Brasilien	- Rio de Janeiro	1. 10. 14	10
Brasilien	- Rio de Janeiro	1. 9. 14	15
Brasilien	- Rio de Janeiro	1. 8. 14	10
Brasilien	- Rio de Janeiro	1. 7. 14	15
Brasilien	- Rio de Janeiro	1. 8. 13	10
Brasilien	- Rio de Janeiro	1. 2. 11	15

Gesamtübersicht über die Kaufkraftzuschläge zum 1. 1. 2016 (§ 3 Nr. 64 EStG) mit Zeitraum ab 1. 1. 2012	Dienstort	Datum vor 2012 entspricht letzter Änderung	Kaufkraftzuschlag in Prozent
Brasilien	- Sao Paulo		s. Rio de Janeiro
Brunei		1. 8. 02	0
Bulgarien		1. 6. 95	0
Burkina Faso		1. 6. 13	5
Burkina Faso		1. 4. 12	10
Burkina Faso		1. 3. 12	5
Burkina Faso		1. 5. 11	10
Burundi		1. 1. 15	20
Burundi		1. 5. 12	15
Burundi		1. 6. 11	5
Chile		1. 9. 15	5
Chile		1. 3. 15	10
Chile		1. 9. 13	5
Chile		1. 1. 12	10
China	- Chengdu	1. 11. 07	0
China	- Hongkong	1. 2. 15	15
China	- Hongkong	1. 11. 14	10
China	- Hongkong	1. 10. 11	5
China	- Kanton	1. 8. 02	0
China	- Peking	1. 8. 02	0
China	- Shanghai	1. 2. 03	0
Costa Rica		1. 11. 15	5
Costa Rica		1. 2. 15	10
Costa Rica		1. 7. 14	5
Costa Rica		1. 4. 14	0
Costa Rica		1. 10. 12	5
Costa Rica		1. 3. 02	0
Côte d'Ivoire		1. 9. 14	5
Côte d'Ivoire		1. 5. 11	10
Dänemark		1. 3. 15	15
Dänemark		1. 1. 15	20
Dänemark		1. 11. 13	15

Gesamtübersicht über die Kaufkraftzuschläge zum 1. 1. 2016 (§ 3 Nr. 64 EStG) mit Zeitraum ab 1. 1. 2012	Dienstort	Datum vor 2012 entspricht letzter Änderung	Kaufkraftzuschlag in Prozent
Dänemark		1. 10. 13	20
Dänemark		1. 6. 13	15
Dänemark		1. 5. 11	20
Dominikanische Republik		1. 6. 15	5
Dominikanische Republik		1. 5. 15	0
Dominikanische Republik		1. 4. 15	5
Dominikanische Republik		1. 12. 05	0
Dschibuti		1. 9. 14	20
Dschibuti		1. 2. 14	15
Dschibuti		1. 1. 14	20
Dschibuti		1. 12. 13	15
Dschibuti		1. 11. 13	20
Dschibuti		1. 8. 13	15
Dschibuti		1. 6. 13	20
Dschibuti		1. 5. 13	15
Dschibuti		1. 4. 13	20
Dschibuti		1. 12. 12	15
Dschibuti		1. 7. 12	20
Dschibuti		1. 2. 12	15
Dschibuti		1. 1. 12	20
Ecuador		1. 8. 02	0
El Salvador		1. 12. 06	0
Eritrea		1. 1. 15	20
Eritrea		1. 11. 08	15
Estland		1. 12. 96	0
Finnland		1. 6. 12	10
Finnland		1. 5. 12	5
Finnland		1. 8. 11	10
Frankreich		1. 10. 00	10
Gabun		1. 11. 13	20
Gabun		1. 12. 10	15
Georgien		1. 2. 10	0
Ghana		1. 9. 15	0

Gesamtübersicht über die Kaufkraftzuschläge zum 1. 1. 2016 (§ 3 Nr. 64 EStG) mit Zeitraum ab 1. 1. 2012	Dienstort	Datum vor 2012 entspricht letzter Änderung	Kaufkraftzuschlag in Prozent
Ghana		1. 8. 15	5
Ghana		1. 11. 13	0
Ghana		1. 4. 13	5
Ghana		1. 5. 12	0
Ghana		1. 4. 12	5
Ghana		1. 4. 11	0
Griechenland		1. 6. 12	0
Griechenland		1. 4. 12	5
Griechenland		1. 2. 12	0
Griechenland		1. 9. 11	5
Guatemala		1. 5. 15	5
Guatemala		1. 4. 15	10
Guatemala		1. 1. 15	5
Guatemala		1. 8. 10	0
Guinea		1. 2. 15	20
Guinea		1. 8. 14	15
Guinea		1. 5. 12	10
Guinea		1. 3. 12	5
Guinea		1. 2. 12	10
Guinea		1. 2. 09	5
Haiti		1. 6. 15	20
Haiti		1. 4. 15	25
Haiti		1. 3. 15	20
Haiti		1. 9. 14	15
Haiti		1. 7. 13	10
Haiti		1. 4. 13	15
Haiti		1. 2. 13	10
Haiti		1. 4. 12	15
Haiti		1. 3. 12	5
Haiti		1. 1. 12	10
Honduras		1. 4. 09	0
Indien		1. 6. 02	0
Indonesien		1. 7. 02	0

Gesamtübersicht über die Kaufkraftzuschläge zum 1. 1. 2016 (§ 3 Nr. 64 EStG) mit Zeitraum ab 1. 1. 2012	Dienstort	Datum vor 2012 entspricht letzter Änderung	Kaufkraftzuschlag in Prozent
Irak		1. 8. 01	5
Iran		1. 11. 98	0
Irland		1. 12. 09	5
Island		1. 2. 15	10
Island		1. 11. 14	5
Island		1. 10. 14	10
Island		1. 9. 14	5
Island		11. 6. 13	10
Island		1. 5. 13	15
Island		1. 3. 13	10
Island		1. 12. 12	5
Island		1. 6. 12	10
Island		1. 11. 11	5
Israel		1. 9. 15	15
Israel		1. 8. 15	20
Israel		1. 9. 14	15
Israel		1. 4. 10	10
Italien		1. 11. 15	0
Italien		1. 10. 15	5
Italien		1. 7. 15	0
Italien		1. 6. 15	5
Italien		1. 6. 14	0
Italien		1. 5. 14	5
Italien		1. 11. 13	0
Italien		1. 10. 13	5
Italien		1. 7. 13	0
Italien		1. 4. 13	5
Italien		1. 1. 13	0
Italien		1. 4. 96	5
Jamaika		1. 9. 15	15
Jamaika		1. 8. 15	20
Jamaika		1. 7. 15	15
Jamaika		1. 6. 15	20

Gesamtübersicht über die Kaufkraftzuschläge zum 1. 1. 2016 (§ 3 Nr. 64 EStG) mit Zeitraum ab 1. 1. 2012	Dienstort	Datum vor 2012 entspricht letzter Änderung	Kaufkraftzuschlag in Prozent
Jamaika		1. 5. 15	15
Jamaika		1. 4. 15	20
Jamaika		1. 9. 14	15
Jamaika		1. 10. 13	10
Jamaika		1. 4. 12	15
Jamaika		1. 3. 12	10
Jamaika		1. 1. 12	15
Japan		1. 5. 15	25
Japan		1. 4. 15	30
Japan		1. 6. 13	25
Japan		1. 2. 13	30
Japan		1. 12. 12	35
Japan		1. 6. 12	40
Japan		1. 5. 12	35
Japan		1. 4. 12	30
Japan		1. 10. 11	35
Jemen		1. 9. 02	0
Jordanien		1. 3. 03	0
Kambodscha		1. 12. 04	0
Kamerun		1. 3. 12	5
Kamerun		1. 9. 08	10
Kanada	- Montreal		s. Ottawa
Kanada	- Ottawa	1. 12. 15	0
Kanada	- Ottawa	1. 9. 15	5
Kanada	- Ottawa	1. 4. 15	10
Kanada	- Ottawa	1. 9. 14	5
Kanada	- Ottawa	1. 8. 14	0
Kanada	- Ottawa	1. 7. 14	5
Kanada	- Ottawa	1. 2. 14	0
Kanada	- Ottawa	1. 6. 13	5
Kanada	- Ottawa	1. 10. 12	10
Kanada	- Ottawa	1. 8. 12	15
Kanada	- Ottawa	1. 1. 12	10

Gesamtübersicht über die Kaufkraftzuschläge zum 1. 1. 2016 (§ 3 Nr. 64 EStG) mit Zeitraum ab 1. 1. 2012	Dienstort	Datum vor 2012 entspricht letzter Änderung	Kaufkraftzuschlag in Prozent
Kanada	- Toronto	1. 11. 15	5
Kanada	- Toronto	1. 7. 15	10
Kanada	- Toronto	1. 5. 15	15
Kanada	- Toronto	1. 10. 14	10
Kanada	- Toronto	1. 11. 13	5
Kanada	- Toronto	1. 5. 13	10
Kanada	- Toronto	1. 4. 13	15
Kanada	- Toronto	1. 12. 12	10
Kanada	- Toronto	1. 5. 12	15
Kanada	- Toronto	1. 4. 12	10
Kanada	- Toronto	1. 3. 12	15
Kanada	- Toronto	1. 7. 10	10
Kanada	- Vancouver	1. 12. 15	5
Kanada	- Vancouver	1. 7. 15	10
Kanada	- Vancouver	1. 4. 15	15
Kanada	- Vancouver	1. 10. 14	10
Kanada	- Vancouver	1. 1. 14	5
Kanada	- Vancouver	1. 5. 13	10
Kanada	- Vancouver	1. 4. 13	15
Kanada	- Vancouver	1. 2. 13	10
Kanada	- Vancouver	1. 1. 12	15
Kasachstan		1. 3. 09	0
Katar		1. 8. 02	0
Kap Verde		1. 2. 15	10
Kap Verde		1. 10. 11	5
Kenia		1. 12. 15	0
Kenia		1. 3. 15	5
Kenia		1. 2. 15	10
Kenia		1. 6. 12	5
Kenia		1. 3. 12	0
Kenia		1. 1. 12	5
Kirgisistan		1. 12. 98	0
Kolumbien		1. 8. 15	0

Gesamtübersicht über die Kaufkraftzuschläge zum 1. 1. 2016 (§ 3 Nr. 64 EStG) mit Zeitraum ab 1. 1. 2012	Dienstort	Datum vor 2012 entspricht letzter Änderung	Kaufkraftzuschlag in Prozent
Kolumbien		1. 2. 15	5
Kolumbien		1. 1. 15	0
Kolumbien		1. 5. 14	5
Kolumbien		1. 2. 14	0
Kolumbien		1. 10. 12	5
Kolumbien		1. 7. 02	0
Kongo		1. 12. 12	15
Kongo		1. 10. 12	20
Kongo, Dem. Rep.		1. 2. 15	30
Kongo, Dem. Rep.		1. 1. 15	25
Kongo, Dem. Rep.		1. 6. 14	20
Kongo, Dem. Rep.		1. 3. 14	15
Kongo, Dem. Rep.		1. 2. 14	20
Kongo, Dem. Rep.		1. 10. 13	15
Kongo, Dem. Rep.		1. 3. 13	20
Kongo, Dem. Rep.		1. 12. 12	15
Kongo, Dem. Rep.		1. 6. 12	20
Kongo, Dem. Rep.		1. 12. 11	15
Korea		1. 1. 15	15
Korea		1. 12. 14	10
Korea		1. 11. 14	15
Korea		1. 9. 12	10
Korea		1. 9. 11	5
Korea, Demokratische Volksrepublik		1. 5. 15	15
Korea, Demokratische Volksrepublik		1. 4. 15	20
Korea, Demokratische Volksrepublik		1. 6. 14	15
Korea, Demokratische Volksrepublik		1. 1. 12	10
Kosovo		1. 12. 98	0
Kroatien		1. 2. 99	0
Kuba		1. 2. 15	15
Kuba		1. 6. 14	10

Gesamtübersicht über die Kaufkraftzuschläge zum 1. 1. 2016 (§ 3 Nr. 64 EStG) mit Zeitraum ab 1. 1. 2012	Dienstort	Datum vor 2012 entspricht letzter Änderung	Kaufkraftzuschlag in Prozent
Kuba		1. 5. 14	5
Kuba		1. 10. 11	10
Kuwait		1. 7. 02	0
Laotische Demokratische Volksrepublik		1. 7. 02	0
Lettland		1. 1. 01	0
Libanon		1. 9. 15	5
Libanon		1. 6. 15	10
Libanon		1. 5. 15	5
Libanon		1. 4. 15	10
Libanon		1. 8. 14	5
Libanon		1. 10. 13	0
Libanon		1. 3. 13	5
Libanon		1. 2. 13	0
Libanon		1. 4. 12	5
Libanon		1. 7. 10	0
Libyen		1. 8. 02	0
Litauen		1. 12. 98	0
Luxemburg		1. 12. 14	0
Luxemburg		1. 9. 14	5
Luxemburg		1. 7. 14	0
Luxemburg		1. 8. 13	5
Luxemburg		1. 7. 13	0
Luxemburg		1. 2. 13	5
Luxemburg		1. 12. 12	0
Luxemburg		1. 8. 12	5
Luxemburg		1. 7. 12	0
Luxemburg		1. 2. 12	5
Luxemburg		1. 12. 11	0
Madagaskar		1. 4. 15	5
Madagaskar		1. 3. 15	10
Madagaskar		1. 4. 08	5
Malawi		1. 7. 12	0

Gesamtübersicht über die Kaufkraftzuschläge zum 1. 1. 2016 (§ 3 Nr. 64 EStG) mit Zeitraum ab 1. 1. 2012	Dienstort	Datum vor 2012 entspricht letzter Änderung	Kaufkraftzuschlag in Prozent
Malawi		1. 12. 11	5
Malaysia		1. 6. 02	0
Mali		1. 12. 14	5
Mali		1. 4. 11	10
Malta		1. 5. 03	0
Marokko		1. 6. 02	0
Mauretanien		1. 6. 14	0
Mauretanien		1. 12. 11	5
Mazedonien		1. 10. 92	0
Mexiko		1. 4. 03	0
Moldau		1. 9. 01	0
Mongolei		1. 8. 12	0
Mongolei		1. 12. 10	5
Montenegro		1. 5. 07	0
Mosambik		1. 12. 15	0
Mosambik		1. 4. 13	5
Mosambik		1. 3. 13	0
Mosambik		1. 8. 11	5
Myanmar		1. 5. 15	5
Myanmar		1. 4. 15	10
Myanmar		1. 4. 14	5
Myanmar		1. 3. 14	0
Myanmar		1. 4. 11	5
Namibia		1. 5. 02	0
Nepal		1. 3. 01	0
Neuseeland		1. 10. 15	5
Neuseeland		1. 7. 15	10
Neuseeland		1. 3. 15	15
Neuseeland		1. 2. 15	10
Neuseeland		1. 1. 15	15
Neuseeland		1. 1. 14	10
Neuseeland		1. 12. 13	5
Neuseeland		1. 10. 13	10

Gesamtübersicht über die Kaufkraftzuschläge zum 1. 1. 2016 (§ 3 Nr. 64 EStG) mit Zeitraum ab 1. 1. 2012	Dienstort	Datum vor 2012 entspricht letzter Änderung	Kaufkraftzuschlag in Prozent
Neuseeland		1. 9. 13	5
Neuseeland		1. 6. 13	10
Neuseeland		1. 4. 13	15
Neuseeland		1. 11. 12	10
Neuseeland		1. 10. 12	15
Neuseeland		1. 9. 12	10
Neuseeland		1. 8. 12	15
Neuseeland		1. 1. 12	10
Nicaragua		1. 10. 03	0
Niederlande		1. 10. 83	0
Niger		1. 9. 07	10
Nigeria		1. 3. 15	10
Nigeria		1. 2. 15	15
Nigeria		1. 1. 14	10
Nigeria		1. 6. 12	25
Nigeria		1. 8. 11	20
Norwegen		1. 9. 15	20
Norwegen		1. 2. 15	25
Norwegen		1. 1. 15	20
Norwegen		1. 11. 14	25
Norwegen		1. 9. 14	30
Norwegen		1. 7. 14	25
Norwegen		1. 4. 14	30
Norwegen		1. 1. 14	25
Norwegen		1. 8. 13	30
Norwegen		1. 6. 12	35
Norwegen		1. 5. 12	20
Norwegen		1. 2. 12	25
Norwegen		1. 12. 11	20
Oman		1. 8. 02	0
Österreich		1. 10. 15	0
Österreich		1. 9. 14	5
Österreich		1. 7. 14	0

Gesamtübersicht über die Kaufkraftzuschläge zum 1. 1. 2016 (§ 3 Nr. 64 EStG) mit Zeitraum ab 1. 1. 2012	Dienstort	Datum vor 2012 entspricht letzter Änderung	Kaufkraftzuschlag in Prozent
Österreich		1. 4. 14	5
Österreich		1. 5. 13	0
Österreich		1. 4. 13	5
Österreich		1. 2. 12	0
Österreich		1. 11. 99	5
Pakistan		1. 9. 95	0
Palästin. Autonom.			s. Israel
Panama		1. 9. 15	5
Panama		1. 6. 15	10
Panama		1. 5. 15	5
Panama		1. 4. 15	10
Panama		1. 9. 14	5
Panama		1. 10. 13	0
Panama		1. 9. 13	5
Panama		1. 8. 13	0
Panama		1. 6. 13	5
Panama		1. 5. 13	0
Panama		1. 3. 13	5
Panama		1. 11. 12	0
Panama		1. 10. 12	5
Panama		1. 8. 04	0
Papua-Neuguinea			s. Australien
Paraguay		1. 9. 11	0
Peru		1. 9. 14	5
Peru		1. 5. 13	0
Peru		1. 4. 13	5
Peru		1. 2. 13	0
Peru		1. 1. 13	5
Peru		1. 12. 12	0
Peru		1. 7. 12	5
Peru		1. 7. 10	0
Philippinen		1. 1. 98	0
Polen		1. 12. 99	0

Gesamtübersicht über die Kaufkraftzuschläge zum 1. 1. 2016 (§ 3 Nr. 64 EStG) mit Zeitraum ab 1. 1. 2012	Dienstort	Datum vor 2012 entspricht letzter Änderung	Kaufkraftzuschlag in Prozent
Portugal		1. 2. 93	0
Ruanda		1. 10. 14	15
Ruanda		1. 5. 10	10
Rumänien		1. 1. 99	0
Russische Föderation		1. 3. 04	0
Sambia		1. 7. 06	0
Saudi-Arabien		1. 8. 02	0
Schweden		1. 11. 15	5
Schweden		1. 5. 14	10
Schweden		1. 5. 13	15
Schweden		1. 3. 13	20
Schweden		1. 11. 12	15
Schweden		1. 8. 12	20
Schweden		1. 10. 10	15
Schweiz		1. 8. 15	25
Schweiz		1. 4. 15	30
Schweiz		1. 3. 15	25
Schweiz		1. 2. 15	30
Schweiz		1. 9. 13	25
Schweiz		1. 8. 13	20
Schweiz		1. 1. 12	25
Senegal		1. 11. 13	5
Senegal		1. 10. 13	10
Senegal		1. 11. 11	5
Serbien		1. 7. 92	0
Sierra Leone		1. 2. 15	15
Sierra Leone		1. 5. 12	10
Sierra Leone		1. 11. 11	5
Simbabwe		1. 11. 14	10
Simbabwe		1. 5. 13	5
Simbabwe		1. 4. 13	10
Simbabwe		1. 11. 12	5
Simbabwe		1. 6. 12	10

Gesamtübersicht über die Kaufkraftzuschläge zum 1. 1. 2016 (§ 3 Nr. 64 EStG) mit Zeitraum ab 1. 1. 2012	Dienstort	Datum vor 2012 entspricht letzter Änderung	Kaufkraftzuschlag in Prozent
Simbabwe		1. 9. 10	5
Singapur		1. 10. 15	5
Singapur		1. 2. 15	10
Singapur		1. 10. 12	5
Singapur		1. 8. 12	10
Singapur		1. 6. 10	5
Slowakische Republik		1. 8. 94	0
Slowenien		1. 11. 91	0
Spanien		1. 12. 15	0
Spanien		1. 3. 15	5
Spanien		1. 2. 15	0
Spanien		1. 4. 10	5
Sri Lanka		1. 2. 95	0
Südafrika		1. 9. 01	0
Südsudan		1. 8. 15	45
Südsudan		1. 7. 15	40
Südsudan		1. 6. 15	45
Südsudan		1. 5. 15	35
Südsudan		1. 2. 15	30
Südsudan		1. 1. 15	25
Südsudan		1. 12. 14	20
Südsudan		1. 11. 14	30
Südsudan		1. 7. 14	20
Südsudan		1. 2. 14	15
Südsudan		1. 1. 14	20
Südsudan		1. 11. 13	15
Sudan		1. 6. 15	10
Sudan		1. 5. 15	5
Sudan		1. 4. 15	10
Sudan		1. 7. 14	5
Sudan		1. 2. 14	0
Sudan		1. 2. 11	5
Syrien		1. 2. 04	0

Gesamtübersicht über die Kaufkraftzuschläge zum 1. 1. 2016 (§ 3 Nr. 64 EStG) mit Zeitraum ab 1. 1. 2012	Dienstort	Datum vor 2012 entspricht letzter Änderung	Kaufkraftzuschlag in Prozent
Tadschikistan		1. 9. 04	0
Taiwan		1. 8. 05	0
Tansania		1. 12. 15	5
Tansania		1. 3. 15	10
Tansania		1. 2. 15	15
Tansania		1. 10. 12	10
Tansania		1. 11. 03	0
Thailand		1. 11. 98	0
Togo		1. 9. 14	0
Togo		1. 9. 01	5
Trinidad und Tobago		1. 2. 15	10
Trinidad und Tobago		1. 1. 12	5
Tschad		1. 9. 15	15
Tschad		1. 8. 15	20
Tschad		1. 10. 12	15
Tschad		1. 10. 10	20
Tschechische Republik		1. 4. 00	0
Tunesien		1. 2. 01	0
Türkei		1. 12. 10	0
Turkmenistan		1. 3. 03	0
Uganda		1. 1. 14	0
Uganda		1. 12. 11	5
Ukraine		1. 8. 02	0
Ungarn		1. 7. 91	0
Uruguay		1. 9. 15	10
Uruguay		1. 2. 15	15
Uruguay		1. 9. 14	10
Uruguay		1. 7. 14	5
Uruguay		1. 6. 14	10
Uruguay		1. 4. 14	5
Uruguay		1. 7. 13	10
Uruguay		1. 3. 13	15
Uruguay		1. 10. 11	10

Gesamtübersicht über die Kaufkraftzuschläge zum 1. 1. 2016 (§ 3 Nr. 64 EStG) mit Zeitraum ab 1. 1. 2012	Dienstort	Datum vor 2012 entspricht letzter Änderung	Kaufkraftzuschlag in Prozent
Usbekistan		1. 3. 02	0
Venezuela		1. 7. 14	30
Venezuela		1. 4. 14	25
Venezuela		1. 9. 13	20
Venezuela		1. 4. 13	15
Venezuela		1. 6. 12	20
Venezuela		1. 3. 12	15
Venezuela		1. 10. 11	5
Vereinigte Arabische Emirate		1. 8. 02	0
Vereinigte Staaten	- Atlanta	1. 2. 15	10
Vereinigte Staaten	- Atlanta	1. 1. 15	5
Vereinigte Staaten	- Atlanta	1. 3. 13	0
Vereinigte Staaten	- Atlanta	1. 6. 12	10
Vereinigte Staaten	- Atlanta	1. 2. 12	5
Vereinigte Staaten	- Atlanta	1. 1. 12	10
Vereinigte Staaten	- Boston	1. 9. 15	10
Vereinigte Staaten	- Boston	1. 8. 15	15
Vereinigte Staaten	- Boston	1. 7. 15	10
Vereinigte Staaten	- Boston	1. 6. 15	15
Vereinigte Staaten	- Boston	1. 5. 15	10
Vereinigte Staaten	- Boston	1. 4. 15	15
Vereinigte Staaten	- Boston	1. 2. 15	10
Vereinigte Staaten	- Boston	1. 9. 14	5
Vereinigte Staaten	- Boston	1. 10. 13	0
Vereinigte Staaten	- Boston	1. 3. 13	5
Vereinigte Staaten	- Boston	1. 7. 12	10
Vereinigte Staaten	- Boston	1. 6. 12	15
Vereinigte Staaten	- Boston	1. 10. 11	10
Vereinigte Staaten	- Chicago	1. 2. 15	10
Vereinigte Staaten	- Chicago	1. 1. 15	5
Vereinigte Staaten	- Chicago	1. 3. 13	0
Vereinigte Staaten	- Chicago	1. 1. 12	10
Vereinigte Staaten	- Houston	1. 4. 15	10

Gesamtübersicht über die Kaufkraftzuschläge zum 1. 1. 2016 (§ 3 Nr. 64 EStG) mit Zeitraum ab 1. 1. 2012	Dienstort	Datum vor 2012 entspricht letzter Änderung	Kaufkraftzuschlag in Prozent
Vereinigte Staaten	- Houston	1. 1. 15	5
Vereinigte Staaten	- Houston	1. 3. 13	0
Vereinigte Staaten	- Houston	1. 6. 12	10
Vereinigte Staaten	- Houston	1. 2. 12	5
Vereinigte Staaten	- Houston	1. 1. 12	10
Vereinigte Staaten	- Los Angeles	1. 2. 15	10
Vereinigte Staaten	- Los Angeles	1. 1. 15	5
Vereinigte Staaten	- Los Angeles	1. 3. 13	0
Vereinigte Staaten	- Los Angeles	1. 7. 12	10
Vereinigte Staaten	- Los Angeles	1. 6. 12	15
Vereinigte Staaten	- Los Angeles	1. 1. 12	10
Vereinigte Staaten	- Miami	1. 4. 15	10
Vereinigte Staaten	- Miami	1. 1. 15	5
Vereinigte Staaten	- Miami	1. 3. 13	0
Vereinigte Staaten	- Miami	1. 7. 12	5
Vereinigte Staaten	- Miami	1. 6. 12	10
Vereinigte Staaten	- Miami	1. 10. 11	5
Vereinigte Staaten	- New York	1. 2. 15	15
Vereinigte Staaten	- New York	1. 1. 15	10
Vereinigte Staaten	- New York	1. 4. 14	5
Vereinigte Staaten	- New York	1. 3. 14	0
Vereinigte Staaten	- New York	1. 3. 13	5
Vereinigte Staaten	- New York	1. 7. 12	15
Vereinigte Staaten	- New York	1. 6. 12	20
Vereinigte Staaten	- New York	1. 1. 12	15
Vereinigte Staaten	- San Francisco	1. 7. 15	10
Vereinigte Staaten	- San Francisco	1. 6. 15	15
Vereinigte Staaten	- San Francisco	1. 5. 15	10
Vereinigte Staaten	- San Francisco	1. 4. 15	15
Vereinigte Staaten	- San Francisco	1. 2. 15	10
Vereinigte Staaten	- San Francisco	1. 10. 14	5
Vereinigte Staaten	- San Francisco	1. 7. 13	0
Vereinigte Staaten	- San Francisco	1. 6. 13	5

Gesamtübersicht über die Kaufkraftzuschläge zum 1. 1. 2016 (§ 3 Nr. 64 EStG) mit Zeitraum ab 1. 1. 2012	Dienstort	Datum vor 2012 entspricht letzter Änderung	Kaufkraftzuschlag in Prozent
Vereinigte Staaten	- San Francisco	1. 5. 13	0
Vereinigte Staaten	- San Francisco	1. 3. 13	5
Vereinigte Staaten	- San Francisco	1. 1. 12	10
Vereinigte Staaten	- Washington	1. 2. 15	10
Vereinigte Staaten	- Washington	1. 10. 14	5
Vereinigte Staaten	- Washington	1. 5. 13	0
Vereinigte Staaten	- Washington	1. 4. 13	5
Vereinigte Staaten	- Washington	1. 3. 13	0
Vereinigte Staaten	- Washington	1. 7. 12	10
Vereinigte Staaten	- Washington	1. 6. 12	15
Vereinigte Staaten	- Washington	1. 1. 12	10
Vereinigtes Königreich		1. 5. 15	15
Vereinigtes Königreich		1. 3. 15	20
Vereinigtes Königreich		1. 10. 14	15
Vereinigtes Königreich		1. 9. 13	10
Vereinigtes Königreich		1. 7. 13	5
Vereinigtes Königreich		1. 3. 13	10
Vereinigtes Königreich		1. 5. 12	15
Vereinigtes Königreich		1. 10. 11	10
Vietnam		1. 5. 03	0
Weißrussland		1. 11. 01	0
Zypern		1. 8. 95	0

Änderungen und Ergänzungen dieser Übersicht werden vierteljährlich im Bundessteuerblatt Teil I veröffentlicht. Der Zuschlag bezieht sich, sofern nicht andere Zuschläge festgesetzt sind, jeweils auf den gesamten konsularischen Amtsbezirk einer Vertretung (R 3.64 Abs. 3 LStR 2015). Informationen zu den konsularischen Amtsbezirken der Vertretungen erhalten Sie unter www.auswaertiges-amt.de.

Kaufkraftzuschläge für den Zeitraum vor dem 1. Januar 2012 ergeben sich aus folgenden Bekanntmachungen:

Für den Zeitraum 1. 1. 2008 bis 1. 1. 2012 ergeben sie sich aus der Bekanntmachung vom 9. Januar 2012 – IV C 5 – S 2341/10/10003, DOK 2011/1049449 – (BStBl I S. 123).

Für den Zeitraum 1. Januar 2004 bis 1. Januar 2008 ergeben sie sich aus der Bekanntmachung vom 10. Januar 2008 – IV C 5 – S 2341/08/0001, DOK: 2008/0010594 (BStBl I 2008 S. 259).

Für den Zeitraum vom 1. Januar 2000 bis 1. Januar 2004 ergeben sie sich aus der Bekanntmachung vom 23. Dezember 2003 – IV C 5 – S 2341 – 16/03 – (BStBl I 2004 S. 45).

Für Zeiträume vor dem 1. Januar 2000 ergeben sie sich aus der Bekanntmachung vom 27. Dezember 2002 – IV C 5 – S 2341 – 13/02 – (BStBl I 2003 S. 50).

C.
Stichwortverzeichnis

Es bezeichnen:

halbfette Zahlen = die Paragraphen des EStG
kursive Zahlen = die Paragraphen der Durchführungsverordnungen
normale Zahlen = Richtlinien, Hinweise, Anlagen und Anhänge
eingeklammerte Zahlen = die Absätze der Paragraphen, Richtlinien oder Hinweise

Beispiele:
R 9 (1) = Lohnsteuer-Richtlinie 9 Abs. 1
H 2 = Hinweis zu Lohnsteuer-Richtlinie 2
44a H = nichtamtlicher Hinweis zu § 44a EStG
LStDV 4 = Paragraph 4 der Lohnsteuer-Durchführungsverordnung
Anh. 4 = Anhang lfd. Nr. 4

4

A

B

E

F

H

I

J

K

O

S

V

(4) Die Beschlüsse der Untersuchungsausschüsse sind der richterlichen Erörterung entzogen. In der Würdigung und Beurteilung des der Untersuchung zu Grunde liegenden Sachverhaltes sind die Gerichte frei.

Art. 45: Ausschuss „Europäische Union“

Der Bundestag bestellt einen Ausschuss für die Angelegenheiten der Europäischen Union. Er kann ihn ermächtigen, die Rechte des Bundestages gemäß Artikel 23 gegenüber der Bundesregierung wahrzunehmen. Er kann ihn auch ermächtigen, die Rechte wahrzunehmen, die dem Bundestag in den vertraglichen Grundlagen der Europäischen Union eingeräumt sind.

Art. 45 a: Ausschüsse für Auswärtiges und für Verteidigung

(1) Der Bundestag bestellt einen Ausschuss für auswärtige Angelegenheiten und einen Ausschuss für Verteidigung.

(2) Der Ausschuss für Verteidigung hat auch die Rechte eines Untersuchungsausschusses. Auf Antrag eines Viertels seiner Mitglieder hat er die Pflicht, eine Angelegenheit zum Gegenstand seiner Untersuchung zu machen.

(3) Artikel 44 Abs. 1 findet auf dem Gebiet der Verteidigung keine Anwendung.

Art. 45 b: Wehrbeauftragter

Zum Schutz der Grundrechte und als Hilfsorgan des Bundestages bei der Ausübung der parlamentarischen Kontrolle wird ein Wehrbeauftragter des Bundestages berufen. Das Nähere regelt ein Bundesgesetz.

Art. 45 c: Ausschuss für Bitten und Beschwerden

(1) Der Bundestag bestellt einen Petitionsausschuss, dem die Behandlung der nach Artikel 17 an den Bundestag gerichteten Bitten und Beschwerden obliegt.

(2) Die Befugnisse des Ausschusses zur Überprüfung von Beschwerden regelt ein Bundesgesetz.

Art. 45 d: Parlamentarisches Kontrollgremium

(1) Der Bundestag bestellt ein Gremium zur Kontrolle der nachrichtendienstlichen Tätigkeit des Bundes.

(2) Das Nähere regelt ein Bundesgesetz.

Art. 46: Indemnität und Immunität

(1) Ein Abgeordneter darf zu keiner Zeit wegen seiner Abstimmung oder wegen einer Äußerung, die er im Bundestage oder in einem seiner Ausschüsse getan hat, gerichtlich oder dienstlich verfolgt oder sonst außerhalb des Bundestages zur Verantwortung gezogen werden. Dies gilt nicht für verleumderische Beleidigungen.

(2) Wegen einer mit Strafe bedrohten Handlung darf ein Abgeordneter nur mit Genehmigung des Bundestages zur Verantwortung gezogen oder verhaftet werden, es sei denn, dass er bei Begehung der Tat oder im Laufe des folgenden Tages festgenommen wird.

(3) Die Genehmigung des Bundestages ist ferner bei jeder anderen Beschränkung der persönlichen Freiheit eines Abgeordneten oder zur Einleitung eines Verfahrens gegen einen Abgeordneten gemäß Artikel 18 erforderlich.

(4) Jedes Strafverfahren und jedes Verfahren gemäß Artikel 18 gegen einen Abgeordneten, jede Haft und jede sonstige Beschränkung seiner persönlichen Freiheit sind auf Verlangen des Bundestages auszusetzen.

Art. 47: Zeugnisverweigerungsrecht

Die Abgeordneten sind berechtigt, über Personen, die ihnen in ihrer Eigenschaft als Abgeordnete oder denen sie in dieser Eigenschaft Tatsachen anvertraut haben, sowie über diese Tatsachen selbst das Zeugnis zu verweigern. Soweit dieses Zeugnisverweigerungsrecht reicht, ist die Beschlagnahme von Schriftstücken unzulässig.

Art. 48: Abgeordnetenansprüche

(1) Wer sich um einen Sitz im Bundestage bewirbt, hat Anspruch auf den zur Vorbereitung seiner Wahl erforderlichen Urlaub.

(2) Niemand darf gehindert werden, das Amt eines Abgeordneten zu übernehmen und auszuüben. Eine Kündigung oder Entlassung aus diesem Grunde ist unzulässig.

(3) Die Abgeordneten haben Anspruch auf eine angemessene, ihre Unabhängigkeit sichernde Entschädigung. Sie haben das Recht der freien Benutzung aller staatlichen Verkehrsmittel. Das Nähere regelt ein Bundesgesetz.

Art. 49

(weggefallen)

Art. 50: Aufgabe des Bundesrates

Durch den Bundesrat wirken die Länder bei der Gesetzgebung und Verwaltung des Bundes und in Angelegenheiten der Europäischen Union mit.

Art. 51: Zusammensetzung des Bundesrates

(1) Der Bundesrat besteht aus Mitgliedern der Regierungen der Länder, die sie bestellen und abberufen. Sie können durch andere Mitglieder ihrer Regierungen vertreten werden.

(2) Jedes Land hat mindestens drei Stimmen, Länder mit mehr als zwei Millionen Einwohnern haben vier, Länder mit mehr als sechs Millionen Einwohnern fünf Stimmen, Länder mit mehr als sieben Millionen Einwohnern sechs Stimmen.

(3) Jedes Land kann so viele Mitglieder entsenden, wie es Stimmen hat. Die Stimmen eines Landes können nur einheitlich und nur durch anwesende Mitglieder oder deren Vertreter abgegeben werden.

Art. 52: Präsident; Mehrheitserfordernis

(1) Der Bundesrat wählt seinen Präsidenten auf ein Jahr.

(2) Der Präsident beruft den Bundesrat ein. Er hat ihn einzuberufen, wenn die Vertreter von mindestens zwei Ländern oder die Bundesregierung es verlangen.

(3) Der Bundesrat fasst seine Beschlüsse mit mindestens der Mehrheit seiner Stimmen. Er gibt sich eine Geschäftsordnung. Er verhandelt öffentlich. Die Öffentlichkeit kann ausgeschlossen werden.

(3a) Für Angelegenheiten der Europäischen Union kann der Bundesrat eine Europakammer bilden, deren Beschlüsse als Beschlüsse des Bundesrates gelten; die Anzahl der einheitlich abzugebenden Stimmen der Länder bestimmt sich nach Artikel 51 Abs. 2.

(4) Den Ausschüssen des Bundesrates können andere Mitglieder oder Beauftragte der Regierungen der Länder angehören.

Art. 53: Teilnahme der Regierungsmitglieder

Die Mitglieder der Bundesregierung haben das Recht und auf Verlangen die Pflicht, an den Verhandlungen des Bundesrates und seiner Ausschüsse teilzunehmen. Sie müssen jederzeit gehört werden. Der Bundesrat ist von der Bundesregierung über die Führung der Geschäfte auf dem Laufenden zu halten.

Art. 53 a: Zusammensetzung des Gemeinsamen Ausschusses

(1) Der Gemeinsame Ausschuss besteht zu zwei Dritteln aus Abgeordneten des Bundestages, zu einem Drittel aus Mitgliedern des Bundesrates. Die Abgeordneten werden vom Bundestage entsprechend dem Stärkeverhältnis der Fraktionen bestimmt; sie dürfen nicht der Bundesregierung angehören. Jedes Land wird durch ein von ihm bestelltes Mitglied des Bundesrates vertreten; diese Mitglieder sind nicht an Weisungen gebunden. Die Bildung des Gemeinsamen Ausschusses und sein Verfahren werden durch eine Geschäftsordnung geregelt, die vom Bundestage zu beschließen ist und der Zustimmung des Bundesrates bedarf.

(2) Die Bundesregierung hat den Gemeinsamen Ausschuss über ihre Planungen für den Verteidigungsfall zu unterrichten. Die Rechte des Bundestages und seiner Ausschüsse nach Artikel 43 Abs. 1 bleiben unberührt.

Art. 54: Wahl; Amtsdauer

(1) Der Bundespräsident wird ohne Aussprache von der Bundesversammlung gewählt. Wählbar ist jeder Deutsche, der das Wahlrecht zum Bundestage besitzt und das vierzigste Lebensjahr vollendet hat.

(2) Das Amt des Bundespräsidenten dauert fünf Jahre. Anschließende Wiederwahl ist nur einmal zulässig.

(3) Die Bundesversammlung besteht aus den Mitgliedern des Bundestages und einer gleichen Anzahl von Mitgliedern, die von den Volksvertretungen der Länder nach den Grundsätzen der Verhältniswahl gewählt werden.

(4) Die Bundesversammlung tritt spätestens dreißig Tage vor Ablauf der Amtszeit des Bundespräsidenten, bei vorzeitiger Beendigung spätestens dreißig Tage nach diesem Zeitpunkt zusammen. Sie wird von dem Präsidenten des Bundestages einberufen.

(5) Nach Ablauf der Wahlperiode beginnt die Frist des Absatzes 4 Satz 1 mit dem ersten Zusammentritt des Bundestages.

(6) Gewählt ist, wer die Stimmen der Mehrheit der Mitglieder der Bundesversammlung erhält. Wird diese Mehrheit in zwei Wahlgängen von keinem Bewerber erreicht, so ist gewählt, wer in einem weiteren Wahlgang die meisten Stimmen auf sich vereinigt.

(7) Das Nähere regelt ein Bundesgesetz.

Art. 55: Unvereinbarkeiten

(1) Der Bundespräsident darf weder der Regierung noch einer gesetzgebenden Körperschaft des Bundes oder eines Landes angehören.

(2) Der Bundespräsident darf kein anderes besoldetes Amt, kein Gewerbe und keinen Beruf ausüben und weder der Leitung noch dem Aufsichtsrate eines auf Erwerb gerichteten Unternehmens angehören.

Art. 56: Eid bei Amtsantritt

Der Bundespräsident leistet bei seinem Amtsantritt vor den versammelten Mitgliedern des Bundestages und des Bundesrates folgenden Eid:

„ Ich schwöre, dass ich meine Kraft dem Wohle des deutschen Volkes widmen, seinen Nutzen mehren, Schaden von ihm wenden, das Grundgesetz und die Gesetze des Bundes wahren und verteidigen, meine Pflichten gewissenhaft erfüllen und Gerechtigkeit gegen jedermann üben werde. So wahr mir Gott helfe.“

Der Eid kann auch ohne religiöse Beteuerung geleistet werden.

Art. 57: Fall der Verhinderung

Die Befugnisse des Bundespräsidenten werden im Falle seiner Verhinderung oder bei vorzeitiger Erledigung des Amtes durch den Präsidenten des Bundesrates wahrgenommen.

Art. 58: Gegenzeichnung der Regierung

Anordnungen und Verfügungen des Bundespräsidenten bedürfen zu ihrer Gültigkeit der Gegenzeichnung durch den Bundeskanzler oder durch den zuständigen Bundesminister. Dies gilt nicht für die Ernennung und Entlassung des Bundeskanzlers, die Auflösung des Bundestages gemäß Artikel 63 und das Ersuchen gemäß Artikel 69 Abs. 3 .

Art. 59: Völkerrechtliche Vertretung der Bundesrepublik

(1) Der Bundespräsident vertritt den Bund völkerrechtlich. Er schließt im Namen des Bundes die Verträge mit auswärtigen Staaten. Er beglaubigt und empfängt die Gesandten.

(2) Verträge, welche die politischen Beziehungen des Bundes regeln oder sich auf Gegenstände der Bundesgesetzgebung beziehen, bedürfen der Zustimmung oder der Mitwirkung der jeweils für die Bundesgesetzgebung zuständigen Körperschaften in der Form eines Bundesgesetzes. Für Verwaltungsabkommen gelten die Vorschriften über die Bundesverwaltung entsprechend.

Art. 59 a

(weggefallen)

Art. 60: Beamtenernennung; Begnadigungsrecht

(1) Der Bundespräsident ernennt und entlässt die Bundesrichter, die Bundesbeamten, die Offiziere und Unteroffiziere, soweit gesetzlich nichts anderes bestimmt ist.

(2) Er übt im Einzelfalle für den Bund das Begnadigungsrecht aus.

(3) Er kann diese Befugnisse auf andere Behörden übertragen.

(4) Die Absätze 2 bis 4 des Artikels 46 finden auf den Bundespräsidenten entsprechende Anwendung.

Art. 61: Präsidentenanklage

(1) Der Bundestag oder der Bundesrat können den Bundespräsidenten wegen vorsätzlicher Verletzung des Grundgesetzes oder eines anderen Bundesgesetzes vor dem Bundesverfassungsgericht anklagen. Der Antrag auf Erhebung der Anklage muss von mindestens einem Viertel der Mitglieder des Bundestages oder einem Viertel der Stimmen des Bundesrates gestellt werden. Der Beschluss auf Erhebung der Anklage bedarf der Mehrheit von zwei Dritteln der Mitglieder des Bundestages oder von zwei Dritteln der Stimmen des Bundesrates. Die Anklage wird von einem Beauftragten der anklagenden Körperschaft vertreten.

(2) Stellt das Bundesverfassungsgericht fest, dass der Bundespräsident einer vorsätzlichen Verletzung des Grundgesetzes oder eines anderen Bundesgesetzes schuldig ist, so kann es ihn des Amtes für verlustig erklären. Durch einstweilige Anordnung kann es nach der Erhebung der Anklage bestimmen, dass er an der Ausübung seines Amtes verhindert ist.

Art. 62: Zusammensetzung der Bundesregierung

Die Bundesregierung besteht aus dem Bundeskanzler und aus den Bundesministern.

Art. 63: Bundeskanzler

(1) Der Bundeskanzler wird auf Vorschlag des Bundespräsidenten vom Bundestage ohne Aussprache gewählt.

(2) Gewählt ist, wer die Stimmen der Mehrheit der Mitglieder des Bundestages auf sich vereinigt. Der Gewählte ist vom Bundespräsidenten zu ernennen.

(3) Wird der Vorgeschlagene nicht gewählt, so kann der Bundestag binnen vierzehn Tagen nach dem Wahlgange mit mehr als der Hälfte seiner Mitglieder einen Bundeskanzler wählen.

(4) Kommt eine Wahl innerhalb dieser Frist nicht zu Stande, so findet unverzüglich ein neuer Wahlgang statt, in dem gewählt ist, wer die meisten Stimmen erhält. Vereinigt der Gewählte die Stimmen der Mehrheit der Mitglieder des Bundestages auf sich, so muss der Bundespräsident ihn binnen sieben Tagen nach der Wahl ernennen. Erreicht der Gewählte diese Mehrheit nicht, so hat der Bundespräsident binnen sieben Tagen entweder ihn zu ernennen oder den Bundestag aufzulösen.

Art. 64: Bundesminister

(1) Die Bundesminister werden auf Vorschlag des Bundeskanzlers vom Bundespräsidenten ernannt und entlassen.

(2) Der Bundeskanzler und die Bundesminister leisten bei der Amtsübernahme vor dem Bundestage den in Artikel 56 vorgesehenen Eid.

Art. 65: Richtlinienkompetenz und Ressortprinzip

Der Bundeskanzler bestimmt die Richtlinien der Politik und trägt dafür die Verantwortung. Innerhalb dieser Richtlinien leitet jeder Bundesminister seinen Geschäftsbereich selbstständig und unter eigener Verantwortung. Über Meinungsverschiedenheiten zwischen den Bundesministern entscheidet die Bundesregierung. Der Bundeskanzler leitet ihre Geschäfte nach einer von der Bundesregierung beschlossenen und vom Bundespräsidenten genehmigten Geschäftsordnung.

Art. 65 a: Kommandogewalt

(1) Der Bundesminister für Verteidigung hat die Befehls- und Kommandogewalt über die Streitkräfte.

(2) *(weggefallen)*

Art. 66: Unvereinbarkeiten

Der Bundeskanzler und die Bundesminister dürfen kein anderes besoldetes Amt, kein Gewerbe und keinen Beruf ausüben und weder der Leitung noch ohne Zustimmung des Bundestages dem Aufsichtsrate eines auf Erwerb gerichteten Unternehmens angehören.

Art. 67: Misstrauensvotum

(1) Der Bundestag kann dem Bundeskanzler das Misstrauen nur dadurch aussprechen, dass er mit der Mehrheit seiner Mitglieder einen Nachfolger wählt und den Bundespräsidenten ersucht, den Bundeskanzler zu entlassen. Der Bundespräsident muss dem Ersuchen entsprechen und den Gewählten ernennen.

(2) Zwischen dem Antrag und der Wahl müssen achtundvierzig Stunden liegen.

Art. 68: Vertrauensfrage

(1) Findet ein Antrag des Bundeskanzlers, ihm das Vertrauen auszusprechen, nicht die Zustimmung der Mehrheit der Mitglieder des Bundestages, so kann der Bundespräsident auf Vorschlag des Bundeskanzlers binnen einundzwanzig Tagen den Bundestag auflösen. Das Recht zur Auflösung erlischt, sobald der Bundestag mit der Mehrheit seiner Mitglieder einen anderen Bundeskanzler wählt.

(2) Zwischen dem Antrage und der Abstimmung müssen achtundvierzig Stunden liegen.

Art. 69: Stellvertreter des Bundeskanzlers; Amtsdauer

(1) Der Bundeskanzler ernennt einen Bundesminister zu seinem Stellvertreter.

(2) Das Amt des Bundeskanzlers oder eines Bundesministers endigt in jedem Falle mit dem Zusammentritt eines neuen Bundestages, das Amt eines Bundesministers auch mit jeder anderen Erledigung des Amtes des Bundeskanzlers.

(3) Auf Ersuchen des Bundespräsidenten ist der Bundeskanzler, auf Ersuchen des Bundeskanzlers oder des Bundespräsidenten ein Bundesminister verpflichtet, die Geschäfte bis zur Ernennung seines Nachfolgers weiterzuführen.

Art. 70: Verteilung der Gesetzgebungskompetenz

(1) Die Länder haben das Recht der Gesetzgebung, soweit dieses Grundgesetz nicht dem Bunde Gesetzgebungsbefugnisse verleiht.

(2) Die Abgrenzung der Zuständigkeit zwischen Bund und Ländern bemisst sich nach den Vorschriften dieses Grundgesetzes über die ausschließliche und die konkurrierende Gesetzgebung.

Art. 71: Ausschließliche Gesetzgebungskompetenz des Bundes

Im Bereiche der ausschließlichen Gesetzgebung des Bundes haben die Länder die Befugnis zur Gesetzgebung nur, wenn und soweit sie hierzu in einem Bundesgesetze ausdrücklich ermächtigt werden.

Art. 72: Konkurrierende Gesetzgebungskompetenz

(1) Im Bereich der konkurrierenden Gesetzgebung haben die Länder die Befugnis zur Gesetzgebung, solange und soweit der Bund von seiner Gesetzgebungszuständigkeit nicht durch Gesetz Gebrauch gemacht hat.

(2) Auf den Gebieten des Artikels 74 Abs. 1 Nr. 4, 7, 11, 13, 15, 19a, 20, 22, 25 und 26 hat der Bund das Gesetzgebungsrecht, wenn und soweit die Herstellung gleichwertiger Lebensverhältnisse im Bundesgebiet oder die Wahrung der Rechts- oder Wirtschaftseinheit im gesamtstaatlichen Interesse eine bundesgesetzliche Regelung erforderlich macht.

(3) Hat der Bund von seiner Gesetzgebungszuständigkeit Gebrauch gemacht, können die Länder durch Gesetz hiervon abweichende Regelungen treffen über:

1. das Jagdwesen (ohne das Recht der Jagdscheine);
2. den Naturschutz und die Landschaftspflege (ohne die allgemeinen Grundsätze des Naturschutzes, das Recht des Artenschutzes oder des Meeresnaturschutzes);
3. die Bodenverteilung;
4. die Raumordnung;
5. den Wasserhaushalt (ohne stoff- oder anlagenbezogene Regelungen);
6. die Hochschulzulassung und die Hochschulabschlüsse;
7. die Grundsteuer.

Bundesgesetze auf diesen Gebieten treten frühestens sechs Monate nach ihrer Verkündung in Kraft, soweit nicht mit Zustimmung des Bundesrates anderes bestimmt ist. Auf den Gebieten des Satzes 1 geht im Verhältnis von Bundes- und Landesrecht das jeweils spätere Gesetz vor.

(4) Durch Bundesgesetz kann bestimmt werden, dass eine bundesgesetzliche Regelung, für die eine Erforderlichkeit im Sinne des Absatzes 2 nicht mehr besteht, durch Landesrecht ersetzt werden kann.

Art. 73: Bereich der ausschließlichen Gesetzgebung

(1) Der Bund hat die ausschließliche Gesetzgebung über:

1. die auswärtigen Angelegenheiten sowie die Verteidigung einschließlich des Schutzes der Zivilbevölkerung;
2. die Staatsangehörigkeit im Bunde;
3. die Freizügigkeit, das Passwesen, das Melde- und Ausweiswesen, die Ein- und Auswanderung und die Auslieferung;
4. das Währungs-, Geld- und Münzwesen, Maße und Gewichte sowie die Zeitbestimmung;
5. die Einheit des Zoll- und Handelsgebietes, die Handels- und Schifffahrtsverträge, die Freizügigkeit des Warenverkehrs und den Waren- und Zahlungsverkehr mit dem Auslande einschließlich des Zoll- und Grenzschutzes;

5a. den Schutz deutschen Kulturgutes gegen Abwanderung ins Ausland;

6. den Luftverkehr;

6a. den Verkehr von Eisenbahnen, die ganz oder mehrheitlich im Eigentum des Bundes stehen (Eisenbahnen des Bundes), den Bau, die Unterhaltung und das Betreiben von Schienenwegen der Eisenbahnen des Bundes sowie die Erhebung von Entgelten für die Benutzung dieser Schienenwege;

7. das Postwesen und die Telekommunikation;
8. die Rechtsverhältnisse der im Dienste des Bundes und der bundesunmittelbaren Körperschaften des öffentlichen Rechtes stehenden Personen;

9. den gewerblichen Rechtsschutz, das Urheberrecht und das Verlagsrecht;

9a. die Abwehr von Gefahren des internationalen Terrorismus durch das Bundeskriminalpolizeiamt in Fällen, in denen eine länderübergreifende Gefahr vorliegt, die Zuständigkeit einer Landespolizeibehörde nicht erkennbar ist oder die oberste Landesbehörde um eine Übernahme ersucht;

10. die Zusammenarbeit des Bundes und der Länder

    a) in der Kriminalpolizei,

    b) zum Schutze der freiheitlichen demokratischen Grundordnung, des Bestandes und der Sicherheit des Bundes oder eines Landes (Verfassungsschutz) und

    c) zum Schutze gegen Bestrebungen im Bundesgebiet, die durch Anwendung von Gewalt oder darauf gerichtete Vorbereitungshandlungen auswärtige Belange der Bundesrepublik Deutschland gefährden,

    sowie die Einrichtung eines Bundeskriminalpolizeiamtes und die internationale Verbrechensbekämpfung;

11. die Statistik für Bundeszwecke;

12. das Waffen- und das Sprengstoffrecht;

13. die Versorgung der Kriegsbeschädigten und Kriegshinterbliebenen und die Fürsorge für die ehemaligen Kriegsgefangenen;

14. die Erzeugung und Nutzung der Kernenergie zu friedlichen Zwecken, die Errichtung und den Betrieb von Anlagen, die diesen Zwecken dienen, den Schutz gegen Gefahren, die bei Freiwerden von Kernenergie oder durch ionisierende Strahlen entstehen, und die Beseitigung radioaktiver Stoffe.

(2) Gesetze nach Absatz 1 Nr. 9a bedürfen der Zustimmung des Bundesrates.

Art. 74: Bereich der konkurrierenden Gesetzgebung

(1) Die konkurrierende Gesetzgebung erstreckt sich auf folgende Gebiete:

1. das bürgerliche Recht, das Strafrecht, die Gerichtsverfassung, das gerichtliche Verfahren (ohne das Recht des Untersuchungshaftvollzugs), die Rechtsanwaltschaft, das Notariat und die Rechtsberatung;
2. das Personenstandswesen;
3. das Vereinsrecht;
4. das Aufenthalts- und Niederlassungsrecht der Ausländer;
5. *(weggefallen)*
6. die Angelegenheiten der Flüchtlinge und Vertriebenen;
7. die öffentliche Fürsorge (ohne das Heimrecht);
8. *(weggefallen)*

9. die Kriegsschäden und die Wiedergutmachung;
10. die Kriegsgräber und Gräber anderer Opfer des Krieges und Opfer von Gewaltherrschaft;
11. das Recht der Wirtschaft (Bergbau, Industrie, Energiewirtschaft, Handwerk, Gewerbe, Handel, Bank- und Börsenwesen, privatrechtliches Versicherungswesen) ohne das Recht des Ladenschlusses, der Gaststätten, der Spielhallen, der Schaustellung von Personen, der Messen, der Ausstellungen und der Märkte;
12. das Arbeitsrecht einschließlich der Betriebsverfassung, des Arbeitsschutzes und der Arbeitsvermittlung sowie die Sozialversicherung einschließlich der Arbeitslosenversicherung;
13. die Regelung der Ausbildungsbeihilfen und die Förderung der wissenschaftlichen Forschung;
14. das Recht der Enteignung, soweit sie auf den Sachgebieten der Artikel 73 und 74 in Betracht kommt;
15. die Überführung von Grund und Boden, von Naturschätzen und Produktionsmitteln in Gemeineigentum oder in andere Formen der Gemeinwirtschaft;
16. die Verhütung des Missbrauchs wirtschaftlicher Machtstellung;
17. die Förderung der land- und forstwirtschaftlichen Erzeugung (ohne das Recht der Flurbereinigung), die Sicherung der Ernährung, die Ein- und Ausfuhr land- und forstwirtschaftlicher Erzeugnisse, die Hochsee- und Küstenfischerei und den Küstenschutz;
18. den städtebaulichen Grundstücksverkehr, das Bodenrecht (ohne das Recht der Erschließungsbeiträge) und das Wohngeldrecht, das Altschuldenhilferecht, das Wohnungsbauprämienrecht, das Bergarbeiterwohnungsbaurecht und das Bergmannssiedlungsrecht;
19. Maßnahmen gegen gemeingefährliche oder übertragbare Krankheiten bei Menschen und Tieren, Zulassung zu ärztlichen und anderen Heilberufen und zum Heilgewerbe, sowie das Recht des Apothekenwesens, der Arzneien, der Medizinprodukte, der Heilmittel, der Betäubungsmittel und der Gifte;

19a. die wirtschaftliche Sicherung der Krankenhäuser und die Regelung der Krankenhauspflegesätze;

20. das Recht der Lebensmittel einschließlich der ihrer Gewinnung dienenden Tiere, das Recht der Genussmittel, Bedarfsgegenstände und Futtermittel sowie den Schutz beim Verkehr mit land- und forstwirtschaftlichem Saat- und Pflanzgut, den Schutz der Pflanzen gegen Krankheiten und Schädlinge sowie den Tierschutz;
21. die Hochsee- und Küstenschifffahrt sowie die Seezeichen, die Binnenschifffahrt, den Wetterdienst, die Seewasserstraßen und die dem allgemeinen Verkehr dienenden Binnenwasserstraßen,
22. den Straßenverkehr, das Kraftfahrwesen, den Bau und die Unterhaltung von Landstraßen für den Fernverkehr sowie die Erhebung und Verteilung von

Gebühren oder Entgelten für die Benutzung öffentlicher Straßen mit Fahrzeugen;

23. die Schienenbahnen, die nicht Eisenbahnen des Bundes sind, mit Ausnahme der Bergbahnen;
24. die Abfallwirtschaft, die Luftreinhaltung und die Lärmbekämpfung (ohne Schutz vor verhaltensbezogenem Lärm);
25. die Staatshaftung;
26. die medizinisch unterstützte Erzeugung menschlichen Lebens, die Untersuchung und die künstliche Veränderung von Erbinformationen sowie Regelungen zur Transplantation von Organen, Geweben und Zellen;
27. die Statusrechte und -pflichten der Beamten der Länder, Gemeinden und anderen Körperschaften des öffentlichen Rechts sowie der Richter in den Ländern mit Ausnahme der Laufbahnen, Besoldung und Versorgung;
28. das Jagdwesen;
29. den Naturschutz und die Landschaftspflege;
30. die Bodenverteilung;
31. die Raumordnung;
32. den Wasserhaushalt;
33. die Hochschulzulassung und die Hochschulabschlüsse.

(2) Gesetze nach Absatz 1 Nr. 25 und 27 bedürfen der Zustimmung des Bundesrates.

Art. 75: Rahmenkompetenz

(weggefallen)

Art. 76: Vorlage von Gesetzen

(1) Gesetzesvorlagen werden beim Bundestage durch die Bundesregierung, aus der Mitte des Bundestages oder durch den Bundesrat eingebracht.

(2) Vorlagen der Bundesregierung sind zunächst dem Bundesrat zuzuleiten. Der Bundesrat ist berechtigt, innerhalb von sechs Wochen zu diesen Vorlagen Stellung zu nehmen. Verlangt der aus wichtigem Grunde, insbesondere mit Rücksicht auf den Umfang einer Vorlage, eine Verlängerungsfrist, so beträgt die Frist neun Wochen. Die Bundesregierung kann eine Vorlage, die sie bei der Zuleitung an den Bundesrat ausnahmsweise als besonders eilbedürftig bezeichnet hat, nach drei Wochen oder, wenn der Bundesrat ein Verlangen nach Satz 3 geäußert hat, nach sechs Wochen dem Bundestag zuleiten, auch wenn die Stellungnahme des Bundesrates noch nicht bei ihr eingegangen ist; sie hat die Stellungnahme des Bundesrates unverzüglich nach Eingang dem Bundestag nachzureichen. Bei Vorlagen zur Änderung dieses Grundgesetzes und zur Übertragung von Hoheitsrechten nach Artikel 23 oder Artikel 24 beträgt die Frist zur Stellungnahme neun Wochen; Satz 4 findet keine Anwendung.

(3) Vorlagen des Bundesrates sind dem Bundestag durch die Bundesregierung innerhalb von sechs Wochen zuzuleiten. Sie soll hierbei ihre Auffassung darlegen. Verlangt sie aus wichtigem Grunde, insbesondere mit Rücksicht auf den Umfang einer Vorlage, eine Fristverlängerung, so beträgt die Frist neun Wochen. Wenn der Bundesrat eine Vorlage ausnahmsweise als besonders eilbedürftig bezeichnet hat, beträgt die Frist drei Wochen oder, wenn die Bundesregierung ein Verlangen nach Satz 3 geäußert hat, sechs Wochen. Bei Vorlagen zur Änderung dieses Grundgesetzes und zur Übertragung von Hoheitsrechten nach Artikel 23 oder Artikel 24 beträgt die Frist neun Wochen; Satz 4 findet keine Anwendung. Der Bundestag hat über die Vorlagen in angemessener Frist zu beraten und Beschluss zu fassen.

Art. 77: Gang der Gesetzgebung

(1) Die Bundesgesetze werden vom Bundestage beschlossen. Sie sind nach ihrer Annahme durch den Präsidenten des Bundestages unverzüglich dem Bundesrate zuzuleiten.

(2) Der Bundesrat kann binnen drei Wochen nach Eingang des Gesetzesbeschlusses verlangen, dass ein aus Mitgliedern des Bundestages und des Bundesrates für die gemeinsame Beratung von Vorlagen gebildeter Ausschuss einberufen wird. Die Zusammensetzung und das Verfahren dieses Ausschusses regelt eine Geschäftsordnung, die vom Bundestag beschlossen wird und der Zustimmung des Bundesrates bedarf. Die in diesen Ausschuss entsandten Mitglieder des Bundesrates sind nicht an Weisungen gebunden. Ist zu einem Gesetze die Zustimmung des Bundesrates erforderlich, so können auch der Bundestag und die Bundesregierung die Einberufung verlangen. Schlägt der Ausschuss eine Änderung des Gesetzesbeschlusses vor, so hat der Bundestag erneut Beschluss zu fassen.

(2a) Soweit zu einem Gesetz die Zustimmung des Bundesrates erforderlich ist, hat der Bundesrat, wenn ein Verlangen nach Absatz 2 Satz 1 nicht gestellt oder das Vermittlungsverfahren ohne einen Vorschlag zur Änderung des Gesetzesbeschlusses beendet ist, in angemessener Frist über die Zustimmung Beschluss zu fassen.

(3) Soweit zu einem Gesetze die Zustimmung des Bundesrates nicht erforderlich ist, kann der Bundesrat, wenn das Verfahren nach Absatz 2 beendigt ist, gegen ein vom Bundestage beschlossenes Gesetz binnen zwei Wochen Einspruch einlegen. Die Einspruchsfrist beginnt im Falle des Absatzes 2 letzter Satz mit dem Eingange des vom Bundestage erneut gefassten Beschlusses, in allen anderen Fällen mit dem Eingange der Mitteilung des Vorsitzenden des in Absatz 2 vorgesehenen Ausschusses, dass das Verfahren vor dem Ausschusse abgeschlossen ist.

(4) Wird der Einspruch mit der Mehrheit der Stimmen des Bundesrates beschlossen, so kann er durch Beschluss der Mehrheit der Mitglieder des Bundestages zurückgewiesen werden. Hat der Bundesrat den Einspruch mit einer Mehrheit von mindestens zwei Dritteln seiner Stimmen beschlossen, so bedarf die Zurückweisung durch den Bundestag einer Mehrheit von zwei Dritteln, mindestens der Mehrheit der Mitglieder des Bundestages.

Art. 78: Zustandekommen von Gesetzen

Ein vom Bundestage beschlossenes Gesetz kommt zu Stande, wenn der Bundesrat zustimmt, den Antrag gemäß Artikel 77 Abs. 2 nicht stellt, innerhalb der Frist des Artikels 77 Abs. 3 keinen Einspruch einlegt oder ihn zurücknimmt oder wenn der Einspruch vom Bundestage überstimmt wird.

Art. 79: Grundgesetzänderung

(1) Das Grundgesetz kann nur durch ein Gesetz geändert werden, das den Wortlaut des Grundgesetzes ausdrücklich ändert oder ergänzt. Bei völkerrechtlichen Verträgen, die eine Friedensregelung, die Vorbereitung einer Friedensregelung oder den Abbau einer besatzungsrechtlichen Ordnung zum Gegenstand haben oder der Verteidigung der Bundesrepublik zu dienen bestimmt sind, genügt zur Klarstellung, dass die Bestimmungen des Grundgesetzes dem Abschluss und dem Inkraftsetzen der Verträge nicht entgegenstehen, eine Ergänzung des Wortlautes des Grundgesetzes, die sich auf diese Klarstellung beschränkt.

(2) Ein solches Gesetz bedarf der Zustimmung von zwei Dritteln der Mitglieder des Bundestages und zwei Dritteln der Stimmen des Bundesrates.

(3) Eine Änderung dieses Grundgesetzes, durch welche die Gliederung des Bundes in Länder, die grundsätzliche Mitwirkung der Länder bei der Gesetzgebung oder die in den Artikeln 1 und 20 niedergelegten Grundsätze berührt werden, ist unzulässig.

Art. 80: Rechtsverordnungen

(1) Durch Gesetz können die Bundesregierung, ein Bundesminister oder die Landesregierungen ermächtigt werden, Rechtsverordnungen zu erlassen. Dabei müssen Inhalt, Zweck und Ausmaß der erteilten Ermächtigung im Gesetze bestimmt werden. Die Rechtsgrundlage ist in der Verordnung anzugeben. Ist durch Gesetz vorgesehen, dass eine Ermächtigung weiter übertragen werden kann, so bedarf es zur Übertragung der Ermächtigung einer Rechtsverordnung.

(2) Der Zustimmung des Bundesrates bedürfen, vorbehaltlich anderweitiger bundesgesetzlicher Regelung, Rechtsverordnungen der Bundesregierung oder eines Bundesministers über Grundsätze und Gebühren für die Benutzung der Einrichtungen des Postwesens und der Telekommunikation, über die Grundsätze der Erhebung des Entgelts für die Benutzung der Einrichtungen der Eisenbahnen des Bundes, über den Bau und Betrieb der Eisenbahnen, sowie Rechtsverordnungen auf Grund von Bundesgesetzen, die der Zustimmung des Bundesrates bedürfen oder die von den Ländern im Auftrage des Bundes oder als eigene Angelegenheit ausgeführt werden.

(3) Der Bundesrat kann der Bundesregierung Vorlagen für den Erlass von Rechtsverordnungen zuleiten, die seiner Zustimmung bedürfen.

(4) Soweit durch Bundesgesetz oder auf Grund von Bundesgesetzen Landesregierungen ermächtigt werden, Rechtsverordnungen zu erlassen, sind die Länder zu einer Regelung auch durch Gesetz befugt.

Art. 80 a: Spannungsfall

(1) Ist in diesem Grundgesetz oder in einem Bundesgesetz über die Verteidigung einschließlich des Schutzes der Zivilbevölkerung bestimmt, dass Rechtsvorschriften nur nach Maßgabe dieses Artikels angewandt werden dürfen, so ist die Anwendung außer im Verteidigungsfalle nur zulässig, wenn der Bundestag den Eintritt des Spannungsfalles festgestellt oder wenn er der Anwendung besonders zugestimmt hat. Die Feststellung des Spannungsfalles und die besondere Zustimmung in den Fällen des Artikels 12a Abs. 5 Satz 1 und Abs. 6 Satz 2 bedürfen einer Mehrheit von zwei Dritteln der abgegebenen Stimmen.

(2) Maßnahmen auf Grund von Rechtsvorschriften nach Absatz 1 sind aufzuheben, wenn der Bundestag es verlangt.

(3) Abweichend von Absatz 1 ist die Anwendung solcher Rechtsvorschriften auch auf der Grundlage und nach Maßgabe eines Beschlusses zulässig, der von einem internationalen Organ im Rahmen eines Bündnisvertrages mit Zustimmung der Bundesregierung gefasst wird. Maßnahmen nach diesem Absatz sind aufzuheben, wenn der Bundestag es mit der Mehrheit seiner Mitglieder verlangt.

Art. 81: Erklärung des Gesetzgebungsnotstandes

(1) Wird im Falle des Artikels 68 der Bundestag nicht aufgelöst, so kann der Bundespräsident auf Antrag der Bundesregierung mit Zustimmung des Bundesrates für eine Gesetzesvorlage den Gesetzgebungsnotstand erklären, wenn der Bundestag sie ablehnt, obwohl die Bundesregierung sie als dringlich bezeichnet hat. Das Gleiche gilt, wenn eine Gesetzesvorlage abgelehnt worden ist, obwohl der Bundeskanzler mit ihr den Antrag des Artikels 68 verbunden hatte.

(2) Lehnt der Bundestag die Gesetzesvorlage nach Erklärung des Gesetzgebungsnotstandes erneut ab oder nimmt er sie in einer für die Bundesregierung als unannehmbar bezeichneten Fassung an, so gilt das Gesetz als zu Stande gekommen, soweit der Bundesrat ihm zustimmt. Das Gleiche gilt, wenn die Vorlage vom Bundestage nicht innerhalb von vier Wochen nach der erneuten Einbringung verabschiedet wird.

(3) Während der Amtszeit eines Bundeskanzlers kann auch jede andere vom Bundestage abgelehnte Gesetzesvorlage innerhalb einer Frist von sechs Monaten nach der ersten Erklärung des Gesetzgebungsnotstandes gemäß Absatz 1 und 2 verabschiedet werden. Nach Ablauf der Frist ist während der Amtszeit des gleichen Bundeskanzlers eine weitere Erklärung des Gesetzgebungsnotstandes unzulässig.

(4) Das Grundgesetz darf durch ein Gesetz, das nach Absatz 2 zu Stande kommt, weder geändert, noch ganz oder teilweise außer Kraft oder außer Anwendung gesetzt werden.

Art. 82: Ausfertigung; Verkündung; In-Kraft-Treten

(1) Die nach den Vorschriften dieses Grundgesetzes zustande gekommenen Gesetze werden vom Bundespräsidenten nach Gegenzeichnung ausgefertigt und im Bundesgesetzblatte verkündet. Rechtsverordnungen werden von der Stelle, die sie

erlässt, ausgefertigt und vorbehaltlich anderweitiger gesetzlicher Regelung im Bundesgesetzblatte verkündet.

(2) Jedes Gesetz und jede Rechtsverordnung soll den Tag des In-Kraft-Tretens bestimmen, Fehlt eine solche Bestimmung, so treten sie mit dem vierzehnten Tage nach Ablauf des Tages in Kraft, an dem das Bundesgesetzblatt ausgegeben worden ist.

Art. 83: Landeseigener Vollzug von Bundesgesetzen

Die Länder führen die Bundesgesetze als eigene Angelegenheit aus, soweit dieses Grundgesetz nicht anderes bestimmt oder zuläßt.

Art. 84: Bundesaufsicht

(1) Führen die Länder die Bundesgesetze als eigene Angelegenheit aus, so regeln sie die Einrichtung der Behörden und das Verwaltungsverfahren. Wenn Bundesgesetze etwas anderes bestimmen, können die Länder davon abweichende Regelungen treffen. Hat ein Land eine abweichende Regelung nach Satz 2 getroffen, treten in diesem Land hierauf bezogene spätere bundesgesetzliche Regelungen der Einrichtung der Behörden und des Verwaltungsverfahrens frühestens sechs Monate nach ihrer Verkündung in Kraft, soweit nicht mit Zustimmung des Bundesrates anderes bestimmt ist. Artikel 72 Abs. 3 Satz 3 gilt entsprechend. In Ausnahmefällen kann der Bund wegen eines besonderen Bedürfnisses nach bundeseinheitlicher Regelung das Verwaltungsverfahren ohne Abweichungsmöglichkeit für die Länder regeln. Diese Gesetze bedürfen der Zustimmung des Bundesrates. Durch Bundesgesetz dürfen Gemeinden und Gemeindeverbänden Aufgaben nicht übertragen werden.

(2) Die Bundesregierung kann mit Zustimmung des Bundesrates allgemeine Verwaltungsvorschriften erlassen.

(3) Die Bundesregierung übt die Aufsicht darüber aus, dass die Länder die Bundesgesetze dem geltenden Rechte gemäß ausführen. Die Bundesregierung kann zu diesem Zwecke Beauftragte zu den obersten Landesbehörden entsenden, mit deren Zustimmung und, falls diese Zustimmung versagt wird, mit Zustimmung des Bundesrates auch zu den nachgeordneten Behörden.

(4) Werden Mängel, die die Bundesregierung bei der Ausführung der Bundesgesetze in den Ländern festgestellt hat, nicht beseitigt, so beschließt auf Antrag der Bundesregierung oder des Landes der Bundesrat, ob das Land das Recht verletzt hat. Gegen den Beschluss des Bundesrates kann das Bundesverfassungsgericht angerufen werden.

(5) Der Bundesregierung kann durch Bundesgesetz, das der Zustimmung des Bundesrates bedarf, zur Ausführung von Bundesgesetzen die Befugnis verliehen werden, für besondere Fälle Einzelweisungen zu erteilen. Sie sind, außer wenn die Bundesregierung den Fall für dringlich erachtet, an die obersten Landesbehörden zu richten.

Art. 85: Bundesauftragsverwaltung

(1) Führen die Länder die Bundesgesetze im Auftrage des Bundes aus, so bleibt die Einrichtung der Behörden Angelegenheit der Länder, soweit nicht Bundesgesetze mit Zustimmung des Bundesrates etwas anderes bestimmen. Durch Bundesgesetz dürfen Gemeinden und Gemeindeverbänden Aufgaben nicht übertragen werden.

(2) Die Bundesregierung kann mit Zustimmung des Bundesrates allgemeine Verwaltungsvorschriften erlassen. Sie kann die einheitliche Ausbildung der Beamten und Angestellten regeln. Die Leiter der Mittelbehörden sind mit ihrem Einvernehmen zu bestellen.

(3) Die Landesbehörden unterstehen den Weisungen der zuständigen obersten Bundesbehörden. Die Weisungen sind, außer wenn die Bundesregierung es für dringlich erachtet, an die obersten Landesbehörden zu richten. Der Vollzug der Weisung ist durch die obersten Landesbehörden sicherzustellen.

(4) Die Bundesaufsicht erstreckt sich auf Gesetzmäßigkeit und Zweckmäßigkeit der Ausführung. Die Bundesregierung kann zu diesem Zwecke Bericht und Vorlage der Akten verlangen und Beauftragte zu allen Behörden entsenden.

Art. 86: Bundeseigener Vollzug

Führt der Bund die Gesetze durch bundeseigene Verwaltung oder durch bundesunmittelbare Körperschaften oder Anstalten des öffentlichen Rechtes aus, so erlässt die Bundesregierung, soweit nicht das Gesetz Besonderes vorschreibt, die allgemeinen Verwaltungsvorschriften. Sie regelt, soweit das Gesetz nichts anderes bestimmt, die Einrichtung der Behörden.

Art. 87: Sachbereich des bundeseigenen Vollzugs

(1) In bundeseigener Verwaltung mit eigenem Verwaltungsunterbau werden geführt der Auswärtige Dienst, die Bundesfinanzverwaltung und nach Maßgabe des Artikels 89 die Verwaltung der Bundeswasserstraßen und der Schifffahrt. Durch Bundesgesetz können Bundesgrenzschutzbehörden, Zentralstellen für das polizeiliche Auskunfts- und Nachrichtenwesen, für die Kriminalpolizei und zur Sammlung von Unterlagen für Zwecke des Verfassungsschutzes und des Schutzes gegen Bestrebungen im Bundesgebiet, die durch Anwendung von Gewalt oder darauf gerichtete Vorbereitungshandlungen auswärtige Belange der Bundesrepublik Deutschland gefährden, eingerichtet werden.

(2) Als bundesunmittelbare Körperschaften des öffentlichen Rechtes werden diejenigen sozialen Versicherungsträger geführt, deren Zuständigkeitsbereich sich über das Gebiet eines Landes hinaus erstreckt. Soziale Versicherungsträger, deren Zuständigkeitsbereich sich über das Gebiet eines Landes, aber nicht über mehr als drei Länder hinaus erstreckt, werden abweichend von Satz 1 als landesunmittelbare Körperschaften des öffentlichen Rechtes geführt, wenn das aufsichtsführende Land durch die beteiligten Länder bestimmt ist.

(3) Außerdem können für Angelegenheiten, für die dem Bunde die Gesetzgebung zusteht, selbstständige Bundesoberbehörden und neue bundesunmittelbare Körperschaften und Anstalten des öffentlichen Rechtes durch Bundesgesetz errichtet wer-

den. Erwachsen dem Bunde auf Gebieten, für die ihm die Gesetzgebung zusteht, neue Aufgaben, so können bei dringendem Bedarf bundeseigene Mittel- und Unterbehörden mit Zustimmung des Bundesrates und der Mehrheit der Mitglieder des Bundestages errichtet werden.

Art. 87 a – e
(vom Abdruck wurde abgesehen)

Art. 87 f: Dienstleistungsgewähr im Bereich des Postwesens und der Telekommunikation

(1) Nach Maßgabe eines Bundesgesetzes, das der Zustimmung des Bundesrates bedarf, gewährleistet der Bund im Bereich des Postwesens und der Telekommunikation flächendeckend angemessene und ausreichende Dienstleistungen.

(2) Dienstleistungen im Sinne des Absatzes 1 werden als privatwirtschaftliche Tätigkeiten durch die aus dem Sondervermögen Deutsche Bundespost hervorgegangenen Unternehmen und durch andere private Anbieter erbracht. Hoheitsaufgaben im Bereich des Postwesens und der Telekommunikation werden in bundeseigener Verwaltung ausgeführt.

(3) Unbeschadet des Absatzes 2 Satz 2 führt der Bund in der Rechtsform einer bundesunmittelbaren Anstalt des öffentlichen Rechts einzelne Aufgaben in Bezug auf die aus dem Sondervermögen Deutsche Bundespost hervorgegangenen Unternehmen nach Maßgabe eines Bundesgesetzes aus.

Art. 88: Errichtung einer Bundesbank

Der Bund errichtet eine Währungs- und Notenbank als Bundesbank. Ihre Aufgaben und Befugnisse können im Rahmen der Europäischen Union der Europäischen Zentralbank übertragen werden, die unabhängig ist und dem vorrangigen Ziel der Sicherung der Preisstabilität verpflichtet.

Art. 89: Verwaltung der Bundeswasserstraßen

(1) Der Bund ist Eigentümer der bisherigen Reichswasserstraßen.

(2) (3) *(vom Abdruck wurde abgesehen)*

Art. 90: Verwaltung der Bundesautobahnen und sonstiger Bundesstraßen des Fernverkehrs

(1) Der Bund bleibt Eigentümer der Bundesautobahnen und sonstigen Bundesstraßen des Fernverkehrs. Das Eigentum ist unveräußerlich.

(2) Die Verwaltung der Bundesautobahnen wird in Bundesverwaltung geführt. Der Bund kann sich zur Erledigung seiner Aufgaben einer Gesellschaft privaten Rechts bedienen. Diese Gesellschaft steht im unveräußerlichen Eigentum des Bundes. Eine unmittelbare oder mittelbare Beteiligung Dritter an der Gesellschaft und deren Toch-

tergesellschaften ist ausgeschlossen. Eine Beteiligung Privater im Rahmen von Öffentlich-Privaten Partnerschaften ist ausgeschlossen für Streckennetze, die das gesamte Bundesautobahnnetz oder das gesamte Netz sonstiger Bundesfernstraßen in einem Land oder wesentliche Teile davon umfassen. Das Nähere regelt ein Bundesgesetz.

(3) Die Länder oder die nach Landesrecht zuständigen Selbstverwaltungskörperschaften verwalten die sonstigen Bundesstraßen des Fernverkehrs im Auftrage des Bundes.

(4) Auf Antrag eines Landes kann der Bund die sonstigen Bundesstraßen des Fernverkehrs, soweit sie im Gebiet dieses Landes liegen, in Bundesverwaltung übernehmen.

Art. 91–91e

(vom Abdruck wurde abgesehen)

Art. 92: Rechtsprechende Gewalt

Die rechtsprechende Gewalt ist den Richtern anvertraut; sie wird durch das Bundesverfassungsgericht, durch die in diesem Grundgesetze vorgesehenen Bundesgerichte und durch die Gerichte der Länder ausgeübt.

Art. 93: Zuständigkeit des Bundesverfassungsgerichts

(1) Das Bundesverfassungsgericht entscheidet:

1. über die Auslegung dieses Grundgesetzes aus Anlass von Streitigkeiten über den Umfang der Rechte und Pflichten eines obersten Bundesorgans oder anderer Beteiligter, die durch dieses Grundgesetz oder in der Geschäftsordnung eines obersten Bundesorgans mit eigenen Rechten ausgestattet sind;

2. bei Meinungsverschiedenheiten oder Zweifeln über die förmliche und sachliche Vereinbarkeit von Bundesrecht oder Landesrecht mit diesem Grundgesetze oder die Vereinbarkeit von Landesrecht mit sonstigem Bundesrechte auf Antrag der Bundesregierung, einer Landesregierung oder eines Viertels der Mitglieder des Bundestages;

2a. bei Meinungsverschiedenheiten, ob ein Gesetz den Voraussetzungen des Artikels 72 Abs. 2 entspricht, auf Antrag des Bundesrates, einer Landesregierung oder der Volksvertretung eines Landes;

3. bei Meinungsverschiedenheiten über Rechte und Pflichten des Bundes und der Länder, insbesondere bei der Ausführung von Bundesrecht durch die Länder und bei der Ausübung der Bundesaufsicht;

4. in anderen öffentlich-rechtlichen Streitigkeiten zwischen dem Bunde und den Ländern, zwischen verschiedenen Ländern oder innerhalb eines Landes, soweit nicht ein anderer Rechtsweg gegeben ist;

4a. über Verfassungsbeschwerden, die von jedermann mit der Behauptung erhoben werden können, durch die öffentliche Gewalt in einem seiner Grundrechte oder in einem seiner in Artikel 20 Abs. 4 , 33 , 38 , 101 , 103 und 104 enthaltenen Rechte verletzt zu sein;

4b. über Verfassungsbeschwerden von Gemeinden und Gemeindeverbänden wegen Verletzung des Rechts auf Selbstverwaltung nach Artikel 28 durch ein Gesetz, bei Landesgesetzen jedoch nur, soweit nicht Beschwerde beim Landesverfassungsgericht erhoben werden kann;

4c. über Beschwerden von Vereinigungen gegen ihre Nichtanerkennung als Partei für die Wahl zum Bundestag;

5. in den übrigen in diesem Grundgesetze vorgesehenen Fällen.

(2) Das Bundesverfassungsgericht entscheidet außerdem auf Antrag des Bundesrates, einer Landesregierung oder der Volksvertretung eines Landes, ob im Falle des Artikels 72 Abs. 4 die Erforderlichkeit für eine bundesgesetzliche Regelung nach Artikel 72 Abs. 2 nicht mehr besteht oder Bundesrecht in den Fällen des Artikels 125a Abs. 2 Satz 1 nicht mehr erlassen werden könnte. Die Feststellung, dass die Erforderlichkeit entfallen ist oder Bundesrecht nicht mehr erlassen werden könnte, ersetzt ein Bundesgesetz nach Artikel 72 Abs. 4 oder nach Artikel 125a Abs. 2 Satz 2. Der Antrag nach Satz 1 ist nur zulässig, wenn eine Gesetzesvorlage nach Artikel 72 Abs. 4 oder nach Artikel 125a Abs. 2 Satz 2 im Bundestag abgelehnt oder über sie nicht innerhalb eines Jahres beraten und Beschluss gefasst oder wenn eine entsprechende Gesetzesvorlage im Bundesrat abgelehnt worden ist.

(3) Das Bundesverfassungsgericht wird ferner in den ihm sonst durch Bundesgesetz zugewiesenen Fällen tätig.

Art. 94: Zusammensetzung des Bundesverfassungsgerichts

(1) Das Bundesverfassungsgericht besteht aus Bundesrichtern und anderen Mitgliedern. Die Mitglieder des Bundesverfassungsgerichtes werden je zur Hälfte vom Bundestage und vom Bundesrate gewählt. Sie dürfen weder dem Bundestage, dem Bundesrate, der Bundesregierung noch entsprechenden Organen eines Landes angehören.

(2) Ein Bundesgesetz regelt seine Verfassung und das Verfahren und bestimmt, in welchen Fällen seine Entscheidungen Gesetzeskraft haben. Es kann für Verfassungsbeschwerden die vorherige Erschöpfung des Rechtsweges zur Voraussetzung machen und ein besonderes Annahmeverfahren vorsehen.

Art. 95: Oberste Gerichtshöfe

(1) Für die Gebiete der ordentlichen, der Verwaltungs-, der Finanz-, der Arbeits- und der Sozialgerichtsbarkeit errichtet der Bund als oberste Gerichtshöfe den Bundesgerichtshof, das Bundesverwaltungsgericht, den Bundesfinanzhof, das Bundesarbeitsgericht und das Bundessozialgericht.

(2) Über die Berufung der Richter dieser Gerichte entscheidet der für das jeweilige Sachgebiet zuständige Bundesminister gemeinsam mit einem Richterwahlausschuss, der aus den für das jeweilige Sachgebiet zuständigen Ministern der Länder und einer gleichen Anzahl von Mitgliedern besteht, die vom Bundestage gewählt werden.

(3) Zur Wahrung der Einheitlichkeit der Rechtsprechung ist ein Gemeinsamer Senat der in Absatz 1 genannten Gerichte zu bilden. Das Nähere regelt ein Bundesgesetz.

Art. 96: Errichtung von Bundesgerichten

(1) Der Bund kann für Angelegenheiten des gewerblichen Rechtsschutzes ein Bundesgericht errichten.

(2) Der Bund kann Wehrstrafgerichte für die Streitkräfte als Bundesgerichte errichten. Sie können die Strafgerichtsbarkeit nur im Verteidigungsfalle sowie über Angehörige der Streitkräfte ausüben, die in das Ausland entsandt oder an Bord von Kriegsschiffen eingeschifft sind. Das Nähere regelt ein Bundesgesetz. Diese Gerichte gehören zum Geschäftsbereich des Bundesjustizministers. Ihre hauptamtlichen Richter müssen die Befähigung zum Richteramt haben.

(3) Oberster Gerichtshof für die in Absatz 1 und 2 genannten Gerichte ist der Bundesgerichtshof.

(4) Der Bund kann für Personen, die zu ihm in einem öffentlich-rechtlichen Dienstverhältnis stehen, Bundesgerichte zur Entscheidung in Disziplinarverfahren und Beschwerdeverfahren errichten.

(5) Für Strafverfahren auf den folgenden Gebieten kann ein Bundesgesetz mit Zustimmung des Bundesrates vorsehen, dass Gerichte der Länder Gerichtsbarkeit des Bundes ausüben:

1. Völkermord;
2. völkerstrafrechtliche Verbrechen gegen die Menschlichkeit;
3. Kriegsverbrechen;
4. andere Handlungen, die geeignet sind und in der Absicht vorgenommen werden, das friedliche Zusammenleben der Völker zu stören (Artikel 26 Abs. 1);
5. Staatsschutz.

Art. 97: Richterliche Unabhängigkeit

(1) Die Richter sind unabhängig und nur dem Gesetze unterworfen.

(2) Die hauptamtlich und planmäßig endgültig angestellten Richter können wider ihren Willen nur kraft richterlicher Entscheidung und nur aus Gründen und unter den Formen, welche die Gesetze bestimmen, vor Ablauf ihrer Amtszeit entlassen oder dauernd oder zeitweise ihres Amtes enthoben oder an eine andere Stelle oder in den Ruhestand versetzt werden. Die Gesetzgebung kann Altersgrenzen festsetzen, bei deren Erreichung auf Lebenszeit angestellte Richter in den Ruhestand treten. Bei

Veränderung der Einrichtung der Gerichte oder ihrer Bezirke können Richter an ein anderes Gericht versetzt oder aus dem Amte entfernt werden, jedoch nur unter Belassung des vollen Gehaltes.

Art. 98 – 99

(vom Abdruck wurde abgesehen)

Art. 100: Konkrete Normenkontrolle

(1) Hält ein Gericht ein Gesetz, auf dessen Gültigkeit es bei der Entscheidung ankommt, für verfassungswidrig, so ist das Verfahren auszusetzen und, wenn es sich um die Verletzung der Verfassung eines Landes handelt, die Entscheidung des für Verfassungsstreitigkeiten zuständigen Gerichtes des Landes, wenn es sich um die Verletzung dieses Grundgesetzes handelt, die Entscheidung des Bundesverfassungsgerichtes einzuholen. Dies gilt auch, wenn es sich um die Verletzung dieses Grundgesetzes durch Landesrecht oder um die Unvereinbarkeit eines Landesgesetzes mit einem Bundesgesetze handelt.

(2) Ist in einem Rechtsstreite zweifelhaft, ob eine Regel des Völkerrechtes Bestandteil des Bundesrechtes ist und ob sie unmittelbar Rechte und Pflichten für den Einzelnen erzeugt (Artikel 25), so hat das Gericht die Entscheidung des Bundesverfassungsgerichtes einzuholen.*)

(3) Will das Verfassungsgericht eines Landes bei der Auslegung des Grundgesetzes von einer Entscheidung des Bundesverfassungsgerichtes oder des Verfassungsgerichtes eines anderen Landes abweichen, so hat das Verfassungsgericht die Entscheidung des Bundesverfassungsgerichtes einzuholen.

Art. 101: Gesetzlicher Richter

(1) Ausnahmegerichte sind unzulässig. Niemand darf seinem gesetzlichen Richter entzogen werden.

(2) Gerichte für besondere Sachgebiete können nur durch Gesetz errichtet werden.

Art. 102: Verbot der Todesstrafe

Die Todesstrafe ist abgeschafft.

Art. 103: Rechtliches Gehör

(1) Vor Gericht hat jedermann Anspruch auf rechtliches Gehör.

(2) Eine Tat kann nur bestraft werden, wenn die Strafbarkeit gesetzlich bestimmt war, bevor die Tat begangen wurde.

(3) Niemand darf wegen derselben Tat auf Grund der allgemeinen Strafgesetze mehrmals bestraft werden.

---

*) Vgl. dazu BVerfG, Beschluss v. 6. 12. 2007 – 2 BvM 9/03, BGBl. 2007 I S. 33.

Art. 104: Freiheitsentziehung

(1) Die Freiheit der Person kann nur auf Grund eines förmlichen Gesetzes und nur unter Beachtung der darin vorgeschriebenen Formen beschränkt werden. Festgehaltene Personen dürfen weder seelisch noch körperlich misshandelt werden.

(2) Über die Zulässigkeit und Fortdauer einer Freiheitsentziehung hat nur der Richter zu entscheiden. Bei jeder nicht auf richterlicher Anordnung beruhenden Freiheitsentziehung ist unverzüglich eine richterliche Entscheidung herbeizuführen. Die Polizei darf aus eigener Machtvollkommenheit niemanden länger als bis zum Ende des Tages nach dem Ergreifen in eigenem Gewahrsam halten. Das Nähere ist gesetzlich zu regeln.

(3) Jeder wegen des Verdachtes einer strafbaren Handlung vorläufig Festgenommene ist spätestens am Tage nach der Festnahme dem Richter vorzuführen, der ihm die Gründe der Festnahme mitzuteilen, ihn zu vernehmen und ihm Gelegenheit zu Einwendungen zu geben hat. Der Richter hat unverzüglich entweder einen mit Gründen versehenen schriftlichen Haftbefehl zu erlassen oder die Freilassung anzuordnen.

(4) Von jeder richterlichen Entscheidung über die Anordnung oder Fortdauer einer Freiheitsentziehung ist unverzüglich ein Angehöriger des Festgehaltenen oder eine Person seines Vertrauens zu benachrichtigen.

Art. 104 a – 115 e

(vom Abdruck wurde abgesehen)

Art. 116: Begriff des Deutschen

(1) Deutscher im Sinne dieses Grundgesetzes ist vorbehaltlich anderweitiger gesetzlicher Regelung, wer die deutsche Staatsangehörigkeit besitzt oder als Flüchtling, oder Vertriebener deutscher Volkszugehörigkeit oder als dessen Ehegatte oder Abkömmling in dem Gebiete des Deutschen Reiches nach dem Stande vom 31. Dezember 1937 Aufnahme gefunden hat.

(2) Frühere deutsche Staatsangehörige, denen zwischen dem 30. Januar 1933 und dem 8. Mai 1945 die Staatsangehörigkeit aus politischen, rassischen oder religiösen Gründen entzogen worden ist, und ihre Abkömmlinge sind auf Antrag wieder einzubürgern. Sie gelten als nicht ausgebürgert, sofern sie nach dem 8. Mai 1945 ihren Wohnsitz in Deutschland genommen haben und nicht einen entgegengesetzten Willen zum Ausdruck gebracht haben.

Art. 117 – 120a

(vom Abdruck wurde abgesehen)

Art. 121: Begriff der Mehrheit der Mitglieder

Mehrheit der Mitglieder des Bundestages und der Bundesversammlung im Sinne dieses Grundgesetzes ist die Mehrheit ihrer gesetzlichen Mitgliederzahl.

Art. 125 a

(1) Recht, das als Bundesrecht erlassen worden ist, aber wegen der Änderung des Artikels 74 Abs. 1, der Einfügung des Artikels 84 Abs. 1 Satz 7, des Artikels 85 Abs. 1 Satz 2 oder des Artikels 105 Abs. 2 a Satz 2 oder wegen der Aufhebung der Artikel 74 a, 75 oder 98 Abs. 3 Satz 2 nicht mehr als Bundesrecht erlassen werden könnte, gilt als Bundesrecht fort. Es kann durch Landesrecht ersetzt werden.

(2) Recht, das auf Grund des Artikels 72 Abs. 2 in der bis zum 15. November 1994 geltenden Fassung erlassen worden ist, aber wegen Änderung des Artikels 72 Abs. 2 nicht mehr als Bundesrecht erlassen werden könnte, gilt als Bundesrecht fort. Durch Bundesgesetz kann bestimmt werden, dass es durch Landesrecht ersetzt werden kann.

(3) Recht, das als Landesrecht erlassen worden ist, aber wegen Änderung des Artikels 73 nicht mehr als Landesrecht erlassen werden könnte, gilt als Landesrecht fort. Es kann durch Bundesrecht ersetzt werden.

Art. 125 b – 137

(vom Abdruck wurde abgesehen)

Art. 138: Notariatsklausel

Änderungen der Einrichtungen des jetzt bestehenden Notariats in den Ländern Baden, Bayern, Württemberg-Baden und Württemberg-Hohenzollern bedürfen der Zustimmung der Regierungen dieser Länder.

Art. 139: Weitergeltung der Rechtsvorschriften über Entnazifizierung

Die zur „Befreiung des deutschen Volkes vom Nationalismus und Militarismus" erlassenen Rechtsvorschriften werden von den Bestimmungen dieses Grundgesetzes nicht berührt.

Art. 140: Verhältnis von Staat und Kirche

Die Bestimmungen der Artikel 136, 137, 138, 139 und 141 der deutschen Verfassung vom 11. August 1919 sind Bestandteil dieses Grundgesetzes.

Art. 141–145

(vom Abdruck wurde abgesehen)

Art. 146: Geltungsdauer

Dieses Grundgesetz, das nach Vollendung der Einheit und Freiheit Deutschlands für das gesamte deutsche Volk gilt, verliert seine Gültigkeit an dem Tage, an dem eine Verfassung in Kraft tritt, die von dem deutschen Volke in freier Entscheidung beschlossen worden ist.

Bundesnotarordnung
(BNotO)

vom 24. Februar 1961 (BGBl. I S. 98)
zuletzt geändert durch Gesetz vom 25. Juni 2021 (BGBl. I S. 2154)*)

Inhaltsübersicht

Erster Teil
Das Amt des Notars

1. Abschnitt
Bestellung zum Notar

§ 1
Stellung und Aufgaben des Notars**)

Als unabhängige Träger eines öffentlichen Amtes werden für die Beurkundung von Rechtsvorgängen und andere Aufgaben auf dem Gebiet der vorsorgenden Rechtspflege in den Ländern Notare bestellt.

*) Gültig ab 1.8.2021. Art. 2 und 3 des Gesetzes vom 25. Juni 2021 (Inkrafttreten 1.1.22 bzw. 1.1.23) bleiben unberücksichtigt.

**) Die Paragraphenüberschriften sind nicht amtlich.

§ 2
Beruf des Notars

[1]Die Notare unterstehen, soweit nichts anderes bestimmt ist, ausschließlich den Vorschriften dieses Gesetzes. [2]Sie führen ein Amtssiegel und tragen die Amtsbezeichnung Notarin oder Notar. [3]Ihr Beruf ist kein Gewerbe.

§ 3
Notar; Anwaltsnotar

(1) Notare werden zur hauptberuflichen Amtsausübung auf Lebenszeit bestellt (hauptberufliche Notare).

(2) In den Gerichtsbezirken, in denen am 1. April 1961 das Amt des Notars nur im Nebenberuf ausgeübt worden ist, werden weiterhin ausschließlich Rechtsanwälte für die Dauer ihrer Mitgliedschaft bei der für den Gerichtsbezirk zuständigen Rechtsanwaltskammer als Notare zu gleichzeitiger Amtsausübung neben dem Beruf des Rechtsanwalts bestellt (Anwaltsnotare).

§ 4
Bestellungsvoraussetzungen

[1]Es werden so viele Notare bestellt, wie es den Erfordernissen einer geordneten Rechtspflege entspricht. [2]Dabei sind insbesondere das Bedürfnis nach einer angemessenen Versorgung der Rechtsuchenden mit notariellen Leistungen und die Wahrung einer geordneten Altersstruktur der Angehörigen des Berufes zu berücksichtigen.

§ 4a
Bewerbung

(1) [1]Notarstellen sind auszuschreiben. [2]Dies gilt nicht bei erneuten Bestellungen nach Amtsniederiegungen im Rahmen des § 48b Absatz 2 Satz 1 oder des § 48c Absatz 3 Satz 1.

(2) Bewerbungen sind innerhalb der in der Ausschreibung gesetzten oder der von der Landesjustizverwaltung allgemein bekanntgegebenen Frist einzureichen.

(3) [1]War jemand ohne sein Verschulden verhindert, die Frist einzuhalten, so ist ihm auf Antrag Wiedereinsetzung in den vorigen Stand zu gewähren. [2]Der Antrag ist innerhalb von zwei Wochen nach Wegfall des Hindernisses zu stellen. [3]Die Tatsachen zur Begründung des Antrags sind glaubhaft zu machen. [4]Die Bewerbung ist innerhalb der Antragsfrist nachzuholen.

§ 5
Eignung für das notarielle Amt

(1) Zum Notar darf nur bestellt werden, wer persönlich und fachlich für das Amt geeignet ist.

(2) Persönlich nicht geeignet ist insbesondere, wer

1. sich eines Verhaltens schuldig gemacht hat, das ihn unwürdig erscheinen lässt, das notarielle Amt auszuüben,
2. aus gesundheitlichen Gründen nicht nur vorübergehend unfähig ist, das notarielle Amt ordnungsgemäß auszuüben, oder
3. sich im Vermögensverfall befindet; ein Vermögensverfall wird vermutet, wenn ein Insolvenzverfahren über das Vermögen der Person eröffnet oder die Person in das Schuldnerverzeichnis (§ 882b der Zivilprozessordnung) eingetragen ist.

(3) [1]Wenn dies zur Entscheidung über den Versagungsgrund nach Absatz 2 Nummer 2 erforderlich ist, hat die Landesjustizverwaltung der Person aufzugeben, ein ärztliches Gutachten über ihren Gesundheitszustand vorzulegen. [2]Die Landesjustizverwaltung hat eine angemessene Frist für die Vorlage des Gutachtens sowie den Arzt zu bestimmen, der das Gutachten erstatten soll. [3]Das Gutachten muss auf einer Untersuchung und, wenn dies amtsärztlich als notwendig erachtet wurde, auch auf einer klinischen Beobachtung der Person beruhen. [4]Die Kosten des Gutachtens hat die Person zu fragen. [5]Wird das Gutachten ohne zureichenden Grund nicht innerhalb der gesetzten Frist vorgelegt, so wird vermutet, dass der Versagungsgrund nach Absatz 2 Nummer 2 vorliegt. [6]Die Person ist bei der Fristsetzung auf diese Folgen hinzuweisen.

(4) Wer bei Ablauf der Bewerbungsfrist für die Notarstelle das 60. Lebensjahr vollendet hat, kann nicht erstmals zum Notar bestellt werden.

(5) [1]Die fachliche Eignung setzt voraus, dass die Befähigung zum Richteramt nach dem Deutsehen Richtergesetz erworben wurde. [2]Das Berufsqualifikationsfeststellungsgesetz ist nicht anzuwenden.

§ 5a
Weitere Voraussetzungen für hauptberufliche Notare

[1]Zum hauptberuflichen Notar soll nur bestellt werden, wer bei Ablauf der Bewerbungsfrist einen dreijährigen Anwärterdienst als Notarassessor geleistet hat und sich im Anwärterdienst des Landes befindet, in dem er sich um die Bestellung bewirbt. [2]Die Landesjustizverwaltung kann bestimmen, dass der dreijährige Anwärterdienst erst zum Zeitpunkt der Bestellung geleistet sein muss.

§ 5b
Weitere Voraussetzungen für Anwaltsnotare

(1) Zum Anwaltsnotar soll nur bestellt werden, wer bei Ablauf der Bewerbungsfrist

1. mindestens fünf Jahre in nicht unerheblichem Umfang für verschiedene Auftraggeber rechtsanwaltlich tätig war,
2. die Tätigkeit nach Nummer 1 seit mindestens drei Jahren ohne Unterbrechung in dem vorgesehenen Amtsbereich ausübt,
3. die notarielle Fachprüfung nach § 7a bestanden hat und

4. ab dem auf das Bestehen der notariellen Fachprüfung folgenden Kalenderjahr im Umfang von jährlich mindestens 15 Zeitstunden an notarspezifischen Fortbildungsveranstaltungen der Notarkammern oder der Berufsorganisationen teilgenommen hat.

(2) [1]Bei der Tätigkeit nach Absatz 1 Nummer 1 und 2 bleiben Unterbrechungen auf Grund von Ereignissen des täglichen Lebens außer Betracht. [2]Auf Antrag werden auf die Tätigkeit nach Absatz 1 Nummer 1 Unterbrechungen oder Einschränkungen der Tätigkeit wegen einer Schwangerschaft oder wegen der Betreuung von Kindern oder pflegebedürftigen nahen Angehörigen (§ 7 Absatz 3 des Pflegezeitgesetzes) bis zu einer Gesamtdauer von einem Jahr angerechnet. [3]Für die Tätigkeit nach Absatz 1 Nummer 2 gelten die in Satz 2 genannten Zeiten für die Dauer von bis zu einem Jahr nicht als Unterbrechung.

(3) [1]Von der Voraussetzung nach Absatz 1 Nummer 2 kann insbesondere abgesehen werden, wenn keine Bewerbung dieser Voraussetzung genügt, jedoch eine sich bewerbende Person die Tätigkeit nach Absatz 1 Nummer 1 jeweils ohne Unterbrechung entweder seit mindestens zwei Jahren in dem vorgesehenen Amtsbereich oder seit mindestens drei Jahren in einem Amtsgerichtsbezirk ausübt, der innerhalb desselben Landes an den Amtsgerichtsbezirk angrenzt, in dem die ausgeschriebene Notarstelle gelegen ist. [2]Absatz 2 gilt entsprechend.

(4) [1]Die Bestellung zum Anwaltsnotar setzt zudem eine hinreichende Vertrautheit mit der notariellen Berufspraxis voraus. [2]Diese ist in der Regel gegeben, wenn nach Bestehen der notariellen Fachprüfung 160 Stunden Praxisausbildung bei einem Notar durchlaufen wurden, der von der für den vorgesehenen Amtsbereich zuständigen Notarkammer bestimmt wurde. [3]Die Praxisausbildung kann um bis zu 80 Stunden verkürzt werden, wenn vergleichbare Erfahrungen durch eine Tätigkeit als Notarvertretung oder als Notariatsverwalter oder durch die erfolgreiche Teilnahme an Praxislehrgängen der Notarkammern oder der Berufsorganisationen erworben wurden. [4]Die Einzelheiten zu den Sätzen 1 bis 3 regelt die Notarkammer in einer Ausbildungsordnung, die der Genehmigung der Landesjustizverwaltung bedarf.

§ 6
Auswahl bei mehreren geeigneten Personen; Verordnungsermächtigung

(1) [1]Bewerben sich mehrere geeignete Personen um ein Amt, richtet sich die Reihenfolge bei der Auswahl nach der persönlichen und fachlichen Eignung unter Berücksichtigung der die juristische Ausbildung abschließenden Staatsprüfung und der bei der Vorbereitung auf den Notarberuf gezeigten Leistungen. [2]Es sind nur solche Umstände zu berücksichtigen, die bei Ablauf der Bewerbungsfrist vorlagen. [3]Die Landesjustizverwaltung kann bei der Bestellung von hauptberuflichen Notaren einen von Satz 2 abweichenden Zeitpunkt bestimmen.

(2) [1]Bei der Bestellung von hauptberuflichen Notaren ist die Dauer des Anwärterdienstes angemessen zu berücksichtigen. [2]Die Landesregierungen werden ermächtigt, durch Rechtsverordnung Bestimmungen über die Berechnung der Dauer des Anwärterdienstes nach Satz 1 zu treffen. [3]Dies umfasst die Befugnis, Zeiten zu bestimmen, die in angemessenem Umfang auf den Anwärterdienst angerechnet werden können. [4]Die Landesregierungen können die Ermächtigung durch Rechtsverordnung auf die Landesjustizverwaltungen übertragen.

3) [1]Bei der Bestellung von Anwaltsnotaren wird die fachliche Eignung nach Punkten bewertet. [2]Die Punktzahl bestimmt sich zu 60 Prozent nach dem Ergebnis der notariellen Fachprüfung und zu 40 Prozent nach dem Ergebnis der die juristische Ausbildung abschließenden Staatsprüfung, soweit nicht bei jemandem, der Notar ist oder war, im Einzelfall nach Anhörung der Notarkammer ausnahmsweise besondere, die fachliche Eignung vorrangig kennzeichnende Umstände zu berücksichtigen sind. [3]Bei gleicher Punktzahl ist im Regelfall auf das Ergebnis der notariellen Fachprüfung abzustellen.

§ 6a
Versagung und Aussetzung der Bestellung

(1) Die Bestellung zum Notar ist zu versagen, wenn weder nachgewiesen wird, dass eine Berufshaftpflichtversicherung (§ 19a) besteht, noch eine vorläufige Deckungszusage vorgelegt wird.

(2) Die Bestellung kann ausgesetzt werden, wenn gegen die Person, deren Bestellung beabsichtigt ist, ein Verfahren wegen des Verdachts einer Straftat anhängig ist, in dem der Tatvorwurf eine Verurteilung erwarten lässt, die eine Versagung der Bestellung zur Folge haben würde.

§ 7
Anwärterdienst; Auswahlkriterien; Rechtsstellung

(1) [1]Zur Ableistung des Anwärterdienstes vorgesehene Stellen sind auszuschreiben; § 4a Absatz 2 und 3 gilt entsprechend. Abweichend davon kann die Landesjustizverwaltung eine ständige Liste führen, in die sich Personen, die sich um die Aufnahme in den Anwärterdienst bewerben wollen, für eine von ihr bestimmte Zeit eintragen können. [2]Die Führung einer solchen Liste ist allgemein bekanntzugeben.

(2) [1]Bewerben sich mehrere geeignete Personen um die Aufnahme in den Anwärterdienst, hat die Auswahl nach der persönlichen und fachlichen Eignung unter besonderer Berücksichtigung der Leistungen in der die juristische Ausbildung abschließenden Staatsprüfung zu erfolgen. [2]§ 6 Absatz 1 Satz 2 und 3 gilt entsprechend.

(3) [1]Der Notarassessor wird von der Landesjustizverwaltung nach Anhörung der Notarkammer ernannt. [2]Der Präsident der Notarkammer überweist den Notarassessor einem Notar. [3]Er verpflichtet den Notarassessor durch Handschlag auf gewissenhafte Pflichterfüllung.

(4) [1]Der Notarassessor steht während des Anwärterdienstes in einem öffentlich-rechtlichen Dienstverhältnis zum Staat. [2]Er hat mit Ausnahme des § 19a dieselben Pflichten wie der Notar. [3]Er erhält vom Zeitpunkt der Zuweisung an für die Dauer des Anwärterdienstes von der Notarkammer Bezüge, die denen eines Richters auf Probe anzugleichen sind. [4]Die Notarkammer erläßt hierzu Richtlinien und bestimmt allgemein oder im Einzelfall, ob und in welcher Höhe der Notar, dem der Notarassessor überwiesen ist, ihr zur Erstattung der Bezüge verpflichtet ist.

(5) [1]Der Notarassessor ist von dem Notar in einer dem Zweck des Anwärterdienstes entsprechenden Weise zu beschäftigen. [2]Die näheren Bestimmungen über die Ausbildung des Notarassessors trifft die Landesregierung oder die von ihr durch Rechtsverordnung bestimmte Stelle.

(6) Der Anwärterdienst endet

1. mit der Bestellung zum Notar,
2. mit der Entlassung aus dem Dienst.

(7) [1]Der Notarassessor ist aus dem Dienst zu entlassen, wenn er seine Entlassung beantragt; § 48 Satz 2 und 3 gilt entsprechend. [2]Er kann entlassen werden, wenn er

1. sich zur Bestellung zum Notar als ungeeignet erweist,
2. ohne hinreichenden Grund binnen einer von der Landesjustizverwaltung zu bestimmenden Frist, die zwei Monate nicht übersteigen soll, den Anwärterdienst nicht antritt,
3. nach Ableistung des dreijährigen Anwärterdienstes sich ohne hinreichenden Grund um eine ihm von der Landesjustizverwaltung angebotene Notarstelle nicht bewirbt, die zuvor ausgeschrieben worden ist und die mangels geeigneter Bewerbungen nicht besetzt werden konnte.

§§ 7a–7i

(vom Abdruck wurde abgesehen)

§ 8
Nebentätigkeitsverbot

(1) [1]Der Notar darf nicht zugleich Inhaber eines besoldeten Amtes sein. [2]Die Landesjustizverwaltung kann im Einzelfall nach Anhörung der Notarkammer jederzeit widerrufliche Ausnahmen zulassen; der Notar darf in diesem Fall sein Amt nicht persönlich ausüben.

(2) [1]Der Notar darf keinen weiteren Beruf ausüben; § 3 Abs. 2 bleibt unberührt. [2]Der Anwaltsnotar darf zugleich den Beruf des Patentanwalts, Steuerberaters, Wirtschaftprüfers und vereidigten Buchprüfers ausüben.

(3) [1]Der Notar bedarf der Genehmigung der Aufsichtsbehörde

1. zur Übernahme einer Nebenbeschäftigung gegen Vergütung, insbesondere zu einer gewerblichen Tätigkeit,
2. zum Eintritt in den Vorstand, Aufsichtsrat, Verwaltungsrat oder in ein sonstiges Organ einer auf Erwerb gerichteten Gesellschaft, Genossenschaft oder eines in einer anderen Rechtsform betriebenen wirtschaftlichen Unternehmens.

[2]Die Genehmigung ist zu versagen, wenn die Tätigkeit nach Satz 1 mit dem öffentlichen Amt des Notars nicht vereinbar ist oder das Vertrauen in seine Unabhängigkeit oder Unparteilichkeit gefährden kann. [3]Vor der Entscheidung über die Genehmigung ist die Notarkammer anzuhören. [4]Die Genehmigung kann mit Nebenbestimmungen verbunden werden.

(4) Nicht genehmigungspflichtig ist die Übernahme des Amtes als Testamentsvollstrecker, Insolvenzverwalter, Schiedsrichter oder Vormund oder einer ähnlichen auf behördlicher Anordnung beruhenden Stellung sowie eine wissenschaftliche, künstlerische oder Vortragstätigkeit.

§ 9
Soziierungsverbot; Ausnahmen

(1) [1]Hauptberufliche Notare dürfen sich nur mit am selben Amtssitz bestellten Notaren zur gemeinsamen Berufsausübung verbinden oder mit ihnen gemeinsame Geschäftsräume haben. [2]Die Landesregierungen oder die von ihnen durch Rechtsverordnung bestimmten Stellen werden ermächtigt, um den Erfordernissen einer geordneten Rechtspflege insbesondere im Hinblick auf die örtlichen Bedürfnisse und Gewohnheiten Rechnung zu tragen, durch Rechtsverordnung zu bestimmen, dass eine Verbindung zur gemeinsamen Berufsausübung oder eine Nutzung gemeinsamer Geschäftsräume nach Satz 1

1. nur mit Genehmigung der Aufsichtsbehörde zulässig ist, der eine Anhörung der Notarkammer vorauszugehen hat und die mit Ausnahme eines Widerrufsvorbehalts mit Nebenbestimmungen verbunden werden kann, und
2. bestimmten Anforderungen an die Begründung, Führung, Fortführung und Beendigung unterliegt, insbesondere in Bezug auf die Höchstzahl der beteiligten Berufsangehörigen.

(2) Anwaltsnotare dürfen sich nur miteinander, mit anderen Mitgliedern einer Rechtsanwaltskammer, Patentanwälten, Steuerberatern, Steuerbevollmächtigten, Wirtschaftsprüfern und vereidigten Buchprüfern zur gemeinsamen Berufsausübung verbinden oder mit ihnen gemeinsame Geschäftsräume haben.

(3) Die Verbindung zur gemeinsamen Berufsausübung oder die gemeinsame Nutzung der Geschäftsräume ist nur zulässig, soweit hierdurch die persönliche und eigenverantwortliche Amtsführung, Unabhängigkeit und Unparteilichkeit des Notars nicht beeinträchtigt wird.

§ 10
Amtssitz

(1) [1]Dem Notar wird ein bestimmter Ort als Amtssitz zugewiesen. [2]In Städten von mehr als hunderttausend Einwohnern kann dem Notar ein bestimmter Stadtteil oder Amtsgerichtsbezirk als Amtssitz zugewiesen werden. [3]Der Amtssitz darf unter Beachtung der Belange einer geordneten Rechtspflege nach Anhörung der Notarkammer mit Zustimmung des Notars verlegt werden. [4]Für die Zuweisung eines anderen Amtssitzes auf Grund disziplinargerichtlichen Urteils bedarf es der Zustimmung des Notars nicht.

(2) [1]Der Notar hat an dem Amtssitz seine Geschäftsstelle zu halten. [2]Er hat seine Wohnung so zu nehmen, daß er in der ordnungsgemäßen Wahrnehmung seiner Amtsgeschäfte nicht beeinträchtigt wird; die Aufsichtsbehörde kann ihn anweisen, seine Wohnung innerhalb einer bestimmten Entfernung zum Amtssitz zu nehmen, wenn dies im Interesse der Rechtspflege geboten ist. [3]Beim Anwaltsnotar müssen die Geschäftsstelle und eine Kanzlei nach § 27 Abs. 1 oder 2 der Bundesrechtsanwaltsordnung örtlich übereinstimmen.

(3) Der Notar soll seine Geschäftsstelle während der üblichen Geschäftsstunden offen halten.

(4) [1]Dem Notar kann zur Pflicht gemacht werden, mehrere Geschäftsstellen zu unterhalten; ohne Genehmigung der Aufsichtsbehörde ist er hierzu nicht befugt. [2]Das gleiche gilt für die Abhaltung auswärtiger Sprechtage. [3]Die Genehmigung kann mit Nebenbestimmungen verbunden werden. [4]Vor der Erteilung oder der Aufhebung der Genehmigung ist die Notarkammer zu hören.

§ 10a
Amtsbereich

(1) [1]Der Amtsbereich des Notars ist der Bezirk des Amtsgerichts, in dem er seinen Amtssitz hat. [2]Die Landesjustizverwaltung kann nach den Erfordernissen einer geordneten Rechtspflege die Grenzen des Amtsbereichs allgemein oder im Einzelfall mit der Zuweisung des Amtssitzes abweichend festlegen und solche Festlegungen, insbesondere zur Anpassung an eine Änderung von Gerichtsbezirken, ändern.

(2) Der Notar soll seine Urkundstätigkeit (§§ 20 bis 22) nur innerhalb seines Amtsbereichs ausüben, sofern nicht besondere berechtigte Interessen der Rechtsuchenden ein Tätigwerden außerhalb des Amtsbereichs gebieten.

(3) Urkundstätigkeiten außerhalb des Amtsbereichs hat der Notar der Aufsichtsbehörde oder nach deren Bestimmung der Notarkammer, der er angehört, unverzüglich und unter Angabe der Gründe mitzuteilen.

§ 11
Amtsbezirk

(1) Der Amtsbezirk des Notars ist der Oberlandesgerichtsbezirk, in dem er seinen Amtssitz hat.

(2) Der Notar darf Urkundstätigkeiten außerhalb seines Amtsbezirks nur vornehmen, wenn Gefahr im Verzuge ist oder die Aufsichtsbehörde es genehmigt hat.

(3) Ein Verstoß berührt die Gültigkeit der Urkundstätigkeit nicht, auch wenn der Notar die Urkundstätigkeit außerhalb des Landes vornimmt, in dem er zum Notar bestellt ist.

§ 11a
Tätigkeiten im Ausland

[1]Der Notar ist befugt, einen im Ausland bestellten Notar auf dessen Ersuchen bei seinen Amtsgeschäften zu unterstützen und sich zu diesem Zweck ins Ausland zu begeben, soweit nicht die Vorschriften des betreffenden Staates entgegenstehen. [2]Er hat hierbei die ihm nach deutschem Recht obliegenden Amtspflichten zu beachten. [3]Ein im Ausland bestellter Notar darf nur auf Ersuchen eines inländischen Notars im Geltungsbereich dieses Gesetzes kollegiale Hilfe leisten; Satz 1 gilt entsprechend. [4]Er hat hierbei die für einen deutschen Notar geltenden Amtspflichten zu beachten.

§ 12
Bestallungsurkunde

(1) [1]Die Notare werden von der Landesjustizverwaltung nach Anhörung der Notarkammer durch Aushändigung einer Bestellungsurkunde bestellt. [2]Die Urkunde soll den Amtsbezirk und den Amtssitz des Notars bezeichnen und die Dauer der Bestellung (§ 3 Abs. 1 und 2) angeben.

(2) [1]Abweichend von § 44 des Verwaltungsverfahrensgesetzes ist eine Bestellung nur dann nichtig, wenn keine Bestellungsurkunde ausgehändigt wurde und sich auch aus dem Akteninhalt nicht ergibt, dass eine Bestellung erfolgen sollte. [2]Liegt keine Nichtigkeit vor, ist jedoch die Anhörung der Notarkammer oder die Aushändigung der Bestellungsurkunde unterblieben, so ist dies unverzüglich nachzuholen.

§ 13
Eidesleistung

(1) [1]Nach Aushändigung der Bestellungsurkunde hat der Notar folgenden Eid zu leisten:

„Ich schwöre bei Gott, dem Allmächtigen und Allwissenden, die verfassungsmäßige Ordnung zu wahren und die Amtspflichten eines Notars gewissenhaft und unparteiisch zu erfüllen, so wahr mir Gott helfe".

[2]Wird der Eid von einer Notarin geleistet, so treten an die Stelle der Wörter „eines Notars" die Wörter „einer Notarin".

(2) [1]Gestattet ein Gesetz den Mitgliedern einer Religionsgesellschaft, an Stelle der Worte „Ich schwöre" andere Beteuerungsformeln zu gebrauchen, so kann der Notar, der Mitglied einer solchen Religionsgesellschaft ist, diese Beteuerungsformel sprechen. [2]Der Eid kann auch ohne religiöse Beteuerung geleistet werden.

(3) [1]Der Notar leistet den Eid vor dem Präsidenten des Landgerichts, in dessen Bezirk er seinen Amtssitz hat. [2]Vor der Eidesleistung soll er keine Amtshandlung vornehmen.

(4) Ist der Notar schon einmal als Notar vereidigt worden, so genügt es in der Regel, wenn er auf den früheren Eid hingewiesen wird.

2. Abschnitt
Ausübung des Amtes

§ 14
Allgemeine Berufspflichten

(1) [1]Der Notar hat sein Amt getreu seinem Eide zu verwalten. [2]Er hat nicht eine Partei zu vertreten, sondern die Beteiligten unabhängig und unparteiisch zu betreuen.

(2) Er hat seine Amtstätigkeit zu versagen, wenn sie mit seinen Amtspflichten nicht vereinbar wäre, insbesondere wenn seine Mitwirkung bei Handlungen verlangt wird, mit denen erkennbar unerlaubte oder unredliche Zwecke verfolgt werden.

(3) [1]Der Notar hat sich durch sein Verhalten innerhalb und außerhalb seines Amtes der Achtung und des Vertrauens, die dem notariellen Amt entgegengebracht werden, würdig zu zeigen. [2]Er hat jedes Verhalten zu vermeiden, das den Anschein eines Verstoßes gegen seine Amtspflichten erzeugt, insbesondere den Anschein der Abhängigkeit oder Parteilichkeit.

(4) [1]Dem Notar ist es abgesehen von den ihm durch Gesetz zugewiesenen Vermittlungstätigkeiten verboten, Darlehen sowie Grundstücksgeschäfte zu vermitteln, sich

an jeder Art der Vermittlung von Urkundsgeschäften zu beteiligen oder im Zusammenhang mit einer Amtshandlung eine Bürgschaft oder eine sonstige Gewährleistung zu übernehmen. [2]Er hat dafür zu sorgen, daß sich auch die bei ihm beschäftigten Personen nicht mit derartigen Geschäften befassen.

(5) [1]Der Notar darf keine mit seinem Amt unvereinbare Gesellschaftsbeteiligung eingehen. [2]Es ist ihm insbesondere verboten, sich an einer Gesellschaft, die eine Tätigkeit im Sinne des § 34c Abs. 1 der Gewerbeordnung ausübt, zu beteiligen, wenn er alleine oder zusammen mit den Personen, mit denen er sich nach § 9 verbunden oder mit denen er gemeinsame Geschäftsräume hat, mittelbar oder unmittelbar einen beherrschenden Einfluß ausübt.

(6) Der Notar hat sich in dem für seine Amtstätigkeit erforderlichen Umfang fortzubilden.

§ 15
Amtsverweigerung; Beschwerde

(1) [1]Der Notar darf seine Urkundstätigkeit nicht ohne ausreichenden Grund verweigern. [2]Zu einer Beurkundung in einer anderen als der deutschen Sprache ist er nicht verpflichtet.

(2) [1]Gegen die Verweigerung der Urkunds- oder sonstigen Tätigkeit des Notars findet die Beschwerde statt. [2]Beschwerdegericht ist eine Zivilkammer des Landgerichts in dessen Bezirk der Notar seinen Amtssitz hat. [3]Für das Verfahren gelten die Vorschriften des Gesetzes über das Verfahren in Familiensachen und in den Angelegenheiten der freiwilligen Gerichtsbarkeit.

§ 16
Ausschluß der Amtstätigkeit

(1) Soweit es sich bei Amtstätigkeiten des Notars nicht um Beurkundungen nach dem Beurkundungsgesetz handelt, gilt § 3 des Beurkundungsgesetzes entsprechend.

(2) Der Notar kann sich der Ausübung des Amtes wegen Befangenheit enthalten.

§ 17
Gebührenerhebung

(1) [1]Der Notar ist verpflichtet, für seine Tätigkeit die gesetzlich vorgeschriebenen Gebühren zu erheben. [2]Soweit nicht gesetzliche Vorschriften eine Gebührenbefreiung, eine Gebührenermäßigung oder eine Nichterhebung von Kosten wegen unrichtiger Sachbehandlung vorsehen, sind ein Gebührenerlass oder eine Gebührenermäßigung nur zulässig, soweit die Gebührenerhebung aufgrund außergewöhnlicher Umstände des Falls unbillig wäre und die Notarkammer dem Gebührenerlass oder der Gebührenermäßigung zugestimmt hat. [3]In den Tätigkeitsbereichen der Notarkasse und der Ländernotarkasse treten diese an die Stelle der Notarkammern. [4]Das Versprechen und Gewähren von Vorteilen im Zusammenhang mit einem Amtsgeschäft sowie jede Beteiligung Dritter an den Gebühren ist unzulässig.

(2) Beteiligten, denen nach den Vorschriften der Zivilprozeßordnung die Prozeßkostenhilfe zu bewilligen wäre, hat der Notar seine Urkundstätigkeit in sinngemäßer Anwendung der Vorschriften der Zivilprozeßordnung vorläufig gebührenfrei oder gegen Zahlung der Gebühren in Monatsraten zu gewähren.

§ 18
Pflicht zur Verschwiegenheit; Ausnahmen

(1) [1]Der Notar ist zur Verschwiegenheit verpflichtet. [2]Diese Pflicht bezieht sich auf alles, was ihm bei Ausübung seines Amtes bekannt geworden ist. [3]Dies gilt nicht für Tatsachen, die offenkundig sind oder ihrer Bedeutung nach keiner Geheimhaltung bedürfen.

(2) Die Pflicht zur Verschwiegenheit entfällt, wenn die Beteiligten Befreiung hiervon erteilen; sind Beteiligte verstorben oder ist Äußerung von ihnen nicht oder nur mit unverhältnismäßigen Schwierigkeiten zu erlangen, so kann an ihrer Stelle die Aufsichtsbehörde die Befreiung erteilen.

(3) [1]Bestehen im Einzelfall Zweifel über die Pflicht zur Verschwiegenheit, so kann der Notar die Entscheidung der Aufsichtsbehörde nachsuchen. [2]Soweit diese die Pflicht verneint, können daraus, daß sich der Notar geäußert hat, Ansprüche gegen ihn nicht hergeleitet werden.

(4) Die Pflicht zur Verschwiegenheit bleibt auch nach dem Erlöschen des Amtes bestehen.

§ 18a
Zugang zu Inhalten notarieller Urkunden und Verzeichnisse zu Forschungszwecken

(1) Personen, die historische oder sonstige wissenschaftliche Forschung betreiben, ist nach Maßgabe der nachfolgenden Vorschriften Zugang zu Inhalten notarieller Urkunden und Verzeichnisse zu gewähren, soweit

1. dies für die Durchführung eines wissenschaftlichen Forschungsvorhabens erforderlich ist

und

2. seit dem Tag der Beurkundung oder seit dem Tag der Eintragung in das Verzeichnis mehr als 70 Jahre vergangen sind.

(2) [1]Der Zugang ist in Textform bei der verwahrenden Stelle oder bei der zuständigen Landesjustizverwaltung zu beantragen. [2]In dem Antrag sind das Forschungsvorhaben und die Urkunden und Verzeichnisse, zu deren Inhalten Zugang begehrt wird, möglichst genau zu bezeichnen. [3]Zudem ist in ihm darzulegen, warum der Zugang zur Durchführung des Forschungsvorhabens erforderlich ist. [4]Wird ein nicht anonymisierter Zugang nach § 18b Absatz 1 Nummer 1 begehrt, ist zudem darzulegen, warum der Forschungszweck nur mithilfe von Inhalten erreicht werden kann, die der Verschwiegenheitspflicht unterliegen. [5]Wird der Zugang von einer juristischen Person beantragt, so hat diese eine natürliche Person zu benennen, die das Forschungsvorhaben leitet.

(3) [1]Über den Antrag nach Absatz 2 entscheidet die zuständige Landesjustizverwaltung nach Anhörung der verwahrenden Stelle. [2]Der Antrag kann abgelehnt werden, wenn die Ermittlung und Prüfung der notariellen Urkunden und Verzeichnisse einen unzumutbaren Aufwand erfordern würden.

§ 18b
Form des Zugangs zu Forschungszwecken

(1) Die Landesjustizverwaltung hat den Zugang zu Inhalten notarieller Urkunden und Verzeichnisse zu Forschungszwecken anonymisiert zu gewähren, soweit nicht

1. der Forschungszweck nur mithilfe von Inhalten, die der Verschwiegenheitspflicht nach § 18 unterliegen, erreicht werden kann oder
2. die Anonymisierung einen unverhältnismäßigen Aufwand erfordern würde.

(2) [1]Kommt nach Absatz 1 ein nicht anonymisierter Zugang in Betracht, so darf die Landesjustizverwaltung einen solchen nur gewähren, soweit das Forschungsinteresse das Interesse der vom Inhalt der Urkunde oder des Verzeichnisses betroffenen natürlichen oder juristischen Personen an der Geheimhaltung überwiegt. [2]Bestehen Anhaltspunkte dafür, dass das Interesse betroffener Personen an der Geheimhaltung das Forschungsinteresse überwiegen könnte, so ist den betroffenen Personen vor der Gewährung eines nicht anonymisierten Zugangs Gelegenheit zur Stellungnahme zu geben. [3]Kann eine Stellungnahme nicht oder nur mit unverhältnismäßigen Schwierigkeiten erlangt werden, so kann ohne diese Stellungnahme entschieden werden.

(3) [1]Die verwahrende Stelle hat den von der Landesjustizverwaltung gewährten Zugang durch die Erteilung von Auskünften zu eröffnen, soweit hierdurch der Forschungszweck erreicht werden kann und die Erteilung keinen unverhältnismäßigen Aufwand erfordert. [2]Anderenfalls hat sie Einsichtnahme in die Urkunden und Verzeichnisse zu ermöglichen und auf Verlangen Abschriften zur Verfügung zu stellen. [3]Eine Herausgabe der Urkunden und Verzeichnisse ist nicht zulässig.

(4) Ein nicht anonymisierter Zugang wird nur Forschenden eröffnet, die das Forschungsvorhaben als Amtsträger oder für den öffentlichen Dienst besonders Verpflichtete durchführen oder die zuvor entsprechend § 1 Absatz 2, 3 und 4 Nummer 2 des Verpflichtungsgesetzes zur Geheimhaltung verpflichtet wurden.

§ 18c
Schutz von Inhalten beim Zugang zu Forschungszwecken

(1) [1]Forschende haben diejenigen ihnen zu Forschungszwecken zugänglich gemachten Inhalte notarieller Urkunden und Verzeichnisse, die der Verschwiegenheitspflicht nach § 18 unterliegen gegen unbefugte Kenntnisnahme zu schützen. [2]Sie haben die an dem Forschungsvorhaben mitwirkenden Personen, die Zugang zu solchen Inhalten erhalten sollen, in Textform zur Verschwiegenheit zu verpflichten und auf die Strafbarkeit einer Pflichtverletzung hinzuweisen. [3]Inhalte im Sinne des Satzes 1 sind zu vernichten, sobald sie für das Forschungsvorhaben nicht mehr benötigt werden.

(2) [1]Inhalte im Sinne des Absatzes 1 Satz 1 dürfen nur für das Forschungsvorhaben verwendet werden, für das der Zugang gewährt worden ist. [2]Die Verwendung für

andere Forschungsvorhaben bedarf der vorherigen Zustimmung der Landesjustizverwaltung. [3]Für die Erteilung der Zustimmung gelten § 18a Absatz 1 und § 18b Absatz 1 und 2 Satz 2 und 3 entsprechend.

(3) [1]Forschende dürfen Inhalte im Sinne des Absatzes 1 Satz 1 nur veröffentlichen, wenn dies für die Darstellung des Forschungsergebnisses unerlässlich ist. [2]Eine Veröffentlichung bedarf der vorherigen Zustimmung der Landesjustizverwaltung. [3]§ 18b Absatz 2 Satz 2 und 3 gilt entsprechend.

§ 18d
Kosten des Zugangs zu Forschungszwecken

(1) [1]Für den Zugang zu Inhalten notarieller Urkunden und Verzeichnisse zu Forschungszwecken werden Gebühren nach dem Gebührenverzeichnis der Anlage 1 erhoben. [2]Soweit die einen Kostentatbestand auslösende Amtshandlung von einem Notar oder einer Notarkammer vorgenommen wurde, sind bundesrechtliche oder landesrechtliche Vorschriften, durch die eine sachliche oder persönliche Befreiung von Kosten gewährt wird, nicht anzuwenden. [3]Im Übrigen sind mit Ausnahme des dortigen § 4 Absatz 2 Satz 1 die Vorschriften des Justizverwaltungskostengesetzes entsprechend anzuwenden.

(2) [1]Die Kosten werden von der Landesjustizverwaltung angesetzt. Soweit die einen Kostentatbestand auslösende Amtshandlung von einem Notar oder einer Notarkammer vorgenommen wurde, führt die Landesjustizverwaltung die hierfür vereinnahmten Kosten an die vornehmende Stelle ab. [2]Soweit die vornehmende Stelle auf die Kosten Umsatzsteuer zu entrichten hat, ist diese mit anzusetzen.

§ 19
Amtspflichtverletzung des Notars; Notarassessor

(1) [1]Verletzt der Notar vorsätzlich oder fahrlässig die ihm anderen gegenüber obliegende Amtspflicht, so hat er diesen den daraus entstehenden Schaden zu ersetzen. [2]Fällt dem Notar nur Fahrlässigkeit zur Last, so kann er nur dann in Anspruch genommen werden, wenn die Verletzten nicht auf andere Weise Ersatz zu erlangen vermögen; das gilt jedoch nicht bei Amtsgeschäften der in §§ 23, 24 bezeichneten Art im Verhältnis zwischen dem Notar und seinen Auftraggebern. [3]Im übrigen sind die Vorschriften des Bürgerlichen Gesetzbuchs über die Schadensersatzpflicht im Fall einer von einem Beamten begangenen Amtspflichtverletzung entsprechend anwendbar. [4]Eine Haftung des Staates an Stelle des Notars besteht nicht.

(2) [1]Hat ein Notarassessor bei selbständiger Erledigung eines Geschäfts der in §§ 23, 24 bezeichneten Art eine Amtspflichtverletzung begangen, so haftet er in entsprechender Anwendung des Absatzes 1. [2]Hatte ihm der Notar das Geschäft zur selbständigen Erledigung überlassen, so haftet er neben dem Assessor gesamtschuldnerisch; im Verhältnis zwischen dem Notar und dem Assessor ist der Assessor allein verpflichtet. [3]Durch das Dienstverhältnis des Assessors zum Staat (§ 7 Abs. 3) wird eine Haftung des Staates nicht begründet. [4]Ist der Assessor als Notarvertretung des Notars tätig gewesen, so bestimmt sich die Haftung nach § 46.

(3) Für Schadensersatzansprüche nach Absatz 1 und 2 sind die Landgerichte ohne Rücksicht auf den Wert des Streitgegenstandes ausschließlich zuständig.

§ 19a
Berufshaftpflichtversicherungspflicht

(1) [1]Der Notar ist verpflichtet, eine Berufshaftpflichtversicherung zu unterhalten zur Deckung der Haftpflichtgefahren für Vermögensschäden, die sich aus seiner Berufstätigkeit und der Tätigkeit von Personen ergeben, für die er haftet. [2]Die Versicherung muß bei einem im Inland zum Geschäftsbetrieb befugten Versicherungsunternehmen zu den nach Maßgabe des Versicherungsaufsichtsgesetzes eingereichten allgemeinen Versicherungsbedingungen genommen werden. [3]Die Versicherung muß für alle nach Satz 1 zu versichernden Haftpflichtgefahren bestehen und für jede einzelne Amtspflichtverletzung gelten, die Haftpflichtansprüche gegen den Notar zur Folge haben könnte.

(2) [1]Vom Versicherungsschutz können ausgeschlossen werden

1. Ersatzansprüche wegen wissentlicher Pflichtverletzung,
2. Ersatzansprüche aus der Tätigkeit im Zusammenhang mit der Beratung über außereuropäisches Recht, es sei denn, daß die Amtspflichtverletzung darin besteht, daß die Möglichkeit der Anwendbarkeit dieses Rechts nicht erkannt wurde,
3. Ersatzansprüche wegen Veruntreuung durch Personal des Notars, soweit nicht der Notar wegen fahrlässiger Verletzung seiner Amtspflicht zur Überwachung des Personals in Anspruch genommen wird.

[2]Ist bei Vorliegen einer Amtspflichtverletzung nur streitig, ob der Ausschlußgrund gemäß Nummer 1 vorliegt, und lehnt der Berufshaftpflichtversicherer deshalb die Regulierung ab, hat er gleichwohl bis zur Höhe der für den Versicherer, der Schäden aus vorsätzlicher Handlung deckt, geltenden Mindestversicherungssumme zu leisten. [3]Soweit der Berufshaftpflichtversicherer den Ersatzberechtigten befriedigt, geht der Anspruch des Ersatzberechtigten gegen den Notar, die Notarkammer, den Versicherer gemäß § 67 Abs. 3 Nr. 3 oder einen sonstigen Ersatzberechtigten auf ihn über. [4]Der Berufshaftpflichtversicherer kann von den Personen, für deren Verpflichtungen er gemäß Satz 2 einzustehen hat, wie ein Beauftragter Ersatz seiner Aufwendungen verlangen.

(3) [1]Die Mindestversicherungssumme beträgt 500 000 Euro für jeden Versicherungsfall. [2]Die Leistungen des Versicherers für alle innerhalb eines Versicherungsjahres verursachten Schäden dürfen auf den doppelten Betrag der Mindestversicherungssumme begrenzt werden. [3]Der Versicherungsvertrag muß dem Versicherer die Verpflichtung auferlegen, der Landesjustizverwaltung und der Notarkammer den Beginn und die Beendigung oder Kündigung des Versicherungsvertrages sowie jede Änderung des Versicherungsvertrages, die den vorgeschriebenen Versicherungsschutz beeinträchtigt, unverzüglich mitzuteilen. [4]Im Versicherungsvertrag kann vereinbart werden, daß sämtliche Amtspflichtverletzungen bei der Erledigung eines einheitlichen Amtsgeschäftes, mögen diese auf dem Verhalten des Notars oder einer von ihm herangezogenen Hilfsperson beruhen, als ein Versicherungsfall gelten.

(4) Die Vereinbarung eines Selbstbehaltes bis zu einem Prozent der Mindestversicherungssumme ist zulässig.

(5) Zuständige Stelle im Sinne des § 117 Abs. 2 des Versicherungsvertragsgesetzes ist die Landesjustizverwaltung.

(6) Die Landesjustizverwaltung oder die Notarkammer, der der Notar angehört, erteilt Dritten zur Geltendmachung von Schadensersatzansprüchen auf Antrag Auskunft über den Namen und die Adresse der Berufshaftpflichtversicherung des Notars sowie die Versicherungsnummer, soweit der Notar kein überwiegendes schutzwürdiges Interesse an der Nichterteilung der Auskunft hat; dies gilt auch, wenn das notarielle Amt erloschen ist.

3. Abschnitt
Die Amtstätigkeit

§ 20
Beurkundungs- und Beglaubigungstätigkeit

(1) [1]Die Notare sind zuständig, Beurkundungen jeder Art vorzunehmen sowie Unterschriften, Handzeichen und Abschriften zu beglaubigen. [2]Zu ihren Aufgaben gehören insbesondere auch die Beurkundung von Versammlungsbeschlüssen, die Vornahme von Verlosungen und Auslosungen, die Aufnahme von Vermögensverzeichnissen, Nachlassverzeichnissen und Nachlassinventaren, die Vermittlung von Nachlass- und Gesamtgutsauseinandersetzungen einschließlich der Erteilung von Zeugnissen nach den §§ 36 und 37 der Grundbuchordnung, die Anlegung und Abnahme von Siegeln, die Aufnahme von Protesten, die Zustellung von Erklärungen sowie die Beurkundung amtlich von ihnen wahrgenommener Tatsachen.

(2) Die Notare sind auch zuständig, Auflassungen entgegenzunehmen sowie Teilhypotheken- und Teilgrundschuldbriefe auszustellen.

(3) [1]Die Notare sind ferner zuständig, freiwillige Versteigerungen durchzuführen. [2]Eine Versteigerung beweglicher Sachen sollen sie nur vornehmen, wenn diese durch die Versteigerung unbeweglicher Sachen oder durch eine von dem Notar beurkundete oder vermittelte Vermögensauseinandersetzung veranlaßt ist.

(4) Die Notare sind auch zur Vermittlung nach den Bestimmungen des Sachenrechtsbereinigungsgesetzes zuständig.

(5) Inwieweit die Notare zur Anlegung und Abnahme von Siegeln im Rahmen eines Nachlasssicherungsverfahrens zuständig sind, bestimmt sich nach den landesrechtlichen Vorschriften.

§ 21
Bescheinigungen über Registereintragungen

(1) [1]Die Notare sind zuständig,

1. Bescheinigungen über eine Vertretungsberechtigung sowie
2. Bescheinigungen über das Bestehen oder den Sitz einer juristischen Person oder Handelsgesellschaft, die Firmenänderung, eine Umwandlung oder sonstige rechtserhebliche Umstände auszustellen,

wenn sich diese Umstände aus einer Eintragung im Handelsregister oder in einem ähnlichen Register ergeben. [2]Die Bescheinigung hat die gleiche Beweiskraft wie ein Zeugnis des Registergerichts.

(2) [1]Der Notar darf die Bescheinigung nur ausstellen, wenn er sich zuvor über die Eintragung Gewißheit verschafft hat, die auf Einsichtnahme in das Register oder in eine beglaubigte Abschrift hiervon beruhen muß. [2]Er hat den Tag der Einsichtnahme in das Register oder den Tag der Ausstellung der Abschrift in der Bescheinigung anzugeben.

(3) [1]Die Notare sind ferner dafür zuständig, Bescheinigungen über eine durch Rechtsgeschäft begründete Vertretungsmacht auszustellen. [2]Der Notar darf die Bescheinigung nur ausstellen, wenn er sich zuvor durch Einsichtnahme in eine öffentliche oder öffentlich beglaubigte Vollmachtsurkunde über die Begründung der Vertretungsmacht vergewissert hat. [3]In der Bescheinigung ist anzugeben, in welcher Form und an welchem Tag die Vollmachtsurkunde dem Notar vorgelegen hat.

§ 22
Abnahme von Eiden und Aufnahme eidesstattlicher Versicherungen

(1) Zur Abnahme von Eiden sowie zu eidlichen Vernehmungen sind die Notare nur zuständig, wenn der Eid oder die eidliche Vernehmung nach dem Recht eines ausländischen Staates oder nach den Bestimmungen einer ausländischen Behörde oder sonst zur Wahrnehmung von Rechten im Ausland erforderlich ist.

(2) Die Aufnahme eidesstattlicher Versicherungen steht den Notaren in allen Fällen zu, in denen einer Behörde oder sonstigen Dienststelle eine tatsächliche Behauptung oder Aussage glaubhaft gemacht werden soll.

§ 22a
(weggefallen)

§ 23
Wertgegenstände; Aufbewahrung, Ablieferung

Die Notare sind auch zuständig, Geld, Wertpapiere und Kostbarkeiten, die ihnen von den Beteiligten übergeben sind, zur Aufbewahrung oder zur Ablieferung an Dritte zu übernehmen; die §§ 57 bis 62 des Beurkundungsgesetzes bleiben unberührt.

§ 24
Beratung und Vertretung der Beteiligten

(1) [1]Zu dem Amt des Notars gehört auch die sonstige Betreuung der Beteiligten auf dem Gebiete vorsorgender Rechtspflege, insbesondere die Anfertigung von Urkundenentwürfen und die Beratung der Beteiligten. [2]Der Notar ist auch, soweit sich nicht aus anderen Vorschriften Beschränkungen ergeben, in diesem Umfange befugt, die Beteiligten vor Gerichten und Verwaltungsbehörden zu vertreten.

(2) [1]Nimmt ein Anwaltsnotar Handlungen der in Absatz 1 bezeichneten Art vor, so ist anzunehmen, daß er als Notar tätig geworden ist, wenn die Handlung bestimmt ist,

Amtsgeschäfte der in den §§ 20 bis 23 bezeichneten Art vorzubereiten oder auszuführen. [2]Im übrigen ist im Zweifel anzunehmen, daß er als Rechtsanwalt tätig geworden ist.

(3) [1]Soweit der Notar kraft Gesetzes ermächtigt ist, im Namen der Beteiligten bei dem Grundbuchamt oder bei den Registerbehörden Anträge zu stellen (insbesondere § 15 Abs. 2 der Grundbuchordnung, § 25 der Schiffsregisterordnung, § 378 des Gesetzes über das Verfahren in Familiensachen und in den Angelegenheiten der freiwilligen Gerichtsbarkeit), ist er auch ermächtigt, die von ihm gestellten Anträge zurückzunehmen. [2]Die Rücknahmeerklärung ist wirksam, wenn sie mit der Unterschrift und dem Amtssiegel des Notars versehen ist; eine Beglaubigung der Unterschrift ist nicht erforderlich.

4. Abschnitt
Sonstige Pflichten des Notars

§ 25
Beschäftigung

(1) Der Notar darf Personen mit Befähigung zum Richteramt, Laufbahnprüfung für das Amt des Bezirksnotars oder Abschluß als Diplom-Jurist nur beschäftigen, soweit seine persönliche Amtsausübung nicht gefährdet wird.

(2) [1]Die Landesregierungen oder die von ihnen durch Rechtsverordnung bestimmten Stellen werden ermächtigt, zur Wahrung der Belange einer geordneten Rechtspflege durch Rechtsverordnung zu bestimmen, daß der Notar Personen mit Befähigung zum Richteramt, Laufbahnprüfung für das Amt des Bezirksnotars oder Abschluß als Diplom-Jurist nur beschäftigen darf, wenn die Aufsichtsbehörde dies nach Anhörung der Notarkammer genehmigt hat. [2]Die Genehmigung kann mit Nebenbestimmungen verbunden werden.

§ 26
Förmliche Verpflichtung beschäftigter Personen

[1]Der Notar hat die von ihm beschäftigten Personen bei ihrer Einstellung nach § 1 des Verpflichtungsgesetzes förmlich zu verpflichten. [2]Hierbei ist auf die Bestimmungen des § 14 Abs. 4 und des § 18 besonders hinzuweisen. [3]Hat sich ein Notar mit anderen Personen zur gemeinschaftlichen Berufsausübung zusammengeschlossen und besteht zu den Beschäftigten ein einheitliches Beschäftigungsverhältnis, so genügt es, wenn ein Notar die Verpflichtung vornimmt. [4]Der Notar hat in geeigneter Weise auf die Einhaltung der Verschwiegenheitspflicht durch die von ihm beschäftigten Personen hinzuwirken. [5]Den von dem Notar beschäftigten Personen stehen die Personen gleich, die im Rahmen einer berufsvorbereitenden Tätigkeit oder einer sonstigen Hilfstätigkeit an seiner beruflichen Tätigkeit mitwirken. [6]Die Sätze 1 bis 3 gelten nicht für Notarassessoren und Referendare.

§ 26a
Inanspruchnahme von Dienstleistungen

(1) [1]Der Notar darf Dienstleistern ohne Einwilligung der Beteiligten den Zugang zu Tatsachen eröffnen, auf die sich die Verpflichtung zur Verschwiegenheit gemäß § 18 bezieht, soweit dies für die Inanspruchnahme der Dienstleistung erforderlich ist. [2]Dienstleister ist eine andere Person oder Stelle, die vom Notar im Rahmen seiner Berufsausübung mit Dienstleistungen beauftragt wird.

(2) [1]Der Notar ist verpflichtet, den Dienstleister sorgfältig auszuwählen. [2]Die Zusammenarbeit muss unverzüglich beendet werden, wenn die Einhaltung der dem Dienstleister gemäß Absatz 3 zu machenden Vorgaben nicht gewährleistet ist.

(3) [1]Der Vertrag mit dem Dienstleister bedarf der Textform. [2]In ihm ist

1. der Dienstleister unter Belehrung über die strafrechtlichen Folgen einer Pflichtverletzung zur Verschwiegenheit zu verpflichten,
2. der Dienstleister zu verpflichten, sich nur insoweit Kenntnis von fremden Geheimnissen zu verschaffen, als dies zur Vertragserfüllung erforderlich ist, und
3. festzulegen, ob der Dienstleister befugt ist, weitere Personen zur Erfüllung des Vertrags heranzuziehen; für diesen Fall ist dem Dienstleister aufzuerlegen, diese Personen in Textform zur Verschwiegenheit zu verpflichten.

(4) Bei der Inanspruchnahme von Dienstleistungen, die unmittelbar einem einzelnen Amtsgeschäft dienen, darf der Notar dem Dienstleister den Zugang zu fremden Geheimnissen nur dann eröffnen, wenn der Beteiligte darin eingewilligt hat.

(5) Die Absätze 2 und 3 gelten auch für den Fall der Inanspruchnahme von Dienstleistungen, in die die Beteiligten eingewilligt haben, sofern die Beteiligten nicht ausdrücklich auf die Einhaltung der in den Absätzen 2 und 3 genannten Anforderungen verzichtet haben.

(6) [1]Absatz 3 gilt nicht in den Fällen, in denen der Dienstleister nach § 1 des Verpflichtungsgesetzes förmlich verpflichtet wurde. [2]Absatz 3 Satz 2 gilt nicht, soweit der Dienstleister hinsichtlich der zu erbringenden Dienstleistung gesetzlich zur Verschwiegenheit verpflichtet ist.

(7) Andere Vorschriften, die für Notare die Inanspruchnahme von Dienstleistungen einschränken, sowie die Vorschriften zum Schutz personenbezogener Daten bleiben unberührt.

§ 27
Anzeigepflicht bei Soziierung

(1) [1]Der Notar hat eine Verbindung zur gemeinsamen Berufsausübung oder zur gemeinsamen Nutzung der Geschäftsräume unverzüglich der Aufsichtsbehörde und der Notarkammer anzuzeigen. [2]Diese Anzeigepflicht gilt auch für berufliche Verbindungen im Sinne von § 3 Abs. 1 Satz 1 Nr. 7 des Beurkundungsgesetzes. [3]Anzuzeigen sind Name, Beruf, weitere berufliche Tätigkeiten und Tätigkeitsort der Beteiligten. [4]§ 9 bleibt unberührt.

(2) Auf Anforderung hat der Notar der Aufsichtsbehörde und der Notarkammer die Vereinbarung über die gemeinsame Berufsausübung oder die gemeinsame Nutzung der Geschäftsräume vorzulegen.

§ 28
Allgemeine Vorsorgepflicht

Der Notar hat durch geeignete Vorkehrungen die Wahrung der Unabhängigkeit und Unparteilichkeit seiner Amtsführung, insbesondere die Einhaltung der Mitwirkungsverbote und weiterer Amtspflichten nach den Bestimmungen dieses Gesetzes, des Beurkundungsgesetzes und des Gerichts- und Notarkostengesetzes sicherzustellen.

§ 29
Werbung

(1) Der Notar hat jedes gewerbliche Verhalten, insbesondere eine dem öffentlichen Amt widersprechende Werbung zu unterlassen.

(2) [1]Ist ein dem Notar in Ausübung seiner Tätigkeiten nach § 8 erlaubtes Auftreten mit den Maßstäben des Absatzes 1 nicht zu vereinbaren, so ist es von seinem Auftreten als Notar zu trennen. [2]Enthält ein Auftreten im Sinne des Satzes 1 Hinweise auf die notarielle Tätigkeit, so ist deutlich zu machen, dass es sich nicht auf die notarielle Tätlakeit bezieht.

(3) [1]Ein Anwaltsnotar, der sich nach § 9 Abs. 2 mit nicht an seinem Amtssitz tätigen Personen verbunden hat oder der weitere Kanzleien oder Zweigstellen unterhält, darf auf Geschäftspapieren, in Verzeichnissen, in der Werbung und auf nicht an einer Geschäftsstelle befindlichen Geschäftsschildern seine Amtsbezeichnung als Notar nur unter Hinweis auf seinen Amtssitz angeben. [2]Der Hinweis muss der Amtsbezeichnung unmittelbar nachfolgen, ihr im Erscheinungsbild entsprechen und das Wort „Amtssitz" enthalten. [3]Satz 1 gilt nicht, soweit die Geschäftspapiere, die Verzeichnisse oder die Werbung keinen Hinweis auf die Verbindung nach § 9 Absatz 2 oder weitere Kanzleien oder Zweigstellen enthalten.

(4) Amts- und Namensschilder dürfen nur an Geschäftsstellen geführt werden.

§ 30
Ausbildungspflichten

(1) Der Notar hat bei der Ausbildung des beruflichen Nachwuchses und von Referendaren nach besten Kräften mitzuwirken.

(2) Der Notar hat den von ihm beschäftigten Auszubildenden eine sorgfältige Fachausbildung zu vermitteln.

§ 31
Allgemeine Verhaltenspflicht

Der Notar hat sich gegenüber anderen Notaren, Notarassessoren, Gerichten, Behörden, Rechtsanwälten und anderen seine Auftraggeber beratende Personen in der seinem Amt entsprechenden Weise zu verhalten.

§ 32*)
Zeitschriftenbezug

[1]Der Notar hat das Bundesgesetzblatt Teil I, das Gesetzblatt des Landes, das Bekanntmachungsblatt der Landesjustizverwaltung und das Verkündungsblatt der Bundesnotarkammer zu halten. [2]Sind mehrere Notare zu gemeinsamer Berufsausübung verbunden, so genügt der gemeinschaftliche Bezug je eines Stücks.

§ 33
Elektronische Signatur

(1) [1]Der Notar muss über ein auf Dauer prüfbares qualifiziertes Zertifikat eines qualifizierten Vertrauensdiensteanbieters und über die technischen Mittel für die Erzeugung und Validierung qualifizierter elektronischer Signaturen verfügen. [2]Bei der erstmaligen Beantragung eines qualifizierten Zertifikats für elektronische Signaturen hat die Identifizierung durch die öffentliche Beglaubigung der Unterschrift des Notars unter dem Antrag zu erfolgen. [3]Das qualifizierte Zertifikat muss mit einem Attribut versehen sein, welches den Inhaber als Notar ausweist und daneben den Amtssitz des Notars sowie das Land und die Notarkammer enthält, in deren Bezirk der Notar seinen Amtssitz hat.

(2) Der Notar darf sein qualifiziertes Zertifikat nur von einem qualifizierten Vertrauensdiensteanbieter beziehen, der gewährleistet, dass das Zertifikat unverzüglich gesperrt wird, sobald das Erlöschen des Amtes des Notars oder eine vorläufige Amtsenthebung in das Notarverzeichnis eingetragen wird.

(3) [1]Die zur Erzeugung qualifizierter elektronischer Signaturen erforderlichen elektronischen Signaturerstellungsdaten sind vom Notar auf einer qualifizierten elektronischen Signaturerstellungseinheit zu verwalten. [2]Abweichend davon können sie auch von der Notarkammer oder der Bundesnotarkammer verwaltet werden, wenn sichergestellt ist, dass die qualifizierte elektronische Signatur nur mittels eines kryptografischen Schlüssels erzeugt werden kann, der auf einer kryptografischen Hardwarekomponente gespeichert ist.

(4) [1]Der Notar darf die qualifizierte elektronische Signaturerstellungseinheit oder die kryptografisehe Hardwarekomponente keiner anderen Person überlassen. [2]Der Notar darf keine Wissensdaten preisgeben, die er zur Identifikation gegenüber qualifizierten elektronischen Signaturerstellungseinheit oder der kryptografischen Hardwarekomponente benutzt.

§ 34
Meldepflichten

(1) [1]Der Notar hat der Aufsichtsbehörde sowie derjenigen Notarkammer, in deren Bezirk er seinen Amtssitz hat, unverzüglich mitzuteilen, wenn er feststellt oder begründeten Anlass zu der Annahme hat, dass

1. sein Amtssiegel dauerhaft oder zeitweise abhandengekommen ist oder missbraucht wurde oder eine Fälschung seines Amtssiegels im Umlauf ist,

---

*) Entfällt ab 1.1.2023, zugleich Neufassung § 14 Art. 3 des Gesetzes vom 25.6.2021, BGBl. I S. 2195.

2. seine qualifizierte elektronische Signaturerstellungseinheit abhandengekommen ist, missbraucht oder manipuliert wurde oder Wissensdaten zur Identifikation des Notars gegenüber der qualifizierten elektronischen Signaturerstellungseinheit einer anderen Person bekannt geworden sind,

3. Wissensdaten oder andere Vorkehrungen, die zum Schutz des Elektronischen Urkundenarchivs, des Elektronischen Notariatsaktenspeichers, des Zentralen Vorsorgeregisters oder des Zentralen Testamentsregisters vor unbefugtem Zugang vorgesehen sind, missbraucht, manipuliert oder Unbefugten zugänglich geworden sind.

[2]Im Fall des Satzes 1 Nummer 2 hat der Notar außerdem unverzüglich eine Sperrung des qualifizierten Zertifikats bei dem Vertrauensdiensteanbieter zu veranlassen und den Nachweis über die Sperrung mit der Mitteilung nach Satz 1 vorzulegen. [3]Im Fall des Satzes 1 Nummer 3 hat die Notarkammer unverzüglich die Bundesnotarkammer zu unterrichten, wenn Anlass zu der Annahme besteht, dass die Sicherheit des Elektronischen Urkundenarchivs, des Elektronischen Notariatsaktenspeichers, des Zentralen Vorsorgeregisters oder des Zentralen Testamentsregisters auch im Hinblick auf die von anderen Stellen übermittelten oder verwahrten Daten betroffen ist gegenüber seiner qualifizierten elektronischen Signaturerstellungseinheit benutzt.

Abschnitt 4a
Führung der Akten und Verzeichnisse

§ 35
Führung der Akten und Verzeichnisse*)

(1) [1]Der Notar ist verpflichtet, Akten und Verzeichnisse so zu führen, dass deren Verfügbarkeit, Integrität, Transparenz und Vertraulichkeit gewährleistet sind. [2]Er ist befugt, in den Akten und Verzeichnissen die zur Durchführung der Amtsgeschäfte erforderlichen personenbezogenen Daten, einschließlich solcher besonderer Kategorien, zu verarbeiten. [3]Dies umfasst insbesondere

1. Kontaktdaten der Beteiligten,
2. Daten, die zur Identifizierung der Beteiligten erhoben wurden, und
3. Daten, die für den Gegenstand des Amtsgeschäfts erforderlich sind oder die auf Wunsch der Beteiligten aufgenommen werden sollen

(2) [1]Der Notar kann Akten und Verzeichnisse in Papierform oder elektronisch führen, soweit die Form nicht durch oder auf Grund eines Gesetzes vorgeschrieben ist. [2]Zusätzlich darf er für die Aktenführung Hilfsmittel verwenden, deren Vertraulichkeit ebenfalls zu gewährleisten ist und für die Absatz 1 Satz 2 und 3 entsprechend gilt. [3]Werden Akten einer anderen Stelle zur Verwahrung übergeben, hat dies auch die zugehörigen Hilfsmittel zu umfassen.

(3) [1]Akten und Verzeichnisse in Papierform darf der Notar außerhalb seiner Geschäftsstelle nur bei der Notarkammer oder mit Genehmigung der Aufsichtsbehörde führen. [2]Seine Verfügungsgewalt muss gewahrt bleiben. [3]Außer im Fall der

*) § 35 BNotO trat am 01.01.2020 in Kraft.

Führung bei der Notarkammer darf eine gemeinsame Führung nur im Zusammenschluss mit anderen Notaren erfolgen. [4]Die Genehmigung nach Satz 1 ist zu erteilen, wenn sichergestellt ist, dass die Anforderungen des Absatzes 1 und des Satzes 2 eingehalten werden. [5]Die Genehmigung kann mit Nebenbestimmungen verbunden werden. [6]Vor der Erteilung oder der Aufhebung der Genehmigung ist die Notarkammer anzuhören. [7]Die Führung bei der Notarkammer ist der Aufsichtsbehörde mitzuteilen.

(4) Elektronische Akten und Verzeichnisse darf der Notar außerhalb der Geschäftsstelle nur im Elektronischen Urkundenarchiv oder im Elektronischen Notariatsaktenspeicher führen.

(5) Zur Führung der Akten und Verzeichnisse dürfen nur Personen herangezogen werden, die bei dem Notar oder im Fall des Absatzes 3 Satz 3 bei dem Zusammenschluss der Notare beschäftigt sind. Absatz 3 Satz 1 und Absatz 4 bleiben unberührt.

(6) Nach Ablauf der Aufbewahrungsfristen ist die verwahrende Stelle verpflichtet, die in Papierform geführten Akten und Verzeichnisse zu vernichten und die elektronisch geführten Akten und Verzeichnisse zu löschen, sofern nicht im Einzelfall eine weitere Aufbewahrung erforderlich ist.

§ 36
Verordnungsermächtigung zu Akten und Verzeichnissen

(1) [1]Das Bundesministerium der Justiz und für Verbraucherschutz hat durch Rechtsverordnung mit Zustimmung des Bundesrates die näheren Bestimmungen zu treffen über die vom Notar zu führenden Akten und Verzeichnisse, über deren Inhalt sowie die Art und Weise ihrer Führung. [2]Insbesondere sind darin nähere Bestimmungen zu treffen über

1. die vom Notar zu den Akten zu nehmenden Unterlagen sowie die in die Verzeichnisse einzutragenden Angaben einschließlich der zu erhebenden Daten und der insoweit zu beachtenden Fristen,
2. die Aufbewahrungsfristen,
3. die Einzelheiten der elektronischen Führung von Akten und Verzeichnissen nach § 35 Abs. 2 sowie über die Maßnahmen zur Gewährleistung der Vertraulichkeit, der Integrität, der Transparenz und der Verfügbarkeit auch über die Amtszeit des Notars hinaus einschließlich der zulässigen Datenformate sowie der Schnittstellen und der Datenverknüpfungen zwischen den Akten und Verzeichnissen,
4. die Voraussetzungen, unter denen die durch oder auf Grund eines Gesetzes vorgesehene Übertragung eines in Papierform vorliegenden Schriftstücks in die elektronische Form unterbleiben kann. Bei der Bemessung der Aufbewahrungsfristen nach Satz 2 Nummer 2 ist insbesondere der Zweck der Verfügbarkeit der Akten und Verzeichnisse im Hinblick auf die Bedürfnisse einer geordneten Rechtspflege sowie der Umstand zu berücksichtigen, dass bei Amtshaftungsansprüchen die Möglichkeit der Sachaufklärung gegeben bleibt.

(2) [1]Die Rechtsverordnung kann vorsehen, dass neben den für das Auffinden von Urkunden erforderlichen Eintragungen weitere Angaben in das Urkundenverzeichnis

eingetragen werden können oder sollen. [2]Sie kann zudem nähere Bestimmungen treffen über die Verwendung der im Urkundenverzeichnis gespeicherten Daten

1. im elektronischen Rechtsverkehr mit Gerichten, Behörden und Dritten,
2. zur Führung anderer Akten und Verzeichnisse des Notars sowie
3. für die Zwecke der Aufsicht.

§ 37
(weggefallen)

5. Abschnitt
Abwesenheit und Verhinderung des Notars. Notarvertreter

§ 38
Anzeige der Abwesenheit

[1]Will sich der Notar länger als eine Woche von seinem Amtssitz entfernen oder ist er aus tatsächlichen Gründen länger als eine Woche an der Ausübung seines Amtes verhindert, so hat er dies der Aufsichtsbehörde unverzüglich anzuzeigen. [2]Er bedarf der Genehmigung der Aufsichtsbehörde, wenn die Abwesenheit von dem Amtssitz länger als einen Monat dauern soll.

§ 39
Notarvertretung

(1) [1]Die Aufsichtsbehörde kann dem Notar auf seinen Antrag für die Zeit seiner Abwesenheit oder Verhinderung eine Notarvertreterin oder einen Notarvertreter (Notarvertretung) bestellen. [2]Die Bestellung kann auch von vornherein für alle Vertretungsfälle ausgesprochen werden, die während eines bestimmten Zeitraums eintreten (ständige Vertretung). [3]Für die Zeit der Abwesenheit oder Verhinderung auch der ständigen Vertretung kann eine weitere, auch ständige Vertretung bestellt werden. [4]Zudem kann im Fall der Bestellung einer ständigen Vertretung ein einem Notar zugewiesener Notarassessor als weitere, auch ständige Vertretung bestellt werden.

(2) [1]Im Fall der vorläufigen Amtsenthebung kann eine Vertretung auch von Amts wegen bestellt werden. [2]Dies gilt auch, wenn ein Notar es unterlässt, einen Antrag nach Absatz 1 oder nach § 48c zu stellen, obwohl er aus gesundheitlichen Gründen zur ordnungsgemäßen Ausübung seines Amtes vorübergehend unfähig ist.

(3) [1]Zur Vertretung darf nur bestellt werden, wer im Sinne des § 5 Absatz 1 und 2 persönlich und im Sinne des § 5 Absatz 5 fachlich geeignet ist. [2]Die ständige Vertretung soll nur einem Notar, einem Notarassessor oder einem Notar außer Dienst übertragen werden. [3]Als ständige Vertretung eines Anwaltsnotars kann nach Anhörung der Notarkammer auch ein Rechtsanwalt bestellt werden. [4]Abgesehen von den Fällen des Absatzes 2 soll als Vertretung nur bestellt werden, wer von dem Notar vorgeschlagen wurde und zur Übernahme des Amtes bereit ist. [5]Für den Notar kann auch

ein nach § 1896 des Bűrgerlichen Gesetzbuchs bestellter Betreuer oder ein nach § 1911 des Bürgerlichen Gesetzbuchs bestellter Abwesenheitspfleger den Antrag stellen und die Vertretung vorschlagen.

(4) Auf die Vertretung sind die für den Notar geltenden Vorschriften mit Ausnahme des § 19a entsprechend anzuwenden, soweit nicht nachstehend etwas anderes geregelt ist.

§ 40
Form der Bestellung; Amtseid; Widerruf

(1) [1]Die Bestellung ist der Vertretung unbeschadet einer anderweitigen Bekanntmachung schriftlich zu übermitteln. [2]Abweichend von § 44 des Verwaltungsverfahrensgesetzes ist eine Bestellung nur dann nichtig, wenn sie diesem Erfordernis nicht genügt und sich aus dem Akteninhalt nicht ergibt, dass eine Bestellung erfolgen sollte.

(2) [1]Die Vertretung hat vor dem Beginn ihrer Amtstätigkeit vor dem Präsidenten des Landgerichts den Amtseid (§ 13) zu leisten. [2]Ist sie schon einmal als Notar, Notarvertretung oder Notariatsverwalter vereidigt worden, so genügt es in der Regel, dass sie auf den früher geleisteten Eid hingewiesen wird.

(3) Die Bestellung der Vertretung kann jederzeit widerrufen werden.

§ 41
Amtsausübung der Vertretung

(1) [1]Die Vertretung versieht das Amt auf Kosten des Notars. [2]Sie hat ihrer Unterschrift einen sie als Vertretung kennzeichnenden Zusatz beizufügen und Siegel und Stempel des Notars zu gebrauchen.

(2) Die Vertretung soll sich der Ausübung des Amtes insoweit enthalten, als dem von ihr vertretenen Notar die Amtsausübung untersagt wäre.

§ 42
Streitigkeiten zwischen Notar und Notarvertreter; Zuständigkeit

Für vermögensrechtliche Streitigkeiten zwischen dem Notar und seiner Vertretung, welche die Vergütung oder die Haftung für Amtspflichtverletzungen betreffen, sind die Landgerichte ohne Rücksicht auf den Wert des Streitgegenstandes ausschließlich zuständig.

§ 43
Vertretervergütung

Der Notar hat der ihm von Amts wegen bestellten Vertretung (§ 39 Abs. 2) eine angemessene Vergütung zu zahlen.

§ 44
Beginn und Ende der Amtsbefugnis des Vertreters

(1) [1]Die Amtsbefugnis der Vertretung beginnt mit der Übernahme des Amtes und endigt, wenn die Bestellung nicht vorher widerrufen wird, mit der Übergabe des Amtes an den Notar. [2]Während dieser Zeit soll sich der Notar der Ausübung seines Amtes enthalten.

(2) Die Amtshandlungen der Vertretung sind nicht deshalb ungültig, weil die für ihre Bestellung nach § 39 erforderlichen Voraussetzungen nicht vorhanden waren oder später weggefallen sind.

§ 45
Aktenverwahrung bei Abwesenheit*)

(1) [1]Für die Dauer der Abwesenheit oder Verhinderung kann der Notar, dem keine Vertretung bestellt ist, seine Akten einschließlich der Verzeichnisse und Bücher einem anderen Notar im Bezirk desselben oder eines benachbarten Amtsgerichts oder dem Amtsgericht, in dessen Bezirk er seinen Amtssitz hat, in Verwahrung geben. [2]Die Verwahrung durch einen anderen Notar ist dem Amtsgericht mitzuteilen.

(2) Der Notar oder das Amtsgericht, dem die Akten in Verwahrung gegeben sind, hat an Stelle des abwesenden oder verhinderten Notars Ausfertigungen und Abschriften zu erteilen und Einsicht der Akten zu gestatten.

---

*) Zum 01.01.2022 tritt folgende neue Fassung des § 45 BNotO in Kraft:

§ 45
Verwahrung bei Abwesenheit oder Verhinderung

(1) Für die Dauer der Abwesenheit oder Verhinderung kann der Notar, dem kein Vertreter bestellt ist, seine Akten und Verzeichnisse sowie die ihm amtlich übergebenen Urkunden und Wertgegenstände einem anderen Notar im Bezirk desselben oder eines benachbarten Amtsgerichts in seinem Amtsbezirk oder der Notarkammer, in deren Bezirk er seinen Amtssitz hat, in Verwahrung geben. § 51a gilt entsprechend. Die Verwahrung durch einen anderen Notar ist der Notarkammer und der Aufsichtsbehörde mitzuteilen. Die Verwahrung durch die Notarkammer ist der Aufsichtsbehörde mitzuteilen.

(2) Der Notar oder die Notarkammer, dem oder der die Akten und Verzeichnisse in Verwahrung gegeben sind, hat an Stelle des abwesenden oder verhinderten Notars Ausfertigungen und Abschriften zu erteilen und Einsicht in die Akten zu gewähren.

(3) Hat der Notar für die Dauer seiner Abwesenheit oder Verhinderung seine Akten und Verzeichnisse nicht nach Absatz 1 in Verwahrung gegeben und wird die Erteilung einer Ausfertigung oder Abschrift aus den Akten oder die Einsicht in die Akten verlangt, so hat die Notarkammer, in deren Bezirk der Notar seinen Amtssitz hat, die Akten und Verzeichnisse in Verwahrung zu nehmen und die beantragte Amtshandlung vorzunehmen. § 51a Absatz 1 und 4 gilt entsprechend.

(4) Der Notar, der die Akten und Verzeichnisse in Verwahrung hat, erteilt die Ausfertigungen und beglaubigten Abschriften mit seiner Unterschrift und unter seinem Siegel oder Stempel. Dies gilt entsprechend für die Notarkammer, die die Akten und Verzeichnisse in Verwahrung hat. Im Ausfertigungsvermerk soll auf die Abwesenheit oder Verhinderung des Notars hingewiesen werden.

(5) Werden die Akten und Verzeichnisse durch einen anderen Notar verwahrt, stehen diesem die Kosten für die Erteilung von Ausfertigungen oder Abschriften zu. Werden die Akten und Verzeichnisse durch die Notarkammer verwahrt, stehen dieser die Kosten für die Erteilung von Ausfertigungen oder Abschriften zu; die Vorschriften des Gerichts- und Notarkostengesetzes für den Notar, dem die Kosten für seine Tätigkeit selbst zufließen, gelten entsprechend.

(3) Hat der Notar für die Dauer seiner Abwesenheit oder Verhinderung seine Akten nicht nach Absatz 1 in Verwahrung gegeben und wird die Erteilung einer Ausfertigung oder Abschrift aus den Akten oder die Einsicht der Akten verlangt, so hat das Amtsgericht, in dessen Bezirk der Notar seinen Amtssitz hat, die Akten in Verwahrung zu nehmen und die beantragte Amtshandlung vorzunehmen.

(4) [1]Der Notar, der die Akten in Verwahrung hat, erteilt die Ausfertigungen und beglaubigten Abschriften mit seiner Unterschrift und unter seinem Siegel oder Stempel. [2]Für die Erteilung der Ausfertigungen oder Abschriften durch das Amtsgericht gelten die Vorschriften über die Erteilung von Ausfertigungen oder Abschriften gerichtlicher Urkunden. [3]In dem Ausfertigungsvermerk soll auf die Abwesenheit oder Verhinderung des Notars hingewiesen werden.

(5) Die Kosten für die Erteilung von Ausfertigungen oder Abschriften stehen, wenn die Akten durch einen Notar verwahrt werden, diesem und, wenn die Akten durch das Amtsgericht verwahrt werden, der Staatskasse zu.

§ 46
Amtspflichtverletzung der Vertretung

[1]Für eine Amtspflichtverletzung der Vertretung haftet der Notar den Geschädigten neben der Vertretung gesamtschuldnerisch. [2]Im Verhältnis zwischen dem Notar und der Vertretung ist der Notar allein verpflichtet. [3]Satz 2 gilt nicht, wenn die Vertretung die Amtspflichtverletzung vorsätzlich oder grob fahrlässig begangen hat; in diesem Fall ist sie im Verhältnis zum Notar allein verpflichtet.

6. Abschnitt
Erlöschen des Amtes. Vorläufige Amtsenthebung. Notariatsverwalter

§ 47
Erlöschen des Amtes

Das Amt des Notars erlischt durch

1. Entlassung aus dem Amt (§ 48),
2. Erreichen der Altersgrenze (§ 48a) oder Tod,
3. Amtsniederlegung (§§ 48b, 48c),
4. bestandskräftigen Wegfall der Mitgliedschaft in einer Rechtsanwaltskammer im Fall des § 3 Absatz 2,
5. rechtskräftige strafgerichtliche Verurteilung, die einen Amtsverlust (§ 49) zur Folge hat,
6. bestandskräftige Amtsenthebung (§ 50),
7. rechtskräftiges disziplinargerichtliches Urteil, in dem auf Entfernung aus dem Amt (§ 97 Absatz 1 Satz 1 Nummer 3, Absatz 3) erkannt worden ist.

§ 48
Entlassung aus dem Amt

[1]Der Notar kann jederzeit seine Entlassung aus dem Amt verlangen. [2]Das Verlangen muß der Landesjustizverwaltung schriftlich erklärt werden. [3]Die Entlassung ist von der Landesjustizverwaltung für den beantragten Zeitpunkt auszusprechen. [4]Es kann, solange die Entlassungsverfügung noch nicht zugegangen ist, innerhalb von zwei Wochen nach Zugang bei der Landesjustizverwartung zurückgenommen werden, mit Zustimmung der zuständigen Behörde auch nach Ablauf dieser Frist.

§ 48a
Altersgrenze

Die Notare erreichen mit dem Ende des Monats, in dem sie das siebzigste Lebensjahr vollenden, die Altersgrenze.

§ 48b
Amtsniederlegung zum Zweck der Betreuung oder Pflege

(1) [1]Wer als Notar ein Kind unter 18 Jahren oder einen nachweislich pflegebedürftigen nahen Angehörigen (§ 7 Absatz 3 des Pflegezeitgesetzes) tatsächlich betreut oder pflegt, kann sein Amt mit Genehmigung der Aufsichtsbehörde niederlegen. [2]Beabsichtigt eine schwangere Notarin, ihr Amt nach Satz 1 niederzulegen, so kann sich die Zeit der Amtsniederlegung auch auf den Zeitraum nach § 3 Absatz 1 des Mutterschutzgesetzes erstrecken. [3]Soweit möglich soll ein Antrag auf Amtsniederlegung sechs Monate im Voraus und unter Angabe des voraussichtlichen Zeitraums der Amtsniederlegung gestellt werden. [4]Die Gesamtdauer einer oder mehrerer Amtsniederlegungen darf zwölf Jahre nicht überschreiten.

(2) [1]Erklärt der Notar in dem Antrag auf Amtsniederlegung, sein Amt innerhalb von drei Jahren am bisherigen Amtssitz wieder antreten zu wollen, so wird er innerhalb dieser Frist dort erneut bestellt. [2]§ 97 Absatz 3 Satz 2 gilt entsprechend. [3]Die Gesamtdauer einer oder mehrerer Amtsniederiegungen, die im Rahmen des Satzes 1 erfolgen, ist auf drei Jahre begrenzt, soweit nicht ausnahmsweise eine längere Dauer genehmigt wird.

(3) [1]Bei der Entscheidung über die Genehmigung sind die Belange der geordneten Rechtspflege zu berücksichtigen. [2]Die Genehmigung kann mit Ausnahme eines Widerrufsvorbehalts mit Nebenbestimmungen verbunden werden. [3]Die Notarkammer ist vor der Entscheidung anzuhören. [4]Bestehen Anhaltspunkte dafür, dass der Fall des § 56 Absatz 3 Satz 2 eintreten kann, so ist der Notar darauf hinzuweisen.

(4) [1]Fallen die Voraussetzungen nach Absatz 1 Satz 1 oder 2 weg, hat der Notar dies der Aufsichtsbehörde unverzüglich mitzuteilen. [2]Bemüht sich der Notar nach einem Wegfall der Voraussetzungen nicht in zumutbarer Weise um eine erneute Bestellung, so verliert er die Ansprüche nach Absatz 2 Satz 1 und Absatz 5.

(5) Bewirbt sich ein Notar nach einer Amtsniederlegung zum Zweck der Betreuung oder Pflege um eine erneute Bestellung, die nicht nach Absatz 2 Satz 1 erfolgt, so ist bei der Auswahl unter mehreren geeigneten Personen zu seinen Gunsten zu berücksichtigen, dass er bereits ein notarielles Amt ausgeübt und dieses genehmigt niedergelegt hat.

§ 48c
Amtsniederlegung aus gesundheitlichen Gründen

(1) Der Notar kann sein Amt mit Genehmigung der Aufsichtsbehörde niederlegen, wenn ärztlich bescheinigt ist, dass

1. er aus gesundheitlichen Gründen unfähig ist, sein Amt ordnungsgemäß auszuüben, jedoch die Aussicht besteht, dass er die erforderliche Fähigkeit innerhalb eines Jahres wiedererlangt, oder
2. eine Amtsniederlegung von höchstens einem Jahr angezeigt ist, um eine aus gesundheitlichen Gründen drohende Unfähigkert zur ordnungsgemäßen Amtsausübung zu verhindern.

(2) [1]Im Fall des Absatzes 1 Nummer 1 soll die ärztliche Bescheinigung Angaben dazu enthalten, wann die Fähigkeit voraussichtlich wiedererlangt sein wird. [2]Im Fall des Absatzes 1 Nummer 2 soll sie Angaben dazu enthalten welche Dauer der Amtsniederlegung angezeigt ist. [3]Sofern es aus ärztlicher Sicht angezeigt sein könnte, die Genehmigung mit Befristungen, Bedingungen oder Auflagen zu versehen, soll die Bescheinigung auch dazu Angaben enthalten. [4]Die Aufsichtsbehörde kann die Vorlage einer amtsärztlichen Bescheinigung verlangen.

(3) [1]Erklärt der Notar in dem Antrag auf Amtsniederlegung, sein Amt nach dem Wegfall des Anlasses nach Absatz 1 Satz 1 am bisherigen Amtssitz wieder antreten zu wollen, so wird er innerhalb eines Jahres dort erneut bestellt. [2]Die Dauer einer Amtsniederlegung nach Satz 1 ist auf die Gesamtdauer nach § 48b Absatz 1 Satz 4 anzurechnen. [3]Im Übrigen gilt für eine Amtsniederlgung nach Absatz 1 § 48b Absatz 2 Satz 2 und 3 und Absatz 3 bis 5 entsprechend.

§ 49
Strafgerichtliche Verurteilung

Eine strafgerichtliche Verurteilung führt bei einem Notar in gleicher Weise zum Amtsverlust wie bei einem Beamten nach § 24 Absatz 1 des Beamtenstatusgesetzes.

§ 50
Amtsenthebung

(vom Abdruck wurde abgesehen)

§ 51
Aktenverwahrung

(vom Abdruck wurde abgesehen)

§ 52
Führung der Amtsbezeichnung nach Erlöschen

(vom Abdruck wurde abgesehen)

§ 53
Übernahme von Amtsräumen oder Angestellten; Genehmigungspflicht

(1) [1]Ist das Amt eines hauptberuflichen Notars erloschen oder ist sein Amtssitz verlegt worden, so bedarf ein anderer an dem Amtssitz bereits ansässiger Notar der Genehmigung der Landesjustizverwaltung, wenn er seine Geschäftsstelle in Räume des ausgeschiedenen Notars verlegen oder Angestellte, die in einem besonderen Vertrauensverhältnis zu dem ausgeschiedenen Notar standen, in seine Geschäftsstelle übernehmen will. [2]Die Genehmigung darf nur versagt werden, wenn dies im Interesse der Rechtspflege geboten ist.

(2) Die Gültigkeit der aus Anlaß der Übernahme oder Anstellung abgeschlossenen Rechtsgeschäfte wird durch einen Verstoß gegen die Vorschrift des Absatzes 1 nicht berührt.

§ 54
Vorläufige Amtsenthebung

(vom Abdruck wurde abgesehen)

§ 55
Verfahren bei vorläufiger Amtsenthebung*)

(1) [1]Im Fall der vorläufigen Amtsenthebung hat das Amtsgericht, wenn dem Notar keine Notarvertretung bestellt ist, seine Akten und Bücher sowie Siegel, Stempel und Amtsschild für die Dauer der vorläufigen Amtsenthebung in Verwahrung zu nehmen. [2]§ 45 Abs. 2, 4 und 5 gilt entsprechend.

(2) [1]Der Notar hat sich während der Dauer der vorläufigen Amtsenthebung jeder Amtshandlung zu enthalten. [2]Ein Verstoß berührt jedoch die Gültigkeit der Amtshandlung nicht. [3]Amtsgeschäfte nach § 23 kann der Notar nicht mehr vornehmen.

---

*) Zum 01.01.2022 wird § 55 wie folgt geändert:

– der Abs. 1 wird wie folgt ersetzt:

(1) Ist ein Notar vorläufig seines Amtes enthoben und weder ein Vertreter noch ein Notariatsverwalter bestellt, so ist in diesem Zeitraum für die Verwahrung seiner Akten und Verzeichnisse sowie der ihm amtlich übergebenen Urkunden und Wertgegenstände die Notarkammer zuständig, in deren Bezirk der Notar seinen Amtssitz hat. Die in Papierform vorhandenen Akten und Verzeichnisse des Notars und die ihm amtlich übergebenen Urkunden und Wertgegenstände sowie Siegel, Stempel und Amtsschild sind von der Notarkammer für die Dauer der vorläufigen Amtsenthebung in Verwahrung zu nehmen. § 45 Absatz 1 Satz 4, Absatz 2, 4 und 5 und § 51a Absatz 4 gelten entsprechend.

(2) Ein vorläufig des Amtes enthobener Notar ist verpflichtet, seine Akten, Verzeichnisse, die ihm amtlich übergebenen Urkunden und Wertgegenstände sowie Stempel und Siegel an die Notarkammer herauszugeben. Die Aufsichtsbehörde kann die Herausgabe der in Satz 1 genannten Gegenstände anordnen. Widerspruch und Anfechtungsklage gegen die Anordnung der Herausgabe haben keine aufschiebende Wirkung.

– der bisherige Abs. 2 wird Abs. 3

§ 56
Notariatsverwalter

(1) [1]Ist das Amt eines hauptberuflichen Notars erloschen oder sein Amtssitz verlegt worden, so hat die Aufsichtsbehörde in der Regel an seiner Stelle einen Notariatsverwalter damit zu betrauen, das Amt des Notars vorübergehend wahrzunehmen. [2]Soll im Fall des Satzes 1 die Notarstelle nicht erneut ausgeschrieben werden, gilt Absatz 2 entsprechend.

(2) [1]Ist ein Anwaltsnotar durch Erlöschen des Amtes ausgeschieden, so kann an seiner Stelle zur Abwicklung der Notariatsgeschäfte bis zur Dauer eines Jahres ein Notariatsverwalter bestellt werden, wenn hierfür ein Bedürfnis besteht. [2]In begründeten Ausnahmefällen kann diese Frist über ein Jahr hinaus verlängert werden. [3]Ein nach Satz 1 bestellter Notariatsverwalter ist nur innerhalb der ersten drei Monate berechtigt, auch neue Notariatsgeschäfte vorzunehmen.

(3) [1]Hat ein Notar sein Amt im Rahmen des § 48b Absatz 2 Satz 1 oder des § 48c Absatz 3 Satz 1 niedergelegt, so ist für die Dauer der Amtsniederlegung ein Notariatsverwalter zu bestellen. [2]Sofern während der Dauer der Amtsniederlegung kein geeigneter Notariatsverwalter mehr zur Verfügung steht, kann der frühere Notar aufgefordert werden, vorzeitig seine erneute Bestellung zu beantragen. [3]Kommt er dem nicht nach, verliert er seinen Anspruch aus § 48b Absatz 2 Satz 1 oder § 48c Absatz 3 Satz 1 .

(4) In den Fällen des § 39 Absatz 2 kann statt einer Notarvertretung ein Notariatsverwalter bestellt werden, wenn die Bestellung einer Notarvertretung nicht zweckmäßig erscheint.

(5) [1]Übt im Fall des § 8 Absatz 1 Satz 2 ein·Notar sein Amt nicht persönlich aus, so gilt bei einem hauptberuflichen Notar Absatz 1 entsprechend. [2]Bei einem Anwaltsnotar kann ein Notariatsverwalter bestellt werden.

(6) [1]Zum Notariatsverwalter darf nur bestellt werden, wer im Sinne des § 5 Absatz 1 und 2 persönlich und im Sinne des§ 5 Absatz 5 fachlich geeignet ist. [2]Notarassessoren sind verpflichtet, das Amt eines Notariatsverwalters zu übernehmen.

(7) Die Bestellung eines Notariatsverwalters kann vorzeitig widerrufen werden, wenn hierfür ein wichtiger Grund vorliegt.

§ 57
Pflichten des Verwalters; Bestellung

(1) Der Notariatsverwalter untersteht, soweit nichts anderes bestimmt ist, den für die Notare geltenden Vorschriften.

(2) [1]Der Notariatsverwalter wird von der Landesjustizverwaltung nach Anhörung der Notarkammer durch Aushändigung einer Bestellungsurkunde bestellt. [2]§ 12 Absatz 2 und § 40 Absatz 2 gelten entsprechend.

Berufs- und Standesrecht

§ 58
Führung der Amtsgeschäfte*)

(1) Der Notariatsverwalter übernimmt die Akten und Bücher des Notars, an dessen Stelle er bestellt ist, sowie die dem Notar amtlich übergebenen Urkunden und Wertgegenstände; sind bei der Bestellung des Notariatsverwalters die Akten und Bücher bereits von dem Amtsgericht in Verwahrung genommen (§ 51 Abs. 1 Satz 1), so sind sie in der Regel zurückzugeben.

(2) [1]Der Notariatsverwalter führt die von dem Notar begonnenen Amtsgeschäfte fort. [2]Die Kostenforderungen stehen dem Notariatsverwalter zu, soweit sie nach Übernahme der Geschäfte durch ihn fällig werden. [3]Er muß sich jedoch im Verhältnis zum Kostenschuldner die vor der Übernahme der Geschäfte an den Notar gezahlten Vorschüsse anrechnen lassen.

(3) [1]Soweit die Kostenforderungen dem ausgeschiedenen Notar oder dessen Rechtsnachfolger zustehen, erteilt der Notariatsverwalter die vollstreckbare Ausfertigung der Kostenberechnung (§ 89 des Gerichts- und Notarkostengesetzes); lehnt er die Erteilung ab, so kann der Notar oder dessen Rechtsnachfolger die Entscheidung des Landgerichts nach § 127 des Gerichts- und Notarkostengesetzes beantragen. [2]Ist dem Notar ein anderer Amtssitz zugewiesen, so bleibt er neben dem Notariatsverwalter zur Erteilung der vollstreckbaren Ausfertigung befugt. [3]Der Notariatsverwalter hat ihm Einsicht in die Bücher und Akten zu gewähren; die dadurch entstehenden Kosten trägt der Notar.

§ 59
Vergütung

(1) [1]Der Notariatsverwalter führt sein Amt auf Rechnung der Notarkammer gegen eine von dieser festzusetzende angemessene Vergütung. [2]Er hat mit der Notarkammer, soweit nicht eine andere Abrede getroffen wird, monatlich abzurechnen. [3]Führt er die der Notarkammer zukommenden Beträge nicht ab, so können diese wie rückständige Beiträge beigetrieben werden.

(2) Die Notarkammer kann ein Aufrechnungs- oder Zurückbehaltungsrecht an den Bezügen des Notariatsverwalters nur insoweit geltend machen, als diese pfändbar sind oder als sie einen Anspruch auf Schadensersatz wegen vorsätzlicher unerlaubter Handlung hat.

(3) [1]Die Notarkammer kann allgemein oder im Einzelfall eine von Absatz 1 Satz 1 und 2 abweichende Regelung treffen. [2]Absatz 2 ist in diesem Fall nicht anwendbar.

---

*) Zum 01.01.2022 wird § 58 wie folgt geändert:
- Abs. 1 wird wie folgt neu gefasst:
(1) Der Notariatsverwalter ist zuständig für die Verwahrung der Akten und Verzeichnisse des Notars, an dessen Stelle er bestellt ist, sowie für die Verwahrung der dem Notar amtlich übergebenen Urkunden und Wertgegenstände. Sind bei der Bestellung des Notariatsverwalters bereits Akten, Verzeichnisse, amtlich übergebene Urkunden und Wertgegenstände von der Notarkammer in Verwahrung genommen, so sind sie in der Regel zurückzugeben. § 51 a Absatz 4 gilt entsprechend.
- in Abs. 3 Satz 3 werden die Wörter „Bücher und Akten“ durch die Wörter „Bücher und Verzeichnisse“ ersetzt“

§ 60
Verwendung von Überschüssen

(1) Die Überschüsse aus den auf Rechnung der Notarkammer durchgeführten Notariatsverwaltungen müssen vorrangig zugunsten der Fürsorge für die Berufsangehörigen und ihre Hinterbliebenen verwendet werden.

(2) [1]Verbleibende Überschüsse sind, soweit Versorgungseinrichtungen nach § 67 Abs. 4 Nr. 2 eingerichtet sind, diesen zuzuwenden. [2]Bestehen Versorgungseinrichtungen nicht, fließen verbleibende Überschüsse der Notarkammer zu.

§ 61
Amtspflichtverletzung des Verwalters

(1) [1]Für eine Amtspflichtverletzung des Notariatsverwalters haftet die Notarkammer dem Geschädigten neben dem Notariatsverwalter als Gesamtschuldner; im Verhältnis zwischen der Notarkammer und dem Notariatsverwalter ist dieser allein verpflichtet. [2]Das gleiche gilt, soweit der Notariatsverwalter nach § 46 oder § 19 Abs. 2 für Amtspflichtverletzungen einer Notarvertretung oder eines Notarassessors haftet. [3]§ 19 Abs. 1 Satz 2 und 3 ist entsprechend anwendbar. [4]Die Haftung der Notarkammer ist auf den Betrag der Mindestversicherungssummen von nach Absatz 2 abzuschließenden Versicherungen beschränkt.

(2) [1]Die Notarkammer hat sich und den Notariatsverwalter gegen Verluste aus der Haftung nach Absatz 1 durch Abschluß von Versicherungen zu sichern, die den in §§ 19a und 67 Abs. 3 Nr. 3 gestellten Anforderungen genügen müssen. [2]Die Ansprüche aus der Haftpflichtversicherung soll auch der Notariatsverwalter im eigenen Namen geltend machen können.

(3) Eine Haftung des Staates für Amtspflichtverletzungen des Notariatsverwalters besteht nicht.

§ 62
Zuständigkeit für vermögensrechtliche Streitigkeiten zwischen Kammer und Verwalter

Für vermögensrechtliche Streitigkeiten zwischen der Notarkammer und dem Notariatsverwalter, welche die Vergütung, die Abrechnung (§ 59) oder die Haftung für Amtspflichtverletzungen betreffen, sind die Landgerichte ohne Rücksicht auf den Wert des Streitgegenstandes ausschließlich zuständig.

§ 63
Vorlagepflicht des Verwalters*)

(1) Der Notariatsverwalter ist verpflichtet, einem Beauftragten der Notarkammer Akten und Bücher sowie die in seiner Verwahrung befindlichen Urkunden zur Einsicht vorzulegen.

(2) Die Prüfungsbefugnisse der Aufsichtsbehörde bleiben unberührt.

§ 64
Ende der Amtsbefugnis des Verwalters; Kostenforderungen**)

(1) [1]Das Amt eines für einen hauptberuflichen Notar nach § 56 Absatz 1 Satz 1, Absatz 3 Satz 1 oder Absatz 5 Satz 1 bestellten Notariatsverwalters endet, wenn

1. ein neuer Notar bestellt worden ist,
2. der Notar, der sein Amt im Rahmen des § 48b Absatz 2 Satz 1 oder des § 48c Absatz 3 Satz 1 niedergelegt hatte, erneut bestellt worden ist oder
3. der vorläufig seines Amtes enthobene oder nach § 8 Absatz 1 Satz 2 an der persönlichen Amtsausübung verhinderte Notar sein Amt wieder übernommen hat.

[2]Im Fall des Satzes 1 dauert die Amtsbefugnis des Notariatsverwalters fort, bis ihm die Beendigung des Amtes von der Landesjustizverwaltung mitgeteilt wurde. [3]Das Amt eines für einen hauptberuflichen Notar nach § 56 Absatz 1 Satz 2 bestellten Notariatsverwalters endet mit Ablauf des Zeitraums, für den er bestellt ist.

(2) [1]Das Amt eines für einen Anwaltsnotar nach § 56 Absatz 2 Satz 1, Absatz 3 Satz 1 oder Absatz 5 Satz 2 bestellten Notariatsverwalters endet mit Ablauf des Zeitraums, für den er bestellt ist. [2]Das Amt endet zudem in den in Absatz 1 Satz 1 Nummer 2 und 3 genannten Fällen; in diesem Fall gilt Absatz 1 Satz 2 entsprechend.

(3) [1]Übernimmt in den in Absatz 1 Satz 1 Nummer 2 und 3 und Absatz 2 Satz 2 genannten Fällen der frühere Notar das Amt wieder oder wird dem neu bestellten Notar gemäß § 51 Abs. 1 Satz 2 die Verwahrung der Akten und Bücher übertragen, so führt der Notar die von dem Notariatsverwalter begonnenen Amtsgeschäfte fort. [2]Die nach Übernahme des Amtes durch den Notar fällig werdenden Kostenforderungen stehen diesem zu. [3]Er muß sich jedoch im Verhältnis zum Kostenschuldner die vor der Übernahme des Amtes an den Notariatsverwalter gezahlten Vorschüsse anrechnen lassen.

(4) [1]Die dem Notariatsverwalter zustehenden Kostenforderungen werden nach der Beendigung seines Amtes von der Notarkammer im eigenen Namen eingezogen. [2]Die §§ 19, 88 bis 90 und 127 des Gerichts- und Notarkostengesetzes gelten entsprechend. [3]Die Notarkammer kann den neu bestellten oder wieder in sein Amt eingesetzten Notar damit beauftragen, die ausstehenden Forderungen auf ihre Kosten einzuziehen.

---

*) Zum 01.01.2022 wird § 63 Abs. 1 wie folgt neu gefasst:

(1) Der Notariatsverwalter ist verpflichtet, einem Beauftragten der Notarkammer Einsicht in die Akten und Verzeichnisse sowie in die in seiner Verwahrung befindlichen Urkunden zu gewähren. § 78i bleibt unberührt.

**) Zum 01.01.2022 werden in Abs. 3 Satz 1 die Wörter „und Bücher“ durch die Wörter „Verzeichnisse, amtlich übergebenen Urkunden und Wertgegenstände“ ersetzt.

7. Abschnitt
Allgemeine Vorschriften für das Verwaltungsverfahren

§ 64a
Ermittlung von Amts wegen; Mitwirkungspflichten; Informationsübermittlung

(1) Für Verwaltungsverfahren nach diesem Gesetz oder nach einer auf Grund dieses Gesetzes erlassenen Rechtsverordnung gilt, soweit nichts anderes bestimmt ist, das Verwaltungsverfahrensgesetz.

(2) [1]Gerichte und Behörden übermitteln personenbezogene Informationen, die für die Bestellung zum Notar, zur Notarvertretung oder zum Notariatsverwalter, für die Ernennung zum Notarassessor, für die Amtsenthebung eines Notars oder Entlassung eines Notarassessors aus dem Dienst, für die Rücknahme oder den Widerruf einer Erlaubnis, Genehmigung oder Befreiung sowie für die Verfolgung von Amtspflichten aus der Sicht der übermittelnden Stelle erforderlich sind, der für die Entscheidung zuständigen Stelle, soweit hierdurch schutzwürdige Interessen des Betroffenen nicht beeinträchtigt werden oder das öffentliche Interesse das Geheimhaltungsinteresse des Betroffenen überwiegt. [2]Die Übermittlung unterbleibt, wenn besondere gesetzliche Verwendungsregelungen entgegenstehen. [3]Informationen über die Höhe rückständiger Steuerschulden können entgegen § 30 der Abgabenordnung zum Zweck der Vorbereitung der Amtsenthebung gemäß § 50 Abs. 1 Nr. 6 oder Nr. 8 übermittelt werden; die zuständige Stelle darf die ihr übermittelten Steuerdaten nur für den Zweck verwenden, für den ihr diese übermittelt worden sind.

§ 64b
Bestellung eines Vertreters

Wird in einem nach diesem Gesetz geführten Verwaltungsverfahren für den Notar ein Vertreter bestellt, soll ein Rechtsanwalt oder Notar bestellt werden.

§ 64c
Ersetzung der Schriftform

[1]Ist nach diesem Gesetz oder einer aufgrund dieses Gesetzes erlassenen Rechtsverordnung für die Abgabe einer Erklärung die Schriftform vorgeschrieben, so kann die Erklärung auch über das besondere elektronische Notarpostfach abgegeben werden, wenn Erklärender und Empfänger über ein solches verfügen. [2]Ist die Erklärung von einer natürlichen Person abzugeben, so ist das Dokument mit einer qualifizierten elektronischen Signatur der Person zu versehen oder von ihr zu signieren und selbst zu versenden. [3]Ein besonderes elektronisches Behördenpostfach steht dem besonderen elektronischen Notarpostfach im Sinne des Satzes 1 gleich.

Zweiter Teil
Notarkammern und Bundesnotarkammer

1. Abschnitt
Notarkammern

§ 65
Bildung der Notarkammer; Sitz

(1) [1]Die Notare, die in einem Oberlandesgerichtsbezirk bestellt sind, bilden eine Notarkammer. [2]Die Landesregierung oder die von ihr durch Rechtsverordnung bestimmte Stelle kann jedoch durch Rechtsverordnung bestimmen, daß mehrere Oberlandesgerichtsbezirke oder Teile von Oberlandesgerichtsbezirken oder ein Oberlandesgerichtsbezirk mit Teilen eines anderen Oberlandesgerichtsbezirks den Bezirk einer Notarkammer bilden.

(2) [1]Die Notarkammer hat ihren Sitz am Ort des Oberlandesgerichts. [2]Im Fall des Absatzes 1 Satz 2 bestimmt die Landesregierung oder die von ihr bestimmte Stelle den Sitz der Notarkammer.

§ 66
Rechtsform der Notarkammer; Aufsicht

(1) [1]Die Notarkammer ist eine Körperschaft des öffentlichen Rechts. [2]Die Satzung der Notarkammer und ihre Änderungen werden von der Kammerversammlung beschlossen; sie bedürfen der Genehmigung der Landesjustizverwaltung und sind unter Angabe des Datums ihres Inkrafttretens dauerhaft auf der Internetseite der Notarkammer zu veröffentlichen.

(2) [1]Die Landesjustizverwaltung führt die Staatsaufsicht über die Notarkammer. [2]Die Aufsicht beschränkt sich darauf, daß Gesetz und Satzung beachtet, insbesondere die der Notarkammer übertragenen Aufgaben erfüllt werden.

(3) Am Schlusse des Geschäftsjahrs legt die Notarkammer der Landesjustizverwaltung einen Bericht über ihre Tätigkeit im abgelaufenen Jahr und über die Lage der im Bereich der Notarkammer tätigen Notare und Notarassessoren vor.

§ 67
Aufgaben der Notarkammer

(1) [1]Die Notarkammer vertritt die Gesamtheit der in ihr zusammengeschlossenen Notare. [2]Sie hat für eine rechtmäßige und gewissenhafte Berufsausübung der Notare und Notarassessoren zu sorgen, die Aufsichtsbehörden bei ihrer Tätigkeit zu unterstützen, die Pflege und Anwendung des Notariatsrechts zu fördern und für das Ansehen ihrer Mitglieder einzutreten.

(2) [1]Der Notarkammer obliegt es, in Richtlinien die Amtspflichten ihrer Mitglieder im Rahmen der gesetzlichen Vorschriften und der auf deren Grundlage erlassenen Verordnungen durch Satzung näher zu bestimmen. [2]§ 66 Abs. 1 Satz 2 gilt entsprechend. [3]Die Richtlinien können nähere Regelungen enthalten:

1. zur Wahrung der Unabhängigkeit und Unparteilichkeit des Notars,
2. für das nach § 14 Abs. 3 zu beachtende Verhalten,
3. zur Wahrung fremder Vermögensinteressen,
4. zur Beachtung der Pflicht zur persönlichen Amtsausübung,
5. über die Begründung, Führung, Fortführung und Beendigung der Verbindung zur gemeinsamen Berufsausübung oder sonstiger zulässiger beruflicher Zusammenarbeit sowie zur Nutzung gemeinsamer Geschäftsräume,
6. über die Art der nach § 28 zu treffenden Vorkehrungen,
7. für das nach § 29 zu beachtende Verhalten, insbesondere in Bezug auf die Information über die Amtstätigkeit, das Auftreten in der Öffentlichkeit, die Geschäftspapiere, die Führung von Titeln und weiteren Berufsbezeichnungen, die Führung des Namens in Verzeichnissen sowie die Anbringung von Amts- und Namensschildern im Rahmen landesrechtlicher Bestimmungen,
8. für die Beschäftigung und Ausbildung der mitarbeitenden Personen,
9. über die bei der Vornahme von Beurkundungen außerhalb des Amtsbereichs und der Geschäftsstelle zu beachtenden Grundsätze,
10. über den erforderlichen Umfang der Fortbildung,
11. über die Amtspflichten im Verhältnis zu anderen Notaren, zu Notarassessoren, Gerichten, Behörden, Rechtsanwälten und anderen Personen, die Auftraggeber des Notars beraten.

(3) Außer den der Notarkammer durch Gesetz zugewiesenen Aufgaben obliegt es ihr,

1. Mittel für die berufliche Fortbildung der Notare, ihrer Hilfskräfte und der Notarassessoren sowie für sonstige gemeinsame Lasten des Berufsstandes bereitzustellen;
2. die Ausbildung und Prüfung der Hilfskräfte der Notare zu regeln;
3. Versicherungsverträge zur Ergänzung der Haftpflichtversicherung nach § 19 a abzuschließen, um auch Gefahren aus solchen Amtspflichtverletzungen zu versichern, die nicht durch Versicherungsverträge nach § 19 a gedeckt sind, weil die durch sie verursachten Vermögensschäden die Deckungssumme übersteigen oder weil sie als vorsätzliche Handlungen durch die allgemeinen Versicherungsbedingungen vom Versicherungsschutz ausgenommen sind. Für diese Versicherungsverträge gilt, daß die Versicherungssumme für jeden versicherten Notar und für jeden Versicherungsfall mindestens 250000 Euro für Schäden aus wissentlichen Amtspflichtverletzungen und mindestens 500000 Euro für Schäden aus sonstigen Amtspflichtverletzungen betragen muß; die Leistungen des Versicherers für alle innerhalb eines Versicherungsjahres von einem Notar verursachten Schäden dürfen jedoch auf den vierfachen Betrag der Mindestversicherungssumme begrenzt werden. § 19 a Abs. 7 ist entsprechend anzuwenden. Die Landesregierungen oder die von ihnen durch Rechtsverordnung bestimmten Stellen werden ermächtigt, durch Rechtsverordnung unter Berücksichtigung der möglichen Schäden Beträge zu bestimmen, bis zu denen die Gesamtleistung des Ver-

sicherers für alle während eines Versicherungsjahres von allen versicherten Notaren verursachten Schäden in den Versicherungsverträgen begrenzt werden darf;

4. Notardaten und technische Zugangsberechtigungen zum Elektronischen Urkundenarchiv und zum Elektronischen Notariatsaktenspeicher zu verwalten;

5. die Stellung als Notar oder Notariatsverwalter sowie sonstige amts- oder berufsbezogene Angaben bei der Vergabe von qualifizierten Zertifikaten zu bestätigen; die Notarkammer kann die Sperrung eines entsprechenden qualifizierten Zertifikats verlangen.

(4) [1]Die Notarkammer kann weitere, dem Zweck ihrer Errichtung entsprechende Aufgaben wahrnehmen. [2]Sie kann insbesondere

1. Fürsorgeeinrichtungen unterhalten,
2. nach näherer Regelung durch die Landesgesetzgebung Vorsorgeeinrichtungen unterhalten,
3. allein oder gemeinsam mit anderen Notarkammern Einrichtungen unterhalten, deren Zweck darin besteht, als Versicherer die in Absatz 3 Nr. 3 aufgeführten Versicherungsverträge abzuschließen, die Gefahren aus Amtspflichtverletzungen abdecken, die durch vorsätzliche Handlungen von Notaren verursacht worden sind,
4. allein oder gemeinsam mit anderen Notarkammern Einrichtungen unterhalten, die ohne rechtliche Verpflichtung Leistungen bei folgenden Schäden ermöglichen:
   a) Schäden, die durch vorsätzliche Handlungen von Notaren entstehen und die nicht durch Versicherungsverträge nach Absatz 3 Nummer 3 gedeckt sind,
   b) Schäden, die durch amtlich verwahrte, aber nicht mehr aufzufindende Urkunden entstehen, die nicht durch § 19a oder durch Versicherungsverträge nach Absatz 3 Nummer 3 gedeckt sind und für die der Geschädigte auf keine andere zumutbare Weise Ersatz erlangen kann, wobei die Höhe der Leistungen auf 500 000 Euro je Urkunde beschränkt ist.

(5) Die Notarkammer hat ferner Gutachten zu erstatten, die die Landesjustizverwaltung, ein Gericht oder eine Verwaltungsbehörde des Landes in Angelegenheiten der Notare anfordert.

(6) Die Landesjustizverwaltung benachrichtigt die Notarkammer jeweils unter Angabe der maßgeblichen Zeitpunkte unverzüglich über

1. die Bestellung eines Notars, einer Notarvertretung oder eines Notariatsverwalters,
2. das Erlöschen des Amtes eines Notars oder Notariatsverwalters und den Widerruf der Bestellung einer Notarvertretung,
3. eine Entscheidung nach § 8 Abs. 1 Satz 2,
4. eine vorläufige Amtsenthebung,
5. die Verlegung eines Amtssitzes eines Notars,
6. Änderungen der Verwahrzuständigkeit nach § 51 Abs. 1 Satz 2 und Abs. 3.

§ 68
Organe der Notarkammer

Die Organe der Notarkammer sind der Vorstand und die Kammerversammlung.

§ 69
Vorstand der Notarkammer

(1) [1]Der Vorstand nimmt, unbeschadet der Vorschrift des § 70, die Befugnisse der Notarkammer wahr. [2]In dringenden Fällen beschließt er an Stelle der Kammerversammlung, deren Genehmigung nachzuholen ist.

(2) [1]Der Vorstand besteht aus dem Präsidenten, seiner Stellvertretung und weiteren Mitgliedern. [2]Die Mitglieder des Vorstands werden von der Kammerversammlung auf vier Jahre gewählt.

(3) Die Mitglieder des Vorstands sind ehrenamtlich tätig. Sie können jedoch eine angemessene Entschädigung für ihre Tätigkeit und einen Einsatz ihrer notwendigen Auslagen erhalten.

§ 69a
Verschwiegenheitspflicht; Inanspruchnahme von Dienstleistungen

(1) [1]Die Mitglieder des Vorstands haben über die Angelegenheiten, die ihnen bei ihrer Tätigkeit im Vorstand über Notare, Notarassessoren und andere Personen bekannt werden, Verschwiegenheit zu bewahren. [2]Dies gilt auch nach ihrem Ausscheiden aus dem Vorstand. [3]Die Verschwiegenheitspflicht gilt nicht für Tatsachen,

1. deren Weitergabe zur Erfüllung ihrer Aufgaben erforderlich ist,
2. in deren Weitergabe die Betroffenen eingewilligt haben,
3. die offenkundig sind oder
4. die ihrer Bedeutung nach keiner Geheimhaltung bedürfen.

[3]Die Sätze 1 bis 3 gelten auch für Angestellte der Notarkammern und der Einrichtungen nach § 67 Absatz 4 sowie für Personen, die von den Notarkammern oder den Mitgliedern ihres Vorstands zur Mitarbeit herangezogen werden. [4]Die in Satz 4 genannten Personen sind in Textform über ihre Verschwiegenheitspflicht zu belehren.

(2) [1]In Verfahren vor Gerichten und Behörden dürfen die in Absatz 1 genannten Personen über Angelegenheiten, die ihrer Verschwiegenheitspflicht unterliegen, ohne Genehmigung nicht aussagen. [2]Die Genehmigung zur Aussage erteilt der Vorstand der Notarkammer nach pflichtgemäßem Ermessen. [3]Die Genehmigung soll nur versagt werden, wenn dies mit Rücksicht auf die Stellung oder die Aufgaben der Notarkammer oder berechtigte Belange der Personen, über welche die Tatsachen bekannt geworden sind, unabweisbar erforderlich ist. [4]§ 28 Absatz 2 des Bundesverfassungsgerichtsgesetzes bleibt unberührt.

(3) Für die Inanspruchnahme von Dienstleistungen durch Notarkammern gilt in Bezug auf Angelegenheiten, die der Verschwiegenheitspflicht des Notars nach § 18 unterliegen, § 26a Absatz 1 bis 3, 6 und 7 sinngemäß.

§ 69b
Bildung von Abteilungen

(vom Abdruck wurde abgesehen)

§ 70
Der Kammerpräsident*)

(1) Der Präsident vertritt die Notarkammer gerichtlich und außergerichtlich.

(2) Der Präsident vermittelt den geschäftlichen Verkehr der Notarkammer und des Vorstands.

(3) Der Präsident führt in den Sitzungen des Vorstands und in der Kammerversammlung den Vorsitz.

(4) Durch die Satzung können dem Präsidenten weitere Aufgaben übertragen werden.

§ 71
Die Kammerversammlung**)

(1) Die Kammerversammlung wird durch den Präsidenten einberufen.

(2) [1]Der Präsident muß die Kammerversammlung alljährlich einmal einberufen. [2]Er muß sie ferner einberufen, wenn ein Zehntel der Mitglieder es schriftlich beantragt und hierbei den Gegenstand angibt, der in der Kammerversammlung behandelt werden soll.

(3) [1]Die Kammerversammlung ist mindestens zwei Wochen vorher unter Angabe der Tagesordnung durch schriftliche Einladung einzuberufen. [2]Bei der Fristberechnung sind der Tag der Versendung und der Tag der Versammlung nicht mitzuzählen. [3]In dringenden Fällen kann die Kammerversammlung mit kürzerer Frist einberufen werden

(4) Der Kammerversammlung obliegt insbesondere,

1. die Satzung der Notarkammer nach § 66 Abs. 1 Satz 2 zu beschließen;
2. die Richtlinien nach § 67 Abs. 2 zu beschließen;
3. die Höhe und die Fälligkeit der Beiträge zu bestimmen;

---

*) Zum 01.01.2022 wird § 70 Abs. 1 folgender Satz angefügt:

Bei der Erteilung von Ausfertigungen, vollstreckbaren Ausfertigungen und beglaubigten Abschriften der von der Notarkammer nach den Vorschriften dieses Gesetzes verwahrten Urkunden wird die Notarkammer darüber hinaus von denjenigen Mitgliedern des Vorstandes oder Mitarbeitern der Notarkammer vertreten, die hierzu vom Präsidenten durch eine dauerhaft aufzubewahrende schriftliche oder elektronische Verfügung bestimmt worden sind.

**) Zum 01.01.2022 werden in § 71 Abs. 4 Nr. 3 nach dem Wort „Beiträge“die Wörter „Gebühren und Auslagen“ eingefügt.

4. die Mittel zu bewilligen, die erforderlich sind, um den Aufwand für die gemeinschaftlichen Angelegenheiten zu bestreiten;
5. die Abrechnung des Vorstands über die Einnahmen und Ausgaben der Notarkammer sowie über die Verwaltung des Vermögens zu prüfen und über die Entlastung zu beschließen.

§ 72
Satzung

Die näheren Bestimmungen über die Organe der Notarkammer und ihre Zuständigkeiten trifft die Satzung.

§ 73
Kammerbeiträge*)

(1) Die Notarkammer erhebt von den Notaren Beiträge, soweit dies zur Erfüllung ihrer Aufgaben erforderlich ist.

(2) Rückständige Beiträge können auf Grund einer von dem Präsidenten der Notarkammer ausgestellten, mit der Bescheinigung der Vollstreckbarkeit und dem Siegel der Notarkammer versehenen Zahlungsaufforderung nach den Vorschriften über die Vollstreckung der Urteile in bürgerlichen Rechtsstreitigkeiten eingezogen werden.

§ 74
Auskunfts- und Vorlagepflichten; Zwangsgeld**)

(1) [1]Die Notarkammer kann in Ausübung ihrer Befugnisse von den Notaren und Notarassessoren Auskünfte, die Vorlage von Büchern und Akten sowie das persönliche Erscheinen vor den zuständigen Organen der Notarkammer verlangen. [2]Die Notarkammer ist befugt, hierdurch erlangte Kenntnisse an die Einrichtungen nach § 67 Abs. 4 weiterzugeben, soweit diese von den Einrichtungen für die Erfüllung ihrer Aufgaben benötigt werden.

(2) [1]Die Notarkammer kann zur Erzwingung der den Notaren oder Notarassessoren nach Absatz 1 obliegenden Amtspflichten nach vorheriger schriftlicher Androhung, auch zu wiederholten Malen, Zwangsgeld festsetzen. [2]Das einzelne Zwangsgeld darf eintausend Euro nicht übersteigen. [3]Das Zwangsgeld fließt der Notarkammer zu; es wird wie ein rückständiger Beitrag beigetrieben.

---

*) Zum 01.01.2022 wird dem § 73 folgender Absatz 3 angefügt:

(3) Nimmt der Notar bei der Notarkammer Anlagen, Einrichtungen und Tätigkeiten für die Führung seiner Akten und Verzeichnisse in Anspruch, kann die Notarkammer dafür von dem Notar Gebühren erheben und den Ersatz von Auslagen verlangen.

**) Zum 01.01.2022 werden in § 74 Abs. 1 Satz 1 die Wörter „Büchern und Akten" durch die Wörter „Akten und Verzeichnisse" ersetzt.

§ 75
Ermahnung

(vom Abdruck wurde abgesehen)

2. Abschnitt
Bundesnotarkammer

§§ 76–77

(vom Abdruck wurde abgesehen)

§ 78
Aufgaben

(1) [1]Die Bundesnotarkammer hat die ihr durch Gesetz zugewiesenen Aufgaben zu erfüllen. [2]Sie hat insbesondere

1. in Fragen, welche die Gesamtheit der Notarkammern angehen, die Auffassung der einzelnen Notarkammern zu ermitteln und im Wege gemeinschaftlicher Aussprache die Auffassung der Mehrheit festzustellen;
2. in allen die Gesamtheit der Notarkammern berührenden Angelegenheiten die Auffassung der Bundesnotarkammer den zuständigen Gerichten und Behörden gegenüber zur Geltung zu bringen;
3. die Gesamtheit der Notarkammern gegenüber Behörden und Organisationen zu vertreten;
4. Gutachten zu erstatten, die eine an der Gesetzgebung beteiligte Behörde oder Körperschaft des Bundes oder ein Bundesgericht in Angelegenheiten der Notare anfordert;
5. durch Beschluss der Generalversammlung Empfehlungen für die von den Notarkammern nach § 67 Absatz 2 zu erlassenden Richtlinien auszusprechen;
6. Richtlinien für die Ausbildung der Hilfskräfte der Notare aufzustellen;
7. den Elektronischen Notariatsaktenspeicher (§ 78k) zu führen;
8. das Notarverzeichnis (§ 78l) zu führen;
9. die besonderen elektronischen Notarpostfächer (§ 78n) einzurichten.

(2) Die Bundesnotarkammer führt

1. das Zentrale Vorsorgeregister (§ 78a),
2. das Zentrale Testamentsregister (§ 78c),
3. das Elektronische Urkundenarchiv (§ 78h).

(3) [1]Die Bundesnotarkammer kann weitere dem Zweck ihrer Errichtung entsprechende Aufgaben wahrnehmen. [2]Sie kann insbesondere

1. Maßnahmen ergreifen, die der wissenschaftlichen Beratung der Notarkammern und ihrer Mitglieder, der Fortbildung von Notaren, der Aus- und Fortbildung des beruflichen Nachwuchses und der Hilfskräfte der Notare dienen,
2. Notardaten verwalten und
3. die elektronische Kommunikation der Notare mit Gerichten, Behörden und sonstigen Dritten sowie die elektronische Aktenführung und die sonstige elektronische Datenverarbeitung der Notare unterstützen.

§ 78a
Zentrales Vorsorgeregister; Verordnungsermächtigung

(1) [1]Die Bundesnotarkammer führt als Registerbehörde ein automatisiertes elektronisches Register über Vorsorgevollmachten, Betreuungsverfügungen, Patientenverfügungen und Widersprüche gegen eine Vertretung durch den Ehegatten nach § 1358 des Bürgerlichen Gesetzbuchs. [2]Das Bundesministerium der Justiz und für Verbraucherschutz führt die Rechtsaufsicht über die Registerbehörde.

(2) In das Zentrale Vorsorgeregister dürfen Angaben aufgenommen werden über

1. Vollmachtgeber,
2. Bevollmächtigte,
3. die Vollmacht und deren Inhalt,
4. Vorschläge zur Auswahl des Betreuers,
5. Wünsche zur Wahrnehmung der Betreuung,
6. den Vorschlagenden,
7. den einer Vertretung durch den Ehegatten nach § 1358 des Bürgerlichen Gesetzbuchs Widersprechenden und
8. den Ersteller einer Patientenverfügung.

(3) Das Bundesministerium der Justiz und für Verbraucherschutz hat durch Rechtsverordnung mit Zustimmung des Bundesrates die näheren Bestimmungen zu treffen über

1. die Einrichtung und Führung des Registers,
2. die Auskunft aus dem Register,
3. die Anmeldung, Änderung und Löschung von Registereintragungen,
4. die Einzelheiten der Datenübermittlung und -speicherung und
5. die Einzelheiten der Datensicherheit.

§ 78b
Auskunft und Gebühren

(1) [1]Die Registerbehörde erteilt Gerichten und Ärzten auf Ersuchen Auskunft aus dem Zentralen Vorsorgeregister. [2]Ärzte dürfen nur um Auskunft ersuchen, soweit diese für die Entscheidung über eine dringende medizinische Behandlung erforderlich ist. [3]Die Befugnis der Gerichte, Notare und Notarkammern zur Einsicht in Registrierungen, die von ihnen verwahrte oder registrierte Urkunden betreffen, bleibt unberührt.

(2) [1]Das Zentrale Vorsorgeregister wird durch Gebühren finanziert. [2]Die Registerbehörde kann Gebühren für die Aufnahme von Erklärungen in das Register erheben. [3]Zur Zahlung der Gebühren sind der Antragsteller und derjenige verpflichtet, der für die Gebührenschuld eines anderen kraft Gesetzes haftet. [4]Mehrere Gebührenschuldner haften als Gesamtschuldner. [5]Gerichte und Notare können die Gebühren für die Registerbehörde entgegennehmen.

(3) [1]Die Gebühren sind so zu bemessen, dass der mit der Einrichtung, der Inbetriebnahme, der dauerhaften Führung und der Nutzung des Zentralen Vorsorgeregisters durchschnittlich verbundene Verwaltungsaufwand einschließlich der Personal- und Sachkosten gedeckt wird. [2]Dabei ist auch der für die Aufnahme von Erklärungen in das Register gewählte Kommunikationsweg zu berücksichtigen.

(4) [1]Die Registerbehörde bestimmt die Gebühren nach Absatz 2 Satz 2 und die Art ihrer Erhebung durch eine Gebührensatzung. [2]Die Satzung bedarf der Genehmigung durch das Bundesministerium der Justiz und für Verbraucherschutz. [3]Die Höhe der Gebühren ist regelmäßig zu überprüfen.

§ 78c
Zentrales Testamentsregister; Verordnungsermächtigung

(1) [1]Die Bundesnotarkammer führt als Registerbehörde ein automatisiertes elektronisches Register über die Verwahrung erbfolgerelevanter Urkunden und sonstige Daten nach § 78d. [2]Die Erhebung und Verwendung der Daten ist auf das für die Erfüllung der gesetzlichen Aufgaben der Registerbehörde, der Nachlassgerichte und der Verwahrstellen Erforderliche zu beschränken. [3]Das Bundesministerium der Justiz und für Verbraucherschutz führt die Rechtsaufsicht über die Registerbehörde.

(2) Das Bundesministerium der Justiz und für Verbraucherschutz hat durch Rechtsverordnung mit Zustimmung des Bundesrates die näheren Bestimmungen zu treffen über

1. die Einrichtung und Führung des Registers,
2. die Auskunft aus dem Register,
3. die Anmeldung, Änderung und Löschung von Registereintragungen,
4. die Einzelheiten der Datenübermittlung und -speicherung und
5. die Einzelheiten der Datensicherheit.

(3) [1]In der Rechtsverordnung können darüber hinaus Bestimmungen zum Inhalt der Sterbefallmitteilungen nach § 78e Satz 1 getroffen werden. [2]Ferner können in der Rechtsverordnung Ausnahmen zugelassen werden von

1. § 78e Satz 3, soweit dies die Sterbefallmitteilung an das Nachlassgericht betrifft;
2. der elektronischen Benachrichtigung nach § 78e Satz 4;
3. der Verpflichtung zur elektronischen Übermittlung nach § 34a Abs. 1 und 2 des Beurkundungsgesetzes und § 347 des Gesetzes über das Verfahren in Familiensachen und in den Angelegenheiten der freiwilligen Gerichtsbarkeit.

§ 78d
Inhalt des Zentralen Testamentsregisters

(1) [1]In das Zentrale Testamentsregister werden Verwahrangaben zu erbfolgerelevanten Urkunden aufgenommen, die

1. von Notaren nach § 34a Absatz 1 oder 2 des Beurkundungsgesetzes zu übermitteln sind

   oder

2. von Gerichten nach Absatz 4 Satz 1 sowie nach § 347 des Gesetzes über das Verfahren in Familiensachen und in den Angelegenheiten der freiwilligen Gerichtsbarkeit zu übermitteln sind.

[2]Weiterer Inhalt des Zentralen Testamentsregisters sind

1. Verwahrangaben, die nach § 1 des Testamentsverzeichnis-Überführungsgesetzes überführt worden sind, und
2. Mitteilungen, die nach § 9 des Testamentsverzeichnis-Überführungsgesetzes überführt worden sind.

[3]Die gespeicherten Daten sind mit Ablauf des 30. auf die Sterbefallmtteilung folgenden Kalenderjahres zu löschen.

(2) [1]Erbfolgerelevante Urkunden sind Testamente, Erbverträge und alle Urkunden mit Erklärungen, welche die Erbfolge beeinflussen können, insbesondere Aufhebungsverträge, Rücktritts- und Anfechtungserklärungen, Erb- und Zuwendungsverzichtsverträge, Ehe- und Lebenspartnerschaftsverträge und Rechtswahlen. [2]Verwahrangaben sind Angaben, die zum Auffinden erbfolgerelevanter Urkunden erforderlich sind.

(3) Registerfähig sind nur erbfolgerelevante Urkunden, die

1. öffentlich beurkundet worden sind oder
2. in amtliche Verwahrung genommen worden sind.

(4) [1]Handelt es sich bei einem gerichtlichen Vergleich um eine erbfolgerelevante Urkunde im Sinne von Absatz 2 Satz 1, übermittelt das Gericht unverzüglich die Verwahrangaben an die das Zentrale Testamentsregister führende Registerbehörde nach Maßgabe der nach § 78c Abs. 2 und 3 erlassenen Rechtsverordnung. [2]Der Erblasser teilt dem Gericht die zur Registrierung erforderlichen Daten mit.

§ 78e
Sterbefallmitteilung

[1]Das zuständige Standesamt hat der Registerbehörde den Tod, die Todeserklärung oder die gerichtliche Feststellung der Todeszeit einer Person mitzuteilen (Sterbefallmitteilung). [2]Die Registerbehörde prüft daraufhin, ob im Zentralen Testamentsregister Angaben nach § 78d Absatz 1 Satz 1 und 2 vorliegen. [3]Sie benachrichtigt, soweit es zur Erfüllung der Aufgaben des Nachlassgerichts und der verwahrenden Stellen erforderlich ist, unverzüglich

1. das zuständige Nachlassgericht über den Sterbefall und etwaige Angaben nach § 78d Abs. 1 Satz 1 und
2. die verwahrenden Stellen über den Sterbefall und etwaige Verwahrangaben nach § 78d Abs. 1 Satz 1 Nr. 1.

[4]Die Benachrichtigung erfolgt elektronisch.

§ 78f
Auskunft aus dem Zentralen Testamentsregister

(1) [1]Die Registerbehörde erteilt auf Ersuchen

1. Gerichten Auskunft aus dem Zentralen Testamentsregister sowie
2. Notaren Auskunft über Verwahrangaben aus dem Zentralen Testamentsregister.

[2]Die Auskunft wird nur erteilt, soweit sie im Rahmen der Aufgabenerfüllung der Gerichte und Notare erforderlich ist. [3]Auskünfte können zu Lebzeiten des Erblassers nur mit dessen Einwilligung eingeholt werden.

(1a) *(vom Abdruck wurde abgesehen)*

(2) Die Befugnis der Gerichte, Notare und Notarkammern zur Einsicht in Registrierungen, die von ihnen verwahrte oder registrierte Urkunden betreffen, bleibt unberührt.

(3) [1]Die Registerbehörde kann Gerichte bei der Ermittlung besonders amtlich verwahrter Urkunden unterstützen, für die mangels Verwahrungsnachricht keine Eintragung im Zentralen Testamentsregister vorliegt. [2]Die Verwahrangaben der nach Satz 1 ermittelten Verfügungen von Todes wegen sind nach § 347 des Gesetzes über das Verfahren in Familiensachen und in den Angelegenheiten der freiwilligen Gerichtsbarkeit an das Zentrale Testamentsregister zu melden.

§ 78g
Gebühren des Zentralen Testamentsregisters

(1) [1]Das Zentrale Testamentsregister wird durch Gebühren finanziert. [2]Die Registerbehörde kann Gebühren erheben für

1. die Aufnahme von Erklärungen in das Testamentsregister und
2. die Erteilung von Auskünften aus dem Testamentsregister nach § 78f Abs. 1 Satz 1 Nr. 2. und Absatz 1a Satz 1

(2) [1]Zur Zahlung der Gebühren sind verpflichtet:

1. im Fall des Absatzes 1 Satz 2 Nummer 1 der Erblasser,
2. im Fall des Absatzes 1 Satz 2 Nummer 2 der Veranlasser des Auskunftsverfahrens.

[2]Mehrere Gebührenschuldner haften als Gesamtschuldner. [3]Gerichte und Notare können die Gebühren für die Registerbehörde entgegennehmen.

(3) Die Gebühren sind so zu bemessen, dass (...)

(4) [1]Die Registerbehörde bestimmt die Gebühren nach Absatz 1 Satz 2 und die Art ihrer Erhebung durch eine Gebührensatzung. [2]Die Satzung bedarf der Genehmigung durch das Bundesministerium der Justiz und für Verbraucherschutz. [3]Die Höhe der Gebühren ist regelmäßig zu überprüfen.

§ 78h
Elektronisches Urkundenarchiv; Verordnungsermächtigung

(1) [1]Die Bundesnotarkammer betreibt als Urkundenarchivbehörde ein zentrales elektronisches Archiv, das den Notaren die Führung der elektronischen Urkundensammlung, des Urkundenverzeichnisses und des Verwahrungsverzeichnisses ermöglicht (Elektronisches Urkundenarchiv). [2]Das Bundesministerium der Justiz und für Verbraucherschutz führt die Rechtsaufsicht über die Urkundenarchivbehörde.

(2) [1]Die Verfügbarkeit, die Integrität, die Authentizität, die Vertraulichkeit und die Transparenz der Daten des Urkundenverzeichnisses, des Verwahrungsverzeichnisses und der im Elektronischen Urkundenarchiv verwahrten elektronischen Dokumente müssen für die gesamte Dauer der Aufbewahrungsfrist gewährleistet sein. [2]Die Urkundenarchivbehörde trifft die erforderlichen technischen und organisatorischen Maßnahmen, um die Erhaltung des Beweiswerts der verwahrten elektronischen Dokumente dauerhaft zu gewährleisten, ohne dass es einer erneuten Signatur durch die verwahrende Stelle bedarf.

(3) [1]Elektronische Dokumente, die im Elektronischen Urkundenarchiv zusammen verwahrt werden, müssen derart miteinander verknüpft sein, dass sie nur zusammen abgerufen werden können. [2]§ 42 Abs. 3 und § 49 Abs. 5 des Beurkundungsgesetzes bleiben unberührt.

(4) Das Bundesministerium der Justiz und für Verbraucherschutz hat durch Rechtsverordnung ohne Zustimmung des Bundesrates die näheren Bestimmungen zu treffen über

1. die Einrichtung des Elektronischen Urkundenarchivs,
2. die Führung und den technischen Betrieb,
3. die Einzelheiten der Datenübermittlung und -speicherung,
4. die Einzelheiten der Datensicherheit und
5. die Erteilung und Entziehung der technischen Verwaltungs- und Zugangsberechtigungen.

§ 78i
Zugangsberechtigung zum Elektronischen Urkundenarchiv

[1]Der Zugang zum Urkundenverzeichnis, zum Verwahrungsverzeichnis und zu den im Elektronischen Urkundenarchiv verwahrten elektronischen Dokumenten steht ausschließlich der für die Verwahrung zuständigen Stelle zu. [2]Hierzu trifft die Urkundenarchivbehörde geeignete technische und organisatorische Maßnahmen.

§ 78j
Gebühren des Elektronischen Urkundenarchivs

(1) [1]Das Elektronische Urkundenarchiv wird durch Gebühren finanziert. [2]Die Urkundenarchivbehörde kann Gebühren erheben für

1. die Aufnahme von elektronischen Dokumenten in die elektronische Urkundensammlung und
2. die Führung des Verwahrungsverzeichnisses.

(2) [1]Zur Zahlung der Gebühren sind verpflichtet:

1. im Fall des Absatzes 1 Satz 2 Nummer 1 derjenige, der zur Zahlung der Kosten für die jeweilige notarielle Amtshandlung verpflichtet ist, abweichend hiervon
   a) im Fall des § 119 Abs. 1 die Staatskasse,
   b) im Fall des § 119 Abs. 3 der Notar,
   c) im Fall des § 119 Abs. 4 die Notarkammer,
2. im Fall des Absatzes 1 Satz 2 Nummer 2 der Notar.

[2]Mehrere Gebührenschuldner haften als Gesamtschuldner. [3]Notare können die Gebühren für die Urkundenarchivbehörde entgegennehmen.

(3) [1]Die Gebühren sind so zu bemessen, dass der mit der Einrichtung, der Inbetriebnahme sowie der dauerhaften Führung und Nutzung des Elektronischen Urkundenarchivs durchschnittlich verbundene Verwaltungsaufwand einschließlich der Personal- und Sachkosten gedeckt wird. [2]Bei der Bemessung der Gebühren für die Aufnahme von elektronischen Dokumenten in die elektronische Urkundensammlung kann der Umfang des elektronischen Dokuments berücksichtigt werden. [3]Die Gebühr kann im Fall von Unterschriftsbeglaubigungen, die nicht mit der Fertigung eines Entwurfs in Zusammenhang stehen, niedriger bemessen werden.

(4) [1]Die Urkundenarchivbehörde bestimmt die Gebühren nach Absatz 1 Satz 2 und die Art ihrer Erhebung durch eine Gebührensatzung. [2]Die Satzung bedarf der Genehmigung durch das Bundesministerium der Justiz und für Verbraucherschutz. [3]Die Höhe der Gebühren ist regelmäßig zu überprüfen.

§ 78k
Elektronischer Notaraktenspeicher; Verordnungsermächtigung

(1) Die Bundesnotarkammer betreibt einen zentralen elektronischen Aktenspeicher, der den Notaren die elektronische Führung ihrer nicht im Elektronischen Urkundenarchiv zu führenden Akten und Verzeichnisse sowie die Speicherung sonstiger Daten ermöglicht (Elektronischer Notariatsaktenspeicher).

(2) [1]Der Elektronische Notariatsaktenspeicher wird durch Gebühren finanziert. [2]Die Bundesnotarkammer kann Gebühren erheben für die elektronische Führung von Akten und Verzeichnissen sowie die Speicherung sonstiger Daten im Elektronischen Notaraktenspeicher. [3]Zur Zahlung der Gebühren ist der Notar verpflichtet.

(3) Die Gebühren sind so zu bemessen, dass der mit der Einrichtung, der Inbetriebnahme sowie der dauerhaften Führung und Nutzung des Elektronischen Notariatsaktenspeichers durchschnittlich verbundene Verwaltungsaufwand einschließlich der Personal- und Sachkosten gedeckt wird.

(4) [1]Die Bundesnotarkammer bestimmt die Gebühren nach Absatz 2 Satz 2 und die Art ihrer Erhebung durch eine Gebührensatzung. [2]Die Satzung bedarf der Genehmigung durch das Bundesministerium der Justiz und für Verbraucherschutz. [3]Die Höhe der Gebühren ist regelmäßig zu überprüfen.

(5) Das Bundesministerium der Justiz und für Verbraucherschutz hat durch Rechtsverordnung ohne Zustimmung des Bundesrates die näheren Bestimmungen zu treffen über

1. die Einrichtung des Elektronischen Notariatsaktenspeichers,
2. die Führung und den technischen Betrieb,
3. die Einzelheiten der Datenübermittlung und -speicherung,
4. die Einzelheiten der Datensicherheit und
5. die Erteilung und Entziehung der technischen Verwaltungs- und Zugangsberechtigungen.

§ 78l
Notarverzeichnis

(1) [1]Die Bundesnotarkammer führt ein elektronisches Verzeichnis der Notare und Notariatsverwalter (Notarverzeichnis).

(...)

§§ 78m–112

(vom Abdruck wurde abgesehen)

§ 113
Notarkasse und Ländernotarkasse*)

(1) [1]Die Notarkasse ist eine rechtsfähige Anstalt des öffentlichen Rechts des Freistaates Bayern. [2]Sie hat ihren Sitz in München. [3]Ihr Tätigkeitsbereich umfasst den Freistaat Bayern und den Bezirk des Pfälzischen Oberlandesgerichts Zweibrücken. [4]Sie führt ein Dienstsiegel. [5]Sie untersteht der Rechtsaufsicht des Bayerischen Staatsministeriums der Justiz. [6]Dieses übt die Aufsicht nach näherer Vereinbarung der beteiligten Justizverwaltungen aus. [7]Die Haushalts- und Wirtschaftsführung der Notarkasse wird vom Bayerischen Obersten Rechnungshof nach Maßgabe der Vorschriften der Bayerischen Haushaltsordnung geprüft.

(2) [1]Die Ländernotarkasse ist eine rechtsfähige Anstalt des öffentlichen Rechts des Freistaates Sachsen. Sie hat ihren Sitz in Leipzig. [2]Ihr Tätigkeitsbereich umfasst die Bezirke der Notarkammern Brandenburg, Mecklenburg-Vorpommern, Sachsen, Sachsen-Anhalt und Thüringen. [3]Sie führt ein Dienstsiegel. [4]Sie untersteht der Rechtsaufsicht des Sächsischen Staatsministeriums der Justiz. [5]Dieses übt die Aufsicht nach näherer Vereinbarung der beteiligten Justizverwaltungen aus. [6]Die Haushalts- und Wirtschaftsführung der Ländernotarkasse wird vom Sächsischen Rechnungshof nach Maßgabe der Sächsischen Haushaltsordnung geprüft.

(3) Die Notarkasse und die Ländernotarkasse (Kassen) haben folgende Aufgaben zu erfüllen:

1. Ergänzung des Berufseinkommens der Notare, soweit dies zur Aufrechterhaltung einer geordneten vorsorgenden Rechtspflege erforderlich ist;
2. Versorgung der ausgeschiedenen Notare im Alter und bei Amtsunfähigkeit, der Notarassessoren bei Dienstunfähigkeit sowie die Versorgung ihrer Hinterbliebenen, wobei sich die Höhe der Versorgung unabhängig von der Höhe der geleisteten Abgaben nach der ruhegehaltfähigen Dienstzeit einschließlich An- und Zurechnungszeiten bemisst;
3. einheitliche Durchführung der Versicherung der Notare nach § 19a und der Notarkammern nach § 61 Abs. 2 und § 67 Abs. 3 Nr. 3;
4. Förderung der wissenschaftlichen und praktischen Fortbildung der Notare und Notarassessoren sowie der fachlichen Ausbildung des Personals der Notare einschließlich der Durchführung von Prüfungen;
5. Bereitstellung der erforderlichen Haushaltsmittel der im Gebiet der Kasse gebildeten Notarkammern;
6. Zahlung der Bezüge der Notarassessoren anstelle der Notarkammern;

---

*) Zum 01.01.2022 wird § 113 wie folgt geändert:
- in Abs. 17 Satz 10 werden die Wörter „Akten, Urkunden, Konten, Verzeichnisse und Bücher“ durch die Wörter „Urkunden, Akten, Verzeichnisse und Konten“ ersetzt
- in Abs. 18 Satz 1 werden die Wörter „Büchern und Akten“ durch die Wörter „Akten und Verzeichnisse“ ersetzt

7. wirtschaftliche Verwaltung der von einem Notariatsverwalter wahrgenommenen Notarstellen anstelle der Notarkammern;
8. Erstattung notarkostenrechtlicher Gutachten, die eine Landesjustizverwaltung, ein Gericht oder eine Verwaltungsbehörde im Tätigkeitsbereich der Kasse anfordert.

(4) [1]Die Kassen können weitere, dem Zweck ihrer Errichtung entsprechende Aufgaben wahrnehmen. [2]Sie können insbesondere

1. fachkundige Personen beschäftigen, die den Notaren im Tätigkeitsbereich der Kasse zur Dienstleistung zugewiesen werden,
2. allein oder gemeinsam mit der anderen Kasse oder Notarkammern Einrichtungen im Sinne von § 67 Abs. 4 Nr. 3 zu unterhalten,
3. über Absatz 3 Nr. 3 hinausgehende Anschlussversicherungen abschließen,
4. die zentrale Erledigung von Verwaltungsaufgaben der einzelnen Notarstellen bei freiwilliger Teilnahme unter Ausschluss der Gewinnerzielung gegen Kostenerstattung übernehmen.

(5) Aufgaben der Notarkammern können mit deren Zustimmung und der Zustimmung der Kasse durch die Landesjustizverwaltungen der Kasse übertragen werden.

(6) Die Notare sind verpflichtet, die ihnen zur Dienstleistung zugewiesenen, in einem Dienstverhältnis zur Kasse stehenden Personen zu beschäftigen.

(7) Auf die nach Absatz 3 Nr. 2 und 6 gegen die Kasse begründeten Versorgungs- und Besoldungsansprüche sind die für Beamtenbezüge geltenden verfahrensrechtlichen Vorschriften entsprechend anzuwenden.

(8) [1]Die Organe der Kasse sind der Präsident und der Verwaltungsrat. [2]Der Präsident und die Mitglieder des Verwaltungsrats sind ehrenamtlich tätig. [3]Sie können jedoch eine angemessene Entschädigung für ihre Tätigkeit und einen Ersatz ihrer notwendigen Auslagen erhalten.

(9) [1]Der Präsident vertritt die Kasse gerichtlich und außergerichtlich. [2]Er leitet ihre Geschäfte und ist für die Erledigung derjenigen Angelegenheiten zuständig, die nicht dem Verwaltungsrat obliegen. [3]Der Präsident führt den Vorsitz in den Sitzungen des Verwaltungsrates und vollzieht dessen Beschlüsse.

(10) [1]Der Präsident der Notarkasse wird von den Notaren im Tätigkeitsbereich der Notarkasse für die Dauer von vier Jahren gewählt. [2]Der Präsident der Ländernotarkasse wird von dem Verwaltungsrat der Ländernotarkasse für die Dauer von vier Jahren gewählt. [3]Der Präsident muss Notar im Tätigkeitsbereich der Kasse und darf nicht zugleich Mitglied des Verwaltungsrats sein.

(11) [1]Der Verwaltungsrat beschließt insbesondere über

1. Satzungen und Verwaltungsvorschriften,
2. den Haushaltsplan sowie die Anpassung der Abgaben an den Haushaltsbedarf,
3. die Höhe der Bezüge der Notarassessoren,

4. die Grundsätze für die Ausbildung, Prüfung und Einstellung von fachkundigen Beschäftigten,

5. die Festlegung der Gesamtzahl und der Grundsätze für die Zuteilung von fachkundigen Mitarbeitern an die Notare,

6. die Grundsätze für die Vermögensanlage der Kasse.

[2]Der Verwaltungsrat fasst seine Beschlüsse mit der einfachen Mehrheit der abgegebenen Stimmen, soweit durch Satzung nichts anderes bestimmt ist.

(12) [1]Die Mitglieder des Verwaltungsrates der Notarkasse werden für die Dauer von vier Jahren durch die Notare in den jeweiligen Oberlandesgerichtsbezirken im Tätigkeitsbereich der Notarkasse gewählt. [2]Die Notare eines Oberlandesgerichtsbezirks wählen jeweils zwei Mitglieder in den Verwaltungsrat. [3]Übersteigt die Zahl der Einwohner in einem Oberlandesgerichtsbezirk zwei Millionen, so erhöht sich die Zahl der Verwaltungsratsmitglieder aus diesem Oberlandesgerichtsbezirk für je weitere angefangene zwei Millionen um ein Mitglied. [4]Die Mitglieder des Verwaltungsrates müssen Notar mit Amtssitz im Bezirk des jeweiligen Oberlandesgerichts sein.

(13) [1]Die Mitglieder des Verwaltungsrates der Ländernotarkasse werden für die Dauer von vier Jahren durch die Notare in den jeweiligen Notarkammern im Tätigkeitsbereich der Ländernotarkasse gewählt. [2]Die Notare einer Notarkammer wählen jeweils zwei Mitglieder in den Verwaltungsrat; bei mehr als drei Millionen Einwohnern in dem Bezirk einer Notarkammer sind drei Mitglieder zu wählen. [3]Die Mitglieder des Verwaltungsrates müssen Notar mit Amtssitz im Bezirk der jeweiligen Notarkammer sein.

(14) [1]Für die Organe und Beschäftigten der Kasse gilt § 69a entsprechend. [2]Der Verwaltungsrat kann von der Verpflichtung zur Verschwiegenheit befreien. [3]Er erteilt in gerichtlichen und behördlichen Verfahren die Aussagegenehmigung.

(15) Vor der Ausschreibung und Einziehung von Notarstellen und der Ernennung von Notarassessoren im Tätigkeitsbereich der Kasse ist diese anzuhören.

(16) [1]Vor dem Beschluss ihres Haushaltsplans hören die Notarkammern im Tätigkeitsbereich der Kasse diese an. [2]Bei der Kasse wird zur Beratung in Angelegenheiten des Absatzes 3 Nr. 5 ein Beirat gebildet, in den jede Notarkammer im Tätigkeitsbereich der Kasse ein Mitglied und der Verwaltungsrat ebenso viele Mitglieder entsenden. [3]Den Vorsitz in den Beiratssitzungen führt der Präsident der Kasse. [4]Die Kasse ist an das Votum des Beirats nicht gebunden.

(17) [1]Die Kasse erhebt von den Notaren Abgaben auf der Grundlage einer Abgabensatzung, soweit dies zur Erfüllung ihrer Aufgaben erforderlich ist. [2]Zur Sicherstellung der Verpflichtungen, die sich aus den Aufgaben der Kasse ergeben, kann Vermögen gebildet werden. [3]Die Höhe der Abgaben richtet sich nach der Leistungsfähigkeit des Notars. [4]Die Abgaben können auch gestaffelt nach der Summe der durch den Notar zu erhebenden Gebühren festgesetzt werden. [5]Die Abgabensatzung kann Freibeträge und von der Abgabepflicht ausgenommene Gebühren festlegen. [6]Sie regelt ferner

1. die Bemessungsgrundlagen für die Abgaben,

2. die Höhe, die Festsetzung und die Fälligkeit der Abgaben,

3. das Erhebungsverfahren,
4. die abgaberechtlichen Nebenpflichten des Notars,
5. die Stundung und Verzinsung der Abgabeschuld sowie die Geltendmachung von Säumniszuschlägen und Sicherheitsleistungen,
6. ob und in welcher Höhe die Bezüge von Notarassessoren (§ 7 Abs. 4 Satz 4) oder fachkundigen Beschäftigten, die einem Notar zugewiesen sind, zu erstatten sind.

[7]Fehlt eine Abgabensatzung, kann die Aufsichtsbehörde die Abgaben vorläufig festsetzen. [8]Rückständige Abgaben können aufgrund einer vom Präsidenten ausgestellten, mit der Bescheinigung der Vollstreckbarkeit versehenen Zahlungsaufforderung nach den Vorschriften über die Vollstreckbarkeit gerichtlicher Entscheidungen in Zivilsachen eingezogen werden. [9]Die Kasse kann die Erfüllung der Abgabepflicht einschließlich der zugrunde liegenden Kostenberechnungen und des Kosteneinzugs durch den Notar nachprüfen. [10]Der Notar hat den mit der Prüfung Beauftragten Einsicht in seine Akten, Urkunden, Konten, Verzeichnisse und Bücher zu gestatten, diese auszuhändigen und die erforderlichen Auskünfte zu erteilen.

(18) [1]Die Kasse kann in Ausübung ihrer Befugnisse von den Notaren und Notarassessoren Auskünfte, die Vorlage von Büchern und Akten sowie das persönliche Erscheinen vor dem Präsidenten oder dem Verwaltungsrat verlangen. [2]Der Präsident kann zur Erzwingung dieser Pflichten nach vorheriger schriftlicher Androhung, auch wiederholt, Zwangsgeld festsetzen. [3]Das einzelne Zwangsgeld darf eintausend Euro nicht übersteigen. [4]Das Zwangsgeld fließt der Kasse zu; es wird wie eine rückständige Abgabe beigetrieben.

(19) [1]Im Übrigen bestimmen sich die Aufgaben und Rechtsverhältnisse der Kassen, ihrer Organe und deren Zuständigkeiten nach einer Satzung. [2]Erlass und Änderungen der Satzung und der Abgabensatzung bedürfen zu ihrer Wirksamkeit der Genehmigung durch die Aufsichtsbehörde und der Bekanntmachung.

§§ 113b–120

(vom Abdruck wurde abgesehen)

Gebührenverzeichnis (Zugang zu Inhalten notarieller Urkunden und Verzeichnisse zu Forschungszwecken

Nr.	Gebührentatbestand	Gebührenbetrag
10	Entscheidung über einen Antrag auf Gewährung des Zugangs zu Inhalten notarieller Urkunden und Verzeichnisse	25,00 bis 250,00 €
20	Erteilung einer Auskunft aus notariellen Urkunden oder Verzeichnissen .... Die Gebühr fällt nur einmal an, auch wenn mehrere Stellen mit der Erteilung der Auskunft befasst sind.	20,00 bis 200,00 €
30	Gewährung der Einsicht in notarielle Urkunden und Verzeichnisse: 1. wenn keine Anonymisierung von Inhalten erfolgt, je notarieller Urkunde oder notariellem Verzeichnis 2. wenn eine Anonymisierung von Inhalten erfolgt, je notarieller Urkunde oder notariellem Verzeichnis Die Gebühren betragen insgesamt höchstens 3 000,00 €, wenn die Gewährung der Einsicht aufgrund eines Antrags erfolgt. Die Höchstgebühr gilt unabhängig davon, wie viele Stellen mit der Gewährung der Einsicht befasst sind.	 1. 10,00 € 2. 20,00 €
40	Entscheidung über einen Antrag auf Zustimmung zur Verwendung verschwiegenheitspflichtiger Inhalte für ein anderes Forschungsvorhaben	20,00 bis 100,00 €
50	Entscheidung über einen Antrag auf Zustimmung zur Veröffentlichung verschwiegenheitspflichtiger Inhalte	20,00 bis 100,00 €

Verordnung über die Führung notarieller Akten und Verzeichnisse (NotAktVV)

Vom 13. Oktober 2020 (BGBl. I S. 2246), zuletzt geändert durch Gesetz vom 25. Juni 2021 (BGBl. I S. 2154)

Achtung: Inkrafttreten der wesentlichen Teile erst am 1.1.2022

Abschnitt 1
Allgemeine Bestimmungen

§ 1
Verzeichnisse

Der Notar führt die folgenden Verzeichnisse:

1. das Urkundenverzeichnis,
2. das Verwahrungsverzeichnis.

§ 2
Akten

Der Notar führt die folgenden Akten:

1. die Urkundensammlung,
2. die Erbvertragssammlung,
3. die elektronische Urkundensammlung,
4. die Sondersammlung,
5. die Nebenakten,
6. die Sammelakte für Wechsel- und Scheckproteste und
7. die Generalakte.

§ 3
Urschriften, Ausfertigungen und Abschriften

(1) Urschriften, Ausfertigungen und beglaubigte Abschriften von Urkunden sind so herzustellen, dass sie gut lesbar, dauerhaft und fälschungssicher sind.

(2) Im Schriftbild der Urschrift einer Urkunde darf nichts unleserlich gemacht werden.

(3) Auf jeder Urschrift, Ausfertigung oder Abschrift einer Urkunde sind die Urkundenverzeichnisnummer und die Jahreszahl anzugeben.

§ 4
Form und Übergabe elektronischer Aufzeichnungen

(1) [1]Ist die Verwendung eines bestimmten Dateiformats oder eines bestimmten Systems nicht durch andere oder aufgrund anderer Rechtsvorschriften vorgeschrieben, so sind elektronische Akten und Verzeichnisse (elektronische Aufzeichnungen) in einem Dateiformat zu führen, das allgemein gebräuchlich ist. [2]Elektronische Auf-

Beurkundungsrecht

zeichnungen können auch in einem anderen Dateiformat geführt werden, wenn dieses ohne erheblichen zeitlichen oder finanziellen Aufwand in ein allgemein gebräuchliches Dateiformat überführt werden kann.

(2) [1]Geht die Zuständigkeit für die Verwahrung von Akten und Verzeichnissen auf eine andere Stelle über, so hat die bisher zuständige Stelle der künftig zuständigen Stelle elektronische Aufzeichnungen auf einem allgemein gebräuchlichen Datenträger zu übergeben. [2]Handelt es sich um elektronische Aufzeichnungen, die im Elektronischen Urkundenarchiv oder im Elektronischen Notaraktenspeicher vorliegen, so hat die bisher zuständige Stelle an der Einräumung des Zugangs für die künftig zuständige Stelle mitzuwirken, soweit dies erforderlich ist.

§ 5
Sicherheit elektronischer Aufzeichnungen

(1) Systeme, die zum Umgang mit elektronischen Aufzeichnungen verwendet werden, sind durch geeignete und dem Stand der Technik entsprechende Maßnahmen gegen unbefugten Zugang zu schützen.

(2) Elektronische Aufzeichnungen sind durch geeignete Vorkehrungen gegen unzulässigen Verlust, unzulässige Veränderung und unzureichende Verfügbarkeit zu sichern.

(3) [1]Körperliche Zugangsmittel, die der Notar für den Zugang zum Elektronischen Urkundenarchiv verwendet, sind sicher zu verwahren. [2]Sie dürfen keiner anderen Person überlassen werden.

(4) Der Notar darf Wissensdaten, die er für den Zugang zum Elektronischen Urkundenarchiv benutzt, keiner anderen Person preisgeben.

(5) Der Notar muss durch geeignete Vorkehrungen sicherstellen, dass die bei ihm beschäftigten Personen mit den ihnen überlassenen Zugangsmitteln und mit ihren Wissensdaten den Absätzen 3 und 4 entsprechend umgehen.

§ 6
Technische und organisatorische Maßnahmen

Die Bundesnotarkammer präzisiert durch Verhaltensregeln nach Artikel 40 Absatz 2 Buchstabe h der Verordnung (EU) 2016/679 des Europäischen Parlaments und des Rates vom 27. April 2016 zum Schutz natürlicher Personen bei der Verarbeitung personenbezogener Daten, zum freien Datenverkehr und zur Aufhebung der Richtlinie 95/46/EG (Datenschutz-Grundverordnung) (ABl. L 119 vom 4.5.2016, S. 1; L 314 vom 22.11.2016, S. 72; L 127 vom 23.5.2018, S. 2) die technischen und organisatorischen Maßnahmen, die nach Artikel 32 der Verordnung (EU) 2016/679 zu treffen sind, um die Sicherheit der personenbezogenen Daten zu gewährleisten, die in den elektronischen Aufzeichnungen und den zu ihrer Führung verwendeten elektronischen Hilfsmitteln verarbeitet werden.

Abschnitt 2
Urkundenverzeichnis

§ 7
Urkundenverzeichnis

(1) In das Urkundenverzeichnis einzutragen sind

1. Niederschriften (§§ 8, 36 und 38 des Beurkundungsgesetzes),
2. Vermerke im Sinne des § 39 des Beurkundungsgesetzes, die Folgendes enthalten:
   a) die Beglaubigung einer Unterschrift oder eines Handzeichens,
   b) die Beglaubigung der Zeichnung einer Namensunterschrift,
   c) die Feststellung des Zeitpunkts, zu dem eine Privaturkunde vorgelegt worden ist,
   d) sonstige einfache Zeugnisse im Sinne des § 39 des Beurkundungsgesetzes,
3. elektronische Vermerke im Sinne des § 39a des Beurkundungsgesetzes, die Folgendes enthalten:
   a) die Beglaubigung einer elektronischen Signatur,
   b) die Feststellung des Zeitpunkts, zu dem eine Privaturkunde vorgelegt worden ist,
   c) sonstige einfache Zeugnisse im Sinne des § 39 des Beurkundungsgesetzes,
4. Vollstreckbarerklärungen nach § 796c Absatz 1 und § 1053 Absatz 4 der Zivilprozessordnung und
5. Einigungen, Abschlussprotokolle, Vertragsbeurkundungen und Vertragsbestätigungen nach § 96 Absatz 3 Satz 1 und Absatz 5 Satz 2, § 98 Absatz 2 Satz 1 und § 99 Satz 1 des Sachenrechtsbereinigungsgesetzes.

(2) Nicht in das Urkundenverzeichnis einzutragen sind insbesondere

1. Niederschriften über Wechsel- und Scheckproteste,
2. Vermerke im Sinne des § 39 des Beurkundungsgesetzes, die im Zusammenhang mit einer anderen Beurkundung erstellt und auf die betreffende Urschrift oder eine Ausfertigung der Urkunde oder ein damit zu verbindendes Blatt gesetzt werden, und
3. elektronische Vermerke im Sinne des § 39a des Beurkundungsgesetzes, die im Zusammenhang mit einer anderen Beurkundung erstellt werden und deren Ausdruck mit einer Urschrift oder einer Ausfertigung der Urkunde verbunden wird.

§ 8
Führung des Urkundenverzeichnisses

(1) [1]Das Urkundenverzeichnis wird getrennt nach Kalenderjahren geführt. [2]Die Eintragungen jedes Kalenderjahres sind mit fortlaufenden Nummern zu versehen.

(2) [1]Die Beurkundungen und sonstigen Amtshandlungen sind in der Reihenfolge des Datums ihrer Vornahme einzutragen. [2]Ist eine Eintragung versehentlich unterblieben, so ist sie unter der nächsten fortlaufenden Nummer nachzutragen. [3]Ist eine Eintragung versehentlich mehrfach erfolgt, so ist die wiederholte Eintragung als gegenstandslos zu kennzeichnen.

§ 9
Angaben im Urkundenverzeichnis

Die Eintragung im Urkundenverzeichnis enthält folgende Angaben:

1. das Datum und den Ort oder die Orte der Beurkundung oder der sonstigen Amtshandlung (§ 10),
2. die Amtsperson (§ 11),
3. die Beteiligten (§ 12),
4. den Geschäftsgegenstand (§ 13),
5. die Urkundenart (§ 14),
6. gegebenenfalls Angaben zu Ausfertigungen (§ 15),
7. gegebenenfalls weitere Angaben zu Verfügungen von Todes wegen (§ 16) und
8. gegebenenfalls sonstige Angaben (§ 17).

§ 10
Ortsangabe

[1]Ist das Amtsgeschäft in der Geschäftsstelle vorgenommen worden, genügt als Ortsangabe die Angabe „Geschäftsstelle“. [2]Andernfalls ist die genaue Bezeichnung des Ortes oder der Orte, an dem oder an denen das Amtsgeschäft vorgenommen wurde, einzutragen. [3]Hierbei ist soweit möglich die Anschrift anzugeben.

§ 11
Angaben zur Amtsperson

Zur Amtsperson sind anzugeben

1. der Familienname,
2. der Vorname oder die Vornamen, soweit diese im Rahmen der amtlichen Tätigkeit üblicherweise verwendet werden, und
3. die Amtsbezeichnung.

§ 12
Angabe der Beteiligten

(1) [1]Als Beteiligte sind einzutragen

1. bei Niederschriften nach den §§ 8 und 38 des Beurkundungsgesetzes die Erschienenen, deren Erklärungen beurkundet worden sind,

2. bei Beglaubigungen (§§ 39 bis 41 des Beurkundungsgesetzes) diejenigen, welche die Unterschrift, die elektronische Signatur, das Handzeichen oder die Zeichnung vollzogen oder anerkannt haben,
3. bei Vollstreckbarerklärungen (§ 796c Absatz 1 und § 1053 Absatz 4 der Zivilprozessordnung) die Parteien,
4. bei Amtshandlungen nach § 96 Absatz 3 Satz 1 und Absatz 5 Satz 2, § 98 Absatz 2 Satz 1 und § 99 Satz 1 des Sachenrechtsbereinigungsgesetzes die Beteiligten im Sinne des Sachenrechtsbereinigungsgesetzes,
5. bei allen übrigen Beurkundungen (§§ 36, 39, 39a und 43 des Beurkundungsgesetzes) diejenigen, welche die Beurkundung veranlasst haben.

[2]Sind mehr als 20 Beteiligte einzutragen, genügt auch eine zusammenfassende Bezeichnung, es sei denn, dass die Beteiligten in den Fällen der §§ 8 oder 38 des Beurkundungsgesetzes Erklärungen zur Niederschrift abgegeben haben.

(2) [1]Zu den Beteiligten sind anzugeben

1. der Vorname oder die Vornamen,
2. der Familienname,
3. der Geburtsname, wenn dieser nicht der Familienname ist,
4. das Geburtsdatum und
5. der Wohnort.

[2]Sofern dies zur Unterscheidung der Beteiligten erforderlich ist, sind weitere Angaben aufzunehmen. [3]Haben Beteiligte in Vertretung für eine andere Person gehandelt und wurde dabei in eine Niederschrift statt des Wohnorts eines Beteiligten ein Dienst- oder Geschäftsort aufgenommen, so tritt dieser auch im Urkundenverzeichnis an die Stelle des Wohnorts. [4]Bei Beteiligten, die keine natürlichen Personen sind, sind statt der in Satz 1 genannten Angaben ihr Name und ihr Sitz anzugeben.

(3) Zu den Beteiligten kann angegeben werden

1. die Anschrift,
2. die steuerliche Identifikationsnummer,
3. die Wirtschafts-Identifikationsnummer und
4. die Registernummer.

(4) [1]Haben Beteiligte in Vertretung für eine andere Person gehandelt, sind neben den Beteiligten auch die vertretenen Personen aufzuführen. [2]Absatz 1 Satz 2, Absatz 2 Satz 1, 2 und 4 und Absatz 3 gelten insoweit entsprechend. [3]Vertretende und vertretene Personen sollen jeweils als solche gekennzeichnet werden.

(5) [1]In gesellschaftsrechtlichen Angelegenheiten ist die Gesellschaft auch dann einzutragen, wenn sie nicht Beteiligte ist. [2]Absatz 2 Satz 4 und Absatz 3 gelten entsprechend.

§ 13
Angabe des Geschäftsgegenstands

[1]Der Geschäftsgegenstand ist stichwortartig und hinreichend unterscheidungskräftig zu bezeichnen. [2]Hat die Urkundenarchivbehörde für den Geschäftsgegenstand eine bestimmte Formulierung vorgesehen, so ist diese zu verwenden.

§ 14
Angabe der Urkundenart

(1) Als Urkundenarten sind zu unterscheiden

1. Beglaubigungen von Unterschriften oder Handzeichen mit Anfertigung eines Urkundenentwurfs,
2. Beglaubigungen von Unterschriften oder Handzeichen ohne Anfertigung eines Urkundenentwurfs,
3. Verfügungen von Todes wegen,
4. Vermittlungen von Auseinandersetzungen und
5. sonstige Beurkundungen und Beschlüsse.

(2) Die Urkundenarchivbehörde kann innerhalb der in Absatz 1 genannten Urkundenarten weitere Differenzierungen vorsehen.

§ 15
Angaben zu Ausfertigungen

[1]Wird von einer Urkunde eine Ausfertigung erteilt, so ist zu vermerken, wem und an welchem Tag die Ausfertigung erteilt worden ist. [2]Handelt es sich bei der Ausfertigung um eine vollstreckbare Ausfertigung oder eine weitere vollstreckbare Ausfertigung, so ist dies ebenfalls zu vermerken.

§ 16
Weitere Angaben bei Verfügungen von Todes wegen

(1) Ist Gegenstand der Eintragung eine Verfügung von Todes wegen, die der Notar dem Amtsgericht zur besonderen amtlichen Verwahrung abliefert (§ 34 Absatz 1 und 2 des Beurkundungsgesetzes), ist zu vermerken, wann die Verfügung von Todes wegen abgeliefert wurde.

(2) Ist Gegenstand der Eintragung ein notariell verwahrter Erbvertrag, so ist dies zu vermerken.

(3) Zu der Eintragung eines notariell verwahrten Erbvertrags sind jeweils unter Angabe des Datums zu vermerken

1. dessen nachträgliche Verbringung in die besondere amtliche Verwahrung des Amtsgerichts,
2. dessen Rückgabe aus der notariellen Verwahrung und
3. dessen Ablieferung an das Amtsgericht nach Eintritt des Erbfalls.

§ 17
Sonstige Angaben

(1) Wird durch eine Urkunde der Inhalt einer anderen Urkunde berichtigt, geändert, ergänzt oder aufgehoben, so ist bei den Eintragungen zu diesen Urkunden auf die jeweils andere Eintragung zu verweisen.

(2) [1]Zu jeder Eintragung können weitere Angaben aufgenommen werden, soweit diese der Erfüllung der Amtspflichten dienen. [2]Solche Angaben sind strukturiert zu erfassen, soweit die Urkundenarchivbehörde dies vorsieht.

§ 18
Zeitpunkt der Eintragungen

[1]Eintragungen in das Urkundenverzeichnis sind zeitnah, spätestens 14 Tage nach der Beurkundung oder der sonstigen Amtshandlung vorzunehmen. [2]Sofern technische Probleme dies verhindern, sind die Eintragungen unverzüglich nach Behebung der technischen Probleme vorzunehmen.

§ 19
Export der Eintragungen

(1) [1]Nach Abschluss jedes Kalenderjahres sind die Eintragungen, die für dieses Kalenderjahr im Urkundenverzeichnis vorgenommen wurden, zeitnah in eine Datei zu exportieren. [2]Die Datei ist mit der qualifizierten elektronischen Signatur des Notars zu versehen.

(2) [1]Die in die Datei exportierten Eintragungen sind bis zum Ablauf ihrer jeweiligen Aufbewahrungsfristen zu speichern. [2]Die Speicherung hat im Elektronischen Urkundenarchiv zu erfolgen, wenn die Urkundenarchivbehörde eine besondere Funktion dafür vorsieht.

(3) [1]Werden an den Eintragungen im Urkundenverzeichnis Änderungen vorgenommen, so dass diese nicht mehr mit den in die Datei exportierten Eintragungen übereinstimmen, sind die Eintragungen erneut zu exportieren. [2]Die Absätze 1 und 2 gelten insoweit entsprechend. [3]Die Datei mit den früher exportierten Eintragungen bleibt gespeichert. [4]Es genügt, wenn der erneute Export nur die Eintragungen umfasst, an denen die Änderungen vorgenommen wurden.

§ 20
Persönliche Bestätigung

(1) [1]1Durch den Notar persönlich bestätigt werden müssen

1. Änderungen und Zusätze, die eine Eintragung im Urkundenverzeichnis betreffen, und

2. Angaben zu Ausfertigungen (§ 15), unabhängig davon, wann diese erteilt werden.

[2]Der Inhalt von Änderungen oder Zusätzen und das Datum ihrer Vornahme müssen dauerhaft dokumentiert werden.

(2) Einer persönlichen Bestätigung nach Absatz 1 bedürfen nicht

1. die Löschung von Verzeichnisinhalten nach Ablauf der Aufbewahrungsfrist,
2. die Hinzufügung von Angaben im Sinne des § 9 Nummer 8 oder
3. Änderungen und Zusätze sowie Angaben zu Ausfertigungen, bei denen aus dem Urkundenverzeichnis jederzeit nachvollziehbar ist,
   a) durch wen sie erfolgt sind,
   b) wann sie erfolgt sind und
   c) welchen Inhalt sie haben.

Abschnitt 3
Verwahrungsverzeichnis

§ 21
Verwahrungsverzeichnis

[1]Verwahrungsmassen, die nach § 23 der Bundesnotarordnung und nach den §§ 57 und 62 des Beurkundungsgesetzes entgegengenommen werden, sind in das Verwahrungsverzeichnis einzutragen, sobald dem Notar Werte zugeflossen sind. [2]Nicht eingetragen werden müssen

1. Geldbeträge, die der Notar als Protestbeamter empfangen hat, wenn sie unverzüglich an die Berechtigten herausgegeben werden,
2. Wechsel und Schecks, die zum Zweck der Erhebung des Protestes übergeben wurden, und
3. Hypotheken-, Grundschuld- und Rentenschuldbriefe.

§ 22
Angaben im Verwahrungsverzeichnis

Jede Eintragung einer Verwahrungsmasse enthält folgende Angaben:

1. die Massenummer,
2. wenn die Verwahrung im Zusammenhang mit einem Geschäft steht, das im Urkundenverzeichnis eingetragen ist, die Urkundenverzeichnisnummer; andernfalls ein sonstiges eindeutiges Zeichen,
3. die Beteiligten des Verwahrungsverhältnisses (§ 24),
4. das Datum des Tages, an dem der Notar die Verwahrungsanweisung angenommen hat,
5. die Einnahmen und die Ausgaben (§ 25) und
6. den Abschluss des Verwahrungsgeschäfts.

§ 23
Massenummer und Buchungsnummer

(1) Die Massenummer setzt sich zusammen aus der Jahreszahl des Jahres, in dem die Verwahrungsmasse in das Verwahrungsverzeichnis eingetragen wird, und einer für dieses Jahr fortlaufenden Nummer.

(2) Die Buchungsnummern werden für jede Verwahrungsmasse gesondert und in fortlaufender Reihenfolge vergeben.

§ 24
Angaben zu den Beteiligten

Für die zu den Beteiligten einzutragenden Angaben gilt § 12 Absatz 2 und 3 entsprechend.

§ 25
Angaben zu Einnahmen und Ausgaben

(1) Die Einnahmen und die Ausgaben sind jeweils gesondert einzutragen für

1. Wertpapiere und Kostbarkeiten, die zur Aufbewahrung oder Ablieferung an Dritte entgegengenommen wurden,
2. Schecks oder Sparbücher, die zur Einlösung entgegengenommen wurden,
3. Schecks, die zur Auszahlung ausgestellt wurden, und
4. jedes Notaranderkonto.

(2) [1]Jede Einnahme und jede Ausgabe ist im Verwahrungsverzeichnis unverzüglich unter Angabe der Buchungsnummer einzutragen. [2]Einnahmen werden mit positivem Vorzeichen, Ausgaben mit negativem Vorzeichen eingetragen. [3]Eintragungen erfolgen unter dem Datum ihrer Vornahme. [4]Weicht in den Fällen des Absatzes 1 Nummer 1 bis 3 das Datum der Einnahme oder der Ausgabe oder im Fall des Absatzes 1 Nummer 4 das Datum der Wertstellung vom Datum der Eintragung ab, so ist auch das abweichende Datum einzutragen.

(3) [1]Zu jeder Einnahme ist anzugeben, wer die auftraggebende Person ist; zu jeder Ausgabe ist anzugeben, wer die empfangende Person ist. [2]Ist an einer Einnahme oder einer Ausgabe eine dritte Person unmittelbar beteiligt, so soll auch diese mit den in § 12 Absatz 2 genannten Angaben eingetragen werden; § 12 Absatz 3 gilt entsprechend.

(4) [1]Zu jeder Eintragung können weitere Angaben aufgenommen werden, sofern diese der Erfüllung der Amtspflichten dienen. [2]Solche Angaben sind strukturiert zu erfassen, soweit die Urkundenarchivbehörde dies vorsieht.

§ 26
Angaben zu Wertpapieren und Kostbarkeiten

(1) [1]Wertpapiere sind unter Angabe der Gattung, des Nennbetrages, der Stückzahl, der Serien und der Nummern einzutragen. [2]Zins-, Renten- und Gewinnanteilscheine

oder Erneuerungsscheine sind durch Angabe der Fälligkeitstermine oder der Nummern näher zu bezeichnen.

(2) Kostbarkeiten sind aussagekräftig zu bezeichnen und mit einem Schätzwert einzutragen.

§ 27
Angaben zu Schecks und Sparbüchern

(1) [1]Werden Schecks oder Sparbücher als Zahlungsmittel entgegengenommen, so werden sie hierbei als Einnahme eingetragen. [2]Dabei sind der Nennbetrag sowie die Nummer des Schecks und die Bezeichnung des Kreditinstituts oder die Bezeichnung des Sparbuchs und dessen Nummer anzugeben.

(2) [1]Ein Scheck oder ein Sparbuch ist als Ausgabe einzutragen, wenn die Einlösung erfolgt ist. [2]Dabei ist auf die entsprechende Eintragung der Einnahme auf dem Notaranderkonto zu verweisen.

(3) Stellt sich ein Scheck als ungedeckt heraus, ist er als Ausgabe einzutragen.

(4) [1]Ein zur Auszahlung ausgestellter Scheck ist als Ausgabe einzutragen, wenn er zur Auszahlung weitergegeben worden ist. [2]Absatz 1 Satz 2 gilt hierbei entsprechend. [3]Wird der Scheck zulasten des Notaranderkontos eingelöst, ist er als Einnahme einzutragen. [4]Dabei ist auf die entsprechende Eintragung der Ausgabe auf dem Notaranderkonto zu verweisen.

§ 28
Angaben zu Notaranderkonten

(1) Zu jedem Notaranderkonto sind einzutragen

1. das Kreditinstitut unter Angabe des Sitzes und des Bank Identifier Codes (BIC),
2. die International Bank Account Number (IBAN),
3. die Währung, in der das Notaranderkonto geführt wird, sowie
4. die Angabe, ob es sich um ein Giro- oder um ein Festgeldkonto handelt.

(2) [1]Umbuchungen zwischen Notaranderkonten sind jeweils wechselseitig als Einnahmen und als Ausgaben einzutragen. [2]Anstelle der auftraggebenden Person und der empfangenden Person ist anzugeben, dass eine Umbuchung stattgefunden hat.

(3) Werden Notaranderkonten elektronisch geführt, so sind die von den Kreditinstituten übermittelten Kontoauszüge, Umsatzdaten und sonstigen Mitteilungen, die die Führung der Notaranderkonten betreffen, und diesbezügliche Aufträge und Mitteilungen an Kreditinstitute im Verwahrungsverzeichnis zu speichern, soweit die Urkundenarchivbehörde dies vorsieht.

§ 29
Export der Eintragungen

(1) [1]Nach Abschluss jedes Kalenderjahres sind alle Eintragungen im Verwahrungsverzeichnis, die sich auf ein Verwahrungsgeschäft beziehen, das nicht bereits vor Beginn dieses Kalenderjahres abgeschlossen war, zeitnah in eine Datei zu exportieren. [2]Die Datei ist mit der qualifizierten elektronischen Signatur des Notars zu versehen.

(2) § 19 Absatz 2 und 3 gilt entsprechend.

§ 30
Persönliche Bestätigung

(1) [1]Änderungen und Zusätze, die eine Eintragung im Verwahrungsverzeichnis betreffen, müssen durch den Notar persönlich bestätigt werden. [2]Der Inhalt der Änderung oder des Zusatzes und das Datum ihrer Vornahme müssen dauerhaft dokumentiert werden.

(2) Absatz 1 gilt nicht für

1. die Löschung von Verzeichnisinhalten nach Ablauf der Aufbewahrungsfrist,
2. die Hinzufügung eines Verweises auf eine andere Einnahme oder Ausgabe und
3. Änderungen und Zusätze, bei denen aus dem Verwahrungsverzeichnis jederzeit nachvollziehbar ist,
   a) durch wen sie erfolgt sind,
   b) wann sie erfolgt sind und
   c) welchen Inhalt sie haben.

Abschnitt 4
Urkundensammlung, Erbvertragssammlung

§ 31
Urkundensammlung

(1) In der Urkundensammlung sind zu verwahren

1. bei Niederschriften über eine Verfügung von Todes wegen
   a) eine beglaubigte Abschrift, wenn die Beteiligten dies wünschen, und
   b) ein Ausdruck der Bestätigung oder der Bestätigungen über die Registrierung im Zentralen Testamentsregister,
2. bei sonstigen Niederschriften, die in das Urkundenverzeichnis einzutragen sind, die Urschrift,

3. bei Vermerken im Sinne des § 39 des Beurkundungsgesetzes, die in das Urkundenverzeichnis einzutragen sind,
   a) die Urschrift, wenn diese in notarieller Verwahrung verbleibt,
   b) eine Abschrift, wenn die Urschrift ausgehändigt wird und der Notar die Urkunde entworfen hat,
   c) in den übrigen Fällen nach Ermessen des Notars eine Abschrift,
4. bei einfachen elektronischen Zeugnissen im Sinne des § 39a des Beurkundungsgesetzes, die in das Urkundenverzeichnis einzutragen sind, ein Ausdruck des elektronischen Dokuments,
5. bei Vollstreckbarerklärungen nach § 796c Absatz 1 der Zivilprozessordnung die Urschrift mit der Urschrift des Vergleichs,
6. bei Vollstreckbarerklärungen nach § 1053 Absatz 4 der Zivilprozessordnung die Urschrift mit einer beglaubigten Abschrift des Schiedsspruchs,
7. bei Einigungen, Abschlussprotokollen, Vertragsbeurkundungen und Vertragsbestätigungen nach § 96 Absatz 3 Satz 1 und Absatz 5 Satz 2, § 98 Absatz 2 Satz 1 und § 99 Satz 1 des Sachenrechtsbereinigungsgesetzes die Urschrift.

(2) Die Urkundensammlung ist nach der Reihenfolge der Eintragungen im Urkundenverzeichnis zu ordnen.

(3) Nachweise für die Vertretungsberechtigung, die nach § 12 des Beurkundungsgesetzes der Niederschrift beigefügt werden sollen, werden der Urschrift beigefügt und mit ihr in der Urkundensammlung verwahrt.

(4) Einem in der Urkundensammlung verwahrten Dokument können andere Urschriften oder Unterlagen beigefügt und mit ihm verwahrt werden, wenn

1. diese mit dem verwahrten Dokument inhaltlich derart zusammenhängen, dass das verwahrte Dokument ohne die anderen Urschriften oder Unterlagen nicht in zweckdienlicher Weise verwendet werden kann, oder
2. sie für die Rechtswirksamkeit oder die Durchführung des beurkundeten Rechtsvorgangs bedeutsam sind.

(5) Anstelle der Urschrift ist eine Ausfertigung oder eine beglaubigte Abschrift in der Urkundensammlung zu verwahren, wenn nach dem Beurkundungsgesetz die Ausfertigung oder die beglaubigte Abschrift an die Stelle der Urschrift tritt.

§ 32
Erbvertragssammlung

Erbverträge, deren besondere amtliche Verwahrung ausgeschlossen wurde, werden nach der Nummernfolge der Eintragungen im Urkundenverzeichnis in der Erbvertragssammlung verwahrt.

§ 33
Sonderbestimmungen für Verfügungen von Todes wegen

(1) Wird ein Erbvertrag aus der notariellen Verwahrung zurückgegeben, so ist anstelle des Erbvertrags ein Vermerk mit den Angaben nach § 9 Nummer 1 bis 3 und der Urkundenverzeichnisnummer zur Erbvertragssammlung zu nehmen.

(2) [1]Wird über die Rückgabe des Erbvertrags keine Niederschrift errichtet, soll der Notar in dem Vermerk die Erfüllung der ihm nach § 2300 Absatz 2 Satz 3 in Verbindung mit § 2256 Absatz 1 Satz 2 des Bürgerlichen Gesetzbuchs obliegenden Pflichten aktenkundig machen. [2]Die Personen, an die der Erbvertrag zurückgegeben wurde, sind mit den in § 12 Absatz 2 Satz 1 und 2 genannten Angaben zu bezeichnen.

(3) Der Notar hat den Vermerk zu unterschreiben.

(4) Auf Antrag aller Beteiligten ist diesen die in der Urkundensammlung verwahrte beglaubigte Abschrift einer Verfügung von Todes wegen auszuhändigen.

(5) Wird bei einer Verfügung von Todes wegen vor deren Registrierung im Zentralen Testamentsregister die Aushändigung der Urschrift zum Zwecke des Widerrufs durch Vernichtung verlangt, so sind die Absätze 1 bis 3 mit der Maßgabe entsprechend anzuwenden, dass der Vermerk zur Urkundensammlung zu nehmen ist.

Abschnitt 5
Elektronische Urkundensammlung, Sondersammlung

§ 34
Elektronische Urkundensammlung

(1) In der elektronischen Urkundensammlung werden die Dokumente in elektronischer Form verwahrt, die nach § 31 in der Urkundensammlung verwahrt werden.

(2) Dokumente, die in Papierform erstellt wurden, können verwahrt werden als

1. elektronische Fassung (§ 56 des Beurkundungsgesetzes),
2. elektronisch beglaubigte Abschrift, wenn es sich bei ihnen um Ausfertigungen, beglaubigte Abschriften oder einfache Abschriften handelt, oder
3. elektronische Abschriften, wenn es sich bei ihnen um einfache Abschriften handelt.

(3) Dokumente, die in elektronischer Form erstellt wurden, können in dieser Form oder als elektronische Fassung des Ausdrucks, der in der Urkundensammlung verwahrt wird, verwahrt werden.

(4) [1]Tritt nach dem Beurkundungsgesetz eine Ausfertigung oder eine beglaubigte Abschrift an die Stelle der Urschrift, so ist die elektronische Fassung der Urschrift zu verwahren. [2]Ist eine Verwahrung der elektronischen Fassung der Urschrift nicht möglich, so ist eine elektronische Fassung der Ausfertigung oder der beglaubigten Abschrift zu verwahren, die an die Stelle der Urschrift getreten ist.

(5) In der elektronischen Urkundensammlung kann neben einer Niederschrift auch eine vollständige oder auszugsweise Reinschrift von dieser verwahrt werden.

§ 35
Einstellung von Dokumenten

(1) Dokumente, die nach § 34 in der elektronischen Urkundensammlung zu verwahren sind, sollen unverzüglich nach der Eintragung in das Urkundenverzeichnis in die elektronische Urkundensammlung eingestellt werden.

(2) Elektronische Dokumente, die nach dem Beurkundungsgesetz zusammen mit der elektronischen Fassung einer Urschrift oder Abschrift in der elektronischen Urkundensammlung zu verwahren sind, sollen unverzüglich in die elektronische Urkundensammlung eingestellt werden.

(3) [1]Nachdem ein Dokument in elektronischer Form in die elektronische Urkundensammlung eingestellt wurde, dürfen auf der Urschrift oder Abschrift, die in der Urkundensammlung verwahrt wird, keine Vermerke mehr angebracht werden. [2]Ergibt sich aus einer Rechtsvorschrift die Pflicht, auf der Urschrift oder Abschrift, die in der Urkundensammlung verwahrt wird, etwas zu vermerken, so ist der Vermerk auf einem gesonderten Blatt niederzulegen, das mit der Urschrift oder Abschrift, die in der Urkundensammlung verwahrt wird, zu verbinden ist.

(4) [1]Die Einstellung von Dokumenten in die elektronische Urkundensammlung hat in einer für die Langzeitarchivierung geeigneten Variante des PDF-Formats zu erfolgen. [2]Hat die Urkundenarchivbehörde im Verkündungsblatt der Bundesnotarkammer weitere Vorgaben zu dem Dateiformat, das bei der Einstellung in die elektronische Urkundensammlung zu verwenden ist, bekannt gemacht, so sind diese zu beachten.

§ 36
Löschung von Dokumenten

[1]Die Löschung von Dokumenten, die in der elektronischen Urkundensammlung verwahrt werden, muss durch den Notar persönlich bestätigt werden. [2]Dies gilt nicht für die Löschung von Dokumenten nach Ablauf der Aufbewahrungsfrist.

§ 37
Sondersammlung

(1) [1]Wenn die Übertragung in ein elektronisches Dokument aufgrund der Beschaffenheit des Dokuments unmöglich oder unzumutbar ist, unterbleibt die Einstellung in die elektronische Urkundensammlung. [2]Die Übertragung von Dokumenten, die nicht größer als das Format DIN A3 sind, ist nicht allein wegen ihrer Größe unzumutbar.

(2) [1]In den Fällen des Absatzes 1 Satz 1 soll der Notar in einem elektronischen Vermerk nach § 39a des Beurkundungsgesetzes das Dokument bezeichnen und feststellen, dass die Übertragung in ein elektronisches Dokument unmöglich oder unzumutbar ist. [2]Der Vermerk soll mit einer elektronisch beglaubigten Abschrift des Dokuments verbunden werden, wenn deren Herstellung nicht unmöglich oder unzumutbar ist. [3]Der Vermerk und gegebenenfalls die elektronische Abschrift sollen in der elektronischen Urkundensammlung verwahrt werden.

(3) [1]Dokumente, deren Übertragung in ein elektronisches Dokument unterblieben ist, sind nach der Reihenfolge ihrer Eintragung im Urkundenverzeichnis in einer gesonderten Sammlung zu verwahren (Sondersammlung). [2]Auf den Dokumenten ist zu vermerken, zu welcher Urkundenverzeichnisnummer sie gehören. [3]Eine vollständige oder auszugsweise Abschrift der Dokumente kann in die Urkundensammlung aufgenommen werden. [4]Auf der Abschrift ist zu vermerken, dass es sich um die Abschrift eines Dokuments aus der Sondersammlung handelt.

§ 38
Sonderbestimmungen für Verfügungen von Todes wegen

(1) Wird den Beteiligten nach § 33 Absatz 4 die in der Urkundensammlung verwahrte beglaubigte Abschrift einer Verfügung von Todes wegen ausgehändigt, so ist auch die elektronisch beglaubigte Abschrift, die in der elektronischen Urkundensammlung verwahrt wird, zu löschen.

(2) Ein Vermerk nach § 33 Absatz 5 ist auch in die elektronische Urkundensammlung aufzunehmen.

§ 39
Behandlung nach Ablauf der Aufbewahrungsfrist für die Urkundensammlung

[1]Erhält oder erstellt der Notar in Papierform ein Dokument, für das die Frist zur Aufbewahrung in der Urkundensammlung bereits abgelaufen ist, so ist dieses Dokument in elektronischer Form in die elektronische Urkundensammlung einzustellen und dort zu verwahren. [2]Das in Papierform vorliegende Dokument darf nach der Einstellung in die elektronische Urkundensammlung vernichtet werden, es sei denn, dass das Interesse der Beteiligten oder Dritter an dessen Erhaltung eine weitere Aufbewahrung gebietet.

Abschnitt 6
Nebenakten

§ 40
Nebenakten

(1) [1]Zu allen Amtsgeschäften können Nebenakten geführt werden. [2]Eine Nebenakte muss geführt werden, soweit dies zur Vornahme eines Amtsgeschäfts geboten ist. [3]Die Nebenakten können als Sammelakten geführt werden, wenn ein sachlicher Grund hierfür besteht und die geordnete Aktenführung sichergestellt ist.

(2) Nebenakten können insbesondere enthalten

1. die Kontaktdaten der Beteiligten,
2. Daten, die zur Identifizierung der Beteiligten erforderlich sind, einschließlich Kopien vorgelegter Ausweisdokumente,
3. Schriftverkehr mit den Beteiligten, mit den Gerichten und den Behörden sowie andere Dokumente, die nicht zur Urkundensammlung zu nehmen sind,

4. personenbezogene Daten besonderer Kategorien, insbesondere Informationen zur Gesundheit der Beteiligten, soweit diese zur Erfüllung von Amtspflichten erforderlich sind, und

5. weitere Informationen, die zur Erfüllung der beurkundungsrechtlichen Pflichten oder sonst zur Vornahme des Amtsgeschäfts erforderlich sind.

§ 41
Sonderbestimmungen für Verwahrungsgeschäfte

(1) [1]Zu jedem Verwahrungsgeschäft ist eine Nebenakte zu führen. 2Die Führung von Sammelakten ist für Verwahrungsgeschäfte nicht zulässig.

(2) Zu den Nebenakten für Verwahrungsgeschäfte sind insbesondere zu nehmen

1. sämtliche Verwahrungsanträge und -anweisungen (§ 57 Absatz 2 bis 4 des Beurkundungsgesetzes),
2. die Treuhandaufträge und die Verwahrungsanweisungen, die dem Notar im Zusammenhang mit dem Vollzug desjenigen Geschäfts erteilt worden sind, das der Verwahrung zugrunde liegt (§ 57 Absatz 6 des Beurkundungsgesetzes),
3. Änderungen oder Ergänzungen der Verwahrungsanweisungen und der Treuhandaufträge,
4. Annahmeerklärungen (§ 57 Absatz 2 Nummer 3 und Absatz 5 des Beurkundungsgesetzes) und
5. Belege, Kontoauszüge und Abschriften von Abrechnungen und Kostenberechnungen, die die Verwahrung betreffen.

(3) [1]Sämtliche Nebenakten zu laufenden Verwahrungsgeschäften sind einheitlich in Papierform oder elektronisch zu führen. [2]Ein Wechsel der Form der Aktenführung ist nur zu Beginn eines Kalenderjahres zulässig. [3]Für Verwahrungsmassen, die vor einem Wechsel nach Satz 2 in das Verwahrungsverzeichnis eingetragen wurden, kann es abweichend von Satz 1 bei der früheren Form der Aktenführung verbleiben. [4]Ist das Verwahrungsverhältnis beendet, so ist es zulässig, zunächst in Papierform geführte Nebenakten nur noch elektronisch aufzubewahren. [5]Die Aufsichtsbehörde kann Ausnahmen von den Regelungen der Sätze 1 und 2 zulassen.

(4) [1]Kontoauszüge sind mit der Massenummer zu versehen. [2]Belege für Einnahmen und Ausgaben sind jeweils mit der Massenummer und der Buchungsnummer zu versehen. [3]Führt der Notar aufgrund einer Übertragung der Verwahrzuständigkeit nach § 51 Absatz 1 und 3 der Bundesnotarordnung die Verwahrungsgeschäfte eines anderen Notars fort, so soll der Buchungsnummer ein Zusatz vorangestellt werden, der eine Unterscheidung zwischen den vor und den nach der Übertragung der Verwahrzuständigkeit zu den Nebenakten genommenen Dokumenten erlaubt.

(5) [1]Kontoauszüge und sonstige Mitteilungen von Kreditinstituten und an Kreditinstitute, die die Führung der Notaranderkonten betreffen, müssen nicht in den Nebenakten aufbewahrt werden, wenn sie elektronisch im Verwahrungsverzeichnis gespeichert sind. [2]Im Übrigen sind Belege und Kontoauszüge sowie Erklärungen nach Absatz 2 Nummer 4 im Original aufzubewahren, sofern sie nicht aufgrund der für die Führung der Nebenakte gewählten Form in eine andere Form übertragen werden müssen.

§ 42
Führung in Papierform

[1]Werden die Nebenakten in Papierform geführt, müssen die aufgenommenen Dokumente nachvollziehbar geordnet sein. [2]Werden Sammelakten geführt, so ist erforderlichenfalls durch besondere Vorkehrungen dafür zu sorgen, dass die Verfügbarkeit aller Inhalte sichergestellt ist und die Dokumente, die zu einzelnen Amtsgeschäften gehören, aufgefunden werden können.

§ 43
Elektronische Führung

(1) [1]Werden die Nebenakten elektronisch geführt, müssen die Nebenakten und die darin aufgenommenen Dokumente durch einen strukturierten Datensatz beschrieben sein. [2]Hat die Bundesnotarkammer in ihrem Verkündungsblatt nähere Angaben zu dem strukturierten Datensatz sowie zu den Dateiformaten bekannt gemacht, die bei der Führung der Nebenakten zu verwenden sind, so sind diese zu beachten. [3]Die Bekanntmachung im Verkündungsblatt kann zu technischen Einzelheiten auf eine Veröffentlichung im Internet Bezug nehmen.

(2) Eine elektronisch geführte Nebenakte muss jederzeit in das Dateiformat überführt werden können, das für Dokumente in der elektronischen Urkundensammlung vorgeschrieben ist.

§ 44
Führung in Papierform und elektronische Führung

(1) Werden die Nebenakten zu einzelnen Amtsgeschäften in Papierform und zu anderen Amtsgeschäften elektronisch geführt, so ist durch geeignete Vorkehrungen sicherzustellen, dass die jeweiligen Nebenakten problemlos auffindbar und zugänglich sind.

(2) Wird die Nebenakte zu einem Amtsgeschäft teilweise in Papierform und teilweise elektronisch geführt, so ist durch geeignete Vorkehrungen die Transparenz, die Vollständigkeit und die Verfügbarkeit des Akteninhalts sicherzustellen.

Abschnitt 7
Sammelakte für Wechsel- und Scheckproteste

§ 45
Sammelakte

(1) Beglaubigte Abschriften von Protesturkunden, die bei der Aufnahme von Wechsel- oder Scheckprotesten zurückbehalten wurden, und Vermerke, die über den Inhalt des Wechsels, der Wechselabschrift oder des Schecks aufgenommen wurden (Artikel 85 Absatz 2 Satz 2 und 3 des Wechselgesetzes, Artikel 55 Absatz 3 des Scheckgesetzes), sind in einer Sammelakte zu vereinigen.

(2) [1]Die beglaubigten Abschriften der Protesturkunden und die Vermerke sind möglichst auf dasselbe Blatt zu setzen und nach der Reihenfolge ihrer Erstellung zu ordnen. [2]Die beglaubigten Abschriften der Protesturkunden sind mit fortlaufenden Nummern zu versehen.

(3) [1]Anstelle der in Absatz 1 bezeichneten Abschriften und Vermerke können auch elektronisch beglaubigte Abschriften in dem Dateiformat aufbewahrt werden, das für Dokumente in der elektronischen Urkundensammlung vorgeschrieben ist. [2]Die Aufbewahrung muss für die in einem Kalenderjahr angefallenen Urkunden einheitlich in Papierform oder in elektronischer Form erfolgen.

Abschnitt 8
Generalakte

§ 46
Generalakte

(1) [1]Für Vorgänge, die die Amtsführung im Allgemeinen betreffen, ist eine Generalakte zu führen. [2]Sie enthält insbesondere

1. Schriftverkehr mit den Aufsichtsbehörden, insbesondere zu Nebentätigkeiten, Verhinderungsfällen und Vertretungsbestellungen,
2. Berichte über die Prüfung der Amtsführung und den dazugehörigen Schriftverkehr,
3. Schriftverkehr mit der Notarkammer sowie der Notarkasse und der Ländernotarkasse,
4. Unterlagen über die Einhaltung der datenschutzrechtlichen Vorgaben,
5. Unterlagen über die Einhaltung der geldwäscherechtlichen Vorgaben,
6. Originale oder Kopien der Unterlagen über die Berufshaftpflichtversicherung einschließlich des Versicherungsscheins und der Belege über die Prämienzahlung, soweit nicht eine Gruppenberufshaftpflichtversicherung nach § 113 Absatz 3 Nummer 3 der Bundesnotarordnung besteht,
7. Niederschriften über Verpflichtungen nach § 26 der Bundesnotarordnung,
8. Verträge im Sinne des § 26a Absatz 3 der Bundesnotarordnung und Nachweise über Verpflichtungen im Sinne des § 26a Absatz 6 Satz 1 der Bundesnotarordnung,
9. Anzeigen nach § 27 der Bundesnotarordnung,
10. Prüfzeugnisse, Bescheinigungen und vergleichbare Erklärungen,
11. mit einer Zertifizierung verbundene Schriftstücke und
12. generelle Bestimmungen über die Verlängerung der Aufbewahrungsfrist von Nebenakten.

(2) Die Generalakte ist entweder nach Sachgebieten geordnet zu gliedern oder mit fortlaufenden Seitenzahlen und einem Inhaltsverzeichnis zu versehen.

§ 47
Elektronische Führung

(1) Soll die Generalakte teilweise in Papierform und teilweise elektronisch geführt werden, so ist die jeweilige Form auf ganze Jahrgänge, ganze Sachgebiete oder ganze Jahrgänge ganzer Sachgebiete zu erstrecken.

(2) Im Übrigen gilt für die elektronische Führung der Generalakte § 43 entsprechend.

Abschnitt 9
Sonstige Aufzeichnungen

§ 48
Hilfsmittel

[1]Hilfsmittel dürfen so lange wie die dazugehörigen Unterlagen aufbewahrt werden. [2]Für die Übergabe elektronisch geführter Hilfsmittel gilt § 4 Absatz 2 entsprechend.

§ 49
Ersatzaufzeichnungen

(1) Ist ein Zugriff auf das Elektronische Urkundenarchiv oder auf andere für die elektronische Verzeichnisführung verwendete Systeme nicht möglich, so sind die für diese Systeme bestimmten Aufzeichnungen ersatzweise in Papierform oder in elektronischer Form vorzunehmen.

(2) Sobald ein Zugriff auf das Elektronische Urkundenarchiv oder auf andere für die elektronische Verzeichnisführung verwendete Systeme wieder möglich ist, sind die ersatzweise vorgenommenen Aufzeichnungen unverzüglich nachzutragen und anschließend zu vernichten oder zu löschen.

Abschnitt 10
Aufbewahrungsfristen

§ 50
Aufbewahrungsfristen

(1) Für Unterlagen, die ab dem 1. Januar 2022 erstellt werden, gelten folgende Aufbewahrungsfristen:

1. für Eintragungen im Urkundenverzeichnis 100 Jahre,
2. für Eintragungen im Verwahrungsverzeichnis 30 Jahre,
3. für die in der Urkundensammlung verwahrten Dokumente 30 Jahre,

4. für die in der Erbvertragssammlung verwahrten Dokumente 100 Jahre,
5. für die in der elektronischen Urkundensammlung verwahrten Dokumente 100 Jahre,
6. für die in der Sondersammlung verwahrten Dokumente 100 Jahre,
7. für die in der Nebenakte verwahrten Dokumente 7 Jahre,
8. für die in der Sammelakte für Wechsel- und Scheckproteste verwahrten Dokumente 7 Jahre und
9. für die in der Generalakte verwahrten Dokumente 30 Jahre.

(2) Die Aufbewahrungsfristen beginnen:

1. für Eintragungen im Urkundenverzeichnis mit dem Kalenderjahr, das auf die Eintragung folgt,
2. für Eintragungen im Verwahrungsverzeichnis mit dem Kalenderjahr, das auf den Abschluss des Verwahrungsgeschäfts folgt,
3. für Dokumente, die in der Urkundensammlung, der Erbvertragssammlung, der elektronischen Urkundensammlung, der Sondersammlung oder der Sammelakte für Wechsel- und Scheckproteste verwahrt werden, mit dem Kalenderjahr, das auf die Beurkundung oder die sonstige Amtshandlung folgt,
4. für die in der Nebenakte verwahrten Dokumente mit dem Kalenderjahr, das auf den Abschluss des Amtsgeschäfts folgt, zu dem die Nebenakte geführt wurde, und
5. für die in der Generalakte verwahrten Dokumente mit dem Kalenderjahr, das auf die Aufnahme in die Generalakte folgt.

§ 51
Aufbewahrungsfristen für Altbestände

(1) Für Unterlagen, die zwischen dem 1. Januar 1950 und dem 31. Dezember 2021 erstellt wurden, gelten folgende Aufbewahrungsfristen:

1. für die Urkundenrolle, das Erbvertragsverzeichnis und das Namensverzeichnis zur Urkundenrolle 100 Jahre,
2. für das Verwahrungsbuch, das Massenbuch, das Namensverzeichnis zum Massenbuch und die Anderkontenliste 30 Jahre,
3. für die in der Urkundensammlung verwahrten Dokumente einschließlich der gesondert aufbewahrten Erbverträge 100 Jahre,
4. für die in der Nebenakte verwahrten Dokumente 7 Jahre,
5. für die in Sammelbänden für Wechsel- und Scheckproteste verwahrten Dokumente 7 Jahre und
6. für die in der Generalakte verwahrten Dokumente 30 Jahre.

(2) Die Aufbewahrungsfristen beginnen

1. für die Urkundenrolle, das Erbvertragsverzeichnis, das Namensverzeichnis, das Verwahrungsbuch, das Massenbuch, das Namensverzeichnis zum Massenbuch und die Anderkontenliste mit dem Kalenderjahr, das auf das Kalenderjahr folgt, für das sie geführt wurden,
2. für die in der Urkundensammlung verwahrten Dokumente einschließlich der gesondert aufbewahrten Erbverträge mit dem Kalenderjahr, das auf die Beurkundung folgt,
3. für die in der Nebenakte verwahrten Dokumente mit dem Kalenderjahr, das auf den Abschluss des Amtsgeschäfts folgt, zu dem die Nebenakte geführt wurde,
4. für die in Sammelbänden für Wechsel- und Scheckproteste verwahrten Dokumente mit dem Kalenderjahr, das auf die Amtshandlung folgt, und
5. für die in der Generalakte verwahrten Dokumente mit dem Kalenderjahr, das auf die Aufnahme in die Generalakte folgt.

(3) Werden bei den Nebenakten beglaubigte Abschriften von Verfügungen von Todes wegen aufbewahrt, die auf Wunsch des Erblassers oder der Vertragsschließenden zurückbehalten wurden und von denen keine beglaubigte Abschrift in der Urkundensammlung verwahrt wird, so gelten für diese abweichend von Absatz 1 Nummer 4 und Absatz 2 Nummer 3 die Bestimmungen des Absatzes 1 Nummer 3 und des Absatzes 2 Nummer 2 entsprechend.

(4) [1]Vor dem 1. Januar 1950 entstandene Unterlagen sind dauernd aufzubewahren. [2]Eine Pflicht zur Konservierung besteht nicht. [3]Werden solche Unterlagen nach § 119 der Bundesnotarordnung in die elektronische Form übertragen, sind die elektronischen Dokumente dauernd aufzubewahren. [4]Für die übertragenen Dokumente gelten die Fristen, die anwendbar wären, wenn die Dokumente zum Zeitpunkt der Übertragung erstmals zu den Unterlagen der verwahrenden Stelle gelangt wären. [5]Die Landesjustizverwaltung kann abweichend von Satz 1 eine Aufbewahrungsfrist anordnen, wenn die Belange der Rechtspflege und die Rechte der Betroffenen gewahrt sind. [6]Die Aufbewahrungsfrist darf nicht vor dem Ablauf des 31. Dezember 2049 enden.

§ 52
Sonderbestimmungen für Nebenakten

(1) Werden die Nebenakten für mehrere Amtsgeschäfte gemeinsam geführt, darf ihr gesamter Inhalt bis zum Ablauf der Aufbewahrungsfrist des letzten Amtsgeschäfts aufbewahrt werden.

(2) [1]Der Notar kann im Einzelfall, für einzelne Arten von Rechtsgeschäften oder für einzelne Arten von Amtsgeschäften eine längere Aufbewahrungsfrist für die Nebenakten bestimmen, wenn er hieran ein berechtigtes Interesse hat oder ein berechtigtes Interesse der Beteiligten oder des Rechtsverkehrs anzunehmen ist. [2]Der Notar hat eine solche Aufbewahrungsfrist nach pflichtgemäßem Ermessen zu bestimmen; sie darf höchstens 30 Jahre betragen. [3]Eine nachfolgend für die Verwahrung zuständige Stelle ist an die Bestimmung einer längeren Aufbewahrungsfrist gebunden.

(3) [1]Ordnet der Notar nach § 35 Absatz 6 der Bundesnotarordnung an, dass eine Nebenakte nach Ablauf der Aufbewahrungsfrist im Einzelfall weiter aufzubewahren ist, so ist dies mit dem Grund der weiteren Aufbewahrung auf der Akte zu vermerken. [2]Wird die Nebenakte elektronisch geführt, sind die Anordnung der weiteren Aufbewahrung und der Grund für die Anordnung in einer dem Vermerk gleichwertigen Form zu dokumentieren.

§ 53
Sonderbestimmungen beim Übergang der Verwahrzuständigkeit

[1]Ist die Zuständigkeit für die Verwahrung von Akten und Verzeichnissen auf eine andere Stelle übergegangen, so darf diese die Akten und Verzeichnisse mindestens bis zum Ende des siebten Kalenderjahres aufbewahren, das auf die Übernahme der Verwahrzuständigkeit für diese Akten und Verzeichnisse folgt. [2]Satz 1 gilt nicht

1. für Akten und Verzeichnisse, die im elektronischen Urkundenarchiv geführt werden,
2. für andere elektronisch geführten Akten und Verzeichnisse, zu denen die Aufbewahrungsfristen so strukturiert erfasst wurden, dass eine Löschung ohne größeren Aufwand möglich ist, und
3. für den Fall, dass die Zuständigkeit an die Stelle zurückfällt, die ursprünglich für die Verwahrung zuständig war.

[3]Fällt die Zuständigkeit an eine sonstige Stelle zurück, die bereits einmal für die Verwahrung zuständig war, so reduziert sich für diese die Frist nach Satz 1 um die Zeit, die sie bereits für die Verwahrung zuständig war.

Dienstordnung für Notarinnen und Notare*)
(DONot)

Fassung 2001 mit Änderungen 2006, 2007, 2009, 2010, 2011, 2013, 2017 und 2018

Achtung: Mit Inkrafttreten aller Teile der NotAktVV (Ziffer 20) werden wesentliche Inhalte obsolet.

1. Abschnitt
Amtsführung im Allgemeinen

§ 1
Amtliche Unterschrift

[1]Notarinnen und Notare haben die Unterschrift, die sie bei Amtshandlungen anwenden, der Präsidentin oder dem Präsidenten des Landgerichts einzureichen. [2]Der Vorname braucht in der Regel nicht beigefügt zu werden. [3]Bei der Unterschrift soll die Amtsbezeichnung angegeben werden.

§ 2
Amtssiegel

(1) [1]Notarinnen und Notare führen Amtssiegel (als Farbdrucksiegel und als Prägesiegel in Form der Siegelpresse und des Petschafts für Lacksiegel) nach den jeweiligen landesrechtlichen Vorschriften.**) [2]Die Umschrift enthält den Namen der Notarin oder des Notars nebst den Worten „Notarin in ...... (Ort)“ oder „Notar in ...... (Ort)“.

(2) Ein Abdruck eines jeden Siegels ist der Präsidentin oder dem Präsidenten des Landgerichts einzureichen.

(3) [1]Die Notarinnen und Notare haben dafür zu sorgen, dass die Amtssiegel nicht missbraucht werden können. [2]Verlust oder Umlauf einer Fälschung sind der Präsidentin oder dem Präsidenten des Landgerichts unverzüglich anzuzeigen.

---

*) Die Neufassungen der DONot stimmen in den Bundesländern Brandenburg, Mecklenburg-Vorpommern, Sachsen, Sachsen-Anhalt und Thüringen weitgehend überein. Abweichungen von der hier abgedruckten DONot für Mecklenburg-Vorpommern sind jeweils an der betreffenden Stelle im Text mit Fußnoten kenntlich gemacht. Dabei wurde auf die Kennzeichnung geringfügiger redaktioneller Abweichungen verzichtet (Schreibweise von Datums- und Zahlenangaben sowie gebräuchlicher Abkürzungen).

In Sachsen ist die DONot in Kraft gesetzt als Anlage 3 der Verwaltungsvorschrift des Sächsischen Staatsministeriums der Justiz und für Europa zur Ausführung der Bundesnotarordnung und über die Dienstordnung der Notarinnen und Notare (VwV Notarwesen).

Jüngste Änderungen: Brandenburg: Vom 30.01.2017 (JMBl. S.12); Sachsen: DONot als Anlage 3 zur VwV Notarwesen, geänd. am 24.04.2017 (JMBl. S., 418): Sachsen-Anhalt: vom 20.01.2017 (JMBl. S. 22); Thüringen: vom 25.01.2017 (JMBl. S. 12): Mecklenburg-Vorpommern: Vom 12.06.2018 (AmtsBl. 2018, 363)

**) In Sachsen lautet § 2 Abs. 1 Satz 1 wie folgt:

„Notarinnen und Notare führen Amtssiegel (als Farbdrucksiegel und als Prägesiegel in Form der Siegelpresse und des Petschafts für Lacksiegel) nach der Verordnung der Sächsischen Staatsregierung über die Verwendung des Wappens des Freistaates Sachsen (Wappenverordnung – WappenVO) vom 4. März 2005 (SächsGVBl. S. 40) und der Verwaltungsvorschrift des Sächsischen Staatsministeriums des Innern über die Gestaltung und Verwendung der Dienstsiegel (VwV Dienstsiegel) vom 16. Februar 2001 (SächsABl. S. 351), zuletzt geändert durch Verwaltungsvorschrift vom 1. März 2012 (SächsABl. S. 356), zuletzt enthalten in Verwaltungsvorschrift vom 9. Dezember 2011 (SächsABl. SDr. S. S 1648) in der jeweils geltenden Fassung.“

§ 2a
Qualifizierte elektronische Signatur

(1) [1]Errichten Notarinnen und Notare Urkunden in elektronischer Form, haben sie hierfür eine Signaturkarte eines akkreditierten Zertifizierungsdiensteanbieters zu verwenden. [2]Sie haben sich im Zertifizierungsverfahren durch eine öffentliche Beglaubigung ihrer Unterschrift unter den Antrag zu identifizieren. [3]Die Signaturen müssen mindestens dem technischen Standard ISIS-MTT entsprechen.

(2) Das Notarattribut muss neben der Notareigenschaft auch den Amtssitz und das Land, in dem das Notaramt ausgeübt wird, sowie die zuständige Notarkammer enthalten.

(3) [1]Bei Verlust der Signaturkarte haben die Notarinnen und Notare eine sofortige Sperrung des qualifizierten Zerfifikats beim Zertifizierungsdiensteanbieter zu veranlassen. [2]Der Verlust der Signaturkarte ist unverzüglich der Präsidentin oder dem Präsidenten des Landgerichts und der Notarkammer anzuzeigen. [3]Mit der Anzeige ist ein Nachweis über die Sperrung des qualifizierten Zertifikats vorzulegen.

§ 3
Amtsschild, Namensschild

(1) [1]Notarinnen und Notare sind berechtigt, am Eingang zu der Geschäftsstelle und an dem Gebäude, in dem sich die Geschäftsstelle befindet, ein Amtsschild anzubringen. [2]Das Amtsschild enthält das Landeswappen und die Aufschrift „Notarin“ oder „Notar“ oder beide Amtsbezeichnungen.

(2) [1]Notarinnen und Notare können auch Namensschilder anbringen. [2]Ist kein Amtsschild angebracht, so muss durch ein Namensschild auf die Geschäftsstelle hingewiesen werden. [3]Auf dem Namensschild kann das Landeswappen geführt werden, wenn der Bezug zu dem Notaramt und zu der dieses Amt ausübenden Person auch bei mehreren Berufsangaben deutlich wird.

§ 4
Verpflichtung der bei der Notarin oder dem Notar beschäftigten Personen

(1) Notarinnen und Notare haben die Niederschrift über die Verpflichtung der bei ihnen beschäftigen Personen (§ 26 BNotO i. V. m. § 1 des Verpflichtungsgesetzes) bei den Generalakten aufzubewahren.

(2) Die Verpflichtung nach § 26 BNotO hat auch zu erfolgen, wenn zwischen denselben Personen bereits früher ein Beschäftigungsverhältnis bestanden hat oder Beschäftigte einer anderen Notarin oder eines anderen Notars übernommen worden sind.

§ 5
Führung der Unterlagen, Dauer der Aufbewahrung

(1) [1]Notarinnen und Notare führen die folgenden Bücher und Verzeichnisse:

1. die Urkundenrolle,

2. das Verwahrungsbuch,
3. das Massenbuch,
4. das Erbvertragsverzeichnis,
5. die Anderkontenliste,
6. die Namensverzeichnisse zur Urkundenrolle und zum Massenbuch,
7. Dokumentationen zur Einhaltung von Mitwirkungsverboten,
8. im Bereich der Notarkasse in München und der Ländernotarkasse in Leipzig das Kostenregister.*)

[2]Sie führen folgende Akten:

1. die Urkundensammlung,
2. Sammelbände für Wechsel- und Scheckproteste,
3. die Nebenakten,
4. die Generalakten.

(2) Notarinnen und Notare erstellen jährliche Geschäftsübersichten und Übersichten über die Verwahrungsgeschäfte.

(3) [1]Die Unterlagen sind in der Geschäftsstelle zu führen. [2]Im Rahmen der elektronischen Datenverwaltung bedient sich die Notarin oder der Notar zur automationsgestützten Führung der Bücher und Verzeichnisse der hierfür nach § 27 Absatz 3 betriebenen Systeme und darf die für die Führung dieser Bücher und Verzeichnisse erforderlichen Daten auf diesen Systemen verarbeiten; die Vertraulichkeit und Integrität der Daten sind durch geeignete Verfahren nach dem jeweiligen Stand der Technik sicherzustellen. [3]Die Notarin oder der Notar hat eine Bescheinigung des Systembetreibers darüber einzuholen, dass es sich um ein System nach § 27 Absatz 3 handelt und welche Verfahren zur Anwendung kommen. [4]Zur Führung der Unterlagen dürfen nur Personen herangezogen werden, die bei der Notarin oder dem Notar beschäftigt sind; die Beauftragung dritter Personen oder Stellen ist unzulässig.

(4) [1]Für die Dauer der Aufbewahrung der Unterlagen gilt Folgendes:

- Urkundenrolle, Erbvertragsverzeichnis, Namensverzeichnis zur Urkundenrolle und Urkundensammlung einschließlich der gesondert aufbewahrten Erbverträge (§ 18 Abs. 4): 100 Jahre,
- Verwahrungsbuch, Massenbuch, Namenverzeichnis zum Massenbuch, Anderkontenliste, Generalakten: 30 Jahre,
- Nebenakten: 7 Jahre; die Notarin oder der Notar kann spätestens bei der letzten inhaltlichen Bearbeitung schriftlich eine längere Aufbewahrungsfrist bestimmen, z. B. bei Verfügungen von Todes wegen oder im Falle der Regressgefahr; die Bestimmung kann auch generell für einzelne Arten von Rechtsgeschäften wie z. B. Verfügungen von Todes wegen getroffen werden;
- Sammelbände für Wechsel- und Scheckproteste: 5 Jahre.

*) In Sachsen lautet § 5 Abs. 1 Nr. 8: „das Kostenregister."

[2]Abschriften der Verfügungen von Todes wegen, die gemäß § 16 Abs. 1 Satz 5 der Dienstordnung für Notare in der ab 1. Januar 1985*) geltenden Fassung zu den Nebenakten genommen worden sind, sind abweichend von Satz 1 100 Jahre aufzubewahren. [3]Die vor dem 1. Januar 1950 entstandenen Unterlagen sind abweichend von den in Satz 1 Spiegelstrich 1 und in Satz 2 genannten Fristen bis auf Weiteres dauernd aufzubewahren; eine Pflicht zur Konservierung besteht nicht. [4]Die Aufbewahrungsfrist beginnt mit dem ersten Tage des auf die letzte inhaltliche Bearbeitung folgenden Kalenderjahres. [5]Nach Ablauf der Aufbewahrungsfrist sind die Unterlagen zu vernichten, sofern nicht im Einzelfall ihre weitere Aufbewahrung erforderlich ist.**)

2. Abschnitt
Bücher und Verzeichnisse

§ 6
Allgemeines

(1) Die Führung der Bücher und Verzeichnisse erfolgt auf dauerhaftem Papier; andere Datenträger sind lediglich Hilfsmittel.

(2) Bücher und Verzeichnisse können in gebundener Form oder in Loseblattform geführt werden.

(3) [1]Muster, welche durch die Dienstordnung vorgeschrieben sind, dürfen im Format (z. B. Hoch- oder Querformat, Breite der Spalten) geändert werden. [2]Abweichungen von der Gestaltung bedürfen der Genehmigung der Aufsichtsbehörde.

§ 7
Bücher

(1) [1]Bücher in gebundener Form sind in festem Einband herzustellen, mit einem Titelblatt zu versehen und von Seite zu Seite fortlaufend zu nummerieren. [2]Auf dem Titelblatt sind der Name der Notarin oder des Notars und der Amtssitz anzugeben. [3]Bevor Urkundenrolle und Verwahrungsbuch in Gebrauch genommen werden, hat die Notarin oder der Notar auf dem Titelblatt unter Beifügung von Datum, Unterschrift und Farbdrucksiegel die Seitenzahl des Buches festzustellen (Muster 1).

(2) Zusätze und sonstige Änderungen dürfen in den Büchern nur so vorgenommen werden, dass die ursprüngliche Eintragung lesbar bleibt; sie sind durch einen von der Notarin oder dem Notar zu datierenden und zu unterschreibenden Vermerk auf der Seite, auf der die Änderung eingetragen ist, zu bestätigen.

§ 8
Urkundenrolle

(1) In die Urkundenrolle sind einzutragen:

1. Niederschriften gemäß § 8 BeurkG;

*) Die Datumsangabe in § 5 Abs. 4 Satz 2 lautet in Sachsen-Anhalt: „ab 01. 02. 1985“.

**) § 5 Abs. 4 enthält in Sachsen die Sätze 2–5 nicht.

2. Niederschriften gemäß § 36 BeurkG, auch, soweit hierfür Sonderregelungen zu beachten sind; ausgenommen sind Wechsel- und Scheckproteste;
3. Niederschriften gemäß § 38 BeurkG;
4. Vermerke gemäß § 39 BeurkG, welche enthalten:
   - die Beglaubigung einer Unterschrift oder eines Handzeichens,
   - die Beglaubigung der Zeichnung einer Namensunterschrift;

4a. Elektronische Vermerke gemäß § 39a BeurkG, welche die Beglaubigung einer elektronischen Signatur enthalten;

5. Vermerke gemäß § 39 BeurkG, welche enthalten:
   - die Feststellung des Zeitpunktes, zu dem eine Privaturkunde vorgelegt worden ist,
   - sonstige einfache Zeugnisse;

   ausgenommen sind solche Vermerke gemäß Nr. 5, die im Zusammenhang mit einer anderen Beurkundung erteilt und auf die betreffende Urschrift oder eine Ausfertigung oder ein damit zu verbindendes Blatt gesetzt werden;

5a. Elektronische Vermerke gemäß § 39a BeurkG, welche enthalten:
   - die Feststellung des Zeitpunkts, zu dem eine Privaturkunde oder ein privates elektronisches Zeugnis vorgelegt worden ist,
   - sonstige einfache Zeugnisse im Sinne des § 39 BeurkG;

6. Vollstreckbarerklärungen gemäß § 796 c Abs. 1, § 1053 Abs. 4 ZPO;
7. die Einigung, das Abschlussprotokoll, die Vertragsbeurkundung und die Vertragsbestätigung gemäß § 98 Abs. 2 Satz 1, § 99 Satz 1, § 96 Abs. 3 Satz 1 und § 96 Abs. 5 Satz 2 SachenRBerG.

(2) Die Urkundenrolle ist nach dem Muster 2 zu führen.

(3) Die Eintragungen in die Urkundenrolle sind zeitnah, spätestens 14 Tage nach der Beurkundung in ununterbrochener Reihenfolge vorzunehmen und für jedes Kalenderjahr mit fortlaufenden Nummern zu versehen (Spalte 1).

(4) [1]In Spalte 2a ist aufzuführen, wo das notarielle Amtsgeschäft vorgenommen worden ist. [2]Ist das Amtsgeschäft in der Geschäftsstelle vorgenommen worden, genügt der Vermerk „Geschäftsstelle“, andernfalls sind die genaue Bezeichnung des Ortes, an dem das Amtsgeschäft vorgenommen wurde, und dessen Anschrift aufzuführen.

(5) [1]In Spalte 3 sind aufzuführen:

- bei notariellen Niederschriften nach §§ 8 und 38 BeurkG die Erschienenen, deren Erklärungen beurkundet worden sind,
- bei Beglaubigungen (§§ 39, 39a, 40, 41 BeurkG) diejenigen, welche die Unterschrift, die elektronische Signatur, das Handzeichen oder die Zeichnung vollzogen oder anerkannt haben,
- bei Vollstreckbarerklärungen (§ 796 c Abs. 1, § 1053 Abs. 4 ZPO) die Parteien,

- bei Amtshandlungen nach dem Sachenrechtsbereinigungsgesetz (§ 98 Abs. 2 Satz 1, § 99 Satz 1, § 96 Abs. 3 Satz 1, § 96 Abs. 5 Satz 2 SachenRBerG) die Beteiligten i. S. dieses Gesetzes,
- bei allen übrigen Beurkundungen (§§ 36, 39, 39a, 43 BeurkG) diejenigen, welche die Beurkundung veranlasst haben.

[2]Anzugeben sind der Familienname, bei Abweichungen vom Familiennamen auch der Geburtsname, der Wohnort oder der Sitz und bei häufig vorkommenden Familiennamen weitere der Unterscheidung dienende Angaben. [3]Sind gemäß Satz 1 mehr als zehn Personen aufzuführen, genügt eine zusammenfassende Bezeichnung. [4]In Vertretungsfällen sind die Vertreterinnen und Vertreter sowie die Vertretenen aufzuführen; bei Beurkundungen in gesellschaftsrechtlichen Angelegenheiten ist auch die Gesellschaft aufzuführen.

(6) [1]In Spalte 4 ist der Gegenstand des Geschäfts in Stichworten so genau zu bezeichnen, dass dieses deutlich unterscheidbar beschrieben wird. [2]Bei Beglaubigungen ist anzugeben, ob die Notarin oder der Notar den Entwurf der Urkunde gefertigt hat oder nicht; bei Beglaubigungen mit Entwurf ist der Gegenstand der entworfenen Urkunde aufzuführen, bei Beglaubigungen ohne Entwurf kann der Gegenstand der Urkunde aufgeführt werden. [3]Gebräuchliche Abkürzungen können verwendet werden.

(7) [1]Urkunden, in denen der Inhalt einer in der Urkundenrolle eingetragenen Urkunde berichtigt, geändert, ergänzt oder aufgehoben wird, erhalten eine neue Nummer; in Spalte 5 ist jeweils wechselseitig auf die Nummer der anderen Urkunde zu verweisen, z. B. mit den Worten „Vgl. Nr. ...“. [2]Wird eine Urkunde bei einer anderen verwahrt (§ 18 Abs. 2), so ist in Spalte 5 bei der späteren Urkunde auf die frühere zu verweisen, z. B. mit den Worten „Verwahrt bei Nr. ...“.

§ 9
Erbvertragsverzeichnis

(1) [1]Notarinnen und Notare haben über die Erbverträge, die sie gemäß § 34 Abs. 3 BeurkG in Verwahrung nehmen (§ 18 Abs. 4, Abs. 1, § 20 Abs. 2*) bis 5), ein Verzeichnis zu führen. [2]Die Eintragungen sind zeitnah, spätestens 14 Tage nach der Beurkundung in ununterbrochener Reihenfolge vorzunehmen und jahrgangsweise mit laufenden Nummern zu versehen. [3]In das Verzeichnis sind einzutragen:

1. die Namen der Erblasserinnen und Erblasser,
2. ihr Geburtsdatum,
3. der Tag der Beurkundung,
4. die Nummer der Urkundenrolle.

(2) Anstelle des Verzeichnisses können Ausdrucke der Bestätigungen der Registerbehörde über die Registrierungen der Erbverträge im Zentralen Testamentsregister in einer Kartei in zeitlicher Reihenfolge geordnet und mit laufenden Nummern versehen aufbewahrt werden; § 20 Abs. 2 bleibt unberührt.

(3) Wird der Erbvertrag später in besondere amtliche Verwahrung gebracht oder an das Amtsgericht abgeliefert (§ 20 Abs. 4 und 5), sind das Gericht und der Tag der Abgabe in das Erbvertragsverzeichnis oder die Kartei nach Absatz 2 einzutragen.

§ 10
Gemeinsame Vorschriften für das Verwahrungsbuch und das Massenbuch

(1) [1]Verwahrungsmassen, welche Notarinnen und Notare gemäß § 23 BNotO, §§ 54 a, 54 e BeurkG entgegennehmen, sind in das Verwahrungsbuch und in das Massenbuch einzutragen. [2]Nicht eingetragen werden müssen:

- Geldbeträge, die Notarinnen und Notare als Protestbeamtinnen oder Protestbeamte empfangen haben, wenn sie unverzüglich an die Berechtigten herausgegeben werden,
- Hypotheken-, Grundschuld- und Rentenschuldbriefe,
- Wechsel und Schecks, welche Notarinnen und Notare zwecks Erhebung des Protestes erhalten haben.

(2) Jede Einnahme und jede Ausgabe sind sowohl im Verwahrungsbuch als auch im Massenbuch noch am Tage der Einnahme oder der Ausgabe unter diesem Datum einzutragen; Umbuchungen zwischen einem Giroanderkonto und einem Festgeldanderkonto, die für dieselbe Verwahrungsmasse eingerichtet worden sind, sind weder als Einnahme noch als Ausgabe einzutragen; es kann jedoch durch einen Vermerk im Massenbuch auf sie hingewiesen werden.

(3) [1]Bei bargeldlosem Zahlungsverkehr sind die Eintragungen unter dem Datum des Eingangs der Kontoauszüge oder der Mitteilung über Zinsgutschriften oder Spesenabrechnungen noch an dem Tag vorzunehmen, an dem diese bei der Notarin oder dem Notar eingehen. [2]Bei bargeldlosem Zahlungsverkehr über das System der elektronischen Notaranderkontenführung sind die Eintragungen unter dem Datum des Abrufs der Umsatzdaten am Tag des Abrufs vorzunehmen; Notarinnen und Notare haben die Umsätze unverzüglich abzurufen, wenn sie schriftlich oder elektronisch Kenntnis von neuen Umsätzen erlangt haben. [3]Kontoauszüge oder Mitteilungen sind mit dem Eingangsdatum zu versehen.*)

(4) Schecks sind an dem Tage, an dem die Notarin oder der Notar den Scheck entgegengenommen hat, unter diesem Datum einzutragen; stellt sich ein Scheck, der als Zahlungsmittel zur Einlösung übergeben wurde, als ungedeckt heraus, ist er als Ausgabe aufzuführen.

§ 11
Eintragungen im Verwahrungsbuch

(1) Das Verwahrungsbuch ist nach dem Muster 3 zu führen.

(2) Die Eintragungen sind unter einer durch das Kalenderjahr fortlaufenden Nummer vorzunehmen (Spalte 1).

(3) [1]Geldbeträge sind in Ziffern einzutragen (Spalte 4) und aufzurechnen, sobald die Seite vollbeschrieben ist; das Ergebnis einer Seite ist sogleich auf die folgende Seite zu übertragen. [2]Bei Sparbüchern und Schecks, die als Zahlungsmittel übergeben

---

*) In Sachsen sind ein Satz 4 und 5 angefügt:

„[4]Wahlweise können die Eintragungen auch unter dem Wertstellungsdatum vorgenommen werden. [5]Die gewählte Handhabung ist konsequent durchzuführen."

werden, sind die Nennbeträge in Spalte 4 aufzuführen; in Spalte 5 sind die Bezeichnung der Sparbücher und deren Nummer oder die Nummer der Schecks und die Bezeichnung des Kreditinstituts anzugeben. [3]Wertpapiere werden gemäß § 12 Abs. 3 Satz 3 eingetragen oder nur nach der Gattung und dem Gesamtbetrag bezeichnet, Zins-, Renten- und Gewinnanteilscheine oder Erneuerungsscheine sind kurz zu vermerken (Spalte 5).

(4) Bei jeder Eintragung in das Verwahrungsbuch ist auf die entsprechende Eintragung im Massenbuch zu verweisen (Spalte 6).

(5) [1]Das Verwahrungsbuch ist am Schluss des Kalenderjahres abzuschließen und der Abschluss ist von der Notarin oder dem Notar unter Angabe von Ort, Tag und Amtsbezeichnung zu unterschreiben. [2]Der Überschuss der Einnahmen über die Ausgaben ist in das nächste Jahr zu übertragen.

§ 12
Eintragungen im Massenbuch; Anderkontenliste

(1) Das Massenbuch ist nach dem Muster 5 zu führen.

(2) [1]In das Massenbuch ist jede Verwahrungsmasse mit den zugehörigen Einnahmen und Ausgaben gesondert unter jährlich laufender Nummer einzutragen; Name und Anderkontennummer sowie ggf. Festgeldanderkontennummer des beauftragten Kreditinstituts sind zu vermerken. [2]Den Eintragungen, welche dieselbe Verwahrungsmasse betreffen, sind die Bezeichnung der Masse, die laufende Nummer und die Nummer der Urkundenrolle voranzustellen.

(3) [1]Geldbeträge sind für die einzelnen Massen gesondert aufzurechnen (Spalte 4). [2]Schecks und Sparbücher sind entsprechend § 11 Abs. 3 Satz 2 zu behandeln. [3]Wertpapiere werden nach der Gattung, dem Nennbetrag, der Stückzahl, den Serien und den Nummern eingetragen, Zins-, Renten- und Gewinnanteilscheine oder Erneuerungsscheine sind durch Angabe der Fälligkeitstermine oder Nummern näher zu bezeichnen (Spalte 5).

(4) Am Schluss des Kalenderjahres ist für jede nicht erledigte Masse der Saldo von Einnahmen und Ausgaben zu bilden; die Summe der Salden ist dem Abschluss im Verwahrungsbuch gegenüberzustellen und entsprechend § 11 Abs. 5 Satz 1 zu unterschreiben.

(5) [1]Notarinnen und Notare haben ein Verzeichnis der Kreditinstitute zu führen, bei denen Anderkonten oder Anderdepots (§ 54 b BeurkG) eingerichtet sind (Anderkontenliste). [2]Bei Anlegung der Masse sind in das Verzeichnis einzutragen:

1. die Anschrift des Kreditinstituts,
2. die Nummer des Anderkontos bzw. Anderdepots,
3. die Nummer der Masse,
4. der Zeitpunkt des Beginns des Verwahrungsgeschäfts.

[3]Einzutragen sind ferner die Nummer eines Festgeldanderkontos und der Zeitpunkt der Beendigung des Verwahrungsgeschäfts.

(6) Ist eine Masse abgewickelt, so sind die zu ihr gehörenden Eintragungen in Massenbuch und Anderkontenliste zu röten oder auf andere eindeutige Weise zu kennzeichnen.

§ 13
Namensverzeichnisse

(1) [1]Notarinnen und Notare haben zu Urkundenrolle und Massenbuch alphabetische Namensverzeichnisse zu führen, die das Auffinden der Eintragungen ermöglichen. [2]Die Namensverzeichnisse können auch fortlaufend, für mehrere Bände gemeinsam oder für Urkundenrolle und Massenbuch gemeinsam geführt werden.

(2) Die Eintragungen im Namensverzeichnis sind zeitnah, spätestens zum Vierteljahresschluss vorzunehmen.

(3) Für die Eintragungen im Namensverzeichnis zur Urkundenrolle gilt § 8 Abs. 5 entsprechend.

(4) In das Namensverzeichnis zum Massenbuch sind die Auftraggeber, bei Vollzug eines der Verwahrung zugrunde liegenden Geschäfts nur die an diesem Geschäft Beteiligten einzutragen.

§ 14
Führung der Bücher in Loseblattform

(1) [1]Urkundenrolle und Verwahrungsbuch können auch als Buch mit herausnehmbaren Einlageblättern geführt werden. [2]In diesem Fall ist das Verwahrungsbuch nach dem Muster 4 zu führen. [3]Die Einlageblätter müssen fortlaufend nummeriert sein. [4]Vollbeschriebene Einlageblätter sind in Schnellheftern oder Aktenordnern abzulegen. [5]Nach Ablauf des Kalenderjahres sind die Einlageblätter unverzüglich gemäß § 30 zu heften und zu siegeln; die Notarin oder der Notar hat dabei die in § 7 Abs. 1 Satz 3 vorgeschriebenen Feststellungen zu treffen.

(2) [1]Das Massenbuch kann auch als Kartei geführt werden. [2]In diesem Fall ist das Massenbuch nach dem Muster 6 zu führen. [3]Soweit Notaranderkonten elektronisch geführt werden, sind in Spalte 3 des Massenbuches bei Überweisungen vom Notaranderkonto neben dem Namen des Empfängers auch dessen Bankverbindung und der Verwendungszweck der Überweisung und ist bei Einzahlungen auf das Notaranderkonto neben dem Namen des überweisenden oder des Einzahlers der Verwendungszweck anzugeben. [4]Zusätzlich zu der Nummer der Masse (§ 12 Abs. 2 Satz 1 Halbsatz 1) sind die Karteiblätter mit Seitenzahlen zu versehen. [5]Die Karteiblätter sind in der Folge der Massenummern sortiert und getrennt nach erledigten und nicht erledigten Massen aufzubewahren.

§ 15
Dokumentationen zur Einhaltung von Mitwirkungsverboten

(1) [1]Die Vorkehrungen zur Einhaltung der Mitwirkungsverbote nach § 3 Abs. 1 Nr. 7 und Nr. 8 erste Alternative, Abs. 2 BeurkG genügen § 28 BNotO*), wenn sie zumindest die Identität der Personen, für welche die Notarin oder der Notar oder eine Person i. S. v. § 3 Abs. 1 Nr. 4 BeurkG außerhalb ihrer Amtstätigkeit bereits tätig war oder ist oder welche die Notarin oder der Notar oder eine Person i. S. v. § 3 Abs. 1 Nr. 4 BeurkG bevollmächtigt haben, zweifelsfrei erkennen lassen und den Gegenstand der Tätigkeit in ausreichend kennzeichnender Weise angeben. [2]Die Angaben müssen einen Abgleich mit der Urkundenrolle und den Namensverzeichnissen im Hinblick auf die Einhaltung der Mitwirkungsverbote ermöglichen. [3]Soweit die Notarin oder der Notar Vorkehrungen, die diese Voraussetzungen erfüllen, zur Einhaltung anderer gesetzlicher Regelungen trifft, sind zusätzliche Vorkehrungen nicht erforderlich.

(2) § 6 findet keine Anwendung.

§ 16
Kostenregister

Notarinnen und Notare im Bereich der Notarkasse in München und der Ländernotarkasse in Leipzig führen ein Kostenregister.**)

§ 17
Automationsgestützte Führung der Bücher und Verzeichnisse

(1) [1]Werden Bücher automationsgestützt geführt, dürfen die jeweils eingesetzten notarspezifischen Fachanwendungen und ihre Fortschreibungen keine Verfahren zur nachträglichen Veränderung der mit dem Ausdruck abgeschlossenen Eintragungen enthalten. [2]Die Notarin oder der Notar hat eine Bescheinigung des Erstellers darüber einzuholen, dass die jeweils eingesetzte Anwendung solche Veränderungen nicht ermöglicht. [3]Jeweils an dem Tage, an dem bei herkömmlicher Führung die Eintragung vorzunehmen wäre (§ 8 Abs. 3, § 10 Abs. 2 Halbsatz 1, Abs. 3 Satz 1 und 2, Abs. 4 Halbsatz 1, § 12 Abs. 6), müssen die Daten abgespeichert und ausgedruckt werden; wenn dabei Wiederholungen früherer Ausdrucke zuvor nicht abgeschlossener Seiten entstehen, sind diese zu vernichten, im Übrigen die wiederholenden Aus-

---

*) Brandenburg: „... genügen § 28 BNotO und den Richtliniensatzungen nach § 67 Abs. 2 Satz 3 Nr. 6 BNotO (Richtlinien für die Amtspflichten und sonstigen Pflichten der Mitglieder der Notarkammer Brandenburg vom 22. November 1999, JMBl. S. 15), wenn sie ..."
Sachsen: „... genügen § 28 BNotO und den Richtlinien für die Berufsausübung der Notarkammer Sachsen vom 16. Juni 1999 nach § 67 Abs. 2 Satz 3 Nr. 6 BNotO, wenn sie ..."
Thüringen: „... genügen § 28 BNotO und den Richtlinien für die Amtspflichten und sonstigen Pflichten der Mitglieder der Notarkammer Thüringen, wenn sie ..."
Sachsen-Anhalt: „... genügen § 28 BNotO und den Richtlinien für die Berufsausübung der Notarkammer Sachsen-Anhalt vom 11. 6. 1999 (Amtliches Mitteilungsblatt der Notarkammer Sachsen-Anhalt 1999 Nr. 1) nach § 67 Abs. 2 Satz 3 Nr. 6 BNotO, wenn sie ..."

**) § 16 lautet in Sachsen: „Notarinnen und Notare führen ein Kostenregister."

drucke bereits abgeschlossener Seiten. [4]Die voll beschriebenen Seiten bilden das Buch; für sie gilt § 14.*)

(2) [1]Werden Namensverzeichnisse, Anderkontenliste oder Erbvertragsverzeichnis automationsgestützt geführt, müssen die Daten jeweils an dem Tage abgespeichert werden, an dem bei herkömmlicher Führung die Eintragung vorzunehmen wäre (§ 9 Abs. 1 Satz 2, § 12 Abs. 5 Satz 2 und 3, Abs. 6, § 13 Abs. 2). [2]Anderkontenliste und Erbvertragsverzeichnis sind nach der Speicherung, Namensverzeichnisse zum Jahresschluss auszudrucken. [3]Frühere Ausdrucke sind zu vernichten.

(3) Änderungen in den Büchern sind gemäß § 7 Abs. 2 vorzunehmen, der Vermerk braucht jedoch erst bei Ausdruck der voll beschriebenen oder abgeschlossenen Seite datiert und unterschrieben zu werden.

3. Abschnitt
Führung der Akten

§ 18
Aufbewahrung von Urkunden (Urkundensammlung)

(1) [1]Die von der Notarin oder dem Notar verwahrten Urschriften (§ 45 Abs. 1, Abs. 3 BeurkG; § 34 Abs. 3 BeurkG; § 796 c Abs. 1, § 1053 Abs. 4 ZPO, § 98 Abs. 2 Satz 1, § 99 Satz 1, § 96 Abs. 3 Satz 1, § 96 Abs. 5 Satz 2 SachenRBerG), Ausfertigungen (§ 45 Abs. 2 Satz 2 und 3 BeurkG) und Abschriften (§§ 19, 20 Abs. 1 Satz 3 und 4, Abs. 3 Satz 1) sowie die Vermerkblätter über herausgegebene Urkunden (§ 20 Abs. 1 Satz 1 und 2) sind nach der Nummernfolge der Urkundenrolle geordnet in einer Urkundensammlung aufzubewahren. [2]Die Urschrift des für vollstreckbar erklärten Anwaltsvergleichs sowie eine beglaubigte Abschrift des Schiedsspruchs mit vereinbartem Wortlaut sind bei der Vollstreckbarerklärung aufzubewahren.

(2) [1]Urkunden oder andere Unterlagen können einer anderen Urkunde angeklebt oder angeheftet (§ 30) und bei der Haupturkunde aufbewahrt werden,

- wenn sie ihrem Inhalt nach mit der in der Sammlung befindlichen Haupturkunde derart zusammenhängen, dass sie ohne diese von den Beteiligten in zweckdienlicher Weise nicht verwendet werden können (z. B. Vertragsannahme-, Auflassungs- oder Genehmigungserklärungen),
- wenn sie für die Rechtswirksamkeit oder die Durchführung des in der Haupturkunde beurkundeten Rechtsvorgangs bedeutsam sind (z. B. Genehmigungen, behördliche Beschlüsse und Bescheinigungen, Erbscheine, Eintragungsmitteilungen),

---

*) § 17 Abs. 1 S. 4 lautet in Sachsen:

„Die voll beschriebenen Seiten bilden das Buch gemäß § 14 Abs. 1, die Massenkartei gemäß § 14 Abs. 2 oder das jeweilige Verzeichnis; sie sind gemäß § 14 Abs. 1 Satz 3 bis 5 bzw. § 14 Abs. 2 Satz 2 bis 4 zu behandeln.

- wenn in ihnen der Inhalt der in der Sammlung befindlichen Haupturkunde berichtigt, geändert, ergänzt oder aufgehoben wird (vgl. § 8 Abs. 7); werden sie nicht mit der Haupturkunde verbunden, so ist bei der Haupturkunde durch einen Vermerk auf sie zu verweisen; der Vermerk ist in die späteren Ausfertigungen und Abschriften zu übernehmen.

[2]Nachweise über die Vertretungsberechtigung, die gemäß § 12 BeurkG einer Niederschrift beigefügt werden, sind dieser anzukleben oder anzuheften (§ 30) sowie mit ihr aufzubewahren. [3]In die Urkundensammlung ist an der Stelle der bei der Haupturkunde verwahrten Urkunde ein Hinweisblatt oder eine Abschrift, auf der ein Hinweis auf die Haupturkunde anzubringen ist, aufzunehmen.

(3) Die verbundenen Urkunden können in die Ausfertigungen und Abschriften der Haupturkunde aufgenommen werden.

(4) [1]Erbverträge, die in der Verwahrung der Notarin oder des Notars bleiben (§ 34 Abs. 3 BeurkG), können abweichend von Absatz 1 gesondert aufbewahrt werden. [2]Für die Urkundensammlung ist ein Vermerkblatt entsprechend § 20 Abs. 1 oder eine beglaubigte Abschrift zu fertigen; beglaubigte Abschriften sind in verschlossenem Umschlag zur Urkundensammlung zu nehmen, es sei denn, dass die Beteiligten sich mit der offenen Aufbewahrung schriftlich einverstanden erklären.

§ 19
Urkunden, deren Urschriften nicht notariell verwahrt werden

(1) Haben Notarinnen oder Notare eine Urkunde entworfen und Unterschriften oder Handzeichen darunter beglaubigt, so haben sie eine Abschrift der Urkunde für ihre Urkundensammlung zurückzubehalten; soweit Mitteilungspflichten gegenüber den Finanzämtern bestehen, ist ein Vermerk über die Absendung der Anzeige auf die Abschrift zu setzen.

(2) [1]Bei Urkunden, die gemäß § 8 Abs. 1 in die Urkundenrolle eingetragen werden, die aber weder in Urschrift noch in Abschrift bei der Notarin oder dem Notar zurückbleiben, z. B. bei Unterschriftsbeglaubigungen und sonstigen einfachen Zeugnissen (§ 45 Abs. 3 BeurkG), ist eine Abschrift der Urkunde oder ein Vermerkblatt zu der Urkundensammlung zu bringen. [2]Das Vermerkblatt muss die Nummer der Urkundenrolle und die Angaben nach § 8 Abs. 5 und 6 enthalten und ist von der Notarin oder dem Notar zu unterschreiben.

(3) Die Abschriften müssen nur beglaubigt werden, wenn dies nach anderen Vorschriften erforderlich ist.

(4) Für elektronische Vermerke über die Beglaubigung von elektronischen Signaturen gelten die Absätze 1 bis 3, für sonstige elektronische Vermerke die Absätze 2 und 3 entsprechend, wobei an die Stelle der Abschrift ein Ausdruck des elektronischen Dokuments tritt.

§ 20*)
Verfügungen von Todes wegen und sonstige erbfolgerelevante Urkunden

(1) [1]Über jede Verfügung von Todes wegen, welche Notarinnen oder Notare dem Amtsgericht zur besonderen amtlichen Verwahrung abliefern (§ 34 Abs. 1 und 2 BeurkG, § 344 Abs. 1 und 3 FamFG), haben sie für ihre Urkundensammlung ein Vermerkblatt anzufertigen und zu unterschreiben, das Namen, Geburtsdatum, Geburtsort mit Postleitzahl und Wohnort der Erblasserin oder des Erblassers bzw. der Vertragschließenden – gegebenenfalls auch der zweiten Notarin oder des zweiten Notars oder der Urkundenzeugen – enthält sowie Angaben darüber, in welcher Form (§§ 2232, 2276 BGB) die Verfügung von Todes wegen errichtet worden ist und wann und an welches Amtsgericht sie abgeliefert wurde. [2]Auf das Vermerkblatt ist die Nummer der Urkundenrolle zu setzen. [3]Auf Wunsch der Erblasserin oder des Erblassers oder der Vertragschließenden soll eine beglaubigte Abschrift der Verfügung von Todes wegen zurückbehalten werden. [4]Sie ist in einem verschlossenen Umschlag zu der Urkundensammlung zu nehmen, es sei denn, dass die Beteiligten sich mit der offenen Aufbewahrung schriftlich einverstanden erklären. [5]Die beglaubigte Abschrift ist auf Wunsch den Beteiligten auszuhändigen.

(2) Ein Ausdruck der Bestätigung der Registerbehörde über jede Registrierung zu einer erbfolgerelevanten Urkunde im Sinne von § 78b Abs. 2 Satz 1 BNotO im Zentralen Testamentsregister ist in der Urkundensammlung bei der Urkunde, deren beglaubigter Abschrift oder dem Vermerkblatt (§ 18 Abs. 4 Satz 2, § 20 Abs. 1 Satz 1 und 2) aufzubewahren.

(3) [1]Bei der Rückgabe eines Erbvertrages aus der notariellen Verwahrung hat die Notarin oder der Notar die Erfüllung der ihr oder ihm obliegenden Pflichten gemäß § 2300 Abs. 2, § 2256 Abs. 1 Satz 2 BGB auf dem nach § 18 Abs. 4 Satz 2 in der Urkundensammlung verwahrten Vermerkblatt oder der beglaubigten Abschrift aktenkundig zu machen. [2]Wurde der Erbvertrag bislang nicht gesondert aufbewahrt, gilt bei der Rückgabe § 18 Abs. 4 Satz 2 entsprechend. [3]Die Anfertigung eines Vermerkblattes ist entbehrlich, wenn über die Rückgabe des Erbvertrages eine Urkunde in der gesetzlich vorgesehenen Form errichtet wird. [4]Die gemäß Satz 1 zu fertigende Aktennotiz ist von der Notarin oder dem Notar unter Angabe des Datums zu unterzeichnen; sie muss die Personen, an die der Erbvertrag zurückgegeben wird, gemäß § 26 Abs. 2 bezeichnen. [5]Ein Ausdruck der Bestätigung der Registerbehörde über die Registrierung der Rückgabe im Zentralen Testamentsregister ist in der Urkundensammlung bei dem Vermerkblatt oder der beglaubigten Abschrift oder bei der Urkunde nach Satz 3 aufzubewahren. [6]Die Rücknahme und der Tag der Rückgabe sind in das Erbvertragsverzeichnis oder die Kartei nach § 9 Abs. 2 einzutragen.

(4) Bei Ablieferung eines Erbvertrages nach Eintritt des Erbfalls (§ 34a Abs. 3 Satz 1 BeurkG) nimmt die Notarin oder der Notar eine beglaubigte Abschrift der Urkunde und der Kostenberechnung zu der Urkundensammlung.

(5) [1]Befindet sich ein Erbvertrag seit mehr als 30 Jahren in notarieller Verwahrung, so verfahren Notarinnen und Notare nach § 351 FamFG, liefern den Erbvertrag gegebenenfalls an das Nachlassgericht zur Eröffnung ab und teilen die Ablieferung der

---

*) **Abs. 2:**
In Sachsen: wird der Klammerzusatz nach „§ 20 Abs. 1“ wie folgt gefasst: „Satz 1 bis 3“.

Registerbehörde elektronisch (§ 9 ZTRV) mit, wenn zu dem Erbvertrag bereits Verwahrangaben im Zentralen Testamentsregister registriert sind. [2]Absatz 4 gilt entsprechend. [3]Die Notarinnen und Notare haben das Erbvertragsverzeichnis oder die Kartei nach § 9 Abs. 2 am Jahresende auf diese Erbverträge hin durchzusehen und die Durchsicht und deren Ergebnis durch einen von ihnen unterzeichneten Vermerk zu bestätigen. [3]Für Erbverträge, bei denen eine Ablieferung noch nicht veranlasst war, ist das Verfahren nach § 351 FamFG spätestens alle fünf Jahre zu wiederholen.

§ 21
Wechsel- und Scheckproteste

[1]Die bei der Aufnahme von Wechsel- und Scheckprotesten zurückbehaltenen beglaubigten Abschriften der Protesturkunden und die über den Inhalt des Wechsels, Wechselabschrift oder des Schecks aufgenommenen Vermerke (Art. 85 Abs. 2 des Wechselgesetzes, Art. 55 Abs. 3 des Scheckgesetzes) sind nach der zeitlichen Reihenfolge geordnet in Sammelbänden zu vereinigen. [2]Die Protestabschriften sind innerhalb eines jeden Bandes mit fortlaufenden Nummern zu versehen. [3]Die Protestabschriften und die Vermerke sind möglichst auf dasselbe Blatt zu setzen.

§ 22
Nebenakten (Blattsammlungen und Sammelakten)

(1) Die nicht zur Urkundensammlung zu nehmenden Schriftstücke, z. B. Schriftwechsel mit den Beteiligten sowie mit den Gerichten und Behörden, werden, auch soweit sie Urkundsgeschäfte betreffen, in Blattsammlungen für jede einzelne Angelegenheit oder in Sammelakten aufbewahrt.

(2) [1]Zu den Verwahrungsgeschäften und, soweit dies zur Vorbereitung und Abwicklung des Geschäfts geboten ist, zu den Beurkundungen haben Notarinnen und Notare jeweils Blattsammlungen zu führen. [2]Für jede Verwahrungsmasse ist eine gesonderte Blattsammlung zu führen, zu der zu nehmen sind:

1. sämtliche Verwahrungsanträge und -anweisungen (§ 54 a Abs. 2 bis 4 BeurkG) im Original oder in Abschrift,
2. die Treuhandaufträge und Verwahrungsanweisungen im Original oder in Abschrift, die der Notarin oder dem Notar im Zusammenhang mit dem Vollzug des der Verwahrung zugrunde liegenden Geschäfts erteilt worden sind (§ 54 a Abs. 6 BeurkG),
3. Änderungen oder Ergänzungen der Verwahrungsanweisungen und Treuhandaufträge im Original oder in Abschrift,
4. die Annahmeerklärungen (§ 54 a Abs. 2 Nr. 3, Abs. 5 BeurkG),
5. die mit der Nummer der Masse versehenen Belege über die Einnahmen und Ausgaben (§ 27 Abs. 4 Satz 6),
6. die mit der Nummer der Masse versehenen Kontoauszüge (§ 27 Abs. 4 Satz 6), sofern das Notaranderkonto elektronisch geführt wird, an deren Stelle die Mitteilungen über neue Umsätze,

7. eine Durchschrift der Abrechnung (§ 27 Abs. 5),
8. eine Durchschrift der an die Kostenschuldnerin oder den Kostenschuldner übersandten Kostenberechnung, wenn die Kostenberechnung nicht elektronisch aufbewahrt wird (§ 19 Abs. 6 GNotkG) und die Kosten der Masse entnommen worden sind.

§ 23
Generalakten

(1) [1]Für Vorgänge, die die Amtsführung im Allgemeinen betreffen, sind Generalakten zu führen. [2]Sie enthalten insbesondere:

- Schriftverkehr mit den Aufsichtsbehörden, z. B. zu Nebentätigkeiten, Verhinderungsfällen, Vertreterbestellungen,
- die Berichte über die Prüfung der Amtsführung und den dazugehörenden Schriftwechsel,
- Schriftverkehr mit der Notarkammer und der Notarkasse oder der Ländernotarkasse,
- Schriftverkehr mit dem Datenschutzbeauftragten und sonstige Unterlagen zum Datenschutz,
- Originale oder Ablichtungen der Unterlagen über die Berufshaftpflichtversicherung einschließlich des Versicherungsscheins und der Belege über die Prämienzahlung,
- Niederschriften über die Verpflichtungen gemäß § 26 BNotO, § 1 des Verpflichtungsgesetzes (vgl. § 4 Abs. 1),
- die Anzeigen gemäß § 27 BNotO,
- Prüfzeugnisse, Bescheinigungen und vergleichbare Erklärungen,
- mit der Zertifizierung verbundene Schriftstücke,
- generelle Bestimmungen gemäß § 5 Abs. 4 Satz 1 dritter Spiegelstrich,*)
- Erklärungen gemäß § 27 Absatz 4 Satz 4

(2) Die Generalakten sind entweder nach Sachgebieten geordnet zu gliedern oder mit fortlaufenden Blattzahlen und einem Inhaltsverzeichnis zu versehen.

---

*) Der letzte Spiegelstrich lautet in Thüringen:

„Bestimmungen gemäß § 5 Absatz 4 Satz 1 dritter Spiegelstrich.“

4. Abschnitt
Erstellung von Übersichten

§ 24
Übersichten über die Urkundsgeschäfte

(1) [1]Notarinnen und Notare haben nach Abschluss eines jeden Kalenderjahres eine Übersicht über die Urkundsgeschäfte nach dem Muster 7 aufzustellen und in zwei Stücken bis zum 15. Februar bei der Präsidentin oder dem Präsidenten des Landgerichts einzureichen. [2]Diese lassen den Notarinnen und Notaren die erforderlichen Vordrucke zugehen.

(2) Bei der Aufstellung der Übersicht ist zu beachten:

1. Es sind alle in die Urkundenrolle eingetragenen Beurkundungen und Beschlüsse sowie die Wechsel- und Scheckproteste aufzunehmen; jede Urkunde ist nur einmal zu zählen.
2. Urkundenentwürfe sind in die Übersicht (1 a) nur dann aufzunehmen, wenn die Notarin oder der Notar Unterschriften oder Handzeichen darunter beglaubigt hat.
3. Unter 1 c sind alle vom Gericht überwiesenen Vermittlungen von Auseinandersetzungen (förmliche Vermittlungsverfahren) und die in die Urkundenrolle eingetragenen Beurkundungen und Beschlüsse nach dem Sachenrechtsbereinigungsgesetz (§ 8 Abs. 1 Nr. 7) aufzunehmen; die Beurkundung eines Auseinandersetzungsvertrages, dem ein förmliches Verfahren nicht vorausgegangen ist, ist unter 1 d zu zählen.

(3) [1]Ist eine Notarin oder ein Notar im Laufe des Jahres ausgeschieden oder ist der Amtssitz verlegt worden, so ist die Übersicht der Geschäfte von der Stelle (Notariatsverwalterin oder -verwalter, Amtsgericht, Notarin oder Notar) aufzustellen, welche die Bücher und Akten in Verwahrung genommen hat. [2]Für Notariatsverwalterinnen und -verwalter ist die Übersicht besonders aufzustellen; Satz 1 gilt entsprechend.

§ 25
Übersichten über die Verwahrungsgeschäfte

(1) [1]Notarinnen und Notare haben nach Abschluss eines jeden Kalenderjahres der Präsidentin oder dem Präsidenten des Landgerichts eine Übersicht über den Stand ihrer Verwahrungsgeschäfte nach dem Muster 8 bis zum 15. Februar einzureichen. [2]Die Präsidentin oder der Präsident des Landgerichts lässt den Notarinnen und Notaren die erforderlichen Vordrucke zugehen.

(2) [1]In der Übersicht ist anzugeben:

1. unter I 1 der Bestand der am Jahresschluss verwahrten Geldbeträge, soweit die Notaranderkonten elektronisch geführt werden ausweislich der letzten Eintragungen im Verwahrungs- und Massebuch, im Übrigen ausweislich der am Jahresschluss vorliegenden Kontoauszüge;
2. unter I 2 der Überschuss der Einnahmen über die Ausgaben (§ 11 Abs. 5 Satz 2);
3. unter I 3 der Bestand der verwahrten Geldbeträge, nach den einzelnen Massen gegliedert;

4. unter II der Bestand der verwahrten Wertpapiere und Kostbarkeiten, nach Massen gegliedert; die Wertpapiere sind nur nach Gattung und Gesamtbetrag zu bezeichnen, Zinsscheine und dgl. sind kurz zu vermerken.

[2]Bei I 3 und II ist in der Spalte „Bemerkungen" die Art der Verwahrung genau anzugeben (Bezeichnung des Kreditinstituts, Nummer des Anderkontos bei elektronisch geführten Notaranderkonten das Datum der letzten Eintragung im Verwahrungs- und Massebuch, im Übrigen das Datum des letzten den Buchungen in Verwahrungs- und Massenbuch zugrunde liegenden Kontoauszuges).*)

(3) Notarinnen und Notare haben auf der Übersicht zu versichern, dass sie vollständig und richtig ist und dass die unter I 3 aufgeführten Geldbeträge mit den in den Rechnungsauszügen der Kreditinstitute und gegebenenfalls in den Sparbüchern angegebenen Guthaben oder, werden die Notaranderkonten elektronisch geführt, mit den im elektronisch geführten Verwahrungs- und Massebuch angegebenen Guthaben übereinstimmen; sie haben die Übersicht zu unterschreiben.

(4) Sind am Schluss des Jahres keine Wertgegenstände in Verwahrung, so erstattet die Notarin oder der Notar Fehlanzeige.

(5) Die in Absatz 1 bezeichnete Übersicht hat die Notarin oder der Notar auch einzureichen, wenn das Amt wegen Erreichens der Altergrenze (§ 47 Nr. 1 BNotO) oder gemäß § 47 Nrn. 2 bis 7 BNotO erlischt.

5. Abschnitt
Ergänzende Regelungen zur Abwicklung der Urkundsgeschäfte und der Verwahrungsgeschäfte

§ 26
Feststellung und Bezeichnung der Beteiligten bei der Beurkundung

(1) Notarinnen und Notare haben bei der Beurkundung von Erklärungen und bei der Beglaubigung von Unterschriften oder Handzeichen sowie der Zeichnung einer Namensunterschrift die Person der Beteiligten mit besonderer Sorgfalt festzustellen.

(2) [1]Bei der Bezeichnung natürlicher Personen sind der Name, das Geburtsdatum, der Wohnort und die Wohnung anzugeben; weicht der zur Zeit der Beurkundung geführte Familienname von dem Geburtsnamen ab, ist auch der Geburtsname anzugeben. [2]Von der Angabe der Wohnung ist abzusehen, wenn dies in besonders gelagerten Ausnahmefällen zum Schutz gefährdeter Beteiligter oder ihrer Haushaltsangehörigen erforderlich ist. [3]In Vertretungsfällen kann anstelle des Wohnortes und der Wohnung angegeben werden:

---

*) In Sachsen lautet § 25 Abs. 2 Satz 2 wie folgt:

„Bei Ziffer I Nr. 3 und Ziffer II ist in der Spalte „Bemerkungen" die Art der Verwahrung genau anzugeben (Bezeichnung des Kreditinstituts, Nummer des Anderkontos, bei elektronisch geführten Notaranderkonten das Datum der letzten Eintragung im Verwahrungs- und Massebuch, im Übrigen das Datum des letzten den Buchungen im Verwahrungs- und Massebuch zugrunde liegenden Kontoauszuges."

a) bei Vertreterinnen und Vertretern von juristischen Personen des öffentlichen und des Privatrechts die Dienst- oder Geschäftsanschrift der vertretenen Person

b) bei Mitarbeiterinnen oder Mitarbeitern der Notarin oder des Notars die Anschrift der Geschäftsstelle der Notarin oder des Notars.

§ 27
Verwahrungsgeschäfte

(1) Werden Wertpapiere und Kostbarkeiten verwahrt (§ 54 e BeurkG), so ist die laufende Nummer des Verwahrungsbuches auf dem Verwahrungsgut oder auf Hüllen u. Ä. anzugeben.

(2) Notaranderkonten (§ 54 b Abs. 1 Satz 1, Abs. 2 BeurkG) müssen entsprechend den von der Vertreterversammlung der Bundesnotarkammer beschlossenen Bedingungen eingerichtet und geführt werden.

(3) [1]Die Führung eines Notaranderkontos mittels Datenfernübertragung ist zulässig, wenn dem jeweiligen Stand der Technik entsprechende technische und organisatorische Maßnahmen zur Gewährleistung der Vertraulichkeit, Integrität und Authentizität der Überweisungen sowie der Umsatzdaten getroffen sind (elektronische Notaranderkontenführung). [2]Das System der elektronischen Notaranderkontenführung ist nur durch solche informationstechnische Netze zugänglich, die durch die Bundesnotarkammer oder in deren Auftrag betrieben werden und die mit den Systemen der im Inland zum Geschäftsbetrieb befugten Kreditinstitute oder der Deutschen Bundesbank gesichert verbunden sind. [3]Die Landesjustizverwaltung soll weitere Zugangswege nur zulassen, sofern diese den Anforderungen der Sätze 1 und 2 entsprechen.

(4) [1]Die Ausgaben müssen durch Belege nachgewiesen werden. [2]Eigenbelege der Notarin oder des Notars einschließlich nicht bestätigter Durchschriften des Überweisungsträgers sind auch in Verbindung mit sonstigen Nachweisen nicht ausreichend. [3]Bei Ausgaben durch Überweisung von einem Notaranderkonto ist die schriftliche Bestätigung des beauftragten Kreditinstituts erforderlich, dass es den Überweisungsauftrag jedenfalls in seinem Geschäftsbereich ausgeführt hat (Ausführungsbestätigung); die Ausführungsbestätigung muss allein oder bei Verbindung mit anderen Belegen den Inhalt des Überweisungsauftrages vollständig erkennen lassen. [4]Satz 3 gilt nicht, wenn das beauftragte Kreditinstitut vor erstmaliger Einrichtung eines elektronisch geführten Notaranderkontos schriftlich und unwiderruflich erklärt hat, dass es mit jeder elektronischen Bereitstellung der Umsatzdaten über die Ausführung einer Überweisung gleichzeitig bestätigt, den Überweisungsauftrag mit den in den Umsatzdaten enthaltenen Informationen in seinem Geschäftsbereich ausgeführt zu haben. [5]Hinsichtlich der Belege bei Auszahlungen in bar oder mittels Bar- oder Verrechnungsscheck wird auf § 54 b Abs. 3 Satz 7 BeurkG hingewiesen. [6]Die Belege über Einnahmen und Ausgaben und die Kontoauszüge werden mit der Nummer der Masse bezeichnet und zur Blattsammlung genommen (vgl. § 22 Abs. 2 Satz 2 Nrn. 5 und 6).

(5) [1]Ist eine Masse abgewickelt (vgl. § 12 Abs. 6), so ist den Auftraggebern eine Abrechnung über die Abwicklung des jeweils erteilten Auftrages zu erteilen. [2]Beim Vollzug von Grundstückskaufverträgen und vergleichbaren Rechtsgeschäften muss den beteiligten Kreditinstituten nur auf Verlangen eine Abrechnung erteilt werden.

Berufs- und Standesrecht

6. Abschnitt
Herstellung der notariellen Urkunden

§ 28
Allgemeines

(1) [1]Im Schriftbild einer Urkunde darf nichts ausgeschabt oder sonst unleserlich gemacht werden. [2]Wichtige Zahlen sind in Ziffern und Buchstaben zu schreiben.

(2) Auf der Urschrift jeder Urkunde sowie auf jeder Ausfertigung oder Abschrift hat die Notarin oder der Notar die Nummer der Urkundenrolle und die Jahreszahl anzugeben.

§ 29
Herstellung der Urschriften, Ausfertigungen und beglaubigten Abschriften

(1) Urschriften, Ausfertigungen und beglaubigte Abschriften notarieller Urkunden sind so herzustellen, dass sie gut lesbar, dauerhaft und fälschungssicher sind.

(2) [1]Es ist festes holzfreies weißes oder gelbliches Papier in DIN-Format zu verwenden. [2]Es dürfen ferner nur verwendet werden:

- blaue oder schwarze Tinte und Farbbänder, sofern sie handelsüblich als urkunden- oder dokumentenecht bezeichnet sind, z. B. auch unter Einsatz von Typenradschreibmaschinen oder Matrixdruckern (Nadeldruckern),
- blaue oder schwarze Pastentinten (Kugelschreiber), sofern Minen benutzt werden, die eine Herkunftsbezeichnung und eine Aufschrift tragen, die auf die DIN 16 554 oder auf die ISO 12757-2 hinweist,
- in klassischen Verfahren und in schwarzer oder dunkelblauer Druckfarbe hergestellte Drucke des Buch- und Offsetdruckverfahrens,
- in anderen Verfahren (z. B. elektrografische/elektrofotografische Herstellungsverfahren) hergestellte Drucke oder Kopien, sofern die zur Herstellung benutzte Anlage (z. B. Kopiergeräte, Laserdrucker, Tintenstrahldrucker) nach einem Prüfzeugnis der Papiertechnischen Stiftung (PTS) in Heidenau (früher der Bundesanstalt für Materialforschung und -prüfung in Berlin) zur Herstellung von Urschriften von Urkunden geeignet ist,
- Formblätter, die in den genannten Druck- oder Kopierverfahren hergestellt worden sind.

(3) Bei Unterschriftsbeglaubigungen, für Abschlussvermerke in Niederschriften, für Vermerke über die Beglaubigung von Abschriften sowie für Ausfertigungsvermerke ist der Gebrauch von Stempeln unter Verwendung von haltbarer schwarzer oder dunkelblauer Stempelfarbe zulässig.

(4) [1]Vordrucke, die der Notarin oder dem Notar von einem Urkundsbeteiligten zur Verfügung gestellt werden, müssen den Anforderungen dieser Dienstordnung an die Herstellung von Urschriften genügen; insbesondere dürfen sie keine auf den Urheber des Vordrucks hinweisenden individuellen Gestaltungsmerkmale (Namensschriftzug, Firmenlogo, Signet, Fußzeile mit Firmendaten u. Ä) aufweisen; der Urheber soll am Rand des Vordruckes angegeben werden. [2]Dies gilt nicht bei Beglaubigungen ohne Entwurf.

§ 30
Heften von Urkunden

(1) [1]Jede Urschrift, Ausfertigung oder beglaubigte Abschrift, die mehr als einen Bogen oder ein Blatt umfasst, ist zu heften; der Heftfaden ist anzusiegeln (vgl. § 44 BeurkG). [2]Es sollen Heftfäden in den Landesfarben verwendet werden.

(2) In gleicher Weise sind Schriftstücke, die nach § 9 Abs. 1 Satz 2 und 3 BeurkG, §§ 14, 37 Abs. 1 Satz 2 und 3 BeurkG der Niederschrift beigefügt worden sind, mit dieser zu verbinden.

§ 31
Siegeln von Urkunden

[1]Die Siegel müssen dauerhaft mit dem Papier oder mit dem Papier und der Schnur verbunden sein und den Abdruck oder die Prägung deutlich erkennen lassen. [2]Eine Entfernung des Siegels ohne sichtbare Spuren der Zerstörung darf nicht möglich sein. [3]Bei herkömmlichen Siegeln (Farbdrucksiegel, Prägesiegel in Lack oder unter Verwendung einer Mehloblate) ist davon auszugehen, dass die Anforderungen nach Satz 1 und 2 erfüllt sind; neue Siegelungstechniken dürfen verwendet werden, sofern sie nach einem Prüfzeugnis der Papiertechnischen Stiftung (PTS) in Heidenau die Anforderungen erfüllen.

7. Abschnitt
Prüfung der Amtsführung

§ 32

(1) Die regelmäßige Prüfung der Amtsführung der Notarinnen und Notare (§ 93 Abs. 1 Satz 1 BNotO) erfolgt in der Regel in Abständen von vier Jahren.

(2) [1]Die Prüfung wird von der Präsidentin oder dem Präsidenten des Landgerichts (§ 92 Nr. 1 BNotO) oder Richterinnen und Richtern auf Lebenszeit, welche sie mit der Prüfung beauftragt haben, – ggf. unter Heranziehung von Beamtinnen und Beamten der Justizverwaltung (§ 93 Abs. 3 Satz 3 BNotO) – durchgeführt. [2]Die Präsidentin oder der Präsident des Oberlandesgerichts kann eine oder mehrere Richterinnen und Richter auf Lebenszeit bestellen, die im Auftrag der Präsidentinnen und Präsidenten der Landgerichte die Notarinnen und Notare im gesamten Oberlandesgerichtsbezirk prüfen.

(3) [1]Prüfungsbeauftragte, Justizbeamtinnen und -beamte sowie hinzugezogene Notarinnen und Notare (§ 93 Abs. 3 Satz 2 BNotO) berichten der Präsidentin oder dem Präsidenten des Landgerichts über das Ergebnis der Prüfung. [2]Soweit der Bericht Beanstandungen enthält, trifft die Präsidentin oder der Präsident des Landgerichts die erforderlichen Anordnungen.

8. Abschnitt
Notariatsverwaltung und Notarvertretung

§ 33

(1) Die Bestimmungen der Dienstordnung gelten auch für Notariatsverwalterinnen und Notariatsverwalter, Notarvertreterinnen und Notarvertreter.

(2) [1]Die Notariatsverwalterin und der Notariatsverwalter führen das Amtssiegel (§ 2) mit der Umschrift „... Notariatsverwalterin in ... (Ort)" oder „Notariatsverwalter in ... (Ort)". [2]Die Notariatsverwalterinnen und Notariatsverwalter sollen ihrer Unterschrift einen sie kennzeichnenden Zusatz beifügen. [3]Das Notariatsverwalterattribut muss bei der Erstellung elektronischer Urkunden neben der Notariatsverwaltereigenschaft auch den Amtssitz, das Land, in dem das Verwalteramt ausgeübt wird, und die zuständige Notarkammer enthalten. [4]Der Nachweis kann auch durch eine mit qualifizierter elektronischer Signatur der zuständigen Bestellungsbehörde versehene Abschrift der Verwalterbestellungsurkunde oder eine elektronische beglaubigte Abschrift der Verwalterbestellungsurkunde geführt werden.

(3) Die Notarvertreterin führt den sie als Vertreterin kennzeichnenden Zusatz (§ 41 Abs. 1 Satz 2 BNotO) in der weiblichen Form.

(4) [1]Der Nachweis der Stellung als Notarvertreterin oder Notarvertreter muss bei der Erstellung elektronischer Urkunden den Namen der vertretenen Notarin oder des vertretenen Notars, den Amtssitz und das Land, in dem das Notaramt ausgeübt wird, enthalten. [2]Der Nachweis kann durch eine mit qualifizierter elektronischer Signatur der zuständigen Aufsichtsbehörde versehene Abschrift der Vertreterbestellungsurkunde oder eine elektronische beglaubigte Abschrift der Vertreterbestellungsurkunde geführt werden und ist mit dem zu signierenden Dokument zu verbinden.

(5) [1]Beginn und Beendigung der Notariatsverwaltung und der Vertretung sind in der Urkundenrolle zu vermerken; der Zeitpunkt des Beginns und der Beendigung sind anzugeben. [2]Dies gilt auch dann, wenn während der Notariatsverwaltung oder Vertretung keine Beurkundungen vorgenommen worden sind.

(6) [1]Notarinnen und Notare, für die eine ständige Vertreterin oder ein ständiger Vertreter bestellt ist, haben der Präsidentin oder dem Präsidenten des Landgerichts in vierteljährlichen Zusammenstellungen in zwei Stücken Anlass, Beginn und Beendigung der einzelnen Vertretungen anzuzeigen. [2]In sonstigen Vertretungsfällen ist die vorzeitige Beendigung der Vertretung unverzüglich anzuzeigen.

Muster 1

Urkundenrolle*)

der/des

Notarin/Notars ______________________ in ___________________________

Band ______

Dieser Band umfasst ohne das Titelblatt __________ Seiten.

__________________________________, den ________________________

(Siegel) ________________________________, Notarin/Notar
(Unterschrift)

*) Auf dem Titelblatt des Verwahrungsbuchs tritt an die Stelle des Wortes „Urkundenrolle" das Wort „Verwahrungsbuch".

Muster 2

Jahr 2000 Urkundenrolle der/des Notarin/Notars ______________ in ______________ *) Seite 1

Lfd. Nr.	Tag der Ausstellung der Urkunde	Ort des Amtsgeschäfts	Name, Wohnort oder Sitz der nach § 8 Abs. 5 DONot aufzuführenden Personen	Gegenstand des Geschäfts	Bemerkungen
1	2	2a	3	4	5
1	3. Januar	Geschäftsstelle	Jürgen K. in B.; Hans H. in B.	Grundstückskaufvertrag	vgl. Nr. 7
2	3. Januar	Geschäftsstelle	Erich E. in D., Peter E. in A., Berta A. geb. Z. in D., letztere vertreten durch Peter E. in A. in Erbengemeinschaft nach Friedrich E. in A.	Erbauseinandersetzungsvertrag	vgl. Nr. 6
3	3. Januar	Stadthalle B., X-Straße 1, B.	AL Aktiengesellschaft in B.	Hauptversammlung	
4	3. Januar	Hauptverwaltung der AL-Aktiengesellschaft, X-Allee, B.	AL Aktiengesellschaft in B.; Axel P. in K., Karl M. in B., Susanne M. in B., Peter M. in K., Richard B. in K.	Anmeldung zum Handelsregister und Unterschr.-Begl. mit Entwurf	
5	4. Januar	anwaltliche Zweigstelle nach § 27 Abs. 2 BRAO, X-Platz 25, A.	Anton A. in B., Renate B. geb. A. in A.	(Grundschuldbestellung und) Unterschriftsbeglaubigung ohne Entwurf	
6	7. Januar	Wohnung der Berta A., X-Chaussee, D.	Berta A. geb. Z. in D.	Genehmigung der Erbauseinandersetzung Nr. 2	verwahrt bei Nr. 2
7	7. Januar	Geschäftsstelle	Jürgen K. in B., Hans H. in B.	Nachtrag zum Kaufvertrag Nr. 1	verwahrt bei Nr. 1

*) Wird die Urkundenrolle in Buchform geführt, so kann die Überschrift entfallen.
Zu Abweichungen in der Gestaltung der Urkundenrolle vgl. § 6 Abs. 3 DONot.

Verwahrungsbuch

Muster 3

Seite

Einnahme

Lfd. Nr. (1)	Datum Monat (2)	Datum Tag (2)	Bezeichnung des Auftraggebers (3)	Geld EUR (4)	Geld Cent (4)	Es sind verwahrt Wertpapiere und Kostbarkeiten: Bezeichnung (5)	Nenn- oder Schätzungswert EUR (5)	Seite des Massenbuchs oder Massen-Nr. der Massenkartei: Seite (6)	Nr. (6)
	2000								
1	Jan.	3.	Peter H. in B.	5000	-	-	-	1	1
2	Jan.	5.	C. Bank in B. für Peter H. daselbst	-	-	7 v. H. Bundesanleihe mit Erneuerungsscheinen	10000	1	1
3	Jan.	7.	Jürgen N. in Z.	1500	-	-	-	2	2
4	Jan.	10.	Franz F. in N.	2000	-	-	-	2	3
5	Jan.	17.	Derselbe	-	-	8 v. H. Pfandbriefe der Dtsch.Hypo-Bank Bremen mit Erneuerungsscheinen	15000	2	3
6	Jan.	20.	Lothar F. in K.	2500	-	-	-	3	4
7	Jan.	25.	Petra P. in K.	900	-	Sparbuch Nr. 45675, Sparkasse in K.	-	3	4
			Übertrag:						

Ausgabe

Lfd. Nr. (1)	Datum Monat (2)	Datum Tag (2)	Bezeichnung des Empfängers (3)	Geld EUR (4)	Geld Cent (4)	Es sind ausgegeben Wertpapiere und Kostbarkeiten: Bezeichnung (5)	Nenn- oder Schätzungswert EUR (5)	Seite des Massenbuchs oder Massen-Nr. der Massenkartei: Seite (6)	Nr. (6)	Bemerkungen (7)
	2000									
1	Jan.	7.	H., Rechtsanwalt in K.	1500	-	-	-	2	2	
2	Jan.	11.	Amtsgericht in P.	1800	-	-	-	2	3	
3	Jan.	17.	Finanzamt in B.	200	-	-	-	2	3	
4	Jan.	17.	Peter K. in B.	3000	-	-	-	1	1	
5	Jan.	17.	Peter K. in B.			7 v. H. Bundesanleihe mit Erneuerungsscheinen	10.000	1	1	
6	Jan.	17.	Peter H. in B.	1500	-	-	-	1	1	
7	Jan	17.	Verrechnung auf Notargebühren	500	-	-	-	1	1	
			Übertrag:							

Zu Abweichungen in der Gestaltung des Verwahrungsbuchs vgl. § 6 Abs. 3 DONot

Berufs- und Standesrecht

Muster 4
Seite 1

Verwahrungsbuch (Loseblattform)

Lfd. Nr.	Datum		Bezeichnung des Auftraggebers oder Empfängers	Geld				Wertpapiere und Kostbarkeiten			Nr. der Masse	Bemerkungen
				Einnahme		Ausgabe		Nenn- oder Schätzungswert EUR	Einnahme	Ausgabe		
	Monat	Tag		EUR	Cent	EUR	Cent					
1	2		3	4				5			6	7
	2000											
1	Jan.	3.	Peter H. in B.	5000	-	-	-	-	-	-	1	
2	Jan.	5.	C. Bank in B. für Peter H. daselbst	-	-	-	-	10000	7 v.H. Bundesanleihe mit Erneuerungsscheinen	-	1	
3	Jan.	7.	Jürgen N. in Z.	1500	-	-	-	-	-	-	2	
4	Jan.	7.	H. Rechtsanwalt in K.	-	-	1500	-	-	-	-	2	
5	Jan.	10.	Franz F. in N.	2000	-	-	-	-	-	-	3	
6	Jan.	11.	Amtsgericht in P.	-	-	1800	-	-	-	-	3	
7	Jan.	17.	Franz F. in N.	-	-	-	-	15000	8 v.H. Pfandbriefe der Dtsch. Hypothekenbank Bremen mit Erneuerungsscheinen	-	3	
8	Jan.	17.	Finanzamt in B.	-	-	200	-	-	-	-	3	
9	Jan.	17.	Peter K. in B.	-	-	3000	-	-	-	-	1	
10	Jan.	17.	Peter K. in B.	-	-	-	-	10000	-	7 v.H. Bundesanleihe mit Erneuerungsscheinen	1	
11	Jan.	17.	Peter H. in B.	-	-	1500	-	-	-	-	1	
12	Jan.	17.	Verrechnung auf Notargeb.	-	-	500	-	-	-	-	1	
13	Jan.	20.	Lothar F. in K.	2500	-	-	-	-	-	-	4	
14	Jan.	25.	Petra P. in K.	900	-	-	-	-	Sparbuch Nr. 45675, Sparkasse in K.	-	4	
			Übertrag:									

Zu Abweichungen in der Gestaltung des Verwahrungsbuchs vgl. § 6 Abs. 3 DONot

Massenbuch

Seite | **Muster 5** Seite

Einnahme: Nr. des Verwahrungsbuchs	Datum: Monat	Datum: Tag	Bezeichnung des Auftraggebers	Es sind verwahrt – Geld: EUR	Geld: Cent	Wertpapiere und Kostbarkeiten: Bezeichnung	Wertpapiere und Kostbarkeiten: Nenn- oder Schätzungswert EUR	Ausgabe: Nr. des Verwahrungsbuchs	Datum: Monat	Datum: Tag	Bezeichnung des Empfängers	Es sind ausgegeben – Geld: EUR	Geld: Cent	Wertpapiere und Kostbarkeiten: Bezeichnung	Wertpapiere und Kostbarkeiten: Nenn- oder Schätzungswert EUR	Bemerkungen
1	2		3	4		5		1	2		3	4		5		6
			(Seite 1)								(Seite 1)					
						1. Peter H. in B., Beleihungsmasse, URNr. 1293/99, Kreissparkasse in B., Konto-Nr. 174 130										
	2000								2000							
1	Jan.	3.	Peter H. in B.	5000	-	-	-	4	Jan.	17.	Peter K. in B.	3000	-	-	-	
2	Jan.	5.	C. Bank in B. für Peter H. daselbst	-	-	7 v.H. Bundesanleihe Serie A Nr. 4760, 4761, 4762, 4763,4764, 4765, 4766, 4767, 4768, 4769 zu je 1000 DM mit Erneuerungsscheinen zu diesen Nummern	10000	5	Jan.	17.	Peter K. in B.			7 v.H. Bundesanleihe Serie A Nr. 4760, 4761, 4762, 4763, 4764, 4765, 4766, 4767, 4768, 4769 zu je 1000 DM mit Erneuerungsscheinen zu diesen Nummern	10000	
								6	Jan.	17.	Peter H. in B.	1500	-	-	-	
			Einnahmen:	5000	-											
			Ausgaben:	5000	-			7	Jan.	17.	Verr. auf Notargeb.	500	-	-	-	
											Ausgaben	5000	-			
			(Seite 2)								(Seite 2)					
						2. Jürgen N. in Z., Vergleich vom 3.12.1999, URNr. 1210/99, B. Bank in K., Konto-Nr. 932410										
	2000								2000							
3	Jan.	7.	Jürgen N. in Z.	1500	-	-	-	1	Jan.	7.	H., Rechtsanwalt in K.	1500	-	-	-	
						3. Max M. in H., Nachlassmasse, URNr. 45/2000, Volksbank R., Konto-Nr. 34215										
	2000								2000							
4	Jan.	10.	Franz F. in N.	2000	-	-	-	2	Jan.	11.	AmtsG. in P.	1800	-	-	-	
5	Jan.	17.	Derselbe	-	-	8 v.H. Pfandbriefe der Dtsch.Hypo-Bank Bremen Serie V Nr. 201, 207, 211 zu je 5000 DM mit Erneuerungsscheinen zu diesen Nummern	15000	3	Jan.	17.	FinAmt in B.	200	-	-	-	
			(Seite 3)								(Seite 3)					
						4. Lothar F. in K., Kaufgeldermasse, URNr. 86/2000, Stadtsparkasse in H., Konto-Nr. 260582, Festgeldanderkonto Nr. 4711										
	2000								2000							
6	Jan.	20.	Lothar F. in K.	2500	-	-	-									
7	Jan.	25.	Petra P. in K.	900	-	Sparbuch Nr. 45675, Sparkasse in K.	-									

Zu Abweichungen in der Gestaltung des Massenbuchs vgl. § 6 Abs. 3 DONot.

Berufs- und Standesrecht

Muster 6

Massen-Nr. 1

Seite ..1....

Massenbuch (Karteiform)

URNr. 1293/99

Peter H. in B., Beleihungsmasse

Anderkonto: Kreissparkasse in B., Konto-Nr. 174130

Lfd. Nr.	Datum		Bezeichnung des Auftraggebers oder Empfängers	Geld				Wertpapiere und Kostbarkeiten			Lfd. Nr. des Verw. Buchs
				Einnahme		Ausgabe		Nenn- oder Schätzungs-wert EUR	Einnahme	Ausgabe	
	Monat	Tag		EUR	Cent	EUR	Cent				
1	2		3	4				5			6
	2000										
1	Jan.	3.	Peter H. in B.	5000	-	-	-	-	-	-	1
2	Jan.	5.	C. Bank in B. für Peter H. daselbst	-	-	-	-	10000	7 v.H. Bundesanleihe Serie A Nr. 4760, 4761, 4762, 4763, 4764, 4765, 4766, 4767, 4768, 4769 zu je 1000 DM mit Erneuerungs-scheinen zu diesen Nummern	--	2
3	Jan.	17.	Peter K. in B.	-	-	3000	-	-	-	-	9
4	Jan.	17.	Peter K. in B.	-	-	-	-	10000	-	7 v.H. Bundesanleihe Serie A Nr. 4760, 4761, 4762, 4763, 4764, 4765, 4766, 4767, 4768, 4769 mit Erneuerungs-scheinen zu diesen Nummern	10
5	Jan.	17.	Peter H. in B.	-	-	1500	-	-	-	-	11
6	Jan.	17.	Verrechnung auf Notargebühren	-	-	500	-	-	-	-	12
			Übertrag:	5000	-	5000	-				

Zu Abweichungen in der Gestaltung des Massenbuchs vgl. § 6 Abs. 3 DONot

Muster 7

An die/den

Frau Präsidentin/Herrn Präsidenten des Landgerichts

in ________________________

Übersicht

über

Urkundsgeschäfte der Notarin/des Notars ____________

Amtsgerichtsbezirk ________________________

Amtssitz ________________________________

im Kalenderjahr ______

in der Zeit vom ____________ bis ______________*)

Die Richtigkeit bescheinigt

________________________, den ________________________

____

Notarin/Notar

		Zahl
1. Summe aller Beurkundungen und Beschlüsse nach der Urkundenrolle		
Davon:		
a) Beglaubigungen von Unterschriften oder Handzeichen:		
aa) mit Anfertigung eines Urkundenentwurfs		
bb) ohne Anfertigung eines Urkundenentwurfs		
b) Verfügungen von Todes wegen		
c) Vermittlungen von Auseinandersetzungen**)		
d) Sonstige Beurkundungen und Beschlüsse***)		
2. Wechsel- und Scheckproteste		
3. Zusammen		

*) Nur ausfüllen, falls die Notarin/der Notar nicht während des ganzen Kalenderjahres im Amte war.

**) einschließlich der in die Urkundenrolle eingetragenen Beurkundungen und Beschlüsse nach dem Sachenrechtsbereinigungsgesetz (§ 8 Abs. 1 Nr. 7, § 24 Abs. 2 Nr. 3 DONot).

***) einschließlich der Vollstreckbarerklärungen nach § 796 c Abs. 1, § 1053 Abs. 4 ZPO.

An die/den
Frau Präsidentin/Herrn Präsidenten des Landgerichts
in ______________________

Muster 8

(Seite 1)

Übersicht

über die Verwahrungsgeschäfte der Notarin/des Notars

______________________ in ______________________

nach dem Stand vom 31. Dezember 1999

	Betrag EUR	Cent	Bemerkungen
I. Geld			
1. Der sich aus den Kontoauszügen ergebende Bestand der am Jahresschluss verwahrten Geldbeträge Gesamtbetrag	*42 500*	–	
2. Überschuß der Einnahmen über die Ausgaben nach Spalte 4 des Verwahrungsbuchs	*42 500*	–	
3. Bestand, nach den einzelnen Massen gegliedert *Massenbuch Nr. 11/99* *a)*	*900*	–	*Sparkasse in Seefeld Sparkto.-Nr. 106 402 v. 18. 12. 1999 (Sparbuch in der Kanzlei)*
b)	*10 500*	–	*I. Kreditanstalt in Seefeld Anderkto.-Nr. 3042 001 v. 16. 12. 1999*
Massenbuch Nr. 12/99 (URNr. 440/99)	*12 000*	–	*desgl. Anderkonto-Nr. 3042 005 v. 30. 12. 1999*
Massenbuch Nr. 15/99 (URNr. 446/99)	*19 100*	–	*desgl. Anderkonto-Nr. 3042 018 v. 29. 12. 1999*
Summe	*42 500*	–	

(Seite 2)

	Betrag EUR	Cent	Bemerkungen
II. Wertpapiere und Kostbarkeiten			
Bestand, nach den einzelnen Massen gegliedert *Massenbuch Nr. 11/99 (URNr. 433/99) 4 v.H. Pfandbriefe der Bayer. Vereinsbank München mit Zins- und Erneuerungsscheinen*	*5000*	–	*bei der N-Kreditanstalt in Seefeld*

Ich versichere hiermit, dass die vorstehende Übersicht vollständig und richtig ist und dass die unter I 3 aufgeführten Geldbeträge mit den in den Kontoauszügen der Kreditinstitute und gegebenenfalls in den Sparbüchern angegebenen Guthaben übereinstimmen.

______________________, den ______________________ ______________________

Notarin/Notar

Beurkundungsgesetz
(BeurkG)

vom 28. August 1969 (BGBl. I S. 1513)
zuletzt geändert durch Gesetz vom 25. Juni 2021 (BGBl.I S. 2154)

Inhaltsübersicht (nicht amtlich)

Erster Abschnitt
Allgemeine Vorschriften

§ 1
Geltungsbereich

(1) Dieses Gesetz gilt für öffentliche Beurkundungen und Verwahrungen durch den Notar.

(2) Soweit für öffentliche Beurkundungen neben dem Notar auch andere Urkundspersonen oder sonstige Stellen zuständig sind, gelten die Vorschriften dieses Gesetzes, ausgenommen § 5 Abs. 2 und des fünften Abschnitts entsprechend.

§ 2
Überschreiten des Amtsbezirks

Eine Beurkundung ist nicht deshalb unwirksam, weil der Notar sie außerhalb seines Amtsbezirks oder außerhalb des Landes vorgenommen hat, in dem er zum Notar bestellt ist.

§ 3
Verbot der Mitwirkung als Notar

(1) [1]Ein Notar soll an einer Beurkundung nicht mitwirken, wenn es sich handelt um

1. eigene Angelegenheiten, auch wenn der Notar nur mitberechtigt oder mitverpflichtet ist,
2. Angelegenheiten seines Ehegatten, früheren Ehegatten oder seines Verlobten,

2a. Angelegenheiten seines Lebenspartners oder früheren Lebenspartners,

3. Angelegenheiten einer Person, die mit dem Notar in gerader Linie verwandt oder verschwägert oder in der Seitenlinie bis zum dritten Grade verwandt oder bis zum zweiten Grade verschwägert ist oder war,
4. Angelegenheiten einer Person, mit der sich der Notar zur gemeinsamen Berufsausübung verbunden oder mit der er gemeinsame Geschäftsräume hat,
5. Angelegenheiten einer Person, deren gesetzlicher Vertreter der Notar oder eine Person im Sinne der Nummer 4 ist,
6. Angelegenheiten einer Person, deren vertretungsberechtigtem Organ der Notar oder eine Person im Sinne der Nummer 4 angehört,
7. Angelegenheiten einer Person, für die der Notar, eine Person im Sinne der Nummer 4 oder eine mit dieser im Sinn der Nummer 4 oder in einem verbundenen Unternehmen (§ 15 des Aktiengesetzes) verbundene Person außerhalb einer Amtstätigkeit in derselben Angelegenheit bereits tätig war oder ist, es sei denn, diese Tätigkeit wurde im Auftrage aller Personen ausgeübt, die an der Beurkundung beteiligt sein sollen,
8. Angelegenheiten einer Person, die den Notar in derselben Angelegenheit bevollmächtigt hat oder zu der der Notar oder eine Person im Sinne der Nummer 4 in einem ständigen Dienst- oder ähnlichen ständigen Geschäftsverhältnis steht, oder
9. Angelegenheiten einer Gesellschaft, an der der Notar mit mehr als fünf vom Hundert der Stimmrechte oder mit einem anteiligen Betrag des Haftkapitals von mehr als 2500 Euro beteiligt ist.

[2]Der Notar hat vor der Beurkundung nach einer Vorbefassung im Sinne des Satzes 1 Nummer 7 zu fragen und in der Urkunde die Antwort zu vermerken*).

(2) [1]Handelt es sich um eine Angelegenheit mehrerer Personen und ist der Notar früher in dieser Angelegenheit als gesetzlicher Vertreter oder Bevollmächtigter tätig gewesen oder ist er für eine dieser Personen in anderer Sache als Bevollmächtigter tätig, so soll er vor der Beurkundung darauf hinweisen und fragen, ob er die Beurkundung gleichwohl vornehmen soll. [2]In der Urkunde soll er vermerken, daß dies geschehen ist.

*) Diese Bestimmung ist nach ganz h.M. im Bereich des hauptberuflichen Notariats nicht anzuwenden, vgl. Lischka, NotBZ 1998, 208.

(3) [1]Absatz 2 gilt entsprechend, wenn es sich handelt um

1. Angelegenheiten einer Person, deren nicht zur Vertretung berechtigtem Organ der Notar angehört,
2. Angelegenheiten einer Gemeinde oder eines Kreises, deren Organ der Notar angehört,
3. Angelegenheiten einer als Körperschaft des öffentlichen Rechts anerkannten Religions- oder Weltanschauungsgemeinschaft oder einer als Körperschaft des öffentlichen Rechts anerkannten Teilorganisation einer solchen Gemeinschaft, deren Organ der Notar angehört.

[2]In den Fällen des Satzes 1 Nummer 2 und 3 ist Absatz 1 Satz 1 Nr. 6 nicht anwendbar.

§ 4
Ablehnung der Beurkundung

Der Notar soll die Beurkundung ablehnen, wenn sie mit seinen Amtspflichten nicht vereinbar wäre, insbesondere wenn seine Mitwirkung bei Handlungen verlangt wird, mit denen erkennbar unerlaubte oder unredliche Zwecke verfolgt werden.

§ 5
Urkundensprache

(1) Urkunden werden in deutscher Sprache errichtet.

(2) [1]Der Notar kann auf Verlangen Urkunden auch in einer anderen Sprache errichten. [2]Er soll dem Verlangen nur entsprechen, wenn er der fremden Sprache hinreichend kundig ist.

Zweiter Abschnitt
Beurkundung von Willenserklärungen

1. Ausschließung des Notars

§ 6
Ausschließungsgründe

(1) Die Beurkundung von Willenserklärungen ist unwirksam, wenn

1. der Notar selbst,
2. sein Ehegatte,

2a. sein Lebenspartner,

3. eine Person, die mit ihm in gerader Linie verwandt ist oder war oder
4. ein Vertreter, der für eine der in den Nummern 1 bis 3 bezeichneten Personen handelt,

an der Beurkundung beteiligt ist.

(2) An der Beurkundung beteiligt sind die Erschienenen, deren im eigenen oder fremden Namen abgegebene Erklärungen beurkundet werden sollen.

§ 7
Beurkundungen zugunsten des Notars oder seiner Angehörigen

Die Beurkundung von Willenserklärungen ist insoweit unwirksam, als diese darauf gerichtet sind,

1. dem Notar,
2. seinem Ehegatten oder früheren Ehegatten,

2a. seinem Lebenspartner oder früheren Lebenspartner oder

3. einer Person, die mit ihm in gerader Linie verwandt oder verschwägert oder in der Seitenlinie bis zum dritten Grade verwandt oder bis zum zweiten Grade verschwägert ist oder war,

einen rechtlichen Vorteil zu verschaffen.

2. Niederschrift

§ 8
Grundsatz

Bei der Beurkundung von Willenserklärungen muß eine Niederschrift über die Verhandlung aufgenommen werden.

§ 9
Inhalt der Niederschrift

(1) [1]Die Niederschrift muß enthalten

1. die Bezeichnung des Notars und der Beteiligten

sowie

2. die Erklärungen der Beteiligten.

[2]Erklärungen in einem Schriftstück, auf das in der Niederschrift verwiesen und das dieser beigefügt wird, gelten als in der Niederschrift selbst enthalten. [3]Satz 2 gilt entsprechend, wenn die Beteiligten unter Verwendung von Karten, Zeichnungen oder Abbildungen Erklärungen abgeben.

(2) Die Niederschrift soll Ort und Tag der Verhandlung enthalten.

§ 10
Feststellung der Beteiligten

(1) Der Notar soll sich Gewissheit über die Person der Beteiligten verschaffen.

(2) In der Niederschrift soll die Person der Beteiligten so genau bezeichnet werden, daß Zweifel und Verwechslungen ausgeschlossen sind.

(3) [1]Aus der Niederschrift soll sich ergeben, ob der Notar die Beteiligten kennt oder wie er sich Gewißheit über ihre Person verschafft hat. [2]Kann sich der Notar diese Gewißheit nicht verschaffen, wird aber gleichwohl die Aufnahme der Niederschrift verlangt, so soll der Notar dies in der Niederschrift unter Anführung des Sachverhalts angeben.

§ 11
Feststellungen über die Geschäftsfähigkeit

(1) [1]Fehlt einem Beteiligten nach der Überzeugung des Notars die erforderliche Geschäftsfähigkeit, so soll die Beurkundung abgelehnt werden. [2]Zweifel an der erforderlichen Geschäftsfähigkeit eines Beteiligten soll der Notar in der Niederschrift feststellen.

(2) Ist ein Beteiligter schwer krank, so soll dies in der Niederschrift vermerkt und angegeben werden, welche Feststellungen der Notar über die Geschäftsfähigkeit getroffen hat.

§ 12
Nachweise für die Vertretungsberechtigung

[1]Vorgelegte Vollmachten und Ausweise über die Berechtigung eines gesetzlichen Vertreters sollen der Niederschrift in Urschrift oder in beglaubigter Abschrift beigefügt werden. [2]Ergibt sich die Vertretungsberechtigung aus einer Eintragung im Handelsregister oder in einem ähnlichen Register, so genügt die Bescheinigung eines Notars nach § 21 der Bundesnotarordnung.

§ 13
Vorlesen, Genehmigen, Unterschreiben

(1) [1]Die Niederschrift muß in Gegenwart des Notars den Beteiligten vorgelesen, von ihnen genehmigt und eigenhändig unterschrieben werden; soweit die Niederschrift auf Karten, Zeichnungen oder Abbildungen verweist, müssen diese den Beteiligten anstelle des Vorlesens zur Durchsicht vorgelegt werden. [2]In der Niederschrift soll festgestellt werden, daß dies geschehen ist. [3]Haben die Beteiligten die Niederschrift eigenhändig unterschrieben, so wird vermutet, daß sie in Gegenwart des Notars vorgelesen oder, soweit nach Satz 1 erforderlich, zur Durchsicht vorgelegt und von den Beteiligten genehmigt ist. [4]Die Niederschrift soll den Beteiligten auf Verlangen vor der Genehmigung auch zur Durchsicht vorgelegt werden.

(2) [1]Werden mehrere Niederschriften aufgenommen, die ganz oder teilweise übereinstimmen, so genügt es, wenn der übereinstimmende Inhalt den Beteiligten einmal nach Absatz 1 Satz 1 vorgelesen oder anstelle des Vorlesens zur Durchsicht vorgelegt wird. [2]§ 18 der Bundesnotarordnung bleibt unberührt.

(3) [1]Die Niederschrift muß von dem Notar eigenhändig unterschrieben werden. [2]Der Notar soll der Unterschrift seine Amtsbezeichnung beifügen.

§ 13a
Eingeschränkte Beifügungs- und Vorlesungspflicht

(1) [1]Wird in der Niederschrift auf eine andere notarielle Niederschrift verwiesen, die nach den Vorschriften über die Beurkundung von Willenserklärungen errichtet worden ist, so braucht diese nicht vorgelesen zu werden, wenn die Beteiligten erklären, daß ihnen der Inhalt der anderen Niederschrift bekannt ist, und sie auf das Vorlesen verzichten. [2]Dies soll in der Niederschrift festgestellt werden. [3]Der Notar soll nur be-

urkunden, wenn den Beteiligten die andere Niederschrift zumindest in beglaubigter Abschrift bei der Beurkundung vorliegt. [4]Für die Vorlage zur Durchsicht anstelle des Vorlesens von Karten, Zeichnungen oder Abbildungen gelten die Sätze 1 bis 3 entsprechend.

(2) [1]Die andere Niederschrift braucht der Niederschrift nicht beigefügt zu werden, wenn die Beteiligten darauf verzichten. [2]In der Niederschrift soll festgestellt werden, daß die Beteiligten auf das Beifügen verzichtet haben.

(3) [1]Kann die andere Niederschrift bei dem Notar oder einer anderen Stelle rechtzeitig vor der Beurkundung eingesehen werden, so soll der Notar dies den Beteiligten vor der Verhandlung mitteilen; befindet sich die andere Niederschrift bei dem Notar, so soll er diese dem Beteiligten auf Verlangen übermitteln. [2]Unbeschadet des § 17 soll der Notar die Beteiligten auch über die Bedeutung des Verweisens auf die andere Niederschrift belehren.

(4) Wird in der Niederschrift auf Karten oder Zeichnungen verwiesen, die von einer öffentlichen Behörde innerhalb der Grenzen ihrer Amtsbefugnisse oder von einer mit öffentlichem Glauben versehenen Person innerhalb des ihr zugewiesenen Geschäftskreises mit Unterschrift und Siegel oder Stempel versehen worden sind, so gelten die Absätze 1 bis 3 entsprechend.

§ 14
Eingeschränkte Vorlesungspflicht

(1) [1]Werden Bilanzen, Inventare, Nachlaßverzeichnisse oder sonstige Bestandsverzeichnisse über Sachen, Rechte und Rechtsverhältnisse in ein Schriftstück aufgenommen, auf das in der Niederschrift verwiesen und das dieser beigefügt wird, so braucht es nicht vorgelesen zu werden, wenn die Beteiligten auf das Vorlesen verzichten. [2]Das gleiche gilt für Erklärungen, die bei der Bestellung einer Hypothek, Grundschuld, Rentenschuld, Schiffshypothek oder eines Registerpfandrechts an Luftfahrzeugen aufgenommen werden und nicht im Grundbuch, Schiffsregister, Schiffsbauregister oder im Register für Pfandrechte an Luftfahrzeugen selbst angegeben zu werden brauchen. [3]Eine Erklärung, sich der sofortigen Zwangsvollstreckung zu unterwerfen, muß in die Niederschrift selbst aufgenommen werden.

(2) [1]Wird nach Absatz 1 das beigefügte Schriftstück nicht vorgelesen, so soll es den Beteiligten zur Kenntnisnahme vorgelegt und von ihnen unterschrieben werden; besteht das Schriftstück aus mehreren Seiten, soll jede Seite von ihnen unterzeichnet werden. [2]§ 17 bleibt unberührt.

(3) In der Niederschrift muß festgestellt werden, daß die Beteiligten auf das Vorlesen verzichtet haben; es soll festgestellt werden, daß ihnen das beigefügte Schriftstück zur Kenntnisnahme vorgelegt worden ist.

§ 15
Versteigerungen

[1]Bei der Beurkundung von Versteigerungen gelten nur solche Bieter als beteiligt, die an ihr Gebot gebunden bleiben. [2]Entfernt sich ein solcher Bieter vor dem Schluß der Verhandlung, so gilt § 13 Abs. 1 insoweit nicht; in der Niederschrift muß festgestellt werden, daß sich der Bieter vor dem Schluß der Verhandlung entfernt hat.

§ 16
Übersetzung der Niederschrift

(1) Ist ein Beteiligter nach seinen Angaben oder nach der Überzeugung des Notars der deutschen Sprache oder, wenn die Niederschrift in einer anderen als der deutschen Sprache aufgenommen wird, dieser Sprache nicht hinreichend kundig, so soll dies in der Niederschrift festgestellt werden.

(2) [1]Eine Niederschrift, die eine derartige Feststellung enthält, muß dem Beteiligten anstelle des Vorlesens übersetzt werden. [2]Wenn der Beteiligte es verlangt, soll die Übersetzung außerdem schriftlich angefertigt und ihm zur Durchsicht vorgelegt werden; die Übersetzung soll der Niederschrift beigefügt werden. [3]Der Notar soll den Beteiligten darauf hinweisen, daß dieser eine schriftliche Übersetzung verlangen kann. [4]Diese Tatsachen sollen in der Niederschrift festgestellt werden.

(3) [1]Für die Übersetzung muß, falls der Notar nicht selbst übersetzt, ein Dolmetscher zugezogen werden. [2]Für den Dolmetscher gelten die §§ 6, 7 entsprechend. [3]Ist der Dolmetscher nicht allgemein vereidigt, so soll ihn der Notar vereidigen, es sei denn, daß alle Beteiligten darauf verzichten. [4]Diese Tatsachen sollen in der Niederschrift festgestellt werden. [5]Die Niederschrift soll auch von dem Dolmetscher unterschrieben werden.

3. Prüfungs- und Belehrungspflichten

§ 17
Grundsatz

(1) [1]Der Notar soll den Willen der Beteiligten erforschen, den Sachverhalt klären, die Beteiligten über die rechtliche Tragweite des Geschäfts belehren und ihre Erklärungen klar und unzweideutig in der Niederschrift wiedergeben. [2]Dabei soll er darauf achten, daß Irrtümer und Zweifel vermieden sowie unerfahrene und ungewandte Beteiligte nicht benachteiligt werden.

(2) [1]Bestehen Zweifel, ob das Geschäft dem Gesetz oder dem wahren Willen der Beteiligten entspricht, so sollen die Bedenken mit den Beteiligten erörtert werden. [2]Zweifelt der Notar an der Wirksamkeit des Geschäfts und bestehen die Beteiligten auf der Beurkundung, so soll er die Belehrung und die dazu abgegebenen Erklärungen der Beteiligten in der Niederschrift vermerken.

(2a) [1]Der Notar soll das Beurkundungsverfahren so gestalten, daß die Einhaltung der Amtspflichten nach den Absätzen 1 und 2 gewährleistet ist. [2]Bei Verbraucherverträgen soll der Notar darauf hinwirken, dass

1. die rechtsgeschäftlichen Erklärungen des Verbrauchers von diesem persönlich oder durch eine Vertrauensperson vor dem Notar abgegeben werden und
2. der Verbraucher ausreichend Gelegenheit erhält, sich vorab mit dem Gegenstand der Beurkundung auseinanderzusetzen; bei Verbraucherverträgen, die der Beurkundungspflicht nach § 311b Absatz 1 Satz 1 und Absatz 3 des Bürgerlichen Gesetzbuchs unterliegen, soll dem Verbraucher der beabsichtigte Text des Rechtsgeschäfts vom beurkundenden Notar oder einem Notar, mit dem sich der

beurkundende Notar zur gemeinsamen Berufsausübung verbunden hat, zur Verfügung gestellt werden. Dies soll im Regelfall zwei Wochen vor der Beurkundung erfolgen. Wird diese Frist unterschritten, sollen die Gründe hierfür in der Niederschrift angegeben werden.

[3]Weitere Amtspflichten des Notars bleiben unberührt.

(3) [1]Kommt ausländisches Recht zur Anwendung oder bestehen darüber Zweifel, so soll der Notar die Beteiligten darauf hinweisen und dies in der Niederschrift vermerken. [2]Zur Belehrung über den Inhalt ausländischer Rechtsordnungen ist er nicht verpflichtet.

§ 18
Genehmigungserfordernisse

Auf die erforderlichen gerichtlichen oder behördlichen Genehmigungen oder Bestätigungen oder etwa darüber bestehende Zweifel soll der Notar die Beteiligten hinweisen und dies in der Niederschrift vermerken.

Prozentsatz 5,5 %

-> Grenze bis 2.500
dann anfordern

§ 19
Unbedenklichkeitsbescheinigung

Darf nach dem Grunderwerbsteuerrecht eine Eintragung im Grundbuch erst vorgenommen werden, wenn die Unbedenklichkeitsbescheinigung des Finanzamts vorliegt, so soll der Notar die Beteiligten darauf hinweisen und dies in der Niederschrift vermerken.

§ 20
Gesetzliches Vorkaufsrecht

Beurkundet der Notar die Veräußerung eines Grundstücks, so soll er, wenn ein gesetzliches Vorkaufsrecht in Betracht kommen könnte, darauf hinweisen und dies in der Niederschrift vermerken.

§ 20a
Vorsorgevollmacht

Beurkundet der Notar eine Vorsorgevollmacht, so soll er auf die Möglichkeit der Registrierung bei dem Zentralen Vorsorgeregister hinweisen.

§ 21
Grundbucheinsicht, Briefvorlage

(1) [1]Bei Geschäften, die im Grundbuch eingetragene oder einzutragende Rechte zum Gegenstand haben, soll sich der Notar über den Grundbuchinhalt unterrichten. [2]Sonst soll er nur beurkunden, wenn die Beteiligten trotz Belehrung über die damit verbundenen Gefahren auf einer sofortigen Beurkundung bestehen; dies soll er in der Niederschrift vermerken.

(2) Bei der Abtretung oder Belastung eines Briefpfandrechts soll der Notar in der Niederschrift vermerken, ob der Brief vorgelegen hat.

4. Beteiligung behinderter Personen

§ 22
Hörbehinderte, sprachbehinderte und sehbehinderte Beteiligte

(1) [1]Vermag ein Beteiligter nach seinen Angaben oder nach der Überzeugung des Notars nicht hinreichend zu hören, zu sprechen oder zu sehen, so soll zu der Beurkundung ein Zeuge oder ein zweiter Notar zugezogen werden, es sei denn, daß alle Beteiligten darauf verzichten. [2]Auf Verlangen eines hör- oder sprachbehinderten Beteiligten soll der Notar einen Gebärdensprachdolmetscher hinzuziehen. [3]Diese Tatsachen sollen in der Niederschrift festgestellt werden.

(2) Die Niederschrift soll auch von dem Zeugen oder dem zweiten Notar unterschrieben werden.

§ 23
Besonderheiten für hörbehinderte Beteiligte

[1]Eine Niederschrift, in der nach § 22 Abs. 1 festgestellt ist, daß ein Beteiligter nicht hinreichend zu hören vermag, muß diesem Beteiligten anstelle des Vorlesens zur Durchsicht vorgelegt werden; in der Niederschrift soll festgestellt werden, daß dies geschehen ist. [2]Hat der Beteiligte die Niederschrift eigenhändig unterschrieben, so wird vermutet, daß sie ihm zur Durchsicht vorgelegt und von ihm genehmigt worden ist.

§ 24
Besonderheiten für hör- und sprachbehinderte Beteiligte, mit denen eine schriftliche Verständigung nicht möglich ist

(1) [1]Vermag ein Beteiligter nach seinen Angaben oder nach der Überzeugung des Notars nicht hinreichend zu hören oder zu sprechen und sich auch nicht schriftlich zu verständigen, so soll der Notar dies in der Niederschrift feststellen. [2]Wird in der Niederschrift eine solche Feststellung getroffen, so muss zu der Beurkundung eine Person zugezogen werden, die sich mit dem behinderten Beteiligten zu verständigen vermag und mit deren Zuziehung er nach der Überzeugung des Notars einverstanden ist; in der Niederschrift soll festgestellt werden, dass dies geschehen ist. [3]Zweifelt der Notar an der Möglichkeit der Verständigung zwischen der zugezogenen Person und dem Beteiligten, so soll er dies in der Niederschrift feststellen. [4]Die Niederschrift soll auch von der zugezogenen Person unterschrieben werden.

(2) Die Beurkundung von Willenserklärungen ist insoweit unwirksam, als diese darauf gerichtet sind, der nach Absatz 1 zugezogenen Person einen rechtlichen Vorteil zu verschaffen.

(3) Das Erfordernis, nach § 22 einen Zeugen oder zweiten Notar zuzuziehen, bleibt unberührt.

§ 25
Schreibunfähige

[1]Vermag ein Beteiligter nach seinen Angaben oder nach der Überzeugung des Notars seinen Namen nicht zu schreiben, so muß bei dem Vorlesen und der Genehmigung ein Zeuge oder ein zweiter Notar zugezogen werden, wenn nicht bereits nach § 22 ein Zeuge oder ein zweiter Notar zugezogen worden ist. [2]Diese Tatsachen sollen in der Niederschrift festgestellt werden. [3]Die Niederschrift muß von dem Zeugen oder dem zweiten Notar unterschrieben werden.

§ 26
Verbot der Mitwirkung als Zeuge oder zweiter Notar

(1) Als Zeuge oder zweiter Notar soll bei der Beurkundung nicht zugezogen werden, wer

1. selbst beteiligt ist oder durch einen Beteiligten vertreten wird,
2. aus einer zu beurkundenden Willenserklärung einen rechtlichen Vorteil erlangt,
3. mit dem Notar verheiratet ist,

3a. mit ihm eine Lebenspartnerschaft führt oder

4. mit ihm in gerader Linie verwandt ist oder war.

(2) Als Zeuge soll bei der Beurkundung ferner nicht zugezogen werden, wer

1. zu dem Notar in einem ständigen Dienstverhältnis steht,
2. minderjährig ist,
3. geisteskrank oder geistesschwach ist,
4. nicht hinreichend zu hören, zu sprechen oder zu sehen vermag,
5. nicht schreiben kann oder
6. der deutschen Sprache nicht hinreichend kundig ist; dies gilt nicht im Falle des § 5 Abs. 2, wenn der Zeuge der Sprache der Niederschrift hinreichend kundig ist.

5. Besonderheiten für Verfügungen von Todes wegen

§ 27
Begünstigte Personen

Die §§ 7, 16 Abs. 3 Satz 2, § 24 Abs. 2, § 26 Abs. 1 Nr. 2 gelten entsprechend für Personen, die in einer Verfügung von Todes wegen bedacht oder zum Testamentsvollstrecker ernannt werden.

§ 28
Feststellungen über die Geschäftsfähigkeit

Der Notar soll seine Wahrnehmungen über die erforderliche Geschäftsfähigkeit des Erblassers in der Niederschrift vermerken.

§ 29
Zeugen, zweiter Notar

[1]Auf Verlangen der Beteiligten soll der Notar bei der Beurkundung bis zu zwei Zeugen oder einen zweiten Notar zuziehen und dies in der Niederschrift vermerken. [2]Die Niederschrift soll auch von diesen Personen unterschrieben werden.

§ 30
Übergabe einer Schrift

[1]Wird eine Verfügung von Todes wegen durch Übergabe einer Schrift errichtet, so muß die Niederschrift auch die Feststellung enthalten, daß die Schrift übergeben worden ist. [2]Die Schrift soll derart gekennzeichnet werden, daß eine Verwechslung ausgeschlossen ist. [3]In der Niederschrift soll vermerkt werden, ob die Schrift offen oder verschlossen übergeben worden ist. [4]Von dem Inhalt einer offen übergebenen Schrift soll der Notar Kenntnis nehmen, sofern er der Sprache, in der die Schrift verfaßt ist, hinreichend kundig ist; § 17 ist anzuwenden. [5]Die Schrift soll der Niederschrift beigefügt werden; einer Verlesung der Schrift bedarf es nicht.

§ 31
Übergabe einer Schrift durch Stumme

(aufgehoben mit Gesetz vom 31. Juli 2002 – BGBl. I S. 2859)

§ 32
Sprachunkundige

[1]Ist ein Erblasser, der dem Notar seinen letzten Willen mündlich erklärt, der Sprache, in der die Niederschrift aufgenommen wird, nicht hinreichend kundig und ist dies in der Niederschrift festgestellt, so muß eine schriftliche Übersetzung angefertigt werden, die der Niederschrift beigefügt werden soll. [2]Der Erblasser kann hierauf verzichten; der Verzicht muß in der Niederschrift festgestellt werden.

§ 33
Besonderheiten beim Erbvertrag

Bei einem Erbvertrag gelten die §§ 30 und 32 entsprechend auch für die Erklärung des anderen Vertragschließenden.

§ 34
Verschließung, Verwahrung*)

(1) [1]Die Niederschrift über die Errichtung eines Testaments soll der Notar in einen Umschlag nehmen und diesen mit dem Prägesiegel verschließen. [2]In den Umschlag

---

*) Zum 01.01.2022 wird dem § 34 folgender Abs. 4 angefügt:

(4) Die Urschrift einer Verfügung von Todes wegen darf nicht nach § 56 in die elektronische Form übertragen werden.

sollen auch die nach den §§ 30 und 32 beigefügten Schriften genommen werden. [3]Auf dem Umschlag soll der Notar den Erblasser seiner Person nach näher bezeichnen und angeben, wann das Testament errichtet worden ist; diese Aufschrift soll der Notar unterschreiben. [4]Der Notar soll veranlassen, daß das Testament unverzüglich in besondere amtliche Verwahrung gebracht wird.

(2) Beim Abschluß eines Erbvertrages gilt Absatz 1 entsprechend, sofern nicht die Vertragschließenden die besondere amtliche Verwahrung ausschließen; dies ist im Zweifel anzunehmen, wenn der Erbvertrag mit einem anderen Vertrag in derselben Urkunde verbunden wird.

(3) [1]Haben die Beteiligten bei einem Erbvertrag die besondere amtliche Verwahrung ausgeschlossen, so bleibt die Urkunde in der Verwahrung des Notars. [2]Nach Eintritt des Erbfalls hat der Notar die Urkunde an das Nachlaßgericht abzuliefern, in dessen Verwahrung sie verbleibt.*)

§ 34a
Mitteilungs- und Ablieferungspflichten

(1) [1]Der Notar übermittelt nach Errichtung einer erbfolgerelevanten Urkunde im Sinne von § 78d Absatz 2 Satz 1 der Bundesnotarordnung die Verwahrangaben im Sinne von § 78d Absatz 2 Satz 2 der Bundesnotarordnung unverzüglich elektronisch an die das Zentrale Testamentsregister führende Registerbehörde. [2]Die Mitteilungspflicht nach Satz 1 besteht auch bei jeder Beurkundung von Änderungen erbfolgerelevanter Urkunden.

(2) Wird ein in die notarielle Verwahrung genommener Erbvertrag gemäß § 2300 Absatz 2, § 2256 Absatz 1 des Bürgerlichen Gesetzbuchs zurückgegeben, teilt der Notar dies der Registerbehörde mit.

(3) [1]Befindet sich ein Erbvertrag in der Verwahrung des Notars, liefert der Notar ihn nach Eintritt des Erbfalls an das Nachlassgericht ab, in dessen Verwahrung er danach verbleibt. [2]Enthält eine sonstige Urkunde Erklärungen, nach deren Inhalt die Erbfolge geändert werden kann, so teilt der Notar diese Erklärungen dem Nachlassgericht nach dem Eintritt des Erbfalls in beglaubigter Abschrift mit.

§ 35
Niederschrift ohne Unterschrift des Notars

Hat der Notar die Niederschrift über die Errichtung einer Verfügung von Todes wegen nicht unterschrieben, so ist die Beurkundung aus diesem Grunde nicht unwirksam, wenn er die Aufschrift auf dem verschlossenen Umschlag unterschrieben hat.

*) Zum Verfahren bei Rückgabe an die Beteiligten vgl. BNotK-Rundschreiben vom 13. August 2002. Abdruck z.B. unter Ziff. 105 im „Praxishandbuch".

Dritter Abschnitt
Sonstige Beurkundungen

1. Niederschriften

§ 36
Grundsatz

Bei der Beurkundung anderer Erklärungen als Willenserklärungen sowie sonstiger Tatsachen oder Vorgänge muß eine Niederschrift aufgenommen werden, soweit in § 39 nichts anderes bestimmt ist.

§ 37
Inhalt der Niederschrift

(1) [1]Die Niederschrift muß enthalten

1. die Bezeichnung des Notars sowie
2. den Bericht über seine Wahrnehmungen.

[2]Der Bericht des Notars in einem Schriftstück, auf das in der Niederschrift verwiesen und das dieser beigefügt wird, gilt als in der Niederschrift selbst enthalten. [3]Satz 2 gilt entsprechend, wenn der Notar unter Verwendung von Karten, Zeichnungen oder Abbildungen seinen Bericht erstellt.

(2) In der Niederschrift sollen Ort und Tag der Wahrnehmungen des Notars sowie Ort und Tag der Errichtung der Urkunde angegeben werden.

(3) § 13 Abs. 3 gilt entsprechend.

§ 38
Eide, eidesstattliche Versicherungen

(1) Bei der Abnahme von Eiden und bei der Aufnahme eidesstattlicher Versicherungen gelten die Vorschriften über die Beurkundung von Willenserklärungen entsprechend.

(2) Der Notar soll über die Bedeutung des Eides oder der eidesstattlichen Versicherung belehren und dies in der Niederschrift vermerken.

2. Vermerke

§ 39
Einfache Zeugnisse

Bei der Beglaubigung einer Unterschrift oder eines Handzeichens oder der Zeichnung einer Namensunterschrift, bei der Feststellung des Zeitpunktes, zu dem eine Privaturkunde vorgelegt worden ist, bei Bescheinigungen über Eintragungen in öffentlichen Registern, bei der Beglaubigung von Abschriften, Abdrucken, Ablichtungen und dergleichen (Abschriften) und bei sonstigen einfachen Zeugnissen genügt anstelle einer Niederschrift eine Urkunde, die das Zeugnis, die Unterschrift und das

Präge- oder Farbdrucksiegel (Siegel) des Notars enthalten muß und Ort und Tag der Ausstellung angeben soll (Vermerk).

§ 39 a
Einfache elektronische Zeugnisse

(1) [1]Beglaubigung und sonstige Zeugnisse im Sinne des § 39 können elektronisch errichtet werden. [2]Das hierzu erstellte Dokument muss mit einer qualifizierten elektronischen Signatur versehen werden. [3]Diese soll auf einem Zertifikat beruhen, das auf Dauer prüfbar ist. [4]Der Notar muss die qualifizierte elektronische Signatur selbst erzeugen. [5]§ 33 Absatz 3 der Bundesnotarordnung gilt entsprechend.

(2) [1]Mit dem Zeugnis muss eine Bestätigung der Notareigenschaft durch die zuständige Stelle verbunden werden. [2]Das Zeugnis soll Ort und Tag der Ausstellung angeben.

(3) Bei der Beglaubigung eines elektronischen Dokuments, das mit einer qualifizierten elektronischen Signatur versehen ist, soll das Ergebnis der Signaturprüfung dokumentiert werden.

§ 40
Beglaubigung einer Unterschrift

(1) Eine Unterschrift soll nur beglaubigt werden, wenn sie in Gegenwart des Notars vollzogen oder anerkannt wird.

(2) Der Notar braucht die Urkunde nur darauf zu prüfen, ob Gründe bestehen, seine Amtstätigkeit zu versagen.

(3) [1]Der Beglaubigungsvermerk muß auch die Person bezeichnen, welche die Unterschrift vollzogen oder anerkannt hat. [2]In dem Vermerk soll angegeben werden, ob die Unterschrift vor dem Notar vollzogen oder anerkannt worden ist.

(4) § 10 Abs. 1, Abs. 2 und 3 Satz 1 gilt entsprechend.

(5) [1]Unterschriften ohne zugehörigen Text soll der Notar nur beglaubigen, wenn dargelegt wird, daß die Beglaubigung vor der Festlegung des Urkundeninhalts benötigt wird. [2]In dem Beglaubigungsvermerk soll angegeben werden, daß bei der Beglaubigung ein durch die Unterschrift gedeckter Text nicht vorhanden war.

(6) Die Absätze 1 bis 5 gelten für die Beglaubigung von Handzeichen entsprechend.

§ 41
Beglaubigung der Zeichnung einer Namensunterschrift

[1]Bei der Beglaubigung der Zeichnung einer Namensunterschrift, die zur Aufbewahrung beim Gericht bestimmt ist, muß die Zeichnung in Gegenwart des Notars vollzogen werden; dies soll in dem Beglaubigungsvermerk festgestellt werden. [2]Der Beglaubigungsvermerk muß auch die Person angeben, welche gezeichnet hat. [3]§ 10 Abs. 1, Abs. 2 und 3 Satz 1 gilt entsprechend.

§ 42
Beglaubigung einer Abschrift

(1) Bei der Beglaubigung der Abschrift einer Urkunde soll festgestellt werden, ob die Urkunde eine Urschrift, eine Ausfertigung, eine beglaubigte oder einfache Abschrift ist.

(2) Finden sich in einer dem Notar vorgelegten Urkunde Lücken, Durchstreichungen, Einschaltungen, Änderungen oder unleserliche Worte, zeigen sich Spuren der Beseitigung von Schriftzeichen, insbesondere Radierungen, ist der Zusammenhang einer aus mehreren Blättern bestehenden Urkunde aufgehoben oder sprechen andere Umstände dafür, daß der ursprüngliche Inhalt der Urkunde geändert worden ist, so soll dies in dem Beglaubigungsvermerk festgestellt werden, sofern es sich nicht schon aus der Abschrift ergibt.

(3) Enthält die Abschrift nur den Auszug aus einer Urkunde, so soll in dem Beglaubigungsvermerk der Gegenstand des Auszugs angegeben und bezeugt werden, daß die Urkunde über diesen Gegenstand keine weiteren Bestimmungen enthält.

(4) Bei der Beglaubigung eines Ausdrucks oder einer Abschrift eines elektronischen Dokuments, das mit einer qualifizierten elektronischen Signatur versehen ist, soll das Ergebnis der Signaturprüfung dokumentiert werden.

§ 43
Feststellung des Zeitpunktes der Vorlegung einer privaten Urkunde

Bei der Feststellung des Zeitpunktes, zu dem eine private Urkunde vorgelegt worden ist, gilt § 42 Abs. 2 entsprechend.

Vierter Abschnitt
Behandlung der Urkunden

§ 44
Verbindung mit Schnur und Prägesiegel

[1]Besteht eine Urkunde aus mehreren Blättern, so sollen diese mit Schnur und Prägesiegel verbunden werden. [2]Das gleiche gilt für Schriftstücke sowie für Karten, Zeichnungen oder Abbildungen, die nach § 9 Abs. 1 Satz 2, 3, §§ 14, 37 Abs. 1 Satz 2, 3 der Niederschrift beigefügt worden sind.

Beurkundungsrecht

§ 44 a
Änderungen in den Urkunden*)

(1) [1]Zusätze und sonstige, nicht nur geringfügige Änderungen sollen am Schluß vor den Unterschriften oder am Rande vermerkt und im letzteren Falle von dem Notar besonders unterzeichnet werden. [2]Ist der Niederschrift ein Schriftstück nach § 9 Abs. 1 Satz 2, den §§ 14, 37 Abs. 1 Satz 2 beigefügt, so brauchen Änderungen in dem beigefügten Schriftstück nicht unterzeichnet zu werden, wenn aus der Niederschrift hervorgeht, daß sie genehmigt worden sind.

(2) [1]Offensichtliche Unrichtigkeiten kann der Notar auch nach Abschluß der Niederschrift durch einen von ihm zu unterschreibenden Nachtragsvermerk richtigstellen. [2]Der Nachtragsvermerk ist am Schluß nach den Unterschriften oder auf einem besonderen, mit der Urkunde zu verbindenden Blatt niederzulegen und mit dem Datum der Richtigstellung zu versehen. [3]Ergibt sich im übrigen nach Abschluß der Niederschrift die Notwendigkeit einer Änderung oder Berichtigung, so hat der Notar hierüber eine besondere Niederschrift aufzunehmen.

§ 45
Aushändigung der Urschrift**)

(1) Die Urschrift der notariellen Urkunde bleibt, wenn sie nicht auszuhändigen ist, in der Verwahrung des Notars.

---

*) Zum 01.01.2022 wird § 44a wie folgt geändert:

- nach Abs. 2 Satz 1 wird folgender Satz eingefügt: „Der Nachtragsvermerk ist mit dem Datum der Richtigstellung zu versehen."
- im bisherigen Abs. 2 Satz 2 werden die Wörter „und mit dem Datum der Richtigstellung zu versehen" gestrichen
- nach dem bisherigen Abs. 2 Satz 2 wird folgender Satz eingefügt: „Wird die elektronische Fassung der Urschrift zum Zeitpunkt der Richtigstellung bereits in der elektronischen Urkundensammlung verwahrt, darf der Nachtragsvermerk nur noch auf einem gesonderten, mit der Urkunde zu verbindenden Blatt niedergelegt werden."
- der bisherige Abs. 2 Satz 2 wird Abs. 3
- nach § 44a wird folgender § 44b eingefügt:

§ 44b
Nachtragsbeurkundung

(1) Wird der Inhalt einer Niederschrift in einer anderen Niederschrift berichtigt, geändert, ergänzt oder aufgehoben, soll der Notar durch einen mit dem Datum zu versehenden und von ihm zu unterschreibenden Nachtragsvermerk auf die andere Niederschrift verweisen. § 44a Absatz 2 Satz 3 und 4 gilt entsprechend. Anstelle eines Nachtragsvermerks kann der Notar die andere Niederschrift zusammen mit der Niederschrift verwahren.

(2) Nachtragsvermerke sowie die zusammen mit der Niederschrift verwahrten anderen Niederschriften nach Absatz 1 soll der Notar in Ausfertigungen und Abschriften der Urschrift übernehmen.

**) Zum 01.01.2022 wird § 45 wie folgt geändert:

- in der Überschrift werden die Wörter „Aushändigung der" gestrichen
- Abs. 2 wird wie folgt gefasst:

(2) Wird die Urschrift der notariellen Urkunde nach § 56 in ein elektronisches Dokument übertragen und in der elektronischen Urkundensammlung verwahrt, steht die elektronische Fassung der Urschrift derjenigen in Papierform gleich.

- Abs. 3 wird aufgehoben

(2) [1]Die Urschrift einer Niederschrift soll nur ausgehändigt werden, wenn dargelegt wird, daß sie im Ausland verwendet werden soll, und sämtliche Personen zustimmen, die eine Ausfertigung verlangen können. [2]In diesem Fall soll die Urschrift mit dem Siegel versehen werden; ferner soll eine Ausfertigung zurückbehalten und auf ihr vermerkt werden, an wen und weshalb die Urschrift ausgehändigt worden ist. [3]Die Ausfertigung tritt an die Stelle der Urschrift.

(3) Die Urschrift einer Urkunde, die in der Form eines Vermerks verfaßt ist, ist auszuhändigen, wenn nicht die Verwahrung verlangt wird.

§ 46
Ersetzung der Urschrift*)

(1) [1]Ist die Urschrift einer Niederschrift ganz oder teilweise zerstört worden oder abhanden gekommen und besteht Anlaß, sie zu ersetzen, so kann auf einer noch vorhandenen Ausfertigung oder beglaubigten Abschrift oder einer davon gefertigten beglaubigten Abschrift vermerkt werden, daß sie an die Stelle der Urschrift tritt. [2]Der Vermerk kann mit dem Beglaubigungsvermerk verbunden werden. [3]Er soll Ort und Tag der Ausstellung angeben und muß unterschrieben werden.

(2) Die Urschrift wird von der Stelle ersetzt, die für die Erteilung einer Ausfertigung zuständig ist.

(3) [1]Vor der Ersetzung der Urschrift soll der Schuldner gehört werden, wenn er sich in der Urkunde der sofortigen Zwangsvollstreckung unterworfen hat. [2]Von der Ersetzung der Urschrift sollen die Personen, die eine Ausfertigung verlangen können, verständigt werden, soweit sie sich ohne erhebliche Schwierigkeiten ermitteln lassen.

Fortsetzung Fußnote Seite 148

- dem § 45 wird folgender § 45a angefügt:

§ 45a
Aushändigung der Urschrift

(1) Die Urschrift einer Niederschrift soll nur ausgehändigt werden, wenn dargelegt wird, dass sie im Ausland verwendet werden soll, und sämtliche Personen zustimmen, die eine Ausfertigung verlangen können. In diesem Fall soll die Urschrift mit dem Siegel versehen werden; ferner soll eine Ausfertigung zurückbehalten und auf ihr vermerkt werden, an wen und weshalb die Urschrift ausgehändigt worden ist. Die Ausfertigung tritt an die Stelle der Urschrift.

(2) Die Urschrift einer Urkunde, die in der Form eines Vermerks verfasst ist, ist auszuhändigen, wenn nicht die Verwahrung verlangt wird.

---

*) Zum 01.01.2022 wird § 46 wie folgt geändert:

- in Abs. 1 Satz 1 werden die Wörter „noch vorhandenen" gestrichen
- Abs. 2 wird durch folgende Abs. 2 und 3 ersetzt:

(2) Ist die elektronische Fassung der Urschrift ganz oder teilweise zerstört worden, soll die Urschrift erneut nach § 56 in die elektronische Form übertragen und in der elektronischen Urkundensammlung verwahrt werden. Ist die Urschrift nicht mehr vorhanden, gilt Absatz 1 entsprechend oder die Wiederherstellung erfolgt aus einer im Elektronischen Urkundenarchiv gespeicherten früheren elektronischen Fassung der Urschrift. Für die Wiederherstellung aus einer früheren elektronischen Fassung gilt § 56 Absatz 1 entsprechend; in dem Vermerk soll zusätzlich die Tatsache der sicheren Speicherung im Elektronischen Urkundenarchiv angegeben werden.

(3) Die Ersetzung erfolgt durch die Stelle, die für die Erteilung einer Ausfertigung zuständig ist.

- der bisherige Abs. 3 wird Abs. 4

§ 47
Ausfertigung

Die Ausfertigung der Niederschrift vertritt die Urschrift im Rechtsverkehr.

§ 48
Zuständigkeit für die Erteilung der Ausfertigung

[1]Die Ausfertigung erteilt, soweit bundes- oder landesrechtlich nichts anderes bestimmt ist, die Stelle, welche die Urschrift verwahrt. [2]Wird die Urschrift bei einem Gericht verwahrt, so erteilt der Urkundsbeamte der Geschäftsstelle die Ausfertigung.

§ 49
Form der Ausfertigung*)

(1) [1]Die Ausfertigung besteht in einer Abschrift der Urschrift, die mit dem Ausfertigungsvermerk versehen ist. [2]Sie soll in der Überschrift als Ausfertigung bezeichnet sein.

(2) [1]Der Ausfertigungsvermerk soll den Tag und den Ort der Erteilung angeben, die Person bezeichnen, der die Ausfertigung erteilt wird, und die Übereinstimmung der Ausfertigung mit der Urschrift bestätigen. [2]Er muß unterschrieben und mit dem Siegel der erteilenden Stelle versehen sein.

(3) Werden Abschriften von Urkunden mit der Ausfertigung durch Schnur und Prägesiegel verbunden oder befinden sie sich mit dieser auf demselben Blatt, so genügt für die Beglaubigung dieser Abschriften der Ausfertigungsvermerk; dabei soll entsprechend § 42 Abs. 3 und, wenn die Urkunden, von denen die Abschriften hergestellt sind, nicht zusammen mit der Urschrift der ausgefertigten Urkunde verwahrt werden, auch entsprechend § 42 Abs. 1, 2 verfahren werden.

(4) Auf der Urschrift soll vermerkt werden, wem und an welchem Tage eine Ausfertigung erteilt worden ist.

(5) [1]Die Ausfertigung kann auf Antrag auch auszugsweise erteilt werden. [2]§ 42 Abs. 3 ist entsprechend anzuwenden.

---

*) Zum 01.01.2022 wird § 49 wie folgt geändert:

- Abs. 1 wird wie folgt neu gefasst:

  (1) Die Ausfertigung besteht, jeweils mit einem Ausfertigungsvermerk versehen, in

  1. einer Abschrift der Urschrift oder der elektronischen Fassung der Urschrift oder
  2. einem Ausdruck der elektronischen Fassung der Urschrift.

- in Abs. 2 Satz 1 werden nach dem Wort „Urschrift" die Wörter „oder der elektronischen Fassung der Urschrift" eingefügt
- Dem Abs. 2 wird folgender Satz angefügt:

  Besteht die Ausfertigung in einer Abschrift oder einem Ausdruck der elektronischen Fassung der Urschrift, soll das Ergebnis der Signaturprüfung dokumentiert werden

- in Abs. 4 werden die Wörter „auf der Urschrift" durch die Wörter „Im Urkundenverzeichnis" ersetzt.

§ 50
Übersetzungen

(1) [1]Ein Notar kann die deutsche Übersetzung einer Urkunde mit der Bescheinigung der Richtigkeit und Vollständigkeit versehen, wenn er die Urkunde selbst in fremder Sprache errichtet hat oder für die Erteilung einer Ausfertigung der Niederschrift zuständig ist. [2]Für die Bescheinigung gilt § 39 entsprechend. [3]Der Notar soll die Bescheinigung nur erteilen, wenn er der fremden Sprache hinreichend kundig ist.

(2) [1]Eine Übersetzung, die mit einer Bescheinigung nach Absatz 1 versehen ist, gilt als richtig und vollständig. [2]Der Gegenbeweis ist zulässig.

(3) [1]Von einer derartigen Übersetzung können Ausfertigungen und Abschriften erteilt werden. [2]Die Übersetzung soll in diesem Fall zusammen mit der Urschrift verwahrt werden.

§ 51
Recht auf Ausfertigungen, Abschriften und Einsicht

(1) Ausfertigungen können verlangen

1. bei Niederschriften über Willenserklärungen jeder, der eine Erklärung im eigenen Namen abgegeben hat oder in dessen Namen eine Erklärung abgegeben worden ist,
2. bei anderen Niederschriften jeder, der die Aufnahme der Urkunde beantragt hat,

sowie die Rechtsnachfolger dieser Personen.

(2) Die in Absatz 1 genannten Personen können gemeinsam in der Niederschrift oder durch besondere Erklärung gegenüber der zuständigen Stelle etwas anderes bestimmen.

(3) Wer Ausfertigungen verlangen kann, ist auch berechtigt, einfache oder beglaubigte Abschriften zu verlangen und die Urschrift einzusehen.

(4) Mitteilungspflichten, die auf Grund von Rechtsvorschriften gegenüber Gerichten oder Behörden bestehen sowie das Recht auf Zugang zu Forschungszwecken nach § 18a der Bundesnotarordnung bleiben unberührt.

§ 52
Vollstreckbare Ausfertigungen

Vollstreckbare Ausfertigungen werden nach den dafür bestehenden Vorschriften erteilt.

§ 53
Einreichung beim Grundbuchamt oder Registergericht

Sind Willenserklärungen beurkundet worden, die beim Grundbuchamt oder Registergericht einzureichen sind, so soll der Notar dies veranlassen, sobald die Urkunde eingereicht werden kann, es sei denn, daß alle Beteiligten gemeinsam etwas anderes verlangen; auf die mit einer Verzögerung verbundenen Gefahren soll der Notar hinweisen.

§ 54
Rechtsmittel*)

(1) Gegen die Ablehnung der Erteilung der Vollstreckungsklausel oder einer Amtshandlung nach den §§ 45, 46, 51 sowie gegen die Ersetzung einer Urschrift ist die Beschwerde gegeben.

(2) [1]Für das Beschwerdeverfahren gelten die Vorschriften des Gesetzes über das Verfahren in Familiensachen und in den Angelegenheiten der freiwilligen Gerichtsbarkeit. [2]Über die Beschwerde entscheidet eine Zivilkammer des Landgerichts, in dessen Bezirk die Stelle, gegen die sich die Beschwerde richtet, ihren Sitz hat.

---

*) Zum 01.01.2022 wird § 54 Abs. 1 wie folgt geändert:

– die Angabe „§§ 45, 46, 51" wird durch „§§ 45a, 46, 51" ersetzt

Zum 01.01.2022 wird nach § 54 folgender Fünfter Abschnitt eingefügt:

Fünfter Abschnitt
Verwahrung der Urkunden
§ 55
Verzeichnis und Verwahrung der Urkunden

(1) Der Notar führt ein elektronisches Verzeichnis über Beurkundungen und sonstige Amtshandlungen (Urkundenverzeichnis).

(2) Das Urkundenverzeichnis und die elektronische Urkundensammlung sind vom Notar im Elektronischen Urkundenarchiv (§ 78h der Bundesnotarordnung) zu führen.

(3) Die im Urkundenverzeichnis registrierten Urkunden verwahrt der Notar in einer Urkundensammlung, einer elektronischen Urkundensammlung und einer Erbvertragssammlung.

§ 56
Übertragung der Papierdokumente in die elektronische Form;
Einstellung der elektronischen Dokumente in die elektronische Urkundensammlung

(1) Bei der Übertragung der in Papierform vorliegenden Schriftstücke in die elektronische Form soll durch geeignete Vorkehrungen nach dem Stand der Technik sichergestellt werden, dass die elektronischen Dokumente mit den in Papierform vorhandenen Schriftstücken inhaltlich und bildlich übereinstimmen. Diese Übereinstimmung ist vom Notar in einem Vermerk unter Angabe des Ortes und des Tages seiner Ausstellung zu bestätigen. Durchstreichungen, Änderungen, Einschaltungen, Radierungen oder andere Mängel des Schriftstücks sollen im Vermerk angegeben werden, soweit sie nicht aus dem elektronischen Dokument eindeutig ersichtlich sind. Das elektronische Dokument und der Vermerk müssen mit einer qualifizierten elektronischen Signatur versehen werden. § 39a Absatz 1 Satz 3 bis 5, Absatz 2 Satz 1 gilt entsprechend.

(2) Werden nach der Einstellung der elektronischen Fassung einer in der Urkundensammlung zu verwahrenden Urschrift oder Abschrift in die elektronische Urkundensammlung Nachtragsvermerke, weitere Unterlagen oder andere Urschriften der Urschrift oder Abschrift beigefügt, sind die Nachtragsvermerke, die weiteren Unterlagen und die anderen Urschriften nach Absatz 1 in elektronische Dokumente zu übertragen und zusammen mit der elektronischen Fassung der Urschrift oder Abschrift in der elektronischen Urkundensammlung zu verwahren.

(3) Die von dem Notar in der elektronischen Urkundensammlung verwahrten elektronischen Dokumente stehen den Dokumenten gleich, aus denen sie nach den Absätzen 1 und 2 übertragen worden sind.

Sechster Abschnitt
Verwahrung

§ 57
Antrag auf Verwahrung

(1) Der Notar darf Bargeld zur Aufbewahrung oder zur Ablieferung an Dritte nicht entgegennehmen.

(2) Der Notar darf Geld zur Verwahrung nur entgegennehmen, wenn

1. hierfür ein berechtigtes Sicherungsinteresse der am Verwahrungsgeschäft beteiligten Personen besteht,
2. ihm ein Antrag auf Verwahrung verbunden mit einer Verwahrungsanweisung vorliegt, in der hinsichtlich der Masse und ihrer Erträge der Anweisende, der Empfangsberechtigte sowie die zeitlichen und sachlichen Bedingungen der Verwahrung und die Auszahlungsvoraussetzungen bestimmt sind,
3. er den Verwahrungsantrag und die Verwahrungsanweisung angenommen hat.

(3) Der Notar darf den Verwahrungsantrag nur annehmen, wenn die Verwahrungsanweisung den Bedürfnissen einer ordnungsgemäßen Geschäftsabwicklung und eines ordnungsgemäßen Vollzugs der Verwahrung sowie dem Sicherungsinteresse aller am Verwahrungsgeschäft beteiligten Personen genügt.

(4) Die Verwahrungsanweisung sowie deren Änderung, Ergänzung oder Widerruf bedürfen der Schriftform.

(5) Auf der Verwahrungsanweisung hat der Notar die Annahme mit Datum und Unterschrift zu vermerken, sofern die Verwahrungsanweisung nicht Gegenstand einer Niederschrift (§§ 8, 36) ist, die er selbst oder seine Notarvertretung aufgenommen hat.

(6) Die Absätze 3 bis 5 gelten entsprechend für Treuhandaufträge, die dem Notar im Zusammenhang mit dem Vollzug des der Verwahrung zugrundeliegenden Geschäfts von Personen erteilt werden, die an diesem nicht beteiligt sind.

§ 58
Durchführung der Verwahrung

(1) [1]Der Notar hat anvertraute Gelder unverzüglich einem Sonderkonto für fremde Gelder (Notaranderkonto) zuzuführen. [2]Der Notar ist zu einer bestimmten Art der Anlage nur bei einer entsprechenden Anweisung der Beteiligten verpflichtet. [3]Fremdgelder sowie deren Erträge dürfen auch nicht vorübergehend auf einem sonstigen Konto des Notars oder eines Dritten geführt werden.

(2) [1]Das Notaranderkonto muß bei einem im Inland zum Geschäftsbetrieb befugten Kreditinstitut oder der Deutschen Bundesbank eingerichtet sein. [2]Die Anderkonten sollen bei Kreditinstituten in dem Amtsbereich des Notars oder den unmittelbar angrenzenden Amtsgerichtsbezirken desselben Oberlandesgerichtsbezirks eingerichtet werden, sofern in der Anweisung nicht ausdrücklich etwas anderes vorgesehen wird oder eine andere Handhabung sachlich geboten ist. [3]Für jede Verwahrungsmasse muß ein gesondertes Anderkonto geführt werden, Sammelkonten sind nicht zulässig.

(3) [1]Über das Notaranderkonto dürfen nur der Notar persönlich, der Notariatsverwalter oder der nach § 51 Absatz 1 Satz 2 der Bundesnotarordnung mit der Aktenverwahrung betraute Notar verfügen. [2]Die Landesregierungen oder die von ihnen bestimmten Stellen werden ermächtigt, durch Rechtsverordnung zu bestimmen, daß Verfügungen auch durch einen entsprechend bevollmächtigten anderen Notar oder im Land Baden-Württemberg durch Notariatsabwickler erfolgen dürfen. [3]Verfügungen sollen nur erfolgen, um Beträge unverzüglich dem Empfangsberechtigten oder einem von diesem schriftlich benannten Dritten zuzuführen. [4]Sie sind grundsätzlich im bargeldlosen Zahlungsverkehr durchzuführen, sofern nicht besondere berechtigte Interessen der Beteiligten die Auszahlung in bar oder mittels Bar- oder Verrechnungsscheck gebieten. [5]Die Gründe für eine Bar- oder Scheckauszahlung sind von dem Notar zu vermerken. [6]Die Bar- oder Scheckauszahlung ist durch den berechtigten Empfänger oder einen von ihm schriftlich Beauftragten nach Feststellung der Person zu quittieren. [7]Verfügungen zugunsten von Privat- oder Geschäftskonten des Notars sind lediglich zur Bezahlung von Kostenforderungen aus dem zugrundeliegenden Amtsgeschäft unter Angabe des Verwendungszwecks und nur dann zulässig, wenn hierfür eine notarielle Kostenrechnung erteilt und dem Kostenschuldner zugegangen ist und Auszahlungsreife des verwahrten Betrages zugunsten des Kostenschuldners gegeben ist.

(4) Eine Verwahrung soll nur dann über mehrere Anderkonten durchgeführt werden, wenn dies sachlich geboten ist und in der Anweisung ausdrücklich bestimmt ist.

(5) [1]Schecks sollen unverzüglich eingelöst oder verrechnet werden, soweit sich aus den Anweisungen nichts anderes ergibt. [2]Der Gegenwert ist nach den Absätzen 2 und 3 zu behandeln.

§ 59
Verordnungsermächtigung*)

Das Bundesministerium der Justiz und für Verbraucherschutz hat durch Rechtsverordnung mit Zustimmung des Bundesrates die näheren Bestimmungen zu treffen über den Inhalt, den Aufbau und die Führung des Verwahrungsverzeichnisses einschließlich der Verweismöglichkeiten auf die im Urkundenverzeichnis zu der Urkunde gespeicherten Daten sowie über Einzelheiten der Datenübermittlung und -speicherung sowie der Datensicherheit. Die Verordnung kann auch Ausnahmen von der Eintragungspflicht anordnen. Die technischen und organisatorischen Maßnahmen zur Gewährleistung der Datensicherheit müssen denen zur Gewährleistung der Datensicherheit des Elektronischen Urkundenarchivs entsprechen.

---

*) Zum 01.01.2022 wird nach § 59 folgender § 59a eingefügt:

§ 59a
Verwahrungsverzeichnis

(1) Der Notar führt ein elektronisches Verzeichnis über Verwahrungsmassen, die er nach § 23 der Bundesnotarordnung und nach den §§ 57 und 62 entgegennimmt (Verwahrungsverzeichnis).

(2) Das Verwahrungsverzeichnis ist im Elektronischen Urkundenarchiv (§ 78h der Bundesnotarordnung) zu führen. Erfolgt die Verwahrung in Vollzug eines vom Notar in das Urkundenverzeichnis einzutragenden Amtsgeschäfts, soll der Notar im Verwahrungsverzeichnis auf die im Urkundenverzeichnis zu der Urkunde gespeicherten Daten verweisen, soweit diese auch in das Verwahrungsverzeichnis einzutragen wären.

§ 60
Widerruf

(1) Den schriftlichen Widerruf einer Anweisung hat der Notar zu beachten, soweit er dadurch Dritten gegenüber bestehende Amtspflichten nicht verletzt.

(2) Ist die Verwahrungsanweisung von mehreren Anweisenden erteilt, so ist der Widerruf darüber hinaus nur zu beachten, wenn er durch alle Anweisenden erfolgt.

(3) [1]Erfolgt der Widerruf nach Absatz 2 nicht durch alle Anweisenden und wird er darauf gegründet, daß das mit der Verwahrung durchzuführende Rechtsverhältnis aufgehoben, unwirksam oder rückabzuwickeln sei, soll sich der Notar jeder Verfügung über das Verwahrungsgut enthalten. [2]Der Notar soll alle an dem Verwahrungsgeschäft beteiligten Personen im Sinne des § 57 hiervon unterrichten. [3]Der Widerruf wird jedoch unbeachtlich, wenn

1. eine spätere übereinstimmende Anweisung vorliegt oder
2. der Widerrufende nicht innerhalb einer von dem Notar festzusetzenden angemessenen Frist dem Notar nachweist, daß ein gerichtliches Verfahren zur Herbeiführung einer übereinstimmenden Anweisung rechtshängig ist oder
3. dem Notar nachgewiesen wird, daß die Rechshängigkeit der nach Nummer 2 eingeleiteten Verfahren entfallen ist.

(4) Die Verwahrungsanweisung kann von den Absätzen 2 und 3 abweichende oder ergänzende Regelungen enthalten.

(5) § 15 Abs. 2 der Bundesnotarordnung bleibt unberührt.

§ 61
Absehen von Auszahlungen

Der Notar hat von der Auszahlung abzusehen und alle an dem Verwahrungsgeschäft beteiligten Personen im Sinne des § 57 hiervon zu unterrichten, wenn

1. hinreichende Anhaltspunkte dafür vorliegen, daß er bei Befolgung der unwiderruflichen Weisung an der Erreichung unerlaubter oder unredlicher Zwecke mitwirken würde oder
2. einem Auftraggeber im Sinne des § 57 durch die Auszahlung des verwahrten Geldes ein unwiederbringlicher Schaden erkennbar droht.

§ 62
Verwahrung von Wertpapieren und Kostbarkeiten

(1) Die §§ 57, 60 und 61 gelten entsprechend für die Verwahrung von Wertpapieren und Kostbarkeiten.

(2) Der Notar ist berechtigt, Wertpapiere und Kostbarkeiten auch einer Bank im Sinne des § 58 Abs. 2 in Verwahrung zu geben, und ist nicht verpflichtet, von ihm verwahrte Wertpapiere zu verwalten, soweit in der Verwahrungsanweisung nichts anderes bestimmt ist.

§§ 63–66
(vom Abdruck wurde abgesehen)

§ 67
Zuständigkeit der Amtsgerichte, Zustellung

(1) Unbeschadet der Zuständigkeit sonstiger Stellen sind die Amtsgerichte zuständig für die Beurkundung von

1. Erklärungen über die Anerkennung der Vaterschaft,
2. Verpflichtungen zur Erfüllung von Unterhaltsansprüchen eines Kindes,
3. Verpflichtungen zur Erfüllung von Unterhaltsansprüchen nach § 1615l des Bürgerlichen Gesetzbuchs.

(2) Die Zustellung von Urkunden, die eine Verpflichtung nach Absatz 1 Nr. 2 oder 3 zum Gegenstand haben, kann auch dadurch vollzogen werden, dass der Schuldner eine beglaubigte Abschrift der Urkunde ausgehändigt erhält; § 173 Satz 2 und 3 der Zivilprozessordnung gilt entsprechend.

§§ 68–69
(vom Abdruck wurde abgesehen)

c) Amtliche Beglaubigungen*)

§ 70

[1]Dieses Gesetz gilt nicht für amtliche Beglaubigungen, mit denen eine Verwaltungsbehörde zum Zwecke der Verwendung in Verwaltungsverfahren oder für sonstige Zwecke, für die eine öffentliche Beglaubigung nicht vorgeschrieben ist, die Echtheit einer Unterschrift oder eines Handzeichens oder die Richtigkeit der Abschrift einer Urkunde bezeugt, die nicht von einer Verwaltungsbehörde ausgestellt ist. [2]Die Beweiskraft dieser amtlichen Beglaubigungen beschränkt sich auf den in dem Beglaubigungsvermerk genannten Verwendungszweck. [3]Die Befugnis der Verwaltungsbehörden, Abschriften ihrer eigenen Urkunden oder von Urkunden anderer Verwaltungsbehörden in der dafür vorgeschriebenen Form mit uneingeschränkter Beweiskraft zu beglaubigen, bleibt unberührt.

---

*) Vgl. Art. bzw. §§ 33, 34 der insoweit im Wesentlichen gleichlautenden Verwaltungsverfahrensgesetze des Bundes und der Länder:

§ 33 VwVfG (Bund)
Beglaubigung von Dokumenten

(1) [1]Jede Behörde ist befugt, Abschriften von Urkunden, die sie selbst ausgestellt hat, zu beglaubigen. Darüber hinaus sind die von der Bundesregierung durch Rechtsverordnung bestimmten Behörden im Sinne des § 1 Abs. 1 Nr. 1 und die nach Landesrecht zuständigen Behörden befugt, Abschriften zu beglaubigen, wenn die Urschrift von einer Behörde ausgestellt ist oder die Abschrift zur Vorlage bei einer Behörde benötigt wird, sofern nicht durch Rechtsvorschrift die Erteilung beglaubigter Abschriften aus amtlichen Registern und Archiven anderen Behörden ausschließlich vorbehalten ist; die Rechtsverordnung bedarf nicht der Zustimmung des Bundesrates.

(2) Abschriften dürfen nicht beglaubigt werden, wenn Umstände zu der Annahme berechtigen, dass der ursprüngliche Inhalt des Schriftstückes, dessen Abschrift beglaubigt werden soll, geän-

Fortsetzung der Fußnote von Seite 156

dert worden ist, insbesondere wenn dieses Schriftstück Lücken, Durchstreichungen, Einschaltungen, Änderungen, unleserliche Wörter, Zahlen oder Zeichen, Spuren der Beseitigung von Wörtern, Zahlen und Zeichen enthält oder wenn der Zusammenhang eines aus mehreren Blättern bestehenden Schriftstückes aufgehoben ist.

(3) Eine Abschrift wird beglaubigt durch einen Beglaubigungsvermerk, der unter die Abschrift zu setzen ist. Der Vermerk muss enthalten

1. die genaue Bezeichnung des Schriftstücks, dessen Abschrift beglaubigt wird,
2. die Feststellung, dass die beglaubigte Abschrift mit dem vorgelegten Schriftstück übereinstimmt,
3. den Hinweis, dass die beglaubigte Abschrift nur zur Vorlage bei der angegebenen Behörde erteilt wird, wenn die Urschrift nicht von einer Behörde ausgestellt worden ist,
4. den Ort und den Tag der Beglaubigung, die Unterschrift des für die Beglaubigung zuständigen Bediensteten und das Dienstsiegel.

(4) Die Absätze 1 bis 3 gelten entsprechend für die Beglaubigung von

1. Ablichtungen, Lichtdrucken und ähnlichen in technischen Verfahren hergestellten Vervielfältigungen,
2. auf fototechnischem Wege von Schriftstücken hergestellten Negativen, die bei einer Behörde aufbewahrt werden,
3. Ausdrucken elektronischer Dokumente,
4. elektronischen Dokumenten,
   a) die zur Abbildung eines Schriftstücks hergestellt wurden,
   b) die ein anderes technisches Format als das mit einer qualifizierten elektronischen Signatur verbundene Ausgangsdokument erhalten haben.

(5) Der Beglaubigungsvermerk muss zusätzlich zu den Angaben nach Absatz 3 Satz 2 bei der Beglaubigung

1. des Ausdrucks eines elektronischen Dokuments, das mit einer qualifizierten elektronischen Signatur verbunden ist, die Feststellungen enthalten
   a) wen die Signaturprüfung als Inhaber der Signatur ausweist,
   b) welchen Zeitpunkt die Signaturprüfung für die Anbringung der Signatur ausweist und
   c) welche Zertifikate mit welchen Daten dieser Signatur zu Grunde lagen;
2. eines elektronischen Dokuments den Namen des für die Beglaubigung zuständigen Bediensteten und die Bezeichnung der Behörde, die die Beglaubigung vornimmt, enthalten; die Unterschrift des für die Beglaubigung zuständigen Bediensteten und das Dienstsiegel nach Absatz 3 Satz 2 Nr. 4 werden durch eine dauerhaft überprüfbare qualifizierte elektronische Signatur ersetzt.

Wird ein elektronisches Dokument, das ein anderes technisches Format als das mit einer qualifizierten elektronischen Signatur verbundene Ausgangsdokument erhalten hat, nach Satz 1 Nr. 2 beglaubigt, muss der Beglaubigungsvermerk zusätzlich die Feststellungen nach Satz 1 Nr. 1 für das Ausgangsdokument enthalten.

(6) Die nach Absatz 4 hergestellten Dokumente stehen, sofern sie beglaubigt sind, beglaubigten Abschriften gleich.

(7) Jede Behörde soll von Urkunden, die sie selbst ausgestellt hat, auf Verlangen ein elektronisches Dokument nach Absatz 4 Nummer 4 Buchstabe a oder eine elektronische Abschrift fertigen und beglaubigen.

Fortsetzung der Fußnote von Seite 159

§ 34 VwVfG (Bund)
Beglaubigung von Unterschriften

(1) Die von der Bundesregierung durch Rechtsverordnung bestimmten Behörden im Sinne des § 1 Abs. 1 Nr. 1 und die nach Landesrecht zuständigen Behörden sind befugt, Unterschriften zu beglaubigen, wenn das unterzeichnete Schriftstück zur Vorlage bei einer Behörde oder bei einer sonstigen Stelle, der auf Grund einer Rechtsvorschrift das unterzeichnete Schriftstück vorzulegen ist, benötigt wird. Dies gilt nicht für

1. Unterschriften ohne zugehörigen Text,
2. Unterschriften, die der öffentlichen Beglaubigung (§ 129 des Bürgerlichen Gesetzbuches) bedürfen.

(2) Eine Unterschrift soll nur beglaubigt werden, wenn sie in Gegenwart des beglaubigenden Bediensteten vollzogen oder anerkannt wird.

(3) Der Beglaubigungsvermerk ist unmittelbar bei der Unterschrift, die beglaubigt werden soll, anzubringen. Er muss enthalten

1. die Bestätigung, dass die Unterschrift echt ist
2. die genaue Bezeichnung desjenigen, dessen Unterschrift beglaubigt wird, sowie die Angabe, ob sich der für die Beglaubigung zuständige Bedienstete Gewissheit über diese Person verschafft hat und ob die Unterschrift in seiner Gegenwart vollzogen oder anerkannt worden ist,
3. den Hinweis, dass die Beglaubigung nur zur Vorlage bei der angegebenen Behörde oder Stelle bestimmt ist,
4. den Ort und den Tag der Beglaubigung, die Unterschrift des für die Beglaubigung zuständigen Bediensteten und das Dienstsiegel.

(4) Die Absätze 1 bis 3 gelten für die Beglaubigung von Handzeichen entsprechend.

(5) Die Rechtsverordnungen nach Absatz 1 und 4 bedürfen nicht der Zustimmung des Bundesrates.

d) Eidesstattliche Versicherungen in Verwaltungsverfahren

§ 71

Dieses Gesetz gilt nicht für die Aufnahme eidesstattlicher Versicherungen in Verwaltungsverfahren.

e) Erklärungen juristischer Personen des öffentlichen Rechts

§ 72

Die bundes- oder landesrechtlich vorgeschriebene Beidrückung des Dienstsiegels bei Erklärungen juristischer Personen des öffentlichen Rechts wird durch die öffentliche Beurkundung ersetzt.

§§ 73–75

(vom Abdruck wurde abgesehen)

§ 76
Übergangsvorschrift zur Einführung des Elektronischen Urkundenarchivs*)

(1) [1]Für Beurkundungen und sonstige Amtshandlungen, die vor dem 1. Januar 2022 vorgenommen worden sind, sind die §§ 55 und 56 nicht anzuwenden. [2]Abweichend von § 49 Absatz 4 ist auf der Urschrift zu vermerken, wem und an welchem Tag eine Ausfertigung erteilt worden ist. [3]Zusätze und Änderungen sind nach den vor dem 1. Januar 2022 geltenden Bestimmungen vorzunehmen.

(2) [1]Die Urkundensammlung und die Erbvertragssammlung für Urkunden, die vor dem 1. Januar 2022 errichtet wurden, werden von dem Notar nach Maßgabe der vor dem 1. Januar 2022 geltenden Vorschriften geführt und verwahrt. [2]Zusätze und Änderungen sind nach den vor dem 1. Januar 2022 geltenden Bestimmungen vorzunehmen.

(3) [1]Für Verwahrungsmassen, die der Notar vor dem 1. Januar 2022 entgegengenommen hat, ist § 59a vorbehaltlich der Sätze 3 und 4 nicht anzuwenden. [2]Für diese Verwahrungsmassen werden die Verwahrungsbücher, die Massenbücher, die Namensverzeichnisse zum Massenbuch und die Anderkontenlisten nach den vor dem 1.Januar 2022 geltenden Bestimmungen geführt und verwahrt. [3]Der Notar kann jedoch zum Schluss eines Kalenderjahres alle Verwahrungsmassen im Sinne des Satzes 1 in das Verwahrungsverzeichnis übernehmen und insoweit die Verzeichnisführung nach den vor dem 1. Januar 2022 geltenden Bestimmungen abschließen. [4]Dazu sind für die zu übernehmenden Verwahrungsmassen die nach den Vorschriften des Abschnitts 3 der Verordnung über die Führung notarieller Akten und Verzeichnisse erforderlichen Angaben in das Verwahrungsverzeichnis einzutragen. [5]Dabei sind sämtliche in den Massenbüchern und Vemahrungsbüchern verzeichneten Eintragungen zu übernehmen.

*) Gilt ab 1.1.2022

(4) Die Urkundenrollen, die Erbvertragsverzeichnisse und die Namensverzeichnisse zur Urkundenrolle für Urkunden, die vor dem 1. Januar 2022 errichtet wurden, werden von dem Notar nach Maßgabe der vor dem 1. Januar 2022 geltenden Vorschriften geführt und verwahrt.

Gesetz über das Aufspüren von Gewinnen aus schweren Straftaten
(Geldwäschegesetz – GwG)

vom 23. Juni 2017 (BGBl. I S. 1822)

zuletzt geändert durch Gesetz vom 25. Juni 2021 (BGBl. I S. 2083)

– Auszug –

Abschnitt 1
Begriffsbestimmungen und Verpflichtete

§ 1
Begriffsbestimmungen

(1) Geldwäsche im Sinne dieses Gesetzes ist eine Straftat nach § 261 des Strafgesetzbuchs.

(2) Terrorismusfinanzierung im Sinne dieses Gesetzes ist

1. die Bereitstellung oder Sammlung von Vermögensgegenständen mit dem Wissen oder in der Absicht, dass diese Vermögensgegenstände ganz oder teilweise dazu verwendet werden oder verwendet werden sollen, eine oder mehrere der folgenden Straftaten zu begehen:
   a) eine Tat nach § 129a des Strafgesetzbuchs, auch in Verbindung mit § 129b des Strafgesetzbuchs, oder
   b) eine andere der in den Artikeln 3, 5 bis 10 und 12 der Richtlinie (EU) 2017/541 des Europäischen Parlaments und des Rates vom 15. März 2017 zur Terrorismusbekämpfung und zur Ersetzung des Rahmenbeschlusses 2002/475/JI des Rates und zur Änderung des Beschlusses 2005/671/JI des Rates (ABl. L 88 vom 31.3.2017, S. 6) umschriebenen Straftaten,
2. die Begehung einer Tat nach § 89c des Strafgesetzbuchs oder
3. die Anstiftung oder Beihilfe zu einer Tat nach Nummer 1 oder 2.

(3) Identifizierung im Sinne dieses Gesetzes besteht aus

1. dem Erheben von Angaben zum Zweck der Identifizierung und
2. der Überprüfung dieser Angaben zum Zweck der Identifizierung.

(4) Geschäftsbeziehung im Sinne dieses Gesetzes ist jede Beziehung, die unmittelbar in Verbindung mit den gewerblichen oder beruflichen Aktivitäten der Verpflichteten steht und bei der beim Zustandekommen des Kontakts davon ausgegangen wird, dass sie von gewisser Dauer sein wird.

(5) [1]Transaktion im Sinne dieses Gesetzes ist oder sind eine oder, soweit zwischen ihnen eine Verbindung zu bestehen scheint, mehrere Handlungen, die eine Geldbewegung oder eine sonstige Vermögensverschiebung bezweckt oder bezwecken oder bewirkt oder bewirken. [2]Bei Vermittlungstätigkeiten von Verpflichteten nach § 2 Absatz 1 Nummer 14 und 16 gilt als Transaktion im Sinne dieses Gesetzes das vermittelte Rechtsgeschäft.

(6) [1]Trust im Sinne dieses Gesetzes ist eine Rechtsgestaltung, die als Trust errichtet wurde, wenn das für die Errichtung anwendbare Recht das Rechtsinstitut des Trusts vorsieht. [2]Sieht das für die Errichtung anwendbare Recht ein Rechtsinstitut vor, das dem Trust nachgebildet ist, so gelten auch Rechtsgestaltungen, die unter Verwendung dieses Rechtsinstituts errichtet wurden, als Trust.

(7) Vermögensgegenstand im Sinne dieses Gesetzes ist

1. jeder Vermögenswert, ob körperlich oder nichtkörperlich, beweglich oder unbeweglich, materiell oder immateriell, sowie
2. Rechtstitel und Urkunden in jeder Form, einschließlich der elektronischen und digitalen Form, die das Eigentumsrecht oder sonstige Rechte an Vermögenswerten nach Nummer 1 verbriefen.

(8) Glücksspiel im Sinne dieses Gesetzes ist ....

(9) Güterhändler ....

(10) [1]Hochwertige Güter im Sinne dieses Gesetzes sind Gegenstände,

1. die sich aufgrund ihrer Beschaffenheit, ihres Verkehrswertes oder ihres bestimmungsgemäßen Gebrauchs von Gebrauchsgegenständen des Alltags abheben oder
2. die aufgrund ihres Preises keine Alltagsanschaffung darstellen.

[2]Zu ihnen gehören insbesondere

1. Edelmetalle wie Gold, Silber und Platin,
2. Edelsteine,
3. Schmuck und Uhren,
4. Kunstgegenstände und Antiquitäten,
5. Kraftfahrzeuge, Schiffe und Motorboote sowie Luftfahrzeuge.

(11) Immobilienmakler im Sinne dieses Gesetzes ist, wer gewerblich den Abschluss von Kauf-, Pacht- oder Mietverträgen über Grundstücke, grundstücksgleiche Rechte, gewerbliche Räume oder Wohnräume vermittelt.

(12) [1]Politisch exponierte Person im Sinne dieses Gesetzes ist jede Person, die ein hochrangiges wichtiges öffentliches Amt auf internationaler, europäischer oder nationaler Ebene ausübt oder ausgeübt hat oder ein öffentliches Amt unterhalb der nationalen Ebene, dessen politische Bedeutung vergleichbar ist, ausübt oder ausgeübt hat. [2]Zu den politisch exponierten Personen gehören insbesondere

1. Personen, die folgende Funktionen innehaben:
   a) Staatschefs, Regierungschefs, Minister, Mitglieder der Europäischen Kommission, stellvertretende Minister und Staatssekretäre,
   b) Parlamentsabgeordnete und Mitglieder vergleichbarer Gesetzgebungsorgane,
   c) Mitglieder der Führungsgremien politischer Parteien,

d) Mitglieder von obersten Gerichtshöfen, Verfassungsgerichtshöfen oder sonstigen hohen Gerichten, gegen deren Entscheidungen im Regelfall kein Rechtsmittel mehr eingelegt werden kann,

e) Mitglieder der Leitungsorgane von Rechnungshöfen,

f) Mitglieder der Leitungsorgane von Zentralbanken,

g) Botschafter, Geschäftsträger und Verteidigungsattachés,

h) Mitglieder der Verwaltungs-, Leitungs- und Aufsichtsorgane staatseigener Unternehmen,

i) Direktoren, stellvertretende Direktoren, Mitglieder des Leitungsorgans oder sonstige Leiter mit vergleichbarer Funktion in einer zwischenstaatlichen internationalen oder europäischen Organisation;

2. Personen, die Ämter innehaben, welche in der nach Artikel 1 Nummer 13 der Richtlinie (EU) 2018/843 des Europäischen Parlaments und des Rates vom 30. Mai 2018 zur Änderung der Richtlinie (EU) 2015/849 zur Verhinderung der Nutzung des Finanzsystems zum Zwecke der Geldwäsche und der Terrorismusfinanzierung und zur Änderung der Richtlinien 2009/138/EG und 2013/36/EU (ABl. L 156 vom 19.6.2018, S. 43) von der Europäischen Kommission veröffentlichten Liste enthalten sind.

[3]Das Bundesministerium der Finanzen erstellt, aktualisiert und übermittelt der Europäischen Kommission eine Liste gemäß Artikel 1 Nummer 13 der Richtlinie (EU) 2018/843. [4]Organisationen nach Satz 2 Nummer 1 Buchstabe i mit Sitz in Deutschland übermitteln dem Bundesministerium der Finanzen hierfür jährlich zum Jahresende eine Liste mit wichtigen öffentlichen Ämtern nach dieser Vorschrift.

(13) Familienmitglied im Sinne dieses Gesetzes ist ein naher Angehöriger einer politisch exponierten Person, insbesondere

1. der Ehepartner oder eingetragene Lebenspartner,
2. ein Kind und dessen Ehepartner oder eingetragener Lebenspartner sowie
3. jeder Elternteil.

(14) Bekanntermaßen nahestehende Person im Sinne dieses Gesetzes ist eine natürliche Person, bei der der Verpflichtete Grund zu der Annahme haben muss, dass diese Person

1. gemeinsam mit einer politisch exponierten Person

   a) wirtschaftlich Berechtigter einer Vereinigung nach § 20 Absatz 1 ist

   oder

   b) wirtschaftlich Berechtigter einer Rechtsgestaltung nach § 21 ist,

2. zu einer politisch exponierten Person sonstige enge Geschäftsbeziehungen unterhält oder
3. alleiniger wirtschaftlich Berechtigter

a) einer Vereinigung nach § 20 Absatz 1 ist oder

b) einer Rechtsgestaltung nach § 21 ist, bei der der Verpflichtete Grund zu der Annahme haben muss, dass die Errichtung faktisch zugunsten einer politisch exponierten Person erfolgte. (...)

(15) Drittstaat im Sinne dieses Gesetzes ist ein Staat,

1. der nicht Mitgliedstaat der Europäischen Union ist und

2. der nicht Vertragsstaat des Abkommens über den Europäischen Wirtschaftsraum ist.

(17) E-Geld im Sinne dieses Gesetzes ist E-Geld nach § 1 Absatz 2 Satz 3 und 4 des Zahlungsdiensteaufsichtsgesetzes.

(...)

(19) Die Zuverlässigkeit eines Mitarbeiters im Sinne dieses Gesetzes liegt vor, wenn der Mitarbeiter die Gewähr dafür bietet, dass er

1. die in diesem Gesetz geregelten Pflichten, sonstige geldwäscherechtliche Pflichten und die beim Verpflichteten eingeführten Strategien, Kontrollen und Verfahren zur Verhinderung von Geldwäsche und von Terrorismusfinanzierung sorgfältig beachtet,

2. Tatsachen nach § 43 Absatz 1 dem Vorgesetzten oder dem Geldwäschebeauftragten, sofern ein Geldwäschebeauftragter bestellt ist, meldet und

3. sich weder aktiv noch passiv an zweifelhaften Transaktionen oder Geschäftsbeziehungen beteiligt.

(21) (...)

§ 2
Verpflichtete, Verordnungsermächtigung

(1) Verpflichtete im Sinne dieses Gesetzes sind, soweit sie in Ausübung ihres Gewerbes oder Berufs handeln ...

10. Rechtsanwälte, Kammerrechtsbeistände, Patentanwälte sowie Notare, soweit sie

a) für den Mandanten an der Planung oder Durchführung von folgenden Geschäften mitwirken:

aa) Kauf und Verkauf von Immobilien oder Gewerbebetrieben,

bb) Verwaltung von Geld, Wertpapieren oder sonstigen Vermögenswerten,

cc) Eröffnung oder Verwaltung von Bank-, Spar- oder Wertpapierkonten,

dd) Beschaffung der zur Gründung, zum Betrieb oder zur Verwaltung von Gesellschaften erforderlichen Mittel,

ee) Gründung, Betrieb oder Verwaltung von Treuhandgesellschaften, Gesellschaften oder ähnlichen Strukturen

b) im Namen und auf Rechnung des Mandanten Finanz- oder Immobilientransaktionen durchführen,

c) den Mandanten im Hinblick auf dessen Kapitalstruktur, dessen industrielle Strategie oder damit verbundene Fragen beraten,

d) Beratung oder Dienstleistungen im Zusammenhang mit Zusammenschlüssen oder Übernahmen erbringen oder

e) geschäftsmäßig Hilfeleistung in Steuersachen erbringen,

§ 3
Wirtschaftlich Berechtigter

(1) [1]Wirtschaftlich Berechtigter im Sinne dieses Gesetzes ist

1. die natürliche Person, in deren Eigentum oder unter deren Kontrolle eine juristische Person, sonstige Gesellschaft oder eine Rechtsgestaltung im Sinne des Absatzes 3 letztlich steht, oder

2. die natürliche Person, auf deren Veranlassung eine Transaktion letztlich durchgeführt oder eine Geschäftsbeziehung letztlich begründet wird.

[2]Zu den wirtschaftlich Berechtigten zählen insbesondere die in den Absätzen 2 bis 4 aufgeführten natürlichen Personen.

(2) [1]Bei juristischen Personen außer rechtsfähigen Stiftungen und bei sonstigen Gesellschaften, die nicht an einem organisierten Markt nach § 2 Absatz 11 des Wertpapierhandelsgesetzes notiert sind und keinen dem Gemeinschaftsrecht entsprechenden Transparenzanforderungen im Hinblick auf Stimmrechtsanteile oder gleichwertigen internationalen Standards unterliegen, zählt zu den wirtschaftlich Berechtigten jede natürliche Person, die unmittelbar oder mittelbar

1. mehr als 25 Prozent der Kapitalanteile hält,

2. mehr als 25 Prozent der Stimmrechte kontrolliert oder

3. auf vergleichbare Weise Kontrolle ausübt.

[2]Mittelbare Kontrolle liegt insbesondere vor, wenn entsprechende Anteile von einer oder mehreren Vereinigungen nach § 20 Absatz 1 gehalten werden, die von einer natürlichen Person kontrolliert werden. [3]Kontrolle liegt insbesondere vor, wenn die natürliche Person unmittelbar oder mittelbar einen beherrschenden Einfluss auf die Vereinigung nach § 20 Absatz 1 ausüben kann. [4]Für das Bestehen eines beherrschenden Einflusses gilt § 290 Absatz 2 bis 4 des Handelsgesetzbuchs entsprechend. [5]Wenn auch nach Durchführung umfassender Prüfungen und ohne dass Tatsachen nach § 43 Absatz 1 vor liegen von der meldepflichtigen Vereinigung nach § 20 Absatz 1 kein wirtschaftlich Berechtigter nach Absatz 1 oder nach den Sätzen 1 bis 4 ermittelt werden kann, gilt als wirtschaftlich Berechtigter der gesetzliche Vertreter, der geschäftsführende Gesellschafter oder der Partner des Vertragspartners.

(3) Bei rechtsfähigen Stiftungen und Rechtsgestaltungen, mit denen treuhänderisch Vermögen verwaltet oder verteilt oder die Verwaltung oder Verteilung durch Dritte beauftragt wird, oder bei diesen vergleichbaren Rechtsformen zählt zu den wirtschaftlich Berechtigten:

1. jede natürliche Person, die als Treugeber (Settlor), Verwalter von Trusts (Trustee) oder Protektor, sofern vorhanden, handelt,
2. jede natürliche Person, die Mitglied des Vorstands der Stiftung ist,
3. jede natürliche Person, die als Begünstigte bestimmt worden ist,
4. die Gruppe von natürlichen Personen, zu deren Gunsten das Vermögen verwaltet oder verteilt werden soll, sofern die natürliche Person, die Begünstigte des verwalteten Vermögens werden soll, noch nicht bestimmt ist,
5. jede natürliche Person, die auf sonstige Weise unmittelbar oder mittelbar beherrschenden Einfluss auf die Vermögensverwaltung oder Ertragsverteilung ausübt und
6. jede natürliche Person, die unmittelbar oder mittelbar beherrschenden Einfluss auf eine Vereinigung ausüben kann, die
   a) Mitglied des Vorstands der Stiftung ist oder die als Begünstigte der Stiftung bestimmt worden ist, oder
   b) als Treugeber (Settlor), Verwalter von Trusts (Trustee) oder Protektor handelt oder die als Begünstige der Rechtsgestaltung bestimmt worden ist. .

(4) Bei Handeln auf Veranlassung zählt zu den wirtschaftlich Berechtigten derjenige, auf dessen Veranlassung die Transaktion durchgeführt wird. Soweit der Vertragspartner als Treuhänder handelt, handelt er ebenfalls auf Veranlassung.

§ 3a

(...)

Abschnitt 2
Risikomanagement

§ 4
Risikomanagement

(1) Die Verpflichteten müssen zur Verhinderung von Geldwäsche und von Terrorismusfinanzierung über ein wirksames Risikomanagement verfügen, das im Hinblick auf Art und Umfang ihrer Geschäftstätigkeit angemessen ist.

(2) Das Risikomanagement umfasst eine Risikoanalyse nach § 5 sowie interne Sicherungsmaßnahmen nach § 6.

(3) [1]Verantwortlich für das Risikomanagement sowie für die Einhaltung der geldwäscherechtlichen Bestimmungen in diesem und anderen Gesetzen sowie in den aufgrund dieses und anderer Gesetze ergangenen Rechtsverordnungen ist ein zu

benennendes Mitglied der Leitungsebene. [2]Die Risikoanalyse und interne Sicherungsmaßnahmen bedürfen der Genehmigung dieses Mitglieds.

§ 5
Risikoanalyse

(1) [1]Die Verpflichteten haben diejenigen Risiken der Geldwäsche und der Terrorismusfinanzierung zu ermitteln und zu bewerten, die für Geschäfte bestehen, die von ihnen betrieben werden. [2]Dabei haben sie insbesondere die in den Anlagen 1 und 2 genannten Risikofaktoren sowie die Informationen, die auf Grundlage der nationalen Risikoanalyse zur Verfügung gestellt werden, zu berücksichtigen. [3]Der Umfang der Risikoanalyse richtet sich nach Art und Umfang der Geschäftstätigkeit der Verpflichteten.

(2) Die Verpflichteten haben

1. die Risikoanalyse zu dokumentieren,
2. die Risikoanalyse regelmäßig zu überprüfen und gegebenenfalls zu aktualisieren und
3. der Aufsichtsbehörde auf Verlangen die jeweils aktuelle Fassung der Risikoanalyse zur Verfügung zu stellen.

(3) (...)

§ 6
Interne Sicherungsmaßnahmen

(1) [1]Verpflichtete haben angemessene geschäfts- und kundenbezogene interne Sicherungsmaßnahmen zu schaffen, um die Risiken von Geldwäsche und von Terrorismusfinanzierung in Form von Grundsätzen, Verfahren und Kontrollen zu steuern und zu mindern. [2]Angemessen sind solche Maßnahmen, die der jeweiligen Risikosituation des einzelnen Verpflichteten entsprechen und diese hinreichend abdecken. [3]Die Verpflichteten haben die Funktionsfähigkeit der internen Sicherungsmaßnahmen zu überwachen und sie bei Bedarf zu aktualisieren.

(2) Interne Sicherungsmaßnahmen sind insbesondere:

1. die Ausarbeitung von internen Grundsätzen, Verfahren und Kontrollen in Bezug auf
   a) den Umgang mit Risiken nach Absatz 1,
   b) die Kundensorgfaltspflichten nach den §§ 10 bis 17,
   c) die Erfüllung der Meldepflicht nach § 43 Absatz 1,
   d) die Aufzeichnung von Informationen und die Aufbewahrung von Dokumenten nach § 8 und
   e) die Einhaltung der sonstigen geldwäscherechtlichen Vorschriften,

2. die Bestellung eines Geldwäschebeauftragten und seines Stellvertreters gemäß § 7,

3. für Verpflichtete, die Mutterunternehmen einer Gruppe sind, die Schaffung von gruppenweiten Verfahren gemäß § 9,

4. die Schaffung und Fortentwicklung geeigneter Maßnahmen zur Verhinderung des Missbrauchs von neuen Produkten und Technologien zur Begehung von Geldwäsche und von Terrorismusfinanzierung oder für Zwecke der Begünstigung der Anonymität von Geschäftsbeziehungen oder von Transaktionen,

5. die Überprüfung der Mitarbeiter auf ihre Zuverlässigkeit durch geeignete Maßnahmen, insbesondere durch Personalkontroll- und Beurteilungssysteme der Verpflichteten,

6. die erstmalige und laufende Unterrichtung der Mitarbeiter in Bezug auf Typologien und aktuelle Methoden der Geldwäsche und der Terrorismusfinanzierung sowie die insoweit einschlägigen Vorschriften und Pflichten, einschließlich Datenschutzbestimmungen, und

7. die Überprüfung der zuvor genannten Grundsätze und Verfahren durch eine unabhängige Prüfung, soweit diese Überprüfung angesichts der Art und des Umfangs der Geschäftstätigkeit angemessen ist.

(3) (...)

(5) Die Verpflichteten haben im Hinblick auf ihre Art und Größe angemessene Vorkehrungen zu treffen, damit es ihren Mitarbeitern und Personen in einer vergleichbaren Position unter Wahrung der Vertraulichkeit ihrer Identität möglich ist, Verstöße gegen geldwäscherechtliche Vorschriften geeigneten Stellen zu berichten.

(6) [1]Die Verpflichteten treffen Vorkehrungen, um auf Anfrage der Zentralstelle für Finanztransaktionsuntersuchungen oder auf Anfrage anderer zuständiger Behörden Auskunft darüber zu geben, ob sie während eines Zeitraums von fünf Jahren vor der Anfrage mit bestimmten Personen eine Geschäftsbeziehung unterhalten haben und welcher Art diese Geschäftsbeziehung war. [2]Sie haben sicherzustellen, dass die Informationen sicher und vertraulich an die anfragende Stelle übermittelt werden. [3]Verpflichtete nach § 2 Absatz 1 Nummer 10 und 12 können die Auskunft verweigern, wenn sich die Anfrage auf Informationen bezieht, die sie im Rahmen von Tätigkeiten der Rechtsberatung oder Prozessvertretung erhalten haben. [4]Die Pflicht zur Auskunft bleibt bestehen, wenn der Verpflichtete weiß, dass die Rechtsberatung oder Prozessvertretung für den Zweck der Geldwäsche oder der Terrorismusfinanzierung genutzt wurde oder wird.

(7) [1]Die Verpflichteten dürfen die internen Sicherungsmaßnahmen im Rahmen von vertraglichen Vereinbarungen durch einen Dritten durchführen lassen, wenn sie dies vorher der Aufsichtsbehörde angezeigt haben. [2]Die Aufsichtsbehörde kann die Übertragung dann untersagen, wenn

1. der Dritte nicht die Gewähr dafür bietet, dass die Sicherungsmaßnahmen ordnungsgemäß durchgeführt werden,

2. die Steuerungsmöglichkeiten der Verpflichteten beeinträchtigt werden

oder

3. die Aufsicht durch die Aufsichtsbehörde beeinträchtigt wird.

[3]Die Verpflichteten haben in ihrer Anzeige darzulegen, dass die Voraussetzungen für eine Untersagung der Übertragung nach Satz 2 nicht vorliegen. [4]Die Verantwortung für die Erfüllung der Sicherungsmaßnahmen bleibt bei den Verpflichteten.

(8) Die Aufsichtsbehörde kann (...).

§ 8
Aufzeichnungs- und Aufbewahrungspflicht

(1) [1]Vom Verpflichteten aufzuzeichnen und aufzubewahren sind

1. die im Rahmen der Erfüllung der Sorgfaltspflichten erhobenen Angaben und eingeholten Informationen
   a) über die Vertragspartner, die Vertragsparteien des vermittelten Rechtsgeschäfts nach § 11 Absatz 2 und gegebenenfalls über die für die Vertragspartner oder die Vertragsparteien des vermittelten Rechtsgeschäfts auftretenden Personen und wirtschaftlich Berechtigten,
   b) über Geschäftsbeziehungen und Transaktionen, insbesondere Transaktionsbelege, soweit sie für die Untersuchung von Transaktionen erforderlich sein können,
2. hinreichende Informationen über die Durchführung und über die Ergebnisse der Risikobewertung nach § 10 Absatz 2, § 14 Absatz 1 und § 15 Absatz 3 und über die Angemessenheit der auf Grundlage dieser Ergebnisse ergriffenen Maßnahmen,
3. die Ergebnisse der Untersuchung nach § 15 Absatz 6 Nummer 1 und
4. die Erwägungsgründe und eine nachvollziehbare Begründung des Bewertungsergebnisses eines Sachverhalts hinsichtlich der Meldepflicht nach § 43 Absatz 1.

[2]Die Aufzeichnungen nach Satz 1 Nummer 1 Buchstabe a schließen Aufzeichnungen über die getroffenen Maßnahmen zur Ermittlung des wirtschaftlich Berechtigten sowie die Dokumentation der Eigentums- und Kontrollstruktur nach § 12 Absatz 4 Satz 1 ein. [3]Bei Personen, die nach § 3 Absatz 2 Satz 5 als wirtschaftlich Berechtigte gelten, sind zudem die Maßnahmen zur Überprüfung der Identität nach § 11 Absatz 5 und etwaige Schwierigkeiten, die während des Überprüfungsvorgangs aufgetreten sind, aufzuzeichnen.

(2) [1]Zur Erfüllung der Pflicht nach Absatz 1 Satz 1 Nummer 1 Buchstabe a sind in den Fällen des § 12 Absatz 1 Satz 1 Nummer 1 auch die Art, die Nummer und die Behörde, die das zur Überprüfung der Identität vorgelegte Dokument ausgestellt hat, aufzuzeichnen. [2]Soweit zur Überprüfung der Identität einer natürlichen Person Dokumente nach § 12 Absatz 1 Satz 1 Nummer 1, 4 oder 5 oder zur Überprüfung der Identität einer juristischen Person Unterlagen nach § 12 Absatz 2 vorgelegt werden oder soweit Dokumente, die aufgrund einer Rechtsverordnung nach § 12 Absatz 3 bestimmt sind, vorgelegt oder herangezogen werden, haben die Verpflichteten das

Recht und die Pflicht, Kopien dieser Dokumente oder Unterlagen anzufertigen oder sie optisch digitalisiert zu erfassen oder, bei einem Vor-Ort-Auslesen nach § 18a des Personalausweisgesetzes, nach § 78 Absatz 5 Satz 2 des Aufenthaltsgesetzes oder nach § 13 des eID-Karte-Gesetzes, das dienste- und kartenspezifische Kennzeichen sowie die Tatsache aufzuzeichnen, dass die Daten im Wege des Vor-Ort-Auslesens übernommen wurden. [3]Diese gelten als Aufzeichnung im Sinne des Satzes 1. [4]Die Aufzeichnungs- und Aufbewahrungspflicht nach Absatz 1 Satz 1 Nummer 1 Buchstabe a umfasst auch die zur Erfüllung geldwäscherechtlicher Sorgfaltspflichten angefertigten Aufzeichnungen von Video- und Tonaufnahmen. [5]Wird nach § 11 Absatz 3 Satz 1 von einer erneuten Identifizierung abgesehen, so sind der Name des zu Identifizierenden und der Umstand, dass er bei früherer Gelegenheit identifiziert worden ist, aufzuzeichnen. [6]Im Fall des § 12 Absatz 1 Satz 1 Nummer 2 ist anstelle der Art, der Nummer und der Behörde, die das zur Überprüfung der Identität vorgelegte Dokument ausgestellt hat, das dienste- und kartenspezifische Kennzeichen und die Tatsache, dass die Prüfung anhand eines elektronischen Identitätsnachweises erfolgt ist, aufzuzeichnen. [7]Bei der Überprüfung der Identität anhand einer qualifizierten Signatur nach § 12 Absatz 1 Satz 1 Nummer 3 ist auch deren Validierung aufzuzeichnen. [8]Bei Einholung von Angaben und Informationen durch Einsichtnahme in elektronisch geführte Register oder Verzeichnisse gemäß § 12 Absatz 2 gilt die Anfertigung eines Ausdrucks als Aufzeichnung der darin enthaltenen Angaben oder Informationen.

(3) [1]Die Aufzeichnungen können auch digital auf einem Datenträger gespeichert werden. [2]Die Verpflichteten müssen sicherstellen, dass die gespeicherten Daten

1. mit den festgestellten Angaben und Informationen übereinstimmen,
2. während der Dauer der Aufbewahrungsfrist verfügbar sind und
3. jederzeit innerhalb einer angemessenen Frist lesbar gemacht werden können.

(4) [1]Die Aufzeichnungen und sonstigen Belege nach den Absätzen 1 bis 3 sind fünf Jahre aufzubewahren, soweit nicht andere gesetzliche Bestimmungen über Aufzeichnungs- und Aufbewahrungspflichten eine längere Frist vorsehen. [2]In jedem Fall sind die Aufzeichnungen und sonstigen Belege spätestens nach Ablauf von zehn Jahren zu vernichten. [3]Die Aufbewahrungsfrist im Fall des § 10 Absatz 3 Satz 1 Nummer 1 beginnt mit dem Schluss des Kalenderjahres, in dem die Geschäftsbeziehung endet. [4]In den übrigen Fällen beginnt sie mit dem Schluss des Kalenderjahres, in dem die jeweilige Angabe festgestellt worden ist.

(5) Soweit aufzubewahrende Unterlagen einer öffentlichen Stelle vorzulegen sind, gilt für die Lesbarmachung der Unterlagen § 147 Absatz 5 der Abgabenordnung entsprechend.

Abschnitt 3
Sorgfaltspflichten in Bezug auf Kunden

§ 10
Allgemeine Sorgfaltspflichten

(1) Die allgemeinen Sorgfaltspflichten sind:

1. die Identifizierung des Vertragspartners und gegebenenfalls der für ihn auftretenden Person nach Maßgabe des § 11 Absatz 4 und des § 12 Absatz 1 und 2 sowie die Prüfung, ob die für den Vertragspartner auftretende Person hierzu berechtigt ist,

2. die Abklärung, ob der Vertragspartner für einen wirtschaftlich Berechtigten handelt, und, soweit dies der Fall ist, die Identifizierung des wirtschaftlich Berechtigten nach Maßgabe des § 11 Absatz 5 und des § 12 Absatz 3 und 4; dies umfasst in Fällen, in denen der Vertragspartner keine natürliche Person ist, die Pflicht, die Eigentums- und Kontrollstruktur des Vertragspartners mit angemessenen Mitteln in Erfahrung zu bringen,

3. die Einholung und Bewertung von Informationen über den Zweck und über die angestrebte Art der Geschäftsbeziehung, soweit sich diese Informationen im Einzelfall nicht bereits zweifelsfrei aus der Geschäftsbeziehung ergeben,

4. die Feststellung mit angemessenen, risikoorientierten Verfahren, ob es sich bei dem Vertragspartner oder dem wirtschaftlich Berechtigten um eine politisch exponierte Person, um ein Familienmitglied oder um eine bekanntermaßen nahestehende Person handelt, und

5. die kontinuierliche Überwachung der Geschäftsbeziehung einschließlich der Transaktionen, die in ihrem Verlauf durchgeführt werden, zur Sicherstellung, dass diese Transaktionen übereinstimmen

   a) mit den beim Verpflichteten vorhandenen Dokumenten und Informationen über den Vertragspartner und gegebenenfalls über den wirtschaftlich Berechtigten, über deren Geschäftstätigkeit und Kundenprofil und,

   b) soweit erforderlich, mit den beim Verpflichteten vorhandenen Informationen über die Herkunft der Vermögenswerte; im Rahmen der kontinuierlichen Überwachung haben die Verpflichteten sicherzustellen, dass die jeweiligen Dokumente, Daten oder Informationen unter Berücksichtigung des jeweiligen Risikos im angemessenen zeitlichen Abstand aktualisiert werden.

(2) [1]Der konkrete Umfang der Maßnahmen nach Absatz 1 Nummer 2 bis 5 muss dem jeweiligen Risiko der Geldwäsche oder Terrorismusfinanzierung, insbesondere in Bezug auf den Vertragspartner, die Geschäftsbeziehung oder Transaktion, entsprechen. [2]Die Verpflichteten berücksichtigen dabei insbesondere die in den Anlagen 1 und 2 genannten Risikofaktoren. [3]Darüber hinaus zu berücksichtigen haben sie bei der Bewertung der Risiken zumindest

1. den Zweck des Kontos oder der Geschäftsbeziehung,

2. die Höhe der von Kunden eingezahlten Vermögenswerte oder den Umfang der ausgeführten Transaktionen sowie

3. die Regelmäßigkeit oder die Dauer der Geschäftsbeziehung.

[4]Verpflichtete müssen gegenüber den Aufsichtsbehörden auf deren Verlangen darlegen, dass der Umfang der von ihnen getroffenen Maßnahmen im Hinblick auf die Risiken der Geldwäsche und der Terrorismusfinanzierung angemessen ist.

(3) Die allgemeinen Sorgfaltspflichten sind von Verpflichteten zu erfüllen:

1. bei der Begründung einer Geschäftsbeziehung,
2. bei Transaktionen, die außerhalb einer Geschäftsbeziehung durchgeführt werden, wenn es sich handelt um
   a) Geldtransfers nach Artikel 3 Nummer 9 der Verordnung (EU) 2015/ 847 des Europäischen Parlaments und des Rates vom 20. Mai 2015 über die Übermittlung von Angaben bei Geldtransfers und zur Aufhebung der Verordnung (EU) Nr. 1781/2006 (ABl. L 141 vom 5.6.2015, S. 1) und dieser Geldtransfer einen Betrag von 1.000 Euro oder mehr ausmacht,
   b) die Durchführung einer sonstigen Transaktion im Wert von 15.000 Euro oder mehr,
   c) die Übertragung von Kryptowerten, die zum Zeitpunkt der Übertragung einem Gegenwert von 1 000 Euro oder mehr entspricht,
3. ungeachtet etwaiger nach diesem Gesetz oder anderen Gesetzen bestehender Ausnahmeregelungen, Befreiungen oder Schwellenbeträge beim Vorliegen von Tatsachen, die darauf hindeuten, dass
   a) es sich bei Vermögensgegenständen, die mit einer Transaktion oder Geschäftsbeziehung im Zusammenhang stehen, um den Gegenstand von Geldwäsche handelt oder
   b) die Vermögensgegenstände im Zusammenhang mit Terrorismusfinanzierung stehen,
4. bei Zweifeln, ob die aufgrund von Bestimmungen dieses Gesetzes erhobenen Angaben zu der Identität des Vertragspartners, zu der Identität einer für den Vertragspartner auftretenden Person oder zu der Identität des wirtschaftlich Berechtigten zutreffend sind.

(3a) [1]Die Verpflichteten müssen die allgemeinen Sorgfaltspflichten bei allen neuen Kunden erfüllen. [2]Bei bereits bestehenden Geschäftsbeziehungen müssen sie die allgemeinen Sorgfaltspflichten zu geeigneter Zeit auf risikobasierter Grundlage erfüllen, insbesondere dann, wenn

1. sich bei einem Kunden maßgebliche Umstände ändern,

5. der Verpflichtete rechtlich verpflichtet ist, den Kunden im Laufe des betreffenden Kalenderjahres zu kontaktieren, um etwaige einschlägige Informationen über den wirtschaftlich Berechtigten zu überprüfen, oder

2. der Verpflichtete gemäß der Richtlinie 2011/16/EU des Rates vom 15. Februar 2011 über die Zusammenarbeit der Verwaltungsbehörden im Bereich der Besteuerung und zur Aufhebung der Richtlinie 77/799/EWG (ABl. L 64 vom 11.3.2011, S. 1) dazu verpflichtet ist. (...)

(9) Ist der Verpflichtete nicht in der Lage, die allgemeinen Sorgfaltspflichten nach Absatz 1 Nummer 1 bis 4 zu erfüllen, so darf die Geschäftsbeziehung nicht begründet oder nicht fortgesetzt werden und darf keine Transaktion durchgeführt werden. 2Soweit eine Geschäftsbeziehung bereits besteht, ist sie vom Verpflichteten ungeachtet anderer gesetzlicher oder vertraglicher Bestimmungen durch Kündigung oder auf andere Weise zu beenden. 3Die Sätze 1 und 2 gelten für Verpflichtete nach § 2 Absatz 1 Nummer 10 und 12 nicht, wenn Tätigkeiten der Rechtsberatung oder Prozessvertretung erbracht werden sollen, es sei denn, der Verpflichtete weiß, dass die Rechtsberatung oder Prozessvertretung bewusst für den Zweck der Geldwäsche oder der Terrorismusfinanzierung genutzt wurde oder wird. 4Solange der Vertragspartner seiner Pflicht nach § 12 Absatz 4, eine Vereinigung mit Sitz im Ausland ihrer Mitteilungspflicht nach § 20 Absatz 1 Satz 2 und 3 oder ein Trustee, der der außerhalb der Europäischen Union seinen Wohnsitz oder Sitz hat, seiner Mitteilungspflicht nach § 21 Absatz 1 Satz 2 Alternative 2 und Satz 3 nicht nachkommt, hat der Notar die Beurkundung abzulehnen; § 15 Absatz 2 der Bundesnotarordnung gilt insoweit entsprechend.

§ 11
Identifizierung, Ergebung von Angaben zum Zweck der Identifizierung, Verordungsermächtigung

(1) 1Verpflichtete haben Vertragspartner, gegebenenfalls für diese auftretende Personen und wirtschaftlich Berechtigte vor Begründung der Geschäftsbeziehung oder vor Durchführung der Transaktion zu identifizieren, indem sie die Angaben nach den Absätzen 4 und 5 erheben und diese nach § 12 überprüfen. 2Die Identifizierung kann auch noch während der Begründung der Geschäftsbeziehung unverzüglich abgeschlossen werden, wenn dies erforderlich ist, um den normalen Geschäftsablauf nicht zu unterbrechen, und wenn ein geringes Risiko der Geldwäsche und der Terrorismusfinanzierung besteht.

(2) (...)

(3) 1Von einer Identifizierung kann abgesehen werden, wenn der Verpflichtete die zu identifizierende Person bereits bei früherer Gelegenheit im Rahmen der Erfüllung seiner Sorgfaltspflichten identifiziert hat und die dabei erhobenen Angaben aufgezeichnet hat. 2Muss der Verpflichtete aufgrund der äußeren Umstände Zweifel hegen, ob die bei der früheren Identifizierung erhobenen Angaben weiterhin zutreffend sind, hat er eine erneute Identifizierung durchzuführen.

(4) In Bezug auf Vertragspartner und gegebenenfalls für diese auftretende Personen hat der Verpflichtete zum Zweck der Identifizierung folgende Angaben zu erheben:

1. bei einer natürlichen Person:
   a) Vorname und Nachname,
   b) Geburtsort,
   c) Geburtsdatum,
   d) Staatsangehörigkeit und

e) eine Wohnanschrift oder, sofern kein fester Wohnsitz mit rechtmäßigem Aufenthalt in der Europäischen Union besteht und die Überprüfung der Identität im Rahmen des Abschlusses eines Basiskontovertrags im Sinne von § 38 des Zahlungskontengesetzes erfolgt, die postalische Anschrift, unter der der Vertragspartner sowie die gegenüber dem Verpflichteten auftretende Person erreichbar ist;

2. bei einer juristischen Person oder bei einer Personengesellschaft:

   a) Firma, Name oder Bezeichnung,

   b) Rechtsform,

   c) Registernummer, falls vorhanden,

   d) Anschrift des Sitzes oder der Hauptniederlassung und

   e) die Namen der Mitglieder des Vertretungsorgans oder die Namen der gesetzlichen Vertreter und, sofern ein Mitglied des Vertretungsorgans oder der gesetzliche Vertreter eine juristische Person ist, von dieser juristischen Person die Daten nach den Buchstaben a bis d.

(5) [1]In Bezug auf einen wirtschaftlich Berechtigten hat der Verpflichtete zum Zweck der Identifizierung zumindest dessen Vor- und Nachnamen und, soweit dies in Ansehung des im Einzelfall bestehenden Risikos der Geldwäsche oder der Terrorismusfinanzierung angemessen ist, weitere Identifizierungsmerkmale zu erheben. [2]Geburtsdatum, Geburtsort und Anschrift des wirtschaftlich Berechtigten dürfen unabhängig vom festgestellten Risiko erhoben werden. [3]Die Erhebung der Angaben hat beim Vertragspartner oder der gegebenenfalls für diesen auftretenden Personen zu erfolgen; eine Erhebung der Angaben aus dem Transparenzregister genügt zur Erfüllung der Pflicht zur Erhebung der Angaben nicht. [4]Werden bei Trusts oder anderen Rechtsgestaltungen nach § 21 die wirtschaftlich Berechtigten nach besonderen Merkmalen oder nach einer Kategorie bestimmt, so hat der Verpflichtete ausreichende Informationen über den wirtschaftlich Berechtigten einzuholen, um zum Zeitpunkt der Ausführung der Transaktion oder der Ausübung seiner Rechte die Identität des wirtschaftlich Berechtigten feststellen zu können.

(6) [1]Der Vertragspartner eines Verpflichteten hat dem Verpflichteten die Informationen und Unterlagen zur Verfügung zu stellen, die zur Identifizierung erforderlich sind. [2]Ergeben sich im Laufe der Geschäftsbeziehung Änderungen, hat er diese Änderungen unverzüglich dem Verpflichteten anzuzeigen. [3]Der Vertragspartner hat gegenüber dem Verpflichteten offenzulegen, ob er die Geschäftsbeziehung oder die Transaktion für einen wirtschaftlich Berechtigten begründen, fortsetzen oder durchführen will. [4]Mit der Offenlegung hat er dem Verpflichteten auch die Identität des wirtschaftlich Berechtigten nachzuweisen. [5]Die Sätze 1 bis 4 gelten entsprechend für die Vertragsparteien des vermittelten Rechtsgeschäfts im Sinne des Absatzes 2, die nicht Vertragspartner des Verpflichteten nach § 2 Absatz 1 Nummer 14 sind.

(7) [1]Verwalter von Rechtsgestaltungen im Sinne des § 3 Absatz 3 haben dem Verpflichteten ihre Verwaltereigenschaft offenzulegen und ihm unverzüglich die Angaben zu übermitteln, die nach Absatz 5 zur Identifizierung aller wirtschaftlich Berechtigten im Sinne des § 3 Absatz 3 erforderlich sind, wenn sie in dieser Position eine Geschäftsbeziehung aufnehmen oder eine Transaktion oberhalb der in § 10 Absatz 3

Nummer 2, Absatz 5, Absatz 6 oder Absatz 6a genannten Schwellenbeträge durchführen. [2]Im Falle von Trusts und anderen Rechtsgestaltungen nach § 21 sind dem Verpflichteten die Angaben nach § 21 Absatz 1 und 2 unverzüglich zu übermitteln.

§ 11a
Verarbeitung personenbezogener Daten durch Verpflichtete

(1) Verpflichtete nach § 2 dürfen personenbezogene Daten nur verarbeiten, soweit dies auf Grundlage dieses Gesetzes für Zwecke der Verhinderung von Geldwäsche und Terrorismusfinanzierung erforderlich ist.

(2) Soweit ein den Vorschriften dieses Gesetzes unterliegender Verpflichteter nach § 2 personenbezogene Daten für Zwecke gemäß Absatz 1 an die zuständigen Aufsichtsbehörden oder die Personen und Einrichtungen, deren sich die zuständigen Aufsichtsbehörden bei der Durchführung ihrer Aufgaben bedienen, oder an die Zentralstelle für Finanztransaktionsuntersuchungen übermittelt, bestehen die Pflicht zur Information der betroffenen Person nach Artikel 13 Absatz 3 der Verordnung (EU) 2016/679 und das Recht auf Auskunft der betroffenen Person nach Artikel 15 der Verordnung (EU) 2016/679 nicht.

(3) Die Absätze 1 und 2 finden entsprechende Anwendung auf Dritte im Sinne von § 17, auf die ein Verpflichteter zur Erfüllung der allgemeinen Sorgfaltspflichten nach § 10 Absatz 1 Nummer 1 bis 4 zurückgreift.

§ 12
Überprüfung von Angaben zum Zweck der Identifizierung, Verordnungsermächtigung

(1) [1]Die Überprüfung der nach § 11 Absatz 4 erhobenen Angaben zum Vertragspartner und gegebenenfalls für diesen auftretende Personen hat bei natürlichen Personen zu erfolgen anhand

1. eines gültigen amtlichen Ausweises, der ein Lichtbild des Inhabers enthält und mit dem die Pass- und Ausweispflicht im Inland erfüllt wird, insbesondere anhand eines inländischen oder nach ausländerrechtlichen Bestimmungen anerkannten oder zugelassenen Passes, Personalausweises oder Pass- oder Ausweisersatzes,
2. eines elektronischen Identitätsnachweises nach § 18 des Personalausweisgesetzes, nach § 12 des eID-Karte-Gesetzes oder nach § 78 Absatz 5 des Aufenthaltsgesetzes,
3. einer qualifizierten elektronischen Signatur nach Artikel 3 Nummer 12 der Verordnung (EU) Nr. 910/2014 des Europäischen Parlaments und des Rates vom 23. Juli 2014 über elektronische Identifizierung und Vertrauensdienste für elektronische Transaktionen im Binnenmarkt und zur Aufhebung der Richtlinie 1999/93/EG (ABl. L 257 vom 28.8.2014, S. 73),
4. eines nach Artikel 8 Absatz 2 Buchstabe c in Verbindung mit Artikel 9 der Verordnung (EU) Nr. 910/2014 notifizierten elektronischen Identifizierungssystems oder

5. von Dokumenten nach § 1 Absatz 1 der Verordnung über die Bestimmung von Dokumenten, die zur Identifizierung einer nach dem Geldwäschegesetz zu identifizierenden Person zum Zwecke des Abschlusses eines Zahlungskontovertrags zugelassen werden.

[2]Im Fall der Identitätsüberprüfung anhand einer qualifizierten elektronischen Signatur gemäß Satz 1 Nummer 3 hat der Verpflichtete eine Validierung der qualifizierten elektronischen Signatur nach Artikel 32 Absatz 1 der Verordnung (EU) Nr. 910/2014 vorzunehmen. [3]Er hat in diesem Falle auch sicherzustellen, dass eine Transaktion unmittelbar von einem Zahlungskonto im Sinne des § 1 Absatz 17 des Zahlungsdiensteaufsichtsgesetzes erfolgt, das auf den Namen des Vertragspartners lautet, bei einem Verpflichteten nach § 2 Absatz 1 Satz 1 Nummer 1 oder Nummer 3 oder bei einem Kreditinstitut, das ansässig ist in einem

1. anderen Mitgliedstaat der Europäischen Union,

2. Vertragsstaat des Abkommens über den Europäischen Wirtschaftsraum

oder

3. Drittstaat, in dem das Kreditinstitut Sorgfalts- und Aufbewahrungspflichten unterliegt, die den in der Richtlinie (EU) 2015/849 festgelegten Sorgfalts- und Aufbewahrungspflichten entsprechen und deren Einhaltung in einer mit Kapitel IV Abschnitt 2 der Richtlinie (EU) 2015/849 im Einklang stehenden Weise beaufsichtigt wird.

(2) Die Überprüfung der nach § 11 Absatz 4 erhobenen Angaben zum Vertragspartner und gegebenenfalls für diesen auftretende Personen hat bei juristischen Personen oder bei Personengesellschaften zu erfolgen anhand

1. eines Auszuges aus dem Handels- oder Genossenschaftsregister oder aus einem vergleichbaren amtlichen Register oder Verzeichnis,

2. von Gründungsdokumenten oder von gleichwertigen beweiskräftigen Dokumenten oder

3. einer eigenen dokumentierten Einsichtnahme des Verpflichteten in die Register- oder Verzeichnisdaten.

(3) [1]Zur Überprüfung der nach § 11 Absatz 5 erhobenen Angaben zu den wirtschaftlich Berechtigten hat sich der Verpflichtete durch risikoangemessene Maßnahmen zu vergewissern, dass die Angaben zutreffend sind. [2]Im Falle der Identifizierung anlässlich der Begründung einer neuen Geschäftsbeziehung mit einer Vereinigung nach § 20 oder einer Rechtsgestaltung nach § 21 hat der Verpflichtete einen Nachweis der Registrierung nach § 20 Absatz 1 oder § 21 oder einen Auszug der im Transparenzregister zugänglichen Daten einzuholen. [3]Der Verpflichtete muss bei Geschäftsbeziehungen oder Transaktionen mit Vereinigungen nach § 20 oder Rechtsgestaltungen nach § 21 keine über die Einsicht in das Transparenzregister hinausgehenden Maßnahmen zur Erfüllung seiner Pflicht nach Satz 1 ergreifen, wenn die nach § 11 Absatz 5 erhobenen Angaben mit den Angaben zu den wirtschaftlich Berechtigten im Transparenzregister übereinstimmen und keine sonstigen Anhaltspunkte bestehen, die Zweifel an der Identität der wirtschaftlich Berechtigten, ihrer Stellung als wirtschaftlich Berechtigten oder der Richtigkeit sonstiger Angaben nach § 19 Absatz 1 begrün-

den oder die auf ein höheres Risiko der Geldwäsche und der Terrorismusfinanzierung gemäß § 15 Absatz 2 hindeuten.

(4) [1]Sofern der Vertragspartner bei einem Erwerbsvorgang nach § 1 des Grunderwerbsteuergesetzes für eine Rechtsform im Sinne von § 3 Absatz 2 oder 3 handelt, hat der beurkundende Notar vor der Beurkundung die Identität des wirtschaftlich Berechtigten anhand einer von dem jeweiligen Vertragspartner in Textform vorzulegenden Dokumentation der Eigentums- und Kontrollstruktur auf ihre Schlüssigkeit zu überprüfen. [2]Die Dokumentation ist der Zentralstelle für Finanztransaktionsuntersuchungen sowie den Strafverfolgungsbehörden auf Verlangen zur Verfügung zu stellen

(5) Das Bundesministerium der Finanzen kann im Einvernehmen mit dem Bundesministerium des Innern durch Rechtsverordnung ohne Zustimmung des Bundesrates weitere Dokumente bestimmen, die zur Überprüfung der Identität geeignet sind.

§ 13
Verfahren zur Überprüfung von Angaben zum Zweck der Identifizierung, Verordnungsermächtigung

(1) [1]Verpflichtete überprüfen die zum Zweck der Identifizierung erhobenen Angaben bei Identität der natürlichen Personen mit einem der folgenden Verfahren:

1. durch angemessene Prüfung des vor Ort vorgelegten Dokuments oder
2. mittels eines sonstigen Verfahrens, das zur geldwäscherechtlichen Überprüfung der Identität geeignet ist und ein Sicherheitsniveau aufweist, das dem in Nummer 1 genannten Verfahren gleichwertig ist.

[2]Das Bundesministerium der Finanzen kann (...)

§ 14
Vereinfachte Sorgfaltspflichten, Verordnungsermächtigung

(1) [1]Verpflichtete müssen nur vereinfachte Sorgfaltspflichten erfüllen, soweit sie unter Berücksichtigung der in den Anlagen 1 und 2 genannten Risikofaktoren feststellen, dass in bestimmten Bereichen, insbesondere im Hinblick auf Kunden, Transaktionen und Dienstleistungen oder Produkte, nur ein geringes Risiko der Geldwäsche oder der Terrorismusfinanzierung besteht. [2]Vor der Anwendung vereinfachter Sorgfaltspflichten haben sich die Verpflichteten zu vergewissern, dass die Geschäftsbeziehung oder Transaktion tatsächlich mit einem geringeren Risiko der Geldwäsche oder Terrorismusfinanzierung verbunden ist. [3]Für die Darlegung der Angemessenheit gilt § 10 Absatz 2 Satz 4 entsprechend.

(2) [1]Bei Anwendbarkeit der vereinfachten Sorgfaltspflichten können Verpflichtete

1. den Umfang der Maßnahmen, die zur Erfüllung der allgemeinen Sorgfaltspflichten zu treffen sind, angemessen reduzieren und
2. insbesondere die Überprüfung der zum Zweck der Identifizierung nach § 11 erhobenen Angaben abweichend von den §§ 12 und 13 auf der Grundlage von sonstigen Dokumenten, Daten oder Informationen durchführen, die von einer glaubwürdigen und unabhängigen Quelle stammen und für die Überprüfung geeignet sind.

[2]Die Verpflichteten müssen in jedem Fall die Überprüfung von Transaktionen und die Überwachung von Geschäftsbeziehungen in einem Umfang sicherstellen, der es ihnen ermöglicht, ungewöhnliche oder verdächtige Transaktionen zu erkennen und zu melden.

(3) Ist der Verpflichtete nicht in der Lage, die vereinfachten Sorgfaltspflichten zu erfüllen, so gilt § 10 Absatz 9 entsprechend. (...)

§ 15
Verstärkte Sorgfaltspflichten, Verordnungsermächtigung

(1) Die verstärkten Sorgfaltspflichten sind zusätzlich zu den allgemeinen Sorgfaltspflichten zu erfüllen.

(2) [1]Verpflichtete haben verstärkte Sorgfaltspflichten zu erfüllen, wenn sie im Rahmen der Risikoanalyse oder im Einzelfall unter Berücksichtigung der in den Anlagen 1 und 2 genannten Risikofaktoren feststellen, dass ein höheres Risiko der Geldwäsche oder Terrorismusfinanzierung bestehen kann. [2]Die Verpflichteten bestimmen den konkreten Umfang der zu ergreifenden Maßnahmen entsprechend dem jeweiligen höheren Risiko der Geldwäsche oder der Terrorismusfinanzierung. [3]Für die Darlegung der Angemessenheit gilt § 10 Absatz 2 Satz 4 entsprechend.

(3) Ein höheres Risiko liegt insbesondere vor, wenn es sich

1. bei einem Vertragspartner des Verpflichteten oder bei einem wirtschaftlich Berechtigten um eine politisch exponierte Person, ein Familienmitglied oder um eine bekanntermaßen nahestehende Person handelt,
2. um eine Geschäftsbeziehung oder Transaktion handelt, an der ein von der Europäischen Kommission nach Artikel 9 Absatz 2 der Richtlinie (EU) 2015/849, der durch Artikel 1 Nummer 5 der Richtlinie (EU) 2018/843 geändert worden ist, ermittelter Drittstaat mit hohem Risiko oder eine in diesem Drittstaat ansässige natürliche oder juristische Person beteiligt ist; dies gilt nicht für Zweigstellen von in der Europäischen Union niedergelassenen Verpflichteten nach Artikel 2 Absatz 1 der Richtlinie (EU) 2015/849, der durch Artikel 1 Nummer 1 der Richtlinie (EU) 2018/843 geändert worden ist, und für mehrheitlich im Besitz dieser Verpflichteten befindliche Tochterunternehmen, die ihren Standort in einem Drittstaat mit hohem Risiko haben, sofern sich diese Zweigstellen und Tochterunternehmen uneingeschränkt an die von ihnen anzuwendenden gruppenweiten Strategien und Verfahren nach Artikel 45 Absatz 1 der Richtlinie (EU) 2015/849 halten,
3. um eine Transaktion handelt, die im Vergleich zu ähnlichen Fällen
   a) besonders komplex oder ungewöhnlich groß ist,
   b) einem ungewöhnlichen Transaktionsmuster folgt oder
   c) keinen offensichtlichen wirtschaftlichen oder rechtmäßigen Zweck hat,

oder

4. für Verpflichtete nach § 2 Absatz 1 Nummer 1 bis 3 und 6 bis 8 um eine grenzüberschreitende Korrespondenzbeziehung mit Respondenten mit Sitz in einem Drittstaat oder, vorbehaltlich einer Beurteilung durch die Verpflichteten als erhöhtes Risiko, in einem Staat des Europäischen Wirtschaftsraums handelt.

(4) [1]In einem der in den Absätzen 2 und 3 Nummer 1 genannten Fälle sind mindestens folgende verstärkte Sorgfaltspflichten zu erfüllen:

1. die Begründung oder Fortführung einer Geschäftsbeziehung bedarf der Zustimmung eines Mitglieds der Führungsebene,
2. es sind angemessene Maßnahmen zu ergreifen, mit denen die Herkunft der Vermögenswerte bestimmt werden kann, die im Rahmen der Geschäftsbeziehung oder der Transaktion eingesetzt werden, und
3. die Geschäftsbeziehung ist einer verstärkten kontinuierlichen Überwachung zu unterziehen.

[2]Wenn im Fall des Absatzes 3 Nummer 1 der Vertragspartner oder der wirtschaftlich Berechtigte erst im Laufe der Geschäftsbeziehung ein wichtiges öffentliches Amt auszuüben begonnen hat oder der Verpflichtete erst nach Begründung der Geschäftsbeziehung von der Ausübung eines wichtigen öffentlichen Amts durch den Vertragspartner oder den wirtschaftlich Berechtigten Kenntnis erlangt, so hat der Verpflichtete sicherzustellen, dass die Fortführung der Geschäftsbeziehung nur mit Zustimmung eines Mitglieds der Führungsebene erfolgt.

(5) In dem in Absatz 3 Nummer 2 genannten Fall haben Verpflichtete mindestens folgende verstärkte Sorgfaltspflichten zu erfüllen:

1. sie müssen einholen:
   a) zusätzliche Informationen über den Vertragspartner und den wirtschaftlich Berechtigten,
   b) zusätzliche Informationen über die angestrebte Art der Geschäftsbeziehung,
   c) Informationen über die Herkunft der Vermögenswerte und des Vermögens des Vertragspartners,
   d) Informationen über die Herkunft der Vermögenswerte und des Vermögens des wirtschaftlich Berechtigten mit Ausnahme der Person, die nach § 3 Absatz 2 Satz 5 als wirtschaftlich Berechtigter gilt,
   e) Informationen über die Gründe für die geplante oder durchgeführte Transaktion und
   f) Informationen über die geplante Verwendung der Vermögenswerte, die im Rahmen der Transaktion oder Geschäftsbeziehung eingesetzt werden, soweit dies zur Beurteilung der Gefahr von Terrorismusfinanzierung erforderlich ist,
2. die Begründung oder Fortführung einer Geschäftsbeziehung bedarf der Zustimmung eines Mitglieds der Führungsebene und
3. bei einer Geschäftsbeziehung müssen sie die Geschäftsbeziehung verstärkt überwachen durch

Beurkundungsrecht

a) häufigere und intensivere Kontrollen sowie

b) die Auswahl von Transaktionsmustern, die einer weiteren Prüfung bedürfen.

(5a) [1]In dem in Absatz 3 Nummer 2 genannten Fall und zusätzlich zu den in Absatz 5 genannten verstärkten Sorgfaltspflichten können die zuständigen Aufsichtsbehörden risikoangemessen und im Einklang mit den internationalen Pflichten der Europäischen Union eine oder mehrere von den Verpflichteten zu erfüllende verstärkte Sorgfaltspflichten anordnen, die auch folgende Maßnahmen umfassen können:

1. die Meldung von Finanztransaktionen an die Zentralstelle für Finanztransaktionsuntersuchungen,
2. die Beschränkung oder das Verbot geschäftlicher Beziehungen oder Transaktionen mit natürlichen oder juristischen Personen aus Drittstaaten mit hohem Risiko,
3. das Verbot für Verpflichtete mit Sitz in einem Drittstaat mit hohem Risiko, im Inland Tochtergesellschaften, Zweigniederlassungen oder Repräsentanzen zu gründen,
4. das Verbot, Zweigniederlassungen oder Repräsentanzen in einem Drittstaat mit hohem Risiko zu gründen,
5. die Verpflichtung für Zweigniederlassungen und Tochtergesellschaften von Verpflichteten mit Sitz in einem Drittstaat mit hohem Risiko, sich einer verschärften Prüfung der Einhaltung der geldwäscherechtlichen Pflichten
   a) durch die zuständige Aufsichtsbehörde zu unterziehen oder
   b) durch einen externen Prüfer zu unterziehen,
6. die Einführung verschärfter Anforderungen in Bezug auf eine externe Prüfung nach Nummer 5 Buchstabe b,
7. für Verpflichtete nach § 2 Absatz 1 Nummer 1 bis 3 und 6 bis 9 die Überprüfung, Änderung oder erforderlichenfalls Beendigung von Korrespondenzbankbeziehungen zu Respondenten in einem Drittstaat mit hohem Risiko.

[2]Bei der Anordnung dieser Maßnahmen gilt für die zuständigen Aufsichtsbehörden Absatz 10 Satz 2 entsprechend.

(6) In dem in Absatz 3 Nummer 3 genannten Fall sind mindestens folgende verstärkte Sorgfaltspflichten zu erfüllen:

1. die Transaktion sowie deren Hintergrund und Zweck sind mit angemessenen Mitteln zu untersuchen, um das Risiko der jeweiligen Geschäftsbeziehung oder Transaktionen in Bezug auf Geldwäsche oder auf Terrorismusfinanzierung überwachen und einschätzen zu können und um gegebenenfalls prüfen zu können, ob die Pflicht zu einer Meldung nach § 43 Absatz 1 vorliegt, und
2. die der Transaktion zugrunde liegende Geschäftsbeziehung, soweit vorhanden, ist einer verstärkten kontinuierlichen Überwachung zu unterziehen, um das mit der Geschäftsbeziehung und mit einzelnen Transaktionen verbundene Risiko in Bezug auf Geldwäsche oder auf Terrorismusfinanzierung einschätzen und bei höherem Risiko überwachen zu können.

(7) In dem in Absatz 3 Nummer 4 genannten Fall haben Verpflichtete nach § 2 Absatz 1 Nummer 1 bis 3 und 6 bis 9 bei Begründung einer Geschäftsbeziehung mindestens folgende verstärkte Sorgfaltspflichten zu erfüllen:

1. es sind ausreichende Informationen über den Respondenten einzuholen, um die Art seiner Geschäftstätigkeit in vollem Umfang verstehen und seine Reputation, seine Kontrollen zur Verhinderung der Geldwäsche und Terrorismusfinanzierung sowie die Qualität der Aufsicht bewerten zu können,
2. es ist vor Begründung einer Geschäftsbeziehung mit dem Respondenten die Zustimmung eines Mitglieds der Führungsebene einzuholen,
3. es sind vor Begründung einer solchen Geschäftsbeziehung die jeweiligen Verantwortlichkeiten der Beteiligten in Bezug auf die Erfüllung der Sorgfaltspflichten festzulegen und nach Maßgabe des § 8 zu dokumentieren,
4. es sind Maßnahmen zu ergreifen, um sicherzustellen, dass sie keine Geschäftsbeziehung mit einem Respondenten begründen oder fortsetzen, von dem bekannt ist, dass seine Konten von einer Bank-Mantelgesellschaft genutzt werden, und
5. es sind Maßnahmen zu ergreifen, um sicherzustellen, dass der Respondent keine Transaktionen über Durchlaufkonten zulässt.

(8) Liegen Tatsachen, einschlägige Evaluierungen, Berichte oder Bewertungen nationaler oder internationaler für die Verhinderung oder Bekämpfung der Geldwäsche oder der Terrorismusfinanzierung zuständiger Stellen vor, die die Annahme rechtfertigen, dass über die in Absatz 3 genannten Fälle hinaus ein höheres Risiko besteht, so kann die Aufsichtsbehörde anordnen, dass die Verpflichteten die Transaktionen oder Geschäftsbeziehungen einer verstärkten Überwachung unterziehen und zusätzliche, dem Risiko angemessene Sorgfaltspflichten sowie erforderliche Gegenmaßnahmen zu erfüllen haben.

(9) Ist der Verpflichtete nicht in der Lage, die verstärkten Sorgfaltspflichten zu erfüllen, so gilt § 10 Absatz 9 entsprechend.

[1]Das Bundesministerium der Finanzen kann (...)

Abschnitt 4
Transparenzregister

§ 18
Einrichtung des Transparenzregisters und registerführende Stelle

(1) Es wird ein Register zur Erfassung und Zugänglichmachung von Angaben über den wirtschaftlich Berechtigten (Transparenzregister) eingerichtet.

(2) [1]Das Transparenzregister wird als hoheitliche Aufgabe des Bundes von der registerführenden Stelle elektronisch geführt. [2]Daten, die im Transparenzregister gespeichert sind, werden als chronologische Datensammlung angelegt.

Beurkundungsrecht

(3) [1]Ist eine Mitteilung nach § 20 unvollständig, unklar oder bestehen Zweifel, welcher Vereinigung nach § 20 Absatz 1 die in der Mitteilung enthaltenen Angaben zum wirtschaftlich Berechtigten zuzuordnen sind, kann die registerführende Stelle von der in der Mitteilung genannten Vereinigung verlangen, dass diese die für eine Eintragung in das Transparenzregister erforderlichen Informationen innerhalb einer angemessenen Frist übermittelt. [2]Dies gilt entsprechend für Mitteilungen von Rechtsgestaltungen nach § 21.

(3a) Die registerführende Stelle ist im Einzelfall berechtigt, der Behörde nach § 56 Absatz 5 Satz 2 die Informationen und Unterlagen zu übermitteln, die für die Erfüllung der Aufgaben der Behörde nach § 56 Absatz 5 Satz 2 erforderlich sind.

(4) [1]Die registerführende Stelle erstellt auf Antrag Ausdrucke von Daten, die im Transparenzregister gespeichert sind, und Bestätigungen, dass im Transparenzregister keine aktuelle Eintragung aufgrund einer Mitteilung nach § 20 Absatz 1 oder § 21 vorliegt. [2]Sie beglaubigt auf Antrag, dass die übermittelten Daten mit dem Inhalt des Transparenzregisters übereinstimmen. [3]Mit der Beglaubigung ist keine Gewähr für die Richtigkeit und Vollständigkeit der Angaben zum wirtschaftlich Berechtigten verbunden. [4]Ein Antrag auf Ausdruck von Daten, die lediglich über das Transparenzregister gemäß § 22 Absatz 1 Satz 1 Nummer 4 bis 8 zugänglich gemacht werden, kann auch über das Transparenzregister an das Gericht vermittelt werden. [5]Dies gilt entsprechend für die Vermittlung eines Antrags auf Ausdruck von Daten, die gemäß § 22 Absatz 1 Satz 1 Nummer 2 und 3 zugänglich gemacht werden, an den Betreiber des Unternehmensregisters.

(5) Die registerführende Stelle erstellt ein Informationssicherheitskonzept für das Transparenzregister, aus dem sich die getroffenen technischen und organisatorischen Maßnahmen zum Datenschutz ergeben.

(6) Das Bundesministerium der Finanzen wird ermächtigt, (...)

§ 19
Angaben zum wirtschaftlich Berechtigten

(1) Im Transparenzregister sind im Hinblick auf Vereinigungen nach § 20 Absatz 1 Satz 1 und Rechtsgestaltungen nach § 21 folgende Angaben zum wirtschaftlich Berechtigten nach Maßgabe des § 23 zugänglich:

1. Vor- und Nachname,
2. Geburtsdatum,
3. Wohnort,
4. Art und Umfang des wirtschaftlichen Interesses und
5. alle Staatsangehörigkeiten.

(2) [1]Für die Bestimmung des wirtschaftlich Berechtigten von Vereinigungen im Sinne des § 20 Absatz 1 Satz 1 mit Ausnahme der rechtsfähigen Stiftungen gilt § 3 Absatz 1 und 2 entsprechend. [2]Für die Bestimmung des wirtschaftlich Berechtigten von Rechtsgestaltungen nach § 21 und rechtsfähigen Stiftungen gilt § 3 Absatz 1 und 3 entsprechend.

(3) Die Angaben zu Art und Umfang des wirtschaftlichen Interesses nach Absatz 1 Nummer 4 zeigen, woraus die Stellung als wirtschaftlich Berechtigter folgt, und zwar

1. bei Vereinigungen nach § 20 Absatz 1 Satz 1 mit Ausnahme der rechtsfähigen Stiftungen aus
   a) der Beteiligung an der Vereinigung selbst, insbesondere der Höhe der Kapitalanteile oder der Stimmrechte,
   b) der Ausübung von Kontrolle auf sonstige Weise, insbesondere aufgrund von Absprachen zwischen einem Dritten und einem Anteilseigner oder zwischen mehreren Anteilseignern untereinander, oder aufgrund der einem Dritten eingeräumten Befugnis zur Ernennung von gesetzlichen Vertretern oder anderen Organmitgliedern oder
   c) der Funktion des gesetzlichen Vertreters, geschäftsführenden Gesellschafters oder Partners,
2. bei Rechtsgestaltungen nach § 21 und rechtsfähigen Stiftungen aus einer der in § 3 Absatz 3 aufgeführten Funktionen.

§ 20
Transparenzpflichten im Hinblick auf bestimmte Vereinigungen

(1) [1]Juristische Personen des Privatrechts und eingetragene Personengesellschaften haben die in § 19 Absatz 1 aufgeführten Angaben zu den wirtschaftlich Berechtigten dieser Vereinigungen einzuholen, aufzubewahren, auf aktuellem Stand zu halten und der registerführenden Stelle unverzüglich zur Eintragung in das Transparenzregister mitzuteilen. [2]Die Pflicht nach Satz 1 gilt auch für Vereinigungen mit Sitz im Ausland, wenn sie sich verpflichten, Eigentum an einer im Inland gelegenen Immobilie zu erwerben, wenn Anteile im Sinne des § 1 Absatz 3 des Grunderwerbsteuergesetzes sich bei ihr vereinigen oder auf sie übergehen, oder wenn sie im Sinne des § 1 Absatz 3a des Grunderwerbsteuergesetzes aufgrund eines Rechtsvorgangs eine wirtschaftliche Beteiligung innehaben. [3]Die Pflicht nach Satz 1 gilt nicht für in Satz 2 genannte Vereinigungen, wenn sie die Angaben nach Artikel 1 Nummer 15 Buchstabe c der Richtlinie (EU) 2018/843 und nach § 19 Absatz 1 bereits an ein anderes Register eines Mitgliedstaates der Europäischen Union übermittelt haben. [4]Die Mitteilung hat elektronisch in einer Form zu erfolgen, die ihre elektronische Zugänglichmachung ermöglicht. [5]Bei den Angaben zu Art und Umfang des wirtschaftlichen Interesses nach § 19 Absatz 1 Nummer 4 ist anzugeben, woraus nach § 19 Absatz 3 die Stellung als wirtschaftlich Berechtigter folgt.

(2) Eine juristische Person des Privatrechts oder eine eingetragene Personengesellschaft, die nach Absatz 1 Satz 1 mitteilungspflichtig ist und die nicht im Handelsregister, Genossenschaftsregister, Partnerschaftsregister oder Vereinsregister eingetragen ist, hat der registerführenden Stelle unverzüglich mitzuteilen, wenn

1. sich ihre Bezeichnung oder ihr Sitz geändert hat,
2. sie verschmolzen worden ist,
3. sie aufgelöst worden ist oder
4. ihre Rechtsform geändert wurde.

(3) [1]Wirtschaftlich Berechtigte von Vereinigungen nach Absatz 1 haben diesen Vereinigungen die zur Erfüllung der Pflichten nach Absatz 1 notwendigen Angaben mitzuteilen und jede Änderung dieser Angaben unverzüglich mitzuteilen. [2]Anteilseigner, die wirtschaftlich Berechtigte sind oder die von dem wirtschaftlich Berechtigten unmittelbar kontrolliert werden, haben den Vereinigungen nach Absatz 1 die zur Erfüllung der Pflichten nach Absatz 1 notwendigen Angaben mitzuteilen und jede Änderung dieser Angaben unverzüglich mitzuteilen. [3]Kontrolliert ein Mitglied eines Vereins oder einer Genossenschaft mehr als 25 Prozent der Stimmrechte, so trifft die Mitteilungspflicht nach Satz 1 dieses Mitglied. [4]Bei Stiftungen trifft die Mitteilungspflicht nach Satz 1 die Personen nach § 3 Absatz 3.

(3a) [1]Hat die Vereinigung keine Angaben der wirtschaftlich Berechtigten nach Absatz 3 erhalten, so hat sie von ihren Anteilseignern, soweit sie ihr bekannt sind, in angemessenem Umfang Auskunft zu den wirtschaftlich Berechtigten der Vereinigung zu verlangen. [2]Die Anteilseigner sind verpflichtet, das Auskunftsersuchen innerhalb angemessener Frist zu beantworten. [3]Die Pflicht, Auskunft nach Satz 1 zu verlangen, gilt nicht, wenn der Vereinigung die Angaben zum wirtschaftlich Berechtigten nach § 19 bereits anderweitig bekannt sind. [4]Die Vereinigung hat die Auskunftsersuchen sowie die eingeholten Informationen zu dokumentieren.

(3b) [1]Gelangt der Anteilseigner zu der Erkenntnis, dass sich der wirtschaftlich Berechtigte der Vereinigung geändert hat, so muss er dies der Vereinigung innerhalb einer angemessenen Frist mitteilen. [2]Satz 1 gilt nicht, wenn

1. die Angaben zu dem neuen wirtschaftlich Berechtigten bereits über das Transparenzregister zugänglich sind, oder
2. der Anteilseigner anderweitig positive Kenntnis davon hat, dass der Vereinigung der neue wirtschaftlich Berechtigte bekannt ist.

[3]Der Anteilseigner hat die Mitteilung an die Vereinigung zu dokumentieren und aufzubewahren.

(4) Die Angabepflicht nach Absatz 3 entfällt, wenn die Anteilseigner, Mitglieder und wirtschaftlich Berechtigten die erforderlichen Angaben bereits in anderer Form mitgeteilt haben.

(5) [1]Die Zentralstelle für Finanztransaktionsuntersuchungen und die Aufsichtsbehörden können im Rahmen ihrer Aufgaben und Befugnisse die nach Absatz 1 aufbewahrten Angaben einsehen oder sich vorlegen lassen. [2]Die Angaben sind ihnen unverzüglich zur Verfügung zu stellen.

§ 20a
Automatische Eintragung für Vereine

(1) [1]Für eingetragene Vereine nach § 21 des Bürgerlichen Gesetzbuchs erstellt die registerführende Stelle anhand der im Vereinsregister eingetragenen Daten eine Eintragung in das Transparenzregister, ohne dass es hierfür einer Mitteilung nach § 20 Absatz 1 Satz 1 bedarf. Im Rahmen dieser Eintragung werden alle Mitglieder des Vorstands eines Vereins mit den Daten nach § 19 Absatz 1 als wirtschaftliche Berechtigte nach § 3 Absatz 2 Satz 5 im Transparenzregister erfasst. [2]Soweit diese Daten nicht im Vereinsregister vorhanden sind, wird als Wohnsitzland Deutschland und als einzige Staatsangehörigkeit die deutsche Staatsangehörigkeit angenommen. [3]Die nach Satz 1 eingetragenen Daten gelten als Angaben des Vereins, soweit der Verein der registerführenden Stelle keine abweichenden Angaben mitgeteilt hat.

(2) [1]Abweichend von § 20 Absatz 1 Satz 1 muss ein eingetragener Verein nach § 21 des Bürgerlichen Gesetzbuchs die in § 19 Absatz 1 aufgeführten Angaben zu den wirtschaftlich Berechtigten der registerführenden Stelle nur dann zur Eintragung mitteilen, wenn

1. eine Änderung des Vorstands nicht unverzüglich zur Eintragung in das Vereinsregister angemeldet worden ist,
2. mindestens ein wirtschaftlich Berechtigter nach § 3 Absatz 2 Satz 1 bis 4 vorhanden ist oder
3. die Annahmen nach Absatz 1 Satz 3 nicht zutreffen.

[2]Eine Eintragung durch die registerführende Stelle nach Absatz 1 wird nicht vorgenommen, wenn der Verein der registerführenden Stelle Angaben nach § 19 Absatz 1 zur Eintragung in das Transparenzregister mitgeteilt hat. [3]Dies gilt nicht, wenn der Verein der registerführenden Stelle mitgeteilt hat, dass die mitgeteilten Angaben nach § 19 Absatz 1 nicht mehr gelten sollen. [4]Die Mitteilung nach Satz 3 hat elektronisch über die Webseite des Transparenzregisters zu erfolgen.

(3) Eine Eintragung nach Absatz 1 erfolgt erstmals spätestens zum 1. Januar 2023. Danach erfolgt die automatische Eintragung anlassbezogen.

(4) [1]Bei Eintragung nach Absatz 1 handelt die registerführende Stelle nach § 18 Absatz 2 im Rahmen der hoheitlichen Aufgaben des Bundes. [2]Zu diesem Zweck ist die registerführende Stelle beim Abruf von Daten aus den Vereinsregistern von der Zahlung der Gebühren nach § 2 Absatz 1 des Justizverwaltungskostengesetzes befreit.

§ 21
Transparenzpflichten im Hinblick auf bestimmte Rechtsgestaltungen

(1) [1]Verwalter von Trusts (Trustees) mit Wohnsitz oder Sitz in Deutschland haben die in § 19 Absatz 1 aufgeführten Angaben zu den wirtschaftlich Berechtigten des Trusts, den sie verwalten, aufzubewahren, auf aktuellem Stand zu halten und der registerführenden Stelle unverzüglich zur Eintragung in das Transparenzregister mitzuteilen. [2]Die Pflicht nach Satz 1 gilt auch für Trustees, die außerhalb der Europäischen Union ihren Wohnsitz oder Sitz haben, wenn sie für den Trust eine Geschäftsbeziehung mit einem Vertragspartner mit Sitz in Deutschland aufnehmen oder sich verpflichten,

Eigentum an einer im Inland gelegenen Immobilie zu erwerben, wenn Anteile im Sinne des § 1 Absatz 3 des Grunderwerbsteuergesetzes sich bei ihr vereinigen oder auf sie übergehen, oder wenn sie im Sinne des § 1 Absatz 3a des Grunderwerbsteuergesetzes aufgrund eines Rechtsvorgangs eine wirtschaftliche Beteiligung innehaben. [3]Die Pflicht nach Satz 1 gilt nicht für die in Satz 2 genannten Trustees, wenn ein Trustee die Angaben nach Artikel 1 Nummer 16 Buchstabe a der Richtlinie (EU) 2018/843 und nach § 19 Absatz 1 bereits an ein anderes Register eines Mitgliedstaates der Europäischen Union übermittelt hat und

1. der Trustee in diesem Mitgliedstaat der Europäischen Union ebenfalls einen Wohnsitz oder Sitz unterhält oder
2. einer der Vertragspartner, zu dem ein Trust mit Wohnsitz oder Sitz außerhalb der Europäischen Union ebenfalls eine Geschäftsbeziehung unterhält, in diesem Mitgliedstaat seinen Sitz hat.

(1a) [1]Die Mitteilung hat elektronisch in einer Form zu erfolgen, die ihre elektronische Zugänglichmachung ermöglicht. [2]Der Trust ist in der Mitteilung eindeutig zu bezeichnen. [3]Bei den Angaben zu Art und Umfang des wirtschaftlichen Interesses nach § 19 Absatz 1 Nummer 4 ist anzugeben, woraus nach § 19 Absatz 3 Nummer 2 die Stellung als wirtschaftlich Berechtigter folgt.

(1b) Der registerführenden Stelle ist ferner durch den nach Absatz 1 zur Mitteilung Verpflichteten unverzüglich mitzuteilen, wenn der Trust

1. umbenannt wurde,
2. aufgelöst wurde oder
3. nicht mehr nach Absatz 1 verpflichtet ist.

(2) Die Pflichten der Absätze 1, 1a und 1b gelten entsprechend auch für Treuhänder mit Wohnsitz oder Sitz in Deutschland folgender Rechtsgestaltungen:

1. nichtrechtsfähige Stiftungen, wenn der Stiftungszweck aus Sicht des Stifters eigennützig ist, und
2. Rechtsgestaltungen, die solchen Stiftungen in ihrer Struktur oder Funktion entsprechen. (...)

§ 22
Zugängliche Dokumente und Datenübermittlung an das Transparenzregister, Verordnungsermächtigung

(1) [1]Über die Internetseite des Transparenzregisters sind nach Maßgabe des § 23 zugänglich:

1. Eintragungen im Transparenzregister zu Meldungen nach § 20 Absatz 1 Satz 1 und nach § 21,
2. Bekanntmachungen des Bestehens einer Beteiligung nach § 20 Absatz 6 des Aktiengesetzes,

3. Stimmrechtsmitteilungen nach den §§ 40 und 41 des Wertpapierhandelsgesetzes,
4. Listen der Gesellschafter von Gesellschaften mit beschränkter Haftung und Unternehmergesellschaften nach § 8 Absatz 1 Nummer 3, § 40 des Gesetzes betreffend die Gesellschaften mit beschränkter Haftung sowie Gesellschafterverträge gemäß § 8 Absatz 1 Nummer 1 in Verbindung mit § 2 Absatz 1a Satz 2 des Gesetzes betreffend die Gesellschaften mit beschränkter Haftung, sofern diese als Gesellschafterliste gelten, nach § 2 Absatz 1a Satz 4 des Gesetzes betreffend die Gesellschaften mit beschränkter Haftung,
5. Eintragungen im Handelsregister,
6. Eintragungen im Partnerschaftsregister,
7. Eintragungen im Genossenschaftsregister,
8. Eintragungen im Vereinsregister.

[2]Zugänglich in dem nach den besonderen registerrechtlichen Vorschriften für die Einsicht geregelten Umfang sind nur solche Dokumente und Eintragungen nach Satz 1 Nummer 2 bis 8, die aus dem Handelsregister, Genossenschaftsregister, Partnerschaftsregister, Unternehmensregister oder Vereinsregister elektronisch abrufbar sind. (...)

§ 23
Einsichtnahme in das Transparenzregister, Verordnungsermächtigung

(1) [1]Bei Vereinigungen nach § 20 Absatz 1 Satz 1 und Rechtsgestaltungen nach § 21 ist die Einsichtnahme gestattet:

1. den folgenden Behörden, soweit sie zur Erfüllung ihrer gesetzlichen Aufgaben erforderlich ist:
   a) den Aufsichtsbehörden und der Behörde nach § 25 Absatz 6 sowie nach § 56 Absatz 5 Satz 2,
   b) der Zentralstelle für Finanztransaktionsuntersuchungen,
   c) den gemäß § 13 des Außenwirtschaftsgesetzes zuständigen Behörden,
   d) den Strafverfolgungsbehörden,
   e) dem Bundeszentralamt für Steuern sowie den örtlichen Finanzbehörden nach § 6 Absatz 2 Nummer 5 der Abgabenordnung,
   f) den für Aufklärung, Verhütung und Beseitigung von Gefahren zuständigen Behörden,
   g) den Gerichten sowie
   h) den Stellen nach § 2 Absatz 4,

2. den Verpflichteten, sofern sie der registerführenden Stelle darlegen, dass die Einsichtnahme zur Erfüllung ihrer Sorgfaltspflichten in einem der in § 10 Absatz 3 und 3a genannten Fälle erfolgt, und

3. allen Mitgliedern der Öffentlichkeit.

[2]In diesen Fällen ist die registerführende Stelle befugt, die zugänglichen Daten an den Einsichtnehmenden zu übermitteln. [3]Im Fall des Satzes 1 Nummer 3 sind neben den Angaben nach § 19 Absatz 1 Nummer 1 und 4 nur Monat und Jahr der Geburt des wirtschaftlich Berechtigten, sein Wohnsitzland und alle Staatsangehörigkeiten der Einsichtnahme zugänglich und dürfen übermittelt werden.

(2) [1]Auf Antrag des wirtschaftlich Berechtigten beschränkt die registerführende Stelle die Einsichtnahme in das Transparenzregister und die Übermittlung der Daten vollständig oder teilweise, wenn ihr der wirtschaftlich Berechtigte darlegt, dass der Einsichtnahme und der Übermittlung unter Berücksichtigung aller Umstände des Einzelfalls überwiegende schutzwürdige Interessen des wirtschaftlich Berechtigten entgegenstehen.

[2]Schutzwürdige Interessen liegen vor, wenn

1. Tatsachen die Annahme rechtfertigen, dass die Einsichtnahme und Übermittlung den wirtschaftlich Berechtigten der Gefahr aussetzen würde, Opfer einer der folgenden Straftaten zu werden:

   a) eines Betrugs (§ 263 des Strafgesetzbuchs),

   b) eines erpresserischen Menschenraubs (§ 239a des Strafgesetzbuchs),

   c) einer Geiselnahme (§ 239b des Strafgesetzbuchs),

   d) einer Erpressung oder räuberischen Erpressung (§§ 253, 255 des Strafgesetzbuchs),

   e) einer strafbaren Handlung gegen Leib oder Leben (§§ 211, 212, 223, 224, 226, 227 des Strafgesetzbuchs),

   f) einer Nötigung (§ 240 des Strafgesetzbuchs),

   g) einer Bedrohung (§ 241 des Strafgesetzbuchs) oder

2. der wirtschaftlich Berechtigte minderjährig oder geschäftsunfähig ist.

[3]Schutzwürdige Interessen des wirtschaftlich Berechtigten liegen nicht vor, wenn sich die Daten bereits aus den in § 22 Absatz 1 genannten Registern ergeben. [4]Die Beschränkung der Einsichtnahme und Übermittlung nach Satz 1 ist nicht möglich gegenüber den in Absatz 1 Satz 1 Nummer 1 aufgeführten Behörden und gegenüber Verpflichteten nach § 2 Absatz 1 Nummer 1 bis 3 und 7 sowie gegenüber Notaren. [5]Die registerführende Stelle hat jährlich eine Statistik über die Anzahl der bewilligten Beschränkungen und darüber, ob die Beschränkungen nach Satz 2 Nummer 1 oder 2 erfolgt sind, zu erstellen, auf ihrer Internetseite zu veröffentlichen und an die Europäische Kommission zu übermitteln.

(3) (…)

(4) [1]Die Einsichtnahme ist nur nach vorheriger Online-Registrierung des Nutzers möglich und kann zum Zweck der Kontrolle, wer Einsicht genommen hat, protokol-

liert werden. ²Die registerführende Stelle ist nicht befugt, gegenüber Vereinigungen nach § 20 und Rechtsgestaltungen nach § 21 offenzulegen, wer Einsicht in die Angaben genommen hat, die die Vereinigungen und Rechtsgestaltungen zu ihren wirtschaftlich Berechtigten gemacht haben.

(5) Das Transparenzregister erlaubt die Suche nach Vereinigungen nach § 20 Absatz 1 Satz 1 und Rechtsgestaltungen nach § 21 über alle eingestellten Daten sowie über sämtliche Indexdaten. (...)

§ 24
Gebühren und Auslagen, Verordnungsermächtigung

(1) ¹Für die Führung des Transparenzregisters erhebt die registerführende Stelle von Vereinigungen nach § 20 und von Rechtsgestaltungen nach § 21 Gebühren. ²Dies gilt auf Antrag nicht für Vereinigungen nach § 20, die einen steuerbegünstigten Zweck im Sinne der §§ 52 bis 54 der Abgabenordnung verfolgen und dies mittels einer Bescheinigung des zuständigen Finanzamtes gegenüber der registerführenden Stelle nachweisen. ³Ein Nachweis nach Satz 2 ist nicht erforderlich, wenn im Antrag die Verfolgung der nach den §§ 52 bis 54 der Abgabenordnung steuerbegünstigten Zwecke versichert und das Einverständnis darüber erklärt werden, dass die registerführende Stelle beim zuständigen Finanzamt eine Bestätigung der Verfolgung dieser steuerbegünstigten Zwecke einholen darf. ⁴Die registerführende Stelle erhebt keine Gebühren von Vereinigungen nach § 20, wenn sich die Verfolgung der nach den §§ 52 bis 54 der Abgabenordnung steuerbegünstigten Zwecke unmittelbar aus dem Zuwendungsempfängerregister nach § 60b der Abgabenordnung ergibt. ⁵Die durch die Gebührenbefreiung entstehenden Mindereinnahmen werden der registerführenden Stelle durch den Bund erstattet

(2) ¹Für die Einsichtnahme in die dem Transparenzregister nach § 20 Absatz 1 und § 21 mitgeteilten Daten und deren Übermittlung erhebt die registerführende Stelle zur Deckung des Verwaltungsaufwands Gebühren und Auslagen. ²Dasselbe gilt für die Erstellung von Ausdrucken, Bestätigungen und Beglaubigungen nach § 18 Absatz 4. ³Behörden und Gerichte nach § 23 Absatz 1 Satz 1 Nummer 1 und die Behörde nach § 56 Absatz 5 Satz 2 haben keine Gebühren und Auslagen nach den Sätzen 1 und 2 zu entrichten. ⁴§ 8 Absatz 2 Satz 1 des Bundesgebührengesetzes ist nicht anzuwenden.

(2a) Für die Registrierung und Identifizierung von wirtschaftlich Berechtigten im Zusammenhang mit einem Antrag nach § 23 Absatz 6 erhebt die registerführende Stelle zur Deckung des Verwaltungsaufwands Gebühren und Auslagen von den Antragstellern nach § 23 Absatz 6.

(3) (...)

§ 25
Übertragung der Führung des Transparenzregisters, Verordnungsermächtigung

(1) Das Bundesministerium der Finanzen wird ermächtigt, durch Rechtsverordnung, die nicht der Zustimmung des Bundesrates bedarf, eine juristische Person des Privatrechts mit den Aufgaben der registerführenden Stelle und mit den hierfür erforderlichen Befugnissen zu beleihen. (...)

Abschnitt 5
Zentralstelle für Finanztransaktionsuntersuchungen

§ 27
Zentrale Meldestelle

(1) Zentrale Meldestelle zur Verhinderung, Aufdeckung und Unterstützung bei der Bekämpfung von Geldwäsche und Terrorismusfinanzierung nach Artikel 32 Absatz 1 der Richtlinie (EU) 2015/849 ist die Zentralstelle für Finanztransaktionsuntersuchungen. (...)

Abschnitt 6
Pflichten im Zusammenhang mit Meldungen von Sachverhalten

§ 43
Meldepflicht von Verpflichteten, Verordnungsermächtigung

(1) Liegen Tatsachen vor, die darauf hindeuten, dass

1. ein Vermögensgegenstand, der mit einer Geschäftsbeziehung, einem Maklergeschäft oder einer Transaktion im Zusammenhang steht, aus einer strafbaren Handlung stammt, die eine Vortat der Geldwäsche darstellen könnte,
2. ein Geschäftsvorfall, eine Transaktion oder ein Vermögensgegenstand im Zusammenhang mit Terrorismusfinanzierung steht oder
3. der Vertragspartner seine Pflicht nach § 11 Absatz 6 Satz 3, gegenüber dem Verpflichteten offenzulegen, ob er die Geschäftsbeziehung oder die Transaktion für einen wirtschaftlich Berechtigten begründen, fortsetzen oder durchführen will, nicht erfüllt hat, so hat der Verpflichtete diesen Sachverhalt unabhängig vom Wert des betroffenen Vermögensgegenstandes oder der Transaktionshöhe unverzüglich der Zentralstelle für Finanztransaktionsuntersuchungen zu melden.

(2) [1]Abweichend von Absatz 1 sind Verpflichtete nach § 2 Absatz 1 Nummer 10 und 12 nicht zur Meldung verpflichtet, wenn sich der meldepflichtige Sachverhalt auf Informationen bezieht, die sie im Rahmen von Tätigkeiten der Rechtsberatung oder Prozessvertretung erhalten haben. [2]Die Meldepflicht bleibt jedoch bestehen, wenn der Verpflichtete weiß, dass der Vertragspartner die Rechtsberatung oder Prozess-

vertretung für den Zweck der Geldwäsche, der Terrorismusfinanzierung oder einer anderen Straftat genutzt hat oder nutzt, oder ein Fall des Absatzes 6 vorliegt.

(...)

(6) Das Bundesministerium der Finanzen kann im Einvernehmen mit dem Bundesministerium der Justiz und für Verbraucherschutz durch Rechtsverordnung ohne Zustimmung des Bundesrates Sachverhalte bei Erwerbsvorgängen nach § 1 des Grunderwerbsteuergesetzes bestimmen, die von Verpflichteten nach § 2 Absatz 1 Nummer 10 und 12 stets nach Absatz 1 zu melden sind.*)

§ 44
Meldepflicht von Aufsichtsbehörden

(1) Liegen Tatsachen vor, die darauf hindeuten, dass ein Vermögensgegenstand mit Geldwäsche oder mit Terrorismusfinanzierung im Zusammenhang steht, meldet die Aufsichtsbehörde diese Tatsachen unverzüglich der Zentralstelle für Finanztransaktionsuntersuchungen. Dies gilt nicht, wenn Verpflichtete nach § 2 Absatz 1 Nummer 10 und 12 gemäß § 43 Absatz 2 nicht zur Meldung verpflichtet sind und daher von einer Meldung abgesehen haben

(2) Absatz 1 gilt entsprechend für Behörden, die für die Überwachung der Aktien, Devisen und Finanzderivatemärkte zuständig sind.

§ 45
Form der Meldung, Registrierungspflicht, Ausführung durch Dritte, Verordnungsermächtigung

(1) [1]Die Meldung nach § 43 Absatz 1 oder § 44 hat elektronisch zu erfolgen. [2]Verpflichtete nach § 2 Absatz 1 haben sich unabhängig von der Abgabe einer Verdachtsmeldung bei der Zentralstelle für Finanztransaktionsuntersuchungen elektronisch zu registrieren. [3]Bei einer Störung der elektronischen Datenübermittlung ist die Übermittlung auf dem Postweg zulässig. [4]Meldungen nach § 44 sind aufgrund des besonderen Bedürfnisses nach einem einheitlichen Datenübermittlungsverfahren auch für die aufsichtsführenden Landesbehörden bindend. (...)

§ 46
Form der Meldung, Registrierungspflicht, Ausführung durch Dritte, Verordnungsermächtigung

(1) [1]Eine Transaktion, wegen der eine Meldung nach § 43 Absatz 1 erfolgt ist, darf frühestens durchgeführt werden, wenn

1. dem Verpflichteten die Zustimmung der Zentralstelle für Finanztransaktionsuntersuchungen oder der Staatsanwaltschaft zur Durchführung übermittelt wurde oder
2. der dritte Werktag nach dem Abgangstag der Meldung verstrichen ist, ohne dass die Durchführung der Transaktion durch die Zentralstelle für Finanztransaktionsuntersuchungen oder die Staatsanwaltschaft untersagt worden ist.

---

*) Geldwäschegesetzmeldepflichtverordnung – Abdruck hier Ziffer 170

[2]Für die Berechnung der Frist gilt der Samstag nicht als Werktag.

(2) [1]Ist ein Aufschub der Transaktion, bei der Tatsachen vorliegen, die auf einen Sachverhalt nach § 43 Absatz 1 hindeuten, nicht möglich oder könnte durch den Aufschub die Verfolgung einer mutmaßlichen strafbaren Handlung behindert werden, so darf die Transaktion durchgeführt werden. [2]Die Meldung nach § 43 Absatz 1 ist vom Verpflichteten unverzüglich nachzuholen.

§ 47
Verbot der Informationsweitergabe, Verordnungsermächtigung

(1) [1]Ein Verpflichteter darf den Vertragspartner, den Auftraggeber der Transaktion und sonstige Dritte nicht in Kenntnis setzen von

1. einer beabsichtigten oder erstatteten Meldung nach § 43 Absatz 1,
2. einem Ermittlungsverfahren, das aufgrund einer Meldung nach § 43 Absatz 1 eingeleitet worden ist, und
3. einem Auskunftsverlangen nach § 30 Absatz 3 Satz 1.

(2) Das Verbot gilt nicht für eine Informationsweitergabe

1. an staatliche Stellen,
   a) (...)

5. zwischen Verpflichteten nach § 2 Absatz 1 Nummer 1 bis 3, 6, 7, 9, 10 und 12 in Fällen, die sich auf denselben Vertragspartner und auf dieselbe Transaktion beziehen, an der zwei oder mehr Verpflichtete beteiligt sind, wenn
   a) die Verpflichteten ihren Sitz in einem Mitgliedstaat der Europäischen Union oder in einem Drittstaat haben, in dem die Anforderungen an ein System zur Verhinderung von Geldwäsche und Terrorismusfinanzierung den Anforderungen der Richtlinie (EU) 2015/849 entsprechen,
   b) die Verpflichteten derselben Berufskategorie angehören und
   c) für die Verpflichteten vergleichbare Verpflichtungen in Bezug auf das Berufsgeheimnis und auf den Schutz personenbezogener Daten gelten.

[2]Nach Satz 1 Nummer 2 bis 5 weitergegebene Informationen dürfen ausschließlich zum Zweck der Verhinderung der Geldwäsche oder der Terrorismusfinanzierung verwendet werden. (...)

(4) Nicht als Informationsweitergabe gilt, wenn sich Verpflichtete nach § 2 Absatz 1 Nummer 10 bis 12 bemühen, einen Mandanten davon abzuhalten, eine rechtswidrige Handlung zu begehen. (...)

§ 48
Freistellung von der Verantwortlichkeit

(1) Wer Sachverhalte nach § 43 meldet oder eine Strafanzeige nach § 158 der Strafprozessordnung erstattet, darf deshalb nicht nach zivilrechtlichen oder strafrechtlichen Vorschriften verantwortlich gemacht oder disziplinarrechtlich verfolgt werden, es sei denn, die Meldung oder Strafanzeige ist vorsätzlich oder grob fahrlässig unwahr erstattet worden (...)

Abschnitt 7
Aufsicht, Zusammenarbeit, Bußgeldvorschriften, Datenschutz

§ 50
Zuständige Aufsichtsbehörde

Zuständige Aufsichtsbehörde für die Durchführung dieses Gesetzes ist

5. für Notare nach § 2 Absatz 1 Nummer 10 der jeweilige Präsident des Landgerichts, in dessen Bezirk der Notar seinen Sitz hat (§ 92 Absatz 1 Nummer 1 der Bundesnotarordnung), (...)

Anlage 1
(zu den §§ 5, 10, 14, 15)
Faktoren für ein potenziell geringeres Risiko

Die Liste ist eine nicht abschließende Aufzählung von Faktoren und möglichen Anzeichen für ein potenziell geringeres Risiko nach § 14:

1. Faktoren bezüglich des Kundenrisikos:
   a) öffentliche, an einer Börse notierte Unternehmen, die (aufgrund von Börsenordnungen oder von Gesetzes wegen oder aufgrund durchsetzbarer Instrumente) solchen Offenlegungspflichten unterliegen, die Anforderungen an die Gewährleistung einer angemessenen Transparenz hinsichtlich des wirtschaftlichen Eigentümers auferlegen,
   b) öffentliche Verwaltungen oder Unternehmen,
   c) Kunden mit Wohnsitz in geografischen Gebieten mit geringerem Risiko nach Nummer 3.
2. Faktoren bezüglich des Produkt-, Dienstleistungs-, Transaktions- oder Vertriebskanalrisikos: (...)

3. Faktoren bezüglich des geografischen Risikos – Registrierung, Niederlassung, Wohnsitz in:

   a) Mitgliedstaaten,

   b) Drittstaaten mit gut funktionierenden Systemen zur Verhinderung, Aufdeckung und Bekämpfung von Geldwäsche und von Terrorismusfinanzierung,

   c) Drittstaaten, in denen Korruption und andere kriminelle Tätigkeiten laut glaubwürdigen Quellen schwach ausgeprägt sind,

   d) Drittstaaten, deren Anforderungen an die Verhinderung, Aufdeckung und Bekämpfung von Geldwäsche und von Terrorismusfinanzierung laut glaubwürdigen Quellen (z. B. gegenseitige Evaluierungen, detaillierte Bewertungsberichte oder veröffentlichte Follow-up-Berichte) den überarbeiteten FATF (Financial Action Task Force)-Empfehlungen entsprechen und die diese Anforderungen wirksam umsetzen.

Anlage 2
(zu den §§ 5, 10, 14, 15)
Faktoren für ein potenziell höheres Risiko

Die Liste ist eine nicht erschöpfende Aufzählung von Faktoren und möglichen Anzeichen für ein potenziell höheres Risiko nach § 15:

1. Faktoren bezüglich des Kundenrisikos:

   a) a) außergewöhnliche Umstände der Geschäftsbeziehung,

   b) Kunden, die in geografischen Gebieten mit hohem Risiko gemäß Nummer 3 ansässig sind,

   c) juristische Personen oder Rechtsvereinbarungen, die als Instrumente für die private Vermögensverwaltung dienen,

   d) Unternehmen mit nominellen Anteilseignern oder als Inhaberpapiere emittierten Aktien,

   e) bargeldintensive Unternehmen,

   f) angesichts der Art der Geschäftstätigkeit als ungewöhnlich oder übermäßig kompliziert erscheinende Eigentumsstruktur des Unternehmens,

   g) der Kunde ist ein Drittstaatsangehöriger, der Aufenthaltsrechte oder die Staatsbürgerschaft eines Mitgliedstaats im Austausch gegen die Übertragung von Kapital, den Kauf von Immobilien oder Staatsanleihen oder Investitionen in Gesellschaften in diesem Mitgliedstaat beantragt;

2. Faktoren bezüglich des Produkt-, Dienstleistungs-, Transaktions- oder Vertriebskanalrisikos:

   a) Betreuung vermögender Privatkunden,

   b) Produkte oder Transaktionen, die Anonymität begünstigen könnten,

c) Geschäftsbeziehungen oder Transaktionen ohne persönliche Kontakte und ohne bestimmte Sicherungsmaßnahmen wie elektronische Mittel für die Identitätsfeststellung, einschlägige Vertrauensdienste gemäß der Definition in der Verordnung (EU) Nr. 910/2014 oder andere von den einschlägigen nationalen Behörden regulierte, anerkannte, gebilligte oder akzeptierte sichere Verfahren zur Identifizierung aus der Ferne oder auf elektronischem Weg,

d) Eingang von Zahlungen unbekannter oder nicht verbundener Dritter,

e) neue Produkte und neue Geschäftsmodelle einschließlich neuer Vertriebsmechanismen sowie Nutzung neuer oder in der Entwicklung begriffener Technologien für neue oder bereits bestehende Produkte,

f) Transaktionen in Bezug auf Öl, Waffen, Edelmetalle, Tabakerzeugnisse, Kulturgüter und andere Artikel von archäologischer, historischer, kultureller oder religiöser Bedeutung oder von außergewöhnlichem wissenschaftlichem Wert sowie Elfenbein und geschützte Arten;

3. Faktoren bezüglich des geografischen Risikos:

a) unbeschadet des Artikels 9 der Richtlinie (EU) 2015/849 ermittelte Länder, deren Finanzsysteme laut glaubwürdigen Quellen (z. B. gegenseitige Evaluierungen, detaillierte Bewertungsberichte oder veröffentlichte Follow-up-Berichte) nicht über hinreichende Systeme zur Verhinderung, Aufdeckung und Bekämpfung von Geldwäsche und Terrorismusfinanzierung verfügen,

b) Drittstaaten, in denen Korruption oder andere kriminelle Tätigkeiten laut glaubwürdigen Quellen signifikant stark ausgeprägt sind,

c) Staaten, gegen die beispielsweise die Europäische Union oder die Vereinten Nationen Sanktionen, Embargos oder ähnliche Maßnahmen verhängt hat oder haben,

d) Staaten, die terroristische Aktivitäten finanziell oder anderweitig unterstützen oder in denen bekannte terroristische Organisationen aktiv sind.

Verordnung zu den nach dem Geldwäschegesetzmeldepflichtigen Sachverhalten im Immobilienbereich

(Geldwäschegesetzmeldepflichtverordnung-Immobilien -GwGMeldV-Immobilien

vom 20. August 2020 {BGBl. 1 S. 1965)

Auf Grund des § 43 Absatz 6 des Geldwäschegesetzes verordnet das Bundesministerium der Finanzen im Einvernehmen mit dem Bundesministerium der Justiz und für Verbraucherschutz:

§ 1
Regelungsbereich

Diese Verordnung bestimmt in den §§ 3 bis 6 Sachverhalte bei Erwerbsvorgängen nach § 1 des Grunderwerbsteuergesetzes, die von Verpflichteten nach § 2 Absatz 1 Nummer 10 und 12 des Geldwäschegesetzes stets nach § 43 Absatz 1 des Geldwäschegesetzes zu melden sind. Sie begründet für diese Verpflichteten keine eigenständigen Pflichten zur Ermittlung von Tatsachen, die eine Meldepflicht begründen können.

§ 2
Begriffsbestimmungen

Im Sinne dieser Rechtsverordnung sind

1. Verpflichtete: Verpflichtete nach § 2 Absatz 1 Nummer 10 und 12 des Geldwäschegesetzes;
2. am Erwerbsvorgang Beteiligte: Die Vertragspartner des Verpflichteten, die Vertragsparteien des Erwerbsvorgangs nach § 1 des Grunderwerbsteuergesetzes sowie die für diese auftretenden Personen;
3. wirtschaftlich Berechtigte: Wirtschaftlich Berechtigte nach § 3 des Geldwäschegesetzes;
4. Geschäftsgegenstände: Grundstücke oder Gesellschaftsanteile, auf die sich Erwerbsvorgänge nach § 1 des Grunderwerbsteuergesetzes beziehen;
5. Drittstaaten: Solche nach § 1 Absatz 17 des Geldwäschegesetzes;
6. Erwerbsvorgänge: Rechtsvorgänge nach § 1 des Grunderwerbsteuergesetzes einschließlich deren Vorbereitung.

§ 3
Meldepflichten wegen eines Bezugs zu Risikostaaten oder Sanktionslisten

(1) Der Verpflichtete hat zu melden, wenn ein an dem Erwerbsvorgang Beteiligter oder ein wirtschaftlich Berechtigter ansässig ist in oder einen gleichermaßen engen Bezug aufweist zu

1. einem von der Europäischen Kommission nach Artikel 9 der Richtlinie (EU) 2015/849 des Europäischen Parlaments und des Rates vom 20. Mai 2015 zur Ver-

hinderung der Nutzung des Finanzsystems zum Zwecke der Geldwäsche und der Terrorismusfinanzierung, zur Änderung der Verordnung (EU) Nr. 648/2012 des Europäischen Parlaments und des Rates und zur Aufhebung der Richtlinie 2005/60/EG des Europäischen Parlaments und des Rates und der Richtlinie 2006/70/EG der Kommission (ABl. L 141 vom 5.6.2015, S. 73) ermittelten Drittstaat mit hohem Risiko, der im Anhang der Delegierten Verordnung (EU) 2016/1675 der Kommission vom 14. Juli 2016 zur Ergänzung der Richtlinie (EU) 2015/849 des Europäischen Parlaments und des Rates durch Ermittlung von Drittlän dern mit hohem Risiko, die strategische Mängel aufweisen (ABl. L 254vom 20.9.2016, S. 1) in der je weils geltenden Fassung aufgeführt ist, oder

2. einem sonstigen Staat, der in den jeweils aktuellen Informationsberichten „High-Risk Jurisdictions subject toa Call for Action" und „Jurisdictions under Increased Monitoring" der Financial Action Task Force als Staat mitstrategischen Mängeln eingestuft wird.

(2) Der Verpflichtete hat zu melden, wenn ein Geschäftsgegenstand oder ein Bankkonto, das im Rahmen des Erwerbsvorgangs eingesetzt wird oder werden soll, einen engen Bezug zu einem in Absatz 1 genannten Staataufweist.

(3) Der Verpflichtete hat zu melden, wenn ein an dem Erwerbsvorgang Beteiligter oder ein wirtschaftlich Berechtigter in einer der folgenden Quellen aufgeführt ist:

1. In einem Anhang zu einem unmittelbar geltenden Rechtsakt der Europäischen Gemein schaften oder der Europäischen Union, der der Durchführung einer vom Rat der Europäischen Union im Bereich der Gemeinsamen Außen- und Sicherheitspolitik beschlossenen wirtschaftlichen Sanktionsmaßnahme dient, oder

2. in einer im Bundesanzeiger veröffentlichten Allgemeinverfügung des Bundesministeriums für Wirtschaft und Energie nach§ 6 Absatz 1 Satz 2 in Verbindung mit§ 4 Absatz 1 Nummer 2 und 3 und Absatz 2 Nummer 3des Außenwirtschaftsgesetzes.

(4) Die Zentralstelle für Finanztransaktionsuntersuchungen stellt den Verpflichteten eine Liste der nach Absatz 1 Nummer 2 zu berücksichtigenden Staaten in deutscher Übersetzung sowie Informationen zu den nach Absatz 3 zu berücksichtigenden Personen über ihre Internetseite zur Verfügung.

htt ps:/ / www.zoll.de/fiu-internat ional-gelistete-risikosatat en.

Redaktion: Internetadresse?

§ 4
Meldepflichten wegen Auffälligkeiten im Zusammenhang mit den beteiligten Personen oder dem wirtschaftlich Berechtigten

(1) Der Verpflichtete hat zu melden, wenn ein an dem Erwerbsvorgang Beteiligter seine Mitwirkungspflicht nach §11 Absatz 6 Satz 1 des Geldwäschegesetzes oder seine Auskunfts- und Nachweispflicht nach § 11 Absatz 6 Satz3 und 4 des Geldwäschegesetzes nicht erfüllt hat.

(2) Der Verpflichtete hat zu melden, wenn Tatsachen darauf hindeuten, dass wissentlich nicht richtige oder nichtvollständige Angaben zur Identität eines am Erwerbsvorgang Beteiligten oder eines wirtschaftlich Berechtigten gemacht worden sind.

(3) Der Verpflichtete hat zu melden, wenn Tatsachen darauf hindeuten, dass

1. der Geschäftsgegenstand treuhänderisch gehalten wird oder gehalten werden soll oder
2. ein Treuhandverhältnis anlässlich des Rechtsgeschäfts beendet wird oder werden soll, und das Treuhandverhältnis keinen offensichtlichen wirtschaftlichen oder sonstigen rechtmäßigen Zweck hat.

(4) Der Verpflichtete hat zu melden, wenn

1. gegen einen an dem Erwerbsvorgang Beteiligten oder einen wirtschaftlich Berechtigten wegen einer rechtswidrigen Tat nach§ 261 des Strafgesetzbuches ermittelt wird oder ein Strafverfahren anhängig oderrechtshängig ist oder eine solche Person wegen einer solchen Tat innerhalb der letzten fünf Jahre verurteilt wurde und ein Zusammenhang zwischen der Tat und dem Erwerbsvorgang nicht ausgeschlossen werden kann oder
2. gegen einen an dem Erwerbsvorgang Beteiligten oder einen wirtschaftlich Berechtigten wegen einer rechtswidrigen Tat im Sinne des § 261 Absatz 1 Satz 2 des Strafgesetzbuches ermittelt wird oder ein Strafverfahren anhängig oder rechtshängig ist oder eine solche Person wegen einer solchen Tat innerhalb der letzten fünf Jahre verurteilt wurde und ein Zusammenhang zwischen dem Tatertrag oder dem Tatprodukt der Tat und dem Erwerbsvorgang nicht ausgeschlossen werden kann. Die Meldepflicht besteht nicht, wenn sich der an dem Erwerbsvorgang Beteiligte oder der wirt schaftlich Berechtigte im Rahmen des Ermittlungs- oder Strafverfahrens des Verpflichteten als Verteidiger bedient oder bedient hat oder der Verpflichtete an der Verteidigung im Ermittlungs- oder Strafverfahren mitwirkende Person im Sinne von § 203Absatz 3 des Strafgesetzbuches ist.

(5) Der Verpflichtete hat zu melden, wenn Tatsachen darauf hindeuten, dass der Erwerbsvorgang in einemgroben Missverhältnis zu dem legalen Einkommen und Vermögen eines Veräußerers, Erwerbers oder wirtschaftlich Berechtigten steht.

(6) Der Verpflichtete hat zu melden, wenn die Stellung als wirtschaftlich Berechtigter über eine Gesellschaft mit Sitz in einem Drittstaat vermittelt wird oder werden soll, der wirtschaftlich Berechtigte nicht in diesem Drittstaatansässig ist und die Zwischenschaltung der Gesellschaft keinen offensichtlichen wirtschaftlichen oder sonstigen rechtmäßigen Zweck hat.

(7) Der Verpflichtete hat zu melden, wenn der Erwerbsvorgang mit einer grenzüberschreitenden Steuergestaltung im Sinne des § 138d Absatz 2 der Abgabenordnung in Zusammenhang steht, die ein Kennzeichen im Sinne des § 138e Absatz 2 Nummer 2 Buchstabe f oder Nummer 3 der Abgabenordnung aufweist, und der Verpflichtete als Intermediär nach§ 138d Absatz 1 der Abgabenordnung mit teilungspflichtig ist.§ 5 Meldepflichten wegen Auffälligkeiten im Zusammenhang mit Stellvertretung. Der Verpflichtete hat zu melden, wenn ein an dem Erwerbsvorgang Beteiligter

1. aufgrund einer Vollmacht handelt, die nicht der Schriftform genügt, und dem Verpflichteten die Vollmacht nicht innerhalb von zwei Monaten nach dessen Aufforderung schriftlich nachgewiesen wird,
2. eine Vollmachtsurkunde vorlegt, die unecht oder verfälscht ist,

3. aufgrund einer Vollmacht handelt, deren Grundverhältnis für den Verpflichteten nicht erkennbar ist, oder
4. aufgrund einer Vollmacht handelt, die durch Mitarbeiter der konsularischen Vertretung der Bundesrepublik Deutschland in einem Drittstaat nach§ 3 Absatz 1 beglaubigt wurde.

§ 5
Meldepflichten wegen Auffälligkeiten im Zusammenhang mit Stellvertretung

Der Verpflichtete hat zu melden, wenn ein an dem Erwerbsvorgang Beteiligter

1. aufgrund einer Vollmacht handelt, die nicht der Schriftform genügt, und dem Verpflichteten die Vollmacht nicht innerhalb von zwei Monaten nach dessen Aufforderung schriftlich nachgewiesen wird,
2. eine Vollmachtsurkunde vorlegt, die unecht oder verfälscht ist,
3. aufgrund einer Vollmacht handelt, deren Grundverhältnis für den Verpflichteten nicht erkennbar ist, oder
4. aufgrund einer Vollmacht handelt, die durch Mitarbeiter der konsularischen Vertretung der Bundesrepublik Deutschland in einem Drittstaat nach § 3 Absatz 1 beglaubigt wurde.

§ 6
Meldepflichten wegen Auffälligkeiten im Zusammenhang mit dem Preis oder einer Kauf- oder Zahlungsmodalität

(1) Der Verpflichtete hat zu melden, wenn die Gegenleistung

1. vollständig oder teilweise wie folgt bezahlt wird oder bezahlt werden soll:
   a) Mittels Barmitteln im Sinne des Artikels 2 Absatz 1 Buchstabe a der Verordnung (EU) 2018/1672 des Europäischen Parlaments und des Rates vom 23. Oktober 2018 über die Überwachung von Barmitteln, die in die Union oder aus der Union verbracht werden, und zur Aufhebung der Verordnung (EG) Nr.1889/2005 (ABI. L 284 vom 12.11.2018, 5. 6) oder gleichgestellten Zahlungsmitteln im Sinne des§ 1 Absatz 4 Satz 4 des Zollverwaltungsgesetzes, sofern der Betrag mehr als 10.000 Euro beträgt,
   b) mittels Kryptowerten im Sinne des§ 1 Absatz 11 Satz 4 und 5 des Kreditwesengesetzes, oder c) über ein Bankkonto in einem Drittstaat, es sei denn, ein Sitz, ein Wohnsitz oder der gewöhnliche Aufenthalt der Vertragspartei, die das Bankkonto verwendet, befindet sich in diesem Drittstaat,
2. erheblich von dem tatsächlichen Verkehrswert des Geschäftsgegenstandes abweicht, soweit die Differenz nicht auf einer dem Verpflichteten offengelegten unentgeltlichen Zuwendung beruht,
3. vollständig oder teilweise bereits vor Abschluss des Rechtsgeschäftes gezahlt wurde oder gezahlt werden soll, sofern der bezahlte oder noch zu bezahlende

Betrag mehr als 10.000 Euro beträgt und die veräußernde Person keine juristische Person des öffentlichen Rechts ist, oder

4. vollständig oder teilweise von einer oder an eine Person gezahlt wird oder werden soll, die weder am Erwerbsvorgang Beteiligter noch wirtschaftlich Berechtigter ist, es sei denn, diese Person

   a) ist Partei kraft Amtes,

   b) ist der derzeitige oder frühere Ehepartner oder eingetragene Lebenspartner einer Vertragspartei des Erwerbsvorgangs,

   c) ist ein Verwandter ersten Grades, dessen Ehepartner oder eingetragener Lebenspartner ei ner Vertragspartei des Erwerbsvorgangs,

   d) ist ein Verwandter zweiten Grades, dessen Ehepartner oder eingetragener Lebenspartner einer Vertragspartei des Erwerbsvorgangs,

   e) ist ein verbundenes Unternehmen im Sinne des§ 15 des Aktiengesetzes,

   f) ist ein im Grundbuch eingetragener und abzulösender Gläubiger oder ein abzulösender Gläubiger, dem nach § 10 Absatz 1 Nummer 1, la oder 2 des Gesetzes über die Zwangsversteigerung und die Zwangsverwaltung bei einer Zwangsvollstreckung ein Recht auf Befriedigung aus dem Geschäftsgegenstand gewährt werden würde,

   g) ist eine juristische Person des öffentlichen Rechts oder

   h) unterliegt der Aufsicht der zuständigen Aufsichtsbehörde nach § 50 Nummer 1 und 2 des Geldwäschegesetzes. Bei Nutzung von Anderkonten gilt die Regelung des Absatzes 3.

(2) Der Verpflichtete hat zu melden, wenn der Geschäftsgegenstand

1. innerhalb von drei Jahren nach vorangegangenem Erwerb zu einem Preis weiterveräußert wird oder werden soll, der erheblich von dem vorherigen Preis abweicht, ohne dass dafür ein nachvollziehbarer Grund besteht, oder

2. innerhalb von drei Jahren nach vorangegangenem Erwerb wieder an den vorherigen Eigentümer oder einen vorherigen Anteilsinhaber veräußert wird oder werden soll, ohne dass dafür ein nachvollziehbarer Grundbesteht.

Für die Fristbestimmung nach Satz 1 ist maßgeblich

1. für den Erwerb der Zeitpunkt des dinglichen Rechtserwerbs und

2. für die Veräußerung der Zeitpunkt des Abschlusses des zugrundeliegenden Rechtsgeschäfts.

(3) Der Verpflichtete hat zu melden, wenn die Zahlung über ein Anderkonto erfolgen soll, ohne dass ein berechtigtes Sicherungsinteresse besteht. Satz 1 gilt nicht für Anderkonten des Notars.

§ 7
Ausnahme von der Meldepflicht

Liegen Tatsachen vor, die die bei den in den §§ 3 bis 6 bestimmten Sachverhalten vorhandenen Anzeichen entkräften, dass ein Vermögensgegenstand aus einer strafbaren Handlung stammt, die eine Vortat der Geldwäschedarstellen könnte, oder dass der Erwerbsvorgang im Zusammenhang mit Terrorismusfinanzierung steht, so besteht keine Pflicht zur Meldung. Die Tatsachen, aufgrund derer nach Satz 1 von einer Meldung abgesehen wird, sind nach § 8 Absatz 1 Satz 1 Nummer 4 des Geldwäschegesetzes aufzuzeichnen. Die Dokumentation ist für Zwecke der aufsichtlichen Prüfung aufzubewahren.

Grundbuchordnung
(GBO)

vom 24. März 1897 (RGBl. S. 139)
i. d. F. vom 26. Mai 1994 (BGBl. I S. 1114)
zuletzt geändert durch Gesetz vom 16. Oktober 2020 (BGBl. I S. 2187)

Erster Abschnitt
Allgemeine Vorschriften

§ 1
Grundbuchämter; Zuständigkeiten*)

(1) [1]Die Grundbücher, die auch als Loseblattgrundbuch geführt werden können, werden von den Amtsgerichten geführt (Grundbuchämter). [2]Diese sind für die in ihrem Bezirk liegenden Grundstücke zuständig. [3]Die abweichenden Vorschriften des § 150 für das in Artikel 3 des Einigungsvertrages genannte Gebiet bleiben unberührt.

(2) Liegt ein Grundstück in dem Bezirk mehrerer Grundbuchämter, so ist das zuständige Grundbuchamt nach § 5 des Gesetzes über das Verfahren in Familiensachen und in den Angelegenheiten der freiwilligen Gerichtsbarkeit zu bestimmen.

(3) [1]Die Landesregierungen werden ermächtigt, durch Rechtsverordnung die Führung des Grundbuchs einem Amtsgericht für die Bezirke mehrerer Amtsgerichte zuzuweisen, wenn dies einer schnelleren und rationelleren Grundbuchführung dient. [2]Sie können die Ermächtigung durch Rechtsverordnung auf die Landesjustizverwaltungen übertragen.

(4) [1]Das Bundesministerium der Justiz und für Verbraucherschutz wird ermächtigt, durch Rechtsverordnung, die der Zustimmung des Bundesrates bedarf, die näheren Vorschriften über die Einrichtung und die Führung der Grundbücher, die Hypotheken-, Grundschuld- und Rentenschuldbriefe und die Abschriften aus dem Grundbuch und den Grundakten sowie die Einsicht hierin zu erlassen sowie das Verfahren zur Beseitigung einer Doppelbuchung zu bestimmen. [2]Es kann hierbei auch regeln, inwieweit Änderungen bei einem Grundbuch, die sich auf Grund von Vorschriften der Rechtsverordnung ergeben, den Beteiligten und der Behörde, die das in § 2 Abs. 2 bezeichnete amtliche Verzeichnis führt, bekanntzugeben sind.

§ 2
Grundbuchbezirke; Liegenschaftskataster; Abschreibung von Grundstücksteilen

(1) Die Grundbücher sind für Bezirke einzurichten.

(2) Die Grundstücke werden im Grundbuch nach den in den Ländern eingerichteten amtlichen Verzeichnissen benannt (Liegenschaftskataster).

(3) Ein Teil eines Grundstücks darf von diesem nur abgeschrieben werden, wenn er im amtlichen Verzeichnis unter einer besonderen Nummer verzeichnet ist oder wenn die zur Führung des amtlichen Verzeichnisses zuständige Behörde bescheinigt, dass

*) Die Paragraphenüberschriften sind nicht amtlich.

sie von der Buchung unter einer besonderen Nummer absieht, weil der Grundstücksteil mit einem benachbarten Grundstück oder einem Teil davon zusammengefasst wird.

§ 3
Grundbuchblatt; buchungsfreie Grundstücke; Buchung von Miteigentumsanteilen

(1) [1]Jedes Grundstück erhält im Grundbuch eine besondere Stelle (Grundbuchblatt). [2]Das Grundbuchblatt ist für das Grundstück als das Grundbuch im Sinne des Bürgerlichen Gesetzbuchs anzusehen.

(2) Die Grundstücke des Bundes, der Länder, der Gemeinden und anderer Kommunalverbände, der Kirchen, Klöster und Schulen, die Wasserläufe, die öffentlichen Wege, sowie die Grundstücke, welche einem dem öffentlichen Verkehr dienenden Bahnunternehmen gewidmet sind, erhalten ein Grundbuchblatt nur auf Antrag des Eigentümers oder eines Berechtigten.

(3) Ein Grundstück ist auf Antrag des Eigentümers aus dem Grundbuch auszuscheiden, wenn der Eigentümer nach Absatz 2 von der Verpflichtung zur Eintragung befreit und eine Eintragung, von der das Recht des Eigentümers betroffen wird, nicht vorhanden ist.

(4) Das Grundbuchamt kann, sofern hiervon nicht Verwirrung oder eine wesentliche Erschwerung des Rechtsverkehrs oder der Grundbuchführung zu besorgen ist, von der Führung eines Grundbuchblatts für ein Grundstück absehen, wenn das Grundstück den wirtschaftlichen Zwecken mehrerer anderer Grundstücke zu dienen bestimmt ist, zu diesen in einem dieser Bestimmung entsprechenden räumlichen Verhältnis und im Miteigentum der Eigentümer dieser Grundstücke steht (dienendes Grundstück).

(5) [1]In diesem Falle müssen an Stelle des ganzen Grundstücks die den Eigentümern zustehenden einzelnen Miteigentumsanteile an dem dienenden Grundstück auf dem Grundbuchblatt des dem einzelnen Eigentümer gehörenden Grundstücks eingetragen werden. [2]Diese Eintragung gilt als Grundbuch für den einzelnen Miteigentumsanteil.

(6) Die Buchung nach den Absätzen 4 und 5 ist auch dann zulässig, wenn die beteiligten Grundstücke noch einem Eigentümer gehören, dieser aber die Teilung des Eigentums am dienenden Grundstück in Miteigentumsanteile und deren Zuordnung zu den herrschenden Grundstücken gegenüber dem Grundbuchamt erklärt hat; die Teilung wird mit der Buchung nach Absatz 5 wirksam.

(7) Werden die Miteigentumsanteile an dem dienenden Grundstück neu gebildet, so soll, wenn die Voraussetzungen des Absatzes 4 vorliegen, das Grundbuchamt in der Regel nach den vorstehenden Vorschriften verfahren.

(8) Stehen die Anteile an dem dienenden Grundstück nicht mehr den Eigentümern der herrschenden Grundstücke zu, so ist ein Grundbuchblatt anzulegen.

(9) Wird das dienende Grundstück als Ganzes belastet, so ist, sofern nicht ein besonderes Grundbuchblatt angelegt wird oder § 48 anwendbar ist, in allen beteiligten Grundbuchblättern kenntlich zu machen, daß dass dienende Grundstück als Ganzes belastet ist; hierbei ist jeweils auf die übrigen Eintragungen zu verweisen.

§ 4
Gemeinschaftliches Grundbuchblatt

(1) Über mehrere Grundstücke desselben Eigentümers, deren Grundbücher von demselben Grundbuchamt geführt werden, kann ein gemeinschaftliches Grundbuchblatt geführt werden, solange hiervon Verwirrung nicht zu besorgen ist.

(2) [1]Dasselbe gilt, wenn die Grundstücke zu einem Hof im Sinne der Höfeordnung gehören oder in ähnlicher Weise bundes- oder landesrechtlich miteinander verbunden sind, auch wenn ihre Grundbücher von verschiedenen Grundbuchämtern geführt werden. [2]In diesen Fällen ist, wenn es sich um einen Hof handelt, das Grundbuchamt zuständig, welches das Grundbuch über die Hofstelle führt; im übrigen ist das zuständige Grundbuchamt nach § 5 des Gesetzes über das Verfahren in Familiensachen und in den Angelegenheiten der freiwilligen Gerichtsbarkeit zu bestimmen.

§ 5
Vereinigung von Grundstücken

(1) [1]Ein Grundstück soll nur dann mit einem anderen Grundstück vereinigt werden, wenn hiervon Verwirrung nicht zu besorgen ist. [2]Eine Vereinigung soll insbesondere dann unterbleiben, wenn die Grundstücke im Zeitpunkt der Vereinigung wie folgt belastet sind:

1. mit unterschiedlichen Grundpfandrechten oder Reallasten oder
2. mit denselben Grundpfandrechten oder Reallasten mit unterschiedlicher Rangfolge.

[3]Werden die Grundbücher von verschiedenen Grundbuchämtern geführt, so ist das zuständige Grundbuchamt nach § 5 des Gesetzes über das Verfahren in Familiensachen und in den Angelegenheiten der freiwilligen Gerichtsbarkeit zu bestimmen.

(2) [1]Die an der Vereinigung beteiligten Grundstücke sollen im Bezirk desselben Grundbuchamts und derselben für die Führung des amtlichen Verzeichnisses nach § 2 Abs. 2 zuständigen Stelle liegen und unmittelbar aneinandergrenzen. [2]Von diesen Erfordernissen soll nur abgewichen werden, wenn hierfür, insbesondere wegen der Zusammengehörigkeit baulicher Anlagen und Nebenanlagen, ein erhebliches Bedürfnis besteht. [3]Die Lage der Grundstücke zueinander kann durch Bezugnahme auf das amtliche Verzeichnis nachgewiesen werden. [4]Das erhebliche Bedürfnis ist glaubhaft zu machen; § 29 gilt hierfür nicht.

§ 6
Zuschreibung als Bestandteil

(1) [1]Ein Grundstück soll nur dann einem anderen Grundstück als Bestandteil zugeschrieben werden, wenn hiervon Verwirrung nicht zu besorgen ist. [2]Werden die Grundbücher von verschiedenen Grundbuchämtern geführt, so ist für die Entscheidung über den Antrag auf Zuschreibung und, wenn dem Antrage stattgegeben wird, für die Führung des Grundbuchs über das ganze Grundstück das Grundbuchamt zuständig, das das Grundbuch über das Hauptgrundstück führt.

(2) § 5 Absatz 1 Satz 2 und Absatz 2 ist entsprechend anzuwenden.

§ 6a
Eintragung des Erbbaurechts

(1) [1]Dem Antrag auf Eintragung eines Erbbaurechts an mehreren Grundstücken oder Erbbaurechten soll unbeschadet des Satzes 2 nur entsprochen werden, wenn hinsichtlich der zu belastenden Grundstücke die Voraussetzungen des § 5 Abs. 2 Satz 1 vorliegen. [2]Von diesen Erfordernissen soll nur abgewichen werden, wenn die zu belastenden Grundstücke nahe beieinander liegen und entweder das Erbbaurecht in Wohnungs- oder Teilerbbaurechte aufgeteilt werden soll oder Gegenstand des Erbbaurechts ein einheitliches Bauwerk oder ein Bauwerk mit dazugehörenden Nebenanlagen auf den zu belastenden Grundstücken ist; § 5 Abs. 2 Satz 3 findet entsprechende Anwendung. [3]Im übrigen sind die Voraussetzungen des Satzes 2 glaubhaft zu machen; § 29 gilt hierfür nicht.

(2) Dem Antrag auf Eintragung eines Erbbaurechts soll nicht entsprochen werden, wenn das Erbbaurecht sowohl an einem Grundstück als auch an einem anderen Erbbaurecht bestellt werden soll.

§ 7
Abschreibung eines Grundstücksteils; Ausnahmen

(1) Soll ein Grundstücksteil mit einem Recht belastet werden, so ist er von dem Grundstück abzuschreiben und als selbständiges Grundstück einzutragen.

(2) [1]Ist das Recht eine Dienstbarkeit, so kann die Abschreibung unterbleiben, wenn hiervon Verwirrung nicht zu besorgen ist. [2]In diesem Fall soll ein von der für die Führung des Liegenschaftskatasters zuständigen Behörde erteilter beglaubigter Auszug aus der amtlichen Karte vorgelegt werden, in dem der belastete Grundstücksteil gekennzeichnet ist. [3]Die Vorlage eines solchen Auszugs ist nicht erforderlich, wenn der Grundstücksteil im Liegenschaftskataster unter einer besonderen Nummer verzeichnet ist.

(3) [1]Die Landesregierungen werden ermächtigt, durch Rechtsverordnung zu bestimmen, dass der nach Absatz 2 vorzulegende Auszug aus der amtlichen Karte der Beglaubigung nicht bedarf, wenn der Auszug maschinell hergestellt wird und ein ausreichender Schutz gegen die Vorlage von nicht von der zuständigen Behörde hergestellten oder von verfälschten Auszügen besteht. [2]Satz 1 gilt entsprechend für andere Fälle, in denen dem Grundbuchamt Angaben aus dem amtlichen Verzeichnis zu übermitteln sind. [3]Die Landesregierungen können die Ermächtigung durch Rechtsverordnung auf die Landesjustizverwaltungen übertragen.

§ 8
(weggefallen)

§ 9
Subjektiv-dingliche Rechte

(1) [1]Rechte, die dem jeweiligen Eigentümer eines Grundstücks zustehen, sind auf Antrag auch auf dem Blatt dieses Grundstücks zu vermerken. [2]Antragsberechtigt ist der Eigentümer des Grundstücks sowie jeder, dessen Zustimmung nach § 876 Satz 2 des Bürgerlichen Gesetzbuchs zur Aufhebung des Rechtes erforderlich ist.

(2) Der Vermerk ist von Amts wegen zu berichtigen, wenn das Recht geändert oder aufgehoben wird.

(3) Die Eintragung des Vermerks (Absatz 1) ist auf dem Blatt des belasteten Grundstücks von Amts wegen ersichtlich zu machen.

§ 10
Aufbewahrung von Urkunden durch das Grundbuchamt

(1) [1]Grundbücher und Urkunden, auf die eine Eintragung sich gründet oder Bezug nimmt, hat das Grundbuchamt dauernd aufzubewahren. [2]Eine Urkunde nach Satz 1 darf nur herausgegeben werden, wenn statt der Urkunde eine beglaubigte Abschrift bei dem Grundbuchamt bleibt.

(2) Das Bundesministerium der Justiz und für Verbraucherschutz wird ermächtigt, durch Rechtsverordnung, die der Zustimmung des Bundesrates bedarf, zu bestimmen, daß statt einer beglaubigten Abschrift der Urkunde eine Verweisung auf die anderen Akten genügt, wenn eine der in Absatz 1 bezeichneten Urkunden in anderen Akten des das Grundbuch führenden Amtsgerichts enthalten ist.

(3) *(weggefallen)*

(4) *(weggefallen)*

§ 10a
Aufbewahrung auf Datenträgern; Nachweis; Ermächtigung

(1) [1]Geschlossene Grundbücher können als Wiedergabe auf einem Bildträger oder auf anderen Datenträgern aufbewahrt werden, wenn sichergestellt ist, daß die Wiedergabe oder die Daten innerhalb angemessener Zeit lesbar gemacht werden können. [2]Die Landesjustizverwaltungen bestimmen durch allgemeine Verwaltungsanordnung Zeitpunkt und Umfang dieser Art der Aufbewahrung und die Einzelheiten der Durchführung.

(2) [1]Bei der Herstellung der Bild- oder sonstigen Datenträger ist ein schriftlicher Nachweis anzufertigen, dass die Wiedergabe mit dem Original des Grundbuchs übereinstimmt. [2]Weist das Original farbliche Eintragungen auf, die in der Wiedergabe nicht als solche erkennbar sind, ist dies in dem schriftlichen Nachweis anzugeben. [3]Die Originale der geschlossenen Grundbücher können ausgesondert werden.

(3) [1]Durch Rechtsverordnung des Bundesministeriums der Justiz und für Verbraucherschutz mit Zustimmung des Bundesrates kann vorgesehen werden, daß für die Führung des Grundbuchs nicht mehr benötigte, bei den Grundakten befindliche Schriftstücke ausgesondert werden können. [2]Welche Schriftstücke dies sind und unter welchen Voraussetzungen sie ausgesondert werden können, ist in der Rechtsverordnung nach Satz 1 zu bestimmen.

§ 11
Mitwirkung ausgeschlossener Grundbuchbeamter

Eine Eintragung in das Grundbuch ist nicht aus dem Grunde unwirksam, weil derjenige, der sie bewirkt hat, von der Mitwirkung kraft Gesetzes ausgeschlossen ist.

§ 12
Grundbucheinsicht; einfache und beglaubigte Abschriften

(1) [1]Die Einsicht des Grundbuchs ist jedem gestattet, der ein berechtigtes Interesse darlegt. [2]Das gleiche gilt von Urkunden, auf die im Grundbuch zur Ergänzung einer Eintragung Bezug genommen ist, sowie von den noch nicht erledigten Eintragungsanträgen.

(2) Soweit die Einsicht des Grundbuchs, der im Absatz 1 bezeichneten Urkunden und der noch nicht erledigten Eintragungsanträge gestattet ist, kann eine Abschrift gefordert werden; die Abschrift ist auf Verlangen zu beglaubigen.

(3) Das Bundesministerium der Justiz und für Verbraucherschutz kann durch Rechtsverordnung mit Zustimmung des Bundesrates bestimmen, dass

1. über die Absätze 1 und 2 hinaus die Einsicht in sonstige sich auf das Grundbuch beziehende Dokumente gestattet ist und Abschriften hiervon gefordert werden können;
2. bei Behörden von der Darlegung des berechtigten Interesses abgesehen werden kann, ebenso bei solchen Personen, bei denen es auf Grund ihres Amtes oder ihrer Tätigkeit gerechtfertigt ist.

(4) [1]Über Einsichten in Grundbücher und Grundakten sowie über die Erteilung von Abschriften aus Grundbüchern und Grundakten ist ein Protokoll zu führen. [2]Dem Eigentümer des betroffenen Grundstücks oder dem Inhaber eines grundstücksgleichen Rechts ist auf Verlangen Auskunft aus diesem Protokoll zu geben, es sei denn, die Bekanntgabe würde den Erfolg strafrechtlicher Ermittlungen oder die Aufgabenwahrnehmung einer Verfassungsschutzbehörde, des Bundesnachrichtendienstes, des Militärischen Abschirmdienstes oder die Zentralstelle für Finanztransaktionsuntersuchungen gefährden. [3]Das Protokoll kann nach Ablauf von zwei Jahren vernichtet werden. [4]Einer Protokollierung bedarf es nicht, wenn die Einsicht oder Abschrift dem Auskunftsberechtigten nach Satz 2 gewährt wird.

§ 12a
Einrichtung von Verzeichnissen; Auskünfte

(1) [1]Die Grundbuchämter dürfen auch ein Verzeichnis der Eigentümer und der Grundstücke sowie mit Genehmigung der Landesjustizverwaltung weitere, für die Führung des Grundbuchs erforderliche Verzeichnisse einrichten und, auch in maschineller Form, führen. [2]Eine Verpflichtung, diese Verzeichnisse auf dem neuesten Stand zu halten, besteht nicht; eine Haftung bei nicht richtiger Auskunft besteht nicht. [3]Aus öffentlich zugänglich gemachten Verzeichnissen dieser Art sind Auskünfte zu erteilen, soweit ein solches Verzeichnis der Auffindung der Grundbuchblätter dient, zur Einsicht in das Grundbuch oder für den Antrag auf Erteilung von Abschriften erforderlich ist und die Voraussetzungen für die Einsicht in das Grundbuch gegeben sind. [4]Unter den Voraussetzungen des § 12 kann Auskunft aus Verzeichnissen nach Satz 1 auch gewährt werden, wenn damit die Einsicht in das Grundbuch entbehrlich wird. [5]Inländischen Gerichten, Behörden und Notaren kann auch die Einsicht in den entsprechenden Teil des Verzeichnisses gewährt werden. [6]Ein Anspruch auf Erteilung von

Abschriften aus dem Verzeichnis besteht nicht. [7]Für maschinell geführte Verzeichnisse gelten § 126 Abs. 2 und § 133 entsprechend.

(2) Als Verzeichnis im Sinne des Absatzes 1 kann mit Genehmigung der Landesjustizverwaltung auch das Liegenschaftskataster verwendet werden.

(3) [1]Über Einsichten in Verzeichnisse nach Absatz 1 oder die Erteilung von Auskünften aus solchen Verzeichnissen, durch die personenbezogene Daten bekanntgegeben werden, ist ein Protokoll zu führen. [2]§ 12 Absatz 4 Satz 2 bis 4 gilt entsprechend.

§ 12b
Aufbewahrung von anderen als den grundbuchführenden Stellen

(1) [1]Nach der Übertragung von geschlossenen Grundbüchern und Grundakten auf einen Bild- oder sonstigen Datenträger in einem Verfahren nach § 10a Absatz 1 und 2, § 128 Absatz 3 oder § 138 Absatz 1 kann eine Einsicht in die vom Grundbuchamt weiter aufbewahrten Originale nicht mehr verlangt werden. [2]Werden die Originale nach ihrer Aussonderung durch eine andere Stelle als das Grundbuchamt aufbewahrt, bestimmt sich die Einsicht nach Landesrecht.

(2) Soweit in dem in Artikel 3 des Einigungsvertrages genannten Gebiet Grundakten und frühere Grundbücher von anderen als den grundbuchführenden Stellen aufbewahrt werden, gilt § 12 entsprechend.

§ 12c
Sachliche Zuständigkeit des Urkundsbeamten

(1) Der Urkundsbeamte der Geschäftsstelle entscheidet über:

1. die Gestattung der Einsicht in das Grundbuch oder die in § 12 bezeichneten Akten und Anträge sowie die Erteilung von Abschriften hieraus, soweit nicht Einsicht zu wissenschaftlichen oder Forschungszwecken begehrt wird;
2. die Erteilung von Auskünften nach § 12a oder die Gewährung der Einsicht in ein dort bezeichnetes Verzeichnis;
3. die Erteilung von Auskünften in den sonstigen gesetzlich vorgesehenen Fällen;
4. die Anträge auf Rückgabe von Urkunden und Versendung von Grundakten an inländische Gerichte oder Behörden.

(2) Der Urkundsbeamte der Geschäftsstelle ist ferner zuständig für

1. die Beglaubigung von Abschriften (Absatz 1 Nr. 1), auch soweit ihm die Entscheidung über die Erteilung nicht zusteht; jedoch kann statt des Urkundsbeamten ein von der Leitung des Amtsgerichts ermächtigter Justizangestellter die Beglaubigung vornehmen;
2. die Verfügungen und Eintragungen zur Erhaltung der Übereinstimmung zwischen dem Grundbuch und dem amtlichen Verzeichnis nach § 2 Abs. 2 oder einem sonstigen, hiermit in Verbindung stehenden Verzeichnis, mit Ausnahme der Verfügungen und Eintragungen, die zugleich eine Berichtigung rechtlicher Art oder eine Berichtigung eines Irrtums über das Eigentum betreffen;

3. die Entscheidungen über Ersuchen des Gerichts um Eintragung oder Löschung des Vermerks über die Eröffnung des Insolvenzverfahrens und über die Verfügungsbeschränkungen nach der Insolvenzordnung oder des Vermerks über die Einleitung eines Zwangsversteigerungs- und Zwangsverwaltungsverfahrens;

3a. die Entscheidungen über Ersuchen um Eintragung und Löschung von Anmeldevermerken gemäß § 30b Absatz 1 des Vermögensgesetzes;

4. die Berichtigung der Eintragung des Namens, des Berufs oder des Wohnortes natürlicher Personen im Grundbuch;

5. die Anfertigung der Nachweise nach § 10a Abs. 2.

(3) [1]Die Vorschrift des § 6 des Gesetzes über das Verfahren in Familiensachen und in den Angelegenheiten der freiwilligen Gerichtsbarkeit ist auf den Urkundsbeamten der Geschäftsstelle sinngemäß anzuwenden. [2]Handlungen des Urkundsbeamten der Geschäftsstelle sind nicht aus dem Grunde unwirksam, weil sie von einem örtlich unzuständigen oder von der Ausübung seines Amtes kraft Gesetzes ausgeschlossenen Urkundsbeamten vorgenommen worden sind.

(4) [1]Wird die Änderung einer Entscheidung des Urkundsbeamten der Geschäftsstelle verlangt, so entscheidet, wenn dieser dem Verlangen nicht entspricht, die für die Führung des Grundbuchs zuständige Person. [2]Die Beschwerde findet erst gegen ihre Entscheidung statt.

(5) [1]In den Fällen des § 12 b Absatz 2 entscheidet über die Gewährung von Einsicht oder die Erteilung von Abschriften die Leitung der Stelle oder ein von ihr hierzu ermächtigter Bediensteter. [2]Gegen die Entscheidung ist die Beschwerde nach dem Vierten Abschnitt gegeben. [3]Örtlich zuständig ist das Gericht, in dessen Bezirk die Stelle ihren Sitz hat.

§ 12d
Anwendung der Verordnung (EU) 2016/679

(1) [1]Das Auskunftsrecht nach Artikel 15 Absatz 1 und das Recht auf Erhalt einer Kopie nach Artikel 15 Absatz 3 der Verordnung (EU) 2016/679 des Europäischen Parlaments und des Rates vom 27. April 2016 zum Schutz natürlicher Personen bei der Verarbeitung personenbezogener Daten, zum freien Datenverkehr und zur Aufhebung der Richtlinie 95/46/EG (Datenschutz-Grundverordnung) (ABl. L 119 vom 4.5.2016, S. 1; L 314 vom 22.11.2016, S. 72; L 127 vom 23.5.2018, S. 2) werden dadurch gewährt, dass die betroffene Person

1. nach Maßgabe des § 12 Absatz 1 und 2 und den dazu erlassenen Vorschriften der Grundbuchverfügung in der jeweils geltenden Fassung Einsicht in das Grundbuch, die Urkunden, auf die im Grundbuch zur Ergänzung einer Eintragung Bezug genommen ist, sowie in die noch nicht erledigten Eintragungsanträge nehmen und eine Abschrift verlangen kann,

2. in die nach § 12a Absatz 1 Satz 1 geführten weiteren Verzeichnisse Einsicht nehmen kann.

[2]Eine Information über Empfänger, gegenüber denen die im Grundbuch oder in den Grundakten enthaltenen personenbezogenen Daten offengelegt werden, erfolgt nur zu Gunsten der Eigentümer des betroffenen Grundstücks oder dem Inhaber eines

grundstücksgleichen Rechts innerhalb der von § 12 Absatz 4 Satz 2 bis 4 und der Grundbuchverfügung gesetzten Grenzen.

(2) Hinsichtlich der im Grundbuch enthaltenen personenbezogenen Daten kann das Recht auf Berichtigung nach Artikel 16 der Verordnung (EU) 2016/679 nur unter den Voraussetzungen ausgeübt werden, die in den §§ 894 bis 896 des Bürgerlichen Gesetzbuchs sowie in den §§ 22 bis 25 und 27 dieses Gesetzes für eine Berichtigung oder Löschung vorgesehen sind.

(3) Das Widerspruchsrecht gemäß Artikel 21 der Verordnung (EU) 2016/679 findet in Bezug auf die im Grundbuch und in den Grundakten enthaltenen personenbezogenen Daten keine Anwendung.

Zweiter Abschnitt
Eintragungen in das Grundbuch

§ 13
Antragsgrundsatz; Eingangszeitpunkt

+§ 19 + 29 + (39)

(1) [1]Eine Eintragung soll, soweit nicht das Gesetz etwas anderes vorschreibt, nur auf Antrag erfolgen. [2]Antragsberechtigt ist jeder, dessen Recht von der Eintragung betroffen wird oder zu dessen Gunsten die Eintragung erfolgen soll.

(2) [1]Der genaue Zeitpunkt, in dem ein Antrag beim Grundbuchamt eingeht, soll auf dem Antrag vermerkt werden. [2]Der Antrag ist beim Grundbuchamt eingegangen, wenn er einer zur Entgegennahme zuständigen Person vorgelegt ist. [3]Wird er zur Niederschrift einer solchen Person gestellt, so ist er mit Abschluss der Niederschrift eingegangen.

(3) [1]Für die Entgegennahme eines auf eine Eintragung gerichteten Antrags oder Ersuchens und die Beurkundung des Zeitpunkts, in welchem der Antrag oder das Ersuchen beim Grundbuchamt eingeht, sind nur die für die Führung des Grundbuchs über das betroffene Grundstück zuständige Person und der von der Leitung des Amtsgerichts für das ganze Grundbuchamt oder einzelne Abteilungen hierzu bestellte Beamte (Angestellte) der Geschäftsstelle zuständig. [2]Bezieht sich der Antrag oder das Ersuchen auf mehrere Grundstücke in verschiedenen Geschäftsbereichen desselben Grundbuchamts, so ist jeder zuständig, der nach Satz 1 in Betracht kommt.

§ 14
Antragsrecht bei Berichtigung

Die Berichtigung des Grundbuchs durch Eintragung eines Berechtigten darf auch von demjenigen beantragt werden, welcher auf Grund eines gegen den Berechtigten vollstreckbaren Titels eine Eintragung in das Grundbuch verlangen kann, sofern die Zulässigkeit dieser Eintragung von der vorgängigen Berichtigung des Grundbuchs abhängt.

§ 15
Ermächtigung des Notars

(1) [1]Für die Eintragungsbewilligung und die sonstigen Erklärungen, die zu der Eintragung erforderlich sind und in öffentlicher oder öffentlich beglaubigter Form abgegeben werden, können sich die Beteiligten auch durch Personen vertreten lassen, die nicht nach § 10 Abs. 2 des Gesetzes über das Verfahren in Familiensachen und in den Angelegenheiten der freiwilligen Gerichtsbarkeit vertretungsbefugt sind. [2]Dies gilt auch für die Entgegennahme von Eintragungsmitteilungen und Verfügungen des Grundbuchamtes nach § 18.

(2) Ist die zu einer Eintragung erforderliche Erklärung von einem Notar beurkundet oder beglaubigt, so gilt dieser als ermächtigt, im Namen eines Antragsberechtigten die Eintragung zu beantragen.

(3) [1]Die zu einer Eintragung erforderlichen Erklärungen sind vor ihrer Einreichung für das Grundbuchamt von einem Notar auf Eintragungsfähigkeit zu prüfen. [2]Dies gilt nicht, wenn die Erklärung von einer öffentlichen Behörde abgegeben wird.

§ 16
Eintragungsantrag unter Vorbehalt; mehrere Anträge

(1) Einem Eintragungsantrag, dessen Erledigung an einen Vorbehalt geknüpft wird, soll nicht stattgegeben werden.

(2) Werden mehrere Eintragungen beantragt, so kann von dem Antragsteller bestimmt werden, daß die eine Eintragung nicht ohne die andere erfolgen soll.

§ 17
Reihenfolge mehrerer Eintragungen

Werden mehrere Eintragungen beantragt, durch die dasselbe Recht betroffen wird, so darf die später beantragte Eintragung nicht vor der Erledigung des früher gestellten Antrags erfolgen.

§ 18
Eintragungshindernis; Zurückweisung

(1) [1]Steht einer beantragten Eintragung ein Hindernis entgegen, so hat das Grundbuchamt entweder den Antrag unter Angabe der Gründe zurückzuweisen oder dem Antragsteller eine angemessene Frist zur Hebung des Hindernisses zu bestimmen. [2]Im letzteren Fall ist der Antrag nach dem Ablauf der Frist zurückzuweisen, wenn nicht inzwischen die Hebung des Hindernisses nachgewiesen ist.

(2) [1]Wird vor der Erledigung des Antrags eine andere Eintragung beantragt, durch die dasselbe Recht betroffen wird, so ist zugunsten des früher gestellten Antrags von Amts wegen eine Vormerkung oder ein Widerspruch einzutragen; die Eintragung gilt im Sinne des § 17 als Erledigung dieses Antrags. [2]Die Vormerkung oder der Widerspruch wird von Amts wegen gelöscht, wenn der früher gestellte Antrag zurückgewiesen wird.

§ 19
Eintragungsbewilligung

Eine Eintragung erfolgt, wenn derjenige sie bewilligt, dessen Recht von ihr betroffen wird.

§ 20
Einigung

Im Falle der Auflassung eines Grundstücks sowie im Falle der Bestellung, Änderung des Inhalts oder Übertragung eines Erbbaurechts darf die Eintragung nur erfolgen, wenn die erforderliche Einigung des Berechtigten und des anderen Teils erklärt ist.

§ 21
Subjektiv-dingliche Rechte

Steht ein Recht, das durch die Eintragung betroffen wird, dem jeweiligen Eigentümer eines Grundstücks zu, so bedarf es der Bewilligung der Personen, deren Zustimmung nach § 876 Satz 2 des Bürgerlichen Gesetzbuchs zur Aufhebung des Rechtes erforderlich ist, nur dann, wenn das Recht auf dem Blatt des Grundstücks vermerkt ist.

§ 22
Grundbuchberichtigung

(1) [1]Zur Berichtigung des Grundbuchs bedarf es der Bewilligung nach § 19 nicht, wenn die Unrichtigkeit nachgewiesen wird. [2]Dies gilt insbesondere für die Eintragung oder Löschung einer Verfügungsbeschränkung.

(2) Die Berichtigung des Grundbuchs durch Eintragung eines Eigentümers oder eines Erbbauberechtigten darf, sofern nicht der Fall des § 14 vorliegt oder die Unrichtigkeit nachgewiesen wird, nur mit Zustimmung des Eigentümers oder des Erbbauberechtigten erfolgen.

§ 23
Löschungsbewilligung des Rechtsnachfolgers

(1) [1]Ein Recht, das auf die Lebenszeit des Berechtigten beschränkt ist, darf nach dessen Tode, falls Rückstände von Leistungen nicht ausgeschlossen sind, nur mit Bewilligung des Rechtsnachfolgers gelöscht werden, wenn die Löschung vor dem Ablauf eines Jahres nach dem Tode des Berechtigten erfolgen soll oder wenn der Rechtsnachfolger der Löschung bei dem Grundbuchamt widersprochen hat; der Widerspruch ist von Amts wegen in das Grundbuch einzutragen. [2]Ist der Berechtigte für tot erklärt, so beginnt die einjährige Frist mit dem Erlaß des die Todeserklärung aussprechenden Urteils.

(2) Der im Absatz 1 vorgesehenen Bewilligung des Rechtsnachfolgers bedarf es nicht, wenn im Grundbuch eingetragen ist, daß zur Löschung des Rechtes der Nachweis des Todes des Berechtigten genügen soll.

§ 24
Löschung zeitlich beschränkter Rechte

Die Vorschriften des § 23 sind entsprechend anzuwenden, wenn das Recht mit der Erreichung eines bestimmten Lebensalters des Berechtigten oder mit dem Eintritt eines sonstigen bestimmten Zeitpunkts oder Ereignisses erlischt.

§ 25
Löschung von Vormerkung und Widerspruch

[1]Ist eine Vormerkung oder ein Widerspruch auf Grund einer einstweiligen Verfügung eingetragen, so bedarf es zur Löschung nicht der Bewilligung des Berechtigten, wenn die einstweilige Verfügung durch eine vollstreckbare Entscheidung aufgehoben ist. [2]Diese Vorschrift ist entsprechend anzuwenden, wenn auf Grund eines vorläufig vollstreckbaren Urteils nach den Vorschriften der Zivilprozeßordnung oder auf Grund eines Bescheides nach dem Vermögensgesetz eine Vormerkung oder ein Widerspruch eingetragen ist.

§ 26
Übertragung und Belastung von Grundpfandrechten

(1) Soll die Übertragung einer Hypothek, Grundschuld oder Rentenschuld, über die ein Brief erteilt ist, eingetragen werden, so genügt es, wenn an Stelle der Eintragungsbewilligung die Abtretungserklärung des bisherigen Gläubigers vorgelegt wird.

(2) Diese Vorschrift ist entsprechend anzuwenden, wenn eine Belastung der Hypothek, Grundschuld oder Rentenschuld oder die Übertragung oder Belastung einer Forderung, für die ein eingetragenes Recht als Pfand haftet, eingetragen werden soll.

§ 27
Löschung von Grundpfandrechten

[1]Eine Hypothek, eine Grundschuld oder eine Rentenschuld darf nur mit Zustimmung des Eigentümers des Grundstücks gelöscht werden. [2]Für eine Löschung zur Berichtigung des Grundbuchs ist die Zustimmung nicht erforderlich, wenn die Unrichtigkeit nachgewiesen wird.

§ 28
Bezeichnung von Grundstück und Geldbeträgen

[1]In der Eintragungsbewilligung oder, wenn eine solche nicht erforderlich ist, in dem Eintragungsantrag ist das Grundstück übereinstimmend mit dem Grundbuch oder durch Hinweis auf das Grundbuchblatt zu bezeichnen. [2]Einzutragende Geldbeträge sind in inländischer Währung anzugeben; durch Rechtsverordnung des Bundesministeriums der Justiz und für Verbraucherschutz im Einvernehmen mit dem Bundesministerium der Finanzen kann die Angabe in einer einheitlichen europäischen Währung, in der Währung eines Mitgliedstaats der Europäischen Union oder des Europäischen Wirtschaftsraums oder einer anderen Währung, gegen die währungspolitische Bedenken nicht zu erheben sind, zugelassen und, wenn gegen die Fortdauer dieser Zulassung währungspolitische Bedenken bestehen, wieder eingeschränkt werden.

§ 29
Urkundsnachweis

(1) [1]Eine Eintragung soll nur vorgenommen werden, wenn die Eintragungsbewilligung oder die sonstigen zu der Eintragung erforderlichen Erklärungen durch öffentliche oder öffentlich beglaubigte Urkunden nachgewiesen werden. [2]Andere Voraussetzungen der Eintragung bedürfen, soweit sie nicht bei dem Grundbuchamt offenkundig sind, des Nachweises durch öffentliche Urkunden.

(2) *(weggefallen)*

(3) [1]Erklärungen oder Ersuchen einer Behörde, auf Grund deren eine Eintragung vorgenommen werden soll, sind zu unterschreiben und mit Siegel oder Stempel zu versehen. [2]Anstelle der Siegelung kann maschinell ein Abdruck des Dienstsiegels eingedruckt oder aufgedruckt werden.

§ 29 a
Glaubhaftmachung

Die Voraussetzungen des § 1179 Nr. 2 des Bürgerlichen Gesetzbuchs sind glaubhaft zu machen; § 29 gilt hierfür nicht.

§ 30
Form des Eintragungsantrages und der Vollmacht bei Ersetzung

Für den Eintragungsantrag sowie für die Vollmacht zur Stellung eines solchen gelten die Vorschriften des § 29 nur, wenn durch den Antrag zugleich eine zu der Eintragung erforderliche Erklärung ersetzt werden soll.

§ 31
Form der Rücknahme und des Widerrufs der Vollmacht

[1]Eine Erklärung, durch die ein Eintragungsantrag zurückgenommen wird, bedarf der in § 29 Abs. 1 Satz 1 und Abs. 3 vorgeschriebenen Form. [2]Dies gilt nicht, sofern der Antrag auf eine Berichtigung des Grundbuchs gerichtet ist. [3]Satz 1 gilt für eine Erklärung, durch die eine zur Stellung des Eintragungsantrags erteilte Vollmacht widerrufen wird, entsprechend.

§ 32
Nachweis der Vertretungsbefugnis bei Handelsgesellschaften

(1) [1]Die im Handels-, Genossenschafts-, Partnerschafts- oder Vereinsregister eingetragenen Vertretungsberechtigungen, Sitzverlegungen, Firmen- oder Namensänderungen sowie das Bestehen juristischer Personen und Gesellschaften können durch eine Bescheinigung nach § 21 Absatz 1 der Bundesnotarordnung nachgewiesen werden. [2]Dasselbe gilt für sonstige rechtserhebliche Umstände, die sich aus Eintragungen im Register ergeben, insbesondere für Umwandlungen. [3]Der Nachweis kann auch durch einen amtlichen Registerausdruck oder eine beglaubigte Registerabschrift geführt werden.

(2) [1]Wird das Register elektronisch geführt, kann in den Fällen des Absatzes 1 Satz 1 der Nachweis auch durch die Bezugnahme auf das Register geführt werden. [2]Dabei sind das Registergericht und das Registerblatt anzugeben.

§ 33
Nachweis des Güterstandes; Zugehörigkeit zum Vorbehaltsgut

(1) Der Nachweis, dass zwischen Ehegatten oder Lebenspartnern Gütertrennung oder ein vertragsmäßiges Güterrecht besteht oder dass ein Gegenstand zum Vorbehaltsgut eines Ehegatten gehört, kann durch ein Zeugnis des Gerichts über die Eintragung des güterrechtlichen Verhältnisses im Güterrechtsregister geführt werden.

(2) Ist das Grundbuchamt zugleich das Registergericht, so genügt statt des Zeugnisses nach Absatz 1 die Bezugnahme auf das Register.

§ 34

Eine durch Rechtsgeschäft erteilte Vertretungsmacht kann auch durch eine Bescheinigung nach § 21 Absatz 3 der Bundesnotarordnung nachgewiesen werden.

§ 35
Nachweis der Erbfolge; andere Beweismittel

(1) [1]Der Nachweis der Erbfolge kann nur durch einen Erbschein oder ein Europäisches Nachlasszeugnis geführt werden. [2]Beruht jedoch die Erbfolge auf einer Verfügung von Todes wegen, die in einer öffentlichen Urkunde enthalten ist, so genügt es, wenn an Stelle des Erbscheins oder des Europäischen Nachlasszeugnisses die Verfügung und die Niederschrift über die Eröffnung der Verfügung vorgelegt werden; erachtet das Grundbuchamt die Erbfolge durch diese Urkunden nicht für nachgewiesen, so kann es die Vorlegung eines Erbscheins oder eines Europäischen Nachlasszeugnisses verlangen.

(2) Das Bestehen der fortgesetzten Gütergemeinschaft sowie die Befugnis eines Testamentsvollstreckers zur Verfügung über einen Nachlassgegenstand ist nur auf Grund der in den §§ 1507, 2368 des Bürgerlichen Gesetzbuchs vorgesehenen Zeugnisse oder eines Europäischen Nachlasszeugnisses als nachgewiesen anzunehmen; auf den Nachweis der Befugnis des Testamentsvollstreckers sind jedoch die Vorschriften des Absatzes 1 Satz 2 entsprechend anzuwenden.

(3) [1]Zur Eintragung des Eigentümers oder Miteigentümers eines Grundstücks kann das Grundbuchamt von den in den Absätzen 1 und 2 genannten Beweismitteln absehen und sich mit anderen Beweismitteln, für welche die Form des § 29 nicht erforderlich ist, begnügen, wenn das Grundstück oder der Anteil am Grundstück weniger als 3000 Euro wert ist und die Beschaffung des Erbscheins, des Europäischen Nachlasszeugnisses oder des Zeugnisses nach § 1507 des Bürgerlichen Gesetzbuchs nur mit unverhältnismäßigem Aufwand an Kosten oder Mühe möglich ist. [2]Der Antragsteller kann auch zur Versicherung an Eides Statt zugelassen werden.

§ 36
Zeugnis des Nachlassgerichts bei Auseinandersetzung; Voraussetzungen

(1) [1]Soll bei einem zum Nachlass oder zu dem Gesamtgut einer Gütergemeinschaft gehörenden Grundstück oder Erbbaurecht einer der Beteiligten als Eigentümer oder Erbbauberechtigter eingetragen werden, so genügt zum Nachweis der Rechtsnach-

folge und der zur Eintragung des Eigentumsübergangs erforderlichen Erklärungen der Beteiligten ein gerichtliches Zeugnis. [2]Das Zeugnis erteilt

1. das Nachlassgericht, wenn das Grundstück oder das Erbbaurecht zu einem Nachlass gehört,
2. das nach § 343 des Gesetzes über das Verfahren in Familiensachen und in den Angelegenheiten der freiwilligen Gerichtsbarkeit zuständige Amtsgericht, wenn ein Anteil an dem Gesamtgut zu einem Nachlass gehört, und
3. im Übrigen das nach § 122 des Gesetzes über das Verfahren in Familiensachen und in den Angelegenheiten der freiwilligen Gerichtsbarkeit zuständige Amtsgericht.

(2) Das Zeugnis darf nur ausgestellt werden, wenn:

a) die Voraussetzungen für die Erteilung eines Erbscheins vorliegen oder der Nachweis der Gütergemeinschaft durch öffentliche Urkunden erbracht ist und
b) die Abgabe der Erklärungen der Beteiligten in einer den Vorschriften der Grundbuchordnung entsprechenden Weise dem nach Absatz 1 Satz 2 zuständigen Gericht nachgewiesen ist.

(2a) Ist ein Erbschein über das Erbrecht sämtlicher Erben oder ein Zeugnis über die Fortsetzung der Gütergemeinschaft erteilt, so ist auch der Notar, der die Auseinandersetzung vermittelt hat, für die Erteilung des Zeugnisses nach Absatz 1 Satz 1 zuständig.

(3) Die Vorschriften über die Zuständigkeit zur Entgegennahme der Auflassung bleiben unberührt.

§ 37
Zeugnis bei Auseinandersetzung; Grundpfandrechte

Die Vorschriften des § 36 sind entsprechend anzuwenden, wenn bei einer Hypothek, Grundschuld oder Rentenschuld, die zu einem Nachlaß oder zu dem Gesamtgut einer Gütergemeinschaft gehört, einer der Beteiligten als neuer Gläubiger eingetragen werden soll.

§ 38
Eintragung auf Ersuchen

In den Fällen, in denen nach gesetzlicher Vorschrift eine Behörde befugt ist, das Grundbuchamt um eine Eintragung zu ersuchen, erfolgt die Eintragung auf Grund des Ersuchens der Behörde.

§ 39
Voreintragungsgrundsatz

(1) Eine Eintragung soll nur erfolgen, wenn die Person, deren Recht durch sie betroffen wird, als der Berechtigte eingetragen ist.

(2) Bei einer Hypothek, Grundschuld oder Rentenschuld, über die ein Brief erteilt ist, steht es der Eintragung des Gläubigers gleich, wenn dieser sich im Besitz des Briefes befindet und sein Gläubigerrecht nach § 1155 des Bürgerlichen Gesetzbuchs nachweist.

§ 40
Ausnahmen vom Voreintragungsgrundsatz

(1) Ist die Person, deren Recht durch eine Eintragung betroffen wird, Erbe des eingetragenen Berechtigten, so ist die Vorschrift des § 39 Abs. 1 nicht anzuwenden, wenn die Übertragung oder die Aufhebung des Rechts eingetragen werden soll oder wenn der Eintragungsantrag durch die Bewilligung des Erblassers oder eines Nachlasspflegers oder durch einen gegen den Erblasser oder den Nachlasspfleger vollstreckbaren Titel begründet wird.

(2) Das gleiche gilt für eine Eintragung auf Grund der Bewilligung eines Testamentsvollstreckers oder auf Grund eines gegen diesen vollstreckbaren Titels, sofern die Bewilligung oder der Titel gegen den Erben wirksam ist.

§ 41
Eintragung bei Briefhypothek, Widerspruch; Voraussetzungen

(1) [1]Bei einer Hypothek, über die ein Brief erteilt ist, soll eine Eintragung nur erfolgen, wenn der Brief vorgelegt wird. [2]Für die Eintragung eines Widerspruchs bedarf es der Vorlegung nicht, wenn die Eintragung durch eine einstweilige Verfügung angeordnet ist und der Widerspruch sich darauf gründet, dass die Hypothek oder die Forderung, für welche sie bestellt ist, nicht bestehe oder einer Einrede unterliege oder dass die Hypothek unrichtig eingetragen sei. [3]Der Vorlegung des Briefes bedarf es nicht für die Eintragung einer Löschungsvormerkung nach § 1179 des Bürgerlichen Gesetzbuchs.

(2) [1]Der Vorlegung des Hypothekenbriefs steht es gleich, wenn in den Fällen der §§ 1162, 1170, 1171 des Bürgerlichen Gesetzbuchs auf Grund des Ausschließungsbeschlusses die Erteilung eines neuen Briefes beantragt wird. [2]Soll die Erteilung des Briefes nachträglich ausgeschlossen oder die Hypothek gelöscht werden, so genügt die Vorlegung des Ausschlussurteils.

§ 42
Eintragung bei Grund- und Rentenschuld; Voraussetzungen

[1]Die Vorschriften des § 41 sind auf die Grundschuld und die Rentenschuld entsprechend anzuwenden. [2]Ist jedoch das Recht für den Inhaber des Briefes eingetragen, so bedarf es der Vorlegung des Briefes nur dann nicht, wenn der Eintragungsantrag durch die Bewilligung eines nach § 1189 des Bürgerlichen Gesetzbuchs bestellten Vertreters oder durch eine gegen ihn erlassene gerichtliche Entscheidung begründet wird.

§ 43
Eintragung bei Inhaber- und Orderpapieren

(1) Bei einer Hypothek für die Forderung aus einer Schuldverschreibung auf den Inhaber, aus einem Wechsel oder einem anderen Papier, das durch Indossament übertragen werden kann, soll eine Eintragung nur erfolgen, wenn die Urkunde vorgelegt wird; die Eintragung ist auf der Urkunde zu vermerken.

(2) Diese Vorschrift ist nicht anzuwenden, wenn eine Eintragung auf Grund der Bewilligung eines nach § 1189 des Bürgerlichen Gesetzbuchs bestellten Vertreters oder auf Grund einer gegen diesen erlassenen gerichtlichen Entscheidung bewirkt werden soll.

§ 44
Eintragungsform

(1) [1]Jede Eintragung soll den Tag, an welchem sie erfolgt ist, angeben. [2]Die Eintragung soll, sofern nicht nach § 12c Abs. 2 Nr. 2 bis 4 der Urkundsbeamte der Geschäftsstelle zuständig ist, die für die Führung des Grundbuchs zuständige Person, regelmäßig unter Angabe des Wortlauts, verfügen und der Urkundsbeamte der Geschäftsstelle veranlassen; sie ist von beiden zu unterschreiben, jedoch kann statt des Urkundsbeamten ein von der Leitung des Amtsgerichts ermächtigter Justizangestellter unterschreiben. [3]In den Fällen des § 12c Abs. 2 Nr. 2 bis 4 haben der Urkundsbeamte der Geschäftsstelle und zusätzlich entweder ein zweiter Beamter der Geschäftsstelle oder ein von der Leitung des Amtsgerichts ermächtigter Justizangestellter die Eintragung zu unterschreiben.

(2) [1]Soweit nicht gesetzlich etwas anderes bestimmt ist und der Umfang der Belastung aus dem Grundbuch erkennbar bleibt, soll bei der Eintragung eines Rechts, mit dem ein Grundstück belastet wird, auf die Eintragungsbewilligung Bezug genommen werden. [2]Hierbei sollen in der Bezugnahme der Name des Notars, der Notarin oder die Bezeichnung des Notariats und jeweils die Nummer der Urkundenrolle, bei Eintragungen auf Grund eines Ersuchens (§ 38) die Bezeichnung der ersuchenden Stelle und deren Aktenzeichen angegeben werden. [3]Bei der Eintragung von Dienstbarkeiten und Reallasten soll der Inhalt des Rechts im Eintragungstext lediglich schlagwortartig bezeichnet werden; das Gleiche gilt bei der Eintragung von Vormerkungen für solche Rechte.

(3) [1]Bei der Umschreibung eines Grundbuchblatts, der Neufassung eines Teils eines Grundbuchblatts und in sonstigen Fällen der Übernahme von Eintragungen auf ein anderes, bereits angelegtes oder neu anzulegendes Grundbuchblatt soll, sofern hierdurch der Inhalt der Eintragung nicht verändert wird, die Bezugnahme auf die Eintragungsbewilligung oder andere Unterlagen bis zu dem Umfange nachgeholt oder erweitert werden, wie sie nach Absatz 2 zulässig wäre. [2]Im gleichen Umfang kann auf die bisherige Eintragung Bezug genommen werden, wenn ein Recht bisher mit seinem vollständigen Wortlaut im Grundbuch eingetragen ist. [3]Sofern hierdurch der Inhalt der Eintragung nicht verändert wird, kann auch von dem ursprünglichen Text der Eintragung abgewichen werden.

§ 45
Eintragungsreihenfolge, Rang

(1) Sind in einer Abteilung des Grundbuchs mehrere Eintragungen zu bewirken, so erhalten sie die Reihenfolge, welche der Zeitfolge der Anträge entspricht; sind die Anträge gleichzeitig gestellt, so ist im Grundbuche zu vermerken, dass die Eintragungen gleichen Rang haben.

(2) Werden mehrere Eintragungen, die nicht gleichzeitig beantragt sind, in verschiedenen Abteilungen unter Angabe desselben Tages bewirkt, so ist im Grundbuche zu vermerken, dass die später beantragte Eintragung der früher beantragten im Range nachsteht.

(3) Diese Vorschriften sind insoweit nicht anzuwenden, als ein Rangverhältnis nicht besteht oder das Rangverhältnis von den Antragstellern abweichend bestimmt ist.

Liegenschaftsrecht

§ 46
Löschungsvermerk

(1) Die Löschung eines Rechtes oder einer Verfügungsbeschränkung erfolgt durch Eintragung eines Löschungsvermerks.

(2) Wird bei der Übertragung eines Grundstücks oder eines Grundstücksteils auf ein anderes Blatt ein eingetragenes Recht nicht mitübertragen, so gilt es in Ansehung des Grundstücks oder des Teils als gelöscht.

§ 47
Eintragung bei gemeinschaftlichen Rechten

(1) Soll ein Recht für mehrere gemeinschaftlich eingetragen werden, so soll die Eintragung in der Weise erfolgen, dass entweder die Anteile der Berechtigten in Bruchteilen angegeben werden oder das für die Gemeinschaft maßgebende Rechtsverhältnis bezeichnet wird.

(2) [1]Soll ein Recht für eine Gesellschaft bürgerlichen Rechts eingetragen werden, so sind auch deren Gesellschafter im Grundbuch einzutragen. [2]Die für den Berechtigten geltenden Vorschriften gelten entsprechend für die Gesellschafter.

§ 48
Mitbelastung; Erlöschen

(1) [1]Werden mehrere Grundstücke mit einem Recht belastet, so ist auf dem Blatt jedes Grundstücks die Mitbelastung der übrigen von Amts wegen erkennbar zu machen. [2]Das gleiche gilt, wenn mit einem an einem Grundstück bestehenden Recht nachträglich noch ein anderes Grundstück belastet oder wenn im Falle der Übertragung eines Grundstücksteils auf ein anderes Grundbuchblatt ein eingetragenes Recht mitübertragen wird.

(2) Soweit eine Mitbelastung erlischt, ist dies von Amts wegen zu vermerken.

§ 49
Bezugnahme bei Eintragung

Werden Dienstbarkeiten und Reallasten als Leibgedinge, Leibzucht, Altenteil oder Auszug eingetragen, so bedarf es nicht der Bezeichnung der einzelnen Rechte, wenn auf die Eintragungsbewilligung Bezug genommen wird.

§ 50
Eintragung bei Grundpfandrechten – Teilschuldverschreibungen auf den Inhaber

(1) Bei der Eintragung einer Hypothek für Teilschuldverschreibungen auf den Inhaber genügt es, wenn der Gesamtbetrag der Hypothek unter Angabe der Anzahl, des Betrags und der Bezeichnung der Teile eingetragen wird.

(2) Diese Vorschrift ist entsprechend anzuwenden, wenn eine Grundschuld oder eine Rentenschuld für den Inhaber des Briefes eingetragen und das Recht in Teile zerlegt werden soll.

§ 51
Eintragung eines Vorerben

Bei der Eintragung eines Vorerben ist zugleich das Recht des Nacherben und, soweit der Vorerbe von den Beschränkungen seines Verfügungsrechts befreit ist, auch die Befreiung von Amts wegen einzutragen.

§ 52
Eintragung bei Testamentsvollstreckung

Ist ein Testamentsvollstrecker ernannt, so ist dies bei der Eintragung des Erben von Amts wegen miteinzutragen, es sei denn, daß der Nachlassgegenstand der Verwaltung des Testamentsvollstreckers nicht unterliegt.

§ 53
Amtswiderspruch; Löschung

(1) [1]Ergibt sich, daß das Grundbuchamt unter Verletzung gesetzlicher Vorschriften eine Eintragung vorgenommen hat, durch die das Grundbuch unrichtig geworden ist, so ist von Amts wegen ein Widerspruch einzutragen. [2]Erweist sich eine Eintragung nach ihrem Inhalt als unzulässig, so ist sie von Amts wegen zu löschen.

(2) [1]Bei einer Hypothek, einer Grundschuld oder einer Rentenschuld bedarf es zur Eintragung eines Widerspruchs der Vorlegung des Briefes nicht, wenn der Widerspruch den im § 41 Abs. 1 Satz 2 bezeichneten Inhalt hat. [2]Diese Vorschrift ist nicht anzuwenden, wenn der Grundschuld- oder Rentenschuldbrief auf den Inhaber ausgestellt ist.

§ 54
Ausschluß der Eintragung bei öffentlichen Lasten

Die auf einem Grundstück ruhenden öffentlichen Lasten als solche sind von der Eintragung in das Grundbuch ausgeschlossen, es sei denn, daß ihre Eintragung gesetzlich besonders zugelassen oder angeordnet ist.

§ 55
Bekanntmachung der Eintragungen

(1) Jede Eintragung soll dem den Antrag einreichenden Notar, dem Antragsteller und dem eingetragenen Eigentümer sowie allen aus dem Grundbuch ersichtlichen Personen bekanntgemacht werden, zu deren Gunsten die Eintragung erfolgt ist oder deren Recht durch sie betroffen wird, die Eintragung eines Eigentümers auch denen, für die eine Hypothek, Grundschuld, Rentenschuld, Reallast oder ein Recht an einem solchen Recht im Grundbuch eingetragen ist.

(2) [1]Steht ein Grundstück in Miteigentum, so ist die in Absatz 1 vorgeschriebene Bekanntmachung an den Eigentümer nur gegenüber den Miteigentümern vorzunehmen, auf deren Anteil sich die Eintragung bezieht. [2]Entsprechendes gilt bei Miteigentum für die in Absatz 1 vorgeschriebene Bekanntmachung an einen Hypothekengläubiger oder sonstigen Berechtigten von der Eintragung eines Eigentümers.

(3) Veränderungen der grundbuchmäßigen Bezeichnung des Grundstücks und die Eintragung eines Eigentümers sind außerdem der Behörde bekanntzumachen, welche das in § 2 Abs. 2 bezeichnete amtliche Verzeichnis führt.

(4) [1]Die Eintragung des Verzichts auf das Eigentum ist der für die Abgabe der Aneignungserklärung und der für die Führung des Liegenschaftskatasters zuständigen Behörde bekanntzumachen. [2]In den Fällen des Artikels 233 § 15 Abs. 3 des Einführungsgesetzes zum Bürgerlichen Gesetzbuche erfolgt die Bekanntmachung nur gegenüber dem Landesfiskus und der Gemeinde, in deren Gebiet das Grundstück liegt; die Gemeinde unterrichtet ihr bekannte Berechtigte oder Gläubiger.

(5) [1]Wird der in § 9 Abs. 1 vorgesehene Vermerk eingetragen, so hat das Grundbuchamt dies dem Grundbuchamt, welches das Blatt des belasteten Grundstücks führt, bekanntzumachen. [2]Ist der Vermerk eingetragen, so hat das Grundbuchamt, welches das Grundbuchblatt des belasteten Grundstücks führt, jede Änderung oder Aufhebung des Rechts dem Grundbuchamt des herrschenden Grundstücks bekanntzumachen.

(6) [1]Die Bekanntmachung hat die Eintragung wörtlich wiederzugeben. [2]Sie soll auch die Stelle der Eintragung im Grundbuch und den Namen des Grundstückseigentümers, bei einem Eigentumswechsel auch den Namen des bisherigen Eigentümers angeben. [3]In die Bekanntmachung können auch die Bezeichnung des betroffenen Grundstücks in dem in § 2 Abs. 2 genannten amtlichen Verzeichnis sowie bei einem Eigentumswechsel die Anschrift des neuen Eigentümers aufgenommen werden.

(7) Auf die Bekanntmachung kann ganz oder teilweise verzichtet werden.

(8) Sonstige Vorschriften über die Bekanntmachung von Eintragungen in das Grundbuch bleiben unberührt.

§ 55a
Mitteilungen zwischen den Grundbuchämtern

(1) Enthält ein beim Grundbuchamt eingegangenes Schriftstück Anträge oder Ersuchen, für deren Erledigung neben dem angegangenen Grundbuchamt auch noch ein anderes Grundbuchamt zuständig ist oder mehrere andere Grundbuchämter zuständig sind, so kann jedes der beteiligten Grundbuchämter den anderen beteiligten Grundbuchämtern Abschriften seiner Verfügungen mitteilen.

(2) Werden bei Gesamtrechten (§ 48) die Grundbücher bei verschiedenen Grundbuchämtern geführt, so sind die Eintragungen sowie die Verfügungen, durch die ein Antrag oder Ersuchen auf Eintragung zurückgewiesen wird, den anderen beteiligten Grundbuchämtern bekanntzugeben.

§ 55b
Mitteilungen an andere Stellen

[1]Soweit das Grundbuchamt aufgrund von Rechtsvorschriften im Zusammenhang mit Grundbucheintragungen Mitteilungen an Gerichte oder Behörden oder sonstige Stellen zu machen hat, muß der Betroffene nicht unterrichtet werden. [2]Das gleiche gilt im Falle des § 55 a.

Dritter Abschnitt
Hypotheken-, Grundschuld-, Rentenschuldbrief

(vom Abdruck wurde abgesehen)

Vierter Abschnitt
Beschwerde

(vom Abdruck wurde abgesehen)

Fünfter Abschnitt
Verfahren des Grundbuchamts in besonderen Fällen

(vom Abdruck wurde abgesehen)

Sechster Abschnitt
Anlegung von Grundbuchblättern

(vom Abdruck wurde abgesehen)

Siebenter Abschnitt
Das maschinell geführte Grundbuch

...

§ 131
[Amtlicher Ausdruck]

(1) [1]Wird das Grundbuch in maschineller Form als automatisiertes Dateisystem geführt, so tritt an die Stelle der Abschrift der Ausdruck und an die Stelle der beglaubigten Abschrift der amtliche Ausdruck. [2]Die Ausdrucke werden nicht unterschrieben. [3]Der amtliche Ausdruck ist als solcher zu bezeichnen und mit einem Dienstsiegel oder -stempel zu versehen; er steht einer beglaubigten Abschrift gleich.

(2) [1]Die Landesregierungen werden ermächtigt, durch Rechtsverordnung

1. zu bestimmen, dass Auskünfte über grundbuchblattübergreifende Auswertungen von Grundbuchinhalten verlangt werden können, soweit ein berechtigtes Interesse dargelegt ist, und
2. Einzelheiten des Verfahrens zur Auskunftserteilung zu regeln.

[2]Sie können diese Ermächtigungen durch Rechtsverordnung auf die Landesjustizverwaltungen übertragen.

§ 132
[Einsichtnahme]

[1]Die Einsicht in das maschinell geführte Grundbuch kann auch bei einem anderen als dem Grundbuchamt gewährt werden, das dieses Grundbuch führt. [2]Über die Gestattung der Einsicht entscheidet das Grundbuchamt, bei dem die Einsicht begehrt wird.

§ 133
[Zulässigkeit der Einrichtung eines automatisierten Verfahrens]

(1) Die Einrichtung eines automatisierten Verfahrens, das die Übermittlung der Daten aus dem maschinell geführten Grundbuch durch Abruf ermöglicht, ist zulässig, sofern sichergestellt ist, dass

1. der Abruf von Daten die nach den oder auf Grund der §§ 12 und 12a zulässige Einsicht nicht überschreitet und
2. die Zulässigkeit der Abrufe auf der Grundlage einer Protokollierung kontrolliert werden kann.

(2) [1]Die Einrichtung eines automatisierten Abrufverfahrens nach Absatz 1 bedarf der Genehmigung durch die Landesjustizverwaltung. [2]Die Genehmigung darf nur Gerichten, Behörden, Notaren, öffentlich bestellten Vermessungsingenieuren, an dem Grundstück dinglich Berechtigten, einer von dinglich Berechtigten beauftragten Person oder Stelle, der Staatsbank Berlin sowie für Zwecke der maschinellen Bearbeitung von Auskunftsanträgen (Absatz 4), nicht jedoch anderen öffentlich-rechtlichen Kreditinstituten erteilt werden. [3]Sie setzt voraus, dass

1. diese Form der Datenübermittlung unter Berücksichtigung der schutzwürdigen Interessen der betroffenen dinglich Berechtigten wegen der Vielzahl der Übermittlungen oder wegen ihrer besonderen Eilbedürftigkeit angemessen ist,
2. aufseiten des Empfängers die Grundsätze einer ordnungsgemäßen Datenverarbeitung eingehalten werden und
3. aufseiten der grundbuchführenden Stelle die technischen Möglichkeiten der Einrichtung und Abwicklung des Verfahrens gegeben sind und eine Störung des Geschäftsbetriebs des Grundbuchamts nicht zu erwarten ist.

[4]Satz 3 Nummer 1 gilt nicht für die Erteilung der Genehmigung für Notare.

(3) [1]Die Genehmigung ist zu widerrufen, wenn eine der in Absatz 2 genannten Voraussetzungen weggefallen ist. [2]Sie kann widerrufen werden, wenn die Anlage miß-

bräuchlich benutzt worden ist. [3]Ein öffentlich-rechtlicher Vertrag oder eine Verwaltungsvereinbarung kann in den Fällen der Sätze 1 und 2 gekündigt werden. [4]In den Fällen des Satzes 1 ist die Kündigung zu erklären.

(4) [1]Im automatisierten Abrufverfahren nach Absatz 1 können auch Anträge auf Auskunft aus dem Grundbuch (Einsichtnahme und Erteilung von Abschriften) nach § 12 und den diese Vorschriften ausführenden Bestimmungen maschinell bearbeitet werden. [2]Absatz 2 Satz 1 und 3 gilt entsprechend. [3]Die maschinelle Bearbeitung ist nur zulässig, wenn der Eigentümer des Grundstücks, bei Erbbau- und Gebäudegrundbüchern der Inhaber des Erbbaurechts oder Gebäudeeigentums, zustimmt oder die Zwangsvollstreckung in das Grundstück, Erbbaurecht oder Gebäudeeigentum betrieben werden soll und die abrufende Person oder Stelle das Vorliegen dieser Umstände durch Verwendung entsprechender elektronischer Zeichen versichert.

(5) Dem Eigentümer des Grundstücks oder dem Inhaber eines grundstücksgleichen Rechts ist jederzeit Auskunft aus einem über die Abrufe zu führenden Protokoll zu geben, soweit nicht die Bekanntgabe den Erfolg strafrechtlicher Ermittlungen oder die Aufgabenwahrnehmung einer Verfassungsschutzbehörde, des Bundesnachrichtendienstes oder des Militärischen Abschirmdienstes gefährden würde; dieses Protokoll kann nach Ablauf von zwei Jahren vernichtet werden.

(6) [1]Genehmigungen nach Absatz 2 gelten in Ansehung der Voraussetzungen nach den Absätzen 1 und 2 Satz 3 Nr. 1 und 2 im gesamten Land, dessen Behörden sie erteilt haben. [2]Sobald die technischen Voraussetzungen dafür gegeben sind, gelten sie auch im übrigen Bundesgebiet. [3]Das Bundesministerium der Justiz und für Verbraucherschutz stellt durch Rechtsverordnung mit Zustimmung des Bundesrates fest, wann und in welchen Teilen des Bundesgebiets diese Voraussetzungen gegeben sind. [4]Anstelle der Genehmigungen können auch öffentlich-rechtliche Verträge oder Verwaltungsvereinbarungen geschlossen werden. [5]Die Sätze 1 und 2 gelten entsprechend.

§ 133a
Erteilung von Grundbuchabdrucken durch Notare; Verordnungsermächtigung

(1) [1]Notare dürfen demjenigen, der ihnen ein berechtigtes Interesse im Sinne des § 12 darlegt, den Inhalt des Grundbuchs mitteilen. [2]Die Mitteilung kann auch durch die Erteilung eines Grundbuchabdrucks erfolgen.

(2) Die Mitteilung des Grundbuchinhalts im öffentlichen Interesse oder zu wissenschaftlichen und Forschungszwecken ist nicht zulässig.

(3) [1]Über die Mitteilung des Grundbuchinhalts führt der Notar ein Protokoll. [2]Dem Eigentümer des Grundstücks oder dem Inhaber eines grundstücksgleichen Rechts ist auf Verlangen Auskunft aus diesem Protokoll zu geben.

(4) Einer Protokollierung der Mitteilung bedarf es nicht, wenn

1. die Mitteilung der Vorbereitung oder Ausführung eines sonstigen Amtsgeschäfts nach § 20 oder § 24 Absatz 1 der Bundesnotarordnung dient oder

2. der Grundbuchinhalt dem Auskunftsberechtigten nach Absatz 3 Satz 2 mitgeteilt wird.

(5) [1]Die Landesregierungen werden ermächtigt, durch Rechtsverordnung zu bestimmen, dass abweichend von Absatz 1 der Inhalt von Grundbuchblättern, die von Grundbuchämtern des jeweiligen Landes geführt werden, nicht mitgeteilt werden darf. [2]Dies gilt nicht, wenn die Mitteilung der Vorbereitung oder Ausführung eines sonstigen Amtsgeschäfts nach § 20 oder § 24 Absatz 1 der Bundesnotarordnung dient. [3]Die Landesregierungen können die Ermächtigung durch Rechtsverordnung auf die Landesjustizverwaltungen übertragen.

...

Achter Abschnitt
Elektronischer Rechtsverkehr und elektronische Grundakte

(vom Abdruck wurde abgesehen)

Neunter Abschnitt
Übergangs- und Schlußbestimmungen

§ 143
[Vorbehalte zu Gunsten der Landesgesetze]

...

(4) § 15 Absatz 3 gilt nicht, soweit die zu einer Eintragung erforderlichen Erklärungen von einer gemäß § 68 des Beurkundungsgesetzes nach Landesrecht zuständigen Person oder Stelle öffentlich beglaubigt worden sind.

§ 151
[Übergangsvorschrift]

Für Erklärungen, die bis einschließlich 8. Juni 2017 beurkundet oder beglaubigt wurden, findet § 15 Absatz 3 keine Anwendung.

Baugesetzbuch
(BauGB)

i. d. F. vom 3. November 2017 (BGBl. I S. 3634),
zuletzt geändert mit Gesetz vom 8. August 2020 (BGBl. I S. 1728)

– Auszug –

§ 19*)
Teilung von Grundstücken

(1) [1]Die Teilung eines Grundstücks ist die dem Grundbuchamt gegenüber abgebenene oder sonstwie erkennbar gemachte Erklärung des Eigentümers, dass ein Grundstücksteil grundbuchmäßig abgeschrieben und als selbständiges Grundstück oder als ein Grundstück zusammen mit anderen Grundstücken oder mit Teilen anderer Grundstücke eingetragen werden soll.

(2) Durch die Teilung eines Grundstücks im Geltungsbereich eines Bebauungsplans dürfen keine Verhältnisse entstehen, die den Festsetzungen des Bebauungsplans widersprechen.

§ 20
(weggefallen)

§ 21
(weggefallen)

§ 22
Sicherung von Gebieten mit Fremdenverkehrsfunktionen

(1) [1]Die Gemeinden, die oder deren Teile überwiegend durch den Fremdenverkehr geprägt sind, können in einem Bebauungsplan oder durch eine sonstige Satzung bestimmen, dass zur Sicherung der Zweckbestimmung von Gebieten mit Fremdenverkehrsfunktionen Folgendes der Genehmigung unterliegt:

1. die Begründung oder Teilung von Wohnungseigentum oder Teileigentum nach § 1 des Wohnungseigentumsgesetzes,
2. die Begründung der in den §§ 30 und 31 des Wohnungseigentumsgesetzes bezeichneten Rechte,
3. die Begründung von Bruchteilseigentum nach § 1008 des Bürgerlichen Gesetzbuchs an Grundstücken mit Wohngebäuden oder Beherbergungsbetrieben, wenn zugleich nach § 1010 Absatz 1 des Bürgerlichen Gesetzbuchs im Grundbuch als Belastung eingetragen werden soll, dass Räume einem oder mehreren Miteigentümern zur ausschließlichen Benutzung zugewiesen sind und die Aufhebung der Gemeinschaft ausgeschlossen ist,

*) Zur Neuregelung vgl. *Eckert/Höfinghoff*, NotBZ 2004, 405.

4. bei bestehendem Bruchteilseigentum nach § 1008 des Bürgerlichen Gesetzbuchs an Grundstücken mit Wohngebäuden oder Beherbergungsbetrieben eine im Grundbuch als Belastung einzutragende Regelung nach § 1010 Absatz 1 des Bürgerlichen Gesetzbuchs, wonach Räume einem oder mehreren Miteigentümern zur ausschließlichen Benutzung zugewiesen sind und die Aufhebung der Gemeinschaft ausgeschlossen ist,
5. die Nutzung von Räumen in Wohngebäuden oder Beherbergungsbetrieben als Nebenwohnung, wenn die Räume insgesamt an mehr als der Hälfte der Tage eines Jahres unbewohnt sind.

[2]Voraussetzung für die Bestimmung ist, daß durch die Begründung oder Teilung der Rechte durch die Regelung nach § 1010 des Bürgerlichen Gesetzbuchs oder durch die Nutzung als Nebenwohnung die vorhandene oder vorgesehene Zweckbestimmung des Gebiets für den Fremdenverkehr und dadurch die geordnete städtebauliche Entwicklung beeinträchtigt werden kann. [3]Die Zweckbestimmung eines Gebiets für den Fremdenverkehr ist insbesondere anzunehmen bei Kurgebieten, Gebieten für die Fremdenbeherbergung, Wochenend- und Ferienhausgebieten, die im Bebauungsplan festgesetzt sind, und bei im Zusammenhang bebauten Ortsteilen, deren Eigenart solchen Gebieten entspricht, sowie bei sonstigen Gebieten mit Fremdenverkehrsfunktionen, die durch Beherbergungsbetriebe und Wohngebäude mit Fremdenbeherbergung geprägt sind.

(2) [1]Die Gemeinde hat die Satzung ortsüblich bekanntzumachen. Sie kann die Bekanntmachung auch in entsprechender Anwendung des § 10 Abs. 3 Satz 2 bis 5 vornehmen. [2]Für Bestimmungen nach Absatz 1 Satz 1 Nummer 1 bis 4 teilt die Gemeinde dem Grundbuchamt den Beschluss über die Satzung, das Datum ihres Inkrafttretens sowie die genaue Bezeichnung der betroffenen Grundstücke von ihrer Bekanntmachung rechtzeitig mit. [3]Von der genauen Bezeichnung der betroffenen Grundstücke kann in den Fällen des Absatzes 1 Satz 1 Nummer 1 und 2 abgesehen werden, wenn die gesamte Gemarkung betroffen ist und die Gemeinde dies dem Grundbuchamt mitteilt.

(3) *(weggefallen)*

(4) [1]Die Genehmigung darf nur versagt werden, wenn durch die Begründung oder Teilung der Rechte durch die Regelung des § 1010 des Bürgerlichen Gesetzbuchs oder die Nutzung als Nebenwohnung die Zweckbestimmung des Gebiets für den Fremdenverkehr und dadurch die städtebauliche Entwicklung und Ordnung beeinträchtigt wird. [2]Die Genehmigung nach Absatz 1 Satz 1 Nummer 1 bis 4 ist zu erteilen, wenn sie erforderlich ist, damit Ansprüche Dritter erfüllt werden können, zu deren Sicherung vor dem Wirksamwerden des Genehmigungsvorbehalts eine Vormerkung im Grundbuch eingetragen oder der Antrag auf Eintragung einer Vormerkung beim Grundbuchamt eingegangen ist; die Genehmigung kann auch von dem Dritten beantragt werden. [3]Die Genehmigung kann erteilt werden, um wirtschaftliche Nachteile zu vermeiden, die für den Eigentümer eine besondere Härte bedeuten.

(5) [1]Über die Genehmigung entscheidet die Baugenehmigungsbehörde im Einvernehmen mit der Gemeinde. [2]Über die Genehmigung ist innerhalb eines Monats nach Eingabe des Antrags bei der Baugenehmigungsbehörde zu entscheiden. [3]Kann die Prüfung des Antrags in dieser Zeit nicht abgeschlossen werden, ist die Frist vor ihrem Ablauf in einem dem Antragsteller mitzuteilenden Zwischenbescheid um den Zeit-

raum zu verlängern, der notwendig ist, um die Prüfung abschließen zu können, höchstens jedoch um drei Monate. [4]Die Genehmigung gilt als erteilt, wenn sie nicht innerhalb der Frist versagt wird. [5]Darüber hat die Baugenehmigungsbehörde auf Antrag eines Beteiligten ein Zeugnis auszustellen.

(6) [1]Bei einem Grundstück, das im Geltungsbereich einer Satzung nach Absatz 1 liegt, darf das Grundbuchamt die von Absatz 1 Satz 1 Nummer 1 bis 4 erfassten Eintragungen in das Grundbuch nur vornehmen, wenn der Genehmigungsbescheid oder ein Zeugnis gemäß Absatz 5 Satz 5 vorgelegt wird oder wenn die Freistellungserklärung der Gemeinde gemäß Absatz 8 beim Grundbuchamt eingegangen ist. [2]Ist dennoch eine Eintragung in das Grundbuch vorgenommen worden, kann die Baugenehmigungsbehörde, falls die Genehmigung erforderlich war, das Grundbuchamt um die Eintragung eines Widerspruchs ersuchen; § 53 Abs. 1 der Grundbuchordnung bleibt unberührt. [3]Der Widerspruch ist zu löschen, wenn die Baugenehmigungsbehörde darum ersucht oder die Genehmigung erteilt ist.

(7) [1]Wird die Genehmigung versagt, kann der Eigentümer von der Gemeinde unter den Voraussetzungen des § 40 Abs. 2 die Übernahme des Grundstücks verlangen. [2]§ 43 Abs. 1, 4 und 5 sowie § 44 Abs. 3 und 4 sind entsprechend anzuwenden.

(8) [1]Die Gemeinde hat den Genehmigungsvorbehalt aufzuheben oder im Einzelfall einzelne Grundstücke durch Erklärung gegenüber dem Eigentümer vom Genehmigungsvorbehalt freizustellen, wenn die Voraussetzungen für den Genehmigungsvorbehalt entfallen sind. [2]Die Gemeinde teilt dem Grundbuchamt die Aufhebung des Genehmigungsvorbehalts sowie die genaue Bezeichnung der hiervon betroffenen Grundstücke unverzüglich mit. [3]Von der genauen Bezeichnung kann abgesehen werden, wenn die gesamte Gemarkung betroffen ist und die Gemeinde dies dem Grundbuchamt mitteilt. [4]Sobald die Mitteilung über die Aufhebung des Genehmigungsvorbehalts beim Grundbuchamt eingegangen ist, ist Absatz 6 Satz 1 nicht mehr anzuwenden.

(9) [1]In der sonstigen Satzung nach Absatz 1 kann neben der Bestimmung des Genehmigungsvorbehalts die höchstzulässige Zahl der Wohnungen in Wohngebäuden nach Maßgabe des § 9 Abs. 1 Nr. 6 festgesetzt werden. [2]Vor der Festsetzung nach Satz 1 der betroffenen Öffentlichkeit und den berührten Behörden und sonstigen Trägern öffentlicher Belange Gelegenheit zur Stellungnahme innerhalb angemessener Frist zu geben.

(10) Der sonstigen Satzung nach Absatz 1 ist eine Begründung beizufügen. In der Begründung zum Bebauungsplan (§ 9 Abs. 8) oder zur sonstigen Satzung ist darzulegen, dass die in Absatz 1 Satz 3 bezeichneten Voraussetzungen für die Festlegung des Gebiets vorliegen.

§ 23

(weggefallen)

Dritter Abschnitt: Gesetzliche Vorkaufsrechte der Gemeinde

§ 24
Allgemeines Vorkaufsrecht

(1) [1]Der Gemeinde steht ein Vorkaufsrecht zu beim Kauf von Grundstücken

1. im Geltungsbereich eines Bebauungsplans, soweit es sich um Flächen handelt, für die nach dem Bebauungsplan eine Nutzung für öffentliche Zwecke oder für Flächen oder Maßnahmen zum Ausgleich im Sinne des § 1 a Abs. 3 festgesetzt ist,
2. in einem Umlegungsgebiet,
3. in einem förmlich festgelegten Sanierungsgebiet und städtebaulichen Entwicklungsbereich,
4. im Geltungsbereich einer Satzung zur Sicherung von Durchführungsmaßnahmen des Stadtumbaus und einer Erhaltungssatzung,
5. im Geltungsbereich eines Flächennutzungsplans, soweit es sich um unbebaute Flächen im Außenbereich handelt, für die nach dem Flächennutzungsplan eine Nutzung als Wohnbaufläche oder Wohngebiet dargestellt ist, sowie
6. in Gebieten, die nach § 30, 33 oder 34 Abs. 2 vorwiegend mit Wohngebäuden bebaut werden können, soweit die Grundstücke unbebaut sind.

[2]Im Falle der Nummer 1 kann das Vorkaufsrecht bereits nach Beginn der öffentlichen Auslegung ausgeübt werden, wenn die Gemeinde einen Beschluss gefasst hat, einen Bebauungsplan aufzustellen, zu ändern oder zu ergänzen. [3]Im Falle der Nummer 5 kann das Vorkaufsrecht bereits ausgeübt werden, wenn die Gemeinde einen Beschluss gefasst und ortsüblich bekanntgemacht hat, einen Flächennutzungsplan aufzustellen, zu ändern oder zu ergänzen und wenn nach dem Stand der Planungsarbeiten anzunehmen ist, daß der künftige Flächennutzungsplan eine solche Nutzung darstellen wird.

(2) Das Vorkaufsrecht steht der Gemeinde nicht zu beim Kauf von Rechten nach dem Wohnungseigentumsgesetz und von Erbbaurechten.

(3) Das Vorkaufsrecht darf nur ausgeübt werden, wenn das Wohl der Allgemeinheit dies rechtfertigt. Bei der Ausübung des Vorkaufsrechts hat die Gemeinde den Verwendungszweck des Grundstücks anzugeben.

§ 25
Besonderes Vorkaufsrecht

(1) [1]Die Gemeinde kann

1. im Geltungsbereich eines Bebauungsplans durch Satzung ihr Vorkaufsrecht an unbebauten Grundstücken begründen;
2. in Gebieten, in denen sie städtebauliche Maßnahmen in Betracht zieht, zur Sicherung einer geordneten städtebaulichen Entwicklung durch Satzung Flächen bezeichnen, an denen ihr ein Vorkaufsrecht an den Grundstücken zusteht.

[2]Auf die Satzung ist § 16 Abs. 2 entsprechend anzuwenden.

(2) [1]§ 24 Abs. 2 und 3 Satz 1 ist anzuwenden. [2]Der Verwendungszweck des Grundstücks ist anzugeben, soweit das bereits zum Zeitpunkt der Ausübung des Vorkaufsrechts möglich ist.

§ 26
Ausschluss des Vorkaufsrechts

Die Ausübung des Vorkaufsrechts ist ausgeschlossen, wenn

1. der Eigentümer das Grundstück an seinen Ehegatten oder an eine Person verkauft, die mit ihm in gerader Linie verwandt oder verschwägert oder in der Seitenlinie bis zum dritten Grad verwandt ist,
2. das Grundstück
   a) von einem öffentlichen Bedarfsträger für Zwecke der Landesverteidigung, der Bundespolizei, der Zollverwaltung, der Polizei oder des Zivilschutzes oder
   b) von Kirchen und Religionsgesellschaften des öffentlichen Rechts für Zwecke des Gottesdienstes oder der Seelsorge

   gekauft wird,
3. auf dem Grundstück Vorhaben errichtet werden sollen, für die ein in § 38 genanntes Verfahren eingeleitet oder durchgeführt worden ist, oder
4. das Grundstück entsprechend den Festsetzungen des Bebauungsplans oder den Zielen und Zwecken der städtebaulichen Maßnahme bebaut ist und genutzt wird und eine auf ihm errichtete bauliche Anlage keine Missstände oder Mängel im Sinne des § 177 Abs. 2 und 3 Satz 1 aufweist.

§ 27
Abwendung des Vorkaufsrechts

(1) [1]Der Käufer kann die Ausübung des Vorkaufsrechts abwenden, wenn die Verwendung des Grundstücks nach den baurechtlichen Vorschriften oder den Zielen und Zwecken der städtebaulichen Maßnahme bestimmt oder mit ausreichender Sicherheit bestimmbar ist, der Käufer in der Lage ist, das Grundstück binnen angemessener Frist dementsprechend zu nutzen, und er sich vor Ablauf der Frist nach § 28 Abs. 2 Satz 1 hierzu verpflichtet. [2]Weist eine auf dem Grundstück befindliche bauliche Anlage Missstände oder Mängel im Sinne des § 177 Abs. 2 und 3 Satz 1 auf, kann der Käufer die Ausübung des Vorkaufsrechts abwenden, wenn er diese Missstände oder Mängel binnen angemessener Frist beseitigen kann und er sich vor Ablauf der Frist nach § 28 Abs. 2 Satz 1 zur Beseitigung verpflichtet. [3]Die Gemeinde hat die Frist nach § 28 Abs. 2 Satz 1 auf Antrag des Käufers um zwei Monate zu verlängern, wenn der Käufer vor Ablauf dieser Frist glaubhaft macht, dass er in der Lage ist, die in Satz 1 oder 2 genannten Voraussetzungen zu erfüllen.

(2) Ein Abwendungsrecht besteht nicht

1. in den Fällen des § 24 Abs. 1 Satz 1 Nr. 1 und
2. in einem Umlegungsgebiet, wenn das Grundstück für Zwecke der Umlegung (§ 45) benötigt wird.

§ 27 a
Ausübung des Vorkaufsrechts zugunsten Dritter

(1) [1]Die Gemeinde kann

1. ihr Vorkaufsrecht zugunsten eines Dritten ausüben, wenn der Dritte zu der mit der Ausübung des Vorkaufsrechts bezweckten Verwendung des Grundstücks innerhalb angemessener Frist in der Lage ist und sich hierzu verpflichtet, oder
2. das ihr nach § 24 Abs. 1 Satz 1 Nr. 1 zustehende Vorkaufsrecht zugunsten eines öffentlichen Bedarfs- oder Erschließungsträgers sowie das ihr nach § 24 Abs. 1 Satz 1 Nr. 3 zustehende Vorkaufsrecht zugunsten eines Sanierungs- oder Entwicklungsträgers ausüben, wenn der Träger einverstanden ist.

[2]In den Fällen der Nummer 1 hat die Gemeinde bei der Ausübung des Vorkaufsrechts zugunsten eines Dritten die Frist, in der das Grundstück für den vorgesehenen Zweck zu verwenden ist, zu bezeichnen.

(2) [1]Mit der Ausübung des Vorkaufsrechts kommt der Kaufvertrag zwischen dem Begünstigten und dem Verkäufer zustande. [2]Die Gemeinde haftet für die Verpflichtung aus dem Kaufvertrag neben dem Begünstigten als Gesamtschuldnerin.

(3) [1]Für den von dem Begünstigten zu zahlenden Betrag und das Verfahren gilt § 28 Abs. 2 bis 4 entsprechend. [2]Kommt der Begünstigte seiner Verpflichtung nach Absatz 1 Satz 1 Nummer 1 nicht nach, soll die Gemeinde in entsprechender Anwendung des § 102 die Übertragung des Grundstücks zu ihren Gunsten oder zugunsten eines Übernahmewilligen verlangen, der zur Verwirklichung des Verwendungszwecks innerhalb angemessener Frist in der Lage ist und sich hierzu verpflichtet. [3]Für die Entschädigung und das Verfahren gelten die Vorschriften des Fünften Teils über die Rückenteignung entsprechend. [4]Die Haftung der Gemeinde nach § 28 Abs. 3 Satz 7 bleibt unberührt.

§ 28
Verfahren und Entschädigung

(1) [1]Der Verkäufer hat der Gemeinde den Inhalt des Kaufvertrags unverzüglich mitzuteilen; die Mitteilung des Verkäufers wird durch die Mitteilung des Käufers ersetzt. [2]Das Grundbuchamt darf bei Kaufverträgen den Käufer als Eigentümer in das Grundbuch nur eintragen, wenn ihm die Nichtausübung oder das Nichtbestehen des Vorkaufsrechts nachgewiesen ist. [3]Besteht ein Vorkaufsrecht nicht oder wird es nicht ausgeübt, hat die Gemeinde auf Antrag eines Beteiligten darüber unverzüglich ein Zeugnis auszustellen. [4]Das Zeugnis gilt als Verzicht auf die Ausübung des Vorkaufsrechts.

(2) [1]Das Vorkaufsrecht kann nur binnen zwei Monaten nach Mitteilung des Kaufvertrags durch Verwaltungsakt gegenüber dem Verkäufer ausgeübt werden. [2]Die §§ 463, 464 Abs. 2, §§ 465 bis 468 und 471 des Bürgerlichen Gesetzbuchs sind anzuwenden. [3]Nach Mitteilung des Kaufvertrags ist auf Ersuchen der Gemeinde zur Sicherung ihres Anspruchs auf Übereignung des Grundstücks eine Vormerkung in das Grundbuch einzutragen; die Gemeinde trägt die Kosten der Eintragung der Vormerkung und ihrer Löschung. [4]Das Vorkaufsrecht ist nicht übertragbar. [5]Bei einem Eigentumserwerb auf Grund der Ausübung des Vorkaufsrechts erlöschen rechtsgeschäftliche Vorkaufsrechte. [6]Wird die Gemeinde nach Ausübung des Vorkaufsrechts im Grundbuch als Eigentümerin eingetragen, kann sie das Grundbuchamt ersuchen, eine zur Sicherung

des Übereignungsanspruchs des Käufers im Grundbuch eingetragene Vormerkung zu löschen; sie darf das Ersuchen nur stellen, wenn die Ausübung des Vorkaufsrechts für den Käufer unanfechtbar ist.

(3) [1]Abweichend von Absatz 2 Satz 2 kann die Gemeinde den zu zahlenden Betrag nach dem Verkehrswert des Grundstücks (§ 194) im Zeitpunkt des Kaufes bestimmen, wenn der vereinbarte Kaufpreis den Verkehrswert in einer dem Rechtsverkehr erkennbaren Weise deutlich überschreitet. [2]In diesem Falle ist der Verkäufer berechtigt, bis zum Ablauf eines Monats nach Unanfechtbarkeit des Verwaltungsaktes über die Ausübung des Vorkaufsrechts vom Vertrag zurückzutreten. [3]Auf das Rücktrittsrecht sind die §§ 346 bis 349 und 351 des Bürgerlichen Gesetzbuchs entsprechend anzuwenden. [4]Tritt der Verkäufer vom Vertrag zurück, trägt die Gemeinde die Kosten des Vertrages auf der Grundlage des Verkehrswertes. [5]Tritt der Verkäufer vom Vertrag nicht zurück, erlischt nach Ablauf der Rücktrittsfrist nach Satz 2 die Pflicht des Verkäufers aus dem Kaufvertrag, der Gemeinde das Eigentum an dem Grundstück zu übertragen. [6]In diesem Falle geht das Eigentum an dem Grundstück auf die Gemeinde über, wenn auf Ersuchen der Gemeinde der Übergang des Eigentums in das Grundbuch eingetragen ist. [7]Führt die Gemeinde das Grundstück nicht innerhalb einer angemessenen Frist dem mit der Ausübung des Vorkaufsrechts verfolgten Zweck zu, hat sie dem Verkäufer einen Betrag in Höhe des Unterschieds zwischen dem vereinbarten Kaufpreis und dem Verkehrswert zu zahlen. [8]§ 44 Abs. 3 Satz 2 und 3, § 43 Abs. 2 Satz 1 sowie die §§ 121 und 122 sind entsprechend anzuwenden.

(4) [1]In den Fällen des § 24 Abs. 1 Satz 1 Nr. 1 bestimmt die Gemeinde den zu zahlenden Betrag nach den Vorschriften des Zweiten Abschnitts des Fünften Teils, wenn der Erwerb des Grundstücks für die Durchführung des Bebauungsplans erforderlich ist und es nach dem festgesetzten Verwendungszweck enteignet werden könnte. [2]Mit der Unanfechtbarkeit des Bescheids über die Ausübung des Vorkaufsrechts erlischt die Pflicht des Verkäufers aus dem Kaufvertrag, der Gemeinde das Eigentum an dem Grundstück zu übertragen. [3]In diesem Falle geht das Eigentum an dem Grundstück auf die Gemeinde über, wenn auf Ersuchen der Gemeinde der Übergang des Eigentums in das Grundbuch eingetragen ist.

(5) [1]Die Gemeinde kann für das Gemeindegebiet oder für sämtliche Grundstücke einer Gemarkung auf die Ausübung der ihr nach diesem Abschnitt zustehenden Rechte verzichten. [2]Sie kann den Verzicht jederzeit für zukünftig abzuschließende Kaufverträge widerrufen. [3]Der Verzicht und sein Widerruf sind ortsüblich bekanntzumachen. [4]Die Gemeinde teilt dem Grundbuchamt den Wortlaut ihrer Erklärung mit. [5]Hat die Gemeinde auf die Ausübung ihrer Rechte verzichtet, bedarf es eines Zeugnisses nach Absatz 1 Satz 3 nicht, soweit nicht ein Widerruf erklärt ist.

(6) [1]Hat die Gemeinde das Vorkaufsrecht ausgeübt und sind einem Dritten dadurch Vermögensnachteile entstanden, hat sie dafür Entschädigung zu leisten, soweit dem Dritten ein vertragliches Recht zum Erwerb des Grundstücks zustand, bevor ein gesetzliches Vorkaufsrecht der Gemeinde auf Grund dieses Gesetzbuchs oder solcher landesrechtlicher Vorschriften, die durch § 186 des Bundesbaugesetzes aufgehoben worden sind, begründet worden ist. [2]Die Vorschriften über die Entschädigung im Zweiten Abschnitt des Fünften Teils sind entsprechend anzuwenden. [3]Kommt eine Einigung über die Entschädigung nicht zustande, entscheidet die höhere Verwaltungsbehörde.

...

Liegen-
schaftsrecht

§ 127
Erhebung des Erschließungsbeitrags

(1) Die Gemeinden erheben zur Deckung ihres anderweitig nicht gedeckten Aufwands für Erschließungsanlagen einen Erschließungsbeitrag nach Maßgabe der folgenden Vorschriften.

(2) Erschließungsanlagen im Sinne dieses Abschnitts sind

1. die öffentlichen zum Anbau bestimmten Straßen, Wege und Plätze;
2. die öffentlichen aus rechtlichen oder tatsächlichen Gründen mit Kraftfahrzeugen nicht befahrbaren Verkehrsanlagen innerhalb der Baugebiete (z. B. Fußwege, Wohnwege);
3. Sammelstraßen innerhalb der Baugebiete; Sammelstraßen sind öffentliche Straßen, Wege und Plätze, die selbst nicht zum Anbau bestimmt sind, aber zur Erschließung der Baugebiete notwendig sind;
4. Parkflächen und Grünanlagen mit Ausnahme von Kinderspielplätzen, soweit sie Bestandteil der in den Nummern 1 bis 3 genannten Verkehrsanlagen oder nach städtebaulichen Grundsätzen innerhalb der Baugebiete zu deren Erschließung notwendig sind;
5. Anlagen zum Schutz von Baugebieten gegen schädliche Umwelteinwirkungen im Sinne des Bundes-Immissionsschutzgesetzes, auch wenn sie nicht Bestandteil der Erschließungsanlagen sind.

(3) Der Erschließungsbeitrag kann für den Grunderwerb, die Freilegung und für Teile der Erschließungsanlagen selbständig erhoben werden (Kostenspaltung).

(4) [1]Das Recht, Abgaben für Anlagen zu erheben, die nicht Erschließungsanlagen im Sinne dieses Abschnitts sind, bleibt unberührt. [2]Dies gilt insbesondere für Anlagen zur Ableitung von Abwasser sowie zur Versorgung mit Elektrizität, Gas, Wärme und Wasser.

§ 128
Umfang des Erschließungsaufwands

(1) [1]Der Erschließungsaufwand nach § 127 umfasst die Kosten für

1. den Erwerb und die Freilegung der Flächen für die Erschließungsanlagen;
2. ihre erstmalige Herstellung einschließlich der Einrichtungen für ihre Entwässerung und ihre Beleuchtung;
3. die Übernahme von Anlagen als gemeindliche Erschließungsanlagen.

[2]Der Erschließungsaufwand umfasst auch den Wert der von der Gemeinde aus ihrem Vermögen bereitgestellten Flächen im Zeitpunkt der Bereitstellung. [3]Zu den Kosten für den Erwerb der Flächen für Erschließungsanlagen gehört im Falle einer erschließungsbeitragspflichtigen Zuteilung im Sinne des § 57 Satz 4 und des § 58 Abs. 1 Satz 1 auch der Wert nach § 68 Abs. 1 Nr. 4.

(2) [1]Soweit die Gemeinden nach Landesrecht berechtigt sind, Beiträge zu den Kosten für Erweiterungen oder Verbesserungen von Erschließungsanlagen zu erhe-

ben, bleibt dieses Recht unberührt. [2]Die Länder können bestimmen, dass die Kosten für die Beleuchtung der Erschließungsanlagen in den Erschließungsaufwand nicht einzubeziehen sind.

(3) Der Erschließungsaufwand umfasst nicht die Kosten für

1. Brücken, Tunnel und Unterführungen mit den dazugehörigen Rampen;

2. die Fahrbahnen der Ortsdurchfahrten von Bundesstraßen sowie von Landstraßen I. und II. Ordnung, soweit die Fahrbahnen dieser Straßen keine größere Breite als ihre anschließenden freien Strecken erfordern.

§ 129
Beitragsfähiger Erschließungsaufwand

(1) [1]Zur Deckung des anderweitig nicht gedeckten Erschließungsaufwands können Beiträge nur insoweit erhoben werden, als die Erschließungsanlagen erforderlich sind, um die Bauflächen und die gewerblich zu nutzenden Flächen entsprechend den baurechtlichen Vorschriften zu nutzen (beitragsfähiger Erschließungsaufwand). [2]Soweit Anlagen nach § 127 Abs. 2 von dem Eigentümer hergestellt sind oder von ihm auf Grund baurechtlicher Vorschriften verlangt werden, dürfen Beiträge nicht erhoben werden. [3]Die Gemeinden tragen mindestens 10 vom Hundert des beitragsfähigen Erschließungsaufwands.

(2) Kosten, die ein Eigentümer oder sein Rechtsvorgänger bereits für Erschließungsmaßnahmen aufgewandt hat, dürfen bei der Übernahme als gemeindliche Erschließungsanlagen nicht erneut erhoben werden.

Liegen-
schaftsrecht

§ 130
Art der Ermittlung des beitragsfähigen Erschließungsaufwands

(1) [1]Der beitragsfähige Erschließungsaufwand kann nach den tatsächlich entstandenen Kosten oder nach Einheitssätzen ermittelt werden. [2]Die Einheitssätze sind nach den in der Gemeinde üblicherweise durchschnittlich aufzuwendenden Kosten vergleichbarer Erschließungsanlagen festzusetzen.

(2) [1]Der beitragsfähige Erschließungsaufwand kann für die einzelne Erschließungsanlage oder für bestimmte Abschnitte einer Erschließungsanlage ermittelt werden. [2]Abschnitte einer Erschließungsanlage können nach örtlich erkennbaren Merkmalen oder nach rechtlichen Gesichtspunkten (z. B. Grenzen von Bebauungsplangebieten, Umlegungsgebieten, förmlich festgelegten Sanierungsgebieten) gebildet werden. [3]Für mehrere Anlagen, die für die Erschließung der Grundstücke eine Einheit bilden, kann der Erschließungsaufwand insgesamt ermittelt werden.

§ 131
Maßstäbe für die Verteilung des Erschließungsaufwands

(1) [1]Der ermittelte beitragsfähige Erschließungsaufwand für eine Erschließungsanlage ist auf die durch die Anlage erschlossenen Grundstücke zu verteilen. [2]Mehrfach erschlossene Grundstücke sind bei gemeinsamer Aufwandsermittlung in einer Erschließungseinheit (§ 130 Abs. 2 Satz 3) bei der Verteilung des Erschließungsaufwands nur einmal zu berücksichtigen.

(2) [1]Verteilungsmaßstäbe sind

1. die Art und das Maß der baulichen oder sonstigen Nutzung;
2. die Grundstücksflächen;
3. die Grundstücksbreite an der Erschließungsanlage.

[2]Die Verteilungsmaßstäbe können miteinander verbunden werden.

(3) In Gebieten, die nach dem Inkrafttreten des Bundesbaugesetzes erschlossen werden, sind, wenn eine unterschiedliche bauliche oder sonstige Nutzung zulässig ist, die Maßstäbe nach Absatz 2 in der Weise anzuwenden, dass der Verschiedenheit dieser Nutzung nach Art und Maß entsprochen wird.

§ 132
Regelung durch Satzung

Die Gemeinden regeln durch Satzung

1. die Art und den Umfang der Erschließungsanlagen im Sinne des § 129,
2. die Art der Ermittlung und der Verteilung des Aufwands sowie die Höhe des Einheitssatzes,
3. die Kostenspaltung (§ 127 Abs. 3) und
4. die Merkmale der endgültigen Herstellung einer Erschließungsanlage.

§ 133
Gegenstand und Entstehung der Beitragspflicht

(1) [1]Der Beitragspflicht unterliegen Grundstücke, für die eine bauliche oder gewerbliche Nutzung festgesetzt ist, sobald sie bebaut oder gewerblich genutzt werden dürfen. [2]Erschlossene Grundstücke, für die eine bauliche oder gewerbliche Nutzung nicht festgesetzt ist, unterliegen der Beitragspflicht, wenn sie nach der Verkehrsauffassung Bauland sind und nach der geordneten baulichen Entwicklung der Gemeinde zur Bebauung anstehen. [3]Die Gemeinde gibt bekannt, welche Grundstücke nach Satz 2 der Beitragspflicht unterliegen; die Bekanntmachung hat keine rechtsbegründende Wirkung.

(2) [1]Die Beitragspflicht entsteht mit der endgültigen Herstellung der Erschließungsanlagen, für Teilbeträge, sobald die Maßnahmen, deren Aufwand durch die Teilbeträge gedeckt werden soll, abgeschlossen sind. [2]Im Falle des § 128 Abs. 1 Satz 1 Nr. 3 entsteht die Beitragspflicht mit der Übernahme durch die Gemeinde.

(3) [1]Für ein Grundstück, für das eine Beitragspflicht noch nicht oder nicht in vollem Umfang entstanden ist, können Vorausleistungen auf den Erschließungsbeitrag bis zur Höhe des voraussichtlichen endgültigen Erschließungsbeitrags verlangt werden, wenn ein Bauvorhaben auf dem Grundstück genehmigt wird oder wenn mit der Herstellung der Erschließungsanlagen begonnen worden ist und die endgültige Herstellung der Erschließungsanlagen innerhalb von vier Jahren zu erwarten ist. [2]Die Vorausleistung ist mit der endgültigen Beitragsschuld zu verrechnen, auch wenn der Vorausleistende nicht beitragspflichtig ist. [3]Ist die Beitragspflicht sechs Jahre nach Erlaß des Vorausleistungsbescheids noch nicht entstanden, kann die Vorausleistung

zurückverlangt werden, wenn die Erschließungsanlage bis zu diesem Zeitpunkt noch nicht benutzbar ist. [4]Der Rückzahlungsanspruch ist ab Erhebung der Vorausleistung mit 2 vom Hundert über dem Basiszinssatz nach § 247 des Bürgerlichen Gesetzbuchs jährlich zu verzinsen. [5]Die Gemeinde kann Bestimmungen über die Ablösung des Erschließungsbeitrags im ganzen vor Entstehung der Beitragspflicht treffen.

§ 134
Beitragspflichtiger

(1) [1]Beitragspflichtig ist derjenige, der im Zeitpunkt der Bekanntgabe des Beitragsbescheids Eigentümer des Grundstücks ist. [2]Ist das Grundstück mit einem Erbbaurecht belastet, so ist der Erbbauberechtigte anstelle des Eigentümers beitragspflichtig. [3]Ist das Grundstück mit einem dinglichen Nutzungsrecht nach Artikel 233 § 4 des Einführungsgesetzes zum Bürgerlichen Gesetzbuch belastet, so ist der Inhaber dieses Rechts anstelle des Eigentümers beitragspflichtig. [4]Mehrere Beitragspflichtige haften als Gesamtschuldner; bei Wohnungs- und Teileigentum sind die einzelnen Wohnungs- und Teileigentümer nur entsprechend ihrem Miteigentumsanteil beitragspflichtig.

(2) Der Beitrag ruht als öffentliche Last auf dem Grundstück, im Falle des Absatzes 1 Satz 2 auf dem Erbbaurecht, im Falle des Absatzes 1 Satz 3 auf dem dinglichen Nutzungsrecht, im Falle des Absatzes 1 Satz 4 auf dem Wohnungs- oder dem Teileigentum.

...

§ 144
Genehmigungspflichtige Vorhaben und Rechtsvorgänge

(1) Im förmlich festgelegten Sanierungsgebiet bedürfen der schriftlichen Genehmigung der Gemeinde

1. die in § 14 Abs. 1 bezeichneten Vorhaben und sonstigen Maßnahmen;
2. Vereinbarungen, durch die ein schuldrechtliches Vertragsverhältnis über den Gebrauch oder die Nutzung eines Grundstücks, Gebäudes oder Gebäudeteils auf bestimmte Zeit von mehr als einem Jahr eingegangen oder verlängert wird.

(2) Im förmlich festgelegten Sanierungsgebiet bedürfen der schriftlichen Genehmigung der Gemeinde

1. die rechtsgeschäftliche Veräußerung eines Grundstücks und die Bestellung und Veräußerung eines Erbbaurechts;
2. die Bestellung eines das Grundstück belastenden Rechts; dies gilt nicht für die Bestellung eines Rechts, das mit der Durchführung von Baumaßnahmen im Sinne des § 148 Abs. 2 im Zusammenhang steht;
3. ein schuldrechtlicher Vertrag, durch den eine Verpflichtung zu einem der in Nummer 1 oder 2 genannten Rechtsgeschäfte begründet wird; ist der schuldrechtliche Vertrag genehmigt worden, gilt auch das in Ausführung dieses Vertrags vorgenommene dingliche Rechtsgeschäft als genehmigt;

4. die Begründung, Änderung oder Aufhebung einer Baulast;
5. die Teilung eines Grundstücks.

(3) Die Gemeinde kann für bestimmte Fälle die Genehmigung für das förmlich festgelegte Sanierungsgebiet oder Teile desselben allgemein erteilen; sie hat dies ortsüblich bekanntzumachen.

(4) Keiner Genehmigung bedürfen

1. Vorhaben und Rechtsvorgänge, wenn die Gemeinde oder der Sanierungsträger für das Treuhandvermögen als Vertragsteil oder Eigentümer beteiligt ist;
2. Rechtsvorgänge nach Absatz 2 Nr. 1 bis 3 zum Zwecke der Vorwegnahme der gesetzlichen Erbfolge;
3. Vorhaben nach Absatz 1 Nr. 1, die vor der förmlichen Festlegung des Sanierungsgebiets baurechtlich genehmigt worden sind, Vorhaben nach Absatz 1 Nr. 1, von denen die Gemeinde nach Maßgabe des Bauordnungsrechts Kenntnis erlangt hat und mit deren Ausführung vor dem Inkrafttreten der Veränderungssperre hätte begonnen werden dürfen, sowie Unterhaltungsarbeiten und die Fortführung einer bisher ausgeübten Nutzung;
4. Rechtsvorgänge nach Absatz 1 Nr. 2 und Absatz 2, die Zwecken der Landesverteidigung dienen;
5. der rechtsgeschäftliche Erwerb eines in ein Verfahren im Sinne des § 38 einbezogenen Grundstücks durch den Bedarfsträger.

§ 145
Genehmigung

(1) [1]Die Genehmigung wird durch die Gemeinde erteilt; § 22 Abs. 5 Satz 2 bis 5 ist entsprechend anzuwenden. [2]Ist eine baurechtliche Genehmigung oder an ihrer Stelle eine baurechtliche Zustimmung erforderlich, wird die Genehmigung durch die Baugenehmigungsbehörde im Einvernehmen mit der Gemeinde erteilt. [3]Im Falle des Satzes 2 ist über die Genehmigung innerhalb von zwei Monaten nach Eingang des Antrags bei der Baugenehmigungsbehörde zu entscheiden; § 22 Abs. 5 Satz 3 bis 6 ist mit der Maßgabe entsprechend anzuwenden, dass die Genehmigungsfrist höchstens um zwei Monate verlängert werden darf.

(2) Die Genehmigung darf nur versagt werden, wenn Grund zur Annahme besteht, daß das Vorhaben, der Rechtsvorgang einschließlich der Teilung eines Grundstücks oder die damit erkennbar bezweckte Nutzung die Durchführung der Sanierung unmöglich machen oder wesentlich erschweren oder den Zielen und Zwecken der Sanierung zuwiderlaufen würde.

(3) Die Genehmigung ist zu erteilen, wenn die wesentliche Erschwerung dadurch beseitigt wird, daß die Beteiligten für den Fall der Durchführung der Sanierung für sich und ihre Rechtsnachfolger

1. in den Fällen des § 144 Abs. 1 Nr. 1 auf Entschädigung für die durch das Vorhaben herbeigeführten Werterhöhungen sowie für werterhöhende Änderungen, die auf Grund der mit dem Vorhaben bezweckten Nutzung vorgenommen werden, verzichten;

2. in den Fällen des § 144 Abs. 1 Nr. 2 oder Abs. 2 Nr. 2 oder 3 auf Entschädigung für die Aufhebung des Rechts sowie für werterhöhende Änderungen verzichten, die auf Grund dieser Rechte vorgenommen werden.

(4) [1]Die Genehmigung kann unter Auflagen, in den Fällen des § 144 Abs. 1 auch befristet oder bedingt erteilt werden. [2]§ 51 Abs. 4 Satz 2 und 3 ist entsprechend anzuwenden. [3]Die Genehmigung kann auch vom Abschluß eines städtebaulichen Vertrags abhängig gemacht werden, wenn dadurch Versagungsgründe im Sinne des Absatzes 2 ausgeräumt werden.

(5) [1]Wird die Genehmigung versagt, kann der Eigentümer von der Gemeinde die Übernahme des Grundstücks verlangen, wenn und soweit es ihm mit Rücksicht auf die Durchführung der Sanierung wirtschaftlich nicht mehr zuzumuten ist, das Grundstück zu behalten oder es in der bisherigen oder einer anderen zulässigen Art zu nutzen. [2]Liegen die Flächen eines land- oder forstwirtschaftlichen Betriebs sowohl innerhalb als auch außerhalb des förmlich festgelegten Sanierungsgebiets, kann der Eigentümer von der Gemeinde die Übernahme sämtlicher Grundstücke des Betriebs verlangen, wenn die Erfüllung des Übernahmeverlangens für die Gemeinde keine unzumutbare Belastung bedeutet; die Gemeinde kann sich auf eine unzumutbare Belastung nicht berufen, soweit die außerhalb des förmlich festgelegten Sanierungsgebiets gelegenen Grundstücke nicht mehr in angemessenem Umfang baulich oder wirtschaftlich genutzt werden können. [3]Kommt eine Einigung über die Übernahme nicht zustande, kann der Eigentümer die Entziehung des Eigentums an dem Grundstück verlangen. [4]Für die Entziehung des Eigentums sind die Vorschriften des Fünften Teils des Ersten Kapitels entsprechend anzuwenden. [5]§ 43 Abs. 1, 4 und 5 sowie § 44 Abs. 3 und 4 sind entsprechend anzuwenden.

(6) [1]§ 22 Abs. 6 ist entsprechend anzuwenden. [2]Ist eine Genehmigung allgemein erteilt oder nicht erforderlich, hat die Gemeinde darüber auf Antrag eines Beteiligten ein Zeugnis auszustellen.

...

§ 195
Kaufpreissammlung

(1) [1]Zur Führung der Kaufpreissammlung ist jeder Vertrag, durch den sich jemand verpflichtet, Eigentum an einem Grundstück gegen Entgelt, auch im Wege des Tausches, zu übertragen oder ein Erbbaurecht erstmals oder erneut zu bestellen, von der beurkundenden Stelle in Abschrift dem Gutachterausschuss zu übersenden. [2]Dies gilt auch für das Angebot und die Annahme eines Vertrags, wenn diese getrennt beurkundet werden, sowie entsprechend für die Einigung vor einer Enteignungsbehörde, den Enteignungsbeschluss, den Beschluss über die Vorwegnahme einer Entscheidung im Umlegungsverfahren, den Beschluss über die Aufstellung eines Umlegungsplans, den Beschluss über eine vereinfachte Umlegung und für den Zuschlag in einem Zwangsversteigerungsverfahren.

(2) [1]Die Kaufpreissammlung darf nur dem zuständigen Finanzamt für Zwecke der Besteuerung übermittelt werden. [2]Vorschriften, nach denen Urkunden oder Akten den Gerichten oder Staatsanwaltschaften vorzulegen sind, bleiben unberührt.

(3) Auskünfte aus der Kaufpreissammlung sind bei berechtigtem Interesse nach Maßgabe landesrechtlicher Vorschriften zu erteilen (§ 199 Abs. 2 Nr. 4).

§ 196
Bodenrichtwerte

(1) [1]Auf Grund der Kaufpreissammlung sind flächendeckend durchschnittliche Lagewerte für den Boden unter Berücksichtigung des unterschiedlichen Entwicklungszustands zu ermitteln (Bodenrichtwerte). [2]In bebauten Gebieten sind Bodenrichtwerte mit dem Wert zu ermitteln, der sich ergeben würde, wenn der Boden unbebaut wäre. [3]Es sind Richtwertzonen zu bilden, die jeweils Gebiete umfassen, die nach Art und Maß der Nutzung weitgehend übereinstimmen. [4]Die wertbeeinflussenden Merkmale des Bodenrichtwertgrundstücks sind darzustellen. [5]Die Bodenrichtwerte sind jeweils zum Ende jedes zweiten Kalenderjahres zu ermitteln, wenn nicht eine häufigere Ermittlung bestimmt ist. [6]Für Zwecke der steuerlichen Bewertung des Grundbesitzes sind Bodenrichtwerte nach ergänzenden Vorgaben der Finanzverwaltung zum jeweiligen Hauptfeststellungszeitpunkt oder sonstigen Feststellungszeitpunkt zu ermitteln. [7]Auf Antrag der für den Vollzug dieses Gesetzbuchs zuständigen Behörden sind Bodenrichtwerte für einzelne Gebiete bezogen auf einen abweichenden Zeitpunkt zu ermitteln.

(2) [1]Hat sich in einem Gebiet die Qualität des Bodens durch einen Bebauungsplan oder andere Maßnahmen geändert, sind bei der nächsten Fortschreibung der Bodenrichtwerte auf der Grundlage der geänderten Qualität auch Bodenrichtwerte, bezogen auf die Wertverhältnisse zum Zeitpunkt der letzten Hauptfeststellung oder dem letzten sonstigen Feststellungszeitpunkt für steuerliche Zwecke, zu ermitteln. [2]Die Ermittlung kann unterbleiben, wenn das zuständige Finanzamt darauf verzichtet.

(3) [1]Die Bodenrichtwerte sind zu veröffentlichen und dem zuständigen Finanzamt mitzuteilen. [2]Jedermann kann von der Geschäftsstelle Auskunft über die Bodenrichtwerte verlangen.

...

Gesetz über Maßnahmen zur Verbesserung der Agrarstruktur und zur Sicherung land- und forstwirtschaftlicher Betriebe
(Grundstückverkehrsgesetz – GrdstVG)

vom 28. Juli 1961 (BGBl. I S. 1091, ber. S. 1652, 2000)
zuletzt geändert durch Gesetz vom 17. Dezember 2008 (BGBl. I S. 2586)

– Auszug –

Erster Abschnitt
Rechtsgeschäftliche Veräußerung

§ 1
Geltungsbereich; Begriffsbestimmungen*)

(1) Die Vorschriften dieses Abschnitts gelten für landwirtschaftliche und forstwirtschaftliche Grundstücke sowie für Moor- und Ödland, das in landwirtschaftliche oder forstwirtschaftliche Kultur gebracht werden kann.

(2) Landwirtschaft im Sinne dieses Gesetzes ist die Bodenbewirtschaftung und die mit der Bodennutzung verbundene Tierhaltung, um pflanzliche oder tierische Erzeugnisse zu gewinnen, besonders der Ackerbau, die Wiesen- und Weidewirtschaft, der Erwerbsgartenbau, der Erwerbsobstbau und der Weinbau sowie die Fischerei in Binnengewässern.

(3) Grundstück im Sinne dieses Gesetzes ist auch ein Teil eines Grundstücks.

§ 2
Genehmigungspflichtige Geschäfte; Landesrecht

(1) [1]Die rechtsgeschäftliche Veräußerung eines Grundstücks und der schuldrechtliche Vertrag hierüber bedürfen der Genehmigung. [2]Ist ein schuldrechtlicher Vertrag genehmigt worden, so gilt auch die in Ausführung des Vertrages vorgenommene Auflassung als genehmigt. [3]Die Genehmigung kann auch vor der Beurkundung des Rechtsgeschäfts erteilt werden.

(2) Der Veräußerung eines Grundstücks stehen gleich

1. die Einräumung und die Veräußerung eines Miteigentumsanteils an einem Grundstück;
2. die Veräußerung eines Erbanteils an einen anderen als an einen Miterben, wenn der Nachlaß im wesentlichen aus einem land- oder forstwirtschaftlichen Betrieb besteht;
3. die Bestellung des Nießbrauchs an einem Grundstück.

(3) Die Länder können

1. die Vorschriften dieses Abschnitts auf die Veräußerung von grundstücksgleichen Rechten, die die land- oder forstwirtschaftliche Nutzung eines Grundstücks zum Gegenstand haben, sowie von selbständigen Fischereirechten für anwendbar erklären;

*) Die Überschriften sind nicht amtlich.

Liegen-
schaftsrecht

2. bestimmen, daß die Veräußerung von Grundstücken bis zu einer bestimmten Größe keiner Genehmigung bedarf;
3. bestimmen, dass in bestimmten Teilen des Landesgebietes die Genehmigung eines nach Absatz 1 Satz 1 oder Absatz 2 genehmigungsbedürftigen Rechtsgeschäfts über die in § 9 genannten Gründe hinaus versagt oder mit Nebenbestimmungen nach § 10 oder § 11 versehen werden kann, soweit dies in dem betroffenen Teil des Landesgebietes zur Abwehr einer erheblichen Gefahr für die Argrarstruktur zwingend erforderlich ist.

§ 3
Antrag auf Genehmigung

(1) Über den Antrag auf Genehmigung entscheidet die nach Landesrecht zuständige Behörde (Genehmigungsbehörde), soweit nicht das Gericht zu entscheiden hat.

(2) [1]Zur Stellung des Antrags auf Genehmigung sind die Vertragsparteien und derjenige, zu dessen Gunsten der Vertrag geschlossen worden ist, berechtigt. [2]Hat ein Notar den Vertrag beurkundet, so gilt dieser als ermächtigt, die Genehmigung zu beantragen.

§ 4
Genehmigungsfreie Geschäfte

Die Genehmigung ist nicht notwendig, wenn

1. der Bund oder ein Land als Vertragsteil an der Veräußerung beteiligt ist;
2. eine mit den Rechten einer Körperschaft des öffentlichen Rechts ausgestattete Religionsgesellschaft ein Grundstück erwirbt, es sei denn, daß es sich um einen land- oder forstwirtschaftlichen Betrieb handelt;
3. die Veräußerung oder die Ausübung des Vorkaufsrechts der Durchführung eines Flurbereinigungsverfahrens, eines Siedlungsverfahrens oder eines Verfahrens nach § 37 des Bundesvertriebenengesetzes dient;
4. Grundstücke veräußert werden, die im räumlichen Geltungsbereich eines Bebauungsplanes im Sinne des § 30 des Baugesetzbuchs liegen, es sei denn, daß es sich um die Wirtschaftsstelle eines land- oder forstwirtschaftlichen Betriebes oder um Grundstücke handelt, die im Bebauungsplan als Grundstücke im Sinne des § 1 ausgewiesen sind;
5. die Veräußerung nach dem bayerischen Almgesetz vom 28. April 1932 (Bereinigte Sammlung des Bayerischen Landesrechts Band IV S. 359) zuletzt geändert durch § 59 des Zweiten Bayer. Gesetzes zur Anpassung des Landesrechts an den Euro vom 24. April 2001 (GVBl. S. 140) genehmigt ist.

§ 5
Zeugnis über Genehmigungsfreiheit

[1]Ist zur Veräußerung die Genehmigung nicht notwendig, so hat die Genehmigungsbehörde auf Antrag ein Zeugnis darüber zu erteilen. [2]Das Zeugnis steht der Genehmigung gleich.

§ 6
Entscheidung über die Genehmigung; Fiktion

(1) [1]Die Entscheidung über die Genehmigung ist binnen einem Monat nach Eingang des Antrags und der Urkunde über das zu genehmigende Rechtsgeschäft bei der örtlich zuständigen Genehmigungsbehörde zu treffen. [2]Kann die Prüfung des Antrags in dieser Zeit nicht abgeschlossen werden oder hat die Genehmigungsbehörde eine Erklärung über die Ausübung des Vorkaufsrechts nach § 12 herbeizuführen, so ist vor Ablauf der Frist dem Veräußerer ein Zwischenbescheid zu erteilen; durch den Zwischenbescheid verlängert sich die Frist des Satzes 1 auf zwei Monate und, falls die bezeichnete Erklärung herbeizuführen ist, auf drei Monate.

(2) Die Genehmigung gilt als erteilt, falls nicht binnen der in Absatz 1 genannten Frist die Genehmigungsbehörde eine Entscheidung nach § 9 oder im Falle des § 7 Satz 2 des Reichssiedlungsgesetzes eine Mitteilung über die Verlängerung der Frist zur Ausübung des Vorkaufsrechts dem Veräußerer zustellt.

(3) Ist die Entscheidung über die Genehmigung oder die Genehmigung durch Fristablauf unanfechtbar geworden, so hat die Genehmigungsbehörde hierüber auf Antrag ein Zeugnis zu erteilen.

§ 7
Eintragung in das Grundbuch; Widerspruch

(1) Auf Grund einer genehmigungsbedürftigen Veräußerung darf eine Rechtsänderung in das Grundbuch erst eingetragen werden, wenn dem Grundbuchamt die Unanfechtbarkeit der Genehmigung nachgewiesen wird.

(2) [1]Ist im Grundbuch auf Grund eines nicht genehmigten Rechtsgeschäfts eine Rechtsänderung eingetragen, so hat das Grundbuchamt auf Ersuchen der Genehmigungsbehörde oder des Vorsitzenden des Gerichts, falls nach ihrem Ermessen eine Genehmigung erforderlich ist, einen Widerspruch im Grundbuch einzutragen. [2]Der Widerspruch ist zu löschen, wenn die Genehmigungsbehörde oder der Vorsitzende des Gerichts darum ersucht oder wenn dem Grundbuchamt die Unanfechtbarkeit der Genehmigung nachgewiesen wird. [3]§ 53 Abs. 1 der Grundbuchordnung bleibt unberührt.

(3) Besteht die auf Grund eines nicht genehmigten Rechtsgeschäfts vorgenommene Eintragung einer Rechtsänderung ein Jahr, so gilt das Rechtsgeschäft als genehmigt, es sei denn, daß vor Ablauf dieser Frist ein Widerspruch im Grundbuch eingetragen oder ein Antrag auf Berichtigung des Grundbuchs oder ein Antrag oder ein Ersuchen auf Eintragung eines Widerspruchs gestellt worden ist.

§ 8
Genehmigungserteilung

Die Genehmigung ist zu erteilen, wenn

1. eine Gemeinde oder ein Gemeindeverband an der Veräußerung beteiligt ist, das veräußerte Grundstück im Gebiet der beteiligten Gemeinde oder des beteiligten Gemeindeverbandes liegt und durch einen Bauleitplan im Sinne des § 1 Abs. 2 des Baugesetzbuchs nachgewiesen wird, daß das Grundstück für andere als die in § 1 bezeichneten Zwecke vorgesehen ist;

2. ein landwirtschaftlicher oder forstwirtschaftlicher Betrieb geschlossen veräußert oder im Wege der vorweggenommenen Erbfolge übertragen wird oder an einem Grundstück ein Nießbrauch bestellt wird und der Erwerber oder Nießbraucher entweder der Ehegatte des Eigentümers oder mit dem Eigentümer in gerader Linie oder bis zum dritten Grad in der Seitenlinie verwandt oder bis zum zweiten Grad verschwägert ist;

3. ein gemischter Betrieb insgesamt veräußert wird und die land- oder forstwirtschaftliche Fläche nicht die Grundlage für eine selbständige Existenz bietet;

4. die Veräußerung einer Grenzverbesserung dient;

5. Grundstücke zur Verbesserung der Landbewirtschaftung oder aus anderen volkswirtschaftlich gerechtfertigten Gründen getauscht werden und ein etwaiger Geldausgleich nicht mehr als ein Viertel des höheren Grundstückwertes ausmacht;

6. ein Grundstück zur Vermeidung einer Enteignung oder einer bergrechtlichen Grundabtretung an denjenigen veräußert wird, zu dessen Gunsten es enteignet werden könnte oder abgetreten werden müßte, oder ein Grundstück an denjenigen veräußert wird, der das Eigentum auf Grund gesetzlicher Verpflichtung übernehmen muß;

7. Ersatzland erworben wird, soweit

   a) der Erwerber auf das Ersatzland zur Sicherung seiner Existenz oder zur Aufrechterhaltung seines persönlich bewirtschafteten Betriebes angewiesen ist oder

   b) das Ersatzland zur Erfüllung dem Erwerber wesensgemäß obliegender Aufgaben zu dienen bestimmt ist und es sich bei dem Ersatzland nicht um einen land- oder forstwirtschaftlichen Betrieb handelt;

   c) eine Gemeinde oder ein Gemeindeverband das Ersatzland zur alsbaldigen Verpachtung oder Veräußerung an einen bestimmten von ihr oder von ihm verdrängten Landwirt benötigt.

§ 9
Versagung der Genehmigung

(1) Die Genehmigung darf nur versagt oder durch Auflagen (§ 10) oder Bedingungen (§ 11) eingeschränkt werden, wenn Tatsachen vorliegen, aus denen sich ergibt, daß

1. die Veräußerung eine ungesunde Verteilung des Grund und Bodens bedeutet oder

2. durch die Veräußerung das Grundstück oder eine Mehrheit von Grundstücken, die räumlich oder wirtschaftlich zusammenhängen und dem Veräußerer gehören, unwirtschaftlich verkleinert oder aufgeteilt würde oder

3. der Gegenwert in einem groben Mißverhältnis zum Wert des Grundstücks steht.

(2) Eine ungesunde Verteilung des Grund und Bodens im Sinne des Absatzes 1 Nr. 1 liegt in der Regel dann vor, wenn die Veräußerung Maßnahmen zur Verbesserung der Agrarstruktur widerspricht.

(3) Eine unwirtschaftliche Verkleinerung oder Aufteilung im Sinne des Absatzes 1 Nr. 2 liegt in der Regel dann vor, wenn durch Erbauseinandersetzung, Übergabevertrag oder eine sonstige rechtsgeschäftliche Veräußerung

1. ein selbständiger landwirtschaftlicher Betrieb seine Lebensfähigkeit verlieren würde;
2. ein landwirtschaftliches Grundstück kleiner als ein Hektar wird;
3. ein forstwirtschaftliches Grundstück kleiner als dreieinhalb Hektar wird, es sei denn, daß seine ordnungsgemäße forstliche Bewirtschaftung gewährleistet erscheint;
4. in einem Flurbereinigungsverfahren zugeteilte oder anläßlich einer mit öffentlichen Mitteln geförderten Aufstockung oder Aussiedlung eines landwirtschaftlichen Betriebes erworbene Grundstücke in der Weise geteilt werden, daß die Teilung diesen Maßnahmen zur Verbesserung der Agrarstruktur widerspricht.

(4) Wird das Grundstück für andere als land- oder forstwirtschaftliche Zwecke veräußert, so darf die Genehmigung aus Absatz 1 Nr. 3 nicht versagt werden.

(5) Liegen die Voraussetzungen vor, unter denen das Vorkaufsrecht nach dem Reichssiedlungsgesetz ausgeübt werden kann, so darf, wenn das Vorkaufsrecht nicht ausgeübt wird, die Genehmigung aus Absatz 1 Nr. 1 nur versagt oder durch Auflagen oder Bedingungen eingeschränkt werden, falls es sich um die Veräußerung eines land- oder forstwirtschaftlichen Betriebes handelt.

(6) Bei der Entscheidung über den Genehmigungsantrag muß auch allgemeinen volkswirtschaftlichen Belangen Rechnung getragen werden, insbesondere wenn Grundstücke zur unmittelbaren Gewinnung von Roh- und Grundstoffen (Bodenbestandteile) veräußert werden.

(7) Die Genehmigung soll, auch wenn ihr Bedenken aus den in Absatz 1 aufgeführten Gründen entgegenstehen, nicht versagt werden, wenn dies eine unzumutbare Härte für den Veräußerer bedeuten würde.

§ 10
Genehmigung und Auflagen

(1) Dem Erwerber kann die Auflage gemacht werden,

1. das erworbene Grundstück an einen Landwirt zu verpachten;
2. das erworbene Grundstück ganz oder zum Teil zu angemessenen Bedingungen entweder an einen Landwirt oder an ein von der Siedlungsbehörde zu bezeichnendes Siedlungsunternehmen zu veräußern;
3. an anderer Stelle binnen einer bestimmten, angemessenen Frist Land abzugeben, jedoch nicht mehr, als der Größe oder dem Wert des erworbenen Grundstücks entspricht;
4. zur Sicherung einer ordnungsgemäßen Waldbewirtschaftung einen Bewirtschaftungsvertrag mit einem forstlichen Sachverständigen oder einer Forstbehörde abzuschließen oder nach einem genehmigten Wirtschaftsplan zu wirtschaften.

(2) [1]Wird die Genehmigung unter Auflagen erteilt, so ist die hierdurch betroffene Vertragspartei berechtigt, bis zum Ablauf eines Monats nach Eintritt der Unanfechtbarkeit der Entscheidung vom Vertrage zurückzutreten. [2]Auf das Rücktrittsrecht sind die Vorschriften der §§ 346 bis 354 und 356 des Bürgerlichen Gesetzbuchs sinngemäß anzuwenden.

§ 11
Genehmigung und Bedingungen

(1) Die Genehmigung kann unter der Bedingung erteilt werden, daß binnen einer bestimmten Frist

1. die Vertragsparteien einzelne Vertragsbestimmungen, denen Bedenken aus einem der in § 9 aufgeführten Tatbestände entgegenstehen, in bestimmter Weise ändern,
2. der Erwerber das landwirtschaftliche Grundstück auf eine bestimmte Zeit an einen Landwirt verpachtet,
3. der Erwerber an anderer Stelle Land abgibt, jedoch nicht mehr, als der Größe oder dem Wert des zu erwerbenden Grundstücks entspricht.

(2) Ist die Bedingung eingetreten, so hat die Genehmigungsbehörde hierüber auf Antrag eine Bescheinigung zu erteilen.

§ 12
Vorlagepflicht bei der Siedlungsbehörde

Liegen die Voraussetzungen vor, unter denen nach dem Reichssiedlungsgesetz das Vorkaufsrecht ausgeübt werden kann, so hat die Genehmigungsbehörde, bevor sie über den Antrag auf Genehmigung entscheidet, den Vertrag der Siedlungsbehörde zur Herbeiführung einer Erklärung über die Ausübung des Vorkaufsrechts durch die vorkaufsberechtigte Stelle vorzulegen.

§ 18
Örtliche Zuständigkeit

(1) [1]Örtlich zuständig ist die Genehmigungsbehörde, in deren Bezirk die Hofstelle des Betriebes liegt, zu dem das Grundstück gehört. [2]Ist keine Hofstelle vorhanden, so ist die Genehmigungsbehörde zuständig, in deren Bezirk die Grundstücke ganz oder zum größten Teil liegen.

(2) [1]Hält die Genehmigungsbehörde ihre örtliche Zuständigkeit nicht für gegeben, so hat sie die Sache unverzüglich, spätestens vor Ablauf eines Monats nach Eingang des Antrags, an die zuständige Genehmigungsbehörde abzugeben und den Antragsteller von der Abgabe zu benachrichtigen. [2]Wird die Benachrichtigung nicht binnen dieser Frist zugestellt, so gilt die Genehmigung als erteilt. [3]Die Abgabeverfügung ist für die in ihr bezeichnete Genehmigungsbehörde bindend und für die Beteiligten unanfechtbar.

§ 21
Ausübung des Vorkaufsrechts nach dem Reichssiedlungsgesetz

[1]Erklärungen des Vorkaufsberechtigten über die Ausübung des Vorkaufsrechts nach dem Reichssiedlungsgesetz hat die Genehmigungsbehörde außer dem Verpflichteten auch dem Käufer und demjenigen mitzuteilen, zu dessen Gunsten der Kaufvertrag geschlossen worden ist; dies gilt nicht, wenn die Ausübung des Vorkaufsrechts nach § 6 Abs. 2 des Reichssiedlungsgesetzes unwirksam ist. [2]Die Mitteilung ist mit einer Begründung darüber zu versehen, warum die Genehmigung der Veräußerung nach § 9 zu versagen wäre, und zuzustellen. [3]§ 20 Satz 2 und 3 gilt sinngemäß für die Belehrung über die Zulässigkeit eines Antrags auf gerichtliche Entscheidung nach § 10 des Reichssiedlungsgesetzes.

§ 22
Antrag auf gerichtliche Entscheidung

(1) Wenn die Genehmigungsbehörde eine Genehmigung versagt oder unter Auflagen oder Bedingungen erteilt, ein Zeugnis nach § 5 oder § 6 Abs. 3 oder eine Bescheinigung nach § 11 Abs. 2 verweigert, können die Beteiligten binnen zwei Wochen nach Zustellung Antrag auf Entscheidung durch das nach dem Gesetz über das gerichtliche Verfahren in Landwirtschaftssachen zuständige Gericht stellen.

(2) [1]Der Antrag kann bei der Genehmigungsbehörde, gegen deren Entscheidung er sich richtet, schriftlich oder bei dem zuständigen Gericht schriftlich oder zur Niederschrift der Geschäftsstelle gestellt werden. [2]Die §§ 17 bis 19 des Gesetzes über das Verfahren in Familiensachen und in den Angelegenheiten der freiwilligen Gerichtsbarkeit gelten entsprechend.

(3) Das Gericht kann die Entscheidungen treffen, die auch die Genehmigungsbehörde treffen kann.

(4) [1]Ist eine Genehmigung unter einer Auflage nach diesem Gesetz oder nach den bisherigen Vorschriften über den Verkehr mit land- und forstwirtschaftlichen Grundstücken erteilt und haben sich die Umstände, die für die Erteilung der Auflage maßgebend waren, wesentlich geändert, so kann der durch die Auflage Beschwerte beantragen, daß das nach dem Gesetz über das gerichtliche Verfahren in Landwirtschaftssachen zuständige Gericht die Auflage ändert oder aufhebt. [2]Absatz 2 Satz 1 gilt entsprechend.

Reichssiedlungsgesetz*)

vom 11. August 1919 (RGBl. S. 1429)
zuletzt geändert durch Gesetz vom 29. Juli 2009 (BGBl. I S. 2355)

– Auszug –

Vorkaufsrecht des Siedlungsunternehmens

§ 4
Erstreckung des Vorkaufsrechts; Ermächtigung

(1) Wird ein landwirtschaftliches Grundstück oder Moor- oder Ödland, das in landwirtschaftliche Kultur gebracht werden kann, in Größe von zwei Hektar aufwärts durch Kaufvertrag veräußert, so hat das gemeinnützige Siedlungsunternehmen, in dessen Bezirk die Hofstelle des Betriebes liegt, das Vorkaufsrecht, wenn die Veräußerung einer Genehmigung nach dem Grundstückverkehrsgesetz vom 28. Juli 1961 (BGBl. I S. 1091) bedarf und die Genehmigung nach § 9 des Grundstückverkehrsgesetzes nach Auffassung der Genehmigungsbehörde zu versagen wäre; ist keine Hofstelle vorhanden, so steht das Vorkaufsrecht dem Siedlungsunternehmen zu, in dessen Bezirk das Grundstück ganz oder zum größten Teil liegt.

(2) [1]Das Vorkaufsrecht besteht nicht, wenn der Verpflichtete das Grundstück an eine Körperschaft des öffentlichen Rechts, an seinen Ehegatten oder an eine Person verkauft, die mit ihm in gerader Linie oder bis zum dritten Grade in der Seitenlinie verwandt oder bis zum zweiten Grade verschwägert ist. [2]Hat der Eigentümer das Grundstück an eine Körperschaft des öffentlichen Rechts verkauft, kann das Vorkaufsrecht abweichend von Satz 1 zu den in § 1 Abs. 1b genannten Zwecken ausgeübt werden. [3]Die Körperschaft des öffentlichen Rechts ist vor Ausübung des Vorkaufsrechts zu hören. [4]Das Vorkaufsrecht kann nicht ausgeübt werden, wenn sie das Grundstück für die ihr obliegenden Aufgaben benötigt.

(3) [1]Das Vorkaufsrecht wird nicht dadurch ausgeschlossen, daß in dem Veräußerungsvertrag ein geringeres als das vereinbarte Entgelt beurkundet ist. [2]Dem Siedlungsunternehmen gegenüber gilt das beurkundete Entgelt als vereinbart.

(4) Die Landesregierung kann durch Rechtsverordnung für das Land oder für Teile des Landes die Mindestgröße der Grundstücke, die dem Vorkaufsrecht unterliegen, auf mehr als zwei Hektar festsetzen; für eine beschränkte Zeit kann sie die Mindestgröße auf weniger als zwei Hektar festsetzen, solange dies zur Durchführung von Maßnahmen zur Verbesserung der Agrarstruktur notwendig ist.

(5) Die Siedlungsbehörde kann bestimmen, daß statt des gemeinnützigen Siedlungsunternehmens eine nach § 1 Abs. 1 Satz 3 als Siedlungsunternehmen bezeichnete Stelle das Vorkaufsrecht hat.

---

*) **Maßgabe** gemäß Anlage I Kapitel VI Sachgebiet E Abschnitt III Nr. 1 des Einigungsvertrages:

a) Nach § 1 Abs. 1 Satz 1 können gemeinnützige Siedlungsunternehmen geschaffen werden; eine entsprechende Verpflichtung besteht nicht.

b) Die Ausübung des Vorkaufsrechts nach § 4 setzt voraus, daß eine Genehmigung nach § 2 der Grundstücksverkehrsverordnung vom 15. Dezember 1977 (GBl. I Nr. 5 S. 73) erteilt worden ist.

**) Die Paragraphenüberschriften sind nicht amtlich.

§ 5
Rechtsgeschäftliche Vorkaufsrechte; Entschädigung

[1]Bei einem Eigentumserwerb durch Ausübung des Vorkaufsrechts erlöschen rechtsgeschäftliche Vorkaufsrechte. [2]Für die dadurch entstandenen Vermögensnachteile hat der Vorkaufsberechtigte den Inhaber eines erloschenen Rechts in Geld zu entschädigen; dies gilt jedoch nicht, wenn im Zeitpunkt der Begründung des erloschenen Rechts ein Vorkaufsrecht nach diesem Gesetz bereits bestand. [3]Der Entschädigungsanspruch erlischt, wenn der Entschädigungsberechtigte ihn nicht binnen drei Jahren nach dem Erwerb des Eigentums durch den Vorkaufsberechtigten mit gerichtlicher Klage geltend macht.

§ 6
Ausübung des Vorkaufsrechts

(1) [1]Das Vorkaufsrecht kann ausgeübt werden, sobald die Siedlungsbehörde den ihr nach § 12 des Grundstückverkehrsgesetzes vorgelegten Kaufvertrag dem Vorkaufsberechtigten mitteilt. [2]Die Erklärungen des Vorkaufsberechtigten über die Ausübung des Vorkaufsrechts ist über die Siedlungsbehörde der Genehmigungsbehörde, die ihr den Kaufvertrag vorgelegt hat, zuzuleiten. [3]Das Vorkaufsrecht wird dadurch ausgeübt, daß die Genehmigungsbehörde diese Erklärung dem Verpflichteten mitteilt; damit gilt für das Rechtsverhältnis zwischen dem Verkäufer und dem Vorkaufsberechtigten die Veräußerung als genehmigt.

(2) Die Ausübung des Vorkaufsrechts ist unwirksam, wenn die Genehmigungsbehörde die Mitteilung nicht binnen der Frist des § 6 Abs. 1 des Grundstückverkehrsgesetzes zugestellt hat; dies gilt nicht im Falle des § 7 Satz 2.

(3) Der Ausübung des Vorkaufsrechts steht nicht entgegen, daß über eine nach anderen Gesetzen erforderliche Genehmigung des Kaufvertrags noch nicht entschieden ist.

§ 7
Recht zur Besichtigung; Ausübungsfristverlängerung

[1]Der Vorkaufsberechtigte ist befugt, innerhalb der Frist des § 6 Abs. 1 des Grundstückverkehrsgesetzes das Grundstück zu besichtigen. [2]Wird er von dem Eigentümer oder einem Dritten an der Ausübung dieses Rechts gehindert und teilt er dies der Genehmigungsbehörde binnen der Frist mit, so kann das Vorkaufsrecht noch binnen einer Frist von einem Monat von dem Tage ab, an dem das Hindernis wegfällt, ausgeübt werden, sofern die Genehmigungsbehörde die Mitteilung über die Fristverlängerung binnen der Frist des § 6 Abs. 1 des Grundstückverkehrsgesetzes an den Veräußerer zugestellt hat.

§ 8
Zubehör; Nebenleistung

(1) [1]Auf das Vorkaufsrecht sind § 464 Abs. 2 und die §§ 465 bis 468 des Bürgerlichen Gesetzbuchs sinngemäß anzuwenden. [2]Das Vorkaufsrecht erstreckt sich auch auf das mitverkaufte Zubehör.

(2) Hat der Verkäufer eine Nebenleistung übernommen, die nicht in Geld zu schätzen ist, so hat der Eigentümer dem Vorkaufsberechtigten gegenüber keinen Anspruch auf die Erfüllung dieser Nebenleistungen und der Vertragsstrafen, die zu ihrer Erfüllung ausbedungen sind.

§ 9
Übereignungsrecht des früheren Berechtigten

(1) [1]Verwendet das Siedlungsunternehmen, das das Vorkaufsrecht nach diesem Gesetz ausgeübt hat, das Grundstück nicht binnen sechs Jahren nach Erwerb des Eigentums für Siedlungszwecke, so kann derjenige, dem ein im Grundbuch eingetragenes oder durch Vormerkung gesichertes Recht zustand, das nach § 5 erloschen ist, verlangen, daß ihm das Grundstück zu dem in dem früheren Kaufvertrage vereinbarten Entgelt, jedoch unter Berücksichtigung werterhöhender Aufwendungen, durch das Siedlungsunternehmen übereignet wird. [2]Bestanden mehrere Rechte dieser Art, so steht der Anspruch demjenigen zu, dessen Recht den Vorrang hatte. [3]Ist kein Berechtigter der genannten Art vorhanden, so kann der Käufer, in dessen Rechte das Siedlungsunternehmen in Ausübung seines Vorkaufsrechts eingetreten ist, die Übereignung zu dem in Satz 1 bezeichneten Entgelt verlangen. [4]Die Übereignung kann nicht mehr verlangt werden, wenn sich das Siedlungsunternehmen einem anderen gegenüber zur Übereignung bindend verpflichtet hatte, bevor das Verlangen gestellt wurde.

(2) Das Verlangen ist gegenüber dem Siedlungsunternehmen innerhalb eines Jahres nach Ablauf der in Absatz 1 bezeichneten Frist zu stellen.

(3) Eine nach § 5 geleistete Entschädigung ist dem Siedlungsunternehmen zurückzuerstatten, soweit der Schaden durch die Übereignung des Grundstücks entfällt.

§ 10
Einwendungen gegen das Vorkaufsrecht

[1]Einwendungen gegen das Vorkaufsrecht, die sich darauf gründen, daß die Veräußerung einer Genehmigung nach dem Grundstückverkehrsgesetz nicht bedarf oder die Genehmigung nach § 9 des Grundstückverkehrsgesetzes nicht zu versagen wäre, können außer von dem Verpflichteten auch von dem Käufer und von demjenigen erhoben werden, zu dessen Gunsten der Kaufvertrag geschlossen worden ist. [2]Diese Einwendungen können nur durch Antrag auf Entscheidung durch das nach dem Gesetz über das gerichtliche Verfahren in Landwirtschaftssachen zuständige Gericht geltend gemacht werden. [3]Die Vorschriften über den Antrag auf gerichtliche Entscheidung in § 22 des Grundstückverkehrsgesetzes sind entsprechend anzuwenden.

Gesetz über das Erbbaurecht*)

(Erbbaurechtsgesetz – ErbbauRG)

vom 15. Januar 1919 (RGBl. S. 72, 122/BGBl. III 403-6)
zuletzt geändert durch Gesetz vom 1. Oktober 2013 (BGBl. I S. 3719)

I. Begriff und Inhalt des Erbbaurechts

1. Gesetzlicher Inhalt

§ 1
Begriff des Erbbaurechts**)

(1) Ein Grundstück kann in der Weise belastet werden, daß demjenigen, zu dessen Gunsten die Belastung erfolgt, das veräußerliche und vererbliche Recht zusteht, auf oder unter der Oberfläche des Grundstücks ein Bauwerk zu haben (Erbbaurecht).

(2) Das Erbbaurecht kann auf einen für das Bauwerk nicht erforderlichen Teil des Grundstücks erstreckt werden, sofern das Bauwerk wirtschaftlich die Hauptsache bleibt.

(3) Die Beschränkung des Erbbaurechts auf einen Teil eines Gebäudes, insbesondere ein Stockwerk, ist unzulässig.

(4) [1]Das Erbbaurecht kann nicht durch auflösende Bedingungen beschränkt werden. [2]Auf eine Vereinbarung, durch die sich der Erbbauberechtigte verpflichtet, beim Eintreten bestimmter Voraussetzungen das Erbbaurecht aufzugeben und seine Löschung im Grundbuch zu bewilligen, kann sich der Grundstückseigentümer nicht berufen.

2. Vertragsmäßiger Inhalt

§ 2
Zusätzlicher vertraglicher Inhalt des Erbbaurechts

Zum Inhalt des Erbbaurechts gehören auch Vereinbarungen des Grundstückseigentümers und des Erbbauberechtigten über:

1 die Errichtung, die Instandhaltung und die Verwendung des Bauwerkes;

2. die Versicherung des Bauwerks und seinen Wiederaufbau im Falle der Zerstörung;

3. die Tragung der öffentlichen und privatrechtlichen Lasten und Abgaben;

4. eine Verpflichtung des Erbbauberechtigten, das Erbbaurecht beim Eintreten bestimmter Voraussetzungen auf den Grundstückseigentümer zu übertragen (Heimfall);

*) Die frühere Erbbaurechtsverordnung trägt nunmehr die Bezeichnung Erbbaurechtsgesetz. Inhaltliche Änderungen waren damit nicht verbunden.

**) Die Überschriften sind nicht amtlich.

5. eine Verpflichtung des Erbbauberechtigten zur Zahlung von Vertragsstrafen;
6. die Einräumung eines Vorrechts für den Erbbauberechtigten auf Erneuerung des Erbbaurechts nach dessen Ablauf;
7. eine Verpflichtung des Grundstückseigentümers, das Grundstück an den jeweiligen Erbbauberechtigten zu verkaufen.

§ 3
Heimfallanspruch des Grundstückseigentümers

Der Heimfallanspruch des Grundstückseigentümers kann nicht von dem Eigentum an dem Grundstück getrennt werden; der Eigentümer kann verlangen, daß das Erbbaurecht einem von ihm zu bezeichnenden Dritten übertragen wird.

§ 4
Verjährung des Heimfallanspruchs

Der Heimfallanspruch sowie der Anspruch auf eine Vertragsstrafe (§ 2 Nr. 4 und 5) verjährt in sechs Monaten von dem Zeitpunkt an, in dem der Grundstückseigentümer von dem Vorhandensein der Voraussetzungen Kenntnis erlangt, ohne Rücksicht auf diese Kenntnis in zwei Jahren vom Eintreten der Voraussetzungen an.

§ 5
Zustimmung zur Veräußerung oder Belastung

(1) Als Inhalt des Erbbaurechts kann auch vereinbart werden, daß der Erbbauberechtigte zur Veräußerung des Erbbaurechts der Zustimmung des Grundstückseigentümers bedarf.

(2) [1]Als Inhalt der Erbbaurechts kann ferner vereinbart werden, daß der Erbbauberechtigte zur Belastung des Erbbaurechts mit einer Hypothek, Grund- oder Rentenschuld oder einer Reallast der Zustimmung des Grundstückseigentümers bedarf. [2]Ist eine solche Vereinbarung getroffen, so kann auch eine Änderung des Inhalts der Hypothek, Grund- oder Rentenschuld oder der Reallast, die eine weitere Belastung des Erbbaurechts enthält, nicht ohne die Zustimmung des Grundstückseigentümers erfolgen.

§ 6
Fehlende Zustimmung des Grundstückseigentümers

(1) Ist eine Vereinbarung gemäß § 5 getroffen, so ist eine Verfügung des Erbbauberechtigten über das Erbbaurecht und ein Vertrag, durch den er sich zu einer solchen Verfügung verpflichtet, unwirksam, solange nicht der Grundstückseigentümer die erforderliche Zustimmung erteilt hat.

(2) Auf eine Vereinbarung, daß ein Zuwiderhandeln des Erbbauberechtigten gegen eine nach § 5 übernommene Beschränkung einen Heimfallanspruch begründen soll, kann sich der Grundstückseigentümer nicht berufen.

§ 7
Anspruch auf Zustimmung

(1) [1]Ist anzunehmen, daß durch die Veräußerung (§ 5 Abs. 1) der mit der Bestellung des Erbbaurechts verfolgte Zweck nicht wesentlich beeinträchtigt oder gefährdet wird, und daß die Persönlichkeit des Erwerbers Gewähr für eine ordnungsmäßige Erfüllung der sich aus dem Erbbaurechtsinhalt ergebenden Verpflichtungen bietet, so kann der Erbbauberechtigte verlangen, daß der Grundstückseigentümer die Zustimmung zur Veräußerung erteilt. [2]Dem Erbbauberechtigten kann auch für weitere Fälle ein Anspruch auf Erteilung der Zustimmung eingeräumt werden.

(2) Ist eine Belastung (§ 5 Abs. 2) mit den Regeln einer ordnungsmäßigen Wirtschaft vereinbar, und wird der mit der Bestellung des Erbbaurechts verfolgte Zweck nicht wesentlich beeinträchtigt oder gefährdet, so kann der Erbbauberechtigte verlangen, daß der Grundstückseigentümer die Zustimmung zur Belastung erteilt.

(3) [1]Wird die Zustimmung des Grundstückseigentümers ohne ausreichenden Grund verweigert, so kann sie auf Antrag des Erbbauberechtigten durch das Amtsgericht ersetzt werden, in dessen Bezirk das Grundstück belegen ist. [2]§ 40 Abs. 2 Satz 2 und Abs. 3 Satz 1, 3 und 4 und § 63 Abs. 2 Nr. 2 des Gesetzes über das Verfahren in Familiensachen und in den Angelegenheiten der freiwilligen Gerichtsbarkeit gelten entsprechend.

§ 8
Vollstreckungsmaßnahmen in das Erbbaurecht

Verfügungen, die im Wege der Zwangsvollstreckung oder der Arrestvollziehung oder durch den Konkursverwalter erfolgen, sind insoweit unwirksam, als sie die Rechte des Grundstückseigentümers aus einer Vereinbarung gemäß § 5 vereiteln oder beeinträchtigen würden.

3. Erbbauzins

§ 9
Begriff des Erbbauzinses

(1) [1]Wird für die Bestellung des Erbbaurechts ein Entgelt in wiederkehrenden Leistungen (Erbbauzins) ausbedungen, so finden die Vorschriften des Bürgerlichen Gesetzbuchs über die Reallasten entsprechende Anwendung. [2]Die zugunsten der Landesgesetze bestehenden Vorbehalte über Reallasten finden keine Anwendung.

(2) Der Anspruch des Grundstückseigentümers auf Entrichtung des Erbbauzinses kann in Ansehung noch nicht fälliger Leistungen nicht von dem Eigentum an dem Grundstück getrennt werden.

(3) [1]Als Inhalt des Erbbauzinses kann vereinbart werden, daß

1. die Reallast abweichend von § 52 Abs. 1 des Gesetzes über die Zwangsversteigerung und die Zwangsverwaltung mit ihrem Hauptanspruch bestehen bleibt, wenn der Grundstückseigentümer aus der Reallast oder der Inhaber eines im

Range vorgehenden oder gleichstehenden dinglichen Rechts die Zwangsversteigerung des Erbbaurechts betreibt, und

2. der jeweilige Erbbauberechtigte dem jeweiligen Inhaber der Reallast gegenüber berechtigt ist, das Erbbaurecht in einem bestimmten Umfang mit einer der Reallast im Rang vorgehenden Grundschuld, Hypothek oder Rentenschuld im Erbbaugrundbuch zu belasten.

[2]Ist das Erbbaurecht mit dinglichen Rechten belastet, ist für die Wirksamkeit der Vereinbarung die Zustimmung der Inhaber der der Erbbauzinsreallast im Rang vorgehenden oder gleichstehenden dinglichen Rechte erforderlich.

(4) Der Zahlungsverzug des Erbbauberechtigten kann den Heimfallanspruch nur dann begründen, wenn der Erbbauberechtigte mit dem Erbbauzins mindestens in Höhe zweier Jahresbeträge im Rückstand ist.

§ 9 a*)
Anspruch auf Änderung des Erbbauzinses

(1) [1]Dient das auf Grund eines Erbbaurechts errichtete Bauwerk Wohnzwecken, so begründet eine Vereinbarung, daß eine Änderung des Erbbauzinses verlangt werden kann, einen Anspruch auf Erhöhung des Erbbauzinses nur, soweit diese unter Berücksichtigung aller Umstände des Einzelfalles nicht unbillig ist. [2]Ein Erhöhungsanspruch ist regelmäßig als unbillig anzusehen, wenn und soweit die nach der vereinbarten Bemessungsgrundlage zu errechnende Erhöhung über die seit Vertragsabschluß eingetretenen Änderung der allgemeinen wirtschaftlichen Verhältnisse hinausgeht. [3]Änderungen der Grundstücksverhältnisse bleiben außer den in Satz 4 genannten Fällen außer Betracht. [4]Im Einzelfall kann bei Berücksichtigung aller Umstände, insbesondere

1. einer Änderung des Grundstückswertes infolge eigener zulässigerweise bewirkter Aufwendungen des Grundstückseigentümers oder

2. der Vorteile, welche eine Änderung des Grundstückswertes oder die ihr zugrunde liegenden Umstände für den Erbbauberechtigten mit sich bringen,

ein über diese Grenze hinausgehender Erhöhungsanspruch billig sein. [5]Ein Anspruch auf Erhöhung des Erbbauzinses darf frühestens nach Ablauf von drei Jahren seit Vertragsschluß und, wenn eine Erhöhung des Erbbauzinses bereits erfolgt ist, frühestens nach Ablauf von drei Jahren seit der jeweils letzten Erhöhung des Erbbauzinses geltend gemacht werden.

---

*) § 9 a eingefügt durch das Gesetz zur Änderung der Verordnung über das Erbbaurecht vom 8. Januar 1974 (BGBl. I S. 41), in Kraft getreten am 23. Januar 1974. Beachte dazu Artikel 2 des genannten Gesetzes:

Art. 2

(1) Für nach dem Inkrafttreten dieses Gesetzes fällig werdende Erbbauzinsen ist § 9 a der Verordnung über das Erbbaurecht in der Fassung des Artikels 1 Nr. 1 dieses Gesetzes auch bei Vereinbarungen des dort bezeichneten Inhalts anzuwenden, die vor Inkrafttreten dieses Gesetzes geschlossen worden sind.

(2) [1]Ist der Erbbauzins aufgrund einer solchen Vereinbarung vor dem Inkrafttreten dieses Gesetzes erhöht worden, so behält es hierbei sein Bewenden. [2]Der Erbbauberechtigte kann jedoch für die Zukunft eine bei entsprechender Anwendung der in Absatz 1 genannten Vorschriften gerechtfertigte Herabsetzung dann verlangen, wenn das Bestehenbleiben der Erhöhung für ihn angesichts der Umstände des Einzelfalles eine besondere Härte wäre.

(2) Dient ein Teil des auf Grund des Erbbaurechts errichteten Bauwerks Wohnzwecken, so gilt Absatz 1 nur für den Anspruch auf Änderung eines angemessenen Teilbetrages des Erbbauzinses.

(3) Die Zulässigkeit einer Vormerkung zur Sicherung eines Anspruchs auf Erhöhung des Erbbauzinses wird durch die vorstehenden Vorschriften nicht berührt.

4. Rangstelle

§ 10
Rang des Erbbaurechts

(1) [1]Das Erbbaurecht kann nur zur ausschließlich ersten Rangstelle bestellt werden; der Rang kann nicht geändert werden. [2]Rechte, die zur Erhaltung der Wirksamkeit gegenüber dem öffentlichen Glauben des Grundbuchs der Eintragung nicht bedürfen, bleiben außer Betracht.

(2) Die Landesregierungen werden ermächtigt, durch Rechtsverordnung zu bestimmen, dass bei der Bestellung des Erbbaurechts von dem Erfordernis der ersten Rangstelle abgewichen werden kann, wenn dies für die vorhergehenden Berechtigten und den Bestand des Erbbaurechts unschädlich ist.

5. Anwendung des Grundstücksrechts

§ 11
Anwendbarkeit des Grundstücksrechts

(1) [1]Auf das Erbbaurecht finden die sich auf Grundstücke beziehenden Vorschriften mit Ausnahme der §§ 925, 927, 928 des Bürgerlichen Gesetzbuchs sowie die Vorschriften über Ansprüche aus dem Eigentum entsprechende Anwendung, soweit sich nicht aus diesem Gesetz ein anderes ergibt. [2]Eine Übertragung des Erbbaurechts, die unter einer Bedingung oder einer Zeitbestimmung erfolgt, ist unwirksam.

(2) Auf einen Vertrag, durch den sich der eine Teil verpflichtet, ein Erbbaurecht zu bestellen oder zu erwerben, findet der § 311 b Abs. 1 des Bürgerlichen Gesetzbuchs entsprechende Anwendung.

6. Bauwerk. Bestandteile

§ 12
Wesentlicher Bestandteil des Erbbaurechts

(1) [1]Das auf Grund des Erbbaurechts errichtete Bauwerk gilt als wesentlicher Bestandteil des Erbbaurechts. [2]Das gleiche gilt für ein Bauwerk, das bei der Bestellung des Erbbaurechts schon vorhanden ist. [3]Die Haftung des Bauwerkes für die Belastungen des Grundstücks erlischt mit der Eintragung des Erbbaurechts im Grundbuch.

(2) Die §§ 94 und 95 des Bürgerlichen Gesetzbuchs finden auf das Erbbaurecht entsprechende Anwendung; die Bestandteile des Erbbaurechts sind nicht zugleich Bestandteile des Grundstücks.

(3) Erlischt das Erbbaurecht, so werden die Bestandteile des Erbbaurechts Bestandteile des Grundstücks.

§ 13
Untergang des Bauwerks

Das Erbbaurecht erlischt nicht dadurch, daß das Bauwerk untergeht.

II. Grundbuchvorschriften

§ 14
Führung des Erbbaugrundbuchs

(1) [1]Für das Erbbaurecht wird bei der Eintragung in das Grundbuch von Amts wegen ein besonderes Grundbuchblatt (Erbbaugrundbuch) angelegt. [2]Im Erbbaugrundbuch sind auch der Eigentümer und jeder spätere Erwerber des Grundstücks zu vermerken. [3]Zur näheren Bezeichnung des Inhalts des Erbbaurechts kann auf die Eintragungsbewilligung Bezug genommen werden.

(2) Bei der Eintragung im Grundbuch des Grundstücks ist zur näheren Bezeichnung des Inhalts des Erbbaurechts auf das Erbbaugrundbuch Bezug zu nehmen.

(3) [1]Das Erbbaugrundbuch ist für das Erbbaurecht das Grundbuch im Sinne des Bürgerlichen Gesetzbuchs. [2]Die Eintragung eines neuen Erbbauberechtigten ist unverzüglich auf dem Blatte des Grundstücks zu vermerken. [3]Bei Wohnungs- und Teilerbbaurechten wird der Vermerk duch Bezugnahme auf die Wohnungs- und Teilerbbaugrundbücher ersetzt.

(4) [1]Die Landesregierungen werden ermächtigt, durch Rechtsverordnung zu bestimmen, dass die Vermerke nach Absatz 1 Satz 2 und Absatz 3 Satz 2 automatisiert angebracht werden, wenn das Grundbuch und das Erbbaugrundbuch als Datenbankgrundbuch geführt werden. [2]Die Anordnung kann auf einzelne Grundbuchämter sowie auf einzelne Grundbuchblätter beschränkt werden. [3]Die Landesregierungen können die Ermächtigung durch Rechtsverordnung auf die Landesjustizverwaltungen übertragen.

§ 15
Zustimmungsbedürftige Eintragungen

In den Fällen des § 5 darf der Rechtsübergang und die Belastung erst eingetragen werden, wenn dem Grundbuchamte die Zustimmung des Grundstückseigentümers nachgewiesen ist.

§ 16
Schließung des Erbbaugrundbuchs

Bei der Löschung des Erbbaurechts wird das Erbbaugrundbuch von Amts wegen geschlossen.

§ 17
Eintragungsmitteilungen

(1) [1]Jede Eintragung in das Erbbaugrundbuch soll auch dem Grundstückseigentümer, die Eintragung von Verfügungsbeschränkungen des Erbbauberechtigten den im Erbbaugrundbuch eingetragenen dinglich Berechtigten bekanntgemacht werden. [2]Im Übrigen sind § 44 Abs. 2, 3, § 55 Abs. 1 bis 3, 5 bis 8, § 55 a und § 55 b der Grundbuchordnung entsprechend anzuwenden.

(2) Den Erbbauberechtigten soll die Eintragung eines Grundstückseigentümers, die Eintragung von Verfügungsbeschränkungen des Grundstückseigentümers sowie die Eintragung eines Widerspruchs gegen die Eintragung des Eigentümers in das Grundbuch des Grundstücks bekanntgemacht werden.

(3) Auf die Bekanntmachung kann verzichtet werden.

Liegen-
schaftsrecht

§§ 18–25
(vom Abdruck wurde abgesehen)

V. Beendigung. Erneuerung. Heimfall

1. Beendigung

a) Aufhebung

§ 26
Aufhebung nur mit Zustimmung

[1]Das Erbbaurecht kann nur mit Zustimmung des Grundstückseigentümers aufgehoben werden. [2]Die Zustimmung ist dem Grundbuchamt oder dem Erbbauberechtigten gegenüber zu erklären; sie ist unwiderruflich.

b) Zeitablauf

§ 27
Entschädigung nach Zeitablauf

(1) [1]Erlischt das Erbbaurecht durch Zeitablauf, so hat der Grundstückseigentümer dem Erbbauberechtigten eine Entschädigung für das Bauwerk zu leisten. [2]Als Inhalt des Erbbaurechts können Vereinbarungen über die Höhe der Entschädigung und die Art ihrer Zahlung sowie über ihre Ausschließung getroffen werden.

(2) [1]Ist das Erbbaurecht zur Befriedigung des Wohnbedürfnisses minderbemittelter Bevölkerungskreise bestellt, so muß die Entschädigung mindestens zwei Dritteile des gemeinen Wertes betragen, den das Bauwerk bei Ablauf des Erbbaurechts hat. [2]Auf eine abweichende Vereinbarung kann sich der Grundstückseigentümer nicht berufen.

(3) [1]Der Grundstückseigentümer kann seine Verpflichtung zur Zahlung der Entschädigung dadurch abwenden, daß er dem Erbbauberechtigten das Erbbaurecht vor dessen Ablauf für die voraussichtliche Standdauer des Bauwerkes verlängert; lehnt der Erbbauberechtigte die Verlängerung ab, so erlischt der Anspruch auf Entschädigung. [2]Das Erbbaurecht kann zur Abwendung der Entschädigungspflicht wiederholt verlängert werden.

(4) Vor Eintritt der Fälligkeit kann der Anspruch auf Entschädigung nicht abgetreten werden.

§ 28
Grundstückshaftung für Entschädigung

Die Entschädigungsforderung haftet auf dem Grundstück an Stelle des Erbbaurechts und mit dessen Range.

§ 29
Pfandrechte am Entschädigungsanspruch

Ist das Erbbaurecht bei Ablauf der Zeit, für die es bestellt war, noch mit einer Hypothek oder Grundschuld oder mit Rückständen aus Rentenschulden oder Reallasten belastet, so hat der Gläubiger der Hypothek, Grund- oder Rentenschuld oder Reallast an dem Entschädigungsanspruch dieselben Rechte, die ihm im Falle des Erlöschens seines Rechtes durch Zwangsversteigerung an dem Erlöse zustehen.

§ 30
Fortgeltung der Miet- und Pachtverträge

(1) Erlischt das Erbbaurecht, so finden auf Miet- und Pachtverträge, die der Erbbauberechtigte abgeschlossen hat, die im Falle der Übertragung des Eigentums geltenden Vorschriften entsprechende Anwendung.

(2) [1]Erlischt das Erbbaurecht durch Zeitablauf, so ist der Grundstückseigentümer berechtigt, das Miet- oder Pachtverhältnis unter Einhaltung der gesetzlichen Frist zu kündigen. [2]Die Kündigung kann nur für einen der beiden ersten Termine erfolgen, für die sie zulässig ist. [3]Erlischt das Erbbaurecht vorzeitig, so kann der Grundstückseigentümer das Kündigungsrecht erst ausüben, wenn das Erbbaurecht auch durch Zeitablauf erlöschen würde.

(3) [1]Der Mieter oder Pächter kann den Grundstückseigentümer unter Bestimmung einer angemessenen Frist zur Erklärung darüber auffordern, ob er von dem Kündigungsrecht Gebrauch mache. [2]Die Kündigung kann nur bis zum Ablauf der Frist erfolgen.

2. Erneuerung

§ 31
Ausübung des Vorrechts auf Erneuerung

(1) [1]Ist dem Erbbauberechtigten ein Vorrecht auf Erneuerung des Erbbaurechts eingeräumt (§ 2 Nr. 6), so kann er das Vorrecht ausüben, sobald der Eigentümer mit einem Dritten einen Vertrag über Bestellung eines Erbbaurechts an dem Grundstück geschlossen hat. [2]Die Ausübung des Vorrechts ist ausgeschlossen, wenn das für den Dritten zu bestellende Erbbaurecht einem anderen wirtschaftlichen Zwecke zu dienen bestimmt ist.

(2) Das Vorrecht erlischt drei Jahre nach Ablauf der Zeit, für die das Erbbaurecht bestellt war.

(3) Die Vorschriften der §§ 505 bis 510, 513, 514 des Bürgerlichen Gesetzbuchs finden entsprechende Anwendung.

(4) [1]Dritten gegenüber hat das Vorrecht die Wirkung einer Vormerkung zur Sicherung des Anspruchs auf Einräumung des Erbbaurechts. [2]Die §§ 1099 bis 1102 des Bürgerlichen Gesetzbuchs gelten entsprechend. [3]Wird das Erbbaurecht vor Ablauf der drei Jahre (Absatz 2) im Grundbuch gelöscht, so ist zur Erhaltung des Vorrechts eine Vormerkung mit dem bisherigen Range des Erbbaurechts von Amts wegen einzutragen.

(5) [1]Soweit im Falle des § 29 die Tilgung noch nicht erfolgt ist, hat der Gläubiger bei der Erneuerung an dem Erbbaurechte dieselben Rechte, die er zur Zeit des Ablaufs hatte. [2]Die Rechte an der Entschädigungsforderung erlöschen.

3. Heimfall

§ 32
Vergütung bei Heimfall

(1) [1]Macht der Grundstückseigentümer von seinem Heimfallanspruche Gebrauch, so hat er dem Erbbauberechtigten eine angemessene Vergütung für das Erbbaurecht zu gewähren. [2]Als Inhalt des Erbbaurechts können Vereinbarungen über die Höhe dieser Vergütung und die Art ihrer Zahlung sowie ihre Ausschließung getroffen werden.

(2) [1]Ist das Erbbaurecht zur Befriedigung des Wohnbedürfnisses minderbemittelter Bevölkerungskreise bestellt, so darf die Zahlung einer angemessenen Vergütung für das Erbbaurecht nicht ausgeschlossen werden. [2]Auf eine abweichende Vereinbarung kann sich der Grundstückseigentümer nicht berufen. [3]Die Vergütung ist nicht angemessen, wenn sie nicht mindestens zwei Dritteile des gemeinen Wertes des Erbbaurechts zur Zeit der Übertragung beträgt.

§ 33
Bestehenbleiben dinglicher Rechte beim Heimfall

(1) [1]Beim Heimfall des Erbbaurechts bleiben die Hypotheken, Grund- und Rentenschulden und Reallasten bestehen, soweit sie nicht dem Erbbauberechtigten selbst

zustehen. [2]Dasselbe gilt auch für die Vormerkung eines gesetzlichen Anspruchs auf Eintragung einer Sicherungshypothek. [3]Andere auf dem Erbbaurechte lastenden Rechte erlöschen.

(2) [1]Haftet bei einer Hypothek, die bestehen bleibt, der Erbbauberechtigte zugleich persönlich, so übernimmt der Grundstückseigentümer die Schuld in Höhe der Hypothek. [2]Die Vorschriften des § 416 des Bürgerlichen Gesetzbuchs finden entsprechende Anwendung. [3]Das gleiche gilt, wenn bei einer bestehenbleibenden Grundschuld oder bei Rückständen aus Rentenschulden oder Reallasten der Erbbauberechtigte zugleich persönlich haftet.

(3) Die Forderungen, die der Grundstückseigentümer nach Absatz 2 übernimmt, werden auf die Vergütung (§ 32) angerechnet.

4. Bauwerk

§ 34
Kein Wegnahme- oder Aneignungsrecht beim Heimfall

Der Erbbauberechtigte ist nicht berechtigt, beim Heimfall oder beim Erlöschen des Erbbaurechts das Bauwerk wegzunehmen oder sich Bestandteile des Bauwerks anzueignen.

VI. Schlußbestimmungen

§§ 35–38
(vom Abdruck wurde abgesehen)

§ 39
Gebühren- und Steuervergünstigung

Erwirbt ein Erbbauberechtigter auf Grund eines Vorkaufsrechts oder einer Kaufberechtigung im Sinne des § 2 Nr. 7 das mit dem Erbbaurechte belastete Grundstück oder wird ein bestehendes Erbbaurecht erneuert, so sind die Kosten und sonstigen Abgaben nicht noch einmal zu erheben, die schon bei Begründung des Erbbaurechts entrichtet worden sind.

Gesetz über das Wohnungseigentum und das Dauerwohnrecht

Wohnungseigentumsgesetz (WEG)

Neufassung vom 12. Januar 2021 (BGBl. I S. 34)

Teil 1 Wohnungseigentum

Abschnitt 1 Begriffsbestimmungen

§ 1 Begriffsbestimmungen

(1) Nach Maßgabe dieses Gesetzes kann an Wohnungen das Wohnungseigentum, an nicht zu Wohnzwecken dienenden Räumen eines Gebäudes das Teileigentum begründet werden.

(2) Wohnungseigentum ist das Sondereigentum an einer Wohnung in Verbindung mit dem Miteigentumsanteil an dem gemeinschaftlichen Eigentum, zu dem es gehört.

(3) Teileigentum ist das Sondereigentum an nicht zu Wohnzwecken dienenden Räumen eines Gebäudes in Verbindung mit dem Miteigentumsanteil an dem gemeinschaftlichen Eigentum, zu dem es gehört.

(4) Wohnungseigentum und Teileigentum können nicht in der Weise begründet werden, dass das Sondereigentum mit Miteigentum an mehreren Grundstücken verbunden wird.

(5) Gemeinschaftliches Eigentum im Sinne dieses Gesetzes sind das Grundstück und das Gebäude, soweit sie nicht im Sondereigentum oder im Eigentum eines Dritten stehen.

(6) Für das Teileigentum gelten die Vorschriften über das Wohnungseigentum entsprechend.

Abschnitt 1 Begründung des Wohnungseigentums

§ 2 Arten der Begründung

Wohnungseigentum wird durch die vertragliche Einräumung von Sondereigentum (§ 3) oder durch Teilung (§ 8) begründet.

§ 3 Vertragliche Einräumung von Sondereigentum

(1) [1]Das Miteigentum (§ 1008 des Bürgerlichen Gesetzbuchs) an einem Grundstück kann durch Vertrag der Miteigentümer in der Weise beschränkt werden, dass jedem der Miteigentümer abweichend von § 93 des Bürgerlichen Gesetzbuchs das Eigentum an einer bestimmten Wohnung oder an nicht zu Wohnzwecken dienenden bestimmten Räumen in einem auf dem Grundstück errichteten oder zu errichtenden Gebäude (Sondereigentum) eingeräumt wird. [2]Stellplätze gelten als Räume im Sinne des Satzes 1.

(2) Das Sondereigentum kann auf einen außerhalb des Gebäudes liegenden Teil des Grundstücks erstreckt werden, es sei denn, die Wohnung oder die nicht zu Wohnzwecken dienenden Räume bleiben dadurch wirtschaftlich nicht die Hauptsache.

(3) Sondereigentum soll nur eingeräumt werden, wenn die Wohnungen oder sonstigen Räume in sich abgeschlossen sind und Stellplätze sowie außerhalb des Gebäudes liegende Teile des Grundstücks durch Maßangaben im Aufteilungsplan bestimmt sind.

§ 4 Formvorschriften

(1) Zur Einräumung und zur Aufhebung des Sondereigentums ist die Einigung der Beteiligten über den Eintritt der Rechtsänderung und die Eintragung in das Grundbuch erforderlich.

(2) [1]Die Einigung bedarf der für die Auflassung vorgeschriebenen Form. [2]Sondereigentum kann nicht unter einer Bedingung oder Zeitbestimmung eingeräumt oder aufgehoben werden.

(3) Für einen Vertrag, durch den sich ein Teil verpflichtet, Sondereigentum einzuräumen, zu erwerben oder aufzuheben, gilt § 311b Absatz 1 des Bürgerlichen Gesetzbuchs entsprechend.

§ 5 Gegenstand und Inhalt des Sondereigentums

(1) [1]Gegenstand des Sondereigentums sind die gemäß § 3 Absatz 1 Satz 1 bestimmten Räume sowie die zu diesen Räumen gehörenden Bestandteile des Gebäudes, die verändert, beseitigt oder eingefügt werden können, ohne dass dadurch das gemeinschaftliche Eigentum oder ein auf Sondereigentum beruhendes Recht eines anderen Wohnungseigentümers über das bei einem geordneten Zusammenleben unvermeidliche Maß hinaus beeinträchtigt oder die äußere Gestaltung des Gebäudes verändert wird. [2]Soweit sich das Sondereigentum auf außerhalb des Gebäudes liegende Teile des Grundstücks erstreckt, gilt § 94 des Bürgerlichen Gesetzbuchs entsprechend.

(2) Teile des Gebäudes, die für dessen Bestand oder Sicherheit erforderlich sind, sowie Anlagen und Einrichtungen, die dem gemeinschaftlichen Gebrauch der Wohnungseigentümer dienen, sind nicht Gegenstand des Sondereigentums, selbst wenn sie sich im Bereich der im Sondereigentum stehenden Räume oder Teile des Grundstücks befinden.

(3) Die Wohnungseigentümer können vereinbaren, dass Bestandteile des Gebäudes, die Gegenstand des Sondereigentums sein können, zum gemeinschaftlichen Eigentum gehören.

(4) [1]Vereinbarungen über das Verhältnis der Wohnungseigentümer untereinander und Beschlüsse aufgrund einer solchen Vereinbarung können nach den Vorschriften des Abschnitts 4 zum Inhalt des Sondereigentums gemacht werden. [2]Ist das Wohnungseigentum mit der Hypothek, Grund- oder Rentenschuld oder der Reallast eines Dritten belastet, so ist dessen nach anderen Rechtsvorschriften notwendige Zustimmung nur erforderlich, wenn ein Sondernutzungsrecht begründet oder ein mit dem

Wohnungseigentum verbundenes Sondernutzungsrecht aufgehoben, geändert oder übertragen wird.

§ 6 Unselbständigkeit des Sondereigentums

(1) Das Sondereigentum kann ohne den Miteigentumsanteil, zu dem es gehört, nicht veräußert oder belastet werden.

(2) Rechte an dem Miteigentumsanteil erstrecken sich auf das zu ihm gehörende Sondereigentum.

§ 7 Grundbuchvorschriften

(1) [1]Im Fall des § 3 Absatz 1 wird für jeden Miteigentumsanteil von Amts wegen ein besonderes Grundbuchblatt (Wohnungsgrundbuch, Teileigentumsgrundbuch) angelegt. [2]Auf diesem ist das zu dem Miteigentumsanteil gehörende Sondereigentum und als Beschränkung des Miteigentums die Einräumung der zu den anderen Miteigentumsanteilen gehörenden Sondereigentumsrechte einzutragen. [3]Das Grundbuchblatt des Grundstücks wird von Amts wegen geschlossen.

(2) [1]Zur Eintragung eines Beschlusses im Sinne des § 5 Absatz 4 Satz 1 bedarf es der Bewilligungen der Wohnungseigentümer nicht, wenn der Beschluss durch eine Niederschrift, bei der die Unterschriften der in § 24 Absatz 6 bezeichneten Personen öffentlich beglaubigt sind, oder durch ein Urteil in einem Verfahren nach § 44 Absatz 1 Satz 2 nachgewiesen ist. [2]Antragsberechtigt ist auch die Gemeinschaft der Wohnungseigentümer.

(3) [1]Zur näheren Bezeichnung des Gegenstands und des Inhalts des Sondereigentums kann auf die Eintragungsbewilligung oder einen Nachweis gemäß Absatz 2 Satz 1 Bezug genommen werden. [2]Veräußerungsbeschränkungen (§ 12) und die Haftung von Sondernachfolgern für Geldschulden sind jedoch ausdrücklich einzutragen.

(4) [1]Der Eintragungsbewilligung sind als Anlagen beizufügen:

1. eine von der Baubehörde mit Unterschrift und Siegel oder Stempel versehene Bauzeichnung, aus der die Aufteilung des Gebäudes und des Grundstücks sowie die Lage und Größe der im Sondereigentum und der im gemeinschaftlichen Eigentum stehenden Teile des Gebäudes und des Grundstücks ersichtlich ist (Aufteilungsplan); alle zu demselben Wohnungseigentum gehörenden Einzelräume und Teile des Grundstücks sind mit der jeweils gleichen Nummer zu kennzeichnen;
2. eine Bescheinigung der Baubehörde, dass die Voraussetzungen des § 3 Absatz 3 vorliegen.

[2]Wenn in der Eintragungsbewilligung für die einzelnen Sondereigentumsrechte Nummern angegeben werden, sollen sie mit denen des Aufteilungsplans übereinstimmen.

(5) Für Teileigentumsgrundbücher gelten die Vorschriften über Wohnungsgrundbücher entsprechend.

§ 8 Teilung durch den Eigentümer

(1) Der Eigentümer eines Grundstücks kann durch Erklärung gegenüber dem Grundbuchamt das Eigentum an dem Grundstück in Miteigentumsanteile in der Weise teilen, dass mit jedem Anteil Sondereigentum verbunden ist.

(2) Im Fall des Absatzes 1 gelten § 3 Absatz 1 Satz 2, Absatz 2 und 3, § 4 Absatz 2 Satz 2 sowie die §§ 5 bis 7 entsprechend.

(3) Wer einen Anspruch auf Übertragung von Wohnungseigentum gegen den teilenden Eigentümer hat, der durch Vormerkung im Grundbuch gesichert ist, gilt gegenüber der Gemeinschaft der Wohnungseigentümer und den anderen Wohnungseigentümern anstelle des teilenden Eigentümers als Wohnungseigentümer, sobald ihm der Besitz an den zum Sondereigentum gehörenden Räumen übergeben wurde.

§ 9 Schließung der Wohnungsgrundbücher

(1) Die Wohnungsgrundbücher werden geschlossen:

1. von Amts wegen, wenn die Sondereigentumsrechte gemäß § 4 aufgehoben werden;
2. auf Antrag des Eigentümers, wenn sich sämtliche Wohnungseigentumsrechte in einer Person vereinigen.

(2) Ist ein Wohnungseigentum selbständig mit dem Recht eines Dritten belastet, so werden die allgemeinen Vorschriften, nach denen zur Aufhebung des Sondereigentums die Zustimmung des Dritten erforderlich ist, durch Absatz 1 nicht berührt.

(3) Werden die Wohnungsgrundbücher geschlossen, so wird für das Grundstück ein Grundbuchblatt nach den allgemeinen Vorschriften angelegt; die Sondereigentumsrechte erlöschen, soweit sie nicht bereits aufgehoben sind, mit der Anlegung des Grundbuchblatts.

Abschnitt 3 Rechtsfähige Gemeinschaft der Wohnungseigentümer

§ 9a Gemeinschaft der Wohnungseigentümer

(1) [1]Die Gemeinschaft der Wohnungseigentümer kann Rechte erwerben und Verbindlichkeiten eingehen, vor Gericht klagen und verklagt werden. [2]Die Gemeinschaft der Wohnungseigentümer entsteht mit Anlegung der Wohnungsgrundbücher; dies gilt auch im Fall des § 8. [3]Sie führt die Bezeichnung „Gemeinschaft der Wohnungseigentümer“ oder „Wohnungseigentümergemeinschaft” gefolgt von der bestimmten Angabe des gemeinschaftlichen Grundstücks.

(2) Die Gemeinschaft der Wohnungseigentümer übt die sich aus dem gemeinschaftlichen Eigentum ergebenden Rechte sowie solche Rechte der Wohnungseigentümer aus, die eine einheitliche Rechtsverfolgung erfordern, und nimmt die entsprechenden Pflichten der Wohnungseigentümer wahr.

(3) Für das Vermögen der Gemeinschaft der Wohnungseigentümer (Gemeinschaftsvermögen) gelten § 18, § 19 Absatz 1 und § 27 entsprechend.

(4) [1]Jeder Wohnungseigentümer haftet einem Gläubiger nach dem Verhältnis seines Miteigentumsanteils (§ 16 Absatz 1 Satz 2) für Verbindlichkeiten der Gemeinschaft der Wohnungseigentümer, die während seiner Zugehörigkeit entstanden oder während dieses Zeitraums fällig geworden sind; für die Haftung nach Veräußerung des Wohnungseigentums ist § 160 des Handelsgesetzbuchs entsprechend anzuwenden. [2]Er kann gegenüber einem Gläubiger neben den in seiner Person begründeten auch die der Gemeinschaft der Wohnungseigentümer zustehenden Einwendungen und Einreden geltend machen, nicht aber seine Einwendungen und Einreden gegenüber der Gemeinschaft der Wohnungseigentümer. [3]Für die Einrede der Anfechtbarkeit und Aufrechenbarkeit ist § 770 des Bürgerlichen Gesetzbuchs entsprechend anzuwenden.

(5) Ein Insolvenzverfahren über das Gemeinschaftsvermögen findet nicht statt.

§ 9b Vertretung

(1) [1]Die Gemeinschaft der Wohnungseigentümer wird durch den Verwalter gerichtlich und außergerichtlich vertreten, beim Abschluss eines Grundstückskauf- oder Darlehensvertrags aber nur aufgrund eines Beschlusses der Wohnungseigentümer. [2]Hat die Gemeinschaft der Wohnungseigentümer keinen Verwalter, wird sie durch die Wohnungseigentümer gemeinschaftlich vertreten. [3]Eine Beschränkung des Umfangs der Vertretungsmacht ist Dritten gegenüber unwirksam.

(2) Dem Verwalter gegenüber vertritt der Vorsitzende des Verwaltungsbeirats oder ein durch Beschluss dazu ermächtigter Wohnungseigentümer die Gemeinschaft der Wohnungseigentümer.

Abschnitt 4 Rechtsverhältnis der Wohnungseigentümer untereinander und zur Gemeinschaft der Wohnungseigentümer

§ 10 Allgemeine Grundsätze

(1) [1]Das Verhältnis der Wohnungseigentümer untereinander und zur Gemeinschaft der Wohnungseigentümer bestimmt sich nach den Vorschriften dieses Gesetzes und, soweit dieses Gesetz keine besonderen Bestimmungen enthält, nach den Vorschriften des Bürgerlichen Gesetzbuchs über die Gemeinschaft. [2]Die Wohnungseigentümer können von den Vorschriften dieses Gesetzes abweichende Vereinbarungen treffen, soweit nicht etwas anderes ausdrücklich bestimmt ist.

(2) Jeder Wohnungseigentümer kann eine vom Gesetz abweichende Vereinbarung oder die Anpassung einer Vereinbarung verlangen, soweit ein Festhalten an der geltenden Regelung aus schwerwiegenden Gründen unter Berücksichtigung aller Umstände des Einzelfalls, insbesondere der Rechte und Interessen der anderen Wohnungseigentümer, unbillig erscheint.

(3) [1]Vereinbarungen, durch die die Wohnungseigentümer ihr Verhältnis untereinander in Ergänzung oder Abweichung von Vorschriften dieses Gesetzes regeln, die Abänderung oder Aufhebung solcher Vereinbarungen sowie Beschlüsse, die aufgrund

einer Vereinbarung gefasst werden, wirken gegen den Sondernachfolger eines Wohnungseigentümers nur, wenn sie als Inhalt des Sondereigentums im Grundbuch eingetragen sind. [2]Im Übrigen bedürfen Beschlüsse zu ihrer Wirksamkeit gegen den Sondernachfolger eines Wohnungseigentümers nicht der Eintragung in das Grundbuch.

§ 11 Aufhebung der Gemeinschaft

(1) [1]Kein Wohnungseigentümer kann die Aufhebung der Gemeinschaft verlangen. [2]Dies gilt auch für eine Aufhebung aus wichtigem Grund. [3]Eine abweichende Vereinbarung ist nur für den Fall zulässig, dass das Gebäude ganz oder teilweise zerstört wird und eine Verpflichtung zum Wiederaufbau nicht besteht.

(2) Das Recht eines Pfändungsgläubigers (§ 751 des Bürgerlichen Gesetzbuchs) sowie das im Insolvenzverfahren bestehende Recht (§ 84 Absatz 2 der Insolvenzordnung), die Aufhebung der Gemeinschaft zu verlangen, ist ausgeschlossen.

(3) [1]Im Fall der Aufhebung der Gemeinschaft bestimmt sich der Anteil der Miteigentümer nach dem Verhältnis des Wertes ihrer Wohnungseigentumsrechte zur Zeit der Aufhebung der Gemeinschaft. [2]Hat sich der Wert eines Miteigentumsanteils durch Maßnahmen verändert, deren Kosten der Wohnungseigentümer nicht getragen hat, so bleibt eine solche Veränderung bei der Berechnung des Wertes dieses Anteils außer Betracht.

§ 12 Veräußerungsbeschränkung

(1) Als Inhalt des Sondereigentums kann vereinbart werden, dass ein Wohnungseigentümer zur Veräußerung seines Wohnungseigentums der Zustimmung anderer Wohnungseigentümer oder eines Dritten bedarf.

(2) [1]Die Zustimmung darf nur aus einem wichtigen Grund versagt werden. [2]Durch Vereinbarung gemäß Absatz 1 kann dem Wohnungseigentümer darüber hinaus für bestimmte Fälle ein Anspruch auf Erteilung der Zustimmung eingeräumt werden.

(3) [1]Ist eine Vereinbarung gemäß Absatz 1 getroffen, so ist eine Veräußerung des Wohnungseigentums und ein Vertrag, durch den sich der Wohnungseigentümer zu einer solchen Veräußerung verpflichtet, unwirksam, solange nicht die erforderliche Zustimmung erteilt ist. [2]Einer rechtsgeschäftlichen Veräußerung steht eine Veräußerung im Wege der Zwangsvollstreckung oder durch den Insolvenzverwalter gleich.

(4) [1]Die Wohnungseigentümer können beschließen, dass eine Veräußerungsbeschränkung gemäß Absatz 1 aufgehoben wird. [2]Ist ein Beschluss gemäß Satz 1 gefasst, kann die Veräußerungsbeschränkung im Grundbuch gelöscht werden. [3]§ 7 Absatz 2 gilt entsprechend.

§ 13 Rechte des Wohnungseigentümers aus dem Sondereigentum

(1) Jeder Wohnungseigentümer kann, soweit nicht das Gesetz entgegensteht, mit seinem Sondereigentum nach Belieben verfahren, insbesondere dieses bewohnen, vermieten, verpachten oder in sonstiger Weise nutzen, und andere von Einwirkungen ausschließen.

(2) Für Maßnahmen, die über die ordnungsmäßige Instandhaltung und Instandsetzung (Erhaltung) des Sondereigentums hinausgehen, gilt § 20 mit der Maßgabe entsprechend, dass es keiner Gestattung bedarf, soweit keinem der anderen Wohnungseigentümer über das bei einem geordneten Zusammenleben unvermeidliche Maß hinaus ein Nachteil erwächst.

§ 14 Pflichten des Wohnungseigentümers

(1) Jeder Wohnungseigentümer ist gegenüber der Gemeinschaft der Wohnungseigentümer verpflichtet,

1. die gesetzlichen Regelungen, Vereinbarungen und Beschlüsse einzuhalten und
2. das Betreten seines Sondereigentums und andere Einwirkungen auf dieses und das gemeinschaftliche Eigentum zu dulden, die den Vereinbarungen oder Beschlüssen entsprechen oder, wenn keine entsprechenden Vereinbarungen oder Beschlüsse bestehen, aus denen ihm über das bei einem geordneten Zusammenleben unvermeidliche Maß hinaus kein Nachteil erwächst.

(2) Jeder Wohnungseigentümer ist gegenüber den übrigen Wohnungseigentümern verpflichtet,

1. deren Sondereigentum nicht über das in Absatz 1 Nummer 2 bestimmte Maß hinaus zu beeinträchtigen und
2. Einwirkungen nach Maßgabe des Absatzes 1 Nummer 2 zu dulden.

(3) Hat der Wohnungseigentümer eine Einwirkung zu dulden, die über das zumutbare Maß hinausgeht, kann er einen angemessenen Ausgleich in Geld verlangen.

§ 15 Pflichten Dritter

Wer Wohnungseigentum gebraucht, ohne Wohnungseigentümer zu sein, hat gegenüber der Gemeinschaft der Wohnungseigentümer und anderen Wohnungseigentümern zu dulden:

1. die Erhaltung des gemeinschaftlichen Eigentums und des Sondereigentums, die ihm rechtzeitig angekündigt wurde; § 555a Absatz 2 des Bürgerlichen Gesetzbuchs gilt entsprechend;
2. Maßnahmen, die über die Erhaltung hinausgehen, die spätestens drei Monate vor ihrem Beginn in Textform angekündigt wurden; § 555c Absatz 1 Satz 2 Nummer 1 und 2, Absatz 2 bis 4 und § 555d Absatz 2 bis 5 des Bürgerlichen Gesetzbuchs gelten entsprechend.

§ 16 Nutzungen und Kosten

(1) [1]Jedem Wohnungseigentümer gebührt ein seinem Anteil entsprechender Bruchteil der Früchte des gemeinschaftlichen Eigentums und des Gemeinschaftsvermögens. [2]Der Anteil bestimmt sich nach dem gemäß § 47 der Grundbuchordnung im Grundbuch eingetragenen Verhältnis der Miteigentumsanteile. [3]Jeder Wohnungseigentümer ist zum Mitgebrauch des gemeinschaftlichen Eigentums nach Maßgabe des § 14 berechtigt.

(2) [1]Die Kosten der Gemeinschaft der Wohnungseigentümer, insbesondere der Verwaltung und des gemeinschaftlichen Gebrauchs des gemeinschaftlichen Eigentums, hat jeder Wohnungseigentümer nach dem Verhältnis seines Anteils (Absatz 1 Satz 2) zu tragen. [2]Die Wohnungseigentümer können für einzelne Kosten oder bestimmte Arten von Kosten eine von Satz 1 oder von einer Vereinbarung abweichende Verteilung beschließen.

(3) Für die Kosten und Nutzungen bei baulichen Veränderungen gilt § 21.

§ 17 Entziehung des Wohnungseigentums

(1) Hat ein Wohnungseigentümer sich einer so schweren Verletzung der ihm gegenüber anderen Wohnungseigentümern oder der Gemeinschaft der Wohnungseigentümer obliegenden Verpflichtungen schuldig gemacht, dass diesen die Fortsetzung der Gemeinschaft mit ihm nicht mehr zugemutet werden kann, so kann die Gemeinschaft der Wohnungseigentümer von ihm die Veräußerung seines Wohnungseigentums verlangen.

(2) Die Voraussetzungen des Absatzes 1 liegen insbesondere vor, wenn der Wohnungseigentümer trotz Abmahnung wiederholt gröblich gegen die ihm nach § 14 Absatz 1 und 2 obliegenden Pflichten verstößt.

(3) Der in Absatz 1 bestimmte Anspruch kann durch Vereinbarung der Wohnungseigentümer nicht eingeschränkt oder ausgeschlossen werden.

(4) [1]Das Urteil, durch das ein Wohnungseigentümer zur Veräußerung seines Wohnungseigentums verurteilt wird, berechtigt zur Zwangsvollstreckung entsprechend den Vorschriften des Ersten Abschnitts des Gesetzes über die Zwangsversteigerung und die Zwangsverwaltung. [2]Das Gleiche gilt für Schuldtitel im Sinne des § 794 der Zivilprozessordnung, durch die sich der Wohnungseigentümer zur Veräußerung seines Wohnungseigentums verpflichtet.

§ 18 Verwaltung und Benutzung

(1) Die Verwaltung des gemeinschaftlichen Eigentums obliegt der Gemeinschaft der Wohnungseigentümer.

(2) Jeder Wohnungseigentümer kann von der Gemeinschaft der Wohnungseigentümer

1. eine Verwaltung des gemeinschaftlichen Eigentums sowie
2. eine Benutzung des gemeinschaftlichen Eigentums und des Sondereigentums

verlangen, die dem Interesse der Gesamtheit der Wohnungseigentümer nach billigem Ermessen (ordnungsmäßige Verwaltung und Benutzung) und, soweit solche bestehen, den gesetzlichen Regelungen, Vereinbarungen und Beschlüssen entsprechen.

(3) Jeder Wohnungseigentümer ist berechtigt, ohne Zustimmung der anderen Wohnungseigentümer die Maßnahmen zu treffen, die zur Abwendung eines dem gemeinschaftlichen Eigentum unmittelbar drohenden Schadens notwendig sind.

(4) Jeder Wohnungseigentümer kann von der Gemeinschaft der Wohnungseigentümer Einsicht in die Verwaltungsunterlagen verlangen.

§ 19 Regelung der Verwaltung und Benutzung durch Beschluss

(1) Soweit die Verwaltung des gemeinschaftlichen Eigentums und die Benutzung des gemeinschaftlichen Eigentums und des Sondereigentums nicht durch Vereinbarung der Wohnungseigentümer geregelt sind, beschließen die Wohnungseigentümer eine ordnungsmäßige Verwaltung und Benutzung.

(2) Zur ordnungsmäßigen Verwaltung und Benutzung gehören insbesondere

1. die Aufstellung einer Hausordnung,
2. die ordnungsmäßige Erhaltung des gemeinschaftlichen Eigentums,
3. die angemessene Versicherung des gemeinschaftlichen Eigentums zum Neuwert sowie der Wohnungseigentümer gegen Haus- und Grundbesitzerhaftpflicht,
4. die Ansammlung einer angemessenen Erhaltungsrücklage,
5. die Festsetzung von Vorschüssen nach § 28 Absatz 1 Satz 1 sowie
6. die Bestellung eines zertifizierten Verwalters nach § 26a, es sei denn, es bestehen weniger als neun Sondereigentumsrechte, ein Wohnungseigentümer wurde zum Verwalter bestellt und weniger als ein Drittel der Wohnungseigentümer (§ 25 Absatz 2) verlangt die Bestellung eines zertifizierten Verwalters.

§ 20 Bauliche Veränderungen

(1) Maßnahmen, die über die ordnungsmäßige Erhaltung des gemeinschaftlichen Eigentums hinausgehen (bauliche Veränderungen), können beschlossen oder einem Wohnungseigentümer durch Beschluss gestattet werden.

(2) [1]Jeder Wohnungseigentümer kann angemessene bauliche Veränderungen verlangen, die

1. dem Gebrauch durch Menschen mit Behinderungen,
2. dem Laden elektrisch betriebener Fahrzeuge,
3. dem Einbruchsschutz und
4. dem Anschluss an ein Telekommunikationsnetz mit sehr hoher Kapazität

Liegenschaftsrecht

dienen. [2]Über die Durchführung ist im Rahmen ordnungsmäßiger Verwaltung zu beschließen.

(3) Unbeschadet des Absatzes 2 kann jeder Wohnungseigentümer verlangen, dass ihm eine bauliche Veränderung gestattet wird, wenn alle Wohnungseigentümer, deren Rechte durch die bauliche Veränderung über das bei einem geordneten Zusammenleben unvermeidliche Maß hinaus beeinträchtigt werden, einverstanden sind.

(4) Bauliche Veränderungen, die die Wohnanlage grundlegend umgestalten oder einen Wohnungseigentümer ohne sein Einverständnis gegenüber anderen unbillig benachteiligen, dürfen nicht beschlossen und gestattet werden; sie können auch nicht verlangt werden.

§ 21 Nutzungen und Kosten bei baulichen Veränderungen

(1) [1]Die Kosten einer baulichen Veränderung, die einem Wohnungseigentümer gestattet oder die auf sein Verlangen nach § 20 Absatz 2 durch die Gemeinschaft der Wohnungseigentümer durchgeführt wurde, hat dieser Wohnungseigentümer zu tragen. [2]Nur ihm gebühren die Nutzungen.

(2) [1]Vorbehaltlich des Absatzes 1 haben alle Wohnungseigentümer die Kosten einer baulichen Veränderung nach dem Verhältnis ihrer Anteile (§ 16 Absatz 1 Satz 2) zu tragen,

1. die mit mehr als zwei Dritteln der abgegebenen Stimmen und der Hälfte aller Miteigentumsanteile beschlossen wurde, es sei denn, die bauliche Veränderung ist mit unverhältnismäßigen Kosten verbunden, oder
2. deren Kosten sich innerhalb eines angemessenen Zeitraums amortisieren.

[2]Für die Nutzungen gilt § 16 Absatz 1.

(3) [1]Die Kosten anderer als der in den Absätzen 1 und 2 bezeichneten baulichen Veränderungen haben die Wohnungseigentümer, die sie beschlossen haben, nach dem Verhältnis ihrer Anteile (§ 16 Absatz 1 Satz 2) zu tragen. [2]Ihnen gebühren die Nutzungen entsprechend § 16 Absatz 1.

(4) [1]Ein Wohnungseigentümer, der nicht berechtigt ist, Nutzungen zu ziehen, kann verlangen, dass ihm dies nach billigem Ermessen gegen angemessenen Ausgleich gestattet wird. [2]Für seine Beteiligung an den Nutzungen und Kosten gilt Absatz 3 entsprechend.

(5) [1]Die Wohnungseigentümer können eine abweichende Verteilung der Kosten und Nutzungen beschließen. [2]Durch einen solchen Beschluss dürfen einem Wohnungseigentümer, der nach den vorstehenden Absätzen Kosten nicht zu tragen hat, keine Kosten auferlegt werden.

§ 22 Wiederaufbau

Ist das Gebäude zu mehr als der Hälfte seines Wertes zerstört und ist der Schaden nicht durch eine Versicherung oder in anderer Weise gedeckt, so kann der Wiederaufbau nicht beschlossen oder verlangt werden.

§ 23 Wohnungseigentümerversammlung

(1) [1]Angelegenheiten, über die nach diesem Gesetz oder nach einer Vereinbarung der Wohnungseigentümer die Wohnungseigentümer durch Beschluss entscheiden können, werden durch Beschlussfassung in einer Versammlung der Wohnungseigentümer geordnet. [2]Die Wohnungseigentümer können beschließen, dass Wohnungseigentümer an der Versammlung auch ohne Anwesenheit an deren Ort teilnehmen und sämtliche oder einzelne ihrer Rechte ganz oder teilweise im Wege elektronischer Kommunikation ausüben können.

(2) Zur Gültigkeit eines Beschlusses ist erforderlich, dass der Gegenstand bei der Einberufung bezeichnet ist.

(3) [1]Auch ohne Versammlung ist ein Beschluss gültig, wenn alle Wohnungseigentümer ihre Zustimmung zu diesem Beschluss in Textform erklären. [2]Die Wohnungseigentümer können beschließen, dass für einen einzelnen Gegenstand die Mehrheit der abgegebenen Stimmen genügt.

(4) [1]Ein Beschluss, der gegen eine Rechtsvorschrift verstößt, auf deren Einhaltung rechtswirksam nicht verzichtet werden kann, ist nichtig. [2]Im Übrigen ist ein Beschluss gültig, solange er nicht durch rechtskräftiges Urteil für ungültig erklärt ist.

§ 24 Einberufung, Vorsitz, Niederschrift

(1) Die Versammlung der Wohnungseigentümer wird von dem Verwalter mindestens einmal im Jahr einberufen.

(2) Die Versammlung der Wohnungseigentümer muss von dem Verwalter in den durch Vereinbarung der Wohnungseigentümer bestimmten Fällen, im Übrigen dann einberufen werden, wenn dies in Textform unter Angabe des Zwecks und der Gründe von mehr als einem Viertel der Wohnungseigentümer verlangt wird.

(3) Fehlt ein Verwalter oder weigert er sich pflichtwidrig, die Versammlung der Wohnungseigentümer einzuberufen, so kann die Versammlung auch durch den Vorsitzenden des Verwaltungsbeirats, dessen Vertreter oder einen durch Beschluss ermächtigten Wohnungseigentümer einberufen werden.

(4) [1]Die Einberufung erfolgt in Textform. [2]Die Frist der Einberufung soll, sofern nicht ein Fall besonderer Dringlichkeit vorliegt, mindestens drei Wochen betragen.

(5) Den Vorsitz in der Wohnungseigentümerversammlung führt, sofern diese nichts anderes beschließt, der Verwalter.

(6) [1]Über die in der Versammlung gefassten Beschlüsse ist unverzüglich eine Niederschrift aufzunehmen. [2]Die Niederschrift ist von dem Vorsitzenden und einem Wohnungseigentümer und, falls ein Verwaltungsbeirat bestellt ist, auch von dessen Vorsitzenden oder seinem Vertreter zu unterschreiben.

(7) [1]Es ist eine Beschluss-Sammlung zu führen. [2]Die Beschluss-Sammlung enthält nur den Wortlaut

1. der in der Versammlung der Wohnungseigentümer verkündeten Beschlüsse mit Angabe von Ort und Datum der Versammlung,
2. der schriftlichen Beschlüsse mit Angabe von Ort und Datum der Verkündung und
3. der Urteilsformeln der gerichtlichen Entscheidungen in einem Rechtsstreit gemäß § 43 mit Angabe ihres Datums, des Gerichts und der Parteien,

soweit diese Beschlüsse und gerichtlichen Entscheidungen nach dem 1. Juli 2007 ergangen sind. [3]Die Beschlüsse und gerichtlichen Entscheidungen sind fortlaufend einzutragen und zu nummerieren. [4]Sind sie angefochten oder aufgehoben worden, so ist dies anzumerken. [5]Im Fall einer Aufhebung kann von einer Anmerkung abgesehen und die Eintragung gelöscht werden. [6]Eine Eintragung kann auch gelöscht werden, wenn sie aus einem anderen Grund für die Wohnungseigentümer keine Bedeutung mehr hat. [7]Die Eintragungen, Vermerke und Löschungen gemäß den Sätzen 3 bis 6 sind unverzüglich zu erledigen und mit Datum zu versehen. [8]Einem Wohnungseigentümer oder einem Dritten, den ein Wohnungseigentümer ermächtigt hat, ist auf sein Verlangen Einsicht in die Beschluss-Sammlung zu geben.

(8) [1]Die Beschluss-Sammlung ist von dem Verwalter zu führen. [2]Fehlt ein Verwalter, so ist der Vorsitzende der Wohnungseigentümerversammlung verpflichtet, die Beschluss-Sammlung zu führen, sofern die Wohnungseigentümer durch Stimmenmehrheit keinen anderen für diese Aufgabe bestellt haben.

§ 25 Beschlussfassung

(1) Bei der Beschlussfassung entscheidet die Mehrheit der abgegebenen Stimmen.

(2) [1]Jeder Wohnungseigentümer hat eine Stimme. [2]Steht ein Wohnungseigentum mehreren gemeinschaftlich zu, so können sie das Stimmrecht nur einheitlich ausüben.

(3) Vollmachten bedürfen zu ihrer Gültigkeit der Textform.

(4) Ein Wohnungseigentümer ist nicht stimmberechtigt, wenn die Beschlussfassung die Vornahme eines auf die Verwaltung des gemeinschaftlichen Eigentums bezüglichen Rechtsgeschäfts mit ihm oder die Einleitung oder Erledigung eines Rechtsstreits gegen ihn betrifft oder wenn er nach § 17 rechtskräftig verurteilt ist.

§ 26 Bestellung und Abberufung des Verwalters

(1) Über die Bestellung und Abberufung des Verwalters beschließen die Wohnungseigentümer.

(2) [1]Die Bestellung kann auf höchstens fünf Jahre vorgenommen werden, im Fall der ersten Bestellung nach der Begründung von Wohnungseigentum aber auf höchstens drei Jahre. [2]Die wiederholte Bestellung ist zulässig; sie bedarf eines erneuten Beschlusses der Wohnungseigentümer, der frühestens ein Jahr vor Ablauf der Bestellungszeit gefasst werden kann.

(3) [1]Der Verwalter kann jederzeit abberufen werden. [2]Ein Vertrag mit dem Verwalter endet spätestens sechs Monate nach dessen Abberufung.

(4) Soweit die Verwaltereigenschaft durch eine öffentlich beglaubigte Urkunde nachgewiesen werden muss, genügt die Vorlage einer Niederschrift über den Bestellungsbeschluss, bei der die Unterschriften der in § 24 Absatz 6 bezeichneten Personen öffentlich beglaubigt sind.

(5) Abweichungen von den Absätzen 1 bis 3 sind nicht zulässig.

§ 26a Zertifizierter Verwalter

(1) Als zertifizierter Verwalter darf sich bezeichnen, wer vor einer Industrie- und Handelskammer durch eine Prüfung nachgewiesen hat, dass er über die für die Tätigkeit als Verwalter notwendigen rechtlichen, kaufmännischen und technischen Kenntnisse verfügt.

(2) [1]Das Bundesministerium der Justiz und für Verbraucherschutz wird ermächtigt, durch Rechtsverordnung nähere Bestimmungen über die Prüfung zum zertifizierten Verwalter zu erlassen. [2]In der Rechtsverordnung nach Satz 1 können insbesondere festgelegt werden:

1. nähere Bestimmungen zu Inhalt und Verfahren der Prüfung;
2. Bestimmungen über das zu erteilende Zertifikat;
3. Voraussetzungen, unter denen sich juristische Personen und Personengesellschaften als zertifizierte Verwalter bezeichnen dürfen;
4. Bestimmungen, wonach Personen aufgrund anderweitiger Qualifikationen von der Prüfung befreit sind, insbesondere weil sie die Befähigung zum Richteramt, einen Hochschulabschluss mit immobilienwirtschaftlichem Schwerpunkt, eine abgeschlossene Berufsausbildung zum Immobilienkaufmann oder zur Immobilienkauffrau oder einen vergleichbaren Berufsabschluss besitzen.

§ 27 Aufgaben und Befugnisse des Verwalters

(1) Der Verwalter ist gegenüber der Gemeinschaft der Wohnungseigentümer berechtigt und verpflichtet, die Maßnahmen ordnungsmäßiger Verwaltung zu treffen, die

1. untergeordnete Bedeutung haben und nicht zu erheblichen Verpflichtungen führen oder
2. zur Wahrung einer Frist oder zur Abwendung eines Nachteils erforderlich sind.

(2) Die Wohnungseigentümer können die Rechte und Pflichten nach Absatz 1 durch Beschluss einschränken oder erweitern.

Liegenschaftsrecht

§ 28 Wirtschaftsplan, Jahresabrechnung, Vermögensbericht

(1) [1]Die Wohnungseigentümer beschließen über die Vorschüsse zur Kostentragung und zu den nach § 19 Absatz 2 Nummer 4 oder durch Beschluss vorgesehenen Rücklagen. [2]Zu diesem Zweck hat der Verwalter jeweils für ein Kalenderjahr einen Wirtschaftsplan aufzustellen, der darüber hinaus die voraussichtlichen Einnahmen und Ausgaben enthält.

(2) [1]Nach Ablauf des Kalenderjahres beschließen die Wohnungseigentümer über die Einforderung von Nachschüssen oder die Anpassung der beschlossenen Vorschüsse. [2]Zu diesem Zweck hat der Verwalter eine Abrechnung über den Wirtschaftsplan (Jahresabrechnung) aufzustellen, die darüber hinaus die Einnahmen und Ausgaben enthält.

(3) Die Wohnungseigentümer können beschließen, wann Forderungen fällig werden und wie sie zu erfüllen sind.

(4) [1]Der Verwalter hat nach Ablauf eines Kalenderjahres einen Vermögensbericht zu erstellen, der den Stand der in Absatz 1 Satz 1 bezeichneten Rücklagen und eine Aufstellung des wesentlichen Gemeinschaftsvermögens enthält. [2]Der Vermögensbericht ist jedem Wohnungseigentümer zur Verfügung zu stellen.

§ 29 Verwaltungsbeirat

(1) [1]Wohnungseigentümer können durch Beschluss zum Mitglied des Verwaltungsbeirats bestellt werden. [2]Hat der Verwaltungsbeirat mehrere Mitglieder, ist ein Vorsitzender und ein Stellvertreter zu bestimmen. [3]Der Verwaltungsbeirat wird von dem Vorsitzenden nach Bedarf einberufen.

(2) [1]Der Verwaltungsbeirat unterstützt und überwacht den Verwalter bei der Durchführung seiner Aufgaben. [2]Der Wirtschaftsplan und die Jahresabrechnung sollen, bevor die Beschlüsse nach § 28 Absatz 1 Satz 1 und Absatz 2 Satz 1 gefasst werden, vom Verwaltungsbeirat geprüft und mit dessen Stellungnahme versehen werden.

(3) Sind Mitglieder des Verwaltungsbeirats unentgeltlich tätig, haben sie nur Vorsatz und grobe Fahrlässigkeit zu vertreten.

Abschnitt 5 Wohnungserbbaurecht

§ 30 Wohnungserbbaurecht

(1) Steht ein Erbbaurecht mehreren gemeinschaftlich nach Bruchteilen zu, so können die Anteile in der Weise beschränkt werden, dass jedem der Mitberechtigten das Sondereigentum an einer bestimmten Wohnung oder an nicht zu Wohnzwecken dienenden bestimmten Räumen in einem auf Grund des Erbbaurechts errichteten oder zu errichtenden Gebäude eingeräumt wird (Wohnungserbbaurecht, Teilerbbaurecht).

(2) Ein Erbbauberechtigter kann das Erbbaurecht in entsprechender Anwendung des § 8 teilen.

(3) [1]Für jeden Anteil wird von Amts wegen ein besonderes Erbbaugrundbuchblatt angelegt (Wohnungserbbaugrundbuch, Teilerbbaugrundbuch). [2]Im Übrigen gelten für das Wohnungserbbaurecht (Teilerbbaurecht) die Vorschriften über das Wohnungseigentum (Teileigentum) entsprechend.

Teil 2 Dauerwohnrecht

§ 31 Begriffsbestimmungen

(1) [1]Ein Grundstück kann in der Weise belastet werden, dass derjenige, zu dessen Gunsten die Belastung erfolgt, berechtigt ist, unter Ausschluss des Eigentümers eine bestimmte Wohnung in einem auf dem Grundstück errichteten oder zu errichtenden Gebäude zu bewohnen oder in anderer Weise zu nutzen (Dauerwohnrecht). [2]Das Dauerwohnrecht kann auf einen außerhalb des Gebäudes liegenden Teil des Grundstücks erstreckt werden, sofern die Wohnung wirtschaftlich die Hauptsache bleibt.

(2) Ein Grundstück kann in der Weise belastet werden, dass derjenige, zu dessen Gunsten die Belastung erfolgt, berechtigt ist, unter Ausschluss des Eigentümers nicht zu Wohnzwecken dienende bestimmte Räume in einem auf dem Grundstück errichteten oder zu errichtenden Gebäude zu nutzen (Dauernutzungsrecht).

(3) Für das Dauernutzungsrecht gelten die Vorschriften über das Dauerwohnrecht entsprechend.

§ 32 Voraussetzungen der Eintragung

(1) Das Dauerwohnrecht soll nur bestellt werden, wenn die Wohnung in sich abgeschlossen ist.

(2) [1]Zur näheren Bezeichnung des Gegenstands und des Inhalts des Dauerwohnrechts kann auf die Eintragungsbewilligung Bezug genommen werden. [2]Der Eintragungsbewilligung sind als Anlagen beizufügen:

1. eine von der Baubehörde mit Unterschrift und Siegel oder Stempel versehene Bauzeichnung, aus der die Aufteilung des Gebäudes sowie die Lage und Größe der dem Dauerwohnrecht unterliegenden Gebäude- und Grundstücksteile ersichtlich ist (Aufteilungsplan); alle zu demselben Dauerwohnrecht gehörenden Einzelräume sind mit der jeweils gleichen Nummer zu kennzeichnen;
2. eine Bescheinigung der Baubehörde, dass die Voraussetzungen des Absatzes 1 vorliegen.

[3]Wenn in der Eintragungsbewilligung für die einzelnen Dauerwohnrechte Nummern angegeben werden, sollen sie mit denen des Aufteilungsplans übereinstimmen.

(3) Das Grundbuchamt soll die Eintragung des Dauerwohnrechts ablehnen, wenn über die in § 33 Absatz 4 Nummer 1 bis 4 bezeichneten Angelegenheiten, über die Voraussetzungen des Heimfallanspruchs (§ 36 Absatz 1) und über die Entschädigung beim Heimfall (§ 36 Absatz 4) keine Vereinbarungen getroffen sind.

§ 33 Inhalt des Dauerwohnrechts

(1) [1]Das Dauerwohnrecht ist veräußerlich und vererblich. [2]Es kann nicht unter einer Bedingung bestellt werden.

(2) Auf das Dauerwohnrecht sind, soweit nicht etwas anderes vereinbart ist, die Vorschriften des § 14 entsprechend anzuwenden.

(3) Der Berechtigte kann die zum gemeinschaftlichen Gebrauch bestimmten Teile, Anlagen und Einrichtungen des Gebäudes und Grundstücks mitbenutzen, soweit nichts anderes vereinbart ist.

(4) Als Inhalt des Dauerwohnrechts können Vereinbarungen getroffen werden über:

1. Art und Umfang der Nutzungen;
2. Instandhaltung und Instandsetzung der dem Dauerwohnrecht unterliegenden Gebäudeteile;
3. die Pflicht des Berechtigten zur Tragung öffentlicher oder privatrechtlicher Lasten des Grundstücks;
4. die Versicherung des Gebäudes und seinen Wiederaufbau im Fall der Zerstörung;
5. das Recht des Eigentümers, bei Vorliegen bestimmter Voraussetzungen Sicherheitsleistung zu verlangen.

§ 34 Ansprüche des Eigentümers und der Dauerwohnberechtigten

(1) Auf die Ersatzansprüche des Eigentümers wegen Veränderungen oder Verschlechterungen sowie auf die Ansprüche der Dauerwohnberechtigten auf Ersatz von Verwendungen oder auf Gestattung der Wegnahme einer Einrichtung sind die §§ 1049, 1057 des Bürgerlichen Gesetzbuchs entsprechend anzuwenden.

(2) Wird das Dauerwohnrecht beeinträchtigt, so sind auf die Ansprüche des Berechtigten die für die Ansprüche aus dem Eigentum geltenden Vorschriften entsprechend anzuwenden.

§ 35 Veräußerungsbeschränkung

[1]Als Inhalt des Dauerwohnrechts kann vereinbart werden, dass der Berechtigte zur Veräußerung des Dauerwohnrechts der Zustimmung des Eigentümers oder eines Dritten bedarf. [2]Die Vorschriften des § 12 gelten in diesem Fall entsprechend.

§ 36 Heimfallanspruch

(1) [1]Als Inhalt des Dauerwohnrechts kann vereinbart werden, dass der Berechtigte verpflichtet ist, das Dauerwohnrecht beim Eintritt bestimmter Voraussetzungen auf den Grundstückseigentümer oder einen von diesem zu bezeichnenden Dritten zu übertragen (Heimfallanspruch). [2]Der Heimfallanspruch kann nicht von dem Eigentum an dem Grundstück getrennt werden.

(2) Bezieht sich das Dauerwohnrecht auf Räume, die dem Mieterschutz unterliegen, so kann der Eigentümer von dem Heimfallanspruch nur Gebrauch machen, wenn ein Grund vorliegt, aus dem ein Vermieter die Aufhebung des Mietverhältnisses verlangen oder kündigen kann.

(3) Der Heimfallanspruch verjährt in sechs Monaten von dem Zeitpunkt an, in dem der Eigentümer von dem Eintritt der Voraussetzungen Kenntnis erlangt, ohne Rücksicht auf diese Kenntnis in zwei Jahren von dem Eintritt der Voraussetzungen an.

(4) [1]Als Inhalt des Dauerwohnrechts kann vereinbart werden, daß der Eigentümer dem Berechtigten eine Entschädigung zu gewähren hat, wenn er von dem Heimfallanspruch Gebrauch macht. [2]Als Inhalt des Dauerwohnrechts können Vereinbarungen über die Berechnung oder Höhe der Entschädigung oder die Art ihrer Zahlung getroffen werden.

§ 37 Vermietung

(1) Hat der Dauerwohnberechtigte die dem Dauerwohnrecht unterliegenden Gebäude- oder Grundstücksteile vermietet oder verpachtet, so erlischt das Miet- oder Pachtverhältnis, wenn das Dauerwohnrecht erlischt.

(2) Macht der Eigentümer von seinem Heimfallanspruch Gebrauch, so tritt er oder derjenige, auf den das Dauerwohnrecht zu übertragen ist, in das Miet- oder Pachtverhältnis ein; die Vorschriften der §§ 566 bis 566e des Bürgerlichen Gesetzbuchs gelten entsprechend.

(3) [1]Absatz 2 gilt entsprechend, wenn das Dauerwohnrecht veräußert wird. [2]Wird das Dauerwohnrecht im Wege der Zwangsvollstreckung veräußert, so steht dem Erwerber ein Kündigungsrecht in entsprechender Anwendung des § 57a des Gesetzes über die Zwangsversteigerung und die Zwangsverwaltung zu.

§ 38 Eintritt in das Rechtsverhältnis

(1) Wird das Dauerwohnrecht veräußert, so tritt der Erwerber an Stelle des Veräußerers in die sich während der Dauer seiner Berechtigung aus dem Rechtsverhältnis zu dem Eigentümer ergebenden Verpflichtungen ein.

(2) [1]Wird das Grundstück veräußert, so tritt der Erwerber an Stelle des Veräußerers in die sich während der Dauer seines Eigentums aus dem Rechtsverhältnis zu dem Dauerwohnberechtigten ergebenden Rechte ein. [2]Das Gleiche gilt für den Erwerb auf Grund Zuschlags in der Zwangsversteigerung, wenn das Dauerwohnrecht durch den Zuschlag nicht erlischt.

§ 39 Zwangsversteigerung

(1) Als Inhalt des Dauerwohnrechts kann vereinbart werden, dass das Dauerwohnrecht im Fall der Zwangsversteigerung des Grundstücks abweichend von § 44 des Gesetzes über die Zwangsversteigerung und die Zwangsverwaltung auch dann bestehen bleiben soll, wenn der Gläubiger einer dem Dauerwohnrecht im Rang vor-

gehenden oder gleichstehenden Hypothek, Grundschuld, Rentenschuld oder Reallast die Zwangsversteigerung in das Grundstück betreibt.

(2) Eine Vereinbarung gemäß Absatz 1 bedarf zu ihrer Wirksamkeit der Zustimmung derjenigen, denen eine dem Dauerwohnrecht im Rang vorgehende oder gleichstehende Hypothek, Grundschuld, Rentenschuld oder Reallast zusteht.

(3) Eine Vereinbarung gemäß Absatz 1 ist nur wirksam für den Fall, dass der Dauerwohnberechtigte im Zeitpunkt der Feststellung der Versteigerungsbedingungen seine fälligen Zahlungsverpflichtungen gegenüber dem Eigentümer erfüllt hat; in Ergänzung einer Vereinbarung nach Absatz 1 kann vereinbart werden, dass das Fortbestehen des Dauerwohnrechts vom Vorliegen weiterer Voraussetzungen abhängig ist.

§ 40 Haftung des Entgelts

(1) [1]Hypotheken, Grundschulden, Rentenschulden und Reallasten, die dem Dauerwohnrecht im Rang vorgehen oder gleichstehen, sowie öffentliche Lasten, die in wiederkehrenden Leistungen bestehen, erstrecken sich auf den Anspruch auf das Entgelt für das Dauerwohnrecht in gleicher Weise wie auf eine Mietforderung, soweit nicht in Absatz 2 etwas Abweichendes bestimmt ist. [2]Im Übrigen sind die für Mietforderungen geltenden Vorschriften nicht entsprechend anzuwenden.

(2) [1]Als Inhalt des Dauerwohnrechts kann vereinbart werden, dass Verfügungen über den Anspruch auf das Entgelt, wenn es in wiederkehrenden Leistungen ausbedungen ist, gegenüber dem Gläubiger einer dem Dauerwohnrecht im Rang vorgehenden oder gleichstehenden Hypothek, Grundschuld, Rentenschuld oder Reallast wirksam sind. [2]Für eine solche Vereinbarung gilt § 39 Absatz 2 entsprechend.

§ 41 Besondere Vorschriften für langfristige Dauerwohnrechte

(1) Für Dauerwohnrechte, die zeitlich unbegrenzt oder für einen Zeitraum von mehr als zehn Jahren eingeräumt sind, gelten die besonderen Vorschriften der Absätze 2 und 3.

(2) Der Eigentümer ist, sofern nicht etwas anderes vereinbart ist, dem Dauerwohnberechtigten gegenüber verpflichtet, eine dem Dauerwohnrecht im Rang vorgehende oder gleichstehende Hypothek löschen zu lassen für den Fall, dass sie sich mit dem Eigentum in einer Person vereinigt, und die Eintragung einer entsprechenden Löschungsvormerkung in das Grundbuch zu bewilligen.

(3) Der Eigentümer ist verpflichtet, dem Dauerwohnberechtigten eine angemessene Entschädigung zu gewähren, wenn er von dem Heimfallanspruch Gebrauch macht.

§ 42 Belastung eines Erbbaurechts

(1) Die Vorschriften der §§ 31 bis 41 gelten für die Belastung eines Erbbaurechts mit einem Dauerwohnrecht entsprechend.

(2) Beim Heimfall des Erbbaurechts bleibt das Dauerwohnrecht bestehen.

Teil 3 Verfahrensvorschriften

(vom Abdruck wurde abgesehen)

Teil 4 Ergänzende Bestimmungen

§ 47 Auslegung von Altvereinbarungen

[1]Vereinbarungen, die vor dem 1. Dezember 2020 getroffen wurden und die von solchen Vorschriften dieses Gesetzes abweichen, die durch das Wohnungseigentumsmodernisierungsgesetz vom 16. Oktober 2020 (BGBl. I S. 2187) geändert wurden, stehen der Anwendung dieser Vorschriften in der vom 1. Dezember 2020 an geltenden Fassung nicht entgegen, soweit sich aus der Vereinbarung nicht ein anderer Wille ergibt. [2]Ein solcher Wille ist in der Regel nicht anzunehmen.

§ 48 Übergangsvorschriften

(1) [1]§ 5 Absatz 4, § 7 Absatz 2 und § 10 Absatz 3 in der vom 1. Dezember 2020 an geltenden Fassung gelten auch für solche Beschlüsse, die vor diesem Zeitpunkt gefasst oder durch gerichtliche Entscheidung ersetzt wurden. [2]Abweichend davon bestimmt sich die Wirksamkeit eines Beschlusses im Sinne des Satzes 1 gegen den Sondernachfolger eines Wohnungseigentümers nach § 10 Absatz 4 in der vor dem 1. Dezember 2020 geltenden Fassung, wenn die Sondernachfolge bis zum 31. Dezember 2025 eintritt. [3]Jeder Wohnungseigentümer kann bis zum 31. Dezember 2025 verlangen, dass ein Beschluss im Sinne des Satzes 1 erneut gefasst wird; § 204 Absatz 1 Nummer 1 des Bürgerlichen Gesetzbuchs gilt entsprechend.

(2) § 5 Absatz 4 Satz 3 gilt in der vor dem 1. Dezember 2020 geltenden Fassung weiter für Vereinbarungen und Beschlüsse, die vor diesem Zeitpunkt getroffen oder gefasst wurden, und zu denen vor dem 1. Dezember 2020 alle Zustimmungen erteilt wurden, die nach den vor diesem Zeitpunkt geltenden Vorschriften erforderlich waren.

(3) [1]§ 7 Absatz 3 Satz 2 gilt auch für Vereinbarungen und Beschlüsse, die vor dem 1. Dezember 2020 getroffen oder gefasst wurden. [2]Ist eine Vereinbarung oder ein Beschluss im Sinne des Satzes 1 entgegen der Vorgabe des § 7 Absatz 3 Satz 2 nicht ausdrücklich im Grundbuch eingetragen, erfolgt die ausdrückliche Eintragung in allen Wohnungsgrundbüchern nur auf Antrag eines Wohnungseigentümers oder der Gemeinschaft der Wohnungseigentümer. [3]Ist die Haftung von Sondernachfolgern für Geldschulden entgegen der Vorgabe des § 7 Absatz 3 Satz 2 nicht ausdrücklich im Grundbuch eingetragen, lässt dies die Wirkung gegen den Sondernachfolger eines Wohnungseigentümers unberührt, wenn die Sondernachfolge bis zum 31. Dezember 2025 eintritt.

(4) [1]§ 19 Absatz 2 Nummer 6 ist ab dem 1. Dezember 2022 anwendbar. [2]Eine Person, die am 1. Dezember 2020 Verwalter einer Gemeinschaft der Wohnungseigentümer war, gilt gegenüber den Wohnungseigentümern dieser Gemeinschaft der Wohnungseigentümer bis zum 1. Juni 2024 als zertifizierter Verwalter.

(5) Für die bereits vor dem 1. Dezember 2020 bei Gericht anhängigen Verfahren sind die Vorschriften des dritten Teils dieses Gesetzes in ihrer bis dahin geltenden Fassung weiter anzuwenden.

§ 49 Überleitung bestehender Rechtsverhältnisse

(1) Werden Rechtsverhältnisse, mit denen ein Rechtserfolg bezweckt wird, der den durch dieses Gesetz geschaffenen Rechtsformen entspricht, in solche Rechtsformen umgewandelt, so ist als Geschäftswert für die Berechnung der hierdurch veranlassten Gebühren der Gerichte und Notare im Fall des Wohnungseigentums ein Fünfundzwanzigstel des Einheitswerts des Grundstückes, im Falle des Dauerwohnrechtes ein Fünfundzwanzigstel des Wertes des Rechts anzunehmen.

(2) Durch Landesgesetz können Vorschriften zur Überleitung bestehender, auf Landesrecht beruhender Rechtsverhältnisse in die durch dieses Gesetz geschaffenen Rechtsformen getroffen werden.

Einige für die Arbeit des Notars wichtige Vorkaufsrechte

(ohne Anspruch auf Vollständigkeit)

Der Notar hat auf sämtliche in Betracht kommenden gesetzlichen Vorkaufsrechte bei der Beurkundung einer Grundstücksveräußerung hinzuweisen (§ 20 BeurkG). Für den Vertragsvollzug ist jeweils zu klären, ob das Vorkaufsrecht eine Grundbuchsperre auslöst (keine Eigentumsumschreibung ohne Vorlage einer Verzichtserklärung oder des so genannten Negativattestes, siehe z.B. § 28 BauGB).

I. Abdruck in dieser Sammlung

- *Ziff. 210* Vorkaufsrecht der Gemeinde nach dem Baugesetzbuch (§§ 24 ff. BauGB).
- *Ziff. 220/221* Vorkaufsrecht nach dem Reichssiedlungsgesetz (§§ 4 ff. RSG mit §§ 12, 21 GrdstVG).

II. Gesetzliche Vorkaufsrechte des BGB

- Vorkaufsrecht des Mieters bei Neubegründung von Wohnungseigentum (§ 577 BGB).
- Vorkaufsrecht der Miterben bei Übertragung eines Erbteils an Dritte (§ 2034 BGB).

III. Hinweise auf weitere bundesrechtliche Vorkaufsrechte

(Abdruck z.B. Ziff. 240 im Praxishandbuch des Notariats)

1. Planungsrecht
   - Veränderungssperre und Vorkaufsrecht des Trägers der Straßenbaulast mit Beginn der Auslegung der Pläne im Planfeststellungsverfahren nach dem Bundesfernstraßengesetz (§ 9a).
   - Veränderungssperre und Vorkaufsrecht des Bundes mit Beginn der Auslegung der Pläne im Planfeststellungsverfahren nach dem Bundeswasserstraßengesetz (§ 15).
   - Veränderungssperre und Vorkaufsrecht des Luftverkehrsunternehmens mit Beginn der Auslegung der Pläne im Planfeststellungsverfahren nach dem Luftverkehrsgesetz (§ 8a).
   - Veränderungssperre und Vorkaufsrecht des Unternehmers mit Beginn der Auslegung der Pläne im Planfeststellungsverfahren nach dem Personenbeförderungsgesetz (§ 28a).
   - Veränderungssperre und Vorkaufsrecht des Vorhabenträgers mit Beginn der Auslegung der Pläne im Planfeststellungsverfahren nach dem Allgemeinen Eisenbahngesetz (§ 19).
   - Veränderungssperre und Vorkaufsrecht des Vorhabenträgers mit Beginn der Auslegung der Pläne im Planfeststellungsverfahren nach dem Magnetschwebebahnplanungsgesetz (§ 4).

2. Naturschutz

   Bundesrechtlich begründetes, den Ländern zustehendes Vorkaufsrecht an Grundstücken, die sich u. a. in Naturschutzgebieten befinden, auf denen sich u. a. Naturdenkmäler oder oberirdische Gewässer befinden nach § 66 BNatSchG in der seit 1.3.2010 geltenden Fassung.

3. Wasserrecht

   Bundesrechtlich begründetes, den Ländern zustehendes Vorkaufsrecht an Grundstücken, die für Maßnahmen des Hochwasser- oder Küstenschutzes benötigt werden nach § 99a Wasserhaushaltsgesetz (WHG). Die Länder haben z.T. durch Allgemeinverfügungen auf die Ausübung des Vorkaufsrechts verzichtet. Das DNotI veröffentlicht eine aktuelle Übersicht im Internetangebot www.dnoti. de unter Arbeitshilfen/Immobilienrecht.

IV. Hinweise auf Vorkaufsrechte des Landesrechts

Zahlreiche Landesrechte enthalten Vorkaufsrechte in den folgenden Rechtsgebieten (Abdruck für die neuen Bundesländer im Landesteil des Praxishandbuchs; im Übrigen fortlaufend aktualisierte Übersicht des DNotI unter www.dnoti.de – Arbeitshilfen – Immobilienrecht

1. Denkmalschutz (z.B. § 22 DSchG-MV; § 17 SächsDSchG; § 11 DSchG-SA; § 30 ThürDSchG). Sperrwirkung: § 30 Abs. 3 Satz 2 ThürDSchG
2. Naturschutz (z.B. § 26 BbgNatSchAG; § 34 NatSchAG M-V; § 31 NatSchG LSA; § 52 ThürNatG).
3. Straßenrecht (z.B. § 40 BbgStrG; § 40 SächsStrG).
4. Wald und Fischerei (z.B. § 26 LWaldG-MV; § 9 Abs. 6 Landesforstanstaltserrichtunggesetz – MV; § 17 ThürWaldG § 6 BbgFischG).
5. Landesrechtliche Spezifika: z.B. Almgrundstücke (Bayer. Almgesetz); Stockwerkseigentum (Württ. AGBGB);

Beachte ferner:

Rechtsgeschäftliche Vorkaufsrechte

(Prüfung der individuellen Verträge erforderlich, insbesondere bei Veräußerung von Gesellschaftsanteilen)

Behördliche Genehmigungserfordernisse im Grundstücksverkehr*)

Tatbestand	Anwendungsbereich/ Ausnahmen	Zuständige Behörde/ Voraussetzungen
I. Genehmigungserfordernisse aufgrund Lage, Beschaffenheit und Vorgeschichte des Grundstücks		
1. Land- und forstwirtschaftliche Genehmigung zur Erhaltung leistungsfähiger Agrar- und Forstbetriebe, § 2 GrdstVG	**Anwendungsbereich:** - Land- oder forstwirtschaftlich nutzbares Grundstück (auch Moor, Ödland) - Rechtsgeschäftliche Veräußerung, § 2 Abs. 1 Satz 1 GrdstVG (auch Erbauseinandersetzung, Vermächtniserfüllung, Einbringung in Gesellschaft, Vertragsaufhebung oder -änderung), auch Miteigentumsanteil (§ 2 Abs. 2 Nr. 1 GrdstVG), Veräußerung von Wohnungs- oder Teileigentum, Nießbrauchsbestellung (§ 2 Abs. 2 Nr. 3 GrdstVG), Erbanteilsteilsveräußerung an Dritten, wenn Nachlaß im wesentlichen aus Wald- oder Forstgrundstück besteht - Nicht: Bestellung eines Erbbaurechts, Zuschlag in der Zwangsversteigerung, Enteignung, Eigentumsverzicht, Belastung mit Grundpfandrechten, Begründung von Wohnungs- oder Teileigentum, Veräußerung einer gesamten Erbschaft - Zugrunde liegender schuldrechtlicher Vertrag; dessen Genehmigung wirkt auch für das Verfügungsgeschäft, § 2 Abs. 1 Satz 2 GrdstVG Bundesrechtliche Ausnahmen, § 4 GrdstVG: - Beteiligung von Bund oder Land (Nr. 1), aber nicht Bahn oder Post, Gemeinden, öffentlich-rechtliche Körperschaften - Beteiligung einer Religionsgesellschaft als öffentlich-rechtliche Körperschaft, § 4 Nr. 2 GrdstVG - Grundstücke liegen im Bereich	**Zuständige Behörde:** - **Bbg:** Landkreise und kreisfreie Städte, § 1 Abs. 1 GrstLPZV - **MV:** Staatliche Ämter für Landwirtschaft und Umwelt, § 2 Boden RDVO - **S:** i.d.R. die Landkreise und kreisfreien Städte als untere Landwirtschaftsbehörden (§ 2 SächsAgrarAÜG, Ausnahme § 3 Abs. 1 SächsAgrarAÜG) - **SA:** Landkreis oder kreisfreie Städte - **Th:** Amt für Landwirtschaft, § 1 ZuständigkeitsVO GrdstVG **Voraussetzungen:** Genehmigungsanspruch (§ 8 GrdstVG): - Gemeinde veräußert und Grundstück ist im Bauleitplan nicht für Land- oder Forstwirtschaft vorgesehen (Nr. 1) - Geschlossene Veräußerung, vorweggenommene Erbfolge oder Nießbrauch für nahe Verwandte (Nr. 2) - Gesamtveräußerung eines gemischten Betriebes, nicht ausreichend als wirtschaftliche Existenzgrundlage (Nr. 3) - Grenzverbesserung (Nr. 4) - Grundstückstausch zur Verbesserung der Landbewirtschaftung (Nr. 5) - Veräußerung zur Vermeidung einer Enteignung oder bergrechtlichen Grundabtretung an den Begünstigten (Nr. 6) - Ersatzland erworben wird (mit weiteren Voraussetzungen; Nr. 7)

*) Die folgende Übersicht beschränkt sich grundsätzlich auf behördliche und gerichtliche Zustimmungserfordernisse und erhebt keinen Anspruch auf Vollständigkeit, weshalb auch jede Haftung abgelehnt werden muss. Sie beruht auf einer Ausarbeitung von Notar Frank Scherzer und RA Dr. Jochen Scheel, LL.M., denen an dieser Stelle nochmals herzlich gedankt sei. Die Übersicht wurde zuletzt bei der Vorbereitung der 29. Ergänzungslieferung anhand der im Praxishandbuch sonst vorgenommenen Änderungen ergänzt, aber nicht insgesamt auf Aktualität überprüft. Für die Richtigkeit der Angaben wird keine Gewähr übernommen. Verbesserungs- und Ergänzungsvorschläge werden gern von der Ländernotarkasse, Springerstraße 8, 04105 Leipzig, auch per Telefon (0341/5908140), Telefax (0341/5908166) oder E-Mail (sekretariat@laendernotarkasse.de) entgegengenommen.

Tatbestand	Anwendungsbereich/ Ausnahmen	Zuständige Behörde/ Voraussetzungen
	eines Bebauungsplanes und sind nicht Wirtschaftsstelle eines land- oder forstwirtschaftlichen Betriebs, § 4 Nr. 4 GrdstVG – Veräußerungen zur Durchführung einer Flurbereinigung, § 4 Nr. 3 GrdstVG Landesrechtliche Freistellungen: – **Bbg**: Grundstücke < 20.000 qm (§ 1 AGGrdstVG) – **MV:** Grundstücke < 20.000 qm (§ 1 AGGrdstVG) – **S:** bei Veräußerungen an Gemeinden, Verwaltungsverbänden oder Landkreise, in denen das Grundstück liegt < 10.000 qm, sonst Grundstücke < 5.000 qm (§ 3 SächsAgrarAÜG), Zusammenrechnung bei Veräußerung aus einer einheitlichen Fläche heraus, immer bei Hofstelle, Weinbau, Erwerbsgartenbau, oder Teichwirtschaft – **SA:** unbebaute Grundstücke < 20.000 qm (§ 1 Abs. 1 AGGrdstVG), mit einem für die land- oder forstwirtschaftliche Nutzung geeigneten Wirtschaftsgebäude bebaute und in der Bauleitplanung als land- oder forstwirtschaftliche Fläche dargestellte Grundstücke < 2.500 qm (§ 1 Abs. 2 AGGrdstVG) – **Th:** Grundstücke < 2.500 qm (§ 1 GrdstVG-GenehmG)	Versagungsgründe (§ 9 GrdstVG): – Ungesunde Bodenverteilung (Verschlechterung der Agrarstruktur), § 9 Abs. 1 Nr. 1 GrdstVG – unwirtschaftliche Aufteilung räumlich oder wirtschaftlich zusammenhängender Grundstücke (Nr. 2), d.h. Verlust der Lebensfähigkeit als landwirtschaftlicher Betrieb, Landwirtschaftsgrundstücke < 10.000 qm, Forstwirtschaftsgrundstücke < 35.000 qm, Widerspruch zu vorausgegangener Flurbereinigung (Abs. 3 Nr. 1–4) – Grobes Mißverhältnis zwischen Grundstückswert und Gegenleistung (Nr. 3), nur bei Veräußerung für land- und forstwirtschaftliche Zwecke zu beachten – Härteklausel zugunsten Veräußerer, § 9 Abs. 7 GrdstVG **Grundbuchverfahren** – Grundbuchamt kann Bestandskraftzeugnis (§ 6 Abs. 3 GrdstVG) oder Bedingungszeugnis (§ 11 Abs. 2 GrdstVG) verlangen – Negativzeugnis nach § 5 GrdstVG
2. Vermögensrechtliche Genehmigung zur Sicherung der vermögensrechtlichen Ansprüche von Restitutionsberechtigten, § 2 GVO	**Anwendungsbereich:** – Grundstück im Beitrittsgebiet, § 1 Abs. 1 Satz 1 GVO – Übertragung von Allein- oder Miteigentum (§ 3 Satz 2 Nr. 1 GVO) an Grundstücken (auch Teilen), von Wohnungseigentum (§ 3 Satz 2 Nr. 2 GVO), Rechten an Gebäuden, § 3 Satz 1 GVO. Nicht erfasste Tatbestände: Erbanteilsübertragung, Abtretung von Restitutionsansprüchen, Abtretung von Anteilen an Grundstücks-GbR, Vertragsaufhebung – Erbbaurechtsbestellung, jeweils im Beitrittsgebiet, § 2 Abs. 1 Satz 1 Nr. 2 GVO – Zugrunde liegender schuldrechtlicher Vertrag; dessen Genehmi-	**Zuständige Behörde:** – Landkreise und kreisfreie Städte (§ 8 Satz 1 GVO), Konzentration auf bestimmte Behörden gemäß landesrechtlichen Konzentrationsverordnungen (§ 10 Abs. 2 GVO) – THA/BvS erteilt Genehmigung selbst, wenn sie verfügungsbefugt ist, § 8 Satz 2 GVO **Voraussetzungen:** – Genehmigungsanspruch, wenn innerhalb Antragsfrist kein Restitutionsantrag eingegangen, ein solcher zurückgenommen oder bestandskräftig abgelehnt ist, bei Zustimmung des Anmelders und bei er-

Tatbestand	Anwendungsbereich/ Ausnahmen	Zuständige Behörde/ Voraussetzungen
	gung wirkt auch für das Verfügungsgeschäft, § 2 Abs. 1 Satz 4 GVO Ausnahmen: – Vorherige Erteilung der GVO-Genehmigung (nach 28. September 1990), Investitionsbescheinigung, Investitionsvorrangbescheid (Ausnahmen: § 3 c VermG, § 13 Abs. 2 InVorG), § 2 Abs. 1 Satz 2 Nr. 1 GVO – Ununterbrochene Voreintragung des Veräußerers (einschließlich Erbfolge seit 29. Januar 1933), § 2 Abs. 1 Satz 2 Nr. 3 GVO – Erwerb vom nach § 33 Abs. 4 VermG eingetragenen Restitutionsberechtigten, § 2 Abs. 1 Satz 2 Nr. 2 GVO – lediglich Eintragung einer Auflassungsvormerkung, § 2 Abs. 1 Satz 2 Nr. 4 GVO – Erwerb des Veräußerers in der Zwangsversteigerung und Grundbucheintragung, § 2 Abs. 1 Satz 2 Nr. 5 GVO – im Zeitpunkt der Eintragung des Rechtserwerbs oder einer entsprechenden Vormerkung ist kein Anmeldevermerk gem. § 30b Abs. 1 VermG im Grundbuch eingetragen, § 2 Abs. 1 Satz 2 Nr. 6 GVO	laubter Veräußerung durch THA/BvS nach § 3 c VermG, § 1 Abs. 2 Satz 1 Nr. 1–3 GVO – Ermessen, wenn Restitutionsanspruch offensichtlich unbegründet erscheint **Grundbuchverfahren:** – § 2 Abs. 2 GVO
3. Genehmigung der Verfügung über Bergwerkseigentum sowie der Vereinigung und der Teilung von Bergwerksfeldern, §§ 23, 26 BBergG	**Anwendungsbereich:** – Rechtsgeschäftliche Veräußerung von Bergwerkseigentum, § 23 Abs. 1 BBergG – Zugrunde liegendes schuldrechtliches Geschäft, § 23 Abs. 1 BBergG – Vereinigung von Bergwerksfeldern, § 26 BBergG – Teilung von Bergwerksfeldern, § 28 BBergG	**Zuständige Behörde:** – **Bbg:** Landesamt für Bergbau, Geologie und Rohstoffe, § 1 Abs. 1 BergbhZV – **MV:** Bergamt Stralsund, § 1 BBergZuVO – **SA:** Landesamt für Geologie und Bergwesen, Standorte Halle und Staßfurt – **S:** Oberbergamt **Voraussetzungen:** – Kein entgegenstehendes öffentliches Interesse – Bei Teilung: Keine Zersplitterung, die geordnete Ausbeutung gefährdet, gleiche Bodenschätze

Liegenschaftsrecht

Tatbestand	Anwendungsbereich/ Ausnahmen	Zuständige Behörde/ Voraussetzungen
II. Aufsichtsrechtliche Genehmigungserfordernisse		
1. Genehmigung für die Veräußerung und Belastung kommunaler Grundstücke zur Sicherung des gemeindlichen Vermögens und zur Verhinderung von Verkäufen unter Wert **- Bbg: §§ 75, 79 KVerf** **- MV: §§ 56 Abs. 6, 57 Abs. 3 KV** **- S: §§ 90, 83 GO** **- SA: §§ 109, 115, 146 KVG (nur Anzeige und Nichtbeanstandung)**	**Anwendungsbereich:** - Gemeinden, Landkreise, Zweckverbände, Bezirke, Landschaftsverbände - Entgeltliche oder unentgeltliche Verfügung über gemeindeeigene Grundstücke und grundstücksgleiche Rechte, Veräußerung und Bestellung von Erbbaurechten. In **SA** besteht bei Veräußerungen (anders bei Belastungen) grundsätzlich nur eine Anzeigepflicht - In **S:** Veräußerung ist genehmigungsbedürftig. Der Halbsatz in § 90 Abs. 3 Nr. 1 GO, „sofern sie nicht geringwertig sind", gilt nicht für Grundstücke und grundstücksgleiche Rechte. Es handelt sich um ein Redaktionsversehen (so Abschn. II. Nr. 1 Buchst. a VwV kommunale Grundstücksveräußerung, Ord.-Ziffer S 182). - Belastung von Grundstücken, nicht aber Dienstbarkeiten, Löschungsbewilligungen, Rangrücktritte, Abtretungen. Problematisch: Auflassungsvormerkung - Ausnahme: Gemeinde ist nach § 8 VZOG verfügungsbefugt Kommunale Freistellungsverordnungen: - **Bbg:** Veräußerung zum vollen Wert (Verkehrswertgutachten des Gutachterausschusses [max. 12 Monate alt] oder eines Sachverständigen; bis zu 40 % weniger bei sozialem Wohnungsbau Bodenrichtwert bei unbebauten Grundstücken, Höchstgebot einer bedingungsfreien öffentlichen Ausschreibung), keine Kaufpreisstundung, Fälligkeit binnen 6 Monaten. Freigrenze: Grundstücke bis zu 100 qm Größe und Wert unter 1000 €. Erbbaurecht: genehmigungsfrei. Genehmigungsfreiheit unabhängig vom Wert bei Veräußerung - zur Erfüllung gesetzlicher Veräußerungspflichten	**Zuständige Behörde:** - **Bbg:** Kommunalaufsichtsbehörde: Landrat für kreisangehörige Gemeinden, Innenministerium für kreisfreie Städte, § 110 KVerf - **MV:** Rechtsaufsichtsbehörde: Innenministerium für kreisfreie und große kreisangehörige Städte, Landrat für kreisangehörige Gemeinden im Übrigen, § 79 Abs. 1, 2 KV - **S:** Rechtsaufsichtsbehörde (Landratsamt bei kreisangehörigen Gemeinden, Landesdirektion Sachsen bei kreisfreien Städten), § 112 Abs. 1 GO - **SA:** Kommunalaufsichtsbehörde: für kreisangehörige Gemeinden der Landkreis, für kreisfreie Städte das Landesverwaltungsamt, § 144 KVG **Voraussetzungen:** - Rechtmäßigkeit - Kein Vermögensverlust, keine Beeinträchtigung der gemeindlichen Aufgabenerfüllung. - Belastungsvollmacht (sofern anwendbar): Übliche Gestaltung, die Verlustrisiko für veräußernde Gemeinde ausschließt - Negativerklärung oder Vollwertigkeitserklärung der veräußernden Gemeinde für das Grundbuchamt in **Bbg** (§ 2 Abs. 5 GenehmFV), **MV** (§ 56 Abs. 7 KV), **S** (Abschnitt VIII VwV kommunale Grundstücksveräußerung)

Tatbestand	Anwendungsbereich/ Ausnahmen	Zuständige Behörde/ Voraussetzungen
	– im Rahmen eines Raumordnungs- oder Enteignungsverfahren – Übertragung in das Treuhandvermögen eines Sanierungsträgers – Erfüllung von Pflichten nach dem Sachenrechtsbereinigungsgesetz (siehe im Einzelnen § 2 GenehmFV, Ord.-Ziffer Bgb. 182). – **MV:** Veräußerung mit Erklärung von Bürgermeister **und** Stellvertreter gegenüber Grundbuchamt, dass zum vollen Wert verkauft wird (§ 56 Abs. 7 Kommunalverfassung). Veräußerung unter Wert: Genehmigung nach näherer Maßgabe des § 56 Abs. 6, 8, 9 Kommunalverfassung. Siehe auch Nr. 6 des Durchführungserlasses zu § 56 KV (Ziffer MV 182). Die **Belastung** von Grundstücken im Weg der Vorwegbeleihung bei Grundstücksveräußerung ist allgemein zugelassen gem § 4 Genehmigungsfreistellungsverordnung, Ord.-Ziffer M-V 181. – **S:** Veräußerung zum vollen Wert (Verkehrswertgutachten durch Gutachterausschuss oder öffentlich bestellten und vereidigten Sachverständigen, Höchstgebot einer öffentlichen Ausschreibung, Bodenrichtwert nach § 196 BauGB bei unbebauten Grundstücken); Ausnahme: Veräußerungen zur Förderung von sozialen Einrichtungen, des sozialen Wohnungsbaus, des Denkmalschutzes und der Bildung privaten Eigentums unter sozialen Gesichtspunkten; Genehmigung auch bei Begründung und Veräußerung von Erbbaurechten (weitere Hinweise: VwV kommunale Grundstücksveräußerung, Ord.-Ziffer S 182). – **SA:** Voraussetzungen für Nichtbeanstandung: Veräußerung grundsätzlich nur zum vollen Wert (Ausschreibung, Gutachteraus-	

Liegen-
schaftsrecht

Tatbestand	Anwendungsbereich/ Ausnahmen	Zuständige Behörde/ Voraussetzungen
	schuß, bei unbedeutenden Verkäufen Bodenrichtwertkarte). Vgl. Verwaltungsvorschrift zur Landeshaushaltsordnung (VV-LHO) des Ministeriums der Finanzen vom 01.02.2001 (MBl. S. 241 und RdErl. des MF vom 20.3.2018 (Ziffer SA Nr. 182). **Vorwegbeleihung (Thüringen):** Generelle Freistellung bei Beachtung eines vorgegebenen Vollmachttextes, VO vom 26. 01. 2006 - Ziffer Th 182.	
2. Kirchenaufsichtsrechtliche Genehmigungen nach dem Recht der jeweiligen (evangelischen) Landeskirche oder des jeweiligen katholischen Bistums zur Durchsetzung kirchenrechtlicher Schranken im Zivilrecht und zum Schutz kirchlichen Vermögens	**Anwendungsbereich:** - Evangelische oder katholische Kirche - Veräußerung, Belastung, Erwerb von Grundstücken, Bestellung von Erbbaurechten, Auflassungsvormerkung, Zustimmungserklärungen nach § 5 ErbbauRG	**Zuständige Behörde:** - Nach kirchenrechtlicher Spezialnorm - Evangelisch: Landeskirche - Katholisch: Bistum (Landesgrenzen stimmen nicht mit Bistumsgrenzen überein)
3. Genehmigung für Grundstücksgeschäfte von Handwerksinnungen und Beschlussfassung der Handwerkskammern zur Vermeidung von Interessenkonflikten und Sicherung des Kammer- bzw. Innungsvermögens, §§ 61 Abs. 3, 89 Abs. 1 Nr. 3 a.E., 106 HandwerksO	**Anwendungsbereich:** - Erwerb, Veräußerung, Belastung durch Handwerksinnung oder Kreishandwerkerschaft, § 61 Abs. 2 Nr. 7a, § 89 HandwerksO - Erwerb und Veräußerung durch Handwerkskammer, §§ 106 Abs. 1 Nr. 9 HandwerksO	**Zuständige Behörde:** - Bei Innung Handwerkskammer, § 61 HandwerksO - Bei Handwerkskammer oberste Landesbehörde § 106 Abs. 2 HandwerksO

Tatbestand	Anwendungsbereich/ Ausnahmen	Zuständige Behörde/ Voraussetzungen
4. Genehmigung beim Erwerb von Grundstücken durch Sozialversicherungsträger zum Schutz der Sozialversicherten, § 85 Abs. 1 SGB IV	**Anwendungsbereich:** – Erwerb (nicht: Veräußerung oder Belastung) von Grundstücken – Ab einem bestimmten Vomhundertsatz des Haushaltsvolumens, § 85 Abs. 2 SGB IV – Die Bestimmung wirkt nicht nur im Innenverhältnis. Instruktiv: BGH vom 28. November 2003 – V ZR 123/03 (NotBZ 2004, 65).	**Zuständige Behörde:** Aufsichtsbehörde (Bundesversicherungsanstalt)
5. Verfügungen inländischer Direktversicherungen, §§ 125, 128, 129 VAG	**Anwendungsbereich:** – Inländisches Direktversicherungsunternehmen §1 VAG – Verfügung über ein dem Deckungsstock zugeführtes Grundstück oder Grundpfandrecht – Nicht bei öffentlich-rechtlichen Versicherern (§ 128 Abs. 1 S. 2 VAG)	**Zuständig für die Genehmigung:** Keine Behörde, sondern der zur Überwachung bestellte Treuhänder gemäß §§ 128, 129 VAG
6. Grundstücksveräußerungen durch inländische Kapitalverwaltungsgesellschaften zur Sicherung des Fondsvermögens, § 84 Abs. 1 KAGB (vormals § 26 InvestmentG)	**Anwendungsbereich:** – Verfügung über oder Belastung von zum Immobilien-Sondervermögen gehörenden Immobilien durch AIF-Kapitalverwaltungsgesellschaften*), § 84 Abs. 1 Nr. 3 und 4 KAGB – Eintragung der Verfügungsbeschränkung im Grundbuch, §§ 83 Abs. 4 Nr. 1, 246, 264 – Verfügung über Beteiligungen an Immobiliengesellschaften, § 84 Abs. 1 Nr. 5 i.V.m. § 1 Abs. 19 Nr. 22 KAGB	**Zuständig für die Genehmigung:** Keine Behörde, sondern Verwahrstelle i.S.v. § 80 Abs. 2 KAGB

Liegenschaftsrecht

*) Gem. § 1 Abs. 16 KAGB sind AIF-Kapitalverwaltungsgesellschaften solche i.S.d. § 17 KAGB, die mindestens einen AIF verwalten oder zu verwalten beabsichtigen. Gem. § 1 Abs. 3 KAGB sind Alternative Investmentfonds (AIF) alle Investmentvermögen, die keine Organismen für gemeinsame Anlagen in Wertpapieren (OGAW) i.S.v. § 1 Abs. 2 KAGB sind.

Tatbestand	Anwendungsbereich/ Ausnahmen	Zuständige Behörde/ Voraussetzungen
III. Genehmigungserfordernisse zur Absicherung der gemeindlichen Bauleitplanung		
1. Teilungsgenehmigung nach Bauplanungsrecht, § 19 BauGB a.F.	Weggefallen m.W. vom 20.7.2004 (BGBl. I S. 1359). S. dazu z.B. Eckert/Höfinghoff, NotBZ 2004, 405 (mit Beratungs- und Formulierungshinweisen zu materiell fortgeltenden Anforderungen).	
2. Genehmigung im Umlegungsverfahren, § 51 Abs. 1 Nr. 1 BauGB	**Anwendungsbereich:** - Zeitlich: Tag der Bekanntmachung des Umlegungsbeschlusses (§ 51 Abs. 1 BauGB) bis Tag der Bekanntmachung der Unanfechtbarkeit des Umlegungsplans oder von Teilen davon, § 71 BauGB - Teilung oder Verfügung über Grundstück und über Rechte an einem Grundstück, § 51 Abs. 1 Nr. 1 BauGB - Vereinbarungen, die einem anderen am Grundstück oder Grundstücksteil Erwerbs-, Nutzungs- oder Bebauungsrecht einräumen - Ausnahmen: Vormerkung, Erbteilsübertragung, Zwangsverfügungen - Erhebliche Veränderungen, Errichtung genehmigungs- oder nicht genehmigungspflichtiger Anlagen, § 51 Abs. 1 Nr. 2–4 BauGB	**Zuständige Behörde:** Umlegungsstelle (§ 46 Abs. 1) oder Umlegungsausschuss (§ 46 Abs. 2, 4 BauGB) **Voraussetzungen:** - Keine wesentliche Erschwerung oder Vereitelung der Umlegung, § 51 Abs. 3 BauGB **Verfahren:** - §§ 51 Abs. 3, 22 Abs. 5 Satz 2 bis 5 BauGB - Genehmigung möglich unter Auflagen etc., Folge § 51 Abs. 4 BauGB - Negativzeugnis nach § 22 Abs. 6 BauGB (Grundbuchsperre) **Verhältnis zu anderen Genehmigungen:** Nachrangig gegenüber sanierungsrechtlicher Genehmigung, Genehmigung im Umlegungsverfahren (§ 51 Abs. 1 Satz 2 BauGB) und im städtebaulichen Entwicklungsverfahren
3. Grundstücksveräußerung im Enteignungsverfahren, § 109 Abs. 1 BauGB	**Anwendungsbereich:** - Ab Bekanntmachung über Einleitung des Enteignungsverfahrens, §§ 109 Abs. 1, 108 Abs. 5 Satz 1 BauGB - die in § 51 BauGB bezeichneten Rechtsvorgänge (vgl. vorstehende Ziffer 2.)	**Zuständige Behörde:** Enteignungsbehörde = Regierungspräsidium (höhere Verwaltungsbehörde), § 104 Abs. 1 BauGB **Voraussetzungen:** Keine Vereitelung oder wesentliche Erschwerung des Enteignungszwecks, § 109 Abs. 2 BauGB

Tatbestand	Anwendungsbereich/ Ausnahmen	Zuständige Behörde/ Voraussetzungen
4. Sanierungsrechtliche Genehmigung zur Absicherung einer städtebaulichen Sanierung sowie zur Preiskontrolle zur Vermeidung von Sanierungsgewinnen und doppelten Zahlungen durch Erwerber, §§ 144, 145 BauGB	**Voraussetzungen:** – Förmlich festgelegtes Sanierungsgebiet (Sanierungssatzung), § 142 Abs. 3 BauGB – Veräußerung eines Grundstücks, Bestellung und Veräußerung eines Erbbaurechts (§ 144 Abs. 2 Nr. 1 BauGB); nicht: Übertragung von Erb- und Gesellschaftsanteilen, vorweggenommene Erbfolge, Eigentumsvormerkung, Abtretung Auflassungsanspruch und Restitutionsanspruch – Bestellung eines Grundpfandrechts (außer bei Baumaßnahmen nach § 148 Abs. 2 BauGB), § 144 Abs. 2 Nr. 2 BauGB – Verpflichtungsvertrag zur Veräußerung oder Belastung eines Grundstücks, § 144 Abs. 2 Nr. 3 BauGB; dessen Genehmigung wirkt auch für das dingliche Rechtsgeschäft – Grundstücksteilung, § 144 Abs. 2 Nr. 5 BauGB – Begründung, Änderung oder Aufhebung einer Baulast, § 144 Abs. 2 Nr. 4 BauGB – Errichtung, Änderung oder Nutzungsänderung von baulichen Anlagen (§§ 14 Abs. 1, 29 BauGB), wesentliche Veränderungen, § 14 Abs. 1 Nr. 2 BauGB – Begründung oder Verlängerung schuldrechtlicher Nutzungsverhältnisse > 1 Jahr, § 144 Abs. 1 Nr. 1 BauGB – Ausnahmen: Beteiligung der Gemeinde oder des Sanierungsträgers für das Treuhandvermögen, § 144 Abs. 4 Nr. 1 BauGB – Landesverteidigung, § 144 Abs. 4 Nr. 4 BauGB – Bedarfsträger bei Planfeststellungsverfahren, § 144 Abs. 4 Nr. 5 BauGB – Vorweggenommene Erbfolge, § 144 Abs. 4 Nr. 2 BauGB	**Zuständige Behörde:** Gemeinde, § 144 Abs. 1 BauGB **Voraussetzungen:** – Keine wesentliche Erschwerung oder Vereitelung der Sanierung (§ 145 Abs. 2 BauGB), genehmigungspflichtiger Vorgang darf nicht Ziel und Zweck der Sanierung zuwiderlaufen – Insbesondere: Kaufpreis liegt nicht (wesentlich) über dem Anfangswert des Grundstücks, § 153 Abs. 2 BauGB – Genehmigungsanspruch bei Verzicht auf Entschädigung, § 145 Abs. 3 BauGB **Grundbuchverfahren:** – §§ 145 Abs. 6, § 22 Abs. 6 BauGB

Liegen-schaftsrecht

Tatbestand	Anwendungsbereich/ Ausnahmen	Zuständige Behörde/ Voraussetzungen
5. Genehmigung für Rechtsgeschäfte und Handlungen im städtebaulichen Entwicklungsbereich (wie Sanierungsgenehmigung), §§ 169 Abs. 1 Nr. 3, 144, 145 BauGB	**Anwendungsbereich:** – Städtebaulicher Entwicklungsbereich, § 165 Abs. 3, 6 BauGB – Verweis auf den Anwendungsbereich der sanierungsrechtlichen Genehmigung, § 169 Abs. 1 Nr. 3, 6, §§ 144, 145 BauGB), s.o.	**Zuständige Behörde:** Gemeinde, s.o. **Voraussetzungen:** – Keine wesentliche Erschwerung oder Vereitelung der städtebaulichen Entwicklungsmaßnahme, §§ 169 Abs. 1 Nr. 3, 145 Abs. 3 BauGB. Im übrigen wie bei der sanierungsrechtlichen Genehmigung **Grundbuchverfahren:** – §§ 169 Abs. 1 Nr. 3, 145 Abs. 6, 22, Abs. 6 BauGB
6. Genehmigung für die Begründung von Wohnungseigentum in Fremdenverkehrsgebieten zur Verhinderung von Zweitwohnungssiedlungen und dadurch entstehenden Beeinträchtigung des Fremdenverkehrs, § 22 Abs. 1 BauGB	**Anwendungsbereich:** – Begründung oder Teilung von Wohnungseigentum, Wohnungserbbaurechten, Dauerwohnrechten (§ 22 Abs. 1 Nr. 1 und 2 BauGB) – Zuweisung von Räumen zur ausschließlichen Nutzung und Ausschluss der Aufhebung der Gemeinschaft gem. § 1010 BGB am bestehenden Bruchteilseigentum oder bei dessen Begründung – Nutzung als Nebenwohnung, wenn die Räume ≥ halbes Jahr unbewohnt sind – Fremdenverkehrsgebiet (ausnahmsweise auch ganze Gemeinde), § 22 Abs. 1 Satz 1 BauGB – Entsprechende Satzung für Fremdenverkehrsgebiet (Bebauungsplan oder eigene Satzung), § 22 Abs. 1 BauGB	**Zuständige Behörde:** Bauaufsichtsbehörde im Einvernehmen mit Gemeinde, § 22 Abs. 5 BauGB **Voraussetzungen:** – Keine Beeinträchtigung der Zweckbestimmung für den Fremdenverkehr und dadurch die städtebauliche Ordnung und Entwicklung (§ 22 Abs. 4 BauGB) **Grundbuchverfahren:** – § 22 Abs. 6 BauGB

Tatbestand	Anwendungsbereich/ Ausnahmen	Zuständige Behörde/ Voraussetzungen
7. Genehmigung für Begründung und Veräußerung von Wohnungs- und Teileigentum im Geltungsbereich einer Erhaltungssatzung zum Schutz der alteingesessenen Wohnbevölkerung, § 172 Abs. 1 Satz 1 Nr. 2 und Satz 4 BauGB	**Anwendungsbereich:** – Geltungsgebiet einer Erhaltungssatzung, § 172 Abs. 1 Satz 1 BauGB – Begründung oder Veräußerung von Wohnungs- oder Teileigentum, Wohnungs- und Teilerbbaurechten – Entsprechende, eine Genehmigungspflicht anordnende Landesrechtsverordnung. In **Bbg, MV, S, SA, Th** wurde keine derartige Verordnung erlassen.	**Zuständige Behörde:** Gemeinde, § 173 Abs. 1 Satz 1 BauGB **Voraussetzungen:** – Einzig zulässiger Versagungsgrund: Erhaltung der Zusammensetzung der Wohnbevölkerung (§ 172 Abs. 4 Satz 1 BauGB). Dennoch Genehmigungsanspruch bei wirtschaftlicher Unzumutbarkeit der Verweigerung (§ 172 Abs. 4 Satz 2 BauGB), Sicherung zeitgemäßer Ausstattung (Abs. 4 Satz 3 Nr. 1), Anpassung an Anforderungen der EnEV (Abs. 4 Satz 3 Nr. 1a), Aufteilung eines Nachlaßgrundstücks für Miterben (Abs. 4 Satz 3 Nr. 2), Eigennutzung durch Angehörige (Abs. 4 Satz 3 Nr. 3), Eigentumsvormerkung für Käufer vor Eintragung des Genehmigungsvorbehaltes (Abs. 4 Satz 3 Nr. 4), bisher keine Nutzung als Wohnung (Abs. 4 Satz 3 Nr. 5), Verpflichtung des Eigentümers, innerhalb von 7 Jahren ab Begründung von Wohnungseigentum nur an Mieter zu veräußern (§ 172 Abs. 4 Nr. 1–5 BauGB). **Grundbuchverfahren:** §§ 172 Abs. 1 Satz 6, 22 Abs. 6 BauGB

Liegenschaftsrecht

Tatbestand	Anwendungsbereich/ Ausnahmen	Zuständige Behörde/ Voraussetzungen
IV. Landesrechtliche Genehmigungserfordernisse zur Durchsetzung bauordnungsrechtlicher, forstwirtschaftlicher und enteignungsrechtlicher Anforderungen		
1. Teilungsgenehmigung nach Bauordnungsrecht	**Anwendungsbereich:** – Teilung eines Grundstücks, das bebaut werden soll oder dessen Bebauung genehmigt ist – Die Landesbauordnungen von Bbg, MV, S, S-A und Th sehen **keine** Genehmigungspflicht vor.	**Hinweis:** Trotz fehlender Genehmigungspflicht gelten die Anforderungen des **materiellen Bauordnungsrechts**. In Thüringen besteht insoweit die Möglichkeit, ein **Positivzeugnis** von der Bauordnungsbehörde zu erhalten. Im Grundbuchverfahren ist es nicht erforderlich. Dazu: **Watoro**, NotBZ 2004, 416.
2. Teilungsgenehmigung nach den Landeswaldgesetzen – Th: § 42 LWaldG Nicht in Bbg, MV, S, SA	**Anwendungsbereich:** – Waldfläche im gemeinschaftlichen Eigentum einer Waldgenossenschaft, außer im Fall der Liquidation – Veräußerung einer Teilfläche	**Zuständige Behörde:** – Untere Forstbehörde (§ 59 Abs. 1 LWaldG) **Voraussetzungen:** – Erteilung der Genehmigung nach § 10 LWaldG – dringendes öffentliches Interesse
3. Genehmigung zur Veräußerung von Körperschaftswald, § 33 Abs. 2 ThürWaldG (nur Thüringen)	**Anwendungsbereich:** – Veräußerung – Von Körperschaftswald (Alleineigentum von Gemeinden, Zweckverbänden, Körperschaften des öffentlichen Rechts), § 4 Nr. 2 ThürWaldG	**Zuständige Behörde:** oberste Forstbehörde (das für Forstwirtschaft zuständige Ministerium, § 33 Abs. 2 Satz 1 i.V.m. § 59 Abs. 1 Nr. 1 ThürWaldG **Voraussetzungen:** Interessenabwägung: Belange, Rechte und Pflichten der Eigentümer überwiegen Belange des Allgemeinwohls, Berücksichtigung der Beeinträchtigung der allgemeinen Waldfunktionen
4. Genehmigung der Übertragung von Fischereirechten, § 6 Abs. 1 Bbg FischG (nur Brandenburg), aber Vorkaufsrecht auch gem. § 8 FischG SA	**Anwendungsbereich:** – Brandenburgisches Gewässer – Selbständiges Fischereirecht (unabhängig vom Eigentum), § 4 Abs. 2 Bbg FischG	**Zuständige Behörde:** Fischereibehörde

Tatbestand	Anwendungsbereich/ Ausnahmen	Zuständige Behörde/ Voraussetzungen
5. Verfügungs- und Veränderungssperre im Enteignungsverfahren, § 26 EntG Bbg, § 25 EntG SA, § 25 Thür EG	**Anwendungsbereich:** – Ab Bekanntmachung des Enteignungsverfahrens oder Planauslegung im enteignungsrechtlichen Planfeststellungsverfahren – Grundstücksteilung, Verfügung über ein Grundstück, Vereinbarung, die ein Recht zum Erwerb oder zur Nutzung eines Grundstücks einräumt – **SA:** Keine Verfügungs- oder Veränderungssperre nach anderen Gesetzen	**Zuständige Behörde:** Enteignungsbehörde **Voraussetzungen:** Keine wesentliche Erschwerung oder Vereitelung des Enteignungszwecks
V. Besondere Genehmigungserfordernisse im Wiedervereinigungsrecht		
1. Genehmigung nach § 11 c Satz 1, 5 VermG zur Verhinderung eines gutgläubigen Erwerbs Dritter von noch im Grundbuch eingetragenen Personen zur Vermeidung doppelter Regulierung vermögensrechtlicher Ansprüche	**Anwendungsbereich:** – Vermögenswerte, die Gegenstand einer vermögensrechtlichen Vereinbarung durch die DDR auf zwischenstaatlicher Ebene sind (§ 1 Abs. 8 b VermG; mit Dänemark, Schweden, Finnland, Österreich), sowie unter das Abkommen v. 13.5.1992 mit den USA fallende Vermögensgegenstände – Verfügung über Grundstücke, Gebäude, Grundpfandrechte – Nicht: zugrunde liegende schuldrechtliche Verträge – Zustimmungsvorbehalt entsteht erst durch Vermerk im Grundbuch, § 11 c Satz 2 VermG	**Zuständige Behörde:** – § 11 c Satz 1 VermG: Bundesamt zur Regelung offener Vermögensfragen – § 11 c Satz 5 VermG: Für die Verwaltung des Vermögensgegenstandes zuständige Bundesbehörde (bzgl. Abkommen mit den USA)
2. Genehmigung nach § 6 Abs. 4 BoSoG zur Absicherung des Bodensonderungsverfahrens	**Anwendungsbereich:** – Bodensonderungsverfahren nach § 1 Abs. 3 und 4 BoSoG – Verfügung über Grundstücke und grundstücksgleiche Rechte – Anordnung des Zustimmungserfordernisses durch Bodensonderungsbehörde – Zustimmungsvorbehalt entsteht erst durch Vermerk im Grundbuch	**Zuständige Behörde:** Bodensonderungsbehörde (= Katasterbehörde), bei Bodenneuordnung die Gemeinde **Voraussetzungen:** Keine Beeinträchtigung der Durchführung des Bodensonderungsverfahrens

Tatbestand	Anwendungsbereich/ Ausnahmen	Zuständige Behörde/ Voraussetzungen
3. Genehmigungsvorbehalt zur Absicherung der Bodenordnung nach Ausscheiden eines LPG- oder Genossenschaftsmitglieds	**Anwendungsbereich:** – Bodenordnungsverfahren nach §§ 53 ff. LwAnpG, 13 Satz 2 GBBerG, 6 Abs. 4 BoSoG – Verfügung über Grundstücke und grundstücksgleiche Rechte – Anordnung des Zustimmungserfordernisses durch Flurneuordnungsbehörde – Zustimmungsvorbehalt entsteht erst durch Vermerk im Grundbuch	**Zuständige Behörde:** Flurneuordnungsbehörde **Voraussetzungen:** Keine Beeinträchtigung der Durchführung des Bodenordnungsverfahrens
4. § 3 Abs. 10 AusglLG zur Kontrolle der Weiterveräußerung von Grundstücken durch Neu- oder Wiedereinrichter	**Anwendungsbereich:** – Nach § 3 AusglLG erworbene land- oder forstwirtschaftliche Flächen – Veräußerung binnen 20 Jahren nach Erwerb (nicht: Belastung) – Zustimmungsvorbehalt entsteht erst durch Vermerk gemäß § 13 Abs. 3 FlErwVO im Grundbuch	**Zuständige Behörde:** Privatisierungsbehörde **Voraussetzungen:** Abführung eines Mehrerlöses an Rechtsnachfolgerin der Treuhandanstalt (BvS)
VI. Genehmigungserfordernisse zum Schutz eines gesetzlich Vertretenen vor seinem gesetzlichen Vertreter		
1. Familiengerichtliche Genehmigung für den Vormund, §§ 1821, 1822 BGB	**Anwendungsbereich:** – Übertragung von Grundstückseigentum, Miteigentumsanteil, Begründung und Übertragung von Wohnungseigentum (auch Rückauflassung bei vertraglichem Rücktrittsrecht, auch bei Gesamthandseigentum mit Beteiligung von Minderjährigem), Belastung mit Grundpfandrecht (Veräußerung von Grundpfandrechten und Restkaufpreishypothek nach § 1812 Abs. 2, 3) – Nicht: Restkaufpreishypothek, Bewilligung zur Grundbuchberichtigung, Auflassungsvormerkung, Zustimmung als Nacherbe (siehe Nacherbenpflegschaft) – Verfügung über Auflassungsanspruch, § 1821 Abs. 1 Nr. 2 BGB – Zugrunde liegender schuldrechtlicher Vertrag, § 1821 Abs. 1 Nr. 4 BGB – Verpflichtung zum Erwerb eines Grundstücks, § 1821 Abs. 1 Nr. 5 BGB – Verfügung über Miterbenanteil, § 1822 Nr. 1 BGB	**Zuständiges Gericht:** Familiengericht (§ 1821 BGB) **Voraussetzung:** Positive Ermessensentscheidung

Tatbestand	Anwendungsbereich/ Ausnahmen	Zuständige Behörde/ Voraussetzungen
2. Familiengerichtliche Genehmigung für die gesetzlichen Vertreter Minderjähriger, §§ 1643, 1821, 1822 Nr. 1, 3, 5, 8–11 BGB	**Anwendungsbereich:** Bei Grundstücksgeschäften wie familiengerichtliche Genehmigung, s.o.	**Zuständiges Gericht:** Familiengericht, § 1643 Abs. 1 Satz 1 BGB **Voraussetzungen:** Positive Ermessensentscheidung
3. Betreuungsgerichtliche Genehmigung für den Betreuer, § 1908 i BGB	**Anwendungsbereich:** Wie familiengerichtliche Genehmigung, s.o. (§ 1908 i Abs. 1, §§ 1821, 1822 BGB)	**Zuständiges Gericht:** Betreuungsgericht **Voraussetzungen:** Positive Ermessensentscheidung
4. Nachlaßgerichtliche Genehmigung für den Nachlaßpfleger, § 1960 BGB	**Anwendungsbereich:** Wie familiengerichtliche Genehmigung, s.o. (§ 1960 Abs. 1, §§ 1821, 1822 BGB)	**Zuständiges Gericht:** Nachlaßgericht (§ 1962 BGB) **Voraussetzungen:** Positive Ermessensentscheidung
5. Gerichtliche Genehmigung für den Pfleger nach § 17 SachenRBerG	**Anwendungsbereich:** Wie familiengerichtliche Genehmigung, s.o.	**Zuständiges Gericht:** Betreuungs- bzw. Familiengericht des belegenen Grundstücks, § 17 Abs. 2 SachenRBerG **Voraussetzungen:** Positive Ermessensentscheidung
6. Genehmigung für den gesetzlichen Vertreter des Eigentümers im Beitrittsgebiet gemäß Art. 233 §2 Abs.3 Satz 2 EGBGB i.V.m. § 16 Abs. 4 VwVfG, §§ 1915, 1821 BGB	**Anwendungsbereich:** – Wie familiengerichtliche Genehmigung, s.o. – Bestellung des Vertreters erfolgt durch Landkreis oder kreisfreie Stadt, in dessen oder deren Gebiet sich das Grundstück befindet. Str. bei jur. Person des öffentl. Rechts als Vertreter, vgl. OLG Brandenburg NotBZ 2004, 484 (Vormundschaftsgericht) und dazu *Egerland,* NotBZ 2005, 90	**Zuständiges Gericht:** Bestellungsbehörde (Landkreis oder kreisfreie Stadt), a. A. Familiengericht **Voraussetzungen:** Positive Ermessensentscheidung

Liegenschaftsrecht

Tatbestand	Anwendungsbereich/ Ausnahmen	Zuständige Behörde/ Voraussetzungen
7. Gesetzlicher Vertreter des Eigentümers vormals staatlich verwalteter Grundstücke gemäß § 11 b Abs. 1 Satz 5 VermG, § 8 Abs. 5 Satz 3 BoSoG, § 1821 BGB	**Anwendungsbereich:** – Wie familiengerichtliche Genehmigung, s.o. – Bestellung des Vertreters erfolgt durch Landkreis oder kreisfreie Stadt, in dessen oder deren Gebiet sich das Grundstück befindet	**Zuständiges Gericht:** Bestellungsbehörde (Landkreis oder kreisfreie Stadt), a. A. Familiengericht **Voraussetzungen:** Positive Ermessensentscheidung
VII. Genehmigungserfordernisse zum Schutze von Sozialversicherten		
Genehmigung bei Weiterveräußerung bzw. Belastung durch Versorgungsberechtigten, § 75 BundesversorgungsG	**Anwendungsbereich:** – Versorgungsempfänger erhält anstelle einer Rente Kapitalabfindung zum Erwerb eines Grundstücks – Weiterveräußerung, Belastung eines mit dieser Kapitalabfindung erworbenen Grundstücks, Wohnungseigentums, Erbbaurechts, Wohnungserbbaurechts, Vormerkung (str.) – binnen 5 Jahren nach Erwerb des Grundstücks – Zustimmungsvorbehalt wird erst mit Eintragung im Grundbuch wirksam	**Zuständige Behörde:** Versorgungsamt

Tatbestand	Anwendungsbereich/ Ausnahmen	Zuständige Behörde/ Voraussetzungen
VIII. Weggefallene Genehmigungserfordernisse		
1. Art. 86 EGGBG, Genehmigung beim Erwerb inländischer Grundstücke durch Ausländer **2. § 610 RVO, Genehmigung bei der Veräußerung eines Grundstückes durch einen Sozialversicherten, der anstelle einer Rente eine Kapitalabfindung zum Erwerb eines Grundstückes erhalten hat** **3. Verfügungsbeschränkung nach Reichsheimstättengesetz (im Beitrittsgebiet schon wegen Art. 15 Abs. 2 EGZGB gegenstandslos), aufgehoben durch Gesetz v. 17.6.1993 (BGBl. I S. 912)** **4. Genehmigungserfordernis für bestimmte Wertsicherungsklauseln nach § 2 Abs. 1 S.1 PklG a.F. i.V.m. der Preisklauselverordnung**		
IX. Weitere in der Literatur genannte Genehmigungserfordernisse		
1. §§ 16, 17 HöfeO	**Anwendungsbereich:** – Übergabeverträge und Verfügungen von Todes wegen – bzgl. landwirtschaftlicher Hofstellen i.S.d. Höfeordnung in Hamburg, Niedersachsen, Nordrhein-Westfalen, Schleswig-Holstein, für die gemäß §§ 4 ff. HöfeO ein besonderes, einen einzigen Erben begünstigendes Erbrecht gilt – Anwendungsbereich des Genehmigungserfordernisses nach § 2 GrdstVG eröffnet	
2. § 20 b PartG-DDR	**Anwendungsbereich:** Verfügungen von DDR-Parteien und mit ihnen verbundenen Organisationen	
3. Schuldenregelungsgesetz v. 1.6.1933 (RGBl. I S. 331)	**Anwendungsbereich:** – Land-, forst- oder gartenwirtschaftliches Grundstück, das Gegenstand eines Entschuldungsverfahrens nach dem Schuldenregelungsgesetz v. 1.6.1933 war – Entschuldungsvermerk nach § 80 SchuldenregelungsG noch nicht gelöscht – Unanwendbar in den neuen Ländern aufgrund VO-DDR v. 17.2.1954 (Beendigung der Entschuldung)	

Tatbestand	Anwendungsbereich/ Ausnahmen	Zuständige Behörde/ Voraussetzungen
4. Art. 1, 19 BayAlmG	**Anwendungsbereich:** Veräußerung, Belastung und sonstige Rechtsänderungen an bayerischen Almgrundstücken	
5. § 7 des Gesetzes über die Aufhebung der Familienfideikommisse v. 6. 7. 1938 (RGBl. I S. 825)	**Anwendungsbereich:** – Verfügung über Grundstücke – Verfügungsbeschränkung durch Fideikommißgericht angeordnet und im Grundbuch eingetragen	
6. Art. 107 AEUV	**Anwendungsbereich:** – Beihilfen (z. B. verbilligte Abgabe von Grundstücken) – aus staatlichen Mitteln – Begünstigung bestimmter Unternehmen/Produktionszweige – Beeinträchtigung des Handels zwischen den Mitgliedsstaaten – Wettbewerbsverfälschung – Spürbarkeit	Notifizierungsverfahren, Art. 108 AEUV

Verordnung über die Pflichten der Immobilienmakler, Darlehensvermittler, Bauträger, Baubetreuer und Wohnimmobilienverwalter

(Makler- und Bauträgerverordnung – MaBV)

vom 20. Juni 1974 (BGBl. I S.1314)
i. d. F. vom 7. November 1990 (BGBl. I S. 2479)
zuletzt geändert durch Gesetz vom 9. Mai 2018 (BGBl. I S. 550)

– Auszug –

§ 3
Besondere Sicherungspflichten für Bauträger

(1) [1]Der Gewerbetreibende darf in den Fällen das § 34 c Abs. 1 Satz 1 Nummer 3 Buchstabe a der Gewerbeordnung, sofern dem Auftraggeber Eigentum an einem Grundstück übertragen oder ein Erbbaurecht bestellt oder übertragen werden soll, Vermögenswerte des Auftraggebers zur Ausführung des Auftrages erst entgegennehmen oder sich zu deren Verwendung ermächtigen lassen, wenn

1. der Vertrag zwischen dem Gewerbetreibenden und dem Auftraggeber rechtswirksam ist und die für seinen Vollzug erforderlichen Genehmigungen vorliegen, diese Voraussetzungen durch eine schriftliche Mitteilung des Notars bestätigt und dem Gewerbetreibenden keine vertraglichen Rücktrittsrechte eingeräumt sind,
2. zur Sicherung des Anspruchs des Auftraggebers auf Eigentumsübertragung oder Bestellung oder Übertragung eines Erbbaurechts an dem Vertragsobjekt eine Vormerkung an der vereinbarten Rangstelle im Grundbuch eingetragen ist; bezieht sich der Anspruch auf Wohnungs- oder Teileigentum oder ein Wohnungs- oder Teilerbbaurecht, so muß außerdem die Begründung dieses Rechts im Grundbuch vollzogen sein,
3. die Freistellung des Vertragsobjekts von allen Grundpfandrechten, die der Vormerkung im Range vorgehen oder gleichstehen und nicht übernommen werden sollen, gesichert ist, und zwar auch für den Fall, daß das Bauvorhaben nicht vollendet wird,
4. die Baugenehmigung erteilt worden ist oder, wenn eine Baugenehmigung nicht oder nicht zwingend vorgesehen ist,
   a) von der zuständigen Behörde bestätigt worden ist, dass
      aa) die Baugenehmigung als erteilt gilt oder
      bb) nach den baurechtlichen Vorschriften mit dem Vorhaben begonnen werden darf, oder,
   b) wenn eine derartige Bestätigung nicht vorgesehen ist, von dem Gewerbetreibenden bestätigt worden ist, dass
      aa) die Baugenehmigung als erteilt gilt oder
      bb) nach den baurechtlichen Vorschriften mit dem Bauvorhaben begonnen werden darf,

   und nach Eingang dieser Bestätigung beim Auftraggeber mindestens ein Monat vergangen ist.

Liegenschaftsrecht

[2]Die Freistellung nach Satz 1 Nr. 3 ist gesichert, wenn gewährleistet ist, dass die nicht zu übernehmenden Grundpfandrechte im Grundbuch gelöscht werden, und zwar, wenn das Bauvorhaben vollendet wird, unverzüglich nach Zahlung der geschuldeten Vertragssumme, andernfalls unverzüglich nach Zahlung des dem erreichten Bautenstand entsprechenden Teils der geschuldeten Vertragssumme durch den Auftraggeber. [3]Für den Fall, dass das Bauvorhaben nicht vollendet wird, kann sich der Kreditgeber vorbehalten, an Stelle der Freistellung alle vom Auftraggeber vertragsgemäß im Rahmen des Absatzes 2 bereits geleisteten Zahlungen bis zum anteiligen Wert des Vertragsobjekts zurückzuzahlen. [4]Die zur Sicherung der Freistellung erforderlichen Erklärungen einschließlich etwaiger Erklärungen nach Satz 3 müssen dem Auftraggeber ausgehändigt worden sein. [5]Liegen sie bei Abschluss des notariellen Vertrages bereits vor, muss auf sie in dem Vertrag Bezug genommen sein; andernfalls muss der Vertrag einen ausdrücklichen Hinweis auf die Verpflichtung des Gewerbetreibenden zur Aushändigung der Erklärungen und deren notwendigen Inhalt enthalten.

(2) [1]Der Gewerbetreibende darf in den Fällen des Absatzes 1 die Vermögenswerte ferner in bis zu sieben Teilbeträgen entsprechend dem Bauablauf entgegennehmen oder sich zu deren Verwendung ermächtigen lassen. [2]Die Teilbeträge können aus den nachfolgenden Vomhundertsätzen zusammengesetzt werden:

1. 30 vom Hundert der Vertragssumme in den Fällen, in denen Eigentum an einem Grundstück übertragen werden soll, oder 20 vom Hundert der Vertragssumme in den Fällen, in denen ein Erbbaurecht bestellt oder übertragen werden soll, nach Beginn der Erdarbeiten,
2. von der restlichen Vertragssumme
   - 40 vom Hundert nach Rohbaufertigstellung, einschließlich Zimmererarbeiten,
   - 8 vom Hundert für die Herstellung der Dachflächen und Dachrinnen,
   - 3 vom Hundert für die Rohinstallation der Heizungsanlagen,
   - 3 vom Hundert für die Rohinstallation der Sanitäranlagen,
   - 3 vom Hundert für die Rohinstallation der Elektroanlagen,
   - 10 vom Hundert für den Fenstereinbau, einschließlich der Verglasung,
   - 6 vom Hundert für den Innenputz, ausgenommen Beiputzarbeiten,
   - 3 vom Hundert für den Estrich
   - 4 vom Hundert für die Fliesenarbeiten im Sanitärbereich,
   - 12 vom Hundert nach Bezugsfertigkeit und Zug um Zug gegen Besitzübergabe,
   - 3 vom Hundert für die Fassadenarbeiten,
   - 5 vom Hundert nach vollständiger Fertigstellung.

[3]Sofern einzelne der in Satz 2 Nr. 2 genannten Leistungen nicht anfallen, wird der jeweilige Vomhundertsatz anteilig auf die übrigen Raten verteilt. [4]Betrifft das Bauvorhaben einen Altbau, so gelten die Sätze 1 und 2 mit der Maßgabe entsprechend, dass der hiernach zu errechnende Teilbetrag für schon erbrachte Leistungen mit Vorliegen der Voraussetzungen des Absatzes 1 entgegengenommen werden kann.

(3) Der Gewerbetreibende darf in den Fällen des § 34 c Abs. 1 Satz 1 Nr. 4 Buchstabe a*) der Gewerbeordnung, sofern ein Nutzungsverhältnis begründet werden soll, Vermögenswerte des Auftraggebers zur Ausführung des Auftrages in Höhe von 20 vom Hundert der Vertragssumme nach Vertragsabschluss entgegennehmen oder sich zu deren Verwendung ermächtigen lassen; im Übrigen gelten Absatz 1 Satz 1 Nr. 1 und 4 und Absatz 2 entsprechend.

§ 7
Ausnahmevorschrift

(1) [1]Gewerbetreibende im Sinne des § 34 c Abs. 1 Satz 1 Nr. 3 Buchstabe a der Gewerbeordnung, die dem Auftraggeber Eigentum an einem Grundstück zu übertragen oder ein Erbbaurecht zu bestellen oder zu übertragen haben, sind von den Verpflichtungen des § 3 Abs. 1 und 2, des § 4 Abs. 1 und der §§ 5 und 6, die übrigen Gewerbetreibenden im Sinne des § 34 c Abs. 1 der Gewerbeordnung sind von den Verpflichtungen des § 2, des § 3 Abs. 3 und der §§ 4 bis 6 freigestellt, sofern sie Sicherheit für alle etwaigen Ansprüche des Auftraggebers auf Rückgewähr oder Auszahlung seiner Vermögenswerte im Sinne des § 2 Abs. 1 Satz 1 geleistet haben. [2]§ 2 Abs. 2, Abs. 4 Satz 2 und 3 und Abs. 5 Satz 1 gilt entsprechend. [3]In den Fällen des § 34 c Abs. 1 Satz 1 Nr. 3 Buchstabe a der Gewerbeordnung, in denen dem Auftraggeber Eigentum an einem Grundstück übertragen oder ein Erbbaurecht bestellt oder übertragen werden soll, ist die Sicherheit aufrechtzuerhalten, bis die Voraussetzungen des § 3 Abs. 1 erfüllt sind und das Vertragsobjekt vollständig fertiggestellt ist. [4]Ein Austausch der Sicherungen der §§ 2 bis 6 und derjenigen des § 7 ist zulässig.

(2) [1]Der Gewerbetreibende ist von den in Absatz 1 Satz 1 erwähnten Verpflichtungen auch dann freigestellt, wenn es sich bei dem Auftraggeber um

1. eine juristische Person des öffentlichen Rechts oder ein öffentlich-rechtliches Sondervermögen oder
2. einen in das Handelsregister oder das Genossenschaftsregister eingetragenen Kaufmann handelt

und der Auftraggeber in gesonderter Urkunde auf die Anwendung dieser Bestimmungen verzichtet. [2]Im Falle des Satzes 1 Nr. 2 hat sich der Gewerbetreibende vom Auftraggeber dessen Eigenschaft als Kaufmann durch einen Auszug aus dem Handelsregister oder dem Genossenschaftsregister nachweisen zu lassen.

Liegen-schaftsrecht

Handelsgesetzbuch
(HGB)

vom 10. Mai 1897, RGBl. I S. 219
zuletzt geändert durch Gesetz vom 10. Juni 2021 (BGBl. I S. 1498 und 1534)

– Auszug –

Erstes Buch: Handelsstand

Erster Abschnitt: Kaufleute

§ 1 Istkaufmann*)

(1) Kaufmann im Sinne dieses Gesetzbuchs ist, wer ein Handelsgewerbe betreibt.

(2) Handelsgewerbe ist jeder Gewerbebetrieb, es sei denn, dass das Unternehmen nach Art oder Umfang einen in kaufmännischer Weise eingerichteten Geschäftsbetrieb nicht erfordert.

§ 2 Kannkaufmann

[1]Ein gewerbliches Unternehmen, dessen Gewerbebetrieb nicht schon nach § 1 Abs. 2 Handelsgewerbe ist, gilt als Handelsgewerbe im Sinne dieses Gesetzbuchs, wenn die Firma des Unternehmens in das Handelsregister eingetragen ist. [2]Der Unternehmer ist berechtigt, aber nicht verpflichtet, die Eintragung nach den für die Eintragung kaufmännischer Firmen geltenden Vorschriften herbeizuführen. [3]Ist die Eintragung erfolgt, so findet eine Löschung der Firma auch auf Antrag des Unternehmers statt, sofern nicht die Voraussetzung des § 1 Abs. 2 eingetreten ist.

§ 3 Land- und Forstwirtschaft

(1) Auf den Betrieb der Land- und Forstwirtschaft finden die Vorschriften des § 1 keine Anwendung.

(2) Für ein land- oder forstwirtschaftliches Unternehmen, das nach Art und Umfang einen in kaufmännischer Weise eingerichteten Geschäftsbetrieb erfordert, gilt § 2 mit der Maßgabe, dass nach Eintragung in das Handelsregister eine Löschung der Firma nur nach den allgemeinen Vorschriften stattfindet, welche für die Löschung kaufmännischer Firmen gelten.

(3) Ist mit dem Betrieb der Land- oder Forstwirtschaft ein Unternehmen verbunden, das nur ein Nebengewerbe des land- oder forstwirtschaftlichen Unternehmens darstellt, so finden auf das im Nebengewerbe betriebene Unternehmen die Vorschriften der Absätze 1 und 2 entsprechende Anwendung.

*) Überschriften teilweise nicht amtlich.

§ 4
(weggefallen)

§ 5 Kaufmann kraft Eintragung

Ist eine Firma im Handelsregister eingetragen, so kann gegenüber demjenigen, welcher sich auf die Eintragung beruft, nicht geltend gemacht werden, dass das unter der Firma betriebene Gewerbe kein Handelsgewerbe sei.

§ 6 Formkaufmann

(1) Die in Betreff der Kaufleute gegebenen Vorschriften finden auch auf die Handelsgesellschaften Anwendung.

(2) Die Rechte und Pflichten eines Vereins, dem das Gesetz ohne Rücksicht auf den Gegenstand des Unternehmens die Eigenschaft eines Kaufmanns beilegt, bleiben unberührt, auch wenn die Voraussetzungen des § 1 Abs. 2 nicht vorliegen.

§ 7 Öffentliches Recht

Durch die Vorschriften des öffentlichen Rechtes, nach welchen die Befugnis zum Gewerbebetrieb ausgeschlossen oder von gewissen Voraussetzungen abhängig gemacht ist, wird die Anwendung der die Kaufleute betreffenden Vorschriften dieses Gesetzbuchs nicht berührt.

Zweiter Abschnitt: Handelsregister; Unternehmensregister

§ 8 Handelsregister

(1) Das Handelsregister wird von den Gerichten elektronisch geführt.

(2) Andere Datensammlungen dürfen nicht unter Verwendung oder Beifügung der Bezeichnung „Handelsregister" in den Verkehr gebracht werden.

§ 8a Eintragung in das Handelsregister; Verordnungsermächtigung

(1) Eine Eintragung in das Handelsregister wird wirksam, sobald sie in den für die Handelsregistereintragungen bestimmten Datenspeicher aufgenommen ist und auf Dauer inhaltlich unverändert in lesbarer Form wiedergegeben werden kann.

(2) [1]Die Landesregierungen werden ermächtigt, durch Rechtsverordnung nähere Bestimmungen über die elektronische Führung des Handelsregisters, die elektronische Anmeldung, die elektronische Einreichung von Dokumenten sowie deren Aufbewahrung zu treffen, soweit nicht durch das Bundesministerium der Justiz und für Verbraucherschutz nach § 387 Abs. 2 des Gesetzes über das Verfahren in Familiensachen und in den Angelegenheiten der freiwilligen Gerichtsbarkeit entsprechende Vorschriften erlassen werden. [2]Dabei können sie auch Einzelheiten der Datenübermittlung regeln sowie die Form zu übermittelnder elektronischer Dokumente festle-

gen, um die Eignung für die Bearbeitung durch das Gericht sicherzustellen. [3]Die Landesregierungen können die Ermächtigung durch Rechtsverordnung auf die Landesjustizverwaltungen übertragen.

§ 8b Unternehmensregister

(1) Das Unternehmensregister wird vorbehaltlich einer Regelung nach § 9a Abs. 1 vom Bundesministerium der Justiz und für Verbraucherschutz elektronisch geführt.

(2) Über die Internetseite des Unternehmensregisters sind zugänglich:

1. Eintragungen im Handelsregister und deren Bekanntmachung und zum Handelsregister eingereichte Dokumente;
2. Eintragungen im Genossenschaftsregister und deren Bekanntmachung und zum Genossenschaftsregister eingereichte Dokumente;
3. Eintragungen im Partnerschaftsregister, soweit sie bekannt gemacht wurden und zum Partnerschaftsregister eingereichte Dokumente;
4. Unterlagen der Rechnungslegung nach den §§ 325 und 339 sowie Unterlagen nach § 341w und deren Bekanntmachung;
5. gesellschaftsrechtliche Bekanntmachungen im Bundesanzeiger;
6. im Aktionärsforum veröffentlichte Eintragungen nach § 127a des Aktiengesetzes;
7. Veröffentlichungen von Unternehmen nach dem Wertpapierhandelsgesetz oder dem Vermögensanlagengesetz im Bundesanzeiger, von Bietern, Gesellschaften, Vorständen und Aufsichtsräten nach dem Wertpapiererwerbs- und Übernahmegesetz im Bundesanzeiger sowie Veröffentlichungen nach der Börsenzulassungs-Verordnung im Bundesanzeiger;
8. Bekanntmachungen und Veröffentlichungen von Kapitalverwaltungsgesellschaften und extern verwalteten Investmentgesellschaften nach den Kapitalanlagegesetzbuch, nach dem Investmentgesetz und dem Investmentsteuergesetz im Bundesanzeiger;
9. Veröffentlichungen und sonstige der Öffentlichkeit zur Verfügung gestellte Informationen nach den §§ 5, 26 Abs. 1 und 2, § 40 Abs. 1, den §§ 41, 46 Abs. 2, den §§ 50, 51 Abs. 2, § 114 Abs. 1 bis § 116 Abs. 2, den §§ 117, 118 Abs. 4 und § 127 des Wertpapierhandelsgesetzes, sofern die Veröffentlichung nicht bereits über Nummer 4 oder Nummer 7 in das Unternehmensregister eingestellt wird;
10. Mitteilungen über kapitalmarktrechtliche Veröffentlichungen an die Bundesanstalt für Finanzdienstleistungsaufsicht, sofern die Veröffentlichung selbst nicht bereits über Nummer 7 oder Nummer 9 in das Unternehmensregister eingestellt wird;
11. Bekanntmachungen der Insolvenzgerichte nach § 9 der Insolvenzordnung, ausgenommen Verfahren nach dem Zehnten Teil der Insolvenzordnung.

(3) [1]Zur Einstellung in das Unternehmensregister sind dem Unternehmensregister zu übermitteln:

1. die Daten nach Absatz 2 Nr. 4 bis 8 und die nach § 326 Abs. 2 von einer Kleinstkapitalgesellschaft hinterlegten Bilanzen durch den Betreiber des Bundesanzeigers;
2. die Daten nach Absatz 2 Nr. 9 und 10 durch den jeweils Veröffentlichungspflichtigen oder den von ihm mit der Veranlassung der Veröffentlichung beauftragten Dritten;

[2]Die Landesjustizverwaltungen übermitteln die Daten nach Absatz 2 Nr. 1 bis 3 und 11 zum Unternehmensregister, soweit die Übermittlung für die Eröffnung eines Zugangs zu den Originaldaten über die Internetseite des Unternehmensregisters erforderlich ist. [3]Die Bundesanstalt für Finanzdienstleistungsaufsicht überwacht die Übermittlung der Veröffentlichungen und der sonstigen der Öffentlichkeit zur Verfügung gestellten Informationen nach den §§ 5, 26 Abs. 1 und 2, § 40 Abs. 1, den §§ 41, 46 Abs. 2, den §§ 50, 51 Abs. 2, § 114 Abs. 1 bis § 116 Abs. 2, den §§ 117, 118 Abs. 4 und § 127 des Wertpapierhandelsgesetzes an das Unternehmensregister zur Speicherung und kann Anordnungen treffen, die zu ihrer Durchsetzung geeignet und erforderlich sind. [4]Die Bundesanstalt kann die gebotene Übermittlung der in Satz 3 genannten Veröffentlichungen, der Öffentlichkeit zur Verfügung gestellten Informationen und Mitteilung auf Kosten des Pflichtigen vornehmen, wenn die Übermittlungspflicht nicht, nicht richtig, nicht vollständig oder nicht in der vorgeschriebenen Weise erfüllt wird. [5]Für die Überwachungstätigkeit der Bundesanstalt gelten § 6 Abs. 3 Satz 1 und 3, Abs. 15 und 16, die §§ 13, 18 und 21 des Wertpapierhandelsgesetzes entsprechend.

(4) [1]Die Führung des Unternehmensregisters schließt die Erteilung von Ausdrucken sowie die Beglaubigung entsprechend § 9 Abs. 3 und 4 hinsichtlich der im Unternehmensregister gespeicherten Unterlagen der Rechnungslegung im Sinn des Absatzes 2 Nr. 4 ein. [2]Gleiches gilt für die elektronische Übermittlung von zum Handelsregister eingereichten Schriftstücken nach § 9 Abs. 2, soweit sich der Antrag auf Unterlagen der Rechnungslegung im Sinn des Absatzes 2 Nr. 4 bezieht; § 9 Abs. 3 gilt entsprechend.

§ 9 Einsichtnahme in das Handelsregister und das Unternehmensregister

(1) [1]Die Einsichtnahme in das Handelsregister sowie in die zum Handelsregister eingereichten Dokumente ist jedem zu Informationszwecken gestattet. [2]Die Landesjustizverwaltungen bestimmen das elektronische Informations- und Kommunikationssystem, über das die Daten aus den Handelsregistern abrufbar sind, und sind für die Abwicklung des elektronischen Abrufverfahrens zuständig. [3]Die Landesregierung kann die Zuständigkeit durch Rechtsverordnung abweichend regeln; sie kann diese Ermächtigung durch Rechtsverordnung auf die Landesjustizverwaltung übertragen. [4]Die Länder können ein länderübergreifendes, zentrales elektronisches Informations- und Kommunikationssystem bestimmen. [5]Sie können auch eine Übertragung der Abwicklungsaufgaben auf die zuständige Stelle eines anderen Landes sowie mit dem Betreiber des Unternehmensregisters eine Übertragung der Abwicklungsaufgaben auf das Unternehmensregister vereinbaren.

(2) Sind Dokumente nur in Papierform vorhanden, kann die elektronische Übermittlung nur für solche Schriftstücke verlangt werden, die weniger als zehn Jahre vor dem Zeitpunkt der Antragstellung zum Handelsregister eingereicht wurden.

(3) [1]Die Übereinstimmung der übermittelten Daten mit dem Inhalt des Handelsregisters und den zum Handelsregister eingereichten Dokumenten wird auf Antrag durch das Gericht beglaubigt. [2]Dafür ist eine qualifizierte elektronische Signatur zu verwenden.

(4) [1]Von den Eintragungen und den eingereichten Dokumenten kann ein Ausdruck verlangt werden. Von den zum Handelsregister eingereichten Schriftstücken, die nur in Papierform vorliegen, kann eine Abschrift gefordert werden. [2]Die Abschrift ist von der Geschäftsstelle zu beglaubigen und der Ausdruck als amtlicher Ausdruck zu fertigen, wenn nicht auf die Beglaubigung verzichtet wird.

(5) Das Gericht hat auf Verlangen eine Bescheinigung darüber zu erteilen, dass bezüglich des Gegenstandes einer Eintragung weitere Eintragungen nicht vorhanden sind oder dass eine bestimmte Eintragung nicht erfolgt ist.

(6) [1]Für die Einsichtnahme in das Unternehmensregister gilt Absatz 1 Satz 1 entsprechend. [2]Anträge nach den Absätzen 2 bis 5 können auch über das Unternehmensregister an das Gericht vermittelt werden. [3]Die Einsichtnahme in die Bilanz einer Kleinstkapitalgesellschaft (§ 267a), die von dem Recht nach § 326 Absatz 2 Gebrauch gemacht hat, erfolgt nur auf Antrag durch Übermittlung einer Kopie.

§ 9a Übertragung der Führung des Unternehmensregisters; Verordnungsermächtigung

(1) [1]Das Bundesministerium der Justiz und für Verbraucherschutz wird ermächtigt, durch Rechtsverordnung mit Zustimmung des Bundesrates einer juristischen Person des Privatrechts die Aufgaben nach § 8b Abs. 1 zu übertragen. [2]Der Beliehene erlangt die Stellung einer Justizbehörde des Bundes. [3]Zur Erstellung von Beglaubigungen führt der Beliehene ein Dienstsiegel; nähere Einzelheiten hierzu können in der Rechtsverordnung nach Satz 1 geregelt werden. [4]Die Dauer der Beleihung ist zu befristen; sie soll fünf Jahre nicht unterschreiten; Kündigungsrechte aus wichtigem Grund sind vorzusehen. [5]Eine juristische Person des Privatrechts darf nur beliehen werden, wenn sie grundlegende Erfahrungen mit der Veröffentlichung von kapitalmarktrechtlichen Informationen und gerichtlichen Mitteilungen, insbesondere Handelsregisterdaten, hat und ihr eine ausreichende technische und finanzielle Ausstattung zur Verfügung steht, die die Gewähr für den langfristigen und sicheren Betrieb des Unternehmensregisters bietet.

(2) [1]Das Bundesministerium der Justiz und für Verbraucherschutz wird ermächtigt, durch Rechtsverordnung mit Zustimmung des Bundesrates Einzelheiten der Datenübermittlung zwischen den Behörden der Länder und dem Unternehmensregister einschließlich Vorgaben über Datenformate zu regeln. [2]Abweichungen von den Verfahrensregelungen durch Landesrecht sind ausgeschlossen.

(3) [1]Das Bundesministerium der Justiz und für Verbraucherschutz wird ermächtigt, durch Rechtsverordnung ohne Zustimmung des Bundesrates die technischen Einzelheiten zu Aufbau und Führung des Unternehmensregisters, Einzelheiten der

Datenübermittlung einschließlich Vorgaben über Datenformate, die nicht unter Absatz 2 fallen, Löschungsfristen für die im Unternehmensregister gespeicherten Daten, Überwachungsrechte der Bundesanstalt für Finanzdienstleistungsaufsicht gegenüber dem Unternehmensregister hinsichtlich der Übermittlung, Einstellung, Verwaltung, Verarbeitung und des Abrufs kapitalmarktrechtlicher Daten einschließlich der Zusammenarbeit mit amtlich bestellten Speicherungssystemen anderer Mitgliedstaaten der Europäischen Union oder anderer Vertragsstaaten des Abkommens über den Europäischen Wirtschaftsraum im Rahmen des Aufbaus eines europaweiten Netzwerks zwischen den Speicherungssystemen, die Zulässigkeit sowie Art und Umfang von Auskunftsdienstleistungen mit den im Unternehmensregister gespeicherten Daten, die über die mit der Führung des Unternehmensregisters verbundenen Aufgaben nach diesem Gesetz hinausgehen, zu regeln. [2]Soweit Regelungen getroffen werden, die kapitalmarktrechtliche Daten berühren, ist die Rechtsverordnung nach Satz 1 im Einvernehmen mit dem Bundesministerium der Finanzen zu erlassen. [3]Die Rechtsverordnung nach Satz 1 hat dem schutzwürdigen Interesse der Unternehmen am Ausschluss einer zweckändernden Verwendung der im Register gespeicherten Daten angemessen Rechnung zu tragen.

§ 9b Europäisches System der Registervernetzung; Verordnungsermächtigung

(1) [1]Die Eintragungen im Handelsregister und die zum Handelsregister eingereichten Dokumente sowie die Unterlagen der Rechnungslegung nach § 325 sind, soweit sie Kapitalgesellschaften betreffen oder Zweigniederlassungen von Kapitalgesellschaften, die dem Recht eines anderen Mitgliedstaates der Europäischen Union oder eines anderen Vertragsstaates des Abkommens über den Europäischen Wirtschaftsraum unterliegen, auch über das Europäische Justizportal zugänglich. [2]Hierzu übermitteln die Landesjustizverwaltungen die Daten des Handelsregisters und der Betreiber des Unternehmensregisters übermittelt die Daten der Rechnungslegungsunterlagen jeweils an die zentrale Europäische Plattform nach Artikel 4a Absatz 1 der Richtlinie 2009/101/EG des Europäischen Parlaments und des Rates vom 16. September 2009 zur Koordinierung der Schutzbestimmungen, die in den Mitgliedstaaten den Gesellschaften im Sinne des Artikels 54 Absatz 2 des Vertrags im Interesse der Gesellschafter sowie Dritter vorgeschrieben sind, um diese Bestimmungen gleichwertig zu gestalten (ABl. L 258 vom 1.10.2009, S. 11), die zuletzt durch die Richtlinie 2013/24/EU (ABl. L 158 vom 10.6.2013, S. 365) geändert worden ist, soweit die Übermittlung für die Eröffnung eines Zugangs zu den Originaldaten über den Suchdienst auf der Internetseite des Europäischen Justizportals erforderlich ist.

(2) [1]Das Registergericht, bei dem das Registerblatt einer Kapitalgesellschaft oder Zweigniederlassung einer Kapitalgesellschaft im Sinne des Absatzes 1 Satz 1 geführt wird, nimmt am Informationsaustausch zwischen den Registern über die zentrale Europäische Plattform teil. [2]Den Kapitalgesellschaften und Zweigniederlassungen von Kapitalgesellschaften im Sinne des Absatzes 1 Satz 1 ist zu diesem Zweck eine einheitliche europäische Kennung zuzuordnen. [3]Das Registergericht übermittelt nach Maßgabe der folgenden Absätze an die zentrale Europäische Plattform die Information über

1. die Eintragung der Eröffnung, Einstellung oder Aufhebung eines Insolvenzverfahrens über das Vermögen der Gesellschaft,
2. die Eintragung der Auflösung der Gesellschaft und die Eintragung über den Schluss der Liquidation oder Abwicklung oder über die Fortsetzung der Gesellschaft,
3. die Löschung der Gesellschaft sowie
4. das Wirksamwerden einer Verschmelzung nach § 122a des Umwandlungsgesetzes.

(3) [1]Die Landesjustizverwaltungen bestimmen das elektronische Informations- und Kommunikationssystem, über das die Daten aus dem Handelsregister zugänglich gemacht (Absatz 1) und im Rahmen des Informationsaustauschs zwischen den Registern übermittelt und empfangen werden (Absatz 2), und sie sind, vorbehaltlich der Zuständigkeit des Betreibers des Unternehmensregisters nach Absatz 1 Satz 2, für die Abwicklung des Datenverkehrs nach den Absätzen 1 und 2 zuständig. [2]§ 9 Absatz 1 Satz 3 bis 5 gilt entsprechend.

(4) Das Bundesministerium der Justiz und für Verbraucherschutz wird ermächtigt, durch Rechtsverordnung mit Zustimmung des Bundesrates die erforderlichen Bestimmungen zu treffen über

1. Struktur, Zuordnung und Verwendung der einheitlichen europäischen Kennung,
2. den Umfang der Mitteilungspflicht im Rahmen des Informationsaustauschs zwischen den Registern und die Liste der dabei zu übermittelnden Daten,
3. die Einzelheiten des elektronischen Datenverkehrs nach den Absätzen 1 und 2 einschließlich Vorgaben über Datenformate und Zahlungsmodalitäten sowie
4. den Zeitpunkt der erstmaligen Datenübermittlung

§ 10 Bekanntmachung der Eintragungen

[1]Das Gericht macht die Eintragungen in das Handelsregister in dem von der Landesjustizverwaltung bestimmten elektronischen Informations- und Kommunikationssystem in der zeitlichen Folge ihrer Eintragung nach Tagen geordnet bekannt; § 9 Abs. 1 Satz 4 und 5 gilt entsprechend. [2]Soweit nicht ein Gesetz etwas anderes vorschreibt, werden die Eintragungen ihrem ganzen Inhalt nach veröffentlicht.

§ 10a Anwendung der Verordnung (EU) 2016/679

(1) [1]Das Auskunftsrecht nach Artikel 15 Abs. 1 und das Recht auf Erhalt einer Kopie nach Artikel 15 Abs. 3 der Verordnung (EU) 2016/679 des Europäischen Parlaments und des Rates vom 27. April 2016 zum Schutz natürlicher Personen bei der Verarbeitung personenbezogener Daten, zum freien Datenverkehr und zur Aufhebung der Richtlinie 95/46/EG (Datenschutz-Grundverordnung) (ABl. L 119 vom 4.5.2016, S. 1; L 314 vom 22.11.2016, S. 72) wird dadurch erfüllt, dass die betroffene Person Einsicht in das Handelsregister und in die zum Handelsregister eingereichten Dokumente sowie in das für die Bekanntmachungen der Eintragungen bestimmte elektronische Informations- und Kommunikationssystem nehmen kann. [2]Eine Information

der betroffenen Person über konkrete Empfänger, gegenüber denen die im Register, in Bekanntmachungen der Eintragungen oder in zum Register einzureichenden Dokumenten enthaltenen personenbezogenen Daten offengelegt werden, erfolgt nicht.

(2) Hinsichtlich der im Handelsregister, in Bekanntmachungen der Eintragungen oder in zum Handelsregister einzureichenden Dokumenten enthaltenen personenbezogenen Daten kann das Recht auf Berichtigung nach Artikel 16 der Verordnung (EU) 2016/679 nur unter den Voraussetzungen ausgeübt werden, die in den §§ 393 bis 395 und §§ 397 bis 399 des Gesetzes über das Verfahren in Familiensachen und in den Angelegenheiten der Freiwilligen Gerichtsbarkeit*) sowie der Rechtsverordnung nach § 387 Abs. 2 des Gesetzes über das Verfahren in Familiensachen und in den Angelegenheiten der Freiwilligen Gerichtsbarkeit für eine Löschung oder Berichtigung vorgesehen sind.

(3) Das Widerspruchsrecht gemäß Artikel 21 der Verordnung (EU) 2016/679 findet in Bezug auf die im Handelsregister, in Bekanntmachungen der Eintragungen oder in zum Handelsregister einzureichenden Dokumenten enthaltenen personenbezogenen Daten keine Anwendung.

§ 11 Offenlegung in der Amtssprache eines Mitgliedstaats der Europäischen Union

[1]Die zum Handelsregister einzureichenden Dokumente sowie der Inhalt einer Eintragung können zusätzlich in jeder Amtssprache eines Mitgliedstaats der Europäischen Union übermittelt werden. [2]Auf die Übersetzungen ist in geeigneter Weise hinzuweisen. [3]§ 9 ist entsprechend anwendbar.

(2) Im Fall der Abweichung der Originalfassung von einer eingereichten Übersetzung kann letztere einem Dritten nicht entgegengehalten werden; dieser kann sich jedoch auf die eingereichte Übersetzung berufen, es sei denn, der Eingetragene weist nach, dass dem Dritten die Originalfassung bekannt war.

§ 12 Anmeldungen zur Eintragung und Einreichungen

(1) [1]Anmeldungen zur Eintragung in das Handelsregister sind elektronisch in öffentlich beglaubigter Form einzureichen. [2]Die gleiche Form ist für eine Vollmacht zur Anmeldung erforderlich. [3]Rechtsnachfolger eines Beteiligten haben die Rechtsnachfolge soweit tunlich durch öffentliche Urkunden nachzuweisen. [4]Anstelle der Vollmacht kann die Bescheinigung eines Notars nach § 21 Absatz 3 der Bundesnotarordnung eingereicht werden.

(2) [1]Dokumente sind elektronisch einzureichen. [2]Ist eine Urschrift oder eine einfache Abschrift einzureichen oder ist für das Dokument die Schriftform bestimmt, genügt die Übermittlung einer elektronischen Aufzeichnung; ist ein notariell beurkundetes Dokument oder eine öffentlich beglaubigte Abschrift einzureichen, so ist ein mit einem einfachen elektronischen Zeugnis (§ 39a des Beurkundungsgesetzes) versehenes Dokument zu übermitteln.

---

*) siehe Ordnungs-Ziffer 303.

§ 13 Zweigniederlassungen von Unternehmen mit Sitz im Inland

(1) [1]Die Errichtung einer Zweigniederlassung ist von einem Einzelkaufmann oder einer juristischen Person beim Gericht der Hauptniederlassung, von einer Handelsgesellschaft beim Gericht des Sitzes der Gesellschaft, unter Angabe des Ortes und der inländischen Geschäftsanschrift der Zweigniederlassung und des Zusatzes, falls der Firma der Zweigniederlassung ein solcher beigefügt wird, zur Eintragung anzumelden. [2]In gleicher Weise sind spätere Änderungen der die Zweigniederlassung betreffenden einzutragenden Tatsachen anzumelden.

(2) Das zuständige Gericht trägt die Zweigniederlassung auf dem Registerblatt der Hauptniederlassung oder des Sitzes unter Angabe des Ortes sowie der inländischen Geschäftsanschrift der Zweigniederlassung und des Zusatzes, falls der Firma der Zweigniederlassung ein solcher beigefügt ist, ein, es sei denn, die Zweigniederlassung ist offensichtlich nicht errichtet worden.

(3) Die Absätze 1 und 2 gelten entsprechend für die Aufhebung der Zweigniederlassung.

§§ 13a–13c

(weggefallen)

§ 13d Sitz oder Hauptniederlassung im Ausland

(1) Befindet sich die Hauptniederlassung eines Einzelkaufmanns oder einer juristischen Person oder der Sitz einer Handelsgesellschaft im Ausland, so haben alle eine inländische Zweigniederlassung betreffenden Anmeldungen, Einreichungen und Eintragungen bei dem Gericht zu erfolgen, in dessen Bezirk die Zweigniederlassung besteht.

(2) Die Eintragung der Errichtung der Zweigniederlassung hat auch den Ort und die inländische Geschäftsanschrift der Zweigniederlassung zu enthalten; ist der Firma der Zweigniederlassung ein Zusatz beigefügt, so ist auch dieser einzutragen.

(3) Im Übrigen gelten für die Anmeldungen, Einreichungen, Eintragungen, Bekanntmachungen und Änderungen einzutragender Tatsachen, die die Zweigniederlassungen eines Einzelkaufmanns, einer Handelsgesellschaft oder einer juristischen Person mit Ausnahme von Aktiengesellschaften, Kommanditgesellschaften auf Aktien und Gesellschaften mit beschränkter Haftung betreffen, die Vorschriften für Hauptniederlassungen oder Niederlassungen am Sitz der Gesellschaft sinngemäß, soweit nicht das ausländische Recht Abweichungen nötig macht.

§ 13e Zweigniederlassungen von Kapitalgesellschaften mit Sitz im Ausland

(1) Für Zweigniederlassungen von Aktiengesellschaften und Gesellschaften mit beschränkter Haftung mit Sitz im Ausland gelten ergänzend zu § 13d folgende Vorschriften.

(2) [1]Die Errichtung einer Zweigniederlassung einer Aktiengesellschaft ist durch den Vorstand, die Errichtung einer Zweigniederlassung einer Gesellschaft mit beschränkter Haftung ist durch die Geschäftsführer zur Eintragung in das Handelsregister

anzumelden. [2]Bei der Anmeldung ist das Bestehen der Gesellschaft als solcher nachzuweisen. [3]Die Anmeldung hat auch eine inländische Geschäftsanschrift und den Gegenstand der Zweigniederlassung zu enthalten. [4]Daneben kann eine Person, die für Willenserklärungen und Zustellungen an die Gesellschaft empfangsberechtigt ist, mit einer inländischen Anschrift zur Eintragung in das Handelsregister angemeldet werden; Dritten gegenüber gilt die Empfangsberechtigung als fortbestehend, bis sie im Handelsregister gelöscht und die Löschung bekannt gemacht worden ist, es sei denn, dass die fehlende Empfangsberechtigung dem Dritten bekannt war. [5]In der Anmeldung sind ferner anzugeben

1. das Register, bei dem die Gesellschaft geführt wird, und die Nummer des Registereintrags, sofern das Recht des Staates, in dem die Gesellschaft ihren Sitz hat, eine Registereintragung vorsieht;
2. die Rechtsform der Gesellschaft;
3. die Personen, die befugt sind, als ständige Vertreter für die Tätigkeit der Zweigniederlassung die Gesellschaft gerichtlich und außergerichtlich zu vertreten, unter Angabe ihrer Befugnisse;
4. wenn die Gesellschaft nicht dem Recht eines Mitgliedstaates der Europäischen Union oder eines anderen Vertragsstaates des Abkommens über den Europäischen Wirtschaftsraum unterliegt, das Recht des Staates, dem die Gesellschaft unterliegt.

(3) [1]Die in Absatz 2 Satz 5 Nr. 3 genannten Personen haben jede Änderung dieser Personen oder der Vertretungsbefugnis einer dieser Personen zur Eintragung in das Handelsregister anzumelden. [2]Für die gesetzlichen Vertreter der Gesellschaft gelten in Bezug auf die Zweigniederlassung § 76 Abs. 3 Satz 2 und 3 des Aktiengesetzes sowie § 6 Abs. 2 Satz 2 und 3 des Gesetzes betreffend die Gesellschaften mit beschränkter Haftung entsprechend.

(3a) [1]An die in Absatz 2 Satz 5 Nr. 3 genannten Personen als Vertreter der Gesellschaft können unter der im Handelsregister eingetragenen inländischen Geschäftsanschrift der Zweigniederlassung Willenserklärungen abgegeben und Schriftstücke zugestellt werden. [2]Unabhängig hiervon können die Abgabe und die Zustellung auch unter der eingetragenen Anschrift der empfangsberechtigten Person nach Absatz 2 Satz 4 erfolgen.

(4) Die in Absatz 2 Satz 5 Nr. 3 genannten Personen oder, wenn solche nicht angemeldet sind, die gesetzlichen Vertreter der Gesellschaft haben die Eröffnung oder die Ablehnung der Eröffnung eines Insolvenzverfahrens oder ähnlichen Verfahrens über das Vermögen der Gesellschaft zur Eintragung in das Handelsregister anzumelden.

(5) Errichtet eine Gesellschaft mehrere Zweigniederlassungen im Inland, so brauchen die Satzung oder Gesellschaftsvertrag sowie deren Änderungen nach Wahl der Gesellschaft nur zum Handelsregister einer dieser Zweigniederlassungen eingereicht zu werden. In diesem Fall haben die nach Absatz 2 Satz 1 Anmeldepflichtigen zur Eintragung in den Handelsregistern der übrigen Zweigniederlassungen anzumelden, welches Register die Gesellschaft gewählt hat und unter welcher Nummer die Zweigniederlassung eingetragen ist.

(6) Die Landesjustizverwaltungen stellen sicher, dass die Daten einer Kapitalgesellschaft mit Sitz im Ausland, die im Rahmen des Europäischen Systems der Registervernetzung (§ 9b) empfangen werden, an das Registergericht weitergeleitet werden, das für eine inländische Zweigniederlassung dieser Gesellschaft zuständig ist.

§ 13f Zweigniederlassungen von Aktiengesellschaften mit Sitz im Ausland

(1) Für Zweigniederlassungen von Aktiengesellschaften mit Sitz im Ausland gelten ergänzend die folgenden Vorschriften.

(2) [1]Der Anmeldung ist die Satzung in öffentlich beglaubigter Abschrift und, sofern die Satzung nicht in deutscher Sprache erstellt ist, eine beglaubigte Übersetzung in deutscher Sprache beizufügen. [2]Die Vorschriften des § 37 Abs. 2 und 3 des Aktiengesetzes finden Anwendung. [3]Soweit nicht das ausländische Recht eine Abweichung nötig macht, sind in die Anmeldung die in § 23 Abs. 3 und 4 des Aktiengesetzes vorgesehenen Bestimmungen und Bestimmungen der Satzung über die Zusammensetzung des Vorstandes aufzunehmen; erfolgt die Anmeldung in den ersten zwei Jahren nach der Eintragung der Gesellschaft in das Handelsregister ihres Sitzes, sind auch die Angaben über Festsetzungen nach den §§ 26 und 27 des Aktiengesetzes und der Ausgabebetrag der Aktien sowie Name und Wohnort der Gründer aufzunehmen. [4]Der Anmeldung ist die für den Sitz der Gesellschaft ergangene gerichtliche Bekanntmachung beizufügen.

(3) Die Eintragung der Errichtung der Zweigniederlassung hat auch die Angaben nach § 39 des Aktiengesetzes sowie die Angaben nach § 13e Abs. 2 Satz 3 bis 5 zu enthalten.

(4) [1]Änderungen der Satzung der ausländischen Gesellschaft sind durch den Vorstand zur Eintragung in das Handelsregister anzumelden. [2]Für die Anmeldung gelten die Vorschriften des § 181 Abs. 1 und 2 des Aktiengesetzes sinngemäß, soweit nicht das ausländische Recht Abweichungen nötig macht.

(5) Im Übrigen gelten die Vorschriften der §§ 81, 263 Satz 1, § 266 Abs. 1 und 2, § 273 Abs. 1 Satz 1 des Aktiengesetzes sinngemäß, soweit nicht das ausländische Recht Abweichungen nötig macht.

(6) Für die Aufhebung einer Zweigniederlassung gelten die Vorschriften über ihre Errichtung sinngemäß.

(7) Die Vorschriften über Zweigniederlassungen von Aktiengesellschaften mit Sitz im Ausland gelten sinngemäß für Zweigniederlassungen von Kommanditgesellschaften auf Aktien mit Sitz im Ausland, soweit sich aus den Vorschriften der §§ 278 bis 290 des Aktiengesetzes oder aus dem Fehlen eines Vorstands nichts anderes ergibt.

§ 13g Zweigniederlassungen von Gesellschaften mit beschränkter Haftung mit Sitz im Ausland

(1) Für Zweigniederlassungen von Gesellschaften mit beschränkter Haftung mit Sitz im Ausland gelten ergänzend die folgenden Vorschriften.

(2) [1]Der Anmeldung ist der Gesellschaftsvertrag in öffentlich beglaubigter Abschrift und, sofern der Gesellschaftsvertrag nicht in deutscher Sprache erstellt ist, eine beglaubigte Übersetzung in deutscher Sprache beizufügen. [2]Die Vorschriften des § 8 Abs. 1 Nr. 2 und Abs. 3 und 4 des Gesetzes betreffend die Gesellschaften mit beschränkter Haftung sind anzuwenden. [3]Wird die Errichtung der Zweigniederlassung in den ersten zwei Jahren nach der Eintragung der Gesellschaft in das Handelsregister ihres Sitzes angemeldet, so sind in die Anmeldung auch die nach § 5 Abs. 4 des Gesetzes betreffend die Gesellschaften mit beschränkter Haftung getroffenen Festsetzungen aufzunehmen, soweit nicht das ausländische Recht Abweichungen nötig macht.

(3) Die Eintragung der Errichtung der Zweigniederlassung hat auch die Angaben nach § 10 des Gesetzes betreffend der Gesellschaften mit beschränkter Haftung sowie die Angaben nach § 13 e Abs. 2 Satz 3 bis 5 zu enthalten.

(4) [1]Änderungen des Gesellschaftsvertrages der ausländischen Gesellschaft sind durch die Geschäftsführer zur Eintragung in das Handelsregister anzumelden. [2]Für die Anmeldung gelten die Vorschriften des § 54 Abs. 1 und 2 des Gesetzes betreffend die Gesellschaften mit beschränkter Haftung sinngemäß, soweit nicht das ausländische Recht Abweichungen nötig macht.

(5) Im Übrigen gelten die Vorschriften der §§ 39, 65 Abs. 1 Satz 1, § 67 Abs. 1 und 2, § 74 Abs. 1 Satz 1 des Gesetzes betreffend die Gesellschaften mit beschränkter Haftung sinngemäß, soweit nicht das ausländische Recht Abweichungen nötig macht.

(6) Für die Aufhebung einer Zweigniederlassung gelten die Vorschriften über ihre Eintragung sinngemäß.

§ 13h Verlegung des Sitzes einer Hauptniederlassung im Inland

(1) Wird die Hauptniederlassung eines Einzelkaufmanns oder einer juristischen Person oder der Sitz einer Handelsgesellschaft im Inland verlegt, so ist die Verlegung beim Gericht der bisherigen Hauptniederlassung oder des bisherigen Sitzes anzumelden.

(2) [1]Wird die Hauptniederlassung oder der Sitz aus dem Bezirk des Gerichts der bisherigen Hauptniederlassung oder des bisherigen Sitzes verlegt, so hat dieses unverzüglich von Amts wegen die Verlegung dem Gericht der neuen Hauptniederlassung oder des neuen Sitzes mitzuteilen. [2]Der Mitteilung sind die Eintragungen für die bisherige Hauptniederlassung oder den bisherigen Sitz sowie die bei dem bisher zuständigen Gericht aufbewahrten Urkunden beizufügen. [3]Das Gericht der neuen Hauptniederlassung oder des neuen Sitzes hat zu prüfen, ob die Hauptniederlassung oder der Sitz ordnungsgemäß verlegt und § 30 beachtet ist. [4]Ist dies der Fall, so hat es die Verlegung einzutragen und dabei die ihm mitgeteilten Eintragungen ohne weitere Nachprüfung in sein Handelsregister zu übernehmen. [5]Die Eintragung ist dem Gericht der bisherigen Hauptniederlassung oder des bisherigen Sitzes mitzuteilen. [6]Dieses hat die erforderlichen Eintragungen von Amts wegen vorzunehmen.

(3) [1]Wird die Hauptniederlassung oder der Sitz an einen anderen Ort innerhalb des Bezirks des Gerichts der bisherigen Hauptniederlassung oder des bisherigen Sitzes verlegt, so hat das Gericht zu prüfen, ob die Hauptniederlassung oder der Sitz ord-

nungsgemäß verlegt und § 30 beachtet ist. [2]Ist dies der Fall, so hat es die Verlegung einzutragen.

§ 14 Zwangsgeld

[1]Wer seiner Pflicht zur Anmeldung oder zur Einreichung von Dokumenten zum Handelsregister nicht nachkommt, ist hierzu von dem Registergericht durch Festsetzung von Zwangsgeld anzuhalten. [2]Das einzelne Zwangsgeld darf den Betrag von fünftausend Euro nicht übersteigen.

§ 15 Publizität

(1) Solange eine in das Handelsregister einzutragende Tatsache nicht eingetragen und bekannt gemacht ist, kann sie von demjenigen, in dessen Angelegenheiten sie einzutragen war, einem Dritten nicht entgegengesetzt werden, es sei denn, dass sie diesem bekannt war.

(2) [1]Ist die Tatsache eingetragen und bekannt gemacht worden, so muss ein Dritter sie gegen sich gelten lassen. [2]Dies gilt nicht bei Rechtshandlungen, die innerhalb von fünfzehn Tagen nach der Bekanntmachung vorgenommen werden, sofern der Dritte beweist, dass er die Tatsache weder kannte noch kennen musste.

(3) Ist eine einzutragende Tatsache unrichtig bekannt gemacht, so kann sich ein Dritter demjenigen gegenüber, in dessen Angelegenheiten die Tatsache einzutragen war, auf die bekannt gemachte Tatsache berufen, es sei denn, dass er die Unrichtigkeit kannte.

(4) Für den Geschäftsverkehr mit einer in das Handelsregister eingetragenen Zweigniederlassung eines Unternehmens mit Sitz oder Hauptniederlassung im Ausland ist im Sinne dieser Vorschriften die Eintragung und Bekanntmachung durch das Gericht der Zweigniederlassung entscheidend.

§ 15a Öffentliche Zustellung

(1) [1]Ist bei einer juristischen Person, die zur Anmeldung einer inländischen Geschäftsanschrift zum Handelsregister verpflichtet ist, der Zugang einer Willenserklärung nicht unter der eingetragenen Anschrift oder einer im Handelsregister eingetragenen Anschrift einer für Zustellungen empfangsberechtigten Person oder einer ohne Ermittlungen bekannten anderen inländischen Anschrift möglich, kann die Zustellung nach den für die öffentliche Zustellung geltenden Vorschriften der Zivilprozessordnung erfolgen. [2]Zuständig ist das Amtsgericht, in dessen Bezirk sich die eingetragene inländische Geschäftsanschrift der Gesellschaft befindet. [3]§ 132 des Bürgerlichen Gesetzbuchs bleibt unberührt.

§ 16 Zivilprozess

(1) [1]Ist durch eine rechtskräftige oder vollstreckbare Entscheidung des Prozessgerichts die Verpflichtung zur Mitwirkung bei einer Anmeldung zum Handelsregister oder ein Rechtsverhältnis, bezüglich dessen eine Eintragung zu erfolgen hat, gegen einen von mehreren bei der Vornahme der Anmeldung Beteiligten festgestellt, so genügt zur Eintragung die Anmeldung der übrigen Beteiligten. [2]Wird die Entschei-

dung, auf Grund deren die Eintragung erfolgt ist, aufgehoben, so ist dies auf Antrag eines der Beteiligten in das Handelsregister einzutragen.

(2) Ist durch eine rechtskräftige oder vollstreckbare Entscheidung des Prozessgerichts die Vornahme einer Eintragung für unzulässig erklärt, so darf die Eintragung nicht gegen den Widerspruch desjenigen erfolgen, welcher die Entscheidung erwirkt hat.

Dritter Abschnitt: Handelsfirma

§ 17 Firma

(1) Die Firma eines Kaufmanns ist der Name, unter dem er seine Geschäfte betreibt und die Unterschrift abgibt.

(2) Ein Kaufmann kann unter seiner Firma klagen und verklagt werden.

§ 18 Anforderungen

(1) Die Firma muss zur Kennzeichnung des Kaufmanns geeignet sein und Unterscheidungskraft besitzen.

(2) [1]Die Firma darf keine Angaben enthalten, die geeignet sind, über geschäftliche Verhältnisse, die für die angesprochenen Verkehrskreise wesentlich sind, irrezuführen. [2]Im Verfahren vor dem Registergericht wird die Eignung zur Irreführung nur berücksichtigt, wenn sie ersichtlich ist.

§ 19 Zusätze

(1) Die Firma muss, auch wenn sie nach den §§ 21, 22, 24 oder nach anderen gesetzlichen Vorschriften fortgeführt wird, enthalten:

1. bei Einzelkaufleuten die Bezeichnung, „eingetragener Kaufmann", „eingetragene Kauffrau" oder eine allgemein verständliche Abkürzung dieser Bezeichnung, insbesondere „e.K.", „e.Kfm." oder „e.Kfr.";
2. bei einer offenen Handelsgesellschaft die Bezeichnung „offene Handelsgesellschaft" oder eine allgemein verständliche Abkürzung dieser Bezeichnung;
3. bei einer Kommanditgesellschaft die Bezeichnung „Kommanditgesellschaft" oder eine allgemein verständliche Abkürzung dieser Bezeichnung.

(2) Wenn in einer offenen Handelsgesellschaft oder Kommanditgesellschaft keine natürliche Person persönlich haftet, muss die Firma, auch wenn sie nach den §§ 21, 22, 24 oder nach anderen gesetzlichen Vorschriften fortgeführt wird, eine Bezeichnung enthalten, welche die Haftungsbeschränkung kennzeichnet.

§ 20

(weggefallen)

§ 21 Namensänderung

Wird ohne eine Änderung der Person der in der Firma enthaltene Name des Geschäftsinhabers oder eines Gesellschafters geändert, so kann die bisherige Firma fortgeführt werden.

§ 22 Erwerb

(1) Wer ein bestehendes Handelsgeschäft unter Lebenden oder von Todes wegen erwirbt, darf für das Geschäft die bisherige Firma, auch wenn sie den Namen des bisherigen Geschäftsinhabers enthält, mit oder ohne Beifügung eines das Nachfolgeverhältnis andeutenden Zusatzes fortführen, wenn der bisherige Geschäftsinhaber oder dessen Erben in die Fortführung der Firma ausdrücklich willigen.

(2) Wird ein Handelsgeschäft auf Grund eines Nießbrauchs, eines Pachtvertrags oder eines ähnlichen Verhältnisses übernommen, so finden diese Vorschriften entsprechende Anwendung.

§ 23 Veräußerung

Die Firma kann nicht ohne das Handelsgeschäft, für welches sie geführt wird, veräußert werden.

§ 24 Gesellschafteränderungen

(1) Wird jemand in ein bestehendes Handelsgeschäft als Gesellschafter aufgenommen oder tritt ein neuer Gesellschafter in eine Handelsgesellschaft ein oder scheidet aus einer solchen ein Gesellschafter aus, so kann ungeachtet dieser Veränderung die bisherige Firma fortgeführt werden, auch wenn sie den Namen des bisherigen Geschäftsinhabers oder Namen von Gesellschaftern enthält.

(2) Bei dem Ausscheiden eines Gesellschafters, dessen Name in der Firma enthalten ist, bedarf es zur Fortführung der Firma der ausdrücklichen Einwilligung des Gesellschafters oder seiner Erben.

§ 25 Haftung

(1) [1]Wer ein unter Lebenden erworbenes Handelsgeschäft unter der bisherigen Firma mit oder ohne Beifügung eines das Nachfolgeverhältnis andeutenden Zusatzes fortführt, haftet für alle im Betrieb des Geschäfts begründeten Verbindlichkeiten des früheren Inhabers. [2]Die in dem Betrieb begründeten Forderungen gelten den Schuldnern gegenüber als auf den Erwerber übergegangen, falls der bisherige Inhaber oder seine Erben in die Fortführung der Firma gewilligt haben.

(2) Eine abweichende Vereinbarung ist einem Dritten gegenüber nur wirksam, wenn sie in das Handelsregister eingetragen und bekannt gemacht oder von dem Erwerber oder dem Veräußerer dem Dritten mitgeteilt worden ist.

(3) Wird die Firma nicht fortgeführt, so haftet der Erwerber eines Handelsgeschäfts für die früheren Geschäftsverbindlichkeiten nur, wenn ein besonderer Verpflichtungsgrund vorliegt, insbesondere wenn die Übernahme der Verbindlichkeiten in handelsüblicher Weise von dem Erwerber bekannt gemacht worden ist.

§ 26 Fristen

(1) [1]Ist der Erwerber des Handelsgeschäfts auf Grund der Fortführung der Firma oder auf Grund der in § 25 Abs. 3 bezeichneten Kundmachung für die früheren Geschäftsverbindlichkeiten haftbar, so haftet der frühere Geschäftsinhaber für diese Verbindlichkeiten nur, wenn sie vor Ablauf von fünf Jahren fällig und daraus Ansprüche gegen ihn in einer in § 197 Abs. 1 Nr. 3 bis 5 des Bürgerlichen Gesetzbuchs bezeichneten Art festgestellt sind oder eine gerichtliche oder behördliche Vollstreckungshandlung vorgenommen oder beantragt wird; bei öffentlich-rechtlichen Verbindlichkeiten genügt der Erlass eines Verwaltungsakts. [2]Die Frist beginnt im Falle des § 25 Abs. 1 mit dem Ende des Tages, an dem der neue Inhaber der Firma in das Handelsregister des Gerichts der Hauptniederlassung eingetragen wird, im Falle des § 25 Abs. 3 mit dem Ende des Tages, an dem die Übernahme kundgemacht wird. [3]Die für die Verjährung geltenden §§ 204, 206, 210, 211 und 212 Abs. 2 und 3 des Bürgerlichen Gesetzbuches sind entsprechend anzuwenden.

(2) Einer Feststellung in einer in § 197 Abs. 1 Nr. 3 bis 5 des Bürgerlichen Gesetzbuchs bezeichneten Art bedarf es nicht, soweit der frühere Geschäftsinhaber den Anspruch schriftlich anerkannt hat.

§ 27 Erbenhaftung

(1) Wird ein zu einem Nachlass gehörendes Handelsgeschäft von dem Erben fortgeführt, so finden auf die Haftung des Erben für die früheren Geschäftsverbindlichkeiten die Vorschriften des § 25 entsprechende Anwendung.

(2) [1]Die unbeschränkte Haftung nach § 25 Abs. 1 tritt nicht ein, wenn die Fortführung des Geschäfts vor dem Ablauf von drei Monaten nach dem Zeitpunkt, in welchem der Erbe von dem Anfall der Erbschaft Kenntnis erlangt hat, eingestellt wird. [2]Auf den Lauf der Frist finden die für die Verjährung geltenden Vorschriften des § 210 des Bürgerlichen Gesetzbuchs entsprechende Anwendung. [3]Ist bei dem Ablauf der drei Monate das Recht zur Ausschlagung der Erbschaft noch nicht verloren, so endigt die Frist nicht vor dem Ablauf der Ausschlagungsfrist.

§ 28 Gesellschaft

(1) [1]Tritt jemand als persönlich haftender Gesellschafter oder als Kommanditist in das Geschäft eines Einzelkaufmanns ein, so haftet die Gesellschaft, auch wenn sie die frühere Firma nicht fortführt, für alle im Betrieb des Geschäfts entstandenen Verbindlichkeiten des früheren Geschäftsinhabers. [2]Die in dem Betrieb begründeten Forderungen gelten den Schuldnern gegenüber als auf die Gesellschaft übergegangen.

(2) Eine abweichende Vereinbarung ist einem Dritten gegenüber nur wirksam, wenn sie in das Handelsregister eingetragen und bekannt gemacht oder von einem Gesellschafter dem Dritten mitgeteilt worden ist.

(3) [1]Wird der früherer Geschäftsinhaber Kommanditist und haftet die Gesellschaft für die im Betrieb seines Geschäfts entstandenen Verbindlichkeiten, so ist für die Begrenzung seiner Haftung § 26 entsprechend mit der Maßgabe anzuwenden, dass die in § 26 Abs. 1 bestimmte Frist mit dem Ende des Tages beginnt, an dem die

Gesellschaft in das Handelsregister eingetragen wird. [2]Dies gilt auch, wenn er in der Gesellschaft oder einem ihr als Gesellschafter angehörenden Unternehmen geschäftsführend tätig wird. [3]Seine Haftung als Kommanditist bleibt unberührt.

§ 29 Anmeldung

Jeder Kaufmann ist verpflichtet, seine Firma, den Ort und die inländische Geschäftsanschrift seiner Handelsniederlassung bei dem Gericht, in dessen Bezirk sich die Niederlassung befindet, zur Eintragung in das Handelsregister anzumelden.

§ 30 Unterscheidbarkeit

(1) Jede neue Firma muss sich von allen an demselben Ort oder in derselben Gemeinde bereits bestehenden und in das Handelsregister oder in das Genossenschaftsregister eingetragenen Firmen deutlich unterscheiden.

(2) Hat ein Kaufmann mit einem bereits eingetragenen Kaufmann die gleichen Vornamen und den gleichen Familiennamen und will auch er sich dieser Namen als seiner Firma bedienen, so muss er der Firma einen Zusatz beifügen, durch den sie sich von der bereits eingetragenen Firma deutlich unterscheidet.

(3) Besteht an dem Ort oder in der Gemeinde, wo eine Zweigniederlassung errichtet wird, bereits eine gleiche eingetragene Firma, so muss der Firma für die Zweigniederlassung ein der Vorschrift des Absatzes 2 entsprechender Zusatz beigefügt werden.

(4) Durch die Landesregierungen kann bestimmt werden, dass benachbarte Orte oder Gemeinden als ein Ort oder als eine Gemeinde im Sinne dieser Vorschriften anzusehen sind.

Wirtschafts-recht

§ 31 Änderungen

(1) Eine Änderung der Firma oder ihrer Inhaber, die Verlegung der Niederlassung an einen anderen Ort sowie die Änderung der inländischen Geschäftsanschrift ist nach den Vorschriften des § 29 zur Eintragung in das Handelsregister anzumelden.

(2) Das gleiche gilt, wenn die Firma erlischt. Kann die Anmeldung des Erlöschens einer eingetragenen Firma durch die hierzu Verpflichteten nicht auf dem in § 14 bezeichneten Weg herbeigeführt werden, so hat das Gericht das Erlöschen von Amts wegen einzutragen.

§ 32 Insolvenz

(1) [1]Wird über das Vermögen eines Kaufmanns das Insolvenzverfahren eröffnet, so ist dies von Amts wegen in das Handelsregister einzutragen. [2]Das Gleiche gilt für

1. die Aufhebung des Eröffnungsbeschlusses
2. die Bestellung eines vorläufigen Insolvenzverwalters, wenn zusätzlich dem Schuldner ein allgemeines Verfügungsverbot auferlegt oder angeordnet wird, dass Verfügungen des Schuldners nur mit Zustimmmung des vorläufigen Insolvenzverwalters wirksam sind, und die Aufhebung einer derartigen Sicherungsmaßnahme,

3. die Anordnung der Eigenverwaltung durch den Schuldner und deren Aufhebung sowie die Anordnung der Zustimmungsbedürftigkeit bestimmter Rechtsgeschäfte des Schuldners,
4. die Einstellung und die Aufhebung des Verfahrens und
5. die Überwachung der Erfüllung eines Insolvenzplans und die Aufhebung der Überwachung.

(2) [1]Die Eintragungen werden nicht bekannt gemacht. [2]Die Vorschriften des § 15 sind nicht anzuwenden.

§ 33 Juristische Personen

(1) Eine juristische Person, deren Eintragung in das Handelsregister mit Rücksicht auf den Gegenstand oder auf die Art und den Umfang ihres Gewerbebetriebs zu erfolgen hat, ist von sämtlichen Mitgliedern des Vorstands zur Eintragung anzumelden.

(2) [1]Der Anmeldung sind die Satzung der juristischen Person und die Urkunden über die Bestellung des Vorstands in Urschrift oder in öffentlich beglaubigter Abschrift beizufügen; ferner ist anzugeben, welche Vertretungsmacht die Vorstandsmitglieder haben. [2]Bei der Eintragung sind die Firma und der Sitz der juristischen Person, der Gegenstand des Unternehmens, die Mitglieder des Vorstandes und ihre Vertretungsmacht anzugeben. [3]Besondere Bestimmungen der Satzung über die Zeitdauer des Unternehmens sind gleichfalls einzutragen.

(3) Die Errichtung einer Zweigniederlassung ist durch den Vorstand anzumelden.

(4) Für juristische Personen im Sinne von Absatz 1 gilt die Bestimmung des § 37a entsprechend.

§ 34 Anmeldungen im Fall des § 33

(1) Jede Änderung der nach § 33 Abs. 2 Satz 2 und 3 einzutragenden Tatsachen oder der Satzung, die Auflösung der juristischen Person, falls sie nicht die Folge der Eröffnung des Insolvenzverfahrens ist, sowie die Personen der Liquidatoren, ihre Vertretungsmacht, jeder Wechsel der Liquidatoren und jede Änderung ihrer Vertretungsmacht sind zur Eintragung in das Handelsregister anzumelden.

(2) Bei der Eintragung einer Änderung der Satzung genügt, soweit nicht die Änderung die in § 33 Abs. 2 Satz 2 und 3 bezeichneten Angaben betrifft, die Bezugnahme auf die bei dem Gericht eingereichten Urkunden über die Änderung.

(3) Die Anmeldung hat durch den Vorstand oder, sofern die Eintragung erst nach der Anmeldung der ersten Liquidatoren geschehen soll, durch die Liquidatoren zu erfolgen.

(4) Die Eintragung gerichtlich bestellter Vorstandsmitglieder oder Liquidatoren geschieht von Amts wegen.

(5) Im Falle des Insolvenzverfahrens finden die Vorschriften des § 32 Anwendung.

§§ 35, 36

(weggefallen)

§ 37 Rechtsverletzung

(1) Wer eine nach den Vorschriften dieses Abschnitts ihm nicht zustehende Firma gebraucht, ist von dem Registergericht zur Unterlassung des Gebrauchs der Firma durch Festsetzung von Ordnungsgeld anzuhalten.

(2) [1]Wer in seinen Rechten dadurch verletzt wird, dass ein anderer eine Firma unbefugt gebraucht, kann von diesem die Unterlassung des Gebrauchs der Firma verlangen. [2]Ein nach sonstigen Vorschriften begründeter Anspruch auf Schadensersatz bleibt unberührt.

§ 37 a Geschäftsbriefe

(1) Auf allen Geschäftsbriefen des Kaufmanns gleichviel welcher Form, die an einen bestimmten Empfänger gerichtet werden, müssen seine Firma, die Bezeichnung nach § 19 Abs. 1 Nr. 1, der Ort seiner Handelsniederlassung, das Registergericht und die Nummer, unter der die Firma in das Handelsregister eingetragen ist, angegeben werden.

(2) Der Angaben nach Absatz 1 bedarf es nicht bei Mitteilungen oder Berichten, die im Rahmen einer bestehenden Geschäftsverbindung ergehen und für die üblicherweise Vordrucke verwendet werden, in denen lediglich die im Einzelfall erforderlichen besonderen Angaben eingefügt zu werden brauchen.

(3) Bestellscheine gelten als Geschäftsbriefe im Sinne des Absatzes 1. Absatz 2 ist auf sie nicht anzuwenden.

(4) [1]Wer seiner Pflicht nach Absatz 1 nicht nachkommt, ist hierzu von dem Registergericht durch Festsetzung von Zwangsgeld anzuhalten. [2]§ 14 Satz 2 gilt entsprechend.

Vierter Abschnitt

§§ 38 – 47a

(weggefallen)

Fünfter Abschnitt: Prokura und Handlungsvollmacht

§ 48 Erteilung: Gesamtprokura

(1) Die Prokura kann nur von dem Inhaber des Handelsgeschäfts oder seinem gesetzlichen Vertreter und nur mittels ausdrücklicher Erklärung erteilt werden.

(2) Die Erteilung kann an mehrere Personen gemeinschaftlich erfolgen (Gesamtprokura).

Wirtschaftsrecht

§ 49 Umfang

(1) Die Prokura ermächtigt zu allen Arten von gerichtlichen und außergerichtlichen Geschäften und Rechtshandlungen, die der Betrieb eines Handelsgewerbes mit sich bringt.

(2) Zur Veräußerung und Belastung von Grundstücken ist der Prokurist nur ermächtigt, wenn ihm diese Befugnis besonders erteilt ist.

§ 50 Beschränkung

(1) Eine Beschränkung des Umfangs der Prokura ist Dritten gegenüber unwirksam.

(2) Dies gilt insbesondere von der Beschränkung, dass die Prokura nur für gewisse Geschäfte oder gewisse Arten von Geschäften oder nur unter gewissen Umständen oder für eine gewisse Zeit oder an einzelnen Orten ausgeübt werden soll.

(3) [1]Eine Beschränkung der Prokura auf den Betrieb einer von mehreren Niederlassungen des Geschäftsinhabers ist Dritten gegenüber nur wirksam, wenn die Niederlassungen unter verschiedenen Firmen betrieben werden. [2]Eine Verschiedenheit der Firmen im Sinne dieser Vorschrift wird auch dadurch begründet, dass für eine Zweigniederlassung der Firma ein Zusatz beigefügt wird, der sie als Firma der Zweigniederlassung bezeichnet.

§ 51 Zeichnung

Der Prokurist hat in der Weise zu zeichnen, dass er der Firma seinen Namen mit einem die Prokura andeutenden Zusatz beifügt.

§ 52 Änderungen

(1) Die Prokura ist ohne Rücksicht auf das der Erteilung zu Grunde liegende Rechtsverhältnis jederzeit widerruflich, unbeschadet des Anspruchs auf die vertragsmäßige Vergütung.

(2) Die Prokura ist nicht übertragbar.

(3) Die Prokura erlischt nicht durch den Tod des Inhabers des Handelsgeschäfts.

§ 53 Anmeldung

(1) Die Erteilung der Prokura ist von dem Inhaber des Handelsgeschäfts zur Eintragung in das Handelsregister anzumelden. Ist die Prokura als Gesamtprokura erteilt, so muss auch dies zur Eintragung angemeldet werden.

(2) Das Erlöschen der Prokura ist in gleicher Weise wie die Erteilung zur Eintragung anzumelden.

§ 54 Handlungsvollmacht

(1) Ist jemand ohne Erteilung der Prokura zum Betrieb eines Handelsgewerbes oder zur Vornahme einer bestimmten zu einem Handelsgewerbe gehörigen Art von Geschäften oder zur Vornahme einzelner zu einem Handelsgewerbe gehöriger

Geschäfte ermächtigt, so erstreckt sich die Vollmacht (Handlungsvollmacht) auf alle Geschäfte und Rechtshandlungen, die der Betrieb eines derartigen Handelsgewerbes oder die Vornahme derartiger Geschäfte gewöhnlich mit sich bringt.

(2) Zur Veräußerung oder Belastung von Grundstücken, zur Eingehung von Wechselverbindlichkeiten, zur Aufnahme von Darlehn und zur Prozessführung ist der Handlungsbevollmächtigte nur ermächtigt, wenn ihm eine solche Befugnis besonders erteilt ist.

(3) Sonstige Beschränkungen der Handlungsvollmacht braucht ein Dritter nur dann gegen sich gelten zu lassen, wenn er sie kannte oder kennen musste.

§ 55 Abschlussvertreter

(1) Die Vorschriften des § 54 finden auch Anwendung auf Handlungsbevollmächtigte, die Handelsvertreter sind oder die als Handlungsgehilfen damit betraut sind, außerhalb des Betriebs des Prinzipals Geschäfte in dessen Namen abzuschließen.

(2) Die ihnen erteilte Vollmacht zum Abschluss von Geschäften bevollmächtigt sie nicht, abgeschlossene Verträge zu ändern, insbesondere Zahlungsfristen zu gewähren.

(3) Zur Annahme von Zahlungen sind sie nur berechtigt, wenn sie dazu bevollmächtigt sind.

(4) Sie gelten als ermächtigt, die Anzeige von Mängeln einer Ware, die Erklärung, dass eine Ware zur Verfügung gestellt werde, sowie ähnliche Erklärungen, durch die ein Dritter seine Rechte aus mangelhafter Leistung geltend macht oder sie vorbehält, entgegenzunehmen; sie können die dem Unternehmer (Prinzipal) zustehenden Rechte auf Sicherung des Beweises geltend machen.

§ 56 Ladenangestellter

Wer in einem Laden oder in einem offenen Warenlager angestellt ist, gilt als ermächtigt zu Verkäufen und Empfangnahmen, die in einem derartigen Laden oder Warenlager gewöhnlich geschehen.

§ 57 Zeichnung

Der Handlungsbevollmächtigte hat sich bei der Zeichnung jedes eine Prokura andeutenden Zusatzes zu enthalten; er hat mit einem das Vollmachtsverhältnis ausdrückenden Zusatz zu zeichnen.

§ 58 Unübertragbarkeit

Der Handlungsbevollmächtigte kann ohne Zustimmung des Inhabers des Handelsgeschäfts seine Handlungsvollmacht auf einen anderen nicht übertragen.

Sechster Abschnitt
Handlungsgehilfen und Handlungslehrlinge

§ 59 Handlungsgehilfe

[1]Wer in einem Handelsgewerbe zur Leistung kaufmännischer Dienste gegen Entgelt angestellt ist (Handlungsgehilfe), hat, soweit nicht besondere Vereinbarungen über die Art und den Umfang seiner Dienstleistungen oder über die ihm zukommende Vergütung getroffen sind, die dem Ortsgebrauch entsprechenden Dienste zu leisten sowie die dem Ortsgebrauch entsprechende Vergütung zu beanspruchen. [2]In Ermangelung eines Ortsgebrauchs gelten die den Umständen nach angemessenen Leistungen als vereinbart.

§§ 60 – 83

(vom Abdruck wurde abgesehen)

Siebenter Abschnitt:
Handelsvertreter

§§ 84 – 92 c

(vom Abdruck wurde abgesehen)

Achter Abschnitt:
Handelsmakler

§§ 93 – 104

(vom Abdruck wurde abgesehen)

Neunter Abschnitt:
Bußgeldvorschriften

§ 104 a

(vom Abdruck wurde abgesehen)

Zweites Buch: Handelsgesellschaften und stille Gesellschaft

Erster Abschnitt: Offene Handelsgesellschaft

Erster Titel: Errichtung der Gesellschaft

§ 105 Begriff

(1) Eine Gesellschaft, deren Zweck auf den Betrieb eines Handelsgewerbes unter gemeinschaftlicher Firma gerichtet ist, ist eine offene Handelsgesellschaft, wenn bei keinem der Gesellschafter die Haftung gegenüber den Gesellschaftsgläubigern beschränkt ist.

(2) [1]Eine Gesellschaft, deren Gewerbebetrieb nicht schon nach § 1 Abs. 2 Handelsgewerbe ist oder die nur eigenes Vermögen verwaltet, ist offene Handelsgesellschaft, wenn die Firma des Unternehmens in das Handelsregister eingetragen ist. [2]§ 2 Satz 2 und 3 gilt entsprechend.

(3) Auf die offene Handelsgesellschaft finden, soweit nicht in diesem Abschnitt ein anderes vorgeschrieben ist, die Vorschriften des Bürgerlichen Gesetzbuchs über die Gesellschaft Anwendung.

§ 106 Anmeldung

(1) Die Gesellschaft ist bei dem Gericht, in dessen Bezirk sie ihren Sitz hat, zur Eintragung in das Handelsregister anzumelden.

(2) Die Anmeldung hat zu enthalten:

1. den Namen, Vornamen, Geburtsdatum und Wohnort jedes Gesellschafters;
2. die Firma der Gesellschaft, den Ort, an dem sie ihren Sitz hat, und die inländische Geschäftsanschrift ;
3. *(weggefallen)*
4. die Vertretungsmacht der Gesellschafter.

§ 107 Änderungen

Wird die Firma einer Gesellschaft geändert, der Sitz der Gesellschaft an einen anderen Ort verlegt, die inländische Geschäftsanschrift geändert, tritt ein neuer Gesellschafter in die Gesellschaft ein oder ändert sich die Vertretungsmacht eines Gesellschafters, so ist dies ebenfalls zur Eintragung in das Handelsregister anzumelden.

§ 108 Anmeldende

immer 2 bei Personengesellschaften

Die Anmeldungen sind von sämtlichen Gesellschaftern zu bewirken. Das gilt nicht, wenn sich nur die inländische Geschäftsanschrift ändert.

Zweiter Titel: Rechtsverhältnis der Gesellschafter untereinander

§ 109 Gesellschaftsvertrag

Das Rechtsverhältnis der Gesellschafter untereinander richtet sich zunächst nach dem Gesellschaftsvertrag; die Vorschriften der §§ 110 bis 122 finden nur insoweit Anwendung, als nicht durch den Gesellschaftsvertrag ein anderes bestimmt ist.

§ 110 Aufwandsersatz

(1) Macht der Gesellschafter in den Gesellschaftsangelegenheiten Aufwendungen, die er den Umständen nach für erforderlich halten darf, oder erleidet er unmittelbar durch seine Geschäftsführung oder aus Gefahren, die mit ihr untrennbar verbunden sind, Verluste, so ist ihm die Gesellschaft zum Ersatz verpflichtet.

(2) Aufgewendetes Geld hat die Gesellschaft von der Zeit der Aufwendung an zu verzinsen.

§ 111 Verzinsung

(1) Ein Gesellschafter, der seine Geldeinlage nicht zur rechten Zeit einzahlt oder eingenommenes Gesellschaftsgeld nicht zur rechten Zeit an die Gesellschaftskasse abliefert oder unbefugt Geld aus der Gesellschaftskasse für sich entnimmt, hat Zinsen von dem Tag an zu entrichten, an welchem die Zahlung oder die Ablieferung hätte geschehen sollen oder die Herausnahme des Geldes erfolgt ist.

(2) Die Geltendmachung eines weiteren Schadens ist nicht ausgeschlossen.

§ 112 Wettbewerbsverbot

(1) Ein Gesellschafter darf ohne Einwilligung der anderen Gesellschafter weder in dem Handelszweig der Gesellschaft Geschäfte machen noch an einer anderen gleichartigen Handelsgesellschaft als persönlich haftender Gesellschafter teilnehmen.

(2) Die Einwilligung zur Teilnahme an einer anderen Gesellschaft gilt als erteilt, wenn den übrigen Gesellschaftern bei Eingehung der Gesellschaft bekannt ist, dass der Gesellschafter an einer anderen Gesellschaft als persönlich haftender Gesellschafter teilnimmt, und gleichwohl die Aufgabe dieser Beteiligung nicht ausdrücklich bedungen wird.

§ 113 Wettbewerbsverstoß

(1) Verletzt ein Gesellschafter die ihm nach § 112 obliegende Verpflichtung, so kann die Gesellschaft Schadensersatz fordern; sie kann stattdessen von dem Gesellschafter verlangen, dass er die für eigene Rechnung gemachten Geschäfte als für Rechnung der Gesellschaft eingegangen gelten lasse und die aus Geschäften für fremde Rechnung bezogene Vergütung herausgebe oder seinen Anspruch auf die Vergütung abtrete.

(2) Über die Geltendmachung dieser Ansprüche beschließen die übrigen Gesellschafter.

(3) Die Ansprüche verjähren in drei Monaten von dem Zeitpunkt an, in welchem die übrigen Gesellschafter von dem Abschluss des Geschäfts oder von der Teilnahme des Gesellschafters an der anderen Gesellschaft Kenntnis erlangen oder ohne grobe Fahrlässigkeit erlangen müssten; sie verjähren ohne Rücksicht auf diese Kenntnis oder grob fahrlässige Unkenntnis in fünf Jahren von ihrer Entstehung an.

(4) Das Recht der Gesellschafter, die Auflösung der Gesellschaft zu verlangen, wird durch diese Vorschriften nicht berührt.

§ 114 Geschäftsführung

(1) Zur Führung der Geschäfte der Gesellschaft sind alle Gesellschafter berechtigt und verpflichtet.

(2) Ist im Gesellschaftsvertrag die Geschäftsführung einem Gesellschafter oder mehreren Gesellschaftern übertragen, so sind die übrigen Gesellschafter von der Geschäftsführung ausgeschlossen.

§ 115 Mehrere Gesellschafter

(1) Steht die Geschäftsführung allen oder mehreren Gesellschaftern zu, so ist jeder von ihnen allein zu handeln berechtigt; widerspricht jedoch ein anderer geschäftsführender Gesellschafter der Vornahme einer Handlung, so muss diese unterbleiben.

(2) Ist im Gesellschaftsvertrag bestimmt, dass die Gesellschafter, denen die Geschäftsführung zusteht, nur zusammen handeln können, so bedarf es für jedes Geschäft der Zustimmung aller geschäftsführenden Gesellschafter, es sei denn, dass Gefahr im Verzug ist.

§ 116 Umfang der Geschäftsführung

(1) Die Befugnis zur Geschäftsführung erstreckt sich auf alle Handlungen, die der gewöhnliche Betrieb des Handelsgewerbes der Gesellschaft mit sich bringt.

(2) Zur Vornahme von Handlungen, die darüber hinausgehen, ist ein Beschluss sämtlicher Gesellschafter erforderlich.

(3) [1]Zur Bestellung eines Prokuristen bedarf es der Zustimmung aller geschäftsführenden Gesellschafter, es sei denn, dass Gefahr im Verzug ist. [2]Der Widerruf der Prokura kann von jedem der zur Erteilung oder zur Mitwirkung bei der Erteilung befugten Gesellschafter erfolgen.

§ 117 Entziehung

Die Befugnis zur Geschäftsführung kann einem Gesellschafter auf Antrag der übrigen Gesellschafter durch gerichtliche Entscheidung entzogen werden, wenn ein wichtiger Grund vorliegt; ein solcher Grund ist insbesondere grobe Pflichtverletzung oder Unfähigkeit zur ordnungsmäßigen Geschäftsführung.

§ 118 Kontrollrechte

(1) Ein Gesellschafter kann, auch wenn er von der Geschäftsführung ausgeschlossen ist, sich von den Angelegenheiten der Gesellschaft persönlich unterrichten, die

Handelsbücher und die Papiere der Gesellschaft einsehen und sich aus ihnen eine Bilanz und einen Jahresabschluss anfertigen.

(2) Eine dieses Recht ausschließende oder beschränkende Vereinbarung steht der Geltendmachung des Rechtes nicht entgegen, wenn Grund zu der Annahme unredlicher Geschäftsführung besteht.

§ 119 Beschlussfassung

(1) Für die von den Gesellschaftern zu fassenden Beschlüsse bedarf es der Zustimmung aller zur Mitwirkung bei der Beschlussfassung berufenen Gesellschafter.

(2) Hat nach dem Gesellschaftsvertrag die Mehrheit der Stimmen zu entscheiden, so ist die Mehrheit im Zweifel nach der Zahl der Gesellschafter zu berechnen.

§ 120 Ergebnisermittlung

(1) Am Schluss jedes Geschäftsjahrs wird auf Grund der Bilanz der Gewinn oder der Verlust des Jahres ermittelt und für jeden Gesellschafter sein Anteil daran berechnet.

(2) Der einem Gesellschafter zukommende Gewinn wird dem Kapitalanteil des Gesellschafters zugeschrieben; der auf einen Gesellschafter entfallende Verlust sowie das während des Geschäftsjahrs auf den Kapitalanteil entnommene Geld wird davon abgeschrieben.

§ 121 Ergebnisverteilung

(1) Von dem Jahresgewinn gebührt jedem Gesellschafter zunächst ein Anteil in Höhe von vier vom Hundert seines Kapitalanteils. Reicht der Jahresgewinn hierzu nicht aus, so bestimmen sich die Anteile nach einem entsprechend niedrigeren Satz.

(2) Bei der Berechnung des nach Absatz 1 einem Gesellschafter zukommenden Gewinnanteils werden Leistungen, die der Gesellschafter im Laufe des Geschäftsjahrs als Einlage gemacht hat, nach dem Verhältnis der seit der Leistung abgelaufenen Zeit berücksichtigt. Hat der Gesellschafter im Laufe des Geschäftsjahrs Geld auf seinen Kapitalanteil entnommen, so werden die entnommenen Beträge nach dem Verhältnis der bis zur Entnahme abgelaufenen Zeit berücksichtigt.

(3) Derjenige Teil des Jahresgewinns, welcher die nach den Absätzen 1 und 2 zu berechnenden Gewinnanteile übersteigt, sowie der Verlust eines Geschäftsjahrs wird unter die Gesellschafter nach Köpfen verteilt.

§ 122 Entnahmen

(1) Jeder Gesellschafter ist berechtigt, aus der Gesellschaftskasse Geld bis zum Betrag von vier vom Hundert seines für das letzte Geschäftsjahr festgestellten Kapitalanteils zu seinen Lasten zu erheben und, soweit es nicht zum offenbaren Schaden der Gesellschaft gereicht, auch die Auszahlung seines den bezeichneten Betrag übersteigenden Anteils am Gewinn des letzten Jahres zu verlangen.

(2) Im Übrigen ist ein Gesellschafter nicht befugt, ohne Einwilligung der anderen Gesellschafter seinen Kapitalanteil zu vermindern.

Dritter Titel:
Rechtsverhältnis der Gesellschafter zu Dritten

§ 123 Beginn

(1) Die Wirksamkeit der offenen Handelsgesellschaft tritt im Verhältnis zu Dritten mit dem Zeitpunkt ein, in welchem die Gesellschaft in das Handelsregister eingetragen wird.

(2) Beginnt die Gesellschaft ihre Geschäfte schon vor der Eintragung, so tritt die Wirksamkeit mit dem Zeitpunkt des Geschäftsbeginns ein, soweit nicht aus § 2 oder § 105 Abs. 2 sich ein anderes ergibt.

(3) Eine Vereinbarung, dass die Gesellschaft erst mit einem späteren Zeitpunkt ihren Anfang nehmen soll, ist Dritten gegenüber unwirksam.

§ 124 Selbständigkeit

(1) Die offene Handelsgesellschaft kann unter ihrer Firma Rechte erwerben und Verbindlichkeiten eingehen, Eigentum und andere dingliche Rechte an Grundstücken erwerben, vor Gericht klagen und verklagt werden.

(2) Zur Zwangsvollstreckung in das Gesellschaftsvermögen ist ein gegen die Gesellschaft gerichteter vollstreckbarer Schuldtitel erforderlich.

§ 125 Vertretung

(1) Zur Vertretung der Gesellschaft ist jeder Gesellschafter ermächtigt, wenn er nicht durch den Gesellschaftsvertrag von der Vertretung ausgeschlossen ist.

(2) [1]Im Gesellschaftsvertrag kann bestimmt werden, dass alle oder mehrere Gesellschafter nur in Gemeinschaft zur Vertretung der Gesellschaft ermächtigt sein sollen (Gesamtvertretung). [2]Die zur Gesamtvertretung berechtigten Gesellschafter können Einzelne von ihnen zur Vornahme bestimmter Geschäfte oder bestimmter Arten von Geschäften ermächtigen. [3]Ist der Gesellschaft gegenüber eine Willenserklärung abzugeben, so genügt die Abgabe gegenüber einem der zur Mitwirkung bei der Vertretung befugten Gesellschafter.

(3) [1]Im Gesellschaftsvertrag kann bestimmt werden, dass die Gesellschafter, wenn nicht mehrere zusammen handeln, nur in Gemeinschaft mit einem Prokuristen zur Vertretung der Gesellschaft ermächtigt sein sollen. [2]Die Vorschriften des Absatzes 2 Satz 2 und 3 finden in diesem Falle entsprechende Anwendung.

§ 125a Geschäftsbriefe

(1) [1]Auf allen Geschäftsbriefen der Gesellschaft gleichviel welcher Form, die an einen bestimmten Empfänger gerichtet werden, müssen die Rechtsform und der Sitz der Gesellschaft, das Registergericht und die Nummer, unter der die Gesellschaft in das Handelsregister eingetragen ist, angegeben werden. Bei einer Gesellschaft, bei der kein Gesellschafter eine natürliche Person ist, sind auf den Geschäftsbriefen der Gesellschaft ferner die Firmen der Gesellschafter anzugeben sowie für die Gesellschafter die nach § 35a des Gesetzes betreffend die Gesellschaften mit beschränk-

ter Haftung oder § 80 des Aktiengesetzes für Geschäftsbriefe vorgeschriebenen Angaben zu machen. [2]Die Angaben nach Satz 2 sind nicht erforderlich, wenn zu den Gesellschaftern der Gesellschaft eine offene Handelsgesellschaft oder Kommanditgesellschaft gehört, bei der ein persönlich haftender Gesellschafter eine natürliche Person ist.

(2) Für Vordrucke und Bestellscheine ist § 37a Abs. 2 und 3, für Zwangsgelder gegen die zur Vertretung der Gesellschaft ermächtigten Gesellschafter oder deren organschaftliche Vertreter und die Liquidatoren ist § 37a Abs. 4 entsprechend anzuwenden.

§ 126 Vertretungsmacht

(1) Die Vertretungsmacht der Gesellschafter erstreckt sich auf alle gerichtlichen und außergerichtlichen Geschäfte und Rechtshandlungen einschließlich der Veräußerung und Belastung von Grundstücken sowie der Erteilung und des Widerrufs einer Prokura.

(2) Eine Beschränkung des Umfangs der Vertretungsmacht ist Dritten gegenüber unwirksam; dies gilt insbesondere von der Beschränkung, dass sich die Vertretung nur auf gewisse Geschäfte oder Arten von Geschäften erstrecken oder dass sie nur unter gewissen Umständen oder für eine gewisse Zeit oder an einzelnen Orten stattfinden soll.

(3) In betreff der Beschränkung auf den Betrieb einer von mehreren Niederlassungen der Gesellschaft finden die Vorschriften des § 50 Abs. 3 entsprechende Anwendung.

§ 127 Entzug

Die Vertretungsmacht kann einem Gesellschafter auf Antrag der übrigen Gesellschafter durch gerichtliche Entscheidung entzogen werden, wenn ein wichtiger Grund vorliegt; ein solcher Grund ist insbesondere grobe Pflichtverletzung oder Unfähigkeit zur ordnungsgemäßen Vertretung der Gesellschaft.

§ 128 Haftung der Gesellschafter

[1]Die Gesellschafter haften für die Verbindlichkeiten der Gesellschaft den Gläubigern als Gesamtschuldner persönlich. [2]Eine entgegenstehende Vereinbarung ist Dritten gegenüber unwirksam.

§ 129 Einwendungen

(1) Wird ein Gesellschafter wegen einer Verbindlichkeit der Gesellschaft in Anspruch genommen, so kann er Einwendungen, die nicht in seiner Person begründet sind, nur insoweit geltend machen, als sie von der Gesellschaft erhoben werden können.

(2) Der Gesellschafter kann die Befriedigung des Gläubigers verweigern, solange der Gesellschaft das Recht zusteht, das ihrer Verbindlichkeit zu Grunde liegende Rechtsgeschäft anzufechten.

(3) Die gleiche Befugnis hat der Gesellschafter, solange sich der Gläubiger durch Aufrechnung gegen eine fällige Forderung der Gesellschaft befriedigen kann.

(4) Aus einem gegen die Gesellschaft gerichteten vollstreckbaren Schuldtitel findet die Zwangsvollstreckung gegen die Gesellschafter nicht statt.

§ 129a

(weggefallen)

§ 130 Eintritt

(1) Wer in eine bestehende Gesellschaft eintritt, haftet gleich den anderen Gesellschaftern nach Maßgabe der §§ 128 und 129 für die vor seinem Eintritt begründeten Verbindlichkeiten der Gesellschaft, ohne Unterschied, ob die Firma eine Änderung erleidet oder nicht.

(2) Eine entgegenstehende Vereinbarung ist Dritten gegenüber unwirksam.

§ 130a–b

(weggefallen)

Vierter Titel:
Auflösung der Gesellschaft und Ausscheiden von Gesellschaftern

§ 131 Auflösung

(1) Die offene Handelsgesellschaft wird aufgelöst:

1. durch den Ablauf der Zeit, für welche sie eingegangen ist;
2. durch Beschluss der Gesellschafter;
3. durch die Eröffnung des Insolvenzverfahrens über das Vermögen der Gesellschaft;
4. durch gerichtliche Entscheidung.

(2) [1]Eine offene Handelsgesellschaft, bei der kein persönlich haftender Gesellschafter eine natürliche Person ist, wird ferner aufgelöst:

1. mit der Rechtskraft des Beschlusses, durch den die Eröffnung des Insolvenzverfahrens mangels Masse abgelehnt worden ist;
2. durch die Löschung wegen Vermögenslosigkeit nach § 394 des Gesetzes über das Verfahren in Familiensachen und in den Angelegenheiten der freiwilligen Gerichtsbarkeit.

[2]Dies gilt nicht, wenn zu den persönlich haftenden Gesellschaftern eine andere offene Handelsgesellschaft oder Kommanditgesellschaft gehört, bei der ein persönlich haftender Gesellschafter eine natürliche Person ist.

(3) [1]Folgende Gründe führen mangels abweichender vertraglicher Bestimmung zum Ausscheiden eines Gesellschafters:

1. Tod des Gesellschafters,
2. Eröffnung des Insolvenzverfahrens über das Vermögen des Gesellschafters,
3. Kündigung des Gesellschafters,
4. Kündigung durch den Privatgläubiger des Gesellschafters,
5. Eintritt von weiteren im Gesellschaftsvertrag vorgesehenen Fällen,
6. Beschluss der Ges ellschafter.

[2]Der Gesellschafter scheidet mit dem Eintritt des ihn betreffenden Ereignisses aus, im Falle der Kündigung aber nicht vor Ablauf der Kündigungsfrist.

§ 132 Kündigung

Die Kündigung eines Gesellschafters kann, wenn die Gesellschaft für unbestimmte Zeit eingegangen ist, nur für den Schluss eines Geschäftsjahrs erfolgen; sie muss mindestens sechs Monate vor diesem Zeitpunkt stattfinden.

§ 133 Gerichtsentscheidung

(1) Auf Antrag eines Gesellschafters kann die Auflösung der Gesellschaft vor dem Ablauf der für ihre Dauer bestimmten Zeit oder bei einer für unbestimmte Zeit eingegangenen Gesellschaft ohne Kündigung durch gerichtliche Entscheidung ausgesprochen werden, wenn ein wichtiger Grund vorliegt.

(2) Ein solcher Grund ist insbesondere vorhanden, wenn ein anderer Gesellschafter eine ihm nach dem Gesellschaftsvertrag obliegende wesentliche Verpflichtung vorsätzlich oder aus grober Fahrlässigkeit verletzt oder wenn die Erfüllung einer solchen Verpflichtung unmöglich wird.

(3) Eine Vereinbarung, durch welche das Recht des Gesellschafters, die Auflösung der Gesellschaft zu verlangen, ausgeschlossen oder diesen Vorschriften zuwider beschränkt wird, ist nichtig.

§ 134 Lebenszeit

Eine Gesellschaft, die für die Lebenszeit eines Gesellschafters eingegangen ist oder nach dem Ablauf der für ihre Dauer bestimmten Zeit stillschweigend fortgesetzt wird, steht im Sinne der Vorschriften der §§ 132 und 133 einer für unbestimmte Zeit eingegangenen Gesellschaft gleich.

§ 135 Privatgläubiger

Hat ein Privatgläubiger eines Gesellschafters, nachdem innerhalb der letzten sechs Monate eine Zwangsvollstreckung in das bewegliche Vermögen des Gesellschafters ohne Erfolg versucht ist, auf Grund eines nicht bloß vorläufig vollstreckbaren Schuldtitels die Pfändung und Überweisung des Anspruchs auf dasjenige erwirkt, was dem Gesellschafter bei der Auseinandersetzung zukommt, so kann er die

Gesellschaft ohne Rücksicht darauf, ob sie für bestimmte oder unbestimmte Zeit eingegangen ist, sechs Monate vor dem Ende des Geschäftsjahrs für diesen Zeitpunkt kündigen.

§§ 136 - 138

(weggefallen)

§ 139 Fortsetzung im Erbfall

(1) Ist im Gesellschaftsvertrag bestimmt, dass im Falle des Todes eines Gesellschafters die Gesellschaft mit dessen Erben fortgesetzt werden soll, so kann jeder Erbe sein Verbleiben in der Gesellschaft davon abhängig machen, dass ihm unter Belassung des bisherigen Gewinnanteils die Stellung eines Kommanditisten eingeräumt und der auf ihn fallende Teil der Einlage des Erblassers als seine Kommanditeinlage anerkannt wird.

(2) Nehmen die übrigen Gesellschafter einen dahingehenden Antrag des Erben nicht an, so ist dieser befugt, ohne Einhaltung einer Kündigungsfrist sein Ausscheiden aus der Gesellschaft zu erklären.

(3) [1]Die bezeichneten Rechte können von dem Erben nur innerhalb einer Frist von drei Monaten nach dem Zeitpunkt, in welchem er von dem Anfall der Erbschaft Kenntnis erlangt hat, geltend gemacht werden. [2]Auf den Lauf der Frist finden die für die Verjährung geltenden Vorschriften des § 210 des Bürgerlichen Gesetzbuchs entsprechende Anwendung. [3]Ist bei dem Ablauf der drei Monate das Recht zur Ausschlagung der Erbschaft noch nicht verloren, so endigt die Frist nicht vor dem Ablauf der Ausschlagungsfrist.

(4) Scheidet innerhalb der Frist des Absatzes 3 der Erbe aus der Gesellschaft aus oder wird innerhalb der Frist die Gesellschaft aufgelöst oder dem Erben die Stellung eines Kommanditisten eingeräumt, so haftet er für die bis dahin entstandenen Gesellschaftsschulden nur nach Maßgabe der die Haftung des Erben für die Nachlassverbindlichkeiten betreffenden Vorschriften des bürgerlichen Rechtes.

(5) Der Gesellschaftsvertrag kann die Anwendung der Vorschriften der Absätze 1 bis 4 nicht ausschließen; es kann jedoch für den Fall, dass der Erbe sein Verbleiben in der Gesellschaft von der Einräumung der Stellung eines Kommanditisten abhängig macht, sein Gewinnanteil anders als der des Erblassers bestimmt werden.

§ 140 Ausschließung

(1) [1]Tritt in der Person eines Gesellschafters ein Umstand ein, der nach § 133 für die übrigen Gesellschafter das Recht begründet, die Auflösung der Gesellschaft zu verlangen, so kann vom Gericht anstatt der Auflösung die Ausschließung dieses Gesellschafters aus der Gesellschaft ausgesprochen werden, sofern die übrigen Gesellschafter dies beantragen. [2]Der Ausschließungsklage steht nicht entgegen, dass nach der Ausschließung nur ein Gesellschafter verbleibt.

(2) Für die Auseinandersetzung zwischen der Gesellschaft und dem ausgeschlossenen Gesellschafter ist die Vermögenslage der Gesellschaft in dem Zeitpunkt maßgebend, in welchem die Klage auf Ausschließung erhoben ist.

§§ 141 - 142
(weggefallen)

§ 143 Anmeldungen

(1) [1]Die Auflösung der Gesellschaft ist von sämtlichen Gesellschaftern zur Eintragung in das Handelsregister anzumelden. [2]Dies gilt nicht in den Fällen der Eröffnung oder der Ablehnung der Eröffnung des Insolvenzverfahrens über das Vermögen der Gesellschaft (§ 131 Abs. 1 Nr. 3 und Abs. 2 Nr. 1). [3]In diesen Fällen hat das Gericht die Auflösung und ihren Grund von Amts wegen einzutragen. [4]Im Falle der Löschung der Gesellschaft (§ 131 Abs. 2 Nr. 2) entfällt die Eintragung der Auflösung.

(2) Absatz 1 Satz 1 gilt entsprechend für das Ausscheiden eines Gesellschafters aus der Gesellschaft.

(3) Ist anzunehmen, dass der Tod eines Gesellschafters die Auflösung oder das Ausscheiden zur Folge gehabt hat, so kann, auch ohne dass die Erben bei der Anmeldung mitwirken, die Eintragung erfolgen, soweit einer solchen Mitwirkung besondere Hindernisse entgegenstehen.

§ 144 Fortsetzung

(1) Ist die Gesellschaft durch die Eröffnung des Insolvenzverfahrens über ihr Vermögen aufgelöst, das Verfahren aber auf Antrag des Schuldners eingestellt oder nach der Bestätigung eines Insolvenzplans, der den Fortbestand der Gesellschaft vorsieht, aufgehoben, so können die Gesellschafter die Fortsetzung der Gesellschaft beschließen.

(2) Die Fortsetzung ist von sämtlichen Gesellschaftern zur Eintragung in das Handelsregister anzumelden.

Fünfter Titel:
Liquidation der Gesellschaft

§ 145 Liquidation

(1) Nach der Auflösung der Gesellschaft findet die Liquidation statt, sofern nicht eine andere Art der Auseinandersetzung von den Gesellschaftern vereinbart oder über das Vermögen der Gesellschaft das Insolvenzverfahren eröffnet ist.

(2) Ist die Gesellschaft durch Kündigung des Gläubigers eines Gesellschafters oder durch die Eröffnung des Insolvenzverfahrens über das Vermögen eines Gesellschafters aufgelöst, so kann die Liquidation nur mit Zustimmung des Gläubigers oder des Insolvenzverwalters unterbleiben; ist im Insolvenzverfahren Eigenverwaltung angeordnet, so tritt an die Stelle der Zustimmung des Insolvenzverwalters die Zustimmung des Schuldners.

(3) Ist die Gesellschaft durch Löschung wegen Vermögenslosigkeit aufgelöst, so findet eine Liquidation nur statt, wenn sich nach der Löschung herausstellt, dass Vermögen vorhanden ist, das der Verteilung unterliegt.

§ 146 Liquidatoren

(1) [1]Die Liquidation erfolgt, sofern sie nicht durch Beschluss der Gesellschafter oder durch den Gesellschaftsvertrag einzelnen Gesellschaftern oder anderen Personen übertragen ist, durch sämtliche Gesellschafter als Liquidatoren. [2]Mehrere Erben eines Gesellschafters haben einen gemeinsamen Vertreter zu bestellen.

(2) [1]Auf Antrag eines Beteiligten kann aus wichtigen Gründen die Ernennung von Liquidatoren durch das Gericht erfolgen, in dessen Bezirk die Gesellschaft ihren Sitz hat; das Gericht kann in einem solchen Falle Personen zu Liquidatoren ernennen, die nicht zu den Gesellschaftern gehören. [2]Als Beteiligter gilt außer den Gesellschaftern im Falle des § 135 auch der Gläubiger, durch den die Kündigung erfolgt ist. [3]Im Falle des § 145 Abs. 3 sind die Liquidatoren auf Antrag eines Beteiligten durch das Gericht zu ernennen.

(3) Ist über das Vermögen eines Gesellschafters das Insolvenzverfahren eröffnet und ist ein Insolvenzverwalter bestellt, so tritt dieser an die Stelle des Gesellschafters.

§ 147 Abberufung

Die Abberufung von Liquidatoren geschieht durch einstimmigen Beschluss der nach § 146 Abs. 2 und 3 Beteiligten; sie kann auf Antrag eines Beteiligten aus wichtigen Gründen auch durch das Gericht erfolgen.

Wirtschafts-
recht

§ 148 Anmeldung

(1) [1]Die Liquidatoren und ihre Vertretungsmacht sind von sämtlichen Gesellschaftern zur Eintragung in das Handelsregister anzumelden. [2]Das Gleiche gilt von jeder Änderung in den Personen der Liquidatoren oder in ihrer Vertretungsmacht. [3]Im Falle des Todes eines Gesellschafters kann, wenn anzunehmen ist, dass die Anmeldung den Tatsachen entspricht, die Eintragung erfolgen, auch ohne dass die Erben bei der Anmeldung mitwirken, soweit einer solchen Mitwirkung besondere Hindernisse entgegenstehen.

(2) Die Eintragung gerichtlich bestellter Liquidatoren sowie die Eintragung der gerichtlichen Abberufung von Liquidatoren geschieht von Amts wegen.

§ 149 Aufgaben der Liquidatoren

[1]Die Liquidatoren haben die laufenden Geschäfte zu beendigen, die Forderungen einzuziehen, das übrige Vermögen in Geld umzusetzen und die Gläubiger zu befriedigen; zur Beendigung schwebender Geschäfte können sie auch neue Geschäfte eingehen. [2]Die Liquidatoren vertreten innerhalb ihres Geschäftskreises die Gesellschaft gerichtlich und außergerichtlich.

§ 150 Mehrere Liquidatoren

(1) Sind mehrere Liquidatoren vorhanden, so können sie die zur Liquidation gehörenden Handlungen nur in Gemeinschaft vornehmen, sofern nicht bestimmt ist, dass sie einzeln handeln können.

(2) [1]Durch die Vorschrift des Absatzes 1 wird nicht ausgeschlossen, dass die Liquidatoren Einzelne von ihnen zur Vornahme bestimmter Geschäfte oder bestimmter Arten von Geschäften ermächtigen. [2]Ist der Gesellschaft gegenüber eine Willenserklärung abzugeben, so findet die Vorschrift des § 125 Abs. 2 Satz 3 entsprechende Anwendung.

§ 151 Umfang der Befugnisse

Eine Beschränkung des Umfangs der Befugnisse der Liquidatoren ist Dritten gegenüber unwirksam.

§ 152 Weisungsbindung

Gegenüber den nach § 146 Abs. 2 und 3 Beteiligten haben die Liquidatoren, auch wenn sie vom Gericht bestellt sind, den Anordnungen Folge zu leisten, welche die Beteiligten in Betreff der Geschäftsführung einstimmig beschließen.

§ 153 Zeichnung

Die Liquidatoren haben ihre Unterschrift in der Weise abzugeben, dass sie der bisherigen, als Liquidationsfirma zu bezeichnenden Firma ihren Namen beifügen.

§ 154 Liquidationsbilanz

Die Liquidatoren haben bei dem Beginn sowie bei der Beendigung der Liquidation eine Bilanz aufzustellen.

§ 155 Vermögensverteilung

(1) Das nach Berichtigung der Schulden verbleibende Vermögen der Gesellschaft ist von den Liquidatoren nach dem Verhältnis der Kapitalanteile, wie sie sich auf Grund der Schlussbilanz ergeben, unter die Gesellschafter zu verteilen.

(2) Das während der Liquidation entbehrliche Geld wird vorläufig verteilt. Zur Deckung noch nicht fälliger oder streitiger Verbindlichkeiten sowie zur Sicherung der den Gesellschaftern bei der Schlussverteilung zukommenden Beträge ist das Erforderliche zurückzubehalten. Die Vorschriften des § 122 Abs. 1 finden während der Liquidation keine Anwendung.

(3) Entsteht über die Verteilung des Gesellschaftsvermögens Streit unter den Gesellschaftern, so haben die Liquidatoren die Verteilung bis zur Entscheidung des Streites auszusetzen.

§ 156 Gesellschafter untereinander

Bis zur Beendigung der Liquidation kommen in Bezug auf das Rechtsverhältnis der bisherigen Gesellschafter untereinander sowie der Gesellschaft zu Dritten die Vorschriften des zweiten und dritten Titels zur Anwendung, soweit sich nicht aus dem gegenwärtigen Titel oder aus dem Zweck der Liquidation ein anderes ergibt.

§ 157 Anmeldung

(1) Nach der Beendigung der Liquidation ist das Erlöschen der Firma von den Liquidatoren zur Eintragung in das Handelsregister anzumelden.

(2) [1]Die Bücher und Papiere der aufgelösten Gesellschaft werden einem der Gesellschafter oder einem Dritten in Verwahrung gegeben. [2]Der Gesellschafter oder der Dritte wird in Ermangelung einer Verständigung durch das Gericht bestimmt, in dessen Bezirk die Gesellschaft ihren Sitz hat.

(3) Die Gesellschafter und deren Erben behalten das Recht auf Einsicht und Benutzung der Bücher und Papiere.

§ 158 Andere Art der Auseinandersetzung

Vereinbaren die Gesellschafter statt der Liquidation eine andere Art der Auseinandersetzung, so finden, solange noch ungeteiltes Gesellschaftsvermögen vorhanden ist, im Verhältnis zu Dritten die für die Liquidation geltenden Vorschriften entsprechende Anwendung.

Sechster Titel: Verjährung, Zeitliche Begrenzung der Haftung

§ 159 Verjährung

(1) Die Ansprüche gegen einen Gesellschafter aus Verbindlichkeiten der Gesellschaft verjähren in fünf Jahren nach der Auflösung der Gesellschaft, sofern nicht der Anspruch gegen die Gesellschaft einer kürzeren Verjährung unterliegt.

(2) Die Verjährung beginnt mit dem Ende des Tages, an welchem die Auflösung der Gesellschaft in das Handelsregister des für den Sitz der Gesellschaft zuständigen Gerichts eingetragen wird.

(3) Wird der Anspruch des Gläubigers gegen die Gesellschaft erst nach der Eintragung fällig, so beginnt die Verjährung mit dem Zeitpunkt der Fälligkeit.

(4) Der Neubeginn der Verjährung und ihre Hemmung nach § 204 des Bürgerlichen Gesetzbuchs gegenüber der aufgelösten Gesellschaft wirken auch gegenüber den Gesellschaftern, die der Gesellschaft zur Zeit der Auflösung angehört haben.

§ 160 Ausscheiden

(1) [1]Scheidet ein Gesellschafter aus der Gesellschaft aus, so haftet er für ihre bis dahin begründeten Verbindlichkeiten, wenn sie vor Ablauf von fünf Jahren nach dem Ausscheiden fällig und daraus Ansprüche gegen ihn in einer in § 197 Abs. 1 Nr. 3 bis 5 des Bürgerlichen Gesetzbuchs bezeichneten Art festgestellt sind oder eine gerichtliche oder behördliche Vollstreckungshandlung vorgenommen oder beantragt wird; bei öffentlich-rechtlichen Verbindlichkeiten genügt der Erlass eines Verwaltungsakts. [2]Die Frist beginnt mit Ende des Tages, an dem das Ausscheiden in das Handelsregister des für den Sitz der Gesellschaft zuständigen Gerichts eingetragen wird. [3]Die für die Verjährung geltenden §§ 204, 206, 210, 211 und 212 Abs. 2 und 3 des Bürgerlichen Gesetzbuches sind entsprechend anzuwenden.

(2) Einer Feststellung in einer in § 197 Abs. 1 Nr. 3 bis 5 des Bürgerlichen Gesetzbuchs bezeichneten Art bedarf es nicht, soweit der Gesellschafter den Anspruch schriftlich anerkannt hat.

(3) [1]Wird ein Gesellschafter Kommanditist, so sind für die Begrenzung seiner Haftung für die im Zeitpunkt der Eintragung der Änderung im Handelsregister begründeten Verbindlichkeiten die Absätze 1 und 2 entsprechend anzuwenden. [2]Dies gilt auch, wenn er in der Gesellschaft oder einem ihr als Gesellschafter angehörenden Unternehmen geschäftsführend tätig wird. [3]Seine Haftung als Kommanditist bleibt unberührt.

Zweiter Abschnitt: Kommanditgesellschaft

§ 161 Begriff

(1) Eine Gesellschaft, deren Zweck auf den Betrieb eines Handelsgewerbes unter gemeinschaftlicher Firma gerichtet ist, ist eine Kommanditgesellschaft, wenn bei einem oder bei einigen von den Gesellschaftern die Haftung gegenüber den Gesellschaftsgläubigern auf den Betrag einer bestimmten Vermögenseinlage beschränkt ist (Kommanditisten), während bei dem anderen Teil der Gesellschafter eine Beschränkung der Haftung nicht stattfindet (persönlich haftende Gesellschafter).

(2) Soweit nicht in diesem Abschnitt ein anderes vorgeschrieben ist, finden auf die Kommanditgesellschaft die für die offene Handelsgesellschaft geltenden Vorschriften Anwendung.

§ 162 Anmeldung

(1) Die Anmeldung der Gesellschaft hat außer den in § 106 Abs. 2 vorgesehenen Angaben die Bezeichnung der Kommanditisten und den Betrag der Einlage eines jeden von ihnen zu enthalten. Ist eine Gesellschaft bürgerlichen Rechts Kommanditist, so sind auch deren Gesellschafter entsprechend § 106 Abs. 2 und spätere Änderungen in der Zusammensetzung der Gesellschafter zur Eintragung anzumelden.

(2) Bei der Bekanntmachung der Eintragung der Gesellschaft sind keine Angaben zu den Kommanditisten zu machen; die Vorschriften des § 15 sind insoweit nicht anzuwenden.

(3) Diese Vorschriften finden im Falle des Eintritts eines Kommanditisten in eine bestehende Handelsgesellschaft und im Falle des Ausscheidens eines Kommanditisten aus einer Kommanditgesellschaft entsprechende Anwendung.

§ 163 Verhältnis der Gesellschafter

Für das Verhältnis der Gesellschafter untereinander gelten in Ermangelung abweichender Bestimmungen des Gesellschaftsvertrags die besonderen Vorschriften der §§ 164 bis 169.

§ 164 Ausschluss von der Geschäftsführung

[1]Die Kommanditisten sind von der Führung der Geschäfte der Gesellschaft ausgeschlossen; sie können einer Handlung der persönlich haftenden Gesellschafter nicht widersprechen, es sei denn, dass die Handlung über den gewöhnlichen Betrieb des Handelsgewerbes der Gesellschaft hinausgeht. [2]Die Vorschriften des § 116 Abs. 3 bleiben unberührt.

§ 165 Ausnahmen von Wettbewerbsverbot

Die §§ 112 und 113 finden auf die Kommanditisten keine Anwendung.

§ 166 Informationsrechte

(1) Der Kommanditist ist berechtigt, die abschriftliche Mitteilung des Jahresabschlusses zu verlangen und dessen Richtigkeit unter Einsicht der Bücher und Papiere zu prüfen.

(2) Die in § 118 dem von der Geschäftsführung ausgeschlossenen Gesellschafter eingeräumten weiteren Rechte stehen dem Kommanditisten nicht zu.

(3) Auf Antrag eines Kommanditisten kann das Gericht, wenn wichtige Gründe vorliegen, die Mitteilung einer Bilanz und eines Jahresabschlusses oder sonstiger Aufklärungen sowie die Vorlegung der Bücher und Papiere jederzeit anordnen.

§ 167 Ergebnis

(1) Die Vorschriften des § 120 über die Berechnung des Gewinns oder Verlustes gelten auch für den Kommanditisten.

(2) Jedoch wird der einem Kommanditisten zukommende Gewinn seinem Kapitalanteil nur so lange zugeschrieben, als dieser den Betrag der bedungenen Einlage nicht erreicht.

(3) An dem Verlust nimmt der Kommanditist nur bis zum Betrag seines Kapitalanteils und seiner noch rückständigen Einlage teil.

§ 168 Ergebnisverteilung

(1) Die Anteile der Gesellschafter am Gewinn bestimmen sich, soweit der Gewinn den Betrag von vier vom Hundert der Kapitalanteile nicht übersteigt, nach den Vorschriften des § 121 Abs. 1 und 2.

(2) In Ansehung des Gewinns, welcher diesen Betrag übersteigt, sowie in Ansehung des Verlustes gilt, soweit nicht ein anderes vereinbart ist, ein den Umständen nach angemessenes Verhältnis der Anteile als bedungen.

§ 169 Auszahlung

(1) § 122 findet auf den Kommanditisten keine Anwendung. Dieser hat nur Anspruch auf Auszahlung des ihm zukommenden Gewinns; er kann auch die Auszahlung des

Gewinns nicht fordern, solange sein Kapitalanteil durch Verlust unter den auf die bedungene Einlage geleisteten Betrag herabgemindert ist oder durch die Auszahlung unter diesen Betrag herabgemindert werden würde.

(2) Der Kommanditist ist nicht verpflichtet, den bezogenen Gewinn wegen späterer Verluste zurückzuzahlen.

§ 170 Ausschluss von der Vertretung

Der Kommanditist ist zur Vertretung der Gesellschaft nicht ermächtigt.

§ 171 Haftung des Kommanditisten

(1) Der Kommanditist haftet den Gläubigern der Gesellschaft bis zur Höhe seiner Einlage unmittelbar; die Haftung ist ausgeschlossen, soweit die Einlage geleistet ist.

(2) Ist über das Vermögen der Gesellschaft das Insolvenzverfahren eröffnet, so wird während der Dauer des Verfahrens das den Gesellschaftsgläubigern nach Absatz 1 zustehende Recht durch den Insolvenzverwalter oder den Sachverwalter ausgeübt.

§ 172 Hafteinlage

(1) Im Verhältnis zu den Gläubigern der Gesellschaft wird nach der Eintragung in das Handelsregister die Einlage eines Kommanditisten durch den in der Eintragung angegebenen Betrag bestimmt.

(2) Auf eine nicht eingetragene Erhöhung der aus dem Handelsregister ersichtlichen Einlage können sich die Gläubiger nur berufen, wenn die Erhöhung in handelsüblicher Weise kundgemacht oder ihnen in anderer Weise von der Gesellschaft mitgeteilt worden ist.

(3) Eine Vereinbarung der Gesellschafter, durch die einem Kommanditisten die Einlage erlassen oder gestundet wird, ist den Gläubigern gegenüber unwirksam.

(4) [1]Soweit die Einlage eines Kommanditisten zurückbezahlt wird, gilt sie den Gläubigern gegenüber als nicht geleistet. [2]Das Gleiche gilt, soweit ein Kommanditist Gewinnanteile entnimmt, während sein Kapitalanteil durch Verlust unter den Betrag der geleisteten Einlage herabgemindert ist, oder soweit durch die Entnahme der Kapitalanteil unter den bezeichneten Betrag herabgemindert wird. [3]Bei der Berechnung des Kapitalanteils nach Satz 2 sind Beiträge im Sinn des § 268 Abs. 8 nicht zu berücksichtigen.

(5) Was ein Kommanditist auf Grund einer in gutem Glauben errichteten Bilanz in gutem Glauben als Gewinn bezieht, ist er in keinem Falle zurückzuzahlen verpflichtet.

(6) [1]Gegenüber den Gläubigern einer Gesellschaft, bei der kein persönlich haftender Gesellschafter eine natürliche Person ist, gilt die Einlage eines Kommanditisten als nicht geleistet, soweit sie in Anteilen an den persönlich haftenden Gesellschaftern bewirkt ist. [2]Dies gilt nicht, wenn zu den persönlich haftenden Gesellschaftern eine offene Handelsgesellschaft oder Kommanditgesellschaft gehört, bei der ein persönlich haftender Gesellschafter eine natürliche Person ist.

§ 172a

(weggefallen)

§ 173 Eintritt

(1) Wer in eine bestehende Handelsgesellschaft als Kommanditist eintritt, haftet nach Maßgabe der §§ 171 und 172 für die vor seinem Eintritt begründeten Verbindlichkeiten der Gesellschaft, ohne Unterschied, ob die Firma eine Änderung erleidet oder nicht.

(2) Eine entgegenstehende Vereinbarung ist Dritten gegenüber unwirksam.

§ 174 Herabsetzung der Einlage

Eine Herabsetzung der Einlage eines Kommanditisten ist, solange sie nicht in das Handelsregister des Gerichts, in dessen Bezirk die Gesellschaft ihren Sitz hat, eingetragen ist, den Gläubigern gegenüber unwirksam; Gläubiger, deren Forderungen zur Zeit der Eintragung begründet waren, brauchen die Herabsetzung nicht gegen sich gelten zu lassen.

§ 175 Anmeldungen

[1]Die Erhöhung sowie die Herabsetzung einer Einlage ist durch die sämtlichen Gesellschafter zur Eintragung in das Handelsregister anzumelden. [2]§ 162 Abs. 2 gilt entsprechend.

§ 176 Beginn

(1) [1]Hat die Gesellschaft ihre Geschäfte begonnen, bevor sie in das Handelsregister des Gerichts, in dessen Bezirk sie ihren Sitz hat, eingetragen ist, so haftet jeder Kommanditist, der dem Geschäftsbeginn zugestimmt hat, für die bis zur Eintragung begründeten Verbindlichkeiten der Gesellschaft gleich einem persönlich haftenden Gesellschafter, es sei denn, dass seine Beteiligung als Kommanditist dem Gläubiger bekannt war. [2]Diese Vorschrift kommt nicht zur Anwendung, soweit sich aus § 2 oder § 105 Abs. 2 ein anderes ergibt.

(2) Tritt ein Kommanditist in eine bestehende Handelsgesellschaft ein, so findet die Vorschrift des Absatzes 1 Satz 1 für die in der Zeit zwischen seinem Eintritt und dessen Eintragung in das Handelsregister begründeten Verbindlichkeiten der Gesellschaft entsprechende Anwendung.

§ 177 Fortsetzung

Beim Tod eines Kommanditisten wird die Gesellschaft mangels abweichender vertraglicher Bestimmung mit den Erben fortgesetzt.

§ 177a Geschäftsbriefe

§ 125a gilt auch für die Gesellschaft, bei der ein Kommanditist eine natürliche Person ist. Der in § 125a Absatz 1 Satz 2 für die Gesellschafter vorgeschriebenen Angaben bedarf es nur für die persönlich haftenden Gesellschafter der Gesellschaft.

§§ 178 - 229

(weggefallen)

Dritter Abschnitt: Stille Gesellschaft

§ 230 Begriff

(1) Wer sich als stiller Gesellschafter an dem Handelsgewerbe, das ein anderer betreibt, mit einer Vermögenseinlage beteiligt, hat die Einlage so zu leisten, dass sie in das Vermögen des Inhabers des Handelsgeschäfts übergeht.

(2) Der Inhaber wird aus den in dem Betrieb geschlossenen Geschäften allein berechtigt und verpflichtet.

§ 231 Ergebnis

(1) Ist der Anteil des stillen Gesellschafters am Gewinn und Verlust nicht bestimmt, so gilt ein den Umständen nach angemessener Anteil als bedungen.

(2) Im Gesellschaftsvertrag kann bestimmt werden, dass der stille Gesellschafter nicht am Verlust beteiligt sein soll; seine Beteiligung am Gewinn kann nicht ausgeschlossen werden.

§ 232 Auszahlung

(1) Am Schluss jedes Geschäftsjahrs wird der Gewinn und Verlust berechnet und der auf den stillen Gesellschafter fallende Gewinn ihm ausbezahlt.

(2) [1]Der stille Gesellschafter nimmt an dem Verlust nur bis zum Betrag seiner eingezahlten oder rückständigen Einlage teil. [2]Er ist nicht verpflichtet, den bezogenen Gewinn wegen späterer Verluste zurückzuzahlen; jedoch wird, solange seine Einlage durch Verlust vermindert ist, der jährliche Gewinn zur Deckung des Verlustes verwendet.

(3) Der Gewinn, welcher von dem stillen Gesellschafter nicht erhoben wird, vermehrt dessen Einlage nicht, sofern nicht ein anderes vereinbart ist.

§§ 233 - 237

(vom Abdruck wurde abgesehen)

Drittes Buch: Handelsbücher

§ 238 Buchführungspflicht

(1) [1]Jeder Kaufmann ist verpflichtet, Bücher zu führen und in diesen seine Handelsgeschäfte und die Lage seines Vermögens nach den Grundsätzen ordnungsmäßiger Buchführung ersichtlich zu machen. [2]Die Buchführung muss so beschaffen sein, dass sie einem sachverständigen Dritten innerhalb angemessener Zeit einen Überblick über die Geschäftsvorfälle und über die Lage des Unternehmens vermitteln kann. [3]Die Geschäftsvorfälle müssen sich in ihrer Entstehung und Abwicklung verfolgen lassen.

(2) Der Kaufmann ist verpflichtet, eine mit der Urschrift übereinstimmende Wiedergabe der abgesandten Handelsbriefe (Kopie, Abdruck, Abschrift oder sonstige Wiedergabe des Wortlauts auf einem Schrift-, Bild- oder anderen Datenträger) zurückzubehalten.

§§ 239 - 905

(vom Abdruck wurde abgesehen)

Gesetz betreffend die Gesellschaften mit beschränkter Haftung (GmbHG)

Fassung vom 20. Mai 1898 (RGBl. S. 846)
zuletzt geändert mit Gesetz vom 4. Mai 2021 (BGBl. I S. 882)

– Auszug –
(Überschriften sind redaktionell bearbeitet)

Erster Abschnitt: Errichtung der Gesellschaft

§ 1 Zweck der Gesellschaft

Gesellschaften mit beschränkter Haftung können nach Maßgabe der Bestimmungen dieses Gesetzes zu jedem gesetzlich zulässigen Zweck durch eine oder mehrere Personen errichtet werden.

§ 2 Form des Gesellschaftsvertrages

(1) [1]Der Gesellschaftsvertrag bedarf notarieller Form. [2]Er ist von sämtlichen Gesellschaftern zu unterzeichnen.

(1a) [1]Die Gesellschaft kann in einem vereinfachten Verfahren gegründet werden, wenn sie höchstens drei Gesellschafter und einen Geschäftsführer hat. [2]Für die Gründung im vereinfachten Verfahren ist das in der Anlage bestimmte Musterprotokoll zu verwenden. [3]Darüber hinaus dürfen keine vom Gesetz abweichenden Bestimmungen getroffen werden. [4]Das Musterprotokoll gilt zugleich als Gesellschafterliste. [5]Im Übrigen finden auf das Musterprotokoll die Vorschriften dieses Gesetzes über den Gesellschaftsvertrag entsprechende Anwendung.

(2) Die Unterzeichnung durch Bevollmächtigte ist nur auf Grund einer notariell errichteten oder beglaubigten Vollmacht zulässig.

§ 3 Inhalt des Gesellschaftsvertrages

(1) Der Gesellschaftsvertrag muss enthalten:

1. die Firma und den Sitz der Gesellschaft,
2. den Gegenstand des Unternehmens,
3. den Betrag des Stammkapitals,
4. die Zahl und die Nennbeträge der Geschäftsanteile, die jeder Gesellschafter gegen Einlage auf das Stammkapital (Stammeinlage) übernimmt.

(2) Soll das Unternehmen auf eine gewisse Zeit beschränkt sein oder sollen den Gesellschaftern außer der Leistung von Kapitaleinlagen noch andere Verpflichtungen gegenüber der Gesellschaft auferlegt werden, so bedürfen auch diese Bestimmungen der Aufnahme in den Gesellschaftsvertrag.

§ 4 Firma

[1]Die Firma der Gesellschaft muss, auch wenn sie nach § 22 des Handelsgesetzbuchs oder nach anderen gesetzlichen Vorschriften fortgeführt wird, die Bezeichnung „Gesellschaft mit beschränkter Haftung“ oder eine allgemein verständliche Abkürzung dieser Bezeichnung enthalten. [2]Verfolgt die Gesellschaft ausschließlich und unmittelbar steuerbegünstigte Zwecke nach den §§ 51 bis 68 der Abgabenordnung kann die Abkürzung „gGmbH“ lauten.

§ 4a Sitz

Sitz der Gesellschaft ist der Ort im Inland, den der Gesellschaftsvertrag bestimmt.

§ 5 Stammkapital

(1) Das Stammkapital der Gesellschaft muss mindestens fünfundzwanzigtausend Euro betragen.

(2) [1]Der Nennbetrag jedes Geschäftsanteils muss auf volle Euro lauten. [2]Ein Gesellschafter kann bei Errichtung der Gesellschaft mehrere Geschäftsanteile übernehmen.

(3) [1]Die Höhe der Nennbeträge der einzelnen Geschäftsanteile kann verschieden bestimmt werden. [2]Die Summe der Nennbeträge aller Geschäftsanteile muss mit dem Stammkapital übereinstimmen.

(4) [1]Sollen Sacheinlagen geleistet werden, so müssen der Gegenstand der Sacheinlage und der Nennbetrag des Geschäftsanteils, auf den sich die Sacheinlage bezieht, im Gesellschaftsvertrag festgesetzt werden. [2]Die Gesellschafter haben in einem Sachgründungsbericht die für die Angemessenheit der Leistungen für Sacheinlagen wesentlichen Umstände darzulegen und beim Übergang eines Unternehmens auf die Gesellschaft die Jahresergebnisse der beiden letzten Geschäftsjahre anzugeben.

§ 5a Unternehmergesellschaft

(1) Eine Gesellschaft, die mit einem Stammkapital gegründet wird, das den Betrag des Mindeststammkapitals nach § 5 Abs. 1 unterschreitet, muss in der Firma abweichend von § 4 die Bezeichnung „Unternehmergesellschaft (haftungsbeschränkt)“ oder „UG (haftungsbeschränkt)“ führen.

(2) Abweichend von § 7 Abs. 2 darf die Anmeldung erst erfolgen, wenn das Stammkapital in voller Höhe eingezahlt ist. Sacheinlagen sind ausgeschlossen.

(3) In der Bilanz des nach den §§ 242, 264 des Handelsgesetzbuchs aufzustellenden Jahresabschlusses ist eine gesetzliche Rücklage zu bilden, in die ein Viertel des um einen Verlustvortrag aus dem Vorjahr geminderten Jahresüberschusses einzustellen ist. Die Rücklage darf nur verwandt werden

1. für Zwecke des § 57c;
2. zum Ausgleich eines Jahresfehlbetrags, soweit er nicht durch einen Gewinnvortrag aus dem Vorjahr gedeckt ist;
3. zum Ausgleich eines Verlustvortrags aus dem Vorjahr, soweit er nicht durch einen Jahresüberschuss gedeckt ist.

(4) Abweichend von § 49 Abs. 3 muss die Versammlung der Gesellschafter bei drohender Zahlungsunfähigkeit unverzüglich einberufen werden.

(5) Erhöht die Gesellschaft ihr Stammkapital so, dass es den Betrag des Mindeststammkapitals nach § 5 Abs. 1 erreicht oder übersteigt, finden die Absätze 1 bis 4 keine Anwendung mehr; die Firma nach Absatz 1 darf beibehalten werden.

§ 6 Geschäftsführer

(1) Die Gesellschaft muss einen oder mehrere Geschäftsführer haben.

(2) [1]Geschäftsführer kann nur eine natürliche, unbeschränkt geschäftsfähige Person sein. [2]Geschäftsführer kann nicht sein, wer

1. als Betreuter bei der Besorgung seiner Vermögensangelegenheiten ganz oder teilweise einem Einwilligungsvorbehalt (§ 1903 des Bürgerlichen Gesetzbuchs) unterliegt,
2. aufgrund eines gerichtlichen Urteils oder einer vollziehbaren Entscheidung einer Verwaltungsbehörde einen Beruf, einen Berufszweig, ein Gewerbe oder einen Gewerbezweig nicht ausüben darf, sofern der Unternehmensgegenstand ganz oder teilweise mit dem Gegenstand des Verbots übereinstimmt,
3. wegen einer oder mehrerer vorsätzlich begangener Straftaten
   a) des Unterlassens der Stellung des Antrags auf Eröffnung des Insolvenzverfahrens (Insolvenzverschleppung),
   b) nach den §§ 283 bis 283d des Strafgesetzbuchs (Insolvenzstraftaten),
   c) der falschen Angaben nach § 82 dieses Gesetzes oder § 399 des Aktiengesetzes,
   d) der unrichtigen Darstellung nach § 400 des Aktiengesetzes, § 331 des Handelsgesetzbuchs, § 313 des Umwandlungsgesetzes oder § 17 des Publizitätsgesetzes oder
   e) nach den §§ 263 bis 264a oder den §§ 265b bis 266a des Strafgesetzbuchs zu einer Freiheitsstrafe von mindestens einem Jahr

   verurteilt worden ist; dieser Ausschluss gilt für die Dauer von fünf Jahren seit der Rechtskraft des Urteils, wobei die Zeit nicht eingerechnet wird, in welcher der Täter auf behördliche Anordnung in einer Anstalt verwahrt worden ist.

[3]Satz 2 Nr. 3 gilt entsprechend bei einer Verurteilung im Ausland wegen einer Tat, die mit den in Satz 2 Nr. 3 genannten Taten vergleichbar ist.

(3) [1]Zu Geschäftsführern können Gesellschafter oder andere Personen bestellt werden. [2]Die Bestellung erfolgt entweder im Gesellschaftsvertrag oder nach Maßgabe der Bestimmungen des dritten Abschnitts.

(4) Ist im Gesellschaftsvertrag bestimmt, dass sämtliche Gesellschafter zur Geschäftsführung berechtigt sein sollen, so gelten nur die der Gesellschaft bei Festsetzung dieser Bestimmung angehörenden Personen als die bestellten Geschäftsführer.

(5) Gesellschafter, die vorsätzlich oder grob fahrlässig einer Person, die nicht Geschäftsführer sein kann die Führung der Geschäfte überlassen, haften der Gesell-

schaft solidarisch für den Schaden, der dadurch entsteht, dass diese Person die ihr gegenüber der Gesellschaft bestehenden Obliegenheiten verletzt.

§ 7 Anmeldung

(1) Die Gesellschaft ist bei dem Gericht, in dessen Bezirk sie ihren Sitz hat, zur Eintragung in das Handelsregister anzumelden.

(2) [1]Die Anmeldung darf erst erfolgen, wenn auf jeden Geschäftsanteil, soweit nicht Sacheinlagen vereinbart sind, ein Viertel des Nennbetrags eingezahlt ist. [2]Insgesamt muss auf das Stammkapital mindestens soviel eingezahlt sein, dass der Gesamtbetrag der eingezahlten Geldeinlagen zuzüglich des Gesamtnennbetrags der Geschäftsanteile, für die Sacheinlagen zu leisten sind, die Hälfte des Mindeststammkapitals gemäß § 5 Abs. 1 erreicht.

(3) Die Sacheinlagen sind vor der Anmeldung der Gesellschaft zur Eintragung in das Handelsregister so an die Gesellschaft zu bewirken, dass sie endgültig zur freien Verfügung der Geschäftsführer stehen.

§ 8 Inhalt und Anlagen

(1) Der Anmeldung müssen beigefügt sein:

1. der Gesellschaftsvertrag und im Fall des § 2 Abs. 2 die Vollmachten der Vertreter, welche den Gesellschaftsvertrag unterzeichnet haben, oder eine beglaubigte Abschrift dieser Urkunden,
2. die Legitimation der Geschäftsführer, sofern dieselben nicht im Gesellschaftsvertrag bestellt sind,
3. eine von den Anmeldenden unterschriebene Liste der Gesellschafter nach den Vorgaben des § 40,
4. im Fall des § 5 Abs. 4 die Verträge, die den Festsetzungen zugrunde liegen oder zu ihrer Ausführung geschlossen worden sind, und der Sachgründungsbericht,
5. wenn Sacheinlagen vereinbart sind, Unterlagen darüber, dass der Wert der Sacheinlagen den Nennbetrag der dafür übernommenen Geschäftsanteile erreicht.
6. *(weggefallen)*

(2) [1]In der Anmeldung ist die Versicherung abzugeben, dass die in § 7 Abs. 2 und 3 bezeichneten Leistungen auf die Geschäftsanteile bewirkt sind und dass der Gegenstand der Leistungen sich endgültig in der freien Verfügung der Geschäftsführer befindet. [2]Das Gericht kann bei erheblichen Zweifeln an der Richtigkeit der Versicherung Nachweise (unter anderem Einzahlungsbelege) verlangen.

(3) [1]In der Anmeldung haben die Geschäftsführer zu versichern, dass keine Umstände vorliegen, die ihrer Bestellung nach § 6 Abs. 2 Satz 2 Nr. 2 und 3 sowie Satz 3 entgegenstehen, und dass sie über ihre unbeschränkte Auskunftspflicht gegenüber dem Gericht belehrt worden sind. [2]Die Belehrung nach § 53 Abs. 2 des Bundeszentralregistergesetzes*) kann schriftlich vorgenommen werden; sie kann auch durch einen Notar oder einen im Ausland bestellten Notar, durch einen Vertreter eines vergleichbaren rechtsberatenden Berufs oder einen Konsularbeamten erfolgen.

(4) In der Anmeldung sind ferner anzugeben:

1. eine inländische Geschäftsanschrift,
2. Art und Umfang der Vertretungsbefugnis der Geschäftsführer.

(5) Für die Einreichung von Unterlagen nach diesem Gesetz gilt § 12 Abs. 2 des Handelsgesetzbuchs entsprechend.

§ 9 Fehlbetrag bei Sacheinlagen

(1) [1]Erreicht der Wert einer Sacheinlage im Zeitpunkt der Anmeldung der Gesellschaft zur Eintragung in das Handelsregister nicht den Nennbetrag des dafür übernommenen Geschäftsanteils, hat der Gesellschafter in Höhe des Fehlbetrags eine Einlage in Geld zu leisten. [2]Sonstige Ansprüche bleiben unberührt.

(2) Der Anspruch der Gesellschaft nach Absatz 1 Satz 1 verjährt in zehn Jahren seit der Eintragung der Gesellschaft in das Handelsregister.

§ 9 a Haftung für falsche Angaben

(1) Werden zum Zweck der Errichtung der Gesellschaft falsche Angaben gemacht, so haben die Gesellschafter und Geschäftsführer der Gesellschaft als Gesamtschuldner fehlende Einzahlungen zu leisten, eine Vergütung, die nicht unter den Gründungsaufwand aufgenommen ist, zu ersetzen und für den sonst entstehenden Schaden Ersatz zu leisten.

(2) Wird die Gesellschaft von Gesellschaftern durch Einlagen oder Gründungsaufwand vorsätzlich oder aus grober Fahrlässigkeit geschädigt, so sind ihr alle Gesellschafter als Gesamtschuldner zum Ersatz verpflichtet.

(3) Von diesen Verpflichtungen ist ein Gesellschafter oder ein Geschäftsführer befreit, wenn er die die Ersatzpflicht begründenden Tatsachen weder kannte noch bei Anwendung der Sorgfalt eines ordentlichen Geschäftsmannes kennen musste.

(4) [1]Neben den Gesellschaftern sind in gleicher Weise Personen verantwortlich, für deren Rechnung die Gesellschafter Geschäftsanteile übernommen haben. [2]Sie können sich auf ihre eigene Unkenntnis nicht wegen solcher Umstände berufen, die ein für ihre Rechnung handelnder Gesellschafter kannte oder bei Anwendung der Sorgfalt eines ordentlichen Geschäftsmannes kennen musste.

---

*) Auszug aus § 53 des Bundeszentralregistergesetzes:

(1) Verurteilte dürfen sich als unbestraft bezeichnen und brauchen den der Verurteilung zugrundeliegenden Sachverhalt nicht zu offenbaren, wenn die Verurteilung

1. nicht in das Führungszeugnis oder nur in ein Führungszeugnis nach § 32 Abs. 3, 4 aufzunehmen oder
2. (infolge Zeitablauf, Red) zu tilgen ist.

(2) Soweit Gerichte oder Behörden ein Recht auf unbeschränkte Auskunft haben, können Verurteilte ihnen gegenüber keine Rechte aus Abs. 1 Nr. 1 herleiten, falls sie hierüber belehrt werden.

9b Ersatzanspruch

(1) [1]Ein Verzicht der Gesellschaft auf Ersatzansprüche nach § 9a oder ein Vergleich der Gesellschaft über diese Ansprüche ist unwirksam, soweit der Ersatz zur Befriedigung der Gläubiger der Gesellschaft erforderlich ist. [2]Dies gilt nicht, wenn der Ersatzpflichtige zahlungsunfähig ist und sich zur Abwendung des Insolvenzverfahrens mit seinen Gläubigern vergleicht oder wenn die Ersatzpflicht in einem Insolvenzplan geregelt wird.

(2) [1]Ersatzansprüche der Gesellschaft nach § 9a verjähren in fünf Jahren. [2]Die Verjährung beginnt mit der Eintragung der Gesellschaft in das Handelsregister oder, wenn die zum Ersatz verpflichtende Handlung später begangen worden ist, mit der Vornahme der Handlung.

§ 9c Ablehnung der Eintragung

(1) [1]Ist die Gesellschaft nicht ordnungsgemäß errichtet und angemeldet, so hat das Gericht die Eintragung abzulehnen. [2]Dies gilt auch, wenn Sacheinlagen nicht unwesentlich überbewertet worden sind.

(2) Wegen einer mangelhaften, fehlenden oder nichtigen Bestimmung des Gesellschaftsvertrages darf das Gericht die Eintragung nach Absatz 1 nur ablehnen, soweit diese Bestimmung, ihr Fehlen oder ihre Nichtigkeit

1. Tatsachen oder Rechtsverhältnisse betrifft, die nach § 3 Abs. 1 oder auf Grund anderer zwingender gesetzlicher Vorschriften in dem Gesellschaftsvertrag bestimmt sein müssen oder die in das Handelsregister einzutragen oder von dem Gericht bekanntzumachen sind,
2. Vorschriften verletzt, die ausschließlich oder überwiegend zum Schutze der Gläubiger der Gesellschaft oder sonst im öffentlichen Interesse gegeben sind, oder
3. die Nichtigkeit des Gesellschaftsvertrages zur Folge hat.

§ 10 Eintragungsgericht

(1) [1]Bei der Eintragung in das Handelsregister sind die Firma und der Sitz der Gesellschaft, eine inländische Geschäftsanschrift, der Gegenstand des Unternehmens, die Höhe des Stammkapitals, der Tag des Abschlusses des Gesellschaftsvertrags und die Personen der Geschäftsführer anzugeben. [2]Ferner ist einzutragen, welche Vertretungsbefugnis die Geschäftsführer haben.

(2) [1]Enthält der Gesellschaftsvertrag Bestimmungen über die Zeitdauer der Gesellschaft oder über das genehmigte Kapital, so sind auch diese Bestimmungen einzutragen. [2]Wenn eine Person, die für Willenserklärungen und Zustellungen an die Gesellschaft empfangsberechtigt ist, mit einer inländischen Anschrift zur Eintragung in das Handelsregister angemeldet wird, sind auch diese Angaben einzutragen; Dritten gegenüber gilt die Empfangsberechtigung als fortbestehend, bis sie im Handelsregister gelöscht und die Löschung bekannt gemacht worden ist, es sei denn, dass die fehlende Empfangsberechtigung dem Dritten bekannt war.

§ 11 Vor Eintragung

(1) Vor der Eintragung in das Handelsregister des Sitzes der Gesellschaft besteht die Gesellschaft mit beschränkter Haftung als solche nicht.

(2) Ist vor der Eintragung im Namen der Gesellschaft gehandelt worden, so haften die Handelnden persönlich und solidarisch.

§ 12 Bekanntmachungen

[1]Bestimmt das Gesetz oder der Gesellschaftsvertrag, dass von der Gesellschaft etwas bekannt zu machen ist, so erfolgt die Bekanntmachung im Bundesanzeiger (Gesellschaftsblatt). [2]Daneben kann der Gesellschaftsvertrag andere öffentliche Blätter oder elektronische Informationsmedien als Gesellschaftsblätter bezeichnen.

Zweiter Abschnitt: Rechtsverhältnisse der Gesellschaft und der Gesellschafter

§ 13 Rechtspersönlichkeit

(1) Die Gesellschaft mit beschränkter Haftung als solche hat selbständig ihre Rechte und Pflichten; sie kann Eigentum und andere dingliche Rechte an Grundstücken erwerben, vor Gericht klagen und verklagt werden.

(2) Für die Verbindlichkeiten der Gesellschaft haftet den Gläubigern derselben nur das Gesellschaftsvermögen.

(3) Die Gesellschaft gilt als Handelsgesellschaft im Sinne des Handelsgesetzbuchs.

§ 14 Einlagepflicht

[1]Auf jeden Geschäftsanteil ist eine Einlage zu leisten. [2]Die Höhe der zu leistenden Einlage richtet sich nach dem bei der Errichtung der Gesellschaft im Gesellschaftsvertrag festgesetzten Nennbetrag des Geschäftsanteils. [3]Im Fall der Kapitalerhöhung bestimmt sich die Höhe der zu leistenden Einlage nach dem in der Übernahmeerklärung festgesetzten Nennbetrag des Geschäftsanteils.

§ 15 Verkehrsfähigkeit von Geschäftsanteilen

(1) Die Geschäftsanteile sind veräußerlich und vererblich.

(2) Erwirbt ein Gesellschafter zu seinem ursprünglichen Geschäftsanteil weitere Geschäftsanteile, so behalten dieselben ihre Selbständigkeit.

(3) Zur Abtretung von Geschäftsanteilen durch Gesellschafter bedarf es eines in notarieller Form geschlossenen Vertrags.

(4) [1]Der notariellen Form bedarf auch eine Vereinbarung, durch welche die Verpflichtung eines Gesellschafters zur Abtretung eines Geschäftsanteils begründet wird. [2]Eine ohne diese Form getroffene Vereinbarung wird jedoch durch den nach Maßgabe des vorigen Absatzes geschlossenen Abtretungsvertrag gültig.

(5) Durch den Gesellschaftsvertrag kann die Abtretung der Geschäftsanteile an weitere Voraussetzungen geknüpft, insbesondere von der Genehmigung der Gesellschaft abhängig gemacht werden.

§ 16 Rechtsstellung bei Wechsel der Gesellschafter oder Veränderung des Umfangs ihrer Beteiligung; Erwerb vom Nichtberechtigten

(1) [1]Im Verhältnis zur Gesellschaft gilt im Fall einer Veränderung in den Personen der Gesellschafter oder des Umfangs ihrer Beteiligung als Inhaber eines Geschäftsanteils nur, wer als solcher in der im Handelsregister aufgenommenen Gesellschafterliste (§ 40) eingetragen ist. [2]Eine vom Erwerber in Bezug auf das Gesellschaftsverhältnis vorgenommene Rechtshandlung gilt als von Anfang an wirksam, wenn die Liste unverzüglich nach Vornahme der Rechtshandlung in das Handelsregister aufgenommen wird.

(2) Für Einlageverpflichtungen, die in dem Zeitpunkt rückständig sind, ab dem der Erwerber gemäß Absatz 1 Satz 1 im Verhältnis zur Gesellschaft als Inhaber des Geschäftsanteils gilt, haftet der Erwerber neben dem Veräußerer.

(3) [1]Der Erwerber kann einen Geschäftsanteil oder ein Recht daran durch Rechtsgeschäft wirksam vom Nichtberechtigten erwerben, wenn der Veräußerer als Inhaber des Geschäftsanteils in der im Handelsregister aufgenommenen Gesellschafterliste eingetragen ist. [2]Dies gilt nicht, wenn die Liste zum Zeitpunkt des Erwerbs hinsichtlich des Geschäftsanteils weniger als drei Jahre unrichtig und die Unrichtigkeit dem Berechtigten nicht zuzurechnen ist. [3]Ein gutgläubiger Erwerb ist ferner nicht möglich, wenn dem Erwerber die mangelnde Berechtigung bekannt oder infolge grober Fahrlässigkeit unbekannt ist oder der Liste ein Widerspruch zugeordnet ist. [4]Die Zuordnung eines Widerspruchs erfolgt aufgrund einer einstweiligen Verfügung oder aufgrund einer Bewilligung desjenigen, gegen dessen Berechtigung sich der Widerspruch richtet. [5]Eine Gefährdung des Rechts des Widersprechenden muss nicht glaubhaft gemacht werden.

§ 17

(weggefallen)

§ 18 Mitberechtigung

(1) Steht ein Geschäftsanteil mehreren Mitberechtigten ungeteilt zu, so können sie die Rechte aus demselben nur gemeinschaftlich ausüben.

(2) Für die auf den Geschäftsanteil zu bewirkenden Leistungen haften sie der Gesellschaft solidarisch.

(3) [1]Rechtshandlungen, welche die Gesellschaft gegenüber dem Inhaber des Anteils vorzunehmen hat, sind, sofern nicht ein gemeinsamer Vertreter der Mitberechtigten vorhanden ist, wirksam, wenn sie auch nur gegenüber einem Mitberechtigten vorge-

nommen werden. [2]Gegenüber mehreren Erben eines Gesellschafters findet diese Bestimmung nur in bezug auf Rechtshandlungen Anwendung, welche nach Ablauf eines Monats seit dem Anfall der Erbschaft vorgenommen werden.

§ 19 Leistung der Einlagen

(1) Die Einzahlungen auf die Geschäftsanteile sind nach dem Verhältnis der Geldeinlagen zu leisten.

(2) [1]Von der Verpflichtung zur Leistung der Einlagen können die Gesellschafter nicht befreit werden. [2]Gegen den Anspruch der Gesellschaft ist die Aufrechnung nur zulässig mit einer Forderung aus der Überlassung von Vermögensgegenständen, deren Anrechnung auf die Einlageverpflichtung nach § 5 Abs. 4 Satz 1 vereinbart worden ist. [3]An dem Gegenstand einer Sacheinlage kann wegen Forderungen, welche sich nicht auf den Gegenstand beziehen, kein Zurückbehaltungsrecht geltend gemacht werden.

(3) Durch eine Kapitalherabsetzung können die Gesellschafter von der Verpflichtung zur Leistung von Einlagen höchstens in Höhe des Betrags befreit werden, um den das Stammkapital herabgesetzt worden ist.

(4) [1]Ist eine Geldeinlage eines Gesellschafters bei wirtschaftlicher Betrachtung und aufgrund einer im Zusammenhang mit der Übernahme der Geldeinlage getroffenen Abrede vollständig oder teilweise als Sacheinlage zu bewerten (verdeckte Sacheinlage), so befreit dies den Gesellschafter nicht von seiner Einlageverpflichtung. Jedoch sind die Verträge über die Sacheinlage und die Rechtshandlungen zu ihrer Ausführung nicht unwirksam. [2]Auf die fortbestehende Geldeinlagepflicht des Gesellschafters wird der Wert des Vermögensgegenstandes im Zeitpunkt der Anmeldung der Gesellschaft zur Eintragung in das Handelsregister oder im Zeitpunkt seiner Überlassung an die Gesellschaft, falls diese später erfolgt, angerechnet. [3]Die Anrechnung erfolgt nicht vor Eintragung der Gesellschaft in das Handelsregister. [4]Die Beweislast für die Werthaltigkeit des Vermögensgegenstandes trägt der Gesellschafter.

(5) [1]Ist vor der Einlage eine Leistung an den Gesellschafter vereinbart worden, die wirtschaftlich einer Rückzahlung der Einlage entspricht und die nicht als verdeckte Sacheinlage im Sinne von Absatz 4 zu beurteilen ist, so befreit dies den Gesellschafter von seiner Einlageverpflichtung nur dann, wenn die Leistung durch einen vollwertigen Rückgewähranspruch gedeckt ist, der jederzeit fällig ist oder durch fristlose Kündigung durch die Gesellschaft fällig werden kann. [2]Eine solche Leistung oder die Vereinbarung einer solchen Leistung ist in der Anmeldung nach § 8 anzugeben.

(6) [1]Der Anspruch der Gesellschaft auf Leistung der Einlagen verjährt in zehn Jahren von seiner Entstehung an. [2]Wird das Insolvenzverfahren über das Vermögen der Gesellschaft eröffent, so tritt die Verjährung nicht vor Ablauf von sechs Monaten ab dem Zeitpunkt der Eröffnung ein.

§ 20 Verzug

Ein Gesellschafter, welcher den auf die Stammeinlage eingeforderten Betrag nicht zur rechten Zeit einzahlt, ist zur Entrichtung von Verzugszinsen von Rechts wegen verpflichtet.

Wirtschaftsrecht

§ 21 Nachfrist

(1) [1]Im Fall verzögerter Einzahlung kann an den säumigen Gesellschafter eine erneute Aufforderung zur Zahlung binnen einer zu bestimmenden Nachfrist unter Androhung seines Ausschlusses mit dem Geschäftsanteil, auf welchen die Zahlung zu erfolgen hat, erlassen werden. [2]Die Aufforderung erfolgt mittels eingeschriebenen Briefes. [3]Die Nachfrist muss mindestens einen Monat betragen.

(2) [1]Nach fruchtlosem Ablauf der Frist ist der säumige Gesellschafter seines Geschäftsanteils und der geleisteten Teilzahlungen zugunsten der Gesellschaft verlustig zu erklären. [2]Die Erklärung erfolgt mittels eingeschriebenen Briefes.

(3) Wegen des Ausfalls, welchen die Gesellschaft an dem rückständigen Betrag oder den später auf den Geschäftsanteil eingeforderten Beträgen der Stammeinlage erleidet, bleibt ihr der ausgeschlossene Gesellschafter verhaftet.

§ 22 Rechtsvorgänger

(1) Für eine von dem ausgeschlossenen Gesellschafter nicht erfüllte Einlageverpflichtung haftet der Gesellschaft auch der letzte und jeder frühere Rechtsvorgänger des Ausgeschlossenen, der im Verhältnis zu ihr als Inhaber des Geschäftsanteils gilt.

(2) Ein früherer Rechtsvorgänger haftet nur, soweit die Zahlung von dessen Rechtsnachfolger nicht zu erlangen ist; dies ist bis zum Beweis des Gegenteils anzunehmen, wenn der letztere die Zahlung nicht bis zum Ablauf eines Monats geleistet hat, nachdem an ihn die Zahlungsaufforderung und an den Rechtsvorgänger die Benachrichtigung von derselben erfolgt ist.

(3) [1]Die Haftung des Rechtsvorgängers ist auf die innerhalb der Frist von fünf Jahren auf die Einlageverpflichtung eingeforderten Leistungen beschränkt. [2]Die Frist beginnt mit dem Tag, ab welchem der Rechtsnachfolger im Verhältnis zur Gesellschaft als Inhaber des Geschäftsanteils gilt.

(4) Der Rechtsvorgänger erwirbt gegen Zahlung des rückständigen Betrags den Geschäftsanteil des ausgeschlossenen Gesellschafters.

§ 23 Öffentliche Versteigerung

[1]Ist die Zahlung des rückständigen Betrags von Rechtsvorgängern nicht zu erlangen, so kann die Gesellschaft den Geschäftsanteil im Wege öffentlicher Versteigerung verkaufen lassen. [2]Eine andere Art des Verkaufs ist nur mit Zustimmung des ausgeschlossenen Gesellschafters zulässig.

§ 24 Ausfall

[1]Soweit eine Stammeinlage weder von den Zahlungspflichtigen eingezogen, noch durch Verkauf des Geschäftsanteils gedeckt werden kann, haben die übrigen Gesellschafter den Fehlbetrag nach Verhältnis ihrer Geschäftsanteile aufzubringen. [2]Beiträge, welche von einzelnen Gesellschaftern nicht zu erlangen sind, werden nach dem bezeichneten Verhältnis auf die übrigen verteilt.

§ 25 Zwingendes Recht

Von den in den §§ 21 bis 24 bezeichneten Rechtsfolgen können die Gesellschafter nicht befreit werden.

§ 26 Nachschusspflicht

(1) Im Gesellschaftsvertrag kann bestimmt werden, dass die Gesellschafter über die Nennbeträge der Geschäftsanteile hinaus die Einforderung von weiteren Einzahlungen (Nachschüssen) beschließen können.

(2) Die Einzahlung der Nachschüsse hat nach Verhältnis der Geschäftsanteile zu erfolgen.

(3) Die Nachschusspflicht kann im Gesellschaftsvertrag auf einen bestimmten, nach Verhältnis der Geschäftsanteile festzusetzenden Betrag beschränkt werden.

§ 27 Befreiung

(1) [1]Ist die Nachschusspflicht nicht auf einen bestimmten Betrag beschränkt, so hat jeder Gesellschafter, falls er die Stammeinlage vollständig eingezahlt hat, das Recht, sich von der Zahlung des auf den Geschäftsanteil eingeforderten Nachschusses dadurch zu befreien, daß er innerhalb eines Monats nach der Aufforderung zur Einzahlung den Geschäftsanteil der Gesellschaft zur Befriedigung aus demselben zur Verfügung stellt. [2]Ebenso kann die Gesellschaft, wenn der Gesellschafter binnen der angegebenen Frist weder von der bezeichneten Befugnis Gebrauch macht, noch die Einzahlung leistet, demselben mittels eingeschriebenen Briefes erklären, dass sie den Geschäftsanteil als zur Verfügung gestellt betrachte.

(2) [1]Die Gesellschaft hat den Geschäftsanteil innerhalb eines Monats nach der Erklärung des Gesellschafters oder der Gesellschaft im Wege öffentlicher Versteigerung verkaufen zu lassen. [2]Eine andere Art des Verkaufs ist nur mit Zustimmung des Gesellschafters zulässig. [3]Ein nach Deckung der Verkaufskosten und des rückständigen Nachschusses verbleibender Überschuss gebührt dem Gesellschafter.

(3) [1]Ist die Befriedigung der Gesellschaft durch den Verkauf nicht zu erlangen, so fällt der Geschäftsanteil der Gesellschaft zu. [2]Dieselbe ist befugt, den Anteil für eigene Rechnung zu veräußern.

(4) Im Gesellschaftsvertrag kann die Anwendung der vorstehenden Bestimmungen auf den Fall beschränkt werden, dass die auf den Geschäftsanteil eingeforderten Nachschüsse einen bestimmten Betrag überschreiten.

§ 28 Beschränkung

(1) [1]Ist die Nachschusspflicht auf einen bestimmten Betrag beschränkt, so finden, wenn im Gesellschaftsvertrag nicht ein anderes festgesetzt ist, im Fall verzögerter Einzahlung von Nachschüssen die auf die Einzahlung der Stammeinlagen bezüglichen Vorschriften der §§ 21 bis 23 entsprechende Anwendung. [2]Das gleiche gilt im Fall des § 27 Abs. 4 auch bei unbeschränkter Nachschusspflicht, soweit die Nachschüsse den im Gesellschaftsvertrag festgesetzten Betrag nicht überschreiten.

(2) Im Gesellschaftsvertrag kann bestimmt werden, dass die Einforderung von Nachschüssen, auf deren Zahlung die Vorschriften der §§ 21 bis 23 Anwendung finden, schon vor vollständiger Einforderung der Stammeinlagen zulässig ist.

§ 29 Überschuss

(1) [1]Die Gesellschafter haben Anspruch auf den Jahresüberschuss zuzüglich eines Gewinnvortrags und abzüglich eines Verlustvortrags, soweit der sich ergebende Betrag nicht nach Gesetz oder Gesellschaftsvertrag, durch Beschluss nach Absatz 2 oder als zusätzlicher Aufwand auf Grund des Beschlusses über die Verwendung des Ergebnisses von der Verteilung unter die Gesellschafter ausgeschlossen ist. [2]Wird die Bilanz unter Berücksichtigung der teilweisen Ergebnisverwendung aufgestellt oder werden Rücklagen aufgelöst, so haben die Gesellschafter abweichend von Satz 1 Anspruch auf den Bilanzgewinn.

(2) Im Beschluss über die Verwendung des Ergebnisses können die Gesellschafter, wenn der Gesellschaftsvertrag nichts anderes bestimmt, Beträge in Gewinnrücklagen einstellen oder als Gewinn vortragen.

(3) [1]Die Verteilung erfolgt nach Verhältnis der Geschäftsanteile. [2]Im Gesellschaftsvertrag kann ein anderer Maßstab der Verteilung festgesetzt werden.

(4) [1]Unbeschadet der Absätze 1 und 2 und abweichender Gewinnverteilungsabreden nach Absatz 3 Satz 2 können die Geschäftsführer mit Zustimmung des Aufsichtsrats oder der Gesellschafter den Eigenkapitalanteil von Wertaufholungen bei Vermögensgegenständen des Anlage- und Umlaufvermögens in andere Gewinnrücklagen einstellen. [2]Der Betrag dieser Rücklagen ist in der Bilanz gesondert auszuweisen; er kann auch im Anhang angegeben werden.

§ 30 Kapitalerhalt

(1) [1]Das zur Erhaltung des Stammkapitals erforderliche Vermögen der Gesellschaft darf an die Gesellschafter nicht ausgezahlt werden. [2]Satz 1 gilt nicht bei Leistungen, die bei Bestehen eines Beherrschungs- oder Gewinnabführungsvertrags (§ 291 des Aktiengesetzes) erfolgen oder durch einen vollwertigen Gegenleistungs- oder Rückgewähranspruch gegen den Gesellschafter gedeckt sind. [3]Satz 1 ist zudem nicht anzuwenden auf die Rückgewähr eines Gesellschafterdarlehens und Leistungen auf Forderungen aus Rechtshandlungen, die einem Gesellschafterdarlehen wirtschaftlich entsprechen.

(2) [1]Eingezahlte Nachschüsse können, soweit sie nicht zur Deckung eines Verlustes am Stammkapital erforderlich sind, an die Gesellschafter zurückgezahlt werden. [2]Die Zurückzahlung darf nicht vor Ablauf von drei Monaten erfolgen, nachdem der Rückzahlungsbeschluss nach § 12 bekanntgemacht ist. [3]Im Fall des § 28 Abs. 2 ist die Zurückzahlung von Nachschüssen vor der Volleinzahlung des Stammkapitals unzulässig. [4]Zurückgezahlte Nachschüsse gelten als nicht eingezogen.

§ 31 Erstattung

(1) Zahlungen, welche den Vorschriften des § 30 zuwider geleistet sind, müssen der Gesellschaft erstattet werden.

(2) War der Empfänger in gutem Glauben, so kann die Erstattung nur insoweit verlangt werden, als sie zur Befriedigung der Gesellschaftsgläubiger erforderlich ist.

(3) [1]Ist die Erstattung von dem Empfänger nicht zu erlangen, so haften für den zu erstattenden Betrag, soweit er zur Befriedigung der Gesellschaftsgläubiger erforderlich ist, die übrigen Gesellschafter nach Verhältnis ihrer Geschäftsanteile. [2]Beiträge, welche von einzelnen Gesellschaftern nicht zu erlangen sind, werden nach dem bezeichneten Verhältnis auf die übrigen verteilt.

(4) Zahlungen, welche auf Grund der vorstehenden Bestimmungen zu leisten sind, können den Verpflichteten nicht erlassen werden.

(5) [1]Die Ansprüche der Gesellschaft verjähren in den Fällen des Absatzes 1 in zehn Jahren sowie in den Fällen des Absatzes 3 in fünf Jahren. [2]Die Verjährung beginnt mit dem Ablauf des Tages, an welchem die Zahlung, deren Erstattung beansprucht wird, geleistet ist. [3]In den Fällen des Absatzes 1 findet § 19 Abs. 6 Satz 2 entsprechende Anwendung.

(6) Für die in den Fällen des Absatzes 3 geleistete Erstattung einer Zahlung sind den Gesellschaftern die Geschäftsführer, welchen in betreff der geleisteten Zahlung ein Verschulden zur Last fällt, solidarisch zum Ersatz verpflichtet. [2]Die Bestimmungen in § 43 Abs. 1 und 4 finden entsprechend Anwendung.

§ 32 Ausnahme

Liegt die in § 31 Abs. 1 bezeichnete Voraussetzung nicht vor, so sind die Gesellschafter in keinem Fall verpflichtet, Beträge, welche sie in gutem Glauben als Gewinnanteile bezogen haben, zurückzuzahlen.

§§ 32 a, 32 b

(weggefallen)

§ 33 Eigene Anteile

(1) Die Gesellschaft kann eigene Geschäftsanteile, auf welche die Einlagen noch nicht vollständig geleistet sind, nicht erwerben oder als Pfand nehmen.

(2) [1]Eigene Geschäftsanteile, auf welche die Einlage vollständig geleistet ist, darf sie nur erwerben, sofern sie im Zeitpunkt des Erwerbs eine Rücklage in Höhe der Aufwendungen für den Erwerb bilden könnte, ohne das Stammkapital oder eine nach dem Gesellschaftsvertrag zu bildende Rücklage zu mindern, die nicht zur Zahlung an die Gesellschafter verwandt werden darf. [2]Als Pfand nehmen darf sie solche Geschäftsanteile nur, soweit der Gesamtbetrag der durch Inpfandnahme eigener Geschäftsanteile gesicherten Forderungen oder, wenn der Wert der als Pfand genommenen Geschäftsanteile niedriger ist, dieser Betrag nicht höher ist als das über das Stammkapital hinaus vorhandene Vermögen. [3]Ein Verstoß gegen die Sätze

1 und 2 macht den Erwerb oder die Inpfandnahme der Geschäftsanteile nicht unwirksam; jedoch ist das schuldrechtliche Geschäft über einen verbotswidrigen Erwerb oder eine verbotswidrige Inpfandnahme nichtig.

(3) Der Erwerb eigener Geschäftsanteile ist ferner zulässig zur Abfindung von Gesellschaftern nach § 29 Abs. 1, § 122i Abs. 1 Satz 2, § 125 Satz 1 in Verbindung mit § 29 Abs. 1 und § 207 Abs. 1 des Umwandlungsgesetzes, sofern der Erwerb binnen sechs Monaten nach dem Wirksamwerden der Umwandlung oder nach der Rechtskraft der gerichtlichen Entscheidung erfolgt und die Gesellschaft im Zeitpunkt des Erwerbs eine Rücklage in Höhe der Aufwendungen für den Erwerb bilden könnte, ohne das Stammkapital oder eine nach dem Gesellschaftsvertrag zu bildende Rücklage zu mindern, die nicht zur Zahlung an die Gesellschafter verwandt werden darf.

§ 34 Einziehung

(1) Die Einziehung (Amortisation) von Geschäftsanteilen darf nur erfolgen, soweit sie im Gesellschaftsvertrag zugelassen ist.

(2) Ohne die Zustimmung des Anteilsberechtigten findet die Einziehung nur statt, wenn die Voraussetzungen derselben vor dem Zeitpunkt, in welchem der Berechtigte den Geschäftsanteil erworben hat, im Gesellschaftsvertrag festgesetzt waren.

(3) Die Bestimmung in § 30 Abs. 1 bleibt unberührt.

Dritter Abschnitt: Vertretung und Geschäftsführung

§ 35 Vertretung

(1) [1]Die Gesellschaft wird durch die Geschäftsführer gerichtlich und außergerichtlich vertreten. [2]Hat eine Gesellschaft keinen Geschäftsführer (Führungslosigkeit), wird die Gesellschaft für den Fall, dass ihr gegenüber Willenserklärungen abgegeben oder Schriftstücke zugestellt werden, durch die Gesellschafter vertreten.

(2) [1]Sind mehrere Geschäftsführer bestellt, sind sie alle nur gemeinschaftlich zur Vertretung der Gesellschaft befugt, es sei denn, dass der Gesellschaftsvertrag etwas anderes bestimmt. [2]Ist der Gesellschaft gegenüber eine Willenserklärung abzugeben, genügt die Abgabe gegenüber einem Vertreter der Gesellschaft nach Absatz 1. [3]An die Vertreter der Gesellschaft nach Absatz 1 können unter der im Handelsregister eingetragenen Geschäftsanschrift Willenserklärungen abgegeben und Schriftstücke für die Gesellschaft zugestellt werden. [4]Unabhängig hiervon können die Abgabe und die Zustellung auch unter der eingetragenen Anschrift der empfangsberechtigten Person nach § 10 Abs. 2 Satz 2 erfolgen.

(3) [1]Befinden sich alle Geschäftsanteile der Gesellschaft in der Hand eines Gesellschafters oder daneben in der Hand der Gesellschaft und ist er zugleich deren alleiniger Geschäftsführer, so ist auf seine Rechtsgeschäfte mit der Gesellschaft § 181 des Bürgerlichen Gesetzbuchs anzuwenden. [2]Rechtsgeschäfte zwischen ihm

und der von ihm vertretenen Gesellschaft sind, auch wenn er nicht alleiniger Geschäftsführer ist, unverzüglich nach ihrer Vornahme in eine Niederschrift aufzunehmen.

§ 35 a Geschäftsbriefe

(1) [1]Auf allen Geschäftsbriefen gleichviel welcher Form, die an einen bestimmten Empfänger gerichtet werden, müssen die Rechtsform und der Sitz der Gesellschaft, das Registergericht des Sitzes der Gesellschaft und die Nummer, unter der die Gesellschaft in das Handelsregister eingetragen ist, sowie alle Geschäftsführer und, sofern die Gesellschaft einen Aufsichtsrat gebildet und dieser einen Vorsitzenden hat, der Vorsitzende des Aufsichtsrats mit dem Familiennamen und mindestens einem ausgeschriebenen Vornamen angegeben werden. [2]Werden Angaben über das Kapital der Gesellschaft gemacht, so müssen in jedem Fall das Stammkapital sowie, wenn nicht alle in Geld zu leistenden Einlagen eingezahlt sind, der Gesamtbetrag der ausstehenden Einlagen angegeben werden.

(2) Der Angaben nach Absatz 1 Satz 1 bedarf es nicht bei Mitteilungen oder Berichten, die im Rahmen einer bestehenden Geschäftsverbindung ergehen und für die üblicherweise Vordrucke verwendet werden, in denen lediglich die im Einzelfall erforderlichen besonderen Angaben eingefügt zu werden brauchen.

(3) [1]Bestellscheine gelten als Geschäftsbriefe im Sinne des Absatzes 1. [2]Absatz 2 ist auf sie nicht anzuwenden.

(4) [1]Auf allen Geschäftsbriefen und Bestellscheinen, die von einer Zweigniederlassung einer Gesellschaft mit beschränkter Haftung mit Sitz im Ausland verwendet werden, müssen das Register, bei dem die Zweigniederlassung geführt wird, und die Nummer des Registereintrags angegeben werden; im übrigen gelten die Vorschriften der Absätze 1 bis 3 für die Angaben bezüglich der Haupt- und der Zweigniederlassung, soweit nicht das ausländische Recht Abweichungen nötig macht. [2]Befindet sich die ausländische Gesellschaft in Liquidation, so sind auch diese Tatsache sowie alle Liquidatoren anzugeben.

§ 36 Zielgrößen und Fristen zur gleichberechtigten Teilhabe von Frauen und Männern

[1]Die Geschäftsführer einer Gesellschaft, die der Mitbestimmung unterliegt, legen für den Frauenanteil in den beiden Führungsebenen unterhalb der Geschäftsführer Zielgrößen fest. [2]Liegt der Frauenanteil bei Festlegung der Zielgrößen unter 30 Prozent, so dürfen die Zielgrößen den jeweils erreichten Anteil nicht mehr unterschreiten. [3]Gleichzeitig sind Fristen zur Erreichung der Zielgrößen festzulegen. [4]Die Fristen dürfen jeweils nicht länger als fünf Jahre sein.

§ 37 Befugnisse gegenüber der Gesellschaft

(1) Die Geschäftsführer sind der Gesellschaft gegenüber verpflichtet, die Beschränkungen einzuhalten, welche für den Umfang ihrer Befugnis, die Gesellschaft zu vertreten, durch den Gesellschaftsvertrag oder, soweit dieser nicht ein anderes bestimmt, durch die Beschlüsse der Gesellschafter festgesetzt sind.

(2) [1]Gegen dritte Personen hat eine Beschränkung der Befugnis der Geschäftsführer, die Gesellschaft zu vertreten, keine rechtliche Wirkung. [2]Dies gilt insbesondere für den Fall, dass die Vertretung sich nur auf gewisse Geschäfte oder Arten von Geschäften erstrecken oder nur unter gewissen Umständen oder für eine gewisse Zeit oder an einzelnen Orten stattfinden soll, oder dass die Zustimmung der Gesellschafter oder eines Organs der Gesellschaft für einzelne Geschäfte erfordert ist.

§ 38 Geschäftsführerbestellung

(1) Die Bestellung der Geschäftsführer ist zu jeder Zeit widerruflich, unbeschadet der Entschädigungsansprüche aus bestehenden Verträgen.

(2) [1]Im Gesellschaftsvertrag kann die Zulässigkeit des Widerrufs auf den Fall beschränkt werden, dass wichtige Gründe denselben notwendig machen. [2]Als solche Gründe sind insbesondere grobe Pflichtverletzung oder Unfähigkeit zur ordnungsmäßigen Geschäftsführung anzusehen.

§ 39 Änderungen und Anmeldung

(1) Jede Änderung in den Personen der Geschäftsführer sowie die Beendigung der Vertretungsbefugnis eines Geschäftsführers ist zur Eintragung in das Handelsregister anzumelden.

(2) Der Anmeldung sind die Urkunden über die Bestellung der Geschäftsführer oder über die Beendigung der Vertretungsbefugnis in Urschrift oder öffentlich beglaubigter Abschrift beizufügen.

(3) [1]Die neuen Geschäftsführer haben in der Anmeldung zu versichern, dass keine Umstände vorliegen, die ihrer Bestellung nach § 6 Abs. 2 Satz 2 Nr. 2 und 3 sowie Satz 3 entgegenstehen und dass sie über ihre unbeschränkte Auskunftspflicht gegenüber dem Gericht belehrt worden sind. [2]§ 8 Abs. 3 Satz 2 ist anzuwenden.

§ 40 Liste der Gesellschafter, Verordnungsermächtigung

(1) [1]Die Geschäftsführer haben unverzüglich nach Wirksamwerden jeder Veränderung in den Personen der Gesellschafter oder des Umfangs ihrer Beteiligung eine von ihnen unterschriebene Liste der Gesellschafter zum Handelsregister einzureichen, aus welcher Name, Vorname, Geburtsdatum und Wohnort derselben sowie die Nennbeträge und die laufenden Nummern der von einem jeden derselben übernommenen Geschäftsanteile sowie die durch den jeweiligen Nennbetrag eines Geschäftsanteils vermittelte jeweilige prozentuale Beteiligung am Stammkapital zu entnehmen sind. [2]Ist ein Gesellschafter selbst eine Gesellschaft, so sind bei eingetragenen Gesellschaften in die Liste deren Firma, Satzungssitz, zuständiges Register und Registernummer aufzunehmen, bei nicht eingetragenen Gesellschaften deren jeweilige Gesellschafter unter einer zusammenfassenden Bezeichnung mit Name, Vorname, Geburtsdatum und Wohnort. [3]Hält ein Gesellschafter mehr als einen Geschäftsanteil, ist in der Liste der Gesellschafter zudem der Gesamtumfang der Beteiligung am Stammkapital als Prozentsatz gesondert anzugeben. [4]Die Änderung der Liste durch die Geschäftsführer erfolgt auf Mitteilung und Nachweis.

(2) [1]Hat ein Notar an Veränderungen nach Absatz 1 Satz 1 mitgewirkt, hat er unverzüglich nach deren Wirksamwerden ohne Rücksicht auf etwaige später eintretende Unwirksamkeitsgründe die Liste anstelle der Geschäftsführer zu unterschreiben, zum Handelsregister einzureichen und eine Abschrift der geänderten Liste an die Gesellschaft zu übermitteln. [2]Die Liste muss mit der Bescheinigung des Notars versehen sein, dass die geänderten Eintragungen den Veränderungen entsprechen, an denen er mitgewirkt hat, und die übrigen Eintragungen mit dem Inhalt der zuletzt im Handelsregister aufgenommenen Liste übereinstimmen.

(3) Geschäftsführer, welche die ihnen nach Absatz 1 obliegende Pflicht verletzen, haften denjenigen, deren Beteiligung sich geändert hat, und den Gläubigern der Gesellschaft für den daraus entstandenen Schaden als Gesamtschuldner.

(4) Das Bundesministerium der Justiz und für Verbraucherschutz wird ermächtigt, durch Rechtsverordnung mit Zustimmung des Bundesrates nähere Bestimmungen über die Ausgestaltung der Gesellschafterliste zu treffen.

(5) [1]Die Landesregierungen werden ermächtigt, durch Rechtsverordnung zu bestimmen, dass bestimmte in der Liste der Gesellschafter enthaltene Angaben in strukturierter maschinenlesbarer Form an das Handelsregister zu übermitteln sind, soweit nicht durch das Bundesministerium der Justiz und für Verbraucherschutz nach § 387 Absatz 2 des Gesetzes über das Verfahren in Familiensachen und in den Angelegenheiten der freiwilligen Gerichtsbarkeit entsprechende Vorschriften erlassen werden. [2]Die Landesregierungen können die Ermächtigung durch Rechtsverordnung auf die Landesjustizverwaltungen übertragen.

§§ 41–45

(vom Abdruck wurde abgesehen)

§ 46 Zuständigkeit der Gesellschafterversammlung

Der Bestimmung der Gesellschafter unterliegen:

1. die Feststellung des Jahresabschlusses und die Verwendung des Ergebnisses;

1a. die Entscheidung über die Offenlegung eines Einzelabschlusses nach internationalen Rechnungslegungsstandards (§ 325 Abs. 2 a des Handelsgesetzbuchs) und über die Billigung des von den Geschäftsführern aufgestellten Abschlusses;

1b. die Billigung eines von den Geschäftsführern aufgestellten Konzernabschlusses;

2. die Einforderung der Einlagen;

3. die Rückzahlung von Nachschüssen;

4. die Teilung, die Zusammenlegung sowie die Einziehung von Geschäftsanteilen;

5. die Bestellung und die Abberufung von Geschäftsführern sowie die Entlastung derselben;

6. die Maßregeln zur Prüfung und Überwachung der Geschäftsführung;

7. die Bestellung von Prokuristen und von Handlungsbevollmächtigten zum gesamten Geschäftsbetrieb;

8. die Geltendmachung von Ersatzansprüchen, welche der Gesellschaft aus der Gründung oder Geschäftsführung gegen Geschäftsführer oder Gesellschafter zustehen, sowie die Vertretung der Gesellschaft in Prozessen, welche sie gegen die Geschäftsführer zu führen hat.

§ 47 Beschlussfassung

(1) Die von den Gesellschaftern in den Angelegenheiten der Gesellschaft zu treffenden Bestimmungen erfolgen durch Beschlussfassung nach der Mehrheit der abgegebenen Stimmen.

(2) Jeder Euro eines Geschäftsanteils gewährt eine Stimme.

(3) Vollmachten bedürfen zu ihrer Gültigkeit der Textform.

(4) [1]Ein Gesellschafter, welcher durch die Beschlussfassung entlastet oder von einer Verbindlichkeit befreit werden soll, hat hierbei kein Stimmrecht und darf ein solches auch nicht für andere ausüben. [2]Dasselbe gilt von einer Beschlussfassung, welche die Vornahme eines Rechtsgeschäfts oder die Einleitung oder Erledigung eines Rechtsstreits gegenüber einem Gesellschafter betrifft.

§ 48 Versammlungen

(1) Die Beschlüsse der Gesellschafter werden in Versammlungen gefasst.

(2) Der Abhaltung einer Versammlung bedarf es nicht, wenn sämtliche Gesellschafter in Textform mit der zu treffenden Bestimmung oder mit der schriftlichen Abgabe der Stimmen sich einverstanden erklären.

(3) Befinden sich alle Geschäftsanteile der Gesellschaft in der Hand eines Gesellschafters oder daneben in der Hand der Gesellschaft, so hat er unverzüglich nach der Beschlussfassung eine Niederschrift aufzunehmen und zu unterschreiben.

§§ 49 Einberufung

(1) Die Versammlung der Gesellschafter wird durch die Geschäftsführer berufen.

(2) Sie ist außer den ausdrücklich bestimmten Fällen zu berufen, wenn es im Interesse der Gesellschaft erforderlich erscheint.

(3) Insbesondere muss die Versammlung unverzüglich berufen werden, wenn aus der Jahresbilanz oder aus einer im Laufe des Geschäftsjahres aufgestellten Bilanz sich ergibt, dass die Hälfte des Stammkapitals verloren ist.

§§ 50–51 b

(vom Abdruck wurde abgesehen)

§§ 52 Aufsichtsrat

(1) Ist nach dem Gesellschaftsvertrag ein Aufsichtsrat zu bestellen, so sind § 90 Abs. 3, 4, 5 Satz 1 und 2, § 95 Satz 1, § 100 Abs. 1 und 2 Nr. 2 und Abs. 5, § 101 Abs. 1 Satz 1, § 103 Abs. 1 Satz 1 und 2, §§ 105, 107 Absatz 3 Satz 2 und 3 und Absatz 4, §§ 110 bis 114, 116 des Aktiengesetzes in Verbindung mit § 93 Abs. 1 und 2 Satz 1 und 2 des Aktiengesetzes, § 124 Abs. 3 Satz 2, §§ 170, 171, 394 und 395 des Aktiengesetzes entsprechend anzuwenden, soweit nicht im Gesellschaftsvertrag ein anderes bestimmt ist.

(2) [1]Ist nach dem Drittelbeteiligungsgesetz ein Aufsichtsrat zu bestellen, so legt die Gesellschafterversammlung für den Frauenanteil im Aufsichtsrat und unter den Geschäftsführern Zielgrößen fest, es sei denn, sie hat dem Aufsichtsrat diese Aufgabe übertragen. [2]Ist nach dem Mitbestimmungsgesetz, dem Montan-Mitbestimmungsgesetz oder dem Mitbestimmungsergänzungsgesetz ein Aufsichtsrat zu bestellen, so legt der Aufsichtsrat für den Frauenanteil im Aufsichtsrat und unter den Geschäftsführern Zielgrößen fest. [3]Liegt der Frauenanteil bei Festlegung der Zielgrößen unter 30 Prozent, so dürfen die Zielgrößen den jeweils erreichten Anteil nicht mehr unterschreiten. [4]Gleichzeitig sind Fristen zur Erreichung der Zielgrößen festzulegen. [5]Die Fristen dürfen jeweils nicht länger als fünf Jahre sein.

(3) [1]Werden die Mitglieder des Aufsichtsrats vor der Eintragung der Gesellschaft in das Handelsregister bestellt, gilt § 37 Abs. 4 Nr. 3 und 3a des Aktiengesetzes entsprechend. [2]Die Geschäftsführer haben bei jeder Änderung in den Personen der Aufsichtsratsmitglieder unverzüglich eine Liste der Mitglieder des Aufsichtsrats, aus welcher Name, Vorname, ausgeübter Beruf und Wohnort der Mitglieder ersichtlich ist, zum Handelsregister einzureichen; das Gericht hat nach § 10 des Handelsgesetzbuchs einen Hinweis darauf bekannt zu machen, dass die Liste zum Handelsregister eingereicht worden ist.

(4) Schadensersatzansprüche gegen die Mitglieder des Aufsichtsrats wegen Verletzung ihrer Obliegenheiten verjähren in fünf Jahren.

Vierter Abschnitt:
Abänderungen des Gesellschaftsvertrags

§ 53 Beschluss

(1) Eine Abänderung des Gesellschaftsvertrags kann nur durch Beschluss der Gesellschafter erfolgen.

(2) [1]Der Beschluss muß notariell beurkundet werden, derselbe bedarf einer Mehrheit von drei Vierteilen der abgegebenen Stimmen. [2]Der Gesellschaftsvertrag kann noch andere Erfordernisse aufstellen.

(3) Eine Vermehrung der den Gesellschaftern nach dem Gesellschaftsvertrag obliegenden Leistungen kann nur mit Zustimmung sämtlicher beteiligter Gesellschafter beschlossen werden.

Wirtschaftsrecht

§ 54 Anmeldung

(1) [1]Die Abänderung des Gesellschaftsvertrags ist zur Eintragung in das Handelsregister anzumelden. [2]Der Anmeldung ist der vollständige Wortlaut des Gesellschaftsvertrags beizufügen; er muss mit der Bescheinigung eines Notars versehen sein, dass die geänderten Bestimmungen des Gesellschaftsvertrags mit dem Beschluss über die Änderung des Gesellschaftsvertrags und die unveränderten Bestimmungen mit dem zuletzt zum Handelsregister eingereichten vollständigen Wortlaut des Gesellschaftsvertrags übereinstimmen.

(2) Bei der Eintragung genügt, sofern nicht die Abänderung die in § 10 bezeichneten Angaben betrifft, die Bezugnahme auf die bei dem Gericht eingereichten Dokumente über die Abänderung.

(3) Die Abänderung hat keine rechtliche Wirkung, bevor sie in das Handelsregister des Sitzes der Gesellschaft eingetragen ist.

§ 55 Erhöhung des Stammkapitals

(1) Wird eine Erhöhung des Stammkapitals beschlossen, so bedarf es zur Übernahme jedes Geschäftsanteils an dem erhöhten Kapital einer notariell aufgenommenen oder beglaubigten Erklärung des Übernehmers.

(2) [1]Zur Übernahme eines Geschäftsanteils können von der Gesellschaft die bisherigen Gesellschafter oder andere Personen, welche durch die Übernahme ihren Beitritt zu der Gesellschaft erklären, zugelassen werden. [2]Im letzteren Fall sind außer dem Nennbetrag des Geschäftsanteils auch sonstige Leistungen, zu welchen der Beitretende nach dem Gesellschaftsvertrag verpflichtet sein soll, in der in Absatz 1 bezeichneten Urkunde ersichtlich zu machen.

(3) Wird von einem der Gesellschaft bereits angehörenden Gesellschafter ein Geschäftsanteil an dem erhöhten Kapital übernommen, so erwirbt derselbe einen weiteren Geschäftsanteil.

(4) Die Bestimmungen in § 5 Abs. 2 und 3 über die Nennbeträge der Geschäftsanteile sowie die Bestimmungen in § 19 Abs. 6 über die Verjährung des Anspruchs der Gesellschaft auf Leistung der Einlagen sind auch hinsichtlich der an dem erhöhten Kapital übernommenen Geschäftsanteile anzuwenden.

§ 55a Genehmigtes Kapital

(1) [1]Der Gesellschaftsvertrag kann die Geschäftsführer für höchstens fünf Jahre nach Eintragung der Gesellschaft ermächtigen, das Stammkapital bis zu einem bestimmten Nennbetrag (genehmigtes Kapital) durch Ausgabe neuer Geschäftsanteile gegen Einlagen zu erhöhen. [2]Der Nennbetrag des genehmigten Kapitals darf die Hälfte des Stammkapitals, das zur Zeit der Ermächtigung vorhanden ist, nicht übersteigen.

(2) Die Ermächtigung kann auch durch Abänderung des Gesellschaftsvertrags für höchstens fünf Jahre nach deren Eintragung erteilt werden.

(3) Gegen Sacheinlagen (§ 56) dürfen Geschäftsanteile nur ausgegeben werden, wenn die Ermächtigung es vorsieht.

§ 56 Sacheinlagen

(1) [1]Sollen Sacheinlagen geleistet werden, so müssen ihr Gegenstand und der Nennbetrag des Geschäftsanteils, auf den sich die Sacheinlage bezieht, im Beschluss über die Erhöhung des Stammkapitals festgesetzt werden. [2]Die Festsetzung ist in die in § 55 Abs. 1 bezeichnete Erklärung des Übernehmers aufzunehmen.

(2) Die §§ 9 und 19 Abs. 2 Satz 2 und Abs. 4 finden entsprechende Anwendung.

§ 56 a Einlagepflicht

Für die Leistungen der Einlagen auf das neue Stammkapital finden § 7 Abs. 2 Satz 1 und Abs. 3 sowie § 19 Abs. 5 entsprechende Anwendung.

§ 57 Anmeldung

(1) Die beschlossene Erhöhung des Stammkapitals ist zur Eintragung in das Handelsregister anzumelden, nachdem das erhöhte Kapital durch Übernahme von Geschäftsanteilen gedeckt ist.

(2) [1]In der Anmeldung ist die Versicherung abzugeben, dass die Einlagen auf das neue Stammkapital nach § 7 Abs. 2 Satz 1 und Abs. 3 bewirkt sind und dass der Gegenstand der Leistungen sich endgültig in der freien Verfügung der Geschäftsführer befindet. [2]§ 8 Abs. 2 Satz 2 gilt entsprechend.

(3) Der Anmeldung sind beizufügen:

1. die in § 55 Abs. 1 bezeichneten Erklärungen oder eine beglaubigte Abschrift derselben;
2. eine von den Anmeldenden unterschriebene Liste der Personen, welche die neuen Geschäftsanteile übernommen haben; aus der Liste müssen die Nennbeträge der von jedem übernommenen Geschäftsanteile ersichtlich sein;
3. bei einer Kapitalerhöhung mit Sacheinlagen die Verträge, die den Festsetzungen nach § 56 zugrunde liegen oder zu ihrer Ausführung geschlossen worden sind.

(4) Für die Verantwortlichkeit der Geschäftsführer, welche die Kapitalerhöhung zur Eintragung in das Handelsregister angemeldet haben, finden § 9 a Abs. 1 und 3, § 9 b entsprechende Anwendung.

§ 57 a Ablehnung der Eintragung

Für die Ablehnung der Eintragung durch das Gericht findet § 9 c Abs. 1 entsprechende Anwendung.

§ 57 b

(weggefallen)

§ 57 c Kapitalerhöhung aus Gesellschaftsmitteln

(1) Das Stammkapital kann durch Umwandlung von Rücklagen in Stammkapital erhöht werden (Kapitalerhöhung aus Gesellschaftsmitteln).

(2) Die Erhöhung des Stammkapitals kann erst beschlossen werden, nachdem der Jahresabschluss für das letzte vor der Beschlussfassung über die Kapitalerhöhung abgelaufene Geschäftsjahr (letzter Jahresabschluss) festgestellt und über die Ergebnisverwendung Beschluss gefasst worden ist.

(3) Dem Beschluss über die Erhöhung des Stammkapitals ist eine Bilanz zugrunde zu legen.

(4) Neben den §§ 53 und 54 über die Abänderung des Gesellschaftsvertrags gelten die §§ 57d bis 57o.

§ 57d Rücklagen

(1) Die Kapital- und Gewinnrücklagen, die in Stammkapital umgewandelt werden sollen, müssen in der letzten Jahresbilanz und, wenn dem Beschluss eine andere Bilanz zugrunde gelegt wird, auch in dieser Bilanz unter „Kapitalrücklage" oder „Gewinnrücklagen" oder im letzten Beschluss über die Verwendung des Jahresergebnisses als Zuführung zu diesen Rücklagen ausgewiesen sein.

(2) Die Rücklagen können nicht umgewandelt werden, soweit in der zugrunde gelegten Bilanz ein Verlust, einschließlich eines Verlustvortrags, ausgewiesen ist.

(3) Andere Gewinnrücklagen, die einem bestimmten Zweck zu dienen bestimmt sind, dürfen nur umgewandelt werden, soweit dies mit ihrer Zweckbestimmung vereinbar ist.

§ 57e Bilanz

(1) Dem Beschluss kann die letzte Jahresbilanz zugrunde gelegt werden, wenn die Jahresbilanz geprüft und die festgestellte Jahresbilanz mit dem uneingeschränkten Bestätigungsvermerk der Abschlussprüfer versehen ist und wenn ihr Stichtag höchstens acht Monate vor der Anmeldung des Beschlusses zur Eintragung in das Handelsregister liegt.

(2) Bei Gesellschaften, die nicht große im Sinne des § 267 Abs. 3 des Handelsgesetzbuchs sind, kann die Prüfung auch durch vereidigte Buchprüfer erfolgen; die Abschlussprüfer müssen von der Versammlung der Gesellschafter gewählt sein.

§ 57f Stichtag

(1) [1]Wird dem Beschluss nicht die letzte Jahresbilanz zugrunde gelegt, so muss die Bilanz den Vorschriften über die Gliederung der Jahresbilanz und über die Wertansätze in der Jahresbilanz entsprechen. [2]Der Stichtag der Bilanz darf höchstens acht Monate vor der Anmeldung des Beschlusses zur Eintragung in das Handelsregister liegen.

(2) [1]Die Bilanz ist, bevor über die Erhöhung des Stammkapitals Beschluss gefasst wird, durch einen oder mehrere Prüfer darauf zu prüfen, ob sie dem Absatz 1 entspricht. [2]Sind nach dem abschließenden Ergebnis der Prüfung keine Einwendungen zu erheben, so haben die Prüfer dies durch einen Vermerk zu bestätigen. [3]Die Erhöhung des Stammkapitals kann nicht ohne diese Bestätigung der Prüfer beschlossen werden.

(3) [1]Die Prüfer werden von den Gesellschaftern gewählt; falls nicht andere Prüfer gewählt werden, gelten die Prüfer als gewählt, die für die Prüfung des letzten Jahresabschlusses von den Gesellschaftern gewählt oder vom Gericht bestellt worden sind. [2]Im übrigen sind, soweit sich aus der Besonderheit des Prüfungsauftrags nichts anderes ergibt, § 318 Abs. 1 Satz 2, § 319 Abs. 1 bis 4, § 319 a Abs. 1, § 319 b Abs. 1, § 320 Abs. 1 Satz 2, Abs. 2 und die §§ 321 und 323 des Handelsgesetzbuchs anzuwenden. [3]Bei Gesellschaften, die nicht große im Sinne des § 267 Abs. 3 des Handelsgesetzbuchs sind, können auch vereidigte Buchprüfer zu Prüfern bestellt werden.

§ 57 g Bekanntgabe

Die Bestimmungen des Gesellschaftsvertrags über die vorherige Bekanntgabe des Jahresabschlusses an die Gesellschafter sind in den Fällen des § 57 f entsprechend anzuwenden.

§ 57 h Formen

(1) [1]Die Kapitalerhöhung kann vorbehaltlich des § 57 l Abs. 2 durch Bildung neuer Geschäftsanteile oder durch Erhöhung des Nennbetrags der Geschäftsanteile ausgeführt werden. [2]Die neuen Geschäftsanteile und die Geschäftsanteile, deren Nennbetrag erhöht wird, müssen auf einen Betrag gestellt werden, der auf volle Euro lautet.

(2) [1]Der Beschluss über die Erhöhung des Stammkapitals muss die Art der Erhöhung angeben. [2]Soweit die Kapitalerhöhung durch Erhöhung des Nennbetrags der Geschäftsanteile ausgeführt werden soll, ist sie so zu bemessen, dass durch sie auf keinen Geschäftsanteil, dessen Nennbetrag erhöht wird, Beträge entfallen, die durch die Erhöhung des Nennbetrags des Geschäftsanteils nicht gedeckt werden können.

§ 57 i Anmeldung

(1) [1]Der Anmeldung des Beschlusses über die Erhöhung des Stammkapitals zur Eintragung in das Handelsregister ist die der Kapitalerhöhung zugrunde gelegte, mit dem Bestätigungsvermerk der Prüfer versehene Bilanz, in den Fällen des § 57 f außerdem die letzte Jahresbilanz, sofern sie noch nicht nach § 325 Abs. 1 des Handelsgesetzbuchs eingereicht ist, beizufügen. [2]Die Anmeldenden haben dem Registergericht gegenüber zu erklären, dass nach ihrer Kenntnis seit dem Stichtag der zugrunde gelegten Bilanz bis zum Tag der Anmeldung keine Vermögensminderung eingetreten ist, die der Kapitalerhöhung entgegenstünde, wenn sie am Tag der Anmeldung beschlossen worden wäre.

(2) Das Registergericht darf den Beschluss nur eintragen, wenn die der Kapitalerhöhung zugrunde gelegte Bilanz für einen höchstens acht Monate vor der Anmeldung liegenden Zeitpunkt aufgestellt und eine Erklärung nach Absatz 1 Satz 2 abgegeben worden ist.

(3) Zu der Prüfung, ob die Bilanzen den gesetzlichen Vorschriften entsprechen, ist das Gericht nicht verpflichtet.

(4) Bei der Eintragung des Beschlusses ist anzugeben, dass es sich um eine Kapitalerhöhung aus Gesellschaftsmitteln handelt.

§ 57 j Verhältnis nach Erhöhung

[1]Die neuen Geschäftsanteile stehen den Gesellschaftern im Verhältnis ihrer bisherigen Geschäftsanteile zu. [2]Ein entgegenstehender Beschluss der Gesellschafter ist nichtig.

§ 57 k Teilrechte

(1) Führt die Kapitalerhöhung dazu, daß auf einen Geschäftsanteil nur ein Teil eines neuen Geschäftsanteils entfällt, so ist dieses Teilrecht selbständig veräußerlich und vererblich.

(2) Die Rechte aus einem neuen Geschäftsanteil, einschließlich des Anspruchs auf Ausstellung einer Urkunde über den neuen Geschäftsanteil, können nur ausgeübt werden, wenn Teilrechte, die zusammen einen vollen Geschäftsanteil ergeben, in einer Hand vereinigt sind oder wenn sich mehrere Berechtigte, deren Teilrechte zusammen einen vollen Geschäftsanteil ergeben, zur Ausübung der Rechte (§ 18) zusammenschließen.

§ 57 l Eigene Anteile

(1) Eigene Geschäftsanteile nehmen an der Erhöhung des Stammkapitals teil.

(2) [1]Teileingezahlte Geschäftsanteile nehmen entsprechend ihrem Nennbetrag an der Erhöhung des Stammkapitals teil. [2]Bei ihnen kann die Kapitalerhöhung nur durch Erhöhung des Nennbetrags der Geschäftsanteile ausgeführt werden. [3]Sind neben teileingezahlten Geschäftsanteilen vollständig eingezahlte Geschäftsanteile vorhanden, so kann bei diesen die Kapitalerhöhung durch Erhöhung des Nennbetrags der Geschäftsanteile und durch Bildung neuer Geschäftsanteile ausgeführt werden. [4]Die Geschäftsanteile, deren Nennbetrag erhöht wird, können auf jeden Betrag gestellt werden, der auf volle Euro lautet.

§ 57 m Recht der Gesellschafter

(1) Das Verhältnis der mit den Geschäftsanteilen verbundenen Rechte zueinander wird durch die Kapitalerhöhung nicht berührt.

(2) [1]Soweit sich einzelne Rechte teileingezahlter Geschäftsanteile, insbesondere die Beteiligung am Gewinn oder das Stimmrecht, nach der je Geschäftsanteil geleisteten Einlage bestimmen, stehen diese Rechte den Gesellschaftern bis zur Leistung der noch ausstehenden Einlagen nur nach der Höhe der geleisteten Einlage, erhöht um den auf den Nennbetrag des Stammkapitals berechneten Hundertsatz der Erhöhung des Stammkapitals, zu. [2]Werden weitere Einzahlungen geleistet, so erweitern sich diese Rechte entsprechend.

(3) Der wirtschaftliche Inhalt vertraglicher Beziehungen der Gesellschaft zu Dritten, die von der Gewinnausschüttung der Gesellschaft, dem Nennbetrag oder Wert ihrer

Geschäftsanteile oder ihres Stammkapitals oder in sonstiger Weise von den bisherigen Kapital- oder Gewinnverhältnissen abhängen, wird durch die Kapitalerhöhung nicht berührt.

§ 57 n Gewinnbeteiligung

(1) Die neuen Geschäftsanteile nehmen, wenn nichts anderes bestimmt ist, am Gewinn des ganzen Geschäftsjahres teil, in dem die Erhöhung des Stammkapitals beschlossen worden ist.

(2) [1]Im Beschluss über die Erhöhung des Stammkapitals kann bestimmt werden, dass die neuen Geschäftsanteile bereits am Gewinn des letzten vor der Beschlussfassung über die Kapitalerhöhung abgelaufenen Geschäftsjahrs teilnehmen. [2]In diesem Fall ist die Erhöhung des Stammkapitals abweichend von § 57 c Abs. 2 zu beschließen, bevor über die Ergebnisverwendung für das letzte vor der Beschlussfassung abgelaufene Geschäftsjahr Beschluss gefasst worden ist. [3]Der Beschluss über die Ergebnisverwendung für das letzte vor der Beschlussfassung über die Kapitalerhöhung abgelaufene Geschäftsjahr wird erst wirksam, wenn das Stammkapital erhöht worden ist. [4]Der Beschluss über die Erhöhung des Stammkapitals und der Beschluss über die Ergebnisverwendung für das letzte vor der Beschlussfassung über die Kapitalerhöhung abgelaufene Geschäftsjahr sind nichtig, wenn der Beschluss über die Kapitalerhöhung nicht binnen drei Monaten nach der Beschlussfassung in das Handelsregister eingetragen worden ist; der Lauf der Frist ist gehemmt, solange eine Anfechtungs- oder Nichtigkeitsklage rechtshängig ist.

§ 57 o Anschaffungskosten

[1]Als Anschaffungskosten der vor der Erhöhung des Stammkapitals erworbenen Geschäftsanteile und der auf sie entfallenden neuen Geschäftsanteile gelten die Beträge, die sich für die einzelnen Geschäftsanteile ergeben, wenn die Anschaffungskosten der vor der Erhöhung des Stammkapitals erworbenen Geschäftsanteile auf diese und auf die auf sie entfallenden neuen Geschäftsanteile nach dem Verhältnis der Nennbeträge verteilt werden. [2]Der Zuwachs an Geschäftsanteilen ist nicht als Zugang auszuweisen.

§ 58 Herabsetzung des Kapitals

(1) Eine Herabsetzung des Stammkapitals kann nur unter Beobachtung der nachstehenden Bestimmungen erfolgen:

1. der Beschluss auf Herabsetzung des Stammkapitals muss von den Geschäftsführern in den Gesellschaftsblättern bekanntgemacht werden; in dieser Bekanntmachung sind zugleich die Gläubiger der Gesellschaft aufzufordern, sich bei derselben zu melden; die aus den Handelsbüchern der Gesellschaft ersichtlichen oder in anderer Weise bekannten Gläubiger sind durch besondere Mitteilung zur Anmeldung aufzufordern;
2. die Gläubiger, welche sich bei der Gesellschaft melden und der Herabsetzung nicht zustimmen, sind wegen der erhobenen Ansprüche zu befriedigen oder sicherzustellen;

3. die Anmeldung des Herabsetzungsbeschlusses zur Eintragung in das Handelsregister erfolgt nicht vor Ablauf eines Jahres seit dem Tage, an welchem die Aufforderung der Gläubiger in den Gesellschaftsblättern stattgefunden hat;
4. mit der Anmeldung ist die Bekanntmachung des Beschlusses einzureichen; zugleich haben die Geschäftsführer die Versicherung abzugeben, dass die Gläubiger, welche sich bei der Gesellschaft gemeldet und der Herabsetzung nicht zugestimmt haben, befriedigt oder sichergestellt sind.

(2) [1]Die Bestimmung in § 5 Abs. 1 über den Mindestbetrag des Stammkapitals bleibt unberührt. [2]Erfolgt die Herabsetzung zum Zweck der Zurückzahlung von Einlagen oder zum Zweck des Erlasses zu leistender Einlagen, dürfen die verbleibenden Nennbeträge der Geschäftsanteile nicht unter den in § 5 Abs. 2 und 3 bezeichneten Betrag herabgehen.

§ 58 a Vereinfachte Kapitalherabsetzung

(1) Eine Herabsetzung des Stammkapitals, die dazu dienen soll, Wertminderungen auszugleichen oder sonstige Verluste zu decken, kann als vereinfachte Kapitalherabsetzung vorgenommen werden.

(2) [1]Die vereinfachte Kapitalherabsetzung ist nur zulässig, nachdem der Teil der Kapital- und Gewinnrücklagen, der zusammen über zehn vom Hundert des nach der Herabsetzung verbleibenden Stammkapitals hinausgeht, vorweg aufgelöst ist. [2]Sie ist nicht zulässig, solange ein Gewinnvortrag vorhanden ist.

(3) [1]Im Beschluss über die vereinfachte Kapitalherabsetzung sind die Nennbeträge der Geschäftsanteile dem herabgesetzten Stammkapital anzupassen. [2]Die Geschäftsanteile müssen auf einen Betrag gestellt werden, der auf volle Euro lautet.

(4) [1]Das Stammkapital kann unter den in § 5 Abs. 1 bestimmten Mindestnennbetrag herabgesetzt werden, wenn dieser durch eine Kapitalerhöhung wieder erreicht wird, die zugleich mit der Kapitalherabsetzung beschlossen ist und bei der Sacheinlagen nicht festgesetzt sind. [2]Die Beschlüsse sind nichtig, wenn sie nicht binnen drei Monaten nach der Beschlussfassung in das Handelsregister eingetragen worden sind. [3]Der Lauf der Frist ist gehemmt, solange eine Anfechtungs- oder Nichtigkeitsklage rechtshängig ist. [3]Die Beschlüsse sollen nur zusammen in das Handelsregister eingetragen werden.

(5) Neben den §§ 53 und 54 über die Abänderung des Gesellschaftsvertrags gelten die §§ 58 b bis 58 f.

§ 58 b Kapitalverwendung

(1) Die Beträge, die aus der Auflösung der Kapital- oder Gewinnrücklagen und aus der Kapitalherabsetzung gewonnen werden, dürfen nur verwandt werden, um Wertminderungen auszugleichen und sonstige Verluste zu decken.

(2) [1]Daneben dürfen die gewonnenen Beträge in die Kapitalrücklage eingestellt werden, soweit diese zehn vom Hundert des Stammkapitals nicht übersteigt. [2]Als Stammkapital gilt dabei der Nennbetrag, der sich durch die Herabsetzung ergibt, mindestens aber der nach § 5 Abs. 1 zulässige Mindestnennbetrag.

(3) Ein Betrag, der auf Grund des Absatzes 2 in die Kapitalrücklage eingestellt worden ist, darf vor Ablauf des fünften nach der Beschlussfassung über die Kapitalherabsetzung beginnenden Geschäftsjahrs nur verwandt werden

1. zum Ausgleich eines Jahresfehlbetrags, soweit er nicht durch einen Gewinnvortrag aus dem Vorjahr gedeckt ist und nicht durch Auflösung von Gewinnrücklagen ausgeglichen werden kann;
2. zum Ausgleich eines Verlustvortrags aus dem Vorjahr, soweit er nicht durch einen Jahresüberschuss gedeckt ist und nicht durch Auflösung von Gewinnrücklagen ausgeglichen werden kann;
3. zur Kapitalerhöhung aus Gesellschaftsmitteln.

§ 58 c Kapitalrücklagen

[1]Ergibt sich bei Aufstellung der Jahresbilanz für das Geschäftsjahr, in dem der Beschluss über die Kapitalherabsetzung gefasst wurde, oder für eines der beiden folgenden Geschäftsjahre, dass Wertminderungen und sonstige Verluste in der bei der Beschlussfassung angenommenen Höhe tatsächlich nicht eingetreten oder ausgeglichen waren, so ist der Unterschiedsbetrag in die Kapitalrücklage einzustellen. [2]Für einen nach Satz 1 in die Kapitalrücklage eingestellten Betrag gilt § 58b Abs. 3 sinngemäß.

§ 58 d Gewinnausschüttung

(1) [1]Gewinn darf vor Ablauf des fünften nach der Beschlussfassung über die Kapitalherabsetzung beginnenden Geschäftsjahrs nur ausgeschüttet werden, wenn die Kapital- und Gewinnrücklagen zusammen zehn vom Hundert des Stammkapitals erreichen. [2]Als Stammkapital gilt dabei der Nennbetrag, der sich durch die Herabsetzung ergibt, mindestens aber der nach § 5 Abs. 1 zulässige Mindestnennbetrag.

(2) [1]Die Zahlung eines Gewinnanteils von mehr als vier vom Hundert ist erst für ein Geschäftsjahr zulässig, das später als zwei Jahre nach der Beschlussfassung über die Kapitalherabsetzung beginnt. [2]Dies gilt nicht, wenn die Gläubiger, deren Forderungen vor der Bekanntmachung der Eintragung des Beschlusses begründet worden waren, befriedigt oder sichergestellt sind, soweit sie sich binnen sechs Monaten nach der Bekanntmachung des Jahresabschlusses, auf Grund dessen die Gewinnverteilung beschlossen ist, zu diesem Zweck gemeldet haben. [3]Einer Sicherstellung der Gläubiger bedarf es nicht, die im Fall des Insolvenzverfahrens ein Recht auf vorzugsweise Befriedigung aus einer Deckungsmasse haben, die nach gesetzlicher Vorschrift zu ihrem Schutz errichtet und staatlich überwacht ist. [4]Die Gläubiger sind in der Bekanntmachung nach § 325 Abs. 2 des Handelsgesetzbuchs auf die Befriedigung oder Sicherstellung hinzuweisen.

§ 58 e Ausweis

(1) [1]Im Jahresabschluss für das letzte vor der Beschlussfassung über die Kapitalherabsetzung abgelaufene Geschäftsjahr können das Stammkapital sowie die Kapital- und Gewinnrücklagen in der Höhe ausgewiesen werden, in der sie nach der

Kapitalherabsetzung bestehen sollen. [2]Dies gilt nicht, wenn der Jahresabschluss anders als durch Beschluss der Gesellschafter festgestellt wird.

(2) Der Beschluss über die Feststellung des Jahresabschlusses soll zugleich mit dem Beschluss über die Kapitalherabsetzung gefasst werden.

(3) [1]Die Beschlüsse sind nichtig, wenn der Beschluss über die Kapitalherabsetzung nicht binnen drei Monaten nach der Beschlussfassung in das Handelsregister eingetragen worden ist. [2]Der Lauf der Frist ist gehemmt, solange eine Anfechtungs- oder Nichtigkeitsklage rechtshängig ist.

(4) Der Jahresabschluss darf nach § 325 des Handelsgesetzbuchs erst nach Eintragung des Beschlusses über die Kapitalherabsetzung offengelegt werden.

§ 58f Kapitalherabsetzung und -erhöhung

(1) [1]Wird im Fall des § 58e zugleich mit der Kapitalherabsetzung eine Erhöhung des Stammkapitals beschlossen, so kann auch die Kapitalerhöhung in dem Jahresabschluß als vollzogen berücksichtigt werden. [2]Die Beschlussfassung ist nur zulässig, wenn die neuen Geschäftsanteile übernommen, keine Sacheinlagen festgesetzt sind und wenn auf jeden neuen Geschäftsanteil die Einzahlung geleistet ist, die nach § 56a zur Zeit der Anmeldung der Kapitalerhöhung bewirkt sein muss. [3]Die Übernahme und die Einzahlung sind dem Notar nachzuweisen, der den Beschluss über die Erhöhung des Stammkapitals beurkundet.

(2) [1]Sämtliche Beschlüsse sind nichtig, wenn die Beschlüsse über die Kapitalherabsetzung und die Kapitalerhöhung nicht binnen drei Monaten nach der Beschlussfassung in das Handelsregister eingetragen worden sind. [2]Der Lauf der Frist ist gehemmt, solange eine Anfechtungs- oder Nichtigkeitsklage rechtshängig ist. [3]Die Beschlüsse sollen nur zusammen in das Handelsregister eingetragen werden.

(3) Der Jahresabschluss darf nach § 325 des Handelsgesetzbuchs erst offengelegt werden, nachdem die Beschlüsse über die Kapitalherabsetzung und Kapitalerhöhung eingetragen worden sind.

§ 59

(weggefallen)

Fünfter Abschnitt: Auflösung und Nichtigkeit der Gesellschaft

§ 60

(1) Die Gesellschaft mit beschränkter Haftung wird aufgelöst:

1. durch Ablauf der im Gesellschaftsvertrag bestimmten Zeit;
2. durch Beschluss der Gesellschafter; derselbe bedarf, sofern im Gesellschaftsvertrag nicht ein anderes bestimmt ist, einer Mehrheit von drei Vierteilen der abgegebenen Stimmen;

3. durch gerichtliches Urteil oder durch Entscheidung des Verwaltungsgerichts oder der Verwaltungsbehörde in den Fällen der §§ 61 und 62;
4. durch die Eröffnung des Insolvenzverfahrens; wird das Verfahren auf Antrag des Schuldners eingestellt oder nach der Bestätigung eines Insolvenzplans, der den Fortbestand der Gesellschaft vorsieht, aufgehoben, so können die Gesellschafter die Fortsetzung der Gesellschaft beschließen;
5. mit der Rechtskraft des Beschlusses, durch den die Eröffnung des Insolvenzverfahrens mangels Masse abgelehnt worden ist;
6. mit der Rechtskraft einer Verfügung des Registergerichts, durch welche nach § 399 des Gesetzes über das Verfahren in Familiensachen und in den Angelegenheiten der freiwilligen Gerichtsbarkeit ein Mangel des Gesellschaftsvertrags festgestellt worden ist;
7. durch die Löschung der Gesellschaft wegen Vermögenslosigkeit nach § 394 des Gesetzes über das Verfahren in Familiensachen und in den Angelegenheiten der freiwilligen Gerichtsbarkeit.

(2) Im Gesellschaftsvertrag können weitere Auflösungsgründe festgesetzt werden.

§§ 61 – 64

(vom Abdruck wurde abgesehen)

Wirtschafts-recht

§ 65 Anmeldung und Eintragung der Auflösung

(1) [1]Die Auflösung der Gesellschaft ist zur Eintragung in das Handelsregister anzumelden. [2]Dies gilt nicht in den Fällen der Eröffnung oder der Ablehnung der Eröffnung des Insolvenzverfahrens und der gerichtlichen Feststellung eines Mangels des Gesellschaftsvertrags. [3]In diesen Fällen hat das Gericht die Auflösung und ihren Grund von Amts wegen einzutragen. [4]Im Falle der Löschung der Gesellschaft (§ 60 Abs. 1 Nr. 7) entfällt die Eintragung der Auflösung.

(2) [1]Die Auflösung ist von den Liquidatoren in den Gesellschaftsblättern bekanntzumachen. [2]Durch die Bekanntmachung sind zugleich die Gläubiger der Gesellschaft aufzufordern, sich bei derselben zu melden.

§ 66 Liquidatoren

(1) In den Fällen der Auflösung außer dem Fall des Insolvenzverfahrens erfolgt die Liquidation durch die Geschäftsführer, wenn nicht dieselbe durch den Gesellschaftsvertrag oder durch Beschluss der Gesellschafter anderen Personen übertragen wird.

(2) Auf Antrag von Gesellschaftern, deren Geschäftsanteile zusammen mindestens dem zehnten Teil des Stammkapitals entsprechen, kann aus wichtigen Gründen die Bestellung von Liquidatoren durch das Gericht erfolgen.

(3) [1]Die Abberufung von Liquidatoren kann durch das Gericht unter derselben Voraussetzung wie die Bestellung stattfinden. [2]Liquidatoren, welche nicht vom Gericht ernannt sind, können auch durch Beschluss der Gesellschafter vor Ablauf des Zeitraums, für welchen sie bestellt sind, abberufen werden.

(4) Für die Auswahl der Liquidatoren findet § 6 Abs. 2 Satz 2 und 3 entsprechende Anwendung.

(5) [1]Ist die Gesellschaft durch Löschung wegen Vermögenslosigkeit aufgelöst, so findet eine Liquidation nur statt, wenn sich nach der Löschung herausstellt, dass Vermögen vorhanden ist, das der Verteilung unterliegt. [2]Die Liquidatoren sind auf Antrag eines Beteiligten durch das Gericht zu ernennen.

§ 67 Anmeldung der Liquidatoren

(1) Die ersten Liquidatoren sowie ihre Vertretungsbefugnis sind durch die Geschäftsführer, jeder Wechsel der Liquidatoren und jede Änderung ihrer Vertretungsbefugnis sind durch die Liquidatoren zur Eintragung in das Handelsregister anzumelden.

(2) Der Anmeldung sind die Urkunden über die Bestellung der Liquidatoren oder über die Änderung in den Personen derselben in Urschrift oder öffentlich beglaubigter Abschrift beizufügen.

(3) [1]In der Anmeldung haben die Liquidatoren zu versichern, dass keine Umstände vorliegen, die ihrer Bestellung nach § 66 Abs. 4 in Verbindung mit § 6 Abs. 2 Satz 2 Nr. 3 und 3 sowie Satz 3 entgegenstehen, und dass sie über ihre unbeschränkte Auskunftspflicht gegenüber dem Gericht belehrt worden sind. [2]§ 8 Abs. 3 Satz 2 ist anzuwenden.

(4) Die Eintragung der gerichtlichen Ernennung oder Abberufung der Liquidatoren geschieht von Amts wegen.

§ 68 Zeichnung der Liquidatoren

(1) [1]Die Liquidatoren haben in der bei ihrer Bestellung bestimmten Form ihre Willenserklärungen kundzugeben und für die Gesellschaft zu zeichnen. [2]Ist nichts darüber bestimmt, so muss die Erklärung und Zeichnung durch sämtliche Liquidatoren erfolgen.

(2) Die Zeichnungen geschehen in der Weise, dass die Liquidatoren der bisherigen, nunmehr als Liquidationsfirma zu bezeichnenden Firma ihre Namensunterschrift beifügen.

§ 69 Rechtsverhältnisse von Gesellschaft und Gesellschaftern

(1) Bis zur Beendigung der Liquidation kommen ungeachtet der Auflösung der Gesellschaft in bezug auf die Rechtsverhältnisse derselben und der Gesellschafter die Vorschriften des zweiten und dritten Abschnitts zur Anwendung, soweit sich aus den Bestimmungen des gegenwärtigen Abschnitts und aus dem Wesen der Liquidation nicht ein anderes ergibt.

(2) Der Gerichtsstand, welchen die Gesellschaft zur Zeit ihrer Auflösung hatte, bleibt bis zur vollzogenen Verteilung des Vermögens bestehen.

§ 70 Aufgaben der Liquidatoren

[1]Die Liquidatoren haben die laufenden Geschäfte zu beendigen, die Verpflichtungen der aufgelösten Gesellschaft zu erfüllen, die Forderungen derselben einzuziehen und das Vermögen der Gesellschaft in Geld umzusetzen; sie haben die Gesellschaft gerichtlich und außergerichtlich zu vertreten. [2]Zur Beendigung schwebender Geschäfte können die Liquidatoren auch neue Geschäfte eingehen.

§ 71 Eröffnungsbilanz; Rechte und Pflichten

(1) Die Liquidatoren haben für den Beginn der Liquidation eine Bilanz (Eröffnungsbilanz) und einen die Eröffnungsbilanz erläuternden Bericht sowie für den Schluß eines jeden Jahres einen Jahresabschluss und einen Lagebericht aufzustellen.

(2) [1]Die Gesellschafter beschließen über die Feststellung der Eröffnungsbilanz und des Jahresabschlusses sowie über die Entlastung der Liquidatoren. [2]Auf die Eröffnungsbilanz und den erläuternden Bericht sind die Vorschriften über den Jahresabschluss entsprechend anzuwenden. [3]Vermögensgegenstände des Anlagevermögens sind jedoch wie Umlaufvermögen zu bewerten, soweit ihre Veräußerung innerhalb eines übersehbaren Zeitraums beabsichtigt ist oder diese Vermögensgegenstände nicht mehr dem Geschäftsbetrieb dienen; dies gilt auch für den Jahresabschluss.

(3) [1]Das Gericht kann von der Prüfung des Jahresabschlusses und des Lageberichts durch einen Abschlussprüfer befreien, wenn die Verhältnisse der Gesellschaft so überschaubar sind, dass eine Prüfung im Interesse der Gläubiger und der Gesellschafter nicht geboten erscheint. [2]Gegen die Entscheidung ist die Beschwerde zulässig.

(4) Im Übrigen haben sie die aus §§ 37, 41, 43 Abs. 1, 2 und 4, § 49 Abs. 1 und 2 und aus § 15b der Insolvenzordnung sich ergebenden Rechte und Pflichten der Geschäftsführer.

(5) Auf den Geschäftsbriefen ist anzugeben, dass sich die Gesellschaft in Liquidation befindet; im Übrigen gilt § 35a entsprechend.

§ 72 Vermögensverteilung

[1]Das Vermögen der Gesellschaft wird unter die Gesellschafter nach Verhältnis ihrer Geschäftsanteile verteilt. [2]Durch den Gesellschaftsvertrag kann ein anderes Verhältnis für die Verteilung bestimmt werden.

§ 73 Sperrjahr

(1) Die Verteilung darf nicht vor Tilgung oder Sicherstellung der Schulden der Gesellschaft und nicht vor Ablauf eines Jahres seit dem Tage vorgenommen werden, an welchem die Aufforderung an die Gläubiger (§ 65 Abs. 2) in den Gesellschaftsblättern erfolgt ist.

(2) [1]Meldet sich ein bekannter Gläubiger nicht, so ist der geschuldete Betrag, wenn die Berechtigung zur Hinterlegung vorhanden ist, für den Gläubiger zu hinterlegen.

[2]Ist die Berichtigung einer Verbindlichkeit zur Zeit nicht ausführbar oder ist eine Verbindlichkeit streitig, so darf die Verteilung des Vermögens nur erfolgen, wenn dem Gläubiger Sicherheit geleistet ist.

(3) [1]Liquidatoren, welche diesen Vorschriften zuwiderhandeln, sind zum Ersatz der verteilten Beträge solidarisch verpflichtet. [2]Auf den Ersatzanspruch finden die Bestimmungen in § 43 Abs. 3 und 4 entsprechende Anwendung.

§ 74 Beendigung der Gesellschaft

(1) [1]Ist die Liquidation beendet und die Schlussrechnung gelegt, so haben die Liquidatoren den Schluss der Liquidation zur Eintragung in das Handelsregister anzumelden. [2]Die Gesellschaft ist zu löschen.

(2) [1]Nach Beendigung der Liquidation sind die Bücher und Schriften der Gesellschaft für die Dauer von zehn Jahren einem der Gesellschafter oder einem Dritten in Verwahrung zu geben. [2]Der Gesellschafter oder der Dritte wird in Ermangelung einer Bestimmung des Gesellschaftsvertrags oder eines Beschlusses der Gesellschafter durch das Gericht bestimmt.

(3) [1]Die Gesellschafter und deren Rechtsnachfolger sind zur Einsicht der Bücher und Schriften berechtigt. [2]Gläubiger der Gesellschaft können von dem Gericht zur Einsicht ermächtigt werden.

§§ 75 – 77

(vom Abdruck wurde abgesehen)

Sechster Abschnitt:
Schlussbestimmungen

§ 78 Anmeldepflichtige

Die in diesem Gesetz vorgesehenen Anmeldungen zum Handelsregister sind durch die Geschäftsführer oder die Liquidatoren, die in § 7 Abs. 1, § 57 Abs. 1, § 57i Abs. 1, § 58 Abs. 1 Nr. 3 vorgesehenen Anmeldungen sind durch sämtliche Geschäftsführer zu bewirken.

§§ 79 – 88

(vom Abdruck wurde abgesehen)

Anlage
(zu § 2 Abs. 1a)

a) Musterprotokoll
für die Gründung einer Einpersonengesellschaft

UR. Nr. . . . .

Heute, den . . . . ,

erschien vor mir, ... ,
Notar/in mit dem Amtssitz in

. . . . ,

Herr/Frau[1])

. . . .
. . . .
. . . .[2]).

1. Der Erschienene errichtet hiermit nach § 2 Abs. 1a GmbHG eine Gesellschaft mit beschränkter Haftung unter der Firma . . . .
. . . .
mit dem Sitz in . . . .

2. Gegenstand des Unternehmens ist . . . .

3. Das Stammkapital der Gesellschaft beträgt . . . .€
(i. W. . . . . Euro) und wird vollständig von Herrn/Frau[2]) . . . .
(Geschäftsanteil Nr. 1) übernommen. Die Einlage ist in Geld zu erbringen, und zwar sofort in voller Höhe/zu 50 Prozent sofort, im Übrigen sobald die Gesellschafterversammlung ihre Einforderung beschließt[3]).

4. Zum Geschäftsführer der Gesellschaft wird Herr/Frau[4]) . . . .
. . . . ,
geboren am . . . . , wohnhaft in . . . .
. . . . , bestellt.
Der Geschäftsführer ist von den Beschränkungen des § 181 des Bürgerlichen Gesetzbuchs befreit.

5. Die Gesellschaft trägt die mit der Gründung verbundenen Kosten bis zu einem Gesamtbetrag von 300 €, höchstens jedoch bis zum Betrag ihres Stammkapitals. Darüber hinausgehende Kosten trägt der Gesellschafter.

6. Von dieser Urkunde erhält eine Ausfertigung der Gesellschafter, beglaubigte Ablichtungen die Gesellschaft und das Registergericht (in elektronischer Form) sowie eine einfache Abschrift das Finanzamt – Körperschaftsteuerstelle –.

7. Der Erschienene wurde vom Notar/von der Notarin insbesondere auf Folgendes hingewiesen: . . . .

Hinweise:

1) Nicht Zutreffendes streichen. Bei juristischen Personen ist die Anrede Herr/Frau wegzulassen.

2) Hier sind neben der Bezeichnung des Gesellschafters und den Angaben zur notariellen Identitätsfeststellung ggf. der Güterstand und die Zustimmung des Ehegatten sowie die Angaben zu einer etwaigen Vertretung zu vermerken.

3) Nicht Zutreffendes streichen. Bei der Unternehmergesellschaft muss die zweite Alternative gestrichen werden.

4) Nicht Zutreffendes streichen.

Wirtschaftsrecht

b) Musterprotokoll
für die Gründung einer Mehrpersonengesellschaft
mit bis zu drei Gesellschaftern

UR. Nr. . . . .

Heute, den . . . . ,

erschien vor mir, ... ,
Notar/in mit dem Amtssitz in

. . . . ,

Herr/Frau[1])

. . . .
. . . . [2]),

Herr/Frau[1])

. . . .
. . . . [2]),

Herr/Frau[1])

. . . .
. . . . [2]).

1. Die Erschienenen errichten hiermit nach § 2 Abs. 1 a GmbHG eine Gesellschaft mit beschränkter Haftung unter der Firma . . . .
   . . . .
   mit dem Sitz in . . . .

2. Gegenstand des Unternehmens ist . . . .

3. Das Stammkapital der Gesellschaft beträgt . . . .€
   (i. W. . . . . Euro) und wird wie folgt übernommen:

   Herr/Frau[1]) . . . . über-
   nimmt einen Geschäftsanteil mit einem Nennbetrag in Höhe von . . . .€
   (i. W. . . . . Euro) (Geschäftsanteil Nr. 1),

   Herr/Frau[1]) . . . . über-
   nimmt einen Geschäftsanteil mit einem Nennbetrag in Höhe von . . . .€
   (i. W. . . . . Euro) (Geschäftsanteil Nr. 2),

   Herr/Frau[1]) . . . . über-
   nimmt einen Geschäftsanteil mit einem Nennbetrag in Höhe von . . . .€
   (i. W. . . . . Euro) (Geschäftsanteil Nr. 3).

   Die Einlagen sind in Geld zu erbringen, und zwar sofort in voller Höhe/zu 50 Prozent sofort, im Übrigen sobald die Gesellschafterversammlung ihre Einforderung beschließt[3]).

4. Zum Geschäftsführer der Gesellschaft wird Herr/Frau[4]) . . . .
   . . . .
   geboren am . . . . , wohnhaft in . . . .
   . . . . , bestellt.
   Der Geschäftsführer ist von den Beschränkungen des § 181 des Bürgerlichen Gesetzbuchs befreit.

5. Die Gesellschaft trägt die mit der Gründung verbundenen Kosten bis zu einem Gesamtbetrag von 300 €, höchstens jedoch bis zum Betrag ihres Stammkapitals. Darüber hinausgehende Kosten tragen die Gesellschafter im Verhältnis der Nennbeträge ihrer Geschäftsanteile.

6. Von dieser Urkunde erhält eine Ausfertigung jeder Gesellschafter, beglaubigte Ablichtungen die Gesellschaft und das Registergericht (in elektronischer Form) sowie eine einfache Abschrift das Finanzamt – Körperschaftsteuerstelle –.

7. Die Erschienenen wurden vom Notar/von der Notarin insbesondere auf Folgendes hingewiesen: . . . .

Hinweise:

[1]) Nicht Zutreffendes streichen. Bei juristischen Personen ist die Anrede Herr/Frau wegzulassen.

[2]) Hier sind neben der Bezeichnung des Gesellschafters und den Angaben zur notariellen Identitätsfeststellung ggf. der Güterstand und die Zustimmung des Ehegatten sowie die Angaben zu einer etwaigen Vertretung zu vermerken.

[3]) Nicht Zutreffendes streichen. Bei der Unternehmergesellschaft muss die zweite Alternative gestrichen werden.

[4]) Nicht Zutreffendes streichen.

Genehmigungserfordernisse bei der Gründung von Kapitalgesellschaften*))**	
Abfallbeseitigung Abfallbeseitigungsanlagen Sammeln, Befördern, Handeln, Makeln von gefährlichen Abfällen	 § 28 KrWG § 54 KrWG
Altenheim	§ 12 HeimG (nur Anzeigeverfahren, vor Betriebsaufnahme)
Anlageberater	§ 34 c GewO
Anlagen mit schädlichen Umwelteinwirkungen	§§ 4 ff. BImSchG
Apotheker-GmbH	Nicht erlaubt, § 8 ApothekenG
Arbeitnehmerüberlassung	§ 1 Abs. 1 AÜG
Arzneimittel Herstellung und Handel	 §§ 13, 14, 52 a, 72 ArzneimittelG
Auswanderungsberatung	§ 1 AuswandererschutzG
Banken Einlagengeschäft Kreditgeschäft Wechsel- oder Scheckdiskont Investmentfonds Depotgeschäft (Wertpapiere) Bargeldloser Zahlungsverkehr Emission von Wertpapieren Geldkartengeschäft	§§ 1 Abs. 1, 32 KWG; neben gewerberechtlicher Zuverlässigkeit fachliche Eignung und Mindestkapitalanforderungen. § 43 KWG wurde anlässlich des MoMiG**) nicht aufgehoben und beinhaltet weiterhin eine Registersperre.

Wirtschafts-recht

*) Diese Übersicht erhebt keinen Anspruch auf Vollständigkeit.

**) Mit dem Inkrafttreten des MoMiG am 1.11.2008 (BGBl. I 2026) ist die Vorlage der Genehmigungsurkunde oder eines Negativattestes grundsätzlich (vgl. aber die Ausnahme für § 32 KWG unter dem Stichwort „Banken“) keine Eintragungsvoraussetzung mehr (§ 8 Abs. 1 Nr. 6 GmbHG a.F., § 37 Abs. 4 Nr. 5 AktG. a.F.). Die Kenntnis der Genehmigungserfordernisse bleibt jedoch weiter von Bedeutung, da das Betreiben von genehmigungsbedürftigen Geschäften ohne die entsprechende Genehmigung in der Regel zumindest den Tatbestand einer Ordnungswidrigkeit erfüllt.

Baubetreuung	§ 34 c GewO i.V.m. MaBV
Bauträger	§ 34 c GewO i.V.m. MaBV
Buchprüfer, vereidigter	§ 128 Wirtschaftsprüferordnung
Bergbau (Aufsuchen und Gewinnen von Bodenschätzen)	§ 6 BBergG
Bewachungsgewerbe	§ 34 a GewO
Darlehensvermittlung	§ 34 c GewO
Detektei	§ 38 Abs. 1 GewO (Grds. nur Anzeigepflichten, aber Abgrenzung zum Bewachungsgewerbe beachten)
Drogen, Betrieb von Drogenkonsumräumen	§ 10 a Betäubungsmittelgesetz
Eisenbahn	§ 6 Allgemeines Eisenbahngesetz
Energieversorgung (Betrieb eines Energieversorgungsnetzes)	§ 4 Energiewirtschaftsgesetz
Fahrschule	§ 10 FahrlehrerG (Zweigstellen: § 14, Fortführung: § 15 FahrlehrerG)
Fernunterricht	§§ 12 f. FernunterrichtsschutzG
Finanzdienstleistungs-unternehmen Anlagevermittlung Anlageberater Abschlußvermittlung Portfolioverwaltung Eigenhandel mit Wertpapieren Zahlungsaufträge Handel mit Devisen	§§ 1 Abs. 1 a, 32 KWG. Information: Bundesaufsichtbank für Finanzdienstleistungsaufsicht (http:\\www.bafin.de)

Finanzierungsvermittlung	§ 34 c GewO (u.U. auch Finanzdienstleistung, § 32 KWG)
Frachtprüfung	Art. 1 § 1 Abs. 1 Nr. 3 RBerG
Gaststätten	§ 2 GaststättenG
Geldspielgeräte	§ 33 c GewO
Gentechnik (Anlagen, Produkte)	§§ 8, 14 GentechnG
Gifthandel, Gifte	§ 12a ChemikalienG (Zulassung vor Inverkehrbringen von Biozid-Stoffen)
Grundstücksmakler	§ 34 c GewO, MaBV
Güterkraftverkehr Deutschland Europäische Union	 § 3 GüterkraftverkehrsG Art. 3 VO EWG 881/92
Handwerk	§§ 1, 7a, 7b, 8 HandwO (Eintragung in Handwerksrolle steht der Genehmigung gleich)
Hausverwalter mit Vermittlertätigkeit	§ 34 c GewO, MaBV
Heilpraktiker	§ 1 Abs. 1 HeilprG
Inkassotätigkeit	Art. 1 § 1 Abs. 1 Nr. 5 RBerG
Kapitalanlage, Investmentfonds: Betrieb einer Kapitalverwaltungsgesellschaft	§§ 17, 20 Kapitalanlagegesetzbuch (KAGB)
Kapitalanlagevermittlung	§ 34 c GewO (u.U. auch Finanzdienstleistung, § 32 KWG)
Krankentransport	Landesrechtliche Bestimmungen

Kriegswaffen Herstellung Innerdeutscher Transport Export Vermittlung ins Ausland	§§ 2–4 a KriegswaffenkontrollG
Leiharbeit	§ 1 Abs. 1 AÜG
Lotterie	§ 33 h GewO sowie landesrechtliche Bestimmungen
Luftverkehr Ausbildung von Flugpersonal Flugplätze Luftfahrtunternehmen Luftfahrzeuge	 § 5 LuftVG § 6 LuftVG § 20 LuftVG § 2 LuftVG
Makler Grundstücke Kapitalanlagen Kredite	 § 34 c GewO § 34 c GewO § 34 c GewO
Mietwagenverkehr	§§ 2, 49 PBefG
Omnibusverkehr	§ 2 PBefG
Patentanwalts-GmbH	§ 52 c PatentanwaltO
Personenbeförderung (Taxi, Bus)	§ 2 PersBefG
Pfandleihe	§ 34 GewO
Pflegeheim	§ 12 HeimG (Anzeigepflicht)
Podologe (med. Fußpfleger)	§ 1 PodG
Post (Briefbeförderung)	§§ 5 ff. PostG
Privatklinik/-krankenanstalt	§ 30 GewO
Rechtsanwalts-GmbH	§§ 59 c ff. BRAO
Rechtsanwalts-AG	§§ 59 c ff. BRAO
Reisegewerbe	§ 55 Abs. 2 GewO

Rentenberatung	Art. 1 § 1 Abs. 1 Nr. 1 RBerG
Schausteller	§ 55 Abs. 1 Nr. 2 GewO
Schaustellung von Personen	§ 33 a GewO
Schönheits-OP auch: Piercing Faltenunterspritzen durch Kosmetiker	§ 1 HeilpraktG (soweit nicht dem Arzt vorbehalten) vgl. VG Gießen NJW 1999, 164 vgl. OVG NRW v. 28.4.2006, 13A2495/03
Schulen: Ersatzschulen	Nach Landesrecht, z. B. § 2, 4 Sächs. Gesetz über Schulen in freier Trägerschaft
Spielbank	Nach Landesrecht, z. B. § 2 Sächs. Spielbankgesetz
Spielgeräte, Gewinnspiele	§§ 33 c, 33 d GewO
Spielhallen	§ 33 i GewO
Sprengstoffe	§ 7 SprengstoffG
Steuerberater-GmbH	§§ 49 ff. SteuerberatungsG
Taxiunternehmen	§§ 2, 47 PBefG
Tierhaltung, Tierzüchtung	§ 11 TierschutzG
Tierversuche	§ 8 TierschutzG
Überwachungspflichtige Anlagen – Montage – Installation – Betrieb	§ 18 BetrSichV
Unternehmensbeteiligungs-gesellschaft)	§ 1a, § 15 UBBG (Anerkennung)
Versicherungsberatung	Art. 1 § 1 Abs. 1 Nr. 2 RBerG

Wirtschafts-recht

Versicherungsunternehmen Direktversicherung Rückversicherung Versicherungsberatung Versicherungsunternehmen, ausländische	 § 8 VAG; neben gewerberechtlicher Zuverlässigkeit fachliche Eignung, detaillierte Kapitalanlagevorschriften, privatrechtlich nur in den Rechtsformen der AG oder des VVaG Keine Genehmigungspflicht § 34 e GewO § 67 ff. VAG
Versteigerungen	§ 34 b Abs. 1, 5 GewO (keine Versteigerung i.S. GewO ist die Internetauktion)
Waffen Handel mit Waffen Herstellung von Waffen Schießstätten	siehe auch Kriegswaffen § 21 WaffG § 21 WaffG § 27 WaffG
Wertpapierdienstleistungen	Siehe Finanzdienstleistungsunternehmen
Wirtschaftsprüfer-GmbH	§§ 27 ff. Wirtschaftsprüferordnung
Wohnimmobilienverwalter	§ 34 c GewO
Wohnungsvermittlung	§ 34 c GewO

Aktiengesetz

Fassung ab 1. 1. 1996
zuletzt geändert durch Gesetz vom 12. Mai 2021 (BGBl. I S. 990)

– Auszug –

§ 1 Wesen der Aktiengesellschaft

(1) [1]Die Aktiengesellschaft ist eine Gesellschaft mit eigener Rechtspersönlichkeit. [2]Für die Verbindlichkeiten der Gesellschaft haftet den Gläubigern nur das Gesellschaftsvermögen.

(2) Die Aktiengesellschaft hat ein in Aktien zerlegtes Grundkapital.

§ 2 Gründerzahl

An der Feststellung des Gesellschaftsvertrags (der Satzung) müssen sich eine oder mehrere Personen beteiligen, welche die Aktien gegen Einlagen übernehmen.

§ 3 Formkaufmann. Börsennotierung

(1) Die Aktiengesellschaft gilt als Handelsgesellschaft, auch wenn der Gegenstand des Unternehmens nicht im Betrieb eines Handelsgewerbes besteht.

(2) Börsennotiert im Sinne dieses Gesetzes sind Gesellschaften, deren Aktien zu einem Markt zugelassen sind, der von staatlich anerkannten Stellen geregelt und überwacht wird, regelmäßig stattfindet und für das Publikum mittelbar oder unmittelbar zugänglich ist.

§ 4 Firma

Die Firma der Aktiengesellschaft muß, auch wenn sie nach § 22 des Handelsgesetzbuchs oder nach anderen gesetzlichen Vorschriften fortgeführt wird, die Bezeichnung „Aktiengesellschaft“ oder eine allgemein verständliche Abkürzung dieser Bezeichnung enthalten.

§ 5 Sitz

Sitz der Gesellschaft ist der Ort im Inland, den die Satzung bestimmt.

§ 6 Grundkapital

Das Grundkapital muß auf einen Nennbetrag in Euro lauten.

§ 7 Mindestnennbetrag des Grundkapitals

Der Mindestnennbetrag des Grundkapitals ist fünfzigtausend Euro.

§ 8 Form und Mindestbeträge der Aktien

(1) Die Aktien können entweder als Nennbetragsaktien oder als Stückaktien begründet werden.

(2) [1]Nennbetragsaktien müssen auf mindestens einen Euro lauten. [2]Aktien über einen geringeren Nennbetrag sind nichtig. [3]Für den Schaden aus der Ausgabe sind die Ausgeber den Inhabern als Gesamtschuldner verantwortlich. [4]Höhere Aktiennennbeträge müssen auf volle Euro lauten.

(3) [1]Stückaktien lauten auf keinen Nennbetrag. [2]Die Stückaktien einer Gesellschaft sind am Grundkapital in gleichem Umfang beteiligt. [3]Der auf die einzelne Aktie entfallende anteilige Betrag des Grundkapitals darf einen Euro nicht unterschreiten. [4]Absatz 2 Satz 2 und 3 findet entsprechende Anwendung.

(4) Der Anteil am Grundkapital bestimmt sich bei Nennbetragsaktien nach dem Verhältnis ihres Nennbetrags zum Grundkapital, bei Stückaktien nach der Zahl der Aktien.

(5) Die Aktien sind unteilbar.

(6) Diese Vorschriften gelten auch für Anteilscheine, die den Aktionären vor der Ausgabe der Aktien erteilt werden (Zwischenscheine).

§ 9 Ausgabebetrag der Aktien

(1) Für einen geringeren Betrag als den Nennbetrag oder den auf die einzelne Stückaktie entfallenden anteiligen Betrag des Grundkapitals dürfen Aktien nicht ausgegeben werden (geringster Ausgabebetrag).

(2) Für einen höheren Betrag ist die Ausgabe zulässig.

§ 10 Aktien und Zwischenscheine

(1) [1]Die Aktien lauten auf Namen. [2]Sie können auf den Inhaber lauten, wenn

1. die Gesellschaft börsennotiert ist oder
2. der Anspruch auf Einzelverbriefung ausgeschlossen ist und die Sammelurkunde bei einer der folgenden Stellen hinterlegt wird:
   a) einer Wertpapiersammelbank im Sinne des § 1 Absatz 3 Satz 1 des Depotgesetzes,
   b) einem zugelassenen Zentralverwahrer oder einem anerkannten Drittland-Zentralverwahrer gemäß der Verordnung (EU) Nr. 909/2014 des Europäischen Parlaments und des Rates vom 23. Juli 2014 zur Verbesserung der Wertpapierlieferungen und -abrechnungen in der Europäischen Union und über Zentralverwahrer sowie zur Änderung der Richtlinien 98/26/EG und 2014/65/EU und der Verordnung (EU) Nr. 236/2012 (ABl. L 257 vom 28. 8. 2014, S.1) oder
   c) einem sonstigen ausländischen Verwahrer, der die Voraussetzungen des § 5 Absatz 4 Satz 1 des Depotgesetzes erfüllt.

[3]Solange im Fall des Satzes 2 Nummer 2 die Sammelurkunde nicht hinterlegt ist, ist § 67 entsprechend anzuwenden.

(2) [1]Die Aktien müssen auf Namen lauten, wenn sie vor der vollen Leistung des Ausgabebetrags ausgegeben werden. [2]Der Betrag der Teilleistungen ist in der Aktie anzugeben.

(3) Zwischenscheine müssen auf Namen lauten.

(4) [1]Zwischenscheine auf den Inhaber sind nichtig. [2]Für den Schaden aus der Ausgabe sind die Ausgeber den Inhabern als Gesamtschuldner verantwortlich.

(5) In der Satzung kann der Anspruch des Aktionärs auf Verbriefung seines Anteils ausgeschlossen oder eingeschränkt werden.

§ 11 Aktien besonderer Gattung

[1]Die Aktien können verschiedene Rechte gewähren, namentlich bei der Verteilung des Gewinns und des Gesellschaftsvermögens. [2]Aktien mit gleichen Rechten bilden eine Gattung.

§ 12 Stimmrecht. Keine Mehrstimmrechte

(1) [1]Jede Aktie gewährt das Stimmrecht. [2]Vorzugsaktien können nach den Vorschriften dieses Gesetzes als Aktien ohne Stimmrecht ausgegeben werden.

(2) Mehrstimmrechte sind unzulässig.

...

§ 23 Feststellung der Satzung

(1) [1]Die Satzung muß durch notarielle Beurkundung festgestellt werden. [2]Bevollmächtigte bedürfen einer notariell beglaubigten Vollmacht.

(2) In der Urkunde sind anzugeben

1. die Gründer;
2. bei Nennbetragsaktien der Nennbetrag, bei Stückaktien die Zahl, der Ausgabebetrag und, wenn mehrere Gattungen bestehen, die Gattung der Aktien, die jeder Gründer übernimmt;
3. der eingezahlte Betrag des Grundkapitals.

(3) Die Satzung muß bestimmen

1. die Firma und den Sitz der Gesellschaft;
2. den Gegenstand des Unternehmens; namentlich ist bei Industrie- und Handelsunternehmen die Art der Erzeugnisse und Waren, die hergestellt und gehandelt werden sollen, näher anzugeben;
3. die Höhe des Grundkapitals;

4. die Zerlegung des Grundkapitals entweder in Nennbetragsaktien oder in Stückaktien, bei Nennbetragsaktien deren Nennbeträge und die Zahl der Aktien jeden Nennbetrags, bei Stückaktien deren Zahl, außerdem, wenn mehrere Gattungen bestehen, die Gattung der Aktien und die Zahl der Aktien jeder Gattung;
5. ob die Aktien auf den Inhaber oder auf den Namen ausgestellt werden;
6. die Zahl der Mitglieder des Vorstands oder die Regeln, nach denen diese Zahl festgelegt wird.

(4) Die Satzung muß ferner Bestimmungen über die Form der Bekanntmachungen der Gesellschaft enthalten.

(5) [1]Die Satzung kann von den Vorschriften dieses Gesetzes nur abweichen, wenn es ausdrücklich zugelassen ist. [2]Ergänzende Bestimmungen der Satzung sind zulässig, es sei denn, daß dieses Gesetz eine abschließende Regelung enthält.

...

§ 28 Gründer

Die Aktionäre, die die Satzung festgestellt haben, sind die Gründer der Gesellschaft.

§ 29 Errichtung der Gesellschaft

Mit der Übernahme aller Aktien durch die Gründer ist die Gesellschaft errichtet.

§ 30 Bestellung des Aufsichtsrats, des Vorstands und des Abschlußprüfers

(1) [1]Die Gründer haben den ersten Aufsichtsrat der Gesellschaft und den Abschlußprüfer für das erste Voll- oder Rumpfgeschäftsjahr zu bestellen. [2]Die Bestellung bedarf notarieller Beurkundung.

(2) Auf die Zusammensetzung und die Bestellung des ersten Aufsichtsrats sind die Vorschriften über die Bestellung von Aufsichtsratsmitgliedern der Arbeitnehmer nicht anzuwenden.

(3) [1]Die Mitglieder des ersten Aufsichtsrats können nicht für längere Zeit als bis zur Beendigung der Hauptversammlung bestellt werden, die über die Entlastung für das erste Voll- oder Rumpfgeschäftsjahr beschließt. [2]Der Vorstand hat rechtzeitig vor Ablauf der Amtszeit des ersten Aufsichtsrats bekanntzumachen, nach welchen gesetzlichen Vorschriften der nächste Aufsichtsrat nach seiner Ansicht zusammenzusetzen ist; §§ 96 bis 99 sind anzuwenden.

(4) Der Aufsichtsrat bestellt den ersten Vorstand.

...

§ 33 Gründungsprüfung. Allgemeines

(1) Die Mitglieder des Vorstands und des Aufsichtsrats haben den Hergang der Gründung zu prüfen.

(2) Außerdem hat eine Prüfung durch einen oder mehrere Prüfer (Gründungsprüfer) stattzufinden, wenn

1. ein Mitglied des Vorstands oder des Aufsichtsrats zu den Gründern gehört oder
2. bei der Gründung für Rechnung eines Mitglieds des Vorstands oder des Aufsichtsrats Aktien übernommen worden sind oder
3. ein Mitglied des Vorstands oder des Aufsichtsrats sich einen besonderen Vorteil oder für die Gründung oder ihre Vorbereitung eine Entschädigung oder Belohnung ausbedungen hat oder
4. eine Gründung mit Sacheinlagen oder Sachübernahmen vorliegt.

(3) [1]In den Fällen des Absatzes 2 Nr. 1 und 2 kann der beurkundende Notar (§ 23 Abs. 1 Satz 1) anstelle eines Gründungsprüfers die Prüfung im Auftrag der Gründer vornehmen; die Bestimmungen über die Gründungsprüfung finden sinngemäße Anwendung. [2]Nimmt nicht der Notar die Prüfung vor, so bestellt das Gericht die Gründungsprüfer. [3]Gegen die Entscheidung ist die Beschwerde zulässig.

...

§ 36 Anmeldung der Gesellschaft

(1) Die Gesellschaft ist bei dem Gericht von allen Gründern und Mitgliedern des Vorstands und des Aufsichtsrats zur Eintragung in das Handelsregister anzumelden.

(2) Die Anmeldung darf erst erfolgen, wenn auf jede Aktie, soweit nicht Sacheinlagen vereinbart sind, der eingeforderte Betrag ordnungsgemäß eingezahlt worden ist (§ 54 Abs. 3) und, soweit er nicht bereits zur Bezahlung der bei der Gründung angefallenen Steuern und Gebühren verwandt wurde, endgültig zur freien Verfügung des Vorstands steht.

§ 36a Leistung der Einlagen

(1) Bei Bareinlagen muß der eingeforderte Betrag (§ 26 Abs. 2) mindestens ein Viertel des geringsten Ausgabebetrags und bei Ausgabe der Aktien für einen höheren als diesen auch den Mehrbetrag umfassen.

(2) [1]Sacheinlagen sind vollständig zu leisten. [2]Besteht die Sacheinlage in der Verpflichtung, einen Vermögensgegenstand auf die Gesellschaft zu übertragen, so muß diese Leistung innerhalb von fünf Jahren nach der Eintragung der Gesellschaft in das Handelsregister zu bewirken sein. [3]Der Wert muß dem geringsten Ausgabebetrag und bei Ausgabe der Aktien für einen höheren als diesen auch dem Mehrbetrag entsprechen.

§ 37 Inhalt der Anmeldung

(1) [1]In der Anmeldung ist zu erklären, daß die Voraussetzungen des § 36 Abs. 2 und des § 36a erfüllt sind; dabei sind der Betrag, zu dem die Aktien ausgegeben werden, und der darauf eingezahlte Betrag anzugeben. [2]Es ist nachzuweisen, daß der eingezahlte Betrag endgültig zur freien Verfügung des Vorstands steht. [3]Ist der Betrag gemäß § 54 Abs. 3 durch Gutschrift auf ein Konto eingezahlt worden, so ist der Nachweis durch eine Bestätigung des kontoführenden Instituts zu führen. [4]Für die Richtigkeit der Bestätigung ist das Institut der Gesellschaft verantwortlich. [5]Sind von dem eingezahlten Betrag Steuern und Gebühren bezahlt worden, so ist dies nach Art und Höhe der Beträge nachzuweisen.

(2) [1]In der Anmeldung haben die Vorstandsmitglieder zu versichern, daß keine Umstände vorliegen, die ihrer Bestellung nach § 76 Abs. 3 Satz 2 Nr. 2 und 3 sowie Satz 3 entgegenstehen, und daß sie über ihre unbeschränkte Auskunftspflicht gegenüber dem Gericht belehrt worden sind. [2]Die Belehrung nach § 53 Abs. 2 des Bundeszentralregistergesetzes*) kann schriftlich vorgenommen werden; sie kann auch durch einen Notar oder einen im Ausland bestellten Notar, durch einen Vertreter eines vergleichbaren rechtsberatenden Berufs oder einen Konsularbeamten erfolgen.

(3) In der Anmeldung sind ferner anzugeben:

1. eine inländische Geschäftsanschrift,
2. Art und Umfang der Vertretungsbefugnis der Vorstandsmitglieder.

(4) Der Anmeldung sind beizufügen

1. die Satzung und die Urkunden, in denen die Satzung festgestellt worden ist und die Aktien von den Gründern übernommen worden sind;
2. im Fall der §§ 26 und 27 die Verträge, die den Festsetzungen zugrunde liegen oder zu ihrer Ausführung geschlossen worden sind, und eine Berechnung des der Gesellschaft zur Last fallenden Gründungsaufwands; in der Berechnung sind die Vergütungen nach Art und Höhe und die Empfänger einzeln anzuführen;
3. die Urkunden über die Bestellung des Vorstands und des Aufsichtsrats;

3a. eine Liste der Mitglieder des Aufsichtsrats, aus welcher Name, Vorname, ausgeübter Beruf und Wohnort der Mitglieder ersichtlich ist;

4. der Gründungsbericht und die Prüfungsberichte der Mitglieder des Vorstands und des Aufsichtsrats sowie der Gründungsprüfer nebst ihren urkundlichen Unterlagen.

(5) Für die Einreichung von Unterlagen nach diesem Gesetz gilt § 12 Abs. 2 des HGB entsprechend.

§ 38 Prüfung durch das Gericht

(1) [1]Das Gericht hat zu prüfen, ob die Gesellschaft ordnungsgemäß errichtet und angemeldet ist. [2]Ist dies nicht der Fall, so hat es die Eintragung abzulehnen.

...

§ 39 Inhalt der Eintragung

(1) [1]Bei der Eintragung der Gesellschaft sind die Firma und der Sitz der Gesellschaft, eine inländische Geschäftsanschrift, der Gegenstand des Unternehmens, die Höhe des Grundkapitals, der Tag der Feststellung der Satzung und die Vorstandsmitglieder anzugeben. [2]Wenn eine Person, die für Willenserklärungen und Zustellungen an die Gesellschaft empfangsberechtigt ist, mit einer inländischen Anschrift zur Eintragung in das Handelsregister angemeldet wird, sind auch diese Angaben einzutragen; Dritten gegenüber gilt die Empfangsberechtigung als fortbestehend, bis sie im Handelsregister gelöscht und die Löschung bekannt gemacht worden ist, es sei denn, dass die fehlende Empfangsberechtigung dem Dritten bekannt war. [3]Ferner ist einzutragen, welche Vertretungsbefugnis die Vorstandsmitglieder haben.

(2) Enthält die Satzung Bestimmungen über die Dauer der Gesellschaft oder über das genehmigte Kapital, so sind auch diese Bestimmungen einzutragen.

...

§ 41 Handeln im Namen der Gesellschaft vor der Eintragung. Verbotene Aktienausgabe

(1) [1]Vor der Eintragung in das Handelsregister besteht die Aktiengesellschaft als solche nicht. [2]Wer vor der Eintragung der Gesellschaft in ihrem Namen handelt, haftet persönlich; handeln mehrere, so haften sie als Gesamtschuldner.

(2) Übernimmt die Gesellschaft eine vor ihrer Eintragung in ihrem Namen eingegangene Verpflichtung durch Vertrag mit dem Schuldner in der Weise, daß sie an die Stelle des bisherigen Schuldners tritt, so bedarf es zur Wirksamkeit der Schuldübernahme der Zustimmung des Gläubigers nicht, wenn die Schuldübernahme binnen drei Monaten nach der Eintragung der Gesellschaft vereinbart und dem Gläubiger von der Gesellschaft oder dem Schuldner mitgeteilt wird.

(3) Verpflichtungen aus nicht in der Satzung festgesetzten Verträgen über Sondervorteile, Gründungsaufwand, Sacheinlagen oder Sachübernahmen kann die Gesellschaft nicht übernehmen.

(4) [1]Vor der Eintragung der Gesellschaft können Anteilsrechte nicht übertragen, Aktien oder Zwischenscheine nicht ausgegeben werden. [2]Die vorher ausgegebenen Aktien oder Zwischenscheine sind nichtig. [3]Für den Schaden aus der Ausgabe sind die Ausgeber den Inhabern als Gesamtschuldner verantwortlich.

...

§ 45 Sitzverlegung

(1) Wird der Sitz der Gesellschaft im Inland verlegt, so ist die Verlegung beim Gericht des bisherigen Sitzes anzumelden.

(2) [1]Wird der Sitz aus dem Bezirk des Gerichts des bisherigen Sitzes verlegt, so hat dieses unverzüglich von Amts wegen die Verlegung dem Gericht des neuen Sitzes mitzuteilen. [2]Der Mitteilung sind die Eintragungen für den bisherigen Sitz sowie die

bei dem bisher zuständigen Gericht aufbewahrten Urkunden beizufügen; bei elektronischer Registerführung sind die Eintragungen und die Dokumente elektronisch zu übermitteln. [3]Das Gericht des neuen Sitzes hat zu prüfen, ob die Verlegung ordnungsgemäß beschlossen und § 30 des Handelsgesetzbuchs beachtet ist. [4]Ist dies der Fall, so hat es die Sitzverlegung einzutragen und hierbei die ihm mitgeteilten Eintragungen ohne weitere Nachprüfung in sein Handelsregister zu übernehmen. [5]Mit der Eintragung wird die Sitzverlegung wirksam. [6]Die Eintragung ist dem Gericht des bisherigen Sitzes mitzuteilen. [7]Dieses hat die erforderlichen Löschungen von Amts wegen vorzunehmen.

...

§ 52 Nachgründung

(1) [1]Verträge der Gesellschaft mit Gründern oder mit mehr als 10 vom Hundert des Grundkapitals an der Gesellschaft beteiligten Aktionären, nach denen sie vorhandene oder herzustellende Anlagen oder andere Vermögensgegenstände für eine den zehnten Teil des Grundkapitals übersteigende Vergütung erwerben soll, und die in den ersten zwei Jahren seit der Eintragung der Gesellschaft in das Handelsregister geschlossen werden, werden nur mit Zustimmung der Hauptversammlung und durch Eintragung in das Handelsregister wirksam. [2]Ohne die Zustimmung der Hauptversammlung oder die Eintragung im Handelsregister sind auch die Rechtshandlungen zu ihrer Ausführung unwirksam.

(2) [1]Ein Vertrag nach Absatz 1 bedarf der schriftlichen Form, soweit nicht eine andere Form vorgeschrieben ist. [2]Er ist von der Einberufung der Hauptversammlung an, die über die Zustimmung beschließen soll, in dem Geschäftsraum der Gesellschaft zur Einsicht der Aktionäre auszulegen. [3]Auf Verlangen ist jedem Aktionär unverzüglich eine Abschrift zu erteilen. [4]Die Verpflichtungen nach den Sätzen 2 und 3 entfallen, wenn der Vertrag für denselben Zeitraum über die Internetseite der Gesellschaft zugänglich ist. [5]In der Hauptversammlung ist der Vertrag zugänglich zu machen. [6]Der Vorstand hat ihn zu Beginn der Verhandlung zu erläutern. [7]Der Niederschrift ist er als Anlage beizufügen.

(3) [1]Vor der Beschlußfassung der Hauptversammlung hat der Aufsichtsrat den Vertrag zu prüfen und einen schriftlichen Bericht zu erstatten (Nachgründungsbericht). [2]Für den Nachgründungsbericht gilt sinngemäß § 32 Abs. 2 und 3 über den Gründungsbericht.

(4) [1]Außerdem hat vor der Beschlußfassung eine Prüfung durch einen oder mehrere Gründungsprüfer stattzufinden. [2]§ 33 Abs. 3 bis 5, §§ 34, 35 über die Gründungsprüfung gelten sinngemäß. [3]Unter den Voraussetzungen des § 33a kann von einer Prüfung durch Gründungsprüfer abgesehen werden.

(5) [1]Der Beschluß der Hauptversammlung bedarf einer Mehrheit, die mindestens drei Viertel des bei der Beschlußfassung vertretenen Grundkapitals umfaßt. [2]Wird der Vertrag im ersten Jahr nach der Eintragung der Gesellschaft in das Handelsregister geschlossen, so müssen außerdem die Anteile der zustimmenden Mehrheit mindestens ein Viertel des gesamten Grundkapitals erreichen. [3]Die Satzung kann an Stelle dieser Mehrheiten größere Kapitalmehrheiten und weitere Erfordernisse bestimmen.

(6) [1]Nach Zustimmung der Hauptversammlung hat der Vorstand den Vertrag zur Eintragung in das Handelsregister anzumelden. [2]Der Anmeldung ist der Vertrag mit dem Nachgründungsbericht und dem Bericht der Gründungsprüfer mit den urkundlichen Unterlagen beizufügen. [3]Wird nach Absatz 4 Satz 3 von einer externen Gründungsprüfung abgesehen, gilt § 37a entsprechend.

(7) [1]Bestehen gegen die Eintragung Bedenken, weil die Gründungsprüfer erklären oder weil es offensichtlich ist, daß der Nachgründungsbericht unrichtig oder unvollständig ist oder den gesetzlichen Vorschriften nicht entspricht oder daß die für die zu erwerbenden Vermögensgegenstände gewährte Vergütung unangemessen hoch ist, so kann das Gericht die Eintragung ablehnen. [2]Enthält die Anmeldung die Erklärung nach § 37a Abs. 1 Satz 1, gilt § 38 Abs. 3 entsprechend.

(8) Einzutragen sind der Tag des Vertragsschlusses und der Zustimmung der Hauptversammlung sowie der oder die Vertragspartner der Gesellschaft.

(9) Vorstehende Vorschriften gelten nicht, wenn der Erwerb der Vermögensgegenstände im Rahmen der laufenden Geschäfte der Gesellschaft, in der Zwangsvollstreckung oder an der Börse erfolgt.

...

Wirtschafts-
recht

§ 54 Hauptverpflichtung der Aktionäre

(1) Die Verpflichtung der Aktionäre zur Leistung der Einlagen wird durch den Ausgabebetrag der Aktien begrenzt.

(2) Soweit nicht in der Satzung Sacheinlagen festgesetzt sind, haben die Aktionäre den Ausgabebetrag der Aktien einzuzahlen.

(3) [1]Der vor der Anmeldung der Gesellschaft eingeforderte Betrag kann nur in gesetzlichen Zahlungsmitteln oder durch Gutschrift auf ein Konto bei einem Kreditinstitut oder einem nach § 53 Abs. 1 Satz 1 oder § 53 b Abs. 1 Satz 1 oder Abs. 7 des Gesetzes über das Kreditwesen tätigen Unternehmen der Gesellschaft oder des Vorstands zu seiner freien Verfügung eingezahlt werden. [2]Forderungen des Vorstands aus diesen Einzahlungen gelten als Forderungen der Gesellschaft.

(4) ...

...

§ 60 Gewinnverteilung

(1) Die Anteile der Aktionäre am Gewinn bestimmen sich nach ihren Anteilen am Grundkapital.

...

(3) Die Satzung kann eine andere Art der Gewinnverteilung bestimmen.

...

§ 67 Eintragung im Aktienregister

(1) [1]Namensaktien sind unabhängig von einer Verbriefung unter Angabe des Namens, Geburtsdatums und einer Postanschrift sowie einer elektronischen Adresse des Aktionärs sowie der Stückzahl oder der Aktiennummer und bei Nennbetragsaktien des Betrags in das Aktienregister der Gesellschaft einzutragen. [2]Der Aktionär ist verpflichtet, der Gesellschaft die Angaben nach Satz 1 mitzuteilen. [3]Die Satzung kann Näheres dazu bestimmen, unter welchen Voraussetzungen Eintragungen im eigenen Namen für Aktien, die einem anderen gehören, zulässig sind. [4]Aktien, die zu einem inländischen, EU- oder ausländischen Investmentvermögen nach dem Kapitalanlagegesetzbuch gehören, dessen Anteile oder Aktien nicht ausschließlich von professionellen und semiprofessionellen Anlegern gehalten werden, gelten als Aktien des inländischen, EU- oder ausländischen Investmentvermögens, auch wenn sie im Miteigentum der Anleger stehen; verfügt das Investmentvermögen über keine eigene Rechtspersönlichkeit, gelten sie als Aktien der Verwaltungsgesellschaft des Investmentvermögens.

(2) [1]Im Verhältnis zur Gesellschaft bestehen Rechte und Pflichten aus Aktien nur für und gegen den im Aktienregister Eingetragenen. [2]Jedoch bestehen Stimmrechte aus Eintragungen nicht, die eine nach Absatz 1 Satz 3 bestimmte satzungsmäßige Höchstgrenze überschreiten oder hinsichtlich derer eine satzungsmäßige Pflicht zur Offenlegung, dass die Aktien einem anderen gehören, nicht erfüllt wird. [3]Ferner bestehen Stimmrechte aus Aktien nicht, solange ein Auskunftsverlangen gemäß Absatz 4 Satz 2 nach Fristablauf und Androhung des Stimmrechtsverlustes nicht erfüllt ist.

(3) [1]Löschung und Neueintragung im Aktienregister erfolgen auf Mitteilung und Nachweis. [2]Die Gesellschaft kann eine Eintragung auch auf Mitteilung nach § 67d Absatz 4 vornehmen.

(4) [1]Die bei Übertragung oder Verwahrung von Namensaktien mitwirkenden Intermediäre sind verpflichtet, der Gesellschaft die für die Führung des Aktienregisters erforderlichen Angaben gegen Erstattung der notwendigen Kosten zu übermitteln. [2]Der Eingetragene hat der Gesellschaft auf ihr Verlangen unverzüglich mitzuteilen, inwieweit ihm die Aktien, für die er im Aktienregister eingetragen ist, auch gehören; soweit dies nicht der Fall ist, hat er die in Absatz 1 Satz 1 genannten Angaben zu demjenigen zu übermitteln, für den er die Aktien hält. [3]Dies gilt entsprechend für denjenigen, dessen Daten nach Satz 2 oder diesem Satz übermittelt werden. [4]Absatz 1 Satz 4 gilt entsprechend; für die Kostentragung gilt Satz 1. [5]Wird der Inhaber von Namensaktien nicht in das Aktienregister eingetragen, so ist der depotführende Intermediär auf Verlangen der Gesellschaft verpflichtet, sich gegen Erstattung der notwendigen Kosten durch die Gesellschaft an dessen Stelle gesondert in das Aktienregister eintragen zu lassen. [6]Wird ein Intermediär im Rahmen eines Übertragungsvorgangs von Namensaktien nur vorübergehend gesondert in das Aktienregister eingetragen, so löst diese Eintragung keine Pflichten infolge des Absatzes 2 aus und führt nicht zur Anwendung von satzungsmäßigen Beschränkungen nach Absatz 1 Satz 3. [7]§ 67d bleibt unberührt.

(5) [1]Ist jemand nach Ansicht der Gesellschaft zu Unrecht als Aktionär in das Aktienregister eingetragen worden, so kann die Gesellschaft die Eintragung nur löschen, wenn sie vorher die Beteiligten von der beabsichtigten Löschung benachrichtigt und

ihnen eine angemessene Frist zur Geltendmachung eines Widerspruchs gesetzt hat. [2]Widerspricht ein Beteiligter innerhalb der Frist, so hat die Löschung zu unterbleiben.

(6) [1]Der Aktionär kann von der Gesellschaft Auskunft über die zu seiner Person in das Aktienregister eingetragenen Daten verlangen. [2]Bei nichtbörsennotierten Gesellschaften kann die Satzung Weiteres bestimmen. [3]Die Gesellschaft darf die Registerdaten sowie die nach Absatz 4 Satz 2 und 3 mitgeteilten Daten für ihre Aufgaben im Verhältnis zu den Aktionären verwenden. [4]Zur Werbung für das Unternehmen darf sie die Daten nur verwenden, soweit der Aktionär nicht widerspricht. [5]Die Aktionäre sind in angemessener Weise über ihr Widerspruchsrecht zu informieren.

(7) Diese Vorschriften gelten sinngemäß für Zwischenscheine.

§ 68 Übertragung von Namensaktien. Vinkulierung

(1) [1]Namensaktien können auch durch Indossament übertragen werden. [2]Für die Form des Indossaments, den Rechtsausweis des Inhabers und seine Verpflichtung zur Herausgabe gelten sinngemäß Artikel 12, 13 und 16 des Wechselgesetzes.

(2) [1]Die Satzung kann die Übertragung an die Zustimmung der Gesellschaft binden. [2]Die Zustimmung erteilt der Vorstand. [3]Die Satzung kann jedoch bestimmen, daß der Aufsichtsrat oder die Hauptversammlung über die Erteilung der Zustimmung beschließt. [4]Die Satzung kann die Gründe bestimmen, aus denen die Zustimmung verweigert werden darf.

Wirtschaftsrecht

...

§ 76 Leitung der Aktiengesellschaft

(1) Der Vorstand hat unter eigener Verantwortung die Gesellschaft zu leiten.

(2) [1]Der Vorstand kann aus einer oder mehreren Personen bestehen. [2]Bei Gesellschaften mit einem Grundkapital von mehr als drei Millionen Euro hat er aus mindestens zwei Personen zu bestehen, es sei denn, die Satzung bestimmt, daß er aus einer Person besteht. [3]Die Vorschriften über die Bestellung eines Arbeitsdirektors bleiben unberührt.

(3) [1]Mitglied des Vorstands kann nur eine natürliche, unbeschränkt geschäftsfähige Person sein. [2]Mitglied des Vorstands kann nicht sein, wer

1. als Betreuter bei der Besorgung seiner Vermögensangelegenheiten ganz oder teilweise einem Einwilligungsvorbehalt (§ 1825 des Bürgerlichen Gesetzbuchs) unterliegt,
2. aufgrund eines gerichtlichen Urteils oder einer vollziehbaren Entscheidung einer Verwaltungsbehörde einen Beruf, einen Berufszweig, ein Gewerbe oder einen Gewerbezweig nicht ausüben darf, sofern der Unternehmensgegenstand ganz oder teilweise mit dem Gegenstand des Verbots übereinstimmt,

3. wegen einer oder mehrerer vorsätzlich begangener Straftaten
   a) des Unterlassens der Stellung des Antrags auf Eröffnung des Insolvenzverfahrens (Insolvenzverschleppung),
   b) nach den §§ 283 bis 283d des Strafgesetzbuchs (Insolvenzstraftaten),
   c) der falschen Angaben nach § 399 dieses Gesetzes oder § 82 des Gesetzes betreffend die Gesellschaften mit beschränkter Haftung,
   d) der unrichtigen Darstellung nach § 400 dieses Gesetzes, § 331 des Handelsgesetzbuchs, § 313 des Umwandlungsgesetzes oder § 17 des Publizitätsgesetzes,
   e) nach den §§ 263 bis 264a oder den §§ 265b bis 266a des Strafgesetzbuchs zu einer Freiheitsstrafe von mindestens einem Jahr

   verurteilt worden ist; dieser Ausschluss gilt für die Dauer von fünf Jahren seit der Rechtskraft des Urteils, wobei die Zeit nicht eingerechnet wird, in welcher der Täter auf behördliche Anordnung in einer Anstalt verwahrt worden ist.

[3]Satz 2 Nr. 3 gilt entsprechend bei einer Verurteilung im Ausland wegen einer Tat, die mit den in Satz 2 Nr. 3 genannten Taten vergleichbar ist.

(4) [1]Der Vorstand von Gesellschaften, die börsennotiert sind oder der Mitbestimmung unterliegen, legt für den Frauenanteil in den beiden Führungsebenen unterhalb des Vorstands Zielgrößen fest. [2]Liegt der Frauenanteil bei Festlegung der Zielgrößen unter 30 Prozent, so dürfen die Zielgrößen den jeweils erreichten Anteil nicht mehr unterschreiten. [3]Gleichzeitig sind Fristen zur Erreichung der Zielgrößen festzulegen. [4]Die Fristen dürfen jeweils nicht länger als fünf Jahre sein.

§ 77 Geschäftsführung

(1) [1]Besteht der Vorstand aus mehreren Personen, so sind sämtliche Vorstandsmitglieder nur gemeinschaftlich zur Geschäftsführung befugt. [2]Die Satzung oder die Geschäftsordnung des Vorstands kann Abweichendes bestimmen; es kann jedoch nicht bestimmt werden, daß ein oder mehrere Vorstandsmitglieder Meinungsverschiedenheiten im Vorstand gegen die Mehrheit seiner Mitglieder entscheiden.

...

§ 78 Vertretung

(1) [1]Der Vorstand vertritt die Gesellschaft gerichtlich und außergerichtlich. [2]Hat eine Gesellschaft keinen Vorstand (Führungslosigkeit), wird die Gesellschaft für den Fall, dass ihr gegenüber Willenserklärungen abgegeben oder Schriftstücke zugestellt werden, durch den Aufsichtsrat vertreten.

(2) [1]Besteht der Vorstand aus mehreren Personen, so sind, wenn die Satzung nichts anderes bestimmt, sämtliche Vorstandsmitglieder nur gemeinschaftlich zur Vertretung der Gesellschaft befugt. [2]Ist eine Willenserklärung gegenüber der Gesellschaft abzugeben, so genügt die Abgabe gegenüber einem Vorstandsmitglied oder im Fall des Absatzes 1 Satz 2 gegenüber einem Aufsichtsratsmitglied. [3]An die Vertreter der Gesellschaft nach Absatz 1 können unter der im Handelsregister eingetragenen

Geschäftsanschrift Willenserklärungen gegenüber der Gesellschaft abgegeben und Schriftstücke für die Gesellschaft zugestellt werden. [4]Unabhängig hiervon können die Abgabe und die Zustellung auch unter der eingetragenen Anschrift der empfangsberechtigten Person nach § 39 Abs. 1 Satz 2 erfolgen.

(3) [1]Die Satzung kann auch bestimmen, daß einzelne Vorstandsmitglieder allein oder in Gemeinschaft mit einem Prokuristen zur Vertretung der Gesellschaft befugt sind. [2]Dasselbe kann der Aufsichtsrat bestimmen, wenn die Satzung ihn hierzu ermächtigt hat. [3]Absatz 2 Satz 2 gilt in diesen Fällen sinngemäß.

(4) [1]Zur Gesamtvertretung befugte Vorstandsmitglieder können einzelne von ihnen zur Vornahme bestimmter Geschäfte oder bestimmter Arten von Geschäften ermächtigen. [2]Dies gilt sinngemäß, wenn ein einzelnes Vorstandsmitglied in Gemeinschaft mit einem Prokuristen zur Vertretung der Gesellschaft befugt ist.

...

§ 81 Änderung des Vorstands und der Vertretungsbefugnis seiner Mitglieder

(1) Jede Änderung des Vorstands oder der Vertretungsbefugnis eines Vorstandsmitglieds hat der Vorstand zur Eintragung in das Handelsregister anzumelden.

(2) Der Anmeldung sind die Urkunden über die Änderung in Urschrift oder öffentlich beglaubigter Abschrift beizufügen.

(3) [1]Die neuen Vorstandsmitglieder haben in der Anmeldung zu versichern, daß keine Umstände vorliegen, die ihre Bestellung nach § 76 Abs. 3 Satz 2 Nr. 2 und 3 sowie Satz 3 entgegenstehen, und daß sie über ihre unbeschränkte Auskunftspflicht gegenüber dem Gericht belehrt worden sind. [2]§ 37 Abs. 2 Satz 2 ist anzuwenden.

(4) Die neuen Vorstandsmitglieder haben ihre Namensunterschrift zur Aufbewahrung beim Gericht zu zeichnen.

§ 82 Beschränkungen der Vertretungs- und Geschäftsführungsbefugnis

(1) Die Vertretungsbefugnis des Vorstands kann nicht beschränkt werden.

(2) Im Verhältnis der Vorstandsmitglieder zur Gesellschaft sind diese verpflichtet, die Beschränkungen einzuhalten, die im Rahmen der Vorschriften über die Aktiengesellschaft die Satzung, der Aufsichtsrat, die Hauptversammlung und die Geschäftsordnungen des Vorstands und des Aufsichtsrats für die Geschäftsführungsbefugnis getroffen haben.

§ 83 Vorbereitung und Ausführung von Hauptversammlungsbeschlüssen

(1) [1]Der Vorstand ist auf Verlangen der Hauptversammlung verpflichtet, Maßnahmen, die in die Zuständigkeit der Hauptversammlung fallen, vorzubereiten. [2]Das gleiche gilt für die Vorbereitung und den Abschluß von Verträgen, die nur mit Zustimmung der Hauptversammlung wirksam werden. [3]Der Beschluß der Hauptversammlung

Wirtschaftsrecht

bedarf der Mehrheiten, die für die Maßnahmen oder für die Zustimmung zu dem Vertrag erforderlich sind.

(2) Der Vorstand ist verpflichtet, die von der Hauptversammlung im Rahmen ihrer Zuständigkeit beschlossenen Maßnahmen auszuführen.

§ 84 Bestellung und Abberufung des Vorstands

(1) [1]Vorstandsmitglieder bestellt der Aufsichtsrat auf höchstens fünf Jahre. Eine wiederholte Bestellung oder Verlängerung der Amtszeit, jeweils für höchstens fünf Jahre, ist zulässig. [2]Sie bedarf eines erneuten Aufsichtsratsbeschlusses, der frühestens ein Jahr vor Ablauf der bisherigen Amtszeit gefaßt werden kann. [3]Nur bei einer Bestellung auf weniger als fünf Jahre kann eine Verlängerung der Amtszeit ohne neuen Aufsichtsratsbeschluß vorgesehen werden, sofern dadurch die gesamte Amtszeit nicht mehr als fünf Jahre beträgt. [4]Dies gilt sinngemäß für den Anstellungsvertrag; er kann jedoch vorsehen, daß er für den Fall einer Verlängerung der Amtszeit bis zu deren Ablauf weitergilt.

(2) Werden mehrere Personen zu Vorstandsmitgliedern bestellt, so kann der Aufsichtsrat ein Mitglied zum Vorsitzenden des Vorstands ernennen.

(3) [1]Der Aufsichtsrat kann die Bestellung zum Vorstandsmitglied und die Ernennung zum Vorsitzenden des Vorstands widerrufen, wenn ein wichtiger Grund vorliegt. [2]Ein solcher Grund ist namentlich grobe Pflichtverletzung, Unfähigkeit zur ordnungsmäßigen Geschäftsführung oder Vertrauensentzug durch die Hauptversammlung, es sei denn, daß das Vertrauen aus offenbar unsachlichen Gründen entzogen worden ist. [3]Dies gilt auch für den vom ersten Aufsichtsrat bestellten Vorstand. Der Widerruf ist wirksam, bis seine Unwirksamkeit rechtskräftig festgestellt ist. [4]Für die Ansprüche aus dem Anstellungsvertrag gelten die allgemeinen Vorschriften.

(4) Die Vorschriften des Gesetzes über die Mitbestimmung der Arbeitnehmer in den Aufsichtsräten und Vorständen der Unternehmen des Bergbaus und der Eisen und Stahl erzeugenden Industrie in der im Bundesgesetzblatt Teil III, Gliederungsnummer 801–2, veröffentlichten bereinigten Fassung – Montan-Mitbestimmungsgesetz – über die besonderen Mehrheitserfordernisse für einen Aufsichtsratsbeschluß über die Bestellung eines Arbeitsdirektors oder den Widerruf seiner Bestellung bleiben unberührt.

...

§ 95 Zahl der Aufsichtsratsmitglieder

[1]Der Aufsichtsrat besteht aus drei Mitgliedern. [2]Die Satzung kann eine bestimmte höhere Zahl festsetzen. [3]Die Zahl muss durch drei teilbar sein, wenn dies zur Erfüllung mitbestimmungsrechtlicher Vorgaben erforderlich ist. [4]Die Höchstzahl der Aufsichtsratsmitglieder beträgt bei Gesellschaften mit einem Grundkapital bis zu 1500000 Euro neun, von mehr als 1500000 Euro fünfzehn, von mehr als 10000000 Euro einundzwanzig. [5]Durch die vorstehenden Vorschriften werden hiervon abweichende Vorschriften des Mitbestimmungsgesetzes vom 4. Mai 1976 (BGBl. I S. 1153), des Montan-Mitbestimmungsgesetzes und des Gesetzes zur Ergänzung des Gesetzes über die Mitbestimmung der Arbeitnehmer in den Aufsichtsräten und Vorständen der

Unternehmen des Bergbaus und der Eisen und Stahl erzeugenden Industrie in der im Bundesgesetzblatt Teil III, Gliederungsnummer 801-3, veröffentlichten bereinigten Fassung – Mitbestimmungsergänzungsgesetz – nicht berührt.

§ 96 Zusammensetzung des Aufsichtsrats

(1) Der Aufsichtsrat setzt sich zusammen

bei Gesellschaften, für die das Mitbestimmungsgesetz gilt, aus Aufsichtsratsmitgliedern der Aktionäre und der Arbeitnehmer,

bei Gesellschaften, für die das Montan-Mitbestimmungsgesetz gilt, aus Aufsichtsratsmitgliedern der Aktionäre und der Arbeitnehmer und aus weiteren Mitgliedern,

bei Gesellschaften, für die die §§ 5 bis 13 des Mitbestimmungsergänzungsgesetzes gelten, aus Aufsichtsratsmitgliedern der Aktionäre und der Arbeitnehmer und aus einem weiteren Mitglied,

bei Gesellschaften, für die das Drittelbeteiligungsgesetz gilt, aus Aufsichtsratsmitgliedern der Aktionäre und der Arbeitnehmer,

bei Gesellschaften für die das Gesetz über die Mitbestimmung der Arbeitnehmer bei einer grenzüberschreitenden Verschmelzung vom 21. Dezember 2006 (BGBl. I S. 3332) gilt, aus Aufsichtsratsmitgliedern der Aktionäre und der Arbeitnehmer,

bei den übrigen Gesellschaften nur aus Aufsichtsratsmitgliedern der Aktionäre.

(2) [1]Bei börsennotierten Gesellschaften, für die das Mitbestimmungsgesetz, das Montan-Mitbestimmungsgesetz oder das Mitbestimmungsergänzungsgesetz gilt, setzt sich der Aufsichtsrat zu mindestens 30 Prozent aus Frauen und zu mindestens 30 Prozent aus Männern zusammen. [2]Der Mindestanteil ist vom Aufsichtsrat insgesamt zu erfüllen. [3]Widerspricht die Seite der Anteilseigner- oder Arbeitnehmervertreter auf Grund eines mit Mehrheit gefassten Beschlusses vor der Wahl der Gesamterfüllung gegenüber dem Aufsichtsratsvorsitzenden, so ist der Mindestanteil für diese Wahl von der Seite der Anteilseigner und der Seite der Arbeitnehmer getrennt zu erfüllen. [4]Es ist in allen Fällen auf volle Personenzahlen mathematisch auf- beziehungsweise abzurunden. [5]Verringert sich bei Gesamterfüllung der höhere Frauenanteil einer Seite nachträglich und widerspricht sie nun der Gesamterfüllung, so wird dadurch die Besetzung auf der anderen Seite nicht unwirksam. [6]Eine Wahl der Mitglieder des Aufsichtsrats durch die Hauptversammlung und eine Entsendung in den Aufsichtsrat unter Verstoß gegen das Mindestanteilsgebot ist nichtig. [7]Ist eine Wahl aus anderen Gründen für nichtig erklärt, so verstoßen zwischenzeitlich erfolgte Wahlen insoweit nicht gegen das Mindestanteilsgebot. [8]Auf die Wahl der Aufsichtsratsmitglieder der Arbeitnehmer sind die in Satz 1 genannten Gesetze zur Mitbestimmung anzuwenden.

(3) [1]Bei börsennotierten Gesellschaften, die aus einer grenzüberschreitenden Verschmelzung hervorgegangen sind und bei denen nach dem Gesetz über die Mitbestimmung der Arbeitnehmer bei einer grenzüberschreitenden Verschmelzung das Aufsichts- oder Verwaltungsorgan aus derselben Zahl von Anteilseigner- und Arbeitnehmervertretern besteht, müssen in dem Aufsichts- oder Verwaltungsorgan Frauen

und Männer jeweils mit einem Anteil von mindestens 30 Prozent vertreten sein. [2]Absatz 2 Satz 2, 4, 6 und 7 gilt entsprechend.

...

§ 101 Bestellung der Aufsichtsratsmitglieder

(1) [1]Die Mitglieder des Aufsichtsrats werden von der Hauptversammlung gewählt, soweit sie nicht in den Aufsichtsrat zu entsenden oder als Aufsichtsratsmitglieder der Arbeitnehmer nach dem Mitbestimmungsgesetz, dem Mitbestimmungsergänzungsgesetz, dem Drittelbeteiligungsgesetz oder dem Gesetz über die Mitbestimmung der Arbeitnehmer bei einer grenzüberschreitenden Verschmelzung zu wählen sind. [2]An Wahlvorschläge ist die Hauptversammlung nur gemäß §§ 6 und 8 des Montan-Mitbestimmungsgesetzes gebunden.

...

§ 105 Unvereinbarkeit der Zugehörigkeit zum Vorstand und zum Aufsichtsrat

(1) Ein Aufsichtsratsmitglied kann nicht zugleich Vorstandsmitglied, dauernd Stellvertreter von Vorstandsmitgliedern, Prokurist oder zum gesamten Geschäftsbetrieb ermächtigter Handlungsbevollmächtigter der Gesellschaft sein.

...

§ 106 Bekanntmachung der Änderungen im Aufsichtsrat

Der Vorstand hat bei jeder Änderung in den Personen der Aufsichtsratsmitglieder unverzüglich eine Liste der Mitglieder des Aufsichtsrats, aus welcher Name, Vorname, ausgeübter Beruf und Wohnort der Mitglieder ersichtlich ist, zum Handelsregister einzureichen; das Gericht hat nach § 10 des Handelsgesetzbuchs einen Hinweis darauf bekannt zu machen, dass die Liste zum Handelsregister eingereicht worden ist.

§ 107 Innere Ordnung des Aufsichtsrats

(1) [1]Der Aufsichtsrat hat nach näherer Bestimmung der Satzung aus seiner Mitte einen Vorsitzenden und mindestens einen Stellvertreter zu wählen. [2]Der Vorstand hat zum Handelsregister anzumelden, wer gewählt ist. [3]Der Stellvertreter hat nur dann die Rechte und Pflichten des Vorsitzenden, wenn dieser verhindert ist.

...

§ 111 Aufgaben und Rechte des Aufsichtsrats

(1) Der Aufsichtsrat hat die Geschäftsführung zu überwachen.

(2) [1]Der Aufsichtsrat kann die Bücher und Schriften der Gesellschaft sowie die Vermögensgegenstände, namentlich die Gesellschaftskasse und die Bestände an Wertpapieren und Waren, einsehen und prüfen. [2]Er kann damit auch einzelne Mitglieder

oder für bestimmte Aufgaben besondere Sachverständige beauftragen. [3]Er erteilt dem Abschlußprüfer den Prüfungsauftrag für den Jahres- und den Konzernabschluß gemäß § 290 des Handelsgesetzbuchs. [4]Er kann darüber hinaus eine externe inhaltliche Überprüfung der nicht finanziellen Erklärung oder des gesonderten nicht finanziellen Berichts (§ 289b des Handelsgesetzbuchs), der nicht finanziellen Konzernerklärung oder des gesonderten nichtfinanziellen Konzernberichts (§ 315b des Handelsgesetzbuchs) beauftragen.

(3) Der Aufsichtsrat hat eine Hauptversammlung einzuberufen, wenn das Wohl der Gesellschaft es fordert. Für den Beschluß genügt die einfache Mehrheit.

(4) [1]Maßnahmen der Geschäftsführung können dem Aufsichtsrat nicht übertragen werden. [2]Die Satzung oder der Aufsichtsrat hat jedoch zu bestimmen, daß bestimmte Arten von Geschäften nur mit seiner Zustimmung vorgenommen werden dürfen. [3]Verweigert der Aufsichtsrat seine Zustimmung, so kann der Vorstand verlangen, daß die Hauptversammlung über die Zustimmung beschließt. [4]Der Beschluß, durch den die Hauptversammlung zustimmt, bedarf einer Mehrheit, die mindestens drei Viertel der abgegebenen Stimmen umfaßt. [5]Die Satzung kann weder eine andere Mehrheit noch weitere Erfordernisse bestimmen.

(5) [1]Der Aufsichtsrat von Gesellschaften, die börsennotiert sind oder der Mitbestimmung unterliegen, legt für den Frauenanteil im Aufsichtsrat und im Vorstand Zielgrößen fest. [2]Liegt der Frauenanteil bei Festlegung der Zielgrößen unter 30 Prozent, so dürfen die Zielgrößen den jeweils erreichten Anteil nicht mehr unterschreiten. [3]Gleichzeitig sind Fristen zur Erreichung der Zielgrößen festzulegen. [4]Die Fristen dürfen jeweils nicht länger als fünf Jahre sein. [5]Soweit für den Aufsichtsrat bereits eine Quote nach § 96 Absatz 2 gilt, sind die Festlegungen nur für den Vorstand vorzunehmen.

(6) Die Aufsichtsratsmitglieder können ihre Aufgaben nicht durch andere wahrnehmen lassen.

§ 111a Geschäfte mit nahestehenden Personen

(vom Abdruck wurde abgesehen)

§ 112 Vertretung der Gesellschaft gegenüber Vorstandsmitgliedern

[1]Vorstandsmitgliedern gegenüber vertritt der Aufsichtsrat die Gesellschaft gerichtlich und außergerichtlich. [2]§ 78 Abs. 2 Satz 2 gilt entsprechend.

...

§ 118 Allgemeines

(1) [1]Die Aktionäre üben ihre Rechte in den Angelegenheiten der Gesellschaft in der Hauptversammlung aus, soweit das Gesetz nichts anderes bestimmt. [2]Die Satzung kann vorsehen oder den Vorstand dazu ermächtigen vorzusehen, dass die Aktionäre an der Hauptversammlung auch ohne Anwesenheit an deren Ort und ohne einen Bevollmächtigten teilnehmen und sämtliche oder einzelne ihrer Rechte ganz oder teilweise im Wege elektronischer Kommunikation ausüben können.

(2) Die Satzung kann vorsehen oder den Vorstand dazu ermächtigen vorzusehen, dass Aktionäre ihre Stimmen, auch ohne an der Versammlung teilzunehmen, schriftlich oder im Wege elektronischer Kommunikation abgeben dürfen (Briefwahl).

...

§ 119 Rechte der Hauptversammlung

(1) Die Hauptversammlung beschließt in den im Gesetz und in der Satzung ausdrücklich bestimmten Fällen, namentlich über

1. die Bestellung der Mitglieder des Aufsichtsrats, soweit sie nicht in den Aufsichtsrat zu entsenden oder als Aufsichtsratsmitglieder der Arbeitnehmer nach dem Mitbestimmungsgesetz, dem Mitbestimmungsergänzungsgesetz oder dem Drittelbeteiligungsgesetz zu wählen sind;
2. die Verwendung des Bilanzgewinns;
3. die Entlastung der Mitglieder des Vorstands und des Aufsichtsrats;
4. die Bestellung des Abschlußprüfers;
5. Satzungsänderungen;
6. Maßnahmen der Kapitalbeschaffung und der Kapitalherabsetzung;
7. die Bestellung von Prüfern zur Prüfung von Vorgängen bei der Gründung oder der Geschäftsführung;
8. die Auflösung der Gesellschaft.

(2) Über Fragen der Geschäftsführung kann die Hauptversammlung nur entscheiden, wenn der Vorstand es verlangt.

...

§ 130 Niederschrift

(1) [1]Jeder Beschluß der Hauptversammlung ist durch eine über die Verhandlung notariell aufgenommene Niederschrift zu beurkunden. Gleiches gilt für jedes Verlangen einer Minderheit nach § 120 Abs. 1 Satz 2, § 137. [2]Bei nichtbörsennotierten Gesellschaften reicht eine vom Vorsitzenden des Aufsichtsrats zu unterzeichnende Niederschrift aus, soweit keine Beschlüsse gefaßt werden, für die das Gesetz eine Dreiviertel- oder größere Mehrheit bestimmt.

(2) [1]In der Niederschrift sind der Ort und der Tag der Verhandlung, der Name des Notars sowie die Art und das Ergebnis der Abstimmung und die Feststellung des Vorsitzenden über die Beschlußfassung anzugeben. [2]Bei börsennotierten Gesellschaften umfasst die Feststellung über die Beschlussfassung für jeden Beschluss auch

1. die Zahl der Aktien, für die gültige Stimmen abgegeben wurden,
2. den Anteil des durch die gültigen Stimmen vertretenen Grundkapitals am eingetragenen Grundkapital,

3. die Zahl der für einen Beschluss abgegebenen Stimmen, Gegenstimmen und gegebenenfalls die Zahl der Enthaltungen.

[3]Abweichend von Satz 2 kann der Versammlungsleiter die Feststellung über die Beschlussfassung für jeden Beschluss darauf beschränken, dass die erforderliche Mehrheit erreicht wurde, falls kein Aktionär eine umfassende Feststellung gemäß Satz 2 verlangt.

(3) Die Belege über die Einberufung der Versammlung sind der Niederschrift als Anlage beizufügen, wenn sie nicht unter Angabe ihres Inhalts in der Niederschrift aufgeführt sind.

(4) [1]Die Niederschrift ist von dem Notar zu unterschreiben. [2]Die Zuziehung von Zeugen ist nicht nötig.

(5) Unverzüglich nach der Versammlung hat der Vorstand eine öffentlich beglaubigte, im Falle des Absatzes 1 Satz 3 eine vom Vorsitzenden des Aufsichtsrats unterzeichnete Abschrift der Niederschrift und ihrer Anlagen zum Handelsregister einzureichen.

(6) Börsennotierte Gesellschaften müssen innerhalb von sieben Tagen nach der Versammlung die festgestellten Abstimmungsergebnisse einschließlich der Angaben nach Absatz 2 Satz 2 auf ihrer Internetseite veröffentlichen.

...

§ 140 Rechte der Vorzugsaktionäre

(1) Die Vorzugsaktien ohne Stimmrecht gewähren mit Ausnahme des Stimmrechts die jedem Aktionär aus der Aktie zustehenden Rechte.

(2) [1]Ist der Vorzug nachzuzahlen und wird der Vorzugsbetrag in einem Jahr nicht oder nicht vollständig gezahlt und im nächsten Jahr nicht neben dem vollen Vorzug für dieses Jahr nachgezahlt, so haben die Aktionäre das Stimmrecht, bis die Rückstände gezahlt sind. [2]Ist der Vorzug nicht nachzuzahlen und wird der Vorzugsbetrag in einem Jahr nicht oder nicht vollständig gezahlt, so haben die Vorzugsaktionäre das Stimmrecht, bis der Vorzug in einem Jahr vollständig gezahlt ist. [3]Solange das Stimmrecht besteht, sind die Vorzugsaktien auch bei der Berechnung einer nach Gesetz oder Satzung erforderlichen Kapitalmehrheit zu berücksichtigen.

...

§ 179 Beschluß der Hauptversammlung

(1) [1]Jede Satzungsänderung bedarf eines Beschlusses der Hauptversammlung. [2]Die Befugnis zu Änderungen, die nur die Fassung betreffen, kann die Hauptversammlung dem Aufsichtsrat übertragen.

(2) [1]Der Beschluß der Hauptversammlung bedarf einer Mehrheit, die mindestens drei Viertel des bei der Beschlußfassung vertretenen Grundkapitals umfaßt. [2]Die Satzung kann eine andere Kapitalmehrheit, für eine Änderung des Gegenstands des Unternehmens jedoch nur eine größere Kapitalmehrheit bestimmen. [3]Sie kann weitere Erfordernisse aufstellen.

...

§ 179a Verpflichtung zur Übertragung des ganzen Gesellschaftsvermögens

(1) [1]Ein Vertrag, durch den sich eine Aktiengesellschaft zur Übertragung des ganzen Gesellschaftsvermögens verpflichtet, ohne dass die Übertragung unter die Vorschriften des Umwandlungsgesetzes fällt, bedarf auch dann eines Beschlusses der Hauptversammlung nach § 179, wenn damit nicht eine Änderung des Unternehmensgegenstandes verbunden ist. [2]Die Satzung kann nur eine größere Kapitalmehrheit bestimmen.

(2) [1]Der Vertrag ist von der Einberufung der Hauptversammlung an, die über die Zustimmung beschließen soll, in dem Geschäftsraum der Gesellschaft zur Einsicht der Aktionäre auszulegen. [2]Auf Verlangen ist jedem Aktionär unverzüglich eine Abschrift zu erteilen. [3]Die Verpflichtungen nach den Sätzen 1 und 2 entfallen, wenn der Vertrag für denselben Zeitraum über die Internetseite der Gesellschaft zugänglich ist. [4]In der Hauptversammlung ist der Vertrag zugänglich zu machen. [5]Der Vorstand hat ihn zu Beginn der Verhandlung zu erläutern. [6]Der Niederschrift ist er als Anlage beizufügen.

(3) Wird aus Anlass der Übertragung des Gesellschaftsvermögens die Gesellschaft aufgelöst, so ist der Anmeldung der Auflösung der Vertrag in Ausfertigung oder öffentlich beglaubigter Abschrift beizufügen.

§ 180 Zustimmung der betroffenen Aktionäre

(1) Ein Beschluss, der Aktionären Nebenverpflichtungen auferlegt, bedarf zu seiner Wirksamkeit der Zustimmung aller betroffenen Aktionäre.

(2) Gleiches gilt für einen Beschluss, durch den die Übertragung von Namensaktien oder Zwischenscheinen an die Zustimmung der Gesellschaft gebunden wird.

§ 181 Eintragung der Satzungsänderung

(1) [1]Der Vorstand hat die Satzungsänderung zur Eintragung in das Handelsregister anzumelden. [2]Der Anmeldung ist der vollständige Wortlaut der Satzung beizufügen; er muß mit der Bescheinigung eines Notars versehen sein, daß die geänderten Bestimmungen der Satzung mit dem Beschluß über die Satzungsänderung und die unveränderten Bestimmungen mit dem zuletzt zum Handelsregister eingereichten vollständigen Wortlaut der Satzung übereinstimmen.

(2) Soweit nicht die Änderung Angaben nach § 39 betrifft, genügt bei der Eintragung die Bezugnahme auf die beim Gericht eingereichten Urkunden.

(3) Die Änderung wird erst wirksam, wenn sie in das Handelsregister des Sitzes der Gesellschaft eingetragen worden ist.

...

§ 188 Anmeldung und Eintragung der Durchführung

(1) Der Vorstand und der Vorsitzende des Aufsichtsrats haben die Durchführung der Erhöhung des Grundkapitals zur Eintragung in das Handelsregister anzumelden.

(2) [1]Für die Anmeldung gelten sinngemäß § 36 Abs. 2, § 36 a und § 37 Abs. 1. [2]Durch Gutschrift auf ein Konto des Vorstands kann die Einzahlung nicht geleistet werden.

(3) Der Anmeldung sind beizufügen

1. die Zweitschriften der Zeichnungsscheine und ein vom Vorstand unterschriebenes Verzeichnis der Zeichner, das die auf jeden entfallenden Aktien und die auf sie geleisteten Einzahlungen angibt;
2. bei einer Kapitalerhöhung mit Sacheinlagen die Verträge, die den Festsetzungen nach § 183 zugrunde liegen oder zu ihrer Ausführung geschlossen worden sind;
3. eine Berechnung der Kosten, die für die Gesellschaft durch die Ausgabe der neuen Aktien entstehen werden.

(4) Anmeldung und Eintragung der Durchführung der Erhöhung des Grundkapitals können mit Anmeldung und Eintragung des Beschlusses über die Erhöhung verbunden werden.

(5) *(weggefallen)*

§ 189 Wirksamwerden der Kapitalerhöhung

Mit der Eintragung der Durchführung der Erhöhung des Grundkapitals ist das Grundkapital erhöht.

...

§ 192 Bedingte Kapitalerhöhung

(1) Die Hauptversammlung kann eine Erhöhung des Grundkapitals beschließen, die nur so weit durchgeführt werden soll, wie von einem Umtausch- oder Bezugsrecht Gebrauch gemacht wird, das die Gesellschaft hat oder auf die neuen Aktien (Bezugsaktien) einräumt (bedingte Kapitalerhöhung).

...

§ 202 Genehmigtes Kapital

(1) Die Satzung kann den Vorstand für höchstens fünf Jahre nach Eintragung der Gesellschaft ermächtigen, das Grundkapital bis zu einem bestimmten Nennbetrag (genehmigtes Kapital) durch Ausgabe neuer Aktien gegen Einlagen zu erhöhen.

...

§ 207 Kapitalerhöhung aus Gesellschaftsmitteln

(1) Die Hauptversammlung kann eine Erhöhung des Grundkapitals durch Umwandlung der Kapitalrücklage und von Gewinnrücklagen in Grundkapital beschließen.

...

§ 210 Anmeldung und Eintragung des Beschlusses

(1) [1]Der Anmeldung des Beschlusses zur Eintragung in das Handelsregister ist die der Kapitalerhöhung zugrunde gelegte Bilanz mit Bestätigungsvermerk, im Fall des § 209 Abs. 2 bis 6 außerdem die letzte Jahresbilanz, sofern sie noch nicht nach § 325 Abs. 1 HGB eingereicht ist, beizufügen. [2]Die Anmeldenden haben dem Gericht gegenüber zu erklären, daß nach ihrer Kenntnis seit dem Stichtag der zugrunde gelegten Bilanz bis zum Tag der Anmeldung keine Vermögensminderung eingetreten ist, die der Kapitalerhöhung entgegenstünde, wenn sie am Tag der Anmeldung beschlossen worden wäre.

(2) Das Gericht darf den Beschluß nur eintragen, wenn die der Kapitalerhöhung zugrunde gelegte Bilanz auf einen höchstens acht Monate vor der Anmeldung liegenden Stichtag aufgestellt und eine Erklärung nach Absatz 1 Satz 2 abgegeben worden ist.

(3) Das Gericht braucht nicht zu prüfen, ob die Bilanzen den gesetzlichen Vorschriften entsprechen.

(4) Bei der Eintragung des Beschlusses ist anzugeben, daß es sich um eine Kapitalerhöhung aus Gesellschaftsmitteln handelt.

(5) Die eingereichten Schriftstücke werden beim Gericht in Urschrift, Ausfertigung oder öffentlich beglaubigter Abschrift aufbewahrt.

...

§ 221 Wandelschuldverschreibungen. Gewinnschuldverschreibungen

(1) [1]Schuldverschreibungen, bei denen den Gläubigern oder der Gesellschaft ein Umtausch- oder Bezugsrecht auf Aktien eingeräumt wird (Wandelschuldverschreibungen), und Schuldverschreibungen, bei denen die Rechte der Gläubiger mit Gewinnanteilen von Aktionären in Verbindung gebracht werden (Gewinnschuldverschreibungen), dürfen nur auf Grund eines Beschlusses der Hauptversammlung ausgegeben werden. [2]Der Beschluß bedarf einer Mehrheit, die mindestens drei Viertel des bei der Beschlußfassung vertretenen Grundkapitals umfaßt. [3]Die Satzung kann eine andere Kapitalmehrheit und weitere Erfordernisse bestimmen. [4]§ 182 Abs. 2 gilt ...

...

§ 222 Kapitalherabsetzung

(1) [1]Eine Herabsetzung des Grundkapitals kann nur mit einer Mehrheit beschlossen werden, die mindestens drei Viertel des bei der Beschlußfassung vertretenen Grundkapitals umfaßt. [2]Die Satzung kann eine größere Kapitalmehrheit und weitere Erfordernisse bestimmen.

(2) [1]Sind mehrere Gattungen von stimmberechtigten Aktien vorhanden, so bedarf der Beschluß der Hauptversammlung zu seiner Wirksamkeit der Zustimmung der Aktionäre jeder Gattung. [2]Über die Zustimmung haben die Aktionäre jeder Gattung einen Sonderbeschluß zu fassen. [3]Für diesen gilt Absatz 1.

(3) In dem Beschluß ist festzusetzen, zu welchem Zweck die Herabsetzung stattfindet, namentlich ob Teile des Grundkapitals zurückgezahlt werden sollen.

(4) [1]Die Herabsetzung des Grundkapitals erfordert bei Gesellschaften mit Nennbetragsaktien die Herabsetzung des Nennbetrags der Aktien. [2]Soweit der auf die einzelne Aktie entfallende anteilige Betrag des herabgesetzten Grundkapitals den Mindestbetrag nach § 8 Abs. 2 Satz 1 oder Abs. 3 Satz 3 unterschreiten würde, erfolgt die Herabsetzung durch Zusammenlegung der Aktien. [4]Der Beschluß muß die Art der Herabsetzung angeben.

§ 223 Anmeldung des Beschlusses

Der Vorstand und der Vorsitzende des Aufsichtsrats haben den Beschluß über die Herabsetzung des Grundkapitals zur Eintragung in das Handelsregister anzumelden.

§ 224 Wirksamwerden der Kapitalherabsetzung

Mit der Eintragung des Beschlusses über die Herabsetzung des Grundkapitals ist das Grundkapital herabgesetzt.

...

§ 227 Anmeldung der Durchführung

(1) Der Vorstand hat die Durchführung der Herabsetzung des Grundkapitals zur Eintragung in das Handelsregister anzumelden.

(2) Anmeldung und Eintragung der Durchführung der Herabsetzung des Grundkapitals können mit Anmeldung und Eintragung des Beschlusses über die Herabsetzung verbunden werden.

§ 241 Nichtigkeitsgründe

Ein Beschluß der Hauptversammlung ist außer in den Fällen des § 192 Abs. 4, §§ 212, 217 Abs. 2, § 228 Abs. 2, § 234 Abs. 3 und § 235 Abs. 2 nur dann nichtig, wenn er

...

2. nicht nach § 130 Abs. 1 und 2 Satz 1 und Abs. 4 beurkundet ist,

...

§ 242 Heilung der Nichtigkeit

(1) Die Nichtigkeit eines Hauptversammlungsbeschlusses, der entgegen § 130 Abs. 1 und 2 Satz 1 und Abs. 4 nicht oder nicht gehörig beurkundet worden ist, kann nicht mehr geltend gemacht werden, wenn der Beschluß in das Handelsregister eingetragen worden ist.

...

§ 278 Wesen der Kommanditgesellschaft auf Aktien

(1) Die Kommanditgesellschaft auf Aktien ist eine Gesellschaft mit eigener Rechtspersönlichkeit, bei der mindestens ein Gesellschafter den Gesellschaftsgläubigern unbeschränkt haftet (persönlich haftender Gesellschafter) und die übrigen an dem in Aktien zerlegten Grundkapital beteiligt sind, ohne persönlich für die Verbindlichkeiten der Gesellschaft zu haften (Kommanditaktionäre).

(2) Das Rechtsverhältnis der persönlich haftenden Gesellschafter untereinander und gegenüber der Gesamtheit der Kommanditaktionäre sowie gegenüber Dritten, namentlich die Befugnis der persönlich haftenden Gesellschafter zur Geschäftsführung und zur Vertretung der Gesellschaft, bestimmt sich nach den Vorschriften des Handelsgesetzbuchs über die Kommanditgesellschaft.

(3) Im übrigen gelten für die Kommanditgesellschaft auf Aktien, soweit sich aus den folgenden Vorschriften oder aus dem Fehlen eines Vorstands nichts anderes ergibt, die Vorschriften des Ersten Buchs über die Aktiengesellschaft sinngemäß.

§ 279 Firma

(1) Die Firma der Kommanditgesellschaft auf Aktien muß, auch wenn sie nach § 22 des Handelsgesetzbuchs oder nach anderen gesetzlichen Vorschriften fortgeführt wird, die Bezeichnung „Kommanditgesellschaft auf Aktien“ oder eine allgemein verständliche Abkürzung dieser Bezeichnung enthalten.

(2) Wenn in der Gesellschaft keine natürliche Person persönlich haftet, muß die Firma, auch wenn sie nach § 22 des Handelsgesetzbuchs oder nach anderen gesetzlichen Vorschriften fortgeführt wird, eine Bezeichnung enthalten, welche die Haftungsbeschränkung kennzeichnet.

§ 280 Feststellung der Satzung. Gründer

(1) [1]Die Satzung muß durch notarielle Beurkundung festgestellt werden. [2]In der Urkunde sind bei Nennbetragsaktien der Nennbetrag, bei Stückaktien die Zahl, der Ausgabebetrag und, wenn mehrere Gattungen bestehen, die Gattung der Aktien anzugeben, die jeder Beteiligte übernimmt. [3]Bevollmächtigte bedürfen einer notariell beglaubigten Vollmacht.

(2) [1]Alle persönlich haftenden Gesellschafter müssen sich bei der Feststellung der Satzung beteiligen. [2]Außer ihnen müssen die Personen mitwirken, die als Kommanditaktionäre Aktien gegen Einlagen übernehmen.

(3) Die Gesellschafter, die die Satzung festgestellt haben, sind die Gründer der Gesellschaft.

§ 281 Inhalt der Satzung

(1) Die Satzung muß außer den Festsetzungen nach § 23 Abs. 3 und 4 den Namen, Vornamen und Wohnort jedes persönlich haftenden Gesellschafters enthalten.

(2) Vermögenseinlagen der persönlich haftenden Gesellschafter müssen, wenn sie nicht auf das Grundkapital geleistet werden, nach Höhe und Art in der Satzung festgesetzt werden.

(3) *(weggefallen)*

§ 282 Eintragung der persönlich haftenden Gesellschafter

[1]Bei der Eintragung der Gesellschaft in das Handelsregister sind statt der Vorstandsmitglieder die persönlich haftenden Gesellschafter anzugeben. [2]Ferner ist einzutragen, welche Vertretungsbefugnis die persönlich haftenden Gesellschafter haben.

...

§ 291 Beherrschungsvertrag. Gewinnabführungsvertrag

(1) [1]Unternehmensverträge sind Verträge, durch die eine Aktiengesellschaft oder Kommanditgesellschaft auf Aktien die Leitung ihrer Gesellschaft einem anderen Unternehmen unterstellt (Beherrschungsvertrag) oder sich verpflichtet, ihren ganzen Gewinn an ein anderes Unternehmen abzuführen (Gewinnabführungsvertrag). [2]Als Vertrag über die Abführung des ganzen Gewinns gilt auch ein Vertrag, durch den eine Aktiengesellschaft oder Kommanditgesellschaft auf Aktien es übernimmt, ihr Unternehmen für Rechnung eines anderen Unternehmens zu führen.

Wirtschafts-
recht

(2) Stellen sich Unternehmen, die voneinander nicht abhängig sind, durch Vertrag unter einheitliche Leitung, ohne daß dadurch eines von ihnen von einem anderen vertragschließenden Unternehmen abhängig wird, so ist dieser Vertrag kein Beherrschungsvertrag.

(3) Leistungen der Gesellschaft bei Bestehen eines Beherrschungs- oder eines Gewinnabführungsvertrags gelten nicht als Verstoß gegen die §§ 57, 58 und 60.

§ 292 Andere Unternehmensverträge

(1) Unternehmensverträge sind ferner Verträge, durch die eine Aktiengesellschaft oder Kommanditgesellschaft auf Aktien

1. sich verpflichtet, ihren Gewinn oder den Gewinn einzelner ihrer Betriebe ganz oder zum Teil mit dem Gewinn anderer Unternehmen oder einzelner Betriebe anderer Unternehmen zur Aufteilung eines gemeinschaftlichen Gewinns zusammenzulegen (Gewinngemeinschaft),
2. sich verpflichtet, einen Teil ihres Gewinns oder den Gewinn einzelner ihrer Betriebe ganz oder zum Teil an einen anderen abzuführen (Teilgewinnabführungsvertrag),
3. den Betrieb ihres Unternehmens einem anderen verpachtet oder sonst überläßt (Betriebspachtvertrag, Betriebsüberlassungsvertrag).

(2) Ein Vertrag über eine Gewinnbeteiligung mit Mitgliedern von Vorstand und Aufsichtsrat oder mit einzelnen Arbeitnehmern der Gesellschaft sowie eine Abrede über eine Gewinnbeteiligung im Rahmen von Verträgen des laufenden Geschäftsverkehrs oder Lizenzverträgen ist kein Teilgewinnabführungsvertrag.

(3) [1]Ein Betriebspacht- oder Betriebsüberlassungsvertrag und der Beschluß, durch den die Hauptversammlung dem Vertrag zugestimmt hat, sind nicht deshalb nichtig, weil der Vertrag gegen die §§ 57, 58 und 60 verstößt. [2]Satz 1 schließt die Anfechtung des Beschlusses wegen dieses Verstoßes nicht aus.

§ 293 Zustimmung der Hauptversammlung

(1) [1]Ein Unternehmensvertrag wird nur mit Zustimmung der Hauptversammlung wirksam. [2]Der Beschluß bedarf einer Mehrheit, die mindestens drei Viertel des bei der Beschlußfassung vertretenen Grundkapitals umfaßt. [3]Die Satzung kann eine größere Kapitalmehrheit und weitere Erfordernisse bestimmen. [4]Auf den Beschluß sind die Bestimmungen des Gesetzes und der Satzung über Satzungsänderungen nicht anzuwenden.

(2) [1]Ein Beherrschungs- oder ein Gewinnabführungsvertrag wird, wenn der andere Vertragsteil eine Aktiengesellschaft oder Kommanditgesellschaft auf Aktien ist, nur wirksam, wenn auch die Hauptversammlung dieser Gesellschaft zustimmt. [2]Für den Beschluß gilt Absatz 1 Satz 2 bis 4 sinngemäß.

(3) Der Vertrag bedarf der schriftlichen Form.

...

§ 294 Eintragung. Wirksamwerden

(1) [1]Der Vorstand der Gesellschaft hat das Bestehen und die Art des Unternehmensvertrages sowie den Namen des anderen Vertragsteils zur Eintragung in das Handelsregister anzumelden; beim Bestehen einer Vielzahl von Teilgewinnabführungsverträgen kann anstelle des Namens des anderen Vertragsteils auch eine andere Bezeichnung eingetragen werden, die den jeweiligen Teilgewinnabführungsvertrag konkret bestimmt. [2]Der Anmeldung sind der Vertrag sowie, wenn er nur mit Zustimmung der Hauptversammlung des anderen Vertragsteils wirksam wird, die Niederschrift dieses Beschlusses und ihre Anlagen in Urschrift, Ausfertigung oder öffentlich beglaubigter Abschrift beizufügen.

(2) Der Vertrag wird erst wirksam, wenn sein Bestehen in das Handelsregister des Sitzes der Gesellschaft eingetragen worden ist.

...

§ 319 Eingliederung

(1) [1]Die Hauptversammlung einer Aktiengesellschaft kann die Eingliederung der Gesellschaft in eine andere Aktiengesellschaft mit Sitz im Inland (Hauptgesellschaft) beschließen, wenn sich alle Aktien der Gesellschaft in der Hand der zukünftigen Hauptgesellschaft befinden. [2]Auf den Beschluß sind die Bestimmungen des Gesetzes und der Satzung über Satzungsänderungen nicht anzuwenden.

(2) [1]Der Beschluß über die Eingliederung wird nur wirksam, wenn die Hauptversammlung der zukünftigen Hauptgesellschaft zustimmt. [2]Der Beschluß über die Zustimmung bedarf einer Mehrheit, die mindestens drei Viertel des bei der Beschluß-

fassung vertretenen Grundkapitals umfaßt. [3]Die Satzung kann eine größere Kapitalmehrheit und weitere Erfordernisse bestimmen. [4]Absatz 1 Satz 2 ist anzuwenden.

...

(4) [1]Der Vorstand der einzugliedernden Gesellschaft hat die Eingliederung und die Firma der Hauptgesellschaft zur Eintragung in das Handelsregister anzumelden. [2]Der Anmeldung sind die Niederschriften der Hauptversammlungsbeschlüsse und ihre Anlagen in Ausfertigung oder öffentlich beglaubigter Abschrift beizufügen.

...

(7) Mit der Eintragung der Eingliederung in das Handelsregister des Sitzes der Gesellschaft wird die Gesellschaft in die Hauptgesellschaft eingegliedert.

...

§ 327 a Übertragung von Aktien gegen Barabfindung

(1) [1]Die Hauptversammlung einer Aktiengesellschaft oder einer Kommanditgesellschaft auf Aktien kann auf Verlangen eines Aktionärs, dem Aktien der Gesellschaft in Höhe von 95 vom Hundert des Grundkapitals gehören (Hauptaktionär), die Übertragung der Aktien der übrigen Aktionäre (Minderheitsaktionäre) auf den Hauptaktionär gegen Gewährung einer angemessenen Barabfindung beschließen. [2]§ 285 Abs. 2 Satz 1 findet keine Anwendung.

...

Gesetz über Partnerschaftsgesellschaften Angehöriger Freier Berufe Partnerschaftsgesellschaftsgesetz (PartGG)

Geltung ab 1. Juli 1995
zuletzt geändert durch Gesetz vom 7. Juli 2021 (BGBl. I S. 2363)

§ 1
Voraussetzungen der Partnerschaft

(1) [1]Die Partnerschaft ist eine Gesellschaft, in der sich Angehörige Freier Berufe zur Ausübung ihrer Berufe zusammenschließen. [2]Sie übt kein Handelsgewerbe aus. [3]Angehörige einer Partnerschaft können nur natürliche Personen sein.

(2) [1]Die Freien Berufe haben im allgemeinen auf der Grundlage besonderer beruflicher Qualifikation oder schöpferischer Begabung die persönliche, eigenverantwortliche und fachlich unabhängige Erbringung von Dienstleistungen höherer Art im Interesse der Auftraggeber und der Allgemeinheit zum Inhalt. [2]Ausübung eines Freien Berufs im Sinne dieses Gesetzes ist die selbständige Berufstätigkeit der Ärzte, Zahnärzte, Tierärzte, Heilpraktiker, Krankengymnasten, Hebammen, Heilmasseure, Diplom-Psychologen, Rechtsanwälte, Patentanwälte, Wirtschaftsprüfer, Steuerberater, beratenden Volks- und Betriebswirte, vereidigten Buchprüfer (vereidigte Buchrevisoren), Steuerbevollmächtigten, Ingenieure, Architekten, Handelschemiker, Lotsen, hauptberuflichen Sachverständigen, Journalisten, Bildberichterstatter, Dolmetscher, Übersetzer und ähnlicher Berufe sowie der Wissenschaftler, Künstler, Schriftsteller, Lehrer und Erzieher.

(3) Die Berufsausübung in der Partnerschaft kann in Vorschriften über einzelne Berufe ausgeschlossen oder von weiteren Voraussetzungen abhängig gemacht werden.

(4) Auf die Partnerschaft finden, soweit in diesem Gesetz nichts anderes bestimmt ist, die Vorschriften des Bürgerlichen Gesetzbuchs über die Gesellschaft Anwendung.

§ 2
Name der Partnerschaft

(1) [1]Der Name der Partnerschaft muß den Namen mindestens eines Partners, den Zusatz „und Partner" oder „Partnerschaft" sowie die Berufsbezeichnungen aller in der Partnerschaft vertretenen Berufe enthalten. [2]Die Beifügung von Vornamen ist nicht erforderlich. [3]Die Namen anderer Personen als der Partner dürfen nicht in den Namen der Partnerschaft aufgenommen werden.

(2) § 18 Abs. 2, §§ 21, 22 Abs. 1, §§ 23, 24, 30, 31 Abs. 2, §§ 32 und 37 des Handelsgesetzbuchs sind entsprechend anzuwenden; § 24 Abs. 2 des Handelsgesetzbuchs gilt auch bei Umwandlung einer Gesellschaft bürgerlichen Rechts in eine Partnerschaft.

§ 3
Partnerschaftsvertrag

(1) Der Partnerschaftsvertrag bedarf der Schriftform.

(2) Der Partnerschaftsvertrag muß enthalten

1. den Namen und den Sitz der Partnerschaft;
2. den Namen und den Vornamen sowie den in der Partnerschaft ausgeübten Beruf und den Wohnort jedes Partners;
3. den Gegenstand der Partnerschaft.

§ 4
Anmeldung der Partnerschaft

(1) [1]Auf die Anmeldung der Partnerschaft in das Partnerschaftsregister sind § 106 Abs. 1 und § 108 Satz 1 des Handelsgesetzbuchs entsprechend anzuwenden. [2]Die Anmeldung hat die in § 3 Abs. 2 vorgeschriebenen Angaben, das Geburtsdatum jedes Partners und die Vertretungsmacht der Partner zu enthalten. [3]Änderungen dieser Angaben sind gleichfalls zur Eintragung in das Partnerschaftsregister anzumelden.

(2) [1]In der Anmeldung ist die Zugehörigkeit jedes Partners zu dem Freien Beruf, den er in der Partnerschaft ausübt, anzugeben. [2]Das Registergericht legt bei der Eintragung die Angaben der Partner zugrunde, es sei denn, ihm ist deren Unrichtigkeit bekannt.

(3) Der Anmeldung einer Partnerschaft mit beschränkter Berufshaftung nach § 8 Absatz 4 muss eine Versicherungsbescheinigung gemäß § 113 Absatz 2 des Gesetzes über den Versicherungsvertrag beigefügt sein.

§ 5
Inhalt der Eintragung, anzuwendende Vorschriften

(1) Die Eintragung hat die in § 3 Abs. 2 genannten Angaben, das Geburtsdatum jedes Partners und die Vertretungsmacht der Partner zu enthalten.

(2) Auf das Partnerschaftsregister und die registerrechtliche Behandlung von Zweigniederlassungen sind die §§ 8, 8a, 9, 10 bis 12, 13, 13 d, 13 h und 14 bis 16 des Handelsgesetzbuchs über das Handelsregister entsprechend anzuwenden; eine Pflicht zur Anmeldung einer inländischen Geschäftsanschrift besteht nicht.

§ 6
Rechtsverhältnis der Partner untereinander

(1) Die Partner erbringen ihre beruflichen Leistungen unter Beachtung des für sie geltenden Berufsrechts.

(2) Einzelne Partner können im Partnerschaftsvertrag nur von der Führung der sonstigen Geschäfte ausgeschlossen werden.

(3) [1]Im übrigen richtet sich das Rechtsverhältnis der Partner untereinander nach dem

Partnerschaftsvertrag. [2]Soweit der Partnerschaftsvertrag keine Bestimmungen enthält, sind die §§ 110 bis 116 Abs. 2, §§ 117 bis 119 des Handelsgesetzbuchs entsprechend anzuwenden.

§ 7
Wirksamkeit im Verhältnis zu Dritten, rechtliche Selbständigkeit, Vertretung

(1) Die Partnerschaft wird im Verhältnis zu Dritten mit ihrer Eintragung in das Partnerschaftsregister wirksam.

(2) § 124 des Handelsgesetzbuchs ist entsprechend anzuwenden.

(3) Auf die Vertretung der Partnerschaft sind die Vorschriften des § 125 Abs. 1 und 2 sowie der §§ 126 und 127 des Handelsgesetzbuchs entsprechend anzuwenden.

(4) Für die Angaben auf Geschäftsbriefen der Partnerschaft ist § 125a Abs. 1 Satz 1, Absatz 2 des Handelsgesetzbuchs mit der Maßgabe entsprechend anzuwenden, dass bei einer Partnerschaft mit beschränkter Berufshaftung auch der von dieser gewählte Namenszusatz im Sinne des § 8 Absatz 4 Satz 3 anzugeben ist.

§ 8
Haftung für Verbindlichkeiten der Partnerschaft

(1) [1]Für Verbindlichkeiten der Partnerschaft haften den Gläubigern neben dem Vermögen der Partnerschaft die Partner als Gesamtschuldner. [2]Die §§ 129 und 130 des Handelsgesetzbuchs sind entsprechend anzuwenden.

(2) Waren nur einzelne Partner mit der Bearbeitung eines Auftrags befaßt, so haften nur sie gemäß Absatz 1 für berufliche Fehler neben der Partnerschaft; ausgenommen sind Bearbeitungsbeiträge von untergeordneter Bedeutung.

(3) Durch Gesetz kann für einzelne Berufe eine Beschränkung der Haftung für Ansprüche aus Schäden wegen fehlerhafter Berufsausübung auf einen bestimmten Höchstbetrag zugelassen werden, wenn zugleich eine Pflicht zum Abschluß einer Berufshaftpflichtversicherung der Partner oder der Partnerschaft begründet wird.

(4) [1]Für Verbindlichkeiten der Partnerschaft aus Schäden wegen fehlerhafter Berufsausübung haftet den Gläubigern nur das Gesellschaftsvermögen, wenn die Partnerschaft eine zu diesem Zweck durch Gesetz vorgegebene Berufshaftpflichtversicherung unterhält. [2]Für die Berufshaftpflichtversicherung gelten § 113 Absatz 3 und die §§ 114 bis 124 des Versicherungsvertragsgesetzes entsprechend. [3]Der Name der Partnerschaft muss den Zusatz „mit beschränkter Berufshaftung“ oder die Abkürzung „mbB“ oder eine andere allgemein verständliche Abkürzung dieser Bezeichnung enthalten; anstelle der Namenszusätze nach § 2 Absatz 1 Satz 1 kann der Name der Partnerschaft mit beschränkter Berufshaftung den Zusatz „Part“ oder „PartG“ enthalten.

§ 9
Ausscheiden eines Partners, Auflösung der Partnerschaft

(1) Auf das Ausscheiden eines Partners und die Auflösung der Partnerschaft sind, soweit im folgenden nichts anderes bestimmt ist, die §§ 131 bis 144 des Handelsgesetzbuchs entsprechend anzuwenden.

(2) *(weggefallen)*

(3) Verliert ein Partner eine erforderliche Zulassung zu dem Freien Beruf, den er in der Partnerschaft ausübt, so scheidet er mit deren Verlust aus der Partnerschaft aus.

(4) [1]Die Beteiligung an einer Partnerschaft ist nicht vererblich. Der Partnerschaftsvertrag kann jedoch bestimmen, daß sie an Dritte vererblich ist, die Partner im Sinne des § 1 Abs. 1 und 2 sein können. [2]§ 139 des Handelsgesetzbuchs ist nur insoweit anzuwenden, als der Erbe der Beteiligung befugt ist, seinen Austritt aus der Partnerschaft zu erklären.

§ 10
Liquidation der Partnerschaft, Nachhaftung

(1) Für die Liquidation der Partnerschaft sind die Vorschriften über die Liquidation der offenen Handelsgesellschaft entsprechend anwendbar.

(2) Nach der Auflösung der Partnerschaft oder nach dem Ausscheiden des Partners bestimmt sich die Haftung der Partner aus Verbindlichkeiten der Partnerschaft nach den §§ 159, 160 des Handelsgesetzbuchs.

§ 11
Übergangsvorschriften

(1) [1]Den Zusatz „Partnerschaft" oder „und Partner" dürfen nur Partnerschaften nach diesem Gesetz führen. [2]Gesellschaften, die eine solche Bezeichnung bei Inkrafttreten dieses Gesetzes in ihrem Namen führen, ohne Partnerschaft im Sinne dieses Gesetzes zu sein, dürfen diese Bezeichnung noch bis zum Ablauf von zwei Jahren nach Inkrafttreten dieses Gesetzes weiterverwenden. [3]Nach Ablauf dieser Frist dürfen sie eine solche Bezeichnung nur noch weiterführen, wenn sie in ihrem Namen der Bezeichnung „Partnerschaft" oder „und Partner" einen Hinweis auf die andere Rechtsform hinzufügen.

(2) [1]Die Anmeldung und Eintragung einer dem gesetzlichen Regelfall entsprechenden Vertretungsmacht der Partner und der Abwickler muss erst erfolgen, wenn eine vom gesetzlichen Regelfall abweichende Bestimmung des Partnerschaftsvertrages über die Vertretungsmacht angemeldet und eingetragen wird oder wenn erstmals die Abwickler zur Eintragung angemeldet und eingetragen werden. [2]Das Registergericht kann die Eintragung einer dem gesetzlichen Regelfall entsprechenden Vertretungsmacht auch von Amts wegen vornehmen. [3]Die Anmeldung und Eintragung des Geburtsdatums bereits eingetragener Partner muss erst bei einer Anmeldung und Eintragung bezüglich eines der Partner erfolgen.

(3) [1]Die Landesregierungen können durch Rechtsverordnung bestimmen, dass Anmeldungen und alle oder einzelne Dokumente bis zum 31. Dezember 2009 auch in

Papierform zum Partnerschaftsregister eingereicht werden können. [2]Soweit eine Rechtsverordnung nach Satz 1 erlassen wird, gelten die Vorschriften über die Anmeldung und die Einreichung von Dokumenten zum Partnerschaftsregister in ihrer bis zum Inkrafttreten des Gesetzes über elektronische Handelsregister und Genossenschaftsregister sowie das Unternehmensregister vom 10. November 2006 (BGBl. I S. 2553) am 1. Januar 2007 geltenden Fassung. [3]Die Landesregierungen können durch Rechtsverordnung die Ermächtigung nach Satz 1 auf die Landesjustizverwaltungen übertragen.

Gesetz über Maßnahmen im Gesellschafts-, Genossenschafts-, Vereins-, Stiftungs- und Wohnungseigentumsrecht zur Bekämpfung der Auswirkungen der COVID-19-Pandemie[1]

vom 27. März 2020 (BGBl. I S. 570), zuletzt geändert durch Gesetz vom 7. Juli 2021 (BGBl. I S. 2363)

§ 1
Aktiengesellschaften; Kommanditgesellschaften auf Aktien; Europäische Gesellschaften (SE); Versicherungsvereine auf Gegenseitigkeit

(1) Die Entscheidungen über die Teilnahme der Aktionäre an der Hauptversammlung im Wege elektronischer Kommunikation nach § 118 Absatz 1 Satz 2 des Aktiengesetzes (elektronische Teilnahme), die Stimmabgabe im Wege elektronischer Kommunikation nach § 118 Absatz 2 des Aktiengesetzes (Briefwahl), die Teilnahme von Mitgliedern des Aufsichtsrats im Wege der Bild- und Tonübertragung nach § 118 Absatz 3 Satz 2 des Aktiengesetzes und die Zulassung der Bild und Tonübertragung nach § 118 Absatz 4 des Aktiengesetzes kann der Vorstand der Gesellschaft auch ohne Ermächtigung durch die Satzung oder eine Geschäftsordnung treffen.

(2) [1]Der Vorstand kann entscheiden, dass die Versammlung ohne physische Präsenz der Aktionäre oder ihrer Bevollmächtigten als virtuelle Hauptversammlung abgehalten wird, sofern

1. die Bild- und Tonübertragung der gesamten Versammlung erfolgt,
2. die Stimmrechtsausübung der Aktionäre über elektronische Kommunikation (Briefwahl oder elektronische Teilnahme) sowie Vollmachtserteilung möglich ist,
3. den Aktionären ein Fragerecht im Wege der elektronischen Kommunikation eingeräumt wird,
4. den Aktionären, die ihr Stimmrecht nach Nummer 2 ausgeübt haben, in Abweichung von § 245 Nummer 1 des Aktiengesetzes unter Verzicht auf das Erfordernis des Erscheinens in der Hauptversammlung eine Möglichkeit zum Widerspruch gegen einen Beschluss der Hauptversammlung eingeräumt wird.

[2]Der Vorstand entscheidet nach pflichtgemäßem, freiem Ermessen, welche Fragen er wie beantwortet; er kann auch vorgeben, dass Fragen bis spätestens einen Tag vor der Versammlung im Wege elektronischer Kommunikation einzureichen sind. [3]Anträge oder Wahlvorschläge von Aktionären, die nach § 126 oder § 127 des Aktiengesetzes zugänglich zu machen sind, gelten als in der Versammlung gestellt, wenn der den Antrag stellende oder den Wahlvorschlag unterbreitende Aktionär ordnungsgemäß legitimiert und zur Hauptversammlung angemeldet ist.

(3) [1]Abweichend von § 123 Absatz 1 Satz 1 und Absatz 2 Satz 5 des Aktiengesetzes kann der Vorstand entscheiden, die Hauptversammlung spätestens am 21. Tag vor dem Tag der Versammlung einzuberufen. [2]Abweichend von § 123 Absatz 4 Satz 2 des Aktiengesetzes hat sich der Nachweis des Anteilsbesitzes bei börsennotierten

[1]) Art. 2 des Gesetzes zur Abmilderung der Folgen der COVID-19-Pandemie im Zivil-, Insolvenz- und Strafverfahrensrecht vom 27. März 2020 (BGBl. I S. 569). Art. 2 tritt gem. Art. 6 dieses Gesetzes mit Ablauf des 31.12.2021 außer Kraft.

Gesellschaften auf den Beginn des zwölften Tages vor der Versammlung zu beziehen und muss bei Inhaberaktien der Gesellschaft an die in der Einberufung hierfür mitgeteilte Adresse bis spätestens am vierten Tag vor der Hauptversammlung zugehen, soweit der Vorstand in der Einberufung der Hauptversammlung keine kürzere Frist für den Zugang des Nachweises bei der Gesellschaft vorsieht; abweichende Satzungsbestimmungen sind unbeachtlich. [3]Im Fall der Einberufung mit verkürzter Frist nach Satz 1 hat die Mitteilung nach § 125 Absatz 1 Satz 1 des Aktiengesetzes spätestens zwölf Tage vor der Versammlung und die Mitteilung nach § 125 Absatz 2 des Aktiengesetzes hat an die zu Beginn des zwölften Tages vor der Hauptversammlung im Aktienregister Eingetragenen zu erfolgen. [4]Abweichend von § 122 Absatz 2 des Aktiengesetzes müssen Ergänzungsverlangen im vorgenannten Fall mindestens 14 Tage vor der Versammlung der Gesellschaft zugehen.

(4) [1]Abweichend von § 59 Absatz 1 des Aktiengesetzes kann der Vorstand auch ohne Ermächtigung durch die Satzung entscheiden, einen Abschlag auf den Bilanzgewinn nach Maßgabe von § 59 Absatz 2 des Aktiengesetzes an die Aktionäre zu zahlen. [2]Satz 1 gilt entsprechend für eine Abschlagszahlung auf die Ausgleichszahlung (§ 304 des Aktiengesetzes) an außenstehende Aktionäre im Rahmen eines Unternehmensvertrags.

(5) Der Vorstand kann entscheiden, dass die Hauptversammlung abweichend von § 175 Absatz 1 Satz 2 des Aktiengesetzes innerhalb des Geschäftsjahres stattfindet.

(6) [1]Die Entscheidungen des Vorstands nach den Absätzen 1 bis 5 bedürfen der Zustimmung des Aufsichtsrats. [2]Abweichend von § 108 Absatz 4 des Aktiengesetzes kann der Aufsichtsrat den Beschluss über die Zustimmung ungeachtet der Regelungen in der Satzung oder der Geschäftsordnung ohne physische Anwesenheit der Mitglieder schriftlich, fernmündlich oder in vergleichbarer Weise vornehmen.

(7) Die Anfechtung eines Beschlusses der Hauptversammlung kann unbeschadet der Regelung in § 243 Absatz 3 Nummer 1 des Aktiengesetzes auch nicht auf Verletzungen von § 118 Absatz 1 Satz 3 bis 5, Absatz 2 Satz 2 oder Absatz 4 des Aktiengesetzes, die Verletzung von Formerfordernissen für Mitteilungen nach § 125 des Aktiengesetzes sowie nicht auf eine Verletzung von Absatz 2 gestützt werden, es sei denn, der Gesellschaft ist Vorsatz nachzuweisen.

(8) [1]Für Unternehmen, die in der Rechtsform der Kommanditgesellschaft auf Aktien verfasst sind, gelten die vorstehenden Absätze entsprechend. [2]Für eine Europäische Gesellschaft nach der Verordnung (EG) Nr. 2157/2001 des Rates vom 8. Oktober 2001 über das Statut der Europäischen Gesellschaft (SE) (ABl. L 294 vom 10.11.2001, S. 1), die zuletzt durch die Verordnung (EU) Nr. 517/2013 (ABl. L 158 vom 10.6.2013, S. 1) geändert worden ist, gelten die Absätze 1 bis 7 mit Ausnahme des Absatzes 5 entsprechend. [3]In einer Gesellschaft nach § 20 des SE-Ausführungsgesetzes vom 22. Dezember 2004 (BGBl. I S. 3675), das zuletzt durch Artikel 9 des Gesetzes vom 12. Dezember 2019 (BGBl. I S. 2637) geändert worden ist, (Gesellschaft mit monistischem System) trifft die Entscheidungen nach den Absätzen 1 bis 4 der Verwaltungsrat; Absatz 6 findet auf eine solche Gesellschaft keine Anwendung.

(9) Die Absätze 1 und 2, Absatz 3 Satz 1 und 3 sowie die Absätze 4 bis 7 sind entsprechend auf Versicherungsvereine auf Gegenseitigkeit im Sinne des § 171 des Versicherungsaufsichtsgesetzes anzuwenden.

§ 2
Gesellschaften mit beschränkter Haftung

Abweichend von § 48 Absatz 2 des Gesetzes betreffend die Gesellschaften mit beschränkter Haftung können Beschlüsse der Gesellschafter in Textform oder durch schriftliche Abgabe der Stimmen auch ohne Einverständnis sämtlicher Gesellschafter gefasst werden.

§ 3
Genossenschaften

(1) [1]Abweichend von § 43 Absatz 7 Satz 1 des Genossenschaftsgesetzes können Beschlüsse der Mitglieder auch dann schriftlich oder elektronisch gefasst werden, wenn dies in der Satzung nicht ausdrücklich zugelassen ist oder die Satzung keine Regelungen zu schriftlichen oder elektronischen Beschlussfassungen einschließlich zu virtuellen Versammlungen enthält; die elektronische Beschlussfassung schließt Beschlussfassungen in Gestalt von virtuellen Generalversammlungen ohne physische Präsenz der Mitglieder ein. [2]Der Vorstand hat in diesem Fall dafür zu sorgen, dass der Niederschrift gemäß § 47 des Genossenschaftsgesetzes ein Verzeichnis der Mitglieder, die an der Beschlussfassung mitgewirkt haben, beigefügt ist. [3]Bei jedem Mitglied, das an der Beschlussfassung, auch in Gestalt einer virtuellen Versammlung, mitgewirkt hat, ist die Art der Stimmabgabe zu vermerken. [4]Die Anfechtung eines Beschlusses der Generalversammlung kann unbeschadet der Regelungen in § 51 Absatz 1 und 2 des Genossenschaftsgesetzes nicht auf Verletzungen des Gesetzes oder der Mitgliederrechte gestützt werden, die auf technische Störungen im Zusammenhang mit der Beschlussfassung nach Satz 1 zurückzuführen sind, es sei denn, der Genossenschaft ist Vorsatz oder grobe Fahrlässigkeit vorzuwerfen. Für Vertreterversammlungen im Sinne des § 43a des Genossenschaftsgesetzes gelten die Sätze 1 bis 4 entsprechend; insbesondere sind auch virtuelle Vertreterversammlungen ohne physische Präsenz der Vertreter ohne entspechende Regelungen in der Satzung zulässig.

(2) Abweichend von § 46 Absatz 1 Satz 1 des Genossenschaftsgesetzes kann die Einberufung im Internet auf der Internetseite der Genossenschaft oder durch unmittelbare Benachrichtigung in Textform erfolgen.

(3) Abweichend von § 48 Absatz 1 Satz 1 des Genossenschaftsgesetzes kann die Feststellung des Jahresabschlusses auch durch den Aufsichtsrat erfolgen.

(4) Der Vorstand einer Genossenschaft kann mit Zustimmung des Aufsichtsrats nach pflichtgemäßem Ermessen eine Abschlagszahlung auf eine zu erwartende Auszahlung eines Auseinandersetzungsguthabens eines ausgeschiedenen Mitgliedes oder eine an ein Mitglied zu erwartende Dividendenzahlung leisten; § 59 Absatz 2 des Aktiengesetzes gilt entsprechend.

(5) [1]Ein Mitglied des Vorstands oder des Aufsichtsrats einer Genossenschaft bleibt auch nach Ablauf seiner Amtszeit bis zur Bestellung seines Nachfolgers im Amt. [2]Die Anzahl der Mitglieder des Vorstands oder des Aufsichtsrats einer Genossenschaft darf weniger als die durch Gesetz oder Satzung bestimmte Mindestzahl betragen.

(6) Sitzungen des Vorstands oder des Aufsichtsrats einer Genossenschaft sowie gemeinsame Sitzungen des Vorstands und des Aufsichtsrats können auch ohne

Grundlage in der Satzung oder in der Geschäftsordnung im Umlaufverfahren in Textform oder als Telefon- oder Videokonferenz durchgeführt werden.

§ 4
Umwandlungsrecht

Abweichend von § 17 Absatz 2 Satz 4 des Umwandlungsgesetzes genügt es für die Zulässigkeit der Eintragung, wenn die Bilanz auf einen höchstens zwölf Monate vor der Anmeldung liegenden Stichtag aufgestellt worden ist.

§ 5
Vereine und Stiftungen

(1) Ein Vorstandsmitglied eines Vereins oder einer Stiftung bleibt auch nach Ablauf seiner Amtszeit bis zu seiner Abberufung oder bis zur Bestellung seines Nachfolgers im Amt.

(2) Abweichend von § 32 Absatz 1 Satz 1 des Bürgerlichen Gesetzbuchs kann der Vorstand auch ohne Ermächtigung in der Satzung vorsehen, dass Vereinsmitglieder

1. an der Mitgliederversammlung ohne Anwesenheit am Versammlungsort teilnehmen, und Mitgliederrechte im Wege der elektronischen Kommunikation ausüben können oder müssen,
2. ohne Teilnahme an der Mitgliederversammlung ihre Stimmen vor der Durchführung der Mitgliederversammlung schriftlich abgeben können.

(2a) Abweichend von § 36 des Bürgerlichen Gesetzbuchs ist der Vorstand nicht verpflichtet, die in der Satzung vorgesehene ordentliche Mitgliederversammlung einzuberufen, solange die Mitglieder sich nicht an einem Ort versammeln dürfen und die Durchführung der Mitgliedersammlung im Wege der elektronischen Kommunikation für den Verein oder die Vereinsmitglieder nicht zumutbar ist.

(3) Abweichend von § 32 Absatz 2 des Bürgerlichen Gesetzbuchs ist ein Beschluss ohne Versammlung der Mitglieder gültig, wenn alle Mitglieder beteiligt wurden, bis zu dem vom Verein gesetzten Termin mindestens die Hälfte der Mitglieder ihre Stimmen in Textform abgegeben haben und der Beschluss mit der erforderlichen Mehrheit gefasst wurde.

(3a) Die Absätze 2 und 3 gelten auch für den Vorstand von Vereinen und Stiftungen sowie für andere Vereins- und Stiftungsorgane.

(4) [1]Absatz 1 gilt für Vorstandsmitglieder und Vertreter in den sonstigen Organen und Gliederungen der Parteien entsprechend. [2]Absatz 2 Nummer 1 gilt für Mitglieder- und Vertreterversammlungen der Parteien und ihrer Gliederungen sowie ihrer sonstigen Organe entsprechend. [3]Dies gilt nicht für die Beschlussfassung über die Satzung und die Schlussabstimmung bei Wahlen nach § 9 Absatz 4 des Parteiengesetzes. [4]Die Wahrnehmung von Mitgliedschaftsrechten kann der Vorstand auch ohne Ermächtigung in der Satzung im Wege der Briefwahl oder auch zeitlich versetzt als Urnenwahl an verschiedenen Orten zulassen. [5]§ 17 Satz 2 des Parteiengesetzes bleibt unberührt.

§ 6
Wohnungseigentümergemeinschaften

(1) Der zuletzt bestellte Verwalter im Sinne des Wohnungseigentumsgesetzes bleibt bis zu seiner Abberufung oder bis zur Bestellung eines neuen Verwalters im Amt.

(2) Der zuletzt von den Wohnungseigentümern beschlossene Wirtschaftsplan gilt bis zum Beschluss eines neuen Wirtschaftsplans fort.

§ 7
Übergangsregelungen

(1) § 1 ist nur auf Hauptversammlungen und Abschlagszahlungen auf den Bilanzgewinn anzuwenden, die im Jahr 2020 und im Jahr 2021 stattfinden.

(2) § 2 ist auf Gesellschafterversammlungen und -beschlüsse anzuwenden, die im Jahr 2020 und im Jahr 2021 stattfinden.

(3) § 3 Absatz 1 und 2 ist auf General- und Vertreterversammlungen, die im Jahr 2020 und im Jahr 2021 stattfinden, § 3 Absatz 3 ist auf Jahresabschlussfeststellungen, die im Jahr 2020 und im Jahr 2021 erfolgen, § 3 Absatz 4 ist auf Abschlagszahlungen, die im Jahr 2020 und im Jahr 2021 stattfinden, § 3 Absatz 5 ist auf im Jahr 2020 und im Jahr 2021 ablaufende Bestellungen von Vorstands- oder Aufsichtsratsmitgliedern und § 3 Absatz 6 ist auf Sitzungen des Vorstands oder des Aufsichtsrats einer Genossenschaft oder deren gemeinsame Sitzungen, die im Jahr 2020 und im Jahr 2021 stattfinden, anzuwenden.

(4) § 4 ist nur auf Anmeldungen anzuwenden, die im Jahr 2020 vorgenommen werden.

(5) § 5 ist nur auf im Jahr 2020 und im Jahr 2021 ablaufende Bestellungen von Vereins- oder Stiftungsvorständen und im Jahr 2020 und im Jahr 2021 stattfindende Mitgliederversammlungen von Vereinen anzuwenden.

§ 8
Verordnungsermächtigung

Das Bundesministerium der Justiz und für Verbraucherschutz wird ermächtigt, durch Rechtsverordnung ohne Zustimmung des Bundesrates die Geltung der §§ 1 bis 5 gemäß § 7 bis höchstens zum 31. Dezember 2021 zu verlängern, wenn dies aufgrund fortbestehender Auswirkungen der COVID-19-Pandemie in der Bundesrepublik Deutschland geboten erscheint.

COVID 19-Gesetz zur Funktionsfähigkeit der Kammern (COV19FKG)[1]

§ 1
Notarkammern

(1) Beschlüsse des Vorstands der Notarkammer können in schriftlicher Abstimmung gefasst werden, wenn die Mehrheit der Vorstandsmitglieder damit einverstanden ist.

(2) Die Kammerversammlung kann auf Beschluss des Vorstands auch ohne Versammlung der Mitglieder Beschlüsse im Wege der schriftlichen Abstimmung fassen und Wahlen im Wege der Briefwahl oder als elektronische Wahl durchführen. § 71 Absatz 1 bis 3 der Bundesnotarordnung gilt entsprechend mit der Maßgabe, dass die Einberufung der Kammerversammlung durch die Aufforderung der Mitglieder zur Beschlussfassung oder zur Wahl ersetzt wird. Für die Berechnung der Aufforderungsfrist ist der letzte Tag der Stimmabgabe maßgeblich. Mit der Aufforderung sind den Mitgliedern die Beschluss- und Wahlvorschläge unter Angabe der Rechtsgrundlage und unter Beifügung einer Erläuterung ihres wesentlichen Inhalts sowie weitere für die Befassung mit den Gegenständen der Tagesordnung erforderliche Dokumente zu übersenden. Bei der Berechnung einer für die Beschlussfassung oder die Wahl gemäß Satz 1 erforderlichen Mehrheit kommt es auf die bis zum Ablauf der Frist für die Stimmabgabe abgegebenen Stimmen an.

§ 6
Bundesnotarkammer

(1) Beschlüsse des Präsidiums der Bundesnotarkammer können in schriftlicher Abstimmung gefasst werden, wenn die Mehrheit der Präsidiumsmitglieder damit einverstanden ist.

(2) Die Vertreterversammlung der Bundesnotarkammer kann auch ohne Versammlung der Mitglieder Beschlüsse im Wege der schriftlichen Abstimmung fassen und Wahlen im Wege der Briefwahl oder als elektronische Wahl durchführen, wenn die Mehrheit der Mitglieder der Vertreterversammlung damit einverstanden ist. § 85 der Bundesnotarordnung gilt entsprechend mit der Maßgabe, dass die Einberufung der Vertreterversammlung wird durch die Aufforderung der Mitglieder zur Beschlussfassung oder zur Wahl ersetzt. Für die Berechnung der Aufforderungsfrist ist der letzte Tag der Stimmabgabe maßgeblich. Mit der Aufforderung sind den Mitgliedern die Beschluss- und Wahlvorschläge unter Angabe der Rechtsgrundlage und unter Beifügung einer Erläuterung ihres wesentlichen Inhalts sowie weitere für die Befassung mit den Gegenständen der Tagesordnung erforderliche Dokumente zu übersenden. § 86 Absatz 3 Satz 1 der Bundesnotarordnung gilt mit der Maßgabe, dass die einfache Mehrheit der bis zum Ablauf der Frist für die Stimmabgabe abgegebenen Stimmen erforderlich ist.

---

1) Art. 2 des Gesetzes gem. Beschluss 3. Lesung BT v. 2.7.2020 idF Drucks. 19/20718. Gemäß §§ 11, 12 gelten die Bestimmungen für das Jahr 2020, Verlängerung bis 31.12.2021 durch Verordnung ist möglich. Gemäß Art. 3 des Gesetzes tritt Art. 2 mit Ablauf des 31.12.2021 außer Kraft.

§ 7
Kassen

(1) Der Verwaltungsrat der Notarkasse und der Verwaltungsrat der Ländernotarkasse können Beschlüsse im Wege der schriftlichen Abstimmung fassen und Wahlen im Wege der Briefwahl oder als elektronische Wahl durchführen, wenn die Mehrheit der Verwaltungsratsmitglieder damit einverstanden ist.

(2) Für die Wahl des Präsidenten der Notarkasse und die Wahl der Mitglieder des Verwaltungsrats der Kassen gilt § 5 Absatz 2 entsprechend.

Gesetz über die Eingetragene Lebenspartnerschaft
(Lebenspartnerschaftsgesetz – LPartG)

vom 16. Februar 2001 (BGBl. I S. 266)
zuletzt geändert durch Gesetz vom 18. Dezember 2018 (BGBl. I S. 2639)

Abschnitt 1
Begründung der Lebenspartnerschaft

§ 1
Lebenspartnerschaft

[1]Nach dem 30. September 2017 können Lebenspartnerschaften zwischen zwei Personen gleichen Geschlechts nicht mehr begründet werden. [2]Dieses Gesetz gilt für

1. vor dem 1. Oktober 2017 in der Bundesrepublik Deutschland begründete Lebenspartnerschaften und
2. im Ausland begründete Lebenspartnerschaften, soweit auf sie deutsches Recht anwendbar ist.

Abschnitt 2
Wirkungen der Lebenspartnerschaft

§ 2
Partnerschaftliche Lebensgemeinschaft

[1]Die Lebenspartner sind einander zu Fürsorge und Unterstützung sowie zur gemeinsamen Lebensgestaltung verpflichtet. [2]Sie tragen füreinander Verantwortung.

§ 3
Lebenspartnerschaftsname

(1) [1]Die Lebenspartner können einen gemeinsamen Namen (Lebenspartnerschaftsnamen) bestimmen. [2]Zu ihrem Lebenspartnerschaftsnamen können die Lebenspartner durch Erklärung gegenüber dem Standesamt den Geburtsnamen oder den zur Zeit der Erklärung über die Bestimmung des Lebenspartnerschaftsnamens geführten Namen eines der Lebenspartner bestimmen. [3]Die Erklärung über die Bestimmung des Lebenspartnerschaftsnamen soll bei der Begründung der Lebenspartnerschaft erfolgen. [4]Wird die Erklärung später abgegeben, muss sie öffentlich beglaubigt werden.

(2) [1]Ein Lebenspartner, dessen Name nicht Lebenspartnerschaftsname wird, kann durch Erklärung gegenüber dem Standesamt dem Lebenspartnerschaftsnamen seinen Geburtsnamen oder den zur Zeit der Erklärung über die Bestimmung des Lebenspartnerschaftsnamens geführten Namen voranstellen oder anfügen. [2]Dies gilt nicht, wenn der Lebenspartnerschaftsname aus mehreren Namen besteht. [3]Besteht der Name eines Lebenspartners aus mehreren Namen, so kann nur einer dieser Namen hinzugefügt werden. [4]Die Erklärung kann gegenüber dem Standesamt widerrufen

werden; in diesem Fall ist eine erneute Erklärung nach Satz 1 nicht zulässig. [5]Die Erklärung, wenn sie nicht bei der Begründung der Lebenspartnerschaft gegenüber einem deutschen Standesamt abgegeben wird, und der Widerruf müssen öffentlich beglaubigt werden.

(3) [1]Ein Lebenspartner behält den Lebenspartnerschaftsnamen auch nach der Beendigung der Lebenspartnerschaft. [2]Er kann durch Erklärung gegenüber dem Standesamt seinen Geburtsnamen oder den Namen wieder annehmen, den er bis zur Bestimmung des Lebenspartnerschaftsnamens geführt hat, oder dem Lebenspartnerschaftsnamen seinen Geburtsnamen oder den bis zur Bestimmung des Lebenspartnerschaftsnamens geführten Namen voranstellen oder anfügen. [3]Absatz 2 gilt entsprechend.

(4) Geburtsname ist der Name, der in die Geburtsurkunde eines Lebenspartners zum Zeitpunkt der Erklärung gegenüber dem Standesamt einzutragen ist.

§ 4
Umfang der Sorgfaltspflicht

Die Lebenspartner haben bei der Erfüllung der sich aus dem lebenspartnerschaftlichen Verhältnis ergebenden Verpflichtungen einander nur für diejenige Sorgfalt einzustehen, welche sie in eigenen Angelegenheiten anzuwenden pflegen.

§ 5
Verpflichtung zum Lebenspartnerschaftsunterhalt

[1]Die Lebenspartner sind einander verpflichtet, durch ihre Arbeit und mit ihrem Vermögen die partnerschaftliche Lebensgemeinschaft angemessen zu unterhalten. [2]§ 1360 Satz 2, die §§ 1360 a, 1360 b und 1609 des Bürgerlichen Gesetzbuchs gelten entsprechend.

§ 6
Güterstand

[1]Die Lebenspartner leben im Güterstand der Zugewinngemeinschaft, wenn sie nicht durch Lebenspartnerschaftsvertrag (§ 7) etwas anderes vereinbaren. [2]§ 1363 Abs. 2 und die §§ 1364 bis 1390 des Bürgerlichen Gesetzbuchs gelten entsprechend.

§ 7
Lebenspartnerschaftsvertrag

[1]Die Lebenspartner können ihre güterrechtlichen Verhältnisse durch Vertrag (Lebenspartnerschaftsvertrag) regeln. [2]Die §§ 1409 bis 1563 des Bürgerlichen Gesetzbuchs gelten entsprechend.

§ 8
Sonstige vermögensrechtliche Wirkungen

(1) [1]Zugunsten der Gläubiger eines der Lebenspartner wird vermutet, dass die im Besitz eines Lebenspartners oder beider Lebenspartner befindlichen beweglichen Sachen dem Schuldner gehören. [2]Im Übrigen gilt § 1362 Abs. 1 Satz 2 und 3 und Abs. 2 des Bürgerlichen Gesetzbuchs entsprechend.

(2) § 1357 des Bürgerlichen Gesetzbuchs gilt entsprechend.

§ 9
Regelungen in Bezug auf Kinder eines Lebenspartners

(1) [1]Führt der allein sorgeberechtigte Elternteil eine Lebenspartnerschaft, hat sein Lebenspartner im Einvernehmen mit dem sorgeberechtigten Elternteil die Befugnis zur Mitentscheidung in Angelegenheiten des täglichen Lebens des Kindes. [2]§ 1629 Abs. 2 Satz 1 des Bürgerlichen Gesetzbuchs gilt entsprechend.

(2) Bei Gefahr im Verzug ist der Lebenspartner dazu berechtigt, alle Rechtshandlungen vorzunehmen, die zum Wohl des Kindes notwendig sind; der sorgeberechtigte Elternteil ist unverzüglich zu unterrichten.

(3) Das Familiengericht kann die Befugnisse nach Absatz 1 einschränken oder ausschließen, wenn dies zum Wohl des Kindes erforderlich ist.

(4) Die Befugnisse nach Absatz 1 bestehen nicht, wenn die Lebenspartner nicht nur vorübergehend getrennt leben.

(5) Der Elternteil, dem die elterliche Sorge für ein unverheiratetes Kind allein oder gemeinsam mit dem anderen Elternteil zusteht, und sein Lebenspartner können dem Kind, das sie in ihren gemeinsamen Haushalt aufgenommen haben, durch Erklärung gegenüber dem Standesamt ihren Lebenspartnerschaftsnamen erteilen. [2]§ 1618 Satz 2 bis 6 des Bürgerlichen Gesetzbuchs gilt entsprechend.

(6) [1]Nimmt ein Lebenspartner ein Kind allein an, ist hierfür die Einwilligung des anderen Lebenspartners erforderlich. [2]§ 1749 Abs. 1 Satz 2 und 3 sowie Abs. 2 des Bürgerlichen Gesetzbuchs gilt entsprechend.

(7) [1]Ein Lebenspartner kann ein Kind seines Lebenspartners allein annehmen. [2]Für diesen Fall gelten §§ 1742, 1743 Satz 1, § 1751 Abs. 2 und 4 Satz 2, § 1754 Abs. 1 und 3, § 1755 Abs. 2, § 1756 Abs. 2, § 1757 Abs. 2 Satz 1 und § 1772 Abs. 1 Satz 1 Buchstabe c des Bürgerlichen Gesetzbuchs entsprechend.

§ 10
Erbrecht

(1) [1]Der überlebende Lebenspartner des Erblassers ist neben Verwandten der ersten Ordnung zu einem Viertel, neben Verwandten der zweiten Ordnung oder neben Großeltern zur Hälfte der Erbschaft gesetzlicher Erbe. [2]Treffen mit Großeltern Abkömmlinge von Großeltern zusammen, so erhält der Lebenspartner auch von der anderen Hälfte den Anteil, der nach § 1926 des Bürgerlichen Gesetzbuchs den Abkömmlingen zufallen würde. [3]Zusätzlich stehen ihm die zum lebenspartnerschaftlichen Haushalt gehörenden Gegenstände, soweit sie nicht Zubehör eines Grundstücks

sind, und die Geschenke zur Begründung der Lebenspartnerschaft als Voraus zu. [4]Ist der überlebende Lebenspartner neben Verwandten der ersten Ordnung gesetzlicher Erbe, so steht ihm der Voraus nur zu, soweit er ihn zur Führung eines angemessenen Haushalts benötigt. [5]Auf den Voraus sind die für Vermächtnisse geltenden Vorschriften anzuwenden. [6]Gehört der überlebende Lebenspartner zu den erbberechtigten Verwandten, so erbt er zugleich als Verwandter. [7]Der Erbteil, der ihm aufgrund der Verwandtschaft zufällt, gilt als besonderer Erbteil.

(2) [1]Sind weder Verwandte der ersten noch der zweiten Ordnung noch Großeltern vorhanden, erhält der überlebende Lebenspartner die ganze Erbschaft. [2]Bestand beim Erbfall Gütertrennung und sind als gesetzliche Erben neben dem überlebenden Lebenspartner ein oder zwei Kinder des Erblassers berufen, so erben der überlebende Lebenspartner und jedes Kind zu gleichen Teilen; § 1924 Abs. 3 des Bürgerlichen Gesetzbuchs gilt auch in diesem Fall.

(3) [1]Das Erbrecht des überlebenden Lebenspartners ist ausgeschlossen, wenn zur Zeit des Todes des Erblassers

1. die Voraussetzungen für die Aufhebung der Lebenspartnerschaft nach § 15 Abs. 2 Nr. 1 oder 2 gegeben waren und der Erblasser die Aufhebung beantragt oder ihr zugestimmt hatte oder
2. der Erblasser einen Antrag nach § 15 Abs. 2 Nr. 3 gestellt hatte und dieser Antrag begründet war.

[2]In diesen Fällen gilt § 16 entsprechend.

(4) [1]Lebenspartner können ein gemeinschaftliches Testament errichten. [2]Die §§ 2266 bis 2272 des Bürgerlichen Gesetzbuchs gelten entsprechend.

(5) Auf eine letztwillige Verfügung, durch die der Erblasser seinen Lebenspartner bedacht hat, ist § 2077 des Bürgerlichen Gesetzbuchs entsprechend anzuwenden.

(6) [1]Hat der Erblasser den überlebenden Lebenspartner durch Verfügung von Todes wegen von der Erbfolge ausgeschlossen, kann dieser von den Erben die Hälfte des Wertes des gesetzlichen Erbteils als Pflichtteil verlangen. [2]Die Vorschriften des Bürgerlichen Gesetzbuchs über den Pflichtteil gelten mit der Maßgabe entsprechend, dass der Lebenspartner wie ein Ehegatte zu behandeln ist.

(7) Die Vorschriften des Bürgerlichen Gesetzbuchs über das Inventar für eine zum Gesamtgut gehörenden Erbschaft und über den Erbverzicht gelten entsprechend.

§ 11
Sonstige Wirkungen der Lebenspartnerschaft

(1) Ein Lebenspartner gilt als Familienangehöriger des anderen Lebenspartners, soweit nicht etwas anderes bestimmt ist.

(2) [1]Die Verwandten eines Lebenspartners gelten als mit dem anderen Lebenspartner verschwägert. [2]Die Linie und der Grad der Schwägerschaft bestimmen sich nach der Linie und dem Grad der sie vermittelnden Verwandtschaft. [3]Die Schwägerschaft dauert fort, auch wenn die Lebenspartnerschaft, die sie begründet hat, aufgelöst wurde.

Abschnitt 3
Getrenntleben der Lebenspartner

§ 12
Unterhalt bei Getrenntleben

[1]Leben die Lebenspartner getrennt, so kann ein Lebenspartner von dem anderen den nach den Lebensverhältnissen und den Erwerbs- und Vermögensverhältnissen der Lebenspartner angemessenen Unterhalt verlangen. [2]Die §§ 1361 und 1609 des Bürgerlichen Gesetzbuchs gelten entsprechend.

§ 13
Verteilung der Haushaltsgegenstände bei Getrenntleben

(1) [1]Leben die Lebenspartner getrennt, so kann jeder von ihnen die ihm gehörenden Haushaltsgegenstände von dem anderen Lebenspartner herausverlangen. [2]Er ist jedoch verpflichtet, sie dem anderen Lebenspartner zum Gebrauch zu überlassen, soweit dieser sie zur Führung eines abgesonderten Haushalts benötigt und die Überlassung nach den Umständen des Falles der Billigkeit entspricht.

(2) [1]Haushaltsgegenstände, die den Lebenspartnern gemeinsam gehören, werden zwischen ihnen nach den Grundsätzen der Billigkeit verteilt. [2]Das Gericht kann eine angemessene Vergütung für die Benutzung der Haushaltsgegenstände festsetzen.

(3) Die Eigentumsverhältnisse bleiben unberührt, sofern die Lebenspartner nichts anderes vereinbaren.

§ 14
Wohnungszuweisung bei Getrenntleben

(1) [1]Leben die Lebenspartner voneinander getrennt oder will einer von ihnen getrennt leben, so kann ein Lebenspartner verlangen, dass ihm der andere die gemeinsame Wohnung oder einen Teil zur alleinigen Benutzung überlässt, soweit dies auch unter Berücksichtigung der Belange des anderen Lebenspartners notwendig ist, um eine unbillige Härte zu vermeiden. [2]Eine unbillige Härte kann auch dann gegeben sein, wenn das Wohl von im Haushalt lebenden Kindern beeinträchtigt ist. [3]Steht einem Lebenspartner allein oder gemeinsam mit einem Dritten das Eigentum, das Erbbaurecht oder der Nießbrauch an dem Grundstück zu, auf dem sich die gemeinsame Wohnung befindet, so ist dies besonders zu berücksichtigen; Entsprechendes gilt für das Wohnungseigentum, das Dauerwohnrecht und das dingliche Wohnrecht.

(2) [1]Hat der Lebenspartner, gegen den sich der Antrag richtet, den anderen Lebenspartner widerrechtlich und vorsätzlich am Körper, der Gesundheit oder der Freiheit verletzt oder mit einer solchen Verletzung oder der Verletzung des Lebens widerrechtlich gedroht, ist in der Regel die gesamte Wohnung zur alleinigen Benutzung zu überlassen. [2]Der Anspruch auf Wohnungsüberlassung ist nur dann ausgeschlossen, wenn keine weiteren Verletzungen und widerrechtlichen Drohungen zu besorgen sind, es sei denn, dass dem verletzten Lebenspartner das weitere Zusammenleben mit dem anderen wegen der Schwere der Tat nicht zuzumuten ist.

(3) [1]Wurde einem Lebenspartner die gemeinsame Wohnung ganz oder zum Teil überlassen, so hat der andere alles zu unterlassen, was geeignet ist, die Ausübung dieses Nutzungsrechts zu erschweren oder zu vereiteln. [2]Er kann von dem nutzungsberechtigten Lebenspartner eine Vergütung für die Nutzung verlangen, soweit dies der Billigkeit entspricht.

(4) Ist ein Lebenspartner aus der gemeinsamen Wohnung ausgezogen, um getrennt zu leben, und hat er binnen sechs Monaten nach seinem Auszug eine ernstliche Rückkehrabsicht dem anderen Lebenspartner gegenüber nicht bekundet, so wird unwiderleglich vermutet, dass er dem in der gemeinsamen Wohnung verbliebenen Lebenspartner das alleinige Nutzungsrecht überlassen hat.

Abschnitt 4
Aufhebung der Lebenspartnerschaft

§ 15
Aufhebung

(1) Die Lebenspartnerschaft wird auf Antrag eines oder beider Lebenspartner durch richterliche Entscheidung aufgehoben.

(2) [1]Das Gericht hebt die Lebenspartnerschaft auf, wenn

1. die Lebenspartner seit einem Jahr getrennt leben und
   a) beide Lebenspartner die Aufhebung beantragen oder der Antragsgegner der Aufhebung zustimmt oder
   b) nicht erwartet werden kann, dass eine partnerschaftliche Lebensgemeinschaft wieder hergestellt werden kann,
2. ein Lebenspartner die Aufhebung beantragt und die Lebenspartner seit drei Jahren getrennt leben,
3. die Fortsetzung der Lebenspartnerschaft für den Antragsteller aus Gründen, die in der Person des anderen Lebenspartners liegen, eine unzumutbare Härte wäre.

[2]Das Gericht hebt die Lebenspartnerschaft ferner auf, wenn bei einem Lebenspartner ein Willensmangel im Sinne des § 1314 Abs. 2 Nr. 1 bis 4 des Bürgerlichen Gesetzbuchs vorlag; § 1316 Abs. 1 Nr. 2 des Bürgerlichen Gesetzbuchs gilt entsprechend.

(3) Die Lebenspartnerschaft soll nach Absatz 2 Satz 1 nicht aufgehoben werden, obwohl die Lebenspartner seit mehr als drei Jahren getrennt leben, wenn und solange die Aufhebung der Lebenspartnerschaft für den Antragsgegner, der sie ablehnt, aufgrund außergewöhnlicher Umstände eine so schwere Härte darstellen würde, dass die Aufrechterhaltung der Lebenspartnerschaft auch unter Berücksichtigung der Belange des Antragstellers ausnahmsweise geboten erscheint.

(4) Die Aufhebung nach Absatz 2 Satz 2 ist bei einer Bestätigung der Lebenspartnerschaft ausgeschlossen; § 1315 Absatz 1 Satz 1 Nummer 3 und 4 und § 1317 des Bürgerlichen Gesetzbuchs gelten entsprechend.

(5) [1]Die Lebenspartner leben getrennt, wenn zwischen ihnen keine häusliche Gemeinschaft besteht und ein Lebenspartner sie erkennbar nicht herstellen will, weil er die lebenspartnerschaftliche Gemeinschaft ablehnt. [2]§ 1567 Abs. 1 Satz 2 und Abs. 2 des Bürgerlichen Gesetzbuchs gilt entsprechend.

§ 16
Nachpartnerschaftlicher Unterhalt

(1) [1]Nach der Aufhebung der Lebenspartnerschaft obliegt es jedem Lebenspartner, selbst für seinen Unterhalt zu sorgen. [2]Ist er dazu außerstande, hat er gegen den anderen Lebenspartner einen Anspruch auf Unterhalt nur entsprechend den §§ 1570 bis 1586 b und 1609 des Bürgerlichen Gesetzbuchs.

§ 17
Behandlung der gemeinsamen Wohnung und der Haushaltsgegenstände anlässlich der Aufhebung der Lebenspartnerschaft

Für die Behandlung der gemeinsamen Wohnung und der Haushaltsgegenstände anlässlich der Aufhebung der Lebenspartnerschaft gelten die §§ 1568a und 1568b des Bürgerlichen Gesetzbuchs entsprechend.

Familien- und Erbrecht

§§ 18, 19
(weggefallen)

§ 20
Versorgungsausgleich

(1) Wird eine Lebenspartnerschaft aufgehoben, findet in entsprechender Anwendung des Versorgungsausgleichsgesetzes ein Ausgleich von im In- oder Ausland bestehenden Anrechten (§ 2 Abs. 1 des Versorgungsausgleichsgesetzes) statt, soweit sie in der Lebenspartnerschaftszeit begründet oder aufrechterhalten worden sind.

(2) Als Lebenspartnerschaftszeit gilt die Zeit vom Beginn des Monats, in dem die Lebenspartnerschaft begründet worden ist, bis zum Ende des Monats, der dem Eintritt der Rechtshängigkeit des Antrages auf Aufhebung der Lebenspartnerschaft vorausgeht.

(3) Schließen die Lebenspartner in einem Lebenspartnerschaftsvertrag (§ 7) Vereinbarungen über den Versorgungsausgleich, so sind die §§ 6 bis 8 des Versorgungsausgleichsgesetzes entsprechend anzuwenden.

(4) Die Absätze 1 bis 3 sind nicht anzuwenden, wenn die Lebenspartnerschaft vor dem 1. Januar 2005 begründet worden ist und die Lebenspartner eine Erklärung nach § 21 Abs. 4 nicht abgegeben haben.

Abschnitt 5
Umwandlung einer Lebenspartnerschaft in eine Ehe

§ 20a
Umwandlung einer Lebenspartnerschaft in eine Ehe

(1) [1]Eine Lebenspartnerschaft wird in eine Ehe umgewandelt, wenn beide Lebenspartner vor dem Standesbeamten persönlich und bei gleichzeitiger Anwesenheit erklären, miteinander eine Ehe führen zu wollen. [2]Für die Umwandlung gelten die Vorschriften über die Eheschließung und die Eheaufhebung entsprechend. [3]Die Lebenspartnerschaft wird nach der Umwandlung als Ehe fortgeführt.

(2) Bei der Umwandlung einer Lebenspartnerschaft in eine Ehe kann ein Ehename nicht mehr bestimmt werden, wenn die Lebenspartner zuvor bereits einen Lebenspartnerschaftsnamen nach § 3 bestimmt hatten.

(3) Ein Lebenspartnerschaftsvertrag gilt nach der Umwandlung der Lebenspartnerschaft in eine Ehe als Ehevertrag weiter.

(4) Die Umwandlung der Lebenspartnerschaft in eine Ehe hat keine Auswirkungen auf ein nach § 10 Abs. 4 errichtetes gemeinschaftliches Testament.

(5) Nach der Umwandlung der Lebenspartnerschaft in eine Ehe ist für Rechte und Pflichten der Ehegatten der Tag der Begründung der Lebenspartnerschaft maßgebend.

(6) Nach der Umwandlung der Lebenspartnerschaft in eine Ehe gilt für den Versorgungsausgleich der erste Tag des Monats, in dem die Lebenspartnerschaft begründet worden ist, als Beginn der Ehezeit.

§ 21
Anwendung eherechtlicher Regelungen auf Lebenspartnerschaften

Regelungen zu Ehegatten und Ehen, die nach dem 22. Dezember 2018 in Kraft treten, gelten entsprechend für Lebenspartner und Lebenspartnerschaften, wenn nichts anderes bestimmt ist.

Abschnitt 6
Übergangsvorschriften

(vom Abdruck wurde abgesehen)

Abschnitt 7
Länderöffnungsklausel

(vom Abdruck wurde abgesehen)

Heimgesetz*)

(HeimG)

vom 7. August 1974 (BGBl. I S. 1873)
i.d.F. vom 5. November 2001 (BGBl. I S. 2970)
zuletzt geändert durch Gesetz vom 29. Juli 2009 (BGBl. I S. 2319)

– Auszug –

§ 1
Anwendungsbereich

(1) [1]Dieses Gesetz gilt für Heime. [2]Heime im Sinne dieses Gesetzes sind Einrichtungen, die dem Zweck dienen, ältere Menschen oder pflegebedürftige oder behinderte Volljährige aufzunehmen, ihnen Wohnraum zu überlassen sowie Betreuung und Verpflegung zur Verfügung zu stellen oder vorzuhalten, und die in ihrem Bestand von Wechsel und Zahl der Bewohnerinnen und Bewohner unabhängig sind und entgeltlich betrieben werden.

(2) [3]Die Tatsache, dass ein Vermieter von Wohnraum durch Verträge mit Dritten oder auf andere Weise sicherstellt, dass den Mietern Betreuung und Verpflegung angeboten werden, begründet allein nicht die Anwendung dieses Gesetzes. [2]Dies gilt auch dann, wenn die Mieter vertraglich verpflichtet sind, allgemeine Betreuungsleistungen wie Notrufdienste oder Vermittlung von Dienst- und Pflegeleistungen von bestimmten Anbietern anzunehmen und das Entgelt hierfür im Verhältnis zur Miete von untergeordneter Bedeutung ist. [3]Dieses Gesetz ist anzuwenden, wenn die Mieter vertraglich verpflichtet sind, Verpflegung und weitergehende Betreuungsleistungen von bestimmten Anbietern anzunehmen.

(3) [1]Auf Heime oder Teile von Heimen im Sinne des Absatzes 1, die der vorübergehenden Aufnahme Volljähriger dienen (Kurzzeitheime), sowie auf stationäre Hospize finden die §§ 6, 7, 10 und 14 Abs. 2 Nr. 3 und 4, Abs. 3, 4 und 7 keine Anwendung. [2]Nehmen die Heime nach Satz 1 in der Regel mindestens sechs Personen auf, findet § 10 mit der Maßgabe Anwendung, dass ein Heimfürsprecher zu bestellen ist.

(4) Als vorübergehend im Sinne dieses Gesetzes ist ein Zeitraum von bis zu drei Monaten anzusehen.

(5) [1]Dieses Gesetz gilt auch für Einrichtungen der Tages- und der Nachtpflege mit Ausnahme der §§ 10 und 14 Abs. 2 Nr. 3 und 4, Abs. 3, 4 und 7. [2]Nimmt die Einrichtung in der Regel mindestens sechs Personen auf, findet § 10 mit der Maßgabe Anwendung, dass ein Heimfürsprecher zu bestellen ist.

(6) [1]Dieses Gesetz gilt nicht für Krankenhäuser im Sinne des § 2 Nr. 1 des Krankenhausfinanzierungsgesetzes. [2]In Einrichtungen zur Rehabilitation gilt dieses Gesetz für die Teile, die die Voraussetzungen des Absatzes 1 erfüllen. [3]Dieses Gesetz gilt nicht für Internate der Berufsbildung und Berufsförderungswerke.

*) Das Heimgesetz des Bundes gilt nur noch insoweit, als die Länder nicht von ihrer Gesetzgebungskompetenz Gebrauch machen. Eigene Heimgesetze bestehen u. a. in Brandenburg (GVBl. Brandenburg I 2009, S. 298), in Mecklenburg-Vorpommern (GVOBl. M-V 2010, S. 241), in Sachsen (SächsGVBl. 2012, S. 397), in Sachsen-Anhalt (GVBl. LSA 2011, S. 136) und in Thüringen (GVBl. Thüringen 2014, S. 161). Eine aktuelle Übersicht mit Fundstellen der Nachfolgeregelungen veröffentlicht das DNotI im Internet unter Arbeitshilfen-Erbrecht.

§ 2
Zweck des Gesetzes

(1) Zweck des Gesetzes ist es,

1. die Würde sowie die Interessen und Bedürfnisse der Bewohnerinnen und Bewohner von Heimen vor Beeinträchtigungen zu schützen,
2. die Selbständigkeit, die Selbstbestimmung und die Selbstverantwortung der Bewohnerinnen und Bewohner zu wahren und zu fördern,
3. die Einhaltung der dem Träger des Heims (Träger) gegenüber den Bewohnerinnen und Bewohnern obliegenden Pflichten zu sichern,
4. die Mitwirkung der Bewohnerinnen und Bewohner zu sichern,
5. eine dem allgemein anerkannten Stand der fachlichen Erkenntnisse entsprechende Qualität des Wohnens und der Betreuung zu sichern,
6. die Beratung in Heimangelegenheiten zu fördern sowie
7. die Zusammenarbeit der für die Durchführung dieses Gesetzes zuständigen Behörden mit den Trägern und deren Verbänden, den Pflegekassen, dem Medizinischen Dienst der Krankenversicherung sowie den Trägern der Sozialhilfe zu fördern.

(2) Die Selbständigkeit der Träger in Zielsetzung und Durchführung ihrer Aufgaben bleibt unberührt.

...

§ 14
Leistungen an Träger und Beschäftigte

(1) Dem Träger ist es untersagt, sich von oder zugunsten von Bewohnerinnen und Bewohnern oder den Bewerberinnen und Bewerbern um einen Heimplatz Geld- oder geldwerte Leistungen über das nach § 5 vereinbarte Entgelt hinaus versprechen oder gewähren zu lassen.

(2) [1]Dies gilt nicht, wenn

1. andere als die in § 5 aufgeführten Leistungen des Trägers abgegolten werden,
2. geringwertige Aufmerksamkeiten versprochen oder gewährt werden,
3. Leistungen im Hinblick auf die Überlassung eines Heimplatzes zum Bau, zum Erwerb, zur Instandsetzung, zur Ausstattung oder zum Betrieb des Heims versprochen oder gewährt werden,

(3) [1]Leistungen im Sinne des Absatzes 2 Nr. 3 sind zurückzugewähren, soweit sie nicht mit dem Entgelt verrechnet worden sind. [2]Sie sind vom Zeitpunkt ihrer Gewährung an mit mindestens vier vom Hundert für das Jahr zu verzinsen, soweit der Vorteil der Kapitalnutzung bei der Bemessung des Entgelts nicht berücksichtigt worden ist. [3]Die Verzinsung oder der Vorteil der Kapitalnutzung bei der Bemessung des Entgelts sind der Bewohnerin oder dem Bewohner gegenüber durch jährliche Abrechnungen nachzuweisen. [4]Die Sätze 1 bis 3 gelten auch für Leistungen, die von oder zugunsten von Bewerberinnen und Bewerbern erbracht worden sind.

(4) *(weggefallen)*

(5) [1]Der Leitung, den Beschäftigten oder sonstigen Mitarbeiterinnen oder Mitarbeitern des Heims ist es untersagt, sich von oder zugunsten von Bewohnerinnen und Bewohnern neben der vom Träger erbrachten Vergütung Geld- oder geldwerte Leistungen für die Erfüllung der Pflichten aus dem Heimvertrag versprechen oder gewähren zu lassen. [2]Dies gilt nicht, soweit es sich um geringwertige Aufmerksamkeiten handelt.

(6) Die zuständige Behörde kann in Einzelfällen Ausnahmen von den Verboten der Absätze 1 und 5 zulassen, soweit der Schutz der Bewohnerinnen und Bewohner die Aufrechterhaltung der Verbote nicht erfordert und die Leistungen noch nicht versprochen oder gewährt worden sind.

Gerichtsverfassungsgesetz (GVG)

In der Fassung der Bekanntmachung vom 9. Mai 1975 (BGBl. I S. 1077)
Zuletzt geändert durch Gesetz vom 25. Juni 2021 (BGBl. I S. 2099)

– Auszug –

§ 12

Die ordentliche Gerichtsbarkeit wird durch Amtsgerichte, Landgerichte, Oberlandesgerichte und durch den Bundesgerichtshof (den obersten Gerichtshof des Bundes für das Gebiet der ordentlichen Gerichtsbarkeit) ausgeübt.

§ 13

Vor die ordentlichen Gerichte gehören die bürgerlichen Rechtsstreitigkeiten, die Familiensachen und die Angelegenheiten der freiwilligen Gerichtsbarkeit (Zivilsachen) sowie die Strafsachen, für die nicht entweder die Zuständigkeit von Verwaltungsbehörden oder Verwaltungsgerichten begründet ist oder auf Grund von Vorschriften des Bundesrechts besondere Gerichte bestellt oder zugelassen sind.

§ 13a

Durch Landesrecht können einem Gericht für die Bezirke mehrerer Gerichte Sachen aller Art ganz oder teilweise zugewiesen sowie auswärtige Spruchkörper von Gerichten eingerichtet werden.

§ 22

(4) Jeder Richter beim Amtsgericht erledigt die ihm obliegenden Geschäfte, soweit dieses Gesetz nichts anderes bestimmt, als Einzelrichter.

§ 23

Die Zuständigkeit der Amtsgerichte umfasst in bürgerlichen Rechtsstreitigkeiten, soweit sie nicht ohne Rücksicht auf den Wert des Streitgegenstandes den Landgerichten zugewiesen sind:

1. Streitigkeiten über Ansprüche, deren Gegenstand an Geld oder Geldeswert die Summe von fünftausend Euro nicht übersteigt;
2. ohne Rücksicht auf den Wert des Streitgegenstandes:
   a) Streitigkeiten über Ansprüche aus einem Mietverhältnis über Wohnraum oder über den Bestand eines solchen Mietverhältnisses; diese Zuständigkeit ist ausschließlich;
   b) Streitigkeiten zwischen Reisenden und Wirten, Fuhrleuten, Schiffern oder Auswanderungsexpedienten in den Einschiffungshäfen, die über Wirtszechen, Fuhrlohn, Überfahrtsgelder, Beförderung der Reisenden und ihrer Habe

und über Verlust und Beschädigung der letzteren, sowie Streitigkeiten zwischen Reisenden und Handwerkern, die aus Anlass der Reise entstanden sind;

c) Streitigkeiten nach § 43 Absatz 2 des Wohnungseigentumsgesetzes, diese Zuständigkeit ist ausschließlich;

...

g) Ansprüche aus einem mit der Überlassung eines Grundstücks in Verbindung stehenden Leibgedings-, Leibzuchts-, Altenteils- oder Auszugsvertrag;

h) das Aufgebotsverfahren.

§ 23 a

(1) [1]Die Amtsgerichte sind ferner zuständig für

1. Familiensachen;
2. Angelegenheiten der freiwilligen Gerichtsbarkeit, soweit nicht durch gesetzliche Vorschriften eine anderweitige Zuständigkeit begründet ist.

[2]Die Zuständigkeit nach Satz 1 Nummer 1 ist eine ausschließliche.

(2) Angelegenheiten der freiwilligen Gerichtsbarkeit sind

1. Betreuungssachen, Unterbringungssachen sowie betreuungsgerichtliche Zuweisungssachen,
2. Nachlass- und Teilungssachen,
3. Registersachen,
4. unternehmensrechtliche Verfahren nach § 375 des Gesetzes über das Verfahren in Familiensachen und in den Angelegenheiten der freiwilligen Gerichtsbarkeit,
5. die weiteren Angelegenheiten der freiwilligen Gerichtsbarkeit nach § 410 des Gesetzes über das Verfahren in Familiensachen und in den Angelegenheiten der freiwilligen Gerichtsbarkeit,
6. Verfahren in Freiheitsentziehungssachen nach § 415 des Gesetzes über das Verfahren in Familiensachen und in den Angelegenheiten der freiwilligen Gerichtsbarkeit,
7. Aufgebotsverfahren,
8. Grundbuchsachen,
9. Verfahren nach § 1 Nr. 1 und 2 bis 6 des Gesetzes über das gerichtliche Verfahren in Landwirtschaftssachen,
10. Schiffsregistersachen sowie
11. sonstige Angelegenheiten der freiwilligen Gerichtsbarkeit, soweit sie durch Bundesgesetz den Gerichten zugewiesen sind.

(3) Abweichend von Absatz 1 Satz 1 Nummer 2 sind für die den Amtsgerichten obliegenden Verrichtungen in Teilungssachen im Sinne von § 342 Absatz 2 Nummer 1 des Gesetzes über das Verfahren in FamilienSachen und in den Angelegenheiten der freiwilligen Gerichtsbarkeit anstelle der Amtsgerichte die Notare zuständig.

§ 23 b
Abteilungen für Familiensachen

(1) Bei den Amtsgerichten werden Abteilungen für Familiensachen (Familiengerichte) gebildet.

(2) ...

§ 23 c

(1) Bei den Amtsgerichten werden Abteilungen für Betreuungssachen, Unterbringungssachen und betreuungsgerichtliche Zuweisungssachen (Betreuungsgerichte) gebildet.

(2) [1]Die Betreuungsgerichte werden mit Betreuungsrichtern besetzt. [2]Ein Richter auf Probe darf im ersten Jahr nach seiner Ernennung Geschäfte des Betreuungsrichters nicht wahrnehmen.

§ 23 d

[1]Die Landesregierungen werden ermächtigt, durch Rechtsverordnung einem Amtsgericht für die Bezirke mehrerer Amtsgerichte die Familiensachen sowie ganz oder teilweise die Handelssachen, die Angelegenheiten der freiwilligen Gerichtsbarkeit und Entscheidungen über Maßnahmen, die nach den Vollzugsgesetzen der vorherigen gerichtlichen Anordnung oder gerichtlichen Genehmigung bedürfen, zuzuweisen, sofern die Zusammenfassung der sachlichen Förderung der Verfahren dient oder zur Sicherung einer einheitlichen Rechtsprechung geboten erscheint. [2]Die Landesregierungen können die Ermächtigungen auf die Landesjustizverwaltungen übertragen.

§ 24

(1) [1]In Strafsachen sind die Amtsgerichte zuständig, wenn nicht

1. die Zuständigkeit des Landgerichts nach § 74 Abs. 2 oder § 74 a oder des Oberlandesgerichts nach §§ 120 oder 120 b begründet ist,
2. im Einzelfall eine höhere Strafe als vier Jahre Freiheitsstrafe oder die Unterbringung des Beschuldigten in einem psychiatrischen Krankenhaus, allein oder neben einer Strafe, oder in der Sicherungsverwahrung (§§ 66 bis 66b des Strafgesetzbuches) zu erwarten ist oder
3. die Staatsanwaltschaft wegen der besonderen Schutzbedürftigkeit von Verletzten der Straftat, die als Zeugen in Betracht kommen, des besonderen Umfangs oder der besonderen Bedeutung des Falles Anklage beim Landgericht erhebt.

[2]Eine besondere Schutzbedürftigkeit nach Satz 1 Nummer 3 liegt insbesondere vor, wenn zu erwarten ist, dass die Vernehmung für den Verletzten mit einer besonderen

Belastung verbunden sein wird, und deshalb mehrfache Vernehmungen vermieden werden sollten.

(2) Das Amtsgericht darf nicht auf eine höhere Strafe als vier Jahre Freiheitsstrafe und nicht auf die Unterbringung in einem psychiatrischen Krankenhaus, allein oder neben einer Strafe, oder in der Sicherungsverwahrung erkennen.

§ 28

Für die Verhandlung und Entscheidung der zur Zuständigkeit der Amtsgerichte gehörenden Strafsachen werden, soweit nicht der Strafrichter entscheidet, bei den Amtsgerichten Schöffengerichte gebildet.

§ 29

(1) [1]Das Schöffengericht besteht aus dem Richter beim Amtsgericht als Vorsitzenden und zwei Schöffen. [2]Ein Richter auf Probe darf im ersten Jahr nach seiner Ernennung nicht Vorsitzender sein.

(2) [1]Bei Eröffnung des Hauptverfahrens kann auf Antrag der Staatsanwaltschaft die Zuziehung eines zweiten Richters beim Amtsgericht beschlossen werden, wenn dessen Mitwirkung nach dem Umfang der Sache notwendig erscheint. [2]Eines Antrages der Staatsanwaltschaft bedarf es nicht, wenn ein Gericht höherer Ordnung das Hauptverfahren vor dem Schöffengericht eröffnet.

§ 30

(1) Insoweit das Gesetz nicht Ausnahmen bestimmt, üben die Schöffen während der Hauptverhandlung das Richteramt in vollem Umfang und mit gleichem Stimmrecht wie die Richter beim Amtsgericht aus und nehmen auch an den im Laufe einer Hauptverhandlung zu erlassenden Entscheidungen teil, die in keiner Beziehung zu der Urteilsfällung stehen und die auch ohne mündliche Verhandlung erlassen werden können.

(2) Die außerhalb der Hauptverhandlung erforderlichen Entscheidungen werden von dem Richter beim Amtsgericht erlassen.

§ 31

Das Amt eines Schöffen ist ein Ehrenamt. Es kann nur von Deutschen versehen werden.

§ 34

(1) Zu dem Amt eines Schöffen sollen ferner nicht berufen werden:

...

4. Richter und Beamte der Staatsanwaltschaft, Notare und Rechtsanwälte;

...

§ 60

(1) Bei den Landgerichten werden Zivil- und Strafkammern gebildet.

(2) [1]Die Landesregierungen werden ermächtigt, durch Rechtsverordnung bei einem Landgericht mit mindestens 100 Richterstellen ausschließlich Zivil- oder Strafkammern zu bilden und diesem für die Bezirke mehrerer Landgerichte die Zivil- oder Strafsachen zuzuweisen. [2]Die Landesregierungen können die Ermächtigung nach Satz 1 auf die Landesjustizverwaltungen übertragen.

§ 71

(1) Vor die Zivilkammern, einschließlich der Kammern für Handelssachen, gehören alle bürgerlichen Rechtsstreitigkeiten, die nicht den Amtsgerichten zugewiesen sind.

(2) Die Landgerichte sind ohne Rücksicht auf den Wert des Streitgegenstandes ausschließlich zuständig

1. für die Ansprüche, die auf Grund der Beamtengesetze gegen den Fiskus erhoben werden;
2. für die Ansprüche gegen Richter und Beamte wegen Überschreitung ihrer amtlichen Befugnisse oder wegen pflichtwidriger Unterlassung von Amtshandlungen;
3. für Schadensersatzansprüche auf Grund falscher, irreführender oder unterlassener öffentlicher Kapitalmarktinformationen;
4. für Verfahren nach
   a) *(weggefallen)*
   b) den §§ 98, 99, 132, 142, 145, 258, 260, 293c und 315 des Aktiengesetzes,
   c) § 26 des SE-Ausführungsgesetzes,
   d) § 10 des Umwandlungsgesetzes,
   e) dem Spruchverfahrensgesetz,
   f) den §§ 39a und 39b des Wertpapiererwerbs- und Übernahmegesetzes,
5. in Streitigkeiten
   a) über das Anordnungsrecht des Bestellers gemäß § 650b des Bürgerlichen Gesetzbuchs,
   b) über die Höhe des Vergütungsanspruchs infolge einer Anordnung des Bestellers (§ 650c des Bürgerlichen Gesetzbuchs);
6. für Ansprüche aus dem Unternehmensstabilisierungs- und -restrukturierungsgesetz.

(3) Der Landesgesetzgebung bleibt überlassen, Ansprüche gegen den Staat oder eine Körperschaft des öffentlichen Rechts wegen Verfügungen der Verwaltungs-

behörden sowie Ansprüche wegen öffentlicher Abgaben ohne Rücksicht auf den Wert des Streitgegenstandes den Landgerichten ausschließlich zuzuweisen.

(4)

…

§ 72

(1) [1]Die Zivilkammern, einschließlich der Kammern für Handelssachen und der in § 72a genannten Kammern, sind die Berufungs- und Beschwerdegerichte in den vor den Amtsgerichten verhandelten bürgerlichen Rechtsstreitigkeiten, soweit nicht die Zuständigkeit der Oberlandesgerichte begründet ist. [2]Die Landgerichte sind ferner die Beschwerdegerichte in Freiheitsentziehungssachen und in den von den Betreuungsgerichten entschiedenen Sachen.

(2) [1]In Streitigkeiten nach § 43 Absatz 2 des Wohnungseigentumsgesetzes ist das für den Sitz des Oberlandesgerichts zuständige Landgericht gemeinsames Berufungs- und Beschwerdegericht für den Bezirk des Oberlandesgerichts, in dem das Amtsgericht seinen Sitz hat. [2]Die Landesregierungen werden ermächtigt, durch Rechtsverordnung anstelle dieses Gerichts ein anderes Landgericht im Bezirk des Oberlandesgerichts zu bestimmen. [3]Sie können die Ermächtigung auf die Landesjustizverwaltungen übertragen.

§ 72a
[Zivilkammern für Sachgebiete; Ermächtigungen]*)

(1) Bei den Landgerichten werden eine oder mehrere Zivilkammern für folgende Sachgebiete gebildet:

1. Streitigkeiten aus Bank- und Finanzgeschäften,
2. Streitigkeiten aus Bau- und Architektenverträgen sowie aus Ingenieurverträgen, soweit sie im Zusammenhang mit Bauleistungen stehen,
3. Streitigkeiten aus Heilbehandlungen,
4. Streitigkeiten aus Versicherungsvertragsverhältnissen,
5. Streitigkeiten über Ansprüche aus Veröffentlichungen durch Druckerzeugnisse, Bild- und Tonträger jeder Art, insbesondere in Presse, Rundfunk, Film und Fernsehen,
6. erbrechtliche Streitigkeiten und
7. insolvenzrechtliche Streitigkeiten und Beschwerden, Anfechtungssachen nach dem Anfechtungsgesetz sowie Streitigkeiten und Beschwerden aus dem Unternehmensstabilisierungs- und -restrukturierungsgesetz

(2) [1]Die Landesregierungen werden ermächtigt, durch Rechtsverordnung bei den Landgerichten eine oder mehrere Zivilkammern für weitere Sachgebiete einzurich-

*) Fassung ab 1.1.2021

ten. [2]Die Landesregierungen können die Ermächtigung auf die Landesjustizverwaltungen übertragen.

(3) Den Zivilkammern nach den Absätzen 1 und 2 können auch Streitigkeiten nach den §§ 71 und 72 zugewiesen werden.

§ 74

(1) [1]Die Strafkammern sind als erkennende Gerichte des ersten Rechtszuges zuständig für alle Verbrechen, die nicht zur Zuständigkeit des Amtsgerichts oder des Oberlandesgerichts gehören. [2]Sie sind auch zuständig für alle Straftaten, bei denen eine höhere Strafe als vier Jahre Freiheitsstrafe oder die Unterbringung in einem psychiatrischen Krankenhaus, allein oder neben einer Strafe, oder in der Sicherungsverwahrung zu erwarten ist oder bei denen die Staatsanwaltschaft in den Fällen des § 24 Abs. 1 Nr. 3 Anklage beim Landgericht erhebt.

(2) Für die Verbrechen

1. des sexuellen Mißbrauchs von Kindern mit Todesfolge (§ 176d des Strafgesetzbuches),
2. des sexuellen Übergriffs, der sexuellen Nötigung und Vergewaltigung mit Todesfolge (§ 178 des Strafgesetzbuches),
3. des sexuellen Mißbrauchs widerstandsunfähiger Personen mit Todesfolge (§ 179 Abs. 7 in Verbindung mit § 178 des Strafgesetzbuches),
4. des Mordes (§ 211 des Strafgesetzbuches),
5. des Totschlags (§ 212 des Strafgesetzbuches),
6. *(weggefallen)*
7. der Aussetzung mit Todesfolge (§ 221 Abs. 3 des Strafgesetzbuches),
8. der Körperverletzung mit Todesfolge (§ 227 des Strafgesetzbuches),
9. der Entziehung Minderjähriger mit Todesfolge (§ 235 Abs. 5 des Strafgesetzbuches),

9a. der Nachstellung mit Todesfolge (§ 238 Absatz 3 des Strafgesetzbuches),

10. der Freiheitsberaubung mit Todesfolge (§ 239 Abs. 4 des Strafgesetzbuches),
11. des erpresserischen Menschenraubes mit Todesfolge (§ 239a Abs. 3 des Strafgesetzbuches),
12. der Geiselnahme mit Todesfolge (§ 239b Abs. 2 in Verbindung mit § 239a Abs. 3 des Strafgesetzbuches),
13. des Raubes mit Todesfolge (§ 251 des Strafgesetzbuches),
14. des räuberischen Diebstahls mit Todesfolge (§ 252 in Verbindung mit § 251 des Strafgesetzbuches),
15. der räuberischen Erpressung mit Todesfolge (§ 255 in Verbindung mit § 251 des Strafgesetzbuches),

16. der Brandstiftung mit Todesfolge (§ 306c des Strafgesetzbuches),
17. des Herbeiführens einer Explosion durch Kernenergie (§ 307 Abs. 1 bis 3 des Strafgesetzbuches),
18. des Herbeiführens einer Sprengstoffexplosion mit Todesfolge (§ 308 Abs. 3 des Strafgesetzbuches),
19. des Mißbrauchs ionisierender Strahlen gegenüber einer unübersehbaren Zahl von Menschen (§ 309 Abs. 2 und 4 des Strafgesetzbuches),
20. der fehlerhaften Herstellung einer kerntechnischen Anlage mit Todesfolge (§ 312 Abs. 4 des Strafgesetzbuches),
21. des Herbeiführens einer Überschwemmung mit Todesfolge (§ 313 in Verbindung mit § 308 Abs. 3 des Strafgesetzbuches),
22. der gemeingefährlichen Vergiftung mit Todesfolge (§ 314 in Verbindung mit § 308 Abs. 3 des Strafgesetzbuches),
23. des räuberischen Angriffs auf Kraftfahrer mit Todesfolge (§ 316a Abs. 3 des Strafgesetzbuches),
24. des Angriffs auf den Luft- und Seeverkehr mit Todesfolge (§ 316c Abs. 3 des Strafgesetzbuches),
25. der Beschädigung wichtiger Anlagen mit Todesfolge (§ 318 Abs. 4 des Strafgesetzbuches),
26. einer vorsätzlichen Umweltstraftat mit Todesfolge (§ 330 Abs. 2 Nr. 2 des Strafgesetzbuches),
27. der schweren Gefährdung durch Freisetzen von Giften mit Todesfolge (§ 330a Absatz 2 des Strafgesetzbuches),
28. der Körperverletzung im Amt mit Todesfolge (§ 340 Absatz 3 in Verbindung mit § 227 des Strafgesetzbuches),
29. des Abgebens, Verabreichens oder Überlassens von Betäubungsmitteln zum unmittelbaren Verbrauch mit Todesfolge (§ 30 Absatz 1 Nummer 3 des Betäubungsmittelgesetzes),
30. des Einschleusens mit Todesfolge (§ 97 Absatz 1 des Aufenthaltsgesetzes)

ist eine Strafkammer als Schwurgericht zuständig. § 120 bleibt unberührt.

(3) Die Strafkammern sind außerdem zuständig für die Verhandlung und Entscheidung über das Rechtsmittel der Berufung gegen die Urteile des Strafrichters und des Schöffengerichts.

§ 74 a–c

(vom Abdruck wurde abgesehen)

§ 75

Die Zivilkammern sind, soweit nicht nach den Vorschriften der Prozessgesetze an Stelle der Kammer der Einzelrichter zu entscheiden hat, mit drei Mitgliedern einschließlich des Vorsitzenden besetzt.

§ 94

Ist bei einem Landgericht eine Kammer für Handelssachen gebildet, so tritt für Handelssachen diese Kammer an die Stelle der Zivilkammern nach Maßgabe der folgenden Vorschriften.

§ 95

(1) Handelssachen im Sinne dieses Gesetzes sind die bürgerlichen Rechtsstreitigkeiten, in denen durch die Klage ein Anspruch geltend gemacht wird:

1. gegen einen Kaufmann im Sinne des Handelsgesetzbuches, sofern er in das Handelsregister oder Genossenschaftsregister eingetragen ist oder auf Grund einer gesetzlichen Sonderregelung für juristische Personen des öffentlichen Rechts nicht eingetragen zu werden braucht, aus Geschäften, die für beide Teile Handelsgeschäfte sind;
2. aus einem Wechsel im Sinne des WechselG oder aus einer der im § 363 des HGB bezeichneten Urkunden;
3. auf Grund des ScheckG;
4. aus einem der nachstehend bezeichneten Rechtsverhältnisse:
   a) aus dem Rechtsverhältnis zwischen den Mitgliedern einer Handelsgesellschaft oder zwischen dieser und ihren Mitgliedern oder zwischen dem stillen Gesellschafter und dem Inhaber des Handelsgeschäfts, sowohl während des Bestehens als auch nach Auflösung des Gesellschaftsverhältnisses, und aus dem Rechtsverhältnis zwischen den Vorstehern oder den Liquidatoren einer Handelsgesellschaft und der Gesellschaft oder deren Mitgliedern;
   b) aus dem Rechtsverhältnis, welches das Recht zum Gebrauch der Handelsfirma betrifft;
   c) aus den Rechtsverhältnissen, die sich auf den Schutz der Marken und sonstigen Kennzeichen sowie der eingetragenen Designs beziehen;
   d) aus dem Rechtsverhältnis, das durch den Erwerb eines bestehenden Handelsgeschäfts unter Lebenden zwischen dem bisherigen Inhaber und dem Erwerber entsteht;
   e) aus dem Rechtsverhältnis zwischen einem Dritten und dem, der wegen mangelnden Nachweises der Prokura oder Handlungsvollmacht haftet;
   f) aus den Rechtsverhältnissen des Seerechts, insbesondere ...;
5. auf Grund des Gesetzes gegen den unlauteren Wettbewerb ;

6. aus den §§ 9, 10, 11, 14 und 15 des Wertpapierprospektgesetzes oder den §§ 20 bis 22 des Vermögensanlagengesetzes.

(2) Handelssachen im Sinne dieses Gesetzes sind ferner

...

§ 96

(1) Der Rechtsstreit wird vor der Kammer für Handelssachen verhandelt, wenn der Kläger dies in der Klageschrift beantragt hat.

§ 105

(1) Die Kammern für Handelssachen entscheiden in der Besetzung mit einem Mitglied des Landgerichts als Vorsitzenden und zwei ehrenamtlichen Richtern, soweit nicht nach den Vorschriften der Prozessgesetze an Stelle der Kammer der Vorsitzende zu entscheiden hat.

(2) Sämtliche Mitglieder der Kammer für Handelssachen haben gleiches Stimmrecht.

§ 116

(1) Bei den Oberlandesgerichten werden Zivil- und Strafsenate gebildet. ...

§ 119

(1) Die Oberlandesgerichte sind in Zivilsachen zuständig für die Verhandlung und Entscheidung über die Rechtsmittel:

1. der Beschwerde gegen Entscheidungen der Amtsgerichte
   a) in den von den Familiengerichten entschiedenen Sachen;
   b) in den Angelegenheiten der freiwilligen Gerichtsbarkeit mit Ausnahme der Freiheitsentziehungssachen und der von den Betreuungsgerichten entschiedenen Sachen;
2. der Berufung und der Beschwerde gegen Entscheidungen der Landgerichte.

(2) ...

§ 119a
[Zivilsenate für Sachgebiete; Ermächtigungen]

(1) Bei den Oberlandesgerichten werden ein oder mehrere Zivilsenate für folgende Sachgebiete gebildet:

1. Streitigkeiten aus Bank- und Finanzgeschäften,
2. Streitigkeiten aus Bau- und Architektenverträgen sowie aus Ingenieurverträgen, soweit sie im Zusammenhang mit Bauleistungen stehen,
3. Streitigkeiten aus Heilbehandlungen,
4. Streitigkeiten aus Versicherungsvertragsverhältnissen,
5. Streitigkeiten über Ansprüche aus Veröffentlichungen durch Druckerzeugnisse, Bild- und Tonträger jeder Art, insbesondere in Presse, Rundfunk, Film und Fernsehen,
6. erbrechtliche Streitigkeiten und
7. insolvenzrechtliche Streitigkeiten, Anfechtungssachen nach dem Anfechtungsgesetz sowie Streitigkeiten aus dem Unternehmensstabilisierungs- und -restrukturierungsgesetz.

(2) [1]Die Landesregierungen werden ermächtigt, durch Rechtsverordnung bei den Oberlandesgerichten einen oder mehrere Zivilsenate für weitere Sachgebiete einzurichten. [2]Die Landesregierungen können die Ermächtigung auf die Landesjustizverwaltungen übertragen.

(3) Den Zivilsenaten nach den Absätzen 1 und 2 können auch Streitigkeiten nach § 119 Absatz 1 zugewiesen werden.

§ 120 [Zuständigkeit in Strafsachen in 1. Instanz]

(1) In Strafsachen sind die Oberlandesgerichte, in deren Bezirk die Landesregierungen ihren Sitz haben, für das Gebiet des Landes zuständig für die Verhandlung und Entscheidung im ersten Rechtszug

1. (weggefallen)
2. bei Hochverrat (§§ 81 bis 83 des Strafgesetzbuches),
3. bei Landesverrat und Gefährdung der äußeren Sicherheit (§§ 94 bis 100a des Strafgesetzbuches) sowie bei Straftaten nach § 52 Abs. 2 des Patentgesetzes, nach § 9 Abs. 2 des Gebrauchsmustergesetzes in Verbindung mit § 52 Abs. 2 des Patentgesetzes oder nach § 4 Abs. 4 des Halbleiterschutzgesetzes in Verbindung mit § 9 Abs. 2 des Gebrauchsmustergesetzes und § 52 Abs. 2 des Patentgesetzes,
4. bei einem Angriff gegen Organe und Vertreter ausländischer Staaten (§ 102 des Strafgesetzbuches),

5. bei einer Straftat gegen Verfassungsorgane in den Fällen der §§ 105, 106 des Strafgesetzbuches,

6. bei einer Zuwiderhandlung gegen das Vereinigungsverbot des § 129a, auch in Verbindung mit § 129b Abs. 1, des Strafgesetzbuches,

7. bei Nichtanzeige von Straftaten nach § 138 des Strafgesetzbuches, wenn die Nichtanzeige eine Straftat betrifft, die zur Zuständigkeit der Oberlandesgerichte gehört und

8. bei Straftaten nach dem Völkerstrafgesetzbuch.

(2) [1]Diese Oberlandesgerichte sind ferner für die Verhandlung und Entscheidung im ersten Rechtszug zuständig

1. bei den in § 74a Abs. 1 bezeichneten Straftaten, wenn der Generalbundesanwalt wegen der besonderen Bedeutung des Falles nach § 74a Abs. 2 die Verfolgung übernimmt,

2. bei Mord (§ 211 des Strafgesetzbuches), Totschlag (§ 212 des Strafgesetzbuches) und den in § 129a Abs. 1 Nr. 2 und Abs. 2 des Strafgesetzbuches bezeichneten Straftaten, wenn ein Zusammenhang mit der Tätigkeit einer nicht oder nicht nur im Inland bestehenden Vereinigung besteht, deren Zweck oder Tätigkeit die Begehung von Straftaten dieser Art zum Gegenstand hat, und der Generalbundesanwalt wegen der besonderen Bedeutung des Falles die Verfolgung übernimmt,

3. bei Mord (§ 211 des Strafgesetzbuchs), Totschlag (§ 212 des Strafgesetzbuchs), erpresserischem Menschenraub (§ 239a des Strafgesetzbuchs), Geiselnahme (§ 239b des Strafgesetzbuchs), schwerer und besonders schwerer Brandstiftung (§§ 306a und 306b des Strafgesetzbuchs), Brandstiftung mit Todesfolge (§ 306c des Strafgesetzbuchs), Herbeiführen einer Explosion durch Kernenergie in den Fällen des § 307 Abs. 1 und 3 Nr. 1 des Strafgesetzbuchs, Herbeiführen einer Sprengstoffexplosion in den Fällen des § 308 Abs. 1 bis 3 des Strafgesetzbuchs, Missbrauch ionisierender Strahlen in den Fällen des § 309 Abs. 1 bis 4 des Strafgesetzbuchs, Vorbereitung eines Explosions- oder Strahlungsverbrechens in den Fällen des § 310 Abs. 1 Nr. 1 bis 3 des Strafgesetzbuchs, Herbeiführen einer Überschwemmung in den Fällen des § 313 Abs. 2 in Verbindung mit § 308 Abs. 2 und 3 des Strafgesetzbuchs, gemeingefährlicher Vergiftung in den Fällen des § 314 Abs. 2 in Verbindung mit § 308 Abs. 2 und 3 des Strafgesetzbuchs und Angriff auf den Luft- und Seeverkehr in den Fällen des § 316c Abs. 1 und 3 des Strafgesetzbuchs, wenn die Tat nach den Umständen geeignet ist,

   a) den Bestand oder die Sicherheit eines Staates zu beeinträchtigen,

   b) Verfassungsgrundsätze der Bundesrepublik Deutschland zu beseitigen, außer Geltung zu setzen oder zu untergraben,

   c) die Sicherheit der in der Bundesrepublik Deutschland stationierten Truppen des Nordatlantik-Pakts oder seiner nichtdeutschen Vertragsstaaten zu beeinträchtigen oder

   d) den Bestand oder die Sicherheit einer internationalen Organisation zu beeinträchtigen, und der Generalbundesanwalt wegen der besonderen Bedeutung des Falles die Verfolgung übernimmt,

4. bei Straftaten nach dem Außenwirtschaftsgesetz sowie bei Straftaten nach dem Gesetz über die Kontrolle von Kriegswaffen, wenn die Tat oder im Falle des strafbaren Versuchs auch ihre unterstellte Vollendung nach den Umständen

   a) geeignet ist, die äußere Sicherheit oder die auswärtigen Beziehungen der Bundesrepublik Deutschland erheblich zu gefährden, oder

   b) bestimmt und geeignet ist, das friedliche Zusammenleben der Völker zu stören,

   und der Generalbundesanwalt wegen der besonderen Bedeutung des Falles die Verfolgung übernimmt.

[2]Eine besondere Bedeutung des Falles ist auch anzunehmen, wenn in den Fällen des Satzes 1 eine Ermittlungszuständigkeit des Generalbundesanwalts wegen des länderübergreifenden Charakters der Tat geboten erscheint. [3]Die Oberlandesgerichte verweisen bei der Eröffnung des Hauptverfahrens die Sache in den Fällen der Nummer 1 an das Landgericht, in den Fällen der Nummern 2 bis 4 an das Land- oder Amtsgericht, wenn eine besondere Bedeutung des Falles nicht vorliegt.

(3) (...)

§ 121

(1) Die Oberlandesgerichte sind in Strafsachen ferner zuständig für die Verhandlung und Entscheidung über die Rechtsmittel:

1. der Revision gegen

   a) die mit der Berufung nicht anfechtbaren Urteile des Strafrichters;

   b) die Berufungsurteile der kleinen und großen Strafkammern;

   c) die Urteile des Landgerichts im ersten Rechtszug, wenn die Revision ausschließlich auf die Verletzung einer in den Landesgesetzen enthaltenen Rechtsnorm gestützt wird;

...

§ 133

In Zivilsachen ist der Bundesgerichtshof zuständig für die Verhandlung und Entscheidung über die Rechtsmittel der Revision, der Sprungrevision, der Rechtsbeschwerde und der Sprungrechtsbeschwerde.

§ 135

(1) In Strafsachen ist der Bundesgerichtshof zuständig zur Verhandlung und Entscheidung über das Rechtsmittel der Revision gegen die Urteile der Oberlandesgerichte im ersten Rechtszug sowie gegen die Urteile der Landgerichte im ersten Rechtszug, soweit nicht die Zuständigkeit der Oberlandesgerichte begründet ist.

(2) Der Bundesgerichtshof entscheidet ferner über ...

Zivilprozessordnung
(ZPO)

vom 30. Januar 1877 (RGBl. S. 83)
neu bekannt gemacht am 5. Dezember 2005 (BGBl. I S. 3202) und
zuletzt geändert durch Gesetz vom 25. Juni 2021 (BGBl. I S. 2154)

– Auszug –

§ 724
Vollstreckbare Ausfertigung

(1) Die Zwangsvollstreckung wird auf Grund einer mit der Vollstreckungsklausel versehenen Ausfertigung des Urteils (vollstreckbare Ausfertigung) durchgeführt.

(2) Die vollstreckbare Ausfertigung wird von dem Urkundsbeamten der Geschäftsstelle des Gerichts des ersten Rechtszuges und, wenn der Rechtsstreit bei einem höheren Gericht anhängig ist, von dem Urkundsbeamten der Geschäftsstelle dieses Gerichts erteilt.

§ 725
Vollstreckungsklausel

Die Vollstreckungsklausel:

„Vorstehende Ausfertigung wird dem usw. (Bezeichnung der Partei) zum Zwecke der Zwangsvollstreckung erteilt"

ist der Ausfertigung des Urteils am Schluss beizufügen, von dem Urkundsbeamten der Geschäftsstelle zu unterschreiben und mit dem Gerichtssiegel zu versehen.

§ 726
Vollstreckbare Ausfertigung bei bedingten Leistungen

(1) Von Urteilen, deren Vollstreckung nach ihrem Inhalt von dem durch den Gläubiger zu beweisenden Eintritt einer anderen Tatsache als einer dem Gläubiger obliegenden Sicherheitsleistung abhängt, darf eine vollstreckbare Ausfertigung nur erteilt werden, wenn der Beweis durch öffentliche oder öffentlich beglaubigte Urkunden geführt wird.

(2) Hängt die Vollstreckung von einer Zug um Zug zu bewirkenden Leistung des Gläubigers an den Schuldner ab, so ist der Beweis, dass der Schuldner befriedigt oder im Verzug der Annahme ist, nur dann erforderlich, wenn die dem Schuldner obliegende Leistung in der Abgabe einer Willenserklärung besteht.

§ 727
Vollstreckbare Ausfertigung für und gegen Rechtsnachfolger

(1) Eine vollstreckbare Ausfertigung kann für den Rechtsnachfolger des in dem Urteil bezeichneten Gläubigers sowie gegen denjenigen Rechtsnachfolger des in dem Urteil bezeichneten Schuldners und denjenigen Besitzer der in Streit befangenen Sache, gegen die das Urteil nach § 325 wirksam ist, erteilt werden, sofern die

Rechtsnachfolge oder das Besitzverhältnis bei dem Gericht offenkundig ist oder durch öffentliche oder öffentlich beglaubigte Urkunden nachgewiesen wird.

(2) Ist die Rechtsnachfolge oder das Besitzverhältnis bei dem Gericht offenkundig, so ist dies in der Vollstreckungsklausel zu erwähnen.

...

§ 794
Andere Vollstreckungstitel

(1) Die Zwangsvollstreckung findet ferner statt:

...

4a. aus Entscheidungen, die Schiedssprüche für vollstreckbar erklären, sofern die Entscheidungen rechtskräftig oder für vorläufig vollstreckbar erklärt sind;

4b. aus Beschlüssen nach § 796 b oder § 796 c;

5. aus Urkunden, die von einem deutschen Gericht oder von einem deutschen Notar innerhalb der Grenzen seiner Amtsbefugnisse in der vorgeschriebenen Form aufgenommen sind, sofern die Urkunde über einen Anspruch errichtet ist, der einer vergleichsweisen Regelung zugänglich, nicht auf Abgabe einer Willenserklärung gerichtet ist und nicht den Bestand eines Mietverhältnisses über Wohnraum betrifft, und der Schuldner sich in der Urkunde wegen des zu bezeichnenden Anspruchs der sofortigen Zwangsvollstreckung unterworfen hat;

6. aus für vollstreckbar erklärten Europäischen Zahlungsbefehlen nach der Verordnung (EG) Nr. 1896/2006;*)

...

(2) Soweit nach den Vorschriften der §§ 737, 743, des § 745 Abs. 2 und des § 748 Abs. 2 die Verurteilung eines Beteiligten zur Duldung der Zwangsvollstreckung erforderlich ist, wird sie dadurch ersetzt, daß der Beteiligte in einer nach Absatz 1 Nr. 5 aufgenommenen Urkunde die sofortige Zwangsvollstreckung in die seinem Rechte unterworfenen Gegenstände bewilligt.

...

§ 797
Verfahren bei vollstreckbaren Urkunden

(1) Die vollstreckbare Ausfertigung wird erteilt bei

1. gerichtlichen Urkunden von dem Urkundsbeamten der Geschäftsstelle des die Urkunde verwahrenden Gerichts,

2. notariellen Urkunden von

   a) dem die Urkunde verwahrenden Notar,

   b) der die Urkunde verwahrenden Notarkammer oder

   c) dem die Urkunde verwahrenden Amtsgericht.

(2) Die Entscheidung über die Erteilung einer weiteren vollstreckbaren Ausfertigung wird getroffen bei

1. gerichtlichen Urkunden von dem die Urkunde verwahrenden Gericht,
2. notariellen Urkunden von
   a) dem die Urkunde verwahrenden Notar,
   b) der die Urkunde verwahrenden Notarkammer oder
   c) dem die Urkunde verwahrenden Amtsgericht.

(3) Die Entscheidung über Einwendungen, welche die Zulässigkeit der Vollstreckungsklausel und die Zulässigkeit der Erteilung einer weiteren vollstreckbaren Ausfertigung betreffen, wird getroffen bei

1. gerichtlichen Urkunden von dem die Urkunde verwahrenden Gericht,
2. notariellen Urkunden von dem Amtsgericht,
   a) in dessen Bezirk der die Urkunde verwahrende Notar seinen Amtssitz hat,
   b) in dessen Bezirk die die Urkunde verwahrende Notarkammer ihren Sitz hat oder
   c) das die Urkunde verwahrt.

(4) Auf die Geltendmachung von Einwendungen, die den Anspruch selbst betreffen, ist § 767 Absatz 2 nicht anzuwenden.

(5) [1]Das Gericht, bei dem der Schuldner im Inland seinen allgemeinen Gerichtsstand hat, ist zuständig für

1. Klagen auf Erteilung der Vollstreckungsklausel,
2. Klagen, durch welche die den Anspruch selbst betreffenden Einwendungen geltend gemacht werden, und
3. Klagen, durch welche der bei der Erteilung der Vollstreckungsklausel als bewiesen angenommene Eintritt der Voraussetzung für die Erteilung der Vollstreckungsklausel bestritten wird.

[2]Hat der Schuldner im Inland keinen allgemeinen Gerichtsstand, so ist das Gericht zuständig, bei dem nach § 23 gegen den Schuldner Klage erhoben werden kann.

(6) Auf Beschlüsse nach § 796 c sind die Absätze 1 bis 5 entsprechend anzuwenden.

§ 798
Wartezeit

Aus einem Kostenfestsetzungsbeschluß, der nicht auf das Urteil gesetzt ist, aus Beschlüssen nach § 794 Abs. 1 Nr. 4b sowie aus den nach § 794 Abs. 1 Nr. 5 aufgenommenen Urkunden darf die Zwangsvollstreckung nur beginnen, wenn der Schuldtitel mindestens zwei Wochen vorher zugestellt ist.

...

§ 799
Vollstreckbare Urkunde bei eingetragenem Rechtsnachfolger

Hat sich der Eigentümer eines mit einer Hypothek, einer Grundschuld oder einer Rentenschuld belasteten Grundstücks in einer nach § 794 Abs. 1 Nr. 5 aufgenommenen Urkunde der sofortigen Zwangsvollstreckung unterworfen und ist dem Rechtsnachfolger des Gläubigers eine vollstreckbare Ausfertigung erteilt, so ist die Zustellung der die Rechtsnachfolge nachweisenden öffentlichen oder öffentlich beglaubigten Urkunde nicht erforderlich, wenn der Rechtsnachfolger als Gläubiger im Grundbuch eingetragen ist.

§ 799 a*)
Schadensersatzpflicht bei der Vollstreckung aus Urkunden durch andere Gläubiger

[1]Hat sich der Eigentümer eines Grundstücks in Ansehung einer Hypothek oder Grundschuld in einer Urkunde nach § 794 Abs. 1 Nr. 5 der sofortigen Zwangsvollstreckung in das Grundstück unterworfen und betreibt ein anderer als der in der Urkunde bezeichnete Gläubiger die Vollstreckung, so ist dieser, soweit die Vollstreckung aus der Urkunde für unzulässig erklärt wird, dem Schuldner zum Ersatz des Schadens verpflichtet, der diesem durch die Vollstreckung aus der Urkunde oder durch eine zur Abwendung der Vollstreckung erbrachte Leistung entsteht. [2]Satz 1 gilt entsprechend, wenn sich der Schuldner wegen der Forderungen, zu deren Sicherung das Grundpfandrecht bestellt worden ist, oder wegen der Forderung aus einem demselben Zweck dienenden Schuldanerkenntnis der sofortigen Vollstreckung in sein Vermögen unterworfen hat.

§ 800
Vollstreckbare Urkunde gegen den jeweiligen Grundstückseigentümer; Eintragungspflicht

(1) [1]Der Eigentümer kann sich in einer nach § 794 Abs. 1 Nr. 5 aufgenommenen Urkunde in Ansehung einer Hypothek, einer Grundschuld oder einer Rentenschuld der sofortigen Zwangsvollstreckung in der Weise unterwerfen, daß die Zwangsvollstreckung aus der Urkunde gegen den jeweiligen Eigentümer des Grundstücks zulässig sein soll. [2]Die Unterwerfung bedarf in diesem Falle der Eintragung in das Grundbuch.

(2) Bei der Zwangsvollstreckung gegen einen späteren Eigentümer, der im Grundbuch eingetragen ist, bedarf es nicht der Zustellung der den Erwerb des Eigentums nachweisenden öffentlichen oder öffentlich beglaubigten Urkunde.

(3) Ist die sofortige Zwangsvollstreckung gegen den jeweiligen Eigentümer zulässig, so ist für die im § 797 Abs. 5 bezeichneten Klagen das Gericht zuständig, in dessen Bezirk das Grundstück belegen ist.

---

*) s.a. § 37 EGZPO: § 799a der Zivilprozessordnung ist nicht anzuwenden, wenn die Vollstreckung aus der Urkunde vor dem 19. August 2008 für unzulässig erklärt worden ist.

Gesetz über das Verfahren in Familiensachen und in den Angelegenheiten der freiwilligen Gerichtsbarkeit
(FamFG)

vom 17. Dezember 2008 (BGBl. I S. 2586, 2587)
zuletzt geändert durch Gesetz vom 25. Juni 2021 (BGBl. I S. 2154)

– Auszug –

Buch 1

Allgemeiner Teil

Abschnitt 1
Allgemeine Vorschriften

§ 1
Anwendungsbereich

Dieses Gesetz gilt für das Verfahren in Familiensachen sowie in den Angelegenheiten der freiwilligen Gerichtsbarkeit, soweit sie durch Bundesgesetz den Gerichten zugewiesen sind.

§ 2
Örtliche Zuständigkeit

(1) Unter mehreren örtlich zuständigen Gerichten ist das Gericht zuständig, das zuerst mit der Angelegenheit befasst ist.

(2) Die örtliche Zuständigkeit eines Gerichts bleibt bei Veränderung der sie begründenden Umstände erhalten.

(3) Gerichtliche Handlungen sind nicht deswegen unwirksam, weil sie von einem örtlich unzuständigen Gericht vorgenommen worden sind.

§ 3
Verweisung bei Unzuständigkeit

(1) [1]Ist das angerufene Gericht örtlich oder sachlich unzuständig, hat es sich, sofern das zuständige Gericht bestimmt werden kann, durch Beschluss für unzuständig zu erklären und die Sache an das zuständige Gericht zu verweisen. [2]Vor der Verweisung sind die Beteiligten anzuhören.

(2) [1]Sind mehrere Gerichte zuständig, ist die Sache an das vom Antragsteller gewählte Gericht zu verweisen. [2]Unterbleibt die Wahl oder ist das Verfahren von Amts wegen eingeleitet worden, ist die Sache an das vom angerufenen Gericht bestimmte Gericht zu verweisen.

(3) [1]Der Beschluss ist nicht anfechtbar. [2]Er ist für das als zuständig bezeichnete Gericht bindend.

(4) Die im Verfahren vor dem angerufenen Gericht entstehenden Kosten werden als Teil der Kosten behandelt, die bei dem im Beschluss bezeichneten Gericht anfallen.

§ 4
Abgabe an ein anderes Gericht

[1]Das Gericht kann die Sache aus wichtigem Grund an ein anderes Gericht abgeben, wenn sich dieses zur Übernahme der Sache bereit erklärt hat. [2]Vor der Abgabe sollen die Beteiligten angehört werden.

§ 5
Gerichtliche Bestimmung der Zuständigkeit

(1) Das zuständige Gericht wird durch das nächsthöhere gemeinsame Gericht bestimmt:

1. wenn das an sich zuständige Gericht in einem einzelnen Fall an der Ausübung der Gerichtsbarkeit rechtlich oder tatsächlich verhindert ist;
2. wenn es mit Rücksicht auf die Grenzen verschiedener Gerichtsbezirke oder aus sonstigen tatsächlichen Gründen ungewiss ist, welches Gericht für das Verfahren zuständig ist;
3. wenn verschiedene Gerichte sich rechtskräftig für zuständig erklärt haben;
4. wenn verschiedene Gerichte, von denen eines für das Verfahren zuständig ist, sich rechtskräftig für unzuständig erklärt haben;
5. wenn eine Abgabe aus wichtigem Grund (§ 4) erfolgen soll, die Gerichte sich jedoch nicht einigen können.

(2) Ist das nächsthöhere gemeinsame Gericht der Bundesgerichtshof, wird das zuständige Gericht durch das Oberlandesgericht bestimmt, zu dessen Bezirk das zuerst mit der Sache befasste Gericht gehört.

(3) Der Beschluss, der das zuständige Gericht bestimmt, ist nicht anfechtbar.

§ 6
Ausschließung und Ablehnung der Gerichtspersonen

(1) [1]Für die Ausschließung und Ablehnung der Gerichtspersonen gelten die §§ 41 bis 49 der Zivilprozessordnung entsprechend. [2]Ausgeschlossen ist auch, wer bei einem vorausgegangenen Verwaltungsverfahren mitgewirkt hat.

(2) Der Beschluss, durch den das Ablehnungsgesuch für unbegründet erklärt wird, ist mit der sofortigen Beschwerde in entsprechender Anwendung der §§ 567 bis 572 der Zivilprozessordnung anfechtbar.

§ 7
Beteiligte

(1) In Antragsverfahren ist der Antragsteller Beteiligter.

(2) Als Beteiligte sind hinzuzuziehen:

1. diejenigen, deren Recht durch das Verfahren unmittelbar betroffen wird,
2. diejenigen, die auf Grund dieses oder eines anderen Gesetzes von Amts wegen oder auf Antrag zu beteiligen sind.

(3) Das Gericht kann von Amts wegen oder auf Antrag weitere Personen als Beteiligte hinzuziehen, soweit dies in diesem oder einem anderen Gesetz vorgesehen ist.

(4) [1]Diejenigen, die auf ihren Antrag als Beteiligte zu dem Verfahren hinzuzuziehen sind oder hinzugezogen werden können, sind von der Einleitung des Verfahrens zu benachrichtigen, soweit sie dem Gericht bekannt sind. [2]Sie sind über ihr Antragsrecht zu belehren.

(5) [1]Das Gericht entscheidet durch Beschluss, wenn es einem Antrag auf Hinzuziehung gemäß Absatz 2 oder Absatz 3 nicht entspricht. [2]Der Beschluss ist mit der sofortigen Beschwerde in entsprechender Anwendung der §§ 567 bis 572 der Zivilprozessordnung anfechtbar.

(6) Wer anzuhören ist oder eine Auskunft zu erteilen hat, ohne dass die Voraussetzungen des Absatzes 2 oder Absatzes 3 vorliegen, wird dadurch nicht Beteiligter.

§ 8
Beteiligtenfähigkeit

Beteiligtenfähig sind

1. natürliche und juristische Personen,
2. Vereinigungen, Personengruppen und Einrichtungen, soweit ihnen ein Recht zustehen kann,
3. Behörden.

§ 9
Verfahrensfähigkeit

(1) Verfahrensfähig sind

1. die nach bürgerlichem Recht Geschäftsfähigen,
2. die nach bürgerlichem Recht beschränkt Geschäftsfähigen, soweit sie für den Gegenstand des Verfahrens nach bürgerlichem Recht als geschäftsfähig anerkannt sind,
3. die nach bürgerlichem Recht beschränkt Geschäftsfähigen, soweit sie das 14. Lebensjahr vollendet haben und sie in einem Verfahren, das ihre Person betrifft, ein ihnen nach bürgerlichem Recht zustehendes Recht geltend machen,
4. diejenigen, die auf Grund dieses oder eines anderen Gesetzes dazu bestimmt werden.

(2) Soweit ein Geschäftsunfähiger oder in der Geschäftsfähigkeit Beschränkter nicht verfahrensfähig ist, handeln für ihn die nach bürgerlichem Recht dazu befugten Personen.

(3) Für Vereinigungen sowie für Behörden handeln ihre gesetzlichen Vertreter und Vorstände.

(4) Das Verschulden eines gesetzlichen Vertreters steht dem Verschulden eines Beteiligten gleich.

(5) Die §§ 53 bis 58 der Zivilprozessordnung gelten entsprechend.

§ 10
Bevollmächtigte

(1) Soweit eine Vertretung durch Rechtsanwälte nicht geboten ist, können die Beteiligten das Verfahren selbst betreiben.

(2) [1]Die Beteiligten können sich durch einen Rechtsanwalt als Bevollmächtigten vertreten lassen. [2]Darüber hinaus sind als Bevollmächtigte, soweit eine Vertretung durch Rechtsanwälte nicht geboten ist, vertretungsbefugt nur

1. Beschäftigte des Beteiligten oder eines mit ihm verbundenen Unternehmens (§ 15 des Aktiengesetzes); Behörden und juristische Personen des öffentlichen Rechts einschließlich der von ihnen zur Erfüllung ihrer öffentlichen Aufgaben gebildeten Zusammenschlüsse können sich auch durch Beschäftigte anderer Behörden oder juristischer Personen des öffentlichen Rechts einschließlich der von ihnen zur Erfüllung ihrer öffentlichen Aufgaben gebildeten Zusammenschlüsse vertreten lassen;
2. volljährige Familienangehörige (§ 15 der Abgabenordnung, § 11 des Lebenspartnerschaftsgesetzes), Personen mit Befähigung zum Richteramt und die Beteiligten, wenn die Vertretung nicht im Zusammenhang mit einer entgeltlichen Tätigkeit steht;
3. Notare.

(3) [1]Das Gericht weist Bevollmächtigte, die nicht nach Maßgabe des Absatzes 2 vertretungsbefugt sind, durch unanfechtbaren Beschluss zurück. [2]Verfahrenshandlungen, die ein nicht vertretungsbefugter Bevollmächtigter bis zu seiner Zurückweisung vorgenommen hat, und Zustellungen oder Mitteilungen an diesen Bevollmächtigten sind wirksam. [3]Das Gericht kann den in Absatz 2 Satz 2 Nr. 1 und 2 bezeichneten Bevollmächtigten durch unanfechtbaren Beschluss die weitere Vertretung untersagen, wenn sie nicht in der Lage sind, das Sach- und Streitverhältnis sachgerecht darzustellen.

(4) [1]Vor dem Bundesgerichtshof müssen sich die Beteiligten, außer im Verfahren über die Ausschließung und Ablehnung von Gerichtspersonen und im Verfahren über die Verfahrenskostenhilfe, durch einen beim Bundesgerichtshof zugelassenen Rechtsanwalt vertreten lassen. [2]Behörden und juristische Personen des öffentlichen Rechts einschließlich der von ihnen zur Erfüllung ihrer öffentlichen Aufgaben gebildeten Zusammenschlüsse können sich durch eigene Beschäftigte mit Befähigung zum Richteramt oder durch Beschäftigte mit Befähigung zum Richteramt anderer Behörden oder juristischer Personen des öffentlichen Rechts einschließlich der von ihnen zur

Erfüllung ihrer öffentlichen Aufgaben gebildeten Zusammenschlüsse vertreten lassen. [3]Für die Beiordnung eines Notanwaltes gelten die §§ 78b und 78c der Zivilprozessordnung entsprechend.

(5) Richter dürfen nicht als Bevollmächtigte vor dem Gericht auftreten, dem sie angehören.

§ 11
Verfahrensvollmacht

[1]Die Vollmacht ist schriftlich zu den Gerichtsakten einzureichen. [2]Sie kann nachgereicht werden; hierfür kann das Gericht eine Frist bestimmen. [3]Der Mangel der Vollmacht kann in jeder Lage des Verfahrens geltend gemacht werden. [4]Das Gericht hat den Mangel der Vollmacht von Amts wegen zu berücksichtigen, wenn nicht als Bevollmächtigter ein Rechtsanwalt oder Notar auftritt. [5]Im Übrigen gelten die §§ 81 bis 87 und 89 der Zivilprozessordnung entsprechend.

...

§ 13
Akteneinsicht

(1) Die Beteiligten können die Gerichtsakten auf der Geschäftsstelle einsehen, soweit nicht schwerwiegende Interessen eines Beteiligten oder eines Dritten entgegenstehen.

(2) [1]Personen, die an dem Verfahren nicht beteiligt sind, kann Einsicht nur gestattet werden, soweit sie ein berechtigtes Interesse glaubhaft machen und schutzwürdige Interessen eines Beteiligten oder eines Dritten nicht entgegenstehen. [2]Die Einsicht ist zu versagen, wenn ein Fall des § 1758 des Bürgerlichen Gesetzbuchs vorliegt.

(3) [1]Soweit Akteneinsicht gewährt wird, können die Berechtigten sich auf ihre Kosten durch die Geschäftsstelle Ausfertigungen, Auszüge und Abschriften erteilen lassen. [2]Die Abschrift ist auf Verlangen zu beglaubigen.

(4) [1]Einem Rechtsanwalt, einem Notar oder einer beteiligten Behörde kann das Gericht die Akten in die Amts- oder Geschäftsräume überlassen. [2]Ein Recht auf Überlassung von Beweisstücken in die Amts- oder Geschäftsräume besteht nicht. [3]Die Entscheidung nach Satz 1 ist nicht anfechtbar.

(5) Werden die Gerichtsakten elektronisch geführt, gilt § 299 Abs. 3 der Zivilprozessordnung entsprechend.

(6) Die Entwürfe zu Beschlüssen und Verfügungen, die zu ihrer Vorbereitung gelieferten Arbeiten sowie die Dokumente, die Abstimmungen betreffen, werden weder vorgelegt noch abschriftlich mitgeteilt.

(7) Über die Akteneinsicht entscheidet das Gericht, bei Kollegialgerichten der Vorsitzende.

§ 14
Elektronische Akte; elektronisches Dokument*)

(1) [1]Die Gerichtsakten können elektronisch geführt werden. [2]§ 298a Absatz 2 der Zivilprozessordnung gilt entsprechend.

(2) [1]Anträge und Erklärungen der Beteiligten sowie schriftlich einzureichende Auskünfte, Aussagen, Gutachten, Übersetzungen und Erklärungen Dritter können als elektronisches Dokument übermittelt werden. [2]Für das elektronische Dokument gelten § 130a der Zivilprozessordnung, auf dieser Grundlage erlassene Rechtsverordnungen sowie § 298 der Zivilprozessordnung entsprechend.

(3) Für das gerichtliche elektronische Dokument gelten die §§ 130b und 298 der Zivilprozessordnung entsprechend.

(4) [1]Die Bundesregierung und die Landesregierungen bestimmen für ihren Bereich durch Rechtsverordnung den Zeitpunkt, von dem an elektronische Akten geführt werden können. [2]Die Bundesregierung und die Landesregierungen bestimmen für ihren Bereich durch Rechtsverordnung die geltenden organisatorisch-technischen Rahmenbedingungen für die Bildung, Führung und Aufbewahrung der elektronischen Akten. [3]Die Landesregierungen können die Ermächtigung durch Rechtsverordnung auf die jeweils zuständige oberste Landesbehörde übertragen. [4]Die Zulassung der elektronischen Akte kann auf einzelne Gerichte oder Verfahren beschränkt werden; wird von dieser Möglichkeit Gebrauch gemacht, kann in der Rechtsverordnung bestimmt werden, dass durch Verwaltungsvorschrift, die öffentlich bekanntzumachen ist, geregelt wird, in welchen Verfahren die Akten elektronisch zu führen sind. [5]Akten in Verfahren gemäß § 151 Nummer 4 und § 271, die in Papierform angelegt wurden, können ab einem in der Rechtsverordnung bestimmten Zeitpunkt in elektronischer Form weitergeführt werden.

(4a) [1]Die Gerichtsakten werden ab dem 1. Januar 2026 elektronisch geführt. [2]Die Bundesregierung und die Landesregierungen bestimmen jeweils für ihren Bereich durch Rechtsverordnung die organisatorischen und dem Stand der Technik entsprechenden technischen Rahmenbedingungen für die Bildung, Führung und Aufbewahrung der elektronischen Akten einschließlich der einzuhaltenden Anforderungen der Barrierefreiheit. [3]Die Bundesregierung und die Landesregierungen können jeweils für ihren Bereich durch Rechtsverordnung bestimmen, dass Akten, die in Papierform angelegt wurden, in Papierform oder in Verfahren gemäß § 151 Nummer 4 und § 271 ab einem bestimmten Stichtag in elektronischer Form weitergeführt werden. [4]Die Landesregierungen können die Ermächtigungen nach den Sätzen 2 und 3 durch Rechtsverordnung auf die für die Zivilgerichtsbarkeit zuständigen obersten Landesbehörden übertragen. [5]Die Rechtsverordnungen der Bundesregierung bedürfen nicht der Zustimmung des Bundesrates.

(5) [1]Sind die Gerichtsakten nach ordnungsgemäßen Grundsätzen zur Ersetzung der Urschrift auf einen Bild- oder anderen Datenträger übertragen worden und liegt der

*) Zum 01. Januar 2026 wird § 14 wie folgt geändert:
- Abs. 1 Satz 1 wird wie folgt gefasst: „Die Gerichtsakten werden elektronisch geführt."
- Abs. 4 wird aufgehoben;
- Abs. 4a wird Abs. 4; Satz 1 des neuen Abs. 4 wird aufgehoben; in dem neuen Satz 3 werden die Wörter „nach den Sätzen 2 und 3" durch die Wörter „nach den Sätzen 1 und 2" ersetzt.

schriftliche Nachweis darüber vor, dass die Wiedergabe mit der Urschrift übereinstimmt, so können Ausfertigungen, Auszüge und Abschriften von dem Bild- oder dem Datenträger erteilt werden. [2]Auf der Urschrift anzubringende Vermerke werden in diesem Fall bei dem Nachweis angebracht.

§ 14a
Formulare; Verordnungsermächtigung

[1]Das Bundesministerium der Justiz und für Verbraucherschutz kann durch Rechtsverordnung mit Zustimmung des Bundesrates elektronische Formulare einführen. [2]Die Rechtsverordnung kann bestimmen, dass die in den Formularen enthaltenen Angaben ganz oder teilweise in strukturierter maschinenlesbarer Form zu übermitteln sind. [3]Die Formulare sind auf einer in der Rechtsverordnung zu bestimmenden Kommunikationsplattform im Internet zur Nutzung bereitzustellen. [4]Die Rechtsverordnung kann bestimmen, dass eine Identifikation des Formularverwenders abweichend von § 130a Absatz 3 der Zivilprozessordnung auch durch Nutzung des elektronischen Identitätsnachweises nach § 18 des Personalausweisgesetzes, § 12 des eID-Karte-Gesetzes oder § 78 Absatz 5 des Aufenthaltsgesetzes erfolgen kann.

§ 14b*)
Nutzungspflicht für Rechtsanwälte, Notare und Behörden

[1]Werden Anträge und Erklärungen durch einen Rechtsanwalt, einen Notar, durch eine Behörde oder durch eine juristische Person des öffentlichen Rechts einschließlich der von ihr zur Erfüllung ihrer öffentlichen Aufgaben gebildeten Zusammenschlüsse eingereicht, so sind sie als elektronisches Dokument zu übermitteln. [2]Ist eine Übermittlung aus technischen Gründen vorübergehend nicht möglich, bleibt die Übermittlung nach den allgemeinen Vorschriften zulässig. [3]Die vorübergehende Unmöglichkeit ist bei der Ersatzeinreichung oder unverzüglich danach glaubhaft zu machen; auf Anforderung ist ein elektronisches Dokument nachzureichen.

§ 15
Bekanntgabe; formlose Mitteilung

(1) Dokumente, deren Inhalt eine Termins- oder Fristbestimmung enthält oder den Lauf einer Frist auslöst, sind den Beteiligten bekannt zu geben.

(2) [1]Die Bekanntgabe kann durch Zustellung nach den §§ 166 bis 195 der Zivilprozessordnung oder dadurch bewirkt werden, dass das Schriftstück unter der Anschrift des Adressaten zur Post gegeben wird. [2]Soll die Bekanntgabe im Inland bewirkt werden, gilt das Schriftstück drei Tage nach Aufgabe zur Post als bekannt gegeben, wenn nicht der Beteiligte glaubhaft macht, dass ihm das Schriftstück nicht oder erst zu einem späteren Zeitpunkt zugegangen ist.

(3) Ist eine Bekanntgabe nicht geboten, können Dokumente den Beteiligten formlos mitgeteilt werden.

---

*) § 14b tritt mit Wirkung zum 1. Januar 2022 in Kraft.

§ 16
Fristen

(1) Der Lauf einer Frist beginnt, soweit nichts anderes bestimmt ist, mit der Bekanntgabe.

(2) Für die Fristen gelten die §§ 222 und 224 Abs. 2 und 3 sowie § 225 der Zivilprozessordnung entsprechend.

§ 17
Wiedereinsetzung in den vorigen Stand

(1) War jemand ohne sein Verschulden verhindert, eine gesetzliche Frist einzuhalten, ist ihm auf Antrag Wiedereinsetzung in den vorigen Stand zu gewähren.

(2) Ein Fehlen des Verschuldens wird vermutet, wenn eine Rechtsbehelfsbelehrung unterblieben oder fehlerhaft ist.

§ 18
Antrag auf Wiedereinsetzung

(1) [1]Der Antrag auf Wiedereinsetzung ist binnen zwei Wochen nach Wegfall des Hindernisses zu stellen. [2]Ist der Beteiligte verhindert, die Frist zur Begründung der Rechtsbeschwerde einzuhalten, beträgt die Frist einen Monat.

(2) Die Form des Antrags auf Wiedereinsetzung richtet sich nach den Vorschriften, die für die versäumte Verfahrenshandlung gelten.

(3) [1]Die Tatsachen zur Begründung des Antrags sind bei der Antragstellung oder im Verfahren über den Antrag glaubhaft zu machen. [2]Innerhalb der Antragsfrist ist die versäumte Rechtshandlung nachzuholen. [3]Ist dies geschehen, kann die Wiedereinsetzung auch ohne Antrag gewährt werden.

(4) Nach Ablauf eines Jahres, von dem Ende der versäumten Frist an gerechnet, kann Wiedereinsetzung nicht mehr beantragt oder ohne Antrag bewilligt werden.

§ 19
Entscheidung über die Wiedereinsetzung

...

§ 22
Antragsrücknahme; Beendigungserklärung

(1) [1]Ein Antrag kann bis zur Rechtskraft der Endentscheidung zurückgenommen werden. [2]Die Rücknahme bedarf nach Erlass der Endentscheidung der Zustimmung der übrigen Beteiligten.

(2) [1]Eine bereits ergangene, noch nicht rechtskräftige Endentscheidung wird durch die Antragsrücknahme wirkungslos, ohne dass es einer ausdrücklichen Aufhebung bedarf. [2]Das Gericht stellt auf Antrag die nach Satz 1 eintretende Wirkung durch Beschluss fest. [3]Der Beschluss ist nicht anfechtbar.

(3) Eine Entscheidung über einen Antrag ergeht nicht, soweit sämtliche Beteiligte erklären, dass sie das Verfahren beenden wollen.

(4) Die Absätze 2 und 3 gelten nicht in Verfahren, die von Amts wegen eingeleitet werden können.

§ 22a
Mitteilungen an die Familien- und Betreuungsgerichte

(1) Wird infolge eines gerichtlichen Verfahrens eine Tätigkeit des Familien- oder Betreuungsgerichts erforderlich, hat das Gericht dem Familien- oder Betreuungsgericht Mitteilung zu machen.

(2) [1]Im Übrigen dürfen Gerichte und Behörden dem Familien- oder Betreuungsgericht personenbezogene Daten übermitteln, wenn deren Kenntnis aus ihrer Sicht für familien- oder betreuungsgerichtliche Maßnahmen erforderlich ist, soweit nicht für die übermittelnde Stelle erkennbar ist, dass schutzwürdige Interessen des Betroffenen an dem Ausschluss der Übermittlung das Schutzbedürfnis eines Minderjährigen oder Betreuten oder das öffentliche Interesse an der Übermittlung überwiegen. [2]Die Übermittlung unterbleibt, wenn ihr eine besondere bundes- oder entsprechende landesgesetzliche Verwendungsregelung entgegensteht.

Abschnitt 2
Verfahren im ersten Rechtszug

§ 23
Verfahrenseinleitender Antrag

(1) [1]Ein verfahrenseinleitender Antrag soll begründet werden. [2]In dem Antrag sollen die zur Begründung dienenden Tatsachen und Beweismittel angegeben sowie die Personen benannt werden, die als Beteiligte in Betracht kommen. [3]Der Antrag soll in geeigneten Fällen die Angabe enthalten, ob der Antragstellung der Versuch einer Mediation oder eines anderen Verfahrens der außergerichtlichen Konfliktbeilegung vorausgegangen ist, sowie eine Äußerung dazu, ob einem solchen Verfahren Gründe entgegenstehen. [4]Urkunden, auf die Bezug genommen wird, sollen in Urschrift oder Abschrift beigefügt werden. [5]Der Antrag soll von dem Antragsteller oder seinem Bevollmächtigten unterschrieben werden.

(2) Das Gericht soll den Antrag an die übrigen Beteiligten übermitteln.

§ 24
Anregung des Verfahrens

(1) Soweit Verfahren von Amts wegen eingeleitet werden können, kann die Einleitung eines Verfahrens angeregt werden.

(2) Folgt das Gericht der Anregung nach Absatz 1 nicht, hat es denjenigen, der die Einleitung angeregt hat, darüber zu unterrichten, soweit ein berechtigtes Interesse an der Unterrichtung ersichtlich ist.

§ 25
Anträge und Erklärungen zur Niederschrift der Geschäftsstelle

(1) Die Beteiligten können Anträge und Erklärungen gegenüber dem zuständigen Gericht schriftlich oder zur Niederschrift der Geschäftsstelle abgeben, soweit eine Vertretung durch einen Rechtsanwalt nicht notwendig ist.

(2) Anträge und Erklärungen, deren Abgabe vor dem Urkundsbeamten der Geschäftsstelle zulässig ist, können vor der Geschäftsstelle eines jeden Amtsgerichts zur Niederschrift abgegeben werden.

(3) [1]Die Geschäftsstelle hat die Niederschrift unverzüglich an das Gericht zu übermitteln, an das der Antrag oder die Erklärung gerichtet ist. [2]Die Wirkung einer Verfahrenshandlung tritt nicht ein, bevor die Niederschrift dort eingeht.

§ 26
Ermittlung von Amts wegen

Das Gericht hat von Amts wegen die zur Feststellung der entscheidungserheblichen Tatsachen erforderlichen Ermittlungen durchzuführen.

§ 27
Mitwirkung der Beteiligten

(1) Die Beteiligten sollen bei der Ermittlung des Sachverhalts mitwirken.

(2) Die Beteiligten haben ihre Erklärungen über tatsächliche Umstände vollständig und der Wahrheit gemäß abzugeben.

§ 28
Verfahrensleitung

(1) [1]Das Gericht hat darauf hinzuwirken, dass die Beteiligten sich rechtzeitig über alle erheblichen Tatsachen erklären und ungenügende tatsächliche Angaben ergänzen. [2]Es hat die Beteiligten auf einen rechtlichen Gesichtspunkt hinzuweisen, wenn es ihn anders beurteilt als die Beteiligten und seine Entscheidung darauf stützen will.

(2) In Antragsverfahren hat das Gericht auch darauf hinzuwirken, dass Formfehler beseitigt und sachdienliche Anträge gestellt werden.

(3) Hinweise nach dieser Vorschrift hat das Gericht so früh wie möglich zu erteilen und aktenkundig zu machen.

(4) …

§ 29
Beweiserhebung

(1) [1]Das Gericht erhebt die erforderlichen Beweise in geeigneter Form. [2]Es ist hierbei an das Vorbringen der Beteiligten nicht gebunden.

(2) Die Vorschriften der Zivilprozessordnung über die Vernehmung bei Amtsverschwiegenheit und das Recht zur Zeugnisverweigerung gelten für die Befragung von Auskunftspersonen entsprechend.

(3) Das Gericht hat die Ergebnisse der Beweiserhebung aktenkundig zu machen.

...

§ 31
Glaubhaftmachung

(1) Wer eine tatsächliche Behauptung glaubhaft zu machen hat, kann sich aller Beweismittel bedienen, auch zur Versicherung an Eides statt zugelassen werden.

(2) Eine Beweisaufnahme, die nicht sofort erfolgen kann, ist unstatthaft.

§ 32
Termin

(1) [1]Das Gericht kann die Sache mit den Beteiligten in einem Termin erörtern. [2]Die §§ 219, 227 Abs. 1, 2 und 4 der Zivilprozessordnung gelten entsprechend.

(2) Zwischen der Ladung und dem Termin soll eine angemessene Frist liegen.

(3) In geeigneten Fällen soll das Gericht die Sache mit den Beteiligten im Wege der Bild- und Tonübertragung in entsprechender Anwendung des § 128a der Zivilprozessordnung erörtern.

§ 33
Persönliches Erscheinen der Beteiligten

(1) [1]Das Gericht kann das persönliche Erscheinen eines Beteiligten zu einem Termin anordnen und ihn anhören, wenn dies zur Aufklärung des Sachverhalts sachdienlich erscheint. [2]Sind in einem Verfahren mehrere Beteiligte persönlich anzuhören, hat die Anhörung eines Beteiligten in Abwesenheit der anderen Beteiligten stattzufinden, falls dies zum Schutz des anzuhörenden Beteiligten oder aus anderen Gründen erforderlich ist.

(2) [1]Der verfahrensfähige Beteiligte ist selbst zu laden, auch wenn er einen Bevollmächtigten hat; dieser ist von der Ladung zu benachrichtigen. [2]Das Gericht soll die Zustellung der Ladung anordnen, wenn das Erscheinen eines Beteiligten ungewiss ist.

(3) [1]Bleibt der ordnungsgemäß geladene Beteiligte unentschuldigt im Termin aus, kann gegen ihn durch Beschluss ein Ordnungsgeld verhängt werden. [2]Die Festsetzung des Ordnungsgeldes kann wiederholt werden. [3]Im Fall des wiederholten, unentschuldigten Ausbleibens kann die Vorführung des Beteiligten angeordnet werden. [4]Erfolgt eine genügende Entschuldigung nachträglich und macht der Beteiligte glaubhaft, dass ihn an der Verspätung der Entschuldigung kein Verschulden trifft, werden die nach den Sätzen 1 bis 3 getroffenen Anordnungen aufgehoben. [5]Der Beschluss, durch den ein Ordnungsmittel verhängt wird, ist mit der sofortigen Beschwerde in entsprechender Anwendung der §§ 567 bis 572 der Zivilprozessordnung anfechtbar.

(4) Der Beteiligte ist auf die Folgen seines Ausbleibens in der Ladung hinzuweisen.

§ 34
Persönliche Anhörung

(1) Das Gericht hat einen Beteiligten persönlich anzuhören,

1. wenn dies zur Gewährleistung des rechtlichen Gehörs des Beteiligten erforderlich ist oder
2. wenn dies in diesem oder in einem anderen Gesetz vorgeschrieben ist.

(2) Die persönliche Anhörung eines Beteiligten kann unterbleiben, wenn hiervon erhebliche Nachteile für seine Gesundheit zu besorgen sind oder der Beteiligte offensichtlich nicht in der Lage ist, seinen Willen kundzutun.

(3) [1]Bleibt der Beteiligte im anberaumten Anhörungstermin unentschuldigt aus, kann das Verfahren ohne seine persönliche Anhörung beendet werden. [2]Der Beteiligte ist auf die Folgen seines Ausbleibens hinzuweisen.

§ 35
Zwangsmittel

(1) [1]Ist auf Grund einer gerichtlichen Anordnung die Verpflichtung zur Vornahme oder Unterlassung einer Handlung durchzusetzen, kann das Gericht, sofern ein Gesetz nicht etwas anderes bestimmt, gegen den Verpflichteten durch Beschluss Zwangsgeld festsetzen. [2]Das Gericht kann für den Fall, dass dieses nicht beigetrieben werden kann, Zwangshaft anordnen. [3]Verspricht die Anordnung eines Zwangsgeldes keinen Erfolg, soll das Gericht Zwangshaft anordnen.

...

§ 36
Vergleich

(1) [1]Die Beteiligten können einen Vergleich schließen, soweit sie über den Gegenstand des Verfahrens verfügen können. [2]Das Gericht soll außer in Gewaltschutzsachen auf eine gütliche Einigung der Beteiligten hinwirken.

...

(5) [1]Das Gericht kann die Beteiligten für den Versuch einer gütlichen Einigung vor einen hierfür bestimmten und nicht entscheidungsbefugten Richter (Güterichter) verweisen. [2]Der Güterichter kann alle Methoden der Konfliktbeilegung einschließlich der Mediation einsetzen. [3]Für das Verfahren vor dem Güterichter gelten die Absätze 1 bis 4 entsprechend.

§ 36a
Mediation, außergerichtliche Konfliktbeilegung

(1) [1]Das Gericht kann einzelnen oder allen Beteiligten eine Mediation oder ein anderes Verfahren der außergerichtlichen Konfliktbeilegung vorschlagen. [2]In Gewaltschutzsachen sind die schutzwürdigen Belange der von Gewalt betroffenen Person zu wahren.

(2) Entscheiden sich die Beteiligten zur Durchführung einer Mediation oder eines anderen Verfahrens der außergerichtlichen Konfliktbeilegung, setzt das Gericht das Verfahren aus.

(3) Gerichtliche Anordnungs- und Genehmigungsvorbehalte bleiben von der Durchführung einer Mediation oder eines anderen Verfahrens der außergerichtlichen Konfliktbeilegung unberührt.

§ 37
Grundlage der Entscheidung

(1) Das Gericht entscheidet nach seiner freien, aus dem gesamten Inhalt des Verfahrens gewonnenen Überzeugung.

(2) Das Gericht darf eine Entscheidung, die die Rechte eines Beteiligten beeinträchtigt, nur auf Tatsachen und Beweisergebnisse stützen, zu denen dieser Beteiligte sich äußern konnte.

Abschnitt 3
Beschluss

§ 38
Entscheidung durch Beschluss

(1) [1]Das Gericht entscheidet durch Beschluss, soweit durch die Entscheidung der Verfahrensgegenstand ganz oder teilweise erledigt wird (Endentscheidung). [2]Für Registersachen kann durch Gesetz Abweichendes bestimmt werden.

(2) Der Beschluss enthält

1. die Bezeichnung der Beteiligten, ihrer gesetzlichen Vertreter und der Bevollmächtigten;
2. die Bezeichnung des Gerichts und die Namen der Gerichtspersonen, die bei der Entscheidung mitgewirkt haben;
3. die Beschlussformel.

(3) [1]Der Beschluss ist zu begründen. [2]Er ist zu unterschreiben. [3]Das Datum der Übergabe des Beschlusses an die Geschäftsstelle oder der Bekanntgabe durch Verlesen der Beschlussformel (Erlass) ist auf dem Beschluss zu vermerken.

(4) Einer Begründung bedarf es nicht, soweit

1. die Entscheidung auf Grund eines Anerkenntnisses oder Verzichts oder als Versäumnisentscheidung ergeht und entsprechend bezeichnet ist,
2. gleichgerichteten Anträgen der Beteiligten stattgegeben wird oder der Beschluss nicht dem erklärten Willen eines Beteiligten widerspricht oder
3. der Beschluss in Gegenwart aller Beteiligten mündlich bekannt gegeben wurde und alle Beteiligten auf Rechtsmittel verzichtet haben.

(5) Absatz 4 ist nicht anzuwenden:

1. in Ehesachen, mit Ausnahme der eine Scheidung aussprechenden Entscheidung;
2. in Abstammungssachen;
3. in Betreuungssachen;
4. wenn zu erwarten ist, dass der Beschluss im Ausland geltend gemacht werden wird.

(6) Soll ein ohne Begründung hergestellter Beschluss im Ausland geltend gemacht werden, gelten die Vorschriften über die Vervollständigung von Versäumnis- und Anerkenntnisentscheidungen entsprechend.

§ 39
Rechtsbehelfsbelehrung

[1]Jeder Beschluss hat eine Belehrung über das statthafte Rechtsmittel, den Einspruch, den Widerspruch oder die Erinnerung sowie das Gericht, bei dem diese Rechtsbehelfe einzulegen sind, dessen Sitz und die einzuhaltende Form und Frist zu enthalten. [2]Über die Sprungrechtsbeschwerde muss nicht belehrt werden.

§ 40
Wirksamwerden

(1) Der Beschluss wird wirksam mit Bekanntgabe an den Beteiligten, für den er seinem wesentlichen Inhalt nach bestimmt ist.

(2) [1]Ein Beschluss, der die Genehmigung eines Rechtsgeschäfts zum Gegenstand hat, wird erst mit Rechtskraft wirksam. [2]Dies ist mit der Entscheidung auszusprechen.

(3) [1]Ein Beschluss, durch den auf Antrag die Ermächtigung oder die Zustimmung eines anderen zu einem Rechtsgeschäft ersetzt oder die Beschränkung oder Ausschließung der Berechtigung des Ehegatten oder Lebenspartners, Geschäfte mit Wirkung für den anderen Ehegatten oder Lebenspartner zu besorgen (§ 1357 Abs. 2 Satz 1 des Bürgerlichen Gesetzbuchs, auch in Verbindung mit § 8 Abs. 2 des Lebenspartnerschaftsgesetzes), aufgehoben wird, wird erst mit Rechtskraft wirksam. [2]Bei Gefahr im Verzug kann das Gericht die sofortige Wirksamkeit des Beschlusses anordnen. [3]Der Beschluss wird mit Bekanntgabe an den Antragsteller wirksam.

§ 41
Bekanntgabe des Beschlusses

(1) [1]Der Beschluss ist den Beteiligten bekannt zu geben. [2]Ein anfechtbarer Beschluss ist demjenigen zuzustellen, dessen erklärtem Willen er nicht entspricht.

(2) [1]Anwesenden kann der Beschluss auch durch Verlesen der Beschlussformel bekannt gegeben werden. [2]Dies ist in den Akten zu vermerken. [3]In diesem Fall ist die Begründung des Beschlusses unverzüglich nachzuholen. [4]Der Beschluss ist im Fall des Satzes 1 auch schriftlich bekannt zu geben.

(3) Ein Beschluss, der die Genehmigung eines Rechtsgeschäfts zum Gegenstand hat, ist auch demjenigen, für den das Rechtsgeschäft genehmigt wird, bekannt zu geben.

§ 42
Berichtigung des Beschlusses

(1) Schreibfehler, Rechenfehler und ähnliche offenbare Unrichtigkeiten im Beschluss sind jederzeit vom Gericht auch von Amts wegen zu berichtigen.

(2) [1]Der Beschluss, der die Berichtigung ausspricht, wird auf dem berichtigten Beschluss und auf den Ausfertigungen vermerkt. [2]Erfolgt der Berichtigungsbeschluss in der Form des § 14 Abs. 3, ist er in einem gesonderten elektronischen Dokument festzuhalten. [3]Das Dokument ist mit dem Beschluss untrennbar zu verbinden.

(3) [1]Der Beschluss, durch den der Antrag auf Berichtigung zurückgewiesen wird, ist nicht anfechtbar. [2]Der Beschluss, der eine Berichtigung ausspricht, ist mit der sofortigen Beschwerde in entsprechender Anwendung der §§ 567 bis 572 der Zivilprozessordnung anfechtbar.

§ 43
Ergänzung des Beschlusses

(1) Wenn ein Antrag, der nach den Verfahrensakten von einem Beteiligten gestellt wurde, ganz oder teilweise übergangen oder die Kostenentscheidung unterblieben ist, ist auf Antrag der Beschluss nachträglich zu ergänzen.

(2) Die nachträgliche Entscheidung muss binnen einer zweiwöchigen Frist, die mit der schriftlichen Bekanntgabe des Beschlusses beginnt, beantragt werden.

§ 44
Abhilfe bei Verletzung des Anspruchs auf rechtliches Gehör

(1) [1]Auf die Rüge eines durch eine Entscheidung beschwerten Beteiligten ist das Verfahren fortzuführen, wenn

1. ein Rechtsmittel oder ein Rechtsbehelf gegen die Entscheidung oder eine andere Abänderungsmöglichkeit nicht gegeben ist und
2. das Gericht den Anspruch dieses Beteiligten auf rechtliches Gehör in entscheidungserheblicher Weise verletzt hat.

[2]Gegen eine der Endentscheidung vorausgehende Entscheidung findet die Rüge nicht statt.

(2) [1]Die Rüge ist innerhalb von zwei Wochen nach Kenntnis von der Verletzung des rechtlichen Gehörs zu erheben; der Zeitpunkt der Kenntniserlangung ist glaubhaft zu machen. [2]Nach Ablauf eines Jahres seit der Bekanntgabe der angegriffenen Entscheidung an diesen Beteiligten kann die Rüge nicht mehr erhoben werden. [3]Die Rüge ist schriftlich oder zur Niederschrift bei dem Gericht zu erheben, dessen Entscheidung angegriffen wird. [4]Die Rüge muss die angegriffene Entscheidung bezeichnen und das Vorliegen der in Absatz 1 Satz 1 Nr. 2 genannten Voraussetzungen darlegen.

(3) Den übrigen Beteiligten ist, soweit erforderlich, Gelegenheit zur Stellungnahme zu geben.

(4) [1]Ist die Rüge nicht in der gesetzlichen Form oder Frist erhoben, ist sie als unzulässig zu verwerfen. [2]Ist die Rüge unbegründet, weist das Gericht sie zurück. [3]Die Entscheidung ergeht durch nicht anfechtbaren Beschluss. [4]Der Beschluss soll kurz begründet werden.

(5) Ist die Rüge begründet, hilft ihr das Gericht ab, indem es das Verfahren fortführt, soweit dies auf Grund der Rüge geboten ist.

§ 45
Formelle Rechtskraft

[1]Die Rechtskraft eines Beschlusses tritt nicht ein, bevor die Frist für die Einlegung des zulässigen Rechtsmittels oder des zulässigen Einspruchs, des Widerspruchs oder der Erinnerung abgelaufen ist. [2]Der Eintritt der Rechtskraft wird dadurch gehemmt, dass das Rechtsmittel, der Einspruch, der Widerspruch oder die Erinnerung rechtzeitig eingelegt wird.

§ 46
Rechtskraftzeugnis

[1]Das Zeugnis über die Rechtskraft eines Beschlusses ist auf Grund der Verfahrensakten von der Geschäftsstelle des Gerichts des ersten Rechtszugs zu erteilen. [2]Solange das Verfahren in einem höheren Rechtszug anhängig ist, erteilt die Geschäftsstelle des Gerichts dieses Rechtszugs das Zeugnis. [3]In Ehe- und Abstammungssachen wird den Beteiligten von Amts wegen ein Rechtskraftzeugnis auf einer Ausfertigung ohne Begründung erteilt. [4]Die Entscheidung der Geschäftsstelle ist mit der Erinnerung in entsprechender Anwendung des § 573 der Zivilprozessordnung anfechtbar.

§ 47
Wirksam bleibende Rechtsgeschäfte

Ist ein Beschluss ungerechtfertigt, durch den jemand die Fähigkeit oder die Befugnis erlangt, ein Rechtsgeschäft vorzunehmen oder eine Willenserklärung entgegenzunehmen, hat die Aufhebung des Beschlusses auf die Wirksamkeit der inzwischen von ihm oder ihm gegenüber vorgenommenen Rechtsgeschäfte keinen Einfluss, soweit der Beschluss nicht von Anfang an unwirksam ist.

§ 48
Abänderung und Wiederaufnahme

(1) [1]Das Gericht des ersten Rechtszugs kann eine rechtskräftige Endentscheidung mit Dauerwirkung aufheben oder ändern, wenn sich die zugrunde liegende Sach- oder Rechtslage nachträglich wesentlich geändert hat. [2]In Verfahren, die nur auf Antrag eingeleitet werden, erfolgt die Aufhebung oder Abänderung nur auf Antrag.

(2) Ein rechtskräftig beendetes Verfahren kann in entsprechender Anwendung der Vorschriften des Buches 4 der Zivilprozessordnung wiederaufgenommen werden.

(3) Gegen einen Beschluss, durch den die Genehmigung für ein Rechtsgeschäft erteilt oder verweigert wird, findet eine Wiedereinsetzung in den vorigen Stand, eine Rüge nach § 44, eine Abänderung oder eine Wiederaufnahme nicht statt, wenn die Genehmigung oder deren Verweigerung einem Dritten gegenüber wirksam geworden ist.

Abschnitt 4
Einstweilige Anordnung

(vom Abdruck wurde abgesehen)

Abschnitt 5
Rechtsmittel

Unterabschnitt 1
Beschwerde

§ 58
Statthaftigkeit der Beschwerde

(1) Die Beschwerde findet gegen die im ersten Rechtszug ergangenen Endentscheidungen der Amtsgerichte und Landgerichte in Angelegenheiten nach diesem Gesetz statt, sofern durch Gesetz nichts anderes bestimmt ist.

(2) Der Beurteilung des Beschwerdegerichts unterliegen auch die nicht selbständig anfechtbaren Entscheidungen, die der Endentscheidung vorausgegangen sind.

§ 59
Beschwerdeberechtigte

(1) Die Beschwerde steht demjenigen zu, der durch den Beschluss in seinen Rechten beeinträchtigt ist.

(2) Wenn ein Beschluss nur auf Antrag erlassen werden kann und der Antrag zurückgewiesen worden ist, steht die Beschwerde nur dem Antragsteller zu.

(3) Die Beschwerdeberechtigung von Behörden bestimmt sich nach den besonderen Vorschriften dieses oder eines anderen Gesetzes.

§ 60
Beschwerderecht Minderjähriger

[1]Ein Kind, für das die elterliche Sorge besteht, oder ein unter Vormundschaft stehender Mündel kann in allen seine Person betreffenden Angelegenheiten ohne Mitwirkung seines gesetzlichen Vertreters das Beschwerderecht ausüben. [2]Das Gleiche gilt in sonstigen Angelegenheiten, in denen das Kind oder der Mündel vor einer Entscheidung des Gerichts gehört werden soll. [3]Dies gilt nicht für Personen, die geschäftsunfähig sind oder bei Erlass der Entscheidung das 14. Lebensjahr nicht vollendet haben.

§ 61
Beschwerdewert; Zulassungsbeschwerde

(1) In vermögensrechtlichen Angelegenheiten ist die Beschwerde nur zulässig, wenn der Wert des Beschwerdegegenstandes 600 Euro übersteigt.

(2) Übersteigt der Beschwerdegegenstand nicht den in Absatz 1 genannten Betrag, ist die Beschwerde zulässig, wenn das Gericht des ersten Rechtszugs die Beschwerde zugelassen hat.

(3) [1]Das Gericht des ersten Rechtszugs lässt die Beschwerde zu, wenn

1. die Rechtssache grundsätzliche Bedeutung hat oder die Fortbildung des Rechts oder die Sicherung einer einheitlichen Rechtsprechung eine Entscheidung des Beschwerdegerichts erfordert und

2. der Beteiligte durch den Beschluss mit nicht mehr als 600 Euro beschwert ist.

[2]Das Beschwerdegericht ist an die Zulassung gebunden.

§ 62
Statthaftigkeit der Beschwerde nach Erledigung der Hauptsache

(1) Hat sich die angefochtene Entscheidung in der Hauptsache erledigt, spricht das Beschwerdegericht auf Antrag aus, dass die Entscheidung des Gerichts des ersten Rechtszugs den Beschwerdeführer in seinen Rechten verletzt hat, wenn der Beschwerdeführer ein berechtigtes Interesse an der Feststellung hat.

(2) Ein berechtigtes Interesse liegt in der Regel vor, wenn

1. schwerwiegende Grundrechtseingriffe vorliegen oder

2. eine Wiederholung konkret zu erwarten ist.

(3) Hat der Verfahrensbeistand oder der Verfahrenspfleger die Beschwerde eingelegt, gelten die Absätze 1 und 2 entsprechend.

§ 63
Beschwerdefrist

(1) Die Beschwerde ist, soweit gesetzlich keine andere Frist bestimmt ist, binnen einer Frist von einem Monat einzulegen.

(2) Die Beschwerde ist binnen einer Frist von zwei Wochen einzulegen, wenn sie sich gegen folgende Entscheidungen richtet:

1. Entscheidungen im Verfahren der einstweiligen Anordnung oder

2. Entscheidungen über Anträge auf Genehmigung eines Rechtsgeschäfts.

(3) [1]Die Frist beginnt jeweils mit der schriftlichen Bekanntgabe des Beschlusses an die Beteiligten. [2]Kann die schriftliche Bekanntgabe an einen Beteiligten nicht bewirkt werden, beginnt die Frist spätestens mit Ablauf von fünf Monaten nach Erlass des Beschlusses.

§ 64
Einlegung der Beschwerde

(1) [1]Die Beschwerde ist bei dem Gericht einzulegen, dessen Beschluss angefochten wird. [2]Anträge auf Bewilligung von Verfahrenskostenhilfe für eine beabsichtigte Beschwerde sind bei dem Gericht einzulegen, dessen Beschluss angefochten werden soll.

(2) [1]Die Beschwerde wird durch Einreichung einer Beschwerdeschrift oder zur Niederschrift der Geschäftsstelle eingelegt. [2]Die Einlegung der Beschwerde zur Niederschrift der Geschäftsstelle ist in Ehesachen und in Familienstreitsachen ausgeschlossen. [3]Die Beschwerde muss die Bezeichnung des angefochtenen Beschlusses sowie die Erklärung enthalten, dass Beschwerde gegen diesen Beschluss eingelegt wird. [4]Sie ist von dem Beschwerdeführer oder seinem Bevollmächtigten zu unterzeichnen.

(3) Das Beschwerdegericht kann vor der Entscheidung eine einstweilige Anordnung erlassen; es kann insbesondere anordnen, dass die Vollziehung des angefochtenen Beschlusses auszusetzen ist.

§ 65
Beschwerdebegründung

(1) Die Beschwerde soll begründet werden.

(2) Das Beschwerdegericht oder der Vorsitzende kann dem Beschwerdeführer eine Frist zur Begründung der Beschwerde einräumen.

(3) Die Beschwerde kann auf neue Tatsachen und Beweismittel gestützt werden.

(4) Die Beschwerde kann nicht darauf gestützt werden, dass das Gericht des ersten Rechtszugs seine Zuständigkeit zu Unrecht angenommen hat.

§ 66
Anschlussbeschwerde

[1]Ein Beteiligter kann sich der Beschwerde anschließen, selbst wenn er auf die Beschwerde verzichtet hat oder die Beschwerdefrist verstrichen ist; die Anschließung erfolgt durch Einreichung der Beschwerdeanschlussschrift bei dem Beschwerdegericht. [2]Die Anschließung verliert ihre Wirkung, wenn die Beschwerde zurückgenommen oder als unzulässig verworfen wird.

§ 67
Verzicht auf die Beschwerde; Rücknahme der Beschwerde

(1) Die Beschwerde ist unzulässig, wenn der Beschwerdeführer hierauf nach Bekanntgabe des Beschlusses durch Erklärung gegenüber dem Gericht verzichtet hat.

(2) Die Anschlussbeschwerde ist unzulässig, wenn der Anschlussbeschwerdeführer hierauf nach Einlegung des Hauptrechtsmittels durch Erklärung gegenüber dem Gericht verzichtet hat.

(3) Der gegenüber einem anderen Beteiligten erklärte Verzicht hat die Unzulässigkeit der Beschwerde nur dann zur Folge, wenn dieser sich darauf beruft.

(4) Der Beschwerdeführer kann die Beschwerde bis zum Erlass der Beschwerdeentscheidung durch Erklärung gegenüber dem Gericht zurücknehmen.

§ 68
Gang des Beschwerdeverfahrens

(1) [1]Hält das Gericht, dessen Beschluss angefochten wird, die Beschwerde für begründet, hat es ihr abzuhelfen; anderenfalls ist die Beschwerde unverzüglich dem Beschwerdegericht vorzulegen. [2]Das Gericht ist zur Abhilfe nicht befugt, wenn die Beschwerde sich gegen eine Endentscheidung in einer Familiensache richtet.

(2) [1]Das Beschwerdegericht hat zu prüfen, ob die Beschwerde an sich statthaft und ob sie in der gesetzlichen Form und Frist eingelegt ist. [2]Mangelt es an einem dieser Erfordernisse, ist die Beschwerde als unzulässig zu verwerfen.

(3) [1]Das Beschwerdeverfahren bestimmt sich im Übrigen nach den Vorschriften über das Verfahren im ersten Rechtszug. [2]Das Beschwerdegericht kann von der Durchführung eines Termins, einer mündlichen Verhandlung oder einzelner Verfahrenshandlungen absehen, wenn diese bereits im ersten Rechtszug vorgenommen wurden und von einer erneuten Vornahme keine zusätzlichen Erkenntnisse zu erwarten sind.

(4) Das Beschwerdegericht kann die Beschwerde durch Beschluss einem seiner Mitglieder zur Entscheidung als Einzelrichter übertragen; § 526 der Zivilprozessordnung gilt mit der Maßgabe entsprechend, dass eine Übertragung auf einen Richter auf Probe ausgeschlossen ist.

§ 69
Beschwerdeentscheidung

(1) [1]Das Beschwerdegericht hat in der Sache selbst zu entscheiden. [2]Es darf die Sache unter Aufhebung des angefochtenen Beschlusses und des Verfahrens nur dann an das Gericht des ersten Rechtszugs zurückverweisen, wenn dieses in der Sache noch nicht entschieden hat. [3]Das Gleiche gilt, soweit das Verfahren an einem wesentlichen Mangel leidet und zur Entscheidung eine umfangreiche oder aufwändige Beweiserhebung notwendig wäre und ein Beteiligter die Zurückverweisung beantragt. [4]Das Gericht des ersten Rechtszugs hat die rechtliche Beurteilung, die das Beschwerdegericht der Aufhebung zugrunde gelegt hat, auch seiner Entscheidung zugrunde zu legen.

(2) Der Beschluss des Beschwerdegerichts ist zu begründen.

(3) Für die Beschwerdeentscheidung gelten im Übrigen die Vorschriften über den Beschluss im ersten Rechtszug entsprechend.

Unterabschnitt 2
Rechtsbeschwerde

§ 70
Statthaftigkeit der Rechtsbeschwerde

(1) Die Rechtsbeschwerde eines Beteiligten ist statthaft, wenn sie das Beschwerdegericht oder das Oberlandesgericht im ersten Rechtszug in dem Beschluss zugelassen hat.

(2) [1]Die Rechtsbeschwerde ist zuzulassen, wenn

1. die Rechtssache grundsätzliche Bedeutung hat oder
2. die Fortbildung des Rechts oder die Sicherung einer einheitlichen Rechtsprechung eine Entscheidung des Rechtsbeschwerdegerichts erfordert.

[2]Das Rechtsbeschwerdegericht ist an die Zulassung gebunden.

(3) [1]Die Rechtsbeschwerde gegen einen Beschluss des Beschwerdegerichts ist ohne Zulassung statthaft in

1. Betreuungssachen zur Bestellung eines Betreuers, zur Aufhebung einer Betreuung, zur Anordnung oder Aufhebung eines Einwilligungsvorbehalts,
2. Unterbringungssachen und Verfahren nach § 151 Nr. 6 und 7 sowie
3. Freiheitsentziehungssachen.

[2]In den Fällen des Satzes 1 Nr. 2 und 3 gilt dies nur, wenn sich die Rechtsbeschwerde gegen den Beschluss richtet, der die Unterbringungsmaßnahme oder die Freiheitsentziehung anordnet. [3]In den Fällen des Satzes 1 Nummer 3 ist die Rechtsbeschwerde abweichend von Satz 2 auch dann ohne Zulassung statthaft, wenn sie sich gegen den eine freiheitsentziehende Maßnahme ablehnenden oder zurückweisenden Beschluss in dem § 417 Absatz 2 Satz 2 Nummer 5 genannten Verfahren richtet.

(4) Gegen einen Beschluss im Verfahren über die Anordnung, Abänderung oder Aufhebung einer einstweiligen Anordnung oder eines Arrests findet die Rechtsbeschwerde nicht statt.

§ 71
Frist und Form der Rechtsbeschwerde

(1) [1]Die Rechtsbeschwerde ist binnen einer Frist von einem Monat nach der schriftlichen Bekanntgabe des Beschlusses durch Einreichen einer Beschwerdeschrift bei dem Rechtsbeschwerdegericht einzulegen. [2]Die Rechtsbeschwerdeschrift muss enthalten:

1. die Bezeichnung des Beschlusses, gegen den die Rechtsbeschwerde gerichtet wird, und
2. die Erklärung, dass gegen diesen Beschluss Rechtsbeschwerde eingelegt werde.

[3]Die Rechtsbeschwerdeschrift ist zu unterschreiben. [4]Mit der Rechtsbeschwerdeschrift soll eine Ausfertigung oder beglaubigte Abschrift des angefochtenen Beschlusses vorgelegt werden.

(2) [1]Die Rechtsbeschwerde ist, sofern die Beschwerdeschrift keine Begründung enthält, binnen einer Frist von einem Monat zu begründen. [2]Die Frist beginnt mit der schriftlichen Bekanntgabe des angefochtenen Beschlusses. [3]§ 551 Abs. 2 Satz 5 und 6 der Zivilprozessordnung gilt entsprechend.

(3) Die Begründung der Rechtsbeschwerde muss enthalten:

1. die Erklärung, inwieweit der Beschluss angefochten und dessen Aufhebung beantragt werde (Rechtsbeschwerdeanträge);
2. die Angabe der Rechtsbeschwerdegründe, und zwar
   a) die bestimmte Bezeichnung der Umstände, aus denen sich die Rechtsverletzung ergibt;
   b) soweit die Rechtsbeschwerde darauf gestützt wird, dass das Gesetz in Bezug auf das Verfahren verletzt sei, die Bezeichnung der Tatsachen, die den Mangel ergeben.

(4) Die Rechtsbeschwerde- und die Begründungsschrift sind den anderen Beteiligten bekannt zu geben.

§ 72
Gründe der Rechtsbeschwerde

(1) [1]Die Rechtsbeschwerde kann nur darauf gestützt werden, dass die angefochtene Entscheidung auf einer Verletzung des Rechts beruht. [2]Das Recht ist verletzt, wenn eine Rechtsnorm nicht oder nicht richtig angewendet worden ist.

(2) Die Rechtsbeschwerde kann nicht darauf gestützt werden, dass das Gericht des ersten Rechtszugs seine Zuständigkeit zu Unrecht angenommen hat.

(3) Die §§ 547, 556 und 560 der Zivilprozessordnung gelten entsprechend.

§ 73
Anschlussrechtsbeschwerde

[1]Ein Beteiligter kann sich bis zum Ablauf einer Frist von einem Monat nach der Bekanntgabe der Begründungsschrift der Rechtsbeschwerde durch Einreichen einer Anschlussschrift beim Rechtsbeschwerdegericht anschließen, auch wenn er auf die Rechtsbeschwerde verzichtet hat, die Rechtsbeschwerdefrist verstrichen oder die Rechtsbeschwerde nicht zugelassen worden ist. [2]Die Anschlussrechtsbeschwerde ist in der Anschlussschrift zu begründen und zu unterschreiben. [3]Die Anschließung verliert ihre Wirkung, wenn die Rechtsbeschwerde zurückgenommen, als unzulässig verworfen oder nach § 74a Abs. 1 zurückgewiesen wird.

§ 74
Entscheidung über die Rechtsbeschwerde

(1) [1]Das Rechtsbeschwerdegericht hat zu prüfen, ob die Rechtsbeschwerde an sich statthaft ist und ob sie in der gesetzlichen Form und Frist eingelegt und begründet ist.

[2]Mangelt es an einem dieser Erfordernisse, ist die Rechtsbeschwerde als unzulässig zu verwerfen.

(2) Ergibt die Begründung des angefochtenen Beschlusses zwar eine Rechtsverletzung, stellt sich die Entscheidung aber aus anderen Gründen als richtig dar, ist die Rechtsbeschwerde zurückzuweisen.

(3) [1]Der Prüfung des Rechtsbeschwerdegerichts unterliegen nur die von den Beteiligten gestellten Anträge. [2]Das Rechtsbeschwerdegericht ist an die geltend gemachten Rechtsbeschwerdegründe nicht gebunden. [3]Auf Verfahrensmängel, die nicht von Amts wegen zu berücksichtigen sind, darf die angefochtene Entscheidung nur geprüft werden, wenn die Mängel nach § 71 Abs. 3 und § 73 Satz 2 gerügt worden sind. [4]Die §§ 559, 564 der Zivilprozessordnung gelten entsprechend.

(4) Auf das weitere Verfahren sind, soweit sich nicht Abweichungen aus den Vorschriften dieses Unterabschnitts ergeben, die im ersten Rechtszug geltenden Vorschriften entsprechend anzuwenden.

(5) Soweit die Rechtsbeschwerde begründet ist, ist der angefochtene Beschluss aufzuheben.

(6) [1]Das Rechtsbeschwerdegericht entscheidet in der Sache selbst, wenn diese zur Endentscheidung reif ist. [2]Andernfalls verweist es die Sache unter Aufhebung des angefochtenen Beschlusses und des Verfahrens zur anderweitigen Behandlung und Entscheidung an das Beschwerdegericht oder, wenn dies aus besonderen Gründen geboten erscheint, an das Gericht des ersten Rechtszugs zurück. [3]Die Zurückverweisung kann an einen anderen Spruchkörper des Gerichts erfolgen, das die angefochtene Entscheidung erlassen hat. [4]Das Gericht, an das die Sache zurückverwiesen ist, hat die rechtliche Beurteilung, die der Aufhebung zugrunde liegt, auch seiner Entscheidung zugrunde zu legen.

(7) Von einer Begründung der Entscheidung kann abgesehen werden, wenn sie nicht geeignet wäre, zur Klärung von Rechtsfragen grundsätzlicher Bedeutung, zur Fortbildung des Rechts oder zur Sicherung einer einheitlichen Rechtsprechung beizutragen.

§ 74a
Zurückweisungsbeschluss

(1) Das Rechtsbeschwerdegericht weist die vom Beschwerdegericht zugelassene Rechtsbeschwerde durch einstimmigen Beschluss ohne mündliche Verhandlung oder Erörterung im Termin zurück, wenn es davon überzeugt ist, dass die Voraussetzungen für die Zulassung der Rechtsbeschwerde nicht vorliegen und die Rechtsbeschwerde keine Aussicht auf Erfolg hat.

(2) Das Rechtsbeschwerdegericht oder der Vorsitzende hat zuvor die Beteiligten auf die beabsichtigte Zurückweisung der Rechtsbeschwerde und die Gründe hierfür hinzuweisen und dem Rechtsbeschwerdeführer binnen einer zu bestimmenden Frist Gelegenheit zur Stellungnahme zu geben.

(3) Der Beschluss nach Absatz 1 ist zu begründen, soweit die Gründe für die Zurückweisung nicht bereits in dem Hinweis nach Absatz 2 enthalten sind.

§ 75
Sprungrechtsbeschwerde

(1) [1]Gegen die im ersten Rechtszug erlassenen Beschlüsse, die ohne Zulassung der Beschwerde unterliegen, findet auf Antrag unter Übergehung der Beschwerdeinstanz unmittelbar die Rechtsbeschwerde (Sprungrechtsbeschwerde) statt, wenn

1. die Beteiligten in die Übergehung der Beschwerdeinstanz einwilligen und
2. das Rechtsbeschwerdegericht die Sprungrechtsbeschwerde zulässt.

[2]Der Antrag auf Zulassung der Sprungrechtsbeschwerde und die Erklärung der Einwilligung gelten als Verzicht auf das Rechtsmittel der Beschwerde.

(2) [1]Die Sprungrechtsbeschwerde ist in der in § 63 bestimmten Frist einzulegen. [2]Für das weitere Verfahren gilt § 566 Abs. 2 bis 8 der Zivilprozessordnung entsprechend.

Abschnitt 6
Verfahrenskostenhilfe

(vom Abdruck wurde abgesehen)

Abschnitt 7
Kosten

(vom Abdruck wurde abgesehen)

Abschnitt 8
Vollstreckung

Unterabschnitt 1
Allgemeine Vorschriften

§ 86
Vollstreckungstitel

(1) Die Vollstreckung findet statt aus

1. gerichtlichen Beschlüssen;
2. gerichtlich gebilligten Vergleichen (§ 156 Abs. 2);
3. weiteren Vollstreckungstiteln im Sinne des § 794 der Zivilprozessordnung, soweit die Beteiligten über den Gegenstand des Verfahrens verfügen können.

(2) Beschlüsse sind mit Wirksamwerden vollstreckbar.

(3) Vollstreckungstitel bedürfen der Vollstreckungsklausel nur, wenn die Vollstreckung nicht durch das Gericht erfolgt, das den Titel erlassen hat.

...

Abschnitt 9
Verfahren mit Auslandsbezug

Unterabschnitt 1
Verhältnis zu völkerrechtlichen Vereinbarungen und Rechtsakten der Europäischen Union

§ 97
Vorrang und Unberührtheit

(1) [1]Regelungen in völkerrechtlichen Vereinbarungen gehen, soweit sie unmittelbar anwendbares innerstaatliches Recht geworden sind, den Vorschriften dieses Gesetzes vor. [2]Regelungen in Rechtsakten der Europäischen Union bleiben unberührt.

(2) Die zur Umsetzung und Ausführung von Vereinbarungen und Rechtsakten im Sinne des Absatzes 1 erlassenen Bestimmungen bleiben unberührt.

Unterabschnitt 2
Internationale Zuständigkeit

§ 98
Ehesachen; Verbund von Scheidungs- und Folgesachen

(1) Die deutschen Gerichte sind für Ehesachen zuständig, wenn

1. ein Ehegatte Deutscher ist oder bei der Eheschließung war;
2. beide Ehegatten ihren gewöhnlichen Aufenthalt im Inland haben;
3. ein Ehegatte Staatenloser mit gewöhnlichem Aufenthalt im Inland ist;
4. ein Ehegatte seinen gewöhnlichen Aufenthalt im Inland hat, es sei denn, dass die zu fällende Entscheidung offensichtlich nach dem Recht keines der Staaten anerkannt würde, denen einer der Ehegatten angehört.

(2) Für Verfahren auf Aufhebung der Ehe nach Artikel 13 Absatz 3 Nummer 2 des Einführungsgesetzes zum Bürgerlichen Gesetzbuch sind die deutschen Gerichte auch zuständig, wenn der Ehegatte, der im Zeitpunkt der Eheschließung das 16., aber nicht das 18. Lebensjahr vollendet hatte, seinen Aufenthalt im Inland hat.

(3) Die Zuständigkeit der deutschen Gerichte nach Absatz 1 erstreckt sich im Fall des Verbunds von Scheidungs- und Folgesachen auf die Folgesachen.

§ 99
Kindschaftssachen

(1) [1]Die deutschen Gerichte sind außer in Verfahren nach § 151 Nr. 7 zuständig, wenn das Kind

1. Deutscher ist oder
2. seinen gewöhnlichen Aufenthalt im Inland hat.

[2]Die deutschen Gerichte sind ferner zuständig, soweit das Kind der Fürsorge durch ein deutsches Gericht bedarf.

(2) Sind für die Anordnung einer Vormundschaft sowohl die deutschen Gerichte als auch die Gerichte eines anderen Staates zuständig und ist die Vormundschaft in dem anderen Staat anhängig, kann die Anordnung der Vormundschaft im Inland unterbleiben, wenn dies im Interesse des Mündels liegt.

(3) [1]Sind für die Anordnung einer Vormundschaft sowohl die deutschen Gerichte als auch die Gerichte eines anderen Staates zuständig und besteht die Vormundschaft im Inland, kann das Gericht, bei dem die Vormundschaft anhängig ist, sie an den Staat, dessen Gerichte für die Anordnung der Vormundschaft zuständig sind, abgeben, wenn dies im Interesse des Mündels liegt, der Vormund seine Zustimmung erteilt und dieser Staat sich zur Übernahme bereit erklärt. [2]Verweigert der Vormund oder, wenn mehrere Vormünder die Vormundschaft gemeinschaftlich führen, einer von ihnen seine Zustimmung, so entscheidet anstelle des Gerichts, bei dem die Vormundschaft anhängig ist, das im Rechtszug übergeordnete Gericht. [3]Der Beschluss ist nicht anfechtbar.

(4) Die Absätze 2 und 3 gelten entsprechend für Verfahren nach § 151 Nr. 5 und 6.

...

§ 101
Adoptionssachen

Die deutschen Gerichte sind zuständig, wenn der Annehmende, einer der annehmenden Ehegatten oder das Kind

1. Deutscher ist oder

2. seinen gewöhnlichen Aufenthalt im Inland hat.

§ 102
Versorgungsausgleichssachen

Die deutschen Gerichte sind zuständig, wenn

1. der Antragsteller oder der Antragsgegner seinen gewöhnlichen Aufenthalt im Inland hat,

2. über inländische Anrechte zu entscheiden ist oder

3. ein deutsches Gericht die Ehe zwischen Antragsteller und Antragsgegner geschieden hat.

§ 103
Lebenspartnerschaftssachen

(1) Die deutschen Gerichte sind in Lebenspartnerschaftssachen, die die Aufhebung der Lebenspartnerschaft auf Grund des Lebenspartnerschaftsgesetzes oder die Feststellung des Bestehens oder Nichtbestehens einer Lebenspartnerschaft zum Gegenstand haben, zuständig, wenn

1. ein Lebenspartner Deutscher ist oder bei Begründung der Lebenspartnerschaft war,
2. einer der Lebenspartner seinen gewöhnlichen Aufenthalt im Inland hat oder
3. die Lebenspartnerschaft vor einer zuständigen deutschen Stelle begründet worden ist.

(2) Die Zuständigkeit der deutschen Gerichte nach Absatz 1 erstreckt sich im Fall des Verbunds von Aufhebungs- und Folgesachen auf die Folgesachen.

(3) Die §§ 99, 101, 102 und 105 gelten entsprechend.

§ 104
Betreuungs- und Unterbringungssachen; Pflegschaft für Erwachsene

(1) [1]Die deutschen Gerichte sind zuständig, wenn der Betroffene oder der volljährige Pflegling

1. Deutscher ist oder
2. seinen gewöhnlichen Aufenthalt im Inland hat.

[2]Die deutschen Gerichte sind ferner zuständig, soweit der Betroffene oder der volljährige Pflegling der Fürsorge durch ein deutsches Gericht bedarf.

(2) § 99 Abs. 2 und 3 gilt entsprechend.

(3) Die Absätze 1 und 2 sind in Verfahren nach § 312 Nr. 4 nicht anzuwenden.

§ 105
Andere Verfahren

In anderen Verfahren nach diesem Gesetz sind die deutschen Gerichte zuständig, wenn ein deutsches Gericht örtlich zuständig ist.

§ 106
Keine ausschließliche Zuständigkeit

Die Zuständigkeiten in diesem Unterabschnitt sind nicht ausschließlich.

Unterabschnitt 3
Anerkennung und Vollstreckbarkeit ausländischer Entscheidungen

(vom Abdruck wurde abgesehen)

Buch 2
Verfahren in Familiensachen

Abschnitt 1
Allgemeine Vorschriften

§ 111
Familiensachen

Familiensachen sind

1. Ehesachen,
2. Kindschaftssachen,
3. Abstammungssachen,
4. Adoptionssachen,
5. Ehewohnungs- und Haushaltssachen,
6. Gewaltschutzsachen,
7. Versorgungsausgleichssachen,
8. Unterhaltssachen,
9. Güterrechtssachen,
10. sonstige Familiensachen,
11. Lebenspartnerschaftssachen.

...

§ 114
Vertretung durch einen Rechtsanwalt; Vollmacht

(1) Vor dem Familiengericht und dem Oberlandesgericht müssen sich die Ehegatten in Ehesachen und Folgesachen und die Beteiligten in selbständigen Familienstreitsachen durch einen Rechtsanwalt vertreten lassen.

(2) Vor dem Bundesgerichtshof müssen sich die Beteiligten durch einen bei dem Bundesgerichtshof zugelassenen Rechtsanwalt vertreten lassen.

(3) ...

(4) Der Vertretung durch einen Rechtsanwalt bedarf es nicht

1. im Verfahren der einstweiligen Anordnung,
2. in Unterhaltssachen für Beteiligte, die durch das Jugendamt als Beistand, Vormund oder Ergänzungspfleger vertreten sind,
3. für die Zustimmung zur Scheidung und zur Rücknahme des Scheidungsantrags und für den Widerruf der Zustimmung zur Scheidung,
4. für einen Antrag auf Abtrennung einer Folgesache von der Scheidung,

5. im Verfahren über die Verfahrenskostenhilfe,
6. in den Fällen des § 78 Abs. 3 der Zivilprozessordnung sowie
7. für den Antrag auf Durchführung des Versorgungsausgleichs nach § 3 Abs. 3 sowie nach § 19 Absatz 2 Nummer 5 des Versorgungsausgleichsgesetzes und die Erklärungen zum Wahlrecht nach § 15 Abs. 1 und 3 des Versorgungsausgleichsgesetzes.

...

§ 116
Entscheidung durch Beschluss; Wirksamkeit

(1) Das Gericht entscheidet in Familiensachen durch Beschluss.

(2) Endentscheidungen in Ehesachen werden mit Rechtskraft wirksam.

(3) [1]Endentscheidungen in Familienstreitsachen werden mit Rechtskraft wirksam. [2]Das Gericht kann die sofortige Wirksamkeit anordnen. [3]Soweit die Endentscheidung eine Verpflichtung zur Leistung von Unterhalt enthält, soll das Gericht die sofortige Wirksamkeit anordnen.

...

Abschnitt 2
Verfahren in Ehesachen; Verfahren in Scheidungssachen und Folgesachen

...

Unterabschnitt 2
Verfahren in Scheidungssachen und Folgesachen

§ 133
Inhalt der Antragsschrift

...

§ 134
Zustimmung zur Scheidung und zur Rücknahme; Widerruf

(1) Die Zustimmung zur Scheidung und zur Rücknahme des Scheidungsantrags kann zur Niederschrift der Geschäftsstelle oder in der mündlichen Verhandlung zur Niederschrift des Gerichts erklärt werden.

(2) [1]Die Zustimmung zur Scheidung kann bis zum Schluss der mündlichen Verhandlung, auf die über die Scheidung der Ehe entschieden wird, widerrufen werden. [2]Der Widerruf kann zur Niederschrift der Geschäftsstelle oder in der mündlichen Verhandlung zur Niederschrift des Gerichts erklärt werden.

§ 135
Außergerichtliche Konfliktbeilegung über Folgesachen

[1]Das Gericht kann anordnen, dass die Ehegatten einzeln oder gemeinsam an einem kostenfreien Informationsgespräch über Mediation oder eine sonstige Möglichkeit der außergerichtlichen Konfliktbeilegung anhängiger Folgesachen bei einer von dem Gericht benannten Person oder Stelle teilnehmen und eine Bestätigung hierüber vorlegen. [2]Die Anordnung ist nicht selbständig anfechtbar und nicht mit Zwangsmitteln durchsetzbar.

...

§ 137
Verbund von Scheidungs- und Folgesachen

(1) Über Scheidung und Folgesachen ist zusammen zu verhandeln und zu entscheiden (Verbund).

(2) [1]Folgesachen sind

1. Versorgungsausgleichssachen,
2. Unterhaltssachen, sofern sie die Unterhaltspflicht gegenüber einem gemeinschaftlichen Kind oder die durch Ehe begründete gesetzliche Unterhaltspflicht betreffen mit Ausnahme des vereinfachten Verfahrens über den Unterhalt Minderjähriger,
3. Ehewohnungs- und Haushaltssachen und
4. Güterrechtssachen,

wenn eine Entscheidung für den Fall der Scheidung zu treffen ist und die Familiensache spätestens zwei Wochen vor der mündlichen Verhandlung im ersten Rechtszug in der Scheidungssache von einem Ehegatten anhängig gemacht wird. [2]Für den Versorgungsausgleich ist in den Fällen der §§ 6 bis 19 und 28 des Versorgungsausgleichsgesetzes kein Antrag notwendig.

(3) Folgesachen sind auch Kindschaftssachen, die die Übertragung oder Entziehung der elterlichen Sorge, das Umgangsrecht oder die Herausgabe eines gemeinschaftlichen Kindes der Ehegatten oder das Umgangsrecht eines Ehegatten mit dem Kind des anderen Ehegatten betreffen, wenn ein Ehegatte vor Schluss der mündlichen Verhandlung im ersten Rechtszug in der Scheidungssache die Einbeziehung in den Verbund beantragt, es sei denn, das Gericht hält die Einbeziehung aus Gründen des Kindeswohls nicht für sachgerecht.

(4) ...

(5) ...

...

§ 150
Kosten in Scheidungssachen und Folgesachen

...

(4) 3Haben die Beteiligten eine Vereinbarung über die Kosten getroffen, soll das Gericht sie ganz oder teilweise der Entscheidung zugrunde legen.

...

Abschnitt 3
Verfahren in Kindschaftssachen

§ 151
Kindschaftssachen

Kindschaftssachen sind die dem Familiengericht zugewiesenen Verfahren, die

1. die elterliche Sorge,
2. das Umgangsrecht und das Recht auf Auskunft über die persönlichen Verhältnisse des Kindes,
3. die Kindesherausgabe,
4. die Vormundschaft,
5. die Pflegschaft oder die gerichtliche Bestellung eines sonstigen Vertreters für einen Minderjährigen oder für ein bereits gezeugtes Kind,
6. die Genehmigung von freiheitsentziehender Unterbringung und freiheitsentziehenden Maßnahmen nach § 1631b des Bürgerlichen Gesetzbuchs, auch in Verbindung mit den § 1795 Absatz 1 Satz 3 und § 1813 Absatz 1 des Bürgerlichen Gesetzbuchs,
7. die Genehmigung oder Anordnung einer freiheitsentziehenden Unterbringung, freiheitsentziehenden Maßnahme oder ärztlichen Zwangsmaßnahme bei einem Minderjährigen nach den Landesgesetzen über die Unterbringung psychisch Kranker oder
8. die Aufgaben nach dem Jugendgerichtsgesetz

betreffen.

§ 152
Örtliche Zuständigkeit

(1) Während der Anhängigkeit einer Ehesache ist unter den deutschen Gerichten das Gericht, bei dem die Ehesache im ersten Rechtszug anhängig ist oder war, ausschließlich zuständig für Kindschaftssachen, sofern sie gemeinschaftliche Kinder der Ehegatten betreffen.

(2) Ansonsten ist das Gericht zuständig, in dessen Bezirk das Kind seinen gewöhnlichen Aufenthalt hat.

(3) Ist die Zuständigkeit eines deutschen Gerichts nach den Absätzen 1 und 2 nicht gegeben, ist das Gericht zuständig, in dessen Bezirk das Bedürfnis der Fürsorge bekannt wird.

(4) [1]Für die in den §§ 1693 und 1802 Absatz 2 Satz 3 in Verbindung mit § 1867 des Bürgerlichen Gesetzbuchs und in Artikel 24 Abs. 3 des Einführungsgesetzes zum Bürgerlichen Gesetzbuche bezeichneten Maßnahmen ist auch das Gericht zuständig, in dessen Bezirk das Bedürfnis der Fürsorge bekannt wird. [2]Es soll die angeordneten Maßnahmen dem Gericht mitteilen, bei dem eine Vormundschaft oder Pflegschaft anhängig ist.

...

§ 158
Bestellung des Verfahrensbeistands

(1) Das Gericht hat dem minderjährigen Kind in Kindschaftssachen, die seine Person betreffen, einen fachlich und persönlich geeigneten Verfahrensbeistand zu bestellen, soweit dies zur Wahrnehmung der Interessen des Kindes erforderlich ist.

...

(3) Die Bestellung ist in der Regel erforderlich,

1. wenn das Interesse des Kindes zu dem seiner gesetzlichen Vertreter in erheblichem Gegensatz steht,

...

§ 167b
Genehmigungsverfahren nach § 1631e des Bürgerlichen Gesetzbuchs; Verordnungsermächtigung

(1) In Verfahren nach § 1631e Absatz 3 des Bürgerlichen Gesetzbuchs erteilt das Gericht die Genehmigung im schriftlichen Verfahren, sofern die Eltern eine den Eingriff befürwortende Stellungnahme vorlegen und keine Gründe ersichtlich sind, die einer Genehmigung entgegenstehen. Wenn das Gericht im schriftlichen Verfahren entscheidet, soll es von der Anhörung des Jugendamts, der persönlichen Anhörung der Eltern und der Bestellung eines Verfahrensbeistands absehen. § 162 ist nicht anwendbar.

(2) Legen die Eltern dem Gericht keine den Eingriff befürwortende Stellungnahme vor oder sind Gründe ersichtlich, die einer Genehmigung nach Absatz 1 entgegenstehen, erörtert das Gericht die Sache mit den Beteiligten in einem Termin. Das Gericht weist auf Möglichkeiten der Beratung durch die Beratungsstellen und Beratungsdienste der Träger der Kinder- und Jugendhilfe hin. Es kann anordnen, dass sich die Eltern über den Umgang mit Varianten der Geschlechtsentwicklung beraten lassen und dem Gericht eine Bestätigung hierüber vorlegen. Diese Anordnung ist nicht selbständig anfechtbar und nicht mit Zwangsmitteln durchsetzbar.

(3) Die Landesregierungen werden ermächtigt, durch Rechtsverordnung die Zuständigkeit für Verfahren nach den Absätzen 1 und 2 dem Familiengericht, in dessen Bezirk das Oberlandesgericht seinen Sitz hat, oder einem anderen Familiengericht zuzuweisen. Diese Ermächtigung kann von der jeweiligen Landesregierung auf die Landesjustizverwaltung übertragen werden. Mehrere Länder können die Zuständigkeit eines Gerichts für Verfahren nach dieser Vorschrift über die Landesgrenzen hinaus vereinbaren.

Abschnitt 4
Verfahren in Abstammungssachen

§ 169
Abstammungssachen

Abstammungssachen sind Verfahren

1. auf Feststellung des Bestehens oder Nichtbestehens eines Eltern-Kind-Verhältnisses, insbesondere der Wirksamkeit oder Unwirksamkeit einer Anerkennung der Vaterschaft,
2. auf Ersetzung der Einwilligung in eine genetische Abstammungsuntersuchung und Anordnung der Duldung einer Probeentnahme,
3. auf Einsicht in ein Abstammungsgutachten oder Aushändigung einer Abschrift oder
4. auf Anfechtung der Vaterschaft.

§ 170
Örtliche Zuständigkeit

(1) Ausschließlich zuständig ist das Gericht, in dessen Bezirk das Kind seinen gewöhnlichen Aufenthalt hat.

(2) Ist die Zuständigkeit eines deutschen Gerichts nach Absatz 1 nicht gegeben, ist der gewöhnliche Aufenthalt der Mutter, ansonsten der des Vaters maßgebend.

(3) Ist eine Zuständigkeit nach den Absätzen 1 und 2 nicht gegeben, ist das Amts gericht Schöneberg in Berlin ausschließlich zuständig.

...

Abschnitt 5
Verfahren in Adoptionssachen

§ 186
Adoptionssachen

Adoptionssachen sind Verfahren, die

1. die Annahme als Kind,
2. die Ersetzung der Einwilligung zur Annahme als Kind,
3. die Aufhebung des Annahmeverhältnisses oder
4. die Befreiung vom Eheverbot des § 1308 Abs. 1 des Bürgerlichen Gesetzbuchs

betreffen.

§ 187
Örtliche Zuständigkeit

(1) Für Verfahren nach § 186 Nr. 1 bis 3 ist das Gericht ausschließlich zuständig, in dessen Bezirk der Annehmende oder einer der Annehmenden seinen gewöhnlichen Aufenthalt hat.

(2) Ist die Zuständigkeit eines deutschen Gerichts nach Absatz 1 nicht gegeben, ist der gewöhnliche Aufenthalt des Kindes maßgebend.

(3) Für Verfahren nach § 186 Nr. 4 ist das Gericht ausschließlich zuständig, in dessen Bezirk einer der Verlobten seinen gewöhnlichen Aufenthalt hat.

(4) In Adoptionssachen, die einen Minderjährigen betreffen, ist § 6 Absatz 1 Satz 1 und Absatz 2 des Adoptionswirkungsgesetzes entsprechend anzuwenden, wenn

1. der gewöhnliche Aufenthalt der Annehmenden und des Anzunehmenden im Ausland liegt oder
2. der Anzunehmende in den letzten zwei Jahren vor der Antragstellung seinen gewöhnlichen Aufenthalt im Ausland hatte.

(5) [1]Ist nach den Absätzen 1 bis 4 eine Zuständigkeit nicht gegeben, ist das Amtsgericht Schöneberg in Berlin zuständig. [2]Es kann die Sache aus wichtigem Grund an ein anderes Gericht verweisen.

§ 188
Beteiligte

(1) Zu beteiligen sind

1. in Verfahren nach § 186 Nr. 1
   a) der Annehmende und der Anzunehmende,
   b) die Eltern des Anzunehmenden, wenn dieser entweder minderjährig ist und ein Fall des § 1747 Abs. 2 Satz 2 oder Abs. 4 des Bürgerlichen Gesetzbuchs nicht vorliegt oder im Fall des § 1772 des Bürgerlichen Gesetzbuchs,

c) der Ehegatte oder Lebenspartner des Annehmenden und der Ehegatte oder Lebenspartner des Anzunehmenden, sofern nicht ein Fall des § 1749 Abs. 2 des Bürgerlichen Gesetzbuchs vorliegt;

2. in Verfahren nach § 186 Nr. 2 derjenige, dessen Einwilligung ersetzt werden soll;

3. in Verfahren nach § 186 Nr. 3

   a) der Annehmende und der Angenommene,

   b) die leiblichen Eltern des minderjährigen Angenommenen;

4. in Verfahren nach § 186 Nr. 4 die Verlobten.

(2) Das Jugendamt und das Landesjugendamt sind auf ihren Antrag zu beteiligen.

...

Abschnitt 6
Verfahren in Ehewohnungs- und Haushaltssachen

(vom Abdruck wurde abgesehen)

Abschnitt 7
Verfahren in Gewaltschutzsachen

(vom Abdruck wurde abgesehen)

Abschnitt 8
Verfahren in Versorgungsausgleichssachen

§ 217
Versorgungsausgleichssachen

Versorgungsausgleichssachen sind Verfahren, die den Versorgungsausgleich betreffen.

§ 218
Örtliche Zuständigkeit

...

§ 219
Beteiligte

Zu beteiligen sind

1. die Ehegatten,

2. die Versorgungsträger, bei denen ein auszugleichendes Anrecht besteht,

Gerichts-
barkeit

3. die Versorgungsträger, bei denen ein Anrecht zum Zweck des Ausgleichs begründet werden soll, und
4. die Hinterbliebenen und die Erben der Ehegatten.

§ 220
Verfahrensrechtliche Auskunftspflicht

(1) Das Gericht kann über Grund und Höhe der Anrechte Auskünfte einholen bei den Personen und Versorgungsträgern, die nach § 219 zu beteiligen sind, sowie bei sonstigen Stellen, die Auskünfte geben können.

(2) [1]Übersendet das Gericht ein Formular, ist dieses bei der Auskunft zu verwenden. [2]Satz 1 gilt nicht für eine automatisiert erstellte Auskunft eines Versorgungsträgers.

(3) Das Gericht kann anordnen, dass die Ehegatten oder ihre Hinterbliebenen oder Erben gegenüber dem Versorgungsträger Mitwirkungshandlungen zu erbringen haben, die für die Feststellung der in den Versorgungsausgleich einzubeziehenden Anrechte erforderlich sind.

(4) [1]Der Versorgungsträger ist verpflichtet, die nach § 5 des Versorgungsausgleichsgesetzes benötigten Werte einschließlich einer übersichtlichen und nachvollziehbaren Berechnung sowie der für die Teilung maßgeblichen Regelungen mitzuteilen. [2]Das Gericht kann den Versorgungsträger von Amts wegen oder auf Antrag eines Beteiligten auffordern, die Einzelheiten der Wertermittlung zu erläutern.

(5) Die in dieser Vorschrift genannten Personen und Stellen sind verpflichtet, gerichtliche Ersuchen und Anordnungen zu befolgen.

...

§ 222
Durchführung der externen Teilung

(1) Die Wahlrechte nach § 14 Absatz 2, § 15 Absatz 1 und § 19 Absatz 2 Nummer 5 des Versorgungsausgleichsgesetzes sind in den vom Gericht zu setzenden Fristen auszuüben.

(2) Übt die ausgleichsberechtigte Person ihr Wahlrecht nach § 15 Abs. 1 des Versorgungsausgleichsgesetzes aus, so hat sie in der nach Absatz 1 gesetzten Frist zugleich nachzuweisen, dass der ausgewählte Versorgungsträger mit der vorgesehenen Teilung einverstanden ist.

(3) Das Gericht setzt in der Endentscheidung den nach § 14 Abs. 4 des Versorgungsausgleichsgesetzes zu zahlenden Kapitalbetrag fest.

(4) Bei einer externen Teilung nach § 16 des Versorgungsausgleichsgesetzes sind die Absätze 1 bis 3 nicht anzuwenden.

§ 223
Antragserfordernis für Ausgleichsansprüche nach der Scheidung

Über Ausgleichsansprüche nach der Scheidung nach den §§ 20 bis 26 des Versorgungsausgleichsgesetzes entscheidet das Gericht nur auf Antrag.

§ 224
Entscheidung über den Versorgungsausgleich

(1) Endentscheidungen, die den Versorgungsausgleich betreffen, werden erst mit Rechtskraft wirksam.

(2) Die Endentscheidung ist zu begründen.

(3) Soweit ein Wertausgleich bei der Scheidung nach § 3 Abs. 3, den §§ 6, 18 Abs. 1 oder Abs. 2 oder § 27 des Versorgungsausgleichsgesetzes nicht stattfindet, stellt das Gericht dies in der Beschlussformel fest.

(4) Verbleiben nach dem Wertausgleich bei der Scheidung noch Anrechte für Ausgleichsansprüche nach der Scheidung, benennt das Gericht diese Anrechte in der Begründung.

...

Abschnitt 9
Verfahren in Unterhaltssachen

Unterabschnitt 1
Besondere Verfahrensvorschriften

...

§ 231
Unterhaltssachen

(1) Unterhaltssachen sind Verfahren, die

1. die durch Verwandtschaft begründete gesetzliche Unterhaltspflicht,

2. die durch Ehe begründete gesetzliche Unterhaltspflicht,

3. die Ansprüche nach § 1615l oder § 1615m des Bürgerlichen Gesetzbuchs betreffen.

(2) [1]Unterhaltssachen sind auch Verfahren nach § 3 Abs. 2 Satz 3 des Bundeskindergeldgesetzes und § 64 Abs. 2 Satz 3 des Einkommensteuergesetzes. [2]Die §§ 235 bis 245 sind nicht anzuwenden.

...

§ 238
Abänderung gerichtlicher Entscheidungen

...

§ 239
Abänderung von Vergleichen und Urkunden

(1) [1]Enthält ein Vergleich nach § 794 Abs. 1 Nr. 1 der Zivilprozessordnung oder eine vollstreckbare Urkunde eine Verpflichtung zu künftig fällig werdenden wiederkehrenden Leistungen, kann jeder Teil die Abänderung beantragen. [2]Der Antrag ist zulässig, sofern der Antragsteller Tatsachen vorträgt, die die Abänderung rechtfertigen.

(2) Die weiteren Voraussetzungen und der Umfang der Abänderung richten sich nach den Vorschriften des bürgerlichen Rechts.

...

§ 244
Unzulässiger Einwand der Volljährigkeit

Wenn der Verpflichtete dem Kind nach Vollendung des 18. Lebensjahres Unterhalt zu gewähren hat, kann gegen die Vollstreckung eines in einem Beschluss oder in einem sonstigen Titel nach § 794 der Zivilprozessordnung festgestellten Anspruchs auf Unterhalt nach Maßgabe des § 1612a des Bürgerlichen Gesetzbuchs nicht eingewandt werden, dass die Minderjährigkeit nicht mehr besteht.

§ 245
Bezifferung dynamisierter Unterhaltstitel zur Zwangsvollstreckung im Ausland

(1) Soll ein Unterhaltstitel, der den Unterhalt nach § 1612a des Bürgerlichen Gesetzbuchs als Prozentsatz des Mindestunterhalts festsetzt, im Ausland vollstreckt werden, ist auf Antrag der geschuldete Unterhalt auf dem Titel zu beziffern.

(2) Für die Bezifferung sind die Gerichte, Behörden oder Notare zuständig, denen die Erteilung einer vollstreckbaren Ausfertigung des Titels obliegt.

(3) Auf die Anfechtung der Entscheidung über die Bezifferung sind die Vorschriften über die Anfechtung der Entscheidung über die Erteilung einer Vollstreckungsklausel entsprechend anzuwenden.

...

Abschnitt 10
Verfahren in Güterrechtssachen

(vom Abdruck wurde abgesehen)

Abschnitt 11
Verfahren in sonstigen Familiensachen

(vom Abdruck wurde abgesehen)

Abschnitt 12
Verfahren in Lebenspartnerschaftssachen

§ 269
Lebenspartnerschaftssachen

(1) Lebenspartnerschaftssachen sind Verfahren, welche zum Gegenstand haben:

1. die Aufhebung der Lebenspartnerschaft auf Grund des Lebenspartnerschaftsgesetzes,
2. die Feststellung des Bestehens oder Nichtbestehens einer Lebenspartnerschaft,

...

§ 270
Anwendbare Vorschriften

...

Buch 3
Verfahren in Betreuungs- und Unterbringungssachen

Abschnitt 1
Verfahren in Betreuungssachen

§ 271
Betreuungssachen

Betreuungssachen sind

1. Verfahren zur Bestellung eines Betreuers und zur Aufhebung der Betreuung,
2. Verfahren zur Anordnung eines Einwilligungsvorbehalts sowie
3. sonstige Verfahren, die die rechtliche Betreuung eines Volljährigen §§ 1814 bis 1881 des Bürgerlichen Gesetzbuchs) betreffen, soweit es sich nicht um eine Unterbringungssache handelt.

§ 272
Örtliche Zuständigkeit

(1) Ausschließlich zuständig ist in dieser Rangfolge:

1. das Gericht, bei dem die Betreuung anhängig ist, wenn bereits ein Betreuer bestellt ist;
2. das Gericht, in dessen Bezirk der Betroffene seinen gewöhnlichen Aufenthalt hat;
3. das Gericht, in dessen Bezirk das Bedürfnis der Fürsorge hervortritt;
4. das Amtsgericht Schöneberg in Berlin, wenn der Betroffene Deutscher ist.

(2) ...

...

§ 274
Beteiligte

(1) Zu beteiligen sind

1. der Betroffene,
2. der Betreuer, sofern sein Aufgabenkreis betroffen ist,
3. der Bevollmächtigte im Sinne des § 1814 Absatz 3 Satz 2 Nummer 1 des Bürgerlichen Gesetzbuchs, sofern sein Aufgabenkreis betroffen ist.

(2) Der Verfahrenspfleger wird durch seine Bestellung als Beteiligter zum Verfahren hinzugezogen.

(3) Die zuständige Behörde ist auf ihren Antrag als Beteiligte in Verfahren über

1. die Bestellung eines Betreuers oder die Anordnung eines Einwilligungsvorbehalts,
2. Umfang, Inhalt oder Bestand von Entscheidungen der in Nummer 1 genannten Art

hinzuzuziehen.

(4) Beteiligt werden können

1. in den in Absatz 3 genannten Verfahren im Interesse des Betroffenen dessen Ehegatte oder Lebenspartner, wenn die Ehegatten oder Lebenspartner nicht dauernd getrennt leben, sowie dessen Eltern, Pflegeeltern, Großeltern, Abkömmlinge, Geschwister und eine Person seines Vertrauens,
2. der Vertreter der Staatskasse, soweit das Interesse der Staatskasse durch den Ausgang des Verfahrens betroffen sein kann.

§ 275
Stellung des Betroffenen im Verfahren

(1) In Betreuungssachen ist der Betroffene ohne Rücksicht auf seine Geschäftsfähigkeit verfahrensfähig.

(2) ...

§ 285
Ermittlung und Herausgabe einer Betreuungsverfügung oder einer Vorsorgevollmacht

(1) Vor der Bestellung eines Betreuers soll das Gericht die Auskunft einholen, ob eine Vorsorgevollmacht oder eine Betreuungsverfügung des Betroffenen im Zentralen Vorsorgeregister registriert ist. Hat das Gericht von der Einholung einer Auskunft nur wegen Gefahr in Verzug abgesehen, ist die Auskunft unverzüglich nachträglich einzuholen.

(2) In den Fällen des § 1820 Absatz 1 Satz 2, Absatz 4 Satz 1 und 2, Absatz 5 Satz 3 des Bürgerlichen Gesetzbuchs erfolgt die Anordnung der Vorlage einer Abschrift des dort genannten Dokuments oder die Anordnung der Herausgabe der Vollmachtsurkunde durch Beschluss.

§ 286
Inhalt der Beschlussformel

(1) Die Beschlussformel enthält im Fall der Bestellung eines Betreuers auch

1. die Bezeichnung des Aufgabenkreises des Betreuers unter Benennung der einzelnen Aufgabenbereiche
2. bei Bestellung eines Vereinsbetreuers die Bezeichnung als Vereinsbetreuer und die des Vereins;
3. bei Bestellung eines Behördenbetreuers die Bezeichnung als Behördenbetreuer und die der Behörde;
4. bei Bestellung eines beruflichen Betreuers die Bezeichnung als beruflicher Betreuer.

(2) Die Beschlussformel enthält im Fall der Anordnung eines Einwilligungsvorbehalts die Bezeichnung des Kreises der einwilligungsbedürftigen Willenserklärungen.

(3) Der Zeitpunkt, bis zu dem das Gericht über die Aufhebung oder Verlängerung einer Maßnahme nach Absatz 1 oder Absatz 2 zu entscheiden hat, ist in der Beschlussformel zu bezeichnen.

§ 287
Wirksamwerden von Beschlüssen

(1) Beschlüsse über Umfang, Inhalt oder Bestand der Bestellung eines Betreuers, über die Anordnung eines Einwilligungsvorbehalts oder über den Erlass einer einstweiligen Anordnung nach § 300 werden mit der Bekanntgabe an den Betreuer wirksam.

(2) [1]Ist die Bekanntgabe an den Betreuer nicht möglich oder ist Gefahr im Verzug, kann das Gericht die sofortige Wirksamkeit des Beschlusses anordnen. [2]In diesem Fall wird er wirksam, wenn der Beschluss und die Anordnung seiner sofortigen Wirksamkeit

1. dem Betroffenen oder dem Verfahrenspfleger bekannt gegeben werden oder
2. der Geschäftsstelle zum Zweck der Bekanntgabe nach Nummer 1 übergeben werden.

[3]Der Zeitpunkt der sofortigen Wirksamkeit ist auf dem Beschluss zu vermerken.

(3) Ein Beschluss, der die Genehmigung nach § 1829 Absatz 2 des Bürgerlichen Gesetzbuchs zum Gegenstand hat, wird erst zwei Wochen nach Bekanntgabe an den Betreuer oder Bevollmächtigten sowie an den Verfahrenspfleger wirksam.

...

§ 290
Bestellungsurkunde

(1) Der Betreuer erhält eine Urkunde über seine Bestellung. Die Urkunde soll enthalten:

1. die Bezeichnung des Betroffenen und des Betreuers;
2. bei Bestellung eines Vereinsbetreuers oder Behördenbetreuers diese Bezeichnung und die Bezeichnung des Vereins oder der Behörde;
3. den Aufgabenkreis des Betreuers unter Benennung der einzelnen Aufgabenbereiche
4. bei Anordnung eines Einwilligungsvorbehalts die Bezeichnung des Kreises der einwilligungsbedürftigen Willenserklärungen;
5. bei der Bestellung eines vorläufigen Betreuers durch einstweilige Anordnung das Ende der einstweiligen Maßnahme.
6. Angaben über eine Befreiung gemäß den §§ 1859 und 1860 des Bürgerlichen Gesetzbuchs.

...

§ 298
Verfahren in Fällen des § 1829 des Bürgerlichen Gesetzbuchs

(1) [1]Das Gericht darf die Einwilligung, die Nichteinwilligung oder den Widerruf einer Einwilligung eines Betreuers oder eines Bevollmächtigten (§ 1829 Absatz 1, 2 und 5 des Bürgerlichen Gesetzbuchs) nur genehmigen, wenn es den Betroffenen zuvor persönlich angehört hat. [2]Das Gericht soll die sonstigen Beteiligten anhören. [3]Auf Verlangen des Betroffenen hat das Gericht eine ihm nahestehende Person anzuhören, wenn dies ohne erhebliche Verzögerung möglich ist.

(2) Die Bestellung eines Verfahrenspflegers ist stets erforderlich, wenn Gegenstand des Verfahrens eine Genehmigung nach § 1829 Absatz 2 des Bürgerlichen Gesetzbuchs ist.

(3) [1]Vor der Genehmigung ist ein Sachverständigengutachten einzuholen. [2]Der Sachverständige soll nicht auch der behandelnde Arzt sein.

...

Abschnitt 2
Verfahren in Unterbringungssachen

(vom Abdruck wurde abgesehen)

Abschnitt 3
Verfahren in betreuungsgerichtlichen Zuweisungssachen

§ 340
Betreuungsgerichtliche Zuweisungssachen

Betreuungsgerichtliche Zuweisungssachen sind

1. Verfahren, die die Pflegschaft mit Ausnahme der Pflegschaft für Minderjährige oder für eine Leibesfrucht betreffen,
2. Verfahren, die die gerichtliche Bestellung eines sonstigen Vertreters für einen Volljährigen betreffen, sowie
3. sonstige dem Betreuungsgericht zugewiesene Verfahren,

soweit es sich nicht um Betreuungssachen oder Unterbringungssachen handelt.

§ 341
Örtliche Zuständigkeit

Die Zuständigkeit des Gerichts bestimmt sich in betreuungsgerichtlichen Zuweisungssachen nach § 272.

Buch 4
Verfahren in Nachlass- und Teilungssachen

Abschnitt 1
Begriffsbestimmung; örtliche Zuständigkeit

§ 342
Begriffsbestimmung

(1) Nachlasssachen sind Verfahren, die

1. die besondere amtliche Verwahrung von Verfügungen von Todes wegen,
2. die Sicherung des Nachlasses einschließlich Nachlasspflegschaften,
3. die Eröffnung von Verfügungen von Todes wegen,
4. die Ermittlung der Erben,
5. die Entgegennahme von Erklärungen, die nach gesetzlicher Vorschrift dem Nachlassgericht gegenüber abzugeben sind,
6. Erbscheine, Testamentsvollstreckerzeugnisse und sonstige vom Nachlassgericht zu erteilende Zeugnisse,

7. die Testamentsvollstreckung,
8. die Nachlassverwaltung sowie
9. sonstige den Nachlassgerichten durch Gesetz zugewiesene Aufgaben

betreffen.

(2) ...

§ 343
Örtliche Zuständigkeit

(1) Örtlich zuständig ist das Gericht, in dessen Bezirk der Erblasser im Zeitpunkt seines Todes seinen gewöhnlichen Aufenthalt hatte.

(2) Hatte der Erblasser im Zeitpunkt seines Todes keinen gewöhnlichen Aufenthalt im Inland, ist das Gericht zuständig, in dessen Bezirk der Erblasser seinen letzten gewöhnlichen Aufenthalt im Inland hatte.

(3) [1]Ist eine Zuständigkeit nach den Absätzen 1 und 2 nicht gegeben, ist das Amtsgericht Schöneberg in Berlin zuständig, wenn der Erblasser Deutscher ist oder sich Nachlassgegenstände im Inland befinden. [2]Das Amtsgericht Schöneberg in Berlin kann die Sache aus wichtigem Grund an ein anderes Nachlassgericht verweisen.

§ 344
Besondere örtliche Zuständigkeit

(1) [1]Für die besondere amtliche Verwahrung von Testamenten ist zuständig,

1. wenn das Testament vor einem Notar errichtet ist, das Gericht, in dessen Bezirk der Notar seinen Amtssitz hat;
2. wenn das Testament vor dem Bürgermeister einer Gemeinde errichtet ist, das Gericht, zu dessen Bezirk die Gemeinde gehört;
3. wenn das Testament nach § 2247 des Bürgerlichen Gesetzbuchs errichtet ist, jedes Gericht.

[2]Der Erblasser kann jederzeit die Verwahrung bei einem nach Satz 1 örtlich nicht zuständigen Gericht verlangen.

(2) Die erneute besondere amtliche Verwahrung eines gemeinschaftlichen Testaments nach § 349 Abs. 2 Satz 2 erfolgt bei dem für den Nachlass des Erstverstorbenen zuständigen Gericht, es sei denn, dass der überlebende Ehegatte oder Lebenspartner die Verwahrung bei einem anderen Amtsgericht verlangt.

(3) Die Absätze 1 und 2 gelten entsprechend für die besondere amtliche Verwahrung von Erbverträgen.

(4) Für die Sicherung des Nachlasses ist jedes Gericht zuständig, in dessen Bezirk das Bedürfnis für die Sicherung besteht.

(4a) [1]Für die Auseinandersetzung eines Nachlasses ist jeder Notar zuständig, der seinen Amtssitz im Bezirk des Amtsgerichts hat, in dem der Erblasser seinen letzten gewöhnlichen Aufenthalt hatte. [2]Hatte der Erblasser keinen gewöhnlichen Aufenthalt im Inland, ist jeder Notar zuständig, der seinen Amtssitz im Bezirk eines Amtsgerichts hat, in dem sich Nachlassgegenstände befinden. [3]Von mehreren örtlich zuständigen Notaren ist derjenige zur Vermittlung berufen, bei dem zuerst ein auf Auseinandersetzung gerichteter Antrag eingeht. [4]Vereinbarungen der an der Auseinandersetzung Beteiligten bleiben unberührt.

(5) [1]Für die Auseinandersetzung des Gesamtguts einer Gütergemeinschaft ist, falls ein Anteil an dem Gesamtgut zu einem Nachlass gehört, der Notar zuständig, der für die Auseinandersetzung über den Nachlass zuständig ist. [2]Im Übrigen ist jeder Notar zuständig, der seinen Amtssitz im Bezirk des nach § 122 Nummer 1 bis 5 zuständigen Gerichts hat. [3]Ist danach keine Zuständigkeit gegeben, ist jeder Notar zuständig, der seinen Amtssitz im Bezirk eines Amtsgerichts hat, in dem sich Gegenstände befinden, die zum Gesamtgut gehören. [4]Absatz 4a Satz 3 und 4 gilt entsprechend.

(6) Hat ein anderes Gericht als das nach § 343 zuständige Gericht eine Verfügung von Todes wegen in amtlicher Verwahrung, ist dieses Gericht für die Eröffnung der Verfügung zuständig.

(7) [1]Für die Entgegennahme einer Erklärung, mit der eine Erbschaft ausgeschlagen oder mit der die Versäumung der Ausschlagungsfrist, die Annahme oder Ausschlagung einer Erbschaft oder eine Anfechtungserklärung ihrerseits angefochten wird, ist auch das Nachlassgericht zuständig, in dessen Bezirk die erklärende Person ihren gewöhnlichen Aufenthalt hat. [2]Die Urschrift der Niederschrift oder die Urschrift der Erklärung in öffentlich beglaubigter Form ist von diesem Gericht an das zuständige Nachlassgericht zu übersenden.

Abschnitt 2
Verfahren in Nachlasssachen

Unterabschnitt 1
Allgemeine Bestimmungen

§ 345
Beteiligte

(1) [1]In Verfahren auf Erteilung eines Erbscheins ist Beteiligter der Antragsteller. [2]Ferner können als Beteiligte hinzugezogen werden:

1. die gesetzlichen Erben,
2. diejenigen, die nach dem Inhalt einer vorliegenden Verfügung von Todes wegen als Erben in Betracht kommen,
3. die Gegner des Antragstellers, wenn ein Rechtsstreit über das Erbrecht anhängig ist,
4. diejenigen, die im Fall der Unwirksamkeit der Verfügung von Todes wegen Erbe sein würden, sowie
5. alle Übrigen, deren Recht am Nachlass durch das Verfahren unmittelbar betroffen wird.

[3]Auf ihren Antrag sind sie hinzuzuziehen.

(2) Absatz 1 gilt entsprechend für die Erteilung eines Zeugnisses nach § 1507 des Bürgerlichen Gesetzbuchs oder nach den §§ 36 und 37 der Grundbuchordnung sowie den §§ 42 und 74 der Schiffsregisterordnung.

(3) [1]Im Verfahren zur Ernennung eines Testamentsvollstreckers und zur Erteilung eines Testamentsvollstreckerzeugnisses ist Beteiligter der Testamentsvollstrecker. [2]Das Gericht kann als Beteiligte hinzuziehen:

1. die Erben,
2. den Mitvollstrecker.

[3]Auf ihren Antrag sind sie hinzuzuziehen.

(4) [1]In den sonstigen auf Antrag durchzuführenden Nachlassverfahren sind als Beteiligte hinzuzuziehen in Verfahren betreffend

1. eine Nachlasspflegschaft oder eine Nachlassverwaltung der Nachlasspfleger oder Nachlassverwalter;
2. die Entlassung eines Testamentsvollstreckers der Testamentsvollstrecker;
3. die Bestimmung erbrechtlicher Fristen derjenige, dem die Frist bestimmt wird;
4. die Bestimmung oder Verlängerung einer Inventarfrist der Erbe, dem die Frist bestimmt wird, sowie im Fall des § 2008 des Bürgerlichen Gesetzbuchs dessen Ehegatte oder Lebenspartner;
5. die Abnahme einer eidesstattlichen Versicherung derjenige, der die eidesstattliche Versicherung abzugeben hat, sowie im Fall des § 2008 des Bürgerlichen Gesetzbuchs dessen Ehegatte oder Lebenspartner.

[2]Das Gericht kann alle Übrigen, deren Recht durch das Verfahren unmittelbar betroffen wird, als Beteiligte hinzuziehen. [3]Auf ihren Antrag sind sie hinzuzuziehen.

Unterabschnitt 2
Verwahrung von Verfügungen von Todes wegen

§ 346
Verfahren bei besonderer amtlicher Verwahrung

(1) Die Annahme einer Verfügung von Todes wegen in besondere amtliche Verwahrung sowie deren Herausgabe ist von dem Richter anzuordnen und von ihm und dem Urkundsbeamten der Geschäftsstelle gemeinschaftlich zu bewirken.

(2) Die Verwahrung erfolgt unter gemeinschaftlichem Verschluss des Richters und des Urkundsbeamten der Geschäftsstelle.

(3) Dem Erblasser soll über die in Verwahrung genommene Verfügung von Todes wegen ein Hinterlegungsschein erteilt werden; bei einem gemeinschaftlichen Testament erhält jeder Erblasser einen eigenen Hinterlegungsschein, bei einem Erbvertrag jeder Vertragschließende.

§ 347
Mitteilung über die Verwahrung

(1) [1]Nimmt das Gericht ein eigenhändiges Testament oder ein Nottestament in die besondere amtliche Verwahrung, übermittelt es unverzüglich die Verwahrangaben im Sinne von § 78d Absatz 2 Satz 2 der Bundesnotarordnung elektronisch an die das Zentrale Testamentsregister führende Registerbehörde. [2]Satz 1 gilt entsprechend für eigenhändige gemeinschaftliche Testamente und Erbverträge, die nicht in besondere amtliche Verwahrung genommen worden sind, wenn sie nach dem Tod des Erstverstorbenen eröffnet wurden und nicht ausschließlich Anordnungen enthalten, die sich auf den mit dem Tod des Erstverstorbenen eingetretenen Erbfall beziehen.

(2) Wird ein gemeinschaftliches Testament oder ein Erbvertrag nach § 349 Absatz 2 Satz 2 und Absatz 4 erneut in die besondere amtliche Verwahrung genommen, so übermittelt das nach § 344 Absatz 2 oder Absatz 3 zuständige Gericht die Verwahrangaben an die das Zentrale Testamentsregister führende Registerbehörde, soweit vorhanden unter Bezugnahme auf die bisherige Registrierung.

(3) Wird eine in die besondere amtliche Verwahrung genommene Verfügung von Todes wegen aus der besonderen amtlichen Verwahrung zurückgegeben, teilt das verwahrende Gericht dies der Registerbehörde mit.

Unterabschnitt 3
Eröffnung von Verfügungen von Todes wegen

§ 348
Eröffnung von Verfügungen von Todes wegen durch das Nachlassgericht

(1) [1]Sobald das Gericht vom Tod des Erblassers Kenntnis erlangt hat, hat es eine in seiner Verwahrung befindliche Verfügung von Todes wegen zu eröffnen. [2]Über die Eröffnung ist eine Niederschrift aufzunehmen. [3]War die Verfügung von Todes wegen verschlossen, ist in der Niederschrift festzustellen, ob der Verschluss unversehrt war.

(2) [1]Das Gericht kann zur Eröffnung der Verfügung von Todes wegen einen Termin bestimmen und die gesetzlichen Erben sowie die sonstigen Beteiligten zum Termin laden. [2]Den Erschienenen ist der Inhalt der Verfügung von Todes wegen mündlich bekannt zu geben. [3]Sie kann den Erschienenen auch vorgelegt werden; auf Verlangen ist sie ihnen vorzulegen.

(3) [1]Das Gericht hat den Beteiligten den sie betreffenden Inhalt der Verfügung von Todes wegen schriftlich bekannt zu geben. [2]Dies gilt nicht für Beteiligte, die in einem Termin nach Absatz 2 anwesend waren.

§ 349
Besonderheiten bei der Eröffnung von gemeinschaftlichen Testamenten und Erbverträgen

(1) Bei der Eröffnung eines gemeinschaftlichen Testaments sind die Verfügungen des überlebenden Ehegatten oder Lebenspartners, soweit sie sich trennen lassen, den Beteiligten nicht bekannt zu geben.

(2) [1]Hat sich ein gemeinschaftliches Testament in besonderer amtlicher Verwahrung befunden, ist von den Verfügungen des verstorbenen Ehegatten oder Lebenspartners eine beglaubigte Abschrift anzufertigen. [2]Das Testament ist wieder zu verschließen und bei dem nach § 344 Abs. 2 zuständigen Gericht erneut in besondere amtliche Verwahrung zurückzubringen.

(3) Absatz 2 gilt nicht, wenn das Testament nur Anordnungen enthält, die sich auf den Erbfall des erstversterbenden Ehegatten oder Lebenspartners beziehen, insbesondere wenn das Testament sich auf die Erklärung beschränkt, dass die Ehegatten oder Lebenspartner sich gegenseitig zu Erben einsetzen.

(4) Die Absätze 1 bis 3 sind auf Erbverträge entsprechend anzuwenden.

§ 350
Eröffnung der Verfügung von Todes wegen durch ein anderes Gericht

Hat ein nach § 344 Abs. 6 zuständiges Gericht die Verfügung von Todes wegen eröffnet, hat es diese und eine beglaubigte Abschrift der Eröffnungsniederschrift dem Nachlassgericht zu übersenden; eine beglaubigte Abschrift der Verfügung von Todes wegen ist zurückzubehalten.

§ 351
Eröffnungsfrist für Verfügungen von Todes wegen

[1]Befindet sich ein Testament, ein gemeinschaftliches Testament oder ein Erbvertrag seit mehr als 30 Jahren in amtlicher Verwahrung, soll die verwahrende Stelle von Amts wegen ermitteln, ob der Erblasser noch lebt. [2]Kann die verwahrende Stelle nicht ermitteln, dass der Erblasser noch lebt, ist die Verfügung von Todes wegen zu eröffnen. [3]Die §§ 348 bis 350 gelten entsprechend.

Unterabschnitt 4
Erbscheinsverfahren; Testamentsvollstreckung

§ 352
Angaben im Antrag auf Erteilung eines Erbscheins; Nachweis der Richtigkeit

(1) [1]Wer die Erteilung eines Erbscheins als gesetzlicher Erbe beantragt, hat anzugeben

1. den Zeitpunkt des Todes des Erblassers,
2. den letzten gewöhnlichen Aufenthalt und die Staatsangehörigkeit des Erblassers,
3. das Verhältnis, auf dem sein Erbrecht beruht,
4. ob und welche Personen vorhanden sind oder vorhanden waren, durch die er von der Erbfolge ausgeschlossen oder sein Erbteil gemindert werden würde,
5. ob und welche Verfügungen des Erblassers von Todes wegen vorhanden sind,

6. ob ein Rechtsstreit über sein Erbrecht anhängig ist,
7. dass er die Erbschaft angenommen hat,
8. die Größe seines Erbteils.

[2]Ist eine Person weggefallen, durch die der Antragsteller von der Erbfolge ausgeschlossen oder sein Erbteil gemindert werden würde, so hat der Antragsteller anzugeben, in welcher Weise die Person weggefallen ist.

(2) Wer die Erteilung des Erbscheins auf Grund einer Verfügung von Todes wegen beantragt, hat

1. die Verfügung zu bezeichnen, auf der sein Erbrecht beruht,
2. anzugeben, ob und welche sonstigen Verfügungen des Erblassers von Todes wegen vorhanden sind, und
3. die in Absatz 1 Satz 1 Nummer 1, 2 und 6 bis 8 sowie Satz 2 vorgeschriebenen Angaben zu machen.

(3) [1]Der Antragsteller hat die Richtigkeit der Angaben nach Absatz 1 Satz 1 Nummer 1 und 3 sowie Satz 2 durch öffentliche Urkunden nachzuweisen und im Fall des Absatzes 2 die Urkunde vorzulegen, auf der sein Erbrecht beruht. [2]Sind die Urkunden nicht oder nur mit unverhältnismäßigen Schwierigkeiten zu beschaffen, so genügt die Angabe anderer Beweismittel. [3]Zum Nachweis, dass der Erblasser zur Zeit seines Todes im Güterstand der Zugewinngemeinschaft gelebt hat, und zum Nachweis der übrigen nach den Absätzen 1 und 2 erforderlichen Angaben hat der Antragsteller vor Gericht oder vor einem Notar an Eides statt zu versichern, dass ihm nichts bekannt sei, was der Richtigkeit seiner Angaben entgegensteht. [4]Das Nachlassgericht kann dem Antragsteller die Versicherung erlassen, wenn es sie für nicht erforderlich hält.

§ 352a
Gemeinschaftlicher Erbschein

(1) [1]Sind mehrere Erben vorhanden, so ist auf Antrag ein gemeinschaftlicher Erbschein zu erteilen. [2]Der Antrag kann von jedem der Erben gestellt werden.

(2) [1]In dem Antrag sind die Erben und ihre Erbteile anzugeben. [2]Die Angabe der Erbteile ist nicht erforderlich, wenn alle Antragsteller in dem Antrag auf die Aufnahme der Erbteile in den Erbschein verzichten.

(3) [1]Wird der Antrag nicht von allen Erben gestellt, so hat er die Angabe zu enthalten, dass die übrigen Erben die Erbschaft angenommen haben. [2]§ 352 Absatz 3 gilt auch für die sich auf die übrigen Erben beziehenden Angaben des Antragstellers.

(4) Die Versicherung an Eides statt gemäß § 352 Absatz 3 Satz 3 ist von allen Erben abzugeben, sofern nicht das Nachlassgericht die Versicherung eines oder mehrerer Erben für ausreichend hält.

§ 352b
Inhalt des Erbscheins für den Vorerben; Angabe des Testamentsvollstreckers

(1) [1]In dem Erbschein, der einem Vorerben erteilt wird, ist anzugeben, dass eine Nacherbfolge angeordnet ist, unter welchen Voraussetzungen sie eintritt und wer der Nacherbe ist. [2]Hat der Erblasser den Nacherben auf dasjenige eingesetzt, was von der Erbschaft bei dem Eintritt der Nacherbfolge übrig sein wird, oder hat er bestimmt, dass der Vorerbe zur freien Verfügung über die Erbschaft berechtigt sein soll, so ist auch dies anzugeben.

(2) Hat der Erblasser einen Testamentsvollstrecker ernannt, so ist die Ernennung in dem Erbschein anzugeben.

§ 352c
Gegenständlich beschränkter Erbschein

(1) Gehören zu einer Erbschaft auch Gegenstände, die sich im Ausland befinden, kann der Antrag auf Erteilung eines Erbscheins auf die im Inland befindlichen Gegenstände beschränkt werden.

(2) [1]Ein Gegenstand, für den von einer deutschen Behörde ein zur Eintragung des Berechtigten bestimmtes Buch oder Register geführt wird, gilt als im Inland befindlich. [2]Ein Anspruch gilt als im Inland befindlich, wenn für die Klage ein deutsches Gericht zuständig ist.

§ 352d
Öffentliche Aufforderung

Das Nachlassgericht kann eine öffentliche Aufforderung zur Anmeldung der anderen Personen zustehenden Erbrechte erlassen; die Art der Bekanntmachung und die Dauer der Anmeldungsfrist bestimmen sich nach den für das Aufgebotsverfahren geltenden Vorschriften.

§ 352e
Entscheidung über Erbscheinsanträge

(1) [1]Der Erbschein ist nur zu erteilen, wenn das Nachlassgericht die zur Begründung des Antrags erforderlichen Tatsachen für festgestellt erachtet. [2]Die Entscheidung ergeht durch Beschluss. [3]Der Beschluss wird mit Erlass wirksam. [4]Einer Bekanntgabe des Beschlusses bedarf es nicht.

(2) [1]Widerspricht der Beschluss dem erklärten Willen eines Beteiligten, ist der Beschluss den Beteiligten bekannt zu geben. [2]Das Gericht hat in diesem Fall die sofortige Wirksamkeit des Beschlusses auszusetzen und die Erteilung des Erbscheins bis zur Rechtskraft des Beschlusses zurückzustellen.

(3) Ist der Erbschein bereits erteilt, ist die Beschwerde gegen den Beschluss nur noch insoweit zulässig, als die Einziehung des Erbscheins beantragt wird.

§ 353
Einziehung oder Kraftloserklärung von Erbscheinen

(1) [1]Kann der Erbschein im Verfahren über die Einziehung nicht sofort erlangt werden, so hat ihn das Nachlassgericht durch Beschluss für kraftlos zu erklären. [2]Der Beschluss ist entsprechend § 435 öffentlich bekannt zu machen. [3]Mit Ablauf eines Monats nach Veröffentlichung im Bundesanzeiger wird die Kraftloserklärung wirksam. [4]Nach Veröffentlichung des Beschlusses kann dieser nicht mehr angefochten werden.

(2) [1]In Verfahren über die Einziehung oder Kraftloserklärung eines Erbscheins hat das Gericht über die Kosten des Verfahrens zu entscheiden. [2]Die Kostenentscheidung soll zugleich mit der Endentscheidung ergehen.

(3) [1]Ist der Erbschein bereits eingezogen, ist die Beschwerde gegen den Einziehungsbeschluss nur insoweit zulässig, als die Erteilung eines neuen gleichlautenden Erbscheins beantragt wird. [2]Die Beschwerde gilt im Zweifel als Antrag auf Erteilung eines neuen gleichlautenden Erbscheins.

§ 354
Sonstige Zeugnisse

(1) Die §§ 352 bis 353 gelten entsprechend für die Erteilung von Zeugnissen nach den §§ 1507 und 2368 des Bürgerlichen Gesetzbuchs, den §§ 36 und 37 der Grundbuchordnung sowie den §§ 42 und 74 der Schiffsregisterordnung.

(2) Ist der Testamentsvollstrecker in der Verwaltung des Nachlasses beschränkt oder hat der Erblasser angeordnet, dass der Testamentsvollstrecker in der Eingehung von Verbindlichkeiten für den Nachlass nicht beschränkt sein soll, so ist dies in dem Zeugnis nach § 2368 des Bürgerlichen Gesetzbuchs anzugeben.

§ 355
Testamentsvollstreckung

(1) Ein Beschluss, durch den das Nachlassgericht einem Dritten eine Frist zur Erklärung nach § 2198 Abs. 2 des Bürgerlichen Gesetzbuchs oder einer zum Testamentsvollstrecker ernannten Person eine Frist zur Annahme des Amtes bestimmt, ist mit der sofortigen Beschwerde in entsprechender Anwendung der §§ 567 bis 572 der Zivilprozessordnung anfechtbar.

(2) Auf einen Beschluss, durch den das Gericht bei einer Meinungsverschiedenheit zwischen mehreren Testamentsvollstreckern über die Vornahme eines Rechtsgeschäfts entscheidet, ist § 40 Abs. 3 entsprechend anzuwenden; die Beschwerde ist binnen einer Frist von zwei Wochen einzulegen.

(3) Führen mehrere Testamentsvollstrecker das Amt gemeinschaftlich, steht die Beschwerde gegen einen Beschluss, durch den das Gericht Anordnungen des Erblassers für die Verwaltung des Nachlasses außer Kraft setzt, sowie gegen einen Beschluss, durch den das Gericht über Meinungsverschiedenheiten zwischen den Testamentsvollstreckern entscheidet, jedem Testamentsvollstrecker selbständig zu.

Unterabschnitt 5
Sonstige verfahrensrechtliche Regelungen

§ 356
Mitteilungspflichten

(1) Erhält das Gericht Kenntnis davon, dass ein Kind Vermögen von Todes wegen erworben hat, das nach § 1640 Abs. 1 Satz 1 und Abs. 2 des Bürgerlichen Gesetzbuchs zu verzeichnen ist, teilt es dem Familiengericht den Vermögenserwerb mit.

(2) Hat ein Gericht nach § 344 Abs. 4 Maßnahmen zur Sicherung des Nachlasses angeordnet, soll es das nach § 343 zuständige Gericht hiervon unterrichten.

§ 357
Einsicht in eine eröffnete Verfügung von Todes wegen; Ausfertigung eines Erbscheins oder anderen Zeugnisses

(1) Wer ein rechtliches Interesse glaubhaft macht, ist berechtigt, eine eröffnete Verfügung von Todes wegen einzusehen.

(2) [1]Wer ein rechtliches Interesse glaubhaft macht, kann verlangen, dass ihm von dem Gericht eine Ausfertigung des Erbscheins erteilt wird. [2]Das Gleiche gilt für die nach § 354 erteilten gerichtlichen Zeugnisse sowie für die Beschlüsse, die sich auf die Ernennung oder die Entlassung eines Testamentsvollstreckers beziehen.

...

Abschnitt 3
Verfahren in Teilungssachen

§ 363
Antrag

(1) Bei mehreren Erben hat der Notar auf Antrag die Auseinandersetzung des Nachlasses zwischen den Beteiligten zu vermitteln; das gilt nicht, wenn ein zur Auseinandersetzung berechtigter Testamentsvollstrecker vorhanden ist.

(2) Antragsberechtigt ist jeder Miterbe, der Erwerber eines Erbteils sowie derjenige, welchem ein Pfandrecht oder ein Nießbrauch an einem Erbteil zusteht.

(3) In dem Antrag sollen die Beteiligten und die Teilungsmasse bezeichnet werden.

§ 364
Pflegschaft für abwesende Beteiligte

(weggefallen)

§ 365
Ladung

(1) [1]Der Notar hat den Antragsteller und die übrigen Beteiligten zu einem Verhandlungstermin zu laden. [2]Die Ladung durch öffentliche Zustellung ist unzulässig.

(2) Die Ladung soll den Hinweis darauf enthalten, dass ungeachtet des Ausbleibens eines Beteiligten über die Auseinandersetzung verhandelt wird und dass die Ladung zu dem neuen Termin unterbleiben kann, falls der Termin vertagt oder ein neuer Termin zur Fortsetzung der Verhandlung anberaumt werden sollte. 2Sind Unterlagen für die Auseinandersetzung vorhanden, ist in der Ladung darauf hinzuweisen, dass die Unterlagen in den Geschäftsräumen des Notars eingesehen werden können.

§ 366
Außergerichtliche Vereinbarung

(1) 1Treffen die erschienenen Beteiligten vor der Auseinandersetzung eine Vereinbarung, insbesondere über die Art der Teilung, hat der Notar die Vereinbarung zu beurkunden. 2Das Gleiche gilt für Vorschläge eines Beteiligten, wenn nur dieser erschienen ist.

(2) 1Sind alle Beteiligten erschienen, hat der Notar die von ihnen getroffene Vereinbarung zu bestätigen. 2Dasselbe gilt, wenn die nicht erschienenen Beteiligten ihre Zustimmung zu einer gerichtlichen Niederschrift oder in einer öffentlich beglaubigten Urkunde erteilen.

(3) 1Ist ein Beteiligter nicht erschienen, hat der Notar, wenn der Beteiligte nicht nach Absatz 2 Satz 2 zugestimmt hat, ihm den ihn betreffenden Inhalt der Urkunde bekannt zu geben und ihn gleichzeitig zu benachrichtigen, dass er die Urkunde in den Geschäftsräumen des Notars einsehen und eine Abschrift der Urkunde fordern kann. 2Die Bekanntgabe muss den Hinweis enthalten, dass sein Einverständnis mit dem Inhalt der Urkunde angenommen wird, wenn er nicht innerhalb einer von dem Notar zu bestimmenden Frist die Anberaumung eines neuen Termins beantragt oder wenn er in dem neuen Termin nicht erscheint.

(4) Beantragt der Beteiligte rechtzeitig die Anberaumung eines neuen Termins und erscheint er in diesem Termin, ist die Verhandlung fortzusetzen; anderenfalls hat der Notar die Vereinbarung zu bestätigen.

§ 367
Wiedereinsetzung

War im Fall des § 366 der Beteiligte ohne sein Verschulden verhindert, die Anberaumung eines neuen Termins rechtzeitig zu beantragen oder in dem neuen Termin zu erscheinen, gelten die Vorschriften über die Wiedereinsetzung in den vorigen Stand (§§ 17, 18 und 19 Abs. 1) entsprechend.

§ 368
Auseinandersetzungsplan; Bestätigung

(1) 1Sobald nach Lage der Sache die Auseinandersetzung stattfinden kann, hat der Notar einen Auseinandersetzungsplan anzufertigen. 2Sind die erschienenen Beteiligten mit dem Inhalt des Plans einverstanden, hat der Notar die Auseinandersetzung zu beurkunden. 3Sind alle Beteiligten erschienen, hat der Notar die Auseinandersetzung zu bestätigen; dasselbe gilt, wenn die nicht erschienenen Beteiligten ihre Zustim-

mung zu gerichtlichem Protokoll oder in einer öffentlich beglaubigten Urkunde erteilen.

(2) [1]Ist ein Beteiligter nicht erschienen, hat der Notar nach § 366 Abs. 3 und 4 zu verfahren. [2]§ 367 ist entsprechend anzuwenden.

§ 369
Verteilung durch das Los

Ist eine Verteilung durch das Los vereinbart, wird das Los, wenn nicht ein anderes bestimmt ist, für die nicht erschienenen Beteiligten von einem durch den Notar zu bestellenden Vertreter gezogen.

§ 370
Aussetzung bei Streit

[1]Ergeben sich bei den Verhandlungen Streitpunkte, ist darüber eine Niederschrift aufzunehmen und das Verfahren bis zur Erledigung der Streitpunkte auszusetzen. [2]Soweit unstreitige Punkte beurkundet werden können, hat der Notar nach den § 366 und 368 Abs. 1 und 2 zu verfahren.

§ 371
Wirkung der bestätigten Vereinbarung und Auseinandersetzung; Vollstreckung

(1) Vereinbarungen nach § 366 Abs. 1 sowie Auseinandersetzungen nach § 368 werden mit Rechtskraft des Bestätigungsbeschlusses wirksam und für alle Beteiligten in gleicher Weise verbindlich wie eine vertragliche Vereinbarung oder Auseinandersetzung.

(2) [1]Aus der Vereinbarung nach § 366 Abs. 1 sowie aus der Auseinandersetzung findet nach deren Wirksamwerden die Vollstreckung statt. [2]Die §§ 795 und 797 der Zivilprozessordnung sind anzuwenden.

§ 372
Rechtsmittel

(1) Ein Beschluss, durch den eine Frist nach § 366 Abs. 3 bestimmt wird, und ein-Beschluss, durch den über die Wiedereinsetzung entschieden wird, ist mit der sofortigen Beschwerde in entsprechender Anwendung der §§ 567 bis 572 der Zivilprozessordnung anfechtbar.

(2) Die Beschwerde gegen den Bestätigungsbeschluss kann nur darauf gegründet werden, dass die Vorschriften über das Verfahren nicht beachtet wurden.

§ 373
Auseinandersetzung einer Gütergemeinschaft

(1) Auf die Auseinandersetzung des Gesamtguts nach der Beendigung der ehelichen, lebenspartnerschaftlichen oder der fortgesetzten Gütergemeinschaft sind die Vorschriften dieses Abschnitts entsprechend anzuwenden.

(2) Für das Verfahren zur Erteilung, Einziehung oder Kraftloserklärung von Zeugnissen über die Auseinandersetzung des Gesamtguts einer ehelichen, lebenspartnerschaftlichen oder fortgesetzten Gütergemeinschaft nach den § 36 und 37 der Grundbuchordnung sowie den § 42 und 74 der Schiffsregisterordnung gelten § 345 Abs. 1 sowie die §§ 352, 352a, 352c bis 353 und 357 entsprechend.

Buch 5
Verfahren in Registersachen, unternehmensrechtliche Verfahren

Abschnitt 1
Begriffsbestimmung

§ 374
Registersachen

Registersachen sind

1. Handelsregistersachen,
2. Genossenschaftsregistersachen,
3. Partnerschaftsregistersachen,
4. Vereinsregistersachen,
5. Güterrechtsregistersachen.

$ 375
Unternehmensrechtliche Verfahren

Unternehmensrechtliche Verfahren sind die nach

1. § 146 Abs. 2, den §§ 147, 157 Abs. 2, § 166 Abs. 3, § 233 Abs. 3 und § 318 Abs. 3 bis 5 des Handelsgesetzbuchs,
2. § 11 des Binnenschifffahrtsgesetzes, nach den Vorschriften dieses Gesetzes, die die Dispache betreffen, sowie nach § 595 Absatz 2 des Handelsgesetzbuchs, auch in Verbindung mit § 78 des Binnenschifffahrtsgesetzes,
3. § 33 Abs. 3, den §§ 35 und 73 Abs. 1, den §§ 85 und 103 Abs. 3, den §§ 104 und 122 Abs. 3, § 147 Abs. 2, § 183a Absatz 3, § 264 Absatz 2, § 265 Abs. 3 und 4, § 270 Abs. 3, § 273 Abs. 2 bis 4 sowie § 290 Absatz 3 des Aktiengesetzes,
4. Artikel 55 Abs. 3 der Verordnung (EG) Nr. 2157/2001 des Rates vom 8. Oktober 2001 über das Statut der Europäischen Gesellschaft (SE) (ABl. EG Nr. L 294 S. 1) sowie § 29 Abs. 3, § 30 Abs. 1, 2 und 4, § 45 des SE-Ausführungsgesetzes,

Gerichts-
barkeit

5. § 26 Abs. 1 und 4 sowie § 206 Satz 2 und 3 des Umwandlungsgesetzes,
6. § 66 Abs. 2, 3 und 5, § 71 Abs. 3 sowie § 74 Abs. 2 und 3 des Gesetzes betreffend die Gesellschaften mit beschränkter Haftung,
7. § 45 Abs. 3, den §§ 64b, 83 Abs. 3, 4 und 5 sowie § 93 des Genossenschaftsgesetzes,
8. Artikel 54 Abs. 2 der Verordnung (EG) Nr. 1435/2003 des Rates vom 22. Juli 2003 über das Statut der Europäischen Genossenschaft (SCE) (ABl. EU Nr. L 207 S. 1),
9. § 2 Abs. 3 und § 12 Abs. 3 des Publizitätsgesetzes,
10. § 11 Abs. 3 des Gesetzes über die Mitbestimmung der Arbeitnehmer in den Aufsichtsräten und Vorständen der Unternehmen des Bergbaus und der Eisen und Stahl erzeugenden Industrie,
11. § 2c Abs. 2 Satz 2 bis 7, den §§ 22o, 36 Absatz 3 Satz 2, § 28 Absatz 2, § 38 Abs. 2 Satz 2, § 45a Abs. 2 Satz 1, 3, 4 und 6 des Kreditwesengesetzes,

11a. § 2a Absatz 4 Satz 2 und 3 des Investmentgesetzes,

11b. § 27 Absatz 2 Satz 1 bis 6 und § 77 Absatz 2 des Wertpapierinstitutsgesetzes,

12. § 23 Absatz 2 des Zahlungsdiensteaufsichtsgesetzes,
13. § 19 Absatz 2 Satz 1 bis 6, § 36 Absatz 1a und § 204 Absatz 2 des Versicherungsaufsichtsgesetzes und § 28 Absatz 2 Satz 1 bis 5 des Finanzkonglomerate-Aufsichtsgesetzes,
14. § 6 Abs. 4 Satz 4 bis 7 des Börsengesetzes,
15. § 10 des Partnerschaftsgesellschaftsgesetzes in Verbindung mit § 146 Abs. 2 und den §§ 147 und 157 Abs. 2 des Handelsgesetzbuchs,
16. § 9 Absatz 2 und 3 Satz 2 und § 18 Absatz 2 Satz 2 und 3 des Schuldverschreibungsgesetzes

vom Gericht zu erledigenden Angelegenheiten.

Abschnitt 2
Zuständigkeit

§ 376
Besondere Zuständigkeitsregelungen

(1) Für Verfahren nach § 374 Nr. 1 und 2 sowie § 375 Nr. 1 und 3 bis 14 und 16 ist das Gericht, in dessen Bezirk ein Landgericht seinen Sitz hat, für den Bezirk dieses Landgerichts zuständig.

(2) [1]Die Landesregierungen werden ermächtigt, durch Rechtsverordnung die Aufgaben nach § 374 Nummer 1 bis 3 sowie § 375 Nummer 1, 3 bis 14 und 16 anderen oder zusätzlichen Amtsgerichten zu übertragen und die Bezirke der Gerichte abweichend von Absatz 1 festzulegen. [2]Sie können die Ermächtigung nach Satz 1 durch Rechtsverordnung auf die Landesjustizverwaltungen übertragen. [3]Mehrere Länder

können die Zuständigkeit eines Gerichts für Verfahren nach § 374 Nr. 1 bis 3 über die Landesgrenzen hinaus vereinbaren.

§ 377
Örtliche Zuständigkeit

(1) Ausschließlich zuständig ist das Gericht, in dessen Bezirk sich die Niederlassung des Einzelkaufmanns, der Sitz der Gesellschaft, des Versicherungsvereins, der Genossenschaft, der Partnerschaft oder des Vereins befindet, soweit sich aus den entsprechenden Gesetzen nichts anderes ergibt.

(2) Für die Angelegenheiten, die den Gerichten in Ansehung der nach dem Handelsgesetzbuch oder nach dem Binnenschifffahrtsgesetz aufzumachenden Dispache zugewiesen sind, ist das Gericht des Ortes zuständig, an dem die Verteilung der Havereischäden zu erfolgen hat.

(3) Die Eintragungen in das Güterrechtsregister sind bei jedem Gericht zu bewirken, in dessen Bezirk auch nur einer der Ehegatten oder Lebenspartner seinen gewöhnlichen Aufenthalt hat.

(4) § 2 Abs. 1 ist nicht anzuwenden.

Abschnitt 3
Registersachen

Unterabschnitt 1
Verfahren

§ 378
Vertretung; notarielle Zuständigkeit; Verordnungsermächtigung

(1) [1]Für Erklärungen gegenüber dem Register, die zu der Eintragung erforderlich sind und in öffentlicher oder öffentlich beglaubigter Form abgegeben werden, können sich die Beteiligten auch durch Personen vertreten lassen, die nicht nach § 10 Abs. 2 vertretungsberechtigt sind. [2]Dies gilt auch für die Entgegennahme von Eintragungsmitteilungen und Verfügungen des Registers.

(2) Ist die zu einer Eintragung erforderliche Erklärung von einem Notar beurkundet oder beglaubigt, gilt dieser als ermächtigt, im Namen des zur Anmeldung Berechtigten die Eintragung zu beantragen.

(3) [1]Anmeldungen in Registersachen mit Ausnahme der Genossenschafts- und Partnerschaftsregistersachen sind vor ihrer Einreichung für das Registergericht von einem Notar auf Eintragungsfähigkeit zu prüfen. [2]In Handelsregistersachen sind sie zudem bei einem Notar zur Weiterleitung an die für die Eintragung zuständige Stelle einzureichen.

(4) [1]Die Landesregierungen werden ermächtigt, durch Rechtsverordnung zu bestimmen, dass Notare neben den elektronischen Anmeldungen bestimmte darin enthaltene Angaben in strukturierter maschinenlesbarer Form zu übermitteln haben, soweit

Gerichtsbarkeit

nicht durch das Bundesministerium der Justiz und für Verbraucherschutz nach § 387 Absatz 2 entsprechende Vorschriften erlassen werden. [2]Die Landesregierungen können die Ermächtigung durch Rechtsverordnung auf die Landesjustizverwaltungen übertragen.

§ 379
Mitteilungspflichten der Behörden

(1) Die Gerichte, die Staatsanwaltschaften, die Polizei- und Gemeindebehörden sowie die Notare haben die ihnen amtlich zur Kenntnis gelangenden Fälle einer unrichtigen, unvollständigen oder unterlassenen Anmeldung zum Handels-, Genossenschafts-, Vereins- oder Partnerschaftsregister dem Registergericht mitzuteilen.

(2) Die Finanzbehörden haben den Registergerichten Auskunft über die steuerlichen Verhältnisse von Kaufleuten oder Unternehmen, insbesondere auf dem Gebiet der Gewerbe- und Umsatzsteuer, zu erteilen, soweit diese Auskunft zur Verhütung unrichtiger Eintragungen im Handels- oder Partnerschaftsregister sowie zur Berichtigung, Vervollständigung oder Löschung von Eintragungen im Register benötigt wird. Die Auskünfte unterliegen nicht der Akteneinsicht (§ 13).

§ 380
Beteiligung der berufsständischen Organe; Beschwerderecht

(1) Die Registergerichte werden bei der Vermeidung unrichtiger Eintragungen, der Berichtigung und Vervollständigung des Handels- und Partnerschaftsregisters, der Löschung von Eintragungen in diesen Registern und beim Einschreiten gegen unzulässigen Firmengebrauch oder unzulässigen Gebrauch eines Partnerschaftsnamens von

1. den Organen des Handelsstandes,
2. den Organen des Handwerksstandes, soweit es sich um die Eintragung von Handwerkern handelt,
3. den Organen des land- und forstwirtschaftlichen Berufsstandes, soweit es sich um die Eintragung von Land- oder Forstwirten handelt,
4. den berufsständischen Organen der freien Berufe, soweit es sich um die Eintragung von Angehörigen dieser Berufe handelt,

(berufsständische Organe) unterstützt.

(2) [1]Das Gericht kann in zweifelhaften Fällen die berufsständischen Organe anhören, soweit dies zur Vornahme der gesetzlich vorgeschriebenen Eintragungen sowie zur Vermeidung unrichtiger Eintragungen in das Register erforderlich ist. [2]Auf ihren Antrag sind die berufsständischen Organe als Beteiligte hinzuzuziehen.

(3) In Genossenschaftsregistersachen beschränkt sich die Anhörung nach Absatz 2 auf die Frage der Zulässigkeit des Firmengebrauchs.

(4) Soweit die berufsständischen Organe angehört wurden, ist ihnen die Entscheidung des Gerichts bekannt zu geben.

(5) Gegen einen Beschluss steht den berufsständischen Organen die Beschwerde zu.

...

§ 382
Entscheidung über Eintragungsanträge

(1) [1]Das Registergericht gibt einem Eintragungsantrag durch die Eintragung in das Register statt. [2]Die Eintragung wird mit ihrem Vollzug im Register wirksam.

(2) Die Eintragung soll den Tag, an welchem sie vollzogen worden ist, angeben; sie ist mit der Unterschrift oder der elektronischen Signatur des zuständigen Richters oder Beamten zu versehen.

(3) Die einen Eintragungsantrag ablehnende Entscheidung ergeht durch Beschluss.

(4) [1]Ist eine Anmeldung zur Eintragung in die in § 374 Nr. 1 bis 4 genannten Register unvollständig oder steht der Eintragung ein anderes durch den Antragsteller behebbares Hindernis entgegen, hat das Registergericht dem Antragsteller eine angemessene Frist zur Beseitigung des Hindernisses zu bestimmen. [2]Die Entscheidung ist mit der Beschwerde anfechtbar.

§ 383
Mitteilung; Anfechtbarkeit

(1) Die Eintragung ist den Beteiligten formlos mitzuteilen; auf die Mitteilung kann verzichtet werden.

(2) Die Vorschriften über die Veröffentlichung von Eintragungen in das Register bleiben unberührt.

(3) Die Eintragung ist nicht anfechtbar.

§ 384
Von Amts wegen vorzunehmende Eintragungen

(1) Auf Eintragungen von Amts wegen sind § 382 Abs. 1 Satz 2 und Abs. 2 sowie § 383 entsprechend anwendbar.

(2) Führt eine von Amts wegen einzutragende Tatsache zur Unrichtigkeit anderer in diesem Registerblatt eingetragener Tatsachen, ist dies von Amts wegen in geeigneter Weise kenntlich zu machen.

§ 385
Einsicht in die Register

Die Einsicht in die in § 374 genannten Register sowie die zum jeweiligen Register eingereichten Dokumente bestimmt sich nach den besonderen registerrechtlichen Vorschriften sowie den auf Grund von § 387 erlassenen Rechtsverordnungen.

§ 386
Bescheinigungen

Das Registergericht hat auf Verlangen eine Bescheinigung darüber zu erteilen, dass bezüglich des Gegenstands einer Eintragung weitere Eintragungen in das Register nicht vorhanden sind oder dass eine bestimmte Eintragung in das Register nicht erfolgt ist.

...

Unterabschnitt 2
Zwangsgeldverfahren

§ 388
Androhung

(1) Sobald das Registergericht von einem Sachverhalt, der sein Einschreiten nach den §§ 14, 37a Abs. 4 und § 125a Abs. 2 des Handelsgesetzbuchs, auch in Verbindung mit § 5 Abs. 2 des Partnerschaftsgesellschaftsgesetzes, den §§ 407 und 408 des Aktiengesetzes, § 79 Abs. 1 des Gesetzes betreffend die Gesellschaften mit beschränkter Haftung, § 316 des Umwandlungsgesetzes oder § 12 des EWIV-Ausführungsgesetzes rechtfertigt, glaubhafte Kenntnis erhält, hat es dem Beteiligten unter Androhung eines Zwangsgelds aufzugeben, innerhalb einer bestimmten Frist seiner gesetzlichen Verpflichtung nachzukommen oder die Unterlassung mittels Einspruchs zu rechtfertigen.

(2) In gleicher Weise kann das Registergericht gegen die Mitglieder des Vorstands eines Vereins oder dessen Liquidatoren vorgehen, um sie zur Befolgung der in § 78 des Bürgerlichen Gesetzbuchs genannten Vorschriften anzuhalten.

...

Unterabschnitt 3
Löschungs- und Auflösungsverfahren

§ 393
Löschung einer Firma

(1) [1]Das Erlöschen einer Firma ist gemäß § 31 Abs. 2 des Handelsgesetzbuchs von Amts wegen oder auf Antrag der berufsständischen Organe in das Handelsregister einzutragen. [2]Das Gericht hat den eingetragenen Inhaber der Firma oder dessen Rechtsnachfolger von der beabsichtigten Löschung zu benachrichtigen und ihm zugleich eine angemessene Frist zur Geltendmachung eines Widerspruchs zu bestimmen.

(2) Sind die bezeichneten Personen oder deren Aufenthalt nicht bekannt, erfolgt die Benachrichtigung und die Bestimmung der Frist durch Bekanntmachung in dem für die Bekanntmachung der Eintragungen in das Handelsregister bestimmten elektronischen Informations- und Kommunikationssystem nach § 10 des Handelsgesetzbuchs.

(3) [1]Das Gericht entscheidet durch Beschluss, wenn es einem Antrag auf Einleitung des Löschungsverfahrens nicht entspricht oder Widerspruch gegen die Löschung erhoben wird. [2]Der Beschluss ist mit der Beschwerde anfechtbar.

(4) Mit der Zurückweisung eines Widerspruchs sind dem Beteiligten zugleich die Kosten des Widerspruchsverfahrens aufzuerlegen, soweit dies nicht unbillig ist.

(5) Die Löschung darf nur erfolgen, wenn kein Widerspruch erhoben oder wenn der den Widerspruch zurückweisende Beschluss rechtskräftig geworden ist.

(6) Die Absätze 1 bis 5 gelten entsprechend, wenn die Löschung des Namens einer Partnerschaft eingetragen werden soll.

§ 394
Löschung vermögensloser Gesellschaften und Genossenschaften

(1) [1]Eine Aktiengesellschaft, Kommanditgesellschaft auf Aktien, Gesellschaft mit beschränkter Haftung oder Genossenschaft, die kein Vermögen besitzt, kann von Amts wegen oder auf Antrag der Finanzbehörde oder der berufsständischen Organe gelöscht werden. [2]Sie ist von Amts wegen zu löschen, wenn das Insolvenzverfahren über das Vermögen der Gesellschaft durchgeführt worden ist und keine Anhaltspunkte dafür vorliegen, dass die Gesellschaft noch Vermögen besitzt.

(2) [1]Das Gericht hat die Absicht der Löschung den gesetzlichen Vertretern der Gesellschaft oder Genossenschaft, soweit solche vorhanden sind und ihre Person und ihr inländischer Aufenthalt bekannt ist, bekannt zu machen und ihnen zugleich eine angemessene Frist zur Geltendmachung des Widerspruchs zu bestimmen. [2]Auch wenn eine Pflicht zur Bekanntmachung und Fristbestimmung nach Satz 1 nicht besteht, kann das Gericht anordnen, dass die Bekanntmachung und die Bestimmung der Frist durch Bekanntmachung in dem für die Bekanntmachung der Eintragungen in das Handelsregister bestimmten elektronischen Informations- und Kommunikationssystem nach § 10 des Handelsgesetzbuchs erfolgt; in diesem Fall ist jeder zur Erhebung des Widerspruchs berechtigt, der an der Unterlassung der Löschung ein berechtigtes Interesse hat. [3]Vor der Löschung sind die in § 380 bezeichneten Organe, im Fall einer Genossenschaft der Prüfungsverband, zu hören.

(3) Für das weitere Verfahren gilt § 393 Abs. 3 bis 5 entsprechend.

(4) [1]Die Absätze 1 bis 3 sind entsprechend anzuwenden auf offene Handelsgesellschaften und Kommanditgesellschaften, bei denen keiner der persönlich haftenden Gesellschafter eine natürliche Person ist. [2]Eine solche Gesellschaft kann jedoch nur gelöscht werden, wenn die für die Vermögenslosigkeit geforderten Voraussetzungen sowohl bei der Gesellschaft als auch bei den persönlich haftenden Gesellschaftern vorliegen. [3]Die Sätze 1 und 2 gelten nicht, wenn zu den persönlich haftenden Gesellschaftern eine andere offene Handelsgesellschaft oder Kommanditgesellschaft gehört, bei der eine natürliche Person persönlich haftender Gesellschafter ist.

§ 395
Löschung unzulässiger Eintragungen

(1) [1]Ist eine Eintragung im Register wegen des Mangels einer wesentlichen Voraussetzung unzulässig, kann das Registergericht sie von Amts wegen oder auf Antrag der berufsständischen Organe löschen. [2]Die Löschung geschieht durch Eintragung eines Vermerks.

(2) [1]Das Gericht hat den Beteiligten von der beabsichtigten Löschung zu benachrichtigen und ihm zugleich eine angemessene Frist zur Geltendmachung eines Widerspruchs zu bestimmen. [2]§ 394 Abs. 2 Satz 1 und 2 gilt entsprechend.

(3) Für das weitere Verfahren gilt § 393 Abs. 3 bis 5 entsprechend.

§ 396
(weggefallen)

§ 397
Löschung nichtiger Gesellschaften und Genossenschaften

[1]Eine in das Handelsregister eingetragene Aktiengesellschaft oder Kommanditgesellschaft auf Aktien kann nach § 395 als nichtig gelöscht werden, wenn die Voraussetzungen vorliegen, unter denen nach den §§ 275 und 276 des Aktiengesetzes die Klage auf Nichtigerklärung erhoben werden kann. [2]Das Gleiche gilt für eine in das Handelsregister eingetragene Gesellschaft mit beschränkter Haftung, wenn die Voraussetzungen vorliegen, unter denen nach den §§ 75 und 76 des Gesetzes betreffend die Gesellschaften mit beschränkter Haftung die Nichtigkeitsklage erhoben werden kann, sowie für eine in das Genossenschaftsregister eingetragene Genossenschaft, wenn die Voraussetzungen vorliegen, unter denen nach den §§ 94 und 95 des Genossenschaftsgesetzes die Nichtigkeitsklage erhoben werden kann.

§ 398
Löschung nichtiger Beschlüsse

Ein in das Handelsregister eingetragener Beschluss der Hauptversammlung oder Versammlung der Gesellschafter einer der in § 397 bezeichneten Gesellschaften sowie ein in das Genossenschaftsregister eingetragener Beschluss der Generalversammlung einer Genossenschaft kann nach § 395 als nichtig gelöscht werden, wenn er durch seinen Inhalt zwingende gesetzliche Vorschriften verletzt und seine Beseitigung im öffentlichen Interesse erforderlich erscheint.

§ 399
Auflösung wegen Mangels der Satzung

(1) [1]Enthält die Satzung einer in das Handelsregister eingetragenen Aktiengesellschaft oder einer Kommanditgesellschaft auf Aktien eine der nach § 23 Abs. 3 Nr. 1, 4, 5 oder Nr. 6 des Aktiengesetzes wesentlichen Bestimmungen nicht oder ist eine dieser Bestimmungen oder die Bestimmung nach § 23 Abs. 3 Nr. 3 des Aktiengesetzes nichtig, hat das Registergericht die Gesellschaft von Amts wegen oder auf Antrag der berufsständischen Organe aufzufordern, innerhalb einer bestimmten Frist eine

Satzungsänderung, die den Mangel der Satzung behebt, zur Eintragung in das Handelsregister anzumelden oder die Unterlassung durch Widerspruch gegen die Aufforderung zu rechtfertigen. [2]Das Gericht hat gleichzeitig darauf hinzuweisen, dass andernfalls ein nicht behobener Mangel im Sinne des Absatzes 2 festzustellen ist und dass die Gesellschaft dadurch nach § 262 Abs. 1 Nr. 5 oder § 289 Abs. 2 Nr. 2 des Aktiengesetzes aufgelöst wird.

(2) [1]Wird innerhalb der nach Absatz 1 bestimmten Frist weder der Aufforderung genügt noch Widerspruch erhoben oder ist ein Widerspruch zurückgewiesen worden, hat das Gericht den Mangel der Satzung festzustellen. [2]Die Feststellung kann mit der Zurückweisung des Widerspruchs verbunden werden. [3]Mit der Zurückweisung des Widerspruchs sind der Gesellschaft zugleich die Kosten des Widerspruchsverfahrens aufzuerlegen, soweit dies nicht unbillig ist.

(3) Der Beschluss, durch den eine Feststellung nach Absatz 2 getroffen, ein Antrag oder ein Widerspruch zurückgewiesen wird, ist mit der Beschwerde anfechtbar.

(4) Die Absätze 1 bis 3 gelten entsprechend, wenn der Gesellschaftsvertrag einer in das Handelsregister eingetragenen Gesellschaft mit beschränkter Haftung eine der nach § 3 Abs. 1 Nr. 1 oder Nr. 4 des Gesetzes betreffend die Gesellschaften mit beschränkter Haftung wesentlichen Bestimmungen nicht enthält oder eine dieser Bestimmungen oder die Bestimmung nach § 3 Abs. 1 Nr. 3 des Gesetzes betreffend die Gesellschaften mit beschränkter Haftung nichtig ist.

Unterabschnitt 4
Ergänzende Vorschriften für das Vereinsregister

§ 400
Mitteilungspflichten

Das Gericht hat die Eintragung eines Vereins oder einer Satzungsänderung der zuständigen Verwaltungsbehörde mitzuteilen, wenn Anhaltspunkte bestehen, dass es sich um einen Ausländerverein oder eine organisatorische Einrichtung eines ausländischen Vereins nach den §§ 14 und 15 des Vereinsgesetzes handelt.

...

Abschnitt 4
Unternehmensrechtliche Verfahren

(vom Abdruck wurde abgesehen)

Buch 6
Verfahren in weiteren Angelegenheiten der freiwilligen Gerichtsbarkeit

(vom Abdruck wurde abgesehen)

Buch 7
Verfahren in Freiheitsentziehungssachen

(vom Abdruck wurde abgesehen)

Buch 8
Verfahren in Aufgebotssachen

Abschnitt 1
Allgemeine Verfahrensvorschriften

§ 433
Aufgebotssachen

Aufgebotssachen sind Verfahren, in denen das Gericht öffentlich zur Anmeldung von Ansprüchen oder Rechten auffordert, mit der Wirkung, dass die Unterlassung der Anmeldung einen Rechtsnachteil zur Folge hat; sie finden nur in den durch Gesetz bestimmten Fällen statt.

§ 434
Antrag; Inhalt des Aufgebots

(1) Das Aufgebotsverfahren wird nur auf Antrag eingeleitet.

(2) [1]Ist der Antrag zulässig, so hat das Gericht das Aufgebot zu erlassen. [2]In das Aufgebot ist insbesondere aufzunehmen:

1. die Bezeichnung des Antragstellers;
2. die Aufforderung, die Ansprüche und Rechte bis zu einem bestimmten Zeitpunkt bei dem Gericht anzumelden (Anmeldezeitpunkt);
3. die Bezeichnung der Rechtsnachteile, die eintreten, wenn die Anmeldung unterbleibt.

§ 435
Öffentliche Bekanntmachung

(1) [1]Die öffentliche Bekanntmachung des Aufgebots erfolgt durch Aushang an der Gerichtstafel und durch einmalige Veröffentlichung in dem Bundesanzeiger, wenn nicht das Gesetz für den betreffenden Fall eine abweichende Anordnung getroffen hat. [2]Anstelle des Aushangs an der Gerichtstafel kann die öffentliche Bekanntmachung in einem elektronischen Informations- und Kommunikationssystem erfolgen, das im Gericht öffentlich zugänglich ist.

(2) Das Gericht kann anordnen, das Aufgebot zusätzlich auf andere Weise zu veröffentlichen.

§ 436
Gültigkeit der öffentlichen Bekanntmachung

Auf die Gültigkeit der öffentlichen Bekanntmachung hat es keinen Einfluss, wenn das Schriftstück von der Gerichtstafel oder das Dokument aus dem Informations- und Kommunikationssystem zu früh entfernt wurde oder wenn im Fall wiederholter Veröffentlichung die vorgeschriebenen Zwischenfristen nicht eingehalten sind.

§ 437
Aufgebotsfrist

Zwischen dem Tag, an dem das Aufgebot erstmalig in einem Informations- und Kommunikationssystem oder im Bundesanzeiger veröffentlicht wird, und dem Anmeldezeitpunkt muss, wenn das Gesetz nicht eine abweichende Anordnung enthält, ein Zeitraum (Aufgebotsfrist) von mindestens sechs Wochen liegen.

§ 438
Anmeldung nach dem Anmeldezeitpunkt

Eine Anmeldung, die nach dem Anmeldezeitpunkt, jedoch vor dem Erlass des Ausschließungsbeschlusses erfolgt, ist als rechtzeitig anzusehen.

§ 439
Erlass des Ausschließungsbeschlusses; Beschwerde; Wiedereinsetzung und Wiederaufnahme

(1) Vor Erlass des Ausschließungsbeschlusses kann eine nähere Ermittlung, insbesondere die Versicherung der Wahrheit einer Behauptung des Antragstellers an Eides statt, angeordnet werden.

(2) Die Endentscheidung in Aufgebotssachen wird erst mit Rechtskraft wirksam.

(3) § 61 Abs. 1 ist nicht anzuwenden.

(4) [1]Die Vorschriften über die Wiedereinsetzung finden mit der Maßgabe Anwendung, dass die Frist, nach deren Ablauf die Wiedereinsetzung nicht mehr beantragt oder bewilligt werden kann, abweichend von § 18 Abs. 3 fünf Jahre beträgt. [2]Die Vorschriften über die Wiederaufnahme finden mit der Maßgabe Anwendung, dass die Erhebung der Klagen nach Ablauf von zehn Jahren, von dem Tag der Rechtskraft des Ausschließungsbeschlusses an gerechnet, unstatthaft ist.

§ 440
Wirkung einer Anmeldung

Bei einer Anmeldung, durch die das von dem Antragsteller zur Begründung des Antrags behauptete Recht bestritten wird, ist entweder das Aufgebotsverfahren bis zur endgültigen Entscheidung über das angemeldete Recht auszusetzen oder in dem Ausschließungsbeschluss das angemeldete Recht vorzubehalten.

§ 441
Öffentliche Zustellung des Ausschließungsbeschlusses

[1]Der Ausschließungsbeschluss ist öffentlich zuzustellen. [2]Für die Durchführung der öffentlichen Zustellung gelten die §§ 186, 187, 188 der Zivilprozessordnung entsprechend.

Abschnitt 2
Aufgebot des Eigentümers von Grundstücken, Schiffen und Schiffsbauwerken

§ 442
Aufgebot des Grundstückseigentümers; örtliche Zuständigkeit

(1) Für das Aufgebotsverfahren zur Ausschließung des Eigentümers eines Grundstücks nach § 927 des Bürgerlichen Gesetzbuchs gelten die nachfolgenden besonderen Vorschriften.

(2) Örtlich zuständig ist das Gericht, in dessen Bezirk das Grundstück belegen ist.

§ 443
Antragsberechtigter

Antragsberechtigt ist derjenige, der das Grundstück seit der in § 927 des Bürgerlichen Gesetzbuchs bestimmten Zeit im Eigenbesitz hat.

§ 444
Glaubhaftmachung

Der Antragsteller hat die zur Begründung des Antrags erforderlichen Tatsachen vor der Einleitung des Verfahrens glaubhaft zu machen.

§ 445
Inhalt des Aufgebots

In dem Aufgebot ist der bisherige Eigentümer aufzufordern, sein Recht spätestens zum Anmeldezeitpunkt anzumelden, widrigenfalls seine Ausschließung erfolgen werde.

...

Abschnitt 3
Aufgebot des Gläubigers von Grund- und Schiffspfandrechten sowie des Berechtigten sonstiger dinglicher Rechte

§ 447
Aufgebot des Grundpfandrechtsgläubigers; örtliche Zuständigkeit

(1) Für das Aufgebotsverfahren zur Ausschließung eines Hypotheken-, Grundschuld- oder Rentenschuldgläubigers auf Grund der §§ 1170 und 1171 des Bürgerlichen Gesetzbuchs gelten die nachfolgenden besonderen Vorschriften.

(2) Örtlich zuständig ist das Gericht, in dessen Bezirk das belastete Grundstück belegen ist.

§ 448
Antragsberechtigter

(1) Antragsberechtigt ist der Eigentümer des belasteten Grundstücks.

(2) [1]Antragsberechtigt im Fall des § 1170 des Bürgerlichen Gesetzbuchs ist auch ein im Rang gleich- oder nachstehender Gläubiger, zu dessen Gunsten eine Vormerkung nach § 1179 des Bürgerlichen Gesetzbuchs eingetragen ist oder ein Anspruch nach § 1179a des Bürgerlichen Gesetzbuchs besteht. [2]Bei einer Gesamthypothek, Gesamtgrundschuld oder Gesamtrentenschuld ist außerdem derjenige antragsberechtigt, der auf Grund eines im Rang gleich- oder nachstehenden Rechts Befriedigung aus einem der belasteten Grundstücke verlangen kann. [3]Die Antragsberechtigung besteht nur, wenn der Gläubiger oder der sonstige Berechtigte für seinen Anspruch einen vollstreckbaren Schuldtitel erlangt hat.

§ 449
Glaubhaftmachung

Der Antragsteller hat vor der Einleitung des Verfahrens glaubhaft zu machen, dass der Gläubiger unbekannt ist.

§ 450
Besondere Glaubhaftmachung

(1) Im Fall des § 1170 des Bürgerlichen Gesetzbuchs hat der Antragsteller vor der Einleitung des Verfahrens auch glaubhaft zu machen, dass eine das Aufgebot ausschließende Anerkennung des Rechts des Gläubigers nicht erfolgt ist.

(2) [1]Ist die Hypothek für die Forderung aus einer Schuldverschreibung auf den Inhaber bestellt oder der Grundschuld- oder Rentenschuldbrief auf den Inhaber ausgestellt, hat der Antragsteller glaubhaft zu machen, dass die Schuldverschreibung oder der Brief bis zum Ablauf der in § 801 des Bürgerlichen Gesetzbuchs bezeichneten Frist nicht vorgelegt und der Anspruch nicht gerichtlich geltend gemacht worden ist. [2]Ist die Vorlegung oder die gerichtliche Geltendmachung erfolgt, so ist die in Absatz 1 vorgeschriebene Glaubhaftmachung erforderlich.

(3) [1]Zur Glaubhaftmachung genügt in den Fällen der Absätze 1, 2 die Versicherung des Antragstellers an Eides statt. [2]Das Recht des Gerichts zur Anordnung anderweitiger Ermittlungen von Amts wegen wird hierdurch nicht berührt.

(4) In dem Aufgebot ist als Rechtsnachteil anzudrohen, dass der Gläubiger mit seinem Recht ausgeschlossen werde.

(5) Wird das Aufgebot auf Antrag eines nach § 448 Abs. 2 Antragsberechtigten erlassen, so ist es dem Eigentümer des Grundstücks von Amts wegen mitzuteilen.

§ 451
Verfahren bei Ausschluss mittels Hinterlegung

(1) Im Fall des § 1171 des Bürgerlichen Gesetzbuchs hat der Antragsteller vor der Einleitung des Verfahrens die Hinterlegung des dem Gläubiger gebührenden Betrags anzubieten.

(2) In dem Aufgebot ist als Rechtsnachteil anzudrohen, dass der Gläubiger nach der Hinterlegung des ihm gebührenden Betrags seine Befriedigung statt aus dem Grundstück nur noch aus dem hinterlegten Betrag verlangen könne und sein Recht auf diesen erlösche, wenn er sich nicht vor dem Ablauf von 30 Jahren nach dem Erlass des Ausschließungsbeschlusses bei der Hinterlegungsstelle melde.

(3) Hängt die Fälligkeit der Forderung von einer Kündigung ab, erweitert sich die Aufgebotsfrist um die Kündigungsfrist.

(4) Der Ausschließungsbeschluss darf erst dann erlassen werden, wenn die Hinterlegung erfolgt ist.

...

§ 453
Aufgebot des Berechtigten bei Vormerkung, Vorkaufsrecht, Reallast

(1) Die Vorschriften des § 447 Abs. 2, des § 448 Abs. 1, der §§ 449, 450 Abs. 1 bis 4 und der §§ 451, 452 gelten entsprechend für das Aufgebotsverfahren zu der in den §§ 887, 1104, 1112 des Bürgerlichen Gesetzbuchs, § 13 des Gesetzes über Rechte an eingetragenen Schiffen und Schiffsbauwerken (BGBl. III, 403-4) für die Vormerkung, das Vorkaufsrecht und die Reallast bestimmten Ausschließung des Berechtigten.

(2) [1]Antragsberechtigt ist auch, wer auf Grund eines im Range gleich- oder nachstehenden Rechts Befriedigung aus dem Grundstück oder dem Schiff oder Schiffsbauwerk verlangen kann, wenn er für seinen Anspruch einen vollstreckbaren Schuldtitel erlangt hat. [2]Das Aufgebot ist dem Eigentümer des Grundstücks oder des Schiffes oder Schiffsbauwerks von Amts wegen mitzuteilen.

Abschnitt 4
Aufgebot von Nachlassgläubigern

(vom Abdruck wurde abgesehen)

Abschnitt 5
Aufgebot der Schiffsgläubiger

(vom Abdruck wurde abgesehen)

Abschnitt 6
Aufgebot zur Kraftloserklärung von Urkunden

§ 466
Örtliche Zuständigkeit

(1) [1]Für das Aufgebotsverfahren ist das Gericht örtlich zuständig, in dessen Bezirk der in der Urkunde bezeichnete Erfüllungsort liegt. [2]Enthält die Urkunde eine solche Bezeichnung nicht, ist das Gericht örtlich zuständig, bei dem der Aussteller seinen allgemeinen Gerichtsstand hat, und in Ermangelung eines solchen Gerichts dasjenige, bei dem der Aussteller zur Zeit der Ausstellung seinen allgemeinen Gerichtsstand gehabt hat.

(2) Ist die Urkunde über ein im Grundbuch eingetragenes Recht ausgestellt, ist das Gericht der belegenen Sache ausschließlich örtlich zuständig.

(3) Wird das Aufgebot durch ein anderes als das nach dieser Vorschrift örtlich zuständige Gericht erlassen, ist das Aufgebot auch durch Aushang an der Gerichtstafel oder Einstellung in das Informationssystem des letzteren Gerichts öffentlich bekannt zu machen.

§ 467
Antragsberechtigter

(1) Bei Papieren, die auf den Inhaber lauten oder die durch Indossament übertragen werden können und mit einem Blankoindossament versehen sind, ist der bisherige Inhaber des abhandengekommenen oder vernichteten Papiers berechtigt, das Aufgebotsverfahren zu beantragen.

(2) Bei anderen Urkunden ist derjenige zur Stellung des Antrags berechtigt, der das Recht aus der Urkunde geltend machen kann.

Gerichts-
barkeit

§ 468
Antragsbegründung

Der Antragsteller hat zur Begründung des Antrags

1. eine Abschrift der Urkunde beizubringen oder den wesentlichen Inhalt der Urkunde und alles anzugeben, was zu ihrer vollständigen Erkennbarkeit erforderlich ist,
2. den Verlust der Urkunde sowie diejenigen Tatsachen glaubhaft zu machen, von denen seine Berechtigung abhängt, das Aufgebotsverfahren zu beantragen, sowie
3. die Versicherung der Wahrheit seiner Angaben an Eides statt anzubieten.

§ 469
Inhalt des Aufgebots

[1]In dem Aufgebot ist der Inhaber der Urkunde aufzufordern, seine Rechte bei dem Gericht bis zum Anmeldezeitpunkt anzumelden und die Urkunde vorzulegen. [2]Als Rechtsnachteil ist anzudrohen, dass die Urkunde für kraftlos erklärt werde.

...

§ 476
Aufgebotsfrist

Die Aufgebotsfrist soll höchstens ein Jahr betragen.

§ 477
Anmeldung der Rechte

Meldet der Inhaber der Urkunde vor dem Erlass des Ausschließungsbeschlusses seine Rechte unter Vorlegung der Urkunde an, hat das Gericht den Antragsteller hiervon zu benachrichtigen und ihm innerhalb einer zu bestimmenden Frist die Möglichkeit zu geben, in die Urkunde Einsicht zu nehmen und eine Stellungnahme abzugeben.

§ 478
Ausschließungsbeschluss

(1) In dem Ausschließungsbeschluss ist die Urkunde für kraftlos zu erklären.

(2) [1]Der Ausschließungsbeschluss ist seinem wesentlichen Inhalt nach durch Veröffentlichung im Bundesanzeiger bekannt zu machen. [2]§ 470 gilt entsprechend.

(3) In gleicher Weise ist die auf eine Beschwerde ergangene Entscheidung bekannt zu machen, soweit durch sie die Kraftloserklärung aufgehoben wird.

§ 479
Wirkung des Ausschließungsbeschlusses

(1) Derjenige, der den Ausschließungsbeschluss erwirkt hat, ist dem durch die Urkunde Verpflichteten gegenüber berechtigt, die Rechte aus der Urkunde geltend zu machen.

(2) Wird der Ausschließungsbeschluss im Beschwerdeverfahren aufgehoben, bleiben die auf Grund des Ausschließungsbeschlusses von dem Verpflichteten bewirkten Leistungen auch Dritten, insbesondere dem Beschwerdeführer, gegenüber wirksam, es sei denn, dass der Verpflichtete zur Zeit der Leistung die Aufhebung des Ausschließungsbeschlusses gekannt hat.

...

§ 484
Vorbehalt für die Landesgesetzgebung

(1) Bei Aufgeboten auf Grund der §§ 887, 927, 1104, 1112, 1162, 1170, 1171 des Bürgerlichen Gesetzbuchs, des § 110 des Binnenschifffahrtsgesetzes, der §§ 6, 13, 66, 67 des Gesetzes über Rechte an eingetragenen Schiffen und Schiffsbauwerken (BGBl. III 403-4) und der §§ 13, 66, 67 des Gesetzes über Rechte an Luftfahrzeugen können die Landesgesetze die Art der Veröffentlichung des Aufgebots und des Ausschließungsbeschlusses sowie die Aufgebotsfrist anders bestimmen als in den §§ 435, 437 und 441 vorgeschrieben ist.

(2) Bei Aufgeboten, die auf Grund des § 1162 des Bürgerlichen Gesetzbuchs ergehen, können die Landesgesetze die Art der Veröffentlichung des Aufgebots, des Ausschließungsbeschlusses und des in § 478 Abs. 2 und 3 bezeichneten Beschlusses sowie die Aufgebotsfrist auch anders bestimmen, als in den §§ 470, 475, 476 und 478 vorgeschrieben ist.

Buch 9
Schlussvorschriften

§ 487
Nachlassauseinandersetzung; Auseinandersetzung einer Gütergemeinschaft

(1) Unberührt bleiben die landesrechtlichen Vorschriften

1. nach denen das Nachlassgericht die Auseinandersetzung eines Nachlasses von Amts wegen zu vermitteln hat, wenn diese nicht binnen einer bestimmten Frist erfolgt ist;
2. nach denen andere als gerichtliche Behörden für die den Amtsgerichten nach § 373 Absatz 2 obliegenden Aufgaben zuständig sind;
3. nach denen in Württemberg in den Fällen des § 363 anstelle der Notare oder neben diesen andere Stellen die Auseinandersetzung vermitteln;
4. die das Verfahren in den Fällen nach Nummer 3 betreffen.

(2) Auf die Auseinandersetzung nach Absatz 1 Nr. 1 sind die §§ 365 bis 372 anzuwenden.

...

§ 492
Anwendbare Vorschriften bei Zuständigkeit von Notaren

(1) [1]Wird in Verfahren nach § 342 Absatz 2 Nummer 1 ein Notar anstelle des Amtsgerichts tätig, so sind die für das Amtsgericht geltenden Vorschriften entsprechend anzuwenden. [2]Der Notar nimmt die Aufgaben des Richters, des Rechtspflegers und des Urkundsbeamten der Geschäftsstelle wahr. [3]Geschäftsstelle sind die Geschäftsräume des Notars. [4]Anstelle von Justizbediensteten handelt der Gerichtsvollzieher.

[5]Die Ausführung der vom Notar bewilligten öffentlichen Zustellung erfolgt auf dessen Ersuchen durch das Amtsgericht, in dessen Bezirk sich der Amtssitz des Notars befindet.

(2) [1]Ist gegen die Entscheidung des Notars nach den allgemeinen verfahrensrechtlichen Vorschriften ein Rechtsmittel nicht gegeben, so findet die Erinnerung statt, die innerhalb der für die Beschwerde geltenden Frist beim Notar einzulegen ist. [2]Der Notar kann der Erinnerung abhelfen. [3]Erinnerungen, denen er nicht abhilft, legt er dem Amtsgericht vor, in dessen Bezirk sich sein Amtssitz befindet. [4]Auf die Erinnerung sind im Übrigen die Vorschriften über die Beschwerde sinngemäß anzuwenden.

(3) Verfügungen Beschlüsse oder Zeugnisse des Notars, die nach den Vorschriften dieses Gesetzes wirksam geworden sind und nicht mehr geändert werden können, sind mit der Erinnerung nicht anfechtbar.

(4) *(weggefallen)*

Rechtspflegergesetz
(RPflG)

Neufassung vom 14. April 2013 (BGBl. I S. 778, 2014 I S. 46)
zuletzt geändert durch Gesetz vom 7. Juli 2021 (BGBl. I S. 2363)

– Auszug –

§ 1
Allgemeine Stellung des Rechtspflegers

Der Rechtspfleger nimmt die ihm durch dieses Gesetz übertragenen Aufgaben der Rechtspflege wahr.

§ 3
Übertragene Geschäfte

Dem Rechtspfleger werden folgende Geschäfte übertragen:

1. in vollem Umfange die nach den gesetzlichen Vorschriften vom Richter wahrzunehmenden Geschäfte des Amtsgerichts in

   a) Vereinssachen nach den §§ 29, 37, 55 bis 79 des Bürgerlichen Gesetzbuchs sowie nach Buch 5 des Gesetzes über das Verfahren in Familiensachen und in den Angelegenheiten der freiwilligen Gerichtsbarkeit,

   b) den weiteren Angelegenheiten der freiwilligen Gerichtsbarkeit nach § 410 des Gesetzes über das Verfahren in Familiensachen und in den Angelegenheiten der freiwilligen Gerichtsbarkeit sowie den Verfahren nach § 84 Absatz 2, § 189 des Versicherungsvertragsgesetzes,

   c) Aufgebotsverfahren nach Buch 8 des Gesetzes über das Verfahren in Familiensachen und in den Angelegenheiten der freiwilligen Gerichtsbarkeit,

   d) Pachtkreditsachen im Sinne des Pachtkreditgesetzes,

   e) Güterrechtsregistersachen nach den §§ 1558 bis 1563 des Bürgerlichen Gesetzbuchs sowie nach Buch 5 des Gesetzes über das Verfahren in Familiensachen und in den Angelegenheiten der freiwilligen Gerichtsbarkeit, auch in Verbindung mit § 7 des Lebenspartnerschaftsgesetzes,

   f) Urkundssachen einschließlich der Entgegennahme der Erklärung,

   g) Verschollenheitssachen,

   h) Grundbuchsachen, Schiffsregister- und Schiffsbauregistersachen sowie Sachen des Registers für Pfandrechte an Luftfahrzeugen,

   i) Verfahren nach dem Gesetz über die Zwangsversteigerung und die Zwangsverwaltung,

   k) Verteilungsverfahren, die außerhalb der Zwangsvollstreckung nach den Vorschriften der Zivilprozessordnung über das Verteilungsverfahren durchzuführen sind,

l) Verteilungsverfahren, die außerhalb der Zwangsversteigerung nach den für die Verteilung des Erlöses im Falle der Zwangsversteigerung geltenden Vorschriften durchzuführen sind,

m) Verteilungsverfahren nach § 75 Absatz 2 des Flurbereinigungsgesetzes, § 54 Absatz 3 des Landbeschaffungsgesetzes, § 119 Absatz 3 des Baugesetzbuchs und § 94 Absatz 4 des Bundesberggesetzes;

2. vorbehaltlich der in den §§ 14 bis 19b dieses Gesetzes aufgeführten Ausnahmen die nach den gesetzlichen Vorschriften vom Richter wahrzunehmenden Geschäfte des Amtsgerichts in

a) Kindschaftssachen und Adoptionssachen sowie entsprechenden Lebenspartnerschaftssachen nach den §§ 151,186 und 269 des Gesetzes über das Verfahren in Familiensachen und in den Angelegenheiten der freiwilligen Gerichtsbarkeit,

b) Betreuungssachen sowie betreuungsgerichtlichen Zuweisungssachen nach den §§ 271 und 340 des Gesetzes über das Verfahren in Familiensachen und in den Angelegenheiten der freiwilligen Gerichtsbarkeit,

c) Nachlass- und Teilungssachen nach § 342 Absatz 1 und 2 Nummer 2 des Gesetzes über das Verfahren in Familiensachen und in den Angelegenheiten der freiwilligen Gerichtsbarkeit,

d) Handels-, Genossenschafts- und Partnerschaftsregistersachen sowie unternehmensrechtlichen Verfahren nach den §§ 374 und 375 des Gesetzes über das Verfahren in Familiensachen und in den Angelegenheiten der freiwilligen Gerichtsbarkeit,

e) Verfahren nach der Insolvenzordnung,

f) *(weggefallen)*

g) Verfahren nach der Verordnung (EG) Nr. 1346/2000 des Rates vom 29. Mai 2000 über Insolvenzverfahren (ABl. L 160 vom 30.6.2000, S. 1; L 350 vom 6.12.2014, S. 15), die zuletzt durch die Durchführungsverordnung (EU) 2016/1792 (ABl. L 27 4 vom 11.10.2016, S. 35) geändert worden ist, Verfahren nach der Verordnung (EU) 2015/848 des Europäischen Parlaments und des Rates vom 20. Mai 2015 über Insolvenzverfahren (ABl. L 141 vom 5.6.2015, S. 19; L 349 vom 21.12.2016, S. 6), die zuletzt durch die Verordnung (EU) 2017/353 (ABl. L 57 vom 3.3.2017, S. 19) geändert worden ist, Verfahren nach den Artikeln 102 und 102c des Einführungsgesetzes zur Insolvenzordnung sowie Verfahren nach dem Ausführungsgesetz zum deutsch-österreichischen Konkursvertrag vom 8. März 1985 (BGBl. 1 S. 535),

h) Verfahren nach der Schifffahrtsrechtlichen Verteilungsordnung,

i) Verfahren nach § 33 des Internationalen Erbrechtsverfahrensgesetzes vom 29. Juni 2015 (BGBl. I S. 1042) über die Ausstellung, Berichtigung, Änderung oder den Widerruf eines Europäischen Nachlasszeugnisses, über die Erteilung einer beglaubigten Abschrift eines Europäischen Nachlasszeugnisses oder die Verlängerung der Gültigkeitsfrist einer beglaubigten Abschrift sowie über die Aussetzung der Wirkungen eines Europäischen Nachlasszeugnisses;

3. die in den §§ 20 bis 24a, 25 und 25a dieses Gesetzes einzeln aufgeführten Geschäfte
   a) in Verfahren nach der Zivilprozessordnung,
   b) in Festsetzungsverfahren,
   c) des Gerichts in Straf- und Bußgeldverfahren,
   d) in Verfahren vor dem Bundespatentgericht,
   e) auf dem Gebiet der Aufnahme von Erklärungen,
   f) auf dem Gebiet der Beratungshilfe,
   g) auf dem Gebiet der Familiensachen,
   h) in Verfahren über die Verfahrenskostenhilfe nach dem Gesetz über das Verfahren in Familiensachen und in den Angelegenheiten der freiwilligen Gerichtsbarkeit;
4. die in den §§ 29 und 31 dieses Gesetzes einzeln aufgeführten Geschäfte
   a) im internationalen Rechtsverkehr,
   b) *(weggefallen)*
   c) der Staatsanwaltschaft im Strafverfahren und der Vollstreckung in Straf- und Bußgeldsachen sowie von Ordnungs- und Zwangsmitteln.

§ 4
Umfang der Übertragung

(1) Der Rechtspfleger trifft alle Maßnahmen, die zur Erledigung der ihm übertragenen Geschäfte erforderlich sind.

(2) Der Rechtspfleger ist nicht befugt,

1. eine Beeidigung anzuordnen oder einen Eid abzunehmen,
2. Freiheitsentziehungen anzudrohen oder anzuordnen, sofern es sich nicht um Maßnahmen zur Vollstreckung
   a) einer Freiheitsstrafe nach § 457 der Strafprozessordnung oder einer Ordnungshaft nach § 890 der Zivilprozessordnung,
   b) einer Maßregel der Besserung und Sicherung nach § 463 der Strafprozessordnung oder
   c) der Erzwingungshaft nach § 97 des Gesetzes über Ordnungswidrigkeiten

   handelt,

(3) Hält der Rechtspfleger Maßnahmen für geboten, zu denen er nach Absatz 2 Nummer 1 und 2 nicht befugt ist, so legt er deswegen die Sache dem Richter zur Entscheidung vor.

§ 5
Vorlage an den Richter

(1) Der Rechtspfleger hat ihm übertragene Geschäfte dem Richter vorzulegen, wenn

1. sich bei der Bearbeitung der Sache ergibt, dass eine Entscheidung des Bundesverfassungsgerichts oder eines für Verfassungsstreitigkeiten zuständigen Gerichts eines Landes nach Artikel 100 des Grundgesetzes einzuholen ist;
2. zwischen dem übertragenen Geschäft und einem vom Richter wahrzunehmenden Geschäft ein so enger Zusammenhang besteht, dass eine getrennte Behandlung nicht sachdienlich ist.

(2) Der Rechtspfleger kann ihm übertragene Geschäfte dem Richter vorlegen, wenn die Anwendung ausländischen Rechts in Betracht kommt.

(3) [1]Die vorgelegten Sachen bearbeitet der Richter, solange er es für erforderlich hält. Er kann die Sachen dem Rechtspfleger zurückgeben. [2]Gibt der Richter eine Sache an den Rechtspfleger zurück, so ist dieser an eine von dem Richter mitgeteilte Rechtsauffassung gebunden.

§ 8
Gültigkeit von Geschäften

(1) Hat der Richter ein Geschäft wahrgenommen, das dem Rechtspfleger übertragen ist, so wird die Wirksamkeit des Geschäfts hierdurch nicht berührt.

(2) Hat der Rechtspfleger ein Geschäft wahrgenommen, das ihm der Richter nach diesem Gesetz übertragen kann, so ist das Geschäft nicht deshalb unwirksam, weil die Übertragung unterblieben ist oder die Voraussetzungen für die Übertragung im Einzelfalle nicht gegeben waren.

(3) Ein Geschäft ist nicht deshalb unwirksam, weil es der Rechtspfleger entgegen § 5 Absatz 1 dem Richter nicht vorgelegt hat.

(4) [1]Hat der Rechtspfleger ein Geschäft des Richters wahrgenommen, das ihm nach diesem Gesetz weder übertragen ist noch übertragen werden kann, so ist das Geschäft unwirksam. [2]Das gilt nicht, wenn das Geschäft dem Rechtspfleger durch eine Entscheidung nach § 7 zugewiesen worden war.

(5) Hat der Rechtspfleger ein Geschäft des Urkundsbeamten der Geschäftsstelle wahrgenommen, so wird die Wirksamkeit des Geschäfts hierdurch nicht berührt.

§ 9
Weisungsfreiheit des Rechtspflegers

Der Rechtspfleger ist sachlich unabhängig und nur an Recht und Gesetz gebunden.

§ 10
Ausschließung und Ablehnung des Rechtspflegers

[1]Für die Ausschließung und Ablehnung des Rechtspflegers sind die für den Richter geltenden Vorschriften entsprechend anzuwenden. [2]Über die Ablehnung des Rechtspflegers entscheidet der Richter.

§ 11
Rechtsbehelfe

(1) Gegen die Entscheidungen des Rechtspflegers ist das Rechtsmittel gegeben, das nach den allgemeinen verfahrensrechtlichen Vorschriften zulässig ist.

(2) [1]Kann gegen die Entscheidung nach den allgemeinen verfahrensrechtlichen Vorschriften ein Rechtsmittel nicht eingelegt werden, so findet die Erinnerung statt, die innerhalb einer Frist von zwei Wochen einzulegen ist. [2]Hat der Erinnerungsführer die Frist ohne sein Verschulden nicht eingehalten, ist ihm auf Antrag Wiedereinsetzung in den vorigen Stand zu gewähren, wenn er die Erinnerung binnen zwei Wochen nach der Beseitigung des Hindernisses einlegt und die Tatsachen, welche die Wiedereinsetzung begründen, glaubhaft macht. [3]Ein Fehlen des Verschuldens wird vermutet, wenn eine Rechtsbehelfsbelehrung unterblieben oder fehlerhaft ist. [4]Die Wiedereinsetzung kann nach Ablauf eines Jahres, von dem Ende der versäumten Frist an gerechnet, nicht mehr beantragt werden. [5]Der Rechtspfleger kann der Erinnerung abhelfen. [6]Erinnerungen, denen er nicht abhilft, legt er dem Richter zur Entscheidung vor. [7]Auf die Erinnerung sind im Übrigen die Vorschriften der Zivilprozessordnung über die sofortige Beschwerde sinngemäß anzuwenden.

(3) [1]Gerichtliche Verfügungen, Beschlüsse oder Zeugnisse, die nach den Vorschriften der Grundbuchordnung, der Schiffsregisterordnung oder des Gesetzes über das Verfahren in Familiensachen und in den Angelegenheiten der freiwilligen Gerichtsbarkeit wirksam geworden sind und nicht mehr geändert werden können, sind mit der Erinnerung nicht anfechtbar. [2]Die Erinnerung ist ferner in den Fällen der §§ 694, 700 der Zivilprozessordnung und gegen Entscheidungen über die Gewährung eines Stimmrechts (§ 77 der Insolvenzordnung), ausgeschlossen.

(4) Das Erinnerungsverfahren ist gerichtsgebührenfrei.

§ 14
Kindschafts- und Adoptionssachen

(1) Von den dem Familiengericht übertragenen Angelegenheiten in Kindschafts- und Adoptionssachen sowie den entsprechenden Lebenspartnerschaftssachen bleiben dem Richter vorbehalten:

1. Verfahren, die die Feststellung des Bestehens oder Nichtbestehens der elterlichen Sorge eines Beteiligten für den anderen zum Gegenstand haben;
2. die Maßnahmen auf Grund des § 1666 des Bürgerlichen Gesetzbuchs zur Abwendung der Gefahr für das körperliche, geistige oder seelische Wohl des Kindes;
3. die Übertragung der elterlichen Sorge nach den §§ 1626a, 1671, 1678 Absatz 2, § 1680 Absatz 2 und 3 sowie § 1681 Absatz 1 und 2 des Bürgerlichen Gesetzbuchs;
4. die Entscheidung über die Übertragung von Angelegenheiten der elterlichen Sorge auf die Pflegeperson nach § 1630 Absatz 3 des Bürgerlichen Gesetzbuchs;
5. die Entscheidung von Meinungsverschiedenheiten zwischen den Sorgeberechtigten;

6. die Genehmigung einer freiheitsentziehenden Unterbringung oder einer freiheitsentziehenden Maßnahme nach § 1631b des Bürgerlichen Gesetzbuchs und die Genehmigung einer Einwilligung nach § 1631e Absatz 3 des Bürgerlichen Gesetzbuchs;
7. die Regelung des persönlichen Umgangs zwischen Eltern und Kindern sowie Kindern und Dritten nach § 1684 Absatz 3 und 4, § 1685 Absatz 3 und § 1686a Absatz 2 des Bürgerlichen Gesetzbuchs, die Entscheidung über die Beschränkung oder den Ausschluss des Rechts zur alleinigen Entscheidung in Angelegenheiten des täglichen Lebens nach den §§ 1687, 1687a des Bürgerlichen Gesetzbuchs sowie über Streitigkeiten, die eine Angelegenheit nach § 1632 Absatz 2 des Bürgerlichen Gesetzbuchs betreffen;
8. die Entscheidung über den Anspruch auf Herausgabe eines Kindes nach § 1632 Absatz 1 des Bürgerlichen Gesetzbuchs sowie die Entscheidung über den Verbleib des Kindes bei der Pflegeperson nach § 1632 Absatz 4 oder bei dem Ehegatten, Lebenspartner oder Umgangsberechtigten nach § 1682 des Bürgerlichen Gesetzbuchs;
9. die Anordnung einer Betreuung oder Pflegschaft auf Grund dienstrechtlicher Vorschriften, soweit hierfür das Familiengericht zuständig ist;
10. *(aufgehoben)*
11. die religiöse Kindererziehung betreffenden Maßnahmen nach den §§ 2, 3 und 7 des Gesetzes über die religiöse Kindererziehung;
12. die Ersetzung der Zustimmung
    a) eines Sorgeberechtigten zu einem Rechtsgeschäft,
    b) eines gesetzlichen Vertreters zu der Sorgeerklärung eines beschränkt geschäftsfähigen Elternteils nach § 1626c Absatz 2 Satz 1 des Bürgerlichen Gesetzbuchs;
13. …

§ 15
Betreuungssachen und betreuungsgerichtliche Zuweisungssachen

(1) Von den Angelegenheiten, die dem Betreuungsgericht übertragen sind, bleiben dem Richter vorbehalten:

1. Verrichtungen aufgrund der §§ 1814 bis 1816, 1817 Absatz 1 bis 4, der §§ 1818, 1819, 1820 Absatz 3 bis 5 und des § 1868 Absatz 1 bis 4 und 7 des Bürgerlichen Gesetzbuchs sowie die anschließende Bestellung eines neuen Betreuers;
2. die Bestellung eines neuen Betreuers im Fall des Todes des Betreuers nach § 1869 des Bürgerlichen Gesetzbuchs;
3. Verrichtungen auf Grund des § 1908d des Bürgerlichen Gesetzbuchs, des § 291 des Gesetzes über das Verfahren in Familiensachen und in den Angelegenheiten der freiwilligen Gerichtsbarkeit;

4. Verrichtungen auf Grund der §§ 1825, 1829 und 1830 des Bürgerlichen Gesetzbuchs;

5. …

§ 16
Nachlass- und Teilungssachen, Europäisches Nachlasszeugnis

(1) In Nachlass- und Teilungssachen bleiben dem Richter vorbehalten

1. die Geschäfte des Nachlassgerichts, die bei einer Nachlasspflegschaft oder Nachlassverwaltung erforderlich werden, soweit sie den nach § 14 dieses Gesetzes von der Übertragung ausgeschlossenen Geschäften in Kindschaftssachen entsprechen;

2. die Ernennung von Testamentsvollstreckern (§ 2200 des Bürgerlichen Gesetzbuchs);

3. die Entscheidung über Anträge, eine vom Erblasser für die Verwaltung des Nachlasses durch letztwillige Verfügung getroffene Anordnung außer Kraft zu setzen (§ 2216 Absatz 2 Satz 2 des Bürgerlichen Gesetzbuchs);

4. die Entscheidung von Meinungsverschiedenheiten zwischen mehreren Testamentsvollstreckern (§ 2224 des Bürgerlichen Gesetzbuchs);

5. die Entlassung eines Testamentsvollstreckers aus wichtigem Grund (§ 2227 des Bürgerlichen Gesetzbuchs);

6. die Erteilung von Erbscheinen (§ 2353 des Bürgerlichen Gesetzbuchs) sowie Zeugnissen nach den §§ 36, 37 der Grundbuchordnung oder den §§ 42, 74 der Schiffsregisterordnung, sofern eine Verfügung von Todes wegen vorliegt, oder die Anwendung ausländischen Rechts in Betracht kommt, ferner die Erteilung von Testamentsvollstreckerzeugnissen (§ 2368 des Bürgerlichen Gesetzbuchs);

7. die Einziehung von Erbscheinen (§ 2361 des Bürgerlichen Gesetzbuchs) und von Zeugnissen nach den §§ 36, 37 der Grundbuchordnung und den §§ 42, 74 der Schiffsregisterordnung, wenn die Erbscheine oder Zeugnisse vom Richter erteilt oder wegen einer Verfügung von Todes wegen einzuziehen sind, ferner die Einziehung von Testamentsvollstreckerzeugnissen (§ 2368 des Bürgerlichen Gesetzbuchs) und von Zeugnissen über die Fortsetzung einer Gütergemeinschaft (§ 1507 des Bürgerlichen Gesetzbuchs).

(2) In Verfahren im Zusammenhang mit dem Europäischen Nachlasszeugnis bleiben die Ausstellung, Berichtigung, Änderung oder der Widerruf eines Europäischen Nachlasszeugnisses (§ 33 Nummer 1 des Internationalen Erbrechtsverfahrensgesetzes) sowie die Aussetzung der Wirkungen eines Europäischen Nachlasszeugnisses (§ 33 Nummer 3 des Internationalen Erbrechtsverfahrensgesetzes) dem Richter vorbehalten, sofern eine Verfügung von Todes wegen vorliegt oder die Anwendung ausländischen Rechts in Betracht kommt.

(3) [1]Wenn trotz Vorliegens einer Verfügung von Todes wegen die gesetzliche Erbfolge maßgeblich ist und deutsches Erbrecht anzuwenden ist, kann der Richter dem Rechtspfleger folgende Angelegenheiten übertragen:

1. die Erteilung eines Erbscheins;
2. die Ausstellung eines Europäischen Nachlasszeugnisses;
3. die Erteilung eines Zeugnisses nach den §§ 36 und 37 der Grundbuchordnung oder den §§ 42 und 74 der Schiffsregisterordnung.

[2]Der Rechtspfleger ist an die ihm mitgeteilte Auffassung des Richters gebunden.

§ 17
Registersachen und unternehmensrechtliche Verfahren

In Handels-, Genossenschafts- und Partnerschaftsregistersachen sowie in unternehmens-rechtlichen Verfahren nach dem Buch 5 des Gesetzes über das Verfahren in Familiensachen und in den Angelegenheiten der freiwilligen Gerichtsbarkeit bleiben dem Richter vorbehalten

1. bei Aktiengesellschaften, Kommanditgesellschaften auf Aktien, Gesellschaften mit beschränkter Haftung und Versicherungsvereinen auf Gegenseitigkeit folgende Verfügungen beim Gericht des Sitzes und, wenn es sich um eine Gesellschaft mit Sitz im Ausland handelt, beim Gericht der Zweigniederlassung:
   a) auf erste Eintragung,
   b) auf Eintragung von Satzungsänderungen, die nicht nur die Fassung betreffen,
   c) auf Eintragung der Eingliederung oder der Umwandlung,
   d) auf Eintragung des Bestehens, der Änderung oder der Beendigung eines Unternehmensvertrages,
   e) auf Löschung im Handelsregister nach den §§ 394, 395, 397 und 398 des Gesetzes über das Verfahren in Familiensachen und in den Angelegenheiten der freiwilligen Gerichtsbarkeit und nach § 6 Absatz 4 Satz 1 des Versicherungsaufsichtsgesetzes,
   f) Beschlüsse nach § 399 des Gesetzes über das Verfahren in Familiensachen und in den Angelegenheiten der freiwilligen Gerichtsbarkeit;
2. ...

§ 18
Insolvenzverfahren

(1) Im Verfahren nach der Insolvenzordnung bleiben dem Richter vorbehalten:

1. das Verfahren bis zur Entscheidung über den Eröffnungsantrag unter Einschluss dieser Entscheidung und der Ernennung des Insolvenzverwalters sowie des Verfahrens über einen Schuldenbereinigungsplan nach den §§ 305 bis 310 der Insolvenzordnung,
2. ...

§ 19
Aufhebung von Richtervorbehalten

(1) [1]Die Landesregierungen werden ermächtigt, durch Rechtsverordnung die in den vorstehenden Vorschriften bestimmten Richtervorbehalte ganz oder teilweise aufzuheben, soweit sie folgende Angelegenheiten betreffen:

...

[2]Die Landesregierungen können die Ermächtigung auf die Landesjustizverwaltungen übertragen.

(2) In der Verordnung nach Absatz 1 ist vorzusehen, dass der Rechtspfleger das Verfahren dem Richter zur weiteren Bearbeitung vorzulegen hat, soweit bei den Geschäften nach Absatz 1 Satz 1 Nummer 2 bis 5 gegen den Erlass der beantragten Entscheidung Einwände erhoben werden.

(3) ...

§ 19a
Verfahren nach dem internationalen Insolvenzrecht

(vom Abdruck wurde abgesehen)

§ 19b
Schifffahrtsrechtliches Verteilungsverfahren

(vom Abdruck wurde abgesehen)

§ 20
Bürgerliche Rechtsstreitigkeiten

(1) Folgende Geschäfte im Verfahren nach der Zivilprozessordnung werden dem Rechtspfleger übertragen:

1. das Mahnverfahren im Sinne des Siebenten Buchs der Zivilprozessordnung einschließlich der Bestimmung der Einspruchsfrist nach § 700 Absatz 1 in Verbindung mit § 339 Absatz 2 und 3 der Zivilprozessordnung sowie der Abgabe an das für das streitige Verfahren als zuständig bezeichnete Gericht, auch soweit das Mahnverfahren maschinell bearbeitet wird; jedoch bleibt das Streitverfahren dem Richter vorbehalten; ...

13. die Erteilung von weiteren vollstreckbaren Ausfertigungen gerichtlicher Urkunden und die Entscheidung über den Antrag auf Erteilung weiterer vollstreckbarer Ausfertigungen notarieller Urkunden nach § 797 Absatz 2 Buchstabe c der Zivilprozessordnung und die Entscheidung über die Erteilung weiterer vollstreckbarer Ausfertigungen nach § 60 Satz 3 Nummer 2 des Achten Buches Sozialgestzbuch,

   ...

17. die Geschäfte im Zwangsvollstreckungsverfahren nach dem Achten Buch der Zivilprozessordnung, soweit sie von dem Vollstreckungsgericht, einem von diesem ersuchten Gericht oder in den Fällen der §§ 848, 854, 855 der Zivil-

prozessordnung von einem anderen Amtsgericht oder dem Verteilungsgericht (§ 873 der Zivilprozessordnung) zu erledigen sind.

a) von dem Vollstreckungsgericht oder einem von diesem ersuchten Gericht,

b) in den Fällen der §§ 848, 854 und 855 der Zivilprozessordnung vor einem anderen Amtsgericht oder

c) von dem Verteilungsgericht nach § 873 der Zivilprozessordnung mit der Maßgabe, dass dem Richter die Entscheidungen nach § 866 der Zivilprozessordnung sowie (...) vorbehalten bleiben.

(2)–(3) ...

Grunderwerbsteuergesetz

(GrEStG 1983)

vom 17. Dezember 1982 (BGBl. I S. 1777)
i. d. F. der Bekanntmachung vom 26. Februar 1997 (BGBl. I S. 418, 1804)
zuletzt geändert durch Gesetz vom 25. Juni 2021 (BGBl. I S. 2050 und S. 2056)

– Auszug –

§ 1
Erwerbsvorgänge

(1) [1]Der Grunderwerbsteuer unterliegen die folgenden Rechtsvorgänge, soweit sie sich auf inländische Grundstücke beziehen:

1. ein Kaufvertrag oder ein anderes Rechtsgeschäft, das den Anspruch auf Übereignung begründet;
2. die Auflassung, wenn kein Rechtsgeschäft vorausgegangen ist, das den Anspruch auf Übereignung begründet;
3. der Übergang des Eigentums, wenn kein den Anspruch auf Übereignung begründendes Rechtsgeschäft vorausgegangen ist und es auch keiner Auflassung bedarf. [2]Ausgenommen sind
   a) der Übergang des Eigentums durch die Abfindung in Land und die unentgeltliche Zuteilung von Land für gemeinschaftliche Anlagen im Flurbereinigungsverfahren sowie durch die entsprechenden Rechtsvorgänge im beschleunigten Zusammenlegungsverfahren und im Landtauschverfahren nach dem Flurbereinigungsgesetz in seiner jeweils geltenden Fassung, wenn der neue Eigentümer in diesem Verfahren als Eigentümer eines im Flurbereinigungsgebiet gelegenen Grundstücks Beteiligter ist und soweit der Wert des dem neuen Eigentümer zugeteilten Grundstücks seinen sich aus dem Wert des eingebrachten Grundstücks ergebenden Sollanspruch auf Zuteilung nicht um mehr als 20 vom Hundert übersteigt,
   b) der Übergang des Eigentums im Umlegungsverfahren nach dem Bundesbaugesetz in seiner jeweils geltenden Fassung, wenn der neue Eigentümer in diesem Verfahren als Eigentümer eines im Umlegungsgebiet gelegenen Grundstücks Beteiligter ist und soweit der Wert des dem neuen Eigentümer zugeteilten Grundstücks seinen sich aus dem Wert des eingebrachten Grundstücks ergebenden Sollanspruch auf Zuteilung nicht um mehr als 20 vom Hundert übersteigt,
   c) der Übergang des Eigentums im Zwangsversteigerungsverfahren;
4. das Meistgebot im Zwangsversteigerungsverfahren;
5. ein Rechtsgeschäft, das den Anspruch auf Abtretung eines Übereignungsanspruchs oder der Rechte aus einem Meistgebot begründet;
6. ein Rechtsgeschäft, das den Anspruch auf Abtretung der Rechte aus einem Kaufangebot begründet. [2]Dem Kaufangebot steht ein Angebot zum Abschluss eines anderen Vertrags gleich, kraft dessen die Übereignung verlangt werden kann;

Steuerrecht

7. die Abtretung eines der in den Nummern 5 und 6 bezeichneten Rechte, wenn kein Rechtsgeschäft vorausgegangen ist, das den Anspruch auf Abtretung der Rechte begründet.

(2) Der Grunderwerbsteuer unterliegen auch Rechtsvorgänge, die es ohne Begründung eines Anspruchs auf Übereignung einem anderen rechtlich oder wirtschaftlich ermöglichen, ein inländisches Grundstück auf eigene Rechnung zu verwerten.

(2a) [1]Gehört zum Vermögen einer Personengesellschaft ein inländisches Grundstück und ändert sich innerhalb von zehn Jahren der Gesellschafterbestand unmittelbar oder mittelbar dergestalt, dass mindestens 90 vom Hundert der Anteile am Gesellschaftsvermögen auf neue Gesellschafter übergehen, gilt dies als ein auf die Übereignung eines Grundstücks auf eine neue Personengesellschaft gerichtetes Rechtsgeschäft. [2]Mittelbare Änderungen im Gesellschafterbestand von den an einer Personengesellschaft beteiligten Personengesellschaften werden durch Multiplikation der Vomhundertsätze der Anteile am Gesellschaftsvermögen anteilig berücksichtigt. [3]Ist eine Kapitalgesellschaft an einer Personengesellschaft unmittelbar oder mittelbar beteiligt, gelten die Sätze 4 und 5. [4]Eine unmittelbar beteiligte Kapitalgesellschaft gilt in vollem Umfang als neue Gesellschafterin, wenn an ihr mindestens 90 vom Hundert der Anteile auf neue Gesellschafter übergehen. [5]Bei mehrstufigen Beteiligungen gilt Satz 4 auf der Ebene jeder mittelbar beteiligten Kapitalgesellschaft entsprechend. [6]Bei der Ermittlung des Vomhundertsatzes bleibt der Erwerb von Anteilen von Todes wegen außer Betracht. [7]Hat die Personengesellschaft vor dem Wechsel des Gesellschafterbestandes ein Grundstück von einem Gesellschafter oder einer anderen Gesamthand erworben, ist auf die nach § 8 Abs. 2 Satz 1 Nr. 3 ermittelte Bemessungsgrundlage die Bemessungsgrundlage für den Erwerbsvorgang, für den auf Grund des § 5 Abs. 3 oder des § 6 Abs. 3 Satz 2 die Steuervergünstigung zu versagen ist, mit dem entsprechenden Betrag anzurechnen.

(2b) [1]Gehört zum Vermögen einer Kapitalgesellschaft ein inländisches Grundstück und ändert sich innerhalb von zehn Jahren der Gesellschafterbestand unmittelbar oder mittelbar dergestalt, dass mindestens 90 vom Hundert der Anteile der Gesellschaft auf neue Gesellschafter übergehen, gilt dies als ein auf die Übereignung eines Grundstücks auf eine neue Kapitalgesellschaft gerichtetes Rechtsgeschäft. [2]Mittelbare Änderungen im Gesellschafterbestand von den an einer Kapitalgesellschaft beteiligten Personengesellschaften werden durch Multiplikation der Vomhundertsätze der Anteile der Gesellschaft anteilig berücksichtigt. [3]Ist eine Kapitalgesellschaft an einer Kapitalgesellschaft unmittelbar oder mittelbar beteiligt, gelten die Sätze 4 und 5. [4]Eine unmittelbar beteiligte Kapitalgesellschaft gilt in vollem Umfang als neue Gesellschafterin, wenn an ihr mindestens 90 vom Hundert der Anteile auf neue Gesellschafter übergehen. [5]Bei mehrstufigen Beteiligungen gilt Satz 4 auf der Ebene jeder mittelbar beteiligten Kapitalgesellschaft entsprechend. [6]Bei der Ermittlung des Vomhundertsatzes bleibt der Erwerb von Anteilen von Todes wegen außer Betracht.

(2c) Bei der Ermittlung des Vomhundertsatzes im Sinne von Absatz 2a Satz 1 und Absatz 2b Satz 1 bleiben Übergänge von Anteilen an Kapitalgesellschaften außer Betracht, die zum Handel an einem im Inland, in einem anderen Mitgliedstaat der Europäischen Union oder einem anderen Vertragsstaat des Abkommens über den Europäischen Wirtschaftsraum betriebenen organisierten Markt nach § 2 Absatz 11 des Wertpapierhandelsgesetzes oder einem Drittlandhandelsplatz, der gemäß Artikel 25 Absatz 4 Buchstabe a der Richtlinie 2014/65/EU von der Europäischen Kommission als gleichwertig erklärt wurde, zugelassen sind, soweit der Anteilsübergang auf Grund eines Geschäfts an diesem Markt oder Drittlandhandelsplatz oder einem multilateralen Handelssystem im Sinne des Artikels 2 Absatz 1 Nummer 14 der Verordnung (EU) Nr. 600/2014 erfolgt

(3) Gehört zum Vermögen einer Gesellschaft ein inländisches Grundstück, so unterliegen der Steuer, soweit eine Besteuerung nach Absatz 2a und 2b nicht in Betracht kommt, außerdem:

1. ein Rechtsgeschäft, das den Anspruch auf Übertragung eines oder mehrerer Anteile der Gesellschaft begründet, wenn durch die Übertragung unmittelbar oder mittelbar mindestens 90 vom Hundert der Anteile der Gesellschaft in der Hand des Erwerbers oder in der Hand von herrschenden und abhängigen Unternehmen oder abhängigen Personen allein vereinigt werden würden;
2. die Vereinigung unmittelbar oder mittelbar von mindestens 90 vom Hundert der Anteile der Gesellschaft, wenn kein schuldrechtliches Geschäft im Sinne der Nummer 1 vorausgegangen ist;
3. ein Rechtsgeschäft, das den Anspruch auf Übertragung unmittelbar oder mittelbar von mindestens 90 vom Hundert der Anteile der Gesellschaft begründet;
4. der Übergang unmittelbar oder mittelbar von mindestens 90 vom Hundert der Anteile der Gesellschaft auf einen anderen, wenn kein schuldrechtliches Geschäft im Sinne der Nummer 3 vorausgegangen ist.

(3a) [1]Soweit eine Besteuerung nach Absatz 2a und Absatz 3 nicht in Betracht kommt, gilt als Rechtsvorgang im Sinne des Absatzes 3 auch ein solcher, aufgrund dessen ein Rechtsträger unmittelbar oder mittelbar oder teils unmittelbar, teils mittelbar eine wirtschaftliche Beteiligung in Höhe von mindestens 90 vom Hundert an einer Gesellschaft, zu deren Vermögen ein inländisches Grundstück gehört, innehat. [2]Die wirtschaftliche Beteiligung ergibt sich aus der Summe der unmittelbaren und mittelbaren Beteiligungen am Kapital oder am Vermögen der Gesellschaft. [3]Für die Ermittlung der mittelbaren Beteiligungen sind die Vomhundertsätze am Kapital oder am Vermögen der Gesellschaften zu multiplizieren.

(4) Im Sinne des Absatzes 3 gelten als abhängig

1. natürliche Personen, soweit sie einzeln oder zusammengeschlossen einem Unternehmen so eingegliedert sind, dass sie den Weisungen des Unternehmers in Bezug auf die Anteile zu folgen verpflichtet sind;
2. juristische Personen, die nach dem Gesamtbild der tatsächlichen Verhältnisse finanziell, wirtschaftlich und organisatorisch in ein Unternehmen eingegliedert sind.

(5) Bei einem Tauschvertrag, der für beide Vertragsteile den Anspruch auf Übereignung eines Grundstücks begründet, unterliegt der Steuer sowohl die Vereinbarung über die Leistung des einen als auch die Vereinbarung über die Leistung des anderen Vertragsteils.

(6) [1]Ein in Absatz 1, 2, 3 oder Absatz 3a bezeichneter Rechtsvorgang unterliegt der Steuer auch dann, wenn ihm ein in einem anderen dieser Absätze bezeichneter Rechtsvorgang vorausgegangen ist. [2]Die Steuer wird jedoch nur insoweit erhoben, als die Bemessungsgrundlage für den späteren Rechtsvorgang den Betrag übersteigt, von dem beim vorausgegangenen Rechtsvorgang die Steuer berechnet worden ist.

§ 2
Grundstücke

(1) [1]Unter Grundstücken im Sinne dieses Gesetzes sind Grundstücke im Sinne des bürgerlichen Rechts zu verstehen. [2]Jedoch werden nicht zu den Grundstücken gerechnet:

1. Maschinen und sonstige Vorrichtungen aller Art, die zu einer Betriebsanlage gehören,
2. Mineralgewinnungsrechte und sonstige Gewerbeberechtigungen,
3. das Recht des Grundstückseigentümers auf den Erbbauzins.

(2) Den Grundstücken stehen gleich

1. Erbbaurechte,
2. Gebäude auf fremdem Boden,
3. dinglich gesicherte Sondernutzungsrechte im Sinne des § 15 des Wohnungseigentumsgesetzes und nach den Vorschriften des Wohnungseigentumsgesetzes und des § 1010 des Bürgerlichen Gesetzbuchs.

(3) [1]Bezieht sich ein Rechtsvorgang auf mehrere Grundstücke, die zu einer wirtschaftlichen Einheit gehören, so werden diese Grundstücke als ein Grundstück behandelt. [2]Bezieht sich ein Rechtsvorgang auf einen oder mehrere Teile eines Grundstücks, so werden diese Teile als ein Grundstück behandelt.

§ 3
Allgemeine Ausnahmen von der Besteuerung

[1]Von der Besteuerung sind ausgenommen:

1. der Erwerb eines Grundstücks, wenn der für die Berechnung der Steuer maßgebende Wert (§ 8) 2 500 Euro nicht übersteigt;
2. der Grundstückserwerb von Todes wegen und Grundstücksschenkungen unter Lebenden im Sinne des Erbschaftsteuer- und Schenkungsteuergesetzes. [2]Schenkungen unter einer Auflage unterliegen der Besteuerung jedoch hinsichtlich des Werts solcher Auflagen, die bei der Schenkungsteuer abziehbar sind;
3. der Erwerb eines zum Nachlass gehörigen Grundstücks durch Miterben zur Teilung des Nachlasses. [2]Den Miterben steht der überlebende Ehegatte oder Lebenspartner gleich, wenn er mit den Erben des verstorbenen Ehegatten oder Lebenspartners gütergemeinschaftliches Vermögen zu teilen hat oder wenn ihm in Anrechnung auf eine Ausgleichsforderung am Zugewinn des verstorbenen Ehegatten oder Lebenspartners ein zum Nachlass gehöriges Grundstück übertragen wird. [3]Den Miterben stehen außerdem ihre Ehegatten oder ihre Lebenspartner gleich;
4. der Grundstückserwerb durch den Ehegatten oder den Lebenspartner des Veräußerers;

5. der Grundstückserwerb durch den früheren Ehegatten des Veräußerers im Rahmen der Vermögensauseinandersetzung nach der Scheidung;

5a. der Grundstückserwerb durch den früheren Lebenspartner des Veräußerers im Rahmen der Vermögensauseinandersetzung nach der Aufhebung der Lebenspartnerschaft;

6. der Erwerb eines Grundstücks durch Personen, die mit dem Veräußerer in gerader Linie verwandt sind oder deren Verwandtschaft durch die Annahme als Kind bürgerlich-rechtlich erloschen ist. [2]Den Abkömmlingen stehen die Stiefkinder gleich. [3]Den in den Sätzen 1 und 2 genannten Personen stehen deren Ehegatten oder deren Lebenspartner gleich;

7. der Erwerb eines zum Gesamtgut gehörigen Grundstücks durch Teilnehmer an einer fortgesetzten Gütergemeinschaft zur Teilung des Gesamtguts. [2]Den Teilnehmern an der fortgesetzten Gütergemeinschaft stehen ihre Ehegatten oder ihre Lebenspartner gleich;

8. der Rückerwerb eines Grundstücks durch den Treugeber bei Auflösung des Treuhandverhältnisses. [2]Voraussetzung ist, dass für den Rechtsvorgang, durch den der Treuhänder den Anspruch auf Übereignung des Grundstücks oder das Eigentum an dem Grundstück erlangt hatte, die Steuer entrichtet worden ist. [3]Die Anwendung der Vorschrift des § 16 Abs. 2 bleibt unberührt.

§ 4
Besondere Ausnahmen von der Besteuerung

Von der Besteuerung sind ausgenommen:

1. der Erwerb eines Grundstücks durch eine juristische Person des öffentlichen Rechts, wenn das Grundstück aus Anlass des Übergangs von öffentlich-rechtlichen Aufgaben oder aus Anlass von Grenzänderungen von der einen auf die andere juristische Person übergeht und nicht überwiegend einem Betrieb gewerblicher Art dient;
2. der Erwerb eines Grundstücks durch einen ausländischen Staat, wenn das Grundstück für die Zwecke von Botschaften, Gesandtschaften oder Konsulaten dieses Staates bestimmt ist und Gegenseitigkeit gewährt wird;

...

6. Erwerbe, die allein auf dem Austritt des Vereinigten Königreichs Großbritannien und Nordirland aus der Europäischen Union beruhen.

§ 5
Übergang auf eine Gesamthand

(1) [1]Geht ein Grundstück von mehreren Miteigentümern auf eine Gesamthand (Gemeinschaft zur gesamten Hand) über, so wird die Steuer nicht erhoben, soweit der Anteil des einzelnen am Vermögen der Gesamthand Beteiligten seinem Bruchteil am Grundstück entspricht. [2]Satz 1 gilt nicht für eine Gesamthand, die nach § 1a des Körperschaftsteuergesetzes optiert hat, es sei denn… [3]Satz 1 gilt nicht für …

(2) [1]Geht ein Grundstück von einem Alleineigentümer auf eine Gesamthand über, so wird die Steuer in Höhe des Anteils nicht erhoben, zu dem der Veräußerer am Vermögen der Gesamthand beteiligt ist. [2]Absatz 1 Satz 2 und 3 gelten entsprechend.

(3) [1]Die Absätze 1 und 2 sind insoweit nicht anzuwenden, als sich der Anteil des Veräußerers am Vermögen der Gesamthand innerhalb von zehn Jahren nach dem Übergang des Grundstücks auf die Gesamthand vermindert. ...

§ 6
Übergang von einer Gesamthand

(1) [1]Geht ein Grundstück von einer Gesamthand in das Miteigentum mehrerer an der Gesamthand beteiligter Personen über, so wird die Steuer nicht erhoben, soweit der Bruchteil, den der einzelne Erwerber erhält, dem Anteil entspricht, zu dem er am Vermögen der Gesamthand beteiligt ist. [2]Wird ein Grundstück bei der Auflösung der Gesamthand übertragen, so ist die Auseinandersetzungsquote maßgebend, wenn die Beteiligten für den Fall der Auflösung der Gesamthand eine vom Beteiligungsverhältnis abweichende Auseinandersetzungsquote vereinbart haben.

(2) [1]Geht ein Grundstück von einer Gesamthand in das Alleineigentum einer an der Gesamthand beteiligten Person über, so wird die Steuer in Höhe des Anteils nicht erhoben, zu dem der Erwerber am Vermögen der Gesamthand beteiligt ist. [2]Geht ein Grundstück bei der Auflösung der Gesamthand in das Alleineigentum eines Gesamthänders über, so gilt Absatz 1 Satz 2 entsprechend.

(3) [1]Die Vorschriften des Absatzes 1 gelten entsprechend beim Übergang eines Grundstücks von einer Gesamthand auf eine andere Gesamthand. [2]Absatz 1 ist insoweit nicht entsprechend anzuwenden, als sich ...

(4) Die Vorschriften der Absätze 1 bis 3 gelten insoweit nicht, als

1. ein Gesamthänder – im Fall der Erbfolge sein Rechtsvorgänger – innerhalb von zehn Jahren vor dem Erwerbsvorgang seinen Anteil an der Gesamthand durch Rechtsgeschäft unter Lebenden erworben hat oder
2. die vom Beteiligungsverhältnis abweichende Auseinandersetzungsquote innerhalb der letzten zehn Jahre vor der Auflösung der Gesamthand vereinbart worden ist oder
3. bei einem Erwerbsvorgang im Sinne des § 1 Absatz 3 Nummer 1 oder Nummer 2 oder Absatz 3a der Erwerber – im Fall der Erbfolge sein Rechtsvorgänger – innerhalb von 15 Jahren vor dem Erwerbsvorgang seinen Anteil am Vermögen der Personengesellschaft erstmals durch Rechtsgeschäft unter Lebenden erworben hat, es sei denn, einer der Erwerbe der Anteile am Gesellschaftsvermögen durch diesen Erwerber – im Fall der Erbfolge durch seinen Rechtsvorgänger – hat zu einem steuerpflichtigen Erwerbsvorgang im Sinne des § 1 Absatz 2a geführt.

(...)

§ 8
Bemessungsgrundlage. Grundsatz

(1) Die Steuer bemisst sich nach dem Wert der Gegenleistung.

(2) [1]Die Steuer wird nach den Grundbesitzwerten im Sinne des § 151 Absatz 1 Satz 1 Nummer 1 in Verbindung mit § 157 Absatz 1 bis 3 des Bewertungsgesetzes bemessen:

1. wenn eine Gegenleistung nicht vorhanden oder nicht zu ermitteln ist;
2. bei Umwandlungen auf Grund eines Bundes- oder Landesgesetzes, bei Einbringungen sowie bei anderen Erwerbsvorgängen auf gesellschaftsvertraglicher Grundlage;
3. in den Fällen des § 1 Absatz 2a, 3 und 3a.
4. wenn zwischen den an einer Umwandlung beteiligten Rechtsträgern innerhalb des Rückwirkungszeitraums im Sinne der §§ 2, 20 Absatz 6 oder § 24 Absatz 4 des Umwandlungssteuergesetzes ein Erwerbsvorgang nach § 1 Absatz 1 Nummer 1 verwirklicht wird, der Wert der Gegenleistung geringer ist als der Grundbesitzwert nach § 151 Absatz 1 Satz 1 Nummer 1 in Verbindung mit § 157 Absatz 1 bis 3 des Bewertungsgesetzes und die Umwandlung ohne diesen Erwerbsvorgang eine Besteuerung nach § 1 Absatz 1 Nummer 3, Absatz 3 oder Absatz 3a ausgelöst hätte

[2]Erstreckt sich der Erwerbsvorgang auf ein noch zu errichtendes Gebäude oder beruht die Änderung des Gesellschafterbestandes im Sinne des § 1 Abs. 2a oder 2b auf einem vorgefassten Plan zur Bebauung eines Grundstücks, ist der Wert des Grundstücks abweichend von § 157 Absatz 1 Satz 1 Bewertungsgesetzes nach den tatsächlichen Verhältnissen im Zeitpunkt der Fertigstellung des Gebäudes maßgebend.

§ 9
Gegenleistung

(1) [1]Als Gegenleistung gelten

1. bei einem Kauf:
   der Kaufpreis einschließlich der vom Käufer übernommenen sonstigen Leistungen und der dem Verkäufer vorbehaltenen Nutzungen;
2. bei einem Tausch:
   die Tauschleistung des anderen Vertragsteils einschließlich einer vereinbarten zusätzlichen Leistung;
3. bei einer Leistung an Erfüllungs Statt:
   der Wert, zu dem die Leistung an Erfüllungs Statt angenommen wird;
4. beim Meistgebot im Zwangsversteigerungsverfahren:
   das Meistgebot einschließlich der Rechte, die nach den Versteigerungsbedingungen bestehen bleiben;

Steuerrecht

5. bei Abtretung der Rechte aus dem Meistgebot:
die Übernahme der Verpflichtung aus dem Meistgebot. [2]Zusätzliche Leistungen, zu denen sich der Erwerber gegenüber dem Meistbietenden verpflichtet, sind dem Meistgebot hinzuzurechnen. Leistungen, die der Meistbietende dem Erwerber gegenüber übernimmt, sind abzusetzen;

6. bei der Abtretung des Übereignungsanspruchs:
die Übernahme der Verpflichtung aus dem Rechtsgeschäft, das den Übereignungsanspruch begründet hat, einschließlich der besonderen Leistungen, zu denen sich der Übernehmer dem Abtretenden gegenüber verpflichtet. [2]Leistungen, die der Abtretende dem Übernehmer gegenüber übernimmt, sind abzusetzen;

7. bei der Enteignung:
die Entschädigung. [2]Wird ein Grundstück enteignet, das zusammen mit anderen Grundstücken eine wirtschaftliche Einheit bildet, so gehört die besondere Entschädigung für eine Wertminderung der nicht enteigneten Grundstücke nicht zur Gegenleistung; dies gilt auch dann, wenn ein Grundstück zur Vermeidung der Enteignung freiwillig veräußert wird.

(2) [1]Zur Gegenleistung gehören auch

1. Leistungen, die der Erwerber des Grundstücks dem Veräußerer neben der beim Erwerbsvorgang vereinbarten Gegenleistung zusätzlich gewährt;
2. die Belastungen, die auf dem Grundstück ruhen, soweit sie auf den Erwerber kraft Gesetzes übergehen. [2]Zur Gegenleistung gehören jedoch nicht die auf dem Grundstück ruhenden dauernden Lasten. [3]Der Erbbauzins gilt nicht als dauernde Last;
3. Leistungen, die der Erwerber des Grundstücks anderen Personen als dem Veräußerer als Gegenleistung dafür gewährt, dass sie auf den Erwerb des Grundstücks verzichten;
4. Leistungen, die ein anderer als der Erwerber des Grundstücks dem Veräußerer als Gegenleistung dafür gewährt, dass der Veräußerer dem Erwerber das Grundstück überlässt.

(3) Die Grunderwerbsteuer, die für den zu besteuernden Erwerbsvorgang zu entrichten ist, wird der Gegenleistung weder hinzugerechnet noch von ihr abgezogen.

...

§ 11
Steuersatz, Abrundung

(1) Die Steuer beträgt 3,5 vom Hundert.*)

(2) Die Steuer ist auf volle Euro nach unten abzurunden.

...

*) Länderzuständigkeit gem. Art. 105 Abs. 2a GG i.d.F. vom 28.08.2006.
Abweichender Steuersatz Baden-Württemberg seit 05.11.2011: 5,0%; Berlin seit 01.01.2014: 6%, Brandenburg seit 01.07.2015: 6,5%; Bremen seit 01.01,2014: 5,0%; Hamburg seit 01.01.2009: 4,5%; Hessen seit 01.08.2014: 6,0%; Mecklenburg-Vorpommern seit 01.07.2019: 6%; Niedersachsen seit 01.01.2014: 5%; Nordrhein-Westfalen seit 01.01.2015: 6,5%; Rheinland-Pfalz seit 01.03.2012: 5,0%; Saarland seit 01.01.2015: 6,5%; Sachsen-Anhalt seit 01.03.2012: 5%; Schleswig-Holstein seit 01.01.2014: 6,5%; Thüringen seit 01.01.2017: 6,5 %.

§ 13
Steuerschuldner

Steuerschuldner sind

1. regelmäßig:
   die an einem Erwerbsvorgang als Vertragsteile beteiligten Personen;
2. beim Erwerb kraft Gesetzes:
   der bisherige Eigentümer und der Erwerber;
3. beim Erwerb im Enteignungsverfahren:
   der Erwerber;
4. beim Meistgebot im Zwangsversteigerungsverfahren:
   der Meistbietende;
5. bei der Vereinigung von mindestens 90 vom Hundert der Anteile an einer Gesellschaft in der Hand
   a) des Erwerbers:
      der Erwerber;
   b) mehrerer Unternehmen oder Personen:
      diese Beteiligten;
6. bei Änderung des Gesellschafterbestandes einer Personengesellschaft:
   die Personengesellschaft;
7. bei Änderung des Gesellschafterbestandes einer Kapitalgesellschaft: die Kapitalgesellschaft.
8. bei der wirtschaftlichen Beteiligung von mindestens 90 vom Hundert an einer Gesellschaft:
   der Rechtsträger, der die wirtschaftliche Beteiligung innehat

...

§ 16
Nichtfestsetzung der Steuer, Aufhebung oder Änderung der Steuerfestsetzung

(1) Wird ein Erwerbsvorgang rückgängig gemacht bevor das Eigentum am Grundstück auf den Erwerber übergegangen ist, so wird auf Antrag die Steuer nicht festgesetzt oder die Steuerfestsetzung aufgehoben,

1. wenn die Rückgängigmachung durch Vereinbarung, durch Ausübung eines vorbehaltenen Rücktrittsrechts oder eines Wiederkaufsrechts innerhalb von zwei Jahren seit der Entstehung der Steuer stattfindet;
2. wenn die Vertragsbedingungen nicht erfüllt werden und der Erwerbsvorgang deshalb auf Grund eines Rechtsanspruchs rückgängig gemacht wird.

(2) [1]Erwirbt der Veräußerer das Eigentum an dem veräußerten Grundstück zurück, so wird auf Antrag sowohl für den Rückerwerb als auch für den vorausgegangenen Erwerbsvorgang die Steuer nicht festgesetzt oder die Steuerfestsetzung aufgehoben,

1. wenn der Rückerwerb innerhalb von zwei Jahren seit der Entstehung der Steuer für den vorausgegangenen Erwerbsvorgang stattfindet. [2]Ist für den Rückerwerb eine Eintragung in das Grundbuch erforderlich, so muß innerhalb der Frist die Auflassung erklärt und die Eintragung im Grundbuch beantragt werden;
2. wenn das dem Erwerbsvorgang zugrundeliegende Rechtsgeschäft nichtig oder infolge einer Anfechtung als von Anfang an nichtig anzusehen ist;
3. wenn die Vertragsbedingungen des Rechtsgeschäfts, das den Anspruch auf Übereignung begründet hat, nicht erfüllt werden und das Rechtsgeschäft deshalb auf Grund eines Rechtsanspruchs rückgängig gemacht wird.

(3) Wird die Gegenleistung für das Grundstück herabgesetzt, so wird auf Antrag die Steuer entsprechend niedriger fest gesetzt oder die Steuerfestsetzung geändert,

1. wenn die Herabsetzung innerhalb von zwei Jahren seit der Entstehung der Steuer stattfindet;
2. wenn die Herabsetzung (Minderung) auf Grund des§ 437 des Bürgerlichen Gesetzbuches vollzogen wird.

(4) Tritt ein Ereignis ein, das nach den Absätzen 1 bis 3 die Aufhebung oder Änderung einer Steuerfestsetzung begründet, endet die Festsetzungsfrist (§§ 169 bis 171 der Abgabenordnung) insoweit nicht vor Ablauf eines Jahres nach dem Eintritt des Ereignisses.

(5) Die Vorschriften der Absätze 1 bis 4 gelten nicht, wenn einer der in§ 1 Absatz 2 bis 3a bezeichneten Erwerbsvorgänge rückgängig gemacht wird, der nicht fristgerecht und in allen Teilen vollständig angezeigt(§§ 18 bis 20) war.

...

§ 18
Anzeigepflicht der Gerichte, Behörden und Notare

(1) [1]Gerichte, Behörden und Notare haben dem zuständigen Finanzamt schriftlich Anzeige nach amtlich vorgeschriebenem Vordruck zu erstatten über

1. Rechtsvorgänge, die sie beurkundet oder über die sie eine Urkunde entworfen und darauf eine Unterschrift beglaubigt haben, wenn die Rechtsvorgänge ein Grundstück im Geltungsbereich dieses Gesetzes betreffen;
2. Anträge auf Berichtigung des Grundbuchs, die sie beurkundet oder über die sie eine Urkunde entworfen und darauf eine Unterschrift beglaubigt haben, wenn der Antrag darauf gestützt wird, dass der Grundstückseigentümer gewechselt hat;
3. Zuschlagsbeschlüsse im Zwangsversteigerungsverfahren, Enteignungsbeschlüsse und andere Entscheidungen, durch die ein Wechsel im Grundstückseigentum bewirkt wird. Die Anzeigepflicht der Gerichte besteht auch beim Wechsel im Grundstückseigentum auf Grund einer Eintragung im Handels-, Genossenschafts- oder Vereinsregister;
4. nachträgliche Änderungen oder Berichtigungen eines der unter Nummer 1 bis 3 aufgeführten Vorgänge.

[2]Der Anzeige ist eine Abschrift der Urkunde über den Rechtsvorgang, den Antrag, den Beschluss oder die Entscheidung beizufügen.

(2) [1]Die Anzeigepflicht bezieht sich auch auf Vorgänge, die ein Erbbaurecht oder ein Gebäude auf fremdem Boden betreffen. [2]Sie gilt außerdem für Vorgänge, die die Übertragung von Anteilen an einer Kapitalgesellschaft, einer Personenhandelsgesellschaft oder einer Gesellschaft des bürgerlichen Rechts betreffen, wenn zum Vermögen der Gesellschaft ein im Geltungsbereich dieses Gesetzes liegendes Grundstück gehört.

(3) [1]Die Anzeigen sind innerhalb von zwei Wochen nach der Beurkundung oder der Unterschriftsbeglaubigung oder der Bekanntgabe der Entscheidung zu erstatten, und zwar auch dann, wenn die Wirksamkeit des Rechtsvorgangs vom Eintritt einer Bedingung, vom Ablauf einer Frist oder von einer Genehmigung abhängig ist. [2]Sie sind auch dann zu erstatten, wenn der Rechtsvorgang von der Besteuerung ausgenommen ist.

(4) Die Absendung der Anzeige ist auf der Urschrift der Urkunde, in den Fällen, in denen eine Urkunde entworfen und darauf eine Unterschrift beglaubigt worden ist, auf der zurückbehaltenen beglaubigten Abschrift zu vermerken.

(5) Die Anzeigen sind an das für die Besteuerung, in den Fällen des § 17 Abs. 2 und 3 an das für die gesonderte Feststellung zuständige Finanzamt zu richten.

...

§ 20
Inhalt der Anzeigen

(1) Die Anzeigen müssen enthalten:

1. Name, Vorname, Anschrift, Geburtsdatum sowie die Identifikationsnummer gemäß § 139b der Abgabenordnung oder die Wirtschafts-Identifikationsnummer gemäß § 139c der Abgabenordnung des Veräußerers und des Erwerbers, den Namen desjenigen, der nach der vertraglichen Vereinbarung die Grunderwerbsteuer trägt, sowie Name und Anschrift dessen gesetzlichen Vertreters und gegebenenfalls die Angabe, ob und um welche begünstigte Person im Sinne des § 3 Nummer 3 bis 7 es sich bei dem Erwerber handelt; bei nicht natürlichen Personen sind bis zur Einführung der Wirtschafts-Identifikationsnummer gemäß § 139c der Abgabenordnung die Register- und die für die Besteuerung nach dem Einkommen vergebene Steuernummer des Veräußerers und des Erwerbers anzugeben;
2. die Bezeichnung des Grundstücks nach Grundbuch, Kataster, Straße und Hausnummer, den Anteil des Veräußerers und des Erwerbers am Grundstück und bei Wohnungs-und Teileigentum die genaue Bezeichnung des Wohnungs- und Teileigentums sowie den Miteigentumsanteil;
3. die Größe des Grundstücks und bei bebauten Grundstücken die Art der Bebauung;

Steuerrecht

4. die Bezeichnung des anzeigepflichtigen Vorgangs, den Tag der Beurkundung und die Urkundennummer, bei einem Vorgang, der einer Genehmigung bedarf, auch die Bezeichnung desjenigen, dessen Genehmigung erforderlich ist, bei einem Vorgang unter einer Bedingung auch die Bezeichnung der Bedingung;
5. den Kaufpreis oder die sonstige Gegenleistung (§ 9);
6. den Namen und die Anschrift der Urkundsperson.

(2) Die Anzeigen, die sich auf Anteile an einer Gesellschaft beziehen, müssen außerdem enthalten:

1. die Firma, den Ort der Geschäftsführung sowie die Wirtschafts-Identifikationsnummer der Gesellschaft gemäß§ 139c der Abgabenordnung; bis zur Einführung der Wirtschafts-Identifikationsnummer gemäß § 139c der Abgabenordnung ist die Register- und die für die Besteuerung nach dem Einkommen vergebene Steuernummer der Gesellschaft anzugeben;
2. die Bezeichnung des oder der Gesellschaftsanteile;
3. bei mehreren beteiligten Rechtsträgern eine Beteiligungsübersicht.

§ 21
Urkundenaushändigung

Die Gerichte, Behörden und Notare dürfen Urkunden, die einen anzeigepflichtigen Vorgang betreffen, den Beteiligten erst aushändigen und Ausfertigungen oder beglaubigte Abschriften den Beteiligten erst erteilen, wenn sie die Anzeigen in allen Teilen vollständig (§§ 18 und 20) an das Finanzamt abgesandt haben.

§ 22
Unbedenklichkeitsbescheinigung

(1) [1]Der Erwerber eines Grundstücks darf in das Grundbuch erst dann eingetragen werden, wenn eine Bescheinigung des für die Besteuerung zuständigen Finanzamts vorgelegt wird (§ 17 Abs. 1 Satz 1) oder Bescheinigungen der für die Besteuerung zuständigen Finanzämter (§ 17 Abs. 1 Satz 2) vorgelegt werden, dass der Eintragung steuerliche Bedenken nicht entgegenstehen. [2]Die obersten Finanzbehörden der Länder können im Einvernehmen mit den Landesjustizverwaltungen Ausnahmen hiervon vorsehen.

(2) [1]Das Finanzamt hat die Bescheinigung zu erteilen, wenn die Grunderwerbsteuer entrichtet, sichergestellt oder gestundet worden ist oder wenn Steuerfreiheit gegeben ist. [2]Es darf die Bescheinigung auch in anderen Fällen erteilen, wenn nach seinem Ermessen die Steuerforderung nicht gefährdet ist.

Erbschaftsteuer- und Schenkungsteuergesetz
(ErbStG)

vom 17. April 1974 (BGBl. I S. 933)
i. d. F. der Bekanntmachung vom 27. Februar 1997 (BGBl. I S. 378)
zuletzt geändert durch Gesetz vom 25. Juni 2021 (BGBl. I S. 2050 und 2056)

– Auszug –

§ 1
Steuerpflichtige Vorgänge

(1) Der Erbschaftsteuer (Schenkungsteuer) unterliegen

1. der Erwerb von Todes wegen;
2. die Schenkungen unter Lebenden;
3. die Zweckzuwendungen;
4. das Vermögen einer Stiftung, sofern sie wesentlich im Interesse einer Familie oder bestimmter Familien errichtet ist, und eines Vereins, dessen Zweck wesentlich im Interesse einer Familie oder bestimmter Familien auf die Bindung von Vermögen gerichtet ist, in Zeitabständen von je 30 Jahren seit dem in § 9 Abs. 1 Nr. 4 bestimmten Zeitpunkt.

(2) Soweit nichts anderes bestimmt ist, gelten die Vorschriften dieses Gesetzes über die Erwerbe von Todes wegen auch für Schenkungen und Zweckzuwendungen, die Vorschriften über Schenkungen auch für Zweckzuwendungen unter Lebenden.

§ 13
Steuerbefreiungen

(1) [1]Steuerfrei bleiben

1. a) Hausrat einschließlich Wäsche und Kleidungsstücke beim Erwerb durch Personen der Steuerklasse I, soweit der Wert insgesamt 41 000 Euro nicht übersteigt,

   b) andere bewegliche körperliche Gegenstände, die nicht nach Nummer 2 befreit sind, beim Erwerb durch Personen der Steuerklasse I, soweit der Wert insgesamt 12 000 Euro nicht übersteigt,

   c) Hausrat einschließlich Wäsche und Kleidungsstücke und andere bewegliche körperliche Gegenstände, die nicht nach Nummer 2 befreit sind, beim Erwerb durch Personen der Steuerklassen II und III, soweit der Wert insgesamt 12 000 Euro nicht übersteigt.

   [2]Die Befreiung gilt nicht für Gegenstände, die zum land- und forstwirtschaftlichen Vermögen, zum Grundvermögen oder zum Betriebsvermögen gehören, für Zahlungsmittel, Wertpapiere, Münzen, Edelmetalle, Edelsteine und Perlen;

…

§ 14
Berücksichtigung früherer Erwerbe

(1) [1]Mehrere innerhalb von zehn Jahren von derselben Person anfallende Vermögensvorteile werden in der Weise zusammengerechnet, dass dem letzten Erwerb die früheren Erwerbe nach ihrem früheren Wert zugerechnet werden. [2]Von der Steuer für den Gesamtbetrag wird die Steuer abgezogen, die für die früheren Erwerbe nach den persönlichen Verhältnissen des Erwerbers und auf der Grundlage der geltenden Vorschriften zur Zeit des letzten Erwerbs zu erheben gewesen wäre. [3]Anstelle der Steuer nach Satz 2 ist die tatsächlich für die in die Zusammenrechnung einbezogenen früheren Erwerbe zu entrichtende Steuer abzuziehen, wenn diese höher ist. [4]Die Steuer, die sich für den letzten Erwerb ohne Zusammenrechnung mit früheren Erwerben ergibt, darf durch den Abzug der Steuer nach Satz 2 oder Satz 3 nicht unterschritten werden. [5]Erwerbe, für die sich nach den steuerlichen Bewertungsgrundsätzen kein positiver Wert ergeben hat, bleiben unberücksichtigt.

(2) [1]Führt der Eintritt eines Ereignisses mit Wirkung für die Vergangenheit zu einer Veränderung des Werts eines früheren, in die Zusammenrechnung nach Absatz 1 einzubeziehenden Erwerbs, gilt dies auch für den späteren Erwerb als Ereignis mit Wirkung für die Vergangenheit nach § 175 Absatz 1 Satz 1 Nummer 2 der Abgabenordnung (rückwirkendes Ereignis). [2]Für den späteren Erwerb gelten auch der erstmalige Erlass, die Änderung und die Aufhebung eines Steuerbescheids für einen früheren, in die Zusammenrechnung einzubeziehenden Erwerb als rückwirkendes Ereignis. [3]Dasselbe gilt auch, soweit eine Änderung der Steuerfestsetzung für den früheren Erwerb lediglich zu einer geänderten anrechenbaren Steuer führt.

(3) Die durch jeden weiteren Erwerb veranlasste Steuer darf nicht mehr betragen als 50 Prozent dieses Erwerbs.

§ 15
Steuerklassen

(1) Nach dem persönlichen Verhältnis des Erwerbers zum Erblasser oder Schenker werden die folgenden drei Steuerklassen unterschieden:

Steuerklasse I:

1. der Ehegatte und der Lebenspartner,
2. die Kinder und Stiefkinder,
3. die Abkömmlinge der in Nummer 2 genannten Kinder und Stiefkinder,
4. die Eltern und Voreltern bei Erwerben von Todes wegen;

Steuerklasse II:

1. die Eltern und Voreltern, soweit sie nicht zur Steuerklasse I gehören,
2. die Geschwister,
3. die Abkömmlinge ersten Grades von Geschwistern,

4. die Stiefeltern,
5. die Schwiegerkinder,
6. die Schwiegereltern,
7. der geschiedene Ehegatte und der Lebenspartner einer aufgehobenen Lebenspartnerschaft;

Steuerklasse III:

alle übrigen Erwerber und die Zweckzuwendungen.

(1a) Die Steuerklassen I und II Nr. 1 bis 3 gelten auch dann, wenn die Verwandtschaft durch Annahme als Kind bürgerlich-rechtlich erloschen ist.

(2) [1]In den Fällen des § 3 Abs. 2 Nr. 1 und § 7 Abs. 1 Nr. 8 ist der Besteuerung das Verwandtschaftsverhältnis des nach der Stiftungsurkunde entferntest Berechtigten zu dem Erblasser oder Schenker zugrunde zu legen, sofern die Stiftung wesentlich im Interesse einer Familie oder bestimmter Familien im Inland errichtet ist. [2]In den Fällen des § 7 Abs. 1 Nr. 9 Satz 1 gilt als Schenker der Stifter oder derjenige, der das Vermögen auf den Verein übertragen hat, und in den Fällen des § 7 Abs. 1 Nr. 9 Satz 2 derjenige, der die Vermögensmasse im Sinne des § 3 Abs. 2 Nr. 1 Satz 2 oder § 7 Abs. 1 Nr. 8 Satz 2 gebildet oder ausgestattet hat. [3]In den Fällen des § 1 Abs. 1 Nr. 4 wird der doppelte Freibetrag nach § 16 Abs. 1 Nr. 2 gewährt; die Steuer ist nach dem Prozentsatz der Steuerklasse I zu berechnen, der für die Hälfte des steuerpflichtigen Vermögens gelten würde.

(3) [1]Im Falle des § 2269 des Bürgerlichen Gesetzbuchs und soweit der überlebende Ehegatte oder der überlebende Lebenspartner an die Verfügung gebunden ist, ist auf Antrag der Versteuerung das Verhältnis des Schlusserben oder Vermächtnisnehmers zum zuerst verstorbenen Ehegatten oder dem zuerst verstorbenen Lebenspartner zugrunde zu legen, soweit sein Vermögen beim Tod des überlebenden Ehegatten oder des überlebenden Lebenspartners noch vorhanden ist. [2]§ 6 Abs. 2 Satz 3 bis 5 gilt entsprechend.

(4) [1]Bei einer Schenkung durch eine Kapitalgesellschaft oder Genossenschaft ist der Besteuerung das persönliche Verhältnis des Erwerbers zu derjenigen unmittelbar oder mittelbar beteiligten natürlichen Person oder Stiftung zugrunde zu legen, durch die sie veranlasst ist. [1]In diesem Fall gilt die Schenkung bei der Zusammenrechnung früherer Erwerbe (§ 14) als Vermögensvorteil, der dem Bedachten von dieser Person anfällt.

§ 16
Freibeträge

(1) Steuerfrei bleibt in den Fällen der unbeschränkten Steuerpflicht (§ 2 Absatz 1 Nummer 1) der Erwerb

1. des Ehegatten und des Lebenspartners in Höhe von 500 000 Euro;
2. der Kinder im Sinne der Steuerklasse I Nr. 2 und der Kinder verstorbener Kinder im Sinne der Steuerklasse I Nr. 2 in Höhe von 400 000 Euro;

3. der Kinder der Kinder im Sinne der Steuerklasse I Nr. 2	in Höhe von 200 000 Euro;
4. der übrigen Personen der Steuerklasse I	in Höhe von 100 000 Euro;
5. der Personen der Steuerklasse II	in Höhe von 20 000 Euro;
6. *(weggefallen)*	
7. der übrigen Personen der Steuerklasse III	in Höhe von 20 000 Euro.

(2) [1]In den Fällen der beschränkten Steuerpflicht (§ 2 Absatz 1 Nummer 3) wird der Freibetrag nach Absatz 1 um einen Teilbetrag gemindert. [2]Dieser Teilbetrag entspricht dem Verhältnis der Summe der Werte des in demselben Zeitpunkt erworbenen, nicht der beschränkten Steuerpflicht unterliegenden Vermögens und derjenigen, nicht der beschränkten Steuerpflicht unterliegenden Vermögensvorteile, die innerhalb von zehn Jahren von derselben Person angefallen sind, zum Wert des Vermögens, das insgesamt innerhalb von zehn Jahren von derselben Person angefallenen ist. [3]Die früheren Erwerbe sind mit ihrem früheren Wert anzusetzen.

§ 17
Besonderer Versorgungsfreibetrag

(1) [1]Neben dem Freibetrag nach § 16 wird dem überlebenden Ehegatten und dem überlebenden Lebenspartner ein besonderer Versorgungsfreibetrag von 256 000 Euro gewährt. [2]Der Freibetrag wird bei Ehegatten oder bei Lebenspartnern, denen aus Anlass des Todes des Erblassers nicht der Erbschaftsteuer unterliegende Versorgungsbezüge zustehen, um den nach § 14 des Bewertungsgesetzes zu ermittelnden Kapitalwert dieser Versorgungsbezüge gekürzt.

(2) [1]Neben dem Freibetrag nach § 16 wird Kindern im Sinne der Steuerklasse I Nr. 2 (§ 15 Abs. 1) für Erwerbe von Todes wegen ein besonderer Versorgungsfreibetrag in folgender Höhe gewährt:

1. bei einem Alter bis zu 5 Jahren	in Höhe von 52 000 Euro;
2. bei einem Alter von mehr als 5 bis zu 10 Jahren	in Höhe von 41 000 Euro;
3. bei einem Alter von mehr als 10 bis zu 15 Jahren	in Höhe von 30 700 Euro;
4. bei einem Alter von mehr als 15 bis zu 20 Jahren	in Höhe von 20 500 Euro;
5. bei einem Alter von mehr als 20 Jahren bis zur Vollendung des 27. Lebensjahres	in Höhe von 10 300 Euro.

[2]Stehen dem Kind aus Anlass des Todes des Erblassers nicht der Erbschaftsteuer unterliegende Versorgungsbezüge zu, wird der Freibetrag um den nach § 13 Abs. 1 des Bewertungsgesetzes zu ermittelnden Kapitalwert dieser Versorgungsbezüge gekürzt. [3]Bei der Berechnung des Kapitalwerts ist von der nach den Verhältnissen am Stichtag (§ 11) voraussichtlichen Dauer der Bezüge auszugehen.

(3) [1]In den Fällen der beschränkten Steuerpflicht (§ 2 Absatz 1 Nummer 3) wird der besondere Versorgungsfreibetrag nach Absatz 1 oder 2 gewährt, wenn durch die Staaten, in denen der Erblasser ansässig war oder der Erwerber ansässig ist, Amtshilfe geleistet wird. [2]Amtshilfe ist der Auskunftsaustausch im Sinne oder entspre-

chend der Amtshilferichtlinie gemäß § 2 Absatz 11 des EU-Amtshilfegesetzes in der für den jeweiligen Stichtag der Steuerentstehung geltenden Fassung oder eines entsprechenden Nachfolgerechtsaktes.

§ 19
Steuersätze

(1) Die Erbschaftsteuer wird nach folgenden Prozentsätzen erhoben:

Wert des steuerpflichtigen Erwerbs (§ 10) bis einschließlich ... Euro	Prozentsatz in der Steuerklasse		
	I	II	III
75 000	7	15	30
300 000	11	20	30
600 000	15	25	30
6 000 000	19	30	30
13 000 000	23	35	50
26 000 000	27	40	50
über 26 000 000	30	43	50

(2) ...

§ 34
Anzeigepflicht der Gerichte, Behörden, Beamten und Notare

(1) Die Gerichte, Behörden, Beamten und Notare haben dem für die Verwaltung der Erbschaftsteuer zuständigen Finanzamt schriftlich Anzeige zu erstatten über diejenigen Beurkundungen, Zeugnisse und Anordnungen, die für die Festsetzung einer Erbschaftsteuer von Bedeutung sein können.

(2) Insbesondere haben anzuzeigen:

1. die Standesämter:
   die Sterbefälle;
2. die Gerichte und die Notare:
   die Erteilung von Erbscheinen, Europäischen Nachlasszeugnissen, Testamentsvollstreckerzeugnissen und Zeugnissen über die Fortsetzung der Gütergemeinschaft, die Beschlüsse über Todeserklärungen sowie die Anordnung von Nachlasspflegschaften und Nachlassverwaltungen;
3. die Gerichte, die Notare und die deutschen Konsuln:
   die eröffneten Verfügungen von Todes wegen, die abgewickelten Erbauseinandersetzungen, die beurkundeten Vereinbarungen der Gütergemeinschaft und die beurkundeten Schenkungen und Zweckzuwendungen.

Merkblatt über die steuerlichen Beistandspflichten der Notare auf den Gebieten der Grunderwerbsteuer, der Erbschaftsteuer (Schenkungsteuer) und der Ertragsteuern*)

Stand: Juli 2019)

Inhalt

Steuerrecht

*) Herausgeber: Ministerium der Finanzen des Landes Sachsen-Anhalt, 9. Auflage Juli 2019. Abrufbar: www.mf.sachsen-anhalt.de. Vergleichbare Merkblätter haben die Finanzministerien bzw. Oberfinanzdirektionen in allen Bundesländern herausgegeben.

A. Vorbemerkungen

1. Aus Gründen der Übersichtlichkeit berücksichtigt dieses Merkblatt nur die wesentlichen gesetzlichen Regelungen.

2. Geschlechterspezifische Bezeichnungen werden aus Vereinfachungsgründen lediglich in der männlichen Form verwendet.

3. Die aktuelle Fassung dieses Merkblattes kann auf der Internetseite des Ministeriums der Finanzen des Landes Sachsen-Anhalt (www.mf.sachsenanhalt.de → Startseite → Steuern → Broschüren, Infos, Formulare → Merkblatt über die steuerlichen Beistandspflichten der Notare ...) abgerufen werden.

4. Ein bundesweites Verzeichnis der örtlich zuständigen Finanzämter kann auf den Internetseiten des Bundeszentralamtes für Steuern (www.bzst.de → Startseite → Service → Behördenwegweiser → Finanzverwaltung der Länder) abgefragt werden. Hier steht eine Suchfunktion zur Verfügung, mit der neben dem örtlich zuständigen Finanzamt weitere Angaben wie z. B. abgegebene Aufgaben einzelner Finanzämter und besondere Zuständigkeitsregelungen ermittelt werden können.

B. Grunderwerbsteuer

1 Maßgebende Vorschriften

Die steuerlichen Anzeigepflichten und sonstigen Beistandspflichten der Notare ergeben sich aus folgenden Vorschriften in der jeweils gültigen Fassung:

- §§ 18, 20, 21 und 22a des Grunderwerbsteuergesetzes (GrEStG),
- § 102 Abs. 4 der Abgabenordnung (AO).

2 Zuständiges Finanzamt

2.1 Die Anzeigen sind an das für die Besteuerung (Tz. 2.2) und in den Fällen des § 17 Abs. 2 und 3 GrEStG an das für die gesonderte Feststellung (Tz. 2.3 und 2.4) zuständige Finanzamt zu richten (§ 18 Abs. 5 GrEStG).

2.2 Die Anzeigen sind an das für die Besteuerung zuständige Finanzamt (Belegenheitsfinanzamt) zu richten, d. h. an das Finanzamt, in dessen Bezirk das Grundstück oder der wertvollste Teil des Grundstücks liegt (§ 17 Abs. 1 Satz 1 GrEStG),

- wenn sich ein Rechtsvorgang auf ein Grundstück oder mehrere Grundstücke bezieht, die im Bezirk nur eines Finanzamts liegen,
- wenn sich ein Rechtsvorgang auf ein Grundstück bzw. eine wirtschaftliche Einheit von Grundstücken (§ 2 Abs. 3 Satz 1 GrEStG) bezieht, das bzw. die in den Bezirken verschiedener Finanzämter eines Landes liegt,
- wenn bei Grundstückserwerben durch Umwandlung nach dem Umwandlungsgesetz oder in den Fällen des § 1 Abs. 2a, 3 und 3a GrEStG nicht die Voraussetzungen für eine gesonderte Feststellung der Besteuerungsgrundlagen (Tz. 2.4) erfüllt sind.

2.3 Die Besteuerungsgrundlagen werden gesondert festgestellt (§ 17 Abs. 2 GrEStG):

- in Fällen, in denen ein Grundstück bzw. eine wirtschaftliche Einheit von Grundstücken in den Bezirken von Finanzämtern verschiedener Länder liegt (§ 17 Abs. 2 1. Alternative in Verbindung mit § 17 Abs. 1 Satz 2 GrEStG) sowie
- in Fällen, in denen sich ein Rechtsvorgang auf mehrere Grundstücke bezieht, die in den Bezirken verschiedener Finanzämter liegen (§ 17 Abs. 2 2. Alternative GrEStG)

durch das Finanzamt (Feststellungsfinanzamt), in dessen Bezirk der wertvollste Grundstücksteil oder das wertvollste Grundstück oder der wertvollste Bestand an Grundstücksteilen oder Grundstücken liegt.

Sind in einem notariellen Vertrag mehreren in unterschiedlichen Finanzamtsbezirken gelegenen Grundstücke jeweils selbständige nachvollziehbare Einzelkaufpreise zugeordnet, hat dennoch zwingend eine gesonderte Feststellung der Besteuerungsgrundlagen zu erfolgen.

Für einen Tauschvertrag, durch den ein Grundstück gegen ein im Bezirk eines anderen Finanzamts gelegenes Grundstück getauscht wird, ist in den beteiligten Finanzämtern jeweils eine Anzeige zu erstatten.

2.4 Die Besteuerungsgrundlagen werden ferner gesondert festgestellt (§ 17 Abs. 3 GrEStG)

- bei Grundstückserwerben durch Umwandlungen aufgrund eines Bundes- oder Landesgesetzes durch das Finanzamt, in dessen Bezirk sich die Geschäftsleitung des Erwerbers befindet sowie
- in den Fällen des § 1 Abs. 2a, 3 und 3a GrEStG durch das Finanzamt, in dessen Bezirk sich die Geschäftsleitung der Gesellschaft – bei der sich der Gesellschafterwechsel vollzieht bzw. deren Anteile vereinigt oder übertragen werden – befindet,

wenn ein außerhalb des Bezirks dieser Finanzämter liegendes Grundstück oder ein auf das Gebiet eines anderen Landes erstreckender Teil eines im Bezirk dieser Finanzämter liegenden Grundstücks betroffen wird (§ 17 Abs. 3 Satz 1 GrEStG). Befindet sich die Geschäftsleitung nicht im Geltungsbereich des GrEStG und werden in verschiedenen Finanzamtsbezirken liegende Grundstücke betroffen, so stellt das nach Tz. 2.3 zuständige Finanzamt die Besteuerungsgrundlagen gesondert fest (§ 17 Abs. 3 Satz 2 GrEStG).

2.5 Die Verwaltung der Grunderwerbsteuer ist in Sachsen-Anhalt den Finanzämtern Dessau-Roßlau und Stendal übertragen worden.

Um Zeitverluste bei der Bearbeitung zu vermeiden, sind anzeigepflichtige Rechtsvorgänge (s. Tz. 3) unbedingt diesen zuständigen Finanzämtern anzuzeigen.

Das Finanzamt Dessau-Roßlau ist über den eigenen Bezirk hinaus zuständig für die Bezirke der Finanzämter Bitterfeld-Wolfen, Eisleben, Halle (Saale), Merseburg, Naumburg und Wittenberg.

Postanschrift:	Hausanschrift:
Postfach 18 25	Kühnauer Str. 166
06815 Dessau-Roßlau	06846 Dessau-Roßlau Tel.-Nr.: 0340/2548-0

Das Finanzamt Stendal ist über den eigenen Bezirk hinaus zuständig für die Bezirke der Finanzämter Genthin, Haldensleben, Magdeburg, Quedlinburg, Salzwedel und Staßfurt.

Postanschrift:	Hausanschrift:
Postfach 10 11 31	Scharnhorststr. 87
39551 Stendal	39576 Stendal
Tel.-Nr.: 03931/571-0	

3 Anzeigepflichtige Rechtsvorgänge

3.1 Dem zuständigen Finanzamt ist Anzeige über die folgenden Rechtsvorgänge zu erstatten, die der Notar beurkundet oder über die er eine Urkunde entworfen und darauf eine Unterschrift beglaubigt hat, wenn die Rechtsvorgänge unmittelbar oder mittelbar das Eigentum an einem inländischen Grundstück betreffen:

3.1.1 Kaufverträge und andere Rechtsgeschäfte, die den Anspruch auf Übereignung begründen (z. B. Tauschverträge, Übergabeverträge, Einbringungsverträge, Auseinandersetzungsverträge, Treuhandverträge, Annahme von Kauf- und Verkaufsangeboten, Ausübung von Optionen bzw. Vor- und Wiederkaufsrechten) ebenso die Umwandlungen nach dem Umwandlungsgesetz, sofern dadurch Grundstückseigentum auf einen anderen Rechtsträger übergeht (z. B. Verschmelzungen, Spaltungen, Vermögensübertragungen);

3.1.2 Auflassungen, wenn kein Rechtsgeschäft vorausgegangen ist, das den Anspruch auf Übereignung begründet;

3.1.3 Rechtsgeschäfte, die den Anspruch auf Abtretung eines Übereignungsanspruchs oder der Rechte aus einem Meistgebot begründen

3.1.4 Rechtsgeschäfte, die den Anspruch auf Abtretung der Rechte aus einem Kaufangebot oder auf Abtretung der Rechte aus einem Angebot zum Abschluss eines anderen Vertrags, kraft dessen die Übereignung verlangt werden kann, begründen;

3.1.5 Abtretungen der unter Tz. 3.1.3 und 3.1.4 bezeichneten Rechte, wenn kein Rechtsgeschäft vorausgegangen ist, das den Anspruch auf Abtretung der Rechte begründet;

3.1.6 Rechtsvorgänge, die es ohne Begründung eines Anspruchs auf Übereignung einem anderen rechtlich oder wirtschaftlich ermöglichen, ein Grundstück auf eigene Rechnung zu verwerten (z. B. Begründung und Auflösung eines Treuhandverhältnisses, Wechsel des Treugebers, Auftrag bzw. Geschäftsbesorgungsvertrag zum Auftragserwerb, Erteilung einer Verkaufsvollmacht);

3.1.7 Rechtsgeschäfte, die den Anspruch auf Übertragung eines oder mehrerer Anteile einer Kapitalgesellschaft, einer Personengesellschaft oder einer Gesellschaft bürgerlichen Rechts begründen, wenn zum Vermögen der Gesellschaft ein Grundstück gehört;

3.1.8 Übergang von unter Tz. 3.1.7 bezeichneten Gesellschaftsanteilen, wenn kein schuldrechtliches Geschäft vorausgegangen ist, das den Anspruch auf Übertragung begründet ;

3.1.9 Übertragungen von Anteilen an einem Nachlass (Erbteilsübertragungen), zu dem ein Grundstück oder ein Anteil an einem anderen Nachlass gehört, der ein Grundstück enthält. ;

3.1.10 Vorverträge, Optionsverträge sowie Kauf- und Verkaufsangebote (die Einräumung eines Vorkaufsrechts ist nicht anzeigepflichtig.);

3.1.11 Verträge, die mit dem Grundstücksveräußerungsvertrag eine rechtliche Einheit bilden, unabhängig davon, ob sie in derselben Niederschrift oder einer anderen Niederschrift beurkundet worden sind, sowie Verträge, die in sonstiger Hinsicht mit dem Grundstücksveräußerungsvertrag im Wege einer Verknüpfungsabrede rechtlich verbunden sind, es sei denn, die grunderwerbsteuerliche Relevanz kann mit Gewissheit ausgeschlossen werden (z. B. Treuhandverträge, Baubetreuungsverträge, Generalunternehmerverträge, Bauverträge).

3.2 Der Notar hat auch Anzeige zu erstatten über:

3.2.1 Anträge auf Berichtigung des Grundbuchs, die der Notar beurkundet oder über die er eine Urkunde entworfen und darauf eine Unterschrift beglaubigt hat, wenn der Antrag darauf gestützt wird, dass der Grundstückseigentümer gewechselt hat (§ 18 Abs. 1 Nr. 2 GrEStG);

3.2.2 Nachträgliche Änderungen oder Berichtigungen einer der unter Tz. 3.1 und 3.2 aufgeführten Vorgänge, im diesen Sinne auch eine Vertragsaufhebung oder die Ausübung eines Rücktrittsrechts durch eine Vertragspartei.

3.3 Die Anzeigen sind auch dann zu erstatten, wenn der Rechtsvorgang von der Besteuerung ausgenommen ist, wenn nach den bestehenden Verwaltungsanweisungen eine Unbedenklichkeitsbescheinigung im Sinne von § 22 GrEStG nicht zu erteilen ist oder wenn der Rechtsvorgang vom Eintritt einer Bedingung, einer Genehmigung oder dem Ablauf einer Frist abhängt.

3.4 In Fällen der Übertragung von Gesellschaftsanteilen (Tz. 3.1.7 und 3.1.8) ist die Urkundsperson der Verpflichtung enthoben, im Einzelfall zu ermitteln, ob ein Steuertatbestand erfüllt ist.

3.5 Wird das zugrunde liegende Rechtsgeschäft erst nach Einreichung der Anzeige beim Finanzamt rechtswirksam, ist dieser Sachverhalt dem Finanzamt gesondert anzuzeigen.

3.6 Als Grundstücke im Sinne des GrEStG sind unbebaute und bebaute Grundstücke im Sinne des bürgerlichen Rechts einschließlich noch nicht vermessener Teilflächen, Miteigentumsanteile, Wohnungseigentum und Teileigentum anzusehen (§ 2 Abs. 1 GrEStG). Zu den Grundstücken rechnen sowohl solche des Anlagevermögens als auch solche des Umlaufvermögens. Den Grundstücken stehen Erbbaurechte, Gebäude auf fremdem Boden sowie dinglich gesicherte Sondernutzungsrechte im Sinne des § 15 des Wohnungseigentumsgesetzes und des § 1010 des Bürgerlichen Gesetzbuchs gleich (§ 2 Abs. 2 GrEStG). Die Anzeigepflicht bezieht sich deshalb auch auf Vorgänge, die ein Erbbaurecht, ein Gebäude auf fremden Boden oder ein dinglich gesichertes Sondernutzungsrecht betreffen.

4 Form und Inhalt der Anzeigen

4.1 Die Anzeigen sind schriftlich nach amtlich vorgeschriebenem Vordruck zu erstatten (§ 18 Abs. 1 Satz 1 GrEStG). Hierfür stehen folgende Vordrucke als ausfüllbare PDF-Dokumente zum Herunterladen auf der Internetseite des Ministeriums der Finanzen des Landes Sachsen-Anhalt (www.mf.sachsen-anhalt.de → Startseite → Steuern → Steuervordrucke → Grunderwerbsteuer) zur Verfügung:

- BV GrESt 001 Veräußerungsanzeige,
- BV GrESt 002 Anzeige Zwangsversteigerungsverfahren,
- BV GrESt 003 Anzeige Anteilsübertragungen,
- BV GrESt 004 Anlage weitere Grundstücke,
- BV GrESt 005 Anlage weitere Veräußerer,
- BV GrESt 006 Anlage weitere Erwerber.

Die Vordrucke sind vollständig auszufüllen und beidseitig auszudrucken.

Für jede der insgesamt sieben Ausfertigungen des Vordrucks Veräußerungsanzeige BV GrESt 001 hat ggf. jeweils ein Ausdruck etwaiger ausgefüllter Anlagen „weitere Grundstücke“ (BV GrESt 004), „weitere Veräußerer“ (BV GrESt 005) und „weitere Erwerber“ (BV GrESt 006) zu erfolgen.

Eine elektronische Übermittlung der Anzeige ist derzeit noch nicht möglich. Sie kann erst dann erfolgen, wenn die technischen Voraussetzungen geschaffen und das Verfahren durch Rechtsverordnung geregelt worden ist.

Die Anzeige über Anteilsübertragungen (BV GrESt 003) ist nur für Vorgänge geeignet, in denen zivilrechtliche Eigentumsverhältnisse an den Grundstücken unverändert bleiben, jedoch aufgrund von Anteilsübertragungen bei einer Gesellschaft eine Anzeigepflicht gem. § 18 bzw. § 19 GrEStG besteht. Im Falle eines Rechtsträgerwechsels am Grundstück (z. B. Umwandlungsvorgang, Anwachsung, etc.) hat die Anzeige weiterhin über die Veräußerungsanzeige (BV GrESt 001) zu erfolgen.

4.2 Die Anzeigen müssen enthalten (§ 20 Abs. 1 GrEStG):

4.2.1 Vorname, Zuname und Anschrift sowie die steuerliche Identifikationsnummer gem. § 139 b AO bzw. die Wirtschafts-Identifikationsnummer gem. § 139 c AO des Veräußerers und des Erwerbers, ggf. auch, ob und um welche begünstigte Person i. S. d. § 3 Nrn. 3 bis 7 GrEStG es sich bei dem Erwerber handelt;

4.2.2 die Bezeichnung des Grundstücks nach Grundbuch, Kataster, Straße und Hausnummer;

4.2.3 die Größe des Grundstücks und bei bebauten Grundstücken die Art der Bebauung;

4.2.4 die Bezeichnung des anzeigepflichtigen Vorgangs und den Tag der Beurkundung; bei einem Vorgang, der einer Genehmigung bedarf, auch die Bezeichnung desjenigen, dessen Genehmigung erforderlich ist;

4.2.5 den Kaufpreis oder die sonstige Gegenleistung (§ 9 GrEStG);

4.2.6 den Namen der Urkundsperson.

4.3 Die Anzeigen, die sich auf Anteile an einer Gesellschaft beziehen, müssen außerdem enthalten (§ 20 Abs. 2 GrEStG):

4.3.1 die Firma, den Ort der Geschäftsführung sowie die Wirtschafts-Identifikationsnummer der Gesellschaft gem. § 139c AO;

4.3.2 die Bezeichnung des Gesellschaftsanteils oder der Gesellschaftsanteile;

4.3.3 bei mehreren beteiligten Rechtsträgern eine Beteiligungsübersicht.

4.4 Bei der Veräußerung von Gesellschaftsanteilen besteht für den Notar bezüglich des Vorhandenseins von Grundstücken, die der Gesellschaft grunderwerbsteuerlich unmittelbar oder mittelbar zuzurechnen sind, eine Erkundigungspflicht. Eine besondere Nachforschungspflicht besteht nicht, so dass er sich im Rahmen seiner Mitwirkungspflicht auf die Angaben der Beteiligten beschränken kann. In der Urkunde sollte allerdings vermerkt werden, dass der Notar sich erkundigt hat, ob Grundbesitz vorhanden ist und, dass die Beteiligten auf eventuell bestehende grunderwerbsteuerliche Anzeigepflichten hingewiesen worden sind.

4.5 Der Anzeige ist eine Abschrift der Urkunde über den Rechtsvorgang oder des Antrags beizufügen (§ 18 Abs. 1 Satz 2 GrEStG). Die Anzeige ist mit o. g. Inhalt zu erstatten. Ein bloßer Verweis auf die beiliegende Urkunde ist nicht ausreichend.

5 Anzeigefrist

4.1 Die Anzeigen sind innerhalb von zwei Wochen nach der Beurkundung oder der Unterschriftsbeglaubigung zu erstatten, und zwar auch dann, wenn die Wirksamkeit des Rechtsvorgangs vom Eintritt einer Bedingung, vom Ablauf einer Frist oder von einer Genehmigung abhängt (§ 18 Abs. 3 Satz 1 GrEStG).

6 Absendevermerk des Notars, Empfangsbestätigung des Finanzamts

6.1 Die Absendung der Anzeige ist auf der Urschrift der Urkunde – in den Fällen, in denen eine Urkunde entworfen und darauf eine Unterschrift beglaubigt worden ist, auf der zurückbehaltenen beglaubigten Abschrift – zu vermerken (§ 18 Abs. 4 GrEStG).

6.2 Eine Empfangsbestätigung des Finanzamts sieht das GrEStG nicht vor.

7 Bedeutung der Anzeigen

7.1 Notare dürfen Urkunden, die einen anzeigepflichtigen Vorgang betreffen, den Beteiligten erst aushändigen und Ausfertigungen oder beglaubigte Abschriften den Beteiligten erst erteilen, wenn sie die Anzeigen in allen Teilen vollständig (§§ 18 und 20 GrEStG) an das Finanzamt abgesandt haben (§ 21 GrEStG).

7.2 Die Anzeigepflicht nach § 18 GrEStG führt zu keiner Anlaufhemmung der Festsetzungsfrist nach § 170 Abs. 2 Satz 1 Nr. 1 AO (BFH-Urteil vom 16.02.1994 II R 125/90, BStBl II 1994, 866). Bei Nichterfüllung der Anzeigepflicht durch den Notar verjährt der Steueranspruch in der Regel innerhalb der vierjährigen Festsetzungsfrist.

7.3 Die Vorschriften des § 16 Abs. 1–4 GrEStG gelten nicht, wenn einer der in § 1 Abs. 2, 2 a, 3 und 3a GrEStG bezeichneten Erwerbsvorgänge rückgängig gemacht wird, der nicht fristgerecht und in allen Teilen vollständig angezeigt war (§ 16 Abs. 5 GrEStG).

7.4 Da ein Blatt des Vordrucksatzes „Veräußerungsanzeige" als Unbedenklichkeitsbescheinigung im Sinne von § 22 GrEStG Verwendung findet, ist ein sorgfältiges Ausfüllen des Vordrucksatzes durch den Anzeigepflichtigen unerlässlich. Bei mangelhaft ausgefüllten Anzeigen kann sich die Erteilung der Unbedenklichkeitsbescheinigung bzw. die Eintragung des Erwerbers in das Grundbuch verzögern.

C. Erbschaftsteuer (Schenkungsteuer)

1 Maßgebende Vorschriften

Die steuerlichen Anzeigepflichten und sonstigen Beistandspflichten der Notare ergeben sich aus folgenden Vorschriften in der jeweils gültigen Fassung:

- § 34 des Erbschaftsteuer- und Schenkungsteuergesetzes (ErbStG),
- §§ 7 und 8 der Erbschaftsteuer-Durchführungsverordnung (ErbStDV),
- § 102 Abs. 4 Abgabenordnung (AO).

2 Zuständiges Finanzamt

2.1 Die Anzeigen der unter das Erbschaftsteuer- und Schenkungsteuergesetz fallenden Rechtsvorgänge sind an das für die Verwaltung der Erbschaft- und Schenkungsteuer zuständige Finanzamt zu richten, in dessen Bezirk sich der (letzte) Wohnsitz oder (letzte) gewöhnliche Aufenthalt des Erblassers oder Schenkers, hilfsweise des Erwerbers befindet (§ 35 ErbStG).

2.2 Die Verwaltung der Erbschaft- und Schenkungsteuer ist in Sachsen-Anhalt dem Finanzamt Staßfurt übertragen worden:

Postanschrift:	Hausanschrift:
Postfach 13 55 39404 Staßfurt	Atzendorfer Str. 20 39418 Staßfurt Tel.-Nr.: (03925) 980-0

3 Anzeigepflichtige Rechtsvorgänge

3.1 Die Notare haben dem für die Verwaltung der Erbschaft- und Schenkungsteuer zuständigen Finanzamt diejenigen Beurkundungen, Zeugnisse und Anordnungen anzuzeigen, die für die Festsetzung einer Erbschaftsteuer (Schenkungsteuer) von Bedeutung sein können (§ 34 ErbStG).

3.2 Es sind insbesondere anzuzeigen:

- Erbauseinandersetzungen,
- Schenkungen und Schenkungsversprechen,
- Zweckzuwendungen,
- Rechtsgeschäfte, die zum Teil oder der Form nach entgeltlich sind, bei denen aber Anhaltspunkte dafür vorliegen, dass eine Schenkung oder Zweckzuwendung unter Lebenden vorliegt (§ 8 Abs. 2 ErbStDV).

3.3 Um dem Finanzamt in jedem Fall die Prüfung der Steuerpflicht zu ermöglichen, sind derartige Rechtsgeschäfte stets schon dann anzuzeigen, wenn nur eine Vermutung für eine freigebige Zuwendung besteht. Folglich sind insbesondere anzeigepflichtig:

3.3.1 Grundstücksüberlassungsverträge oder die Übertragung sonstiger Vermögensgegenstände zwischen Eheleuten, eingetragenen Lebenspartnern, Eltern und Kindern oder sonstigen Angehörigen bzw. eingetragenen Lebenspartnern (in Frage kommen z. B. Teilschenkungen in der Form von Veräußerungsverträgen, wenn das Entgelt unter dem Verkehrswert des veräußerten Gegenstandes liegt oder als Gegenleistung ein Wohn- oder Verpflegungsrecht usw. eingeräumt wird);

3.3.2 die Vereinbarung der Gütergemeinschaft (§ 1415 BGB, § 7 LPartG) hinsichtlich der Bereicherung, die ein Ehegatte oder Lebenspartner erfährt;

3.3.3 vorgezogene Erbregelungen und Rechtsgeschäfte, welche z. B. Folgendes zum Gegenstand haben:

- die vorzeitige Befriedigung von Pflichtteilsansprüchen oder Anwartschaften auf eine Nacherbfolge,
- die Abfindung für die Ausschlagung einer Erbschaft oder eines Vermächtnisses,
- die Abfindung für die Zurückweisung eines Rechts aus einem Vertrag des Erblassers zu Gunsten Dritter auf den Todesfall,
- die Abfindung für den Verzicht auf einen entstandenen Pflichtteilanspruch,
- die Abfindung für einen Erbverzicht,
- die entgeltliche Übertragung der Anwartschaftsrechte von Nacherben;

3.3.4 Zuwendungen unter Eheleuten bzw. eingetragenen Lebenspartnern, wenn als Rechtsgrund auf die Ehe oder Lebenspartnerschaft Bezug genommen wird (sog. unbenannte oder ehebedingte Zuwendungen);

3.3.5 die Beteiligung naher Angehöriger an einem Unternehmen (Familiengesellschaft-OHG, KG usw.);

3.3.6 die Übertragung von GmbH-Anteilen oder anderen Anteilen an Kapitalgesellschaften, insbesondere unter Angehörigen, wenn Anhaltspunkte dafür bestehen, dass ein etwaiges Entgelt unter dem gemeinen Wert (Verkehrswert) des Anteils liegt;

3.3.7 die Bestellung von Hypotheken oder sonstigen Grundpfandrechten und deren Abtretung zugunsten naher Angehöriger, falls der Schuldgrund nicht einwandfrei ersichtlich ist;

3.3.8 Zuwendungen an Personen, die nach Angaben der Beteiligten jahrelang im Geschäft oder im Haushalt ohne oder gegen ein zu geringes Entgelt Dienste geleistet haben;

3.3.9 Leistungen zwischen Kapitalgesellschaften, insbesondere Familiengesellschaften, und Gesellschaftern (z. B. verdeckte Einlagen, Kapitalerhöhungen gegen zu geringes oder zu hohes Aufgeld).

3.4 Im Einzelnen ergeben sich die anzeigepflichtigen Rechtsvorgänge aus den §§ 1, 3, 4, 7, 8 und 34 ErbStG sowie den §§ 7 und 8 ErbStDV. Zu beachten ist, dass nach § 7 Abs. 4 ErbStG die Steuerpflicht einer Schenkung nicht dadurch ausgeschlossen wird, dass sie zur Belohnung oder unter einer Auflage gemacht oder in die Form eines lästigen Vertrages gekleidet worden ist.

4 Form und Inhalt der Anzeigen

4.1 Die Anzeigen der Erbschaftsteuer- und Schenkungsteuervorgänge erfolgen durch Übersendung einer beglaubigten Abschrift der Urkunde, die der Notar aufgenommen oder die er entworfen und auf der er eine Unterschrift beglaubigt hat (§§ 7 und 8 ErbStDV). Die beglaubigten Abschriften der in § 7 Abs. 1 ErbStDV genannten Verfügungen und Schriftstücke sowie der Urkunden über eine Schenkung oder eine Zweckzuwendung unter Lebenden sind jeweils mit einem Vordruck nach Muster 5 (§ 7 ErbStDV) bzw. 6 (§ 8 ErbStDV) dem zuständigen Finanzamt zu übersenden (s. § 7 Abs. 1 ErbStDV und § 8 Abs. 1 ErbStDV). Die genannten Vordrucke werden nicht von der Finanzverwaltung zur Verfügung gestellt, sondern sind von den Anzeigepflichtigen selbst aufzulegen.

4.2 Es ist darauf zu achten, dass bei der Übersendung der beglaubigten Abschriften gleichzeitig auch die für die Erbschaftsteuer (Schenkungsteuer) erheblichen Umstände mitgeteilt werden, soweit sie sich nicht schon aus dem Inhalt der Beurkundung ergeben, insbesondere:

- Name, letzter Wohnsitz, Identifikationsnummer gem. § 139b AO, Sterbeort, Geburtstag und Todestag des Erblassers,
- Name, Identifikationsnummer gem. § 139b AO, Geburtstag und Anschrift des Schenkers,
- Namen, Identifikationsnummern gem. § 139b AO und Anschriften der Erwerber und der sonstigen Beteiligten,

- das Verwandtschafts- bzw. Schwägerschaftsverhältnis des Erwerbers zum Erblasser oder Schenker,
- Zusammensetzung und Wert des Nachlasses oder der Zuwendung (u. a. bei Grundbesitz der zuletzt festgestellte Einheitswert bzw. Grundbesitzwert),
- der der Kostenberechnung zugrunde gelegte Wert.

Der Notar ist verpflichtet, die Beteiligten über diese Umstände zu befragen. Näheres über die mitzuteilenden Umstände ergibt sich aus §§ 7 und 8 ErbStDV sowie aus den Mustern 5 (zu § 7 ErbStDV) und 6 (zu § 8 ErbStDV).

4.3 Bei Erbauseinandersetzungen oder Grundstücksüberlassungsverträgen ist insbesondere darauf zu achten, dass sich aus der Beurkundung oder Mitteilung ergibt, auf wessen Namen die den Gegenstand der Auseinandersetzung oder Übertragung bildenden Grundstücke im Grundbuch eingetragen sind und welchen Wert sie im Einzelnen haben. Bei Bezugnahme auf frühere Erbfälle genügt nicht nur die Angabe des Datums und des Geschäftszeichens des Erbscheines, sondern es sind darüber hinaus in der Urkunde noch anzugeben ober mitzuteilen der Todestag, der letzte Wohnsitz und Sterbeort des Erblassers, die Namen der Erben und die auf sie nach dem Erbschein entfallenden Erbteile.

4.4 Eine elektronische Übermittlung der Anzeige ist ausgeschlossen (§ 7 Abs. 1 Satz 2 ErbStDV, § 8 Abs. 1 Satz 2 ErbStDV).

5 Anzeigefrist, steuerfreie Rechtsvorgänge, Absehen von einer Anzeige

5.1 Die Anzeigen sind unverzüglich nach der Beurkundung oder der Unterschriftsbeglaubigung zu erstatten, und zwar auch dann, wenn die Wirksamkeit des Erwerbsvorgangs vom Eintritt einer Bedingung, vom Ablauf einer Frist oder von einer Genehmigung abhängt.

5.2 Die Anzeige ist auch dann zu erstatten, wenn der Vorgang von der Besteuerung ausgenommen ist.

5.3 Von Anzeigen kann abgesehen werden, wenn die Annahme berechtigt ist, dass außer Hausrat einschließlich Wäsche und Kleidungsstücken im Wert von höchstens 12.000 € nur noch anderes Vermögen im reinen Wert von höchstens 20.000 € vorhanden oder Gegenstand der Schenkung ist (§ 7 Abs. 4, § 8 Abs. 3 ErbStDV).

6 Absendevermerk des Notars, Empfangsbestätigung des Finanzamts

Bei Absendung der Anzeige sind auf der Urschrift der Urkunde bzw. Mitteilung oder Anzeige zu vermerken:

- der Absendetag,
- das Finanzamt (die Finanzämter), an welche(s) die Anzeige übermittelt wurde (§ 7 Abs. 1 und 5 ErbStDV, § 8 Abs. 1 und 4 ErbStDV).

Eine Empfangsbestätigung des Finanzamts über den Erhalt der Anzeige ergeht nicht.

D. Ertragsteuern

1 Maßgebende Vorschriften

Die steuerlichen Anzeigepflichten und sonstigen Beistandspflichten ergeben sich aus § 54 der Einkommensteuer-Durchführungsverordnung (EStDV) in der jeweils gültigen Fassung.

- § 34 des Erbschaftsteuer- und Schenkungsteuergesetzes (ErbStG),
- §§ 7 und 8 der Erbschaftsteuer-Durchführungsverordnung (ErbStDV),
- § 102 Abs. 4 Abgabenordnung (AO).

2 Zuständiges Finanzamt

Die unter § 54 der EStDV fallenden Urkunden sind dem nach § 20 AO zuständigen Finanzamt zu übersenden, in dessen Bezirk sich die Geschäftsleitung oder der Sitz der Kapitalgesellschaft befindet, an der die betreffenden Anteile bestehen.

In Fällen der Verfügung über Anteile an Kapitalgesellschaften durch einen Anteilseigner, der nicht unbeschränkt einkommensteuerpflichtig ist (§ 1 Abs. 1 des Einkommensteuergesetzes), ist zusätzlich bei dem Finanzamt Anzeige zu erstatten, das bei Beendigung einer zuvor bestehenden unbeschränkten Steuerpflicht des Anteilseigners oder bei unentgeltlichem Erwerb dessen Rechtsvorgängers nach § 19 AO (Wohnsitzfinanzamt) für die Besteuerung des Anteilseigners zuständig war (§ 54 Abs. 4 EStDV).

3 Anzeigepflichtige Rechtsvorgänge

Dem zuständigen Finanzamt ist Anzeige über alle aufgrund gesetzlicher Vorschrift aufgenommenen oder beglaubigten Urkunden zu erstatten, die die Gründung, Kapitalerhöhung oder -herabsetzung, Umwandlung oder Auflösung von Kapitalgesellschaften oder die Verfügung über Anteile an Kapitalgesellschaften zum Gegenstand haben (§ 54 Abs. 1 Satz 1 EStDV).

Gleiches gilt für Dokumente, die im Rahmen einer Anmeldung einer inländischen Zweigniederlassung einer Kapitalgesellschaft mit Sitz im Ausland zur Eintragung in das Handelsregister anfallen (§ 54 Abs. 1 Satz 2 EStDV).

Hierunter fallen nicht die Fälle der Beglaubigung einer Abschrift (§ 39 BeurkG) oder der Beglaubigung einer Unterschrift (§ 40 BeurkG). Zum Umfang der Mitteilungspflicht wird auch auf das BMF-Schreiben vom 14. März 1997 – IV B 2 - S 2244 - 3/97 – verwiesen (s. Anlage).

4 Form und Inhalt der Anzeigen

Anzeigepflichtige Vorgänge werden mitgeteilt durch Übersendung einer beglaubigten Abschrift der Urkunde, die der Notar aufgenommen oder beglaubigt hat. Die Steuernummer, unter der die Kapitalgesellschaft beim Finanzamt geführt wird, soll auf der Abschrift vermerkt werden (§ 54 Abs. 2 Satz 2 EStDV). Es wird um Mitteilung des Kaufpreises oder einer anderen Gegenleistung (z. B.

durch Vorlage dieser Urkunde) gebeten, soweit sich die Angaben nicht schon aus dem Inhalt der nach § 54 EStDV zu übersendenden Urkunde ergeben.

5 Anzeigefrist, Aushändigung der Urkunden, steuerfreie Vorgänge

5.1 Die Anzeigen sind binnen zwei Wochen von der Aufnahme oder Beglaubigung der Urkunde ab gerechnet zu erstatten (§ 54 Abs. 2 Satz 1 EStDV).

5.2 Den Beteiligten dürfen die Urschrift, eine Ausfertigung oder beglaubigte Abschrift der Urkunde erst ausgehändigt werden, wenn die Abschrift der Urkunde an das Finanzamt abgesandt ist (§ 54 Abs. 3 EStDV).

5.3 Die Anzeige ist auch dann zu erstatten, wenn der Vorgang von der Besteuerung ausgenommen ist.

6 Absendevermerk des Notars, Empfangsbestätigung des Finanzamtes

Die Absendung der Anzeige ist auf der zurückbehaltenen Urschrift der Urkunde bzw. auf einer zurückbehaltenen Abschrift zu vermerken (§ 54 Abs. 2 Satz 3 EStDV). Eine Empfangsbestätigung des Finanzamtes über den Erhalt der Urkunde erfolgt nicht.

E. Mehrfache Anzeigepflicht bei mehrfacher Steuerpflicht

Derselbe Rechtsvorgang kann für mehrere Steuerarten Bedeutung haben, z. B.:

- Erbauseinandersetzung über Grundstücke und Vermögensübergang von Grundstücken → für die Grunderwerbsteuer und die Erbschaftsteuer (Schenkungsteuer),
- Grundstücksschenkung unter einer Auflage und gemischte Grundstücksschenkung → für die Grunderwerbsteuer und die Schenkungsteuer,
- Umwandlung einer Kapitalgesellschaft → für die Grunderwerbsteuer und die Ertragsteuern,
- Kapitalerhöhung oder -herabsetzung → für die Grunderwerbsteuer und die Ertragsteuern,
- Kapitalerhöhung gegen zu hohes oder zu geringes Aufgeld → für die Erbschaftsteuer (Schenkungsteuer) und die Ertragsteuern,
- Unentgeltliche oder teilweise unentgeltliche Übertragung von Anteilen an Kapitalgesellschaften → für die Schenkungsteuer, die Ertragsteuern und ggf. die Grunderwerbsteuer,
- Entgeltliche Übertragung von Anteilen an Kapitalgesellschaften → für die Ertragsteuern und ggf. die Grunderwerbsteuer.

In diesen Fällen ist der Rechtsvorgang jedem Finanzamt anzuzeigen, das für eine der in Betracht kommenden Steuern zuständig ist. Sind mehrere Stellen desselben Finanzamts zuständig, ist entsprechend zu verfahren. Die zuständige Stelle, für die die Anzeige bestimmt ist, ist auf der Anzeige zu bezeichnen.

Anlage

Auszug aus dem BMF-Schreiben vom 14. März 1997 – IV B 2 – S 2244 - 3/97 – zum Umfang der Mitteilungspflicht nach § 54 EStDV:

1. Verpflichtungsgeschäfte

Seinem Wortlaut zufolge erfasst § 54 EStDV nicht nur Verfügungsgeschäfte, sondern auch Verpflichtungsgeschäfte, soweit die Verpflichtung eine Verfügung über Anteile an Kapitalgesellschaften zum Gegenstand hat (vgl. Abs. 1 Satz 1 letzte Alternative der Vorschrift).

2. Aufschiebend bedingte Verfügung

Auch die aufschiebend bedingte Verfügung über Anteile an Kapitalgesellschaften unterliegt der Mitteilungspflicht nach § 54 EStDV. Denn dadurch wird bei Eintritt der aufschiebenden Bedingung eine Verfügung über einen Geschäftsanteil ohne weitere Mitwirkung eines Notars erreicht, sodass zum Zeitpunkt des Bedingungseintritts keine Meldung mehr an das Finanzamt erfolgen kann.

3. Treuhandverträge über Anteile an Kapitalgesellschaften

Treuhandverträge unterliegen der Meldepflicht nach § 54 EStDV, soweit sie eine Verfügung über Anteile an Kapitalgesellschaften zum Gegenstand haben. Dies ist der Fall, wenn ein Gesellschafter seinen Gesellschaftsanteil treuhänderisch auf eine andere Person überträgt. In diesem Fall scheidet der Gesellschafter aus der Gesellschaft aus und die andere Person erlangt die Gesellschafterstellung neu.

Auf der gesellschaftsrechtlichen Ebene findet ein Wechsel in der Rechtsinhaberschaft statt. Dies ist eine Verfügung, die nach dem Wortlaut des § 54 EStDV der Mitteilungspflicht unterliegt. Das Treuhandverhältnis hat in diesem Fall lediglich auf der obligatorischen Ebene Bedeutung, denn der neue Gesellschafter hat die Rechte aus seiner Gesellschafterstellung im Interesse des Treugebers (des bisherigen Gesellschafters) nach näherer Maßgabe der Treuhandabrede auszuüben.

Grundsätzlich nicht von § 54 EStDV erfasst sind schuldrechtliche Treuhandvereinbarungen, insbesondere die so genannte Vereinbarungstreuhand. Bei einer Vereinbarungstreuhand bleibt der bisherige Vollrechtsinhaber auch künftig zivilrechtlicher Eigentümer, verpflichtet sich jedoch auf der obligatorischen Ebene gegenüber einem Dritten, dem künftigen Treugeber, die Anteilsrechte im Interesse dieses Dritten nach Maßgabe des Inhalts der Treuhandabrede auszuüben. In diesem Fall ist eine Mitteilungspflicht gem. § 54 EStDV nur gegeben, wenn die getroffene Abrede es dem Treugeber erlaubt, bei Auflösung des Treuhandverhältnisses die dingliche Übertragung der Anteile auf sich zu verlangen (vgl. Nr. 1).

4. Verpfändung von Anteilen an Kapitalgesellschaften

Die Verpfändung von Anteilen an Kapitalgesellschaften fällt nicht unter § 54 EStDV. Zwar ist die Verpfändung eine Verfügung im zivilrechtlichen Sinne. Diese Verfügung ist aber nicht auf einen Wechsel in der Rechtsinhaberschaft gerichtet. Der bisherige

Rechtsinhaber bleibt trotz der Verpfändung anders als bei Abtretung von Anteilen an Kapitalgesellschaften weiterhin Anteilseigner.

5. Beglaubigung einer Abschrift oder einer Unterschrift

Die Fälle der Beglaubigung einer Abschrift (§ 39 BeurkG) oder der Beglaubigung einer Unterschrift (§ 40 BeurkG) fallen nicht unter § 54 EStDV. Diese Vorgänge haben nur formalen Charakter. Die notarielle Beglaubigung einer Abschrift hat lediglich die Erklärung zum Inhalt, dass Unterschrift und Abschrift äußerlich übereinstimmen. Bei der notariellen Beglaubigung einer Unterschrift geht es lediglich um die Erklärung, eine bestimmte Person habe eine Unterschrift vollzogen oder anerkannt. Derartige Vorgänge fallen nicht unter § 54 EStDV, da ihr Gegenstand nicht auf Verfügungen wie eine Gründung oder Kapitalerhöhung, also nicht auf materielle Rechtsvorgänge, gerichtet ist.

6. Getrennte Beurkundung von Angebot und Annahme

Die Beurkundung nur eines Angebots auf Übertragung eines Anteils an einer Kapitalgesellschaft fällt nicht unter § 54 EStDV. Denn das Angebot allein enthält noch keine Verfügung über den Anteil.

Dagegen fällt die Annahme eines Angebots auf Übertragung eines Anteils an einer Kapitalgesellschaft unter § 54 EStDV, weil durch die Annahme des Angebots das Verpflichtungsgeschäft zu Stande kommt.

Gesetz über Kosten der freiwilligen Gerichtsbarkeit für Gerichte und Notare (Gerichts- und Notarkostengesetz – GNotKG)

vom 23. Juli 2013 (BGBl. I S. 2586)
zuletzt geändert durch Gesetz vom 25. Juni 2021 (BGl. I S. 2154)

Inhaltsübersicht

Kapitel 1
Vorschriften für Gerichte und Notare

Abschnitt 1
Allgemeine Vorschriften

Abschnitt 2
Fälligkeit

Abschnitt 3
Sicherstellung der Kosten

Abschnitt 4
Kostenerhebung

Abschnitt 5
Kostenhaftung

Unterabschnitt 1
Gerichtskosten

Unterabschnitt 2
Notarkosten

Unterabschnitt 3
Mehrere Kostenschuldner

Abschnitt 6
Gebührenvorschriften

Abschnitt 7
Wertvorschriften

Unterabschnitt 1
Allgemeine Wertvorschriften

Unterabschnitt 2
Besondere Geschäftswertvorschriften

Unterabschnitt 3
Bewertungsvorschriften

Kapitel 2
Gerichtskosten

Abschnitt 1
Gebührenvorschriften

Abschnitt 2
Wertvorschriften

Unterabschnitt 1
Allgemeine Wertvorschriften

Kostenrecht und Tabellen

Unterabschnitt 2
Besondere Geschäftswertvorschriften

§ 63 Betreuungssachen und betreuungsgerichtliche Zuweisungssachen
§ 64 Nachlasspflegschaften und Gesamtgutsverwaltung
§ 65 Ernennung und Entlassung von Testamentsvollstreckern
§ 66 *(weggefallen)*
§ 67 Bestimmte unternehmensrechtliche Verfahren und bestimmte Vereins- und Stiftungssachen
§ 68 Verhandlung über Dispache
§ 69 Eintragungen im Grundbuch, Schiffs- oder Schiffsbauregister
§ 70 Gemeinschaften zur gesamten Hand
§ 71 Nachträgliche Erteilung eines Hypotheken-, Grundschuld- oder Rentenschuldbriefs
§ 72 Gerichtliche Entscheidung über die abschließenden Feststellungen der Sonderprüfer
§ 73 Ausschlussverfahren nach dem Wertpapiererwerbs- und Übernahmegesetz
§ 74 Verfahren nach dem Spruchverfahrensgesetz
§ 75 Gerichtliche Entscheidung über die Zusammensetzung des Aufsichtsrats
§ 76 Bestimmte Verfahren vor dem Landwirtschaftsgericht

Unterabschnitt 3
Wertfestsetzung

§ 77 Angabe des Werts
§ 78 Wertfestsetzung für die Zulässigkeit der Beschwerde
§ 79 Festsetzung des Geschäftswerts
§ 80 Schätzung des Geschäftswerts

Abschnitt 3
Erinnerung und Beschwerde

§ 81 Erinnerung gegen den Kostenansatz, Beschwerde
§ 82 Beschwerde gegen die Anordnung einer Vorauszahlung
§ 83 Beschwerde gegen die Festsetzung des Geschäftswerts
§ 84 Abhilfe bei Verletzung des Anspruchs auf rechtliches Gehör

Kapitel 3
Notarkosten

Abschnitt 1
Allgemeine Vorschriften

§ 85 Notarielle Verfahren
§ 86 Beurkundungsgegenstand
§ 87 Sprechtage außerhalb der Geschäftsstelle

Abschnitt 2
Kostenerhebung

Abschnitt 3
Gebührenvorschriften

Abschnitt 4
Wertvorschriften

Unterabschnitt 1
Allgemeine Wertvorschriften

Unterabschnitt 2
Beurkundung

Unterabschnitt 3
Vollzugs- und Betreuungstätigkeiten

Kapitel 1
Vorschriften für Gerichte und Notare

Abschnitt 1
Allgemeine Vorschriften

§ 1
Geltungsbereich

(1) Soweit bundesrechtlich nichts anderes bestimmt ist, werden Kosten (Gebühren und Auslagen) durch die Gerichte in den Angelegenheiten der freiwilligen Gerichtsbarkeit und durch die Notare für ihre Amtstätigkeit nur nach diesem Gesetz erhoben.

(2) Angelegenheiten im Sinne des Absatzes 1 sind auch

1. Verfahren nach den §§ 98, 99, 132, 142, 145, 258, 260, 293c und 315 des Aktiengesetzes,
2. Verfahren nach § 51b des Gesetzes betreffend die Gesellschaften mit beschränkter Haftung,
3. Verfahren nach § 26 des SE-Ausführungsgesetzes,
4. Verfahren nach § 10 des Umwandlungsgesetzes,
5. Verfahren nach dem Spruchverfahrensgesetz,
6. Verfahren nach den §§ 39a und 39b des Wertpapiererwerbs- und Übernahmegesetzes über den Ausschluss von Aktionären,
7. Verfahren nach § 8 Absatz 3 Satz 4 des Gesetzes über die Mitbestimmung der Arbeitnehmer in den Aufsichtsräten und Vorständen der Unternehmen des Bergbaus und der Eisen und Stahl erzeugenden Industrie,
8. Angelegenheiten des Registers für Pfandrechte an Luftfahrzeugen,
9. Verfahren nach der Verfahrensordnung für Höfesachen,
10. Pachtkreditsachen nach dem Pachtkreditgesetz,
11. Verfahren nach dem Verschollenheitsgesetz,
12. Verfahren nach dem Transsexuellengesetz,
13. Verfahren nach § 84 Absatz 2 und § 189 des Versicherungsvertragsgesetzes,
14. Verfahren nach dem Personenstandsgesetz,
15. Verfahren nach § 7 Absatz 3 des Erbbaurechtsgesetzes,
16. Verteilungsverfahren, soweit sich die Kosten nicht nach dem Gerichtskostengesetz bestimmen,
17. Verfahren über die Bewilligung der öffentlichen Zustellung einer Willenserklärung und die Bewilligung der Kraftloserklärung von Vollmachten (§ 132 Absatz 2 und § 176 Absatz 2 des Bürgerlichen Gesetzbuchs),
18. Verfahren über Anordnungen über die Zulässigkeit der Verwendung von Verkehrsdaten,

19. Verfahren nach den §§ 23 bis 29 des Einführungsgesetzes zum Gerichtsverfassungsgesetz,
20. Verfahren nach § 138 Absatz 2 des Urheberrechtsgesetzes und
21. gerichtliche Verfahren nach § 335a des Handelsgesetzbuchs.

(3) [1]Dieses Gesetz gilt nicht in Verfahren, in denen Kosten nach dem Gesetz über Gerichtskosten in Familiensachen zu erheben sind. [2]In Verfahren nach der Verordnung (EU) Nr. 655/2014 des Europäischen Parlaments und des Rates vom 15. Mai 2014 zur Einführung eines Verfahrens für einen Europäischen Beschluss zur vorläufigen Kontenpfändung im Hinblick auf die Erleichterung der grenzüberschreitenden Eintreibung von Forderungen in Zivil- und Handelssachen werden Kosten nach dem Gerichtskostengesetz erhoben.

(4) Kosten nach diesem Gesetz werden auch erhoben für Verfahren über eine Beschwerde, die mit einem der in den Absätzen 1 und 2 genannten Verfahren im Zusammenhang steht.

(5) Soweit nichts anderes bestimmt ist, bleiben die landesrechtlichen Kostenvorschriften unberührt für

1. in Landesgesetzen geregelte Verfahren und Geschäfte der freiwilligen Gerichtsbarkeit sowie
2. solche Geschäfte der freiwilligen Gerichtsbarkeit, in denen nach Landesgesetz andere als gerichtliche Behörden oder Notare zuständig sind.

(6) Die Vorschriften dieses Gesetzes über die Erinnerung und die Beschwerde gehen den Regelungen der für das zugrunde liegende Verfahren geltenden Verfahrensvorschriften vor.

§ 2
Kostenfreiheit bei Gerichtskosten

(1) [1]Der Bund und die Länder sowie die nach Haushaltsplänen des Bundes oder eines Landes verwalteten öffentlichen Anstalten und Kassen sind von der Zahlung der Gerichtskosten befreit. [2]Bei der Vollstreckung wegen öffentlich-rechtlicher Geldforderungen ist maßgebend, wer ohne Berücksichtigung des § 252 der Abgabenordnung oder entsprechender Vorschriften Gläubiger der Forderung ist.

(2) Sonstige bundesrechtliche oder landesrechtliche Vorschriften, die eine sachliche oder persönliche Befreiung von Gerichtskosten gewähren, bleiben unberührt.

(3) [1]Soweit jemandem, der von Gerichtskosten befreit ist, Kosten des Verfahrens auferlegt werden, sind Kosten nicht zu erheben; bereits erhobene Kosten sind zurückzuzahlen. [2]Das Gleiche gilt, außer in Grundbuch- und Registersachen, soweit ein von der Zahlung der Kosten befreiter Beteiligter die Kosten des Verfahrens übernimmt.

(4) Die persönliche Kosten- oder Gebührenfreiheit steht der Inanspruchnahme nicht entgegen, wenn die Haftung auf § 27 Nummer 3 beruht oder wenn der Kostenschuldner als Erbe nach § 24 für die Kosten haftet.

(5) Wenn in Grundbuch- und Registersachen einzelnen von mehreren Gesamtschuldnern Kosten- oder Gebührenfreiheit zusteht, so vermindert sich der Gesamt-

betrag der Kosten oder der Gebühren um den Betrag, den die befreiten Beteiligten den Nichtbefreiten ohne Berücksichtigung einer abweichenden schuldrechtlichen Vereinbarung aufgrund gesetzlicher Vorschrift zu erstatten hätten.

§ 3
Höhe der Kosten

(1) Die Gebühren richten sich nach dem Wert, den der Gegenstand des Verfahrens oder des Geschäfts hat (Geschäftswert), soweit nichts anderes bestimmt ist.

(2) Kosten werden nach dem Kostenverzeichnis der Anlage 1 zu diesem Gesetz erhoben.

§ 4
Auftrag an einen Notar

Die Erteilung eines Auftrags an einen Notar steht der Stellung eines Antrags im Sinne dieses Kapitels gleich.

§ 5
Verweisung, Abgabe

(1) [1]Verweist ein erstinstanzliches Gericht oder ein Rechtsmittelgericht ein Verfahren an ein erstinstanzliches Gericht desselben oder eines anderen Zweiges der Gerichtsbarkeit, ist das frühere erstinstanzliche Verfahren als Teil des Verfahrens vor dem übernehmenden Gericht zu behandeln. [2]Gleiches gilt, wenn die Sache an ein anderes Gericht abgegeben wird.

(2) [1]Mehrkosten, die durch Anrufung eines Gerichts entstehen, zu dem der Rechtsweg nicht gegeben ist oder das für das Verfahren nicht zuständig ist, werden nur dann erhoben, wenn die Anrufung auf verschuldeter Unkenntnis der tatsächlichen oder rechtlichen Verhältnisse beruht. [2]Die Entscheidung trifft das Gericht, an das verwiesen worden ist.

(3) Verweist der Notar ein Teilungsverfahren an einen anderen Notar, entstehen die Gebühren für jeden Notar gesondert.

§ 6
Verjährung, Verzinsung

(1) [1]Ansprüche auf Zahlung von Gerichtskosten verjähren in vier Jahren nach Ablauf des Kalenderjahrs, in dem das Verfahren durch rechtskräftige Entscheidung über die Kosten, durch Vergleich oder in sonstiger Weise beendet ist. [2]Bei Betreuungen und Pflegschaften, die nicht auf einzelne Rechtshandlungen beschränkt sind (Dauerbetreuungen, Dauerpflegschaften), sowie bei Nachlasspflegschaften, Nachlass- oder Gesamtgutsverwaltungen beginnt die Verjährung hinsichtlich der Jahresgebühren am Tag vor deren Fälligkeit, hinsichtlich der Auslagen mit deren Fälligkeit. [3]Ansprüche auf Zahlung von Notarkosten verjähren in vier Jahren nach Ablauf des Kalenderjahrs, in dem die Kosten fällig geworden sind.

Kostenrecht und Tabellen

(2) [1]Ansprüche auf Rückzahlung von Kosten verjähren in vier Jahren nach Ablauf des Kalenderjahres, in dem die Zahlung erfolgt ist. [2]Die Verjährung beginnt jedoch nicht vor dem jeweiligen in Absatz 1 bezeichneten Zeitpunkt. [3]Durch die Einlegung eines Rechtsbehelfs mit dem Ziel der Rückzahlung wird die Verjährung wie durch Klageerhebung gehemmt.

(3) [1]Auf die Verjährung sind die Vorschriften des Bürgerlichen Gesetzbuchs anzuwenden; die Verjährung wird nicht von Amts wegen berücksichtigt. [2]Die Verjährung der Ansprüche auf Zahlung von Kosten beginnt auch durch die Aufforderung zur Zahlung oder durch eine dem Schuldner mitgeteilte Stundung erneut; ist der Aufenthalt des Kostenschuldners unbekannt, so genügt die Zustellung durch Aufgabe zur Post unter seiner letzten bekannten Anschrift. [3]Bei Kostenbeträgen unter 25 Euro beginnt die Verjährung weder erneut noch wird sie oder ihr Ablauf gehemmt.

(4) Ansprüche auf Zahlung und Rückzahlung von Gerichtskosten werden nicht verzinst.

§ 7
Elektronische Akte, elektronisches Dokument

In Verfahren nach diesem Gesetz sind die verfahrensrechtlichen Vorschriften über die elektronische Akte und über das elektronische Dokument anzuwenden, die für das dem kostenrechtlichen Verfahren zugrunde liegende Verfahren gelten.

§ 7a
Rechtsbehelfsbelehrung

Jede Kostenrechnung, jede anfechtbare Entscheidung und jede Kostenberechnung eines Notars hat eine Belehrung über den statthaften Rechtsbehelf sowie über die Stelle, bei der dieser Rechtsbehelf einzulegen ist, über deren Sitz und über die einzuhaltende Form und Frist zu enthalten.

Abschnitt 2
Fälligkeit

§ 8
Fälligkeit der Kosten in Verfahren mit Jahresgebühren

[1]In Betreuungssachen und betreuungsgerichtlichen Zuweisungssachen werden die Jahresgebühren 11101, 11102 und 11104 des Kostenverzeichnisses, in Nachlasssachen die Jahresgebühr 12311 des Kostenverzeichnisses erstmals bei Anordnung und später jeweils zu Beginn eines Kalenderjahres fällig. [2]In diesen Fällen werden Auslagen sofort nach ihrer Entstehung fällig.

§ 9
Fälligkeit der Gerichtsgebühren in sonstigen Fällen, Fälligkeit der gerichtlichen Auslagen

(1) Im Übrigen werden die gerichtlichen Gebühren und Auslagen fällig, wenn

1. eine unbedingte Entscheidung über die Kosten ergangen ist,
2. das Verfahren oder der Rechtszug durch Vergleich oder Zurücknahme beendet ist,
3. das Verfahren sechs Monate ruht oder sechs Monate nicht betrieben worden ist,
4. das Verfahren sechs Monate unterbrochen oder sechs Monate ausgesetzt war oder
5. das Verfahren durch anderweitige Erledigung beendet ist.

(2) Die Dokumentenpauschale sowie die Auslagen für die Versendung von Akten werden sofort nach ihrer Entstehung fällig.

§ 10
Fälligkeit der Notarkosten

Notargebühren werden mit der Beendigung des Verfahrens oder des Geschäfts, Auslagen des Notars und die Gebühren 25300 und 25301 sofort nach ihrer Entstehung fällig.

Abschnitt 3
Sicherstellung der Kosten

§ 11
Zurückbehaltungsrecht

[1]Urkunden, Ausfertigungen, Ausdrucke und Kopien sowie gerichtliche Unterlagen können nach billigem Ermessen zurückbehalten werden, bis die in der Angelegenheit entstandenen Kosten bezahlt sind. [2]Dies gilt nicht, soweit § 53 des Beurkundungsgesetzes der Zurückbehaltung entgegensteht.

§ 12
Grundsatz für die Abhängigmachung bei Gerichtskosten

In weiterem Umfang, als das Verfahrensrecht und dieses Gesetz es gestatten, darf die Tätigkeit des Gerichts von der Zahlung der Kosten oder von der Sicherstellung der Zahlung nicht abhängig gemacht werden.

§ 13
Abhängigmachung bei Gerichtsgebühren

[1]In erstinstanzlichen gerichtlichen Verfahren, in denen der Antragsteller die Kosten schuldet (§ 22 Absatz 1), kann die beantragte Handlung oder eine sonstige gericht-

liche Handlung von der Zahlung eines Vorschusses in Höhe der für die Handlung oder der für das Verfahren im Allgemeinen bestimmten Gebühr abhängig gemacht werden. [2]Satz 1 gilt in Grundbuch- und Nachlasssachen jedoch nur dann, wenn dies im Einzelfall zur Sicherung des Eingangs der Gebühr erforderlich erscheint.

§ 14
Auslagen des Gerichts

(1) [1]Wird eine gerichtliche Handlung beantragt, mit der Auslagen verbunden sind, hat derjenige, der die Handlung beantragt hat, einen zur Deckung der Auslagen ausreichenden Vorschuss zu zahlen. [2]Das Gericht soll eine Handlung, die nur auf Antrag vorzunehmen ist, von der vorherigen Zahlung abhängig machen; § 13 Satz 2 gilt entsprechend.

(2) Die Herstellung und Überlassung von Dokumenten auf Antrag sowie die Versendung von Akten können von der vorherigen Zahlung eines die Auslagen deckenden Vorschusses abhängig gemacht werden.

(3) [1]Bei Handlungen, die von Amts wegen vorgenommen werden, kann ein Vorschuss zur Deckung der Auslagen erhoben werden. [2]Im gerichtlichen Verfahren nach dem Spruchverfahrensgesetz ist ein solcher Vorschuss zu erheben.

(4) Absatz 1 gilt nicht in Freiheitsentziehungssachen und für die Anordnung einer Haft.

§ 15
Abhängigmachung bei Notarkosten

Die Tätigkeit des Notars kann von der Zahlung eines zur Deckung der Kosten ausreichenden Vorschusses abhängig gemacht werden.

§ 16
Ausnahmen von der Abhängigmachung

Die beantragte Handlung darf nicht von der Sicherstellung oder Zahlung der Kosten abhängig gemacht werden,

1. soweit dem Antragsteller Verfahrenskostenhilfe bewilligt ist oder im Fall des § 17 Absatz 2 der Bundesnotarordnung der Notar die Urkundstätigkeit vorläufig gebührenfrei oder gegen Zahlung der Gebühren in Monatsraten zu gewähren hat,
2. wenn dem Antragsteller Gebührenfreiheit zusteht,
3. wenn ein Notar erklärt hat, dass er für die Kostenschuld des Antragstellers die persönliche Haftung übernimmt,
4. wenn die Tätigkeit weder aussichtslos noch ihre Inanspruchnahme mutwillig erscheint und wenn glaubhaft gemacht wird, dass
   a) dem Antragsteller die alsbaldige Zahlung der Kosten mit Rücksicht auf seine Vermögenslage oder aus sonstigen Gründen Schwierigkeiten bereiten würde oder

b) eine Verzögerung dem Antragsteller einen nicht oder nur schwer zu ersetzenden Schaden bringen würde; zur Glaubhaftmachung genügt in diesem Fall die Erklärung des zum Bevollmächtigten bestellten Rechtsanwalts,

5. wenn aus einem anderen Grund das Verlangen nach vorheriger Zahlung oder Sicherstellung der Kosten nicht angebracht erscheint, insbesondere wenn die Berichtigung des Grundbuchs oder die Eintragung eines Widerspruchs beantragt wird oder die Rechte anderer Beteiligter beeinträchtigt werden.

§ 17
Fortdauer der Vorschusspflicht

[1]Die Verpflichtung zur Zahlung eines Vorschusses auf die Gerichtskosten bleibt bestehen, auch wenn die Kosten des Verfahrens einem anderen auferlegt oder von einem anderen übernommen sind. [2]§ 33 Absatz 1 gilt entsprechend.

Abschnitt 4
Kostenerhebung

§ 18
Ansatz der Gerichtskosten

(1) [1]Im gerichtlichen Verfahren werden angesetzt

1. die Kosten des ersten Rechtszuges bei dem Gericht, bei dem das Verfahren im ersten Rechtszug anhängig ist oder zuletzt anhängig war,
2. die Kosten des Rechtsmittelverfahrens bei dem Rechtsmittelgericht.

[2]Dies gilt auch dann, wenn die Kosten bei einem ersuchten Gericht entstanden sind.

(2) [1]Die Kosten für

1. die Eröffnung von Verfügungen von Todes wegen und
2. die Beurkundung der Ausschlagung der Erbschaft oder der Anfechtung der Ausschlagung der Erbschaft

werden auch dann von dem nach § 343 des Gesetzes über das Verfahren in Familiensachen und in den Angelegenheiten der freiwilligen Gerichtsbarkeit zuständigen Nachlassgericht erhoben, wenn die Eröffnung oder Beurkundung bei einem anderen Gericht stattgefunden hat. [2]Für Beurkundungen nach § 31 des Internationalen Erbrechtsverfahrensgesetzes vom 29. Juni 2015 (BGBl. I S. 1042) gilt Absatz 1.

(3) [1]Für die Eintragung oder Löschung eines Gesamtrechts sowie für die Eintragung der Veränderung eines solchen Rechts bei mehreren Grundbuchämtern werden die Kosten im Fall der Nummer 14122, 14131 oder 14141 des Kostenverzeichnisses bei dem Gericht angesetzt, bei dessen Grundbuchamt der Antrag zuerst eingegangen ist. [2]Entsprechendes gilt für die Eintragung oder Löschung eines Gesamtrechts sowie für die Eintragung der Veränderung eines solchen Rechts bei mehreren Registergerichten im Fall der Nummer 14221, 14231 oder 14241 des Kostenverzeichnisses.

(4) Die Kosten für die Eintragung in das Schiffsregister bei Verlegung des Heimathafens oder des Heimatorts werden nur von dem Gericht des neuen Heimathafens oder Heimatorts angesetzt.

(5) Die Dokumentenpauschale sowie die Auslagen für die Versendung von Akten werden bei der Stelle angesetzt, bei der sie entstanden sind.

(6) [1]Der Kostenansatz kann im Verwaltungsweg berichtigt werden, solange keine gerichtliche Entscheidung getroffen ist. [2]Ergeht nach der gerichtlichen Entscheidung über den Kostenansatz eine Entscheidung, durch die der Geschäftswert anders festgesetzt wird, kann der Kostenansatz ebenfalls berichtigt werden.

§ 19
Einforderung der Notarkosten

(1) [1]Die Notarkosten dürfen nur aufgrund einer dem Kostenschuldner mitgeteilten, von dem Notar unterschriebenen Berechnung eingefordert werden. [2]Der Lauf der Verjährungsfrist ist nicht von der Mitteilung der Berechnung abhängig.

(2) Die Berechung muss enthalten -> muss vorschriften

1. eine Bezeichnung des Verfahrens oder Geschäfts,
2. die angewandten Nummern des Kostenverzeichnisses,
3. den Geschäftswert bei Gebühren, die nach dem Geschäftswert berechnet sind,
4. die Beträge der einzelnen Gebühren und Auslagen, wobei bei den jeweiligen Dokumentenpauschalen (Nummern 32000 bis 32003 des Kostenverzeichnisses) und bei den Entgelten für Post- und Telekommunikationsdienstleistungen (Nummer 32004 des Kostenverzeichnisses) die Angabe des Gesamtbetrags genügt, und
5. die gezahlten Vorschüsse.

(3) Die Berechnung soll enthalten -> soll vorschriften

1. eine kurze Bezeichnung des jeweiligen Gebührentatbestands und der Auslagen,
2. die Wertvorschriften der §§ 36, 40 bis 54, 97 bis 108, 112 bis 124, aus denen sich der Geschäftswert für die jeweilige Gebühr ergibt, und
3. die Werte der einzelnen Gegenstände, wenn sich der Geschäftswert aus der Summe der Werte mehrerer Verfahrensgegenstände ergibt (§ 35 Absatz 1).

(4) Eine Berechnung ist nur unwirksam, wenn sie nicht den Vorschriften der Absätze 1 und 2 entspricht.

(5) Wird eine Berechnung durch gerichtliche Entscheidung aufgehoben, weil sie nicht den Vorschriften des Absatzes 3 entspricht, bleibt ein bereits eingetretener Neubeginn der Verjährung unberührt.

(6) Der Notar hat eine Kopie oder einen Ausdruck der Berechnung zu seinen Akten zu nehmen oder die Berechnung elektronisch aufzubewahren.

§ 20
Nachforderung von Gerichtskosten

(1) [1]Wegen eines unrichtigen Ansatzes dürfen Gerichtskosten nur nachgefordert werden, wenn der berichtigte Ansatz dem Zahlungspflichtigen vor Ablauf des nächsten Kalenderjahres nach Absendung der den Rechtszug abschließenden Kostenrechnung (Schlusskostenrechnung), bei Verfahren, in denen Jahresgebühren erhoben werden, nach Absendung der Jahresrechnung, mitgeteilt worden ist. [2]Dies gilt nicht, wenn die Nachforderung auf vorsätzlich oder grob fahrlässig falschen Angaben des Kostenschuldners beruht oder wenn der ursprüngliche Kostenansatz unter einem bestimmten Vorbehalt erfolgt ist.

(2) Ist innerhalb der Frist des Absatzes 1 ein Rechtsbehelf wegen des Hauptgegenstands oder wegen der Kosten eingelegt oder dem Zahlungspflichtigen mitgeteilt worden, dass ein Wertermittlungsverfahren eingeleitet ist, ist die Nachforderung bis zum Ablauf des nächsten Kalenderjahres nach Beendigung dieser Verfahren möglich.

(3) Ist der Wert gerichtlich festgesetzt worden, genügt es, wenn der berichtigte Ansatz dem Zahlungspflichtigen drei Monate nach der letzten Wertfestsetzung mitgeteilt worden ist.

§ 21
Nichterhebung von Kosten

(1) [1]Kosten, die bei richtiger Behandlung der Sache nicht entstanden wären, werden nicht erhoben. [2]Das Gleiche gilt für Auslagen, die durch eine von Amts wegen veranlasste Verlegung eines Termins oder Vertagung einer Verhandlung entstanden sind. [3]Für abweisende Entscheidungen sowie bei Zurücknahme eines Antrags kann von der Erhebung von Kosten abgesehen werden, wenn der Antrag auf unverschuldeter Unkenntnis der tatsächlichen oder rechtlichen Verhältnisse beruht.

(2) [1]Werden die Kosten von einem Gericht erhoben, trifft dieses die Entscheidung. [2]Solange das Gericht nicht entschieden hat, können Anordnungen nach Absatz 1 im Verwaltungsweg erlassen werden. [3]Eine im Verwaltungsweg getroffene Anordnung kann nur im Verwaltungsweg geändert werden.

Abschnitt 5
Kostenhaftung

Unterabschnitt 1
Gerichtskosten

§ 22
Kostenschuldner in Antragsverfahren, Vergleich

(1) In gerichtlichen Verfahren, die nur durch Antrag eingeleitet werden, schuldet die Kosten, wer das Verfahren des Rechtszugs beantragt hat, soweit nichts anderes bestimmt ist.

(2) Die Gebühr für den Abschluss eines gerichtlichen Vergleichs schuldet jeder, der an dem Abschluss beteiligt ist.

§ 23
Kostenschuldner in bestimmten gerichtlichen Verfahren

Kostenschuldner

1. in Betreuungssachen und betreuungsgerichtlichen Zuweisungssachen ist der Betroffene, wenn ein Betreuer oder vorläufiger Betreuer bestellt oder eine Pflegschaft angeordnet worden ist;
2. bei einer Pflegschaft für gesammeltes Vermögen ist der Pfleger, jedoch nur mit dem gesammelten Vermögen;
3. für die Gebühr für die Entgegennahme von Forderungsanmeldungen im Falle des § 2061 des Bürgerlichen Gesetzbuchs ist derjenige Miterbe, der die Aufforderung erlassen hat;
4. für die Gebühr für die Entgegennahme
   a) einer Erklärung über die Anfechtung eines Testaments oder Erbvertrags,
   b) einer Anzeige des Vorerben oder des Nacherben über den Eintritt der Nacherbfolge,
   c) einer Anzeige des Verkäufers oder Käufers einer Erbschaft über den Verkauf, auch in den Fällen des § 2385 des Bürgerlichen Gesetzbuchs,
   d) eines Nachlassinventars oder einer Erklärung nach § 2004 des Bürgerlichen Gesetzbuchs oder
   e) der Erklärung eines Hoferben über die Wahl des Hofes gemäß § 9 Absatz 2 Satz 1 der Höfeordnung

   ist derjenige, der die Erklärung, die Anzeige oder das Nachlassinventar abgegeben hat;
5. *(weggefallen)*
6. *(weggefallen)*
7. in Handels-, Genossenschafts-, Partnerschafts- und Vereinsregistersachen bei Verfahren, die von Amts wegen durchgeführt werden, und bei Eintragungen, die von Amts wegen erfolgen, ist die Gesellschaft oder der Kaufmann, die Genossenschaft, die Partnerschaft oder der Verein;
8. für die Gebühr für die Entgegennahme, Prüfung und Aufbewahrung der zum Handels- oder Genossenschaftsregister einzureichenden Unterlagen ist das Unternehmen, für das die Unterlagen eingereicht werden;
9. im Verfahren zum Zweck der Verhandlung über die Dispache, soweit das Verfahren mit der Bestätigung der Dispache endet, sind die an dem Verfahren Beteiligten;
10. im Verfahren über die gerichtliche Entscheidung über die Zusammensetzung des Aufsichtsrats, das sich nach den §§ 98 und 99 des Aktiengesetzes richtet, ist die Gesellschaft, soweit die Kosten nicht dem Antragsteller auferlegt sind;

11. im Verfahren über die Eintragung als Eigentümer im Wege der Grundbuchberichtigung von Amts wegen aufgrund des § 82a der Grundbuchordnung ist der Eigentümer;
12. für die Eintragung des Erstehers als Eigentümer ist nur dieser;
13. für die Eintragung der Sicherungshypothek für Forderungen gegen den Ersteher sind der Gläubiger und der Ersteher;
14. im Verfahren nach dem Spruchverfahrensgesetz ist nur der Antragsgegner, soweit das Gericht die Kosten den Antragstellern auferlegt hat, auch diese und
15. in Freiheitsentziehungssachen sind nur der Betroffene sowie im Rahmen ihrer gesetzlichen Unterhaltspflicht die zu seinem Unterhalt Verpflichteten, wenn die Kosten nicht der Verwaltungsbehörde auferlegt sind.

§ 24
Kostenhaftung der Erben

Kostenschuldner im gerichtlichen Verfahren

1. über die Eröffnung einer Verfügung von Todes wegen;
2. über die Nachlasssicherung;
3. über eine Nachlasspflegschaft nach § 1961 des Bürgerlichen Gesetzbuchs, wenn diese angeordnet wird;
4. über die Errichtung eines Nachlassinventars;
5. über eine Nachlassverwaltung, wenn diese angeordnet wird;
6. über die Pflegschaft für einen Nacherben;
7. über die Ernennung oder Entlassung eines Testamentsvollstreckers;
8. über die Entgegennahme von Erklärungen, die die Bestimmung der Person des Testamentsvollstreckers oder die Ernennung von Mitvollstreckern betreffen, oder über die Annahme, Ablehnung oder Kündigung des Amtes als Testamentsvollstrecker sowie
9. zur Ermittlung der Erben (§ 342 Absatz 1 Nummer 4 des Gesetzes über das Verfahren in Familiensachen und in den Angelegenheiten der freiwilligen Gerichtsbarkeit)

sind nur die Erben, und zwar nach den Vorschriften des Bürgerlichen Gesetzbuchs über Nachlassverbindlichkeiten, wenn das Gericht nichts anderes bestimmt.

§ 25
Kostenschuldner im Rechtsmittelverfahren, Gehörsrüge

(1) Die nach § 22 Absatz 1 begründete Haftung für die Kosten eines Rechtsmittelverfahrens erlischt, wenn das Rechtsmittel ganz oder teilweise mit Erfolg eingelegt worden ist und das Gericht nicht über die Kosten entschieden hat oder die Kosten nicht von einem anderen Beteiligten übernommen worden sind.

(2) Richtet sich eine Beschwerde gegen eine Entscheidung des Betreuungsgerichts und ist sie von dem Betreuten oder dem Pflegling oder im Interesse dieser Personen eingelegt, so schuldet die Kosten nur derjenige, dem das Gericht die Kosten auferlegt hat. Entsprechendes gilt für ein sich anschließendes Rechtsbeschwerdeverfahren und für das Verfahren über die Rüge wegen Verletzung des Anspruchs auf rechtliches Gehör.

(3) Die §§ 23 und 24 gelten nicht im Rechtsmittelverfahren.

§ 26
Bestimmte sonstige gerichtliche Auslagen

(1) [1]Die Dokumentenpauschale schuldet ferner, wer die Erteilung der Ausfertigungen, Kopien oder Ausdrucke beantragt hat. [2]Sind in einem gerichtlichen Verfahren Kopien oder Ausdrucke angefertigt worden, weil der Beteiligte es unterlassen hat, die erforderliche Zahl von Mehrfertigungen beizufügen, schuldet nur der Beteiligte die Dokumentenpauschale.

(2) Die Auslagen nach Nummer 31003 des Kostenverzeichnisses schuldet nur, wer die Versendung der Akte beantragt hat.

(3) In Unterbringungssachen schuldet der Betroffene nur Auslagen nach Nummer 31015 des Kostenverzeichnisses und nur, wenn die Gerichtskosten nicht einem anderen auferlegt worden sind.

(4) Im Verfahren auf Bewilligung von Verfahrenskostenhilfe und im Verfahren auf Bewilligung grenzüberschreitender Prozesskostenhilfe ist der Antragsteller Schuldner der Auslagen, wenn

1. der Antrag zurückgenommen oder vom Gericht abgelehnt wird oder
2. die Übermittlung des Antrags von der Übermittlungsstelle oder das Ersuchen um Prozesskostenhilfe von der Empfangsstelle abgelehnt wird.

(5) Die Auslagen einer öffentlichen Zustellung in Teilungssachen schulden die Anteilsberechtigten.

§ 27
Weitere Fälle der Kostenhaftung

Die Kosten schuldet ferner,

1. wem durch gerichtliche Entscheidung die Kosten des Verfahrens auferlegt sind;
2. wer sie durch eine vor Gericht abgegebene oder dem Gericht mitgeteilte Erklärung oder in einem vor Gericht abgeschlossenen oder dem Gericht mitgeteilten Vergleich übernommen hat; dies gilt auch, wenn bei einem Vergleich ohne Bestimmung über die Kosten diese als von beiden Teilen je zur Hälfte übernommen anzusehen sind;
3. wer für die Kostenschuld eines anderen kraft Gesetzes haftet und
4. der Verpflichtete für die Kosten der Vollstreckung.

§ 28
Erlöschen der Zahlungspflicht

[1]Die durch gerichtliche Entscheidung begründete Verpflichtung zur Zahlung von Kosten erlischt, soweit die Entscheidung durch eine andere gerichtliche Entscheidung aufgehoben oder abgeändert wird. [2]Soweit die Verpflichtung zur Zahlung von Kosten nur auf der aufgehobenen oder abgeänderten Entscheidung beruht hat, werden bereits gezahlte Kosten zurückerstattet.

Unterabschnitt 2
Notarkosten

§ 29
Kostenschuldner im Allgemeinen

Die Notarkosten schuldet, wer

1. den Auftrag erteilt oder den Antrag gestellt hat,
2. die Kostenschuld gegenüber dem Notar übernommen hat oder
3. für die Kostenschuld eines anderen kraft Gesetzes haftet.

§ 30
Haftung der Urkundsbeteiligten

(1) Die Kosten des Beurkundungsverfahrens und die im Zusammenhang mit dem Beurkundungsverfahren anfallenden Kosten des Vollzugs und der Betreuungstätigkeiten schuldet ferner jeder, dessen Erklärung beurkundet worden ist.

(2) Werden im Beurkundungsverfahren die Erklärungen mehrerer Beteiligter beurkundet und betreffen die Erklärungen verschiedene Rechtsverhältnisse, beschränkt sich die Haftung des Einzelnen auf die Kosten, die entstanden wären, wenn die übrigen Erklärungen nicht beurkundet worden wären.

(3) Derjenige, der in einer notariellen Urkunde die Kosten dieses Beurkundungsverfahrens, die im Zusammenhang mit dem Beurkundungsverfahren anfallenden Kosten des Vollzugs und der Betreuungstätigkeiten oder sämtliche genannten Kosten übernommen hat, haftet insoweit auch gegenüber dem Notar.

§ 31
Besonderer Kostenschuldner

(1) Schuldner der Kosten, die für die Beurkundung des Zuschlags bei der freiwilligen Versteigerung eines Grundstücks oder grundstücksgleichen Rechts anfallen, ist vorbehaltlich des § 29 Nummer 3 nur der Ersteher.

(2) Für die Kosten, die durch die Errichtung eines Nachlassinventars und durch Tätigkeiten zur Nachlasssicherung entstehen, haften nur die Erben, und zwar nach den Vorschriften des Bürgerlichen Gesetzbuchs über Nachlassverbindlichkeiten.

(3) [1]Schuldner der Kosten der Auseinandersetzung eines Nachlasses oder des Gesamtguts nach Beendigung der ehelichen, lebenspartnerschaftlichen oder fortgesetzten Gütergemeinschaft sind die Anteilsberechtigten; dies gilt nicht, soweit der Antrag zurückgenommen oder zurückgewiesen wurde. [2]Ferner sind die für das Amtsgericht geltenden Vorschriften über die Kostenhaftung entsprechend anzuwenden.

Unterabschnitt 3
Mehrere Kostenschuldner

§ 32
Mehrere Kostenschuldner

(1) Mehrere Kostenschuldner haften als Gesamtschuldner.

(2) Sind durch besondere Anträge eines Beteiligten Mehrkosten entstanden, so fallen diese ihm allein zur Last.

§ 33
Erstschuldner der Gerichtskosten

(1) [1]Soweit ein Kostenschuldner im gerichtlichen Verfahren aufgrund von § 27 Nummer 1 oder Nummer 2 (Erstschuldner) haftet, soll die Haftung eines anderen Kostenschuldners nur geltend gemacht werden, wenn eine Zwangsvollstreckung in das bewegliche Vermögen des Erstschuldners erfolglos geblieben ist oder aussichtslos erscheint. [2]Zahlungen des Erstschuldners mindern seine Haftung aufgrund anderer Vorschriften dieses Gesetzes auch dann in voller Höhe, wenn sich seine Haftung nur auf einen Teilbetrag bezieht.

(2) [1]Soweit einem Kostenschuldner, der aufgrund von § 27 Nummer 1 haftet (Entscheidungsschuldner), Verfahrenskostenhilfe bewilligt worden ist, darf die Haftung eines anderen Kostenschuldners nicht geltend gemacht werden; von diesem bereits erhobene Kosten sind zurückzuzahlen, so weit es sich nicht um eine Zahlung nach § 13 Absatz 1 und 3 des Justizvergütungs- und -entschädigungsgesetzes handelt und der Beteiligte, dem die Verfahrenskostenhilfe bewilligt worden ist, der besonderen Vergütung zugestimmt hat. [2]Die Haftung eines anderen Kostenschuldners darf auch nicht geltend gemacht werden, soweit dem Entscheidungsschuldner ein Betrag für die Reise zum Ort einer Verhandlung, Anhörung oder Untersuchung und für die Rückreise gewährt worden ist.

(3) Absatz 2 ist entsprechend anzuwenden, soweit der Kostenschuldner aufgrund des § 27 Nummer 2 haftet und wenn

1. der Kostenschuldner die Kosten in einem vor Gericht abgeschlossenen oder durch Schriftsatz gegenüber dem Gericht angenommenen Vergleich übernommen hat,
2. der Vergleich einschließlich der Verteilung der Kosten von dem Gericht vorgeschlagen worden ist und
3. das Gericht in seinem Vergleichsvorschlag ausdrücklich festgestellt hat, dass die Kostenregelung der sonst zu erwartenden Kostenentscheidung entspricht.

Abschnitt 6
Gebührenvorschriften

§ 34
Wertgebühren

(1) Wenn sich die Gebühren nach dem Geschäftswert richten, bestimmt sich die Höhe der Gebühr nach Tabelle A oder Tabelle B.

(2) Die Gebühr beträgt bei einem Geschäftswert bis 500 Euro nach Tabelle A 35 Euro, nach Tabelle B 15 Euro. Die Gebühr erhöht sich bei einem

Geschäftswert bis ... Euro	für jeden angefangenen Betrag von weiteren ... Euro	in **Tabelle A** um ... Euro	in **Tabelle B** um ... Euro
2 000	500	20	4
10 000	1 000	21	6
25 000	3 000	29	8
50 000	5 000	38	10
200 000	15 000	132	27
500 000	30 000	198	50
über 500 000	50 000	198	
5 000 000	50 000		80
10 000 000	200 000		130
20 000 000	250 000		150
30 000 000	500 000		280
über 30 000 000	1 000 000		120

(3) Gebührentabellen für Geschäftswerte bis 3 Millionen Euro sind diesem Gesetz als Anlage 2 beigefügt.

(4) Gebühren werden auf den nächstliegenden Cent auf- oder abgerundet; 0,5 Cent werden aufgerundet.

(5) Der Mindestbetrag einer Gebühr ist 15 Euro.

Abschnitt 7
Wertvorschriften

Unterabschnitt 1
Allgemeine Wertvorschriften

§ 35
Grundsatz

(1) In demselben Verfahren und in demselben Rechtszug werden die Werte mehrerer Verfahrensgegenstände zusammengerechnet, soweit nichts anderes bestimmt ist.

(2) Der Geschäftswert beträgt, wenn die Tabelle A anzuwenden ist, höchstens 30 Millionen Euro, wenn die Tabelle B anzuwenden ist, höchstens 60 Millionen Euro, wenn kein niedrigerer Höchstwert bestimmt ist.

§ 36
Allgemeiner Geschäftswert

(1) Soweit sich in einer vermögensrechtlichen Angelegenheit der Geschäftswert aus den Vorschriften dieses Gesetzes nicht ergibt und er auch sonst nicht feststeht, ist er nach billigem Ermessen zu bestimmen.

(2) Soweit sich in einer nichtvermögensrechtlichen Angelegenheit der Geschäftswert aus den Vorschriften dieses Gesetzes nicht ergibt, ist er unter Berücksichtigung aller Umstände des Einzelfalls, insbesondere des Umfangs und der Bedeutung der Sache und der Vermögens- und Einkommensverhältnisse der Beteiligten, nach billigem Ermessen zu bestimmen, jedoch nicht über 1 Million Euro.

(3) Bestehen in den Fällen der Absätze 1 und 2 keine genügenden Anhaltspunkte für eine Bestimmung des Werts, ist von einem Geschäftswert von 5 000 Euro auszugehen.

(4) [1]Wenn sich die Gerichtsgebühren nach den für Notare geltenden Vorschriften bestimmen, sind die für Notare geltenden Wertvorschriften entsprechend anzuwenden. [2]Wenn sich die Notargebühren nach den für Gerichte geltenden Vorschriften bestimmen, sind die für Gerichte geltenden Wertvorschriften entsprechend anzuwenden.

§ 37
Früchte, Nutzungen, Zinsen, Vertragsstrafen, sonstige Nebengegenstände und Kosten

(1) Sind außer dem Hauptgegenstand des Verfahrens auch Früchte, Nutzungen, Zinsen, Vertragsstrafen, sonstige Nebengegenstände oder Kosten betroffen, wird deren Wert nicht berücksichtigt.

(2) Soweit Früchte, Nutzungen, Zinsen, Vertragsstrafen, sonstige Nebengegenstände oder Kosten ohne den Hauptgegenstand betroffen sind, ist deren Wert maßgebend, soweit er den Wert des Hauptgegenstands nicht übersteigt.

(3) Sind die Kosten des Verfahrens ohne den Hauptgegenstand betroffen, ist der Betrag der Kosten maßgebend, soweit er den Wert des Hauptgegenstands nicht übersteigt.

§ 38
Belastung mit Verbindlichkeiten

[1]Verbindlichkeiten, die auf einer Sache oder auf einem Recht lasten, werden bei Ermittlung des Geschäftswerts nicht abgezogen, sofern nichts anderes bestimmt ist. [2]Dies gilt auch für Verbindlichkeiten eines Nachlasses, einer sonstigen Vermögensmasse und im Fall einer Beteiligung an einer Personengesellschaft auch für deren Verbindlichkeiten.

§ 39
Auskunftspflichten

(1) [1]Ein Notar, der einen Antrag bei Gericht einreicht, hat dem Gericht den von ihm zugrunde gelegten Geschäftswert hinsichtlich eines jeden Gegenstands mitzuteilen, soweit dieser für die vom Gericht zu erhebenden Gebühren von Bedeutung ist. [2]Auf Ersuchen des Gerichts hat der Notar, der Erklärungen beurkundet hat, die bei Gericht eingereicht worden sind, oder Unterschriften oder Handzeichen unter solchen Erklärungen beglaubigt hat, in entsprechendem Umfang Auskunft zu erteilen.

(2) [1]Legt das Gericht seinem Kostenansatz einen von Absatz 1 abweichenden Geschäftswert zugrunde, so ist dieser dem Notar mitzuteilen. [2]Auf Ersuchen des Notars, der Erklärungen beurkundet oder beglaubigt hat, die bei Gericht eingereicht werden, hat das Gericht über die für die Geschäftswertbestimmung maßgeblichen Umstände Auskunft zu erteilen.

Unterabschnitt 2
Besondere Geschäftswertvorschriften

§ 40
Erbschein, Europäisches Nachlasszeugnis, Zeugnis über die Fortsetzung der Gütergemeinschaft und Testamentsvollstreckerzeugnis

(1) [1]Der Geschäftswert für das Verfahren zur

1. Abnahme der eidesstattlichen Versicherung zur Erlangung eines Erbscheins oder eines Europäischen Nachlasszeugnisses,
2. Erteilung eines Erbscheins oder Ausstellung eines Europäischen Nachlasszeugnisses, soweit dieses die Rechtsstellung und die Rechte der Erben oder Vermächtnisnehmer mit unmittelbarer Berechtigung am Nachlass betrifft,
3. Einziehung oder Kraftloserklärung eines Erbscheins,
4. Änderung oder zum Widerruf eines Europäischen Nachlasszeugnisses, soweit die Rechtsstellung und Rechte der Erben oder Vermächtnisnehmer mit unmittelbarer Beteiligung am Nachlass betroffen sind,

ist der Wert des Nachlasses im Zeitpunkt des Erbfalls. [2]Vom Erblasser herrührende Verbindlichkeiten werden abgezogen. [3]Ist in dem Erbschein lediglich die Hoferbfolge zu bescheinigen, ist Geschäftswert der Wert des Hofs. [4]Abweichend von Satz 2 werden nur die auf dem Hof lastenden Verbindlichkeiten mit Ausnahme der Hypotheken, Grund- und Rentenschulden (§ 15 Absatz 2 der Höfeordnung) abgezogen.

(2) [1]Beziehen sich die in Absatz 1 genannten Verfahren nur auf das Erbrecht eines Miterben, bestimmt sich der Geschäftswert nach dem Anteil dieses Miterben. [2]Entsprechendes gilt, wenn ein weiterer Miterbe einer bereits beurkundeten eidesstattlichen Versicherung beitritt.

(3) [1]Erstrecken sich die Wirkungen eines Erbscheins nur auf einen Teil des Nachlasses, bleiben diejenigen Gegenstände, die von der Erbscheinswirkung nicht erfasst werden, bei der Berechnung des Geschäftswerts außer Betracht; Nachlassverbind-

lichkeiten werden nicht abgezogen. [2]Macht der Kostenschuldner glaubhaft, dass der Geschäftswert nach Absatz 1 niedriger ist, so ist dieser maßgebend. [3]Die Sätze 1 und 2 finden auf die Ausstellung, die Änderung und den Widerruf eines Europäischen Nachlasszeugnisses entsprechende Anwendung.

(4) Auf ein Verfahren, das ein Zeugnis über die Fortsetzung der Gütergemeinschaft betrifft, sind die Absätze 1 bis 3 entsprechend anzuwenden; an die Stelle des Nachlasses tritt der halbe Wert des Gesamtguts der fortgesetzten Gütergemeinschaft.

(5) [1]In einem Verfahren, das ein Zeugnis über die Ernennung eines Testamentsvollstreckers betrifft, beträgt der Geschäftswert 20 Prozent des Nachlasswerts im Zeitpunkt des Erbfalls, wobei Nachlassverbindlichkeiten nicht abgezogen werden; die Absätze 2 und 3 sind entsprechend anzuwenden. [2]Dies gilt entsprechend, soweit die Angabe der Befugnisse des Testamentsvollstreckers Gegenstand eines Verfahrens wegen eines Europäischen Nachlasszeugnisses ist.

(6) Bei der Ermittlung des Werts und der Zusammensetzung des Nachlasses steht § 30 der Abgabenordnung einer Auskunft des Finanzamtes nicht entgegen.

§ 41
Zeugnisse zum Nachweis der Auseinandersetzung eines Nachlasses oder Gesamtguts

In einem Verfahren, das ein Zeugnis nach den §§ 36 und 37 der Grundbuchordnung oder nach § 42 der Schiffsregisterordnung, auch in Verbindung mit § 74 der Schiffsregisterordnung oder § 86 des Gesetzes über Rechte an Luftfahrzeugen, betrifft, ist Geschäftswert der Wert der Gegenstände, auf die sich der Nachweis der Rechtsnachfolge erstreckt.

§ 42
Wohnungs- und Teileigentum

(1) [1]Bei der Begründung von Wohnungs- oder Teileigentum und bei Geschäften, die die Aufhebung oder das Erlöschen von Sondereigentum betreffen, ist Geschäftswert der Wert des bebauten Grundstücks. [2]Ist das Grundstück noch nicht bebaut, ist dem Grundstückswert der Wert des zu errichtenden Bauwerks hinzuzurechnen.

(2) Bei Wohnungs- und Teilerbbaurechten gilt Absatz 1 entsprechend, wobei an die Stelle des Grundstückswerts der Wert des Erbbaurechts tritt.

§ 43
Erbbaurechtsbestellung

[1]Wird bei der Bestellung eines Erbbaurechts als Entgelt ein Erbbauzins vereinbart, ist Geschäftswert der nach § 52 errechnete Wert des Erbbauzinses. [2]Ist der nach § 49 Absatz 2 errechnete Wert des Erbbaurechts höher, so ist dieser maßgebend.

§ 44
Mithaft

(1) [1]Bei der Einbeziehung eines Grundstücks in die Mithaft wegen eines Grundpfandrechts und bei der Entlassung aus der Mithaft bestimmt sich der Geschäftswert nach

dem Wert des einbezogenen oder entlassenen Grundstücks, wenn dieser geringer als der Wert nach § 53 Absatz 1 ist. [2]Die Löschung eines Grundpfandrechts, bei dem bereits zumindest ein Grundstück aus der Mithaft entlassen worden ist, steht hinsichtlich der Geschäftswertbestimmung der Entlassung aus der Mithaft gleich.

(2) Absatz 1 gilt entsprechend für grundstücksgleiche Rechte.

(3) Absatz 1 gilt ferner entsprechend

1. für Schiffshypotheken mit der Maßgabe, dass an die Stelle des Grundstücks das Schiff oder das Schiffsbauwerk tritt, und
2. für Registerpfandrechte an einem Luftfahrzeug mit der Maßgabe, dass an die Stelle des Grundstücks das Luftfahrzeug tritt.

§ 45
Rangverhältnisse und Vormerkungen

(1) Bei Einräumung des Vorrangs oder des gleichen Rangs ist Geschäftswert der Wert des vortretenden Rechts, höchstens jedoch der Wert des zurücktretenden Rechts.

(2) [1]Die Vormerkung gemäß § 1179 des Bürgerlichen Gesetzbuchs zugunsten eines nach- oder gleichstehenden Berechtigten steht der Vorrangseinräumung gleich. [2]Dasselbe gilt für den Fall, dass ein nachrangiges Recht gegenüber einer vorrangigen Vormerkung wirksam sein soll. [3]Der Ausschluss des Löschungsanspruchs nach § 1179a Absatz 5 des Bürgerlichen Gesetzbuchs, auch in Verbindung mit § 1179b Absatz 2 des Bürgerlichen Gesetzbuchs, ist wie ein Rangrücktritt des Rechts zu behandeln, als dessen Inhalt der Ausschluss vereinbart wird.

(3) Geschäftswert einer sonstigen Vormerkung ist der Wert des vorgemerkten Rechts; § 51 Absatz 1 Satz 2 ist entsprechend anzuwenden.

Unterabschnitt 3
Bewertungsvorschriften

§ 46
Sache

(1) Der Wert einer Sache wird durch den Preis bestimmt, der im gewöhnlichen Geschäftsverkehr nach der Beschaffenheit der Sache unter Berücksichtigung aller den Preis beeinflussenden Umstände bei einer Veräußerung zu erzielen wäre (Verkehrswert).

(2) Steht der Verkehrswert nicht fest, ist er zu bestimmen

1. nach dem Inhalt des Geschäfts,
2. nach den Angaben der Beteiligten,
3. anhand von sonstigen amtlich bekannten Tatsachen oder Vergleichswerten aufgrund einer amtlichen Auskunft oder

4. anhand offenkundiger Tatsachen.

(3) [1]Bei der Bestimmung des Verkehrswerts eines Grundstücks können auch herangezogen werden

1. im Grundbuch eingetragene Belastungen,
2. aus den Grundakten ersichtliche Tatsachen oder Vergleichswerte oder
3. für Zwecke der Steuererhebung festgesetzte Werte.

[2]Im Fall der Nummer 3 steht § 30 der Abgabenordnung einer Auskunft des Finanzamts nicht entgegen.

(4) Eine Beweisaufnahme zur Feststellung des Verkehrswerts findet nicht statt.

§ 47
Sache bei Kauf

[1]Im Zusammenhang mit dem Kauf wird der Wert der Sache durch den Kaufpreis bestimmt. [2]Der Wert der vorbehaltenen Nutzungen und der vom Käufer übernommenen oder ihm sonst infolge der Veräußerung obliegenden Leistungen wird hinzugerechnet. [3]Ist der nach Satz 1 und 2 ermittelte Wert niedriger als der Verkehrswert, ist der Verkehrswert maßgebend.

§ 48
Land- und forstwirtschaftliches Vermögen

(1) [1]Im Zusammenhang mit der Übergabe oder Zuwendung eines land- oder forstwirtschaftlichen Betriebs mit Hofstelle an eine oder mehrere natürliche Personen einschließlich der Abfindung weichender Erben beträgt der Wert des land- und forstwirtschaftlichen Vermögens im Sinne des Bewertungsgesetzes höchstens das Vierfache des letzten Einheitswerts, der zur Zeit der Fälligkeit der Gebühr bereits festgestellt ist, wenn

1. die unmittelbare Fortführung des Betriebs durch den Erwerber selbst beabsichtigt ist und
2. der Betrieb unmittelbar nach Vollzug der Übergabe oder Zuwendung einen nicht nur unwesentlichen Teil der Existenzgrundlage des zukünftigen Inhabers bildet.

[2]§ 46 Absatz 3 Satz 2 gilt entsprechend. [3]Ist der Einheitswert noch nicht festgestellt, so ist dieser vorläufig zu schätzen; die Schätzung ist nach der ersten Feststellung des Einheitswerts zu berichtigen; die Frist des § 20 Absatz 1 beginnt erst mit der Feststellung des Einheitswerts. [4]In dem in Artikel 3 des Einigungsvertrages genannten Gebiet gelten für die Bewertung des land- und forstwirtschaftlichen Vermögens die Vorschriften des Dritten Abschnitts im Zweiten Teil des Bewertungsgesetzes mit Ausnahme von § 125 Absatz 3; § 126 Absatz 2 des Bewertungsgesetzes ist sinngemäß anzuwenden.

(2) Weicht der Gegenstand des gebührenpflichtigen Geschäfts vom Gegenstand der Einheitsbewertung oder vom Gegenstand der Bildung des Ersatzwirtschaftswerts wesentlich ab oder hat sich der Wert infolge bestimmter Umstände, die nach dem Feststellungszeitpunkt des Einheitswerts oder des Ersatzwirtschaftswerts eingetre-

ten sind, wesentlich verändert, so ist der nach den Grundsätzen der Einheitsbewertung oder der Bildung des Ersatzwirtschaftswerts geschätzte Wert maßgebend.

(3) Die Absätze 1 und 2 sind entsprechend anzuwenden für die Bewertung

1. eines Hofs im Sinne der Höfeordnung und
2. eines landwirtschaftlichen Betriebs in einem Verfahren aufgrund der Vorschriften über die gerichtliche Zuweisung eines Betriebs (§ 1 Nummer 2 des Gesetzes über das gerichtliche Verfahren in Landwirtschaftssachen), sofern das Verfahren mit der Zuweisung endet.

§ 49
Grundstücksgleiche Rechte

(1) Die für die Bewertung von Grundstücken geltenden Vorschriften sind auf Rechte entsprechend anzuwenden, die den für Grundstücke geltenden Vorschriften unterliegen, soweit sich aus Absatz 2 nichts anderes ergibt.

(2) Der Wert eines Erbbaurechts beträgt 80 Prozent der Summe aus den Werten des belasteten Grundstücks und darauf errichteter Bauwerke; sofern die Ausübung des Rechts auf eine Teilfläche beschränkt ist, sind 80 Prozent vom Wert dieser Teilfläche zugrunde zu legen.

§ 50
Bestimmte schuldrechtliche Verpflichtungen

Der Wert beträgt bei einer schuldrechtlichen Verpflichtung

1. über eine Sache oder ein Recht nicht oder nur eingeschränkt zu verfügen, 10 Prozent des Verkehrswerts der Sache oder des Werts des Rechts;
2. zur eingeschränkten Nutzung einer Sache 20 Prozent des Verkehrswerts der Sache;
3. zur Errichtung eines Bauwerks, wenn es sich um
   a) ein Wohngebäude handelt, 20 Prozent des Verkehrswerts des unbebauten Grundstücks,
   b) ein gewerblich genutztes Bauwerk handelt, 20 Prozent der voraussichtlichen Herstellungskosten;
4. zu Investitionen 20 Prozent der Investitionssumme.

§ 51
Erwerbs- und Veräußerungsrechte, Verfügungsbeschränkungen

(1) [1]Der Wert eines Ankaufsrechts oder eines sonstigen Erwerbs- oder Veräußerungsrechts ist der Wert des Gegenstands, auf den sich das Recht bezieht. [2]Der Wert eines Vorkaufs- oder Wiederkaufsrechts ist die Hälfte des Werts nach Satz 1.

(2) Der Wert einer Verfügungsbeschränkung, insbesondere nach den §§ 1365 und 1369 des Bürgerlichen Gesetzbuchs sowie einer Belastung gemäß § 1010 des

Bürgerlichen Gesetzbuchs, beträgt 30 Prozent des von der Beschränkung betroffenen Gegenstands.

(3) Ist der nach den Absätzen 1 und 2 bestimmte Wert nach den besonderen Umständen des Einzelfalls unbillig, kann ein höherer oder ein niedrigerer Wert angenommen werden.

§ 52
Nutzungs- und Leistungsrechte

(1) Der Wert einer Dienstbarkeit, einer Reallast oder eines sonstigen Rechts oder Anspruchs auf wiederkehrende oder dauernde Nutzungen oder Leistungen einschließlich des Unterlassens oder Duldens bestimmt sich nach dem Wert, den das Recht für den Berechtigten oder für das herrschende Grundstück hat.

(2) [1]Ist das Recht auf eine bestimmte Zeit beschränkt, ist der auf die Dauer des Rechts entfallende Wert maßgebend. [2]Der Wert ist jedoch durch den auf die ersten 20 Jahre entfallenden Wert des Rechts beschränkt. [3]Ist die Dauer des Rechts außerdem auf die Lebensdauer einer Person beschränkt, darf der nach Absatz 4 bemessene Wert nicht überschritten werden.

(3) [1]Der Wert eines Rechts von unbeschränkter Dauer ist der auf die ersten 20 Jahre entfallende Wert. [2]Der Wert eines Rechts von unbestimmter Dauer ist der auf die ersten zehn Jahre entfallende Wert, soweit sich aus Absatz 4 nichts anderes ergibt.

(4) [1]Ist das Recht auf die Lebensdauer einer Person beschränkt, ist sein Wert

bei einem Lebensalter von ...	der auf die ersten ... Jahre
bis zu 30 Jahren	20
über 30 Jahren bis zu 50 Jahren	15
über 50 Jahren bis zu 70 Jahren	10
über 70 Jahren	5

entfallende Wert. [2]Hängt die Dauer des Rechts von der Lebensdauer mehrerer Personen ab, ist maßgebend,

1. wenn das Recht mit dem Tod des zuletzt Sterbenden erlischt, das Lebensalter der jüngsten Person,
2. wenn das Recht mit dem Tod des zuerst Sterbenden erlischt, das Lebensalter der ältesten Person.

(5) Der Jahreswert wird mit 5 Prozent des Werts des betroffenen Gegenstands oder Teils des betroffenen Gegenstands angenommen, sofern nicht ein anderer Wert festgestellt werden kann.

(6) [1]Für die Berechnung des Werts ist der Beginn des Rechts maßgebend. [2]Bildet das Recht später den Gegenstand eines gebührenpflichtigen Geschäfts, so ist der

spätere Zeitpunkt maßgebend. [3]Ist der nach den vorstehenden Absätzen bestimmte Wert nach den besonderen Umständen des Einzelfalls unbillig, weil im Zeitpunkt des Geschäfts der Beginn des Rechts noch nicht feststeht oder das Recht in anderer Weise bedingt ist, ist ein niedrigerer Wert anzunehmen. [4]Der Wert eines durch Zeitablauf oder durch den Tod des Berechtigten erloschenen Rechts beträgt 0 Euro.

(7) Preisklauseln werden nicht berücksichtigt.

§ 53
Grundpfandrechte und sonstige Sicherheiten

(1) [1]Der Wert einer Hypothek, Schiffshypothek, eines Registerpfandrechts an einem Luftfahrzeug oder einer Grundschuld ist der Nennbetrag der Schuld. [2]Der Wert einer Rentenschuld ist der Nennbetrag der Ablösungssumme.

(2) Der Wert eines sonstigen Pfandrechts oder der sonstigen Sicherstellung einer Forderung durch Bürgschaft, Sicherungsübereignung oder dergleichen bestimmt sich nach dem Betrag der Forderung und, wenn der als Pfand oder zur Sicherung dienende Gegenstand einen geringeren Wert hat, nach diesem.

§ 54
Bestimmte Gesellschaftsanteile

[1]Wenn keine genügenden Anhaltspunkte für einen höheren Wert von Anteilen an Kapitalgesellschaften und von Kommanditbeteiligungen bestehen, bestimmt sich der Wert nach dem Eigenkapital im Sinne von § 266 Absatz 3 des Handelsgesetzbuchs, das auf den jeweiligen Anteil oder die Beteiligung entfällt. [2]Grundstücke, Gebäude, grundstücksgleiche Rechte, Schiffe oder Schiffsbauwerke sind dabei nach den Bewertungsvorschriften dieses Unterabschnitts zu berücksichtigen. [3]Sofern die betreffenden Gesellschaften überwiegend vermögensverwaltend tätig sind, insbesondere als Immobilienverwaltungs-, Objekt-, Holding-, Besitz- oder sonstige Beteiligungsgesellschaft, ist der auf den jeweiligen Anteil oder die Beteiligung entfallende Wert des Vermögens der Gesellschaft maßgeblich; die Sätze 1 und 2 sind nicht anzuwenden.

Kapitel 2
Gerichtskosten

Abschnitt 1
Gebührenvorschriften

§ 55
Einmalige Erhebung der Gebühren

(1) Die Gebühr für das Verfahren im Allgemeinen und die Gebühr für eine Entscheidung oder die Vornahme einer Handlung werden in jedem Rechtszug hinsichtlich eines jeden Teils des Verfahrensgegenstands nur einmal erhoben.

(2) Für Eintragungen in das Vereinsregister, Güterrechtsregister, Grundbuch, Schiffs- und Schiffbauregister und in das Register für Pfandrechte an Luftfahrzeugen werden die Gebühren für jede Eintragung gesondert erhoben, soweit nichts anderes bestimmt ist.

§ 56
Teile des Verfahrensgegenstands

(1) Für Handlungen, die einen Teil des Verfahrensgegenstands betreffen, sind die Gebühren nur nach dem Wert dieses Teils zu berechnen.

(2) Sind von einzelnen Wertteilen in demselben Rechtszug für gleiche Handlungen Gebühren zu berechnen, darf nicht mehr erhoben werden, als wenn die Gebühr nach dem Gesamtbetrag der Wertteile zu berechnen wäre.

(3) Sind für Teile des Verfahrensgegenstands verschiedene Gebührensätze anzuwenden, sind die Gebühren für die Teile gesondert zu berechnen; die aus dem Gesamtbetrag der Wertteile nach dem höchsten Gebührensatz berechnete Gebühr darf jedoch nicht überschritten werden.

§ 57
Zurückverweisung, Abänderung oder Aufhebung einer Entscheidung

(1) Wird eine Sache an ein Gericht eines unteren Rechtszugs zurückverwiesen, bildet das weitere Verfahren mit dem früheren Verfahren vor diesem Gericht einen Rechtszug im Sinne des § 55.

(2) Das Verfahren über eine Abänderung oder Aufhebung einer Entscheidung gilt als besonderes Verfahren, soweit im Kostenverzeichnis nichts anderes bestimmt ist.

§ 58
Eintragungen in das Handels-, Partnerschafts- oder Genossenschaftsregister; Verordnungsermächtigung

(1) [1]Gebühren werden nur aufgrund einer Rechtsverordnung (Handelsregistergebührenverordnung) erhoben für

1. Eintragungen in das Handels-, Partnerschafts- oder Genossenschaftsregister,
2. Fälle der Zurücknahme oder Zurückweisung von Anmeldungen zu diesen Registern,
3. die Entgegennahme, Prüfung und Aufbewahrung der zum Handels- oder Genossenschaftsregister einzureichenden Unterlagen sowie
4. die Übertragung von Schriftstücken in ein elektronisches Dokument nach § 9 Absatz 2 des Handelsgesetzbuchs.

[2]Keine Gebühren werden erhoben für die aus Anlass eines Insolvenzverfahrens von Amts wegen vorzunehmenden Eintragungen und für Löschungen nach § 395 des Gesetzes über das Verfahren in Familiensachen und in den Angelegenheiten der freiwilligen Gerichtsbarkeit.

(2) [1]Die Rechtsverordnung nach Absatz 1 erlässt das Bundesministerium der Justiz und für Verbraucherschutz. [2]Sie bedarf der Zustimmung des Bundesrates. [3]Die Höhe der Gebühren richtet sich nach den auf die Amtshandlungen entfallenden durchschnittlichen Personal- und Sachkosten; Gebühren für Fälle der Zurücknahme oder Zurückweisung von Anmeldungen können jedoch bestimmt werden, indem die für die entsprechenden Eintragungen zu erhebenden Gebühren pauschal mit Ab- oder Zuschlägen versehen werden. [4]Die auf gebührenfreie Eintragungen entfallenden Personal- und Sachkosten können bei der Höhe der für andere Eintragungen festgesetzten Gebühren berücksichtigt werden.

Abschnitt 2
Wertvorschriften

Unterabschnitt 1
Allgemeine Wertvorschriften

§ 59
Zeitpunkt der Wertberechnung

[1]Für die Wertberechnung ist der Zeitpunkt der jeweiligen den Verfahrensgegenstand betreffenden ersten Antragstellung in dem jeweiligen Rechtszug entscheidend, soweit nichts anderes bestimmt ist. [2]In Verfahren, die von Amts wegen eingeleitet werden, ist der Zeitpunkt der Fälligkeit der Gebühr maßgebend.

§ 60
Genehmigung oder Ersetzung einer Erklärung oder Genehmigung eines Rechtsgeschäfts

(1) Wenn in einer vermögensrechtlichen Angelegenheit Gegenstand des Verfahrens die Genehmigung oder Ersetzung einer Erklärung oder die Genehmigung eines Rechtsgeschäfts ist, bemisst sich der Geschäftswert nach dem Wert des zugrunde liegenden Geschäfts.

(2) Mehrere Erklärungen, die denselben Gegenstand betreffen, insbesondere der Kauf und die Auflassung oder die Schulderklärung und die zur Hypothekenbestellung erforderlichen Erklärungen, sind als ein Verfahrensgegenstand zu bewerten.

(3) Der Wert beträgt in jedem Fall höchstens 1 Million Euro.

§ 61
Rechtsmittelverfahren

(1) [1]Im Rechtsmittelverfahren bestimmt sich der Geschäftswert nach den Anträgen des Rechtsmittelführers. [2]Endet das Verfahren, ohne dass solche Anträge eingereicht werden, oder werden bei einer Rechtsbeschwerde innerhalb der Frist für die Begründung Anträge nicht eingereicht, ist die Beschwerde maßgebend.

(2) [1]Der Wert ist durch den Geschäftswert des ersten Rechtszugs begrenzt. [2]Dies gilt nicht, soweit der Gegenstand erweitert wird.

(3) Im Verfahren über den Antrag auf Zulassung der Sprungrechtsbeschwerde ist Gegenstandswert der für das Rechtsmittelverfahren maßgebende Wert.

§ 62
Einstweilige Anordnung, Aussetzung der Wirkungen eines Europäischen Nachlasszeugnisses

[1]Im Verfahren der einstweiligen Anordnung und im Verfahren über die Aussetzung der Wirkungen eines Europäischen Nachlasszeugnisses ist der Wert in der Regel unter Berücksichtigung der geringeren Bedeutung gegenüber der Hauptsache zu ermäßigen.[2]Dabei ist von der Hälfte des für die Hauptsache bestimmten Werts auszugehen.

Unterabschnitt 2
Besondere Geschäftswertvorschriften

§ 63
Betreuungssachen und betreuungsgerichtliche Zuweisungssachen

[1]Bei Betreuungen oder Pflegschaften, die einzelne Rechtshandlungen betreffen, ist Geschäftswert der Wert des Gegenstands, auf den sich die Rechtshandlung bezieht. [2]Bezieht sich die Betreuung oder Pflegschaft auf eine gegenwärtige oder künftige Mitberechtigung, ermäßigt sich der Wert auf den Bruchteil, der dem Anteil der Mitberechtigung entspricht. [3]Bei Gesamthandsverhältnissen ist der Anteil entsprechend der Beteiligung an dem Gesamthandvermögen zu bemessen.

§ 64
Nachlasspflegschaften und Gesamtgutsverwaltung

(1) Geschäftswert für eine Nachlassverwaltung, eine Gesamtgutsverwaltung oder eine sonstige Nachlasspflegschaft ist der Wert des von der Verwaltung betroffenen Vermögens.

(2) Ist der Antrag auf Anordnung einer Nachlasspflegschaft oder -verwaltung oder einer Gesamtgutsverwaltung von einem Gläubiger gestellt, so ist Geschäftswert der Betrag der Forderung, höchstens jedoch der sich nach Absatz 1 ergebende Betrag.

§ 65
Ernennung und Entlassung von Testamentsvollstreckern

Der Geschäftswert für das Verfahren über die Ernennung oder Entlassung eines Testamentsvollstreckers beträgt jeweils 10 Prozent des Werts des Nachlasses im Zeitpunkt des Erbfalls, wobei Nachlassverbindlichkeiten nicht abgezogen werden; § 40 Absatz 2 und 3 ist entsprechend anzuwenden.

§ 66
(weggefallen)

§ 67
Bestimmte unternehmensrechtliche Verfahren und bestimmte Vereins- und Stiftungssachen

(1) Der Geschäftswert in einem unternehmensrechtlichen Verfahren und in einem Verfahren in Vereinssachen beträgt

1. bei Kapitalgesellschaften und Versicherungsvereinen auf Gegenseitigkeit 60 000 Euro,
2. bei Personenhandels- und Partnerschaftsgesellschaften sowie bei Genossenschaften 30 000 Euro,
3. bei Vereinen und Stiftungen 5 000 Euro und
4. in sonstigen Fällen 10 000 Euro,

wenn das Verfahren die Ernennung oder Abberufung von Personen betrifft.

(2) Der Geschäftswert im Verfahren über die Verpflichtung des Dispacheurs zur Aufmachung der Dispache (§ 403 des Gesetzes über das Verfahren in Familiensachen und in den Angelegenheiten der freiwilligen Gerichtsbarkeit) beträgt 10 000 Euro.

(3) Ist der nach Absatz 1 oder Absatz 2 bestimmte Wert nach den besonderen Umständen des Einzelfalls unbillig, kann das Gericht einen höheren oder einen niedrigeren Wert festsetzen.

§ 68
Verhandlung über Dispache

Geschäftswert in dem Verfahren zum Zweck der Verhandlung über die Dispache ist die Summe der Anteile, die die an der Verhandlung Beteiligten an dem Schaden zu tragen haben.

§ 69
Eintragungen im Grundbuch, Schiffs- oder Schiffsbauregister

(1) [1]Geschäftswert für die Eintragung desselben Eigentümers bei mehreren Grundstücken ist der zusammengerechnete Wert dieser Grundstücke, wenn das Grundbuch über diese bei demselben Grundbuchamt geführt wird, die Eintragungsanträge in demselben Dokument enthalten sind und am selben Tag beim Grundbuchamt eingehen. [2]Satz 1 ist auf grundstücksgleiche Rechte und auf Eintragungen in das Schiffs- und Schiffsbauregister entsprechend anzuwenden.

(2) [1]Geschäftswert für die Eintragung mehrerer Veränderungen, die sich auf dasselbe Recht beziehen, ist der zusammengerechnete Wert der Veränderungen, wenn die Eintragungsanträge in demselben Dokument enthalten sind und am selben Tag bei dem Grundbuchamt oder Registergericht eingehen. [2]Der Wert des Rechts darf auch bei mehreren Veränderungen nicht überschritten werden.

§ 70
Gemeinschaften zur gesamten Hand

(1) [1]Ist oder wird eine Gesamthandsgemeinschaft im Grundbuch eingetragen, sind bei der Berechnung des Geschäftswerts die Anteile an der Gesamthandsgemeinschaft wie Bruchteile an dem Grundstück zu behandeln. [2]Im Zweifel gelten die Mitglieder der Gemeinschaft als zu gleichen Teilen am Gesamthandsvermögen beteiligt.

(2) [1]Ist eine Gesamthandsgemeinschaft im Grundbuch eingetragen und wird nunmehr ein Mitberechtigter der Gesamthandsgemeinschaft als Eigentümer oder werden nunmehr mehrere Mitberechtigte als Miteigentümer eingetragen, beträgt der Geschäftswert die Hälfte des Werts des Grundstücks. [2]Geht das Eigentum an dem Grundstück zu einem Bruchteil an einen oder mehrere Mitberechtigte der Gesamthandsgemeinschaft über, beträgt der Geschäftswert insoweit die Hälfte des Werts dieses Bruchteils.

(3) [1]Ein grundstücksgleiches oder sonstiges Recht steht einem Grundstück gleich; die Absätze 1 und 2 sind entsprechend anzuwenden. [2]Dies gilt auch für Rechte, die im Schiffsregister, im Schiffsbauregister und im Register für Pfandrechte an Luftfahrzeugen eingetragen sind. [3]Dabei treten an die Stelle der Grundstücke die in diese Register eingetragenen Schiffe, Schiffsbauwerke und Luftfahrzeuge, an die Stelle des Grundbuchamts das Registergericht.

(4) Die Absätze 1 bis 3 sind auf offene Handelsgesellschaften, Kommanditgesellschaften, Partnerschaften und Europäische wirtschaftliche Interessenvereinigungen nicht und auf Gesellschaften bürgerlichen Rechts nur für die Eintragung einer Änderung im Gesellschafterbestand anzuwenden.

§ 71
Nachträgliche Erteilung eines Hypotheken-, Grundschuld- oder Rentenschuldbriefs

(1) Bei der nachträglichen Erteilung eines Hypotheken-, Grundschuld- oder Rentenschuldbriefs ist Geschäftswert der für die Eintragung des Rechts maßgebende Wert.

(2) Für die nachträgliche Gesamtbrieferteilung gilt § 44 Absatz 1 entsprechend.

§ 72
Gerichtliche Entscheidung über die abschließenden Feststellungen der Sonderprüfer

(1) [1]Den Geschäftswert im gerichtlichen Verfahren über die abschließenden Feststellungen der Sonderprüfer nach § 259 Absatz 2 und 3 des Aktiengesetzes bestimmt das Gericht unter Berücksichtigung aller Umstände des einzelnen Falles nach billigem Ermessen, insbesondere unter Berücksichtigung der Bedeutung der Sache für die Parteien. [2]Er darf jedoch ein Zehntel des Grundkapitals oder, wenn dieses Zehntel mehr als 500 000 Euro beträgt, 500 000 Euro nur insoweit übersteigen, als die Bedeutung der Sache für den Kläger höher zu bewerten ist.

(2) Die Vorschriften über die Anordnung der Streitwertbegünstigung (§ 260 Absatz 4 Satz 2 in Verbindung mit § 247 Absatz 2 und 3 des Aktiengesetzes) sind anzuwenden.

§ 73
Ausschlussverfahren nach dem Wertpapiererwerbs- und Übernahmegesetz

Geschäftswert im Verfahren über den Ausschluss von Aktionären nach den §§ 39a und 39b des Wertpapiererwerbs- und Übernahmegesetzes ist der Betrag, der dem Wert aller Aktien entspricht, auf die sich der Ausschluss bezieht; der Geschäftswert beträgt mindestens 200 000 Euro und höchstens 7,5 Millionen Euro.

§ 74
Verfahren nach dem Spruchverfahrensgesetz

[1]Geschäftswert im gerichtlichen Verfahren nach dem Spruchverfahrensgesetz ist der Betrag, der von allen in § 3 des Spruchverfahrensgesetzes genannten Antragsberechtigten nach der Entscheidung des Gerichts zusätzlich zu dem ursprünglich angebotenen Betrag insgesamt gefordert werden kann; der Geschäftswert beträgt mindestens 200 000 Euro und höchstens 7,5 Millionen Euro. [2]Maßgeblicher Zeitpunkt für die Bestimmung des Werts ist der Tag nach Ablauf der Antragsfrist (§ 4 Absatz 1 des Spruchverfahrensgesetzes).

§ 75
Gerichtliche Entscheidung über die Zusammensetzung des Aufsichtsrats

Im gerichtlichen Verfahren über die Zusammensetzung des Aufsichtsrats, das sich nach den §§ 98 und 99 des Aktiengesetzes richtet, ist abweichend von § 36 Absatz 3 von einem Geschäftswert von 50 000 Euro auszugehen.

§ 76
Bestimmte Verfahren vor dem Landwirtschaftsgericht

Geschäftswert ist

1. in Feststellungsverfahren nach § 11 Absatz 1 Buchstabe g der Verfahrensordnung für Höfesachen der Wert des Hofs nach Abzug der Verbindlichkeiten,
2. in Wahlverfahren (§ 9 Absatz 2 Satz 1 der Höfeordnung) der Wert des gewählten Hofs nach Abzug der Verbindlichkeiten,
3. in Fristsetzungsverfahren (§ 9 Absatz 2 Satz 2 der Höfeordnung) die Hälfte des Werts des wertvollsten der noch zur Wahl stehenden Höfe nach Abzug der Verbindlichkeiten,
4. in gerichtlichen Verfahren aufgrund der Vorschriften über Einwendungen gegen das siedlungsrechtliche Vorkaufsrecht (§ 1 Nummer 3 des Gesetzes über das gerichtliche Verfahren in Landwirtschaftssachen) der Geschäftswert des zugrunde liegenden Kaufvertrags.

Unterabschnitt 3
Wertfestsetzung

§ 77
Angabe des Werts

[1]Bei jedem Antrag ist der Geschäftswert und nach Aufforderung auch der Wert eines Teils des Verfahrensgegenstands schriftlich oder zu Protokoll der Geschäftsstelle anzugeben, es sei denn, Geschäftswert ist eine bestimmte Geldsumme, oder ein fester Wert ist gesetzlich bestimmt oder ergibt sich aus früheren Anträgen. [2]Die Angabe kann jederzeit berichtigt werden.

§ 78
Wertfestsetzung für die Zulässigkeit der Beschwerde

Ist der Wert für die Zulässigkeit der Beschwerde festgesetzt, so ist die Festsetzung auch für die Berechnung der Gebühren maßgebend, soweit die Wertvorschriften dieses Gesetzes nicht von den Wertvorschriften des Verfahrensrechts abweichen.

§ 79
Festsetzung des Geschäftswerts

(1) [1]Soweit eine Entscheidung nach § 78 nicht ergeht oder nicht bindet, setzt das Gericht den Wert für die zu erhebenden Gebühren durch Beschluss fest, sobald eine Entscheidung über den gesamten Verfahrensgegenstand ergeht oder sich das Verfahren anderweitig erledigt. [2]Satz 1 gilt nicht, wenn

1. Gegenstand des Verfahrens eine bestimmte Geldsumme in Euro ist,
2. zumindest für den Regelfall ein fester Wert bestimmt ist oder
3. sich der Wert nach den Vorschriften dieses Gesetzes unmittelbar aus einer öffentlichen Urkunde oder aus einer Mitteilung des Notars (§ 39) ergibt.

[3]In den Fällen des Satzes 2 setzt das Gericht den Wert nur fest, wenn ein Zahlungspflichtiger oder die Staatskasse dies beantragt, oder wenn es eine Festsetzung für angemessen hält.

(2) Die Festsetzung kann von Amts wegen geändert werden

1. von dem Gericht, das den Wert festgesetzt hat, und
2. von dem Rechtsmittelgericht, wenn das Verfahren wegen des Hauptgegenstands oder wegen der Entscheidung über den Geschäftswert, den Kostenansatz oder die Kostenfestsetzung in der Rechtsmittelinstanz schwebt.

[3]Die Änderung ist nur innerhalb von sechs Monaten zulässig, nachdem die Entscheidung wegen des Hauptgegenstands Rechtskraft erlangt oder das Verfahren sich anderweitig erledigt hat.

§ 80
Schätzung des Geschäftswerts

[1]Wird eine Schätzung des Geschäftswerts durch Sachverständige erforderlich, ist in dem Beschluss, durch den der Wert festgesetzt wird (§ 79), über die Kosten der Schätzung zu entscheiden. [2]Diese Kosten können ganz oder teilweise einem Beteiligten auferlegt werden, der durch Unterlassung der Wertangabe, durch unrichtige Angabe des Werts, durch unbegründetes Bestreiten des angegebenen Werts oder durch unbegründete Beschwerde die Schätzung veranlasst hat.

Abschnitt 3
Erinnerung und Beschwerde

§ 81
Erinnerung gegen den Kostenansatz, Beschwerde

(1) [1]Über Erinnerungen des Kostenschuldners und der Staatskasse gegen den Kostenansatz einschließlich der Ausübung des Zurückbehaltungsrechts (§ 11) entscheidet das Gericht, bei dem die Kosten angesetzt sind. [2]War das Verfahren im ersten Rechtszug bei mehreren Gerichten anhängig, ist das Gericht, bei dem es zuletzt anhängig war, auch insoweit zuständig, als Kosten bei den anderen Gerichten angesetzt worden sind.

(2) [1]Gegen die Entscheidung über die Erinnerung ist die Beschwerde statthaft, wenn der Wert des Beschwerdegegenstands 200 Euro übersteigt. [2]Die Beschwerde ist auch zulässig, wenn sie das Gericht, das die angefochtene Entscheidung erlassen hat, wegen der grundsätzlichen Bedeutung der zur Entscheidung stehenden Frage in dem Beschluss zulässt.

(3) [1]Soweit das Gericht die Beschwerde für zulässig und begründet hält, hat es ihr abzuhelfen; im Übrigen ist die Beschwerde unverzüglich dem Beschwerdegericht vorzulegen. [2]Beschwerdegericht ist das nächsthöhere Gericht, in Verfahren der in § 119 Absatz 1 Nummer 1 Buchstabe b des Gerichtsverfassungsgesetzes bezeichneten Art jedoch das Oberlandesgericht. [3]Eine Beschwerde an einen obersten Gerichtshof des Bundes findet nicht statt. [4]Das Beschwerdegericht ist an die Zulassung der Beschwerde gebunden; die Nichtzulassung ist unanfechtbar.

(4) [1]Die weitere Beschwerde ist nur zulässig, wenn das Landgericht als Beschwerdegericht entschieden und sie wegen der grundsätzlichen Bedeutung der zur Entscheidung stehenden Frage in dem Beschluss zugelassen hat. [2]Die weitere Beschwerde kann nur darauf gestützt werden, dass die Entscheidung auf einer Verletzung des Rechts beruht; die §§ 546 und 547 der Zivilprozessordnung gelten entsprechend. [3]Beschwerdegericht ist das Oberlandesgericht. [4]Absatz 3 Satz 1 und 4 gilt entsprechend.

(5) [1]Anträge und Erklärungen können ohne Mitwirkung eines Rechtsanwalts schriftlich eingereicht oder zu Protokoll der Geschäftsstelle abgegeben werden; § 129a der Zivilprozessordnung gilt entsprechend. [2]Für die Bevollmächtigung gelten die Regelungen der für das zugrunde liegende Verfahren geltenden Verfahrensordnung

entsprechend. [3]Die Erinnerung ist bei dem Gericht einzulegen, das für die Entscheidung über die Erinnerung zuständig ist. [4]Die Beschwerde ist bei dem Gericht einzulegen, dessen Entscheidung angefochten wird.

(6) [1]Das Gericht entscheidet über die Erinnerung und die Beschwerde durch eines seiner Mitglieder als Einzelrichter; dies gilt auch für die Beschwerde, wenn die angefochtene Entscheidung von einem Einzelrichter oder einem Rechtspfleger erlassen wurde. [2]Der Einzelrichter überträgt das Verfahren dem Gericht zur Entscheidung in der im Gerichtsverfassungsgesetz vorgeschriebenen Besetzung, wenn die Sache besondere Schwierigkeiten tatsächlicher oder rechtlicher Art aufweist oder die Rechtssache grundsätzliche Bedeutung hat. [3]Das Gericht entscheidet jedoch immer ohne Mitwirkung ehrenamtlicher Richter. [4]Auf eine Übertragung oder deren Unterlassungen kann ein Rechtsmittel nicht gestützt werden.

(7) [1]Erinnerung und Beschwerde haben keine aufschiebende Wirkung. [2]Das Gericht oder das Beschwerdegericht kann auf Antrag oder von Amts wegen die aufschiebende Wirkung ganz oder teilweise anordnen; ist nicht der Einzelrichter zur Entscheidung berufen, entscheidet der Vorsitzende des Gerichts.

(8) [1]Die Verfahren sind gebührenfrei. [2]Kosten werden nicht erstattet.

§ 82
Beschwerde gegen die Anordnung einer Vorauszahlung

(1) [1]Gegen den Beschluss, durch den aufgrund dieses Gesetzes die Tätigkeit des Gerichts von der vorherigen Zahlung von Kosten abhängig gemacht wird, und wegen der Höhe des in diesem Fall im Voraus zu zahlenden Betrags ist stets die Beschwerde statthaft. [2]§ 81 Absatz 3 bis 5 Satz 1 und 4 und Absatz 6 und 8 ist entsprechend anzuwenden.

(2) Im Fall des § 14 Absatz 2 ist § 81 entsprechend anzuwenden.

§ 83
Beschwerde gegen die Festsetzung des Geschäftswerts

(1) [1]Gegen den Beschluss, durch den der Geschäftswert für die Gerichtsgebühren festgesetzt worden ist (§ 79), ist die Beschwerde statthaft, wenn der Wert des Beschwerdegegenstands 200 Euro übersteigt. [2]Die Beschwerde ist auch statthaft, wenn sie das Gericht, das die angefochtene Entscheidung erlassen hat, wegen der grundsätzlichen Bedeutung der zur Entscheidung stehenden Frage in dem Beschluss zulässt. [3]Die Beschwerde ist nur zulässig, wenn sie innerhalb der in § 79 Absatz 2 Satz 2 bestimmten Frist eingelegt wird; ist der Geschäftswert später als einen Monat vor Ablauf dieser Frist festgesetzt worden, kann sie noch innerhalb eines Monats nach Zustellung oder formloser Mitteilung des Festsetzungsbeschlusses eingelegt werden. [4]Im Fall der formlosen Mitteilung gilt der Beschluss mit dem dritten Tag nach Aufgabe zur Post als bekannt gemacht. [5]§ 81 Absatz 3 bis 5 Satz 1 und 4 und Absatz 6 ist entsprechend anzuwenden. [6]Die weitere Beschwerde ist innerhalb eines Monats nach Zustellung der Entscheidung des Beschwerdegerichts einzulegen.

(2) [1]War der Beschwerdeführer ohne sein Verschulden verhindert, die Frist einzuhalten, ist ihm auf Antrag von dem Gericht, das über die Beschwerde zu entscheiden hat, Wiedereinsetzung in den vorigen Stand zu gewähren, wenn er die Beschwerde binnen zwei Wochen nach der Beseitigung des Hindernisses einlegt und die Tatsachen, welche die Wiedereinsetzung begründen, glaubhaft macht. [2]Ein Fehlen des Verschuldens wird vermutet, wenn eine Rechtsbehelfsbelehrung unterblieben oder fehlerhaft ist. [3]Nach Ablauf eines Jahres, von dem Ende der versäumten Frist an gerechnet, kann die Wiedereinsetzung nicht mehr beantragt werden. [4]Gegen die Entscheidung über den Antrag findet die Beschwerde statt. [5]Sie ist nur zulässig, wenn sie innerhalb von zwei Wochen eingelegt wird. [6]Die Frist beginnt mit der Zustellung der Entscheidung. [7]§ 81 Absatz 3 Satz 1 bis 3, Absatz 5 Satz 1, 2 und 4 sowie Absatz 6 ist entsprechend anzuwenden.

(3) [1]Die Verfahren sind gebührenfrei. [2]Kosten werden nicht erstattet.

§ 84
Abhilfe bei Verletzung des Anspruchs auf rechtliches Gehör

(1) Auf die Rüge eines durch die Entscheidung nach diesem Gesetz beschwerten Beteiligten ist das Verfahren fortzuführen, wenn

1. ein Rechtsmittel oder ein anderer Rechtsbehelf gegen die Entscheidung nicht gegeben ist und
2. das Gericht den Anspruch dieses Beteiligten auf rechtliches Gehör in entscheidungserheblicher Weise verletzt hat.

(2) [1]Die Rüge ist innerhalb von zwei Wochen nach Kenntnis von der Verletzung des rechtlichen Gehörs zu erheben; der Zeitpunkt der Kenntniserlangung ist glaubhaft zu machen. [2]Nach Ablauf eines Jahres seit Bekanntmachung der angegriffenen Entscheidung kann die Rüge nicht mehr erhoben werden. [3]Formlos mitgeteilte Entscheidungen gelten mit dem dritten Tage nach Aufgabe zur Post als bekannt gemacht. [4]Die Rüge ist bei dem Gericht zu erheben, dessen Entscheidung angegriffen wird; § 81 Absatz 5 Satz 1 und 2 gilt entsprechend. [5]Die Rüge muss die angegriffene Entscheidung bezeichnen und das Vorliegen der in Absatz 1 Nummer 2 genannten Voraussetzungen darlegen.

(3) Den übrigen Beteiligten ist, soweit erforderlich, Gelegenheit zur Stellungnahme zu geben.

(4) [1]Das Gericht hat von Amts wegen zu prüfen, ob die Rüge an sich statthaft ist und ob sie in der gesetzlichen Form und Frist erhoben ist. [2]Mangelt es an einem dieser Erfordernisse, so ist die Rüge als unzulässig zu verwerfen. [3]Ist die Rüge unbegründet, weist das Gericht sie zurück. [4]Die Entscheidung ergeht durch unanfechtbaren Beschluss. [5]Der Beschluss soll kurz begründet werden.

(2) Ist die Rüge begründet, so hilft ihr das Gericht ab, indem es das Verfahren fortführt, soweit dies aufgrund der Rüge geboten ist.

(3) Kosten werden nicht erstattet.

Kapitel 3
Notarkosten

Abschnitt 1
Allgemeine Vorschriften

§ 85
Notarielle Verfahren

(1) Notarielle Verfahren im Sinne dieses Gesetzes sind das Beurkundungsverfahren (Teil 2 Hauptabschnitt 1 des Kostenverzeichnisses) und die sonstigen notariellen Verfahren (Teil 2 Hauptabschnitt 3 des Kostenverzeichnisses).

(2) Das Beurkundungsverfahren im Sinne dieses Gesetzes ist auf die Errichtung einer Niederschrift (§§ 8 und 36 des Beurkundungsgesetzes) gerichtet.

§ 86
Beurkundungsgegenstand

(1) Beurkundungsgegenstand ist das Rechtsverhältnis, auf das sich die Erklärungen beziehen, bei Tatsachenbeurkundungen die beurkundete Tatsache oder der beurkundete Vorgang.

(2) Mehrere Rechtsverhältnisse, Tatsachen oder Vorgänge sind verschiedene Beurkundungsgegenstände, soweit in § 109 nichts anderes bestimmt ist.

§ 87
Sprechtage außerhalb der Geschäftsstelle

Hält ein Notar außerhalb seiner Geschäftsstelle regelmäßige Sprechtage ab, so gilt dieser Ort als Amtssitz im Sinne dieses Gesetzes.

Abschnitt 2
Kostenerhebung

§ 88
Verzinsung des Kostenanspruchs

[1]Der Kostenschuldner hat die Kostenforderung zu verzinsen, wenn ihm eine vollstreckbare Ausfertigung der Kostenberechnung (§ 19) zugestellt wird, die Angaben über die Höhe der zu verzinsenden Forderung, den Verzinsungsbeginn und den Zinssatz enthält. [2]Die Verzinsung beginnt einen Monat nach der Zustellung. [3]Der jährliche Zinssatz beträgt fünf Prozentpunkte über dem Basiszinssatz nach § 247 des Bürgerlichen Gesetzbuchs.

§ 89
Beitreibung der Kosten und Zinsen

[1]Die Kosten und die auf diese entfallenden Zinsen werden aufgrund einer mit der Vollstreckungsklausel des Notars versehenen Ausfertigung der Kostenberechnung (§ 19) nach den Vorschriften der Zivilprozessordnung beigetrieben; § 798 der Zivilprozessordnung gilt entsprechend. [2]In der Vollstreckungsklausel, die zum Zwecke der Zwangsvollstreckung gegen einen zur Duldung der Zwangsvollstreckung Verpflichteten erteilt wird, ist die Duldungspflicht auszusprechen.

§ 90
Zurückzahlung, Schadensersatz

(1) [1]Wird die Kostenberechnung abgeändert oder ist der endgültige Kostenbetrag geringer als der erhobene Vorschuss, so hat der Notar die zu viel empfangenen Beträge zu erstatten. [2]Hatte der Kostenschuldner einen Antrag auf Entscheidung des Landgerichts nach § 127 Absatz 1 innerhalb eines Monats nach der Zustellung der vollstreckbaren Ausfertigung gestellt, so hat der Notar darüber hinaus den Schaden zu ersetzen, der dem Kostenschuldner durch die Vollstreckung oder durch eine zur Abwendung der Vollstreckung erbrachte Leistung entstanden ist. [3]Im Fall des Satzes 2 hat der Notar den zu viel empfangenen Betrag vom Tag des Antragseingangs bei dem Landgericht an mit jährlich fünf Prozentpunkten über dem Basiszinssatz nach § 247 des Bürgerlichen Gesetzbuchs zu verzinsen; die Geltendmachung eines weitergehenden Schadens ist nicht ausgeschlossen. [4]Im Übrigen kann der Kostenschuldner eine Verzinsung des zu viel gezahlten Betrags nicht fordern.

(2) [1]Über die Verpflichtungen gemäß Absatz 1 wird auf Antrag des Kostenschuldners in dem Verfahren nach § 127 entschieden. [2]Die Entscheidung ist nach den Vorschriften der Zivilprozessordnung vollstreckbar.

Abschnitt 3
Gebührenvorschriften

§ 91
Gebührenermäßigung

(1) [1]Erhebt ein Notar die in Teil 2 Hauptabschnitt 1 oder 4 oder in den Nummern 23803 und 25202 des Kostenverzeichnisses bestimmten Gebühren von

1. dem Bund, einem Land sowie einer nach dem Haushaltsplan des Bundes oder eines Landes für Rechnung des Bundes oder eines Landes verwalteten öffentlichen Körperschaft oder Anstalt,
2. einer Gemeinde, einem Gemeindeverband, einer sonstigen Gebietskörperschaft oder einem Zusammenschluss von Gebietskörperschaften, einem Regionalverband, einem Zweckverband,

Kostenrecht und Tabellen

3. einer Kirche oder einer sonstigen Religions- oder Weltanschauungsgemeinschaft, jeweils soweit sie die Rechtsstellung einer juristischen Person des öffentlichen Rechts hat,

und betrifft die Angelegenheit nicht deren wirtschaftliche Unternehmen, so ermäßigen sich die Gebühren bei einem Geschäftswert von mehr als 25 000 Euro bis zu einem

Geschäftswert von ... Euro	um ... Prozent
110 000	30
260 000	40
1 000 000	50
über 1 000 000	60

[2]Eine ermäßigte Gebühr darf jedoch die Gebühr nicht unterschreiten, die bei einem niedrigeren Geschäftswert nach Satz 1 zu erheben ist. [3]Wenn das Geschäft mit dem Erwerb eines Grundstücks oder grundstücksgleichen Rechts zusammenhängt, ermäßigen sich die Gebühren nur, wenn dargelegt wird, dass eine auch nur teilweise Weiterveräußerung an einen nichtbegünstigten Dritten nicht beabsichtigt ist. [4]Ändert sich diese Absicht innerhalb von drei Jahren nach Beurkundung der Auflassung, entfällt eine bereits gewährte Ermäßigung. [5]Der Begünstigte ist verpflichtet, den Notar zu unterrichten.

(2) Die Gebührenermäßigung ist auch einer Körperschaft, Vereinigung oder Stiftung zu gewähren, wenn

1. diese ausschließlich und unmittelbar mildtätige oder kirchliche Zwecke im Sinne der Abgabenordnung verfolgt,
2. die Voraussetzung nach Nummer 1 durch einen Freistellungs- oder Körperschaftsteuerbescheid oder durch eine vorläufige Bescheinigung des Finanzamts nachgewiesen wird, und
3. dargelegt wird, dass die Angelegenheit nicht einen steuerpflichtigen wirtschaftlichen Geschäftsbetrieb betrifft.

(3) Die Ermäßigung erstreckt sich auf andere Beteiligte, die mit dem Begünstigten als Gesamtschuldner haften, nur insoweit, als sie von dem Begünstigten aufgrund gesetzlicher Vorschrift Erstattung verlangen können.

(4) Soweit die Haftung auf der Vorschrift des § 29 Nummer 3 (Haftung nach bürgerlichem Recht) beruht, kann sich der Begünstigte gegenüber dem Notar nicht auf die Gebührenermäßigung berufen.

§ 92
Rahmengebühren

(1) Bei Rahmengebühren bestimmt der Notar die Gebühr im Einzelfall unter Berücksichtigung des Umfangs der erbrachten Leistung nach billigem Ermessen.

(2) Bei den Gebühren für das Beurkundungsverfahren im Fall der vorzeitigen Beendigung und bei den Gebühren für die Fertigung eines Entwurfs ist für die vollständige Erstellung des Entwurfs die Höchstgebühr zu erheben.

(3) Ist eine Gebühr für eine vorausgegangene Tätigkeit auf eine Rahmengebühr anzurechnen, so ist bei der Bemessung der Gebühr auch die vorausgegangene Tätigkeit zu berücksichtigen.

§ 93
Einmalige Erhebung der Gebühren

(1) [1]Die Gebühr für ein Verfahren sowie die Vollzugs- und die Betreuungsgebühr werden in demselben notariellen Verfahren jeweils nur einmal erhoben. [2]Die Vollzugs- und die Betreuungsgebühr werden bei der Fertigung eines Entwurfs jeweils nur einmal erhoben.

(2) [1]Werden in einem Beurkundungsverfahren ohne sachlichen Grund mehrere Beurkundungsgegenstände zusammengefasst, gilt das Beurkundungsverfahren hinsichtlich jedes dieser Beurkundungsgegenstände als besonderes Verfahren. [2]Ein sachlicher Grund ist insbesondere anzunehmen, wenn hinsichtlich jedes Beurkundungsgegenstands die gleichen Personen an dem Verfahren beteiligt sind oder der rechtliche Verknüpfungswille in der Urkunde zum Ausdruck kommt.

§ 94
Verschiedene Gebührensätze

(1) Sind für die einzelnen Beurkundungsgegenstände oder für Teile davon verschiedene Gebührensätze anzuwenden, entstehen insoweit gesondert berechnete Gebühren, jedoch nicht mehr als die nach dem höchsten Gebührensatz berechnete Gebühr aus dem Gesamtbetrag der Werte.

(2) [1]Soweit mehrere Beurkundungsgegenstände als ein Gegenstand zu behandeln sind (§ 109), wird die Gebühr nach dem höchsten in Betracht kommenden Gebührensatz berechnet. [2]Sie beträgt jedoch nicht mehr als die Summe der Gebühren, die bei getrennter Beurkundung entstanden wären.

Abschnitt 4
Wertvorschriften

Unterabschnitt 1
Allgemeine Wertvorschriften

§ 95
Mitwirkung der Beteiligten

[1]Die Beteiligten sind verpflichtet, bei der Wertermittlung mitzuwirken. [2]Sie haben ihre Erklärungen über tatsächliche Umstände vollständig und wahrheitsgemäß abzugeben. [3]Kommen die Beteiligten ihrer Mitwirkungspflicht nicht nach, ist der Wert nach billigem Ermessen zu bestimmen.

§ 96
Zeitpunkt der Wertberechnung

Für die Wertberechnung ist der Zeitpunkt der Fälligkeit der Gebühr maßgebend.

Unterabschnitt 2
Beurkundung

§ 97
Verträge und Erklärungen

(1) Der Geschäftswert bei der Beurkundung von Verträgen und Erklärungen bestimmt sich nach dem Wert des Rechtsverhältnisses, das Beurkundungsgegenstand ist.

(2) Handelt es sich um Veränderungen eines Rechtsverhältnisses, so darf der Wert des von der Veränderung betroffenen Rechtsverhältnisses nicht überschritten werden, und zwar auch dann nicht, wenn es sich um mehrere Veränderungen desselben Rechtsverhältnisses handelt.

(3) Bei Verträgen, die den Austausch von Leistungen zum Gegenstand haben, ist nur der Wert der Leistungen des einen Teils maßgebend; wenn der Wert der Leistungen verschieden ist, ist der höhere maßgebend.

§ 98
Vollmachten und Zustimmungen

(1) Bei der Beurkundung einer Vollmacht zum Abschluss eines bestimmten Rechtsgeschäfts oder bei der Beurkundung einer Zustimmungserklärung ist Geschäftswert die Hälfte des Geschäftswerts für die Beurkundung des Geschäfts, auf das sich die Vollmacht oder die Zustimmungserklärung bezieht.

(2) [1]Bei Vollmachten und Zustimmungserklärungen aufgrund einer gegenwärtigen oder künftigen Mitberechtigung ermäßigt sich der nach Absatz 1 bestimmte Geschäftswert auf den Bruchteil, der dem Anteil der Mitberechtigung entspricht. [2]Entsprechendes gilt für Zustimmungserklärungen nach dem Umwandlungsgesetz durch

die in § 2 des Umwandlungsgesetzes bezeichneten Anteilsinhaber. [3]Bei Gesamthandverhältnissen ist der Anteil entsprechend der Beteiligung an dem Gesamthandsvermögen zu bemessen.

(3) [1]Der Geschäftswert bei der Beurkundung einer allgemeinen Vollmacht ist nach billigem Ermessen zu bestimmen; dabei sind der Umfang der erteilten Vollmacht und das Vermögen des Vollmachtgebers angemessen zu berücksichtigen. [2]Der zu bestimmende Geschäftswert darf die Hälfte des Vermögens des Auftraggebers nicht übersteigen. [3]Bestehen keine genügenden Anhaltspunkte für eine Bestimmung des Werts, ist von einem Geschäftswert von 5000 Euro auszugehen.

(4) In allen Fällen beträgt der anzunehmende Geschäftswert höchstens 1 Million Euro.

(5) Für den Widerruf einer Vollmacht gelten die vorstehenden Vorschriften entsprechend.

§ 99
Miet-, Pacht- und Dienstverträge

(1) [1]Der Geschäftswert bei der Beurkundung eines Miet- oder Pachtvertrags ist der Wert aller Leistungen des Mieters oder Pächters während der gesamten Vertragszeit. [2]Bei Miet- oder Pachtverträgen von unbestimmter Vertragsdauer ist der auf die ersten fünf Jahre entfallende Wert der Leistungen maßgebend; ist jedoch die Auflösung des Vertrags erst zu einem späteren Zeitpunkt zulässig, ist dieser maßgebend. [3]In keinem Fall darf der Geschäftswert den auf die ersten 20 Jahre entfallenden Wert übersteigen.

(2) Der Geschäftswert bei der Beurkundung eines Dienstvertrags, eines Geschäftsbesorgungsvertrags oder eines ähnlichen Vertrags ist der Wert aller Bezüge des zur Dienstleistung oder Geschäftsbesorgung Verpflichteten während der gesamten Vertragszeit, höchstens jedoch der Wert der auf die ersten fünf Jahre entfallenden Bezüge.

§ 100
Güterrechtliche Angelegenheiten

(1) [1]Der Geschäftswert

1. bei der Beurkundung von Eheverträgen im Sinne des § 1408 des Bürgerlichen Gesetzbuchs, die sich nicht auf Vereinbarungen über den Versorgungsausgleich beschränken und
2. bei der Beurkundung von Anmeldungen aufgrund solcher Verträge

ist die Summe der Werte der gegenwärtigen Vermögen beider Ehegatten. [2]Betrifft der Ehevertrag nur das Vermögen eines Ehegatten, ist nur dessen Vermögen maßgebend. [3]Bei Ermittlung des Vermögens werden Verbindlichkeiten bis zur Hälfte des nach Satz 1 oder 2 maßgeblichen Werts abgezogen. [4]Verbindlichkeiten eines Ehegatten werden nur von seinem Vermögen abgezogen.

(2) Betrifft der Ehevertrag nur bestimmte Vermögenswerte, auch wenn sie dem Anfangsvermögen hinzuzurechnen wären, oder bestimmte güterrechtliche Ansprüche, so ist deren Wert, höchstens jedoch der Wert nach Absatz 1 maßgebend.

Kostenrecht und Tabellen

(3) Betrifft der Ehevertrag Vermögenswerte, die noch nicht zum Vermögen des Ehegatten gehören, werden sie mit 30 Prozent ihres Werts berücksichtigt, wenn sie im Ehevertrag konkret bezeichnet sind.

(4) Die Absätze 1 bis 3 gelten entsprechend bei Lebenspartnerschaftsverträgen.

§ 101
Annahme als Kind

In Angelegenheiten, die die Annahme eines Minderjährigen betreffen, beträgt der Geschäftswert 5 000 Euro.

§ 102
Erbrechtliche Angelegenheiten

(1) [1]Geschäftswert bei der Beurkundung einer Verfügung von Todes wegen ist, wenn über den ganzen Nachlass oder einen Bruchteil verfügt wird, der Wert des Vermögens oder der Wert des entsprechenden Bruchteils des Vermögens. [2]Verbindlichkeiten des Erblassers werden abgezogen, jedoch nur bis zur Hälfte des Werts des Vermögens. [3]Vermächtnisse und Auflagen werden nur bei Verfügung über einen Bruchteil und nur mit dem Anteil ihres Werts hinzugerechnet, der dem Bruchteil entspricht, über den nicht verfügt wird.

(2) [1]Verfügt der Erblasser außer über die Gesamtrechtsnachfolge daneben über Vermögenswerte, die noch nicht zu seinem Vermögen gehören, jedoch in der Verfügung von Todes wegen konkret bezeichnet sind, wird deren Wert hinzugerechnet. [2]Von dem Begünstigten zu übernehmende Verbindlichkeiten werden abgezogen, jedoch nur bis zur Hälfte des Vermögenswerts. [3]Die Sätze 1 und 2 gelten bei gemeinschaftlichen Testamenten und gegenseitigen Erbverträgen nicht für Vermögenswerte, die bereits nach Absatz 1 berücksichtigt sind.

(3) Betrifft die Verfügung von Todes wegen nur bestimmte Vermögenswerte, ist deren Wert maßgebend; Absatz 2 Satz 2 gilt entsprechend.

(4) [1]Bei der Beurkundung eines Erbverzichts-, Zuwendungsverzichts- oder Pflichtteilsverzichtsvertrags gilt Absatz 1 Satz 1 und 2 entsprechend; soweit der Zuwendungsverzicht ein Vermächtnis betrifft, gilt Absatz 3 entsprechend. [2]Das Pflichtteilsrecht ist wie ein entsprechender Bruchteil des Nachlasses zu behandeln.

(5) [1]Die Absätze 1 bis 3 gelten entsprechend für die Beurkundung der Anfechtung oder des Widerrufs einer Verfügung von Todes wegen sowie für den Rücktritt von einem Erbvertrag. [2]Hat eine Erklärung des einen Teils nach Satz 1 im Fall eines gemeinschaftlichen Testaments oder eines Erbvertrags die Unwirksamkeit von Verfügungen des anderen Teils zur Folge, ist der Wert der Verfügungen des anderen Teils dem Wert nach Satz 1 hinzuzurechnen.

§ 103
Erklärungen gegenüber dem Nachlassgericht, Anträge an das Nachlassgericht

(1) Werden in einer vermögensrechtlichen Angelegenheit Erklärungen, die gegenüber dem Nachlassgericht abzugeben sind, oder Anträge an das Nachlassgericht beur-

kundet, ist Geschäftswert der Wert des betroffenen Vermögens oder des betroffenen Bruchteils nach Abzug der Verbindlichkeiten zum Zeitpunkt der Beurkundung.

(2) Bei der Beurkundung von Erklärungen über die Ausschlagung des Anfalls eines Hofes (§ 11 der Höfeordnung) gilt Absatz 1 entsprechend.

§ 104
Rechtswahl

(1) Bei der Beurkundung einer Rechtswahl, die die allgemeinen oder güterrechtlichen Wirkungen der Ehe betrifft, beträgt der Geschäftswert 30 Prozent des Werts, der sich in entsprechender Anwendung des § 100 ergibt.

(2) Bei der Beurkundung einer Rechtswahl, die eine Rechtsnachfolge von Todes wegen betrifft, beträgt der Geschäftswert 30 Prozent des Werts, der sich in entsprechender Anwendung des § 102 ergibt.

(3) Bei der Beurkundung einer Rechtswahl in sonstigen Fällen beträgt der Geschäftswert 30 Prozent des Geschäftswerts für die Beurkundung des Rechtsgeschäfts, für das die Rechtswahl bestimmt ist.

§ 105
Anmeldung zu bestimmten Registern

(1) [1]Bei den folgenden Anmeldungen zum Handelsregister ist Geschäftswert der in das Handelsregister einzutragende Geldbetrag, bei Änderung bereits eingetragener Geldbeträge der Unterschiedsbetrag:

1. erste Anmeldung einer Kapitalgesellschaft; ein in der Satzung bestimmtes genehmigtes Kapital ist dem Grund- oder Stammkapital hinzuzurechnen;
2. erste Anmeldung eines Versicherungsvereins auf Gegenseitigkeit;
3. Erhöhung oder Herabsetzung des Stammkapitals einer Gesellschaft mit beschränkter Haftung;
4. Beschluss der Hauptversammlung einer Aktiengesellschaft oder einer Kommanditgesellschaft auf Aktien über
   a) Maßnahmen der Kapitalbeschaffung (§§ 182 bis 221 des Aktiengesetzes); dem Beschluss über die genehmigte Kapitalerhöhung steht der Beschluss über die Verlängerung der Frist gleich, innerhalb derer der Vorstand das Kapital erhöhen kann;
   b) Maßnahmen der Kapitalherabsetzung (§§ 222 bis 240 des Aktiengesetzes);
5. erste Anmeldung einer Kommanditgesellschaft; maßgebend ist die Summe der Kommanditeinlagen; hinzuzurechnen sind 30 000 Euro für den ersten und 15 000 Euro für jeden weiteren persönlich haftenden Gesellschafter;
6. Eintritt eines Kommanditisten in eine bestehende Personenhandelsgesellschaft oder Ausscheiden eines Kommanditisten; ist ein Kommanditist als Nachfolger eines anderen Kommanditisten oder ein bisher persönlich haftender Gesellschaf-

ter als Kommanditist oder ein bisheriger Kommanditist als persönlich haftender Gesellschafter einzutragen, ist die einfache Kommanditeinlage maßgebend;

7. Erhöhung oder Herabsetzung einer Kommanditeinlage.

[2]Der Geschäftswert beträgt mindestens 30 000 Euro.

(2) Bei sonstigen Anmeldungen zum Handelsregister sowie bei Anmeldungen zum Partnerschafts- und Genossenschaftsregister bestimmt sich der Geschäftswert nach den Absätzen 3 bis 5.

(3) Der Geschäftswert beträgt bei der ersten Anmeldung

1. eines Einzelkaufmanns 30 000 Euro,
2. einer offenen Handelsgesellschaft oder einer Partnerschaftsgesellschaft mit zwei Gesellschaftern 45 000 Euro; hat die offene Handelsgesellschaft oder die Partnerschaftsgesellschaft mehr als zwei Gesellschafter, erhöht sich der Wert für den dritten und jeden weiteren Gesellschafter um jeweils 15 000 Euro,
3. einer Genossenschaft oder einer juristischen Person (§ 33 des Handelsgesetzbuchs) 60 000 Euro.

(4) Bei einer späteren Anmeldung beträgt der Geschäftswert, wenn diese

1. eine Kapitalgesellschaft betrifft, 1 Prozent des eingetragenen Grund- oder Stammkapitals, mindestens 30 000 Euro;
2. einen Versicherungsverein auf Gegenseitigkeit betrifft, 60 000 Euro;
3. eine Personenhandels- oder Partnerschaftsgesellschaft betrifft, 30 000 Euro; bei Eintritt oder Ausscheiden von mehr als zwei persönlich haftenden Gesellschaftern oder Partnern sind als Geschäftswert 15 000 Euro für jeden eintretenden oder ausscheidenden Gesellschafter oder Partner anzunehmen;
4. einen Einzelkaufmann, eine Genossenschaft oder eine juristische Person (§ 33 des Handelsgesetzbuchs) betrifft, 30 000 Euro.

(5) Ist eine Anmeldung nur deshalb erforderlich, weil sich eine Anschrift geändert hat, oder handelt es sich um eine ähnliche Anmeldung, die für das Unternehmen keine wirtschaftliche Bedeutung hat, so beträgt der Geschäftswert 5 000 Euro.

(6) [1]Der in Absatz 1 Satz 2 und in Absatz 4 Nummer 1 bestimmte Mindestwert gilt nicht

1. für die Gründung einer Gesellschaft gemäß § 2 Absatz 1a des Gesetzes betreffend die Gesellschaften mit beschränkter Haftung und
2. für Änderungen des Gesellschaftsvertrags einer gemäß § 2 Absatz 1a des Gesetzes betreffend die Gesellschaften mit beschränkter Haftung gegründeten Gesellschaft, wenn die Gesellschaft auch mit dem geänderten Gesellschaftsvertrag hätte gemäß § 2 Absatz 1a des Gesetzes betreffend die Gesellschaften mit beschränkter Haftung gegründet werden können.

[2]Reine sprachliche Abweichungen vom Musterprotokoll oder die spätere Streichung der auf die Gründung verweisenden Formulierungen stehen der Anwendung des Satzes 1 nicht entgegen.

§ 106
Höchstwert für Anmeldungen zu bestimmten Registern

1Bei der Beurkundung von Anmeldungen zu einem in § 105 genannten Register und zum Vereinsregister beträgt der Geschäftswert höchstens 1 Million Euro. 2Dies gilt auch dann, wenn mehrere Anmeldungen in einem Beurkundungsverfahren zusammengefasst werden.

§ 107
Gesellschaftsrechtliche Verträge, Satzungen und Pläne

(1) 1Bei der Beurkundung von Gesellschaftsverträgen und Satzungen sowie von Plänen und Verträgen nach dem Umwandlungsgesetz beträgt der Geschäftswert mindestens 30 000 Euro und höchstens 10 Millionen Euro. 2Der in Satz 1 bestimmte Mindestwert gilt nicht bei der Beurkundung von Gesellschaftsverträgen und Satzungen in den Fällen des § 105 Absatz 6.

(2) 1Bei der Beurkundung von Verträgen zwischen verbundenen Unternehmen (§ 15 des Aktiengesetzes) über die Veräußerung oder über die Verpflichtung zur Veräußerung von Gesellschaftsanteilen und -beteiligungen beträgt der Geschäftswert höchstens 10 Millionen Euro. 2Satz 1 gilt nicht, sofern die betroffene Gesellschaft überwiegend vermögensverwaltend tätig ist, insbesondere als Immobilienverwaltungs-, Objekt-, Holding-, Besitz- oder sonstige Beteiligungsgesellschaft.

§ 108
Beschlüsse von Organen

(1) 1Für den Geschäftswert bei der Beurkundung von Beschlüssen von Organen von Kapital-, Personenhandels- und Partnerschaftsgesellschaften sowie von Versicherungsvereinen auf Gegenseitigkeit, juristischen Personen (§ 33 des Handelsgesetzbuchs) oder Genossenschaften, deren Gegenstand keinen bestimmten Geldwert hat, gilt § 105 Absatz 4 und 6 entsprechend. 2Bei Beschlüssen, deren Gegenstand einen bestimmten Geldwert hat, beträgt der Wert nicht weniger als der sich nach § 105 Absatz 1 ergebende Wert.

(2) Bei der Beurkundung von Beschlüssen im Sinne des Absatzes 1, welche die Zustimmung zu einem bestimmten Rechtsgeschäft enthalten, ist der Geschäftswert wie bei der Beurkundung des Geschäfts zu bestimmen, auf das sich der Zustimmungsbeschluss bezieht.

(3) 1Der Geschäftswert bei der Beurkundung von Beschlüssen nach dem Umwandlungsgesetz ist der Wert des Vermögens des übertragenden oder formwechselnden Rechtsträgers. 2Bei Abspaltungen oder Ausgliederungen ist der Wert des übergehenden Vermögens maßgebend.

(4) Der Geschäftswert bei der Beurkundung von Beschlüssen von Organen einer Gesellschaft bürgerlichen Rechts, deren Gegenstand keinen bestimmten Geldwert hat, beträgt 30 000 Euro.

(5) Der Geschäftswert von Beschlüssen von Gesellschafts-, Stiftungs- und Vereinsorganen sowie von ähnlichen Organen beträgt höchstens 5 Millionen Euro, auch

wenn mehrere Beschlüsse mit verschiedenem Gegenstand in einem Beurkundungsverfahren zusammengefasst werden.

§ 109
Derselbe Beurkundungsgegenstand

(1) [1]Derselbe Beurkundungsgegenstand liegt vor, wenn Rechtsverhältnisse zueinander in einem Abhängigkeitsverhältnis stehen und das eine Rechtsverhältnis unmittelbar dem Zweck des anderen Rechtsverhältnisses dient. [2]Ein solches Abhängigkeitsverhältnis liegt nur vor, wenn das andere Rechtsverhältnis der Erfüllung, Sicherung oder sonstigen Durchführung des einen Rechtsverhältnisses dient. [3]Dies gilt auch bei der Beurkundung von Erklärungen Dritter und von Erklärungen der Beteiligten zugunsten Dritter. [4]Ein Abhängigkeitsverhältnis liegt insbesondere vor zwischen

1. dem Kaufvertrag und

   a) der Übernahme einer durch ein Grundpfandrecht am Kaufgrundstück gesicherten Darlehensschuld,

   b) der zur Löschung von Grundpfandrechten am Kaufgegenstand erforderlichen Erklärungen sowie

   c) jeder zur Belastung des Kaufgegenstands dem Käufer erteilten Vollmacht;

   die Beurkundung des Zuschlags in der freiwilligen Versteigerung steht dem Kaufvertrag gleich;

2. dem Gesellschaftsvertrag und der Auflassung bezüglich eines einzubringenden Grundstücks;

3. der Bestellung eines dinglichen Rechts und der zur Verschaffung des beabsichtigten Rangs erforderlichen Rangänderungserklärungen; § 45 Absatz 2 gilt entsprechend;

4. der Begründung eines Anspruchs und den Erklärungen zur Schaffung eines Titels gemäß § 794 Absatz 1 Nummer 5 der Zivilprozessordnung.

[5]In diesen Fällen bestimmt sich der Geschäftswert nur nach dem Wert des Rechtsverhältnisses, zu dessen Erfüllung, Sicherung oder sonstiger Durchführung die anderen Rechtsverhältnisse dienen.

(2) [1]Derselbe Beurkundungsgegenstand sind auch

1. der Vorschlag zur Person eines möglichen Betreuers und eine Patientenverfügung;

2. der Widerruf einer Verfügung von Todes wegen, die Aufhebung oder Anfechtung eines Erbvertrags oder der Rücktritt von einem Erbvertrag jeweils mit der Errichtung einer neuen Verfügung von Todes wegen;

3. die zur Bestellung eines Grundpfandrechts erforderlichen Erklärungen und die Schulderklärung bis zur Höhe des Nennbetrags des Grundpfandrechts;

4. bei Beschlüssen von Organen einer Vereinigung oder Stiftung
   a) jeder Beschluss und eine damit im Zusammenhang stehende Änderung des Gesellschaftsvertrags oder der Satzung,
   b) der Beschluss über eine Kapitalerhöhung oder -herabsetzung und die weiteren damit im Zusammenhang stehenden Beschlüsse,
   c) mehrere Änderungen des Gesellschaftsvertrags oder der Satzung, deren Gegenstand keinen bestimmten Geldwert hat,
   d) mehrere Wahlen, sofern nicht Einzelwahlen stattfinden,
   e) mehrere Beschlüsse über die Entlastung von Verwaltungsträgern, sofern nicht Einzelbeschlüsse gefasst werden,
   f) Wahlen und Beschlüsse über die Entlastung der Verwaltungsträger, sofern nicht einzeln abgestimmt wird,
   g) Beschlüsse von Organen verschiedener Vereinigungen bei Umwandlungsvorgängen, sofern die Beschlüsse denselben Beschlussgegenstand haben.

[2]In diesen Fällen bestimmt sich der Geschäftswert nach dem höchsten in Betracht kommenden Wert.

§ 110
Verschiedene Beurkundungsgegenstände

Abweichend von § 109 Absatz 1 sind verschiedene Beurkundungsgegenstände

1. Beschlüsse von Organen einer Vereinigung oder Stiftung und Erklärungen,
2. ein Veräußerungsvertrag und
   a) Erklärungen zur Finanzierung der Gegenleistung gegenüber Dritten,
   b) Erklärungen zur Bestellung von subjektiv-dinglichen Rechten sowie
   c) ein Verzicht auf Steuerbefreiungen gemäß § 9 Absatz 1 des Umsatzsteuergesetzes sowie
3. Erklärungen gemäß § 109 Absatz 2 Satz 1 Nummer 1 und Vollmachten.

§ 111
Besondere Beurkundungsgegenstände

Als besonderer Beurkundungsgegenstand gelten stets

1. vorbehaltlich der Regelung in § 109 Absatz 2 Nummer 2 eine Verfügung von Todes wegen,
2. ein Ehevertrag im Sinne von § 1408 Absatz 1 des Bürgerlichen Gesetzbuchs,
3. eine Anmeldung zu einem Register und
4. eine Rechtswahl nach dem internationalen Privatrecht.

Unterabschnitt 3
Vollzugs- und Betreuungstätigkeiten

§ 112
Vollzug des Geschäfts

[1]Der Geschäftswert für den Vollzug ist der Geschäftswert des zugrunde liegenden Beurkundungsverfahrens. [2]Liegt der zu vollziehenden Urkunde kein Beurkundungsverfahren zugrunde, ist der Geschäftswert derjenige Wert, der maßgeblich wäre, wenn diese Urkunde Gegenstand eines Beurkundungsverfahrens wäre.

§ 113
Betreuungstätigkeiten

(1) Der Geschäftswert für die Betreuungsgebühr ist wie bei der Beurkundung zu bestimmen.

(2) Der Geschäftswert für die Treuhandgebühr ist der Wert des Sicherungsinteresses.

Unterabschnitt 4
Sonstige notarielle Geschäfte

§ 114
Rückgabe eines Erbvertrags aus der notariellen Verwahrung

Der Geschäftswert für die Rückgabe eines Erbvertrags aus der notariellen Verwahrung bestimmt sich nach § 102 Absatz 1 bis 3.

§ 115
Vermögensverzeichnis, Siegelung

[1]Der Geschäftswert für die Aufnahme von Vermögensverzeichnissen sowie für Siegelungen und Entsiegelungen ist der Wert der verzeichneten oder versiegelten Gegenstände. [2]Dies gilt auch für die Mitwirkung als Urkundsperson bei der Aufnahme von Vermögensverzeichnissen.

§ 116
Freiwillige Versteigerung von Grundstücken

(1) Bei der freiwilligen Versteigerung von Grundstücken oder grundstücksgleichen Rechten ist der Geschäftswert nach dem Wert der zu versteigernden Grundstücke oder grundstücksgleichen Rechte zu bemessen für

1. die Verfahrensgebühr,
2. die Gebühr für die Aufnahme einer Schätzung und
3. die Gebühr für die Abhaltung eines Versteigerungstermins.

(2) Bei der Versteigerung mehrerer Grundstücke wird die Gebühr für die Beurkundung des Zuschlags für jeden Ersteher nach der Summe seiner Gebote erhoben; ist

der zusammengerechnete Wert der ihm zugeschlagenen Grundstücke oder grundstücksgleichen Rechten höher, so ist dieser maßgebend.

§ 117
Versteigerung von beweglichen Sachen und von Rechten

Bei der Versteigerung von beweglichen Sachen und von Rechten bemisst sich der Geschäftswert nach der Summe der Werte der betroffenen Sachen und Rechte.

§ 118
Vorbereitung der Zwangsvollstreckung

Im Verfahren über die Vollstreckbarerklärung eines Schiedsspruchs mit vereinbartem Wortlaut oder über die Erteilung einer vollstreckbaren Ausfertigung bemisst sich der Geschäftswert nach den Ansprüchen, die Gegenstand der Vollstreckbarerklärung oder der vollstreckbaren Ausfertigung sein sollen.

§ 118a
Teilungssachen

[1]Geschäftswert in Teilungssachen nach § 342 Absatz 2 Nummer 1 des Gesetzes über das Verfahren in Familiensachen und in den Angelegenheiten der freiwilligen Gerichtsbarkeit ist der Wert des den Gegenstand der Auseinandersetzung bildenden Nachlasses oder Gesamtguts oder des von der Auseinandersetzung betroffenen Teils davon. [2]Die Werte mehrerer selbständiger Vermögensmassen, die in demselben Verfahren auseinandergesetzt werden, werden zusammengerechnet. [3]Trifft die Auseinandersetzung des Gesamtguts einer Gütergemeinschaft mit der Auseinandersetzung des Nachlasses eines Ehegatten oder Lebenspartners zusammen, wird der Wert des Gesamtguts und des übrigen Nachlasses zusammengerrechnet.

§ 119
Entwurf

(1) Bei der Fertigung eines Entwurfs bestimmt sich der Geschäftswert nach den für die Beurkundung geltenden Vorschriften.

(2) Der Geschäftswert für die Fertigung eines Serienentwurfs ist die Hälfte des Werts aller zum Zeitpunkt der Entwurfsfertigung beabsichtigten Einzelgeschäfte.

§ 120
Beratung bei einer Haupt- oder Gesellschafterversammlung

[1]Der Geschäftswert für die Beratung bei der Vorbereitung oder Durchführung einer Hauptversammlung oder einer Gesellschafterversammlung bemisst sich nach der Summe der Geschäftswerte für die Beurkundung der in der Versammlung zu fassenden Beschlüsse. [2]Der Geschäftswert beträgt höchstens 5 Millionen Euro.

§ 121
Beglaubigung von Unterschriften oder Handzeichen

Der Geschäftswert für die Beglaubigung von Unterschriften oder Handzeichen bestimmt sich nach den für die Beurkundung der Erklärung geltenden Vorschriften.

§ 122
Rangbescheinigung

Geschäftswert einer Mitteilung über die dem Grundbuchamt bei Einreichung eines Antrags vorliegenden weiteren Anträge einschließlich des sich daraus ergebenden Rangs für das beantragte Recht (Rangbescheinigung) ist der Wert des beantragten Rechts.

§ 123
Gründungsprüfung

[1]Geschäftswert einer Gründungsprüfung gemäß § 33 Absatz 3 des Aktiengesetzes ist die Summe aller Einlagen. [2]Der Geschäftswert beträgt höchstens 10 Millionen Euro.

§ 124
Verwahrung

[1]Der Geschäftswert bei der Verwahrung von Geldbeträgen bestimmt sich nach der Höhe des jeweils ausgezahlten Betrages. [2]Bei der Entgegennahme von Wertpapieren und Kostbarkeiten zur Verwahrung ist Geschäftswert der Wert der Wertpapiere oder Kostbarkeiten.

Abschnitt 5
Gebührenvereinbarung

§ 125
Verbot der Gebührenvereinbarung

Vereinbarungen über die Höhe der Kosten sind unwirksam, soweit sich aus der folgenden Vorschrift nichts anderes ergibt.

§ 126
Öffentlich-rechtlicher Vertrag

(1) [1]Für die Tätigkeit des Notars als Mediator oder Schlichter ist durch öffentlich-rechtlichen Vertrag eine Gegenleistung in Geld zu vereinbaren. [2]Dasselbe gilt für notarielle Amtstätigkeiten, für die in diesem Gesetz keine Gebühr bestimmt ist und die nicht mit anderen gebührenpflichtigen Tätigkeiten zusammenhängen. [3]Die Gegenleistung muss unter Berücksichtigung aller Umstände des Geschäfts, insbesondere des Umfangs und der Schwierigkeit, angemessen sein. [4]Sofern nichts anderes vereinbart ist, werden die Auslagen nach den gesetzlichen Bestimmungen erhoben.

(2) Der Vertrag bedarf der Schriftform.

(3) [1]Die §§ 19, 88 bis 90 gelten entsprechend. [2]Der vollstreckbaren Ausfertigung der Kostenberechnung ist eine beglaubigte Kopie oder ein beglaubigter Ausdruck des öffentlich-rechtlichen Vertrags beizufügen.

Abschnitt 6
Gerichtliches Verfahren in Notarkostensachen

§ 127
Antrag auf gerichtliche Entscheidung

(1) [1]Gegen die Kostenberechnung (§ 19), einschließlich der Verzinsungspflicht (§ 88), gegen die Zahlungspflicht, die Ausübung des Zurückbehaltungsrechts (§ 11) und die Erteilung der Vollstreckungsklausel kann die Entscheidung des Landgerichts, in dessen Bezirk der Notar den Amtssitz hat, beantragt werden. [2]Antragsberechtigt ist der Kostenschuldner und, wenn der Kostenschuldner dem Notar gegenüber die Kostenberechnung beanstandet, auch der Notar.

(2) [1]Nach Ablauf des Kalenderjahrs, das auf das Jahr folgt, in dem die vollstreckbare Ausfertigung der Kostenberechnung zugestellt ist, können neue Anträge nach Absatz 1 nicht mehr gestellt werden. [2]Soweit die Einwendungen gegen den Kostenanspruch auf Gründen beruhen, die nach der Zustellung der vollstreckbaren Ausfertigung entstanden sind, können sie auch nach Ablauf dieser Frist geltend gemacht werden.

§ 128
Verfahren

(1) [1]Das Gericht soll vor der Entscheidung die Beteiligten, die vorgesetzte Dienstbehörde des Notars und, wenn eine Kasse gemäß § 113 der Bundesnotarordnung errichtet ist, auch diese hören. [2]Betrifft der Antrag die Bestimmung der Gebühr durch den Notar nach § 92 Absatz 1 oder die Kostenberechnung aufgrund eines öffentlich-rechtlichen Vertrags, soll das Gericht ein Gutachten des Vorstands der Notarkammer einholen. [3]Ist eine Kasse nach § 113 der Bundesnotarordnung errichtet, tritt diese an die Stelle der Notarkammer. [4]Das Gutachten ist kostenlos zu erstatten.

(2) [1]Entspricht bei einer Rahmengebühr die vom Notar bestimmte Gebühr nicht der Vorschrift des § 92 Absatz 1, setzt das Gericht die Gebühr fest. [2]Liegt ein zulässiger öffentlich-rechtlicher Vertrag vor und entspricht die vereinbarte Gegenleistung nicht der Vorschrift des § 126 Absatz 1 Satz 3, setzt das Gericht die angemessene Gegenleistung fest.

(3) Das Gericht kann die Entscheidung über den Antrag durch Beschluss einem seiner Mitglieder zur Entscheidung als Einzelrichter übertragen, wenn die Sache keine besonderen Schwierigkeiten tatsächlicher oder rechtlicher Art aufweist und keine grundsätzliche Bedeutung hat.

§ 129
Beschwerde und Rechtsbeschwerde

(1) Gegen die Entscheidung des Landgerichts findet ohne Rücksicht auf den Wert des Beschwerdegegenstands die Beschwerde statt.

(2) Gegen die Entscheidung des Oberlandesgerichts findet die Rechtsbeschwerde statt.

§ 130
Gemeinsame Vorschriften

(1) [1]Der Antrag auf Entscheidung des Landgerichts, die Beschwerde und die Rechtsbeschwerde haben keine aufschiebende Wirkung. [2]Das Gericht oder das Beschwerdegericht kann auf Antrag oder von Amts wegen die aufschiebende Wirkung ganz oder teilweise anordnen; ist nicht der Einzelrichter zur Entscheidung berufen, entscheidet der Vorsitzende des Gerichts.

(2) [1]Die dem Notar vorgesetzte Dienstbehörde kann diesen in jedem Fall anweisen, die Entscheidung des Landgerichts herbeizuführen, Beschwerde oder Rechtsbeschwerde zu erheben. [2]Die hierauf ergehenden gerichtlichen Entscheidungen können auch auf eine Erhöhung der Kostenberechnung lauten. [3]Gerichtskosten hat der Notar in diesen Verfahren nicht zu tragen. [4]Außergerichtliche Kosten anderer Beteiligter, die der Notar in diesen Verfahren zu tragen hätte, sind der Landeskasse aufzuerlegen.

(3) [1]Auf die Verfahren sind im Übrigen die Vorschriften des Gesetzes über das Verfahren in Familiensachen und in den Angelegenheiten der freiwilligen Gerichtsbarkeit anzuwenden. [2]§ 10 Absatz 4 des Gesetzes über das Verfahren in Familiensachen und in den Angelegenheiten der freiwilligen Gerichtsbarkeit ist auf den Notar nicht anzuwenden.

§ 131
Abhilfe bei Verletzung des Anspruchs auf rechtliches Gehör

[1]Die Vorschriften des Gesetzes über das Verfahren in Familiensachen und in den Angelegenheiten der freiwilligen Gerichtsbarkeit über die Abhilfe bei Verletzung des Anspruchs auf rechtliches Gehör sind anzuwenden. [2]§ 10 Absatz 4 des Gesetzes über das Verfahren in Familiensachen und in den Angelegenheiten der freiwilligen Gerichtsbarkeit ist auf den Notar nicht anzuwenden.

Kapitel 4
Schluss- und Übergangsvorschriften

§ 132
Verhältnis zu anderen Gesetzen

Artikel 1 Absatz 2 und Artikel 2 des Einführungsgesetzes zum Bürgerlichen Gesetzbuche sind entsprechend anzuwenden.

§ 133
Bekanntmachung von Neufassungen

[1]Das Bundesministerium der Justiz und für Verbraucherschutz kann nach Änderungen den Wortlaut des Gesetzes feststellen und als Neufassung im Bundesgesetzblatt bekannt machen. [2]Die Bekanntmachung muss auf diese Vorschrift Bezug nehmen und angeben

1. den Stichtag, zu dem der Wortlaut festgestellt wird,

2. die Änderungen seit der letzten Veröffentlichung des vollständigen Wortlauts im Bundesgesetzblatt sowie
3. das Inkrafttreten der Änderungen.

§ 134
Übergangsvorschrift

(1) [1]In gerichtlichen Verfahren, die vor dem Inkrafttreten einer Gesetzesänderung anhängig geworden oder eingeleitet worden sind, werden die Kosten nach bisherigem Recht erhoben. [2]Dies gilt nicht im Verfahren über ein Rechtsmittel, das nach dem Inkrafttreten einer Gesetzesänderung eingelegt worden ist. [3]Die Sätze 1 und 2 gelten auch, wenn Vorschriften geändert werden, auf die dieses Gesetz verweist. [4]In Verfahren, in denen Jahresgebühren erhoben werden, und in Fällen, in denen die Sätze 1 und 2 keine Anwendung finden, gilt für Kosten, die vor dem Inkrafttreten einer Gesetzesänderung fällig geworden sind, das bisherige Recht.

(2) Für notarielle Verfahren oder Geschäfte, für die ein Auftrag vor dem Inkrafttreten einer Gesetzesänderung erteilt worden ist, werden die Kosten nach bisherigem Recht erhoben.

§ 135
Sonderregelung für Baden-Württemberg

(1) Solange und soweit im Land Baden-Württemberg die Gebühren für die Tätigkeit des Notars der Staatskasse zufließen, ist § 2 anstelle von § 91 anzuwenden.

(2) [1]Solange im Land Baden-Württemberg anderen als gerichtlichen Behörden die Aufgaben des Grundbuchamts, des Betreuungs- oder des Nachlassgerichts übertragen sind, sind die Kosten gleichwohl nach diesem Gesetz zu erheben. [2]Der Geschäftswert ist nur auf Antrag festzusetzen. [3]Über die Festsetzung des Geschäftswerts und über die Erinnerung gegen den Kostenansatz entscheidet das Amtsgericht, in dessen Bezirk die Behörde ihren Sitz hat.

(3) Ein Notariatsabwickler steht einem Notariatsverwalter gleich.

§ 136
Übergangsvorschrift zum 2. Kostenrechtsmodernisierungsgesetz

(1) Die Kostenordnung in der im Bundesgesetzblatt Teil III, Gliederungsnummer 361-1, veröffentlichten bereinigten Fassung, die zuletzt durch Artikel 8 des Gesetzes vom 26. Juni 2013 (BGBl. S. 1800) geändert worden ist, und Verweisungen hierauf sind weiter anzuwenden

1. in gerichtlichen Verfahren, die vor dem Inkrafttreten des 2. Kostenrechtsmodernisierungsgesetzes vom 23. Juli 2013 (BGBl. S. 2586) anhängig geworden oder eingeleitet worden sind; die Jahresgebühr 12311 wird in diesen Verfahren nicht erhoben;
2. in gerichtlichen Verfahren über ein Rechtsmittel, das vor dem Inkrafttreten des 2. Kostenrechtsmodernisierungsgesetzes vom 23. Juli 2013 (BGBl. S. 2586) eingelegt worden ist;

Kostenrecht und Tabellen

3. hinsichtlich der Jahresgebühren in Verfahren vor dem Betreuungsgericht, die vor dem Inkrafttreten des 2. Kostenrechtsmodernisierungsgesetzes vom 23. Juli 2013 (BGBl. S. 2586) fällig geworden sind;
4. in notariellen Verfahren oder bei notariellen Geschäften, für die ein Auftrag vor dem Inkrafttreten des 2. Kostenrechtsmodernisierungsgesetzes vom 23. Juli 2013 (BGBl. S. 2586) erteilt worden ist;
5. in allen übrigen Fällen, wenn die Kosten vor dem Inkrafttreten des 2. Kostenrechtsmodernisierungsgesetzes vom 23. Juli 2013 (BGBl. S. 2586) fällig geworden sind.

(2) Soweit Gebühren nach diesem Gesetz anzurechnen sind, sind auch nach der Kostenordnung für entsprechende Tätigkeiten entstandene Gebühren anzurechnen.

(3) Soweit für ein notarielles Hauptgeschäft die Kostenordnung nach Absatz 1 weiter anzuwenden ist, gilt dies auch für die damit zusammenhängenden Vollzugs- und Betreuungstätigkeiten sowie für zu Vollzugszwecken gefertigte Entwürfe.

(4) Bis zum Erlass landesrechtlicher Vorschriften über die Höhe des Haftkostenbeitrags, der von einem Gefangenen zu erheben ist, ist anstelle der Nummern 31010 und 31011 des Kostenverzeichnisses § 137 Absatz 1 Nummer 12 der Kostenordnung in der bis zum 27. Dezember 2010 geltenden Fassung anzuwenden.

(5) [1]Absatz 1 ist auf die folgenden Vorschriften in ihrer bis zum Tag vor dem Inkrafttreten des 2. Kostenrechtsmodernisierungsgesetzes vom 23. Juli 2013 (BGBl. S. 2586) geltenden Fassung entsprechend anzuwenden:

1. § 30 des Einführungsgesetzes zum Gerichtsverfassungsgesetz,
2. § 15 des Spruchverfahrensgesetzes,
3. § 12 Absatz 3, die §§ 33 bis 43, 44 Absatz 2 sowie die §§ 45 und 47 des Gesetzes über das gerichtliche Verfahren in Landwirtschaftssachen,
4. § 102 des Gesetzes über Rechte an Luftfahrzeugen,
5. § 100 Absatz 1 und 3 des Sachenrechtsbereinigungsgesetzes,
6. § 39b Absatz 1 und 6 des Wertpapiererwerbs- und Übernahmegesetzes,
7. § 99 Absatz 6, § 132 Absatz 5 und § 260 Absatz 4 des Aktiengesetzes,
8. § 51b des Gesetzes betreffend die Gesellschaften mit beschränkter Haftung,
9. § 62 Absatz 5 und 6 des Bereinigungsgesetzes für deutsche Auslandsbonds,
10. § 138 Absatz 2 des Urheberrechtsgesetzes,
11. die §§ 18 bis 24 der Verfahrensordnung für Höfesachen,
12. § 18 des Gesetzes zur Ergänzung des Gesetzes über die Mitbestimmung der Arbeitnehmer in den Aufsichtsräten und Vorständen der Unternehmen des Bergbaus und der Eisen und Stahl erzeugenden Industrie und
13. § 65 Absatz 3 des Landwirtschaftsanpassungsgesetzes.

[2]An die Stelle der Kostenordnung treten dabei die in Satz 1 genannten Vorschriften.

Anlage 1
(zu § 3 Absatz 2)

Kostenverzeichnis

Gliederung

Kostenrecht und Tabellen

Kostenrecht und Tabellen

Kostenrecht und Tabellen

Teil 1
Gerichtsgebühren

(vom Abdruck wurde abgesehen)

Teil 2
Notargebühren

Vorbemerkung 2:

(1) In den Fällen, in denen es für die Gebührenberechnung maßgeblich ist, dass ein bestimmter Notar eine Tätigkeit vorgenommen hat, steht diesem Notar der Aktenverwahrer gemäß § 51 BNotO, der Notariatsverwalter gemäß § 56 BNotO oder ein anderer Notar, mit dem der Notar am Ort seines Amtssitzes zur gemeinsamen Berufsausübung verbunden ist oder mit dem er dort gemeinsame Geschäftsräume unterhält, gleich.

(2) Bundes- oder landesrechtliche Vorschriften, die Gebühren- oder Auslagenbefreiung gewähren, sind nicht auf den Notar anzuwenden. Außer in den Fällen der Kostenerstattung zwischen den Trägern der Sozialhilfe gilt die in § 64 Abs. 2 Satz 3 Nr. 2 SGB X bestimmte Gebührenfreiheit auch für den Notar.

(3) Beurkundungen nach § 67 Abs. 1 des Beurkundungsgesetzes und die Bezifferung dynamisierter Unterhaltstitel zur Zwangsvollstreckung im Ausland sind gebührenfrei.

Hauptabschnitt 1
Beurkundungsverfahren

Vorbemerkung 2.1:

(1) Die Gebühr für das Beurkundungsverfahren entsteht für die Vorbereitung und Durchführung der Beurkundung in Form einer Niederschrift (§§ 8 und 36 des Beurkundungsgesetzes) einschließlich der Beschaffung der Information.

(2) Durch die Gebühren dieses Hauptabschnitts werden auch abgegolten

1. die Übermittlung von Anträgen und Erklärungen an ein Gericht oder eine Behörde,
2. die Stellung von Anträgen im Namen der Beteiligten bei einem Gericht oder einer Behörde,
3. die Erledigung von Beanstandungen einschließlich des Beschwerdeverfahrens und
4. bei Änderung eines Gesellschaftsvertrags oder einer Satzung die Erteilung einer für die Anmeldung zum Handelsregister erforderlichen Bescheinigung des neuen vollständigen Wortlauts des Gesellschaftsvertrags oder der Satzung.

Nr.	Gebührentatbestand	Gebühren oder Satz der Gebühr nach § 34 GNotKG **– Tabelle B**

Abschnitt 1
Verträge, bestimmte Erklärungen sowie Beschlüsse von Organen einer Vereinigung oder Stiftung

Vorbemerkung 2.1.1:

Dieser Abschnitt ist auch anzuwenden im Verfahren zur Beurkundung der folgenden Erklärungen:

1. Antrag auf Abschluss eines Vertrags oder Annahme eines solchen Antrags oder
2. gemeinschaftliches Testament.

21100	Beurkundungsverfahren	2,0 – mindestens 120,00 €
21101	Gegenstand des Beurkundungsverfahrens ist 1. die Annahme eines Antrags auf Abschluss eines Vertrags oder 2. ein Verfügungsgeschäft und derselbe Notar hat für eine Beurkundung, die das zugrunde liegende Rechtsgeschäft betrifft, die Gebühr 21100 oder 23603 erhoben: Die Gebühr 21100 beträgt . . . . (1) Als zugrunde liegendes Rechtsgeschäft gilt nicht eine Verfügung von Todes wegen. (2) Die Gebühr für die Beurkundung des Zuschlags in einer freiwilligen Versteigerung von Grundstücken oder grundstücksgleichen Rechten bestimmt sich nach 23603.	0,5 – mindestens 30,00 €
21102	Gegenstand des Beurkundungsverfahrens ist 1. ein Verfügungsgeschäft und das zugrunde liegende Rechtsgeschäft ist bereits beurkundet und Nummer 21101 nicht anzuwenden oder 2. die Aufhebung eines Vertrags: Die Gebühr 21100 beträgt	1,0 – mindestens 60,00 €

Nr.	Gebührentatbestand	Gebühren oder Satz der Gebühr nach § 34 GNotKG **– Tabelle B**

Abschnitt 2
Sonstige Erklärungen, Tatsachen und Vorgänge

Vorbemerkung 2.1.2:

(1) Die Gebühr für die Beurkundung eines Antrags zum Abschluss eines Vertrages und für die Beurkundung der Annahme eines solchen Antrags sowie für die Beurkundung eines gemeinschaftlichen Testaments bestimmt sich nach Abschnitt 1, die Gebühr für die Beurkundung des Zuschlags bei der freiwilligen Versteigerung von Grundstücken oder grundstücksgleichen Rechten bestimmt sich nach Nummer 23603.

(2) Die Beurkundung der in der Anmerkung zu Nummer 23603 genannten Erklärungen wird durch die Gebühr 23603 mit abgegolten, wenn die Beurkundung in der Niederschrift über die Versteigerung erfolgt.

21200	Beurkundungsverfahren .... Unerheblich ist, ob eine Erklärung von einer oder von mehreren Personen abgegeben wird.	1,0 – mindestens 60,00 €
21201	Beurkundungsgegenstand ist 1. der Widerruf einer letztwilligen Verfügung, 2. der Rücktritt von einem Erbvertrag, 3. die Anfechtung einer Verfügung von Todes wegen, 4. ein Antrag oder eine Bewilligung nach der Grundbuchordnung, der Schiffsregisterordnung oder dem Gesetz über Rechte an Luftfahrzeugen oder die Zustimmung des Eigentümers zur Löschung eines Grundpfandrechts oder eines vergleichbaren Pfandrechts, 5. eine Anmeldung zum Handelsregister oder zu einem ähnlichen Register, 6. ein Antrag an das Nachlassgericht, 7. eine Erklärung, die gegenüber dem Nachlassgericht abzugeben ist, oder 8. die Zustimmung zur Annahme als Kind: Die Gebühr 21200 beträgt .... In dem in Vorbemerkung 2.3.3 Abs. 2 genannten Fall ist das Beurkundungsverfahren für den Antrag an das Nachlassgericht durch die Gebühr 23300 für Abnahme der eidesstattlichen Versicherung mit abgegolten; im Übrigen bleiben die Vorschriften in Hauptabschnitt 1 unberührt.	0,5 – mindestens 30,00 €

Anmerkung jeweilige Nummer

Nr.	Gebührentatbestand	Gebühren oder Satz der Gebühr nach § 34 GNotKG **– Tabelle B**

Abschnitt 3
Vorzeitige Beendigung des Beurkundungsverfahrens

Vorbemerkung 2.1.3:

(1) Ein Beurkundungsverfahren ist vorzeitig beendet, wenn vor Unterzeichnung der Niederschrift durch den Notar der Beurkundungsauftrag zurückgenommen oder zurückgewiesen wird oder der Notar feststellt, dass nach seiner Überzeugung mit der beauftragten Beurkundung aus Gründen, die nicht in seiner Person liegen, nicht mehr zu rechnen ist. Wird das Verfahren länger als 6 Monate nicht mehr betrieben, ist in der Regel nicht mehr mit der Beurkundung zu rechnen.

(2) Führt der Notar nach der vorzeitigen Beendigung des Beurkundungsverfahrens demnächst auf der Grundlage der bereits erbrachten notariellen Tätigkeit ein erneutes Beurkundungsverfahren durch, wird die nach diesem Abschnitt zu erhebende Gebühr auf die Gebühr für das erneute Beurkundungsverfahren angerechnet.

(3) Der Fertigung eines Entwurfs im Sinne der nachfolgenden Vorschriften steht die Überprüfung, Änderung oder Ergänzung eines dem Notar vorgelegten Entwurfs gleich.

21300	Vorzeitige Beendigung des Beurkundungsverfahrens 1. vor Ablauf des Tages, an dem ein vom Notar gefertigter Entwurf an einen Beteiligten durch Aufgabe zur Post versandt worden ist, 2. vor der Übermittlung eines vom Notar gefertigten Entwurfs per Telefax, vor der elektronischen Übermittlung als Datei oder vor Aushändigung oder 3. bevor der Notar mit allen Beteiligten in einem zum Zweck der Beurkundung vereinbarten Termin auf der Grundlage eines von ihm gefertigten Entwurfs verhandelt hat: Die jeweilige Gebühr für das Beurkundungsverfahren ermäßigt sich auf	20,00 €
21301	In den Fällen der Nummer 21300 hat der Notar persönlich oder schriftlich beraten: Die jeweilige Gebühr für das Beurkundungsverfahren ermäßigt sich auf eine Gebühr	in Höhe der jeweiligen Beratungsgebühr

Nr.	Gebührentatbestand	Gebühren oder Satz der Gebühr nach § 34 GNotKG **– Tabelle B**
21302	Vorzeitige Beendigung des Verfahrens nach einem der in Nummer 21300 genannten Zeitpunkte in den Fällen der Nummer 21100: Die Gebühr 21100 ermäßigt sich auf	0,5 bis 2,0 – mindestens 120,00 €
21303	Vorzeitige Beendigung des Verfahrens nach einem der in Nummer 21300 genannten Zeitpunkte in den Fällen der Nummern 21102 und 21200: Die Gebühren 21102 und 21200 ermäßigen sich auf . . .	0,3 bis 1,0 – mindestens 60,00 €
21304	Vorzeitige Beendigung des Verfahrens nach einem der in Nummer 21300 genannten Zeitpunkte in den Fällen der Nummern 21101 und 21201: Die Gebühren 21101 und 21201 ermäßigen sich auf . . .	0,3 bis 0,5 – mindestens 30,00 €

Hauptabschnitt 2
Vollzug eines Geschäfts und Betreuungstätigkeiten

Vorbemerkung 2.2:

(1) Gebühren nach diesem Hauptabschnitt entstehen nur, wenn dem Notar für seine Tätigkeit ein besonderer Auftrag erteilt worden ist; dies gilt nicht für die Gebühren 22114, 22125 und die Gebühr 22200 im Fall der Nummer 6 der Anmerkung.

(2) Entsteht für eine Tätigkeit eine Gebühr nach diesem Hauptabschnitt, fällt bei demselben Notar insoweit keine Gebühr für die Fertigung eines Entwurfs und keine Gebühr nach Nummer 25204 an.

Abschnitt 1
Vollzug

Unterabschnitt 1
Vollzug eines Geschäfts

Vorbemerkung 2.2.1.1:

(1) Die Vorschriften dieses Unterabschnitts sind anzuwenden, wenn der Notar eine Gebühr für das Beurkundungsverfahren oder für die Fertigung eines Entwurfs erhält, die das zugrunde liegende Geschäft betrifft. Die Vollzugsgebühr entsteht für die

Kostenrecht und Tabellen

Nr.	Gebührentatbestand	Gebühren oder Satz der Gebühr nach § 34 GNotKG **– Tabelle B**

1. Anforderung und Prüfung einer Erklärung oder Bescheinigung nach öffentlich-rechtlichen Vorschriften, mit Ausnahme der Unbedenklichkeitsbescheinigung des Finanzamts,
2. Anforderung und Prüfung einer anderen als der in Nummer 4 genannten gerichtlichen Entscheidung oder Bescheinigung, dies gilt auch für die Ermittlung des Inhalts eines ausländischen Registers,
3. Fertigung, Änderung oder Ergänzung der Liste der Gesellschafter (§ 8 Abs. 1 Nr. 3, § 40 GmbHG) oder der Liste der Personen, welche neue Geschäftsanteile übernommen haben (§ 57 Abs. 3 Nr. 2 GmbHG),
4. Anforderung und Prüfung einer Entscheidung des Familien-, Betreuungs- oder Nachlassgerichts einschließlich aller Tätigkeiten des Notars gemäß den §§ 1855 und 1856 BGB im Namen der Beteiligten sowie die Erteilung einer Bescheinigung über die Wirksamkeit oder Unwirksamkeit des Rechtsgeschäfts,
5. Anforderung und Prüfung einer Vollmachtsbestätigung oder einer privatrechtlichen Zustimmungserklärung,
6. Anforderung und Prüfung einer privatrechtlichen Verzichtserklärung,
7. Anforderung und Prüfung einer Erklärung über die Ausübung oder Nichtausübung eines privatrechtlichen Vorkaufs- oder Wiederkaufsrechts,
8. Anforderung und Prüfung einer Erklärung über die Zustimmung zu einer Schuldübernahme oder einer Entlassung aus der Haftung,
9. Anforderung und Prüfung einer Erklärung oder sonstigen Urkunde zur Verfügung über ein Recht an einem Grundstück oder einem grundstücksgleichen Recht sowie zur Löschung oder Inhaltsänderung einer sonstigen Eintragung im Grundbuch oder in einem Register oder Anforderung und Prüfung einer Erklärung, inwieweit ein Grundpfandrecht eine Verbindlichkeit sichert,
10. Anforderung und Prüfung einer Verpflichtungserklärung betreffend eine in Nummer 9 genannte Verfügung oder einer Erklärung über die Nichtausübung eines Rechts und
11. über die in den Nummern 1 und 2 genannten Tätigkeiten hinausgehende Tätigkeit für die Beteiligten gegenüber der Behörde, dem Gericht oder der Körperschaft oder Anstalt des öffentlichen Rechts.

Die Vollzugsgebühr entsteht auch, wenn die Tätigkeit vor der Beurkundung vorgenommen wird.

(2) Zustimmungsbeschlüsse stehen Zustimmungserklärungen gleich.

(3) Wird eine Vollzugstätigkeit unter Beteiligung eines ausländischen Gerichts oder einer ausländischen Behörde vorgenommen, bestimmt sich die Vollzugsgebühr nach Unterabschnitt 2.

22110	Vollzugsgebühr	0,5

→ nur wenn Beurkundung

Nr.	Gebührentatbestand	Gebühren oder Satz der Gebühr nach § 34 GNotKG **– Tabelle B**
22111	Vollzugsgebühr, wenn die Gebühr für das zugrunde liegende Beurkundungsverfahren weniger als 2,0 beträgt: Die Gebühr 22110 beträgt	0,3
	Vollzugsgegenstand sind lediglich die in der Vorbemerkung 2.2.1.1 Abs. 1 Satz 2 Nr. 1 bis 3 genannten Tätigkeiten: Die Gebühren 22110 und 22111 betragen	
22112	– für jede Tätigkeit nach Vorbemerkung 2.2.1.1 Abs. 1 Satz 2 Nr. 1 und 2	höchstens 50,00 €
22113	– für jede Tätigkeit nach Vorbemerkung 2.2.1.1 Abs. 1 Satz 2 Nr. 3	höchstens 250,00 €
22114	Erzeugung von strukturierten Daten in Form der Extensible Markup Language (XML) oder in einem nach dem Stand der Technik vergleichbaren Format für eine automatisierte Weiterbearbeitung	0,2 – höchstens 125,00 €
22115	Neben der Gebühr 22114 entstehen andere Gebühren dieses Unterabschnitts: Die Gebühr 22114 beträgt ...	0,1 – höchstens 125,00 €

Unterabschnitt 2
Vollzug in besonderen Fällen

Vorbemerkung 2.2.1.2:

Die Gebühren dieses Unterabschnitts entstehen, wenn der Notar

1. keine Gebühr für ein Beurkundungsverfahren oder für die Fertigung eines Entwurfs erhalten hat, die das zu vollziehende Geschäft betrifft, oder
2. eine Vollzugstätigkeit unter Beteiligung eines ausländischen Gerichts oder einer ausländischen Behörde vornimmt.

Nr.	Gebührentatbestand	Gebühren oder Satz der Gebühr nach § 34 GNotKG – Tabelle B
22120	Vollzugsgebühr für die in Vorbemerkung 2.2.1.1 Abs. 1 Satz 2 genannten Tätigkeiten, wenn die Gebühr für ein die Urkunde betreffendes Beurkundungsverfahren 2,0 betragen würde	1,0
22121	Vollzugsgebühr für die in Vorbemerkung 2.2.1.1 Abs. 1 Satz 2 genannten Tätigkeiten, wenn die Gebühr für ein die Urkunde betreffendes Beurkundungsverfahren weniger als 2,0 betragen würde	0,5

Nr.	Gebührentatbestand	Gebühren oder Satz der Gebühr nach § 34 GNotKG **– Tabelle B**
22122	Überprüfung, ob die Urkunde bei Gericht eingereicht werden kann	0,5
	(1) Die Gebühr entsteht nicht neben einer der Gebühren 22120 und 22121. (2) Die Gebühr entsteht nicht für die Prüfung der Eintragungsfähigkeit in den Fällen des § 378 Abs. 3 FamFG und des § 15 Abs. 3 der Grundbuchordnung.	
22123	Erledigung von Beanstandungen einschließlich des Beschwerdeverfahrens	0,5
	Die Gebühr entsteht nicht neben einer der Gebühren 22120 bis 22122.	
22124	Die Tätigkeit beschränkt sich auf: 1. die Übermittlung von Anträgen, Erklärungen oder Unterlagen an ein Gericht, eine Behörde oder einen Dritten oder die Stellung von Anträgen im Namen der Beteiligten 2. die Prüfung der Eintragung in den Fällen des § 378 Abs. 3 FamFG und des § 15 Abs. 3 der Grundbuchordnung	20,00 €
	(1) Die Gebühr entsteht nur, wenn nicht eine Gebühr nach den Nummern 22120 bis 22123 anfällt. (2) Die Gebühr nach Nummer 2 entsteht nicht neben der Gebühr 25100 oder 25101. (3) Die Gebühr entsteht auch, wenn Tätigkeiten nach Nummer 1 und nach Nummer 2 ausgeübt werden. In diesem Fall wird die Gebühr nur einmal erhoben.	
22125	Erzeugung von strukturierten Daten in Form der Extensible Markup Language (XML) oder einem nach dem Stand der Technik vergleichbaren Format für eine automatisierte Weiterbearbeitung	0,5 – höchstens 250,00 €
	(1) Die Gebühr entsteht neben anderen Gebühren dieses Unterabschnitts gesondert. (2) Die Gebühr entsteht nicht neben der Gebühr 25101.	

Abschnitt 2
Betreuungstätigkeiten

Nr.	Gebührentatbestand	Gebühren oder Satz der Gebühr nach § 34 GNotKG **– Tabelle B**
22200	Betreuungsgebühr	0,5
	Die Betreuungsgebühr entsteht für die 1. Erteilung einer Bescheinigung über den Eintritt der Wirksamkeit von Verträgen, Erklärungen und Beschlüssen,	

Nr.	Gebührentatbestand	Gebühren oder Satz der Gebühr nach § 34 GNotKG **– Tabelle B**
	2. Prüfung und Mitteilung des Vorliegens von Fälligkeitsvoraussetzungen einer Leistung oder Teilleistung, 3. Beachtung einer Auflage eines an dem Beurkundungsverfahren Beteiligten im Rahmen eines Treuhandauftrags, eine Urkunde oder Auszüge einer Urkunde nur unter bestimmten Bedingungen herauszugeben, wenn die Herausgabe nicht lediglich davon abhängt, dass ein Beteiligter der Herausgabe zustimmt, oder die Erklärung der Bewilligung nach § 19 der Grundbuchordnung aufgrund einer Vollmacht, wenn diese nur unter bestimmten Bedingungen abgegeben werden soll, 4. Prüfung und Beachtung der Auszahlungsvoraussetzungen von verwahrtem Geld und der Ablieferungsvoraussetzungen von verwahrten Wertpapieren und Kostbarkeiten, 5. Anzeige oder Anmeldung einer Tatsache, insbesondere einer Abtretung oder Verpfändung, an einen nicht an dem Beurkundungsverfahren Beteiligten zur Erzielung einer Rechtsfolge, wenn sich die Tätigkeit des Notars nicht darauf beschränkt, dem nicht am Beurkundungsverfahren Beteiligten die Urkunde oder eine Kopie oder eine Ausfertigung der Urkunde zu übermitteln, 6. Erteilung einer Bescheinigung über Veränderungen hinsichtlich der Personen der Gesellschafter oder des Umfangs ihrer Beteiligung (§ 40 Abs. 2 GmbHG), wenn Umstände außerhalb der Urkunde zu prüfen sind, und 7. Entgegennahme der für den Gläubiger bestimmten Ausfertigung einer Grundpfandrechtsbestellungsurkunde zur Herbeiführung der Bindungswirkung gemäß § 873 Abs. 2 BGB.	
22201	Treuhandgebühr . . . . Die Treuhandgebühr entsteht für die Beachtung von Auflagen durch einen nicht unmittelbar an dem Beurkundungsverfahren Beteiligten, eine Urkunde oder Auszüge einer Urkunde nur unter bestimmten Bedingungen herauszugeben. Die Gebühr entsteht für jeden Treuhandauftrag gesondert.	0,5

Hauptabschnitt 3
Sonstige notarielle Verfahren

Vorbemerkung 2.3:

Mit den Gebühren dieses Hauptabschnitts wird auch die Fertigung einer Niederschrift abgegolten. Nummer 23603 bleibt unberührt.

Nr.	Gebührentatbestand	Gebühren oder Satz der Gebühr nach § 34 GNotKG **– Tabelle B**

Abschnitt 1
Rückgabe eines Erbvertrags aus der notariellen Verwahrung

23100	Verfahrensgebühr . . . . Wenn derselbe Notar demnächst nach der Rückgabe eines Erbvertrags eine erneute Verfügung von Todes wegen desselben Erblassers beurkundet, wird die Gebühr auf die Gebühr für das Beurkundungsverfahren angerechnet. Bei einer Mehrheit von Erblassern erfolgt die Anrechnung nach Kopfteilen.	0,3

Abschnitt 2
Verlosung, Auslosung

23200	Verfahrensgebühr . . . . Die Gebühr entsteht auch, wenn der Notar Prüfungstätigkeiten übernimmt.	2,0
23201	Vorzeitige Beendigung des Verfahrens: Die Gebühr 23200 ermäßigt sich auf	0,5

Abschnitt 3
Eid, eidesstattliche Versicherung, Vernehmung von Zeugen und Sachverständigen

Vorbemerkung 2.3.3:

(1) Die Gebühren entstehen nur, wenn das in diesem Abschnitt genannte Verfahren oder Geschäft nicht Teil eines anderen Verfahrens oder Geschäfts ist.

(2) Wird mit der Niederschrift über die Abnahme der eidesstattlichen Versicherung zugleich ein Antrag an das Nachlassgericht beurkundet, wird mit der Gebühr 23300 insoweit auch das Beurkundungsverfahren abgegolten.

23300	Verfahren zur Abnahme von Eiden und eidesstattlichen Versicherungen	1,0
23301	Vorzeitige Beendigung des Verfahrens: Die Gebühr 23300 beträgt	0,3
23302	Vernehmung von Zeugen und Sachverständigen	1,0

Nr.	Gebührentatbestand	Gebühren oder Satz der Gebühr nach § 34 GNotKG **– Tabelle B**

Abschnitt 4
Wechsel- und Scheckprotest

Vorbemerkung 2.3.4:

Neben den Gebühren dieses Abschnitts werden die Gebühren 25300 und 26002 nicht erhoben.

23400	Verfahren über die Aufnahme eines Wechsel- und Scheckprotests	0,5
	Die Gebühr fällt auch dann an, wenn ohne Aufnahme des Protestes an den Notar gezahlt oder ihm die Zahlung nachgewiesen wird.	
23401	Verfahren über die Aufnahme eines jeden Protests wegen Verweigerung der Ehrenannahme oder wegen unterbliebener Ehrenzahlung, wenn der Wechsel Notadressen enthält	0,3

Abschnitt 5
Vermögensverzeichnis und Siegelung

Vorbemerkung 2.3.5:

Neben den Gebühren dieses Abschnitts wird die Gebühr 26002 nicht erhoben.

23500	Verfahren über die Aufnahme eines Vermögensverzeichnisses einschließlich der Siegelung	2,0
	Die Gebühr entsteht nicht, wenn die Aufnahme des Vermögensverzeichnisses Teil eines beurkundeten Vertrags ist.	
23501	Vorzeitige Beendigung des Verfahrens: Die Gebühr 23500 ermäßigt sich auf	0,5
23502	Mitwirkung als Urkundsperson bei der Aufnahme eines Vermögensverzeichnisses einschließlich der Siegelung	1,0
23503	Siegelung, die nicht mit den Gebühren 23500 oder 23502 abgegolten ist, und Entsiegelung	0,5

Nr.	Gebührentatbestand	Gebühren oder Satz der Gebühr nach § 34 GNotKG – **Tabelle B**

Abschnitt 6
Freiwillige Versteigerung von Grundstücken

Vorbemerkung 2.3.6:

Die Vorschriften dieses Abschnitts sind auf die freiwillige Versteigerung von Grundstücken und grundstücksgleichen Rechten durch den Notar zum Zwecke der Veräußerung oder Verpachtung anzuwenden.

23600	Verfahrensgebühr	0,5
23601	Aufnahme einer Schätzung	0,5
23602	Abhaltung eines Versteigerungstermins: für jeden Termin	1,0
	Der Versteigerungstermin gilt als abgehalten, wenn zur Abgabe von Geboten aufgefordert ist.	
23603	Beurkundung des Zuschlags	1,0
	Die Beurkundung bleibt gebührenfrei, wenn sie in der Niederschrift über die Versteigerung erfolgt und wenn 1. der Meistbietende die Rechte aus dem Meistgebot oder der Veräußerer den Anspruch gegen den Ersteher abtritt, oder 2. der Meistbietende erklärt, für einen Dritten geboten zu haben, oder 3. ein Dritter den Erklärungen nach Nummer 2 beitritt. Das Gleiche gilt, wenn nach Maßgabe der Versteigerungsbedingungen für den Anspruch gegen den Ersteher die Bürgschaft übernommen oder eine sonstige Sicherheit bestellt und dies in dem Protokoll über die Versteigerung beurkundet wird.	

Abschnitt 7
Versteigerung von beweglichen Sachen und von Rechten

23700	Verfahrensgebühr	3,0
	(1) Die Gebühr entsteht für die Versteigerung von beweglichen Sachen, von Früchten auf dem Halm oder von Holz auf dem Stamm sowie von Forderungen oder sonstigen Rechten. (2) Ein Betrag in Höhe der Kosten kann aus dem Erlös vorweg entnommen werden.	
23701	Beendigung des Verfahrens vor Aufforderung zur Abgabe von Geboten: Die Gebühr 23700 ermäßigt sich auf	0,5

Nr.	Gebührentatbestand	Gebühren oder Satz der Gebühr nach § 34 GNotKG **– Tabelle B**

Abschnitt 8
Vorbereitung der Zwangsvollstreckung

23800	Verfahren über die Vollstreckbarerklärung eines Anwaltsvergleichs nach § 796a ZPO	66,00 €
23801	Verfahren über die Vollstreckbarerklärung eines Schiedsspruchs mit vereinbartem Wortlaut (§ 1053 ZPO)	2,0
23802	Beendigung des gesamten Verfahrens durch Zurücknahme des Antrags: Die Gebühr 23801 ermäßigt sich auf	1,0
23803	Verfahren über die Erteilung einer vollstreckbaren Ausfertigung, wenn der Eintritt einer Tatsache oder einer Rechtsnachfolge zu prüfen ist (§§ 726 bis 729 ZPO) . .	0,5
23804	Verfahren über den Antrag auf Erteilung einer weiteren vollstreckbaren Ausfertigung (§ 797 Abs. 3, § 733 ZPO) Die Gebühr wird für jede weitere vollstreckbare Ausfertigung gesondert erhoben.	22,00 €
23805	Verfahren über die Ausstellung einer Bestätigung nach § 1079 ZPO oder über die Ausstellung einer Bescheinigung nach § 1110 ZPO	22,00 €
23806	Verfahren über einen Antrag auf Vollstreckbarerklärung einer notariellen Urkunde nach § 55 Abs. 3 AVAG, nach § 35 Abs. 3 AUG, nach § 3 Abs. 4 IntErbRVG oder nach § 4 Abs. 4 IntGüRVG	264,00 €
23807	Beendigung des gesamten Verfahrens durch Zurücknahme des Antrags: Die Gebühr 23806 ermäßigt sich auf	99,00 €
23808	Verfahren über die Ausstellung einer Bescheinigung nach § 57 AVAG, § 27 IntErbRVG oder § 27 IntGüRVG oder für die Ausstellung des Formblatts oder der Bescheinigung nach § 71 Abs. 1 AUG	17,00 €

Nr.	Gebührentatbestand	Gebühren oder Satz der Gebühr nach § 34 GNotKG **– Tabelle B**

Abschnitt 9
Teilungssachen

Vorbemerkung 2.3.9:

(1) Dieser Abschnitt gilt für Teilungssachen zur Vermittlung der Auseinandersetzung des Nachlasses und des Gesamtguts einer Gütergemeinschaft nach Beendigung der ehelichen, lebenspartnerschaftlichen oder fortgesetzten Gütergemeinschaft (§ 342 Abs. 2 Nr. 1 FamFG).

(2) Neben den Gebühren dieses Abschnitts werden gesonderte Gebühren erhoben für

1. die Aufnahme von Vermögensverzeichnissen und Schätzungen,
2. Versteigerungen und
3. das Beurkundungsverfahren, jedoch nur, wenn Gegenstand ein Vertrag ist, der mit einem Dritten zum Zweck der Auseinandersetzung geschlossen wird.

23900	Verfahrensgebühr	6,0
23901	Soweit das Verfahren vor Eintritt in die Verhandlung durch Zurücknahme oder auf andere Weise endet, ermäßigt sich die Gebühr 23900 auf	1,5
23902	Soweit der Notar das Verfahren vor Eintritt in die Verhandlung wegen Unzuständigkeit an einen anderen Notar verweist, ermäßigt sich die Gebühr 23900 auf . . .	1,5 – höchstens 100,00 €
23903	Das Verfahren wird nach Eintritt in die Verhandlung 1. ohne Bestätigung der Auseinandersetzung abgeschlossen oder 2. wegen einer Vereinbarung der Beteiligten über die Zuständigkeit an einen anderen Notar verwiesen: Die Gebühr 23900 ermäßigt sich auf	3,0

Hauptabschnitt 4
Entwurf und Beratung

Abschnitt 1
Entwurf

Vorbemerkung 2.4.1:

(1) Gebühren nach diesem Abschnitt entstehen, wenn außerhalb eines Beurkundungsverfahrens ein Entwurf für ein bestimmtes Rechtsgeschäft oder eine bestimmte Erklärung im Auftrag eines Beteiligten gefertigt worden ist. Sie entstehen jedoch nicht in den Fällen der Vorbemerkung 2.2 Abs. 2.

Nr.	Gebührentatbestand	Gebühren oder Satz der Gebühr nach § 34 GNotKG **– Tabelle B**

(2) Beglaubigt der Notar, der den Entwurf gefertigt hat, demnächst unter dem Entwurf eine oder mehrere Unterschriften oder Handzeichen, entstehen für die erstmaligen Beglaubigungen, die an ein und demselben Tag erfolgen, keine Gebühren.

(3) Gebühren nach diesem Abschnitt entstehen auch, wenn der Notar keinen Entwurf gefertigt, aber einen ihm vorgelegten Entwurf überprüft, geändert oder ergänzt hat. Dies gilt nicht für die Prüfung der Eintragungsfähigkeit in den Fällen des § 378 Abs. 3 FamFG und des § 15 Abs. 3 der Grundbuchordnung.

(4) Durch die Gebühren dieses Abschnitts werden auch abgegolten

1. die Übermittlung von Anträgen und Erklärungen an ein Gericht oder eine Behörde ,
2. die Stellung von Anträgen im Namen der Beteiligten bei einem Gericht oder einer Behörde und
3. die Erledigung von Beanstandungen einschließlich des Beschwerdeverfahrens.

(5) Gebühren nach diesem Abschnitt entstehen auch für die Fertigung eines Entwurfs zur beabsichtigten Verwendung für mehrere gleichartige Rechtsgeschäfte oder Erklärungen (Serienentwurf). Absatz 3 gilt entsprechend.

(6) Wenn der Notar demnächst nach Fertigung eines Entwurfs auf der Grundlage dieses Entwurfs ein Beurkundungsverfahren durchführt, wird eine Gebühr nach diesem Abschnitt auf die Gebühr für das Beurkundungsverfahren angerechnet.

(7) Der Notar ist berechtigt, dem Auftraggeber die Gebühren für die Fertigung eines Serienentwurfs bis zu einem Jahr nach Fälligkeit zu stunden.

24100	Fertigung eines Entwurfs, wenn die Gebühr für das Beurkundungsverfahren 2,0 betragen würde	0,5 bis 2,0 – mindestens 120,00 €
24101	Fertigung eines Entwurfs, wenn die Gebühr für das Beurkundungsverfahren 1,0 betragen würde	0,3 bis 1,0 – mindestens 60,00 €
24102	Fertigung eines Entwurfs, wenn die Gebühr für das Beurkundungsverfahren 0,5 betragen würde	0,3 bis 0,5 – mindestens 30,00 €
24103	Auf der Grundlage eines von demselben Notar gefertigten Serienentwurfs finden Beurkundungsverfahren statt: Die Gebühren dieses Abschnitts ermäßigen sich jeweils um	die Gebühr für das Beurkundungsverfahren

Nr.	Gebührentatbestand	Gebühren oder Satz der Gebühr nach § 34 GNotKG **– Tabelle B**
	Abschnitt 2 ***Beratung***	
24200	Beratungsgebühr (1) Die Gebühr entsteht für eine Beratung, soweit der Beratungsgegenstand nicht Gegenstand eines anderen gebührenpflichtigen Verfahrens oder Geschäfts ist. (2) Soweit derselbe Gegenstand demnächst Gegenstand eines anderen gebührenpflichtigen Verfahrens oder Geschäfts ist, ist die Beratungsgebühr auf die Gebühr für das andere Verfahren oder Geschäft anzurechnen.	0,3 bis 1,0
24201	Der Beratungsgegenstand könnte auch Beurkundungsgegenstand sein und die Beurkundungsgebühr würde 1,0 betragen: Die Gebühr 24200 beträgt	0,3 bis 0,5
24202	Der Beratungsgegenstand könnte auch Beurkundungsgegenstand sein und die Beurkundungsgebühr würde weniger als 1,0 betragen: Die Gebühr 24200 beträgt	0,3
24203	Beratung bei der Vorbereitung oder Durchführung einer Hauptversammlung oder Gesellschafterversammlung Die Gebühr entsteht, soweit der Notar die Gesellschaft über die im Rahmen eines Beurkundungsverfahrens bestehenden Amtspflichten hinaus berät.	0,5 bis 2,0
	Hauptabschnitt 5 **Sonstige Geschäfte**	
	Abschnitt 1 ***Beglaubigungen und sonstige Zeugnisse*** ***(§§ 39, 39a des Beurkundungsgesetzes)***	
25100	Beglaubigung einer Unterschrift oder eines Handzeichens (1) Die Gebühr entsteht nicht in den in Vorbemerkung 2.4.1 Abs. 2 genannten Fällen. (2) Mit der Gebühr ist die Beglaubigung mehrerer Unterschriften oder Handzeichen abgegolten, wenn diese in einem einzigen Vermerk erfolgt.	0,2 – mindestens 20,00 € höchstens 70,00 €

Nr.	Gebührentatbestand	Gebühren oder Satz der Gebühr nach § 34 GNotKG **– Tabelle B**
25101	Die Erklärung, unter der die Beglaubigung von Unterschriften oder Handzeichen erfolgt, betrifft 1. eine Erklärung, für die nach den Staatsschuldbuchgesetzen eine öffentliche Beglaubigung vorgeschrieben ist, 2. eine Zustimmung gemäß § 27 der Grundbuchordnung sowie einen damit verbundenen Löschungsantrag gemäß § 13 der Grundbuchordnung, 3. den Nachweis der Verwaltereigenschaft gemäß § 26 Abs. 4 WEG: Die Gebühr 25100 beträgt	20€ Beglaubigung kein XML ! 20,00 €
25102	Beglaubigung von Dokumenten .... (1) Neben der Gebühr wird keine Dokumentenpauschale erhoben. (2) Die Gebühr wird nicht erhoben für die Erteilung 1. beglaubigter Kopien oder Ausdrucke der vom Notar aufgenommenen oder entworfenen oder in Urschrift in seiner dauernden Verwahrung befindlichen Urkunden und 2. beglaubigter Kopien vorgelegter Vollmachten und Ausweise über die Berechtigung eines gesetzlichen Vertreters, die der vom Notar gefertigten Niederschrift beizulegen sind (§ 12 des Beurkundungsgesetzes). (3) Einer Kopie im Sinne des Absatzes 2 steht ein in ein elektronisches Dokument übertragenes Schriftstück gleich.	1,00 € für jede angefangene Seite – mindestens 10,00 €
25103	Sicherstellung der Zeit, zu der eine Privaturkunde ausgestellt ist, einschließlich der über die Vorlegung ausgestellten Bescheinigung	20,00 €
25104	Erteilung von Bescheinigungen über Tatsachen oder Verhältnisse, die urkundlich nachgewiesen oder offenkundig sind, einschließlich der Identitätsfeststellung, wenn sie über die §§ 10 und 40 Abs. 4 des Beurkundungsgesetzes hinaus selbständige Bedeutung hat ... Die Gebühr entsteht nicht, wenn die Erteilung der Bescheinigung eine Betreuungstätigkeit nach Nummer 22200 darstellt.	1,0

Nr.	Gebührentatbestand	Gebühren oder Satz der Gebühr nach § 34 GNotKG **– Tabelle B**
	Abschnitt 2 ***Andere Bescheinigungen und sonstige Geschäfte***	
25200	Erteilung einer Bescheinigung nach § 21 Abs. 1 BNotO	15,00 € für jedes Registerblatt, dessen Einsicht zur Erteilung erforderlich ist
25201	Rangbescheinigung (§ 122 GNotKG)	0,3
25202	Herstellung eines Teilhypotheken-, Grundschuld- oder Rentenschuldbriefs	0,3
25203	Erteilung einer Bescheinigung über das im Inland oder im Ausland geltende Recht einschließlich von Tatsachen	0,3 bis 1,0
25204	Abgabe einer Erklärung aufgrund einer Vollmacht anstelle einer in öffentlich beglaubigter Form durch die Beteiligten abzugebenden Erklärung .... Die Gebühr entsteht nicht, wenn für die Tätigkeit eine Betreuungsgebühr anfällt.	in Höhe der für die Fertigung des Entwurfs der Erklärung zu erhebenden Gebühr
25205	Tätigkeit als zu einer Beurkundung zugezogener zweiter Notar .... (1) Daneben wird die Gebühr 26002 oder 26003 nicht erhoben. (2) Der zuziehende Notar teilt dem zugezogenen Notar die Höhe der von ihm zu erhebenden Gebühr für das Beurkundungsverfahren mit.	in Höhe von 50% der dem beurkundenden Notar zustehenden Gebühr für das Beurkundungsverfahren
25206	Gründungsprüfung gemäß § 33 Abs. 3 des Aktiengesetzes	1,0 – mindestens 1 000,00 €
25207	Erwirkung der Apostille oder der Legalisation einschließlich der Beglaubigung durch den Präsidenten des Landgerichts	25,00 €
25208	Erwirkung der Legalisation, wenn weitere Beglaubigungen notwendig sind: Die Gebühr 25207 beträgt	50,00 €

Nr.	Gebührentatbestand	Gebühren oder Satz der Gebühr nach § 34 GNotKG **– Tabelle B**
25209	Einsicht in das Grundbuch, in öffentliche Register und Akten einschließlich der Mitteilung des Inhalts an den Beteiligten	15,00 €
	Die Gebühr entsteht nur, wenn die Tätigkeit nicht mit einem gebührenpflichtigen Verfahren oder Geschäft zusammenhängt.	
	Erteilung von Abdrucken aus einem Register oder aus dem Grundbuch auf Antrag oder deren beantragte Ergänzung oder Bestätigung:	
25210	– Abdruck	10,00 €
25211	– beglaubigter Abdruck	15,00 €
	Neben den Gebühren 25210 und 25211 wird keine Dokumentenpauschale erhoben.	
	Anstelle eines Abdrucks wird in den Fällen der Nummern 25210 und 25211 die elektronische Übermittlung einer Datei beantragt:	
25212	– unbeglaubigte Datei	5,00 €
25213	– beglaubigte Datei	10,00 €
	Werden zwei elektronische Dateien gleichen Inhalts in unterschiedlichen Dateiformaten gleichzeitig übermittelt, wird die Gebühr 25212 oder 25213 nur einmal erhoben. Sind beide Gebührentatbestände erfüllt, wird die höhere Gebühr erhoben.	
25214	– Erteilung einer Bescheinigung nach § 21 Abs. 3 BNotO	15,00 €

Abschnitt 3
Verwahrung von Geld, Wertpapieren und Kostbarkeiten

Vorbemerkung 2.5.3:

(1) Die Gebühren dieses Abschnitts entstehen neben Gebühren für Betreuungstätigkeiten gesondert.

(2) § 35 Abs. 2 GNotKG und Nummer 32013 sind nicht anzuwenden.

Nr.	Gebührentatbestand	Gebühren oder Satz der Gebühr nach § 34 GNotKG – **Tabelle B**
25300	Verwahrung von Geldbeträgen: je Auszahlung . . . . Der Notar kann die Gebühr bei der Ablieferung an den Auftraggeber entnehmen.	1,0 – soweit der Betrag 13 Mio. € übersteigt: 0,1 % des Auszahlungsbetrags
25301	Entgegennahme von Wertpapieren und Kostbarkeiten zur Verwahrung . . . . Durch die Gebühr wird die Verwahrung mit abgegolten.	1,0 – soweit der Wert 13 Mio. € übersteigt: 0,1 % des Werts

Hauptabschnitt 6
Zusatzgebühren

Nr.	Gebührentatbestand	Gebühren oder Satz der Gebühr nach § 34 GNotKG – Tabelle B
26000	Tätigkeiten, die auf Verlangen der Beteiligten an Sonntagen und allgemeinen Feiertagen, an Sonnabenden vor 8 und nach 13 Uhr sowie an den übrigen Werktagen außerhalb der Zeit von 8 bis 18 Uhr vorgenommen werden . . . . (1) Treffen mehrere der genannten Voraussetzungen zu, so wird die Gebühr nur einmal erhoben. (2) Die Gebühr fällt nur an, wenn bei den einzelnen Geschäften nichts anderes bestimmt ist.	in Höhe von 30% der für das Verfahren oder das Geschäft zu erhebenden Gebühr – höchstens 30,00 €
26001	Abgabe der zu beurkundenden Erklärung eines Beteiligten in einer fremden Sprache ohne Hinzuziehung eines Dolmetschers sowie Beurkundung, Beglaubigung oder Bescheinigung in einer fremden Sprache oder Übersetzung einer Erklärung in eine andere Sprache . . Mit der Gebühr ist auch die Erteilung einer Bescheinigung gemäß § 50 des Beurkundungsgesetzes abgegolten.	in Höhe von 30% der für das Beurkundungsverfahren, für eine Beglaubigung oder Bescheinigung zu erhebenden Gebühr – höchstens 5000,00 €

Nr.	Gebührentatbestand	Gebühren oder Satz der Gebühr nach § 34 GNotKG **– Tabelle B**
26002	Die Tätigkeit wird auf Verlangen eines Beteiligten außerhalb der Geschäftsstelle des Notars vorgenommen: Zusatzgebühr für jede angefangene halbe Stunde der Abwesenheit, wenn nicht die Gebühr 26003 entsteht . . (1) Nimmt der Notar mehrere Geschäfte vor, so entsteht die Gebühr nur einmal. Sie ist auf die einzelnen Geschäfte unter Berücksichtigung der für jedes Geschäft aufgewandten Zeit angemessen zu verteilen. (2) Die Zusatzgebühr wird auch dann erhoben, wenn ein Geschäft aus einem in der Person eines Beteiligten liegenden Grund nicht vorgenommen wird. (3) Neben dieser Gebühr wird kein Tages- und Abwesenheitsgeld (Nummer 32008) erhoben.	50,00 €
26003	Die Tätigkeit wird auf Verlangen eines Beteiligten außerhalb der Geschäftsstelle des Notars vorgenommen und betrifft ausschließlich 1. die Errichtung, Aufhebung oder Änderung einer Verfügung von Todes wegen, 2. die Errichtung, den Widerruf oder die Änderung einer Vollmacht, die zur Registrierung im Zentralen Vorsorgeregister geeignet ist, 3. die Abgabe einer Erklärung gemäß § 1816 Abs. 2 BGB betreffend die Person eines Betreuers oder 4. eine Willensäußerung eines Beteiligten hinsichtlich seiner medizinischen Behandlung oder deren Abbruch: Zusatzgebühr . . . . Die Gebühr entsteht für jeden Auftraggeber nur einmal. Im Übrigen gelten die Absätze 2 und 3 der Anmerkung zu 26002 entsprechend.	50,00 €

Teil 3
Auslagen

Nr.	Auslagentatbestand	Höhe

Vorbemerkung 3:

Sind Auslagen durch verschiedene Rechtssachen veranlasst, werden sie auf die Rechtssachen angemessen verteilt. Dies gilt auch, wenn die Auslagen durch Notar- und Rechtsanwaltsgeschäfte veranlasst sind.

Hauptabschnitt 1
Auslagen der Gerichte

...

31002	Pauschale für Zustellungen mit Zustellungsurkunde, Einschreiben gegen Rückschein oder durch Justizbedienstete nach § 168 Abs. 1 ZPO je Zustellung	3,50 €
	Neben Gebühren, die sich nach dem Geschäftswert richten, wird die Zustellungspauschale nur erhoben, soweit in einem Rechtszug mehr als 10 Zustellungen anfallen.	

...

Hauptabschnitt 2
Auslagen der Notare

Vorbemerkung 3.2:

(1) Mit den Gebühren werden auch die allgemeinen Geschäftskosten entgolten.

(2) Eine Geschäftsreise liegt vor, wenn das Reiseziel außerhalb der Gemeinde liegt, in der sich der Amtssitz oder die Wohnung des Notars befindet.

32000	Pauschale für die Herstellung und Überlassung von Ausfertigungen, Kopien und Ausdrucken (Dokumentenpauschale) bis zur Größe von DIN A3, die auf besonderen Antrag angefertigt oder per Telefax übermittelt worden sind:	
	für die ersten 50 Seiten je Seite	0,50 €
	für jede weitere Seite	0,15 €
	für die ersten 50 Seiten in Farbe je Seite	1,00 €
	für jede weitere Seite in Farbe	0,30 €
	Dieser Auslagentatbestand gilt nicht für die Fälle der Nummer 32001 Nr. 2 und 3.	

Nr.	Auslagentatbestand	Höhe
32001	Dokumentenpauschale für Ausfertigungen, Kopien und Ausdrucke bis zur Größe von DIN A3, die 1. ohne besonderen Antrag von eigenen Niederschriften, eigenen Entwürfen und von Urkunden, auf denen der Notar eine Unterschrift beglaubigt hat, angefertigt oder per Telefax übermittelt worden sind; dies gilt nur, wenn die Dokumente nicht beim Notar verbleiben; 2 in einem Beurkundungsverfahren auf besonderen Antrag angefertigt oder per Telefax übermittelt worden sind; dies gilt nur, wenn der Antrag spätestens bei der Aufnahme der Niederschrift gestellt wird; 3. bei einem Auftrag zur Erstellung eines Entwurfs auf besonderen Antrag angefertigt oder per Telefax übermittelt worden sind; dies gilt nur, wenn der Antrag spätestens am Tag vor der Versendung des Entwurfs gestellt wird:	
	je Seite	0,15 €
	je Seite in Farbe	0,30 €
32002	Dokumentenpauschale für die Überlassung von elektronisch gespeicherten Dateien oder deren Bereitstellung zum Abruf anstelle der in den Nummern 32000 und 32001 genannten Dokumente ohne Rücksicht auf die Größe der Vorlage:	
	je Datei	1,50 €
	für die in einem Arbeitsgang überlassenen, bereitgestellten oder in einem Arbeitsgang auf denselben Datenträger übertragenen Dokumente insgesamt höchstens .	5,00 €
	Werden zum Zweck der Überlassung von elektronisch gespeicherten Dateien Dokumente zuvor auf Antrag von der Papierform in die elektronische Form übertragen, beträgt die Dokumentenpauschale nicht weniger, als die Dokumentenpauschale im Fall der Nummer 32000 für eine Schwarz-Weiß-Kopie betragen würde.	
32003	Entgelte für die Herstellung von Kopien oder Ausdrucken der in den Nummern 32000 und 32001 genannten Art in einer Größe von mehr als DIN A3 . . .	in voller Höhe
	oder pauschal je Seite	3,00 €
	oder pauschal je Seite in Farbe	6,00 €

Kostenrecht und Tabellen

Nr.	Auslagentatbestand	Höhe
32004	Entgelte für Post- und Telekommunikationsdienstleistungen (1) Für die durch die Geltendmachung der Kosten entstehenden Entgelte kann kein Ersatz verlangt werden. (2) Für Zustellungen mit Zustellungsurkunde und für Einschreiben gegen Rückschein ist der in Nummer 31002 bestimmte Betrag anzusetzen.	in voller Höhe
32005	Pauschale für Entgelte für Post- und Telekommunikationsdienstleistungen Die Pauschale kann in jedem notariellen Verfahren und bei sonstigen notariellen Geschäften anstelle der tatsächlichen Auslagen nach Nummer 32004 gefordert werden. Ein notarielles Geschäft und der sich hieran anschließende Vollzug sowie sich hieran anschließende Betreuungstätigkeiten gelten insoweit zusammen als ein Geschäft.	20% der Gebühren – höchstens 20,00 €
32006	Fahrtkosten für eine Geschäftsreise bei Benutzung eines eigenen Kraftfahrzeugs für jeden gefahrenen Kilometer Mit den Fahrtkosten sind die Anschaffungs-, Unterhaltungs- und Betriebskosten sowie die Abnutzung des Kraftfahrzeugs abgegolten.	0,42 €
32007	Fahrtkosten für eine Geschäftsreise bei Benutzung eines anderen Verkehrsmittels, soweit sie angemessen sind	in voller Höhe
32008	Tage- und Abwesenheitsgeld bei einer Geschäftsreise	
	1. von nicht mehr als 4 Stunden	30,00 €
	2. von mehr als 4 bis 8 Stunden	50,00 €
	3. von mehr als 8 Stunden Das Tage- und Abwesenheitsgeld wird nicht neben der Gebühr 26002 oder 26003 erhoben.	80,00 €
32009	Sonstige Auslagen anlässlich einer Geschäftsreise, soweit sie angemessen sind	in voller Höhe
32010	An Dolmetscher, Übersetzer und Urkundszeugen zu zahlende Vergütungen sowie Kosten eines zugezogenen zweiten Notars	in voller Höhe
32011	Nach dem JVKostG für den Abruf von Daten im automatisierten Abrufverfahren zu zahlende Beträge	in voller Höhe
32012	Im Einzelfall gezahlte Prämie für eine Haftpflichtversicherung für Vermögensschäden, wenn die Versicherung auf schriftliches Verlangen eines Beteiligten abgeschlossen wird	in voller Höhe

Nr.	Auslagentatbestand	Höhe
32013	Im Einzelfall gezahlte Prämie für eine Haftpflichtversicherung für Vermögensschäden, soweit die Prämie auf Haftungsbeträge von mehr als 60 Millionen € entfällt und wenn nicht Nummer 32012 erfüllt ist	in voller Höhe
	Soweit sich aus der Rechnung des Versicherers nichts anderes ergibt, ist von der Gesamtprämie der Betrag zu erstatten, der sich aus dem Verhältnis der 60 Millionen € übersteigenden Versicherungssumme zu der Gesamtversicherungssumme ergibt.	
32014	Umsatzsteuer auf die Kosten	in voller Höhe
	Dies gilt nicht, wenn die Umsatzsteuer nach § 19 Abs. 1 UStG unerhoben bleibt.	
32015	Sonstige Aufwendungen	in voller Höhe
	Sonstige Aufwendungen sind solche, die der Notar aufgrund eines ausdrücklichen Auftrags und für Rechnung eines Beteiligten erbringt. Solche Aufwendungen sind insbesondere verauslagte Gerichtskosten und Gebühren in Angelegenheiten des Zentralen Vorsorge- oder Testamentsregisters.*)	

UVZ groß -> alles andere
UVZ klein -> UB ohne Entwurf

*) Zum 01.01.2022 werden nach dem Wort „Testamentsregisters" die Wörter „sowie des Elektronischen Urkundenarchivs" eingefügt.

Anlage 2
(zu § 34 Absatz 3)

Geschäfts-wert bis ...	Gebühr **Tabelle A** ...	Gebühr **Tabelle B** ...	Geschäfts-wert bis ...	Gebühr **Tabelle A** ...	Gebühr **Tabelle B** ...	Geschäfts-wert bis ...	Gebühr **Tabelle A** ...	Gebühr **Tabelle B** ...
500	38,00	15,00	**200 000**	1 921,00	435,00	**1 550 000**	8 059,00	2 615,00
1 000	58,00	19,00	**230 000**	2 119,00	485,00	**1 600 000**	8 257,00	2 695,00
1 500	78,00	23,00	**260 000**	2 317,00	535,00	**1 650 000**	8 455,00	2 775,00
2 000	98,00	27,00	**290 000**	2 515,00	585,00	**1 700 000**	8 653,00	2 855,00
3 000	119,00	33,00	**320 000**	2 713,00	635,00	**1 750 000**	8 851,00	2 935,00
4 000	140,00	39,00	**350 000**	2 911,00	685,00	**1 800 000**	9 049,00	3 015,00
5 000	161,00	45,00	**380 000**	3 109,00	735,00	**1 850 000**	9 247,00	3 095,00
6 000	182,00	51,00	**410 000**	3 307,00	785,00	**1 900 000**	9 445,00	3 175,00
7 000	203,00	57,00	**440 000**	3 505,00	835,00	**1 950 000**	9 643,00	3 255,00
8 000	224,00	63,00	**470 000**	3 703,00	885,00	**2 000 000**	9 841,00	3 335,00
9 000	245,00	69,00	**500 000**	3 901,00	935,00	**2 050 000**	10 039,00	3 415,00
10 000	266,00	75,00	**550 000**	4 099,00	1 015,00	**2 100 000**	10 237,00	3 495,00
13 000	295,00	83,00	**600 000**	4 297,00	1 095,00	**2 150 000**	10 435,00	3 575,00
16 000	324,00	91,00	**650 000**	4 495,00	1 175,00	**2 200 000**	10 633,00	3 655,00
19 000	353,00	99,00	**700 000**	4 693,00	1 255,00	**2 250 000**	10 831,00	3 735,00
22 000	382,00	107,00	**750 000**	4 891,00	1 335,00	**2 300 000**	11 029,00	3 815,00
25 000	411,00	115,00	**800 000**	5 089,00	1 415,00	**2 350 000**	11 227,00	3 895,00
30 000	449,00	125,00	**850 000**	5 287,00	1 495,00	**2 400 000**	11 425,00	3 975,00
35 000	487,00	135,00	**900 000**	5 485,00	1 575,00	**2 450 000**	11 623,00	4 055,00
40 000	525,00	145,00	**950 000**	5 683,00	1 655,00	**2 500 000**	11 821,00	4 135,00
45 000	563,00	155,00	**1 000 000**	5 881,00	1 735,00	**2 550 000**	12 019,00	4 215,00
50 000	601,00	165,00	**1 050 000**	6 079,00	1 815,00	**2 600 000**	12 217,00	4 295,00
65 000	733,00	192,00	**1 100 000**	6 277,00	1 895,00	**2 650 000**	12 415,00	4 375,00
80 000	865,00	219,00	**1 150 000**	6 475,00	1 975,00	**2 700 000**	12 613,00	4 455,00
95 000	997,00	246,00	**1 200 000**	6 673,00	2 055,00	**2 750 000**	12 811,00	4 535,00
110 000	1 129,00	273,00	**1 250 000**	6 871,00	2 135,00	**2 800 000**	13 009,00	4 615,00
125 000	1 261,00	300,00	**1 300 000**	7 069,00	2 215,00	**2 850 000**	13 207,00	4 695,00
140 000	1 393,00	327,00	**1 350 000**	7 267,00	2 295,00	**2 900 000**	13 405,00	4 775,00
155 000	1 525,00	354,00	**1 400 000**	7 465,00	2 375,00	**2 950 000**	13 603,00	4 855,00
170 000	1 657,00	381,00	**1 450 000**	7 663,00	2 455,00	**3 000 000**	13 801,00	4 935,00
185 000	1 789,00	408,00	**1 500 000**	7 861,00	2 535,00			

§ 34 GNotKG – Tabelle B

Geschäfts-wert bis ... €	2,0	1,0	0,6	0,5	0,3	0,2	0,1
500	30,00	15,00	15,00	15,00	15,00	15,00	15,00
1.000	38,00	19,00	15,00	15,00	15,00	15,00	15,00
1.500	46,00	23,00	15,00	15,00	15,00	15,00	15,00
2.000	54,00	27,00	16,20	15,00	15,00	15,00	15,00
3.000	66,00	33,00	19,80	16,50	15,00	15,00	15,00
4.000	78,00	39,00	23,40	19,50	15,00	15,00	15,00
5.000	90,00	45,00	27,00	22,50	15,00	15,00	15,00
6.000	102,00	51,00	30,60	25,50	15,30	15,00	15,00
7.000	114,00	57,00	34,20	28,50	17,10	15,00	15,00
8.000	126,00	63,00	37,80	31,50	18,90	15,00	15,00
9.000	138,00	69,00	41,40	34,50	20,70	15,00	15,00
10.000	150,00	75,00	45,00	37,50	22,50	15,00	15,00
13.000	166,00	83,00	49,80	41,50	24,90	16,60	15,00
16.000	182,00	91,00	54,60	45,50	27,30	18,20	15,00
19.000	198,00	99,00	59,40	49,50	29,70	19,80	15,00
22.000	214,00	107,00	64,20	53,50	32,10	21,40	15,00
25.000	230,00	115,00	69,00	57,50	34,50	23,00	15,00
30.000	250,00	125,00	75,00	62,50	37,50	25,00	15,00
35.000	270,00	135,00	81,00	67,50	40,50	27,00	15,00
40.000	290,00	145,00	87,00	72,50	43,50	29,00	15,00
45.000	310,00	155,00	93,00	77,50	46,50	31,00	15,50
50.000	330,00	165,00	99,00	82,50	49,50	33,00	16,50
65.000	384,00	192,00	115,20	96,00	57,60	38,40	19,20
80.000	438,00	219,00	131,40	109,50	65,70	43,80	21,90
95.000	492,00	246,00	147,60	123,00	73,80	49,20	24,60
110.000	546,00	273,00	163,80	136,50	81,90	54,60	27,30
125.000	600,00	300,00	180,00	150,00	90,00	60,00	30,00
140.000	654,00	327,00	196,20	163,50	98,10	65,40	32,70
155.000	708,00	354,00	212,40	177,00	106,20	70,80	35,40
170.000	762,00	381,00	228,60	190,50	114,30	76,20	38,10
185.000	816,00	408,00	244,80	204,00	122,40	81,60	40,80
200.000	870,00	435,00	261,00	217,50	130,50	87,00	43,50
230.000	970,00	485,00	291,00	242,50	145,50	97,00	48,50
260.000	1.070,00	535,00	321,00	267,50	160,50	107,00	53,50
290.000	1.170,00	585,00	351,00	292,50	175,50	117,00	58,50
320.000	1.270,00	635,00	381,00	317,50	190,50	127,00	63,50
350.000	1.370,00	685,00	411,00	342,50	205,50	137,00	68,50
380.000	1.470,00	735,00	441,00	367,50	220,50	147,00	73,50
410.000	1.570,00	785,00	471,00	392,50	235,50	157,00	78,50
440.000	1.670,00	835,00	501,00	417,50	250,50	167,00	83,50
470.000	1.770,00	885,00	531,00	442,50	265,50	177,00	88,50
500.000	1.870,00	935,00	561,00	467,50	280,50	187,00	93,50
550.000	2.030,00	1.015,00	609,00	507,50	304,50	203,00	101,50
600.000	2.190,00	1.095,00	657,00	547,50	328,50	219,00	109,50
650.000	2.350,00	1.175,00	705,00	587,50	352,50	235,00	117,50
700.000	2.510,00	1.255,00	753,00	627,50	376,50	251,00	125,50
750.000	2.670,00	1.335,00	801,00	667,50	400,50	267,00	133,50
800.000	2.830,00	1.415,00	849,00	707,50	424,50	283,00	141,50

§ 34 GNotKG – Tabelle B

Geschäfts-wert bis ... €	2,0	1,0	0,6	0,5	0,3	0,2	0,1
850.000	2.990,00	1.495,00	897,00	747,50	448,50	299,00	149,50
900.000	3.150,00	1.575,00	945,00	787,50	472,50	315,00	157,50
950.000	3.310,00	1.655,00	993,00	827,50	496,50	331,00	165,50
1.000.000	3.470,00	1.735,00	1.041,00	867,50	520,50	347,00	173,50
1.050.000	3.630,00	1.815,00	1.089,00	907,50	544,50	363,00	173,50
1.100.000	3.790,00	1.895,00	1.137,00	947,50	568,50	379,00	189,50
1.150.000	3.950,00	1.975,00	1.185,00	987,50	592,50	395,00	197,50
1.200.000	4.110,00	2.055,00	1.233,00	1.027,50	616,50	411,00	205,50
1.250.000	4.270,00	2.135,00	1.281,00	1.067,50	640,50	427,00	213,50
1.300.000	4.430,00	2.215,00	1.329,00	1.107,50	664,50	443,00	221,50
1.350.000	4.590,00	2.295,00	1.377,00	1.147,50	688,50	459,00	229,50
1.400.000	4.750,00	2.375,00	1.425,00	1.187,50	712,50	475,00	237,50
1.450.000	4.910,00	2.455,00	1.473,00	1.227,50	736,50	491,00	245,50
1.500.000	5.070,00	2.535,00	1.521,00	1.267,50	760,50	507,00	253,50
1.550.000	5.230,00	2.615,00	1.569,00	1.307,50	784,50	523,00	261,50
1.600.000	5.390,00	2.695,00	1.617,00	1.347,50	808,50	539,00	269,50
1.650.000	5.550,00	2.775,00	1.665,00	1.387,50	832,50	555,00	277,50
1.700.000	5.710,00	2.855,00	1.713,00	1.427,50	856,50	571,00	285,50
1.750.000	5.870,00	2.935,00	1.761,00	1.467,50	880,50	587,00	293,50
1.800.000	6.030,00	3.015,00	1.809,00	1.507,50	904,50	603,00	301,50
1.850.000	6.190,00	3.095,00	1.857,00	1.547,50	928,50	619,00	309,50
1.900.000	6.350,00	3.175,00	1.905,00	1.587,50	952,50	635,00	317,50
1.950.000	6.510,00	3.255,00	1.953,00	1.627,50	976,50	651,00	325,50
2.000.000	6.670,00	3.335,00	2.001,00	1.667,50	1.000,50	667,00	333,50
2.050.000	6.830,00	3.415,00	2.049,00	1.707,50	1.024,50	683,00	341,50
2.100.000	6.990,00	3.495,00	2.097,00	1.747,50	1.048,50	699,00	349,50
2.150.000	7.150,00	3.575,00	2.145,00	1.787,50	1.072,50	715,00	357,50
2.200.000	7.310,00	3.655,00	2.193,00	1.827,50	1.096,50	731,00	365,50
2.250.000	7.470,00	3.735,00	2.241,00	1.867,50	1.120,50	747,00	373,50
2.300.000	7.630,00	3.815,00	2.289,00	1.907,50	1.144,50	763,00	381,50
2.350.000	7.790,00	3.895,00	2.337,00	1.947,50	1.168,50	779,00	389,50
2.400.000	7.950,00	3.975,00	2.385,00	1.987,50	1.192,50	795,00	397,50
2.450.000	8.110,00	4.055,00	2.433,00	2.027,50	1.216,50	811,00	405,50
2.500.000	8.270,00	4.135,00	2.481,00	2.067,50	1.240,50	827,00	413,50
2.550.000	8.430,00	4.215,00	2.529,00	2.107,50	1.264,50	843,00	421,50
2.600.000	8.590,00	4.295,00	2.577,00	2.147,50	1.288,50	859,00	429,50
2.650.000	8.750,00	4.375,00	2.625,00	2.187,50	1.312,50	875,00	437,50
2.700.000	8.910,00	4.455,00	2.673,00	2.227,50	1.336,50	891,00	445,50
2.750.000	9.070,00	4.535,00	2.721,00	2.267,50	1.360,50	907,00	453,50
2.800.000	9.230,00	4.615,00	2.769,00	2.307,50	1.384,50	923,00	461,50
2.850.000	9.390,00	4.695,00	2.817,00	2.347,50	1.408,50	939,00	469,50
2.900.000	9.550,00	4.775,00	2.865,00	2.387,50	1.432,50	955,00	477,50
2.950.000	9.710,00	4.855,00	2.913,00	2.427,50	1.456,50	971,00	485,50
3.000.000	9.870,00	4.935,00	2.961,00	2.467,50	1.480,50	987,00	493,50
3.050.000	10.030,00	5.015,00	3.009,00	2.507,50	1.504,50	1.003,00	501,50
3.100.000	10.190,00	5.095,00	3.057,00	2.547,50	1.528,50	1.019,00	509,50
3.150.000	10.350,00	5.175,00	3.105,00	2.587,50	1.552,50	1.035,00	517,50
3.200.000	10.510,00	5.255,00	3.153,00	2.627,50	1.576,50	1.051,00	525,50

§ 34 GNotKG – Tabelle B

Geschäfts-wert bis ... €	2,0	1,0	0,6	0,5	0,3	0,2	0,1
3.250.000	10.670,00	5.335,00	3.201,00	2.667,50	1.600,50	1.067,00	533,50
3.300.000	10.830,00	5.415,00	3.249,00	2.707,50	1.624,50	1.083,00	541,50
3.350.000	10.990,00	5.495,00	3.297,00	2.747,50	1.648,50	1.099,00	549,50
3.400.000	11.150,00	5.575,00	3.345,00	2.787,50	1.672,50	1.115,00	557,50
3.450.000	11.310,00	5.655,00	3.393,00	2.827,50	1.696,50	1.131,00	565,50
3.500.000	11.470,00	5.735,00	3.441,00	2.867,50	1.720,50	1.147,00	573,50
3.550.000	11.630,00	5.815,00	3.489,00	2.907,50	1.744,50	1.163,00	581,50
3.600.000	11.790,00	5.895,00	3.537,00	2.947,50	1.768,50	1.179,00	589,50
3.650.000	11.950,00	5.975,00	3.585,00	2.987,50	1.792,50	1.195,00	597,50
3.700.000	12.110,00	6.055,00	3.633,00	3.027,50	1.816,50	1.211,00	605,50
3.750.000	12.270,00	6.135,00	3.681,00	3.067,50	1.840,50	1.227,00	613,50
3.800.000	12.430,00	6.215,00	3.729,00	3.107,50	1.864,50	1.243,00	621,50
3.850.000	12.590,00	6.295,00	3.777,00	3.147,50	1.888,50	1.259,00	629,50
3.900.000	12.750,00	6.375,00	3.825,00	3.187,50	1.912,50	1.275,00	637,50
3.950.000	12.910,00	6.455,00	3.873,00	3.227,50	1.936,50	1.291,00	645,50
4.000.000	13.070,00	6.535,00	3.921,00	3.267,50	1.960,50	1.307,00	653,50
4.050.000	13.230,00	6.615,00	3.969,00	3.307,50	1.984,50	1.323,00	661,50
4.100.000	13.390,00	6.695,00	4.017,00	3.347,50	2.008,50	1.339,00	669,50
4.150.000	13.550,00	6.775,00	4.065,00	3.387,50	2.032,50	1.355,00	677,50
4.200.000	13.710,00	6.855,00	4.113,00	3.427,50	2.056,50	1.371,00	685,50
4.250.000	13.870,00	6.935,00	4.161,00	3.467,50	2.080,50	1.387,00	693,50
4.300.000	14.030,00	7.015,00	4.209,00	3.507,50	2.104,50	1.403,00	701,50
4.350.000	14.190,00	7.095,00	4.257,00	3.547,50	2.128,50	1.419,00	709,50
4.400.000	14.350,00	7.175,00	4.305,00	3.587,50	2.152,50	1.435,00	717,50
4.450.000	14.510,00	7.255,00	4.353,00	3.627,50	2.176,50	1.451,00	725,50
4.500.000	14.670,00	7.335,00	4.401,00	3.667,50	2.200,50	1.467,00	733,50
4.550.000	14.830,00	7.415,00	4.449,00	3.707,50	2.224,50	1.483,00	741,50
4.600.000	14.990,00	7.495,00	4.497,00	3.747,50	2.248,50	1.499,00	749,50
4.650.000	15.150,00	7.575,00	4.545,00	3.787,50	2.272,50	1.515,00	757,50
4.700.000	15.310,00	7.655,00	4.593,00	3.827,50	2.296,50	1.531,00	765,50
4.750.000	15.470,00	7.735,00	4.641,00	3.867,50	2.320,50	1.547,00	773,50
4.800.000	15.630,00	7.815,00	4.689,00	3.907,50	2.344,50	1.563,00	781,50
4.850.000	15.790,00	7.895,00	4.737,00	3.947,50	2.368,50	1.579,00	789,50
4.900.000	15.950,00	7.975,00	4.785,00	3.987,50	2.392,50	1.595,00	797,50
4.950.000	16.110,00	8.055,00	4.833,00	4.027,50	2.416,50	1.611,00	805,50
5.000.000	16.270,00	8.135,00	4.881,00	4.067,50	2.440,50	1.627,00	813,50
5.200.000	16.530,00	8.265,00	4.959,00	4.132,50	2.479,50	1.653,00	826,50
5.400.000	16.790,00	8.395,00	5.037,00	4.197,50	2.518,50	1.679,00	839,50
5.600.000	17.050,00	8.525,00	5.115,00	4.262,50	2.557,50	1.705,00	852,50
5.800.000	17.310,00	8.655,00	5.193,00	4.327,50	2.596,50	1.731,00	865,50
6.000.000	17.570,00	8.785,00	5.271,00	4.392,50	2.635,50	1.757,00	878,50
6.200.000	17.830,00	8.915,00	5.349,00	4.457,50	2.674,50	1.783,00	891,50
6.400.000	18.090,00	9.045,00	5.427,00	4.522,50	2.713,50	1.809,00	904,50
6.600.000	18.350,00	9.175,00	5.505,00	4.587,50	2.752,50	1.835,00	917,50
6.800.000	18.610,00	9.305,00	5.583,00	4.652,50	2.791,50	1.861,00	930,50
7.000.000	18.870,00	9.435,00	5.661,00	4.717,50	2.830,50	1.887,00	943,50
7.200.000	19.130,00	9.565,00	5.739,00	4.782,50	2.869,50	1.913,00	956,50
7.400.000	19.390,00	9.695,00	5.817,00	4.847,50	2.908,50	1.939,00	969,50

§ 34 GNotKG – Tabelle B

Geschäftswert bis ... €	2,0	1,0	0,6	0,5	0,3	0,2	0,1
7.600.000	19.650,00	9.825,00	5.895,00	4.912,50	2.947,50	1.965,00	982,50
7.800.000	19.910,00	9.955,00	5.973,00	4.977,50	2.986,50	1.991,00	995,50
8.000.000	20.170,00	10.085,00	6.051,00	5.042,50	3.025,50	2.017,00	1008,50
8.200.000	20.430,00	10.215,00	6.129,00	5.107,50	3.064,50	2.043,00	1021,50
8.400.000	20.690,00	10.345,00	6.207,00	5.172,50	3.103,50	2.069,00	1034,50
8.600.000	20.950,00	10.475,00	6.285,00	5.237,50	3.142,50	2.095,00	1047,50
8.800.000	21.210,00	10.605,00	6.363,00	5.302,50	3.181,50	2.121,00	1060,50
9.000.000	21.470,00	10.735,00	6.441,00	5.367,50	3.220,50	2.147,00	1073,50
9.200.000	21.730,00	10.865,00	6.519,00	5.432,50	3.259,50	2.173,00	1086,50
9.400.000	21.990,00	10.995,00	6.597,00	5.497,50	3.298,50	2.199,00	1099,50
9.600.000	22.250,00	11.125,00	6.675,00	5.562,50	3.337,50	2.225,00	1112,50
9.800.000	22.510,00	11.255,00	6.753,00	5.627,50	3.376,50	2.251,00	1125,50
10.000.000	22.770,00	11.385,00	6.831,00	5.692,50	3.415,50	2.277,00	1138,50
10.250.000	23.070,00	11.535,00	6.921,00	5.767,50	3.460,50	2.307,00	1153,50
10.500.000	23.370,00	11.685,00	7.011,00	5.842,50	3.505,50	2.337,00	1168,50
10.750.000	23.670,00	11.835,00	7.101,00	5.917,50	3.550,50	2.367,00	1183,50
11.000.000	23.970,00	11.985,00	7.191,00	5.992,50	3.595,50	2.397,00	1198,50
11.250.000	24.270,00	12.135,00	7.281,00	6.067,50	3.640,50	2.427,00	1213,50
11.500.000	24.570,00	12.285,00	7.371,00	6.142,50	3.685,50	2.457,00	1228,50
11.750.000	24.870,00	12.435,00	7.461,00	6.217,50	3.730,50	2.487,00	1243,50
12.000.000	25.170,00	12.585,00	7.551,00	6.292,50	3.775,50	2.517,00	1258,50
12.250.000	25.470,00	12.735,00	7.641,00	6.367,50	3.820,50	2.547,00	1273,50
12.500.000	25.770,00	12.885,00	7.731,00	6.442,50	3.865,50	2.577,00	1288,50
12.750.000	26.070,00	13.035,00	7.821,00	6.517,50	3.910,50	2.607,00	1303,50
13.000.000	26.370,00	13.185,00	7.911,00	6.592,50	3.955,50	2.637,00	1318,50
13.250.000	26.670,00	13.335,00	8.001,00	6.667,50	4.000,50	2.667,00	1333,50
13.500.000	26.970,00	13.485,00	8.091,00	6.742,50	4.045,50	2.697,00	1348,50
13.750.000	27.270,00	13.635,00	8.181,00	6.817,50	4.090,50	2.727,00	1363,50
14.000.000	27.570,00	13.785,00	8.271,00	6.892,50	4.135,50	2.757,00	1378,50
14.250.000	27.870,00	13.935,00	8.361,00	6.967,50	4.180,50	2.787,00	1393,50
14.500.000	28.170,00	14.085,00	8.451,00	7.042,50	4.225,50	2.817,00	1408,50
14.750.000	28.470,00	14.235,00	8.541,00	7.117,50	4.270,50	2.847,00	1423,50
15.000.000	28.770,00	14.385,00	8.631,00	7.192,50	4.315,50	2.877,00	1438,50
15.250.000	29.070,00	14.535,00	8.721,00	7.267,50	4.360,50	2.907,00	1453,50
15.500.000	29.370,00	14.685,00	8.811,00	7.342,50	4.405,50	2.937,00	1468,50
15.750.000	29.670,00	14.835,00	8.901,00	7.417,50	4.450,50	2.967,00	1483,50
16.000.000	29.970,00	14.985,00	8.991,00	7.492,50	4.495,50	2.997,00	1498,50
16.250.000	30.270,00	15.135,00	9.081,00	7.567,50	4.540,50	3.027,00	1513,50
16.500.000	30.570,00	15.285,00	9.171,00	7.642,50	4.585,50	3.057,00	1528,50
16.750.000	30.870,00	15.435,00	9.261,00	7.717,50	4.630,50	3.087,00	1543,50
17.000.000	31.170,00	15.585,00	9.351,00	7.792,50	4.675,50	3.117,00	1558,50
17.250.000	31.470,00	15.735,00	9.441,00	7.867,50	4.720,50	3.147,00	1573,50
17.500.000	31.770,00	15.885,00	9.531,00	7.942,50	4.765,50	3.177,00	1588,50
17.750.000	32.070,00	16.035,00	9.621,00	8.017,50	4.810,50	3.207,00	1603,50
18.000.000	32.370,00	16.185,00	9.711,00	8.092,50	4.855,50	3.237,00	1618,50
18.250.000	32.670,00	16.335,00	9.801,00	8.167,50	4.900,50	3.267,00	1633,50
18.500.000	32.970,00	16.485,00	9.891,00	8.242,50	4.945,50	3.297,00	1648,50
18.750.000	33.270,00	16.635,00	9.981,00	8.317,50	4.990,50	3.327,00	1663,50

§ 34 GNotKG – Tabelle B

Geschäftswert bis ... €	2,0	1,0	0,6	0,5	0,3	0,2	0,1
19.000.000	33.570,00	16.785,00	10.071,00	8.392,50	5.035,50	3.357,00	1678,50
19.250.000	33.870,00	16.935,00	10.161,00	8.467,50	5.080,50	3.387,00	1693,50
19.500.000	34.170,00	17.085,00	10.251,00	8.542,50	5.125,50	3.417,00	1708,50
19.750.000	34.470,00	17.235,00	10.341,00	8.617,50	5.170,50	3.447,00	1723,50
20.000.000	34.770,00	17.385,00	10.431,00	8.692,50	5.215,50	3.477,00	1738,50
20.500.000	35.330,00	17.665,00	10.599,00	8.832,50	5.299,50	3.533,00	1766,50
21.000.000	35.890,00	17.945,00	10.767,00	8.972,50	5.383,50	3.589,00	1794,50
21.500.000	36.450,00	18.225,00	10.935,00	9.112,50	5.467,50	3.645,00	1822,50
22.000.000	37.010,00	18.505,00	11.103,00	9.252,50	5.551,50	3.701,00	1850,50
22.500.000	37.570,00	18.785,00	11.271,00	9.392,50	5.635,50	3.757,00	1878,50
23.000.000	38.130,00	19.065,00	11.439,00	9.532,50	5.719,50	3.813,00	1906,50
23.500.000	38.690,00	19.345,00	11.607,00	9.672,50	5.803,50	3.869,00	1934,50
24.000.000	39.250,00	19.625,00	11.775,00	9.812,50	5.887,50	3.925,00	1962,50
24.500.000	39.810,00	19.905,00	11.943,00	9.952,50	5.971,50	3.981,00	1990,50
25.000.000	40.370,00	20.185,00	12.111,00	10.092,50	6.055,50	4.037,00	2018,50
25.500.000	40.930,00	20.465,00	12.279,00	10.232,50	6.139,50	4.093,00	2046,50
26.000.000	41.490,00	20.745,00	12.447,00	10.372,50	6.223,50	4.149,00	2074,50
26.500.000	42.050,00	21.025,00	12.615,00	10.512,50	6.307,50	4.205,00	2102,50
27.000.000	42.610,00	21.305,00	12.783,00	10.652,50	6.391,50	4.261,00	2130,50
27.500.000	43.170,00	21.585,00	12.951,00	10.792,50	6.475,50	4.317,00	2158,50
28.000.000	43.730,00	21.865,00	13.119,00	10.932,50	6.559,50	4.373,00	2186,50
28.500.000	44.290,00	22.145,00	13.287,00	11.072,50	6.643,50	4.429,00	2214,50
29.000.000	44.850,00	22.425,00	13.455,00	11.212,50	6.727,50	4.485,00	2242,50
29.500.000	45.410,00	22.705,00	13.623,00	11.352,50	6.811,50	4.541,00	2270,50
30.000.000	45.970,00	22.985,00	13.791,00	11.492,50	6.895,50	4.597,00	2298,50
31.000.000	46.210,00	23.105,00	13.863,00	11.552,50	6.931,50	4.621,00	2310,50
32.000.000	46.450,00	23.225,00	13.935,00	11.612,50	6.967,50	4.645,00	2322,50
33.000.000	46.690,00	23.345,00	14.007,00	11.672,50	7.003,50	4.669,00	2334,50
34.000.000	46.930,00	23.465,00	14.079,00	11.732,50	7.039,50	4.693,00	2346,50
35.000.000	47.170,00	23.585,00	14.151,00	11.792,50	7.075,50	4.717,00	2358,50
36.000.000	47.410,00	23.705,00	14.223,00	11.852,50	7.111,50	4.741,00	2370,50
37.000.000	47.650,00	23.825,00	14.295,00	11.912,50	7.147,50	4.765,00	2382,50
38.000.000	47.890,00	23.945,00	14.367,00	11.972,50	7.183,50	4.789,00	2394,50
39.000.000	48.130,00	24.065,00	14.439,00	12.032,50	7.219,50	4.813,00	2406,50
40.000.000	48.370,00	24.185,00	14.511,00	12.092,50	7.255,50	4.837,00	2418,50
41.000.000	48.610,00	24.305,00	14.583,00	12.152,50	7.291,50	4.861,00	2430,50
42.000.000	48.850,00	24.425,00	14.655,00	12.212,50	7.327,50	4.885,00	2442,50
43.000.000	49.090,00	24.545,00	14.727,00	12.272,50	7.363,50	4.909,00	2454,50
44.000.000	49.330,00	24.665,00	14.799,00	12.332,50	7.399,50	4.933,00	2466,50
45.000.000	49.570,00	24.785,00	14.871,00	12.392,50	7.435,50	4.957,00	2478,50
46.000.000	49.810,00	24.905,00	14.943,00	12.452,50	7.471,50	4.981,00	2490,50
47.000.000	50.050,00	25.025,00	15.015,00	12.512,50	7.507,50	5.005,00	2502,50
48.000.000	50.290,00	25.145,00	15.087,00	12.572,50	7.543,50	5.029,00	2514,50
49.000.000	50.530,00	25.265,00	15.159,00	12.632,50	7.579,50	5.053,00	2526,50
50.000.000	50.770,00	25.385,00	15.231,00	12.692,50	7.615,50	5.077,00	2538,50
51.000.000	51.010,00	25.505,00	15.303,00	12.752,50	7.651,50	5.101,00	2550,50
52.000.000	51.250,00	25.625,00	15.375,00	12.812,50	7.687,50	5.125,00	2562,50
53.000.000	51.490,00	25.745,00	15.447,00	12.872,50	7.723,50	5.149,00	2574,50

§ 34 GNotKG – Tabelle B

Geschäftswert bis ... €	2,0	1,0	0,6	0,5	0,3	0,2	0,1
54.000.000	51.730,00	25.865,00	15.519,00	12.932,50	7.759,50	5.173,00	2586,50
55.000.000	51.970,00	25.985,00	15.591,00	12.992,50	7.795,50	5.197,00	2598,50
56.000.000	52.210,00	26.105,00	15.663,00	13.052,50	7.831,50	5.221,00	2610,50
57.000.000	52.450,00	26.225,00	15.735,00	13.112,50	7.867,50	5.245,00	2622,50
58.000.000	52.690,00	26.345,00	15.807,00	13.172,50	7.903,50	5.269,00	2634,50
59.000.000	52.930,00	26.465,00	15.879,00	13.232,50	7.939,50	5.293,00	2646,50
60.000.000	53.170,00	26.585,00	15.951,00	13.292,50	7.975,50	5.317,00	2658,50

Ermäßigte Tabelle zu § 91 GNotKG

Geschäftswert bis ... €	2,0	1,0	0,6	0,5	0,3	0,2	0,1
500	30,00	15,00	15,00	15,00	15,00	15,00	15,00
1.000	38,00	19,00	15,00	15,00	15,00	15,00	15,00
1.500	46,00	23,00	15,00	15,00	15,00	15,00	15,00
2.000	54,00	27,00	16,20	15,00	15,00	15,00	15,00
3.000	66,00	33,00	19,80	16,50	15,00	15,00	15,00
4.000	78,00	39,00	23,40	19,50	15,00	15,00	15,00
5.000	90,00	45,00	27,00	22,50	15,00	15,00	15,00
6.000	102,00	51,00	30,60	25,50	15,30	15,00	15,00
7.000	114,00	57,00	34,20	28,50	17,10	15,00	15,00
8.000	126,00	63,00	37,80	31,50	18,90	15,00	15,00
9.000	138,00	69,00	41,40	34,50	20,70	15,00	15,00
10.000	150,00	75,00	45,00	37,50	22,50	15,00	15,00
13.000	166,00	83,00	49,80	41,50	24,90	16,60	15,00
16.000	182,00	91,00	54,60	45,50	27,30	18,20	15,00
19.000	198,00	99,00	59,40	49,50	29,70	19,80	15,00
22.000	214,00	107,00	64,20	53,50	32,10	21,40	15,00
25.000	230,00	115,00	69,00	57,50	34,50	23,00	15,00
30.000	230,00	115,00	69,00	57,50	34,50	23,00	15,00
35.000	230,00	115,00	69,00	57,50	34,50	23,00	15,00
40.000	230,00	115,00	69,00	57,50	34,50	23,00	15,00
45.000	230,00	115,00	69,00	57,50	34,50	23,00	15,00
50.000	231,00	115,50	69,30	57,75	34,65	23,10	15,00
65.000	268,80	134,40	80,64	67,20	40,32	26,88	15,00
80.000	306,60	153,30	91,98	76,65	45,99	30,66	15,33
95.000	344,40	172,20	103,32	86,10	51,66	34,44	17,22
110.000	382,20	191,10	114,66	95,55	57,33	38,22	19,11
125.000	382,20	191,10	114,66	95,55	57,33	38,22	19,11
140.000	392,40	196,20	117,72	98,10	58,86	39,24	19,62
155.000	424,80	212,40	127,44	106,20	63,72	42,48	21,24
170.000	457,20	228,60	137,16	114,30	68,58	45,72	22,86
185.000	489,60	244,80	146,88	122,40	73,44	48,96	24,48
200.000	522,00	261,00	156,60	130,50	78,30	52,20	26,10
230.000	582,00	291,00	174,60	145,50	87,30	58,20	29,10
260.000	642,00	321,00	192,60	160,50	96,30	64,20	32,10
290.000	642,00	321,00	192,60	160,50	96,30	64,20	32,10
320.000	642,00	321,00	192,60	160,50	96,30	64,20	32,10
350.000	685,00	342,50	205,50	171,25	102,75	68,50	34,25
380.000	735,00	367,50	220,50	183,75	110,25	73,50	36,75
410.000	785,00	392,50	235,50	196,25	117,75	78,50	39,25
440.000	835,00	417,50	250,50	208,75	125,25	83,50	41,75
470.000	885,00	442,50	265,50	221,25	132,75	88,50	44,25
500.000	935,00	467,50	280,50	233,75	140,25	93,50	46,75
550.000	1.015,00	507,50	304,50	253,75	152,25	101,50	50,75
600.000	1.095,00	547,50	328,50	273,75	164,25	109,50	54,75
650.000	1.175,00	587,50	352,50	293,75	176,25	117,50	58,75
700.000	1.255,00	627,50	376,50	313,75	188,25	125,50	62,75
750.000	1.335,00	667,50	400,50	333,75	200,25	133,50	66,75
800.000	1.415,00	707,50	424,50	353,75	212,25	141,50	70,75

Ermäßigte Tabelle zu § 91 GNotKG

Geschäftswert bis ... €	2,0	1,0	0,6	0,5	0,3	0,2	0,1
850.000	1.495,00	747,50	448,50	373,75	224,25	149,50	74,75
900.000	1.575,00	787,50	472,50	393,75	236,25	157,50	78,75
950.000	1.655,00	827,50	496,50	413,75	248,25	165,50	82,75
1.000.000	1.735,00	867,50	520,50	433,75	260,25	173,50	86,75
1.050.000	1.735,00	867,50	520,50	433,75	260,25	173,50	86,75
1.100.000	1.735,00	867,50	520,50	433,75	260,25	173,50	86,75
1.150.000	1.735,00	867,50	520,50	433,75	260,25	173,50	86,75
1.200.000	1.735,00	867,50	520,50	433,75	260,25	173,50	86,75
1.250.000	1.735,00	867,50	520,50	433,75	260,25	173,50	86,75
1.300.000	1.772,00	886,00	531,60	443,00	265,80	177,20	88,60
1.350.000	1.836,00	918,00	550,80	459,00	275,40	183,60	91,80
1.400.000	1.900,00	950,00	570,00	475,00	285,00	190,00	95,00
1.450.000	1.964,00	982,00	589,20	491,00	294,60	196,40	98,20
1.500.000	2.028,00	1.014,00	608,40	507,00	304,20	202,80	101,40
1.550.000	2.092,00	1.046,00	627,60	523,00	313,80	209,20	104,60
1.600.000	2.156,00	1.078,00	646,80	539,00	323,40	215,60	107,80
1.650.000	2.220,00	1.110,00	666,00	555,00	333,00	222,00	111,00
1.700.000	2.284,00	1.142,00	685,20	571,00	342,60	228,40	114,20
1.750.000	2.348,00	1.174,00	704,40	587,00	352,20	234,80	117,40
1.800.000	2.412,00	1.206,00	723,60	603,00	361,80	241,20	120,60
1.850.000	2.476,00	1.238,00	742,80	619,00	371,40	247,60	123,80
1.900.000	2.540,00	1.270,00	762,00	635,00	381,00	254,00	127,00
1.950.000	2.604,00	1.302,00	781,20	651,00	390,60	260,40	130,20
2.000.000	2.668,00	1.334,00	800,40	667,00	400,20	266,80	133,40
2.050.000	2.732,00	1.366,00	819,60	683,00	409,80	273,20	136,60
2.100.000	2.796,00	1.398,00	838,80	699,00	419,40	279,60	139,80
2.150.000	2.860,00	1.430,00	858,00	715,00	429,00	286,00	143,00
2.200.000	2.924,00	1.462,00	877,20	731,00	438,60	292,40	146,20
2.250.000	2.988,00	1.494,00	896,40	747,00	448,20	298,80	149,40
2.300.000	3.052,00	1.526,00	915,60	763,00	457,80	305,20	152,60
2.350.000	3.116,00	1.558,00	934,80	779,00	467,40	311,60	155,80
2.400.000	3.180,00	1.590,00	954,00	795,00	477,00	318,00	159,00
2.450.000	3.244,00	1.622,00	973,20	811,00	486,60	324,40	162,20
2.500.000	3.308,00	1.654,00	992,40	827,00	496,20	330,80	165,40
2.550.000	3.372,00	1.686,00	1.011,60	843,00	505,80	337,20	168,60
2.600.000	3.436,00	1.718,00	1.030,80	859,00	515,40	343,60	171,80
2.650.000	3.500,00	1.750,00	1.050,00	875,00	525,00	350,00	175,00
2.700.000	3.564,00	1.782,00	1.069,20	891,00	534,60	356,40	178,20
2.750.000	3.628,00	1.814,00	1.088,40	907,00	544,20	362,80	181,40
2.800.000	3.692,00	1.846,00	1.107,60	923,00	553,80	369,20	184,60
2.850.000	3.756,00	1.878,00	1.126,80	939,00	563,40	375,60	187,80
2.900.000	3.820,00	1.910,00	1.146,00	955,00	573,00	382,00	191,00
2.950.000	3.884,00	1.942,00	1.165,20	971,00	582,60	388,40	194,20
3.000.000	3.948,00	1.974,00	1.184,40	987,00	592,20	394,80	197,40
3.050.000	4.012,00	2.006,00	1.203,60	1.003,00	601,80	401,20	200,60
3.100.000	4.076,00	2.038,00	1.222,80	1.019,00	611,40	407,60	203,80
3.150.000	4.140,00	2.070,00	1.242,00	1.035,00	621,00	414,00	207,00
3.200.000	4.204,00	2.102,00	1.261,20	1.051,00	630,60	420,40	210,20

Ermäßigte Tabelle zu § 91 GNotKG

Geschäftswert bis ... €	2,0	1,0	0,6	0,5	0,3	0,2	0,1
3.250.000	4.268,00	2.134,00	1.280,40	1.067,00	640,20	426,80	213,40
3.300.000	4.332,00	2.166,00	1.299,60	1.083,00	649,80	433,20	216,60
3.350.000	4.396,00	2.198,00	1.318,80	1.099,00	659,40	439,60	219,80
3.400.000	4.460,00	2.230,00	1.338,00	1.115,00	669,00	446,00	223,00
3.450.000	4.524,00	2.262,00	1.357,20	1.131,00	678,60	452,40	226,20
3.500.000	4.588,00	2.294,00	1.376,40	1.147,00	688,20	458,80	229,40
3.550.000	4.652,00	2.326,00	1.395,60	1.163,00	697,80	465,20	232,60
3.600.000	4.716,00	2.358,00	1.414,80	1.179,00	707,40	471,60	235,80
3.650.000	4.780,00	2.390,00	1.434,00	1.195,00	717,00	478,00	239,00
3.700.000	4.844,00	2.422,00	1.453,20	1.211,00	726,60	484,40	242,20
3.750.000	4.908,00	2.454,00	1.472,40	1.227,00	736,20	490,80	245,40
3.800.000	4.972,00	2.486,00	1.491,60	1.243,00	745,80	497,20	248,60
3.850.000	5.036,00	2.518,00	1.510,80	1.259,00	755,40	503,60	251,80
3.900.000	5.100,00	2.550,00	1.530,00	1.275,00	765,00	510,00	255,00
3.950.000	5.164,00	2.582,00	1.549,20	1.291,00	774,60	516,40	258,20
4.000.000	5.228,00	2.614,00	1.568,40	1.307,00	784,20	522,80	261,40
4.050.000	5.292,00	2.646,00	1.587,60	1.323,00	793,80	529,20	264,60
4.100.000	5.356,00	2.678,00	1.606,80	1.339,00	803,40	535,60	267,80
4.150.000	5.420,00	2.710,00	1.626,00	1.355,00	813,00	542,00	271,00
4.200.000	5.484,00	2.742,00	1.645,20	1.371,00	822,60	548,40	274,20
4.250.000	5.548,00	2.774,00	1.664,40	1.387,00	832,20	554,80	277,40
4.300.000	5.612,00	2.806,00	1.683,60	1.403,00	841,80	561,20	280,60
4.350.000	5.676,00	2.838,00	1.702,80	1.419,00	851,40	567,60	283,80
4.400.000	5.740,00	2.870,00	1.722,00	1.435,00	861,00	574,00	287,00
4.450.000	5.804,00	2.902,00	1.741,20	1.451,00	870,60	580,40	290,20
4.500.000	5.868,00	2.934,00	1.760,40	1.467,00	880,20	586,80	293,40
4.550.000	5.932,00	2.966,00	1.779,60	1.483,00	889,80	593,20	296,60
4.600.000	5.996,00	2.998,00	1.798,80	1.499,00	899,40	599,60	299,80
4.650.000	6.060,00	3.030,00	1.818,00	1.515,00	909,00	606,00	303,00
4.700.000	6.124,00	3.062,00	1.837,20	1.531,00	918,60	612,40	306,20
4.750.000	6.188,00	3.094,00	1.856,40	1.547,00	928,20	618,80	309,40
4.800.000	6.252,00	3.126,00	1.875,60	1.563,00	937,80	625,20	312,60
4.850.000	6.316,00	3.158,00	1.894,80	1.579,00	947,40	631,60	315,80
4.900.000	6.380,00	3.190,00	1.914,00	1.595,00	957,00	638,00	319,00
4.950.000	6.444,00	3.222,00	1.933,20	1.611,00	966,60	644,40	322,20
5.000.000	6.508,00	3.254,00	1.952,40	1.627,00	976,20	650,80	325,40
5.200.000	6.612,00	3.306,00	1.983,60	1.653,00	991,80	661,20	330,60
5.400.000	6.716,00	3.358,00	2.014,80	1.679,00	1.007,40	671,60	335,80
5.600.000	6.820,00	3.410,00	2.046,00	1.705,00	1.023,00	682,00	341,00
5.800.000	6.924,00	3.462,00	2.077,20	1.731,00	1.038,60	692,40	346,20
6.000.000	7.028,00	3.514,00	2.108,40	1.757,00	1.054,20	702,80	351,40
6.200.000	7.132,00	3.566,00	2.139,60	1.783,00	1.069,80	713,20	356,60
6.400.000	7.236,00	3.618,00	2.170,80	1.809,00	1.085,40	723,60	361,80
6.600.000	7.340,00	3.670,00	2.202,00	1.835,00	1.101,00	734,00	367,00
6.800.000	7.444,00	3.722,00	2.233,20	1.861,00	1.116,60	744,40	372,20
7.000.000	7.548,00	3.774,00	2.264,40	1.887,00	1.132,20	754,80	377,40
7.200.000	7.652,00	3.826,00	2.295,60	1.913,00	1.147,80	765,20	382,60
7.400.000	7.756,00	3.878,00	2.326,80	1.939,00	1.163,40	775,60	387,80

Kostenrecht und Tabellen

Ermäßigte Tabelle zu § 91 GNotKG

Geschäftswert bis ... €	2,0	1,0	0,6	0,5	0,3	0,2	0,1
7.600.000	7.860,00	3.930,00	2.358,00	1.965,00	1.179,00	786,00	393,00
7.800.000	7.964,00	3.982,00	2.389,20	1.991,00	1.194,60	796,40	398,20
8.000.000	8.068,00	4.034,00	2.420,40	2.017,00	1.210,20	806,80	403,40
8.200.000	8.172,00	4.086,00	2.451,60	2.043,00	1.225,80	817,20	408,60
8.400.000	8.276,00	4.138,00	2.482,80	2.069,00	1.241,40	827,60	413,80
8.600.000	8.380,00	4.190,00	2.514,00	2.095,00	1.257,00	838,00	419,00
8.800.000	8.484,00	4.242,00	2.545,20	2.121,00	1.272,60	848,40	424,20
9.000.000	8.588,00	4.294,00	2.576,40	2.147,00	1.288,20	858,80	429,40
9.200.000	8.692,00	4.346,00	2.607,60	2.173,00	1.303,80	869,20	434,60
9.400.000	8.796,00	4.398,00	2.638,80	2.199,00	1.319,40	879,60	439,80
9.600.000	8.900,00	4.450,00	2.670,00	2.225,00	1.335,00	890,00	445,00
9.800.000	9.004,00	4.502,00	2.701,20	2.251,00	1.350,60	900,40	450,20
10.000.000	9.108,00	4.554,00	2.732,40	2.277,00	1.366,20	910,80	455,40
10.250.000	9.228,00	4.614,00	2.768,40	2.307,00	1.384,20	922,80	461,40
10.500.000	9.348,00	4.674,00	2.804,40	2.337,00	1.402,20	934,80	467,40
10.750.000	9.468,00	4.734,00	2.840,40	2.367,00	1.420,20	946,80	473,40
11.000.000	9.588,00	4.794,00	2.876,40	2.397,00	1.438,20	958,80	479,40
11.250.000	9.708,00	4.854,00	2.912,40	2.427,00	1.456,20	970,80	485,40
11.500.000	9.828,00	4.914,00	2.948,40	2.457,00	1.474,20	982,80	491,40
11.750.000	9.948,00	4.974,00	2.984,40	2.487,00	1.492,20	994,80	497,40
12.000.000	10.068,00	5.034,00	3.020,40	2.517,00	1.510,20	1.006,80	503,40
12.250.000	10.188,00	5.094,00	3.056,40	2.547,00	1.528,20	1.018,80	509,40
12.500.000	10.308,00	5.154,00	3.092,40	2.577,00	1.546,20	1.030,80	515,40
12.750.000	10.428,00	5.214,00	3.128,40	2.607,00	1.564,20	1.042,80	521,40
13.000.000	10.548,00	5.274,00	3.164,40	2.637,00	1.582,20	1.054,80	527,40
13.250.000	10.668,00	5.334,00	3.200,40	2.667,00	1.600,20	1.066,80	533,40
13.500.000	10.788,00	5.394,00	3.236,40	2.697,00	1.618,20	1.078,80	539,40
13.750.000	10.908,00	5.454,00	3.272,40	2.727,00	1.636,20	1.090,80	545,40
14.000.000	11.028,00	5.514,00	3.308,40	2.757,00	1.654,20	1.102,80	551,40
14.250.000	11.148,00	5.574,00	3.344,40	2.787,00	1.672,20	1.114,80	557,40
14.500.000	11.268,00	5.634,00	3.380,40	2.817,00	1.690,20	1.126,80	563,40
14.750.000	11.388,00	5.694,00	3.416,40	2.847,00	1.708,20	1.138,80	569,40
15.000.000	11.508,00	5.754,00	3.452,40	2.877,00	1.726,20	1.150,80	575,40
15.250.000	11.628,00	5.814,00	3.488,40	2.907,00	1.744,20	1.162,80	581,40
15.500.000	11.748,00	5.874,00	3.524,40	2.937,00	1.762,20	1.174,80	587,40
15.750.000	11.868,00	5.934,00	3.560,40	2.967,00	1.780,20	1.186,80	593,40
16.000.000	11.988,00	5.994,00	3.596,40	2.997,00	1.798,20	1.198,80	599,40
16.250.000	12.108,00	6.054,00	3.632,40	3.027,00	1.816,20	1.210,80	605,40
16.500.000	12.228,00	6.114,00	3.668,40	3.057,00	1.834,20	1.222,80	611,40
16.750.000	12.348,00	6.174,00	3.704,40	3.087,00	1.852,20	1.234,80	617,40
17.000.000	12.468,00	6.234,00	3.740,40	3.117,00	1.870,20	1.246,80	623,40
17.250.000	12.588,00	6.294,00	3.776,40	3.147,00	1.888,20	1.258,80	629,40
17.500.000	12.708,00	6.354,00	3.812,40	3.177,00	1.906,20	1.270,80	635,40
17.750.000	12.828,00	6.414,00	3.848,40	3.207,00	1.924,20	1.282,80	641,40
18.000.000	12.948,00	6.474,00	3.884,40	3.237,00	1.942,20	1.294,80	647,40
18.250.000	13.068,00	6.534,00	3.920,40	3.267,00	1.960,20	1.306,80	653,40
18.500.000	13.188,00	6.594,00	3.956,40	3.297,00	1.978,20	1.318,80	659,40
18.750.000	13.308,00	6.654,00	3.992,40	3.327,00	1.996,20	1.330,80	665,40

Ermäßigte Tabelle zu § 91 GNotKG

Geschäfts- wert bis ... €	2,0	1,0	0,6	0,5	0,3	0,2	0,1
19.000.000	13.428,00	6.714,00	4.028,40	3.357,00	2.014,20	1.342,80	641,40
19.250.000	13.548,00	6.774,00	4.064,40	3.387,00	2.032,20	1.354,80	677,40
19.500.000	13.668,00	6.834,00	4.100,40	3.417,00	2.050,20	1.366,80	683,40
19.750.000	13.788,00	6.894,00	4.136,40	3.447,00	2.068,20	1.378,80	689,40
20.000.000	13.908,00	6.954,00	4.172,40	3.477,00	2.086,20	1.390,80	695,40
20.500.000	14.132,00	7.066,00	4.239,60	3.533,00	2.119,80	1.413,20	706,60
21.000.000	14.356,00	7.178,00	4.306,80	3.589,00	2.153,40	1.435,60	717,80
21.500.000	14.580,00	7.290,00	4.374,00	3.645,00	2.187,00	1.458,00	729,00
22.000.000	14.804,00	7.402,00	4.441,20	3.701,00	2.220,60	1.480,40	740,20
22.500.000	15.028,00	7.514,00	4.508,40	3.757,00	2.254,20	1.502,80	751,40
23.000.000	15.252,00	7.626,00	4.575,60	3.813,00	2.287,80	1.525,20	762,60
23.500.000	15.476,00	7.738,00	4.642,80	3.869,00	2.321,40	1.547,60	773,80
24.000.000	15.700,00	7.850,00	4.710,00	3.925,00	2.355,00	1.570,00	785,00
24.500.000	15.924,00	7.962,00	4.777,20	3.981,00	2.388,60	1.592,40	796,20
25.000.000	16.148,00	8.074,00	4.844,40	4.037,00	2.422,20	1.614,80	807,40
25.500.000	16.372,00	8.186,00	4.911,60	4.093,00	2.455,80	1.637,20	818,60
26.000.000	16.596,00	8.298,00	4.978,80	4.149,00	2.489,40	1.659,60	829,80
26.500.000	16.820,00	8.410,00	5.046,00	4.205,00	2.523,00	1.682,00	841,00
27.000.000	17.044,00	8.522,00	5.113,20	4.261,00	2.556,60	1.704,40	852,20
27.500.000	17.268,00	8.634,00	5.180,40	4.317,00	2.590,20	1.726,80	863,40
28.000.000	17.492,00	8.746,00	5.247,60	4.373,00	2.623,80	1.749,20	874,60
28.500.000	17.716,00	8.858,00	5.314,80	4.429,00	2.657,40	1.771,60	885,80
29.000.000	17.940,00	8.970,00	5.382,00	4.485,00	2.691,00	1.794,00	897,00
29.500.000	18.164,00	9.082,00	5.449,20	4.541,00	2.724,60	1.816,40	908,20
30.000.000	18.388,00	9.194,00	5.516,40	4.597,00	2.758,20	1.838,80	919,40
31.000.000	18.484,00	9.242,00	5.545,20	4.621,00	2.772,60	1.848,40	924,20
32.000.000	18.580,00	9.290,00	5.574,00	4.645,00	2.787,00	1.858,00	929,00
33.000.000	18.676,00	9.338,00	5.602,80	4.669,00	2.801,40	1.867,60	933,80
34.000.000	18.772,00	9.386,00	5.631,60	4.693,00	2.815,80	1.877,20	938,60
35.000.000	18.868,00	9.434,00	5.660,40	4.717,00	2.830,20	1.886,80	943,40
36.000.000	18.964,00	9.482,00	5.689,20	4.741,00	2.844,60	1.896,40	948,20
37.000.000	19.060,00	9.530,00	5.718,00	4.765,00	2.859,00	1.906,00	953,00
38.000.000	19.156,00	9.578,00	5.746,80	4.789,00	2.873,40	1.915,60	957,80
39.000.000	19.252,00	9.626,00	5.775,60	4.813,00	2.887,80	1.925,20	962,60
40.000.000	19.348,00	9.674,00	5.804,40	4.837,00	2.902,20	1.934,80	967,40
41.000.000	19.444,00	9.722,00	5.833,20	4.861,00	2.916,60	1.944,40	972,20
42.000.000	19.540,00	9.770,00	5.862,00	4.885,00	2.931,00	1.954,00	977,00
43.000.000	19.636,00	9.818,00	5.890,80	4.909,00	2.945,40	1.963,60	981,80
44.000.000	19.732,00	9.866,00	5.919,60	4.933,00	2.959,80	1.973,20	986,60
45.000.000	19.828,00	9.914,00	5.948,40	4.957,00	2.974,20	1.982,80	991,40
46.000.000	19.924,00	9.962,00	5.977,20	4.981,00	2.988,60	1.992,40	996,20
47.000.000	20.020,00	10.010,00	6.006,00	5.005,00	3.003,00	2.002,00	1001,00
48.000.000	20.116,00	10.058,00	6.034,80	5.029,00	3.017,40	2.011,60	1005,80
49.000.000	20.212,00	10.106,00	6.063,60	5.053,00	3.031,80	2.021,20	1010,60
50.000.000	20.308,00	10.154,00	6.092,40	5.077,00	3.046,20	2.030,80	1015,40
51.000.000	20.404,00	10.202,00	6.121,20	5.101,00	3.060,60	2.040,40	1020,20
52.000.000	20.500,00	10.250,00	6.150,00	5.125,00	3.075,00	2.050,00	1025,00
53.000.000	20.596,00	10.298,00	6.178,80	5.149,00	3.089,40	2.059,60	1029,80

Ermäßigte Tabelle zu § 91 GNotKG

Geschäfts-wert bis ... €	2,0	1,0	0,6	0,5	0,3	0,2	0,1
54.000.000	20.692,00	10.346,00	6.207,60	5.173,00	3.103,80	2.069,20	1034,60
55.000.000	20.788,00	10.394,00	6.236,40	5.197,00	3.118,20	2.078,80	1039,40
56.000.000	20.884,00	10.442,00	6.265,20	5.221,00	3.132,60	2.088,40	1044,20
57.000.000	20.980,00	10.490,00	6.294,00	5.245,00	3.147,00	2.098,00	1049,00
58.000.000	21.076,00	10.538,00	6.322,80	5.269,00	3.161,40	2.107,60	1053,80
59.000.000	21.172,00	10.586,00	6.351,60	5.293,00	3.175,80	2.117,20	1058,60
60.000.000	21.268,00	10.634,00	6.380,40	5.317,00	3.190,20	2.126,80	1063,40

Stichwortverzeichnis zum Gerichts- und Notarkostengesetz

Kostenrecht und Tabellen

Kostenrecht und Tabellen

Sterbetafel für das gesamte Bundesgebiet

Die Sterbetafel gibt für jedes Lebensalter bis zu 100 Jahren die weitere Lebenserwartung von Männern und Frauen im gesamten Bundesgebiet an. Sie beruht auf der Sterbetafel des Statistischen Bundesamtes von 2016/2018.*)

Vollendetes Alter in Jahren	Durchschnittliche Lebenserwartung in Jahren	
	Männer	Frauen
0	78,48	83,27
1	77,76	82,52
2	76,78	81,54
3	75,79	80,55
4	74,80	79,56
5	73,81	78,56
6	72,82	77,57
7	71,82	76,58
8	70,83	75,58
9	69,84	74,59
10	68,84	73,59
11	67,85	72,59
12	66,85	71,60
13	65,86	70,61
14	64,86	69,61
15	63,87	68,62
16	62,88	67,63
17	61,90	66,64
18	60,91	65,65
19	59,94	64,66
20	58,96	63,67
21	57,99	62,68
22	57,01	61,69
23	56,03	60,70
24	55,06	59,71
25	54,08	58,72
26	53,11	57,73
27	52,13	56,75
28	51,15	55,76
29	50,18	54,77

Vollendetes Alter in Jahren	Durchschnittliche Lebenserwartung in Jahren	
	Männer	Frauen
30	49,21	53,78
31	48,23	52,80
32	47,26	51,82
33	46,29	50,84
34	45,33	49,85
35	44,36	48,87
36	43,39	47,89
37	42,43	46,92
38	41,47	45,94
39	40,52	44,96
40	39,56	43,99
41	38,61	43,02
42	37,66	42,05
43	36,71	41,09
44	35,77	40,12
45	34,83	39,16
46	33,90	38,21
47	32,97	37,25
48	32,05	36,30
49	31,13	35,36
50	30,23	34,42
51	29,33	33,48
52	28,43	32,55
53	27,55	31,63
54	26,68	30,71
55	25,82	29,80
56	24,97	28,89
57	24,13	27,99
58	23,30	27,10
59	22,49	26,22

*) Abdruck unverbindlich.
Quelle: Auszug aus: Sterbetafel 2016/2018 für Deutschland, Statistisches Bundesamt, Wiesbaden.
Eine Sammlung von Sterbetafeln kann kostenfrei bezogen werden unter http://www.destatis.de/DE/ZahlenFakten/GesellschaftStaat/Bevoelkerung/Sterbefaelle/Sterberfaelle.html bei der Registerkarte „Lebenserwartung".

Vollendetes Alter in Jahren	Durchschnittliche Lebenserwartung in Jahren	
	Männer	Frauen
60	21,69	25,34
61	20,90	24,47
62	20,12	23,61
63	19,36	22,75
64	18,61	21,90
65	17,87	21,06
66	17,14	20,23
67	16,42	19,40
68	15,71	18,58
69	15,01	17,78
70	14,33	16,98
71	13,64	16,19
72	12,97	15,41
73	12,31	14,63
74	11,66	13,87
75	11,02	13,11
76	10,38	12,36
77	9,76	11,62
78	9,16	10,89
79	8,57	10,18
80	8,00	9,50
81	7,44	8,84

Vollendetes Alter in Jahren	Durchschnittliche Lebenserwartung in Jahren	
	Männer	Frauen
82	6,92	8,21
83	6,43	7,61
84	5,95	7,04
85	5,51	6,49
86	5,09	5,98
87	4,70	5,51
88	4,34	5,06
89	4,01	4,65
90	3,71	4,27
91	3,42	3,92
92	3,15	3,61
93	2,92	3,33
94	2,69	3,08
95	2,51	2,85
96	2,33	2,64
97	2,19	2,50
98	2,05	2,35
99	1,93	2,20
100	1,82	2,06

Rentenbarwerttabelle (männlich)*)

Die Tabelle gibt den Barwert einer sofort beginnenden, lebenslänglich monatlich vorschüssig zahlbaren Leibrente in Abhängigkeit vom Lebensalter des Rentenempfängers und vom zugrunde gelegten Zinsfuß an. Der Barwert einer bestimmten Rente ergibt sich jeweils aus der Multiplikation des jährlichen Rentenbetrages mit dem in der Tabelle angegebenen Faktor.

Lebensalter bei Renten-beginn	1%	1,25%	1,5%	1,75%	2%	2,25%	2,5	3%	4%	5%	6%	7%	8%	10%
0	54,013	49,647	45,793	42,382	39,351	36,652	34,240	30,135	24,059	19,869	16,861	14,623	12,906	10,460
1	53,741	49,439	45,636	42,266	39,269	36,597	34,206	30,132	24,087	19,909	16,903	14,664	12,944	10,492
2	53,288	49,063	45,325	42,008	39,055	36,418	34,057	30,029	24,036	19,883	16,890	14,657	12,940	10,492
3	52,823	48,678	45,004	41,740	38,831	36,231	33,901	29,918	23,980	19,854	16,874	14,649	12,935	10,490
4	52,352	48,285	44,676	41,466	38,601	36,038	33,739	29,803	23,920	19,822	16,857	14,638	12,929	10,488
5	51,876	47,887	14,343	41,186	38,367	35,841	33,572	29,684	23,858	19,788	16,838	14,628	12,923	10,485
6	51,394	47,483	44,005	40,902	38,127	35,639	33,402	29,562	23,794	19,753	16,818	14,616	12,916	10,482
7	50,908	47,074	43,661	40,612	37,882	35,432	33,226	29,435	23,726	19,716	16,797	14,603	12,908	10,478
8	50,416	46,660	43,311	40,317	37,633	35,220	33,046	29,305	23,656	19,677	16,774	14,590	12,899	10,475
9	49,919	46,241	42,957	40,016	37,378	35,003	32,862	29,170	23,583	19,636	16,750	14,575	12,890	10,470
10	49,416	45,816	42,596	39,710	37,117	34,782	32,673	29,031	23,507	19,592	16,725	14,559	12,880	10,466
11	48,909	45,385	42,230	39,399	36,852	34,555	32,479	28,889	23,427	19,547	16,698	14,543	12,869	10,461
12	48,397	44,949	41,859	39,082	36,581	34,323	32,280	28,741	23,345	19,499	16,669	14,525	12,857	10,455
13	47,878	44,508	41,482	38,759	36,305	34,086	32,076	28,590	23,259	19,449	16,638	14,505	12,845	10,448
14	47,356	44,061	41,100	38,432	36,023	33,844	31,867	28,434	23,170	19,396	16,606	14,485	12,831	10,442
15	46,831	43,611	40,714	38,100	35,738	33,598	31,655	28,275	23,079	19,342	16,573	14,464	12,817	10,435
16	46,301	43,157	40,323	37,764	35,448	33,347	31,438	28,111	22,984	19,286	16,538	14,441	12,802	10,428
17	45,770	42,700	39,930	37,425	35,155	33,094	31,218	27,946	22,888	19,228	16,503	14,419	12,788	10,420
18	45,235	42,239	39,532	37,081	34,857	32,835	30,994	27,776	22,789	19,168	16,466	14,395	12,772	10,413
19	44,700	41,776	39,132	36,734	34,557	32,575	30,767	27,604	22,688	19,108	16,428	14,371	12,756	10,406

*) Abdruck unverbindlich. Quelle: Statistisches Bundesamt, Kommutationszahlen und Versicherungsbarwerte für Leibrenten 2016/2018 (Auszug). Die Gesamtaufstellung, die insbesondere auch die Werte bei jährlich vorschüssiger Zahlung und für weitere Zinssätze sowie sog. Verbindungsrenten (Zahlung bis zum Ableben der zweiten Person) enthält, ist zu beziehen über www.destatis.de unter Art.-Nr. 5126201189004.

Lebensalter bei Rentenbeginn	1%	1,25%	1,5%	1,75%	2%	2,25%	2,5	3%	4%	5%	6%	7%	8%	10%
20	44,159	41,308	38,726	36,382	34,251	32,308	30,535	27,427	22,583	19,044	16,389	14,346	12,740	10,398
21	43,614	40,836	38,316	36,025	33,940	32,037	30,298	27,245	22,475	18,978	16,347	14,320	12,722	10,390
22	43,063	40,356	37,898	35,661	33,622	31,759	30,055	27,058	22,361	18,908	16,303	14,291	12,703	10,381
23	42,507	39,872	37,476	35,292	33,299	31,476	29,806	26,866	22,245	18,835	16,257	14,261	12,683	10,371
24	41,944	39,380	37,045	34,915	32,968	31,185	29,550	26,667	22,122	18,758	16,207	14,228	12,661	10,360
25	41,378	38,884	36,610	34,533	32,632	30,890	29,290	26,464	21,997	18,679	16,155	14,194	12,638	10,348
26	40,805	38,381	36,167	34,143	32,288	30,586	29,022	26,253	21,865	18,594	16,100	14,157	12,612	10,335
27	40,226	37,871	35,718	33,747	31,938	30,276	28,747	26,037	21,728	18,506	16,042	14,117	12,585	10,321
28	39,641	37,355	35,262	33,343	31,581	29,959	28,466	25,814	21,586	18,413	15,980	14,075	12,555	10,306
29	39,051	36,834	34,800	32,934	31,217	29,636	28,178	25,585	21,439	18,317	15,915	14,030	12,524	10,289
30	38,457	36,306	34,332	32,518	30,847	29,306	27,884	25,350	21,286	18,215	15,846	13,982	12,490	10,271
31	37,858	35,774	33,859	32,096	30,470	28,970	27,583	25,108	21,128	18,110	15,774	13,932	12,454	10,252
32	37,254	35,236	33,379	31,668	30,088	28,628	27,276	24,861	20,965	18,000	15,699	13,879	12,416	10,231
33	36,645	34,692	32,893	31,232	29,698	28,278	26,962	24,607	20,796	17,885	15,619	13,823	12,375	10,208
34	36,032	34,145	32,402	30,792	29,303	27,923	26,642	24,347	20,622	17,766	15,536	13,763	12,332	10,184
35	35,415	33,591	31,905	30,346	28,901	27,560	26,316	24,080	20,441	17,642	15,448	13,701	12,286	10,158
36	34,792	33,031	31,401	29,892	28,491	27,191	25,981	23,806	20,254	17,511	15,356	13,634	12,237	10,130
37	34,164	32,465	30,891	29,431	28,075	26,814	25,640	23,525	20,061	17,376	15,259	13,563	12,184	10,099
38	33,534	31,896	30,377	28,965	27,653	26,431	25,293	23,238	19,862	17,235	15,158	13,489	12,129	10,067
39	32,899	31,322	29,857	28,494	27,225	26,042	24,939	22,944	19,656	17,089	15,052	13,411	12,071	10,032
40	32,259	30,741	29,329	28,015	26,789	25,645	24,577	22,642	19,443	16,936	14,940	13,328	12,008	9,994
41	31,616	30,157	28,798	27,530	26,347	25,242	24,208	22,333	19,224	16,778	14,824	13,241	11,942	9,954
42	30,969	29,567	28,260	27,039	25,899	24,831	23,832	22,017	18,997	16,613	14,701	13,149	11,871	9,911
43	30,318	28,972	27,716	26,542	25,443	24,414	23,449	21,693	18,764	16,441	14,573	13,052	11,796	9,864
44	29,662	28,372	27,166	26,038	24,980	23,989	23,058	21,361	18,522	16,262	14,439	12,949	11,716	9,814
45	29,006	27,771	26,614	25,531	24,514	23,560	22,663	21,025	18,275	16,078	14,300	12,842	11,633	9,761
46	28,347	27,165	26,057	25,018	24,042	23,124	22,260	20,681	18,021	15,887	14,154	12,729	11,545	9,704
47	27,686	26,557	25,497	24,501	23,564	22,682	21,852	20,330	17,760	15,690	14,003	12,612	11,452	9,644
48	27,023	25,945	24,931	23,978	23,080	22,234	21,437	19,973	17,492	15,486	13,845	12,488	11,354	9,580
49	26,359	25,331	24,363	23,452	22,592	21,782	21,016	19,609	17,217	15,275	13,682	12,359	11,251	9,512

Lebensalter bei Renten-beginn	1%	1,25%	1,5%	1,75%	2%	2,25%	2,5	3%	4%	5%	6%	7%	8%	10%
50	25,695	24,716	23,793	23,383	22,100	21,324	20,591	19,240	16,936	15,058	13,512	12,225	11,143	9,440
51	25,031	24,099	23,220	22,851	21,605	20,863	20,161	18,865	16,649	14,836	13,337	12,086	11,031	9,364
52	24,368	23,482	22,646	22,316	21,106	20,397	19,726	18,485	16,355	14,606	13,156	11,940	10,913	9,284
53	23,706	22,866	22,071	21,779	20,605	19,929	19,287	18,100	16,057	14,372	12,969	11,790	10,790	9,200
54	23,048	22,252	21,497	21,243	20,103	19,459	18,847	17,713	15,754	14,132	12,777	11,635	10,664	9,112
55	22,395	21,641	20,925	20,707	19,601	18,988	18,405	17,323	15,447	13,888	12,581	11,476	10,533	9,021
56	21,745	21,031	20,354	20,171	19,098	18,515	17,961	16,929	15,136	13,639	12,380	11,311	10,397	8,926
57	21,099	20,425	19,784	19,636	18,594	18,041	17,515	16,533	14,820	13,386	12,174	11,143	10,258	8,828
58	20,458	19,822	19,217	19,102	18,091	17,567	17,067	16,134	14,502	13,128	11,964	10,969	10,113	8,725
59	19,823	19,224	18,653	18,570	17,590	17,094	16,620	15,734	14,180	12,867	11,750	10,792	9,965	8,619
60	19,191	18,628	18,091	18,039	17,088	16,619	16,171	15,331	13,853	12,600	11,530	10,609	9,812	8,509
61	18,565	18,036	17,531	17,509	16,586	16,144	15,721	14,926	13,524	12,329	11,305	10,422	9,654	8,394
62	17,944	17,449	16,975	16,982	16,086	15,670	15,271	14,520	13,191	12,055	11,077	10,230	9,492	8,276
63	17,330	16,867	16,423	16,458	16,589	15,197	14,821	14,114	12,856	11,777	10,844	10,034	9,326	8,154
64	16,721	16,288	15,873	15,936	15,092	14,724	14,371	13,705	12,518	11,494	10,607	9,833	9,155	8,027
65	16,119	15,716	15,328	15,417	14,597	14,253	13,922	13,296	12,177	11,209	10,366	9,628	8,980	7,897
66	15,522	15,146	14,785	14,899	14,103	13,781	13,471	12,885	11,832	10,918	10,119	9,418	8,799	7,761
67	14,927	14,578	14,243	14,381	13,608	13,308	13,019	12,470	11,483	10,621	9,866	9,200	8,611	7,619
68	14,337	14,014	13,703	13,864	13,114	12,835	12,565	12,053	11,129	10,320	9,607	8,977	8,418	7,471
69	13,748	13,450	13,162	13,345	12,616	12,357	12,107	11,631	10,768	10,010	9,340	8,745	8,215	7,315
70	13,167	12,893	12,627	12,832	12,123	11,883	11,652	11,210	10,407	9,698	9,070	8,510	8,009	7,154
71	12,584	12,332	12,089	12,314	11,624	11,403	11,189	10,781	10,036	9,376	8,788	8,263	7,792	6,984
72	12,012	11,781	11,558	11,803	11,132	10,929	10,731	10,355	9,666	9,053	8,505	8,013	7,571	6,809
73	11,438	11,228	11,021	11,287	10,634	10,448	10,267	9,921	9,286	8,719	8,210	7,752	7,339	6,623
74	10,873	10,682	10,496	10,777	10,141	9,971	9,806	9,489	8,906	8,383	7,912	7,487	7,101	6,431
75	10,311	10,138	9,970	10,267	9,647	9,493	9,342	9,053	8,520	8,040	7,606	7,212	6,855	6,230
76	9,752	9,596	9,444	9,758	9,153	9,013	8,876	8,614	8,128	7,689	7,291	6,929	6,598	6,019
77	9,204	9,064	8,927	9,255	8,664	8,538	8,415	8,177	7,737	7,337	6,973	6,641	6,337	5,801
78	8,662	8,536	8,414	8,756	8,178	8,065	7,954	7,740	7,343	6,980	6,649	6,346	6,068	5,575
79	8,134	8,022	7,913	8,267	7,702	7,601	7,502	7,310	6,952	6,625	6,325	6,050	5,796	5,345

Lebensalter bei Renten-beginn	1%	1,25%	1,5%	1,75%	2%	2,25%	2,5	3%	4%	5%	6%	7%	8%	10%
80	7,617	7,518	7,421	7,788	7,234	7,143	7,055	6,884	6,564	6,270	5,999	5,750	5,520	5,108
81	7,115	7,028	6,942	7,315	6,776	6,696	6,617	6,465	6,180	5,917	5,674	5,449	5,241	4,868
82	6,639	6,562	6,486	6,871	6,340	6,269	6,199	6,064	5,811	5,576	5,359	5,157	4,969	4,632
83	6,183	6,115	6,049	6,445	5,920	5,857	5,796	5,676	5,451	5,243	5,049	4,869	4,700	4,396
84	5,745	5,685	5,627	6,031	5,514	5,459	5,405	5,300	5,101	4,917	4,745	4,584	4,433	4,160
85	5,329	5,278	5,227	5,638	5,128	5,079	5,032	4,940	4,765	4,602	4,450	4,307	4,173	3,929
86	4,943	4,898	4,853	5,271	4,767	4,725	4,683	4,602	4,449	4,305	4,170	4,044	3,925	3,707
87	4,580	4,541	4,502	4,925	4,427	4,390	4,354	4,283	4,148	4,022	3,903	3,791	3,686	3,492
88	4,242	4,208	4,174	4,602	4,108	4,076	4,044	3,983	3,865	3,754	3,649	3,551	3,457	3,285
89	3,932	3,902	3,873	4,305	3,816	3,788	3,760	3,706	3,603	3,506	3,414	3,326	3,244	3,091
90	3,643	3,617	3,592	4,028	3,542	3,518	3,494	3,447	3,357	3,271	3,191	3,114	3,041	2,906
91	3,370	3,347	3,325	3,765	3,282	3,261	3,240	3,199	3,121	3,046	2,975	2,908	2,844	2,724
92	3,108	3,089	3,070	3,512	3,032	3,014	2,996	2,961	2,892	2,827	2,765	2,707	2,650	2,545
93	2,889	2,872	2,855	3,300	2,823	2,807	2,791	2,760	2,700	2,643	2,588	2,536	2,487	2,394
94	2,675	2,661	2,646	3,093	2,618	2,604	2,590	2,563	2,511	2,461	2,413	2,367	2,323	2,241
95	2,494	2,482	2,469	2,918	2,444	2,432	2,420	2,396	2,350	2,305	2,263	2,223	2,184	2,111
96	2,321	2,310	2,298	2,749	2,276	2,266	2,255	2,234	2,193	2,154	2,117	2,081	2,047	1,982
97	2,194	2,184	2,174	1,626	2,155	2,145	2,135	2,117	2,080	2,045	2,012	1,979	1,948	1,889
98	2,058	2,050	2,041	2,493	2,023	2,015	2,006	1,990	1,957	1,926	1,896	1,867	1,839	1,787
99	1,940	1,932	1,924	2,377	1,908	1,900	1,893	1,878	1,849	1,821	1,794	1,768	1,743	1,695
100	1,834	1,827	1,820	2,274	1,806	1,799	1,792	1,779	1,752	1,727	1,703	1,680	1,657	1,614

Rentenbarwerttabelle (weiblich)

Die Tabelle gibt den Barwert einer sofort beginnenden, lebenslänglich monatlich vorschüssig zahlbaren Leibrente in Abhängigkeit vom Lebensalter der Rentenempfängerin und vom zugrunde gelegten Zinsfuß an. Der Barwert einer bestimmten Rente ergibt sich jeweils aus der Multiplikation des jährlichen Rentenbetrages mit dem in der Tabelle angegebenen Faktor.

Lebensalter bei Rentenbeginn	1%	1,25%	1,5%	1,75%	2%	2,25%	2,5	3%	4%	5%	6%	7%	8%	10%
0	56,250	51,505	47,339	43,670	40,428	37,553	34,996	30,671	24,336	20,019	16,946	14,674	12,938	10,476
1	55,977	51,297	47,184	43,557	40,348	37,500	34,964	30,669	24,362	20,055	16,984	14,710	12,971	10,503
2	55,545	50,945	46,896	43,321	40,155	37,341	34,833	30,580	24,321	20,036	16,975	14,707	12,970	10,504
3	55,102	50,581	46,597	43,075	39,952	37,174	34,695	30,485	24,276	20,013	16,964	14,701	12,967	10,503
4	54,653	50,212	46,293	42,824	39,744	37,002	34,553	30,387	24,228	19,990	16,952	14,694	12,964	10,502
5	54,200	49,838	45,989	42,568	39,532	36,826	34,406	30,285	24,178	19,964	16,938	14,687	12,960	10,501
6	53,741	49,458	45,669	42,307	39,316	36,646	34,256	30,181	24,126	19,938	16,924	14,679	12,955	10,499
7	53,278	49;074	45,350	42,042	39,095	36,462	34,102	30,073	24,072	19,910	16,909	14,671	12,951	10,497
8	52,808	48,683	45,025	41,770	38,868	36,272	33,943	29,960	24,015	19,879	16,893	14,662	12,945	10,495
9	52,331	48,288	44,695	41,495	38,637	36,078	33,781	29,845	23,955	19,848	16,876	14,652	12,939	10,493
10	51,855	47,888	44,360	41,214	38,401	35,880	33,614	29,726	23,894	19,815	16,857	14,641	12,933	10,490
11	51,371	47,483	44,020	40,928	38,161	35,677	33,443	29,604	23,830	19,780	16,838	14,630	12,926	10,487
12	50,884	47,073	43,676	40,638	37,916	35,471	33,268	29,478	23,763	19,744	16,818	14,618	12,919	10,484
13	50,391	46,659	43,326	40,343	37,667	35,260	33,089	29,348	23,694	19,706	16,796	14,606	12,911	10,481
14	49,894	46,239	42,972	40,044	37,413	35,044	32,906	29;216	23,623	19,667	16,773	14,592	12,903	10,477
15	49,392	45,815	42,612	39,739	37,154	34,824	32,718	29,079	23,549	19,625	16,750	14,578	12,894	10,473
16	48,887	45,386	42,249	39,430	36,891	34,599	32,526	28,939	23,472	19,582	16,725	14,563	12,885	10,469
17	48,378	44,954	41,881	39,116	36,623	34,371	32,331	28,795	23,393	19,538	16,699	14,548	12,875	10,465
18	47,863	44,515	41,506	38,796	36,350	34,137	32,130	28,647	23,311	19,491	16,671	14,531	12,864	10,461
19	47,345	44,073	41,129	38,474	36,074	33,900	31,926	28,496	23,226	19,442	16,643	14,514	12,854	10,456

Lebensalter bei Rentenbeginn	1%	1,25%	1,5%	1,75%	2%	2,25%	2,5	3%	4%	5%	6%	7%	8%	10%
20	46,822	43,625	40,745	38,144	35,791	33,656	31,717	28,339	23,138	19,391	16,613	14,495	12,842	10,451
21	46,293	43,172	40,356	37,809	35,502	33,408	31,502	28,179	23,046	19,338	16,580	14,475	12,830	10,446
22	45,758	41,712	39,960	37,468	35,207	33,153	31,282	28,013	22,951	19,281	16,546	14,454	12,816	10,440
23	45,218	42,246	39,558	37,120	34,907	32,892	31,055	27,842	22,851	19,222	16,510	14,431	12,801	10,433
24	44,673	41,775	39,150	36,767	34,600	32,626	30,824	27,666	22,748	19,160	16,472	14,407	12,785	10,425
25	44,122	41,298	38,736	36,408	34,288	32,354	30,587	27,485	22,641	19,095	16,431	14,381	12,768	10,417
26	43,566	40,815	38,316	36,042	33,969	32,076	30,344	27,298	22,529	19,027	16,388	14,353	12,750	10,409
27	43,005	40,326	37,890	35,671	33,644	31,792	30,095	27,106	22,413	18,955	16,343	14,324	12,730	10,399
28	42,439	39,832	37,459	35,293	33,314	31,502	29,840	26,909	22,293	18,880	16,295	14,292	12,709	10,388
29	41,868	39,333	37,021	34,910	32,977	31,206	29,580	26,707	22,169	18,802	16,245	14,259	12,686	10,377
30	41,292	38,828	36,578	34,520	32,634	30,904	29,313	26,499	22,040	18,720	16,192	14,224	12,662	10,365
31	40,712	38,319	36,130	34,126	32,287	30,597	29,042	26,286	21,907	18,636	16,136	14,187	12,637	10,353
32	40,127	37,803	35,676	33,724	31,932	30,283	28,764	26,067	21,769	18,547	16,078	14,148	12,610	10,339
33	39,536	37,282	35,215	33,317	31,571	29,963	28,480	25,842	21,626	18,454	16,016	14,106	12,581	10,324
34	38,940	36,755	34,748	32,902	31,203	29,636	28,188	25,611	21,478	18,357	15,951	14,061	12,550	10,307
35	38,340	36,222	34,275	32,482	30,829	29,302	27,891	25,373	21,324	18,256	15,883	14,014	12,517	10,290
36	37,734	35,683	33,795	32,054	30,447	28,962	27,587	25,129	21,165	18,149	15,811	13,964	12,481	10,270
37	37,123	35,139	33,309	31,621	30,060	28,615	27,276	24,878	21,000	18,039	15,735	13,911	12,443	10,250
38	36,506	34,588	32,817	31,180	29,664	28,260	26,957	24,621	20,829	17,923	15,655	13,855	12,403	10,227
39	35,888	34,034	32,321	30,735	29,265	27,901	26,634	24,358	20,653	17,803	15,572	13,796	12,360	10,204
40	35,263	33,473	31,817	30,282	28,857	27,533	26,302	24,088	20,470	17,677	15,484	13,733	12,314	10,178
41	34,634	32,908	31,308	29,823	28,443	27,160	25,965	23,811	20,282	17,547	15;392	13,667	12,266	10,151
42	34,001	32,337	30,792	29,357	28,022	26,779	25,620	23,527	20,087	17,411	15,295	13,597	12,214	10,121
43	33,362	31,760	30,271	28,885	27,594	26,391	25,267	23,235	19,885	17,269	15,193	13,523	12,159	10,089
44	32,721	31,179	29,744	28,407	27,160	25,996	24,908	22,937	19,678	17,122	15,087	13,445	12,101	10,055
45	32,074	30,592	29,211	27,922	26,719	25,594	24,542	22,632	19,463	16,968	14,975	13,362	12,039	10,018
46	31,426	30,003	28,675	27,434	26,274	25,188	24,170	22,321	19,242	16,809	14,860	13,276	11,974	9,979
47	30,773	29,407	28,131	26,938	25,820	24,773	23,791	22,002	19,014	16,644	14,738	13,185	11,905	9,937
48	30,117	28,808	27,584	26,437	25,361	24,352	23,405	21,676	18,780	16,473	14,611	13,089	11,832	9,892
49	29,461	28,207	27,033	25,932	24,898	23,927	23,014	21,345	18,540	16,296	14,479	12,990	11,755	9,845

Lebensalter bei Renten-beginn	1%	1,25%	1,5%	1,75%	2%	2,25%	2,5	3%	4%	5%	6%	7%	8%	10%
50	28,801	27,602	26,478	25,422	24,429	23,495	22,616	21,007	18,540	16,114	14,342	12,886	11,675	9,795
51	28,137	26,991	25,916	24,904	23,952	23,055	22,210	20,660	18,038	15,923	14,198	12,775	11,589	9,741
52	27,472	26,380	25,352	24,384	23,472	22,611	21,800	20,308	17,777	15,727	14,049	12,660	11,499	9,684
53	26,805	25,764	24,783	23,858	22,985	22,161	21,382	19,949	17,508	15,524	13,894	12,540	11,404	9,624
54	26,136	25,145	24,210	23,327	22,493	21,704	20,958	19,583	17,233	15,314	13,732	12,413	11,305	9,559
55	25,467	24,525	23,634	22,793	21,997	21,243	20,529	19,211	16,951	15,098	13,564	12,282	11,200	9,491
56	24,798	23,904	23,057	22,256	21,497	20,778	20,096	18,834	16,663	14,876	13,391	12,145	11,092	9,420
57	24,129	23,280	22,477	21,715	20,993	20,308	19,657	18,451	16,369	14,647	13,212	12,003	10,978	9,345
58	23,459	22,655	21,894	21,171	20,484	19,832	19,212	18,061	16,067	14,411	13,025	11,855	10,858	9,265
59	22,789	22,030	21,309	20,624	19,972	19,352	18,762	17,665	15,759	14,169	12,833	11,700	10,773	9,180
60	22,118	21,401	20,720	20,072	19,455	18,867	18,306	17,262	15,442	13,919	12,632	11,539	10,602	9,091
61	21,449	20,774	20,131	19,519	18,935	18,379	17,847	16,856	15,121	13,662	12,426	11,372	10,465	8,997
62	20,779	20,144	19,539	18,962	18,410	17,&84	17,381	16,441	14,791	13,398	12,212	11,197	10,321	8,898
63	20,107	19,512	18,943	18,400	17,880	17,384	16,909	16,020	14,453	13,124	11,989	11,014	10,170	8,792
64	19,437	18,879	18,346	17,836	17,347	16,880	16,432	15,592	14,108	12,843	11,759	10,824	10,012	8,680
65	18,770	18,248	17,749	17,271	16,813	16,374	15,952	15,161	13,757	12,556	11,523	10,628	9,848	8,563
66	18,100	17,614	17,148	16,700	16,727	15,860	15,465	14,721	13,396	12,259	11,276	10,421	9,674	8,438
67	17,433	16,980	16,546	16,129	15,728	15,343	14,973	14,275	13,029	11,954	11,021	10,207	9,493	8,306
68	16,765	16,345	15,941	15,553	15,180	14,821	14,476	13,823	12,653	11,640	10,757	9,983	9,303	8,166
69	16,100	15,712	15,338	14,978	14,631	14,297	13,975	13,366	12,271	11,318	10,485	9,752	9,105	8,019
70	15,440	15,081	14,735	14,402	14,081	13,771	13,472	12,905	11,883	10,990	10,205	9,513	8,899	7,865
71	14,781	14,451	14,132	13,825	13,528	13,242	12,965	12,439	11,488	10,653	9,917	9,264	8,684	7,701
72	14,123	13,820	13,528	13,245	12,972	12,708	12,452	11,966	11,084	10,306	9,618	9,006	8,459	7,529
73	13,465	13,188	12,921	12,662	12,411	12,169	11,934	11,486	10,671	9,949	9,308	8,735	8,222	7,345
74	12,812	12,560	12,316	12,080	11,851	11,629	11,414	11,003	10,253	9,585	8,990	8,456	7,976	7,152
75	12,160	11,932	11,710	11,495	11,287	11,084	10,888	10,513	9,825	9,210	8,660	8,165	7,718	6,947
76	11,507	11,300	11,100	10,905	10,717	10,533	10,355	10,014	9,386	8,823	8,317	7,860	7,446	6,727
77	10,860	10,675	10,495	10,319	10,149	9,983	9,822	9,513	8,943	8,429	7,966	7,545	7,164	6,498
78	10,218	10,052	9,890	9,733	9,580	9,431	9,286	9,008	8,492	8,026	7,604	7,219	6,869	6,255
79	9,590	9,442	9,298	9,158	9,021	8,888	8,758	8,508	8,044	7,623	7,239	6,890	6,570	6,006

Lebensalter bei Renten-beginn	1%	1,25%	1,5%	1,75%	2%	2,25%	2,5	3%	4%	5%	6%	7%	8%	10%
80	8,977	8,846	8,718	8,593	8,472	8,353	8,237	8,014	7,598	7,219	6,873	6,556	6,264	5,749
81	8,384	8,268	8,155	8,044	7,936	7,831	7,728	7,529	7,158	6,819	6,507	6,221	5,958	5,489
82	7,816	7,713	7,614	7,516	7,421	7,328	7,236	7,060	6,730	6,427	6,148	5,891	5,653	5,229
83	7,270	7,180	7,093	7,007	6,923	6,841	6,761	6,605	6,312	6,043	5,794	5,564	5,351	4,968.
84	6,746	6,668	6,591	6,516	6,442	6,370	6,300	6,163	5,905	5,666	5,445	5,240	5,050	4,706
85	6,245	6,177	6,110	6,044	5,980	5,917	5,855	5,735	5,509	5,299	5,103	4,921	4,752	4,444
86	5,777	5,718	5,659	5,602	5,546	5,491	5,437	5,333	5,134	4,949	4,777	4,616	4,465	4,191
87	5,334	5,283	5,233	5,183	5,134	5,087	5,040	4,948	4,775	4,613	4,461	4,319	4,186	3,943
88	4,920	4,876	4,832	4,789	4,747	4,705	4,665	4,585	4,434	4,292	4,159	4,035	3,917	3,702
89	4,534	4,496	4,458	4,421	4,384	4,349	4,313	4,244	4,113	3,989	3,876	3,763	3,660	3,470
90	4,174	4,141	4,109	4,077	4,045	4,014	3,983	3,924	3,809	3,702	3,600	3,504	3,414	3,246
91	3,846	3,817	3,789	3,761	3,734	3,707	3,681	3,629	3,529	3,436	3,347	3,263	3,183	3,036
92	3,551	3,526	3,502	3,478	3,454	3,431	3,408	3,363	3,276	3,194	3,117	3,043	2,973	2,843
93	3,283	3,262	3,240	3,220	3,199	3,179	3,159	3,119	3,044	2,972	2,904	2,839	2,778	2,663
94	3,042	3,024	3,005	2,987	2,969	2,951	2,934	2,900	2,833	2,771	2,711	2,654	2,599	2,497
95	2,823	2,807	2,791	2,775	2,759	2,743	2,728	2,698	2,640	2,585	2,532	2,481	2,433	2,343
96	2,626	2,612	2,598	2,584	2,570	2,556	2,542	2,516	2,465	2,416	2,369	2,324	2,281	2,201
97	2,489	2,477	2,464	2,451	2,439	2,426	2,414	2,390	2,344	2,300	2,258	2,217	2,178	2,105
98	2,349	2,337	2,326	2,315	2,304	2,293	2,282	2,260	2,219	2,179	2,141	2,105	2,070	2,004
99	2,200	2,190	2,180	2,170	2,160	2,150	2,140	2,122	2,085	2,050	2,016	1,983	1,952	1,893
100	2,068	2,059	2,050	2,041	2,033	2,024	2,015	1,999	1,966	1,934	1,904	1,875	1,847	1,794

Merkblatt für den Fortbildungslehrgang zum „Leitenden Notarmitarbeiter"/„Notarreferent"

1.

Die Ländernotarkasse führt im 2-Jahres-Rhythmus einen Fortbildungslehrgang für Notarfachangestellte und sonstige besonders qualifizierte, praxiserfahrene Mitarbeiter durch. Die Maßnahme richtet sich vornehmlich an Angestellte aus dem Bereich des hauptberuflichen Notariats der neuen Bundesländer, sieht aber in begrenztem Umfang auch die externe Teilnahme vor. Nach Maßgabe der Kooperationsvereinbarung mit der Hamburgischen Notarkammer vom 07.10.2010 sind insbesondere Notarfachangestellte aus dem Bereich der Hamburgischen Notarkammer angesprochen. Nach erfolgreichem Abschluss der zweijährigen Fortbildungsmaßnahme samt Abschlusspmfüng sind die Teilnehmer mit einem Beschäftigungsnotar im Kammerbereich der Hamburgischen Notarkammer befugt, die Berufsbezeichnung eines „Notarreferenten" zu führen. Erfolgreiche Teilnehmer aus anderen Kammerbereichen erhalten die Berufsbezeichnung eines „Leitenden Notarmitarbeiters." Der Abschluss ist einem „Notarfachwirt" (z.B. Abschluss von der Notarkammer Berlin) mindestens gleichwertig.

2.

Zweck der Fortbildung ist es, durch Vertiefung der Kenntnisse und Fertigkeiten, Mitarbeiter, die sich bereits zuvor durch besonders gute Leistungen hervorgehoben haben, derart weiterzuqualifizieren, dass durch sie eine Unterstützung des Notars auf allen Gebieten der Notarpraxis – im organisatorischen wie im Bereich der selbständigen Urkundsvorbereitung – möglich wird. Ergänzend hierzu soll das Verantwortungsbewusstsein im Hinblick auf die Stellung des Notars als Organ der vorsorgenden Rechtspflege und das notarielle Standesrecht gefestigt werden.

3.

Teilnahmeberechtigt sind alle fachlich qualifizierten Mitarbeiter, die bei einem deutschen Notar beschäftigt sind. Die Teilnehmer müssen grundsätzlich die Notargehilfenprüfung oder die Notarfachangestelltenprüfung absolviert haben. Die Teilnehmer an der Fortbildungsmaßnahme müssen zudem nach ihrer Abschlussprüfung zum Notargehilfen bzw. Notarfachangestellten grundsätzlich mindestens drei Jahre notarspezifisch tätig gewesen sein. Ausnahmen sind möglich und bei der Ausbildungsabteilung der Ländernotarkasse zu erfragen.

4.

Aufbau und zeitlicher Ablauf der Fortbildungsmaßnahme zum Leitenden Notarmitarbeiter sowie der zu vermittelnde Lehrstoff richten sich nach dem Lehrplan, der Studienordnung sowie der Prüfungsordnung. Für Hamburg gelten eigene, inhaltlich parallele Bestimmungen.

Der Fortbildungslehrgang besteht aus vier Selbststudienphasen, während derer vier Einsendeaufgaben zu lösen sind. Weiterhin sind von den Teilnehmern vier Wochenkurse (sog. Präsenzphasen) mit jeweils anschließender Klausur (Samstag) und die Abschlussprüfung zu absolvieren.

Das Bestehen der Einsendeaufgabe ist Voraussetzung für die Teilnahme an der darauffolgenden Präsenzphase. Weitere Voraussetzung für die Teilnahme an der Präsenzphase ist die Teilnahme an der vorhergehenden Präsenzphase und das erfolgreiche Ablegen der diese abschließende Klausur. Die Teilnahme an der Präsenzphase ist Voraussetzung für die Zulassung zur Klausur am Ende der Präsenzphase. Das Ergebnis sämtlicher Einsendeaufgaben und Präsenzphasenabschlussklausuren fließt als Vornote bei der Bildung der Lehrgangsgesamtnote ein. Wird eine Einsendeaufgabe oder mehr als eine der Präsenzphasenklausuren nicht bestanden, kann der Teilnehmer den Fortbildungslehrgang unter Wiederholung der nicht bestandenen Klausuren bzw. Einsendearbeit fortsetzen.

Während des Lehrgangs ist die praktische Betätigung und Ausbildung im Notariat, die durch den Beschäftigungsnotar von Anbeginn an zu fördern und zu überwachen ist, weiter auszubauen. Der Arbeitgeber ist daher an der Fortbildungsvereinbarung beteiligt. Hinsichtlich der Erstellung der Lehrbriefe und der pädagogischen Fortentwicklung des Fernlehrgangs kooperieren die Hamburgische Notarkammer und die Ländernotarkasse mit der Beuth Hochschule für Technik Berlin (Fernstudieninstitut). Referenten sind erfahrene Professoren und Lehrbeauftragte der Berliner Hochschule für Wirtschaft und Recht sowie Notare und im Kostenrecht spezialisierte Mitarbeiter der Ländernotarkasse: **Prof. Böttcher** (Liegenschaftsrecht), **Notarin Dr. Fahl** (Amts- und Beurkundungsrecht), **Prof. Lukoschek** (Erbrecht), **Prof. Ries** (Handels-/Gesellschaftsrecht), **Prof. Sonnenfeld** (Familienrecht), **Dipl.-Rpfl. (FH) Wudy** (Kostenrecht).

5.

Einschließlich Vorbereitungszeit auf die Abschlussprüfung dauert der Lehrgang zwei Jahre. Die Zulassung zum Fortbildungslehrgang sowie die Teilnahme an der Abschlussprüfung setzt eine fortgesetzte Beschäftigung bei einem Notar voraus. Der Fernlehrgang ist grundsätzlich ohne zeitliche Unterbrechung abzuleisten.

Die Ländernotarkasse trägt für die in ihrem Zuständigkeitsbereich beschäftigten Mitarbeiter sämtliche Kosten des Lehrgangs, d.h. die Kosten für das Engagement und die Aufwendungen der Dozenten und die Kosten für die Kurseinheiten. Kosten für An- und Abreise sowie Unterbringung tragen die Fortzubildenden selbst oder deren Anstellungsnotare. Für externe Teilnehmer entstehen Fernlehrgangskosten. Durch die Kooperation mit der Beuth Hochschule ist der Lehrgang insofern zertifiziert. Mit dem Arbeitgeber ist die Art der Freistellung für die Präsenzphasen (Anrechnung auf den Erholungsurlaub, (un)bezahlte Freistellung) individuell zu regeln. Auf das Aufstiegsfortbildungsförderungsgesetz wird hingewiesen.

6.

Für die Beratung der Teilnehmer ist die Ausbildungsabteilung der Ländernotarkasse, Springerstraße 8, 04105 Leipzig, Tel: (03 41) 5 90 81-19 zuständig.

Niederschrift

über die Verpflichtung einer beim Notar beschäftigten Person

Der unterzeichnende Notar ______________________________

mit Amtssitz in ______________________________

hat am ______________________________

Herrn/Frau ______________________________

gem. § 26 BNotO über dessen/deren Pflichten belehrt und gem. § 1 des Verpflichtungsgesetzes förmlich verpflichtet. Darüber wurde die folgende Niederschrift aufgenommen:

Der/Die Beschäftigte wurde von mir, dem Notar, auf die gewissenhafte Erfüllung seiner/ihrer Obliegenheiten verpflichtet.

Der/Die Beschäftigte wurde besonders auf die Bestimmung des § 14 Abs. 4 BNotO hingewiesen. Ihm/Ihr wurde untersagt, Darlehen sowie Grundstücksgeschäfte zu vermitteln oder im Zusammenhang mit einer Amtshandlung des Notars eine Bürgschaft oder sonstige Gewährleistung für einen Beteiligten zu übernehmen.

Besonders wurde auch auf die Verpflichtung zur Wahrung des Amtsgeheimnisses nach § 18 BNotO hingewiesen und darauf, daß auch jede bei einem Notar beschäftigte Person über alles zur Verschwiegenheit verpflichtet ist, was ihr im Rahmen der Ausübung der Tätigkeit beim Notar bekannt geworden ist. Auf die strafrechtlichen Folgen der Verletzung der Pflichten wurde hingewiesen.

Dem/Der Beschäftigten wurde sodann der Inhalt der folgenden Strafvorschriften des Strafgesetzbuches bekanntgegeben:

§ 133 Abs. 1, 3 – Verwahrungsbruch

§ 201 – Verletzung der Vertraulichkeit des Wortes

§ 203 – Verletzung von Privatgeheimnissen

§ 204 – Verwertung fremder Geheimnisse

§§ 331 Abs. 1, 332 – Vorteilsannahme und Bestechlichkeit

§ 353 b Abs. 1–3 – Verletzung des Dienstgeheimnisses

§ 355 – Verletzung des Steuergeheimnisses

§ 358 – Nebenfolgen.

Dem/Der Beschäftigten ist bekannt, daß die Strafvorschriften für ihn/sie gelten. Ihm/Ihr ist ferner bekannt, daß die Strafvorschriften, sofern ihre Anwendung eine förmliche Verpflichtung voraussetzt, aufgrund der heutigen Verpflichtung für ihn/sie gelten.

Der/Die Beschäftigte erklärte, von dem Inhalt der vorgenannten Bestimmungen der Bundesnotarordnung und des Strafgesetzbuches Kenntnis erhalten zu haben.

Der Notar hat ihn/sie durch Handschlag zur Wahrung des Amtsgeheimnisses und zur gewissenhaften Erfüllung aller anderen Obliegenheiten verpflichtet.

Für den Fall eines einheitlichen Beschäftigungsverhältnisses zu mehreren Notaren:

Der Notar wies den/die Beschäftigte(n) darauf hin, daß es bei einem einheitlichen Beschäftigungsverhältnis zu mehreren Notaren gem. § 26 Satz 3 BNotO genügt, wenn einer von ihnen die Verpflichtung vornimmt.

Er/Sie unterzeichnete dieses Protokoll zum Zeichen der Genehmigung und bestätigte den Empfang einer Abschrift dieser Niederschrift.

(Unterschrift des Notars)	(Unterschrift des/der Verpflichteten)

Die genannten Vorschriften lauten im Auszug:

§ 133 StGB
Verwahrungsbruch

(1) Wer Schriftstücke oder andere bewegliche Sachen, die sich in dienstlicher Verwahrung befinden oder ihm oder einem anderen dienstlich in Verwahrung gegeben worden sind, zerstört, beschädigt, unbrauchbar macht oder der dienstlichen Verfügung entzieht, wird mit Freiheitsstrafe bis zu zwei Jahren oder mit Geldstrafe bestraft.

(3) Wer die Tat an einer Sache begeht, die ihm als Amtsträger oder für den öffentlichen Dienst besonders Verpflichteten anvertraut worden oder zugänglich geworden ist, wird mit Freiheitsstrafe bis zu fünf Jahren oder mit Geldstrafe bestraft.

§ 201 StGB
Verletzung der Vertraulichkeit des Wortes

(1) Mit Freiheitsstrafe bis zu drei Jahren oder mit Geldstrafe wird bestraft, wer unbefugt

1. das nichtöffentlich gesprochene Wort eines anderen auf einen Tonträger aufnimmt oder
2. eine so hergestellte Aufnahme gebraucht oder einem Dritten zugänglich macht.

(2) [1]Ebenso wird bestraft, wer unbefugt

1. das nicht zu seiner Kenntnis bestimmte nichtöffentlich gesprochene Wort eines anderen mit einem Abhörgerät abhört oder
2. das nach Absatz 1 Nr. 1 aufgenommene oder nach Absatz 2 Nr. 1 abgehörte nichtöffentlich gesprochene Wort eines anderen im Wortlaut oder seinem wesentlichen Inhalt nach öffentlich mitteilt.

[2]Die Tat nach Satz 1 Nr. 2 ist nur strafbar, wenn die öffentliche Mitteilung geeignet ist, berechtigte Interessen eines anderen zu beeinträchtigen. [3]Sie ist nicht rechtswidrig, wenn die öffentliche Mitteilung zur Wahrnehmung überragender öffentlicher Interessen gemacht wird.

(3) Mit Freiheitsstrafe bis zu fünf Jahren oder mit Geldstrafe wird bestraft, wer als Amtsträger oder als für den öffentlichen Dienst besonders Verpflichteter die Vertraulichkeit des Wortes verletzt (Absätze 1 und 2).

(4) Der Versuch ist strafbar.

(5) [1]Die Tonträger und Abhörgeräte, die der Täter oder Teilnehmer verwendet hat, können eingezogen werden. [2]§ 74 a ist anzuwenden.

§ 203 StGB
Verletzung von Privatgeheimnissen

(1) Wer unbefugt ein fremdes Geheimnis, namentlich ein zum persönlichen Lebensbereich gehörendes Geheimnis oder ein Betriebs- oder Geschäftsgeheimnis, offenbart, das ihm als

3. Rechtsanwalt, Kammerrechtsbeistand, Patentanwalt, Notar, Verteidiger in einem gesetzlich geordneten Verfahren, Wirtschaftsprüfer, vereidigtem Buchprüfer, Steuerberater, Steuerbevollmächtigten oder Organ oder Mitglied eines Organs einer Rechtsanwalts-, Patentanwalts-, Wirtschaftsprüfungs-, Buchprüfungs- oder Steuerberatungsgesellschaft,

anvertraut worden oder sonst bekanntgeworden ist, wird mit Freiheitsstrafe bis zu einem Jahr oder mit Geldstrafe bestraft.

(2) [1]Ebenso wird bestraft, wer unbefugt ein fremdes Geheimnis, namentlich ein zum persönlichen Lebensbereich gehörendes Geheimnis oder ein Betriebs- oder Geschäftsgeheimnis, offenbart, das ihm als

...

2. für den öffentlichen Dienst besonders Verpflichteten,

...

anvertraut worden oder sonst bekanntgeworden ist. [2]Einem Geheimnis im Sinne des Satzes 1 stehen Einzelangaben über persönliche oder sachliche Verhältnisse eines anderen gleich, die für Aufgaben der öffentlichen Verwaltung erfaßt worden sind; Satz 1 ist jedoch nicht anzuwenden, soweit solche Einzelangaben anderen Behörden oder sonstigen Stellen für Aufgaben der öffentlichen Verwaltung bekanntgegeben werden und das Gesetz dies nicht untersagt.

(3) [1]Kein Offenbaren im Sinne dieser Vorschrift liegt vor, wenn die in den Absätzen 1 und 2 genannten Personen Geheimnisse den bei ihnen berufsmäßig tätigen Gehilfen oder den bei ihnen zur Vorbereitung auf den Beruf tätigen Personen zugänglich machen. [2]Die in den Absätzen 1 und 2 Genannten dürfen fremde Geheimnisse gegenüber sonstigen Personen offenbaren, die an ihrer beruflichen oder dienstlichen

Tätigkeit mitwirken, soweit dies für die Inanspruchnahme der Tätigkeit der sonstigen mitwirkenden Personen erforderlich ist; das Gleiche gilt für sonstige mitwirkende Personen, wenn diese sich weiterer Personen bedienen, die an der beruflichen oder dienstlichen Tätigkeit der in den Absätzen 1 und 2 Genannten mitwirken.

(4) [1]Mit Freiheitsstrafe bis zu einem Jahr oder mit Geldstrafe wird bestraft, wer unbefugt ein fremdes Geheimnis offenbart, das ihm bei der Ausübung oder bei Gelegenheit seiner Tätigkeit als mitwirkende Person oder als bei den in den Absätzen 1 und 2 genannten Personen tätiger Beauftragter für den Datenschutz bekannt geworden ist. [2]Ebenso wird bestraft, wer

1. als in den Absätzen 1 und 2 genannte Person nicht dafür Sorge getragen hat, dass eine sonstige mitwirkende Person, die unbefugt ein fremdes, ihr bei der Ausübung oder bei Gelegenheit ihrer Tätigkeit bekannt gewordenes Geheimnis offenbart, zur Geheimhaltung verpflichtet wurde; dies gilt nicht für sonstige mitwirkende Personen, die selbst eine in den Absätzen 1 oder 2 genannte Person sind,
2. als im Absatz 3 genannte mitwirkende Person sich einer weiteren mitwirkenden Person, die unbefugt ein fremdes, ihr bei der Ausübung oder bei Gelegenheit ihrer Tätigkeit bekannt gewordenes Geheimnis offenbart, bedient und nicht dafür Sorge getragen hat, dass diese zur Geheimhaltung verpflichtet wurde; dies gilt nicht für sonstige mitwirkende Personen, die selbst eine in den Absätzen 1 oder 2 genannte Person sind, oder
3. nach dem Tod der nach Satz 1 oder nach den Absätzen 1 oder 2 verpflichteten Person ein fremdes Geheimnis unbefugt offenbart, das er von dem Verstorbenen erfahren oder aus dessen Nachlass erlangt hat.

(5) Die Absätze 1 bis 4 sind auch anzuwenden, wenn der Täter das fremde Geheimnis nach dem Tod des Betroffenen unbefugt offenbart.

(6) Handelt der Täter gegen Entgelt oder in der Absicht, sich oder einen anderen zu bereichern oder einen anderen zu schädigen, so ist die Strafe Freiheitsstrafe bis zu zwei Jahren oder Geldstrafe.

§ 204 StGB
Verwertung fremder Geheimnisse

(1) Wer unbefugt ein fremdes Geheimnis, namentlich ein Betriebs- oder Geschäftsgeheimnis, zu dessen Geheimhaltung er nach § 203 verpflichtet ist, verwertet, wird mit Freiheitsstrafe bis zu zwei Jahren oder mit Geldstrafe bestraft.

(2) § 203 Abs. 5 gilt entsprechend.

§ 331 StGB
Vorteilsannahme

(1) Ein Amtsträger, ein Europäischer Amtsträger oder ein für den öffentlichen Dienst besonders Verpflichteter, der für die Dienstausübung einen Vorteil für sich oder einen Dritten fordert, sich versprechen läßt oder annimmt, wird mit Freiheitsstrafe bis zu drei Jahren oder mit Geldstrafe bestraft.

...

(3) Die Tat ist nicht nach Absatz 1 strafbar, wenn der Täter einen nicht von ihm geforderten Vorteil sich versprechen läßt oder annimmt und die zuständige Behörde im Rahmen ihrer Befugnisse entweder die Annahme vorher genehmigt hat oder der Täter unverzüglich bei ihr Anzeige erstattet und sie die Annahme genehmigt.

§ 332 StGB
Bestechlichkeit

(1) [1]Ein Amtsträger, ein Europäischer Amtsträger oder ein für den öffentlichen Dienst besonders Verpflichteter, der einen Vorteil für sich oder einen Dritten als Gegenleistung dafür fordert, sich versprechen läßt oder annimmt, daß er eine Diensthandlung vorgenommen hat oder künftig vornehme und dadurch seine Dienstpflichten verletzt hat oder verletzen würde, wird mit Freiheitsstrafe von sechs Monaten bis zu fünf Jahren bestraft. [2]In minder schweren Fällen ist die Strafe Freiheitsstrafe bis zu drei Jahren oder Geldstrafe. [3]Der Versuch ist strafbar.

...

(3) Falls der Täter den Vorteil als Gegenleistung für eine künftige Handlung fordert, sich versprechen läßt oder annimmt, so sind die Absätze 1 und 2 schon dann anzuwenden, wenn er sich dem anderen gegenüber bereit gezeigt hat,

1. bei der Handlung seine Pflichten zu verletzen oder,
2. soweit die Handlung in seinem Ermessen steht, sich bei Ausübung des Ermessens durch den Vorteil beeinflussen zu lassen.

§ 353 b StGB
Verletzung des Dienstgeheimnisses und einer besonderen Geheimhaltungspflicht

(1) [1]Wer ein Geheimnis, das ihm als

1. Amtsträger
2. für den öffentlichen Dienst besonders Verpflichteten

anvertraut worden oder sonst bekanntgeworden ist, unbefugt offenbart und dadurch wichtige öffentliche Interessen gefährdet, wird mit Freiheitsstrafe bis zu fünf Jahren oder mit Geldstrafe bestraft. [2]Hat der Täter durch die Tat fahrlässig wichtige öffentliche Interessen gefährdet, so wird er mit Freiheitsstrafe bis zu einem Jahr oder mit Geldstrafe bestraft.

(2) Wer, abgesehen von den Fällen des Absatzes 1, unbefugt einen Gegenstand oder eine Nachricht, zu deren Geheimhaltung er

2. von einer anderen amtlichen Stelle unter Hinweis auf die Strafbarkeit der Verletzung der Geheimhaltungspflicht förmlich verpflichtet worden ist,

an einen anderen gelangen läßt oder öffentlich bekanntmacht und dadurch wichtige öffentliche Interessen gefährdet, wird mit Freiheitsstrafe bis zu drei Jahren oder mit Geldstrafe bestraft.

(3) Der Versuch ist strafbar.

(3a) Beihilfehandlungen einer in § 53 Abs. 1 Satz 1 Nr. 5 der Strafprozessordnung genannten Person sind nicht rechtswidrig, wenn sie sich auf die Entgegennahme, Auswertung oder Veröffentlichung des Geheimnisses oder des Gegenstandes oder der Nachricht, zu deren Geheimhaltung eine besondere Verpflichtung besteht, beschränken.

(4) [1]Die Tat wird nur mit Ermächtigung verfolgt. [2]Die Ermächtigung wird erteilt

1. von dem Präsidenten des Gesetzgebungsorgans
   a) in den Fällen des Absatzes 1, wenn dem Täter das Geheimnis während seiner Tätigkeit bei einem oder für ein Gesetzgebungsorgan des Bundes oder eines Landes bekanntgeworden ist,
   b) in den Fällen des Absatzes 2 Nr. 1;
2. von der obersten Bundesbehörde
   a) in den Fällen des Absatzes 1, wenn dem Täter das Geheimnis während seiner Tätigkeit sonst bei einer oder für eine Behörde oder bei einer anderen amtlichen Stelle des Bundes oder für eine solche Stelle bekanntgeworden ist,
   b) in den Fällen des Absatzes 2 Nr. 2, wenn der Täter von einer amtlichen Stelle des Bundes verpflichtet worden ist;
3. von der obersten Landesbehörde in allen übrigen Fällen der Absätze 1 und 2 Nr. 2.

§ 355 StGB
Verletzung des Steuergeheimnisses

(1) [1]Wer unbefugt

1. Verhältnisse eines anderen, die ihm als Amtsträger
   a) in einem Verwaltungsverfahren, einem Rechnungsprüfungsverfahren oder einem gerichtlichen Verfahren in Steuersachen,
   b) in einem Strafverfahren wegen einer Steuerstraftat oder in einem Bußgeldverfahren wegen einer Steuerordnungswidrigkeit,
   c) aus anderem Anlass durch Mitteilung einer Finanzbehörde oder durch die gesetzlich vorgeschriebene Vorlage eines Steuerbescheids oder einer Bescheinigung über die bei der Besteuerung getroffenen Feststellungen

   bekannt geworden sind, oder
2. ein fremdes Betriebs- oder Geschäftsgeheimnis, das ihm als Amtsträger in einem der in Nummer 1 genannten Verfahren bekannt geworden ist,

offenbart oder verwertet, wird mit Freiheitsstrafe bis zu zwei Jahren oder mit Geldstrafe bestraft. [2]Verhältnisse eines anderen oder ein fremdes Betriebs- oder Geschäftsgeheimnis sind dem Täter auch dann als Amtsträger in einem in Satz 1 Nummer 1 genannten Verfahren bekannt geworden, wenn sie sich aus Daten ergeben, zu denen er Zugang hatte und die er unbefugt abgerufen hat.

(2) Den Amtsträgern im Sinne des Absatzes 1 stehen gleich

1. die für den öffentlichen Dienst besonders Verpflichteten,

(3) [1]Die Tat wird nur auf Antrag des Dienstvorgesetzten oder des Verletzten verfolgt. [2]Bei Taten amtlich zugezogener Sachverständiger ist der Leiter der Behörde, deren Verfahren betroffen ist, neben dem Verletzten antragsberechtigt.

§ 358 StGB
Nebenfolgen

Neben einer Freiheitsstrafe von mindestens sechs Monaten wegen einer Straftat nach den §§ 332, 335, 339, 340, 343, 344, 345 Abs. 1 und 3, §§ 348, 352 bis 353 b Abs. 1, §§ 355 und 357 kann das Gericht die Fähigkeit, öffentliche Ämter zu bekleiden (§ 45 Abs. 2), aberkennen.

Kurzübersicht

zum „Praxishandbuch des Notariats“ (Bezugsquelle: Carl Gerber Verlag GmbH, Lilienthalstr. 19, 85296 Rohrbach)

I. Allgemeiner Teil

Berufsrecht 1 – 99

Beurkundungsrecht 100 – 199

Beratungs- und Beurkundungspraxis 200 – 299

Recht der Wiedervereinigung 300 – 399

Steuerrecht 400 – 499

Kostenrecht/Tabellen 500 - 599

Notarfachangestellte/Arbeitnehmer 600 - 699

Ländernotarkasse A.d.ö.R. 700 – 799

DSGVO / BDSG

Neue Regeln für den Datenschutz in Europa 800–899

II. Landesteil

Brandenburg

Mecklenburg-Vorpommern

Sachsen

Sachsen-Anhalt

Thüringen